Kamann / Ohlhoff / Völcker
Kartellverfahren und Kartellprozess

Kartellverfahren und Kartellprozess

Handbuch

Herausgegeben von

Prof. Dr. Hans-Georg Kamann
Rechtsanwalt in Frankfurt a.M.

Dr. Stefan Ohlhoff, LL.M
Rechtsanwalt in Berlin

Prof. Dr. Sven Völcker, LL.M
Rechtsanwalt in Brüssel

Bearbeitet von

Prof. Dr. Jens Adolphsen, Gießen ; *Dr. Ulrich Denzel*, Stuttgart; *Dr. Daniel Dittert*, Luxemburg; *Dr. Johannes Dittrich*, München; *Dr. Peter Gey*, LL.M, Frankfurt/M.; *Christoph Harler*, Frankfurt/M.; *Dr. Moritz Holm-Hadulla*, Stuttgart; *Christian Horstkotte*, Düsseldorf; *Markus Hutschneider*, Berlin; *Alexander Israel*, Brüssel; *Philip Kalmus, PhD*, London; *Prof. Dr. Hans-Georg Kamann*, Frankfurt/M.; *Dr. Manuel Kellerbauer*, Brüssel; *Dr. Katharina Krauß*, Bonn; *Prof. Dr. Rüdiger Lahme*, Hamburg; *Dr. Hilmar Leonhardt*, Bonn; *Peter Lepper*, Remscheid; *Dr. Philip Matthey, LL.M.*, München; *Dr. Dirk Middelschulte*, Paris; *Dr. Gerald Miersch, LL.M.*, Brüssel; *Dr. Frederik Möller*, Frankfurt/M.; *Isabel Oest, LL.M.*, Frankfurt/M.; *Dr. Stefan Ohlhoff, LL.M.*, Berlin; *Dr. Martin Raible*, Düsseldorf; *Dr. Jens Peter Schmidt*, Brüssel; *Dr. Hartmut Schneider*, Washington, DC; *Dr. Julia Schwalm*, Berlin; *Franz Schwarz*, London und Frankfurt/M.; *Christian Schwedler*, Frankfurt/M.; *Uwe Siegrist*, Mannheim; *Julia Topel*, Bonn; *Dr. Matthias Ulshöfer*, Stuttgart; *Prof. Dr. Sven Völcker, LL.M.*, Brüssel; *Dr. Dominique Wagener, LL.M.*, Frankfurt/M.; *Prof. Dr. Wolfgang Wurmnest, LL.M.*, Augsburg

2017

C.H.BECK

www.beck.de

ISBN 978 3 406 64950 9

© 2017 Verlag C.H. Beck oHG
Wilhelmstraße 9, 80801 München

Druck und Bindung: Kösel GmbH & Co. KG
Am Buchweg 1, 87452 Altusried-Krugzell

Satz: Konrad Triltsch, Print und digitale Medien GmbH
Ochsenfurt-Hohestadt
Umschlaggestaltung: Druckerei C.H. Beck, Nördlingen

Gedruckt auf säurefreiem, alterungsbeständigem Papier
(hergestellt aus chlorfrei gebleichtem Zellstoff)

Vorwort

Fragen der Durchsetzung des europäischen und nationalen Kartellrechts im Rahmen von Kartellverfahren (öffentliche Rechtsdurchsetzung) und Kartellprozessen (private Rechtsdurchsetzung) haben seit dem grundlegenden Urteil des Gerichtshofs der Europäischen Union in der Rechtssache *Courage* im Jahr 2001, dem Inkrafttreten der EU-Kartellverfahrensverordnung Nr. 1/2003 im Mai 2004 und der 7. GWB-Novelle im Juli 2005 in der Kartellrechtswissenschaft und in der kartellrechtlichen Praxis einen großen Bedeutungszuwachs erfahren.

Sanktions- und Verfahrensfragen sind im Anschluss zunehmend in den Mittelpunkt der kartellrechtlichen Diskussion gerückt. Gleichzeitig sind in der Praxis die Zahl der Kartellbußgeld- und Verwaltungsverfahren der Europäischen Kommission und des Bundeskartellamts und die Höhe der von ihnen verhängten Bußgelder stark angestiegen. Dasselbe gilt für die Zahl der Nichtigkeitsklagen gegen Beschlüsse der Kommission, aber auch für Beschwerden und Einsprüche gegen Beschlüsse des Bundeskartellamts.

Auch Schadensersatzansprüche haben bei Verstößen gegen das Kartellrecht mittlerweile enorme wirtschaftliche Bedeutung für die beteiligten Unternehmen, aber auch für die Geschädigten erlangt. Vor zehn Jahren noch eine Ausnahme, ist ihre gerichtliche und außergerichtliche Geltendmachung mittlerweile zur Routine geworden: Die Zahl der Klagen und die Höhe der geltend gemachten Schäden nach Kartellverfahren wie denen zu Zucker, Schienen oder Luftfracht sprechen für sich. Auch in Fällen des Missbrauchs von Marktmacht kommt es vermehrt zu erheblichen Schadensersatzforderungen.

Diese Entwicklung wurde Ende 2014 durch die Verabschiedung der RL 2014/104/EU zu Regeln über Schadensersatz aufgrund von Kartellrechtsverstößen noch weiter vorangetrieben. Die Bundesregierung hat Mitte Oktober 2016 den Gesetzesentwurf für die 9. GWB-Novelle eingebracht, mit der die Vorgaben der RL 2014/104/EU umgesetzt werden sollen. Die Novelle wird voraussichtlich Anfang 2017 in Kraft treten; wesentliche Änderungen im Gesetzgebungsverfahren sind nicht mehr zu erwarten. Die neuen Regeln werden die private Rechtsdurchsetzung stärken, aber auch zu einer noch höheren Komplexität beitragen.

All das hat die Anforderungen sowohl an Unternehmen und Berater als auch an Gerichte und Behörden im Kartellrecht grundlegend verändert. Von ihnen wird erwartet, dass sie nicht nur mit den materiell-rechtlichen Fragen aufs Beste vertraut sind. Sie müssen auch die Risiken und Chancen umfassend bewerten und einordnen können, die sich aus Sanktionen und Verfahren im Verwaltungs-, Ordnungswidrigkeiten-, Straf- und Zivilrecht im Falle von Verstößen gegen das Kartellrecht ergeben. Ohne fundierte Kenntnisse der Verfahrens- und Prozessordnungen und ihrer tatsächlichen Umsetzung in der Praxis der Behörden und Gerichte ist eine Beratung zur Prävention oder Bewältigung von Kartellrechtsverstößen heute nicht mehr möglich.

Die Herausforderungen, denen sich die Praxis dabei stellen muss, sind mannigfaltig: Sie reichen von der parallelen Behandlung von internationalen, oft globalen Sachverhalten in mehreren Jurisdiktionen über die Wechselwirkungen zwischen der öffentlichen und privaten Rechtsdurchsetzung und die Überlagerung des nationalen Rechts durch die Vorgaben und Verfahren des EU-Rechts bis hin zu komplexen wettbewerbsökonomischen Fragen – und vielem anderen mehr. Bislang fehlte der Praxis indes ein Werk, dass die sanktions- und verfahrensrechtlichen Aspekte des Kartellrechts systematisch und im Zusammenhang behandelte.

Vor diesem Hintergrund freuen wir uns sehr, dass es uns gelungen ist, für das vorliegende Handbuch namhafte Autoren zu gewinnen, die die theoretischen und praktischen Probleme in Kartellverfahren und Kartellprozessen „von innen" kennen. Dazu gehören

Beamte der Europäischen Kommission und des Bundeskartellamts, ein Referent des EuGH, Unternehmensjuristen, ein Oberstaatsanwalt, ein Ökonom, Professoren und Rechtsanwälte in verschiedenen Jurisdiktionen. Mit unseren Ko-Autoren wollen wir eine umfassende und objektive Abhandlung vorlegen, die sowohl wissenschaftlichen als auch praktischen Ansprüchen genügt, internationale Zusammenhänge erfasst und relevante Fragen der Unternehmenspraxis beantwortet. Wir hoffen, dass uns dies gelungen ist.

Wir danken allen Autoren und beteiligten Mitarbeitern des Beck-Verlags sowie unseren Mitarbeitern Bastian Baumann, Robert Benditz, Elisa Eisold, Tatjana Holter, Volker Hümpfner, Tobias Kruis, Sophia Lange, Robin Miller, Andreas Schüssel und Juliette Orologas, für ihre Mitarbeit, Unterstützung und Geduld beim Verfassen und der Fertigstellung dieses Buchs.

Frankfurt am Main, Berlin und Brüssel *Die Herausgeber*

Bearbeiterverzeichnis*

Prof. Dr. Jens Adolphsen
Universität Gießen
§§ 33, 34

Dr. Ulrich Denzel
Rechtsanwalt in Stuttgart
§§ 26, 29

Dr. Daniel Dittert
Rechtsreferent beim EuGH in Luxemburg
§ 14

Dr. Johannes Dittrich
Rechtsanwalt in München
§§ 39, 40, 42

Dr. Peter Gey, LL.M.
Rechtsanwalt in Frankfurt/M.
§§ 10, 18

Christoph Harler
Rechtsanwalt in Frankfurt/M.
§ 38

Dr. Moritz Holm-Hadulla
Rechtsanwalt in Stuttgart
§§ 26, 29

Christian Horstkotte
Rechtsanwalt in Düsseldorf
§ 17

Markus Hutschneider
Rechtsanwalt in Berlin
§§ 41, 43

Alexander Israel
Rechtsanwalt in Brüssel
§§ 7, 8, 10

Philip Kalmus, PhD
Ökonomischer Berater in London
§ 26

---

* Die Beiträge geben allein die persönliche Auffassung der Autoren wieder und binden in keiner Weise die Institutionen und Unternehmen, in denen die Autoren tätig sind.

Prof. Dr. Hans-Georg Kamann
Rechtsanwalt in Frankfurt/M.
§§ 1–5, 23, 24

Dr. Manuel Kellerbauer
Europäische Kommission in Brüssel
§ 13

Dr. Katharina Krauß
Leitende Regierungsdirektorin Bundeskartellamt in Bonn
§ 18

Prof. Dr. Rüdiger Lahme
Rechtsanwalt in Hamburg
§ 27

Dr. Hilmar Leonhardt
Rechtsanwalt in Bonn
§ 17

Peter Lepper
Richter in Remscheid
§§ 26, 36

Dr. Philip Matthey, LL.M.
Rechtsanwalt in München
§§ 39, 40, 42

Dr. Dirk Middelschulte
Leitender Justiziar in Paris
§§ 39, 41, 43

Dr. Gerald Miersch, LL.M.
Europäische Kommission in Brüssel
§§ 7, 8, 10

Dr. Frederik Möller
Rechtsanwalt in Frankfurt/M.
§§ 33, 34

Isabel Oest, LL.M.
Rechtsanwältin in Frankfurt/M.
§ 18

Dr. Stefan Ohlhoff, LL.M.
Rechtsanwalt in Berlin
§ 26

Dr. Martin Raible
Rechtsanwalt in Düsseldorf
§§ 20–22, 26, 28, 30, 36

Dr. Jens Peter Schmidt
Rechtsanwalt in Brüssel
§ 15

Dr. Hartmut Schneider
Rechtsanwalt in Washington D.C.
§§ 35

Dr. Julia Schwalm
Rechtsanwältin in Berlin
§ 37

Franz T. Schwarz
Rechtsanwalt in London und Frankfurt/M.
§ 38

Christian Schwedler
Rechtsanwalt in Frankfurt/M.
§§ 10, 17, 38

Uwe Siegrist
Oberstaatsanwalt in Mannheim
§ 19

Julia Topel
Direktorin beim Bundeskartellamt in Bonn
§ 16

Dr. Matthias Ulshöfer
Rechtsanwalt in Stuttgart
§§ 25, 26

Prof. Dr. Sven B. Völcker, LL.M.
Rechtsanwalt in Brüssel
§§ 6, 9, 11, 12

Dr. Dominique Wagener, LL.M.
Rechtsanwältin in Frankfurt/M.
§ 18

Prof. Dr. Wolfgang Wurmnest, LL.M.
Universität Augsburg
§§ 31, 32

Inhaltsübersicht

Vorwort V
Bearbeiterverzeichnis VII
Inhaltsverzeichnis XIII
Abkürzungs- und Literaturverzeichnis XLIII

1. Teil Einleitung

§ 1 Kartellverfahren und Kartellprozess – ein Handbuch über die Durchsetzung des Kartellrechts 1
§ 2 Geschichtliche, systematische und theoretische Grundlagen 6
§ 3 Grundlagen der Rechtsdurchsetzung im System des europäischen und deutschen Kartellrechts 18
§ 4 Internationale Zusammenhänge 32
§ 5 Politische und ökonomische Theorie und Diskussion der Durchsetzung des Kartellrechts 37

2. Teil Kartellverfahren

1. Abschnitt Kartellverfahren in der Europäischen Union 41
   § 6 Kartellverfahren vor der Europäischen Kommission – Allgemeines 41
   § 7 Verfahrenseinleitung 57
   § 8 Ermittlungsbefugnisse 87
   § 9 Anwaltsprivileg im europäischen Wettbewerbsrecht 117
   § 10 Weiterer Gang des Verwaltungsverfahrens 129
   § 11 Entscheidungsarten 185
   § 12 Beweisrecht 214
   § 13 Sanktionen 223
   § 14 Rechtsschutz gegen Maßnahmen der Europäischen Kommission im Kartellrecht 277
   § 15 Zusammenarbeit der Wettbewerbsbehörden und der Gerichte in der Europäischen Union in Verwaltungs- und Bußgeldverfahren 325
2. Abschnitt Kartellverfahren in Deutschland 356
   § 16 Einleitung 356
   § 17 Verwaltungsverfahren 380
   § 18 Ordnungswidrigkeitenverfahren 465
   § 19 Kartellstrafrecht 605
3. Abschnitt Internationale Zusammenhänge 651
   § 20 Völkerrechtliche Grundlagen 651
   § 21 Internationale Zusammenarbeit der Kartellbehörden – Internationales Netzwerk der Kartellbehörden 654
   § 22 Informationsaustausch und Verwertung von Informationen als Beweismittel ... 658

3. Teil Kartellprozess

1. Abschnitt Einleitung und Überblick 671
   § 23 Stellung der privaten Rechtsdurchsetzung im Gesamtsystem der Kartellrechtsdurchsetzung 671

Inhaltsübersicht

§ 24 EU-rechtliche Grundlagen des Kartellprozesses 676
2. Abschnitt: Kartellzivilprozesse im deutschen Recht 703
§ 25 Aktivlegitimation im Kartellzivilprozess 703
§ 26 Schadensersatzprozesse 741
§ 27 Unterlassungs- und Beseitigungsprozesse 1002
§ 28 Vorteilsabschöpfung durch Verbände 1035
§ 29 Ansprüche und Klagen auf Auskunft 1044
§ 30 Kartellrecht als Einwendung 1060
3. Abschnitt Internationales Privat- und Prozessrecht 1071
§ 31 Internationale Zuständigkeit 1071
§ 32 Durchführung des Verfahrens bei internationalen Sachverhalten 1134
§ 33 Bestimmung des anwendbaren Rechts 1173
§ 34 Anerkennung und Vollstreckung 1194
4. Abschnitt Ausländische Rechtsordnungen und Schiedsgerichtsbarkeit 1207
§ 35 USA 1207
§ 36 Großbritannien 1220
§ 37 Andere Mitgliedstaaten der Europäischen Union 1233
§ 38 Kartellrechtliche Aspekte in Schiedsverfahren 1253

4. Teil Unternehmenspraxis

§ 39 Kartellrechtliche Compliance 1271
§ 40 Unternehmensinterne Untersuchungen 1305
§ 41 Strategien zur Reaktion auf Kartellverstöße 1335
§ 42 Unternehmen, Organe und Mitarbeiter als Betroffene von Kartellverfahren und Kartellprozessen 1353
§ 43 Unternehmen als Geschädigte von Kartellen 1369

Sachregister 1401

Inhaltsverzeichnis

Vorwort	V
Bearbeiterverzeichnis	VII
Inhaltsübersicht	XI
Abkürzungs- und Literaturverzeichnis	XLIII

1. Teil Einleitung

§ 1 Kartellverfahren und Kartellprozess – ein Handbuch über die Durchsetzung des Kartellrechts	1
A. Kartellrecht und Kartellrechtsdurchsetzung als Gegenstand von Wissenschaft und Praxis im Wandel	1
B. Gegenstand, Inhalt und Konzept des Handbuchs	4
§ 2 Geschichtliche, systematische und theoretische Grundlagen	6
A. Durchsetzung des Kartellrechts im geschichtlichen Überblick	6
B. Systematische und begriffliche Grundlagen der Durchsetzung des Kartellrechts	11
I. Kartellrecht als einheitliches System eines Marktverhaltens- und Sanktionsrechts	11
II. Instrumente der Durchsetzung des Kartellrechts	12
1. Öffentliche Kartellrechtsdurchsetzung	12
2. Private Kartellrechtsdurchsetzung	14
3. Strafrechtliche Kartellrechtsdurchsetzung	14
C. Funktionen der Durchsetzung des Kartellrechts	16
§ 3 Grundlagen der Rechtsdurchsetzung im System des europäischen und deutschen Kartellrechts	18
A. Verfassungspolitische Grundlagen – Wettbewerbsschutz im Binnenmarkt	19
B. Materiellrechtliche Grundlagen – Kartellrechtliche Verbots- und Rechtfertigungstatbestände	21
I. Kartellverbot (Art. 101 AEUV und §§ 1 ff. GWB)	21
1. Tatbestand	21
2. Rechtfertigung – Freistellung	22
II. Missbrauchsverbot (Art. 102 AEUV und §§ 18 ff. GWB)	23
1. Marktbeherrschung	23
2. Missbrauch	24
3. Rechtfertigung	24
4. Deutsche Sondermissbrauchstatbestände	24
C. Grundlagen der Durchsetzung des europäischen Kartellrechts	25
I. Durchsetzungsinstrumente im Überblick	25
II. Allgemeine Grundsätze der Durchsetzung des Kartellrechts	26
1. Unmittelbare Anwendbarkeit	26
2. Beweislast	27
3. Vorrangverhältnis von europäischem zum mitgliedstaatlichen Kartellrecht	27

	4. Vorgaben für eine effektive Durchsetzung des Kartellrechts *(effet utile)*	28
	5. Einheitlichkeit und Kohärenz der Durchsetzung des Kartellrechts	29
	III. Grundrechtliche Vorgaben für die Durchsetzung des Kartellrechts	30

§ 4 Internationale Zusammenhänge ... 32
    A. Völkerrechtliche Vorgaben ... 32
    B. Räumliche Anwendung des Kartellrechts in der internationalen Praxis ... 33
    C. Verhältnis zum Kartellrecht von Drittstaaten ... 35

§ 5 Politische und ökonomische Theorie und Diskussion der Durchsetzung des Kartellrechts ... 37

2. Teil Kartellverfahren

1. Abschnitt Kartellverfahren in der Europäischen Union ... 41
  § 6 Kartellverfahren vor der Europäischen Kommission – Allgemeines ... 41
    A. Grundlagen des Kartellverfahrens ... 41
      I. Überblick und Rechtsnatur ... 41
      II. Modernisierung des Kartellverfahrens ... 42
    B. Rechtsstaatlichkeit des Kartellverfahrens ... 44
      I. Verfahrensgarantien im Kartellverfahren ... 44
      II. Kritik an der Rechtsstaatlichkeit des Kommissionsverfahrens ... 46
    C. Aufgaben und Beschlussfassung der Europäischen Kommission ... 48
      I. Die Europäische Kommission ... 48
      II. Beschlussfassung der Europäischen Kommission ... 48
      III. Die Generaldirektion Wettbewerb ... 49
    D. Rechtsquellen des Kartellverfahrensrechts ... 50
      I. Primärrecht ... 50
      II. Sekundärrecht ... 50
      III. Leitlinien der Europäischen Kommission ... 51
    E. Überblick über die Ermittlungs- und Entscheidungsbefugnisse im Kartellverfahren ... 53
    F. Überblick über die Rechtsmittel ... 54
    G. Internationale Zusammenarbeit ... 54
      I. Das Netzwerk der europäischen Kartellbehörden ... 54
      II. Zusammenarbeit mit anderen Kartellbehörden ... 55
    H. Ausblick ... 56

  § 7 Verfahrenseinleitung ... 57
    A. Kronzeugenanträge ... 59
      I. Gemeinsame Voraussetzungen für alle Kronzeugenanträge ... 61
        1. Offenlegung der eigenen Beteiligung an einem Kartell ... 61
        2. Antrag ... 62
        3. Erfüllung der Kooperationspflichten ... 63
        4. Beendigung des Kartells ... 64
      II. Besondere Voraussetzungen für den Bußgelderlass ... 64
        1. Erster Antragsteller ... 64
        2. Ermöglichung einer gezielten Nachprüfung oder der Feststellung der Zuwiderhandlung ... 65
        3. Keine Zwangsausübung ... 66
      III. Besondere Voraussetzungen für die Bußgeldermäßigung ... 67
        1. Zeitgerechter Ermäßigungsantrag ... 67

  2. Vorlage von Beweismitteln von erheblichem Mehrwert 67
 IV. Rechtsfolgen 69
  1. Geldbußenerlass 69
  2. Geldbußenermäßigung 70
  3. Teilweiser Geldbußenerlass 72
 V. Verfahren 73
  1. Kontakt mit der Generaldirektion Wettbewerb 74
  2. Förmlicher Antrag in Form einer Unternehmenserklärung 74
  3. Besonderheiten bei Erlassantrag 76
 VI. Kronzeugenanträge in der EU und im EWR 78
  1. Wahl der Behörde(n) 78
  2. Zusammenarbeit der Behörden 79
 VII. Kronzeugenanträge bei internationalen Kartellen 80
B. Beschwerden 80
 I. Allgemeines 80
 II. Behandlung von Beschwerden durch die Kommission 81
  1. Einreichung der Beschwerde 81
  2. Prüfung der Beschwerde 82
 III. Verfahren 84
 IV. Rechtsschutz 85

§ 8 Ermittlungsbefugnisse 87
A. Nachprüfungen 89
 I. Allgemeines 89
 II. Voraussetzungen und Verfahren angeordneter Nachprüfungen 89
  1. Anfangsverdacht 90
  2. Inhalt des Nachprüfungsbeschlusses 90
  3. Verfahren 93
  4. Bekanntgabe des Nachprüfungsbeschlusses 93
  5. Rechtsfolgen 93
 III. Voraussetzungen und Verfahren einfacher Nachprüfungen 94
  1. Anfangsverdacht 94
  2. Inhalt des schriftlichen Auftrags 94
  3. Verfahren 94
  4. Zustimmung des Unternehmens 95
 IV. Befugnisse der Kommission 95
  1. Betreten von Räumlichkeiten 95
  2. Prüfung der Geschäftsunterlagen 96
  3. Kopien und Auszüge 99
  4. Versiegelung 100
  5. Befragungen 100
 V. Gerichtliche Kontrolle 101
  1. Unionsgerichtliche Kontrolle 101
  2. Kontrolle durch Gerichte der Mitgliedstaaten 102
B. Auftragsnachprüfungen durch Wettbewerbsbehörden der Mitgliedstaaten 103
 I. Einführung 103
 II. Amtshilfe zwischen nationalen Wettbewerbsbehörden 103
 III. Ersuchen der Kommission 103
C. Auskunftsverlangen 104
 I. Verfahren 104
 II. Voraussetzungen 106
  1. Erfüllung der der Kommission übertragenen Aufgaben 106

2. Inhalt des Auskunftsverlangens	107
III. Umfang der Auskunftspflicht	109
1. Erforderlichkeit der Information	109
2. Kein unverhältnismäßiger Aufwand	109
3. Verbot der Selbstbezichtigung	110
4. Anwaltsprivileg	111
5. Schutz von Geschäftsgeheimnissen	111
6. Gleichbehandlung	111
D. Befugnis zur Befragung	112
I. Einführung	112
II. Voraussetzungen	112
III. Ermessen	113
IV. Durchführung	113
V. Verwertung	114
VI. Sanktionsmöglichkeiten	114
VII. Beteiligung nationaler Wettbewerbsbehörden	114
E. Sektoruntersuchungen	114
I. Eingriffsschwelle	115
II. Ermittlungsbefugnisse	115
III. Verwertung der erlangten Informationen	116
IV. Abschlussbericht	116
V. Rechtsschutz	116
§ 9 Anwaltsprivileg im europäischen Wettbewerbsrecht	**117**
A. Herleitung	117
B. Bedeutung im Wettbewerbsrecht	119
C. Umfang des Schutzes	120
I. Persönlicher Schutzbereich	120
II. Sachlicher Schutzbereich	122
III. Zeitlicher Schutzbereich	123
IV. Verzicht auf das Anwaltsprivileg	124
D. Adressaten	125
E. Geltendmachung im Kommissionsverfahren	125
F. Praktische Hinweise	127
I. Zusammenfassung: rechtlich privilegierte Dokumente	127
II. Vorbereitende Maßnahmen	127
III. Zur Handhabung von Durchsuchungen	127
§ 10 Weiterer Gang des Verwaltungsverfahrens	**129**
A. Verfahrensgrundsätze	131
I. Verteidigungsrechte der Betroffenen	132
II. Schutz von Geschäftsgeheimnissen	135
III. Die Rolle des Anhörungsbeauftragten	135
B. Gespräch zur einvernehmlichen Verfahrensbeendigung („Settlement")	137
I. Grundsätze des Vergleichsverfahrens	138
1. Kein abweichendes Verfahren in der Ermittlungsphase	138
2. Vereinfachungen in der kontradiktorischen Phase	138
3. Angebot des Vergleichsverfahrens im Ermessen der Kommission	138
4. Freiwillige Teilnahme der Parteien	139
5. Für alle Parteien zeitgleiche und bilaterale Vergleichsgespräche	139
6. Wahrung der Verteidigungsrechte	139
7. Vertraulichkeit	140

II. Bußgeldermäßigung um 10% und weitere Vergleichsvorteile 141
III. Auswahl der geeigneten Fälle 141
    1. Anzahl der Parteien 142
    2. Interesse der Parteien 142
    3. Beweislage 142
    4. Haftungszurechnung 142
    5. Vorliegen erschwerender Umstände 142
    6. Präzedenzfall 142
    7. Verfahrensstand in Wettbewerbsverfahren außerhalb des EWR ... 143
    8. Gesamtabwägung 143
IV. Ablauf des Vergleichsverfahrens 143
    1. Einleitung des Vergleichsverfahrens 143
    2. Vergleichsgespräche 145
    3. Vergleichsausführungen 147
    4. Mitteilung der Beschwerdepunkte und Erwiderung 148
V. Der Beschluss im Vergleichsverfahren 148
VI. Gerichtliche Kontrolle von Vergleichsbeschlüssen 148
VII. Besonderheiten „hybrider" Fälle 149
VIII. Schutz der Vergleichsdokumente 150
IX. Überblick über die Beschlüsse, die bislang im Vergleichsverfahren entschieden wurden 151
C. Mitteilung der Beschwerdepunkte 152
  I. Funktion im Verfahren 152
  II. Formalia 152
  III. Inhalt 153
    1. Vorgeworfene Zuwiderhandlung und Beweismittel 153
    2. Ankündigung von Geldbußen und/oder Abhilfemaßnahmen ... 154
  IV. Neue Tatsachen oder Beweismittel 155
  V. Rechtsfolgen von Verletzungen des Anhörungsrechts 156
D. Akteneinsicht 156
  I. Akteneinsichtsrecht der Parteien 156
    1. Allgemeines 156
    2. Umfang der Akteneinsicht 157
    3. Verfahren/Rechtsschutz 162
  II. Akteneinsicht durch Dritte 165
  III. Zugang zur Akte der Kommission nach der VO (EG) Nr. 1049/2001 (Transparenz-VO) 166
    1. Allgemeines 166
    2. Vermutung für das Vorliegen einer Ausnahme vom Zugangsrecht 166
    3. Widerlegung der Vermutung bzw. Nachweis eines überwiegenden öffentlichen Interesses am Zugang 168
    4. Zugang zu bestimmten Dokumenten 169
    5. Verfahren 171
  IV. Zugang zu Dokumenten aus der Akte nach der neuen RL 2014/104/EU 172
E. Anhörung 173
  I. Schriftliche Stellungnahme 173
  II. Mündliche Anhörung 174
    1. Allgemeines/Organisatorisches 174
    2. Durchführung 176
    3. Zwischenbericht des Anhörungsbeauftragten 177

III. Weitere Ermittlungen, ergänzende Mitteilung der
Beschwerdepunkte und Tatbestandsschreiben 177
F. State of Play Meetings 178
G. Entscheidung 179
    I. Kollegialitätsprinzip und Delegation 179
    II. Abstimmung zwischen den Dienststellen der Kommission 180
    III. Anhörung des Beratenden Ausschusses 180
    IV. Annahme des Beschlusses 180
    V. Bekanntgabe an Adressaten 181
H. Veröffentlichung 181
    I. Veröffentlichung des Beschlusses 181
    II. Von der Veröffentlichung ausgenommene Angaben 182
        1. Geschäftsgeheimnisse und andere vertrauliche Informationen 182
        2. Personenbezogene Daten und Angaben zu ursprünglich
            Beschuldigten 182
        3. Verfahren 183

§ 11 Entscheidungsarten 185
  A. Feststellung und Abstellung von Zuwiderhandlungen nach Art. 7 VO
     1/2003 186
    I. Abstellungsverfügungen 187
        1. Voraussetzungen 187
        2. Entscheidungsinhalt 187
        3. Anforderungen an Bestimmtheit und Verhältnismäßigkeit 189
        4. Wirkungen der Entscheidung 190
    II. Feststellungsentscheidungen 190
        1. Beendete Zuwiderhandlung 191
        2. Feststellungsinteresse der Kommission 191
  B. Anordnung einstweiliger Maßnahmen gem. Art. 8 VO 1/2003 192
    I. Voraussetzungen 192
        1. Prima facie Zuwiderhandlung gegen Art. 101, 102 AEUV 192
        2. Ernster, nicht wieder gut zu machender Schaden für den
            Wettbewerb/Dringlichkeit 192
    II. Verfahren 193
    III. Inhalt und Wirkung 194
        1. Inhalt 194
        2. Wirkung 195
  C. Zusagenentscheidungen gem. Art. 9 VO 1/2003 195
    I. Voraussetzungen 196
        1. Einleitung eines förmlichen Verfahrens 196
        2. Absicht zum Erlass einer Abstellungsverfügung, aber keines
            Bußgeldbescheids 197
        3. Mitteilung der vorläufigen Beurteilung durch die Kommission 198
    II. Verfahren 199
        1. Angebot von Verpflichtungszusagen 199
        2. Markttest 200
        3. Anhörung des Beratenden Ausschusses 201
        4. Annahme der Zusagen durch die Kommission 201
        5. Akteneinsicht 201
        6. Rechtliches Gehör 202
    III. Inhalt und Wirkung von Zusagenentscheidungen 203
        1. Inhalt der Entscheidung nach Art. 9 VO 1/2003 203
        2. Inhalt der Zusagen 203

3. Einsetzung eines Überwachungstreuhänders („Monitoring Trustee")	205
4. Wirkung der Entscheidung nach Art. 9 VO 1/2003	206
IV. Wiederaufnahme des Verfahrens	208
1. Änderung der tatsächlichen Verhältnisse	208
2. Nichteinhaltung von Verpflichtungszusagen	209
3. Falsche oder unvollständige Angaben	209
D. Feststellung der Nichtanwendbarkeit gem. Art. 10 VO 1/2003	210
I. Voraussetzungen	210
1. Förmliches Verfahren	210
2. Öffentliches Unionsinteresse	210
II. Verfahren	210
III. Inhalt und Wirkung	211
IV. Beratungsschreiben	212
§ 12 Beweisrecht	**214**
A. Allgemeines	214
B. Formelle Beweislast (Darlegungslast)	215
I. Kommissionsverfahren	215
II. Nationale Verfahren	216
C. Materielle Beweislast	216
D. Beweismaß	217
I. Kommissionsverfahren	217
II. Nationale Verfahren	218
E. Beweiswürdigung	219
I. Kommissionsverfahren	219
II. Nationale Verfahren	220
F. Beweismittel	220
I. Kommissionverfahren	220
II. Nationale Verfahren	222
§ 13 Sanktionen	**223**
A. Einführung	225
B. Geldbußen	226
I. Allgemeines	226
1. Verfahrensrechtliche und materiellrechtliche Verstöße	226
2. Zweck und Rechtsnatur von Geldbußen	226
3. Vereinbarkeit mit Grundrechtscharta und EMRK	228
4. Ne bis in idem	229
5. Verschuldenserfordernis	231
6. Ermessen und Ermessensbindung	232
II. Adressaten	232
1. Unternehmen und Unternehmensvereinigungen als Normadressaten	232
2. Bestimmung der Adressaten der Geldbuße im Unternehmen	233
3. Folgen gemeinschaftlicher Haftung im Unternehmen	238
III. Verstöße gegen verfahrensrechtliche Vorschriften	239
1. Allgemeines	239
2. Bußgeldtatbestände	240
3. Bemessung der Geldbuße	241
IV. Verstöße gegen Art. 101 und 102 AEUV	242
1. Ermessensbindung durch Bußgeldleitlinien	242
2. Überblick über Berechnungsmethode	243

Inhaltsverzeichnis

3. Bestimmung des Grundbetrags	243
4. Erschwerende Umstände	250
5. Mildernde Umstände	253
6. Abschreckungsmultiplikator	258
7. Abschöpfung des durch den Wettbewerbsverstoß erzielten Gewinns	259
8. 10% Kappungsgrenze	260
9. Immunität und Bußgeldreduktion wegen Kooperation	262
10. Vergleichsverfahren	262
11. Zahlungsunfähigkeit (ITP)	263
12. Abweichende Bestimmung der Geldbuße im Einzelfall	264
V. Verstöße gegen Verpflichtungszusagen	265
C. Zwangsgelder	266
I. Allgemeines	266
II. Zwangsgeldtatbestände	267
III. Verfahren für die Verhängung eines Zwangsgelds	268
IV. Bemessung des verhängten Zwangsgelds	268
D. Verjährung	270
I. Überblick	270
II. Verfolgungsverjährung	270
1. Allgemeines	270
2. Beginn der Verfolgungsverjährung	270
3. Unterbrechung der Verfolgungsverjährung	271
4. Ruhen der Verfolgungsverjährung	272
5. Verhältnis zum grundrechtlichen Anspruch auf eine angemessene Verfahrensdauer	273
III. Vollstreckungsverjährung	274
1. Allgemeines	274
2. Beginn der Vollstreckungsverjährung	275
3. Unterbrechung der Vollstreckungsverjährung	275
4. Ruhen der Vollstreckungsverjährung	275

§ 14 Rechtsschutz gegen Maßnahmen der Europäischen Kommission im Kartellrecht ... 277

A. Einleitung	278
B. Nichtigkeitsklage	279
I. Zulässigkeit	279
1. Anfechtbare Rechtsakte	279
2. Klageberechtigung	281
3. Rechtsschutzbedürfnis	283
4. Klagefrist	284
II. Begründetheit	284
1. Unzuständigkeit	284
2. Verletzung wesentlicher Formvorschriften	285
3. Verletzung der Verträge durch die Kommission	287
4. Ermessensmissbrauch	294
III. Urteil	295
C. Untätigkeitsklage	296
I. Zulässigkeit	296
II. Begründetheit und Urteil	297
D. Schadensersatzklage	298
I. Zulässigkeit	298

II. Begründetheit	299
1. Hinreichend qualifizierter Rechtsverstoß	300
2. Schaden und Kausalität	302
E. Vorläufiger Rechtsschutz gegen Entscheidungen der Kommission	303
F. Rechtsmittel	305
I. Zulässigkeit	306
1. Gegenstand des Rechtsmittels	306
2. Rechtsmittelberechtigung und Rechtsschutzbedürfnis	306
3. Beschränkung auf Rechtsfragen des Unionsrechts	307
4. Beschränkung auf den erstinstanzlichen Streitgegenstand	308
5. Anforderungen an die Rechtsmittelschrift	309
6. Rechtsmittelfrist	310
7. Anschlussrechtsmittel	310
II. Begründetheit	310
1. Unzuständigkeit des EuG	311
2. Verfahrensfehler des EuG	311
3. Verletzung des Unionsrechts durch das EuG	313
III. Entscheidung über das Rechtsmittel	316
G. Besondere Verfahrensarten	317
H. Allgemeines zum Verfahrensablauf vor den Unionsgerichten	318
I. Streithilfe	322
§ 15 Zusammenarbeit der Wettbewerbsbehörden und der Gerichte in der Europäischen Union in Verwaltungs- und Bußgeldverfahren	325
A. Verfahren der Kommission und Unionsgerichte	326
I. Vorrang der Zuständigkeit der Kommission	326
II. Pflichten der nationalen Behörden zur Unterstützung der Kommission	327
1. Auskunftsverlangen	327
2. Nachprüfungsbefugnisse	327
3. Vertikale Amtshilfe	328
4. Informationsaustausch	328
III. Vorrang des Verfahrens der Kommission und Unionsgerichte vor Verfahren der Gerichte und Behörden der Mitgliedstaaten im Rahmen des Art. 16 VO 1/2003	329
1. Grundsätze	329
2. Vorrang der Kommissionsentscheidung gegenüber Entscheidungen nationaler Gerichte	330
3. Vorrang der Kommissionsentscheidung gegenüber Entscheidungen nationaler Wettbewerbsbehörden	333
4. Folgen der Nichtbeachtung	333
B. Verfahren der Wettbewerbsbehörden und Gerichte der Mitgliedstaaten	333
I. Befugnisse zur Durchsetzung des europäischen Kartellrechts	333
1. Pflicht zur Anwendung von Art. 101 und 102 AEUV	333
2. Zuständigkeit und Entscheidungsbefugnisse der nationalen Wettbewerbsbehörden	334
3. Zuständigkeit der nationalen Gerichte	335
II. Die Zusammenarbeit zwischen Kommission und den Wettbewerbsbehörden der Mitgliedstaaten im Netz der Wettbewerbsbehörden (ECN)	336
1. Grundsätze der Fall- und Aufgabenverteilung	337
2. Einzelheiten der Fall- und Aufgabenverteilung	338

3. Sicherstellung der kohärenten Anwendung der Art. 101 und 102 AEUV 342
4. Aufgreifbefugnis durch die Kommission 342
5. Rechtsschutz 344
6. Besonderheiten bei Kronzeugenanträgen 344
7. Aussetzung und Einstellung des Verfahrens bei Bearbeitung durch eine andere Behörde 345
8. Ne bis in idem-Grundsatz 347
9. Beratender Ausschuss für Kartell- und Monopolfragen 350
III. Zusammenarbeit im gerichtlichen Verfahren 350
1. Übermittlung von Informationen durch die Kommission 352
2. Abgabe von Stellungnahmen durch die Kommission 353
3. Stellungnahme der Kommission aus eigener Initiative 354
4. Übermittlung von Urteilen nationaler Gerichte 354
5. Beteiligung der nationalen Wettbewerbsbehörden 355

2. Abschnitt Kartellverfahren in Deutschland 356
§ 16 Einleitung 356
A. Kartellverfahren und Verfolgungsbehörden 356
B. Zuständigkeitsbereiche der Kartellbehörden 357
I. Zuständigkeitsverteilung für die Anwendung des nationalen Kartellrechts 357
1. Grundlagen 357
2. Originäre Zuständigkeitsverteilung 358
3. Zuständigkeit kraft einvernehmlicher Abgabe 360
4. Verhältnis zur sektorspezifischen Regulierung der Bundesnetzagentur 363
5. Streitige Zuständigkeit der Kartellbehörden 365
II. Zuständigkeitsverteilung für die Anwendung der Europäischen Wettbewerbsregeln 366
1. Zuständigkeit von Kommission und nationalen Kartellbehörden 366
2. Nationale Zuständigkeitsverteilung für den Vollzug des Europäischen Rechts 375
C. Aufbau und Arbeitsweise des Bundeskartellamts 377
I. Justizförmigkeit 377
II. Arbeitsweise in der Praxis 378

§ 17 Verwaltungsverfahren 380
A. Arten des Verfahrens (Einleitung des Verfahrens) 383
I. Amtsverfahren 384
II. Antragsverfahren 385
B. Verfahrensbeteiligte 386
I. Beteiligung kraft Gesetzes 387
1. Antragsteller 387
2. Betroffener 388
3. Veräußerer 389
4. Bundeskartellamt 389
II. Beteiligung kraft Beiladung 389
1. Erhebliche Interessenberührung 390
2. Ermessensentscheidung 392
3. Zeitpunkt der Beiladung 396
4. Wirkung, Umfang und Dauer der Beiladung 397

C. Ermittlungsbefugnisse	398
I. Untersuchungsgrundsatz	398
II. Auskunftsrechte	399
1. Anwendungsbereich	400
2. Berechtigte Behörden	401
3. Allgemeine Voraussetzungen	402
4. Adressaten, Auskunftsverpflichtete	405
5. Umfang des Auskunftsverlangen	407
6. Form, Fristen	409
7. Einschränkungen der Auskunftspflicht	410
III. Einsichts- und Prüfungsrechte	413
1. Adressaten und Mitwirkungspflichten	413
2. Umfang und Grenzen	413
3. Formelle Voraussetzungen	414
IV. Durchsuchungen	415
1. Adressaten, Umfang und Grenzen	415
2. Formelle Voraussetzungen	416
V. Beschlagnahme	417
1. Gegenstand und Grenzen der Beschlagnahme	417
2. Formelle Voraussetzungen und Verfahren	419
VI. Beweis durch Augenschein, Zeugen und Sachverständige	420
1. Augenscheinsbeweis	420
2. Zeugenvernehmung	420
3. Sachverständige	420
4. Rechtsmittel	421
VII. Zwangsmittel	421
D. Verfahrensregeln und Verfahrensablauf	422
I. Förmlichkeit des Verfahrens	422
II. Anspruch auf rechtliches Gehör	423
III. Recht auf Akteneinsicht	425
IV. Öffentliche mündliche Verhandlung	427
V. Vorabentscheidung über Zuständigkeit (§ 55 GWB)	427
VI. Einstweilige Maßnahmen (§ 60 GWB)	428
1. Formelle Voraussetzungen	428
2. Materielle Voraussetzungen	429
3. Rechtsmittel	431
E. Verfahrensabschluss	431
I. Verfügung	431
1. Formelle Anforderungen	432
2. Bekanntmachung	434
3. Vollstreckung	436
II. Verfahrenseinstellung	436
III. Gebührenpflichtigkeit	436
F. Rechtsschutz	438
I. Beschwerde	438
1. Zuständigkeit des Beschwerdegerichts	438
2. Zulässigkeit	439
3. Frist und Form	442
4. Aufschiebende Wirkung	443
5. Verfahren vor dem Beschwerdegericht	446
6. Beschwerdeentscheidung	448
II. Rechtsbeschwerde	451
1. Zulässigkeit	451

2. Umfang der Nachprüfung	452
3. Nichtzulassungsbeschwerde	453
III. Kosten	453
G. Anspruch auf Informationszugang nach dem Informationsfreiheitsgesetz	454
I. Allgemeines	454
II. Anspruchsinhalt	455
III. Ausschluss des Anspruchs	455
1. Schutz von Kontroll- und Aufsichtsaufgaben des Bundeskartellamtes (§ 3 Nr. 1 lit. d) IFG)	456
2. Schutz der behördeninternen Willensbildung (§ 3 Nr. 3 lit. b) IFG, § 4 IFG)	457
3. Dem Berufs- oder Amtsgeheimnis unterfallende Informationen (§ 3 Nr. 4 IFG)	458
4. Vertraulich erhobene oder übermittelte Informationen (§ 3 Nr. 7 IFG)	459
5. Schutz personenbezogener Daten (§ 5 IFG)	460
6. Schutz von Betriebs- und Geschäftsgeheimnissen (§ 6 S. 2 IFG)	461
IV. Verfahren und Rechtsschutz	462
V. Kritische Einordnung	463
§ 18 Ordnungswidrigkeitenverfahren	**465**
A. Überblick	469
B. Grundzüge des Ordnungswidrigkeitsrechts bei Kartellrechtsverstößen	471
I. Überblick über bußgeldbewährte Kartellrechtsverstöße	471
II. Art und Weise der Begehung einer Kartellordnungswidrigkeit	472
1. Täterschaft und Teilnahme	472
2. Begehen durch Unterlassen	473
3. Aufsichtspflichtverletzung	473
4. Subjektiver Tatbestand, Schuld	475
III. Bußgeldhaftung natürlicher und juristischer Personen	477
1. Bußgeldhaftung juristischer Personen	477
2. Bußgeldhaftung natürlicher Personen	480
IV. Rechtskraft, Strafklageverbrauch etc.	481
1. Sperrwirkung in Bezug zu weiteren Verfahren gegen dieselbe Person	481
2. „Doppelte" Bebußung der juristischen Person und ihrer Vertreter	484
C. Verfahrenseröffnung	485
D. Ermittlungsbefugnisse	487
I. Überblick	487
II. Durchsuchungen	488
III. Sicherstellung von Beweisgegenständen	493
IV. Vernehmungen	498
V. Auskunftsverlangen	502
VI. Sachverständige	504
VII. Freiwillige Kooperationsbeiträge der Bonusantragsteller	504
E. Verfahrensrechte	507
I. Selbstbelastungsfreiheit	507
II. Rechtliches Gehör	508
III. Beistand durch einen Verteidiger	509
IV. Akteneinsicht	510
V. Rechtsbehelfe	512

F. Beweisrecht	513
G. Verfahrensabschluss	517
H. Sanktionen	520
I. Überblick	520
II. Verfolgungsverjährung	522
III. Bußgeldzumessung	525
1. Festlegung des Bußgeldrahmens	525
2. Individuelle Bußgeldzumessung	547
3. Zahlungserleichterungen	562
4. Verzinsung	563
IV. Steuerrechtliche Behandlung von Bußgeldern und Verfahrenskosten	565
V. Sonstige Sanktionen	566
1. Eintragung in das Gewerbezentralregister	566
2. Ausschluss von Vergabeverfahren	566
3. Abschöpfung des wirtschaftlichen Vorteils	567
I. Vergleichsverfahren	568
I. Die Entwicklung des Vergleichsverfahrens in Deutschland	568
II. Rechtsgrundlage und Ermessen	569
1. Rechtsgrundlage	569
2. Ermessen der Behörde	570
III. Vor- und Nachteile eines Settlements	570
IV. Ablauf des Settlement-Verfahrens	571
V. Inhalt Settlement-Erklärung	572
VI. Rechtsfolgen und Rechtsmittel	573
1. Rechtsfolgen	573
2. Rechtsmittel	573
VII. Hybride Settlements	574
J. Rechtsschutz gegen Entscheidungen im Ordnungswidrigkeitenverfahren	574
I. Einspruch gegen einen Bußgeldbescheid	574
1. Allgemeines	574
2. Zwischenverfahren	576
3. Rücknahme des Einspruchs	578
4. Akteneinsicht, Geschäftsgeheimnisse	578
5. Gerichtliches Verfahren	579
6. Verständigung nach § 257c StPO	584
II. Rechtsbeschwerde	586
1. Das Rechtsmittel der Rechtsbeschwerde	586
2. Zuständigkeit des BGH/Zurückverweisung an das OLG	587
3. Formelle Voraussetzungen der Beschwerde	587
4. Verfahrensgang	587
5. Verfahrens- und Sachrügen	588
6. Beschränkung und Rücknahme der Rechtsbeschwerde	589
K. Akteneinsicht für Verletzte nach § 406e StPO	590
I. Allgemeines	590
II. Anspruchsberechtigung	590
1. Verletzteneigenschaft	590
2. Berechtigtes Interesse	591
III. Versagungsgründe	593
1. Überwiegende Interessen Beschuldigter oder anderer Personen	593
2. Gefährdung des Untersuchungszwecks (§ 406e Abs. 2 S. 2 StPO)	596

3. Erhebliche Verzögerung des Verfahrens (§ 406e Abs. 2 S. 3 StPO) 596
IV. Beurteilung zu einzelnen Aktenbestandteilen 597
  1. Bußgeldbescheide 597
  2. Bonusanträge 598
  3. Mit dem Bonusantrag freiwillig übermittelte Dokumente 599
  4. Settlementerklärungen/Vergleichsausführungen 599
  5. Sonstige Aktenbestandteile (Verfahrensakte, Asservate) 600
V. Verfahren und Rechtsschutz 602
  1. Antrag durch einen Rechtsanwalt 602
  2. Inhalt des Antrages 603
  3. Anhörung der Betroffenen und Beschluss zur Akteneinsicht 603
  4. Gewährung der Einsicht und Zweckbindung 604
VI. Rechtsmittel 604
  1. Beschlüsse des Bundeskartellamtes 604
  2. Entscheidungen der GStA Düsseldorf bzw. OLG Düsseldorf ... 604

§ 19 Kartellstrafrecht 605

A. Straftatbestände 606
  I. Wettbewerbsbeschränkende Absprachen bei Ausschreibungen (§ 298 StGB) 606
    1. Entstehung/Bedeutung: 606
    2. Rechtsgut 607
    3. Deliktsnatur 609
    4. Tatbestand 610
    5. Verjährung 624
    6. Konkurrenzen 625
    7. Internationale Sachverhalte 626
  II. Betrug (§ 263 StGB) 627
    1. Bedeutung 627
    2. Tatbestand 627
    3. Verjährung 635
    4. Konkurrenzen 635
B. Zuständigkeiten 635
  I. Zuständigkeit der Staatsanwaltschaft 635
  II. Zuständigkeit der Kartellbehörden 636
C. Strafverfahren (ausgewählte Fragen) 637
  I. Die Bonusregelung und das Legalitätsprinzip 637
  II. Akteneinsicht insbesondere in den Bonusantrag 640
    1. Akteneinsicht von Geschädigten 640
    2. Akteneinsicht für Justizbehörden 641
    3. Akteneinsicht für Verteidiger 641
  III. Überwachung der Telekommunikation (§ 100a StPO) 641
    1. Zulässigkeit der Überwachung der Telekommunikation 641
    2. Verwertung im Verfahren zur Festsetzung der Verbandsgeldbuße 643
D. Rechtsfolgen 644
  I. § 153 StPO 644
  II. § 153a StPO 645
  III. Strafen 647
    1. § 298 StGB 647
    2. § 263 StGB 647

IV. Vermögensabschöpfung	648
1. Verfall	648
2. Rückgewinnungshilfe	649

3. Abschnitt Internationale Zusammenhänge 651
§ 20 Völkerrechtliche Grundlagen 651

§ 21 Internationale Zusammenarbeit der Kartellbehörden – Internationales Netzwerk der Kartellbehörden 654

    A. Einleitung 654
    B. Die Arbeit des ICN 655

§ 22 Informationsaustausch und Verwertung von Informationen als Beweismittel   658

    A. Einleitung 658
    B. Informationsaustausch des BKartA 658
        I. Grundsatz 658
        II. Beschränkungen der Weitergabe 659
        III. Beschränkungen der Verwertung 660
        IV. Rechtshilfeabkommen 660
        V. Rechtsschutz 660
            1. Informationsweitergabe durch das BKartA 661
            2. Verwendung erlangter Informationen durch das BKartA 662
    C. Informationsaustausch der Kommission 662
        I. Einleitung 662
        II. Wettbewerbsspezifische Verträge 663
        III. Allgemeine völkerrechtliche Verträge 665
        IV. Memoranda of Understanding 667
        V. Rechtsschutz 668

3. Teil Kartellprozess

1. Abschnitt Einleitung und Überblick 671
§ 23 Stellung der privaten Rechtsdurchsetzung im Gesamtsystem der Kartellrechtsdurchsetzung 671

    A. Verbote, Ansprüche und Einwendungen – Private Durchsetzung des Kartellrechts im Überblick 671
    B. Verhältnis von privater und öffentlicher Rechtsdurchsetzung 673

§ 24 EU-rechtliche Grundlagen des Kartellprozesses 676

    A. Der unionsrechtliche Kartellschadensersatzanspruch 677
        I. Grundlagen der unionsrechtlichen Haftung wegen eines Kartellverstoßes 677
            1. Subjektives Recht, Rechtsschutz und Verfahren im Unionsrecht 678
            2. Der europäische Staatshaftungsanspruch 679
        II. Entstehungsgeschichte, Natur und Rechtsgrundlage des Kartellschadensersatzanspruchs 679
            1. Hintergründe: Das europäische Kartellrecht als System effektiv durchzusetzender subjektiver Rechte und die erstmalige Herleitung eines Kartellschadensersatzanspruchs durch *GA van Gerven* 680
            2. Das Urteil *Courage* des EuGH 681
            3. Die Entwicklungen seit *Courage* – insbesondere die Urteile *Manfredi* und *Kone* 682

4. Einordnung der Rechtsprechung des EuGH vor dem Hintergrund der Debatte über die Rechtsnatur des europäischen Schadensersatzanspruchs 684
III. Funktionen des unionsrechtlichen Kartellschadensersatzanspruchs ... 685
IV. Allgemeine unionsrechtliche Haftungsvorgaben 686
   1. Haftungstatbestand 686
   2. Aktivlegitimation 687
   3. Passivlegitimation 687
   4. Rechtsfolgen 688
B. Die Richtlinie 2014/104/EU – Sekundärrechtliche Ausformung des unionsrechtlichen Kartellschadensersatzrechts 689
  I. Entstehungsgeschichte 689
  II. Ziele und Regelungstechnik der RL 2014/104/EU 690
  III. Anwendungsbereich 691
  IV. Wesentliche Regelungsinhalte 692
    1. Inhalt des Schadensersatzanspruchs und Schadensermittlung 692
    2. Offenlegung von Beweismitteln 693
    3. Bindungswirkung kartellbehördlicher Entscheidungen 695
    4. Verjährungsfristen 695
    5. Gesamtschuldnerische Haftung 695
    6. Schadensabwälzung (Passing-on) und Verortung des Schadens in der Lieferkette 696
    7. Einvernehmliche Streitbeilegung 697
  V. Wirkung im mitgliedstaatlichen Recht 698
C. Sonstige unionsrechtliche Vorgaben für die private Durchsetzung des Kartellrechts 699
  I. Materiell-rechtliche Vorgaben – Internationales Kartellprivatrecht ... 699
    1. Vertragliche Schuldverhältnisse 699
    2. Außervertragliche Schuldverhältnisse 700
  II. Verfahrensrechtliche Vorgaben – Internationales Kartellprozessrecht 701
    1. Internationale Zuständigkeit 701
    2. Zustellung von Schriftstücken 701
    3. Beweis- und Beweisverfahrensrecht 701
    4. Anerkennung und Vollstreckung 702
  III. Grundsätze für kollektive Rechtsdurchsetzung 702

2. Abschnitt: Kartellzivilprozesse im deutschen Recht 703
§ 25 Aktivlegitimation im Kartellzivilprozess 703
A. Hintergrund 705
  I. Historische Entwicklung bis zur 7. GWB-Novelle 705
    1. Anknüpfung der Aktivlegitimation an das Schutzgesetzprinzip .. 705
    2. Restriktive Auslegung des Schutzgesetzprinzips bis zur 7. GWB-Novelle 705
  II. „Betroffenheit" eines Marktteilnehmers nach § 33 GWB 707
    1. Aufgabe des Schutzgesetzerfordernisses mit der 7. GWB Novelle 707
    2. Weitere Klärung durch den BGH in Sachen „ORWI" 709
B. Einzelne Fallkonstellationen der Aktivlegitimation bzw. „Betroffenheit" 710
  I. Kartellverstöße in Form horizontaler Wettbewerbsbeschränkungen .. 711
    1. Aktivlegitimation von „sonstigen Marktbeteiligten" 711
    2. Aktivlegitimation von „Mitbewerbern" der Kartellbeteiligten ... 716

II. Kartellverstöße in Form vertikaler Wettbewerbsbeschränkungen ...	718
1. Aktivlegitimation von „sonstigen Marktbeteiligten"	718
2. Aktivlegitimation von „Mitbewerbern" der Kartellbeteiligten	720
III. Missbrauchs- und Diskriminierungsverbote und anderes verbotswidriges unilaterales Verhalten	721
1. Keine materiell-rechtlichen Konsequenzen durch die 8. GWB-Novelle	721
2. Anspruchsberechtigung der unmittelbar Betroffenen	721
IV. Aktivlegitimation bei Verstößen gegen Verfügungen einer Kartellbehörde	724
V. Aktivlegitimation von Verbänden	725
VI. Neue Richtlinie über bestimmte Vorschriften für Schadensersatzklagen	726
C. „Passing-on defense"	729
I. Grundsätzliche Zulassung durch den BGH in Sachen „ORWI" ...	729
1. Anwendbarkeit der Grundsätze über die Vorteilsausgleichung	729
2. Voraussetzungen der Vorteilsausgleichung	730
3. Darlegungs- und Beweislast	731
4. „Zurückhaltende" Umkehr der Darlegungs- und Beweislast ...	731
II. Konsequenzen für die Praxis	733
1. Nachweis der Kausalität des Kartells für den Vorteil des Geschädigten	733
2. Zunahme von Streitverkündungen?	735
3. Keine Notwendigkeit für eine Gesamtgläubigerschaft	736
III. Neue Richtlinie über bestimmte Vorschriften für Schadensersatzklagen	737
D. Mehrheit von Gläubigern und „Sammelklagen"	738
I. Entwicklungen auf europäischer Ebene	738
II. Situation nach deutschem Recht	739
§ 26 Schadensersatzprozesse	**741**
A. Voraussetzungen und Umfang von deliktischen Schadensersatzansprüchen	750
I. Anspruchsgrund	750
1. Anspruchsgrundlagen	750
2. Tatbestandsvoraussetzungen	752
3. Haftungsbegründende Kausalität	811
4. Beweisführung	830
II. Höhe des Schadens und haftungsausfüllende Kausalität	832
1. Grundlagen: §§ 249 ff. BGB	832
2. Darlegung und Beweis	843
3. Mitverschulden des Verletzten	878
III. Ökonomische Grundlagen der Schadensberechnung	882
1. Weitergehende Veröffentlichungen	882
2. Einführende Überlegungen zur Schätzung des Schadens durch einen Kartellpreisaufschlag	883
3. Empirische Methoden zur Schadensschätzung des Kartellpreisaufschlags: ein Beispiel	889
4. Anmerkungen zu weiteren empirischen Ansätzen	903
5. Abschließende Bemerkungen zur empirischen Schätzung eines Kartellpreisaufschlags	904
6. Preisschirmeffekte	905
7. Passing-on des Kartellaufschlags/Vorteilsausgleichung	907

8. Mengeneffekte 909
9. Vertikalabsprachen und Vertikale Wettbewerbsbeschränkungen 910
10. Schadensschätzung in Missbrauchsfällen 911
IV. Anspruch auf Verzinsung des Schadens 913
V. Verjährung 916
    1. Allgemeines 916
    2. Verjährungsbeginn und -ende 917
    3. Verjährungshemmung 919
    4. Ansprüche aus § 852 Satz 1 BGB nach Verjährung 921
    5. Regelungen zur Verjährung in der Schadensersatzrichtlinie 923
VI. Passivlegitimation 923
    1. Zurechnung des Handelns natürlicher Personen 923
    2. Zivilrechtliche Haftung im Konzern 924
    3. Haftung natürlicher Personen 927
    4. Haftung Mehrerer 928
VII. Behandlung von Altfällen 928
    1. Allgemeine Grundsätze 928
    2. Intertemporale Anwendung von § 33 Abs. 5 GWB 929
    3. Intertemporale Anwendung der Verzinsungsregel nach § 33
       Abs. 3 Satz 4 GWB und § 849 BGB 931
B. Nichtdeliktische Anspruchsgrundlagen 932
  I. Vertragliche Ansprüche 932
    1. Vertragsstraferegelungen und Schadenspauschalierungen 932
    2. Culpa in contrahendo 938
  II. Bereicherungsansprüche 939
    1. Anfechtbarkeit von Folgeverträgen nach § 123 BGB wegen
       arglistiger Täuschung 940
    2. Bereicherungsrechtliche Rückabwicklung 943
    3. Bereicherungsrechtliche Rückabwicklung und
       Kartellschadensersatz im Vergleich 944
C. Prozessuale Fragen 947
  I. Rechtsweg 948
  II. Zuständigkeit für Kartellsachen 949
    1. Sachliche Zuständigkeit 949
    2. Funktionelle Zuständigkeit 949
    3. Örtliche Zuständigkeit 950
    4. Gerichtsstandsklauseln 954
    5. Schiedsvereinbarungen 954
  III. Klage 954
    1. Vorüberlegungen 955
    2. Informationsbeschaffung für die Substantiierung der Klage 957
    3. Formulierung des Antrags 959
    4. Zustellung der Klage und erforderliche Übersetzungen 961
    5. Verfahrensgang 961
    6. Beweisfragen 962
    7. Exkurs: Schadenspauschalierung 966
    8. Rechtsmittel 967
    9. Verfahrensdauer 967
  IV. Streitverkündung 967
    1. Allgemeine Voraussetzungen 968
    2. Kosten 969
  V. Beteiligung der Kartellbehörden 970
    1. Beteiligung der nationalen Kartellbehörden 970

2. Beteiligung der Europäischen Kommission	971
VI. Streitwert	972
1. Zuständigkeitsstreitwert	972
2. Gebührenstreitwert/Gegenstandswert	973
3. Rechtsmittelstreitwert	973
4. Streitwertanpassung nach § 89a GWB	973
5. Kosten des Rechtsstreits	974
VII. Schutz von Geschäftsgeheimnissen	975
1. Grundlagen	976
2. Lösungsmöglichkeiten für (kartellrechtliche) Zivilprozesse	980
D. Probleme des Ausgleichs unter Gesamtschuldnern im Kartellschadensersatzprozess	986
I. Gesamtschuldnerische Haftung der Kartellbeteiligten im Außenverhältnis	986
1. Grundsatz der Gesamtschuld	986
2. Nach derzeitiger Rechtslage keine Haftungsprivilegierung des Kronzeugen im Außenverhältnis	986
3. Praktische Konsequenzen für den Geschädigten	988
II. Innenausgleich zwischen Gesamtschuldnern: Kartellregress nach geltender Rechtslage	988
1. Grundsatz	988
2. Kein genereller Ausschluss des Kartellregresses	989
3. Kriterien des Innenausgleichs	990
III. Streitverkündung zur Sicherung des Innenausgleiches	996
IV. Neue Richtlinie über bestimmte Vorschriften für Schadensersatzklagen	996
1. Grundsatz der gesamtschuldnerischen Haftung im Außenverhältnis	996
2. Haftung der Kartellmitglieder im Innenverhältnis	996
3. Haftungsprivilegierungen	997
4. Vergleichsanreize	1000
§ 27 Unterlassungs- und Beseitigungsprozesse	**1002**
A. Überblick	1002
I. Abgrenzung	1003
II. Kartellrechtlicher Kontrahierungszwang	1004
B. Materiellrechtliche Voraussetzungen des Unterlassungs- und Beseitigungsanspruchs nach § 33 Abs. 1 GWB	1007
I. Aktivlegitimation	1007
II. Kartellrechtsverstoß gem. § 33 Abs. 1 GWB	1007
1. Verstoß gegen Art. 101 AEUV, § 1 GWB	1007
2. Verstoß gegen Art. 102 AEUV, §§ 19 ff. GWB	1009
3. Begehungsgefahr und gegenwärtige Beeinträchtigung	1009
4. Keine Tatbestandswirkung nach § 33 Abs. 4 GWB	1012
5. Keine Verjährungshemmung nach § 33 Abs. 5 GWB	1013
6. Relevanter Zeitpunkt	1013
III. Passivlegitimation	1017
C. Prozessuale Besonderheiten von Unterlassungs- und Beseitigungsansprüchen	1018
I. Außergerichtliches Vorgehen – vor allem Abmahnung vor Unterlassungsklage	1018
II. Zuständigkeit	1020
1. Richtiger Rechtsweg	1020

Inhaltsverzeichnis

2. Sachliche und funktionale Zuständigkeit	1021
3. Örtliche und internationale Zuständigkeit	1021
III. Klageanträge	1023
1. Unterlassung	1023
2. Beseitigung	1025
3. Kontrahierungszwang – insbes. Belieferung	1026
IV. Einstweiliger Rechtsschutz	1030
1. Kontrahierungszwang dem Grunde nach festgestellt	1031
2. Eigenständige einstweilige Verfügung auf Belieferung/Aufnahme	1033
§ 28 Vorteilsabschöpfung durch Verbände	1035
A. Zweck der Regelung und Entstehungsgeschichte	1035
B. Materielle Grundlagen	1036
I. Anspruchsberechtigung	1037
II. Vorsätzlicher Verstoß	1038
III. Vorteil zu Lasten einer Vielzahl von Geschädigten	1039
IV. Subsidiarität	1040
V. Anspruchsinhalt und Verjährung	1040
C. Prozessuale Aspekte und Verfahren	1041
D. Praktische Bedeutung der Vorteilsabschöpfung und Zukunft der kollektiven Rechtsdurchsetzung im Kartellzivilrecht	1042
§ 29 Ansprüche und Klagen auf Auskunft	1044
A. Akzessorischer Auskunftsanspruch nach § 242 BGB	1044
I. Anspruchsvoraussetzungen	1044
1. Sonderrechtsbeziehung und zugrunde liegender Anspruch	1045
2. Entschuldbare Ungewissheit	1045
3. Zumutbarkeit der Auskunftserteilung	1046
4. Umfang des Auskunftsanspruchs	1046
II. Prozessuale Durchsetzung	1047
B. Weitere Möglichkeiten des Zugangs zu Beweismitteln über die Zivilgerichte	1048
I. Anordnung der Offenlegung von Beweismitteln	1048
1. Vorlageanordnungen nach §§ 142 ff. ZPO	1048
2. Offenlegungsanordnungen nach Art. 5 der Schadensersatzrichtlinie	1049
II. Beiziehung von Akten durch Zivilgerichte	1054
1. Ersuchen an die Europäische Kommission	1055
2. Ersuchen an nationale Behörden	1055
§ 30 Kartellrecht als Einwendung	1060
A. Klagen aus unwirksamem Vertrag	1060
B. Kartellrecht in Prozessen über Schutzrechtsverletzungen	1065
I. Einleitung	1065
II. Der Orange-Book-Standard und seine Reichweite	1065
III. Europarechtliche Vorgaben nach Huawei/ZTE	1067
3. Abschnitt Internationales Privat- und Prozessrecht	1071
§ 31 Internationale Zuständigkeit	1071
A. Begriff, Funktion, Rechtsgrundlagen	1075
B. Sachverhalte mit Bezug zur EU oder zu einem LugÜ-Staat	1077
I. Allgemeines, insbes. Sonderstellung Dänemarks	1077

II. Allgemeiner Anwendungsbereich von Brüssel I-VO und LugÜ II ... 1079
  1. Sachlicher Anwendungsbereich ... 1079
  2. Räumlicher Anwendungsbereich iwS ... 1079
  3. Zeitlicher Anwendungsbereich ... 1080
III. Allgemeiner Gerichtsstand (Art. 2 Abs. 1 Brüssel I-VO/LugÜ II/Art. 4 Abs. 1 Brüssel Ia-VO) ... 1081
IV. Besondere Gerichtsstände ... 1081
  1. Einführung ... 1081
  2. Gerichtsstand des Erfüllungsorts (Art. 5 Nr. 1 Brüssel I-VO/LugÜ II/Art. 7 Nr. 1 Brüssel Ia-VO) ... 1082
  3. Tatortgerichtsstand (Art. 5 Nr. 3 Brüssel I-VO/LugÜ II/Art. 7 Nr. 2 Brüssel Ia-VO) ... 1089
  4. Gerichtsstand der Niederlassung (Art. 5 Nr. 5 Brüssel I-VO/LugÜ II/Art. 7 Nr. 5 Brüssel Ia-VO) ... 1098
  5. Gerichtsstand der Streitgenossenschaft (Art. 6 Nr. 1 Brüssel I-VO/LugÜ II/Art. 8 Nr. 1 Brüssel Ia-VO) ... 1100
V. Gerichtsstandsvereinbarungen und rügelose Einlassung ... 1111
  1. Vereinbarungen über den Gerichtsstand (Art. 23 Brüssel I-VO/LugÜ II/Art. 25 Brüssel Ia-VO) ... 1111
  2. Rügelose Einlassung (Art. 24 Brüssel I-VO/LugÜ II/Art. 26 Brüssel Ia-VO) ... 1121
C. Sachverhalte mit Bezug zu Drittstaaten ... 1124
  I. Einführung ... 1124
  II. Gerichtsstand der Niederlassung (§ 21 ZPO) ... 1124
    1. Anwendbarkeit ... 1124
    2. Niederlassung ... 1125
    3. Selbständigkeit ... 1125
    4. Betriebsbezogene Streitigkeit ... 1125
  III. Erfüllungsortsgerichtsstand (§ 29 ZPO) ... 1126
    1. Anwendbarkeit ... 1126
    2. Vertragliche Streitigkeiten ... 1127
    3. Erfüllungsort ... 1127
    4. Annexzuständigkeit ... 1129
  IV. Tatortgerichtsstand (§ 32 ZPO) ... 1129
    1. Anwendbarkeit ... 1129
    2. Unerlaubte Handlung ... 1129
    3. Begehungsort ... 1130
    4. Annexzuständigkeit ... 1130
  V. Gerichtsstand des Vermögens (§ 23 ZPO) ... 1130
    1. Anwendbarkeit ... 1131
    2. Einzelheiten ... 1131
  VI. Gerichtsstandsvereinbarungen und rügeloses Einlassen ... 1132
    1. Vereinbarungen über den Gerichtsstand (§§ 38, 40 ZPO) ... 1132
    2. Rügelose Einlassung (§§ 39, 40 ZPO) ... 1133

§ 32 Durchführung des Verfahrens bei internationalen Sachverhalten ... 1134
  A. Zustellung ... 1136
    I. Einführung und Bedeutung des autonomen Prozessrechts ... 1136
    II. Europäische Zustellungsverordnung (EuZVO) ... 1138
      1. Anwendungsbereich ... 1138
      2. Übermittlungswege ... 1139
      3. Annahmeverweigerungsrecht ... 1141
      4. Heilung von Zustellungsmängeln ... 1143

	III. Haager Zustellungsübereinkommen (HZÜ)	1143
	1. Anwendungsbereich	1143
	2. Übermittlungswege	1144
	3. Ordre-public-Vorbehalt	1146
	4. Heilung von Zustellungsmängeln	1148
	IV. Vertragslose Rechtshilfe	1149
B.	Die Koordinierung von Parallelverfahren im Ausland	1150
	I. Einführung	1150
	II. Parallele Verfahren in EU/LugÜ-Staaten	1150
	1. Konkurrierende Verfahren: Prioritätsprinzip und Ausnahmen	1150
	2. Bestimmung des Zeitpunkts der Rechtshängigkeit	1154
	3. Konnexe Verfahren: Verfahrensaussetzung oder Klageabweisung	1155
	III. Parallele Verfahren in Drittstaaten	1157
	1. Ausländische Rechtshängigkeit nach deutschem Verfahrensrecht	1157
	2. Verfahren in Drittstaaten nach der Brüssel Ia-VO	1158
C.	Internationales Beweis- und Beweisverfahrensrecht	1160
	I. Einführung	1160
	II. Grundzüge des internationalen Beweisrechts	1161
	III. Die Reichweite der deutschen Gerichtsgewalt zur Beweiserhebung	1161
	1. Grundlagen	1161
	2. Einzelheiten	1162
	IV. Die Europäische Beweisverordnung (EuBVO)	1162
	1. Allgemeines	1162
	2. Beweisaufnahme durch das ersuchte ausländische Gericht (aktive Rechtshilfe)	1164
	3. Beweisaufnahme durch das ersuchende Gericht im Ausland (passive Rechtshilfe)	1165
	V. Das Haager Beweisaufnahmeübereinkommen (HBÜ)	1167
	1. Anwendungsbereich	1167
	2. Beweisaufnahme durch ausländische Stellen	1168
	3. Ablehnungsgründe	1170
	4. Sonstige Wege der Beweisaufnahme	1170
	5. Erklärung gegen Verfahren der pre-trial discovery of documents	1170
	VI. Vertragsloser Rechtshilfeverkehr	1172

§ 33 Bestimmung des anwendbaren Rechts ... 1173
 A. Einführung ... 1174
 B. Rechtsgrundlagen zur Bestimmung des anwendbaren Kartellrechts ... 1174
 C. Das anwendbare Kartellrecht bei außervertraglichen Schuldverhältnissen ... 1175
  I. Überblick ... 1175
   1. Differenzierung von Lauterkeits- und Kartellrecht in Art. 6 Rom II-VO ... 1175
   2. Das Internationale Kartellprivatrecht des Art. 6 Abs. 3 Rom II-VO im Überblick ... 1176
  II. Allseitige Kollisionsnorm des Art. 6 Abs. 3 lit. a Rom II-VO ... 1176
  III. Anwendungsbereich ... 1177
   1. Gegenstand der Anknüpfung ... 1177
   2. Ausschluss behördlicher Kartellsachen ... 1179
   3. Bestimmung der Anwendbarkeit von EU-Kartellrecht ... 1179

IV. Bestimmung des anwendbaren Rechts	1181
1. Auswirkungsprinzip	1181
2. Lex fori bei Streudelikten	1183
3. Keine Rechtswahl	1188
V. Versagung der Anwendung aufgrund des ordre public	1188
VI. Zwingende Anwendung nationaler Eingriffsnormen (Art. 16 Rom II-VO)	1189
VII. Vorrangige Regelungen	1190
D. Das anwendbare Kartellrecht bei vertraglichen Schuldverhältnissen	1190
I. Abgrenzung von Art. 6 Abs. 3 Rom II-VO und § 130 Abs. 2 GWB	1191
II. Einseitige Kollisionsnorm des § 130 Abs. 2 GWB und Anwendung ausländischen Kartellrechts	1191
1. Tatbestand des Art. 9 Abs. 3 Rom I-VO	1191
2. Rechtsfolge des Art. 9 Abs. 3 Rom I-VO	1192
III. Tatbestand des § 130 Abs. 2 GWB	1192
1. Wettbewerbsbeschränkung	1193
2. Auswirkungsprinzip	1193
IV. Möglichkeit der Rechtswahl in wettbewerbsbeschränkenden Abreden	1193
§ 34 Anerkennung und Vollstreckung	**1194**
A. Einführung	1194
I. Rechtsquellen	1195
II. Unterscheidung von Anerkennung, Vollstreckung und Vollstreckbarerklärung	1195
III. Anerkennung als Wirkungserstreckung	1196
B. Die Anerkennung nach der EuGVVO	1196
I. Anerkennungsfähige Entscheidungen und Entscheidungswirkungen	1196
II. Anerkennungsversagungsgründe	1198
C. Die Anerkennung nach deutschem Internationalem Zivilprozessrecht	1199
I. Anerkennungsfähige Entscheidungen und Entscheidungswirkungen	1199
II. Voraussetzung der Anerkennung	1200
D. Vollstreckbarkeit ausländischer Titel	1201
I. Vollstreckbarkeit nach der EuGVVO	1202
II. Vollstreckbarkeit nach der EuVTVO	1203
III. Vollstreckung des EuVTVO	1204
IV. Vollstreckbarerklärung nach autonomem deutschen Recht	1204
V. Das Verhältnis der Möglichkeiten der Vollstreckbarkeit bzw. Vollstreckbarerklärung zueinander	1205
VI. Weitere Möglichkeiten der Vollstreckbarkeit	1206
E. Anerkennung und Vollstreckung deutscher Urteile im Ausland	1206
F. Abwehrgesetze	1206
4. Abschnitt Ausländische Rechtsordnungen und Schiedsgerichtsbarkeit	**1207**
§ 35 USA	**1207**
A. Grundlagen	1207
I. Rechtsgrundlagen	1207
II. Grundlagen der Rechtsdurchsetzung	1209
III. Rechtsfolgen und Sanktionierung von Kartellrechtsverstößen	1210

B. Zivilprozesse 1210
    I. Rechtsdurchsetzung durch das Department of Justice 1210
    II. Rechtsdurchsetzung durch die FTC 1212
    III. Rechtsdurchsetzung durch Private 1214
        1. Schadensersatzklagen 1214
        2. Einstweilige Verfügungen 1217
C. Strafprozesse 1217
    I. Grundlagen 1217
    II. Ermittlungsverfahren 1217
    III. Gerichtsverfahren 1218

§ 36 Großbritannien 1220
A. Rechtsgrundlagen 1225
B. Zuständigkeit 1226
    I. Zuständigkeit des High Court 1226
    II. Zuständigkeit des CAT 1227
    III. Internationale Zuständigkeit 1227
C. Disclosure 1228
    I. High Court 1228
        1. Standard Disclosure 1228
        2. Specific Disclosure 1228
        3. Pre-Disclosure 1228
        4. Exkurs: Leniency Disclosure 1228
    II. CAT 1229
D. Bindungswirkung 1229
E. Verjährung 1229
    I. High Court 1229
    II. CAT 1230
F. Schaden 1230
    I. Schadensberechnung 1230
    II. Strafschadensersatz 1230
G. Beweisfragen 1231
H. Verfahrensdauer 1231
    I. High Court 1232
    II. CAT 1232
    III. Kosten des Verfahrens 1232

§ 37 Andere Mitgliedstaaten der Europäischen Union 1233
A. Frankreich 1234
    I. Allgemeines 1234
        1. Entwicklung zivilrechtlicher Kartellprozesse in Frankreich 1234
        2. Gerichtsbarkeit und Zuständigkeit 1234
        3. Französische Kartellbehörde 1235
    II. Kartellrechtliche Schadensersatzprozesse 1235
        1. Rechtsgrundlagen 1235
        2. Keine gesetzliche Bindungswirkung kartellbehördlicher
           Entscheidungen 1235
        3. Aktivlegitimation 1235
        4. Verjährung 1236
        5. Verfahrensverlauf 1236
        6. Schadensersatz und Zinsen 1236
        7. Auskunftsansprüche und Offenlegung von Dokumenten 1237
        8. Passing-on-Defense 1237

III. Sammelklagen *(actions de groupe)*	1238
B. Niederlande	1239
I. Allgemeines	1239
1. Entwicklung zivilrechtlicher Kartellprozesse in den Niederlanden	1239
2. Gerichtsbarkeit und Zuständigkeit	1240
3. Niederländische Kartellbehörde	1240
II. Kartellrechtliche Schadensersatzprozesse	1240
1. Rechtsgrundlagen	1240
2. Bindungswirkung kartellbehördlicher Entscheidungen	1241
3. Aktivlegitimation	1241
4. Verjährung	1241
5. Verfahrensverlauf	1241
6. Auskunftsansprüche und Offenlegung von Dokumenten (Pretrial Discovery)	1241
7. Passing-on-Defense	1243
III. Weitere kartellrechtliche Zivilprozesse: Unterlassungs- und Beseitigungsprozesse	1243
IV. Einstweiliger Rechtsschutz – *Kort Geding*	1243
V. Kollektivverfahren und -vergleiche	1244
1. Massenvergleiche	1244
2. Reformvorhaben: Ergänzung des WCAM	1251
3. Kollektivklagen	1251
§ 38 Kartellrechtliche Aspekte in Schiedsverfahren	**1253**
A. Übersicht	1254
B. Schiedsfähigkeit des Kartellrechts	1254
I. Allgemeine Grundsätze zur Schiedsfähigkeit des Kartellrechts	1255
II. Ungültigkeit einer Schiedsklausel wegen eines Kartellverstoßes	1255
III. Schiedsklauseln mit Kartellrechtsbezug unter dem Regime der EuGVVO	1256
IV. Behördliche Paralleluntersuchungen in Bezug auf den Schiedsgegenstand	1258
C. Bindungswirkung und Vollstreckbarkeit von Schiedssprüchen zu kartellrechtlichen Fragen	1258
I. Gerichtliche Überprüfbarkeit von Schiedssprüchen mit kartellrechtlichem Bezug	1258
1. Allgemeine Grundsätze – *ordre public*-Vorbehalt	1258
2. Überprüfung der schiedsgerichtlichen Anwendung des Unionskartellrechts	1259
3. Prüfungsintensität deutscher Gerichte	1261
II. Faktische Abänderung von Schiedssprüchen durch kartellbehördliche Entscheidungen	1262
D. Schiedsverfahren und die RL 2014/104/EU	1263
I. Pflicht von Schiedsgerichten zur Anwendung der Regelungen der RL 2014/104/EU	1264
1. Keine Direktwirkung der RL 2014/104/EU im Falle einer defizitären Umsetzung durch anwendbares mitgliedstaatliches Recht	1264
2. Anwendbarkeit der Richtlinie als Bestandteil eines unionsrechtlich begründeten *ordre public*	1265
II. Generelle Eignung von Schiedsgerichten zur Entscheidung von Kartellschadensersatzklagen	1268

III. Stärkung von Schiedsverfahren als Mechanismen der
„einvernehmlichen Streitbeilegung" 1269

4. Teil Unternehmenspraxis

§ 39 Kartellrechtliche Compliance 1271
    A. Kartellrechtliche Compliance-Strukturen und Programme 1272
        I. Einleitung 1272
        II. Rechtliche und praktische Anforderungen 1275
            1. Gesetzliche Vorgaben 1275
            2. Leitlinien und Standards 1277
            3. Kartellrecht als Compliance-Materie 1277
        III. Elemente eines Compliance Management Systems im Kartellrecht 1278
            1. Compliance-Kultur 1279
            2. Reichweite und Organisation 1280
            3. Risikoanalyse 1281
            4. Regelwerk 1283
            5. Schulungen 1285
            6. Kartellrechtliche Beratung 1288
            7. Risikospezifische Prozesse 1289
            8. Hinweismanagement 1292
            9. Berichterstattung 1292
            10. Überwachung 1292
            11. Kontinuierliche Verbesserung 1293
    B. Berücksichtigung von Compliance-Programmen bei der Sanktionierung von Kartellrechtsverstößen 1294
        I. Haftung des Unternehmens für einen Kartellverstoß 1294
            1. Haftung des Unternehmens nach deutschem Recht 1295
            2. Haftung des Unternehmens nach EU-Recht 1296
            3. Konzernweite Compliance-Programme – Risikofaktor oder Enthaftungsmöglichkeit für Konzernobergesellschaften? 1296
        II. Bemessung des Bußgeldes 1300
            1. Bemessung von Bußgeldern nach deutschem Recht 1300
            2. Bemessung von Bußgeldern nach europäischem Recht 1301
        III. Wettbewerbspolitische Diskussion 1302
            1. Keine Berücksichtigung der Präventionswirkung 1302
            2. Kronzeugenprogramme als Allheilmittel? 1303

§ 40 Unternehmensinterne Untersuchungen 1305
    A. Allgemeines 1306
        I. Erfordernis für unternehmensinterne Untersuchungen 1306
        II. Besondere Herausforderungen von Compliance-Untersuchungen im Kartellrecht 1306
        III. Anlassbezogene Untersuchungen 1309
            1. Systematisches Hinweismanagement 1309
            2. Hinweisgebersystem/Whistleblower-Hotline 1310
            3. Grundprinzipien der Untersuchung 1311
            4. Abschluss der Untersuchung 1312
        IV. Präventive, nicht anlassbezogene Untersuchungen 1314
            1. Auswahl des Untersuchungsgegenstandes 1314
            2. Vorbereitung 1314
            3. Untersuchungsablauf 1314
            4. Abschluss und Nachverfolgung 1315

B. Datenschutz- und weitere spezialrechtliche Aspekte 1316
   I. Überblick über das Datenschutzrecht 1316
      1. Grundlagen 1316
      2. Erlaubnistatbestände im Rahmen kartellrechtlicher
         Untersuchungen 1317
      3. Benachrichtigungspflicht gegenüber Betroffenen 1321
   II. Datenschutz- und weitere spezialrechtliche Fragen zu
     ausgewählten Untersuchungsmaßnahmen 1321
      1. Generell: Auswertung elektronisch gespeicherter Dokumente
         und Dateien 1322
      2. Auswertung von Email-Korrespondenz 1323
      3. Auswertung von Chatprotokollen/Instant Messaging
         Programmen 1325
      4. Auswertung von Unterlagen in Papierform 1326
      5. Auswertung telefonischer Verbindungsnachweise 1327
   III. Einbindung externer Berater bei der Auswertung 1327
   IV. Datenschutzrechtliche Aspekte konzernweiter Untersuchungen 1328
      1. Informationsfluss innerhalb eines Konzerns 1328
      2. Grenzüberschreitende Untersuchungen 1329
C. Arbeitsrechtliche Aspekte 1330
   I. Befragung von Mitarbeitern 1330
   II. Stellung des Betriebsrats 1332
      1. Pflicht zur Unterrichtung des Betriebsrates (§ 80 Abs. 2
         BetrVG) 1332
      2. Kollektive Maßnahme zur Durchsetzung der Ordnung im
         Betrieb (§ 87 Abs. 1 Nr. 1 BetrVG) 1333
      3. Kontrolle mittels technischer Einrichtungen (§ 87 Abs. 1 Nr. 6
         BetrVG) 1334
      4. Mitbestimmung bei standardisierten Fragebögen (§ 94 Abs. 1
         BetrVG) 1334

§ 41 Strategien zur Reaktion auf Kartellverstöße 1335
  A. Aufdeckung von Kartellverstößen 1336
   I. Aufdeckung von Kartellverstößen *außerhalb* behördlicher Verfahren 1336
   II. Aufdeckung von Kartellverstößen *während* behördlicher Verfahren 1336
      1. Reaktionsmöglichkeiten bei Durchsuchungen 1336
      2. Aufnahme der internen Untersuchungen 1338
   III. Prüfung der Verjährung von Kartellverstößen 1338
  B. Kronzeugenanträge als Handlungsoption 1338
   I. Möglichkeit zur Inanspruchnahme von Kronzeugenprogrammen 1339
   II. Erwägungen nach Aufdeckung von Kartellverstößen *außerhalb*
     behördlicher Verfahren 1339
   III. Erwägungen nach Aufdeckung von Kartellverstößen *während*
     behördlicher Verfahren 1342
   IV. Internationale Koordinierung 1344
   V. Unternehmensinterne Prozesse 1346
      1. Die Entscheidung über die Nutzung eines
         Kronzeugenprogramms 1346
      2. Document Retention 1348
      3. Interne und externe Kommunikation 1348
  C. Wiederherstellung rechtmäßiger Zustände 1350
   I. Sicherung der Kronzeugenstellung und Wiederherstellung
     rechtmäßiger Zustände 1350

II. Maßnahmen zur Wiederherstellung rechtmäßiger Zustände 1351
III. Anpassung des Compliance-Systems 1352

§ 42 Unternehmen, Organe und Mitarbeiter als Betroffene von Kartellverfahren und Kartellprozessen 1353
   A. Ausgangslage 1354
      I. Unternehmen 1354
         1. Mögliche Konsequenzen für das Unternehmen 1354
         2. Interessenlage des Unternehmens 1355
      II. Organe 1356
         1. Mögliche Konsequenzen für Organe 1356
         2. Interessenlage der Organe 1357
      III. Mitarbeiter 1357
         1. Mögliche Konsequenzen für Mitarbeiter 1357
         2. Interessenlage der Mitarbeiter 1357
   B. Einzelfragen 1358
      I. Koordinierung der Verteidigung für Unternehmen, Organe und Mitarbeiter 1358
      II. Amnestieprogramme/Freistellung 1359
         1. Dilemma aus Unternehmenssicht 1359
         2. Ausgestaltung 1360
      III. Regressansprüche gegen Organe/Mitarbeiter 1363
      IV. Sanktionierung 1365
      V. Reputation/Blacklisting 1365
      VI. Versicherungsschutz 1366
         1. Directors & Officers-Versicherung 1366
         2. Sonstige Versicherungen 1368
         3. Betriebshaftpflichtversicherung 1368

§ 43 Unternehmen als Geschädigte von Kartellen 1369
   A. Verpflichtung zur Geltendmachung von Schadensersatzansprüchen 1371
      I. Einführung 1371
      II. Rechtlich gebundene oder unternehmerische Entscheidung? 1371
      III. Anforderungen an die Entscheidung 1372
         1. Angemessene Informationsgrundlage 1372
         2. Abwägungskriterien 1373
         3. Dokumentation 1374
   B. Strategische Überlegungen 1374
      I. Forderungsverkauf 1374
         1. Gründe für einen möglichen Forderungsverkauf 1374
         2. Praxis 1376
         3. Herausforderungen 1377
         4. Alternativen 1379
      II. Vergleichsweise oder gerichtliche Beilegung 1380
         1. Einführung 1380
         2. Vergleich mit einem oder mehreren Kartellbeteiligten? 1380
         3. Geeigneter Zeitpunkt für Vergleichsverhandlungen und Verhältnis zur gerichtlichen Geltendmachung 1381
         4. Reichweite und Inhalt von Vergleichen 1382
      III. Ausgestaltung des Prozesses 1384
         1. Klage in Deutschland oder im Ausland 1384
         2. Auswahl der Beklagten 1385
         3. Klageart 1387

4. Güterichter und außergerichtliche Streitbeilegung nach Klageerhebung	1387
C. Praktische Aspekte	1388
I. Absicherung gegen Forderungsausfall (insbes. Verjährung/Insolvenz)	1388
1. Absicherung gegen Verjährung	1388
2. Absicherung gegen Insolvenzrisiken	1390
II. Erfassung von Sachverhalten und Beweismitteln	1392
1. Nachweis der kartellrechtswidrigen Absprachen	1392
2. Schadensnachweis	1393
III. Beauftragung von ökonomischen Gutachten	1394
D. Identifikation und Prävention von Kartellschadensrisiken in der Beschaffung	1395
I. Kartellschadensprävention – Chance und Herausforderung	1395
II. Identifikation von Kartellschadensrisiken	1396
1. Konkrete Kartellauffälligkeiten im Beschaffungsprozess	1396
2. Marktverhaltens-Screening	1397
3. Marktstrukturanalyse der Beschaffungsmärkte	1397
4. Monitoring und Auswertung kartellbehördlicher Aktivitäten	1398
5. Amnestieangebote für kooperierende Kartellanten	1398
III. Abwehr von Kartellschadensrisiken	1398
1. Reaktion auf konkrete Kartellanzeichen	1398
2. Allgemeine Prävention von Kartellschadensrisiken	1400
Sachregister	1401

Abkürzungs- und Literaturverzeichnis

aA	andere(r) Ansicht (Auffassung)
aaO	am angegebenen Ort
Abb.	Abbildung
Abk.	Abkommen
abl.	ablehnend
ABl.	Amtsblatt der EG bzw. EU (ab 1. 2. 2003)
Abs.	Absatz
Abschn.	Abschnitt
Abt.	Abteilung
abw.	abweichend(e)(es)(er)
AdR	Ausschuss der Regionen
aE	am Ende
AEG	Allgemeines Eisenbahngesetz
aF	alte Fassung
AfP	Archiv für Presserecht
AG	Aktiengesellschaft (Jahr, Seite)
AGB	Allgemeine Geschäftsbedingungen
AGBG	Gesetz zur Regelung der Allgemeinen Geschäftsbedingungen
AktG	Aktiengesetz
AktR	Aktienrecht
allg.	allgemein
Alt.	Alternative
aM	andere Meinung
amtl.	amtlich
Änd.	Änderung
ÄndG	Änderungsgesetz
Anh.	Anhang
Anl.	Anlage
Anm.	Anmerkung
AO	Abgabenordnung
AöR	Archiv des öffentlichen Rechts (Band (Jahr), Seite)
ArbR	Arbeitsrecht
Arg.	Argumentation
Art.	Artikel
aufgeh.	aufgehoben
Aufl.	Auflage
AWD	Außenwirtschaftsdienst des Betriebsberaters
(ab1975: Recht der internationalen Wirtschaft)	
AWR	Archiv für Wettbewerbsrecht (Jahr, Seite)
Az.	Aktenzeichen
BaFin	Bundesanstalt für Finanzdienstleistungsaufsicht
BankR	Bankrecht
BAnz.	Bundesanzeiger
BAV	Bundesaufsichtsamt für das Versicherungswesen
BB	Der Betriebsberater (Jahr, Seite)

Abkürzungsverzeichnis

Bd.	Band
bearb./Bearb.	bearbeitet/Bearbeiter
Bechthold/Bosch	GWB, Kommentar, 8. Aufl. 2015
Bechtold/Bosch/Brinker	EU-Kartellrecht, Kommentar, 3. Aufl. 2014
Beil.	Beilage
Bek.	Bekanntmachung
ber./Ber.	berichtigt/Berichtigung
Beschl.	Beschluss
Betr., betr.	Betreff, betrifft, betreffend
BFH	Bundesfinanzhof
BGBl.	Bundesgesetzblatt (Jahr Teil Seite)
BGHSt	Entscheidungen des Bundesgerichtshofs in Strafsachen (Band, Seite)
BGHZ	Entscheidungen des Bundesgerichtshofs in Zivilsachen (Band, Seite)
BilanzR	Bilanzrecht
BKartA	Bundeskartellamt
Bl.	Blatt
BMJ	Bundesministerium der Justiz
BMWi	Bundesministerium für Wirtschaft und Technologie
BPatG	Bundespatentgericht
BR	Bundesrat
BR-Drs.	Bundesratsdrucksache
BSG	Bundessozialgericht
Bsp.	Beispiel
bspw.	beispielsweise
BT	Bundestag
BT-Drs.	Bundestagsdrucksache
Bull. EG	Bulletin der EG (1/1968–26/1993)
Bull. EU	Bulletin der EU (1994/1 bis 7–8/2009)
BVerwG	Bundesverwaltungsgericht
BVM	Bundesminister für Verkehr, Bau und Stadtentwicklung
bzgl.	bezüglich
bzw.	beziehungsweise
ca.	circa
Cass.	Cour de Cassation, Paris
Calliess/Ruffert	EUV/AEUV, Kommentar, 5. Aufl. 2016
CC	Code Civil (franz.)
CMLR	Common Market Law Reports
CMLRev	Common Market Law Review (Band, Jahr, Seite)
CR	Computer und Recht (Jahr, Seite)
d.	der, des, durch
DB	Der Betrieb (Jahr, Seite)
DBP	Deutsches Bundespatent
de Bronett	Europäisches Kartellverfahrensrecht, 2. Aufl. 2012
ders.	derselbe
dh	das heißt
dies.	dieselbe(n)
diesbzgl.	diesbezüglich
DIGH	Deutsches Institut zum Schutz von geographischen Herkunftsangaben e.V.

DIHT	Deutscher Industrie- und Handelstag
DIN	Deutsches Institut für Normung
Diss.	Dissertation
div.	diverse
DÖV	Die Öffentliche Verwaltung (Jahr, Seite)
DPA	Deutsches Patentamt (München)
DR	Deutsches Recht (Jahr, Seite)
DRiZ	Deutsche Richterzeitung (Jahr, Seite)
Drs.	Drucksache
DRZ	Deutsche Richterzeitschrift (Jahr, Seite)
dt.	deutsch
DVBl.	Deutsches Verwaltungsblatt (Jahr, Seite)
DVG	Deutsche Verbundgesellschaft
DVGRUR	Deutsche Vereinigung für Gewerblichen Rechtsschutz und Urheberrecht
DVO	Durchführungsverordnung
E	Entwurf; Entscheidung
EAG	Europäische Atomgemeinschaft
EAGV	Vertrag zur Gründung der Europäischen Atomgemeinschaft
Ed.	Edition
ebd.	ebenda
ECLR	European Competition Law Review
ECU	European Currency Unit
EDV	Elektronische Datenverarbeitung
EEA	Einheitliche Europäische Akte
EG	Europäische Gemeinschaft
EGBGB	Einführungsgesetz zum Bürgerlichen Gesetzbuch vom 18. 8. 1896 (RGBl 604)
EGKS	Europäische Gemeinschaft für Kohle und Stahl (Montanunion)
EGKSV	Vertrag über die Gründung der Europäischen Gemeinschaft für Kohle und Stahl
EGMR	Europäischer Gerichtshof für Menschenrechte
EGV-Nizza	Vertrag zur Gründung der Europäischen Gemeinschaft (Nizza-Fassung)
ehem.	ehemalig(e, en, er)
Einf./einf.	Einführung/einführend
Einl.	Einleitung
EL	Ergänzungslieferung
Emmerich KartellR	Kartellrecht, 13. Aufl. 2014
Empf.	Empfehlung
EMRK	Europäische Konvention für Menschenrechte
endg.	endgültig
Entschl.	Entschluss
entspr.	entsprechend/e(n)
EnWG	Energiewirtschaftsgesetz
EP	Europäisches Parlament
EPA	Europäisches Patentamt
ER	Europäischer Rat
Erg.	Ergebnis
Ergbd.	Ergänzungsband
Erkl.	Erklärung

EStR	Einkommensteuerrecht, Einkommensteuerrichtlinie
etc	et cetera (und so weiter)
EuG	Gericht der Europäischen Union
EuGH	Gerichtshof der Europäischen Union
EGMR	Europäischer Gerichtshof für Menschenrechte
EuGVVO	Verordnung (EG) Nr. 44/2001 über die gerichtliche Zuständigkeit und die Anerkennung und Vollstreckung von Entscheidungen in Zivil- und Handelssachen
europ.	europäisch
EuropaR	Europarecht
EUV	Vertrag über die Europäische Union (Lissabon-Fassung)
EUV-Nizza	Vertrag über die Europäische Union (Nizza-Fassung)
EuZW	Europäische Zeitschrift für Wirtschaftsrecht (Jahr, Seite)
e.V.	Eingetragener Verein
evtl.	eventuell
EWG	Europäische Wirtschaftsgemeinschaft
EWGV	Vertrag zur Gründung der Europäischen Wirtschaftsgemeinschaft
EWR	Europäischer Wirtschaftsraum
EWS	Europäisches Wirtschafts- und Steuerrecht
f., ff.	folgende Seite bzw. Seiten
FGO	Finanzgerichtsordnung
FKVO	Fusionskontrollverordnung
FLF	Finanzierung, Leasing, Factoring (Jahr, Seite)
Fn.	Fußnote
FK	Jaeger/Kokott/Pohlmann/Schroeder, Frankfurter Kommentar zum GWB (Loseblatt)
FS	Festschrift
FTC	Amtliche Entscheidungssammlung der Federal Trade Commission (USA)
FTW- Schriftenreihe	Schriftenreihe des Forschungsinstituts für Wirtschaftsverfassung und Wettbewerb e.V., Köln
G	Gesetz
GA	Generalanwalt
GATT	General Agreement on Tariffs and Trade
GE	Gesetzesentwurf
geänd.	geändert
GebrMG	Gebrauchsmustergesetz
gem.	gemäß
GemS	Gemeinsamer Senat
GeschmMG	Gesetz betreffend das Urheberrecht an Mustern und Modellen
GesR	Gesellschaftsrecht
GewR	Gewerberecht
GewRS	Gewerblicher Rechtsschutz
ggf.	gegebenenfalls
ggü.	gegenüber
Geiger/Khan/Kotzur	EUV/AEUV, Kommentar, 5. Aufl. 2010
GLE	Gloy/Loschelder/Erdmann, Handbuch des Wettbewerbsrechts, 4. Aufl. 2010
GmbH	Gesellschaft mit beschränkter Haftung

GmbHG	Gesetz betreffen die Gesellschaften mit beschränkter Haftung
GmbHR	GmbH- Rundschau (Band, Seite)
GHN	Grabitz/Hilf/Nettesheim, Das Recht der Europäischen Union, Kommentar (Loseblatt)
grds.	grundsätzlich
von der Groeben/ Schwarze/Hatje	Kommentar zum Vertrag über die Europäische Union und zur Gründung der Europäischen Gemeinschaft, 7. Aufl. 2015
GRUR	Gewerblicher Rechtsschutz und Urheberrecht (Jahr, Seite)
GRURAusl/Int	Gewerblicher Rechtsschutz und Urheberrecht, Ausländischer/Internationaler Teil (Jahr, Seite)
GU	Gemeinschaftsunternehmen
GUR	Gesamtumsatzrabatt
GVBl.	Gesetz- und Verordnungsblatt
GVO	Gruppenfreistellungsverordnung
GWB	Gesetz gegen Wettbewerbsbeschränkungen
hA	herrschende Ansicht, herrschende Auffassung
HandelsR	Handelsrecht
HdB	Handbuch
HGB	Handelsgesetzbuch
HK	Handkommentar (Marke)
hM	herrschende Meinung
Hopt HVR	Hopt, Handelsvertreterrecht, 5. Aufl. 2015
Hrsg.	Herausgeber
Hs.	Halbsatz
IATA	International Air Transport Association
ICC	International Chambre of Commerce
idF	in der Fassung
idR	in der Regel
idS	in diesem Sinne
iE	im Einzelnen
iErg	im Ergebnis
ieS	im engeren Sinne
iHd (v)	in Höhe des/der (von)
Immenga/Mestmäcker EuWettbR	Bd. 1. EU, Kommentar zum Europäischen Kartellrecht, Teil 1 und Teil 2, 5. Aufl. 2012
Immenga/Mestmäcker GWB	Bd. 2. GWB, Kommentar zum Deutschen Kartellrecht, Teil 1 und Teil 2, 5. Aufl. 2014
Inf.	Information
insbes.	insbesondere
InsR	Insolvenzrecht
int.	international
IP	Information à la presse (Pressemitteilung der Kommission)/Jahr/Nummer
IPR	Internationales Privatrecht
IPRax	Praxis des Internationalen Privat- und Verfassungsrechts (Jahr, Seite)
iRd	im Rahmen des; im Rahmen der
iS	im Sinne
iSd	im Sinne der, des

iSv	im Sinne von
iÜ	im Übrigen
iVm	in Verbindung mit
iW	im Wesentlichen
iwS	im weiteren Sinne
Jg.(e.)	Jahrgang (Jahrgänge)
Jh.	Jahrhundert
JMin	Justizminister(ium)
JO	Journal Oficiel
JR	Juristische Rundschau (Jahr, Seite)
jur.	juristisch, juristische, juristischer
JuS	Juristische Schulung (Jahr und Seite)
JW	Juristische Wochenschrift (Jahr und Seite)
JZ	Juristenzeitung (Jahr und Seite)
KAGG	Kapitalanlagegesellschaftsgesetz
Kap.	Kapitel
KapMarktR	Kapitalmarktrecht
KapMarktStrafR	Kapitalmarktstrafrecht
KartellR	Kartellrecht
Kartellschadensersatz-RL	Richtlinie 2014/104/EU vom 26. November 2014, ABl. 2014 L 349, 1
KartKostV	Verordnung über die Kosten der Kartellbehörde
KartRegV	Verordnung über die Anlegung und Führung eines Kartellregisters (Kartellregisterverordnung)
KAV	Konzessionsabgabenverordnung
Kfz	Kraftfahrzeug
KG	Kammergericht, Kommanditgesellschaft
KGaA	Kommanditgesellschaft auf Aktien
Kj.	Kalenderjahr
Köhler/Bornkamm	Gesetz gegen den unlauteren Wettbewerb, 33. Aufl. 2015
KOG	Österreichisches Kartellgericht
Kom.	Europäische Kommission;
Komm.	Kommentar
krit.	kritisch
Kronzeugenmitteilung	Siehe Leniency-Mitteilung
LAG	Landesarbeitsgericht
Langen/Bunte	Kartellrecht, Bd. 1 – deutsches Kartellrecht, Bd. 2 – europäisches Kartellrecht, 12. Aufl. 2014
Leniency-Mitteilung	Mitteilung der Kommission über den Erlass und die Ermäßigung von Bußgeldern in Kartellsachen, ABl. 2006 C 298, 17
LG	Landgericht
Lit.	Literatur
lit.	Litera, Buchstabe
LKartB	Landeskartellbehörde
LM	Nachschlagewerk des Bundesgerichtshof, herausgegeben von Lindenmaier, Möhring uA
Loewenheim/Meessen/ Riesenkampff/Kersting/ Meyer-Lindemann	Kartellrecht, Kommentar, 3. Aufl. 2016

Ls.	Leitsatz
lt.	laut
MarkenG	Gesetz über den Schutz von Marken und sonstigen Kennzeichen (Markengesetz)
MarkenR	Markenrecht
MarkenV	Verordnung zur Ausführung des Markengesetzes (Markenverordnung)
Meyer-Goßner/Schmitt	Strafprozessordnung, Kommentar, 58. Aufl. 2015
max.	maximal
mE	meines Erachtens
Mestmäcker/Schweitzer	Europäisches Wettbewerbsrecht, 3 Aufl. 2014
MHA	Madrider Herkunftsabkommen
mind.	mindestens
Mio.	Million(en)
Mitt.	Mitteilung,
MK	Monopolkommission
mN	mit Nachweisen
Mrd.	Milliarde(n)
MüKoEuWettbR	Münchener Kommentar zum Europäischen und Deutschen Wettbewerbsrecht, Bd. 1, 2. Aufl. 2015
MüKoGWB	Münchener Kommentar zum Europäischen und Deutschen Wettbewerbsrecht, Bd. 2, 2. Aufl. 2015
MüKoBeihVgR	Münchener Kommentar zum Europäischen und Deutschen Wettbewerbsrecht, Bd. 3 2011
MultimediaR	Multimediarecht
MuR	Medien und Recht (Jahr, Seite)
MuW	Markenschutz und Wettbewerb (Jahr und Seite)
mwN	mit weiteren Nachweisen
mWv	mit Wirkung vom
Nachw.	Nachweise
nF	neue Fassung
NJW	Neue Juristische Wochenschrift (Jahr, Seite)
NJW-RR	NJW-Rechtsprechung-Report Zivilrecht (Jahr, Seite)
nrkr	nicht rechtskräftig
NStZ	Neue Zeitschrift für Strafrecht (Jahr, Seite)
NVwZ	Neue Zeitschrift für Verwaltungsrecht (Jahr, Seite)
nv	nicht veröffentlicht
NZA	Neue Zeitschrift für Arbeits- und Sozialrecht (Jahr, Seite)
NZS	Neue Zeitschrift für Sozialrecht (Jahr, Seite)
o.	oben, oder
oÄ	oder Ähnliche/s
OECD	Organisation for Economic Cooperation and Development
öffentl.	öffentlich
ÖffR	Öffentliches Recht
og	oben genannte(r, s)
OHG	Offene Handelsgesellschaft
OLG	Oberlandesgericht
oV	ohne Verfasser
OVG	Oberverwaltungsgericht
OWiG	Gesetz über Ordnungswidrigkeiten

Abkürzungsverzeichnis

PatG	Patentgesetz
PatentR	Patentrecht
Prot.	Protokoll
PVÜ	Pariser Verbandsübereinkunft zum Schutze des gewerblichen Eigentums
RabelsZ	Zeitschrift für ausländisches und internationales Privatrecht, begründet von Rabel (Jahr, Seite)
RabG	Rabattgesetz
RAL	Vereinbarung des Ausschusses für Lieferbedingungen und Gütesicherungen beim deutschen Normenausschuss
Rat	Rat der Minister der Europäischen Union
rd.	rund
RE	Runderlass, Rechnungseinheiten
RefE-GWB	Referentenentwurf zur 9. GWB-Novelle
RegBegr.	Regierungsbegründung
RegE	Regierungsentwurf
RegE-GWB	Regierungsentwurf zur 9. GWB-Novelle
RIW	Recht der Internationalen Wirtschaft (Jahr, Seite)
RIW/AWD	Recht der Internationalen Wirtschaft/Außenwirtschaftsdienst
rkr.	rechtskräftig
RL	Richtlinie
Rn.	Randnummer
Rs.	Rechtssache
Rspr.	Rechtsprechung
RVO	Rechtsverordnung
RWP	Rechts- und Wirtschaftspraxis (Loseblatt)
S.	Seite(n), Satz
s.	siehe
SchlA	Schlußantrag
Schwarze EU-Komm.	Schwarze, EU-Kommentar, 3. Aufl. 2012
SE-VO	VO (EG) Nr. 2157/2001
Slg.	Sammlung
sog	so genannt
st.	ständig
StaatsR	Staatsrecht
StabG	Gesetz zur Förderung und Stabilität und des Wachstrums der Wirtschaft
Stellungn.	Stellungnahme
SteuerR	Steuerrecht
StGB	Strafgesetzbuch
StPO	Strafprozessordnung
str.	streitig, strittig
StrafR	Strafrecht
stRspr	ständige Rechtsprechung
teilw.	teilweise
Thomas/Putzo	Thomas, Putzo, Zivilprozessordnung, 37. Aufl. 2016
TKG	Telekommunikationsgesetz
Tz.	Textziffer

u.	und
ua	und andere, unter anderem
uÄ	und Ähnliches
UAbs.	Unterabsatz
überw.	überwiegend
uE	unseres Erachtens
unstr.	unstreitig
unveröff.	unveröffentlicht
unzutr.	unzutreffend
UrhG	Gesetz über Urheberschutz und verwandte Schutzrechte
UrhR	Urheberrecht
Urt.	Urteil
UStG	Umsatzsteuergesetz (Mehrwertsteuer)
usw	und so weiter
uU	unter Umständen
uvm	und viele(s) mehr
UWG	Gesetz gegen den unlauteren Wettbewerb
v.	vom, von
va	vor allem
VAG	Versicherungsaufsichtsgesetz
Var.	Variante
Verf.	Verfasser, Verfassung
VerfO	Verfahrensordnung
VerfassungsR	Verfassungsrecht
Vergleichsmitteilung	Mitteilung der Kommission über die Durchführung von Vergleichsverfahren bei dem Erlass von Entscheidungen nach Art. 7 und 23 VO 1/2003, ABl. 2008 C 167, 1
VergR	Vergaberecht
Veröff.	Veröffentlichung(en)
VersR	Versicherungsrecht
VerwR	Verwaltungsrecht
Vfg.	Verfügung
VG	Verwaltungsgericht
VGH	Verwaltungsgerichtshof
vgl.	vergleiche
vH	von Hundert
VO	Verordnung
VO 1/2003	VO (EG) Nr. 1/2003
Vol.	Volume
VölkerR	Völkerrecht
Voraufl.	Vorauflage
Vorb.	Vorbemerkung
vorl.	vorläufig
vs.	versus
VVG	Gesetz über den Versicherungsvertrag
VwGo	Verwaltungsgerichtsordnung
VwVfG	Verwaltungsverfahrensgesetz
VwVG	Verwaltungsvollstreckungsgesetz
WettbR	Wettbewerbsrecht
Wiedemann HdB KartellR	Handbuch des Kartellrechts, 3. Aufl. 2016

Wiedemann GVO	Kommentar zu den Gruppenfreistellungsverordnungen des EWG-Kartellrechts, 1989/1990
WIPO	World Intellectual Property Organization
WiR	Wirtschaftsrecht (Jahr, Seite)
WirtschaftsR	Wirtschaftsrecht
Wistra	Zeitschrift für Wirtschaft – Steuer – Strafrecht
WiVerw	Wirtschaft und Verwaltung – Vierteljahrsbeilage zum Gewerbearchiv (Jahr, Seite)
Wj.	Wirtschaftsjahr
WM	Wertpapier-Mitteilungen (Jahr, Seite)
WRP	Wettbewerb in Recht und Praxis (Jahr, Seite)
WTO	World Trade Organization
WuW	Wirtschaft und Wettbewerb (Jahr, Seite)
WuW/E	WuW-Entscheidungssammlung zum Kartellrecht
WWU	Wirtschafts- und Währungsunion
WZG	Warenzeichengesetz
zB	zum Beispiel
ZGR	Zeitschrift für Unternehmens- und Gesellschaftsrecht (Jahr, Seite)
ZHR	Zeitschrift für das gesamte Handelsrecht und Wirtschaftsrecht (Band, Jahr, Seite)
Ziff.	Ziffer
ZIP	Zeitschrift für Wirtschaftsrecht und Insolvenzpraxis (Jahr, Seite)
zit.	zitiert
ZivilR	Zivilrecht
ZRP	Zeitschrift für Rechtspolitik (Jahr, Seite)
ZS	Zivilsenat
zT	zum Teil
ZugabeVO	Zugabeverordnung
zust.	zustimmend
ZVR	Zwangsvollstreckungsrecht
zzgl.	zuzüglich
zZt	zur Zeit

1. Teil Einleitung

§ 1 Kartellverfahren und Kartellprozess – ein Handbuch über die Durchsetzung des Kartellrechts

Übersicht

	Rn.
A. Kartellrecht und Kartellrechtsdurchsetzung als Gegenstand von Wissenschaft und Praxis im Wandel	1
B. Gegenstand, Inhalt und Konzept des Handbuchs	7

A. Kartellrecht und Kartellrechtsdurchsetzung als Gegenstand von Wissenschaft und Praxis im Wandel

Seit der Schaffung eines ersten modernen Kartellrechtsregimes auf europäischer Ebene mit dem EWG-Vertrag und in Deutschland mit dem Erlass des GWB – beide in Kraft getreten zum 1.1.1958 – hat die Disziplin des Kartellrechts einen erheblichen Wandel durchlaufen. In den ersten Jahrzehnten bis etwa zur Jahrtausendwende stand die Entwicklung des **materiellen Kartellrechts,** dh insbesondere die Auslegung, Konkretisierung und auch sekundärrechtliche bzw. gesetzliche Weiterentwicklung der abstrakt gehaltenen **Tatbestände und Freistellungsvoraussetzungen** des Kartell- und des Missbrauchsverbots in Art. 85 und 86 EWGV (heute Art. 101 und Art. 102 AEUV) sowie der differenzierten Verbots- und Aufsichtsregelungen der §§ 1 ff. GWB im Vordergrund. Der effektive Normvollzug spielte lange eine eher untergeordnete Rolle.[1] Dagegen ist seit einigen Jahren zunehmend die Weiterentwicklung der **Rechtsfolgen- und Vollzugsebene** mehr und mehr in den Mittelpunkt gerückt. Dieser Bereich umfasst die gesamte Thematik der **Durchsetzung des Kartell- und Missbrauchsverbots** durch die **Sanktionierung von Kartellverstößen** sowohl im Rahmen öffentlich-rechtlicher Verwaltungs- und Bußgeldverfahren der Kommission und des BKartA bzw. durch Staatsanwaltschaften (öffentliche bzw. behördliche Rechtsdurchsetzung; *public enforcement*) – in einigen Mitgliedstaaten ergänzt auch durch eine strafrechtliche Verfolgung *(criminal enforcement)* – als auch durch die Geltendmachung zivilrechtlicher Schadensersatz- und sonstiger Ansprüche sowohl außergerichtlich als auch vor den nationalen Gerichten (private Rechtsdurchsetzung; *private enforcement).* 1

Es lassen sich insbesondere drei rechtliche Einschnitte ausmachen, die diese Entwicklung widerspiegeln: 2
- Erstens 2001 das historisch-grundlegende *Courage*-**Urteil des EuGH,**[2] das erstmals das **Recht auf Schadensersatz** durch kartellrechtswidriges Verhalten Geschädigter („jedermann") unmittelbar aus dem unionsrechtlichen Kartellverbot des Art. 81 EGV (heute Art. 101 AEUV) abgeleitet hat, sowie die nachfolgende Rechtsprechung zum unionsrechtlichen Schadensersatzanspruch (→ § 24 Rn. 8 ff.);

---

[1] Insbesondere in der Anfangsphase der europäischen Einigung ging es zunächst darum, dem materiellen Kartellrecht in Rechtsprechung und Kommissionspraxis Konturen zu verleihen sowie in einer Gemeinschaft, deren Mitgliedstaaten der Wettbewerbsgedanke lange Zeit fremd war, überhaupt eine europäische „Wettbewerbskultur" herauszubilden, siehe Weißbuch über die Modernisierung der Vorschriften zur Anwendung der Artikel 85 und 86 EG-Vertrag, ABl. 1999 C 132, 1.
[2] EuGH Urt. v. 20.9.2001 – C-453/99, Slg. 2001, I-6297 – Courage.

- zweitens die zum 1.5.2004 in Kraft getretene Reform des Kartellverfahrensrechts durch die **VO (EG) Nr. 1/2003**[3] („VO 1/2003"), welche die zentrale öffentliche Durchsetzung des europäischen Kartellrechts durch die Kommission in eine **dezentrale öffentliche Durchsetzung** durch Kommission, nationale Wettbewerbsbehörden und Gerichte überführt hat (→ § 6 Rn. 5); und
- drittens der Erlass der **RL 2014/104/EU** vom 26.11.2014,[4] die zahlreiche materielle und prozessuale **Vorschriften zu Schadensersatzklagen** vor den nationalen Gerichten aufgrund von Verstößen gegen das Wettbewerbsrecht der EU und der Mitgliedstaaten harmonisiert (→ § 24 Rn. 34).

3 Mit diesen Urteilen und gesetzgeberischen Maßnahmen haben EuGH und Unionsgesetzgeber die praktische Wirksamkeit und Durchsetzung *(effet utile)* des (Unions-)Kartellrechts wesentlich gestärkt und das Vollzugsrecht in das Zentrum der kartellrechtlichen Gesetzgebung und Rechtsprechung gerückt. Mit ihnen haben sie gleichzeitig eine weitere **Europäisierung der kartellrechtlichen Normdurchsetzung,** dh eine weitreichende Harmonisierung und europarechtliche Durchdringung des Kartellvollzugsrechts bewirkt.

4 Als Konsequenz des effektivierten Kartellrechtsvollzugs ist umgekehrt auch das Bedürfnis eines **effektiven verfahrensrechtlichen und gerichtlichen Rechtsschutzes** betroffener Unternehmen, die gegen kartellrechtliche Normen verstoßen haben und einem Untersuchungs- oder Bußgeldverfahren einer Kartellbehörde oder einer Schadensersatzklage ausgesetzt sind, verstärkt in das Blickfeld gerückt. Fragen etwa der gerichtlichen Prüfungsdichte gegen Beschlüsse der Kommission oder nationaler Kartellbehörden (→ § 6 Rn. 13), der Beweisanforderungen für die Feststellung eines Kartellrechtsverstoßes (→ § 12 Rn. 14), der Grenzen des Ermessens bei der Festsetzung der Bußgeldhöhe (→ § 13 Rn. 12), des Umfangs von Verteidigungsrechten, insbesondere auf der Grundlage von Grundrechten der GR-Charta (→ § 10 Rn. 4), des Widerstreits zwischen Akteneinsichtsrechten von Geschädigten und dem Schutz von Betriebs- und Geschäftsgeheimnissen von Rechtsverletzern oder der Unterlagen aus Kronzeugenanträgen (→ § 10 Rn. 104), des Umfangs eines Schadensersatzanspruchs (→ § 24 Rn. 19) oder des anwendbaren Zivil(prozess)rechts (→ § 31 Rn. 8) sind regelmäßiger Gegenstand (unions-) gerichtlicher Auseinandersetzungen geworden.

5 Die Entwicklung hin zu einer verstärkten und europarechtlich determinierten Durchsetzung des Kartellrechts in der Union und speziell in Deutschland und die damit zusammenhängende Zunahme kartellrechtlicher Gerichtsverfahren lässt sich durch zahlreiche Fakten und Zahlen zeigen:[5]
- Die Kartellbehörden haben ihre Aktivitäten zur Durchsetzung des Kartellrechts stark ausgebaut. Die **Zahl der Kartellbußgeld- und -verwaltungsverfahren** der Kommission und des BKartA hat sich vervielfacht. Während zB die Kommission in den Jahren 1990–1999 lediglich 20 Kartellbeschlüsse getroffen hat, waren es zwischen 2000–2009 63 und 2010–2014 27. Das BKartA schloss zwischen 1998–2001 bzw. 2002–2005 jeweils lediglich 9 Kartellverfahren ab, zwischen 2010–2012 waren es 41.
- Die Sanktionierung von Kartellverstößen ist – ohne maßgebliche Verschärfung des materiellen Rechts – wesentlich strenger geworden. Die **Gesamtsumme der Bußgelder,** die von der Kommission verhängt worden sind, stieg von 271 Mio. Euro in den Jahren 1995–1999 auf 8,59 Mrd. Euro in den Jahren 2010–2014. Das höchste Buß-

---

[3] Verordnung (EG) Nr. 1/2003 d. Rates v. 16. Dezember 2002 zur Durchführung der in den Artikeln 81 und 82 des Vertrags niedergelegten Wettbewerbsregeln, ABl. 2003 L 1, 1, idF der VO (EG) Nr. 1419/2006, ABl. 2006 L 298, 1.
[4] RL 2014/104/EU über bestimmte Vorschriften für Schadensersatzklagen nach nationalem Recht wegen Zuwiderhandlungen gegen wettbewerbsrechtliche Bestimmungen der Mitgliedstaaten und der Europäischen Union, ABl. 2014 L 349, 1.
[5] Vgl. die Statistiken der Kommission http://ec.europa.eu/competition/cartels/statistics/statistics.pdf. und des BKartA http://www.bundeskartellamt.de/DE/Kartellverbot/kartellverbot_node.html.

geld der Kommission für ein einzelnes Unternehmen hat inzwischen die 1 Mrd. Euro-Grenze überschritten, das höchste Bußgeld des BKartA erreichte 251 Mio. Euro.
- Die **Zahl der Nichtigkeitsklagen** gegen Kartell- bzw. Bußgeldbeschlüsse der Kommission hat erheblich zugenommen. Während beim EuG Ende 2000 79 Wettbewerbssachen anhängig waren, waren es Ende 2010 288 und Ende 2013 148.[6] Ähnliches gilt zu Beschwerde- und Einspruchsverfahren gegen Verwaltungs- und Bußgeldbeschlüsse des BKartA. In diesen Streitigkeiten stehen Fragen des Kartellverfahrensrechts sowie der Bußgeldhöhe regelmäßig im Mittelpunkt.
- In den ersten Jahrzehnten der europäischen Einigung hat sich zwar in einigen Mitgliedstaaten eine rege Praxis insbesondere im Bereich des Marktmissbrauchs und der Diskriminierung entwickelt.[7] Dagegen hat es in den Mitgliedstaaten kaum (erfolgreiche) **Schadensersatzklagen** gegen Hardcore-Kartelle gegeben.[8] In den vergangenen Jahren ist auch diese Zahl, insbesondere als follow-on Klagen zu Bußgeldbeschlüssen der Kommission bzw. der nationalen Kartellbehörden, sprunghaft gestiegen. 2011/2012 hat das BKartA Kenntnis von insgesamt 311 Kartellzivilsachen erhalten.[9] Vorabentscheidungsurteile zur Weiterentwicklung der privaten Rechtsdurchsetzung nach der *Courage*-Rechtsprechung wie *Manfredi, Pfleiderer, Donau Chemie* oder *Kone*[10] gehören bereits zu „must know"-Klassikern der unionsgerichtlichen Rechtsprechung.
- In Brüssel sind inzwischen bald 100 **internationale Anwaltssozietäten** tätig, die sich schwerpunktmäßig mit kartell- und fusionskontrollrechtlichen Fällen befassen. Die deutsche Studienvereinigung Kartellrecht e.V. wuchs in den 50 Jahren ihres Bestehens von wenigen, im Kartellrecht spezialisiert tätigen Rechtsanwälten auf inzwischen annähernd 1000 Mitglieder.[11] In nationalen Gerichtsverfahren kartellrechtlicher Natur agieren neben den klassischen Kartellrechtsanwälten heute häufig auch **Spezialisten im Prozess- und Ordnungswidrigkeiten- und Strafrecht**. Viele klassische Kartellrechtsanwälte haben sich zu *Litigatoren* entwickelt. Die Zahl der kartellrechtlich spezialisierten **(Syndikus-)Anwälte** in Rechtsabteilungen von Unternehmen ist ebenfalls sprunghaft gestiegen. Heute beschäftigt jedes der deutschen Dax-Unternehmen einen oder eine Gruppe spezialisierter Kartell- und Kartellprozessrechtler. Daneben hat sich eine neue Branche **ökonomischer Beratungsdienstleister** entwickelt, die betroffene Unternehmen in Kartellverfahren und Kartellprozessen im Hinblick auf die komplexen wirtschaftlichen Fragestellungen, zB über Marktanalysen oder Preis- und Schadensberechnungen, berät.
- Die **wissenschaftliche Literatur**, die sich Jahrzehnte lang auf Fragen des materiellen Kartellrechts konzentrierte, nimmt nun zunehmend Fragen des Kartellrechtsvollzugs – aus verschiedener Perspektive – in den Blickpunkt.[12]

Das Kartellrecht hat sich im Ergebnis von einem Rechtsgebiet mit dem Schwerpunkt der Auslegung und Anwendung materieller Verbotsnormen durch wenige spezialisierte Wissenschaftler, Beamte in Kartellbehörden, Anwälte und Richter mit einem Interesse an volkswirtschaftlichen und wettbewerbspolitischen Fragen zu einer zunehmend sanktions- und verfahrensrechtlich bestimmten, unionsrechtlich determinierten Kernmaterie der wirtschafts-, öffentlich-, zivil- und prozessrechtlichen Forschung und Praxis gewandelt.

---

[6] EuGH-Jahresberichte 2000 und 2013, http://curia.europa.eu/jcms/jcms/Jo2_7000/.
[7] BKartA, Private Kartellrechtsdurchsetzung – Stand, Probleme, Perspektiven, 2005, 4.
[8] Vgl. Study on the conditions of claims for damages in case of infringement of EC competition rules (sog Ashurst-Studie), http://ec.europa.eu/competition/antitrust/actionsdamages/study.html, S. 99–101, wonach zB in Deutschland zwischen 1958 und 2004 lediglich 29 Schadensersatzklagen erhoben wurden. Davon waren 9 erfolgreich.
[9] BKartA, Tätigkeitsbericht 2011/2012, BT-Drs. 17/13675, 42.
[10] EuGH Urt. v. 13.7.2006 – verb. Rs. C-295/04 bis C-298/04, Slg. 2006, I-6619 – Manfredi; Urt. v. 14.6.2011 – C-360/09, Slg. 2011, I-5161 – Pfleiderer; Urt. v. 6.6.2013 – C-536/11, ECLI:EU:C:2013:366 – Donau Chemie; Urt. v. 5.6.2014 – C-557/12, ECLI:EU:C:2013:1317 – Kone ua.
[11] Vgl. http://www.studienvereinigung-kartellrecht.de/ueber-uns/historie.html.
[12] Vgl. zB *K. Schmidt* ZWeR 2007, 394 (396) mwN.

§ 1   1. Teil Einleitung

Die langjährige Diskussion über die **Natur des Kartellrechts,** insbesondere ob es als klassische Materie des Privatrechts oder als besonderes Wirtschaftsverwaltungsrecht einzuordnen ist[13] oder gar strafrechtsähnliche Züge hat,[14] hat zwar – insbesondere im Hinblick auf die Ausgestaltung und Weiterentwicklung des Kartell(vollzugs-)rechts und seiner Rechtsschutzstandards – ihre Berechtigung, wird diesem tatsächlichen Phänomen und dem weitgehend einheitlich unionsrechtlichen Ursprung des Kartellrechts jedoch nicht mehr vollständig gerecht. Das Kartell- und sein Vollzugsrecht ist ein **Querschnittsgebiet des Europa- und nationalen Rechts.** Es ist daher in einer fachübergreifenden **Gesamtbetrachtung** zu erfassen, die dem Postulat der Einheitlichkeit und Effektivität der (Unions-)Rechtsordnung Rechnung trägt.[15]

B. Gegenstand, Inhalt und Konzept des Handbuchs

7 Das vorliegende Handbuch trägt der Entwicklung einer Verlagerung des Schwerpunkts der Kartellrechtswissenschaft und -praxis von Fragen der Auslegung und Anwendung der kartellrechtlichen Verbots- und Freistellungstatbestände hin zu Fragen des Normenvollzugs, dh der Sanktionierung von Verstößen, Rechnung. Mit ihm soll eine einheitliche **Gesamtabhandlung von Fragen der Durchsetzung des Kartellrechts in Kartellverfahren und Kartellprozessen** vorgelegt werden. Es behandelt die Vorschriften des materiellen Rechts, soweit sie die Sanktionierung von Kartellverstößen durch Verwaltungsmaßnahmen, Bußgelder oder (Geld-)Strafen sowie aufgrund von Abwehransprüchen in Form von Unterlassungs- und Beseitigungsansprüchen bzw. durch Schadensersatzansprüche betroffener Geschädigter erfassen, und daneben das Verfahrens- und Prozessrecht in kartellrechtlichen Angelegenheiten.

8   Der **Inhalt des Handbuchs** besteht aus vier Teilen:
- der vorliegenden Einleitung (1. Teil);
- dem Kartellverfahren (2. Teil). Kartellverfahren steht hierbei synonym für die öffentliche Durchsetzung des Kartellrechts – abgehandelt werden das Kartellverfahren in der EU (1. Abschnitt), das Kartellverfahren in Deutschland (2. Abschnitt) einschließlich des jeweiligen Rechtsschutzes und die internationalen Zusammenhänge (3. Abschnitt) –;
- dem Kartellprozess (3. Teil). Kartellprozess steht hierbei synonym für die private Durchsetzung des Kartellrechts – abgehandelt werden die Grundlagen (1. Abschnitt), der Kartellzivilprozess in Deutschland (2. Abschnitt), das internationale Kartellprivat- und -zivilprozessrecht (3. Abschnitt) und einige ausländische Rechtsordnungen und die Schiedsgerichtsbarkeit (4. Abschnitt) –; und
- einem abschließenden Teil zur Unternehmenspraxis (4. Teil) mit einer Abhandlung von Fragen der Compliance, unternehmensinterner Untersuchungen, Strategien zur Reaktion auf Kartellverstöße, der Haftung von Unternehmen, Organen und Mitarbeitern und der Situation von Unternehmen als Geschädigte von Kartellen.

9 Dem Handbuch liegen folgende **konzeptionelle Überlegungen** zugrunde:
- Es soll eine Abhandlung des Sanktions- und Vollzugsrechts in seinem **Gesamtzusammenhang** leisten. Zwischen der öffentlichen bzw. behördlichen Durchsetzung *(public enforcement),* der privaten Durchsetzung *(private enforcement)* und – soweit existent – auch der strafrechtlichen Durchsetzung *(criminal enforcement)* bestehen zahlreiche Verwebun-

---

[13] Vgl. zu dieser Diskussion zB *K. Schmidt* AcP 206 (2006), 167 (172 ff.); *ders.,* Kartellverfahrensrecht – Kartellverwaltungsrecht – Bürgerliches Recht, 1977, 88 ff., *v. Köhler* VerwArch 54 (1963), 262; *Ullrich,* Das Recht der Wettbewerbsbeschränkungen des Gemeinsamen Marktes und die einzelstaatliche Zivilgerichtsbarkeit, 1971, 322.
[14] Siehe EGMR Urt. v. 27.9.2011 – 43509/08, BeckRS 2012, 80668 – Menarini Diagnostics/Italien; EuG Urt. v. 16.12.2015 – T-46/11, ECLI:EU:T:2015:987 Rn. 34 – Deutsche Lufthansa ua/Kommission.
[15] *K. Schmidt* AcP 206 (2006), 167 (172); *Terhechte/Terhechte,* Internationales Kartell- und Fusionskontrollverfahrensrecht Rn. 1.6–1.7; *Kunzlik* 48 Antitrust Bull. (2003), 319, der dieses Phänomen unter das Stichwort „Hybridität" des Kartellrechts fasst.

gen (man denke nur an die Friktion zwischen Kronzeugenschutz im Kartellverfahren und Akteneinsicht im Kartellprozess). Sowohl theoretisch als auch in der Praxis müssen bei der Beantwortung von Fragen im Kartellverfahren häufig solche eines (späteren) Kartellprozesses berücksichtigt werden.

- Es soll zugleich den Ansprüchen der **Wissenschaft und Praxis** genügen. Insbesondere um den Ansprüchen der Kartellrechtsanwender (Behördenmitarbeiter, Anwälte, Unternehmensjuristen, Richter) gerecht zu werden, soll es Rechtsprechung und Praxis der Kartellbehörden möglichst umfassend verarbeiten.
- Es soll eine möglichst **objektive Betrachtung** liefern. Es soll die dargestellten Problemfelder weder ausschließlich aus der „Behördenbrille" noch aus der „Unternehmensbrille", weder aus der Sicht der Kartellanten noch aus der Sicht der Geschädigten in den Blick nehmen. Aus diesem Grund besteht die Autorenschaft aus Verfassern aus der Wissenschaft, den Kartellbehörden, Gerichten, der Anwaltschaft und aus Unternehmensjuristen.
- Es soll das Kartellverfahrens- und -prozessrecht insbesondere auch in seinen über die EU hinausgehenden **internationalen Zusammenhängen** erfassen. Kartelle sind heute häufig international. Sie werden häufig gleichzeitig durch verschiedene Kartellbehörden untersucht und sind Gegenstand von Prozessen vor Zivilgerichten in verschiedenen Jurisdiktionen. Ohne eine umfassende Darstellung von Durchsetzungsnormen ausländischer Rechtsordnungen zu beanspruchen,[16] soll das Handbuch dennoch den mit Kartellverfahren und -prozessen in der EU und Deutschland Befassten zumindest grundlegende Einblicke in die bedeutsamsten ausländischen Rechtsordnungen, allen voran die der USA sowie einiger anderer relevanter EU-Mitgliedstaaten geben.
- Es soll sich schließlich nicht nur auf eine reine rechtliche Darstellung beschränken. Vielmehr soll es auch die relevanten strategischen, wirtschaftlichen und organisatorischen Fragen mit erfassen, die sich in der **Unternehmenspraxis** stellen, wenn Überlegungen zur Vermeidung von Kartellverstößen bzw. zur Reaktion auf solche Verstöße oder auf Untersuchungen der Kartellbehörden oder Klagen angestellt werden.

---

[16] Dies leistet zB das Handbuch *Terhechte*, Internationales Kartell- und Fusionskontrollverfahrensrecht, 2008.

§ 2 Geschichtliche, systematische und theoretische Grundlagen

Übersicht

	Rn.
A. Durchsetzung des Kartellrechts im geschichtlichen Überblick	1
B. Systematische und begriffliche Grundlagen der Durchsetzung des Kartellrechts	9
I. Kartellrecht als einheitliches System eines Marktverhaltens- und Sanktionsrechts	9
II. Instrumente der Durchsetzung des Kartellrechts	11
1. Öffentliche Kartellrechtsdurchsetzung	12
2. Private Kartellrechtsdurchsetzung	15
3. Strafrechtliche Kartellrechtsdurchsetzung	16
C. Funktionen der Durchsetzung des Kartellrechts	18

Schrifttum:

Ackermann, Prävention als Paradigma: Zur Verteidigung eines effektiven kartellrechtlichen Sanktionssystems, ZWeR 2010, 329; *Basedow*, Private Enforcement of EC Competition Law, 2007; *Burrichter*, Kartellrecht und Gesellschaftsrecht – Ein „Bruderzwist"?, FS Hoffmann-Becking 2013, 191; *Clarke/Evenett*, The deterrent effects of national anticartel laws: evidence from the international vitamins cartel, 43 Antitrust Bulletin (2003) 689 ff. (702 ff.); *Bueren*, Verständigungen – Settlements in Kartellbußgeldverfahren, 2011; *Dreier*, Kompensation und Prävention, 2002; *ECN Working Group Cooperation Issues and Due Process*, Decision-Making Power Report, 31. Oktober 2012; *Götz*, 50 Jahre GWB – Die Geburt des GWB und der amerikanische Einfluss auf das Entstehen einer neuen Wettbewerbsordnung in der Bundesrepublik, WRP 2007, 741; *Kamann/Selmayr*, European Competition Law/Europäisches Wettbewerbsrecht, 2010; *Körber*, Europäisches Kartellverfahren in der rechtspolitischen Kritik, ZEW Vorträge und Berichte Nr. 204; *Kunzlik*, Globalization und Hybridization in Antitrust Enforcement: European „Borrowings" from the U.S. Approach, 48 Antitrust Bull. 2003, 319; *McAfee/Vakkur*, The Strategic Abuse of the Antitrust Laws, Journal of Strategic Management Education 1(3), 2004, 1; *Mestmäcker*, 50 Jahre GWB: Die Erfolgsgeschichte eines unvollkommenen Gesetzes, WuW 2008, 6; *Möschel*, 70 Jahre deutsche Kartellpolitik: von RGZ 38, 155 „Sächsisches Holzstoffkartell" zu BGHZ 55, 104 „Teerfarben", 1972; *ders.*, Recht der Wettbewerbsbeschränkungen, 1983; *ders.*, Behördliche oder privatrechtliche Durchsetzung des Kartellrechts?, WuW 2007, 483; *Möschel/Bien*, Kartellrechtsdurchsetzung durch private Schadensersatzklagen?, 2010; *Neven*, Competition Economics and antitrust in Europe, Econ. Pol. 2006, 742; *Parisi*, Rent-seeking through litigation: adversarial and inquisitorial systems compared, Int'l Rev L. & Econ. (22) 2002, 193; *Poelzig*, Normdurchsetzung durch Privatrecht, 2012; *Power*, The relative merits of courts and agencies in competition law-institutional design: administrative models; judicial models; and mixed models, ECJ 2010, 10; *Roach/Trebilock*, Private Enforcement of Competition Laws, Osgoode Hall Law Journal 1996, 461; *K. Schmidt*, Kartellverfahrensrecht – Kartellverwaltungsrecht – Bürgerliches Recht, 1977; *ders.*, Gesetzliches Kartell-Zivilprozessrecht – Der mühsame Weg der §§ 87 ff. GWB aus einem Kartell-Prozessrecht von Gestern zum „Private Enforcement" für Heute und Morgen, ZWeR 2007, 394; *ders.*, Kartellprivatrecht – Zivilrechtswissenschaft und Kartellrechtswissenschaft: Herrin und Magd? Magd und Herrin?, ZWeR 2010, 15; *Mansel/Dauner-Lieb/Henssler*, Zugang zum Recht: Europäische und US-amerikanische Wege der privaten Rechtsdurchsetzung, 2008; *Temple Lang*, Three Possibilities for Reform of the Procedure of the European Commission in Competition Cases under Regulation 1/2003, CEPS Special Report Nov. 2011, 194; *Terhechte*, Internationales Kartell- und Fusionskontrollverfahrensrecht, 2008; *Wagner*, Prävention und Verhaltenssteuerung durch Privatrecht – Anmaßung oder legitime Aufgabe?, AcP 2006, 352; *Wilberforce/Campell/Elles*, The Law of Trade Practices and Monopolies, 1966; *Remien*, Schadensersatz im europäischen Privat- und Wirtschaftsrecht, 2012.

A. Durchsetzung des Kartellrechts im geschichtlichen Überblick

1 Kartellverstöße und ihre Ahndung sind nicht erst ein Phänomen unserer Zeit. Bereits in der **Antike** war es unter Kaufleuten üblich, Preise abzusprechen und eine Monopolstellung zur Ausbeutung der Abnehmer zu missbrauchen.[1] Ebenfalls bis in diese Zeit lassen sich erste Versuche der Obrigkeit zurückverfolgen, solche Praktiken zu unterbinden. So waren in China und Indien bereits Jahrhunderte v. Chr. Absprachen verboten, mittels de-

---

[1] So finden sich Aufzeichnungen über Preisabsprachen aus dem antiken Ägypten, welche ca. 5000 Jahre alt sind, vgl. *Wilberforce/Campell/Elles* The Law of Trade Practices and Monopolies Rn. 2.

rer Waren zurückgehalten wurden, um so höhere Preise zu erzielen. Auch im antiken Rom ging man gegen die zunehmende Monopolisierung und den damit einhergehenden Preiswucher auf den Getreidemärkten kartellgesetzlich vor. So untersagte die wohl aus der Zeit *Julius Cäsars* stammende *Lex Julia de annona* sowohl Vereinbarungen als auch unilaterales Verhalten, mit welchen der Getreidepreis künstlich in die Höhe getrieben werden sollte.[2] Ähnliche Vorschriften finden sich auch in den nachfolgenden Jahrhunderten in verschiedenen Teilen Europas.[3] Diese Verbote erwiesen sich jedoch **weitgehend als wirkungslos.** Zwar fehlte es durchaus nicht an drakonischen Sanktionen. Sie reichten von Geldstrafen über den Entzug der Gewerbeerlaubnis bis hin zu immerwährender Verbannung und Todesstrafe. Jedoch vermochten diese keine abschreckende Wirkung zu entfalten, da bei Rechtsverstößen praktisch keine Verfolgung drohte. Existierten damit zwar bereits vor Jahrhunderten kartellrechtliche Verbotstatbestände, mangelte es noch an deren Durchsetzung.

Dies galt nicht in gleicher Weise für das **mittelalterliche und frühneuzeitliche England.** Zwar ging die Obrigkeit dort ebenfalls nicht entschlossener gegen Monopole vor als andernorts. Jedoch bestand für den Einzelnen im englischen *common law* bereits sehr früh die Möglichkeit des **privatrechtlichen (Kartell-)Rechtsschutzes.** So lassen sich erste Fälle einer privaten Kartellrechtsdurchsetzung bis ins Jahr 1414 zurückverfolgen.[4] Dabei stand anfangs die **defensive Durchsetzung,** bei der Kartellrecht zivilrechtlichen Ansprüchen einredeweise entgegengehalten wurde (→ § 2 Rn. 15), im Vordergrund. Dies illustrieren zwei berühmte Fälle der englischen Rechtsgeschichte. So wurde im sog *Merchant Taylors' Case* (1599)[5] ein Zunftmitglied auf Zahlung einer Vertragsstrafe in Anspruch genommen, weil es einer Satzungsbestimmung zuwider nicht mindestens die Hälfte seiner Aufträge an zunftangehörige Handwerker vergeben hatte. Das Gericht hielt jedoch die Satzungsbestimmung für nichtig, weil sie die Gefahr der Monopolbildung in sich trage. Im ersten *Case of Monopolies* (1602)[6] wurde selbst ein königlich verliehenes Monopolpatent zur Herstellung und zum Vertrieb von Spielkarten für nichtig erklärt, so dass die Klage des Patentinhabers gegen den Spielkarten vertreibenden Beklagten ohne Erfolg blieb. Dabei sah sich das Gericht – für die damalige Zeit bemerkenswert – nicht nur aus Gründen des **Individualschutzes** – würde doch ein Alleinmonopol Dritte an der Ausübung ihrer Gewerbefreiheit hindern –, sondern auch im Interesse des **Allgemeinwohls** zu seinem Urteil veranlasst. Denn Monopole führten zu höheren Preisen und verminderter Qualität.[7] Neben der Nichtigkeitssanktion verlieh das englische Recht ebenso bereits vor Jahrhunderten den durch wettbewerbswidriges Verhalten Geschädigten **Schadensersatzansprüche,** sah also auch eine **offensive private Kartellrechtsdurchsetzung** (→ § 2 Rn. 15) vor. So waren nach dem im Jahr 1623 erlassenen *Statute of Monopolies* alle illegalen Monopole nicht nur nichtig. Vielmehr konnten die dadurch Betroffenen auch auf **Schadensersatz in dreifacher Höhe (treble damages)** klagen.

Diese Vorschrift hatte unmittelbar prägenden Einfluss auf die Entwicklung in den **USA,** insbesondere den am 2.7.1890 verabschiedeten **US amerikanischen *Sherman Act,*** dem ersten modernen Kartellgesetz der Geschichte und Vorbild für viele andere Rechtsordnungen. So führte der amerikanische Gesetzgeber zur Durchsetzung des in *Section 1* normierten Verbots wettbewerbsbeschränkender Absprachen sowie des in *Section 2* statuierten Verbots der Monopolisierung von Anfang an nicht nur **öffentliche Sanktionen** in Form von Geld- und Haftstrafen (→ § 35 Rn. 11), sondern nach Vorbild des *Statute of Monopolies* auch **privatrechtliche Sanktionen** in Gestalt von Schadensersatz in

---

[2] *Möschel* Recht der Wettbewerbsbeschränkungen Rn. 11.
[3] Vgl. *Wilberforce/Campell/Elles* The Law of Trade Practices and Monopolies Rn. 112 ff.
[4] Vgl. zum Folgenden *Möschel* Recht der Wettbewerbsbeschränkungen Rn. 18.
[5] *Davenant v. Hurdis* (1599), 72 Eng. Rep. 769 (King's Bench, 1599).
[6] *Dacy v. Allin* (1602), 77 Eng. Rep. 1260 (1603).
[7] Vgl. *Möschel* Recht der Wettbewerbsbeschränkungen Rn. 17.

dreifacher Höhe ein.[8] Aus der Verdreifachung des Schadensersatzes wird deutlich, dass es dem amerikanischen Gesetzgeber damit um weitaus mehr als um die bloße Schadenskompensation ging. Vielmehr sollte sichergestellt werden, dass die Geschädigten einen hinreichenden Anreiz haben, ihre Ansprüche auch tatsächlich geltend zu machen und auf diese Weise letztlich die kartellrechtlichen Verbotstatbestände **im Interesse der Allgemeinheit durchzusetzen**.[9] Dem gleichen Zweck dienen weitere außerordentlich klägerfreundliche Regelungen des US-amerikanischen Rechts, so zB die ebenfalls bereits im *Sherman Act* des Jahres 1890 enthaltene sog *one-way fee shifting*-Regel, wonach der erfolgreiche Kartellschadensersatzkläger in Abkehr von der sog *American rule*[10] Ersatz seiner Verfahrens-, einschließlich seiner Anwaltskosten verlangen kann, weitgehende Einsichtsrechte in die Unterlagen des Beklagten und Dritter im Rahmen der *pre-trial discovery* und die Möglichkeit von Sammelklagen (*class actions* → § 35 Rn. 33). Private werden in den USA damit – gleichsam als **private attorney generals**[11] – zur Durchsetzung öffentlicher Interessen mobilisiert, was sich auch empirisch wiederspiegelt. Bis heute werden bis zu 95 % der Kartellverfahren von privaten Klägern geführt.[12]

4   Gänzlich anders verhielt sich die Entwicklung in (Kontinental-)**Europa**. Ein echtes Kartellrecht hat sich hier weitgehend erst nach dem 2. Weltkrieg entwickelt. Der am 1.1. 1958 in Kraft getretene **EWG-Vertrag** enthielt in den Art. 85 und 86 materielle Wettbewerbsregeln, die große Ähnlichkeiten mit den Verbotsvorschriften des *Sherman Act* aufwiesen. Als zentrale Rechtsfolge kartellrechtlicher Verstöße ordnete Art. 85 Abs. 2 EWGV (heute Art. 101 Abs. 2 AEUV) eine **Nichtigkeit wettbewerbsbeschränkender Vereinbarungen** (→ § 3 Rn. 15) an. Diese im europäischen Primärrecht einzigartige zivilrechtliche Rechtsfolge zeigt die hohe Bedeutung, welche die Verfasser der Gemeinschaftsverträge der für das Funktionieren des Binnenmarktes unerlässlichen Wettbewerbsvorschrift des Art. 85 EWGV bereits damals beimaßen.[13] Daneben enthielt Art. 87 EWGV (heute Art. 103 AEUV) in Abs. 2 eine Ermächtigung des Rats, Vorschriften unter anderem zur Einführung von Geldbußen und Zwangsgeldern zur Gewährleistung der „Beachtung" der Verbote der Wettbewerbsvorschriften zu treffen. Art. 89 EWGV (heute Art. 104 AEUV) übertrug der Kommission beschränkte Überwachungsaufgaben. Auf Grundlage der Ermächtigung des Art. 87 EWGV etablierte der Gemeinschaftsgesetzgeber mit dem Erlass der **Durchführungs-VO (EWG) Nr. 17/62** ein System **zentraler behördlicher Rechtsdurchsetzung** durch die Kommission. Unternehmen mussten wettbewerbsbeschränkende Vereinbarungen zur Freistellung bei der Kommission anmelden (sog Freistellungsmonopol der Kommission). Obwohl das Europäische Parlament gefordert hatte, in dieser Verordnung Regelungen über einen kartellrechtlichen Schadensersatzanspruch aufzunehmen,[14] führte sie keine weitergehenden zivilrechtlichen Sanktionen als die primärrechtlich normierte Nichtigkeitsfolge kartellrechtswidriger Absprachen ein. Dementsprechend war das EU-Kartellrecht bis etwa zur Jahrtausendwende nahezu ausschließlich durch eine öffentliche Rechtsdurchsetzung geprägt. Auch diese kam jedoch erst nach der Einführung der

---

[8] Diese ursprünglich in *Section 7 Sherman Act* enthaltene Regel findet sich seit dem Jahr 1914 in *Section 4 (a) Clayton Act*.

[9] Dies belegt auch die Entstehungsgeschichte des *Sherman Act*. So sah der ursprünglich von Senator *Sherman* eingebrachte Gesetzesentwurf lediglich Schadensersatz in doppelter Höhe vor. Dies wurde jedoch als nicht ausreichend empfunden, um Private zur Durchsetzung ihrer Ansprüche zu mobilisieren, vgl. Basedow/*Buxbaum* Private Enforcement of EC Competition Law, 41 (42).

[10] Danach trägt unabhängig vom Ausgang des Verfahrens jede Partei ihre eigenen Verfahrens- und Anwaltskosten.

[11] Der Begriff wurde geprägt durch den U.S. Court of Appeals (2d. Cir.), Associated Industries of New York State, Inc. v. Ickes, 134 F.2d 694, 704 (1943); vgl. *Poelzig* Normdurchsetzung durch Privatrecht, 54 f.

[12] BKartA, Private Kartellrechtsdurchsetzung – Stand, Probleme, Perspektiven, 2005, 15.

[13] Vgl. EuGH Urt. v. 1.6.1999 – C-126/97, Slg. 1999, I-3055 Rn. 36 – Eco Swiss.

[14] Europäisches Parlament, Entschließung in Beantwortung der vom Ministerrat der EWG zu dem Vorschlag einer ersten Durchführungsverordnung zu den Artikeln 85 und 86 des EWG-Vertrages vom Parlament erbetenen Konsultation, ABl. 1961, 1409 Rn. 11.

ersten sog **Kronzeugen-Mitteilung**[15] 1996 (→ § 7 Rn. 6) und dem Erlass der **Geldbußen-Leitlinien**[16] 1998 (→ § 13 Rn. 6, 65 ff.) voll zur Entfaltung.

Die entscheidenden Impulse für eine Stärkung des privaten Kartellrechtsschutzes lieferte der **EuGH**. Er war – wie häufig in der Geschichte der europäischen Integration – der eigentliche „**Promotor der privaten Rechtsdurchsetzung**" des europäischen Wettbewerbsrechts.[17] Bereits 1962 urteilte der EuGH in *van Gend & Loos* allgemein, dass das Gemeinschaftsrecht dem Einzelnen als Rechtssubjekt des Gemeinschaftsrechts durchsetzungsfähige Rechte verleiht.[18] Im Jahr 1974 stellte er im Urteil *BRT I* fest, dass die heute in den Art. 101, 102 AEUV enthaltenen Verbote ihrer Natur nach geeignet sind, in den Beziehungen zwischen Einzelnen **unmittelbare Wirkungen** zu erzeugen und damit **unmittelbar in deren Person Rechte entstehen zu lassen,** welche die Gerichte der Mitgliedstaaten zu wahren haben.[19] Nachdem diese prinzipiellen Feststellungen praktisch weitgehend ohne Auswirkungen geblieben waren, klärte der EuGH im Jahr 2001 in seinem grundlegenden *Courage*-Urteil unmissverständlich, dass „jedermann Ersatz des Schadens verlangen [kann], der ihm durch einen Vertrag, der den Wettbewerb beschränken oder verfälschen kann, oder durch ein entsprechendes Verhalten entstanden ist."[20] Damit etablierte der EuGH einen sich unmittelbar aus Art. 81 EGV (jetzt Art. 101 AEUV) ergebenden **unionsrechtlichen Schadensersatzanspruch im Kartellrecht.** In diesem Recht auf Schadensersatz sieht der EuGH nicht lediglich ein Mittel des subjektiven Rechtsschutzes, sondern auch ein solches zur Durchsetzung des objektiven Unionskartellrechts und damit zum präventiven Schutz eines wirksamen Wettbewerbs in der EU[21] (→ § 24 Rn. 11).

Infolge des *Courage*-Urteils des EuGH vollzog sich auch auf der europäischen Gesetzgebungsebene eine grundlegende Weiterentwicklung. Die **VO 1/2003,** welche die VO (EWG) Nr. 17/62 mit der Ost-Erweiterung der Gemeinschaft zum 1.5.2004 ablöste, ersetzte verfahrensrechtlich das ursprüngliche zentrale Anmeldungs- und Genehmigungssystem durch ein System der Legalausnahme, stärkte den Vorrang des europäischen vor dem nationalen Wettbewerbsrecht und schuf ein neues **System dezentraler Rechtsanwendung** durch ein Netz, dem sog „ECN", kooperierender nationaler Kartellbehörden, der Kommission und nationaler Gerichte. Neben der öffentlichen Rechtsdurchsetzung im Rahmen des ECN wurde damit die private Rechtsdurchsetzung durch die nationalen Gerichte erstmals sekundärrechtlich adressiert (vgl. 7. Erwägungsgrund VO 1/2003). Eine weitergehende gesetzliche Ausgestaltung des privaten Kartellrechtsschutzes fand jedoch (noch) nicht statt.

Bis zu einer weitergehenden Harmonisierung privater Durchsetzungsvorschriften dauerte es weitere zehn Jahre. Nachdem eine von der Kommission in Auftrag gegebene Studie im Jahr 2004 zu dem Ergebnis gekommen war, dass private Kartellschadensersatzklagen in der EU nicht nur **völlig unterentwickelt** seien, sondern auch, dass bezüglich ihrer Geltendmachung **beträchtliche Unterschiede zwischen den Mitgliedstaaten** bestünden,[22] reagierte die Kommission ein Jahr später mit der Vorlage eines **Grün-**

---

[15] Mitteilung der Kommission über die Nichtfestsetzung oder die niedrigere Festsetzung von Geldbußen in Kartellsachen, ABl. 1996 C 207, 4, im Jahr 2006 ersetzt durch die Mitteilung der Kommission über den Erlass und die Ermäßigung von Geldbußen in Kartellsachen, ABl. 2006 C 298, 17.
[16] Leitlinien für das Verfahren zur Festsetzung von Geldbußen, die gemäß Artikel 15 Absatz 2 der Verordnung Nr. 17 und gemäß Artikel 65 Absatz 5 EGKS-Vertrag festgesetzt werden, ABl. 1998 C 9, 3, im Jahr 2006 ersetzt durch die Leitlinien für das Verfahren zur Festsetzung von Geldbußen gemäß Artikel 23 Absatz 2 Buchstabe a) der Verordnung (EG) Nr. 1/2003, ABl. 2006 C 210, 2.
[17] Remien/*Wurmnest* Schadensersatz im europäischen Privat- und Wirtschaftsrecht, 28 (39).
[18] EuGH Urt. v. 5.2.1963 – 26/62, Slg. 1963, 3 Rn. 25 – Van Gend & Loos.
[19] EuGH Urt. v. 30.1.1974 – 127/73, Slg. 1974, 51 Rn. 15/17 – BRT I.
[20] EuGH Urt. v. 20.9.2001 – C-453/99, Slg. 2001, I-6297 Rn. 26 – Courage.
[21] EuGH Urt. v. 20.9.2001 – C-453/99, Slg. 2001, I-6297 Rn. 27 – Courage.
[22] Ashurst, Study on the conditions of claims for damages in case of infringement of EC competition rules, http://ec.europa.eu/competition/antitrust/actionsdamages/economic_clean_en.pdf.

buchs,[23] in dem sie erste Überlegungen für eine wirksamere Durchsetzung privater Schadensersatzansprüche und zur Beseitigung der mitgliedstaatlichen Diskrepanzen vorlegte. Auf der Grundlage eines 2008 veröffentlichten **Weißbuchs**[24] erarbeitete die Kommission einen Vorschlag für eine **Richtlinie für Schadensersatzklagen,** den die Kommissionsdienststellen 2009 erstmals informell bekannt machten und die Kommission in geänderter Fassung am 11. 6. 2013 offiziell verabschiedete.[25] Gleichzeitig legte die Kommission eine Mitteilung zur Ermittlung des Schadensumfangs bei Kartell-Schadenersatzklagen,[26] einen Praktischen Leitfaden zur Schadensermittlung der Kommissionsdienststellen[27] und eine Empfehlung über Grundsätze für kollektive Unterlassungs- und Schadensersatzverfahren in den Mitgliedstaaten bei Verletzung von durch Unionsrecht garantierten Rechten vor.[28] Nach kontroverser Debatte in EP und Rat ist die RL 2014/104/EU am 10. 11. 2014 vom Rat verabschiedet worden und am 25. 12. 2014 in Kraft getreten (→ § 24 Rn. 32). Sie soll gewährleisten, dass die behördliche Durchsetzung des Kartellrechts durch die Kommission und die nationalen Wettbewerbsbehörden und die private Rechtsdurchsetzung durch die nationalen Gerichte eine „gleichermaßen wichtige Rolle" spielen (3. Erwägungsgrund) und „beide Instrumente interagieren, damit die Wettbewerbsvorschriften höchstmögliche Wirkung entfalten" (6. Erwägungsgrund) (→ § 24 Rn. 34).

8   In **Deutschland** wurde bis weit in das 20. Jahrhundert die Schädlichkeit von Kartellen nicht erkannt. So wies das Reichsgericht noch 1897 im *Sächsischen Holzstoffkartell*-Fall den Einwand der Nichtigkeit des Kartellvertrages zurück.[29] Ein spezifisches Kartellrecht wurde erstmals mit der sog Kartellverordnung[30] im Rahmen des Stresemann'schen Wirtschaftsprogramms in Reaktion auf die Wirtschaftskrise 1923 eingeführt. Ihr Gegenstand war allerdings lediglich auf eine reine Missbrauchsaufsicht gesellschaftlicher Kartellverträge durch den Reichswirtschaftsminister begrenzt. Nur auf seinen Antrag konnte das beim Reichswirtschaftsgericht angesiedelte Kartellgericht ein Kartell für nichtig erklären oder seine Durchführung untersagen. Nach dem Krieg wurden zunächst in den westlichen Besatzungsgebieten alliierte Dekartellisierungsgesetze erlassen. Auf Basis von ab 1949 entwickelten Entwürfen ist – parallel zum EWG-Vertrag auf Gemeinschaftsebene – am 1. 1. 1958 das **„Gesetz gegen Wettbewerbsbeschränkungen"** in Kraft getreten.[31] Es enthielt schon sehr früh kartellverwaltungs-, bußgeld- und zivilrechtliche Durchsetzungsvorschriften. Seit der 6. GWB-Novelle 1998[32] wurden die verwaltungs- und zivilrechtlichen Sanktionsregelungen in den §§ 32 ff. GWB zusammengefasst. Die Bußgeldvorschriften sind in den §§ 81 ff. GWB geregelt. Während die defensive private Kartellrechtsdurchsetzung in der gerichtlichen Praxis schon früh recht gut entwickelt war, blieb die deutsche Rechtsprechung gegenüber kartellrechtlichen Schadensersatzklagen trotz der klaren Vorgaben des Gerichtshofs in *Courage* lange weiter äußerst zurückhaltend. So versagte noch 2003 zB das LG Mannheim im *Vitaminkartellfall* unmittelbaren Abnehmern eines Preiskartells aufgrund eines äußerst restriktiven Verständnisses des traditionell angewendeten Schutzgesetzerfordernisses Schadensersatzansprüche (→ § 25 Rn. 3) und stellte dabei fest, dass es angesichts aufsichtsbehördlicher Kartellverfahren

---

[23] Grünbuch „Schadensersatzklagen wegen Verletzung des EU-Wettbewerbsrechts", KOM (2005) 672 endg.
[24] Weißbuch „Schadensersatzklagen wegen Verletzung des EG-Wettbewerbsrechts", KOM (2008) 165 endg.; dazu Commission Staff Working Paper accompanying the White Paper on Damages actions for breach of the EC antitrust rules, SEC (2008) 404.
[25] COM (2013) 404 final.
[26] ABl. 2013 C 167, 19.
[27] http://ec.europa.eu/competition/antitrust/actionsdamages/quantification_guide_de.pdf.
[28] ABl. 2013 L 201, 60.
[29] RG Urt. v. 4. 2. 1897 – RGZ 38, 155, dazu zB *Möschel* 70 Jahre deutsche Kartellpolitik.
[30] Verordnung gegen Missbrauch wirtschaftlicher Machtstellungen vom 2. 11. 1923, RGBl. I 1067, dazu *Burrichter* FS Hoffmann-Becking 2013, 191 (193 ff.).
[31] BGBl. 1957 I 1081; zur (weiteren) Geschichte *Mestmäcker* WuW 2008, 6; *K. Schmidt* ZWeR 2010, 15 (21); *Burrichter* FS Hoffmann-Becking 2013, 191.
[32] BGBl. 1998 I 2521.

keiner zusätzlichen „Bestrafung" in Form zivilrechtlicher Schadensersatzansprüche bedürfe.[33] Das erste wirklich aufsehenerregende rechtskräftige Urteil, in dem Abnehmern eines horizontalen Kartells Schadensersatz zugesprochen worden ist, war 2009 das Urteil des KG im *Transportbetonfall*.[34]

B. Systematische und begriffliche Grundlagen der Durchsetzung des Kartellrechts

I. Kartellrecht als einheitliches System eines Marktverhaltens- und Sanktionsrechts

Das Kartellrecht als das Recht gegen Wettbewerbsbeschränkungen besteht wie andere Bereiche des Wirtschaftsrechts aus Verhaltensnormen (sog „Normenrecht") und Durchsetzungsnormen (sog „Sanktionsrecht").[35] Das Kartellrecht der EU und ihrer Mitgliedstaaten normiert zur Sicherstellung funktionsfähiger Märkte im Interesse der Allgemeinheit und der einzelnen Marktteilnehmer (→ § 3 Rn. 3) Verbote von kollektivem oder individuellem wettbewerbsbeschränkenden Marktverhalten, nämlich das Kartellverbot in Art. 101 Abs. 1 und 3 bzw. §§ 1 ff. GWB sowie das Missbrauchsverbot in Art. 102 AEUV bzw. §§ 18 ff. GWB. Die Einhaltung dieser **Verhaltensnormen** kann durch Mechanismen der Selbstregulierung des Marktes allein, zB durch mögliche tatsächliche Nachteile bei Verstößen (zB Geschäfts- und Reputationsverluste), oder durch eine freiwillige Selbstkontrolle, nicht ausreichend sichergestellt werden.[36] Da es im System des europäischen und deutschen Kartellrechts keine präventiven Kontrollmechanismen gibt, die ein wettbewerbswidriges Verhalten von Unternehmen am Markt ex-ante verhindern (anders im Bereich der Fusionskontrolle mit der Anmelde- und Freigabepflicht), bedürfen die kartellrechtlichen Verbotsregeln wie alle Marktverhaltensnormen des Wirtschaftsrechts einer wirksamen Durchsetzung durch **Sanktionsnormen,** um ihre tatsächliche Verbindlichkeit und Geltungskraft – im unionsrechtlichen Sprachgebrauch den *effet utile* – zu gewährleisten. Ohne ein wirksames System der Normdurchsetzung würde die generalpräventive Funktion der kartellrechtlichen Marktverhaltensnormen beeinträchtigt.[37] Dementsprechend enthält sowohl das europäische Kartellprimärrecht (Art. 101 Abs. 2, Art. 103 Abs. 2 lit. a und d, Art. 105 AEUV)[38] und das auf seiner Grundlage erlassene Sekundärrecht (VO 1/2003, RL 2014/104/EU) sowie parallel auch das deutsche Kartellrecht (§§ 32 ff., 81 ff. GWB) ein entsprechendes Kartellsanktionsrecht, um die praktische Wirksamkeit des Kartell- und Missbrauchsverbots zu gewährleisten.[39]

Trotz ihrer funktionalen Unterschiedlichkeit stehen die kartellrechtlichen Verbots- und Sanktionsnormen in einem **inneren Zusammenhang.** Wirksame Sanktionsnormen sichern nicht nur die Effektivität der Verbotsnormen. Zweck und Inhalt der Verbotsnormen beeinflussen auch die Legitimation und Gestaltung der Sanktionsnormen. Jedenfalls

---

[33] LG Mannheim Urt. v. 11.7.2003 – 7 O 326/02, GRUR 2004, 182 (184) – Vitaminkartell; ähnlich LG Mainz Urt. v. 15.1.2004 – 12 HK O 56/02 Kart, WuW/E DE-R 1349 – Vitaminpreise Mainz; anders damals LG Dortmund Urt. v. 1.4.2004 – 13 O 55/02 Kart, WuW/E DE-R 1352 – Vitaminpreise Dortmund.
[34] KG Urt. v. 1.10.2009 – 2 U 17/03 Kart, 2 U 17/03, BeckRS 2009, 88782 – Transportbetonkartell; Nichtzulassungsbeschwerde zurückgewiesen durch BGH Beschl. v. 8.6.2010 – KZR 44/09, BeckRS 2010, 29191.
[35] Zu dieser Unterscheidung allgemein *Poelzig* Normdurchsetzung durch Privatrecht, 15 ff., 18 und speziell zum Kartellrecht *K. Schmidt* Kartellverfahrensrecht – Kartellverwaltungsrecht – Bürgerliches Recht, 10.
[36] Siehe *Böhm* ORDO 22 (1971), 1 (18) wonach der Markt „kein besonders günstiges Sozialklima für die Entfaltung von Gemeingeist" erzeugt.
[37] Siehe zB die empirischen Studien von *Clarke/Evenett* 43 Antitrust Bulletin (2003), 689 ff. (702 ff.), die anhand des Beispiels des internationalen Vitaminkartells empirisch nachweisen, dass in Staaten mit strengerem Sanktionsrecht weniger Schäden durch Kartelle verursacht werden als in Staaten mit einem nachgiebigen Sanktionssystem.
[38] Zur Herleitung eines unionsrechtlichen Abwehr- und Schadensersatzanspruchs unmittelbar aus Art. 101 Abs. 1 und Art. 102 AEUV → § 24 Rn. 8.
[39] EuGH Urt. v. 20.9.2001 – C-453/99, Slg. 2001, I-6297 Rn. 26 – Courage; Urt. v. 11.6.2009 – C-429/07, Slg. 2009, I-04833 Rn. 34 – Inspecteur van de Belastingdingst.

im Unionsrecht sind beide Normgruppen damit nicht getrennt, sondern als Teil eines **umfassenden Systems** zu verstehen, das auf ein Verbot und die Ahndung wettbewerbswidriger Praktiken ausgerichtet ist.[40]

II. Instrumente der Durchsetzung des Kartellrechts

11 Instrumente zur Durchsetzung von Marktverhaltensvorschriften finden sich in verschiedenen Teilsystemen des Rechts. Unterschieden wird üblicherweise zwischen einerseits einer öffentlich-rechtlichen Durchsetzung aufgrund verwaltungsrechtlicher Befugnisse von Wirtschaftsaufsichtsbehörden und andererseits einer privatrechtlichen Durchsetzung durch die außergerichtliche und gerichtliche Geltendmachung zivilrechtlicher Abwehr- und Schadensersatzansprüche.[41] Für diese beiden grundsätzlichen Durchsetzungsformen werden in Anlehnung an US-amerikanische Begrifflichkeiten regelmäßig die verkürzten Begriffe **behördliche** oder **öffentliche Durchsetzung** *(public enforcement)* und **private Durchsetzung** *(private enforcement)* verwendet.[42] Missverständlich an dieser Begrifflichkeit ist, dass sie eine Abgrenzung anhand der sanktionierenden Personen bzw. Institutionen (Durchsetzung durch Behörden oder durch Private) indiziert. Richtigerweise erfolgt jedoch eine Abgrenzung anhand der in Anspruch genommenen Regelungsinstrumente (öffentliches Recht oder Privatrecht). Allerdings führen beide Abgrenzungsformen in den weitaus meisten Fällen zum gleichen praktischen Ergebnis. So kann zwar nicht nur ein Privater, sondern auch eine Behörde als Geschädigte eines Kartells einen zivilrechtlichen Schadensersatzanspruch geltend machen.[43] Regelmäßig gehen jedoch Behörden aufgrund öffentlich-rechtlicher Normen und Private aufgrund privatrechtlicher Normen gegen Rechtsverletzer vor. Daher werden im Rahmen dieses Handbuchs die Begriffe öffentlich-rechtliche, behördliche und öffentliche Rechtsdurchsetzung im Sinne eines *public enforcement* bzw. privatrechtliche und private Rechtsdurchsetzung im Sinne eines *private enforcement* synonym verwendet.

1. Öffentliche Kartellrechtsdurchsetzung

12 Im Rahmen der **öffentlichen Kartellrechtsdurchsetzung** kann man – in Analogie zu strafverfahrensrechtlichen Terminologien – idealtypisch zwischen den Systemen einer inquisitorischen Rechtsdurchsetzung (auch monistisches Modell genannt) und einer kontradiktorischen (bzw. adversorischen) Rechtsdurchsetzung (auch gerichtliches Modell genannt) unterscheiden:[44]

- Ein System der **inquisitorischen Rechtsdurchsetzung** – wie es im Wesentlichen auf Unionsebene im Kommissionsverfahren und zB in Deutschland praktiziert wird – wird durch eine Personalunion von ermittelnder und entscheidender Behörde gekennzeichnet, die von Amts wegen und unparteiisch die Wahrheit festzustellen hat.[45] Im Rahmen der Kartellverfolgung tragen die Kartellbehörden alle zur Entscheidungsfindung notwendigen Informationen – sowohl belastender als auch entlastender Art – zusammen. Es gilt hierbei grundsätzlich der **Amtsermittlungs- bzw. Untersuchungsgrundsatz,** in der Union als allgemeiner Grundsatz guter Verwaltung[46] und in Deutschland gem. §§ 57 Abs. 1, 70

---

[40] EuGH Urt. v. 11.6.2009 – C-429/07, Slg. 2009, I-04833 Rn. 33, 36 – Inspecteur van de Belastingdienst.
[41] Siehe zu Folgendem *Poelzig* Normdurchsetzung durch Privatrecht, 7, 18 ff.
[42] GA *Kokott* SchlA v. 30.1.2014 – C-557/12, ECLI:EU:C:2014:45 Rn. 59 – Kone ua; siehe zB auch die Begrifflichkeit im 2. und 3. Erwägungsgrund RL 2014/104/EU.
[43] Vgl. etwa zur Schadensersatzklage der Kommission im Namen der Europäischen Gemeinschaft gegen das Aufzugskartell vor einem belgischen Zivilgericht EuGH Urt. v. 6.11.2012 – C-199/11, ECLI:EU:C: 2012:684 – Europese Gemeenschap/Otis ua; in Deutschland haben zuletzt zB zahlreiche Städte und Gemeinden außergerichtlich Schadensersatz gegen Mitglieder des Feuerlöschfahrzeugkartells geltend gemacht.
[44] Vgl. zB *ECN Working Group Cooperation Issues and Due Process* Decision-Making Power Report, 5 ff.; *Bueren* Verständigungen – Settlements in Kartellbußgeldverfahren, 120 ff.
[45] *Neven* Econ. Pol. 2006, 742 (763); *Parisi* Int'l Rev. L. & Econ. 2002, 193 (194 ff.).
[46] EuGH Urt. v. 13.7.1966 – 56 und 58/64, Slg. 1966, 322 (395 f.) – Consten und Grundig/Kommission; Urt. v. 21.11.1991 – C-269/90, Slg. 1991, I-5469 Rn. 14 – Technische Universität München; dazu Lan-

GWB (→ § 12 Rn. 4; § 17 Rn. 197). Zur Durchsetzung der Informationsgewinnung stehen ihnen entsprechende Zwangsmittel zur Verfügung (Art. 17–22 VO 1/2003, §§ 58–59 GWB) (→ § 8 Rn. 1; § 17 Rn. 44). Ein solches inquisitorisches Kartellverfahren steht nach dem *Menarini*-Urteil des EGMR mit dem Grundsatz eines fairen Verfahrens gem. Art. 6 Abs. 1 EMRK im Einklang, wenn die abschließende (Bußgeld-)Entscheidung der Kartellbehörde einer Kontrolle durch ein Rechtsprechungsorgan mit Befugnis zu unbeschränkter Nachprüfung, dh einer Beurteilung aller Sach- und Rechtsfragen, unterliegt[47] (→ § 6 Rn. 12).

- Ein System **kontradiktorischer Rechtsdurchsetzung** – wie es insbesondere in den USA vorherrschend ist – zeichnet sich dadurch aus, dass nicht eine Kartellbehörde auf der Grundlage des von ihr ermittelten Sachverhalts selbst eine Sanktionsentscheidung trifft (und diese gerichtlich überprüft wird), sondern sie dem/den betroffenen Unternehmen als Partei vor einem Gericht gegenübersteht. Beide Parteien müssen – ähnlich wie im Zivilverfahren – die Informationen für die Entscheidungsfindung vorlegen **(Verhandlungs- bzw. Beibringungsgrundsatz).** Auf dieser Tatsachengrundlage entscheidet ein Gericht als unparteiischer Dritter über die beantragte Sanktion (→ § 35 Rn. 16).

In der Praxis folgen die meisten Kartellbehörden in der Union einem **inquisitorischen** 13 **(monistischen) System.**[48] Innerhalb dieses Systems haben einige Behörden eine **nicht-unitäre Entscheidungsstruktur,** dh die Ermittlung und Entscheidung über Sanktionen werden durch funktional getrennte Stellen in der gleichen Behörde getroffen (so erfolgt zB in der Kommission die Ermittlung auf der Ebene des Case Teams in der Generaldirektion Wettbewerb, den Bußgeldbeschluss trifft das Kollegium der Kommissare) (→ § 10 Rn. 181). Andere Behörden unterliegen einem **unitären System** (so erfolgen im BKartA Ermittlung und Entscheidung einheitlich durch dieselbe Beschlussabteilung) (→ § 16 Rn. 74 ff.). Im Übrigen kommen beide idealtypischen Systeme kaum in ihrer Reinform vor. So gilt zB im europäischen und deutschen Kartellbußgeldverfahren nicht der für inquisitorische Systeme typische Verfolgungszwang **(Legalitätsprinzip),** sondern das eigentlich kontradiktorische Systeme kennzeichnende **Opportunitätsprinzip** (Art. 7 VO 1/2003; § 47 Abs. 1 OwiG) (→ § 10 Rn. 2). Daneben ist zB auf Unionsebene das für das inquisitorische Verfahren charakteristische Verständnis des Verfolgungsorgans **Kommission als neutrale Instanz** nur eingeschränkt ausgeprägt. Kritisiert wird insbesondere, dass die Beamten, welche die Mitteilung der Beschwerdepunkte gegen mögliche Kartellanten formulieren, gleichzeitig – und ggf. entsprechend voreingenommen – auch den Entwurf des Bußgeldbeschlusses der Kommission verfassen. Entsprechende kontradiktorische Elemente wie zB die Anhörung vor dem Anhörungsbeauftragten (→ § 10 Rn. 11) oder die Einschaltung des Chefökonomen oder eines *Peer Review Panels* sollen etwaige verfahrensrechtliche Defizite ausgleichen.[49] Unbeschadet dessen steht nach Auffassung des EuGH das Bußgeldverfahren der Kommission aufgrund der Befugnis der Unionsgerichte zur unbeschränkten Nachprüfung im Einklang mit dem Grundrecht auf effektiven Rechtsschutz gem. Art. 47 GRCh, der im Unionsrecht Art. 6 Abs. 1 EMRK entspricht[50] (→ § 6 Rn. 13).

Daneben werden beide Systeme ergänzt durch Elemente einer **konsensualen** 14 **Rechtsdurchsetzung.** Hierbei wird das Verfahren durch die formelle Unterwerfung

---

gen/Bunte/*Sura* Bd. 1 Art. 2 VO 1/2003 Rn. 4; MüKoEuWettbR/*Böge/Bardong* Art. 2 VO 1/2003 Rn. 19 f.
[47] EGMR Urt. v. 27.9.2011 – 43509/08, BeckRS 2012, 80668 Rn. 59 – Menarini Diagnostics/Italien; EuG Urt. v. 16.12.2015 – T-46/11, ECLI:EU:T:2015:987 Rn. 34 – Deutsche Lufthansa ua/Kommission.
[48] Kontradiktorische Systeme praktizieren Österreich, Dänemark, Finnland, Estland, Irland und Schweden, vgl. zu Einzelheiten *ECN Working Group Cooperation Issues and Due Process* Decision-Making Power Report, 6 ff.
[49] *Temple Lang* CEPS Special Report Nov. 2011, 194 (198 ff.); *Körber* Europäisches Kartellverfahren in der rechtspolitischen Kritik, ZEW Vorträge und Berichte Nr. 204, 10 (18 f.).
[50] EuGH Urt. v. 8.12.2011 – C-386/10 P, Slg. 2011, I-13085 Rn. 67 – Chalkor/Kommission; Urt. v. 18.7.2013 – C-501/11 P, ECLI:EU:C:2013:522 Rn. 36–38 – Schindler/Kommission; Urt. v. 10.7.2014 – C-295/12 P, ECLI:EU:C:2014:2062 Rn. 40–57 – Telefónica/Kommission.

des betroffenen Kartellrechtsverletzers unter ein Sanktionsangebot der zuständigen Kartellbehörde erledigt. Diesem Angebot liegt ein zwischen Unternehmen und Behörde ausgehandelter **Vergleich (Settlement)** zugrunde.[51] Während diese einvernehmliche Verfahrenslösung insbesondere im amerikanischen Rechtsraum große Tradition hat, ist sie im Verfahren vor der Kommission erst 2008 mit der Einführung einer Regelung über die Durchführung von Vergleichsverfahren durch die VO (EG) Nr. 662/2008 in Art. 10a der VO (EG) Nr. 773/2004 zur Durchführung der VO 1/2003 und die Mitteilung der Kommission über die Durchführung von Vergleichsverfahren vom 2.7.2008 eingeführt worden (→ § 10 Rn. 14). In Deutschland ist das Settlement-Verfahren gesetzlich nicht speziell geregelt. Das BKartA schließt jedoch seit 2007 Verfahren auf der Grundlage eines Vergleichs ab (→ § 18 Rn. 178).[52]

2. Private Kartellrechtsdurchsetzung

15 Im Rahmen der **privaten Rechtsdurchsetzung** unterscheidet die moderne Kartellrechtsdoktrin zwischen offensiver Rechtsdurchsetzung und defensiver Rechtsdurchsetzung (→ § 23 Rn. 4).[53] Diese Unterscheidung wird auch als „Schild und Schwert"-Prinzip bezeichnet:[54]

- Unter eine **offensive Durchsetzung** werden diejenigen Klagen gefasst, die auf die Durchsetzung kartellrechtlicher Verbote oder Verbotssanktionen auf Grundlage privatrechtlicher Ansprüche zielen. Beispiele sind Unterlassungs-, Beseitigungs- oder Schadensersatzklagen (in Deutschland gem. § 33 GWB), Feststellungsklagen auf Nichtigkeit nach Art. 101 Abs. 2 AEUV bzw. § 1 GWB iVm. § 134 BGB, eine auf Verletzung des Kartellverbots gestützte Beschluss-Anfechtungsklage nach §§ 243, 246 AktG,[55] eine kartellrechtlich begründete Schiedsspruch-Aufhebungsklage nach § 1059 ZPO[56] oder eine Rückforderungsklage aus ungerechtfertigter Bereicherung auf der Grundlage einer kartellrechtlichen Nichtigkeit eines Vertrags.[57]
- Von **defensiver Durchsetzung** spricht man, wenn eine Kartellrechtswidrigkeit (und in ihrer Folge zB die Nichtigkeit eines Vertrags) als Einwendung oder Einrede (also quasi als Vorfrage) in einen Prozess eingeführt wird, dh dem Kartellrechtsverletzer ein subjektives Recht entzogen wird, das ihm bei ordnungsgemäßem Verhalten zustünde. Dies kann in jeder Art zivilrechtlicher Klagen, zB auf Einhaltung einer Wettbewerbsverbotsklausel oder einer Vertriebsbindung, Schadensersatzklagen, Patentklagen etc. geschehen.

3. Strafrechtliche Kartellrechtsdurchsetzung

16 Nicht eindeutig ist, in welchen Fällen von einer **strafrechtlichen Durchsetzung** *(criminal enforcement)* gesprochen werden kann bzw. sollte. Hier scheinen die Begrifflichkeiten und ihre Abgrenzung in verschiedenen Rechtsordnungen weit zu divergieren:

- In den **USA** wird der Begriff des *criminal enforcement* zB sowohl für die strafrechtliche Verfolgung von Einzelpersonen wegen Kartellverstößen (zB durch Verhängung von Gefängnisstrafen) im engeren Sinne als auch für die behördliche Verfolgung und Sanktionierung von Rechtsverletzungen durch Unternehmen durch (Straf- bzw. Buß-) Geldzahlungen verwendet (→ § 35 Rn. 11).
- Das **Unionsrecht** kennt positivrechtlich **keine strafrechtliche Durchsetzung von Kartellverstößen**. Art. 23 Abs. 5 VO 1/2003 schließt einen strafrechtlichen Charakter

---

[51] Umfassend dazu *Bueren* Verständigungen – Settlements in Kartellbußgeldverfahren.
[52] BKartA, Merkblatt – Das Settlement-Verfahren des Bundeskartellamtes in Bußgeldsachen, 2013.
[53] BKartA, Private Kartellrechtsdurchsetzung – Stand, Probleme, Perspektiven, 2005, 1; *Schmidt* ZWeR 2007, 394 (397).
[54] Vgl. zB Commission Staff Working Paper zum Weißbuch: Schadenersatzklagen wegen Verletzung des EG-Wettbewerbsrechts, SEC (2008) 404 v. 2.4.2008 Rn. 207; *Wurmnest* German Law Journal 2005, 1173 (1174).
[55] ZB OLG Düsseldorf Urt. v. 18.11.2009 – VI-U (Kart) 12/09, BeckRS 2009, 88332.
[56] Vgl. Nachweise bei MüKoZPO/*Münch* § 1059 Rn. 47.
[57] *K. Schmidt* ZWeR 2007, 394 (397 f.); allgemein *Poelzig* Normdurchsetzung durch Privatrecht, 406 f.

der von der Kommission verhängten Bußgelder sogar ausdrücklich aus. Der EuGH sieht entsprechend in ständiger Rechtsprechung auch das Bußgeldverfahren in Anlehnung an das französische Kartellverfahrensrecht als originär verwaltungsrechtliches Verfahren an (→ § 10 Rn. 1).[58]

- In **Deutschland** wird zwischen einer Durchsetzung im Verfahren und mit Sanktionsmitteln des Kartellverwaltungsrechts (zB Untersagungsverfügungen des BKartA gem. §§ 32 ff. GWB) und des **Ordnungswidrigkeitenrechts** (vom BKartA verhängte Bußgelder gem. §§ 81 ff. GWB) unterschieden. Beides wird zwar klassischerweise der öffentlichen Rechtsdurchsetzung zugeordnet. Der strafrechtsähnliche Charakter der Bußgeldsanktionierung zeigt sich jedoch in der Anwendung der Regelungen des OWiG und (analog) der StPO. Für besondere Kartellverstöße bestehen spezielle Straftatbestände (zB der Submissionsbetrug gem. § 298 StGB), so dass insoweit von der Existenz eines **speziellen Kartellstrafrechts** gesprochen werden kann (→ § 19 Rn. 1). Ein darüber hinausgehendes kodifiziertes allgemeines Unternehmensstrafrecht gibt es bislang nicht.

Im Zuge der zunehmend schärferen Sanktionierung von Kartellverstößen durch die Kommission und die nationalen Kartellbehörden sind zuletzt die Stimmen zunehmend lauter geworden, die dem **Kartellbußgeldrecht** der EU und seiner Mitgliedstaaten generell **zumindest strafrechtsähnlichen Charakter** zusprechen und hieraus die Notwendigkeit eines verstärkten gerichtlichen Rechtsschutzes ableiten. Diese Sichtweise hat gerichtlich erstmals das sog *Menarini*-**Urteil des EGMR** angenommen. Gegenstand des zugrundeliegenden Falls war eine Geldbuße der italienischen Wettbewerbsbehörde AGCM *(Autorità Garante della Concorrenza e del Mercato)* im Rahmen eines verwaltungsrechtlichen Verfahrens gegen die italienische Gesellschaft *A. Menarini Diagnostics S.R.L* über 6 Mio. Euro wegen eines Kartellrechtsverstoßes. Der EGMR entschied, dass sich ein von solch einer Geldbuße betroffenes Unternehmen auf das Grundrecht auf ein faires Verfahren gem. Art. 6 Abs. 1 EMRK einschließlich des Rechts auf eine uneingeschränkte gerichtliche Überprüfung berufen kann. Zwar gehöre ein Kartellverwaltungsverfahren **nicht zum Kernstrafrecht**.[59] Eine „strafrechtliche Anklage" im Sinne dieser Vorschrift läge jedoch nicht nur dann vor, wenn die anwendbaren Sanktions- und Verfahrensvorschriften formell zum Strafrecht gehörten. Vielmehr könnte alternativ auch die **Natur des Vergehens** und die **Art und Schwere der Sanktion** die Anwendbarkeit des Art. 6 Abs. 1 EMRK begründen. Da ein Kartellverstoß das öffentliche Interesse beeinträchtige, das üblicherweise strafrechtlich geahndet werde, und die kartellbehördliche Geldbuße repressiven Charakter habe und schwerwiegend sei, sei Art. 6 Abs. 1 EMRK anwendbar.[60] Dem öffentlichen Kartellsanktionsrecht der EU und seiner Mitgliedstaaten ist danach strafrechtsähnlicher Charakter zuzusprechen (→ § 6 Rn. 12). Ungeachtet dieser Einordnung der Natur des EU- und nationalen Kartellsanktionsrechts auf Grundlage einer autonom-materiellen Begrifflichkeit anhand der EMRK wird der Begriff der strafrechtlichen Durchsetzung *(criminal enforcement)* im Rahmen dieses Handbuchs als Teil der öffentlichen Durchsetzung des Kartellrechts auf der Grundlage allein formell strafrechtlicher Normen, dh des **Kartellstrafrechts im engeren Sinne** verwendet.

---

[58] Grundlegend EuGH Urt. v. 13.7.1966 – 56 und 58/64, Slg. 1966, 322 (385) – Consten und Grundig/Kommission.
[59] EGMR Urt. v. 23.11.2006 – 73053/01, EGMRE 2006-XIV Rn. 43 – Jussila/Finnland; EGMR Urt. v. 27.9.2011 – 43509/08, BeckRS 2012, 80668 Rn. 62 – Menarini Diagnostics/Italien.
[60] EGMR Urt. v. 27.9.2011 – 43509/08, BeckRS 2012, 80668 Rn. 38–42 – Menarini Diagnostics/Italien; EuG Urt. v. 16.12.2015 – T-46/11, ECLI:EU:T:2015:987 Rn. 34 – Deutsche Lufthansa ua/Kommission.

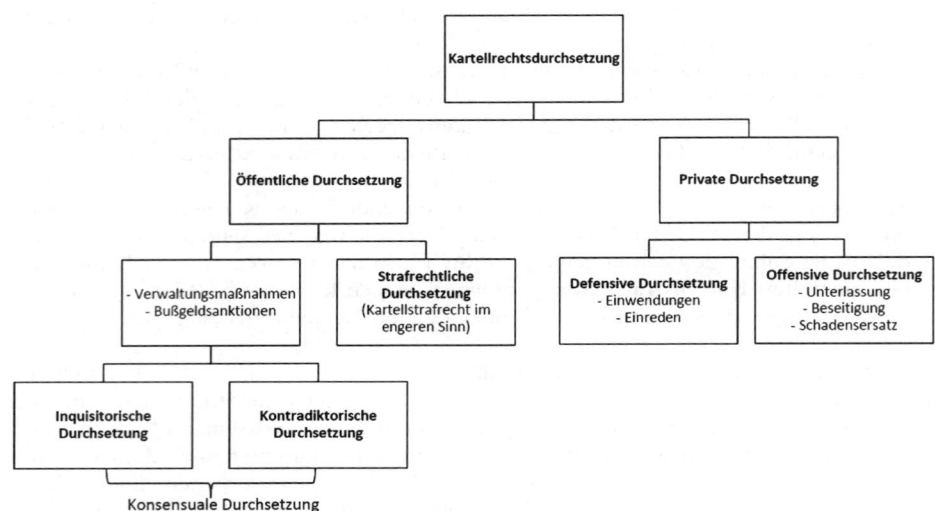

C. Funktionen der Durchsetzung des Kartellrechts

18 Das Kartellrecht dient im Kern dem Schutz des Wettbewerbs zu Zwecken eines besseren Funktionierens der Märkte zugunsten von Unternehmen und Verbrauchern und auf Unionsebene daneben zur Verwirklichung eines integrierten Binnenmarktes[61] (→ § 3 Rn. 1). Vor dem Hintergrund dieser Zielsetzung lassen sich theoretisch verschiedene allgemeine **Zwecke der Sanktionierung von Kartellrechtsverstößen** ausmachen, die in verschiedenen Kartellrechtsjurisdiktionen in unterschiedlicher Art und Nuancierung verfolgt werden:

- **Prävention:** Im Zentrum der kartellrechtlichen Normdurchsetzung steht die Androhung einer nachträglichen öffentlich- oder privatrechtlichen Sanktion mit dem Ziel, das Marktverhalten von Unternehmen präventiv zu steuern, um sonst drohende Nachteile durch Rechtsverletzungen zu verhindern.[62] Insbesondere auch der unionskartellrechtliche Schadensersatzanspruch dient nach der *Courage*-Rechtsprechung des EuGH explizit sowohl der Abschreckung des konkreten Rechtsverletzers **(Spezialprävention)** als auch gleichzeitig der allgemeinen Verhaltenssteuerung sämtlicher Normadressaten im Interesse des Wettbewerbsschutzes **(Generalprävention)**[63] (→ § 24 Rn. 19). Sie hält sie von einem rechtswidrigen Verhalten ab (*negative* Generalprävention) und fördert gleichzeitig die Normtreue *(Compliance)* und den Wettbewerbsgedanken allgemein (*positive* Generalprävention).[64]

---

[61] Mitt. d. Kom, Erläuterungen zu den Prioritäten der Kommission bei der Anwendung von Artikel 82 des EG-Vertrags auf Fälle von Behinderungsmissbrauch durch marktbeherrschende Unternehmen, ABl. 2009 C 45, 7 Rn. 1.

[62] Vgl. die allgemeine Definition der Prävention bei *Dreier* Kompensation und Prävention, 15 f.

[63] EuGH Urt. v. 20.9.2001 – C-453/99, Slg. 2001, I-6297 Rn. 27 – Courage; Urt. v. 13.7.2006 – verb. Rs. C-295/04 bis C-298/04, Slg. 2006, I-6619 Rn. 91 – Manfredi; Urt. v. 5.6.2014 – C-557/12, ECLI:EU:C:2013:1317 Rn. 23 – Kone; vgl. auch Bußgeld-Leitlinien 2006, ABl. 2006 C 210, 2 Rn. 4.

[64] Vgl. zu Letzterem Kom. Weißbuch „Schadensersatzklagen wegen Verletzung des EG-Wettbewerbsrechts", KOM (2008) 165 endg., 3; BKartA, Private Kartellrechtsdurchsetzung – Stand, Probleme, Perspektiven, 4; zur allgemeinen Präventionssystematik *Poelzig*, Normdurchsetzung durch Privatrecht, 434 und zum kartellrechtlichen Präventionsgedanken zuletzt zB *Ackermann* ZWeR 2010, 329.

- **Kompensation:** Insbesondere Schadensersatzansprüche haben vorrangig den Zweck, dass Opfer von Kartellrechtsverstößen ihre Schäden in vollem Umfang ersetzt erhalten (Kompensations- oder **Ausgleichsfunktion**).[65] Durch eine wirksame Kompensation tritt gleichzeitig eine stärkere Abschreckungswirkung ein. Damit stellt die Kompensation neben ihrer individualschützenden Funktion ein Mittel zum Schutz eines funktionierenden Wettbewerbs dar.[66]
- **Belohnung:** Dem europäischen und deutschen Kartellrecht ist, anders als zB dem US-Kartellrecht, eine über die Kompensation hinausgehende Belohnungsfunktion zur Schaffung eines zusätzlichen Anreizes zur Wahrnehmung privater Sanktionsrechte bislang fremd. Insbesondere das Recht auf Schadensersatz aus Art. 101 AEUV beinhaltet nach der *Courage*-Rechtsprechung[67] **kein Recht auf Überkompensation,** auch nicht als Folge einer Schadensabwälzung (passing-on) (Art. 3 Abs. 3 und Art. 12 Abs. 2 RL 2014/104/EU) (→ § 24 Rn. 31). Entsprechend steht Verbänden ein Abschöpfungsrecht gem. § 34a GWB nicht zugunsten des eigenen Vermögens, sondern nur zugunsten des Bundeshaushalts zu.
- **Repression:** Auch den Gedanken von **Vergeltung und Sühne** eines Kartellverstoßes zur Wiederherstellung von Gerechtigkeit im Ausgangspunkt kennen das europäische und das deutsche Kartellrecht nicht. Zwar hat der EGMR im *Menarini*-Urteil einer Bußgeldsanktion bei entsprechender Schwere einen bestrafenden Charakter zugesprochen (→ § 6 Rn. 12). Trotz dieser materiellen Wirkung ist eine Repressionsfunktion im klassischen Sinne bislang dem Strafrecht im engeren Sinn vorbehalten, um die besondere Verwerflichkeit bestimmter Unrechtsdelikte zu sanktionieren. Sie kommt daher bislang lediglich den Normen des speziellen Kartellstrafrechts zu (→ § 19 Rn. 1).

Private (Schadensersatz-)Klagen haben daneben weitere **Sekundärfunktionen** zugunsten der Kartellbehörden, nämlich[68]

- eine **Entlastungsfunktion:** sie ermöglichen eine Konzentration der knappen öffentlichen Ressourcen auf Fälle von allgemeiner Bedeutung;
- eine **Rechtsfortbildungsfunktion:** durch die Mitteilung anhängiger Fälle, zB nach § 90 GWB, können die Behörden als *amici curiae* auf diese Fälle im Sinne der Rechtsfortbildung einwirken; und
- eine **Hinweisfunktion:** die Behörden erhalten Hinweise auf Verstöße, was Anlass für weitere behördliche Ermittlungen sein kann.

---

[65] EuGH Urt. v. 6.6.2013 – C-536/11, ECLI:EU:C:2013:366 Rn. 24 – Donau Chemie.
[66] Kom. Weißbuch „Schadensersatzklagen wegen Verletzung des EG-Wettbewerbsrechts", KOM (2008) 165 endg., 3.
[67] EuGH Urt. v. 20.9.2001 – C-453/99, Slg. 2001, I-6297 Rn. 30 – Courage; Urt. v. 13.7.2006 – verb. Rs. C-295/04 bis C-298/04, Slg. 2006, I-6619 Rn. 94 – Manfredi.
[68] Vgl. BKartA, Private Kartellrechtsdurchsetzung – Stand, Probleme, Perspektiven, 3 f.

§ 3 Grundlagen der Rechtsdurchsetzung im System des europäischen und deutschen Kartellrechts

Übersicht

	Rn.
A. Verfassungspolitische Grundlagen – Wettbewerbsschutz im Binnenmarkt	1
B. Materiellrechtliche Grundlagen – Kartellrechtliche Verbots- und Rechtfertigungstatbestände	5
I. Kartellverbot (Art. 101 AEUV und §§ 1 ff. GWB)	5
1. Tatbestand	6
2. Rechtfertigung – Freistellung	7
II. Missbrauchsverbot (Art. 102 AEUV und §§ 18 ff. GWB)	10
1. Marktbeherrschung	11
2. Missbrauch	12
3. Rechtfertigung	13
4. Deutsche Sondermissbrauchstatbestände	14
C. Grundlagen der Durchsetzung des europäischen Kartellrechts	15
I. Durchsetzungsinstrumente im Überblick	15
II. Allgemeine Grundsätze der Durchsetzung des Kartellrechts	17
1. Unmittelbare Anwendbarkeit	18
2. Beweislast	20
3. Vorrangverhältnis von europäischem zum mitgliedstaatlichen Kartellrecht	22
4. Vorgaben für eine effektive Durchsetzung des Kartellrechts (*effet utile*)	23
5. Einheitlichkeit und Kohärenz der Durchsetzung des Kartellrechts	25
III. Grundrechtliche Vorgaben für die Durchsetzung des Kartellrechts	26

Schrifttum:

Bechtold/Bosch, Der Zweck heiligt nicht alle Mittel, ZWeR 2011, 160; *Bloch/Kamann/Brown/Schmidt,* A Comparative Analysis of Art. 82 of the EC Treaty and Sec. 2 of the Sherman Act, ZWeR 2005, 325; *Bronckers/Vallery,* Fair and Effective Competition Policy in the EU: Which Role for Authorities and which Role for the Courts after Menarini?, European Competition Journal 2012, 283; *Bueren,* EU-Kartellbußgeldverfahren und EMRK: Aktuelle Implikationen aus der Rechtsprechung des EGMR, EWS 2012, 363; *Cooper/Froeb/O'Brian/Vita,* A Comparative Study of United States And European Union Approaches To Vertical Policy, 13 Geo. Mason L. Rev. 289 (2004–2006); *Easterbrook,* The Chicago School and Exclusionary Conduct, 31 Harvard Journal of Law and Public Policy (2008), 439; *Eucken,* Grundsätze der Wirtschaftspolitik, 2004; *Gamble,* The Parliament, the Commission and the Court – three institutions and their effect on private enforcement of anti-competitive conduct in the EU, E.C.L.R. 2015, 36 (12), 501; *Glöckner,* Verfassungsrechtliche Fragen um das Verhältnis staatlicher und privater Kartellrechtsdurchsetzung, WRP 2015, 410; *Hayek,* Der Wettbewerb als Entdeckungsverfahren, in: *ders.* (Hrsg.), Freiburger Studien, 2. Aufl. 1994, 249–250; *ders.,* Die Verfassung der Freiheit, 4. Aufl. 2005; *Heitzer,* Wettbewerb als originäres Ziel oder als Instrument, Orientierungen zur Wirtschafts- und Gesellschaftspolitik 114 (4/2007), 4; *Ipsen,* Europäisches Gemeinschaftsrecht, 1972; *Kamann/Horstkotte,* Kommission versus nationale Gerichte – Kooperation oder Konfrontation im Kartellverfahren, WuW 2001, 458; *Kroes,* Tackling Exclusionary Practices to avoid Exploitation of Market Power: Some preliminary Thoughts on the Policy Review of Article 82, 29 Fordham Int'l L.J. (2006), 593; *Lademann,* Zur Methodologie des more economic approach im Kartellrecht, FS Möschel 2011, 381; *Lettl,* Kartellschadensersatz nach der Richtlinie 2014/104/EU und deutsches Kartellrecht, WRP 2015, 537; *Schmidt,* § 33 GWB und Private Enforcement auf vertraglicher Grundlage – Ein Beitrag zur Vielschichtigkeit des „Kartellprivatrechts", WuW 2015, 812; *Schwarze/Bechtold/Bosch,* Rechtsstaatliche Defizite im Kartellrecht der Europäischen Gemeinschaft, 2008; *Stancke,* Zu den Pflichten und Abwägungskriterien hinsichtlich der Durchsetzung kartellrechtlicher Schadensersatzansprüche, WuW 2015, 822; *Stein,* Kommentar zum EUV/AEUV, 2. Aufl. 2012; *Thomas,* Der Schutz des Wettbewerbs in Europa – welcher Zweck heiligt die Mittel?, JZ 2011, 485; *Wagner-von Papp,* Kriminalisierung von Kartellen, WuW 2010, 268; *Wils,* Should Private Antitrust Enforcement Be Encouraged in Europe, World Competition 2003, 473; *ders.,* Is Criminalization of EU Competition Law the Answer?, World Competition 2005, 137; *Wish/Bailey,* Competition Law, 2015; *Zimmer/Höft,* Alternative dispute resolution in antitrust cases? On the role of mediation in US antitrust and EU and German competition law, E.C.L.R. 2013, 34 (8), 434.

§ 3 Grundlagen der Rechtsdurchsetzung

A. Verfassungspolitische Grundlagen – Wettbewerbsschutz im Binnenmarkt

Eines der zentralen Ziele und Fundamente der europäischen Integration ist die Errichtung des europäischen Binnenmarktes (Art. 3 Abs. 3 EUV).[1] Das **Konzept des Binnenmarktes** besteht aus drei wesentlichen **Strukturelementen:**[2] Die ersten beiden sind die Grundfreiheiten (Art. 26 Abs. 2 AEUV) und das „System [...], das den Wettbewerb vor Verfälschungen schützt" (Prot. Nr. 27 über den Binnenmarkt und den Wettbewerb).[3] Während die Grundfreiheiten den Binnenmarkt konstituieren, indem sie den freien Verkehr von Personen, Waren, Dienstleistungen und Kapital vor allem gegenüber staatlichen Handelsschranken gewährleisten, sichern die Wettbewerbsregeln sein Funktionieren, indem sie verhindern, dass Unternehmen nicht neue Schranken dieser Art schaffen.[4] Das System des Wettbewerbsschutzes in der EU ist damit funktional auf das Primärziel der **Schaffung und Bewahrung eines funktionierenden Binnenmarkts** ausgerichtet.[5] Vervollständigt wird dieses Konzept drittens durch die Grundrechte, die zunächst als allgemeine Grundsätze des Gemeinschaftsrechts richterrechtlich entwickelt wurden und inzwischen in der GR-Charta kodifiziert sind (→ § 3 Rn. 26).

Das europäische und deutsche Kartellrecht verfolgen das **Ziel, einen freien, wirksamen und unverfälschten Wettbewerb zu gewährleisten.**[6] Nach dem Grundsatz einer offenen Marktwirtschaft mit freiem Wettbewerb, dem das Handeln der Union und der Mitgliedstaaten verpflichtet ist (Art. 119 Abs. 1, 120 AEUV) sollen Angebot und Nachfrage den Preis, die Menge und die Qualität von Waren und Dienstleistungen bestimmen. Weder der AEUV noch das GWB enthalten eine Definition des **Begriffs des Wettbewerbs.** In Anlehnung an die Ideen der Juristen und Ökonomen der *Freiburger Schule,*[7] die in Deutschland in der Nachkriegszeit die Grundlagen moderner Ordnungspolitik und das Konzept der „sozialen Marktwirtschaft" entwickelten, wird der Wettbewerb üblicherweise als freier und (ergebnis-)**offener Wettbewerbsprozess** gesehen, dh als dezentrales Entscheidungssystem, das es im Interesse der individuellen Freiheit und von autonomen Entscheidungen der Marktteilnehmer[8] und damit letztlich zur Förderung eines „effizienten Einsatzes der Ressourcen" (Art. 120 AEUV) zum wirtschaftlichen Wohl in der EU[9] zu erhalten gilt.[10]

Vor diesem Hintergrund haben das europäische und analog das deutsche Kartellrecht eine **doppelte Schutzrichtung.** Einerseits dienen sie dem Schutz des „Wettbewerbs als solchem",[11] dh des **Wettbewerbs als Institution** (sog Theorie des Institutionenschutzes). Geschützt wird nach der EuGH-Rechtsprechung insbesondere auch die – den Wettbewerb ermöglichende – „Struktur des Marktes" vor der Entstehung und Perpetuierung

---

[1] Zum europäischen Verfassungsprinzip der sog funktionellen Integration grundlegend *Ipsen* Europäisches Gemeinschaftsrecht, 8/28 ff.
[2] MüKoEuWettbR/*Callies* Bd. 1 Einl. Rn. 681.
[3] ABl. 2012 C 326, 309.
[4] EuGH Urt. v. 13.7.1966 – 56 und 58/64, Slg. 1966, 322 (388) – Consten und Grundig/Kommission.
[5] EuGH Urt. v. 25.10.1977 – 26/76, Slg. 1977, 1877 Rn. 20 – Metro/Kommission; Urt. v. 17.2.2011 – C-52/09, Slg. 2011, I-527 Rn. 20–21 – Konkurrensverket/TeliaSonera Sverige AB.
[6] EuGH Urt. v. 21.2.1973 – 6/72, Slg. 1973, 218 Rn. 24–25 – Europemballage und Continental Can/Kommission; Urt. v. 25.10.1977 – 26/76, Slg. 1977, 1877 Rn. 20 – Metro/Kommission; Urt. v. 13.2.1979 – 85/76, Slg. 1979, 461 Rn. 38 – Hoffmann-La Roche/Kommission; Urt. v. 5.6.2014 – C-557/12, ECLI:EU:C:2013:1317 Rn. 32 – Kone ua.
[7] Siehe zB *Eucken* Grundsätze der Wirtschaftspolitik, 48 ff.; Hayek/*Hayek* Freiburger Studien, 249–250; *ders.* Die Verfassung der Freiheit, 345 ff.
[8] Zum Selbständigkeitspostulat des Unionskartellrechts vgl. EuGH Urt. v. 4.6.2009 – C-8/08, Slg. 2009, I-4529 Rn. 32–33 – T-Mobile Netherlands ua.
[9] EuGH Urt. v. 17.2.2011 – C-52/09, Slg. 2011, I-527 Rn. 22 – Konkurrensverket/TeliaSonera Sverige AB.
[10] Vgl. zB *Heitzer* Orientierungen zur Wirtschafts- und Gesellschaftspolitik 114 (4/2007), 4 (5).
[11] EuGH Urt. v. 4.6.2009 – C-8/08, Slg. 2009, I-4529 Rn. 38 – T-Mobile Netherlands ua.

von Marktmacht.[12] Entsprechend dienen auch die Befugnisse der Kommission zur Durchsetzung des Kartellrechts und in gleicher Weise der kartellrechtliche Schadensersatzanspruch dem öffentlichen Interesse der Aufrechterhaltung einer „wirksamen Wettbewerbsordnung" in der EU.[13] Andererseits schützen die kartellrechtlichen Vorschriften nach bereits langjähriger Rechtsprechung auch die unmittelbaren **Interessen einzelner Marktteilnehmer,** insbesondere der Wettbewerber und (End-)Verbraucher (sog Theorie des Individualschutzes).[14]

4 Die Diskussion um das Wettbewerbsleitbild des europäischen und deutschen Kartellrechts betrifft zwei unterschiedliche Ebenen der Rechtsanwendung:
- Sie beeinflusst die **Auslegung der materiellen Verbotstatbestände** der Art. 101 und 102 AEUV bzw. §§ 1ff., 18ff. GWB in Grenzfällen. Nach dem traditionellen, formalliberalen Wettbewerbskonzept der *Freiburger Schule,* dem eine grundsätzliche Skepsis gegenüber bestimmten Formen beschränkenden Wettbewerbsverhaltens zugrunde liegt, kommen diese Verbote materiell dem Charakter von **Gefährdungsdelikten** zur Verhinderung von Marktmacht nahe. Im Gegensatz hierzu vertraut die in den USA derzeit vorherrschende Theorie der (Post-)*Chicagoer Schule* stärker auf die Selbstheilungskräfte selbst monopolistisch geprägter Märkte. Eingriffe sind nach dieser Theorie nur dann geboten, wenn ein bestimmtes Verhalten nachweislich dauerhaft wohlfahrtsmindernde Wirkungen hat.[15] Die Tatbestände des US-Kartellrechts haben demnach überwiegend den Charakter von **Erfolgsdelikten.** Im Zuge des von der Kommission inzwischen verfolgten *„more economic approach"* rückt die insbesondere verbraucherschützende Zielrichtung der Durchsetzung des EU-Kartellrechts, dh seine Ausrichtung auf den Schutz speziell der **Konsumentenwohlfahrt** und damit eine effektbasierte Rechtsanwendung zunehmend in den Mittelpunkt.[16] Das durch den Vertrag von Lissabon nun gem. Art. 3 Abs. 3 EUV auch für die EU postulierte Leitbild der „sozialen Marktwirtschaft" dürfte diesen Trend weiter befördern.[17]
- Gleichzeitig wurde die Schutzobjektsdiskussion auch auf einer gänzlich anderen Ebene geführt, nämlich im Rahmen des **privaten Rechtsschutzes.**[18] Nur der durch das Kartellrecht subjektiv Begünstigte hat einen Anspruch auf Rechtsschutz. Dieser Rechtsschutz wurde Geschädigten eines Kartells zB in Deutschland unter Hinweis auf einen fehlenden individualschützenden Charakter der verletzten Normen verwehrt (→ § 2 Rn. 8). Der EuGH hat spätestens im *Courage*-Urteil[19] diese Diskussion im Sinne eines „Individualschutzes zur Sicherung eines effektiven wettbewerblichen Institutionenschutzes" (sog **funktionale Subjektivierung**)[20] beendet (→ § 24 Rn. 11). Diese Sichtweise hat sich inzwischen auch in Deutschland durchgesetzt.[21]

---

[12] EuGH Urt. v. 21.2.1973 – 6/72, Slg. 1973, 218 Rn. 26 – Europemballage und Continental Can/Kommission; Urt. v. 13.2.1979 – 85/76, Slg. 1979, 461 Rn. 91 – Hoffmann-La Roche/Kommission; Urt. v. 4.6.2009 – C-8/08, Slg. 2009, I-4529 Rn. 38 – T-Mobile Netherlands ua; vgl. *Heitzer* Wettbewerb als originäres Ziel oder als Instrument, Orientierungen zur Wirtschafts- und Gesellschaftspolitik 114 (4/2007), 5.
[13] EuGH Urt. v. 26.6.1980 – 136/79, Slg. 1980, 2033 Rn. 20 – National Panasonic/Kommission; Urt. v. 21.9.1989 – 46/87 u. 227/88, Slg. 1989, 2859 Rn. 25 – Hoechst/Kommission; Urt. v. 20.9.2001 – C-453/99, Slg. 2001, I-6297 Rn. 27 – Courage.
[14] EuGH Urt. v. 21.2.1973 – 6/72, Slg. 1973, 218 Rn. 26 – Europemballage und Continental Can/Kommission; Urt. v. 26.6.1980 – 136/79, Slg. 1980, 2033 Rn. 20 – National Panasonic/Kommission.
[15] Vgl. zB *Easterbrook* 31 Harvard JLPP (2008), 439.
[16] Siehe zB *Kroes* 29 Fordham Int'l L.J. (2006) 593 (596); in diese Richtung wohl auch EuGH Urt. v. 17.2.2011 – C-52/09, Slg. 2011, I-527 Rn. 22 – Konkurrensverket/TeliaSonera Sverige AB; zur Methodologie des *„more economic approach"* vgl. *Lademann* FS Möschel 2011, 381.
[17] *Kamann/Selmayr* European Competition Law/Europäisches Wettbewerbsrecht Einführung, 4.
[18] Vgl. zB *K. Schmidt* AcP 206 (2006), 167 (187f.).
[19] EuGH Urt. v. 20.9.2001 – C-453/99, Slg. 2001, I-6297 Rn. 26–27 – Courage.
[20] Zur funktionalen Subjektivierung als allgemeinem Strukturprinzip des Unionsrechts *Ruffert* Subjektive Rechte im Umweltrecht der Europäischen Gemeinschaft, 1996; *Poelzig* Normdurchsetzung durch Privatrecht, 272ff.
[21] Vgl. zB Langen/Bunte/*Bornkamm* GWB § 33 Rn. 29ff.; MüKoGWB/*Lübbig* § 33 GWB Rn. 35.

B. Materiellrechtliche Grundlagen – Kartellrechtliche Verbots- und Rechtfertigungstatbestände

I. Kartellverbot (Art. 101 AEUV und §§ 1 ff. GWB)

Art. 101 Abs. 1 AEUV statuiert ein umfassendes Verbot wettbewerbsbeschränkender Vereinbarungen zwischen Unternehmen (sog **Kartellverbot**). Abs. 2 erklärt diese verbotenen Vereinbarungen für nichtig (→ § 3 Rn. 15). Nach Abs. 3 können einzelne oder Gruppen von Wettbewerbsbeschränkungen vom Kartellverbot freigestellt sein, wenn sie notwendig und verhältnismäßig sind, um Effizienzvorteile zugunsten der Verbraucher zu erzeugen (sog Einzel- oder Gruppenfreistellung) (zur Beweislast → § 12 Rn. 11). Auf nationaler Ebene in Deutschland enthalten §§ 1, 2 GWB ein gleichlaufendes Kartellverbot und eine entsprechende Freistellung.

1. Tatbestand

Art. 101 Abs. 1 AEUV und – gem. Art. 3 Abs. 1 VO 1/2003 in gleichlaufender Weise (→ § 15 Rn. 28) – § 1 GWB verbieten Vereinbarungen zwischen Unternehmen, Beschlüsse von Unternehmensvereinigungen und aufeinander abgestimmte Verhaltensweisen, sofern diese den Handel zwischen Mitgliedstaaten zu beeinträchtigen geeignet sind und eine spürbare Beschränkung des Wettbewerbs innerhalb des Binnenmarkts bezwecken oder bewirken. Zusammengefasst gilt:

- *Unternehmen:* Normadressaten des EU-Kartellrechts sind nur **Unternehmen** (dh jede eine wirtschaftliche (Angebots-)Tätigkeit ausübende Einheit, unabhängig von ihrer Rechtsform und der Art ihrer Finanzierung)[22] und ihre Vereinigungen, nicht (private) Einzelpersonen. Entsprechend können nur sie durch Kommissionsbußgelder oder Schadensersatzansprüche (Art. 1 Abs. 1 RL 2014/104/EU) sanktioniert werden (zur Zurechnung von Bußgeldern und Schadensersatz im Konzern → § 13 Rn. 34). Der gleiche Unternehmensbegriff gilt für die Kartell- und Missbrauchsverbote nach §§ 1 ff., 19 ff. GWB (zum Erlass von Bußgeldern und Geltendmachung von Schadensersatz gegen Einzelne nach deutschem Kartellrecht → § 18 Rn. 88; → § 26 Rn. 1).

- *Wettbewerbsbeschränkung:* Ein tatbestandlicher Verstoß liegt vor, wenn durch eine mehrseitige subjektive Willensübereinstimmung **(Kollusion)** in Form von Vereinbarungen (zB Verträge, Vergleiche, unverbindliche *Gentlemen's Agreements,* Teilnahme an kollusiven Treffen ohne ausdrücklichen Widerspruch[23] gegen dort von anderen getroffene Vereinbarungen), Beschlüssen von Unternehmensvereinigungen (zB Verbandsempfehlungen) oder abgestimmten Verhaltensweisen (zB Austausch sensibler Informationen zwischen Wettbewerbern,[24] bewusst stillschweigende Koordinierung am Markt[25]) eine horizontale oder vertikale[26] Wettbewerbsbeschränkung alternativ[27] bezweckt oder bewirkt wird.[28] Relevant ist hierfür der objektive Inhalt einer Absprache sowie ihr wirtschaftlicher und rechtlicher Zusammenhang.[29] Liegt ein wettbewerbswidriger Zweck vor – für bestimmte Absprachen (sog **Kernbeschränkungen**) ergibt sich dies bereits

---

[22] Zu diesem relativen und funktionalen Unternehmensbegriff grundlegend EuGH Urt. v. 23.4.1991 – C-41/90, Slg. 1991, I-1979 Rn. 21 – Höfner und Elser; Urt. v. 12.9.2000 – C-180/98 bis C-184/98, Slg. 2000, I-6451 Rn. 74 – Pavlov ua.; EuG Urt. v. 4.3.2003 – T-319/99, Slg. 2003, II-357 Rn. 36ff. – FENIN/Kommission, bestätigt durch EuGH Urt. v. 11.7.2006 – C-205/03 P, Slg. 2006, I-6295 Rn. 25–26 – FENIN/Kommission (Einkaufstätigkeit begründet keine Unternehmenseigenschaft).
[23] EuG Urt. v. 14.5.1998 – T-310/94, Slg. 1998, II-1043 Rn. 130 – Gruber + Weber/Kommission; Urt. v. 6.4.1995 – T-141/89, Slg. 1995, II-791 Rn. 85 – Tréfileurope/Kommission.
[24] EuGH Urt. v. 28.5.1998 – C-7/95 P, Slg. 1998, I-3111 – Deere/Kommission.
[25] EuGH Urt. v. 4.6.2009 – C-8/08, Slg. 2009, I-4529 – T-Mobile Netherlands ua.
[26] EuGH Urt. v. 13.7.1966 – 56/64, Slg. 1966, 325 (387) – Consten und Grundig/Kommission.
[27] EuGH Urt. v. 30.6.1966 – 56/65, Slg. 1966, 282 (303f.) – LTM.
[28] Zu einzelnen Arten von Wettbewerbsbeschränkungen vgl. Kom. Horizontal-Leitlinien, ABl. 2011 C 11, 1; Vertikal-Leitlinien, ABl. 2010 C 130, 1, Technologietransfer-Leitlinien, ABl. 2014 C 89, 3.
[29] ZB EuGH Urt. v. 4.6.2009 – C-8/08, Slg. 2009, I-4529 Rn. 27 – T-Mobile Netherlands ua mwN.

„**ihrer Natur nach**"[30] –, brauchen konkrete, insbesondere auch wettbewerbsfördernde Auswirkungen nicht mehr berücksichtigt zu werden.[31] Eine Abwägung pro- und antikompetitiver Wirkungen einer Vereinbarung ähnlich einer *rule of reason* nach US-amerikanischem Vorbild findet im Rahmen von Art. 101 Abs. 1 AEUV nicht statt.[32]

- *Spürbarkeit:* Absprachen mit lediglich wettbewerbsbeschränkender Wirkung müssen den Wettbewerb spürbar, dh nicht nur geringfügig und unbedeutend beschränken. Die Kommission in ihrer **De-Minimis-Bek.**[33] und in ähnlicher Weise das BKartA in ihrer **Bagatell-Bek.**[34] haben dieses qualitative Spürbarkeitskriterium durch quantitative Kriterien (insb. bestimmte Marktanteilsschwellen) konkretisiert. Diese gelten nicht für Kernbeschränkungen.
- *Handelsbeeinträchtigung:* Art. 101 AEUV ist nur auf ein wettbewerbsbeschränkendes Verhalten anwendbar, wenn es geeignet ist, den Wirtschaftsverkehr zwischen den Mitgliedstaaten unmittelbar oder mittelbar, tatsächlich oder potentiell spürbar zu beeinträchtigen. Durch dieses **Zwischenstaatlichkeitserfordernis** wird die Anwendung des EU- und des nationalen Kartellrechts voneinander abgegrenzt.[35]

2. Rechtfertigung – Freistellung

7 Gem. Art. 101 Abs. 3 AEUV bzw. § 2 GWB können bestimmte wettbewerbsbeschränkende Vereinbarungen wegen anderer wohlfahrtssteigernder Effekte ausnahmsweise gerechtfertigt sein (sog Freistellung). Seit Inkrafttreten der Kartellverfahrensreform durch die VO 1/2003 zum 1. Mai 2004 ist Art. 101 Abs. 3 AEUV (genauso wie § 2 GWB) **unmittelbar anwendbar.** Eine Freistellung kann von einer nationalen Kartellbehörde bzw. einem nationalen Gericht festgestellt werden (Art. 5, 6 VO 1/2003), ohne dass es wie noch unter der Vorgänger-VO (EWG) Nr. 17/62 eines ausdrücklichen Freistellungsbeschlusses der Kommission bedarf (Art. 1 Abs. 2 VO 1/2003). In diesem sog **System der Legalausnahme** ist das früher erforderliche Anmeldeverfahren mit dem Freistellungsmonopol der Kommission entfallen. Vielmehr sind Vereinbarungen nun per Gesetz vom Verbot freigestellt oder nicht. Betroffene Unternehmen müssen ihr Verhalten kartellrechtlich eigenständig beurteilen (sog **Selbstveranlagung**) (→ § 6 Rn. 6). Sie müssen auch das Vorliegen der Freistellungsvoraussetzungen beweisen (Art. 2 S. 2 VO 1/2003 → § 12 Rn. 9).

8 Auf Basis von Art. 103 Abs. 1, 2 lit. b AEUV hat die Kommission sog **Gruppenfreistellungsverordnungen** erlassen, die für bestimmte Gruppen von Vereinbarungen unter regelmäßig ähnlich strukturierten Voraussetzungen – Unterschreitung bestimmter Marktanteilsschwellen (sog *Safe harbor*-Schwellen), keine Vereinbarung über Kernbeschränkungen (sog Schwarze Klauseln) und ggf. auch weniger starke Beschränkungen (sog Graue Klauseln) – eine Freistellung mit gesetzlicher Wirkung vorsehen.[36] Diese gilt gem. § 2 Abs. 2 GWB auch für Vereinbarungen ohne zwischenstaatliche Wirkung entsprechend.

---

[30] EuGH Urt. v. 20.11.2008 – C-209/07, Slg. 2008, I-8637 Rn. 16–17 – Beef Industry Development Society.
[31] EuGH Urt. v. 13.7.1966 – 56/64, Slg. 1966, 325 (390f.) – Consten und Grundig/Kommission; Urt. v. 4.6.2009 5– C-8/08, Slg. 2009, I-4529 Rn. 29 – T-Mobile Netherlands ua.
[32] EuG Urt. v. 18.9.2001 – T-112/99, Slg. 2001, II-2459 Rn. 72 – M6 ua/Kommission; nicht abschließend EuGH Urt. v. 8.7.1999 – C-235/92 P, Slg. 1999, I-4539 Rn. 133 – Montecatini/Kommission.
[33] ABl. 2014 C 291, 1.
[34] Bekanntmachung Nr. 18/2007 des Bundeskartellamtes über die Nichtverfolgung von Kooperationsabreden mit geringer wettbewerbsbeschränkender Bedeutung („Bagatellbekanntmachung") vom 13.3.2007; hierzu Immenga/Mestmäcker/*Zimmer* GWB § 1 Rn. 171 ff.
[35] Zu Einzelheiten vgl. Kom., Leitlinien zum zwischenstaatlichen Handel, ABl. 2004 C 101, 81.
[36] Aktuell gelten Gruppenfreistellungsverordnungen für *horizontale* Wettbewerbsbeschränkungen (zwischen Wettbewerbern) durch Spezialisierungsvereinbarungen (VO (EU) Nr. 1218/2010, ABl. 2010 L 335, 43) und Forschung und Entwicklungsvereinbarungen (VO (EU) Nr. 1217/2010, ABl. 2010 L 335, 36), für *vertikale* Wettbewerbsbeschränkungen (zwischen Unternehmen auf unterschiedlichen Marktstufen) durch Vertikalvereinbarungen (VO (EU) Nr. 330/2010, ABl. 2010 L 102, 1) und Technologietransfervereinbarungen (VO (EU) Nr. 316/2014, ABl. 2014 L 93, 17) sowie für Wettbewerbsbeschränkungen in den *speziellen Sektoren* des Versicherungswesens (VO (EU) Nr. 267/2010, ABl. 2010 L 83, 1), des Flugverkehrs

Grundlagen der Rechtsdurchsetzung § 3

Sind nicht sämtliche Voraussetzungen für eine Gruppenfreistellung erfüllt, ist eine **Einzelfreistellung** möglich, wenn folgende Tatbestandsvoraussetzungen des Art. 101 Abs. 3 AEUV bzw. § 2 Abs. 1 GWB kumulativ erfüllt sind. 9

- *Effizienzgewinne:* Die Vereinbarung muss durch objektive, spürbare und unmittelbare Vorteile (zB Kosteneinsparungen oder Qualitätsverbesserungen) zur Verbesserung der Warenerzeugung oder -verteilung oder zur Förderung des technischen oder wirtschaftlichen Fortschritts beitragen.
- *Verbraucherbeteiligung:* Die Vorteile müssen an die Verbraucher (dh Kunden auf allen Wirtschaftsstufen) weitergegeben werden und diese Weitergabe muss bei einer Abwägung die tatsächlichen oder voraussichtlichen negativen Auswirkungen mindestens ausgleichen (mindestens neutrale Nettowirkung).[37]
- *Unerlässlichkeit der Beschränkung:* Die Beschränkung muss für die Verwirklichung der Effizienzgewinne unerlässlich sein (Grundsatz der Verhältnismäßigkeit). Es darf keine andere wirtschaftlich machbare und weniger beschränkende Möglichkeit geben, die Effizienzgewinne zu erzielen, und diese müssten ohne die konkreten Beschränkungen beseitigt oder erheblich geschmälert werden oder sich mit einer größeren Wahrscheinlichkeit nicht realisieren. Für Kernbeschränkungen, die eine Wettbewerbsbeschränkung ihrer Natur nach bezwecken (→ § 3 Rn. 6) ist zwar eine Freistellung nicht *per se* ausgeschlossen.[38] Sie erfüllen jedoch das Verhältnismäßigkeitskriterium wegen ihrer besonders wettbewerbsschädlichen Wirkungen regelmäßig nicht (und ähneln damit faktisch einem *per se*-Verstoß im US-Antitrustrecht).
- *Keine Ausschaltung des Wettbewerbs:* Die Vereinbarung darf den beteiligten Unternehmen nicht die Möglichkeit eröffnen, für einen wesentlichen Teil der betreffenden Waren den Wettbewerb auszuschalten. Diese Voraussetzung dient einer abschließenden Marktstrukturkontrolle zum langfristigen Schutz des Wettbewerbsprozesses.

II. Missbrauchsverbot (Art. 102 AEUV und §§ 18 ff. GWB)

Art. 102 AEUV regelt das Verbot der einseitigen missbräuchlichen Ausnutzung einer marktbeherrschenden Stellung, soweit hierdurch der Handel zwischen den Mitgliedstaaten beeinträchtigt werden kann (sog Missbrauchsverbot). Im Rahmen des Art. 102 AEUV bestehen regelmäßig in noch komplexerer Weise als im Rahmen von Art. 101 AEUV Unklarheiten über die Abgrenzung von gewünschtem aggressiven Wettbewerb und wettbewerbswidrigem Verhalten.[39] Die Kommission hat daher zur Verbesserung der Vorhersehbarkeit des allgemeinen Prüfungsrahmens ihre Prioritäten in ihrer **Mitt. zu Art. 102 AEUV**[40] erläutert. 10

1. Marktbeherrschung

Ein Unternehmen hat eine marktbeherrschende Stellung inne, wenn es aufgrund seiner „wirtschaftliche(n) Machtstellung [...] in die Lage versetzt (ist), die Aufrechterhaltung eines wirksamen Wettbewerbs auf dem relevanten Markt zu verhindern, indem sie ihm die Möglichkeit verschafft, sich seinen Wettbewerbern, seinen Abnehmern und schließlich den Verbrauchern gegenüber in einem nennenswerten Umfang unabhängig zu ver- 11

(VO (EG) Nr. 487/2009, ABl. 2009 L 148, 1), des Seeschifffahrtsverkehrs (VO (EG) Nr. 246/2009, ABl. 2009 L 79, 1) und des KfZ-Vertriebs (VO (EU) Nr. 461/2010, ABl. 2010 L 129, 52).

[37] Nur in diesem Rahmen kann eine Abwägung der wettbewerbsbeschränkenden mit wettbewerbsfördernden Gesichtspunkten einer Beschränkung (ähnlich der *rule of reason* im US-Antitrustrecht) stattfinden, vgl. EuGH Urt. v. 28.1.1986 – 161/84, Slg. 1986, 353 Rn. 24 – Pronuptia; EuG Urt. v. 18.9.2001 – T-112/99, Slg. 2001, II-2459 Rn. 74 – M6 ua/Kommission.

[38] EuG Urt. v. 15.7.1994 – T-17/93, Slg. 1994, II-595 Rn. 85 – Matra Hachette/Kommission.

[39] *Kamann/Selmayr* European Competition Law – Europäisches Wettbewerbsrecht Einführung, 4, 10; umfassend mit einem Vergleich zum US-Recht *Bloch/Kamann/Brown/Schmidt* ZWeR 2005, 325.

[40] Mitteilung der Kommission – Erläuterungen zu den Prioritäten der Kommission bei der Anwendung von Artikel 82 des EG-Vertrags auf Fälle von Behinderungsmissbrauch durch marktbeherrschende Unternehmen, ABl. 2009 C 45, 7.

halten",[41] wenn es also aufgrund **fehlenden Wettbewerbsdrucks seine Preise über einen längeren Zeitraum gewinnbringend auf ein Niveau über dem Wettbewerbspreis erhöhen kann.**[42] Erster Indikator hierfür sind die **Marktanteile** (unter 40% ist eine Marktbeherrschung unwahrscheinlich), weitere Kriterien sind zB die potentiellen Auswirkungen tatsächlicher oder wahrscheinlicher Expansion bzw. von Markteintritten von Wettbewerbern, Marktzutrittsschranken oder die Nachfragemacht der Abnehmer.[43]

2. Missbrauch

12 Missbräuchlich sind alle „Verhaltensweisen [...], die die Struktur eines Marktes beeinflussen können, auf dem der Wettbewerb gerade wegen der Anwesenheit des [marktbeherrschenden] Unternehmens bereits geschwächt ist, und die die Aufrechterhaltung des auf dem Markt noch bestehenden Wettbewerbs oder dessen Entwicklung durch [...] (andere Mittel als einen) normalen Produkt- oder Dienstleistungswettbewerb [...] (behindern)."[44] Einem marktbeherrschenden Unternehmen obliegt eine **besondere Verantwortung**, den bereits aufgrund seiner Machtstellung geschwächten Wettbewerb nicht noch weiter zu beeinträchtigen.[45] So hat es sich insbesondere sämtlicher **leistungsfremder Praktiken** zu enthalten, mit welchen Wettbewerber aus dem Markt gedrängt oder am Marktzutritt gehindert werden können[46] (etwa durch Alleinbezugsbindungen, bedingte Rabatte,[47] Kopplung und Bündelung, Kampfpreise *(predatory pricing)*, Lieferverweigerung, Kosten-Preis-Schere[48]). Neben solchen **Behinderungspraktiken** verbietet Art. 102 AEUV beherrschenden Unternehmen anders als das US-Antitrustrecht auch die **Ausbeutung** seiner Abnehmer bzw. Lieferanten (durch die Erzwingung unangemessen hoher Verkaufs- oder unangemessen niedriger Einkaufspreise, Art. 102 Abs. 2 lit. a AEUV).

3. Rechtfertigung

13 In Art. 102 AEUV fehlt eine mit Art. 101 Abs. 3 AEUV vergleichbare Rechtfertigungsvorschrift. Dennoch kann ein Unternehmen sein Verhalten rechtfertigen, wenn es nachweist, dass es objektiv notwendig ist oder hierduch erhebliche **Effizienzvorteile** erzielt werden, die etwaige wettbewerbsbeschränkende Auswirkungen zulasten der Verbraucher aufwiegen, sofern das fragliche Verhalten für das Erreichen des Effizienzziels unverzichtbar und verhältnismäßig ist (sog *efficiency defence*).[49]

4. Deutsche Sondermissbrauchstatbestände

14 Während das deutsche Kartellrecht im Hinblick auf das Kartellverbot gem. Art. 3 Abs. 1 VO 1/2003 im Gleichlauf zum europäischen Kartellrecht steht, hat der deutsche Gesetzgeber auf Grundlage seiner Befugnis gem. Art. 3 Abs. 2 S. 2 VO 1/2003 **strengere Vorschriften im Bereich der Missbrauchskontrolle** erlassen. So unterliegen, anders als im europäischen Kartellrecht, in Deutschland nicht nur marktbeherrschende Unternehmen dem Missbrauchsverbot (§ 18, 19 GWB). Auch Unternehmen mit (vertikal) **relativer Marktmacht,** dh solche, von denen kleine oder mittlere Unternehmen als Anbieter oder Nachfrager ohne zumutbare Ausweichmöglichkeit abhängig sind, unterliegen dem allgemeinen Behinderungs- und Diskriminierungsverbot (§ 20 Abs. 1 GWB), solche mit (horizontal) überlegener Marktmacht einem allgemeinen und speziellen Behinderungsverbot

---

[41] EuGH Urt. v. 14.2.1978 – 27/76, Slg. 1978, 207 Rn. 63/66 – United Brands/Kommission. Neben einer *individuellen* Marktbeherrschung durch ein Unternehmen ist auch eine *kollektive* Marktbeherrschung durch mehrere Unternehmen möglich, vgl. EuG Urt. v. 6.6.2002 – T-342/99, Slg. 2002, II-2585 Rn. 62 – Airtours/Kommission.
[42] Mitt. zu Art. 102 AEUV Rn. 11.
[43] Mitt. zu Art. 102 AEUV Rn. 13–18.
[44] EuGH Urt. v. 13.2.1979 – 85/76, Slg. 1979, 461 Rn. 91 – Hoffmann-La Roche/Kommission.
[45] EuGH Urt. v. 9.11.1983 – 322/81, Slg. 1983, 3461 Rn. 57 – Michelin/Kommission.
[46] EuGH Urt. v. 3.7.1991 – C-62/86, Slg. 1991, I-3359 Rn. 70 – AKZO/Kommission.
[47] EuGH Urt. v. 6.10.2015 – C-23/14, ECLI:EU:C:2015:651 – Post Danmark.
[48] Zu Einzelheiten vgl. Mitt. zu Art. 102 AEUV Rn. 32 ff.
[49] Mitt. zu Art. 102 AEUV Rn. 28 ff.

(Angebot unter Einstandspreis, Preis-Kosten-Schere; § 20 Abs. 3 GWB). Für alle Unternehmen gilt ein spezielles Boykottverbot und ein Verbot weiterer spezieller wettbewerbsbeschränkender Verhaltensweisen (§ 21 GWB).

C. Grundlagen der Durchsetzung des europäischen Kartellrechts
I. Durchsetzungsinstrumente im Überblick

Im AEUV sind im Kern drei Sanktionsinstrumente angelegt, mittels derer die materiellen Verbotsnormen der Art. 101 und 102 AEUV durchgesetzt werden: 15
- *Nichtigkeit:* Gem. **Art. 101 Abs. 2 AEUV** sind die nach Art. 101 Abs. 1 AEUV verbotenen und nicht gem. Art. 101 Abs. 3 AEUV gerechtfertigten Vereinbarungen und Beschlüsse nichtig. Mit der absoluten *erga omnes* Nichtigkeit ordnet Art. 101 Abs. 2 AEUV als einzige Vorschrift in den Unionsverträgen eine **unmittelbar zivilrechtliche Rechtsfolge** an. Die unionsrechtliche Nichtigkeitsfolge bezieht sich nur auf diejenigen Teile der Vereinbarung, die unter das Kartellverbot fallen; die gesamte Vereinbarung ist nur dann nichtig, wenn sich die übrigen Teile nicht von den anderen Teilen der Vereinbarung trennen lassen.[50] Die übrigen Nichtigkeitsfolgen (Folgen der Nichtigkeit einer wettbewerbswidrigen Klausel auf den Gesamtvertrag, weitere Folgen für Einzelaufträge und Vertragsansprüche) richten sich nicht nach Unions-, sondern nach nationalem Recht.[51] Zwar enthält Art. 102 AEUV keine Art. 101 Abs. 2 AEUV entsprechende Nichtigkeitsregelung. Um die praktische Wirksamkeit des **Art. 102 AEUV** zu gewährleisten, sind jedoch missbräuchliche Rechtsgeschäfte wie Kartelle grundsätzlich *ex tunc* **nach nationalem Recht für nichtig** zu erklären, soweit dem nicht überwiegende spezifische Interessen Betroffener (zB des Opfers eines Ausbeutungsmissbrauchs) entgegenstehen.[52] Im deutschen Recht werden die (Nichtigkeits-)Folgen, die sich nicht unmittelbar aus Art. 101 Abs. 2 AEUV ergeben, so zB für die Gesamtverträge mit nichtigen Einzelklauseln oder Folgeverträge oder für Verstöße gegen Art. 102 AEUV, durch die allgemeine Nichtigkeitsvorschrift des **§ 134 BGB** (iVm § 139 BGB für die weiteren Vertragsfolgen) geregelt. Diese statuiert gleichfalls die Nichtigkeitssanktion für Verstöße gegen das deutsche Kartellrecht, dh insbesondere für wettbewerbsbeschränkende Vereinbarungen gem. § 1 GWB und missbräuchliche Rechtsgeschäfte iSv § 19 ff. GWB (→ § 24 Rn. 64).
- *Öffentliche Rechtsdurchsetzung:* Gem. Art. 103 Abs. 2 lit. b AEUV und Art. 105 AEUV können Kartellverstöße auf der Grundlage entsprechenden Sekundärrechts durch **Verwaltungsaufsichtsmaßnahmen und Bußgeldsanktionen** geahndet werden. Die Regeln zur behördlichen Durchsetzung sind inzwischen in der VO 1/2003 sowie in der Durchführungs-VO (EG) Nr. 773/2004 festgelegt worden. Zuständig sind im Rahmen des geltenden Systems der dezentralen Durchsetzung sowohl die Kommission als auch die mitgliedstaatlichen Kartellbehörden und ggf. die nationalen Gerichte (Art. 4−6 VO 1/2003). Gerichte treffen Bußgeldentscheidungen in den sog kontradiktorischen Systemen einiger Mitgliedstaaten (→ § 2 Rn. 13). In Deutschland können die zuständigen Kartellbehörden, dh das BKartA oder die Landeskartellbehörden (Art. 35 Abs. 1 VO 1/2003, § 50 Abs. 1 GWB) (→ § 16 Rn. 64), Zuwiderhandlungen im Verwaltungsverfahren durch Abstellungsverfügungen (§ 32 Abs. 1 GWB), eine Vorteilsrückerstattung zugunsten Geschädigter (§ 32 Abs. 2a GWB) oder subsidiär eine Vorteilsabschöpfung zugunsten der Staatskasse (§ 34 GWB) (→ § 18 Rn. 135) sowie im Ordnungswidrigkeitenverfahren durch die Verhängung von Geldbußen sowohl gegen Einzelpersonen als auch

---

[50] EuGH Urt. v. 30.6.1966 − 56/65, Slg. 1966, 282 (304) − LTM/Maschinenbau Ulm; Urt. v. 28.2.1991 − C-234/89, Slg. 1991, I-935 Rn. 40 − Delimitis/Henninger Bräu.
[51] EuGH Urt. v. 14.12.1983 − 319/82, Slg. 1983, 4173 Rn. 11−12 − Société de vente de ciments et bétons de l'Est/Kerpen & Kerpen.
[52] Vgl. EuGH Urt. v. 11.4.1989 − 66/86, Slg. 1989, 803 Rn. 45 − Ahmed Saeed Flugreisen ua/Zentrale zur Bekämpfung unlauteren Wettbewerbs.

gegen Unternehmen (§§ 81, 82 GWB, §§ 9, 30, 130 OwiG) (→ § 18 Rn. 88) ahnden. Submissionsabsprachen sind daneben gem. § 298 StGB strafbar (→ § 19 Rn. 1).
- *Private Rechtsdurchsetzung:* Nach der *Courage*-Rechtsprechung steht jedermann ein unmittelbar aus Art. 101 und 102 AEUV entspringendes zivilrechtliches Recht auf Schadensersatz[53] und daneben (wenn auch gerichtlich noch nicht bestätigt) auch auf Unterlassung und Beseitigung[54] zu (→ § 24 Rn. 11). Diese Rechte müssen von den **nationalen Gerichten als unabhängige dezentrale „EU-Gerichte"**[55] durchgesetzt werden.[56] Allgemeine Regeln zur Durchsetzung der Nichtigkeitsfolge sowie zivilrechtlicher Ansprüche durch die nationalen Gerichte sind ebenfalls in der VO 1/2003 und speziell harmonisierte Regeln zur Geltendmachung von Schadensersatzansprüchen in der RL 2014/104/EU aufgestellt (→ § 24 Rn. 32). In Deutschland bestehen entsprechende Unterlassungs-, Beseitigungs- und Schadensersatzansprüche gem. § 33 GWB sowie § 823 BGB (→ § 26 Rn. 1).

16 Öffentliche und private Rechtsdurchsetzung stehen sowohl im Unions- als auch im deutschen Kartellrecht grundsätzlich in einem Verhältnis der **funktionalen Äquivalenz und Komplementarität.**[57] Das Unionsprimärrecht enthält parallel anwendbare Sanktionsregeln, in Art. 101 Abs. 2 AEUV eine privatrechtliche Nichtigkeitssanktion und in Art. 103 und 105 AEUV Grundregelungen über die öffentliche Durchsetzung, ohne einen Vorrang der einen oder anderen Durchsetzungsform anzuordnen. Auch im Sekundärrecht ist keine spezielle Vorrang- bzw. Subsidiaritätsregel normiert (zur Subsidiarität der öffentlichen Durchsetzung durch die Möglichkeit der Abweisung von Beschwerden gegen einen Kartellverstoß mangels Unionsinteresses → § 23 Rn. 7). Aus der RL 2014/104/EU ergibt sich, dass die nationalen Gerichte eine „gleichermaßen wichtige Rolle" spielen (3. Erwägungsgrund) und **beide Instrumente kohärent zusammenwirken,** damit die Wettbewerbsvorschriften höchstmögliche Wirkung entfalten (6. Erwägungsgrund). Eine ähnliche Gleichrangigkeit ergibt sich in Deutschland auch aus §§ 32 ff. GWB (→ § 23 Rn. 7).

II. Allgemeine Grundsätze der Durchsetzung des Kartellrechts

17 Kapitel I der VO 1/2003 regelt die zentralen Grundsätze für die Anwendung und Durchsetzung des europäischen Wettbewerbsrechts: den Grundsatz der unmittelbaren Anwendbarkeit (1.), die Beweislast für Kartellverstöße und ihre Rechtfertigung (2.) und das Vorrangverhältnis von europäischem Wettbewerbsrecht zu den Wettbewerbsregeln der Mitgliedstaaten (3.). Daneben enthalten die VO 1/2003 und die RL 2014/104/EU verschiedene Mechanismen zur Sicherung der Effektivität (4.) sowie Einheitlichkeit und Kohärenz (5.) der Durchsetzung des europäischen Kartellrechts.

1. Unmittelbare Anwendbarkeit

18 Das europäische Kartellrecht gilt in jedem Mitgliedstaat direkt als **zwingendes öffentliches Ordnungsrecht** (Art. 1 VO 1/2003).[58] Es ist unmittelbar anwendbar, kann und muss also neben der Kommission von jeder nationalen Kartellbehörde und jedem nationalen Gericht direkt auf einen Sachverhalt angewandt werden (Art. 4–6 VO 1/2003). Jeder betroffene Wirtschaftsteilnehmer – selbst eine Partei einer kartellrechtswidrigen Vereinbarung[59] – kann sich in nationalen Verwaltungs- und Gerichtsverfahren unmittelbar auf die Art. 101 und 102 AEUV und seine hieraus entstehenden **subjektiven Rechte** beru-

---

[53] EuGH Urt. v. 20.9.2001 – C-453/99, Slg. 2001, I-6297 Rn. 26 – Courage; Urt. v. 13.7.2006 – C-295/04, Slg. 2006, I-6619 Rn. 60 – Manfredi.
[54] GA *Jacobs* SchlA v. 22.5.2003 – C-264/01, Slg. 2004, I-2493 Rn. 4 – AOK Bundesverband.
[55] *Kamann/Selmayr* European Competition Law/Europäisches Wettbewerbsrecht Einführung, 17.
[56] Siehe zur Zuständigkeitskonzentration bei einer Klage gegen mehrere Kartellanten EuGH Urt. v. 21.5.2015 – C-352/13, ECLI:EU:C:2015:335 – CDC/Akzo Nobel NV ua.
[57] *Poelzig* Normdurchsetzung durch Privatrecht, 199; *Roth* FS Huber, 1133 (1135).
[58] EuGH Urt. v. 13.7.2006 – verb. Rs. C-295/04 bis C-298/04, Slg. 2006, I-6619 Rn. 31 – Manfredi; *Kamann/Selmayr* European Competition Law/Europäisches Wettbewerbsrecht, Einführung 4 f.
[59] EuGH Urt. v. 20.9.2001 – C-453/99, Slg. 2000, I-6297 Rn. 24 – Courage.

fen (→ § 23 Rn. 2).⁶⁰ Die unmittelbare Anwendbarkeit bezieht sich gem. Art. 1 Abs. 2 VO 1/2003 insbesondere auch auf die Freistellungsnorm des Art. 101 Abs. 3 AEUV. Hiermit unterscheidet sich das aktuelle **System der Legalausnahme** vom ehemaligen Anmeldesystem der Vorgänger-VO (EWG) Nr. 17/62, in dem betroffene Unternehmen eine wettbewerbsbeschränkende Vereinbarung anmelden mussten (und konnten) und allein die Kommission diese Vereinbarung gem. Art. 81 Abs. 3 EGV vom Kartellverbot freistellen konnte (ursprüngliches Freistellungsmonopol der Kommission) (→ § 6 Rn. 5).

Heute müssen die Unternehmen ihr Verhalten eigenständig einschätzen **(Selbstveran-** 19 **lagung).** Praktische Orientierungshilfen geben ihnen sowie den nationalen Behörden und Gerichten hierbei die **Kom-Leitlinien, Mitteilungen und Bekanntmachungen,** in denen die Kommission die Rechtsprechung der Unionsgerichte und ihre Praxis zusammenfasst. Sie stellen zwar keine Rechtsnorm mit verbindlichen Außenwirkungen dar. Allerdings erzeugen sie – ähnlich wie Verwaltungsvorschriften – eine Selbstbindung der Kommission und Vertrauensschutz bei betroffenen Unternehmen (→ § 6 Rn. 26).⁶¹ Bei neuartigen Fragen kann ein Unternehmen die Kommission um ein **informelles Beratungsschreiben** ersuchen.⁶²

2. Beweislast

Art. 2 VO 1/2003 regelt die **grundsätzliche Beweislast** in allen Kartellverfahren vor 20 der Kommission und den nationalen Kartellbehörden und Kartellprozessen vor den Unions- und nationalen Gerichten. Danach hat grundsätzlich die Behörde bzw. Partei, die den Vorwurf eines Kartellverstoßes gem. Art. 101 Abs. 1 und 102 AEUV erhebt, diesen Verstoß zu beweisen (Art. 2 Satz 1 VO 1/2003). Der Gegenbeweis, dass die Freistellungsvoraussetzungen gem. Art. 101 Abs. 3 AEUV bzw. eine Rechtfertigung im Rahmen des Art. 102 AEUV vorliegen, obliegt dem betroffenen Unternehmen.

Art. 2 VO 1/2003 wird weithin als Regelung der **materiellen Beweislast** verstanden, 21 die der jeweiligen Partei das Risiko der Unaufklärbarkeit einer für sie günstigen Tatsache aufbürdet.⁶³ Korrigiert werden muss dieser sekundärrechtliche Grundsatz in Kartellverwaltungsverfahren durch den **Amtsermittlungs- bzw. Untersuchungsgrundsatz,** der für die Kommission als allgemeiner Grundsatz guter Verwaltung⁶⁴ und für viele nationale Kartellbehörden als Bestandteil des nationalen Verfahrensrechts (in Deutschland zB gem. §§ 57 Abs. 1, 70 GWB) gilt (5. Erwägungsgrund VO 1/2003) (→ § 12 Rn. 4; → § 17 Rn. 197). Unberührt bleibt in europäischen und nationalen Bußgeldverfahren desweiteren der vorrangige Verfassungsgrundsatz der **Unschuldsvermutung** *(in dubio pro reo)* gem. Art. 6 Abs. 2 EMRK und Art. 48 GRCh⁶⁵ (zu Einzelheiten → § 12 Rn. 13).

3. Vorrangverhältnis von europäischem zum mitgliedstaatlichen Kartellrecht

Das europäische Kartellrecht hat – wie es der EuGH seit dem berühmten *Costa/ENEL*- 22 Urteil für das Unionsrecht allgemein festgestellt hat⁶⁶ – **absoluten und umfassenden**

---

⁶⁰ Grundlegend EuGH Urt. v. 30.1.1974 – 127/73, Slg. 1974, 51 Rn. 16 – BRT I; Urt. v. 18.3.1997 – C-282/95 P, Slg. 1997, I-1503 Rn. 39 – Guérin automobiles/Kommission.
⁶¹ Vgl. zB EuGH Urt. v. 28.6.2005 – C-189/02 P, Slg. 2005, I-5425 Rn. 207 ff. – Dansk Rørindustri ua/Kommission; Urt. v. 21.9.2006 – C-167/04 P, Slg. 2006, I-8935 Rn. 207 ff. – JCB Service/Kommission; EuGH Urt. v. 8.12.2011 – C-272/09 P, Slg. 2011, I-12789 Rn. 100 – KME Germany/Kommission; Urt. v. 11.7.2013 – C-439/11 P, EU:C:2013:513 Rn. 60 – Ziegler/Kommission sowie OLG Düsseldorf Urt. v. 10.6.2005 – VI-2 Kart 12/04 (V), 2 Kart 12/04 (V), WuW/E DE-R 1610 Rn. 29–30; Streinz/*Schroeder* Art. 288 Rn. 33.
⁶² Vgl. Bek. d. Kom. zum Beratungsschreiben, EU 2004 C 101, 78.
⁶³ Vgl. zB MükoEuWettbR/*Böge/Bardong* Art. 2 VO 1/2003 Rn. 5; *Hossenfelder/Lutz* WuW 2003, 118 (119); *Hirsch* ZWeR 2003, 233 (241).
⁶⁴ EuGH Urt. v. 13.7.1966 – 56 und 58/64, Slg. 1966, 322 (395 f.) – Consten und Grundig/Kommission; Urt. v. 21.11.1991 – C-269/90, Slg. 1991, I-5469 Rn. 14 – Technische Universität München; dazu Lange/Bunte/*Sura* VO 1/2003 Art. 2 Rn. 4; MüKoKartR/*Böge/Bardong* Art. 2 VO 1/2003 Rn. 19 f.
⁶⁵ Vgl. zB EuGH Urt. v. 22.11.2012 – C-89/11 P, ECLI:EU:C:2012:738, Rn. 72–73 – E.ON./Kommission; Urt. v. 8.7.1999 – C-199/92 P, Slg. 1999, I-4287 Rn. 149–150 – Hüls/Kommission.
⁶⁶ EuGH Urt. v. 15.7.1964 – 6/64, Slg. 1964, 1253 (1270) – Costa/ENEL.

Anwendungsvorrang vor dem nationalen Kartellrecht.[67] Im Anwendungsbereich des europäischen Kartellrechts müssen die nationalen Kartellbehörden und Gerichte die Art. 101 und 102 AEUV neben dem nationalen Wettbewerbsrecht anwenden (Art. 3 Abs. 1 VO 1/2003; sog **parallele Anwendung von europäischem und nationalem Kartellrecht**[68]). Im Einzelnen ist wie folgt zu unterscheiden:
- Bei **mehrseitigen Handlungen** muss diese parallele Anwendung zwingend zu identischen Ergebnissen führen. Insbesondere dürfen die nationalen Kartellbehörden keine Verhaltensweisen verbieten, die nach Art. 101 Abs. 1 AEUV den Wettbewerb nicht beschränken oder gem. Art. 101 Abs. 3 AEUV freigestellt sind (Art. 3 Abs. 2 Satz 1 VO Nr. 1/2003). Das nationale Kartellrecht kann danach nur noch in Fällen, die mangels Zwischenstaatlichkeit allein ihm unterfallen, unabhängig durchgesetzt werden.
- Bei **einseitigen Handlungen** dürfen die nationalen Kartellbehörden neben Art. 102 AEUV strengere nationale Missbrauchsvorschriften (zB in Deutschland §§ 19 ff. GWB) anwenden (Art. 3 Abs. 2 Satz 2 VO 1/2003) (→ § 3 Rn. 14).[69]

4. Vorgaben für eine effektive Durchsetzung des Kartellrechts *(effet utile)*

23 Das europäische Kartellrecht zeichnet sich anders als viele andere Bereiche des Unionsrechts dadurch aus, dass es neben umfassenden materiellen Verbotsvorschriften zum Teil unmittelbar aus Art. 101 und Art. 102 AEUV folgende, zum Teil in der VO 1/2003 und der RL 2014/104/EU konkretisierte Vorgaben für die materielle Sanktionierung macht. So gibt es zB vor, welche Sanktionsmöglichkeiten die nationalen Kartellbehörden mindestens haben (Art. 5 VO 1/2003) oder dass ein Schadensersatzrecht Privater besteht. Daneben stellt es teilweise konkrete Regelungen für das behördliche und zivilgerichtliche Verfahren bereit. Für viele **materielle und verfahrensrechtliche Einzelheiten** mangelt es jedoch an einer konkreten unionsrechtlichen Regelung. Insoweit ist die Regelung der **Modalitäten der Sanktionierung** von unionsrechtlichen Kartellverstößen Aufgabe der innerstaatlichen Rechtsordnung.[70] Entsprechend verweist zB Art. 5 VO 1/2003 im Hinblick auf weitere, nicht unionsrechtlich vorgegebene behördliche Sanktionen ausdrücklich auf das „innerstaatliche Recht". Bei dieser Sanktionierung steht den Mitgliedstaaten ein Ermessen hinsichtlich der Wahl der Sanktionsmittel und des Umfangs der Sanktionierung zu.[71]

24 Das Ermessen der Mitgliedstaaten im Rahmen der Durchsetzung von Unionsrecht ist jedoch nicht unbegrenzt. Vielmehr sind die mitgliedstaatlichen Behörden und Gerichte aufgrund ihrer **Pflicht zur loyalen Zusammenarbeit** gem. Art. 4 Abs. 3 EUV verpflichtet, alle geeigneten materiellen und verfahrensrechtlichen Maßnahmen zu treffen, um die **volle Wirkung** des Unionsrechts zu gewährleisten und die Rechte zu schützen, die es dem Einzelnen verleiht.[72] Dies bedeutet generell, dass **Sanktionen für Verstöße „wirksam, verhältnismäßig und abschreckend"** sein müssen.[73] Sämtliche nationalen materiellen und Verfahrensregeln über Rechtsbehelfe zum Schutz der unionrechtlich

---

[67] EuGH Urt. v. 13. 2. 1969 – 14/68, Slg. 1969, 1 Rn. 3 – Walt Wilhelm ua/BKartA.
[68] EuGH Urt. v. 13. 2. 1969 – 14/68, Slg. 1969, 1 Rn. 6 – Walt Wilhelm ua/BKartA.
[69] Der Grundsatz des Vorrangs von Art. 101 und 102 AEUV gilt im Übrigen nicht gegenüber der nationalen Fusionskontrolle und gegenüber nationalen Vorschriften, die überwiegend von den Art. 101 und 102 AEUV abweichende Ziele verfolgen (zB Regelungen gegen unlauteren Wettbewerb, in Deutschland nach dem UWG) (Art. 3 Abs. 3 VO 1/2003).
[70] Für den unionsrechtlichen Schadensersatzanspruch EuGH Urt. v. 20. 9. 2001 – C-453/99, Slg. 2001, I-6297 Rn. 29 – Courage; Urt. v. 5. 6. 2014 – C-557/12, ECLI:EU:C:2013:1317 Rn. 24 – Kone.
[71] Allgemein EuGH Urt. v. 2. 10. 1991 – C-7/90, Slg. 1991, I-4371 Rn. 11 – Vandevenne; für den kartellrechtlichen Strafschadensersatz EuGH Urt. v. 13. 7. 2006 – verb. Rs. C-295/04 bis C-298/04, Slg. 2006, I-6619 Rn. 92 – Manfredi.
[72] EuGH Urt. v. 9. 3. 1978 – 106/77, Slg. 1978, 629 Rn. 16 – Simmenthal; Urt. v. 19. 6. 1990 – C-213/89, Slg. 1990, I-2433 Rn. 19–21 – Factortame (zur Pflicht zum Erlass einstweiliger Anordnungen trotz fehlender nationaler Befugnis).
[73] Vgl. zB EuGH Urt. v. 10. 7. 1990 – C-326/88, Slg. 1990, I-2911 Rn. 17 – Anklagemyndigheden; Urt. v. 2. 10. 1991 – C-7/90, Slg. 1991, I-4371 Rn. 11 – Vandevenne; Urt. v. 8. 6. 1994 – C-382/92, Slg. 1994, I-2435 Rn. 55 – Kommission/Vereinigtes Königreich; Urt. v. 12. 9. 1996 – C-58/95 ua, Slg. 1996, I-4345 Rn. 14 – Gallotti.

begründeten Rechte dürfen die Ausübung dieser Rechte nicht praktisch unmöglich machen oder übermäßig erschweren (sog **Effektivitätsgrundsatz**) und sie dürfen nicht weniger günstig sein als entsprechende Rechtsbehelfe, die ausschließlich auf innerstaatlichem Recht beruhen (**Äquivalenzgrundsatz**)[74] (zu Einzelheiten, insbesondere Art. 4 RL 2014/104/EU → § 24 Rn. 40).

5. Einheitlichkeit und Kohärenz der Durchsetzung des Kartellrechts

Kapitel IV der VO 1/2003 sowie die RL 2014/104/EU enthalten verschiedene Grundsätze und Mechanismen zur Sicherstellung einer einheitlichen und kohärenten Durchsetzung des europäischen Kartellrechts: 25

- *Zusammenarbeit zwischen Kommission und nationalen Wettbewerbsbehörden.* In Konkretisierung der allgemeinen Pflicht zur loyalen Zusammenarbeit gemäß Art. 4 Abs. 3 EUV gilt zwischen der Kommission und den nationalen Kartellbehörden der **Grundsatz der engen Zusammenarbeit** (Art. 11 Abs. 1 VO 1/2003) mit einer weitgehenden Pflicht zur gegenseitigen Unterrichtung (Art. 11 Abs. 2–4 VO 1/2003) und der Möglichkeit zu einem umfassenden Informationsaustausch (Art. 12 VO 1/2003) (zur vertikalen Kompetenzabgrenzung zwischen Kommission und nationalen Kartellbehörden gem. Art. 11 Abs. 6 VO 1/2003 und der horizontalen Kompetenzabgrenzung zwischen den nationalen Kartellbehörden im ECN[75] gem. Art. 13 VO 1/2003 → § 16 Rn. 36). In Ausübung ihrer Loyalitätspflicht gem. Art. 4 Abs. 3 EUV dürfen die nationalen Kartellbehörden keine von der Kommission getroffenen oder beabsichtigten Entscheidungen treffen (Art. 16 Abs. 2 VO 1/2003) (zu Einzelheiten → § 15 Rn. 11).
- *Zusammenarbeit zwischen Kommission und nationalen Gerichten.* Da einerseits die Wettbewerbspolitik und Weiterentwicklung des europäischen Kartellrechts maßgeblich von der Kommission bestimmt wird, andererseits die unabhängigen nationalen Gerichte einen wesentlichen Beitrag insbesondere zu seiner privaten Durchsetzung leisten, kommt der Zusammenarbeit zwischen Kommission und nationalen Gerichten eine zentrale Bedeutung für eine wirksame und einheitliche Durchsetzung des Unionskartellrechts zu. Diese Zusammenarbeit konkretisiert sich in dem Recht und – auf Ersuchen des nationalen Gerichts – der Pflicht der Kommission gem. Art. 15 Abs. 3 VO 1/2003, in Art. 101- und 102-Gerichtsverfahren als **sachverständiger Beistand (*„amicus curiae")*** durch Übermittlung von Informationen oder die Abgabe von Stellungnahmen aufzutreten[76] (zu Einzelheiten → § 15 Rn. 101).
- *Materielle Einheitlichkeit und Kohärenz.* Ebenfalls als Ausfluss der Pflicht zur loyalen Zusammenarbeit sind die nationalen Gerichte bei der Durchsetzung des Unionskartellrechts nach der sog *Delimitis/Masterfoods*-Rspr. des EuGH[77] verpflichtet, keine Entscheidungen zu treffen, die einem bereits von der Kommission erlassenen oder von ihr beabsichtigten Beschluss zuwiderlaufen (Art. 16 Abs. 1 VO 1/2003) (sog **Grundsatz der Bindungswirkung**). Dies gilt selbst dann, wenn der Kommissionsbeschluss Gegenstand einer anhängigen Nichtigkeitsklage beim EuG ist. Art. 9 RL 2014/104/EU verstärkt die Kohärenz unterschiedlicher Entscheidungen auf zwei Ebenen: Gem. Abs. 1 soll erstens die Kohärenz zwischen behördlicher und privater Rechtsdurchsetzung **innerhalb eines Mitgliedstaates** dadurch gesichert werden, dass die rechtskräfti-

---

[74] EuGH Urt. v. 10.7.1997 – C-261/95, Slg. 1997, I-4025 Rn. 27 – Palmisani; Urt. v. 20.9.2001 – C-453/99, Slg. 2001, I-6297 Rn. 29 – Courage; Urt. v. 5.6.2014 – C-557/12, ECLI:EU:C:2013:1317 Rn. 24–25 – Kone.
[75] Vgl. Bekanntmachung der Kommission über die Zusammenarbeit innerhalb des Netzes der Wettbewerbsbehörden, ABl. 2004 C 101, 43.
[76] Vgl. Bekanntmachung der Kommission über die Zusammenarbeit zwischen der Kommission und den Gerichten der EU-Mitgliedstaaten bei der Anwendung der Artikel 81 und 82 des Vertrags, ABl. 2004 C 101, 54, Rn. 17 ff.
[77] EuGH Urt. v. 28.2.1991 – C-234/89, Slg. 1991, I-935 – Delimitis/Henninger Bräu; Urt. v. 14.12.2000 – C-344/98, Slg. 2000, I-11369 Rn. 48 – Masterfoods/HB Ice Cream; dazu ausführlich *Kamann/Horstkotte* WuW 2001, 458.

ge Feststellung einer Zuwiderhandlung einer Kartellbehörde oder eines Rechtsbehelfsgerichts für eine Schadensersatzklage als unwiderlegbar festgestellt gilt. Gem. Abs. 2 soll die Kohärenz **zwischen den Mitgliedstaaten** in abgeschwächter Form dadurch gestärkt werden, dass bestandskräftige (behördliche) Entscheidungen aus einem anderen Mitgliedstaat im Zivilprozess zumindest als *Prima-facie*-Beweis für eine Zuwiderhandlung gelten (zu Einzelheiten → § 15 Rn. 34).

III. Grundrechtliche Vorgaben für die Durchsetzung des Kartellrechts

26 Die Durchsetzung des europäischen Kartellrechts ist in umfassender Weise geprägt durch die Vorgaben der europäischen Grundrechte, die in der **GR-Charta** niedergelegt sind (Art. 6 Abs. 1 EUV) und als **allgemeine Grundsätze des Unionsrechts,**[78] wie sie sich aus der **EMRK**[79] und den gemeinsamen Verfassungsüberlieferungen der Mitgliedstaaten ergeben, gelten (Art. 6 Abs. 3 EUV).

27 Die europäischen Grundrechte gelten gem. Art. 51 Abs. 1 GRCh für die Unionsorgane, dh in Kartellverfahren der Kommission (→ § 6 Rn. 2), und gleichzeitig für die **Mitgliedstaaten bei der Durchführung des Unionsrechts.** Nach dem grundlegenden EuGH-Urteil in der Rs. *Åklagare/Åkerberg Fransson* gelten danach die europäischen Grundrechte „in allen unionsrechtlich geregelten Fallgestaltungen". Wenn eine nationale Rechtsvorschrift „in den Geltungsbereich des Unionsrechts fällt", sind keine Fallgestaltungen denkbar, in denen sie nicht anwendbar wären.[80] Dies gilt selbst dann, wenn die zugrunde liegende unionsrechtliche Norm den Mitgliedstaaten bei der Durchführung einen **Ermessensspielraum** einräumt und der Mitgliedstaat dieses Ermessen ausübt[81] und wenn der Mitgliedstaat zur Durchführung mangels anwendbarer Unionsvorschriften sein nationales (Verfahrens-)Recht anwendet.[82] In einem solchen Fall können die nationalen Behörden und Gerichte zwar weiterhin auch die **nationalen Grundrechte** anwenden. Durch diese Anwendung darf jedoch weder das Schutzniveau der GR-Charta noch der allgemeine **Vorrang, die Einheit und die Wirksamkeit des Unionsrechts** beeinträchtigt werden.[83]

28 Das BKartA und die deutschen Gerichte müssen danach die **europäischen Grundrechte in allen Fällen beachten, in denen sie die Art. 101 und 102 AEUV anwenden.** Wenden sie dabei parallel das Kartellrecht des GWB an oder üben sie ihren Ermessensspielraum aus, den ihnen die Regelungen der VO 1/2003 und der RL 2014/104/EU einräumen, können (und müssen) sie auch die Grundrechte des GG berücksichtigen. Im Konfliktfall müssen sie jedoch stets die volle Wirksamkeit der europäischen Grundrechte, der Art. 101 und 102 AEUV, der VO 1/2003 und der RL 2014/104/EU – jeweils ausgelegt im Lichte der GR-Charta und der EMRK – vorrangig sicherstellen. Eine **rein nationale Grundrechtskonstellation** kann danach nur in Kartellfällen auftreten, in denen das BKartA und die nationalen Gerichte ausschließlich die Vorschriften des GWB anwenden, etwa in Missbrauchsfällen, in denen sie sich im Einklang mit Art. 3 Abs. 2 S. 2 VO 1/2003 allein auf §§ 20–21 GWB stützen, oder in den übrigen Fällen aufgrund fehlender (möglicher) Zwischenstaatlichkeit gem. Art. 3 Abs. 1 VO 1/2003.

29 Europäische Grundrechtsfragen können in Kartellangelegenheiten in zahlreichen unterschiedlichen Konstellationen auftreten. Die wichtigsten relevanten Grundrechte sind:[84]

---

[78] Grundlegend EuGH Urt. v. 12.11.1969 – 29/69, Slg. 1969, 419 Rn. 7 – Stauder/Ulm.
[79] Grundlegend EuGH Urt. v. 21.9.1989 – verb. Rs. 46/87 u. 227/88, Slg. 1989, 2859 Rn. 13 – Hoechst/Kommission.
[80] EuGH Urt. v. 26.2.2013 – C-617/10, ECLI:EU:C:2013:280 Rn. 19, 21 – Åklagare/Åkerberg Fransson.
[81] EuGH Urt. v. 21.12.2011 – C-411/10 u. C-493/10, Slg. 2011, I-13905 Rn. 68 – N.S./Secretary of State for the Home Department ua.
[82] EuGH Urt. v. 18.12.2008 – C-349/07, Slg. 2008, I-10369 Rn. 38 – Sopropé; Urt. v. 22.10.2013 – C-276/12, ECLI:EU:C:2013:678 Rn. 38 – Sabou.
[83] EuGH Urt. v. 26.2.2013 – C-399/11, ECLI:EU:C:2013:107 Rn. 59–60 – Melloni/Fiscal.
[84] Vgl. ausführlich auch MüKoEuWettbR/*Calliess* Einl. Rn. 743.

- *Justizielle Grundrechte,* die in Kartell(bußgeld)verfahren aufgrund ihres strafrechtsähnlichen Charakters (→ § 2 Rn. 17) gelten, insbesondere das Recht auf einen effektiven Rechtsschutz und ein faires Verfahren (Art. 47 Abs. 1 GRCh), das Schuldprinzip, die Grundsätze der Unschuldsvermutung (Art. 48 Abs. 1 GRCh), der Achtung der Verteidigungsrechte (Art. 48 Abs. 2 GRCh), einschließlich des Schutzes der Vertraulichkeit zwischen Mandant und Anwalt *(legal privilege)* (→ § 9 Rn. 1), der Gesetzmäßigkeit der Strafen *(nullum crimen, nulla poena sine lege,* Art. 49 Abs. 1 und 2 GRCh), der Verhältnismäßigkeit des Strafmaßes (Art. 49 Abs. 3 GRCh), des Verbots der Doppelbestrafung *(ne bis in idem,* Art. 50 GRCh) und des Schutzes vor Selbstbelastung *(nemo tenetur se ipsum accusare)* (zu Einzelheiten und Nachweisen aus der Rspr. → § 14 Rn. 2, 45 ff.).
- *Wirtschaftliche Freiheiten,* wie das Grundrecht auf unternehmerische Freiheit (Art. 16 GRCh) oder das Eigentumsgrundrecht (Art. 17 GRCh) (→ § 14 Rn. 49).
- *Rechte und Grundsätze guter Verwaltung* (Art. 41 GRCh), wie zB das Anhörungsrecht, der Amtsermittlungs- bzw. Untersuchungsgrundsatz (→ § 12 Rn. 4) oder die Pflicht zur Begründung von Entscheidungen.
- *Privatsphäre, Daten- und Geheimnisschutz,* wie das Recht auf Achtung des Privatlebens (Art. 7 GRCh) und des Schutzes personenbezogener Daten (Art. 8 GRCh) und auf Wahrung des Berufsgeheimnisses (Art. 339 AEUV, Art. 41 Abs. 2 lit. b GRCh). Bei der Sachverhaltsermittlung und der Verarbeitung der im Verwaltungsverfahren gewonnenen Erkenntnisse ist das Interesse an einer wirksamen Durchsetzung des Wettbewerbsrechts mit den Verteidigungsrechten (Art. 41 Abs. 2 lit. a und 48 Abs. 1 GRCh) sowie ggf. mit dem Recht der Öffentlichkeit auf Zugang zu Dokumenten (Art. 15 Abs. 3 AEUV, Art. 42 GRCh)[85] zu einem gerechten Ausgleich zu bringen (→ § 10 Rn. 10).
- *Weitere allgemeine Grundrechte und Grundsätze,* wie der Grundsatz der Gleichbehandlung und Nichtdiskriminierung (Art. 20 GRCh), das Verhältnismäßigkeitsprinzip (Art. 52 GRCh), das Rückwirkungsverbot, der Vertrauensschutz und der Bestimmtheitsgrundsatz (→ § 14 Rn. 45).

---

[85] Zum Spannungsverhältnis zwischen dem Recht auf Zugang zu Dokumenten und den Erfordernissen des Kartellverfahrens vgl. EuGH Urt. v. 27.2.2014 – C-365/12 P, ECLI:EU:C:2014:112 – Kommission/EnBW.

§ 4 Internationale Zusammenhänge

Übersicht

	Rn.
A. Völkerrechtliche Vorgaben	1
B. Räumliche Anwendung des Kartellrechts in der internationalen Praxis	3
C. Verhältnis zum Kartellrecht von Drittstaaten	8

Schrifttum:
Baudenbacher/Behn, Back to „Betsy": Zur Empagran-Entscheidung des US Supreme Court, ZWeR 2004, 604; *Basedow/Francq/Idot* (Hrsg.), International Antitrust Litigation, Conflict of Laws and Coordination, 2012; *Böge,* Die Herausforderungen einer internationalen Wettbewerbspolitik in Zeiten globalisierter Märkte, WuW 2005, 590; *Botteman/Patsa,* The Jurisdictional Reach of EU Anti-cartel Rules: Unmuddling the Limits, ECJ 2012, 365; *Drexl,* WTO und Kartellrecht – Zum Warum und Wie dieser Verbindung in Zeiten der Globalisierung, ZWeR 2004, 191; *Körber,* Die Empagran-Entscheidung des US Supreme Court, Anermerkungen zur extraterritorialen Reichweite des US-Antitrustrechts, ZWeR 2004, 591; *Meessen,* Völkerrechtliche Grundsätze des internationalen Kartellrechts, 1975; *Michaels/Zimmer,* US-Gerichte als Weltkartellgerichte?, IPRax 2004, 451; *Rehbinder,* Extraterritoriale Wirkungen des deutschen Kartellrechts, 1965; *Schnyder,* Wirtschaftskollisionsrecht, 1990; *ders.,* Internationales Wirtschaftsrecht – zu Begriff und Phänomenologie, FS Buxbaum, 2000, 515; *ders.* Verhältnis nationaler, regionaler und globaler Regulierungen – insbesondere extraterritoriale Wirkungen nationaler oder regionaler Marktgestaltungen, in *Mestmäcker* (Hrsg.), Kommunikation ohne Monopole II, 1995, S. 211; *Schwarze,* Die extraterritoriale Anwendbarkeit des EG-Wettbewerbsrechts – Vom Durchführungsprinzip zum Prinzip der qualifizierten Auswirkung, in: Europäisches Wettbewerbsrecht im Zeichen der Globalisierung, 2002, 37; *Stein/von Buttlar,* Völkerrecht, 2009.

A. Völkerrechtliche Vorgaben

1 Nach dem im Völkerrecht allgemein anerkannten **Territorialitätsprinzip** ist es Ausfluss der Souveränität von Staaten, dass sie innerhalb des eigenen Staatsgebiets ihre Jurisdiktion frei ausüben können und alle denkbaren staatlichen Aufgaben ausüben dürfen. Ihre Jurisdiktion ist jedoch auf ihr Staatsgebiet beschränkt.[1] Entsprechend ist der Geltungsbereich des europäischen Kartellrechts das Gebiet der EU, der Geltungsbereich des GWB beschränkt sich auf das Gebiet der Bundesrepublik Deutschland. Vor dem Hintergrund der zunehmenden Verflechtung der Weltwirtschaft können Vorgänge außerhalb dieses Geltungsbereichs den Wettbewerb jedoch ebenso bedrohen wie reine Inlandssachverhalte. ZB kann der Wettbewerb auf dem EU-Binnenmarkt in erheblicher Weise bedroht sein, wenn Unternehmen in Drittstaaten ihre Preise für den Export in die EU absprechen oder Unternehmen in Drittstaaten, die innerhalb der EU über erhebliche Marktmacht verfügen, sich zusammenschließen. Kartellgesetze werden ihrem Schutzzweck daher nicht gerecht, wenn ihre Anwendung auf reine Inlandssachverhalte beschränkt bleibt. Entscheidend ist vielmehr, dass die Vorgänge erfasst sind, die sich innerhalb des Geltungsbereichs erheblich auswirken (sog **Auswirkungsprinzip**).[2]

2 Wie der Ständige Internationale Gerichtshof in seinem *Lotus*-Urteil[3] entschieden hat, hindert das völkerrechtliche Territorialitätsprinzip Staaten nicht daran, innerhalb ihres eigenen Hoheitsgebiets ihre Jurisdiktion auch auf Fälle zu erstrecken, deren konstituierende Elemente außerhalb ihres Hoheitsgebiets liegen. Sie sind frei, die Anknüpfungsregeln ihrer Jurisdiktion nach eigenem Ermessen zu bestimmen (sog **Freiheitsvermutung**). Diese Auffassung trägt dem legitimen Interesse eines Staates Rechnung, seine Wettbewerbsordnung auch gegen im Ausland veranlasste Beschränkungen wirksam zu schützen. Das Auswirkungsprinzip ist daher grundsätzlich mit dem völkerrechtlichen Territorialitätsprinzip

---

[1] MüKoEuWettbR/*Schnyder* Einl. Rn. 837.
[2] MüKoEuWettbR/*Schnyder* Einl. Rn. 846 ff.
[3] CPJI Urt. v. 7.9.1927 – Sér. A, No. 10 S. 18 f. – S.S. „Lotus"; s. hierzu *Stein/von Buttlar* Völkerrecht Rn. 603 ff.

vereinbar.⁴ Eine Grenze findet diese Vereinbarkeit erst dort, wo die Ausübung einer Jurisdiktion mit höherrangigen völkerrechtlichen Grundsätzen unvereinbar ist, insbesondere mit dem Grundsatz des völkerrechtlichen **Missbrauchsverbots** und dem Verbot der Einmischung in die inneren Angelegenheiten eines fremden Staates (sog **Einmischungsverbot**).⁵

B. Räumliche Anwendung des Kartellrechts in der internationalen Praxis

Das Unionsprimär- oder -sekundärrecht enthält keine ausdrückliche Regelung über den räumlichen Anwendungsbereich des **EU-Kartellrechts**. Die Kommission wendet jedoch bereits seit langem – vom EuG zwischenzeitlich bestätigt⁶ – das **Auswirkungsprinzip** an.⁷ Der EuGH hat – wohl in erster Linie dem anhaltenden Widerstand aus Großbritannien geschuldet – bislang ein ausdrückliches Bekenntnis zum Auswirkungsprinzip vermieden. Letztlich bestehe jedoch wohl kein Zweifel daran, dass die Unionspraxis weiterhin auf eine Anwendung des Auswirkungsprinzips hinauslaufen wird. Die Errichtung des Binnenmarktes mit wirksamem Wettbewerb ist integraler Bestandteil des unionsrechtlichen Zielkatalogs (vgl Art. 3 Abs. 3 EUV, Prot. Nr. 27 über den Binnenmarkt und den Wettbewerb⁸), dessen Schutz von den Unionsorganen unabhängig davon zu gewährleisten ist (und zu gewährleisten sein muss), wo ein „Störer" seinen Sitz hat oder wo wettbewerbsbeschränkende Handlungen initiiert werden.⁹

3

Der EuGH hat sich bislang verschiedener Kunstgriffe bedient, um eine Entscheidung über eine „echte" extraterritoriale Anwendung des EU-Kartellrechts nach dem Auswirkungsprinzip zu vermeiden. In seiner *Farbstoff*-**Entscheidung** aus dem Jahr 1972 bediente er sich der Figur der **„wirtschaftlichen Einheit"**, um Unternehmen mit Sitz außerhalb der EU das wettbewerbswidrige Verhalten ihrer in der Union ansässigen Tochtergesellschaften zuzurechnen.¹⁰ So konnte er die Anwendung der europäischen Wettbewerbsregeln auf die Belegenheit der Kartellteilnehmer innerhalb des Gemeinsamen Marktes und damit auf ein „reines" Territorialitätsprinzip stützen. Auch im Rahmen seiner *Zellstoff*-**Entscheidung** aus dem Jahr 1988 berief sich der EuGH allein auf das Territorialitätsprinzip. Zwar hatten die betroffenen Unternehmen in diesem Fall keine Tochterunternehmen innerhalb des Gemeinsamen Marktes. Der EuGH begründete die Anwendung der europäischen Wettbewerbsvorschriften jedoch damit, dass die an den kartellrechtswidrigen Absprachen beteiligten Unternehmen die betroffenen Produkte direkt an in der Gemeinschaft ansässige Abnehmer verkauft, die Vereinbarung damit **in der Union „durchgeführt"** hätten.¹¹

4

Anders als der EuGH bestätigte das EuG die Anwendung des Auswirkungsprinzip ausdrücklich in seinem *Gencor*-**Urteil** aus dem Jahr 1999. Das Urteil betraf den geplanten Zusammenschluss eines südafrikanischen und eines englischen Unternehmens, die ihre

5

---

⁴ Langen/Bunte/*Stadler* GWB § 130 Rn. 143; MüKoEuWettbR/*Wagner-von Papp/Wurmnest* Bd. 1 Einl. Rn. 1547; diese heute kaum mehr bestrittene Auffassung wurde insbesondere in Großbritannien lange Zeit vehement in Frage gestellt. In Folge dieses Konflikts erließ Großbritannien zB sog *blocking statutes* (Abwehrgesetze), um sich gegen die aus ihrer Sicht zu interventionistische extraterritoriale Anwendung des US-Kartellrechts auf Grundlage des Auswirkungsprinzips zur Wehr zu setzen, vgl. *Wish* Competition Law 2012, 504 ff.
⁵ Vgl. EuG Urt. v. 25.3.1999 – T-102/96, Slg. 1999, II-753 Rn. 99 ff., 102 ff. – Gencor/Kommission; OLG Düsseldorf Urt. v. 26.11.2008 – VI-Kart 8/07 (V), WuW/E DE-R, 2477 Rn. 32 ff. – Phonak/ReSound; Langen/Bunte/*Stadler* GWB § 130 Rn. 144 ff.; MüKoEuWettbR/*Wagner-von Papp/Wurmnest* Bd. 1 Einl. Rn. 1562.
⁶ EuG Urt. v. 25.3.1999 – T-102/96, Slg. 1999, II-753 Rn. 90 – Gencor/Kommission.
⁷ Vgl. bereits Kom. 11.3.1964 – IV/A-00061, ABl. 1964 Nr. 58, 915 – Grosfillex-Fillistorf; Kom., „Bericht über die Wettbewerbspolitik 1981" Rn. 35 f.
⁸ ABl. 2012 C 326, 309.
⁹ MüKoEuWettbR/*Schnyder* Einl. Rn. 855.
¹⁰ EuGH Urt. v. 14.7.1972 – 48/69, Slg. 1972, 619 Rn. 132/135 – ICI/Kommission.
¹¹ EuGH Urt. v. 27.9.1988 – 89/85, Slg. 1988, 5193 Rn. 17 f. – Ahlström ua/Kommission.

Aktivitäten im Bereich Platinmetalle in Südafrika zusammenlegen wollten. Die Kommission hatte den Zusammenschluss wegen der zu erwartenden Auswirkungen auf den Gemeinsamen Markt untersagt. Das EuG billigte diese Entscheidung und stellte unmissverständlich klar, dass die Anwendung der Fusionskontrollverordnung „völkerrechtlich gerechtfertigt" sei, da der geplante Zusammenschluss vorhersehbar **„unmittelbare und wesentliche Auswirkung"** in der Gemeinschaft haben werde.[12]

6   Der räumliche Anwendungsbereich des **deutschen Kartellrechts** bestimmt sich ebenfalls nach dem **Auswirkungsprinzip.** Im Unterschied zum Unionsrecht ist dies in **§ 130 Abs. 2 GWB** ausdrücklich gesetzlich niedergelegt. Danach findet das GWB auf alle Wettbewerbsbeschränkungen Anwendung, „die sich **im Geltungsbereich dieses Gesetzes auswirken,** auch wenn sie außerhalb des Geltungsbereichs dieses Gesetzes veranlasst werden." Auf dieser Grundlage hat das BKartA in der Vergangenheit zB in seinem Beschluss in der Sache *Phonak/ReSound* den geplanten Zusammenschluss der schweizerischen Phonak mit den verschiedenen Unternehmen der dänischen GN ReSound untersagt[13] und wurde insoweit durch das OLG Düsseldorf bestätigt.[14] Am 30.9.2014 hat das BKartA ein Merkblatt „Inlandsauswirkungen in der Fusionskontrolle" veröffentlicht, in dem es seine Praxis bei der Anwendung von § 130 Abs. 2 GWB näher erläutert.

7   Auch die Rechtsprechung in den USA stellt zur Bestimmung des räumlichen Anwendungsbereichs des **US-Kartellrechts** auf das **Auswirkungsprinzip** ab. Aufgrund der schwerwiegenden Folgen eines Verstoßes gegen den *Sherman Act,* insbesondere der Möglichkeit privater Schadensersatzkläger, nach Section 4 (a) Clayton Act auf dreifachen Schadensersatz zu klagen (→ § 35 Rn. 12), fand die Frage der **extraterritorialen Anwendung des US-Kartellrechts** in der Vergangenheit besondere Beachtung. Im Zentrum des rechtlichen Diskurses stand dabei vor allem der *Foreign Trade Antitrust Improvements Act (FTAIA)* aus dem Jahr 1982, der das von der Rechtsprechung entwickelte Auswirkungsprinzip im Jahr 1982 gesetzlich normierte.[15] Gem. *Section 6(a) FTAIA* ist das US-Kartellrecht auf Auslandssachverhalte anwendbar, wenn diese direkte, erhebliche und vernünftigerweise vorhersehbare *(direct, substantial, and reasonably foreseeable)* Auswirkung auf den US-Markt haben und diese Auswirkungen einen Anspruch nach dem *Sherman Act* begründen. Nachdem verschiedene Bundesberufungsgerichte auf Grundlage von *Section 6(a) FTAIA* eine sehr weitgehende Zuständigkeit US-amerikanischer Gerichte auch für Klagen ausschließlich im Ausland geschädigter Kläger angenommen hatten,[16] gebot schließlich der *US Supreme Court* diesem – in seinen eigenen Worten – „Imperialismus" des amerikanischen Rechts in seinem Urteil **Hoffmann-LaRoche/Empagran**[17] aus dem Jahr 2004 zumindest teilweise Einhalt. Das Gericht stellte klar, dass die Anwendbarkeit US-amerikanischen Kartellrechts voraussetze, dass der Kläger einen Anspruch (auch) aufgrund **von in den USA erlittenen Schäden** *(domestic injuries)* geltend mache. Im Falle von ausschließlich im Ausland geschädigten Klägern sei US-Kartellrecht dagegen nicht anzu-

---

[12] EuG Urt. v. 25.3.1999 – T-102/96, Slg. 1999, II-753 Rn. 90 – Gencor/Kommission.
[13] BKartA Beschl. v. 11.4.2007 – B 3-578/06, WuW 2007, 641 – Phonak/ReSound.
[14] OLG Düsseldorf Urt. v. 26.11.2008 – VI-Kart 8/07 (V), WuW/E DE-R, 2477 Rn. 32 ff. – Phonak/ReSound. In der Folgeinstanz hob der BGH das OLG Düsseldorf zwar auf und erklärte die Untersagung aus materiellen Gründen für rechtswidrig. Auf die Frage der räumlichen Anwendbarkeit des GWB ging er dabei jedoch nicht ein; BGH Beschl. v. 20.4.2010 – KVR 1/09, BeckRS 2010, 11494 – Phonak/GN Store.
[15] Vgl. *Baudenbacher/Behn* ZWeR 2004, 604 (607).
[16] ZB bejahte der *District of Columbia Circuit* die Zuständigkeit amerikanischer Gerichte für Klagen indonesischer und australischer Geschädigter des sog „Vitaminkartells" gegen europäische Unternehmen mit der Begründung, das Kartell habe auch zu überhöhten Preisen in den USA geführt und *Section 6(a) FTAIA* setze lediglich voraus, dass die Auswirkungen eines Kartellverstoßes in den USA den Anspruch eines beliebigen Klägers – also nicht notwendigerweise des konkret klagenden Geschädigten – begründeten; U.S. Court of Appeals Urt. v. 17.1.2003 – 315 F. 3d 338 (D. C. Cir. 2003), WuW 2004, 101 – Empagran S.A./F. Hoffmann-LaRoche Ltd.
[17] U.S. Supreme Court Urt. v. 14.6.2004 – 124 S.Ct. 2359, WuW 2004, 849 (854) – F. Hoffmann-LaRoche Ltd. v. Empagran S.A.; vgl. dazu ausführlich *Baudenbacher/Behn* ZWeR 2004, 604 ff.

C. Verhältnis zum Kartellrecht von Drittstaaten

Die international verbreitete Anknüpfung nationaler Kartellrechtsordnungen nach dem **8** Auswirkungsprinzip führt vor dem Hintergrund einer globalisierten Wirtschaft dazu, dass Wettbewerbsverstöße oder Unternehmenszusammenschlüsse immer öfter nicht nur in der EU oder ihren Mitgliedstaaten, sondern auch von Behörden oder Gerichten in Drittstaaten aufgegriffen werden. Eine solche **parallele Anwendung** unterschiedlicher Kartellrechtsordnungen birgt verschiedene Probleme. Insbesondere entsteht die Gefahr divergierender Entscheidungen, die erhebliche handelspolitische Spannungen auslösen können,[18] oder von Mehrfachsanktionierungen.

Innerhalb der EU sind Fälle einer konfligierenden parallelen Zuständigkeit aufgrund **9** des Anwendungsvorranges des EU-Kartellrechts (Art. 3 VO 1/2003; Art. 21 Abs. 3 FKVO) und der Koordinierung der Zusammenarbeit der Wettbewerbsbehörden im ECN (Art. 11 ff. VO 1/2003; Bek. der Kommission über die Zusammenarbeit innerhalb des Netzes der Wettbewerbsbehörden[19]) weitgehend ausgeschlossen.[20] Soweit es zu einem parallelen Vorgehen von Kartellbehörden innerhalb der EU kommen kann,[21] sind diese jeweils nur für die Auswirkungen auf die Märkte im eigenen Mitgliedstaat zuständig, so dass sie sich mit unterschiedlichen Aspekten eines einheitlichen Wettbewerbsverstoßes befassen.[22] In jedem Fall gebietet der Grundsatz *ne bis in idem* innerhalb der Union eine Berücksichtigung von wegen desselben Sachverhalts bereits ergangenen Sanktionen (→ § 13 Rn. 14).[23]

Im **Verhältnis zu Drittstaaten** lassen sich „überlappende" Zuständigkeiten oder Dop- **10** pelbestrafungen dagegen nicht ausschließen. In ständiger Rechtsprechung bewerten EuG und EuGH die Zuständigkeit der Kommission zur Beurteilung internationaler Vorgänge allein anhand des Schutzguts des Wettbewerbs auf dem Binnenmarkt. Innerhalb seines Anwendungsbereichs ist das EU-Kartellrecht in aller Regel „blind" für die Belange möglicherweise ebenfalls berührter Drittstaaten. Bereits in seiner *Zellstoff*-Entscheidung hatte es der EuGH abgelehnt, die Zuständigkeit der Kommission mit Rücksicht auf ausländische Ordnungsinteressen im Sinne einer völkerrechtlichen Interessenabwägung („*comitas gentium*") einzuschränken.[24] In seiner *TACA*-Entscheidung präzisierte das EuG diese Ansicht dahingehend, dass die Kommission bestimmte Verhaltensweisen auch dann zum Schutz des Gemeinsamen Marktes untersagen darf, wenn diese nach dem Recht eines Drittstaates (in diesem Fall der USA) erlaubt seien oder sogar gefördert würden, solange es den betroffenen Unternehmen möglich bleibt, die Anforderungen beider Rechtsordnungen einzuhalten.[25] Im Fall *Graphitelektroden* entschieden EuG[26] und EuGH,[27] dass die

---

[18] So zB geschehen in den Fällen *Boeing/McDonnell Douglas* (Kom. 30.7.1997 – IV/M.877, ABl. 1997 L 336, 16), *General Electric/Honeywell* (Kom. 3.7.2001 – COMP/M.2220, ABl. 2004 L 48, 1), *Microsoft* (Kom. 24.3.2004 – COMP/C-3/37.792, WuW/E EU-V 931; Zusammenfassung in ABl. 2007 L 32, 23) oder *Oracle/Sun Microsystems* (Kom. 21.1.2010 – COMP/M.5529, ABl. 2010 C 91, 7); vgl. Immenga/Mestmäcker/*Völcker* EuWettbR Abschn. II.B. Rn. 1 f.; MüKoEuWettbR/*Roebling* Einl. Rn. 786.
[19] ABl. 2004 C 101, 43.
[20] Zur parallelen Zuständigkeit s. zuletzt EuGH Urt. v. 20.1.2016 – C-428/14, ECLI:EU:C:2016:27 Rn. 58 – DHL Express (Italy) ua.
[21] Vgl. Bek. der Kommission über die Zusammenarbeit innerhalb des Netzes der Wettbewerbsbehörden, ABl. 2004 C 101, 43 Rn. 5.
[22] MüKoEuWettbR/*Bardong* Art. 11 VO 1/2003 Rn. 112.
[23] EuG Urt. v. 29.4.2004 – T-236/01 ua, Slg. 2004, II-1181 Rn. 130 ff. – Graphitelektroden.
[24] EuGH Urt. v. 27.9.1988 – 89/85, Slg. 1988, 5193 Rn. 19 ff. – Ahlström ua/Kommission.
[25] EuG Urt. v. 30.9.2003 – T-191/98 ua, Slg. 2003, II-3275 Rn. 1131 – Atlantic Container Line ua/Kommission.
[26] EuG Urt. v. 29.4.2004 – T-236/01 ua, Slg. 2004, II-1181 Rn. 133 ff. – Graphitelektroden.
[27] EuGH Urt. v. 29.6.2006 – C-308/04 P, Slg. 2006, I-5977 Rn. 28 ff. – SGL Carbon/Kommission.

Kommission zum Schutz des Wettbewerbs auf dem Binnenmarkt kartellrechtswidriges Verhalten ahnden darf, obwohl bereits die Kartellbehörden eines Drittstaates auf Grundlage des eigenen Kartellrechts gegen dasselbe Kartell vorgegangen sind. Als Begründung verwiesen die Gerichte darauf, dass die unterschiedlichen Kartellrechtsordnungen – anders als das in den Mitgliedstaaten einheitlich anwendbare EU-Kartellrecht – dem Schutz unterschiedlicher Märkte und Rechtsordnungen dienten. Aufgrund des spezifischen Charakters des auf Unionsebene geschützten Rechtsguts des Binnenmarkts sei nicht auszuschließen, dass die Beurteilung der Kommission im Rahmen ihrer einschlägigen Befugnis erheblich von den Beurteilungen der Behörden in Drittstaaten (die auf andere Schutzgüter ausgerichtet sind) abwichen.[28] Eine Abstimmung der behördlichen Vollstreckungstätigkeit sei daher nur auf Grundlage spezieller **Koordinierungsinstrumente** möglich.[29]

11 Die Kommission hat daher in einer Reihe von **internationalen bilateralen Abkommen** mit unterschiedlichen Staaten (auch) Aspekte der Anwendung von Kartellrecht geregelt. Dabei sind **allgemeine Abkommen** wie etwa Partnerschafts-, Assoziierungs- und Handelsabkommen, welche auch wettbewerbsrechtliche Vereinbarungen enthalten, von solchen zu unterscheiden, die einzig der Zusammenarbeit auf kartellrechtlichem Gebiet gewidmet sind (sog *dedicated agreements*). Solche *dedicated agreements* hat die EU bislang mit den USA,[30] Kanada,[31] Japan,[32] Südkorea[33] und zuletzt der Schweiz abgeschlossen.[34] Von praktisch größter Bedeutung sind dabei die beiden 1995 und 1998 zwischen der Kommission und US-Behörden geschlossenen Kooperationsabkommen.[35] Diese legen den Parteien ua Mitteilungs-, Kooperations- und Koordinierungspflichten auf und verankern das völkerrechtliche Prinzip der *comity*. Gem. Art. VI des Abkommens 1995 haben sich die Kommission und die US-Kartellbehörden insoweit Zurückhaltung aufzuerlegen, als eine Rechtsdurchsetzung wichtige Belange der anderen Partei beeinträchtigen würde *(negative comity)*.[36] Gem. Art. V Abs. 2 des Abkommens 1995 können die Parteien die jeweils andere ersuchen, Durchsetzungsmaßnahmen zu ergreifen, sofern Wettbewerbsbeschränkungen, die vom Territorium der anderen Partei ausgehen, sie in wichtigen Belangen beeinträchtigen *(positive comity)*. Die Pflicht der ersuchten Partei beschränkt sich jedoch in diesem Fall lediglich darauf, zu erwägen, ob sie entsprechende Maßnahmen ergreift (Art. V Abs. 3 des Abkommens 1995). Die *positive comity*-Prinzipien sind im Abkommen 1998 näher ausgestaltet worden.[37]

12 Die Kooperationsabkommen zwischen der Kommission und US-Behörden stellen reine Verwaltungsabkommen dar, die die Gesetzeslage nicht ändern können. Ungeachtet ihrer Verpflichtungen aus den Kooperationsabkommen bleiben die der Kommission unionsrechtlich auferlegten Rechte und Pflichten zur Ermittlung und Ahndung von Wettbewerbsverstößen mit Auswirkungen auf den Binnenmarkt unberührt.

---

[28] EuGH Urt. v. 29.6.2006 – C-308/04 P, Slg. 2006, I-5977 Rn. 31 – SGL Carbon/Kommission.
[29] EuG Urt. v. 29.4.2004 – T-236/01 ua, Slg. 2004, II-1181 Rn. 136 – Graphitelektroden.
[30] ABl. 1995 L 95, 47 (berichtigt durch ABl. 1995 L 131, 38) und ABl. 1998 L 173, 26.
[31] ABl. 1999 L 175, 50.
[32] ABl. 2003 L 183, 12.
[33] ABl. 2009 L 202, 36.
[34] Darüber hinaus hat die Europäische Kommission sog *Memoranda of Understanding* oder *Interim Agreements* mit weiteren Kartellbehörden abgeschlossen; eine vollständige Übersicht ist abrufbar unter http://ec.euro pa.eu/competition/international/bilateral/index.html.
[35] Ausführlich Immenga/Mestmäcker/*Völcker* EuWettbR Abschn. II.B. Rn. 7 ff.; MüKoEuWettbR/*Stoll* Einl. Rn. 2044 ff.
[36] Hierzu Immenga/Mestmäcker/*Völcker* EuWettbR Abschn. II.B. Rn. 37 ff.; MüKoEuWettbR/*Stoll* Einl. Rn. 2059 ff.
[37] Hierzu Immenga/Mestmäcker/*Völcker* EuWettbR Abschn. II.B. Rn. 48 ff.; MüKoEuWettbR/*Stoll* Einl. Rn. 2065 ff.

§ 5 Politische und ökonomische Theorie und Diskussion der Durchsetzung des Kartellrechts

Schrifttum:
Becker, Crime and Punishment: An Economic Approach, 76 J. Polit. Econ. 1968, 169; *Becker/Stigler,* Law Enforcement, Malfeasance, and Compensation of Enforcers, 3 J. Legal Stud. 1974, 1; *Holzwarth,* Einfluss eines US-amerikanischen Juristen auf die Entwicklung des europäischen Kartellrechts – ein Paradoxon?, ZDAR 2014, 6; *Koch,* Rechtsdurchsetzung im Kartellrecht: Public vs. Private enforcement, JZ 2013, 390; *Krüger,* Öffentliche und private Durchsetzung des Kartellverbots von Art. 81 EG, 2007; *Möschel,* Behördliche oder privatrechtliche Durchsetzung des Kartellrechts? WuW 2007, 483; *Poelzig,* Normdurchsetzung durch Privatrecht, 2012; Mansel/Dauner-Lieb/Henssler/*Stürner,* Zugang zum Recht: Europäische und US-amerikanische Wege der privaten Rechtsdurchsetzung, 2008, 113; *Roach/Trebilcock,* Private Enforcement of Competition Laws, Osgoode Hall Law Journal 1996, 461.

Obwohl der EuGH schon 2001 privaten Schadensersatzklagen für die Durchsetzung auch des objektiven Unionskartellrechts eine wesentliche Funktion beigemessen hat, stößt eine solche **Instrumentalisierung des Privatrechts zur Durchsetzung öffentlicher Interessen,** zB solcher an einem funktionierenden Wettbewerb, in der EU und insbesondere in Deutschland bis heute noch vielfach auf tiefe Skepsis.[1] Diese hat sich über lange Zeit in einer äußerst restriktiven Kartellschadensersatzrechtsprechung auf nationaler Ebene widergespiegelt (→ § 25 Rn. 3). Hierin kommt ein grundsätzliches Unbehagen an einer privaten Rechtsdurchsetzung zum Ausdruck, das sich **ideengeschichtlich** bis zu Vertragstheoretikern wie *Hobbes* und *Rousseau* zurückverfolgen lässt. Danach kann nur durch eine staatliche Rechtsdurchsetzung das Chaos vermieden werden, welches unweigerlich entstünde, würde die Rechtsverfolgung in die Hände Privater gegeben *(Hobbes)* bzw. findet der Gemeinwille in einer staatlichen Rechtsdurchsetzung einen deutlicheren Ausdruck *(Rousseau).* Im modernen Staat ist die Überlegenheit der öffentlichen Rechtsdurchsetzung etwa mit den Grundideen *Webers* der „leistungsfähigen Bürokratie", die eine „rationale" und „legale" Herrschaft begründet, gerechtfertigt worden.[2] Gegen eine private Rechtsdurchsetzung, jedenfalls nach dem Vorbild der USA, wo sich eine auf Gewinnerzielung ausgerichtete *Private Law Enforcement Industry* herausgebildet hat, werden in Europa auch **moralische Bedenken** erhoben. Aus Unrecht Kapital schlagen zu wollen, wird von einigen als nicht weniger verwerflich empfunden als das Unrecht selbst.[3]

Für die Frage, wer zur Durchsetzung rechtlicher Normen berufen sein soll, ist neben rechtsphilosophischen und rechtsethischen Argumenten insbesondere in den USA unter dem Einfluss der sog *Chicago School* auch die **ökonomische Analyse der Rechtsdurchsetzung** stark in den Vordergrund gerückt.[4] Diese begreift Normadressaten als rational handelnde und nach Maximierung ihres eigenen Nutzens strebende Individuen *(Homo oeconomicus)*[5] und bewertet eine Sanktion am ökonomischen Maßstab der **Effizienz.** Eine Sanktion ist danach optimal iSe verhaltenssteuernden Wirkung, wenn sie den Wert des aus dem Normverstoß erwarteten Gewinns übersteigt. Dabei kann der Wert der Sanktion sowohl durch die Sanktionshöhe als auch die Ahndungswahrscheinlichkeit beeinflusst werden. Die Rechtsdurchsetzung ist effizient, wenn die damit einhergehenden gesellschaftlichen Kosten, dh die Kosten der Aufdeckung, Verfolgung und der Sanktionierung des Normverstoßes, niedriger sind als die gesellschaftlichen Kosten, welche der Normver-

---

[1] Vgl. zB VCI, Stellungnahme zum Weißbuch der Kommission zu Schadenersatzklagen wegen Verletzung des EG-Wettbewerbsrechts, 2008; hierzu *Poelzig* Normdurchsetzung durch Privatrecht, 31 ff.
[2] Vgl. *Roach/Trebilock* Osgoode Hall Law Journal 1996, 461 (473 f.).
[3] Mansel/Dauner-Lieb/Henssler/*Stürner,* 113 (122).
[4] Grundlegend etwa *Becker* 76 J. Polit. Econ. 1968, 169; *Becker/Stigler* 3 J. Legal Stud. 1974, 1; vgl. zum Folgenden auch *Krüger* Öffentliche und private Durchsetzung des Kartellverbots von Art. 81 EG, 161 ff.
[5] Vgl. hierzu *Poelzig* Normdurchsetzung durch Privatrecht, 361 ff.

stoß verursacht.[6] Für die Frage, ob Kartellrecht öffentlich- oder privatrechtlich durchzusetzen ist, kommt es deshalb darauf an, welches System in der Lage ist, mit geringerem Ressourcen- und damit Kostenaufwand eine Abschreckungswirkung zu erzeugen, welches System mithin eine höhere Allokationseffizienz aufweist. Unter diesen Gesichtspunkten haben etwa *Becker* und *Stigler* eine private Rechtsdurchsetzung propagiert, insbesondere da durch sie die bei der behördlichen Durchsetzung bestehende Gefahr der Korruption vermieden werde.[7]

3 Für die Durchsetzung von Kartellrecht dürfte sich allgemein differenzieren lassen: Im Hinblick auf **horizontale Hardcore-Kartelle** erscheint eine öffentliche Verfolgung unverzichtbar. Der privaten Durchsetzung kommt daneben eine wichtige und gleichrangige Komplementärfunktion zu (→ § 23 Rn. 7).

- Für eine hinreichende **Abschreckung** dürfte Schadensersatz allein, jedenfalls wenn dieser lediglich in Höhe des tatsächlich erlittenen Schadens gewährt wird, kaum ausreichen, um den vom Normverstoß erwarteten Vorteil zu übertreffen und damit eine verhaltenssteuernde Wirkung auf den Normadressaten auszuüben. Demgegenüber steht Kartellbehörden mit der Möglichkeit zur Verhängung von Geldbußen in Höhe von bis zu 10% des Jahresumsatzes (vgl. Art. 23 Abs. 2 UAbs. 2 VO 1/2003; § 81 Abs. 4 GWB) (→ § 13 Rn. 123) eine Sanktion zur Verfügung, die selbst bei geringerer Ahndungswahrscheinlichkeit eine hohe Abschreckungswirkung entfalten dürfte.[8]
- Im Hinblick auf die **Aufdeckung** von Hardcore-Kartellen scheint die behördliche der privaten Kartellrechtsdurchsetzung im Ausgangspunkt überlegen. Aufgrund des heimlichen Charakters solcher Vereinbarungen scheinen die mit weitreichenden **Ermittlungsbefugnissen** (→ § 8 Rn. 1) ausgestatteten Kartellbehörden mit Unterstützung von die Kosten der Rechtsverfolgung erheblich reduzierenden **Kronzeugenprogrammen** (→ § 41 Rn. 13) effizienter an die erforderlichen Beweismittel gelangen zu können, als dies Privaten selbst mit weitreichenden Offenlegungsrechten möglich wäre. Eine annähernd ähnliche Effizienz scheint wohl nur die im US-Recht vorgesehene volle *pre-trial discovery* zu erreichen.
- Die im US-amerikanischen Zivilprozess Klägern zur Verfügung stehenden weiteren Klageanreize, insbesondere der mehrfache Schadensersatz *(treble damages)*, Verfahrenserleichterungen, insbesondere für Sammelklagen *(class actions)*, und die Möglichkeit von Erfolgshonoraren *(contingency fees)* erhöhen die Effizienz zivilrechtlicher Klageverfahren, insbesondere in Fällen vieler Geschädigter (zB Verbraucher). Sie erhöhen jedoch nicht zwingend den **Deckungsgrad der Ziele privater Kläger mit dem Interesse der Allgemeinheit,** der dem unionsrechtlichen Konzept der funktionellen Subjektivierung Privater (→ § 24 Rn. 9) zur Durchsetzung des europäischen Kartellrechts (in den USA dem Konzept des *private attorney generals*) zugrundeliegt. Im Extremfall können beide sogar mit ihnen in diametralem Gegensatz stehen.[9] So dient die private Kartellrechtsverfolgung in den USA nicht immer der Wahrnehmung berechtigter Interessen, sondern wird ihrerseits zu strategisch wettbewerbsbeschränkenden Zwecken[10] oder schlicht zum Zwecke der Gewinnerzielung[11] missbraucht.

4 In Fällen von **Vertikalverstößen** oder **missbräuchlichen Verhaltensweisen** verfügen Private dagegen häufig selbst über hinreichende Informationen über einen Kartellverstoß.

---

[6] *Becker* 76 J. Polit. Econ. 1968, 169 (179 ff.); s. hierzu auch *Poelzig* Normdurchsetzung durch Privatrecht, 369 ff.
[7] *Becker/Stigler* 3 J. Legal Stud. 1974, 1 (6 ff.).
[8] *Krüger* Öffentliche und private Durchsetzung des Kartellverbots von Art. 81 EG, 308 f.
[9] Vgl. *Möschel* WuW 2007, 483 (489 f.).
[10] Vgl. *McAfee/Vakkur* Journal of Strategic Management Education 1(3) 2004, 1 ff.; MüKoEuWettbR/*Kerber/Schwalbe* Einl. Rn. 936 mwN.
[11] So setzen Kartellschadensersatzkläger häufig darauf, dass der Beklagte aufgrund der regelmäßig erheblichen Anwalts- und sonstigen außergerichtlichen Kosten, welche ihm der Kläger im Unterliegensfalle nicht zu erstatten hat, selbst bei spekulativen bzw. unbegründeten Klagen einem Vergleich zustimmt, vgl. Möschel/Bien/*Becker* Kartellrechtsdurchsetzung durch private Schadensersatzklägen?, 37 (64 f.).

Sie sind aufgrund eigener unmittelbarer Betroffenheit uU sogar besser informiert als die Kartellbehörden. Demgemäß ist hier eine **Rechtsdurchsetzung durch Private** unter Berücksichtigung der gesellschaftlichen Kosten **sehr viel effizienter** als im Fall von Hardcore-Kartellverstößen. Es verwundert daher nicht, dass Klagen Privater in diesen Bereichen bis heute sehr viel mehr Bedeutung hatten als Schadensersatzklagen gegen Hardcore-Kartelle. Der höheren Effizienz privater Rechtsdurchsetzung bei Vertikalverstößen und Missbräuchen entspricht es auch, dass die Kartellbehörden in solchen Fällen von ihrem Aufgreifermessen keinen Gebrauch machen und die Betroffenen stattdessen auf den Zivilrechtsweg verweisen, um so ihre begrenzten Ressourcen effizienter, mithin auf die Verfolgung von Hardcore-Verstößen, zu verwenden.

Eine optimale Durchsetzung des Kartellrechts verlangt im Ergebnis ein gleichrangiges und austariertes **Zusammenspiel öffentlicher und privater Durchsetzung.**[12] Dabei ist jedoch dafür Sorge zu tragen, dass sich die beiden Durchsetzungsformen nicht gegenseitig behindern und somit die Effizienz der Rechtsdurchsetzung wieder in Frage stellen und gleichzeitig den legitimen Interessen auch des Rechtsverletzers hinreichend Rechnung getragen wird (→ § 23 Rn. 8).

---

[12] So auch die RL 2014/104/EU, wonach behördliche und private Kartellrechtsdurchsetzung eine „gleichermaßen wichtige Rolle" spielen (3. Erwägungsgrund) und „beide Instrumente zusammenwirken, damit die Wettbewerbsvorschriften höchstmögliche Wirkung entfalten" (6. Erwägungsgrund) (→ § 23 Rn. 8).

2. Teil Kartellverfahren

1. Abschnitt Kartellverfahren in der Europäischen Union

§ 6 Kartellverfahren vor der Europäischen Kommission – Allgemeines

Übersicht

	Rn.
A. Grundlagen des Kartellverfahrens	1
I. Überblick und Rechtsnatur	1
II. Modernisierung des Kartellverfahrens	4
B. Rechtsstaatlichkeit des Kartellverfahrens	8
I. Verfahrensgarantien im Kartellverfahren	8
II. Kritik an der Rechtsstaatlichkeit des Kommissionsverfahrens	11
C. Aufgaben und Beschlussfassung der Europäischen Kommission	16
I. Die Europäische Kommission	16
II. Beschlussfassung der Europäischen Kommission	17
III. Die Generaldirektion Wettbewerb	22
D. Rechtsquellen des Kartellverfahrensrechts	24
I. Primärrecht	24
II. Sekundärrecht	25
III. Leitlinien der Europäischen Kommission	26
E. Überblick über die Ermittlungs- und Entscheidungsbefugnisse im Kartellverfahren	32
F. Überblick über die Rechtsmittel	36
G. Internationale Zusammenarbeit	38
I. Das Netzwerk der europäischen Kartellbehörden	38
II. Zusammenarbeit mit anderen Kartellbehörden	40
H. Ausblick	43

A. Grundlagen des Kartellverfahrens

I. Überblick und Rechtsnatur

Die Europäische Kommission („Kommission") ist zur Anwendung der Wettbewerbsregeln der Art. 101 und 102 AEUV ermächtigt und verpflichtet.[1] Aus den Art. 103–105 AEUV folgt, dass es „zur Verwirklichung der in den Art. 101 und 102 niedergelegten Grundsätze" einer sekundärrechtlichen Verfahrensregelung bedarf. Zu diesem Zweck **regelt die Verfahrens-VO 1/2003 das Rechtsverhältnis zwischen der Kommission und den am Kartellverfahren beteiligten Unternehmen** bei der Anwendung der Art. 101 und 102 AEUV. Das europäische Kartellverfahrensrecht zielt darauf ab, dem europäischen Kartellrecht zu größtmöglicher Wirksamkeit in einem rechtsstaatlichen Verfahren zu verhelfen. Insbesondere stattet es die Kommission mit einer Reihe von Befugnissen zur Ermittlung von Verstößen gegen das europäische Kartellrecht aus und regelt die Verteidigungsrechte der Unternehmen. Neben der Kommissionskompetenz zur Verfolgung, Feststellung und Ahnung von Wettbewerbsverstößen durch die Kommission besteht eine parallele Zuständigkeit der nationalen Kartellbehörden. Hinzu kommt die in jüngerer Zeit an Bedeutung gewinnende zivilrechtliche Geltendmachung von Ansprüchen auf der Grundlage der unmittelbar anwendbaren und Individualrechte verbürgenden

1

---

[1] Art. 105 AEUV und Art. 4 der VO 1/2003.

Art. 101 und 102 AEUV im zivilrechtlichen Verfahren (→ Teil 3 Kartellprozess). Angesichts der **parallelen Zuständigkeit der Kommission und nationaler Behörden** kommt dem europäischen Kartellverfahrensrecht eine entscheidende Koordinierungsfunktion zu.

2 Das europäische Kartellverfahrensrecht, soweit es sekundärrechtlich normiert ist, muss mit dem europäischen Primärrecht in Einklang stehen, insbesondere mit den **allgemeinen Grundsätzen des Unionsrechts.** Dazu zählen ua das Recht auf ein faires Verfahren[2] und das Prinzip des Gesetzesvorbehalts für belastende Eingriffe der öffentlichen Verwaltung.[3] Von besonderer Bedeutung für das Kartellverfahrensrecht sind die in der EU-Grundrechte Charta (Art. 6 EUV) und der EMRK verbürgten Rechte.[4] Das Kartellverfahrensrecht ist darüber hinaus dem Ziel des materiellen Kartellrechts verpflichtet, zu verhindern, „dass der Wettbewerb entgegen dem öffentlichen Interesse und zum Schaden der einzelnen Unternehmen und der Verbraucher verfälscht wird […]".[5]

3 Das Kartellverfahren vor der Kommission ist ein **Verwaltungsverfahren,** kein gerichtliches Verfahren.[6] Es besteht aus zwei aufeinanderfolgenden Phasen: In der **Ermittlungsphase** nutzt die Kommission ihre Untersuchungsbefugnisse um den Sachverhalt aufzuklären und zu einer ersten rechtlichen Bewertung zu gelangen. Mit der Mitteilung der Beschwerdepunkte (→ § 10 Abschnitt C) endet diese erste Phase und beginnt die **kontradiktorische Phase** (auch: *inter partes* Verfahren). Die Mitteilung der Beschwerdepunkte soll die betroffenen Unternehmen über alle wesentlichen Gesichtspunkte des Tatvorwurfs informieren und die wirksame Ausübung der Verteidigungsrechte ermöglichen.[7] Spätestens zu diesem Zeitpunkt muss das Verfahren formell eingeleitet werden (→ § 7 Rn. 2). Es gilt das Opportunitätsprinzip (→ § 10 Abschnitt A Rn. 2).

II. Modernisierung des Kartellverfahrens

4 Die Entwicklung des europäischen Kartellverfahrensrechts wird im Wesentlichen von der Kommission getrieben. Von überragender Bedeutung ist dabei der Erlass der Verfahrens-VO 1/2003, die am 1.5.2004 in Kraft trat und maßgeblich auf Reformbestrebungen der Kommission beruht.[8] Bis dahin regelte die VO 17/1962 – der ersten Durchführungsverordnung zu Art. 85 und 86 EWG-Vertrag – das Kartellverfahren. Das **System der VO 17/1962** sah die unmittelbare Geltung der Verbote der Art. 85 Abs. 1 und Art. 86 EWG-Vertrag vor (jetzt Art. 101 und 102 AEUV).[9] Die direkte Anwendbarkeit erstreckte sich jedoch nicht auf die Freistellungskriterien des Art. 85 Abs. 3 EWG-Vertrag. Stattdessen **musste eine wettbewerbsbeschränkende Vereinbarung bei der Kommission an-**

---

[2] EuGH Urt. v. 25.1.2007 – C-411/04, ECLI:EU:C:2007:54 Rn. 40 – Mannesmann.
[3] EuGH Urt. v. 21.9.1989 – 46/87, ECLI:EU:C:1989:337 Rn. 19 – Hoechst.
[4] Zum Europarecht im Allgemeinen: EuGH Urt. v. 14.5.1974 – 4/73, ECLI:EU:C:1974:51 Rn. 13 – Nold. Speziell zum Kartellrecht: EuGH Urt. v. 21.9.1989 – 46/87, ECLI:EU:C:1989:337 Rn. 14 – Hoechst.
[5] EuGH Urt. v. 17.2.2011 – C-52/09, ECLI:EU:C:2001:83 Rn. 22 – Konkurrensverket/TeliaSonera Sverige. Durch Verweis in Rn. 23 auf Hoffmann-La Roche (EuGH Urt. v. 13.2.1979 – 85/76, ECLI:EU:C: 1979:36 Rn. 38) nahm der EuGH außerdem Bezug auf Art. 3 lit. f des EWG-Vertrages, der einen „fairen und unverfälschten Wettbewerb" forderte. Die in Art. 3 lit. f EWG-Vertrag statuierten Grundsätze wurden nicht mehr in den Vertrag über die Arbeitsweise der Europäischen Union übernommen. Stattdessen enthält das dem AEUV angefügte Protokoll Nr. 27 einen Verweis auf „eine in hohem Maße wettbewerbsfähige soziale Marktwirtschaft" in Art. 3 Abs. 3 EUV.
[6] Vgl. EuGH Urt. v. 15.7.1970 – C-45/69, ECLI:EU:C:1970:73 Rn. 23 – Boehringer Mannheim/Kommission.
[7] Siehe zu dieser Unterscheidung zB EuG Urt. v. 14.3.2014 – T-306/11, ECLI:EU:T:2014:123 Rn. 26–27 – Schwenk.
[8] Dazu FK/*Jäger* VO 1/2003 Art. 1, Rn. 3–10 und Immenga/Mestmäcker/*Schmidt,* VO 1/2003 Art. 1 Rn. 2–3.
[9] Art. 1 Verordnung 17/1962. Zuvor war streitig, ob die Wettbewerbsvorschriften bloße Programmsätze oder wirksame Rechtsvorschriften darstellten. Sofern letzteres zutraf, war ferner unklar, ob sie mit Inkrafttreten des EWG-Vertrages oder der Verordnung 17/1962 Wirkung erlangten. Zum Ganzen *Hambloch* EuR 2002, 877, 884.

gemeldet und eine verwaltungsbehördliche Freistellungsentscheidung beantragt werden (sog Freistellungsmonopol).[10] Dieses zentralisierte Verbot mit Erlaubnisvorbehalt sollte Rechtssicherheit für Unternehmen als auch Dritte (Geschädigte) schaffen und eine einheitliche Wettbewerbspolitik gewährleisten.[11] Um Spannungen zwischen der exklusiven Freistellungskompetenz der Kommission und der unmittelbaren Geltung des Art. 85 Abs. 1 EWG-Vertrag vor nationalen Gerichten aufzulösen, urteilte der EuGH, dass nationale Gerichte Schadenersatz- oder Nichtigkeitsklagen bezüglich wettbewerbsbeschränkender Vereinbarungen auszusetzen haben, es sei denn, eine Freistellung durch die Kommission war auszuschließen.[12]

Die **Verfahrens-VO 1/2003 modernisierte das Kartellverfahrensrecht** grundlegend. Zum einen wurde die *ex-ante* Notifizierung und Freigabe wettbewerbsbeschränkender Vereinbarungen durch ein System der selbständigen Analyse mit *ex-post* Aufgreifbefugnis der Behörden ersetzt (sog **System der Legalausnahme** oder -freistellung). Zum anderen wurde das System dezentralisiert, indem den mitgliedstaatlichen Behörden und Gerichten die Kompetenz übertragen wurde, Art. 81 Abs. 3 EG-Vertrag (heute Art. 101 Abs. 3 AEUV) unmittelbar anzuwenden **(Dezentralisierung des Vollzugs des Kartellrechts).**[13]

Der Wechsel zum **System der Legalausnahme** wurde vor allem mit der Überlastung der Kommission durch die Bearbeitung von Freistellungsanträgen begründet, die dadurch schwerwiegendere Verstöße nur eingeschränkt verfolgen könne.[14] Bei der Selbsteinschätzung können Unternehmen weder auf Hilfe der Kommission noch der Rechtsprechung zählen und sind deshalb möglicherweise nicht unerheblicher **Rechtsunsicherheit** ausgesetzt. Kommission und Gerichte haben hier bisher wenig Abhilfe geschaffen. Die Kommission hat bis 2015 weder eine Positiventscheidung nach Art. 10 Verfahrens-VO 1/2003[15] noch ein Beratungsschreiben[16] erlassen (→ § 11 Rn. 98 ff.).[17] Der EuGH hat seinerseits betont, dass Leitlinien der Kommission allenfalls zur Selbstbindung der Kommission führen, jedoch nicht nationale Behörden und Gerichte binden und im Falle leitlinien-

---

[10] Schröter/Jakob/Mederer/*Schröter*, Kommentar zum Europäischen Wettbewerbsrecht, 1. Aufl. 2003, Art. 81 Abs. 3 Rn. 277 ff.

[11] *Hambloch* [Fn. 9], 890, 894.

[12] EuGH Urt. v. 6.2.1973 – 48/72, ECLI:EU:C:1973:11 Rn. 10–13 – Haecht/Wilkin; Urt. v. 28.2.1991 – C-234/89, ECLI:EU:C:1991:91 Rn. 45–55 – Delimitis/Henninger.

[13] MüKoEuWettbR/*Kirchhoff* Einl. Rn. 442. In einigen Mitgliedstaaten sind die nationalen Gerichte für den Vollzug des Kartellrechts zuständig.

[14] Verfahrens-VO 1/2003, Erwägungsgrund 3; siehe Kommission, Weißbuch über die Modernisierung der Vorschriften zur Anwendung der Art. 85 und 86 EG-Vertrag, Amtsblatt C 132 v. 12.5.1999; zum Ganzen auch FK/*Jäger* VO 1/2003 Art. 1, Rn. 3–10. Von Kritikern wurde eingewandt, dass die erstrebte Arbeitsentlastung auch hätte erreicht werden können, wenn den mitgliedstaatlichen Behörden die Befugnis zur Freistellung (teilweise) übertragen worden wäre. Ferner sei der Wortlaut des Art. 81 Abs. 3 EG-Vertrag zu unbestimmt, um unmittelbar anwendbar iSd EuGH-Rechtsprechung zu sein. Schließlich deute der Wortlaut, wonach die Bestimmungen des Absatzes 1 „für nicht anwendbar erklärt werden" können, auf eine individuelle oder zumindest gruppenweise Freistellungserklärung hin (*Deringer* EuZW 2000, 5; *Mestmäcker* EuZW 1999, 523; *Möschel* JZ 2000, 61; FK/*Jäger*, VO 1/2003 Art. 1 Rn. 11–23).

[15] Art. 10 sieht aus Gründen des öffentlichen Interesses die Feststellung vor, dass die Voraussetzungen des Art. 101 Abs. 3 AEUV erfüllt sind. Ausweißlich des Erwägungsgrundes 14 zur Verfahrens-VO 1/2003 kommt eine Positiventscheidung nur in Ausnahmefällen in Betracht, um die Rechtslage zu klären und eine einheitliche Rechtsanwendung in der Union sicherzustellen.

[16] Dabei handelt es sich um ein von der Kommission ins Leben gerufenes Instrument, wonach Unternehmen die Kommission um ihre Rechtsauffassung zu neuen oder ungelösten Rechtsfragen ersuchen können, vgl. Bekanntmachung der Kommission über informelle Beratung bei neuartigen Fragen zu den Artikeln 81 und 82 des Vertrages, die in Einzelfällen auftreten (Beratungsschreiben), ABl. 2004, C 101/06, 78. Unter der VO 17/1962 erließ die Kommission Verwaltungsschreiben („comfort letter") mit selbstbindender Wirkung anstelle förmlicher Freistellungsentscheidungen. Mit dem Inkrafttreten der Verfahrens-VO 1/2003 sind Verwaltungsschreiben funktionslos geworden. Siehe zum Ganzen Immenga/Mestmäcker/ *Schmidt*, EuWettbR, VO 1/2003 Art. 1 Rn. 21 ff.

[17] Kommissionsarbeitspapier zur Mitteilung der Kommission an das Europäische Parlament und den Rat v. 9.7.2014, Ten Years of Antitrust Enforcement under Regulation 1/2003, KOM(2014) 453 Rn. 192 und Fn. 274.

konformen Verhaltens noch nicht einmal vor Bußgeld schützen.[18] Ebenso wenig soll ein Irrtum über die Rechtmäßigkeit unternehmerischen Verhaltens vor Bußgeld schützen, selbst wenn er auf dem Rechtsrat eines Anwalts oder der Entscheidung einer nationalen Kartellbehörde beruht (→ § 13 Rn. 24 f.).[19]

7   Die Stärkung des dezentralen Vollzugs des Kartellrechts erhöht auch das Risiko widersprüchlicher Entscheidungen zuständiger Kartellbehörden. Die sog **Konvergenzverpflichtung** der Verfahrens-VO 1/2003 soll dies verhindern: im Anwendungsbereich europäischen Kartellrechts darf die parallele Anwendung nationalen Rechts nicht zum Verbot von Vereinbarungen führen, die nach europäischem Recht von Art. 101 AEUV nicht erfasst werden, sei es mangels der Verwirklichung des Tatbestandes des Art. 101 Abs. 1, oder weil die Freistellungskriterien des Art. 101 Abs. 3 AEUV erfüllt sind. MaW: Nationales Kartellrecht darf Vereinbarungen nicht verbieten, die nach Art. 101 AEUV rechtmäßig sind. Für von Art. 102 AEUV erfasste Sachverhalte kann das nationale Recht jedoch strengere Vorschriften vorsehen.[20] Zur Sicherstellung **kohärenter und konsistenter Anwendung** des europäischen Kartellrechts enthält die Verfahrens-VO 1/2003 ferner gegenseitige Informationspflichten, die Befugnis der Kommission, einen Fall notfalls an sich zu ziehen,[21] und das an nationale Behörden und Gerichte gerichtete Verbot, Kommissionsentscheidungen widersprechende Urteile oder Entscheidungen zu erlassen (zum Ganzen → § 15 Rn. 28 ff.).[22] Insgesamt erweiterte die dezentrale Anwendbarkeit des Art. 101 Abs. 3 AEUV die Kompetenzen nationaler Kartellbehörden erheblich.[23]

B. Rechtsstaatlichkeit des Kartellverfahrens

I. Verfahrensgarantien im Kartellverfahren

8   Art. 25 Abs. 5 Verfahrens-VO 1/2003 proklamiert, dass Geldbußen nicht strafrechtlicher Natur seien. Angesichts einer oberen Bußgeldgrenze von 10% des im vorausgegangenen Geschäftsjahres erzielten Konzernjahresumsatzes (Art. 23 Abs. 2 Verfahrens-VO 1/2003) und der damit möglichen absoluten Bußgeldhöhe, und der Pönalisierungswirkung von Kartellverstößen besteht indes Einigkeit, dass Bußgelder für die Kartellbeteiligung iSv Art. 101 AEUV grundsätzlich als strafrechtlich im Sinne der Europäischen Menschenrechtskonvention („EMRK") und der EU-Grundrechte-Charta einzustufen sind. Damit unterliegt das Kartellverfahren **besonders strengen rechtsstaatlichen Anforderungen**.[24]

9   Die Rechtsprechung hat insbesondere folgende **Ansprüche und Rechtsprinzipien** herausgearbeitet und zunehmend konkretisiert (→ § 14 Rn. 45):[25]

---

[18] EuGH Urt. v. 13.12.2012 – C-226/11, ECLI:EU:C:2012:795 Rn. 23–31 – Expedia.
[19] EuGH Urt. v. 18.6.2013 – C-681/11, ECLI:EU:C:2013:404 Rn. 33–43 – Schenker. Die Schlussanträge von Generalanwältin *Kokott* sahen hingegen die Möglichkeit des nicht vorwerfbaren Verbotsirrtums vor. Sowohl der Rechtsrat externer Kartellrechtsanwälte als auch einschlägige Entscheidungen nationaler Gerichte und Behörden, die mit der Anwendung europäischen Rechts betraut sind, können danach in Ausnahmefällen die Schuldhaftigkeit entfallen lassen, SchlA von GA *Kokott* v. 28.2.2013 (ECLI:EU:C:2013:126).
[20] Art. 3 Verfahrens-VO 1/2003. Die Vorschrift sieht vor, dass im Anwendungsbereich des europäischen Kartellrechts die mitgliedstaatlichen Behörden bei Anwendung des nationalen Rechts auch das europäische Recht anzuwenden haben.
[21] Art. 11 Verfahrens-VO 1/2003. Zur Aufgreifbefugnis siehe *Leopold* EWS 2004, 539.
[22] Art. 11–16 Verfahrens-VO 1/2003. Allgemein zur Behörden-Kooperation, s. *Böge* EWS 2003, 441; Behrens/Braun/Nowak/*Hossenfelder*, Europäisches Wettbewerbsrecht im Umbruch, 2004, 251; *Nazzani*, Concurrent proceedings in competition law, procedure, evidence and remedies, 2004.
[23] Vom Inkrafttreten der Verfahrens-VO 1/2003 am 1.5.2004 bis Ende 2012 wurden 88% der auf der Grundlage von Art. 101 und 102 AEUV erlassenen Entscheidungen von mitgliedstaatlichen Behörden erlassen, siehe *Wils*, JECLAP, 2013, 293, 296, mit weiteren Statistiken.
[24] Dogmatisch handelt es sich um Strafrecht im weiteren Sinne, siehe FK/*Kindhäuser/Meyer*, Art. 101 AEUV Rn. 17 mwN.
[25] Vergleiche überblicksweise MüKoEuWettbR/*Skouris/Kraus*, Einl. Rn. 382 ff.

Verfahren vor der Kommission § 6

- Anspruch auf rechtliches Gehör (Art. 41 Abs. 2 lit. a GRC) (→ § 10 Rn. 7)[26]
- Anspruch auf Akteneinsicht (Art. 41 Abs. 2 lit. b GRC) (→ § 10 Rn. 100ff.)[27]
- Pflicht zur Begründung (Art. 41 Abs. 2 lit. c GRC) (→ § 6 Rn. 36ff.)[28]
- Recht auf Schadensersatz für die Verletzung von Verteidigungsrechten (Art. 41 Abs. 3 GRC) (→ § 14 Rn. 88),[29]
- Recht auf ein faires Verfahren (Art. 47 Abs. 1, 2 GRC) (→ § 9 Rn. 7; → § 13 Rn. 10)[30]
- Schutz des Anwaltsprivilegs (Art. 47 Abs. 1, 2 GRC) (→ § 9 Rn. 27ff.)[31]
- Grundsatz des Selbstbelastungsvebots *(nemo tenetur se ipsum accusare)* (Art. 47 GRC) (→ § 10 Rn. 9)[32]
- Grundsatz der Waffengleichheit (Art. 48 Abs. 2 GRC) (→ § 10 Rn. 100f.; → § 14 Rn. 144ff.)[33]
- Grundsatz der Unschuldsvermutung (Art. 48 Abs. 1 GRC) (→ § 12 Rn. 13ff.)[34]
- Grundsätze der Gesetzmäßigkeit und Verhältnismäßigkeit (Art. 49 GRC) (→ § 11 Rn. 17ff.)[35]

---

[26] Die Kommission darf ihre Entscheidung nur auf Gesichtspunkte stützen, zu denen zuvor rechtliches Gehör gewährt wurde. Die Gewährung des Anspruchs auf rechtliches Gehör ist eine wesentliche Funktion der Mitteilung der Beschwerdepunkte und der Gelegenheit, dazu Stellung zu nehmen (Art. 10–14 VO 773/2004). EuGH Urt. v. 3.9.2009 – C-322/07 P ua, ECLI:EU:C:2009:500 Rn. 34ff. – Papierfabrik August Koehler; Urt. v. 7.1.2004 – C-204/00 P ua, ECLI:EU:C:2004:6 Rn. 66 – Aalborg Portland ua; Urt. v. 7.6.1983 – Rs 100–103/80, ECLI:EU:C:1983:158 Rn. 10 – Musique Diffusion Française; Urt. v. 13.2.1979 – C-85/76, Rn. 9 – Hoffmann-La Roche.

[27] Das Recht auf Akteneinsicht soll den Empfänger von Beschwerdepunkten in die Lage versetzen, sinnvoll zu den Schlussfolgerungen Stellung nehmen zu können, zu denen die Kommission aufgrund der Beweismittel in der Akte gekommen ist, siehe EuG Urt. v. 18.12.1992 – T-25/95 ua, ECLI:EU:T:2000:77 Rn. 38 – Cimenteries CBR; EuG Urt. v. 17.12.2009 – C-110/10 P, ECLI:EU:C:2011:687 Rn. 49–70 – Solvay.

[28] Bei neuartigen Argumentationslinien ist der Maßstab an eine hinreichend klare und zweideutige Begründung höher als bei solchen, die einer ständigen Rechtsprechung entsprechen, siehe EuG Urt. v. 26.11.1975 – Rs 73/74, ECLI:EU:C:1975:160 Rn. 31 – Papier Peints/Kommission; Urt. v. 7.5.2009 – T-151/05, ECLI:EU:T:2009:144 Rn. 136 – NVV.

[29] EuGH Urt. v. 16.7.2009 – C-440/07 P, ECLI:EU:C:2010:324 – Schneider Electric.

[30] Eine überlange Verfahrensdauer verstößt gegen das Recht auf ein faires Verfahren und kann mit einer separaten Schadensersatzklage geltend gemacht werden, zuletzt EuGH Urt. v. 12.11.2014 – C-580/12 P, ECLI:EU:C:2014:2363 Rn. 18 – Guardian/Kommission.

[31] EuGH Urt. v. 18.5.1982 – Rs 155/79, ECLI:EU:C:1982:157 Rn. 18–28 – AM&S; Urt. v. 14.9.2010 – C-550/07 P, ECLI:EU:C:2010:512 Rn. 40–49 – Akzo and Akcros.

[32] Niemand ist verpflichtet, eine Tat zu gestehen. Ein weitergehendes Recht, belastende Dokumente oder schriftliche Geständnisse zurückzuhalten oder die Antwort auf bloße Tatsachenfragen zu verweigern, besteht jedoch nicht. Siehe EuGH Urt. v. 18.10.1989 – Rs 374/87, ECLI:EU:C:1989:387 Rn. 32–35 – Orkem; Urt. v. 7.1.2004 – Rs 204/00 P ua, ECLI:EU:C:2004:6 Rn. 65 – Aalborg Portland ua; Urt. v. 29.6.2006, C-301/04 P, ECLI:EU:C:2006:432 Rn. 42 – SGL Carbon; EuG Urt. v. 20.2.2001 – T-112/98, Rn. 70, 78 – Mannesmannröhren-Werke; Urt. v. 8.3.1995 – T-34/93, ECLI:EU:T:1995:46 Rn. 75 – Société Générale.

[33] EuGH Urt. v. 8.5.2013 – C-508/11 P, ECLI:EU:C:2013:289 Rn. 50 – ENI SpA v Commission; Urt. v. 15.6.2000 – C-13/99, ECLI:EU:C:2000:329 Rn. 31–45 – TEAM srl. Rechtsstaatlich bedenklich ist insbesondere die EuGH-Rspr., wonach den betroffenen Unternehmen eine Vernehmung wesentlicher Zeugen weder im Verwaltungsverfahren noch im gerichtlichen Verfahren zu gewähren ist, C-239/11 P ua, ECLI:EU:C:2013:866 Rn. 315–327; Siemens ua.

[34] EuGH Urt. v. 30.5.2013 – C-70/12 P, ECLI:EU:C:2013:351 Rn. 36, 37 – Quinn Barlo; Urt. v. 8.5.2013 – C-508/11 P, ECLI:EU:C:2013:289 Rn. 50 – ENI SpA. Der EuGH sieht keinen Verstoß gegen die Unschuldsvermutung in der Zurechnung des Kartellrechtsverstoßes einer Tochtergesellschaft zur Muttergesellschaft wenn letztere einen „bestimmenden Einfluss" auf die Tochtergesellschaft ausüben konnte, vgl. EuGH Urt. v. 30.4.2014 – C-238/12 P, ECLI:EU:C:2014:284 Rn. 25 – FLSmidth (→ § 13 Rn. 34ff.). Auch bestehen Zweifel ob der Vereinbarkeit der Kronzeugenregelung mit der Unschuldsvermutung (→ § 12 Rn. 26). Durch das Inaussichtstellen von Bußgelderlass oder -ermäßigung besteht die Gefahr, haltloser oder übertriebener Vorwürfe gegenüber anderen Unternehmen. Die Rechtsprechung hält dem entgegen, dass bei Irreführung die von der Kronzeugenregelung vorgesehene Begünstigung (teilweise) wegfalle und somit nicht zwangsläufig ein Anreiz für überzogene Vorwürfe bestehe. Siehe EuG Urt. v. 16.11.2006 – -120/04, ECLI:EU:T:2006:350 Rn. 70 – Peroxidos Organicos.

[35] EuGH Urt. v. 29.6.2010 – C-441/07 P, ECLI:EU:C:2010:377 Rn. 36 – Alrosa; EuG Urt. v. 20.4.1999 – T-305/94 ua, ECLI:EU:T:1999:80 Rn. 1251 – LVM.

- Recht auf eine gute, dh sorgfältige und unvoreingenommene Verwaltung (Art. 47 GRC) (→ § 14 Rn. 2)[36]
- Grundsatz *ne bis in idem* (Art. 50 GRC) (→ § 15 Rn. 80 ff.)[37]

10 In institutioneller Hinsicht wurde 1982 zur Wahrung des Anspruchs auf rechtliches Gehör die Funktion des **Anhörungsbeauftragten** geschaffen (→ § 10 Abschnitt A Rn. 11 ff.).[38] Sein Mandat umfasst vor allem die Wahrung des Anhörungs- und Akteneinsichtsrechts sowie den Schutz vertraulicher Informationen, inzwischen jedoch auch von Verfahrensrechten in der Ermittlungsphase. Der bei der Wahrung seines Mandats unabhängige Anhörungsbeauftragte organisiert und leitet die mündliche Anhörung (→ § 10 Rn. 163 ff.).[39]

II. Kritik an der Rechtsstaatlichkeit des Kommissionsverfahrens

11 Die Rechtsstaatlichkeit des europäischen Kartellverfahrens ist umstritten, insbesondere im Hinblick auf die Vorgaben der EU-Grundrechte-Charta und der EMRK. Ein Hauptkritikpunkt betrifft die Rolle der **Kommission als „Ankläger und Richter in einer Person"**. Die Kommission leitet das Verfahren ein, führt die nötigen Ermittlungen durch und erlässt die Entscheidung. Angesichts der langen Verfahrensdauer vor den europäischen Gerichten und der erheblichen Pönalisierung durch drastische Bußgelder[40] ist die Vereinbarkeit mit Art. 6 Abs. 1 EMRK bzw. Art. 47 GRC, dem Recht auf ein faires Verfahren, nicht unzweifelhaft.[41] Eng damit verbunden ist die Frage, ob kartellrechtliche Bußgelder dem Kernstrafrecht zuzuordnen sind und damit die Schutzrechte der EMRK voll eingreifen (→ § 2 Rn. 17).[42]

12 Der **EGMR hat noch nicht abschließend über die Vereinbarkeit des europäischen Kartellverfahrens mit der EMRK entschieden.** In der Rechtssache *Menarini* qualifizierte der EGMR ein Bußgeld der italienischen Kartellbehörde iHv EUR 6 Millionen als Strafe iSv Art. 6 Abs. 1 EMRK (nicht jedoch als Kernstrafrecht) und befand die nachträgliche Nachprüfung der Bußgeldentscheidung durch ein unabhängiges Verwaltungsgericht für mit Art. 6 Abs. 1 EMRK vereinbar.[43] Der EGMR ließ die Frage offen, unter welchen Voraussetzungen ein administratives Bußgeld dem Strafrecht im klassischen Sinne zuzuordnen sei.[44] Es ist bereits unklar, ob von der Kommission verhängte Bußgelder über mehrere hundert Millionen Euro der Einordnung als Kernstrafrecht entkommen

---

[36] EuGH Urt. v. 30.9.2003 – T-191/98 ua, ECLI:EU:T:2003:245 Rn. 404 mwN. – Atlantic Container Line.
[37] EuG Urt. v. 29.4.2004 – T-236/01 ua, ECLI:EU:T:2004:118 Rn. 137 – Tokai Carbon.
[38] Beschluss des Präsidenten der Europäischen Kommission v. 13.10.2011 über Funktion und Mandat des Anhörungsbeauftragten in bestimmten Kartellverfahren, ABl. EG Nr. L 275 v. 20.10.2011, 29–37.
[39] Für Details sei auf *Bueren* WuW 2012, 684, und *Durande/Kellerbauer* WuW 2007, 865 verwiesen.
[40] Die Kartellbußgelder stiegen von ca. EUR 540 Millionen im Zeitraum 1990–1994 auf EUR 9,4 Milliarden im Zeitraum 2005–2009. Zwischen 2010–2014 blieben sie nur knapp unter EUR 9 Milliarden. Siehe nur die Kommission veröffentlichte Statistiken, verfügbar unter http://ec.europa.eu/competition/cartels/statistics/statistics.pdf.
[41] Gerügt wird insbesondere die systembedingte Voreingenommenheit der Kommission zum Zeitpunkt des Beschlusserlasses: vgl. *Killick/Dawes* JECLAP 2010, 211 (212); *Montag* ECLR 428, 436; *Ehlermann*, Decision Making at the Centre in C.D. Ehlermann und L.L. Laudati, Robert Schuman Centre Annual on European Competition Law 1996 (Kluwer Law International, 1997), 36. Zum Ganzen eingehend *Wils* World Competition, 2004, 201, 211 ff.
[42] So *Bechtold/Bosch* ZWeR 2011, 160, 163 f. Zustimmend: *Soltész* WuW 2012, 141, 145, der das Kartellrecht zu den besonders grundrechtssensiblen Bereichen zählt. Außerhalb des Kernstrafrechts sollen die Vorschriften der EMRK nur eingeschränkt gelten.
[43] EGMR Urt. v. 27.9.2011 – 43509/08, BeckRS 2012, 80668 Rn. 38 ff. und 57 ff. – Menarini Diagnostics/Italien.
[44] Eine solche Unterscheidung ergibt sich aus früheren Urteilen des EGMR: Urt. v. 21.3.2006 – Valico SRL/Italien, letzter Prüfungsteil bzgl Art. 6 Abs. 1 EMRK und Urt. v. 23.11.2006 – Jussila/Finnland, Rn. 40–43. *Menarini* begnügt sich mit einem Verweis in Rn. 62 auf das Urteil in *Valico SRL/Italien*, worin die Verhängung eines Bußgeldes von ca. EUR 1,4 Millionen durch die Verwaltung mit anschließender gerichtlicher Kontrollmöglichkeit für konventionsgemäß erachtet wird.

können.⁴⁵ Die wirtschaftlichen Auswirkungen auf das betroffene Unternehmen und die internationale Medien-Berichterstattung hervorgerufene (und von der Pressearbeit der Kommission unterstützte) **Stigmatisierungswirkung** sprechen dagegen.⁴⁶ Zudem ist zweifelhaft, ob die europäischen Gerichte tatsächlich ihre Befugnis ausüben, alle streiterheblichen Tatsachen- und Rechtsfragen vollständig zu überprüfen.⁴⁷ Dabei kommt es ungeachtet formeller Etikettierung auf die tatsächliche Vorgehensweise im konkreten Fall an.⁴⁸ So machen die Gerichte bisher von ihrem Ermessen, Zeugen und Sachverständige zu vernehmen, praktisch kaum Gebrauch. Ob das bisweilen formelhafte Abstellen auf abstrakte Beweisregeln (→ § 12 Rn. 22) den Anforderungen der EMRK an eine freie Beweiswürdigung genügt, ist offen.⁴⁹

Die **Unionsgerichte** halten dem Vorwurf, die Kommission handele als Ankläger und Richter in einer Person, entgegen, dass die **Kommission kein Gericht im Sinne des Art. 6 EMRK sei.** Stattdessen sei Art. 41 EMRK anwendbar, der das Recht auf eine gute Verwaltung verbürgt.⁵⁰ Der EuGH hat nach dem *Menarini*-Urteil bereits mehrfach erklärt, dass die Prüfungsdichte der europäischen Gerichte den Ansprüchen der EMRK genüge (→ § 14 Rn. 56 ff.).⁵¹

13

Unter dem Eindruck drastisch steigender Bußgelder wird zunehmend geltend gemacht, dass das **Bußgeldregime** des europäischen Kartellrechts **gegen den strafrechtlichen Bestimmtheitsgrundsatz verstößt.** Nach Art. 23 Abs. 3 Verfahrens-VO 1/2003 sind bei der Bußgeldfestsetzung die Schwere der Zuwiderhandlung als auch deren Dauer zu berücksichtigen. Dadurch überlässt es der europäische Gesetzgeber fast gänzlich der Kommission und der Rechtsprechung, Kriterien zur Bußgeldbemessung zu entwickeln.⁵² Gleichwohl gehen die Unionsgerichte davon aus, dass die von der Kommission ausgeworfenen Geldbußen hinreichend vorhersehbar seien, da der Wortlaut des Art. 23 Abs. 3 durch eine ständige und veröffentlichte Entscheidungspraxis der Kommission und Rechtsprechung präzisiert worden sei.⁵³ Dabei hebt die Rechtsprechung auch ausdrücklich auf die von der Kommission erlassenen Leitlinien zur Bußgeldbemessung ab (→ § 13 Rn. 65 ff.).⁵⁴ Bemängelt wird auch das Verständnis von Kommission und Judikative der 10%-Grenze (Art. 23 Abs. 2 Verfahrens-VO 1/2003) als Kappungs- und nicht als Obergrenze für schwerstmögliche Verstöße, da die

14

---

⁴⁵ Das bis dato höchste tatsächlich verhängte Bußgeld wurde gegen Intel verhängt (EUR 1,6 Mrd.), Entscheidung der Kom. v. 13. 5. 2009 – 37.990 – Intel. In ihrer Entscheidung zum *Yen Interest Rate Derivatives* Kartell berechnete die Kommission sogar ein Bußgeld von EUR 2,5 Mrd. für UBS, das aber im Rahmen der Kronzeugenregelung vollständig erlassen wurde, Entscheidung der Kom. v. 5. 2. 2015, AT.39861.
⁴⁶ Mangels Diskussion der Frage, unter welchen Voraussetzungen von Verwaltungsbehörden verhängte Bußgelder in Strafen im klassischen Sinne umschlagen, ist *Menarini* wenig aufschlussreich. In *Valico SRL/Italien* spricht der EGMR von „unbedeutenden Verstößen" („minor offences"). In *Jussila* (Rn. 43) stellt der EGMR auf das Gewicht des Vorwurfs ab, und nennt insbesondere den Grad der Stigmatisierung als wichtiges Kritierium.
⁴⁷ Menarini [Fn. 43], Rn. 59.
⁴⁸ Dieser materielle Maßstab wurde vom EGMR in Urt. v. 8. 6. 1976 – 5370/72 – Engel/Netherlands entwickelt. Nach den sog Engel-Kriterien sind neben der Qualifizierung durch das nationale Recht der repressive Zweck und die Höhe der Sanktion maßgeblich. Siehe auch das Sondervotum des Richters Pinto de Albuquerque und das Sondervotum des Richters Sayó im *Menarini*-Urteil sowie die SchlussA der Generalanwältin *Sharpston* in der Rechtssache KME (C-272/09 P, ECLI:EU:C:2011:63.
⁴⁹ Zum fragwürdigen Rückgriff auf Vermutungen und Beweisregelungen siehe etwa *Bronckers/Vallery* World Competition 2011, 535, 545 ff.
⁵⁰ EuGH Urt. v. 29. 10. 1980 – C-209/78 ua, ECLI:EU:C:1980:248 Rn. 79–81 – van Landwyck; Urt. v. 7. 6. 1983 – 100/80 ua, ECLI:EU:C:1983:158 Rn. 6–11 – Musique Diffusion Française; vgl. auch Urt. v. 18. 7. 2013 – C-501/11 P, ECLI:EU:C:2013:522 Rn. 24–39 – Schindler.
⁵¹ EuGH Urt. v. 8. 12. 2011 – C-386/10 P, ECLI:EU:C:2011:815 Rn. 53–67 – Chalkor; Urt. v. 6. 11. 2012 – C-199/11, ECLI:EU:C:2012:684 Rn. 56–63 – Otis; Urt. v. 18. 7. 2013 – C-501/11 P, ECLI:EU:C:2013:522 Rn. 35–38 – Schindler.
⁵² *Brettel/Thomas* ZWeR 2009, 25, 27 ff.; *Hirsbrunner/Schädle* WuW 2009, 12 ff.; *Möschel* BB 2010, 2377 ff.; *Schwarze* WuW 2009, 6 ff.; *van Vormizeele* WuW 2010, 1008 ff.
⁵³ EuGH Urt. v. 22. 5. 2008 – C-266/06 P, ECLI:EU:C:2008:295 Rn. 54, 57 – Evonik Degussa; Urt. v. 17. 6. 2010 – C-413/08, ECLI:EU:C:2010:346 Rn. 93 ff. – Lafarge.
⁵⁴ Evonik Degussa [Fn. 53], Rn. 53; Lafarge [Fn. 53], Rn. 93 ff.

Bedeutung des legislativ normierten Bußgeldrahmens für tatangemessene Geldbußen damit entwertet werde (zum Ganzen → § 13 Rn. 10 ff.).[55]

15 Es bleibt abzuwarten, wie sich der EGMR zum Kartellverfahrensrecht verhält, wenn der in Art. 6 EUV vorgesehene **Beitritt der Europäischen Union zur EMRK** einmal vollzogen ist.[56] Wünschenswert wäre, dass der EGMR das europäische Kartellverfahren in seiner Gesamtheit auf das Bestehen effektiven Rechtsschutzes überprüft.

C. Aufgaben und Beschlussfassung der Europäischen Kommission

I. Die Europäische Kommission

16 Die Kommission ist das Exekutivorgan der Europäischen Union. Sie ist zur Förderung der Unionsinteressen berufen, sorgt für die Anwendung der Verträge und überwacht als **„Hüterin der Verträge"** den Vollzug und die Einhaltung des Unionsrechts (Art. 17 Abs. 1 EUV). Bis auf einige in den Verträgen genannte Fälle kommt ihr das alleinige **Initiativrecht im EU-Gesetzgebungsverfahren** zu, Art. 289 EUV. Die Zahl der Kommissare entspricht bis zum 31. 10. 2014 der Anzahl der Mitgliedstaaten, bei späterer Ernennung zwei Dritteln der Zahl der Mitgliedstaaten (Art. 17 Abs. 4, 5 EUV). Der Präsident der Kommission weist traditionellerweise jedem Kommissionsmitglied die Zuständigkeit für ein bestimmtes Ressort zu.

II. Beschlussfassung der Europäischen Kommission

17 Die Beschlüsse der Kommission werden mit der Mehrheit ihrer Mitglieder gefasst, Art. 249 AEUV, Art. 8 Geschäftsordnung der Kommission.[57] Dies ist Ausdruck des in Art. 1 der Geschäftsordnung niedergelegten **Kollegialprinzips,** wonach alle Mitglieder des Kollegiums gleichermaßen an der Entscheidungsfindung mitwirken und die politische Verantwortung für die Entscheidung tragen.[58] Die der Kommission zur Beschlussfassung vorgelegten Entwürfe werden in der fachlich zuständigen Generaldirektion unter der Verantwortung des zuständigen Kommissionsmitglieds ausgearbeitet. Nach der Geschäftsordnung gibt es **vier Verfahren der Beschlussfassung:** die gemeinschaftliche Sitzung im mündlichen Verfahren, das schriftliche Verfahren (Umlaufverfahren), das Ermächtigungsverfahren (sog Habilitationsverfahren) und das Delegationsverfahren. Bei einer Entscheidung in gemeinschaftlicher Sitzung oder im schriftlichen Verfahren handelt es sich um eine Entscheidung unter Mitwirkung des gesamten Kollegiums.[59]

18 Nach Art. 13 der Geschäftsordnung kann die Kommission eines oder mehrere ihrer Mitglieder ermächtigen, in ihrem Namen innerhalb der Grenzen und gemäß den Bedingungen, die sie festlegt, **Maßnahmen der Geschäftsführung und der Verwaltung** zu treffen. Diese Befugnisse können durch Subdelegation auf die Generaldirektoren und Dienstleiter weiterübertragen werden. Nach Art. 14 können Maßnahmen der Geschäftsführung und der Verwaltung auch unmittelbar von der Kommission auf Generaldirektoren und Dienstleiter delegiert werden. Sowohl Ermächtigung als auch Delegation sind auf Sachverhalte beschränkt, deren Entscheidung nicht die Ausübung politischen Ermessens erfordert.[60] Als Ausfluss des Selbstorganisationsrechts der Kommission soll keine Pflicht zur Veröffentlichung der Ermächtigungsentscheidung bestehen.[61]

---

[55] Immenga/Mestmäcker/*Dannecker/Biermann* EuWettbR VO 1/2003 Art. 23, Rn. 111 mwN.
[56] Nachdem der EuGH im Gutachten 2/13 v. 18. 12. 2014 (ECLI:EU:C:2014:2454) zur Unvereinbarkeit des Entwurf des Beitrittsvertrags der Union zur EMRK gelangte, ist offen, wann der Beitritt erfolgen wird.
[57] Geschäftsordnung der Kommission, ABl. 2000 L 30826; geändert durch Beschl. v. 9. 11. 2011, ABl. 2011, L 296.
[58] EuGH Urt. v. 23. 9. 1986 – Rs 5/85, ECLI:EU:C:1986:328 Rn. 30 – AKZO II.
[59] Art. 4 Geschäftsordnung der Kommission.
[60] EuGH Urt. v. 22. 3. 1977 – Rs 74/76, ECLI:EU:C:1977:51 – Meroni; EuGH Urt. v. 23. 9. 1986 – 5/85, ECLI:EU:C:1986:328 Rn. 37 – AKZO II.
[61] *Wiedemann/Dieckmann* HdB KartellR, §41 Rn. 14; aA *Kerse & Kahn*, EU Antitrust Procedure, 6. Aufl. 2012 Rn. 6–008.

Endgültige Entscheidungen nicht bloß prozessualer Natur (einschließlich einstweiliger Maßnahmen) bzw. Entscheidungen, welche die **Ausübung politischen Ermessens** einschließen, sind demnach der Kommission als Kollegium vorbehalten. Im Bereich des Kartellrechts zählen dazu Abstellungsverfügungen,[62] einstweilige Maßnahmen,[63] die Annahme von Verpflichtungszusagen,[64] die Feststellung der Nichtanwendbarkeit,[65] sowie alle Entscheidungen, die Geldbußen nach Art. 23 Abs. 1, 2 Verfahrens-VO 1/2003 festsetzen.[66]

Der **Wettbewerbskommissar** bzw. die Wettbewerbskommissarin wird typischerweise **vom Kollegium der Kommission ermächtigt,**[67] eine Fülle **mehr oder weniger einschneidender Entscheidungen zu erlassen,** zB die Mitteilung der Beschwerdepunkte mit Zustimmung des Präsidenten der Kommission,[68] die Ablehnung von Beschwerden,[69] Auskunftsentscheidungen[70] und Nachprüfungsanordnungen.[71] Im Bereich der Fusionskontrolle ist der Wettbewerbskommissar zur Entscheidung ermächtigt, in unproblematischen Fällen keine Einwände zu erheben.[72] Es ist üblich, dass der Wettbewerbskommissar viele dieser Befugnisse an den Generaldirektor der Generaldirektion Wettbewerb subdelegiert.[73] Ferner bedarf es zur Ausübung der Ermächtigung oder der Delegation der Zustimmung des Juristischen Dienstes.[74]

Im Rahmen der Beschlussfassung über eine Entscheidung, die im mündlichen oder schriftlichen Verfahren zu treffen ist, zB nach den Art. 7–10 oder 23 Verfahrens-VO 1/2003, muss der Entscheidungsentwurf allen Dienststellen, die ein berechtigtes Interesse an der Vorlage haben, unterbreitet werden, bevor er dem Kollegium der Kommissare zur Entscheidung vorgelegt wird (Art. 23 Abs. 3 der Geschäftsordnung) (sog **Inter-Service-Konsultation**). Ferner muss der **Juristische Dienst** angehört werden (Art. 23 Abs. 4 der Geschäftsordnung). Schließlich muss die Kommission den **Beratenden Ausschuss für Kartell- und Monopolfragen** anhören, Art. 14 Verfahrens-VO 1/2003.

III. Die Generaldirektion Wettbewerb

Die Generaldirektion Wettbewerb (auch: GD Wettbewerb; auf Englisch: DG Competition, DG Comp) steht **unter der Leitung eines Generaldirektors** (seit September 2015 Johannes Laitenberger). Ihm unterstehen zur Zeit drei stellvertretende Generaldirektoren, deren Zuständigkeitsbereiche die Fusionskontrolle, die Durchsetzung von Art. 101 und 102 und das Beihilfenrecht sind. Dem Generaldirektor untersteht zudem das 2003 eingeführte Büro des Chefökonomen.[75]

---

[62] Gem. Art. 7 Abs. 1 Verfahrens-VO 1/2003.
[63] Gem. Art. 8 Abs. 1 Verfahrens-VO 1/2003.
[64] Gem. Art. 9 Abs. 1 Verfahrens-VO 1/2003.
[65] Gem. Art. 10 Verfahrens-VO 1/2003.
[66] Kommission, Antitrust Manual of Procedures, Internal DG Competition working documents on procedures for the application of Articles 101 and 102 AEUV, March 2012, Modul 1, in englischer Sprache verfügbar unter http://ec.europa.eu/competition/antitrust/information_en.html.
[67] Kom. 28.4.2004 – PV(2004) 1655 final in Verbindung mit dem Memorandum des Präsidenten der Kommission in Einverständnis mit Wettbewerbskommissar Monti vom 27.4.2004, SEC(2004) 520/2. Die Entscheidung enthält 21 Ermächtigungen und bedarf der Erneuerung durch die jeweilige Kommission.
[68] Gem. Art. 27 Abs. 1 Verfahrens-VO 1/2003, s. zB Memorandum des Präsidenten der Europäischen Kommission in Einverständnis mit Wettbewerbskommissar Monti vom 27.4.2004, SEC(2004) 520/2, Rn. 45.
[69] Gem. Art. 7 Abs. 2, Art. 13 Abs. 2 und Art. 29 Abs. 1 Verfahrens-VO 1/2003.
[70] Gem. Art. 18 Abs. 3 Verfahrens-VO 1/2003.
[71] Gem. Art. 20 Abs. 4 Verfahrens-VO 1/2003.
[72] Gem. Art. 6 Abs. 1 lit. b FKVO.
[73] Art. 1 der Ermächtigungsentscheidung der Kommission [Fn. 67] erlaubt die Subdelegation aller Ermächtigungen, mit der Ausnahme des Erlasses der Mitteilung der Beschwerdepunkte. Zu den subdelegierten Kompetenten zählen Nachprüfungsanordnungen nach Art. 20 Abs. 4 und 21 Auskunftsersuchen nach Art. 18 Abs. 3 Verfahrens-VO 1/2003. Eine vollständige Liste findet sich in: Antitrust Manual of Procedures [Fn. 66], Modul 1, Rn. 40.
[74] Dies ergibt sich aus dem Ermächtigungs- bzw. Delegationsbeschluss. Siehe Antitrust Manual of Procedures [Fn. 66], 3.2.1.
[75] Ein Organigramm ist verfügbar auf http://ec.europa.eu/dgs/competition/directory/organi_en.pdf.

23 Die Generaldirektion Wettbewerb ist in **Direktionen** eingeteilt, die wiederum in drei bis sechs **Referate** („units") unterteilt sind. Die Direktionen B-F widmen sich jeweils einem bestimmten Wirtschaftsbereich, wobei die Referate jeder Direktion eine der folgenden sachlichen Zuständigkeiten erhalten: die Fusionskontrolle, das übrige Kartellrecht (mit Ausnahme von Kartellbußgeldverfahren) und das Beihilfenrecht. Zum Beispiel ist die Direktion B für den Bereich Energie und Umwelt zuständig und jedes ihrer drei Referate deckt einen der genannten sachlichen Zuständigkeitsbereiche ab. Die weiteren Industriebereiche sind: Information, Kommunikation und Medien; Finanzdienstleistungen; Grundstoffindustrien, Herstellung und Landwirtschaft; sowie Transport, Post und andere Dienstleistungen. Die Direktion G widmet sich sektorübergreifend der Kartellbekämpfung. Schließlich stellen die „horizontalen" (Grundsatz-)Referate der Direktion A die Konsistenz der Entscheidungspraxis der verschiedenen Referate sicher, und entwickeln Vorschläge für neue Gesetze und Verwaltungsinstrumente im Zuständigkeitsbereich der GD Wettbewerb. Anlassbezogen werden zudem **„Task Forces"** zur Lösung bestimmter Probleme gebildet, so zB die Task Force Finanzkrise oder jüngst die Task Force Digitaler Binnenmarkt. Den Task Forces gehören häufig auch Experten aus anderen Generaldirektionen an.[76]

D. Rechtsquellen des Kartellverfahrensrechts

I. Primärrecht

24 Die primärrechtlichen Vorgaben für das europäische Kartellrecht finden sich in den Art. 101–108 AEUV. Art. 103 AEUV bildet die Rechtsgrundlage zum Erlass zweckdienlicher Verordnungen oder Richtlinien zur Verwirklichung der materiell-rechtlichen Grundsätze der Art. 101 und 102 AEUV. **Die Verfahrens-VO 1/2003 und die FKVO[77] basieren auf Art. 103 AEUV.**[78] Art. 105 Abs. 1 S. 1 AEUV bildet die primärrechtliche Grundlage der Befugnisse der Kommission im Bereich Kartellrecht. Zu Art. 106 AEUV, der die Möglichkeiten mitgliedstaatlicher Einflussnahme durch eigene Wirtschaftsteilnahme begrenzt, um Wettbewerbsverzerrungen durch staatliche Eingriffe zu vermeiden, existieren keine normierten Verfahrensregeln. Die Grundzüge des Verfahrens zum europäische Beihilfenrecht sind in Art. 108 AEUV niedergelegt und werden durch die Verordnung 659/1999 konkretisiert.[79]

II. Sekundärrecht

25 Das **Verwaltungsverfahren in Kartellrechtssachen ist hauptsächlich in Verordnungen des Rates und der Kommission geregelt.** Dank der unmittelbaren Anwendbarkeit von Verordnungen (Art. 288 AEUV) bindet ihr Inhalt auch mitgliedstaatliche Behörden und Gerichte und führt zur Vereinheitlichung des Kartellverfahrensrechts.[80] Die Verfahrens-VO 1/2003 konkretisiert die Befugnisse der Kommission bei der Anwendung der Art. 101 und 102 AEUV. Nach Art. 33 darf die Kommission alle sachdienlichen Vorschriften zur Durchführung der Verfahrens-sVO 1/2003 erlassen. Auf dieser Rechtsgrundlage beruht die Ausführungsverordnung 773/2004 der Kommission. Sie enthält Regeln für die Einleitung des Verfahrens, die Befragung und Nachprüfung, die Behandlung von Beschwerden und die Gewährung rechtlichen Gehörs. Der Kommissionsbeschluss über das Mandat des Anhörungsbeauftragten enthält Regelungen zur Anhörung.[81] Verfah-

---

[76] Die Direktion R ist für administrative Angelegenheiten zuständig.
[77] Die FKVO basiert daneben auf Art. 352 AEUV, siehe Erwägungsgrund 7 der FKVO.
[78] Für den Zeitpunkt vor Inkrafttreten von Durchführungsvorschriften iSv Art. 103 AEUV sehen Art. 104 und 105 Abs. 1 S. 2, 3, Abs. 2 AEUV Übergangsregelungen vor, die mit Verordnung 1/2003 bedeutungslos geworden sind. Die Vorgängerverordnung 17/1962 nahm auf Art. 104 und 105 AEUV Bezug, so dass die Normen kraft Bezugnahme fortgalten.
[79] ABl. 1999, L 83, 1, 1; zuletzt geändert durch VO v. 22.7.2013, ABl. 2013 L 204, 15.
[80] MüKoEuWettbR/*Rapp-Jung* EG Art. 83, Rn. 9.
[81] Siehe Mandat des Anhörungsbeauftragten [Fn. 38].

ren und materieller Prüfungsmaßstab für die Fusionskontrolle sind hingegen in der Fusionskontrollverordnung[82] und der dazu von der Kommission erlassenen Durchführungsverordnung[83] geregelt. Außerhalb des Verfahrensrechts ist die Ermächtigung der Kommission zum Erlass von Gruppenfreistellungsverordnungen hervorzuheben.[84]

III. Leitlinien der Europäischen Kommission

Die begrenzte Rechtsetzungsbefugnis der Kommission im europäischen Kartellverfahrensrecht darf nicht darüber hinwegtäuschen, dass die Kommission durch sog **„soft law"** Instrumente (Mitteilungen, Leitlinien, Bekanntmachungen, „best practises"), im Folgenden: „Leitlinien", ganz **erheblichen Einfluss auf die Auslegung und Anwendung des Kartellrechts nimmt.**[85] Obwohl Leitlinien weder im europäischen Primär- noch Sekundärrecht vorgesehen sind, haben die Gerichte die Kompetenz der Kommission zu ihrem Erlass nie in Frage gestellt.[86] Der Vielzahl der Leitlinien zu materiellen und Verfahrensfragen ist gemeinsam, dass ihnen keine Rechtsnormqualität zukommt und somit weder europäische noch nationale Gerichte bindet. Der Beurteilungs- oder Ermessensspielraum der Kommission kann durch Leitlinien eingeschränkt werden, sofern ein Abweichen von den Leitlinien zur Verletzung allgemeiner Rechtsgrundsätze wie dem Gleichbehandlungs- oder Vertrauensschutzgrundsatz führen würde **(sog Selbstbindung der Verwaltung).**[87] Der EuGH hat in der Rechtssache *Expedia* klargestellt, dass diese Bindungswirkung sich nicht auf nationale Kartellbehörden erstreckt, auch nicht über die Loyalitätspflicht nach Art. 4 Abs. 3 EUV.[88]

26

Häufig legt die Kommission in ihren Leitlinien die analytischen Schritte in der kartellrechtlichen Bewertung bestimmter materiell-rechtlicher Themenkomplexe dar (zB in den sog Horizontal-Leitlinien).[89] Der Schwerpunkt liegt dabei auf der Verallgemeinerung und Systembildung auf der Grundlage bestehender **Entscheidungspraxis und Rechtsprechung.** In der Prioritätenmitteilung zu Art. 102 AEUV legt die Kommission den analytischen Rahmen dar, nach dem sie ihr **Aufgreifermessen** auszuüben gedenkt.[90]

27

---

[82] ABl. 2004 L 024, 1.
[83] VO (Kom.) Nr. 802/2004 zur Durchführung der VO (EG) Nr. 139/2004, ABl. 2004 L 133, 1.
[84] Die Rechtsgrundlage dafür sind fünf vom Rat erlassene Ermächtigungsverordnungen für Gruppenfreistellungsverordnungen. Dieses zweistufige Rechtsetzungssystem wurde mit dem Vertrag von Lissabon in Art. 105 Abs. 3 AEUV kodifiziert und entspricht vom EuGH gebilligter vorheriger Praxis, s. EuGH Urt. v. 13.7.1966 – Rs 32/65, ECLI:EU:C:1966:42 – Italien/Kommission. Im Einzelnen siehe Immenga/Mestmäcker/*Ellger* EuWettbR AEUV Art. 101 Abs. 3 Rn. 325 ff.
[85] Vgl. *Bornkamm/Becker* ZWeR 2005, 213; *Pampel* EuZW 2005,11; *Kirchhoff* WuW 2004, 745.
[86] Vgl. EuG Urt. v. 18.9.1992 – T-24/90, ECLI:EU:T:1992:97 Rn. 77 – Automec: „[...] dass Bestandteil der Verwaltungstätigkeit die Befugnis eines Trägers öffentlicher Aufgaben ist, im Rahmen des Gesetzes zur Erfüllung der ihm übertragenen Aufgabe erforderliche organisatorischen Maßnahmen einschließlich der Festlegung von Prioritäten zu treffen, falls diese nicht vom Gesetzgeber festgelegt worden sind. Dies hat insbesondere dann zu gelten, wenn eine Behörde mit einer so weiten und allgemeinen Überwachungs- und Kontrollaufgabe bedacht worden ist wie die Kommission im Bereich des Wettbewerbs."
[87] Dabei ist insbesondere zu beachten, dass die Kommission über erheblichen Gestaltungsspielraum im Bereich der Wettbewerbspolitik verfügt und dadurch bspw das Niveau der Geldbußen jederzeit den Erfordernissen dieser Politik anpassen kann, vgl. va EuGH Urt. v. 28.6.2005 – C-189/02 P, ECLI:EU:C:2005:408 – Dansk Rørindustri, und Expedia [Fn. 18]. S. ferner Langen/Bunte/*Sura* Bd. 2, Art. 1 Rn. 13–14.
[88] Expedia [Fn. 18] Rn. 29. Der EuGH hat zudem keine Pflicht nationaler Gerichte und Behörden zur Berücksichtigung statuiert, s. Rn. 31 („kann [...] berücksichtigen").
[89] Leitlinien zur Bewertung horizontaler Zusammenschlüsse gemäß der Ratsverordnung über die Kontrolle von Unternehmenszusammenschlüssen, ABl. 2004 C 31, 5.
[90] Es ist ungewiss, wie die europäischen Gerichte mit dem Einwand umgehen werden, die Kommission sei durch die Priorisierung an der Aufnahme eines bestimmten Verfahrens gehindert. In *Intel* (EuG Urt. v. 12.6.2014 – T-286/09, ECLI:EU:T:2014:547 Rn. 154–156) und *Tomra* (EuGH Urt. v. 19.4.2012 – C-549/10 P, ECLI:EU:C:2012:221 Rn. 81) konnten die europäischen Gerichte der Frage unter Verweis auf die Nichtanwendbarkeit der Mitteilung zur Zeit der Verfahrenseinleitung ausweichen. In der Vorabentscheidungssache Post Danmark II (Urt. v. 6.10.2015 – C-23/14, ECLI:EU:C:2015:651 Rn. 52) entschied der EuGH, dass „in dieser Mitteilung lediglich die Vorgehensweise der Kommission bei der Auswahl der Fälle, die sie vorrangig zu behandeln beabsichtigt, umrissen wird und dass die Verwaltungs-

28 Für das Kartellverfahren sind folgende Leitlinien von besonderer praktischer Bedeutung:
- die sog **Bußgeldleitlinien**,[91] in denen die Kommission die Methodik zur Bußgeldberechnung darlegt (→ § 13 Rn. 65 ff.);
- die sog **Kronzeugenregelung**,[92] die Voraussetzungen und Verfahren für Bußgelderlass und -ermäßigung für Kronzeugen in Kartellsachen regelt (→ § 7 Rn. 5 ff.); und
- die sog **Vergleichsverfahrensmitteilung**,[93] die Voraussetzungen und Verfahren des in Art. 10a VO 773/2004 vorgesehenen Vergleichsverfahrens konkretisiert und insbesondere die Bußgeldermäßigung für vergleichsbereite Unternehmen auf 10% festlegt (→ § 10 Rn. 14 ff.).

29 Diese Leitlinien beruhen auf dem der Kommission von Art. 23 Abs. 3 Verfahrens-VO 1/2003 verliehenen **Entscheidungsermessen** bei der Bußgeldfestsetzung (→ § 13 Rn. 28 f.). Weitere für das Kartellverfahren relevante Leitlinien betreffen die Zusammenarbeit innerhalb des Netzes der Kartellbehörden,[94] die Zusammenarbeit zwischen der Kommission und den nationalen Gerichten,[95] die Behandlung von Beschwerden,[96] und die Akteneinsicht.[97] Mit dem Urteil des EuGH in *Expedia* hat die sog de-minimis-Bekanntmachung[98] für Kartellsachen an Bedeutung verloren, da bezweckte Beeinträchtigungen danach den Wettbewerb unabhängig von der Marktmacht der beteiligten Unternehmen zwingend spürbar beeinträchtigen sollen.[99]

30 Trotz fehlender Rechtsnormqualität ist die **faktische Wirkung der Leitlinien** auf das Kartellverfahren enorm. So hat bspw die Kronzeugenregelung insbesondere die Ermittlungsphase entscheidend verändert. Im Zeitraum Mai 2004 bis Ende 2013 wurden 75% aller Kartellentscheidungen von einem Kronzeugenantrag angestoßen.[100] Angesichts hoher Geldbußen entsteht eine Art „Wettlauf der Kartellanten", in dem idR eine Vielzahl der betroffenen Unternehmen Kronzeugen- und Ermäßigungsanträge stellt.[101] Die Bußgeldleitlinien werden in der Rechtsprechungspraxis weitgehend wie ein Legislativakt behandelt.[102]

---

praxis der Kommission für die nationalen Wettbewerbsbehörden und Gerichte keine Bindungswirkung entfaltet".

[91] Leitlinien für das Verfahren zur Festsetzung von Geldbußen gemäß Art. 23 Abs. 2 lit. a der VO (EG) Nr. 1/2003, ABl. 2006 C 210/2.
[92] Mitteilung der Kommission über den Erlass und die Ermäßigung von Geldbußen in Kartellsachen, die Voraussetzungen und Verfahren für den Erlass bzw. die Ermäßigung des Bußgeldes für Kronzeugen in Kartellsachen, ABl. 2006 C 298, 11, 17.
[93] VO (EG) Nr. 622/2008 der Kommission zur Änderung der VO (EG) Nr. 773/2004 hinsichtlich der Durchführung von Vergleichsverfahren in Kartellfällen, ABl. 2008 L 171, 3.
[94] Bekanntmachung über die Zusammenarbeit innerhalb des Netzes der Wettbewerbsbehörden, ABl. 2004 C 101, 43.
[95] Bekanntmachung der Kommission über die Zusammenarbeit zwischen der Kommission und den Gerichten der EU-Mitgliedstaaten bei der Anwendung der Art. 81 und 82 des Vertrags, ABl. 2004 C 101, 54.
[96] Bekanntmachung der Kommission über die Behandlung von Beschwerden durch die Kommission gem. Artikel 81 und 82 EG-Vertrag, ABl. 2004 C 101, 65.
[97] Mitteilung der Kommission über die Regeln für die Einsicht in Kommissionsakten in Fällen einer Anwendung der Artikel 81 und 82 EG-Vertrag, Artikel 53, 54 und 57 des EWR-Abkommens und der VO (EG) Nr. 139/2004, ABl. 2005 C 325, 7.
[98] Mitteilung der Kommission — Bekanntmachung über Vereinbarungen von geringer Bedeutung, die im Sinne des Art. 101 Abs. 1 des Vertrags über die Arbeitsweise der Europäischen Union den Wettbewerb nicht spürbar beschränken (De-minimis-Bekanntmachung), ABl. 2014 C 291, 1.
[99] Expedia [Fn. 18] Rn. 35, 36, 37. Dies ist in Rn. 2 der neu erlassenen De-minimis-Bekanntmachung ausdrücklich erwähnt.
[100] Kommissionsarbeitspapier zur Mitteilung der Kommission an das Europäische Parlament und den Rat v. 9.7.2014, Ten Years of Antitrust Enforcement under Regulation 1/2003, Juli 2014, KOM(2014) 453, Rn. 16.
[101] *Seitz* EuZW 2008, 525; Immenga/Mestmäcker/*Dannecker/Biermann* EuWettbR VO 1/2003 Art. 23 Rn. 247.
[102] S. bspw EuG Urt. v. 16.6.2011 – T-204/08 ua, ECLI:EU:T:2011:286 Rn. 60 ff. und 88 ff. – Team Relocation, und Intel [Fn. 90] Rn. 1553 ff. und 1622 ff.

Im März 2012 hat die GD Wettbewerb, angestoßen durch ein Verfahren auf Dokumentenzugang nach Verordnung 1049/2001,[103] den Großteil ihres **Verfahrenshandbuchs** veröffentlicht.[104] Darin legt die GD Wettbewerb in 28 Modulen detailliert das Verfahren zur Anwendung der Art. 101 und 102 AEUV dar. Das Verfahrenshandbuch – das nur in englischer Sprache verfügbar ist – war ursprünglich nur als Anleitung für den internen Gebrauch in der GD Wettbewerb konzipiert und ist dementsprechend praxisnah aufbereitet.[105] In der Einleitung weist die GD Wettbewerb darauf hin, dass es sich dabei nicht um bindende Anweisungen handelt und für die Unternehmen keine Rechte daraus entstehen.[106]

E. Überblick über die Ermittlungs- und Entscheidungsbefugnisse im Kartellverfahren

Zur Feststellung von Kartellverstößen stattet die Verfahrens-VO 1/2003 die Kommission mit umfangreichen **Ermittlungsbefugnissen** aus (→ § 8 Rn. 71 ff.). Die Kommission kann sowohl Räumlichkeiten innerhalb als auch – bei begründetem Verdacht – außerhalb der Verfügungsgewalt des betreffenden Unternehmens durchsuchen (sog **Nachprüfung** oder „dawn raid"),[107] betriebliche Räumlichkeiten und Unterlagen versiegeln,[108] und im Rahmen der Nachprüfung von den Mitarbeitern des Unternehmens sachbezogene Antworten zu Tatsachen oder Unterlagen verlangen.[109] Die Kommission kann alle natürlichen und juristischen Personen zu sachdienlichen Informationen befragen, soweit diese zustimmen.[110] Ferner kann sie einfache **Auskunftsverlangen** oder förmliche Auskunftsentscheidungen an Unternehmen richten[111] und ist zur Untersuchung einzelner Wirtschaftszweige und einzelner Arten von Vereinbarungen befugt (sog **Sektor-Untersuchung**).[112]

Die Kommission schließt das Kartellverfahren mit einer Entscheidung ab. Von der **Entscheidungsart** (s. → § 11) sind die **Sanktionsbefugnisse** der Kommission zu unterscheiden (s. → § 13).

Die praktisch bedeutsamste Entscheidungsart ist die **Abstellungsverfügung** nach Art. 7 Verfahrens-VO 1/2003, wonach die Kommission Zuwiderhandlungen gegen Art. 101 oder 102 AEUV feststellen und ihre Abstellung anordnen darf. Im Gegensatz zur Verordnung 17/1962 kann die Kommission erforderliche Abhilfemaßnahmen verhaltensorientierter oder struktureller Art vorschreiben und die Zuwiderhandlung bei berechtigtem Interesse auch nach deren Beendigung feststellen.[113] Art. 8 Verfahrens-VO 1/2003 ermächtigt zum **Erlass einstweiliger Maßnahmen** und kodifiziert die Rechtsprechung vor Erlass der Verfahrens-VO 1/2003.[114] Nach Art. 9 Verfahrens-VO 1/2003 kann die Kommission von den beteiligten Unternehmen angebotene **Verpflichtungszusagen** für verbindlich erklären.[115] Von dieser Möglichkeit macht die Kommission häufig im Miss-

---

[103] VO (EG) Nr. 1049/2001 des Europäischen Parlaments und des Rates vom 30.5.2001 über den Zugang der Öffentlichkeit zu Dokumenten des Europäischen Parlaments, des Rates und der Kommission, ABl. 2001 L 145. Siehe *Temple Lang* Journal of Antitrust Enforcement 2013, 1.
[104] „Antitrust Manual of Procedures" [Fn. 66].
[105] Kritische Würdigung bei *Temple Lang* Journal of Antitrust Enforcement 2013, 1.
[106] Antitrust Manual of Procedures [Fn. 66], 3.
[107] Art. 20 und 21 VO 1/2003.
[108] Art. 20 Abs. 2 lit. d VO 1/2003.
[109] Art. 20 Abs. 2 lit. e VO 1/2003.
[110] Art. 19 VO 1/2003.
[111] Art. 18 VO 1/2003.
[112] Art. 17 VO 1/2003.
[113] Letzteres kodifiziert die Rechtsprechung des EuGH, s. bspw. Urt. v. 2.3.1983 – Rs 7/82, ECLI:EU:C:1983:52 – Gesellschaft zur Verwertung von Leistungsschutzrechten mbH.
[114] Der EuGH hat mit Urt. v. 17.1.1980 – Rs 792/79 R, ECLI:EU:C:1980:298 – Camera Care die Zulässigkeit einstweiliger Maßnahmen befunden. Art. 8 Verfahrens-VO 1/2003 kodifiziert diese Rechtsprechung.
[115] Art. 9 Verfahrens-VO 1/2003 hatte keine Entsprechung in der Vorgängerverordnung 17/1962.

brauchsverfahren nach Art. 102 AEUV Gebrauch.[116] Nach Art. 10 der Verfahrens-VO 1/2003 kann die Kommission feststellen, dass Art. 101 (bzw. das Vorliegen der Freistellungsvoraussetzungen des Abs. 3) bzw. 102 AEUV aus Gründen des öffentlichen Interesses der Union keine Anwendung findet. Ferner kann die Kommission das Verfahren durch **förmliche Entscheidung einstellen** (spiegelbildlich zur Verfahrenseröffnung nach Art. 11 Abs. 6 Verfahrens-VO 1/2003), sowie Beschwerden durch Entscheidung zurückweisen.[117]

35   Darüber hinaus steht es im Ermessen der Kommission, bei einem vorsätzlichen oder fahrlässigen Verstoß gegen Art. 101 oder 102 AEUV eine **Bußgeldentscheidung** zu erlassen (Art. 23 Abs. 2 Verfahrens-VO 1/2003).

F. Überblick über die Rechtsmittel

36 Die Rechtsmittel (s. → § 14) gegen Entscheidungen der Kommission richten sich **nach allgemeinem Unionsrecht** (insbesondere Art. 251–281 AEUV). Für die Nichtigkeitsklage nach Art. 263 AEUV ist in erster Instanz das Gericht der Europäischen Union zuständig, welches die Rechtmäßigkeit der Entscheidung in rechtlicher und tatsächlicher Hinsicht überprüft.[118] Zweitinstanzlich beschränkt sich der Prüfungsmaßstab des EuGH auf Rechtsfragen (Art. 256 Abs. 1 S. 3 AEUV).

37   Art. 263 AEUV zählt folgende Nichtigkeitsgründe auf: Unzuständigkeit, Verletzung wesentlicher Formvorschriften, Verletzung der Verträge oder einer bei seiner Durchführung anzuwendenden Rechtsnorm, sowie Ermessensmissbrauch.[119] Adressaten können **binnen zwei Monaten** und zehn Tagen ab Bekanntgabe Klage gegen sie belastende Kommissionsentscheidungen erheben.[120] Im Gegensatz zum deutschen verwaltungsgerichtlichen Verfahren kommt Klagen vor den europäischen Gerichten **keine aufschiebende Wirkung** zu (Art. 278 S. 1 AEUV). Auf Antrag kann das Gericht bzw. der Gerichtshof **vorläufigen Rechtsschutz** gewähren (Art. 278 und 279 AEUV). Dies setzt die Anfechtung der betreffenden Maßnahme voraus.[121]

G. Internationale Zusammenarbeit

I. Das Netzwerk der europäischen Kartellbehörden

38 Die Kommission und die nationalen Kartellbehörden sollen das Unionskartellrecht in enger Zusammenarbeit anwenden (Art. 11 Abs. 1 Verfahrens-VO 1/2003). Dazu regelt die Verfahrens-VO 1/2003 die gegenseitige Unterrichtung und Konsultation über laufende Verfahren und den Informationsaustausch zum Zwecke der Verwendung als Beweismittel (→ § 15 Rn. 4 ff.; Rn. 81 ff.).[122] Zur weitergehenden Koordinierung wurde mit der Verfahrens-VO 1/2003 das **Netzwerk der europäischen Kartellbehörden** ins Leben gerufen.[123] Zweck des Netzwerkes ist die Sicherstellung einer einheitlichen und effektiven Anwendung der Wettbewerbsregeln. Dazu sollen **Informationen ausgetauscht und Fälle innerhalb des Netzwerks verteilt werden** (zum Ganzen → § 15 Rn. 37 ff.).[124]

---

[116] Zur Kritik an dieser Vorgehensweise: *Bottemann* Journal of Antitrust Enforcement 2013, 347; *Lugard/Mollmann* CPI Antitrust Chronicle October 2013.
[117] Siehe EuG Urt. v. 27.9.2006 – T-204/03, ECLI:EU:T:2006:273 Rn. 13 – Haladjan Frères.
[118] Art. 256 Abs. 1 AEUV.
[119] Einzelheiten bei Immenga/Mestmäcker/*Ritter* GWB Anh. 1 Rn. 30 ff.
[120] Gem. Art. 263 Abs. 6 AEUV.
[121] Art. 83 VerfO EuGH; Art. 104 VerfO EuG.
[122] Art. 11, 12 und 14 der Verfahrens-VO 1/2003.
[123] In Erwägungsgrund 15 der Verfahrens-VO 1/2003 ist das „European Competition Network" (ECN) normativ verankert. Eine umfassende Darstellung der Kooperation im Netzwerk der europäischen Kartellbehörden findet sich bei FK/*Bergmann* § 50a GWB. Im Hinblick auf Rechtsstaatlichkeitsdefizite sa *Cengiz* European Law Review 2010, 660.
[124] Erwägungsgründe 16–17 der Verfahrens-VO 1/2003.

Darüber hinaus wird die Zusammenarbeit im Netzwerk vor allem durch die **Netzwerk-** 39
bekanntmachung der Kommission von 2004 geregelt.[125] Diese enthält Vorschriften zur Fallverteilung; zur Unterrichtung über Beginn, Aussetzung und Einstellung des Verfahrens; zur Amtshilfe; zum Informationsaustausch; zur Rechtsstellung von Unternehmen; zur Behandlung von im Rahmen von Kronzeugenprogrammen übermittelten Informationen,[126] zur Verfahrenseinleitung der Kommission nach Art. 11 Abs. 6 Verfahrens-VO 1/2003 sowie zum Verfahren der Anhörung des Beratenden Ausschusses nach Art. 14 Verfahrens-VO 1/2003. Bis auf Kroatien haben alle Mitgliedstaaten erklärt, die Grundsätze der Netzbekanntmachung anzuerkennen und einzuhalten.[127]

II. Zusammenarbeit mit anderen Kartellbehörden

Die Proliferation von Kartellrechtsordnungen und -behörden birgt die **Gefahr von Par-** 40
allelverfahren, konfligierender Entscheidungen und Verletzungen des ne bis in
idem-Grundsatzes. Hinzu tritt die Tendenz vieler Rechtsordnungen, extraterritoriale Sachverhalte stärker zu berücksichtigen. Die Europäische Union hat eine Reihe bilateraler Abkommen und Absichtserklärungen zur Koordination im Bereich des Kartellrechts abgeschlossen (→ § 1 Rn. 10 ff.).

Die in der Praxis wichtigsten Instrumente stellen die Kooperationsvereinbarungen mit 41
den USA (1991),[128] **Kanada** (1999),[129] **Japan** (2003),[130] **Südkorea** (2009)[131] und der **Schweiz** (2013)[132] dar. Die Vereinbarung mit den USA[133] beinhaltet weitreichende Mitteilungspflichten, wenn die Rechtsverfolgung wichtige Belange der anderen Partei beeinträchtigen könnte: Regelungen zu Informationsaustausch, Konsultierung und Konfliktvermeidung; Grundsätze zur Kooperation und Koordination bei Durchsetzungsmaßnahmen; sowie Regelungen zur sog *positive comity*.[134] Nach dem Abkommen mit der Schweiz informieren sich die Parteien gegenseitig über Durchsetzungsmaßnahmen, die wichtige Interessen der anderen Vertragspartei berühren. Auch können Ersuchen an die andere Partei gestellt werden, Durchsetzungsmaßnahmen gegen wettbewerbswidriges Verhalten in deren Hoheitsgebiet einzuleiten und – im Unterschied zu anderen bilateralen Vereinbarungen – Beweismittel im selben Fall auch ohne Zustimmung der betroffenen Unternehmen ausgetauscht werden.

Die Koordination zwischen der Kommission und der **EFTA-Überwachungsbehörde** 42
hinsichtlich des EWR-Kartellrechts ist in den Art. 53–59 EWR-Vertrag geregelt. In jüngerer Zeit hat die GD Wettbewerb Absichtserklärungen **("memoranda of understan-**

---

[125] ABl. 2004 C 101, 03 v. 27.4.2004.
[126] Dazu *Blake/Schnichels* EuZW 2004, 551.
[127] Die aktuelle Liste ist abrufbar unter: http://ec.europa.eu/competition/antitrust/legislation/list_of_au thorities_joint_statement.pdf.
[128] Das ursprüngliche Abkommen wurde vom EuGH mangels sachlicher Kompetenz der Kommission 1994 für rechtswidrig erklärt, EuGH Urt. v. 9.8.1994 – C-327/91, ECLI:EU:C:1994:305 – Frankreich/Kommission. 1995 fasste der Rat den Beschluss, das Abkommen in seiner ursprünglich von der Kommission ausgehandelten Form abzuschließen: Beschluss des Rates und der Kommission vom 10.4.1995 über den Abschluss des Abkommens zwischen den Europäischen Gemeinschaften und der Regierung der Vereinigten Staaten von Amerika über die Anwendung ihrer Wettbewerbsregeln, ABl. 1995 L 95, 45.
[129] ABl. 1999 L 99, 175, 49.
[130] ABl. 2003 L 03, 183, 12.
[131] ABl. 2009 L 09, 202, 36.
[132] ABl. 2014 14, 347, 3.
[133] Neben dem Abkommen von 1995 tritt ein ergänzendes Abkommen von 1998, das „Abkommen zwischen den Europäischen Gemeinschaften und der Regierung der Vereinigten Staaten von Amerika über die Anwendung der ‚Positive Comity'-Grundsätze bei der Durchsetzung ihrer Wettbewerbsregeln", Beschluss des Rates und der Kommission vom 29.5.1998, ABl. 1998 L 173, 26. Im Einzelnen zur Zusammenarbeit zwischen der Kommission und den US-Kartellbehörden im Rahmen der EU-US Abkommen siehe Immenga/Mestmäcker/*Völcker* EuWettbR EU-US Rn. 123 ff.
[134] ZB die Aussetzung eigener Maßnahmen auf Ersuchen der anderen Partei nach Art. IV Abs. 2 des EU-US Abkommens 1998. Einzelheiten bei Immenga/Mestmäcker/*Völcker* Wettbewerbsrecht Bd. 1 EU-US Rn. 14 ff.

ding") zur koordinierten Anwendung des Kartellrechts mit Brasilien (2009),[135] Russland (2011)[136] und China (2012)[137] geschlossen. Schließlich finden sich Regelungen zur Kooperation zwischen Kartellbehörden in einer Vielzahl von Freihandelsabkommen, Assoziierungsabkommen, Partnerschaftsabkommen und Kooperationsabkommen der Europäischen Union.[138]

H. Ausblick

43 Ende 2014 hat die Kommission drei Reformansätze zur Stärkung der Kartellrechtsdurchsetzung in den Mitgliedstaaten veröffentlicht.[139] Danach soll erstens die **Unabhängigkeit und adäquate Finanz- und Personalausstattung nationaler Kartellbehörden** sichergestellt werden. Dazu bedürfe es der Verfügungsgewalt über einen eigenen Haushalt, transparenter Verfahren zur Ernennung leitender Beamter nach dem Leistungsprinzip, und effektiver Regelungen zur Vermeidung von Interessenkonflikten. Zweitens müssen nationalen Behörden über eine umfassende Auswahl an **effektiven Ermittlungs- und Entscheidungsbefugnissen** verfügen. Zum Beispiel fehle es einigen nationalen Behörden an der Befugnis zur Durchsuchung, zur Verhängung struktureller Abhilfemaßnahmen, oder zur Sanktionierung von Verstößen gegen Verpflichtungszusagen. Drittens soll sichergestellt werden, dass alle Kartellbehörden hinreichend **abschreckende Geldbußen** verhängen können und über **effektive Kronzeugenprogramme** verfügen. Die Kommission kritisiert zB die unterschiedliche Berechnung der Umsatz-Kappungsgrenze und die fehlende Kompetenz einiger Behörden zur Verhängung von Geldbußen gegenüber Unternehmensvereinigungen. Zudem sei es unerlässlich, dass unter den Kronzeugenprogrammen auch Einzelpersonen vor strafrechtlicher Verfolgung geschützt werden und dass alle Mitgliedstaaten sog Kurzform-Kronzeugenanträge annehmen.

44 Im Februar 2016 schloss die Kommission die öffentliche Konsultation zur Harmonisierung der gesetzlichen Rahmenbedingungen für die Kartellrechtsdurchsetzung durch nationale Behörden ab.[140] Eine erste Folgenabschätzung der Kommission Ende 2015 spricht sich gegen eine „one size fits all" Lösung in Gestalt einer Verordnung aus. Stattdessen stellt sie einen Richtlinienvorschlag für Anfang 2017 in Aussicht.[141]

---

[135] In englischer Sprache verfügbar unter http://ec.europa.eu/competition/international/bilateral/brazil_mou_en.pdf.
[136] In englischer Sprache verfügbar unter http://ec.europa.eu/competition/international/bilateral/mou_russia_en.pdf.
[137] In englischer Sprache verfügbar unter http://ec.europa.eu/competition/international/bilateral/mou_china_en.pdf.
[138] *Tosato/Bellodi/Canino* EU Competition Law, Volume I Procedure, 2. Aufl. 2015 Rn. 283 f.
[139] Mitteilung der Kommission an das Europäische Parlament und den Rat v. 9.7.2014, „Ten Years of Antitrust Enforcement under Regulation 1/2003: Achievements and Future Perspectives, KOM(2014) 453; *Italianer,* Rede anlässlich des „European Competition Day", 10.10.2014, in englischer Sprache verfügbar unter http://ec.europa.eu/competition/speeches/text/sp2014_05_en.pdf.
[140] Siehe Pressemitteilung der Kom. v. 4.11.2015, verfügbar unter http://europa.eu/rapid/press-release_IP-15-5998_de.htm. Zu den Inhalten der Öffentlichen Konsultation siehe ferner *Laitenberger* EuZW 2016, 81 und *Pitruzzella* Journal of European Competition Law & Practice 2016, 1.
[141] Siehe Inception Impact Assessment der Kommission vom November 2015, in englischer Sprache verfügbar unter http://ec.europa.eu/smart-regulation/roadmaps/docs/2017_comp_001_iia_ecn_project_en.pdf.

§ 7 Verfahrenseinleitung*

Übersicht

	Rn.
A. Kronzeugenanträge	5
I. Gemeinsame Voraussetzungen für alle Kronzeugenanträge	12
1. Offenlegung der eigenen Beteiligung an einem Kartell	12
2. Antrag	18
a) Form und Inhalt	18
b) Antragsteller	20
3. Erfüllung der Kooperationspflichten	22
4. Beendigung des Kartells	29
II. Besondere Voraussetzungen für den Bußgelderlass	30
1. Erster Antragsteller	30
2. Ermöglichung einer gezielten Nachprüfung oder der Feststellung der Zuwiderhandlung	32
3. Keine Zwangsausübung	39
III. Besondere Voraussetzungen für die Bußgeldermäßigung	41
1. Zeitgerechter Ermäßigungsantrag	41
2. Vorlage von Beweismitteln von erheblichem Mehrwert	42
IV. Rechtsfolgen	49
1. Geldbußenerlass	49
2. Geldbußenermäßigung	54
3. Teilweiser Geldbußenerlass	63
V. Verfahren	69
1. Kontakt mit der Generaldirektion Wettbewerb	70
2. Förmlicher Antrag in Form einer Unternehmenserklärung	72
a) Unternehmenserklärung als Beweismittel	74
b) Verfahren	75
c) Schutz der Unternehmenserklärung	79
3. Besonderheiten bei Erlassantrag	84
a) Marker	84
b) Hypothetischer Antrag	91
VI. Kronzeugenanträge in der EU und im EWR	92
1. Wahl der Behörde(n)	93
2. Zusammenarbeit der Behörden	96
VII. Kronzeugenanträge bei internationalen Kartellen	99
B. Beschwerden	101
I. Allgemeines	101
II. Behandlung von Beschwerden durch die Kommission	104
1. Einreichung der Beschwerde	105
a) Inhalt der Beschwerde	105
b) Beschwerdebefugnis	106
c) Form der Beschwerde	108
2. Prüfung der Beschwerde	110
a) Unionsinteresse	111
b) Verstoß gegen Kartellrecht	114
c) Frist	115
d) Zurückweisung oder weitere Ermittlungen	116
e) Begründungspflicht	118
III. Verfahren	119
IV. Rechtsschutz	124

---

* Der Verfasser Dr. Gerald Miersch ist Beamter der Europäischen Kommission. Die hier wiedergegebenen Ansichten spiegeln nur seine persönliche Meinung wieder und binden in keiner Weise die Institution, für die er arbeitet.

Schrifttum:

Albrecht, Die neue Kronzeugenmitteilung der Europäischen Kommission in Kartellsachen, WRP 2007, 417; *Blake/Schnichels*, Schutz der Kronzeugen im neuen EG-Wettbewerbsrecht, EuZW 2004, 551; Leniency Following Modernisation/Safeguarding Europe's Leniency Programmes, ECLR 2004, 765; *Buntscheck*, Die gesetzliche Kappungsgrenze für Kartellgeldbußen, EuZW 2007, 423; *Colombani/Kloub/Sakkers* in: Faull & Nickpay, 3. Aufl., 2014; *Dahlheimer/Feddersen/Miersch*, EU-Kartellverfahrensverordnung: Kommentar zur VO 1/2003, 2005, Sonderausgabe aus *Grabitz/Hilf*, Das Recht der Europäischen Union, nach Art. 83 EGV; *Engelsing*, Die Bußgeldleitlinien der Europäischen Kommission von 2006, WuW 2007, 470; *Hansen/Völcker*, Darwinism in Cartel Enforcement, CLPD 2015, 16; *Hödlmayr/Ortiz Blanco/Jörgens*, in: Ortiz Blanco, Kapitel 6; *Immenga/Jüttner*, Geltung und Grenzen des Grundsatzes ne bis in idem im europäischen Kartellrecht: Die EuGH-Entscheidung SGL Carbon, ZWeR 2006, 400; *Jarrett/Swaak*, A Tempting Offer: Immunity from Fines for Cartel Conduct under the European Commission's New Leniency Notice, ECLR 2003, 9; *Jephcott*, The European Commission's New Leniency Note – Whistling the Right Tune?, ECLR 2002, 378; *Kerse/Khan*, EC Antitrust Procedure, 6. Aufl., 2012; *Klees*, Zu viel Rechtssicherheit für Unternehmen durch die neue Kronzeugenmitteilung in europäischen Kartellverfahren?, WuW 2002, 1056; *ders.*, Europäisches Kartellverfahrensrecht, 2005; *Klose*, Leniency-Bekanntmachung, Münchener Kommentar, Europäisches und Deutsches Wettbewerbsrecht, Bd. 1, 1833; *Sandhu*, The European Commission's Leniency Policy: A success?, ECLR 2007, 148; *Soltész/Rolofs*, Rechtsschutz zu Lasten Dritter in Kartellbußgeldverfahren, EuZW 2007, 327; *Sünner*, Das Verfahren zur Festsetzung von Geldbußen nach Art. 23 II lit. a) der Kartellverfahrensordnung (VerfO), EuZW 2007, 8; *Suurnäkki/Tierno Centella*, Commission adopts revised Leniency Notice, CPN 1/2007, 7; *Swaak*, Reconsidering the leniency option, E.C.L.R. 2015, 346; *v. Alemann*, Die Abänderung von Bußgeldentscheidungen der Kommission durch Gemeinschaftsgerichte in Kartellsachen, EuZW 2006, 487; *Wagemann*, Rechtfertigungs- und Entschuldigungsgründe im Bußgeldrecht der Europäischen Gemeinschaften, 1992; *Wiedemann*, Auf der Suche nach der verlorenen Rechtssicherheit – Eine Zwischenbilanz zwei Jahre nach Inkrafttreten der EG-Kartellverfahrens-Verordnung Nr. 1/2003, Festschrift für Rainer Bechtold 2006, 627; *Wils*, Leniency in Antitrust Enforcement: Theory and Practice, 30 World Comp 25, 64; *Winterstein/Leyssens/Wessely*, in: Schröter/Jakob/Klotz/Mederer, 2. Aufl. 2014, Kapitel B. II.

1 Nach Art. 7 Abs. 1 der VO 1/2003 kann die Kommission auf eine **Beschwerde** hin oder **von Amts wegen** eine Zuwiderhandlung gegen Art. 101 oder 102 AEUV feststellen und deren Abstellung verfügen. Die Feststellung der Zuwiderhandlung ist die Voraussetzung zur Verhängung eines Bußgeldes gemäß Art. 23 Abs. 2 lit. a) der VO 1/2003. Zum Erlass eines Beschlusses, der die Zuwiderhandlung feststellt, eine Abstellungsverfügung enthält und/oder ein Bußgeld verhängt, muss die Kommission nach Art. 11 Abs. 6 der VO 1/2003 das Verfahren einleiten.[1] Diese **formelle Verfahrenseinleitung** muss jedoch nicht bereits zu Beginn des Ermittlungsverfahrens erfolgen. In der Praxis wird vielmehr üblicherweise ein Fall eröffnet und die Ermittlung begonnen, ohne dass bereits formell das Verfahren eingeleitet wurde. Dementsprechend stellt Art. 2 Abs. 3 der DurchführungsVO (EG) 773/2004 klar, dass die Kommission ihre Ermittlungsbefugnisse bereits vor Verfahrenseinleitung benutzen darf. Gemäß Art. 2 Abs. 4 der DurchführungsVO (EG) 773/2004 kann eine Beschwerde ebenfalls ohne Verfahrenseinleitung zurückgewiesen werden.

2 Das Verfahren muss spätestens dann formell eingeleitet werden, wenn der Fall von der Ermittlungsphase in die **kontradiktorische Phase**[2] übergeht. Art. 2 Abs. 1 der DurchführungsVO (EG) 773/2004 sieht daher vor, dass im Falle eines Beschlusses, der die Zuwiderhandlung feststellt, eine Abstellungsverfügung enthält und/oder ein Bußgeld verhängt, das Verfahren spätestens vor der Mitteilung der Beschwerdepunkte eingeleitet werden muss. Eine Ausnahme gilt für solche Beschlüsse, die im Vergleichsverfahren ergehen. Hier wird nach Art. 2 Absatz 1 der DurchführungsVO 773/2004 die Verfahrenseröffnung vorverlegt; sie muss spätestens vor der Aufforderung an die Parteien, ihr Interesse an der Aufnahme von Vergleichsgesprächen zu bekunden, erfolgen.[3]

---

[1] Gleiches gilt für Beschlüsse nach Art. 9 (Verpflichtungszusagen) und 10 (Feststellung der Nichtanwendbarkeit der VO 1/2003.

[2] Siehe zur Unterteilung zwischen „Abschnitt der Voruntersuchung" und kontradiktorischer Phase zB EuG Urt. v. 14.3.2014 – T-306/11 Rn. 26 – Schwenk.

[3] Im Fall von Beschlüssen nach Art. 9 der VO 1/2003 ist der maßgebliche Zeitpunkt die Versendung der vorläufigen Beurteilung und im Falle von Beschlüssen nach Art. 10 der VO 1/2003 die Veröffentlichung der Mitteilung nach Art. 27 Abs. 4 der VO 1/2003.

VO 1/2003 nennt **Kronzeugenanträge** nicht. Da der Kronzeugenantrag keine Beschwerde ist, wird nach der Systematik der VO 1/2003 auch im Falle eines Kronzeugenantrages das Verfahren von Amts wegen eingeleitet. Dementsprechend hat der Kronzeuge keine Verfahrensrechte, die mit denen eines Beschwerdeführers vergleichbar wären. Insbesondere hat der Kronzeuge kein Recht auf Entscheidung darüber, ob aufgrund seines Antrages ein Beschluss erlassen wird, der die Zuwiderhandlung feststellt und ein Bußgeld verhängt. Bei einer Verfahrenseinleitung von Amts wegen können sowohl die eigenen Ermittlungsmaßnahmen der Wettbewerbsbehörde als auch Kronzeugenanträge Auslöser des Verfahrens sein.[4] Dabei ist zu berücksichtigen, dass selbst bei einer Verfahrensauslösung durch eigene Ermittlungsmaßnahmen und ohne Kronzeugenantrag zu einem späteren Zeitpunkt noch Kronzeugenanträge eingereicht werden können und es sogar noch möglich ist, einen Erlass der Geldbuße zu erhalten.

3

Eine Verfahrenseinleitung von Amts wegen, die **durch eigene Ermittlungsmaßnahmen ausgelöst** wurde, kann auf eine Reihe von Informationsquellen zurückgehen, wie etwa informelle Beschwerden (zB durch Kunden), Informanten (zB Mitarbeiter von kartellbeteiligten Unternehmen), Marktbeobachtungen oder in einem Kartellverfahren auftauchende Beweismittel, die Anlass bieten, auch zu anderen Produkten zu ermitteln und ein weiteres Verfahren einzuleiten. Eine Reihe der in den letzten Jahren erlassenen Kartellbeschlüsse wurden durch eigene Ermittlungsmaßnahmen der Kommission ausgelöst.[5]

4

A. Kronzeugenanträge

An einem Kartell beteiligte Unternehmen erhalten einen Erlass oder eine Ermäßigung der Geldbuße, wenn sie dieses Kartell aufdecken oder Beweise liefern, die die Aufdeckung und Verfolgung des Kartells erleichtern. Damit wird dem Umstand Rechnung getragen, dass Kartelle, die idR **geheim** operieren, ohne Informationen aus dem Kartell selbst heraus vielfach nicht überführt werden könnten. Um ein Kartell fest- und abstellen zu können, um hinreichend abschreckende Bußgelder gegenüber den nichtkooperierenden Unternehmen verhängen zu können und um eine Grundlage für private Schadensersatzforderungen schaffen zu können, verzichtet die Kommission (teilweise) auf die Bebußung und schafft damit einen Anreiz zur Kooperation. Kooperierende Unternehmen ermöglichen der Kommission die Erreichung ihrer Ziele und erleichtern ihre Aufgabenerfüllung, was einen Erlass oder eine Ermäßigung des Bußgelds rechtfertigt.[6] Die Existenz einer Kronzeugenregelung trägt zudem zur Destabilisierung von Kartellen bei, denn Kartellteilnehmer können nicht ausschließen, dass andere Teilnehmer versuchen, über Kronzeugenanträge dem Bußgeldrisiko zu entgehen oder dieses erheblich zu reduzieren.[7] Dadurch wird ein Klima der Unsicherheit innerhalb von Kartellen geschaffen, das eine Anzeige bei der Kommission fördert.[8]

5

---

[4] Siehe zB Rn. 11 der Bekanntmachung der Kommission über bewährte Vorgehensweisen in Verfahren nach Artikel 101 und 102 des AEUV.
[5] Siehe etwa Kom. 20.11.2007 – COMP. 38432 – professionelle Videobänder; Kom. 28.11.2007 – COMP. 39165 – Flachglas; Kom. 11.3.2008 – COMP. 38543 – internationale Umzugsdienste; Kom. 12.11.2008 – COMP. 39125 – Autoglas; Kom. 8.7.2009 – COMP. 39401 – E.ON und GDF Suez; Kom. 4.4.2011 – COMP. 38344 – Spannstahl; Kom. 12.10.2011 – COMP.39482 – Exotische Früchte; Kom. 19.10.2011 – COMP. 39605 – CRT Glass Kom; Kom. 5.3.14 – COMP. 39952 – Strombörsen; Kom. 11.12.14 – COMP. 39780 – Umschläge.
[6] Siehe dazu insbesondere EuGH Urt. v. 28.6.2005 – C189/02 P ua Rn. 399 – Dansk Rørindustri ua/Kommission; EuG Urt. v. 28.4.2010 – T 456/05 ua Rn. 221 – Gütermann und Zwicky.
[7] Siehe zB EuG Urt. v. 5.10.2011 – T 39/06 Rn. 379 – Transcatab; EuG Urt. v. 27.2.2014 – T-128/11 Rn. 163 – LG Display. Siehe auch Faull/Nickpay/*Colombani/Kloub/Sakkers* Rn. 8.108.
[8] EuGH Urt. v. 23.4.2015 – C-227/14P Rn. 87 – LG Display; Urt. v. 20.1.2016 – C-428/14 Rn. 82 – DHL.

6 Die Kommission bietet seit 1996 eine Kronzeugenregelung an. Zurzeit ist die **Kronzeugenmitteilung von 2006** maßgeblich.[9] Sie findet auf alle Kronzeugenanträge Anwendung, die seit ihrer Veröffentlichung am 8. Dezember 2006 gestellt wurden.

7 Die europäischen Gerichte haben die **Rechtmäßigkeit** einer Kronzeugenregelung bestätigt.[10] Rechtsgrundlage für die Kronzeugenregelung ist Art. 23 der VO 1/2003. Da die Norm keine abschließende Aufzählung der für die Bußgeldberechnung erheblichen Kriterien enthält, kann auch das Verhalten eines Unternehmens während des Verwaltungsverfahrens berücksichtigt werden.[11] Die Kronzeugenregelung steht auch mit den Grundsätzen der Transparenz und guten Verwaltung in Einklang.[12] Ferner wurde durch die europäischen Gerichte klargestellt, dass eine Kronzeugenregelung nicht gegen Verteidigungsrechte verstößt, insbesondere nicht gegen den Grundsatz, dass es keinen Zwang zu einem Geständnis geben darf.[13] Maßgeblicher Gesichtspunkt ist, dass die Kooperation aufgrund der Kronzeugenregelung freiwillig geschieht und Unternehmen daher weder zu einer Zusammenarbeit noch zu einem Geständnis verpflichtet sind. Allerdings stellt die Kronzeugenregelung eine Ausnahme zu der Regel dar, dass Unternehmen für die Verletzung der Wettbewerbsregeln zu sanktionieren sind, so dass die Bestimmungen der Kronzeugenregelung restriktiv auszulegen sind.[14] Der EuGH hat außerdem betont, dass eine Bußgeldreduzierung nur gerechtfertigt ist, wenn das Unternehmen sich zu einer „echten" und „in vollem Umfang" zu erfolgenden Zusammenarbeit entschließt.[15]

8 Der erste Kronzeuge führt – außer in den Fällen, in denen die Ermittlungen bereits von Amts wegen begonnen haben – die **Entdeckung** des Kartells herbei. Er entscheidet sich ein Kartell anzuzeigen, das der Behörde noch nicht bekannt ist und das vielfach zum Zeitpunkt der Anzeige noch fortdauert. Dieser entscheidende Kooperationsbeitrag verdient einen Bußgelderlass.

9 Alle weiteren Kronzeugen handeln vielfach erst, wenn ihnen bereits bekannt ist, dass die Kommission gegen das Kartell ermittelt. Dennoch können sie noch wertvolle Beiträge zum **Nachweis** des Kartells leisten. Die Höhe der Ermäßigung, die maximal zu einer Halbierung des Bußgelds führen kann, richtet sich nach Zeitpunkt und Mehrwert der Anzeige. Es entsteht, im Wesentlichen aufgrund der zeitlichen Abfolge der Kronzeugenanträge, eine Rangfolge der Kronzeugenanträge mit entsprechend abgestufter Reduktion der Geldbuße. Dadurch kann es zu einem Rennen um eine schnellstmögliche Antragstellung (sog **leniency race**) kommen.

10 In der Praxis entsteht hier die Schwierigkeit den „erheblichen Mehrwert" in kürzester Zeit zusammenzutragen. Einige Stunden können dabei darüber entscheiden, ob noch 50% oder noch 30% Reduzierung möglich sind. Unternehmen stehen dann vor der Herausforderung einzuschätzen, ob die zusammengetragenen Informationen einen „erheblichen Mehrwert" darstellen könnten und über die Antragstellung zu entscheiden. Im Zweifel dürfte eine **schnelle Antragstellung** anzuraten sein, da die Frage des „erheblichen Mehrwerts" aus der Sicht eines betroffenen Unternehmens zum Zeitpunkt des möglichen Antrages nur schwer zu beantworten ist.

---

[9] Mitt. d. Kom. über den Erlass und die Ermäßigung von Geldbußen in Kartellsachen, ABl. 2006 C 298, 17 – im folgenden „Kronzeugenmitteilung". Siehe die vorangegangenen Mitteilungen von 1996, ABl. 1996 C 207, 4 und 2002, ABl. 2002 C 45, 3).

[10] Zuletzt ausdrücklich EuG Urt. v. 16.9.2013 – T-376/10 Rn. 54–59 – Mamoli. Siehe auch EuGH Urt. v. 18.7.2013 – C-501/11 P Rn. 66–68 – Schindler; EuG Urt. v 16.9.2013 – T-386/10 Rn. 68 ff. – Dornbracht.

[11] Vgl. EuG Urt. v. 16.9.2013 – T-376/10 Rn. 55 – Mamoli, 55 zum gleichlautenden Art. 15 Abs. 2 der VO 17 und zur 2002 Kronzeugenregelung.

[12] Vgl. EuG Urt. v. 16.9.2013 – T-376/10 Rn. 58 – Mamoli zur 2002 Kronzeugenregelung.

[13] Siehe dazu insbesondere EuGH Urt. v. 28.6.2005 – C189/02 P ua Rn. 395–419 – Dansk Rørindustri ua/Kommission.

[14] EuG Urt. v. 27.2.2014 – T-128/11 Rn. 167 – LG Display; Urt. v. 27.9.2012 – T-370/06 Rn. 34 – Kuwait Petroleum, jeweils zur 2002 Kronzeugenregelung.

[15] EuGH Urt. v. 28.6.2005 – C189/02 P ua Rn. 395, 417 – Dansk Rørindustri ua/Kommission.

Voraussetzungen, Rechtsfolgen und Verfahren sind für Kronzeugenanträge weitgehend in der Kronzeugenmitteilung geregelt. Weitere Informationen und Auslegungshilfen enthalten daneben das Kapitel über Kronzeugenanträge im „Antitrust Manual of Procedures"[16] sowie das „ECN Model Leniency Programme".[17]

I. Gemeinsame Voraussetzungen für alle Kronzeugenanträge

1. Offenlegung der eigenen Beteiligung an einem Kartell

Die Kronzeugenmitteilung kommt nur auf **Kartelle** zur Anwendung. Kartelle werden von der Kronzeugenmitteilung definiert als:

„Absprachen und/oder abgestimmte Verhaltensweisen zwischen zwei oder mehr Wettbewerbern zwecks Abstimmung ihres Wettbewerbsverhaltens auf dem Markt und/oder Beeinflussung der relevanten Wettbewerbsparameter durch Verhaltensweisen wie die Festsetzung der An- oder Verkaufspreise oder sonstiger Geschäftsbedingungen, die Aufteilung von Produktions- oder Absatzquoten, die Aufteilung von Märkten einschließlich Angebotsabsprachen, Ein- und Ausfuhrbeschränkungen und/oder gegen andere Wettbewerber gerichtete wettbewerbsschädigende Maßnahmen."[18]

Kurz und vereinfacht gesagt handelt es sich um horizontale Abstimmungen über Preise (oder Preisbestandteile), Absatzquoten, Märkte oder Kunden. Die Kartelle müssen außerdem geheim sein.[19] Nur **geheime horizontale Absprachen** sind in der Regel so schwer zu entdecken und zu beweisen, dass die Kooperation von Beteiligten bei der Ermittlung einen Bußgelderlass oder eine Bußgeldermäßigung rechtfertigt. Unschädlich ist es allerdings, wenn Randaspekte des zum Gesamtkartell gehörenden Verhaltens öffentlich sind (wie etwa der offizielle Teil von Verbandssitzungen, an den sich geheime Treffen anschließen) oder die Absprachen vertikale Aspekte enthalten, die jedoch nicht prägend sind.[20]

Kronzeugen können nur Unternehmen sein, die selbst am angezeigten Kartell **beteiligt** waren. Anzeige und Beteiligung müssen sich demnach auf dasselbe Kartell beziehen. Unternehmen, die nicht am angezeigten Kartell beteiligt waren oder Mitarbeiter von Unternehmen sind daher nicht Kronzeugen, sondern Informanten und können eine Verfahrenseinleitung von Amts wegen auslösen. Sie können so viele Informationen und Beweismittel liefern, dass die Kartellbeteiligten die inhaltlichen Anforderungen an einen Erlass oder eine Ermäßigung der Geldbußen nicht mehr erfüllen können.

Welche Verhaltensweisen zu **„demselben" Kartell** gehören, ergibt sich daraus, wie die Kommission die einheitliche und fortgesetzte Verletzungshandlung feststellt. Alle Handlungen, die Teil der einheitlichen und fortgesetzten Verletzungshandlung sind, gehören zu demselben Kartell.[21] Es ist denkbar, dass die Kommission erst nach weiterer Sachverhaltsaufklärung den Umfang der einheitlichen und fortgesetzten Verletzungshandlung definieren kann, woraus folgt, dass sie auch erst zu diesem Zeitpunkt die Rangfolge der Kronzeugenanträge festlegen und feststellen kann, ob ein Geldbußenerlass noch in Frage kommt.

Für den Antragsteller kann sich hier zudem die Problematik stellen, dass die Festlegung der Verletzungshandlung auch Auswirkungen auf die Definition der betroffenen Produkte haben kann und sich sodann die Sperrwirkung des Art. 11 Abs. 6 VO 1/2003 ebenfalls verändert bzw. begrenzt wird. Es wäre dann möglich, dass für die Produkte, die nicht vom Verfahren der Kommission erfasst werden, ein **gesondertes Verfahren durch eine Wettbewerbsbehörde eines Mitgliedstaats** eingeleitet wird, für das allerdings die

---

[16] Kapitel 9 des „Antitrust Manual of Procedures", Stand März 2012, http://ec.europa.eu/competition/antitrust/antitrust_manproc_3_2012_en.pdf; 84 ff.
[17] ECN Model Leniency Programme in der überarbeiteten Fassung vom November 2012 http://ec.europa.eu/competition/ecn/mlp_revised_2012_en.pdf.
[18] Rn. 1 der Kronzeugenmitteilung.
[19] Siehe Rn. 1 und 3 der englischen Fassung der Kronzeugenmitteilung; Rn. 3 der deutschen Fassung der Kronzeugenmitteilung, Rn. 4 des ECN Model Leniency Programme.
[20] Siehe ECN Leniency Modell Programme, Explanatory Notes, Rn. 11, 14.
[21] Siehe dazu auch EuG Urt. v. 23.1.2014 – T-391/09 Rn. 200, 209–210 – Evonik Degussa und Alzchem.

Kronzeugenanträge bei der Kommission keine Wirkung entfalten. Diesem Risiko kann durch sog Summary Applications[22] iSd Rn. 24 des ECN Model Leniency Programme der ECN Bekanntmachung begegnet werden (→ Rn. 94 f.).[23]

2. Antrag

18 **a) Form und Inhalt.** Erforderlich ist ein **förmlicher Antrag,** aus dem unzweideutig hervorgeht, dass ein Kronzeugenantrag gestellt wird. Es muss auch klargestellt werden, ob ein Antrag auf Erlass oder auf Ermäßigung der Geldbuße gestellt wird. Es kann nicht davon ausgegangen werden, dass der Antrag auf Geldbußenerlass in jedem Fall den Ermäßigungsantrag beinhaltet. Der Grund liegt darin, dass nach der Kronzeugenmitteilung der erfolglose Erlassantrag nicht automatisch in einen Ermäßigungsantrag überführt wird. Vielmehr hat der Antragsteller in diesem Fall die Wahl, ob er die Beweismittel zurückzieht oder ob diese im Rahmen eines Ermäßigungsantrags berücksichtigt werden sollen.[24] Sofern es zum Zeitpunkt der Antragsstellung für den Antragsteller unklar ist, ob er der Erste ist und auch dann der Rang gewahrt werden soll, wenn nur noch eine Ermäßigung in Frage kommt, besteht die Möglichkeit, den Erlassantrag gemeinsam mit dem Ermäßigungsantrag zu stellen. Der Ermäßigungsantrag ist dann für den Fall zu stellen, dass die Voraussetzungen für einen Erlass nicht vorliegen sollten.

19 Die inhaltlichen Anforderungen sind für den Erlassantrag in Rn. 9 der Kronzeugenmitteilung aufgeführt. Obwohl die Kronzeugenmitteilung keinen ausdrücklichen Verweis enthält, sind die dort genannten Anforderungen im Grundsatz auch an einen Ermäßigungsantrag zu stellen. Sowohl für den Erlass- als auch den Ermäßigungsantrag ist demnach eine Unternehmenserklärung abzugeben, die das **Kartell ausführlich beschreibt** und die kartellbeteiligten Unternehmen sowie die handelnden Mitarbeiter nennt. Es reicht nicht, ohne weitere Erläuterung belastende Dokumente zu übermitteln. In der Unternehmenserklärung ist unzweideutig das Kartellverhalten und die eigene Beteiligung des Antragstellers darzulegen. Außerdem ist anzugeben, ob Kontakte mit anderen Wettbewerbsbehörden innerhalb oder außerhalb der EU bestehen oder beabsichtigt sind. Außerdem hat der Antragsteller alle zugänglichen Beweismittel vorzulegen.

20 **b) Antragsteller.** Der Antrag muss die juristische Person nennen, für die er gestellt wird. Mehrere juristische Personen können Antragsteller sein, sofern sie zu **demselben Unternehmen** gehören. Üblich ist zum Beispiel ein Antrag für die Muttergesellschaft A und alle Tochtergesellschaften, insbesondere die (am Kartell direkt beteiligten) Tochtergesellschaften X und Y. Die juristischen Personen müssen grundsätzlich zum Zeitpunkt der Antragstellung zu demselben Unternehmen gehören. Wenn zum Beispiel die am Kartell direkt beteiligte Tochter X während der Verletzungshandlung zunächst zu Mutter A und dann bis zur Antragstellung zu Mutter B gehörte, können den Antrag entweder X und B gemeinsam oder A allein stellen. Ein Antrag von X und B gilt nicht für A und ein Antrag von A gilt weder für B noch für X.[25] Ausnahmen von diesem Grundsatz sind nur dann denkbar, wenn dies im Interesse der Effizienz der Ermittlungen geboten ist.

21 Bei **Joint-Venture** Konstellationen wird eine Einzelfallprüfung vorzunehmen sein, die die Besonderheiten des Falles berücksichtigt. Als Ausgangspunkt sollte auch hier der Grundsatz gelten, dass es auf die Zugehörigkeit zu demselben Unternehmen zum Zeitpunkt der Antragstellung ankommt. Demnach können frühere Mütter des Joint-Ventures nicht in den Antrag einbezogen werden. Denkbar ist jedoch, dass bei einem zum Zeit-

---

[22] Die Europäische Kommission hält hierfür auf ihrer Website ein Formblatt bereit, das die Struktur und den notwendigen Inhalt beschreibt. Mit Ausnahme von Malta (kein Kronzeugenprogramm) und Kroatien ist dieses in allen Mitgliedstaaten möglich.
[23] Siehe dazu auch *Kerse/Khan* Rn. 7–235.
[24] Siehe Rn. 20 der Kronzeugenmitteilung.
[25] Bestätigt durch EuGH Urt. v. 30. 4. 2014 – C-238/12P Rn. 83–85 – FLSmidth; EuG Urt. v. 23. 1. 2014 – T-389/09 Rn. 237–239 – SKW; Urt. v. 11. 7. 2014 – T-543/08 Rn. 145–151 – RWE und Urt. v. 15. 7. 2015 – T-406/10 Rn. 152–171 – Emesa-Trefilería (zur Kronzeugenmitteilung von 2002).

punkt der Antragstellung noch fortbestehenden Joint-Venture die Mütter gemeinsam mit dem Joint-Venture den Antrag im Hinblick auf die direkte Kartellbeteiligung des Joint-Ventures und ihre (etwaige) Haftung als Mütter stellen. Grundsätzlich dürfte aber eine vom Joint-Venture unabhängige zusätzliche Beteiligung der Mütter an demselben Kartell (wie zB eine eigene direkte Kartellbeteiligung vor der Schaffung des Joint-Ventures) von dem Antrag nicht erfasst werden, da insoweit nie eine wirtschaftliche Einheit mit dem Joint-Venture und der anderen Mutter bestand.[26]

3. Erfüllung der Kooperationspflichten

Bedingung für Bußgelderlass oder -ermäßigung ist, dass der Kronzeuge ab Antragstellung und bis zur Beendigung des Verwaltungsverfahrens **„ernsthaft, in vollem Umfang, kontinuierlich und zügig"**[27] mit der Kommission zusammenarbeitet. Was dies konkret bedeutet, ist in Rn. 12 lit. a) der Kronzeugenmitteilung beschrieben. 22

Der Kronzeuge muss **unverzüglich alle relevanten Informationen und Beweise übermitteln,** die für ihn zugänglich sind. Es ist denkbar, dass der Kronzeuge bei der ersten Antragstellung noch nicht alle Informationen und Beweise vorlegen kann. Er ist jedoch gehalten, auch nach Stellung des Erstantrags den Kartellsachverhalt von sich aus **weiter aufzuklären** und die Zwischenergebnisse unverzüglich der Kommission zur Kenntnis zu bringen, ggfs. durch weitere Unternehmenserklärungen und Übergabe von Beweisdokumenten. Der Kronzeuge hat ferner unverzüglich Fragen der Kommission zum Sachverhalt zu beantworten. Solche Fragen werden üblicherweise an Kronzeugen nicht in Form von Auskunftsverlangen nach Art. 18 der VO 1/2003 gerichtet, sondern in Form von sogenannten Punkt 12-Fragen. Damit wird klargestellt, dass die Antworten im Rahmen des Kronzeugenantrags gegeben werden und bei der Bestimmung des Mehrwerts zu berücksichtigen sind. Bei der Stellung der Fragen ist daher darauf zu achten, dass einzelne Antragsteller keinen ungerechtfertigten Vorteil gegenüber anderen Antragstellern erlangen. 23

Der Kronzeuge muss außerdem dafür sorgen, dass derzeitige und, soweit möglich, frühere Mitarbeiter **für Befragungen durch die Kommission zur Verfügung stehen.** Hier geht es nicht nur um förmliche Befragungen, sondern allgemein darum, dass Mitarbeiter bereitgehalten werden, um dem Unternehmen, dessen Anwälten und der Kommission Auskünfte zum Sachverhalt zu erteilen. Dies kann in einem bestimmten Spannungsverhältnis zu der Absicht des Unternehmens stehen, Mitarbeiter, die Verfehlungen begangen haben, zu sanktionieren oder sich von diesen zügig zu trennen. Der Kronzeuge hat bei allen diesbezüglichen Entscheidungen sicherzustellen, dass das Aufklärungsinteresse der Kommission nicht beeinträchtigt wird. Es ist empfehlenswert, sich vor der Entlassung eines maßgeblich am Kartell beteiligten Mitarbeiters mit der Kommission abzustimmen und eine fortgesetzte Kooperation zB durch vertragliche Regelungen sicherzustellen. Die Kronzeugenmitteilung erkennt an, dass der Zugang des Unternehmens zu ehemaligen Mitarbeitern schwieriger sein kann, da diesen gegenüber in der Regel keine Weisungsbefugnis mehr besteht. 24

Die Kooperationspflicht beinhaltet ferner, dass der Kronzeuge relevante Informationen und Beweisstücke **nicht vernichtet, verfälscht oder unterdrückt.** Sofern einzelne Mitarbeiter entgegen der ausdrücklichen Weisung des Unternehmens Beweise vernichtet haben, wird es darauf ankommen, ob das Unternehmen alle erforderlichen technischen und organisatorischen Vorkehrungen getroffen hat, um dies zu verhindern. 25

Schließlich darf das Unternehmen Stellung und Inhalt des Kronzeugenantrags bis zum Erlass der Beschwerdepunkte **nicht offenlegen,** es sei denn, es wurde etwas anderes mit der Kommission vereinbart. Diese Verpflichtung soll zum einen die Wirksamkeit der Ermittlungsmaßnahmen, insbesondere den Erfolg von Nachprüfungen sicherstellen. Zum 26

---

[26] Siehe auch, insbesondere für Joint Venture Szenarien, Ortiz Blanco/*Hödlmayr*/*Ortiz Blanco*/*Jörgens* Rn. 6.11 und Faull/Nickpay/*Colombani*/*Kloub*/*Sakkers* Rn. 8.174.
[27] Rn. 12 lit. a) der Kronzeugenmitteilung.

anderen soll sie auch die Kartellbeteiligten über Zahl und Inhalt der gestellten Anträge im Unklaren lassen und so einen ungestörten „Wettlauf" der Kronzeugen ermöglichen. Im Fall *Italienischer Rohtabak*[28] hat die Kommission dem ersten Kronzeugen den Geldbußenerlass verweigert, weil er vor der Nachprüfung Kartellmitglieder über seinen Antrag informiert hat, ohne dass die Kommission dem zugestimmt hatte.

27 Einer Lockerung des Offenlegungsverbots kann die Kommission zustimmen, wenn das Unternehmen rechtlich verpflichtet ist, über den Umfang seiner Kooperation oder möglichen Verantwortlichkeit zu informieren. Hierzu kann auch der Fall gehören, dass das Unternehmen iRv Verhandlungen über einen Unternehmensverkauf Aufklärungspflichten hat. Letztlich wird in einer Einzelfallprüfung eine Interessenabwägung erfolgen, die auch den Zeitpunkt des Verfahrensverlaufs einbezieht. In diesem Zusammenhang sollte auch mit der Kommission besprochen werden, ob und wie ein kapitalmarktrechtlicher Hinweis zB in den Jahresbericht 10K aufgenommen werden kann. Eine Offenlegung des Antrags gegenüber anderen Wettbewerbsbehörden außerhalb des EWR sollte ebenfalls mit der Kommission abgestimmt werden, wobei hier jedoch in der Regel eine Zustimmung zu erwarten ist.

28 Das Besondere an den beiden letztgenannten Pflichten ist, dass sie bereits gelten, wenn die Stellung eines Antrags erwogen wird. Dies ist notwendig, um zu verhindern, dass durch Handlungen vor Antragstellung der mit diesen Pflichten verfolgte Zweck der Sicherstellung eines effizienten Ermittlungsverfahrens unterlaufen wird. Aus praktischen Gründen ist in dieser Phase aber die Offenlegung gegenüber anderen Wettbewerbsbehörden auch ohne Abstimmung mit der Kommission erlaubt.

4. Beendigung des Kartells

29 Grundsätzlich muss der Kronzeuge seine Beteiligung am Kartell unmittelbar nach Antragstellung beenden. Ein plötzlicher und vollständiger Rückzug könnte jedoch die anderen Kartellbeteiligten warnen und ihnen die Möglichkeit geben, vor einer Nachprüfung Beweise zu vernichten. Daher kann mit der Kommission vereinbart werden, dass bestimmte Kartellaktivitäten **zum Schein aufrechterhalten** werden, um den Überraschungseffekt einer Nachprüfung nicht zu gefährden.[29] Da dies eine Ausnahme vom Grundsatz der sofortigen Beendigung ist, hat das Unternehmen sich in jedem Fall mit der Kommission abzustimmen. Dabei ist zu berücksichtigen, dass die fortgesetzte Teilnahme an kollusiven Kontakten auf das unbedingt notwendige Maß zu beschränken ist und nur für eine kurze Zeitperiode bis zum Beginn der Nachprüfungen in Frage kommt.[30]

II. Besondere Voraussetzungen für den Bußgelderlass

1. Erster Antragsteller

30 Für den Bußgelderlass kommt nur der erste Antragsteller in Betracht, der einen die Voraussetzungen erfüllenden Antrag stellt. Pro Kartell kann also **nur ein Unternehmen** Bußgelderlass erhalten. Ein Kartell wird durch die Definition der einheitlichen und fort-

---

[28] EuG Urt. v. 9.9.2011 – T-12/06 Rn. 149 – Deltafina; in diesem Fall kam die Kronzeugenmitteilung von 2002 zur Anwendung; bestätigt durch EuGH Urt. v. 12.6.2014 – C-578/11 P Rn. 101 – Deltafina.
[29] Bei weltweiten Kartellen kann auch zu berücksichtigen sein, dass andere Wettbewerbsbehörden ebenfalls die Aufrechterhaltung bestimmter Kontakte verlangen. Sofern diese für den EWR relevant sind, hat der Antragsteller dies mit der Kommission abzustimmen.
[30] Nimmt der Antragsteller auf Aufforderung der Kommission zum Schein weiterhin an bestimmten Kartellkontakten teil, stellt sich aber die Frage, wie sich dieses auf seine Schadenersatzpflicht auswirken kann. Praktisch dürfte diese Frage nur relevant werden, wenn es um einen nicht unerheblichen Zeitraum geht, der regelmäßig durch die Kommission vermieden wird. Zudem dürfte sich dieses auch deshalb regelmäßig nicht auswirken, da Schadensersatzklagen typischerweise als Follow-on-Klagen erfolgen, also auf einen festgestellten Kartellverstoß einer Behörde aufbauend, so dass nur der von der Kommission festgestellte Zeitraum Bindungswirkung für die Follow-on-Klage entfaltet. Der im Beschluss festgestellte Kartellverstoß endet aber in der Regel mit der Antragstellung, auch wenn sich der Antragsteller in Absprache mit der Kommission nicht sofort vollständig distanziert hat. Siehe dazu auch Faull/Nickpay/*Colombani*/*Kloub*/ *Sakkers* Rn. 8.146.

gesetzten Verletzungshandlung bestimmt, so dass es denkbar ist, dass mehrere Adressaten eines Beschlusses sich für einen Geldbußenerlass qualifizieren, wenn der Beschluss mehrere verschiedene Verletzungshandlungen zum Gegenstand hat, wobei der Erlass dann auf die Verletzungshandlung beschränkt bleibt, für die der Antragsteller der Erste war.[31] Sofern sich ein Antrag auf mehrere Verletzungshandlungen erstreckt – wobei sich eine solche Aufteilung möglicherweise erst im Laufe der Ermittlungen ergibt – treffen den Antragsteller sämtliche Kooperationspflichten im Hinblick auf alle Verletzungshandlungen.[32]

Ein Antrag ist erfolgreich, wenn er die unter Rn. 32 ff. erörterten Bedingungen erfüllt. **31** Bei mehreren hintereinander eingereichten Anträgen verschiedener Unternehmen wird daher dem Antragsteller der Erlass gewährt, der als Erster so viel Informationen und Beweismittel beibringt, dass er die unter Rn. 32 ff. genannten Bedingungen erfüllt. Informationen oder Beweismittel, die zwischenzeitlich ein anderer Antragsteller als Erster beigebracht hat, werden nur zu dessen Gunsten berücksichtigt.

2. Ermöglichung einer gezielten Nachprüfung oder der Feststellung der Zuwiderhandlung

Inhaltliche Voraussetzung ist die Übermittlung von Informationen und Beweismitteln, **32** die entweder eine gezielte Nachprüfung (Rn. 8 (a) der Kronzeugenmitteilung) oder die Feststellung der Zuwiderhandlung (Rn. 8 (b) der Kronzeugenmitteilung) ermöglichen. In der ganz überwiegenden Zahl der Fälle wird ein Erlass nach Rn. 8 (a) gewährt. Ein Erlass nach Rn. 8 (b) ist dann nicht mehr möglich.

Wie viele Informationen und Beweismittel der Antragsteller liefern muss, um eine **ge-** **33** **zielte Nachprüfung** zu ermöglichen, hängt von den Umständen des Einzelfalls ab. Abzuwägen ist einerseits das Interesse, möglichst viele und genaue Informationen zum Kartell zu erlangen, um nicht nur die rechtlichen Voraussetzungen für einen Nachprüfungsbeschluss zu erfüllen, sondern auch, um während der Nachprüfung eine effiziente Suche durchführen zu können. Andererseits ist dem Interesse Rechnung zu tragen, die Nachprüfung überraschend durchzuführen und daher zu vermeiden, dass durch bestimmte Suchaktivitäten des Antragstellers die anderen Kartellmitglieder gewarnt werden könnten. Es werden daher sowohl die Komplexität und Organisation des Kartells als auch die Verfüg- und Erreichbarkeit von Informationen zu berücksichtigen sein. Die Bewertung findet ausschließlich auf der Grundlage der vor der Nachprüfung vom Antragsteller übermittelten Informationen und Beweismittel statt. Dies gilt auch, wenn ausnahmsweise ein bedingter Geldbußenerlass erst zu einem späteren Zeitpunkt gewährt wird (dazu → Rn. 51). Unerheblich ist daher, ob später tatsächlich eine Nachprüfung durchgeführt wird und ob diese erfolgreich ist. Ferner sollte es sich nicht zum Nachteil des Anmelders auswirken, wenn eine Nachprüfung allein deswegen nicht durchgeführt werden kann, weil sich keine relevanten Geschäftsräume innerhalb des EWR befinden.[33]

Ein Erlass kommt nicht in Betracht, wenn die Kommission zum Zeitpunkt der Antrag- **34** stellung im Zusammenhang mit dem Kartell bereits eine Nachprüfung durchgeführt hat oder über ausreichende Informationen und Beweismittel verfügt, um eine Nachprüfung durchzuführen.[34] Unerheblich ist, ob die Kommissionsbediensteten die vorhandenen Informationen und Beweismittel zum Zeitpunkt der Antragstellung bereits analysiert haben.[35] Bei mehreren getrennten Verletzungshandlungen, die aber dasselbe Produkt- oder Dienstleistungssegment betreffen, ist genau zu prüfen, zu welchen Verletzungshandlungen der Kommission bereits Informationen vorliegen, die eine gezielte Nachprüfung ermöglichen würden. Um die Erlassvoraussetzungen zu erfüllen, muss der Antragsteller Informationen liefern, die eine gezielte Nachprüfung hinsichtlich der von der Kommission letztlich festge-

---

[31] Siehe zB Kom. 5.12.2013 – COMP/39861 – YIRD, IP/13/1208.
[32] Kom. 12.10.2011 – COMP.39482 Rn. 345 – Exotische Früchte.
[33] Siehe auch Ortiz Blanco/*Hödlmayr/Ortiz Blanco/Jörgens* Rn. 6.13. und Kom. 8.12.2010 – COMP. 39309 Rn. 55–59 und 453, 455 – LCD.
[34] Siehe dazu EuG Urt. v. 13.7.2011 – T-151/07 Rn. 110–119 – Kone; bestätigt durch EuGH Urt. v. 24.10.2013 – C-510/11 P – Kone; EuG Urt. v. 27.11.2014 – T-521/09 Rn. 51–89 – Alstom.
[35] EuG Urt. v. 27.11.2014 – T-521/09 Rn. 77–83 – Alstom.

stellten einheitlichen Zuwiderhandlung ermöglichen. Die Informationen des Antragstellers müssen nicht den gesamten Umfang der später festgestellten Verletzungshandlung umfassen. Der Antragsteller erhält die Immunität für die gesamte Verletzungshandlung – mit Sperrwirkung für nachfolgende Anmelder – wenn er zumindest für Teilbereiche dieser Verletzungshandlung eine gezielte Nachprüfung ermöglicht.[36] Sofern der Antragsteller Informationen zu einer anderen Verletzungshandlung liefert, reicht es nicht, dass seine Kooperation für die festgestellte Zuwiderhandlung insofern kausal war, als die darauf ausgelösten Ermittlungshandlungen der Kommission zu weiteren Anträgen geführt haben, die die festgestellte Zuwiderhandlung betreffen. Ein solcher „Schneeballeffekt" liegt in der Natur des Kronzeugenprogramms und soll die Antragsteller veranlassen umfassend zu kooperieren und unverzüglich alle Verletzungen zu berichten, die ihnen bekannt werden.[37]

35 Auch wenn die Ermittlungen von Amts wegen ausgelöst wurden, kann ein Antragsteller noch die Voraussetzungen nach Rn. 8 (a) erfüllen.[38] Voraussetzung ist, dass es der Kommission nach dem Stand der Ermittlungen zum Zeitpunkt der Antragstellung nicht möglich war, eine gezielte Nachprüfung durchzuführen.

36 Ein Geldbußenerlass nach Rn. 8 (b) ist in der Praxis eher selten.[39] Hauptgrund dürfte sein, dass vielfach bereits ein Erlass nach Rn. 8 (a) gewährt wurde und Rn. 8 (b) damit gesperrt war.[40] Ferner sind die inhaltlichen Anforderungen höher als bei Rn. 8 (a), denn Rn. 8 (b) fordert, dass die vorgelegten Informationen und Beweise der Kommission die **„Feststellung" einer Zuwiderhandlung** im Zusammenhang mit dem mutmaßlichen Kartell ermöglichen sollen. Der EuG führte dazu im *Kone* Urteil[41] aus:

37 „[...] entscheidend für die Gewährung eines Geldbußenerlasses nach dieser Bestimmung ist die Qualität der Zusammenarbeit eines Unternehmens wie Kone. Es genügt nämlich nicht, dass Kone eine Information gab und Beweismittel vorlegte, die die tatsächliche Verfolgung des Verstoßes ermöglichten. Zwar ist nicht erforderlich, dass die vorgelegten Beweismittel ausreichen, um die Zuwiderhandlung vollständig oder in allen Einzelheiten nachzuweisen, sie müssen jedoch so geartet, so genau und so beweiskräftig sein, dass sie der Kommission die Feststellung eines Verstoßes gegen Art. 81 EG ermöglichen.

38 Sicherlich ist dies der Fall, wenn die Kommission auf Basis des Antrags und ohne weitere Ermittlungstätigkeit das Kartell beweisen und den Sachverhalt des Bußgeldbeschlusses schreiben könnte. Es sollte aber auch ausreichend sein, wenn diese Voraussetzung für die wesentlichen Elemente des Kartells vorliegt. Ein Geldbußenerlass kommt nicht in Frage, wenn die Kommission zum Zeitpunkt der Antragstellung bereits über die notwendigen Informationen und Beweise für die Feststellung der Zuwiderhandlung verfügt.

3. Keine Zwangsausübung

39 Ein Geldbußenerlass ist nicht möglich, wenn der Kronzeuge andere Unternehmen zur Kartellteilnahme gezwungen hat. „Zwang" setzt zum einen voraus, dass das andere Unternehmen nicht am Kartell teilnehmen wollte oder Schritte unternommen hat, aus diesem auszutreten. Zum anderen muss der Antragsteller Aktivitäten entfaltet haben, um dies zu verhindern, etwa durch die Anwendung oder Androhung von physischer Gewalt oder starkem wirtschaftlichen Druck. Der wirtschaftliche Druck muss über die Ankündigung von wettbewerblichem Verhalten gegenüber dem Unternehmen hinausgehen. Auch übliche Monitoring- und Kontrollmechanismen innerhalb des Kartells reichen nicht aus.

---

[36] EuG Urt. v. 29.2.2016 – T-267/12 Rn. 320–340 – Deutsche Bahn u. Schenker.
[37] EuG Urt. v. 27.11.2014 – T-521/09 Rn. 92, Alstom.
[38] Siehe Kom. 19.10.2011 – COMP.39605, IP/11/1214 – CRT Glas.
[39] Siehe zB Kom. 21.2.2007 – COMP/38823 Rn. 760–761, 814–816 und 837–838 – Fahrstühle und Rolltreppen; Kom. 7.10.2009 – COMP/39.129 Rn. 289 – Leistungstransformatoren; Kom. 30.6.2010 – COMP/38.344 Rn. 1075 – Spannstahl.
[40] Unschädlich ist es aber, wenn bereits eine Nachprüfung durchgeführt wurde, ein Erlass nach Rn. 8(a) aber nicht in Frage kommt, siehe auch Faull/Nickpay/*Colombani/Kloub/Sakkers* Rn. 8.138.
[41] EuG Urt. v. 13.7.2011 – T-151/07 Rn. 9 – Kone; bestätigt durch EuGH Urt. v. 24.10.2013 – C-510/11 P Rn. 49–57 – Kone.

Grundsätzlich sind die Voraussetzungen für „Zwang" **nicht zu weit auszulegen,** damit der potentielle Antragsteller abschätzen kann, ob er den Ausschlussgrund erfüllt oder nicht. Sofern die Kommission aus diesem Grund den Geldbußenerlass verweigern möchte, muss sie beweisen, dass Zwang ausgeübt wurde. In der Praxis ist dieser Verweigerungsgrund bislang noch nicht zur Anwendung gekommen. Die Ausübung von Zwang schließt eine Bußgeldreduzierung nicht aus, wenn die hierfür erforderlichen Voraussetzungen erfüllt sind.

Anders als beispielsweise in den USA führt die Rolle eines Initiators bzw. Anführers **40** („ring leader") eines Kartells nicht zu einem Ausschluss vom Bußgelderlass. Allerdings wird die Rolle als Initiator oder Anführer regelmäßig als erschwerendes Element in der Bußgeldberechnung berücksichtigt. Ursprünglich enthielt die erste Kronzeugenmitteilung von 1996 zwar in Anlehnung an die Leitlinien in den USA einen solchen Ausschlussstatbestand, dieser ist aber in den Überarbeitungen 2002 und 2006 entfallen. Gegen einen Ausschluss des Initiators bzw. Anführers spricht wesentlich die möglicherweise stabilisierende Wirkung eines solchen Ausschlusses auf das Kartell.

III. Besondere Voraussetzungen für die Bußgeldermäßigung

1. Zeitgerechter Ermäßigungsantrag

Eine Ermäßigung verlangt einen ausdrücklichen Antrag auf Ermäßigung, der **vor Mittei-** **41** **lung der Beschwerdepunkte** zu stellen ist. Anträge nach Mitteilung der Beschwerdepunkte kann die Kommission unberücksichtigt lassen. Sie wird dies in der Regel tun, da die Kenntnis der Beschwerdepunkte und der Akte es Unternehmen ermöglichen würde, einerseits bei ihren Anträgen auf den Kenntnissen der Kommission und den Informationen der vorherigen Antragsteller aufzubauen und so einen Vorteil bei der Schaffung von Mehrwert zu erlangen und anderseits den Antrag so zu begrenzen, dass Umfang, Schwere oder Dauer der Verletzungshandlung gegenüber den Beschwerdepunkten nicht erweitert werden. Im Vergleichsverfahren ist der Ermäßigungsantrag spätestens vor Ablauf der Frist, innerhalb derer die Parteien ihre Bereitschaft zur Aufnahme des Vergleichsverfahrens nach Verfahrenseröffnung erklären, zu stellen.

2. Vorlage von Beweismitteln von erheblichem Mehrwert

Nur wenn das Unternehmen in seinem Antrag Beweismittel von erheblichem Mehrwert **42** vorlegt, kommt eine Bußgeldermäßigung in Betracht.[42] Der Mehrwert hängt von der Qualität und Nützlichkeit des Kronzeugenbeitrags ab. Für Unternehmen kann es schwierig sein, den erheblichen Mehrwert zu beurteilen und den richtigen Zeitpunkt für eine Antragsstellung zu finden, da sie nicht genau wissen, über welche Informationen und Beweismittel die Kommission bereits verfügt.

Die **Qualität** richtet sich nach der Eignung, das mutmaßliche Kartell zu beweisen. Art **43** und Inhalt des Beweismittels sind hierzu besonders relevant. Je unmittelbarer der Beweis ist, desto stärker ist die Beweiskraft. Je eindeutiger, präziser und umfassender das Beweismittel Verhalten beschreibt, das die relevante einheitliche und fortgesetzte Zuwiderhandlung begründet, desto höher ist die inhaltliche Beweiseignung. Rn. 25 der Kronzeugenmitteilung gibt Hinweise zur Einschätzung der Qualität. Besonders wertvoll sind danach schriftliche Beweise aus der Zeit des Kartells, die den Sachverhalt unmittelbar betreffen und zwingende Beweiskraft haben. Beispiele wären der Austausch von E-Mails zwischen den Mitarbeitern von Wettbewerbern, in denen Angebotspreise abgestimmt werden, oder Notizen aus einem Kartelltreffen, in denen die beabsichtigten Preiserhöhungen der Wettbewerber notiert werden.

---

[42] Im Hinblick auf die Anforderungen an den erheblichen Mehrwert sind die Kronzeugenmitteilungen von 2002 und 2006 weitgehend identisch (siehe auch EuG Urt. v. 15.7.2015 – T-423/10 Rn. 152–154 – Redaelli Tecna). Rechtsprechung zu der Kronzeugenmitteilung von 2002 ist daher diesbezüglich auf die Kronzeugenmitteilung von 2006 übertragbar.

44 Die **Nützlichkeit** bestimmt sich im Vergleich zu dem Beweismaterial, das der Kommission zum Zeitpunkt der Antragstellung bereits vorliegt,[43] insbesondere aufgrund der Nutzung ihrer Ermittlungsbefugnisse (Nachprüfungen, Auskunftsverlangen) oder aufgrund vorausgegangener Erlass- und/oder Ermäßigungsanträge. Unerheblich ist, ob die Kommissionsbediensteten das vorliegende Beweismaterial zum Zeitpunkt der Antragstellung bereits analysiert haben.[44] Informationen, die ein Unternehmen in Beantwortung eines Auskunftsverlangens übermittelt – zB weil es dieses erhalten hat, bevor es sich für einen Antrag entschieden hat – werden nicht als Mehrwert gezählt.[45] Übermittelt das Unternehmen aber Informationen, die über die Beantwortung der Fragen des Auskunftsverlangens hinausgehen und stellt einen Kronzeugenantrag oder ist bereits Antragsteller, kann dies bei der Bestimmung des Mehrwertes berücksichtigt werden.

45 Letztlich wird eine **Einzelfallbewertung** vorzunehmen sein, bei der es darauf ankommt, welche Beweise die Kommission konkret noch benötigt. Dies hängt auch von den **Beweisregeln** ab. So reicht eine von anderen Parteien bestrittene Unternehmenserklärung nicht aus, um eine Zuwiderhandlung zu beweisen.[46] Wenn keine Beweise aus der Zeit vorliegen, kann eine zweite Unternehmenserklärung, die inhaltlich übereinstimmende, genaue und ausdrückliche Aussagen zur Verletzungshandlung, zB über Daten, Teilnehmer und Themen von Treffen, enthält, ausgesprochen hilfreich sein.[47] Wenn die Akte bereits viele zwingende Beweise aus der Zeit der Verletzungshandlung enthält, mag dagegen ein weiterer Beweis aus der Zeit die Arbeit der Kommission nur unwesentlich erleichtern. Ebenso reichen bloße Bestätigungen von Sachverhalten, die die Kommission bereits beweisen kann, nicht aus.[48] Die Häufigkeit, mit der Kronzeugenbeiträge in dem Bußgeldbeschluss zitiert werden, ist ein wenig verlässlicher Indikator für ihren Mehrwert. Vielfach nennt die Kommission alle ihr für einen Sachverhalt zur Verfügung stehenden Beweismittel, sodass daraus allein noch nicht abgeleitet werden kann, wann ein einzelnes Beweismittel geliefert wurde und ob es für die Beweisführung wirklich notwendig war.[49]

46 Für die Zubilligung von Mehrwert ist es nicht erforderlich, dass es ohne den Kronzeugenbeitrag nicht möglich gewesen wäre, das Kartell insgesamt nachzuweisen. Mehrwert liegt bereits vor, wenn der Beweis relevanter Kartellsachverhalte ermöglicht wird und damit der Beweis des Kartells insgesamt **erleichtert** wird. Das maßgebliche Kartell ist die einheitliche Zuwiderhandlung, wie sie in dem Beschluss festgestellt wird. Daher sind einerseits Informationen, die „außerhalb" der Zuwiderhandlung liegen (zB zeitlich vorgelagert oder ein anderes Produkt betreffend) nicht geeignet, Mehrwert zu liefern.[50] Andererseits sind alle Beweise mehrwertfähig, die zum Nachweis des Produktumfangs, der geographischen Reichweite, der Dauer und der Parteien der festgestellten einheitlichen Zuwiderhandlung beitragen.[51] Abhängig vom Einzelfall können auch Reinschriften von handschriftlichen Notizen, Einordnungen von Notizen oder auch die Dechiffrierung von kodierten Unterlagen nützlich sein.

---

[43] Siehe EuG Urt. v. 28.4.2010 – T-456/05 ua Rn. 221 – Gütermann u. Zwicky; EuG Urt. v. 16.9.2013 – T-412/10 Rn. 185 – Roca.
[44] EuG Urt. v. 27.11.2014 – T-521/09 Rn. 77–83 – Alstom (zum Erlassantrag).
[45] Vgl. EuGH Urt. v. 24.6.2015 – C-293/13P Rn. 180–186 – Del Monte, zu der Frage, ob die in Antworten auf einfache Auskunftsverlangen enthaltenen Informationen eine Bußgeldreduzierung rechtfertigen.
[46] EuG Urt. v. 16.9.2013 – T-412/10 Rn. 185 – Roca; EuG Urt. v. 15.7.2015 – T-423/10 Rn. 94 – Redaelli Tecna.
[47] Siehe auch EuG Urt. v. 16.9.2013 – T-380/10 Rn. 166 – Wabco.
[48] Siehe auch EuG Urt. v. 16.9.2013 – T-412/10 Rn. 186 – Roca; EuG Urt. v. 15.7.2015 – T-423/10 Rn. 93 – Redaelli Tecna.
[49] Siehe zB EuG Urt. v. 23.1.2014 – T-391/09 Rn. 207 – Evonik Degussa und Alzchem.
[50] So auch EuG Urt. v. 20.5.2015 – T-456/10 Rn. 93 – Timab.
[51] Dies gilt auch dann, wenn sich der Mehrwert auf Teile einer einheitlichen Zuwiderhandlung bezieht, an der der Antragsteller nicht beteiligt war, siehe EuG Urt. v. 23.1.2014 – T-391/09 Rn. 209–211 – Evonik Degussa und Alzchem.

Die Gerichte billigen der Kommission bei der Bestimmung des Mehrwerts einen gewissen **Beurteilungsspielraum** zu[52] und beschränken sich formal auf die Feststellung offenkundiger Beurteilungsfehler.[53] Dennoch prüft das EuG, insbesondere in neueren Urteilen, ausführlich, ob die Kommission aufgrund ihrer Einschätzung der Qualität und Nützlichkeit des Kronzeugenbeitrags zu Recht eine Ermäßigung abgelehnt hat.[54]

47

Die **zeitliche Reihenfolge** der Anträge mit erheblichem Mehrwert bestimmt darüber, in welcher **Bandbreite** die Geldbuße ermäßigt wird. Die höchste Bandbreite erhält der Antragsteller, der als erster die Mehrwertschwelle erreicht. Der Antrag kann in Form mehrerer hintereinander abgegebener Unternehmenserklärungen und Übermittlungen von Beweismitteln erfolgen. Es ist nicht erforderlich, dass bereits die erste Erklärung die Mehrwertschwelle erreicht. Unschädlich ist es, wenn zwischenzeitlich oder sogar zuvor Anträge anderer Unternehmen eingehen, sofern diese noch unter der Mehrwertschwelle bleiben. In diesen Fällen ist aber bei der Prüfung der Nützlichkeit für jedes Beweismittel genau zu bestimmen, welcher Antragsteller es als erstes vorgelegt hat.

48

IV. Rechtsfolgen

1. Geldbußenerlass

Der erfolgreiche Immunitätsantrag führt zu einem vollständigen Erlass der Geldbuße für alle vom Antrag umfassten Rechtspersonen des antragstellenden Unternehmens (siehe zu den Antragstellern → Rn. 20). Der Kronzeuge bleibt aber Verfahrensbeteiligter und wird genauso wie die anderen Parteien Adressat des Kartellbeschlusses. In den Beschlussgründen wird der Kronzeuge nicht anders behandelt als die anderen Parteien, außer dass am Ende der Bußgeldberechnung sein **Bußgeld auf null** festgesetzt wird. Im Tenor wird auch dem Kronzeugen gegenüber die **Zuwiderhandlung festgestellt** und deren Abstellung verfügt. Aufgrund der Feststellungswirkung können private Schadensersatzforderungen der Kartellopfer auch an den Kronzeugen gerichtet werden.

49

Nach der Schadensersatzrichtlinie haftet der Kronzeuge aber **nicht gesamtschuldnerisch** für den Schaden mit den anderen Kartellmitgliedern, sondern kann nur für den von ihm selbst verursachten Schaden verantwortlich gemacht werden.[55] Der Kronzeuge wird damit nicht auf den Innenausgleich (und die damit verbundene Übernahme des Insolvenzrisikos) verwiesen. Mit dieser Regelung soll dem Kronzeugen gegenüber den anderen Parteien kein Nachteil daraus entstehen, dass er in der ganz überwiegenden Zahl der Fälle nicht gegen den Kartellbeschluss klagt[56] und dieser damit für ihn vor anderen klagenden Parteien rechtskräftig wird.

50

Sobald die Kommission festgestellt hat, dass die Voraussetzungen für einen Geldbußenerlass nach Rn. 8 Buchstabe a) oder b) vorliegen, erlässt sie einen Beschluss, durch den dem Unternehmen ein **bedingter Geldbußenerlass** gewährt wird. Die Kommission strebt an, den bedingten Erlass **zeitnah** nach Antragstellung zu gewähren. Ob dies möglich ist, hängt jedoch von der Komplexität des Einzelfalls ab. Bei einem Erlass nach Rn. 8 Buchstabe a) wird der Beschluss vielfach kurz vor Beginn der Nachprüfung gefasst. Es kann jedoch Fälle geben, in denen das Vorliegen der Voraussetzungen selbst für einen Erlass nach Rn. 8 Buchstabe a) erst nach einer Nachprüfung festgestellt werden kann. Dies ist insbesondere dann denkbar, wenn weitere Ermittlungen notwendig sind, um aufzuklären, ob ein angezeigter Sachverhalt ein separates Kartell ist oder eine einheitliche und fortgesetzte Verletzungshandlung mit einem anderen, bereits zuvor von einem anderen Antragsteller angezeigten Sachverhalt bildet. Der EuGH hat festgestellt, dass die Kom-

51

---

[52] EuGH Urt. v. 10.5.2007 – C-328/05P Rn. 81–87 – SGL Carbon.
[53] EuG Urt. v. 28.4.2010 – T-456/05 ua Rn. 219–226 – Gütermann u. Zwicky.
[54] Siehe zB EuG Urt. v. 16.9.2013 – T-412/10 Rn. 188–215 – Roca; EuG Urt. v. 14.3.2013 – T-587/08 Rn. 845–856 – Fresh Del Monte.
[55] Siehe Art. 11 Abs. 2 der Richtlinie.
[56] Ausnahme zB erstmals Masco (EuG Urt. v. 16.9.2013 – T-378/10, NZKart 2013, 420) im Sanitärkartell und Lufthansa im Luftfrachtkartell (EuG Urt. v. 16.12.2015 – T-46/11).

mission in einem frühen Verfahrensstadium nicht verpflichtet ist, Aussagen zum Status eines Antragstellers zu machen.[57] Klarheit wird spätestens bis zum Erlass der Beschwerdepunkte geschaffen worden sein. Der **endgültige Erlass** der Geldbuße erfolgt durch den das Verwaltungsverfahren abschließenden Beschluss, in dem die Kommission das Vorliegen der Voraussetzungen der Rn. 8 Buchstabe a) oder b) bestätigt und die Erfüllung der Kooperations- und Beendigungspflichten feststellt.

52 Sofern ein Erlass nicht möglich ist oder die Voraussetzungen für einen bedingten Geldbußenerlass nicht vorliegen, wird der Antragsteller davon schriftlich in Kenntnis gesetzt. Wenn ein Geldbußenerlass nicht mehr möglich ist, weil ein anderes Unternehmen bereits einen bedingten Erlass für dasselbe Kartell erhalten hat oder erhalten wird, teilt die Kommission dies frühzeitig mit, gegebenenfalls bereits in der Eingangsbestätigung für den Antrag. Nach Mitteilung kann das Unternehmen die eingereichten Beweismittel **zurückziehen**. Dies hindert die Kommission jedoch nicht daran, ihre Ermittlungen fortzusetzen und über Auskunftsverlangen oder Nachprüfungen relevante Beweismittel zu sammeln, einschließlich derer, die zurückgezogen wurden. Vielfach wird der Antragsteller bereits zeitgleich mit seinem Erlassantrag für den Fall der Ablehnung einen Ermäßigungsantrag gestellt haben. Sofern dies nicht geschehen ist, kann er die Kommission zum Zeitpunkt der Ablehnung des Erlassantrags ersuchen, die Beweismittel im Rahmen eines Ermäßigungsantrags zu berücksichtigen. Der Ermäßigungsantrag ist dann jedoch erst zu diesem Zeitpunkt gestellt, was erhebliche Auswirkungen auf die Rangfolge haben kann.

53 Sofern ein endgültiger Bußgelderlass verweigert wird, weil das Unternehmen die Kooperations- oder Beendigungspflichten nicht erfüllt hat, rückt der nächste (und daher nicht erfolgreiche) Erlassanmelder nicht auf.[58]

2. Geldbußenermäßigung

54 In den Genuss der Geldbußenermäßigung kommen alle vom Antrag umfassten Rechtspersonen des antragstellenden Unternehmens (siehe zu den Antragstellern → Rn. 20).[59] Die Höhe der Geldbußenermäßigung hängt zunächst davon ab, in welcher **Bandbreite** der Antragsteller eingeordnet wird. Dabei kommt es auf die **Reihenfolge** an, in der die Antragsteller Beweismittel mit erheblichem Mehrwert vorlegen (→ Rn. 48). Der erste Ermäßigungsantrag mit erheblichem Mehrwert liegt in der Bandbreite von 30% bis 50%, der zweite von 20% bis 30% und jeder weitere kann eine Ermäßigung bis zu 20% erhalten. Auch wenn es grundsätzlich für nachfolgende Anträge immer schwieriger wird, erheblichen Mehrwert zu liefern, kommt es in der Praxis nicht selten vor, dass drei oder mehr Anträge erfolgreich sind.[60]

55 Ob die Kommission beabsichtigt, einem Antragsteller eine Geldbußenermäßigung zu gewähren und innerhalb welcher Bandbreite die Ermäßigung erfolgen soll, wird dem Antragsteller **spätestens zum Zeitpunkt der Mitteilung der Beschwerdepunkte** mitgeteilt. Im normalen Verfahren ist es unüblich, dass den Antragstellern ihre Bandbreite bereits zuvor mitgeteilt wird. Im Vergleichsverfahren kann die Bandbreite dagegen früher kommuniziert werden, üblicherweise gemeinsam mit dem Beschluss zur Eröffnung des Vergleichsverfahrens. Die exakte Geldbußenermäßigung wird sowohl im normalen Verfahren als auch im Vergleichsverfahren in das Verwaltungsverfahren abschließenden Geldbußenbeschluss festgestellt. Darin bestätigt die Kommission die Bandbreite, trifft die Feststellung, dass die Kooperations- und Beendigungspflichten erfüllt wurden und legt den genauen Umfang der Ermäßigung fest.

---

[57] EuGH Urt. v. 24.10.2013 – C-510/11 P Rn. 78 – Kone.
[58] Siehe Kom. 20.10.2005 – COMP/C.38.281/B.2 Rn. 485–491 – Italienischer Rohtabak, bestätigt durch EuG Urt. v. 5.10.2011 – T-39/06 Rn. 374–397 – Transcatab; siehe auch EuG Urt. v. 16.9.2013 – T-496/07 Rn. 336 – Repsol.
[59] Daraus folgt, dass eine ehemalige Muttergesellschaft nicht verlangen kann, dass eine Bußgeldermäßigung für ihre ehemalige Tochtergesellschaft auf sie erstreckt wird, siehe EuGH Urt. v. 30.4.2014 – C-238/12P Rn. 83–85 – FLSmidth.
[60] Siehe zB Luftfrachtkartell, vgl. IP/10/1487 und Gleitlagerkartell, IP/14/280.

Verfahrenseinleitung § 7

Die Höhe der Ermäßigung innerhalb der Bandbreite bestimmt sich nach dem Zeitpunkt 56 des erheblichen Mehrwert erreichenden Antrags und nach dem Umfang des Mehrwertes. Die Gerichte billigen der Kommission nicht nur bei der Eingruppierung in eine Bandbreite, sondern (insbesondere) auch bei der Bestimmung der Höhe der Ermäßigung innerhalb der Bandbreite einen gewissen **Beurteilungsspielraum** zu. In jüngeren Urteilen ist jedoch eine Tendenz des EuG erkennbar, die Feststellungen der Kommission recht genau zu überprüfen und in Ausübung der Befugnis zur unbeschränkten Nachprüfung die Reduktionssätze zu verändern.[61]

Hinsichtlich des für den Ermäßigungsumfang erheblichen Zeitpunktes kommt es nicht 57 auf die Reihenfolge der Antragsteller untereinander an, sondern auf die **zeitliche Einordnung im Verfahren.** Je zügiger der Antrag nach Bekanntwerden des Ermittlungsverfahrens gestellt wird, desto positiver ist dies zu bewerten. So hat etwa das EuG festgestellt, dass ein Antrag unmittelbar nach Durchführung der Nachprüfung als zu einem frühen Zeitpunkt gestellt anzusehen sei.[62] Noch positiver ist zu bewerten, wenn ein Antrag bereits vor Bekanntwerden des Ermittlungsverfahrens der Kommission gestellt wird, insbesondere wenn ein Unternehmen sich ohne konkrete Anhaltspunkte für die Aufdeckung des Kartells offenbart (dann wird das Unternehmen aber vielfach das Allererste sein und für einen Erlassantrag in Frage kommen). Denkbar ist auch, dass ein früher Antrag aufgrund von Ermittlungshandlungen von Wettbewerbsbehörden außerhalb Europas oder als Reaktion auf Ermittlungen auf benachbarten Märkten gestellt wird. Ein verzögerter Antrag kann von der Kommission nachteilig bewertet werden, insbesondere wenn ein Antrag erst mehrere Monate nach den Nachprüfungen und möglicherweise nach weiteren Auskunftsverlangen gestellt wird.[63]

Bei der Bestimmung des **Umfangs des Mehrwertes** ist zu berücksichtigen, dass das 58 Beibringen erheblichen Mehrwerts bereits erforderlich ist, um sich überhaupt für die Ermäßigung in einer bestimmten Bandbreite zu qualifizieren. Um innerhalb der Bandbreite in den oberen Ermäßigungsbereich zu gelangen, muss der Antragsteller daher über die Schwelle des erheblichen Mehrwertes hinausgehende Kooperationsbeiträge leisten. Dies ist vor allem Beweismaterial, das in besonderer Weise **hochwertig und nützlich** ist. Die Beurteilungskriterien sind dieselben wie bei der Bestimmung des erheblichen Mehrwertes. Da auch Unternehmenserklärungen Beweismittel sind, kann auch deren Qualität berücksichtigt werden. Eine besonders gute, umfassende und widerspruchsfreie Beschreibung und Erklärung des Kartellsachverhalts kann die Ermittlungsarbeit der Kommission ganz erheblich erleichtern. Die Kronzeugenmitteilung sieht vor, dass die Qualität der Kooperationsleistungen nach Rn. 12 (a) bei der Bestimmung des Umfangs der Ermäßigung zu berücksichtigen ist. Dies kann damit begründet werden, dass jeder Antragsteller die Kooperationsleistungen vollumfänglich zu erbringen hat. Wenn dies nicht der Fall ist, scheidet eine Ermäßigung aus. Dennoch kann sich eine vollständige Erfüllung der Kooperationspflichten auch bei der Bestimmung der Höhe der Ermäßigung auszahlen, denn eine unverzügliche Übermittlung der Beweise verbessert die Möglichkeiten zur Erhöhung des Mehrwerts.[64]

Die unterschiedliche **Qualität der Kooperation** kann somit dazu führen, dass zwei 59 Antragsteller in unterschiedlichen Bandbreiten eine einheitliche Reduktion erhalten. Beispielsweise der erste Antragsteller in der Bandbreite 30–50 % und der zweite Antragsteller im Band 20–30 % erhalten beide eine Reduktion von 30 %, da die Kooperation des Antragstellers in der niedrigeren Bandbreite vorbildlich war, während die Kooperation des Antragstellers in der höheren Bandbreite gerade ausreicht, um überhaupt erheblichen

---

[61] Siehe zB EuG Urt. v. 17.5.2013 – T-154/09 Rn. 323–342 – Manuli; Urt. v. 14.5.2014 – T-406/09 Rn. 188–231 – Donau Chemie.
[62] EuG Urt. v. 17.5.2013 – T-154/09 Rn. 325–327 und 342 – Manuli.
[63] Siehe EuG Urt. v. 16.9.2013 – T-495/07 Rn. 316–330 – Proas; EuG Urt. v. 16.9.2013 – T-496/07 Rn. 381–398 – Repsol; Urt. v. 16.9.2013 – T-391/10 Rn. 126 – Nedri.
[64] Ähnlich wohl EuG Urt. v. 15.7.2015 – T-423/10 Rn. 88 – Redaelli Tecna.

Mehrwert für eine Kronzeugenermäßigung zu erhalten.[65] So führte die Kommission zu Grohes Kooperation im Sanitärkartell aus:

60 „[...] Insgesamt war die Zusammenarbeit von Grohe unter dem Aspekt ihres Ausmaßes von keinem oder geringem Wert im Hinblick auf einige Mitgliedstaaten (wie Österreich, die Niederlande oder Italien). [...] Angesichts dieser Feststellungen wird zwar der Kronzeugenstatus von Grohe nach Artikel 23 Buchstabe b) und Artikel 26 der [Mitteilung über Zusammenarbeit von 2002] nicht in Frage gestellt, jedoch ist die Kommission der Auffassung, dass Grohe eine Geldbußenermäßigung im untersten Bereich gewährt werden sollte.[66]

61 Spätestens mit Zustellung der Mitteilung der Beschwerdepunkte teilt die Kommission den Antragstellern mit, in welcher Bandbreite sie eingruppiert werden.[67] Im Vergleichsverfahren geschieht dies üblicherweise zeitgleich mit dem Beschluss zur Eröffnung des Verfahrens. Die Höhe der Ermäßigung der Geldbuße wird erst in dem das Verwaltungsverfahren abschließenden Beschluss festgelegt, in dem die Kommission das Vorliegen erheblichen Mehrwerts und die Erfüllung der Kooperations- und Beendigungspflichten bestätigt.[68]

62 Sofern eine endgültige Bußgeldermäßigung verweigert wird, weil das Unternehmen die Kooperations- oder Beendigungspflichten nicht erfüllt hat, rückt der nächste Antragsteller nicht in die damit freiwerdende Bandbreite auf.[69]

3. Teilweiser Geldbußenerlass

63 Nach Rn. 26 Abs. 3 der Kronzeugenmitteilung kann ein Unternehmen, das einen Ermäßigungsantrag stellt, unter besonderen Umständen und im Hinblick auf bestimmte Aspekte der Verletzungshandlung so gestellt werden, als ob es für diese einen Geldbußenerlass erhielte:

64 „Übermittelt das Unternehmen, das den Antrag auf Ermäßigung der Geldbuße stellt, als Erstes zwingende Beweise [...], die die Kommission zur Feststellung zusätzlicher, die Schwere oder Dauer der Zuwiderhandlung erhöhender Tatsachen heranzieht, wird die Kommission diese zusätzlichen Tatsachen bei der Festsetzung der Geldbuße für das Unternehmen, das diese Beweise vorlegte, nicht berücksichtigen."

65 Durch diese Vorschrift wird verhindert, dass ein Antragsteller allein aufgrund von Beweismitteln sanktioniert wird, die er der Kommission zur Verfügung gestellt hat.[70] Antragsteller, die nicht die Ersten sind und besonders umfassend und hochwertig über das Kartell informieren, sollen keinen Nachteil dadurch haben, dass sie das für die Bußgeldberechnung relevante Kartellverhalten gegenüber dem Ermittlungsstand der Kommission erweitern. Eine umfassende Information ist allerdings ohnehin die Verpflichtung eines jeden Antragstellers und wird sich bereits bei der Festsetzung des Ermäßigungsbetrags innerhalb der Bandbreite auswirken. Außerdem ist darauf zu achten, dass der Anreiz erhalten bleibt, als erstes Unternehmen ein Kartell bei der Kommission anzuzeigen. Die Kronzeugenmitteilung hat daher bewusst eine Unterscheidung zwischen Geldbußenerlass, den nur ein Unternehmen erhalten kann, und Geldbußenermäßigung vorgenommen. Die Bestimmung zur teilweisen Geldbußenermäßigung sollte daher **restriktiv** ausgelegt werden.[71]

---

[65] Im Ergebnis so etwa im Sanitärkartell (Nr. 39092), im Falle von Grohe und American Standard, siehe Zusammenfassung des Kom. 23.6.2010 – COMP/39.092 Rn. 16 – Badezimmerausstattungen.
[66] Siehe EuG Urt. v. 16.9.2013 – T-380/10 Rn. 155 – WABCO ua.
[67] Rn. 29 der Leniency-Mitteilung.
[68] Siehe Rn. 30 der Leniency-Mitteilung.
[69] Analog zur Verweigerung des Bußgelderlasses, siehe dazu Kom. 20.10.2005 – COMP/C.38.281/B.2 Rn. 491 – Italienischer Rohtabak; bestätigt durch EuG Urt. v. 5.10.2011 – T-39/06 Rn. 374–397 – Transcatab; EuG Urt. v. 16.9.2013 – T-496/07 Rn. 336 – Repsol.
[70] EuG Urt. v. 17.5.2013 – T-154/09 Rn. 121 – Manuli.
[71] Siehe zur 2002 Kronzeugenmitteilung Urt. v. 27.9.2012 – T-370/06 Rn. 33–36 – Kuwait Petroleum, bestätigt durch EuGH Beschl. v. 21.11.2013 – C-581/12 P Rn. 19–23, und EuG Urt. v. 27.2.2014 – T-128/11 Rn. 163–167 – LG Display.

Mehrere Voraussetzungen müssen für einen teilweisen Geldbußenerlass erfüllt sein. Erstens muss der Antragsteller **zwingende Beweise** vorlegen, die von der Kommission herangezogen werden, um die Schwere oder Dauer der Zuwiderhandlung zu erhöhen. Es reicht nicht, wenn die Beweislage der Kommission lediglich verbessert wird.[72] Vielmehr müssen die vorgelegten Beweise isoliert betrachtet und ohne das Erfordernis einer weiteren Bestätigung ausreichen, um den Nachweis zu erbringen.[73] Außerdem müssen die zwingenden Beweise benutzt werden, um das **Bußgeld des Antragstellers zu erhöhen**. Bei einer Verlängerung der Dauer ist dies offensichtlich. Auswirkungen auf die Schwere sollten aber nur insoweit berücksichtigt werden, als sie tatsächlich für die Bußgeldberechnung relevant sind, wie etwa die Ausweitung des Produktumfangs oder der geographischen Reichweite. 66

Zweitens muss der Antragsteller Beweise, die zur Feststellung zusätzlicher Tatsachen herangezogen werden, **als Erster beibringen.** Sofern die Kommission bereits relevante Beweise besitzt – auch wenn diese nicht zwingend sind – bekräftigt der Antragsteller nur noch die Feststellungen. Fraglich ist, ob ein teilweiser Geldbußenerlass bereits dann ausscheidet, wenn die Kommission zuvor bereits **Kenntnis** der Tatsachen hatte. Nach dem abweichenden Wortlaut der 2002 Kronzeugenmitteilung kam es darauf an, ob die Kommission von den Beweismitteln für einen Sachverhalt „zuvor keine Kenntnis hatte".[74] Zur 2002 Kronzeugenmitteilung hat die Rechtsprechung entschieden, dass der Antragsteller neue Informationen liefern muss[75] bzw. Tatsachen beweisen muss, die der Kommission zuvor unbekannt waren.[76] Das Erfordernis „zusätzlicher Tatsachen" in der 2006 Kronzeugenmitteilung scheint in dieselbe Richtung zu deuten.[77] In der 2006 Kronzeugenmitteilung sollten die qualitativen Anforderungen an die Beweise erhöht werden („zwingend"), woraus aber nicht notwendigerweise folgt, dass gleichzeitig die Anforderungen an den Neuigkeitswert abgesenkt werden sollten. Außerdem ist zu berücksichtigen, dass die Informationen der Kommission üblicherweise aus Unternehmenserklärungen, während einer Nachprüfung erlangten Dokumenten oder Antworten auf Auskunftsverlangen kommen und damit ohnehin einen gewissen Beweiswert besitzen werden. 67

Die Rechtsfolge ist, dass die zusätzlichen Tatsachen bei der Berechnung des Bußgelds nicht berücksichtigt werden dürfen. Es muss demnach eine „rechtliche Fiktion" geschaffen werden, nach der die Kommission die zusätzlichen Tatsachen bei der Bußgeldberechnung **vollständig ausblendet**.[78] Dies bedeutet bei einer Verlängerung der Dauer aufgrund zusätzlicher Tatsachen, dass der Antragsteller so gestellt werden muss, als ob er während des verlängerten Zeitraums nicht am Kartell teilgenommen hat, was nicht nur den Multiplikator für die Dauer reduziert, sondern auch bei der Bestimmung des relevanten Jahres für die Berechnung der kartellbefangenen Umsätze zu berücksichtigen ist.[79] Bei einer Ausdehnung der geographischen Reichweite sind die kartellbefangenen Umsätze in den hinzugekommenen Gebieten nicht zu berücksichtigen.[80] 68

V. Verfahren

Das Verfahren zur Stellung von Anträgen auf Erlass oder Ermäßigung der Geldbuße wird in der Kronzeugenmitteilung vorgegeben[81] und im „Anti Trust Manual of Procedure" näher beschrieben (siehe Kapitel 9). 69

---

[72] EuG Urt. v. 27.2.2014 – T-128/11 Rn. 167 – LG Display; bestätigt durch EuGH Urt. v. 23.4.2015 – C-227/148 Rn. 79–87 – LG Display.
[73] Siehe zur 2002 Kronzeugenmitteilung auch EuG Urt. v. 17.5.2013 – T-154/09 Rn. 117, 149 – Manuli.
[74] Siehe Rn. 23 Abs. 3 der 2002 Leniency-Mitteilung.
[75] EuG Urt. v. 27.9.2012 – T-370/06 Rn. 33 – Kuwait Petrolium.
[76] EuG Urt. v. 27.2.2014 – T-128/11 Rn. 166 – LG Display.
[77] EuG Urt. v. 29.2.2016 – T-267/12 Rn. 377 – DeutscheBahn u. Schenker.
[78] EuG Urt. v. 27.2.2014 – T-128/11 Rn. 201 – LG Display.
[79] EuG Urt. v. 27.2.2014 – T-128/11 Rn. 201–202 – LG Display.
[80] Siehe EuG Urt. v. 16.9.2013 – T-380/10 Rn. 138–139 – Wabco.
[81] Siehe Rn. 14–22 und 27–30 der Leniency-Mitteilung.

1. Kontakt mit der Generaldirektion Wettbewerb

70 Vor Stellung des förmlichen Antrags ist es empfehlenswert, mit der Generaldirektion Wettbewerb mündlich Kontakt aufzunehmen. Die Telefonnummern, die mit den in der Kartelldirektion für die erste Kontaktaufnahme zuständigen Mitarbeitern verbinden, sind auf der Webseite der Generaldirektion Wettbewerb veröffentlicht.[82] Die Kontaktaufnahme ist sinnvoll, um die **Modalitäten des Antrags zu klären**. Im Falle eines mündlichen Antrags ist sie zwingend erforderlich, um die Abgabe der mündlichen Erklärung zu organisieren, insbesondere um einen Termin zu vereinbaren. Die Kommission wird den Terminwünschen der Antragsteller soweit wie möglich entgegenkommen, sofern sie sich im Rahmen der üblichen Bürozeiten halten.

71 Vor förmlichem Antrag kann ein Unternehmen in Erfahrung bringen, ob ein Geldbußenerlass noch möglich ist. Dafür muss es jedenfalls das vom Kartell betroffene Produkt hinreichend genau bezeichnen. Nicht notwendig ist, dass das Unternehmen sofort seine eigene Identität offenlegt. Um Ausforschungen zu verhindern, wird die Anfrage des Unternehmens nur beantwortet, wenn es zusichert, sofort einen förmlichen Antrag zu stellen, sofern ein Geldbußenerlass noch möglich ist.[83]

2. Förmlicher Antrag in Form einer Unternehmenserklärung

72 Sowohl der Antrag auf Geldbußenerlass als auch der Ermäßigungsantrag erfolgen in Form einer Unternehmenserklärung, die die in Rn. 9 Buchstabe a) der Kronzeugenmitteilung genannten Informationen enthalten muss (→ Rn. 18).

73 Eine Unternehmenserklärung ist nach Rn. 31 der Kronzeugenmitteilung eine „freiwillige Darlegung seitens oder im Namen des Unternehmens gegenüber der Kommission bezüglich seines Wissens über ein Kartell und seine Beteiligung daran, die speziell zum Zwecke dieser Mitteilung erfolgt". Die Unternehmenserklärung kann **schriftlich oder mündlich** erfolgen. Im Rahmen des Kommissionsverfahrens haben schriftliche und mündliche Unternehmenserklärung dieselbe Funktion und genießen denselben Schutz gegen eine Preisgabe.

74 **a) Unternehmenserklärung als Beweismittel.** Unternehmenserklärungen werden **Teil der Akte** und können als Beweismittel verwendet werden. Im Fall einer mündlichen Erklärung wird sowohl die Tonbandaufzeichnung als auch die Niederschrift zur Akte genommen. In den Beschwerdepunkten und der vertraulichen Fassung des Beschlusses wird auf Aussagen in Unternehmenserklärungen verwiesen. Unternehmenserklärungen werden daher im Rahmen des Aktenzugangs den Adressaten der Beschwerdepunkte zugänglich gemacht. Im Vergleichsverfahren sind Unternehmenserklärungen regelmäßig Beweise, auf die sich die Kommission stützt, und werden daher ebenfalls den Parteien zugänglich gemacht. Unternehmenserklärungen dürfen daher **keine Geschäftsgeheimnisse** oder sonstige vertrauliche Informationen enthalten. Dies gilt jedoch nicht für Anlagen zu Unternehmenserklärungen, bei denen zum Zwecke des Aktenzugangs Schwärzungen vorgenommen werden können.

75 **b) Verfahren. Schriftliche** Unternehmenserklärungen sind an die auf der Webseite der Generaldirektion Wettbewerb veröffentlichte E-Mail Adresse für Kronzeugenanträge zu schicken.[84]

76 Das Verfahren bei **mündlichen** Unternehmenserklärungen wird in Rn. 32 der Kronzeugenmitteilung vorgegeben und im Antitrust Manual of Procedure näher beschrieben (siehe Kapitel 9 Abschnitt 4.1.1). Ein Merkblatt der Kommission enthält zudem praktische Regeln, die Unternehmen und deren Rechtsanwälte zu beachten haben.[85] Mündliche Unternehmenserklärungen werden zunächst in den Räumlichkeiten der Kommission dik-

---

[82] http://ec.europa.eu/competition/cartels/leniency/leniency.html.
[83] Siehe auch Faull/Nickpay/*Colombani/Kloub/Sakkers* Rn. 8.151.
[84] http://ec.europa.eu/competition/cartels/leniency/leniency.html.
[85] Siehe http://ec.europa.eu/competition/cartels/leniency/oral_statements_procedure_en.pdf.

tiert und aufgezeichnet. Von dem aufgezeichneten Text wird dann ebenfalls in den Räumlichkeiten der Kommission eine Niederschrift angefertigt. Im Hinblick auf den Zweck der mündlichen Unternehmenserklärungen ist wichtig, dass sich die eigentliche Unternehmenserklärung ausschließlich im Herrschaftsbereich der Kommission befindet und ein **Kommissionsdokument** ist. Dieses wird in aller Regel der Fall sein, denn alle vorherigen Aufzeichnungen zur Vorbereitung der Erklärung enthalten Rechtsrat der Rechtsanwälte und unterliegen dementsprechend dem Anwaltsprivileg. Der erhebliche administrative Aufwand einer mündlichen Erklärung ist daher dann nicht gerechtfertigt, wenn der Antragsteller ihren Inhalt bereits Dritten gegenüber offengelegt hat.

Als **Rechtsgrundlage** wird die Befugnis der Kommission zur Befragung nach Art. 19 der VO 1/2003 angesehen. In Übereinstimmung mit den darauf anwendbaren Artikeln 3 und 17 der DurchführungsVO 773/2004 haben die Unternehmen daher die Möglichkeit, innerhalb einer bestimmten Frist die technische Richtigkeit der Aufzeichnung zu prüfen und inhaltliche Korrekturen vorzunehmen. Sofern das Unternehmen innerhalb der Frist darauf verzichtet oder die Frist verstreichen lässt, gilt die Aufzeichnung als genehmigt. Dies berührt nicht die Möglichkeit des Unternehmens, zu einem späteren Zeitpunkt weitere Unternehmenserklärungen abzugeben, die die erste Erklärung ergänzen; im Rahmen seiner Kooperationspflichten ist das Unternehmen hierzu sogar gehalten, sofern es neue relevante Informationen ermittelt oder erhalten hat (→ Rn. 22). 77

Beweismittel ist sowohl die Aufzeichnung als auch die Niederschrift. Für die Beweis- eignung und -kraft ist es daher unabdingbar, dass Aufzeichnung und Niederschrift exakt übereinstimmen. Das Unternehmen ist verpflichtet, innerhalb einer bestimmten Frist die Übereinstimmung von Aufzeichnung und Niederschrift zu prüfen und schriftlich zu bestätigen. 78

c) Schutz der Unternehmenserklärung. Es bestehen eine Reihe von Sicherungsvorkehrungen, um den besonderen Schutz der Unternehmenserklärungen zu gewährleisten.[86] Selbiger rechtfertigt sich durch die in der Unternehmenserklärung enthaltene **freiwillige Selbstbezichtigung** und soll verhindern, dass kooperierende Unternehmen dadurch in Schadensersatzverfahren gegenüber nicht kooperierenden Unternehmen Nachteile haben. Zunächst erhalten nur die Parteien, gegen die das Verfahren wegen ihrer mutmaßlichen Beteiligung am Kartell eröffnet wurde, Zugang zu den Unternehmenserklärungen. Anderen Parteien, wie etwa Beschwerdeführern (die im Kartellverfahren ohnehin selten sind) oder Dritten wird daher keine Einsicht gewährt. Des Weiteren werden die Unternehmenserklärungen den Parteien (und/oder deren Rechtsanwälten) lediglich **in einem Büro der Kommission zur Einsicht zugänglich gemacht.** Die Parteien können die Unternehmenserklärungen lesen und Notizen machen, dürfen sie aber nicht kopieren. In der Regel werden hier durch in der EU zugelassene Anwälte die enthaltenen Informationen gesichtet und rechtlich bewertet. Diese hierdurch entstehenden Unterlagen unterliegen sodann auch dem Anwaltsprivileg (siehe zum Anwaltsprivileg § 9). 79

Schließlich dürfen die Informationen der Unternehmenserklärungen – wie alle durch den Aktenzugang erlangten Informationen – nur im Rahmen von Rechts- und Verwaltungsverfahren verwendet werden, bei denen es um die Anwendung von Art. 101 oder 102 AEUV geht und die dem Verwaltungsverfahren, in dessen Zuge Akteneinsicht gewährt wurde, zugrunde liegen. In Rn. 34 der Kronzeugenmitteilung werden zusätzlich bestimmte Sanktionen für den Fall angedroht, dass gegen diese Verwendungsbeschränkung verstoßen wird. 80

Mündliche Unternehmenserklärungen genießen zwar im Kommissionsverfahren keinen weitergehenden Schutz als schriftliche Unternehmenserklärungen, können aber im Hinblick auf **Discovery Orders** in zivilrechtlichen Verfahren Vorteile haben. Im Grundsatz kann im Discovery Verfahren angeordnet werden, dass alle Dokumente herauszugeben 81

---

[86] Siehe dazu auch ausführlich Ortiz Blanco/Hödlmayr/Ortiz Blanco/Jörgens Rn. 6.43–6.57.

sind, die nicht dem Anwaltsprivileg unterliegen. Werden zunächst privilegierte Unterlagen an Dritte offengelegt, wie zB durch Übersendung an die Kommission, kann darin ein konkludenter Verzicht auf das Anwaltsprivileg gesehen werden. Die Abschrift der mündlichen Unternehmenserklärung des Rechtsanwalts **liegt grundsätzlich nur der Kommission vor** und stellt damit keinen konkludenten Verzicht dar. Alle hierzu als Vorbereitung möglicherweise erstellten Entwürfe, die naturgemäß auch Rechtsrat des Rechtsanwalts enthalten und von der eigentlichen Unternehmenserklärung abweichen, sind durch das Anwaltsprivileg geschützt und somit nicht herauszugeben. Die Kommission bietet daher die Möglichkeit mündlicher Erklärungen an, um in Rechtssystemen, die Discovery Orders vorsehen, eine Benachteiligung der kooperierenden Unternehmen zu vermeiden.

82   Im Hinblick auf private Schadensersatzverfahren in der EU bestimmt die **Schadensersatzrichtlinie,** dass nationale Gerichte keinesfalls die Vorlage von Unternehmenserklärungen anordnen dürfen.[87] Unternehmenserklärungen befinden sich damit auf der **„Black List"** und genießen uneingeschränkten Schutz. Dieser Schutz umfasst auch wörtliche Zitate aus Unternehmenserklärungen in anderen Dokumenten (insbesondere im Bußgeldbeschluss),[88] nicht aber Anlagen von Unternehmenserklärungen, die Dokumente aus der Zeit des Kartells enthalten.[89]

83   Die Kommission verweigert die Herausgabe von Unternehmenserklärungen im Falle von Anfragen nach der **DokumentenzugangsVO.**[90] Die Herausgabe **würde öffentlichen und privaten Interessen widersprechen**[91] und unterfällt daher den Ausnahmeregelungen zum Schutz des Zwecks der Inspektions- und Untersuchungstätigkeiten und zum Schutz der geschäftlichen Interessen der Parteien im Sinne von Art. 4 Abs. 2 der DokumentenzugangsVO. Der besondere Schutz von Kronzeugenanträgen im Rahmen des Dokumentenzugangs wurde von den Europäischen Gerichten bestätigt.[92]

3. Besonderheiten bei Erlassantrag

84   **a) Marker.** Der Kronzeuge, der einen Geldbußenerlass anstrebt, kann zunächst einen Marker beantragen, sofern er noch nicht die notwendigen Informationen und Beweise zusammentragen konnte, um die in Rn. 9 oder 11 genannten Voraussetzungen für einen förmlichen Erlassantrag zu erfüllen. Der Marker wird für einen bestimmten Zeitraum gewährt, in dem er den **ersten Rang des Antragstellers sichert.** In dieser Zeit kann der Antragsteller die notwendigen Informationen und Beweismittel sammeln, um seinen Antrag zu vervollständigen. Der Marker blockiert damit den ersten Rang für eine bestimmte Zeit und unterbricht das Rennen um den ersten Rang, nicht jedoch um die folgenden Ränge. Rechtfertigung für den Marker ist der Gedanke, dass ein Unternehmen, das den ersten Schritt zur Aufdeckung eines Kartells macht, bereits mit Grundinformationen zum Kartell seinen Rang wahren können soll und damit eine geschützte Zeit für weitere Nachforschungen erhält, um die Informationen und Beweismittel zu erlangen, die die Kommission für ihre weiteren Ermittlungsschritte benötigt. Dadurch soll verhindert werden, dass Unternehmen aufgrund des Zeitdrucks förmlich Erlassanträge von geringer Qualität und mit ungeprüften Informationen stellen, was die weitere Ermittlungsarbeit der Kommission erschweren könnte.

85   **aa) Ermessen.** Es liegt im Ermessen der Kommission, **ob und für welchen Zeitraum** sie einen Marker gewährt, denn aufgrund der Rangblockade können Marker nicht unproblematisch sein. Grundsätzlich kommt ein Marker nicht in Frage, wenn bereits ein Erlassantrag vorliegt, der die in Rn. 9 oder 11 genannten Voraussetzungen erfüllt oder wenn ei-

---

[87] Siehe Art. 6 Abs. 2a Buchst. a der Kartellschadensersatz-RL.
[88] Siehe Erwägungsgrund 21a der Kartellschadensersatz-RL.
[89] Siehe Art. 4 Abs. 14 der Kartellschadensersatz-RL.
[90] VO (EG) 1049/2001, ABl. 2001 L 145, 43.
[91] Siehe Rn. 40 der Leniency-Mitteilung.
[92] Siehe EuGH Urt. v. 27.2.2014 – C-365/12P Rn. 97 – EnBW; EuG Urt. v. 13.9.2013 – T-380/08 Rn. 41 – Niederlande/Kommission (Bitumen Niederlande).

nem anderen Unternehmen ein Marker gewährt wurde und der Markerzeitraum noch nicht abgelaufen ist. Ein Marker dürfte auch dann nicht gewährt werden, wenn Zweifel bestehen, ob zu demselben Kartell bereits ein Antrag vorliegt und die Zweifel erst nach weiteren Ermittlungen ausgeräumt werden können, die Klarheit darüber bringen, inwieweit die jeweils angezeigten Verhaltensweisen Teil einer einheitlichen und fortgesetzten Verletzungshandlung sind. Eine Ablehnung des Markers ist auch zu erwägen, wenn bereits Ermittlungshandlungen der Kommission begonnen haben, selbst wenn kein Antrag nach Rn. 8 Buchstabe a) vorliegt, da in diesem Fall das Kartell bereits entdeckt wurde und es daher weniger gerechtfertigt erscheint, das Rennen um die Rangfolge zu stören. Eine Markerablehnung kommt auch in Betracht, wenn deutlich wird, dass eine nationale Behörde gut geeignet ist, den Fall zu bearbeiten.

bb) Verfahren. Der Markerantrag muss die in Rn. 15 der Kronzeugenmitteilung genannten Mindestinformationen enthalten, also: **86**
- Name und Anschrift des Antragstellers,
- Name und Anschrift der anderen am mutmaßlichen Kartell beteiligten Parteien,
- Informationen über die betroffenen Produkte, Gebiete, die geschätzte Dauer – einschließlich einer möglichen Fortdauer,
- die Art des Kartells sowie
- sowie Angaben über bisherige oder beabsichtigte Anträge bei anderen Behörden.

Diese Informationen sollen der Kommission eine Einschätzung darüber ermöglichen, ob der Antrag ein Kartell betrifft, zu dem noch keine Ermittlungen begonnen wurden, und ob der Sachverhalt grundsätzlich für die Kommission im Hinblick auf mögliche Kartellermittlungen von Interesse ist. Nicht erforderlich ist, das Kartell eingehend zu beschreiben, die am Kartell beteiligten Einzelpersonen zu nennen und weitere Beweismittel vorzulegen. Der Antragsteller hat aber zu **begründen, warum ein Marker erforderlich ist.** Dafür hat er vorzutragen, warum er die notwendigen Informationen und Beweise noch nicht zusammentragen konnte, welche internen Nachforschungen er während der Laufzeit des Markers zu unternehmen beabsichtigt und warum er wie viel Zeit dafür benötigt. **87**

Die Dienststellen der Kommission entscheiden zeitnah darüber, ob ein Marker gewährt wird und in welcher Frist er zu vervollständigen ist. Die Fristlänge hängt von den Umständen des Einzelfalls ab, wird aber vielfach **zwei bis drei Wochen** betragen. Es kann vereinbart werden, dass der Antragsteller während der laufenden Markerfrist in bestimmten Zeitabständen Zwischenergebnisse zu übermitteln hat. Die Markerfrist kann auf begründeten Antrag hin verlängert werden, wobei jedoch die Markerfrist grundsätzlich nicht zu lang bemessen sein sollte. Der Antragsteller sollte alle bis zum Ablauf der Frist erlangten Informationen und Beweismittel vorlegen und seine Planungen für weitere Nachforschungen darstellen. Weder die Gewährung noch die Ablehnung eines Markers noch die gewährte Markerfrist werden schriftlich begründet. **88**

cc) Rechtsfolge. Wird der Marker innerhalb der Frist vervollständigt, so wird fingiert, dass alle Informationen und Beweismittel an dem Tag vorgelegt wurden, an dem der Marker **gewährt** wurde. Maßgeblich ist damit nicht der Tag der Beantragung des Markers. In der sehr kurzen Zeit zwischen Antragstellung und Markergewährung wird die Kommission aber keine anderen Anträge prüfen,[93] so dass der Antragsteller bei Gewährung des Markers auch für diesen Zeitraum geschützt ist. **89**

Wenn der Marker nicht gewährt wird, bestand nie der rangwahrende Schutz des Markers. Gegenüber Anträgen auf Geldbußenermäßigung kann der Marker ohnehin keinen Rangschutz entfalten. Sofern sich herausstellt, dass ein Geldbußenerlass nicht mehr möglich ist, hat ein Unternehmen, das zunächst **nur einen Marker beantragt** hat, keinen Rangschutz gegenüber einem anderen Unternehmen, das danach einen Ermäßigungsantrag stellt, wenn das den Marker beantragende Unternehmen nur als zweites den Ermäßi- **90**

---
[93] Siehe Rn. 21 der Leniency-Mitteilung.

gungsantrag stellt, selbst wenn dies unmittelbar nach Ablehnung des Markers geschieht. Wird der Antrag innerhalb der Frist nicht vervollständigt, fällt der Rangschutz des Markers rückwirkend weg, so dass sich das Unternehmen in der Situation befindet, als wäre der Marker abgelehnt worden. Es steht dem Unternehmen frei, zu einem späteren Zeitpunkt einen förmlichen und vollständigen Antrag auf Erlass oder Ermäßigung der Geldbuße zu stellen.

91 **b) Hypothetischer Antrag.** Die Kronzeugenmitteilung sieht die Stellung eines Antrags in hypothetischer Form vor,[94] der jedoch nicht mit einem Markerantrag kombiniert werden kann. Ein hypothetischer Antrag soll es Unternehmen ermöglichen, zunächst nur eine Aufstellung mit einer abstrakten Beschreibung der Beweismittel vorzulegen, ohne seine Identität und die der anderen Kartellmitglieder offenzulegen. In einem zweistufigen Verfahren prüft die Kommission zunächst, ob die Art der in der Aufstellung beschriebenen Beweismittel die Voraussetzungen für einen Erlass erfüllen könnte und stellt dies in einem Beschluss fest. Nach Vorlage der Beweismittel bestätigt die Kommission in einem zweiten Beschluss, dass diese der Beschreibung in der Aufstellung entsprechen und gewährt einen bedingten Geldbußenerlass. Hypothetische Anträge haben bislang soweit ersichtlich **kaum praktische Relevanz** erlangt.

VI. Kronzeugenanträge in der EU und im EWR

92 Innerhalb der EU haben alle Mitgliedstaaten Art. 101 AEUV anzuwenden, sofern das Kartell den innergemeinschaftlichen Handel beeinträchtigen kann. Die Kommission und die Wettbewerbsbehörden der Mitgliedstaaten besitzen eine parallele Zuständigkeit zur Durchsetzung der europäischen Wettbewerbsregeln. Die Fallzuteilung richtet sich nach der Netzwerkbekanntmachung,[95] die Kriterien dafür nennt, welche Behörde gut geeignet ist, einen Fall zu bearbeiten. So gilt zB die Kommission als besonders gut geeignet, wenn mehr als drei Mitgliedstaaten betroffen sind.[96] Innerhalb der EU ist zwar das materielle Recht vereinheitlicht, nicht aber das Verfahren.

1. Wahl der Behörde(n)

93 Mangels Vereinheitlichung des Verfahrens gilt ein Kronzeugenantrag bei einer Behörde nicht zugleich als Antrag bei anderen Behörden. Für Unternehmen kann es daher empfehlenswert sein, **bei allen möglicherweise geeigneten Behörden einen Antrag zu stellen.** Unter bestimmten Umständen kann dies in Form von summarischen Kurzanträgen geschehen (→ Rn. 95). Sofern sehr deutlich ist, dass das anzuzeigende Kartell europaweit ist, mag ein Antrag bei der Kommission genügen. Vielfach ist bei Antragstellung aber noch nicht klar, welche Struktur und geographische Reichweite das Kartell haben wird. Es kann auch vorkommen, dass sich erst im Laufe der Ermittlungen abzeichnet, welche Handlungen zur einheitlichen und fortgesetzten Zuwiderhandlung gehören, für die die Kommission das Verfahren einleiten wird, und welche Handlungen daneben von nationalen Behörden aufgegriffen werden könnten.

94 Zwar haben mittlerweile fast alle Mitgliedstaaten ein Kronzeugenprogramm,[97] da das Verfahren aber nicht vereinheitlicht ist, können die Kronzeugenprogramme der Wettbewerbsbehörden inhaltlich und prozedural voneinander abweichen. Das **„ECN Model Leniency Programme"**[98] strebt eine inhaltliche und prozedurale Annäherung an, um zu verhindern, dass potentielle Anmelder in bestimmten Fällen von der aus erheblich abwei-

---

[94] Siehe für Einzelheiten Rn. 16 Buchstabe b) und 19 der Leniency-Mitteilung.
[95] Bekanntmachung der Kommission über die Zusammenarbeit innerhalb des Netzes der Wettbewerbsbehörden, ABl. 2004 C 101, 3, 43.
[96] Rn. 14 der Netzwerkbekanntmachung.
[97] http://ec.europa.eu/competition/ecn/leniency_programme_nca.pdf (Stand 22.11.2012). Kein Kronzeugenprogramm hat zur Zeit nur Malta.
[98] ECN Model Leniency Programme, As revised in November 2012, http://ec.europa.eu/competition/ecn/mlp_revised_2012_en.pdf.

chenden Kronzeugenprogrammen folgenden Komplexität, dem erhöhten Arbeitsaufwand und der Unsicherheit hinsichtlich der Rechtsfolgen abgeschreckt werden. Es ändert nicht unmittelbar die Kronzeugenprogramme der Mitgliedstaaten und macht den Mitgliedstaaten auch keine verbindlichen Vorgaben. Die Mitgliedstaaten haben sich aber zu ernsthaften Bemühungen verpflichtet, um ihr Kronzeugenprogramm dem „ECN Model Leniency Programme" anzupassen. Der EuGH hat festgestellt, dass das „ECN Model Leniency Programme" für die Mitgliedstaaten keine bindende Wirkung entfaltet, weder für die Gerichte[99], noch für die Wettbewerbsbehörden[100].

Die überarbeite Fassung des „ECN Model Leniency Programme" vom November 2012 bringt erhebliche Vereinfachungen bei **summarischen Kurzanträgen** (sog „summary applications").[101] Sofern die Kommission die besonders geeignete Behörde zu sein scheint und das Unternehmen daher einen Kronzeugenantrag bei der Kommission stellt, kann das Unternehmen Kurzanträge bei nationalen Wettbewerbsbehörden stellen, die eine geeignete Behörde sein könnten. Damit hätte es auch bei diesen Behörden seinen Rang gesichert, sofern entgegen der ursprünglichen Erwartung der Fall (oder Teile des Falles) doch nicht von der Kommission bearbeitet würde. Die Aussagen zum Umfang des Kartells sollten im Kurzantrag dem bei der Kommission gestellten Antrag entsprechen, andernfalls droht eine Schutzlücke. Der EuGH hat hierzu jüngst klargestellt, dass die Beschreibung des Verstoßes im Antrag bei der Kommission keine Auswirkungen auf die Beschreibung in einem Antrag auf nationaler Ebene hat.[102] Im konkreten Fall enthielt ein Kurzantrag in Italien einen Teilaspekt nicht, so dass ein anderer Kronzeuge im italienischen Verfahren dort für diesen Aspekt den Bußgelderlass erlangen konnte. Da es keine rechtliche Verbindung zwischen den Kronzeugenprogrammen der Kommission und der Mitgliedstaaten gibt, ist die nationale Behörde nicht verpflichtet, die „Summary Application" im Licht der Anmeldung bei der Kommission auszulegen oder die Kommission im Hinblick auf die Auslegung zu kontaktieren.[103] Im Hinblick auf die zu machenden Angaben entspricht der Kurzantrag weitgehend einem Markerantrag; zusätzlich ist anzugeben, in welchen Mitgliedstaaten sich vermutlich Beweismittel befinden. Im Grundsatz ist zudem vorgesehen, dass eine mündliche Abgabe von Unternehmenserklärungen möglich gemacht werden soll. Die überarbeite Fassung des „ECN Model Leniency Programme" sieht nunmehr auch vor, dass ein Kurzantrag **nicht nur für Erlass-, sondern auch für Ermäßigungsanträge** in Frage kommt. Der EuGH hat bestätigt, dass eine nationale Behörde eine „Summary Application" für einen Bußgelderlass akzeptieren kann, auch wenn der Antragsteller bei der Kommission nur einen Ermäßigungsantrag gestellt hat.[104] Ferner wurde ein Standardformular ausgearbeitet, das gegenüber allen nationalen Behörden verwendet werden kann,[105] und es wird eine Liste der nationalen Behörden veröffentlicht, die eine Kurzanmeldung in Englisch akzeptieren.[106] Ein vorheriger Kontakt mit der betreffenden Wettbewerbsbehörde des Mitgliedstaats und eine Abstimmung zur praktischen Umsetzung und zum Sprachenerfordernis ist im Vorfeld anzuraten.

2. Zusammenarbeit der Behörden

Die Kommission muss in einem frühen Stadium nach Stellung eines Kronzeugenantrages mit nationalen Wettbewerbsbehörden in Kontakt treten, um sich mit diesen darauf zu verständigen, welche Behörde besonders gut geeignet ist und den Fall bearbeiten wird. Die Kommission kann daher in entsprechender Anwendung des Art. 11 Abs. 2 der VO 1/2003 mit anderen Behörden **Informationen aus Kronzeugenanträgen austau-**

---

[99] EuGH Urt. v. 14.6.2011 – C-360/09 Rn. 22 – Pfleiderer.
[100] EuGH Urt. v. 20.1.2016 – C-428/14 Rn. 44 – DHL.
[101] ECN Model Leniency Programme, Stand November 2012, Rn. 24–26.
[102] EuGH Urt. v. 20.1.2016 – C-428/14 Rn. 61–62 – DHL.
[103] EuGH Urt. v. 20.1.2016 – C-428/14 Rn. 62–67 – DHL.
[104] EuGH Urt. v. 20.1.2016 – C-428/14 Rn. 80–84 – DHL.
[105] http://ec.europa.eu/competition/ecn/mlp_revised_2012_annex_en.pdf.
[106] http://ec.europa.eu/competition/ecn/mlp_2012_language_regime_en.pdf.

schen, ohne dass ein „Waiver" des antragsstellenden Unternehmens erforderlich wäre. Allerdings dürfen die anderen Behörden diese Informationen nicht nutzen, um selbst Ermittlungen zu beginnen.[107]

97 Deutlich höher sind die Anforderungen, wenn eine Wettbewerbsbehörde Kronzeugendokumente oder andere Informationen, die aus Ermittlungen hervorgegangen sind, die ohne den Kronzeugenantrag nicht hätten vorgenommen werden können, einer anderen Wettbewerbsbehörde zur **Nutzung als Beweismittel** nach Art. 12 der VO 1/2003 übermitteln möchte. Dies ist nur möglich, wenn (1) der Antragsteller der Übermittlung zustimmt oder (2) der Antragsteller bei allen betroffenen Behörden einen Antrag gestellt hat und die Informationen nicht mehr zurückziehen kann oder (3) die die Dokumente erhaltende Behörde sich schriftlich verpflichtet, die übermittelten Informationen oder irgendwelche Informationen, die sie nach der Übermittlung erhält, nicht zu nutzen, um Sanktionen gegen den Antragsteller, seine Tochtergesellschaften oder seine Mitarbeiter zu verhängen.[108]

98 Für Kartelle, die über die EU hinausgehend auch einen Bezug zu den nicht zur EU gehörenden Vertragsstaaten des EWR haben,[109] gilt das in diesem Abschnitt 9 gesagte entsprechend.[110]

VII. Kronzeugenanträge bei internationalen Kartellen

99 Sofern ein Kartell über den EWR hinaus Auswirkungen in anderen Staaten haben kann, sind Kronzeugenanträge auch in diesen Staaten zu erwägen. Auch wenn sich die Zuständigkeiten hier nicht überschneiden, kann die Kommission ein Interesse an einer Zusammenarbeit haben, insbesondere um Ermittlungsschritte zu koordinieren.

100 Ein Austausch von in Kronzeugenanträgen enthaltenen Informationen kommt hier aber nur in Frage, wenn der Antragsteller eine **Verzichtserklärung („Waiver")** erteilt hat. Unterschieden wird üblicherweise zwischen einem rein prozeduralen Waiver und einem Waiver, der einen weitergehenden Informationsaustausch ermöglicht. Der prozedurale Waiver erlaubt nur ein Austausch der für eine Koordinierung der ersten Ermittlungsschritte erforderlichen Informationen. Dies dürfte insbesondere eine Angabe des betroffenen Produkts bedeuten. Der weitergehende Waiver macht auch eine inhaltliche Diskussion des relevanten Kartellverhaltens zwischen den Behörden möglich. Ein Austausch von Dokumenten wird in dem üblichen Waiver nicht zugelassen und wäre aufgrund unterschiedlicher Schutzvorkehrungen bei anderen Wettbewerbsbehörden auch problematisch. Einem Antragsteller wird die Erteilung eines solchen Waivers oftmals nahegelegt, eine Pflicht zur Erteilung kann aber aus den Kooperationspflichten nicht abgeleitet werden, da ein Waiver über das eigentliche Verfahren vor der Kommission hinaus geht und in der Kronzeugenmitteilung nicht als geforderter Kooperationsbeitrag genannt wird. Im Rahmen des ICN wurde ein **Modelltext** für Waiver ausgearbeitet.[111]

B. Beschwerden

I. Allgemeines

101 Art. 7 VO 1/2003 gibt **natürlichen und juristischen Personen** sowie den **Mitgliedsstaaten** die Möglichkeit, sich über als kartellrechtswidrig wahrgenommenes Verhalten bei der Kommission zu beschweren. Das Beschwerdeverfahren ist für die Kommission ein wichtiges Instrument zur Erlangung von Marktinformationen und Hinweisen für mögli-

---

[107] Siehe Rn. 39 der Netzwerkbekanntmachung.
[108] Rn. 40–41 der Netzwerkbekanntmachung.
[109] Dh Norwegen, Island oder Liechtenstein.
[110] Siehe Art. 9 von Protokoll 23 des EWR Abkommens, wobei in diesen Fällen neben Art. 101 AEUV auch Art. 53 des EWR Abkommens Anwendung findet.
[111] Siehe http://www.internationalcompetitionnetwork.org/working-groups/current/cartel.aspx.

che Verstöße. Etwa die Hälfte der zwischen dem 1.5.2004 und 31.12.2013 ergangenen Beschlüsse nach Art. 101 und 102 AEUV, die nicht Kartelle betreffen, sind auf Beschwerden zurückzuführen.[112]

102 Grundsätzlich wird zwischen der informellen und der formellen Beschwerde unterschieden. Die informelle Beschwerde[113] ist nicht normiert, wird von der Kommission aber begrüßt.[114] Sie erschöpft sich in dem Hinweis, dass der Verdacht eines Kartellrechtsverstoßes besteht und ermöglicht der Kommission, ein Verfahren von Amts wegen zu eröffnen. Da es grundsätzlich keine formellen Beschwerden in anonymer Form geben kann, werden anonymisierte Beschwerden idR als informelle Beschwerden behandelt.[115]

103 Das **förmliche Beschwerdeverfahren** wird durch **Art. 7 Abs. 2 VO 1/2003** und die **Art. 5 bis 9 VO (EG) 773/2004** geregelt. Zudem wurde eine *Bekanntmachung über Beschwerden* veröffentlicht.[116] Für formelle Beschwerden ist ein **Formblatt C** vorgesehen, das dem Beschwerdeführer alle relevanten Informationen für die Kommission vorgibt. Der Beschwerdeführer einer formellen Beschwerde im Sinne des Art. 7 VO 1/2003 wird Verfahrensbeteiligter. Es handelt sich dennoch nicht um ein kontradiktorisches Verfahren.[117] Daher kann die Kommission auch bei fehlender Beschwerdebefugnis des Beschwerdeführers oder nach dem Zurückziehen einer Beschwerde ein Verfahren einleiten oder fortsetzen.

II. Behandlung von Beschwerden durch die Kommission

104 Erhält die Kommission eine formelle Beschwerde, prüft sie diese in **drei Phasen.** In der ersten Phase prüft sie die Beschwerde summarisch und bittet den Beschwerdeführer gegebenenfalls informell um weitere Informationen. Daran anschließend prüft sie die Beschwerde in der zweiten Phase eingehender und gibt, falls sie keine ausreichenden Anhaltspunkte sieht ein Verfahren einzuleiten, dem Beschwerdeführer binnen einer von ihr gesetzten Frist Gelegenheit zur Stellungnahme. In einer dritten Phase leitet sie entweder ein Verfahren ein oder weist die Beschwerde zurück.[118]

1. Einreichung der Beschwerde

105 **a) Inhalt der Beschwerde.** Die Beschwerde muss gemäß Art. 5 Abs. 1 VO (EG) 773/2004 die in Formblatt C genannten Punkte enthalten. Erforderlich sind demnach Angaben zum **Beschwerdeführer** und **den Unternehmen, die Gegenstand der Beschwerde sind.** Außerdem muss der vermutete Kartellrechtsverstoß erläutert werden. Mögliche **Beweismittel** sind vorzulegen. Das **Ziel der Beschwerde** und das zu dieser berechtigende Interesse sind zu nennen. Schließlich ist auf etwaige Verfahren vor nationalen Wettbewerbsbehörden oder Gerichten hinzuweisen, die der Beschwerdeführer bereits angestrengt hat oder anzustrengen beabsichtigt.

106 **b) Beschwerdebefugnis.** Art. 7 Abs. 2 VO 1/2003 verlangt, dass natürliche und juristische Personen ihr berechtigtes Interesse an der Beschwerde darlegen. Mitgliedsstaaten sind von dieser Pflicht ausgenommen. Ein berechtigtes Interesse ist gegeben, wenn die Beschwerdeführer durch das mutmaßliche Verhalten **unmittelbar in ihren Interessen verletzt** sind. Dies wird bei bereits auf dem Markt tätigen Wettbewerbern regelmäßig der Fall

---

[112] Commission Staff Working Document, Ten Years of Anti-trust Enforcement under Regulation 1/2003 Accompanying the document Communication from the Commission to the European Parliament and the Council, Ten Years of Antitrust Enforcement under Regulation 1/2003: Achievements and Future Perspectives, COM(2014) 453; http://ec.europa.eu/competition/antitrust/legislation/swd_2014_230_en.pdf.
[113] Die informelle Beschwerde wird auch als „Marktinformation" oder „andere Eingabe" bezeichnet.
[114] Dahlheimer/Feddersen/Miersch/*Dahlheimer* Art. 7 Rn. 20.
[115] Bekanntmachung über Beschwerden Rn. 81.
[116] Bekanntmachung über die Behandlung von Beschwerden, ABl. 2004 C 101 L 83/1.
[117] Bekanntmachung über Beschwerden Rn. 59.
[118] Bekanntmachung über Beschwerden Rn. 55–57.

sein. Aber auch Unternehmen, die an der Verhaltensweise beteiligt sind, wie bspw. Lieferanten oder Abnehmer, können ebenso wie Unternehmen, die von einem Vertriebssystem ausgeschlossen werden, ein berechtigtes Interesse an der Beschwerde haben.[119] Beschwerden können aber auch von **Verbänden, einzelnen Verbrauchern** oder **regionalen Behörden** erhoben werden, wenn diese sich nicht nur auf das Gemeinwohl berufen, sondern konkret darlegen, inwiefern sie selbst durch das Verhalten betroffen sind.[120]

107 Das berechtigte Interesse muss **während des gesamten Verfahrens bestehen.**[121] Es ist ferner auch Voraussetzung, wenn ein Beschwerdeführer bei Untätigkeit der Kommission eine Untätigkeitsklage nach Art. 265 AEUV erhebt. Es kann etwa entfallen, wenn sich ein Unternehmen, das in ein selektives Vertriebssystem aufgenommen werden wollte, über die Ablehnung dieser Aufnahme beschwert und dann während des Verfahrens doch aufgenommen wird. Entfällt die Beschwerdebefugnis kann die Kommission entscheiden, die Beschwerde nicht weiter zu verfolgen und entsprechend zurückzuweisen.

108 **c) Form der Beschwerde.** Art. 5 Abs. 2 VO (EG) 773/2004 regelt die Formerfordernisse einer Beschwerde. Sie muss in Papierform und in dreifacher Abschrift eingereicht werden. Soweit möglich soll eine elektronische Fassung übermittelt werden. Die Beschwerde ist in einer der Amtssprachen der EU einzureichen. Der Beschwerde sind Beweise und andere, dem Beschwerdeführer zugängliche Informationen beizufügen. Liegen dem Beschwerdeführer in Formblatt C genannte Informationen nicht vor, beispielsweise wenn diese Informationen aus der Sphäre des möglichen Beschwerdegegners stammen, kann die Kommission darauf verzichten, diese vom Beschwerdeführer zu verlangen.

109 Der Beschwerdeführer kann um die **vertrauliche Behandlung** einzelner Angaben ersuchen, muss hierfür aber eine **nichtvertrauliche Fassung** einreichen und die Vertraulichkeit begründen. Für die Erstellung einer nichtvertraulichen Fassung bietet der für Auskunftsbegehren verwendete Annex zu Geschäftsgeheimnissen und vertraulichen Informationen und die von der Kommission veröffentlichten „Informellen Hinweise zur Vertraulichkeit" umfassende Anleitungen und praktische Beispiele.[122] Allerdings ist die Kommission nicht daran gehindert, vertrauliche Informationen zu nutzen und zu veröffentlichen, um einen Verstoß gegen Art. 101 oder 102 AEUV zu beweisen.[123] Eine solche Nutzung ist zulässig, wenn das Bedürfnis der Offenlegung größer als der Schaden ist, der durch sie entsteht.[124]

2. Prüfung der Beschwerde

110 Die Kommission prüft das vorgeworfene Verhalten darauf, ob ein Unionsinteresse an der Verfolgung besteht und ob es sich tatsächlich um einen Verstoß gegen Vorschriften des europäischen Wettbewerbsrechts handelt.

111 **a) Unionsinteresse.** Ob ein Unionsinteresse besteht, ist eine Frage des Einzelfalls. Ein derartiges Interesse wird anhand verschiedener Kriterien ermittelt. Der Kommission steht es im Rahmen ihres Ermessens frei, **Verfolgungsprioritäten** zu setzen und diese auch bei der Behandlung von Beschwerden zu berücksichtigen.[125] Ein Unionsinteresse kann fehlen, wenn der Beschwerdeführer das Ziel seiner Beschwerde auf andere Art und Weise, etwa durch Klage vor nationalen Gerichten einfacher und schneller erreichen kann.[126] Es kann auch entfallen sein, wenn die vorgeworfenen Verhaltensweisen beendet worden sind und nicht mehr fortwirken bzw. wenn die Unternehmen, gegen die sich die Beschwerde

---

[119] Bekanntmachung über Beschwerden Rn. 36.
[120] Bekanntmachung über Beschwerden Rn. 37–39.
[121] Bekanntmachung über Beschwerden Rn. 36.
[122] Alle Dokumente sind abrufbar unter: http://ec.europa.eu/competition/antitrust/information_en.html.
[123] Bekanntmachung über Beschwerden Rn. 67 mit Verweis auf Art. 27 Abs. 2 VO 1/2003.
[124] Bekanntmachung über Beschwerden Rn. 67.
[125] EuG Urt. v. 15.10.2010 – T-427/08 Rn. 26 – Confédération européene des associations d'horlogers-réparateurs; Bekanntmachung über Beschwerden Rn. 41.
[126] Bekanntmachung über Beschwerden Rn. 44.

richtet, sich bereit erklären, das vorgeworfene Verhalten abzustellen und die Kommission daraus schließen kann, dass kein ausreichendes Interesse an einer Verfolgung mehr besteht.[127] In anderen Fällen ist für die Ermittlung eines Unionsinteresses die **Bedeutung der behaupteten Zuwiderhandlung** (maßgebliche Indizien sind insbesondere die geographische Reichweite und ökonomische Bedeutung des Verhaltens, die Größe des Marktes und die Stellung der Beschwerdegegner auf dem Markt sowie die Bedeutung für den Endverbraucher), die **Wahrscheinlichkeit ihres Nachweises** und der **Umfang der notwendigen Ermittlungsmaßnahmen** gegeneinander abzuwägen.[128] In Verfahren nach Art. 29 VO 1/2003, für die die Kommission ausschließlich zuständig ist, kann sie sich nicht auf ein fehlendes Unionsinteresse berufen.[129]

Die Verfolgungspriorität kann die Reihenfolge bestimmen, in der Beschwerden geprüft werden und zur Zurückweisung von Beschwerden mangels hinreichendem Gemeinschaftsinteresses führen.[130] Das Ermessen der Kommission wird jedoch durch die **Pflicht zur aufmerksamen Prüfung der Beschwerde** und **Begründung ihrer Entscheidung** begrenzt. Das Gericht hat dazu ausgeführt: **112**

„[Die Kommission] muss alle erheblichen rechtlichen und tatsächlichen Gesichtspunkte berücksichtigen, um darüber zu entscheiden, wie eine Beschwerde zu behandeln ist. Sie muss insbesondere alle tatsächlichen und rechtlichen Gesichtspunkte aufmerksam prüfen, die ihr der Beschwerdeführer zur Kenntnis bringt […]. Die Kommission trifft auch eine Begründungspflicht, wenn sie die weitere Prüfung einer Beschwerde ablehnt, wobei die Begründung so genau und detailliert sein muss, dass das Gericht die Ausübung der Ermessensbefugnis zur Festlegung der Prioritäten durch die Kommission wirksam überprüfen kann."[131] **113**

b) Verstoß gegen Kartellrecht. Die Prüfung des behaupteten Kartellverstoßes unterscheidet sich nicht von derjenigen anderer Verfahrensarten. Die Kommission untersucht also einerseits, ob der behauptete Sachverhalt hinreichend belegt ist und andererseits, ob das so festgestellte Verhalten kartellrechtswidrig ist. **114**

c) Frist. Eine Höchstfrist zur Bearbeitung von Beschwerden sehen weder die VO 1/2003 noch die VO (EG) 773/2004 vor. Allerdings haben die europäischen Gerichte eine Pflicht anerkannt, innerhalb eines **angemessenen Zeitraumes** über eine Beschwerde zu befinden.[132] Die Kommission hat erklärt, sich grundsätzlich zu bemühen, dem Beschwerdeführer binnen **vier Monaten** mitzuteilen, ob sie hinreichende Anhaltspunkte sieht, weitere Schritte zu unternehmen.[133] **115**

d) Zurückweisung oder weitere Ermittlungen. Nach einer ersten Prüfung der Beschwerde hat die Kommission zwei Möglichkeiten: Entweder sie weist die Beschwerde aufgrund des Ergebnisses der ersten Prüfung zurück oder sie nimmt weitergehende Ermittlungen vor. Die Kommission kann eine Beschwerde bereits nach der ersten Prüfung zurückweisen, wenn sie die Mindestanforderungen an Form und Substantiierung nicht erfüllt, keine Beschwerdebefugnis besteht oder kein Unionsinteresse vorliegt. Daneben kann eine Beschwerde auch nach einer ersten Prüfung zurückgewiesen werden, wenn eine nationale Kartellbehörde mit dem Gegenstand der Beschwerde befasst ist oder war. Dieser in Art. 13 Abs. 2 VO 1/2003 normierte Zurückweisungsgrund ist Ausdruck der Arbeitstei- **116**

---

[127] Bekanntmachung über Beschwerden Rn. 44.
[128] Bekanntmachung über Beschwerden Rn. 44; EuG Urt. v. 18. 9. 1992 – T-24/90 Rn. 83–85 – Automec; Urt. v. 15. 10. 2010 – T-427/08 Rn. 158 – Confédération européene des associations d'horlogers-réparateurs.
[129] Bekanntmachung über Beschwerden Rn. 41.
[130] EuG Urt. v. 15. 10. 2010 – T-427/08 Rn. 27 – Confédération européene des associations d'horlogers-réparateurs.
[131] EuG Urt. v. 15. 10. 2010 – T-427/08 Rn. 28 – Confédération européene des associations d'horlogers-réparateurs.
[132] EuGH Urt. v. 18. 3. 1997 – C-282/95 P Rn. 36 – Guérin automobiles.
[133] Bekanntmachung über Beschwerden Rn. 61.

lung innerhalb des Netzwerkes der Wettbewerbsbehörden und hat eine nicht unerhebliche praktische Relevanz erlangt. Eine Zurückweisung wegen fehlenden Wettbewerbsverstoßes wird nur ausnahmsweise bereits nach einer ersten Prüfung in Betracht kommen.

117 Sofern die Kommission weitere Ermittlungen vornimmt, hängt der weitere Gang des Verfahrens von den Ergebnissen der Ermittlungen ab. Denkbar ist, dass sich der Verdacht eines Wettbewerbsverstoßes nicht bestätigt und die Beschwerde wegen fehlendem Wettbewerbsverstoßes oder wegen fehlendem Unionsinteresse zurückgewiesen wird. Denkbar ist auch, dass die Kommission aufgrund der Beschwerde ein Verfahren einleitet und dieses Verfahren in einen Beschluss nach Art. 7 oder 9 VO 1/2003 mündet. Soweit die Begehren des Beschwerdeführers in dem verfahrensabschließenden Beschluss nach Art. 7 oder 9 VO 1/2003 erfüllt wurden, ist eine (teilweise) Zurücknahme der Beschwerde zu erwarten. Sofern dies nicht der Fall ist, kann zusätzlich eine (teilweise) Zurückweisung der Beschwerde erforderlich werden.

118 **e) Begründungspflicht.** Der Beschluss der Kommission, eine Beschwerde zurückzuweisen, ist gemäß Art. 296 Abs. 2 AEUV zu begründen. Um ihrer Begründungspflicht für eine Zurückweisung nachzukommen, muss die Kommission nur die **Tatsachen** und die **rechtlichen Erwägungen** anführen, denen in der **Systematik des Beschlusses eine wesentliche Bedeutung** zukommt. Auf ein fehlendes Unionsinteresse kann sich die Kommission nicht berufen, wenn ihr ein offensichtlicher Beurteilungsfehler bei der Marktabgrenzung unterläuft und wenn sich dieser Mangel auf ihre rechtliche Bewertung auswirkt. Wenn die Beschwerde einen Sachverhalt betrifft, der Auswirkungen auf mindestens fünf Mitgliedsstaaten hat und der Beschwerdegegner in einem Nicht-EU-Land sitzt, kann ein Unionsinteresse nicht allein unter Hinweis auf eine gut geeignete nationale Behörde abgelehnt werden. Art. 9 VO (EG) 773/2004 verpflichtet die Kommission, den Beschwerdeführer, dessen Beschwerde sie ablehnt, weil sich bereits eine nationale Wettbewerbsbehörde mit dem vorgeworfenen Verhalten befasst, darauf hinzuweisen, welche Behörde den Fall bereits behandelt oder behandelt hat.

III. Verfahren

119 Bis zur Übermittlung der Beschwerdepunkte oder der beabsichtigten Zurückweisung der Beschwerde wird die Kommission in der Regel in einen Meinungsaustausch mit dem Beschwerdeführer eintreten und ihm, wenn der Fall dieses gebietet, eine vorläufige Einschätzung übermitteln und ihm Gelegenheit zur Stellungnahme geben.[134] Es ist üblich, dass die Kommission dem Beschwerdegegner bereits in einem frühen Verfahrensstadium eine nichtvertrauliche Fassung der Beschwerde übermittelt und diesem die Möglichkeit zur Stellungnahme gibt.[135] Die nichtvertrauliche Version der Antwort des Beschwerdegegners kann dem Beschwerdeführer zugänglich gemacht werden.[136] Sofern die Kommission aufgrund der Beschwerde weitere Ermittlungen vorzunehmen beabsichtigt oder das Verfahren einleitet, wird sie den Beschwerdeführer üblicherweise darüber unterrichten.[137]

120 Im Falle einer beabsichtigten Zurückweisung wird die Kommission den Beschwerdeführer darüber informieren und die Möglichkeit zur Zurücknahme der Beschwerde geben.[138] Sofern das Verfahren bereits eingeleitet wurde, wird die Information in einem Treffen zum Verfahrensstand gegeben werden.[139] Wird die Beschwerde nicht zurückgenommen, beginnt das förmliche Zurückweisungsverfahren. Art. 7 VO (EG) 773/2004

---

[134] Bekanntmachung über Beschwerden Rn. 55.
[135] Bekanntmachung der Kommission über bewährte Vorgehensweisen in Verfahren nach Artikel 101 und 102 des AEUV, ABl. 2011 C 308, 06 Rn. 71; Antitrust Manual of Procedures, Stand März 2012, Kapitel 21 Rn. 12.
[136] Antitrust Manual of Procedures, Stand März 2012, Kapitel 21 Rn. 15.
[137] Antitrust Manual of Procedures, Stand März 2012, Kapitel 21 Rn. 11.
[138] Antitrust Manual of Procedures, Stand März 2012, Kapitel 21 Rn. 57.
[139] Bekanntmachung der Kommission über bewährte Vorgehensweisen in Verfahren nach Artikel 101 und 102 des AEUV, ABl. 2011 C 308, 06 Rn. 139.

gibt dem Beschwerdeführer das Recht zur **Stellungnahme**. Die Kommission teilt ihm die Gründe für die beabsichtigte Zurückweisung mit (Brief nach Art. 7 Abs. 1 VO (EG) 773/2004). Antwortet der Beschwerdeführer nicht innerhalb der von der Kommission gesetzten Frist, gilt die Beschwerde als zurückgenommen. Die Frist wird sich gemäß Art. 17 Abs. 1 VO (EG) 773/2004 nach Dringlichkeit und Komplexität bemessen und entsprechend Art. 17 Abs. 2 VO (EG) 773/2004 mindestens vier Wochen betragen, wobei eine Verlängerung möglich ist. Verspätet eingegangene Stellungnahmen müssen nicht berücksichtigt werden. In dem Schreiben über die beabsichtigte Zurückweisung der Beschwerde ist auf die Folgen der Nichtbeantwortung hinzuweisen.

Art. 8 VO (EG) 773/2004 gewährt dem Beschwerdeführer ein **Recht auf Unterlagen-** **121** **einsicht,** wenn die Kommission beabsichtigt, die Beschwerde abzuweisen. Dieses Recht entsteht erst ab Mitteilung der Abweisungsgründe und umfasst nur die Unterlagen, auf die die Kommission ihre vorläufige Beurteilung stützt, nicht jedoch die gesamte Akte. Ausgenommen sind ferner Geschäftsgeheimnisse und sonstige vertrauliche Informationen anderer Verfahrensbeteiligten. Die eingesehenen Unterlagen dürfen nur für Gerichts- und Verwaltungsverfahren genutzt werden, in denen Art. 101 oder 102 AEUV angewendet wird.

Nach Analyse der Gründe für die beabsichtigte Beschwerdezurückweisung und der **122** beigefügten Unterlagen kann sich der **Beschwerdeführer** entscheiden, die **Beschwerde zurückzunehmen.** Hält er seine Beschwerde aufrecht und können seine Argumente die Kommission nicht überzeugen, die Ermittlungen fortzusetzen, so wird sie die Beschwerde durch Beschluss nach Art. 7 Abs. 1 VO (EG) 773/2004 zurückweisen. Die Kommission wird den **Zurückweisungsbeschluss** oder dessen Zusammenfassung auf ihrer Web-Seite **veröffentlichen.**[140] Der Zurückweisungsbeschluss bindet nicht nationale Wettbewerbsbehörden oder Gerichte.

Sofern die Kommission die Beschwerde nicht zurückweist, sondern ein Verbotsverfahren **123** nach Art. 7 VO 1/2003 einleitet, wird sie gemäß Art. 6 VO (EG) 773/2004 dem Beschwerdeführer eine **nichtvertrauliche Fassung der Beschwerdepunkte übermitteln** und ihm die Gelegenheit geben, hierzu binnen einer von der Kommission gesetzten Frist Stellung zu nehmen. Auf schriftlichen Antrag kann dem Beschwerdeführer Gelegenheit gegeben werden, seine Argumente bei einer Anhörung der Parteien vorzubringen. Im Falle eines Verpflichtungszusagenverfahrens nach Art. 9 VO 1/2003 kann der Beschwerdeführer – wie andere interessierte Dritte – zu der von der Kommission geplanten Vorgehensweise, insbesondere den ins Auge gefassten Verpflichtungszusagen, Stellung nehmen. Zusätzlich wird die Kommission den Beschwerdeführer über die Ergebnisse des „Markttests" informieren und Gelegenheit zur Stellungnahme geben.[141]

IV. Rechtsschutz

Der Beschwerdeführer kann gegen den abweisenden Beschluss vorgehen.[142] Statthaft ist **124** die **Nichtigkeitsklage** gemäß Art. 263 AEUV. Die unionsgerichtliche Kontrolle führt nicht dazu, dass die Gerichte ihr Ermessen an das der Kommission setzen. Der Kommissionsbeschluss wird nur daraufhin überprüft, ob die Tatsachenfeststellungen zutreffend sind und ob der Beschluss weder rechtsfehlerhaft ist noch einen offensichtlichen Beurteilungsfehler oder einen Ermessensmissbrauch aufweist.[143] Ein offensichtlicher Beurteilungsfehler kann jedoch dann nicht zur Nichtigerklärung des Beschlusses führen, wenn er das konkrete Ergebnis nicht beeinflussen kann.[144]

---

[140] Bekanntmachung der Kommission über bewährte Vorgehensweisen in Verfahren nach Artikel 101 und 102 des AEUV, ABl. 2011 C 308, 06 Rn. 150.
[141] Antitrust Manual of Procedures, Stand März 2012, Kapitel 21 Rn. 66.
[142] Bekanntmachung über Beschwerden Rn. 77.
[143] EuG Urt. v. 15.10.2010 – T-427/08 Rn. 65 – Confédération européene des associations d'horlogers-réparateurs mwN.
[144] EuG Urt. v. 15.10.2010 – T-427/08 Rn. 161 – Confédération européene des associations d'horlogers-réparateurs.

125 Sofern ein Verbotsverfahren eingeleitet wird, kann die Übersendung der nichtvertraulichen Fassung der Beschwerdepunkte an den Beschwerdeführer durch den Beschwerdegegner gesondert gerichtlich angefochten werden, da die Kommission mit dieser Übermittlung die Beschwerdebefugnis und die damit verbundenen Verfahrensrechte des Beschwerdeführers anerkennt.[145]

---

[145] EuG Urt. v. 20.12.2001 – T-213/01 Rn. 72 – Österreichische Postbank.

§ 8 Ermittlungsbefugnisse*

Übersicht

	Rn.
A. Nachprüfungen	2
I. Allgemeines	2
II. Voraussetzungen und Verfahren angeordneter Nachprüfungen	5
1. Anfangsverdacht	6
2. Inhalt des Nachprüfungsbeschlusses	7
a) Nennung der Adressaten	7
b) Angabe von Gegenstand und Zweck der Nachprüfung	8
c) Zeitpunkt der Nachprüfung	11
d) Hinweis auf Sanktionsmöglichkeiten	12
e) Hinweis auf Klagemöglichkeit	15
3. Verfahren	16
4. Bekanntgabe des Nachprüfungsbeschlusses	18
5. Rechtsfolgen	19
III. Voraussetzungen und Verfahren einfacher Nachprüfungen	21
1. Anfangsverdacht	21
2. Inhalt des schriftlichen Auftrags	22
a) Nennung des Adressaten und Angabe des Gegenstands und des Zwecks der Nachprüfung	22
b) Hinweis auf Sanktionsmöglichkeiten	23
3. Verfahren	24
4. Zustimmung des Unternehmens	26
IV. Befugnisse der Kommission	27
1. Betreten von Räumlichkeiten	27
a) Geschäftsräume	27
b) Andere Räumlichkeiten	28
2. Prüfung der Geschäftsunterlagen	30
a) Privilegierte Unterlagen	38
b) Private Unterlagen	42
c) Geschäftsgeheimnisse	43
3. Kopien und Auszüge	44
4. Versiegelung	48
5. Befragungen	51
V. Gerichtliche Kontrolle	54
1. Unionsgerichtliche Kontrolle	54
2. Kontrolle durch Gerichte der Mitgliedstaaten	56
B. Auftragsnachprüfungen durch Wettbewerbsbehörden der Mitgliedstaaten	61
I. Einführung	61
II. Amtshilfe zwischen nationalen Wettbewerbsbehörden	62
III. Ersuchen der Kommission	66
C. Auskunftsverlangen	71
I. Verfahren	71
II. Voraussetzungen	79
1. Erfüllung der der Kommission übertragenen Aufgaben	79
2. Inhalt des Auskunftsverlangens	80
a) Angabe von Rechtsgrundlage und Zweck	80
b) Angabe der geforderten Auskünfte	81
c) Bestimmung einer Frist	82
d) Hinweis auf Sanktionen nach Art. 23 VO 1/2003	83
e) Hinweis auf Sanktionen nach Art. 24 VO 1/2003	86

---

* Der Verfasser Dr. Gerald Miersch ist Beamter der Europäischen Kommission. Die hier wiedergegebenen Ansichten spiegeln nur seine persönliche Meinung wieder und binden in keiner Weise die Institution, für die er arbeitet.

                                                                                    Rn.
        f) Hinweis auf Rechtsschutz gegen förmliche Auskunftsverlangen   87
   III. Umfang der Auskunftspflicht   88
        1. Erforderlichkeit der Information   89
        2. Kein unverhältnismäßiger Aufwand   92
        3. Verbot der Selbstbezichtigung   96
        4. Anwaltsprivileg   98
        5. Schutz von Geschäftsgeheimnissen   99
        6. Gleichbehandlung   101
D. Befugnis zur Befragung   102
   I. Einführung   102
   II. Voraussetzungen   104
   III. Ermessen   108
   IV. Durchführung   110
   V. Verwertung   113
   VI. Sanktionsmöglichkeiten   115
   VII. Beteiligung nationaler Wettbewerbsbehörden   116
E. Sektoruntersuchungen   117
   I. Eingriffsschwelle   120
   II. Ermittlungsbefugnisse   121
   III. Verwertung der erlangten Informationen   123
   IV. Abschlussbericht   124
   V. Rechtsschutz   125

Schrifttum:

Bischke, Deutsche Bahn/Kommission – Die Nachprüfungsbefugnisse der Europäischen Kommission nach Art. 20 VO 1/2003 auf dem Prüfstand der Gerichte in Luxemburg, NZKart 2013, 397; *ders.*, Welchen Anforderungen muss ein Auskunftsbeschluss der EU-Kommission gemäß Art. 18 Abs. 3 VO 1/2003 genügen?, NZKart 2014, 299; *de Bronett*, Kommentar VO 1/2003, 2005; *Buntscheck*, Anwaltskorrespondenz – Beitrag zur geordneten Rechtspflege oder „tickende Zeitbombe", WuW 2007, 229 ff.; *Colombani/Kloub/Sakkers* in: Faull & Nickpay, The EU Law of Competition, 3. Aufl. 2014; *Dalheimer/Feddersen/Miersch*, EU-Kartellverfahrensverordnung: Kommentar zur VO 1/2003, Sonderausgabe aus *Grabitz/Hilf*, 2005, Das Recht der Europäischen Union, nach Art. 83 EGV; *Gronemeyer/Slobodenjuk*, Legal Professional Privilege in Kartellverfahren – Vertraulichkeitsschutz am Scheideweg?, EWS 2010, 308 ff.; *Kerse/Khan*, EC antitrust procedure, 6. Aufl. 2012; *Klees*, Europäisches Kartellverfahrensrecht mit Fusionskontrollverfahren, 2005; *Kübler/Pautke*, Legal Privilege: Fallstricke und Werkzeuge im Umgang mit kartellrechtlich sensiblen Dokumenten – Ein praktischer Leitfaden, BB 2007, 390 ff.; *Sauer* in: Ortiz/Blanco EU Competition Procedure, 3. Edition, 2013; *Pfromm/Hentschel*, Zum Umfang des Legal Privilege in Kartellrechtsverfahren: Das gemeinschaftsrechtliche Gebot umfassender Vertraulichkeit der Anwaltskorrespondenz, EWS 2005, 350 ff.; *Schnichels/Resch*, Das Anwaltsprivileg im europäischen Kontext, EuZW 2011, 47 ff.; *Seitz*, Der Vertraulichkeitsschutz der Anwaltskorrespondenz im europäischen Wettbewerbsverfahren – Zu Umfang und Ausgestaltung des Anwaltsgeheimnisses nach der neuen europäischen Rechtsprechung, EuZW 2008, 204 ff.; *Temple Lang*, Legal Problems of digital evidence, Journal of Antitrust enforcement, 2013, 1; *Wiedemann*, Handbuch des Kartellrechts, 2. A., 2008; *Van Erps*, Digital Evidence Gathering: An Update, Concurrences Nr. 2–2013, 213; *Wils*, Self-incrimination in EC Antitrust Enforcement: A Legal and Economic Analysis, World Competition 2003, 567 ff.

1   Die VO 1/2003 räumt der Kommission eine Reihe von Ermittlungsbefugnissen ein, die in Art. 17–22 beschrieben sind. Sie sind nur zur Erfüllung der Aufgaben der Kommission im Rahmen der VO 1/2003, also zur **Verfolgung, Abstellung und Ahndung vermuteter Verstöße** gegen Art. 101 oder 102 AEUV, zu nutzen. Die einzelnen Ermittlungsbefugnisse ergänzen einander. Ein Vorrang eines Instruments besteht grundsätzlich nicht, solange verschiedene Methoden zweckdienlich sind. Im Grundsatz stehen also insbesondere Auskunftsverlangen und Nachprüfungen gleichrangig nebeneinander, da letztere gerade durch das ihnen innewohnende Überraschungsmoment geeignet sein können, Ermittlungsergebnisse herbeizuführen.[1] Das Verhältnismäßigkeitsprinzip kann das Auswahlermessen der Kommission begren-

---

[1] Vgl. GA *Kokott* SchlA v. 3. 4. 2014 – C-37/13 P Rn. 61 – Nexans.

zen, wobei aber zu berücksichtigen ist, dass belastende Dokumente vielfach nur über eine angeordnete Nachprüfung erlangt werden können.[2]

A. Nachprüfungen

I. Allgemeines

Art. 20 VO 1/2003 ermächtigt die Kommission, Nachprüfungen bei Unternehmen und Unternehmensvereinigungen vorzunehmen, wobei diese erforderlich sein müssen, um die Aufgaben der Kommission nach der VO 1/2003 zu erfüllen. Dh sie müssen dazu geeignet sein, einen Kartellrechtsverstoß **aufzudecken, abzustellen und gegebenenfalls zu ahnden.** Unterschieden wird zwischen der einfachen Nachprüfung und einer durch Beschluss der Kommission angeordneten Nachprüfung. Zur Nutzung des Überraschungsmoments wird es typischerweise zu einer angeordneten Nachprüfung kommen, die den Unternehmen vor ihrer Durchführung nicht angekündigt wird („dawn raid"). Hierbei kann es sowohl um mögliche Verstöße gegen Art. 101 als auch gegen Art. 102 AEUV gehen. Unternehmen sind zur Duldung einer solchen angeordneten Nachprüfung verpflichtet. Eine einfache Nachprüfung erfolgt, wenn die Unternehmen dieser zustimmen. Diese Form der Nachprüfung, die üblicherweise zuvor angekündigt wird, nutzt die Kommission relativ selten. In der jüngeren Praxis wurde mehrfach auf die einfache Nachprüfung zurückgegriffen, um der Kommission den Zugang zu zuvor definierten umfangreichen Dokumentendatenbanken zu ermöglichen, in die in den Geschäftsräumen des Unternehmens oder der Anwaltskanzlei Einblick genommen wurde. 2

Art. 20 Abs. 5 VO 1/2003 sieht vor, dass die Kommission die **nationalen Wettbewerbsbehörden** um **Unterstützung bei der Durchführung der Nachprüfung** ersuchen kann.[3] Diese Unterstützung erfolgt durch Bedienstete der nationalen Wettbewerbsbehörden. Bediensteten nationaler Behörden stehen dann die gleichen Befugnisse zu wie Kommissionsbediensteten. Der Kommission selbst stehen keine Zwangsmittel zur Verfügung, um ihre Befugnisse durchzusetzen. Die Unterstützungspflicht der Mitgliedstaaten erstreckt sich daher gemäß Art. 20 Abs. 6 VO 1/2003 auch auf die erforderlichen Maßnahmen, die eine Nachprüfung ermöglichen, wenn sich das Unternehmen einer solchen widersetzt. Die Vorschrift sieht ausdrücklich den etwaigen Einsatz von Polizeikräften oder einer entsprechend vollziehenden Behörde vor. Allerdings verlangt Art. 20 Abs. 7 VO 1/2003 einen diesbezüglichen Richtervorbehalt zu beachten, sofern ein solcher im nationalen Verfahrensrecht verankert ist. Dieser wird jedoch durch Art. 20 Abs. 8 VO 1/2003 modifiziert (→ Rn. 56). 3

Die Kommission hat eine erläuternde Notiz veröffentlicht, die neben grundlegenden Informationen zu Verfahrensrechten auch ausführliche Angaben zum Ablauf und zur technischen Umsetzung, insbesondere mit Blick auf Informationen in elektronischer Form, enthält.[4] 4

II. Voraussetzungen und Verfahren angeordneter Nachprüfungen

Eine angeordnete Nachprüfung stellt einen **Eingriff in das durch Art. 7 der Grundrechtscharta und Art. 8 EMRK** geschützte Recht des Unternehmens auf Achtung seiner Privatsphäre, Räumlichkeit und Korrespondenz dar, der jedoch auch ohne vorherige richterliche Genehmigung rechtmäßig ist, da ausreichende Garantien bestehen, die den Befugnissen der Kommission einen „hinreichend strikten Rahmen" 5

---

[2] Vgl. EuG Urt. v. 6.9.2013 – T-289/11 ua Rn. 207–223 – Deutsche Bahn.
[3] Das Ersuchen kann auch von der nationalen Wettbewerbsbehörde selbst kommen. In der Praxis geht die Initiative aber in der Regel von der Kommission aus.
[4] Explanatory note to an authorisation to conduct an inspection in execution of a Commission decision under Article 20(4) of Council Regulation No 1/2003, vom 11.9.2015 (überarbeitete Version), s. http://ec.europa.eu/competition/antitrust/legislation/explanatory_note.pdf (im Folgenden „Explanatory Note").

setzen.[5] Da der Unionsrichter im Falle einer gegen den Nachprüfungsbeschluss erhobenen Nichtigkeitsklage eine Kontrolle sowohl in rechtlicher als auch in tatsächlicher Hinsicht ausübt, wird auch dem Recht auf effektiven Rechtschutz nach Art. 47 der Grundrechtscharta und Art. 6 EMRK entsprochen.[6]

1. Anfangsverdacht

6   Die Kommission muss über hinreichend **ernsthafte Indizien** für die von ihr gemutmaßten Wettbewerbsverstöße verfügen.[7] Diese Anhaltspunkte müssen für den von der Kommission angenommen Umfang des Wettbewerbsverstoßes einschließlich der erfassten Industriezweige und der geographischen Ausdehnung vorliegen. Allerdings muss die Kommission die Anhaltspunkte nicht bereits im Nachprüfungsbeschluss nennen. Vielmehr reicht es, wenn die Kommission diese vor dem Gericht offenlegt, sofern der Adressat des Nachprüfungsbeschlusses Umstände darlegt, die das Vorliegen hinreichend ernsthafter Indizien in Frage stellen.[8] Anhaltspunkte für den Kartellverstoß folgen zB aus den Unternehmenserklärungen und überreichten Dokumenten von Kronzeugen, Beschwerden, Angaben von Informanten, aus anderen Fällen der Kommission und der nationalen Behörden oder Vorermittlungen der Kommission.

2. Inhalt des Nachprüfungsbeschlusses

7   **a) Nennung der Adressaten.** Nachprüfungen nach Art. 20 VO 1/2003 können bei „Unternehmen und Unternehmensvereinigungen" durchgeführt werden. In Betracht kommen nicht nur die eines Wettbewerbsverstoßes verdächtigten Unternehmen, sondern auch andere Unternehmen, sofern Anhaltspunkte dafür bestehen, dass bei diesen Beweise für Wettbewerbsverstöße der verdächtigten Unternehmen gefunden werden können. Ein Beispiel sind Nachprüfungen im Fall *Intel* bei betroffenen Kunden.[9] Der Nachprüfungsbeschluss ist allerdings an zu dem Unternehmen gehörende Rechtspersonen zu richten, die so zu bezeichnen sind, dass sie eindeutig identifiziert werden können. In der Regel werden der **Name** und die **Rechtsform** genannt. Zusätzlich kann der **Sitz** oder die Adresse einer Gesellschaft angegeben werden, was jedoch nicht bedeutet, dass die Nachprüfung auf die unter dieser Adresse befindlichen Räumlichkeiten zu beschränken wäre. Üblicherweise führt die Kommission im Nachprüfungsbeschluss die höchste Muttergesellschaft des Unternehmens auf, verbunden mit dem Zusatz „sowie allen von ihr direkt oder indirekt kontrollierten Gesellschaften" und fügt mit einem „insbesondere" die Gesellschaften eines Unternehmens an, deren unmittelbare Kartellbeteiligung vermutet wird.

8   **b) Angabe von Gegenstand und Zweck der Nachprüfung.** Nach Art. 20 Abs. 4 VO 1/2003 sind Gegenstand und Zweck einer Nachprüfung zu benennen. Damit wird die für jeden Unionsakt geltende **Begründungspflicht** für Nachprüfungsbeschlüsse präzisiert.[10] Die europäischen Gerichte sehen diese Angaben als grundlegendes Erfordernis an.[11] Sie dienen zum einen dazu, den Adressaten zu ermöglichen, den Umfang der Mitwirkungspflichten zu erkennen. Zum anderen ermöglichen sie den Adressaten, die eigenen **Verteidigungsrechte** zu wahren.[12] Die Kommission muss aber weder die ihr vorliegenden Beweismittel übermitteln noch eine strenge rechtliche Qualifizierung der mutmaßlichen

---

[5] Siehe EuGH Urt. v. 18.6.2015 – C583/13P Rn. 20–36 – Deutsche Bahn sowie EuG Urt. v. 6.9.2013 – T-289/11 ua Rn. 65, 67, 73, 100 – Deutsche Bahn.
[6] EuGH Urt. v. 18.6.2015 – C583/13P Rn. 42–48 – Deutsche Bahn.
[7] EuG Urt. v. 14.11.2012 – T-135/09 Rn. 67 – Nexans; GA *Kokott* SchlA v. 3.4.2014 – C-37/13 P Rn. 85–87 – Nexans: „hinreichende" oder „vernünftige Anhaltspunkte für den Anfangsverdacht".
[8] EuG Urt. v. 14.11.2012 – T-135/09 Rn. 69, 72 – Nexans; GA *Kokott* SchlA v. 3.4.2014 – C-37/13 P Rn. 86, 87.
[9] COMP/ 37.990 *Intel* Rn. 7.
[10] Vgl. SchlA der GA *Kokott v.* 3.4.2014 – C-37/13 P Rn. 43 – Nexans.
[11] EuGH Urt. v. 17.10.1989 – 97/87 ua Rn. 26 – Dow Chemical Ibérica; EuG Urt. v. 14.11.2012 – T-135/09 Rn. 39 – Nexans.
[12] EuGH Urt. v. 18.6.2015 – C583/13P Rn. 56 – Deutsche Bahn.

Zuwiderhandlung vornehmen.[13] Dies ist zu Beginn der Nachprüfungen mangels ausreichender Kenntnis des Sachverhalts noch nicht möglich.[14] Allerdings ist die Kommission nach Auffassung der Gerichte verpflichtet, klar anzugeben, welchen Vermutungen sie nachzugehen beabsichtigt.[15] Sofern die Kommission ihre durchsuchenden Bediensteten vor der Nachprüfung über eine weitere Beschwerde gegen das Unternehmen informiert, genügt sie ihrer Begründungspflicht nur, wenn der in dem Nachprüfungsbeschluss bezeichnete Gegenstand der Nachprüfung auch Angaben zu dieser weiteren Beschwerde umfasst.[16] Informationen der durchsuchenden Bediensteten zu möglichen Verletzungshandlungen, die über den Nachprüfungsgegenstand hinausgehen, verletzen die Verteidigungsrechte des betroffenen Unternehmens. Nachfolgende Nachprüfungsbeschlüsse, die auf während der ersten Nachprüfung gefundenen Unterlagen aufbauen, die diese zusätzlichen Informationen betreffen, sind rechtswidrig.

Nicht erforderlich ist die Angabe des **geographischen Marktes;** es reicht, dass die Industriezweige, die von der behaupteten Zuwiderhandlung erfasst werden, hinreichend genau bezeichnet werden.[17] Maßgeblich ist, dass die Kommission die von ihr gemutmaßten Wettbewerbsverstöße verständlich umschreibt.[18] Diese Angaben sind erforderlich, damit erstens die Unternehmen erkennen können, ob die einzelnen Tätigkeiten der Nachprüfung noch vom Auftrag umfasst sind und zweitens eine unionsgerichtliche Überprüfung der Nachprüfung erfolgen kann.[19] Die Kommission ist auch nicht gehindert, Dokumente zu prüfen, die **Märkte außerhalb des EWR** betreffen, wenn Absprachen auf diesen geeignet sind, den Handel zwischen Mitgliedstaaten zu beeinträchtigen und eine Verhinderung, Einschränkung oder Verfälschung des Wettbewerbs innerhalb des Gemeinsamen Marktes zu bewirken oder bezwecken.[20]

9

Anforderungen an den Nachprüfungsbeschluss nach dem Nexans Urteil

In ihrem Nachprüfungsbeschluss vom 9.1.2009 hat die Kommission das von dem mutmaßlichen Kartellverhalten betroffene Produkt als die „Lieferung von Stromkabeln und dazugehörigem Material einschließlich ua unterseeischer Hochspannungskabel und in bestimmten Fällen unterirdischer Hochspannungskabel" beschrieben. Zur geographischen Reichweite hat der Beschluss ausgeführt, dass die Vereinbarungen „wahrscheinlich weltweit" gelten. Nexans hat in seiner Klage gegen den Nachprüfungsbeschluss mangelnde Bestimmtheit und einen fehlenden Anfangsverdacht für Stromkabel außer Hochspannungsseekabeln gerügt. Das Gericht legt den Nachprüfungsbeschluss dahin aus, dass die Gesamtheit der Stromkabel gemeint gewesen sei.[21] Die Kommission sei ihrer Verpflichtung zu einer hinreichend genauen Eingrenzung der Produkte nachgekommen, da die Kläger hätten erkennen können, dass sich ihre Mitwirkungspflichten auf alle Stromkabel bezog.[22] Allerdings hätten der Kommission nur im Hinblick auf Hochspannungssee- und Erdkabel und das dazugehörige Material „hinreichend ernsthafte Indizien" für den Verdacht einer Zuwiderhandlung vorgelegen.[23] Zu diesem Ergebnis kommt das Gericht nach einer Analyse der von der Kommission vor-

10

---

[13] EuG Urt. v. 6.9.2013 – T-289/11 ua Rn. 76 – Deutsche Bahn; EuGH Urt. v. 25.6.2014 – C-37/13 P Rn. 35 – Nexans.
[14] EuGH Urt. v. 25.6.2014 – C-37/13 P Rn. 37 – Nexans.
[15] EuGH Urt. v. 17.10.1989 – 97/87 ua Rn. 45 – Dow Chemical Ibérica; EuG Urt. v. 14.11.2012 – T-135/09 Rn. 42 – Nexans; bestätigt durch EuGH Urt. v. 25.6.2014 – C-37/13 P Rn. 35 – Nexans.
[16] EuGH Urt. v. 18.6.2015 – C583/13P Rn. 63, 64 – Deutsche Bahn.
[17] EuG Urt. v. 14.11.2012 – T-135/09 Rn. 45 – Nexans; bestätigt durch EuGH Urt. v. 25.6.2014 – C-37/13 P Rn. 27 – Nexans.
[18] EuG Urt. v. 25.6.2014 – C-37/13 P Rn. 21 – Nexans.
[19] EuG Urt. v. 14.11.2012 – T-135/09 Rn. 45 – Nexans; bestätigt durch EuGH Urt. v. 25.6.2014 – C-37/13 P Rn. 31 – Nexans.
[20] EuGH Urt. v. 25.6.2014 – C-37/13 P Rn. 40 – Nexans.
[21] EuG Urt. v. 14.11.2012 – T-135/09 Rn. 50 – Nexans.
[22] EuG Urt. v. 14.11.2012 – T-135/09 Rn. 53, 54 – Nexans.
[23] EuG Urt. v. 14.11.2012 – T-135/09 Rn. 93 – Nexans.

gelegten Indizien – insbesondere durch Kronzeugen übermittelte Informationen – sowie der Feststellung, dass die Kommission selbst in einer Fusionskontrollentscheidung auf erhebliche Unterschiede zwischen Hoch-, Mittel- und Niederspannungskabeln hingewiesen habe.[24] Damit das Gericht überhaupt die der Kommission bei Erlass des Nachprüfungsbeschlusses vorliegenden Indizien überprüft, muss die Klägerin Umstände darlegen, die den hinreichenden Anfangsverdacht in Frage stellen.[25] Als solche Umstände ließ das Gericht die Presseerklärung der Kommission zur Nachprüfung ausreichen, in der lediglich Hochspannungsseekabel genannt werden sowie die Feststellung der Klägerin, dass die Kommission sich bei der Nachprüfung für bestimmte Mitarbeiter interessiert habe, die im Bereich Hochspannungskabel beschäftigt waren.[26] Die Beschreibung der geographischen Reichweite im Nachprüfungsbeschluss als „wahrscheinlich weltweit" wurde vom Gericht als hinreichend genau angesehen.[27]

11 c) Zeitpunkt der Nachprüfung. Der Zeitpunkt des **Beginns** der Nachprüfung ist zu bestimmen, da ab diesem die Duldungspflicht der Unternehmen beginnt. Damit diese erkennen können, ab wann der Nachprüfungsbeschluss zugestellt werden kann und sie zur Duldung verpflichtet sind, ist eine konkrete Datumsbezeichnung, also die Angabe eines kalendarisch bezeichneten Tages, nötig. Diese kann mit dem Zusatz verbunden werden „oder wenige Tage später". Allerdings ist es weder erforderlich eine Uhrzeit zu benennen noch muss an dem genannten Tag die Nachprüfung auch tatsächlich beginnen noch ist ein erwartetes Ende der Nachprüfung anzugeben.[28]

12 d) Hinweis auf Sanktionsmöglichkeiten. Der Beschluss muss auf die von Art. 23 und 24 VO 1/2003 vorgesehenen Möglichkeiten, **Sanktionen** und **Zwangsgelder** zu verhängen, hinweisen. Geldbußen wegen Pflichtverletzungen können bis zu 1 % des im Geschäftsjahr vor Erlass des Bußgeldbescheides erzielten Jahresgesamtumsatzes erreichen. Ebenso wie bei einfachen Nachprüfungen ist die unvollständige Vorlage von Büchern oder sonstigen Geschäftsunterlagen und die unrichtige oder irreführende Beantwortung von Fragen bußgeldbewehrt. Geldbußen können darüber hinaus gemäß Art. 20 Abs. 2 lit. d) VO 1/2003 auch verhängt werden, wenn die Nachprüfung (zumindest teilweise) nicht geduldet wird (→ Rn. 35)[29] oder eine von einem Mitglied der Belegschaft erteilte unrichtige, unvollständige oder irreführende Antwort nicht innerhalb einer von der Kommission gesetzten Frist berichtigt wird. Gleichfalls kann die Kommission ein Bußgeld erlassen, wenn in Bezug auf Tatsachen, die mit dem Gegenstand und dem Zweck einer durch Beschluss nach Art. 20 Abs. 4 VO 1/2003 angeordneten Nachprüfung in Zusammenhang stehen, keine vollständige Antwort erteilt oder eine vollständige Antwort verweigert wird. Schließlich kann gemäß Art. 23 Abs. 1 lit. e) VO 1/2003 auch ein Siegelbruch sanktioniert werden.[30]

13 Alternativ kann die Kommission eine Verletzung der Duldungs- und Mitwirkungspflichten auch im Rahmen der **Bußgeldbemessung** für die Verletzung von Art. 101 oder 102 AEUV als den erschwerenden Umstand einer Behinderung der Untersuchung nach Rn. 28 der Bußgeldleitlinien würdigen.[31]

---

[24] EuG Urt. v. 14.11.2012 – T-135/09 Rn. 74–92 – Nexans.
[25] EuG Urt. v. 14.11.2012 – T-135/09 Rn. 72 – Nexans.
[26] EuG Urt. v. 14.11.2012 – T-135/09 Rn. 68 – Nexans.
[27] EuG Urt. v. 14.11.2012 – T-135/09 Rn. 97 – Nexans; bestätigt durch EuGH Urt. v. 25.6.2014 – C-37/13 P Rn. 40 – Nexans.
[28] Dahlheimer/Feddersen/Miersch/*Miersch* Art. 20 Rn. 50; Faull/Nickpay/*Colombani/Kloub/Sakkers* Rn. 8.391.
[29] Siehe dazu auch Beschluss vom 29.3.2012 in COMP/39.793 EPH.
[30] Siehe dazu Beschluss vom 30.1.2008 in COMP/ 39.326 – E.ON, bestätigt durch EuGH Urt. v. 22.12.2012 – C-89/11 P – E.ON Energie. Beschluss vom 24.11.2011 in Fall COMP/39.796 – Suez Environnement.
[31] Siehe EuG Urt. v. 27.9.2012 – T-357/06 Rn. 251 – Koninklijke Wegenbouw Stevin. In diesem Fall wurde die Geldbuße um 10 % erhöht. Das Gericht hat die Erhöhung bestätigt (Rn. 255). Siehe hierzu auch § 13 Rn. 99.

Um die Unternehmen zu zwingen, eine angeordnete Nachprüfung zu dulden, kann die **14** Kommission gemäß Art. 24 Abs. 1 lit. d) VO 1/2003 **Zwangsgelder** festsetzen. Diese können bis zu 5 % des im vorausgegangenen Geschäftsjahr erzielten durchschnittlichen Tagesumsatzes für jeden Tag des Verzugs von dem in ihrem Beschluss bestimmten Zeitpunkt an betragen. Anders als Art. 18 Abs. 3 VO 1/2003 verlangt Art. 20 Abs. 4 VO 1/2003 nur einen Hinweis auf die Möglichkeit eines Zwangsgeldes, sieht aber nicht die Möglichkeit vor, ein solches direkt im Beschluss aufzuerlegen. Daher ist eine Verknüpfung von Anordnung der Nachprüfung und Zwangsgeldfestsetzung unzulässig.[32]

e) Hinweis auf Klagemöglichkeit. Der Beschluss muss auf die Möglichkeit hinweisen, vor **15** dem Gericht Klage zu erheben. Statthaft ist hier die **Nichtigkeitsklage** gemäß Art. 263 Abs. 4 AEUV, für die das Gericht gemäß Art. 256 Abs. 1 AEUV zuständig ist. Eine Klage hat gemäß Art. 278 AEUV grundsätzlich keine aufschiebende Wirkung, welche durch das Gericht angeordnet werden müsste.

3. Verfahren

Art. 20 Abs. 4 VO 1/2003 erfordert eine **Anhörung der Wettbewerbsbehörde des** **16** **Mitgliedstaates,** in dem das betroffene Unternehmen seinen Sitz hat. Diese Wettbewerbsbehörde wird mithin anders als bei einfachen Nachprüfungen nicht bloß informiert, sondern erhält die Gelegenheit, Stellung zu nehmen. Die Anhörung ist an keine bestimmte Form gebunden und sollte so rechtzeitig erfolgen, dass mögliche Bemerkungen der nationalen Wettbewerbsbehörde noch berücksichtigt und eine ggfs. erforderliche richterliche Genehmigung für den Zwangsmitteleinsatz erlangt werden kann.[33] Außerdem sollte der Wettbewerbsbehörde genug Zeit verbleiben, die Maßnahmen nach Art. 20 Abs. 5 VO 1/2003 zu ergreifen, also entweder der Kommission anzubieten sie zu unterstützen oder eine solche Unterstützung auf Ersuchen der Kommission vorzubereiten.

Der Erlass des Nachprüfungsbeschlusses ist auf Grund einer Ermächtigung vom Kolle- **17** gium auf den für Wettbewerbsfragen **zuständigen Kommissar** übertragen. Zusätzlich besteht eine Subdelegation an den **Generaldirektor** der Generaldirektion Wettbewerb.[34] Eine Anhörung der betroffenen Unternehmen oder des Beratenden Ausschusses ist nicht erforderlich. Die Prüfer verfügen zusätzlich über einen vom Generaldirektor oder Stellvertretenden Generaldirektor unterschriebenen Nachprüfungsauftrag, der sie legitimiert und auf den Nachprüfungsbeschluss Bezug nimmt.[35]

4. Bekanntgabe des Nachprüfungsbeschlusses

Der Nachprüfungsbeschluss ist dem Adressaten bekanntzugeben.[36] Die Bekanntgabe erfolgt **18** in der Regel durch Übergabe einer **autorisierten Kopie** an einen Vertreter oder Mitarbeiter des Unternehmens, der von dem Unternehmen benannt wurde oder als berechtigt anzusehen ist, für das Unternehmen in solchen Angelegenheiten zu handeln. Sofern solche Personen nicht gegenwärtig sind oder nicht benannt werden, kann die Übergabe an jeden Mitarbeiter erfolgen, der als zur Postannahme berechtigt angesehen werden kann.

5. Rechtsfolgen

Die Nachprüfung beginnt mit der Bekanntgabe des Nachprüfungsbeschlusses.[37] Die **Be-** **19** **kanntgabe** löst **die Pflicht zur Duldung der Nachprüfung** und zur aktiven Mitarbeit aus.[38] Wenn die Bediensteten der Kommission Räumlichkeiten des Unternehmens betre-

---

[32] Immenga/Mestmäcker/*Dannecker/Biermann* EuWettbR VO 1/2003 Art. 24 Rn. 34.
[33] Dahlheimer/Feddersen/Miersch/*Miersch* Art. 20 Rn. 55.
[34] Siehe dazu Kapitel 6 des „Antitrust Manual of Procedures", Stand März 2012, Rn. 40.
[35] Siehe Explanatory Note Rn. 1.
[36] Siehe Art. 297 Abs. 2 UA.3 AEUV.
[37] Siehe EuG Urt. v. 6.9.2013 – T-289/11 ua Rn. 89 – Deutsche Bahn.
[38] Siehe zur Pflicht zur aktiven Mitarbeit EuG Urt. v. 27.9.2012 – T-357/06 Rn. 236 – Koninklijke Wegenbouw Stevin; EuGH Urt. v. 7.1.2004 – C-204/00 P ua Rn. 207 – Aalborg Portland. Siehe auch EuG Urt. v. 26.11.2014 – T-272/12 Rn. 71 – EPH.

ten, um den Nachprüfungsbeschluss bekanntzugeben, beginnt damit noch nicht die Nachprüfung. Dennoch bestehen bereits vor Bekanntgabe des Nachprüfungsbeschlusses Pflichten des Unternehmens. Insbesondere hat das Unternehmen den Prüfern das Betreten der Räumlichkeiten zu gestatten, damit diese den Nachprüfungsbeschluss zustellen können[39] und Personal zu benennen, an das eine Bekanntgabe erfolgen kann.[40]

20 Die Unternehmen haben das Recht, einen **Rechtsanwalt** während der Nachprüfung hinzuzuziehen. Die Anwesenheit eines Rechtsanwalts ist jedoch keine Wirksamkeitsvoraussetzung für die Bekanntgabe des Nachprüfungsbeschlusses und den Beginn der Nachprüfung.[41] Bereits vor Eintreffen der Anwälte können die Prüfer insbesondere ausgewählte Büros betreten sowie Telefongespräche und elektronische Kontakte des Unternehmens kontrollieren.[42] Mit der Ausübung der sonstigen Nachprüfungsbefugnisse **warten** die Prüfer üblicherweise eine **kurze Zeit auf das Eintreffen eines Rechtsanwalts**.[43] Die Länge der Frist hängt von den Umständen des Einzelfalles ab und sollte auf das unbedingt Notwendige beschränkt bleiben.[44] In der Praxis werden vielfach die Prüfung der Unterlagen und die Vorbereitung der elektronischen Suche sehr zügig beginnen, während insbesondere das Anfertigen von Kopien oder die Befragung von Mitarbeitern ohnehin erst im weiteren Verlauf der Nachprüfung relevant werden dürften. Während der Nachprüfung muss die Kommission dem Unternehmen die Möglichkeit einräumen, anwesende Rechtsanwälte zu konsultieren, bevor sie Kopien anfertigt, Siegel anbringt oder Erläuterungen verlangt.[45]

III. Voraussetzungen und Verfahren einfacher Nachprüfungen

1. Anfangsverdacht

21 Ebenso wie bei einer angeordneten Nachprüfung muss auch für die einfache Nachprüfung ein Anfangsverdacht vorliegen (→ Rn. 6).

2. Inhalt des schriftlichen Auftrags

22 **a) Nennung des Adressaten und Angabe des Gegenstands und des Zwecks der Nachprüfung.** Ebenso wie bei der angeordneten Nachprüfung sind im Beschluss die Adressaten zu nennen und nach Art. 20 Abs. 3 VO 1/2003 Gegenstand und Zweck der Nachprüfung anzugeben.

23 **b) Hinweis auf Sanktionsmöglichkeiten.** Die Kommission muss in dem Auftrag auf die Möglichkeit von Sanktionen hinweisen. Der Hinweis muss gemäß Art. 20 Abs. 3 VO 1/ 2003 für den Fall erfolgen, „dass die angeforderten Bücher oder sonstigen Geschäftsunterlagen nicht vollständig vorgelegt werden oder die Antworten auf die nach Maßgabe von Absatz 2 des vorliegenden Artikels gestellten Fragen unrichtig oder irreführend sind." Bei einfachen Nachprüfungen besteht weder eine Duldungs- noch eine Mitwirkungspflicht, vielmehr handelt es sich um ein reines Täuschungsverbot. Sanktionen gemäß Art. 23 Abs. 1 lit. c) und d) VO 1/2003 kommen daher nur in Betracht, wenn der unzutreffende Eindruck erweckt wird, dass die angeforderten Unterlagen vollständig sind oder unrichtige bzw. irreführende Angaben gemacht werden.[46]

3. Verfahren

24 Die Kommission muss die Wettbewerbsbehörde des Mitgliedstaates, in dem das Unternehmen seinen Sitz hat, rechtzeitig vor Beginn der Nachprüfung über diese informieren.

---

[39] Siehe EuG Urt. v. 27.9.2012 – T-357/06 Rn. 232, 233 – Koninklijke Wegenbouw Stevin.
[40] Siehe dazu auch Ortiz Blanco/*Sauer*, Rn. 8.28.
[41] EuG Urt. v. 27.9.2012 – T-357/06 Rn. 232 – Koninklijke Wegenbouw Stevin.
[42] EuG Urt. v. 27.9.2012 – T-357/06 Rn. 232 – Koninklijke Wegenbouw Stevin.
[43] Siehe Explanatory Note Rn. 6. Siehe auch Ortiz Blanco/*Sauer* Rn. 8.34.
[44] EuG Urt. v. 27.9.2012 – T-357/06 Rn. 232 – Koninklijke Wegenbouw Stevin.
[45] Siehe EuG Urt. v. 6.9.2013 – T-289/11 ua Rn. 89 – Deutsche Bahn.
[46] Dahlheimer/Feddersen/Miersch/*Miersch* Art. 20 Rn. 40.

Die Information ist nicht an eine bestimmte Form gebunden und sollte der Wettbewerbsbehörde genug Zeit lassen, ihre Unterstützung anzubieten und/oder vorzubereiten.

Der Auftrag zur einfachen Nachprüfung wird vom Generaldirektor der Generaldirektion Wettbewerb unterzeichnet und benennt die mandatierten Inspektoren.[47]

4. Zustimmung des Unternehmens

Das untersuchte Unternehmen muss der Nachprüfung zustimmen. Die Zustimmung muss von einem Mitarbeiter erklärt werden, der als berechtigt anzusehen ist, in solchen Angelegenheiten für das Unternehmen zu handeln.[48] Eine Zustimmung ist erforderlich, da keine Pflicht besteht, einfache Nachprüfungen zu dulden.[49] Sie kann nicht bedingt oder beschränkt,[50] aber jederzeit widerrufen werden, wobei der Widerruf jedoch ausdrücklich zu erfolgen hat und nur für die Zukunft wirkt.[51]

25

26

IV. Befugnisse der Kommission

1. Betreten von Räumlichkeiten

a) Geschäftsräume. Art. 20 Abs. 2 lit. a) VO 1/2003 ermächtigt die Kommission für Nachprüfungen alle **Räumlichkeiten, Grundstücke und Transportmittel** von Unternehmen und Unternehmensvereinigungen zu betreten. Bei der Zuordnung zum Unternehmen kommt es darauf an, ob die Räume, Grundstücke oder Transportmittel von dem Unternehmen für seine Geschäftstätigkeit genutzt werden. Die Eigentumsverhältnisse spielen keine Rolle.

27

b) Andere Räumlichkeiten. Art. 21 VO 1/2003 ergänzt die Befugnisse der Kommission um das Recht, auch andere Räumlichkeiten als Grundstücke oder Transportmittel zu betreten – darunter auch die **Wohnungen von Unternehmensleitern und Mitgliedern der Aufsichts- und Leitungsorgane sowie sonstigen Mitarbeitern** der betreffenden Unternehmen und Unternehmensvereinigungen. Von dieser Befugnis hat die Kommission bereits Gebrauch gemacht.[52] Ein begründeter Verdacht der Kommission kann sich beispielsweise aus konkreten Hinweisen in Kronzeugenanträgen, von Informanten oder aus einer zuvor erfolgten Nachprüfung in Geschäftsräumen ergeben. Eine Nachprüfung kann an diesen Orten jedoch nur erfolgen, wenn ein begründeter Verdacht besteht, dass sich dort Bücher oder sonstige Geschäftsunterlagen befinden, die einen schweren Verstoß gegen das Wettbewerbsrecht belegen können. Ferner muss die Nachprüfung durch Beschluss angeordnet werden. Die Anforderungen an diesen ähneln denen des Art. 20 Abs. 3 VO 1/2003. Adressat des Beschlusses ist nicht das Unternehmen, sondern die Person, die die Räumlichkeiten nutzt, in denen die Beweismittel vermutet werden.[53] Da keine Sanktionsmöglichkeiten bestehen, ist hierauf auch kein Hinweis erforderlich. Anders als bei Nachprüfungen in Geschäftsräumen ist es jedoch erforderlich, Gründe für den Verdacht zu nennen, dass sich die Unterlagen an den zu untersuchenden, genau bezeichneten Orten befinden.

28

Die Wettbewerbsbehörde des Mitgliedstaates ist ebenfalls vor Erlass eines Beschlusses über eine Nachprüfung in anderen Räumlichkeiten anzuhören. Zudem ist die **Genehmigung eines Gerichts** des Mitgliedstaates erforderlich (zu dessen Prüfungsmaßstab → Rn. 56 f.). Art. 21 Abs. 4 VO 1/2003 legt fest, dass den ermittelnden Bediensteten bei Nachprüfungen in anderen Räumlichkeiten die Befugnisse des Art. 20 Abs. 3 lit. a) bis c) VO 1/2003 zustehen. Sie dürfen diese Räumlichkeiten also insbesondere betreten, Geschäftsunterlagen prüfen und Kopien oder Auszüge hieraus erlangen. Ein Versiegelungs-

29

---

[47] Kapitel 2 des „Antitrust Manual of Procedures", Stand März 2012, Rn. 49.
[48] Dahlheimer/Feddersen/Miersch/*Miersch* Art. 20 Rn. 37.
[49] Immenga/Mestmäcker/*Burrichter/Hennig* EuWettbR VO 1/2003 Art. 20 Rn. 16.
[50] Dahlheimer/Feddersen/Miersch/*Miersch* Art. 20 Rn. 37.
[51] Siehe FK/*Jaeger* VO 1/2003 Art. 20 Rn. 24; Ortiz Blanco/*Sauer* Fn. 13 zu Rn. 8.03 und Rn. 8.87.
[52] Siehe zB der Marineschläuche-Fall, IP/09/137.
[53] Dahlheimer/Feddersen/Miersch/*Miersch* Art. 21 Rn. 10; Ortiz Blanco/*Sauer* Rn. 8.70 und Fn. 260.

recht oder das Recht, Erläuterungen zu verlangen besteht jedoch nicht. Die Kommission kann auch bei Nachprüfungen in anderen Räumlichkeiten von Bediensteten der Wettbewerbsbehörden der Mitgliedstaaten unterstützt werden.[54]

2. Prüfung der Geschäftsunterlagen

30 Die Kommission ist befugt, die Bücher und sonstigen Geschäftsunterlagen, unabhängig davon in welcher Form sie vorliegen, zu prüfen. Dieses dem Wortlaut nach sehr umfassende Recht ist allerdings in **mehrfacher Hinsicht begrenzt.**

31 Geprüft werden dürfen nur die Unterlagen, die vom **Gegenstand der Nachprüfung** umfasst sind (→ Rn. 8). Der Kommission steht das Recht zu, alle verfügbaren Unterlagen auf ihren Bezug zu der vermuteten Zuwiderhandlung zu prüfen. Die Kommission entscheidet während der Nachprüfung darüber, ob ein Schriftstück vorzulegen ist.[55] Stellt die Kommission jedoch fest, dass ein Bezug zu den im Nachprüfungsbeschluss angeführten Industriezweigen nicht vorliegt, darf sie das Dokument nicht verwenden, auch wenn es ein Indiz für anderes wettbewerbsrechtswidriges Verhalten ist.[56] Ohne eine solche Grenze würden der Sinn und Zweck der Vorschrift, Unternehmen zu verdeutlichen, wie weit ihre Mitwirkungs- bzw. Duldungspflicht reicht, ausgehöhlt und die Angabe des Gegenstands und Zwecks auf ein reines Formerfordernis reduziert.[57]

32 Wenn die Prüfer allerdings **zufällig Informationen erlangen,** die auf einen Wettbewerbsverstoß zu einem anderen Gegenstand hindeuten, so kann die Kommission die Unterlagen durch eine neue Ermittlungsmaßnahme rechtmäßig anfordern und als Beweis verwenden.[58] Ein Zufallsfund kann allerdings nicht angenommen werden, wenn die Kommission die Prüfer bereits vor der ersten Nachprüfung über eine andere Beschwerde außerhalb des Gegenstandes des ersten Nachprüfungsbeschlusses informiert hat.[59] Die Kommission darf zwar ihre Prüfer über den allgemeinen Hintergrund der Angelegenheit informieren, damit sie Wesen und Umfang der etwaigen Zuwiderhandlung verstehen.[60] Soweit aber Unterlagen zu dieser anderen Beschwerde gefunden werden, weist die erste Nachprüfung Unregelmäßigkeiten auf, die dazu führen, dass die darauf aufbauenden weiteren Nachprüfungsbeschlüsse rechtswidrig sind.[61]

33 Das Unternehmen ist verpflichtet, die Prüfung dadurch zu ermöglichen, dass es Zugang zu den Geschäftsunterlagen gewährt. Hierfür erforderlich kann das Öffnen von Räumen und Schränken, die Nutzung von IT-Infrastruktur (einschließlich der Eingabe von Passwörtern) und eine Erläuterung der Archiv- und IT-Struktur sein.[62] Es ist auch verpflichtet, die Nutzung spezieller IT-Anwendungen der Kommission zu dulden, mit denen diese Daten sucht, wiederherstellt und kopiert.[63] Die Kommissionsnotiz zu Nachprüfungen sieht es als Teil der Mitwirkungspflicht der Unternehmen an, dass erfahrenes IT-Personal zugegen ist, das die Infrastruktur kennt, die Abläufe beschreiben und ggfs. Fragen beantworten kann.[64] Es besteht keine Verpflichtung der Kommission, dem Unternehmen mitzuteilen, welche Suchwörter sie zu benutzen beabsichtigt.[65]

---

[54] Gemäß Art. 21 Abs. 4 VO 1/2003 gelten Art. 20 Abs. 5 und 6 VO 1/2003 entsprechend.
[55] EuGH Urt. v. 18.5.1982 – T-155/79 Rn. 17 – AM&S; EuG Urt. v. 27.9.2012 – T-357/06 Rn. 238 – Koninklijke Wegenbouw Stevin.
[56] EuG Urt. v. 14.11.2012 – T-135/09 Rn. 64–65 – Nexans.
[57] EuG Urt. v. 14.11.2012 – T-135/09 Rn. 66 – Nexans.
[58] EuGH Urt. v. 17.10.1989 – 97/87 ua Rn. 19 – Dow Chemical Ibérica; EuGH Urt. v. 18.6.2015 – C583/13P Rn. 59 – Deutsche Bahn. Siehe auch EuG Urt. v. 12.12.2012 – T-410/09 Rn. 45 ff. – Almamet für den Fall, dass die Kommission bei bereits kopierten Dokumenten feststellt, dass sie vom Nachprüfungsgegenstand nicht umfasst waren, diese durch ein Auskunftsverlangen anfordert und sich das Unternehmen in seiner Antwort damit einverstanden erklärt, dass die Unterlagen in der Akte belassen werden.
[59] Siehe EuGH Urt. v. 18.6.2015 – C583/13P Rn. 63, 64 – Deutsche Bahn.
[60] EuGH Urt. v. 18.6.2015 – C583/13P Rn. 62, 64 – Deutsche Bahn.
[61] Siehe EuGH Urt. v. 18.6.2015 – C583/13P Rn. 66, 67, Tenor Nr. 1 und 2 – Deutsche Bahn.
[62] Immenga/Mestmäcker/*Burrichter/Hennig* EuWettbR VO 1/2003 Art. 20 Rn. 60 mwN.
[63] Explanatory Note Rn. 10; ausführlich *Van Erps,* 213–214.
[64] Explanatory Note Rn. 11.
[65] Anders Temple Lang, 10–14.

Ferner gehört zu den Duldungs- und Mitwirkungspflichten, dass das Unternehmen eine unverfälschte Prüfung der Geschäftsunterlagen ermöglicht. Dazu gehört auch, dass die Bediensteten der Kommission Dokumente an den Orten prüfen können, an denen sie sich üblicherweise befinden. 34

> **Duldungs- und Mitwirkungspflichten des Unternehmens bei der elektronischen Suche nach dem EPH Urteil** 35
> Im Bereich der elektronischen Suche hat das *EPH* Urteil die Duldungs- und Mitwirkungspflichten des Unternehmens präzisiert. Die Kommissionsbediensteten hatten zu Beginn der Nachprüfung die Sperrung der E-Mail-Konten bestimmter Mitarbeiter verlangt. Im Verlauf der Nachprüfung stellte sich heraus, dass dennoch ein Mitarbeiter Zugang zu seinem E-Mail-Konto hatte und die E-Mails eines anderen betroffenen Mitarbeiters umgeleitet wurden, so dass sie nicht mehr auf seinem Konto eingingen.[66] Der EuG hat das von der Kommission wegen dieser Pflichtverletzungen verhängte Bußgeld bestätigt.[67] Bereits die Tatsache, dass die Prüfer nicht den verlangten ausschließlichen Zugang zu den E-Mail-Konten erlangt haben, ist eine Pflichtverletzung, ohne dass es darauf ankommt, ob Daten manipuliert oder zerstört wurden.[68] Unerheblich ist auch, dass die umgeleiteten E-Mails an anderer Stelle im IT-System des Unternehmens von den Prüfern hätten gefunden werden können.[69] Zu der Verantwortlichkeit für die Umsetzung der Anweisungen der Prüfer stellt das Urteil fest, dass der Nachprüfungsbeschluss an einen befugten Mitarbeiter zugestellt wurde und dieser den Leiter der IT-Abteilung als für IT-Fragen zuständig benannt hat. In diesem Fall hat das Unternehmen dafür Sorge zu tragen, dass die an diese Personen gerichteten Anweisungen der Prüfer im Unternehmen befolgt werden.[70] Das EuG stellt ferner fest, dass sich der Umfang der Mitwirkungspflichten klar aus dem zu Beginn der Nachprüfung übergebenen Nachprüfungsbeschluss und den erläuternden Schriftstücken ergibt.[71] Schließlich betont der EuG die Bedeutung der Duldungs- und Mitwirkungspflichten bei der Suche nach elektronischen Daten, da sich diese leichter und schneller als Papierdokumente manipulieren lassen.[72]

Eine **Rekonstruktionspflicht** nicht mehr vorhandener Unterlagen besteht **grundsätzlich nicht**.[73] Teilweise wird jedoch eine Pflicht der Mitarbeiter eines Unternehmens angenommen, Unterlagen aus anderen Standorten zu holen.[74] Einer solchen Pflicht wird entgegengehalten, dass die Kommission befugt ist, Nachprüfungen an anderen Standorten durchzuführen und durch Auskunftsverlangen die Vorlage der gewünschten Dokumente zu fordern.[75] Man wird wohl annehmen können, dass das Unternehmen zumindest verpflichtet ist, den Standort der Unterlagen zu nennen und sicherzustellen, dass die Unterlagen nicht vernichtet oder verfälscht werden. 36

Bei **elektronischen Daten** wird es nicht darauf ankommen, wo diese gespeichert sind, sondern ob ein Zugriff von den Räumlichkeiten des Unternehmens aus möglich ist.[76] Dies gilt auch dann, wenn sich das Speichermedium räumlich außerhalb der EU befindet, wenn der Zugriff passwortgeschützt ist oder die Verwaltung der Daten durch einen 37

---

[66] Siehe dazu Beschluss in COMP/39.793 EPH, Rn. 8–9.
[67] EuG Urt. v. 26.11.2014 – T-272/12 – EPH.
[68] EuG Urt. v. 26.11.2014 – T-272/12 Rn. 38, 39 – EPH.
[69] EuG Urt. v. 26.11.2014 – T-272/12 Rn. 50, 51 – EPH.
[70] EuG Urt. v. 26.11.2014 – T-272/12 Rn. 45, 79 – EPH.
[71] EuG Urt. v. 26.11.2014 – T-272/12 Rn. 71–73 – EPH.
[72] EuG Urt. v. 26.11.2014 – T-272/12 Rn. 108 – EPH.
[73] Immenga/Mestmäcker/*Burrichter/Hennig* EuWettbR VO 1/2003 Art. 20 Rn. 51 mwN.
[74] So zB Faull/Nickpay/*Colombani/Kloub/Sakkers* Rn. 8.351.
[75] Vgl. zum Streitstand Immenga/Mestmäcker/*Burrichter/Hennig* EuWettbR VO 1/2003 Art. 20 Rn. 59.
[76] Siehe auch Ortiz Blanco/*Sauer* Rn. 8.45.

Dienstleister erfolgt, der nicht zum Unternehmen gehört.[77] In der überarbeiteten Fassung der „Explanatory Note" wird ausgeführt, dass die Prüfer auch private Geräte und Datenträger durchsuchen können, sofern sie für berufliche Zwecke genutzt werden („Bring Your Own Device") und in den betrieblichen Räumlichkeiten gefunden wurden.[78]

38 **a) Privilegierte Unterlagen.** Dem **Anwaltsprivileg**[79] unterfallende Unterlagen dürfen von den Bediensteten der Kommission nicht geprüft werden.[80] Der Gerichtshof hat in seinem Urteil *AM&S*[81] dargelegt, dass der betroffene Schriftwechsel mit einem Rechtsanwalt zum einen mit der Ausübung des „Rechts des Mandanten auf Verteidigung" in Zusammenhang stehen muss und es sich zum anderen um einen Schriftwechsel handeln muss, der von „unabhängigen Rechtsanwälten" ausgeht, dh von „Anwälten ..., die nicht durch einen Dienstvertrag an den Mandanten gebunden sind". Demnach ist der unternehmens- oder konzerninterne Schriftwechsel mit **Syndikusanwälten** nach Auffassung des Gerichtshofs nicht vom Anwaltsprivileg erfasst.[82] Die erforderliche Unabhängigkeit wird damit begründet, dass nur der unabhängige Rechtsanwalt als Mitgestalter der Rechtspflege in völliger Unabhängigkeit und im vorrangigen Interesse des Mandanten die schützenswerte rechtliche Unterstützung gewährt. Diese Auffassung wurde in der *AKZO Rechtsprechung* des Gerichtshofs 2010 bestätigt.[83]

39 Es obliegt im Einzelfall dem Unternehmen aufzuzeigen, dass es sich um privilegierte Unterlagen handelt.[84] Eine pauschale Behauptung reicht nicht aus, sondern es müssen konkrete, den Schutz belegende Tatsachen aufgeführt werden.[85] So könne das Unternehmen mitteilen,

> „wer Verfasser und Empfänger des Schriftstücks ist, Funktionen und Verantwortlichkeiten der Betroffenen erläutern und darlegen, zu welchem Zweck und in welchem Zusammenhang das Schriftstück erstellt wurde. Ebenso kann es den Kontext, in dem das Schriftstück gefunden wurde, die Art und Weise seiner Einordnung oder andere Unterlagen aufzeigen, mit denen es in Verbindung stehen soll. "[86]

40 Im Grundsatz nimmt das Gericht an, dass eine **summarische Prüfung** des betreffenden Dokuments, also die Betrachtung der allgemeinen Aufmachung des Schriftstücks oder seines Kopfes, Titels oder anderer oberflächlicher Merkmale es der Kommission ermöglichen soll, ein privilegiertes Dokument zu erkennen und entsprechend nicht zur Kenntnis zu nehmen. Gleichzeitig hat das Gericht eingeräumt, dass in bestimmten Fällen auch eine nur summarische Prüfung die Gefahr mit sich bringt, dass trotz des oberflächlichen Charakters der Einsichtnahme Kenntnisse erlangt werden, die der Vertraulichkeit unterliegen. Dies könnte insbesondere dann der Fall sein, wenn der vertrauliche Charakter des Schriftstücks nicht klar aus seinem förmlichen Erscheinungsbild hervorgeht.[87]

---

[77] Siehe auch *Van Erps*, 213.
[78] Explanatory Note Rn. 10.
[79] Ausführlich zum Anwaltsprivileg s. § 9 sowie Dahlheimer/Feddersen/Miersch/*Miersch* vor Art. 17 Rn. 30–44; Faull/Nickpay/*Colombani/Kloub/Sakkers* Rn. 8.269–8.283; Ortiz Blanco/*Sauer* Rn. 8.52–8.58.
[80] EuG Urt. v. 6.9.2013 – T-289/11 ua Rn. 81 – Deutsche Bahn mwN.
[81] EuGH Urt. v. 18.5.1982 – C-155/79 – AM&S.
[82] So auch Dahlheimer/Feddersen/Miersch/*Miersch* vor Art. 17 Rn. 40–42.
[83] EuG Urt. v. 17.9.2007 – T-125/03 ua Rn. 84 – Akzo; bestätigt durch EuGH Urt. v. 14.9.2010 – C-550/07 P, NJW 2010, 3557.
[84] EuG Urt. v. 17.9.2007 – T-125/03 ua Rn. 80 – Akzo; bestätigt durch EuGH Urt. v. 14.9.2010 – C-550/07 P, NJW 2010, 3557.
[85] EuG Urt. v. 17.9.2007 – T-125/03 ua Rn. 80 – Akzo; bestätigt durch EuGH Urt. v. 14.9.2010 – C-550/07 P, NJW 2010, 3557.
[86] EuG Urt. v. 17.9.2007 – T-125/03 ua Rn. 80 – Akzo; bestätigt durch EuGH Urt. v. 14.9.2010 – C-550/07 P, NJW 2010, 3557.
[87] EuG Urt. v. 17.9.2007 – T-125/03 ua Rn. 81 – Akzo; bestätigt durch EuGH Urt. v. 14.9.2010 – C-550/07 P, NJW 2010, 3557.

Verweigert das betroffene Unternehmen eine summarische Prüfung oder ist bei einer sol- 41
chen Prüfung eine Einordnung nicht möglich, kann die Kommission das **Dokument** in
einem **versiegelten Umschlag** an sich nehmen, um eine spätere Klärung herbeizuführen.[88] Einsicht nehmen darf sie dann jedoch erst, nachdem sie einen Beschluss herbeigeführt hat, der es dem Unternehmen ermöglicht (vorläufigen) Rechtsschutz zu erlangen.[89]

b) Private Unterlagen. Private Unterlagen, also solche nichtgeschäftlicher Art, dürfen 42
nicht Gegenstand der Nachprüfung sein.[90] Allerdings wird der Kommission das
Recht zugebilligt, diese Unterlagen einer summarischen Prüfung zu unterziehen, um festzustellen, ob sie privat sind.[91]

c) Geschäftsgeheimnisse. Die Einsicht in Unterlagen kann **nicht** unter Berufung auf Ge- 43
schäftsgeheimnisse **verweigert** werden. Art. 28 Abs. 2 VO 1/2003 verpflichtet die Bediensteten der Kommission und der Wettbewerbsbehörden zur Verschwiegenheit.

3. Kopien und Auszüge

Der Kommission steht **kein Beschlagnahmungsrecht** zu. Sie ist jedoch befugt, Kopien 44
oder Auszüge der Unterlagen, die im Sinne der lit. b) der Prüfung unterliegen, anzufertigen oder zu erhalten. Kopien dürfen dem Wortlaut nach „gleich welcher Art" sein. Zunehmend werden digitale Kopien verwendet. Das Unternehmen ist verpflichtet, der
Kommission Kopiermöglichkeiten zur Verfügung zu stellen, soweit diese im jeweiligen
Unternehmen vorhanden sind. Die Kosten der Kopien können der Kommission in
Rechnung gestellt werden. Die Kommission ist nur in den Grenzen ihres Einsichtsrechts
zu Kopien und Auszügen berechtigt. Sofern Teile eines Dokuments dem Anwaltsprivileg
unterliegen, sind diese zu schwärzen. Sofern Teile eines Dokuments offensichtlich nicht
vom Umfang der Nachprüfung erfasst sind, können diese geschwärzt werden, sofern
praktikabel und sofern der Beweiswert des Gesamtdokuments darunter nicht leidet.

Die von der Kommission ausgewählten Daten (sofern Dokumente in Papierform ge- 45
funden wurden, werden sie gescannt) werden auf einem Datenträger gespeichert. Das
Unternehmen erhält eine Kopie dieser Daten und wird aufgefordert, eine ausgedruckte
Aufstellung der ausgewählten Datenelemente zu unterzeichnen.[92] Die Kommission erstellt
eine Übersicht der Kopien und Auszüge und fertigt einen zweiten Satz der Dokumente
für das Unternehmen an, damit dieses nachvollziehen kann, welche Unterlagen sich im
Besitz der Kommission befinden.[93] Diese Übersicht und die Daten können entweder in
Papier- oder in elektronischer Form übermittelt werden.[94]

Die Unterlagen können einschließlich etwaiger **Geschäftsgeheimnisse** kopiert wer- 46
den. Gemäß Art. 28 Abs. 1 VO 1/2003 dürfen die Unterlagen nur für die Zwecke der
wettbewerbsrechtlichen Prüfung verwendet werden. Im weiteren Verfahren werden die
Unternehmen dann bei der Vorbereitung des Aktenzugangs aufgefordert, etwaige Geschäftsgeheimnisse und sonstige vertrauliche Informationen zu benennen und geschwärzte
Fassungen der Dokumente vorzubereiten.[95] Dem berechtigen Interesse der Unternehmen
am Schutz ihrer Geschäftsgeheimnisse wird damit Genüge getan.

Wenn die **elektronische Suche** während der für die Nachprüfung in den Räumlich- 47
keiten des Unternehmens vorgesehenen Zeit nicht beendet werden kann, besteht die
Möglichkeit, dass die Kommissionsbediensteten noch zu prüfende Daten auf einen Daten-

---

[88] EuG Urt. v. 17.9.2007 – T-125/03 ua Rn. 83 – Akzo; bestätigt durch EuGH Urt. v. 14.9.2010 – C-550/07 P, NJW 2010, 3557.
[89] EuG Urt. v. 17.9.2007 – T-125/03 ua Rn. 85 – Akzo; bestätigt durch EuGH Urt. v. 14.9.2010 – C-550/07 P, NJW 2010, 3557.
[90] EuG Urt. v. 6.9.2013 – T-289/11 ua Rn. 80 – Deutsche Bahn mwN.
[91] Vgl. Ortiz Blanco/*Sauer* Rn. 8.42.
[92] Explanatory Note Rn. 15.
[93] Explanatory Note Rn. 15; Dahlheimer/Feddersen/Miersch/*Miersch* Art. 20 Rn. 22.
[94] Explanatory Note Rn. 15.
[95] Siehe Explanatory Note Rn. 18.

träger kopieren und in einem versiegelten Umschlag an ihren Dienstsitz mitnehmen. Im Anschluss kann dann die Nachprüfung fortgesetzt werden, indem die elektronische Suche in den Büros der Kommission in Anwesenheit von Vertretern des Unternehmens erfolgt.[96] Die Untersuchung kann auch in den Räumlichkeiten des Unternehmens im Rahmen eines weiteren, angekündigten Termins fortgesetzt werden.[97]

4. Versiegelung

48 Der Kommission steht gemäß Art. 20 Abs. 2 lit. d) VO 1/2003 auch das Recht zu, **betriebliche Räumlichkeiten und Bücher oder Unterlagen** jeder Art zu versiegeln. Die Versiegelung ermöglicht der Kommission einen bestimmten Status zu sichern und Veränderungen vorzubeugen. Dies kann insbesondere bei mehrtägigen Nachprüfungen erforderlich sein. Es kommt daher bei fast jeder Nachprüfung zu Versiegelungen. Das Recht zu versiegeln wird durch den Verhältnismäßigkeitsgrundsatz begrenzt. Die Dauer der Versiegelung soll daher regelmäßig 72 Stunden nicht überschreiten[98] und sich auf die Versiegelungsgegenstände beschränken, bei denen eine Gefahr der Veränderung besteht.[99] Auch wenn die Vorschrift ausdrücklich nur Räumlichkeiten, Bücher und Unterlagen jeder Art nennt, können auch andere Gegenstände, etwa Schränke, Tresore und dergleichen, versiegelt werden.[100]

49 Ein **Siegelbruch** kann bei durch Beschluss angeordneten Nachprüfungen sanktioniert werden.[101] Art. 23 Abs. 1 lit. e) VO 1/2003 sieht vor, dass die Kommission bei vorsätzlichem oder fahrlässigem Siegelbruch Geldbußen bis zu einem Höchstbetrag von 1 % des im vorausgegangenen Geschäftsjahr erzielten Gesamtumsatzes festsetzen kann. Bei einer einfachen Nachprüfung kann das Unternehmen die Anbringung von Siegeln ablehnen. Sofern es jedoch der Versiegelung zustimmt, kann deren Bruch sanktioniert werden.[102]

50 Der Beweis des Siegelbruchs obliegt der Kommission, wobei es ausreicht zu beweisen, dass das Siegel beschädigt wurde. Die Beweissicherung wird etwa durch ein **Siegelbruchprotokoll** erfolgen.[103] In diesem Fall obliegt es dem Unternehmen, nachzuweisen, dass das Siegel nicht korrekt angebracht wurde oder nicht korrekt funktioniert hat. Nicht ausreichend ist hierfür der Verweis auf eine Überschreitung der Lagerdauer des Siegels; es ist vielmehr erforderlich zu beweisen, dass diese Überschreitung kausal für den Siegelbruch war.[104] Aus Sicht des Unternehmens ist es ferner wichtig, jede – auch unbeabsichtigte – Einwirkung auf das Siegel[105] zu verhindern. Dieses kann insbesondere durch den Einsatz von Wachleuten erfolgen.

5. Befragungen

51 Gemäß Art. 20 Abs. 2 lit. e) VO 1/2003 steht der Kommission das Recht zu, von Mitarbeitern der Unternehmen **Erläuterungen zu Tatsachen oder Unterlagen** zu verlangen, die mit Gegenstand und Zweck der Nachprüfung in Zusammenhang stehen. Die Antworten haben mündlich zu erfolgen und können zu Protokoll genommen werden. Es folgt aus dem Wortlaut der Vorschrift und Erwägungsgrund 25, dass sich die verlangten Erläuterungen auf den gesamten Sachverhalt beziehen können, der Grundlage der vermu-

---

[96] Siehe Explanatory Note Rn. 14. Ausführlich dazu *Van Erps*, 214–215 und Ortiz Blanco/*Sauer* Rn. 8.44 und Fn. 149.
[97] Explanatory Note Rn. 14.
[98] Erwägungsgrund (25) zur VO 1/2003.
[99] FK/*Jaeger* VO 1/2003 Art. 20 Rn. 51; Langen/Bunte/*Sura* VO 1/2003 Art. 20 Rn. 20.
[100] FK/*Jaeger* VO 1/2003 Art. 20 Rn. 51; Dahlheimer/Feddersen/Miersch/*Miersch* Art. 20 Rn. 24.
[101] Bislang hat die Kommission in zwei Fällen einen Siegelbruch sanktioniert, siehe Fall vom 30.1.2008 EON, 39.326, bestätigt durch EuGH Urt. v. 22.11.2012 – C-89/11 P Rn. 78 – E.ON Energie sowie Beschluss vom 24.11.2011 in Fall COMP/39.796 – Suez Environnement.
[102] Siehe Art. 23 Abs. 1 lit. e, der nicht auf die Nachprüfung nach Art. 20 Abs. 4 beschränkt ist, sowie Dahlheimer/Feddersen/Miersch/*Miersch* Art. 20 Rn. 26.
[103] EuGH Urt. v. 22.11.2012 – C-89/11 P Rn. 78 – E.ON Energie.
[104] EuGH Urt. v. 22.11.2012 – C-89/11 P Rn. 46 u. 79 – E.ON Energie.
[105] Etwa durch Sicherheitspersonal oder Reinigungskräfte.

teten Wettbewerbsbeschränkung ist und nicht auf während der Nachprüfung gefundene Unterlagen oder ermittelte Tatsachen beschränkt sind.[106] Die Prüfer sollten aber unter Zweckmäßigkeitsgesichtspunkten nur solche Fragen stellen, die sinnvollerweise mündlich beantwortet werden können. Fragen, deren Beantwortung umfangreiche interne Nachforschungen verlangt, sollten daher nicht während einer Nachprüfung, sondern über ein Auskunftsverlangen gestellt werden.[107]

52 Die Erläuterungen können gemäß Art. 4 Abs. 1 VO (EG) 773/2004 auf einen beliebigen Träger **aufgezeichnet** werden. Den Unternehmen wird nach der Nachprüfung eine Kopie dieses Trägers überlassen, Art. 4 Abs. 2 VO (EG) 773/2004.

53 Erläuterungen können **von allen Vertretern oder Mitgliedern der Belegschaft** des Unternehmens verlangt werden. Ob eine Befragung durchgeführt wird und die Auswahl der Personen steht im Ermessen der Kommission.[108] Das Unternehmen kann nicht die Befragung eines anderen Mitarbeiters verlangen, etwa weil es annimmt, dass dieser zweckdienlichere Angaben machen kann. Weigert sich ein Mitarbeiter, können gegen diesen persönlich keine Sanktionen verhängt werden. Möglich ist jedoch ein Bußgeld gegen das Unternehmen nach Artikel 23 Abs. 1 Buchst. d) S 3 VO 1/2003. Ferner wird eine Pflicht des Unternehmens anzunehmen sein, darauf hinzuwirken, dass seine Mitarbeiter zur Abgabe von Erläuterungen zur Verfügung stehen. Erläuterungen der Mitarbeiter sind dem Unternehmen grundsätzlich zuzurechnen. Dem Unternehmen steht jedoch gemäß Art. 4 Abs. 3 VO (EG) 773/2004 das Recht zu, die Aussagen zu korrigieren, falls die befragte Person vom Unternehmen nicht ermächtigt war Erläuterungen im Namen des Unternehmen abzugeben. Diese **Korrekturen** werden zur Akte genommen und ergänzen die ursprüngliche Aussage,[109] so dass deren Nutzung als Beweismittel weiterhin möglich bleibt. Ihr Beweiswert entspricht demjenigen einer Aussage eines Dritten.[110] Das Befragungsrecht wird durch das Recht, sich nicht selbst belasten zu müssen, beschränkt (→ Rn. 96 f.).[111]

V. Gerichtliche Kontrolle

1. Unionsgerichtliche Kontrolle

54 Eine Kontrolle durch die Gerichte der Union erfolgt **nur nachgelagert** und **teilweise nur inzident.** Statthaft ist die Nichtigkeitsklage gemäß Art. 263 Abs. 4 AEUV zur Prüfung der Rechtmäßigkeit des Nachprüfungsbeschlusses, für die das Gericht gemäß Art. 256 Abs. 1 AEUV zuständig ist. Ihr kommt **keine aufschiebende Wirkung** zu. Diese kann jedoch gemäß Art. 278 AEUV angeordnet werden. Voraussetzung für einen solchen Antrag ist gemäß Art. 104 Abs. 1 VerfO EuG, dass das Unternehmen die betreffende Maßnahme durch Klage beim Gericht angefochten hat. Ein isolierter Antrag auf Anordnung der aufschiebenden Wirkung ist daher nicht möglich.[112]

55 Die Rechtmäßigkeit von während der Nachprüfung vorgenommenen Durchführungshandlungen – wie etwa das Kopieren von Dokumenten oder die Formulierung von Fragen – berühren nicht die Rechtmäßigkeit des Nachprüfungsbeschlusses und können nur inzident im Rahmen der Klage gegen den gegebenenfalls zu erlassenden Beschluss nach Art. 101 AEUV angegriffen werden.[113] Etwas anderes gilt nur, sofern streitig ist, ob ein

---

[106] Vgl. auch Europäische Kommission, Weißbuch über die Modernisierung der Vorschriften zur Anwendung der Art. 85 und 86 EG-Vertrag, ABl. 1999 C 132/1 Fn. 113; Dahlheimer/Feddersen/Miersch/*Miersch* Art. 20 Rn. 30. Enger zB Langen/Bunte/*Sura* VO 1/2003 Art. 20 Rn. 23, der eine Beschränkung auf während der Nachprüfung ermittelte Tatsachen annimmt.
[107] Siehe auch Dahlheimer/Feddersen/Miersch/*Miersch* Art. 20 Rn. 31; Ortiz Blanco/*Sauer* Rn. 8.63.
[108] Dahlheimer/Feddersen/Miersch/*Miersch* Art. 20 Rn. 28; FK/*Jaeger* VO 1/2003 Art. 20 Rn. 56.
[109] Erwägungsgrund (4) der VO (EG) 773/2004.
[110] Dahlheimer/Feddersen/Miersch/*Miersch* Art. 20 Rn. 34; Langen/Bunte/*Sura* VO 1/2003 Art. 20 Rn. 26.
[111] Siehe auch EuG Urt. v. 6.9.2013 – T-289/11 ua Rn. 82 – Deutsche Bahn mwN.
[112] Vgl. Streinz/*Ehricke* Art. 279 AEUV Rn. 11.
[113] EuG Urt. v. 14.11.2012 – T-135/09 Rn. 125, 132 – Nexans.

bestimmtes Dokument dem Anwaltsprivileg unterfällt. Weist die Kommission den Antrag auf Schutz des Dokuments zurück, ist eine eigenständige Klage gegen diesen Beschluss möglich.[114]

2. Kontrolle durch Gerichte der Mitgliedstaaten

56 Eine vorgelagerte Kontrolle des Nachprüfungsbeschlusses kann allerdings dann erfolgen, wenn sich das Unternehmen der Nachprüfung widersetzt und dieser **Widerstand durch Unterstützung nationaler Behörden** gemäß Art. 20 Abs. 6 VO 1/2003 **überwunden** werden soll. Art. 20 Abs. 7 VO 1/2003 sieht vor, dass eine Genehmigung zu beantragen ist, wenn diese nach dem Recht des Mitgliedstaates erforderlich ist. Sie kann auch vorsorglich beantragt werden.

57 Der Prüfmaßstab des Gerichts wird von Art. 20 Abs. 8 VO 1/2003 festgelegt und ist an den in der Rechtsprechung des EuGH genannten Kriterien orientiert.[115] Dieser sieht drei Prüfpunkte vor. Erstens ist zu untersuchen, ob der **Beschluss der Kommission echt** ist, also von dieser erlassen worden ist. Zweitens sind der Beschluss und die beabsichtigte Maßnahme auf ihre **Willkürfreiheit** zu untersuchen. Es ist also zu ermitteln, ob der Kommission hinreichende Indizien für den Verdacht eines Verstoßes gegen das Wettbewerbsrecht vorliegen.[116] Drittens ist im Rahmen der **Verhältnismäßigkeitsprüfung** zwischen dem Ermittlungsinteresse und dem Interesse der Unternehmen an privater Betätigung abzuwägen. Kriterien hierfür sind die Schwere der vermuteten Zuwiderhandlung, die Verwicklung des Unternehmens und der Art der zu prüfenden Unterlagen.[117] Einer besonders **sorgfältigen Begründung** bedarf daher die Anwendung unmittelbaren Zwangs bei Unternehmen, die selbst nicht verdächtigt werden, gegen Kartellrecht verstoßen zu haben.

58 Das Gericht kann, um die Verhältnismäßigkeit zu überprüfen, von der Kommission unmittelbar oder über die Wettbewerbsbehörde des betreffenden Mitgliedstaats ausführliche **Erläuterungen anfordern.** Diese können sich insbesondere auf die Gründe, die die Kommission veranlasst haben, das Unternehmen einer Zuwiderhandlung gegen Art. 101 oder 102 AEUV zu verdächtigen sowie die Schwere der behaupteten Zuwiderhandlung und die Art der Beteiligung des betreffenden Unternehmens beziehen.

59 Die Gerichte der Mitgliedstaaten prüfen hingegen **nicht,** ob die **Voraussetzungen der Nachprüfung** selbst vorliegen, sondern beurteilen nur die Rechtmäßigkeit der Zwangsmittel. Die Kontrolle des Nachprüfungsbeschlusses selbst ist, wie Art. 20 Abs. 8 VO 1/2003 ausdrücklich festlegt, dem Gerichtshof vorbehalten. Den Gerichten der Mitgliedstaaten ist somit die Prüfung der Notwendigkeit einer Nachprüfung ebenso verwehrt wie zu verlangen, dass die Kommission die in ihren Akten enthaltenen Informationen übermittelt. Das Informationsrecht der Gerichte beschränkt sich auf die Anforderung von Erläuterungen.

60 Ein **weitergehendes Prüfungsrecht** steht den Gerichten der Mitgliedstaaten bei Nachprüfungen in anderen Räumlichkeiten zu. Art. 21 Abs. 3 VO 1/2003 sieht vor, dass das Gericht die Verhältnismäßigkeit insbesondere an der Schwere der zur Last gelegten Zuwiderhandlung und der Wichtigkeit des gesuchten Beweismaterials und der Beteiligung des betreffenden Unternehmens bemisst. Zudem ist auf die begründete Wahrscheinlichkeit, dass Bücher und Geschäftsunterlagen, die sich auf den Gegenstand der Nachprüfung beziehen, in den Räumlichkeiten aufbewahrt werden, für die die Genehmigung beantragt wird, abzustellen.

---

[114] EuG Urt. v. 17. 9. 2007 – T-125/03 ua Rn. 46 – Akzo; bestätigt durch EuGH Urt. v. 14. 9. 2010 – C-550/07 P, NJW 2010, 3557. Siehe auch EuG Urt. v. 14. 11. 2012 – T-135/09 Rn. 128 – Nexans.
[115] Siehe Erwägungsgrund 27 sowie EuGH Urt. v. 21. 9. 1989 – 46/87 und 227/88 Rn. 34 ff. – Hoechst und Urt. v. 22. 10. 2002 – C-94/00 Rn. 34 ff. – Roquette Frères.
[116] Vgl. zur VO (EWG) 17/62: EuGH Urt. v. 22. 10. 2002 – C-94/00 Rn. 54 – Roquette Frères.
[117] Dahlheimer/Feddersen/Miersch/*Miersch* Art. 20 Rn. 66–67.

B. Auftragsnachprüfungen durch Wettbewerbsbehörden der Mitgliedstaaten

I. Einführung

Art. 22 VO 1/2003 ist Ausdruck der durch die VO 1/2003 gesteigerten Kooperation 61 zwischen Kommission und nationalen Wettbewerbsbehörden. Er ermöglicht den Wettbewerbsbehörden der Mitgliedstaaten **Amtshilfe** für Wettbewerbsbehörden anderer Mitgliedstaaten oder die Kommission zu leisten. Die Vorschrift ergänzt somit die in Art. 11–14 der VO 1/2003 enthaltenen Regelungen und dient der Kartellverfolgung im Netzwerk der Wettbewerbsbehörden. Die nationalen Wettbewerbsbehörden wären ohne die Vorschrift nicht in der Lage, bei Kartellen, die über ihr Hoheitsgebiet hinausgehen, eine umfassende Sachverhaltsaufklärung zu gewährleisten. Außerdem könnte die Vorschrift die begrenzten personellen Ressourcen der Kommission durch Einschaltung der Wettbewerbsbehörden der Mitgliedstaaten in geeigneten Fällen schonen.

II. Amtshilfe zwischen nationalen Wettbewerbsbehörden

Die in Art. 22 Abs. 1 S. 1 VO 1/2003 enthaltene Befugnis zur Amtshilfe ermöglicht nach 62 dem Wortlaut Nachprüfungen und sonstige Maßnahmen zur Sachverhaltsaufklärung. Die ersuchte Behörde ist nicht verpflichtet Amtshilfe zu leisten, sollte aber bei der Entscheidung, ob und wie sie Amtshilfe gewährt, den **effet utile-Grundsatz** und die **unionsrechtliche Loyalitätspflicht** berücksichtigen. Im Fall der Ablehnung steht der ersuchenden Behörde das in Art. 11 Abs. 5 VO 1/2003 vorgesehene Konsultationsverfahren zur Verfügung.

Bei Amtshilfehandlungen sind verschiedene Rechtsordnungen zu beachten. Die Befug- 63 nis zur Amtshilfe und zur Informationsübermittlung folgt aus Art. 22 Abs. 1 VO 1/2003. Die Durchführung der konkreten Amtshilfemaßnahme richtet sich nach dem nationalen Recht des ersuchten Mitgliedstaats. Da jedoch die Verwertbarkeit der Ermittlungsergebnisse von dem Recht des ersuchenden Mitgliedstats abhängt, ist bereits in der Bitte um Amtshilfe auf die jeweiligen Mindestanforderungen für die Durchführung der in Frage kommenden Ermittlungshandlungen hinzuweisen. Die ersuchte Wettbewerbsbehörde ist inhaltlich durch den bei der Bitte um Amtshilfe definierten Untersuchungsgegenstand begrenzt. Sie kann Ersatz für die Kosten der Durchführung der Ermittlungshandlungen verlangen.

Da es sich bei dem Ersuchen um einen **interadministrativen Akt ohne Außenwir-** 64 **kung** handelt, fehlt es hiergegen an einem zulässigen Rechtsbehelf. Es bleibt die Inzidentprüfung im Rahmen der Anfechtung der späteren Entscheidung der ersuchenden Behörde. In Bezug auf die Durchführung der Ermittlungshandlungen greift weiterhin das Verfahrensrecht des Mitgliedstaates der ersuchten Behörde, weshalb die dortigen regulären Rechtsbehelfe unverändert zur Geltung kommen.

Hinsichtlich des **Informationsaustausches** nach der Durchführung der Ermittlungstä- 65 tigkeit verweist Art. 22 Abs. 1 S. 3 VO 1/2003 auf Art. 12 VO 1/2003. Demnach sind besonders die in Art. 12 Abs. 2 und Abs. 3 VO 1/2003 enthaltenen Beschränkungen bei der Nutzung der gewonnenen Informationen von den beteiligten Wettbewerbsbehörden zu beachten. Die schrankenlose Übermittlung und Verwertung von Beweismitteln dürfte zudem dann ausscheiden, wenn das in dem ermittelnden Mitgliedstaat vorhandene Schutzniveau nicht an die als allgemeine Grundsätze des Gemeinschaftsrechts anerkannten Verteidigungsrechte heranreicht.

III. Ersuchen der Kommission

Die **praktische Relevanz** von Art. 22 Abs. 2 VO 1/2003 ist **bislang beschränkt** ge- 66 blieben. Die Kommission hat bislang erst zweimal ein Ersuchen an nationale Wettbewerbsbehörden gerichtet.[118] Die Gründe dafür dürften ua darin liegen, dass bei Fällen, in denen mehrere Mitgliedstaaten betroffen sind, ein erheblicher Koordinierungsaufwand entstünde und aufgrund der verschiedenen nationalen Verfahren bei der Durchführung der Nachprüfung die Komplexität der Ermittlungshandlung erheblich zunähme. Ferner kann die Kommission nationale Wettbewerbsbehörden auch über 20 Abs. 5 VO 1/2003 einbinden.

67 Amtshilfe bei Nachprüfungen kommt sowohl bei einfachen als auch bei durch Beschluss angeordneten Nachprüfungen in Betracht. Ersucht die Kommission um einfache Nachprüfungen, nennt sie den Wettbewerbsbehörden der Mitgliedstaaten die betroffenen Unternehmen sowie Gegenstand und Zweck der Nachprüfung. Die Nachprüfung selbst erfolgt dann nach nationalem Recht, das durch die Pflicht, auf den Gegenstand und Zweck sowie das Ersuchen der Kommission hinzuweisen, ergänzt wird.[119] Demgegenüber ist bei einer durch Beschluss der Kommission angeordneten Nachprüfung der Kommissionsbeschluss Grundakt für die Durchführungsschritte der nationalen Behörde.[120]

68 Die **Durchführung der Nachprüfungen** der Wettbewerbsbehörde richtet sich wiederrum nach dem in ihrem Hoheitsgebiet geltenden Recht. Davon umfasst ist die etwaige Durchsetzung der Nachprüfung mit den im innerstaatlichen Recht geregelten Zwangsmaßnahmen. Ebenso gilt, dass Verstöße gegen das nationale Verfahrensrecht der konkret tätigen Wettbewerbsbehörde zu einem Beweisverwertungsverbot führen können.

69 Die im Wege der Amtshilfe gewonnenen **Ermittlungsergebnisse** sind von der nationalen Wettbewerbsbehörde an die Kommission zu übermitteln. Sie sind auch dann zu übermitteln, wenn die Kommission auf der Grundlage ihrer eigenen Befugnisse das Beweismaterial nicht (zB weil die Anwendung unmittelbaren Zwangs notwendig war) oder nur in anderer Form (zB wenn Originale mitgenommen statt Kopien angefertigt wurden) hätte erlangen können. Bei der weiteren Verwendung des Beweismaterials hat die Kommission die unionsrechtlichen Grundsätze zu beachten, was etwa bei der Bewertung der Beweiskraft oder der Anwendung des Anwaltsprivilegs relevant werden könnte.

70 **Weigert sich die nationale Behörde** dem Amtshilfeersuchen nachzukommen, weil das innerstaatliche Recht verfahrensrechtliche Anforderungen aufstellt, die im konkreten Fall nicht erfüllt sind, so bleibt der Kommission in den Grenzen des Art. 20 VO 1/2003 die Möglichkeit, die Nachprüfung selbst vorzunehmen und ein Vertragsverletzungsverfahren gem. Art. 258 AEUV zu initiieren. Für Unternehmen besteht im Fall der Nachprüfungen durch nationale Wettbewerbsbehörden auf Ersuchen der Kommission die Möglichkeit, den Nachprüfungsbeschluss im Wege der Inzidentkontrolle anzugreifen. Inwieweit Rechtsbehelfe gegen die konkrete Durchführung und Durchsetzung der Ermittlungen weiterhelfen, bleibt dem nationalen Recht vorbehalten.

C. Auskunftsverlangen

I. Verfahren

71 Gemäß Art. 18 VO 1/2003 kann die Kommission zur Erfüllung ihrer Ermittlungsaufgaben von Unternehmen Auskünfte verlangen. Einerseits kann sie **Fragen vorlegen** und beantworten lassen, andererseits **Dokumente herausverlangen**.[121] Unterschieden wer-

---

[118] Commission Staff Working Document, Ten Years of Anti-trust Enforcement under Regulation 1/2003 Accompanying the document Communication from the Commission to the European Parliament and the Council, Ten Years of Antitrust Enforcement under Regulation 1/2003: Achievements and Future Perspectives, COM(2014) 453, Rn. 206; http://ec.europa.eu/competition/antitrust/legislation/swd_2014_230_en.pdf. Die Ersuchen ergingen im Flachglas-Fall (COMP/39.165) an die französische und deutsche Behörde.
[119] Dahlheimer/Feddersen/Miersch/*Miersch* Art. 22 Rn. 11.
[120] Dahlheimer/Feddersen/Miersch/*Miersch* Art. 22 Rn. 12.
[121] Erwägungsgrund (23) zur VO 1/2003; EuGH Urt. v. 18.10.1989 – 374/87 Rn. 34 – Orkem; EuG Urt.v. 14.3.2014 – T-293/11 Rn. 71 – Holcim; kritisch Immenga/Mestmäcker/*Burrichter/Hennig* VO 1/2003 Art. 18 Rn. 59–60.

den das einfache und das durch Beschluss angeordnete (förmliche) Auskunftsverlangen. Im Fall des einfachen Auskunftsverlangen sind Sanktionen nur bei unrichtiger oder irreführender Auskunft möglich, im Fall des förmlichen Auskunftsverlangens kann ein Bußgeld verhängt werden, wenn es nicht oder unvollständig beantwortet wird.[122]

Eine Rangfolge zwischen beiden Arten von Auskunftsverlangen besteht nicht mehr.[123] **72** Einem **förmlichen Auskunftsverlangen** muss also grundsätzlich kein **einfaches Auskunftsverlangen** vorangegangen sein. Allerdings kann ein sofortiges förmliches Auskunftsverlangen im Einzelfall unverhältnismäßig sein.[124] Der Beschluss unterliegt im Hinblick auf seine **Verhältnismäßigkeit** der gerichtlichen Kontrolle.[125] Das Gericht hat ein unmittelbares förmliches Auskunftsverlangen in Sachen *Zement* gebilligt, als die Kommission Auskunftsverlangen an acht Unternehmen gesendet hat und sieben Unternehmen vorher ein einfaches Auskunftsverlangen erhalten hatten.[126] In Anbetracht des Umfangs der Auskünfte sei es weder unangemessen noch unverhältnismäßig, dass die Kommission das Mittel wählt, mit dem sie am ehesten eine vollständige und fristgerechte Antwort erreichen kann.[127] Auch ein Anspruch, die gleiche Art von Auskunftsverlangen wie die anderen verdächtigten Unternehmen zu erhalten, bestehe nicht.[128]

Art. 18 Abs. 1 VO 1/2003 nennt als mögliche **Adressaten** eines Auskunftsverlangens **73** **Unternehmen** und **Unternehmensvereinigungen.** Eine weitergehende Beschränkung ist dem Text nicht zu entnehmen. Insbesondere kann ein Auskunftsverlangen auch an Unternehmen gesandt werden, die selbst keines Kartellrechtsverstoßes verdächtigt werden. Ein Auskunftsverlangen kann somit an jedes Unternehmen gerichtet werden, von dem sachdienliche Informationen erwartet werden.[129]

Art. 18 Abs. 2 VO 1/2003 spricht von der Versendung einfacher Auskunftsverlangen. **74** Hierunter ist jedoch nicht zwingend eine Bekanntgabe auf dem Postweg zu verstehen. Vielmehr stehen der Kommission verschiedene Möglichkeiten offen, ein Auskunftsverlangen zu übermitteln. Die Kommission erwähnt ua die Möglichkeit ein Auskunftsverlangen per Einschreiben, Fax oder E-Mail zu versenden. Auch eine elektronische Übermittlung durch ein eQuestionnaire, einer von der Kommission bereitgestellten Auskunftsmaske, kommt in Betracht.[130]

Sitzt das Unternehmen, von dem Auskunft verlangt wird, innerhalb des EWR, **75** wird das Auskunftsverlangen direkt an dieses Unternehmen geschickt. Hat das Unternehmen einen Rechtsanwalt bevollmächtigt, kann das Auskunftsverlangen entweder zu dessen Händen oder an das Unternehmen selbst gesandt werden. In letzterem Fall versendet die Kommission eine Abschrift an den Rechtsanwalt.[131] Liegt der Sitz des Unternehmens innerhalb der EU, muss der jeweiligen nationalen Wettbewerbsbehörde eine Kopie übermittelt werden. Auch die Wettbewerbsbehörde, deren Hoheitsgebiet durch den mutmaßlichen Wettbewerbsverstoß „betroffen" ist, hat eine Kopie zu erhalten.[132] Bei Auskunftsverlangen an Unternehmen aus EFTA-Staaten wird eine Kopie an die EFTA Überwachungsbehörde verschickt.[133] Werden einfache Auskunftsverlangen an Unternehmen versendet, die nicht im EWR ihren Sitz haben, entfällt

---

[122] Zur Rechtsnatur des einfachen Auskunftsverlangens vgl. Dahlheimer/Feddersen/Miersch/*Miersch* Art. 18 Rn. 4 und die dortige Fn. 6.
[123] Anders noch Art. 11 Abs. 5 der VO (EWG) 17/62 (ABl. 1962 L 13, 204) demzufolge ein förmliches Auskunftsverlangen nur erlassen werden konnte, wenn ein einfaches nicht beantwortet worden war.
[124] Vgl. EuG Urt. v. 14.3.2014 – T-306/11 Rn. 49 – Schwenk Zement.
[125] EuG Urt. v. 14.3.2014 – T-306/11 Rn. 50 – Schwenk Zement.
[126] EuG Urt. v. 14.3.2014 – T-306/11 Rn. 51 u. 54 – Schwenk Zement.
[127] EuG Urt. v. 14.3.2014 – T-306/11 Rn. 53 – Schwenk Zement.
[128] EuG Urt. v. 14.3.2014 – T-306/11 Rn. 54 – Schwenk Zement.
[129] Dahlheimer/Feddersen/Miersch/*Miersch* Art. 18 Rn. 4.
[130] Kapitel 6 des „Antitrust Manual of Procedures", Stand März 2012, Rn. 34–39.
[131] Vgl. Kapitel 6 des „Antitrust Manual of Procedures", Stand März 2012, Rn. 13.
[132] Art. 18 Abs. 5 VO 1/2003.
[133] Kapitel 6 des „Antitrust Manual of Procedures", Stand März 2012, Rn. 18.

die Möglichkeit ein Bußgeld wegen unrichtiger oder irreführender Auskünfte zu verhängen, so dass auf den üblichen Hinweis zu Sanktionsmöglichkeiten bei Versendung außerhalb des EWR verzichtet wird.[134] Denkbar ist auch eine Adressierung und Versendung des Auskunftsverlangens an eine innerhalb des EWR niedergelassene Tochtergesellschaft. Ein durch Beschluss angeordnetes Auskunftsverlangen kann an Drittstaatenunternehmen adressiert werden und über eine im EWR niedergelassene Tochtergesellschaft zugestellt werden.[135] Die Zustellung wird jedenfalls dann auch gegenüber der Muttergesellschaft wirksam, wenn diese Kenntnis von dem Inhalt des Auskunftsverlangens erhält.[136] Daraus folgt, dass in einer solchen Konstellation auch Unterlagen oder Informationen angefordert werden können, die sich bei der Muttergesellschaft (oder einer Schwestergesellschaft) außerhalb des EWR befinden.[137]

76 Die **Sprache** des Auskunftsverlangens richtet sich nach Art. 3 Abs. 1 VO (EWG) 1.[138] Dieser sieht vor, dass Unionsorgane die Sprache des Mitgliedstaates nutzen, in dem das Unternehmen sitzt. In der Praxis versendet die Kommission englischsprachige Fragebögen und ein Anschreiben in Englisch oder der Landessprache. Dieses Dokument enthält einen Hinweis in der jeweiligen Landessprache, dass das Unternehmen den Fragebogen auch in der jeweiligen Landessprache erhalten und beantworten kann.[139] Wird das Auskunftsverlangen an ein Unternehmen aus einem Nichtmitgliedstaat versandt, ist auf die Beziehungen des Unternehmens zu einem Mitgliedstaat der Union abzustellen. So billigte das Gericht die Zusendung eines deutschen Fragebogens an ein schweizerisches Unternehmen, da Deutsch eine der Amtssprachen der Schweiz sei und das Unternehmen eine deutsche Tochtergesellschaft habe.[140]

77 Die Auskunftsverlangen sind gemäß Art. 18 Abs. 4 VO 1/2003 grundsätzlich von den **Unternehmensinhabern oder deren Vertretern** oder – wie wohl praktisch meistens der Fall – von den gesetzlichen oder satzungsmäßigen Vertretern der Unternehmer **zu beantworten.** Eine Beantwortung durch bevollmächtigte Rechtsanwälte ist möglich, entbindet jedoch die ursprünglich Verpflichteten nicht von ihrer Verantwortung, die Auskünfte vollständig, sachlich richtig und nicht irreführend zu erteilen.

78 Die Kommission kann gemäß Art. 18 Abs. 6 VO 1/2003 neben Unternehmen auch Auskünfte von den **Regierungen** und **Wettbewerbsbehörden der Mitgliedstaaten** erhalten. Dieses Auskunftsrecht wiederholt Art. 337 AEUV. Das nähere Verfahren ist nicht ausgestaltet. Die Nichterteilung von Auskünften ist nicht sanktionsbewehrt, allerdings kann ein Vertragsverletzungsverfahren eingeleitet werden.[141]

II. Voraussetzungen

1. Erfüllung der der Kommission übertragenen Aufgaben

79 Die Kommission muss die Auskunft verlangen, um die ihr durch die VO 1/2003 übertragenen Aufgaben zu erfüllen. Das Auskunftsverlangen muss also der **Verfolgung und Ahndung** mutmaßlicher Verstöße gegen Art. 101 oder 102 AEUV **dienen.** Gemäß Art. 2 Abs. 3 VO (EG) 773/2004 ist nicht erforderlich, dass bereits ein Verfahren eingeleitet worden ist.

---

[134] Kapitel 6 des „Antitrust Manual of Procedures", Stand März 2012, Rn. 19.
[135] Siehe die Konstellation in EuG Urt. v. 14.3.2014 – T-293/11 Rn. 15, 16, 34 – Holcim.
[136] EuG Urt. v. 14.3.2014 – T-293/11 Rn. 34, 35 – Holcim. Allerdings kann eine derartige Konstellation verhindern, dass die Klagefrist zu laufen beginnt.
[137] Gegen eine Pflicht zur Herausgabe von Informationen, die sich außerhalb des EWR befinden, werden teilweise völkerrechtliche und verfahrensrechtliche Bedenken vorgebracht, siehe zB Loewenheim/Meessen/Riesenkampff/*Barthelmeß/Rudolf* VO 1/2003 Art. 18 Rn. 36.
[138] Verordnung Nr. 1 zur Regelung der Sprachenfrage für die Europäische Wirtschaftsgemeinschaft, ABl. 1958 L 17, 385.
[139] Kapitel 6 des „Antitrust Manual of Procedures", Stand März 2012, Rn. 22.
[140] EuG Urt. v. 14.3.2014 – T-293/11 Rn. 35 – Holcim.
[141] Vgl. Dahlheimer/Feddersen/Miersch/*Miersch* Art. 18 Rn. 27–31.

2. Inhalt des Auskunftsverlangens

a) Angabe von Rechtsgrundlage und Zweck. Bei Auskunftsverlangen muss die Rechtsgrundlage angegeben werden, also auf Art. 18 Abs. 1 und 2 VO 1/2003 im Falle eines einfachen Auskunftsverlangens und auf Art. 18 Abs. 1 und 3 VO 1/2003 im Falle des förmlichen Auskunftsverlangens hingewiesen werden. Ferner ist der Zweck des Auskunftsverlangens anzugeben, also die vermutete Verletzung der Wettbewerbsregeln konkret zu benennen.[142] Dieser Zweck ist so genau anzugeben, dass dem **Gericht die Prüfung möglich** ist, ob die Auskünfte notwendig sind.[143] Anzugeben sind die Vermutungen, die die Kommission untersuchen möchte. Eine strenge rechtliche Beurteilung der Verhaltensweisen oder die Angabe der vorliegenden Informationen oder Indizien ist jedoch nicht erforderlich.[144] Eine Pflicht zur Angabe dieser Indizien würde nach Ansicht des Gerichts „das durch die Rechtsprechung geschaffene Gleichgewicht zwischen dem Schutz der Wirksamkeit der Untersuchung und dem Schutz der Verteidigungsrechte des betroffenen Unternehmens in Frage stellen".[145] Die notwendige Klarheit der Zweckangabe kann auch durch einen **Verweis auf einen Einleitungsbeschluss** erreicht werden, der weiterführende Informationen enthält.[146] Allerdings hat der Gerichtshof jüngst eine andere Auffassung vertreten und festgestellt, dass das betreffende Auskunftsersuchen, auch im Zusammenspiel mit den Ausführungen im Eröffnungsbeschluss, nicht dem Begründungserfordernis genügt hat. Der Gerichtshof bemängelte hierin, dass nur eine „äußerst knappe, vage und allgemein gehaltene sowie in mancher Hinsicht mehrdeutige Begründung" diesen Anforderungen jedenfalls dann nicht genüge, wenn die Kommission in der Sache bereits seit längerer Zeit ermittelt und zuvor bereits Nachprüfungen durchgeführt und einfache Auskunftsverlangen verschickt hatte.[147] Er rügte insbesondere, dass weder die von der Untersuchung betroffenen Produkte und geographischen Märkte noch die den Beschluss rechtfertigenden Verdachtsmomente für die Zuwiderhandlung mit hinreichender Bestimmtheit erkennbar waren.

b) Angabe der geforderten Auskünfte. Die Kommission hat die geforderten Auskünfte **so genau wie möglich** anzugeben. Nur diese Angabe ermöglicht es den Adressaten, die verlangten Auskünfte zu ermitteln, zusammenzustellen und der Kommission zuzuleiten. Besondere Bedeutung kommt der Bestimmtheit der geforderten Auskünfte bei förmlichen Auskunftsverlangen zu. Sind diese zu unpräzise formuliert, steht eine unzureichende Antwort einem Bußgeld entgegen (→ Rn. 83).[148] Gefordert werden können nur erforderliche Auskünfte, so dass sogenannte **„fishing expeditions"** ausgeschlossen sind (vgl. zur Erforderlichkeit ausführlich → Rn. 89f.).

c) Bestimmung einer Frist. Die Kommission muss in dem Auskunftsverlangen eine Frist für die Übermittlung festlegen. Gemäß ihrer Bekanntmachung über bewährte Vorgehensweisen[149] wird sie eine je nach **Länge** und **Komplexität des Auskunftsverlangens angemessene Frist** setzen, die **mindestens zwei Wochen** ab Eingang des Auskunftsverlangens beträgt.[150] Sie kann jedoch bei inhaltlich nicht umfangreichen Auskunftsverlangen kürzer ausfallen.[151] Das Gericht hält eine Frist für angemessen, wenn sie es den Adressaten „nicht nur ermögliche[…] tatsächlich zu antworten, sondern auch sich zu vergewissern,

---

[142] EuG Urt. v. 14.3.2014 – T-293/11 Rn. 49 – Holcim unter Hinweis auf die Schlussanträge des Generalanwalts Jacobs zum Urteil des EuGH vom 19.5.1994 – C-36/92 Rn. 30 – SEP/Kommission.
[143] EuG Urt. v. 143.2014 – T-293/11 Rn. 49 – Holcim.
[144] St. Rspr. vgl. etwa: EuG Urt. v. 14.3.2014 – T-293/11 Rn. 50 – Holcim; Urt. v. 22.3.2012 – T-458/09 ua Rn. 77 – Slovak Telekom.
[145] EuG Urt. v. 14.3.2014 – T-293/11 Rn. 51 – Holcim.
[146] EuG Urt. v. 14.3.2014 – T-293/11 Rn. 55 – Holcim.
[147] EuGH Urt. v. 10.3.2016 – C-247/14P Rn. 35–40, 43 – Schwenk Zement.
[148] EuG Urt. v. 14.3.2014 – T-293/11 Rn. 94 – Holcim.
[149] Bekanntmachung der Kommission über bewährte Vorgehensweisen in Verfahren nach Artikel 101 und 102 des AEUV, ABl. 2011 C 308, 06, 13.
[150] Bekanntmachung der Kommission über bewährte Vorgehensweisen Rn. 38.
[151] Bekanntmachung der Kommission über bewährte Vorgehensweisen Rn. 38.

dass die erteilten Auskünfte vollständig, richtig und nicht irreführend sind."[152] Zwei Wochen seien nicht ausreichend, um alle Kontakte von zwei Mitarbeitern mit Herstellern eines kartellbefangenen Produktes und mit diesem verwandten Produkten oder deren Vertretern in Deutschland über einen Zeitraum von drei bzw. sieben Jahren zu beantworten.[153] Zu beachten ist auch, dass Unternehmen auf eine von der Kommission angekündigte Frist in einem einfachen Auskunftsverlangen vertrauen dürfen, sodass eine entgegen dieser Ankündigung kürzere Frist nicht wirksam ist.[154]

83 **d) Hinweis auf Sanktionen nach Art. 23 VO 1/2003.** Art. 18 Abs. 2 VO 1/2003 verlangt ferner einen **Hinweis auf die Sanktionen** im Fall einer unrichtigen oder irreführenden Auskunft. Art. 23 Abs. 1 lit. a) VO 1/2003 ermöglicht die Festsetzung einer **Geldbuße** bis zu einem Höchstbetrag von 1 % des im vorausgegangenen Geschäftsjahr erzielten Gesamtumsatzes eines Unternehmens, wenn die unrichtige oder irreführende Auskunft vorsätzlich oder fahrlässig erfolgt ist. Die Nichtbeantwortung eines einfachen Auskunftsverlangens ist nicht bußgeldbewehrt (anders ist dies bei förmlichem Auskunftsverlangen, → Rn. 85).

84 Der Tatbestand der irreführenden Auskunft ist mit der VO 1/2003 ins Kartellverfahrensrecht aufgenommen worden und ergänzt die zuvor bereits bestehende Alternative der unrichtigen Auskunft. Die Grenzen des Tatbestandes sind jedoch fließend, so dass eine trennscharfe Abgrenzung zwischen sanktionsloser unzureichender und bußgeldbewehrter irreführender Auskunft erschwert wird.[155] Bei der Beurteilung ist auf die Gesamtheit der Antworten eines Auskunftsverlangens abzustellen, so dass sich eine Irreführung auch aus Antworten ergeben kann, die über den Gegenstand des Auskunftsverlangens hinausgehen. Allerdings kann eine Geldbuße nur verhängt werden, wenn die überschießenden Angaben geeignet sind, die Untersuchung der Kommission zu beeinflussen.[156]

85 Im Falle des förmlichen Auskunftsverlangens ermöglicht Art. 23 Abs. 1 lit. b) VO 1/2003 ebenfalls die Sanktionierung von unrichtigen oder irreführenden Auskünften. Allerdings besteht anders als bei einfachen Auskunftsverlangen auch eine Sanktionsmöglichkeit, wenn die Angaben unvollständig oder nicht innerhalb der gesetzten Frist erteilt worden sind.

86 **e) Hinweis auf Sanktionen nach Art. 24 VO 1/2003.** Um die Unternehmen zu zwingen, den Auskunftsbeschluss vollständig und genau zu beantworten, kann die Kommission gemäß Art. 24 Abs. 1 lit. d) VO 1/2003 **Zwangsgelder** festsetzen. Diese können bis zu 5 % des im vorausgegangenen Geschäftsjahr erzielten durchschnittlichen Tagesumsatzes für jeden Tag des Verzugs von dem in ihrem Beschluss bestimmten Zeitpunkt an betragen.

87 **f) Hinweis auf Rechtsschutz gegen förmliche Auskunftsverlangen.** Das förmliche Auskunftsverlangen muss auf die Möglichkeit hinweisen, vor dem Gerichtshof Klage gegen den Beschluss zu erheben. Statthaft ist die **Nichtigkeitsklage** gemäß Art. 263 Abs. 4 AEUV, für die das Gericht gemäß Art. 256 Abs. 1 AEUV zuständig ist. Außerdem muss darauf hingewiesen werden, dass eine Klage gemäß Art. 278 AEUV grundsätzlich keine aufschiebende Wirkung hat, sondern eine solche durch das Gericht angeordnet werden muss.[157] Eine gerichtliche Prüfung des Auskunftsverlangens ist auch nach Beantwortung des angefochtenen Auskunftsverlangens möglich; das Rechtsschutzinteresse entfällt durch die Beantwortung also nicht.[158]

---

[152] EuG Urt. v. 14.3.2014 – T-306/11 Rn. 73 – Schwenk Zement; Urt. v. 14.3.2014 – T-293/11 Rn. 64 – Holcim.
[153] EuG Urt. v. 14.3.2014 – T-306/11 Rn. 84–86 – Schwenk Zement.
[154] EuG Urt. v. 14.3.2014 – T-306/11 Rn. 90 – Schwenk Zement.
[155] Vgl. Dahlheimer/Feddersen/Miersch/*Miersch* Art. 18 Rn. 18.
[156] Dahlheimer/Feddersen/Miersch/*Miersch* Art. 18 Rn. 18; Immenga/Mestmäcker/*Dannecker/Biermann* VO 1/2003 Art. 23 Rn. 26.
[157] Kapitel 6 des „Antitrust Manual of Procedures", Stand März 2012, Rn. 50.
[158] EuG Urt. v. 14.3.2014 – T-306/11 Rn. 75 – Schwenk Zement.

III. Umfang der Auskunftspflicht

Die Auskunftspflicht ist mehrfach begrenzt. Es müssen nur die **erforderlichen Informationen** angegeben werden, das Auskunftsverlangen darf **nicht zu unverhältnismäßigem Aufwand führen,** es besteht keine Pflicht, sich durch ein Geständnis selbst zu belasten und anwaltlich privilegierte Dokumente können nicht durch ein Auskunftsverlangen herausverlangt werden. Der Schutz von Geschäftsgeheimnissen befreit jedoch nicht von der Pflicht, Auskunft zu geben. Eine Weigerung kann auch nicht auf die Nutzung verschiedener Fragebögen für unterschiedliche Unternehmen gestützt werden. Diese Schranken gelten jedoch nur für förmliche Auskunftsverlangen, da einfache Auskunftsverlangen von vorneherein nicht beantwortet werden müssen.

1. Erforderlichkeit der Information

Ein Auskunftsverlangen darf nur diejenigen Informationen abfragen, die die Kommission zur Erfüllung ihrer Aufgaben benötigt. Die Antworten müssen es ihr also ermöglichen, den vermuteten und im Auskunftsverlangen angegebenen wettbewerbsrechtlichen Verstoß zu untersuchen.[159] Der Kommission kommt hier ein gewisser **Ermessensspielraum** zu. Das Gericht bestätigt die Ansicht der Kommission,[160] dass es „ihre Sache [sei], die Erforderlichkeit der Auskünfte zu beurteilen."[161] Die gerichtliche Überprüfung beschränkt sich demnach darauf, zu untersuchen, ob „die Kommission vernünftiger Weise davon ausgehen kann, dass ihr das Dokument bei der Ermittlung des Vorliegens der gerügten Zuwiderhandlung helfen wird."[162]

Einem Auskunftsverlangen muss daher eine nachvollziehbare, in sich schlüssige Annahme der Zuwiderhandlung – mithin ein Anfangsverdacht – zugrunde liegen. Ausgeschlossen sind sogenannte „fishing expeditions", bei denen durch Fragen ins Blaue hinein erst nach Anhaltspunkten für einen Kartellrechtsverstoß gesucht wird.[163]

Die Kommission weist auf die Möglichkeit hin, Umfang und Format des Auskunftsverlangens mit den Unternehmen zu diskutieren.[164]

2. Kein unverhältnismäßiger Aufwand

Die Pflicht, Auskunftsverlangen zu beantworten, wird auch durch das **Verhältnismäßigkeitsprinzip** begrenzt. Die Belastung der Unternehmen durch Recherche und Zusammenstellung der verlangten Dokumente und Informationen darf nicht außer Verhältnis zu den Erfordernissen der Untersuchung stehen.[165] Abzuwägen sind mithin der Aufwand für die Beantwortung mit dem Zweck der Untersuchung. In diese Abwägung sind **Schwere und Weite des mutmaßlichen Kartellverstoßes,** also die Art der Absprache und deren geographische Ausdehnung ebenso einzubeziehen wie die **Anzahl der mutmaßlichen Kartellanten.**[166] Insofern kann bei einem umfangreichen Auskunftsverlangen nicht direkt auf die Unverhältnismäßigkeit geschlossen werden, da die Kommission zu umfassenden Untersuchungen berechtigt sein kann.[167]

Der Kommission steht auch ein weitreichender Spielraum zu, durch **ein weiteres Auskunftsverlangen** zu fordern, dass bereits übermittelte Informationen überprüft, konkretisiert oder aktualisiert werden.[168] Allerdings hat das Gericht Auskunftsverlangen, durch die die Übermittlung eines Dokumentes erfolgen sollte, das sich bereits im Besitz

---

[159] Vgl. EuG Urt. v. 14.3.2014 – T-293/11 Rn. 109 – Holcim.
[160] Vgl. Kapitel 6 des „Antitrust Manual of Procedures", Stand März 2012, Rn. 9.
[161] EuG Urt. v. 14.3.2014 – T-293/11 Rn. 110 – Holcim mwN.
[162] St. Rspr. vgl. EuG Urt. v. 14.3.2014 – T-293/11 Rn. 110 – Holcim mwN.
[163] FK/*Jungermann,* 67. EL, Art. 18 VO 1/2003 Rn. 8; Immenga/Mestmäcker/*Burrichter/Hennig* Art. 18 VO 1/2003 Rn. 9; Ortiz Blanco/*Sauer* Rn. 7.26.
[164] Kapitel 6 des „Antitrust Manual of Procedures", Stand März 2012, Rn. 9.
[165] St. Rspr. vgl. EuG Urt. v. 14.3.2014 – T-293/11 Rn. 61 – Holcim mwN.
[166] EuG Urt. v. 14.3.2014 – T-293/11 Rn. 101–102 – Holcim.
[167] EuG Urt. v. 14.3.2014 – T-306/11 Rn. 66 – Schwenk Zement.
[168] EuG Urt. v. 30.3.2003 – T-191/98 ua Rn. 422–423 – Atlantic Container Line.

der Kommission befand, als nicht gerechtfertigt angesehen.[169] Die Kommission kann auch nicht die Daten, die ihr bereits in anderen Auskunftsverlangen übermittelt worden sind, erneut anfordern, um eine „vollständige, kohärente und konsolidierte" Antwort zu erhalten.[170] Allerdings reicht es nach der Rechtsprechung des Gerichts als Rechtfertigung aus, wenn die Fragen teilweise verändert werden, um so einen höheren Genauigkeitsgrad aufzuweisen.[171] Bei derartigen Anschlussauskunftsverlangen seien der Umfang der abzugleichenden Auskünfte der mutmaßlichen Kartellanten und die Eigenheiten des Marktes, wie etwa dessen hohe Technisierung, zu berücksichtigen.[172]

94 Das Gericht hat auch festgestellt, dass die Kommission Informationen in einem Format anfordern darf, das den Unternehmen nicht vorliegt. Art. 18 Abs. 3 VO 1/2003 verpflichtet Unternehmen nicht nur Schriftstücke vorzulegen, sondern auch Fragen zu diesen zu beantworten.[173] Ebenso kann sie **Informationen anfordern, über die die Unternehmen nicht verfügen.**[174] Eine Pflicht, die Informationen zu ermitteln, besteht jedenfalls bezüglich interner Informationen. Unternehmen und Unternehmensvereinigungen müssen nach Ansicht des Gerichts aufgrund einer „allgemeinen Pflicht zu umsichtigem Handeln dafür sorgen [...], dass in ihren Büchern oder Archiven alle Unterlagen, die es ermöglichen, ihre Tätigkeit nachzuvollziehen, gut aufbewahrt werden, damit sie insbesondere für den Fall gerichtlicher oder verwaltungsbehördlicher Maßnahmen über die nötigen Beweise verfügen."[175]

95 Eine **Beschaffungspflicht** für unternehmensexterne, aber zugängliche Informationen ist solange von den Ermittlungsbefugnissen gedeckt, wie eine solche Beschaffung keinen unverhältnismäßigen Aufwand darstellt.[176] Unternehmen können aber bei nicht vorhandenen Informationen gegebenenfalls substantiiert darlegen, dass sie über die Informationen nicht verfügen und „unknown" antworten.[177] In diesen Fällen kann eine **Fristverlängerung** erforderlich sein, um die Informationen zu beschaffen. Ferner empfiehlt sich Kontakt zum zuständigen Sachbearbeiter aufzunehmen, um zu untersuchen, ob gegebenenfalls die Übermittlung vergleichbarer – aber vorhandener – Informationen in Betracht kommt.[178]

3. Verbot der Selbstbezichtigung

96 Eine wichtige Schranke der Auskunftspflicht bildet das Recht, sich nicht selbst belasten zu müssen.[179] Es zielt auf die Wahrung der Verteidigungsrechte, die durch Art. 6 EMRK und Art. 48 der Grundrechtscharta geschützt sind. Nach Erwägungsgrund 23 der VO 1/2003 besteht der Inhalt darin, dass Unternehmen nicht gezwungen werden dürfen, eine Zuwiderhandlung einzugestehen. Allerdings bestehe die Pflicht, **Tatsachenfragen zu beantworten** und **Unterlagen vorzulegen,** auch wenn dadurch eine Zuwiderhandlung bewiesen werden könne. Dieser Erwägungsgrund wiederholt die bis dato ergangene Rechtsprechung, wobei diese ergänzend darauf hinweist, dass die Kommission für den Wettbewerbsverstoß den Beweis zu erbringen habe.[180] Nach der Rechtsprechung steht

---

[169] EuG Urt. v. 30.3.2003 – T-191/98 ua Rn. 425 – Atlantic Container Line; bestätigend: EuG Urt. v. 14.3.2014 – T-293/11 Rn. 122 – Holcim.
[170] EuG Urt. v. 14.3.2014 – T-293/11 Rn. 115 – Holcim.
[171] EuG Urt. v. 14.3.2014 – T-293/11 Rn. 129 – Holcim.
[172] EuG Urt. v. 14.3.2014 – T-293/11 Rn. 102–103 – Holcim.
[173] EuG Urt. v. 14.3.2014 – T-293/11 Rn. 71 – Holcim.
[174] Vgl. EuG Urt. v. 14.3.2014 – T-293/11 Rn. 105 – Holcim; Dahlheimer/Feddersen/Miersch/*Miersch* Art. 18 Rn. 8.
[175] EuG Urt. v. 14.3.2014 – T-293/11 Rn. 83 – Holcim unter Verweis auf EuG Urt. v. 16.6.2011 – T-240/07 Rn. 301 – Heineken.
[176] Dahlheimer/Feddersen/Miersch/*Miersch* Art. 18 Rn. 8.
[177] EuG Urt. v. 14.3.2014 – T-293/11 Rn. 105 – Holcim.
[178] Ortiz Blanco/*Sauer* Rn. 7.41.
[179] Siehe dazu ausführlich § 6 Rn. 9 sowie Dahlheimer/Feddersen/Miersch/*Miersch* vor Art. 17 Rn. 17ff.; Faull/Nickpay/*Colombani/Kloub/Sakkers* Rn. 8.258ff.
[180] Insbes. EuGH Urt. v. 18.10.1989 – 374/87 Rn. 35 – Orkem.

die Differenzierung zwischen zulässigen bloßen Tatsachenfragen und Vorlagepflichten einerseits und unzulässigen Geständnispflichten andererseits mit den allgemeinen Rechtsgrundsätzen, wie sie in Art. 6 EMRK zum Ausdruck kommen, im Einklang.[181]

Die Abgrenzung zwischen zulässiger Tatsachenfrage und unzulässiger Geständnisaufforderung ist nicht einfach. Die Kommission empfiehlt, die Zulässigkeit einer Frage danach zu beurteilen, ob ein Unternehmen aus der **objektiven Perspektive** eines durchschnittlichen und vernünftigen Antwortenden die Frage ehrlich beantworten kann, ohne gestehen zu müssen.[182] Aus der Rechtsprechung ist zu schließen, dass Fragen nach dem Ort, dem Zeitpunkt und den Teilnehmern von Zusammenkünften zulässig sind, nicht aber Fragen nach dem Zweck oder Ziel von Kontakten.[183] Problematisch können auch Fragen zu den Themen von Zusammenkünften sein, insbesondere wenn die Antwort Wertungselemente enthielte oder unmittelbar den Wettbewerbsverstoß einräumen würde.[184]

4. Anwaltsprivileg

Auskunftsverlangen müssen nicht beantwortet werden, wenn die verlangten Dokumente durch das Anwaltsprivileg („legal privilege") geschützt sind (siehe § 9 Rn. 29).

5. Schutz von Geschäftsgeheimnissen

Eine Auskunft kann demgegenüber grundsätzlich nicht unter Berufung auf den Schutz von Geschäftsgeheimnissen verweigert werden. Die Kommission und die Wettbewerbsbehörden der Mitgliedstaaten sind gemäß Art. 28 Abs. 2 VO 1/2003 zur **Verschwiegenheit** verpflichtet. Gemäß Art. 28 Abs. 1 VO 1/2003 dürfen sie die übermittelten Informationen nur für die Zwecke nutzen, zu denen sie eingeholt worden sind. Der EuGH hat noch zur Vorgängernorm des Art. 28 VO 1/2003[185] entschieden, dass sie Unternehmen dann keinen ausreichenden Schutz biete, wenn ein Staat Informationen erhalte, der selbst an einem Unternehmen beteiligt ist, das einen Zusammenhang zu den Ermittlungen aufweist.[186]

Die Kommission fordert Unternehmen beim Versenden von Auskunftsverlangen auf, **anzugeben, welche Informationen als Geschäftsgeheimnis anzusehen sind** und diese Einstufung zu begründen.[187] Die Kommission hat hierzu einen informellen Leitfaden[188] veröffentlicht, der aus praktischer Perspektive das **Verfahren** beschreibt, dass bei der Kommission beschritten werden soll, um **Geschäftsgeheimnisse zu schützen**. Hierin findet sich eine detaillierte Beschreibung des Prozedere und Beispiele zur Umsetzung. Art. 16 Abs. 3 VO (EU) 773/2004 ermächtigt die Kommission ferner, von den Unternehmen zu verlangen, die Unternehmen zu benennen, denen gegenüber diese Unterlagen als vertraulich anzusehen sind. Sie kann eine Frist setzen, binnen derer die Unternehmen die Vertraulichkeit einzelner Angaben begründen und eine vertrauliche Fassung übermitteln. Nach Ablauf dieser Frist, die regelmäßig mit der Frist des Auskunftsverlangens zusammenfallen wird, kann sie annehmen, dass die Auskunftsverlangen keine Geschäftsgeheimnisse enthalten.[189]

6. Gleichbehandlung

Die Kommission ist auch nicht verpflichtet, allen Unternehmen, die sie eines Kartellrechtsverstoßes verdächtigt, die gleichen Fragen zu stellen. Ihr kommt auch hinsichtlich der Auswahl der Fragen ein **Ermessensspielraum** zu. Eine derartige Begrenzung der

---

[181] Siehe etwa aus jüngerer Zeit EuGH Urt. v. 29.6.2006 – C-301/04 P Rn. 41–44 – SGL Carbon.
[182] Kapitel 6 des „Antitrust Manual of Procedures", Stand März 2012, Rn. 74.
[183] EuGH Urt. v. 18.10.1989 – 374/87 Rn. 37, 38 – Orkem.
[184] Siehe EuG Urt. v. 20.2.2001 – T-112/98 Rn. 71 – *Mannesmannröhren;* weitergehend jedoch EuG Urt. v. 612.2005 – T-48/02 Rn. 113 ff. – Brouwerij Haacht.
[185] Art. 20 VO (EWG) 17/62.
[186] EuGH Urt. v. 9.5.1994 – C-36/92 P Rn. 22 ff. – SEP II.
[187] Kapitel 6 des „Antitrust Manual of Procedures", Stand März 2012, Rn. 26.
[188] http://ec.europa.eu/competition/antitrust/guidance_en.pdf.
[189] Kapitel 6 des „Antitrust Manual of Procedures", Stand März 2012, Rn. 26.

Handlungsfreiheit der Kommission kann nach Ansicht des Gerichts die Wirksamkeit der Ermittlungen beeinträchtigen.[190]

D. Befugnis zur Befragung

I. Einführung

102 Die in Art. 19 VO 1/2003 aufgestellte Befugnis der Kommission zur Durchführung von mündlichen Befragungen **weicht** grundlegend von dem in Art. 20 Abs. 2 lit. e) VO 1/2003 normierten **Fragerecht im Zuge von Nachprüfungen ab**. Im Rahmen von Befragungen gemäß Art. 19 VO 1/2003 erfolgt die Übermittlung von Informationen freiwillig und es sind keine Geldbußen wegen eines Verfahrensverstoßes nach Art. 23 Abs. 1 VO 1/2003 für die Beibringung unvollständiger oder falscher Informationen vorgesehen. Die Formerfordernisse und Verwertungsmöglichkeit unterscheiden die Befragung von informellen Gesprächen mit Dienststellen der Kommission.

103 Die Vorschrift wird auch als Rechtsgrundlage für mündliche Unternehmenserklärungen von Kronzeugen angesehen. Mündliche Unternehmenserklärungen werden in dem Kapitel über Kronzeugenanträge ausführlich beschrieben (→ § 7 Rn. 76 ff.), so dass sich die folgende Darstellung auf Befragungen außerhalb von Kronzeugenanträgen konzentriert. Die Kommission kann auch **(ehemalige) Mitarbeiter** von Kronzeugen befragen. Sofern die Antworten als Beweis verwendet werden sollen, sollte die Befragung nach Art. 19 VO 1/2003 erfolgen.

II. Voraussetzungen

104 Befragt werden können sowohl **natürliche** als auch **juristische Personen**. Für juristische Personen nehmen ihre gesetzlichen Vertreter oder sonstige handlungsbefugte Personen an der Befragung teil. Als Adressat einer Befragung auf Grundlage von Art. 19 VO 1/2003 kommen nicht nur beschuldigte Unternehmen und ihre (ehemaligen) Mitarbeiter in Betracht, sondern prinzipiell jedermann, der über sachdienliche Informationen zu dem Untersuchungsgegenstand verfügen könnte.

105 Art. 19 VO 1/2003 berechtigt die Kommission nicht, **Zeugen ohne deren Einverständnis vorzuladen.** Sofern juristische Personen befragt werden, muss die Zustimmung von der juristischen Person durch ihre gesetzlichen Vertreter erteilt werden, und der zu befragende Mitarbeiter selbst muss ebenfalls in die Befragung einwilligen. Ist eine natürliche Person Adressat der Befragung, so reicht ihre Zustimmung aus. Ist ein Mitarbeiter aussagewillig, obwohl das Unternehmen mit seiner Befragung nicht einverstanden ist, so kann die Kommission diesen dennoch als natürliche Person anhören und die so gewonnenen Informationen verwerten.[191] Bei der Befragung von Mitarbeitern ist daher stets vor Beginn der Befragung klarzustellen, ob sie für das Unternehmen oder als natürliche Person handeln.

106 Die **Zustimmung** kann zu jedem Zeitpunkt **widerrufen** werden. Allerdings kann die Kommission die bei der bis zum Widerruf erfolgten Befragung erhaltenen Beweismittel weiterhin verwerten, wenn die Zustimmung ursprünglich fehlerfrei erteilt worden ist.[192] Dem Befragten steht es auch frei, nur bestimmte Fragen zu beantworten.

107 Die Befragung muss den Untersuchungsgegenstand betreffen. Unter Untersuchung ist jede Tätigkeit der Kommission zur Erfüllung der in VO 1/2003 übertragenen Aufgaben anzusehen.[193]

---

[190] EuG Urt. v. 8.7.2004 – T-48/00 Rn. 212 – Corus; vgl. auch EuG Urt. v. 14.3.2014 – T-306/11 Rn. 54 – Schwenk Zement.
[191] Dahlheimer/Feddersen/Miersch/*Miersch* VO 1/2003 Art. 19 Rn. 6; Schulte/Just/*Sauer* VO 1/2003 Art. 19 Rn. 5.
[192] Loewenheim/Meessen/Riesenkampff/*Barthelmeß/Rudolf* VO 1/2003 Art. 19 Rn. 4.
[193] Dahlheimer/Feddersen/Miersch/*Miersch* VO 1/2003 Art. 19 Rn. 3.

III. Ermessen

Es steht im Ermessen der Kommission, Befragungen durchzuführen. Die Kommission ist nicht verpflichtet, Gespräche mit Drittparteien in Form einer Befragung nach Art. 19 VO 1/2003 durchzuführen.[194] Dies folgt aus den praktischen Bedürfnissen einer funktionierenden und effizienten Verwaltung. Die formalen Anforderungen von Art. 3 VO (EG) 773/2004 dienen dem Schutz der befragten Person und erhöhen die Verlässlichkeit der erlangten Informationen, sollen aber nicht die Möglichkeit der Kommission zu **informellen Gesprächen** einschränken.[195] Die Parteien eines Ermittlungsverfahrens können auch selbst beantragen, dass ihre Aussagen als Befragung aufgezeichnet werden. Diesen Anträgen wird von der Kommission grundsätzlich stattgegeben, wenn sie mit einem ordnungsgemäßen Verfahrensablauf vereinbar sind.[196] **108**

Die Kommission ist nicht generell verpflichtet, **Protokolle** über Gespräche anzufertigen. Aus dem Recht auf eine gute Verwaltung nach Art. 41 der Grundrechtecharta kann sich allerdings eine Pflicht zur Protokollierung ergeben, sofern bei dem Treffen Informationen übermittelt werden, die den Verfahrensgegenstand betreffen und eine gewisse Bedeutung haben, wobei unerheblich ist, ob sie be- oder entlastend sind.[197] Das Protokoll sollte zumindest die Namen der Teilnehmer und eine kurze Zusammenfassung der besprochenen Themen enthalten. Die Protokollierung weicht damit hinsichtlich der Anforderungen an Form und Ausführlichkeit deutlich von der Aufzeichnung der Antworten bei einer förmlichen Befragung ab. Möchte die Kommission während eines Treffens mündlich übermittelte Informationen als belastendes Beweismaterial verwenden, ergibt sich die Notwendigkeit einer Protokollierung bereits daraus, dass die Informationen den Verfahrensparteien mitgeteilt werden müssen, damit diese Stellung nehmen können.[198] Die Beweiskraft der Informationen könnte jedoch in diesem Fall durch eine formelle Befragung erhöht werden. **109**

IV. Durchführung

Die Kommission muss gem. Art. 3 Abs. 1 VO (EG) 773/2004 den Befragten ausdrücklich auf die **Rechtsgrundlage,** das **Recht auf rechtlichen Beistand,** den **Zweck** und die **Freiwilligkeit** seiner Einlassung hinweisen. **110**

Ferner informiert die Kommission den Befragten **vor Beginn** über ihre Absicht, die **Befragung aufzuzeichnen.** Sie kann dafür gemäß Art. 3 Abs. 2 VO (EG) 773/2004 ein Speichermedium nutzen. In der Praxis unterzeichnet der Befragte ein Schriftstück, in dem das Verfahren erläutert wird und ihm wird im Anschluss an die Befragung eine Kopie der Aufzeichnung zur Genehmigung überlassen. So soll sichergestellt werden, dass die Befragungsergebnisse so korrekt wie möglich erfasst worden sind.[199] Außerdem setzt die Kommission eine Frist für etwaige **Berichtigungen** der Aussage. Berechtigungsberechtigt sind dieselben Personen, die im Hinblick auf die konkrete Befragung zustimmungsberechtigt waren. Wegen des fehlenden Aussagezwanges kann die Kommission Fragen stellen, die gegen das Verbot der Selbstbezichtigung verstoßen würden. **111**

Sofern die Kommission eine **formelle Befragung** durchführt, ist sie verpflichtet, die Antworten vollständig aufzuzeichnen. Sie darf nicht willkürlich während der Befragung entscheiden, dass sie bestimmte Informationen aufzeichnet, andere aber nicht.[200] **112**

---

[194] EuG Urt. v. 12.6.2014 – T-289/09 Rn. 612–614 – Intel.
[195] EuG Urt. v. 12.6.2014 – T-289/09 Rn. 615 – Intel.
[196] Bekanntmachung der Kommission über bewährte Vorgehensweisen in Verfahren nach Artikel 101 und 102 des AEUV Rn. 49.
[197] EuG Urt. v. 12.6.2014 – T-289/09 Rn. 621 – Intel; Urt. v. 25.10.2005 – T-38/02 Rn. 67 – Groupe Danone.
[198] Vgl. EuG Urt. v. 14.3.2013 – T-587/08 Rn. 724 – Fresh Del Monte Produce.
[199] Bekanntmachung der Kommission über bewährte Vorgehensweisen in Verfahren nach Artikel 101 und 102 des AEUV Rn. 48.
[200] EuG Urt. v. 12.6.2014 – T-289/09 Rn. 617 – Intel.

V. Verwertung

113 Die Aussagen der Befragten in ihrer berichtigten Form können von der Kommission im weiteren Verfahren verwendet werden. Da der zulässige Umfang der Befragung durch den **Untersuchungsgegenstand** eingegrenzt wird, dürfen Antworten auf Fragen, die nicht diesen Gegenstand betreffen, nicht verwertet werden.

114 Aufgrund der **eingeschränkten Sanktionsmöglichkeiten** bei unvollständigen oder unrichtigen Informationen sind die durch Befragungen erhaltenen Informationen von der Kommission gründlich auf ihre tatsächliche Belastbarkeit zu prüfen.

VI. Sanktionsmöglichkeiten

115 Selbst bei unrichtigen oder irreführenden Angaben sieht die VO 1/2003 – anders als bei Antworten auf einfache Auskunftsverlangen – **keine Geldbußen** nach Art. 23 Abs. 1 VO 1/2003 vor. Völlige Sanktionslosigkeit gilt aber nur für nicht am Verfahren beteiligte natürliche oder juristische Personen. Unternehmen, die als Kronzeugen mündliche Unternehmenserklärungen abgeben, laufen Gefahr, bei falschen Angaben wegen Verletzung ihrer Kooperationspflichten die Kronzeugenermäßigung zu verlieren.[201] Ferner können falsche Angaben als Behinderung der Untersuchung angesehen werden und in dem verfahrensabschließen Geldbußenbeschluss als **erschwerender Umstand** zu einer Geldbußenerhöhung führen.

VII. Beteiligung nationaler Wettbewerbsbehörden

116 Art. 19 Abs. 2 VO 1/2003 verpflichtet die Kommission die jeweilige nationale Wettbewerbsbehörde vorab zu informieren, wenn die Befragung in den Räumlichkeiten eines Unternehmens in deren **Hoheitsgebiet** stattfindet. Auf deren Verlangen hin können deren Bedienstete aktiv an der Befragung mitwirken. Zur effektiven Wahrnehmung dieses Teilnahmerechts wird die Benachrichtigung rechtzeitig erfolgen müssen. Die praktische Bedeutung der Vorschrift ist gering, da die Befragung üblicherweise in den Dienststellen der Kommission stattfindet und eine Information daher nicht erforderlich ist.

E. Sektoruntersuchungen

117 Das in Artikel 17 VO 1/2003 enthaltende Ermittlungsinstrument der Sektoruntersuchung verleiht der Kommission die Befugnis, einen bestimmten Wirtschaftszweig oder eine bestimmte Art von Vereinbarungen – Sektor übergreifend – einer Untersuchung zu unterziehen. Die Kommission soll hiermit, anders als in einem isolierten Verfahren, einen **umfassenderen Einblick** in mögliche Wettbewerbsprobleme einer **gesamten Branche** erlangen. Diese Form der Untersuchung kann und soll als **vorgelagerter Schritt** der Informationsgewinnung in die Verfolgung von wettbewerbsbeschränkenden Praktiken münden. Die Sektoruntersuchung entfaltet im Verhältnis zum einzelnen Unternehmen eine geringere Eingriffsintensität als bspw. ein Bußgeldverfahren, verspricht aber wegen ihrer branchenweiten Stoßrichtung der Kommission allgemeine Rückschlüsse über die jeweiligen Marktverhältnisse und -mechanismen.

118 Die an eine Sektoruntersuchung anknüpfenden Konsequenzen können daher sowohl **individuelle Verfolgungsschritte** als auch **regulatorische und legislative Korrekturmaßnahmen** wie Gesetzgebungsinitiativen nach sich ziehen. Unter dem Regime der VO 1/2003 nimmt die Kommission vermehrt Rückgriff auf dieses Mittel zur Verbesserung der Analyse der Marktbedingungen und möglicher Wettbewerbshindernisse verschiedenster Wirtschaftszweige. Im System der Legalausnahme kompensiert die Sektorun-

---

[201] Siehe Rn. 12 und 24 der Kronzeugenmitteilung sowie EuGH Urt. v. 19.12.2013 – verb. Rs. C-498/11 P ua Rn. 138, 191 – Toshiba ua.

tersuchung den Wegfall des aus der Notifizierungspflicht resultierenden Informationsflusses über Marktbedingungen.

Bisher hat die Kommission **fünf Sektoruntersuchungen** durchgeführt, und zwar in den Bereichen Energie, Finanzdienstleistungen, Pharmaindustrie, Telekommunikationsnetze (local loop, leased lines & roaming) sowie neue Medien (3G).[202] Die Kombination von Ermittlungshandlungen und gesteigertem öffentlichen Interesse kann bereits dazu führen, dass aus wettbewerblicher Perspektive problematisch eingestufte Praktiken von den Unternehmen unter dem Eindruck einer laufenden Sektoruntersuchung eingestellt werden.

I. Eingriffsschwelle

Es liegt im **Ermessen der Kommission,** ob sie eine Sektoruntersuchung durchführt. Es besteht kein individueller Anspruch gegen die Kommission auf Durchführung eines solchen Verfahrens für Marktteilnehmer oder Verbraucher.[203] Sofern die Kommission die Einleitung einer Sektoruntersuchung erwägt, verfügt sie über einen Beurteilungsspielraum hinsichtlich der Tatbestandsvoraussetzungen. Eine verdachtsunabhängige Enquête-Befugnis der Kommission ist nicht gegeben, allerdings ist die **Eingriffsschwelle niedrig.** Es genügt die auf der Entwicklung des Handels zwischen den Mitgliedstaaten basierende Vermutung möglicher Einschränkungen oder Verfälschungen des Wettbewerbs. Die Einleitung setzt somit keinen konkreten Anfangsverdacht in Bezug auf eine bestimmte Wettbewerbsbeschränkung voraus, sondern lässt objektive tatsächliche Anhaltspunkte genügen, die Wettbewerbsprobleme im betroffenen Sektor nahe legen.[204] Die Kommission nennt diesbezüglich beispielhaft den begrenzten Handel zwischen Mitgliedstaaten, das Ausbleiben von Markteintritten sowie die anhaltende Preisstabilität.[205]

II. Ermittlungsbefugnisse

Obwohl die Sektoruntersuchung sich an einen gesamten Wirtschaftszweig richtet, erlaubt Art. 17 Abs. 1 S. 2 VO 1/2003 der Kommission die Vornahme von bestimmten **Ermittlungshandlungen gegenüber einzelnen Unternehmen.** Mit Ausnahme der Durchsuchung von Privaträumen steht der Kommission daher das gewohnte Spektrum an Ermittlungsbefugnissen von Auskunftsverlangen, Befragungen und Nachprüfungen in Geschäftsräumen zur Verfügung. Die in Art. 23 und Art. 24 VO 1/2003 vorgesehenen Buß- und Zwangsgelder sind bei fehlender Kooperation auf die förmlichen Ermittlungshandlungen des 17 Abs. 2 VO 1/2003 anwendbar.

Üblicherweise ist das einfache Auskunftsverlangen die bevorzugte Maßnahme zur Erlangung der erhofften Marktkenntnisse. Der Kreis der Unternehmen und die von der Kommission gewählten Untersuchungsinstrumente können sich im Laufe der Untersuchung verändern bzw. ergänzen. Im Januar 2008 wurde im Rahmen der Sektoruntersuchung „Arzneimittel"[206] erstmals eine **Sektoruntersuchung durch eine Nachprüfung**

---

[202] Siehe mit Nachweisen zu den Abschlussberichten Commission Staff Working Document, Ten Years of Anti-trust Enforcement under Regulation 1/2003 Accompanying the document Communication from the Commission to the European Parliament and the Council, Ten Years of Antitrust Enforcement under Regulation 1/2003: Achievements and Future Perspectives, COM(2014) 453, Rn. 209; http://ec.europa.eu/competition/antitrust/legislation/swd_2014_230_en.pdf.
[203] Loewenheim/Meessen/Riesenkampff/*Barthelmeß/Rudolf* VO 1/2003 Art. 17 Rn. 8.
[204] Dahlheimer/Feddersen/Miersch/*Miersch* VO 1/2003 Art. 17 Rn. 4,5; Immenga/Mestmäcker/*Burrichter/Henning* VO 1/2003 Art. 17 Rn. 13; Loewenheim/Meessen/Riesenkampff/*Barthelmeß/Rudolf* VO 1/2003 Art. 17 Rn. 7.
[205] Vgl. http://ec.europa.eu/competition/antitrust/sector_inquiries.html.
[206] Mitteilung der Kommission v. 8.7.2009, Zusammenfassung des Berichts über die Untersuchung des Arzneimittelsektors. Laut Abschlussbericht lag der Schwerpunkt der Untersuchung auf den Wettbewerbsbeziehungen zwischen Originalpräparate- und Generikaherstellern sowie zwischen den Originalpräparateherstellern. Hierzu wurden 43 Originalpräparatehersteller und 27 Generikahersteller ausgewählt, auf die ca. 80% des einschlägigen EU-Umsatzes entfielen.

bei diversen Unternehmen eines Sektors[207] **begonnen,** wobei gleichzeitig an andere Unternehmen Auskunftsverlagen versandt wurden. Die Kommission führte in dem Verfahren die Angemessenheit der Ermittlungshandlung darauf zurück, dass es sich bei den erhofften Marktkenntnissen im Zusammenhang mit der Verwertung geistiger Eigentumsrechte um streng vertrauliche und leicht zu verschleiernde Informationen handele, die der Kommission sonst womöglich vorenthalten würden.[208]

III. Verwertung der erlangten Informationen

123 Die Kommission kann auf Grund der Sektoruntersuchung gewonnene Beweismittel zum Nachweis konkreter Wettbewerbsverstöße verwerten, sofern die betroffenen Unternehmen dem von der Sektoruntersuchung betroffenen Wirtschaftszweig angehören oder Vertragspartner der untersuchten Vereinbarung sind. Zudem ist erforderlich, dass die konkreten Wettbewerbsverstöße ihrer Natur nach den vermuteten Wettbewerbsbeschränkungen, die ursprünglich Anlass zur Durchführung der Sektoruntersuchung gegeben haben, entsprechen.[209]

IV. Abschlussbericht

124 Die Kommission veröffentlicht die Ergebnisse einer vollendeten Sektoruntersuchung in einem jedermann zugänglichen Bericht, der interessierten Kreisen die **Möglichkeit zur Stellungnahme** bietet. In der Praxis wird zunächst ein vorläufiger Bericht veröffentlicht, um das Feedback der daraufhin erfolgten öffentlichen Konsultation in die endgültige Fassung einfließen zu lassen.[210] Außerdem bilden die in dem Bericht zusammengefassten Untersuchungsergebnisse die Entscheidungsgrundlage für Folgemaßnahmen administrativer oder legislativer Natur. Der öffentliche Abschlussbericht ist genereller Natur und enthält keine Geschäftsgeheimnisse.

V. Rechtsschutz

125 Gegen den förmlichen Einleitungsbeschluss besteht für die Unternehmen mangels unmittelbarer Betroffenheit **kein direkter Rechtsschutz** im Wege der Nichtigkeitsklage. Die gerichtliche Überprüfung des pflichtgemäßen Ermessens der Kommission kann nur inzident bei der Überprüfung einzelner Ermittlungshandlungen im Rahmen der Sektoruntersuchung erfolgen. Gerügt werden kann in diesem Rahmen auch eine Verletzung des Grundsatzes der Verhältnismäßigkeit bei Anordnung oder Durchführung der jeweiligen Ermittlungshandlung.

126 Wegen der generellen Natur des Verfahrens bleibt dem einzelnen Unternehmen nicht der Einwand, selbst keinen Verstoß gegen die europäischen Wettbewerbsregeln begangen zu haben.[211]

---

[207] Nachprüfungen erfolgten sowohl bei Herstellern innovativer Arzneimitteln als auch bei Generikaherstellern, unter anderem bei Glaxo-SmithKline, AstraZeneca, Sanofi-Aventis, Pfizer, Johnson & Johnson sowie bei Ratiopharm und Sandoz; andere Unternehmen wie Boehringer Ingelheim erhielten lediglich einen Fragebogen, etwa Bayer Schering, Merck, Stada und Roche.
[208] Kommission, Pressemitteilung vom 16.1.2008, IP/08/49.
[209] Ähnlich wohl Immenga/Mestmäcker/*Burrichter*/*Henning* VO 1/2003 Art. 17 Rn. 46 mwN.
[210] Schulte/Just/*Sauer* VO 1/2003 Art. 17 Rn. 15.
[211] *Gildhoff* WuW 2013, 716 (721).

§ 9 Anwaltsprivileg im europäischen Wettbewerbsrecht

Übersicht

	Rn.
A. Herleitung	2
B. Bedeutung im Wettbewerbsrecht	8
C. Umfang des Schutzes	12
I. Persönlicher Schutzbereich	13
II. Sachlicher Schutzbereich	20
III. Zeitlicher Schutzbereich	24
IV. Verzicht auf das Anwaltsprivileg	25
D. Adressaten	27
E. Geltendmachung im Kommissionsverfahren	29
F. Praktische Hinweise	33
I. Zusammenfassung: rechtlich privilegierte Dokumente	33
II. Vorbereitende Maßnahmen	34
III. Zur Handhabung von Durchsuchungen	35

Schrifttum:

Antunes, Just Another Brick in the Wall: Communications with In-house Lawyers Remain Unprotected by Legal Privilege at the European Union Level, JECLAP 2011, 3; Loewenheim/Meessen/Riesenkampf/*Barthelmeß/Rudolf* Art. 18 Verf VO, Rn. 50; Baudenbacher/Speitler: Der Syndikus der Gegenwart – Interessensvertreter oder Anwalt des Rechts?, NJW 2015, 1211; *Buntschek,* Anwaltskorrespondenz – Beitrag zur geordneten Rechtspflege oder „tickende Zeitbombe?", WuW 2007, 229; *Buntschek/Biermann,* „Legal Privilege" des Syndikusanwalts – Paradigmenwechsel im EG-Bußgeldverfahren?, wistra 2004, 457; Immenga/Mestmäcker/*Burrichter/Hennig,* EuWettbR Vorbem. zu Art. 17–22 VO 1/2003, Rn. 48; Wiedemann/*Dieckmann* HdB des KartellR §42 Rn. 44; *Dolmans,* Attorney-Client Privilege for In-house Counsel: A European Proposal, Columbia Journal of European Law 1998, 125; *Freese,* The development of general principles for EU competition law enforcement – the protection of legal professional privilege, ECLR 2011, 196; *Grippini-Fournier,* Legal Professional Privilege in Competition Proceedings Before the European Commission: Beyond the Cursory Glance, 28 Fordham Int.L.J. 967; *Holtz,* Legal Professional Privilege in Europe: a Missed Policy Opportunity, JECLAP 2013, 1; *Hustus,* Der Syndikusanwalt und das Legal Privilege respektive das Anwaltsprivileg – alea iacta est, NStZ 2016, 65; *Kapp,* Vertraulichkeit der Anwaltskorrespondenz im Kartellverfahren, WuW 2003, 142; *Klees,* Die Beteiligung Dritter im europäischen Kartellverfahren – das EuG-Urteil Österreichische Postsparkasse und Bank für Arbeit und Wirtschaft (BAWAG), EWS 2011, 76; *Kerse/Khan,* EU Antitrust Procedure, 2012, Rn. 3–043; Grabitz/Hilf/*Miersch,* Das Recht der Europäischen Union, 40. Aufl. 2009, Vorbem. Art. 17, Rn. 30 ff.; *Moosmayer,* Der EuGH und die Syndikusanwälte, NJW 2010, 3548; *Neumayr/Stegbauer,* Die Reichweite des Anwaltsprivilegs, ÖZK 2008, 10; *Pfromm/Hentschel,* Zum Umfang des legal Privilege in Kartellrechtsverfahren: Das gemeinschaftsrechtliche Gebot umfassender Vertraulichkeit der Anwaltskorrespondenz, EWS 2005, 350; *Schnichels/Resch,* Das Anwaltsprivileg im europäischen Kontext, EuZW 2011, 47; *Seitz,* Unternehmensjuristen und das Anwaltsprivileg im europäischen Wettbewerbsverfahren – Wandel in der europäischen Rechtsprechung, EuZW 2004, 234; *Seitz,* Ein Schritt vor und zwei zurück? – Zum letzten Stand des Anwaltsgeheimnisses für Unternehmensanwälte im Europäischen Kartellverfahren, EuZW 2010, 524; *Weitbrecht/Mühle,* Europäisches Kartellrecht 2010, EuZW 2011, 416; *Wolf/Hasenstab,* Der grenzüberschreitende Schutz des Anwaltsgeheimnisses in Europa, BRAK 2010, 150.

Das **Anwaltsprivileg** (englisch: legal privilege oder legal professional privilege) bezeichnet den Anspruch auf Wahrung der Vertraulichkeit der Kommunikation zwischen einem Rechtsanwalt und seinem Mandanten. Es handelt sich dabei um ein Verteidigungsrecht, das grundsätzlich die Ermittlungsbefugnisse der Kommission im europäischen Wettbewerbsrecht begrenzt. **1**

A. Herleitung

Das Anwaltsprivileg wird weder im EUV oder AEUV, noch in der VO 1/2003 oder ihrer Vorgängerin (VO 17/62) erwähnt. Die Europäische Kommission hat jedoch – unter Berücksichtigung der einschlägigen EuGH-Rechtsprechung – ihre Sicht zu Umfang, **2**

Reichweite sowie zu dem Verfahren zur Geltendmachung des Anwaltsprivilegs in der **Bekanntmachung der Kommission über bewährte Vorgehensweisen in Verfahren nach Art. 101 und 102 des AEUV** zusammengefasst.[1]

3   Die Unionsgerichte haben das Anwaltsprivileg in ständiger Rechtsprechung anerkannt.[2] Dabei handelt es sich um einen allgemeinen Rechtsgrundsatz des Unionsrechts mit Grundrechtscharakter. Die Herleitung erfolgt einerseits aus den in den Rechtsordnungen der Mitgliedstaaten anerkannten Rechtsgrundsätzen, die über Art. 6 Abs. 3 EUV auch Bestandteil der Unionsrechts werden können. Dass auf mitgliedstaatlicher Ebene Unterschiede hinsichtlich des Umfangs und der Ausprägung des Anwaltsprivilegs bestehen, schadet grundsätzlich nicht, da die Anerkennung aufgrund einer **„wertenden Gesamtbetrachtung"** erfolgt, dh es gilt nicht etwa der allen Mitgliedstaaten gemeinsame Mindeststandard, sondern vielmehr muss ein Schutzniveau gewährleistet werden, das den Besonderheiten der Unionsrechtsordnung Rechnung trägt.[3]

4   Hierbei sind Gemeinsamkeiten und Unterschiede innerhalb der Mitgliedstaaten erkennbar. Bzgl. des **persönlichen Schutzbereiches** (→ Rn. 13) wird in beinahe allen Mitgliedstaaten (außer Österreich[4]) dem Schriftverkehr zwischen Mandant und Anwalt im Wettbewerbsverfahren grundsätzlich ein besonderer Schutz zugestanden. Unterschiede finden sich jedoch ua in der Frage, inwieweit Unternehmensjuristen in dieses Anwaltsprivileg eingebunden sind.

5   Hierzu lassen sich vier Gruppen bilden:

> - Gruppe 1: Länder, die Unternehmensjuristen bereits die Anwaltszulassung untersagen und diese deshalb vom Anwaltsprivileg ausschließen.[5]
> - Gruppe 2: Länder, in denen Unternehmensjuristen idR auch eine Anwaltszulassung besitzen, jedoch aufgrund eines eng definierten persönlichen Schutzbereiches vom Anwaltsprivileg (aus Gründen der Weisungsabhängigkeit vom Arbeitgeber) ausgeschlossen sind.[6]
> - Gruppe 3: Länder, in denen die Rechtslage derzeit unklar ist.[7]
> - Gruppe 4: Länder, die den persönlichen Schutzbereich weit definieren und folglich auch Syndizi bei Mitgliedschaft in der Rechtsanwaltskammer oder einer gesonderten Kammer für Unternehmensjuristen in das Anwaltsprivilegs einbeziehen.[8]
>
> Darüber hinaus könnte noch eine weitere Gruppe von Ländern gebildet werden, die unter dem Eindruck der EuGH-Rspr. ihre nationalen Vorschriften an europarechtliche Maßstäbe angeglichen haben.[9]

---

[1] Bekanntmachung der Kommission über bewährte Vorgehensweisen in Verfahren nach Art. 101 und 102 des AEUV v. 20.10.2011, ABl. 2011 C 308, 06, Rn. 51 ff.
[2] EuGH Urt. v. 18.5.1982 – Rs 155/79, ECLI:EU:C:1982:157 – AM&S/Kommission; Urt. v. 14.9.2010 – C-550/07 P, ECLI:EU:C:2010:229 – Akzo Nobel Chemicals & Akcros Chemicals/Kommission; EuG Urt. v. 12.12.1991 – T-30/89, ECLI:EU:T:1991:70 – Hilti/Commission; EuG Urt. v. 17.9.2007 – T-125/03 ua, ECLI:EU:T:2007:58 – Akzo Nobel Chemicals & Akcros Chemicals/Kommission.
[3] EuGH Urt. v. 18.5.1982 – 155/79, ECLI:EU:C:1982:157 Rn. 24 – AM&S/Kommission.
[4] Str.; vgl die Lit. bei *Neumayr/Stegbauer* Die Reichweite des Anwaltsprivilegs, ÖZK 2008, 10.
[5] Bulgarien, Estland, Frankreich, Finnland, Italien, Luxemburg, Österreich, Schweden, Slowenien, Slowakei, Tschechien, Ungarn, Zypern (Ausnahme: Griechenland, Rumänien, die trotz fehlender Anwaltszulassung das Anwaltsprivileg aufrechterhalten), vgl. GA *Kokott,* SchlA v. 29.4.2010 – C-550/07 P, ECLI:EU:C: 2010:229 – Akzo Nobel Chemicals & Akcros Chemicals/Kommission, Rn. 101 Fn. 83.
[6] Deutschland, vgl. GA *Kokott,* SchlA v. 29.4.2010 – C-550/07 P, ECLI:EU:C:2010:229 Rn. 101 Fn. 84 – Akzo Nobel Chemicals & Akcros Chemicals/Kommission.
[7] Belgien, Dänemark, Lettland, Litauen, Malta, Rumänien, Spanien, vgl. GA *Kokott,* SchlA v. 29.4.2010 – C-550/07 P, ECLI:EU:C:2010:229 Rn. 102 Fn. 85 – Akzo Nobel Chemicals & Akcros Chemicals/Kommission.
[8] Vereinigtes Königreich, Irland (also Länder des Common Law, nicht jedoch Zypern), Niederlande, Griechenland, Portugal, Polen, vgl. GA *Kokott,* SchlA v. 29.4.2010 – C-550/07 P, ECLI:EU:C:2010:299 Rn. 103 Fn. 87 f. – Akzo Nobel Chemicals & Akcros Chemicals/Kommission.
[9] Wohl Belgien, Finnland, Slowenien, vgl. GA *Kokott,* SchlA v. 29.4.2010 – C-550/07 P, ECLI:EU:C: 2010:299 Rn. 102 Fn. 86 – Akzo Nobel Chemicals & Akcros Chemicals/Kommission.

Auch bei Inhalt und Umfang des **sachlichen Schutzbereiches** (→ Rn. 20) unterscheiden sich die Rechtsordnungen in Europa erheblich. Einige Länder (Irland, Griechenland, Portugal und Zypern) schützen beinahe jegliche Information, die zwischen Mandant und Anwalt ausgetauscht wird. Die meisten Länder schützen jedoch nur Informationen, die in einem spezifischen Zusammenhang mit Untersuchungen der Kartellbehörden stehen. Häufig heißt dies, dass die Ergebnisse einer eigenen Compliance-Untersuchung gegen ein Unternehmen verwendet werden können, wenn diese Untersuchung vor Einleitung eines Verfahrens durch eine Wettbewerbsbehörde erfolgte. Österreich scheint der einzige EU-Mitgliedstaat zu sein, der bei nationalen Kartellrechtsverfahren überhaupt kein Anwaltsprivileg kennt (→ Rn. 4). 6

Andererseits können auch Art. 8 Abs. 1 EMRK (Schutz der Korrespondenz) iVm Art. 6 Abs. 1, 3 lit. c EMRK (Recht auf ein faires Verfahren), sowie Art. 7 der Charta der Grundrechte der EU (Achtung der Kommunikation) iVm Art. 47 Abs. 1, 2 S. 2 und Art. 48 Abs. 2 der Charta der Grundrechte der EU (Recht auf Beratung, Verteidigung und Vertretung, Achtung der Verteidigungsrechte) für die Herleitung eines Anwaltsprivilegs herangezogen werden.[10] 7

B. Bedeutung im Wettbewerbsrecht

Bei dem Anwaltsprivileg handelt es sich um ein Verteidigungsrecht, das sämtliche Ermittlungsbefugnisse der Kommission begrenzt. 8

Der Hauptanwendungsbereich ergibt sich im Hinblick auf **Ermittlungshandlungen** in Verfahren nach Artikel 101 und 102 AEUV auf der Grundlage der VO 1/2003. Hierzu gehören ua Auskunftsersuchen (Art. 18 VO 1/2003), die Befugnis zur Befragung (Art. 19 VO 1/2003), die Befugnis, Nachprüfungen in Geschäftsräumen vorzunehmen, Bücher und Geschäftsunterlagen (einschließlich elektronische) zu prüfen bzw. Kopien oder Auszüge aus diesen Büchern und Unterlagen zu ziehen (Art. 20 VO 1/2003), bzw. die Befugnis, Nachprüfungen in anderen (insbesondere Privat-)Räumen vorzunehmen (Art. 21 VO 1/2003). Erfasst werden darüber hinaus auch sämtliche Hilfshandlungen, die von nationalen Kartellbehörden für die Kommission geleistet werden (Art. 23 VO 1/2003) (→ Rn. 25, 26). 9

Ferner ist das Anwaltsprivileg auch in der **Fusionskontrolle** anwendbar, hier vor allem im Hinblick auf Unterlagen, die nach Abschnitt 5 (3) des Vereinfachten Formblatts CO oder Abschnitt 5 (4) des Formblatts CO grundsätzlich mit der Anmeldung vorzulegen sind sowie im Hinblick auf Auskunftsverlangen (Art. 11 FKVO) bzw. Nachprüfungen (Art. 13 FKVO). In der Regel enthalten relevante Unterlagen nur teilweise privilegierten Inhalt, etwa die Zusammenfassung anwaltlichen Rechtsrats zur fusionskontrollrechtlichen Bewertung der Transaktion und etwaigen Abhilfemaßnahmen. In einem solchen Fall werden sie – ggf. mit Schwärzungen – vorzulegen sein. Offen ist, ob grundsätzlich relevante, aber nach ihrem Inhalt vollumfänglich privilegierte Dokumente aufzuführen sind. In den USA wird der Anmeldung sowie späteren Auskunftsersuchen (insbesondere dem „Second Request") ein so genanntes „Privilege Log" beigefügt, in dem Datum, Titel, Autor und Empfänger der privilegierten Dokumente aufgeführt werden, für die das Anwaltsprivileg in Anspruch genommen wird. 10

Schließlich erscheint es denkbar, dass das „europäische" Anwaltsprivileg, ähnlich dem bereits bestehenden Schutz von Unternehmenserklärungen im Rahmen der sog Kronzeugenregelung,[11] auch im Zusammenhang mit **Kartellzivilprozessen** Bedeutung erlangen könnte. Das könnte insbesondere dann der Fall sein, wenn den Kartellbeteiligten von ei- 11

---

[10] Siehe GA *Kokott,* SchlA v. 29.4.2010 – C-550/07 P, ECLI:EU:C:2010:299 Rn. 47 – Akzo Nobel Chemicals & Akcros Chemicals/Kommission; Grabitz/Hilf/*Miersch,* VO 1/2003 Vorbem. zu Art. 17, Rn. 30.
[11] Mitteilung der Kommission über den Erlass und die Ermäßigung von Geldbußen in Kartellsachen v. 8.12.2006, ABl. 2006 C 298/11.

nem Gericht Auskunftspflichten auferlegt werden, die über den Inhalt der Kommissionsakte hinausgehen, zB dem Anwaltsprivileg unterfallende und damit für das behördliche Verfahren geschwärzte Aktenbestandteile.

C. Umfang des Schutzes

12 Der Umfang des Schutzbereichs des Anwaltsprivilegs ergibt sich im Wesentlichen aus der Rechtsprechung des EuG und des EuGH in den Verfahren *AM&S* und *Akzo Nobel*. Danach schützt das Anwaltsprivileg die Vertraulichkeit des Schriftverkehrs zwischen einem unabhängigen Rechtsanwalt und seinem Mandanten, der im Rahmen des Rechts und im Interesse des Mandanten auf Verteidigung erfolgt.[12] Nicht nur vor Verwertung, sondern bereits vor Kenntnisnahme der Dokumente wird geschützt.[13] Der Schutz besteht unter zwei Voraussetzungen. Erstens muss es sich um Schriftverkehr mit einem unabhängigen, innerhalb der EU zugelassenen Anwalt handeln. Zweitens muss der Schriftverkehr im Rahmen und im Interesse des Mandanten auf Verteidigung erfolgt sein.[14]

I. Persönlicher Schutzbereich

13 Geschützt wird der Schriftverkehr zwischen Rechtsanwalt und Mandant. Dabei stellt der EuGH besondere Anforderungen an die Stellung des Rechtsanwalts. Es muss sich um einen unternehmensunabhängigen, also um einen **externen Rechtsanwalt** handeln, der nicht in einem Beschäftigungsverhältnis zu seinem Mandanten steht.[15] Dabei empfiehlt es sich, bei Konzernen das Mandatsverhältnis sorgfältig zu beschreiben. Zwar prüfen Kommission und europäische Gerichte häufig nicht, welche konkreten Gesellschaften innerhalb eines Konzerns erfasst werden, nationale Gerichte gehen hier manchmal jedoch sehr genau vor.[16]

14 Der EuGH hat die vielfach geforderte Einbeziehung von **Syndikusanwälten** in den Schutzbereich des Anwaltsprivilegs[17] im *Akzo*-Urteil jedenfalls vorerst abgelehnt. Begründet wird dies damit, dass Syndikusanwälte, trotz der auch für sie geltenden Berufs- und Standespflichten, aufgrund ihrer wirtschaftlichen Abhängigkeit sowie der engen Bindung an ihre Arbeitgeber nicht dieselbe Unabhängigkeit genießen wie externe Rechtsanwälte.[18] Dem Argument, seit dem *AM&S* Urteil des EuGH aus dem Jahre 1982 habe sich aufgrund der Ausdehnung der EU um 19 weitere Mitgliedstaaten die Rechtsgrundlage für den Ausschluss von Unternehmensjuristen, nämlich die oben angesprochene „wertende Gesamtbetrachtung" der Rechtsordnungen aller Mitgliedstaaten, wesentlich geändert, wird entgegengehalten, dass nach wie vor nur eine Minderheit der Mitgliedstaaten tatsächlich Syndikusanwälte in den persönlichen Schutzbereich des Anwaltsprivilegs mit ein-

---

[12] EuGH Urt. v. 18.5.1982 – 155/79, ECLI:EU:C:1982:157 Rn. 21 – AM&S/Kommission; Urt. v. 14.9. 2010 – C-550/07 P, ECLI:EU:C:2010:229 Rn. 40 – Akzo Nobel Chemicals & Akcros Chemicals/Kommission; EuG Urt. v. 17.9.2007 – T-125/03 ua, ECLI:EU:T:2007:58 Rn. 78 – Akzo Nobel Chemicals & Akcros Chemicals/Kommission.
[13] EuG Urt. v. 17.9.2007 – T-125/03 ua, ECLI:EU:T:2007:58 Rn. 81, 86 – Akzo Nobel Chemicals & Akcros Chemicals/Kommission.
[14] EuGH Urt. v. 18.5.1982 – Rs 155/79, ECLI:EU:C:1982:157 Rn. 21 – AM&S/Kommission. Wiedemann/*Dieckmann* HdB KartellR § 42 Rn. 45.
[15] Siehe LG Bonn, Beschl v. 21.6.2012 – 27 Qs 2/12, Rn. 70. Im fraglichen Fall wurden die Rechtsanwälte von der (100%igen) Muttergesellschaft der Beschwerdeführerin mandatiert, etwaige Kartellverstöße im ganzen Konzern zu prüfen.
[17] So zB *Buntschek* WuW 2007, 229 (232); *Seitz* EuZW 2004, 234; *Holtz* JECLAP 2013, 1 ff. (June 2013). Siehe auch zunächst, Beschluss des Präsidenten des EuG vom 30.11.2003 im Akzo Verfahren (T-125/03 und T253/03), sowie die Stellungnahmen der Parteien und Streithelfer im Akzo-Verfahren vor EuG und EuGH.
[18] EuGH Urt. v. 14.9.2010 – C-550/07 P, ECLI:EU:C:2010:229 Rn. 44 ff. – Akzo Nobel Chemicals & Akcros Chemicals/Kommission; ausführlich dazu GA *Kokott*, SchlA v. 29.4.2010 – C-550/07 P, ECLI: EU:C:2010:229 Rn. 60 ff. – Akzo Nobel Chemicals & Akcros Chemicals/Kommission.

schließt.[19] Die Rechtslage der Mitgliedstaaten habe sich demnach nicht wesentlich geändert, eine „Neuauslegung" des *AM&S* Urteils im Sinne einer Weiterentwicklung der EuGH-Rechtsprechung müsse daher nicht erfolgen.[20]

Wegen der oft grenzüberschreitenden Natur von Kartellrechtsverstößen und -verfahren kann die Praxis in der EU möglicherweise mit anderen Rechtsordnungen außerhalb der EU kollidieren, in denen Unternehmen berechtigtes Vertrauen auf das Bestehen des Anwaltsprivilegs entwickelt haben. In den **USA wird beispielsweise seit jeher auch Korrespondenz mit Syndikusanwälten vom Anwaltsprivileg erfasst.** Soweit die Kommission gezielt Unterlagen anfordert (etwa Rechtsrat eines US-Syndikusanwalts zu dem von der Kommission untersuchten Verhalten), ohne deren nach nationalem Recht eindeutig geschützten Charakter anzuerkennen, begründet dieses Vorgehen erhebliche Zweifel im Hinblick auf die Grenzen extraterritorialer Anwendung des EU-Kartellrechts und das Prinzip der gegenseitigen Achtung anderer Rechtsordnungen (comity).[21] Besonders kritisch ist insoweit **die Gefahr,** dass US-Zivilgerichte eine „freiwillige" Herausgabe solcher Dokumente (dh auf ein bloßes formloses Auskunftsersuchen hin oder auch unter Verzicht auf die gerichtliche Anfechtung einer förmlichen Auskunftsentscheidung) als vollständigen Verzicht auf das Anwaltsprivileg („subject matter waiver") auslegen können, und damit das Unternehmen im Zivilverfahren erheblich benachteiligt. Diese Frage ist schon mehrfach in der Praxis aufgetaucht und in der Regel pragmatisch gelöst worden, etwa dadurch, dass sich die Kommission ohne die förmliche Einreichung der Unterlagen zur Akte davon überzeugt, dass die Berufung auf das Anwaltsprivileg nicht missbräuchlich ist. Die bessere Lösung ist hier ganz sicher die Anerkennung eines *bona fide* außerhalb der EU entstandenen Anwaltsprivilegs auch im EU Kartellverfahren.

Nach wohl hM soll zudem erforderlich sein, dass der **externe Rechtsanwalt in einem Mitgliedstaat der Europäischen Union** zugelassen ist. Dabei ist nicht erforderlich, dass er in demselben Mitgliedstaat zugelassen ist, in dem sich der Mandant befindet.[22] Allerdings dürfte der persönliche Schutzbereich mittlerweile auf Grundlage der gegenseitigen Anerkennung zumindest auf alle externen Rechtsanwälte aus den **EFTA**-Staaten auszudehnen sein.[23] Dagegen soll grundsätzlich der Schriftverkehr mit **Rechtsanwälten aus Drittstaaten nicht geschützt sein.**[24] Begründet wird dies oft mit einem *obiter dictum* im *AM&S* Urteil.[25] Dort waren allerdings unstreitig Rechtsanwälte aus einem (späteren) Mitgliedsstaat der EU tätig, so dass diese Rechtsfrage bei genauer Betrachtung jedenfalls bisher noch nicht entschieden wurde. Eine Ablehnung des Anwaltsprivilegs erscheint zumindest dann fraglich, wenn der Rechtsanwalt im Drittstaat vergleichbaren Standesregeln unterliegt und in einer für die Kommissionsermittlungen relevanten Angelegenheit herangezogen wird, da nicht nur Rechtsrat, sondern auch Sachverhaltsermittlung zur Erteilung des Rechtsrates vom Schutzbereich des Anwaltsprivilegs erfasst wird.[26] Im Zeitalter der internationalen Konver-

---

[19] GA *Kokott*, SchlA v. 29.4.2010 – C-550/07 P, ECLI:EU:C:2010:229 Rn. 104 – Akzo Nobel Chemicals & Akcros Chemicals/Kommission.
[20] EuGH Urt. v. 14.9.2010 – C-550/07 P, ECLI:EU:C:2010:229 Rn. 76 – Akzo Nobel Chemicals & Akcros Chemicals/Kommission.
[21] Siehe auch *Holtz* JECLAP 2013 (June), 1 (6 ff.).
[22] EuGH Urt. v. 18.5.1982 – 155/79, ECLI:EU:C:1982:157 Rn. 25 – AM&S/Kommission.
[23] Siehe Immenga/Mestmäcker/*Burrichter*/*Hennig* EuWettbR, VO 1/2003 Vor Art. 17–22 Rn. 52.
[24] *Kerse/Khan* Kap. 3–055; Immenga/Mestmäcker/*Burrichter*/*Hennig* EuWettbR, VO 1/2003 Vor Art. 17–22 Rn. 52; GA *Kokott*, SchlA v. 29.4.2010 – C-550/07 P, ECLI:EU:C:2010:229 Rn. 190 – Akzo Nobel Chemicals & Akcros Chemicals/Kommission; vgl. aber Grabitz/Hilf/*Miersch* EUV/EGV, VO 1/2003 Vorbemerkung Art. 17 Rn. 42, der darauf abstellen möchte, ob Rechtsanwälte aus Drittstaaten auf Grund ihrer Unabhängigkeit und Bindung an spezielle anwaltliche Berufspflichten hinsichtlich Stellung und Funktion mit EWR-Rechtsanwälten vergleichbar sind und darauf verweist, dass dies der Praxis der Kommission entspreche.
[25] EuGH Urt. v. 18.5.1982 – Rs 155/79, ECLI:EU:C:1982:157 Rn. 25 – AM&S/Kommission.
[26] Siehe aber ausdrücklich ablehnend zB G GA *Kokott*, SchlA v. 29.4.2010 – C-550/07 P, ECLI:EU:C:2010:229 Rn. 190 – Akzo Nobel Chemicals & Akcros Chemicals/Kommission.

genz und der zunehmenden extraterritorialen Anwendung der Kartellrechtsordnungen erscheint es auch nicht sachgerecht, einem Unternehmen schlechthin ein schutzwürdiges Vertrauen auf den Rechtsrat eines außerhalb der EU zugelassenen Rechtsanwalts abzusprechen, etwa im Rahmen der internationalen Koordinierung von Kartell- oder Fusionskontrollverfahren in mehreren Jurisdiktionen. Dies sollte insbesondere für Rechtsanwälte in Jurisdiktionen wie den USA gelten, die ihrerseits das Anwaltsprivileg auch für in der EU zugelassene Anwälte anerkennen.

17 Ob auch **Patentanwälte** in den Schutzbereich fallen, ist bisher durch die Rechtsprechung nicht entschieden. Einige wollen das ablehnen soweit Patentanwälte nicht denselben standesrechtlichen Regeln unterliegen wie Rechtsanwälte.[27] Hier wird es im Einzelfall wohl auf die konkrete Tätigkeit des Patentanwaltes ankommen.

18 Die Kommunikation mit einem **Rechtsanwalt ist nicht geschützt,** wenn er sich selbst an den **betreffenden Kartellverstößen beteiligt.** In diesem Fall dürfte es sich bereits nicht mehr um eine Kommunikation zur Wahrnehmung der Verteidigungsrechte handeln.[28] Allerdings dürfte die Grenzziehung zwischen (noch) zulässiger Rechtsberatung und (schon) verbotener Teilnahme im Einzelfall Schwierigkeiten bereiten.

19 Geschützt wird grundsätzlich nur der Schriftverkehr zwischen externem Rechtsanwalt und Mandant. Offen ist, ob auch die **vertrauliche Korrespondenz zwischen externen Anwälten** in den Schutzbereich des Anwaltsprivilegs fällt. Dies wird teilweise mit der Argumentation verneint, die Korrespondenz zwischen Anwälten diene nicht in erster Linie der Einholung von Rechtsrat, sondern vornehmlich privaten Zwecken (zum Beispiel der Erleichterung der außergerichtlichen Einigung zwischen Parteien).[29] Nach wohl hM soll der Schutz jedenfalls dann greifen, wenn die Anwälte unterschiedliche Unternehmen vertreten und ihre Korrespondenz der Beratung ihrer Mandanten dient, zB zur Vereinbarkeit eines Vorhabens mit dem Kartellrecht oder der gemeinsamen Verteidigung gegen einen Kartellvorwurf (vor allem, ob eine Freistellung nach Art. 101 Abs. 3 AEUV und den dazu ergangenen Gruppenfreistellungsverordnungen in Betracht kommt).[30] In einigen Rechtsordnungen wird die Korrespondenz zwischen Anwälten bereits im Rahmen der Standesregeln grundsätzlich vor Offenlegung geschützt. Nach den Regeln der Brüsseler Anwaltschaft (frz. Abteilung) ist es beispielsweise Anwälten standesrechtlich verboten, die Korrespondenz mit einem anderen Rechtsanwalt ohne dessen Einverständnis an Dritte (einschließlich Behörden) weiterzugeben.[31] In den USA wird zum Schutz des Anwaltsprivilegs grundsätzlich ein so genanntes „Joint Defense Agreement" abgeschlossen, bevor die Anwälte verschiedener Parteien die Sach- und Rechtslage in einer kartellrechtlich relevanten Angelegenheit erörtern.

II. Sachlicher Schutzbereich

20 Grundsätzlich schützt das Anwaltsprivileg die **gesamte Korrespondenz zwischen Rechtsanwalt und Mandant,** also sowohl Schreiben des Rechtsanwalts, in denen dieser Rechtsrat erteilt, als auch Schreiben des Mandanten, in denen der Rechtsanwalt um Rechtsrat ersucht wird.[32] Auch **Anlagen** können als Teil der Korrespondenz in den Schutzbereich fallen, soweit sie im Hinblick auf oder als Teil der Rechtsberatung erstellt

---

[27] Siehe *Schnichels/Resch* EuZW 2011, 47, 51.
[28] *Kerse/Khan,* Chapter 3–09; Immenga/Mestmäcker/*Burrichter/Hennig* EuWettbR VO 1/2003 Vor Art. 17–22 Rn. 52.
[29] *Schnichels/Resch* EuZW 2011, 47, 52.
[30] Immenga/Mestmäcker/*Burrichter/Hennig* EuWettbR VO 1/2003 Vor Art. 17–22 Rn. 56.
[31] Siehe Art. 6.1. Code de déontologie de l'avocat, Barreaux de Bruxelles (2012, zuletzt geändert 2013). Siehe auch Abschnitt 5.3. des Code of Conduct for European Lawyers (CCBE), wonach ein Rechtsanwalt, der nicht in der Lage ist, übermittelte Korrespondenz vertraulich zu behandeln, diese ausdrücklich zurückzuweisen hat.
[32] EuG Urt. v. 17.9.2007 – T-125/03 ua, ECLI:EU:T:2007:58 Rn. 121 – Akzo Nobel Chemicals & Akcros Chemicals/Kommission.

wurden. Die Form der Korrespondenz ist bedeutungslos, erfasst werden alle schriftlich fixierten, digitalen oder auf sonstige Weise festgehaltenen Informationen.[33]

Unternehmensinterne Korrespondenz, zB zwischen Syndikusanwalt und Management oder Mitarbeitern in einzelnen Geschäftseinheiten genießt grundsätzlich nicht den Schutz des Anwaltsprivilegs (→ Rn. 13). Die Abgrenzung kann im Einzelfall schwierig sein, wenn die interne Korrespondenz auf anwaltlichen Rechtsrat oder die Einholung desselben Bezug nimmt. Das EuG hat hier zumindest folgende Sachverhalte als noch vom Anwaltsprivileg erfasst angesehen: **21**

- Zum einen sollen **unternehmensinterne Aufzeichnungen** dann geschützt werden, wenn sie die Erläuterungen eines unternehmensexternen Rechtsanwaltes **widergeben** (zum Beispiel die Niederschrift eines Telefonats oder die Zusammenfassung von Rechtsrat als Teil einer unternehmensinternen Präsentation).[34]
- Zum anderen sollen auch **vorbereitende Unterlagen** unter das Anwaltsprivileg fallen „wenn sie ausschließlich erstellt worden sind, um im Rahmen der Ausübung der Verteidigungsrechte eine rechtliche Beratung eines Rechtsanwalts anzufordern."[35] Hierzu wird man wohl auch Sachverhaltszusammenfassungen sowie Gesprächsnotizen bzw. Interviewprotokolle des Syndikusanwalts zählen müssen, soweit sie zur Vorbereitung einer kartellrechtlichen Analyse durch einen externen Anwalt angefertigt werden.

Diese Ausnahmen sollen eng auszulegen sein.[36] Es empfiehlt sich daher, möglicherweise kartellrechtlich relevante Dokumente mit dem Vermerk zu versehen, dass sie zur Prüfung durch einen externen Rechtsanwalt erstellt werden. **22**

Erforderlich ist jedenfalls, dass der **Schriftverkehr „im Rahmen und Interesse des Mandanten auf Verteidigung** geführt wird."[37] Der EuGH fordert insoweit, dass der Schriftverkehr mit dem Gegenstand eines Verfahrens nach VO 1/2003 im Zusammenhang steht. Um das umfassende Verteidigungsrecht zu wahren, darf dieses Kriterium nicht allzu streng verstanden werden. Erfasst wird die anwaltliche Beratung in Bezug auf alle Gegenstände, die die Einleitung eines Verwaltungsverfahrens nach VO 1/2003 und letztendlich die Verhängung eines Bußgelds zur Folge haben *können*. Erfasst sind daher insbesondere sogenannte „self-assessments", dh die anwaltliche Einschätzung der Vereinbarkeit von Verträgen mit Kartellrecht, einschließlich der Beurteilung der Erfüllung der Freistellungsvoraussetzungen nach Art. 101 Abs. 3 AEUV, sowie die Prognose hinsichtlich eines möglichen Bußgeldrisikos).[38] Ungeklärt ist, ob auch die anwaltliche Beratung in anderen Rechtsbereichen als dem Kartellrecht „im Zusammenhang" mit einem Verfahren nach der VO Nr. 1/2003 stehen kann, etwa im Hinblick auf die Geltendmachung von Patenten oder anderen Rechten, die von der Kommission später als möglicherweise missbräuchlich eingestuft wird. Dies ist zu bejahen – sieht die Kommission derartige Unterlagen als relevant für ihre Untersuchung an, bestätigt sie damit selbst einen entsprechenden Zusammenhang. **23**

III. Zeitlicher Schutzbereich

In zeitlicher Hinsicht gilt das Anwaltsprivileg nach der Rechtsprechung des EuGH in *AM&S* für den gesamten Schriftverkehr nach Eröffnung eines Verwaltungsverfahrens gemäß VO 1/2003, das eine Entscheidung über die Anwendung der Art. 101 und 102 AEUV oder über die Verhängung einer Geldbuße zur Folge haben kann.[39] Verfahrenser- **24**

---

[33] Vgl. auch Immenga/Mestmäcker/*Burrichter/Hennig* EuWettbR VO 1/2003 Vor Art. 17–22 Rn. 57.
[34] EuG B. v. 4.4.1990 – T-30/89, Slg. 1990, II-163 Rn. 18 – Hilti/Kommission.
[35] EuG Urt. v. 17.9.2007 – T-125/03 ua, ECLI:EU:T:2007:58 Rn. 123 – Akzo Nobel Chemicals & Akcros Chemicals/Kommission.
[36] EuG Urt. v. 17.9.2007 – T-125/03 ua, ECLI:EU:T:2007:58 Rn. 124 – Akzo Nobel Chemicals & Akcros Chemicals/Kommission.
[37] EuGH Urt. v. 18.5.1982 – Rs 155/79, ECLI:EU:C:1982:157 Rn. 21 – AM&S/Kommission.
[38] Ähnlich *Buntschek/Biermann* wistra 2004, 457, 459.
[39] EuGH Urt. v. 18.5.1982 – Rs 155/79, ECLI:EU:C:1982:157 Rn. 23 – AM&S/Kommission.

öffnung in diesem Sinne ist bereits das Anlegen der Akte.[40] Wie oben (→ Rn. 23) dargestellt, sind auch vor Verfahrenseröffnung erstellte Dokumente geschützt, soweit sie mit dem Gegenstand des Verfahrens im Zusammenhang stehen. Dies ist richtigerweise als inhaltlich-materieller Zusammenhang zu verstehen.[41] Dabei kommt es nicht darauf an, wann diese Dokumente erstellt wurden, solange der inhaltlich-materielle Zusammenhang mit dem Verfahren hergestellt werden kann.[42] So waren auch die dem *AM&S* Urteil des EuGH zugrunde liegenden Dokumente lange vor der fraglichen Kartelluntersuchung erstellt worden.[43]

IV. Verzicht auf das Anwaltsprivileg

25 Auf das Anwaltsprivileg kann nur der Mandant, nicht der Anwalt verzichten.[44] Mit welchen Handlungen ein Unternehmen auf das Anwaltsprivileg verzichtet, ist europarechtlich bisher noch nicht geklärt. Die bewusste und freiwillige Übermittlung an die Kommission wird man wohl als einen solchen Verzicht werten müssen. Dagegen dürfte es bei versehentlicher Übermittlung auf die konkreten Umstände des Falles ankommen. Fraglich ist, ob mit der **Übergabe an eine Behörde** auch auf das Anwaltsprivileg für Verfahren vor anderen Behörden verzichtet wird. Dies wird man wohl zumindest bei ggf weiterer Zustimmung zu einer Kooperation mit anderen Behörden grundsätzlich bejahen müssen. Auch eine Veröffentlichung dürfte zum Erlöschen des Anwaltsprivilegs führen. Gleiches wird für eine **Weitergabe an Dritte** angenommen.[45] Das ist jedenfalls dann fraglich, soweit der Dritte einer Vertraulichkeitsverpflichtung unterliegt, insbesondere eine Diskussion über verfahrensrelevante Sachverhalte und Materialien zwischen den Anwälten verschiedener Parteien im Rahmen eines Joint Defense Agreements (→ Rn. 19). Eine unternehmensinterne Weitergabe kann jedenfalls nicht als Verzicht gewertet werden. Aus Beweisgründen sollte allerdings auch eine interne Zusammenfassung oder Weitergabe (zB in Vorstandsvorlagen) klar als Zusammenfassung des externen Rechtsrates gekennzeichnet werden.

26 Interessant ist die Frage, ob ein Verwertungsverbot in Bezug auf Informationen besteht, die eine Partei dadurch erlangt, dass ihr Rechtsanwalt seine anwaltlichen Vertraulichkeitspflichten gegenüber anderen Mandanten verletzt, und sodann (ggf unter Verzicht auf das eigene Anwaltsprivileg) der Kommission zur Verfügung stellt, zB im Rahmen eines Kronzeugenantrags. Da kein Zwang zur Einzelberatung besteht, dürfte die Beratung **mehrerer Unternehmen durch einen gemeinsamen externen Rechtsanwalt**, zB im Rahmen von Gemeinschaftsunternehmen oder Industrievereinigungen, zulässig und anwaltliche Korrespondenz geschützt sein. Das EuG konnte die Frage eines Verwertungsverbots jüngst dahinstehen lassen, da der Kronzeuge in jedem Falle schon zuvor im Rahmen der Industrievereinigung Zugang zu der angeblich treuwidrig vom Rechtsanwalt übermittelten Informtion hatte. Ebenso ließ das EuG offen, ob ein Verwertungsverbot durch einen Interessenkonflikt in Folge einer Doppelvertretung begründet wird. In jedem Falle, so das EuG, sei nationales Recht zur Ahnung von Verstößen gegen anwaltliche Verhaltensnormen berufen.[46]

---

[40] EuGH Urt. v. 21.9.1989 – Rs 46/87 ua, ECLI:EU:C:1989:337 Rn. 16 – Höchst/Kommission; *Buntschek/Biermann* wistra 2004, 457, 459; Immenga/Mestmäcker/*Burrichter/Hennig* EuWettbR VO 1/2003 Vor Art. 17–22 Rn. 58; *Kerse/Khan*, Kapitel 3–045.
[41] Immenga/Mestmäcker/*Burrichter/Hennig* EuWettbR VO 1/2003 Vor Art. 17–22 Rn. 61 f.
[42] Siehe bereits EuGH Urt. v. 18.5.1982 – Rs 155/79, ECLI:EU:C:1982:157 Rn. 33, 34 – AM&S/Kommission.
[43] EuGH Urt. v. 18.5.1982 – Rs 155/79, ECLI:EU:C:1982:157 Rn. 33, 34 – AM&S/Kommission.
[44] Loewenheim/Meessen/Riesenkampf/*Barthelmeß/Rudolf* VerfVO Art. 18 Rn. 50.
[45] Immenga/Mestmäcker/*Burrichter/Henning* Vorbem zu Art. 17–22 Rn. 59 ff.; Loewenheim/Meessen/Riesenkampf/*Barthelmeß/Rudolf* VerfVO Art. 18 Rn. 50.
[46] Siehe EuG Urt. v. 29.2.2016 – T-267/12, EU:T:2016:110 Rn. 48–60 – Deutsche Bahn ua/Kommission.

D. Adressaten

Verpflichtungsadressat ist in erster Linie die **Europäische Kommission,** deren Ermitt- 27
lungsbefugnisse im Kartellverfahren durch das Anwaltsprivileg begrenzt werden. Fraglich
ist, in wie weit das unionsrechtlich anerkannte Anwaltsprivileg darüber hinaus auch vor
Ermittlungshandlungen der nationalen Kartellbehörden schützt. Bei dem Anwaltsprivileg
handelt es sich um einen allgemeinen Grundsatz des Unionsrechts. Als solcher bindet er
gemäß der ständigen Rechtsprechung des EuGH auch die Mitgliedstaaten, wenn diese im
Anwendungsbereich des Unionsrechts tätig werden.[47] Dies ergibt sich nun auch aus
Art. 47 Abs. 1, 2 S. 2 und Art. 48 Abs. 2 iVm Art. 51 Abs. 1 der Charta der Grundrechte
der EU. Danach hat eine nationale Behörde jedenfalls das unionsrechtliche Anwaltsprivileg zu beachten, wenn sie gemäß Art. 20 Abs. 6 VO 1/2003 die Europäische Kommission
bei einer Untersuchung unterstützt.[48] Schließlich dürfte das Anwaltsprivileg auch gelten,
wenn die nationale Kartellbehörde die Nachprüfung auf Ersuchen der Europäischen
Kommission gemäß Art. 22 Abs. 2 VO 1/2003 durchführt.[49]

Bisher nicht abschließend vom EuGH geklärt sind hier vor allem zwei Fragen. Zum 28
einen ist fraglich, ob im Hinblick auf die Handlungen **nationaler Kartellbehörden** das
europäische und das nationale Anwaltsprivileg parallel Anwendung finden. Hier wird man
wegen des Vorrangs des Unionsrechts wohl jedenfalls das europäische Anwaltsprivileg anwenden müssen.[50] Ob daneben ein etwa weitergehendes nationales Anwaltsprivileg Anwendung findet, dürfte sich nach nationalem Recht richten. Daneben stellt sich die Frage, ob das europäische Anwaltsprivileg für die Mitgliedstaaten auch dann Bindungswirkung entfalten kann, wenn die nationale Behörde nach rein nationalem Kartellrecht
handelt. In letzterem Fall gilt möglicherweise allein das nationale Recht. Allerdings sind
letztere Fälle inzwischen ohnehin sehr begrenzt.

E. Geltendmachung im Kommissionsverfahren

Aufgrund der Tatsache, dass das Anwaltsprivileg aus richterlicher Rechtsfortbildung heraus 29
entstanden ist und bis zum heutigen Tage keine Kodifizierung erfahren hat, finden sich
„Regelungen" zur Geltendmachung dieses Vertraulichkeitsschutzes größtenteils nur in den
sog „Best Practices" der Kommission (→ Rn. 2).[51] Grundsätzlich gilt, dass sich ein Unternehmen für jedes in Frage kommende Schriftstück auf das Anwaltsprivileg berufen und diese Geltendmachung substantiiert begründen muss. Die **Beweislast,** ob gegen das Anwaltsprivileg verstoßen wurde, obliegt dem sich auf das Privileg berufenden Unternehmen.[52]

Grundsätzlich muss für eine Prüfung den Kommissionsbediensteten „eine bearbeitete 30
Fassung, in der die unter den Vertraulichkeitsschutz fallenden Passagen gestrichen sind,
vorgelegt werden".[53] Daneben geht die Kommission davon aus, dass in „vielen Fällen

---

[47] EuGH Urt. v. 21. 9. 1989 – Rs 46/87 ua, ECLI:EU:C:1989:337 Rn. 33 iVm Rn. 16 – Hoechst/Kommission.
[48] *Buntscheck* WuW 2007, 241, 239 f.
[49] *Buntscheck* WuW 2007, 241, 239 f.; in diese Richtung auch *Frese* ECLR 2011, 196, 202 f. Dagegen spricht richtigerweise nicht, dass sich die Durchführung nach Art. 22 Abs. 2 VO 1/2003 nach den innerstaatlichen Rechtsvorschriften richtet. Denn diese können in ständiger Rechtsprechung des EuGH durch die allgemeinen Rechtsgrundsätze des Unionsrechts überlagert werden und in ihnen ihre Grenze finden.
[50] Allerdings wohl immer noch ablehnend und ohne Vorlagebeschluss, LG Bonn Beschl. v. 21. 6. 2012 – 27 Qs 2/12, siehe bereits Beschlüsse v. 14. 11. 2001 (50 Gs 948/01b2) und 27. 3. 2002 – 37 Qs 91/01 sowie Anmerkung *Kapp* WuW 2003, 142; siehe auch *Holtz* JECLAP 2013, 1, 10 mit weiteren Beispielen.
[51] Bekanntmachung der Kommission über bewährte Vorgehensweisen in Verfahren nach Art. 101 und 102 des AEUV v. 20. 10. 2011, ABl. EU 2011 C 308, 06.
[52] EuG Urt. v. 17. 9. 2007 – T-125/03 ua, ECLI:EU:T:2007:58 Rn. 124 – Akzo Nobel Chemicals & Akcros Chemicals/Kommission.
[53] Bekanntmachung der Kommission über bewährte Vorgehensweisen in Verfahren nach Art. 101 und 102 des AEUV v. 20. 10. 2011, ABl. EU 2011 C 308, 06, Rn. 52.

[...] die Bediensteten der Kommission, meist bei einer Nachprüfung [...] bereits durch eine summarische Prüfung der allgemeinen Aufmachung des Schriftstücks oder seines Kopfes, Titels oder anderer oberflächlicher Merkmale in der Lage ist, die Richtigkeit der Begründungen des Unternehmens zu bestätigen oder nicht".[54]

31 Allerdings können Unternehmen eine solche **summarische Prüfung verweigern**, wenn sie „in angemessener Weise" begründen, inwiefern eine summarische Prüfung nicht möglich ist, ohne den Inhalt dieser Schriftstücke offenzulegen. Beispiele für substantiiert begründete Belege sind etwa die Mitteilung von Verfasser und Empfänger des Schriftstücks, die Erläuterung der Funktion und Verantwortlichkeiten der beteiligten Personen und die Darlegung des Zwecks und Zusammenhangs des Schriftstücks. Ebenso kann das Unternehmen den Sachzusammenhang des Schriftstücks aufzeigen, zB durch den Fundort, die Art und Weise seiner Einordnung oder andere Unterlagen, mit denen es in Verbindung steht. Die Kommission geht davon aus, dass sie bei Fehlen von substantiierten Gründen oder bei falschen Tatsachenbehauptungen befugt ist, das Schriftstück sofort und ohne weitere Zwischenakte zu lesen sowie ggfs eine Geldbuße oder bei verweigertem Zugang zum entsprechenden Dokument ein Zwangsgeld zu verhängen.[55] Hier übersieht sie jedoch, dass die Entscheidung, ob vorgetragene Gründe substantiiert sind, oder ob Tatsachenbehauptungen richtig oder falsch sind letztlich den europäischen Gerichten vorbehalten ist. Im Zweifel muss daher das nachfolgend beschriebene Verfahren des **versiegelten Umschlages** angewendet werden. In der Praxis empfiehlt es sich, durch klare Kenntlichmachung Zweifeln über den privilegierten Charakter von Unterlagen oder Schriftverkehr vorzubeugen. Hierfür werden oft Bezeichnungen wie „Vertrauliche Anwaltskorrespondenz/Erstellt für Zwecke externer Rechtsberatung" verwendet. Wichtig ist, dass diese Kennzeichnung auch beibehalten wird, wenn Materialien unternehmensintern weitergeleitet werden.

32 Sollte nicht eindeutig geklärt werden können, ob ein bestimmtes Dokument vom Anwaltsprivileg erfasst wird, können die Kommissionsbediensteten eine Kopie des umstrittenen Dokumentes in einem **versiegelten Umschlag** in die Räumlichkeiten der Kommission bringen, um den Streitfall anschließend zu entscheiden (so genannte **Sealed Envelope Procedure**).[56] Ist auch dies nicht möglich, können Unternehmen den Anhörungsbeauftragten der Kommission um eine Prüfung des Dokumentes und eine diesbzgl. Stellungnahme durch den zuständigen Direktor, bei ausbleibendem Erfolg durch das zuständige Kommissionsmitglied ersuchen.[57] Die Kommission kann nun ggfs, ohne das Dokument einzusehen, einen **Beschluss auf Abweisung des Vertraulichkeitsantrags** erlassen. Das Unternehmen muss sodann fristgerecht eine Nichtigkeitsklage einreichen und die Gewährung vorläufigen Rechtsschutzes beantragen, um eine unabhängige Prüfung durch einen EuG-Richter zu erwirken. Vorher wird das Dokument nicht eingesehen.

---

[54] Bekanntmachung der Kommission über bewährte Vorgehensweisen in Verfahren nach Art. 101 und 102 des AEUV v. 20.10.2011, ABl. EU 2011 C 308, 06, Rn. 53.
[55] Bekanntmachung der Kommission über bewährte Vorgehensweisen in Verfahren nach Art. 101 und 102 des AEUV v. 20.10.2011, ABl. EU 2011 C 308, 06, Rn. 52, 54.
[56] Siehe allgemein zu diesem Verfahren: Kommission *Explanatory note on Commission inspections pursuant to Article 20(4) of Council Regulation No. 1/2003* of 11.9.2015, in Englischer Sprache verfügbar unter http://ec.europa.eu/competition/antitrust/legislation/explanatory_note.pdf, Punkt 14.
[57] Siehe Art. 4 Abs. 2 lit. a des Mandats des Anhörungsbeauftragten (2011/695/EU).

F. Praktische Hinweise
I. Zusammenfassung: rechtlich privilegierte Dokumente
Zusammenfassend können folgende Dokumente als rechtlich privilegiert betrachtet werden: 33

- Schriftliche Kommunikation zwischen dem Unternehmen und externen und im EWR-Raum zugelassenen Rechtsanwälten, die sich mit der Verteidigung bzgl. einer vorangegangenen oder absehbaren Untersuchung der Kommission befasst.
- Unternehmensdokumente, die als Anlage der og Kommunikation angefügt sind – vorausgesetzt, dass sie für den ausschließlichen Zweck der Einholung og externer Rechtsberatung erstellt wurden.
- Interne Unternehmensdokumente, die den Inhalt der og eingeholten Rechtsberatung wiedergeben.
- Interne vorbereitende Dokumente (Arbeitsdokumente, Zusammenfassungen, Notizen), die ausschließlich zur Einholung juristischer Beratung im Rahmen der Ausübung der Verteidigungsrechte eines Unternehmens gegen eine Untersuchung (selbst wenn sie nicht an den Anwalt versendet wurden) erstellt wurden.

II. Vorbereitende Maßnahmen
Um auf Untersuchungen im Unternehmen vorbereitet zu sein gilt es, gewisse Präventivmaßnahmen zu treffen: 34

- Es wird empfohlen, rechtlich privilegierte Dokumente einheitlich und räumlich von anderen Schriftstücken getrennt aufzubewahren (zB in der Rechtsabteilung, sowohl in Papier- als auch in elektronischer Form). Sie sollten mit der eindeutigen Formulierung „Vertrauliche Anwaltskorrespondenz"][58] an deutlich sichtbarer Stelle versehen werden.
- Wird die Einholung anwaltlicher Beratung in Betracht gezogen, sollten alle Dokumente, die diesbzgl. der Vorbereitung dienen (Zusammenfassungen, Notizen etc), mit folgender Formulierung versehen werden: „Vertrauliche Anwaltskorrespondenz – Erstellt zum Zwecke der Einholung externer Rechtsberatung".[59] Sämtliche Dokumente, die an den externen Anwalt versandt werden sollen, sollten mit der entsprechenden Empfängeradresse versehen werden.
- Besonders sensible Informationen sollten unternehmensintern weitestgehend mündlich eingeholt bzw. gegeben werden.
- Dokumente, die das Unternehmen vom externen Anwalt erhalten hat, sollten möglichst in dieser Form und nicht in selbsterstellten Zusammenfassungen uä im Unternehmen verwendet werden.

III. Zur Handhabung von Durchsuchungen
Während einer Durchsuchung sollten insbesondere folgende Punkte beachtet werden: 35

- Während der gesamten Durchsuchung sollte der jeweilige Syndikusanwalt und/oder externe Rechtsanwalt vor Ort sein, um sämtliche ausgehändigte Dokumente zu überprüfen.
- Ausgehändigte Dokumente sollten nach Möglichkeit mit dem Stempel „Vertraulich" versehen werden.

---

[58] Im internationalen Umfeld in der englischen Version: „Privileged and Confidental: Attorney-Client-Communications".
[59] Im internationalen Umfeld in der englischen Version: „Prepared for the purpose of seeking advice from outside counsel".

- Dokumente, bei denen den Kommissionsbediensteten nicht die zur Feststellung der Privilegierung genannten Merkmale gezeigt werden können, ohne dass der Inhalt des Dokuments offenbart werden würde, müssen in einen verschlossenen Umschlag verwahrt werden.
- Die Kopie elektronischer Datenträger sollte immer unter der zusätzlichen Aufsicht eines IT-Experten erfolgen. Sollte dies nicht möglich sein oder sollte der Umfang der gezogenen Daten eine Durchsicht am Untersuchungstag nicht erlauben, muss der Datenträger in einem verschlossenen Umschlag zur späteren gemeinsamen Durchsicht in den Räumen der Kommission verwahrt werden.

§ 10 Weiterer Gang des Verwaltungsverfahrens

Übersicht

	Rn.
A. Verfahrensgrundsätze	1
I. Verteidigungsrechte der Betroffenen	4
II. Schutz von Geschäftsgeheimnissen	10
III. Die Rolle des Anhörungsbeauftragten	11
B. Gespräch zur einvernehmlichen Verfahrensbeendigung („Settlement")	14
I. Grundsätze des Vergleichsverfahrens	18
1. Kein abweichendes Verfahren in der Ermittlungsphase	18
2. Vereinfachungen in der kontradiktorischen Phase	19
3. Angebot des Vergleichsverfahrens im Ermessen der Kommission	22
4. Freiwillige Teilnahme der Parteien	24
5. Für alle Parteien zeitgleiche und bilaterale Vergleichsgespräche	25
6. Wahrung der Verteidigungsrechte	28
7. Vertraulichkeit	30
II. Bußgeldermäßigung um 10% und weitere Vergleichsvorteile	35
III. Auswahl der geeigneten Fälle	39
1. Anzahl der Parteien	40
2. Interesse der Parteien	41
3. Beweislage	42
4. Haftungszurechnung	43
5. Vorliegen erschwerender Umstände	44
6. Präzedenzfall	45
7. Verfahrensstand in Wettbewerbsverfahren außerhalb des EWR	46
8. Gesamtabwägung	47
IV. Ablauf des Vergleichsverfahrens	48
1. Einleitung des Vergleichsverfahrens	49
2. Vergleichsgespräche	56
a) Formelle Treffen	57
b) Zugang zu den relevanten Beweisen	61
c) Informeller Austausch	65
3. Vergleichsausführungen	66
4. Mitteilung der Beschwerdepunkte und Erwiderung	69
V. Der Beschluss im Vergleichsverfahren	72
VI. Gerichtliche Kontrolle von Vergleichsbeschlüssen	75
VII. Besonderheiten „hybrider" Fälle	79
VIII. Schutz der Vergleichsdokumente	82
IX. Überblick über die Beschlüsse, die bislang im Vergleichsverfahren entschieden wurden	84
C. Mitteilung der Beschwerdepunkte	85
I. Funktion im Verfahren	85
II. Formalia	87
III. Inhalt	90
1. Vorgeworfene Zuwiderhandlung und Beweismittel	90
2. Ankündigung von Geldbußen und/oder Abhilfemaßnahmen	92
IV. Neue Tatsachen oder Beweismittel	96
V. Rechtsfolgen von Verletzungen des Anhörungsrechts	98
D. Akteneinsicht	100
I. Akteneinsichtsrecht der Parteien	100
1. Allgemeines	100
2. Umfang der Akteneinsicht	103
a) Interne Dokumente	105
b) Geschäftsgeheimnisse und sonstige vertrauliche Informationen	109
c) Stellungnahmen anderer Parteien	114

	Rn.
d) Kronzeugenerklärungen	117
3. Verfahren/Rechtsschutz	119
a) Allgemeines	119
b) Akteneinsicht in vertrauliche Informationen/Rechtsschutz	121
c) Alternative Akteneinsichtsverfahren	125
II. Akteneinsicht durch Dritte	130
III. Zugang zur Akte der Kommission nach der VO (EG) Nr. 1049/2001 (Transparenz-VO)	132
1. Allgemeines	134
2. Vermutung für das Vorliegen einer Ausnahme vom Zugangsrecht	135
a) Reichweite der Vermutung	137
b) Zeitliche Geltung	138
3. Widerlegung der Vermutung bzw. Nachweis eines überwiegenden öffentlichen Interesses am Zugang	140
4. Zugang zu bestimmten Dokumenten	145
a) Kronzeugenanträge bzw. Vergleichsausführungen	145
b) Beschluss der Kommission	148
5. Verfahren	150
IV. Zugang zu Dokumenten aus der Akte nach der neuen RL 2014/104/EU	154
E. Anhörung	159
I. Schriftliche Stellungnahme	159
II. Mündliche Anhörung	163
1. Allgemeines/Organisatorisches	163
2. Durchführung	168
3. Zwischenbericht des Anhörungsbeauftragten	173
III. Weitere Ermittlungen, ergänzende Mitteilung der Beschwerdepunkte und Tatbestandsschreiben	175
F. State of Play Meetings	178
G. Entscheidung	181
I. Kollegialitätsprinzip und Delegation	181
II. Abstimmung zwischen den Dienststellen der Kommission	183
III. Anhörung des Beratenden Ausschusses	184
IV. Annahme des Beschlusses	185
V. Bekanntgabe an Adressaten	186
H. Veröffentlichung	187
I. Veröffentlichung des Beschlusses	188
II. Von der Veröffentlichung ausgenommene Angaben	190
1. Geschäftsgeheimnisse und andere vertrauliche Informationen	191
2. Personenbezogene Daten und Angaben zu ursprünglich Beschuldigten	192
3. Verfahren	193

Schrifttum:

Albers, Aktuelle Entwicklungen in der Praxis des Anhörungsbeauftragten, Schwerpunkte des Kartellrechts 2011, Referate des 39. FIW-Seminars 2012, 35; *Albers/Jourdan*, The Role of Hearing Officers in EU Competition Proceedings: A Historical and Practical Perspective, Journal of European Competition Law & Practice 2011, Vol. 2, No. 3, 185; *Brankin*, The first cases under the Commission's cartel-settlement procedure: problems solved?, ECLR 2011, 165 ff.; *Colombani/Kloub/Sakkers* in: Faull & Nickpay, 3. Aufl., 2014, Rn. 8.712 ff.; *Bueren*, Reform des Mandats des Anhörungsbeauftragten in Wettbewerbsverfahren – Kleiner Schritt oder großer Wurf?, WuW 2012, 684; *Daems/Hugmark/Joshua*, Cartels and Leniency, The European Antitrust Review 3/2011; *Dekeyser/Roques*, The European Commission's Settlement Procedure in Cartel Cases, Antitrust Bulletin 2010, 819 ff.; *Hederström*, The Commission's legislative package on settlement procedures in cartel cases, in: Weiß, Die Rechtstellung Betroffener im modernisierten EU-Kartellverfahren, 2010, 9 ff.; *Hirsbrunner*, Settlements in EU-Kartellverfahren – Kritische Anmerkungen nach den ersten Anwendungsfällen, EuZW 2011, 12; *Köster*, Das Vergleichsverfahren der Europäischen Kommission, EuZW 2015, 575; *Kellerbauer*, Das neue Mandat des Anhörungsbeauftragten für EU-Wettbewerbsverfahren, EuZW 2013, 10; *Laina/Laurinen*, The EU Cartel Settlement Procedure: Current Status and Challenges, Journal of European Competition Law and Practice, 2013; *Lang*, The strengths and weaknesses of the DG Competition Manual of Procedure, Journal of Antitrust Procedure, Vol. 1, 2013, 132–161; *Möschel*, Fines in European competition law, E.C.L.R. 2011, 369; *Ortega González*, The cartel settlement procedure in practice,

ECLR 2011, 170ff.; *Ortiz/Blanco/Zois/Bobek/Tierno Centella*, EU Competition Procedure, 3. Edition, Chapter 10 (III) Settlement Procedures, 2013; *Slater/Thomas/Waelbroeck*, Competition law proceedings before the European Commission and the right to a fair trial: no need for reform?, GCLC Centre Working Papers Series 04/08, *Soltész*, Due Process, Gesetzesvorbehalt und richterliche Kontrolle im Europäischen Kartellbußgeldverfahren, WuW 2012, 141; *Soltész*, Belohnung für geständige Kartellsünder – Erste Settlements im Europäischen Kartellrecht, BB 2010, 2123 ff.; *Tierno Centella*, The new settlement procedure in selected cartel cases, Competition Policy Newsletter 3/2008, 30 ff.; *Wils*, EU Antitrust Enforcement Powers and Procedural Rights and Guarantees: The Interplay between EU Law, National Law, the Charter of Fundamental Rights of the EU and the European Convention on Human Rights, World Competition 2011, Vol. 34, No. 2.

A. Verfahrensgrundsätze

Das Kartellverfahren der Kommission ist ein **Verwaltungsverfahren,** kein Straf- oder Gerichtsverfahren (→ § 6 Rn. 3).[1] Dennoch ist die **Machtfülle der Kommission** im Rahmen eines Kartellverfahrens beträchtlich. Sie vereint die Funktionen des Ermittlers, des Anklägers und des Richters auf sich und kann Sanktionen verhängen, die von der Feststellung und Abstellung eines Kartellverstoßes (Art. 7 VO 1/2003) bis hin zur Verhängung von Geldbußen (Art. 23 VO 1/2003) reichen (→ § 13 Rn. 65 ff.), die über die Jahre erhebliche Größen[2] erreicht haben.[3] Die Abschlussentscheidungen der Kommission sind sofort vollziehbar, selbst wenn sie von den betroffenen Unternehmen gerichtlich angefochten werden (Art. 278 AEUV). Nur wenige Verfahrenshandlungen wie Auskunftsbeschlüsse (Art. 18 Abs. 3 VO 1/2003) oder Nachprüfungsentscheidungen (Art. 20 Abs. 4 VO 1/2003) können im laufenden Verfahren gerichtlich angefochten werden. Der Großteil der Verfahrenshandlungen ist dagegen erst nach Abschluss des Verfahrens einer gerichtlichen Überprüfung zugänglich. Zudem nimmt das Gericht keine volle tatsächliche und rechtliche Neubewertung eines Sachverhalts vor, sondern lediglich eine beschränkte Überprüfung der Rechtmäßigkeit hinsichtlich der Fragen, ob die Verfahrensvorschriften eingehalten worden sind, ob die Begründung ausreichend ist, ob der Sachverhalt zutreffend festgestellt worden ist und ob keine offensichtlich fehlerhafte Würdigung des Sachverhalts und kein Ermessensmissbrauch vorliegen.[4] Dabei räumen die Unionsgerichte der Kommission ein (zu) weites Ermessen etwa bei der Beweiswürdigung ein.

Dieses Ermessen betrifft nicht nur den Verfahrensabschluss, sondern auch die Verfahrenseinleitung nach Art. 2 Abs. 1 VO 773/2004, Art. 7 Abs. 1 VO 1/2003 (→ § 7 Rn. 1). Die Kommission ist nicht dazu verpflichtet, jedem möglichen Fall einer Zuwiderhandlung gegen die Wettbewerbsregeln bis zum Erlass einer abschließenden Entscheidung nachzugehen,[5] sondern konzentriert ihre Verfolgungstätigkeiten nach eigenem Ermessen im Sinne des **Opportunitätsprinzips** auf die Verfolgung der in ihren Augen schwerwiegendsten und wichtigsten Fälle.

---

[1] EuGH Urt. v. 15.7.1970 – C-45/69, Slg. 1970, 769 Rn. 23 – Boehringer Mannheim/Kommission; wenn auch die verhängten Bußgelder „strafrechtsähnlichen Charakter" haben (EGMR Urt. v. 27.9.2011 – Nr. 43509/08 – A. Menarini Diagnostics S.r.l. v. Italy).

[2] Das höchste jemals für ein einzelnes Unternehmen verhängte Bußgeld betrug mehr als eine Milliarde Euro (1,06 Mrd. EUR für Intel im Jahr 2009 für den Missbrauch einer marktbeherrschenden Stellung). Auch weitere Unternehmen erhielten Bußgelder im hohen dreistelligen Millionenbereich (zB 715 Mio. EUR für St. Gobain im Jahr 2008 für die Beteiligung am Autoglaskartell oder 705 Mio. EUR für Philips und 688 Mio. EUR für LG Electronics im Jahr 2012 für die Beteiligung am Bildröhrenkartell).

[3] Aus diesen Gründen sieht sich das Bußgeldverfahren der Kommission regelmäßig teilweise heftiger Kritik ausgesetzt: Vgl. zB *Möschel* E.C.L.R. 2011, 369; *Soltész* WuW 2012, 141; *Slater/Thomas/Waelbroeck* GCLC Centre Working Papers Series 04/08. Die Rechtsprechung hat die Bündelung von Ermittlungs- und Entscheidungsbefugnissen jedoch akzeptiert: EuG Urt. v. 10.3.1992 – T-11/89, Slg. 1992, II-757 Rn. 39 – Shell/Kommission.

[4] EuGH Urt. v. 28.5.1998 – C-7/95 P, Slg. 1998, I-3111 Rn. 34 – Deere/Kommission; Urt. v. 11.7.1985 – C-42/84, Slg. 1985, 2545 Rn. 34 – Remia/Kommission; EuG Urt. v. 17.9.2007 – T-201/04, Slg. 2007, II-3601 Rn. 87 – Microsoft/Kommission; Urt. v. 30.1.2007 – T-340/03, Slg. 2007, II-107 Rn. 129 – France Télécom/Kommission.

[5] EuGH Urt v. 18.10.1979 – C-125/78, Slg. 1979, 3173 Rn. 18 – GEMA/Kommission.

3 Vor dem Hintergrund der weitreichenden Befugnisse der Kommission und der eingeschränkten gerichtlichen Kontrolle kommt der **Ausgestaltung des Verwaltungsverfahrens** besondere Bedeutung zu. Grundsätzlich unterliegt die Kommission in Ausübung ihrer Befugnisse nach Art. 51 Abs. 1 GR-Charta einer umfassenden **Grundrechtsbindung**. Für belastende Maßnahmen der Kommission gilt nach Art. 52 Abs. 1 GR-Charta das Prinzip des **Gesetzesvorbehalts**. Sie muss ihre Wettbewerbsverfahren fair, unparteiisch und objektiv durchführen und dafür sorgen, dass die Verfahrensrechte der Parteien gewahrt werden.[6] Die wichtigste Schutzfunktion kommt jedoch den prozessualen **Verteidigungsrechten** der von einem Kartellverfahren der Kommission betroffenen Unternehmen zu (→ Rn. 4 ff.). Eine zentrale Rolle bei der Gewährleistung dieser Rechte nimmt der sog **Anhörungsbeauftragte** ein (→ Rn. 11 ff.).

I. Verteidigungsrechte der Betroffenen

4 Als die Kommission ihre Tätigkeit im Bereich der Kartellrechtsdurchsetzung aufnahm, waren die **Verfahrensrechte** der betroffenen Unternehmen noch bestenfalls rudimentär ausgeprägt. In der ersten Verfahrensordnung zur Durchführung der europäischen Wettbewerbsregeln war lediglich vorgesehen, dass die betroffene Unternehmen vor Erlass einer Entscheidung anzuhören waren (Art. 19 Abs. 1 VO Nr. 17[7]) und dass die Kommission und die zuständigen Behörden die im Verfahren erlangten Berufs- und Geschäftsgeheimnisse zu wahren hatten (Art. 20, 21 Abs. 2 VO Nr. 17). Über die Jahre wurden diese Rechte jedoch insbesondere durch den EuGH auf der Grundlage der EMRK und allgemeiner Rechtsgrundsätze gestärkt und ausgebaut.[8] Der Großteil dieser Rechte ist inzwischen in **Art. 41 GR-Charta** verankert, der insgesamt das Recht auf eine gute Verwaltung in seinen unterschiedlichen Bestandteilen kodifiziert.[9] Ausweislich der Erläuterungen zur GR-Charta ist Art. 41 GR-Charta umfassend auf die Rechtsprechung der Unionsgerichte gestützt.[10] Er zielt also nicht darauf ab, die von der Rechtsprechung entwickelten Rechte zu erweitern oder zu modifizieren, sondern sie zu bekräftigen[11] bzw. ihren Schutz zu stärken.[12]

5 Neben der GR-Charta haben **Verteidigungsrechte** und Verfahrensgrundsätze in **weiteren Rechtsquellen** Niederschlag gefunden, insbesondere in der VO (EG) Nr. 1/2003 und der VO (EG) Nr. 773/2004. Darüber hinaus hat die Kommission in verschiedenen Verlautbarungen den verfahrensrechtlichen Rahmen für die Wahrung der Verteidigungsrechte dargelegt. Relevant sind insbesondere die Bekanntmachung der Kommission zu bewährten Vorgehensweisen in Verfahren nach Art. 101 und 102 AEUV (**„Bewährte Vorgehensweisen"**),[13] die Mitteilung der Kommission über die Einsicht in Kommissi-

---

[6] Beschluss des Präsidenten der Europäischen Kommission vom 13.10.2011 über Funktion und Mandat des Anhörungsbeauftragten in bestimmten Wettbewerbsverfahren, ABl. 2011 L 275, 29 („Mandat des Anhörungsbeauftragten"), Erwägungsgrund 2.
[7] Verordnung Nr. 17, Erste Durchführungsverordnung zu den Artikeln 85 und 86 des Vertrags, ABl. 1962 P 13, 204.
[8] Zuletzt EuG Urt. v. 6.2.2014 – T-27/10, ECLI:EU:T:2014:59 Rn. 170 – AC-Treuhand/Kommission; EuGH Urt. v. 3.9.2009 – C-534/07 P, Slg. 2009, I-7415 Rn. 26 – Prym und Prym Consumer/Kommission.
[9] Die in der GR-Charta verankerten Rechte gelten auch für nationale Behörden, wenn diese Entscheidungen erlassen, die in den Anwendungsbereich des Unionsrechts fallen; vgl. EuGH Urt. v. 26.2.2013 – C-617/10, ECLI:EU:C:2013:280, Rn. 19, 21 – Åklagare/Åkerberg Fransson; EuGH Urt. v. 3.7.2014 – C-129/13, ECLI:EU:C:2014:2041 Rn. 29–31 – Kamino International Logistics und Datema Hellmann Worldwide Logistics.
[10] Erläuterungen zur Charta der Grundrechte, ABl. 2007 C 303, 17, 28.
[11] Erklärung Nr. 1 zur Charta der Grundrechte der Europäischen Union, ABl. 2007 C 306, 249.
[12] Erläuterungen zur Charta der Grundrechte, ABl. 2007 C 303, 17; vgl. auch *Wils* World Competition 2011 Vol. 34 No. 2.
[13] Bekanntmachung der Kommission über bewährte Vorgehensweisen in Verfahren nach Artikel 101 und 102 des AEUV, ABl. 2001 C 308, 6.

onsakten,[14] das Mandat des Anhörungsbeauftragten[15] und das Antitrust Manual of Procedures.[16] In der Rechtsprechung ist anerkannt, dass die Kommission durch den Erlass solcher Verlautbarungen zu ihrer Verwaltungspraxis eine **Selbstbindung** begründet. Es handelt sich um **Verhaltensnormen,** von denen die Kommission im Einzelfall nicht ohne Angabe von Gründen und nicht ohne Beachtung des Grundsatzes der Gleichbehandlung abweichen darf.[17] Die betroffenen Unternehmen haben damit grundsätzlich einen Anspruch darauf, dass die Kommission diese Regeln einhält und eine Abweichung im Einzelfall mit stichhaltigen Erwägungen begründet.[18]

Die Verteidigungsrechte bestimmen damit heute als **Leitmotiv** die wesentlichen Verfahrensschritte des Kartellverfahrens und sind von der Kommission bei allen prozessualen Entscheidungen angemessen zu berücksichtigen. Den Kern der von der Rechtsprechung herausgebildeten Verteidigungsrechte bilden dabei die Rechte auf **Anhörung** und **Akteneinsicht,** die von einer Reihe weiterer Rechte flankiert werden.[19]

Der erste Eckpfeiler der Verteidigungsrechte, das **Recht auf Anhörung** oder **rechtliches Gehör,** ist in Art. 41 Abs. 2 lit. a GR-Charta ebenso wie in Art. 27 Abs. 1 VO 1/2003 und Art. 10, 11, 12 VO 773/2004 verankert. Es ist bereits seit langem in ständiger Rechtsprechung als fundamentaler Grundsatz des Unionsrechts anerkannt, sofern ein Verfahren zu einer den Betroffenen beschwerenden Maßnahme führen kann, unabhängig davon, ob ein Anhörungsrecht ausdrücklich gesetzlich vorgesehen ist.[20] Das rechtliche Gehör umfasst im Kern drei Elemente. Die Kommission hat das betroffene Unternehmen zunächst umfassend über die ihr zur Last gelegten Tatsachen und Umstände zu **unterrichten.**[21] Dies geschieht in erster Linie durch die Übersendung der Beschwerdepunkte, die eine vollständige Information des Betroffenen über alle wesentlichen Gesichtspunkte, auf die sich die Kommission stützt, sicherstellen soll. Erst ab diesem Zeitpunkt ist eine umfassende Geltendmachung der Verteidigungsrechte möglich.[22] Bereits vor diesem Zeitpunkt sind die Betroffenen jedoch insoweit zu informieren, dass ihre Verteidigungsrechte nicht unwiederbringlich beeinträchtigt werden.[23] Nach

---

[14] Mitteilung der Kommission über die Regeln für die Einsicht in Kommissionsakten in Fällen einer Anwendung der Artikel 81 und 82 EG-Vertrag, Artikel 53, 54 und 57 des EWR-Abkommens und der VO 139/2004, ABl. 2005 C 325, 7.
[15] Beschluss des Präsidenten der Europäischen Kommission vom 13.10.2011 über Funktion und Mandat des Anhörungsbeauftragten in bestimmten Wettbewerbsverfahren, ABl. 2011 L 275, 29.
[16] Antitrust Manual of Procedures, Internal DG Competition working documents on procedures for the application of Articles 101 and 102 TFEU, März 2012.
[17] EuGH Urt. v. 28.6.2005 – C-189/02 P ua, Slg. 2005, I-5425 Rn. 209–211 – Dansk Rørindustri ua/Kommission; Urt. v. 21.9.2006 – C-167/04 P, Slg. 2006, I-8935 Rn. 207–208 – JCB Service/Kommission; Urt. v. 29.9.2011 – C-520/09 P, Slg. 2011, I-8901 Rn. 88 – Arkema/Kommission; Urt. v. 8.12.2011 – C-272/09 P, Slg. 2011, I-12789 Rn. 100 – KME ua/Kommission; im Bereich des Beihilfenrechts zB Urt. v. 5.10.2000 – C-288/96, Slg. 2000, I-8237 Rn. 62 – Deutschland/Kommission; außerhalb des Wettbewerbsrechts zB Urt. v. 1.12.1983 – C-190/82, Slg. 1983, 3981, Rn. 20 – Blomefield/Kommission.
[18] EuGH Urt. v. 28.6.2005 – C-189/02 P ua, Slg. 2005, I-5425 Rn. 211 – Dansk Rørindustri ua/Kommission.
[19] EuGH Urt. v. 7.1.2004 – C-204/00 P ua, Slg. 2004, I-123 Rn. 60ff. – Aalborg Portland ua/Kommission.
[20] EuG Urt. v. 13.3.2003 – T-340/00, Slg. 2003, II-811 Rn. 136 – Comunità montana della Valnerina/Kommission; EuGH Urt. v. 24.10.1996 – C-32/95 P, Slg. 1996, I-5373 Rn. 21 – Kommission/Lisrestal ua; Urt. v. 14.2.1990 – C-301/87, Slg. 1990, I-307 Rn. 29 – Frankreich/Kommission; Urt. v. 13.2.1979 – C-85/76, Slg. 1979 Rn. 9 – Hoffmann-La Roche/Kommission.
[21] EuGH Urt. v. 21.9.2000 – C-462/98 P, Slg. 2000, I-7183 Rn. 35ff., 43f. – Mediocurso/Kommission; Urt. v. 12.2.1992 – verb. Rs. C-48/90 und C-66/90, Slg. 1992, I-565 Rn. 45 – Niederlande und PTT Nederland/Kommission; Urt. v. 23.10.1974 – C-17/74, Slg. 1974, 1063 Rn. 15 – Transocean Marine Paint/Kommission.
[22] EuG Urt. v. 6.2.2014 – T-27/10, ECLI:EU:T:2014:59 Rn. 173 – AC-Treuhand/Kommission; EuGH Urt. v. 29.9.2011 – C-521/09 P, Slg. 2011, I-8947 Rn. 115 – Elf Acquitaine/Kommission; Urt. v. 25.1.2007 – C-407/04 P, Slg. 2007, I-829 Rn. 58f. – Dalmine/Kommission.
[23] EuG Urt. v. 6.2.2014 – T-27/10, ECLI:EU:T:2014:59 Rn. 175, 177, 184ff. – AC-Treuhand/Kommission; EuGH Urt. v. 29.9.2011 – C-521/09 P, Slg. 2011, I-8947 Rn. 117, 119 – Elf Acquitaine/Kommission.

erfolgter Unterrichtung müssen die Betroffenen das Recht zur **Stellungnahme** zu den ihnen vorgeworfenen Tatsachen erhalten.[24] In Kartellverfahren ist dies in zweifacher Weise gewährleistet: Zunächst erhalten sie die Gelegenheit, **schriftlich** zu den Beschwerdepunkten der Kommission Stellung zu nehmen (→ Rn. 159ff.). Darüber hinaus erhalten sie auf Antrag zusätzlich die Möglichkeit, ihren Standpunkt im Rahmen einer **mündlichen** Anhörung darzulegen (→ Rn. 163ff.). Die Betroffenen haben das Recht, dass ihre (schriftliche und mündliche) Stellungnahme bei Erlass der Entscheidung **berücksichtigt** wird.[25]

8 Der zweite Eckpfeiler der Verteidigungsrechte ist das **Recht auf Akteneinsicht,** das in Art. 41 Abs. 2 lit. b GR-Charta, Art. 27 Abs. 2 VO 1/2003 und Art. 15 VO 773/2004 verankert ist. Es flankiert das Recht auf rechtliches Gehör, indem die Einsicht in die Verfahrensakte sicherstellt, dass ein von einem Kommissionsverfahren betroffenes Unternehmen bereits während des Verwaltungsverfahrens umfassend über die den Beanstandungen der Kommission zugrundeliegenden (belastenden und entlastenden) Tatsachen und Beweismittel informiert ist und in angemessener Weise hierzu Stellung nehmen kann.[26] Auch das Recht auf Akteneinsicht wurde bereits vor seiner Kodifizierung in der GR-Charta als allgemeiner Rechtsgrundsatz des Unionsrechts von den Unionsgerichten anerkannt.[27]

9 Daneben ist der **Gleichbehandlungsgrundsatz** wichtige Verfahrensmaxime. Die Kommission ist verpflichtet, alle Parteien eines Verfahren gleich zu behandeln, etwa im Hinblick auf Stellungnahmefristen oder (zusätzliche) Stellungnahmemöglichkeiten (etwa im Rahmen von Treffen zum Verfahrensstand). Zu den weiteren Rechten, die die umfassenden Befugnisse der Kommission zur Ermittlung und Sanktionierung von Kartellvergehen prozessual einhegen sollen, zählen unter anderem die **Unschuldsvermutung,**[28] das **Recht auf Begründung** gemäß Art. 41 Abs. 2 lit. c GR-Charta, der wiederum Art. 296 UAbs. 2 AEUV und Art. 298 Abs. 1 AEUV entspricht,[29] das Recht auf eine Entscheidung in **angemessener Frist** nach Art. 41 Abs. 1 GR-Charta,[30] das Recht, sich **nicht selbst belasten** zu müssen,[31] das **Verbot der Doppelbestrafung** (*ne bis in idem*-Grundsatz, → § 13 Rn. 14)[32] und das Recht auf **anwaltliche Vertretung** nach Art. 47 UAbs. 2 S. 2 GR-Charta.[33]

---

[24] EuGH Urt. v. 29.6.1994 – C-135/92, Slg. 1994, I-2885 Rn. 40 – Fiskano/Kommission; Urt. v. 9.11.1983 – C-322/81, Slg. 1983, 3461 Rn. 7 – Michelin/Kommission.
[25] EuGH Urt. v. 10. 7 2001 – C-315/99 P, Slg. 2001, I-5281 Rn. 31f. – Ismeri Europa/Rechnungshof.
[26] EuGH Urt. v. 25.10.2011 – C-109/10 P, Slg. 2011, I-10329 Rn. 53f. – Solvay/Kommission; Urt. v. 7.1.2004 – C-204/00 P ua, Slg. 2004, I-123 Rn. 68ff. – Aalborg Portland ua/Kommission.
[27] EuG Urt. v. 19.2.1998 – T-42/96, Slg. 1998, II-401 Rn. 76ff. – Eyckeler & Malt/Kommission; Urt v. 18.12.1992 – T-10/92, Slg. 1992, II-2667 Rn. 38f. – Cimenteries CBR ua/Kommission; zunächst noch zurückhaltend zB EuG Urt. v. 17.12.1991 – T-7/89, Slg. 1991, II-1711 Rn. 52 – Hercules Chemicals/Kommission.
[28] EuG, Urt. v. 12.10.2007 – T-474/04, Slg. 2007, II-4225 Rn. 65 – Pergan Hilfsstoffe für industrielle Prozesse/Kommission.
[29] Erläuterungen zur Charta der Grundrechte, ABl. 2007 C 303, 17, 28. Zu den Anforderungen an die Begründung vgl. EuGH Urt. v. 29.9.2011 – C-521/09 P, Slg. 2011, I-8947 Rn. 147f., 152 – Elf Acquitaine/Kommission; Urt. v. 6.3.2003 – C-41/00 P, Slg. 2003, I-2125 Rn. 55 – Interporc/Kommission; Urt. v. 8.11.2001 – C-228/99, Slg. 2001, I-8401 Rn. 27 – Silo.
[30] EuGH Urt. v. 21.9.2006 – C-113/04 P, Slg. 2006, I-8831 Rn. 40 – Technische Unie/Kommission; Urt. v. 15.10.2002 – C-238/99 P ua, Slg. 2002, I-8375 Rn. 179 – Limburgse Vinyl Maatschappij ua/Kommission; Urt. v. 18.3.1997 – C-282/95 P, Slg. 1997, I-1503 Rn. 37f. – Guérin automobiles/Kommission; EuG Urt. v. 6.2.2014 – T-27/10, ECLI:EU:T:2014:59 Rn. 203ff. – AC-Treuhand/Kommission; Urt. v. 1.7.2008 – T-276/04, Slg. 2008, II-1277 Rn. 39ff. – Compagnie maritime belge/Kommission.
[31] EuGH Urt. v. 25.1.2007 – C-407/04 P, Slg. 2007, I-829 Rn. 34 – Dalmine/Kommission; Urt. v. 7.1.2004 – C-204/00 P ua, Slg. 2004, I-123 Rn. 65 – Aalborg Portland ua/Kommission; Urt. v. 18.10.1989 – C-374/87, Slg. 1989, 3283 Rn. 28ff. – Orkem/Kommission; vgl. auch Erwägungsgrund 23 VO 1/2003.
[32] EuGH Urt. v. 15.10.2002 – C-238/99 P, Slg. 2002, I-8375 Rn. 59 – Limburgse Vinyl Maatschappij ua/Kommission.
[33] EuGH Urt. v. 28.3.2000 – C-7/98, Slg. 2000, I- 1935 Rn. 38f. – Krombach.

II. Schutz von Geschäftsgeheimnissen

Ein weiterer wesentlicher Verfahrensgrundsatz ist das **Recht auf Wahrung von Ge-** **10**
schäftsgeheimnissen, das sowohl in Art. 339 AEUV als auch Art. 7 GR-Charta verankert und von den Unionsgerichten in ständiger Rechtsprechung als allgemeines Prinzip anerkannt ist.[34] Geschäftsgeheimnisse und vertrauliche Informationen sind etwa von der Akteneinsicht ausgenommen (vgl. Art. 27 Abs. 2 VO 1/2003, Art. 15 Abs. 2, 16 VO 773/2004). Geschützt sind die Parteien ebenso wie dritte Personen oder Unternehmen, deren Berufs- oder Geschäftsgeheimnisse in der Kommissionsakte enthalten sind. Die Verpflichtung der Kommission zum Schutz von Geschäftsgeheimnissen ist dabei mit den Verteidigungsrechten der betroffenen Unternehmen im Sinne einer **praktischen Konkordanz** in Ausgleich zu bringen (→ Rn. 113). Als wesentliches unionsrechtliches Prinzip ist das Recht von Unternehmen zum Schutz von Geschäftsgeheimnissen **in allen Verfahrensschritten zu beachten,** einschließlich der Veröffentlichung von Beschlüssen der Kommission (→ Rn. 191) oder einer späteren eventuellen Gewährung von Zugang zu Dokumenten aus der Kommissionakte an Dritte auf Basis der unionsrechtlichen Transparenzvorschriften in Art. 15 Abs. 3 AEUV, Art. 42 GR-Charta oder der VO 1049/2001 (TransparenzVO) (→ Rn. 130, 134).

III. Die Rolle des Anhörungsbeauftragten

Eine zentrale Funktion für die Gewährleistung der Verteidigungsrechte der Betroffenen **11**
nimmt der **Anhörungsbeauftragte** ein, der als verfahrensrechtlicher Garant die Einhaltung der Verfahrensrechte der betroffenen Unternehmen durch die Kommission überwachen soll.[35] Wenngleich selbst Kommissionsbeamter, soll er als unabhängiger Schiedsmann fungieren, „der Fragen und Probleme in Bezug auf die effektive Wahrung der Verfahrensrechte […] zu lösen versucht, wenn die Fragen bzw. Probleme nicht vorab im Kontakt mit den für das Wettbewerbsverfahren zuständigen Kommissionsdienststellen, die diese Verfahrensrechte wahren müssen, gelöst werden konnten".[36] Als weitere – außerhalb des Verfahrens stehende – Kontrollinstanz können sich betroffene Unternehmen an den Europäischen Bürgerbeauftragten wenden, um Verletzungen von Verfahrensrechten geltend zu machen.[37]

Historisch wurde die Funktion des Anhörungsbeauftragten 1982 als direkte Reakti- **12**
on auf das zum damaligen Zeitpunkt entstehende Bewusstsein für die defizitäre Ausgestaltung der Verfahrensrechte der von einem Kartellverfahren der Kommission betroffenen Unternehmen geschaffen.[38] Die ersten Anhörungsbeauftragten sollten noch vor allen Dingen für einen **geregelten Ablauf der mündlichen Anhörung** sorgen und darüber wachen, dass „alle für die Beurteilung des Falles erheblichen Umstände tatsächlicher Art, gleichgültig ob sie für die Beteiligten günstig oder ungünstig sind, bei der Ausarbeitung von Entwürfen zu kartellrechtlichen Entscheidungen der Kommission in

---

[34] EuGH Urt. v. 19.5.1994 – C-36/92 P, Slg. 1994, I-1911 Rn. 36f. – SEP/Kommission; Urt. v. 24.6. 1986 – C-53/85, Slg. 1986, 1965 Rn. 28 – AKZO Chemie/Kommission. Vertrauliche Geschäftsinformationen fallen in den Schutzbereich des Art. 7 GR-Charta (Achtung des Privat- und Familienlebens), da dieser auch Informationen aus der beruflichen oder geschäftlichen Sphäre natürlicher oder juristischer Personen schützt; vgl. EuGH Urt. v. 14.2.2008 – C-450/06, Slg. 2008, I-581 Rn. 48 – Varec.
[35] Vgl. *Bueren* WuW 2012 684, 696f.; *Kellerbauer* EuZW 2013, 10 (10f.).
[36] Beschluss des Präsidenten der Europäischen Kommission vom 13.10.2011 über Funktion und Mandat des Anhörungsbeauftragten in bestimmten Wettbewerbsverfahren, ABl. 2011 L 275, 29, Erwägungsgrund 8.
[37] Siehe bspw. Entscheidung der Europäischen Bürgerbeauftragten vom 13.11.2014 zum Abschluss der Untersuchungen zur Beschwerde 1500/2014/FOR (Rüge der Ombudsfrau zur verspäteten Zurverfügungstellung von Beweismitteln durch die Kommission im Fall Smart Card Chips (39574)). Allerdings hat der Bürgerbeauftragte keine Befugnisse, auf das Verfahren einzuwirken, sondern kann lediglich Missstände in der Verwaltungstätigkeit der Kommission rügen bzw. Empfehlungen für die Beseitigung der Missstände aussprechen, vgl. Art. 4 des Beschluss des Europäischen Parlaments über die Regelungen und allgemeinen Bedingungen für die Ausübung der Aufgaben des Bürgerbeauftragten vom 9.3.1994, ABl. 1994 L 113, 15.
[38] Vgl. *Albers/Jourdan* Journal of European Competition Law & Practice 2011 Vol. 2 No. 3, 185, 186.

angemessener Weise berücksichtigt werden".[39] Da der Anhörungsbeauftragte gemeinhin als Erfolgsmodell betrachtet wurde, wurden seine Kompetenzen in den folgenden Jahrzehnten sukzessive ausgebaut und seine Position im Verfahren gestärkt. Im Jahr 1994 erhielt er erstmals **Entscheidungsbefugnisse** in Bezug auf Fragen der Frist zur Stellungnahme zu den Beschwerdepunkten, des Zugangs zur Kommissionsakte oder der Wahrung von Geschäftsgeheimnissen.[40] Im Jahr 2001 wurde der Anhörungsbeauftragte verwaltungstechnisch aus der Generaldirektion Wettbewerb herausgelöst und ist unmittelbar dem für den Wettbewerb zuständigen Mitglied der Kommission unterstellt, um seine **Unabhängigkeit** zu stärken.[41] Die jüngste Mandatsreform aus dem Jahr 2011 verfolgte schließlich das Ziel, „die Rolle des Anhörungsbeauftragten zu **präzisieren und weiter zu stärken** und sein Mandat [...] in Anbetracht der Entwicklung des Wettbewerbsrechts der Union" anzupassen.[42]

13 Nach wie vor umfassen die **Aufgaben des Anhörungsbeauftragten** heute im Kern vor allem den Schutz der Verteidigungsrechte der betroffenen Unternehmen, also insbesondere des Anhörungs- und Akteneinsichtsrechts. Er entscheidet bei Fragen und Problemen im Zusammenhang mit der **Akteneinsicht** und den damit verbundenen Fragen der **Wahrung von Geschäftsgeheimnissen.**[43] Er führt auf Antrag der Beteiligten eine **mündliche Anhörung** durch und entscheidet über die Anhörung Dritter, zB eines Beschwerdeführers.[44] Darüber hinaus umfasst sein Mandat jedoch auch die Wahrung sonstiger Rechte der Beteiligten und zwar auch schon während der **Untersuchungsphase**, also vor Mitteilung der Beschwerdepunkte. Zu den in dieser Phase relevanten Rechten zählen das Recht auf Vertraulichkeit der Kommunikation zwischen Rechtsanwalt und Mandant, das Auskunftsverweigerungsrecht zur Vermeidung der Selbstbelastung, sowie das Recht der Beteiligten, über ihre Stellung im Verfahren hinreichend unterrichtet zu werden.[45] Schließlich fungiert der Anhörungsbeauftragte als **Berater des zuständigen Kommissionsmitglieds,** wodurch das Mandat auch eine materiell-rechtliche Komponente erhält (→ Rn. 173). Er kann jederzeit „Bemerkungen zu Fragen aller Art" an das zuständige Kommissionsmitglied richten.[46] Darüber hinaus erstellt er einen **Zwischenbericht** nach Abschluss der mündlichen Anhörung, in dem er auch zum weiteren Verlauf und zur Unparteilichkeit des Verfahrens Stellung nehmen kann.[47] In einem weiteren **Abschlussbericht,** der im Amtsblatt zu veröffentlichen ist,[48] nimmt er Stellung zu der Frage, ob aus seiner Sicht die Verfahrensrechte in jeder Phase des Verfahrens effektiv gewahrt wurden.[49]

---

[39] Mitteilung betreffend die Verfahren zur Anwendung der Wettbewerbsregeln der Verträge, ABl. 1982 C 251, 2; Kommission, Eleventh Report on Competition Policy, S. 31 Rn. 26.
[40] Vgl. Beschluss der Kommission vom 12.12.1994 über das Mandat des Anhörungsbeauftragten in Wettbewerbsverfahren vor der Kommission (94/810/EGKS, EG), ABl. 1994 L 330, 67.
[41] Art. 2 Abs. 2 und Erwägungsgrund 6 des Beschlusses der Kommission vom 23.5.2001 über das Mandat von Anhörungsbeauftragten in bestimmten Wettbewerbsverfahren (2001/462/EG, EGKS), ABl. 2001 L 162, 21.
[42] Erwägungsgrund 4 Mandat des Anhörungsbeauftragten.
[43] Art. 7, 8 Mandat des Anhörungsbeauftragten.
[44] Art. 5, 6, 10–13 Mandat des Anhörungsbeauftragten.
[45] Art. 4 Mandat des Anhörungsbeauftragten.
[46] Art. 3 Abs. 5 Mandat des Anhörungsbeauftragten.
[47] Art. 14 Mandat des Anhörungsbeauftragten.
[48] Art. 17 Abs. 3 Mandat des Anhörungsbeauftragten.
[49] Art. 16 Mandat des Anhörungsbeauftragten.

B. Gespräch zur einvernehmlichen Verfahrensbeendigung („Settlement")[*]

Die Kommission hat im Jahr 2008 das Vergleichsverfahren für Kartellfälle eingeführt. Zu diesem Zweck hat sie die VO (EG) 773/2004 geändert[50] und eine erläuternde Mitteilung veröffentlicht.[51] Im Vergleichsverfahren erkennen die Parteien ihre Teilnahme an der Zuwiderhandlung und ihre Verantwortlichkeit in einem **verkürzten Verfahren** an und erhalten dafür eine Ermäßigung der Geldbuße in Höhe von 10 %.

Im Mai 2010 wurde der erste Beschluss unter Anwendung des Vergleichsverfahrens in Sachen *DRAM* erlassen.[52] Bisher sind 20 Beschlüsse unter Anwendung des Vergleichsverfahrens ergangen.[53] Das Vergleichsverfahren hat sich damit etabliert und kommt in etwa der Hälfte aller Kartellverfahren zur Anwendung. Das Timab-Urteil des Gerichts hat die Rechtmäßigkeit des Vergleichsverfahrens bestätigt.[54]

Das Vergleichsverfahren ist **von der Anwendung der Kronzeugenregelung abzugrenzen.** Beide Instrumente finden zwar nur auf Kartellfälle Anwendung und sehen im Gegenzug zu einer Kooperation des Unternehmens im Verwaltungsverfahren eine Bußgeldreduzierung vor. Die Zusammenarbeit nach der Kronzeugenregelung erfolgt jedoch insbesondere in der Ermittlungsphase,[55] indem der Kronzeuge Informationen und Beweismittel liefert, um ein Kartell aufzudecken oder dessen Nachweis zu erleichtern. Das Vergleichsverfahren spielt demgegenüber erst in der kontradiktorischen Phase[56] eine Rolle. Die Parteien erkennen auf der Basis des von der Kommission vorgelegten Ermittlungsergebnisses ihre Beteiligung am Kartell an, weswegen das weitere kontradiktorische Verfahren verkürzt werden kann. Ziel des Vergleichsverfahrens ist damit eine Erhöhung der Verfahrenseffizienz.[57] Die beiden Instrumente ergänzen sich demnach und können in demselben Fall zur Anwendung kommen.

Das Vergleichsverfahren ist ferner **von Zusagenbeschlüssen nach Art. 9 VO (EG) 1/2003 zu unterscheiden.** In beiden Fällen kommt es zwar zu einer im weiteren Sinne einvernehmlichen Verfahrensbeendigung, dennoch schließen sich diese beiden Instrumente gegenseitig aus. Das Vergleichsverfahren findet nur auf Kartellfälle Anwendung und im Tenor des Beschlusses wird – wie in jedem anderen Kartellbeschluss – die Zuwiderhandlung festgestellt und die Geldbuße festgesetzt. Demgegenüber kommen Zusagenbeschlüsse nicht in Frage, wenn ein Bußgeld erhoben werden soll[58] und sie enthalten keine Feststellung der Zuwiderhandlung, sondern lediglich die Aussage, dass die für bindend erklärten Verpflichtungszusagen die wettbewerblichen Bedenken ausräumen.

---

[*] Der Verfasser Dr. Gerald Miersch ist Beamter der Europäischen Kommission. Die hier wiedergegebenen Ansichten spiegeln nur seine persönliche Meinung wieder und binden in keiner Weise die Institution, für die er arbeitet.
[50] Siehe VO (EG) 622/2008 der Kommission vom 30.6.2008 zur Änderung der VO (EG) 773/2004 hinsichtlich der Durchführung von Vergleichsverfahren in Kartellfällen, ABl. 2008 L 171, 3.
[51] Siehe Mitteilung der Kommission über die Durchführung von Vergleichsverfahren bei dem Erlass von Entscheidungen nach Artikel 7 und Artikel 23 der VO (EG) 1/2003 des Rates in Kartellfällen, ABl. 2008 C 167, 1. Im weiteren „Vergleichsmitteilung" genannt. Siehe auch Änderung der Mitteilung der Kommission über die Durchführung von Vergleichsverfahren bei dem Erlass von Entscheidungen nach Artikel 7 und Artikel 23 der Verordnung (EG) Nr. 1/2003 des Rates in Kartellfällen, ABl. 2015 C 256, 2.
[52] Kom. 19.5.2010 – 38511, Abl. 2011 C 180, 15 – DRAMs.
[53] Stand 1.3.2016.
[54] EuG Urt. v. 20.5.2015 – T-456/10 – Timab (insbesondere Rn. 58–71).
[55] Vom Gericht auch „Abschnitt der Voruntersuchung" genannt, siehe zB EuG Urt. v. 14.3.2014 – T-306/11 Rn. 26 – Schwenk.
[56] Die kontradiktorische Phase beginnt im normalen Verfahren mit der Zustellung der Beschwerdepunkte, siehe EuG Urt. v. 14.3.2014 – T-306/11 Rn. 26 – Schwenk.
[57] EuG Urt. v. 20.5.2015 – T-456/10 Rn. 65 – Timab.
[58] Siehe Erwägungsgrund 13 der VO (EG) 1/2003.

I. Grundsätze des Vergleichsverfahrens

1. Kein abweichendes Verfahren in der Ermittlungsphase

18 Bei Aufnahme der Ermittlungen in einem Kartellfall ist noch nicht absehbar, ob dieser später im normalen Verfahren oder im Vergleichsverfahren bearbeitet werden wird. In der Ermittlungsphase gibt es daher im Grundsatz keine Besonderheiten für einen späteren Vergleichsfall. Die Kommission nutzt in jedem Kartellfall ihre Ermittlungsbefugnisse und untersucht den Fall so, dass ihr eine vorläufige Einschätzung der Verletzungshandlung, der Beteiligten und ihrer Verantwortlichkeit möglich ist. Ein späterer Vergleichsfall wird **ebenso gründlich ermittelt** wie ein Fall, auf den später das normale Verfahren angewendet wird.[59] Vor Übergang in die kontradiktorische Phase, die im normalen Verfahren mit der Zustellung der Beschwerdepunkte beginnt, wird die Kommission entscheiden, ob der Fall für das vereinfachte Verfahren geeignet ist und sie den Parteien das Vergleichsverfahren anbietet.

2. Vereinfachungen in der kontradiktorischen Phase

19 Sofern die Parteien dem Beginn des Vergleichsverfahrens zustimmen, leitet die Kommission das Verfahren gemäß Artikel 11 Abs. 6 VO (EG) 1/2003 ein. In dem dann folgenden Verfahrensabschnitt kommt es zu einer Reihe von Vereinfachungen bzw. Modifizierungen, die bewirken sollen, dass der Fall **schneller und effizienter** bearbeitet wird. Die hierdurch ermöglichten Effizienzgewinne sollen die Kommission in die Lage versetzen, mit unveränderten Ressourcen mehr Kartellfälle zu bearbeiten und mehr Bußgeldbeschlüsse zu erlassen. Dadurch soll eine erhöhte Abschreckungswirkung der Kartellverfolgung erreicht werden, was eine Bußgeldermäßigung für die am Vergleichsverfahren beteiligten Unternehmen rechtfertigt.

20 Die wichtigsten Verfahrensvereinfachungen liegen insbesondere darin, dass den Parteien kein voller Aktenzugang gewährt wird, die Beschwerdepunkte und der Beschluss gekürzt sind und die Anhörung entfällt.

21 Stattdessen teilt die Kommission den Parteien zu Beginn des Vergleichsverfahrens ihre vorläufige Einschätzung der Zuwiderhandlung und Verantwortlichkeit mit, legt die relevanten Beweismittel vor und tauscht sich mit den Parteien in Vergleichsgesprächen aus.[60]

3. Angebot des Vergleichsverfahrens im Ermessen der Kommission

22 Es liegt im Ermessen der Kommission, ob sie den Parteien das Vergleichsverfahren anbietet.[61] Dabei lässt sie sich von einer Reihe von Kriterien leiten, um abschätzen zu können, ob die erwarteten Effizienzgewinne eintreten werden (siehe dazu ausführlicher → Rn. 40 f.). Parteien können der Kommission ihr Interesse am Vergleichsverfahren mitteilen, haben aber **keinen Anspruch** auf ein solches Verfahren.[62] Die Kommission kann jederzeit bis zum Erlass des Beschlusses das Vergleichsverfahren abbrechen. Dann geht der Fall in das normale Verfahren über und alle in diesem Verfahren vorgesehenen Verfahrensschritte müssen vorgenommen werden, insbesondere muss die Kommission (ungekürzte) Beschwerdepunkte erlassen und vollen Aktenzugang ermöglichen. Sofern die Parteien zum Zeitpunkt des Abbruchs des Vergleichsverfahrens durch die Kommission bereits ihre Beteiligung an der Zuwiderhandlung anerkannt haben, gilt das Anerkenntnis als zurückgezogen. Auch alle anderen Äußerungen der Parteien während des Vergleichsverfahrens sind als nicht existent zu betrachten.

23 Die Kommission hat bislang erst einmal das Vergleichsverfahren abgebrochen, da nach ihrer Auffassung mit den Parteien kein zufriedenstellender Fortschritt in den Vergleichsge-

---

[59] Siehe auch *Laina/Laurinen*, 2.
[60] Vgl. Rn. 16 der Vergleichsmitteilung.
[61] Siehe auch EuG Urt. v. 20.5.2015 – T-456/10 Rn. 63, 64 – Timab.
[62] Rn. 6 der Vergleichsmitteilung. Die Parteien haben keinen Anspruch darauf, dass die Kommission vor ihrer Entscheidung, das Vergleichsverfahren nicht vorzuschlagen, die Parteien kontaktiert, s. EuG, Urt. v. 29.2.2016 – T-267/12 Rn. 417 (119) – Deutsche Bahn und Schenker.

sprächen erzielt werden konnte.[63] Nachdem Parteien bereits das Anerkenntnis abgegeben haben, hat die Kommission bislang noch nie das Vergleichsverfahren abgebrochen, weder in Fällen, in denen alle Parteien dem Vergleich zugestimmt haben, noch in Fällen, in denen einzelne Parteien ausgestiegen sind.

4. Freiwillige Teilnahme der Parteien

Das Vergleichsverfahren ist für die Parteien freiwillig. Ihnen steht es frei, das von der Kommission angebotene Vergleichsverfahren zu akzeptieren.[64] Auch während des Vergleichsverfahrens können sie bis zum Anerkenntnis ihrer Verantwortlichkeit in den Vergleichsausführungen jederzeit aussteigen.[65] Nach dem Anerkenntnis sind sie allerdings gebunden und können ihr Vergleichsersuchen nicht einseitig widerrufen.[66] Sofern eine Partei aussteigt, geht für sie der Fall ins normale Verfahren über. Die Kommission hat dann zu entscheiden, ob sie das Vergleichsverfahren mit den vergleichswilligen Parteien fortsetzt und der Fall damit „hybrid" wird oder ob sie das Vergleichsverfahren insgesamt beendet. 24

5. Für alle Parteien zeitgleiche und bilaterale Vergleichsgespräche

Die Kommission beginnt das Vergleichsverfahren grundsätzlich zeitgleich mit allen mutmaßlich am Kartell beteiligten Parteien und strebt an, gegenüber allen Parteien im Vergleichsverfahren **zeitgleich einen Beschluss zu erlassen.** Die Kommission ist der Auffassung, dass damit die Effizienzgewinne des Vergleichsverfahrens am besten zum Tragen kommen.[67] Insoweit unterscheidet sich die Vorgehensweise von der amerikanischen Wettbewerbsbehörde, die bewusst Vergleiche mit einzelnen Parteien hintereinander schließt. 25

Die Vergleichsgespräche während des Vergleichsverfahrens der Kommission finden **bilateral** zwischen der Kommission und jeweils einer Partei statt,[68] wobei jedes mutmaßlich kartellbeteiligte Unternehmen als eine Partei angesehen wird. Die Kommission führt in der Regel keine Gespräche, an denen mehrere Parteien gleichzeitig beteiligt sind. Damit soll sichergestellt werden, dass jede Partei unabhängig von der Position anderer Parteien die Darlegung der Kommission bewertet und entscheidet, ob sie auf dieser Grundlage zu einem Anerkenntnis bereit ist. 26

Während der Vergleichsgespräche hat die Kommission alle Parteien gleich zu behandeln. Insbesondere sollten alle Parteien in annähernd derselben Zeit dieselben Informationen und Unterlagen erhalten. 27

6. Wahrung der Verteidigungsrechte

Die Kommission legt vor einem Anerkenntnis der Parteien ihre vorläufige Einschätzung der Zuwiderhandlung und Verantwortlichkeit dar und macht die Beweismittel zugänglich. Die Parteien können dazu Stellung nehmen. Auf diesem Weg sollen die Verteidigungsrechte der Parteien auch im Vergleichsverfahren gewahrt werden. Während des Vergleichsverfahrens können die Parteien jederzeit den Anhörungsbeauftragten anrufen, wenn sie der Auffassung sind, dass sie ihre Verteidigungsrechte nicht wirksam ausüben können.[69] 28

Bei den Vergleichsbesprächungen handelt es sich aber **nicht um Verhandlungen,**[70] bei denen ein Kompromiss zwischen der Kommission und den Parteien angestrebt wird, insbesondere wird die Bußgeldhöhe nicht verhandelt. Vielmehr wird die Kommission unter Berücksichtigung der Argumente der Parteien das Vorliegen der Verletzungshandlung, ihren sachlichen und räumlichen Umfang, ihre Dauer, die Beteiligten und deren Verant- 29

---

[63] Im Smart Card Chips Fall, siehe die Pressemitteilung IP/13/346 vom 22.4.2013.
[64] Rn. 11 der Vergleichsmitteilung.
[65] Siehe auch EuG Urt. v. 20.5.2015 – T-456/10 Rn. 76 – Timab.
[66] Rn. 22 der Vergleichsmitteilung.
[67] Siehe Rn. 5 der Vergleichsmitteilung.
[68] Rn. 14 der Vergleichsmitteilung.
[69] Rn. 18 der Vergleichsmitteilung.
[70] Siehe auch *Köster* EuZW 2015, 577.

wortlichkeit feststellen. Daraus ergeben sich zugleich die maßgeblichen Parameter für die Bußgeldberechnung. Die für die Entscheidungsfindung relevanten Faktoren weichen damit nicht vom normalen Verfahren ab. Der verfahrensbezogene Unterschied besteht darin, dass im Vergleichsverfahren der Austausch zwischen der Kommission und den Parteien früher und weniger förmlich stattfindet und die Parteien keinen umfassenden Aktenzugang erhalten. In Kenntnis der festzustellenden Zuwiderhandlung, der relevanten Beweismittel und des Bußgeldrahmens können die Parteien dann entscheiden, ob sie ein Anerkenntnis abgeben oder nicht.

7. Vertraulichkeit

30 Nach der VO (EG) 773/2004 sind die Informationen, die die Kommission während der Vergleichsgespräche den Parteien zugänglich macht, Dritten gegenüber vertraulich zu behandeln, es sei denn, die Kommission stimmt ihrer Offenlegung vorher ausdrücklich zu.[71] Über diese Bestimmung hinaus verlangt die Kommission, dass das **gesamte Vergleichsverfahren von Anfang bis Ende vertraulich zu behandeln ist.** Dies bedeutet, dass die Parteien, die dem Beginn der Vergleichsgespräche zugestimmt haben, bis zum Erlass des Bußgeldbeschlusses nicht offenlegen dürfen, dass der Fall im Vergleichsverfahren behandelt wird.[72] Ferner dürfen die Parteien den Inhalt der Vergleichsgespräche nicht offenlegen, was sowohl die von der Kommission übermittelten Informationen als auch die jeweils eigenen Stellungnahmen erfasst. Im Hinblick auf den bilateralen Charakter der Vergleichsgespräche gilt die Vertraulichkeitsverpflichtung auch zwischen den Parteien.

31 Die Tatsache, dass ein Fall anhängig ist und die Kommission ermittelt, kann verlautbart werden. Vielfach ist dies ohnehin bekannt, etwa wenn die Kommission Nachprüfungen vorgenommen und dies in einer Presseerklärung bestätigt hat. Würde jedoch über das Vergleichsverfahren oder über Positionen der Beteiligten in den Vergleichsgesprächen berichtet, wäre der offene und informelle Charakter des Austauschs gestört. Im Falle eines Übergangs ins normale Verfahren nach Scheitern der Vergleichsgespräche könnte es zudem erschwert sein, Ausführungen in den Vergleichsgesprächen als nicht mehr existent zu betrachten.[73]

32 Um die Vertraulichkeit zu gewährleisten, haben die an den Vergleichsgesprächen beteiligten Rechtsanwälte und Unternehmensvertreter zu Beginn des Vergleichsverfahrens eine **Vertraulichkeitsverpflichtung zu unterzeichnen.** Eine Verletzung der Vertraulichkeitsverpflichtung kann zu einer Beendigung des Vergleichsverfahrens durch die Kommission führen und bei der Bußgeldbemessung als erschwerender Umstand im Sinne von Rn. 28 der Bußgeldleitlinien gewürdigt werden.

33 Unternehmen können aufgrund gesellschaftsrechtlicher, aufsichtsrechtlicher oder anderer Bestimmungen verpflichtet sein, bestimmte Informationen über ein Wettbewerbsverfahren, an dem sie beteiligt sind, an ihre Abschlussprüfer, ihre Aktionäre oder Aufsichtsbehörden weiterzugeben. Sofern die Durchführung des Vergleichsverfahrens von einer solchen Informationspflicht erfasst sein könnte, ist im Einzelfall abzuwägen, ob, wie und unter welchen Bedingungen diese Information weitergegeben werden kann. Die Vertraulichkeitsverpflichtung erfordert es in jedem Fall, dies vor Weitergabe mit der Kommission zu besprechen. Hierbei ist zunächst genau zu prüfen, ob den Informationspflichten genüge getan werden kann, ohne über das Vergleichsverfahren zu informieren.

34 Wenn eine Informationspflicht unausweichlich ist, sind Sicherheitsmechanismen zu erwägen, die eine weitere Verbreitung der Information verhindern. Sofern Abschlussprüfer informiert werden müssen, käme etwa in Frage, die Information nur zu erteilen, wenn die Abschlussprüfer sich ihrerseits ausdrücklich und schriftlich dazu verpflichten, die Information vertraulich zu behandeln, auch wenn schon eine allgemeine Vertraulichkeits-

---

[71] Art. 10a Abs. 2 UA 2 der VO (EG) 773/2004.
[72] Eine Partei, die aussteigt, ist im Grundsatz bis zum Abschluss des Vergleichsverfahrens mit den anderen Parteien zur Vertraulichkeit verpflichtet.
[73] Siehe auch Faull/Nickpay/*Colombani*/*Kloub*/*Sakkers* Rn. 8.721.

vereinbarung gegenüber dem Unternehmen besteht. Bei einer Information an Aufsichtsbehörden wäre zu prüfen, ob diese ohnehin gesetzlich zur Verschwiegenheit verpflichtet sind. In der Regel kann **in Abstimmung mit der Kommission** ein Weg gefunden werden, der es den Unternehmen erlaubt, ihren gesetzlichen Informationspflichten zu genügen, ohne den Erfolg des Vergleichsverfahrens zu gefährden.

II. Bußgeldermäßigung um 10 % und weitere Vergleichsvorteile

Wird das Vergleichsverfahren abgeschlossen, erhält jede Partei, die dem Vergleich zustimmt, eine Bußgeldreduktion um 10 %.[74] Die Reduzierung erfolgt **nach Anwendung der 10 %-Kappungsgrenze** gemäß Art. 23 Abs. 2 VO (EG) 1/2003, die das Bußgeld auf 10 % des weltweiten Gesamtumsatzes des Unternehmens im letzten vollen Geschäftsjahr vor Erlass des Beschlusses beschränkt (ausführlich → § 13 Rn. 127). Hierdurch soll auch für Unternehmen, bei denen eine entsprechende Kappung angewendet wird, die Vergleichsermäßigung vollständig zum Tragen kommen. Die Vergleichsermäßigung wird **mit einer etwaigen Kronzeugenermäßigung kumuliert**.[75] Sowohl die Vergleichsermäßigung als auch die Kronzeugenermäßigung werden danach auf der Basis des angepassten Grundbetrags berechnet und kumuliert abgezogen. 35

Die durch das Vergleichsverfahren eingeräumte Bußgeldreduzierung von 10 % wurde bewusst unterhalb der für Kronzeugen möglichen Reduzierung angesetzt, da eine Vergleichsermäßigung den Anreiz für Kronzeugenanträge nicht mindern soll.[76] Eine Ermäßigung von 10 % bleibt deutlich unter der maximalen Ermäßigung von 20 % für Kronzeugen in der untersten Ermäßigungsbandbreite. Zudem sollen Geldbußen auch im Vergleichsverfahren ihre abschreckende Wirkung behalten. 36

Ein weiterer, sich auf die Geldbußenberechnung auswirkender Vorteil des Vergleichsverfahrens besteht darin, dass der Abschreckungsaufschlag nach Rn. 30 der Geldbußenleitlinien nicht über einen Erhöhungsfaktor von 2 hinausgehen darf.[77] Diese Beschränkung ist im Vergleichsverfahren bislang noch nicht praktisch relevant geworden.[78] 37

Über die Bußgeldreduzierung hinaus kann das Vergleichsverfahren weitere Vorteile für die Parteien haben. Das Vergleichsverfahren läuft zügiger ab als ein normales Verfahren und ermöglicht es den Parteien daher, schneller einen „Schlussstrich" zu ziehen. Es erfordert in der Regel auch einen geringeren Ressourceneinsatz und reduziert damit die Kosten. Während des Vergleichsverfahrens **erfahren die Parteien in einem sehr frühen Stadium die vorläufige Sichtweise der Kommission** und können in einem offenen und wenig förmlichen Austausch ihre Argumente darlegen. Aufgrund des vorweggenommenen Anerkenntnisses der Parteien kann die **Darstellung des Kartellverhaltens im Vergleichsbeschluss kürzer** ausfallen, was für die Parteien im Hinblick auf nachfolgende private Schadensersatzklagen ein Vorteil darstellen kann. 38

III. Auswahl der geeigneten Fälle

Bei der Ausübung ihres Ermessens, ob sie den Parteien die Aufnahme des Vergleichsverfahrens anbietet, wird die Kommission insbesondere eine Prognose darüber anstellen, ob im konkreten Fall die Effizienzvorteile des Vergleichsverfahrens zum Tragen kommen werden. Dies wiederum hängt vor allem von der Aussicht ab, das Vergleichsverfahren mit allen Parteien erfolgreich und zügig zu Ende zu bringen.[79] Dies kann zu dem Zeitpunkt, zu dem die Kommission über das Angebot des Vergleichsverfahrens zu ent- 39

---

[74] Rn. 32 der Vergleichsmitteilung.
[75] Siehe Rn. 33 der Vergleichsmitteilung.
[76] Siehe zB Ortiz Blanco/Zois/Bobek/Tierno Centella Rn. 10.126.
[77] Rn. 32 der Vergleichsmitteilung.
[78] Der höchste Abschreckungsaufschlag in einem Vergleichsbeschluss hatte bislang den Faktor 1,2 (in KOM. 19.5.2010 – 38511 – DRAMs für Hitachi und in KOM. 7.12.2011 – 39600 – Kühlkompressoren für Panasonic).
[79] S. auch EuG Urt. v. 29.2.2016 – T-267/12 Rn. 427 – Deutsche Bahn und Schenker.

scheiden hat, noch nicht mit Sicherheit festgestellt werden, jedoch gibt es bestimmte Kriterien, die auf die Wahrscheinlichkeit eines erfolgreichen Abschlusses Einfluss haben können.[80]

1. Anzahl der Parteien

40 Die Zahl der beteiligten Parteien ist ein wichtiges Element der Abwägung, ob ein Vergleichsverfahren anzustreben ist, denn je mehr Parteien beteiligt sind, desto komplexer können die Vergleichsgespräche werden. Die Komplexität kann die erwarteten Effizienzvorteile erheblich reduzieren oder gar aufheben und daher gegen ein vereinfachtes Verfahren sprechen.[81]

2. Interesse der Parteien

41 Besondere Relevanz hat auch das Interesse der Parteien an einem Vergleich. Sofern Parteien bereits vor der formellen Anfrage der Kommission ihr Interesse an einem Vergleichsverfahren bekunden, könnte dies ein Anzeichen für ihre Bereitschaft zu ernsthaften Vergleichsgesprächen sein und dafür sprechen, dass die erstrebten Effizienzvorteile durch eine konstruktive Mitarbeit erreicht werden.

3. Beweislage

42 Kann die Kommission auf eine umfassende und solide Beweisgrundlage für die mutmaßliche Zuwiderhandlung zurückgreifen, ist die Wahrscheinlichkeit höher, dass die Parteien diese nicht oder nur in geringem Maße bestreiten werden. Von Kronzeugen, die die mutmaßliche Zuwiderhandlung bestätigen, erwartet die Kommission zudem, dass sie diese auch in den Vergleichsgesprächen nicht bestreiten. Ein hoher Anteil von Kronzeugen unter den Parteien kann daher ein gewichtiges Indiz für den Erfolg des Vergleichsverfahrens sein.[82]

4. Haftungszurechnung

43 Sofern am Kartell unmittelbar beteiligte Gesellschaften während der Dauer der Verletzungshandlung zu verschiedenen Unternehmen gehört haben, kann zwischen diesen die Zurechnung der Haftung, zB zur jeweiligen Muttergesellschaft, streitig werden. Dies kann es erschweren oder zumindest verzögern, mit allen Parteien ein gemeinsames Verständnis über die Verantwortlichkeit zu erlangen. Daher können solche Konstellationen gegen ein Vergleichsverfahren sprechen.

5. Vorliegen erschwerender Umstände

44 Mögliche erschwerende Umstände, etwa die Rolle als Kartellanführer, könnten von der betroffenen Partei schwer zu akzeptieren sein und daher umstritten bleiben. Dieser Umstand kann effiziente Vergleichsgespräche schwieriger machen.

6. Präzedenzfall

45 Sofern sich in einem Fall neue und bedeutsame Rechtsfragen stellen, könnte das normale Verfahren für die Kommission vorzugswürdig erscheinen. Es ist dann zu erwarten, dass diese Fragen regelmäßig nicht mit allen Vergleichsparteien effizient und verkürzt zu erörtern sind, insbesondere wohl nur in Ausnahmefällen einheitliche Ergebnisse zu erzielen sind. Zudem ist zu erwarten, dass beteiligte Unternehmen sich idR den Rechtsweg offen halten möchten.

---

[80] Siehe auch Rn. 5 der Vergleichsmitteilung.
[81] Die Zahl der an Vergleichsverfahren beteiligten Unternehmen schwankte bislang zwischen zwei (Energiebörsen, Standheizungen) und zehn (DRAMs) Unternehmen. Das EuG hat die Relevanz dieses Kriteriums bestätigt, s. EuG Urt. v. 29.2.2016 – T-267/12 – Deutsche Bahn und Schenker.
[82] Allerdings hat die Kommission zB im Stahl-Strahlmittel Fall das Vergleichsverfahren begonnen, obwohl nur eines von vier beteiligten Unternehmen Kronzeuge war.

7. Verfahrensstand in Wettbewerbsverfahren außerhalb des EWR
Der Verfahrensstand von Ermittlungen anderer Behörden und das Maß der Kooperation dort könnten die Vergleichsbereitschaft gegenüber der Kommission beeinflussen. Dies gilt jedenfalls bei Kartellen, die über den EWR hinausgehen. 46

8. Gesamtabwägung
Die genannten Kriterien sind als Beispiele für relevante Fragen und nicht abschließend zu verstehen. Es kann zudem nicht angenommen werden, dass bestimmte Kriterien wichtiger als andere sind oder immer erfüllt sein müssten, damit die Kommission sich für das Vergleichsverfahren entscheidet. Letztlich wird immer eine **Einzelfallentscheidung** vorgenommen. Dies zeigt sich auch darin, dass die Kommission bislang das Vergleichsverfahren in Fällen begonnen hat, die sich hinsichtlich der Zahl der Parteien und Kronzeugen, dem Umfang und der Dauer der Verletzungshandlung, den betroffenen Produkten oder Dienstleistungen und der Bußgeldhöhe stark unterschieden haben. Die Kommission muss nicht schriftlich begründen, warum sie das Vergleichsverfahren anbietet oder nicht.[83] 47

IV. Ablauf des Vergleichsverfahrens
Das Vergleichsverfahren unterteilt sich in mehrere Abschnitte. Bestimmte Schritte sind der Kommission durch die geänderte VO (EG) 773/2004 vorgegeben, andere liegen in ihrem Ermessen, insbesondere die Organisation der Vergleichsgespräche. 48

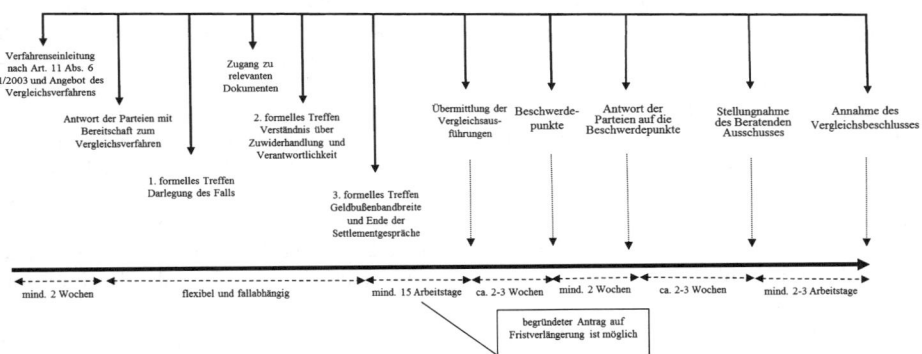

1. Einleitung des Vergleichsverfahrens
Vor Beginn der Vergleichsgespräche muss die Kommission das Verfahren nach Art. 11 Abs. 6 der VO (EG) 1/2003 einleiten.[84] Damit wird die Kommission allein für die weitere Behandlung des Falls zuständig. Die Verfahrenseröffnung wird in den allermeisten Fällen nicht öffentlich gemacht.[85] Der Einleitungsbeschluss wird den Parteien zugestellt. Gemeinsam mit diesem erhalten die Parteien ein Schreiben der Kommission, in dem sie das Vergleichsverfahren anbietet und die Parteien auffordert, innerhalb einer bestimmten Frist schriftlich ihre Bereitschaft zur Aufnahme von Vergleichsgesprächen im Hinblick auf die mögliche Vorlage von Vergleichsausführungen zu erklären. Die Antwortfrist beträgt mindestens zwei Wochen.[86] 49

Die Erklärung der Bereitschaft einer Partei zur Aufnahme von Vergleichsgesprächen kann nicht als Eingeständnis ihrer Beteiligung an der mutmaßlichen Zuwiderhandlung 50

---

[83] Anders, wenn eine Partei während des Verfahrens schriftlich Interesse am Vergleichsverfahren äußert, s. EuG Urt. v. 29.2.2016 – T-267/12 – Rn. 412, 446–449 – Deutsche Bahn und Schenker.
[84] Art. 2 Abs. 1 der VO (EG) 773/2004.
[85] Einzige Ausnahme war bislang die Untersuchung in Sachen Kabelbäume, Kom. 10.7.2013 – 39748, ABl. 2013 C 283, 5 – Kabelbäume, siehe IP 12/894.
[86] Art. 17 Abs. 3. VO (EG) 773/2004.

oder ihrer Verantwortlichkeit gewertet werden. Dies gilt schon allein aus dem Grund, dass der genaue Umfang der von der Kommission angenommenen Zuwiderhandlung für die Parteien zu diesem Zeitpunkt noch nicht deutlich ist. Mit der Erklärung ist auch keine Verpflichtung verbunden, den Fall im Vergleichsverfahren abzuschließen. Dennoch kann erwartet werden, dass eine Partei Vergleichsgesprächen nur dann zustimmt, wenn sie auf der Grundlage der aus dem Einleitungsbeschluss – und zusätzlich vielfach aus den zuvor ergangenen Nachprüfungsbeschlüssen und Auskunftsverlangen – folgenden Informationen die Absicht hat, **ernsthafte Vergleichsgespräche** zu führen.

51 Sofern mehrere Rechtspersonen innerhalb eines Unternehmens Parteien werden, müssen diese einen **gemeinsamen Vertreter** benennen, der die Vergleichsgespräche in ihrem Namen führt.[87] Dies gilt insbesondere für eine Muttergesellschaft mit einer oder mehreren beteiligten Tochtergesellschaften. Grundsätzlich kommt es auf die Zugehörigkeit zum Unternehmen zum Zeitpunkt des Einleitungsbeschlusses an. Die Beschränkung auf einen Vertreter soll einen effizienten Ablauf der Vergleichsgespräche mit diesem Unternehmen sicherstellen. Aus dem Einleitungsbeschluss und dem Anschreiben folgt, welche Parteien die Kommission als Teil desselben Unternehmens betrachtet. Die Bestellung eines gemeinsamen Vertreters präjudiziert jedoch nicht die Feststellung und den Nachweis der Verantwortlichkeit für jede einzelne Partei.[88] Auch nach Bestellung eines gemeinsamen Vertreters müsste daher die Kommission die Verantwortlichkeit einer Muttergesellschaft nachweisen, wenn aufgrund der Höhe der Kapitalbeteiligung die Vermutungsregel[89] nicht greift.

52 Gemeinsam mit der Erklärung, zu Vergleichsgesprächen bereit zu sein, haben die Rechtsanwälte der Parteien eine **besondere Vollmacht** zu übermitteln, die ausdrücklich die Führung von Vergleichsgesprächen und ggfs. die Vornahme der während des Vergleichsverfahrens erforderlichen Handlungen umfasst.

53 Um die Effizienz des Vergleichsverfahrens zu erhöhen, verlangt die Kommission von den Parteien die Zustimmung zur Nutzung einer einzigen **einheitlichen Sprache** im Vergleichsverfahren („language waiver"). Diese ist in der Regel Englisch. Es bedeutet, dass die im Rahmen des Verfahrens ergehenden Beschlüsse (Einleitung, Beschwerdepunkte, Bußgeldbeschluss[90]) und auch alle anderen Ausführungen der Kommission und der Parteien in Englisch erfolgen werden. Dies lässt natürlich die Sprache der Beweisstücke unberührt und schließt nicht aus, dass informelle Gespräche zwischen der Kommission und einer Partei in einer anderen Sprache stattfinden.

54 Zeitgleich mit dem Einleitungsbeschluss wird die Kommission etwaigen **Kronzeugen mitteilen, in welcher Bandbreite sie ihnen gegenüber das Bußgeld zu ermäßigen beabsichtigt.**[91] Die Kronzeugenmitteilung sieht für das normale Verfahren vor, dass diese Mitteilung spätestens bei Zustellung der Mitteilung der Beschwerdepunkte zu erfolgen hat.[92] Für das Vergleichsverfahren ist es sinnvoll, diese Information vorzuverlegen, da die Beschwerdepunkte erst in einem sehr späten Verfahrensstadium erlassen werden und es für die Parteien nützlich ist, wenn sie bei der Entscheidung über ihre Zustimmung zum Vergleichsverfahren und während der Vergleichsgespräche ihre Ermäßigungsbandbreite kennen.

55 Aus der zeitlichen Abfolge beim Vergleichsverfahren folgt aber auch, dass der Zeitpunkt, zu dem die Kommission Ermäßigungsanträge unberücksichtigt lassen darf, vorverlegt werden muss. Die Kronzeugenmitteilung stellt hierzu im normalen Verfahren auf den

---

[87] Art. 10a Abs. 1 UA 2 VO (EG) 773/2004.
[88] Rn. 12 der Vergleichsmitteilung.
[89] Dazu EuGH Urt. v. 10.9.2009 – C-97/08 P, BeckRS 2009, 70987 – AKZO Nobel.
[90] Siehe zur vereinbarten Sprache für die Beschwerdepunkten und den Bußgeldbeschluss Rn. 20 Buchstabe e) der Kronzeugenmitteilung.
[91] Ein bedingter Bußgelderlass wird dem ersten Kronzeugen in der Regel bereits zu einem früheren Zeitpunkt mitgeteilt worden sein.
[92] Rn. 29 der Kronzeugenmitteilung.

Zeitpunkt der Versendung der Beschwerdepunkte ab.[93] Grundsätzlich hat die Kommission vor Beginn der Vergleichsgespräche die Ermittlung des Sachverhalts abgeschlossen. Daher akzeptiert die Kommission im Vergleichsverfahren **Kronzeugenanträge nur bis zum Ablauf der Frist, innerhalb derer die Parteien ihre Bereitschaft zur Aufnahme von Vergleichsgesprächen zu erklären haben.**[94] Während der Vergleichsgespräche werden zudem üblicherweise Informationen zugänglich gemacht, die mit den in der Mitteilung der Beschwerdepunkte enthaltenen Information vergleichbar sind. Daher sind Kronzeugenanträge nach Beginn der Vergleichsgespräche für die Kommission nicht mehr nützlich und würden zudem die Gefahr in sich bergen, dass der Antragsteller in Kenntnis des Ermittlungsstandes der Kommission nur die unbedingt notwendigen Informationen preisgibt, um den erforderlichen Mehrwert vorlegen zu können.[95]

2. Vergleichsgespräche

Die Organisation der Vergleichsgespräche liegt weitgehend im Ermessen der Kommission. Zu beachten hat sie aber, dass sie denjenigen Unternehmen, mit denen sie das Vergleichsverfahren fortsetzen möchte, zur Wahrung der Verteidigungsrechte die in Art. 10a Abs. 2 UA 1 der VO (EG) 773/2004 genannten Informationen und Beweise übermitteln und ihnen Gelegenheit zur Stellungnahme geben muss. In diesem Rahmen kann die Kommission über die Abfolge der Vergleichsgespräche und den Zeitpunkt der Übermittlung entscheiden. Die Kommission wird die Informationen nach Maßgabe des Fortschritts der Vergleichsgespräche offenlegen. Es unterliegt ihrer Einschätzung, ob die bilateralen Vergleichsgespräche mit den Parteien „angemessen und zügig" verlaufen.[96]

a) Formelle Treffen. In der bisherigen Kommissionspraxis werden die bilateralen Vergleichsgespräche in drei formelle Treffen strukturiert, wobei von dieser Praxis jederzeit abgewichen werden kann. An den Treffen nehmen auf Kommissionsseite der Direktor der Kartelldirektion oder ein mit dem Vergleichsverfahren vertrauter Abteilungsleiter und das den Fall bearbeitende Team teil. Es können Mitarbeiter der Direktion A, des Juristischen Dienstes oder der Anhörungsbeauftragten anwesend sein. Auf Unternehmensseite werden die bevollmächtigten Rechtsanwälte und wenn möglich Mitarbeiter des Unternehmens teilnehmen.

Erstes formelles Treffen. Während des ersten formellen Treffens stellt die Kommission ihre **vorläufige Einschätzung des Falles** dar, indem sie die von ihr erwogenen Beschwerdepunkte offenlegt. Insbesondere benennt sie alle relevanten Elemente der mutmaßlichen Verletzungshandlung, dh das betroffene Produkt, das konkrete Kartellverhalten, die geographische Reichweite, die Dauer und die beteiligten Parteien. Sie nimmt auch eine rechtliche Einordnung vor, indem sie die einheitliche(n) und fortgesetzte(n) Verletzungshandlung(en) umschreibt und erläutert, warum diese gegen Art. 101 AEUV verstoßen. Außerdem legt sie die Verantwortlichkeit innerhalb des Unternehmens dar und gibt insbesondere an, ob die Parteien wegen unmittelbarer Beteiligung oder als Muttergesellschaft haften. Zur Untermauerung ihrer Einschätzung nennt sie die maßgeblichen Beweise. Es ist üblich, dass die Kommission tragende Beweisdokumente während des Treffens zeigt. Im Vergleichsverfahren werden die Parteien damit zu einem sehr frühen Zeitpunkt über die Position der Kommission informiert. Zu Beginn des ersten Treffens haben alle auf Unternehmensseite anwesenden Personen eine Erklärung zu unterzeichnen, in der sie sich zur Vertraulichkeit Dritten gegenüber verpflichten (zur Vertraulichkeit des Vergleichsverfahrens → Rn. 30).

---

[93] Rn. 29 der Kronzeugenmitteilung.
[94] Rn. 13 der Vergleichsmitteilung. In einigen Fällen haben Parteien einen Kronzeugenantrag zwischen Einleitungsbeschluss und Beginn der Vergleichsgespräche eingereicht, siehe Fall AT.39748 – Kabelbäume, Zusammenfassung in ABl. 2013 C 283, 5 Rn. 3.
[95] Siehe auch Ortiz Blanco/*Zois*/*Bobek*/*Tierno Centella* Rn. 10.113–10.114.
[96] Siehe Rn. 15 der Vergleichsmitteilung.

59 Zweites formelles Treffen. Im zweiten formellen Treffen sollten die Kommission und die Parteien ein **gemeinsames Verständnis zur Zuwiderhandlung und Verantwortlichkeit** erzielen. Der Zeitpunkt des zweiten Treffens richtet sich nach dem Fortschritt der Vergleichsgespräche. Es kann auch sinnvoll sein, im zweiten Treffen die für die Bußgeldberechnung relevanten Umsätze abzugleichen und die für die Bußgeldberechnung relevanten Parameter zu erläutern. Während die genannten Parameter bereits eine Abschätzung des zu erwartenden Bußgelds ermöglichen, ist die konkrete Höhe des zu erwartenden Bußgeldes nicht Gegenstand der Besprechung. In der Praxis kommt es vor, dass das zweite formelle Gespräch nicht als Treffen, sondern telefonisch stattfindet.[97]

60 Drittes formelles Treffen. Im dritten formellen Treffen wird den Parteien die jeweilige **Bandbreite ihrer möglichen Geldbußen mitgeteilt**.[98] Die Bandbreite beruht auf einer Schätzung der möglichen Geldbußen[99] und wurde vor Mitteilung vom Kollegium der Kommissare festgelegt. Jedem Unternehmen wird nur die Bandbreite der eigenen Geldbuße mitgeteilt, nicht jedoch die Bandbreite der anderen beteiligten Unternehmen. Im weiteren Verlauf des Vergleichsverfahrens ist die Kommission an diese Geldbußenbandbreite gebunden.[100] Am Ende des dritten Treffens setzt die Kommission den Parteien eine Frist zur Vorlage von Vergleichsausführungen. Die Frist muss mindestens 15 Arbeitstage betragen.[101]

61 b) Zugang zu den relevanten Beweisen. Nach dem ersten formellen Treffen wird die Kommission die „Beweise, anhand derer die erwogenen Beschwerdepunkte festgestellt wurden",[102] den Parteien zugänglich machen. Es handelt sich damit **nicht um einen vollständigen Aktenzugang**. Die Kommission zeigt nur die relevanten Beweise, dh das Beweismaterial, auf das sie sich zum Nachweis von Zuwiderhandlung und Verantwortlichkeit stützt. Dabei dürfte es sich im Grundsatz um Unternehmenserklärungen sowie sonstige Dokumente (insbesondere Anlagen zu Unternehmenserklärungen und in Ausübung der Ermittlungsbefugnisse erlangte Dokumente), die als Beweisstück herangezogen werden, handeln. Für die Kommission ist damit ein erheblicher Effizienzgewinn verbunden, da für deutlich weniger Dokumente vertrauliche Fassungen erstellt werden müssen als im Fall eines vollständigen Aktenzugangs.

62 Das Verfahren der Zugänglichmachung der relevanten Beweise orientiert sich am Verfahren des Aktenzuganges im normalen Verfahren (→ § 10 Rn. 100).

63 Über die hierin enthaltenen relevanten Beweise hinaus können Parteien die **Offenlegung der nicht vertraulichen Fassung weiterer in der Akte des Falles befindlicher Unterlagen beantragen**. Dafür muss die Partei darlegen, dass diese Unterlagen erforderlich sind, „damit sie ihre Position bezüglich eines Zeitraumes oder anderer Gesichtspunkte des Kartells ermitteln kann".[103] Damit die Partei einen solchen begründeten Antrag stellen kann, erhält sie zeitgleich mit Zugang zu den relevanten Beweisen eine Liste, die alle zum Zeitpunkt der Verfahrenseinleitung in der Akte befindlichen Unterlagen benennt. Diese Liste enthält eine kurze Beschreibung der jeweiligen Unterlagen. Über diese Beschreibung hinaus gibt es für die Parteien auch andere Anhaltspunkte dafür, ob Unterlagen für die Ermittlung ihrer Position von Interesse sein könnten, wie etwa wenn Unternehmenserklärungen in einem bestimmten Kontext auf als Anlagen beigefügte Unterlagen verweisen. Grundsätzlich dürften alle Dokumente, die sich auf Zuwiderhandlung oder

---

[97] Siehe auch *Köster* EuZW 2015, 577.
[98] Art. 10a Abs. 2 UA 1 Buchstabe d) VO (EG) 773/2004 in englischer Fassung: „the range of potential fines"; in deutscher Fassung dagegen „die Höhe etwaiger Geldbußen".
[99] Siehe Rn. 15 Fn. 1 der Vergleichsmitteilung.
[100] Siehe EuG Urt. v. 20.5.2015 – T-456/10 Rn. 124 – Timab.
[101] Rn. 17 der Vergleichsmitteilung. Artikel 17 Abs. 2 VO (EG) 773/2004 verlangt allerdings nur mindestens zwei Wochen.
[102] Art. 10a Abs. 1 UA 2 der VO (EG) 773/2004.
[103] Art. 10a Abs. 1 UA 2 der VO (EG) 773/2004 und Rn. 16 der Vergleichsmitteilung.

individuelle Verantwortlichkeit beziehen, für die jeweilige Partei potentiell von Bedeutung sein.

Bei den Anforderungen an die Darlegung der Erforderlichkeit ist zu berücksichtigen, dass die den Antrag stellende Partei den genauen Inhalt des Dokuments noch nicht kennt. Gleichzeitig sollte die Anforderung zusätzlicher Unterlagen kein Ausmaß erreichen, das im Ergebnis zu einem vollen Aktenzugang führt. In diesem Fall hat die Kommission zu erwägen, ob die Fortführung des Vergleichsverfahrens unter Effizienzgesichtspunkten noch sinnvoll ist. Weitere Unterlagen können nur bis zur Unterbreitung der Vergleichsausführungen beantragt werden. **64**

c) Informeller Austausch. Zwischen den formellen Treffen können bilateral informelle Gespräche zwischen der Kommission und den Parteien stattfinden. Während dieser Gespräche können die Parteien bereits zu einem frühen Zeitpunkt im Verfahrensablauf ihre Position darlegen und Einwände zu den Beschwerdepunkten der Kommission geltend machen. Die Parteien können ihre Argumente auch schriftlich formulieren. Die Kommission wird die Stärke der Argumente der Parteien prüfen und zügig in einem **offenen Austausch** auf die Einwände der Parteien reagieren. In vielen Vergleichsfällen haben sich gerade die informellen Gespräche als entscheidend erwiesen, um ein gemeinsames Verständnis von Zuwiderhandlung und Verantwortlichkeit zu erreichen.[104] **65**

3. Vergleichsausführungen

Sofern die Parteien bereit sind, den Fall im Vergleichsverfahren abzuschließen, müssen sie innerhalb der gesetzten Frist von mindestens 15 Arbeitstagen (→ § 10 Rn. 60) ihre Vergleichsausführungen unterbreiten. Die Vergleichsausführungen können schriftlich oder mündlich erfolgen[105] und sind mit der Kommission abzustimmen. Die Unterbreitung der Vergleichsausführungen stellt ein Vergleichsersuchen der Parteien dar, das sie **nicht einseitig widerrufen** können. **66**

Die Vergleichsausführungen müssen folgenden Inhalt haben:[106] **67**

- Ein eindeutiges Anerkenntnis der wesentlichen Elemente der Zuwiderhandlung auf der Grundlage des während der Vergleichsgespräche erzielten gemeinsamen Verständnisses mit der Kommission. Dies umfasst den Sachverhalt einschließlich der Teilnehmer, des betroffenen Produkts, des Ziels und der Modalitäten der Verletzungshandlung, der geographischen Reichweite und der Dauer sowie die rechtliche Bewertung.
- Ein eindeutiges Anerkenntnis der Verantwortlichkeit für die dargestellte Zuwiderhandlung.
- Zustimmung zu dem Höchstbetrag der beabsichtigten Geldbuße, der den Parteien von der Kommission mitgeteilt wurde.
- Erklärung der Parteien, dass ihre Verteidigungsrechte gewahrt wurden, dh dass sie über die Zuwiderhandlung und ihre Verantwortlichkeit von der Kommission hinreichend informiert wurden und dass sie eine hinreichende Gelegenheit zur Stellungnahme hatten.
- Erklärung der Parteien, dass sie weder eine weitergehende Akteneinsicht noch eine mündliche Anhörung beantragen, sofern das Vergleichsverfahren fortgesetzt wird.
- Zustimmung der Parteien, die Mitteilung der Beschwerdepunkte und den Bußgeldbeschluss in der für das Vergleichsverfahren vereinbarten Amtssprache – in der Regel Englisch – zu erhalten.

Die Anerkenntnisse und Bestätigungen stehen unter der Bedingung, dass die Kommission die Vergleichsausführungen in der Mitteilung der Beschwerdepunkte und später im Bußgeldbeschluss wiedergibt und dass der Höchstbetrag der Geldbuße nicht überschritten wird. **68**

---

[104] Siehe auch EuG Urt. v. 20.5.2015 – T-456/10 Rn. 117 – Timab.
[105] Siehe Rn. 38 der Vergleichsmitteilung. Zur Form der mündlichen Erklärung siehe Rn. 32 der Kronzeugenmitteilung.
[106] Siehe Rn. 20 der Vergleichsmitteilung.

4. Mitteilung der Beschwerdepunkte und Erwiderung

69 Sofern das Vergleichsverfahren fortgesetzt werden soll, wird die Kommission eine Mitteilung der Beschwerdepunkte erlassen, die die Vergleichsausführungen wiedergibt. Dies ist der Fall, wenn die wesentlichen Elemente der Zuwiderhandlung, die rechtliche Würdigung und die Feststellung der Verantwortlichkeit den Vergleichsausführungen entsprechen. Da die Parteien die Zuwiderhandlung und ihre Verantwortlichkeit anerkannt haben, können die Sachverhaltsdarstellung und die rechtlichen Erwägungen **deutlich gestraffter** ausfallen als bei einer Mitteilung der Beschwerdepunkte im normalen Verfahren.

70 Im Anschluss daran haben die Parteien innerhalb einer Frist von wenigstens zwei Wochen zu bestätigen, dass die Mitteilung der Beschwerdepunkte dem Inhalt der Vergleichsausführungen entspricht und sie sich verpflichten, das Vergleichsverfahren fortzusetzen. Die Bestätigung kann entsprechend kurz gefasst sein und hat schriftlich zu erfolgen.

71 Die Kommission bleibt frei, das Vergleichsersuchen der Parteien nicht anzunehmen, wobei der Fall dann in das normale Verfahren übergeht (→ Rn. 85).[107] Die Kommission müsste sodann eine Mitteilung der Beschwerdepunkte vorbereiten, die den Anforderungen des normalen Verfahrens entspricht, und die Parteien sind dann nicht mehr an ihre Vergleichsausführungen gebunden.

V. Der Beschluss im Vergleichsverfahren

72 Sofern die Parteien die Übereinstimmung von Vergleichsausführung und Mitteilung der Beschwerdepunkte bestätigen, kann die Annahme des Bußgeldbeschlusses im Vergleichsverfahren vorbereitet werden. Eine mündliche Anhörung findet nicht statt, der Beratende Ausschuss ist aber zuvor anzuhören.[108]

73 Der Bußgeldbeschluss entspricht hinsichtlich der Sachverhaltsdarstellung und der rechtlichen Würdigung weitestgehend der Mitteilung der Beschwerdepunkte. Der Abschnitt über die Bußgelder ist ausführlicher und erläutert – wie bei einem Beschluss im normalen Verfahren – jeden Schritt der Bußgeldberechnung. Der **Tenor des Beschlusses ist identisch mit dem Tenor eines im normalen Verfahren ergangenen Bußgeldbeschlusses.** Insbesondere enthält er die Feststellung der Zuwiderhandlung, die Auferlegung des Bußgelds und eine Abstellungsverfügung.

74 Selbst in diesem fortgeschrittenen Stadium behält sich die Kommission vor, von der Mitteilung der Beschwerdepunkte abzuweichen, „entweder unter Berücksichtigung der vom Beratenden Ausschuss vorgelegten Auffassung oder aus anderen vertretbaren Erwägungen im Hinblick auf die diesbezügliche Entscheidungsfreiheit der Kommission".[109] Der Fall geht dann in das normale Verfahren über und die Kommission hat den Parteien eine neue Mitteilung der Beschwerdepunkte anzukündigen. Die Parteien sind unter diesen Umständen nicht mehr an ihre Vergleichsausführungen gebunden.

VI. Gerichtliche Kontrolle von Vergleichsbeschlüssen

75 Auch im Vergleichsverfahren ergangene Beschlüsse können von den Parteien des Vergleichs gerichtlich angegriffen werden.[110] Allerdings sind aufgrund der Anerkenntnisse und Zugeständnisse der beteiligten Parteien mögliche **Anfechtungsgründe begrenzt.**[111] Die Parteien erkennen die Verletzungshandlung und ihre Verantwortlichkeit in Kenntnis der von der Kommission zugrunde gelegten Beweise an und stimmen einem Geldbußenbetrag zu, der dann im Beschluss nicht überschritten wird.

76 Gegen Beschlüsse im Vergleichsverfahren wurde bislang erst in zwei Fällen eine Anfechtungsklage beim EuG erhoben. In beiden Fällen wurde allein die Bußgeldberechnung

---

[107] Siehe auch Rn. 27 der Vergleichsmitteilung.
[108] Siehe Art. 14 der VO (EG) 1/2003 und Art. 10a Abs. 3 der VO (EG) 773/2004.
[109] Rn. 29 der Vergleichsmitteilung.
[110] Rn. 41 der Vergleichsmitteilung.
[111] Siehe auch *Laina/Laurinen*, 10.

gerügt. Im Euribor-Fall hat Société Générale vorgetragen, der Kommission sei ein Berechnungsfehler bei der Berechnung des relevanten Umsatzes unterlaufen und die Methode der Berechnung sei nicht hinreichend begründet worden.[112] Im Briefumschläge-Fall war Printeos/Tompla der Auffassung, die Kommission hätte die Anwendung einer Bußgeldreduktion nicht hinreichend begründet und den Gleichheitsgrundsatz verletzt, ferner hätte ein durch die spanische Wettbewerbsbehörde bereits verhängtes Bußgeld berücksichtigt werden sollen.[113]

Sofern in einem Fall alle Parteien dem Vergleich zugestimmt haben und keine Partei Klage erhebt, kommt es zu keinem Gerichtsverfahren. Dies führt auf Seiten der Kommission zu erheblichen **Effizienzgewinnen** und Ressourceneinsparungen nach Erlass des Geldbußenbeschlusses, da im Normalverfahren erlassene Beschlüsse in der Regel zumindest von einigen Parteien angegriffen werden, was zu mehrjährigen Auseinandersetzungen vor den europäischen Gerichten führt.

77

Die Vergleichsmitteilung sieht nicht vor, dass im Fall einer Klage die Bußgeldreduzierung für das Vergleichsverfahren in Frage gestellt wird. Im Hinblick auf das Grundrecht auf effektiven Zugang zu Gerichten, wie es in Art. 49 der Grundrechtscharta und Art. 6 EMRK garantiert ist, erschiene es problematisch, wenn die Kommission in Reaktion auf eine Klage das Bußgeld erhöhen würde. Allerdings haben die europäischen Gerichte im Hinblick auf die Bußgeldhöhe die Befugnis zur unbeschränkten Nachprüfung, die auch eine Erhöhung des Bußgelds umfasst. Sollte die Klage einer Vergleichspartei klar unbegründet sein, könnte das Gericht in diesem Rahmen berücksichtigen, dass aufgrund der Klage die Effizienzgewinne des Vergleichsverfahrens vermindert worden sind.

78

VII. Besonderheiten „hybrider" Fälle

Sofern eine oder mehrere Parteien das Vergleichsverfahren nicht fortsetzen und keine Vergleichsausführungen unterbreiten wollen, hat die Kommission die Möglichkeit, das Vergleichsverfahren **insgesamt abzubrechen** und mit allen Parteien in das normale Verfahren überzugehen. Sie behält diese Möglichkeit selbst dann, wenn einige Parteien bereits Vergleichsausführungen abgegeben haben.

79

Die Kommission kann das Vergleichsverfahren mit den Parteien, die Vergleichsausführungen unterbreitet haben, aber auch fortsetzen und **lediglich mit den „Aussteigern" in das normale Verfahren übergehen,** so dass der Fall dann „hybrid" wird. Bei hybriden Fällen kann die Kommission den Bußgeldbeschluss entweder gegenüber allen Parteien zeitgleich annehmen[114] oder aber zunächst den Bußgeldbeschluss im Vergleichsverfahren annehmen und danach für die verbleibenden Parteien das normale Verfahren betreiben und später ihnen gegenüber den Bußgeldbeschluss erlassen.[115] Im *Timab*-Fall hat das Gericht die Rechtmäßigkeit des hybriden Verfahrens anerkannt, wobei es nach der Begründung nicht darauf anzukommen scheint, ob die beiden Beschlüsse zeitgleich oder nacheinander ergehen.[116]

80

Die Verteidigungsrechte der nicht am Vergleich beteiligten Parteien werden in hybriden Fällen nicht in Frage gestellt. Die Kommission erlässt zwar zu demselben Kartell bereits im Vergleichsverfahren einen Beschluss, der die Verletzungshandlung insgesamt feststellt, die Kommission muss aber im Normalverfahren die individuelle Beteiligung und Verantwortlichkeit der nicht am Vergleich beteiligten Parteien darstellen und beweisen.[117]

81

---

[112] T-98/14. Die Klage wurde im Februar 2016 zurückgenommen.
[113] T-95/15.
[114] So etwa in Animal Feed Phosphates, siehe IP/10/985 und Kom. v. 20.7.2010 – 38866 Rn. 37 – Tierfutter sowie EuG Urt. v. 20.5.2015 – T-456/10, NZKart 2015, 319 – Timab.
[115] Siehe den Beschluss im normalen Verfahren gegen den Broker ICAP in YIRD, IP/15/14104. So auch das beabsichtigte Verfahren in EIRD IP/13/1208, Stahl-Strahlmittel, IP/14/359 und Dosenpilze IP/14/727.
[116] Siehe insbesondere EuG 21 Urt. v. 20.5.2015 – T-456/10 Rn. 71, 104–107 – Timab.
[117] Siehe auch EuG Urt. v. 20.5.2015 – T-456/10 Rn. 104 – Timab.

Die Kommission hat ausführliche Beschwerdepunkte zu erlassen, den Parteien vollen Aktenzugang zu gewähren und die Parteien können schriftlich und mündlich Stellung nehmen. Der **Vergleichsbeschluss präjudiziert die Kommission nicht,** da dieser Beschluss nur an die am Vergleich beteiligten Parteien adressiert ist und daher auch nur diesen gegenüber Wirkung entfaltet. Da auch in einem hybriden Verfahren die Parteien Teilnehmer desselben Kartells sind, muss der Gleichbehandlungsgrundsatz beachtet werden.[118] Dies bedeutet, dass die Kommission bei der Festsetzung der Geldbußen dieselbe Berechnungsmethode wie im Vergleichsverfahren anwenden muss.[119] Allerdings ist die Kommission in dem Normalverfahren nicht an die Geldbußenbandbreite gebunden, die sie den Parteien im Vergleichsverfahren mitgeteilt hat (sofern die Parteien erst nach diesem Verfahrensschritt aus dem Vergleichsverfahren ausgestiegen sind).[120] Das Normalverfahren ist ein vom Vergleichsverfahren unteschiedliches Verfahren, in dem auf der Grundlage des in diesem Verfahren festgestellten Sachverhalts die Verantwortlichkeit festgestellt werden muss, das Bußgeld diesen neuen Umständen anzupassen ist und die Bußgeldbandbreite des aufgegebenen Vergleichsverfahrens daher irrelevant wird.[121] Die Kommission hat hierbei die zum Zeitpunkt der Entscheidung relevanten Umstände zu bewerten, auch wenn diese von im Vergleichsverfahren angenommenen Umstände abweichen. Insbesondere kann durch den Verlauf des Verfahrens, also beispielsweise im Rahmen der Beschwerdepunkte, der Fall so beschränkt werden, dass im Ergebnis der Mitwirkungsbeitrag des aussteigenden Unternehmens entfällt.[122] Die Kommission ist nach dem Wechsel in das normale Verfahren nicht verpflichtet, in einer Entscheidung Abweichungen zum Vergleichsverfahren zu begründen.

VIII. Schutz der Vergleichsdokumente

82 Die Vergleichsausführungen werden in Hinblick auf ihren Schutz weitgehend **Unternehmenserklärungen von Kronzeugen gleichgestellt** (zum Schutz von Unternehmenserklärungen → § 7 Rn. 79 ff.).[123] Vergleichsausführungen können schriftlich oder mündlich erfolgen. Sofern ein Fall hybrid wird, sind die Vergleichsausführungen den nicht am Vergleich beteiligten Parteien in den Büroräumen der Kommission zugänglich zu machen.[124] Eine Übermittlung an die Wettbewerbsbehörden der Mitgliedstaaten kommt nur unter strengen Bedingungen in Betracht, insbesondere wenn das Schutzniveau der empfangenden Behörde dem der Kommission entspricht. Eine Weiterleitung an mitgliedstaatliche Gerichte ist nur mit Einwilligung der Vergleichspartei möglich. Einer Offenlegung nach VO (EG) 1049/2001 werden in der Regel öffentliche und private Interessen entgegenstehen,[125] auch nachdem der Bußgeldbeschluss ergangen ist.

83 Die Schadensersatzrichtlinie bestimmt, dass nationale Gerichte in privaten Schadensersatzverfahren keinesfalls die Vorlage von Vergleichsausführungen anordnen dürfen.[126] Vergleichsausführungen befinden sich damit ebenso wie Unternehmenserklärungen auf der „Black List" und genießen **uneingeschränkten Schutz.** Die Vorlage von „Vergleichsausführungen, die widerrufen wurden", kann allerdings verlangt werden, wenn die Wettbewerbsbehörde das Verfahren abgeschlossen hat.[127] Die Parteien sind allerdings an ihre

---

[118] EuG Urt. v. 20.5.2015 – T-456/10 Rn. 72 – Timab.
[119] EuG Urt. v. 20.5.2015 – T-456/10 Rn 111 – Timab.
[120] EuG Urt. v. 20.5.2015 – T-456/10 Rn. 96 – Timab.
[121] EuG Urt. v. 20.5.2015 – T-456/10 Rn. 104–107 – Timab. Das Gericht spricht von einer Situation des „tabula rasa" (Rn. 104).
[122] So beispielsweise durch eine Beschränkung des zeitlichen Umfangs, vgl. EuG Urt. v. 20.5.2015 – T-456/10 Rn. 90 – Timab.
[123] Siehe Rn. 35–40 der Vergleichsmitteilung.
[124] Siehe Rn. 35 der Vergleichsmitteilung.
[125] Siehe zu Unternehmenserklärungen zuletzt bestätigend EuGH Urt. v. 27.2.2014 – C-365/12 Kommission/EnBW; EuG Urt. v. 13.9.2013 – T-380/08, NZKart 2013, 505 – Niederlande/Kommission.
[126] Siehe Artikel 6 Abs. 2a Buchst. a der Kartellschadensersatzrichtlinie.
[127] Siehe Artikel 6 Abs. 2 Buchst. c der Kartellschadensersatzrichtlinie.

Vergleichsausführungen gebunden (→ Rn. 66), so dass ein Widerruf durch die Partei nicht vorkommen sollte. Sofern jedoch die Kommission nach der Übermittlung von Vergleichsausführungen entscheiden sollte, das Vergleichsverfahren abzubrechen, so gelten die Vergleichsausführungen nicht als „widerrufen" und erhalten damit (auch zeitlich) uneingeschränkten Schutz nach Art. 6 Abs. 2a der Schadensersatzrichtlinie. Das in den Vergleichsausführungen enthaltene Anerkenntnis wird von der Kommission im weiteren Verfahren außer Acht gelassen.[128]

IX. Überblick über die Beschlüsse, die bislang im Vergleichsverfahren entschieden wurden

Die folgende Tabelle gibt einen Überblick zu den bislang abgeschlossenen Vergleichsverfahren, den erlassenen Geldbußen und dem benötigten Zeitrahmen. 84

Fall	Bußgeld	Zeitraum*	Besonderheiten
Nr. 38.511 – DRAMs	EUR 331 Mio.	15 Monate	
Nr. 38.866 – Tierfutter	EUR 175 Mio.	17 Monate	hybrid
Nr. 39.759 – Waschpulver	EUR 315 Mio.	15 Monate	
Nr. 39.605 – CRT Glas	EUR 128 Mio.	16 Monate	
Nr. 39.600 – Kühlkompressoren	EUR 161 Mio.	14 Monate	
Nr. 39.611 – Water Management Produkte	EUR 13 Mio.	17 Monate	
Nr. 39.748 – Kabelbäume	EUR 141 Mio.	12 Monate	
Nr. 39.914 – EIRD	EUR 1042 Mio.		hybrid
Nr. 39.861 – YIRD	EUR 669 Mio.		hybrid
Nr. 39.801 – Polyurethan Schaumstoff	EUR 114 Mio.	14 Monate	
Nr. 39.952 – Energiebörsen	EUR 5,9 Mio.	12 Monate	
Nr. 39.922 – Wälzlager	EUR 953 Mio.	14 Monate	
Nr. 39.792 – Stahl-Strahlmittel	EUR 30,7 Mio.	15 Monate	hybrid
Nr. 39.965 – Dosenpilze	EUR 32 Mio.	14 Monate	hybrid
Nr. 39.924 – Zinsderivaten in Schweizer Franken	EUR 32,3 Mio.	15 Monate	
Nr. 39.924 – Schweizer Franken LIBOR	EUR 61,6 Mio.	15 Monate	
Nr. 39.780 – Umschläge	EUR 19,5 Mio.	12 Monate	
Nr. 40.055 – Standheizungshersteller	EUR 68,2 Mio.	9 Monate	
Nr 40.098 – Schienengüterverkehrsbetreiber	EUR 49,2 Mio.	13 Monate	
Nr 40.028 – Generatoren und Anlasser	EUR 137,8 Mio.	16 Monate	

* Zeitraum zwischen Eröffnungsbeschluss und Bußgeldbeschluss.

---

[128] Siehe Rn. 22 und 27 der Vergleichsmitteilung in der geänderten Fassung.

C. Mitteilung der Beschwerdepunkte

I. Funktion im Verfahren

85 Gem. Art. 27 Abs. 1 S. 1 VO 1/2003 gibt die Kommission vor einer belastenden Entscheidung den davon betroffenen Parteien Gelegenheit, sich zu den von ihr in Betracht gezogenen Beschwerdepunkten zu äußern. Zu diesem Zweck teilt die Kommission den Parteien die gegen sie angeführten Beschwerdepunkte schriftlich mit (Art. 10 Abs. 1 S. 1 VO 773/2004). Dieser Mitteilung der Beschwerdepunkte liegt die **vorläufige Beurteilung** der Kommission zugrunde.[129] Als vorbereitendes Schriftstück sind die Beschwerdepunkte nicht selbständig anfechtbar.[130]

86 Der Mitteilung der Beschwerdepunkte geht zwar teilweise ein Treffen zum Verfahrensstand (→ Rn. 178) voraus,[131] so dass die betroffenen Unternehmen über die von der Kommission untersuchten Gesichtspunkte grob informiert sind. Erst in der **Mitteilung der Beschwerdepunkte** legt die Kommission ihre Vorwürfe jedoch vollständig dar, um den betroffenen Unternehmen die Möglichkeit zu geben, ihr Recht auf **rechtliches Gehör** (→ Rn. 7) sachgerecht auszuüben.[132] Darüber hinaus legt sie den **Gegenstand des Verwaltungsverfahrens** gegenüber den Unternehmen fest, gegen die es eingeleitet wurde.[133]

II. Formalia

87 Angesichts dieser Bedeutung ist die Mitteilung der Beschwerdepunkte hinreichend klar als Mitteilung der Beschwerdepunkte zu kennzeichnen[134] und **sämtlichen juristischen Personen schriftlich zuzustellen,** gegen die sich die von der Kommission erhobenen Vorwürfe richten und gegen die die Kommission Maßnahmen zu ergreifen beabsichtigt (Art. 10 Abs. 1 S. 2 VO 773/2004).[135] Es genügt nicht, wenn die Kommission, möchte sie bei einem aus mehreren Gesellschaften bestehenden Unternehmen Geldbußen auch gegen die **Muttergesellschaft** verhängen,[136] die Mitteilung der Beschwerdepunkte lediglich an eine Tochtergesellschaft adressiert.[137]

88 Die Mitteilung der Beschwerdepunkte ist mit einer **Frist zur schriftlichen Stellungnahme** zu versehen (Art. 10 Abs. 2 S. 1 VO 773/2004). In einem vom Generaldirektor für Wettbewerb unterzeichneten **Begleitschreiben**[138] zu der eigentlichen Mitteilung der

---

[129] EuGH Urt. v. 3.9.2009 – C-534/07 P, Slg. 2009, I-7415 Rn. 28 – Prym und Prym Consumer/Kommission; Urt. v. 7.1.2004 – C-204/00 P ua, Slg. 2004, I-123 Rn. 67 – Aalborg Portland ua/Kommission.
[130] EuGH Urt. v. 11.11.1981 – C-60/81, GRUR Int 1982, 441 Rn. 21 – IBM/Kommission.
[131] Vgl. Kap. 11 Rn. 5 Antitrust Manual of Procedures.
[132] EuG Urt. v. 6.2.2014 – T-27/10, ECLI:EU:T:2014:59 Rn. 173 – AC-Treuhand/Kommission; EuGH Urt. v. 29.9.2011 – C-521/09 P, Slg. 2011, I-8947 Rn. 115 – Elf Acquitaine/Kommission; Urt. v. 25.1.2007 – C-407/04 P, Slg. 2007, I-829 Rn. 58f. – Dalmine/Kommission; Urt. v. 2.10.2003 – C-176/99 P, BeckRS 2004, 74699 Rn. 19f. – ARBED/Kommission; Bewährte Vorgehensweisen Rn. 82.
[133] EuGH Urt. v. 3.9.2009 – C-534/07 P, Slg. 2009, I-7415 Rn. 28 – Prym und Prym Consumer/Kommission; Urt. v. 17.11.1987 – C-142/84, Slg. 1987, 4487 Rn. 70 – BAT und Reynolds/Kommission.
[134] Kap. 11 Rn. 8 Antitrust Manual of Procedures.
[135] EuGH Urt. v. 7.1.2004 – C-204/00 P ua, Slg. 2004, I-123 Rn. 60 – Aalborg Portland ua/Kommission; Urt. v. 2.10.2003 – C-176/99 P, BeckRS 2004, 74699 Rn. 23 – ARBED/Kommission; EuG Urt. v. 23.2.1994 – T-39/92, Slg. 1994, II-49 Rn. 58 – Europay.
[136] Die Muttergesellschaft gehört selbst zum „Unternehmen", gegen das sich ein Kartellverfahren richtet, wenn sie mit der handelnden Gesellschaft eine „wirtschaftliche Einheit" bildet. Bei einer Beteiligung von 100% (oder auch 98%), besteht eine widerlegbare Vermutung, dass Mutter und Tochter eine solche wirtschaftliche Einheit bilden, vgl. zuletzt EuGH Urt. v. 29.9.2011 – C-521/09 P, Slg. 2011, I-8947 Rn. 53ff. – Elf Acquitaine/Kommission.
[137] EuGH Urt. v. 27.3.2014 – C-612/12 P, ECLI:EU:C:2014:193 Rn. 25ff. – Ballast Nedam/Kommission; Urt. v. 2.10.2003 – C-176/99 P, BeckRS 2004, 74699 Rn. 23 – ARBED/Kommission.
[138] Der Generaldirektor ist lediglich zeichnungsberechtigt; vgl. EuGH Urt. v. 14.7.1972 – C-48/69, Slg. 1972, 619 Rn. 12/14 – ICI/Kommission. Angenommen wird die Mitteilung der Beschwerdepunkte vom zuständigen Kommissar für Wettbewerb; vgl. Antitrust Manual of Procedures Kap. 11 Rn. 28.

Beschwerdepunkte informiert die Kommission die Adressaten darüber hinaus über ihr Recht auf Akteneinsicht und mündliche Anhörung, über den zuständigen Anhörungsbeauftragten sowie über die Möglichkeit, den Schutz vertraulicher Informationen zu beantragen.[139]

Gem. Art. 3 VO (EWG) 1/1958[140] ist die Mitteilung der Beschwerdepunkte in der **Sprache** des Mitgliedstaates abzufassen, dessen Hoheitsgewalt der Adressat unterliegt. Dies gilt jedoch nicht für Beweismittel. Diese muss die Kommission grundsätzlich nicht übersetzen, da sie nicht von der Kommission stammen und daher keine „Schriftstücke" iSv Art. 3 VO (EWG) 1/1958 darstellen.[141] Auch **wörtliche Zitate** aus fremdsprachigen Beweismitteln in der Mitteilung der Beschwerdepunkte braucht die Kommission nach der Rechtsprechung des EuGH nicht zu übersetzen.[142] In der Praxis stellt die Kommission den Adressaten dennoch eine nicht amtliche Übersetzung wörtlicher Zitate zur Verfügung.[143] Die Verteidigungsrechte der Parteien sind in diesem Fall allerdings nur dann gewahrt, wenn ihnen gleichzeitig die **Originalfassungen** der zitierten Schriftstücke zugänglich gemacht werden.[144] Verstöße gegen Art. 3 VO (EWG) 1/1958 machen das Verfahren nur dann fehlerhaft, wenn sich aus ihnen für den Adressaten im Verwaltungsverfahren nachteilige Rechtsfolgen ergeben.[145] Hindert eine fehlende Übersetzung das betroffene Unternehmen nicht daran, seine Verteidigungsrechte wahrzunehmen, verstößt eine Verwendung des betreffenden Beweismittels nicht gegen die Verfahrensrechte des betroffenen Unternehmens.[146]

III. Inhalt

1. Vorgeworfene Zuwiderhandlung und Beweismittel

Gem. Art. 27 Abs. 1 S. 2 VO 1/2003 stützt die Kommission ihre Entscheidung nur auf die Beschwerdepunkte, zu denen sich die Parteien äußern konnten. Daher müssen **sämtliche Tatsachen und Schriftstücke,** auf welche sich die Kommission in ihrer späteren Entscheidung zu berufen gedenkt, einschließlich ihrer **rechtlichen Bewertung,** in der Mitteilung der Beschwerdepunkte klar angegeben werden. Diese Darstellung kann in gedrängter Form erfolgen, da es sich bei der Mitteilung der Beschwerdepunkte um ein lediglich vorbereitendes Schriftstück handelt, das nicht notwendigerweise ein Abbild der endgültigen Entscheidung sein muss.[147]

Für die Gewährung rechtlichen Gehörs ist nicht ausreichend, dass die betroffenen Unternehmen im Rahmen der Akteneinsicht Kenntnis von einem bestimmten **Beweismittel** erlangen konnten. Entscheidend sind vielmehr die Schlussfolgerungen, die die Kommission aus einem Beweismittel ziehen möchte. Schriftstücke, die in der Mitteilung der Beschwerdepunkte nicht erwähnt wurden, darf die Kommission daher nicht als Beweismittel in der abschließenden Entscheidung verwenden.[148] Der Schutz von **Geschäftsgeheimnissen oder vertraulichen Informationen** kann die Kommission jedoch berechtigen, ein verwendetes Beweismittel nicht vollständig offenzulegen, sofern das betroffene

---

[139] Antitrust Manual of Procedures Kap. 11 Rn. 47.
[140] VO Nr. 1 zur Regelung der Sprachenfrage für die Europäische Wirtschaftsgemeinschaft, ABl. 1958 P 17, 385.
[141] EuG Urt. v. 15.3.2000 – T-25/95, Slg. 2000, II-491 Rn. 631 – Cimenteries CBR/Kommission.
[142] EuG Urt. v. 15.3.2000 – T-25/95, Slg. 2000, II-491 Rn. 633f. – Cimenteries CBR/Kommission.
[143] Antitrust Manual of Procedures Kap. 11 Rn. 13.
[144] EuG Urt. v. 15.3.2000 – T-25/95, Slg. 2000, II-491 Rn. 635 – Cimenteries CBR/Kommission.
[145] EuG Urt. v. 15.3.2000 – T-25/95, Slg. 2000, II-491 Rn. 643 – Cimenteries CBR/Kommission.
[146] EuG Urt. v. 15.3.2000 – T-25/95, Slg. 2000, II-491 Rn. 644 – Cimenteries CBR/Kommission.
[147] EuGH Urt. v. 3.9.2009 – C-534/07 P, Slg. 2009, I-7415 Rn. 28 – Prym und Prym Consumer/Kommission; Urt. v. 7.1.2004 – C-204/00 P ua, Slg. 2004, I-123 Rn. 67 – Aalborg Portland ua/Kommission.
[148] EuG Urt. v. 30.9.2003 – T-191/98, Slg. 2003, II-3275 Rn. 162 – Atlantic Container Line ua/Kommission; Urt. v. 10.3.1992 – T-11/89, Slg. 1992, II-757 Rn. 55 – Shell/Kommission; EuGH Urt. v. 3.7.1991 – C-62/86, Slg. 1991, I-3359 Rn. 21 – AKZO Chemie/Kommission.

Unternehmen dennoch in der Lage ist, zu dem Beweismittel und seinem Beweiswert Stellung zu nehmen und die teilweise Geheimhaltung des Schriftstücks im Rahmen der Beweiswürdigung berücksichtigt wird.[149]

2. Ankündigung von Geldbußen und/oder Abhilfemaßnahmen

92 Das Recht auf rechtliches Gehör erstreckt sich neben der vorgeworfenen Zuwiderhandlung auch auf die von der Kommission ins Auge gefassten **Rechtsfolgen.** Beabsichtigt die Kommission, gegen ein Unternehmen eine **Geldbuße** zu verhängen, muss daher auch dies aus der Mitteilung der Beschwerdepunkte eindeutig hervorgehen. Dabei muss die Kommission keine konkreten Angaben zur Höhe der in Aussicht genommen Geldbuße machen, da dies eine nicht sachgerechte Vorwegnahme der späteren Entscheidung darstellen würde.[150] Sie muss jedoch hinreichende Angaben zu den für die Festsetzung der Geldbuße **wesentlichen tatsächlichen und rechtlichen Gesichtspunkten,** wie die Dauer und Schwere der behaupteten Zuwiderhandlung sowie die Frage der Vorsätzlichkeit oder Fahrlässigkeit machen.[151] Diese Pflicht ist nicht mit einer bloßen Umschreibung des Art. 23 Abs. 3 VO 1/2003 erfüllt.[152] Vielmehr muss die Kommission stets eine knappe vorläufige Beurteilung der Dauer und der Schwere der behaupteten Zuwiderhandlung sowie der Frage abgeben, ob die Zuwiderhandlung im konkreten Fall vorsätzlich oder fahrlässig begangen wurde.[153]

93 Die Ausführungen zur Schwere der behaupteten Zuwiderhandlung müssen auch die Elemente umfassen, aus denen die Kommission einen **erschwerenden Umstand,** zB eine vermeintliche Anführerschaft in einem Kartell, ableiten möchte.[154] Da die Mitteilung der Beschwerdepunkte noch nicht den endgültigen Standpunkt der Kommission darstellt, muss die Kommission zu diesem Zeitpunkt noch keine rechtliche Bewertung dieser Elemente vornehmen und braucht zB nicht bereits anzugeben, dass ein Unternehmen als Anführer eingestuft werden könnte.[155] Es ist jedoch nicht ausreichend, wenn verschiedene Elemente, die gemeinsam die Annahme einer Anführerschaft rechtfertigen könnten, in verschiedenen Randnummern der Mitteilung der Beschwerdepunkte auftauchen, ohne dass ein Zusammenhang zwischen diesen Elementen hergestellt würde. Möchte die Kommission in ihrer Abschlussentscheidung **verschiedene tatsächliche Umstände im Zusammenhang** werten, um aus einer Gesamtschau zB den erschwerenden Umstand einer Anführerschaft herzuleiten, ist dem betroffenen Unternehmen eine sachdienliche Verteidigung nur möglich, wenn dieser Zusammenhang bereits im Rahmen der Beschwerdepunkte hergestellt wird.[156]

94 Über diese Pflichtelemente hinaus stellt die Kommission in der Praxis zur Verbesserung der Transparenz in der Mitteilung der Beschwerdepunkte **weitere Informationen** (soweit vorhanden) zur Verfügung, die in die Berechnung eines Bußgeldes einfließen könnten. Hierzu zählen zB die **relevanten Absatzzahlen** oder **die Jahre,** die für die Berechnung herangezogen werden sollen. Diese Informationen können auch nach Zustellung der Mitteilung der Beschwerdepunkte übermittelt werden. In jedem Fall erhalten die betroffenen Unternehmen die Möglichkeit, Stellung zu nehmen.[157]

---

[149] EuGH Urt. v. 25.1.2007 – C-407/04 P, Slg. 2007, I-829 Rn. 45 ff. – Dalmine/Kommission.
[150] EuGH Urt. v. 7.6.1983 – C-100/80, Slg. 1983, 1825 Rn. 21 – Musique Diffusion française/Kommission.
[151] EuGH Urt. v. 29.6.2006 – C-289/04 P, Slg. 2006, I-5859 Rn. 69 – Showa Denko KK/Kommission; Urt. v. 9.11.1983 – C-322/81, Slg. 1983, 3461 Rn. 19 f. – Michelin/Kommission; vgl. auch Bewährte Vorgehensweisen Rn. 84; Antitrust Manual of Procedures Kap. 11 Rn. 17.
[152] EuG Urt. v. 8.7.2004 – T-48/00, Slg. 2004, II-2325 Rn. 145 – Corus UK/Kommission.
[153] EuG Urt. v. 8.7.2004 – T-48/00, Slg. 2004, II-2325 Rn. 146 – Corus UK/Kommission.
[154] EuGH Urt. v. 9.7.2009 – C-511/06 P, Slg. 2009, I-5843 Rn. 70 f. – Archer Daniels Midland/Kommission.
[155] EuGH Urt. v. 9.7.2009 – C-511/06 P, Slg. 2009, I-5843 Rn. 71 f. – Archer Daniels Midland/Kommission.
[156] EuG Urt. v. 18.6.2008 – T-410/03, Slg. 2008, II-881 Rn. 424 ff. – Höchst/Kommission.
[157] Bewährte Vorgehensweisen Rn. 85; Antitrust Manual of Procedures Kap. 11 Rn. 18.

Schließlich informiert die Kommission die betroffenen Unternehmen auch über struktu- 95
relle oder verhaltensorientierte **Abhilfemaßnahmen** nach Art. 7 Abs. 1 VO 1/2003, die
ihrer Ansicht nach notwendig sind, um die mutmaßliche Zuwiderhandlung abzustellen.
Auch diese Informationen müssen so detailliert und klar sein, dass die Adressaten sachgerecht Stellung nehmen können. Verlangt die Kommission strukturelle Abhilfemaßnahmen, informiert sie die Adressaten auch darüber, warum ihrer Ansicht nach keine verhaltensorientierten Maßnahmen in Betracht kommen.[158] Diesen Ankündigungen wird die
Kommission jedenfalls nicht gerecht, wenn sie in der Mitteilung der Beschwerdepunkte
lediglich erklärt, sie denke daran, die Abstellung der Zuwiderhandlung anzuordnen.

IV. Neue Tatsachen oder Beweismittel

Erlangt die Kommission nach Übersendung der Mitteilung der Beschwerdepunkte 96
Kenntnis von neuen Tatsachen oder Beweismitteln, kann sie diese in ihrer späteren Entscheidung nur dann heranziehen, wenn sie den Parteien zuvor Gelegenheit zur Stellungnahme gegeben hat (Art. 27 Abs. 1 VO 1/2003). Dabei unterscheidet die Kommission
wie folgt:

- Werden aufgrund der neuen Erkenntnisse **zusätzliche Beschwerdepunkte** erhoben
  oder wird dem Unternehmen eine **im Wesen andere Zuwiderhandlung** zur Last gelegt, teilt die Kommission dies den Parteien in einer **ergänzenden Mitteilung der
  Beschwerdepunkte** mit.[159] Es genügt nicht, wenn einem betroffenen Unternehmen
  lediglich eine Abschrift der an eine andere Partei gerichteten Mitteilung der zusätzlichen Beschwerdepunkte zur Information zugesandt wird.[160] In der ergänzenden Mitteilung der Beschwerdepunkte wiederholt die Kommission nicht alle Beschwerdepunkte
  der ersten Mitteilung, sondern informiert lediglich über neue Beschwerdepunkte, die
  den Parteien zuvor nicht zugestellt wurden.[161]
- Sofern neue Tatsachen oder Beweismittel die einem Unternehmen bereits zur Last gelegten Beschwerdepunkte **lediglich untermauern,** übermittelt die Kommission keine
  ergänzende Mitteilung der Beschwerdepunkte, sondern teilt den betroffenen Unternehmen lediglich mit einfachem Schreiben (sog **Tatbestandsschreiben,** engl. „**letter of
  facts**") mit, dass sie sich auf die neuen Beweise stützen will. Das Tatbestandsschreiben
  gibt den Unternehmen ebenfalls die Gelegenheit, innerhalb einer bestimmten Frist
  schriftlich zu den neuen Beweisen Stellung zu nehmen.[162]

Nicht jede **Abweichung zwischen Abschlussentscheidung und Mitteilung der Be-** 97
schwerdepunkte macht eine erneute Anhörung erforderlich. Die abschließende Entscheidung muss die Ergebnisse des Verwaltungsverfahrens berücksichtigen, sei es, indem
bestimmte Beschwerdepunkte fallengelassen werden, die sich als nicht ausreichend begründet erwiesen haben, sei es, indem Argumente, auf die aufrechterhaltene Beschwerdepunkte gestützt sind, in tatsächlicher oder rechtlicher Hinsicht neu geordnet oder ergänzt
werden. Solange die betroffenen Unternehmen Gelegenheit hatten, sich zu den berücksichtigten Tatsachen zu äußern, ist keine erneute Anhörung erforderlich.[163] Auch Tatsachen oder Beweismittel, die die betroffenen Unternehmen selbst in das Verfahren ein-

---

[158] Bewährte Vorgehensweisen Rn. 83; Antitrust Manual of Procedures Kap. 11 Rn. 20.
[159] EuG Urt. v. 30.9.2003 – T-191/98, Slg. 2003, II-3275 Rn. 121, 165 – Atlantic Container Line ua/Kommission; EuG Urt. v. 23.2.1994 – T-39/92, Slg. 1994, II-49 Rn. 46–57 – Europay; Bewährte Vorgehensweisen Rn. 110; Antitrust Manual of Procedures Kap. 11 Rn. 71.
[160] EuG Urt. v. 23.2.1994 – T-39/92, Slg. 1994, II-49 Rn. 58 – Europay; Antitrust Manual of Procedures Kap. 11 Rn. 72.
[161] Antitrust Manual of Procedures Kap. 11 Rn. 73.
[162] EuG Urt. v. 30.1.2007 – T-340/03, Slg. 2007, II-107 Rn. 28–37 – France Télécom/Kommission; Urt. v. 20.3.2002 – T-23/99, Slg. 2002, II-1705 Rn. 188–190 – LR AF 1998/Kommission; Bewährte Vorgehensweisen Rn. 111; Antitrust Manual of Procedures Rn. 75.
[163] EuGH Urt. v. 7.1.2004 – C-204/00 P ua, Slg. 2004, I-123 Rn. 67 – Aalborg Portland ua/Kommission; Urt. v. 7.6.1983 – C-100/80, Slg. 1983, 1825 Rn. 14 – Musique Diffusion française/Kommission; Urt. v. 15.7.1970 – 41/69, BeckRS 2004, 71129 Rn. 91/95 – Chemiefarma/Kommission.

bringen oder auf die sie sich in ihren Antworten auf die Beschwerdepunkte beziehen, darf die Kommission in ihrer abschließenden Entscheidung berücksichtigen, ohne dass eine erneute Anhörung erforderlich wäre.[164]

V. Rechtsfolgen von Verletzungen des Anhörungsrechts

98 Verwendet die Kommission in ihrer abschließenden Entscheidung **unzulässige Tatsachen oder Beweismittel,** zu denen die betroffenen Unternehmen nicht im Rahmen der Mitteilung der Beschwerdepunkte, einer ergänzenden Mitteilung der Beschwerdepunkte oder einem Tatbestandsschreiben ordnungsgemäß angehört wurden oder zu denen sie nicht hinreichend Stellung nehmen konnten, führt dies unmittelbar zunächst nur dazu, dass es der Kommission verwehrt ist, sich auf die in ihrer Entscheidung angeführten unzulässigen Schriftstücke zu stützen (Art. 27 Abs. 1 S. 2 VO 1/2003). Eine **Verletzung der Verteidigungsrechte** mit der Folge der Nichtigkeit der Entscheidung liegt dagegen erst dann vor, wenn das betroffene Unternehmen darlegen kann, dass der Vorwurf der Zuwiderhandlung nur durch Heranziehung des fraglichen Beweismittels belegt werden kann. Gibt es dagegen andere Belege, von denen die Parteien im Verfahren Kenntnis hatten und die die speziellen Schlussfolgerungen der Kommission ebenso stützen, stellt der Wegfall des Beweismittels nicht die Begründetheit der Entscheidung in Frage (→ Rn. 124).[165] Insgesamt gilt damit Folgendes:
- Wurde ein **belastendes Schriftstück** nicht übermittelt, sind die Verteidigungsrechte nur beeinträchtigt, wenn der Kommissionsbeschluss bei Ausschluss des Schriftstückes als belastendes Beweismittel anders ausgefallen wäre.[166]
- Wurde dagegen die Einsicht in ein **entlastendes Schriftstück** verweigert, liegt eine Verletzung der Verteidigungsrechte bereits dann vor, wenn das betroffene Unternehmen darlegen kann, dass es das fragliche Schriftstück zu seiner Verteidigung hätte einsetzen können und eine Beeinflussung des Verfahrens daher nicht auszuschließen ist.[167]

99 Sollte eine Verletzung des Rechts auf Anhörung eingetreten sein, kann diese nicht durch eine nachträgliche Anhörung im Rahmen des Gerichtsverfahrens geheilt werden.[168]

D. Akteneinsicht

I. Akteneinsichtsrecht der Parteien

1. Allgemeines

100 Das in Art. 41 Abs. 2 lit. b GR-Charta verankerte **Recht auf Akteneinsicht** bildet, neben der Mitteilung der Beschwerdepunkte, den zweiten prozessualen Eckpfeiler zur Wahrung der Verteidigungsrechte, indem es eine umfassende Information der betroffenen Unternehmen gewährleistet und damit das Recht auf Anhörung flankiert (→ Rn. 8). Gemäß dem allgemeinen **Grundsatz der Waffengleichheit** ist es zur Wahrung der Verteidigungsrechte nicht ausreichend, wenn ein von einem Kommissionsverfahren betroffenes Unternehmen lediglich Einsicht in die Beweismittel erhält, auf die die Kommission ihre Beschwerdepunkte stützt. Vielmehr müssen die betroffenen Unternehmen prinzipiell den

---
[164] EuGH Urt. v. 14.7.1972 – C-52/69, Slg. 1972, 787 Rn. 14 – Geigy AG/Kommission; EuG Urt. v. 10.3.1992 – T-11/89, Slg. 1992, II-757 Rn. 59 ff. – Shell/Kommission.
[165] EuGH Urt. v. 7.1.2004 – C-204/00 P ua, Slg. 2004, I-123 Rn. 71 ff. – Aalborg Portland ua/Kommission; EuG Urt. v. 14.3.2013 – T-587/08, ECLI:EU:T:2013:129, Rn. 667 – Fresh Del Monte Produce/Kommission.
[166] EuGH Urt. v. 7.1.2004 – C-204/00 P, Slg. 2004, I-123 Rn. 71 ff. – Aalborg Portland ua/Kommission; EuG Urt. v. 14.3.2013 – T-587/08, ECLI:EU:T:2013:129, Rn. 667 – Fresh Del Monte Produce/Kommission.
[167] EuGH Urt. v. 7.1.2004 – C-204/00 P, Slg. 2004, I-123 Rn. 75 – Aalborg Portland ua/Kommission; EuG Urt. v. 14.3.2013 – T-587/08, ECLI:EU:T:2013:129, Rn. 688 – Fresh Del Monte Produce/Kommission.
[168] EuGH Urt. v. 25.10.2011 – C-109/10 P, Slg. 2011, I-10329 Rn. 56 – Solvay/Kommission; Urt. v. 15.10.2002 – C-238/99 P ua, Slg. 2002, I-8375 Rn. 318 – Limburgse Vinyl Maatschappij ua/Kommission.

gleichen Informationsstand haben wie die Kommission und daher Zugang zu allen Schriftstücken in der Ermittlungsakte erhalten. Nur so können die Unternehmen selbst prüfen, ob die Kommissionsakte neben den von der Kommission verwendeten belastenden Beweismitteln möglicherweise auch entlastende Beweismittel enthält, die sie in ihren Stellungnahmen verwenden möchten.[169]

Die Rechtsprechung war lange Zeit eher zurückhaltend in Bezug auf die Einsicht in die Verfahrensakten der Kommission.[170] Erst Mitte der 90er Jahr leitete das EuG aus dem Gebot der Waffengleichheit ein generelles Akteneinsichtsrecht der Betroffenen eines Kartellverfahrens in die gesamte Verfahrensakte – dh alle be- und entlastenden Aktenbestandteile – ab.[171] In Reaktion auf diese Rechtsprechung erfuhr das Verfahren der Akteneinsicht durch die Mitteilung der Kommission zu Akteneinsicht aus dem Jahr 1997 eine erste Formalisierung.[172] Inzwischen ist ein umfassendes Recht auf Akteneinsicht sowohl in der GR-Charta als auch in Art. 27 Abs. 2 S. 2 VO 1/2003 und Art. 15 VO 773/2004 verankert. Die aktuelle Verwaltungspraxis der Kommission ist in der **Mitteilung der Kommission zur Akteneinsicht aus dem Jahr 2005**[173] festgelegt. 101

Zur Akteneinsicht **berechtigt** sind im Ausgangspunkt **nur die Parteien des Verfahrens**, an die die Kommission eine Mitteilung der Beschwerdepunkte gesendet hat.[174] Diesen ist nach Zustellung der Mitteilung der Beschwerdepunkte auf Antrag stets Akteneinsicht zu gewähren (Art. 15 Abs. 1 VO 773/2004). Da das Recht auf Akteneinsicht eine Ausprägung des Verteidigungsrechts auf rechtliches Gehör ist, können Beschwerdeführer oder betroffene Dritte nur in bestimmten Fällen auf Antrag durch den Anhörungsbeauftragten (und auch dann nur in beschränktem Umfang) zur Akteneinsicht berechtigt werden.[175] Das **Akteneinsichtsrecht endet** mit Erlass der abschließenden Kommissionsentscheidung.[176] 102

2. Umfang der Akteneinsicht

Grundsätzlich erhalten die Adressaten der Beschwerdepunkte Einsicht in die **gesamte Akte der Kommission.** Diese besteht aus sämtlichen Schriftstücken und Dokumenten, die die Kommission während des Verfahrens erhält, erstellt oder zusammenstellt,[177] also vor allem aus Schriftwechseln und Vermerken zu Gesprächen mit den betroffenen Unternehmen sowie dem gesamten im Rahmen von Nachprüfungen und Auskunftsverlangen erlangten Material. Um den Überblick zu erleichtern, fertigt die Kommission in der Praxis ein Verzeichnis über den Akteninhalt an und nummeriert die gesamte Akte durchgehend. 103

Von der Akteneinsicht ausgenommen sind **Geschäftsgeheimnisse und vertrauliche Informationen** sowie **interne Schriftstücke** der Kommission und der Wettbewerbsbehörden der Mitgliedstaaten (Art. 27 Abs. 2 S. 3 VO 1/2003, Art. 15 Abs. 2 S. 1 VO (EG) Nr. 773/2004). Sonderprobleme stellen die **Einsicht in die Stellungnahmen der anderen Parteien** und die **Einsicht in Kronzeugenerklärungen** dar. 104

a) Interne Dokumente. Die von der Akteneinsicht ausgenommenen internen Dokumente umfassen zB **Entwürfe, Stellungnahmen oder Vermerke der Kommissionsdienst-** 105

---

[169] EuG Urt. v. 29.6.1995 – T-36/91, Slg. 1995, II-1847 Rn. 93 – ICI/Kommission.
[170] ZB EuG Urt. v. 17.12.1991 – T-7/89, Slg. 1991, II-1711 Rn. 52 – Hercules Chemicals/Kommission.
[171] EuG Urt. v. 29.6.1995 – T-36/91, Slg. 1995, II-1847 Rn. 93 – ICI/Kommission.
[172] Mitteilung der Kommission über interne Verfahrensvorschriften für die Behandlung von Anträgen auf Akteneinsicht in Fällen einer Anwendung der Artikel 85 und 86 EG-Vertrag, der Artikel 65 und 66 EGKS-Vertrag und der Verordnung (EWG) Nr. 4064/1989 des Rates, ABl. 1997 C 23, 3.
[173] Mitteilung der Kommission über die Regeln für die Einsicht in Kommissionsakten in Fällen einer Anwendung der Artikel 81 und 82 EG-Vertrag, Artikel 53, 54 und 57 des EWR-Abkommens und der VO 139/2005, ABl. 2005 C 325, 7 („Mitteilungen zur Akteneinsicht").
[174] Mitteilung zur Akteneinsicht Rn. 3.
[175] Mandat des Anhörungsbeauftragten Art. 7 Abs. 2, 3.
[176] EuG Urt. v. 6.4.1995 – T-145/89, Slg. 1995, II-987 Rn. 30 – Baustahlgewebe/Kommission.
[177] Mitteilung zur Akteneinsicht Rn. 8.

stellen.[178] Diesen Unterlagen gemeinsam ist, dass sie weder be- noch entlastenden Charakter haben und damit nicht zum Beweismaterial gehören, auf das die Kommission ihre rechtliche Würdigung stützt.[179] Die Tatsache, dass die betroffenen Unternehmen keine Einsicht in diese Dokumente erhalten, beeinträchtigt ihre Verteidigungsrechte daher nicht. Gegen eine Offenlegung spricht darüber hinaus die Notwendigkeit, die Vertraulichkeit der Entscheidungsfindung der Kommission zu schützen, um die Funktionsfähigkeit des Organs im Rahmen seiner Ermittlungstätigkeit sicherzustellen.[180] Nur unter außergewöhnlichen Umständen können diese internen Dokumente den betroffenen Unternehmen in einem späteren Verfahren zugänglich gemacht werden.[181]

106 Fertigt die Kommission **Protokolle über Gespräche** an, die sie mit Unternehmen führt (hierzu ist sie in der Regel verpflichtet, wenn der Zweck des Gesprächs die Informationsbeschaffung für ein Kartellverfahren ist[182]), zählen auch diese im Ausgangspunkt zu den internen Schriftstücke, die von der Akteneinsicht ausgenommen sind.[183] Sofern jedoch die anwesenden Personen oder Unternehmen die Protokolle billigen, sind sie – um etwaige Geschäftsgeheimnisse bereinigt – von der Akteneinsicht umfasst.[184] Möchte die Kommission Protokolle als belastende Beweismittel verwenden, muss sie die Protokolle in Form eines Aktenvermerks zur Akte nehmen und Akteneinsicht gewähren.[185]

107 Von der Kommission in Auftrag gegebene **Studien** zusammen mit den Ausschreibungsunterlagen und dem methodischen Ansatz der Studie zählen nach Ansicht der Kommission dagegen von vornherein nicht zu den internen Dokumenten.[186] Von der Akteneinsicht ausgenommen ist nur der Schriftverkehr zwischen der Kommission und dem Auftragnehmer der Studie zB über die Bewertung der Arbeit des Auftragnehmers oder finanzielle Aspekte.[187] Damit geht die Kommission über den Standard der Rechtsprechung hinaus, wonach eine Studie, auf die sich die Kommission in der Mitteilung der Beschwerdepunkte nicht stützt, weder be- noch entlastend ist und daher nicht von der Akteneinsicht umfasst ist.[188]

108 Von der Akteneinsicht ausgenommen sind schließlich auch Dokumente zur **Kommunikation mit den Behörden der Mitgliedstaaten,** den Behörden von Drittstaaten sowie mit der EFTA-Überwachungsbehörde.[189] Akteneinsicht in diese Dokumente wird lediglich unter außergewöhnlichen Umständen und nach Entfernung aller Geschäftsgeheimnisse gewährt, wenn Schriftstücke aus einem Mitgliedstaat von der Kommission zu prüfende Anschuldigungen gegen Verfahrensbeteiligte enthalten oder Teil des von der Kommission verwendeten Beweismaterials sind.[190]

109 **b) Geschäftsgeheimnisse und sonstige vertrauliche Informationen.** Der Begriff der Geschäftsgeheimnisse bzw. anderer vertraulicher Informationen, die unter das Berufsgeheimnis fallen, ist in der VO 1/2003 bzw. der primärrechtlichen Norm des Art. 339 AEUV selbst nicht definiert. **Geschäftsgeheimnisse** sind Informationen, die nur einer beschränkten

---

[178] Vgl. EuG Urt. v. 1.4.1993 – T-65/89, Slg. 1993, II-389 Rn. 33 – BPB Industries und British Gypsum/Kommission.
[179] Mitteilung zur Akteneinsicht Rn. 12.
[180] EuG Urt. v. 30.9.2003 – T-191/98, Slg. 2003, II-3275 Rn. 394 – Atlantic Container Line; Beschl. v. 10.12.1997 – T-134/94, Slg. 1997, II-2293 Rn. 35 f. – NMH Stahlwerke/Kommission.
[181] EuG Beschl. v. 10.12.1997 – T-134/94, Slg. 1997, II-2293 Rn. 35 – NMH Stahlwerke/Kommission.
[182] Entscheidung des Europäischen Ombudsmanns v. 14.7.2009 gegen die Kommission im Verfahren Intel/AMD – 1935/2008/FOR, Rn. 82 ff.
[183] EuG Urt. v. 30.9.2003 – T-191/98, Slg. 2003, II-3275 Rn. 394 – Atlantic Container Line; Antitrust Manual of Procedures Kap. 12 Rn. 20.
[184] Mitteilung zur Akteneinsicht Rn. 13.
[185] EuG Urt. v. 30.9.2003 – T-191/98, Slg. 2003, II-3275 Rn. 352 – Atlantic Container Line.
[186] Mitteilung zur Akteneinsicht Rn. 11; Antitrust Manual of Procedures Kap. 12 Rn. 21.
[187] Mitteilung zur Akteneinsicht Rn. 14; Antitrust Manual of Procedures Kap. 12 Rn. 21.
[188] EuG Urt. v. 14.12.2005 – T-210/01, Slg. 2005, II-5575 Rn. 671 – General Electric/Kommission.
[189] Art. 27 Abs. 2 S. 4 VO 1/2003, Art. 15 Abs. 2 S. 2 VO (EG) Nr. 773/2004; Mitteilung zur Akteneinsicht Rn. 15; Antitrust Manual of Procedures Kap. 12 Rn. 24.
[190] Mitteilung Akteneinsicht Rn. 16; Antitrust Manual of Procedures Kap. 12 Rn. 25 f.

Anzahl von Personen bekannt sind und durch deren Preisgabe die schützenswerten Interessen des Auskunftgebers oder eines Dritten schwer beeinträchtigt werden können.[191] Dies umfasst etwa technische und finanzielle Angaben in Bezug auf das Know-how eines Unternehmens, Kostenrechnungsmethoden, Produktionsgeheimnisse und -verfahren, Bezugsquellen, produzierte und verkaufte Mengen, Marktanteile, Kunden- und Händlerlisten, Vermarktungspläne, Kosten- und Preisstruktur oder Absatzstrategie.[192]

Sonstige vertrauliche Informationen, die unter das Berufsgeheimnis nach Art. 339 AEUV fallen, sind Informationen, die keine Geschäftsgeheimnisse darstellen, durch deren Offenlegung eine Person oder ein Unternehmen aber dennoch erheblich geschädigt werden könnte[193], bzw. Informationen, deren vertraulicher Charakter sich aus anderen primär- oder sekundärrechtlichen Bestimmungen des Unionsrechts ergibt, einschließlich der datenschutzrechtlichen Bestimmungen.[194] Sonstige vertrauliche Informationen im Rahmen der Akteneinsicht sind etwa Informationen, mittels derer die betroffenen Unternehmen Beschwerdeführer oder Dritte identifizieren könnten, die ein legitimes Interesse an der Wahrung ihrer Anonymität haben, weil sie andernfalls mit Vergeltungsmaßnahmen rechnen müssten.[195] **110**

Die Kommission behandelt Informationen **nur auf Antrag** vertraulich.[196] Stellen die betroffenen Unternehmen innerhalb der von der Kommission gesetzten Frist keine Vertraulichkeitsanträge, kann die Kommission davon ausgehen, dass die eingereichten Erklärungen und Unterlagen keine vertraulichen Informationen enthalten (Art. 16 Abs. 4 VO (EG) Nr. 773/2004). In der Regel kann Vertraulichkeitsschutz nur für solche Informationen beantragt werden, die die Kommission vom Antragsteller selbst erhalten hat.[197] In der Praxis setzt die Kommission den Unternehmen, die Erklärungen oder Unterlagen bei der Kommission einreichen, eine Frist, innerhalb der sie die ihrer Ansicht nach **vertraulichen Informationen identifizieren,** ihren **Vertraulichkeitsantrag begründen,** eine **nicht vertrauliche Fassung vorlegen** und eine **knappe Beschreibung jeder entfernten Information** zur Verfügung stellen müssen.[198] Darüber hinaus fordert die Kommission die betroffenen Unternehmen auf, die Teile in der Mitteilung der Beschwerdepunkte zu identifizieren, die ihrer Ansicht nach Geschäftsgeheimnisse enthalten (vgl. Art. 16 Abs. 3 VO 773/2004). Die nicht vertraulichen Fassungen und die Beschreibungen der entfernten Angaben müssen geeignet sein, alle Beteiligten mit Akteneinsichtsrecht in die Lage zu versetzen, zu erkennen, ob die entfernten Angaben für ihre Verteidigung von Bedeutung sind.[199] **111**

---

[191] EuG Urt. v. 18.9.1996 – T-353/94, Slg. 1996, II-921 Rn. 87 – Postbank/Kommission; Urt. v. 12.10.2007 – T-474/04, Slg. 2007, II-4225 Rn. 65 – Pergan Hilfsstoffe für industrielle Prozesse/Kommission. Die vor kurzem in Kraft getretene Richtlinie 2016/943 vom 8.6.2016 über den Schutz vertraulichen Know-hows und vertraulicher Geschäftsinformationen (Geschäftsgeheimnisse) vor rechtswidrigem Erwerb sowie rechtswidriger Nutzung und Offenlegung, ABl. 2016 L 157, 1, enthält eine Legaldefinition des Begriffs des Geschäftsgeheimnisses. Nach Art. 2 Abs. 1 der Richtlinie sind Geschäftsgeheimnisse Informationen, die geheim sind, dh nicht allgemein bekannt oder ohne weiteres zugänglich sind, einen kommerziellen Wert haben, weil sie geheim sind und vom Inhaber durch angemessene Geheimhaltungsmaßnahmen vor einer Offenlegung geschützt werden.
[192] Mitteilung zur Akteneinsicht Rn. 18.
[193] Mitteilung zur Akteneinsicht Rn. 19.
[194] EuG Urt. v. 12.10.2007 – T-474/04, Slg. 2007, II-4225 Rn. 64 – Pergan Hilfsstoffe für industrielle Prozesse/Kommission.
[195] EuGH Urt. v. 6.4.1995 – C-310/93 P, Slg. 1995, I-865 Rn. 26 – BPB Industries und British Gypsum/Kommission; Mitteilung zur Akteneinsicht Rn. 19.
[196] Mitteilung zur Akteneinsicht Rn. 21.
[197] Mitteilung zur Akteneinsicht Rn. 22.
[198] Die Kommission hat 2012 einen Leitfaden zu dem praktischen Vorgehen der Kennzeichnung von vertraulichen Informationen veröffentlicht: DG Competition informal guidance paper on confidentiality claims, March 2012, siehe zudem: Standard-Anlage zu Auskunftsersuchen: ANNEX Business secrets and other confidential information (Version of 13/02/2012) http://ec.europa.eu/competition/antitrust/business_secrets_en.pdf.
[199] Mitteilung zur Akteneinsicht Rn. 38.

112 Die **Ablehnung eines Vertraulichkeitsantrags** kann verschiedene Gründe haben. Zunächst kann die Kommission **unberechtigte Anträge** ablehnen. Informationen über ein Unternehmen sind jedenfalls dann nicht mehr vertraulich, wenn sie bereits außerhalb des Unternehmens bekannt sind oder ihren geschäftlichen Wert verloren haben. Nach Ansicht der Kommission ist dies bei Informationen über Umsatz, Absatz, Marktanteile und ähnliche Angaben nach spätestens fünf Jahren der Fall.[200] Allerdings können auch ältere Angaben Geschäftsgeheimnisse darstellen.[201] So sieht Art. 4 Abs. 7 VO (EG) Nr. 1049/2001 vor, dass ggf. selbst nach dem Ablauf von 30 Jahren Geschäftsgeheimnisse schützenswert sein können. Daher ist auch bei älteren Informationen eine Einzelfallbeurteilung auf Basis des Vortrags des Unternehmens notwendig.[202]

113 Auch tatsächlich vertrauliche Informationen genießen keinen absoluten Schutz. Die Kommission kann daher auch **berechtigte Anträge** ablehnen:
- Zum einen kann die Geheimhaltung bestimmter Informationen mit dem **öffentlichen Interesse an der Aufdeckung von Kartellverstößen** unvereinbar sein. Aufgrund der Anhörungs- und Akteneinsichtsrechte der betroffenen Unternehmen ist die Kommission gezwungen, belastende Beweismittel im Rahmen der Akteneinsicht zugänglich zu machen und den betroffenen Unternehmen eine Möglichkeit zur Stellungnahme einzuräumen (→ Rn. 8, 100). Ist eine vertrauliche Information zum Nachweis eines Kartellverstoßes erforderlich, ist die Kommission trotz des vertraulichen Charakters der Informationen nicht grundsätzlich daran gehindert, diese für den Nachweis einer Zuwiderhandlung zu nutzen (Art. 27 Abs. 2 S. 5 VO 1/2003, Art. 15 Abs. 3 VO (EG) Nr. 773/2004). Sie muss jedoch in jedem einzelnen Fall prüfen, ob das Interesse an einer Offenlegung größer ist als der Schaden, der aus dieser Offenlegung entstehen könnte, und dabei sämtliche relevanten Umstände berücksichtigen.[203]
- Zum anderen kann der Schutz vertraulicher Informationen auch mit der **Gewährleistung der Verteidigungsrechte** der betroffenen Unternehmen unvereinbar sein. Der Schutz vertraulicher Informationen und die Gewährleistung der Verteidigungsrechte sind von der Kommission miteinander in Einklang zu bringen.[204] Dafür müssen die betroffenen Unternehmen zumindest im Verzeichnis über die vertraulichen Informationen mit hinreichenden Angaben erhalten, um die Schriftstücke identifizieren zu können, die für ihre Verteidigung relevant sein könnten.[205] Sind die Verteidigungsrechte nicht bereits infolge der Zugänglichmachung einer nicht vertraulichen Fassung dieser Schriftstücke hinreichend gewahrt, kann das Interesse am Schutz der Verteidigungsrechte durch möglichst weitreichende Akteneinsicht das Interesse auf Schutz vertraulicher Informationen überwiegen und eine Offenlegung erforderlich machen. Auch diese Entscheidung hat die Kommission unter Berücksichtigung aller relevanten Umstände im Einzelfall zu treffen.[206]

114 c) Stellungnahmen anderer Parteien. Die Stellungnahmen der Adressaten der Mitteilung der Beschwerdepunkte, die diese in Erwiderung auf die Mitteilung der Beschwerdepunkte bei der Kommission einreichen, sind **nicht Teil der eigentlichen Kommissionsak-**

---

[200] Mitteilung zur Akteneinsicht Rn. 23.
[201] EuG Beschl. v. 11.3.2013 – T-462/12 R, ECLI:EU:T:2013:119 Rn. 70 – Pilkington Group/Kommission; bestätigt durch EuGH Beschl. v. 10.9.2013 – C-278/13 P(R), ECLI:EU:C:2013:558 – Kommission/Pilkington Group; EuG Urt. v. 13.9.2013 – T-380/08, ECLI:EU:T:2013:480 Rn. 44, 99 – Niederlande/Kommission.
[202] EuG Beschl. v. 11.3.2013 – T-462/12 R, ECLI:EU:T:2013:119 Rn. 70 – Pilkington Group/Kommission; bestätigt durch EuGH Beschl. v. 10.9.2013 – C-278/13 P(R), ECLI:EU:C:2013:558 – Kommission/Pilkington Group; EuG Urt. v. 13.9.2013 – T-380/08, ECLI:EU:T:2013:480 Rn. 44, 99 – Niederlande/Kommission.
[203] Erwägungsgrund 14 VO (EG) Nr. 773/2004; Mitteilung zur Akteneinsicht Rn. 24.
[204] EuG Urt. v. 29.6.1995 – T-36/91, Slg. 1995, II-1847 Rn. 98 – ICI/Kommission.
[205] EuG Urt. v. 29.6.1995 – T-36/91, Slg. 1995, II-1847 Rn. 104 – ICI/Kommission.
[206] Mitteilung zur Akteneinsicht Rn. 24; Antitrust Manual of Procedures Kap. 12 Rn. 43.

te.²⁰⁷ IdR gewährt die Kommission daher keine Einsicht in diese Stellungnahmen²⁰⁸ oder nur in möglicherweise entlastende neue Beweismittel. Anlass für diese Zurückhaltung ist vor allen Dingen die Befürchtung eines **„Pingpong-Spiels"** zwischen den betroffenen Unternehmen. Diese müssten nach einer Einsichtnahme die Möglichkeit erhalten, zu den Stellungnahmen der anderen Unternehmen selbst Stellung zu nehmen, was wiederum die anderen Unternehmen zu einer erneuten Stellungnahme veranlassen könnte.²⁰⁹

Die Kommission kann den betroffenen Unternehmen jedoch eine nicht-vertrauliche **115** Version der Stellungnahmen der anderen Parteien aushändigen, wenn dies zur **Wahrung der Verteidigungsrechte** notwendig ist oder sie es zur **Klärung tatsächlicher oder rechtlicher Aspekte** des Falles für nützlich hält.²¹⁰ Zur Wahrung der Verteidigungsrechte notwendig ist die Einsichtsgewährung in die Stellungnahmen zB dann, wenn die Kommission sich auf eine Information aus einer Stellungnahme stützen möchte, um einen Kartellverstoß nachzuweisen. In diesem Fall wird die Stellungnahme zu einem **belastenden Beweismittel,** zu dem die anderen betroffenen Unternehmen anzuhören sind.²¹¹ Zudem ist Einsicht auch insoweit zu gewähren, als in einer Stellungnahme neues be- oder entlastendes Beweismaterial enthalten ist.²¹² Sofern die Kommission Einsicht in die Stellungnahmen oder Teile davon gewährt, geschieht dies idR vor der mündlichen Anhörung, damit die Parteien während der mündlichen Anhörung Stellung nehmen können.²¹³ Die wechselseitige Stellungnahme während der Anhörung ist eine Möglichkeit, dem zuvor beschriebenen Pingpong-Spiel entgegenzuwirken.²¹⁴

Die Kommission hat sich bislang nicht endgültig festgelegt, wie sie mit Anträgen auf **116** Zugang zu den Stellungnahmen umgehen möchte, sondern viel einer jeweiligen Bewertung des Einzelfalls überlassen. Für die betroffenen Unternehmen, die den Inhalt der Stellungnahmen der anderen Parteien nicht kennen, ist es schwer, zu beurteilen, ob die Einsichtnahme rechtlich geboten ist. In der Praxis bietet der Zugang zu den Stellungnahmen daher häufig **Anlass für Diskussionen.** Ein Kompromiss, den die Kommission in der Praxis teilweise mit Erfolg anwendet, besteht darin, zwar Einsicht in eine nicht vertrauliche Version der mit den Stellungnahmen eingereichten Anlagen und Belege zu gewähren, jedoch nicht in die Stellungnahmen selbst. Auf diese Weise erhalten die betroffenen Unternehmen einen recht guten Eindruck von den enthaltenen neuen Beweismitteln, ohne dass die Stellungnahme vollständig offengelegt werden müsste.

d) Kronzeugenerklärungen. Kronzeugenerklärungen stellen in der Regel **belastende Be- 117 weismittel** dar, auf die die Kommission wichtige Teile ihrer Beschwerdepunkte stützt. Sie gehören daher zu den Teilen der Kommissionsakte, in die die betroffenen Unternehmen zwingend Akteneinsicht erhalten müssen. Zugleich hat die Kommission jedoch ein erhebliches Interesse daran, sicherzustellen, dass die Kronzeugenanträge nicht in die Hände Dritter gelangen können, die die enthaltenen Informationen vor allem im Rahmen zivilrechtlicher Schadensersatzverfahren zum Nachteil der Kronzeugen verwenden könnten. Bestünde diese Gefahr, könnte dies nach Ansicht der Kommission Unternehmen von der Kooperation im Rahmen des Kronzeugenprogrammes abhalten und so die Effektivität des Kronzeugenprogramms insgesamt gefährden.²¹⁵

---

[207] EuG Urt. v. 16.6.2011 – T-240/07, Slg. 2011, II-3355 Rn. 241 – Heineken Nederland und Heineken/Kommission.
[208] Mitteilung zur Akteneinsicht Rn. 27.
[209] *Albers* Schwerpunkte des Kartellrechts 2011, Referate des 39. FIW-Seminars 2012 S. 35, 45.
[210] Bewährte Vorgehensweisen Rn. 103.
[211] EuG Urt. v. 27.9.2006 – T-43/02, Slg. 2006, II-3435 Rn. 343 – Jungbunzlauer/Kommission.
[212] EuG Urt. v. 16.6.2011 – T-240/07, Slg. 2011, II-3355 Rn. 242 – Heineken Nederland und Heineken/Kommission; siehe auch Mitteilung zur Akteneinsicht Rn. 27.
[213] Bewährte Vorgehensweisen Rn. 103.
[214] *Albers* Schwerpunkte des Kartellrechts 2011, Referate des 39. FIW-Seminars 2012 S. 35, 46.
[215] Vgl. Bericht über die Wettbewerbspolitik 2006 Kap. I.A.1.1. Rn. 6.

118 In der Praxis gewährt die Kommission Einsicht in Kronzeugenanträge daher in einem **speziellen Verfahren.** Die Kronzeugenanträge werden nicht mit dem Rest der Akte an die Akteneinsichtsberechtigten versendet, sondern können nur in den Räumlichkeiten der Kommission eingesehen werden. Diese Möglichkeit erhalten zudem ausschließlich die Adressaten der Mitteilung der Beschwerdepunkte. Anderen Parteien wie Beschwerdeführern oder Dritten wird keine Einsicht gewährt. Die einsichtnehmenden Unternehmensvertreter und Rechtsbeistände müssen sich verpflichten, Informationen aus den Kronzeugenerklärungen nicht mit mechanischen oder elektronischen Mitteln zu kopieren. Sie dürfen Notizen machen, jedoch keine Passagen aus den Erklärungen abschreiben oder mündliche Aussagen protokollieren. Zudem haben sie sicherzustellen, dass Informationen aus der Kronzeugenerklärung ausschließlich für die Zwecke des Verwaltungsverfahrens oder eines daran anschließenden Gerichtsverfahrens verwendet werden.[216]

3. Verfahren/Rechtsschutz

119 a) Allgemeines. Die Kommission hat zur Gewährung von Akteneinsicht grundsätzlich die Wahl zwischen der Übersendung einer DVD, der Zusendung von Ablichtungen in Papierform oder einer Einladung, die Akte in den Räumlichkeiten der Kommission einzusehen (wo die Parteien auch Kopien der Aktenstücke fertigen dürfen).[217] In der Praxis übersendet die Kommission, schon aufgrund des Umfangs vieler Kommissionsakten, idR eine **digitale Version der Akte auf DVD** und gewährt lediglich die Akteneinsicht in Kronzeugenerklärungen im Rahmen des bereits angesprochenen gesonderten Verfahrens in den Räumlichkeiten der Kommission (→ Rn. 118). Zudem erhalten die einsichtnehmenden Unternehmen das von der Kommission erstellte Inhaltsverzeichnis der Akte[218] sowie die Vertraulichkeitsanträge der anderen Parteien inklusive der Begründung und der kurzen Beschreibung der geschwärzten Informationen. Ein solches Inhaltsverzeichnis ist insbesondere bei umfangreichen Akten im Hinblick auf die regelmäßig kurzen Fristen für die Antwort auf die Beschwerdepunkte zur effektiven Gewährleistung der Verteidigungsrechte wichtig.

120 Die Akteneinsicht erfolgt unter der **Verwendungsbeschränkung,** dass enthaltene Informationen von den Parteien nur für Gerichts- oder Verwaltungsverfahren zur Anwendung der europäischen Wettbewerbsregeln eingesetzt und insbesondere nicht an Dritte (zB private Schadensersatzkläger) weitergegeben werden dürfen.[219] Die Kommission behält sich vor, Rechtsbeistände, die an einer Verletzung der Verwendungsbeschränkung mitgewirkt haben, bei ihrer jeweiligen Kammer zu melden, damit disziplinarische Maßnahmen eingeleitet werden.[220]

121 b) Akteneinsicht in vertrauliche Informationen/Rechtsschutz. Die in der Praxis größte Herausforderung für die Kommission im Rahmen der Akteneinsicht stellt regelmäßig der Umgang mit Vertraulichkeitsanträgen dar. Zwischen den berechtigten Interesse an der Geheimhaltung vertraulicher Informationen und dem öffentlichen Interesse an einer Verwendung der Information zum Nachweis eines Kartellverstoßes oder dem Interesse eines die Offenlegung beantragenden Unternehmens an einer effektiven Wahrung seiner Verteidigungsrechte besteht ein natürlicher Konflikt (→ Rn. 113), den es im Rahmen des Akteneinsichtsverfahrens aufzulösen gilt.

122 Beabsichtigt die Kommission die **Offenlegung einer vertraulichen Information,** gibt sie dem Unternehmen, von dem diese Information stammt, zunächst Gelegenheit, eine neue, nicht vertrauliche Fassung des betreffenden Schriftstücks vorzulegen, die in

---

[216] Mitteilung der Kommission über den Erlass und die Ermäßigung von Geldbußen in Kartellsachen, ABl. 2006 C 298, 17, Rn. 33.
[217] Mitteilung zur Akteneinsicht Rn. 44.
[218] Mitteilung zur Akteneinsicht Rn. 44.
[219] Art. 15 Abs. 4 VO (EG) Nr. 773/2004, Mitteilung zur Akteneinsicht Rn. 48.
[220] Mitteilung zur Akteneinsicht Rn. 48.

Bezug auf die benötigte Information den gleichen Beweiswert hat wie das ursprüngliche Schriftstück.[221] Lässt sich der Konflikt auf diese Weise nicht ausräumen, findet das von der Rechtsprechung entwickelte sog **Akzo-Verfahren**[222] Anwendung, das inzwischen in Art. 8 Mandat des Anhörungsbeauftragten kodifiziert wurde. Dieses sieht eine Art **Zwischenverfahren** vor, in dem über den Vertraulichkeitsantrag entschieden wird.[223] Zunächst teilt die Kommission dem betreffenden Unternehmen unter Angabe von Gründen mit, dass sie die Offenlegung beabsichtigt.[224] Das Unternehmen kann hieraufhin den Anhörungsbeauftragten anrufen. Kommt dieser zu dem Ergebnis, dass überwiegende Interessen eine Offenlegung rechtfertigen, legt er dies in einem mit Gründen versehenen Beschluss nieder, der dem betreffenden Unternehmen schriftlich zugestellt wird.[225] Dieses erhält daraufhin ab Zustellung eine Woche Zeit, **Klage** zu erheben sowie – da die Klage keine aufschiebende Wirkung hat (Art. 278 S. 1 AEUV) – zugleich einen **Antrag auf vorläufigen Rechtsschutz** gegen die Offenlegung beim EuG zu stellen. Die Entscheidung über die Offenlegung einer vertraulichen Information ist eine der wenigen prozessualen Handlungen, gegen die im laufenden Verfahren Klage erhoben werden kann. Der EuGH hat diesen Rechtsschutz anerkannt, da die Offenlegung vertraulicher Informationen potentiell dazu geeignet ist, unmittelbar einen außerordentlichen Schaden zuzufügen, der mit einer Klage gegen die abschließende Entscheidung der Kommission nicht mehr gutzumachen ist.[226]

Die Kommission vertritt die Auffassung, dass sie einen **Missbrauch des Akzo-Verfahrens,** der lediglich das Ziel einer Verschleppung des Kommissionsverfahrens verfolgt, als Behinderung der Untersuchungen werten und im Rahmen der Bußgeldberechnung als erschwerenden Umstand und damit bußgelderhöhend berücksichtigen kann.[227] 123

Beabsichtigt die Kommission dagegen die **Geheimhaltung einer vertraulichen Information,** obwohl ein vom Verfahren betroffenes Unternehmen die Offenlegung begehrt, entscheidet im Streitfall ebenfalls der Anhörungsbeauftragte.[228] Zu diesem Zweck muss der Akteneinsichtsberechtigte beim Anhörungsbeauftragten, nachdem er sich zunächst erfolglos an die Generaldirektion Wettbewerb gewandt hat,[229] einen begründeten Antrag auf Zugang zu den betreffenden Dokumenten stellen.[230] Lehnt der Anhörungsbeauftragte diesen ab, kann seine Entscheidung jedoch nicht unmittelbar gerichtlich angegriffen werden. Anders als die Offenlegung einer vertraulichen Information, beeinträchtigt die Verweigerung der Akteneinsicht nicht unmittelbar und abschließend die Interessen des Akteneinsichtsberechtigten, da bindende Rechtswirkungen erst mit dem Erlass einer abschließenden Entscheidung der Kommission eintreten können.[231] Eine rechtswidrige Geheimhaltung (vermeintlich) vertraulicher Informationen kann der Akteneinsichtsberechtigte daher nur im Rahmen einer **Nichtigkeitsklage** nach Art. 263 AEUV gegen den abschließenden Beschluss der Kommission geltend machen. Auch eine zu Unrecht verweigerte Einsicht in bestimmte Schriftstücke führt jedoch nicht in jedem Fall zur Nichtigkeit des Kommissionsbeschlusses. Dies ist vielmehr nur dann der Fall, wenn die Verteidigungsrechte tatsächlich beeinträchtigt wurden (→ Rn. 98).[232] 124

---

[221] Mitteilung zur Akteneinsicht Rn. 25.
[222] EuGH Urt. v. 24. 6. 1986 – C-53/85, Slg. 1986, 1965 Rn. 27 ff. – AKZO Chemie/Kommission.
[223] *Albers* Schwerpunkte des Kartellrechts 2011, Referate des 39. FIW-Seminars 2012 S. 35, 46.
[224] Art. 8 Abs. 1 Mandat des Anhörungsbeauftragten.
[225] Art. 8 Abs. 2 Mandat des Anhörungsbeauftragten.
[226] EuGH Urt. v. 24. 6. 1986 – C-53/85, Slg. 1986, 1965 Rn. 19 f., 27 ff. – AKZO Chemie/Kommission; EuG Urt. v. 7. 6. 2006 – T-213/01, Slg. 2006, II-1601 Rn. 66 – Österreichische Postsparkasse/Kommission.
[227] Vgl. Antitrust Manual of Procedures Kap. 12 Rn. 56.
[228] Art. 7 Abs. 3 Mandat des Anhörungsbeauftragten.
[229] Art. 3 Abs. 7 Mandat des Anhörungsbeauftragten.
[230] Art. 7 Abs. 1 Mandat des Anhörungsbeauftragten.
[231] EuG Urt. v. 18. 12. 1992 – T-10/92, Slg. 1992, II-2667 Rn. 47 f. – Cimenteries CBR ua/Kommission.
[232] EuGH Urt. v. 7. 1. 2004 – C-204/00 P, BeckRS 2004, 74942 Rn. 68 – Aalborg Portland ua/Kommission.

125 **c) Alternative Akteneinsichtsverfahren.** Die Kommission hat sich in der jüngeren Vergangenheit darum bemüht, den mit der Gewährung der Akteneinsicht verbundenen **Aufwand zu reduzieren.** In der Praxis kann insbesondere die Anfertigung nicht-vertraulicher Fassungen der Dokumente in der Akte das Verfahren erheblich verzögern. Aufgrund des enormen Umfangs einiger Verfahrensakten, des verstärkten Einsatzes ökonometrischer Methoden, der die Anzahl der in den Akten enthaltenen sensiblen Daten erhöht,[233] sowie der Tendenz der Parteien, im Ausgangspunkt für möglichst große Teile der Akte Vertraulichkeitsschutz zu beantragen, kann die Identifizierung vertraulicher Informationen, die Entscheidung über den Umfang der Einsichtnahme in diese Informationen und die Durchführung von ggf. an diese Entscheidungen anschließende Zwischenverfahren (→ Rn. 122) für die Kommission praktisch kaum noch zu handhaben sein. Aus diesem Grund hat die Kommission **alternative Akteneinsichtsverfahren** entwickelt, die dazu beitragen sollen, die „Alles-oder-Nichts-Entscheidungsalternative" zwischen Offenlegung und Geheimhaltung aufzubrechen und auf effektive Weise einen Ausgleich zwischen den widerstreitenden Interessen herzustellen. Daher können nun mit dem sog **Datenraumverfahren** und dem Verfahren **der einvernehmlichen Einsichtnahme** vermittelnde Lösungen zur Anwendung kommen.

126 **aa) Datenraumverfahren.** Beim **Datenraumverfahren** trägt die Kommission einen bestimmten Teil der vertraulichen Akte zusammen und gewährt **ausschließlich externen Beratern** der Parteien (ökonomischen Beratern und/oder Rechtsbeiständen) die Möglichkeit, diesen Aktenteil unter Aufsicht einzusehen und für die Verteidigung ihres Mandanten zu nutzen.[234] Zu diesem Zweck werden PCs bereitgestellt, die mit der notwendigen Software ausgestattet sind, jedoch über keine Netzwerkanbindung verfügen. Die Berater unterzeichnen eine **Vertraulichkeitsvereinbarung,** die es ihnen untersagt, Informationen aus dem Datenraum zu entfernen oder vertrauliche Informationen an ihre Mandanten weiterzugeben. Sie dürfen lediglich einen abstrakten Bericht ohne vertrauliche Informationen fertigen, der von der Kommission kontrolliert wird.[235] Anders als das Verfahren der einvernehmlichen Einsichtnahme kann der **Anhörungsbeauftragte** das Datenraumverfahren anordnen.[236]

127 Bei der Entwicklung des Datenraumverfahrens beabsichtigte die Kommission vor allen Dingen, den Parteien die Möglichkeit zu geben, die **Korrektheit ökonometrischer Analysen** der Kommission oder einer anderen Partei zu überprüfen, die typischerweise in hohem Maße auf Geschäftsgeheimnissen aufbauen.[237] Ein Datenraumverfahren kann jedoch auch im Falle von **umfangreichen Akten** dazu beitragen, die Klärung von Vertraulichkeitsansprüchen zu vereinfachen. In der Praxis sind die Parteien häufig gezwungen, die Offenlegung großer Teile der als vertraulich gekennzeichneten Aktenbestandteile zu beantragen, da sie aufgrund der weitgehenden Schwärzungen nicht in der Lage sind, auszuschließen, dass ihnen entlastende Informationen vorenthalten werden. Im Datenraum erhalten die Berater der Parteien die Möglichkeit, die Aktenbestandteile zu identifizieren, die tatsächlich zur Wahrung der Verteidigungsrechte notwendig sind. IdR verbleibt auf diese Weise nur eine überschaubare Zahl von Dokumenten, deren Verwendbarkeit umstritten bleibt und daher vom Anhörungsbeauftragten entschieden werden muss.

128 **bb) Verfahren der einvernehmlichen Einsichtnahme.** Beim Verfahren der **einvernehmlichen Einsichtnahme** kann es die Kommission den Parteien in bestimmten Fällen, insbesondere bei sehr umfangreichen Akten, gestatten, sich freiwillig auf eine einvernehmliche Einsichtnahme zu einigen. Gegenüber der Kommission müssen die Parteien in dem Umfang, in dem ihr Akteneinsichtsrecht durch das Verfahren eingeschränkt wird, auf ihr Aktenein-

---

[233] *Albers* Schwerpunkte des Kartellrechts 2011, Referate des 39. FIW-Seminars 2012 S. 35, 46.
[234] Bewährte Vorgehensweisen Rn. 97.
[235] Bewährte Vorgehensweisen Rn. 97.
[236] Art. 8 Abs. 4 Mandat des Anhörungsbeauftragten; Bewährte Vorgehensweisen Rn. 98.
[237] Bewährte Vorgehensweisen Rn. 97; vgl. *Albers* Schwerpunkte des Kartellrechts 2011, Referate des 39. FIW-Seminars 2012 S. 35, 47.

sichtsrecht verzichten.[238] IdR gewähren die Parteien wechselseitig einem eingeschränkten Personenkreis – typischerweise externen Beratern – Einsicht in die vertraulichen Versionen aller von ihnen stammenden Schriftstücke.[239] Auch dieses Verfahren ermöglicht es den Beratern der Parteien, gezielt die Dokumente zu identifizieren, die für die Verteidigung ihrer Mandanten tatsächlich notwendig sind. Die Parteien versuchen im Anschluss zunächst, sich über die Verwendung dieser Dokumente zu einigen. Im Idealfall reduziert dies die Anzahl der vom Anhörungsbeauftragten zu entscheidenden Streitfälle drastisch.[240] Ein Verfahren der einvernehmlichen Einsichtnahme kann, anders als das Datenraumverfahren, weder von der Kommission noch vom Anhörungsbeauftragten angeordnet werden, sondern muss von den Parteien freiwillig betrieben werden. Insgesamt ist mit dem Verfahren daher ein relativ hoher Abstimmungs- und Einigungsbedarf verbunden. In der Praxis nimmt die Effektivität des Verfahrens bei vielen Parteien daher tendenziell ab.[241]

cc) Weitere Gestaltungsmöglichkeiten. Die von der Kommission entwickelten alternativen Einsichtsverfahren beruhen nicht auf verbindlichen rechtlichen Vorgaben, sondern stellen einen Versuch dar, die geschützten Interessen und Rechte der Verfahrensbeteiligten mit den enormen logistischen Herausforderungen komplexer Kartellverfahren in Einklang zu bringen. Gerade das von der Kommission in ihren Bewährten Vorgehensweisen vorgestellte Verfahren der einvernehmlichen Einsichtnahme ist daher nicht in Stein gemeißelt, sondern kann von den Parteien, auf deren Vereinbarung das Verfahren letztlich beruht, **auf die Erfordernisse des konkreten Verfahrens angepasst** werden. Voraussetzung ist lediglich, dass die Verfahrensbeteiligten zu einer Einigung gelangen und die Kommission durch entsprechende Verzichtserklärungen die Sicherheit erhält, dass das zwischen den Parteien vereinbarte Einsichtsverfahren vor Gericht nicht verwendet werden kann, um eine Verletzung der Verteidigungsrechte geltend zu machen. Denkbar ist zB, dass die Parteien sich darauf einigen, dass ihre externen Berater bestimmte vertrauliche Informationen einsehen und in ihren schriftlichen und mündlichen Stellungnahmen verwenden, jedoch nicht an die Mandantschaft weitergeben dürfen. Auf diese Weise entfällt die Notwendigkeit, sich auf eine Offenlegung der in den Stellungnahmen verwendeten vertraulichen Informationen zu verständigen. Die Art und Weise der wechselseitigen Zugänglichmachung kann zwischen den Parteien frei vereinbart werden. Denkbar ist zB die Einrichtung eines virtuellen Datenraums oder die Übersendung auf DVD bei gleichzeitiger Vereinbarung entsprechender Verwendungsbeschränkungen. Darüber hinaus müssen Vorkehrungen getroffen werden, um zu verhindern, dass die vertraulichen Informationen den Parteien über den Umweg der Stellungnahmen doch bekannt würden, zB die Erstellung vertraulicher und nicht-vertraulicher Versionen der Stellungnahmen oder die Unterteilung der mündlichen Anhörung in für alle Beteiligten offene Sitzungen und Sitzungen, an denen nur bestimmte Gruppen, zB ausschließlich externe Rechtsbeistände, teilnehmen dürfen.

II. Akteneinsicht durch Dritte

Dritten steht kein Recht auf Akteneinsicht zu. Vielmehr liegt der VO 1/2003 und VO (EG) Nr. 773/2004 das Prinzip zugrunde, dass Akteneinsicht nur den Parteien des Verfahrens und – in eingeschränkter Form – Beschwerdeführern, deren Beschwerde zurückgewiesen werden soll, gewährt wird. Beschwerdeführer erhalten auf Antrag Einsicht in die Schriftstücke, auf welche sich die Kommission bei der beabsichtigten Abweisung der Beschwerde beziehen möchte (Art. 8 Abs. 1 S. 1 VO (EG) Nr. 773/2004). Ausgenommen

---

[238] Bewährte Vorgehensweisen Rn. 96.
[239] Bewährte Vorgehensweisen Rn. 96.
[240] Erfolgreich praktiziert im Fall *Tropische Früchte:* Abschlussbericht des Anhörungsbeauftragten, COMP/ 39.482 — Tropische Früchte, ABl. 2012 C 64, 7, 7 f.; vgl. *Albers* Schwerpunkte des Kartellrechts 2011, Referate des 39. FIW-Seminars 2012 S. 35, 47.
[241] Andeutungsweise abzulesen am Fall *Intel:* Abschlussbericht des Anhörungsbeauftragten, COMP/C-3/ 37.990 – Intel, ABl. 2009 C 227, 7, 8.

§ 10 2. Teil 1. Abschnitt Kartellverfahren in der Europäischen Union

sind hiervon in jedem Fall Geschäftsgeheimnisse und andere vertrauliche Informationen (Art. 8 Abs. 1 S. 2. VO (EG) Nr. 773/2004).[242]

131 Ein Akteneinsichtsrecht für (potentiell) durch die Zuwiderhandlung Geschädigte ist – anders als im deutschen Recht in § 406e StPO – nicht vorgesehen. Dies gilt auch nach dem Erlass einer abschließenden Entscheidung durch die Kommission. Zugang zur Akte kann allenfalls auf Basis der VO (EG) Nr. 1049/2001 erlangt werden (→ Rn. 132 ff.) bzw. auf Basis der neuen Schadensersatzrichtlinie (RL 2014/104/EU) in bestimmten Fällen von einem nationalen Gericht in Schadensersatzprozessen unter Beachtung des Grundsatzes der loyalen Zusammenarbeit (Art. 4 Abs. 3 EUV) angeordnet werden (→ Rn. 154 ff.).

III. Zugang zur Akte der Kommission nach der VO (EG) Nr. 1049/2001 (Transparenz-VO)

132 Die VO (EG) Nr. 1049/2001[243] regelt als Ausfluss des Demokratieprinzips und der primärrechtlichen Vorschriften der Art. 15 Abs. 3 AEUV und Art. 42 GR-Charta ein allgemeines Zugangsrecht zu Dokumenten von Organen der Union.

133 Da das Unionsrecht, anders als etwa das deutsche Recht in § 406e StPO, keine spezielle Vorschrift über den Zugang zu Akten für mögliche Verletzte von Zuwiderhandlungen vorsieht, müssen sich diese auf das „Jedermannsrecht" der VO (EG) Nr. 1049/2001 berufen. Dies gilt auch unter der neuen **RL 2014/104/EU**. Diese sieht kein Zugangsrecht gegenüber der Kommission vor, sondern lässt ausdrücklich die Vorschriften der VO (EG) Nr. 1049/2001 und die bisherige Anwendungspraxis dazu unberührt (Art. 6 Abs. 2 und Erwägungsgrund 20 der RL 2014/104/EU). Insoweit bleibt es bei den in der Entscheidungspraxis der Unionsgerichte, vor allem vom EuGH in der Rechtssache *EnBW* herausgearbeiteten Grundsätzen (→ Rn. 135 ff.). Hinsichtlich der **Beweisverwertung** von aus der Kommissionakte erlangten Beweismitteln in Schadensersatzklagen vor nationalen Gerichten gelten die in Art. 7 RL 2014/104/EU enthaltene Beschränkungen (→ Rn. 158). Darüber hinaus können **nationale Gerichte** nach der neuen RL 2014/104/EU in Schadensersatzprozessen Beklagte oder Dritte (im Ausnahmefall auch die Kommission selbst) unter bestimmten Voraussetzungen zur **Offenlegung von Dokumenten aus der Kommissionakte,** die sich in deren Besitz befinden, verpflichten (Art. 6 und Erwägungsgründe 21–28 RL 2014/104/EU).

1. Allgemeines

134 Nach Art. 2 Abs. 1 VO (EG) Nr. 1049/2001 hat jeder Unionsbürger sowie jede natürliche oder juristische Person mit Wohnsitz oder Sitz in einem Mitgliedstaat ein Recht auf Zugang zu Dokumenten von Unionsorganen. Dieses **prinzipielle Zugangsrecht** wird durch eine Reihe von **Ausnahmevorschriften,** die grundsätzlich eng auszulegen sind, eingeschränkt. So wird nach Art. 4 Abs. 2 VO (EG) Nr. 1049/2001 ein Zugang verweigert, wenn dieser den **Schutz der geschäftlichen Interessen anderer** oder den Schutz des Zwecks von **Inspektions-, Untersuchungs-, und Audittätigkeiten** beeinträchtigt, es sei denn, es besteht ein überwiegendes öffentliches Interesse an einer Verbreitung.

2. Vermutung für das Vorliegen einer Ausnahme vom Zugangsrecht

135 Bei Akten der Kommission zu Verfahren nach Art. 101, 102 AEUV steht dieses prinzipielle Zugangsrecht zu Dokumenten nach der VO (EG) Nr. 1049/2001 in einem **Spannungsverhältnis zu den Regelungen in der VO 1/2003 und VO (EG) Nr. 773/ 2004.** Diesen kartellrechtlichen Verfahrensvorschriften liegt das Prinzip zugrunde, dass im Grundsatz kein Recht auf Zugang zur Akte besteht und nur für bestimmte Personen aus-

---

[242] Grundlegend EuGH Urt. v. 24.6.1986 – C-53/85, Slg. 1986, 1965 Rn. 28 – AKZO Chemie/Kommission.
[243] VO (EG) Nr. 1049/2001 des Europäischen Parlaments und des Rates vom 30.5.2001 über den Zugang der Öffentlichkeit zu Dokumenten des Europäischen Parlaments, des Rates und der Kommission, ABl. EG 2001 L 145, 43.

nahmsweise ein Akteneinsichtsrecht gewährt wird (**"Verbot des Zugangs mit Ausnahmevorbehalt"**). Art. 27 Abs. 2 und Art. 28 VO 1/2003 sowie die Art. 6, 8, 15 und 16 VO (EG) Nr. 773/2004 regeln die Verwendung der in der Akte enthaltenen Dokumente restriktiv, indem sie den Zugang zur Akte auf die „Parteien" und die „Beschwerdeführer", deren Beschwerde die Kommission abzuweisen beabsichtigt, beschränken. Auch dieser Zugang steht unter dem Vorbehalt, dass weder Geschäftsgeheimnisse oder andere vertrauliche Informationen der betroffenen Unternehmen noch interne Schriftstücke der Kommission oder der Wettbewerbsbehörden der Mitgliedstaaten offen gelegt werden und die zugänglich gemachten Dokumente nur für Gerichts- oder Verwaltungsverfahren zur Anwendung von Art. 101 AEUV verwendet werden dürfen.

Da kein Vorrangverhältnis zwischen der VO (EG) Nr. 1049/2001 und den kartellrechtlichen Verfahrensvorschriften besteht, ist dieses Spannungsverhältnis durch eine **kohärente Anwendung** beider Verordnungen zu lösen,[244] und zwar in der Weise, dass in Bezug auf die Kommissionsakte aufgrund der spezifischen kartellrechtlichen Verfahrensvorschriften jedenfalls bis zum endgültigen Abschluss eines etwaigen Rechtsmittelverfahrens eine **allgemeine Vermutung für das Vorliegen der Ausnahmetatbestände für eine Verweigerung des Zugangs** nach Art. 4 Abs. 2 erster und dritter Spiegelstrich VO (EG) Nr. 1049/2001 besteht (Schutz von geschäftlichen Interessen bzw. Schutz von Untersuchungstätigkeiten der Kommission).[245] Für Beihilfeverfahren[246] und Fusionskontrollverfahren[247] hat der EuGH ebenfalls aufgrund der dortigen spezifischen Verfahrensvorschriften eine solche allgemeine Vermutung zugunsten einer Verweigerung des Zugangs anerkannt.

a) Reichweite der Vermutung. Zumindest während eines laufenden Rechtsmittelverfahrens vor den Unionsgerichten besteht damit eine Vermutung für das Vorliegen einer Ausnahme von dem Zugangsrecht nach der VO (EG) Nr. 1049/2001. Von dieser Vermutung ist die gesamte Akte der Kommission umfasst. Eine konkrete und individuelle Prüfung der Dokumente in der Akte braucht die Kommission insoweit nicht vorzunehmen.[248] Damit ist das in der VO (EG) Nr. 1049/2001 angelegte Regel-Ausnahme-Verhältnis faktisch umgekehrt: Während des laufenden Rechtsmittelverfahrens besteht ein allgemeines Zugangsverbot, welches ausnahmsweise für **konkrete Dokumente** aufgehoben werden kann. Dieses allgemeine Zugangsverbot mit Ausnahmemöglichkeit dürfte auch insoweit gelten, als der Kommissionsbeschluss gegenüber **einzelnen Adressaten, die kein Rechtsmittel eingelegt haben,** bereits bestandskräftig geworden ist.[249] Aufgrund der Einheitlichkeit der Kommissionsakte kann in Bezug auf den Zugang jeweils nur einheitlich entschieden werden.[250]

b) Zeitliche Geltung. Fraglich ist zudem, ob diese allgemeine Vermutung für das Vorliegen von Ausnahmetatbeständen auch dann fortbesteht, wenn durch ein abschließendes Urteil des EuGH der Beschluss der Kommission insgesamt bestandskräftig geworden, das **Kommissionsverfahren also abgeschlossen** ist. In diesem Fall entfällt der erste Rechtfertigungsgrund für das Bestehen der Vermutung (Beeinträchtigung von Untersuchungstätigkei-

---

[244] EuGH Urt. v. 27.2.2014 – C-365/12 P, ECLI:EU:C:2014:112 Rn. 84 – Kommission/EnBW.
[245] EuGH Urt. v. 27.2.2014 – C-365/12 P, ECLI:EU:C:2014:112 Rn. 78–99 – Kommission/EnBW.
[246] EuGH Urt. v. 29.6.2010 – C-139/07 P Slg. 2010, I-5885 – Kommission/Technische Glaswerke Ilmenau.
[247] EuGH Urt. v. 28.6.2012 – C-477/10 P, ECLI:EU:C:2012:394, BeckRS 2012, 81334 – Kommission/Agrofert; EuGH Urt. v. 28.6.2012 – C-404/10P, ECLI:EU:C:2012:393, BeckRS 2012, 81333 – Kommission/Editions Odile Jacob.
[248] EuG Urt. v. 7.10.2014 – T-534/11, ECLI:EU:T:2014:854 Rn. 61 – Schenker/Kommission.
[249] EuG Urt. v. 13.9.2013 – T-380/08, ECLI:EU:T:2013:480 Rn. 43 – Niederlande/Kommission. So auch GA *Cruz Villalón*, SchlA in C-365/12 P v. 3.10.2013, ECLI:EU:C:2013:643 Rn. 109 – EnBW.
[250] Anders als etwa das Bundeskartellamt führt die Kommission keine unternehmensspezifischen Akten (Unternehmensakten) als Teil der Gesamtakten, zu denen ein separater Zugang je nach Bestandkraft denkbar wäre.

ten). Der zweite Rechtfertigungsgrund für die Vermutung (Notwendigkeit des Schutzes von Geschäftsgeheimnissen) besteht aber grundsätzlich fort. Für Akten zu Fusionskontrollfällen hat der Gerichtshof daher die Vermutung für eine Zugangsverweigerung auch auf den Zeitraum nach dem bestandskräftigen Abschluss des Fusionskontrollverfahrens erstreckt und ua darauf verwiesen, dass nach Art. 4 Abs. 7 VO (EG) Nr. 1049/2001 die Ausnahmen in Bezug auf geschäftliche Interessen oder vertrauliche Dokumente für einen Zeitraum von 30 Jahren oder erforderlichenfalls gar länger gelten können.[251]

139 Auch für Verfahren nach Art. 101 AEUV besteht die **Vermutung nach Abschluss des Verfahrens** wohl fort: Die Veröffentlichung sensibler Informationen zu den wirtschaftlichen Tätigkeiten der beteiligten Unternehmen kann deren geschäftliche Interessen unabhängig von einem laufenden Verfahren nach Art. 101 AEUV beeinträchtigen. Zudem könnte die Aussicht auf eine Veröffentlichung nach Abschluss dieses Verfahrens die Bereitschaft der Unternehmen zur Zusammenarbeit während des laufenden Verfahrens mindern. Vor diesem Hintergrund geht das Gericht davon aus, dass die allgemeine Vermutung für das Vorliegen eines Zugangsverweigerungsgrundes (mögliche Beeinträchtigung geschäftlicher Interessen) auch nach Abschluss des Verfahrens fortbesteht.[252]

3. Widerlegung der Vermutung bzw. Nachweis eines überwiegenden öffentlichen Interesses am Zugang

140 Antragsteller können trotz der entgegenstehenden allgemeinen Vermutung im Einzelfall Zugang zu **einzelnen Dokumenten** erhalten, wenn sie entweder

- für ein bestimmtes Einzeldokument in der Akte, zu dem sie Zugang fordern, die **allgemeine Vermutung widerlegen** (etwa nachweisen, dass dieses keine Geschäftsgeheimnisse enthält); oder
- nachweisen, dass zB im Hinblick auf eine beabsichtigte Schadensersatzklage eine **Notwendigkeit des Zugangs** zu bestimmten Dokumenten in der Akte besteht und damit für diese konkreten Dokumente ein **überwiegendes öffentliches Interesse** an einer Offenlegung gemäß Art. 4 Abs. 2 VO (EG) Nr. 1049/2001 gegeben ist.[253]

141 Der Zugangsantrag ist in diesen Fällen auf bestimmte Dokumente in der Akte zu richten (nicht auf den gesamten Akteninhalt).

142 Die **Widerlegung der allgemeinen Vermutung** hinsichtlich eines bestimmten Dokuments – zB durch den Nachweis, dass dieses Dokument keine Geschäftsgeheimnisse enthält – dürfte in aller Regel **Kenntnis des konkreten Dokuments** und dessen Inhalt erfordern, über die der Antragsteller im Allgemeinen nicht verfügt. Allenfalls anhand des Inhaltsverzeichnisses der Akte der Kommission könnte eine solche Darlegung möglich sein. Hierfür müsste aber zunächst ein Antrag bei der Kommission nach der VO (EG) Nr. 1049/2001 auf Zugang zu dem **Inhaltsverzeichnis der Kommissionsakte** gestellt werden. Solche Anträge hat die Kommission in der Vergangenheit abgelehnt.[254] Weitere

---

[251] EuGH Urt. v. 28.6.2012 – C-477/10 P, ECLI:EU:C:2012:394 Rn. 66, 67 – Kommission/Agrofert Holding.
[252] EuG Urt. v. 7.10.2014 – T-534/11, ECLI:EU:T:2014:854 Rn. 58 – Schenker/Kommission. In diesem Sinne bereits: EuG Urt. v. 13.9.2013 – T-380/08, ECLI:EU:T:2013:480 Rn. 43,44 – Niederlande/Kommission.
[253] EuGH Urt. v. 27.2.2014 – C-365/12 P, ECLI:EU:C:2014:112 Rn. 100 – Kommission/EnBW; EuG Urt. v. 13.9.2013 – T-380/08, ECLI:EU:T:2013:480 Rn. 45 – Niederlande/Kommission. Hiervon zu trennen ist die Frage, ob bei einer Veröffentlichungsabsicht der Kommission die betroffenen Unternehmen auch nach dem Ablauf von 5 Jahren weiterhin eine vertrauliche Behandlung ihrer Informationen verlangen können. Bei diesen Klagen auf eine vertrauliche Behandlung von Informationen muss vielmehr das betroffene Unternehmen darlegen und nachweisen, dass es sich bei den Informationen weiterhin um Geschäftsgeheimnisse handelt: EuG Urt. v. 28.1.2015, T-341/12, ECLI:EU:T:2015:51, Rn. 92, 93 – Evonik Degussa/Kommission. Dies gilt aber nicht in einstweiligen Verfahren, da in diesen davon auszugehen ist, dass die streitigen Informationen tatsächlich (noch) vertraulich sind: EuGH Beschl. v. 10.9.2013 – C-278/13 P(R), ECLI:EU:C:2013:558 Rn. 38, 46, 47 – Kommission/Pilkington Group.
[254] Diese Ablehnung hatte das EuG im Fall *CDC/Kommission* (EuG Urt. v. 15.12.2011 – T-437/08, Slg. 2011 II-08251 – CDC/Kommission) für unzulässig erklärt, da die Kommission nicht das Vorliegen einer Ausnahme vom Zugangsrecht nach Art. 4 Abs. 2 zweiter und dritter Spiegelstrich VO (EG)

Hinweise auf konkrete Dokumente in der Akte können auch in der veröffentlichten nicht-vertraulichen Fassung des Beschluss der Kommission enthalten sein. Da die Kommission jedoch in Kartellverfahren, denen regelmäßig bezweckte Wettbewerbsbeschränkungen zugrunde liegen, keine Auswirkungen auf den Markt nachweisen muss, um eine Zuwiderhandlung festzustellen, dürfte der Beschluss der Kommission in vielen Fällen keine Hinweise auf hilfreiche Dokumente für den Schadensnachweis bzw. die Schadensschätzung enthalten.

Der Zugang ist ferner zu gewähren, wenn der Antragsteller nachweist, dass ein **überwiegendes öffentliches Interesse** an der Offenlegung besteht. Anders als die Kommission[255] und das Gericht[256] geht der Gerichtshof davon aus, dass auch bei der Verfolgung privater Interessen durch Schadensersatzklagen wegen einer Zuwiderhandlung gegen Art. 101 AEUV ein überwiegendes „öffentliches Interesse" an einer Verbreitung bestehen kann, da solche Klagen die Durchsetzungskraft der Wettbewerbsregeln der Union erhöhen.[257] Soweit der Antragsteller die Notwendigkeit des Zugangs für die erfolgreiche Geltendmachung von Schadensersatzansprüchen darlegt, trifft die Kommission die Pflicht, eine **Einzelfallabwägung** durchzuführen. Dabei sind die konkreten widerstreitenden Interessen an einer Offenlegung bzw. dem Schutz der betroffenen Dokumente im konkreten Fall unter Einbeziehung aller relevanten Gesichtspunkte zu berücksichtigen.[258] 143

Im Ergebnis trägt damit derjenige, der Schadensersatz wegen einer Zuwiderhandlung gegen Art. 101 AEUV begehrt, die **Darlegungs- und Beweislast** dafür, dass für ihn die **Notwendigkeit des Zugangs** zu bestimmten Dokumenten in der Kommissionakte besteht, um Schadensersatz geltend machen zu können.[259] Nicht auseichend sind insoweit allgemeine Ausführungen, auf Dokumente in der Akte angewiesen zu sein. Vielmehr ist notwendig, darzutun, dass der Zugang zu diesen Dokumenten die zur Begründung des Schadensersatzanspruches erforderlichen Beweise verschafft und **keine andere Möglichkeit** besteht, diese Beweise zu erlangen.[260] Selbst im Fall des Nachweises einer solchen Notwendigkeit des Zugangs kann die Kommission den Zugang verweigern, wenn sie feststellt, dass das öffentliche Interesse an einer Offenlegung nicht überwiegt.[261] 144

4. Zugang zu bestimmten Dokumenten

a) Kronzeugenanträge bzw. Vergleichsausführungen. Die Kommission hat im Einklang mit ihren Zusagen in der **Kronzeugenmitteilung**[262] (→ § 7 Rn. 6 ff.) die Offenlegung von Bonusanträgen stets abgelehnt. Dies gilt sowohl in Verfahren zu einer Offenlegung nach der VO (EG) Nr. 1049/2001 vor den Unionsgerichten[263] als auch in nationalen Gerichtsverfahren.[264] Zu bei nationalen Wettbewerbsbehörden eingereichten Kronzeugenanträgen hat der Gerichtshof einerseits entschieden, dass Kronzeugenprogramme nützliche 145

Nr. 1049/2001 nachgewiesen hatte. Die Kommission hatte gegen dieses Urteil des EuG kein Rechtsmittel eingelegt. Ob eine solche Ablehnung auch in Zukunft möglich sein wird, hängt entscheidend von der Reichweite der vom Gerichtshof im Fall *EnBW* aufgestellten Vermutung für das Vorliegen einer Ausnahme vom Zugangsrecht ab (→ Rn. 136).

[255] EuG Urt. v. 13.9.2013 – T-380/08, ECLI:EU:T:2013:480 Rn. 84 – Niederlande/Kommission.
[256] EuG Urt. v. 13.9.2013 – T-380/08, ECLI:EU:T:2013:480 Rn. 84 – Niederlande/Kommission.
[257] EuGH Urt. v. 27.2.2014 – C-365/12 P, ECLI:EU:C:2014:112 Rn. 104–108 – Kommission/EnBW.
[258] EuGH Urt. v. 27.2.2014 – C-365/12 P, ECLI:EU:C:2014:112 Rn. 107 – Kommission/EnBW.
[259] EuGH Urt. v. 27.2.2014 – C-365/12 P, ECLI:EU:C:2014:112 Rn. 107,130–132 – Kommission/EnBW.
[260] EuGH Urt. v. 27.2.2014 – C-365/12 P, ECLI:EU:C:2014:112 Rn. 130–132 – Kommission/EnBW.
[261] EuGH Urt. v. 27.2.2014 – C-365/12 P, ECLI:EU:C:2014:112 Rn. 107 – Kommission/EnBW.
[262] Mitteilung der Kommission über den Erlass und die Ermäßigung von Geldbußen in Kartellsachen, ABl. EU 2006 C 298, 17.
[263] Vgl. etwa EuG Urt. v. 22.5.2012 – T-344/08, ECLI:EU:T:2012:242 Rn. 72, 73, 124 – EnBW Energie Baden-Württemberg/Kommission; EuGH Urt. v. 27.2.2014 – C-365/12 P, ECLI:EU:C:2014:112 Rn. 47 – Kommission/EnBW.
[264] Beispielsweise im *National Grid* Verfahren in Großbritannien zu den im Rahmen des Verfahrens *Gasisolierte Schaltanlagen* eingereichten Kronzeugenanträgen: English High Court, Urt. v. 4.4.2012 [2012] EWHC 869 (Ch) – *National Grid v. ABB*.

Instrumente zur Aufdeckung von Kartellen sind und damit der **wirksamen Durchsetzung der unionsrechtlichen Wettbewerbsvorschriften** dienen. Die Wirksamkeit dieser Kronzeugenprogramme könnte – so der Gerichtshof – durch die Offenlegung von Informationen aus Kronzeugenanträgen an Schadensersatzkläger beeinträchtigt werden, weil durch diese Möglichkeit Kartellbeteiligte abgehalten werden könnten, Kronzeugenanträge zu stellen.[265] Andererseits sei ein absoluter Schutz von Kronzeugenerklärungen ohne eine Ausnahmemöglichkeit ebenfalls nicht unionsrechtskonform. Vielmehr ist eine Einzelfallabwägung vorzunehmen, da eine Verweigerung dazu führen könnte, dass **das Recht auf Schadensersatz praktisch unmöglich gemacht wird,** weil der durch die Zuwiderhandlung möglicherweise Geschädigte zur Begründung seiner Ansprüche zwingend auf den Zugang angewiesen ist.[266] Fraglich ist, ob sich diese Grundsätze für nationale Kronzeugenprogramme auch auf bei der Kommission eingereichte Kronzeugenanträge übertragen lassen. Der Gerichtshof ist im Urteil *EnBW* nicht konkret auf die Frage des Zugangs zu Kronzeugenanträgen eingegangen, sondern hat insgesamt betont, dass ein Zugang zu bestimmten Dokumenten in der Kommissionakte nur gewährt werden kann, soweit der Antragsteller nachweist, auf diese Dokumente zwingend für die Erhebung einer Schadensersatzklage angewiesen zu sein, und die Kommission eine **Einzelfallabwägung** vorgenommen hat.[267]

146 Diese – nur bei erfolgreichem Nachweis der Notwendigkeit des Zugangs durch den Antragsteller durchzuführende – Einzelfallabwägung der Kommission dürfte praktisch immer dazu führen, dass **keine Offenlegung der bei der Kommission eingereichten Kronzeugenanträge** erfolgt. Einerseits dürfte bereits der ausführliche Beschluss der Kommission zu der Zuwiderhandlung, der in einer nicht-vertraulichen Fassung zu veröffentlichen bzw. dem Antragsteller zur Verfügung zu stellen ist,[268] genügend Informationen für die Erhebung einer Schadensersatzklage enthalten.[269] Daher wird der Antragsteller für die Erhebung einer solchen Klage nicht auf die Informationen aus dem Kronzeugenantrag angewiesen sein. Nicht ausreichend ist insoweit, dass der Kronzeugenantrag möglicherweise hilfreiche Informationen enthält. Vielmehr muss ohne Zugang eine erfolgreiche Schadensersatzklage schlechterdings unmöglich sein. Andererseits werden Kronzeugenanträge in aller Regel keine für die Schadensermittlung hilfreichen Informationen enthalten, da Kronzeugen typischerweise (und parallel zur Forcierung privater Schadensersatzklagen in steigendem Maße) nur Fakten schildern, die für die Feststellung einer Zuwiderhandlung benötigt werden (etwa: Treffen zur Preisabsprache), nicht aber darüber hinausgehende Fakten, die für die Ermittlung eines möglichen Schadens hilfreich wären (etwa: Umsetzung der abgesprochenen Preiserhöhungen; Preise bei konkreten Kunden).

147 Nach der **neuen RL 2014/104/EU** besteht zudem grundsätzlich ein gesetzliches **Beweisverwertungsverbot** in Bezug auf Kronzeugenanträge oder Vergleichsausführungen, die durch Einsicht in Akten von Wettbewerbsbehörden (einschließlich der Kommission) ggf. erlangt werden (Art. 7 Abs. 1 und Erwägungsgrund 32 der RL 2014/104/EU). Damit ist fraglich, ob nationale Gerichte – selbst bei einer Offenlegung nach der VO (EG) Nr. 1049/2001 – Kronzeugenanträge in Schadensersatzprozessen überhaupt als Beweismittel zulassen dürfen.

148 **b) Beschluss der Kommission.** Als Teil der Kommissionakte greift für die vertrauliche Fassung des Kommissionsbeschlusses die Vermutung für eine Zugangsverweigerung ein.[270] Allerdings ist die Kommission verpflichtet, Antragstellern ggf. eine vorläufige nicht-vertrauliche Fassung des vollständigen Beschlusses zur Verfügung zu stellen und damit teil-

---

[265] EuGH Urt. v. 14.6.2011 – C-360/09, Slg. 2011, I-5161 Rn. 25–27 – Pfleiderer.
[266] EuGH Urt. v. 6.6.2013 – C-536/11, ECLI:EU:C:2013:366 Rn. 43–49 – Donau Chemie ua.
[267] EuGH Urt. v. 27.2.2014 – C-365/12 P, ECLI:EU:C:2014:112 Rn. 107 – Kommission/EnBW.
[268] EuG Urt. v. 7.10.2014 – T-534/11, ECLI:EU:T:2014:854 Rn. 117 – Schenker/Kommission.
[269] So auch EuG Urt. v. 13.9.2013 – T-380/08, ECLI:EU:T:2013:480 Rn. 55 – Niederlande/Kommission.
[270] EuG, Urt. v. 7.10.2014 – T-534/11, ECLI:EU:T:2014:854 Rn. 65 – Schenker/Kommission.

weisen Zugang nach Art. 4 Abs. 6 VO (EG) Nr. 1049/2001 zu gewähren.[271] Dabei darf die Kommission diese (vorläufige) nicht-vertrauliche Fassung nicht solange zurückhalten, bis alle Anträge der betroffenen Unternehmen auf vertrauliche Behandlung von Informationen endgültig geklärt sind.[272]

Im Übrigen ist der Zugang zu der vertraulichen Fassung bzw. Details hieraus nur möglich, soweit der Antragsteller ein überwiegendes öffentliches Interesse an dem Zugang nachweist. Ein solches überwiegendes öffentliches Interesse kann nur dann gegeben sein, wenn der Antragsteller zwingend auf die Informationen aus der vertraulichen Fassung angewiesen ist und anderenfalls keinen Schadensersatz geltend machen kann, dh eine **Notwendigkeit des Zugangs** besteht.[273] Insoweit gelten die oben genannten Grundsätze (→ Rn. 140 ff.). **149**

5. Verfahren

Anträge auf Zugang zur Akte nach der VO (EG) Nr. 1049/2001 sind schriftlich oder in elektronischer Form bei der Kommission zu stellen (Art. 6 Abs. 1 VO (EG) Nr. 1049/2001), wobei der Antragsteller grundsätzlich nicht verpflichtet ist, Gründe für den Antrag anzugeben. Aufgrund der allgemeinen Vermutung für das Vorliegen einer Ausnahme vom Zugangsrecht für Kommissionakten zu Kartellverfahren ist der Zugangsantrag aber auf bestimmte Dokumente in der Kommissionsakte zu beziehen. Zudem sollte er aufgrund der Darlegungs- und Beweislast des Antragstellers für das Vorliegen eines überwiegenden öffentlichen Interesses (Notwendigkeit des Zugangs zum konkreten Dokument für die Erhebung einer Schadensersatzklage) eine ausführliche Begründung enthalten.[274] **150**

Allerdings wird dem Antragsteller in aller Regel der Akteninhalt nicht bekannt sein. Damit wird dieser auf Hinweise auf hilfreiche Dokumente in dem veröffentlichten nicht-vertraulichen Beschluss der Kommission bzw. auf einen Zugang zu dem Inhaltsverzeichnis der Kommissionsakte angewiesen sein. Anträge zum Zugang zu diesem Inhaltsverzeichnis der Akte lehnte die Kommission in der Vergangenheit regelmäßig ab. Hierzu hatte das EuG im Jahr 2011 nach der damaligen Rechtslage im Fall *CDC/Kommission* entschieden, dass die Kommission solche Zugangsanträge nur ablehnen darf, wenn sie die Ablehnungsgründe der Beeinträchtigung geschäftlicher Interessen bzw. der Untersuchungstätigkeit der Kommission konkret nachweist.[275] Allerdings liegt nahe, dass die vom EuGH in der Rechtssache *EnBW* formulierte Vermutung für die Ausnahme von einem Zugangsrecht im Ausgangspunkt auch für das Inhaltsverzeichnis der Kommissionakte gilt. Soweit diese Vermutung eingreift, müsste der Antragsteller diese widerlegen und zeigen, dass seine Einsichtnahme in das Inhaltsverzeichnis weder die Untersuchungstätigkeit der Kommission, noch die geschäftlichen Interessen der Adressaten des Beschlusses beeinträchtigt oder ein überwiegendes öffentliches Interesse den Zugang rechtfertigt.[276] **151**

Ein Antrag nach der VO (EG) Nr. 1049/2001 ist nach Auffassung des EuG unzulässig, soweit er sich darauf bezieht, (erneuten) Zugang zu Dokumenten zu erhalten, die dem Antragsteller bereits aus dem Kartellverfahren vorliegen, die er aber aufgrund der Verwendungsbeschränkung aus Art. 15 Abs. 4 VO (EG) Nr. 773/2004 nicht anderweitig verwenden darf.[277] **152**

---

[271] EuG, Urt. v. 7.10.2014 – T-534/11, ECLI:EU:T:2014:854 Rn. 117 – Schenker/Kommission.
[272] EuG, Urt. v. 7.10.2014 – T-534/11, ECLI:EU:T:2014:854 Rn. 137,138, 141 – Schenker/Kommission.
[273] EuG Urt. v. 7.10.2014 – T-534/11, ECLI:EU:T:2014:854 Rn. 95, 96 – Schenker/Kommission.
[274] EuGH Urt. v. 27.2.2014 – C-365/12 P, ECLI:EU:C:2014:112 Rn. 107,130–132 – Kommission/EnBW.
[275] EuG Urt. v. 15.12.2011 – T-437/08, Slg. 2011 II-08251 – CDC/Kommission. Gegen diese Entscheidung hatte die Kommission kein Rechtsmittel eingelegt.
[276] Im Hinblick auf die Argumentation des EuG im Fall *CDC/Kommission* (EuG Urt. v. 15.12.2011 – T-437/08, Slg. 2011 II-08251 Rn. 39–51 und Rn. 52–80 – CDC/Kommission) erscheint nicht ausgeschlossen, dass eine solche Darlegung gelingt.
[277] EuG Beschl. v. 7.3.2013 – T-64/12, ECLI:EU:T:2013:116 – Henkel/Kommission. Allerdings ist nach der neuen RL 2014/104/EU die Verwendungsbeschränkung nach Art. 15 Abs. 4 VO (EG) Nr. 773/2004 wohl insoweit aufgehoben, als das die Verwendung der durch die Akteneinsicht erlangten Dokumente in Verfahren

153 Die Entscheidung über die Gewährung oder die Ablehnung des Zugangs trifft die Kommission in einem Beschluss, der zu begründen ist (Art. 7 Abs. 1 VO (EG) Nr. 1049/2001) und mit einer Klage (Art. 263 AEUV) vor den Unionsgerichten angefochten werden kann. Bis zur endgültigen Entscheidung über einen Zugang zu Dokumenten können damit unter Umständen mehrere Jahre vergehen.

IV. Zugang zu Dokumenten aus der Akte nach der neuen RL 2014/104/EU

154 Die RL 2014/104/EU soll den Zugang von möglichen Geschädigten (und auch Beklagten) zu Beweismitteln erleichtern und sieht daher detaillierte Regelungen über den Zugang zu Beweismitteln in Schadensersatzprozessen vor (Art. 5–8 der RL 2014/104/EU). In einem anhängigen Schadensersatzprozess können nationale Gerichte danach die Vorlage von bestimmten Beweismitteln durch den Beklagten (sowie auch durch den Kläger) oder durch Dritte anordnen.

155 In einem anhängigen Schadensersatzverfahren kann das Gericht unter bestimmten Voraussetzungen dabei auch die Offenlegung von **Dokumenten aus den Akten von Wettbewerbsbehörden** (einschließlich der Kommission) verlangen (Art. 6 der RL 2014/104/EU). Soweit sich diese Dokumente im Besitz der Parteien oder auch Dritten befinden, haben diese die Dokumente herauszugeben. Eine Offenlegung der Unterlagen der Wettbewerbsbehörde selbst kann das Gericht erst dann anordnen, wenn die Beweismittel nicht mit zumutbaren Aufwand von einer der Parteien oder Dritten erlangt werden können (Art. 6 Abs. 10 RL 2014/104/EU). Voraussetzung ist ein spezifischer Antrag auf bestimmte Dokumente in der Akte (Art. 6 Abs. 4 lit. a RL 2014/104/EU). Allgemeine Ausforschungsanträge sind unzulässig. Das Gericht hat intensiv zu prüfen, ob und in welchem Umfang eine Offenlegung verhältnismäßig ist, wobei auch die Interessen der betroffenen Wettbewerbsbehörde zu berücksichtigen sind (Art. 6 Abs. 4 RL 2014/104/EU). Soweit Geschäftsgeheimnisse in den angeforderten Dokumenten enthalten sind, sind vom Gericht geeignete Maßnahmen zum **Schutz von vertraulichen Informationen** anzuordnen (Art. 5 Abs. 3 lit. c RL 2014/104/EU). Der Zugang dürfte daher regelmäßig nur zu der nicht-vertraulichen Version der Dokumente gewährt werden, es sei denn, die Vertraulichkeit kann durch andere Maßnahmen sichergestellt werden (zB Abschluss einer Vertraulichkeitsvereinbarung und Offenlegung nur an die Prozessvertreter der Parteien).

156 **Von der Offenlegung ausgenommen** sind interne Dokumente der Behörden und Schriftverkehr zwischen den Wettbewerbsbehörden (Art. 6 Abs. 3 RL 2014/104/EU). Während eines laufenden wettbewerbsbehördlichen Verfahrens dürften Gerichte ferner keine Offenlegung von Dokumenten anordnen, welche von den betroffenen Unternehmen (oder Dritten) bzw. der Wettbewerbsbehörde eigens für das Verfahren erstellt wurden (Art. 6 Abs. 5 RL 2014/104/EU). Kategorisch von der Offenlegung ausgenommen sind schließlich auch **Kronzeugenerklärungen und Vergleichsausführungen** (Art. 6 Abs. 6 RL 2014/104/EU). Diese Dokumente sollen nach der Richtlinie einen **absoluten Schutz** vor der Offenlegung genießen.

157 Aufgrund der insgesamt ausgewogenen Gestaltung der Richtlinie dürfte dieser absolute Schutz von Kronzeugenerklärungen und Vergleichsausführungen **mit der *Donau Chemie*-Rechtsprechung des Gerichtshofes**[278] **vereinbar** sein. Zwar hat der Gerichtshof in dieser Entscheidung eine österreichische Zugangsregel für rechtswidrig erklärt, weil diese (wie die Richtlinie in Bezug auf Kronzeugenanträge nun auch) keine Möglichkeit eröffnet hatte, die betroffenen Interessen im Einzelfall gegeneinander abzuwägen. Als Gegengewicht zum absoluten Schutz von Kronzeugenanträgen und Vergleichsausführungen enthält die Richtlinie jedoch auch verschiedene substantielle Verbesserungen für Kläger. Erstmals erhalten Gerichte in allen Mitgliedstaaten die Möglichkeit, die Herausgabe rele-

---

zu Schadensersatzklagen zulässig ist, an welchen die einsichtnehmende natürliche oder juristische Person als Partei beteiligt ist (Art. 7 Abs. 3 und Erwägungsgrund 31 der RL 2014/104/EU).
[278] EuGH Urt. v. 6.6.2013 – C-536/11, ECLI:EU:C:2013:366 – Donau Chemie ua.

vanter Beweismittel durch die Parteien, Dritte und sogar Kartellbehörden anzuordnen. Eine solche *Discovery* war in den meisten Mitgliedstaaten zuvor nicht vorgesehen. Darüber hinaus profitieren Kläger zukünftig von einer Schadensvermutung bei Zuwiderhandlungen in Form von Kartellen (Art. 17 Abs. 2 RL 2014/104/EU). Anders als die in der Sache *Donau Chemie* zu beurteilende österreichische Regelung sieht die Richtlinie damit – ungeachtet des absoluten Schutzes von Kronzeugenanträgen und Vergleichsausführungen – keine alles-oder-nichts-Lösung vor, sondern eröffnet dem Gericht die Möglichkeit, im Einzelfall zu **adäquaten und ausgewogenen Lösungen** zu kommen.

Um die Beschränkungen des Zugangs in Art. 6 Abs. 5 und 6 RL 2014/104/EU zu Dokumenten in Akten von Wettbewerbsbehörden effektiv abzusichern, sieht die Richtlinie **Beweisverwertungsverbote** vor. Danach sind Kronzeugenerklärungen und Vergleichsausführungen als Beweismittel unzulässig (Art. 7 Abs. 1 RL 2014/104/EU). Auch die Verwertung von Verfahrensdokumenten aus den Akten der Wettbewerbsbehörde (Art. 6 Abs. 5 RL 2014/104/EU) ist unzulässig und zurückzuweisen, solange das Verfahren vor der Wettbewerbsbehörde noch nicht beendet ist (Art. 7 Abs. 2 RL 2014/104/EU). Durch Akteneinsicht erlangte Unterlagen dürfen zudem nur von der einsichtnehmenden Partei (oder bei einer Abtretung von deren Rechtsnachfolger) in Schadensersatzverfahren verwendet werden (Art. 7 Abs. 3 RL 2014/104/EU). **158**

E. Anhörung

I. Schriftliche Stellungnahme

Nach Übermittlung der Mitteilung der Beschwerdepunkte und Gewährung von Akteneinsicht erhalten die Verfahrensbeteiligten Gelegenheit zur Fertigung einer schriftlichen Stellungnahme. **Berechtigt zur Abgabe einer Stellungnahme** sind die Adressaten der Mitteilung der Beschwerdepunkte,[279] Beschwerdeführer[280] und ggf. andere natürliche oder juristische Personen, die ein berechtigtes Interesse nachweisen.[281] Dabei können sie Tatsachen vortragen, zweckdienliche Unterlagen beifügen oder Personen vorschlagen, die die Kommission anhören sollte.[282] Die Stellungnahmen samt Anlagen sind im Original auf Papier sowie in elektronischer Form einzureichen.[283] **159**

Für die schriftlichen Stellungnahmen setzt die Kommission eine **Frist,** die den Adressaten der Mitteilung der Beschwerdepunkte im Begleitschreiben mitgeteilt wird (→ Rn. 88). Bei der Fristbemessung hat die Kommission dem für die Ausarbeitung der Stellungnahmen erforderlichen Zeitaufwand und der Dringlichkeit des Falls Rechnung zu tragen[284] und eine sachgerechte Ausübung der Verteidigungsrechte zu ermöglichen.[285] Die **Mindestfrist** beträgt vier Wochen.[286] Die Kommission geht von einer **Regelfrist von zwei Monaten** aus, die sie in Abhängigkeit vom Umfang und der Komplexität des Falls verlängert oder verkürzt, wobei sie insbesondere Umstände wie die Anzahl der untersuchten Zuwiderhandlungen, den untersuchten Zeitraum, den Umfang und die Anzahl der einzusehenden Dokumente oder die Komplexität verwendeter Sachverständigengutachten berücksichtigt.[287] Die Rechtsprechung hat in der Vergangenheit Fristen von zwei[288] oder zweieinhalb Monaten[289] akzeptiert. Frist- **160**

---

[279] Art. 27 Abs. 1 VO 1/2003, Art. 11 Abs. 1 VO (EG) Nr. 773/2004; Antitrust Manual of Procedures Kap. 13 Rn. 2.
[280] Art. 6 Abs. 1 VO (EG) Nr. 773/2004; Antitrust Manual of Procedures Kap. 13 Rn. 3 ff.
[281] Art. 13 Abs. 1 VO (EG) Nr. 773/2004; Antitrust Manual of Procedures Kap. 13 Rn. 9 ff.
[282] Art. 10 Abs. 3 VO (EG) Nr. 773/2004.
[283] Art. 10 Abs. 3 VO (EG) Nr. 773/2004.
[284] Art. 17 Abs. 1 VO (EG) Nr. 773/2004.
[285] EuG Urt. v. 15.3.2000 – T-25/95, Slg. 2000, II-491 Rn. 653 – Cimenteries CBR/Kommission.
[286] Art. 17 Abs. 2 VO (EG) Nr. 773/2004.
[287] Antitrust Manual of Procedures Kap. 13 Rn. 14.
[288] EuGH Urt. v. 16.12.1975 – C-40/73 ua, Slg. 1975, 1663 Rn. 94 ff. – Suiker Unie ua/Kommission.
[289] EuG Urt. v. 8.7.2004 – T-44/00, Slg. 2004, II-2223 Rn. 68 – Mannesmannröhren-Werke/Kommission.

beginn ist frühestens, wenn die betroffenen Unternehmen Gelegenheit hatten, die wichtigsten Unterlagen aus den Akten einzusehen. Das sind insbesondere diejenigen, auf die sich die Kommission in der Mitteilung der Beschwerdepunkte stützt.[290] Die Kommission geht davon aus, dass die Frist zu laufen beginnt, wenn den betroffenen Unternehmen die DVD zugeht, mit der Einsicht in die nicht-vertrauliche Kommissionsakte gewährt wird.

161 **Anträge auf Fristverlängerung** sind zu begründen und rechtzeitig vor Ablauf der ursprünglich gesetzten Frist (die Kommission verlangt mindestens 10 Tage vor Fristablauf[291]) an den zuständigen Direktor zu richten. Lehnt die Kommission den Antrag ab oder besteht Uneinigkeit hinsichtlich der zu gewährenden Fristverlängerung, können die Betroffenen vor Ablauf der Frist den **Anhörungsbeauftragten** anrufen, der unter Berücksichtigung der Umstände des Falles über die zu gewährende Fristverlängerung entscheidet.[292]

162 **Verspätete Stellungnahmen,** die nach Ablauf der gesetzten Frist eingereicht werden, sind zwar nicht vom Verfahrens ausgeschlossen, müssen von der Kommission jedoch nicht mehr berücksichtigt werden (Art. 10 Abs. 2 VO (EG) Nr. 773/2004). Es tritt jedoch **keine Präklusion** für ein eventuell anschließendes Gerichtsverfahren ein. Unternehmen, die keine oder eine verspätete Stellungnahme abgegeben haben, sind nicht daran gehindert, gegen die Entscheidung der Kommission Nichtigkeitsklage zu erheben und dabei auch Tatsachen anzugreifen, die sie im Verwaltungsverfahren nicht bestritten haben.[293] Um etwaige erstmals im Gerichtsverfahren erhobene Einwände zu entkräften, ist die Kommission jedoch nicht gezwungen, erneut Beweis anzutreten, sondern kann auf ihre Beweisführung im Rahmen des Verwaltungsverfahrens verweisen, sofern diese auch im Lichte der neuen Einwände zur Beweisführung ausreichend ist.[294]

II. Mündliche Anhörung

1. Allgemeines/Organisatorisches

163 Die **Adressaten** der Mitteilung der Beschwerdepunkte haben **auf Antrag** das Recht auf eine mündliche Anhörung (Art. 12 Abs. 1 VO (EG) Nr. 773/2004). Diese soll es ihnen ermöglichen, die schriftlich dargelegten Argumente zu erläutern, ggf. zu ergänzen oder der Kommission andere möglicherweise wichtige Aspekte mitzuteilen. Sie sollen außerdem Gelegenheit erhalten, ihre Argumente zu Sachverhalten vorzutragen, die für die Berechnung der Geldbuße relevant sind.[295] Die mündliche Anhörung stellt damit keine kontradiktorische Verhandlung dar, sondern eine ergänzende Möglichkeit der betroffenen Unternehmen, von ihrem Recht auf Anhörung effektiv Gebrauch zu machen und zur vollständigen Aufklärung des entscheidungserheblichen Sachverhalts beizutragen. Die mündliche Anhörung muss **rechtzeitig,** dh innerhalb der Frist zur schriftlichen Stellungnahme zu den Beschwerdepunkte, beantragt werden, anderenfalls ist das Recht auf Anhörung nach Auffassung des EuG verwirkt.[296]

164 Das Recht auf eine mündliche Anhörung ist weder in Art. 41 Abs. 2 GR-Charta noch in Art. 27 VO 1/2003 ausdrücklich vorgesehen und stützt sich damit allein auf Art. 12 Abs. 1 VO (EG) Nr. 773/2004. Es steht nur den **Adressaten der Mitteilung der Beschwerdepunkte** zu. **Beschwerdeführer** und **interessierte Dritte** können zwar beantragen, während der Anhörung der Parteien gehört zu werden.[297] Ein Recht auf eine eigene Anhörung, ohne dass zugleich die Anhörung eines Adressaten der Beschwerdepunk-

---

[290] EuG Urt. v. 8.7.2004 – T-44/00, Slg. 2004, II-2223 Rn. 65 – Mannesmannröhren-Werke/Kommission.
[291] Antitrust Manual of Procedures Kap. 13 Rn. 17.
[292] Art. 9 Abs. 1 Mandat des Anhörungsbeauftragten.
[293] EuG Urt. v. 12.12.1991 – T-30/89, Slg. 1991, II-1439 Rn. 36 ff. – Hilti/Kommission.
[294] EuG Urt. v. 29.4.2004 – T-236/01 ua, Slg. 2004, II-1181 Rn. 109 ff. – Graphitelektroden.
[295] Bewährte Vorgehensweisen Rn. 107.
[296] EuG Urt. v. 12.6.2014 – T-286/09, ECLI:EU:T:2014:547 Rn. 325 – Intel/Kommission.
[297] Art. 6 Abs. 2, 13 Abs. 2 VO (EG) Nr. 773/2004.

te stattfindet, haben sie jedoch nicht.[298] Darüber hinaus kann die Kommission auch **jede andere Person** auffordern, sich schriftlich zu den Beschwerdepunkten zu äußern oder an der mündlichen Anhörung teilzunehmen (Art 13 Abs. 3 VO (EG) Nr. 773/2004). Eine Pflicht zur Teilnahme besteht weder für die Adressaten der Mitteilung der Beschwerdepunkte, noch für einen anderen potentiellen Teilnehmer.

Die geladenen Unternehmen werden durch einen mit ausreichender Vollmacht versehenen **Bevollmächtigten vertreten,** der ständig im Dienst des Unternehmens steht (Art. 14 Abs. 4 VO (EG) Nr. 773/2004), zB durch ein Vorstandsmitglied, einen Syndikus oder einen Geschäftsführer. **Externe Rechtsbeistände** können die Unternehmen zwar begleiten und auch (allein) für diese sprechen, jedoch nicht ohne Begleitung eines Unternehmensvertreters auftreten (Art. 14 Abs. 5 VO (EG) Nr. 773/2004). Nach Ansicht des EuGH wird dies damit gerechtfertigt, dass Unternehmensvertreter die technischen und wirtschaftlichen Aspekte der Tätigkeit eines Unternehmens am besten kennen und die Anhörung ohne eine Teilnahme dieser Personen daher nicht wirklich von Nutzen wäre.[299] In vielen Fällen bieten die Unternehmen darüber hinaus **Sachverständige** auf, die zu bestimmten Aspekten des Sachverhalts oder der Schadensberechnung den Standpunkt des Unternehmens weiter untermauern sollen. Bei der Zulassung dieser Sachverständigen verfügt die Kommission jedoch über ein gewisses Ermessen.[300]

Die **Kommission** wird in der mündlichen Anhörung nicht nur durch das für den jeweiligen Fall verantwortliche **Case Team** repräsentiert, das unter der Führung des zuständigen Case Manager die Ermittlungen auf operativer Ebene durchführt und auch für die Mitteilung der Beschwerdepunkte maßgeblich verantwortlich zeichnet, sondern auch durch den **Juristischen Dienst,** der – sollte eine abschließende Entscheidung der Kommission von den Parteien gerichtlich angegriffen werden – den Fall der Kommission vor den Unionsgerichten vertreten müsste und die mündliche Anhörung häufig dafür nutzt, sich mit den Umständen des Falles vertraut zu machen. Das **Team des Chefökonomen** wird ebenfalls eingeladen. Darüber hinaus werden je nach Bedeutung des jeweiligen Falles Plätze für **andere Dienststellen der Kommission** und für die **Führungsebene der Generaldirektion Wettbewerb,** zB für den zuständigen Direktor, Stellvertretenden Generaldirektor oder auch für den Generaldirektor, vorgehalten.[301] Als weitere Teilnehmer können **Vertreter der Mitgliedstaaten,** insbesondere der nationalen Wettbewerbsbehörden, Vertreter der EWR-Staaten oder – bei entsprechendem Interesse – auch Vertreter von Drittstaaten an der mündlichen Anhörung teilnehmen (Art. 14 Abs. 3 VO (EG) Nr. 773/2004).

Der **Termin der mündlichen Anhörung** liegt in der Regel sechs bis acht Wochen nach der endgültigen Frist zur Abgabe der schriftlichen Stellungnahmen.[302] Ein möglicher Zeitraum, in dem die mündliche Verhandlung stattfinden könnte, wird den Parteien häufig bereits im Begleitschreiben zur Mitteilung der Beschwerdepunkte avisiert. Dieser ist jedoch noch nicht verbindlich und kann sich – insbesondere aufgrund von Verzögerungen im Rahmen der Akteneinsicht und damit zusammenhängend auch der Abgabe der schriftlichen Stellungnahmen – im laufenden Verfahren noch erheblich verschieben. Die endgültige Terminierung der mündlichen Anhörung obliegt dem **Anhörungsbeauftragten,**[303] der insgesamt für die **Organisation, Vorbereitung und Durchführung** der mündlichen Anhörung zuständig ist.[304]

---

[298] Antitrust Manual of Procedures Kap. 13 Rn. 32.
[299] EuGH Urt. v. 14.7.1972 – C-49/69, Slg. 1972, 713 Rn. 11 – BASF/Kommission.
[300] EuGH Urt. v. 17.1.1984 – C-43 und 63/82, Slg. 1984, 19 Rn. 18 – VBVB und VBBB/Kommission.
[301] Erklärtes Ziel der Kommission ist es, dass „durchgehend" Mitglieder des Führungspersonals der Generaldirektion anwesend sind (Bewährte Vorgehensweisen, Rn. 108). Diesem Anspruch wird die Kommission – leider – in der Praxis oftmals nicht gerecht.
[302] Antitrust Manual of Procedures Kap. 13 Rn. 32.
[303] Art. 12 Abs. 1 Mandat des Anhörungsbeauftragten.
[304] Art. 14 Abs. 1 VO (EG) Nr. 773/2004; Art. 10–13 Mandat des Anhörungsbeauftragten.

2. Durchführung

168 Zur **Vorbereitung der mündlichen Anhörung** kann der Anhörungsbeauftragte alle geeigneten Maßnahmen ergreifen. Er kann den Unternehmen vorab eine Liste mit den Fragen übermitteln, zu denen eine Stellungnahme gewünscht ist, die zu besprechenden Kernpunkte mitteilen, eine vorbereitende Sitzung einberufen, an der neben den geladenen Unternehmen auch die Kommissionsdienststellen teilnehmen können, die Mitteilung der wesentlichen Inhalte der beabsichtigten Stellungnahmen sowie ein Verzeichnis der für die Unternehmen teilnehmenden Personen verlangen.[305] In der Regel entwickelt der Anhörungsbeauftragte auf Grundlage der auf diese Weise gesammelten Informationen eine **Liste der Teilnehmer,** einen **Sitzplan** sowie einen **Ablaufplan,** in dem die Anzahl der Sitzungstage festgelegt und den geladenen Unternehmen eine bestimmte Redezeit zugeteilt wird sowie je nach Bedarf Fragerunden oder geschlossene Sitzungen für die Anhörung zu vertraulichen Informationen vorgesehen sind.

169 Die mündliche Anhörung findet in **nicht-öffentlicher Sitzung** statt, damit sich alle Anwesenden frei äußern können.[306] Sie wird **vom Anhörungsbeauftragten geleitet,** der den Ablauf überwacht, den Teilnehmern das Wort erteilt und entscheidet, welche Unterlagen zum Gegenstand der Anhörung und möglicher Fragen gemacht werden dürfen. Darüber hinaus gewährleistet er den Schutz von Geschäftsgeheimnissen und anderen vertraulichen Informationen.[307]

170 Die mündliche Verhandlung wird in der Regel damit eröffnet, dass die Kommission Gelegenheit erhält, eine **Zusammenfassung der Beschwerdepunkte** zu präsentieren, die den betroffenen Unternehmen zur Last gelegt werden.[308] Anschließend präsentieren die Vertreter des jeweiligen Unternehmens, externe Rechtsbeistände und/oder Sachverständige die **Stellungnahmen der Adressaten** der Mitteilung der Beschwerdepunkte. Die Stellungnahme kann in verschiedene offene und geschlossene Sitzungen unterteilt werden, wenn die Unternehmen in Vorbereitung auf die mündliche Anhörung ankündigen, eigene Geschäftsgeheimnisse oder vertrauliche Informationen, die sie zB im Rahmen einer einvernehmlichen Einsichtnahme unter bestimmten Beschränkungen erhalten haben (→ Rn. 128 f.), ansprechen zu wollen. Zu den geschlossenen Sitzungen *(closed sessions),* in denen vertrauliche Informationen zur Sprache kommen, sind dann jeweils nur diejenigen Teilnehmer zugelassen, denen gegenüber die anzusprechenden Informationen offengelegt werden dürfen. Üblicherweise präsentieren zuletzt die **Beschwerdeführer** oder etwaige **zugelassene Dritte** ihre Stellungnahmen.

171 An die jeweiligen Präsentationen schließt üblicherweise eine **Fragerunde** an, in der das Case Team, der Juristische Dienst sowie ggf. andere Teilnehmer die Möglichkeit erhalten, Rückfragen zu den Präsentationen zu stellen.[309] Gewährung und Umfang dieses Fragerechts liegt im Ermessen des Anhörungsbeauftragten.[310] Eine Pflicht zur Beantwortung etwaiger Fragen besteht nicht. Ist eine Frage im Rahmen der mündlichen Anhörung nicht, nicht vollständig oder nicht angemessen zu beantworten, kann der Anhörungsbeauftragte gestatten, diese im Anschluss an die mündliche Anhörung innerhalb einer bestimmten Frist schriftlich zu beantworten.[311] Darüber hinaus kann der Anhörungsbeauftragte den betroffenen Unternehmen die Gelegenheit zur Vorlage weiterer schriftlicher Äußerungen binnen einer festzusetzenden Frist geben, sofern dies zur Wahrung der Verteidigungsrechte erforderlich ist.[312] Am Ende der mündlichen Anhörung erhalten die Parteien Gelegenheit zu **abschließenden Bemerkungen.**[313]

---

[305] Art. 11 Mandat des Anhörungsbeauftragten.
[306] Art. 14 Abs. 6 VO (EG) Nr. 773/2004; Bewährte Vorgehensweisen Rn. 107.
[307] Art. 14 Abs. 1 VO (EG) Nr. 773/2004; Art. 10–13 Mandat des Anhörungsbeauftragten.
[308] Antitrust Manual of Procedures Kap. 13 Rn. 47.
[309] Antitrust Manual of Procedures Kap. 13 Rn. 50.
[310] Art. 12 Abs. 3 Mandat des Anhörungsbeauftragten.
[311] Art. 12 Abs. 3 Mandat des Anhörungsbeauftragten; Antitrust Manual of Procedures Kap. 13 Rn. 50.
[312] Art. 12 Abs. 4 Mandat des Anhörungsbeauftragten; Antitrust Manual of Procedures Kap. 13 Rn. 51.
[313] Antitrust Manual of Procedures Kap. 13 Rn. 52.

Während der mündlichen Anhörung werden alle **Stellungnahmen aufgezeichnet** und 172
den teilnehmenden Unternehmen auf Antrag im Anschluss an die mündliche Anhörung
zur Verfügung gestellt.[314] Dabei wird den berechtigten Interessen an einer Geheimhaltung
vertraulicher Informationen Rechnung getragen.

3. Zwischenbericht des Anhörungsbeauftragten

Der Anhörungsbeauftragte fertigt im Anschluss an die mündliche Anhörung einen Zwi- 173
schenbericht, in dem er das zuständige Kommissionsmitglied über die **prozessualen Aspekte** des Verfahrens informiert (→ Rn. 13). Er berichtet über die Durchführung der
mündlichen Anhörung und nimmt zu der Frage Stellung, ob die Verfahrensrechte im
Verfahren bis zu diesem Zeitpunkt effektiv gewahrt wurden.[315] Darüber hinaus hat dieser
Zwischenbericht auch eine **materiell-rechtliche Komponente**. Nach Art. 14 Abs. 2
Mandat des Anhörungsbeauftragten kann der Anhörungsbeauftragte auf Grundlage der
Eindrücke der mündlichen Verhandlung gesondert zum weiteren Verlauf und zur Unparteilichkeit des Verfahrens Stellung nehmen. Dabei kann er unter anderem auf die Einholung weiterer Informationen, den Verzicht auf bestimmte Beschwerdepunkte, die Mitteilung weiterer Beschwerdepunkte oder auch weitere Ermittlungshandlungen eingehen.

Der Zwischenbericht des Anhörungsbeauftragten wird dem Generaldirektor für Wett- 174
bewerb, dem zuständigen Direktor und dem Juristischen Dienst übermittelt,[316] nicht aber
anderen Kommissionsmitgliedern. Anders als der Abschlussbericht des Anhörungsbeauftragten, wird der Zwischenbericht **nicht veröffentlicht** und den betroffenen Unternehmen **nicht zugänglich gemacht**.[317] Es handelt sich um ein rein internes Schriftstück der
Kommission, das den Wert eines Gutachtens hat und nicht verbindlich ist.

III. Weitere Ermittlungen, ergänzende Mitteilung der Beschwerdepunkte und Tatbestandsschreiben

Auf Basis der Erwiderungen auf die Beschwerdepunkte bzw. der mündlichen Anhörung 175
kann die Kommission **weitere Ermittlungen** vornehmen bzw. ist hierzu nach den
Grundsätzen von Art. 41 GR-Charta verpflichtet,[318] wenn sie konkrete Hinweise auf
noch heranzuziehende Dokumente bzw. notwendige Auskunftsersuchen an weitere Unternehmen bzw. Behörden erhält. Nach Auffassung des EuG soll die Verpflichtung der
Kommission zur Heranziehung neuer, möglicherweise entlastender Dokumenten nur gelten, wenn Unternehmen explizit eine Heranziehung beantragen, die Dokumente konkret
benennen, nachweisen, dass sie keine Möglichkeit haben, sich diese Dokumente selbst zu
beschaffen, und diese zudem wahrscheinlich gewichtige Bedeutung für die Verteidigung
der Unternehmen haben können.[319] Als Ergebnis der weiteren Ermittlungen kann die
Kommission den Tatvorwurf jederzeit zugunsten von Unternehmen einschränken oder
ganz fallen lassen.

Eine **ergänzende Mitteilung der Beschwerdepunkte** ergeht, wenn zusätzliche Be- 176
schwerdepunkte erhoben werden oder dem Unternehmen eine im Wesen andere Zuwiderhandlung zur Last gelegt, dh in Bezug auf die Dauer, Art und Umfang der Zuwiderhandlung der Vorwurf ausgeweitet werden soll. Nach der ergänzenden Mitteilung von
Beschwerdepunkten können die Unternehmen ihre **Verteidigungsrechte erneut ausüben,** haben das Recht auf Akteneinsicht, eine schriftliche Erwiderung und mündliche
Anhörung zu den neuen/geänderten Vorwürfen. In der Regel werden in diesem Fall aber
kürzere Stellungnahmefristen gewährt und das Verfahren gestrafft durchgeführt.[320] Eine

---

[314] Art. 14 Abs. 8 VO (EG) Nr. 773/2004; Antitrust Manual of Procedures Kap. 13 Rn. 54.
[315] Art. 14 Abs. 1 Mandat des Anhörungsbeauftragten.
[316] Art. 14 Abs. 2 UAbs. 2 Mandat des Anhörungsbeauftragten.
[317] EuG Urt. v. 24.10.1991 – T-2/89, Slg. 1991, II-1087 Rn. 53 – Petrofina/Kommission.
[318] In diesem Sinne: EuG Urt. v. 12.6.2014 – T-286/09, ECLI:EU:T:2014:547 Rn. 359 – Intel/Kommission.
[319] EuG Urt. v. 12.6.2014 – T-286/09, ECLI:EU:T:2014:547 Rn. 371–382 – Intel/Kommission.
[320] Bewährte Vorgehensweisen Rn. 110.

erneute mündliche Anhörung findet nur statt, soweit die Unternehmen dies rechtzeitig, dh bis zum Ende der Stellungnahmefrist, beantragen.[321]

177 Möchte sich die Kommission zum Nachweis der bereits vorgeworfenen Zuwiderhandlung auf neue Beweismittel stützen, teilt sie dies den Parteien in einem entsprechenden **Tatbestandschreiben** mit. Auch in diesem Fall muss den Parteien Einsicht in die betreffenden neuen Dokumente und Gelegenheit zu einer schriftlichen Stellungnahme mit einer ausreichenden Frist gewährt werden. Im Fall von Streitigkeiten entscheidet der Anhörungsbeauftragte über Fristverlängerungen. Eine erneute mündliche Anhörung findet nicht statt. Soweit sich die Kommission nur auf Beweise stützen möchte, die bestimmte Parteien betreffen (etwa zur Frage der Haftung von Muttergesellschaften), kann sie Tatbestandschreiben auch nur an bestimmte Parteien versenden.

F. State of Play Meetings

178 Grundsätzlich kann die Kommission während des gesamten Verfahrens den Parteien auf Antrag oder von sich aus die Gelegenheit geben, in **offenen Gesprächen** den Verfahrensstand zu erörtern und ihren Standpunkt zu äußern.[322] Diese Treffen zum Verfahrensstand (sog *state of play meetings*) finden auf freiwilliger Basis statt und sollen zur Qualität und Effizienz des Entscheidungsprozesses und zur Gewährleistung von Transparenz und Kommunikation beitragen.[323] Üblicherweise werden Treffen zum Verfahrensstand nur den Parteien einzeln angeboten. Ausnahmsweise können sie aber auch in Form von sog **Dreiertreffen** zwischen der Kommission und den Parteien des Verfahrens sowie unter Umständen auch den Beschwerdeführern und/oder Dritten stattfinden, wenn die Kommission der Ansicht ist, dass es für die Untersuchungen von Nutzen wäre, die Standpunkte aller Teilnehmer zu bestimmten Sachfragen zu hören.[324] Derartige Dreiertreffen sind in der Praxis jedoch selten.

179 Im Rahmen von Kartellverfahren bietet die Kommission üblicherweise (nur) ein Treffen zum Verfahrensstand zu einem **Zeitpunkt nach Abschluss der mündlichen Anhörung** an. Bei diesem Treffen werden den Parteien die vorläufige Beurteilung der Kommission und der geplante weitere Verfahrensverlauf vorgestellt.[325] Auch im Rahmen von Kartellverfahren ist es jedoch nicht ausgeschlossen, dass im Einzelfall bereits vor diesem Zeitpunkt, zB kurz nach Verfahrenseinleitung oder bei hinreichend fortgeschrittener Untersuchung,[326] Treffen zum Verfahrensstand angeboten werden. Ein früher Austausch mit den Parteien kann insbesondere geboten sein, wenn sich die Voruntersuchungsphase besonders lang hinzieht oder weil eine frühe Information der Parteien geboten ist, um zu verhindern, dass bereits in der Voruntersuchungsphase Verteidigungsrechte der Parteien unwiederbringlich beeinträchtigt werden (→ Rn. 7).

180 Unabhängig von der Durchführung formeller Treffen zum Verfahrensstand können sich alle Beteiligte eines Kartellverfahrens während des gesamten Verfahrens jederzeit über Sachfragen oder den zeitlichen Ablauf des Verfahrens austauschen.[327]

---

[321] EuG Urt. v. 12. 6. 2014 – T-286/09, ECLI:EU:T:2014:47 Rn. 325, 326, 336 – Intel/Kommission.
[322] Bewährte Vorgehensweisen Rn. 60.
[323] Bewährte Vorgehensweisen Rn. 61.
[324] Bewährte Vorgehensweisen Rn. 67.
[325] Bewährte Vorgehensweisen Rn. 65; Antitrust Manual of Procedures Kap. 13 Rn. 57.
[326] Vgl. Bewährte Vorgehensweisen Rn. 63.
[327] Bewährte Vorgehensweisen Rn. 66.

G. Entscheidung

I. Kollegialitätsprinzip und Delegation

Gemäß Art. 1 ihrer Geschäftsordnung[328] gilt für Beschlüsse der Kommission grundsätzlich das **Kollegialitätsprinzip**. Dh, dass das Kollegium der Kommissare unter der politischen Führung ihres Präsidenten Entscheidungen und Beschlüsse gemeinsam trifft und dafür auch gemeinsam die Verantwortung trägt. Entscheidungen des Kollegiums können im mündlichen Verfahren während der wöchentlichen Sitzungen[329] oder im schriftlichen Verfahren[330] getroffen werden. Darüber hinaus hat die Kommission die **Möglichkeit einer Ermächtigung** einzelner oder mehrerer Kommissare, bestimmte oder bestimmte Kategorien von Maßnahmen der Verwaltung oder der Geschäftsführung im Namen des Kollegiums zu treffen.[331] Ein ermächtigtes Kommissionsmitglied kann die ihm zugewiesenen Befugnisse in der Regel durch Subdelegation auf die Generaldirektoren oder Dienststellenleiter weiterübertragen.[332] Schließlich kann das Kollegium Befugnisse auch direkt auf Generaldirektoren oder Dienststellenleiter übertragen.[333] Voraussetzung für eine Ermächtigung oder die Delegation einer Befugnis ist jedoch jeweils, dass die Grenzen und Bedingungen für die Ausübung der übertragenen Befugnis vorgegeben und der Grundsatz der kollegialen Verantwortlichkeit voll gewahrt bleibt.

181

Die Übertragung von Entscheidungsbefugnissen stellt eine Ausnahme dar, die nur für Entscheidungen in Betracht kommt, die Rechte und Pflichten von Unternehmen nicht erheblich beeinträchtigen können.[334] Im Rahmen des Kartellverfahrens hat sich daher ein **System abgestufter Befugnisse** entwickelt, je nach Komplexität und/oder Eingriffsintensität einer Entscheidung:

182

- Alle **Endentscheidungen in der Sache** oder **Entscheidungen mit grundsätzlicher Bedeutung** sind dem Kollegium vorbehalten. Hierzu zählen zB die Feststellung und Abstellung einer Zuwiderhandlung,[335] die Anordnung einstweiliger Maßnahmen,[336] die Verbindlicherklärung von Verpflichtungszusagen,[337] die Verhängung eines Bußgeldes[338] oder auch die Feststellung der Nichtanwendbarkeit von Art. 101 AEUV.[339]
- Über **Maßnahmen der Geschäftsführung und der Verwaltung** im laufenden Verfahren kann das zuständige Kommissionsmitglied dagegen auf Grundlage verschiedener Ermächtigungen allein entscheiden. Von diesen Entscheidungen sind wiederum die weniger weitreichenden auf den Generaldirektor subdelegiert.
  - Zu den Entscheidungen, die **dem für Wettbewerb zuständigen Kommissionsmitglied vorbehalten** sind, zählen zB die Einleitung des Verfahrens,[340] der Versand der Mitteilung der Beschwerdepunkte,[341] die Anordnung von Nachprüfungen in anderen Räumlichkeiten[342] oder die Abweisung einer Beschwerde durch Entscheidung der Kommission.[343]

---

[328] Geschäftsordnung der Kommission, ABl. EG 2000 L 308, 26, zuletzt geändert durch Beschluss 2011/737/EU, Euratom der Kommission vom 9.11.2011, ABl. EU 2011 L 296, 58.
[329] Art. 8 Geschäftsordnung.
[330] Art. 12 Geschäftsordnung.
[331] Art. 13 Geschäftsordnung.
[332] Art. 13 Abs. 3 Geschäftsordnung.
[333] Art. 14 Geschäftsordnung.
[334] Vgl. EuGH Urt. v. 15.6.1994 – C-137/92 P, Slg. 1994, I-2555 Rn. 71 – Kommission/BASF ua; EuG Urt. v. 29.4.2004 – T-236/01 ua, Slg. 2004, II-1181 Rn. 153 – Tokai Carbon/Kommission.
[335] Art. 7 VO 1/2003.
[336] Art. 8 VO 1/2003.
[337] Art. 9 VO 1/2003.
[338] Art. 23 VO 1/2003.
[339] Art. 10 VO 1/2003; Antitrust Manual of Procedures Kap. 1 Rn. 17.
[340] Art. 2 Abs. 1 VO (EG) Nr. 773/2004.
[341] Art. 27 Abs. 1 VO 1/2003; Art. 10 Abs. 1 VO (EG) Nr. 773/2004.
[342] Art. 21 VO 1/2003.
[343] Art. 7 Abs. 2 VO (EG) Nr. 773/2004; Antitrust Manual of Procedures Kap. 1 Rn. 28.

- Zu den **auf den Generaldirektor subdelegierten** Maßnahmen gehören zB die Anordnung von Nachprüfungen bei Unternehmen,[344] die Verpflichtung von Unternehmen zur Auskunftserteilung[345] oder die Mitteilung der Absicht der Kommission, eine Beschwerde abzuweisen.[346]
- Die **prozessualen Befugnisse des Anhörungsbeauftragten** sind dagegen unmittelbar durch das Kollegium delegiert.[347]

II. Abstimmung zwischen den Dienststellen der Kommission

183 Die Entwürfe der **Endentscheidungen** der Kommission in Kartellverfahren werden vom mit dem Fall betrauten Case Team vorbereitet. Dem Entwurf wird auch der Abschlussbericht des Anhörungsbeauftragten beigefügt.[348] Bevor dieser Entwurf dem Kollegium zur endgültigen Beschlussfassung vorgelegt wird, hat zunächst ein **umfassender Konsultationsprozess** *(inter-service consultations)* vorauszugehen. Zunächst muss die Generaldirektion Wettbewerb alle Kommissionsdienststellen anhören, die ein berechtigtes Interesse an der betreffenden Vorlage haben.[349] Darüber hinaus müssen der Juristische Dienst und in bestimmten Fällen das Generalsekretariat gehört werden.[350]

III. Anhörung des Beratenden Ausschusses

184 Im Anschluss an diesen Prozess ist das für den Wettbewerb zuständige Kommissionsmitglied ermächtigt, den Entwurf zur Anhörung an den **Beratenden Ausschuss für Kartell- und Monopolfragen** zu übersenden.[351] In diesem Forum erhalten Vertreter der Wettbewerbsbehörden der Mitgliedstaaten Gelegenheit, den jeweiligen Fall zu erörtern.[352] Im Fall von Beschlüssen, mit denen Geldbußen verhängt werden, finden zwei Anhörungen des Beratenden Ausschusses statt (zuerst zum Inhalt des Beschlusses und nachfolgend zu der Berechnung und Höhe der Geldbußen). Die Kommission hat Stellungnahmen des Beratenden Ausschusses soweit wie möglich zu berücksichtigen.[353] Nach der ersten Anhörung zum Inhalt des Beschlussvorschlages können entsprechende Anpassungen vorgenommen werden. Die zweite Anhörung des Beratenden Ausschusses betrifft das Vorgehen bei der Ermittlung und die Höhe der Geldbußen (sowie ggf. die von dem Case Team nach der ersten Anhörung vorgenommenen Änderungen).[354] Gibt der Beratende Ausschuss schriftliche Stellungnahmen ab, werden diese dem Beschlussentwurf beigefügt und – soweit der Beratende Ausschuss dies empfiehlt – nach Annahme des Beschlusses veröffentlicht.[355]

IV. Annahme des Beschlusses

185 Zur Vorbereitung der **endgültigen Annahme des Beschlusses durch das Kollegium** übersendet das Case Team die Beschlussakte samt Abschlussbericht des Anhörungsbeauftragten und ggf. der Stellungnahme des Beratenden Ausschusses an das Kabinett des Wettbewerbskommissars und an das Generalsekretariat, das die Beschlussfassung durch das Kollegium vorbereitet. Das Kollegium trifft die endgültige Entscheidung bei Beschlüssen, mit

---

[344] Art. 20 Abs. 4 VO 1/2003.
[345] Art. 18 Abs. 3 VO 1/2003.
[346] Art. 7 Abs. 1 VO (EG) Nr. 773/2004; .Antitrust Manual of Procedures Kap. 1 Rn. 40
[347] Antitrust Manual of Procedures Kap. 1 Rn. 44.
[348] Art. 16 Mandat des Anhörungsbeauftragten.
[349] Art. 23 Abs. 2, 3 Geschäftsordnung.
[350] Art. 23 Abs. 2–5 Geschäftsordnung; Antitrust Manual of Procedures Kap. 1 Rn. 51–54.
[351] Art. 14 VO 1/2003; Antitrust Manual of Procedures Kap. 14, 15 Rn. 3.
[352] Vgl. Bekanntmachung der Kommission über die Zusammenarbeit innerhalb des Netzes der Wettbewerbsbehörden, ABl. EU 2004 C 101, 43, Ziffer 4.
[353] Art. 14 Abs. 5 VO 1/2003.
[354] Antitrust Manual of Procedures Kap. 15 Rn. 23–24.
[355] Art. 14 Abs. 6 VO 1/2003.

denen Geldbußen verhängt werden, im mündlichen Verfahren.[356] In anderen Fällen ist auch ein schriftliches Verfahren möglich, wobei den Kommissionsmitgliedern jeweils ausreichend Zeit zur Übermittlung von Kommentaren oder Stellungnahmen einzuräumen ist.[357]

V. Bekanntgabe an Adressaten

Beschlüsse der Kommission an individuelle Adressaten werden nur wirksam, wenn sie diesen bekanntgegeben werden (Art. 297 Abs. 2 UAbs. 3 AEUV). Nach der Annahme durch das Kollegium erfolgt diese Bekanntgabe an die Adressaten, wobei zunächst unmittelbar nach der Annahme nur der **Tenor des Beschlusses** vom Generalsekretariat per Fax an die Adressaten übersandt wird und nachfolgend die **Zustellung** einer beglaubigten Abschrift des Beschlusses per Kurier erfolgt.[358] Vor dieser offiziellen Zustellung, welche die Rechtsmittelfristen in Gang setzt, übersendet das Case Team regelmäßig eine nicht beglaubigte Kopie des Beschlusses an die Adressaten.[359] Zudem werden der Endbericht des Anhörungsbeauftragten sowie ggf. die Stellungnahme des Beratenden Ausschusses übermittelt. Eine **Vorabinformation** über die bevorstehende Annahme des Beschlusses erhalten die Adressaten oftmals nicht. Eine solche Vorabinformation erscheint aber als Ausfluss des Rechts aus Art. 41 GR-Charta geboten. Dabei ist auch zu berücksichtigen, dass börsennotierte Unternehmen regelmäßig verpflichtet sein werden, unmittelbar eine entsprechende ad-hoc Mitteilung zu dem Beschluss zu veröffentlichen.

186

H. Veröffentlichung

Die Veröffentlichung bzw. Information der Öffentlichkeit über Beschlüsse erfolgt in mehreren Schritten. Nahezu zeitgleich mit der Übersendung (nur) des Tenors an die Adressaten durch das Generalsekretariat veröffentlicht die Kommission eine **Pressemitteilung zu dem Beschluss**, welche eine kurze Zusammenfassung des Sachverhalts des Falles und der festgestellten Zuwiderhandlung sowie regelmäßig auch die genaue Höhe der verhängten Geldbußen bzw. der gewährten Reduktionen aufgrund der Kronzeugenmitteilung enthält.[360] Ggf. findet zusätzlich eine Pressekonferenz der Kommission (des Wettbewerbskommissars) statt. Danach folgt die Veröffentlichung einer Zusammenfassung des Beschlusses im EU-Amtsblatt und einer nicht-vertraulichen Fassung des gesamten Beschlusses auf der Website der Kommission.[361]

187

I. Veröffentlichung des Beschlusses

Beschlüsse der Kommission nach Art. 7–10 und Art. 23 und 24 VO 1/2003 sind zu veröffentlichen (Art. 30 Abs. 1 VO 1/2003). Diese der Transparenz der Verwaltung und Information der Öffentlichkeit dienende Veröffentlichungspflicht bezieht sich nach Art. 30 Abs. 2 VO 1/2003 im Ausgangspunkt auf eine **Zusammenfassung des Beschlusses** einschließlich der verhängten Sanktionen (in der Praxis ca. 4 bis 5 Seiten), nicht aber auf den gesamten Beschluss. Zu veröffentlichen sind zudem der **Abschlussbericht des Anhörungsbeauftragten**[362] und die **Stellungnahme(n) des Beratenden Ausschusses** (Art. 14 Abs. 6 VO 1/2003). Von der Veröffentlichung ausgenommen sind jeweils Geschäftsgeheimnisse und sonstige unter das Berufsgeheimnis fallende vertrauliche Informationen (Art. 339 AEUV). Die Kommission strebt an, die entsprechende Zusammenfassung des Beschlusses,

188

---

[356] Antitrust Manual of Procedures Kap. 15 Rn. 26. Dies dient vor allem auch dazu, ein mögliches Bekanntwerden der Höhe der beabsichtigten Geldbußen zu verhindern.
[357] Antitrust Manual of Procedures Kap. 15 Rn. 25–26.
[358] Antitrust Manual of Procedures Kap. 15 Rn. 27.
[359] Bewährte Vorgehensweisen Rn. 146.
[360] Bewährte Vorgehensweisen Rn. 147; Antitrust Manual of Procedures Kap. 15 Rn. 29.
[361] Detailliert zum Vorgehen der Kommission: Antitrust Manual of Procedures Kap. 28.
[362] Art. 17 Abs. 3 Mandat des Anhörungsbeauftragten.

Gey/Schwedler

den Abschlussbericht des Anhörungsbeauftragen und die Stellungnahme(n) des Beratenden Ausschusses zeitnah im Amtsblatt C in allen Amtssprachen zu veröffentlichen.[363]

189 Eine weitergehende Veröffentlichung durch die Kommission über die Pflichten des Art. 30 VO 1/2003 hinaus ist zulässig.[364] Dies betrifft sowohl Beschlüsse, die nicht ausdrücklich in Art. 30 Abs.1 VO 1/2003 genannt werden,[365] (wie etwa Beschlüsse über die Abweisung von Beschwerden nach Art. 7 VO (EG) Nr. 773/2004) als auch eine **nicht-vertrauliche Fassung des vollständigen Beschlusses** mit allen Einzelheiten der Feststellungen der Kommission. Solche nicht-vertrauliche Versionen des vollständigen Beschlusses veröffentlicht die Kommission regelmäßig auf ihrer Website in den verbindlichen Sprachen. Allerdings kann sich diese Veröffentlichung insbesondere aufgrund der Notwendigkeit der Bereinigung des Beschlusses von Geschäftsgeheimnissen und sonstigen vertraulichen Informationen lange hinziehen.[366] Nach der Rechtsprechung des EuG kann die Kommission zu einem späteren Zeitpunkt ggf. eine zweite, ausführlichere nicht-vertrauliche Fassung veröffentlichen, die Informationen enthält, welche zwischenzeitlich ihren Charakter als vertrauliche Informationen verloren haben.[367]

II. Von der Veröffentlichung ausgenommene Angaben

190 Von der Veröffentlichung ausgenommen sind Geschäftsgeheimnisse und sonstige unter das Berufsgeheimnis fallende vertrauliche Informationen (Art. 339 AEUV, Art. 30 Abs. 2 S. 2 VO 1/2003).

1. Geschäftsgeheimnisse und andere vertrauliche Informationen

191 Unter den Begriff der zu schützenden Geschäftsgeheimnisse (→ Rn. 10 ff., 109) fallen etwa Angaben zu Kunden, gelieferten Mengen, Preiskalkulationen und Preisänderungen.[368] Die Kommission ersetzt vertrauliche Angaben (etwa zu Marktanteilen) regelmäßig durch die Angabe von Spannen.[369] Die Tatsache, dass die Kommission die Beteiligung eines Unternehmens an einer Zuwiderhandlung festgestellt hat, die Höhe der Geldbuße und die Einzelheiten der Zuwiderhandlung stellen keine schutzwürdigen Geschäftsgeheimnisse dar.[370]

2. Personenbezogene Daten und Angaben zu ursprünglich Beschuldigten

192 Über den Wortlaut von Art. 30 Abs. 2 VO 1/2003 hinaus sind zudem aufgrund der primärrechtlichen Vorgaben des Art. 339 AEUV weitere Angaben vertraulich zu behandeln, die ihrem Wesen nach unter das Berufsgeheimnis fallen (→ Rn. 109 ff.). Dies sind zum einen **personenbezogene Daten,** insbesondere die Namen der für die Unternehmen handelnden natürlichen Personen, deren vertraulicher Charakter sich aus Art. 8 GR-Charta bzw. VO 45/2001[371] ergibt.[372] Als Ausfluss des **Grundsatzes der Unschuldsver-**

---

[363] Bewährte Vorgehensweisen Rn. 148. Siehe bspw. die Veröffentlichung zu dem Fall *Energiekabel* (Sache AT.39610), ABl. 2014 C 319, 1–15.
[364] EuG Urt. v. 30.5.2006, T-198/03, Slg. 2006 II-1429, Rn. 76, 77 – Bank Austria Creditanstalt/Kommission; Urt. v. 28.1.2015, T-341/12, ECLI:EU:T:2015:51, Rn. 155, 156 – Evonik Degussa/Kommission.
[365] Bewährte Vorgehensweisen Rn. 149, 150.
[366] Vgl. bspw. das Verfahren zu der nicht-vertraulichen Version der Entscheidung in der Sache COMP/39.125 – Automobilglas (aus dem Jahr 2009): EuGH Beschl. v. 10.9.2013, C-278/13 P(R), ECLI:EU:C:2013:558 Rn. 2 – Kommission/Pilkington Group.
[367] EuG Urt. v. 28.1.2015, T-341/12, ECLI:EU:T:2015:51, Rn. 84–86 – Evonik Degussa/Kommission.
[368] EuGH Beschl. v. 10.9.2013, C-278/13 P(R), ECLI:EU:C:2013:558 Rn. 47 – Kommission/Pilkington Group.
[369] Antitrust Manual of Procedures Kap. 28 Rn. 99.
[370] EuG Urt. v. 12.10.2007 – T-474/04, Slg. 2007, II-4225 Rn. 72 – Pergan Hilfsstoffe für industrielle Prozesse/Kommission; Urt. v. 13.9.2013 – T-380/08, ECLI:EU:T:2013:480 Rn. 51 – Niederlande/Kommission.
[371] VO 45/2001 des Europäischen Parlaments und des Rates vom 18.12.2000 zum Schutz natürlicher Personen bei der Verarbeitung personenbezogener Daten durch die Organe und Einrichtungen der Gemeinschaft und zum freien Datenverkehr, ABl. 2001 L 8, 1.
[372] EuG Urt. v. 12.10.2007 – T-474/04, Slg. 2007, II-4225 Rn. 64 – Pergan Hilfsstoffe für industrielle Prozesse/Kommission; Urt. v. 13.9.2013 – T-380/08, ECLI:EU:T:2013:480 Rn. 8 unter Bezugnahme auf Rn. 4 letzter Spiegelstrich – Niederlande/Kommission; siehe auch EuG Beschl. v. 8.6.2009 – T-173/

mutung sind zudem Namen bzw. Angaben zu Unternehmen zu entfernen, gegen die die Kommission zunächst ermittelt und Beschwerdepunkte versandt hat, aber im Ergebnis – sei es aus Gründen der Verfolgungsverjährung (Art. 25 Abs. 5 S. 2 VO 1/2003) oder aber weil der Vorwurf einer Kartellbeteiligung nicht erhärtet werden konnte – keinen Beschluss erlässt.[373] Dies gilt insbesondere deshalb, da nur Adressaten von Beschlüssen der Kommission berechtigt sind, Rechtsmittel zu den Unionsgerichten einzulegen und die betreffenden Unternehmen anderenfalls rechtsschutzlos gestellt wären.[374] Daher sind etwaige Feststellungen oder Anspielungen der Kommission auf eine Verantwortlichkeit dieser Unternehmen aus dem Beschluss zu löschen.

3. Verfahren

Die Kommission fordert die Adressaten des Beschlusses in der Regel auf, innerhalb von zwei Wochen eine nicht-vertrauliche Fassung des Beschlusses sowie jeweils eine Begründung für die geltend gemachten Streichungen vorzulegen.[375] Erfolgt keine fristgerechte Antwort, kann die Kommission annehmen, dass keine Geschäftsgeheimnisse im Beschluss enthalten sind (Art. 16 Abs. 4 VO (EG) Nr. 773/2004).[376] Im Falle von Streitigkeiten über die Streichung von Geschäftsgeheimnissen entscheidet der Anhörungsbeauftragte.[377] Oftmals veröffentlicht die Kommission in diesen Fällen eine vorläufige nicht-vertrauliche Fassung des Beschlusses ohne die Informationen, für die eine vertrauliche Behandlung beantragt wurde. Gegen die Entscheidung des Anhörungsbeauftragten kann Klage nach Art. 263 AEUV erhoben werden.

193

Die Klage hat keine aufschiebende Wirkung, so dass gleichzeitig ein **Antrag auf einstweilige Anordnungen** zu stellen ist, um eine Veröffentlichung der geltend gemachten vertraulichen Angaben zu verhindern. Dieser kann nach dem Beschluss des Gerichtshofes in der Rechtssache *Pilkington* Aussicht auf Erfolg haben.[378] Die Veröffentlichung von Geschäftsgeheimnissen wird regelmäßig einen erheblichen finanziellen Schaden für das betroffene Unternehmen nach sich ziehen. Notwendig für die Gewährung einstweiligen Rechtsschutzes ist nach der Rechtsprechung der Unionsgerichte aber der wahrscheinliche Eintritt eines nicht wiedergutzumachenden Schadens. Rein finanzielle Schäden reichen hierfür regelmäßig nicht aus, da diese (theoretisch) mit einer Klage gegen die Kommission nach Art. 340 AEUV liquidiert werden könnten.[379] Allerdings kann ein die **Dringlichkeit** begründender **nicht wiedergutzumachender Schaden** auch angenommen werden, wenn bereits zum Zeitpunkt der Entscheidung über den Antrag auf vorläufigen Rechtsschutz feststeht, dass der Schaden nicht angemessen festgestellt und beziffert werden und damit durch eine spätere Schadensersatzklage nicht ersetzt werden kann.[380] Dies hat der Gerichtshof bei der drohenden Veröffentlichung von Geschäftsgeheimnissen (konkret Kundenbeziehungen, Liefermengen, Preiskalkulationen und Preisänderungen) bejaht, da hierdurch eine unbegrenzte Anzahl von Wettbewerbern oder andere Personen Kenntnis von den Geschäftsgeheimnissen erlangt hätten und diese für ihre Zwecke hätten verwenden können, so dass ein **Schadensbezifferung von vornherein praktisch unmöglich**

194

---

09 R, Slg. 2009 II-67 Rn. 19 – Z/Kommission; siehe auch Antitrust Manual of Procedures Kap. 28, Gliederungspunkt 3.3.

[373] Grundlegend EuG Urt. v. 12.10.2007 – T-474/04, Slg. 2007, II-4225 Rn. 76–78 – Pergan Hilfsstoffe für industrielle Prozesse/Kommission.

[374] EuG Urt. v. 12.10.2007 – T-474/04, Slg. 2007, II-4225 Rn. 80 – Pergan Hilfsstoffe für industrielle Prozesse/Kommission.

[375] Bewährte Vorgehensweisen Rn. 149. Zu den Einzelheiten: Antitrust Manual of Procedures Kap. 28 Rn. 36–47.

[376] Zu dem praktischen Vorgehen: Antitrust Manual of Procedures Kap. 28 Rn. 46 f.

[377] Art. 8 Mandat des Anhörungsbeauftragten.

[378] EuGH Beschl. v. 10.9.2013 – C-278/13 P(R), ECLI:EU:C:2013:558 – Kommission/Pilkington Group.

[379] EuGH Beschl. v. 10.9.2013 – C-278/13 P(R), ECLI:EU:C:2013:558 Rn. 50 – Kommission/Pilkington Group.

[380] EuGH Beschl. v. 10.9.2013 – C-278/13 P(R), ECLI:EU:C:2013:558 Rn. 52–54 – Kommission/Pilkington Group.

gewesen wäre.[381] Die drohende Veröffentlichung von Geschäftsgeheimnissen stellt daher einen der wenigen Ausnahmefälle dar, in denen die von den Unionsgerichten aufgestellten, sehr hohen Anforderungen an den Anordnungsgrund (Dringlichkeit) für die Gewährung einstweiligen Rechtschutzes gegen Beschlüsse der Kommission erfüllt sein können.

---

[381] EuGH Beschl. v. 10.9.2013 – C-278/13 P(R), ECLI:EU:C:2013:558 Rn. 55–56 – Kommission/Pilkington Group.

§ 11 Entscheidungsarten

Übersicht

	Rn.
A. Feststellung und Abstellung von Zuwiderhandlungen nach Art. 7 VO 1/2003	1
I. Abstellungsverfügungen	3
1. Voraussetzungen	4
2. Entscheidungsinhalt	6
a) Abhilfemaßnahmen	9
b) Überwachungstreuhänder	13
3. Anforderungen an Bestimmtheit und Verhältnismäßigkeit	14
a) Bestimmtheit	15
b) Verhältnismäßigkeit	17
4. Wirkungen der Entscheidung	20
II. Feststellungsentscheidungen	24
1. Beendete Zuwiderhandlung	25
2. Feststellungsinteresse der Kommission	26
B. Anordnung einstweiliger Maßnahmen gem. Art. 8 VO 1/2003	28
I. Voraussetzungen	30
1. Prima facie Zuwiderhandlung gegen Art. 101, 102 AEUV	30
2. Ernster, nicht wieder gut zu machender Schaden für den Wettbewerb/Dringlichkeit	31
II. Verfahren	33
III. Inhalt und Wirkung	39
1. Inhalt	39
2. Wirkung	45
C. Zusagenentscheidungen gem. Art. 9 VO 1/2003	47
I. Voraussetzungen	49
1. Einleitung eines förmlichen Verfahrens	49
2. Absicht zum Erlass einer Abstellungsverfügung, aber keines Bußgeldbescheids	51
3. Mitteilung der vorläufigen Beurteilung durch die Kommission	56
II. Verfahren	58
1. Angebot von Verpflichtungszusagen	58
2. Markttest	62
3. Anhörung des Beratenden Ausschusses	66
4. Annahme der Zusagen durch die Kommission	67
5. Akteneinsicht	68
6. Rechtliches Gehör	70
III. Inhalt und Wirkung von Zusagenentscheidungen	72
1. Inhalt der Entscheidung nach Art. 9 VO 1/2003	72
2. Inhalt der Zusagen	75
3. Einsetzung eines Überwachungstreuhänders („Monitoring Trustee")	82
4. Wirkung der Entscheidung nach Art. 9 VO 1/2003	84
a) Bindungswirkung	84
b) Folgen bei Nichteinhaltung	89
c) Umfang richterlicher Kontrolle	91
IV. Wiederaufnahme des Verfahrens	92
1. Änderung der tatsächlichen Verhältnisse	93
2. Nichteinhaltung von Verpflichtungszusagen	95
3. Falsche oder unvollständige Angaben	97
D. Feststellung der Nichtanwendbarkeit gem. Art. 10 VO 1/2003	98
I. Voraussetzungen	99
1. Förmliches Verfahren	99
2. Öffentliches Unionsinteresse	100
II. Verfahren	104

	Rn.
III. Inhalt und Wirkung	108
IV. Beratungsschreiben	113

Schrifttum:
Becker, Faktische Bindungswirkung kartellbehördlicher Zusagenentscheidungen zu Gunsten von follow-on-Schadensersatzklägern, NZKart (2016); *Bergmann,* Praktische Fragen im Zusammenhang mit Zusagenentscheidungen nach Art. 9 Abs. 1 VO 1/2003, WuW Heft 5/2014, 467; *Botteman/Patsa,* Towards a more sustainable use of commitment decisions in Article 102 TFEU, Journal of Antitrust Enforcement 2013 (1); *Brenner,* Regulierung mithilfe des Kartellrechts? – Verpflichtungszusagen der Europäischen Kommission, EuR 2014, 671; *Cavicchi,* The European Commission's discretion as to the adoption of Article 9 commitment decisions: Lessons from Alrosa, Europa-Kolleg Hamburg, Discussion Paper No 3/2011; *De Bronett,* Europäisches Kartellverfahrensrecht, 2. Aufl. 2012; *DG Competition,* To commit or not to commit? Deciding between prohibition and commitments, Competition Policy Brief 3/2014; *Gruber,* Verpflichtungszusagen im Europäischen Kartellrecht, EWS Heft 7/2005, 310; *Jenny,* Worst Decision of the EU Court of Justice: The Alrosa Judgment in Context and the Future of Commitment Decisions, 38 Fordham Int'l L.J. 701 (2015); *Kahlenberg/Neuhaus,* Erste praktische Erfahrungen mit Zusagenentscheidungen nach Art. 9 Verordnung (EG) Nr. 1/2003, EuZW 2005, 620; *Kellerbauer,* Weitreichender Spielraum für einvernehmliche Lösungen nach Art. 9 Verordnung (EG) Nr. 1/2003 – Anmerkung zum Urteil des EuGH vom 29.6.2010 in der Rechtssache Alrosa, EuZW 2010, 652; *Kinsella,* The settlement myth, MLex AB Extra vom 6.1.2014; *Klees,* Freie Bahn für die Kommission in Kartellverfahren bei der Anwendung des Art. 9 VO Nr. 1/2003, RIW Heft 10/2010, 688; *ders.,* Die Zusagenpraxis der Europäischen Kommission in Kartellverfahren – Eine kritische Analyse, EWS Heft 1/2011, 14; *Kühne,* Auf dem Wege zu einem „konsensualen" Kartellrecht, WuW Heft 6/2011, 577; *Lübking,* Konvergenz und ihre Grenzen bei Zusagen in der EU-Fusionskontrolle und nach Artickel 9 VO 1/2003, WuW Heft 12/2011, 1223; *Lugard/Möllmann,* The European Commission's Practice Under Article 9 Regulation 1/2003: A Commitment a Day Keeps the Court Away?, CPI Antitrust Chronicle March 2013 (3); *Mariniello,* Commitments or prohibition? The EU Antitrust Dilemma, Bruegel policy brief 2014(1); *Marsden,* The emperor's clothes laid bare: Commitments creating the appearance of law, while denying access to law, CPI Antitrust Chronicle (2013); *McGeown/Orologos,* You Made a Pledge, Then Keep Your Promise: Article 9 Commitments Decisions in European Antitrust Law, CPI Antitrust Chronicle March 2013 (3); *Micklitz/Wechsler,* The Transformation of Enforcement: European Economic Law in a Global Perspective, Oxford Publishing, (2016); *Philippe/Souamb/Vialfontc,* On the optimal use of commitment decisions under European competition law, International Review of Law and Economomics, (2014); *Schmidt,* Abhilfemaßnahmen nach Art. 7 VO 1/2003 im Rahmen der Missbrauchsaufsicht auf dem Weg zum 'More economic approach' (2015); *Schweitzer,* Commitment Decisions in the EU and in the Member States: Functions and Risks of a New Instrument of Competition Law Enforcement Within a Federal Enforcement Regime, E-Competitions Special Issue on Commitment Decisions, August 2, 2012; *Temple Lang,* Commitment decisions under Regulation 1/2003: Legal aspects of a new kind of competition decision, E.C.L.R. 2003, 24(8); *Wagner-von Papp,* Best and Even Better Practices in Commitment Procedures after *Alrosa*: The Dangers of Abandoning the „Struggle for Competition Law", 49 Common Market Law Review 929–70 (2012); *Whish,* Motorola and Samsung: An Effective Use of Article 7 and Article 9 of Regulation 1/2003 (2014); *Wils,* Ten years of commitment decisions under Article 9 of Regulation 1/2003: Too much of a good thing? (2015); *ders.,* Settlement of EU Antitrust Investigations: Commitment Decisions under Article 9 of Regulation No 1/2003, 29 World Competition 345–66 (2006).

A. Feststellung und Abstellung von Zuwiderhandlungen nach Art. 7 VO 1/2003

1 Mit 78 Entscheidungen in den ersten zehn Jahren des Bestehens der VO 1/2003 stellen Entscheidungen nach Art. 7 VO 1/2003 die am häufigsten vorkommende Entscheidungsart dar.[1] Hierbei entfällt der Großteil der Entscheidungen auf **Kartellbußgeldverfahren,** für die der Weg über eine Zusagenentscheidung nach Art. 9 VO 1/2003 nicht in Betracht kommt.[2] Während Verfahren in den Sektoren Energie, Medien und High-Tech oftmals im Wege der Zusagenentscheidung abgeschlossen werden, ergingen im Pharma- und Telekommunikationssektor bis heute ausschließlich Entscheidungen nach Art. 7.[3]

---

[1] Ausweislich des Commission staff working document „Ten Years of Antitrust Enforcement under Regulation 1/2003" (2014) Rn. 184–186 erließ die Kommission zwischen Mai 2004 und Dezember 2013 78 Entscheidungen nach Art. 7 und 33 Entscheidungen nach Art. 9 VO 1/2003.
[2] Siehe Erwägungsgrund 13 zu VO 1/2003 sowie § 10 B zum speziellen Vergleichsverfahren für Kartellfälle.
[3] Commission staff working document „Ten Years of Antitrust Enforcement under Regulation 1/2003" (2014) Rn. 186.

Abgesehen von Kartellfällen bietet sich der Weg über Art. 7 VO 1/2003 grundsätzlich 2
dann an, wenn über ein Bußgeld ein hoher Abschreckungseffekt erzielt oder ein **Präzedenzfall** geschaffen werden soll, oder wenn geeignete Zusagen entweder nicht auszumachen sind oder von den Parteien nicht angeboten werden.[4]

I. Abstellungsverfügungen

In der praktischen Anwendung des Art. 7 VO 1/2003 ist die Abstellungsverfügung, verbunden mit einer Unterlassungsanordnung, die Regel. Zur Erzielung eines Abschreckungseffekts wird dies oftmals mit einem Bußgeld nach Art. 23 Abs. 2 lit. a kombiniert.[5] 3

1. Voraussetzungen

Eine Abstellungsverfügung nach Art. 7 Abs. 1 S. 1 VO 1/2003 setzt einen noch **andauernden Verstoß** gegen Art. 101 oder Art. 102 AEUV voraus. Der Verstoß gilt erst dann als endgültig beendet, wenn die vermeintlich wettbewerbswidrige Handlung keine Wirkungen mehr entfaltet.[6] 4

Die Kommission muss jedoch die Fortdauer der wettbewerbswidrigen Wirkungen der 5
Zuwiderhandlung nicht positiv feststellen; im Zweifel ist eine **vorsorgliche** Abstellungsverfügung zulässig.[7]

2. Entscheidungsinhalt

Die Abstellungsverfügung besteht aus einem feststellenden Teil, verbunden mit einer Abstellungs- und Unterlassungsanordnung im verfügenden Teil. Hinzukommen können ggf. die Auferlegung eines Bußgelds nach Art. 23 Abs. 2 lit. a VO 1/2003 sowie verhaltensorientierte oder strukturelle Abhilfemaßnahmen. Zusätzlich kann die Kommission den Unternehmen die Verpflichtung auferlegen, betroffene Marktteilnehmer über den Inhalt des Entscheidungstenors zu informieren.[8] 6

Die **Feststellung** des Verstoßes gegen Art. 101 oder Art. 102 AEUV kann in den Tenor der Kommissionsentscheidung mit aufgenommen werden, oder erst in der Begründung erfolgen. Die konkrete Zuwiderhandlung ist jedenfalls genau zu bezeichnen und es muss aus der Entscheidung hervorgehen, ob mehrere selbständige Verletzungshandlungen oder nur eine einzige (fortgesetzte) Zuwiderhandlung im Rechtssinne vorliegt.[9] 7

Die **Abstellungsanordnung** spricht die Kommission stets im Entscheidungstenor aus. 8
Die Abstellung kann unverzüglich oder innerhalb einer bestimmten Frist verlangt werden. Die Abstellungsanordnung darf nicht über das hinausgehen, was im feststellenden Teil der Entscheidung als mit Art. 101 oder Art. 102 AEUV als unvereinbar angesehen wird.[10] Statt detaillierte Vorgaben zur Abstellung zu machen, kann die Kommission die Unternehmen verpflichten, ihr innerhalb einer bestimmten Frist Vorschläge hierzu vorzulegen.[11]

---

[4] DG Competition, Competition Policy Brief 3/2014 (1 f.); Commission staff working document „Ten Years of Antitrust Enforcement under Regulation 1/2003" (2014) Rn. 187.
[5] Commission staff working document „Ten Years of Antitrust Enforcement under Regulation 1/2003" (2014) Rn. 188.
[6] Kom. 29.4.2014 – 39985 Rn. 554 – Motorola – Enforcement of GPRS Standard Essential Patents; EuGH Urt. v. 4.3.1999 – C-119/97 ECLI:EU:C:1999:116 Rn. 94 – Ufex ua/Kommission.
[7] Kom. 29.4.2014 – 39985 – Motorola – Enforcement of GPRS Standard Essential Patents; Kom. 20.10.2004 – 38238 Rn. 402f. – Rohtabak Spanien; EuG Urt. v. 6.7.2000 – T-62/98 ECLI:EU:T:2000:180 Rn. 199 – Volkswagen/Kommission; Kom. 14.7.1999 – 34780 – Virgin/British Airways.
[8] Vgl. EuG Urt. v. 8.6.1995 – T-9/93 ECLI:EU:T:1995:99 Rn. 158 – Schöller/Kommission; Kom. 11.3.1998 – IV/34073 – Van den Bergh Foods; Kom. 19.12.2007 – 34579 Rn. 763ff. – MasterCard I.
[9] Vgl. Urteile des EuG im Anschluss an Kom. 09.11.2010 – 39258 – Airfreight, zB EuG Urt. v. 16.12.2015 – T-43/11 ECLI:EU:T:2015:989 Rn. 60 und 65 – Singapore Airlines Ltd ua/Kommission.
[10] Siehe hierzu EuG Urt. v. 14.5.1998 – T-354/94 ECLI:EU:T:1998:104 Rn. 111f. – Stora Kopparbergs Bergslags/Kommission: In diesem Fall hat das Gericht die Anordnung der Kommission aufgehoben, jeglichen Informationsaustausch zu unterlassen, weil der feststellende Teil der Entscheidung sich nur auf den Austausch wettbewerbssensibler Informationen bezog.
[11] Kom. 24.3.2004 – 37792 – Microsoft, siehe Art. 5 (d) des Tenors.

9 **a) Abhilfemaßnahmen.** Zusätzlich zur Abstellung nach Art. 7 Abs. 1 S. 1 VO 1/2003 kann die Kommission den Unternehmen unter den Voraussetzungen des Art. 7 Abs. 1 S. 2 VO 1/2003 Abhilfemaßnahmen aufgeben. Bis heute wurden strukturelle Maßnahmen in der Praxis noch nicht angewandt. Seit 2004 wurden **in drei Fällen** verhaltensorientierte Abhilfemaßnahmen nach Art. 7 Abs. 1 S. 2 VO 1/2003 angeordnet, und zwar in den Fällen *Microsoft,*[12] *MasterCard*[13] und *CISAC.*[14]

10 Abhilfemaßnahmen stehen gem. Art. 7 Abs. 1 S. 2 VO 1/2003 ausdrücklich unter dem Vorbehalt der **Verhältnismäßigkeit** und Erforderlichkeit. Anders als im Rahmen des Art. 9 VO 1/2003 (→ § 11 Rn. 47) kann die Kommission keine Maßnahmen anordnen, die über das hinausgehen, was zur Behebung der Zuwiderhandlung notwendig ist.[15]

11 **Verhaltensorientierte Abhilfemaßnahmen** können positiver oder negativer Art sein, also zu einem bestimmten Handeln oder bloßem Unterlassen bestimmter Handlungen verpflichten. Übliche Abhilfemaßnahmen sind zB Anordnungen, Preise oder Rabattsysteme zu ändern,[16] Geschäftsbedingungen im Hinblick auf Ausschließlichkeitsbindungen zu ändern,[17] einen gesperrten Abnehmer wieder zu beliefern,[18] Zugang zu einer bestimmten Infrastruktur zu gewähren oder eine Lizenz zu erteilen.[19] Vor dem Hintergrund der Grundsätze der Vertragsfreiheit und Verhältnismäßigkeit setzt die Kommission Preise, Bedingungen und Gebühren nicht selbst fest, sondern weist die Unternehmen auf notwendige Änderungen hin bzw. verpflichtet zur Belieferung oder Lizenzgewährung zu angemessenen, nicht diskriminierenden Bedingungen, was nicht selten zu Problemen bei der Durchsetzbarkeit führt (→ Rn. 15). Teilweise verpflichtet die Kommission die Unternehmen darüber hinaus, die geänderten Preise, Bedingungen oder Gebühren der Öffentlichkeit oder den betroffenen Marktteilnehmern bekanntzumachen.[20]

12 **Die Befugnis zur Anordnung struktureller Abhilfemaßnahmen** wurde mit der VO 1/2003 neu eingeführt. Entsprechend ihres bereits im Wortlaut des Art. 7 Abs. 1 S. 3 VO 1/2003 zum Ausdruck kommenden Ausnahmecharakters[21] wurden bis heute noch keine strukturellen Abhilfemaßnahmen auf Grundlage des Art. 7 VO 1/2003 auferlegt. Strukturelle Maßnahmen sind gegenüber verhaltensorientierten Maßnahmen subsidiär (Art. 7 Abs. 1 S. 3 VO 1/2003), dh sie sind nur dann zulässig, wenn es an einer verhaltensorientierten Abhilfemaßnahme von gleicher Wirksamkeit fehlt oder wenn diese mit einer größeren Belastung für die beteiligten Unternehmen verbunden wäre. Dabei ist die Einordnung einer Maßnahme als verhaltensorientiert oder strukturell nicht immer eindeutig. Das betroffene Unternehmen kann trotz Vorliegens geeigneter verhaltensorientierter Abhilfemaßnahmen freiwillig geeignete strukturelle Maßnahmen vorziehen. Als strukturelle Maßnahmen kommen zB die Auflösung eines gegen Art. 101 AEUV verstoßenden Gemeinschaftsunternehmens oder die Veräußerung von bestimmten Geschäftsbereichen oder Betriebsgegenständen in Betracht.[22]

---

[12] Kom. 24.3.2004 – 37792 – Microsoft.
[13] Kom. 19.12.2007 – 34579 – MasterCard I.
[14] Kom. 16.7.2008 – 38698 – CISAC Agreement.
[15] EuG Urt. v. 14.5.1998 – T-338/94 ECLI:EU:T:1998:99 Rn. 242 – Finnboard/Kommission.
[16] Kom. 14.7.1997 – 34621 – PO/Irish Sugar (Ireland); Kom. 20.6.2001 – 36041 – PO/Michelin; Kom. 14.7.1999 – 34780 – Virgin/British Airways.
[17] Kom. 11.3.1998 – IV/34073 – Van den Bergh Foods.
[18] EuG Urt. v. 12.7.1991 – T-23/90, ECLI:EU:T:1991:45 – Peugeot /Kommission.
[19] EuGH Urt. v. 6.4.1995 – C-241/91 ECLI:EU:C:1995:98 Rn. 91 – RTE und ITP/Kommission (Magill).
[20] Kom. 19.12.2007 – 34579 Rn. 763 ff.– MasterCard I; EuG Urt. v. 8.6.1995 – T-9/93 Rn. 158 – Schöller/Kommission; Kom. 11.3.1998 – IV/34073 – Van den Bergh Foods.
[21] Siehe auch Erwägungsgrund 12 zu VO 1/2003: „Änderungen an der Unternehmensstruktur, wie sie vor der Zuwiderhandlung bestand, sind nur dann verhältnismäßig, wenn ein erhebliches, durch die Struktur eines Unternehmens als solcher bedingtes Risiko anhaltender oder wiederholter Zuwiderhandlungen gegeben ist".
[22] Siehe zu dem Art. 7 VO 1/2003 nachgebildeten § 32 II GWB: OLG Düsseldorf Urt. v. 20.6.2007 – VI-Kart 14/06 Rn. 55 ff. – Nord-KS/Xella (Auflösung eines kooperativen Gemeinschaftsunternehmens).

b) Überwachungstreuhänder. Die Kommission kann einen Überwachungstreuhänder 13 („Monitoring Trustee") ernennen, um die Einhaltung der Abstellungsverfügung und der Abhilfemaßnahmen sicherzustellen. Der Treuhänder unterstützt die Kommission bei der Überwachung der Einhaltung der Zusagen, wird aber nicht mit den Durchsetzungsrechten der VO 1/2003 beliehen.[23] Anders als im Rahmen des Art. 9 VO 1/2003 wird der Überwachungstreuhänder bei Maßnahmen nach Art. 7 VO 1/2003 **von der Kommission selbst auf deren Kosten** bestellt.

3. Anforderungen an Bestimmtheit und Verhältnismäßigkeit

Eine Abstellungsverfügung wurde bereits vor der VO 1/2003 am Maßstab der Bestimmtheit und Verhältnismäßigkeit gemessen.[24] 14

a) Bestimmtheit. Da eine Entscheidung nach Art. 7 VO 1/2003 mittels eines Zwangs- 15 geldes nach Art. 24 VO 1/2003 durchgesetzt werden kann, sind hohe Anforderungen an die Bestimmtheit der Beschreibung des abzustellenden Verhaltens zu stellen. Nicht unproblematisch sind daher Formulierungen wie „vernünftig" oder **„nicht diskriminierend"**[25] oder eine Anordnung, keine mit der Zuwiderhandlung „vergleichbaren Verträge"[26] abzuschließen.

Oftmals kritisiert[27] wird weiterhin die gebräuchliche Formulierung der Kommission, 16 zusätzlich zu der beschriebenen Zuwiderhandlung auch Handlungen **„gleicher oder ähnlicher Wirkung"** oder „gleichen oder ähnlichen Zwecks" zu unterlassen.[28] Von den Europäischen Gerichten wurde diese Formulierung gebilligt.[29] Es stellt sich dennoch die Frage, ob eine solche Formulierung Grundlage für die Festsetzung eines Zwangsgeldes nach Art. 24 VO 1/2003 wegen eines Verhaltens ähnlicher Wirkung oder ähnlicher Zwecks sein kann.

b) Verhältnismäßigkeit. Der Grundsatz der Verhältnismäßigkeit gilt sowohl für die Abstel- 17 lungs- und Untersagungsverfügung als auch für die ggf. zusätzlich auferlegten Abhilfemaßnahmen, die gem. Art. 7 Abs. 1 S. 2 VO 1/2003 ausdrücklich unter dem Vorbehalt der Verhältnismäßigkeit und Erforderlichkeit stehen. **Anders als im Rahmen des Art. 9 VO 1/2003**[30] kann die Kommission hier daher keine Maßnahmen anordnen, die über das hinausgehen, was zur Behebung der Zuwiderhandlung notwendig ist.[31]

Die von der Kommission gewählten Mittel zur Abstellung der Zuwiderhandlung müs- 18 sen **erforderlich** sein. Unter mehreren gleich wirksamen Mitteln hat sie das mildeste zu wählen. Den Unternehmen steht es frei, der Kommission alternative, für sie weniger belastende Mittel vorzuschlagen.[32] Außerdem fordert die Kommission die Unternehmen teilweise auf, ihr geeignete Maßnahmen zur Abstellung bzw. Beseitigung der Wirkungen der Zuwiderhandlung vorzuschlagen.

---

[23] Dass es für eine Übertragung von Untersuchungsbefugnissen durch die Kommission keine Rechtsgrundlage gibt, wurde klargestellt in EuG Urt. v. 17.9.2007 – T-201/04 ECLI:EU:T:2007:289 Rn. 1271 – Microsoft/Kommission.
[24] EuGH Urt. v. 6.4.1995 – C-241/91 ECLI:EU:C:1995:98 Rn. 93f. – RTE und ITP/Kommission (Magill).
[25] Kom. 24.3.2004 – 37792 Rn. 1005ff. – Microsoft.
[26] Siehe EuG Aufhebungsentscheidung v. 8.6.1995 – T 7/93 Rn. 207ff. – Langnese/Iglo.
[27] MüKoEuWettbR/*Bauer* VO 1/2003 Art. 7 Rn. 22; FK/*Jaeger* VO 1/2003 Art. 7 Rn. 11.
[28] Zum Beispiel Kom. 29.4.2014 – 39985 Rn. 557 – Motorola – Enforcement of GPRS Standard Essential Patents; Kom. 24.3.2004 – 37792 Rn. 996 – Microsoft. Teilweise wählt die Kommission die engere Formulierung, Handlungen zu unterlassen, „die das gleiche Ziel verfolgen oder sich in gleicher Weise auswirken" wie die festgestellte Zuwiderhandlung, so zB in Kom. 20.10.2004 – 38238 Rn. 403 – Rohtabak Spanien.
[29] EuG Urt. v. 6.10.2005 – T-22/02 ECLI:EU:T:2005:349 Rn. 4, 38 – Sumitomo Chemical/Kommission; Urt. v. 11.3.1999 – T-136/94 ECLI:EU:T:1999:45 Rn. 226f. – Eurofer/Kommission.
[30] EuGH Urt. v. 29.6.2010 – C-441/07 ECLI:EU:C:2010:377 Rn. 47 – Kommission/Alrosa → § 11 C Rn. 35.
[31] EuG Urt. v. 14.5.1998 – T-338/94 ECLI:EU:T:1998:99 Rn. 242 – Finnboard/Kommission; Urt. v. 22.3.2011 – T-419/03 ECLI:EU:T:2011:102 Rn. 134 – Altstoff Recycling Austria/Kommission.
[32] EuG Urt. v. 18.9.1992 – T-24/90 ECLI:EU:T:1992:97 Rn. 51f. – Automec/Kommission.

19 Insgesamt dürfen den Unternehmen **keine unzumutbaren Belastungen** auferlegt werden, die über das hinausgehen, was zur wirksamen Abstellung der Zuwiderhandlung und Beseitigung des wettbewerbswidrigen Zustandes notwendig ist.[33] Unverhältnismäßig wäre zB eine dauerhafte Verhaltenskontrolle, bei der die Kommission anstelle des betroffenen Unternehmens Preise festsetzt und Vertragspartner auswählt.

4. Wirkungen der Entscheidung

20 Die Entscheidung nach Art. 7 Abs. 1 VO 1/2003 ist ein **vollstreckbarer Titel**. Die Klage des betroffenen Unternehmens gegen die Entscheidung vor dem EuG entfaltet keine aufschiebende Wirkung. Eine einstweilige Anordnung kann bei Gericht beantragt werden, bedarf jedoch eines besonderen Grundes.[34]

21 Befolgt ein Unternehmen die Abstellungsanordnung bzw. die Abhilfemaßnahmen nicht, kann die Kommission für jeden Tag des Verzuges gem. Art. 24 Abs. 1 lit. a VO 1/2003 ein **Zwangsgeld** in Höhe von bis zu 5 % des im vorausgegangenen Geschäftsjahr erzielten durchschnittlichen Tagesumsatzes verhängen. Das Zwangsgeld muss zuvor durch eine weitere Entscheidung der Kommission festgesetzt werden.[35] Ein erneutes Bußgeld ist nur möglich, wenn im Anschluss an die Entscheidung nach Art. 7 Abs. 1 VO 1/2003 eine erneute Zuwiderhandlung festgestellt wird.

22 Gegenüber den nationalen Wettbewerbsbehörden und Gerichten der Mitgliedstaaten entfaltet die Entscheidung nach Art. 7 VO 1/2003 eine **Sperrwirkung**[36]: Mit Verfahrenseinleitung durch die Kommission sind die nationalen Wettbewerbsbehörden gem. Art. 11 Abs. 6 VO 1/2003 nicht mehr zuständig, dürfen also auf nationaler Ebene Art. 101 oder Art. 102 AEUV nicht mehr auf den betreffenden Sachverhalt anwenden (→ § 15 Rn. 2). Nationale Gerichte dürfen gem. Art. 16 Abs. 1 VO 1/2003 in Bezug auf den betreffenden Sachverhalt keine Entscheidungen treffen, die der Entscheidung der Kommission nach Art. 7 VO 1/2003 zuwiderlaufen. Das gerichtliche Verfahren kann zur Vermeidung widersprechender Entscheidungen ggf. bis zum Erlass der Kommissionsentscheidung ausgesetzt werden.

23 Im Falle einer durch **zivilrechtlichen Vertrag** begründeten festgestellten Zuwiderhandlung wird die Kommission in ihrer Abstellungsverfügung die Parteien zur Beendigung des Vertrages verpflichten. Die Unternehmen müssen die Durchführung des Vertrags dann sofort einstellen (zu den zivilrechtlichen Folgen kartellrechtswidriger Verträge → § 3 Rn. 15).

II. Feststellungsentscheidungen

24 Nachträgliche Feststellungsentscheidungen nach Art. 7 Abs. 1 S. 4 VO 1/2003 haben in der Praxis eine **geringe Bedeutung.** Nach Beendigung der Zuwiderhandlung kommt eine Feststellungsentscheidung regelmäßig dann in Betracht, wenn die Kommission es für angezeigt hält, das Verhalten mittels eines Bußgeldes nach Art. 23 VO 1/2003 nachträglich zu sanktionieren. In der Praxis kommen jedoch auch reine Feststellungsentscheidungen ohne Verhängung eines Bußgeldes vor.[37] Auch ohne behördliches Bußgeld bleibt für die betroffenen Unternehmen jedenfalls das Risiko privater follow-on Klagen bestehen.

---

[33] Kom. 24.3.2004 – 37792 Rn. 997 – Microsoft.
[34] Siehe Art. 278 AEUV sowie Art. 104 § 2 der Verfahrensordnung des Gerichts.
[35] Vgl. Kom. 24.3.2004 – 37792 – Microsoft. Siehe auch die sich anschließende Entscheidung der Kommission vom 27.2.2008 im selben Verfahren zur Festsetzung der endgültigen Höhe des verhängten Zwangsgeldes, abrufbar auf der Website der GD Wettbewerb.
[36] → § 15 A I Rn. 2
[37] So zB in Kom. 29.4.2014 – 39985 Rn. 554 – Motorola – Enforcement of GPRS Standard Essential Patents; Kom. 16.7.2008 – 38698 – CISAC Agreement; Kom. 2.6.2004 – 38096 – PO/Clearstream, jeweils in Verbindung mit einer vorsorglichen Abstellungsverfügung (→ Rn. 5). Zu dieser Möglichkeit grundsätzlich, siehe EuGH Urt. v. 18.7.2013 – C-499/11 P ECLI:EU:C:2013:482 Rn. 44 ff. – Dow Chemical ua/Kommission.

1. Beendete Zuwiderhandlung

Zum Zeitpunkt der Entscheidung muss die Zuwiderhandlung bereits beendet sein. Teilweise wird vertreten, die Zuwiderhandlung müsse zum Zeitpunkt der Verfahrenseröffnung nach Art. 11 Abs. 6 VO 1/2003 noch angedauert haben und die Entscheidung in engem **zeitlichen Zusammenhang** mit der bereits beendeten Zuwiderhandlung stehen.[38] Im Wortlaut der Vorschrift findet dieses zusätzliche Kriterium jedoch keine Stütze. Hinsichtlich der Frage der Verjährung ist zwischen einer bloßen nachträglichen Feststellung und einem zusätzlich auferlegten Bußgeld zu unterscheiden.[39] Teilweise wird vertreten, die Kommission könne ihr Recht auf nachträgliche Feststellung durch zu langes Zuwarten und ihr selbst zuzurechnende Nachlässigkeit verwirken.[40]

25

2. Feststellungsinteresse der Kommission

Art. 7 Abs. 1 S. 4 VO 1/2003 fordert ein berechtigtes Interesse der Kommission an der nachträglichen Feststellung. Ein solches öffentliches Unionsinteresse ist vor allem dann gegeben, wenn die Entscheidung der **Klärung der Rechtslage** dient.[41] Insbesondere kann die Schaffung eines Präzedenzfalls zur Ausräumung der aus der unklaren Rechtslage resultierenden Wiederholungsgefahr im Hinblick auf das betroffene oder andere Unternehmen angezeigt sein.[42] Dies gilt insbesondere im Falle bereits bestehender voneinander abweichender Entscheidungen der Gerichte verschiedener Mitgliedstaaten.[43] Die Erleichterung der Durchsetzung von Schadensersatzansprüchen privater Kläger soll als öffentliches Interesse trotz Bestrebungen der EU zur Förderung privater Schadensersatzklagen Kartellgeschädigter nicht in Betracht kommen.[44]

26

Das Feststellungsinteresse ist in der Entscheidung **zu begründen.**[45] Im Fall *Vitamine* hob das EuG die Entscheidung der Kommission gegenüber Sumitomo Chemical auf, weil es gegenüber diesem Unternehmen an der Begründung des Feststellungsinteresses fehlte, zumal die Auferlegung eines Bußgeldes aus Gründen der Verjährung nicht mehr in Betracht kam.[46]

27

---

[38] MüKoEuWettbR/*Bauer* VO 1/2003 Art. 7 Rn. 30.
[39] Siehe hierzu EuG Urt. v. 6.10.2005 – T-22/02 ECLI:EU:T:2005:349 Rn. 61, 83 – Sumitomo Chemical/Kommission: Nichtanwendbarkeit der Verjährungsvorschriften auf bloße Feststellungsentscheidungen ohne Auferlegung einer Geldbuße.
[40] FK/*Jaeger* VO 1/2003 Art. 7 Rn. 22.
[41] Beispiele: objektive Unklarheiten hinsichtlich der Rechtmäßigkeit von Unterlassungsverfügungen auf der Grundlage von SEP (Kom. 29.4.2014 – 39985 – Motorola – Enforcement of GPRS Standard Essential Patents); Unklarheiten hinsichtlich der anzuwendenden Standards der Kostendeckung bei Quersubventionen (Kom. 20.3.2001 – 35141 – UPS/Deutsche Post AG); Unklarheiten über die Rechtmäßigkeit von territorialen Abgrenzungen zwischen Urheberrechtsgesellschaften (Kom. 16.7.2008 – 38698 – CISAC Agreement) und zwischen Energieversorgungsunternehmen (Kom. 26.10.2004 – 38662 – GDF/ENI/ENEL); Unklarheiten hinsichtlich komplexer Clearing- und Abrechnungsdienstleistungen (Kom. 2.6.2004 – 38096 – PO/Clearstream; Kom. 19.12.2007 – 34579 – MasterCard I).
[42] Vgl. Kom. 29.4.2014 – 39985 Rn. 553 ff. – Motorola – Enforcement of GPRS Standard Essential Patents.
[43] In Kom. 29.4.2014 – 39985 Rn. 555 f. – Motorola – Enforcement of GPRS Standard Essential Patents – gab es bereits inkonsistente nationale Gerichtsentscheidungen sowie zusätzliche anhängige Unterlassungsklagen vor den Gerichten der Mitgliedstaaten, in denen auf Art. 102 AEUV gestützte Einwendungen vorgebracht worden waren → Rn. 555 f.
[44] Siehe hierzu bereits EuG Urt. v. 15.1.1997 – T-77/95 Rn. 58 – SFEI, sowie EuGH Urt. v. 4.3.1999 – C-119/97 ECLI:EU:C:1999:116 Rn. 96 – Ufex ua/Kommission. Siehe andererseits EuG Urt. v. 6.10.2005 – T-22/02 ECLI:EU:T:2005:349 Rn. 137 – Sumitomo Chemical/Kommission: Die Kommission hatte in diesem Verfahren wohl die Befassung nationaler Gerichte durch Verletzte als legitimes Feststellungsinteresse vorgebracht.
[45] Siehe zB Kom. 29.4.2014 – 39985 Rn. 553 ff. – Motorola – Enforcement of GPRS Standard Essential Patents; Kom. 2.6.2004 – 38096 Rn. 342 – PO/Clearstream.
[46] EuG Urt. v. 6.10.2005 – T-22/02 ECLI:EU:T:2005:349 Rn. 132 ff. – Sumitomo Chemical/Kommission.

B. Anordnung einstweiliger Maßnahmen gem. Art. 8 VO 1/2003

28 Das Recht der Kommission zur Anordnung von Maßnahmen im Eilrechtsschutz wurde **erstmals in der VO 1/2003 kodifiziert**. Bereits vor Inkrafttreten der Modernisierungsverordnung war jedoch die Befugnis der Kommission zum Erlass einstweiliger Anordnungen trotz mangelnder ausdrücklicher Rechtsgrundlage in der Vorgängerverordnung 17/62 durch den EuGH anerkannt. So führte der Gerichtshof bereits im Jahr 1980 aus, die Befugnis der Kommission zum Erlass sichernder Maßnahmen sei unerlässlich, um zu verhindern, dass eine Entscheidung der Kommission aufgrund des Verhaltens der betroffenen Unternehmen unwirksam oder gar illusorisch werde.[47] Sinn und Zweck der Einführung des Art. 8 VO 1/2003 war es, diese Rechtsprechung zu kodifizieren.[48] Die vor Inkrafttreten der VO 1/2003 ergangene Rechtsprechung kann also auch nach Erlass der Verordnung noch als Auslegungshilfe für die Vorschrift herangezogen werden.

29 In der Praxis hat die Befugnis der Kommission zum Erlass einstweiliger Maßnahmen jedoch keine große Bedeutung: Auch zehn Jahre nach Inkrafttreten der VO 1/2003 hat die Kommission die Vorschrift **noch kein einziges Mal angewandt**. Mit Blick auf sich schnell fortentwickelnde Technologiemärkte zB wird teilweise die Frage aufgeworfen, weshalb die Kommission in Anbetracht der wiederholt angeführten Notwendigkeit einer schnellen Reaktion (ggf. neben dem Weg über die Zusagenentscheidung) keinen Gebrauch von Art. 8 VO 1/2003 macht.[49] Während zwischen Verfahrenseröffnung und Abstellungsentscheidung nach Art. 7 VO 1/2003 durchschnittlich 28,5 und bis zur Zusagenentscheidung 24,3 Monate vergehen,[50] kann eine einstweilige Anordnung bereits nach 3–8 Monaten gewährt werden.[51] Dies verwundert umso mehr, zumal die Kommission das Fehlen von Befugnissen nationaler Kartellbehörden zum Erlass einstweiliger Maßnahmen kritisiert.[52] Zumindest in einigen Mitgliedstaaten haben einstweilige Maßnahmen der Kartellbehörden durchaus praktische Bedeutung. In Frankreich zB wandte die Wettbewerbsbehörde die entsprechende nationale Vorschrift im Jahr 2010 in einem gegen *Google* geführten Verfahren an, um die Interessen des Beschwerdeführers bis zum Erlass der Zusagenentscheidung zu wahren.[53]

I. Voraussetzungen

1. Prima facie Zuwiderhandlung gegen Art. 101, 102 AEUV

30 Die Voraussetzung eines prima facie Kartellverstoßes ist erfüllt, wenn **nach summarischer Prüfung** mehr dafür als dagegen spricht, dass am Ende des Kartellverfahrens eine Entscheidung (nach Art. 7 oder nach Art. 9 VO 1/2003) gegen das Unternehmen ergeht. Es genügt, dass dem ersten Anschein nach eine Zuwiderhandlung vorliegt, der Grad der erforderlichen Gewissheit ist dem der endgültigen Entscheidung nach Art. 7 1/2003 also nicht gleichzusetzen.[54]

2. Ernster, nicht wieder gut zu machender Schaden für den Wettbewerb/Dringlichkeit

31 Es muss weiterhin ein ernster, nicht wieder gut zu machender Schaden für den **Wettbewerb als Institution** drohen. Der Anwendungsbereich des Art. 8 VO 1/2003 wird

---

[47] EuGH Beschl. v. 17.1.1980 – 792/79 R, Slg. 1980, 119 Rn. 18 – Camera Care; siehe auch Urt. v. 28.2.1984 – C-228/92, Slg. 1984, 1129 Rn. 19 – Ford; EuG Beschl. v. 26.10.2001 – T-184/01 (R), Slg. 2002, I-3401 Rn. 70 – IMS Health.
[48] Siehe Erwägungsgrund 11 zur VO 1/2003.
[49] *Lugard/Möllmann* CPI Antitrust Chronicle March 2013 (3), 7.
[50] *Mariniello* Bruegel policy brief 2014(1), 4.
[51] Siehe GD Wettbewerb, Antitrust Manual of Procedures, Abschnitt 17 Rn. 20 (auf Basis der vor Inkrafttreten der VO 1/2003 von der Kommission erlassenen einstweiligen Anordnungen).
[52] Commission Staff Working Paper v. 9.7.2014 „Enhancing competition enforcement by the Member States' competition authorities: institutional and procedural issues" Rn. 59.
[53] Autorité de la concurrence v. 30.6.2010 – 10-MC-01 – Google/Navx.
[54] EuG Urt. v. 24.1.1992 – T-44/90, Slg. 1992, II-1 Rn. 61 – La Cinq.

hierdurch stark eingeengt. Gewinneinbußen oder Existenzgefährdung eines einzelnen Unternehmens reichen für sich genommen nicht aus. Vielmehr ist allein das öffentliche Interesse an einem funktionierenden Wettbewerb geschützt.[55] Dementsprechend können gefährdete Unternehmen auch keinen Antrag auf Erlass einstweiliger Maßnahmen stellen (→ Rn. 33). Wenn jedoch etwa die Nichtbelieferung eines oder mehrerer Unternehmen zu deren Verdrängung aus dem Markt führt, kann sich daraus eine nachhaltige Strukturveränderung am Markt und mithin ein Schaden für den Wettbewerb ergeben.[56]

Es muss schließlich **Dringlichkeit** in dem Sinne vorliegen, dass der drohende Schaden für den Wettbewerb durch eine Entscheidung der Kommission am Ende des Verwaltungsverfahrens nicht mehr beseitigt werden kann.[57] Das EuG hat in *IMS Health* ausgeführt, dass Dringlichkeit bei Vorliegen einer Gefahr eines ernsten, nicht wieder gut zu machenden Schadens für den Wettbewerb stets gegeben sei, es sich bei diesem Kriterium also nicht um eine eigene, dritte Voraussetzung handele.[58] 32

II. Verfahren

Dem ausdrücklichen Wortlaut des Art. 8 Abs. 1 nach trifft die Kommission einstweilige Anordnungen **allein von Amts wegen,** eine Antragstellung betroffener Unternehmen ist also nicht vorgesehen.[59] Hierin liegt der Hauptunterschied des Art. 8 VO 1/2003 zur früheren richterrechtlichen Regelung, wonach auch die Beantragung einstweiligen Rechtsschutzes bei der Kommission durch betroffene Unternehmen anerkannt war. Den Unternehmen bleibt jedoch die Möglichkeit, einstweilige Anordnungen anzuregen, wobei es im Ermessen der Kommission steht, diesen Anregungen zu folgen oder nicht. Jedenfalls muss die Kommission diese Anregungen nicht formal bescheiden.[60] Im Übrigen verbleibt den betroffenen Unternehmen die Möglichkeit, vorläufigen Rechtsschutz bei den nationalen Gerichten zu beantragen. Diesen obliegt die Sicherung von Individualinteressen, die durch Zuwiderhandlungen gegen Art. 101, 102 AEUV berührt werden, während die Kommission allein den Wettbewerb als Institution schützt.[61] 33

Da einstweilige Maßnahmen nicht isoliert ergehen können, sondern mit Blick auf ein Hauptverfahren angeordnet werden, ist ein **eröffnetes Kartellverfahren** erforderlich. 34

Auch im Verfahren nach Art. 8 VO 1/2003 gelten **sämtliche** in den Verordnungen 1/2003 und 773/2003 vorgesehenen **Verfahrensgarantien und Verfahrensschritte** mit ggf. verkürzten Fristen, um dem Charakter als Eilverfahren Rechnung zu tragen.[62] 35

Zusätzlich zur **Mitteilung der Beschwerdepunkte** teilt die Kommission den betroffenen Unternehmen ihre Absicht mit, einstweilige Maßnahmen anzuordnen (vgl. Art. 27 Abs. 1 VO 1/2003, Art. 10 VO 773/2004). Das Unternehmen muss Gelegenheit bekommen, nicht nur zu den Beschwerdepunkten als solchen, sondern auch zu 36

---

[55] Zum Schutzzweck der Art. 101, 102 AEUV im Allgemeinen siehe auch Erwägungsgrund 9 zu VO 1/2003. Irreführend und nach Einführung der VO 1/2003 nicht mehr zutreffend ist daher die Formulierung in GD Wettbewerb, Antitrust Manual of Procedures (März 2012), Abschnitt 17 Rn. 15: „[…] in order to avoid either a ‚serious and irreparable damage' to the party seeking the adoption of interim measures, or to avoid a situation that is intolerable for the public interest".
[56] EuGH Beschl. v. 11.4.2002 – C-481/01 P(R), Slg. 2002, I-3401 Rn. 83f. – NDC Health/IMS Health.
[57] Diese Voraussetzung ist auch dann erfüllt, wenn der drohende Schaden durch ein auf die Kommissionsentscheidung folgendes Urteil der Unionsgerichte oder der Gerichte der Mitgliedstaaten wieder gut gemacht werden könnte, siehe EuG Urt. v. 24.1.1992 – T-44/90, Slg. 1992, II-1 Rn. 79f. – La Cinq.
[58] EuG Beschl. v. 26.10.2001 – T-184/01 (R), Slg. 2002, I-3401 Rn. 54 – IMS Health.
[59] Siehe Bekanntmachung der Kommission über die Behandlung von Beschwerden, ABl. 2004 C 101/65 Rn. 16, 80.
[60] GD Wettbewerb, Antitrust Manual of Procedures, Abschnitt 17 Rn. 6.
[61] Bekanntmachung der Kommission über die Behandlung von Beschwerden, ABl. 2004 C 101/65 Rn. 12, 16; GD Wettbewerb, Antitrust Manual of Procedures, Abschnitt 17 Rn. 7.
[62] Siehe Art. 1 VO 773/2004, der die Anwendung der Verordnung auf alle Verfahren zur Anwendung von Art. 81 und 82 EG-Vertrag (Art. 101, 102 AEUV) vorsieht; siehe auch GD Wettbewerb, Antitrust Manual of Procedures, Abschnitt 17 Rn. 21 ff.

den geplanten einstweiligen Maßnahmen **Stellung zu nehmen,** allerdings innerhalb einer verkürzten einwöchigen Frist (vgl. Art. 11 Abs. 1, 17 Abs. 2 S. 2 VO 773/2004). Beantragt das Unternehmen in seiner schriftlichen Stellungnahme, mündlich angehört zu werden, so muss die Kommission diesem Antrag stattgeben (vgl. Art. 12 Abs. 1 VO 773/2004). Nach der Mitteilung der Beschwerdepunkte besteht ein Recht auf **Akteneinsicht** (vgl. Art. 15 Abs. 1 VO 773/2004, 27 Abs. 2 VO 1/2003). **Beschwerdeführer** erhalten idR eine Kopie der Mitteilung der Beschwerdepunkte und Gelegenheit zur schriftlichen Stellungnahme, jedoch kein Antragsrecht im Hinblick auf einstweilige Anordnungen.

37 Vor der Entscheidung über die Anordnung einstweiliger Maßnahmen hört die Kommission den **beratenden Ausschuss** für Kartell- und Monopolfragen an, allerdings mit der Möglichkeit verkürzter Anhörungsfristen (vgl. Art. 14 Abs. 1, Abs. 3 S. 2 VO 1/2003).

38 Die Entscheidung nach Art. 8 VO 1/2003 wird von der Kommission als Kollegium getroffen und **veröffentlicht** (vgl. Art. 30 VO 1/2003). Die Entscheidung ist zu begründen (vgl. Art. 296 Abs. 2 AEUV.

III. Inhalt und Wirkung

1. Inhalt

39 Da der Zweck der einstweiligen Anordnung darin besteht, den status quo ante zu sichern, dürfen die Maßnahmen nur **vorläufiger und sichernder Art** sein und die Hauptsache nicht präjudizieren.[63] Maßnahmen struktureller Natur scheiden daher im Rahmen des Art. 8 VO 1/2003 von vornherein aus. Außerdem darf die Maßnahme nach Gegenstand und Umfang nicht über das hinausgehen, was die Kommission in der endgültigen Entscheidung nach Art. 7 VO 1/2003 auferlegen darf.[64]

40 Der Inhalt der Anordnung muss auf das zur Sicherung des status quo **Unerlässliche** beschränkt sein, darf also nicht über das hinausgehen, was zur Abwendung des ernsten und nicht wieder gut zu machenden Schadens für den Wettbewerb notwendig ist. Außerdem gebietet der Grundsatz der Verhältnismäßigkeit unter dem Gesichtspunkt der **Erforderlichkeit,** dass unter mehreren geeigneten Maßnahmen die für das Unternehmen am wenigsten belastende gewählt wird.[65]

41 Schließlich ist eine **Interessenabwägung** erforderlich, bei der zum einen das öffentliche Interesse an der Aufrechterhaltung des bestehenden Wettbewerbs und zum anderen das legitime Interesse des Unternehmens an der Fortsetzung des nur dem ersten Anschein nach kartellrechtswidrigen Verhaltens zu berücksichtigen sind.[66] In die Abwägung einzustellen sind dabei auch die Schwere des vermeintlichen Kartellrechtsverstoßes, der Stand der Ermittlungen und der Grad der Wahrscheinlichkeit, dass es in der Hauptsache zur Feststellung einer Zuwiderhandlung kommen wird.

42 Art. 8 Abs. 2 VO 1/2003 sieht ausdrücklich vor, dass die Entscheidung über die einstweiligen Maßnahmen von der Kommission **zu befristen** ist. Die Dauer liegt im Ermessen der Kommission und es gibt, anders als nach § 32a Abs. 1 GWB, auch keine gesetzliche Höchstdauer. Zwar ist es sinnvoll, die Dauer der einstweiligen Maßnahmen an der voraussichtlichen Dauer des Kartellverfahrens in der Hauptsache zu orientieren, jedoch muss ein genaues Datum als Fristende festgelegt werden. Die Formulierung „bis zur Entscheidung in der Hauptsache" ist daher keine zulässige Bestimmung der Geltungsdauer.[67] Entfallen die Voraussetzungen für den Erlass der einstweiligen Maßnahmen bereits vor

---

[63] EuGH Beschl. v. 17.1.1980 – 792/79 R, Slg. 1980, 119 Rn. 19 – Camera Care.
[64] EuGH Urt. v. 28.2.1984 – C-228/92, Slg. 1984, 1129 Rn. 19 – Ford.
[65] EuGH Beschl. v. 17.1.1980 – 792/79 R, Slg. 1980, 119 Rn. 18f. – Camera Care.
[66] Vgl. EuGH Beschl. v. 17.1.1980 – 792/79 R, Slg. 1980, 119 Rn. 19 – Camera Care.
[67] Vor Inkrafttreten der VO 1/2003 war eine solche Formulierung noch üblich, siehe Kom. v. 3.7.2001 – D3/38.044 – NDC Health/IMS Health: Einstweilige Anordnung (Art. 4 der Entscheidung).

Ablauf der Geltungsdauer der Anordnung, muss die Kommission diese durch Entscheidung aufheben.

Art. 8 Abs. 2 VO 1/2003 sieht weiterhin die Möglichkeit der **Verlängerung der Geltungsdauer** der einstweiligen Anordnung vor. Die Verlängerung ergeht durch eine erneute Entscheidung der Kommission nach Durchführung eines vollständigen Verwaltungsverfahrens. Für die Angemessenheit der Verlängerung soll es auch darauf ankommen, weshalb die Kommission innerhalb der ursprünglich bestimmten Geltungsdauer der Anordnung nicht zu einer Entscheidung in der Hauptsache gekommen ist. Liegen die Gründe im ihrem Verantwortungsbereich, soll eine Verlängerung nur ausnahmsweise erlaubt sein.[68] 43

Klassisches **Beispiel** einer einstweiligen Anordnung im Kartellrecht ist die vorläufige Auferlegung einer Pflicht zur Fortsetzung von Lieferungen. Die einstweilige Auferlegung einer Pflicht zur erstmaligen Belieferung hingegen würde über die Sicherung des status quo ante hinausgehen und daher wohl als zulässiger Inhalt einer einstweiligen Anordnung ausscheiden. Zu den weiteren Beispielen von Anordnungen auf Basis der Rechtsprechung des EuGH vor Inkrafttreten der VO 1/2003 gehören das einstweilige Verbot, Verdrängungspreise zu anzuwenden[69] sowie das einstweilige Gebot an einen Hafenbetreiber, einem Fährendienst Zugang zu gewähren.[70] 44

2. Wirkung

Bei Nichtbefolgung einer nach Art. 8 VO 1/2003 auferlegten einstweiligen Maßnahme kann die Kommission gem. Art. 24 Abs. 1 lit. b VO 1/2003 ein **Zwangsgeld** anordnen. Die Androhung erfolgt dabei idR bereits in der Entscheidung zur einstweiligen Anordnung.[71] Für die Festsetzung des Zwangsgelds bedarf es einer weiteren Entscheidung der Kommission nach einem erneuten Verfahren unter Gewährung rechtlichen Gehörs zur Frage der Nichtbefolgung. 45

Im Falle einer vorsätzlichen oder fahrlässigen Nichtbefolgung der einstweiligen Maßnahmen kann die Kommission darüber hinaus zusätzlich ein **Bußgeld** in Höhe von bis zu 10% des im vorausgegangenen Geschäftsjahr erzielten Gesamtumsatzes verhängen (vgl. Art. 23 Abs. 2 lit. b VO 1/2003). Das Bußgeld kann jedoch nur in einer Entscheidung hierzu verhängt werden, der ein eigenständiges Verfahren vorausgeht. Endet auch das Verfahren in der Hauptsache mit der Auferlegung eines Bußgeldes, soll das bereits nach Art. 23 Abs. 2 lit. b VO 1/2003 verhängte Bußgeld zu berücksichtigen sein, um dem ne bis in idem Grundsatz Rechnung zu tragen.[72] 46

C. Zusagenentscheidungen gem. Art. 9 VO 1/2003

Zusagenentscheidungen gem. Art. 9 VO 1/2003 erfreuen sich als Form konsensualer Verfahrenserledigung **wachsender Beliebtheit.** In den ersten 10 Jahren des Bestehens der Modernisierungsverordnung wurden beinahe doppelt so viele Verfahren nach Art. 9 abgeschlossen wie nach Art. 7 der VO 1/2003.[73] Zusagenentscheidungen können der Verfahrensökonomie durch Verkürzung und Vereinfachung des Verfahrens im Gegensatz zum „regulären" Verfahren nach Art. 7 VO 1/2003 dienen.[74] Dabei sind die potenziellen Vor- 47

---

[68] FK/*Jaeger* Art. 8 VO 1/2003 (Jan. 2009) Rn. 10.
[69] Kom. v. 29.7.1983 – IV/30698 – ECS/AKZO: Einstweilige Anordnung.
[70] Kom. v. 16.5.1995 – IV/35388 – Irish Continental Group v. CCI Morlaix (Port of Roscoff): Einstweilige Anordnung.
[71] Kom. v. 3.7.2001 – D3/38.044 – NDC Health/IMS Health: Einstweilige Anordnung.
[72] Langen/Bunte/*Sura* Art. 8 VO 1/2003 Rn. 12.
[73] Seit Mai 2004 hat die Kommission 36 Verfahren nach Art. 9 und 22 Verfahren nach Art. 7 abgeschlossen (Kartellverfahren nicht berücksichtigt) (Stand April 2016).
[74] Kommissionsbericht über das Funktionieren der Verordnung (EG) Nr. 1/2003, Staff Working Paper (2009) Rn. 102. Vgl. insbesondere EU-Generalsekretär für Wettbewerb, Italianer, in einem Vortrag am 13.12.2013 auf der CRA Competition Conference in Brüssel (Speech/11.12.2013).

teile für die beteiligten Unternehmen wie auch für die Kommission offensichtlich: Die Kommission wird in die Lage versetzt, unter Schonung ihrer Ressourcen die Abstellung eines vermeintlichen Wettbewerbsverstoßes zu erreichen und kann sich auf die Verfolgung schwerwiegenderer Kartellverstöße konzentrieren.[75] Dabei liegt die Wahrscheinlichkeit einer Überprüfung vor den europäischen Gerichten ungleich niedriger als bei einer Verbotsentscheidung nach Art. 7 VO 1/2003.[76] Für die Unternehmen kann der Weg über Art. 9 VO 1/2003 ebenfalls vorteilhaft sein: Sie können den Inhalt der Zusagen mit der Kommission verhandeln und den Entscheidungsinhalt somit beeinflussen.[77] Zudem entfaltet die Entscheidung mangels Feststellung eines Rechtsverstoßes keine Bindungswirkung in zivilrechtlichen Schadensersatzverfahren vor den Gerichten der Mitgliedstaaten.[78] Für Unternehmen birgt das Instrument jedoch auch das Risiko, sich zur Vermeidung eines drohenden Bußgeldes zur Abgabe sehr weitreichender Zusagen unter Verzicht auf gerichtliche Kontrolle verleiten zu lassen.[79]

48 Eine Verfahrensbeendigung durch Zusagen der Unternehmen wurde zwar bereits unter der VO 17/62 praktiziert, jedoch war die Nichteinhaltung der Zusagen mangels gesetzlicher Grundlage nicht bußgeldbewehrt. Erst mit der VO 1/2003 wurden Zusagenentscheidungen als **eigene Entscheidungsart** kodifiziert, so dass diese heute von der Kommission für verbindlich erklärt werden und ein Verstoß gegen sie mit einem Bußgeld belegt werden kann.

I. Voraussetzungen

1. Einleitung eines förmlichen Verfahrens

49 Voraussetzung für die Anwendbarkeit des Art. 9 VO 1/2003 ist zunächst, dass die Kommission ein förmliches Verfahren eingeleitet hat. Dies kann sie entweder auf eine Beschwerde hin oder von Amts wegen tun. Die Verfahrenseinleitung hat die **Sperrwirkung** des Art. 11 Abs. 6 VO 1/2003 zur Folge, dh nationale Wettbewerbsbehörden der Mitgliedstaaten sind gehindert, wegen desselben Verhaltens parallele Verfahren einzuleiten (sobald die Kommission jedoch eine Entscheidung nach Art. 9 VO 1/2003 erlassen hat, können die nationalen Wettbewerbsbehörden zumindest theoretisch Verfahren wegen desselben Verhaltens eröffnen und Abstellungsentscheidungen erlassen → Rn. 84 ff.).[80]

50 Sowohl der Kommission als auch den beteiligten Unternehmen steht es während des gesamten Verfahrens nach Art. 9 VO 1/2003 frei, Gespräche über Zusagen abzubrechen.[81] Der **Wechsel** zur jeweils anderen Verfahrensart ist bis zum Erlass der endgültigen Entscheidung jederzeit möglich, in Verfahren nach Art. 7 VO 1/2003 kann auch noch nach

---

[75] Kritisch hierzu im Hinblick auf die tatsächlich oftmals langwierigen Verhandlungen: *Bergmann* WuW 2014, 467 (469). Statistische Werte ergäben zudem, dass Zusagenentscheidungen in Fällen von Missbräuchen einer marktbeherrschenden Stellung im Schnitt 15 % langsamer seien als Verbotsentscheidungen. Diese Ergebnisse lassen sich zwar möglicherweise durch andere Einflüsse erklären, dennoch sei eine Beschleunigung durch Zusagenentscheidungen nicht unbestreitbar, siehe hierzu: *Mariniello* Commitments or prohibition? The EU antitrust dilemma, bruegelpolicybrief, 2014.
[76] Kommissionsbericht über das Funktionieren der Verordnung (EG) Nr. 1/2003, Staff Working Paper (2009), Rn. 102.
[77] Kritisch hierzu: *Kinsella*, MLex AB vom 6.1.2014, 3.
[78] Kritisch hierzu *Kling/Thomas* §9 Rn. 14.
[79] EuGH Urt. v. 29.6.2010 – C-441/07 P, ECLI:EU:C:2010:377 Rn. 48 – Europäische Kommission gegen Alrosa Company Ltd. *„Die Unternehmen, die Verpflichtungszusagen auf der Grundlage des Art. 9 der Verordnung Nr. 1/2003 anbieten, nehmen bewusst hin, dass ihre Zusagen über das hinausgehen können, wozu sie von der Kommission in einer gemäß Art. 7 der Verordnung nach eingehender Prüfung getroffenen Entscheidung verpflichtet werden könnten."* Siehe auch *Wils*, Ten years of commitment decisions under Article 9 of Regulation 1/2003: Too much of a good thing?, 2015, 5f.; Lugard/Möllmann CPI Antitrust Chronicle March 2013 (3) (9); *Klees* RIW 2010, 688 (695); *Bergmann* WuW 2014, 467 (469); *Kellerbauer* EuZW 2010, 652 (658).
[80] Siehe auch Erwägungsgrund 13 zu VO 1/2003.
[81] Bekanntmachung der Kommission über bewährte Vorgehensweisen in Verfahren nach Art. 101 und 102 des AEUV („Best Practices"), ABl. 2011 C 308, 6 Rn. 125; Kom. 3.9.2014 – 39574 – Smartcard-Chips (noch nicht öffentlich).

der Mitteilung der Beschwerdepunkte zum Verfahren nach Art. 9 VO 1/2003 gewechselt werden.[82] Durch den Wechsel von einer Verfahrensart in die andere kann ein Verfahren erheblich verzögert werden. In der Praxis wird das Verfahren häufig von vornherein mit Blick auf eine Verfahrensbeendigung nach Art. 9 VO 1/2003 eröffnet, gegebenenfalls nach informellen Vergleichsgesprächen mit den Unternehmen im Vorfeld.[83] Im Falle eines späteren Wechsels vom Verfahren nach Art. 9 VO 1/2003 zurück zu Art. 7 VO 1/2003 erweitern sich dabei die Verteidigungsrechte der Unternehmen und es wird eine Mitteilung der Beschwerdepunkte erforderlich. Es ist ebenfalls möglich (wenn auch aus verfahrensökonomischen Gesichtspunkten fragwürdig), dass die Kommission das Verfahren für einen Teil der beteiligten Unternehmen nach Art. 9 VO 1/2003 fortführt, während das Verfahren für die anderen nach Art. 7 VO 1/2003 fortgesetzt wird bzw. umgekehrt (sog Hybridverfahren).[84]

2. Absicht zum Erlass einer Abstellungsverfügung, aber keines Bußgeldbescheids

Die Kommission muss nach konkreten Sachverhaltsermittlungen die Absicht haben, gegen das oder die Unternehmen eine Abstellungsverfügung nach Art. 7 VO 1/2003 im Hinblick auf eine **andauernde Zuwiderhandlung** gegen Art. 101 und/oder Art. 102 AEUV zu erlassen. In der Praxis besteht jedoch häufig von Seiten der Kommission von vornherein die Absicht, das Verfahren nach Art. 9 VO 1/2003 zu beenden und es wird den Unternehmen nahe gelegt, Zusagen abzugeben. **51**

Für Fälle, in denen die Kommission wegen der **Schwere des vermeintlichen Wettbewerbsverstoßes** die Verhängung eines Bußgeldes gem. Art. 23 Abs. 2 a) VO 1/2003 beabsichtigt, soll das Verfahren nach Art. 9 VO 1/2003 nach dem Willen des Gesetzgebers nicht geeignet sein.[85] Im internen Verfahrenshandbuch („*Antitrust Manual of Procedures*") schreibt die GD Wettbewerb zwar, dass die Kommission in Fällen, in denen sie bereits eine Mitteilung der Beschwerdepunkte erlassen und darin ein Bußgeld in Aussicht gestellt hatte, in der Zusagenentscheidung begründen solle, weshalb aus ihrer Sicht ein Bußgeld nicht mehr erforderlich war.[86] Tatsächlich lassen von der Kommission erlassene Zusagenentscheidungen eine Begründung für den Verzicht auf die Sanktionierung früheren Verhaltens jedoch vermissen.[87] **52**

Ob die Kommission tatsächlich nur solche Fälle mittels Zusagenentscheidung beendet, in denen sie ein Bußgeld für nicht angezeigt hält, erscheint zweifelhaft.[88] Die Zusagenentscheidung im Fall *Rambus* hatte Wettbewerber Hynix vor dem EuG mit der Begründung angegriffen, die Kommission habe Art. 9 VO 1/2003 verletzt, indem sie sich für das Verfahren nach diesem Artikel in einem Fall entschieden habe, in dem ihre Bedenken einen so schweren Verstoß gegen Art. 102 AEUV betrafen, dass sie eine Geldbuße aufzuerlegen beabsichtigt habe. Wegen der Klagerücknahme infolge eines zwischen Hynix und Rambus geschlossenen Vergleichs hatte das Gericht nicht die Gelegenheit, sich zu dieser Frage zu äußern.[89] Ein Verfahrensabschluss nach Art. 9 VO 1/2003 soll außerdem ungeeignet in **53**

---

[82] Bekanntmachung der Kommission über bewährte Vorgehensweisen in Verfahren nach Art. 101 und 102 des AEUV („Best Practices"), ABl. 2011 C 308, 6 Rn. 118, 123; *Temple Lang* E.C.L.R. 2003 24(8) (347); Kom. 10.12.2015 – 39767 – BEH Gas; Kom. 12.5.2015 – 39964 – Air France/KLM/Alitalia/Delta; Kom. 29.4.2014 – 39939 – Samsung – Enforcement of UMTS Standard Essential Patents; Kom. 8.12.2010 – 39398 – VISA MIF. Es ist ebenfalls möglich, nach der Mitteilung der Beschwerdepunkte zu Art. 9 zu wechseln, und nach dem Markttest der Zusagen wieder zu Art. 7 zurückzuwechseln, siehe Kom. 16.7.2008 – 38698 – CISAC Agreement.
[83] Vgl. Untersuchung im Fall Kom. 30.11.2010 – 39740 – Google.
[84] Kom. 8.12.2010 – 39398 Rn. 73 – Visa MIF.
[85] Erwägungsgrund 13, letzter Satz zu VO 1/2003.
[86] GD Wettbewerb, Antitrust Manual of Procedures, Abschnitt 16 Rn. 14, 71.
[87] Vgl. etwa Kom. 29.4.2014 – 39939 – Samsung – Enforcement of UMTS Standard Essential Patents.
[88] *Bergmann* WuW 2014, 467 (474) unter Verweis auf die Praxis der Kommission, gerade die Möglichkeit der Verhängung eines Bußgeldes als Hebel zu nutzen, um Unternehmen zu ausreichenden Zusagen zu veranlassen.
[89] Kom. 9.12.2009 – 38636 – Rambus; EuG Urt. v. 5.7.2013 – T-148/10, ECLI:EU:T:2013:358 – SK Hynix/Kommission.

Fällen sein, in denen die einzig mögliche Zusage sich darauf beschränkt, das verfahrensgegenständliche Verhalten künftig einzustellen.[90]

54 Jedenfalls vom Anwendungsbereich des Art. 9 ausgenommen sind **geheime Kartelle**, die in den Anwendungsbereich der Mitteilung über den Erlass und die Ermäßigung von Geldbußen in Kartellsachen („Kronzeugenregelung") fallen.[91] Für Kartellfälle als schwerwiegendste Form des Verstoßes gegen europäisches Kartellrecht steht ein besonderes Vergleichsverfahren bereit.[92] Die Anwendungsbereiche von Zusagenverfahren einerseits und Vergleichsverfahren andererseits überschneiden sich daher nicht.[93]

55 Weiterhin sollen Verfahrensbeendigungen nach Art. 9 VO 1/2003 ungeeignet in Fällen sein, in denen es um neue, von den europäischen Gerichten noch nicht geklärte Rechtsfragen geht. In derartigen Fällen zieht die Kommission ausweislich ihres internen Verfahrenshandbuchs das Verfahren nach Art. 7 VO 1/2003 vor, um die Rechtsfortbildung durch **Schaffung von Präzedenzfällen** zu ermöglichen.[94] In der Praxis scheint sich der Weg über Zusagenentscheidungen jedoch insbesondere in Missbrauchsfällen im Hightech-Sektor trotz Neuheit der aufgeworfenen Rechtsfragen zur Regelvorgehensweise entwickelt zu haben.[95]

3. Mitteilung der vorläufigen Beurteilung durch die Kommission

56 Für die vorläufige Beurteilung des in Frage stehenden Verhaltens hat die Kommission den Sachverhalt zu ermitteln, muss diesen jedoch nicht vollständig aufarbeiten.[96] Die Kommission teilt den Unternehmen ihre wesentlichen Überlegungen zum Sachverhalt sowie ihre vorläufige rechtliche Bewertung **in summarischer Form** mit.[97] Laut dem Verfahrenshandbuch der GD Wettbewerb soll zwar die vorläufige Beurteilung regel-

---

[90] GD Wettbewerb, Competition Policy Brief 3/2014, 2; *Italianer*, To Commit or Not to Commit, Vortrag bei der CRA Competition Conference, 11.12.2013, 4.
[91] Bekanntmachung der Kommission über bewährte Vorgehensweisen in Verfahren nach Art. 101 und 102 des AEUV („Best Practices"), ABl. 2011 C 308, 6 Rn. 116; GD Wettbewerb, Antitrust Manual of Procedures, Abschnitt 16 Rn. 13.
[92] Siehe Mitteilung der Kommission über die Durchführung von Vergleichsverfahren bei dem Erlass von Entscheidungen nach Artikel 7 und Artikel 23 VO 1/2003 in Kartellfällen („Cartel Settlement Notice"), ABl. 2008 C 167, 1. Siehe hierzu → § 18 H zu Vergleichsverfahren.
[93] Kritisch hierzu *Philippe/Souamb/Vialfontc,* On the optimal use of commitment decisions under European competition law, International Review of Law and Econonomics, 2014; siehe auch Mariniello, Commitments or prohibition? The EU antitrust dilemma, bruegelpolicybrief, 2014 „if the commitments are limited to stopping the infringement, they allow companies to keep the illegal profits from the period of the infringement. Little deterrence can therefore come from commitment decisions.
[94] GD Wettbewerb, Antitrust Manual of Procedures 3/2012, Abschnitt 16 Rn. 11. Kritisch hierzu *Micklitz/Wechsler* The Transformation of Enforcement: European Economic Law in a Global Perspective, Oxford Publishing, 2016 „The Commission nowadays prefers to terminate public enforcement actions in the form of commitment decisions under Article 9. Those decisions are often poorly reasoned and, more importantly, can hardly be appealed by the alleged infringer of competition law to the European courts. In particular, many of the economically most important cases have been terminated by commitment decisions. These decisions do not provide much, if any, help to the victims of the alleged infringement for arguing a private damage claim".
[95] Siehe etwa Kom. 16.12.2009 – 39530 – Microsoft (Tying); Kom. 9.12.2009 – 38636 – Rambus; Kom. 29.4.2014 – 39939 – Samsung – Enforcement of UMTS Standard Essential Patents; vgl. insbesondere EU-Wettbewerbskommissar Almunia in einer Stellungnahme zu den Untersuchungen im Fall Google am 21.5.2012 (Speech/12/372) „*Restoring competition swiftly to the benefit of users at an early stage is always preferable to lengthy proceedings, although these sometimes become indispensable to competition enforcement. In this case, Google Inc. has repeatedly expressed to me its willingness to discuss any concerns that the Commission might have without having to engage in adversarial proceedings.*" Kritisch hierzu Marsden, The emperor's clothes laid bare: Commitments creating the appearance of law, while denying access to law, CPI Antitrust Chronicle, 2013 „*When commitments decisions espouse novel theories of harm in fast-moving markets, they create important precedents, considered relevant by the industry as a whole who otherwise have little direct relevant case law or Commission guidance. However, with little pressure on the Commission to provide a well reasoned and evidenced decision when commitments are given, rules can end up being set for an industry based only on case-specific facts and the interactions of a case team, a defendant, and at most some self-interested third parties.*"
[96] Während sich die Zusagenentscheidung in Rambus zB auf 17 Seiten belief, wurde das Verfahren in Kom. 13.5.2009 – 37990 – Intel mit einer 518-seitigen Entscheidung abgeschlossen.
[97] GD Wettbewerb, Antitrust Manual of Procedures, Abschnitt 16 Rn. 24–26.

mäßig wesentlich ausführlicher sein als die Zusagenentscheidung selbst,[98] in der Praxis fällt jedoch oftmals die Entscheidung länger aus. Der Übermittlung der vorläufigen Beurteilung gehen in der Regel Gespräche über mögliche Zusagen voraus.[99] Erst wenn die Kommission es für wahrscheinlich hält, dass die Unternehmen zur Abgabe akzeptabler Zusagen gewillt sind, beginnt das Case Team mit dem Abfassen der vorläufigen Beurteilung.[100] Die Unternehmen können auf die vorläufige Beurteilung schriftlich erwidern, um zB auf Unrichtigkeiten in der Sachverhaltsdarstellung hinzuweisen.[101]

Die Anforderungen der **VO 773/2004** an die Mitteilung der Beschwerdepunkte gelten für die vorläufige Beurteilung nicht. Falls es jedoch vor dem Wechsel zum Verfahren nach Art. 9 VO 1/2003 im Rahmen des Art. 7 VO 1/2003 bereits zur Mitteilung der Beschwerdepunkte gekommen ist, liegt hierin jedenfalls eine vorläufige Beurteilung im Sinne des Art. 9 VO 1/2003.[102] 57

II. Verfahren

1. Angebot von Verpflichtungszusagen

Auf die Mitteilung der vorläufigen Beurteilung hin können die Unternehmen der Kommission innerhalb einer Frist von üblicherweise einem Monat Zusagen vorschlagen.[103] In der Praxis werden die **Verhandlungen** über ein geeignetes Zusagenpaket jedoch regelmäßig bereits vor der Mitteilung der vorläufigen Beurteilung stattfinden.[104] Diese Praxis wird zT kritisiert, da sie die Gefahr berge, dass die – tatsächlich oft sehr knapp gehaltene – vorläufige Beurteilung an die vorgeschlagenen Zusagen angepasst wird statt umgekehrt.[105] 58

Es besteht bei Verfahren zu Artikel 101 AEUV die Möglichkeit, dass nur ein Teil der beteiligten Unternehmen Verpflichtungszusagen anbietet, während andere eine Verteidigungsstrategie bevorzugen und im regulären Verfahren nach Art. 7 VO 1/2003 verbleiben oder zu ihm zurückzukehren (sog **Hybridverfahren**).[106] Sind nicht alle Unternehmen an einer Lösung über Art. 9 VO 1/2003 interessiert, wird die Kommission im Rahmen ihrer Ermessensausübung berücksichtigen, ob verfahrensökonomische Vorteile bei einem nur teilweisen Wechsel zum Verfahren nach Art. 9 VO 1/2003 erzielbar sind. Relevante Ressourceneinsparungen sind insbesondere dann unwahrscheinlich, wenn die Mitteilung der Beschwerdepunkte bereits erfolgt ist. 59

Dem Vorschlag gehen häufig informelle Gespräche mit der Kommission voraus. Insbesondere findet ein Treffen zum Verfahrensstand statt (sog **State of Play Meeting**).[107] An 60

---

[98] GD Wettbewerb, Antitrust Manual of Procedures, Abschnitt 16 Rn. 18.
[99] GD Wettbewerb, Antitrust Manual of Procedures, Abschnitt 16 Rn. 10.
[100] GD Wettbewerb, Antitrust Manual of Procedures, Abschnitt 16 Rn. 23.
[101] GD Wettbewerb, Antitrust Manual of Procedures, Abschnitt 16 Rn. 41.
[102] Bekanntmachung der Kommission über bewährte Vorgehensweisen in Verfahren nach Art. 101 und 102 des AEUV („Best Practices"), ABl. 2011 C 308, 6 Rn. 123; GD Wettbewerb, Antitrust Manual of Procedures, Abschnitt 16 Rn. 24, 28; siehe auch Kom. 8.12.2010 – 39398 Rn. 4 – Visa MIF; Kom. 29.4.2014 – 39939 Rn. 15 – Samsung – Enforcement of UMTS Standard Essential Patents.
[103] Wurde den Parteien bereits eine Mitteilung der Beschwerdepunkte zugestellt und wollen sie daraufhin ein Verpflichtungsangebot einreichen, wird die Frist für die Erwiderung auf die Mitteilung der Beschwerdepunkte im Allgemeinen nicht verlängert, siehe Bekanntmachung der Kommission über bewährte Vorgehensweisen in Verfahren nach Art. 101 und 102 des AEUV („Best Practices"), ABl. 2011 C 308, 6 Rn. 126; GD Wettbewerb, Antitrust Manual of Procedures, Abschnitt 16 Rn. 39.
[104] *Cavicchi*, The European commission's discretion as to the adoption of Article 9 commitment decisions, Europa-Kolleg Hamburg, Institute for European Integration, 2011, 6, abrufbar unter https://www.econstor.eu/dspace/bitstream/10419/45859/1/660701413.pdf.
[105] *Botteman/Patsa*, Towards a More Sustainable Use of Commitment Decisions in Article 102 TFEU Cases, Journal of Antitrust Enforcement 2013, 1 (24).
[106] Kom. 8.12.2010 – 39398 Rn. 73 – Visa MIF.
[107] Bekanntmachung der Kommission über bewährte Vorgehensweisen in Verfahren nach Art. 101 und 102 des AEUV („Best Practices"), ABl. 2011 C 308, 6 Rn. 119; GD Wettbewerb, Antitrust Manual of Procedures, Abschnitt 16 Rn. 20.

diesem Treffen nehmen neben dem Case Team oftmals auch Vertreter des Juristischen Dienstes und des Teams des Anhörungsbeauftragten teil. Die mündlichen Ausführungen des Case Teams bei dem State of Play Meeting bilden die Grundlage für die Übermittlung eines ersten formlosen Zusagenentwurfs an das Case Team. Erst wenn die Kommission davon überzeugt ist, dass die Unternehmen tatsächlich bereit sind, geeignete Verpflichtungszusagen abzugeben, verfasst sie, ggf. nach einem zweiten State of Play Meeting, eine vorläufige Beurteilung.[108]

61 Die Zusagen müssen **geeignet** sein, die mitgeteilten Bedenken der Kommission vollständig auszuräumen. Hält die Kommission die unterbreiteten Zusagen für nicht geeignet oder nicht ausreichend, um ihren Bedenken zu begegnen, so weist sie die Zusagen zurück und führt das Verfahren – zumindest vorläufig, dh bis zur Unterbreitung überarbeiteter Zusagen – nach Art. 7 VO 1/2003 fort.[109]

2. Markttest

62 Hält die Kommission die Zusagen dem ersten Anschein nach für geeignet, die Bedenken auszuräumen, so unterzieht sie diese zunächst einem Markttest. Hierzu veröffentlicht sie gemäß Art. **27 Abs. 4 VO 1/2003** eine kurze Zusammenfassung des Falles und der Zusagen im Amtsblatt. Außerdem erfolgt in der Regel eine Pressemitteilung.[110] Der Volltext der Zusagen wird in einer nicht-vertraulichen Fassung auf der Website der Generaldirektion Wettbewerb veröffentlicht, allerdings allein in der verbindlichen Sprachfassung, dh ohne Übersetzungen.[111] Die Unternehmen verzichten in aller Regel auf die Sprachregelung („language waiver"), wonach sich die Verfahrenssprache grundsätzlich nach dem Standort des beteiligten Unternehmens richtet, und optieren für Englisch.[112] Interessierte Dritte können innerhalb einer Frist von mindestens einem Monat zu den angebotenen Verpflichtungszusagen Stellung nehmen.

63 Theoretisch besteht darüber hinaus die Möglichkeit sog **Dreiertreffen („triangular meetings")**, zu denen das Case Team die Parteien sowie bestimmte interessierte Dritte (insbesondere Beschwerdeführer) lädt.[113] Diese Möglichkeit wird in der Praxis allerdings äußerst selten genutzt.

64 Nach Eingang der Stellungnahmen werden die Parteien zu einem erneuten State of Play Meeting eingeladen, in dem die Kommission die Parteien mündlich oder schriftlich über den wesentlichen Inhalt der Stellungnahmen informiert.[114] Bei der Bewertung des Zusagenpakets und der Anmerkungen Dritter hierzu verfügt die Kommission über einen weiten Ermessensspielraum, der gerichtlich nur auf offensichtliche Fehler hin überprüfbar sein soll.[115] Teilt die Kommission die ihr im Rahmen des Markttests mitgeteilten Bedenken, kann sie die Unternehmen zu einer **Nachbesserung** des Zusagenpakets auffordern,

---

[108] Bekanntmachung der Kommission über bewährte Vorgehensweisen in Verfahren nach Art. 101 und 102 des AEUV („Best Practices"), ABl. 2011 C 308, 6 Rn. 121; GD Wettbewerb, Antitrust Manual of Procedures, Abschnitt 16 Rn. 23, 38.
[109] Kom. 16.7.2008 – 38698 – CISAC Agreement; Kom. 4.9.2012 (Pressemitteilung) – 39816 – Upstream gas supplies in Central and Eastern Europe (Gazprom), Verfahrensstand vom 18. Februar 2014.
[110] Bekanntmachung der Kommission über bewährte Vorgehensweisen in Verfahren nach Art. 101 und 102 des AEUV („Best Practices"), ABl. 2011 C 308, 6 Rn. 129.
[111] Bekanntmachung der Kommission über bewährte Vorgehensweisen in Verfahren nach Art. 101 und 102 des AEUV („Best Practices"), ABl. 2011 C 308, 6 Rn. 129.
[112] Siehe Bekanntmachung der Kommission über bewährte Vorgehensweisen in Verfahren nach Art. 101 und 102 des AEUV („Best Practices"), ABl. 2011 C 308, 6 Rn. 120; siehe auch GD Wettbewerb, Antitrust Manual of Procedures, Abschnitt 16 Rn. 27, 42.
[113] Bekanntmachung der Kommission über bewährte Vorgehensweisen in Verfahren nach Art. 101 und 102 des AEUV („Best Practices"), ABl. 2011 C 308, 6 Rn. 129; GD Wettbewerb, Antitrust Manual of Procedures, Abschnitt 16 Rn. 62.
[114] Bekanntmachung der Kommission über bewährte Vorgehensweisen in Verfahren nach Art. 101 und 102 des AEUV („Best Practices"), ABl. 2011 C 308, 6 Rn. 132.
[115] EuGH Urt. v. 29.6.2010 – C-441/07 P, ECLI:EU:C:2010:377 Rn. 63, 67 – Europäische Kommission gegen Alrosa Company Ltd.

ggf. auch wiederholt.[116] Nur wenn die Änderungen die Zusagen ihrem Wesen oder Umfang nach im Kern verändern, veröffentlicht die Kommission gegebenenfalls die überarbeiteten Zusagen und führt einen erneuten Markttest durch.[117] Die Kommission scheint hier jedoch von einem Ermessensspielraum auszugehen.[118] Anderenfalls bleibt es den beteiligten Unternehmen unbenommen, die überarbeiteten Zusagen bei starkem öffentlichen Interesse selbst zu veröffentlichen.[119]

Sind die unterbreiteten Zusagen letztendlich aus Sicht der Kommission **nicht ausreichend,** um ihre Bedenken auszuräumen und bieten die Unternehmen keine weiteren Nachbesserungen an, führt die Kommission das Verfahren nach Art. 7 VO 1/2003 fort und erlässt eine Abstellungsverfügung sowie ggf. ein Bußgeld gem. Art. 23 Abs. 2 a) VO 1/2003.[120] 65

3. Anhörung des Beratenden Ausschusses

Hält die Kommission die Zusagen für ausreichend, hört sie zunächst die nationalen Wettbewerbsbehörden im Rahmen des beratenden Ausschusses an **(Art. 14 Abs. 1 VO 1/2003).** Hierzu übersendet sie einen vorläufigen Entscheidungsvorschlag, zu dem der Ausschuss entweder schriftlich oder (auf Antrag eines Mitgliedstaates) mündlich in einer gemeinsamen Sitzung Stellung nimmt. 66

4. Annahme der Zusagen durch die Kommission

Nach Anhörung des Beratenden Ausschusses entscheidet das **Kollegium** aller Kommissionsmitglieder über die Verpflichtungszusagen und erklärt diese in einer Entscheidung nach Art. 9 Abs. 1 VO 1/2003 für bindend. Diese Entscheidung wird im Amtsblatt veröffentlicht (Art. 30 Abs. 1 VO 1/2003). Die Abfassung der Entscheidung in sämtlichen Amtssprachen ist dabei nicht erforderlich. 67

5. Akteneinsicht

Solange die Kommission noch keine Mitteilung der Beschwerdepunkte erlassen hat, besteht **kein formelles Akteneinsichtsrecht** der beteiligten Unternehmen nach Art. 27 Abs. 2 VO 1/2003 oder Art. 15 Abs. 1 VO 773/2004.[121] In der Praxis macht die Kommission den beteiligten Unternehmen bestimmte Dokumente jedoch auch im Verfahren nach Art. 9 VO 1/2003 zugänglich (auch wenn lediglich eine vorläufige Beurteilung erlassen wurde).[122] Außerdem steht es den Unternehmen frei, auf ein Verfahren nach Art. 7 VO 1/2003 mitsamt aller Verfahrensrechte zu bestehen. 68

Auch **Beschwerdeführer,** denen im Verfahren nach Art. 7 VO 1/2003 üblicherweise eine nicht-vertrauliche Fassung der Mitteilung der Beschwerdepunkte zugänglich gemacht 69

---

[116] Kom. 30.11.2010 – 39740 – Google; Kom. 8.12.2010 – 39398 Rn. 8, 53 – Visa MIF; Kom. 12.5.2015 – 39964 – Air France/KLM/Alitalia/Delta.
[117] Wesentlich sind Änderungen, die das Wesen oder den Umfang des Zusagenangebots in seinem Kern verändern, siehe Bekanntmachung der Kommission über bewährte Vorgehensweisen in Verfahren nach Art. 101 und 102 des AEUV („Best Practices"), ABl. 2011 C 308, 6 Rn. 133; GD Wettbewerb, Antitrust Manual of Procedures, Abschnitt 16 Rn. 67.
[118] GD Wettbewerb, Competition Policy Brief 3/2014 (3): „[…] may decide to launch a second market test".
[119] Kom. 30.11.2010 – 39740 – Google.
[120] Kom. 16.7.2008 – 38698 Rn. 71 ff. – CISAC Agreement.
[121] GD Wettbewerb, Antitrust Manual of Procedures, Abschnitt 16 Rn. 35; Siehe auch Mitteilung der Kommission zur Behandlung von Anträgen auf Akteneinsicht, ABl. 2004 C 259, 8 Rn. 6. Kritisch hierzu im Hinblick auf die Verteidigungsrechte der beteiligten Unternehmen *Bauer* MüKoEuWettbR, 1. Aufl. 2007, VO 1/2003 Art. 9 Rn. 31; Langen/Bunte/*Sura* VO 1/2003 Art. 9 Rn. 7; *Kahlenberg/Neuhaus* EuZW 2005, 620 (622 f.); Kritisch hierzu *Dekeyser* Alternative Procedures in the European Antitrust Legal Framework: Cartel Settlements and Commitment Decisions, 7, abrufbar unter: http://www.euchinacomp.org/attachments/article/162/PPT1-Settlements%20and%20commitments-Kris-EN%20%20(small%20size).pdf; *Bauer* MüKoEUWettbR, 2. Aufl. 2015, VO 1/2003 Art. 9 Rn. 34.
[122] Als Rechtsgrundlage hierfür kommt Art. 41 der Charta der Grundrechte der Europäischen Union („Recht auf eine gute Verwaltung") in Betracht, siehe *Wils* World Competition 2006, 345 (353 f.); EuG Urt. v. 11.7.2007 – T-170/06, ECLI:EU:T:2007:220 Rn. 191 – Alrosa.

wird, werden im Verfahren nach Art. 9 VO 1/2003 formal wie jeder andere interessierte Dritte behandelt: Es steht ihnen nicht etwa eine nicht-vertrauliche Fassung der vorläufigen Beurteilung durch die Kommission zu. Sie sind auf die im Amtsblatt bekanntgemachten Informationen zu Sachverhalt und Bewertung beschränkt und können im Rahmen des Markttests Stellung nehmen.[123] In der Praxis werden Beschwerdeführer jedoch oftmals früher und enger eingebunden, indem sie insbesondere bereits während der laufenden Verhandlungen zu den dort besprochenen Zusagenvorschlägen konsultiert werden.

6. Rechtliches Gehör

70 Ein formales Anhörungsrecht des Unternehmens, gegen das sich das Verfahren richtet, besteht nicht. Art. 27 Abs. 1 VO 1/2003 findet auf das Verfahren nach Art. 9 VO 1/2003 **keine Anwendung**. Auch Art. 11 VO 773/2004 findet ohne Erlass einer Mitteilung der Beschwerdepunkte keine Anwendung. Das Verfahren nach Art. 9 VO 1/2003 zeichnet sich in der Praxis jedoch durch eine Reihe von Gesprächen und Verhandlungen zwischen den Unternehmen und der Kommission aus. Außerdem steht es den Unternehmen jederzeit frei, zur Sicherstellung der wirksamen Ausübung ihrer Verfahrensrechte den Anhörungsbeauftragten anzurufen.[124] Der Anhörungsbeauftragte kann auch an den informellen State of Play Meetings, in denen die Zusagen zwischen den Unternehmen und der Kommission diskutiert werden, teilnehmen (→ Rn. 60).

71 Auch **Beschwerdeführern** oder anderen interessierten Dritten, die im Rahmen des Markttests eine Stellungnahme abgegeben haben, steht ein formelles Anhörungsrecht nicht zu.[125] So entschied sich die Kommission im Verfahren gegen *Google*, Beschwerdeführer und andere interessierte Dritte gegen deren Protest nicht erneut zum dritten Zusagenpaket zu konsultieren und begründete dies damit, dass die finalen Zusagen sich ihrem Wesen und Umfang nach im Kern nicht von den jeweils einem Markttest unterzogenen früheren Zusagenpaketen unterschieden (→ Rn. 64). Würden Zusagen so lange nachgebessert und getestet, bis jeder Marktteilnehmer in jedem Punkt zufrieden ist, führte dies zu einem „ewigen hin und her".[126] Statt dessen teilte die Kommisson den insgesamt 18 Beschwerdeführern in einem Schreiben im Sinne von Art. 7 Abs. 1 VO 773/2004 mit, weshalb ihre Beschwerden zurückgewiesen würden und kündigte an, deren letzte Stellungnahmen hierzu in ihrer Entscheidung zu berücksichtigen.[127]

---

[123] GD Wettbewerb, Antitrust Manual of Procedures, Abschnitt 16 Rn. 36 f. Im Verfahren gegen Google (Kom. 30.11.2010 – 39740 – Google) scheint die Kommission den Beschwerdeführern dennoch Einsicht in die vorläufige Beurteilung gewährt zu haben, allerdings erst etwa ein Jahr nach dessen Zustellung an Google. Als mögliche Rechtsgrundlage für den vermeintlich gestellten Antrag auf Einsicht in das Dokument kommt die Transparenzverordnung (EG) Nr. 1049/2001 in Betracht.

[124] Siehe Beschluss des Präsidenten der Europäischen Kommission vom 13.10.2011 über Funktion und Mandat des Anhörungsbeauftragten in bestimmten Wettbewerbsverfahren, ABl. 2011 695 EU, Art. 15 Abs. 1; Laut Abschlussbericht der Anhörungsbeauftragten, Kom. 9.12.2009 – 38.636 – Rambus, beschwerte sich Rambus zB, dass ihm im Anschluss an die Übermittlung des Tatbestandsschreibens keine uneingeschränkte Akteneinsicht gewährt worden war. *„Nach Rücksprache mit den zuständigen Dienststellen der GD Wettbewerb kam ich zu dem Schluss, dass Rambus alle einschlägigen Unterlagen erhalten hatte, mit Ausnahme eines Schriftstücks, das versehentlich nicht in den Akten enthalten gewesen war und das Rambus im Anschluss an das Tatbestandsschreiben zusammen mit der vollständigen Liste der in der Akte enthaltenen Schriftstücke übermittelt worden ist."*

[125] Siehe Art. 27 Abs. 1 und 4 VO 1/2003 sowie EuGH Urt. v. 29.6.2010 – C-441/07 P, ECLI:EU:C:2010:377 Rn. 90–95 – Europäische Kommission gegen Alrosa Company Ltd.

[126] Siehe Brief von Generaldirektor A. Italianer an die US-amerikanische Verbraucherschutzorganisation Consumerwatchdog vom 6.3.2014, abrufbar unter http://www.consumerwatchdog.org/resources/watchdog_reply_ares_2014-590726.pdf; siehe auch GD Wettbewerb, Antitrust Manual of Procedures, Abschnitt 16 Rn. 66 f.: „The market test is not an opinion poll which determines the fate of the remedies.", sowie EuGH Urt. v. 29.6.2010 – C-441/07 P, ECLI:EU:C:2010:377 Rn. 94 – Europäische Kommission gegen Alrosa Company Ltd: „Festzustellen ist jedoch, dass die Annahme der Einzelzusagen von De Beers durch die Kommission nicht davon abhing, welchen Standpunkt Alrosa oder irgendein anderes Unternehmen hierzu vertrat.".

[127] Kenntnis von den Zusagen erlangten die Beschwerdeführer dennoch infolge des Entschlusses Googles, eine nicht-vertrauliche Version der Zusagen selbst zu veröffentlichen; siehe hierzu auch GD Wettbewerb, Antitrust Manual of Procedures, Abschnitt 16 Rn. 68, 77.

III. Inhalt und Wirkung von Zusagenentscheidungen

1. Inhalt der Entscheidung nach Art. 9 VO 1/2003

Der Tenor der Entscheidung nach Art. 9 VO 1/2003 beschränkt sich auf die Verbindlicherklärung der Zusagen, die der Entscheidung als Anlage beigefügt sind (siehe Art. 9 Abs. 1 S. 1 VO 1/2003). Die Entscheidung ist gemäß Art. 30 Abs. 1 VO 1/2003 im Amtsblatt zu veröffentlichen. Darin werden die vorläufige Beurteilung des untersuchten Verhaltens, die abgegebenen Zusagen und die Gründe, weshalb diese die Bedenken der Kommission ausräumen, **summarisch** dargestellt. Der Veröffentlichung im Amtsblatt geht regelmäßig eine Pressemitteilung der Kommission voraus. 72

Als Tenor enthält die Entscheidung die Feststellung, dass für ein Tätigwerden der Kommission **kein Anlass** mehr besteht (siehe Art. 9 Abs. 1 S. 2 VO 1/2003). Die Kommission kann sich jedoch ausdrücklich vorbehalten, wegen Verhaltensweisen, die nicht Gegenstand der Entscheidung nach Art. 9 VO 1/2003 sind, separate Verfahren einzuleiten.[128] 73

Geht das Verfahren auf eine Beschwerde zurück, so ergeht neben der Zusagenentscheidung nach Art. 9 VO 1/2003 auch eine an den **Beschwerdeführer** gerichtete Entscheidung nach Art. 7 Abs. 2 VO 773/2004, mit der dessen Beschwerde zurückgewiesen wird. Im Annex hierzu stellt die Kommission dem Beschwerdeführer die zu diesem Zeitpunkt regelmäßig noch nicht veröffentlichte Zusagenentscheidung in einer nicht-vertraulichen Fassung zur Verfügung.[129] 74

2. Inhalt der Zusagen

Zum Inhalt zulässiger Zusagen schweigt die VO 1/2003. In der Praxis sind der Kreativität der Unternehmen daher kaum Grenzen gesetzt, so lange die vorgeschlagenen Zusagen **geeignet** sind, die Bedenken der Kommission in vollem Umfang auszuräumen. Im Schrifttum wurde dabei die Frage aufgeworfen, ob die vorgeschlagenen Zusagen tatsächlich die Bedenken der Kommission vollständig ausräumen müssen, oder ob es bereits ausreicht, die wettbewerblichen Bedenken so zu verringern, dass der Fall für die Kommission keine Priorität mehr hat.[130] 75

Offizielle Formvorgaben für ein Zusagenangebot gibt es nicht, die Kommission empfiehlt jedoch die Heranziehung des Mustertextes für Veräußerungsverpflichtungen im Rahmen der Fusionskontrollverordnung als Ausgangspunkt.[131] Die Zusagen müssen nicht zuletzt in Anbetracht des drohenden beträchtlichen Bußgeldes im Falle eines Verstoßes (→ Rn. 89) so **bestimmt formuliert** sein, dass ein gegebenenfalls eingesetzter Überwachungstreuhänder und Kommission einen etwaigen Verstoß unzweideutig feststellen können und die Grenze zwischen erlaubtem und unerlaubtem Verhalten für die beteiligten Unternehmen nachvollziehbar ist.[132] Die Microsoft im Jahr 2004 im Rahmen einer Entscheidung nach Art. 7 VO 1/2003 als Abhilfemaßnahme auferlegte Verpflichtung, Zugang zu Interoperabilitätsinformationen zu gewähren und deren Nutzung zu angemessenen und nicht diskriminierenden („FRAND") Bedingungen zu gestatten, wurde vom EuG als hinreichend bestimmt angesehen, um ein Bußgeld für die Nichteinhaltung zu 76

---

[128] Kom. 29.4.2014 – 39939 Rn. 28 – Samsung – Enforcement of UMTS Standard Essential Patents; Kom. 14.4.2010 – 39351 Rn. 101 – Swedish Interconnectors.
[129] GD Wettbewerb, Antitrust Manual of Procedures, Abschnitt 16 Rn. 79.
[130] *De Bronett* Europäisches Kartellverfahrensrecht Art. 9 Rn. 13; *Wagner-von Papp* Common Market Law Review 2012, 929 (953) mwN.
[131] GD Wettbewerb, Antitrust Manual of Procedures, Abschnitt 16 Rn. 40; der Mustertext ist abrufbar unter http://ec.europa.eu/competition/mergers/legislation/best_practice_commitments_trustee_en.pdf; siehe auch *Lübking* WuW 2011, 1231.
[132] Verpflichtungszusagen müssen unmissverständlich und unmittelbar vollzugsfähig („self-executing") sein, siehe Bekanntmachung der Kommission über bewährte Vorgehensweisen in Verfahren nach Art. 101 und 102 des AEUV („Best Practices"), ABl. 2011 C 308, 6 Rn. 128; siehe auch GD Wettbewerb, Antitrust Manual of Procedures, Abschnitt 16 Rn. 47.

rechtfertigen.[133] Sind mehrere Unternehmen beteiligt, werden sich diese regelmäßig abstimmen und der Kommission nahezu gleichlautende Zusagen unterbreiten.[134]

77   Grob einteilen lassen sich mögliche Zusagen, wie auch im Rahmen des Art. 7 VO 1/2003 oder in der Fusionskontrolle, in **verhaltensorientierte und strukturelle Zusagen**. Anders als bei durch die Kommission im Rahmen des Art. 7 VO 1/2003 auferlegten Abhilfemaßnahmen sieht das Gesetz für freiwillige Zusagen nach Art. 9 VO 1/2003 keinen Vorrang verhaltensorientierter Zusagen vor. Im Verfahren nach Art. 9 VO 1/2003 sind verhaltensorientierte Zusagen in der Praxis jedoch auch ohne gesetzlichen Vorrang die Regel. Anders als in der Fusionskontrolle kommen strukturelle Zusagen wie zB die Verpflichtung, das eigene Leitungsnetz oder Produktionskapazitäten zu veräußern,[135] im Rahmen des Art. 9 VO 1/2003 eher selten vor.

78   Verhaltensorientierte Zusagen bestanden **zum Beispiel** in der Verpflichtung zur Beendigung bestimmter langfristiger oder ausschließlicher Verträge,[136] in der Verpflichtung zur Verkürzung der Laufzeit eines vereinbarten Wettbewerbsverbots;[137] der Nichtüberschreitung bestimmter Höchstpreise, Gebühren oder Bezugsmengen,[138] der Einführung eines neuen Preissystems in Verbindung mit Einmalzahlungen an Kunden,[139] der Erteilung von Lizenzen,[140] der Nichtbeantragung von Unterlassungsverfügungen wegen Verletzung standardessentieller Patente,[141] der Abgabe von Slots,[142] der Gewährung von Netzzugang,[143] dem Anzeigen eines Internet-Browser Auswahlbildschirms[144] oder dem Anzeigen in vergleichbarer Weise von jeweils drei konkurrierenden spezialisierten Suchdiensten neben der Eigenwerbung auf der Website der eigenen Suchmaschine.[145]

79   Da derartige Zusagen ihrer Natur nach eine dauernde Überwachung erfordern, verlangt die Kommission zunehmend die Einsetzung eines Überwachungstreuhänders durch die Unternehmen (→ Rn. 82). Bei verhaltensorientierten Zusagen macht die Kommission außerdem in der Regel von der in Art. 9 Abs. 1 S. 2 VO 1/2003 eingeräumten Möglichkeit Gebrauch, die Entscheidung im Interesse der Unternehmen zu **befristen,** und zwar regelmäßig auf früher drei, heute fünf Jahre,[146] in Einzelfällen aber auch länger.[147]

80   Anders als Art. 7 VO 1/2003 sieht Art. 9 VO 1/2003 zwar nicht ausdrücklich vor, dass die Zusagen verhältnismäßig sein müssen, der Gerichtshof hat jedoch klargestellt, dass der

---

[133] EuG Urt. v. 27.6.2012 – T-167/08, ECLI:EU:T:2012:323 – Microsoft/Kommission.
[134] Siehe zum Beispiel die Zusagen der verschiedenen Verlagshäuser im Fall Kom. 12.12.2012 – 39847 – E-books.
[135] Kom. 18.9.2009 – 39402 – RWE; Kom. 3.12.2009 – 39316 – GDF Suez; Kom. 19.9.2010 – 39315 – ENI; Kom. 26.11.2008 – 39388 – E.ON.
[136] Kom. 11.10.2007 – 37966 – Distrigaz; Kom. 17.3.2010 – 39386 – Long term electricity contracts in France (EDF); Kom. 26.11.2008 – 39388 – E.ON.
[137] Kom. 18.6.2012 – 39736 – Siemens/Areva
[138] Kom. 18.9.2009 – 39402 – RWE gas foreclosure; Kom. 8.12.2010 – 39398, ABl. EU 2014 C147, 04 – Visa MIF; Kom. 11.10.2007 – 37966 – Distrigaz.
[139] Kom. 18.12.2013 – 39678 – Deutsche Bahn I.
[140] Kom. 9.12.2009 – 38636 – Rambus.
[141] Kom. 29.4.2014 – 39939 – Samsung – Enforcement of UMTS Standard Essential Patents.
[142] Kom. 23.5.2013 – 39595 – Continental/United/Lufthansa/Air Canada; Kom. 14.7.2010 – 39596 – BA/AA/AB.
[143] Kom. 18.9.2009 – 39402 – RWE gas foreclosure; Kom. 3.12.2009 – 39316 – GDF foreclosure; Kom. 26.11.2008 – 39388 – E.ON; Kom. 18.12.2013 – 39678 – Deutsche Bahn I.
[144] Kom. 16.12.2009 – 39530 – Microsoft (Tying).
[145] Kom. 30.11.2010 – 39740 – Google.
[146] Kom. 19.1.2005 – 37214 Rn. 42 – DFB: 3 Jahre; Kom. 22.3.2006 – 38173 Rn. 44 – The Football Association Premier League Limited: 3 Jahre; Kom. 13.12.2011 – 39692 – IBM-Maintenance services: 5 Jahre; Kom. 15.11.2011 – 39592 – Standard & Poor's: 5 Jahre; Kom. 18.12.2013 – 39678 – Deutsche Bahn I: 5 Jahre; Kom. 29.4.2014 – 39939 – Samsung – Enforcement of UMTS Standard Essential Patents: 5 Jahre; Kom. 30.11.2010 – 39740 – Google: 5 Jahre (Rn. 40 des finalen, von Google veröffentlichten Zusagenentwurfs).
[147] Für eine Dauer von 10 Jahren wurden zB die Zusagen in den Fällen Kom. 23.5.2013 –_ 39595 – Continental/ United/Lufthansa/Air Canada und Kom. 12.5.2015 – 39964 – Air France/KLM/Alitalia/Delta für verbindlich erklärt.

Grundsatz der Verhältnismäßigkeit als allgemeiner Grundsatz des Unionsrechts Maßstab für die Rechtmäßigkeit aller Handlungen der Organe der EU ist.[148] Gleichzeitig hat der Gerichtshof jedoch darauf hingewiesen, dass die Verhältnismäßigkeit bereits dann gewahrt ist, wenn die Unternehmen keine weniger belastenden Zusagen angeboten haben, die die Bedenken der Kommission ebenfalls in angemessener Weise ausgeräumt hätten.[149]

Der Inhalt der Zusagen braucht sich nicht im Rahmen dessen zu halten, was die Kommission den Unternehmen nach **Art. 7 VO 1/2003** einseitig hätte auferlegen können.[150] Die Unternehmen nähmen es im Rahmen des Art. 9 VO 1/2003 nämlich bewusst hin, dass ihre Zusagen über das hinausgehen können, wozu sie nach Art. 7 VO 1/2003 nach eingehender Prüfung verpflichtet werden könnten. Dafür vermieden die Unternehmen im Rahmen des Art. 9 VO 1/2003 die Feststellung eines Wettbewerbsverstoßes und gegebenenfalls die Verhängung einer Geldbuße.[151] Es stellt sich daher die Frage, inwiefern Zusagen auch über den Geltungsbereich des EWR hinausgehen können. Die im Jahr 2009 von *Rambus* abgegebenen Zusagen zB bezogen sich auf zu erteilende weltweite Lizenzen, während die jüngst von *Samsung* abgegebenen Zusagen, keine Unterlassungsverfügungen gegen potenzielle willige Lizenznehmer zu beantragen, räumlich auf Gerichte im EWR beschränkt sind.[152]

81

3. Einsetzung eines Überwachungstreuhänders („Monitoring Trustee")

Als Pendant zum Veräußerungstreuhänder, der bei Veräußerungsauflagen in Fusionskontrollverfahren (und in den seltenen Fällen struktureller Zusagen[153] nach Art. 9) eingesetzt wird, entspricht es bei fortlaufend zu überwachenden Verhaltenszusagen zunehmend der Praxis der Kommission, die Überwachung der Umsetzung der Zusagen nicht den Unternehmen selbst (bzw. etwaigen Beschwerdeführern) zu überlassen, sondern von ihnen die Bestellung eines unabhängigen Überwachungstreuhänders **auf deren Kosten** zu verlan-

82

---

[148] EuGH Urt. v. 29.6.2010 – C-441/07 P, ECLI:EU:C:2010:377 Rn. 36 – Europäische Kommission gegen Alrosa Company Ltd. Loewenheim/Meessen/Riesenkampff/*Barthelmeß*/*Rudolf* VerfVO 1/2003 Art. 9 Rn. 13–17; EuGH Urt. v. 22.11.2001, T 9/98, ECLI:EU:T:2001:271 Rn. 115 – Mitteldeutsche Erdöl-Raffinerie/Komm.

[149] EuGH Urt. v. 29.6.2010 – C-441/07 P, ECLI:EU:C:2010:377 Rn. 41 – Europäische Kommission gegen Alrosa Company Ltd.

[150] EuGH Urt. v. 29.6.2010 – C-441/07 P, ECLI:EU:C:2010:377 Rn. 47 – Europäische Kommission gegen Alrosa Company Ltd. So kam es beispielsweise in Kom. 22.6.2005 – 39116 – Coca-Cola zur Abgabe von Zusagen, die sich in sachlicher und räumlicher Hinsicht auf Märkte erstreckten, die nicht Gegenstand der Untersuchung der Kommission waren. Auch die weitgehenden strukturellen Zusagen im Energiesektor durch E.ON, RWE und ENI wären im Rahmen des Art. 7 VO 1/2003 vermutlich auf großen Widerstand gestoßen und hätten langwierige Verfahren vor den Europäischen Gerichten nach sich gezogen, vgl. *Botteman*/*Patsa* Journal of Antitrust Enforcement 2013, 1 (8). Zur Instrumentalisierung von Zusagenentscheidungen zur Erreichung erwünschter Marktstrukturen als Alternative zur Marktregulierung siehe *Schweitzer* E-Competitions Special Issue on Commitment Decisions, August 2, 2012; *Kühne* WuW 2011, 577; *Klees* EWS 2011, 14 (17), der mwN auf die Gefahr einer „Gesetzgebung durch die Hintertür" verweist.

[151] EuGH Urt. v. 29.6.2010 – C-441/07 P, ECLI:EU:C:2010:377 Rn. 47f. – Europäische Kommission gegen Alrosa Company Ltd.; Bekanntmachung der Kommission über bewährte Vorgehensweisen in Verfahren nach Art. 101 und 102 des AEUV („Best Practices"), ABl. 2011 C 308, 6 Rn. 115.

[152] Kom. 9.12.2009 – 38636 Rn. 49 – Rambus; Kom. 29.4.2014 – 39939 Rn. 76, 92, 114 – Samsung – Enforcement of UMTS Standard Essential Patents.

[153] Siehe Zusagen von E.ON in den Verfahren Kom. 26.11.2008 – 39388 – Deutscher Stromgroßhandelsmarkt – und Kom. 26.11.2008 – 39389 – Deutscher Regelenergiemarkt zur Veräußerung des Höchstspannungsnetzes sowie von Kraftwerkkapazität von erheblichem Umfang. Im Verfahren Kom. 18.3.2009 – 39402 – RWE gas foreclosure – hat RWE sich zur Veräußerung des Gasfernleitungsnetzes verpflichtet. Im selben Jahr akzeptierte die Kommission eine Verpflichtung von GDF-Suez, langfristig gebuchte Kapazität im französischen Gasfernleitungsnetz für Wettbewerber zur Verfügung zu stellen (Kom. 3.12.2009 – 39316 – GDF Suez). In Kom. 29.9.2010 – 39315 – ENI – hat ENI sich zur Veräußerung von Anteilen an internationalen Gaspipelines verpflichtet während in Kom. 10.4.2013 – 39727 – ČEZ, CEZ die Veräußerung von Erzeugungskapazitäten eines Kraftwerkes zugesagte. In Kom. 10.12.2015 – 39767 – BEH Strom, verpflichtete sich BEH, in Bulgarien eine Strombörse einzurichten und innerhalb von sechs Monaten nach Bekanntgabe des Kommissionsbeschlusses an den bulgarischen Staat zu veräußern.

gen.¹⁵⁴ Dieser erstattet der Kommission in bestimmten zeitlichen Abständen Bericht über die Umsetzung der Zusagen. Bestellung, Rechte und Pflichten des Treuhänders sind in den Zusagen selbst geregelt.

83   Der Treuhänder muss über ausreichend Branchenkenntnis verfügen, um die Einhaltung und Umsetzung der Zusagen kompetent überwachen zu können. Gleichzeitig muss er unabhängig von den beteiligten Unternehmen sowie von den interessierten Dritten und insbesondere eventuellen Beschwerdeführern sein.¹⁵⁵ In der Praxis üblich ist, dass das Unternehmen sich verpflichtet, innerhalb einer bestimmten Frist ab Verbindlicherklärung der Zusagen (zB innerhalb eines Monats) der Kommission einen oder mehrere **geeignete Kandidaten vorzuschlagen**. Die Kommission kann den oder die Kandidaten genehmigen oder ablehnen. Regelmäßig ist weiterhin vereinbart, dass das Unternehmen den schriftlich durch die Kommission genehmigten Kandidaten innerhalb einer weiteren Frist ab Genehmigung (zB innerhalb einer Woche) zum Treuhänder bestellt. Der Treuhänder unterstützt die Kommission bei der Überwachung der Einhaltung der Zusagen, wird aber nicht mit den Durchsetzungsrechten der VO 1/2003 beliehen.¹⁵⁶ Sollte das Unternehmen zB einem Auskunftsersuchen nicht entsprechen, kann nur die Kommission dies mit den Zwangsmitteln der VO 1/2003 durchsetzen.

4. Wirkung der Entscheidung nach Art. 9 VO 1/2003

84   **a) Bindungswirkung.** Während des Verfahrens nach Art. 9 VO 1/2003 gilt zwar Art. 11 Abs. 6 VO 1/2003, wonach nationale Wettbewerbsbehörden der Mitgliedstaaten gehindert sind, wegen desselben Verhaltens parallele Verfahren einzuleiten. Sobald eine Zusagenentscheidung erlassen ist, entfaltet diese jedoch entgegen der allgemeinen Regel des Art. 16 VO 1/2003 **keine Sperrwirkung** für nationale Gerichte und Wettbewerbsbehörden. Dies soll sich aus dem Wortlaut der Erwägungsgründe 13 und 22 zur VO 1/2003 ergeben, wonach Verpflichtungszusagen die Befugnisse der nationalen Behörden und Gerichte zur Anwendung der Art. 101 und 102 AEUV in Bezug auf dasselbe Verhalten unberührt lassen.¹⁵⁷

85   Der Grundsatz *ne bis in idem* soll hier jedenfalls **nicht** anwendbar sein, da eine abschließende Bewertung des Verhaltens nicht stattfindet. Eine Verfahrenseröffnung könnte dennoch mit dem Grundsatz der loyalen Zusammenarbeit zwischen den Mitgliedstaaten und den Organen der EU im Widerspruch stehen, wonach die Mitgliedstaaten die Entscheidung der Kommission für einen Verfahrensabschluss nach Art. 9 und somit gegen die Notwendigkeit eines Bußgeldes zu akzeptieren und nicht durch eine erneute Verfahrenseröffnung zu untergraben haben. Die Kommission äußert hierzu, sie sei jedenfalls stets bemüht, mit den Unternehmen auf ausreichende Zusagen hinzuarbeiten, so dass innerhalb des räumlichen Geltungsbereichs der Zusagen für nationale Wettbewerbsbehörden kein Anlass besteht, weitere Verfahren zu eröffnen.¹⁵⁸ Tatsächlich scheint bisher noch kei-

---

¹⁵⁴ Kom. 20.12.2012 – 39654 – Reuters Instrument Codes; Kom. 8.12.2010 – 39398 – Visa MIF; Kom. 20.12.2012 – 39230 – Rio Tinto Alcan; Kom. 30.11.2010 – 39740 – Google; Kom. 18.12.2013 – 39678 – Deutsche Bahn I; Kom. 29.4.2014 – 39939 – Samsung – Enforcement of UMTS Standard Essential Patents. Siehe auch Bekanntmachung der Kommission über bewährte Vorgehensweisen in Verfahren nach Art. 101 und 102 des AEUV („Best Practices"), ABl. 2011 C 308, 6 Rn. 128.
¹⁵⁵ GD Wettbewerb, Antitrust Manual of Procedures, Abschnitt 16 Rn. 83.
¹⁵⁶ Dass es für eine Übertragung von Untersuchungsbefugnissen durch die Kommission keine Rechtsgrundlage gibt, wurde klargestellt in EuG Urt. v. 17.9.2007 – T-201/04, ECLI:EU:T:2007:289 Rn. 1287 – Microsoft/Kommission. Hier bei ging es zwar um nach Art. 7 VO 1/2003 von der Kommission auferlegte Abhilfemaßnahmen, dies gilt aber wohl gleichermaßen für von den Unternehmen freiwillig im Rahmen des Art. 9 abgegebene Zusagen.
¹⁵⁷ Siehe Kommissionsbericht über das Funktionieren der Verordnung (EG) Nr. 1/2003, Staff Working Paper (2009) Rn. 106 f. Für eine gegenüber den Mitgliedstaaten verbindliche Feststellung im Sinne des Art. 16 VO 1/2003, dass bei Einhaltung der Verpflichtungszusagen künftig kein Wettbewerbsverstoß vorliegt, sind dagegen: *Gruber*, EWS Heft 7/2005, 310 (313) sowie *De Bronett* Europäisches Kartellverfahrensrecht Art. 9 Rn. 17 f.
¹⁵⁸ Siehe Kommissionsbericht über das Funktionieren der Verordnung (EG) Nr. 1/2003, Staff Working Paper, 2009, Rn. 108.

ne Wettbewerbsbehörde oder ein Gericht eines Mitgliedstaates nach einer Zusagenentscheidung der Kommission nach Art. 9 VO 1/2003 ein Verfahren gegen dasselbe Unternehmen wegen desselben Verhaltens eröffnet zu haben.

Es stellt sich weiterhin die Frage, inwiefern im Falle einer Verfahrenseröffnung vor nationalen Wettbewerbsbehörden und Gerichten zumindest *prima facie* davon auszugehen wäre, dass bei Einhaltung von gegenüber der Kommission abgegebenen Zusagen ein Kartellrechtsverstoß ausgeschlossen ist.[159] Aus der Zusagenentscheidung im Fall *Samsung* lässt sich im Umkehrschluss entnehmen, dass Art. 102 AEUV auf **zusagenkonforme Verhaltensweisen** innerhalb des räumlichen und sachlichen Geltungsbereichs der Zusagen keine Anwendung finden soll.[160] Dabei differenziert die Kommission nicht zwischen einer Anwendung der Vorschrift durch sie selbst und durch die Wettbewerbsbehörden und Gerichte der Mitgliedstaaten. 86

Die Entscheidung nach Art. 9 VO 1/2003 erklärt lediglich die Zusagen der Unternehmen für verbindlich und stellt fest, dass für ein Tätigwerden der Kommission kein Anlass mehr besteht. Eine **Tatbestandswirkung** hinsichtlich eines Wettbewerbsverstoßes, die Klägern in zivilgerichtlichen follow-on Schadensersatzklagen zugute kommen könnte, entfalten Zusagenentscheidungen daher nicht.[161] Hierdurch unterscheiden sich Zusagenentscheidungen insbesondere aus Sicht der beteiligten Unternehmen wesentlich von Entscheidungen nach Art. 7 VO 1/2003 sowie von Vergleichsverfahren in Kartellfällen.[162] 87

Für die Rechtsentwicklung spielen Zusagenentscheidungen jedenfalls praktisch eine wichtige Rolle und es kann ihnen durchaus **Leitcharakter** zukommen. So stellen zum Beispiel die Zusagenentscheidung in den Fällen *Distrigaz*[163] und *EDF Long Term Contracts*[164] die derzeit maßgeblichen Regeln für die Beurteilung von Verschlusseffekten bei langfristigen Gaslieferverträgen auf. Ebenso sieht die Kommission in ihren Zusagenentscheidungen *DFB*[165] und *FA Premier League*[166] einen Leitfaden im Bereich der Vermarktung von Medienrechten, an dem sich Marktteilnehmer sowie nationale Wettbewerbsbehörden orientieren können.[167] 88

b) Folgen bei Nichteinhaltung. Hält ein Unternehmen die für verbindlich erklärten Zusagen nicht ein, kann die Kommission nach Art. 23 Abs. 2 c) VO 1/2003 ein **Bußgeld** in Höhe von bis zu 10% des Jahresumsatzes des Gesamtkonzerns sowie gemäß Art. 24 Abs. 1 c) VO 1/2003 ein Zwangsgeld für jeden Tag des Verzugs verhängen.[168] Sanktio- 89

---

[159] Für eine zumindest faktische Bindungswirkung sind *Kahlenberg/Neuhaus* EuZW 2005, 620 (624). Kritisch hierzu, *Kling/Thomas* Kartellrecht (2016) Art. 9 Rn. 14, da hiermit Art. 16 VO 1/2003 *de facto* auf die Einhaltung von Entscheidungen nach Art. 9 VO 1/2003 im Sinne einer Berücksichtigungspflicht eines *de iure* nicht verbindlichen Rechtsakts bei Anwendung der Art. 101, 102 AEUV durch die national Wettbewerbsbehörden und Gerichte erweitert.
[160] Kom. 29.4.2014 – 39939 Rn. 114f. – Samsung, ABl. EU C 302/14 – Enforcement of UMTS Standard Essential Patents.
[161] Gegen eine stärkere Berücksichtigung von Zusagenentscheidungen im Rahmen privater Schadensersatzklagen wird regelmäßig angebracht, dass dadurch aus Sicht der Unternehmen das Instrument der Zusagenentscheidung an Attraktivität einbüße, da der Schutz vor follow-on -Klagen dabei verloren gehe. Dagegen argumentiert *Becker,* Faktische Bindungswirkung kartellbehördlicher Zusagenentscheidungen zu Gunsten von follow-on-Schadensersatzklägern, NZKart, 2016, 58 Rn. 61–62, 2016, da viele weitere Vorteile dieser Entscheidungsform erhalten blieben.
[162] Vergleichsverfahren in Kartellfällen (siehe hierzu § 18 I) sind lediglich eine Erscheinungsform der Entscheidung nach Art. 7 VO 1/2003. Siehe hierzu Art. 10a Abs. 3 VO 773/2004 in Verbindung mit der Mitteilung der Kommission über die Durchführung von Vergleichsverfahren bei dem Erlass von Entscheidungen nach Artikel 7 und Artikel 23 der Verordnung (EG) Nr. 1/2003 des Rates in Kartellfällen ABl. 2008/C 167/01.
[163] Kom. 11.10.2007 – 37966 – Distrigaz.
[164] Kom. 17.3.2010 – 39386 – Long term electricity contracts in France (EDF).
[165] Kom. 19.1.2005 – 37214 – DFB.
[166] Kom. 22.3.2006 – 38173 – The Football Association Premier League Limited.
[167] Kommissionsbericht über das Funktionieren der Verordnung (EG) Nr. 1/2003, Staff Working Paper (2009) Rn. 109.
[168] Die maximale Höhe des Zwangsgelds pro Tag beträgt 5% des im vorausgegangenen Geschäftsjahr erzielten durchschnittlichen Tagesumsatzes.

niert wird hierbei nicht etwa ein Verstoß gegen Art. 101 oder 102 AEUV, sondern allein die Nichteinhaltung der Zusagen.

90 Bisher hat die Kommission erst ein einziges Mal ein Bußgeld für die Nichteinhaltung von Zusagen auferlegt: Wegen eines unstreitig lediglich fahrlässigen Verstoßes gegen die Verpflichtung zur Gewährleistung einer freien Browserwahl durch Anzeigen eines Auswahlbildschirms wurde **Microsoft** wegen eines technischen Fehlers ein Bußgeld in Höhe von EUR561 Mio. auferlegt, was 1.02% des Jahresumsatzes von Microsoft entsprach.[169] Bei der Bußgeldbemessung berücksichtigte die Kommission, dass die Verletzung der Zusagen 15,3 Mio. Nutzer über einen Zeitraum von 14 Monaten betraf, ließ allerdings nicht als Milderungsgrund gelten, dass der Verstoß „nur" fahrlässig erfolgte, da das für die Nichteinhaltung ursächliche menschliche und technische Versagen aus Sicht der Kommission für Microsoft vermeidbar waren. Die Kommission scheint in dem Verstoß gegen die eigenen Zusagen *per se* einen schwerwiegenden, mit einem Bußgeld zu belegenden Verstoß zu sehen.[170]

91 **c) Umfang richterlicher Kontrolle.** Eine richterliche Kontrolle von Zusagenentscheidungen vor den europäischen Gerichten findet nur in beschränktem Umfang statt.[171] So hat der Gerichtshof in *Alrosa* klargestellt, dass die gerichtliche Nachprüfung auf die Frage beschränkt ist, ob die Beurteilung, zu der die Kommission gelangt ist, **offensichtlich fehlerhaft** im Sinne eines Ermessensfehlgebrauchs ist.[172] Klagebefugt sind neben den durch die Zusagen gebundenen Unternehmen auch direkt und unmittelbar von den Zusagen betroffene Dritte wie insbesondere Wettbewerber oder Kunden.[173] Die Zusagen im Fall *Rambus* hatte Wettbewerber Hynix mit der Begründung vor dem Europäischen Gericht angegriffen, es sei um einen schwerwiegenden Verstoß gegangen, so dass das Verfahren nicht nach Art. 9 VO 1/2003 hätte beendet werden dürfen. Zur Entscheidung kam es jedoch nicht, da Hynix die Klage nach Abschluss eines Vergleichs mit Rambus zurücknahm.[174]

IV. Wiederaufnahme des Verfahrens

92 Bei Vorliegen einer der drei in **Artikel 9 Abs. 2 VO 1/2003** geregelten Wiederaufnahmegründe kann die Kommission erneut in das beendete Verfahren eintreten und geänderte Zusagen gem. Art. 9 VO 1/2003 für verbindlich erklären, eine Abstellungsentscheidung nach Art. 7 VO 1/2003 erlassen (ggf. unter Auferlegung von Abhilfemaßnahmen oder eines Bußgeldes), oder das Verfahren einstellen. Die Kommission kann das Verfahren von Amts wegen oder auf Antrag wieder aufnehmen. Antragsbefugt sind nicht nur die durch die Zusagen gebundenen Unternehmen, sondern auch von der Umsetzung der Zusagen betroffene Dritte wie insbesondere Wettbewerber oder Kunden.

1. Änderung der tatsächlichen Verhältnisse

93 Wesentliche Veränderungen der tatsächlichen Verhältnisse sind insbesondere Verschiebungen der Kräfteverhältnisse auf dem relevanten Markt, beispielsweise durch **Eintritt neuer Wettbewerber,** oder sonstige Veränderungen, die eine geänderte Beurteilung des vermeintlich wettbewerbswidrigen Verhaltens durch die Kommission nahe legen.[175] Da die

---

[169] Kom. 6.3.2013 – 39530 Rn. 79 – Microsoft (Tying).
[170] Kom. 6.3.2013 – 39530 Rn. 56 – Microsoft (Tying); Presseerklärung von Wettbewerbskommissar J. Almunia, IP/13/196; siehe auch *McGeown/Orologas* CPI Antitrust Chronicle March 2013, 3 (6).
[171] Kritisch hierzu, *Jenny,* Worst Decision of the EU Court of Justice: The Alrosa Judgment in Context and the Future of Commitment Decisions, 38 Fordham Int'l L.J. 701 (2015), 731 (732).
[172] EuG Urt. v. 5.7.2013 – T-148/10, ECLI:EU:T:2013:358 – SK Hynix/Kommission.
[173] So ist momentan die Klage von Morningstar gegen die Zusagenentscheidung der Kommission im Fall Kom. 20.12.2012 – 39654 – Reuters Instrument Codes – anhängig, mit der Morningstar die Reichweite der Zusagen zur Erteilung bestimmter Lizenzen rügt, die ihrer Ansicht nach auch Anbietern von Echtzeit-Dateneinspeisung wie ihr selbst angeboten werden sollten, siehe T-76/14 – Morningstar/Kommission.
[174] EuGH Urt. v. 5.7.2013 – T-148/10, ECLI:EU:T:2013:358 – SK Hynix/Kommission.
[175] In der Sache Deutsche Bahn I/II hat die Kommission eine fünfjährige Laufzeit der Verpflichtungszusagen kombiniert mit einem früheren Auslaufen zu dem Zeitpunkt, zu dem 25% der von Wettbewerben des

durch die Entscheidung nach Art. 9 VO 1/2003 gebundenen Unternehmen die einmal abgegebenen Zusagen nicht einseitig kündigen können,[176] bleibt ihnen außerhalb des Eingreifens einer ausnahmsweise vereinbarten Überprüfungsklausel („Review Clause")[177] im Falle einer wesentlichen Veränderung der Wettbewerbsverhältnisse allein der Antrag auf Wiederaufnahme des Verfahrens.[178]

Es stellt sich die Frage, ob der Wiederaufnahmegrund des Art. 9 Abs. 2 a) VO 1/2003 **analog** anwendbar ist, wenn sich die Entscheidungspraxis der Kommission oder die Rechtsprechung der Unionsgerichte so ändern, dass das fragliche Verhalten bei erneuter Beurteilung keinen wettbewerblichen Bedenken mehr begegnen würde. Diese Frage stellt sich insbesondere dann, wenn im Falle eines Hybridverfahrens das Verfahren gegen andere Unternehmen wegen desselben Verhaltens nach Art. 7 VO 1/2003 fortgeführt und die ergangene Abstellungs- und Bußgeldentscheidung von den Unionsgerichten aufgehoben oder abgeändert wurde. Gegen die analoge Anwendung spricht, dass die Unternehmen mit ihren Zusagen sämtliche Zweifel auszuräumen beabsichtigen und sich grundsätzlich daran festhalten lassen müssen. Für die analoge Anwendung könnte man die Grundsätze der Gesetzmäßigkeit der Verwaltung und der Gleichbehandlung anführen. In den Zusagen im Fall *Samsung* wurde neben einer Überprüfungsklausel, die im Falle einer wesentlichen Veränderung der tatsächlichen Verhältnisse eingreift, ausdrücklich auch die Möglichkeit einer Überprüfung im Falle eines Urteils des Europäischen Gerichtshofs zu der im Verfahren gegen Samsung relevanten Rechtsfrage vorgesehen.[179] Aus der gesonderten Regelung könnte man im Umkehrschluss ableiten, dass die Kommission eine Änderung der Rechtsprechung nicht als bereits vom Überprüfungsgrund der Veränderung der tatsächlichen Verhältnisse abgedeckt ansieht.

94

2. Nichteinhaltung von Verpflichtungszusagen

Halten die Unternehmen sich nicht an ihre Zusagen, ist die Kommission berechtigt, erneut in das abgeschlossene Verfahren einzutreten und den Fall nach Artikel 7 VO 1/2003 weiterzuverfolgen. Sie kann den Fall weiter untersuchen und bei Feststellung eines Verstoßes gegen Art. 101 oder Art. 102 AEUV eine Abstellungsverfügung unter Auferlegung eines Bußgeldes nach **Art. 23 Abs. 2 a) VO 1/2003** erlassen.

95

Daneben kann die Kommission den vorsätzlich oder fahrlässig begangenen Verstoß gegen die eigenen Zusagen mit einem zusätzlichen Bußgeld nach **Art. 23 Abs. 2 c) VO 1/2003** sanktionieren und ggf. zusätzlich gemäß Art. 24 Abs. 1 c) VO 1/2003 für jeden Tag der Nichteinhaltung ein Zwangsgeld festsetzen (→ Rn. 89).

96

3. Falsche oder unvollständige Angaben

Ist der von der Kommission zu Grunde gelegte Sachverhalt wegen unvollständiger, unrichtiger oder irreführender Angaben der Unternehmen fehlerhaft, kann die Kommission erneut in das abgeschlossene Verfahren einsteigen, ohne dass die Unternehmen sich auf **Vertrauensschutz** berufen können. Auch hier kann die Kommission den Fall nach Art. 7 VO 1/2003 weiterverfolgen und bei Feststellung eines Verstoßes gegen Art. 101

97

DB-Konzerns erworbenen Bahnstrommengen von nicht zum DB-Konzern gehörenden Stromanbietern bezogen werden. Da diese Schwelle 2015 erreicht wurde, hat die Kommission beschlossen, die Rechtspflicht der Deutschen Bahn zur Einhaltung ihrer Zusagen mit sofortiger Wirkung aufzuheben; Mitteilung der Europäischen Kommission, 8.4.2016, Erfolgreiche Marktöffnung ermöglicht vorzeitige Beendigung der Verpflichtungen in der Wettbewerbssache Deutsche Bahn, 39678 – Deutsche Bahn I.

[176] Loewenheim/Meessen/Riesenkampff/*Barthelmeß/Rudolf* VerfVO 1/2003 Art. 9, Rn. 29.

[177] Im Fall Kom. 23.5.2013 – 39595 Rn. 138 – Continental/United/Lufthansa/Air Canada – wurde eine Überprüfung nach fünf Jahren vorgesehen, um während der außergewöhnlich langen Laufzeit der Zusagen maßgeblichen Veränderungen am Markt Rechnung tragen zu können; siehe hierzu auch GD Wettbewerb, Antitrust Manual of Procedures, Abschnitt 16 Rn. 51 f.

[178] Dagegen Loewenheim/Meessen/Riesenkampff/*Barthelmeß/Rudolf* VerfVO 1/2003 Art. 9 Rn. 28, da Unternehmen in vielen Fällen nicht überblicken können, ob eine solche Veränderung (zB in Bezug auf Wettbewerbsverhältnisse auf dem betroffenen Markt) eingetreten sind.

[179] Die Zusagen sind verfügbar auf der Webseite der GD Wettbewerb unter Kom. 29.4.2014 – 39939 Rn. 13 – Samsung – Enforcement of UMTS Standard Essential Patents.

oder Art. 102 AEUV eine Abstellungsverfügung unter Auferlegung eines Bußgeldes nach Art. 23 Abs. 2 a) VO 1/2003 erlassen.

D. Feststellung der Nichtanwendbarkeit gem. Art. 10 VO 1/2003

98 Nach Art. 10 VO 1/2003 ist die Kommission befugt, durch Entscheidung die Nichtanwendbarkeit der Art. 101, 102 AEUV auf ein bestimmtes Verhalten festzustellen (sog **Positiventscheidung**). In der Praxis wurde die Vorschrift von der Kommission auch zehn Jahre nach Inkrafttreten der VO 1/2003 noch kein einziges Mal angewandt.

I. Voraussetzungen

1. Förmliches Verfahren

99 Zunächst muss ein **förmliches Verfahren** im Sinne von Art. 11 Abs. 6 VO 1/2003, Art. 2 Abs. 1 VO 773/2004 eingeleitet sein. Das fragliche Verhalten muss bereits andauern oder unmittelbar bevorstehen, wofür zumindest eine unterzeichnete Absichtserklärung erforderlich ist. Eine Begutachtung rein hypothetischer Sachverhalte kommt nicht in Betracht und auch eine Feststellung, dass kein Anlass zum Tätigwerden bestehe, ist kein zulässiger Inhalt einer Entscheidung nach Art. 10.

2. Öffentliches Unionsinteresse

100 Die Entscheidung nach Art. 10 VO 1/2003 setzt weiterhin voraus, dass eine solche Feststellung aus Gründen des **öffentlichen Unionsinteresses** im Bereich der Anwendung der Art. 101, 102 AEUV erforderlich ist. Dies wird nur in Ausnahmefällen zu bejahen sein.[180] Die Anforderungen an das hier vorausgesetzte Feststellungsinteresse sind dem für nachträgliche Feststellungsentscheidungen nach Art. 7 Abs. 1 S. 4 VO 1/2003 geforderten „berechtigten Interesse" der Kommission vergleichbar (→ A. Rn. 26).

101 Art. 10 VO 1/2003 verfolgt nicht den Zweck, im **Zeitalter der Legalausnahme** individuelle Vereinbarungen ohne übergeordnete Bedeutung abzusegnen und so das alte Freistellungsregime faktisch fortzuführen. Hierfür ist vielmehr in engen Grenzen Beratungsschreiben der Kommission möglich (→ Rn. 113 ff.).[181]

102 Die Kommission selbst hält ein solches öffentliches Unionsinteresse für gegeben, wenn das grundlegende Bekenntnis der EU zu einem **System unverfälschten Wettbewerbs als gemeinsames Ziel** betroffen ist. Der Begriff des Unionsinteresses ist dabei allein im Hinblick auf die Durchsetzung der Art. 101, 102 AEUV zu verstehen. Andere Aspekte des öffentlichen Interesses, zB industriepolitische Zielsetzungen, haben bei der Anwendung des Art. 10 VO 1/2003 außer Betracht zu bleiben.[182]

103 In Betracht kommen werden hierbei insbesondere Verhaltensweisen, die neue und **ungelöste Rechtsfragen** aufwerfen sowie Fälle, in denen sich eine unterschiedliche Beurteilung durch verschiedene nationale Wettbewerbsbehörden abzeichnet und ein Interesse an einer Klarstellung durch die Kommission besteht.[183]

II. Verfahren

104 Entscheidungen nach Art. 10 VO 1/2003 können nicht von den Unternehmen beantragt, sondern allein **von Amts wegen** getroffen werden. Hierbei kommt der Kommission ein weites Ermessen zu.[184] Dies entspricht dem Zweck der Vorschrift an der Klärung einer Rechtsfrage im Allgemeininteresse. Neben der verbleibenden Möglichkeit, zwecks informeller Beratung an die Kommission heranzutreten, bleibt es den Unternehmen unbenom-

---

[180] Siehe Erwägungsgrund 14 zu VO 1/2003.
[181] Commission staff working document „Ten Years of Antitrust Enforcement under Regulation 1/2003" Rn. 193.
[182] Siehe GD Wettbewerb, Antitrust Manual of Procedures, Abschnitt 18 Rn. 3 f.
[183] Kritisch hierzu Loewenheim/Meessen/Riesenkampff/*Barthelmeß/Rudolf* VerfVO 1/2003 Art. 10 Rn. 7.
[184] GD Wettbewerb, Antitrust Manual of Procedures, Abschnitt 18 Rn. 2.

men, eine Positiventscheidung nach Art. 10 VO 1/2003 anzuregen, ohne jedoch ein Recht auf formale Bescheidung zu haben (zum ebenfalls fehlenden Antragsrecht bei einstweiligen Anordnungen → Rn. 33). Derartige Anregungen beantwortet die Kommission formlos per einfachem Brief.[185] Neben Unternehmen scheint es ebenfalls denkbar, dass nationale Wettbewerbsbehörden eine Entscheidung der Kommission nach Art. 10 VO 1/2003 anregen.

Unter dem **System der Legalausnahme** haben Unternehmen die Rechtmäßigkeit ihres Verhaltens grundsätzlich selbst einzuschätzen. Die Gefahr, im Falle einer Fehleinschätzung für einen Verstoß haftbar gemacht zu werden, besteht nach dem geltenden System für alle in der EU tätigen Unternehmen gleichermaßen. Das Individualinteresse an der Ausräumung dieses Risikos vermag daher kein Antragsrecht zu rechtfertigen.[186] **105**

Vor Erlass der Positiventscheidung veröffentlicht die Kommission eine kurze Zusammenfassung des Falles und den wesentlichen Inhalt ihrer geplanten Entscheidung im Amtsblatt (Art. 27 Abs. 4 S. 1 VO 1/2003). Interessierte Dritte können innerhalb einer Frist von mindestens einem Monat **Stellung nehmen,** Art. 27 Abs. 4 S. 2 VO 1/2003. Das Unternehmen, zu dessen Gunsten die Positiventscheidung ergehen soll, hat selbst kein formelles Anhörungsrecht (Art. 27 Abs. 1 VO 1/2003). **106**

Nach Anhörung des beratenden Ausschusses für Kartell- und Monopolfragen gem. Art. 14 Abs. 1 VO 1/2003 erlässt die Kommission ihre **endgültige Entscheidung,** wonach kein Anlass für ein Tätigwerden besteht. Die Entscheidung ist zu begründen (Art. 296 AEUV) und wird im Amtsblatt veröffentlicht (Art. 30 Abs. 1 VO 1/2003). **107**

III. Inhalt und Wirkung

Während der Kommission stets die Alternative verbleibt, statt der Entscheidung nach Art. 10 VO 1/2003 das Verfahren ohne formelle Entscheidung schlicht einzustellen,[187] ist eine Verbindung der Positiventscheidung mit **Bedingungen und Auflagen nicht zulässig.** Verhaltensorientierte oder strukturelle Auflagen sind allein in den Verfahren nach Art. 7 und 9 der VO 1/2003 vorgesehen. Art. 10 VO 1/2003 kommt als Entscheidungsart also nicht in Betracht, wenn Zweifel über die Kartellrechtmäßigkeit des Verhaltens fortbestehen. **108**

Trotz des missverständlichen Wortlauts des Erwägungsgrundes 14 zur VO 1/2003 und trotz ihrer deklaratorischen Natur entfalten Entscheidungen nach Art. 10 VO 1/2003 **rechtliche Bindungswirkung** nach Art. 16 VO 1/2003 gegenüber den Gerichten und Behörden der Mitgliedstaaten.[188] Nach Erlass der Positiventscheidung dürfen diese also nicht wegen desselben Sachverhalts zu dem Ergebnis kommen, dass ein Verstoß gegen Art. 101, 102 AUEV vorliegt. **109**

Die Positiventscheidung nach Art. 10 VO 1/2003 stellt im Moment der Entscheidung den **aktuellen Zustand** als kartellrechtskonform fest.[189] Ändert sich der Zustand, so kann die **110**

---

[185] GD Wettbewerb, Antitrust Manual of Procedures, Abschnitt 18 Rn. 6.
[186] GD Wettbewerb, Antitrust Manual of Procedures, Abschnitt 18 Rn. 5, siehe auch Bekanntmachung der Kommission vom 27.4.2004 über informelle Beratung bei neuartigen Fragen zu den Artikeln 81 und 82 des Vertrages, die in Einzelfällen auftreten, ABl. 2004 C 101, 06 (im Folgenden „Bekanntmachung Beratungsschreiben") Rn. 3.
[187] Kom. 29.10.2002 – IP/02/1569 – Air Alliances; Kom. 6.5.2005 – IP/05/710 – E.ON Ruhrgas/Gazprom; Kom. 6.7.2011 – IP/11/842 – Almiral/Boehringer.
[188] GD Wettbewerb, Antitrust Manual of Procedures, Abschnitt 18 Rn. 30–32; Langen/Bunte/*Sura* Art. 10 Rn. 8; Immenga/Mestmäcker/*Ritter* EuWettbR VO 1/2003 Art. 10 Rn. 5 f. Eine Gegenauffassung lehnt die Bindungswirkung nach Art. 16 ab und schließt insbesondere aus der Begründungserwägung 14 VO 1/2003, dass Positiventscheidungen nationale Behörden und Gerichte nicht rechtlich, sondern allenfalls faktisch binden können. Vlg. *Schmidt,* Umdenken im Kartellverfahrensrecht – Gedanken zur europäischen VO No. 1/2003, 1237, 1241; Loewenheim/Meessen/Riesenkampff/*Barthelmeß/Rudolf* VerfVO 1/2003 Art. 10 Rn. 19.
[189] Laut Loewenheim/Meessen/Riesenkampff/*Barthelmeß/Rudolf* VerfVO 1/2003 Art. 10, Rn. 7–8, wird jedoch mit Recht daraufhingewiesen, dass es nicht dem Ausnahmecharakter des Artkels 10 entsprechen würde, wenn die Kommission auf diese Weise Einzelfälle vor den nationalen Behörden eingreift. Dafür besteht für die Kommission nämlich grundsätzlich die Möglichkeit, ein Verfahren gemäß Art. 11(6) an sich zu ziehen und zu beenden.

111 Kommission den Sachverhalt wieder aufgreifen, ohne dass die Positiventscheidung zuvor wieder aufgehoben werden müsste. Die Entscheidung verliert ihre Sperrwikung nach Art. 16 VO 1/2003 also automatisch, wenn sich der zu Grunde liegende Sachverhalt ändert.[190]

111 Die Kommission soll nicht gehindert sein, die von den Unternehmen im Hinblick auf den Erlass einer Positiventscheidung übermittelten Informationen als **Grundlage für ein Ermittlungsverfahren** wegen eines Verstoßes gegen Art. 101, 101 AEUV zu nutzen.[191]

112 Eine Entscheidung nach Art. 10 VO 1/2003 soll für den Adressaten selbst **nicht anfechtbar** sein, weil der Tenor keine Beschwer enthält. Dies soll auch dann gelten, wenn die Begründung benachteiligende Feststellungen enthält.[192] Wettbewerber, Abnehmer und Verbraucher hingegen sollten gegen die Entscheidung klagen können.

IV. Beratungsschreiben

113 Informelle Beratungsschreiben der Kommission sind nicht im Text der VO 1/2003 selbst erwähnt, sondern nur in Erwägungsgrund 38 zu VO 1/2003 sowie in der **Bekanntmachung der Kommission über Beratungsschreiben.**[193] Durch sie soll nach der Einführung des Systems der Legalausnahme der Verlust an Rechtssicherheit in Ausnahmefällen kompensiert werden können, ohne jedoch das alte Freistellungssystem faktisch wiedereinzuführen.

114 Auch Beratungsschreiben haben in der Praxis nur eine geringe Bedeutung und bis heute hat die Kommission auch von dieser Möglichkeit **noch keinen Gebrauch gemacht**. Ausweislich eines Berichts der Kommission sind Unternehmen bisher nur sehr selten mit dem Wunsch nach einem solchen Beratungsschreiben an die Kommission herangetreten, wobei die engen Voraussetzungen nicht ein einziges Mal erfüllt waren.[194]

115 Nach Ansicht der Kommission besteht **in der Praxis kaum Bedarf** für Beratungsschreiben, da die erfolgreiche Zusammenarbeit im ECN bereits sicherstelle, dass nationale Wettbewerbsbehörden keine voneinander abweichenden Entscheidungen treffen. Mittels Beratungsschreiben auszuräumende Rechtsunsicherheiten entstünden so gar nicht erst.[195] Zudem erscheint es nicht ausgeschlossen, dass die Attraktivität von Beratungsschreiben aus Sicht der Unternehmen daran leidet, dass die Kommission statt ein Beratungsschreiben zu versenden die zur Verfügung gestellten Informationen zur Eröffnung eines Verfahrens verwenden und schließlich selbst ein Bußgeld auferlegen oder die Informationen nationalen Wettbewerbsbehörden zur Verfügung stellen kann (→ Rn. 118). Außerdem erteilt die Kommission weiterhin auch **ad hoc mündliche Orientierungshilfen** in informellen Gesprächen, um die die Unternehmen jederzeit ersuchen können. Aus Sicht der Unternehmen erfüllen diese Gespräche denselben Zweck wie Beratungsschreiben, sind aber mit keinerlei Publizität verbunden.[196]

116 Ein Beratungsschreiben soll allein in Fällen ernsthafter Rechtsunsicherheit ergehen, in denen es um wirklich **neue und ungelöste Rechtsfragen** geht. Ein Beratungsschreiben scheidet also aus, wenn die fragliche Verhaltensweise bereits Gegenstand eines Verfahrens bei der Kommission oder bei einer Wettbewerbsbehörde oder einem Gericht eines Mitgliedstaats ist.[197] Folgende Anhaltspunkte sollen bei der Entscheidung über die Zweckmäßigkeit eines Beratungsschreibens zu berücksichtigen sein:[198]

---

[190] GD Wettbewerb, Antitrust Manual of Procedures, Abschnitt 18 Rn. 32.
[191] Langen/Bunte/*Sura* Art. 10 Rn. 7.
[192] Immenga/Mestmäcker/*Ritter* EuWettbR VO 1/2003 Art. 10 Rn. 21.
[193] Bekanntmachung der Kommission vom 27.4.2004 über informelle Beratung bei neuartigen Fragen zu den Artikeln 81 und 82 des Vertrages, die in Einzelfällen auftreten, ABl. 2004/C 101/06 („Bekanntmachung Beratungsschreiben").
[194] Commission staff working document „Ten Years of Antitrust Enforcement under Regulation 1/2003" (2014) Rn. 193.
[195] Commission staff working document „Ten Years of Antitrust Enforcement under Regulation 1/2003" (2014) Rn. 193.
[196] Immenga/Mestmäcker/*Ritter* EuWettbR VO 1/2003 Art. 10 Rn. 20.
[197] Bekanntmachung Beratungsschreiben Rn. 8 lit. a und Rn. 9.
[198] Bekanntmachung Beratungsschreiben Rn. 8 lit. b.

- Die wirtschaftliche Bedeutung der betroffenen Produkte oder Dienstleistungen aus Sicht der Verbraucher;
- die Verbreitung der fraglichen Verhaltensweise als Gepflogenheit am Markt;
- der Umfang der seitens des Unternehmens getätigten Investitionen bzw. die Verbindung mit einem strukturellen Vorgang wie zB der Gründung eines Gemeinschaftsunternehmens.

Außerdem muss sich die Auseinandersetzung der Kommission mit der Rechtsfrage mit den aktuellen **Prioritäten** bei der Durchsetzung des Wettbewerbsrechts vereinbaren lassen.[199] Beratungsschreiben dienen außerdem allein der Beseitigung von Unklarheiten im Hinblick auf **materiellrechtliche Fragen** und sollen nicht zur Klärung von Verfahrensfragen ergehen.[200] **117**

Um das Beratungsschreiben wird die Kommission **von den Unternehmen ersucht**, die hierauf jedoch keinen Anspruch haben. Es steht im **Ermessen** der Kommission, ob sie ein Beratungsschreiben verschickt oder nicht. Es fallen jedenfalls keine Gebühren an. Entscheidet sich die Kommission, das Beratungsschreiben zu versenden, so **veröffentlicht** sie es anschließend auf ihrer Website.[201] **118**

In dem Ersuchen muss der **Sachverhalt umfassend beschrieben** und die Neuheit der Rechtsfrage begründet werden. Die Kommission kann zusätzlich eigene Ermittlungen vornehmen, muss dies aber nicht.[202] Die der Kommission zur Verfügung gestellten Informationen kann diese für eigene Ermittlungen nutzen oder an die nationalen Wettbewerbsbehörden weitergeben.[203] Dabei kann das Ersuchen nicht im Nachhinein in einen Kronzeugenantrag umgedeutet werden. **119**

Bei einem Beratungsschreiben handelt es sich nicht um eine „Entscheidung" der Kommission. Art. 16 VO 1/2003 ist daher nicht anwendbar, dh der Inhalt eines Beratungsschreibens entfaltet **keine rechtliche Bindungswirkung** gegenüber nationalen Wettbewerbsbehörden und Gerichten.[204] Es wird jedoch vertreten, dass Beratungsschreiben eine faktische Bindungswirkung haben sollten, so dass sie von den nationalen Wettbewerbsbehörden und Gerichten bei der Entscheidungsfindung wegen ihrer „persuasive authority" berücksichtigt werden müssen.[205] **120**

Nach Ansicht der Kommission soll es ihr freistehen, einen durch Beratungsschreiben abgeschlossenen Fall später **wieder aufzugreifen** und ein neues Verfahren einzuleiten.[206] Nach teilweise vertretener Ansicht soll hingegen ein Beratungsschreiben gegenüber dem betroffenen Unternehmen Vertrauensschutz begründen, so dass später wegen derselben Tatsachen nicht für die Vergangenheit eine Zuwiderhandlung festgestellt und ein Bußgeld auferlegt werden könne.[207] **121**

---

[199] Bekanntmachung Beratungsschreiben Rn. 5.
[200] Bekanntmachung Beratungsschreiben Rn. 8 lit. a.
[201] Bekanntmachung Beratungsschreiben Rn. 21.
[202] Bekanntmachung Beratungsschreiben Rn. 8 lit. c und Rn. 14 f.
[203] Bekanntmachung Beratungsschreiben Rn. 11, 16, 18, 19.
[204] Bekanntmachung Beratungsschreiben Rn. 22–25.
[205] Siehe Immenga/Mestmäcker/*Ritter* EuWettbR VO 1/2003 Art. 10 Rn. 22 unter Verweis auf die vor Inkrafttreten der VO 1/2003 bestehende Praxis im Hinblick auf sog comfort letters.
[206] Bekanntmachung Beratungsschreiben Rn. 24.
[207] Immenga/Mestmäcker/*Ritter* EuWettbR VO 1/2003 Art. 10 Rn. 19.

§ 12 Beweisrecht

Übersicht

	Rn.
A. Allgemeines	1
B. Formelle Beweislast (Darlegungslast)	4
I. Kommissionsverfahren	4
II. Nationale Verfahren	6
C. Materielle Beweislast	7
D. Beweismaß	14
I. Kommissionsverfahren	14
II. Nationale Verfahren	18
E. Beweiswürdigung	19
I. Kommissionsverfahren	19
II. Nationale Verfahren	23
F. Beweismittel	24
I. Kommissionverfahren	24
II. Nationale Verfahren	32

Schrifttum:
Bailey, Scope of Judicial Review under Article 81 EC, CMLRev 2004, 1327; *ders.*, Presumptions in European Competition Law, ECLR 2010, 362; *Bornkamm/Becker,* Die privatrechtliche Durchsetzung des Kartellverbots nach der Modernisierung des EG-Kartellrechts, – Einflussmöglichkeiten der Kommission, ZWeR 2005, 2013; *Castillo de la Torre,* Evidence, Proof and Judicial Review in Cartel Cases, World Competition 2009, 505; *Gippini-Founier,* The Elusive Standard of Proof in EU Competition Cases, World Competition 2010, 187; *Kirchhoff,* Sachverhaltsaufklärung und Beweislage bei der Anwendung des Art. 81 EG-Vertrag, WuW 2004, 745; *Legal,* Standards of Proof and Standards of Judicial Review in EU Competition Law, Annual Proceedings of the Fordham Corporate Law Institute – International Antitrust Law & Policy 2005, 107; *van der Vijver,* Article 102 TFEU: How to Claim the Application of Objective Justifications in the Case of prima facie Dominance Abuses?, Journal of European Competition Law & Practice, 2013, 12; *Volpin,* The Ball is in Your Court: Evidential Burden of Proof and the Proof-Proximity Principle in EU Competition Law, CMLRev 2014, 1159.

A. Allgemeines

1 Beim Nachweis von Verstößen gegen die materiell-rechtlichen Vorschriften des europäischen Kartellrechts[1] im Verwaltungsverfahren auf europäischer oder nationaler Ebene oder vor nationalen Gerichten stellt sich wie in jedem anderen Verfahren die Frage, welche Partei welche Tatsachen behaupten und im Streitfall beweisen muss **(formelle Beweislast),** zu wessen Lasten die Nichtaufklärbarkeit eines Sachverhalts geht **(materielle Beweislast),** der erforderliche Grad der Wahrscheinlichkeit der Existenz einer behaupteten Tatsache oder eines behaupteten Geschehensablaufs aus Sicht des Entscheiders **(Beweismaß),** welche **Beweismittel** zulässig und wie sie im Rahmen der **Beweiswürdigung** zu werten sind.

2 Die VO Nr. 1/2003 enthält in **Art. 2** lediglich einige grundlegende Aussagen zur materiellen Beweislast für Verfahren vor der Kommission und nationalen Behörden und Gerichten. Des Weiteren finden sich in der **Schadensersatz-RL** einige beweisrechtliche Bestimmungen für die Geltendmachung von Schadensersatzansprüchen vor nationalen Gerichten, etwa zu Beweisverwertungsverboten (Art. 7, 8 Abs. 1 (d)) und zur Bindungswirkung der Feststellung von Verstößen gegen Art. 101, 102 AEUV (Art. 9). Darüber hinaus finden sich Aussagen zu verschiedensten Aspekten des europäischen Beweisrechts in der Rechtsprechung der Unionsgerichte und der Praxis der Kommission.

---

[1] Nicht in diesem Kapitel behandelt, und auch vom Anwendungsbereich des Art. 2 der VO Nr. 1/2003 nicht umfasst, sind Fragen des Vorsatzes oder der Fahrlässigkeit (bei Bußgeldverfahren) bzw. Kausalität, Schaden und Schadenshöhe bei der privatrechtlichen Durchsetzung des EU Kartellrechts.

Für mehrere Aspekte des Beweisrechts kann sich bei Verfahren vor nationalen Behörden **3**
und Gerichten der Mitgliedstaaten die Frage stellen, ob sie „integraler Bestandteil" der
materiell-rechtlichen unionsrechtlichen Vorschriften sind oder der **Verfahrensautonomie der Mitgliedstaaten** unterliegen. Satz 4 des 5. Erwägungsgrundes der VO Nr. 1/
2003 stellt klar, dass die Verordnung die nationalen Vorschriften über das Beweismaß und
Amtsermittlungs- und Hinweispflichten unberührt lässt, soweit diese im Einklang mit allgemeinen unionsrechtlichen Grundsätzen stehen. In der Rechtssache *T-Mobile* hat der
Gerichtshof allerdings unter Berufung auf den Effektivitätsgrundsatz entschieden, dass die
in der Rechtsprechung zu Art. 101 AEUV entwickelte sog Kausalitätsvermutung (Vermutung dahingehend, dass die Unternehmen ausgetauschte Informationen berücksichtigen
und ihr Marktverhalten entsprechend ausrichten) integraler Bestandteil des Begriffs der
abgestimmten Verhaltensweisen und damit zwingend auch vom nationalen Richter anzuwenden ist.[2] Angesichts der Betonung des Effektivitätsprinzips, gerade in der jüngeren
Rechtsprechung,[3] ist davon auszugehen, dass der Gerichtshof auch bei anderen Aspekten
des Beweismaßes, -mittels, oder -würdigung dazu tendieren wird, seine eigene Rechtsprechung als für nationale Behörden und Gerichte verbindlich anzusehen.

B. Formelle Beweislast (Darlegungslast)

I. Kommissionsverfahren

In Kommissionverfahren gilt grundsätzlich der **Amtsermittlungsgrundsatz.** Die Kom- **4**
mission hat „nach dem Grundsatz der ordnungsgemäßen Verwaltung mit den ihr zur Verfügung stehenden Mitteln zur Aufklärung des rechtserheblichen Sachverhalts beizutragen"[4] und „sorgfältig und unparteiisch alle relevanten Gesichtspunkte des Einzelfalls zu
untersuchen".[5] Nach dem Amtsermittlungsgrundsatz kann die Kommission ausnahmsweise auch verpflichtet sein, potenziell entlastende Unterlagen von Drittparteien anzufordern,
wenn das betroffene Unternehmen diese Unterlagen nicht selbst beschaffen kann und diese nach dem ersten Anschein von erheblicher Bedeutung sein können.[6] Auch in nationalen Verwaltungsverfahren gilt überwiegend der Amtsermittlungsgrundsatz, vgl. etwa § 57
Abs. 1 GWB.

Allerdings erkennt der Gerichtshof auch **Ausnahmen vom Amtsermittlungsgrund- 5
satz** an. Entlastende Umstände und Rechtfertigungen soll die Kommission nur dann untersuchen, wenn das Unternehmen sie vorträgt. So sind Unternehmen gehalten, bei Teilnahme an einem prima facie wettbewerbswidrigen Treffen darzulegen, dass dieses Treffen
einen anderen Inhalt hatte.[7] Entsprechend der Verteilung der materiellen Beweislast in
Art. 2 der VO Nr. 1/2003 obliegt es dem Unternehmen, mit „überzeugenden Argumenten und Beweisen" darzulegen, dass eine wettbewerbsbeschränkende Vereinbarung die
Voraussetzungen des Art. 101 Abs. 3 AEUV erfüllt.[8] Auch für Art. 102 AUEV gilt, dass
die Kommission zwar die Beweislast für das Vorliegen der Umstände trägt, aus denen sich
ein Verstoß gegen Art. 102 AEUV ergibt, es jedoch dem beherrschenden Unternehmen
und nicht der Kommission obliegt, vor dem Ende des Verwaltungsverfahrens gegebenenfalls eine etwaige objektive Rechtfertigung geltend zu machen und dafür Argumente und
Beweise vorzubringen. Dann hat die Kommission, wenn sie einen Missbrauch einer beherrschenden Stellung feststellen will, darzutun, dass die von dem Unternehmen vorgebrachten Argumente und Beweise nicht stichhaltig sind und folglich die geltend gemachte

---

[2] EuGH Urt. v. 4.6.2009 – C-8/08, ECLI:EU:C:2009:343 Rn. 49–53 – T-Mobile.
[3] S. zuletzt EuGH Urt. V. 21.1.2016 – C-74/14, ECLI:EU:C:2016:42 Rn. 32–37 – Eturas.
[4] EuGH Beschl. v. 16.6.1965 – C- 58/64, ECLI:EU:C:1965:60 – Grundig/Consten.
[5] EuG Urt. v. 15.12.2010 – T-141/08, ECLI:EU:T:2010:516 Rn. 74 ff. – E.ON.
[6] EuG Urt. v 12.6.2014 – T-286/09, ECLI:EU:T:2014:547 Rn. 371–382 – Intel.
[7] EuGH Urt. v. 8.7.1999 – C-235/92 P, ECLI:EU:C:1999:362 Rn. 181 – Montecatini.
[8] EuGH Urt. v. 6.10.2009 – C-501/06 P, ECLI:EU:C:2009:610 Rn. 82 – GlaxoSmithKline Services.

Rechtfertigung nicht durchgreifen kann.⁹ Dies gilt insbesondere dann, wenn allein das betreffende Unternehmen Kenntnis von den Rechtfertigungsgründen hat oder besser als die Kommission in der Lage ist, ihr Vorliegen darzulegen und nachzuweisen.¹⁰

II. Nationale Verfahren

6 Im **Zivilprozess** bestimmt sich die Darlegungslast nach nationalem Zivilprozessrecht und ist in der Regel parallel zur materiellen Beweislast verteilt. Ausnahmen sind nach den Grundsätzen über die **sekundäre Behauptungslast** (des Beklagten) möglich (und unter Umständen nach dem Effektivitätsgrundsatz sogar geboten), soweit eine Darlegungs- und damit Beweisnot des Klägers darauf zurückzuführen sind, dass die maßgeblichen Tatsachen in der Sphäre des Beklagten liegen und ihm über das bloße Bestreiten hinaus ergänzende substantiierte Angaben zuzumuten sind.¹¹

C. Materielle Beweislast

7 Nach dem **Grundsatz des Art. 2 der VO Nr. 1/2003** obliegt die (materielle) Beweislast für eine Zuwiderhandlung gegen Art. 101 Abs. 1 oder Art. 102 AEUV der Partei oder Behörde, die diesen Vorwurf erhebt, während die Beweislast für das Vorliegen der Voraussetzungen des Art. 101 Abs. 3 AEUV denjenigen trifft, der sich auf diese Bestimmung beruft.

8 Die Beweislast hinsichtlich des Verstoßes (Art. 2 S. 1 VO Nr. 1/2003) bezieht sich grundsätzlich auf **sämtliche Tatbestandsmerkmale** der jeweiligen Norm. Bei Art. 101 AEUV gilt dies etwa auch für die Frage der Eignung der Beeinträchtigung des zwischenstaatlichen Handels, der Spürbarkeit der Beeinträchtigung des zwischenstaatlichen Handels und der Wettbewerbsbeschränkung, sowie für von der Rechtsprechung entwickelte Tatbestandsrestriktionen, etwa zugunsten selektiver Vertriebssysteme.¹²

9 Dies dürfte auch für **objektive Rechtfertigungsgründe** im Rahmen des Art. 102 AUEV gelten, soweit das marktbeherrschende Unternehmen seiner Darlegungspflicht nachgekommen ist (→ Rn. 5). Die Rechtsprechung enthält keine Anhaltspunkte dafür, dass auch im Falle eines non liquet ein Verstoß festzustellen ist.¹³ Art. 2 S. 2 VO Nr. 1/2003 sieht nur für Art. 101 Abs. 3, nicht aber für Art. 102 AEUV eine Ausnahme vom Grundsatz des Art. 2 S. 1 VO Nr. 1/2003 vor, auch wenn Satz 2 des 5. Erwägungsgrundes allgemeiner davon spricht, dass Unternehmen, die sich gegenüber der Feststellung einer Zuwiderhandlung auf eine „Rechtfertigung" berufen, insoweit nachweispflichtig sind. Nach dem EuGH-Urteil in der Sache *Post Danmark* soll es zumindest bei vermeintlichen Preismissbräuchen ausreichen, dass das Unternehmen nachweist, dass die durch das betreffende Verhalten „möglicherweise" eintretenden Effizienzvorteile „wahrscheinlich" negative Auswirkungen auf den Wettbewerb und die Interessen der Verbraucher auf den betroffenen Märkten ausgleichen, und dass diese Effizienzvorteile „erzielt werden können".¹⁴

10 Nicht von der Regel Art. 2 VO S. 1 Nr. 1/2003 erfasst sind hingegen mögliche Rechtfertigungen nach **Art. 106 Abs. 2 AUEV** für Unternehmen, die mit Dienstleistungen von allgemeinem wirtschaftlichem Interesse betraut sind. Dabei handelt es sich um Rechtfertigungen im Rechtssinne,¹⁵ für die das Unternehmen beweispflichtig ist.

---

⁹ EuG Urt. v. 17.9.2007 – T-201/04, ECLI:EU:T:2007:289 Rn. 688 und 1144 – Microsoft; mwN zur Rechtsprechung van der Vijver Journal of European Competition Law & Practice, 2013, 121 (124).
¹⁰ EuG Urt. v. 1.7.2010 – T-321/05, ECLI:EU:T:2010:266 Rn. 686 – Astra Zeneca.
¹¹ Vgl. dazu FK/*Jaeger* VO 1/2003 Art 2 Rn. 8 ff.
¹² FK/*Jaeger* VO Nr. 1/2003 Art. 2 Rn. 4.
¹³ Vgl. *van der Vijver*, Journal of European Competition Law & Practice 2013, 121 (124 ff.).
¹⁴ EuGH Urt. v. 27.3.2012 – C-209/10 Rn. 42, ECLI:vEU:C:2012:172 – Post Danmark.I.
¹⁵ EuGH Urt. v. 29.3.2001 – C-163/99, ECLI:EU:C:2001:189 Rn. 73 – Portugiesische Flughäfen. 15 EuGH Urt. v. 6.10.2009 – C-501/06 P ua, ECLI:EU:C:2009:610 Rn. 102–103 – GlaxoSmithKline Services.

Für das Vorliegen der Tatbestandsvoraussetzungen des Art. **101 Abs. 3 ist hingegen** 11
grundsätzlich das Unternehmen beweispflichtig, das sich auf die Bestimmung beruft. Dies kann im Zivilprozess ausnahmsweise auch der Kläger sein, etwa wenn der Beklagte unter Berufung auf Unvereinbarkeit mit Art. 101 AUEV versucht, sich seinen vertraglichen Verpflichtungen zu entziehen. Die Kommission ist allerdings gehalten, die vorgelegten Argumente und Beweise umfassend zu würdigen, auch in Anbetracht branchenspezifischer Besonderheiten, etwa in der Pharmaindustrie.[16]

Art. 2 S. 2 VO gilt auch für das Vorliegen der tatsächlichen Voraussetzungen für das 12
Eingreifen einer **Gruppenfreistellungsverordnung,** auf die sich die betreffende Partei beruft, einschließlich negativer Voraussetzungen, etwa des Nichtüberschreitens von Marktanteilsschwellen.[17]

Für **Kartellbußgeldverfahren** ist fraglich, ob die Beweislastverteilung in Art. 2 S. 2 13
der VO 1/2003 mit der grundrechtlich verbürgten **Unschuldsvermutung** des Art. 6 Abs. 2 EMRK und Art. 48 der Grundrechtscharta vereinbar ist. In einer Protokollerklärung hat die Bundesrepublik Deutschland diesbezügliche Bedenken angemeldet.[18] Die Frage hat angesichts der Tatsache, dass Bußgeldverfahren fast ausschließlich für bezweckte Wettbewerbsbeschränkungen angestrengt werden, für die eine Freistellung ohnehin idR nicht ernsthaft in Betracht kommt, bisher soweit ersichtlich noch keine praktische Bedeutung erlangt. Statt einer systematischen Nichtanwendung des Art. 2 S. 2 auf Bußgeldverfahren erscheint eine Lösung auf der Ebene des Vorsatzes oder der Fahrlässigkeit denkbar und unter Umständen naheliegender, auch wenn der EuGH in seinem Urteil in der Rechtssache *Schenker* zumindest für Rechtsirrtümer enge Grenzen gesetzt hat.[19]

D. Beweismaß

I. Kommissionsverfahren

Für das Verwaltungsverfahren der Kommission gilt grundsätzlich, dass die Kommission 14
über „**aussagekräftige und übereinstimmende**" Beweise verfügen muss, mit denen sie ihre „**feste Überzeugung**" vom Vorliegen eines Verstoßes begründen kann.[20] Auch hohe Bußgeldsanktionen rechtfertigen es nach der Rechtsprechung nicht, vernünftige Zweifel schlechthin ausschließende Beweise (proof beyond reasonable doubt) für das Vorliegen einer Zuwiderhandlung zu verlangen.[21] Bei vertikalen Sachverhalten, etwa der Verhinderung von Parallelexporten, sind keine unterschiedlichen Anforderungen an den Nachweis einer entsprechenden Vereinbarung zu stellen als bei Vereinbarungen oder abgestimmten Verhaltensweisen zwischen Wettbewerbern.[22]

Der **Unschuldsvermutung** meint die Rechtsprechung dabei im Rahmen der Beweis- 15
würdigung hinreichend Rechnung zu tragen.[23] Danach sollen, insbesondere bei der Verhängung von Geldbußen, **jegliche verbleibende Zweifel über Vorliegen und Umfang eines Wettbewerbsverstoßes dem Unternehmen zugutekommen.**[24] So ist

---

[16] EuGH Urt. v. 6.10.2009 – verb. RS. C-501/06 P ua, Slg. 2009, I-9291 Rn. 102–103 – GlaxoSmithKline Services.
[17] *Bornkamm/Becker* ZWeR 2005, 213 (231).
[18] Protokollerklärung der Deutschen Delegation zu Art. 2 der Verordnung vom 10.12.2002, 15435/02 ADD 1, RC 22, 8, vgl. dazu etwa Immenga/Mestmäcker/*Schmidt* EuWettbR VO 1/2003 Art. 2 Rn. 15, 39.
[19] EuGH Urt. v. 18.6.2013 – C-681/11, ECLI:EU:C:2013:404; vgl. dazu Völcker, CMLRev 2014, 1497–1519.
[20] So etwa EuGH Urt. v. 28.3.1984 – C-29/83 ua, ECLI:EU:C:1984:130 Rn. 20 – CRAM und Rheinzink; Urt. v. 31.3.1993 – C-89/85 ua, ECLI:EU:C:1993:120 Rn. 127 – Ahlström Osakeyhtiö ua; EuG Urt. v. 6.7.2000 – T-62/98, ECLI:EU:T:2000:180 Rn. 43 – Volkswagen.
[21] EuG Urt. v. 8.7.2008 – T-53/03, ECLI:EU:T:2008:254 Rn. 63–64 – BPB/Kommission.
[22] EuGH Urt v. 10.2.2011 – C-260/09 P, ECLI:EU:C:2011:62 Rn. 71 – Activision Blizzard.
[23] EuG Urt. v. 12.6.2014 – T-286/09, ECLI:EU:T:2014:547 Rn. 61–68 – Intel.
[24] EuG Urt. v. 8.7.2004 – T-67/00, ECLI:EU:T:2004:221 Rn. 177 – JFE Engineering.

etwa die Verwendung von Beweismitteln, die einen früheren Zeitraum betreffen, in dem das fragliche Verhalten rechtmäßig war, unzulässig, um den wettbewerbswidrigen Charakter eines späteren Verhaltens nachzuweisen.[25] Die Kommission muss insbesondere die behauptete Dauer des Wettbewerbsverstoßes beweisen;[26] die Erhebung der Einrede der Verjährung durch das Unternehmen führt insoweit nicht zu einer Umkehr der Beweislast.[27] In der Praxis wird die Unschuldsvermutung allerdings durch die großzügige Zulassung von Indizienbeweisen und Beweiserleichterungen stark entwertet (siehe dazu unten → Rn. 20).

16 Anders als im Bereich der Fusionskontrolle, die regelmäßig die Würdigung **komplexer wirtschaftlicher Sachverhalte** und die Prognose zukünftigen Marktverhaltens erfordert, hat sich die Frage, ob die Kommission bei der Würdigung solcher Sachverhalte einen von der Rechtsprechung zu respektierenden **Beurteilungsspielraum** hat, bei der Durchsetzung der Artt. 101 und 102 AUEV nach der Verordnung Nr. 1/2003 bisher noch nicht in gleicher Schärfe gestellt, da die Kommission überwiegend bezweckte Wettbewerbsbeschränkungen verfolgt und sich ungeachtet ihres propagierten wirkungsbasierten Ansatzes (more economic approach) bisher auch im Rahmen der Missbrauchskontrolle in ihren Entscheidungen nach Art. 7 VO Nr. 1/2003 auf solche Missbräuche konzentriert hat, die keine umfassende wirtschaftliche Analyse erfordern. In der Rechtssache *KME* hat der Gerichtshof indessen festgestellt, dass die Kommission auch im Rahmen von Artt. 101 und 102 AEUV nicht nur hinsichtlich der sachlichen Richtigkeit der angeführten Beweise, ihrer Zuverlässigkeit und Kohärenz der vollen Nachprüfung durch die Unionsgerichte unterliegt, sondern auch dahingehend, ob diese Beweise alle relevanten Daten darstellen, die bei der Beurteilung einer komplexen Situation heranzuziehen waren, und ob sie die aus ihnen gezogenen Schlüsse zu stützen vermögen.[28]

17 Für die Darlegung der **Freistellungskriterien des Art. 101 Abs. 3**, die gem. Art. 2 S. 2 VO Nr. 1/2003 auch im Verwaltungsverfahren dem sich auf die Freistellung berufenden Unternehmen obliegt, gilt der **Wahrscheinlichkeitsmaßstab:** Ist die Erzielung spürbarer Effizienzvorteile überwiegend wahrscheinlich, gilt der Beweis als erbracht.[29]

II. Nationale Verfahren

18 Wie in Erwägungsgrund 5 der VO Nr. 1/2003 klargestellt wird, richtet sich das Beweismaß nach dem anwendbaren **nationalen Verfahrensrecht,** wobei Effektivitäts- und Äquivalenzprinzip zu beachten sind und möglicherweise in der Rechtsprechung des EuGH anerkannte Beweiserleichterungen dem materiellen Recht zugeordnet werden müssen (siehe dazu oben → Rn. 3).[30] Nach deutschem Recht gilt das Beweismaß des § 286 ZPO (im Kartellzivilprozess) bzw. § 71 Abs. 1 S. 1 GWB (in Kartellverwaltungsverfahren), wonach die für die Tatsachenfeststellung notwendige Überzeugung des Gerichts nicht auf voller Gewissheit beruhen muss, andererseits auch eine bloße Wahrscheinlichkeit nicht ausreicht. Vielmehr kann sich der Richter mit einem für das praktische Leben brauchbaren Grad an Gewissheit begnügen, der Zweifeln Schweigen gebietet, ohne sie völlig auszuschließen.[31]

---

[25] EuG Urt. v. 29.6.1995 – T-30/91, ECLI:EU:T:1995:115 Rn. 73 – Solvay.
[26] EuG Urt. v 7.7.1994 –T-43/92, ECLI:EU:T:1994:79 Rn. 79 – Dunlop Slazenger; Urt. v. 13.12.2001 – T-48/98, ECLI:EU:T:2001:289 Rn. 55 – Acerinox; Urt. v. 29.11.2005 – T-62/02, ECLI:EU:T:2005:430 Rn. 36 – Union Pigments.
[27] EuG Urt. v. 3.3.2011 – T-110/07, ECLI:EU:T:2011:68 Rn. 174–176 – Siemens.
[28] EuGH Urt. v. 8.12.2011 – C-272/09 P, ECLI:EU:C:2011:810 Rn. 121; zuvor schon EuG Urt. v. 27.9.2006 – T-44/02 OP ua, ECLI:EU:T:2006:271 Rn. 67 – Dresdner Bank.
[29] EuGH Urt. v. 6.10.2009 – C-501/06 P ua, ECLI:EU:C:2009:610 Rn. 94 – GlaxoSmithKline Services.
[30] S. zuletzt EuGH Urt. V. 21.1.2016 – C-74/14, ECLI:EU:C:2016:42 Rn. 32–37 – Eturas.
[31] BGH Urt. v. 18.1.2000 – VI ZR 375/95, NJW 2000, 953 (954) mwN.

E. Beweiswürdigung

I. Kommissionsverfahren

In Verwaltungsverfahren der Kommission gilt der Grundsatz der **freien Beweiswürdigung**; einziges relevantes Kriterium soll die „Glaubhaftigkeit" bzw. „Zuverlässigkeit" des oder der relevanten Beweismittel sein.[32] Ungeachtet dessen hat die Rechtsprechung einige **Beweisregeln** aufgestellt, deren Verletzung auch im Rechtsmittelverfahren vor dem Gerichtshof geltend gemacht werden kann.[33]

Nach ständiger Rechtsprechung reicht es aus, dass das von der Kommission angeführte **Indizienbündel** bei einer Gesamtwürdigung das erforderliche Beweismaß der „festen richterlichen Überzeugung (siehe oben → Rn. 14) erfüllt.[34] Seit dem *Zementkartell* hält die Rechtsprechung an der Formel fest, dass Kartellverstöße in der Regel durch Geheimhaltung und die Reduzierung von Unterlagen auf ein Minimum gekennzeichnet sind, so dass das Vorliegen einer wettbewerbswidrigen Verhaltensweise oder Vereinbarung „aus einer Reihe von Koinzidenzen und Indizien abgeleitet werden muss, die bei einer Gesamtbetrachtung mangels einer anderen schlüssigen Erklärung den Beweis für eine Verletzung der Wettbewerbsregeln darstellen können",[35] obwohl jedenfalls nach Einführung der Kronzeugenregelung nicht mehr systematisch von einer Beweisnot der Kommission ausgegangen werden kann. Indizien können einen Beweis für einen Kartellverstoß allerdings nicht ersetzen, wenn es für das fragliche Verhalten eine mindestens ebenso plausible Erklärung gibt, zB wenn übereinstimmende Preiserhöhungsankündigungen mit der Transparenz des Marktes[36] und ein regelmäßiger Informationsaustausch mit einer Patentlizenzvereinbarung erklärt werden können.[37]

Darüber hinaus hat die Rechtsprechung eine Reihe von – im Hinblick auf die gesetzliche Regelung des Art. 2 VO Nr. 1/2003 und die Unschuldsvermutung nicht immer unbedenkliche – **Beweiserleichterungen** oder **widerlegliche Vermutungen** zugunsten der Kommission entwickelt:

Hält ein Unternehmen einen Marktanteil von mehr als 50%, wird das Bestehen einer Marktbeherrschung widerleglich vermutet (sog **AKZO-Vermutung**).[38]

Tauschen Wettbewerber marktrelevante Informationen aus, insbesondere regelmäßig und während eines langen Zeitraums, wird widerleglich vermutet, dass weiterhin auf dem Markt tätige Unternehmen die ausgetauschten Informationen bei der Bestimmung ihres Marktverhaltens auch berücksichtigen **(Kausalitäts-** oder **„Hüls-Vermutung").**[39]

Bei Teilnahme an **offenkundig wettbewerbswidrigen Zusammenkünften** obliegt es dem Unternehmen nachzuweisen, dass es mit der Teilnahme keine wettbewerbswidrigen Absichten verfolgte

---

[32] EuGH Urt. v. 25.1.2007 – C-407/04 P, ECLI:EU:C:2007:53 Rn. 63,72 – Dalmine; EuG Urt. v. 8.7.2004 – T-44/00, ECLI:EU:T:2004:218 Rn. 84 – Mannesmannröhren-Werke; Urt. v. 8.7.2004 – T-67/00, ECLI:EU:T:2004:221 Rn. 273 – JFE Engineering; Urt. v 12.6.2014 – T-286/09, ECLI:EU:T:2014: 547 Rn. 718 – Intel. EuGH Urt. v. 25.1.2007 – C-407/04 P, ECLI:EU:C:2007:53 Rn. 63,72 – Dalmine; EuG Urt. v. 8.7.2004 – T-44/2000, T-44/00, ECLI:EU:T:2004:218 Rn. 84 – Mannesmannröhren-Werke; Urt. v. 8.7.2004 – T-67/00, ECLI:EU:T:2004:221 Rn. 273 – JFE Engineering; Urt. v 12.6.2014 – T-286/09, ECLI:EU:T:2014:547 Rn. 718 – Intel; EuG Urt. v. 16.6.2015 – T-655/11, ECLI: EU:T:2015:383 Rn. 199–201, 205–208 – FSL (Exotische Früchte (Bananen)); EuG Urt. v. 15.7.2015 – T-418/10, ECLI:EU:T:2015/516 Rn. 280–284 – voestalpine; Urt. v.15.7.2015 – T-47/10, ECLI:EU:T: 2015:506 Rn. 236, 240, 316–317, 357 – Akzo Nobel.
[33] Vgl. dazu etwa EuGH Urt. v. 19.12.2013 – C-239/11 P ua, ECLI:EU:C:2013:866 Rn. 130 – Siemens.
[34] Vgl. EuG Urt. v. 8.7.2004 – T-67/00, ECLI:EU:T:2004:221 Rn. 180 – JFE Engineering.
[35] EuGH Urt. v. 7.1.2004 – C-204/00 P ua, ECLI:EU:C:2004:6 Rn. 55–57 – Aalborg Portland.
[36] EuGH Urt. v. 31.3.1993 – C-89/85 ua, ECLI:EU:C:1993:120 Rn. 126 – Ahlström Osakeyhtiö.
[37] EuG Urt. v. 6.4.1995 – T-145/89, ECLI:EU:T:1995:66 Rn. 74, 81 – Baustahlgewebe.
[38] EuGH Urt. v. 3.7.1991 – C-62/86, ECLI:EU:C:1991:286 Rn. 60 – AKZO.
[39] EuGH Urt. v. 8.7.1999 – C-199/92 P, ECLI:EU:C:1999:358 Rn. 162 – Hüls; Urt. v. 4.6.2009 – C-8/08, ECLI:EU:C:2009:343 Rn. 49–53 – T-Mobile.

und die anderen Teilnehmer ausdrücklich darauf hingewiesen hat.[40] Ein solcher Nachweis wird idR nicht gelingen, wenn das Unternehmen kurze Zeit später an einem Folgetreffen teilnimmt.[41]

Beruft sich ein Unternehmen auf Unterlagen, welche die Beendigung seiner Teilnahme an einem Kartellverstoß durch offene Distanzierung belegen sollen, kann die Kommission aus dem Versuch der Distanzierung schließen, dass der Kartellverstoß während des betroffenen Zeitraums andauerte.[42]

Kann sich die Kommission auf **schriftliche Unterlagen** berufen, die mit hinreichender Deutlichkeit eine Abstimmung nahelegen (etwa Sitzungsvermerke), ist es Sache der Unternehmen nachzuweisen, dass für ihr Verhalten auch eine andere befriedigende Erklärung gefunden werden kann.[43]

Bei der Haftung für **Wettbewerbsverstöße von Tochtergesellschaften** wird **widerlegbar vermutet,** dass eine Muttergesellschaft, die das gesamte oder nahezu das gesamte Kapital einer Tochtergesellschaft hält, tatsächlich einen bestimmenden Einfluss auf ihre Tochtergesellschaft ausübt (→ § 13 Abschnitt B. II. Rn. 37–39).[44]

II. Nationale Verfahren

23 Auch die Frage der Beweiswürdigung richtet sich in nationalen Verfahren grundsätzlich nach nationalem Recht. Ausgeschlossen ist freie Beweiswürdigung im nationalen Zivil- oder Verwaltungsverfahren allerdings, soweit die **Bindungswirkung** von Entscheidungen der Kommission gem. Art. 16 Abs. 1 VO Nr. 1/2003 und nationalen Behörden nach Art. 9 der Schadensersatz-RL reicht. In einem anderen Mitgliedstaat ergangene rechtskräftige Entscheidungen einer nationalen Behörde oder Rechtsmittelinstanz sind zumindest Anscheinsbeweis für einen Kartellverstoß, Art. 9 Abs. 2 der Schadensersatz-RL.

F. Beweismittel

I. Kommissionverfahren

24 Von den klassischen Beweismitteln – Zeugen, Sachverständige, Urkunden, Augenschein – sind im Verwaltungsverfahren der Kommission im Wesentlichen nur der Zeugen- und vor allem der Urkundenbeweis relevant. Der **Unmittelbarkeitsgrundsatz** wird von der Rechtsprechung nicht als wesentliche Voraussetzung eines aussagekräftigen Beweises angesehen.[45]

25 Bei der Beurteilung des **Beweiswerts eines Dokuments** sind zunächst die Wahrscheinlichkeit der darin enthaltenen Informationen zu prüfen und insbesondere die Herkunft des Dokuments, die Umstände seiner Ausarbeitung und sein Adressat für die Frage zu berücksichtigen, ob es seinem Inhalt nach vernünftig und glaubhaft erscheint.[46] Unsicherheiten über Herkunft und Kontext einer Unterlage mindern deren Beweiswert, ohne einen solchen zwingend auszuschließen.[47] Die Kommission kann auch aus einem einzigen Schriftstück auf die Existenz einer Zuwiderhandlung schließen, sofern sein Beweiswert außer Zweifel steht und es für sich allein das Vorliegen der fraglichen Zuwiderhandlung mit Sicherheit bestätigt.[48] Erhebliche Bedeutung kommt insbesondere dem Umstand zu, dass ein Schriftstück in unmittelbarem Zusammenhang mit den Vorgängen[49] oder von einem unmittelbaren Zeugen dieser Vorgänge erstellt

---

[40] EuGH Urt. v. 25.1.2007 – C-403/04 P ua, ECLI:EU:C:2007:52 Rn. 47 – Sumitomo Metal Industries.
[41] EuG Urt. v. 5.12.2006 – T-303/02, ECLI:EU:T:2006:374 Rn. 101–103 – Westfalen Gassen Nederland.
[42] EuG Urt. v.15.7.2015 – T-47/10, ECLI:EU:T:2015:506 Rn. 277 – Akzo Nobel.
[43] EuG Urt. v. 8.7.2004 – T-67/00, ECLI:EU:T:2004:221 Rn. 186–187 – JFE Engineering; Urt. v. 27.9.2012 – T-82/08, ECLI:EU:T:2012:494 Rn. 25 – Guardian Industries.
[44] EuGH Urt. v. 16.11.2000 – C-286/98 P, ECLI:EU:C:2000:630 Rn. 37 – Stora Kopparbergs Bergslags.
[45] EuG Urt.v. 20.4.1999 – T-305/94 ua, ECLI:EU:T:1999:80 Rn. 317–323 – Limburgse Vinyl Raatschappij.
[46] EuG Urt. v 15.3.2000 – T-25/95 ua, ECLI:EU:T:2000:77 Rn. 1838 – Zement.
[47] EuG Urt. v. 8.7.2004 – T-44/00, ECLI:EU:T:2004:218 Rn. 86 – Mannesmannröhren-Werke.
[48] EuG Urt. v. 15.3.2000 – T-25/95 ua, ECLI:EU:T:2000:77 Rn. 1838 – Zement.
[49] EuG Urt. v. 11.3.1999 – T-157/94, ECLI:EU:T:1999:54 Rn. 312 – Ensidesa.

wurde.⁵⁰ Aufzeichnungen eines unmittelbaren Zeugen, welche nicht dazu bestimmt waren, von jedermann gelesen zu werden (zB persönliche Notizbücher), sind von hohem Beweiswert, da sie in der Regel die Wirklichkeit dem Empfinden des Verfassers getreu und ohne Rücksicht auf mögliche Konsequenzen wiedergeben.⁵¹ Unternehmensinterne Dokumente, auf deren Inhalt andere an einer Zuwiderhandlung beteiligte Unternehmen keinerlei Einfluss hatten, sind gegenüber den anderen beteiligten Unternehmen von geringerem Beweiswert.⁵²

Die Rechtsprechung geht davon aus, dass **Unternehmenserklärungen,** mit denen Unternehmen die Teilnahme an einem Wettbewerbsverstoß eingestehen, deshalb als Beweismittel geeignet sind, weil sie das Unternehmen dem Risiko von Schadensersatzklagen aussetzen und wahrheitswidrige Erklärungen zum Entzug der Vorteile nach der Kronzeugenregelung führen können.⁵³ Unternehmenserklärungen, die von anderen mutmaßlich am Verstoß beteiligten Unternehmen bestritten werden, bedürfen allerdings der Erhärtung durch andere Beweismittel, wobei an letztere allerdings im Fall besonders detaillierter und glaubhafter Erklärungen relativ geringfügige Anforderungen gestellt werden.⁵⁴ Ein besonders hoher Beweiswert soll Erklärungen zukommen, wenn diese „verlässlich sind, im Namen eines Unternehmens abgegeben wurden, von einer Person stammen, die beruflich verpflichtet ist, im Interesse dieses Unternehmens zu handeln, den Interessen des Erklärenden zuwiderlaufen, von einem unmittelbaren Zeugen der Vorgänge stammen, auf die sie sich beziehen, und bedacht sowie nach reiflicher Überlegung schriftlich abgegeben werden".⁵⁵ Dass eine Unternehmenserklärung erst nach der Mitteilung der Beschwerdepunkte abgegeben wurde, soll ihren Beweiswert nicht mindern.⁵⁶ Sie genügt jedoch nicht, um die Feststellung einer Zuwiderhandlung in Frage zu stellen, welche auf Angaben oder Dokumenten beruht, die während des in Rede stehenden Kartells gemacht oder erstellt wurden.⁵⁷ Andererseits kommt Erklärungen, welche i.R. einer Antwort auf Auskunftsverlangen der Kommission nach Art. 18 VO Nr. 1/2003 abgegeben werden, aufgrund der drohenden Bußgeldsanktion nach Art. 23 Abs. 1 lit. a VO Nr. 1/2003 bei Falschangaben hoher Beweiswert zu.⁵⁸

Darüber hinaus sollen Erklärungen **dritter,** am Verstoß nicht beteiligter **Unternehmen,** insbesondere bei Verstößen gegen Art. 102 AUEV, auch ohne erhärtende Beweismittel selbständigen Beweiswert haben, da sich solche Unternehmen bei unzutreffenden Aussagen Repressalien seitens des Marktbeherrschers ausgesetzt sähen,⁵⁹ wobei das Gericht freilich das mögliche Eigeninteresse der Drittpartei an einer späteren Schadensersatzklage unberücksichtigt lässt.

Eidesstattliche Versicherungen natürlicher Personen sind grundsätzlich zulässige Beweismittel, allerdings billigen Kommission und Rechtsprechung ihnen geringeren Beweiswert zu als Erklärungen, die im Namen von Unternehmen abgegeben wurden,⁶⁰ insbesondere wenn sie von Unternehmen zu deren Entlastung ins Verfahren eingeführt werden und/oder erst spät nach dem bezugten Geschehen abgegeben wurden.⁶¹

---

⁵⁰ EuG Urt. v. 8.7.2004 – T-67/00, ECLI:EU:T:2004:221 Rn. 219–220 – JFE Engineering.
⁵¹ EuG Urt. v. 16.6.2015 – T-655/11, ECLI:EU:T:2015:383 Rn. 199–200 – FSL (Exotische Früchte (Bananen)).
⁵² EuG Urt. v. 21.5.2014 – T-519/09, ECLI:EU:T:2014:263 Rn. 97 – Toshiba.
⁵³ Vgl. etwa EuGH Urt. v. 19.12.2013 – C-239/11 P ua, ECLI:EU:C:2013:866 Rn. 138–141 – Siemens.
⁵⁴ EuG Urt. v. 8.7.2004 – T-67/00, ECLI:EU:T:2004:221 Rn. 219–220 – JFE Engineering.
⁵⁵ EuG Urt. v. 8.7.2004 – T-67/00, ECLI:EU:T:2004:221 Rn. 205–210 – JFE Engineering; vgl. auch EuGH Urt. v. 19.12.2013 – C-239/11 P ua, ECLI:EU:C:2013:866 Rn. 164 ff. – Siemens.
⁵⁶ EuG Urt. v. 3.3.2011 – T-110/07, ECLI:EU:T:2011:68 Rn. 86–89 – Siemens.
⁵⁷ EuG Urt. v. 15.7.2015 – T-418/10, ECLI:EU:T:2015:516 Rn. 280–284 – voestalpine.
⁵⁸ EuG Urt. v. 12.6.2014 – T-286/09, ECLI:EU:T:2014:547 Rn. 1405 – Intel.
⁵⁹ EuG Urt. v. 12.6.2014 – T-286/09, ECLI:EU:T:2014:547 Rn. 719–725 – Intel.
⁶⁰ EuG Urt. v. 8.7.2004 – T-67/00, ECLI:EU:T:2004:221 Rn. 205 – JFE Engineering.
⁶¹ EuG Urt v. 15.12.2010 – T-141/08, ECLI:EU:T:2010:516 Rn. 86 – E.ON Energie.

29 Für den Nachweis des Inhalts von Besprechungen mit der Kommission, die insbesondere für die Kronzeugenregelung von Bedeutung sein können, kommt es entscheidend auf den Inhalt zeitnah erstellter **schriftlicher Protokolle** an.[62]

30 Dem **Nicht-Bestreiten** der Erklärung eines anderen Unternehmens kommt nur ein „ganz beschränkter Beweiswert" zu.[63] Allgemein kann das ausdrückliche oder stillschweigende Eingeständnis tatsächlicher Gesichtspunkte im Verwaltungsverfahren (insbesondere in der Antwort auf die Beschwerdepunkte) allenfalls ein ergänzendes Beweismittel bei der Beurteilung der Begründetheit einer anschließenden Klage darstellen und führt in keinem Fall zu einer Verwirkung im gerichtlichen Verfahren.[64] Im Gegensatz dazu gilt ein ausdrückliches Eingeständnis von Tatsachen (etwa in der Mitteilung der Beschwerdepunkte) im Verwaltungsverfahren als Vollbeweis.[65]

31 Einem **Beweisverwertungsverbot im Kommissionsverfahren** unterliegen Unterlagen, die im Rahmen einer unzulässigen Nachprüfung oder außerhalb des Anwendungsbereiches der Nachprüfungsentscheidung erlangt wurden.[66] Dies muss auch für Unterlagen gelten, die unter Verstoß gegen das Anwaltsprivileg beschlagnahmt wurden (→ § 9). Die Kommission soll jedoch nach der Rechtsprechung nicht daran gehindert sein, dem Beweisverwertungsverbot unterliegende Unterlagen zum Anlass für weitere Nachprüfungen zu verwenden.[67] Werden in einem nationalen Gerichtsverfahren Informationen gewonnen, für die der Kommission entsprechende Ermittlungsbefugnisse fehlen (muss etwa eine Partei im Zivilverfahren Angaben machen, die das Eingeständnis einer Zuwiderhandlung beinhalten), unterliegen diese einem Verwertungsverbot im Kommissionsverfahren.[68] Dies gilt allerdings nicht für Informationen, die die Kommission von Dritten unter Bruch einer zivilrechtlichen Pflicht zur Verschwiegenheit erhalten hat.[69] Zweifel an der Rechtmäßigkeit der von einer Behörde eines Mitgliedstaates der Kommission außerhalb der VO Nr. 1/2003 übermittelten Informationen nach nationalem Recht schließen eine Verwertung nicht aus,[70] ebenso wenig die Verweigerung von Angaben zur Herkunft eines Dokuments (etwa zum Schutz der Anonymität von Informanten).[71]

II. Nationale Verfahren

32 Beweiswürdigung und Beweisverwertungsverbote unterliegen grundsätzlich dem nationalen Verfahrensrecht. Für Schadensersatzprozesse sind allerdings die Vorgaben der **Schadensersatz-RL** zu beachten, etwa deren Art. 7 zur Verwendung von Beweismitteln, die aus der Akteneinsicht bei den Kartellbehörden stammen.

---

[62] EuGH Urt. v. 12.6.2014 – C-578/11 P, ECLI:EU:C:2014:1742 Rn. 64–66 – Deltafina.
[63] EuG Urt. v. 3.3.2011 – T-110/07, ECLI:EU:T:2011:68 Rn. 104 – Siemens.
[64] EuGH Urt. v. 1.7.2010 – C-407/08P, ECLI:EU:C:2010:389 Rn. 88–91 – Knauf Gips.
[65] EuG Urt. v. 9.7.2003 – T-224/00, ECLI:EU:T:2003:195 Rn. 227 – Archer Daniels Midland.
[66] EuGH Beschl. v. 26.3.1987 – C-46/87R, ECLI:EU:C:1987:167 Rn. 34 – Hoechst; Beschl. v. 28.10.1987 – 85/87R ECLI:EU:C:1987:472, 4367 Rn. 17 – Dow Chemical Nederland.
[67] EuGH Urt v. 17.10.1989 – C-85/87, ECLI:EU:C:1989:379 Rn. 17 – Dow Benelux. So auch jüngst EuG Urt. v. 16.6.2015 – T-655/11, ECLI:EU:T:2015:383, Rn. 52–54 – FSL (Exotische Früchte (Bananen)).
[68] EuGH Urt. v. 10.11.1993 – C-60/92, ECLI:EU:C:1993:876 Rn. 20 – Otto BV/Postbank.
[69] Vgl. die Nichtaufrechterhaltung einer entsprechenden These im Gerichtsverfahren Hoffmann-La Roche, EuGH Urt. v. 13.2.1979 – C-85/76, ECLI:EU:C:1979:36 Rn. 7 – Hoffmann-La Roche.
[70] EuGH Urt. v. 25.1.2007 – C-407/04 P, ECLI:EU:C:2007:53 Rn. 62 – Dalmine. Im Rahmen der nationalen Steuerfahndung erlangte Dokumente, deren Weiterleitung nicht von nationalen Gerichten untersagt wurde, bleiben für das kartellrechtliche Kommissionsverfahren verwertbar, EuG Urt. v. 16.6.2015 – T-655/11, ECLI:EU:T:2015:383, Rn. 74–90 – FSL (Exotische Früchte (Bananen)).
[71] EuG Urt. v. 8.7.2004 – T-44/00, ECLI:EU:T:2004:218 Rn. 84 – Mannesmannröhren-Werke.

§ 13 Sanktionen*

Übersicht

	Rn.
A. Einführung	1
B. Geldbußen	5
I. Allgemeines	5
1. Verfahrensrechtliche und materiellrechtliche Verstöße	5
2. Zweck und Rechtsnatur von Geldbußen	7
3. Vereinbarkeit mit Grundrechtscharta und EMRK	10
4. Ne bis in idem	14
5. Verschuldenserfordernis	21
6. Ermessen und Ermessensbindung	28
II. Adressaten	30
1. Unternehmen und Unternehmensvereinigungen als Normadressaten	30
2. Bestimmung der Adressaten der Geldbuße im Unternehmen	33
a) Haftung der unmittelbar tatbeteiligten Gesellschaft	33
b) Haftung für Tochtergesellschaften bei Ausübung bestimmenden Einflusses	34
c) Vermutung von Einflussnahme bei (nahezu) 100%-igen Tochtergesellschaften	37
d) Haftung für gemeinsam kontrollierte Gesellschaften	41
e) Haftung für Schwestergesellschaften	44
f) Nachfolgehaftung	46
3. Folgen gemeinschaftlicher Haftung im Unternehmen	51
III. Verstöße gegen verfahrensrechtliche Vorschriften	54
1. Allgemeines	54
2. Bußgeldtatbestände	57
a) Fehlverhalten bei Auskunftsersuchen	57
b) Fehlverhalten bei Nachprüfungen	59
3. Bemessung der Geldbuße	63
IV. Verstöße gegen Art. 101 und 102 AEUV	65
1. Ermessensbindung durch Bußgeldleitlinien	65
2. Überblick über Berechnungsmethode	69
3. Bestimmung des Grundbetrags	70
a) Allgemeines	70
b) Ermittlung der tatbezogenen Produkte oder Dienstleitungen	74
c) Bestimmung des Referenzzeitraums	78
d) Bestimmung des angemessenen Anteils des tatbezogenen Umsatzes	80
e) Multiplikation mit den Jahren der Zuwiderhandlung	85
f) Zusatzbetrag nach Ziff. 25	89
4. Erschwerende Umstände	91
a) Allgemeines	91
b) Wiederholungstäterschaft	93
c) Fortsetzung der Zuwiderhandlung nach Einleitung der Untersuchung	98
d) Verweigerung der Zusammenarbeit mit der Kommission oder Behinderung der Untersuchung	99
e) Rolle als Anführer oder Anstifter	103
5. Mildernde Umstände	106
a) Allgemeines	106
b) Beendigung des Verstoßes nach dem ersten Eingreifen der Kommission	108

---

* Der Verfasser ist Mitglied des Juristischen Dienstes der Europäischen Kommission. Die hier wiedergegebenen Ansichten spiegeln nur seine persönliche Meinung wieder und binden in keiner Weise die Institution, für die er arbeitet.

	Rn.
c) Nachgewiesene Fahrlässigkeit	109
d) Geringfügige Beteiligung und wettbewerbsorientiertes Marktverhalten	110
e) Zusammenarbeit außerhalb des Anwendungsbereichs der Kronzeugenmitteilung	114
f) Genehmigung oder Ermutigung des wettbewerbswidrigen Verhaltens durch die Behörden oder geltende Vorschriften	117
g) Sonstige Mildernde Umstände	118
6. Abschreckungsmultiplikator	120
7. Abschöpfung des durch den Wettbewerbsverstoß erzielten Gewinns	122
8. 10% Kappungsgrenze	123
a) Zweck und Gegenstand der Kappungsgrenze	123
b) Bestimmung des maßgeblichen Umsatzes	127
c) Unterscheidung zwischen einheitlichen und gesonderten Zuwiderhandlungen	131
9. Immunität und Bußgeldreduktion wegen Kooperation	133
10. Vergleichsverfahren	134
11. Zahlungsunfähigkeit (ITP)	135
12. Abweichende Bestimmung der Geldbuße im Einzelfall	140
V. Verstöße gegen Verpflichtungszusagen	144
C. Zwangsgelder	149
I. Allgemeines	149
II. Zwangsgeldtatbestände	151
III. Verfahren für die Verhängung eines Zwangsgelds	155
IV. Bemessung des verhängten Zwangsgelds	157
D. Verjährung	161
I. Überblick	161
II. Verfolgungsverjährung	162
1. Allgemeines	162
2. Beginn der Verfolgungsverjährung	164
3. Unterbrechung der Verfolgungsverjährung	167
4. Ruhen der Verfolgungsverjährung	175
5. Verhältnis zum grundrechtlichen Anspruch auf eine angemessene Verfahrensdauer	177
III. Vollstreckungsverjährung	182
1. Allgemeines	182
2. Beginn der Vollstreckungsverjährung	184
3. Unterbrechung der Vollstreckungsverjährung	185
4. Ruhen der Vollstreckungsverjährung	188

Literatur:

Bosch/ColbusHarbusch, Berücksichtigung von Compliance-Programmen in Kartellbußgeldverfahren, WuW 2009, 740; *Brammer*, Ne bis in idem im europäischen Kartellrecht – Neue Einsichten zu einem alten Grundsatz, EuZW 2013, 617; *Braun/Kellerbauer*, Gesamtschuldnerische Verantwortlichkeit von Konzerngesellschaften bei Zuwiderhandlungen gegen das EU-Wettbewerbsrecht, NZKart 2015, 175; *Brettel/Thomas*, Der Verbotsirrtum im europäischen und nationalen Kartellbußgeldrecht, ZWeR 2012, 272; *Brown/Schonberg*, Widening the Net: the General Court extends the Principle of Successor Liability in EU Competition Law, ECLR 2013, 1; *Buntscheck*, die gesetzliche Kappungsgrenze für Kartellgeldbußen, EuZW 2007, 423; *De Bronett*, Die Rechtmäßigkeit der neueren Geldbußenpraxis der EU-Kommission wegen Verstoßes gegen Verfahrenspflichten nach Art. 23 Abs. 1 Verordnung Nr. 1/2003, WuW 2012, 1163; *Dittrich*, Geldbußen im Wettbewerbsrecht der Europäischen Union, Zentrum für Europäisches Wirtschaftsrecht, Vorträge und Berichte Nr. 182, 2010; *Engelsing*, Die Bußgeldleitlinien der Europäischen Kommission von 2006, WuW 2007, 470; *Forrester*, A challenge for Europe's judges: The Review of Fines in Competition Cases, ELRev 2011, 185; *Kellerbauer*, Die Einordnung der Rechtsprechung der EU-Gerichte zur gemeinschaftlichen Haftung für Kartellbußen in Konzernen in das Recht der EU und der EMRK, WuW 2014, 1173; *Kellerbauer/ Weber*, Joint and several liability for fines imposed under EU competition law: recent developments, EuZW 2014, 688; *Kokott/Dittert*, Die Verantwortlichkeit von Muttergesellschaften für Kartellvergehen ihrer Tochtergesellschaften im Lichte der Rechtsprechung der Unionsgerichte, WuW 2012, 670; *Motta*, On Cartel Deterrence and Fines in the EU, ECLR 2008, 209; *Ortiz Blanco/Sauer*, EU Competition Procedure, 3.

Edition, Chapter 11 (II) Infringement Decisions and Penalties, 2013; *Völcker,* Rough justice? An analysis of the European Commission's new fining guidelines, CMLR 2007, 1258; *Wils,* The European Commission's 2006 Guidelines on Antitrust Fines: A Legal and Economic Analysis, World Compeition 2007, 197; *ders.,* Optimal Antitrust Fines: Theory and Practice, World Competition 2006, 183; *Zimmer/Paul,* Kartellbußgeldrechtliche Haftung und Haftungsbefreiung im Konzern, WuW 2007, 970.

A. Einführung

Sinn und Zweck von Geldbußen (Art. 23 VO (EG) Nr. 1/2003) und Zwangsgeldern **1** (Art. 24 VO 1/2003) ist es gem. Art. 103 Abs. 2 lit. a AEUV, die **Beachtung der wettbewerbsrechtlichen Verbote** in Art. 101 Abs. 1 AEUV und Art. 102 AEUV **zu gewährleisten.** Um Verstöße gegen 101 Abs. 1 AEUV und Art. 102 AEUV ermitteln zu können, ist die Kommission auf Ermittlungsbefugnisse angewiesen. Aus diesen resultieren für die betroffenen Unternehmen und Unternehmensvereinigungen **Mitwirkungs- oder Duldungspflichten,** deren Beachtung ggf. ebenfalls durch Geldbußen und Zwangsgelder sichergestellt werden muss.[1] Geldbußen und Zwangsgelder können daher nicht nur aufgrund von Zuwiderhandlungen gegen materiell-rechtliche Verhaltenspflichten, sondern auch als Folge von Verstößen gegen bestimmte Verhaltenspflichten im Ermittlungsverfahren verhängt werden.

Geldbußen und Zwangsgelder beziehen sich beide auf das Verhalten des Unterneh- **2** mens, wie es in der Vergangenheit zutage getreten ist, und müssen beide abschreckende Wirkung haben, um zu verhindern, dass die Zuwiderhandlung wiederholt oder fortgesetzt wird.[2] Im Unterschied zu Geldbußen können Zwangsgelder aber nicht zur Sanktionierung eines Verstoßes in der Vergangenheit heranzogen werden, sondern setzen ein noch andauerndes Fehlverhalten voraus. Zwangsgeldandrohungen bezwecken die möglichst umgehende Abstellung dieses Fehlverhaltens im Sinne einer Durchsetzung von Handlungs-, Duldungs- oder Unterlassungspflichten. Da es sich um ein Mittel des Verwaltungszwangs ohne Bestrafungsfunktion handelt, setzt die Verhängung von Zwangsgeldern kein Verschulden voraus. Dagegen ist die Verhängung einer Geldbuße nur bei schuldhafter Tatbegehung möglich.[3]

Liegen sowohl die Voraussetzungen des Art. 23 als auch des Art. 24 VO (EG) Nr. 1/ **3** 2003 vor, ist es aufgrund der unterschiedlichen Natur der Sanktionen in das Ermessen der Kommission gestellt, zwischen Geldbußen und Zwangsgeldern zu wählen oder beide nebeneinander zu verhängen. So kann eine pflichtwidrig unvollständig erteilte Auskunft mit einer Geldbuße geahndet (Art. 23 Abs. 1 lit. b VO (EG) Nr. 1/2003 und gleichzeitig mit einem Zwangsgeld auf die Übermittlung der ausstehenden Informationen hingewirkt werden (Art. 24 Abs. 1. lit. d VO (EG) Nr. 1/2003). Allerdings muss die Kommission im Lichte der Verhältnismäßigkeit den Kumulativeffekt dieser Sanktionen berücksichtigen.

Das EuG verfügt nach Art. 261 AEUV iVm Art. 31 VO (EG) Nr. 1/2003 über die **4 Befugnis zur unbeschränkten Nachprüfung** der Geldbußen und Zwangsgelder, die die Kommission nach den Art. 23 und 24 VO (EG) Nr. 1/2003 festsetzt.[4] Das EuG ist deshalb über die reine Kontrolle der Rechtmäßigkeit hinaus dazu ermächtigt, die Beurteilung der Kommission durch seine eigene Beurteilung zu ersetzen und Geldbußen oder Zwangsgelder aufzuheben, herabzusetzen oder zu erhöhen.[5]

---
[1] Vgl. Erwägungsgrund 29 VO (EG) Nr. 1/2003.
[2] EuG Urt. v. 27.6.2012 – T-167/08 Rn. 94 – Microsoft.
[3] Vgl. Art. 23 Abs. 1 und 2 VO (EG) Nr. 1/2003.
[4] Siehe auch Erwägungsgrund 33 VO (EG) Nr. 1/2003.
[5] Vgl. EuGH Urt. v. 22.12.2012 – C-89/11 P Rn. 123 f. – E.ON Energie; Urt. v. 30.4.2014 – C-238/12 P Rn. 56 – FLSmidth. Dem EuGH steht diese Befugnis im Rahmen eines Rechtsmittels nicht zu; vgl. EuGH Urt. v. 30.4.2014 – C-238/12 P Rn. 67 – FLSmidth. Stellt der EuGH allerdings die Rechtswidrigkeit der streitigen Entscheidung fest, so kann er die Beurteilung der Kommission im Rahmen der Ausübung seiner Befugnis zur unbeschränkten Nachprüfung durch seine eigene ersetzen und demgemäß die Geldbuße aufheben, herabsetzen oder erhöhen; vgl. EuGH, Urt. v. 12.11.2014 – C-580/12 P Rn. 78 – Guardian.

B. Geldbußen

I. Allgemeines

1. Verfahrensrechtliche und materiellrechtliche Verstöße

5 Art. 23 VO (EG) Nr. 1/2003 unterscheidet zwischen Geldbußen wegen Verstößen gegen verfahrensrechtliche Vorschriften (Abs. 1) und den generell schwerwiegenderen Verstößen gegen materielles Recht (Abs. 2).[6] Im Hinblick auf materiellrechtliche Verstöße ist weiter zu unterscheiden zwischen Verstößen gegen die vertraglichen Bestimmungen der Art. 101, 102 AEUV einerseits und Verstößen gegen Kommissionsentscheidungen nach Art. 8 VO (EG) Nr. 1/2003 (Anordnung einstweiliger Maßnahmen) und Art. 9 VO (EG) Nr. 1/2003 (für bindend erklärte Verpflichtungszusagen) andererseits. Entscheidungen nach Art. 8 und 9 VO (EG) Nr. 1/2003 setzen keine abschließende Ermittlung eines Verstoßes gegen die Art. 101 und 102 AEUV voraus,[7] und rechtfertigen sich zusätzlich durch die besondere Dringlichkeit (Art. 8 VO (EG) Nr. 1/2003)[8] bzw. die seitens des Adressaten unterbreiteten Verpflichtungszusagen (Art. 9 VO (EG) Nr. 1/2003).

6 Bei der Festsetzung der Höhe einer Geldbuße hat die Kommission gem. 23 Abs. 3 VO (EG) Nr. 1/2003 allgemein sowohl die **Schwere** der Zuwiderhandlung als auch deren **Dauer** zu berücksichtigen. Für Verstöße gegen die Art. 101, 102 AEUV, die in der Praxis am häufigsten anzutreffen sind, hat die Kommission überdies detaillierte Leitlinien erlassen, die die Berechnungsmethode bei der Festsetzung der Geldbußen näher erläutern (→ Rn. 65 ff.).[9]

2. Zweck und Rechtsnatur von Geldbußen

7 Nach ständiger Rechtsprechung sollen mit Geldbußen rechtswidrige Handlungen der beteiligten Unternehmen geahndet werden und diese Unternehmen sowie andere Wirtschaftsteilnehmer von künftigen Verletzungen der Wettbewerbsregeln abgeschreckt werden.[10] Die **Abschreckung** ist der Unionsrechtsprechung zufolge eine der Haupterwägungen, von denen sich die Bußgeldzumessung zu leiten hat.[11] Um zu bestimmen, ob das derzeitige Niveau der Geldbußen[12] zur Abschreckung tatsächlich erforderlich oder noch unzureichend ist, müssten sowohl der aus der Zuwiderhandlung zu erwartende unrechtmäßige Gewinn als auch die Wahrscheinlichkeit einer Aufdeckung des jeweiligen Wettbewerbsverstoßes ermittelt werden.[13] Angesichts der praktischen Unmöglichkeit dieses Un-

---

[6] Während verfahrensrechtliche Verstöße mit Bußgeldern bis zu 1 % des im vorausgegangenen Geschäftsjahr erzielten Gesamtumsatzes sanktioniert werden können, beträgt die Obergrenze bei materiellrechtlichen Verstößen 10 %.
[7] Insoweit genügen ernsthafte Zweifel an der Vereinbarkeit eines Verhaltens mit den Wettbewerbsregeln des Vertrages im Hinblick auf Art. 8 VO (EG) Nr. 1/2003 (vgl. EuG Urt. v. 12.7.1991 – T-23/90, Slg. 1991, II-653 Rn. 63 – Peugeot) bzw. in einer vorläufigen Beurteilung festgestellte Wettbewerbsbedenken im Hinblick auf Art. 9 VO (EG) Nr. 1/2003.
[8] Dies allerdings nur im Hinblick auf Maßnahmen vorläufiger und sichernder Natur.
[9] Leitlinien für das Verfahren zur Festsetzung von Geldbußen gemäß Artikel 23 Absatz 2 lit. a der Verordnung (EG) Nr. 1/2003, ABl. 2006 C 2 („Bußgeldleitlinien").
[10] EuGH Urt. v. 5.12.2013 – C-447/11 Rn. 36 f. – Caffaro; Urt. v. 29.6.2006 – C-289/04 P, Slg 2006, I-5859 Rn. 16 – Showa Denko; Urt. v. 7.6.1983 – 100/80 bis 103/80, Slg. 1983, 1825 Rn. 105 und 106 – Musique Diffusion française.
[11] Vgl. EuG Urt. v. 27.9.2006 – T-329/01, Slg. 2006, II-3255 Rn. 140 – Archer Daniels Midland; EuGH Urt. v. 15.7.1970 – 41/69 – Slg. 1970, 661 Rn. 173 – Chemiefarma; Urt. v. 14.7.1972 – 49/69, Slg. 1972, 713 Rn. 38 – BASF.
[12] Seit Inkrafttreten der Bußgeldleitlinien am 1.9.2006 wird die Höhe einzelner Bußgelder als Hinweis gewertet, dass die Kommission schwerwiegende und lang andauernde Verstöße gegen Art. 101, 102 AEUV mit höheren Geldbußen belegt als zuvor; vgl. zB Kom. v. 2.11.2009 – 39125 – Autoglas (Geldbuße von insgesamt 1,384 Mrd. EUR gegen Kartellbeteiligte) oder Kom. v. 13.5.2009 – 37990 – Intel (Geldbuße iHv 1,06 Mrd. EUR gegen ein einzelnes Unternehmen).
[13] Würden Geldbußen in einer Höhe festgesetzt, mit der lediglich der Gewinn aus einem Kartell abgeschöpft würde, hätten sie keine abschreckende Wirkung. Es ist vernünftigerweise davon auszugehen, dass Unternehmen im Rahmen ihrer finanziellen Kalkulation und Geschäftsführung nicht nur rational das

terfangens bleibt die Diskussion zur Bemessung optimal abschreckender Geldbußen[14] für die Praxis ohne Belang.

Ungeachtet ihrer Höhe im Einzelfall sind Geldbußen nach Art. 23 Abs. 5 VO (EG) Nr. 1/2003 nicht dem Bereich des Strafrechts zuzuordnen.[15] Das der Bußgeldentscheidung vorausgehende Verfahren ist unionsrechtlich daher als Verwaltungs- und nicht als Strafverfahren einzustufen.[16] Der Europäische Gerichtshof für Menschenrechte („EGMR") fasst Kartellgeldbußen dagegen unter den Begriff der **„strafrechtlichen Anklage" iSv Artikel 6 EMRK.** Der Begriff wird vom EGMR weit ausgelegt, so dass er auch Sanktionen außerhalb des Strafrechts im traditionellen Sinne und mithin Kartellbußgelder erfasst.[17] Aus der Rechtsprechung zur EMRK folgt aber auch, dass Kartellbußgelder nicht zum sog harten Kern des Strafrechts gehören. Die im Strafverfahren anwendbaren Rechtsgrundsätze sind daher nicht notwendigerweise mit derselben Tragweite anzuwenden, wie im Falle eines klassischen Strafverfahrens.[18]

Die Rechtsprechung des EMGR führt zu einer **begrenzten Geltung strafrechtlicher Garantien auch nach dem Unionsrecht.** Art. 6 Abs. 3 EUV bestimmt, dass die in der EMRK gewährleisteten Grundrechte integraler Bestandteil der allgemeinen Rechtsgrundsätze sind, deren Wahrung der EuGH zu sichern hat.[19] Ferner müssen Art. 52 Abs. 3 der **Charta der Grundrechte der Europäischen Union**[20] zufolge die Rechte, die den Garantien der EMRK entsprechen, „die gleiche Bedeutung und Tragweite [haben], wie sie ihnen in der genannten Konvention verliehen wird." Die Grundrechtecharta ist gem. Art. 6. Abs. 1 EUV unmittelbar geltendes Primärrecht[21] und wurde vom Unionsrichter bereits mehrfach zur rechtlichen Beurteilung herangezogen.[22] Gemäß der Vorgabe in Art. 6 Abs. 2 EUV wird die Union überdies in absehbarer Zeit der EMRK beitreten.[23]

Niveau der ihnen für eine Zuwiderhandlung drohenden Geldbußen, sondern auch die Größe des Risikos, dass das Kartell aufgedeckt wird, berücksichtigen; vgl. hierzu EuG Urt. v. 27.9.2006 – T-329/01, Slg. 2006, II-3255 Rn. 141 – Archer Daniels Midland.

[14] Vgl. hierzu etwa *Connor/Lande* Cartel Overcharges and Optimal Cartel Fines, in: Issues in Competition Law and Policy, ABA Section of Antitrust Law 2008, 2203 ff.; *Wils*, Optimal Antitrust Fines: Theory and Practice, World Competition 2006, 183 ff.

[15] Dies wurde von den Unionsgerichten bestätigt; vgl. zB EuGH Urt. v. 7.1.2004 – C-204/00 P, Slg 2004, I-123 Rn. 200 – Aalborg Portland; EuG Urt. v. 13.7.2011 – T-138/07 Rn. 53 – Schindler; Urt. v. 1.7.2008 – T-276/04, Slg. 2008, II-1277 Rn. 66 – Compagnie maritime belge.

[16] So auch EuGH Urt. v. 7.1.2004 – C-204/00 P, C-205/00 P, C-211/00 P, C-213/00 P, C-217/00 P und C-219/00 P, Slg. 2004, I-123 Rn. 200 – Aalborg Portland; siehe aber EuG Urt. v. 16.12.2015 – T-48/1, ECLI:EU:T:2015:988 Rn. 34 – BA.

[17] Vgl. EGMR Urt. v. 23.11.2006 – Nr. 73053/01, 2006-XIII Rn. 31 – Jussila/Finnland; Urt. v. 27.9.2011 – Nr. 43509/08 Rn. 57–67 – A. Menarini Diagnostics/Italien.

[18] Siehe EGMR Urt. v. 23.11.2006 – Nr. 73053/01 Rn. 43 – Jussila/Finnland; Urt. v. 27.9.2011 – Nr. 43509/08 Rn. 62 – A. Menarini Diagnostics/Italien; Urt. v. 4.3.2008 – Nr. 11529/02 Rn. 32 – Hüseyin Turan/Türkei. Vgl. auch EuG Urt. v. 11.7.2014 – T-541/08 Rn. 206 – Sasol; Urt. v. 13.7.2011 – T-138/07 Rn. 52 – Schindler Holding/Kommission.

[19] Vgl. EuGH Urt. v. 24.10.2013 – C-510/11P Rn. 21 – Kone; Urt. v. 29.9.2011 – C-521/09 P, Slg. 2011, I-8947 Rn. 112 – Elf Aquitaine.

[20] Charta der Grundrechte der Europäischen Union vom 7.12.2000 in der am 12.12.2007 in Straßburg angepassten Fassung, ABl. 2010 C 83, 389 ff. („Grundrechtscharta").

[21] Vgl. auch Erwägungsgrund 37 VO (EG) Nr. 1/2003, wonach die Kommission in ihren Wettbewerbsverfahren verpflichtet ist, die Grundrechte und die Prinzipien, die insbesondere in der Grundrechtecharta verankert sind, zu beachten.

[22] Vgl. zB EuGH Urt. v. 11.7.2013 – C-439/11P Rn. 154 f. – Ziegler (Art. 41, 47); Urt. v. 1.7.2010 – C-407/08 P Rn. 91 (Art. 47) – Knauf Gips/Kommission; Urt. v. 14.9.2010 – C-550/07 P Rn. 54 (Art. 20, 21) und Rn. 92 (Art. 48 Abs. 2) – Akzo Nobel Chemicals ua/Kommission.

[23] Bis zu diesem Beitritt stellt die EMRK kein Rechtsinstrument dar, das formell in die Unionsrechtsordnung übernommen worden ist; vgl. EuGH Urt. v. 18.7.2013 – C-501/11P Rn. 32 – Schindler. Der Beitritt könnte dagegen dazu führen, dass Unionsgerichte und eventuell der EMGR Sanktionen des EU-Wettbewerbsrechts direkt anhand der EMRK überprüfen, anstatt diese Überprüfung anhand des Einflusses der EMRK auf das Unionsrecht vorzunehmen.

3. Vereinbarkeit mit Grundrechtscharta und EMRK

10 Die Rechtsprechung der Unionsgerichte und des EMGR deutet darauf hin, dass die im EU Wettbewerbsrecht verhängten Geldbußen **im Allgemeinen mit den rechtlichen Anforderungen der Grundrechtecharta und der EMRK im Einklang stehen.** Trotz Vereinigung von Investigativ- und Sanktionsbefugnis in den Händen der Kommission ist das **Recht auf ein faires Verfahren** und einen wirksamen Rechtsbehelf (Art. 6 EMRK sowie Art. 41 und 47 Grundrechtscharta) gewahrt, da Bußgeldentscheidungen der Kommission der vollumfänglichen unionsgerichtlichen Kontrolle unterliegen.[24]

11 Die Möglichkeit, **Zuwiderhandlungen eines Unternehmens** iSd EU Wettbewerbsrechts juristischen Personen **zuzurechnen,** deren Bedienstete nicht unmittelbar an der Tat beteiligt waren (→ Rn. 30–53), ist mit dem Grundsatz der Gesetzmäßigkeit im Zusammenhang mit Straftaten und Strafen (Art. 7 EMRK sowie Art. 49 Grundrechtscharta) vereinbar, obwohl die einzelnen Tatbestände und genauen Grenzen dieser Zurechnung nicht in den Art. 101, 102 AEUV oder der VO (EG) Nr. 1/2003 normiert sind.[25] Der Begriff des „Rechts" im Sinne von Art. 7 Abs. 1 EMRK umfasst auch das Richterrecht der Unionsgerichte, aus dem die Haftung in der wirtschaftlichen Einheit des Unternehmens seit geraumer Zeit klar hervorgeht.[26] Der Rechtsunterworfene kann daher nötigenfalls mit Hilfe dieser Rechtsprechung erkennen, welche Handlungen und Unterlassungen seine Verantwortung begründen.[27]

12 Im Hinblick auf die **Bestimmtheit der Höhe der Geldbußen** kann ein verständiger Wirtschaftsteilnehmer – erforderlichenfalls mit Hilfe eines Rechtsbeistands – hinreichend genau die Berechnungsmethode und die Größenordnung der Geldbußen vorhersehen, die ihm bei Verstößen gegen die EU-Wettbewerbsregeln drohen.[28] Das aus dem Gesetzmäßigkeitsgrundsatz folgende Erfordernis der Vorhersehbarkeit steht einem durch das Gesetz verliehenen Ermessen nicht entgegen, soweit dieses seinem Umfang und den Ausführungsmodalitäten nach hinreichend deutlich festgelegt ist.[29] Sanktionsnormen müssen nicht so genau formuliert sein, dass die konkrete Bußgeldhöhe im Einzelfall für den Rechtsverletzer voraussehbar ist. Andernfalls könnte die Abschreckungswirkung unzureichend ausfallen.[30]

---

[24] Vgl. EuGH Urt. v. 18.7.2013 – C-501/11P Rn. 33–38 – Schindler; EuGH Urt. v. 24.10.2013 – C-510/11P Rn. 23–25 – Kone; EuG Urt. v. 12.6.2014 – T-286/09 Rn. 1611, 1612 – Intel (nrkr). Im Hinblick auf das aus Art. 6 und 7 EMRK folgende Erfordernis uneingeschränkter gerichtlicher Überprüfbarkeit können dagegen ökonomische Analysen problematisch sein, wenn sie nicht nach den Kategorien richtig und falsch überprüfbar sind, sondern voraussetzen, dass der Kommission in Hinblick auf die angewendete Theorie oder Methode ein Beurteilungsspielraum zugebilligt wird. Siehe hierzu auch den Beitrag des Anhörungsbeauftragten *Wils* in World Competition 37, 1 (2014), 5–26.

[25] EuG Urt. v. 27.6.2012 – T-372/10 Rn. 33–53 mwN – Bolloré; vgl. auch EuGH Urt. v. 22.5.2008 – C-266/06 P, Slg. 2008, I-81 Rn. 38 – Evonik Degussa; Urt. v. 28.6.2005 – C-189/02 P, Slg. 2005, I-5425 Rn. 202 – Dansk Rørindustri.

[26] EuG Urt. v. 27.6.2012 – T-372/10 Rn. 36, 37 – Bolloré. Vgl. auch EuGH Urt. v. 22.5.2008 – C-266/06 P, Slg. 2008, I-81 Rn. 40 – Evonik Degussa und EuGH Urt. v. 28.6.2005 – C-189/02 P ua, Slg. 2005, I-5425 Rn. 216 – Dansk Rørindustri, jeweils unter Verweis auf die Rechtsprechung des EGMR.

[27] EuG Urt. v. 27.6.2012 – T-372/10 Rn. 35–53 – Bolloré; EuGH Urt. v. 3.5.2007 – C-303/05, Slg. 2007, I-3633 Rn. 49ff. – Advocaten voor de Wereld; Urt. v. 22.5.2008 – C-266/06 P Rn. 38ff. – Evonik Degussa.

[28] EuGH Urt. v. 18.7.2013 – C-501/11 P Rn. 58 – Schindler Holding; EuGH Urt. v. 22.5.2008 – C-266/06 P, Slg. 2008, I-81 Rn. 44 – Evonik Degussa; EuG Urt. v. 27.9.2007 – T-43/02 , Slg. 2006, II-3435 Rn. 79f. – Jungbunzlauer/Kommission; Urt. v. 28.4.2010 – T-446/05 Rn. 124–129 – Amann & Söhne/Kommission.

[29] EuGH Urt. v. 18.7.2013 – C-501/11 P Rn. 58 – Schindler Holding; EuGH Urt. v. 17.6.2010 – C-413/08 P Rn. 94 – Lafarge/Kommission; zu den Erfordernissen nach der EMRK vgl. auch EGMR Urt. v. 25.2.1992 – Nr. 12963/87 Rn. 75 – Roger Andersson/Schweden.

[30] EuG Urt. v. 11.7.2014 – T-541/08 Rn. 207 – Sasol; EuG Urt. v. 5.4.2006 – T-279/02, Slg. 2006, II-897 Rn. 83 – Degussa/Kommission; Urt. v. 27.9.2006 – T-43/02, Slg. 2006, II-3435 Rn. 84 – Jungbunzlauer/Kommission.

Dennoch können höherrangige Rechtsprinzipien der Verhängung von Geldbußen **im** 13 **Einzelfall** Grenzen ziehen. Insbesondere ist nach dem **Verhältnismäßigkeitsgrundsatz** (vgl. auch Art. 52 Abs. 1 Satz 2 Grundrechtscharta) zu prüfen, ob die jeweilige Geldbuße im Hinblick auf die finanzielle Leistungsfähigkeit des Unternehmens exzessiv ist.[31] Insoweit ist die Einhaltung der 10%-Kappungsgrenze des Art. 23 Abs. 2 Satz 2 VO (EG) Nr. 1/2003 keine in jedem Fall ausreichende Garantie.[32] Von praktischer Relevanz sind überdies das **Verbot der Mehrfachsanktion** (*Ne bis in Idem,* Art. 4 des Protokolls Nr. 7 zur EMRK; → Rn. 14–20),[33] der **Grundsatz der Gleichbehandlung** (Art. 20 und 21 der Grundrechte-Charta;[34] → Rn. 29) und der **Grundsatz der persönlichen Verantwortlichkeit** (→ Rn. 46–50).[35]

4. Ne bis in idem

Der in Art. 50 Grundrechtscharta[36] und Art. 4 des 7. Zusatzprotokolls zur EMRK[37] ver- 14 ankerte Grundsatz *ne bis in idem* ist in allen wettbewerbsrechtlichen Verfahren zu beachten, die auf die Verhängung einer Geldbuße abzielen.[38] Im Bereich des Wettbewerbsrechts verbietet es dieser Grundsatz, dass ein Unternehmen wegen eines wettbewerbswidrigen Verhaltens, in Bezug auf das es in einer früheren, nicht mehr anfechtbaren Entscheidung mit einer Sanktion belegt oder für nicht verantwortlich erklärt wurde, erneut verurteilt oder auch nur verfolgt wird.[39] Der Grundsatz steht bereits der erneuten Durchführung eines Ermittlungsverfahrens entgegen.[40]

Das Doppelbestrafungsverbot verbietet nicht die Wiederaufnahme von Verfolgungs- 15 maßnahmen im Hinblick auf das gleiche wettbewerbswidrige Verhalten, wenn die Unionsgerichte eine erste Kommissionsentscheidung aus formalen Gründen ohne materielle Beurteilung des zur Last gelegten Sachverhalts für nichtig erklärt haben; die Nichtigerklärung stellt dann keinen „Freispruch" dar.[41] Gleiches gilt für die Gewährung eines vorläufigen Geldbußerlasses; er genügt dem Erfordernis einer Endgültigkeit des Strafklageverbrauchs nicht.[42] Ebenso wenig hindert der Grundsatz *ne bis in idem* die Kommission daran, bereits geahndete Vortaten als erschwerenden Umstand im Rahmen der Sanktionierung einer späteren Zuwiderhandlung zu berücksichtigen.[43]

Für die Anwendbarkeit des Grundsatzes *ne bis in idem* gelten die folgenden Voraus- 16 setzungen:

---

[31] Siehe dazu allgemein EuG Urt. v. 15.12.2010 – T-141/08 Rn. 286f. – E.ON Energie/Kommission; EuG Urt. v. 30.9.2009 – T-175/05, Slg. 2009, II-184 Rn. 154 – Akzo Nobel ua/Kommission.
[32] EuG Urt. v. 12.9.2007 – T-30/05, Slg. 2007, II-107 Rn. 226 – Prym/Kommission.
[33] EuGH Urt. v. 14.2.2012 – C-17/10 Rn. 94 – Toshiba; EuGH Urt. v. 15.10.2002 – C-238/99 P, C-244/99 P, C-245/99 P, C-250/99 P bis C-252/99 P und C-254/99 P, Slg. 2002, I-8375 Rn. 59 – LVM ua/Kommission.
[34] EuGH Urt. v. 14.9.2010 – C-550/07 P Rn. 54f. – Akzo Nobel Chemicals ua/Kommission; EuG Urt. v. 12.6.2014 – T-286/09 Rn. 1615 – Intel; EuG Urt. v. 29.6.2012– T-360/09 Rn. 261 – E.ON Ruhrgas.
[35] Vgl. EuGH Urt. v. 10.4.2014 – C-231/11 P bis C-233/11 P Rn. 52 – Kommission/Siemens VA Tech.
[36] „Niemand darf wegen einer Straftat, derentwegen er bereits in der Union nach dem Gesetz rechtskräftig verurteilt oder freigesprochen worden ist, in einem Strafverfahren erneut verfolgt oder bestraft werden."
[37] „Niemand darf wegen einer strafbaren Handlung, wegen der er bereits nach dem Gesetz oder Strafverfahrensrecht eines Staates rechtskräftig verurteilt oder freigesprochen worden ist, in einem Strafverfahren desselben Staates erneut vor Gericht gestellt oder bestraft werden."
[38] EuGH Urt. v. 15.10.2002 – C-238/99 P ua, Slg. 2002, I-8375 Rn. 59 – LVM; Urt. v. 7.1.2004 – C-204/00 P ua, Slg. 2004, I-123 Rn. 338 bis 340 – Aalborg Portland; Urt. v. 29.6.2006 – C-289/04 P, Slg. 2006, I-5859 Rn. 50 – Showa Denko.
[39] EuGH Urt. v. 14.2.2012 – C-17/10 Rn. 94 – Toshiba Corporation; Urt. v. 15.10.2002 – C-238/99 P ua, Slg. 2002, I-8375 Rn. 59 – LVM.
[40] EuG Urt. v. 20.4.1999 – T-305/94 ua, Slg. 1999, II-931 Rn. 96 – LVM.
[41] EuGH Urt. v.15.10.2002 – C-238/99 P ua, Slg. 2002, I-8375 Rn. 59–62 – LVM; EuG Urt. v. 1.7.2009 – T-24/07, Slg. 2009, II-2309 Rn. 190 – ThyssenKrupp Stainless/Kommission.
[42] EuG Urt. v. 13.7.2011 – T-144/07 ua, Slg. 2011 II-5129 Rn. 165–167 – ThyssenKrupp Lifen Ascenseurs.
[43] EuG Urt. v. 25.10.2005 – T-38/02, Slg. 2005, II-4407 Rn. 187 – Danone/Kommission.

- Die Identität des geschützten Rechtsguts;[44]
- Die Identität des Sachverhalts;[45]
- Die Identität des zuwiderhandelnden Unternehmens.[46]

17 Das Unternehmen ist für diese drei Voraussetzungen beweispflichtig.[47]

18 An der **Identität des geschützten Rechtsguts** mangelt es im Hinblick auf wettbewerbsrechtliche Sanktionen, die von der Kommission einerseits und den **nationalen Wettbewerbsbehörden** andererseits verhängt werden. Denn mit den wettbewerbsrechtlichen Vorschriften auf europäischer und auf nationaler Ebene werden die restriktiven Praktiken unter unterschiedlichen Aspekten beurteilt und die Anwendungsbereiche der Vorschriften sind nicht deckungsgleich.[48] Dennoch verpflichtet ein „allgemeiner Billigkeitsgedanke" die Kommission dazu, bei der Zumessung der Geldbuße die Sanktionen zu berücksichtigen, die einem Unternehmen für dieselbe Tat bereits durch die mitgliedstaatlichen Wettbewerbsbehörden auferlegt wurden.[49]

19 Ebenso wenig findet der Grundsatz *ne bis in idem* **im Verhältnis zu Drittstaaten** Anwendung. Es gibt auch keinen völkerrechtlichen Grundsatz, der Behörden unterschiedlicher Staaten daran hindert, eine Tat zu verfolgen und zu sanktionieren, wegen der bereits in einem anderen Staat ein Verfahren betrieben wurde.[50] Nach der unionsgerichtlichen Rechtsprechung ist die Kommission nicht einmal aus Billigkeitserwägungen verpflichtet, Sanktionen anzurechnen, die von drittstaatlichen Behörden im Bereich des Wettbewerbsrechts verhängt wurden.[51]

20 Im **Hinblick auf die Identität des Sachverhalts** ist zu prüfen, in welchem Gebiet, hinsichtlich welcher Produkte, in welchem Zeitraum, und seitens welcher Teilnehmer ein wettbewerbswidriger Zweck verfolgt oder eine wettbewerbswidrige Wirkung entfaltet wurde.[52] Hat eine Bußgeldentscheidung der Kommission ein Kartell und dessen Auswirkungen im Hoheitsgebiet eines Beitrittslandes vor dem Beitritt nicht erfasst, so kann die seit dem Beitritt an den unionsrechtlichen Grundsatz *ne bis in idem* gebundende nationale Wettbewerbsbehörde für diesen Zeitraum Bußgelder verhängen.[53]

---

[44] EuGH Urt. v. 7.1.2004 – C-204/00 P, C-205/00 P, C-211/00 P, C-213/00 P, C-217/00 P und C-219/00 P, Slg. 2004, I-123, Tz 338 – Aalborg Portland ua/Kommission; EuGH Urt. v. 19.5.2010 – T-11/05, 2010 II-86 Rn. 81 – Wieland-Werke; EuGH Urt. v. 1.7.2009 – T-24/07, Slg. 2009, II-2309 Rn. 179 – ThyssenKrupp Stainless/Kommission.

[45] Siehe hierzu EuGH Urt. v. 14.2.2012 – C 17/10 Rn. 98 ff. – Toshiba Corporation e.a.; EuG Urt. v. 19.5.2010 – T-11/05, 2010 II-86 Rn. 82–95 – Wieland-Werke.

[46] Zur fehlenden Identität zwischen Unternehmensvereinigung und Mitgliedern (ungeachtet des Umstands, dass der Umsatz der Mitglieder bei der Ermittlung der Obergrenze von 10% der gegen die Vereinigung verhängten Geldbuße berücksichtigt wird) vgl. EuG Urt. v. 13.12.2006 – T-217/03 und T-245/03, Slg. 2006, II-4987 Rn. 341–344 – FNCBV.

[47] EuG Urt. v. 27.9.2006 – T-322/01, Slg. 2006, II-3137 Rn. 289 – Roquette Frères; EuGH Urt. v. 14.12.1972 – 7/72, Slg. 1972, 1281 Rn. 5 – Boehringer Mannheim.

[48] EuGH Urt. v. 13.2.1969 – 14/68, Slg. 1969, 1 Rn. 11 – Wilhelm; Urt. v. 14.9.2010 – C-550/07 P, Slg. 2010, I-8301 Rn. 103 – Akzo Nobel Chemicals; Urt. v. 1.10.2009 – C-505/07, Slg. 2009, I-8963 Rn. 52 – Compañía Española de Comercialización de Aceite. Diese zur VO 17/62 ergangene Rechtsprechung gilt laut EuGH Urt. v. 14.2.2012 – C 17/10 Rn. 81 ff. – Toshiba Corporation unter der VO (EG) Nr. 1/2003 fort.

[49] EuGH Urt. v. 13.2.1969 – 14/68, Slg. 1969, 1 Rn. 11 – Wilhelm; EuGH Urt. v. 6.4.1995 – T-141/89, Slg. 1995 II-791 Rn. 191 – Tréfileurope Sales.

[50] EuG Urt. v. 9.7.2003 – T-223/00, Slg. 2003, II-2553 Rn. 102 f. – Kyowa Hakko/Kommission; Urt. v. 29.4.2004 – verb. Rs. T-236/01, T-244/01 bis T-246/01, T-251/02 und T-252/01, Slg. 2004, II-1181 Rn. 135 – Tokai Carbon ua/Kommission.

[51] EuGH Urt. v. 29.6.2006 – C-289/04 P, Slg. 2006, I-5859 Rn. 57 f., 60 f. – Showa Denko/Kommission; Urt. v. 10.5.2007 – C-328/05 P, Slg. 2007, I-3921 Rn. 31–34 – SGL Carbon/Kommission.

[52] Siehe hierzu EuGH Urt. v. 14.2.2012 – C 17/10 Rn. 99 – Toshiba Corporation; EuG Urt. v. 30.9.2009 – T-161/05, Slg. 2009, II-3555 Rn. 149–151 – Hoechst/Kommission; EuGH Urt. v. 15.6.2005 – verb. Rs. T-71/03, T-74/03, T-87/03 und T-91/03 Rn. 118–129, 2005 II-10 – Tokai Carbon.

[53] Siehe hierzu EuGH Urt. v. 14.2.2012 – C 17/10 Rn. 100 ff. – Toshiba Corporation e.a.

5. Verschuldenserfordernis

Laut Art. 23 Abs. 1 und 2 VO (EG) Nr. 1/2003 ist die Verhängung einer Geldbuße wegen Verstößen gegen eine Verhaltenspflicht nur bei schuldhafter Begehung möglich, also bei **Vorsatz** oder **Fahrlässigkeit**.

Eine schuldhafte Begehungsweise liegt vor, „wenn sich das betreffende Unternehmen über die Wettbewerbswidrigkeit seines Verhaltens nicht im Unklaren sein kann, gleichviel, ob ihm dabei bewusst ist, dass es gegen die Wettbewerbsregeln des Vertrags verstößt".[54]

Zur Feststellung von Vorsatz und Fahrlässigkeit muss die Kommission nicht ermitteln, welche natürliche Person innerhalb des Unternehmens vorsätzlich oder fahrlässig gehandelt hat.[55]

Irrtümer über die Unrechtmäßigkeit eines gegen Artikel 101 und 102 AEUV verstoßenden Verhaltens stellen die schuldhafte Begehungsweise nicht in Frage, wenn sie vermeidbar sind. Für die Vermeidbarkeit von Verbotsirrtümern gilt ein strenger Maßstab. Ein Irrtum ist grundsätzlich auch dann vermeidbar, wenn er auf dem Rechtsrat eines Anwalts oder der Entscheidung einer nationalen Wettbewerbsbehörde beruht.[56]

Beispiel:
Der Fall Schenker betraf betraf eine horizontale Absprache, die nach Unionsrecht als hardcore Kartell zu werten war, von seiten eines österreichischen Kartellgerichts und einer Anwaltskanzlei aber als (zumindest nach nationalem Recht zulässiges) Bagatellkartell eingestuft wurde. Der EuGH urteilte, dass der Rechtsrat eines Anwalts bei einem Unternehmen auf keinen Fall ein berechtigtes Vertrauen darauf begründen kann, dass sein Verhalten nicht gegen Art. 101 AEUV verstößt oder nicht zur Verhängung einer Geldbuße führt.[57] Gleiches gilt für Entscheidungen nationaler Wettbewerbsbehörden, da diese nicht befugt sind, eine Entscheidung zu erlassen, mit der die Vereinbarkeit eines Verhaltens mit den EU Wettbewerbsvorschriften festgestellt wird.[58]

Beispiel:
Im Fall Clearstream verzichtete die Kommission auf die Verhängung von Geldbußen, da die betroffene Rechtsmaterie besonders komplex war und „im Lichte der bestehenden Rechtsprechung zum Zeitpunkt des Wettbewerbsverstoßes" eingewandt werden könnte, dass es für die betroffenen Unternehmen „nicht in genügendem Ausmaß möglich gewesen sei, das von ihnen an den Tag gelegte Verhalten als Verletzung der Wettbewerbsvorschriften [des AEUV] einzuordnen"[59]

Für die Einstufung eines Verhaltens als **„vorsätzlich"** ist bei horizontalen Absprachen wie zB einer Preisabsprache (sog „hardcore Kartelle") grundsätzlich auszugehen. Im Anwendungsbereich des Art. 102 AEUV reicht es, wenn dem marktbeherrschenden Unternehmen die Tatsachen bekannt sind, die es rechtfertigen, sowohl eine marktbeherrschende Stellung anzunehmen als auch einen Missbrauch dieser Stellung anzunehmen.[60] **Fahrlässigkeit** liegt vor, wenn eine für das Unternehmen tätige natürliche Person das Vorliegen einer Zuwiderhandlung hätte erkennen müssen.[61] Fahrlässigkeit kommt vor allem bei fehlender Entscheidungspraxis der Kommission in Betracht, wenn die Verwirklichung des Verbotstatbestands aus anderen Gründen vorhersehbar ist, etwa aufgrund der

---

[54] EuGH Urt. v. 18.6.2013 – C-681/11 Rn. 37 – Schenker; vgl. auch EuGH Urt. v. 8.11.1983 – verb. Rs. 96/82 bis 102/82, 104/82, 105/82, 108/82 und 110/82, Slg. 1983, 3369 Rn. 25 – IAZ; Urt. v. 9.11.1983 – 322/81, Slg. 1983, 3461 Rn. 107 – Michelin; Urt. v. 14.10.2010 – C-280/08 P, Slg. 2010, I-9555 Rn. 124 – Deutsche Telekom/Kommission; EuG Urt. v. 12.6.2014 – T-286/09 Rn. 1601 – Intel (nrkr).
[55] EuGH Urt. v. 18.9.2003 – C-338/00 P, Slg. 2003, I-9189 Rn. 95–98 – Volkswagen/Kommission.
[56] Dies gilt zumindest dann, falls Unternehmen unmittelbar ihre Preise absprechen. Vgl. EuGH Urt. v. 18.6.2013 – C-681/11 Rn. 39 – Schenker.
[57] Vgl. EuGH Urt. v. 18.6.2013 – C-681/11 Rn. 41 – Schenker.
[58] Vgl. EuGH Urt. v. 18.6.2013 – C-681/11 Rn. 42 – Schenker.
[59] Vgl. Kom. v. 2.6.2004 – 38.096 Rn. 344 – Clearstream.
[60] EuGH Urt. v. 9.11.1983 – 322/81, Slg. 1983, 3461 Rn. 107 – Michelin/Kommission; EuG Urt. v. 29.3.2012 – T-336/07 Rn. 320 – Telefónica.
[61] EuGH Urt. v. 14.2.1978 – 27/76, Slg. 1978, 207 Rn. 299–301 – United Brands ua/Kommission.

§ 13 2. Teil 1. Abschnitt Kartellverfahren in der Europäischen Union

Praxis nationaler Wettbewerbsbehörden.[62] Die Kommission ist grundsätzlich nicht verpflichtet, ein Verhalten als vorsätzlich oder fahrlässig einzuordnen.[63]

6. Ermessen und Ermessensbindung

28 Die Kommission verfügt bei der **Festsetzung der Höhe der Geldbuße** über einen **weitgehenden Ermessensspielraum**.[64] Dies betrifft nicht nur die im Einzelfall als adäquat anzusehende Geldbuße, sondern darüber hinaus das globale Geldbußenniveau, das in den Grenzen des Art. 23 Abs. 2 Satz 2 VO (EG) Nr. 1/2003 angehoben werden kann, um die wirksame Durchsetzung des Wettbewerbsrechts der Union sicherzustellen.[65] Die in der Praxis wichtigste Grenze der Ermessensausübung bei der Verhängung von Geldbußen für eine Zuwiderhandlung nach Art. 101 oder 102 AEUV wird der Kommission durch die Bußgeldleitlinien gesetzt (→ Rn. 65–67).

29 Auch der **Grundsatz der Gleichbehandlung** kann der Ermessensausübung Grenzen aufzeigen. Er verbietet, gleiche Sachverhalte unterschiedlich oder unterschiedliche Sachverhalte gleich zu behandeln, sofern dies nicht objektiv gerechtfertigt ist.[66] Allerdings können die in bisherigen Wettbewerbsentscheidungen der Kommission verhängten Geldbußen aufgrund der Besonderheiten jedes Einzelfalls allenfalls eine Indizwirkung im Hinblick auf eine mögliche Diskriminierung entfalten.[67] Frühere Entscheidungen der Kommission können im Hinblick auf den Gleichbehandlungsgrundsatz nur dann relevant sein, wenn dargetan wird, dass die diesen Entscheidungen zugrunde liegenden tatsächlichen Gegebenheiten wie die Märkte, die Erzeugnisse, die Länder, die Unternehmen und die betroffenen Zeiträume die gleichen sind wie im fraglichen Fall.[68]

II. Adressaten

1. Unternehmen und Unternehmensvereinigungen als Normadressaten

30 Ein **Unternehmen** ist jede „eine wirtschaftliche Tätigkeit ausübende Einheit unabhängig von ihrer Rechtsform und der Art ihrer Finanzierung".[69] Gemeint ist „eine einheitliche Organisation persönlicher, materieller und immaterieller Mittel, mit der dauerhaft ein bestimmter wirtschaftlicher Zweck verfolgt wird".[70] Der Begriff des Unternehmens setzt

---

[62] Vgl. EuGH Urt. v. 13.2.1979 – 85/76, Slg. 1979, 461 Rn. 3, 128–134 – Hoffman-La Roche/Kommission.
[63] EuGH Urt. v. 25.3.1996 – C-137/95 P, Slg 1996, I-1611 Rn. 55 – SPO ua/Kommission. Allerdings können seitens eines Unternehmens beigebrachte Beweise, dass die Zuwiderhandlung aus Fahrlässigkeit begangen wurde, als mildernder Umstand die Herabsetzung der Geldbuße rechtfertigen, → Rn. 94.
[64] Siehe zB EuGH Urt. v. 28.6.2005 – C-189/02 P ua, Slg. 2005, I-5425 Rn. 172f. – Dansk Rørindustri; EuG Urt. v. 25.10.2005 – T-38/02, Slg. 2005, II-4407 Rn. 134 – Groupe Danone/Kommission mwN.
[65] EuGH Urt. v. 7.6.1983 – verb. Rs. 100/80 bis 103/80, Slg. 1983, 1825 Rn. 109 – Musique diffusion française ua/Kommission; EuG Urt. v. 20.3.2002 – T-23/99, Slg. 2002, II-1705 Rn. 237 – LR AF 1998/Kommission.
[66] EuG Urt. v. 12.6.2014 – T-286/09 Rn. 1615 – Intel; EuG Urt. v. 29.6.2012 – T-360/09 Rn. 261 – E.ON Ruhrgas; EuG Urt. v. 13.1.2004 – T-67/01, Slg. 2004, II-49 Rn. 187 – JCB Service; EuGH Urt. v. 13.12.1984 – 106/83, Slg. 1984, 4209 Rn. 28 – Sermide.
[67] EuGH Urt. v. 21.9.2006 – C-167/04 P, Slg. 2006 I-8935 Rn. 201, 205 – JCB Service; Urt. v. 7.6.2007 – C-76/06 P, Slg. 2007 I-4405 Rn. 60 – Britannia Alloys & Chemicals; Urt. v. 16.6.2011 – T-192/06, Slg. 2011 ECR II-3063 Rn. 46 – Caffaro; EuG Urt. v. 12.6.2014 – T-286/09 Rn. 1614 – Intel (nrkr).
[68] EuG Urt. v. 12.6.2014 – T-286/09 Rn. 1615 – Intel (nrkr); EuG Urt. v. 29.6.2012 – T-360/09 Rn. 262 – E.ON Ruhrgas.
[69] EuGH Urt. v. 19.7.2012 – C-628/10 P und C-14/11 P Rn. 42 – Alliance One International und Standard Commercial Tobacco/Kommission. Eine wirtschaftliche Tätigkeit ist jede Tätigkeit, die darin besteht, Güter oder Dienstleistungen auf einem bestimmten Markt anzubieten; vgl. insbesondere EuGH Urt. v. 16.6.1987 – 118/85, Slg. 1987, 2599 Rn. 7 – Kommission/Italien; Urt v. 18.6.1998 – C-35/96, Slg. 1998, I-3851 Rn. 36 – Kommission/Italien.
[70] EuG Urt. v. 17.5.2013 – T-146/09 Rn. 84 – Parker; vgl. auch EuGH Urt. v. 12.7.1984 – 170/83, Slg. 1984, 2999 Rn. 11 – Hydrotherm; EuG Urt. v. 11.12.2003 – T-66/99, Slg. 2003, II-5515 Rn. 122 – Minoan Lines; Urt. v. 15.9.2005 – T-325/01, Slg. 2005, II-3319 Rn. 85 – DaimlerChrysler.

keine Rechtspersönlichkeit voraus.[71] Unternehmen können – wie im Falle eines Kaufmanns oder einer Gesellschaft – aus einer einzigen natürlichen oder juristischen Person bestehen sowie – wie im Falle eines Konzerns – aus mehreren natürlichen oder juristischen Personen gebildet werden.[72]

Der Begriff der **Unternehmensvereinigungen** umfasst alle in beliebiger Rechts- und Organisationsform gebildeten Zusammenschlüsse voneinander unabhängig bleibender Unternehmen.[73] Irrelevant ist, ob einzelne Mitglieder keine Unternehmen sind.[74] Beispiele für Vereinigungen von Unternehmen sind Wirtschaftsverbände, Berufsorganisationen oder ihre Dachverbände. Nimmt die Unternehmensvereinigung auch eigene wirtschaftliche Interessen wahr, ist sie also selbst am Markt tätig und erzielt eigene Umsätze – wie zB eine Genossenschaft – , kann sie selbst als Unternehmen belangt werden.[75] Art. 23 Abs. 4 VO (EG) Nr. 1/2003 ermöglicht es, die Zahlung der gegenüber einer Unternehmensvereinigung verhängten Geldbuße von deren Mitgliedern zu verlangen, wenn die Vereinigung selbst zahlungsunfähig ist und die Geldbuße unter Berücksichtigung des Umsatzes der Mitglieder bestimmt wurde.[76] 31

Unternehmen und Unternehmensvereinigungen sind zwar Adressaten der Art. 101 Abs. 1 und 102 AEUV sowie des Art. 23 Abs. 1 und 2 VO (EG) Nr. 1/2003. Entscheidungen der Kommission zur Ahndung von Wettbewerbsrechtsverstößen müssen aber ggf. gem. Artikel 299 AEUV nach dem Recht der Mitgliedstaaten vollstreckt werden. Sie können daher nicht an Unternehmen und Unternehmensvereinigungen selbst, sondern nur an natürliche oder juristische Personen gerichtet werden.[77] Die Kommission muss deshalb innerhalb des Unternehmens bzw. der Unternehmensvereinigung die **verantwortlichen Rechtsträger** bestimmen. 32

2. Bestimmung der Adressaten der Geldbuße im Unternehmen
a) Haftung der unmittelbar tatbeteiligten Gesellschaft.
Als **unmittelbar Tatbeteiligte** ist die juristische Person für die Zuwiderhandlung verantwortlich, deren Bediensteten gegen die Wettbewerbsregeln verstoßen haben. Eine Gesellschaft muss sich das Verhalten von Angestellten oder sonstigen Vertretern zurechnen lassen, wenn diese allgemein berechtigt sind, für sie tätig zu werden.[78] Dabei ist auch auf den Eindruck abzustellen, den die handelnden Personen für Vertreter anderer Unternehmen erzeugt haben.[79] Ohne Bedeutung ist, ob die im Unternehmen fahrlässig oder vorsätzlich handelnde Person Anweisungen der Unternehmensleitung zuwidergehandelt hat.[80] Ebensowenig ist der Beweis erforderlich, dass Inhaber oder Geschäftsführer des Unternehmens von der Zuwiderhandlung Kenntnis hatten.[81] 33

---

[71] EuGH Urt. v. 10.4.2014 – verb. Rs. C-231/11 P bis C-233/11 P Rn. 42 – Siemens VA Tech; Urt. v. 28.6.2005 – C-189/02 P ua, Slg. 2005, I-5425 Rn. 113 – Dansk Rørindustri ua/Kommission; EuGH Urt. v. 11.7.2013 – C-440/11 P Rn. 42 – Stichting Administratiekantoor Portielje/Kommission.
[72] Vgl. EuGH Urt. v. 19.7.2012 – verb. Rs. C-628/10 P und C-14/11 P Rn. 42 – Alliance One International und Standard Commercial Tobacco/Kommission.
[73] Vgl. Schröter/Klotz/Jakob/Mederer/*Schröter* Vorbemerkungen zu den Artikeln 101 bis 105 AEUV Rn. 48 mwN.
[74] EuG Urt. v. 13.12.2006 – verb. Rs. T-217/03 und T-245/03, Slg. 2006, II-4987 Rn. 55 – FNCBV/Kommission; Urt. v. 26.10.2010 – T-23/09 Rn. 73–76 – CNOP und CCG/Kommission.
[75] Vgl. EuG Urt. v. 14.5.1998 – T-338/94, Slg. 1998 II-01617 Rn. 282, 283 – Finnboard.
[76] Vgl. Ziff. 14 Bußgeldleitlinien.
[77] EuGH Urt. v. 10.9.2009 – C-97/08 P, Slg 2009, I-8237 Rn. 57 – Akzo Nobel ua./Kommission mwN; EuG Urt. v. 20.4.1999 – verb. Rs. T-305/94 ua – Slg 1999, II-931 Rn. 978 – LVM ua/Kommission; Urt. v. 30.9.2009 – T-161/05, Slg 2009, II-3555 Rn. 56 – Hoechst/Kommission.
[78] EuGH Urt. v. 7.6.1983 – verb. Rs. 100/80 ua, Slg 1983, 1825 Rn. 97 – Musique Diffusion Française ua/Kommission; EuG Urt. v. 15.12.2010 – T-141/08 Rn. 258 – E.ON Energie/Kommission; EuG Urt. v. 29.4.2004 – verb. Rs. T-236/01 ua, Slg 2004, II-1181 Rn. 277 – Tokai Carbon ua/Kommission.
[79] Vgl. EuGH Beschl. v. 16.2.2006 – C-111/04 P, Slg. 2006, I-22 Rn. 53 – Adriatica di Navigazione.
[80] EuG Urt. v. 30.9.2009 – T-161/05, Slg. 2009, II-3555 Rn. 54f. – Hoechst/Kommission. Siehe auch EuG Urt. v. 8.7.2008 – T-53/03, Slg. 2008, II-1333 Rn. 418f., 431–433 – BPB/Kommission.
[81] EuGH Urt. v. 7.6.1983 – verb. Rs. 100/80 bis 103/80, Slg. 1983, 1825 Rn. 96f. – Musique diffusion française ua/Kommission; EuG Urt. v. 14.5.1998 – T-338/94, Slg. 1998, II-1617 Rn. 103 – Finnboard/Kommission.

34 b) Haftung für Tochtergesellschaften bei Ausübung bestimmenden Einflusses. Neben der unmittelbar tatbeteiligten Gesellschaft kann den in der Konzernhierarchie höher angesiedelten juristischen Personen als „Betreiber des Unternehmens" die Tatbeteiligung zugerechnet werden, wenn diese **direkt oder indirekt bestimmenden Einfluss** auf die unmittelbar tatbeteiligte Gesellschaft ausüben konnten und zum Zeitpunkt der Zuwiderhandlung auch **tatsächlich ausgeübt haben.**[82] Die Möglichkeit der Ausübung bestimmenden Einflusses genügt, wenn die Muttergesellschaft den Wettbewerbsverstoß der Tochter kennt und billigt.[83] Die Kommission kann in diesen Fällen neben der Tochtergesellschaft auch die Mutter-, sowie sämtliche zwischengeschaltete Gesellschaften in Anspruch nehmen.[84]

35 Es obliegt grundsätzlich der Kommission, die Ausübung bestimmenden Einflusses auf den an der Zuwiderhandlung unmittelbar beteiligten Rechtsträger zu beweisen.[85] Diese Einflussnahme muss sich aber nicht notwendigerweise auf das Verhalten beziehen, mit dem die Zuwiderhandlung begangen wurde.[86] Ebenso wenig muss die Kommission in jedem Fall eine Einflussnahme auf die Geschäftspolitik im engeren Sinne, wie die Vertriebs- oder Preisstrategie oder den Tagesbetrieb nachweisen.[87] Bei der Prüfung der Frage, ob eine Tochtergesellschaft ihr Marktverhalten autonom bestimmt, sind vielmehr **sämtliche** im Zusammenhang mit ihren **organisatorischen, wirtschaftlichen und rechtlichen Verbindungen zur Muttergesellschaft relevanten Faktoren** zu berücksichtigen, deren Bedeutung von Fall zu Fall variiert.[88]

36 Indizien für die Ausübung bestimmenden Einflusses sind insbesondere personelle Verflechtungen in Leitungsorganen der Tochter und der Mutter,[89] die Einflussnahme auf Entscheidungen der Tochter betreffend zentrale Aufgaben wie Personal, Einstellungen und Finanzierung,[90] Vorgaben seitens der Mutter für die Preispolitik oder zu Marketing- und Verkaufsaktivitäten der Tochter,[91] die Berichterstattung gegenüber der Mutter im Hinblick auf Preise und Verkäufe[92] oder das einheitliche Auftreten nach außen.[93] Die Kommission kann auch ein Befolgungsprogramm („compliance programme") als Indiz für

---

[82] EuG Urt. v. 13.7.2011 – verb. Rs. T-144/07 ua, Slg. 2011 II-05129 Rn. 311 – ThyssenKrupp Liften Ascenseurs; Urt. v. 13.7.2011 – T-141/07 ua Rn. 58, 69 – General Technic-Otis.

[83] Vgl. EuG Urt. v. 14.12.2006 – verb. Rs. T-259/02 bis T-264/02 und T-271/02, Slg. 2006 II-05169 Rn. 330 – Raiffeisen Zentralbank Österreich; Urt. v. 14.5.1998 – T-309/94, Slg. 1998, II-1007 Rn. 41, 42, 45, 47 und 48 – KNP BT bestätigt durch EuGH Urt. v. 16.11.2000 – C-248/98 P, Slg. I-9641 Rn. 73 – KNP BT.

[84] Vgl. Kom. v. 13.7.1994 – 94/601/EG Rn. 140. Im Hinblick auf die Auswahl der haftenden Gesellschaften ist der Kommission ein Ermessen eingeräumt, dessen Grenzen in der bisherigen Rechtsprechung unscharf bleiben; vgl. EuGH Urt. v. 18.7.2013 – C-499/11 P Rn. 44–55 – The Dow Chemical Company; Beschl. v. 2.2.2012 – C-404/11 P Rn. 19 – Elf Aquitane.

[85] Vgl. EuG Urt. v. 27.9.2006 – T-314/01, Slg. 2006 II-03085 Rn. 136 – Avebe; Urt. v. 28.6.2005 – C-189/02 P ua, Slg. 2005, I-5425 Rn. 118–122 – Dansk Rørindustri.

[86] EuG Urt. v. 27.9.2012 – T-356/06 Rn. 53– Koninklijke Volker Wessels Stevin; EuGH Urt. v. 20.1.2011 – C-90/09 P Rn. 38, 102, 103 – General Química.

[87] Vgl. EuG Urt. v. 16.9.2013 – verb. Rs. T-379/10 und T-381/10 Rn. 320 – Keramag; EuG Urt. v. 16.6.2011 – T-197/06, Slg. II 3179 Rn. 105 – FMC.

[88] Vgl. EuGH Urt. v. 11.7.2013 – C-440/11 P Rn. 38 – Stichting Administratiekantoor Portielje; Urt. v. 19.7.2012 – C-628/10 P und C-14/11 P Rn. 43 – Alliance One; EuG Urt. v. 16.6.2011 – T-197/06, Slg. II 3179, Rn. 104 – FMC.

[89] Vgl. EuG Urt. v. 27.9.2012 – T-347/06 Rn. 56 – Nynäs Petroleum; Urt. v. 12.7.2011 – T-132/07, Slg. 2011, II-4091 Rn. 184 – Fuji Electric; Urt. v. 8.7.2008 – T-54/03, Slg 2008, II-120 Rn. 558 – Lafarge; EuGH Urt. v. 28.6.2005 – C-189/02 P ua, Slg. 2005, I-5425 Rn. 119 und 120 – Dansk Rørindustri.

[90] EuG Urt. v. 23.1.2014 – T-384/09 Rn. 106 – SKW Stahl-Metallurgie.

[91] EuG Urt. v. 16.9.2013 – verb. Rs. T-379/10 und T-381/10 Rn. 318 – Keramag; EuG – T-175/05, Slg 2009, II-184 Rn. 95 mwN – Akzo Nobel ua/Kommission.

[92] EuG Urt. v. 16.9.2013 – verb. Rs. T-379/10 und T-381/10 Rn. 318 – Keramag.

[93] EuG Urt. v. 13.12.2013 – T-399/09 Rn. 33–36, 64 – HSE; EuGH Urt. v. 1.7.2010 – C-407/08 P, Slg. 2010 I-6375 Rn. 104 – Knauf Gips (Verwendung des Briefkopfs der Unternehmensgruppe); EuG Urt. v. 11.12.2003 – T-66/99, Slg. 2003 II-5515 Rn. 136, 137 – Minoan Lines (auf Briefpapier wird als Adresse der Muttergesellschaft eine Adresse genannt, die sich als Adresse der Tochter herausstellt).

die Ausübung bestimmenden Einflusses seitens der Mutter heranzuziehen, obwohl Bedienstete der Tochter dies bei der Begehung der Zuwiderhandlung missachtet haben.[94]

c) Vermutung von Einflussnahme bei (nahezu) 100%-igen Tochtergesellschaften. Es wird **widerlegbar vermutet,** dass eine Muttergesellschaft, die das gesamte oder nahezu das gesamte Kapital einer Tochtergesellschaft hält, tatsächlich einen bestimmenden Einfluss auf ihre Tochtergesellschaft ausübt.[95] 37

„[D]iese Vermutung [beruht] auf der Feststellung [...], dass – von wirklich außergewöhnlichen Umständen abgesehen – eine Gesellschaft, die die Gesamtheit des Kapitals einer Tochtergesellschaft hält, allein aufgrund dieser Beteiligung einen bestimmenden Einfluss auf das Verhalten dieser Tochtergesellschaft ausüben kann, und dass es normalerweise am zweckmäßigsten ist, in der Sphäre der Einheiten, denen gegenüber diese Vermutung eingreift, zu ermitteln, ob diese Befugnis zur Einflussnahme tatsächlich nicht ausgeübt wurde."[96] 38

Zur **Widerlegung der Vermutung** bestimmenden Einflusses muss die Muttergesellschaft keinen unmittelbaren und unwiderleglichen Beweis für das eigenständige Marktverhalten der Tochtergesellschaft erbringen. Vielmehr genügt es, ein Bündel aussagekräftiger und übereinstimmender Beweise beizubringen, aus denen hervorgeht, dass sich die Tochtergesellschaft tatsächlich autonom verhielt.[97] Dennoch ist es bislang keiner Muttergesellschaft gelungen, die Vermutung zu widerlegen.[98] 39

In den folgenden Fällen soll eine Widerlegung der Vermutung theoretisch möglich sein:[99] 40

a) die Muttergesellschaft ist eine Investmentgesellschaft und geriert sich wie ein reiner Finanzinvestor;[100]
b) die Muttergesellschaft hält nur vorübergehend und für kurze Zeit eine 100%ige Beteiligung an der Tochtergesellschaft;
c) die Muttergesellschaft ist aus rechtlichen Gründen daran gehindert, ihre 100%ige Kontrolle über die Tochtergesellschaft voll auszuüben.

d) Haftung für gemeinsam kontrollierte Gesellschaften. Ist eine Muttergesellschaft nicht alleine, sondern nur gemeinsam mit einer oder mehreren anderen über das Verhalten einer unmittelbar tatbeteiligten Gesellschaft zu entscheiden befugt **(Gemeinschafts-** 41

---

[94] Vgl. EuGH Urt. v. 18.7.2013 – C-501/11 P Rn. 112 – Schindler Holding.
[95] Vgl. EuGH Urt. v. 10.9.2009 – C-97/08, Slg. 2009, I-8237 Rn. 60 – Akzo Nobel/Kommission; Urt. v. 8.5.2013 C-508/11 P Rn. 47 – ENI; EuGH Urt. v. 11.7.2013 – C-440/11 P, Rn. 40 – Stichting Administratiekantoor Portielje. Keine Vermutung gilt bei 60% Anteilseignerschaft; vgl. EuGH Urt. v. 6.3.2012 – T-64/06 Rn. 39 – FLS Plast. Bei 92–95% wurde die Anwendbarkeit der Vermutung offen gelassen in EuG Urt. v. 16.9.2013 – verb. Rs. T-379/10 und T-381/10 Rn. 315 – Keramag (nrkr – C-613/13 P).
[96] EuGH Beschl. v. 1.10.2013 – C-521/09, Slg. 2011 I-08947 Rn. 60 – Elf Aquitaine/Kommission. Die Vermutung ist mit höherrangigen Rechtsprinzipien des Unionsrechts und der EMRK grundsätzlich vereinbar; vgl. EuGH Urt. v. 19.6.2014 – C-243/12 P Rn. 27 – FLS Plast; Urt. v. 11.7.2013 – C-440/11 P Rn. 71, 72 – Stichting Administratiekantoor Portielje; Urt. v. 18.7.2013 – C-501/11 P Rn. 107 – Schindler Holding.
[97] EuG Urt. v. 17.5.2013 – T-146/09 Rn. 18 – Parker.
[98] Das EuG ging zwar in einem Fall (Urt. v. 16.6.2011 – verb. Rs. T-208/08 u. 209/08, Slg. 2011 II-03639 Rn. 53–58 – Gosselin) davon aus, dass es einer Muttergesellschaft gelungen sei, die Vermutung zu widerlegen. Die Kommission obsiegte aber mit ihrem Rechtsmittel gegen diese Feststellung, weil das EuG sämtliche im Zusammenhang mit den wirtschaftlichen, organisatorischen und rechtlichen Bindungen an die Muttergesellschaft relevanten Gesichtspunkte und damit die wirtschaftliche Realität nur unzureichend berücksichtigt hatte; vgl. EuGH Urt. v. 11.7.2013 – C-440/11 P Rn. 66 – Stichting Administratiekantoor Portielje.
[99] Vgl. GA *Kokott*, SchlA v. 23.4.2009 – C-97/08 P Rn. 75 – Akzo Nobel, unter Berufung auf Stellungnahmen der Kommission.
[100] Auf die Vermutung bestimmenden Einflusses beruft sich die Kommission dagegen auch bei einer 100%igen Beteiligung seitens eines Finanzinvestors; vgl. zB jüngst Kom. v. 2.4.2014 – 39610 Rn. 754 – Stromkabel.

unternehmen), so ist nicht auszuschließen, dass die Organe dieser Gesellschaft ihre Entscheidungen an Interessen ausrichten, die von denen einzelner Muttergesellschaften abweichen. Daher muss die Kommission den Nachweis erbringen, dass die zur Zahlung der Geldbuße verpflichtete Muttergesellschaft einen Einfluss auf das Geschäftsverhalten der unmittelbar tatbeteiligten Gesellschaft auch tatsächlich ausgeübt hat.[101] Für diesen Nachweis ist der Einfluss der Muttergesellschaft auf die operative Geschäftsführung des Gemeinschaftsunternehmens, der über von ihr benannte Mitglieder der Geschäftsführung des Gemeinschaftsunternehmens ausgeübt wird, in hohem Maße relevant.[102]

42   Auch eine **Minderheitsbeteiligung** kann es einer Muttergesellschaft ermöglichen, tatsächlich einen bestimmenden Einfluss auf das Marktverhalten einer Tochtergesellschaft auszuüben, wenn die Muttergesellschaft über Rechte verfügt, die über die Rechte hinausgehen, die üblicherweise Minderheitsaktionären zum Schutz ihrer finanziellen Interessen gewährt werden. Auch hier hat die Kommission die Ausübung bestimmenden Einflusses anhand eines Bündels übereinstimmender Indizien rechtlicher oder wirtschaftlicher Natur zu beweisen.[103]

43   **Beispiel:**
Im Verfahren Fresh Del Monte bestätigten die Unionsgerichte, dass auch einem Kommanditisten die unmittelbare Tatbeteiligung einer Kommanditgesellschaft zugerechnet werden kann, wenn er durch Vereinbarungen mit dem Komplementär zur Ausübung bestimmten Einflusses berechtigt wurde und diesen Einfluss tatsächlich ausgeübt hat. Ein Gesellschaftsvertrag erforderte die Zustimmung des Kommanditisten für wichtige Entscheidungen über die Kommanditgesellschaft. Überdies deuteten Kapitalverflechtungen, eine Vertriebsvereinbarung und Informationsaustäusche darauf hin, dass die Möglichkeit zur Ausübung bestimmenden Einflusses bestand und tatsächlich genutzt wurde.[104]

44   **e) Haftung für Schwestergesellschaften.** Fehlt eine kartellrechtlich verantwortliche Muttergesellschaft, so genügt die bloße Zugehörigkeit eigenständiger Gesellschaften zum selben Konzern nicht als Nachweis, dass **Schwestergesellschaften** eine wirtschaftliche Einheit bilden. Einer Schwestergesellschaft kann nicht in jedem Fall das wettbewerbswidrige Verhalten einer anderen Schwestergesellschaft zugerechnet werden.[105] Auch genügt die bloße Tatsache, dass das Gesellschaftskapital zweier eigenständiger Handelsgesellschaften derselben Person oder Familie gehört, nicht, um die Zuwiderhandlung einer von ihnen der anderen zuzurechnen.[106]

45   Eine gemeinsame Haftung von Schwestergesellschaften ist dagegen denkbar, wenn deren einheitliche Leitung und Geschäftsführung in einem Familienvertrag festgeschrieben ist und zwischen den einzelnen Gesellschaften enge wirtschaftliche Beziehungen und persönliche Verflechtungen bestehen.[107] Ferner hat das EuG eine Haftungszurechnung anerkannt, wenn einer Schwestergesellschaft die Aufgabe der Koordinierung der einzelnen

---

[101] Vgl. dazu EuG Urt. v. 11.7.2014 – T-543/08 Rn. 122 – RWE; Urt. v. 27.9.2006 – T-314/01, Slg. 2006 II-03085 Rn. 136–141 – Avebe.
[102] Vgl. EuG Urt. v. 11.7.2014 – T-543/08 Rn. 119 – RWE; Urt. v. 27.9.2006 – T-314/01, Slg. 2006 II-03085 Rn. 136–138 – Avebe. Vgl. auch EuG Urt. v. 12.7.2011 – T-132/07, Slg. 2011, II-4091 Rn. 184 – Fuji Electric (an der Spitze der Tochtergesellschaft standen zahlreiche Personen, die beim Mutterunternehmen Leitungsfunktionen innehatten).
[103] Vgl. EuG Urt. v. 12.7.2011 – T-132/07, Slg. 2011, II-4091 Rn. 183 – Fuji Electric (bestimmender Einfluss bei 30% des Gesellschaftskapitals); Urt. v. 13.7.2011 – verb. Rs. T-141/07, T-142/07, T-145/07 und T-146/07, Slg. 2011 II-04977 Rn. 112, 118 – General Technic-Otis (gemeinsame Haftung für Gemeinschaftsunternehmen bei 25%/75% Kapitaleignerschaft).
[104] Vgl. EuG Urt. v. 14.3.2013 – T-587/08 Rn. 92–118 – Fresh Del Monte, bestätigt in EuGH Urt. v. 24.6.2015 – C-293/13 P u. C-194/13 P Rn. 54–100 – Fresh Del Monte.
[105] Vgl. EuGH Urt. v. 2.10.2003 – C-196/99 P, Slg 2003, I-11005 Rn. 99 – Aristrain/Kommission; EuG Urt. v. 8.7.2008 – T-52/03, Slg 2008, II-115 Rn. 342 – Knauf Gips/Kommission.
[106] EuGH Urt. v. 2.10.2003 – C-196/99 P, Slg 2003, I-11005 Rn. 99 – Aristrain/Kommission; EuGH Urt. v. 28.6.2005 – C-189/02 P ua Rn. 118 – Dansk Rørindustri; Urt. v. 2.10.2003 – C-196/99 P, Sgl. 2003, I-11005 Rn. 99 – Aristrain.
[107] Vgl. EuGH Urt. v. 1.7.2010 – C-407/08 P, Slg. 2010 I-06375 Rn. 63–72 – Knauf Gips.

Produktionsgesellschaften des Konzerns zufällt.[108] Schließlich kann sich die wettbewerbsrechtliche Verantwortlichkeit einer Schwestergesellschaft daraus ergeben, dass die gemeinsame Muttergesellschaft dieser die Führung der gesamten Konzerngeschäfte und damit auch der Geschäftstätigkeiten übertragen hat, die mit dem Verhalten der Gruppe auf dem von dem Kartell betroffenen Markt im Zusammenhang standen.[109]

f) Nachfolgehaftung. Bei der Bestimmung der Sanktionsadressaten muss der **Grundsatz der persönlichen Verantwortlichkeit** beachtet werden,[110] wonach der Betrag der verhängten Geldbuße im Einklang mit Art. 23 Abs. 3 VO (EG) Nr. 1/2003 anhand der Schwere der individuell zur Last gelegten Zuwiderhandlung und ihrer Dauer bestimmt wird.[111] Allerdings bezieht sich dieser Grundsatz im EU-Wettbewerbsrecht von vornerein auf das Unternehmen als wirtschaftliche Einheit und nicht auf die einzelne juristische Person, deren Bedienstete an der Tat beteiligt waren.[112] Veränderungen, die die wirtschaftliche Einheit des Unternehmens unberührt lassen, sind daher für die Bestimmung der Sanktionsadressaten unerheblich. Dies gilt insbesondere für den **Wechsel der Firma**[113] oder einen **Rechtsformwechsel**,[114] bei dem der Rechtsträger wirtschaftlich gesehen identisch bleibt. 46

Der Grundsatz der persönlichen Verantwortlichkeit kann der Bestimmung der Sanktionsadressaten dagegen dort Grenzen ziehen, wo sich die Zusammensetzung eines Unternehmens während oder nach Begehung der Zuwiderhandlung ändert. Tritt ein neuer Rechtsträger in die wirtschaftliche Einheit ein, nachdem die Zuwiderhandlung bereits beendet ist, dann ist er nach dem Grundsatz der persönlichen Verantwortlichkeit grundsätzlich nicht für die Zuwiderhandlung verantwortlich.[115] Im Falle des Erwerbs einer Gesellschaft, deren Tatbeteiligung andauert, haftet die Erwerberin allenfalls für den Zeitpunkt nach dem Erwerb.[116] Dies führt im Regelfall zu einer Haftungsaufteilung zwischen früherer und neuer Muttergesellschaft für die Tatbeiträge der Tochtergesellschaft vor und nach dem Erwerb. 47

Abweichungen vom Grundsatz der persönlichen Verantwortlichkeit sind im Ausnahmefall möglich,[117] wenn sie zur effektiven Durchsetzung der Wettbewerbsregeln 48

---

[108] EuG Urt. v. 10.3.1992 – T-11/89, Slg 1992, II-757 Rn. 312 – Shell.
[109] EuG Urt. v. 27.9.2006 – T-43/02, Slg 2006, II-3435 Rn. 129 – Jungbunzlauer.
[110] In seiner jüngeren Rechtsprechung zur gemeinschaftlichen Verantwortung für Kartellgeldbußen spricht der EuGH auch vom „Grundsatz der individuellen Straf- und Sanktionsfestsetzung"; vgl. EuGH Urt. v. 10.4.2014 – verb. Rs. C-231/11 P bis C-233/11 P Rn. 52 – Siemens VA Tech.
[111] EuGH Urt. v. 10.4.2014 – verb. Rs. C-231/11 P bis C-233/11 P Rn. 52 – Siemens VA Tech. Vgl. auch EuGH Urt. v. 10.9.2009 – C-97/08, Slg. 2009, I-8237 Rn. 56, 58f., 77 – Akzo Nobel.
[112] Vgl. EuGH Urt. v. 11.7.2013 – C-440/11 P Rn. 37 – Stichting Administratiekantoor Portielje/Kommission: „Verstößt eine solche wirtschaftliche Einheit gegen die Wettbewerbsregeln, hat sie nach dem Grundsatz der persönlichen Verantwortlichkeit für diese Zuwiderhandlung einzustehen". Vgl. auch EuGH Urt. v. 11.12.2007 – C-280/06, Slg. 2007, I-10893 Rn. 38, 39 – ETI.
[113] EuGH Urt. v. 16.11.2000 – C-297/98 P, Slg. 2000, I-10101 Rn. 29 – SCA Holding/Kommission. Siehe auch EuGH Urt. v. 28.3.1984 – verb. Rs. 29/83 und 30/83, Slg. 1984, 1679 Rn. 9 – CRAM und Rheinzink/Kommission.
[114] EuGH Urt. v. 28.3.1984 – verb. Rs. 29/83 und 30/83, Slg. 1984, 1679 Rn. 9 – CRAM und Rheinzink/Kommission; Urt. v. 11.12.2007 – C-280/06, Slg. 2007, I-10893 Rn. 42f. – ETI ua.
[115] In diesem Sinne EuGH Urt. v. 16.11.2000 – C-279/98 P, Slg. 2000, I-9693 Rn. 77–79 – Cascades/Kommission; Urt. v. 16.11.2000 – C-286/98 P, Slg. 2000, I-9925 Rn. 37 – Stora Kopparbergs Bergslags/Kommission; Urt. v. 29.3.2011 – C-352/09 P, Slg. 2011, I-2359 Rn. 143 – ThyssenKrupp Nirosta/Kommission.
[116] Siehe EuGH Urt. v. 16.11.2000 – C-279/98 P, Slg. 2000, I-9693 Rn. 77–79 – Cascades/Kommission; EuG Urt. v. 20.3.2002 – T-9/99, Slg. 2002, II-1487 Rn. 103f. – HFB Holding. Dies gilt selbst dann, wenn dem Erwerber die Tatbeteiligung der Tochtergesellschaft bekannt ist; vgl. EuGH Urt. v. 16.11.2000 – C-286/98 P, Slg. 2000, I-9925 Rn. 39 – Stora Kopparbergs Bergslags/Kommission. Zur Anwendung der 10% Kappungsgrenze in diesen Fällen → Rn. 110, zur Wiederholungstäterschaft → Rn. 81f.
[117] So ausdrücklich EuG Urt. v. 13.12.2001 – verb. Rs. T-45/98 u. T-47/98, Slg. 2001 II-03757 Rn. 63 – Krupp Thyssen Stainless und Acciai speciali Terni (bestätigt in EuGH Urt. v. 14.7.2005 – C-65/02 P u. C-73/02 P, Slg. 2005 I-06773 Rn. 82 – ThyssenKrupp) im Hinblick auf eine Erklärung zur Übernahme kartellrechtlicher Verantwortlichkeit.

erforderlich sind, weil die kartellrechtliche Sanktion ihre Wirkungen beim ursprünglichen Betreiber des Unternehmens nicht entfalten kann.[118] **Das Prinzip der wirtschaftlichen Nachfolge** gestattet[119] der Kommission in den folgenden Fallgruppen eine Haftungserstreckung auf den rechtlichen bzw. wirtschaftlichen Nachfolger:

49
- der ursprünglich verantwortliche Rechtsträger **hört auf, rechtlich zu existieren** (etwa infolge seiner Auflösung oder Fusion mit einem anderen Rechtsträger);[120]
- Der ursprünglich verantwortliche Rechtsträger **übt keine wirtschaftlichen Tätigkeiten mehr aus,**[121] oder der Nachfolger übernimmt zumindest die wirtschaftliche Tätigkeit, auf die sich die Zuwiderhandlungen bezogen, „im wesentlichen";[122]
- Der ursprünglich verantwortliche Rechtsträger **überträgt einen Teil seiner wirtschaftlichen Aktivitäten auf eine Einrichtung,** die der **Kontrolle durch dieselbe Person untersteht,** und die somit in Anbetracht der auf wirtschaftlicher und organisatorischer Ebene bestehenden **engen Bindungen** im Wesentlichen dieselben geschäftlichen Leitlinien anwendet;[123]
- Die Vermögensübertragungen zielen **missbräuchlich** darauf ab, sich einer zu erwartenden Geldbuße durch die Kommission zu entziehen.[124]

50 Die Rechtsprechung deutet darauf hin, dass diese Aufzählung **nicht abschließend** ist.[125]

3. Folgen gemeinschaftlicher Haftung im Unternehmen

51 Belegt die Kommission mehrere juristische Personen für das wettbewerbsrechtswidrige Verhalten eines Unternehmens mit einem Bußgeld, so führt dies grundsätzlich zur **gesamtschuldnerischen Haftung** der mit Geldbußen belegten Gesellschaften.[126] Dies gilt auch dann, wenn die Gesellschaften bei Annahme der Entscheidung kein Unternehmen mehr bilden.[127] Die gemeinschaftliche Haftung im Unternehmen kann dazu führen, dass

---

[118] Vgl. GA *Kokott,* SchlA v. 3.7.2007 – C-280/06 Rn. 83 – ETI.
[119] Die Haftungszurechnung an den Nachfolger bleibt dabei stets für die Kommission nur eine Möglichkeit, und keine Verpflichtung; vgl. EuG Urt. v. 30.9.2009 – T-161/05, Slg. 2009, II-3555 Rn. 64 – Hoechst/Kommission.
[120] Vgl. EuG Urt. v. 16.6.2011 – T-194/06, Slg. 2011 II-3119 Rn. 54–68. SNIA (bestätigt durch EuGH Urt. v. 5.12.2013 – C-448/11 P Rn. 35 – SNIA); EuG Urt. v. 17.12.1991– T-6/89, Slg. 1991, II-1623 Rn. 236–239 – Enichem Anic/Kommission; Urt. v. 11.3.1999 – T-134/94, Slg. 1999, II-239 Rn. 126 – NMH Stahlwerke/Kommission.
[121] EuGH Urt. v. 11.12.2007 – C-280/06, Slg. 2007, I-10893 Rn. 40 – ETI ua; EuG Urt. v. 11.3.1999 – T-134/94, Slg. 1999, II-239 Rn. 137f. – NMH Stahlwerke/Kommission.
[122] EuG Urt. v. 11.3.1999 – T-134/94, Slg. 1999, II-239 Rn. 133 – NMH Stahlwerke/Kommission. Dagegen begründet die bloße Einbringung des kartellbefangenen Geschäftsbereichs in ein Gemeinschaftsunternehmen keine Nachfolgehaftung; vgl. EuGH Urt. v. 14.7.2005 – verb. Rs. C-65/02 P und C-73/02 P, Slg. 2005, I-6773 Rn. 79, 88 – ThyssenKrupp/Kommission. Ebensowenig genügt für die Nachfolgehaftung, dass eine Gesellschaft lediglich einen bestimmten Teil ihrer Tätigkeiten auf eine andere überträgt; vgl. EuGH Urt. v. 7.1.2004 – verb. Rs. C-204/00 P, C-205/00 P, C-211/00 P, C-213/00 P, C-217/00 P und C-219/00 P, Slg. 2004, I-123 Rn. 359 – Aalborg Portland.
[123] EuGH Urt. v. 13.6.2013 – C-511/11 P Rn. 52 – Versalis; EuGH Urt. v. 11.12.2007 – C-280/06, Slg. 2007, I-10893 Rn. 48–49 – ETI; EuGH Urt. v. 5.3.2015 – C-93/13 u. C-123/13 Rn. 52–59 – Versalis u. Eni. Bei solchen Umstrukturierungen innerhalb eines Konzerns besteht die Gefahr, dass sich „die Betroffenen ihrer kartellrechtlichen Verantwortlichkeit mit Hilfe der ihnen offenstehenden rechtlichen Gestaltungsmöglichkeiten – gleichviel ob absichtlich oder unabsichtlich – entziehen"; vgl. EuG Urt. v. 31.3.2009 – T-405/06, Slg. 2009, II-789 Rn. 110 – ArcelorMittal Luxemburg.
[124] Vgl. EuGH Urt. v. 11.12.2007 – C-280/06, Slg. 2007, I-10893 Rn. 41 – ETI ua; Urt. v. 8.7.1999 – C-49/92 P, Slg. 1991, I-4125 Rn. 146 und 7. Leitsatz – Kommission/Anic; EuGH Urt. v. 20.3.2002 – T-9/99, Slg. 2002, II-1487 Rn. 107 – HFB Holding. Siehe auch GA *Kokott,* SchlA v. 3.7.2007 – C-280/06, Slg. 2007, I-10893 Rn. 74, 79 und 82 – ETI ua.
[125] Vgl. zB EuGH Urt. v. 11.12.2007 – C-280/06 ua, Slg. 2007, I-10893 Rn. 49 – ETI („insbesondere dann zulässig, wenn").
[126] EuGH Urt. v. 10.4.2014 – verb. Rs. C-231/11 P bis C-233/11 P Rn. 48 – Siemens VA Tech; EuGH Urt. v. 10.9.2009 – C-97/08 P, Slg. 2009, I-8237 Rn. 62 – Akzo Nobel ua/Kommission; EuG Urt. v. 31.3.2009 – T-405/06, Slg. 2009, II-789 Rn. 115–117 – ArcelorMittal Luxembourg ua/Kommission.
[127] Vgl. EuG Urt v. 15.6.2005 – verb. Rs. T-71/03, T-74/03, T-87/03 und T-91/03, Slg. 2005, II-10 Rn. 58, 391f. – Tokai Carbon ua/Kommission.

der höhere Umsatz und eine eventuelle Vortatbeteiligung des Einfluss ausübenden Rechtsträgers die Kartellgeldbuße maßgeblich erhöhen.

„Der Mechanismus der Gesamtschuld soll [...] ein zusätzliches Rechtsinstrument darstellen, das der Kommission zur Verfügung steht, um ihr Vorgehen bei der Einziehung von Geldbußen, die wegen Zuwiderhandlungen gegen das Wettbewerbsrecht verhängt wurden, wirksamer zu gestalten, da dieser Mechanismus für die Kommission als Gläubigerin der Schuld, die diese Geldbußen darstellen, die Gefahr der Zahlungsunfähigkeit verringert, was der Verwirklichung des mit dem Wettbewerbsrecht allgemein verfolgten Ziels der Abschreckung dient".[128]   52

Die **Klärung des Gesamtschuldnerausgleichs** zwischen den gemeinschaftlich haftenden Rechtsträgern eines Unternehmens obliegt im Bedarfsfall den nationalen Gerichten nach Maßgabe des nationalen Rechts.[129] Der EuGH hält die nationalen Gerichte hierbei zur „Beachtung des Unionsrechts" an, ohne zu präzisieren, welche unionsrechtlichen Auflagen bei Durchführung des Innenausgleichs zwischen den Gesamtschuldnern zu beachten sind.[130] In dem aufgehobenen erstinstanzlichen Urteil hatte das EuG im Zweifel gleich hohe Verantwortungsbeiträge der einzelnen gesamtschuldnerisch haftenden juristischen Personen vorgeschlagen.[131] Die Kommission ist nach höchstrichterlicher Rechtsprechung nicht verpflichtet, über die Anteile zu entscheiden, zu denen die gesamtschuldnerisch zur Verantwortung gezogenen Gesellschaften im Innenverhältnis für die Geldbuße aufzukommen haben. Dies gilt selbst dann, wenn infolge von Umstrukturierungen während oder nach Beendigung der Tatbeteiligung unterschiedliche Konzerne (teilweise) gesamtschuldnerisch für die gleiche Geldbuße haften.[132]   53

III. Verstöße gegen verfahrensrechtliche Vorschriften

1. Allgemeines

Die Bußgeldandrohung des Art. 23 Abs. 1 VO (EG) Nr. 1/2003 betrifft die Mitwirkungs- und Duldungspflichten bei formellen Ermittlungshandlungen und den Schutz des Ermittlungsverfahrens vor falschen oder irreführenden Informationen. Art. 23 Abs. 1 VO (EG) Nr. 1/2003 zählt die Bußgeldtatbestände **abschließend** auf. Die Vorschrift umfasst nur einen Teil der Ermittlungshandlungen der Kommission. Verstöße gegen Pflichten aus Art. 19 VO (EG) Nr. 1/2003 (Befragung) und Art. 21 VO (EG) Nr. 1/2003 (Nachprüfungen in anderen Räumlichkeiten) sind nicht erfasst, können aber ggf. als erschwerender Umstand zur Erhöhung einer Geldbuße führen, die wegen Verstößen gegen Art. 101, 102 AEUV verhängt wird (→ Rn. 99 f.) oder den Verlust einer Ermäßigung der Geldbuße nach Maßgabe der Kronzeugenregelung zur Folge haben (→ Rn. 133).   54

Die allgemeinen Regeln zur Bestimmung des Sanktionsadressaten im **Unternehmen** (→ Rn. 33 ff.) gelten auch für die Ahndung von Verfahrensverstößen nach Art. 23 Abs. 1 VO (EG) Nr. 1/2003, und zwar auch im Hinblick auf die Vermutungsregel für die Ausübung eines bestimmten Einflusses der Muttergesellschaft bei (nahezu) 100 %-An-   55

---

[128] EuGH Urt. v. 10.4.2014 – verb. Rs. C-231/11 P bis C-233/11 Rn. 59 – Siemens.
[129] Nach Maßgabe des deutschen Rechts gilt § 426 BGB, dem zufolge alle für die Beurteilung des Falls maßgeblichen Umstände zu berücksichtigen sind. Dazu gehören insbesondere die den Beteiligten anzulastenden Verursachungs- und Verschuldensbeiträge sowie die ihnen aufgrund des Kartellverstoßes zugeflossenen Mehrerlöse oder sonstigen Vorteile; vgl. BGH Urt. v. 18.11.2014 – KZR 15/12, NZKart 2015, 101 – Calciumcarbid-Kartell II.
[130] Vgl. EuGH Urt. v. 10.4.2014 – verb. Rs. C-231/11 P bis C-233/11 Rn. 62, 63 – Siemens.
[131] Vgl. EuG Urt. v. 13.3.2011 – verb. Rs. T-122/07 bis T-124/07, Slg 2011 II-00793 Rn. 158, 159 – Siemens. Ablehnend dazu GA *Mengozzi,* SchlA v. 19.9.2013 – verb. Rs. C-231/11 P bis C-233/11 Rn. 88 – Siemens. Vgl. zum ganzen auch *Kellerbauer/Weber* EuZW 2011, 666 ff. sowie *Kellerbauer/Weber* EuZW 2014, 668 ff.
[132] Vgl. EuGH Urt. v. 10.4.2014 – verb. Rs. C-231/11 P bis C-233/11 Rn. 4–13, 56–64 – Siemens. Die unmittelbar tatbeteiligte Gesellschaft gehörte im Zeitraum ihrer Beteiligung an dem in Rede stehenden Kartell nacheinander zwei unterschiedlichen Konzernen an.

teilseignerschaft.[133] Schließlich knüpft die Zugehörigkeit zu dem zuwiderhandelnden Unternehmen nicht an der (Art der) Zuwiderhandlung an, sondern an der fehlenden Autonomie der unmittelbar tatbeteiligten Gesellschaft, bzw. den organisatorischen, wirtschaftlichen und rechtlichen Verbindungen mit dieser.[134] Dies hindert die Kommission allerdings nicht daran, ausschließlich gegen die unmittelbar tatbeteiligte Gesellschaft vorzugehen.[135]

56 Die Kommission kann Verfahrensverstöße auch als **erschwerenden Umstand** berücksichtigen, um die Geldbuße zu erhöhen, die wegen einer Zuwiderhandlung gegen Art. 101, 102 AEUV verhängt wird. Die Befugnis, einen Verfahrensverstoß als selbständige Zuwiderhandlung mit einer Geldbuße von bis zu einem Höchstbetrag von 1% des Umsatzes zu ahnden, stellt nicht die Möglichkeit in Frage, ein Verhalten als erschwerenden Umstand zu berücksichtigen.[136] Entscheidet sich die Kommission aber für eine dieser beiden Möglichkeiten, ist die andere für ein- und dasselbe Verhalten ausgeschlossen.[137]

2. Bußgeldtatbestände

57 **a) Fehlverhalten bei Auskunftsersuchen.** Auskunftsersuchen kann die Kommission entweder im Rahmen einer Sektorenuntersuchung (Art. 17 VO (EG) Nr. 1/2003) oder im Rahmen der Ermittlungen zu einem möglichen Wettbewerbsverstoß (Art. 18 VO (EG) Nr. 1/2003) an Unternehmen bzw. Unternehmensvereinigungen richten. Es ist zu unterscheiden zwischen sog „einfachen Auskunftsverlangen" nach Art. 18 Abs. 2 VO (EG) Nr. 1/2003 und solchen, die im Wege einer formellen Entscheidung gem. Art. 18 Abs. 3 VO (EG) Nr. 1/2003 ergehen. **Einfache Auskunftsverlangen** können gem. Art. 23 Abs. 1 lit. a VO (EG) Nr. 1/2003 nur bei unrichtigen oder irreführenden Angaben Geldbußen nach sich ziehen.[138] **Auskunftsentscheidungen** begründen darüber hinaus die Pflicht zur rechtzeitigen und vollständigen Antwort, deren Verletzung gem. Art. 23 Abs. 1 lit. b Geldbußen nach sich ziehen kann.

58 Die Kommission bewertet eine Auskunft dann als **unrichtig oder irreführend,** wenn sie die Tatsachen in einem von der Wirklichkeit nicht unerheblich abweichenden Bild erscheinen lässt.[139] Wo Fragen allgemeiner formuliert sind, setzt sich der Adressat eines Auskunftsbeschlusses nicht der Gefahr einer Geldbuße aus, wenn er im Rahmen des durch die Frage geschaffenen Spielraums antwortet.[140]

59 **b) Fehlverhalten bei Nachprüfungen.** Art. 23 Abs. 1. lit. c bis e VO (EG) Nr. 1/2003 betrifft ein **Fehlverhalten im Rahmen von Nachprüfungen** nach Art. 20 VO (EG) Nr. 1/2003. Die Bußgeldtatbestände gelten nach Art. 17 Abs. 2 VO (EG) Nr. 1/2003 auch bei Nachprüfungen im Rahmen von Sektorenuntersuchungen.

60 Gemäß Art. 23 Abs. 1 lit. c VO (EG) Nr. 1/2003 kann eine Geldbuße verhängt werden, wenn ein Unternehmen eine durch Entscheidung nach Art. 20 Abs. 4 VO (EG) Nr. 1/2003 angeordnete Nachprüfung nicht duldet. Die **Duldungspflichten** nach Art. 20 Abs. 4 VO (EG) Nr. 1/2003 sind **weitreichend.** Bereits die Zugangsverweige-

---

[133] Str. Die Kommission scheint zumindest in einer Entscheidung dieser Ansicht gefolgt zu sein; vgl. Kom. v. 20.11.2007 – 38.432 Rn. 8–10, 45, 219–227, 263 – Video-Magnetbänder für den Fachbedarf. Vgl. dazu auch Schröter/Klotz/Jakob/Mederer/*Kienapfel* Art. 23 VO (EG) Nr. 1/2003 Rn. 42 mwN.
[134] Vgl. EuGH Urt. v. 20.1.2011 – C-90/09 P Rn. 109 – General Química/Kommission.
[135] So geschehen etwa in Kom. v. 30.1.2008 – 39.326 – E.ON Siegelbruch.
[136] EuGH Urt. v. 29.6.2006 – C-308/04 P, Slg. 2006, I-5977 Rn. 64 – SGL Carbon; EuG Urt. v. 24.3.2011 – T-384/06, Slg. 2011 II-1177 Rn. 109 – IBP.
[137] EuGH Urt. v. 29.6.2006 – C-308/04 P, Slg. 2006, I-5977 Rn. 64 – SGL Carbon; EuG Urt. v. 24.3.2011 – T-384/06, Slg. 2011 II-1177 Rn. 109 – IBP.
[138] Dabei besteht kein Unterschied zwischen Angaben, die ein Unternehmen in Antwort auf eine Frage der Kommission übermittelt und Angaben, die über die eigentliche Fragestellung hinausgehen. In beiden Fällen besteht keine Rechtspflicht zur Übermittlung der Angaben, aber die Pflicht, von unrichtigen und irreführenden Angaben Abstand zu nehmen; vgl. EuG Urt. v. 20.3.2002 – T-9/99, Slg. 2002, II-1487 Rn. 561 – HFB Holding.
[139] Kom. v. 25.11.1981 – 29895 Rn. 21 – Telos.
[140] Vgl. EuG Urt. v. 14.3.2014 – T-302/11 Rn. 112f. – HeidelbergCement (wegen anderer Gesichtspunkte aufgehoben in C-247/14 P).

rung zu einem Büro begründet einen Verstoß.[141] Das gleiche gilt, wenn den Inspektoren kein ausschließlicher Zugang zu den Emailkonten des Unternehmens eingeräumt wird.[142] In der Praxis selten sind Nachprüfungen durch einfachen schriftlichen Auftrag nach Art. 20 Abs. 3 VO (EG) Nr. 1/2003. Für diesen Fall ist die Vorlage unvollständiger Geschäftsunterlagen bußgeldbewehrt, wenn sich das Unternehmen entscheidet, der Nachprüfung Folge zu leisten.[143]

Art. 23 Abs. 1 lit. d VO (EG) Nr. 1/2003 sanktioniert die **Erteilung unrichtiger, irreführender und unvollständiger Antworten** auf Fragen, die während einer Nachprüfung gem. Art. 20 Abs. 2 lit. e VO (EG) Nr. 1/2003 gestellt wurden. Unrichtige und irreführende Auskünfte durch Personen, die für das Unternehmen Auskünfte zu erteilen befugt sind, sind stets bußgeldbewehrt (1. Spiegelstrich). Erteilt ein sonstiges Mitglied der Belegschaft unrichtige oder irreführende Auskünfte, kann das Unternehmen mit einem Bußgeld belegt werden, wenn es die Aussagen nicht innerhalb einer von der Kommission gesetzten Frist richtigstellt (2. Spiegelstrich).[144] Im Hinblick auf Tatsachen, die mit einer durch Entscheidung nach Art. 20 Abs. 4 VO (EG) Nr. 1/2003 angeordneten Nachprüfung in Zusammenhang stehen, besteht darüber hinaus die Pflicht zur vollständigen Antwort (3.Spiegelstrich).[145]

61

Art. 23 Abs. 1 lit. e VO (EG) Nr. 1/2003 sanktioniert den **Bruch eines Siegels**, das gemäß Art. 20 Abs. 2 lit. d VO (EG) Nr. 1/2003 im Zuge einer Nachprüfung angebracht wurde. Siegel können für die Beweissicherung insbesondere im Rahmen von mehrtägigen Nachprüfungen unerlässlich sein. Eine Geldbuße wegen Siegelbruchs setzt nicht den Nachweis voraus, dass die versiegelten Räumlichkeiten tatsächlich betreten oder die darin befindlichen Dokumente vernichtet oder verfälscht wurden.[146] Ein Unternehmen trifft die Verantwortung für sämtliche Mitarbeiter und Beauftragte, die unter seiner Leitung Arbeiten verrichten.[147]

62

3. Bemessung der Geldbuße

Verfahrensverstöße können mit Bußgeldern von **bis zu 1 %** des im Geschäftsjahr vor Erlass der Entscheidung[148] erzielten Gesamtumsatzes sanktioniert werden. Innerhalb dieses Rahmens ist die Kommission nach Artikel 23 Abs. 3 VO (EG) Nr. 1/2003 verpflichtet, sowohl die Schwere der Zuwiderhandlung als auch deren Dauer zu berücksichtigen. Da die Kommission im Hinblick auf die Bußgeldhöhe für Verfahrensverstöße keine Leitlinien mit einer Berechnungsmethode erlassen hat, an die sie bei der Festsetzung von Geldbußen gebunden wäre, braucht sie den Grundbetrag oder den Umfang der Erschwerungen oder Abmilderungen weder in absoluten Zahlen noch in Prozentwerten zu beziffern.[149] Sie ist

63

---

[141] Siehe Kom. v. 14.10.1994 – 34887 Rn. 19 – Akzo Chemicals BV.
[142] Siehe Kom. v. 28.3.2012 – 39 793 Rn. 51 f. – EPH. Auf Aufforderung muss ein Unternehmen seine Emailkonten dergestalt blockieren, dass sich der Zugang auf Kommissionsbedienstete beschränkt.
[143] Kom. v. 20.12.1979 – 80/334/EWG Rn. 10 – Fabbrica Pisana.
[144] Siehe hierzu auch Art. 4 Abs. 3 VO (EG) Nr. 773/2004.
[145] Art. 23 Abs. 1 lit. d, 2. Spiegelstrich VO (EG) Nr. 1/2003 ist dahingehend korrigierend auszulegen, dass das Unternehmen nur unrichtige und irreführende Angaben, nicht aber unvollständige Angaben seiner Belegschaft zu korrigieren verpflichtet ist. Ansonsten bestünde bei einfachen Nachprüfungen ein strengerer Haftungsmaßstab für Belegschaftsmitglieder als für Unternehmensvertreter; vgl. dazu Schröter/Klotz/Jakob/Mederer/*Kienapfel* VO (EG) Nr. 1/2003 Art. 23 Rn. 45.
[146] EuG Urt. v. 15.12.2010 – T-141/08, Slg. 2010 II-05761 Rn. 218, 256 – E.ON Energie, bestätigt durch EuGH Urt. v. 22.11.2012 – C-89/11 P, NZKart 2013, 69 – E.ON Energie.
[147] Vgl. EuG Urt. v. 15.12.2010 – T-141/08, Slg. 2010 II-05761 Rn. 218, 256 – E.ON Energie (im Hinblick auf eine Reinigungskraft). Das Unternehmen trifft nach diesem Urteil die Verpflichtung, seine Belegschaft und etwaig anwesende Besucher dergestalt in Kenntnis zu setzen, dass ein Bruch des Siegels vermieden wird.
[148] Ein Unternehmen wird auch im Hinblick auf Geldbußen wegen Verfahrensverstößen verlangen können, dass die Kommission bei ihm auf einen anderen Zeitraum abstellt, wenn es nachweist, dass das letzte vollständige Geschäftsjahr vor Erlass der Entscheidung aus für dieses Unternehmen spezifischen Gründen weder für seine wirkliche Größe und seine Wirtschaftskraft, noch für das Ausmaß der von ihm begangenen Zuwiderhandlung einen Anhaltspunkt bietet (→ Rn. 127).
[149] EuG Urt. v. 15.12.2010 – T-141/08, Slg. 2010 II-5761 Rn. 284 – E.ON Energie.

aber an die allgemeinen Rechtsgrundsätze, und inbesondere den **Verhältnismäßigkeitsgrundsatz,** gebunden und muss ihre Überlegungen zur Bußgeldbemessung klar und eindeutig zum Ausdruck bringen.[150]

64 Die **Dauer** kann nur bei Verfahrensverstößen von Bedeutung sein, die ihrer Natur nach andauern können, so etwa bei der ausbleibenden Antwort auf ein Auskunftsverlangen. Verfahrensverstöße, die sich notwendigerweise in einmaligen Vorgängen erschöpfen, können bereits aufgrund der **Art der Zuwiderhandlung** eine hohe Geldbuße rechtfertigen. So ist der Siegelbruch als solches als besonders schwere Zuwiderhandlung anzusehen, die eine abschreckende Geldbuße erfordert, damit es nicht lohnenswert erscheint, bei einer Nachprüfung Siegel zu erbrechen, um das Auffinden von Beweismitteln zu verhindern.[151] Bei der Bemessung der Geldbuße berücksichtigungsfähig sind ferner insbesondere der **Grad des Verschuldens,**[152] die **Bedeutung** des verfahrensrechtlichen Verstoßes **für das Ermittlungsverfahren,**[153] sowie die sofortige und umfassende **Mitwirkung** des Unternehmens bei der Aufklärung des Verstoßes.[154]

IV. Verstöße gegen Art. 101 und 102 AEUV

1. Ermessensbindung durch Bußgeldleitlinien

65 Bei der Verhängung von Geldbußen gegen Unternehmen und Unternehmensvereinigungen, die vorsätzlich oder fahrlässig gegen Artikel 101, 102 AEUV verstoßen haben, ist die Kommission an die Leitlinien für das Verfahren zur Festsetzung von Geldbußen gebunden.

66 Die Bußgeldleitlinien sind „ein Instrument, mit dem unter Beachtung höherrangigen Rechts die Kriterien präzisiert werden sollen, die die Kommission im Rahmen der Ausübung des ihr nach Art. 23 Abs. 2 der Verordnung Nr. 1/2003 zustehenden Ermessens bei der Festsetzung von Geldbußen anzuwenden gedenkt. Die Leitlinien stellen nicht die Rechtsgrundlage einer Entscheidung dar, mit der Geldbußen verhängt werden, weil diese auf der Verordnung Nr. 1/2003 beruht, aber sie enthalten eine allgemeine und abstrakte Regelung der Vorgehensweise, die sich die Kommission zur Festsetzung der in dieser Entscheidung verhängten Geldbußen auferlegt hat, und schaffen damit Rechtssicherheit für die Unternehmen."[155]

67 **Abweichungen von den Bußgeldleitlinien** sind nicht ohne die Angabe von Gründen möglich, die mit dem Grundsatz der Gleichbehandlung vereinbar sind (zum Gleichbehandlungsgrundsatz → Rn. 24).[156] Allerdings kann die Kommission bei der Festsetzung der Geldbuße auch im Einzelfall verpflichtet sein, von ihren eigenen Bußgeldleitlinien abzuweichen, um höherrangigen Rechtsprinzipien wie dem Gleichbehandlungsgrundsatz oder Verhältnismäßigkeitsgrundsatz Rechnung zu tragen. Nach der Normenhierarchie kann die Kommission nämlich nicht durch eine interne Verhaltensnorm, die sie sich selbst auferlegt, vollständig auf die Ausübung eines Ermessens verzichten, das ihr in Art. 23 VO (EG) Nr. 1/2003 eingeräumt ist.[157]

---

[150] EuG Urt. v. 15.12.2010 – T-141/08, Slg. 2010 II-5761 Rn. 284, 286–287 – E.ON Energie.
[151] EuG Urt. v. 15.12.2010 – T-141/08, Slg. 2010 II-5761 Rn. 288 – E.ON Energie; bestätigt durch EuGH Urt. v. 22.11.2012 – C-89/11 P – E.ON Energie (Geldbuße iHv 38 Mio. EUR, die allerdings nur 0,14% des Gesamtumsatzes der E.ON Energie AG entsprach).
[152] Vgl. EuG Urt. v. 27.9.2006 – T-322/01, Slg 2006, II-3137 Rn. 313–315 – Roquette Frères (grobe Fahrlässigkeit als erschwerender Umstand).
[153] Vgl. EuG Urt. v. 15.12.2010 – T-141/08, Slg. 2010 II-5761 Rn. 280, 288 – E.ON Energie.
[154] Vgl. Kom. v. 24.5.2011 – 39.796 Rn. 101–103 – Suez Environnement.
[155] EuG Urt. v. 6.2.2014 – T-27/10 Rn. 298 – AC-Treuhand; vgl. auch EuG Urt. v. 14.12.2006 – T-259/02 ua, Slg. 2006, II-5169 Rn. 219 und 223 – Raiffeisen Zentralbank Österreich.
[156] Vgl. EuGH Urt. v. 28.6.2005 – C-189/02 P ua, Slg. 2005, I-5425 Rn. 209 und 210 – Dansk Rørindustri; Urt. v. 29.9.2011 – C-520/09 P, Slg. 2011 I-8901 Rn. 88 – Arkema; EuG Urt. v. 27.3.2014 – verb. Rs. T-56/09 und T-73/09 Rn. 360 – Saint-Gobain Glass France.
[157] EuG Urt. v. 14.5.2014 – T-406/09 Rn. 306–308 – Donau Chemie; EuG Urt. v. 12.12.2012 – T-400/09 Rn. 42f. – Ecka Granulate et non ferrum Metallpulver. Vgl. hierzu auch die Erläuterungen zu Ziff. 37 der Bußgeldleitlinien → Rn. 140–143).

Die Kommission hat ihre Bußgeldleitlinien zuletzt am 1.9.2006 abgeändert und teilweise auf Verstöße vor ihrer Veröffentlichung **rückwirkend angewandt.**[158] Diese Verwaltungspraxis ist von den Unionsgerichten als rechtmäßig bestätigt worden. Unternehmen können weder auf eine Beibehaltung eines bestimmten Bußgeldniveaus noch auf eine bestimmte Methode der Bußgeldbestimmung vertrauen.[159] Im Hinblick auf das Rückwirkungsverbot geht die Rechtsprechung davon aus, dass die fragliche **Änderung** zum Zeitpunkt der Zuwiderhandlung **hinreichend vorhersehbar** ist.[160]

68

2. Überblick über Berechnungsmethode

Die Bestimmung der Geldbuße nach den Bußgeldleitlinien läßt sich in **folgende Schritte** unterteilen:[161]

69

1. Die Bestimmung eines **Grundbetrages** (Ziff. 12 bis 26), der sich zusammensetzt aus:
   a) Einem **variablen Betrag,** abhängig von der Dauer der Tatbeteiligung (Ziff. 19 bis 24);
   b) Einem **Zusatzbetrag,** der bei kurzer Tatbeteiligung für Abschreckung sorgen soll (Ziff. 25);
2. Die Berücksichtigung **erschwerender und mildernder Umstände** (Ziff. 28, 29);
3. Die Anwendung eines **Abschreckungsmultiplikators** bei hohem Gesamtumsatz (Ziff. 30);
4. Die Prüfung, ob ein durch den Wettbewerbsverstoß erzielter **Gewinn abzuschöpfen** ist (Ziff. 31);
5. Die Anwendung der **10%-Kappungsgrenze** nach Art. 23 Abs. 2 VO (EG) Nr. 1/2003 (Ziff. 32, 33);
6. Der Erlass oder die Ermäßigung der Geldbuße nach der **Kronzeugenmitteilung** (Ziff. 34) oder der Mitteilung über die Durchführung von **Vergleichsverfahren** („settlement");
7. Auf Antrag die Prüfung der begrenzten **Leistungsfähigkeit** des Unternehmens (Ziff. 35);
8. Die Prüfung, ob eine abweichende Bestimmung der Geldbuße im Einzelfall geboten ist (Ziff. 37).

3. Bestimmung des Grundbetrags

a) Allgemeines. Die Bestimmung des Grundbetrags der Geldbuße erfordert zunächst die Bestimmung **des tatbezogenen Umsatzes.** Zu diesem Zweck ist der Umsatz mit den **Waren oder Dienstleistungen** zu ermitteln, die mit der Zuwiderhandlung im Zusammenhang stehen. Dabei kann die Kommission auf das **Unternehmen als wirtschaftliche Einheit** abstellen und muss sich nicht auf die Gesellschaften beschränken, die sich unmittelbar an der Zuwiderhandlung beteiligt haben.[162] Ferner muss ein einjähriger Zeitraum bestimmt werden, der für den Umsatz im Zeitraum der Zuwiderhandlung repräsentativ ist. Im **Regelfall** ist dies der **Umsatz im letzten vollständigen Geschäftsjahr**, in dem das betroffene Unternehmen an der Zuwiderhandlung beteiligt war. Als nächstes wird ein **Anteil von bis zu 30%** des tatbezogenen Umsatzes festgesetzt, der der Schwere der Zuwiderhandlung entspricht. Dieser Anteil des tatbezogenen Umsatzes wird mit der Dauer der Zuwiderhandlung (in Jahren) multipliziert. Abschließend wird bei schwerwiegenden Wettbewerbsverstößen ein Zusatzbetrag in Höhe von 15–25% des tatbezogenen Umsatzes addiert.

70

---

[158] Laut Ziff. 38 der Bußgeldleitlinien finden diese „in sämtlichen Verfahren Anwendung, in denen nach ihrer Veröffentlichung im Amtsblatt eine Mitteilung der Beschwerdepunkte ergeht". Die Veröffentlichung im Amtsblatt erfolgte am 1.9.2006.
[159] EuGH Urt. v. 28.6.2005 – C-189/02 P ua, Slg. 2005, I-5425 Rn. 173, 186 – Dansk Rørindustri; EuG Urt. v. 6.2.2014 – T-27/10 Rn. 290 – AC-Treuhand.
[160] Vgl. zB EuG Urt. v. 27.3.2014 – verb. Rs. T-56/09 u. T-73/09 Rn. 264–283 – Saint-Gobain Glass France; Urt. v. 2.2.2012 – T-83/08 Rn. 98–127 – Denki Kagaku Kogyo and Denka Chemicals.
[161] Die verwiesenen Ziffern beziehen sich auf die Bußgeldleitlinien.
[162] Vgl. EuG Urt. v. 12.12.2014 – T-551/08 Rn. 255–264 – H&R ChemPharm; EuG Urt. v. 16.6.2011 – T-211/08, Slg. 2011, II-3729 Rn. 59–61 – Putters International.

71 Der Grundbetrag der Geldbuße wird anhand von Umständen bestimmt, die die Merkmale der **Zuwiderhandlung als Gesamtheit** widerspiegeln. Im Grundsatz sind daher bei Bestimmung des Grundbetrags die spezifischen Merkmale der von jedem Beteiligten begangenen Zuwiderhandlung jeweils einzeln betrachtet unerheblich.[163] Dennoch kann dem unterschiedlichen Umfang einzelner Tatbeiträge bereits bei Bestimmung des Grundbetrags Rechnung getragen werden und zwar insbesondere bei der Ermittlung des tatbezogenen Umsatzes[164] und bei der Festsetzung des tatangemessenen Umsatzanteils.[165] Die Dauer der Zuwiderhandlung ist stets für jeden Tatbeteiligten gesondert zu veranschlagen.[166]

72 Ob der Kommission die Wahl bleibt, geringere Tatbeiträge entweder bei der Bemessung des Grundbetrags oder bei dessen Anpassung anhand von mildernden und erschwerenden Umständen zu berücksichtigen,[167] ist der Rechtsprechung nicht eindeutig zu entnehmen.[168] Wenn ein Unternehmen an bestimmten Teilen der Zuwiderhandlung überhaupt nicht beteiligt war, hat das EuG die Anpassung anhand mildernder Umstände im Einzelfall als unzureichend bewertet.[169]

73 Beispiel:
Im Fall Innolux waren die Unterschiede in der Tatbeteiligung dagegen so geringfügig, dass das EuG eine Berücksichtigung insgesamt für verzichtbar erachtete. Die Tatbeteiligten hatten im Hinblick auf eine einheitliche Zuwiderhandlung dieselbe Gesamtstrategie verfolgt, sodass keine Verpflichtung bestand, zwischen der Beteiligung an unterschiedlichen kartellierten Produktuntergruppen zu differenzieren.[170]

74 b) Ermittlung der tatbezogenen Produkte oder Dienstleistungen. Ausgangspunkt bei der Bemessung des Grundbetrags der Geldbuße ist gem. Ziff. 13 der Bußgeldleitlinien „der Wert der von dem betreffenden Unternehmen im relevanten räumlichen Markt innerhalb des EWR verkauften Waren oder Dienstleistungen, die mit dem Verstoß in einem unmittelbaren oder mittelbaren Zusammenhang stehen."[171] Dies soll es ermöglichen, den Grundbetrag so zu berechnen, dass er die wirtschaftliche Bedeutung der Zuwiderhand-

---

[163] Erst auf einer zweiten Stufe werden die erschwerenden oder mildernden Umstände berücksichtigt, die das Verhalten des einzelnen Tatbeteiligten kennzeichen; vgl. EuG Urt. v. 27.2.2014 – T-91/11 Rn. 148–152 – InnoLux; Urt. v. 25.10.2011 – T-348/08, Slg. 2011 II-7583 Rn. 265 f. – Aragonesas Industrias y Energía.

[164] So zB wenn die Beteiligung eines Unternehmens auf bestimmte Länder, Produkte oder Kunden beschränkt war; vgl. EuG Urt. v. 13.9.2013 – T-566/08 Rn. 435 – Total Raffinage Marketing; Kom. v. 11.3.2008 – 38.543 Rn. 528–537 – Auslandsumzüge; Kom. v. 30.6.2010 – 38.344 Rn. 935 – Spannstahl.

[165] So zB wenn einzelne Unternehmen an Preisabsprachen und andere zusätzlich an der Aufteilung von Kunden und/oder Märkten beteiligt waren; vgl. Kom. v. 1.10.2008 – 39.181 Rn. 653 – Kerzenwachse; Kom. v. 30.6.2010 – 38.344 Rn. 939, 953 – Spannstahl.

[166] Vgl. zB Kom. v. 28.1.2009 – 39.406 Rn. 448 – Marineschläuche sowie (im Hinblick auf Unterbrechungen der Zuwiderhandlung durch einen Tatbeteiligten) EuG Urt. v. 17.5.2013 – verb. Rs. T-147/09 und T-148/09 Rn. 66 ff., 115 – Trelleborg.

[167] So EuG Urt. v. 16.6.2011 – verb. Rs. T-208/08 u. 209/08, Slg. 2011 II-03639 Rn. 145 – Gosselin (bestätigt in EuGH Urt. v. 11.7.2013 – C-444/11 P Rn. 104–106 – Team Relocations). In den Fällen, in denen die Kommission den letzteren Ansatz wählt, muss die Beurteilung der mildernden und erschwerenden Umstände jedoch „eine angemessene Berücksichtigung der relativen Schwere des Tatbeitrags zu einer einheitlichen Zuwiderhandlung und einer etwaigen Veränderung dieser Schwere im Laufe der Zeit zulassen."

[168] Die Wahl kann für die Beweislastverteilung von Bedeutung sein. Die Kommission trägt die Beweislast für die Schwere der einzelnen Tatbeiträge. Dagegen sind nach Ziff. 29 Bußgeldleitlinien Unternehmen für die mildernden Umstände beweispflichtig, die sie für sich ins Feld führen. Siehe hierzu EuGH Urt. v. 11.7.2013 – C-444/11 P Rn. 108 – Team Relocations.

[169] Vgl. EuG Urt. v. 19.5.2010 – T-18/05, Slg. 2010 II-1769 Rn. 162–164 – IMI; Urt. v. 19.5.2010 – T-21/05, Slg. 2010 II-01895 Rn. 101 – Chalkor AE Epexergasias Metallon.

[170] Vgl. EuG Urt. v. 27.2.2014 – T-91/11 Rn. 148–152 – InnoLux.

[171] Nicht im Umsatz inbegriffen sind laut Ziff. 17 der Bußgeldleitlinien die Mehrwertsteuer und die übrigen unmittelbar an den Verkauf gebundenen Steuern und Abgaben. Dagegen ist die Kommission nicht verpflichtet, bei der Berechnung des Umsatzes eines Marktes bestimmte Produktionskosten außer Betracht zu lassen; vgl. EuGH Urt. v. 8.12.2011 – C-272/09 P, Slg. 2011 I-12789 Rn. 53 – KME Germany.

lung und das Ausmaß des Tatbeitrags des betroffenen Unternehmens wiederspiegelt.[172] Dagegen begründet Ziff. 13 der Bußgeldleitlinien keine Verpflichtung der Kommission, für die konkreten Auswirkungen der Zuwiderhandlung auf diejenigen Verkäufe den Beweis zu führen, deren Umsatz bei der Bußgeldbemessung herangezogen werden.[173] Es liegt grundsätzlich nicht im Ermessen der Kommission, **konzerninterne Umsätze** bei der Bemessung des Grundbetrags der Geldbuße außer Betracht zu lassen.[174]

Ein **mittelbarer Zusammenhang** mit der Zuwiderhandlung kommt etwa bei Referenzpreisen[175] sowie allgemein dort in Betracht, wo die ein bestimmtes Produkt betreffende Zuwiderhandlung mittelbare bzw. indirekte Auswirkungen auf die Preisfestsetzung anderer Produkte hat.[176] Gleiches kann gelten, wenn bestimmte Waren oder Dienstleistungen von einer zusammenhängenden wettbewerbswidrigen Gesamtstrategie erfasst sind, die ein marktbeherrschendes Unternehmen verfolgt hat.[177] Wenn kartellisierte Bestandteile in ein Gesamtprodukt verbaut werden, das selbst nicht Gegenstand wettbewerbswidriger Praktiken war, kann der entsprechende Anteil des Wertes des Gesamtprodukts als tatrelevanter Umsatz berücksichtigt werden.[178] Dagegen hat die Kommission Absätze unberücksichtigt gelassen, wenn kein begründeter Anlass zu der Annahme bestand, dass bestimmte Produkte oder Umsätze in die Reichweite der Zuwiderhandlung fielen.[179]

In geographischer Hinsicht stellt Ziff. 13 der Bußgeldleitlinien auf den relevanten räumlichen Markt innerhalb des EWR ab. Es werden **nur Umsätze aus Verkäufen innerhalb des EWR** herangezogen, da die Art. 101, 102 AEUV in ihrem Anwendungsbereich auf die EU bzw. den EWR beschränkt sind.[180] Bei weltweiten Kartellen lässt die Kommission daher Umsätze von Verkäufen unberücksichtigt, deren Bezug zum EWR in Frage steht.[181] Die Kommission muss sich nicht auf Umsätze mit Produkten beschränken, die innerhalb des EWR geliefert sind, sondern kann im Einzelfall auch Umsätze mit Pro-

---

[172] Vgl. EuGH Urt. v. 8.12.2011 – C-272/09 P, Slg. 2011 I-12789 Rn. 53 – KME Germany (Umsatz als vages und unvollkommenes, aber doch angemessenes Kriterium für die Beurteilung der Größe und Wirtschaftskraft der betreffenden Unternehmen).
[173] Vgl. EuGH Urt. v. 11.7.2013 – C-444/11 P Rn. 76f. – Team Relocations (Beweis würde für die schwerwiegendsten, üblicherweise geheimen Verstöße am schwersten fallen). Vgl. auch EuG Urt. v. 27.2.2014 – T-128/11 Rn. 65 – LG Display.
[174] Nimmt die Kommission den Wert konzerninterner Umsätze bei der Bußgeldbestimmung aus, so kann dies kartellbeteiligte Unternehmen diskriminieren, die nicht vertikal integriert sind. Vertikal integrierte Unternehmen können hinsichtlich der Bestimmung des tatbezogenen Umsatzes ungerechtfertigt bevorzugt werden, indem ihr jeweiliges Gewicht an der Zuwiderhandlung zum Nachteil der anderen Unternehmen verringert wird. Kommt es zu einer solchen ungerechtfertigten Ungleichbehandlung, muss sie durch Bußgeldermäßigungen zugunsten nicht vertikal integrierter Unternehmen ausgeglichen werden. Vgl. hierzu EuGH Urt. v. 12.11.2014 – C-580/12 P Rn. 51–66, 76–80 – Guardian.
[175] Vgl. Ziff. 13 Fn. 1 Bußgeldleitlinien (Horizontale Preisabsprachen, bei denen der Preis des Produkts als Referenzpreis für Produkte höherer oder geringerer Qualität genommen wird).
[176] Vgl. EuG Urt. v. 14.3.2013 – T-588/08 Rn. 638–642 – Dole Food Company (abgesprochene Listenpreise bestimmter Bananen hatten mittelbar Einfluss auf die Transaktionspreise anderer Bananen); EuG Urt. v. 13.7.2011 – T-141/07 ua, Slg. 2011, II-4977 Rn. 192–195 (Marktaufteilungsabsprachen über Hochgeschwindigkeitsaufzüge hatten indirekte Auswirkungen auf den gesamten Aufzugs- und Fahrtreppenmarkt). Vgl. auch EuG Urt. v. 16.9.2013 – T-368/10 Rn. 99f. – Rubinetteria Cisal.
[177] EuG Urt. v. 12.6.2014 – T-286/09 Rn. 1580 – Intel (nrkr).
[178] EuG Urt. v. 27.2.2014 – T-91/11 Rn. 45 – InnoLux. Der Kartellant hatte den kartellisierten Bestandteil selbst in das Gesamtprodukt eingebaut und dieses in das EU uniertes EU geliefert.
[179] Siehe zB Kom. v. 12.11.2008 – 39.125 Rn. 664–667 – Autoglas (keine Berücksichtigung eines Teils der Umsätze in der Anfangs- und Endphase der Zuwiderhandlung, weil sich das Kartell zunächst entfaltete und gegen Ende abflaute). Vgl. auch EuG Urt. v. 27.3.2014 – verb. Rs. T-56/09 und T-73/09 Rn. 373 – Saint-Gobain Glass France sowie Kom. v. 23.6.2010 – 39.092 Rn. 1199ff. – Badezimmerausstattungen; Kom. v. 11.3.2008 – 38.543 Rn. 528ff. – Auslandsumzüge.
[180] Vgl. EuG Urt. v. 29.4.2004 – verb. Rs. T-236/01, T-239/01, T-244/01 bis T-246/01, T-251/02 und T-252/01, Slg. 2004, II-1181 Rn. 200 – Tokai Carbon ua/Kommission.
[181] Vgl. zB Kom. v. 9.11.2010 – 39.258 Rn. 1170, 1217 – Luftfracht. Ein enger Bezug der Umsätze in ihrer Gesamtheit kann sich aber daraus ergeben, dass ein Teil der kartellisierten Produkte innerhalb des EWR vertrieben wird; vgl. EuG Urt. v. 27.3.2014 – verb. Rs. T-56/09 u. T-73/09 Rn. 476 – Saint-Gobain Glass France.

dukten berücksichtigen, die im EWR niedergelassenen Gesellschaften in Rechnung gestellt wurden.[182]

77 Manche Teilnehmer an wettbewerbswidrigen Praktiken weisen deshalb geringere tatbezogene Umsätze innerhalb des EWR auf, weil wettbewerbswidrige Praktiken die Umsätze dort künstlich verringern.[183] Für solche Fälle sieht Ziff. 18 Bußgeldleitlinien eine Berechnung des tatbezogenen Umsatzes unter **Berücksichtigung der Umsätze aus Verkäufen auch außerhalb des EWR** in drei Schritten vor:[184] (i) Die Schätzung des Gesamtwerts des Umsatzes, der mit dem Verstoß in Zusammenhang steht, im gesamten über den EWR hinausreichenden relevanten räumlichen Markt.[185] (ii) die Berechnung der Anteile der jeweiligen Kartellteilnehmer an diesem Gesamtumsatz in Prozent; und (iii) die Anwendung dieses Prozentanteils auf den aggregierten Umsatz derselben Unternehmen innerhalb des EWR zur Ermittlung eines fiktiven Umsatzes für die einzelnen Beteiligten an der Zuwiderhandlung. Im Hinblick auf (i) ist auf den Gesamtwert des Umsatzes nur der an der Zuwiderhandlung beteiligten Unternehmen abzustellen, und nicht auf den Gesamtwert des Umsatzes aller Unternehmen, die auf dem Markt tätig sind, auf dem die Zuwiderhandlung begangen wurde.[186]

78 c) Bestimmung des Referenzzeitraums. Gemäß Ziff. 13 Satz 2 Bußgeldleitlinien stellt die Kommission **„im Regelfall"** auf den **tatbezogenen Umsatz im letzten vollständigen Geschäftsjahr** ab, in dem das betroffene Unternehmen an der Zuwiderhandlung beteiligt war.[187] Bestimmungen zur Erhebung der Daten, die zur Ermittlung des relevanten Umsatzes erforderlich sind, enthalten die Ziff. 15, 16 Bußgeldleitlinien.[188] Ein Unternehmen kann verlangen, dass die Kommission bei ihm auf einen anderen Zeitraum abstellt, wenn es nachweist, dass das letzte vollständige Geschäftsjahr vor Erlass der Entscheidung aus für dieses Unternehmen spezifischen Gründen weder für seine wirkliche Größe und seine Wirtschaftskraft, noch für das Ausmaß der von ihm begangenen Zuwiderhandlung einen Anhaltspunkt bietet.[189]

79 Ein vom Regelfall abweichender Referenzzeitraum ist zugrunde zu legen, wenn das betroffene Unternehmen im letzten Geschäftsjahr vor Erlass der Entscheidung keinen oder ein für normales Geschäftsgebaren untypisch niedrigen bzw. signifikant verringerten Umsatz erzielt hat.[190] Gleiches gilt bei außergewöhnlichen Veränderungen in relativer

---

[182] Vgl. EuG Urt. v. 17.5.2013 – T-146/09 Rn. 210–215 – Parker ITR. Um die im EWR in Rechnung gestellten Umsätze heranziehen zu können, muss dieses Vorgehen jedoch die Realität des Markts wiederspiegeln, dh, es muss am geeignetsten sein, um die Auswirkungen des Kartells auf den Wettbewerb im EWR zu erfassen.
[183] So zB bei weltweiten Marktaufteilungsabsprachen, die dazu führen, dass sich einzelne Teilnehmer vom europäischen Markt fernhalten. Die Anwendung der Ziff. 18 der Bußgeldleitlinien kommt aber auch im Hinblick auf Preisabsprachen in Betracht, da diese als Verzicht auf die Erlangung zusätzlicher Marktanteile im EWR durch eine Senkung der Preise gewertet werden kann; vgl. EuG Urt. v. 29.4.2004 – verb. Rs. T-71/03 ua, Slg 2005, II-10 Rn. 186ff. – Tokai Carbon ua/Kommission.
[184] Vgl. EuG Urt. v.18.6.2013 – T-406/08 Rn. 172 – Industries chimiques du fluor/Kommission.
[185] Dies erfordert keine Bestimmung der betroffenen Produktmarkte; vgl. EuG Urt. v. 18.6.2012 – T-404/08 Rn. 158 – Fluorsid/Kommission.
[186] Vgl. EuG Urt. v.18.6.2013 – T-406/08 Rn. 183–186 – Industries chimiques du fluor/Kommission, bestätigt in EuGH Urt. v. 9.10.2014 – C-467/13 Rn. 48 – Industries chimiques du fluor/Kommission.
[187] Dies kann bei unterschiedlicher Dauer der Beteiligung an einer Zuwiderhandlung die Zugrundelegung unterschiedlicher Referenzzeiträume rechtfertigen; vgl. EuG Urt. v. 16.6.2011 – T-192/06, Slg. 2011, II – 3063 Rn. 90–92 – Caffaro, bestätigt in EuGH Urt. v. 5.12.2013 – C-447/11 P Rn. 52–56 – Cafarro.
[188] Danach ist auf die „zuverlässigsten Daten, die von diesem Unternehmen verfügbar sind", abzustellen. Übermitteln die betroffenen Unternehmen unvollständige oder unzuverlässige Daten, kann die Kommission den Umsatz „mittels der erhaltenen Teildaten und/oder jeder anderen von ihr als einschlägig oder geeignet erachteten Information bestimmen." Damit ist die Kommission auch zur Schätzung bzw. Extrapolation des relevanten Umsatzes ermächtigt.
[189] EuG Urt. v. 11.7.2014 – T-543/08 Rn. 102 – RWE; Urt. v. 11.7.2014 – T-543/08 Rn. 219–225 – RWE; Urt. v. 30.9.2009 – T-175/05 Rn. 142 – Akzo Nobel.
[190] EuGH Urt. v. 15.5.2014 – C-90/13 P Rn. 17 – Garantovaná; Urt. v. 7.6.2007 – C-76/06 P, Slg. 2007, I-4405 Rn. 30 – Britannia Alloys.

Nähe zum Ende der Zuwiderhandlung, die zu einer erheblichen Umsatzsteigerung führen, wie zB EU-Erweiterungen.[191] Ob strukturelle Veränderungen (wie zB ein Unternehmenserwerb) einen abweichenden Referenzzeitraum rechtfertigen, ist Frage des Einzelfalls.[192]

d) Bestimmung des angemessenen Anteils des tatbezogenen Umsatzes. Gemäß **Ziff. 19, 21** der Bußgeldleitlinien errechnet sich der Grundbetrag der Geldbuße anhand eines **bestimmten Anteils am tatbezogenen Umsatz, der 30 % nicht überschreiten kann.** Für diesen angemessenen Anteil ist die Schwere der Zuwiderhandlung maßgeblich. Die Schwere bemisst sich gem. Ziff. 22 und 23 der Bußgeldleitlinien ua nach der Art der Zuwiderhandlung, dem kumulierten Marktanteil sämtlicher beteiligten Unternehmen, dem Umfang des betroffenen räumlichen Marktes sowie einer etwaigen Umsetzung der Zuwiderhandlung.

80

Horizontale, üblicherweise geheime Vereinbarungen zur Festsetzung von Preisen, Aufteilung der Märkte oder Einschränkung der Erzeugung gehören ihrer Art nach zu den schwerwiegendsten Verstößen und rechtfertigen grundsätzlich ein Betrag „am oberen Ende" der 30 % Bandbreite (Ziff. 23). Allgemein ist die **Art der Zuwiderhandlung** für die Schwere von größerer Bedeutung als dessen Auswirkungen.[193] Die Kommission darf nach Ziff. 23 der Leitlinien einen Prozentsatz von 15 % allein nach dem Kriterium der Art der Zuwiderhandlung festsetzen, wenn es sich um horizontale, üblicherweise geheime Vereinbarungen zur Festsetzung von Preisen, Aufteilung der Märkte oder Einschränkung der Erzeugung handelt.[194]

81

Beispiel:
Im Verfahren Ziegler urteilte der EuGH, dass auch ein Satz von 17 % erheblich unter der nach den Bußgeldleitlinien für die schwerwiegendsten Beschränkungen des Wettbewerbs geltenden Obergrenze der Bandbreite liegt. Das EuG hatte daher zu Recht festgestellt, dass dieser Satz für die festgestellten horizontalen Vereinbarungen zur Festsetzung von Preisen und Aufteilung der Märkte sehr günstig ausfalle und dass die Kommission nicht verpflichtet war, ihre Entscheidung in diesem Punkt besonders zu begründen.[195]

82

Die Kommission erhöht den Prozentsatz im Falle solcher „hardcore Verstöße" **über 15 % hinaus,** wenn besondere Faktoren hinzutreten.[196] Auch Zuwiderhandlungen gegen Art. 102 AEUV können ihrer Art nach als besonders schwer anzusehen sein.[197]

83

---

[191] Vgl. EuG Urt. v. 13.9.2013 – T-566/08 Rn. 415, 416 – Total Raffinage Marketing (Berücksichtigung eines dreijährigen Referenzzeitraum infolge der EU-Erweiterung im letzten Jahr der Zuwiderhandlung rechtmäßig). Siehe auch Kom. v. 9.11.2010 – 39.258 Rn. 1173 – Luftfracht (getrennte Umsatzbestimmung für Zeitraum vor EU-Erweiterung).
[192] Abgelehnt zB in EuG Urt. v. 30.9.2009 – T-175/05, Slg. 2009, II-184 Rn. 140–145 – Akzo Nobel. Das Urteil erging zu den Bußgeldleitlinien 1998 (ABl. 1998 C 9, 3).
[193] Vgl. EuGH Urt. v. 8.12.2011 – C-272/09 P Rn. 34 – KME Germany, „wonach die Frage nach den konkreten Auswirkungen von Kartellen auf den Markt für die Bestimmung der Höhe der Geldbußen kein entscheidendes Kriterium ist". Ähnlich im Hinblick auf Verstöße gegen Art. 102 AEU, EuG Urt. v. 12.6.2014 – T-286/09 Rn. 1622 – Intel (nrkr).
[194] EuG Urt. v. 29.6.2012 – T-370/09 Rn. 420–422 – GDF Suez.
[195] EuGH Urt. v. 11.6.2013 – C-439/11 P Rn. 122 – Ziegler.
[196] In der bisherigen Kommissionspraxis ist für sog hardcore Kartelle zwar ein Prozentsatz von mindestens 15 % zur Anwendung gelangt, bislang aber kein Prozentsatz von über 25 % verwandt worden. Der bislang höchste Anteil am relevanten Umsatz wurde mit 25 % im Fall Marineschläuche festgesetzt; vgl. Kom. v. 28.1.2009 – 39.406 Rn. 437–445 – Marineschläuche.
[197] Vgl. EuG Urt. v. 17.9.2007 – T-201/04, Slg. 2007, II-3601 Rn. 1353 f. – Microsoft (Kopplungsgeschäfte); Urt. v. 17.12.2009 – T-57/01, Slg. 2009, II-462, Rn. 496–499 – Solvay(Treuerabatte; wegen Verfahrensverstößen im Ermittlungsverfahren aufgehoben durch EuGH Urt. v. 25.10.2011 – C-109/10, Slg. 2011 I-10329 – Solvay); Urt. v. 25.6.2010 – T-66/01, Slg. 2010 II-02631 Rn. 372–374 – Imperial Chemical Industries (Treuerabatte von einer beherrschenden Firma in der Absicht, Wettbewerber auszuschließen); Urt. v. 29.3.2012 – T-336/07 Rn. 413 – Telefónica (Kostenpreisschere). Dennoch hat die Kommission zuletzt für Treuerabatte nur einen Umsatzanteil von 5 % angewandt (als rechtmäßig bestätigt in EuG Urt. v. 12.6.2014 – T-286/09 Rn. 1630–1636 – Intel (nrkr.)).

§ 13 2. Teil 1. Abschnitt Kartellverfahren in der Europäischen Union

84 Zur **Erhöhung des Prozentsatzes** führten inbesondere das Zusammentreffen mehrerer Wettbewerbsbeschränkungen (zB Preis- und Marktaufteilungsabsprachen),[198] der Umfang des von der Zuwiderhandlung betroffenen räumlichen Marktes (zB die Abdeckung eines erheblichen Teils des EWR),[199] die systematische Überwachung der Umsetzung wettbewerbswidriger Absprachen,[200] Maßnahmen zur Verheimlichung eines nach Art. 102 AEUV missbräuchlichen Verhaltens[201] oder ein besonders hoher Marktanteil der Parteien.[202] Umgekehrt kann die Beteiligung an nur einem Teil der Zuwiderhandlung eine Herabsenkung des Prozentsatzes geboten erscheinen lassen.[203] Eine etwaige **Umsetzung** der Zuwiderhandlung führt nach ständiger Kommissionspraxis nicht automatisch zu einer Erhöhung des Prozentsatzes, zumal der Grad der Umsetzung im Einzelfall oft schwer nachweisbar ist.[204]

85 **e) Multiplikation mit den Jahren der Zuwiderhandlung.** Nach Ziff. 24 Bußgeldleitlinien schlägt sich die Dauer der Zuwiderhandlung in besonderem Maße im Grundbetrag der Geldbuße nieder.[205] Der Anteil des tatbezogenenen Umsatzes wird **mit der Anzahl der Jahre multipliziert,** die das jeweilige Unternehmen an der Zuwiderhandlung beteiligt war. Zeiträume von bis zu sechs Monaten sollen laut Ziff. 24 Bußgeldleitlinien mit einem halben, Zeiträume von mehr als sechs Monaten bis zu einem Jahr mit einem ganzen Jahr angerechnet werden.[206] Diese Aufrundungsregel kann allerdings mit dem Gleichbehandlungsgrundsatz[207] und dem Verhältnismäßigkeitsgrundsatz[208] unvereinbar sein. Das EuG hat die Kommission daher dazu einer **präzisen Bestimmung des Multplikators** angehalten. Dies bedeutet zB einen Multiplikator von 12.64, wenn die Zuwiderhandlung 12 Jahre, 7 Monate und 28 Tage andauerte und 6.53 im Falle einer Dauer von 6 Jahren, 6 Monaten und 12 Tagen.[209]

86 Im Hinblick auf die Bedeutung der Dauer der Zuwiderhandlung für die Höhe der Geldbuße ist die **Beweispflicht der Kommission** von besonderer Bedeutung.[210] Lassen sich wettbewerbswidrige Kontakte nur in gewissen Abständen nachweisen, muss geprüft

---

[198] Vgl. Kom. v. 11.3.2008 – 38.543 Rn. 541–543 – Auslandsumzüge (Erhöhung von 15% auf 17%).
[199] Vgl. Kom. v. 23.1.2008 – 38628 Rn. 175 – Nitril-Butadien-Kautschuk; Kom. 7.10.2009 – 39129 Rn. 247 – Leistungstransformatoren (Erhöhung auf jeweils 16%). Der abstrakt räumliche Wirkungskreis der Zuwiderhandlung darf nicht mit den konkreten Auswirkungen der Zuwiderhandlung verwechselt werden; vgl. hierzu EuGH Urt. v. 15.6.2012 – C-494/11 Rn. 64ff. – Otis Luxembourg.
[200] Vgl. Kom. v. 28.1.2009 – 39.406 Rn. 444 – Marineschläuche; Kom. v. 11.11.2009 – 38589 Rn. 706 – Wärmestabilisatoren.
[201] Vgl. Kom. v. 13.5.2009 – 37.990 Rn. 1785 – Intel (Dennoch nur Umsatzanteil von 5% angewandt).
[202] Kom. v. 28.1.2009 – 39406 Rn. 442 – Marineschläuche (Marktanteil über 90%). Dagegen keine Erhöhung bei einem kombinierten Marktanteil von 55% in Kom. v. 23.1.2008 – 38628 Rn. 172, 175 – Nitril-Butadien-Kautschuk.
[203] Vgl. Kom. v. 30.6.2010 – 38.344 Rn. 935, 953 – Spannstahl; EuG Urt. v. 13.9.2013 – T-566/08 Rn. 435 – Total Raffinage Marketing.
[204] Vgl. Kom. v. 12.11.2008 – 39.125 Rn. 673 – Autoglas; Kom. v. 15.10.2008 – 39.188 Rn. 459f. – Bananen.
[205] Dem liegt auch die Annahme zugrunde, dass der unlautere Gewinn, den die beteiligten Unternehmen aus einer Zuwiderhandlung schöpfen können, grundsätzlich mit deren zunehmender Dauer ansteigt; vgl. EuG Urt. v. 27.3.2014 – verb. Rs. T-56/09 und T-73/09 Rn. 364 – Saint-Gobain Glass France.
[206] Dauert eine Zuwiderhandlung zwei Jahre und drei Monate an, so würde der Grundbetrag der Geldbuße nach Maßgabe dieser Aufrundungsregel zB zweieinhalbfach.
[207] Vgl. EuG Urt. v. 13.9.2013 – T-566/08 Rn. 548ff. – Total Raffinage Marketing. Das EuG beanstandete als ungerechtfertigte Ungleichbehandlung, dass in Anwendung der Ziff. 24 Bußgeldleitlinien eine weniger als 8 Monate andauernde Beteiligung an der Zuwiderhandlung einer beinahe zwölfmonatigen Beteiligung gleich gestellt wurde. Aus gleichem Grunde war die Kommission nicht befugt, eine Tatbeteiligung von 6 Jahren, 6 Monaten und 12 Tagen auf 7 Jahre aufzurunden, wenn bei einem anderen Tatbeteiligten die Differenz zum vollen Jahr nur zwei Monate und 21 Tage betrug.
[208] Vgl. EuG Urt. v. 23.1.2014 – T-391/09 Rn. 227 – Evonik Degussa. Das Gericht beanstandete, dass die Kommission bei einer vier Monate andauernden Tatbeteiligung einen Multiplikator von 0,5 verwendet hatte, anstatt 1/3 zu Grunde zu legen.
[209] Vgl. EuG Urt. v. 13.9.2013 – T-566/08 Rn. 566 – Total Raffinage Marketing.
[210] Vgl. EuG Urt. v. 27.6.2012 – T-439/07 Rn. 160ff. – Coats Holdings.

werden, ob der zeitliche Zusammenhang hinreichend eng ist, dass nicht vernünftigerweise von einer **Unterbrechung** auszugehen ist.[211] Dabei ist der Zeitraum zwischen zwei Ausdrucksformen einer Zuwiderhandlung zu untersuchen. Ob er hinreichend lang ist, um als Unterbrechung zu gelten, kann allerdings nicht abstrakt, sondern nur im Zusammenhang mit der Funktionsweise des fraglichen Kartells beurteilt werden.

Beispiel: 87
Im Fall IMI ging das EuG auch deshalb von einer Unterbrechung der Zuwiderhandlung aus, weil der Zeitraum ohne kollusive Kontakte oder Ausdrucksformen eines ansonsten kartellbeteiligten Unternehmens um mehr als ein Jahr länger war als die Intervalle, in denen die Mitglieder des Kartells gewöhnlich ihre Willensübereinstimmung zum Ausdruck brachten.[212] Im Fall FLS stellte das EuG eine Unterbrechung der Zuwiderhandlung fest, weil während eines zusammenhängenden Zeitraums von etwa fünf der insgesamt nur unwesentlich länger als acht Monate andauernden Zuwiderhandlung nur unzureichende Beweismittel auf die Fortdauer der Kartellkontakte hindeuteten und Preisverhandlungen mit Kunden in dem betreffenden Gewerbe jede Woche stattfanden.[213]

Die **Beendigung** einer Zuwiderhandlung ist nicht nach der Gültigkeitsdauer einer 88 wettbewerbswidrigen Vereinbarung zu beurteilen, sondern nach dem Zeitraum, während dessen die betroffenen Unternehmen das nach den Wettbewerbsregeln verbotene Verhalten an den Tag gelegt haben.[214]

f) Zusatzbetrag nach Ziff. 25. Um Unternehmen **von vorneherein von der Beteiligung** 89 **an schwerwiegenden wettbewerbswidrigen Verhaltensweisen abzuschrecken**, verhängt die Kommission wegen der Beteiligung an horizontalen Vereinbarungen zur Festsetzung von Preisen, Aufteilung von Märkten oder Mengeneinschränkungen einen Zusatzbetrag, der von der Dauer der Zuwiderhandlung unabhängig ist. Diese sog „**Eintrittsgebühr**" beträgt zwischen 15 % und 25 % des tatbezogenen Umsatzes. Zur Bestimmung der genauen Höhe des Prozentsatzes innerhalb dieser Bandbreite ist ua auf die in Ziff. 22 der Bußgeldleitlinien genannten Kriterien abzustellen (→ Rn. 80–84). Trotz der unterschiedlichen Bandbreite (15 %–25 % statt 1 %–30 %) wird der Zusatzbetrag in der jüngeren Entscheidungspraxis zumeist auf den gleichen Prozentsatz festgesetzt wie der nach den Ziff. 19–23 Bußgeldleitlinien zu bestimmende tatangemessene Umsatzanteil.[215]

Bei **offenkundigen Zuwiderhandlungen** wie Kartellverstößen erfolgt die Erhebung 90 eines Zusatzbetrags automatisch, ohne dass weitere Faktoren vorliegen müssten.[216] Die Festsetzung eines Prozentsatzes von 15 % bedarf hier keiner besonderen, über einen Verweis auf die allgemeine Schwere dieser Art der Zuwiderhandlung hinausgehenden Begründung.[217] Bei weniger schwerwiegenden Verstößen liegt er im begründungspflichtigen Ermessen der Kommission.[218] Ziff. 25 Bußgeldleitlinien findet nicht nur auf „Vereinbarungen", sondern auch aufeinander abgestimmte Verhaltensweisen und Beschlüsse von Unternehmensvereinigungen Anwendung.[219]

---

[211] Vgl. EuG Urt. v. 13.9.2010 – T-40/06, Slg. 2010 II-04893 Rn. 39–42 mwN – Trioplast Industrier.
[212] Vgl. EuG Urt. v. 19.5.2010 – T-18/05, Slg. 2010 II-1769 Rn. 89, 96 – IMI. Ähnlich EuG Urt. v. 30.11.2011 – T-208/06, Slg. 2011 II-07953 Rn. 159, 165 – Quinn Barlo.
[213] Vgl. EuG Urt. v. 16.6.2015 – T-655/11 Rn. 497 – FSL.
[214] EuG Urt. v. 27.6.2012 – T-439/07 Rn. 162 – Coats Holdings; Urt. v. 29.6.2012 – T-360/09 Rn. 251 – E.ON.
[215] Vgl. zB Kom. v. 28.1.2009 – 39.406 Rn. 445, 450 – Marineschläuche (25 %); Kom. v. 23.1.2008 – 38628 Rn. 175, 179 – Nitril-Butadien-Kautschuk (16 %); Kom. v. 7.10.2009 – 39129 Rn. 247, 251 – Leistungstransformatoren (16 %).
[216] Vgl. EuG Urt. v. 16.6.2011 – verb. Rs. T-204/08 und T-212/08 Rn. 117 – Team Relocations (bestätigt in EuGH Urt. v. 11.7.2013 – C-444/11 P Rn. 141 – Team Relocations).
[217] EuG Urt. v. 29.6.2012 – T-370/09 Rn. 429, 430 – GDF Suez.
[218] EuG Urt. v. 29.6.2012 – T-370/09 Rn. 427, 431 – GDF Suez.
[219] Vgl. EuG Urt. v. 14.3.2013 – T-587/08 Rn. 782 ff. – Del Monte, wonach die Fußnote 2 zu Ziff. 23 Bußgeldleitlinien so zu interpretieren ist, dass diese Fußnote auch zur Auslegung des Begriffs „Vereinbarungen" in Ziff. 25 Bußgeldleitlinien heranzuziehen ist.

4. Erschwerende Umstände

91 **a) Allgemeines.** Der Grundbetrag kann erhöht werden, wenn erschwerende Umstände dies rechtfertigen. Die Erhöhung der Geldbuße erfolgt anhand des Grundbetrags der Geldbuße (vgl. Ziff. 27 Bußgeldleitlinien). Die in Ziff. 28 Bußgeldleitlinien enthaltenen erschwerenden Umstände **sind nicht abschließend** („beispielsweise"). Sonstige, zusätzliche Fallgruppen kommen daher in Betracht.[220] So kann etwa die **Heimlichkeit** der wettbewerbswidrigen Verhaltensweisen einen erschwerenden Umstand darstellen,[221] sofern dies nicht bereits beim auf den relevanten Umsatz anzuwendenden Prozentsatz berücksichtigt wird.

92 Die Verantwortung einer Muttergesellschaft für einen Verstoß gegen die Art. 101, 102 AEUV, der unmittelbar von einer ihrer Tochtergesellschaften begangen wurde, beruht auf der Tatsache, dass beide Gesellschaften während der Dauer der Zuwiderhandlung zu einer einzigen wirtschaftlichen Einheit gehört haben. Daher findet das Erfordernis einer Berücksichtigung etwaiger erschwerender Umstände auf das Unternehmen als Ganzes (und nicht auf seine einzelnen Teile) zu dem Zeitpunkt Anwendung, zu dem die Zuwiderhandlung begangen worden ist.[222]

93 **b) Wiederholungstäterschaft.** Besonders praxisrelevant ist der in Ziff. 28, 1. Spiegelstrich Bußgeldleitlinien genannte erschwerende Umstand der Wiederholungstäterschaft. Mit der Berücksichtigung einer etwaigen Vortatbeteiligung wird der Zweck verfolgt, Unternehmen, die bereits eine **Neigung zur Verletzung der Wettbewerbsregeln** gezeigt haben, zur Änderung ihres Verhaltens zu veranlassen.[223] Seit Erlass der derzeit geltenden Bußgeldleitlinien kann die Geldbuße **um bis zu 100 %** pro Vortat erhöht werden. Die Kommission hat diesen Rahmen allerdings bislang nur bei vier vorausgegangenen Verstößen ausgeschöpft[224] und bei einer einzigen Vortat zumeist eine Erhöhung um 50 % vorgenommen.[225] Die Kommission kann für die erste festgestellte frühere Zuwiderhandlung einen höheren Prozentsatz der Erhöhung festsetzen als bei weiteren etwaigen Vorverstößen.[226]

94 Voraussetzung für einen Wiederholungsfall ist erstens die Identität zwischen dem mit Bußgeld zu belegenden Unternehmen und dem Unternehmen, das zuvor gegen die Wettbewerbsregeln verstoßen hat. Dabei ist der wirtschaftliche Unternehmensbegriff zugrunde zu legen (→ Rn. 30 ff.). Sukzessive Zuwiderhandlungen durch unterschiedliche Töchter der gleichen Muttergesellschaft können daher zu einem Wiederholungstäteraufschlag für die Mutter führen. Dies gilt nicht, wenn eine bereits in anderem Zusammenhang sanktionierte Muttergesellschaft die Kontrolle über eine Gesellschaft erlangt, deren Verstoß gegen die Wettbewerbsregeln im Zeitpunkt des Erwerbs nicht länger fortdauert. Denn die neue Muttergesellschaft hat sich diesmal nicht an der Zuwiderhandlung beteiligt.[227]

---

[220] EuG Urt. v. 29.4.2004 – T-236/01, T-239/01, T-244/01 bis T-246/01, T-251/02 und T-252/01, Slg. 2004, II-1181 Rn. 314 – Tokai Carbon ua/Kommission; EuG Urt. v. 27.9.2012 – T-343/06 P Rn. 246 – Shell Petroleum.

[221] EuG Urt. v. 25.6.2010 – T-66/01 Rn. 446 – Imperial Chemical Industries/Kommission; EuG Urt. v. 12.6.2014 – T-286/09 Rn. 1586 – Intel (nrkr).

[222] Vgl. EuGH Urt. v. 30.4.2014 – C-238/12 P Rn. 71 – FLSmidth; Urt. v. 26.11.2013 – C- 50/12 P Rn. 47 u. 55 – Kendrion. Die Aussage des EuGH bezog sich auf mildernde Umstände, ist aber auf erschwerende Umstände übertragbar.

[223] EuG Urt. v. 23.1.2014 – T-391/09 Rn. 141 – Evonik Degussa; Urt. v. 13.12.2012 – T-103/08 Rn. 316 – Versalis u ENI bestätigt durch – EuGH Urt. v. 5.3.2015 – C-93/13 P u. C-123/13- Versalis u. ENI.

[224] Vgl. Kom. v. 22.7.2009 – 39396 Rn. 310 – Kalziumkarbid.

[225] Kom. v. 23.1.2008 – 38628 Rn. 182 – Nitril-Butadien-Kautschuk; Kom. v. 7.10.2009 – 39129 Rn. 256 – Leistungstransformatoren. Bei zwei Vortaten hat die Kommission eine Erhöhung um 60 % vorgenommen in Kom. v. 12.11.2008 – 39.125 – Autoglas Rn. 695 f.; siehe hierzu EuG Urt. v. 27.3.2014 – verb. Rs. T-56/09 u. T-73/09 Rn. 485, 486 – Saint-Gobain Glass France. Bei drei Vortaten betrug der Aufschlag 90 %; vgl. Kom. v. 11.11.2009 – 38.589 Rn. 718 – Wärmestabilisatoren.

[226] EuG Urt. v. 23.1.2014 – T-391/09 Rn. 163 – Evonik Degussa.

[227] Vgl. EuG Urt. v. 30.9.2009 – T-168/05, Slg. 2009, II-180 Rn. 198 ff. – Arkema/Kommission; bestätigt durch EuGH Urt. v. 29.9.2011 – C-520/09, Slg. 2011 I-08901 – Arkema. Unklar in Fällen der wirt-

Die Geldbuße der Muttergesellschaft kann nur dann wegen Wiederholungstäterschaft erhöht 95
werden, wenn sie in die Lage versetzt wurde, im Hinblick auf das Bestehen einer wirtschaftlichen Einheit zwischen ihr und der damals unmittelbar tatbeteiligten Gesellschaft ihre Verteidigungsrechte wahrzunehmen.[228] Auch muss die Kommission in ihrer Entscheidung darstellen, in welcher Eigenschaft und in welchem Umfang die Gesellschaft an der früheren Zuwiderhandlung beteiligt gewesen sein soll bzw. konkret und substantiiert nachweisen, dass die von den Entscheidungen betroffenen Gesellschaften dasselbe Unternehmen bilden.[229]

Zweitens müssen die **Zuwiderhandlungen gleichartig oder ähnlich** sein. Hierfür 96
genügt, dass gegen dieselbe Verbotsnorm verstoßen wurde.[230] Entscheidungen nationaler Wettbewerbsbehörden sind gem. Ziff. 28, 1. Spiegelstrich Bußgeldleitlinien berücksichtigungsfähig, wenn sie in Anwendung von Art. 101 und 102 AEUV erlassen wurden. Kartellabsprachen eignen sich auch dann zu Wiederholungstaten, wenn sie unterschiedlich geartet sind (zB Preis- oder Marktaufteilungsabsprachen) oder auf unterschiedlichen geographischen oder Produktmärkten stattfinden.[231] Gegen die Berücksichtigung einer vertikalen Vereinbarung als Wiederholungstat im Verhältnis zu Kartellverstößen dürfte dagegen im Regelfall der unterschiedliche Unrechtsgehalt sprechen.[232]

Eine **Verjährung vorausgegangener Zuwiderhandlungen** mit der Folge, dass diese 97
im Falle eines erneuten Verstoßes nicht als Wiederholungstäterschaft berücksichtigt werden dürften, ist in der Rechtsprechung nicht anerkannt.[233] Dennoch gebietet der Grundsatz der Verhältnismäßigkeit, dass die Zeit, die zwischen der zu ahndenden Zuwiderhandlung und einem früheren Verstoß gegen die Wettbewerbsregeln verstrichen ist, bei der Beurteilung der Neigung des Unternehmens zu Verstößen gegen die Wettbewerbsregeln berücksichtigt wird.[234] Der EuGH hat hier ausreichen lassen, dass zwischen (mehreren) Wiederholungsfällen jeweils eine verhältnismäßig kurze Zeitspanne, nämlich von weniger als zehn Jahren, gelegen hat.[235] Die **fehlende Rechtskraft** der Vortat ist kein Hinderungsgrund, diese als Wiederholungstat zu berücksichtigen.[236]

---

schaftlichen Nachfolge, vgl. EuG Urt. v. 13.12.2012 – T-103/08 Rn. 276–287, 367 – Versalis u. ENI bestätigt durch EuGH Urt. v. 5.3.2015 – C-93/13 P u. C-123/13 – Versalis u. ENI.

[228] Nach neuerster Rechtsprechung genügt es, wenn der Muttergesellschaft in dem späteren Verwaltungsverfahren zur Sanktionierung der Wiederholungstat die Gelegenheit gegeben.wird, ihre Verteidigungsrechte im Hinblick auf die Beteiligung an der Vortat auszuüben. Die Muttergesellschaft muss nicht selbst Adressatin der Entscheidung zur Sanktionierung der Vortat gewesen sein; vgl. EuGH Urt. v. 5.3.2015 – C-93/13 u. C-123/13 Rn. 93 – Versalis u. Eni.

[229] EuG Urt. v. 13.7.2011 – T-59/07 Rn. 298 ff. – Polimeri Europa, bestätigt durch EuGH Urt. v. 13.6.2013 – C-511/11 P Rn. 139 ff. – Versalis. Vgl. auch EuGH Urt. v. 8.5.2013 – C-508/11 P Rn. 129 – Eni.

[230] EuG Urt. v. 12.12.2007 – verb. Rs. T-101/05 und T-111/05, Slg. 2007, II-4949 Rn. 64 – BASF und UCB. Daher keine Wiederholungstäterschaft, wenn die Wiederholungstat Art. 102 AEUV, die Vortat dagegen Art. 101 AEUV betrifft; vgl. EuG Urt. v. 17.12.2009 – T-57/01, Slg. 2009, II-4621 Rn. 510 – Solvay (wegen Verfahrensverstößen im Ermittlungsverfahren aufgehoben durch EuGH Urt. v. 25.10.2011 – C-109/10, Slg. 2011 I-10329 – Solvay).

[231] EuG Urt. v. 12.12.2007 – verb. Rs. T-101/05 und T-111/05, Slg 2007, II-4949 Rn. 64 – BASF und UCB/Kommission; Urt. v. 30.9.2009 – T-161/05, Slg 2009, II-3555 Rn. 146 – Hoechst/Kommission; Kom. v. 20.6.2001 – 36041 Rn. 362 – Michelin; bestätigt in EuG Urt. v. 30.9.2009 – T-203/01, Slg 2003, II-4071 Rn. 288 – Michelin/Kommission.

[232] So zutreffend Schröter/Klotz/Jakob/Mederer/*Kienapfel* Art. 23 VO (EG) Nr. 1/2003 Rn. 90.

[233] EuG Urt. v. 23.1.2014 – T-391/09 Rn. 146 – Evonik Degussa; EuGH Urt. v. 8.2.2007 – C-3/06 P, Slg 2007, I-1331 Rn. 38 – Groupe Danone/Kommission.

[234] EuGH Urt. v. 17.6.2010 – C-413/08 P Rn. 70 – Lafarge; EuG Urt. v. 13.12.2012 – T-103/08 Rn. 266 – Versalis u. ENI bestätigt durch EuGH Urt. v. 5.3.2015 – C-93/13 u. C-123/13 – Versalis u. Eni. Kom. v. 20.6.2001 – 36041 Rn. 362 – Michelin; bestätigt in EuG Urt. v. 30.9.2003 – T-203/01, Slg 2003, II-4071 Rn. 288 – Michelin/Kommission.

[235] EuGH Urt. v. 8.2.2007 – C-3/06 P, Slg 2007, I-1331 Rn. 40 – Groupe Danone/Kommission. Vgl. auch EuG Urt. v. 27.3.2014 – verb. Rs. T-56/09 u. T-73/09 Rn. 334 – Saint-Gobain Glass France (Berücksichtigung einer Vortat auch dann möglich, wenn zwischen ihrer Feststellung durch Kommissionsentscheidung und dem Beginn der Wiederholungstat ein Zeitraum von 13 Jahren und 8 Monaten liegt).

[236] Vgl. EuGH Urt. v. 17.6.2010 – C-413/08 P, Slg. 2010 I-05361 Rn. 86–88 – Lafarge (Im Falle der gerichtlichen Aufhebung der Feststellung der Vortat ist die Kommission aber nach Art. 266 TFEU dazu verpflichtet, den Erschwerungsgrund der Wiederholungstäterschaft zu beseitigen).

98 **c) Fortsetzung der Zuwiderhandlung nach Einleitung der Untersuchung.** Erschwerend zu berücksichtigen ist nach Ziff. 28, 1. Spiegelstrich die Fortsetzung einer Zuwiderhandlung nach Einleitung einer Untersuchung durch die Kommission, die dem Unternehmen zur Kenntnis gebracht wurde.[237]

99 **d) Verweigerung der Zusammenarbeit mit der Kommission oder Behinderung der Untersuchung.** Verstöße gegen die Pflicht zur Kooperation während der Ermittlungen der Kommission rechtfertigen in einigen Fällen ein **eigenständiges Bußgeld** nach Art. 23 Abs. 1 VO (EG) Nr. 1/2003 (→ Rn. 54). Darüber hinaus kann die Kommission die Verweigerung der Zusammenarbeit oder eine Behinderung der Untersuchung im Wege der **Erhöhung des Grundbetrags einer Geldbuße** nach Ziff. 28, 2. Spiegelstrich Bußgeldleitlinien ahnden, und zwar ohne an die nach Art. 23 Abs. 1 VO (EG) Nr. 1/2003 für Verfahrensverstöße geltende 1%-Umsatzobergrenze gebunden zu sein.[238] Allerdings kann die Kommission nicht das gleiche Verhalten, das sie als erschwerenden Umstand berücksichtigt, zugleich nach Art. 23 Abs. 1 VO (EG) Nr. 1/2003 mit einer Gelbuße sanktionieren.[239]

100 Eine **Behinderung der Untersuchung** ist bislang insbesondere angenommen worden, wenn ein Unternehmen
- andere Kartellteilnehmer vor bevorstehenden Nachprüfungen warnt;[240]
- während einer Nachprüfung Unterlagen vernichtet;[241]
- unvollständige bzw. unzutreffende Auskünfte erteilt,[242]
- eigene Antworten auf Auskunftsverlangen anderen Kartellteilnehmern gegenüber offen legt, um die Nachforschungen der Kommission zu behindern;[243]
- sich weigert, Kommissionsbediensteten während einer angeordneten Nachprüfung unverzüglich Zugang zu allen Räumlichkeiten des Unternehmens zu gewähren.

101 **Beispiel:**
Im Fall Koninklijke Wegenbouw Stevin erachtete das EuG eine 10%-Erhöhung der Geldbuße für gerechtfertigt, weil die Kommissionsbediensteten erst nach Eintreffen des Unternehmensanwalts mit 47-minütiger Verspätung die Nachprüfung beginnen konnten und ihnen überdies der Zugang zu dem Büro eines Direktors verweigert wurde.[244]

102 Die Ausübung von Verteidigungsrechten darf dagegen nicht als eine unzulässige Behinderung der Untersuchung gewertet werden.[245]

---

[237] Vgl. dazu EuG Urt. v. 29.4.2004 – verb. Rs. T-236/01, T-239/01, T-244/01 bis T-246/01, T-251/02 und T-252/01, Slg. 2004, II-1181 Rn. 292–295 – Tokai Carbon (Erhöhung um 10%); Urt. v. 13.12.2006 – verb. Rs. T-217/03 und T-245/03, Slg. 2006, II-4987 Rn. 271 – FNCBV (Erhöhung um 20% nach Fortsetzung einer Zuwiderhandlung trotz Warnschreibens); Urt. v. 30.4.2009 – T-13/03, Slg. 2009, II-975 Rn. 140–144 – Nintendo (Erhöhung um 25%).
[238] Vgl. EuG Urt. v. 24.3.2011 – T-384/06, Slg. 2011 II-1177 Rn. 109f. – IBP, wonach die Obgrenze des Art. 23 Abs. 1 VO (EG) Nr. 1/2003 eine andere Zuwiderhandlung betrifft.
[239] Vgl. EuG Urt. v. 24.3.2011 – T-384/06, Slg. 2011 II-1177 Rn. 110 – IBP; EuG Urt. v. 27.9.2012 – T-343/06 P Rn. 118 – Shell Petroleum.
[240] EuG Urt. v. 29.4.2004 – verb. Rs. T-236/01, T-239/01, T-244/01 bis T-246/01, T-251/02 und T-252/01, Slg. 2004, II-1181 Rn. 312f. – Tokai Carbon ua/Kommission (Erhöhung um 25%; bestätigt durch EuGH Urt. v. 29.6 2006 – C-308/04 P, Slg. 2006, I-5977 Rn. 64–72 – SGL Carbon/Kommission).
[241] Kom. v. 20.11.2007 – 38.432 Rn. 219–227 – Video-Magnetbänder für den Fachbedarf (Erhöhung um 30% für die Vernichtung von Unterlagen und Auskunftsverweigerung während Nachprüfung).
[242] EuG Urt. v. 20.3.2002 – T-9/99, Slg. 2002, II-1487 Rn. 555–563 – HFB Holding (Erhöhung um 30%).
[243] EuG Urt. v. 11.12.2003 – T-66/99, Slg. 2003, II-5515 Rn. 335–338 – Minoan Lines/Kommission(Erhöhung um 10%).
[244] EuG Urt. v. 27.9.2012 – T-357/06 Rn. 215–255 – Koninklijke Wegenbouw Stevin.
[245] EuG Urt. v. 20.3.2002 – T-9/99, Slg. 2002, II-1487 Rn. 478 – HFB Holding.
    (bestätigt durch EuGH Urt. v. 28.6.2005 – C-189/02 P ua, Slg. 2005, I-5425 Rn. 352f. – Dansk Rørindustri).

e) **Rolle als Anführer oder Anstifter.** Handelt das zuwiderhandelnde Unternehmen als An- 103
stifter oder Anführer, kann dies gemäß Ziff. 28, 3. Spiegelstrich Bußgeldleitlinien eine Erhöhung des Grundbetrags der Geldbuße um bis zu 50% rechtfertigen.[246] An einem Kartell
können **auch mehrere Unternehmen** als Anführer oder Anstifter beteiligt sein.[247] Die
Kommission muss nicht nachweisen, dass die Zuwiderhandlung in Abwesenheit des Anführers oder Anstifters weniger schwerwiegend gewesen wäre.[248]

Ein Unternehmen ist als **Anstifter** einzustufen, wenn es im Zeitpunkt der Begründung 104
oder der Ausweitung des Kartells andere Unternehmen gedrängt oder ermuntert hat, das
Kartell zu errichten oder ihm beizutreten.[249] Für diese Feststellung kann ein Einzelereignis
ausreichen.[250] Dagegen genügt der Umstand, dass das Unternehmen zu den Gründungs-
mitgliedern des Kartells gehörte, alleine nicht für die Rolle als Anstifter.[251] Der erschwerende Umstand darf nur auf ein Unternehmen angewandt werden, das die Initiative ergriffen hat, indem es zB dem anderen die Zweckmäßigkeit einer Absprache dargelegt
oder versucht hat, es von einer solchen Absprache zu überzeugen.[252]

Die Rolle des **Anführers** einer wettbewerbswidrigen Verhaltensweise bezieht sich 105
nicht auf die Begründung oder Erweiterung des Kartells, sondern auf dessen Funktionsweise, wie sie etwa in Organisation oder Umsetzung zum Ausdruck kommt.[253] Es genügt,
dass das Unternehmen eine wichtige Antriebskraft im Kartell ausübte, dessen strategische
Ausrichtung prägte oder eine wichtige Rolle bei der Leitung übernahm.[254] Es ist für die
Rolle als Anführer nicht erforderlich, auf andere Unternehmen Druck ausgeübt, oder diesen das wettbewerbswidrige Verhalten diktiert zu haben.[255]

5. Mildernde Umstände

a) **Allgemeines.** Der Grundbetrag kann gesenkt werden, wenn mildernde Umstände dies 106
rechtfertigen. Die Herabsetzung der Geldbuße erfolgt anhand des **Grundbetrags**.[256] Die
in Ziff. 29 Bußgeldleitlinien enthaltenden erschwerenden Umstände sind nicht abschließend („beispielsweise"). Die Berücksichtigung anderer Umstände ist nicht ausgeschlossen,
sofern mit ihnen bewiesen werden kann, dass die relative Schwere des Beitrags des Unternehmens zur Zuwiderhandlung geringer war.[257] Der Kommission ist sowohl im Hinblick
auf die Einschätzung, ob ein Milderungsgrund vorliegt, als auch hinsichtlich der Höhe der
Herabsetzung ein Beurteilungsspielraum eingeräumt.[258] Jeder Einzelfall ist unter Berücksichtigung aller relevanten Tatsachen im Wege einer **Gesamtwürdigung** zu beurteilen.[259]

---

[246] Vgl. EuG Urt. v. 27.9.2012 – T-357/06 Rn. 256–300 – Koninklijke Wegenbouw Stevin (Erhöhung um 50% wegen Rolle als Anstifter und Anführer); EuG Urt. v. 16.9.2013 – T-495/07 Rn. 246–257 – Proas (Erhöhung um 30% wegen Rolle als Anführer).
[247] Vgl. EuG Urt. v. 16.9.2013 – T-495/07 Rn. 249 – Proas; EuG Urt. v. 27.9.2008 – T-59/02, Slg. 2006, II-3627 Rn. 276 – Archer Daniels Midland/Kommission.
[248] EuG Urt. v. 30.4.2009 – T-13/03, Slg. 2009, II-975 Rn. 130 – Nintendo/Kommission.
[249] EuG Urt. v. 27.9.2012 – T-357/06 Rn. 265 – Koninklijke Wegenbouw Stevin.
[250] EuG Urt. v. 27.9.2012 – T-343/06 P Rn. 156 – Shell Petroleum.
[251] EuG Urt. v. 27.9.2012 – T-357/06 Rn. 265 – Koninklijke Wegenbouw Stevin.
[252] EuG Beschl. v. 25.2.2003 – T-15/02, Slg. 2003, II-213 Rn. 321 – BASF/Kommission.
[253] Vgl. EuG Urt. v. 15.3.2006 – T-15/02, Slg. 2003, II-213 Rn. 316 – BASF/Kommission. Vgl. zB EuG Urt. v. 15.3.2006 – T-15/02, Slg. 2003, II-213 Rn. 374, 404 – BASF/Kommission; Urt. v. 27.9.2008 – T-59/02, Slg. 2006, II-3627 Rn. 305 f. – Archer Daniels Midland/Kommission; Urt. v. 8.9.2010 – T-29/05, Slg. 2010 II-04077 Rn. 335 – Deltafina.
[254] EuG Urt. v. 16.9.2013 – T-496/07 Rn. 291–293 – Repsol; Urt. v. 16.9.2013 – T-495/07 Rn. 246–248 – Proas; Urt. v. 8.9.2010 – T-29/05, Slg. 2010 II-04077 Rn. 335 – Deltafina; EuG Urt. v. 15.3.2006 – T-15/02, Slg. 2003, II-213 Rn. 374 – BASF.
[255] EuG Urt. v. 16.9.2013 – T-495/07 Rn. 246 – Proas.
[256] Vgl. Ziff. 27 Bußgeldleitlinien.
[257] EuG Urt. v. 23.1.2014 – T-384/09 Rn. 218 – SKW Stahl-Metallurgie Holding; Urt. v. 12.12.2012 – T-352/09 Rn. 94 – Nováčke chemické závody.
[258] EuG Urt. v. 6.5.2009 – T-127/04, Slg 2009, II-1167 Rn. 114 f. – KME Germany ua/Kommission; Urt. v. 16.6.2011 – T-192/06 Rn. 174 – Caffaro/Kommission.
[259] EuG Urt. v. 8.7.2004 – T-50/00, Slg. 2004, II-2395 Rn. 325 f. – Dalmine/Kommission; Urt. v. 26.4.2007 – verb. Rs. T-109/02, T-118/02, T-122/02, T-125/02, T-126/02, T-128/02, T-129/02, T-132/

Unternehmen, die sich auf einen mildernden Umstand berufen, sind für das Vorliegen der zugrundeliegenden Tatsachen **beweispflichtig**.[260]

107 Die Verantwortung einer Muttergesellschaft für einen Verstoß gegen die Art. 101, 102 AEUV, der unmittelbar von einer ihrer Tochtergesellschaften begangen wurde, beruht auf der Tatsache, dass diese Gesellschaften während der Dauer der Zuwiderhandlung zu einer einzigen wirtschaftlichen Einheit gehört haben. Daher findet das Erfordernis einer Berücksichtigung etwaiger mildernder Umstände auf ein Unternehmen als Ganzes (und nicht auf seine einzelnen Teile) zu dem Zeitpunkt Anwendung, zu dem die Zuwiderhandlung begangen worden ist.[261]

108 **b) Beendigung des Verstoßes nach dem ersten Eingreifen der Kommission.** Ziff. 29, 1. Spiegelstrich Bußgeldleitlinien **honoriert die sofortige Beendigung eines Verstoßes** des zuwiderhandelnden Unternehmens nach dem ersten Eingreifen der Kommission als bußgeldmindernd, soweit es sich **nicht um geheime Vereinbarungen oder Verhaltensweisen (und insbesondere Kartelle)** handelt. Hier ist davon auszugehen, dass die zuwiderhandelnden Unternehmen unabhängig von einer Kommissionsuntersuchung über die Rechtswidrigkeit ihres Verhaltens Bescheid wußten. Aus demselben Grund dürfte dieser Milderungsgrund auch weiterhin für sonstige Verhaltensweisen ausgeschlossen sein, deren **wettbewerbswidriger Charakter offensichtlich ist**.[262] Das Unternehmen muss **durch das Eingreifen der Kommission zur Beendigung seines Verhaltens veranlasst** worden sein.[263] Hatte es bereits zuvor den klaren Beschluss gefasst, den Verstoß zu beenden, scheidet eine Bußgeldminderung aus.[264]

109 **c) Nachgewiesene Fahrlässigkeit.** Nach Ziff. 29, 2. Spiegelstrich Bußgeldleitlinien kann der Grundbetrag der Geldbuße herabgesetzt werden, wenn das Unternehmen **nachweist**, dass es die Zuwiderhandlung aus Fahrlässigkeit begangen hat (zur Unterscheidung zwischen Vorsatz und Fahrlässigkeit → Rn. 27). Die nach dem Grundsatz *in dubio pro reo* im Zweifel anzunehmende Fahrlässigkeit der Tatbegehung genügt für diesen mildernden Umstand nicht. Ziff. 29, 2. Spiegelstrich Bußgeldleitlinien zielt vielmehr auf die Fälle, in denen das zuwiderhandelnde Unternehmen für den fehlenden Vorsatz Beweis erbringen kann. Dies dürften Fälle sein, in denen ein Irrtum über den Verstoß gegen die Wettbewerbsregeln zumindest eingeschränkt nachvollziehbar sind.[265]

110 **d) Geringfügige Beteiligung und wettbewerbsorientiertes Marktverhalten.** Ziff. 29, 3. Spiegelstrich Bußgeldleitlinien zufolge kann der Grundbetrag der Geldbuße für ein Unternehmen herabgesetzt werden, das sich nur in sehr geringem Umfang an der Zuwiderhandlung beteiligt hat und sich der Durchführung der wettbewerbswidrigen Vereinbarungen durch wettbewerbskonformes Verhalten entzogen hat. Die Kommission hat allerdings bereits eine **erheblich geringere Tatbeteiligung alleine** für die Anwendung dieses mil-

---

02 und T-136/02, Slg. 2007, II-947 Rn. 602 – Bolloré ua/Kommission; Urt. v. 19.5.2010 – T-25/05 Rn. 125 f. – KME Germany ua/Kommission. Grundsätzlich besteht keine Bindung durch die Bewertung in früheren Entscheidungen, siehe EuG Urt. v. 12.9.2007 – T-30/05, Slg. 2007, II-107 Rn. 205 – Prym/Kommission.
[260] Vgl. EuGH Urt. v. 11.7.2013 – C-444/11 P Rn. 108 – Team Relocations; EuG Urt. v. 20.3.2014 – T-46/10 Rn. 198, 199 – Faci; EuG Urt. v. 29.6.2012 – T-370/09 Rn. 443 – GDF Suez.
[261] Vgl. EuGH Urt. v. 30.4.2014 – C-238/12 P Rn. 71 – FLSmidth.
[262] Zum Ausschluss bei offensichtlich rechtswidrigen Vereinbarungen nach den Bußgeldleitlinien 1998 vgl. EuGH Urt. v. 19.3.2009 – C-510/06 P, Slg. 2009, I-1843 Rn. 149f. – Archer Daniels Midlands/Kommission; Urt. v. 8.7.2008 – T-53/03, Slg. 2008, II-1333 Rn. 439f. – BPB/Kommission. Anders dagegen bei nachvollziehbaren Zweifeln an der Rechtswidrigkeit; vgl. EuG Urt. v. 14.12.2006 – T-259/02 ua, Slg. 2006, II-5169 Rn. 499 – Raiffeisen Zentralbank Österreich; Urt. v. 8.7.2008 – T-54/03, Slg. 2008, II-120 Rn. 782 – Lafarge.
[263] EuG Urt. v. 27.9.2006 – T-329/01, Slg. 2006, II-3255 Rn. 282 – Archer Daniels Midland.
[264] EuGH Urt. v. 25.1.2007 – C-407/04 P, Slg. 2007, I-829 Rn. 158 – Dalmine/Kommission; EuG Urt. v. 8.7.2004 – T-44/00, Slg. 2004, II-2223 Rn. 280–282 – Mannesmannröhren-Werke/Kommission.
[265] Dies ist auch bei grober Fahrlässigkeit nicht ausgeschlossen; vgl. zB Kom. v. 4.7.2007 – 38.784 Rn. 727–729, 764–766 – Wanadoo España v. Telefónica (10% Ermäßigung).

dernden Umstandes ausreichen lassen. Es genügte die Teilnahme an deutlich weniger wettbewerbswidrigen Kontakten oder an deutlich weniger Aspekten der Zuwiderhandlung.[266] Schwerer dürfte es einem Unternehmen fallen, ein **wettbewerbskonformes Verhalten** nachzuweisen. Es erfordert, dass sich das Unternehmen den Verpflichtungen zur Umsetzung eines Kartells so eindeutig und nachdrücklich widersetzt hat, dass dadurch sogar dessen Funktionieren selbst gestört wurde.[267] Das bloße Abweichen von den wettbewerbswidrigen Vereinbarungen im Einzelfall genügt nicht, zumal es lediglich auf die Ausnutzung des Kartells zum individuellen Vorteil des abweichenden Unternehmens hindeuten kann.[268]

Die derzeit geltenden Bußgeldleitlinien sehen keine bußgeldmindernde Berücksichtigung einer **passiven Rolle** bei Begehung der Zuwiderhandlung mehr vor. 111

„Selbst wenn ein Unternehmen nur eine passive Rolle einnimmt oder sich auf die Funktion eines 112 Mitläufers beschränkt, ändert dies nichts daran, dass das Unternehmen am Kartell beteiligt ist. Zum einen bezieht das Unternehmen nämlich wirtschaftliche Vorteile aus seiner Beteiligung am Kartell, und zum anderen ermutigt es die übrigen Kartellmitglieder zur Beteiligung und zur Umsetzung der getroffenen Absprachen. Daher sollte eine passive Rolle oder eine Beteiligung als Mitläufer unter keinen Umständen geduldet werden."[269]

Unter Berufung auf die lediglich beispielhafte Nennung mildernder Umstände in Ziff. 29 113 der Leitlinien und seine Befugnis zur unbeschränkten Ermessensnachprüfung hat das EuG aber im Einzelfall dennoch geprüft, ob die untergeordnete oder passive Rolle eines Unternehmens es rechtfertigt, die Geldbuße herabzusetzen.[270] Eine passive Rolle liegt vor, „wenn sich das betroffene Unternehmen nicht hervorgetan hat, dh nicht aktiv an der Ausarbeitung der wettbewerbswidrige(n) Absprache(n) teilgenommen hat"[271] Dabei kann insbesondere berücksichtigt werden, „dass ein Unternehmen deutlich seltener als die gewöhnlichen Mitglieder des Kartells an den Treffen teilgenommen hat, dass es spät in den Markt, auf dem die Zuwiderhandlung stattgefunden hat, eingetreten ist, unabhängig davon, wie lange es an der Zuwiderhandlung mitgewirkt hat, oder dass es entsprechende ausdrückliche Aussagen von Vertretern dritter an der Zuwiderhandlung beteiligter Unternehmen gibt."[272]

e) Zusammenarbeit außerhalb des Anwendungsbereichs der Kronzeugenmitteilung. Nach 114 Ziff. 29 4. Spiegelstrich Bußgeldleitlinien kann die „aktive Zusammenarbeit des Unternehmens mit der Kommission außerhalb des Anwendungsbereichs der Mitteilung über den Erlass und die Ermäßigung von Geldbußen in Kartellsachen und über seine rechtliche Verpflichtung zur Zusammenarbeit hinaus" als mildernder Umstand honoriert werden. Nicht über die rechtliche Verpflichtung hinausgehend ist die pflichtgemäße Zusammenarbeit bei der Nachprüfung oder Beantwortung von Auskunftsverlangen.[273] Das gilt auch

---

[266] Vgl. Kom. v. 19.5.2010 – 38.51 Rn. 110 – DRAMs; Kom. v. 9.11.2010 – 39.258 Rn. 1234 – Luftfracht.
[267] EuG Urt. v. 12.12.2012 – T 400/09 Rn. 86 – Ecka Granulate et non ferrum Metallpulver. Vgl. auch EuG Urt. v. 29.6.2012 – T-370/09 Rn. 439 – GDF Suez. Siehe auch EuG Urt. v. 26.4.2007 – verb. Rs. T-109/02, T-118/02, T-122/02, T-125/02, T-126/02, T-128/02, T-129/02, T-132/02 und T-136/02, Slg. II- 947 Rn. 629 – Bolloré.
[268] EuG Urt. v. 29.6.2012 – T-370/09 Rn. 441 – GDF Suez; EuG Urt. v. 14.5.1998 – T-308/94, Slg. 1998, II-925 Rn. 230 – Cascades/Kommission; Urt. v. 8.7.2004 – T-50/00, Slg. 2004, II-2395 Rn. 291 – Dalmine/Kommission. Zur Täuschung der anderen Kartellteilnehmer, vgl. EuG Urt. v. 15.3.2006 – T-26/02, Slg. 2006, II-713 Rn. 128 – Daiichi Pharmaceutical/Kommission.
[269] Vgl. Kom. v. 30.6.2010 – 38.344 Rn. 983 – Spannstahl.
[270] Vgl. EuG Urt. v. 14.3.2013 – T-587/08 Rn. 801 – Del Monte; Urt. v. 12.12.2012 – T-352/09 Rn. 92–95 – Nováva chemické závody.
[271] EuG Urt. v. 14.3.2013 – T-587/08 Rn. 802 – Del Monte, unter Berufung auf die Rechtsprechung zu den Bußgeldleitlinien 1998.
[272] EuG Urt. v. 14.3.2013 – T-587/08 Rn. 803 – Del Monte; Urt. v. 17.5.2013 – T-154/09 Rn. 287 – Manuli Rubber Industries.
[273] Vgl. zB Kom. v. 22.7.2009 – 39.396 Rn. 322 – Calciumcarbid und Reagenzien auf Magnesiumbasis für die Stahl- und Gasindustrien.

für die (rechtzeitige) Antwort auf ein einfaches Auskunftsverlangen, zu der keine rechtliche Verpflichtung besteht. Nur wenn ein Unternehmen **unaufgefordert** nützliche Informationen übermittelt, muss dies mit einer Ermäßigung der Geldbuße honoriert werden.[274] Das Verhalten des Unternehmens muss es der Kommission ermöglicht haben, **das Vorliegen einer Zuwiderhandlung leichter festzustellen und diese gegebenenfalls zu beenden.**[275] Die Zusammenarbeit muss sich auf die Zuwiderhandlung beziehen, im Hinblick auf deren Ahndung der Milderungsgrund ins Feld geführt wird. Die Kooperation in einem gesonderten Verfahren im Hinblick auf eine andere Zuwiderhandlung genügt nicht.[276]

115   Grundsätzlich können nur solche Kooperationsbeiträge als Milderungsgrund anerkannt werden, die **nicht dem Anwendungsbereich der Kronzeugenmitteilung unterliegen.**[277] Ansonsten könnten die Voraussetzungen der Kronzeugenmitteilung umgangen werden, zB indem Kartellanten von einer Ermäßigung der Geldbuße profitieren, ohne die nach der Kronzeugenmitteilung erforderlichen Kooperationspflichten beachtet zu haben. Daher kann Ziff. 29, 4. Spiegelstrich Bußgeldleitlinien auf Horizontalvereinbarungen nur in Ausnahmefällen angewandet werden,[278] zB wenn trotz Selbstbezichtigung eine Teilimmunität nach der Kronzeugenmitteilung ausscheidet.[279] Eine Zusammenarbeit außerhalb des Anwendungsbereichs der Kronzeugenregelung ist weniger attraktiv als die Kooperation nach den Vorschriften dieser Regelung, weil die Ermäßigung der Geldbuße regelmäßig geringer ausfällt[280] und vor Anwendung der 10% Kappungsgrenze des Art. 23 Abs. 2 Satz 2 VO (EG) Nr. 1/2003 in Rechnung gestellt wird.[281]

116   Das **bloße Nichtbestreiten des Sachverhalts** ist nur dann als mildernder Umstand zu berücksichtigen, wenn es der Kommission ermöglicht hat, eine Zuwiderhandlung leichter festzustellen und diese gegebenenfalls zu beenden.[282] Im Regelfall entfaltet das bloße Nichtbestreiten im Verwaltungsverfahren aber im Fall einer späteren Nichtigkeitsklage vor dem EuG keine Bindungswirkung.[283] Daher kann die Kommission das Nichtbestreiten als solches nicht zum Anlass nehmen, auf die Ermittlung von Beweisen zu verzichten.[284] Da-

---

[274] Vgl. EuGH Urt. v. 24.6.2015 – C-293/13 P u. C-194/13 P Rn. 180–187 – Fresh Del Monte. Das Verhalten des Unternehmens muss von einem wirklichen Geist der Zusammenarbeit zeugen.
[275] EuGH Urt. v. 16.11.2000 – C-297/98 P, Slg. 2000, I-10101 Rn. 36 – SCA Holding; Urt. v. 10.5.2007 – C-328/05 P, Slg. 2007, I-3921 Rn. 83 – SGL Carbon; EuG Urt. v. 14.5.2014 – T-406/09 Rn. 233 – Donau Chemie.
[276] Vgl. EuG Urt. v. 28.4.2010 – T-448/05, Slg. 2010 II-069 Rn. 129 – Oxley Threads. Abweichendes kann gelten, wenn die Kommission zu dem Schluss gelangt, dass mehrere Verstöße gegen die Wettbewerbsregeln als einheitliche Zuwiderhandlung zu werten sind.
[277] EuG Urt. v. 14.5.2014 – T-406/09 Rn. 234 – Donau Chemie; Urt. v. 14.7.2011 – T-189/06 Rn. 178 – Arkema France.
[278] Anders dagegen bei Vertikalvereinbarungen, auf die die Kronzeugenmitteilung von vornherein nicht anwendbar ist; vgl. EuG Urt. v. 30.4.2009 – T-13/03, Slg. 2009, II-975 Rn. 157 ff. – Nintendo. Unproblematisch ist die Anwendbarkeit der Ziff. 29, 4. Spiegelstrich Bußgeldleitlinien auch bei Verfahren zur Aufklärung von Verstößen gegen Art. 102 TFEU, weil insoweit kein Kronzeugenprogramm besteht.
[279] Kom. v. 30.6.2010 – 38.344 Rn. 1010 f. – Spannstahl. Siehe auch Kom. v. 19.1.2005 – 37.773 Rn. 318 – MCAA; Kom. v. 10.12.2003 – 37.857 Rn. 493–496 – Organische Peroxide.
[280] Seit Inkrafttreten der Bußgeldleitlinien 2006 gewährte die Kommission wegen einer Kooperation außerhalb der Kronzeugenmitteilung eine Ermäßigung von höchstens 18%. Vgl. Kom. v. 27.11.2013 – 39633 Rn. 527–529 – Shrimps sowie Kom. v. 7.10.2009 – 39129 Rn. 267–274, 307 – Leistungstransformatoren.
[281] Zu letzterem siehe EuG Urt. v. 24.3.2011 – T-376/06, Slg. 2011 II-66 Rn. 50–61 – FRA.BO.
[282] Vgl. EuG Urt. v. 14.5.2014 – T-406/09 Rn. 150–154 – Donau Chemie; Urt. v. 12.12.2012 – T-400/09 Rn. 62–67 – Ecka Granulate.
[283] Vgl. EuG Urt. v. 29.4.2004 – verb. Rs. T-236/01, T-239/01, T-244/01 bis T-246/01, T-251/02 und T-252/01, Slg. 2004, II-1181 Rn. 108 – Tokai Carbon ua/Kommission.
[284] Allerdings scheint das EuG in einem Fall (Urt. v. 30.9.2009 – T-161/05, Slg. 2009 II-03555 Rn. 97 – Hoechst) davon ausgegangen zu sein, dass „durch die ausdrückliche und eindeutige Erklärung in der Antwort auf die Mitteilung der Beschwerdepunkte, dass der in der Mitteilung der Beschwerdepunkte dargestellte Sachverhalt nicht bestritten werde", die Ermittlungen der Kommission allgemein erleichtert würden.

gegen kann das ausdrückliche oder stillschweigende Eingeständnis tatsächlicher oder rechtlicher Gesichtspunkte durch ein Unternehmen während des Verwaltungsverfahrens als ergänzendes Beweismittel vor den Unionsgerichten Berücksichtigung finden.[285] Entsprechend kann ein solches Eingeständnis als mildernder Umstand zu berücksichtigen sein.[286]

f) Genehmigung oder Ermutigung des wettbewerbswidrigen Verhaltens durch die Behörden oder geltende Vorschriften. Ziff. 29, 5. Spiegelstrich Bußgeldleitlinien nennt die Genehmigung oder Ermutigung des wettbewerbswidrigen Verhaltens durch die Behörden oder geltende Vorschriften als einen möglichen Milderungsgrund. Beides kann sich sowohl aus dem **nationalen wie aus dem Unionsrecht** ergeben.[287] Die Kommission hat eine Ermäßigung der Geldbuße gewährt, weil der Bananenmarkt während eines Kartellverstoßes einem EU-regulatorischen Rahmen unterlag, der zur Transparenz der Preisbildungsfaktoren und zu geringerer Wettbewerbsintensität beitrug.[288] Im Regelfall legt die Kommission einen strengen Maßstab an, um zu überprüfen, ob das **Verhalten nationaler Behörden** tatsächlich eine Genehmigung oder Ermutigung zu wettbewerbswidrigem Verhalten darstellte.[289] Ob eine Behörde infolge des Fehlverhaltens ihrer Bediensteten für einen Kartellverstoß verantwortlich gemacht werden könnte, ist für den Milderungsgrund der Ziff. 29, 5. Spiegelstrich Bußgeldleitlinien ohne Belang.[290]

117

g) Sonstige Mildernde Umstände. Der Kommission sind bei der Berücksichtigung **sonstiger mildernder Umstände** keine Grenzen gesetzt. So hat die Kommission in der Vergangenheit insbesondere folgende Gesichtspunkte berücksichtigt:
- den geringeren Umfang der Tatbeteiligung einzelner Unternehmen;[291]
- die Zwangslage bzw. schwächere Wirtschaftsstellung, die ein Unternehmen zur Tatbeteiligung motivierte;[292]
- die Bereitschaft, Kartellgeschädigten Kompensationen zu leisten;[293]
- die überlange Dauer eines Kommissionsverfahrens (zur Berücksichtigung aus Billigkeitserwägungen → Rn. 179);
- die Eigenschaft als Monoproduktunternehmen.[294]

118

---

[285] EuGH Urt. v. 1.7.2010 – C-407/08 P Rn. 90 – Knauf Gips; EuG Urt. v. 12.12.1991 – T-30/89, Slg. 1991, II-1439 Rn. 36 ff. – Hilti/Kommission (bestätigt durch EuGH Urt. v. 2.3.1994 – C-53/92 P, Slg. 1994, I-667).
[286] Dies muss nach dem klaren Wortlaut in EuGH Urt. v. 1.7.2010 – C-407/08 P Rn. 89 – Knauf Gips auch für stillschweigende Eingeständnisse gelten, obgleich in früheren Urteilen zT ein ausdrückliches Eingeständnis gefordert wurde. Zur Abgrenzung des Eingeständnisses einer Zuwiderhandlung vom bloßen Nichtbestreiten vgl. EuGH Urt. v. 14.7.2005 – verb. Rs. C-65/02 P und C-73/02 P, Slg. 2005, I-6773 Rn. 58 – ThyssenKrupp/Kommission.
[287] Vgl. EuGH Urt. v. 29.4.2009 – C-198/01, Slg. 2003, I-8033 Rn. 56 f. – CIF; EuG Urt. v. 10.4.2008 – T-271/03, Slg. 2008, II-477 Rn. 311–313 – Deutsche Telekom/Kommission (bestätigt durch EuGH Urt. v. 14.10.2010 – C-280/08 P Rn. 278 – Deutsche Telekom/Kommission).
[288] Kom. v. 15.10.2008 – 39.188 Rn. 456, 467 – Bananen.
[289] Vgl. EuG Urt. v. 29.6.2012 – T-370/09 Rn. 444–450 – GDF Suez; EuG Urt. v. 13.12.2013 – T-399/09 Rn. 143–148 – HSE; EuG Urt. v. 10.4.2008 – T-271/03, Slg. 2008, II-477 Rn. 311–313 – Deutsche Telekom/Kommission.
[290] EuGH Urt. v. 11.7.2013 – C-444/11P Rn. 148 – Team Relocations.
[291] Vgl. Kom. v. 3.10.2007 – 38710 Rn. 567 – Bitumen Spanien (10% Ermäßigung). Vgl. auch EuGH Urt. v. 8.7.1999 – C-49/92 P, Slg. 1999, I-4125 Rn. 90 – Kommission/Anic Partecipiazioni; EuG Urt. v. 26.4.2007 – verb. Rs. T-109/02, T-118/02, T-122/02, T-125/02, T-126/02, T-128/02, T-129/02, T-132/02 und T-136/02, Slg. 2007, II-947 Rn. 429 – Bolloré ua/Kommission. Zur ebenfalls möglichen Berücksichtigung eines geringeren Tatbeitrags bei der Bestimmung des Grundbetrags der Geldbuße → Rn. 64.
[292] Vgl. Kom. v. 17.12.2002 – 37.667 Rn. 515 f. – Spezialgraphit (Vertriebshändler, der auf Anweisung handelt); Kom. v. 2.4.2003 – 38.279 Rn. 177 – französisches Rindfleisch (Unternehmen, das sich in Zwangslage befindet).
[293] Kom. v. 30.10.2002 – 35.587 ua Rn. 440 f. – PO Videospiele.
[294] Ein konzentriertes Produktportfolio wird zwar nicht als sonstiger mildernder Umstand berücksichtigt, es kann aber im Einzelfall eine auf Ziff. 37 der Bußgeldleitlinien gestützte Reduzierung der Geldbuße erforderlich machen. Siehe hierzu → Rn. 122–124.

119 Dagegen hat die Rechtsprechung für eine Reihe von Umständen klargestellt, dass die Kommission **nicht zu einer Ermäßigung der Geldbuße verpflichtet ist,** ohne damit die Berücksichtigungsfähigkeit dieser Umstände auszuschließen. Dabei handelt es sich insbesondere um:

- die fehlende Umsetzung wettbewerbswidriger Verhaltensweisen;[295]
- die Durchführung eines sog Befolgungsprogrammes (compliance programme);[296]
- das Fehlen einer Sanktionspraxis im Hinblick auf neuartige Wettbewerbsverstöße;[297]
- die fehlende Geheimhaltung seitens der Teilnehmer eines Wettbewerbsrechtsverstoßes;[298]
- die Ausübung von Druck durch andere Kartellteilnehmer;[299]
- die Verpflichtung, Schadensersatzzahlungen in dreifacher Höhe („triple damages") an geschädigte Abnehmer in den USA zu zahlen;[300]
- das Fehlen von Kontrollmaßnahmen bei der Durchführung des Kartells;[301]
- die Behauptung, aus der Zuwiderhandlung keine Vorteile geschöpft zu haben;[302]
- die Eigenschaft als kleineres oder mittleres Unternehmen;[303]
- die Ersttäterschaft;[304]
- den Verzicht auf eine Anhörung im Verwaltungsverfahren;[305]
- die schwierige wirtschaftliche Lage in einem bestimmten Wirtschaftssektor.[306]

6. Abschreckungsmultiplikator

120 Der Abschreckungsmultiplikator der Ziff. 30 Bußgeldleitlinien soll die notwendige Abschreckungswirkung der Geldbuße gegenüber Unternehmen gewährleisten, die besonders zahlungsfähig sind. Von einer besonderen Zahlungsfähigkeit ist bei solchen Unternehmen

---

[295] EuG Urt. v. 16.9.2013 – T-482/07 Rn. 406 – Nynäs; Urt. v. 8.7.2004 – T-44/00, Slg. 2004 II 2223 Rn. 277 – Mannesmannröhren-Werke. Abweichendes gilt nach dieser Rechtsprechung, wenn die klar geäußerte verweigerte Umsetzung das Kartell in seinem Funktionieren gestört hat.

[296] EuGH Urt. v. 28.6.2005 – C-189/02 P ua, Slg. 2005, I-5425 Rn. 373 – Dansk Rørindustri. Die bloße Tatsache, dass die Kommission in ihrer früheren Entscheidungspraxis in einigen Fällen die Einführung eines Befolgungsprogramms als mildernden Umstand berücksichtigt hat, bedeutet nicht, dass sie verpflichtet wäre, in künftigen Fällen ebenso vorzugehen; vgl. EuG Urt. v. 9.7.2003 – T-224/00, Slg. 2003, II-2597 Rn. 280 – Archer Daniels Midland.

[297] Vgl. EuG Urt. v. 1.7.2010 – T-321/05, Slg. 2010 II-2805 Rn. 901 – AstraZeneca (bestätigt durch EuGH Urt. v. 6.12.2012 – C-457/10 P Rn. 166 – AstraZeneca). Siehe auch EuGH Urt. v. 9.11.1983 – 322/81, Slg. 1983, 3461 Rn. 107 – Michelin/Kommission; EuG Urt. v. 6.10.1994 – T-83/91, Slg. 1994, II-755 Rn. 228, 239 – Tetra Pak/Kommission.

[298] Vgl. EuG Urt. v. 25.6.2010 – T-66/01, Slg. 2010 II-02631 Rn. 447 – Imperial Chemical Industries.

[299] Vgl. EuG Urt. v. 16.9.2013 – T-386/10 Rn. 134 – Dornbracht; EuG Urt. v. 17.5.2013 – T-154/09 Rn. 286 – Manuli Rubber Industries; EuGH Urt. v. 28.6.2005 – C-189/02 P ua, Slg. 2005, I-5425 Rn. 369 f. – Dansk Rørindustri.

[300] Vgl. EuG Urt. v. 27.9.2006 – T-59/02, Slg. 2006, II-3627 Rn. 349–355 – Archer Daniels Midland/Kommission.

[301] EuG Urt. v. 25.10.2005 – T-38/02, Slg. 2005, II-4407 Rn. 393 – Groupe Danone/Kommission.

[302] EuG Urt. v. 14.5.2014 – T-406/09 Rn. 257 – Donau Chemie (fehlende Vorteile stellen berücksichtigungsfähigen aber nicht berücksichtigungspflichtigen Faktor dar). Vgl. auch EuG Urt. v. 29.11.2005 – T-64/02, Slg. 2005, II-5137 Rn. 184–186 – Hans Heubach/Kommission; Urt. v. 26.4.2007 – T-109/02 ua, Slg. 2007, II-947 Rn. 671–673 – Bolloré.

[303] EuGH Urt. v. 12.7.2012 – C-181/11 P Rn. 76–87 – Cetarsa; Urt. v. 28.6.2005 – C-189/02 P ua, Slg. 2005, I-5425 Rn. 366 – Dansk Rørindustri. Vgl. auch EuG Urt. v. 28.4.2010 – T-446/05, Slg. 2010 II-01255 Rn. 198–200 – Amann & Söhne (auch keine Pflicht zur Ermäßigung, wenn Geldbuße in Prozentsatz des Umsatzes höher ist als die gegen größere Unternehmen festgesetzten Geldbußen).

[304] EuG Urt. v. 27.9.2006 – T-329/01, Slg. 2006, II-3255 Rn. 300 – Archer Daniels Midland/Kommission sowie (im Hinblick auf die Nichteinhaltung getätigter Verpflichtungszusagen) Kom. v. 6.3.2013 – 39530 Rn. 75 – Microsoft (Kopplung).

[305] Vgl. EuG Urt. v. 30.4.2009 – T-18/03, Slg. 2009, II-1021 Rn. 125 – CD-Contact Data/Kommission.

[306] Die Kommission muss nicht deshalb, weil sie in früheren Entscheidungen die wirtschaftliche Situation eines Sektors als mildernden Umstand berücksichtigt hat, diese Praxis unbedingt fortsetzen; vgl. EuG Urt. v. 14.5.2014 – T-406/09 Rn. 175 – Donau Chemie; Urt. v. 14.12.2006 – verb. Rs. T-259/02 bis T-264/02 und T-271/02, Slg. 2006, II-5169 Rn. 510 – Raiffeisen Zentralbank Österreich; Urt. v. 5.10.2011 – T-39/06, Slg. 2011, II-6831 Rn. 352 – Transcatab.

auszugehenhohe Umsätze mit Waren oder Dienstleistungen erzielen, die nicht mit der Zuwiderhandlung in Zusammenhang stehen.[307] Anhaltspunkte können die Tätigkeit eines Unternehmens als international operierender Mischkonzern[308] sowie die Tatsache sein, dass der Umsatz eines kartellbeteiligten Unternehmens im Verhältnis zum Umsatz der übrigen besonders hoch ausfällt.[309] Für die besondere Zahlungsfähigkeit eines Unternehmens sind die Umsätze im letzten Geschäftsjahr vor der Kommissionsentscheidung maßgeblich.[310] Die Höhe dieser Umsätze kann die Anwendung des Abschreckungsmultiplikator auch für Gesellschaften rechtfertigen, die erst nach Beginn der Zuwiderhandlung Teil des Unternehmens geworden sind.[311]

Die Kommission ist nicht zur Anwendung mathematischer Formeln verpflichtet, um **121** den notwendigen zusätzlichen Abschreckungsgehalt exakt zu bestimmen.[312] Dennoch sind der Ermessensausübung durch den Grundsatz der Gleichbehandlung und den Verhältnismäßigkeitsgrundsatz Grenzen gezogen.[313] Differenzierungen zwischen den tatbeteiligten Unternehmen (oder deren Gleichbehandlung) bedürfen daher einer hinreichenden Rechtfertigung.[314] Bislang verhängte die Kommission Abschreckungsaufschläge nach Ziff. 30 Bußgeldleitlinien in der Regel ab einer Mindestumsatzgröße von etwa 30 Mrd. EUR und zwar in einer **Höhe von 10%–100%**.[315] Allerdings ist aus Ziff. 30 Bußgeldleitlinien keine generelle Verpflichtung der Kommission abzuleiten, die Geldbuße besonders zahlungsfähiger Unternehmen zu erhöhen.[316]

7. Abschöpfung des durch den Wettbewerbsverstoß erzielten Gewinns

Eine Erhöhung der Geldbuße ist nach Ziff. 31 der Bußgeldleitlinien möglich, um sicher- **122** zustellen, dass ihr **Betrag die Gewinne übersteigt, die aus der Zuwiderhandlung erzielt wurden.** Dies setzt jedoch voraus, dass diese Gewinne geschätzt bzw. die Wirkungen der Zuwiderhandlung ermittelt werden können,[317] was zumeist nicht der Fall ist. Bislang hat die Kommission daher von Ziff. 31 Bußgeldleitlinien nicht Gebrauch gemacht. Könnte der Gewinn dagegen geschätzt werden, so dürfte die Kommission eine

---

[307] Vgl. EuG Urt. v. 13.12.2012 – T-103/08 Rn. 316 – Versalis u. ENI, bestätigt durch EuGH Urt. v. 5.3. 2015 – C-93/13 u. C-123/13 – Versalis u. Eni. Unternehmen, die ihre Umsätze maßgeblich mit Waren oder Dienstleistungen erzielen, die mit der Zuwiderhandlung in Zusammenhang stehen, werden infolge der Anwendung von Ziff. 13 der Bußgeldleitlinien 2006 bereits durch einen entsprechend hohen Grundbetrag von künftigen Zuwiderhandlungen abgeschreckt, → Rn. 74–77.
[308] Vgl. EuG Urt. v. 13.12.2012 – T-103/08 Rn. 316 – Versalis u. ENI. Siehe auch EuG Urt. v. 25.10. 2005 – T-38/02, Slg. 2005, II-4407 Rn. 172, 175 und 359 – Groupe Danone/Kommission.
[309] Vgl. EuGH Beschl. v. 2.2.2012 – C-404/11P Rn. 86 – Elf Aquitane.
[310] Vgl. EuG Urt. v. 18.6.2008 – T-410/03, Slg. 2008, II-881 Rn. 379 – Hoechst/Kommission; EuG Urt. v. 27.6.2012 – T-448/07 Rn. 204 – YKK bestätigt in EuGH Urt. v. 4.9.2014 – C-408/12 P Rn. 80–94. Ausnahmen vom letzten Geschäftsjahr vor der Kommissionsentscheidung als regelmäßig maßgeblichem Zeitraum dürften nach den gleichen Grundsätzen anzuerkennen sein wie bei der 10%-Kappungsgrenze des Art. 23 Abs. 2 S. 2 VO (EG) Nr. 1/2003, → Rn. 127.
[311] Vgl. EuGH Urt. v. 4.9.2014 – C-408/12 P Rn. 80–94. Dagegen hat der EuGH im Hinblick auf die 10%-Kappungsgrenze des Art. 23 Abs. 2 S. 2 VO (EG) Nr. 1/2003 eine differenzierte Betrachtungsweise vorgeschrieben → Rn. 126.
[312] So im Hinblick auf die Bußgeldleitlinien 1998 EuG Urt. v. 26.4.2007 – verb. Rs. T-109/02, T-118/02, T-122/02, T-125/02, T-126/02, T-128/02, T-129/02, T-132/02 und T-136/02, Slg. 2007, II-947 Rn. 532 – Bolloré ua/Kommission.
[313] Vgl. EuG Urt. v. 13.12.2012 – T-103/08 Rn. 314–326 – Versalis u. ENI; Urt. v. 17.5.2011 – T-299/08, Slg. 2011 II-02149 Rn. 300–304 – Elf Aquitaine.
[314] Vgl. EuG Urt. v. 13.12.2012 – T-103/08 Rn. 322–326 – Versalis u. ENI sowie im Hinblick auf die Bußgeldleitlinien 1998 EuG Urt. v. 5.4.2006 – T-279/02, Slg. 2006, II-897 Rn. 329 ff. – Degussa/Kommission.
[315] Vgl. Kom. v. 1.10.2008 – 39181 Rn. 712 f. – Kerzenwachse (100% Zuschlag bei Umsatz von über 250 Mrd. EUR sowie Kom. v. 23.1.2008 – 38628 Rn. 184–186 – Nitril-Butadien-Kautschuk (10%-Zuschlag bei Umsatz von ca 29 Mrd. EUR). Vgl. auch Schröter/Klotz/Jakob/Mederer/*Kienapfel* Art. 23 VO (EG) Nr. 1/2003 Rn. 116, 117 mwN.
[316] EuG Urt. v. 12.12.2012 – T-352/09 Rn. 62–64 – Nováčke chemické závody; Urt. v. 14.5.2014 – T-406/09 Rn. 250 – Donau Chemie.
[317] Vgl. EuGH Urt. v. 28.6.2005 – C-189/02 P ua, Slg. 2005, I-5425 Rn. 292, 294 – Dansk Rørindustri; EuG Urt. v. 14.3.2013 – T-587/08 Rn. 774 – Del Monte.

Geldbuße verhängen, die erheblich über diesem Schätzwert liegt. Schließlich muss für die notwendige Abschreckungswirkung auch das Risiko berücksichtigt werden, dass ein Wettbewerbsverstoß unaufgedeckt bleibt.[318]

8. 10 % Kappungsgrenze

123 a) Zweck und Gegenstand der Kappungsgrenze. Gemäß Art. 23 Abs. 2 Satz 2 VO (EG) Nr. 1/2003 darf die für jedes beteiligte Unternehmen verhängte Geldbuße 10% seines im letzten Geschäftsjahr vor Entscheidungserlass erzielten weltweiten[319] Gesamtumsatzes nicht übersteigen. Die Vorschrift ist Ausdruck des Verhältnismäßigkeitsgrundsatzes.[320] Sie soll Unternehmen vor Belastungen schützen, die deren **finanzielle Leistungsfähigkeit übersteigen** und deren Substanz gefährden könnten.[321] Dagegen ist eine Annäherung an die 10% Obergrenze kein Hinweis darauf, dass die zu sanktionierende Zuwiderhandlung außergewöhnlich schwerwiegend ist.[322] Die bloße Tatsache, dass die gegen ein Unternehmen verhängte Geldbuße der Obergrenze von 10% des Gesamtumsatzes näher kommt als bei anderen zuwiderhandelnden Unternehmen, ist für sich allein genommen kein Nachweis eines Verstoßes gegen die Grundsätze der Gleichbehandlung oder der Verhältnismäßigkeit.[323]

124 Zur Ermittlung der 10% Kappungsgrenze wird auf den Endbetrag der Geldbuße abgestellt, und dessen Anteil am Gesamtumsatz des betroffenen Unternehmens ermittelt.[324] Die **10%-Grenze gilt nicht für sog Zwischenbeträge,** die sich im Verlauf der Berechnung der Geldbuße ergeben können, so zB nach der Ermittlung des Grundbetrags der Geldbuße. Daher ist es rechtmäßig, wenn sich bestimmte Faktoren wie etwa eine kürzere Tatbeteiligung oder mildernde Umstände im Ergebnis nicht auf den Endbetrag der Geldbuße auswirken.[325] Dagegen wird die Ermäßigung der Geldbuße auf Basis der Kronzeugenmitteilung erst nach Anwendung der 10%-Grenze ermittelt.[326] Andernfalls könnte die nötige Anreizwirkung verfehlt werden. Gleiches gilt für eine Ermäßigung der Geldbuße nach dem sog Vergleichsverfahren („settlement").

125 Ferner tritt die Möglichkeit einer Bußgeldreduzierung nach Ziff. 35 wegen beschränkter Leistungsfähigkeit neben die 10% Obergrenze, für Fälle, in denen die Kappungsgrenze nicht ausreicht, um eine Insolvenz des Unternehmens mit nachteiligen gesamtwirtschaftlichen und sozialen Folgen abzuwenden. Auch kann eine weitere Reduzierung der Geldbuße nach Maßgabe der Ziff. 37 der Bußgeldleitlinien anhand der besonderen Umstände des Einzelfalls erforderlich sein, da die 10% Obergrenze nicht in jedem Fall Gewähr für die Beachtung des Verhältnismäßigkeitsgrundsatzes bietet.[327] Hat die Kappungsgrenze aber bereits zu einer Decke-

---

[318] EuG Urt. v. 27.9.2006 – T-329/01, Slg. 2006, II-3255 Rn. 141 – Archer Daniels Midland/Kommission.
[319] Insoweit gilt keine Begrenzung auf den Umsatz in der EU bzw. im EWR; vgl. EuGH Urt. v. 7.6.1983 – verb. Rs. 100/80 ua, Slg 1983, 1825 Rn. 119 – Musique Diffusion Française ua/Kommission; EuG Urt. v. 26.4.2007 – verb. Rs. T-109/02 ua, Slg 2007, II-947 Rn. 548 – Bolloré ua/Kommission.
[320] Vgl. EuGH Urt. v. 28.6.2005 – verb. Rs. C-189/02 P ua, Slg. 2005, I-5425 Rn. 281 – Dansk Rørindustri; EuG Urt. v. 16.9.2013 – T-368/10 Rn. 83 – Cisal. Die Beachtung der Kappungsgrenze garantiert allerdings nicht in jedem Fall die Verhältnismäßigkeit der Geldbuße, vgl. EuG Urt. v. 12.9.2007 – T-30/05, Slg. 2007, II-107 Rn. 226 – Prym/Kommission.
[321] Vgl. EuG Urt. v. 16.9.2013 – T-411/10 Rn. 148 – Laufen (nrkr – C-637/13 P); EuG Urt. v. 29.4.2004 – verb. Rs. T-236/01, T-239/01, T-244/01 bis T-246/01, T-251/02 und T-252/01, Slg. 2004, II-1181 Rn. 200, 368 – Tokai Carbon ua/Kommission.
[322] EuG Urt. v. 12.12.2012 – T-352/09 Rn. 161 – Nováске chemické závody.
[323] EuG Urt. v. 14.5.2014 – T-406/09 Rn. 259 – Donau Chemie.
[324] Vgl. EuGH Urt. v. 7.6.1983 – verb. Rs. 100/80 bis 103/80, Slg. 1983, 1825 Rn. 119 – Musique diffusion française ua/Kommission; EuG Urt. v. 12.9.2007 – T-30/05, Slg. 2007, II-107 Rn. 177 – Prym/Kommission.
[325] EuGH Urt. v. 28.6.2005 – verb. Rs. C-189/02 P ua, Slg. 2005, I-5425 Rn. 278f., 321–323 – Dansk Rørindustri; Urt. v. 12.7 2012 – C-181/11 P Rn. 80–87 – Cetarsa.
[326] Zur Zulässigkeit dieses Vorgehens, vgl. EuG Urt. v. 29.4.2004 – T-236/01, T-239/01, T-244/01 bis T-246/01, T-251/02 und T-252/01, Slg. 2004, II-1181 Rn. 353f. – Tokai Carbon ua/Kommission.
[327] Zur Notwendigkeit, bei kleinen Unternehmen mit konzentriertem Produktportfolio zusätzliche Abweichungen von den Bußgeldleitlinien nach Ziff. 37 Bußgeldleitlinien vorzunehmen, um die Verhältnismä-

lung der Geldbuße geführt hat, kann die Kommission diesem Umstand bei der Bemessung der nach Ziff. 37 der Bußgeldleitlinien gebotenen Reduzierung Rechnung tragen.[328]

Bezugspunkt für die Kappungsgrenze ist das **Unternehmen** iSd EU Wettbewerbsrechts.[329] Die Obergrenze bestimmt sich daher anhand des Gesamtumsatzes aller Gesellschaften, aus denen sich das zuwiderhandelnde Unternehmen zusammensetzt. Dabei kann die Kommission die Kappungsgrenze auf der Grundlage des **kumulierten Umsatzes aller Gesellschaften einer Gruppe** berechnen, an deren Spitze die für das wettbewerbswidrige Verhalten haftbare Gesellschaft steht.[330] Dies gilt aber nur, wenn die Gesellschaften **im Zeitpunkt des Entscheidungserlasses noch Teil des Unternehmens** sind. Wurde diese wirtschaftliche Einheit dagegen in der Zwischenzeit aufgelöst, so ist die Kappungsgrenze für jeden Adressaten separat und nach seinem eigenen Umsatz festzulegen.[331] Der Kontrollerwerb über eine kartellbeteiligte Gesellschaft kann nicht dazu führen, dass die Kappungsgrenze einer Geldbuße, die für die Zuwiderhandlung vor dem Kontrollerwerb verhängt wird, in Anbetracht des Umsatzes der kontrollerwerbenden Gesellschaft höher ausfällt. Vielmehr verpflichten der Grundsatz der persönlichen Verantwortlichkeit und der Verhältnismäßigkeitsgrundsatz die Kommission dazu, die Kappungsgrenze ausschließlich anhand des Umsatzes des Unternehmens zu ermitteln, das zu dem jeweiligen Zeitpunkt an der Zuwiderhandlung beteiligt war.[332]

b) Bestimmung des maßgeblichen Umsatzes. Der maßgebliche Zeitpunkt für die **Umsatzbestimmung** ist grundsätzlich das **letzte Geschäftsjahr vor Erlass der Entscheidung.** Es gilt die widerlegbare Vermutung, dass dieser Zeitpunkt repräsentativ ist. Die Vermutung entbindet die Kommission aber nicht von ihrer Verpflichtung, im Einzelfall „einen Umsatz [zugrunde zu legen], der die tatsächliche wirtschaftliche Situation des Unternehmens in dem Zeitraum wiederspiegelt, in dem die Zuwiderhandlung begangen wurde."[333] Liegt für das letzte Geschäftsjahr vor Entscheidungserlass kein Jahresabschluss (bzw. für keinen ganzjährigen Zeitraum) vor oder wurde in diesem Zeitraum kein Umsatz im Rahmen normaler wirtschaftlicher Tätigkeit erzielt, ist die Kommission berechtigt, auf das **letzte abgeschlossene Geschäftsjahr mit normaler wirtschaftlicher Tätigkeit** abzustellen, das sich über einen Zeitraum von 12 Monaten erstreckt.[334]

Beispiel:
Im Fall 1. garantovaná war die Kommission berechtigt, bei der Bestimmung der 10 % Umsatzgrenze auf das vorletzte Geschäftsjahr vor Erlass der Entscheidung abzustellen, weil die Veräußerung von Aktiva zu einer erheblichen Verringerung der Umsätze im letzten Geschäftsjahr vor Entscheidungserlass geführt hatte und diese Veräußerung im Rahmen von Überlegungen erfolgt war, das Unternehmen abzuwickeln.[335]

---

[327] ßigkeit der Geldbuße sicherzustellen vgl. EuG Urt. v. 23.1.2014 – T-384/09 Rn. 167–169 – SKW Stahl-Metallurgie (bestätigt in C-154/14 P).
[328] EuG Urt. v. 12.12.2012 – T-410/09 Rn. 242–245 – Almamet.
[329] EuG Urt. v. 17.5.2013 – T-146/09 Rn. 228 – Parker.
[330] Vgl. EuGH Urt. v. 26.11.2013 – C-58/12 P Rn. 55–57 – Groupe Gascogne; EuG Urt. v. 27.3.2014 – verb. Rs. T-56/09 und T-73/09 Rn. 450 – Saint-Gobain Glass France; EuG Urt. v. 13.9.2010 – T-26/06 Rn. 115 – Trioplast Wittenheim/Kommission.
[331] EuG Urt. v. 16.9.2013 – T-411/10 Rn. 149 – Laufen (nrkr – C-637/13 P); Urt. v. 6.3.2012 – T-64/06 Rn. 138 – FLS Plast; Urt. v. 15.6.2005 – verb. Rs. T-71/03, T-74/03, T-87/03 und T-91/03 Rn. 390 – Tokai Carbon.
[332] Vgl. EuGH Urt. v. 4.9.2014 – C-408/12 P Rn. 60–66 – YKK. Wegen der Zuwiderhandlung vor Kontrollerwerb war gegen die bereits anfänglich tatbeteiligte Gesellschaft eine gesonderte Geldbuße verhängt worden. Dem Urteil des EuGH zufolge galt für diese Geldbuße eine 10 %-Kappungsgrenze, für deren Ermittlung der Umsatz der späteren Muttergesellschaft außer Betracht bleiben musste.
[333] EuGH Urt. v. 7.6.2007 – C-76/06 P, Slg. 2007, I-4405 Rn. 25 – Britannia Alloys. Vgl. auch EuGH Urt. v. 15.5.2014 – C-90/13 P Rn. 15–1. garantovaná.
[334] EuGH Urt. v. 7.6.2007 – C-76/06 P Rn. 26, 29 f. – Britannia Alloys/Kommission; EuG Urt. v. 12.12.2012 – T-392/09 Rn. 86–1. garantovaná.
[335] Vgl. EuG Urt. v. 12.12.2012 – T-392/09 Rn. 86–108–1. garantovaná, bestätigt in EuGH Urt. v. 15.5.2014 – C-90/13 P Rn. 15–32–1. garantovaná.

129 Im Regelfall sind allerdings selbst einschneidende Umsatzveränderungen außer Betracht zu lassen, solange noch von einer normalen wirtschaftlichen Tätigkeit auszugehen ist.[336]

130 Verhängt die Kommission eine Geldbuße gegen eine **Unternehmensvereinigung,** so kann auf deren Umsatz abgestellt werden. Steht die Zuwiderhandlung einer Unternehmensvereinigung mit der Tätigkeit ihrer Mitglieder im Zusammenhang, so darf die Geldbuße „10% der Summe der Gesamtumsätze derjenigen Mitglieder, die auf dem Markt tätig waren, auf dem sich die Zuwiderhandlung der Vereinigung auswirkte, nicht übersteigen."[337] Dies führt in der Regel zu einer Erhöhung des Bußgeldrahmens. Für Verfahrensverstöße gilt keine entsprechende Regelung.[338] Da die Bemessung von Geldbußen unter Berücksichtigung der Umsätze der Mitglieder die Finanzkraft der Vereinigung übersteigen kann, ist in Art. 23 Abs. 4 VO 1/2004 eine Ausfallhaftung ihrer Mitglieder vorgesehen.

131 **c) Unterscheidung zwischen einheitlichen und gesonderten Zuwiderhandlungen.** Bilden verschiedene Wettbewerbsverstöße **mehrere gesonderte Zuwiderhandlungen,** so kann die Kommission auch gesonderte Geldbußen verhängen, deren Beträge zusammengenommen die Obergrenze von 10% des relevanten Umsatzes übersteigen können.[339] Dies gilt auch, wenn Geldbußen im Anschluss an das gleiche Verwaltungsverfahren verhängt werden.[340] Allerdings kann sich aus einer Reihe von Handlungen oder einem fortgesetzten Verhalten auch ein **einheitlicher Verstoß** gegen die Wettbewerbsregeln ergeben, selbst wenn ein oder mehrere Teile dieser Handlungen auch für sich genommen und isoliert betrachtet einen Verstoß darstellen könnten.[341]

132 Die Einstufung unterschiedlicher Handlungen **als einheitlichen Verstoß** ist daher für die 10% Kappungsgrenze von zentraler Bedeutung. Dabei ist zu prüfen, ob zwischen den wettbewerbswidrigen Handlungen insofern ein Komplementaritätsverhältnis besteht, als jede von ihnen eine oder mehrere Folgen des normalen Wettbewerbs beseitigen soll und durch Interaktion zur Verwirklichung sämtlicher wettbewerbswidriger Wirkungen beiträgt, die ihre Urheber im Rahmen eines auf eine einheitliche Zielsetzung gerichteten Gesamtplans anstreben. Insoweit sind alle Umstände zu berücksichtigen, die dieses Verhältnis belegen oder in Frage stellen können, wie der Anwendungszeitraum, der Inhalt (einschließlich der verwendeten Methoden) und im Zusammenhang damit die Zielsetzung der verschiedenen Verhaltensweisen.[342]

9. Immunität und Bußgeldreduktion wegen Kooperation

133 Die Bußgeldleitlininen verweisen in Ziff. 34 auf die Anwendbarkeit der geltenden Mitteilung über den Erlass und die Ermäßigung von Geldbußen in Kartellsachen. Die Kronzeugenregelung stellt unter bestimmten Voraussetzungen den Erlass oder die Ermäßigung eines Bußgelds für die Zusammenarbeit bei Kommissionsuntersuchungen zur Aufdeckung von Kartellen in Aussicht. Im Hinblick auf die Einzelheiten der Kronzeugenregelung wird auf die ausführliche Darstellung in → § 7 Rn. 5 ff. des vorliegenden Handbuchs verwiesen.

10. Vergleichsverfahren

134 Seit dem 30. Juni 2008 existiert eine weitere Möglichkeit für Kartellbeteiligte, durch eine Form der Kooperation mit der Kommission in den Vorteil einer Ermäßigung der Geldbu-

---

[336] EuG Urt. v. 12.12.2012 – T-410/09 Rn. 216 – Almamet; Urt. v. 29.11.2005 – T-33/02, Slg. 2005, II-4973 Rn. 49 – Britannia Alloys/Kommission; Urt. v. 28.4.2010 – verb. Rs. T-456/05 und T-457/05, Slg. 2010 II-01443 Rn. 97 – Gütermann und Zwicky.
[337] Ziff. 33 Bußgeldleitlinien; Art. 23 Abs. 2 S. 3 VO (EG) Nr. 1/2003.
[338] Vgl. Art. 23 Abs. 1 VO (EG) Nr. 1/2003.
[339] EuG Urt. v. 6.2.2014 – T-27/10 Rn. 230, 232 – AC-Treuhand (bestätigt in C-194/14 P); EuG Beschl. v. 25.2.2003 – T-15/02, Slg. 2003, II-213 Rn. 70 – BASF/Kommission.
[340] EuG Urt. v. 8.10.2008 – T-68/04, Slg. 2008, II-2511 Rn. 131 f. – SGL Carbon/Kommission; Urt. v. 12.9.2007 – T-30/05, Slg. 2007, II-107 Rn. 63 – Prym/Kommission.
[341] EuGH Urt. v. 6.12.2012 – C-441/11 P Rn. 41 – Coppens.
[342] Vgl. EuG Urt. v. 6.2.2014 – T-27/10 Rn. 241 – AC-Treuhand; Urt. v. 28.4.2010 – T-446/05, Slg. 2010, II-1255 Rn. 92 – Amann & Söhne und Cousin Filtrerie.

ße zu gelangen. Das sog Vergleichsverfahren („settlement") gestattet es den Parteien, ihre Beteiligung an einem Kartell im Gegenzug für die Ermäßigung der Geldbuße um 10% einzuräumen. Im Hinblick auf die Einzelheiten der Vergleichsregelung wird auf die ausführliche Darstellung in → § 10 Rn. 14 ff. des vorliegenden Handbuchs verwiesen.

11. Zahlungsunfähigkeit (ITP)

„Unter außergewöhnlichen Umständen" kann die Kommission gemäß Ziff. 35 Satz 1 der Bußgeldleitlinien „auf Antrag die Leistungsfähigkeit eines Unternehmens in einem gegebenen sozialen und ökonomischen Umfeld berücksichtigen". Neben Ziff. 35 der Bußgeldlinien gibt eine Mitteilung aus dem Jahr 2010 der damaligen Kommissare für Wettbewerb und Haushalt (**„ITP-Mitteilung"**)[343] Aufschluss über die Voraussetzungen, unter denen die beschränkte Leistungsfähigkeit von Bußgeldadressaten Berücksichtigung findet. Die ITP-Mitteilung enthält überdies Ausführungen zur Möglichkeit, im Hinblick auf eine angefochtene Bußgeldentscheidung bis zum Zeitpunkt der gerichtlichen Entscheidung zwischen vorläufiger Zahlung und Bestellung einer Bankgarantie zu wählen.[344]

Grundsätzlich sind **finanziellen Schwierigkeiten** eines Unternehmens bei der Bußgeldbemessung **nicht berücksichtigungsfähig,** da anderenfalls den am wenigsten an den Marktbedingungen angepassten Unternehmen ungerechtfertigte Wettbewerbsvorteile zuteil würden.[345] Dies gilt auch dann, wenn die Vollstreckung der Geldbuße zur Insolvenz oder zur Auflösung des Adressaten führen würde, zumal diese Auflösung nicht notwendigerweise bedeutet, dass auch die durch das Unternehmen repräsentierten personellen, materiellen und immateriellen Mittel ihren Wert verlieren müssen.[346] Daher ist eine Besserstellung begrenzt leistungsfähiger Unternehmen nach Ziff. 35 Bußgeldleitlinien nur möglich, wenn **im Zeitpunkt der Entscheidung über die Verhängung der Geldbuße**[347] neben einem **Antrag**[348] die folgenden beiden Voraussetzungen kumulativ vorliegen:

Erstens muss das Unternehmen **objektive Nachweise** dafür **erbringen,** dass die Verhängung einer Geldbuße seine **wirtschaftliche Überlebensfähigkeit unwiderruflich gefährden und seine Aktiva jeglichen Wertes berauben würde.**[349] Die Kommission beurteilt die **wirtschaftliche Überlebensfähigkeit** eines Unternehmens nach einer Reihe quantitativer und qualitativer Indikatoren, wie Finanzkraft, Rentabilität oder Liquidität sowie der Möglichkeit des Unternehmens, sich am Kreditmarkt oder seitens seiner Aktionäre neue finanzielle Mittel zu erschließen.[350] Die **Aktiva** würden **jeglichen Wertes be-**

---

[343] Inability to pay under paragraph 35 of the 2006 Fining Guidelines and payment conditions pre- and post-decision finding an infringement and imposing fines, Sec(2010) 737.
[344] Vgl. ITP-Mitteilung Rn. 14–18.
[345] EuGH Urt. v. 28.6.2005 – verb. Rs. C-189/02 P ua, Slg. 2005, I-5425 Rn. 327 – Dansk Rørindustri; Urt. v. 10.5.2007 – C-328/05 P, Slg. 2007, I-3921 Rn. 100 – SGL Carbon/Kommission; EuG Urt. v. 14.5.2014 – T-406/09 Rn. 285– Donau Chemie.
[346] EuG Urt. v. 14.5.2014 – T-406/09 Rn. 286 – Donau Chemie; EuG Urt. v. 29.4.2004 – verb. Rs. T-236/01, T-239/01, T-244/01 bis T-246/01, T-251/02 und T-252/01, Slg. 2004, II-1181 Rn. 372 – Tokai Carbon ua/Kommission; Urt. v. 29.11.2005 – T-64/02, Slg. 2005, II-5137 Rn. 163 – Hans Heubach/Kommission.
[347] Vgl. Ziff. 35 Satz 3 Bußgeldleitlinien. Nach der ITP-Mitteilung kann im Ausnahmefall aber auch auf einen Zeitpunkt nach Entscheidungserlass abgestellt werden; vgl. hierzu ITP-Mitteilung Rn. 17–19. Das EuG kann die Leistungsfähigkeit eines klagenden Unternehmens im Zeitpunkt der Gerichtsentscheidung berücksichtigen; vgl. EuG Urt. v. 15.7.2015 – T-393/10, Rn. 356 – WDI.
[348] Dieser Antrag muss bei der Kommission und nicht erst im gerichtlichen Verfahren gestellt worden sein; vgl. EuG Urt. v. 6.2.2014 – T-27/10 Rn. 311, 312 – AC-Treuhand.
[349] Vgl. EuG Urt. v. 6.2.2014 – T-27/10 Rn. 312 – AC-Treuhand; EuG Urt. v. 14.5.2014 – T-406/09 Rn. 289 – Donau Chemie; EuG Urt. v. 12.12.2012 – T-400/09 Rn. 201 – Ecka Granulate et non ferrum Metallpulver. Zur Notwendigkeit der Kausalität zwischen Geldbuße und gefährdeter Überlebensfähigkeit des betroffenen Unternehmens vgl. ITP-Mitteilung Rn. 7 aE.
[350] Vgl. ITP-Mitteilung Rn. 7. Vgl. auch Kom. v. 9.11.2010 – 39.258 Rn. 1379 – Luftfracht. Eine bloße Berechnung, welchen Anteil die Geldbuße an dem weltweiten Umsatz des Unternehmens ausmacht, kann dagegen allein nicht den Schluss begründen, dass die wirtschaftliche Überlebensfähigkeit des Unternehmens durch die Geldbuße nicht unwiderruflich gefährdet wird; vgl. hierzu EuG Urt. v. 16.6.2011 – T-199/08, Slg. 2011, II-3507 Rn. 165 – Ziegler.

raubt, wenn eine Gesamtübernahme des betroffenen Unternehmens oder zumindest seiner Vermögenswerte unwahrscheinlich oder gar unmöglich erscheint, was dazu führen würde, dass die verschiedenen Vermögenswerte einzeln zum Kauf angeboten und nicht oder allenfalls mit einem starken Preisabschlag verkauft werden könnten.[351]

138 Zweitens müssen **besondere Umstände außerhalb des betroffenen Unternehmens** vorliegen, und zwar „ein gegebene[s] soziale[s] und ökonomische[s] Umfeld".[352] Hierfür trifft das Unternehmen die Darlegungslast.[353] Nach der Rechtsprechung resultiert ein besonderes soziales Umfeld aus den Folgen, die die Zahlung der Geldbuße haben könnte, und zwar ua in Form einer Zunahme der Arbeitslosigkeit oder einer Beeinträchtigung der dem betreffenden Unternehmen vor- und nachgelagerten Wirtschaftsstufen.[354] Das besondere ökonomische Umfeld kann aus zyklischen Krisen (zB Überkapazität oder fallende Preise) oder aus erschwertem Kreditzugang in dem betroffenen Sektor resultieren.[355] Nach Ansicht der Kommission wird die Voraussetzung eines besonderen sozialen und ökonomischen Umfelds in Zeiten sektorieller oder allgemeiner Wirtschaftskrisen relativ einfach erfüllt sein.[356]

139 Sind die Voraussetzungen erfüllt, so würde die Verhängung einer Geldbuße, die zum Verschwinden des betreffenden Unternehmens führen könnte, dem Grundsatz der Verhältnismäßigkeit widersprechen.[357] Auf ein Entschließungsermessen darf sich die Kommission daher trotz des Wortlauts in Ziff. 35 Satz 1 Bußgeldleitlinien („kann [...] berücksichtigen") nicht berufen.[358] Als Folge der Anwendbarkeit der Ziff. 35 der Bußgeldleitlinien 2006 ist ein teilweiser oder sogar vollständiger Erlass der Geldbuße möglich. Ferner kommt ein Teilzahlungsplan in Betracht oder der Verzicht auf die finanzielle Absicherung (durch Bankbürgschaft) noch ausstehender Beträge.[359]

12. Abweichende Bestimmung der Geldbuße im Einzelfall

140 Ziff. 37 Bußgeldleitlinien 2006 gestattet eine Abweichung von der im Regelfall anwendbaren Methode zur Berechnung der Geldbuße anhand der besonderen Umstände des Einzelfalles, wenn dies notwendig ist, um eine hinreichende Abschreckung zu gewährleisten oder eine unverhältnismäßig hohe Geldbuße zu vermeiden. In beiden Fällen muss die Kommission für eine solche Abweichung hinreichende Gründe darlegen sowie die Kriterien angeben, anhand derer sie den Betrag der verhängten Geldbuße festgesetzt. Die Gründe müssen mit dem Grundsatz der Gleichbehandlung vereinbar sein.[360]

141 Der Verhältnismäßigkeitsgrundsatz kann eine auf Ziff. 37 gestützte **Reduzierung der Geldbuße** erforderlich machen, und zwar auch dann, wenn die 10% Obergrenze des Art. 23 Abs. 2 Satz 2 VO (EG) Nr. 1/2003 nicht erreicht ist. Sind Unternehmen **hauptsächlich auf einem Markt tätig,** kann die Anwendung der Grenze von 10% des Umsatzes bei mehrjährigen Kartellverstößen eher die Regel als die Ausnahme darstellen. Aus diesem Grund hat die

---

[351] Vgl. hierzu EuG Urt. v. 14.5.2014 – T-406/09 Rn. 289 – Donau Chemie; Urt. v. 12.12.2012 – T-352/09 Rn. 190 – Nováčke chemické závody. Ähnlich ITP-Mitteilung Rn. 9.
[352] Dabei deuten die englische („specific") und französische („particulier") Sprachfassung darauf hin, dass „gegebenes" als „besonderes" zu verstehen ist.
[353] EuG Urt. v. 16.11.2011 – T-54/06 Rn. 163 – Kendrion; EuGH Urt. v. 29.6.2006 – C-308/04 P, Slg. I-5977 Rn. 107 – SGL Carbon.
[354] EuG Urt. v. 29.6.2006 – C-308/04 P, Slg. 2006, I-5977 Rn. 106 – SGL Carbon; EuG Urt. v. 14.5.2014 – T-406/09 Rn. 290 – Donau Chemie; Urt. v. 12.12.2012 – T-352/09 Rn. 192 – Nováčke chemické závody.
[355] Vgl. ITP-Mitteilung Rn. 8.
[356] Vgl. ITP-Mitteilung Rn. 8.
[357] EuG Urt. v. 14.5.2014 – T-406/09 Rn. 291 – Donau Chemie; vgl. auch EuG Urt. v. 12.12.2012 – T-352/09, Rn. 193 – Nováčke chemické závody.
[358] Vgl. EuG Urt. v. 14.5.2014 – T-406/09 Rn. 292 – Donau Chemie.
[359] Vgl. ITP-Mitteilung Rn. 11, 12.
[360] EuG Urt. v. 23.1.2014 – T-384/09 Rn. 164 – SKW Stahl-Metallurgie; Urt v. 6.2.2014 – T-27/10 Rn. 306 – AC-Treuhand; EuGH Urt. v. 28.6.2005 – C-189/02 P ua, Slg. 2005, I-5425 Rn. 211 – Dansk Rørindustri ua/Kommission.

Kommission im Einzelfall Bußgelder nach Ziff. 37 der Bußgeldleitlinien reduziert.³⁶¹ Auch das EuG hat eine Ermäßigung der Geldbuße zugunsten eines kleinen Unternehmens, das über ein **„sehr konzentriertes Produktportfolio"** verfügte, vor dem Hintergrund des Verhältnismäßigkeitsgrundsatzes als gerechtfertigt angesehen.³⁶² Die fehlende Leistungsfähigkeit eines Unternehmens genügt dagegen für sich genommen nicht, um eine Reduzierung der Geldbuße nach Maßgabe der Ziff. 37 Bußgeldleitlinien zu rechtfertigen (zum Begriff der Leistungsfähigkeit iSv Ziff. 35 der Bußgeldleitlinien → Rn. 135 f.). Anderenfalls würden die eingrenzenden Voraussetzungen der Ziff. 35 der Bußgeldleitlinien umgangen.³⁶³

Zu Lasten des Adressaten einer Geldbuße kann sich Ziff. 37 der Bußgeldleitlinien 142 auswirken, wenn der Wert der Waren oder Dienstleistungen, die mit der Zuwiderhandlung in Zusammenhang stehen, nicht der Auswirkung der Beteiligung eines Unternehmens entspricht. In diesem Fall kann die Kommission berechtigt oder sogar verpflichtet sein, von der in den Leitlinien dargelegten Methode der Bußgeldberechnung abzuweichen.

Beispiel: 143
Der Fall AC-Treuhand betraf ein Unternehmen, das die wettbewerbswidrigen Zusammenkünfte der Kartellmitglieder gegen eine Vergütung organisiert, moderiert und anderweitig gefördert hatte. Dieser „Dienstleister" war auf den von der Zuwiderhandlung betroffenen Märkten selbst nicht tätig und das ihm gezahlte Honorar entsprach in keiner Weise den Auswirkungen seiner Beteiligung. Deshalb war die Kommission nach Ansicht des EuG berechtigt und sogar verpflichtet, gem. Ziff. 37 Bußgeldleitlinien von der gewöhnlichen Methode zur Bußgeldberechnung abzuweichen.³⁶⁴

V. Verstöße gegen Verpflichtungszusagen

Art. 23 Abs. 2 lit. c VO (EG) Nr. 1/2003 ermöglicht die Verhängung von Geldbußen für 144 den Fall, dass ein Unternehmen eine durch Entscheidung nach Art. 9 VO (EG) Nr. 1/2003 für bindend erklärte Verpflichtungszusage nicht einhält. Verstöße können mit Bußgeldern von **bis zu 10 %** des im vorausgegangenen Geschäftsjahr erzielten Gesamtumsatzes sanktioniert werden. Innerhalb dieses Rahmens ist die Kommission nach Artikel 23 Abs. 3 VO (EG) Nr. 1/2003 verpflichtet, sowohl die Schwere der Zuwiderhandlung als auch deren Dauer zu berücksichtigen.

Da die Kommission im Hinblick auf die Bußgeldhöhe für Verfahrensverstöße keine 145 Leitlinien mit einer Berechnungsmethode erlassen hat, an die sie bei der Festsetzung von Geldbußen gebunden wäre, braucht sie den Grundbetrag oder den Umfang einer etwaigen Erschwerung oder Abmilderung weder in absoluten Zahlen noch in Prozentwerten zu beziffern.³⁶⁵ Sie ist aber an die allgemeinen Rechtsgrundsätze und inbesondere den **Verhältnismäßigkeitsgrundsatz** gebunden und muss ihre Überlegungen zur Bußgeldbemessung klar und eindeutig zum Ausdruck bringen.³⁶⁶

Bislang hat die Kommission erst einen Verstoß gegen eine Verpflichtungszusage mit 146 einer Geldbuße nach Art. 23 Abs. 2 lit. c) VO (EG) Nr. 1/2003 sanktioniert.³⁶⁷ Dieser

---

[361] Vgl. zB Kom. v. 28.3.2012 – 39452 Rn. 519–523 – Beschläge für Fenster und Fenstertüren; Kom. v. 7.11.2013 – 39633 Rn. 538–542 – Garnelen sowie (unter Verweis auf weitere Faktoren) Kom. v. 2.4.2014 – 39792 Rn. 104, 105 – Stahl-Strahlmittel.

[362] EuG Urt. v. 23.1.2014 – T-384/09 Rn. 167–179 – SKW Stahl-Metallurgie. Dabei spielte ferne einer Rolle, dass das Unternehmen mit hochwertigen Materialien bei geringer Gewinnspanne handelte. Vgl. auch EuG Urt. v. 12.12.2012 – T-352/09 Rn. 131, 138–146 – Nováčke chemické závody (gerechtfertigte Anwendung der Ziff. 37 der Bußgeldleitlinien auf ein kleines Unternehmen mit einem „relativ konzentrierten Produktportfolio").

[363] Vgl. EuGH Urt. v. 11.7.2013 – C-439/11P Rn. 173–174 – Ziegler. Nach dieser Rechtsprechung kann die fehlende Leistungsfähigkeit allerdings ein relevanter Faktor sein.

[364] Vgl. EuG Urt v. 6.2.2014 – T-27/10 Rn. 302–304 – AC-Treuhand bestätigt in C-194/14.

[365] Vgl. insoweit analog EuG Urt. v. 15.12.2010 – T-141/08, Slg. 2010 II-5761 Rn. 284 – E.ON Energie; bestätigt durch EuGH Urt. v. 22.11.2012 – C-89/11 P – E.ON Energie.

[366] Vgl. insoweit analog EuG Urt. v. 15.12.2010 – T-141/08, Slg. 2010 II-5761 Rn. 284, 286–287 – E.ON Energie; bestätigt durch EuGH Urt. v. 22.11.2012 – C-89/11 P – E.ON Energie.

[367] Kom. v. 6.3.2013 – 39530 Rn. 59–62 – Microsoft (Kopplung). Für die 14-monatige Nichteinhaltung der Zusage, Nutzern von Microsofts Windows-Betriebssystemen die problemlose Wahl ihres bevorzugten

Entscheidung zufolge stuft die Kommission Verstöße gegen Verpflichtungszusagen grundsätzlich als **schwerwiegend** ein,[368] und zwar ungeachtet der möglichen Auswirkungen auf den Wettbewerb.[369] Um zu vermeiden, dass Unternehmen den Verstoß gegen eingegangene Verpflichtungen als lohnenswert ansehen, berücksichtigt die Kommission bei der Berechnung der Geldbuße die Größe des Unternehmens, gemessen an dessen Umsatz im letzten vollständigen Geschäftsjahr.[370]

147 **Erschwerend** kann ins Gewicht fallen, dass der Verstoß den **Kern der getätigten Zusagen betrifft** und deren Ziel, die ermittelten Wettbewerbsbedenken zügig zu beseitigen, in Frage stellt.[371] Im Hinblick auf die Dauer der Zuwiderhandlung hat die Kommission untersucht, ob die Zusagen für einen **erheblichen Anteil ihrer Gesamtdauer missachtet** wurden.[372]

148 **Beispiel:**
Im Fall Microsoft wurde die **sofortige Anerkennung des Verstoßes** gegen die Verpflichtungszusagen und die Unterstützung bei den Kommissionsermittlungen als **mildernder Umstand** gewertet,[373] nicht aber der fehlende Vorsatz,[374] die sofortige Abstellung des Verstoßes,[375] die ergriffenen Maßnahmen zur Vermeidung künftiger Verstöße,[376] die Ersttäterschaft im Hinblick auf die Nichteinhaltung der Zusagen[377] und die angebotene Verlängerung der ursprünglich eingegangenen Zusagen um den Zeitraum des Verstoßes.[378]

C. Zwangsgelder

I. Allgemeines

149 Zwangsgelder können sowohl zur Durchsetzung materiell-rechtlicher Verhaltensanforderungen als auch zur Durchsetzung von Mitwirkungs- und Duldungspflichten im Ermittlungsverfahren verhängt werden. In beiden Fällen ist das Zwangsgeld gegenüber der durchzusetzenden Entscheidung **akzessorisch,** dh von einer bestimmten vollziehbaren[379] Entscheidung („Grundentscheidung") abhängig, mit der eine Handlungs-, Unterlassungs- oder Duldungspflicht angeordnet wird. Die Kommission kann kein Zwangsgeld verhängen, um unmittelbar aus dem Vertrag folgende Pflichten (zB das Kartellverbot nach Art. 101 Abs. 1 AEUV) oder Ermittlungsmaßnahmen durchzusetzen, die nicht auf einer der in Art. 24 Abs. 1 VO (EG) Nr. 1/2003 aufgezählten Entscheidungen beruhen.

150 Bei der Verhängung von Zwangsgeldern sind **zwei Stufen** zu unterscheiden,[380] nämlich die Androhung des Zwangsgelds in Form von Tagessätzen (Art. 24 Abs. 1 VO (EG)

Webbrowsers über einen Auswahlbildschirm zu ermöglichen, verhängte die Kommission eine Geldbuße iHv 561 Mio. EUR, was 1.02% des Gesamtumsatzes entsprach. Gegen die Kommissionsentscheidung wurde kein Rechtsmittel eingelegt.

[368] Vgl. Kom. v. 6.3.2013 – 39530 Rn. 56–58 – Microsoft (Kopplung).
[369] Auswirkungen auf den Wettbewerb stellen zusätzlich erschwerende Umstände dar; vgl. Kom. v. 6.3.2013 – 39530 Rn. 63 – Microsoft (Kopplung) unter analoger Anwendung von EuG Urt. v. 12.12.2012 – T-332/09 Rn. 247 – Electrabel.
[370] Vgl. Kom. v. 6.3.2013 – 39530 Rn. 77–78 – Microsoft (Kopplung).
[371] Vgl. Kom. v. 6.3.2013 – 39530 Rn. 59–62 – Microsoft (Kopplung).
[372] Vgl. Kom. v. 6.3.2013 – 39530 Rn. 65 – Microsoft (Kopplung) (14-monatiger Verstoß gegen eine Verpflichtung, die für 4 Jahre und 39 Wochen eingegangen war).
[373] Vgl. Kom. v. 6.3.2013 – 39530 Rn. 66 – Microsoft (Kopplung).
[374] Vgl. Kom. v. 6.3.2013 – 39530 Rn. 69 – Microsoft (Kopplung).
[375] Vgl. Kom. v. 6.3.2013 – 39530 Rn. 71 – Microsoft (Kopplung).
[376] Vgl. Kom. v. 6.3.2013 – 39530 Rn. 73 – Microsoft (Kopplung).
[377] Vgl. Kom. v. 6.3.2013 – 39530 Rn. 75 – Microsoft (Kopplung).
[378] Vgl. Kom. v. 6.3.2013 – 39530 Rn. 76 – Microsoft (Kopplung).
[379] Eine gerichtliche Anfechtung der Entscheidung schließt die Verhängung eines Zwangsgelds nicht aus, weil sie gemäß Art. 278 Satz 1 AEUV keine aufschiebende Wirkung hat. Anderes gilt, wenn die Vollziehbarkeit der Verfügung nach Art. 278 Satz 2 AEUV gerichtlich ausgesetzt ist.
[380] Dieses zweistufige Vorgehen ist in Art. 24 Abs. 1 und Abs. 2 VO (EG) Nr. 1/2003 nur angedeutet, da beide Absätze von der Festsetzung von Zwangsgeldern sprechen. Zum zweistufigen Vorgehen vgl. zB EuG Urt. v. 27.6.2012 – T-167/08 Rn. 15–20 – Microsoft.

Nr. 1/2003) und die Festsetzung des zu zahlenden Zwangsgelds (Art. 24 Abs. 2 VO (EG) Nr. 1/2003). Die Verhängung von Zwangsgeldern setzt **kein Verschulden** voraus. Das nach Art. 24 Abs. 2 VO (EG) Nr. 1/2003 festgesetzte Zwangsgeld unterliegt im Fall einer gerichtlichen Anfechtung der Befugnis des Unionsrichters zur **unbeschränkten Nachprüfung** nach Art. 31 VO (EG) Nr. 1/2003 iVm Art. 261 AEUV. Mangels einer 10% Kappungsgrenze spielt der Verhältnismäßigkeitsgrundsatz bei der gerichtlichen Prüfung eine besondere Rolle.[381]

II. Zwangsgeldtatbestände

- Art. 24 I enthält den folgenden **abschließenden Katalog** von Entscheidungen, zu deren Durchsetzung ein Zwangsgeld festgesetzt werden darf: **"materiell-rechtliche Verhaltensanforderungen"** Art. 24 Abs. 1 lit. a VO (EG) Nr. 1/2003: **Abstellungsverfügung** gemäß Art. 7 VO (EG) Nr. 1/2003 bei einer Zuwiderhandlung gegen Art. 101 AEUV oder 102 AEUV; 151
- Art. 24 Abs. 1 lit. b VO (EG) Nr. 1/2003: **Anordnung einstweiliger Maßnahmen** gem. Art. 8 VO (EG) Nr. 1/2003;
- Art. 24 Abs. 1 lit. c VO (EG) Nr. 1/2003: **Verpflichtungszusage** eines Unternehmens, die gemäß Art. 9 VO (EG) Nr. 1/2003 für verbindlich erklärt wurde; **Duldungs- und Mitwirkungspflichten im Verwaltungsverfahren** 152
- Art. 24 Abs. 1 lit. d VO (EG) Nr. 1/2003: **Förmliche Aufforderung zur Erteilung von** vollständigen, sachlich richtigen und nicht irreführenden **Auskünften** gemäß Art. 17 oder Art. 18 Abs. 3 VO (EG) Nr. 1/2003;[382]
- Art. 24 Abs. 1 lit. e VO (EG) Nr. 1/2003: **Förmliche Anordnung einer Nachprüfung** gemäß Art. 20 Abs. 4 VO (EG) Nr. 1/2003.[383]

Hält der Adressat die Anordnung der ihm auferlegten Verpflichtungen für rechtsfehlerhaft (zB weil die Voraussetzungen für ein Auskunftsverlangen oder eine Abstellungsverfügung nicht vorliegen), muss er die Grundentscheidung vor Gericht angreifen. Anderenfalls hindert ihn deren Bestandskraft daran, sich gegenüber der endgültigen Zwangsgeldfestsetzung mit dem Argument zu verteidigen, dass ihn von vorneherein keine Pflichten zu einem Tun, Dulden oder Unterlassen trafen.[384] Weiterhin zulässig ist allerdings die Behauptung, einzelne Verfügungen der Grundentscheidung hätten mangels Bestimmtheit eine Konkretisierung im Wege eines gesonderten Rechtsakts erfordert, bevor sie als Grundlage für die Zwangsgeldfestsetzung dienen konnten.[385] 153

Um die Grundlage für ein Zwangsgeld zu bilden, muss die Grundentscheidung so **hinreichend klar und bestimmt** sein, dass der Adressat durch Auslegung erkennen kann, welche Handlungen und Unterlassungen ein Zwangsgeld zur Folge haben.[386] Es genügt, wenn der verfügende Teil der Entscheidung dadurch verständlich wird, dass er im Licht seiner Begründung gelesen und ausgelegt wird.[387] Bei der Formulierung von Verhaltenspflichten in der Grundentscheidung darf sich die Kommission unbestimmter (Rechts-)Begriffe bedienen. Ein solches Vorgehen kann sogar rechtlich geboten sein, um dem Unter- 154

---

[381] Vgl. hierzu EuG Urt. v. 27.6.2012 – T-167/08 Rn. 205–231 – Microsoft.
[382] Nicht zwangsgeldbewehrt sind einfache Auskunftsverlangen nach Art. 18 Abs. 2 VO (EG) Nr. 1/2003.
[383] Schriftliche Prüfungsaufträge iSv Art. 20 Abs. 3 VO (EG) Nr. 1/2003 sind dagegen nicht erfasst. Ebenso wenig kann die Beantwortung von Fragen auf der Grundlage von Art. 19 und Art. 20 Abs. 2 lit. e VO (EG) Nr. 1/2003 durch Zwangsgelder erzwungen werden.
[384] Vgl. entsprechend EuG Urt. v. 20.4.1999 – verb. Rs. T-305/94, T-306/94, T-307/94, T-313/94, T-314/94, T-315/94, T-316/94, T-318/94, T-325/94, T-328/94, T-329/94 und T-335/94, Slg. 1999, II-931 Rn. 408–410 – LVM ua/Kommission, wonach die Adressaten einer Nachprüfungsentscheidung diese in der Frist des Art. 263 Abs. 6 AEUV vor dem EuG anfechten müssen, um nicht in der Klage gegen die Bußgeldentscheidung mit dem Argument abgeschnitten zu sein, die während der Nachprüfung erlangten Schriftstücke dürften infolge der Rechtswidrigkeit der Nachprüfung keine Verwendung finden.
[385] Vgl. EuG Urt. v. 27.6.2012 – T-167/08 Rn. 82 – Microsoft.
[386] EuG Urt. v. 27.6.2012 – T-167/08 Rn. 84 – Microsoft. Siehe auch EuGH Urt. v. 28.6.2005 – verb. Rs. C-189/02 P ua, Slg. 2005, I-5425 Rn. 219 – Dansk Rørindustri.
[387] EuG Urt. v. 27.6.2012 – T-167/08 Rn. 85 – Microsoft.

nehmen die Wahl zu belassen zwischen verschiedenen Verhaltensweisen, von denen jede mit den Art. 101, 102 AEUV bzw. mit der Kommissionsentscheidung im Einklang steht, die diese Vertragsbestimmungen konkretisiert.[388]

III. Verfahren für die Verhängung eines Zwangsgelds

155 Zunächst erfolgt die **Androhung** des Zwangsgelds für den Fall, dass das Unternehmen den in der Grundentscheidung festgelegten Pflichten bis zu einem bestimmten Zeitpunkt nicht nachkommt. Diese Entscheidung nach Art. 24 Abs. 1 VO (EG) Nr. 1/2003 kann isoliert ergehen, oder mit der Grundentscheidung verbunden werden.[389] Will die Kommission der Zwangsgeldandrohung Nachdruck verleihen, und hat sie den in Art. 24 Abs. 1 VO (EG) Nr. 1/2003 gesetzten Rahmen für die maximale Höhe des Zwangsgelds nicht ausgeschöpft, kann sie in einer **erneuten Androhung** den Tagessatz weiter anheben.[390] Die Androhung des Zwangsgelds stellt einen vorläufigen Verfahrensschritt dar und entfaltet **keine eigenständigen Rechtswirkungen.** Sie ist daher weder isoliert gerichtlich anfechtbar[391] noch resultieren aus ihr Anhörungsverpflichtungen.[392]

156 **Vor der Festsetzung des Zwangsgelds** nach Art. 24 Abs. 2 VO (EG) Nr. 1/2003 sind die betroffenen Unternehmen[393] und der Beratende Ausschuss für Kartell- und Monopolfragen[394] anzuhören. Die Übersendung der Mitteilung der Beschwerdepunkte soll das betroffene Unternehmen in die Lage versetzen, „sich zu allen Gesichtspunkten, die die Kommission bei der Festsetzung des Zwangsgeldes und seiner endgültigen Höhe berücksichtigt hat, in zweckdienlicher Weise zu äußern".[395] Dauert die Pflichtverletzung an, so darf das Zwangsgeld auch für den Zeitraum festgesetzt werden, der **nach der Mitteilung der Beschwerdepunkte** liegt. Nur wenn sich die Kommission zu diesem Zweck auf veränderte rechtliche oder tatsächliche Gesichtspunkte stützen will, zu denen sich das Unternehmen nicht äußern konnte, ist eine erneute Mitteilung der Beschwerdepunkte erforderlich.[396] Dies kann zB dann der Fall sein, wenn sich das im Streit stehende Verhalten oder der für seine Bewertung ausschlaggebende rechtliche Rahmen maßgeblich ändert.

IV. Bemessung des verhängten Zwangsgelds

157 Bei der **Androhung des Zwangsgelds** muss die Kommission die in Art. 24 Abs. 1 VO (EG) Nr. 1/2003 genannte **Obergrenze** beachten, dh einen „Höchstbetrag von 5% des im vorausgegangenen Geschäftsjahr erzielten durchschnittlichen Tagesumsatzes für jeden Tag des Verzugs von dem in der Entscheidung bestimmten Zeitpunkt an". Bei materiellrechtlichen Verstößen waren bislang Zwangsgelder iHv bis zu 3,5% üb-

---

[388] EuG Urt. v. 27.6.2012 – T-167/08 Rn. 95 – Microsoft im Hinblick auf die Verpflichtung eines marktbeherrschenden Unternehmens, Rechte auf Zugang zu Interoperabilitätsinformationen und deren Nutzung zu „angemessenen Vergütungssätzen" zu gewähren.
[389] Auskunftsverlangen und Nachprüfungsentscheidungen, die nicht unmittelbar mit einer Zwangsgeldandrohung verbunden werden, müssen einen Hinweis auf die mögliche Verhängung eines Zwangsgelds enthalten; vgl. Art. 17 Abs. 2, 18 Abs. 3, 20 Abs. 4 VO (EG) Nr. 1/2003.
[390] Diese zweite Androhung nach Art. 24 Abs. 1 VO (EG) Nr. 1/2003 kann mit der Verhängung des (ersten) Zwangsgelds nach Art. 24 Abs. 2 VO (EG) Nr. 1/2003 verbunden werden; vgl. Kom. v. 12.7.2006 – 37.792 Rn. 234–246, 247 f. – Microsoft.
[391] EuGH Urt. v. 21.9.1989 – verb. Rs. 46/87 und 227/88, Slg. 1989, 2859 Rn. 55 – Hoechst/Kommission; EuG Beschl. v. 24.6.1998 – T-596/97, Slg. 1998, II-2383 Rn. 30–32, 36 – Dalmine/Kommission.
[392] EuGH Urt. v. 21.9.1989 – verb. Rs. 46/87 und 227/88, Slg. 1989, 2859 Rn. 55 f. – Hoechst/Kommission.
[393] Vgl. Art. 27 Abs. 1 VO (EG) Nr. 1/2003 sowie Art. 10, 11, 12, 14, 15, 17 VO (EG) Nr. 773/2004.
[394] Vgl. Art. 14 Abs. 1 VO (EG) Nr. 1/2003.
[395] EuGH Urt. v. 21.9.1989 – verb. Rs. 46/87 und 227/88, Slg. 1989, 2859 Rn. 56 – Hoechst/Kommission. Zu den Anforderungen an eine Mitteilung der Beschwerdepunkte im Zwangsgeldverfahren vgl. EuG Urt. v. 27.6.2012 – T-167/08 Rn. 182–194 – Microsoft.
[396] EuG Urt. v. 27.6.2012 – T-167/08 Rn. 186 – Microsoft. Vgl. auch EuG Urt. v. 30.9.2003 – verb. Rs. T-191/98, T-212/98 bis T-214/98, Slg. 2003, II-3275 Rn. 191 f. – Atlantic Container Line.

lich,[397] bei Auskunftsverlangen 1% des durchschnittlichen Tagesumsatzes.[398] Um den maßgeblichen Tagesumsatz zu ermitteln, wird der Gesamtumsatz[399] des Unternehmens im letzten vollen Geschäftsjahr durch die Anzahl der Kalendertage in diesem Geschäftsjahr dividiert.[400]

Bei der **endgültigen Festsetzung des Zwangsgelds** nach Artikel 24 Abs. 2 VO (EG) Nr. 1/2003 wird der in der Zwangsgeldandrohung angedrohte Tagessatz mit der Anzahl der Tage der Zuwiderhandlung multipliziert. Der für jeden Tag der Pflichtverletzung angesetzte Wert des Zwangsgelds darf den angedrohten Tagessatz nicht übersteigen. Er kann aber unter dem zunächst angedrohten Betrag liegen, und zwar insbesondere, wenn das Unternehmen noch vor der Festsetzung seinen Verpflichtungen nachgekommen ist (Art. 24 Abs. 2 Satz 1 VO (EG) Nr. 1/2003).[401] Der **in der Zwangsgeldandrohung genannte Betrag** für die Festsetzung bildet demnach die **Obergrenze,** von der nur nach unten abgewichen werden kann. Eine dem Art. 23 Abs. 2 VO (EG) Nr. 1/2003 vergleichbare **Kappungsgrenze** ist für Zwangsgelder dagegen **nicht vorgesehen.** **158**

Bei der Bestimmung der **Höhe des Zwangsgelds** ist die Kommission nicht an die Bußgeldleitlinien 2006 gebunden.[402] Sie ist aber an die allgemeinen Rechtsgrundsätze und inbesondere den **Verhältnismäßigkeitsgrundsatz,** gebunden und muss ihre Überlegungen zur Zwangsgeldbemessung klar und eindeutig zum Ausdruck bringen.[403] Seinem Zweck nach ist das Zwangsgeld so festzusetzen, dass das Unternehmen zur Einhaltung der auferlegten Verpflichtungen veranlasst wird. Demnach muss die Kommission insbesondere die Größe bzw. Finanzkraft des Unternehmens berücksichtigen, da hiervon die Anreizwirkung des Zwangsgelds abhängt.[404] **159**

Für die Höhe des Zwangsgelds ist ferner von Belang, ob ein Unternehmen aus der Nichtbefolgung einer Verhaltenspflicht **materielle Vorteile** zieht.[405] Auch kann die **Bedeutung der unterlassenen Rechtsbefolgung** berücksichtigt werden, insbesondere was die wirtschaftlichen Auswirkungen für den Wettbewerb angeht.[406] Schließlich kann eine Rolle spielen, ob das Unternehmen **wissentlich gegen die Verhaltenspflicht verstoßen** hat, zB weil es seitens der Kommission über den Verstoß informiert wurde.[407] Umgekehrt kann ein Schreiben, mit dem die Kommission es einem Unternehmen erlaubt, ein möglicherweise wettbewerbswidriges Verhalten zeitweise fortzuführen, ein Grund für ein niedrigeres Zwangsgeld darstellen.[408] **160**

---

[397] Vgl. zB Kom. v. 17.12.2007 – 34579 ua Rn. 776 – MasterCard (3,5%); Kom. v. 10.11.2005 – 37792 Rn. 203f. – Microsoft (2,3%).
[398] Vgl. zB Kom. v. 3.9.2009 – 39.523 Art. 2 – Slovak Telekom.
[399] Zu den Gründen für das Abstellen auf den Gesamtumsatz vgl. Langen/Bunte/*Sura* Art 24 VO (EG) Nr. 1/2003 Rn. 10.
[400] Ein Berechnungsbeispiel findet sich bei Kom. v. 10.11.2005 – 37792 Rn. 203 – Microsoft.
[401] Vgl. zB EuG Urt. v. 27.6.2012 – T-167/08 Rn. 203 – Microsoft (Beschränkung des festgesetzten Zwangsgelds auf etwa 63% des aus der Zwangsgeldandrohung folgenden Höchstbetrags).
[402] Vgl. EuG Urt. v. 27.6.2012 – T-167/08 Rn. 220 – Microsoft sowie analog, EuG Urt. v. 15.12.2010 – T-141/08 Rn. 284 – E.ON Energie. Daraus folgt, dass die Kommission nicht verpflichtet ist, bei der Festsetzung von Zwangsgeldern genaue Zahlenangaben zur Berechnung zu machen.
[403] Vgl. insoweit analog EuG Urt. v. 15.12.2010 – T-141/08, Slg. 2010 II-5761 Rn. 284, 286–287 – E.ON Energie; bestätigt durch EuGH Urt. v. 22.11.2012 – C-89/11 P – E.ON Energie.
[404] EuG Urt. v. 27.6.2012 – T-167/08 Rn. 220 – Microsoft.
[405] Vgl. EuG Urt. v. 27.6.2012 – T-167/08 Rn. 220 – Microsoft (Erwerb von Marktanteilen).
[406] Vgl. zB Kom. v. 10.11.2005 – 37.792 Rn. 197f. – Microsoft; Kom. v. 12.7.2006 – 37.792 Rn. 242, 247 – Microsoft.
[407] EuG Urt. v. 27.6.2012 – T-167/08 Rn. 215 – Microsoft. Bloße Zweifel an der Rechtmäßigkeit der Grundentscheidung sind dagegen grundsätzlich ohne Belang; vgl. EuGH Urt. v. 21.9.1989 – verb. Rs. 46/87 und 227/88, Slg. 1989, 2859 Rn. 62–65 – Hoechst. Dagegen trug die Kommission in Kom. v. 15.3.1991 – 33.300 Rn. 10f. – Baccarat bei der Bestimmung des endgültigen Zwangsgelds auch dem fehlenden Vorsatz Rechnung.
[408] EuG Urt. v. 27.6.2012 – T-167/08 Rn. 222–231 – Microsoft. Das von der Kommission gegen Microsoft verhängte Zwangsgeld iHv 899 Mio. EUR wurde aus diesem Grund vom EuG auf 860 Mio. EUR herabgesetzt.

D. Verjährung

I. Überblick

161 Die Verjährungsregeln tragen den Prinzipien der Rechtssicherheit und des Rechtsfriedens sowie der Tatsache Rechnung, dass das **Sanktionsbedürfnis** im Laufe der Zeit abnimmt.[409] Sie stellen sicher, dass ein Unternehmen nach einem gewissen Zeitraum für vergangenes Verhalten nicht mehr zur Verantwortung gezogen kann, zumal die Ausübung der Verteidigungsrechte mit zunehmendem Zeitablauf erschwert werden kann. Die Kommission muss eine mögliche Verjährung der Tat auch dann prüfen, wenn sich das Unternehmen nicht darauf beruft.[410] Während Art. 25 VO (EG) Nr. 1/2003 die **Verjährung der Verfolgungsbefugnis** der zum Gegenstand hat, regelt Art. 26 VO (EG) Nr. 1/2003 die **Verjährung der Befugnis zur Vollstreckung** bereits erlassener Buß- oder Zwangsgeldentscheidungen.

II. Verfolgungsverjährung

1. Allgemeines

162 Die Verfolgungsverjährungsfrist beträgt gem. Artikel 25 Abs. 1 lit. a VO (EG) Nr. 1/2003 **drei Jahre** bei Zuwiderhandlungen gegen Vorschriften über die Einholung von Auskünften oder die Vornahme von Nachprüfungen. Sie beträgt gem. Artikel 25 Abs. 1 lit. b VO (EG) Nr. 1/2003 **fünf Jahre** bei den übrigen (materiellrechtlichen) Verstößen. Die Regeln zum Ruhen der Verjährung und zu ihrer Unterbrechung müssen als Ausnahme von der grundsätzlich geltenden drei- bzw. fünfjährigen Verjährungsfrist restriktiv ausgelegt werden.[411]

163 Die Verfolgungsverjährung **beschränkt nur die Befugnis der Kommission zur Festsetzung von Geldbußen und Zwangsgeldern** nach den Art. 23 und 24 VO (EG) Nr. 1/2003. Sie steht der Feststellung einer Zuwiderhandlung nach Art. 7 Abs. 1 VO (EG) Nr. 1/2003 nicht entgegen.[412] Ebensowenig ist die Kommission daran gehindert, eine verjährte Vortat als erschwerenden Umstand im Sinne einer Wiederholungstäterschaft bei der Bußgeldbestimmung im Hinblick auf eine erneute, unverjährte Tat zu berücksichtigen (→ Rn. 97).

2. Beginn der Verfolgungsverjährung

164 Die Verfolgungsverjährung beginnt gem. Art. 25 Abs. 2 Satz 1 VO (EG) Nr. 1/2003 mit dem Tag, an dem die Zuwiderhandlung begangen worden ist. Diese Regel lässt sich auf **zeitlich eng eingrenzbare Verhaltensweisen** anwenden, wie etwa die Behinderung einer Nachprüfung, das Erbrechen eines Siegels oder die Erteilung einer unrichtigen Auskunft. Auch das **Unterlassen** eines gebotenen Verhaltens, das zu einem bestimmten Zeitpunkt oder nach Ablauf einer bestimmten Frist vorzunehmen war, ist hierunter zu fassen, falls der Verstoß gegen die Pflicht zum Tätigwerden nicht andauert. Bei **andauernden oder fortgesetzten Zuwiderhandlungen** beginnt die Verjährung dagegen gemäß Art. 25 Abs. 2 Satz 2 VO (EG) Nr. 1/2003 erst mit dem Tag, an dem das betreffende Unternehmen die Zuwiderhandlung **beendet**.[413] Dies gilt auch, wenn das Unterlassen einer geforderten Verhaltensweise fortdauert, so etwa im Falle der Missachtung einer für bindend erklärten Verpflichtungszusage nach Art. 9 Abs. 1 VO (EG) Nr. 1/2003.

---

[409] Vgl. Schulte/Just/*Sauer* Artikel 25 VO (EG) Nr. 1/2003 Rn. 1.
[410] EuG Urt. v. 16.11.2006 – T-120/04, Slg. 2006, II-4441 Rn. 52 – Péroxidos Orgánicos. Vgl. auch EuG Urt. v. 1.7.2008 – T-276/04, Slg. 2008, II-1277 Rn. 23 – Compagnie Maritime Belge.
[411] Vgl. EuG Urt. v. 31.3.2009 – T-405/06, Slg. 2009, II-789 Rn. 154 – ArcelorMittal Luxemburg.
[412] Vgl. EuG Urt. v. 29.6.2012 – T-370/09 Rn. 272 – GDF Suez; Urt. v. 27.6.2012 – T-372/10 Rn. 81 – Bolloré; Urt. v. 6.10.2005 – verb. Rs. T-22/02 und T-23/02, Slg. 2005, II-4065 Rn. 6–63 – Sumitomo Chemical ua/Kommission.
[413] Siehe zB EuGH Urt. v. 8.7.1999 – C-235/92 P, Slg. 1999, I-4539 Rn. 195 f. – Montecatini; EuG Urt. v. 15.3.2000 – verb. Rs. T-25/95 ua, Slg. 2002, II-401 Rn. 4674 – Cimenteries CBR.

Für längere Verstöße gegen die Wettbewerbsregeln wie (wie zB Kartelle) stellt sich im Falle von (scheinbaren) Unterbrechungen oder Veränderungen die Frage, ob **getrennte Kartellverstöße** vorliegen, von denen frühere verjährt sein können. Die Kommission kann, auch wenn sie für bestimmte Zeiträume keine Beweise für die Zuwiderhandlung hat, vermuten, dass **dieselbe Zuwiderhandlung** – oder die Beteiligung eines Unternehmens daran – **fortgesetzt worden ist,** sofern mit den verschiedenen Maßnahmen, die Teil dieser Zuwiderhandlung sind, **im Rahmen einer einheitlichen und dauernden Zuwiderhandlung das gleiche Ziel verfolgt wird,** wobei eine solche Feststellung auf objektiven und übereinstimmenden Indizien für das Vorliegen eines Gesamtplans beruhen muss.[414] Auch Unterbrechungen, die die Kommission verpflichten, bei der Bestimmung des Multiplikators nach Ziff. 24 der Bußgeldleitlinien eine kürzere Dauer der Zuwiderhandlung zugrundezulegen (→ Rn. 86), führen nicht notwendigerweise zu getrennten Zuwiderhandlungen.[415]

165

Ob eine Zuwiderhandlung **einheitlichen Charakter** hat bemisst sich insbesondere nach der Identität der Ziele der betreffenden Praktiken,[416] der Identität der betroffenen Waren und Dienstleistungen,[417] der Identität der an der Zuwiderhandlung beteiligten Unternehmen,[418] der Identität der Modalitäten ihrer Durchführung,[419] der Identität der natürlichen Personen, die für die Unternehmen tätig wurden und der Identität des räumlichen Anwendungsbereichs der betreffenden Praktiken.[420] Beweist die Kommission die Fortdauer eines Kartells, muss sie zugunsten einzelner Teilnehmer grundsätzlich nur dann eine vorzeitige Beendigung annehmen, wenn diese den Beweis antreten können, sich von dem Kartell offen distanziert zu haben.[421]

166

3. Unterbrechung der Verfolgungsverjährung

Eine Unterbrechung der Verjährungsfrist resultiert gem. Art. 25 Abs. 3 Satz 1 VO (EG) Nr. 1/2003 aus jeder auf Ermittlung oder Verfolgung der Zuwiderhandlung gerichteten Handlung der Kommission oder der Wettbewerbsbehörde eines Mitgliedstaats. Art. 25 Abs. 3 Satz 3 VO (EG) Nr. 1/2003 nennt die folgenden **Beispiele für Unterbrechungshandlungen:**

167

Schriftliche Auskunftsverlangen: Es ist kein Auskunftsbeschluss erforderlich, die Form eines einfachen Schreibens nach Art. 18 Abs. 1 VO (EG) Nr. 1/2003 genügt. Eine Unterbrechung der Verfolgungsverjährung tritt nur ein, wenn das Auskunftsverlangen für die Ermittlung oder Verfolgung der Zuwiderhandlung tatsächlich erforderlich ist.[422] Hierfür ist ausreichend, dass ein Auskunftsverlangen darauf abzielt, Umsatzangaben zum Zwecke der Bestimmung der 10%-Kappungsgrenze nach Art. 23 Abs. 2 einzuholen.[423]

168

---

[414] EuG Urt. v. 17.5.2013 – verb. Rs. T-147/09 und T-148/09 Rn. 61 – Trelleborg; Urt. v. 3.3.2011 – T-110/07, Slg. 2011 II-00477 – Siemens (bestätigt durch EuGH Urt. v. 19.12.2013 – verb. Rs. C-239/11 P, C-489/11 P und C-498/11 P Rn. 236 ff. – Siemens).
[415] Vgl. EuG Urt. v. 19.5.2010 – T- 18/05, Slg. 2010 II-1769 Rn. 89, 97 – IMI.
[416] Vgl. EuG Urt. v. 20.3.2002 – T-21/99, Slg. 2002, II-1681 Rn. 67 – Dansk Rørindustri; EuGH Urt. v. 21.9.2006 – C-113/04 P, Slg. 2006, I-8831 Rn. 170 und 171 – Technische Unie.
[417] Vgl. EuG Urt. v. 15.6.2005 – verb. Rs. T-71/03, T-74/03, T-87/03 und T-91/03 Rn. 118, 119 und 124 – Tokai Carbon.
[418] Vgl. EuG Urt. v. 27.9.2006 – T-43/02, Slg. 2006, II-3435 Rn. 312 – Jungbunzlauer.
[419] vgl. EuG Urt. v. 20.3.2002 – T-21/99, Slg. 2002, II-1681 Rn. 68 – Dansk Rørindustri.
[420] vgl. EuG Urt. v. 17.5.2013 – verb. Rs. T-147/09 u. T-148/09 Rn. 60 – Trelleborg.
[421] Vgl. EuGH Urt. v. 7.1.2004 – verb. Rs. C-204/00 P, C-205/00 P, C-211/00 P, C-213/00 P, C-217/00 P und C-219/00 P, Slg. 2004, I-123 Rn. 78 ff., 81 f., 323 – Aalborg Portland; Urt. v. 16.11.2000 – C-291/98 P, Slg. 2000, I-9991 Rn. 50 – Sarrió; Urt. v. 8.7.1999 – C-49/92 P, Slg. 1999, I-4125 Rn. 83 – Anic Partecipazioni.
[422] EuG Urt. v. 19.3.2003 – T-213/00, Slg. 2003, II-913 Rn. 486–490 – CMA CGM; Urt. v. 1.7.2008 – T-276/04, Slg. 2008, II-1277 Rn. 32 – Compagnie Maritime Belge.
[423] Vgl. EuG Urt. v. 19.3.2003 – T-213/00, Slg. 2003, II-913 Rn. 490 – CMA CGM; Urt. v. 31.3.2009 – T-405/06, Slg. 2009, II-789 Rn. 147 – ArcelorMittal Luxemburg ua/Kommission.

169 **Schriftliche Nachprüfungsaufträge:** Nachprüfungsaufträge werden erst im Zeitpunkt ihrer Bekanntgabe wirksam. Daher ist davon auszugehen, dass sie im Regelfall erst am Tag der Nachprüfung selbst die Verjährung unterbrechen.[424]

170 **Einleitung eines Verfahrens:** Die Kommission leitet das Verfahren gem. Art. 2 Abs. 1, 2 Verordnung (EG) Nr. 773/2004 durch eine Entscheidung ein, die gewöhnlich vor Übersendung der Mitteilung der Beschwerdepunkte getroffen wird.

171 **Übersendung der Mitteilung der Beschwerdepunkte.**[425]

172 Die Aufzählung des Art. 25 Abs. 3 Satz 3 VO (EG) Nr. 1/2003 ist nicht abschließend („unter anderem"). Andere „auf Ermittlung oder Verfolgung gerichtete" Handlungen sind denkbar, so zB Entscheidungen, mit denen Geldbußen oder Zwangsgelder angedroht oder festgesetzt werden.[426]

173 Die Unterbrechung tritt mit dem Tag ein, an dem die betreffende Maßnahme mindestens einem an der Zuwiderhandlung beteiligten Unternehmen oder einer beteiligten Unternehmensvereinigung bekannt gegeben wird (Art. 25 Abs. 3 Satz 2 VO (EG) Nr. 1/2003). Die **Bekanntgabe an einen Tatbeteiligten bewirkt die Unterbrechung der Verjährung gegenüber allen übrigen** (Art. 25 Abs. 4 VO (EG) Nr. 1/2003), auch wenn die andere Beteiligten (noch) nicht Adressaten von Verfahrenshandlungen waren.[427]

174 Jede Unterbrechung hat **zur Folge**, dass die **Verjährungsfrist von neuem zu laufen** beginnt (Art. 25 Abs. 5 Satz 1 VO (EG) Nr. 1/2003). Im Interesse der Rechtssicherheit gilt insoweit aber zusätzlich eine **maximale Verjährungsfrist,** die gemäß Art. 25 Abs. 5 Satz 2 VO (EG) Nr. 1/2003 auf den doppelten Zeitraum des Art. 25 Abs. 1 VO (EG) Nr. 1/2003 begrenzt ist (also sechs bzw. zehn Jahre). Ein Ruhen der Verjährung kann den Gesamtzeitraum allerdings weiter verlängern.

4. Ruhen der Verfolgungsverjährung

175 Nach Art. 25 Abs. 6 VO (EG) Nr. 1/2003 ruht die Verfolgungsverjährung, „solange wegen der Entscheidung der Kommission ein gerichtliches Verfahren anhängig ist". Damit sollen diejenigen Zeiträume für die Verjährung unberücksichtigt bleiben, während derer die Kommission aus von ihr nicht zu vertretenden Gründen an einer Verfolgung gehindert ist.[428] Diesem Zweck nach umfasst Art. 25 Abs. 6 VO (EG) Nr. 1/2003 nicht nur die Anfechtung abschließender Entscheidungen, mit denen eine Zuwiderhandlung festgestellt und ggf. eine Geldbuße oder ein Zwangsgeld verhängt wird, sondern auch Ermittlunghandlungen, wie die in Art. 25 Abs. 3 Satz 3 VO (EG) Nr. 1/2003 beispielhaft genannten, sofern sie selbständig vor den Unionsgerichten angefochten werden können.[429] Denn auch deren Anfechtung kann die Ermittlungstätigkeit der Kommission verzögern.

176 Vom Begriff des Verfahrens in Art. 25 Abs. 6 VO (EG) Nr. 1/2003 erfasst sind sowohl erstinstanzliche Verfahren vor dem Gericht als **auch das Rechtsmittelverfahren** vor dem Gerichtshof.[430] Das Ruhen der Verjährung ist vom Ausgang des gerichtlichen Verfahrens unabhängig,[431] was auch bei Nichtigerklärung einer abschließenden Entscheidung

---

[424] Vgl. Schulte/Just/*Sauer* Artikel 25 VO (EG) Nr. 1/2003 Rn. 16.
[425] Vgl. Art. 10 Abs. 1 VO (EG) Nr. 773/2004.
[426] Vgl. EuG Urt. v. 1.7.2008 – T-276/04, Slg. 2008, II-1277 Rn. 33 – Compagnie Maritime Belge/Kommission.
[427] Vgl. dazu EuG Urt. v. 1.7.2008 – T-276/04, Slg. 2008, II-1277 Rn. 31 – Compagnie Maritime Belge/Kommission; Urt. v. 31.3.2009 – T-405/06, Slg. 2009, II-789 Rn. 143, 145 – ArcelorMittal Luxemburg.
[428] Vgl. EuG Urt. v. 20.4.1999 – verb. Rs. T-305/94, T-306/94, T-307/94, T-313/94, T-314/94, T-315/94, T-316/94, T-318/94, T-325/94, T-328/94, T-329/94 und T-335/94, Slg. 1999, II-931 Rn. 1098 – LVM (bestätigt durch EuGH Urt. v. 15.10.2002 – verb. Rs. C-238/99 P, C-244/99 P, C-245/99 P, C-250/99 P bis C-252/99 P und C-254/99 P, Slg. 2002, I-8375 Rn. 144, 151 – LVM).
[429] Vgl. Schulte/Just/*Sauer* Artikel 25 VO (EG) Nr. 1/2003 Rn. 23 mwN.
[430] Vgl. EuG Urt. v. 1.7.2008 – T-276/04, Slg. 2008, II-1277 Rn. 34 – Compagnie Maritime Belge; Urt. v. 25.6.2010 – T-66/01, Slg. 2010 II-2631 Rn. 74 – Imperial Chemical Industries.
[431] EuG Urt. v. 20.4.1999 – verb. Rs. T-305/94, T-306/94, T-307/94, T-313/94, T-314/94, T-315/94, T-316/94, T-318/94, T-325/94, T-328/94, T-329/94 und T-335/94, Slg. 1999, II-931 Rn. 1100 –

dazu führen kann, dass die Kommission das Verfahren im Hinblick auf die noch unverjährte Zuwiderhandlung wieder aufnehmen kann (allerdings ist in diesem Falle der Grundsatz *ne bis in idem* zu prüfen, → Rn. 14–20). Das Ruhen der Verjährung gilt nur gegenüber Unternehmen, die am Gerichtsverfahren beteiligt sind. Im Unterschied zu der Regelung der Verjährungsunterbrechung (Art. 25 Abs. 4 VO (EG) Nr. 1/2003) sieht Art. 25 Abs. 6 VO (EG) Nr. 1/2003 keine **Wirkung *erga omnes*** vor.[432]

5. Verhältnis zum grundrechtlichen Anspruch auf eine angemessene Verfahrensdauer

Neben den Verjährungsvorschriften kann der Grundsatz der angemessenen Verfahrensdauer der Zeitspanne zwischen Begehung der Zuwiderhandlung und ihrer Ahndung Grenzen setzen.[433] Die **Angemessenheit der Dauer eines Verwaltungsverfahrens** bemisst sich nach den besonderen Umständen des jeweiligen Einzelfalls und insbesondere dessen Kontext, den verschiedenen abgeschlossenen Verfahrensabschnitten, der Komplexität der Angelegenheit und ihrer Bedeutung für die verschiedenen Beteiligten[434] sowie einer der Kommission etwaig vorwerfbaren Verzögerung.[435] Die Gesamtdauer des Verfahrens ist bei dieser Beurteilung dagegen nicht von vorrangiger Bedeutung.[436]

177

Beispiel:
In Bolloré befand das EuG, dass eine Zeitspanne von 14 Jahren zwischen Übersendung einer zweiten Mitteilung der Beschwerdepunkte und dem Ende der verfolgten Zuwiderhandlung für sich genommen noch keine Rückschlüsse auf eine unangemessene Verfahrensdauer gestattet.[437]

178

Eine überlange Dauer des Verwaltungsverfahrens führt nur ausnahmsweise zur **Nichtigerklärung** der das Verfahren abschließenden Kommissionsentscheidung. Das Unternehmen muss gestützt auf überzeugende Beweise dartun, dass es aufgrund der übermäßigen Dauer des Verwaltungsverfahrens in seinen Möglichkeiten, sich wirksam zu verteidigen, beeinträchtigt wurde.[438] Diesbezüglich legt die Rechtsprechung einen strengen Maßstab an.[439] Wurden die Verteidigungsmöglichkeiten nicht beeinträchtigt, so scheidet

179

LVM ua/Kommission (bestätigt durch EuGH Urt. v. 15.10.2002 – verb. Rs. C-238/99 P, C-244/99 P, C-245/99 P, C-250/99 P bis C-252/99 P und C-254/99 P, Slg. 2002, I-8375 Rn. 67, 153 – LVM ua/Kommission).

[432] EuGH Urt. v. 29.3.2011 – verb. Rs. C-201/09 P und C-216/09 P Rn. 147 – ArcelorMittal Luxemburg.

[433] Der Grundsatz der angemessenen Verfahrensdauer ist ein allgemeiner Grundsatz des Unionsrechts, der in Art. 47 Abs. 2 der EU-Charta übernommen wurde. Vgl. hierzu EuG Urt. v. 27.6.2012 – T-372/10 Rn. 103 ff. – Bolloré; EuGH Urt. v. 17.12.1998 – C-185/95 P, Slg. 1998, I-8417 Rn. 29 ff. – Baustahlgewebe/Kommission; Urt. v. 16.7.2009 – C-385/07 P, Slg. 2009, I-6155 Rn. 176 ff. – Der Grüne Punkt – Duales System Deutschland/Kommission.

[434] EuG Urt. v. 27.6.2012 – T-372/10 Rn. 104 – Bolloré; EuGH Urt. v. 17.12.1998 – C-185/95 P, Slg. 1998, I-8417 Rn. 29 – Baustahlgewebe/Kommission; EuG Urt. v. 19.3.2003 – T-213/00, Slg. 2003, II-913 Rn. 318 – CMA CGM ua/Kommission.

[435] EuG Urt. v. 6.10.2005 – verb. Rs. T-22/02 und T-23/02, Slg. 2005, II-4065 Rn. 89 – Sumitomo Chemical ua/Kommission mwN. Dabei untersucht das Gericht ua, ob Abschnitte des Verfahrens durch längere Phasen der Untätigkeit gekennzeichnet sind; vgl. EuG Urt. v. 16.9.2013 – verb. Rs. T-373/10 ua Rn. 355, 359–360 – Villeroy & Boch (nrkr – C-626/13 P).

[436] Vgl. EuG Urt. v. 27.6.2012 – T-372/10 Rn. 107–113 – Bolloré. Vgl. dazu auch EuGH Urt. v. 8.5.2014 – C-414/12 P Rn. 83–86 – Bolloré (Frage der Unangemessenheit der Verfahrensdauer irrelevant, da keine Auswirkungen auf Ausgang des Verfahrens ersichtlich).

[437] Vgl. EuG Urt. v. 27.6.2012 – T-372/10 Rn. 107–113 – Bolloré (offen gelassen mangels möglicher Auswirkungen auf den Ausgang des Verfahrens in EuGH Urt. v. 8.5.2014 – C-414/12 P Rn. 83–86 – Bolloré).

[438] Vgl. EuGH Urt. v. 8.5.2014 – C-414/12 P Rn. 84 – Bolloré; EuG Urt. v. 6.2.2014 – T-40/10 Rn. 100 – Elf Aquitaine; EuG Urt. v. 27.6.2012 – T-372/10 Rn. 105 – Bolloré; EuGH Urt. v. 17.12.1998 – C-185/95 P, Slg. 1998, I-8417 Rn. 49 – Baustahlgewebe.

[439] Vgl. hierzu EuG Urt. v. 16.6.2011 – T-240/07 Rn. 286–304 – Heineken Nederland (bestätigt in EuGH Urt. v. 19.12.2012 – C-452/11 P Rn. 97–99 – Heineken Nederland). Hiernach trifft ein Unternehmen eine Sorgfaltspflicht zur langfristigen Aufbewahrung von Unterlagen, die es möglicherweise für den Fall gerichtlicher oder verwaltungsbehördlicher Maßnahmen als Beweise benötigen wird. Ähnlich EuGH Urt. v. 8.5.2014 – C-414/12 P Rn. 63 – Bolloré.

eine Aufhebung der festgesetzten Geldbuße aufgrund der Länge des Verwaltungsverfahrens infolge der abschließenden Regelung der Art. 25, 26 VO (EG) Nr. 1/2003 aus.[440] Die Kommission und das EuG können aber im Einzelfall bei überlanger Verfahrensdauer eine Herabsetzung der Geldbuße aus Gründen der Billigkeit vornehmen.[441]

180 Im **gerichtlichen Verfahren** führt ein Verstoß gegen die Pflicht des EuG, innerhalb einer angemessenen Frist über die Rechtmäßigkeit einer Kommissionsentscheidung zu entscheiden, nur dann zur Aufhebung des erstinstanzlichen Urteils, wenn der Rechtsmittelführer darlegt, dass sich die Nichteinhaltung einer angemessenen Entscheidungsfrist möglicherweise auf den Ausgang des beim Gericht anhängigen Rechtsstreits ausgewirkt hat.[442] Eine Herabsetzung der Geldbuße kann nicht unmittelbar im Rahmen eines Rechtsmittels beim Gerichtshof beantragt werden. Vielmehr ist ein gesondertes Verfahren vor dem EuG anzustrengen, das auf den Ersatz des durch die überlange Verfahrensdauer entstandenen Schadens abzielt.[443]

181 **Beispiel:**
Im Fall FLSmidth stellte der EuGH wegen einer überlangen gerichtlichen Verfahrensdauer einen hinreichend qualifizierten Verstoß gegen eine Rechtsnorm dar, die dem Einzelnen Rechte verleihen soll, nämlich Art. 47 Abs. 2 der Grundrechtscharta. Das Verfahren vor dem EuG hatte mehr als sechs Jahre angedauert, ohne dass die Rechtssache einen besonders hohen Schwierigkeitsgrad aufwies, die Parteien durch ihr Verhalten zu einer Verzögerung der Behandlung der Rechtssache beigetragen hätten, oder das Verfahren durch Zwischenstreitigkeiten unterbrochen oder verzögert worden wäre.[444]

III. Vollstreckungsverjährung

1. Allgemeines

182 Die Befugnis der Kommission zur Vollstreckung einer bereits erlassenen Buß- oder Zwangsgeldentscheidungen verjährt gemäß Art. 26 Abs. 1 und 2 VO (EG) Nr. 1/2003 nach **fünf Jahren ab Eintritt der Bestandskraft der Kommissionsentscheidung**.[445] Die Regeln des Art. 26 Abs. 3 bis 5 VO (EG) Nr. 1/2003 zur Unterbrechung und zum Ruhen der Vollstreckungsverjährung können diese Zeitspanne verlängern. Es ist davon auszugehen, dass sonstige Gründe eine Verlängerung der Vollstreckungsverjährungsfristen nicht rechtfertigen können.[446]

183 Die Vollstreckungsverjährung ist von der Kommission vor Einziehung des geschuldeten Sanktionsbetrages von Amts wegen zu prüfen.[447] Macht die Kommission ihre Forderung unter Verstoß gegen Art. 26 Abs. 1 VO (EG) Nr. 1/2003 geltend, kann sich das betroffene Unternehmen im Wege der Nichtigkeitsklage zur Wehr setzen.[448]

---

[440] EuG Urt. v. 27.6.2012 – T-372/10 Rn. 115–117 – Bolloré; Urt. v. 18.6.2008 – T-410/03, Slg. 2008, II-881 Rn. 220–224 – Hoechst/Kommission; Urt. v. 1.7.2008 – T-276/04, Slg. 2008, II-1277 Rn. 41ff., 46 – Compagnie Maritime Belge.
[441] Vgl. zB Kom. v. 11.11.2009 – 38.589 Rn. 771 – Wärmestabilisatoren (1%-Ermäßigung) sowie EuG Urt. v. 16.6.2011 – T-240/07 Rn. 425–434 – Heineken Nederland (5% – Ermäßigung). In EuG Urt. v. 16.6.2011– T-235/07, Slg. 2011 II-03229 Rn. 341–343 – Bavaria (bestätigt in EuGH Urt. v. 19.12. 2012 – C 445/11 Rn. 80 – Bavaria) sah das EuG eine allen Unternehmen eingeräumte Ermäßigung von je 100.000 EUR als zu pauschal und ungenügend an. Stattdessen gewährte es eine 5%-Ermäßigung.
[442] Vgl. EuGH Urt. v. 10.7.2014 – C-295/12 P Rn. 64, 65 – Telefónica; Urt. v. 12.6.2014 – C-578/11 P Rn. 82, 83 – Deltafina; Urt. v. 26.11.2013 – C-58/12 P Rn. 82 – Groupe Gascogne.
[443] Vgl. EuGH Urt. v. 10.7.2014 C-295/12 P Rn. 66, 67 – Telefónica; Urt. v. 12.6.2014 – C-578/11 P Rn. 82, 83 – Deltafina; Urt. v. 26.11.2013 – C-58/12 P Rn. 82 – Groupe Gascogne.
[444] EuGH Urt. v. 30.4.2014 – C-238/12 P Rn. 118–123 – FLSmidth.
[445] Im Unterschied zur Verfolgungsverjährung ist es für die Vollstreckungsverjährung unerheblich, ob gegen Verhaltenspflichten im Ermittlungsverfahren oder gegen materiell-rechtliche Verhaltenspflichten verstoßen wurde.
[446] Vgl. EuG Urt. v. 27.9.2006 – T-153/04, Slg. 2006, II-3889 Rn. 45f. – Ferriere Nord/Kommission im Hinblick auf die in der VO (EWG) Nr. 2988/74 enthaltene Vorgängerregelung.
[447] Vgl. EuG Urt. v. 2.5.2006 – T-134/05, Slg. 2006, II-39 Rn. 35 – Belgien/Kommission.
[448] Vgl. EuG Urt. v. 27.9.2006 – T-153/04, Slg. 2006, II-3889 Rn. 55f., 58f. – Ferriere Nord/Kommission.

2. Beginn der Vollstreckungsverjährung

Die für den Beginn der Vollstreckungsverjährung maßgebliche **Bestandskraft** einer Entscheidung tritt mit Ablauf der Klagefrist von 2 Monaten und 10 Tagen nach Zustellung ein,[449] soweit der Adressat keinen Rechtsbehelf einlegt. Irrelevant ist, ob ein anderer Adressat gegen die ihn betreffende Entscheidung Rechtsbehelfe einlegt, und zwar auch dann, wenn die Entscheidungen denselben Wettbewerbsverstoß betreffen.[450] Wird eine Kommissionsentscheidung erfolglos vor dem EuG angefochten, tritt die Bestandskraft mit Ablauf der Rechtsmittelfrist,[451] bzw. mit Verkündung des Urteils des EuGH ein, wenn auch das Rechtsmittel erfolglos bleibt.[452]

184

3. Unterbrechung der Vollstreckungsverjährung

Die Vollstreckungsverjährung wird gemäß Art. 26 Abs. 3 lit. a VO (EG) Nr. 1/2003 durch die Bekanntgabe einer Entscheidung, mit der der ursprüngliche Betrag der Geldbuße bzw. des Zwangsgelds geändert oder ein Antrag auf eine solche Änderung abgelehnt wird, unterbrochen. Erfasst sind insbesondere Änderungsentscheidungen der Kommission, etwa als Folge einer fehlerhaften Geldbußenberechnung oder zum Zweck der nachträglichen Herabsetzung der Geldbuße im Lichte der prekären Finanzlage eines Unternehmens (zur (nachträglichen) Berücksichtigung der fehlenden Zahlungsfähigkeit eines Unternehmens → Rn. 135–139). Die Ablehnung des Antrags führt auch dann zu einer Unterbrechung der Vollstreckungsverjährung, wenn sie durch ein einfaches Verwaltungsschreiben erfolgt.[453]

185

Zweitens unterbricht gemäß Art. 26 Abs. 3 lit. b VO (EG) Nr. 1/2003 jede auf **zwangsweise Beitreibung der Geldbuße gerichtete Handlung** der Kommission, oder eines Mitgliedsstaats auf Antrag der Kommission, die Vollstreckungsverjährung. Analog der Rechtsprechung zu Art. 25 Abs. 4 VO (EG) Nr. 1/2003 ist davon auszugehen, dass die Maßnahme zur Beitreibung tatsächlich erforderlich sein muss und nicht mit dem bloßen Zweck vorgenommen werden darf, die Verjährungsfrist zu verlängern.[454]

186

Die Unterbrechung hat gemäß Art. 26 Abs. 4 zur **Folge,** dass die fünfjährige Verjährungsfrist von neuem zu laufen beginnt. Im Unterschied zu den Regeln zur Verfolgungsverjährung (vgl. Art. 25 Abs. 4 VO (EG) Nr. 1/2003) ordnet Art. 26 VO (EG) Nr. 1/2003 keine Unterbrechung der Vollstreckungsverjährung *erga omnes* an. Sie wirkt daher **nur gegenüber dem jeweiligen Adressaten.** Entgegen Art. 25 Abs. 5 Satz 2 VO (EG) Nr. 1/2003 gilt für die Vollstreckungsverjährung auch keine absolute Verjährungsfrist, die der mehrfachen Unterbrechung Grenzen zieht.

187

4. Ruhen der Vollstreckungsverjährung

Gemäß Art. 26 Abs. 5 VO (EG) Nr. 1/2003 ruht die Vollstreckungsverjährung, solange eine Zahlungserleichterung bewilligt ist (lit. a oder die Zwangsvollstreckung durch eine Entscheidung des Unionsrichters ausgesetzt ist (lit. b). **Zahlungserleichterungen** erfolgen zumeist in Form einer zeitweisen Stundung der Zahlungspflicht oder durch das Einverständnis in einen Teilzahlungsplan. In den Anwendungsbereich der Vorschrift fallen

188

---

[449] Vgl. Art. 263 Abs. 6 AEUV sowie die in Art. 102 Abs. 2 VerfO EuG vorgesehene Entfernungsfrist. Eine Übersendung per Fax kann die formelle Zustellung nicht ersetzen.
[450] Insoweit ergeht auch im Hinblick auf einen einheitlichen Wettbewerbsverstoß ein Bündel von Einzelfallentscheidungen an die jeweiligen Adressaten; vgl. EuGH Urt. v. 29.3.2011 – verb. Rs. C-201/09 P und C-216/09 P Rn. 142–145 – ArcelorMittal Luxemburg; EuG Urt. v. 20.4.1999 – verb. Rs. T-305/94, T-306/94, T-307/94, T-313/94, T-314/94, T-315/94, T-316/94, T-318/94, T-325/94, T-328/94, T-329/94 und T-335/94, Slg. 1999, II-931 Rn. 167–169 – LVM ua/Kommission.
[451] Vgl. hierzu Art. 45 Abs. 1 , 56 Abs. 1 der Satzung des Gerichtshofs sowie Art. 81 Abs. 2 VerfO EuGH.
[452] Vgl. EuGH Urt. v. 15.10.2002 – verb. Rs. C-238/99 P, C-244/99 P, C-245/99 P, C-250/99 P bis C-252/99 P und C-254/99 P, Slg. 2002, I-8375 Rn. 137 – LVM ua/Kommission.
[453] Vgl. EuG Urt. v. 27.9.2006 – T-153/04, Slg 2006, II-3889 Rn. 10, 48 – Ferriere Nord/Kommission. Der EuGH hat offen gelassen, ob die Ablehnung gerichtlich anfechtbar sein muss; vgl. hierzu EuGH Urt. v. 6.12.2007 – C-516/06 P, Slg 2007, I-10685 Rn. 30 – Kommission/Ferriere Nord.
[454] Vgl. EuG Urt. v. 19.3.2003 – T-213/00, Slg 2003, II-913 Rn. 486–488 – CMA CGM ua/Kommission.

aber nur solche Zahlungserleichterungen, die nach Eintritt der Bestandskraft vereinbart bzw wirksam werden, weil die Vollstreckungsverjährung zuvor ohnehin nicht zu laufen beginnt.[455] Die **Aussetzung der Vollstreckung** durch den Unionsrichter gemäß Art. 299 Abs. 4 Satz 1 AEUV beruht auf Einwendungen gegen den Titel, die nach Zustellung enstanden sind (zB Erfüllung oder Erlass).

189 Das Ruhen der Vollstreckungsverjährung hat gem. Art. 26 Abs. 5 VO (EG) Nr. 1/2003 zur **Folge,** dass sich die fünfjährige Verjährungsfrist um den betreffenden Zeitraum **verlängert.**

---

[455] Deshalb gilt die Bereitschaft der Kommission, ihren Zahlungsanspruch bis zu einer rechtskräftigen gerichtlichen Entscheidung über eine Nichtigkeitsklage nicht geltend zu machen, nicht als Zahlungserleichterung im Sinne der Vorschrift.

§ 14 Rechtsschutz gegen Maßnahmen der Europäischen Kommission im Kartellrecht*

Übersicht

	Rn.
A. Einleitung	1
B. Nichtigkeitsklage	5
I. Zulässigkeit	6
1. Anfechtbare Rechtsakte	7
2. Klageberechtigung	13
3. Rechtsschutzbedürfnis	18
4. Klagefrist	22
II. Begründetheit	25
1. Unzuständigkeit	26
2. Verletzung wesentlicher Formvorschriften	31
a) Fehler im Ablauf des Verwaltungsverfahrens	32
b) Formfehler in der Entscheidung der Kommission	36
c) Rechtsfolgen von Verfahrensfehlern der Kommission	40
3. Verletzung der Verträge durch die Kommission	41
a) Rechtsfehler bezüglich der einschlägigen unionsrechtlichen Bestimmungen	44
b) Fehler bei der Ermittlung und Beurteilung des Sachverhalts	52
c) Befugnis der Unionsgerichte zu unbegrenzter Ermessensnachprüfung	58
4. Ermessensmissbrauch	63
III. Urteil	64
C. Untätigkeitsklage	68
I. Zulässigkeit	71
II. Begründetheit und Urteil	77
D. Schadensersatzklage	81
I. Zulässigkeit	83
II. Begründetheit	88
1. Hinreichend qualifizierter Rechtsverstoß	91
2. Schaden und Kausalität	98
E. Vorläufiger Rechtsschutz gegen Entscheidungen der Kommission	104
F. Rechtsmittel	115
I. Zulässigkeit	117
1. Gegenstand des Rechtsmittels	118
2. Rechtsmittelberechtigung und Rechtsschutzbedürfnis	120
3. Beschränkung auf Rechtsfragen des Unionsrechts	126
4. Beschränkung auf den erstinstanzlichen Streitgegenstand	130
5. Anforderungen an die Rechtsmittelschrift	133
6. Rechtsmittelfrist	136
7. Anschlussrechtsmittel	138
II. Begründetheit	141
1. Unzuständigkeit des EuG	142
2. Verfahrensfehler des EuG	143
3. Verletzung des Unionsrechts durch das EuG	150
III. Entscheidung über das Rechtsmittel	159
G. Besondere Verfahrensarten	163
H. Allgemeines zum Verfahrensablauf vor den Unionsgerichten	166
I. Streithilfe	184

---

* Der Verfasser ist Rechtsreferent beim EuGH. Die hier wiedergegebenen Ansichten spiegeln nur seine persönliche Meinung wieder und binden in keiner Weise die Institution, für die er arbeitet.

Schrifttum:

Ahlt/Dittert, Europarecht, 4. Aufl. 2011; *Barennes/Hecker,* Strategic and efficient brief writing before the General Court of the European Union: Practical suggestions regarding the application and the reply in competition law cases, Concurrences 4–2012, 1; *Dittert,* Die neue Verfahrensordnung des EuGH, EuZW 2013, 726; *Lenarts/Maselis/Gutman,* EU procedural law, Oxford 2014; *Nehl,* Kontrolle kartellrechtlicher Sanktionsentscheidungen der Kommission durch die Unionsgerichte, in: *Immenga/Körber* (Hrsg.), Die Kommission zwischen Gestaltungsmacht und Rechtsbindung, Baden-Baden 2012, 113; *Völker,* Allmacht der Kommission? – Anmerkungen aus anwaltlicher Sicht zur Divergenz von Kommissionsbefugnissen und gerichtlicher Kontrolle im Bereich der Kartellrechtsanwendung, in: *Immenga/Körber* (Hrsg.), Die Kommission zwischen Gestaltungsmacht und Rechtsbindung, Baden-Baden 2012, 153; *Von der Gröben/Schwarze/Hatje,* EUV, AGUV, GRC, 7. Aufl. 2015, Bd. 4; *Wils,* The Compatibility with Fundamental Rights of the EU Antitrust Enforcement System in which the European Commission acts both as Investigator and first-instance Decision Maker, World Competition 37 (2014), 5.

A. Einleitung

1 Auf der Ebene der Europäischen Union werden Kartellvergehen – anders als in manchen nationalen Rechtsordnungen oder in den Rechtsordnungen einiger Drittstaaten – in einem **rein administrativen Verfahren** festgestellt und geahndet. Zur Durchführung dieses Verfahrens ist die Europäische Kommission berufen, deren zentrale Rolle als **Wettbewerbsbehörde** des europäischen Binnenmarkts Verfassungsrang hat (Art. 105 Abs. 1 S. 1 AEUV). Selbst finanzielle Sanktionen, dh Geldbußen und Zwangsgelder (Art. 23, 24 VO Nr. 1/2003), werden von der Kommission in einem solchen Verwaltungsverfahren verhängt, ohne dass es zu ihrer Wirksamkeit der vorherigen Einschaltung eines Gerichts bedürfte. Gleiches gilt für die Durchsuchung von Unternehmen (Art. 20 VO Nr. 1/2003).

2 Dieses administrative System ist mit fundamentalen Erfordernissen des Grundrechtsschutzes durchaus vereinbar, sofern gewährleistet ist, dass schon während des Verwaltungsverfahrens der Grundsatz der guten Verwaltung sowie die Verteidigungsrechte gewahrt sind (Art. 41 GRC) und den betroffenen Unternehmen gegen Entscheidungen der Kommission **effektiver gerichtlicher Rechtsschutz** in einem fairen Verfahren und in angemessener Zeit zur Verfügung steht (Art. 47 GRC, ausgelegt und angewendet im Lichte von Art. 6 EMRK).[1] Vor diesem Hintergrund kommt den Rechtsbehelfen, die beim **Gerichtshof der Europäischen Union** (Art. 19 Abs. 1 EUV) eingelegt werden können, ebenso wie dem Verfahrensablauf vor den Unionsgerichten, eine nicht zu unterschätzende Bedeutung zu.[2]

3 Innerhalb der Unionsgerichtsbarkeit liegt die **erstinstanzliche Zuständigkeit** für alle Rechtsstreitigkeiten auf dem Gebiet des Kartellrechts inzwischen ausschließlich beim **Gericht (EuG),** gleichviel, ob eine Klage von einem Unternehmen oder von einem Mitgliedstaat erhoben wird (Art. 256 Abs. 1 UAbs. 1 AEUV iVm Art. 51 EuGH-Satzung).[3] Der **Gerichtshof (EuGH)** fungiert in kartellrechtlichen Rechtsstreitigkeiten nur noch als Rechtsmittelinstanz (Art. 256 Abs. 1 UAbs. 2 AEUV[4]) und ist darüber hinaus zur Beantwortung von Vorabentscheidungsersuchen innerstaatlicher Gerichte berufen (Art. 267 AEUV). Ferner könnte künftig die Zuständigkeit für Schadensersatzklagen wegen bestimmter Verfahrensfehler der Unionsgerichte auf den EuGH übergehen (→ Rn. 96).

---

[1] Aus Sicht der EMRK vgl. EGMR Urt. v. 27.9.2011 – Beschw.-Nr. 43509/08 Rn. 58 – A. Menarini Diagnostics/Italien; aus unionsrechtlicher Sicht siehe EuGH Urt. v. 8.12.2011 – C-386/10 P, Slg. 2011, I-13085 Rn. 67 – Chalkor/Kommission; Urt. v. 6.11.2012 – C-199/11, ECLI:EU:C:2012:684 Rn. 56, 63 – Otis ua; Urt. v. 10.7.2014 – C-295/12 P, ECLI:EU:C:2014:2062 Rn. 42–44, 57, 59 – Telefónica ua/Kommission; vgl. außerdem bereits Urt. v. 29.10.1980 – 209/78 ua, Slg. 1980, 3125 Rn. 81 – Heintz van Landewyck ua/Kommission („Fedetab").
[2] Kartellrechtliche Entscheidungen der EFTA-Überwachungsbehörde unterliegen ihrerseits der gerichtlichen Kontrolle des EFTA-Gerichtshofs, vor dem vergleichbare Rechtsschutzmöglichkeiten bestehen; vgl. dazu MüKoEuWettbR/*Baudenbacher/Buschle/Am Ende,* VerfahrensR.
[3] Unzutreffend Immenga/Mestmäcker/*Ritter* EuWettbR VO 1/2003 Anh. 1 Rn. 22.
[4] Lediglich für Klagen anderer Unionsorgane gegen die Kommission wäre der EuGH noch erste und letzte Instanz zugleich.

Wirksamer Rechtsschutz vor den Unionsgerichten kann in einem *numerus clausus* von **Verfah-** 4
rensarten erlangt werden, unter denen die Nichtigkeitsklage vor dem EuG (→ Rn. 5 ff.) und
das Rechtsmittel zum EuGH (→ Rn. 115 ff.) besonders hervorzuheben sind. Daneben können
vereinzelt Schadensersatzklagen (→ Rn. 81 ff.) und Untätigkeitsklagen (→ Rn. 68 ff.) eine Rolle
spielen. Allgemeine Feststellungsklagen sind vor den Unionsgerichten ebenso wenig statthaft
wie Verpflichtungsklagen. Den Unternehmen steht ein **zweistufiger Instanzenzug** zur Verfügung, wobei allerdings nur das EuG als erste Instanz eine Tatsacheninstanz ist, wohingegen in
der zweiten Instanz (vor dem EuGH) allein Rechtsfragen erörtert werden (→ Rn. 126 ff.).

B. Nichtigkeitsklage

Die mit Abstand wichtigste Klageart zur Erlangung von Rechtsschutz gegen Maßnahmen 5
der Kommission auf dem Gebiet des europäischen Kartellrechts ist in der Praxis die
Nichtigkeitsklage (bisweilen auch als Anfechtungsklage bezeichnet). Sie ermöglicht es
dem Kläger, eine gerichtliche Kontrolle und ggf. die vollständige oder teilweise Aufhebung von Rechtsakten der Kommission zu erwirken.

I. Zulässigkeit

Die **Zulässigkeitsvoraussetzungen** einer Nichtigkeitsklage werden von den Unionsge- 6
richten im Normalfall auf eine Einrede der Kommission hin (Art. 130 VerfO-EuG), ansonsten aber auch von Amts wegen geprüft (Art. 129 VerfO-EuG).[5] Haben mehrere Kläger gemeinsam eine Klage eingereicht, so lässt es die Rechtsprechung ausreichen, dass
diese Klage zumindest in der Person eines der Kläger zulässig ist.[6]

1. Anfechtbare Rechtsakte

Gegenstand einer Nichtigkeitsklage können alle **Handlungen** der Kommission sein, die **ver-** 7
bindliche Rechtswirkungen erzeugen.[7] Im Kartellrecht kommen in erster Linie **Entscheidungen** (nunmehr eigentlich: Beschlüsse[8]) der Kommission in Betracht, seltener die von der
Kommission erlassenen Gruppenfreistellungsverordnungen.[9] Entscheidend für die Statthaftigkeit
der Nichtigkeitsklage ist weniger die Rechtsform, in der eine Handlung erlassen wurde (Beschluss oder Verordnung iSv Art. 288 AEUV), als vielmehr ihr Inhalt und die Rechtswirkungen, die sie erzeugt: Es muss sich um einen Rechtsakt handeln, der die Interessen des Klägers
durch einen Eingriff in seine Rechtsstellung berührt.[10] Solche Rechtsakte können auch in formlosen Verwaltungsschreiben, ja sogar – wenn auch selten – in Presseerklärungen oder in mündlichen Verlautbarungen von Mitgliedern oder Bediensteten der Kommission enthalten sein.[11]

Anfechtbar sind in erster Linie **verfahrensabschließende Handlungen**. Die Bestäti- 8
gung einer früheren Entscheidung ist nur dann anfechtbar, wenn sie aufgrund einer neuen
Prüfung der Sach- und Rechtslage erfolgt ist[12] oder sonstwie eine neue Beschwer ent-

---

[5] EuGH Urt. v. 24.3.1993 – C-313/90, Slg. 1993, I-1125 Rn. 23 – CIRFS/Kommission.
[6] EuGH Urt. v. 24.3.1993 – C-313/90, Slg. 1993, I-1125 Rn. 31 – CIRFS/Kommission; EuG Urt. v. 8.7.2003 – T-374/00, Slg. 2003, II-2275 Rn. 57 – Verband der freien Rohrwerke ua/Kommission; Urt. v. 30.9.2009 – T-175/05, ECLI:EU:T:2009:369 Rn. 46 – Akzo Nobel ua/Kommission.
[7] EuGH Urt. v. 31.3.1971 – 22/70, Slg. 1971, 263 Rn. 42 – Kommission/Rat („AETR").
[8] Der Vertrag von Lissabon hat die bisher übliche Unterscheidung zwischen Beschluss und Entscheidung in der deutschen Sprachfassung aufgehoben und diese damit den meisten anderen Sprachfassungen angenähert (vgl. Art. 288 Abs. 1 und 4 AEUV). Rechtlich gesehen führt dies zu keiner Veränderung, doch ist die neue Terminologie für den deutschen Sprachgebrauch zumindest gewöhnungsbedürftig. Im Folgenden wird weiterhin von Entscheidungen die Rede sein, sofern es sich um Rechtsakte auf der Basis der VO Nr. 1/2003 handelt.
[9] EuGH Urt. v. 13.7.1966 – 32/65, Slg. 1966, 563 – Italien/Rat und Kommission.
[10] EuGH Urt. v. 11.11.1981 – 60/81, Slg. 1981, 2639 Rn. 8 f. – IBM/Kommission.
[11] EuG Urt. v. 24.3.1994 – T-3/93, Slg. 1994, II-121 Rn. 57–59 – Air France/Kommission.
[12] EuGH Urt. v. 9.3.1978 – 54/77, Slg. 1978, 585 Rn. 14 – Herpels/Kommission; Urt. v. 15.12.1988 – 166/86 und 220/86, Slg. 1988, 6473 Rn. 16 – Irish Cement/Kommission; Beschl. v. 7.12.2004 – C-521/03 P, ECLI:EU:C:2004:778 Rn. 47 – Internationaler Hilfsfonds/Kommission.

hält.[13] Während eines laufenden Verwaltungsverfahrens getroffene Entscheidungen werden grundsätzlich als **vorbereitende Handlungen** eingestuft und sind als solche nicht anfechtbar; vielmehr sind etwaige Rechtsfehler im Rahmen von Klagen gegen die jeweils verfahrensabschließende Entscheidung zu rügen.[14] Anders verhält es sich nur, wenn von einer während des Verfahrens vorgenommenen Handlung eine eigenständige Beschwer ausgeht, die eine Rechtsschutzmöglichkeit unabhängig von der späteren verfahrensabschließenden Entscheidung erforderlich macht. Letzteres ist etwa bei verpflichtenden Auskunftsersuchen und bei verpflichtenden Durchsuchungsbeschlüssen der Fall, zumal ihnen nicht notwendigerweise eine inhaltliche Entscheidung folgen muss.

9 In der Rechtsprechung ist anerkannt, dass insbesondere folgende Arten von Rechtsakten der Kommission im Wege der **Nichtigkeitsklage** angegriffen werden können:
- Feststellung und ggf. Abstellung einer Zuwiderhandlung[15] (Art. 7 VO Nr. 1/2003),
- Zurückweisung einer Beschwerde (Art. 7 VO Nr. 773/2004; kann auch implizit in der Einstellung des Verfahrens enthalten sein),[16]
- Verbindlicherklärung von Verpflichtungszusagen (Art. 9 VO Nr. 1/2003),[17]
- Feststellung der Nichtanwendbarkeit von Art. 101 AEUV oder Art. 102 AEUV (Art. 10 VO Nr. 1/2003),
- Verhängung einer Geldbuße[18] (Art. 23 VO Nr. 1/2003),
- Endgültige Verhängung eines Zwangsgelds[19] (Art. 24 VO Nr. 1/2003),
- Verpflichtendes Auskunftsersuchen[20] (Art. 18 Abs. 1 und 3 VO Nr. 1/2003), ggf. im Rahmen einer Sektoruntersuchung (Art. 17 Abs. 2 VO Nr. 1/2003),
- Entscheidung über eine verpflichtende Nachprüfung[21] („Durchsuchungsbeschluss", Art. 20 Abs. 4, Art. 21 VO Nr. 1/2003), ggf. im Rahmen einer Sektoruntersuchung (Art. 17 Abs. 2 VO Nr. 1/2003),
- Gewährung oder Verweigerung der Anhörung Dritter (Art. 13 VO Nr. 773/2004),
- Gewährung oder Verweigerung von Akteneinsicht an Dritte (→ § 10 Rn. 130 ff.),
- Entscheidung über die Weitergabe von Informationen an nationale Behörden,
- Entscheidung des Anhörungsbeauftragten über die Vertraulichkeit, Weiterleitung oder Veröffentlichung von Informationen,[22]
- Entscheidung der Kommission, ein streitbefangenes Dokument zu den Akten zu nehmen,[23]
- Gewährung oder Verweigerung von Zugang zu Dokumenten[24] (Art. 42 GRC, Art. 15 Abs. 3 AEUV; VO Nr. 1049/2001),

---

[13] EuGH Urt. v. 24.11.2005 – C-138/03, Slg. 2005, I-10043 Rn. 36 f. – Italien/Kommission; EuG Urt. v. 14.7.1995 – T-275/94, Slg. 1995, II-2169 Rn. 28–32 – Cartes bancaires/Kommission.
[14] EuGH Urt. v. 11.11.1981 – 60/81, Slg. 1981, 2639 Rn. 10–12 – IBM/Kommission.
[15] EuGH Urt. v. 21.2.1973 – 6/72, Slg. 1973, 215 – Continental Can/Kommission; Urt. v. 29.6.1978 – 77/77, Slg. 1978, 1513 Rn. 13 – BP/Kommission; EuG Urt. v. 12.4.2013 – T-410/08, ECLI:EU:T:2013:171 – GEMA/Kommission.
[16] EuGH Urt. v. 11.10.1983 – 210/81, Slg. 1983, 3045 Rn. 14 – Demo-Studio Schmidt/Kommission; Urt. v. 24.4.1996 – C-19/93 P, Slg. 1996, I-1997 Rn. 27 f. – Rendo/Kommission.
[17] EuGH Urt. v. 29.6.2010 – C-441/07 P, Slg. 2010, I-5949 – Kommission/Alrosa.
[18] EuG Urt. v. 15.3.2006 – T-15/02, Slg. 2006, II-497 – BASF/Kommission.
[19] EuGH Urt. v. 21.9.1989 – verb. Rs. C-46/87 und C-227/88, Slg. 1989, 2859 Rn. 59 ff. – Hoechst/Kommission.
[20] EuGH Urt. v. 18.10.1989 – 374/87, Slg. 1989, 3283 – Orkem/Kommission; EuG Urt. v. 20.2.2001 – T-112/98, Slg. 2001, II-729 – Mannesmannröhren-Werke/Kommission; EuGH Urt. v. 24.6.2015 – C-293/13 P ua, ECLI:EU:C:2015:416 Rn. 195 ff. – Del Monte ua/Kommission; EuGH Urt. v. 10.3.2016 – C-247/14 P, ECLI:EU:C:2016:149 – Heidelbergcement/Kommission.
[21] EuGH Urt. v. 21.9.1989 – verb. Rs. C-46/87 und C-227/88, Slg. 1989, 2859 – Hoechst/Kommission; vgl. auch Urt. v. 26.6.2014 – C-37/13 P, ECLI:EU:C:2030 – Nexans/Kommission.
[22] EuGH Urt. v. 24.6.1986 – 53/85, Slg. 1986, 1965 Rn. 17 ff. – AKZO/Kommission; EuG Urt. v. 12.10.2007 – T-474/04, Slg. 2007, II-4225 – Pergan/Kommission; EuGH – C-162/15 P – Evonik Degussa/Kommission.
[23] EuGH Urt. v. 14.9.2010 – C-550/07 P, Slg. 2010, I-8301 – Akzo und Akcros/Kommission.
[24] EuG Urt. v. 6.2.1998 – T-124/96, Slg. 1998, II-231 – Interporc/Kommission; EuGH Urt. v. 27.2.2014 – C-365/12 P, ECLI:EU:C:2014:112 – Kommission/EnBW.

- Anordnung einstweiliger Maßnahmen (Art. 8 VO Nr. 1/2003),[25]
- Entziehung der Vorteile einer Gruppenfreistellung (Art. 29 VO Nr. 1/2003).

Gegen folgende Handlungen ist demgegenüber **keine Nichtigkeitsklage** statthaft: 10
- Einleitung des Verfahrens,[26]
- Gewährung oder Verweigerung von Bußgeldimmunität, „Kronzeugenstatus",[27]
- Mitteilung der Beschwerdepunkte und Anhörung der Parteien (Art. 10–12 VO Nr. 773/2004),[28]
- Androhung eines Zwangsgelds,
- Gewährung oder Verweigerung von Anhörungsrechten und/oder Akteneinsicht an Verfahrensbeteiligte (Art. 27 Abs. 1 und 2 VO Nr. 1/2003; Art. 11 ff., 15 VO Nr. 773/2004),[29]
- Einfaches Auskunftsverlangen (Art. 18 Abs. 1 und 2 VO Nr. 1/2003),
- Einfache Nachprüfungsanordnung (Art. 20 Abs. 1 bis 3 VO Nr. 1/2003),
- Während einer Nachprüfung vorgenommene Handlungen,[30]
- Meinungsäußerungen, Absichtserklärungen und Auskünfte über den Verfahrensstand seitens der Mitglieder und Bediensteten der Kommission,[31]
- Bestimmungen des *soft law,* insbesondere Mitteilungen, Bekanntmachungen oder Leitlinien, in denen die Kommission ihre Rechtsauffassung oder Verwaltungspraxis kundtut,[32] sowie Empfehlungen und Stellungnahmen der Kommission (vgl. auch Art. 288 Abs. 5 AEUV).

Ebenso wenig sind bloße **Realakte** mit der Nichtigkeitsklage angreifbar,[33] sie können 11 aber womöglich Anlass zu Schadensersatzklagen geben (→ Rn. 81 ff.). Sofern ein Realakt in Vollzug einer Entscheidung der Kommission ergeht – dies ist etwa bei der Erteilung einer Auskunft, bei einer Veröffentlichung oder bei der physischen Übermittlung von Akteninhalten an Dritte auf deren Antrag hin der Fall –, ist eine Nichtigkeitsklage gegen die zugrunde liegende Entscheidung zu erheben.

Die Nichtigkeitsklage muss sich gegen den **verfügenden Teil** der angefochtenen 12 Entscheidung richten, ggf. im Lichte der sie tragenden Entscheidungsgründe. Eine isolierte Anfechtung der **Entscheidungsgründe** – zB der darin enthaltenen Feststellung einer marktbeherrschenden Stellung[34] oder einer wettbewerbswidrigen Verhaltensweise[35] – ist nicht zulässig, soweit der Tenor der Entscheidung für den Kläger nicht nachteilig ist.

2. Klageberechtigung

Anders als die Mitgliedstaaten[36] und Organe der Union, die als privilegiert Klageberech- 13 tigte ohne Weiteres zur Einlegung von Nichtigkeitsklagen befugt sind (Art. 263 Abs. 2 AEUV), steht **natürlichen und juristischen Personen** – also insbesondere Unterneh-

---

[25] EuGH Urt. v. 28.2.1984 – verb. Rs. C-228/82 und C-229/82, Slg. 1984, 1129 – Ford/Kommission; grundlegend zur diesbezüglichen Befugnis der Kommission: Beschl. v. 17.1.1980 – 792/79 R, Slg. 1980, 119 – Camera Care/Kommission.
[26] EuGH Urt. v. 11.11.1981 – 60/81, Slg. 1981, 2639 Rn. 19–21 – IBM/Kommission.
[27] Mitteilung der Kommission über den Erlass und die Ermäßigung von Geldbußen in Kartellsachen („Kronzeugenregelung"), ABl. 2006 C 298 17 Rn. 18 f.
[28] EuGH Urt. v. 11.11.1981 – 60/81, Slg. 1981, 2639 Rn. 20–21 – IBM/Kommission.
[29] EuG Beschl. v. 9.7.2003 – T-219/01, Slg. 2003, II-2843 Rn. 58–59 – Commerzbank/Kommission; EuGH Urt. v. 29.6.2010 – C-441/07 P, Slg. 2010, I-5949 Rn. 85 ff. – Kommission/Alrosa.
[30] EuG Urt. v. 14.11.2012 – T-135/09, ECLI:EU:T:2012:596 Rn. 102 ff. – Nexans/Kommission.
[31] EuGH Urt. v. 17.7.1959 – 20/58, Slg. 1959, S. 167, 182 f. – Phoenix-Rheinrohr/Hohe Behörde.
[32] EuGH Urt. v. 20.5.2010 – T-258/06, Slg. 2010, II-2027 – Deutschland/Kommission.
[33] EuG Urt. v. 14.11.2012 – T-135/09, ECLI:EU:T:2012:596 Rn. 102 ff. – Nexans/Kommission.
[34] EuG Urt. v. 22.3.2000 – verb. Rs. T-125/97 und T-127/97, Slg. 2000, II-1733 Rn. 85–92 – The Coca-Cola Company ua/Kommission.
[35] EuGH Urt. v. 17.9.1992 – T-138/89, Slg. 1992, II-2181 Rn. 31 f. – NBV und NVB/Kommission.
[36] EuGH Urt. v. 20.3.1985 – 41/83, Slg. 1985, 873 – Italien/Kommission; EuGH Urt. v. 9.8.1994 – C-327/91, Slg. 1994, I-3641 – Frankreich/Kommission.

men und Vereinigungen, aber auch Gebietskörperschaften[37] – nur unter den besonderen Voraussetzungen von Art. 263 Abs. 4 AEUV die Erhebung der Nichtigkeitsklage offen.

14 In erster Linie sind die **Adressaten** von kartellrechtlichen Entscheidungen der Kommission klageberechtigt (Art. 263 Abs. 4 erste Variante AEUV). Diejenigen, gegenüber denen die Kommission eine bindende Ermittlungsmaßnahme anordnet, ein Kartellvergehen feststellt und Geldbußen oder Zwangsgelder verhängt, können somit problemlos gegen diese Entscheidungen Rechtsschutz erlangen. Auch Entscheidungen, an deren Zustandekommen Unternehmen freiwillig mitgewirkt haben, etwa durch Unterbreitung von Verpflichtungserklärungen gem. Art. 9 VO Nr. 1/2003, können aufgrund ihrer verbindlichen Rechtswirkungen vor Gericht angegriffen werden. Ist eine Entscheidung an mehrere Adressaten gerichtet – etwa die Entscheidung zur Verhängung von Geldbußen gegen die Beteiligten eines Kartells –, so kann jeder Adressat die Entscheidung nur teilweise anfechten, nämlich soweit sie ihn betrifft.[38]

15 **Dritte,** die nicht selbst Adressaten einer Entscheidung sind, können diese nur dann mit der Nichtigkeitsklage angreifen, wenn sie von der Entscheidung **unmittelbar und individuell betroffen** sind (Art. 263 Abs. 4 zweite Variante AEUV). Unmittelbar betroffen ist derjenige, auf dessen Rechtsstellung sich eine Entscheidung ohne weitere Umsetzungsakte auswirkt; dem sind Fälle gleichzustellen, in denen für etwaige Umsetzungsakte kein Ermessensspielraum bleibt, so dass diese praktisch automatisch ergehen müssen.[39] Individuell betroffen ist, wer wegen bestimmter persönlicher Eigenschaften oder besonderer, ihn aus dem Kreis aller übrigen Personen heraushebender Umstände berührt und daher in ähnlicher Weise individualisiert ist wie ein Adressat.[40]

16 In kartellrechtlichen Verfahren können insbesondere **Wettbewerber, Kunden** und **Zulieferer** der an einem Kartell beteiligten bzw. des Marktmachtmissbrauchs bezichtigten Unternehmen gem. Art. 263 Abs. 4 zweite Variante AEUV klageberechtigt sein. Unmittelbar betroffen sind diese potenziellen Kläger, sofern sich die Entscheidung der Kommission direkt und spürbar auf ihre Marktstellung auszuwirken droht.[41] Je intensiver sie sich am Verwaltungsverfahren beteiligt haben (beispielsweise als Beschwerdeführer), desto eher ist ihre individuelle Betroffenheit anzunehmen.[42] Auch **Vereinigungen** können unter bestimmten Voraussetzungen nach Art. 263 Abs. 4 zweite Variante AEUV klageberechtigt sein.[43] Schließlich kann sich auf Art. 263 Abs. 2 zweite Variante AEUV eine Gesellschaft stützen, die innerhalb eines Konzerns Koordinierungsaufgaben wahrnimmt, um sich in ihrem Aufgabenbereich der Klage anderer Konzerngesellschaften gegen eine Entscheidung der Kommission anzuschließen.[44]

---

[37] Gemeint sind alle Untergliederungen der Mitgliedstaaten, in Deutschland also auch die Länder.
[38] EuGH Urt. v. 14.9.1999 – C-310/97 P, Slg. 1999, I-5363 Rn. 53 – Kommission/AssiDomän ua.
[39] EuGH Urt. v. 17.1.1985 – 11/82, Slg. 1985, 207 Rn. 8–10 – Piraiki-Patraiki ua/Kommission; Urt. v. 5.5.1998 – C-404/96 P, Slg. 1998, I-2435 Rn. 41 – Glencore Grain/Kommission; Urt. v. 13.3.2008 – C-125/06 P, Slg. 2008, I-1451 Rn. 47 – Kommission/Infront WM; Urt. v. 2.7.2009 – C-343/07, Slg. 2009, I-5491 Rn. 43 – Bavaria und Bavaria Italia.
[40] EuGH Urt. v. 15.7.1963 – 25/62, Slg. 1963, 213, 238 – Plaumann/Kommission; Urt. v. 13.3.2008 – C-125/06 P, Slg. 2008, I-1451 Rn. 70 – Kommission/Infront WM; Urt. v. 3.10.2013 – C-583/11 P, ECLI:EU:C:2013:625 Rn. 72 – Inuit Tapriit Kanatami ua/Parlament und Rat.
[41] IdS EuG Urt. v. 11.7.1996 – T-528/93 ua, Slg. 1996, II-649 Rn. 64 – Métropole Télévision ua/Kommission.
[42] Vgl., statt vieler, EuGH Urt. v. 28.1.1986 – 169/84, Slg. 1986, 391 Rn. 24 – Cofaz/Kommission. Für die Erhebung einer zulässigen Klage ist es freilich nicht unerlässlich, zuvor am Verwaltungsverfahren mitgewirkt zu haben; vgl. EuG Urt. v. 11.7.1996 – T-528/93 ua, Slg. 1996, II-649 Rn. 62 – Métropole Télévision ua/Kommission; Urt. v. 12.12.1996 – T-87/92, Slg. 1996, II-1931 Rn. 67 – Kruidvat/Kommission.
[43] MüKoEuWettbR/*Baudenbacher/Buschle/Am Ende,* VerfahrensR Rn. 458–461, und Wiedemann/*Schütte* HdB KartellR § 49 Rn. 213, jeweils mwN. Zur Zulassung einer Verbrauchervereinigung als Streithelferin im Gerichtsverfahren auf Seiten der Kommission vgl. grundlegend EuGH Beschl. v. 11.12.1973 – 41/73 ua, Slg. 1973, 1465 – Société anonyme Générale Sucrière ua/Kommission.
[44] EuGH Urt. v. 28.2.1984 – verb. Rs. T-228/82 und T-229/82, Slg. 1984, 1129 Rn. 12 f. – Ford/Kommission.

Eher selten dürfte in kartellrechtlichen Verfahren die neue Klagemöglichkeit natürlicher **17** und juristischer Personen gegen **Rechtsakte mit Verordnungscharakter** zum Einsatz kommen (Art. 263 Abs. 4 dritte Variante AEUV). Theoretisch denkbar sind etwa Klagen von Unternehmen oder Unternehmensvereinigungen gegen Gruppenfreistellungsverordnungen der Kommission. Einzelfallentscheidungen können hingegen mangels eines allgemeinen Regelungsgehalts nicht als Rechtsakte mit Verordnungscharakter angesehen werden, selbst wenn es sich um ein Bündel von Entscheidungen gegenüber zahlreichen Kartellbeteiligten handelt. Ebenso wenig lassen sich Mitteilungen, Bekanntmachungen und Leitlinien der Kommission auf diesem Wege angreifen: Ihnen fehlt es, wie schon erwähnt, bereits an der verbindlichen Rechtswirkung (→ Rn. 7).

3. Rechtsschutzbedürfnis

Über die Klageberechtigung hinaus muss derjenige, der eine Nichtigkeitsklage erheben **18** will, ein „bestehendes und gegenwärtiges" **Rechtsschutzbedürfnis** nachweisen können.[45] Dies setzt voraus, dass die beantragte Nichtigerklärung der angefochtenen Entscheidung als solche Rechtswirkungen erzeugen[46] oder dem Kläger im Ergebnis einen Vorteil verschaffen kann.[47] Das Rechtsschutzbedürfnis muss bei Klageerhebung bestehen und bis zur Verkündung des Urteils fortdauern; entfällt es während des Gerichtsverfahrens, so wird der Rechtsstreit für erledigt erklärt.[48]

Das Rechtsschutzbedürfnis wird nicht allein dadurch ausgeschlossen, dass die streitige **19** **Entscheidung bereits vollzogen** ist, etwa weil der Kläger eine ihm auferlegte Geldbuße entrichtet hat, eine von ihm angeforderte Auskunft erteilt oder eine ihm gegenüber angeordnete Nachprüfung geduldet hat.[49] Denn die Entscheidung hat sich als solche nicht erledigt, vielmehr ist und bleibt sie der Rechtsgrund für das dem Kläger abverlangte Verhalten. Überdies erfordert es der Grundsatz des effektiven gerichtlichen Rechtsschutzes (Art. 47 GRC), dass der Kläger in solchen Fällen die Rechtmäßigkeit der ihm gegenüber getroffenen Maßnahmen im Nachhinein einer gerichtlichen Prüfung zuführen kann.

Anders verhält es sich, wenn die Kommission ihre Entscheidung zwischenzeitlich selbst **20** **widerrufen** hat oder wenn ihr Regelungsinhalt **gegenstandslos geworden** ist.[50] In solchen Fällen ist die Einlegung oder Aufrechterhaltung einer Nichtigkeitsklage nur ausnahmsweise zulässig, und zwar insbesondere dann, wenn eine hinreichend **konkrete Wiederholungsgefahr** dargelegt werden kann.[51]

Rechtsakte, durch die eine Person ausschließlich begünstigt wird, können von ihr **21** mangels Beschwer bzw. mangels Rechtsschutzbedürfnis nicht angefochten werden. Hingegen dürfen **begünstigende Entscheidungen** angefochten werden, wenn sie unter einer **Bedingung** oder **Auflage** ergangen sind, weil der Kläger ein Interesse an einer bedingungslosen und auflagefreien Entscheidung haben kann.[52]

---

[45] EuG Urt. v. 17.9.1992 – T-138/89, Slg. 1992, II-2181 Rn. 33 – NBV u. NVB/Kommission; Urt. v. 4.7.2006 – T-177/40, Slg. 2006, II-1931 Rn. 40 – easyJet/Kommission; Urt. v. 11.12.2013 – T-79/12, ECLI:EU:T:2013:635 Rn. 35 – Cisco Systems ua/Kommission.
[46] EuGH Urt. v. 24.6.1986 – 53/85, Slg. 1986, 1965 Rn. 21 – AKZO Chemie/Kommission; EuG Urt. v. 28.9.2004 – T-310/00, Slg. 2004, II-3523 Rn. 44 – MCI/Kommission.
[47] EuGH Urt. v. 25.7.2002 – C-50/00 P, Slg. 2002, I-6677 Rn. 21 – Unión de Pequeños Agricultores/Rat; EuG Urt. v. 28.9.2004 – T-310/00, Slg. 2004, II-3523 Rn. 44 – MCI/Kommission; Urt. v. 11.12. 2013 – T-79/12, ECLI:EU:T:2013:635 Rn. 35 – Cisco Systems ua/Kommission.
[48] EuGH Urt. v. 7.6.2007 – C-362/05 P, Slg. 2007, I-4333 Rn. 42 ff. – Wunenburger/Kommission; EuG Beschl. v. 17.10.2005 – T-28/02 Slg. 2005, II-4119 Rn. 34–40 – First Data/Kommission.
[49] Zu einer Nachprüfungsentscheidung vgl. etwa EuGH Beschl. v. 26.3.1987 – 46/87 R, Slg. 1987, 1549 Rn. 34 – Hoechst/Kommission; vgl. außerdem GA *Kokott*, SchlA v. 3.4.2014 – C-37/13 P, ECLI:EU:C: 2014:223 Rn. 85 ff. – Nexans/Kommission.
[50] EuG Beschl. v. 10.3.2005 – T-184/01, Slg. 2005, II-817 Rn. 34 ff. – IMS Health/Kommission.
[51] EuGH Urt. v. 26.4.1988 – 207/86, Slg. 1988, 2151 Rn. 16 – Apesco/Kommission; Urt. v. 7.6.2007 – C-362/05 P, Slg. 2007, I-4333 Rn. 50 ff. – Wunenburger/Kommission mwN.
[52] EuGH Urt. v. 23.10.1974 – 17/74, Slg. 1974, 1063 Rn. 21 f. – Transocean Marine Paint/Kommission; im selben Sinne EuGH Urt. v. 18.12.2007 – C-202/06 P, Slg. 2007, I-12129 Rn. 52–55 – Cement-

4. Klagefrist

22 Die **Frist** für die Erhebung einer Nichtigkeitsklage beträgt **zwei Monate** (Art. 263 Abs. 6 AEUV) zuzüglich eines pauschalen **Entfernungszuschlags** von zehn Tagen (Art. 60 VerfO-EuG).[53] Für den oder die Adressaten läuft die Klagefrist ab Zustellung der streitigen Entscheidung („Mitteilung" iSv Art. 263 Abs. 6 AEUV bzw. „Bekanntgabe" iSv Art. 297 Abs. 2 UAbs. 3 AEUV).

23 Gegenüber Dritten beginnt die Klagefrist ab dem Zeitpunkt zu laufen, zu dem sie die Entscheidung kannten oder kennen mussten. Bei Entscheidungen, die offiziell bekannt gemacht werden („Bekanntgabe" iSv Art. 263 Abs. 6 AEUV), ist insoweit der Ablauf des vierzehnten Tages nach **Veröffentlichung im Amtsblatt** der Europäischen Union maßgeblich (Art. 59 VerfO-EuG). Nur wenn keine oder keine vollständige Veröffentlichung im Amtsblatt vorgeschrieben ist, kommt es hilfsweise auf den Zeitpunkt an, zu dem der Kläger anderweitig vom Inhalt der Entscheidung **Kenntnis erlangte** oder die Entscheidung hätte einsehen können.[54] In der Praxis ist dies in aller Regel der Zeitpunkt der Veröffentlichung einer nichtvertraulichen Fassung der Entscheidung auf der Internetseite der Generaldirektion Wettbewerb, verbunden mit einem entsprechenden Hinweis im Amtsblatt.[55] Bestimmten besonders interessierten Personen übermittelt die Kommission bisweilen direkt eine Kopie der nichtvertraulichen Fassung; dann ist – falls nicht noch eine Veröffentlichung im Amtsblatt vorgesehen ist – der Zeitpunkt dieser Übermittlung für den Fristbeginn maßgebend.

24 Sollte keinerlei Veröffentlichung oder Mitteilung erfolgen, so obliegt es jedem potenziellen Kläger, den vollen Wortlaut der Entscheidung (ggf. in nichtvertraulicher Fassung) binnen angemessener Frist bei der Kommission anzufordern. Unterlässt er dies, dann läuft er Gefahr, dass die Entscheidung ihm gegenüber bestandskräftig wird.

II. Begründetheit

25 Die Nichtigkeitsklage ist begründet, wenn sich der Kläger erfolgreich auf mindestens einen der vier in Art. 263 Abs. 2 AEUV genannten **Klagegründe (Nichtigkeitsgründe)** gestützt hat: Unzuständigkeit, Verletzung wesentlicher Formvorschriften, Ermessensmissbrauch oder Verletzung der Verträge bzw. einer bei ihrer Durchführung anzuwendenden Rechtsnorm. Die angefochtene Handlung der Kommission muss also mit wenigstens einem dieser Rechtsmängel behaftet sein, wobei Überschneidungen zwischen den vier Kategorien von Klagegründen keine Seltenheit sind.

1. Unzuständigkeit

26 Nur äußerst selten dürfte ein Kommissionsrechtsakt wegen **Unzuständigkeit** angreifbar sein. Unterschieden wird zwischen absoluter Unzuständigkeit (fehlende Verbandskompetenz der Union im Verhältnis zu den Mitgliedstaaten, zur EFTA-Überwachungsbehörde[56] oder zu Drittländern), relativer Unzuständigkeit (fehlende Organkompetenz der Kommission im Verhältnis zu anderen Unionsorganen,[57] fehlende Zeichnungsbefugnis des Handelnden innerhalb der Kommissionshierarchie[58]), sachlicher Unzuständigkeit (fehlende Befugnis der Kommission zum Erlass des von ihr gewählten Typs von Rechtsakt, zB Verordnung statt Richtlinie, Beschluss statt Verordnung) und zeitlicher Unzuständigkeit.

27 Geht die Kommission gegen eine wettbewerbswidrige Verhaltensweise vor, der es an der Eignung zur **Beeinträchtigung des Handels zwischen Mitgliedstaaten** iSv

---

bouw/Kommission, mit GA *Kokott*, SchlA Rn. 66 (zu einem vergleichbaren Problem in der Fusionskontrolle).
[53] Zur Fristberechnung im Einzelnen vgl. Art. 58 VerfO-EuG.
[54] EuG Urt. v. 15.9.1998 – T-11/95, Slg. 1998, II-3235 Rn. 46 ff. – BP Chemicals/Kommission.
[55] EuG Urt. v. 15.6.2005 – T-17/02, Slg. 2005, II-2031 Rn. 79 ff. – Olsen/Kommission.
[56] Vgl. Art. 56 des EWR-Abkommens.
[57] EuGH Urt. v. 9.8.1994 – C-327/91, Slg. 1994, I-3641 – Frankreich/Kommission.
[58] Zum kommissionsinternen Kollegialprinzip und zur notwendigen Ausfertigung von Entscheidungen vgl. EuGH Urt. v. 15.6.1995 – C-137/92 P, Slg. 1994, I-2555 Rn. 73–76 – Kommission/BASF ua.

Art. 101 Abs. 1 AEUV oder 102 Abs. 1 AEUV fehlt, so könnte dies zwar unter dem Gesichtspunkt der absoluten Unzuständigkeit gerügt werden. Vorzuziehen dürfte es aber sein, eine solche Rüge unter dem Blickwinkel der Verletzung der Verträge (→ Rn. 41 ff.) geltend zu machen.

Gleiches gilt, wenn ein Kläger der Kommission vorwirft, sie habe durch vermeintlich **28** „**extraterritoriales Handeln**" ihre Kompetenzen überschritten.[59] Man mag diese Problematik (→ § 4.A, § 4.B) unter dem Gesichtspunkt der absoluten Unzuständigkeit erörtern. Ebenso denkbar und wohl vorzugswürdig ist es aber, auch hier den Maßstab der Verletzung der Verträge bzw. der zu ihrer Durchführung ergangenen Vorschriften anzulegen (→ Rn. 41 ff.) und die streitige Maßnahme der Kommission am Ziel des Schutzes eines unverfälschten Wettbewerbs „innerhalb des Binnenmarkts" (Art. 101 Abs. 1 AEUV) bzw. „auf dem Binnenmarkt" (Art. 102 Abs. 1 AEUV) zu messen.

Mit der Rüge der relativen Unzuständigkeit können Beschlüsse der Kommission **29** darauf überprüft werden, ob sie gegen das **Kollegialprinzip** (Art. 1 GeschO-Komm.) verstoßen oder ob sie – im Fall der **Delegation** von Entscheidungsbefugnissen – von einem zeichnungsberechtigten Kommissar oder Bediensteten der Kommission erlassen wurden (→ § 6.C, § 10.G).

Die Frage der **zeitlichen Unzuständigkeit** der Kommission kann im Gefolge des **30** Beitritts neuer Mitgliedstaaten eine Rolle spielen. Denn das materielle Unionsrecht ist normalerweise nicht auf Zeiträume vor einem solchen Beitritt anwendbar, wohl aber auf das Fortwirken von Kartellvergehen über den Beitrittstermin hinaus.[60]

2. Verletzung wesentlicher Formvorschriften

Eine bedeutsame Rolle spielen vor den Unionsgerichten regelmäßig die von der Kom- **31** mission in Wettbewerbssachen einzuhaltenden **Verfahrensvorschriften.** Sie sind zumeist Ausdruck des **Grundsatzes der guten Verwaltung** sowie der **Verteidigungsrechte** der Verfahrensbeteiligten (Art. 41 GRC). Dementsprechend handelt es sich fast durchgehend um **wesentliche Formvorschriften,** deren Verletzung mit der Nichtigkeitsklage gerügt werden und zur Aufhebung der Entscheidung der Kommission führen kann.[61]

a) Fehler im Ablauf des Verwaltungsverfahrens. Zu Beginn des Verwaltungsverfahrens **32** stellt sich bisweilen die Frage, ob die Kommission einen einheitlichen Lebenssachverhalt in **mehreren getrennten Verwaltungsverfahren** bearbeiten darf. Grundsätzlich steht ihr diesbezüglich ein weites Ermessen zu, das sie im Sinne der zweckmäßigsten Abwicklung der Fallbearbeitung ausschöpfen kann. Nur wenn es für die Aufspaltung in mehrere Verwaltungsverfahren keinen sachlichen Grund geben sollte, kann ein vor Gericht relevanter Verfahrensfehler gegeben sein.[62]

Während des Verwaltungsverfahrens hat die Kommission die **Verteidigungsrechte 33** (Art. 41 Abs. 2 lit. a, b und Art. 48 Abs. 2 GRC) der betroffenen Unternehmen zu achten (vgl. auch Art. 27 Abs. 2 S. 1 VO Nr. 1/2003). Die Missachtung dieser **Verfahrensgarantien** kann vor Gericht im Verfahren über eine Nichtigkeitsklage gegen die verfahrensabschließende Entscheidung der Kommission gerügt werden. Solche Rechtsstreitigkeiten betreffen schwerpunktmäßig drei Problemkreise: die Gewährung von **Akteneinsicht,** die **Mitteilung der Beschwerdepunkte** sowie die schriftliche und/oder mündliche **Anhörung** der Verfahrensbeteiligten und etwaiger Dritter (→ § 10 C–F). Ein Recht auf An-

---

[59] EuGH Urt. v. 14.7.1972 – 48/69, Slg. 1972, 619 Rn. 125–142 – ICI/Kommission; EuGH Urt. v. 27.9. 1988 – 89/85 ua, Slg. 1988, 5193 Rn. 11 ff. – Ahlström ua/Kommission („Zellstoff"); EuG Urt. v. 27.2. 2014 – T-91/11, ECLI:EU:T:2014:92 Rn. 57 ff. – InnoLux/Kommission; EuGH Urt. v. 9.7.2015 – C-231/14 P, ECLI:EU:C:2015:451 Rn. 71 ff. – InnoLux/Kommission.
[60] Zu den Einzelheiten vgl. EuGH Urt. v. 14.2.2012 – C-17/10, ECLI:EU:C:2012:72 Rn. 44 ff. – Toshiba Corporation ua.
[61] EuGH Urt. v. 8.7.1999 – C-51/92 P, Slg. 1999, I-4235 Rn. 77 – Hercules/Kommission; Urt. v. 25.10. 2011 – C-109/10 P, Slg. 2011, I-10329 Rn. 72 – Solvay/Kommission.
[62] In diesem Sinne EuGH Urt. v. 29.6.2010 – C-441/07, Slg. 2010, I-5949 Rn. 89 – Kommission/Alrosa.

hörung und Befragung von Zeugen haben die betroffenen Unternehmen im Verwaltungsverfahren *nicht* (→ Rn. 46).[63]

34 Daneben kann auch der **Grundsatz der angemessenen Verfahrensdauer** im Verwaltungsverfahren thematisiert werden; seine Verletzung führt jedoch in der Regel *nicht* zur Nichtigerklärung der Entscheidung der Kommission, sondern löst allenfalls einen Amtshaftungsanspruch aus (→ Rn. 96).[64]

35 Zum Ablauf des Verwaltungsverfahrens gehört schließlich auch die **Befassung des Beratenden Ausschusses** (Art. 14 VO Nr. 1/2003, → § 10.G.II). Sie ist ebenfalls eine wesentliche Formalität, die auf den Inhalt der Entscheidung der Kommission Einfluss haben kann und deren Einhaltung dementsprechend gerichtlich überwacht wird.[65] Dem Beratenden Ausschuss müssen alle wesentlichen Informationen und Unterlagen – insbesondere ein aussagekräftiger Entscheidungsvorschlag – vorgelegen haben. Allerdings stellen die Fristen, innerhalb deren die Ladung und die Beratungsunterlagen versandt werden müssen, nur einfache Formvorschriften dar, deren Unterschreitung kaum jemals hinreichend schwer wiegen dürfte, als dass die Aufhebung der Entscheidung gerechtfertigt wäre.[66]

36 **b) Formfehler in der Entscheidung der Kommission.** Was die Entscheidung der Kommission als solche betrifft, so steht in formaler Hinsicht die **Begründungspflicht** im Mittelpunkt des Interesses (Art. 296 Abs. 2 AEUV, Art. 41 Abs. 2 lit. c) GRC). Ihr Sinn und Zweck ist untrennbar mit dem **Recht auf effektiven gerichtlichen Rechtsschutz** verbunden (Art. 47 Abs. 1 GRC): Die Betroffenen sollen die Gründe für die getroffene Maßnahme der Kommission erkennen und die Erfolgsaussichten einer Klage abgeschätzen können, wohingegen die Unionsgerichte in die Lage versetzt werden sollen, ihre Kontrollaufgabe wahrzunehmen.[67] Selbstverständlich schließt dies ein, dass die Entscheidung in der richtigen **Sprache** erlassen wurde.[68]

37 Nach ständiger Rechtsprechung[69] können die **Begründungsanforderungen** je nach der Natur des Rechtsakts und den betroffenen Interessen sehr unterschiedlich sein. Auf jeden Fall müssen die Gründe für eine Maßnahme der Kommission hinreichend klar und eindeutig aus der Präambel des jeweiligen Beschlusses zum Ausdruck kommen und frei von Widersprüchen sein. Dabei sind nicht notwendigerweise alle tatsächlich und rechtlich einschlägigen Gesichtspunkte eines Falles ausdrücklich anzusprechen, vielmehr ist zu berücksichtigen, dass mancher Aspekt einer Entscheidung auch aus ihrem rechtlichen und tatsächlichen Kontext verständlich sein kann. Dies gilt insbesondere dann, wenn der Kläger intensiv am Verwaltungsverfahren beteiligt war. Auch kann (und soll) sich die Kommission in ihrer Begründung **auf das Wesentliche beschränken,** zumal wenn ihre Ent-

---

[63] EuGH Urt. v. 7.1.2004 – C-204/00 P ua, Slg. 2004, I-123 Rn. 200 – Aalborg Portland ua/Kommission; Urt. v. 19.12.2013 – C-239/11 P ua, ECLI:EU:C:2013:866 Rn. 319 – Siemens ua/Kommission.
[64] EuGH Urt. v. 21.9.2006 – C-105/04 P, Slg. 2006, I-8725 Rn. 35–62 – FEG/Kommission; Urt. v. 21.9.2006 – C-113/04 P, Slg. 2006, I-8831 Rn. 40–72 – TU/Kommission; vgl. außerdem GA *Kokott*, SchlA v. 14.4.2011 – C-109/10 P, Slg. 2011, I-10329 Rn. 305–310 – Solvay/Kommission; Urt. v. 8.5.2014 – C-414/12 P, ECLI:EU:C:2014:301 Rn. 89, 104 – Bolloré/Kommission.
[65] EuG Urt. v. 10.7.1991 – T-69/89, Slg. 1991, II-485 Rn. 21ff. – RTE/Kommission; EuG Urt. v. 15.3.2000 – T-25/95 ua, Slg. 2000, II-742f. – Cimenteries CBR ua/Kommission; GA *Slynn*, SchlA v. 15.12.1983 – 228/82 und 229/82, Slg. 1984, 1129, 1172 – Ford/Kommission.
[66] EuG Urt. v. 27.11.1997 – T-290/94, Slg. 1997, II-2137 Rn. 88 – Kaysersberg/Kommission (zur gleich gelagerten Problematik im Rahmen von Art. 19 FKVO); vgl. außerdem Schröter/Jakob/Klotz/Mederer/*Sauer* VO 1/2003 Art. 14 Rn. 35ff.
[67] EuGH Urt. v. 10.7.2008 – C-413/06 P, Slg. 2008, I-4951 Rn. 166, 178 – Bertelsmann & Sony/Impala; Urt. v. 29.9.2011 – C-521/09 P, Slg. 2011, I-8947 Rn. 147 – Elf Aquitaine/Kommission; Urt. v. 11.7.2013 – C-439/11 P, ECLI:EU:C:2013:513 Rn. 115 – Ziegler/Kommission; Urt. v. 19.5.2015 – C-286/13 P, ECLI:EU:C:2015:184 Rn. 93 – Dole/Kommission.
[68] EuG Urt. v. 14.3.2014 – T-293/11, ECLI:EU:T:2014:127 Rn. 36 – Holcim/Kommission.
[69] Zum Folgenden vgl. statt vieler, jeweils mwN, EuGH Urt. v. 10.7.2008 – C-413/06 P, Slg. 2008, I-4951 Rn. 166–170 – Bertelsmann & Sony/Impala; Urt. v. 29.9.2011 – C-521/09 P, Slg. 2011, I-8947 Rn. 147ff. – Elf Aquitaine/Kommission; Urt. v. 11.7.2013 – C-439/11 P, ECLI:EU:C:2013:513 Rn. 115f. – Ziegler/Kommission; Urt. v. 19.5.2015 – C-286/13 P, ECLI:EU:C:2015:184 Rn. 94 – Dole/Kommission.

scheidung einer ständigen Verwaltungspraxis entspricht,[70] und sie muss nicht auf jedes noch so entfernte Detail aus der Argumentation der Verfahrensbeteiligten eingehen. Schließlich ist zu berücksichtigen, dass Ermittlungshandlungen, die der Sachverhaltsaufklärung dienen (etwa ein Durchsuchungsbeschluss) und zu einem frühen Zeitpunkt im Verfahren ergehen, naturgemäß weniger ausführlich und präzise begründet sein können als verfahrensabschließende Entscheidungen.[71]

Die Begründungspflicht ist ein **wesentliches Formerfordernis.** Ob ihr Genüge getan wurde, hat nichts mit der inhaltlichen Richtigkeit der Ausführungen der Kommission zu tun.[72] Rügen betreffend die Stichhaltigkeit der Begründung sind materiellrechtlicher Natur und als solche mit dem Klagegrund der Verletzung der Verträge vorzubringen (→ Rn. 41 ff.). Welch große Bedeutung die Unionsgerichte den Begründungsanforderungen beimessen, zeigt der Umstand, dass sie gewillt sind, etwaige Begründungsmängel nicht nur auf eine Rüge hin, sondern uU auch **von Amts wegen** aufzugreifen.[73] 38

Für den unwahrscheinlichen Fall, dass Verfahrensfehler im Zusammenhang mit der **Ausfertigung der Entscheidung** der Kommission auftreten sollten, können auch diese als Verletzung wesentlicher Formvorschriften gerügt werden.[74] 39

c) Rechtsfolgen von Verfahrensfehlern der Kommission. Im Gerichtsverfahren ist **keine Heilung von Verfahrensfehlern** im Zusammenhang mit den Verteidigungsrechten möglich.[75] Ebenso wenig darf die Kommission für ihre Entscheidung neue Gründe „nachschieben".[76] Gleichwohl führt nicht jeder Verfahrensfehler der Kommission notwendigerweise zur Aufhebung ihrer Entscheidung. So ziehen etwa Unregelmäßigkeiten im Zusammenhang mit der Akteneinsicht oder der Anhörung der Verfahrensbeteiligten nur dann eine **Nichtigerklärung** nach sich, wenn nicht ausgeschlossen werden kann, dass die Entscheidung der Kommission bei korrekter Durchführung des Verfahrens inhaltlich anders ausgefallen wäre.[77] Sind bei der Akteneinsicht Unregelmäßigkeiten aufgetreten, so prüfen die Unionsgerichte, ob sich die angefochtene Entscheidung womöglich noch auf andere, den Verfahrensbeteiligten ordnungsgemäß vorgelegte Beweismittel stützen ließ. Ist dies der Fall, heben sie die Entscheidung trotz des festgestellten Verfahrensfehlers *nicht* auf.[78] 40

3. Verletzung der Verträge durch die Kommission

Neben der Verletzung wesentlicher Formvorschriften spielt der Klagegrund der **Verletzung der Verträge** oder der bei ihrer Durchführung anzuwendenden Rechtsnormen in der Praxis die entscheidende Rolle. Darunter ist jede **unzutreffende Auslegung oder Anwendung** einer Bestimmung des Unionsrechts seitens der Kommission zu verstehen, gleichviel, ob es sich um geschriebenes oder ungeschriebenes Recht, um Primärrecht oder Sekundärrecht handelt (→ Rn. 44 ff.). Darüber hinaus können mit diesem Klage- 41

---

[70] Vgl. dazu EuGH Urt. v. 26.11.1975 – 73/74, Slg. 1975, 1491 Rn. 31 – Papiers peints; Urt. v. 29.9.2011 – C-521/09 P, Slg. 2011, I-8947 Rn. 155 – Elf Aquitaine/Kommission.
[71] EuGH Urt. v. 26.6.2014 – C-37/13 P, ECLI:EU:C:2014:2030 Rn. 37 – Nexans/Kommission.
[72] EuGH Urt. v. 29.9.2011 – C-521/09 P, Slg. 2011, I-8947 Rn. 146 – Elf Aquitaine/Kommission; Urt. v. 26.11.2013 – C-40/12 P, ECLI:EU:C:2013:768 Rn. 46 – Gascogne Sack Deutschland/Kommission; Urt. v. 11.7.2013 – C-439/11 P, ECLI:EU:C:2013:513 Rn. 114 – Ziegler/Kommission; Urt. v. 17.9.2015 – C-597/13 P, ECLI:EU:C:2015:613 Rn. 18 – Total/Kommission.
[73] EuGH Urt. v. 10.7.2008 – C-413/06 P, Slg. 2008, I-4951 Rn. 174 – Bertelsmann & Sony/Impala.
[74] EuGH Urt. v. 15.6.1995 – C-137/92 P, Slg. 1994, I-2555 Rn. 47–52 – Kommission/BASF ua; EuG Urt. v. 6.4.1995 – T-80/89, Slg. 1995, II-729 Rn. 104–107 – BASF ua/Kommission.
[75] EuGH Urt. v. 8.7.1999 – C-51/92 P, Slg. 1999, I-4235 Rn. 78 – Hercules/Kommission; Urt. v. 15.10.2002 – C-238/99 P ua, Slg. 2002, I-8375 Rn. 318 – Limburgse Vinyl Maatschappij ua/Kommission; Urt. v. 25.10.2011 – C-109/10 P, Slg. 2011, I-10329 Rn. 56 – Solvay/Kommission.
[76] EuGH Urt. v. 29.9.2011 – C-521/09 P, ECLI:EU:C:2011:620 Rn. 149 – Elf Aquitaine/Kommission; vgl. auch GA Kokott, SchlA v. 12.1.2012 – C-628/10 P ua, ECLI:EU:C:2012:11 Rn. 111, 119, 204 mwN – AOI ua/Kommission ua.
[77] EuGH Urt. v. 10.7.1980 – 30/78, Slg. 1980, 2229 Rn. 26 – Distillers/Kommission; Urt. v. 7.1.2004 – C-204/00 P ua, Slg. 2004, I-123 Rn. 71–75 – Aalborg Portland ua/Kommission.
[78] EuGH Urt. v. 25.10.1983 – 107/82, Slg. 1983, 3151 Rn. 24–30 – AEG/Kommission; EuG Urt. v. 13.1.2004 – T-67/01 Slg. 2004, II-49 Rn. 70 – JCB Service/Kommission.

grund auch Fehler der Kommission bei der **Ermittlung und Beurteilung des Sachverhalts** thematisiert werden (→ Rn. 52 ff.). In Bezug auf die von der Kommission verhängten finanziellen Sanktionen – Geldbußen und Zwangsgelder – kommt den Unionsgerichten außerdem gem. Art. 31 VO Nr. 1/2003 iVm Art. 261 AEUV eine **Befugnis zur unbegrenzten Ermessensnachprüfung** zu (→ Rn. 58 ff.).

42 Zu beachten ist, dass die Unionsgerichte ihre Kontrollfunktion im Rahmen dieses Klagegrundes **nicht von Amts wegen** ausüben, sondern lediglich **auf konkrete Rügen hin,** die überdies hinreichend substantiiert sein müssen.[79] Bedenken im Hinblick auf die Erfordernisse eines effektiven gerichtlichen Rechtsschutzes (Art. 47 Abs. 1 GRC) ruft diese **strenge Anwendung des Beibringungsgrundsatzes** nicht hervor, gehören doch die zu überprüfenden Entscheidungen der Kommission nicht zum harten Kern des Strafrechts[80] und betreffen zudem keine Individuen, sondern ausschließlich Unternehmen, welche zudem allesamt anwaltlich vertreten sind. Nur höchst ausnahmsweise wird man annehmen können, dass eine Pflicht des Unionsrichters besteht, sich unabhängig von konkreten Rügen der Parteien aus eigener Initiative bestimmter Rechtsfragen anzunehmen oder Maßnahmen zur Sachverhaltsaufklärung einschließlich der Anhörung von Zeugen und Sachverständigen zu ergreifen.[81]

43 Vor Gericht können auch solche Rügen und Argumente vorgebracht werden, die ein Unternehmen im Verwaltungsverfahren der Kommission gegenüber nicht geltend gemacht hatte. Insoweit besteht **keine Präklusion.**[82]

44 **a) Rechtsfehler bezüglich der einschlägigen unionsrechtlichen Bestimmungen.** Etwaige **Rechtsfehler,** die der Kommission normalerweise im Zusammenhang mit der Erledigung ihrer Aufgaben als Wettbewerbsbehörde vorgeworfen werden, betreffen in erster Linie die Einzelheiten der Auslegung und Anwendung von Art. 101 AEUV und 102 AEUV bzw. von Art. 53 und 54 des EWR-Abkommens sowie der VO Nr. 1/2003, der VO Nr. 773/2004 und der diversen Gruppenfreistellungsverordnungen. Dies schließt Fragen der **Darlegungs- und Beweislast** ein (→ § 12).

45 Zunehmend rücken aber auch Rechtsprobleme aus dem Bereich der **Grundrechte** und der **allgemeinen Rechtsgrundsätze** des Unionsrechts ins Blickfeld. Von besonderer praktischer Bedeutung sind dabei einige aus dem Strafrecht entlehnte Prinzipien, die nach ständiger Rechtsprechung auf **Wettbewerbsverfahren mit strafrechtsähnlichem Charakter** übertragen werden, namentlich auf Verfahren zur Feststellung und Ahndung von Kartellvergehen:

- das Schuldprinzip[83] bzw. der Grundsatz der persönlichen Verantwortlichkeit,[84]

---

[79] Grundlegend EuGH Urt. v. 10.12.2013 – C-272/12 P ECLI:EU:C:2013:812 Rn. 28 – Kommission/Irland ua; Urt. v. 3.7.2014 – C-84/13 P, ECLI:EU:C:2014:2040 Rn. 50 – Electrabel/Kommission; vgl. außerdem Urt. v. 8.12.2011 – C-386/10 P, Slg. 2011, I-13085 Rn. 66 – Chalkor/Kommission; Urt. v. 18.7.2013 – C-501/11 P, ECLI:EU:C:2013:522 Rn. 46 – Schindler Holding ua/Kommission; Urt. v. 24.10.2013 – C-510/11 P, ECLI:EU:C:2013:696 Rn. 32 – KONE ua/Kommission; Urt. v. 19.12.2013 – C-239/11 P ua, ECLI:EU:C:2013:866 Rn. 321 ff. – Siemens ua/Kommission; Urt. v. 10.7.2014 – C-295/12 P, ECLI:EU:C:2014:2062 Rn. 55 – Telefónica ua/Kommission; Urt. v. 22.10.2015 – C-194/14 P, ECLI:EU:C:2015:717 Rn. 75 – AC-Treuhand/Kommission.
[80] EGMR Urt. v. 23.11.2006 – Beschw.-Nr. 73053/01, EGMRE 2006-XIV Rn. 43 – Jussila/Finnland; Urt. v. 27.9.2011 – Beschw.-Nr. 43509/08 Rn. 62 – A. Menarini Diagnostics/Italien; vgl. ergänzend GA *Kokott,* SchlA v. 18.4.2013 – C-501/11 P, ECLI:EU:C:2013:248 Rn. 34 f. – Schindler Holding ua/Kommission.
[81] GA *Kokott,* SchlA v. 18.4.2013 – C-501/11 P, ECLI:EU:C:2013:248 Rn. 51 ff. – Schindler Holding ua/Kommission; GA *Kokott,* SchlA v. 3.4.2014 – C-37/13 P, ECLI:EU:C:2014:223 Rn. 87 f. – Nexans/Kommission.
[82] EuGH Urt. v. 1.7.2010 – C-407/08 P, Slg. 2010, I-6375 Rn. 89 ff. – Knauf Gips/Kommission; Urt. v. 11.7.2013 – C-439/11 P, ECLI:EU:C:2013:513 Rn. 57 – Ziegler/Kommission.
[83] EuGH Urt. v. 2.10.2003 – C-195/99 P, Slg. 2003, I-10937 Rn. 103 – Krupp Hoesch/Kommission; GA *Kokott,* SchlA v. 28.2.2013 – C-681/11, ECLI:EU:C:2013:126 Rn. 40 – Schenker ua.
[84] EuGH Urt. v. 8.7.1999 – C-49/92 P, Slg. 1999, I-4125 Rn. 145 – Kommission/Anic Partecipazioni; Urt. v. 11.12.2007 – C-280/06, Slg. 2007, I-10893 Rn. 39 – ETI ua; Urt. v. 19.7.2012 – verb. Rs. C-

- die Unschuldsvermutung[85] (*in dubio pro reo,* Art. 48 Abs. 1 GRC),
- der Grundsatz der Gesetzmäßigkeit der Strafen[86] (*nullum crimen, nulla poena sine lege,* Art. 49 Abs. 1 und 2 GRC) einschließlich des Bestimmtheitsgrundsatzes,[87]
- das Rückwirkungsverbot und der Vertrauensschutz,[88]
- der Grundsatz der Verhältnismäßigkeit des Strafmaßes[89] (Art. 49 Abs. 3 GRC),
- das Verbot der Doppelbestrafung[90] (*ne bis in idem,* Art. 50 GRC),
- das Gebot der Achtung der Verteidigungsrechte[91] (Art. 41 Abs. 2 GRC; → § 10.C−F),
- der Schutz vor Selbstbelastung *(nemo tenetur se ipsum accusare)*,[92]
- das Verbot der Verwertung bestimmter rechtswidrig erlangter Beweismittel[93] und
- die Regeln über die Verfolgungs- und Vollstreckungsverjährung (Art. 25 und 26 VO Nr. 1/2003).[94]

Abgesehen von den genannten Prinzipien dürfte aber **keine generelle und pauschale Übertragung strafrechtlicher Grundsätze** − namentlich der in Art. 6 Abs. 3 EMRK genannten − auf das Kartellverfahren möglich sein. Denn das Kartellrecht gehört, wie bereits erwähnt, nicht zum Kernbereich des Strafrechts, so dass spezifisch strafrechtliche Garantien dort nicht notwendigerweise in ihrer vollen Strenge zur Anwendung kommen müssen.[95]

46

Von allgemeinem Interesse ist überdies in allen wettbewerbsrechtlichen Verfahren der **Grundsatz der Gleichbehandlung und Nichtdiskriminierung** (Art. 20 GRC). Zwar kann niemand unter Berufung auf den Gleichbehandlungsgrundsatz verlangen, dass die Kommission sich in jedem Einzelfall an einer Lösung orientiert, die sie bei der Entscheidung früherer vergleichbarer Fälle zugrunde gelegt hat.[96] Erst recht besteht kein Anspruch

47

628/10 P und C-14/11 P, ECLI:EU:C:2012:479 Rn. 42 − Alliance One International und Standard Commercial Tobacco/Kommission.

[85] EuGH Urt. v. 8.7.1999 − C-199/92 P, Slg. 1999, I-4281 Rn. 149, 150 − Hüls/Kommission; Urt. v. 24.6.2015 − C-293/13 P, ECLI:EU:C:2015:416 Rn. 149 − Del Monte ua/Kommission.

[86] EuGH Urt. v. 28.6.2005 − C-189/02 P, Slg. 2005, I-5425 Rn. 215 ff. − Dansk Rørindustri ua/Kommission; Urt. v. 29.3.2011 − C-352/09 P, Slg. 2011, I-2359 Rn. 80 − ThyssenKrupp Nirosta/Kommission.

[87] EuGH Urt. v. 17.6.2010 − C-413/08 P, Slg. 2010, I-5361 Rn. 94, 95 − Lafarge/Kommission; Urt. v. 22.10.2015 − C-194/14 P, ECLI:EU:C:2015:717 Rn. 40 ff. − AC-Treuhand/Kommission.

[88] EuGH Urt. v. 28.6.2005 − C-189/02 P, Slg. 2005, I-5425 Rn. 217 − Dansk Rørindustri ua/Kommission; Urt. v. 18.7.2013 − C-501/11 P, ECLI:EU:C:2013:522 Rn. 75 − Schindler Holding ua/Kommission.

[89] EuGH Urt. v. 7.1.2004 − C-204/00 P ua, Slg. 2004, I-123 Rn. 365 − Aalborg Portland ua/Kommission; Urt. v. 28.6.2005 − C-189/02 P, Slg. 2005, I-5425 Rn. 319 − Dansk Rørindustri ua/Kommission; GA *Kokott,* SchlA v. 18.4.2013 − C-501/11 P, ECLI:EU:C:2013:248 Rn. 222 − Schindler Holding ua/Kommission.

[90] EuGH Urt. v. 15.10.2002 − C-238/99 P ua, Slg. 2002, I-8375 Rn. 59− Limburgse Vinyl Maatschappij ua/Kommission; Urt. v. 14.2.2012 − C-17/10, ECLI:EU:C:2012:72 Rn. 94 − Toshiba Corporation ua.

[91] EuGH Urt. v. 13.2.1979 − 85/76, Slg. 1979, 461 Rn. 9, 11 − Hoffmann-La Roche/Kommission; Urt. v. 24.10.1996 − C-32/95 P, Slg. 1996, I-5373 Rn. 21 − Kommission/Lisrestal; Urt. v. 14.9.2010 − C-550/07 P, Slg. 2010, I-8301 Rn. 92 − Akzo und Akcros/Kommission; Urt. v. 25.10.2011 − C-109/10 P, Slg. 2011, I-10329 Rn. 52−53 − Solvay/Kommission.

[92] EuGH Urt. v. 18.10.1989 − 374/87, Slg. 1989, 3283 Rn. 29−35 − Orkem/Kommission; Urt. v. 25.1.2007 − C-407/04 P, Slg. 2007, I-829 Rn. 34 − Dalmine/Kommission; EuG Urt. v. 20.2.2001 − T-112/98, Slg. 2001, II-729 Rn. 62−67 − Mannesmannröhren-Werke/Kommission; Urt. v. 14.3.2014 − T-302/11, ECLI:EU:T:2014:128 Rn. 117 − HeidelbergCement/Kommission (Letzteres noch nicht rechtskräftig, vgl. Rs. C-247/14 P); vgl. auch GA *Kokott,* SchlA v. 11.12.2014 − C-293/12 P ua, ECLI:EU:C:2014:2439 Rn. 267 − Del Monte ua/Kommission ua; sowie EuGH Urt. v. 24.6.2015 − C-293/12 P, ECLI:EU:C:2015:416 Rn. 195 − Del Monte ua/Kommission ua.

[93] EuGH Beschl. v. 26.3.1987 − 46/87 R, Slg. 1987, 1549 Rn. 34 − Hoechst/Kommission; Beschl. v. 28.10.1987 − 85/87 R, Slg. 1987, 4367 Rn. 17 − Dow Chemical Nederland/Kommission.

[94] Vgl. etwa EuGH Urt. v. 29.3.2011 − C-352/09 P, Slg. 2011, I-2359 Rn. 166 ff. − ThyssenKrupp Nirosta/Kommission.

[95] EGMR Urt. v. 23.11.2006 − Beschw.-Nr. 73053/01, EGMRE 2006-XIV Rn. 43 − Jussila/Finnland; Urt. v. 27.9.2011 − Beschw.-Nr. 43509/08 Rn. 62 − A. Menarini Diagnostics/Italien.

[96] EuGH Urt. v. 21.9.2006 − C-167/04 P, Slg. 2006, I-8935 Rn. 205 − JCB Service/Kommission; Urt. v. 11.7.2013 − C-439/11 P, ECLI:EU:C:2013:513 Rn. 134 − Ziegler/Kommission; Urt. v. 10.7.2014 − C-

§ 14   2. Teil 1. Abschnitt Kartellverfahren in der Europäischen Union

auf „Gleichheit im Unrecht", sollte der Kommission in Bezug auf andere Unternehmen ein Rechtsfehler unterlaufen sein.[97] Mit Blick auf ein und dasselbe Kartell haben aber alle beteiligten Unternehmen ein Recht auf Gleichbehandlung, sofern sie sich in einer vergleichbaren Situation befinden. Dies wirkt sich zum einen bei der Berechnung der Geldbußen aus, zum anderen bei der Frage, ob Muttergesellschaften für die Kartellvergehen ihrer Tochtergesellschaften gesamtschuldnerisch in die Mithaftung zu nehmen sind.[98] Hier darf die Kommission unter den Beteiligten ein und desselben Kartells nicht mit zweierlei Maß messen.

48   Darüber hinaus hat die Kommission im Rahmen der Auslegung und Anwendung von Art. 101 AEUV und 102 AEUV bzw. Art. 53 und 54 des EWR-Abkommens auch die **sonstigen Unionsgrundrechte** zu beachten (Art. 6 EUV), wie sie heute insbesondere in der Charta der Grundrechte niedergelegt sind. Auf die **EMRK** können sich Unternehmen vor den Unionsgerichten nicht unmittelbar berufen, da die EU derzeit (noch) nicht Vertragspartei des Straßburger Systems ist. Solange der geplante Beitritt der EU zur EMRK nicht vollzogen ist, spielt die EMRK nur *mittelbar* als Erkenntnisquelle für allgemeine Rechtsgrundsätze der EU (Art. 6 Abs. 3 EUV) sowie als Auslegungshilfe für die Charta eine Rolle (Art. 52 Abs. 3 und 7 GRC; Art. 6 Abs. 1 UAbs. 3 EUV).

49   Von Relevanz ist etwa das **Grundrecht** der unternehmerischen Freiheit (Art. 16 GRC) einschließlich der Vertragsfreiheit.[99] Bei der Sachverhaltsermittlung und der Verarbeitung der im Verwaltungsverfahren gewonnenen Erkenntnisse sind die Wahrung des Berufsgeheimnisses (Art. 339 AEUV, Art. 41 Abs. 2 lit. b GRC) einschließlich der Achtung des Privatlebens (Art. 7 GRC) und des Schutzes personenbezogener Daten (Art. 8 GRC) mit den Erfordernissen einer wirksamen Durchsetzung des Wettbewerbsrechts, den Verteidigungsrechten (Art. 41 Abs. 2 lit. a GRC) sowie ggf. mit dem Recht der Öffentlichkeit auf Zugang zu Dokumenten (Art. 15 Abs. 3 AEUV, Art. 42 GRC)[100] zu einem gerechten Ausgleich zu bringen. Die Verhängung von finanziellen Sanktionen stellt einen – regelmäßig gerechtfertigten – Eingriff in das Eigentumsgrundrecht dar (Art. 17 GRC).[101]

50   Neben den Unionsgrundrechten spielt außerdem unter verschiedenen Gesichtspunkten während des gesamten Verwaltungsverfahrens der unionsrechtliche **Grundsatz der Verhältnismäßigkeit** eine Rolle. Er ist im Rahmen der Vorermittlungen[102] ebenso zu beachten wie bei der Verhängung finanzieller Sanktionen[103] (zu letzterem Aspekt vgl. Art. 49 Abs. 3 GRC). Auch die von der Kommission akzeptierten und nach Art. 9 VO

295/12 P, ECLI:EU:C:2014:2062 Rn. 189 – Telefónica ua/Kommission; Urt. v. 7.9.2016 – C-101/15 P, ECLI EU:C:2016:631 Rn. 68 – Pilkington/Kommission.

[97] EuGH Urt. v. 19.7.2012 – verb. Rs. C-628/10 P und C-14/11 P, ECLI:EU:C:2012:479 Rn. 63 – Alliance One International und Standard Commercial Tobacco/Kommission, dazu SchlA GA *Kokott* v. 12.1.2012, ECLI:EU:C:2012:11 Rn. 61 mwN.

[98] EuGH Urt. v. 16.11.2000 – C-280/98 P, Slg. 2000, I-9757 Rn. 63–68 – Weig/Kommission; Urt. v. 16.11.2000 – C-291/98 P, Slg. 2000,I-9991 Rn. 97–100 – Sarrió/Commission; Urt. v. 19.7.2012 – verb. Rs. C-628/10 P und C-14/11 P, ECLI:EU:C:2012:479 Rn. 58 – Alliance One International und Standard Commercial Tobacco/Kommission.

[99] GA *Kokott,* SchlA v. 17.9.2009 – C-441/07 P, Slg. 2010, I-5949 Rn. 225 ff. – Kommission/Alrosa mwN.

[100] Zum Spannungsverhältnis zwischen dem Recht auf Zugang zu Dokumenten und den Erfordernissen des Kartellverfahrens vgl. EuGH Urt. v. 27.2.2014 – C-365/12 P, ECLI:EU:C:2014:112 – Kommission/EnBW.

[101] GA *Kokott,* SchlA v. 18.4.2013 – C-501/11 P, ECLI:EU:C:2013:248 Rn. 202 ff. – Schindler Holding ua/Kommission mwN.

[102] EuGH Urt. v. 26.6.1980 – 136/79, Slg. 1980, 2033 Rn. 28–30 – National Panasonic/Kommission; EuG Urt. v. 12.12.1991 – T-39/90, Slg. 1991, II-1497 Rn. 51 – SEP/Kommission; Urt. v. 22.3.2012 – T-458/09 ua, ECLI:EU:T:2012:145 Rn. 81 – Slovak Telekom/Kommission; Urt. v. 14.3.2014 – T-293/11, ECLI:EU:T:2014:127 Rn. 61, 81 ff. – Holcim/Kommission.

[103] EuGH Urt. v. 14.2.1978 – 27/76, Slg. 1978, 207 Rn. 302 – United Brands/Kommission; Urt. v. 7.1.2004 – C-204/00 P ua, Slg. 2004, I-123 Rn. 365 – Aalborg Portland ua/Kommission; Urt. v. 28.6.2005 – C-189/02 P, Slg. 2005, I-5425 Rn. 319 – Dansk Rørindustri ua/Kommission; GA *Kokott,* SchlA v. 18.4.2013 – C-501/11 P, ECLI:EU:C:2013:248 Rn. 222 – Schindler Holding ua/Kommission.

Nr. 1/2003 für verbindlich erklärten Verpflichtungszusagen von Unternehmen müssen in einem angemessenen Verhältnis zu den identifizierten Wettbewerbsproblemen und zu den berechtigten Interessen Dritter stehen[104] (zum richterlichen Kontrollmaßstab → Rn. 57).

Was die zahlreichen **Mitteilungen, Bekanntmachungen** und **Leitlinien** betrifft, mit 51 denen die Kommission ihre Verwaltungspraxis in Wettbewerbsverfahren kundtut, so haben diese zwar als solche keinen Rechtsnormcharakter. Gleichwohl spielen sie als *soft law* in der Praxis vor den Unionsgerichten unter dem Blickwinkel der **Selbstbindung der Verwaltung** eine nicht zu unterschätzende Rolle für die rechtliche Bewertung von Einzelfällen.[105] Sogar die Unionsgerichte selbst bedienen sich dieser Veröffentlichungen der Kommission trotz ihrer fehlenden Rechtsverbindlichkeit bisweilen als Orientierungshilfe.[106]

b) Fehler bei der Ermittlung und Beurteilung des Sachverhalts. Mit der Problematik der 52 richtigen Auslegung und Anwendung des Unionsrechts ist untrennbar die Frage verbunden, ob die Kommission – im Einklang mit den Erfordernissen einer **guten Verwaltung** (Art. 41 Abs. 1 GRC[107]) – die konkreten Umstände des jeweiligen Einzelfalls zutreffend ermittelt und daraus vertretbare Schlussfolgerungen gezogen hat. Dementsprechend erstreckt sich die Rechtmäßigkeitskontrolle der Unionsgerichte im Rahmen der Nichtigkeitsklage auf das Vorliegen etwaiger **Beurteilungsfehler der Kommission.**[108]

Dabei soll nach einer von der Rechtsprechung häufig verwendeten Formel als Nichtig- 53 keitsgrund eigentlich nur ein **offenkundiger Beurteilungsfehler** der Kommission in Betracht kommen. Dies wird mit dem Umstand begründet, dass der Kommission in Wettbewerbsverfahren regelmäßig die Würdigung komplexer wirtschaftlicher Zusammenhänge abverlangt wird, wofür ihr ein Beuteilungsspielraum zustehe.[109]

Bis in die jüngste Vergangenheit hinein hat die besagte Formel vom offenkundigen Be- 54 urteilungsfehler immer wieder zu heftiger **Kritik an den Unionsgerichten** geführt, denen vorgeworfen wurde, sie würden in kartellrechtlichen Verfahren keinen effektiven Rechtsschutz gewähren.[110]

Dem ist jedoch entgegenzuhalten, dass die Unionsgerichte in Wirklichkeit schon seit 55 geraumer Zeit – möglicherweise sogar seit jeher[111] – einen deutlich strengeren Kontroll-

---

[104] EuGH Urt. v. 29.6.2010 – C-441/07 P, Slg. 2010, I-5949 Rn. 36, 41, 120 – Kommission/Alrosa.
[105] EuGH Urt. v. 5.10.2000 – C-288/96, Slg. 2000, I-8237 Rn. 62 – Deutschland/Kommission; Urt. v. 28.6.2005 – C-189/02 P, Slg. 2005, I-5425 Rn. 209–211 – Dansk Rørindustri ua/Kommission; Urt. v. 21.9.2006 – C-167/04 P, Slg. 2006, I-8935 Rn. 207 ff. – JCB Service/Kommission; 8.12.2011 – C-272/09 P, Slg. 2011, I-12789 Rn. 100 – KME Germany/Kommission; Urt. v. 11.7.2013 – C-439/11 P, ECLI:EU:C:2013:513 Rn. 60 – Ziegler/Kommission.
[106] EuGH Urt. v. 6.12.2012 – C-441/11 P, ECLI:EU:C:2012:778 Rn. 80 – Verhuizingen Coppens/Kommission; EuG Urt. v. 16.9.2013 – T-396/10, ECLI:EU:T:2013:446 Rn. 145 – Zucchinetti/Kommission (noch nicht rechtskräftig; vgl. Rs. C-618/13 P).
[107] So auch schon EuGH Urt. v. 13.7.1966 – verb. Rs. C-56/64 und C-58/64, Slg. 1966, 322, 395 f. – Consten und Grundig/Kommission („die Kommission ... muss nach den Grundsätzen einer guten Verwaltungsführung mit den ihr zur Verfügung stehenden Mitteln zur Aufklärung des rechtserheblichen Sachverhalts beitragen"); im selben Sinne Urt. v. 21.11.1991 – C-269/90, Slg. 1991, I-5469 Rn. 14 – Technische Universität München („Verpflichtung ..., sorgfältig und unparteiisch alle relevanten Gesichtspunkte des Einzelfalles zu untersuchen"); vgl. auch EuG Urt. v. 29.6.1993 – T-7/92 Slg. 1993, II-669 Rn. 34 – Asia Motor France/Kommission.
[108] EuG Urt. v. 26.10.2000 – T-41/96, Slg. 2000, II-3383 Rn. 62 – Bayer/Kommission; Urt. v. 5.6.2012 – T-214/06, ECLI:EU:T:2012:275 Rn. 43 – ICI/Kommission; Urt. v. 16.9.2013 – T-482/07, ECLI:EU:T:2013:487 Rn. 181 – Nynäs Petroleum/Kommission (noch nicht rechtskräftig).
[109] Grundlegend dazu EuGH Urt. v. 13.7.1966 – C-56/64 und C-58/64, Slg. 1966, 322, 396 – Consten und Grundig/Kommission; Urt. v. 11.7.1985 – 42/84, Slg. 1985, 2545 Rn. 34 – Remia; EuGH Urt. v. 17.11.1987 – 142/84 und 156/84, Slg. 1987, 4487 Rn. 62–64 – BAT ua/Kommission.
[110] Vgl. statt vieler Immenga/Körber/*Völcker* Die Kommission zwischen Gestaltungsmacht und Rechtsbindung, 153 (168 ff.). Siehe ferner die Systemkritik der Schindler Holding, ausführlich erörtert bei GA *Kokott*, SchlA v. 18.4.2013 – C-501/11 P, ECLI:EU:C:2013:248 Rn. 21 ff., 25 ff., 33 ff., 47 ff. – Schindler Holding ua/Kommission.
[111] Vgl. etwa die folgenden „Klassiker" des europäischen Kartellrechts, in denen Entscheidungen jeweils wegen Beurteilungsfehlern der Kommission ganz oder teilweise für nichtig erklärt wurden bzw. eine Herabsetzung der Geldbuße erfolgte: EuGH Urt. v. 21.2.1973 – 6/72, Slg. 1973, 215 – Continental Can/

maßstab anlegen, als dies ihre schlagwortartige Bezugnahme auf Beurteilungsspielräume und offenkundige Beurteilungsfehler bisweilen vermuten lassen mag.[112] Nach der **Tetra-Formel,** die anhand eines Fusionskontrollverfahrens entwickelt wurde,[113] aber inzwischen im gesamten Wettbewerbsrecht[114] und weit darüber hinaus[115] Anwendung findet, prüft der Unionsrichter

- ob die der Entscheidung der Kommission zugrunde gelegten Tatsachen sachlich richtig waren, insbesondere, ob sie auf einer zuverlässigen und kohärenten Beweisführung beruhten *(Richtigkeit der Tatsachenbasis),*
- ob in der Entscheidung der Kommission keine relevanten Daten unberücksichtigt blieben, die bei der Bewertung des Verhaltens von Unternehmen heranzuziehen gewesen wären *(Vollständigkeit der Tatsachenbasis),* und
- ob die der Entscheidung zugrunde gelegten Tatsachen die aus ihnen gezogenen Schlussfolgerungen zu stützen vermögen *(Belastbarkeit der Tatsachenbasis).*

56 Die Tetra-Formel ermöglicht also letztlich eine **umfassende tatsächliche Prüfung** des von der Kommission ermittelten Sachverhalts und der von ihr aus diesem Sachverhalt gezogenen Schlussfolgerungen, ohne dass der Wettbewerbsbehörde dabei ein irgendwie gearteter, der richterlichen Kontrolle entzogener Beurteilungsspielraum zugestanden würde.[116] Ergänzt um die **Befugnis zur unbeschränkten Ermessensnachprüfung** hinsichtlich der Notwendigkeit und der Höhe von finanziellen Sanktionen (→ Rn. 58 ff.) steht dieser Maßstab unter dem Blickwinkel des effektiven gerichtlichen Rechtsschutzes (Art. 47 GRC) im Einklang mit den Erfordernissen einer **vollumfänglichen Prüfungsbefugnis,**[117] wie sie der EGMR in seiner Rechtsprechung zu Wettbewerbsverfahren mit strafrechtsähnlichem Charakter am Maßstab von Art. 6 EMRK zu Recht anmahnt.[118] Zur Vermeidung von Missverständnissen sollten die Unionsgerichte freilich in Zukunft bei der Überprüfung von Entscheidungen zur Feststellung und Ahndung von Kartellvergehen auf missverständliche Formulierungen wie die vom „offenkundigen Beurteilungsfehler" oder vom „Beurteilungsspielraum" verzichten, mit denen – entgegen der eigentlichen Praxis – noch ein Fortleben des eingeschränkten gerichtlichen Kontrollmaßstabs suggeriert werden mag.[119]

Kommission; Urt. v. 13.11.1975 – 26/75, Slg. 1975, 1367 Rn. 20–23 – General Motors/Kommission; Urt. v. 16.12.1975 – 40/73 ua, Slg. 1975, 1663 – Suiker Unie ua/Kommission; Urt. v. 14.2.1978 – 27/76, Slg. 1978, 207 Rn. 267–268 – United Brands/Kommission; Urt. v. 13.2.1979 – 85/76, Slg. 1979, 461 – Hoffmann-La Roche/Kommission; Urt. v. 9.11.1983 – 322/81, Slg. 1983, 3841 Rn. 99 – Michelin/Kommission; vgl. auch EuG Urt. v. 29.6.1993 – T-7/92 Slg. 1993, II-669 – Asia Motor France/Kommission.

[112] So wird etwa in EuGH Urt. v. 18.7.2013 – C-501/11 P, ECLI:EU:C:2013:522 Rn. 156 f. – Schindler Holding ua/Kommission dargelegt, dass das EuG trotz seiner einleitenden Bezugnahme auf einen vermeintlichen Beurteilungsspielraum der Kommission in Wahrheit alle erhobenen Tatsachenrügen eingehend geprüft hat.
[113] EuGH Urt. v. 15.2.2005 – C-12/03 P, Slg. 2005, I-987 Rn. 39 – Kommission/Tetra Laval.
[114] Für Kartellverfahren vgl. EuG Urt. v. 27.9.2006 – T-44/02 OP ua, Slg. 2006, II-3567 Rn. 67 – Dresdner Bank/Kommission; EuGH Urt. v. 8.12.2011 – C-386/10 P, Slg. 2011, I-13085 Rn. 54 – Chalkor/Kommission; Urt. v. 24.10.2013 – C-510/11 P, ECLI:EU:C:2013:696 Rn. 28 – KONE ua/Kommission; Urt. v. 10.7.2014 – C-295/12 P, ECLI:EU:C:2014:2062 Rn. 54 – Telefónica ua/Kommission; Urt. v. 11.9.2014 – C-67/13 P, ECLI:EU:C:2014:2204 Rn. 46 – CB/Kommission. Für Beihilfeverfahren vgl. EuGH Urt. v. 2.9.2010 – C-290/07 P, Slg. 2010, I-7763 Rn. 65 – Kommission/Scott; Urt. v. 24.10.2013 – C-214/12 P ua, ECLI:EU:C:2013:682 Rn. 79 – Land Burgenland ua/Kommission.
[115] EuGH Urt. v. 6.11.2008 – C-405/07 P, Slg. 2008, I-8301 Rn. 55 – Niederlande/Kommission.
[116] EuGH Urt. v. 8.12.2011 – C-386/10 P, Slg. 2011, I-13085 Rn. 62 – Chalkor/Kommission; Urt. v. 18.7.2013 – C-501/11 P, ECLI:EU:C:2013:522 Rn. 37, 155 – Schindler Holding ua/Kommission; Urt. v. 10.7.2014 – C-295/12 P, ECLI:EU:C:2014:2062 Rn. 56, 59 – Telefónica ua/Kommission; Urt. v. 11.9.2014 – C-67/13 P, ECLI:EU:C:2014:2204 Rn. 44, 46, 89 ff. – CB/Kommission.
[117] EuGH Urt. v. 8.12.2011 – C-386/10 P, Slg. 2011, I-13085 Rn. 67 – Chalkor/Kommission; Urt. v. 6.11.2012 – C-199/11, ECLI:EU:C:2012:684 Rn. 56, 63 – Otis ua; Urt. v. 10.7.2014 – C-295/12 P, ECLI:EU:C:2014:2062 Rn. 42–44, 57, 59 – Telefónica ua/Kommission.
[118] EGMR Urt. v. 27.9.2011 – Beschw.-Nr. 43509/08 Rn. 58 ff. – A. Menarini Diagnostics/Italien.
[119] Zumindest missglückt erscheint vor diesem Hintergrund die Bezugnahme auf einen Beurteilungsspielraum und auf die Rechtsprechung „Alrosa" in EuGH Urt. v. 24.10.2013 – C-510/11 P, ECLI:EU:C:2013:696 Rn. 27 – KONE ua/Kommission (so auch *Wils* World Competition 37 [2014] 5 Fn. 71).

Platz für einen echten Beurteilungsspielraum und eine gewisse Rücknahme der Kontrolldichte in Bezug auf die Tatsachenwürdigung der Kommission bleibt nur in **Kartellverfahren mit rein verwaltungsrechtlichem Charakter,** namentlich bei der Verbindlicherklärung von Verpflichtungszusagen gem. Art. 9 VO Nr. 1/2003. In solchen Verfahren hat die Kommission nämlich – anders als in repressiven Verfahren zur Feststellung und Ahndung von Zuwiderhandlungen – regelmäßig **Prognoseentscheidungen** über die künftige Entwicklung der Wettbewerbsverhältnisse zu treffen, die naturgemäß nur einer Plausibilitätskontrolle zugänglich sind.[120] Ähnlich dürfte es sich bei Nichtanwendbarkeitsentscheidungen iSv Art. 10 VO Nr. 1/2003 verhalten. Auch die Behandlung von Beschwerden hat rein verwaltungsrechtlichen Charakter. 57

c) Befugnis der Unionsgerichte zu unbegrenzter Ermessensnachprüfung. Grundsätzlich ist 58 es den Unionsgerichten im Verfahren der Nichtigkeitsklage verwehrt, ihre eigene Bewertung der Tatsachen oder Beweismittel an die Stelle der Würdigung der Kommission zu setzen. Die angefochtene Entscheidung der Kommission wird im Fall der Feststellung von Rechtsfehlern (einschließlich etwaiger Beurteilungsfehler) nicht etwa nachgebessert oder durch eine andere ersetzt,[121] sondern schlicht für nichtig erklärt.[122] Lediglich in Bezug auf die von der Kommission verhängten Geldbußen und Zwangsgelder steht dem Unionsrichter gem. Art. 31 VO Nr. 1/2003 iVm Art. 261 AEUV die **unbegrenzte Ermessensnachprüfung** zu, eine Befugnis also, die deutlich über die bloß kassatorische Rechtmäßigkeitskontrolle hinausgeht und eine inhaltliche Abänderung der angefochtenen Entscheidung einschließt.[123]

Die Befugnis zu unbegrenzter Ermessensnachprüfung gem. Art. 31 VO Nr. 1/2003 er- 59 möglicht es den Unionsgerichten, von der Kommission festgesetzte **Geldbußen oder Zwangsgelder aufzuheben, herabzusetzen oder zu erhöhen** (→ § 13). Zu diesem Zweck darf der Unionsrichter nicht nur die Rechtmäßigkeit, sondern auch die **Billigkeit** und **Zweckmäßigkeit** der finanziellen Sanktion überprüfen und insoweit die Würdigung der Kommission durch seine eigene ersetzen.[124] Mit anderen Worten geht die Sanktionsgewalt im Klagefall von der Kommission als Wettbewerbsbehörde auf die Unionsgerichte über.[125]

In der Regel macht das EuG von seiner Befugnis zu unbegrenzter Ermessensnachprü- 60 fung in der Weise Gebrauch, dass es punktuelle Beurteilungsfehler der Kommission, die keine vollständige Nichtigerklärung einer angefochtenen Bußgeld- oder Zwangsgeldentscheidung rechtfertigen, zum Anlass nimmt, eine **Herabsetzung** der verhängten finanziellen Sanktion auszusprechen.[126] Nichts hindert aber das EuG daran, sogar bei völlig fehlerfreier Sachverhaltsermittlung und -bewertung durch die Kommission[127] die von dieser

---

[120] In diesem Sinne EuGH Urt. v. 29.6.2010 – C-441/07 P, Slg. 2010, I-5949 Rn. 41–42 – Kommission/Alrosa.
[121] EuGH Urt. v. 27.1.2000 – C-164/98 P, Slg. 2000, I-447 Rn. 38, 49 – DIR International Film ua/Kommission; Urt. v. 22.12.2008 – C-487/06 P, Slg. 2008, I-10515 Rn. 141 – British Aggregates/Kommission; Urt. v. 24.1.2013 – C-73/11 P, ECLI:EU:2013:32 Rn. 89 – Frucona Košice/Kommission.
[122] GA *Kokott*, SchlA v. 6.9.2012 – C-73/11 P, ECLI:EU:C:2012:535 Rn. 93 – Frucona Košice/Kommission.
[123] EuGH Urt. v. 15.10.2002 – C-238/99 P ua, Slg. 2002, I-8375 Rn. 692 – Limburgse Vinyl Maatschappij ua/Kommission; Urt. v. 8.2.2007 – C-3/06 P Slg. 2007, I-1331 Rn. 61 – Groupe Danone/Kommission; Urt. v. 3.9.2009 – C-534/07 P, Slg. 2009, I-7415 Rn. 86 – Prym/Kommission; Urt. v. 7.9.2016 – C-101/15 P, ECLI:EU:C:2016:631 Rn. 71 – Pilkington/Kommission.
[124] EuGH Urt. v. 8.2.2007 – C-3/06 P Slg. 2007, I-1331 Rn. 61 – Groupe Danone/Kommission.
[125] So auch – zur gleich gelagerten Problematik in der FKVO – Immenga/Mestmäcker/*Körber* EuWettbR FKVO Art. 16 Rn. 11; Schröter/Jakob/Klotz/Mederer/*Dittert* FKVO Art. 16 Rn. 2.
[126] EuGH Urt. v. 8.7.1999 – C-49/92 P, Slg. 1999, I-4125 Rn. 218ff. – Kommission/Anic Partecipazioni; Urt. v. 6.12.2012 – C-441/11 P, ECLI:EU:C:2012:778 Rn. 79–82 – Verhuizingen Coppens/Kommission; Urt. v. 22.10.2014 – C-580/12 P, ECLI:EU:C:2014:2363 Rn. 73ff. – Guardian/Kommission; EuG Urt. v. 5.10.2011 – T-11/06, Slg. 2011, II-6681 Rn. 265ff. – Romana Tabacchi/Kommission.
[127] Letzteres ist str. und die Rspr. dazu uneinheitlich; vgl. im Einzelnen Immenga/Körber/*Nehl* Die Kommission zwischen Gestaltungsmacht und Rechtsbindung, 113 (142ff.), der – insoweit anders als hier –

Behörde verhängten Geldbußen oder Zwangsgelder in Ausübung seiner Befugnis zu unbegrenzter Ermessensnachprüfung zu ermäßigen oder gar zu erhöhen (*reformatio in peius*[128]). Dabei kann das Gericht zusätzliche Informationen heranziehen, die in der Entscheidung der Kommission nicht erwähnt zu werden brauchten.[129]

61 Bei seiner eigenständigen Beurteilung der Angemessenheit und Höhe finanzieller Sanktionen kann sich der Unionsrichter auch von dem in Rede stehenden Kartellvergehen sein eigenes Bild machen.[130] Allerdings erlaubt es ihm die Befugnis zu unbeschränkter Ermessensnachprüfung – zumindest nach derzeitiger Praxis der Unionsgerichte – *nicht*, die der Geldbuße oder dem Zwangsgeld **zugrunde liegende Sachentscheidung** – also etwa die Feststellung eines Kartellvergehens nach Art. 101 AEUV oder 102 AEUV – aufgrund einer neuen Gesamtwürdigung der Beweislage *inhaltlich abzuändern*, weil ansonsten das im Vertrag vorgesehene Gleichgewicht zwischen den Organen gestört und die Verteidigungsrechte der betroffenen Unternehmen gefährdet werden könnten.[131]

62 Insgesamt genügt dieses **Zusammenspiel** aus einer rein kassatorischen Befugnis zur Rechtmäßigkeitskontrolle (in Bezug auf Rechtsfehler und Beurteilungsfehler) mit der Befugnis zu unbegrenzter Ermessensnachprüfung (hinsichtlich der Rechtmäßigkeit und Zweckmäßigkeit von Geldbußen oder Zwangsgeldern) den Anforderungen an eine **vollumfängliche richterliche Prüfungsbefugnis**.[132] Auch Art. 47 GRC, ausgelegt im Lichte von Art. 6 Abs. 1 EMRK, gebietet nach derzeitigem Stand der Rechtsprechung des EuGH und des EGMR nicht, dass die Unionsgerichte die Sachentscheidung der Kommission inhaltlich abändern können (frz. *réformer*), vielmehr genügt es, dass die Unionsgerichte diese Entscheidung in tatsächlicher und rechtlicher Hinsicht in allen Punkten einer Prüfung unterziehen und sie nötigenfalls für nichtig erklären dürfen (engl. *to quash*; → Rn. 55).[133] Im Einzelfall lässt sich naturgemäß trefflich darüber streiten, ob das EuG im erstinstanzlichen Gerichtsverfahren eine hinreichend intensive und eigenständige Ermessensnachprüfung vorgenommen hat.[134]

4. Ermessensmissbrauch

63 Von nur marginaler Bedeutung ist zu guter Letzt der Klagegrund des Ermessensmissbrauchs. Anders als das Konzept des Ermessensfehlers im deutschen Recht wird der Begriff des Ermessensmissbrauchs (frz. *détournement de pouvoir*, engl. *misuse of powers*) im Unionsrecht äußerst eng verstanden und kommt nur in zwei sehr seltenen Fallkonstellationen in Betracht: erstens, wenn eine Handlung ausschließlich oder überwiegend zu anderen als

---

einen rein akzessorischen Charakter der unbeschränkten Ermessensnachprüfung annimmt und ihre Ausübung an die Feststellung eines Rechtsfehlers knüpft.

[128] Die Möglichkeit einer richterlichen Erhöhung der Geldbuße betonen EuGH Urt. v. 8.2.2007 – C-3/06 P Slg. 2007, I-1331 Rn. 62 – Groupe Danone/Kommission; GA *Kokott* SchlA v. 11.12.2014 – C-293/13 P u. C-294/13 P Rn. 249, 273 ff. – Fresh Del Monte ua/Kommission ua. Für die restriktive Handhabung einer etwaigen *reformatio in peius* plädiert Immenga/Körber/Nehl Die Kommission zwischen Gestaltungsmacht und Rechtsbindung, 113 (147 ff.).

[129] EuGH Urt. v. 16.11.2000 – C-248/98 P Slg. 2000, I-9641 Rn. 40 – KNP BT/Kommission; EuG Urt. v. 16.9.2013 – T-462/07, ECLI:EU:T:2013:459 Rn. 619 – Galp Energía España/Kommission; EuGH Urt. v. 21.1.2015 – C-603/13 P, ECLI:EU:C:2016:38 Rn. 72 – Galp/Kommission.

[130] EuG Urt. v. 16.9.2013 – T-462/07, ECLI:EU:T:2013:459 Rn. 621 ff. – Galp Energía España/Kommission; EuGH Urt. v. 21.1.2015 – C-603/13 P, ECLI:EU:C:2016:38 Rn. 72 ff. – Galp/Kommission.

[131] EuG Urt. v. 10.3.1992 – Slg. 1992, II-1403 Rn. 318 ff. – SIV ua/Kommission; EuGH Urt. v. 21.1.2016 – C-603/13 P, ECLI:EU:C:2016:38 Rn. 73, 76, 77 – Galp/Kommission; vgl. auch Schröter/Jakob/Klotz/Mederer/*Dittert* FKVO Art. 16 Rn. 2 (zum vergleichbaren Problem in der Fusionskontrolle).

[132] EuGH Urt. v. 8.12.2011 – C-386/10 P, Slg. 2011, I-13085 Rn. 67 – Chalkor/Kommission; Urt. v. 6.11.2012 – C-199/11, ECLI:EU:C:2012:684 Rn. 56, 63 – Otis ua; Urt. v. 10.7.2014 – C-295/12 P, ECLI:EU:C:2014:2062 Rn. 42–44, 57, 59 – Telefónica ua/Kommission.

[133] GA *Kokott*, SchlA v. 18.4.2013 – C-501/11 P, ECLI:EU:C:2013:248 Rn. 28 – Schindler Holding ua/Kommission.

[134] Besonders prononcierte Kritik am EuG haben in jüngerer Zeit zwei Generalanwälte des EuGH geübt: GA *Bot*, SchlA v. 21.6.2012 – C-89/11 P, ECLI:EU:C:2012:375 Rn. 103 ff., 116 ff. – E.ON/Kommission; GA *Wathelet*, SchlA v. 26.9.2013 – C-295/12 P, ECLI:EU:C:2013:619 Rn. 90 ff., insbesondere Rn. 125, 129, 145, 155 – Telefónica ua/Kommission.

den vom betreffenden Unionsorgan angegebenen Zwecken vorgenommen wird, und zweitens, wenn ein Verfahren umgangen werden soll, das das Unionsrecht für den konkreten Fall vorsieht.[135] **Ermessensmissbrauch** liegt also nur dann vor, wenn die Kommission mit den ihr zur Verfügung stehenden Mitteln absichtlich rechtswidrige Ziele verfolgt.[136] Dementsprechend haben Klagen, die sich auf die Rüge des Ermessensmissbrauchs stützen, in der Regel keine Aussicht auf Erfolg. Dies bedeutet aber keineswegs, dass klassische Ermessensfehler nach deutschem Verständnis von den Unionsgerichten nicht überprüft würden: Sie können im Zusammenhang mit dem Vorwurf der Verletzung der Verträge gerügt werden (→ Rn. 41 ff.).

III. Urteil

Die Nichtigkeitsklage ist eine **kassatorische Gestaltungsklage.** Kommt der Unionsrichter zu dem Schluss, dass eine kartellrechtliche Entscheidung der Kommission mit einem Rechtsfehler oder einem Beurteilungsfehler behaftet ist, der sich auf den verfügenden Teil jener Entscheidung auswirkt, so erklärt er die Entscheidung **ganz oder teilweise** für nichtig (Art. 264 Abs. 1 AEUV). Die teilweise Nichtigerklärung setzt freilich voraus, dass es sich um einen abtrennbaren Teil der Entscheidung handelt und die Entscheidung im Übrigen nicht in ihrem Wesen verändert wird.[137] Ist nichts anderes angeordnet (Art. 264 Abs. 2 AEUV), so wirkt die **Nichtigerklärung** *ex tunc.*[138]

64

Abgesehen von der Möglichkeit der Herabsetzung oder Erhöhung einer finanziellen Sanktion im Rahmen seiner Befugnis zur unbeschränkten Ermessensnachprüfung (→ Rn. 58 ff.) ist es dem Unionsrichter nicht erlaubt, die angefochtene Entscheidung inhaltlich abzuändern oder durch eine neue zu ersetzen,[139] ebenso wenig darf er gegenüber der Kommission Anordnungen aussprechen.[140] Vielmehr obliegt es der Kommission selbst als dem beklagten Unionsorgan, von sich aus unverzüglich alle Maßnahmen zu ergreifen, die zur **Umsetzung des Nichtigkeitsurteils** erforderlich sind (Art. 266 Abs. 1 AEUV). Wurde eine bereits entrichtete Geldbuße herabgesetzt bzw. ganz oder teilweise für nichtig erklärt, so hat die Kommission diese mit Zinsen zurückzuzahlen.[141]

65

Sofern sich aus dem Nichtigkeitsurteil keine grundlegenden rechtlichen Einwände gegen die Vorgehensweise der Kommission ergeben, steht ihr als Wettbewerbsbehörde das Ermessen zu, entweder eine **neue Entscheidung** unter Vermeidung der festgestellten Rechtsfehler zu erlassen oder aber das **Verfahren einzustellen.** Wurde beispielsweise lediglich ein **behebbarer Verfahrensfehler** festgestellt, so kann es genügen, das Verwaltungsverfahren ab dem Zeitpunkt zu wiederholen, an dem sich der Verfahrensfehler ereignet hatte.[142] Anders liegt der Fall, wenn ein übermäßig langes Verwaltungs- und/oder Gerichtsverfahren festgestellt wurde; dann bleibt keine andere Option als die Einstellung

66

---

[135] EuGH Urt. v. 14.5.1998 – C-48/96 P, Slg. 1998, I-2873 Rn. 52 – Windpark Groothusen/Kommission; Urt. v. 25.1.2007 – C-407/04 P, Slg. 2007, I-829 Rn. 99 – Dalmine/Kommission; Urt. v. 4.12.2013 – C-111/10 P, ECLI:EU:C:2013:785 Rn. 80 – Kommission/Rat.
[136] *Ahlt/Dittert* Europarecht 170.
[137] EuGH Urt. v. 13.7.1966 – verb. Rs. C-56/64 und C-58/64, Slg. 1966, 321, 392 f. – Consten und Grundig/Kommission; Urt. v. 23.10.1974 – 17/74, Slg. 1974, 1063 Rn. 21 – Transocean Marine Paint/Kommission; Urt. v. 6.12.2012 – C-441/11 P, ECLI:EU:C:2012:778 Rn. 35–39 – Verhuizingen Coppens/Kommission; zur (regelmäßig unzulässigen) isolierten Anfechtung von Bedingungen oder Auflagen vgl. GA *Kokott*, SchlA v. 26.4.2007 – C-202/06 P, Slg. 2007, I-12129 Fn. 51 – Cementbouw/Kommission.
[138] EuGH Urt. v. 1.6.2006 – C-442/03 P ua, Slg. 2006, I-4845 Rn. 43 – P&O European Ferries ua/Kommission.
[139] EuGH Urt. v. 24.1.2013 – C-73/11 P, ECLI:EU:C:2013:32 Rn. 89 – Frucona Košice/Kommission; Urt. v. 21.1.2016 – C-603/13 P, ECLI:EU:C:2016:38 Rn. 73 – Galp/Kommission.
[140] EuGH Urt. v. 24.6.1986 – 53/85, Slg. 1986, 1965 Rn. 23 – AKZO/Kommission.
[141] EuG Beschl. v. 4.5.2005 – T-86/03, Slg. 2005, II-1539 Rn. 30 – Holcim/Kommission.
[142] EuGH Urt. v. 15.10.2002 – C-238/99 P ua, Slg. 2002, I-8375 Rn. 83–111 – Limburgse Vinyl Maatschappij ua/Kommission; Urt. v. 25.10.2011 – C-109/10 P, Slg. 2011, I-10329 Rn. 67 – Solvay/Kommission.

des Verwaltungsverfahrens. Ebenso verhält es sich, wenn sich aus dem Nichtigkeitsurteil ergibt, dass grundlegende materiellrechtliche Erwägungen das Vorliegen eines Kartellvergehens ausschließen.

67 Das Nichtigkeitsurteil wirkt zwar insoweit *erga omnes,* als es den angefochtenen Rechtsakt aus der Unionsrechtsordnung entfernt. Versäumt es jedoch ein Adressat der Kommissionsentscheidung oder ein Unternehmen, das von dieser Entscheidung unmittelbar und individuell betroffen ist, rechtzeitig vor dem EuG Klage zu erheben, so ist die Kommission ihm gegenüber zu keiner Berichtigung verpflichtet, mag sich auch in einem von anderen Betroffenen angestrengten Gerichtsverfahren herausstellen, dass diese Entscheidung mit Rechtsfehlern oder Beurteilungsfehlern behaftet ist.[143]

C. Untätigkeitsklage

68 Die **Untätigkeitsklage** gem. Art. 265 AEUV (auch Karenzklage genannt) ist auf die Feststellung gerichtet, dass die Kommission rechtswidrig untätig geblieben ist. Sie ist im **Zusammenhang mit der Nichtigkeitsklage** nach Art. 263 AEUV zu sehen. Diese beiden Klagearten stellen letztlich zwei Seiten derselben Medaille dar und regeln – um es mit den Worten des EuGH zu sagen – „ein und denselben Rechtsbehelf".[144]

69 Anders als im deutschen Recht ist die Untätigkeitsklage im Unionsrecht nur statthaft, wenn eine **echte Untätigkeit** gerichtlich überprüft werden soll. Hat die Kommission gehandelt oder eine Stellungnahme abgegeben, und sei es auch rechtswidrig, so steht dem Betroffenen dagegen nur im Wege der Nichtigkeitsklage der Rechtsweg offen. Die besondere Klageform der **Verpflichtungsklage** – ggf. in der Ausprägung der Versagungsgegenklage (vgl. für Deutschland § 42 VwGO) – kennt das Unionsrecht *nicht.*

70 Im Vergleich zur Nichtigkeitsklage ist die Untätigkeitsklage im Kartellrecht von eindeutig untergeordneter Bedeutung. Gleichwohl sollte ihre **Rechtsschutzfunktion** und die von ihr ausgehende **disziplinierende Wirkung** auf die Kommission als Wettbewerbsbehörde nicht unterschätzt werden.

I. Zulässigkeit

71 **Gegenstand** der Untätigkeitsklage ist die **Rüge eines rechtswidrigen Unterlassens** seitens der Kommission. Dabei dürfen **privilegiert Klageberechtigte** (Mitgliedstaaten und Organe der Union) ganz allgemein den Vorwurf erheben, die Kommission habe es verabsäumt, „einen Beschluss zu fassen" (Art. 265 Abs. 1 AEUV), was auch den unterbliebenen Erlass unverbindlicher Rechtsakte einschließt.[145] Demgegenüber ist Einzelnen – dh **natürlichen und juristischen Personen,** insbesondere Unternehmen und Vereinigungen – lediglich die Rüge gestattet, die Kommission habe die Annahme eines verbindlichen Rechtsakts unterlassen, unter Ausschluss von Empfehlungen und Stellungnahmen (Art. 265 Abs. 3 AEUV).

72 Anders als es der Wortlaut von Art. 265 Abs. 3 AEUV („an sie zu richten") suggerieren mag, dürfen natürliche und juristische Personen mit der Untätigkeitsklage nicht nur den unterbliebenen Erlass von Rechtsakten anmahnen, deren **Adressaten** sie wären, sondern auch ein **fehlendes Tätigwerden gegenüber Dritten,** sofern die Kläger davon unmittelbar und individuell betroffen wären.[146] Auf diese Weise können sich im Anwendungsbereich von Art. 101 AEUV und 102 AEUV vor allem die Wettbewerber, Zulieferer und Kunden vermeintlicher Kartellsünder die Untätigkeitsklage zunutze machen, um eine

---

[143] EuGH Urt. v. 14.9.1999 – C-310/97 P, Slg. 1999, I-5363, insbes. Rn. 53, 57, 71 – Kommission/AssiDomän ua.
[144] EuGH Urt. v. 26.11.1996 – C-68/95, Slg. 1996, I-6065 Rn. 59 – T.Port.
[145] *Ahlt/Dittert* Europarecht 171.
[146] EuGH Urt. v. 26.11.1996 – C-68/95, Slg. 1996, I-6065 Rn. 59 – T.Port; EuG Urt. v. 24.3.1994 – T-3/93, Slg. 1994, II-121 Rn. 79 – Air France/Kommission.

ordnungsgemäße Prüfung ihres Vorbringens als **Beschwerdeführer** durch die Kommission zu erzwingen.

Nach Art. 265 Abs. 2 AEUV ist vor der Klageerhebung zwingend ein **Vorverfahren** 73 durchzuführen, in dem die Kommission hinreichend konkret und unter Angabe von Gründen in klarer und deutlicher Weise aufgefordert wird, tätig zu werden.[147] Dieses **Aufforderungsschreiben** muss der Kommission innerhalb angemessener Frist ab dem Zeitpunkt zugehen, zu dem ihre Untätigkeit für den Betroffenen erkennbar wurde.[148]

In dem Aufforderungsschreiben ist der Kommission eine **Frist von zwei Monaten** 74 zum Erlass des begehrten Beschlusses zu setzen. Um Missverständnissen vorzubeugen, sollte diese Fristsetzung mit einer ausdrücklichen Klageandrohung unter Berufung auf Art. 265 AEUV verbunden werden. Nur wenn die gesetzte **Handlungsfrist** von zwei Monaten fruchtlos verstrichen ist, darf innerhalb einer **Klagefrist** von weiteren zwei Monaten die Unionsgerichtsbarkeit angerufen werden, wobei hier der übliche pauschale Entfernungszuschlag von zehn Tagen hinzuzurechnen ist (Art. 60 VerfO-EuG). Wichtig ist, dass der **Streitgegenstand** der Untätigkeitsklage nicht über jenen des Aufforderungsschreibens hinausgehen darf.

Hat die Kommission auf das Aufforderungsschreiben hin Stellung genommen, so endet 75 ihre Untätigkeit. Auch formlose Verwaltungsschreiben und sogar mündliche **Stellungnahmen** können zur **Beendigung der Untätigkeit** führen.[149] Eine Untätigkeitsklage ist dann nicht mehr statthaft, selbst wenn das Begehren des Klägers abgelehnt wurde oder er inhaltlich mit der von der Kommission getroffenen Maßnahme bzw. mit der von ihr geäußerten Auffassung nicht einverstanden sein sollte.[150] Sein Rechtsschutzbegehren hat er gegebenenfalls im Wege der **Nichtigkeitsklage** (Art. 263 AEUV) weiterzuverfolgen.

Gegenüber einem Beschwerdeführer endet die Untätigkeit der Kommission nach der 76 Rechtsprechung bereits dann, wenn die Wettbewerbsbehörde ihm gem. Art. 7 Abs. 1 VO Nr. 773/2004 mitteilt, dass sie **keinen Anlass zum Tätigwerden** sieht.[151] Demgegenüber sind bloß **hinhaltende Zwischenbescheide** der Kommission nicht als Stellungnahmen iSv Art. 265 Abs. 2 AEUV anzusehen, die geeignet wären, ihre Untätigkeit zu beenden.[152] Gleiches gilt für Verwaltungsschreiben, wenn diese mit einem sog „Disclaimer" des Inhalts versehen sind, dass es sich lediglich um eine **unverbindliche Stellungnahme oder Auskunft der Dienststellen** der Kommission handle.

II. Begründetheit und Urteil

Die **Klage** ist **begründet,** wenn die Kommission, wie vom Kläger behauptet, in rechts- 77 widriger Weise untätig geblieben ist. Dies setzt das Bestehen einer konkreten **Handlungspflicht** der Kommission zugunsten des Klägers zum Zeitpunkt des Aufforderungsschreibens voraus.[153] Ist dies der Fall, so ergeht ein **Feststellungsurteil** (vgl. Art. 265 Abs. 1 AEUV). Aus der Gewaltenteilung bzw. dem Grundsatz des institutionellen Gleichgewichts folgt, dass es den Unionsgerichten verwehrt ist, der Kommission Anweisungen

---

[147] EuGH Urt. v. 10.6.1986 – 81/85 ua, Slg. 1986, 1777 Rn. 15 – Usinor/Kommission.
[148] EuGH Urt. v. 6.7.1971 – 59/70, Slg. 1971, 639 Rn. 14 ff. – Niederlande/Kommission; Urt. v. 25.9.2003 – C-170/02 P, Slg. 2003, I-9889 Rn. 36 – Schlüsselverlag Moser/Kommission.
[149] EuGH Urt. v. 25.9.2003 – C-170/02 P, Slg. 2003, I-9889 – Schlüsselverlag Moser/Kommission; EuG Urt. v. 24.3.1994 – T-3/93, Slg. 1994, II-121 Rn. 43 ff., 55 ff. – Air France/Kommission; Urt. v. 18.9.1992 – T-24/90, Slg. 1992, II-2223 Rn. 80 – Automec/Kommission; Urt. v. 10.7.1997 – T-38/96, Slg. 1997, II-1223 – Guérin Automobiles/Kommission.
[150] EuGH Urt. v. 13.7.1971 – 8/71, Slg. 1971, 705 Rn. 2–4 – Deutscher Komponistenverband; Urt. v. 15.12.1988 – verb. Rs. C-166/86 und C-220/86, Slg. 1988, 6473 Rn. 17 – Irish Cement/Kommission; EuG Urt. v. 3.6.1999 – T-17/96, Slg. 1999, II-1757 Rn. 88 ff., 102 – TF1/Kommission.
[151] EuGH Urt. v. 18.10.1979 – 125/78, Slg. 1979, 3190 Rn. 21 – GEMA/Kommission; EuG Urt. v. 18.9.1992 – T-28/90, Slg. 1992, II-2285 Rn. 29 – Asia Motor France/Kommission.
[152] EuG Urt. v. 24.1.1995 – T-74/92, Slg. 1995, II-115 Rn. 44 – Ladbroke/Kommission; Urt. v. 27.6.1995 – T-Slg. 1995, II-1753 Rn. 33 – Guérin Automobiles/Kommission.
[153] EuG Urt. v. 9.9.1999 – T-127/98 Slg. 1999, II-2633 Rn. 34 – UPS Europe/Kommission; Urt. v. 29.9.2011 – T-442/07, ECLI:EU:T:2011:547 Rn. 28 – Ryanair/Kommission.

78 In den meisten Fällen wird allerdings der Untätigkeitsklage mangels einer **konkreten Rechtspflicht** der Kommission zum Handeln kein Erfolg beschieden sein können. Insbesondere hat ein **Beschwerdeführer** keinen Anspruch auf die Feststellung eines Kartellvergehens oder den Erlass konkreter Maßnahmen gegenüber vermeintlichen Kartellsündern[155] und noch weniger auf ein Einschreiten der Kommission gegenüber Mitgliedstaaten.[156] Im Einklang mit dem **Grundsatz der guten Verwaltung** hat er allerdings ein Anrecht darauf, dass sein Anliegen von der Kommission sorgfältig und unparteiisch geprüft sowie innerhalb angemessener Frist mit ausreichender Begründung beantwortet wird (Art. 7 VO Nr. 773/2004, Art. 41 Abs. 1 GRC; → § 7).[157]

zu erteilen oder sie zu konkreten Maßnahmen zu verpflichten.[154] Vielmehr obliegt es der Kommission selbst gem. Art. 266 Abs. 1 AEUV, unverzüglich die sich aus dem Urteil ergebenden Maßnahmen zu ergreifen.

79 Auch auf eine **Zusagenentscheidung** gem. Art. 9 VO Nr. 1/2003 oder eine **Positiventscheidung** gem. Art. 10 VO Nr. 1/2003 besteht kein Rechtsanspruch,[158] vielmehr verfügt die Kommission in beiden Fällen über ein weites Ermessen. Etwaige Untätigkeitsklagen können sich hier wiederum allenfalls auf den Grundsatz der guten Verwaltung (Art. 41 Abs. 1 GRC) stützen und mit dem Ziel der Prüfung und Verbescheidung durch die Kommission erhoben werden. Beschlüsse eines bestimmten Inhalts lassen sich auf diesem Wege allerdings nicht erwirken.

80 Ist die Kommission *nach* Klageerhebung tätig geworden, wird das Klagebegehren **gegenstandslos**. Der Unionsrichter stellt dann schlicht die **Erledigung des Rechtsstreits** fest, wobei er die Kommission zur Kostentragung verurteilen kann[159] (Art. 131, 137 VerfO-EuG).

D. Schadensersatzklage

81 In Art. 340 Abs. 2 AEUV und Art. 41 Abs. 3 GRC ist der Grundsatz der Amtshaftung der Union für die von ihren Organen – insbesondere von der Kommission – verursachten Schäden verankert. Diese Ansprüche können mit der **Schadensersatzklage** gem. Art. 268 AEUV beim EuG gerichtlich geltend gemacht werden. Hingegen sind Schadensersatzprozesse zwischen Privaten oder zwischen Privaten und nationalen Stellen vor den innerstaatlichen Gerichten auszutragen (→ § 26).

82 In prozessualer Hinsicht besteht vor den Unionsgerichten die Möglichkeit, dass in einem ersten Schritt nur dem Grunde nach die **Schadensersatzpflicht** als solche in einem **Zwischenurteil** festgestellt wird, während die zu ersetzende **Schadenshöhe** einem späteren Urteil oder Beschluss vorbehalten bleibt.[160]

I. Zulässigkeit

83 Die **Schadensersatzklage** kann von allen natürlichen und juristischen Personen erhoben werden, ohne dass zwischen privilegierten und nicht privilegierten Klägern unterschieden

---

[154] EuG Urt. v. 12.6.1997 – T-504/93, Slg. 1997, II-923 Rn. 45 – Ladbroke/Kommission; Urt. v. 9.9.1999 – T-127/98 Slg. 1999, II-2633 Rn. 50 – UPS Europe/Kommission.
[155] EuGH Urt. v. 10.6.1982 – 246/81, Slg. 1982, 2277 Rn. 16 – Lord Bethell/Kommission; EuG Urt. v. 18.9.1992 – T-24/90, Slg. 1992, II-2223 Rn. 75 – Automec/Kommission.
[156] EuG Urt. v. 22.2.2005 – C-141/02 P, Slg. 2005, I-1283 Rn. 69ff. – Kommission/T-Mobile Austria („max.mobil"), bezogen auf Art. 106 AEUV; ähnlich EuG Beschl. v. 19.2.1997 – T-117/96, Slg. 1997, II-141 Rn. 23ff. – Intertonic/Kommission.
[157] EuGH Urt. v. 24.4.1996 – C-19/93 P, Slg. 1996, I-1997 Rn. 27 – Rendo/Kommission; EuG Urt. v. 18.9.1992 – T-24/90, Slg. 1992, II-2223 Rn. 75–79 – Automec/Kommission; Urt. v. 9.9.1999 – T-127/98 Slg. 1999, II-2633 Rn. 37 – UPS Europe/Kommission.
[158] Im selben Sinne MüKoEuWettbR/*Baudenbacher/Buschle/Am Ende* VerfahrensR Rn. 517; *Bechtold/Bosch/Brinker*, EU-Kartellrecht, 3. Aufl. 2014, VO 1/2003 Vor Art. 7 Rn. 5, 8.
[159] EuG Urt. v. 18.9.1992 – T-28/90 Slg. 1992, II-2285 – Asia Motor France/Kommission.
[160] EuGH Urt. v. 7.11.1985 – 145/83, Slg. 1985, 3539 Rn. 55 – Adams/Kommission; Urt. v. 16.7.2009 – C-440/07 P, Slg. 2009, I-6413, Tenor Ziff. 3 u. 4 – Kommission/Schneider Electric.

würde. Sie ist gegen die Union zu richten, vertreten durch das Organ, dem das schadensbegründende Verhalten vorgeworfen wird.

Als **eigenständige Klageart** setzt die Schadensersatzklage grundsätzlich nicht voraus, **84** dass die Handlung, wegen der Schadensersatz begehrt wird, zunächst auf eine Nichtigkeitsklage (Art. 263 AEUV) hin aufgehoben wird.[161] Allerdings verneint die Rechtsprechung die Zulässigkeit einer Schadensersatzklage, wenn deren eigentliches Rechtsschutzziel die Beseitigung einer Entscheidung der Kommission und ggf. die Rückzahlung einer auf diese Entscheidung hin entrichteten Geldbuße ist. In einem solchen Fall fehlt es dem Kläger am **Rechtsschutzbedürfnis,** weil ihm zur Erreichung seines Ziels die Nichtigkeitsklage zur Verfügung steht; die **Bestandskraft** einer Kommissionsentscheidung darf nicht auf dem Umweg über eine Schadensersatzklage ausgehöhlt werden **(Verfahrensmissbrauch).**[162]

In der **Klageschrift** sind substantiierte Ausführungen zum schadensstiftenden Vorgang, **85** zu Art und Höhe des entstandenen Schadens sowie zum ursächlichen Zusammenhang zwischen beiden zu machen.[163]

Es gilt eine **Verjährungsfrist** von **fünf Jahren** (Art. 46 EuGH-Satzung), auf die *kein* **86** Entfernungszuschlag Anwendung findet.[164] Ist diese Verjährungsfrist abgelaufen, so wird die Klage für unzulässig erklärt, allerdings nur, sofern das beklagte Organ eine entsprechende **Einrede** erhebt.[165] Die besagte Frist beginnt nicht zu laufen, bevor nicht alle Voraussetzungen, von denen die Schadensersatzpflicht abhängt, erfüllt sind und sich insbesondere der zu ersetzende Schaden konkretisiert hat.[166] Außerdem hängt der **Lauf der Verjährung** nicht davon ab, dass sich der Geschädigte des schadensstiftenden Vorgangs, seiner Rechtswidrigkeit und eines dadurch verursachten Schadens bewusst war.[167] Hat der Kläger jedoch erst nach Ablauf der Verjährungfrist überhaupt von dem schadensstiftenden Ereignis erfahren, so kann ihm der Eintritt der Verjährung (dh das *Ende* der Verjährungsfrist) nicht entgegengehalten werden, vielmehr muss er unter Berücksichtigung einer angemessenen **Vorbereitungs- und Bedenkzeit** ab Kenntniserlangung noch die Schadensersatzklage erheben dürfen.[168]

Es ist **kein Vorverfahren** durchzuführen. Die vorherige außergerichtliche Geltendmachung **87** des Schadensersatzanspruchs gegenüber dem betreffenden Unionsorgan – idR gegenüber der Kommission – ist gleichwohl anzuraten. Sie führt zur **Unterbrechung der Verjährung** (vgl. dazu im Einzelnen Art. 46 Abs. 1 S. 2–3 EuGH-Satzung iVm Art. 263 Abs. 6 AEUV und 265 Abs. 2 AEUV[169]).

II. Begründetheit

Ein **Anspruch auf Schadensersatz** besteht gem. Art. 340 Abs. 2 AEUV, wenn dem **88** Kläger durch das Handeln eines Unionsorgans – idR der Kommission – oder eines seiner

---

[161] EuGH Urt. v. 2.12.1971 – 5/71, Slg. 1971, 975 Rn. 3 – Schöppenstedt/Rat; Urt. v. 26.2.1986 – 175/84, Slg. 1986, 753 Rn. 32 – Krohn/Kommission; anders noch Urt. v. 15.7.1963 – 25/62, Slg. 1963, 213 (239) – Plaumann/Kommission.
[162] EuG Urt. v. 15.3.1995 – T-514/93, Slg. 1995, II-621 Rn. 59 – Cobrecaf/Kommission; vgl. auch EuGH Urt. v. 26.2.1986 – 175/84, Slg. 1986, 753 Rn. 32f. – Krohn/Kommission.
[163] Vgl. etwa EuGH Urt. v. 15.6.1995 – C-137/92 P, Slg. 1994, I-2555 Rn. 79 – Kommission/BASF ua; EuG Urt. v. 10.7.1997 – T-38/96, Slg. 1997, II-1223 Rn. 43 – Guérin Automobiles/Kommission.
[164] EuG Beschl. v. 22.6.2011 – T-409/09, Slg 2011, II-3765 Rn. 75 – Evropaïki Dynamiki/Kommission.
[165] Grundlegend dazu EuGH Urt. v. 30.5.1989 – 20/88, Slg. 1989, 1553 Rn. 11–13 – Roquette Frères/Kommission; zur prozessualen Einordnung der Verjährungsfrist vgl. ergänzend Von der Groeben/Schwarze/Hatje/*Dittert* Bd. 4, EuGH-Satzung Art. 46 Rn. 2 mwN.
[166] EuGH Urt. v. 27.1.1982 – C-51/81 – Slg. 1982, 134 Rn. 10 – De Franceschi/Rat und Kommission; Beschl. v. 17.2.1987 – verb. Rs. 256/80 ua – Slg. 1984, 3693 Rn. 10 – Birra Wührer ua; Urt. v. 19.4.2007 – C-282/05 P, Slg. 2007, I-2941 Rn. 29, 51, 57 – Holcim/Kommission; Urt. v. 28.2.2013 – C-460/09 P, ECLI:EU:C:2013:111 Rn. 47, 52, 55, 60 – Inalca/Kommission.
[167] EuGH Beschl. v. 18.7.2002 – C-136/01 P, Slg 2002, I-6565 Rn 31f. – Autosalone Ispra/EAG.
[168] EuGH Urt. v. 7.11.1985 – 145/83, Slg. 1985, 3539 Rn. 50 – Adams/Kommission.
[169] Vgl. ergänzend Von der Groeben/Schwarze/Hatje/*Dittert* Bd. 4, EuGH-Satzung Art. 46 Rn. 6ff.

Bediensteten in Ausübung seiner Amtstätigkeit ein Schaden verursacht wurde. Im Einzelnen richten sich die Haftungsvoraussetzungen nach den **allgemeinen Rechtsgrundsätzen,** wie sie den Rechtsordnungen der Mitgliedstaaten gemeinsam sind. Dabei muss es sich nicht notwendigerweise um Prinzipien handeln, die in allen oder auch nur den meisten nationalen Rechtsordnungen bekannt sind, vielmehr ist eine wertende Betrachtung anzustellen.[170] Nach ständiger Rspr.[171] ist erforderlich, dass ein hinreichend qualifizierter Verstoß gegen eine Norm des Unionsrechts begangen wurde, die – zumindest auch – den Kläger zu schützen bestimmt ist, und dass dem Kläger ein Schaden entstanden ist, der unmittelbar auf dieses rechtswidrige Verhalten zurückgeht.

89 Die Haftung nach Art. 340 Abs. 2 AEUV ist an **kein Verschuldenserfordernis** geknüpft. Dass ein Rechtsverstoß verschuldet oder unverschuldet war, kann allenfalls indirekt bei der Frage berücksichtigt werden, ob dieser Verstoß hinreichend qualifiziert ist.[172]

90 Eine Entschädigungspflicht der Union für **rechtmäßiges Verhalten** ihrer Organe und Bediensteten besteht beim gegenwärtigen Stand des Unionsrechts *nicht.*[173]

1. Hinreichend qualifizierter Rechtsverstoß

91 Nicht jeder Rechtsverstoß der Kommission im Kartellverfahren (→ Rn. 25–57, 63) löst notwendigerweise Schadensersatzansprüche der betroffenen Unternehmen aus.[174] Das **Erfordernis eines hinreichend qualifizierten Verstoßes** verlangt vielmehr eine wertende Betrachtung, bei der auf einen gerechten Ausgleich zwischen den Interessen der beteiligten Unternehmen und den primärrechtlich verankerten, im Allgemeininteresse liegenden Aufgaben der Kommission als Wettbewerbsbehörde zu achten ist (Art. 105 Abs. 1 S. 1 AEUV). Übermäßige Haftungsrisiken könnten die Kommission zu einer allzu zögerlichen Verwaltungspraxis verleiten und sich letztlich zu einem Hemmschuh für die wirksame Durchsetzung des europäischen Wettbewerbsrechts entwickeln.[175] Vor diesem Hintergrund eignet sich die **schlichte Rechtswidrigkeit** einer Kommissionsentscheidung, mag sie auch in einem rechtskräftigen Urteil festgestellt worden sein, in aller Regel nicht zur Begründung von Amtshaftungsansprüchen.

92 Eine Schadensersatzpflicht der Union kommt deshalb im Kartellverfahren nur ausnahmsweise in Betracht, und zwar insbesondere dann, wenn der Kommission im Verwaltungsverfahren ein **gravierender Verfahrensfehler** unterlaufen ist, beispielsweise eine schwere Verletzung der Verteidigungsrechte der beteiligten Unternehmen.[176]

93 Auch die Preisgabe vertraulicher Informationen unter grober Missachtung der aus dem **Berufsgeheimnis** folgenden Pflichten (Art. 339 AEUV, Art. 28 Abs. 2 VO Nr. 1/2003) kann eine Schadensersatzpflicht begründen.[177] Zu beachten ist allerdings, dass alle Informationen, die Unternehmen der Kommission im Rahmen des Kartellverfahrens zur Verfügung stellen, im Zweifel als nicht vertraulich gelten, wenn auf ihre Vertraulichkeit nicht ausdrücklich und mit substantiierter Begründung hingewiesen wurde (Art. 16 Abs. 4 VO

---

[170] GA *Maduro,* SchlA v. 20.2.2008 – C-120/06 P ua, Slg. 2008, I-6513 Rn. 55 f. – FIAMM ua/Rat und Kommission, und GA *Kokott,* SchlA v. 29.4.2010 – C-550/07 P, Slg. 2010, I-8301 Rn. 92 ff. – Akzo und Akcros/Kommission, jeweils mwN.
[171] EuGH Urt. v. 28.4.1971 – 4/69, Slg. 1971, 325 Rn. 10 – Lütticke/Kommission; Urt. v. 9.11.2006 – C-243/05 P, Slg. 2006, I-10833 – Agraz/Kommission; Urt. v. 16.12.2008 – C-47/07 P, Slg. 2008, I-9761 Rn. 49 – Masdar/Kommission; Urt. v. 16.7.2009 – C-440/07 P, Slg. 2009, I-6413 Rn. 160 – Kommission/Schneider Electric.
[172] *Ahlt/Dittert* Europarecht 177.
[173] EuGH Urt. v. 9.9.2008 – C-120/06 P ua, Slg. 2008, I-6513 Rn. 176 – FIAMM ua/Rat und Kommission.
[174] EuGH Urt. v. 19.4.2007 – C-282/05 P, Slg. 2007, I-2941 Rn. 49, 51, 57 – Holcim/Kommission.
[175] Schröter/Jakob/Klotz/Mederer/*Dittert* FKVO Art. 21 Rn. 44. Vgl. in diesem Sinne auch EuGH Urt. v. 19.4.2007 – C-282/05 P, Slg. 2007, I-2941 Rn. 50 – Holcim/Kommission, und Urt. v. 16.7.2009 – C-440/07 P, Slg. 2009, I-6413 Rn. 161 – Kommission/Schneider Electric.
[176] Einen solchen Verfahrensfehler haben die Unionsgerichte in einem Fusionskontrollverfahren aufgrund einer entscheidenden Ungenauigkeit in der Mitteilung der Beschwerdepunkte angenommen, vgl. EuGH Urt. v. 16.7.2009 – C-440/07 P, Slg. 2009, I-6413 Rn. 163–166 – Kommission/Schneider Electric.
[177] EuGH Urt. v. 7.11.1985 – 145/83, Slg. 1985, 3539 – Adams/Kommission.

Nr. 773/2004; → § 10 Rn. 111). Freilich entbindet diese **Vermutung der Nichtvertraulichkeit** die Kommission nicht von einer eigenständigen summarischen Prüfung aller ihr übermittelten Angaben; die Wettbewerbsbehörde darf nicht sehenden Auges evident vertrauliche Informationen der Öffentlichkeit, anderen Verfahrensbeteiligten oder nationalen Stellen preisgeben.[178]

Der **Inhalt** einer verfahrensbeendenden Entscheidung dürfte haftungsrechtlich nur dann relevant werden, wenn der Kommission ein **offenkundiger und erheblicher Rechtsfehler** bei der Anwendung von Art. 101 AEUV oder 102 AEUV oder des einschlägigen Sekundärrechts unterlaufen ist.[179] Dabei muss der Auftrag der Kommission berücksichtigt werden, die Wettbewerbspolitik der Union fortzuentwickeln und auch neuartige Wettbewerbsprobleme aufzugreifen, zu denen es noch an Verwaltungspraxis und an Rechtsprechung fehlen mag. **94**

Etwaige **Beurteilungsfehler** der Kommission im Hinblick auf den Sachverhalt des jeweiligen Falles werden angesichts der Komplexität der zu erörternden wirtschaftlichen Zusammenhänge regelmäßig nicht ausreichen, um die Amtshaftung auszulösen. Vielmehr wird man die Haftung der Union auf besonders krasse inhaltliche Fehleinschätzungen beschränken müssen, die die Schwelle der offenkundigen und erheblichen Ermessensüberschreitung erreichen.[180] Anlass zum Schadensersatz mag es allerdings ausnahmsweise dann geben, wenn die Kommission in besonders schwerwiegender Weise gegen die **Erfordernisse der guten Verwaltung** (Art. 41 Abs. 1 GRC) verstoßen haben sollte, beispielsweise durch eine grobe Vernachlässigung ihrer Pflicht zur sorgfältigen und unparteiischen Sachverhaltsermittlung (→ Rn. 52 ff.) oder durch ein übermäßig langes Verwaltungsverfahren (→ Rn. 34).[181] **95**

Erst seit Kurzem setzt sich die Erkenntnis durch, dass in Kartellverfahren neben dem Verhalten der Kommission auch das **Verhalten der Unionsgerichte** eine Amtshaftung der Europäischen Union auslösen kann. In erster Linie ist dabei an Verstöße gegen den **Grundsatz der angemessenen Verfahrensdauer** vor Gericht (Art. 47 Abs. 2 GRC) zu denken, daneben kommt die Verletzung von Geheimhaltungspflichten in Betracht (Art. 339 AEUV).[182] Etwaige auf ein Fehlverhalten der Unionsgerichte oder ihrer Bediensteten gestützte Schadensersatzklagen sind bis auf weiteres vor dem EuG zu erheben,[183] unter Berücksichtigung der in der Rechtsprechung zugrunde gelegten Kriterien.[184] Sie richten sich gegen die Union, vertreten durch das Organ „Gerichtshof der Europäischen Union" (Art. 13 Abs. 1 EUV, 19 Abs. 1 S. 1 EUV).[185] Zuständig ist eine andere Kammer des EuG als diejenige, der das schadensauslösende Verhalten vorgeworfen wird.[186] **96**

---

[178] Schröter/Jakob/Klotz/Mederer/*Dittert* FKVO Art. 17 Rn. 29 (zu einem gleich gelagerten Problem in der Fusionskontrolle).
[179] EuGH Urt. v. 16.7.2009 – C-440/07 P, Slg. 2009, I-6413 Rn. 160 – Kommission/Schneider Electric.
[180] Schröter/Jakob/Klotz/Mederer/*Dittert* FKVO Art. 21 Rn. 44. Vgl. in diesem Sinne auch EuG Urt. v. 9.9.2008 – T-212/03, Slg. 2008, II-1967 Rn. 38, 84 – MyTravel/Kommission (zu einem Fusionskontrollverfahren).
[181] In manchen Fällen erkennt die Kommission von sich aus an, dass ihr Verwaltungsverfahren übermäßig lang war, und gewährt bereits in ihrer verfahrensabschließenden Entscheidung eine Bußgeldreduzierung; vgl. Entscheidung 2000/117/EG v. 26.10.1999 (IV/33.884 – FEG und TU, ABl. 2000 L 39, 1) Rn. 152 f.
[182] Vgl. auch Art. 68 Abs. 4, 103, 104 und 144 Abs. 5–7 VerfO-EuG sowie Art. 131 Abs. 4 VerfO-EuGH.
[183] So für den Fall des überlangen Verfahrens EuGH Urt. v. 16.7.2009 – C-385/07 P, Slg. 2009, I-6155 Rn. 195 – Der Grüne Punkt/Kommission; Urt. v. 26.11.2013 – C-40/12 P, ECLI:EU:C:2013:768 Rn. 89 – Gascogne Sack Deutschland/Kommission; Urt. v. 21.1.2016 – C-603/13 P, ECLI:EU:C:2016:38 Rn. 55 f. – Galp/Kommission.
[184] Zu diesen Kriterien vgl. etwa EuGH Urt. v. 17.12.1998 – C-185/95 P, Slg. 1998, I-8485 Rn. 26–47 – Baustahlgewebe/Kommission; Urt. v. 26.11.2013 – C-40/12 P, ECLI:EU:C:2013:768 Rn. 91–95 – Gascogne Sack Deutschland/Kommission; GA *Kokott*, SchlA v. 14.4.2011 – C-110/10 P, Slg. 2011, I-10439, Rn. 79–86, 176–189 – Solvay/Kommission.
[185] Erste Schadensersatzprozesse gegen den Gerichtshof als Organ wegen überlanger Verfahrensdauer sind nunmehr mit den Rs. T-479/14 – Kendrion/EuGH und T-577/14 – Gascogne/EuGH anhängig.
[186] EuGH Urt. v. 26.11.2013 – C-40/12 P, ECLI:EU:C:2013:768 Rn. 96 – Gascogne Sack Deutschland/Kommission.

97 **Hinweis:** Besonders günstig dürfte die Ausgangslage für die Geltendmachung von Amtshaftungsansprüchen gegen den Gerichtshof als Organ in Fällen sein, in denen der EuGH in einem vorangegangenen Rechtsstreit bereits als Rechtsmittelinstanz einen Verfahrensfehler seitens des EuG festgestellt hat[187] (→ Rn. 144, 148).

2. Schaden und Kausalität

98 Der zu ersetzende Schaden beinhaltet in erster Linie **Vermögensschäden** *(damnum emergens)*, die auch den **entgangenen Gewinn** *(lucrum cessans)* einschließen können, sofern dieser hinreichend substantiiert dargelegt wird.[188]

99 Hat ein Unternehmen auf eine Entscheidung der Kommission hin eine **Geldbuße** entrichtet, die später von den Unionsgerichten aufgehoben oder herabgesetzt wird, so obliegt der Kommission schon nach Art. 266 Abs. 1 AEUV die Pflicht zur Rückerstattung samt Verzugszinsen (→ Rn. 65); dementsprechend sind diese Beträge nicht im Rahmen einer Schadensersatzklage nach Art. 268 AEUV geltend zu machen.[189] Hat das Unternehmen eine **Bankbürgschaft** gestellt, um seiner Pflicht zur Zahlung einer Geldbuße für die Dauer eines laufenden Gerichtsverfahrens zu entgehen, so sollen die Kosten für diese Bankbürgschaft im Fall der Nichtigerklärung der Bußgeldentscheidung nicht ersatzfähig sein,[190] was kaum überzeugen kann.[191]

100 Neben reinen Vermögensschäden kommt eine Amtshaftung der Union auch für **Personen- und Sachschäden** in Betracht, die Kommissionsbedienstete oder von der Kommission beauftragte Personen während des Kartellverfahrens einschließlich der Vorermittlungen grob rechtswidrig verursacht haben mögen, namentlich im Rahmen von **Nachprüfungen** (Art. 20, 21 VO Nr. 1/2003).

101 Der Ersatz von **Nichtvermögensschäden** ist im Prinzip ebenfalls möglich, dürfte aber in Kartellverfahren eher selten sein. Insbesondere wird man in aller Regel nicht annehmen können, dass die Kommission durch eine rechtswidrige Sachentscheidung – namentlich durch die fälschliche Feststellung eines Kartellvergehens samt Verhängung einer Geldbuße – den guten Ruf eines Unternehmens in einer Weise geschädigt hat, die eine Entschädigung erforderlich macht. Vielmehr dürfte in solchen Fällen regelmäßig die Nichtigerklärung der Entscheidung im Verfahren nach Art. 263 Abs. 4 AEUV in völlig ausreichender Weise für Genugtuung sorgen. Am ehesten ist eine Pflicht zum Ersatz von Nichtvermögensschäden natürlicher Personen denkbar, sofern sich die Kommission ihnen gegenüber im Rahmen eines Kartellverfahrens grob rechtswidrig verhalten haben sollte.[192] Darüber hinaus kommt ein Ersatz des immateriellen Schadens in Betracht, der auf einen Verstoß gegen den Grundsatz der angemessenen Verfahrensdauer im Verwaltungsverfahren (→ Rn. 34) oder im Gerichtsverfahren (→ Rn. 96, 144, 148) zurückgeht.[193]

102 Ein etwaiges **Mitverschulden** des Klägers[194] ist bei der Beurteilung des zu ersetzenden Schadens ebenso zu berücksichtigen wie seine **Schadensminderungsobliegenheit**.[195]

---

[187] EuGH Urt. v. 16.7.2009 – C-385/07 P, Slg. 2009, I-6155 Rn. 183–188 – Der Grüne Punkt/Kommission; Urt. v. 26.11.2013 – C-40/12 P, ECLI:EU:C:2013:768 Rn. 97–102 – Gascogne Sack Deutschland/Kommission; das Erfordernis einer substantiierten Rüge wird betont in EuGH Urt. v. 10.7.2014 – C-295/12 P, ECLI:EU:C:2014:2062 Rn. 68 – Telefónica ua/Kommission; Urt. v. 21.1.2016 – C-603/13 P, ECLI:EU:C:2016:38 Rn. 57 f. – Galp/Kommission.
[188] EuGH Urt. v. 14.7.1967 – 5/66 ua, Slg. 1967, 331 (358 ff.) – Kampffmeyer ua/Kommission.
[189] EuGH Urt. v. 12.2.2015 – C-336/13 P, ECLI:EU:C:2015:83 Rn. 31, 37, 51 – Kommission/IPK International.
[190] EuGH Urt. v. 19.4.2007 – C-282/05 P, Slg. 2007, I-2941 Rn. 123 – Holcim/Kommission.
[191] So zu Recht Wiedemann/*Schütte* HdB KartellR § 49 Rn. 318; vgl. auch die Kritik von Immenga/Körber/*Völcker* Die Kommission zwischen Gestaltungsmacht und Rechtsbindung, 153 (173).
[192] EuGH Urt. v. 7.11.1985 – 145/83, Slg. 1985, 3539 – Adams/Kommission.
[193] EuGH Urt. v. 26.11.2013 – C-40/12 P, ECLI:EU:C:2013:768 Rn. 95 aE – Gascogne Sack Deutschland/Kommission.
[194] EuGH Urt. v. 7.11.1985 – 145/83, Slg. 1985, 3539 Rn. 53–55 – Adams/Kommission.
[195] IdS EuGH Urt. v. 7.11.1992 – C-104/89, Slg. 1992, I-3061 Rn. 33 – Mulder/Rat und Kommission.

Zwischen dem schädigenden Verhalten und dem geltend gemachten Schaden muss ein **hinreichend unmittelbarer Kausalzusammenhang** bestehen.[196] Um näher zu bestimmen, was unter „hinreichend unmittelbarer Kausalität" konkret zu verstehen ist, bedarf es einer normativen Betrachtung, bei der auch Erwägungen wie die aus dem deutschen Recht bekannten zur Adäquanz und zum Schutzzweck der Norm eine Rolle spielen können.[197] Bejaht wurde eine solche Kausalität beispielsweise im Hinblick auf die Kosten der Rechtsverteidigung, welche infolge der erneuten Durchführung eines Verwaltungsverfahrens nach Nichtigerklärung einer ersten verfahrensbeendenden Entscheidung veranlasst waren.[198] In zahlreichen Fällen dürfte aber die Geltendmachung von Schadensersatzansprüchen gegen die Kommission oder den Gerichtshof ganz oder teilweise am Erfordernis des hinreichend unmittelbaren Verursachungszusammenhangs scheitern, mag auch der zugrunde liegende qualifizierte Rechtsverstoß als solcher feststehen.

103

E. Vorläufiger Rechtsschutz gegen Entscheidungen der Kommission

Entscheidungen der Kommission in Kartellverfahren sind **sofort vollziehbar,** auch wenn mit ihnen Geldbußen oder Zwangsgelder verhängt werden (zur Vollstreckung vgl. Art. 299 AEUV), eine Auskunftserteilung oder die Durchsuchung von Unternehmensräumlichkeiten angeordnet wird. Insbesondere hat eine etwa eingelegte Nichtigkeitsklage **keine aufschiebende Wirkung** (Art. 278 S. 1 AEUV).

104

Im Verfahren des einstweiligen Rechtsschutzes können allerdings die Unionsgerichte unter engen Voraussetzungen die **Aussetzung der Vollziehung** solcher Entscheidungen anordnen (Art. 278 Abs. 2 AEUV) und die erforderlichen **einstweiligen Anordnungen** treffen (Art. 279 AEUV). Dafür ist im erstinstanzlichen Verfahren der Präsident des EuG zuständig, im Rechtsmittelverfahren der Vizepräsident des EuGH (Art. 39 Abs. 2 EuGH-Satzung[199]).

105

Das Verfahren des einstweiligen Rechtsschutzes ist grundsätzlich **akzessorisch zu einem bereits anhängigen Hauptverfahren** des Antragstellers gegen die Kommission (Art. 156 VerfO-EuG, Art. 160 Abs. 1 u. 2 VerfO-EuGH). Die Zulässigkeit seines Antrags auf Aussetzung der Vollziehung oder auf Erlass einstweiliger Anordnungen durch das EuG setzt also zwingend voraus, dass bereits zuvor oder zumindest zeitgleich mit gesondertem Schriftsatz in der Hauptsache eine Klage – in der Regel eine Nichtigkeitsklage (Art. 263 AEUV) – gegen die Kommission erhoben wurde (Art. 156 Abs. 1, 2 VerfO-EuG), die nicht offensichtlich unzulässig ist.[200] **Vorbeugender einstweiliger Rechtsschutz** – namentlich der Erlass einer einstweiligen Anordnung auf Unterlassung einer bevorstehenden Entscheidung der Kommission – kann allenfalls unter ganz außergewöhnlichen Umständen in Betracht kommen.[201]

106

Hinweis: Werden keine vorläufigen Maßnahmen, sondern eine schnelle Entscheidung in der Hauptsache gewünscht, so ist nicht ein Antrag auf einstweiligen Rechtsschutz, sondern ein Antrag auf Durchführung eines **beschleunigten Verfahrens** anzuraten (→ Rn. 178 f.).

107

---

[196] Grundlegend dazu EuGH Urt. v. 4.10.1979 – 64/76 ua, Slg. 1979, 3091 Rn. 21 – Dumortier ua/Rat; vgl. außerdem Urt. v. 30.4.2009 – C-497/06 P, ECLI:EU:C:2009:273 Rn. 67 – CAS Succhi di Frutta/Kommission; Urt. v. 18.3.2010 – C-419/08 P, Slg. 2010, I-2259 Rn. 53 – Trubowest Handel und Makarov/Rat und Kommission.
[197] In diesem Sinne GA *Kokott,* SchlA v. 30.1.2014 – C-557/12, ECLI:EU:C:2014:45 Rn. 35–40 – KONE ua.
[198] EuGH Urt. v. 16.7.2009 – C-440/07 P, Slg. 2009, I-6413, Tenor Ziff. 3 – Kommission/Schneider Electric.
[199] Beschluss 2012/671/EU des Gerichtshofs v. 23.10.2012 (ABl. 2012 L 300, 47).
[200] EuG Beschl. v. 27.1.2009 – T-457/08 R, ECLI:EU:T:2009:18 Rn. 48 – Intel/Kommission.
[201] Implizit anerkannt, wenn auch im konkreten Fall nicht gewährt, in EuGH Beschl. v. 16.3.1974 – 160/73 R ua, Slg. 1974, 281 – Miles Druce/Kommission; Beschl. v. 5.8.1983 – 118/83 R, Slg. 1983, 2583 – CMC/Kommission; EuG Beschl. v. 22.11.1995 – T-395/94 R, Slg. 1995, II-2893 Rn. 41 ff. – Atlantic Container Line/Kommission.

108 Über die Gewährung oder Nichtgewährung von einstweiligem Rechtsschutz wird in einem **summarischen Verfahren** entschieden, für dessen Ausgestaltung dem Präsidenten des EuG bzw. dem Vizepräsidenten des EuGH ein weites Ermessen zusteht. In der Regel findet nur eine einzige Schriftsatzrunde statt, gelegentlich auch eine mündliche Anhörung. Eine vorläufige Entscheidung kann in besonders dringlichen Fällen sogar ohne Anhörung der Gegenseite *(inaudita altera parte)* getroffen werden (Art. 157 Abs. 2 VerfO-EuG, Art. 160 Abs. 7 VerfO-EuGH).[202]

109 Der Antrag ist begründet, wenn drei kumulative Voraussetzungen erfüllt sind,[203] für deren Prüfung allerdings keine zwingende Reihenfolge vorgegeben ist: Erstens muss bei summarischer Betrachtung der **Erfolgsaussichten der Hauptsache** ein Obsiegen des Klägers mit seinen gegen die Kommission vorgebrachten Rügen als möglich erscheinen *(fumus boni iuris,* bisweilen auch als *fumus non mali iuris* bezeichnet). Zweitens muss **Dringlichkeit** *(periculum in mora)* gegeben sein, dh für die Interessen des Antragstellers muss ein schwerer und irreparabler Schaden drohen. Und drittens muss eine umfassende **Interessenabwägung** unter Berücksichtigung aller Umstände des Einzelfalls ergeben, dass die dem Antragsteller drohenden Nachteile aus dem sofortigen Vollzug der Entscheidung der Kommission die Nachteile ihrer etwaigen Aussetzung für die Durchsetzung des Unionskartellrechts deutlich überwiegen. In den meisten Fällen werden Anträge auf Gewährung von einstweiligem Rechtsschutz mangels Dringlichkeit abgelehnt.

110 Ist der Antrag begründet, so steht den Unionsgerichten hinsichtlich der Art und des Inhalts der zu treffenden Anordnungen ein denkbar weiter **Ermessensspielraum** zu, wobei allerdings **nur vorläufige bzw. sichernde Maßnahmen** getroffen werden dürfen, die die Entscheidung in der Hauptsache nicht vorwegnehmen (Art. 158 Abs. 4 VerfO-EuG, Art. 162 Abs. 4 VerfO-EuGH). Interessant ist, dass die Kommission im Wege der einstweiligen Anordnung auch zur Vornahme bzw. zum Unterlassen einer Handlung verpflichtet werden kann,[204] was im Hauptsacheverfahren mangels Verpflichtungsklage nicht möglich wäre (→ Rn. 69). Der einstweilige Rechtsschutz kann also in diesem Punkt weiter gehen als der Rechtsschutz im Hauptsacheverfahren.

111 In der Praxis spielt allerdings das Verfahren des einstweiligen Rechtsschutzes für das Kartellrecht bislang eine eher untergeordnete Rolle. Anträgen auf Aussetzung der Vollziehung einer **Bußgeldentscheidung** wird kaum jemals Erfolg beschieden sein, solange die Kommission bei ihrer Praxis bleibt, auf die Beitreibung der von ihr verhängten Geldbußen für die Dauer erstinstanzlicher Gerichtsverfahren gegen Stellung einer **Bankbürgschaft** zu verzichten.[205]

112 Ebenso wenig scheint es realistisch, **Ermittlungsmaßnahmen,** die in Form von verpflichtenden Auskunftsersuchen[206] (Art. 18 Abs. 1 und 3 VO Nr. 1/2003) oder verbindlichen Durchsuchungsbeschlüssen[207] (Art. 20 Abs. 4 VO Nr. 1/2003) ergangen sind, im Wege des einstweiligen Rechtsschutzes stoppen zu wollen. In der Regel reicht die nachträgliche gerichtliche Überprüfung solcher Ermittlungsmaßnahmen im Hauptsacheverfahren zur Wahrung der berechtigten Interessen der beteiligten Unternehmen aus, da rechts-

---

[202] EuG Beschl. v. 10.8.2001 – T-184/01 R, Slg. 2001, II-2349 – IMS Health/Kommission (bezogen auf eine Entscheidung der Kommission); EuGH Beschl. v. 21.2.2014 – C-78/14 P R ECLI:EU:C:2014:93 Rn. 11 – Kommission/ANKO (bezogen auf ein erstinstanzliches Urteil).
[203] Vgl. statt vieler, EuG Beschl. v. 29.4.2005 – C-404/04 P-R, Slg. 2005, I-3539 Rn. 10f. – Technische Glaswerke Ilmenau/Kommission.
[204] Vgl. etwa EuG Beschl. v. 11.3.2013 – T-462/12 R, ECLI:EU:T:2013:119 Tenor Ziff. 3 – Pilkington/Kommission, im Ergebnis bestätigt durch EuGH Beschl. v. 10.9.2013 – C-278/13 P R, ECLI:EU:C:2013:558 – Kommission/Pilkington. Im selben Sinne EuGH Beschl. v. 11.3.2015 – C-134/16 P (R), ECLI:EU:C:2016:164 – Chemtura Netherlands/EFSA.
[205] EuG Beschl. v. 21.12.1994 – T-301/94 R, Slg. 1994, II-1279 Rn. 24ff. – Laakmann/Kommission; dort auch zu den Voraussetzungen einer ausnahmsweisen Befreiung von der Pflicht zur Stellung einer Bankbürgschaft.
[206] EuG Beschl. v. 29.7.2011 – T-292/11 R, ECLI:EU:T:2011:402 – Cemex/Kommission.
[207] EuGH Beschl. v. 26.3.1987 – 46/87 R, Slg. 1987, 1549 Rn. 34 – Hoechst/Kommission; Beschl. v. 28.10.1987 – 85/87 R, Slg. 1987, 4367 Rn. 17 – Dow Chemical Nederland/Kommission.

widrig erlangte Beweismittel mit einem Verwertungsverbot belegt sind (→ Rn. 45). Demgegenüber würde die Wirksamkeit kartellrechtlicher Ermittlungen erheblich untergraben, sollte es über die Rechtmäßigkeit von diesbezüglichen Anordnungen der Kommission regelmäßig zu streitigen Auseinandersetzungen im Verfahren des einstweiligen Rechtsschutzes kommen. Allerdings kann einstweiliger Rechtsschutz in Betracht kommen, wenn die Kommission beschließt, ein streitbefangenes Schriftstück gegen den Widerstand der betroffenen Unternehmen zu den Akten zu nehmen.[208]

113 Am ehesten dürften Anträge auf einstweiligen Rechtsschutz dort Aussicht auf Erfolg haben, wo Unternehmen mit der Kommission über **Vertraulichkeits- bzw. Geheimhaltungsfragen** streiten, zB im Hinblick auf die Gewährung von Akteneinsicht (Art. 27 Abs. 2 S. 2 VO Nr. 1/2003) bzw. von Zugang zu Dokumenten (Art. 15 Abs. 3 AEUV, VO Nr. 1049/2001)[209] oder aber im Zusammenhang mit der Veröffentlichung von Entscheidungen[210] (Art. 30 VO Nr. 1/2003). Da eine unter Verletzung des Berufsgeheimnisses (Art. 339 AEUV, Art. 28 VO Nr. 1/2003) veröffentlichte oder Dritten zugänglich gemachte Information naturgemäß einen nicht wieder gutzumachenden Schaden für das betroffene Unternehmen verursachen kann, ist hier das Verfahren des einstweiligen Rechtsschutzes womöglich der einzige wirksame Weg zur Erlangung von Rechtsschutz.

114 Denkbar sind auch Verfahren des vorläufigen Rechtsschutzes gegen die von der Kommission angeordneten **einstweiligen Maßnahmen** (Art. 8 VO Nr. 1/2003), bei denen es sich *per definitionem* um dringliche Angelegenheiten handelt.[211] Auch bestimmte einem Unternehmen zur Abstellung einer Zuwiderhandlung von der Kommission auferlegte **Abhilfemaßnahmen** (Art. 7 VO Nr. 1/2003) können bisweilen wegen des mit ihnen verbundenen Aufwands und wegen der zu erwartenden erheblichen Auswirkungen auf das Marktgeschehen Anlass zur Einleitung von Verfahren des einstweiligen Rechtsschutzes geben.[212]

F. Rechtsmittel

115 In Rechtsstreitigkeiten, die beim EuG ihren Ausgang genommen haben, fungiert der **EuGH** gem. Art. 256 Abs. 1 UAbs. 2 AEUV und Art. 56 EuGH-Satzung als **Rechtsmittelinstanz**. Anders als im deutschen Recht wird im Unionsrecht nicht zwischen verschiedenen Arten von Rechtsbehelfen unterschieden, vielmehr handelt es sich um ein einheitliches Rechtsmittel, das auf Rechtsfragen beschränkt ist – also eine Art Revision – und sowohl gegen Urteile als auch gegen Beschlüsse der ersten Instanz einzulegen ist.

116 Mit dem Rechtsmittel geht ein **Devolutiveffekt**, aber **kein Suspensiveffekt** einher. Damit hemmt zwar seine Einlegung die Rechtskraft der angefochtenen erstinstanzlichen Entscheidung, ihre Wirksamkeit und ihre sofortige Vollziehbarkeit (Art. 280 AEUV) bleiben aber unberührt.[213] Gem. Art. 60 EuGH-Satzung kann der EuGH allerdings unter den engen Voraussetzungen der Art. 278, 279 AEUV auf Antrag einstweilige Anordnungen erlassen, in denen er ausnahmsweise die aufschiebende Wirkung des Rechtsmittels verfügt.

---

[208] EuG Beschl. v. 30.10.2003 – T-125/03 R und T-253/03 R, Slg. 2003, II-4771 – Akzo und Akcros/Kommission; aufgehoben, aber nicht grundlegend in Frage gestellt, durch EuGH Beschl. v. 27.9.2004 – C-7/04 P R, Slg. 2004, I-8739 – Kommission/Akzo und Akcros.
[209] Grundlegend EuGH Urt. v. 24.6.1986 – 53/85, Slg. 1986, 1965 Rn. 29, 30 – AKZO/Kommission.
[210] EuG Beschl. v. 11.3.2013 – T-462/12 R, ECLI:EU:T:2013:119 – Pilkington/Kommission, im Ergebnis bestätigt durch EuGH Beschl. v. 10.9.2013 – C-278/13 P R, ECLI:EU:C:2013:558 – Kommission/Pilkington.
[211] EuG Beschl. v. 26.10.2001 – T-184/01 R, Slg. 2001, II-3193 – IMS Health/Kommission.
[212] Mangels Dringlichkeit abgelehnt wurde der Antrag auf Aussetzung der Vollziehung der Abhilfemaßnahmen in EuG Beschl. v. 22.12.2004 – T-201/04 R, Slg. 2004, II-4463 – Microsoft/Kommission.
[213] Von der Groeben/Schwarze/Hatje/*Dittert* Bd. 4, AEUV Art. 256 Rn. 91 ff.

I. Zulässigkeit

117 Die Anforderungen an die **Zulässigkeit des Rechtsmittels** ergeben sich aus Art. 256 Abs. 1 UAbs. 2 AEUV iVm Art. 56–58 EuGH-Satzung und Art. 167–170 VerfO-EuGH wie sie in der Rechtsprechung des Gerichtshofs ausgelegt und angewandt werden. Einer vorherigen **Zulassung** bedarf es beim gegenwärtigen Stand *nicht*.

1. Gegenstand des Rechtsmittels

118 Das Rechtsmittel ist nach Art. 56 Abs. 1 EuGH-Satzung gegen drei Arten von Entscheidungen des EuG statthaft: erstens gegen **Endentscheidungen,** zweitens gegen Entscheidungen, die über einen Teil des Streitgegenstands ergangen sind, und drittens gegen Entscheidungen, die einen Zwischenstreit beenden. Die in der Praxis häufigsten Anwendungsfälle sind Urteile oder Beschlüsse des EuG, mit denen über die Klage entschieden wird, gleichviel, ob der Klage stattgegeben wird oder ob diese – ganz oder teilweise – als unzulässig oder unbegründet abgewiesen wird. Auch **Zwischenurteile** sind rechtsmittelfähig, etwa dann, wenn darin dem Grunde nach über die Schadensersatzpflicht eines Unionsorgans entschieden wird, aber der zu zahlende Geldbetrag noch beziffert werden muss.[214] Daneben können auch Beschlüsse des Gerichts über **Einreden der Unzuständigkeit oder der Unzulässigkeit** (→ Rn. 180) Anlass zu Rechtsmitteln geben.[215]

119 Nicht rechtsmittelfähig sind hingegen zB **Zwischenentscheidungen** über Verfahrensfragen, prozessleitende Verfügungen und Beweisbeschlüsse. Etwaige Verfahrensfehler des Gerichts, die sich in diesem Zusammenhang ereignen mögen, können im Rahmen des Rechtsmittels gegen die Endentscheidung gerügt werden. Völlig ausgeschlossen sind überdies Rechtsmittel, die sich nur gegen die **Kostenentscheidung** oder gegen die **Kostenfestsetzung** durch das EuG wenden (Art. 58 Abs. 2 EuGH-Satzung); dies schließt auch die Fälle ein, in denen der Rechtsmittelführer mit keinem seiner sonstigen Rechtsmittelgründe in der Sache durchdringt.[216]

2. Rechtsmittelberechtigung und Rechtsschutzbedürfnis

120 Das Rechtsmittel gegen ein Urteil oder einen Beschluss des EuG kann zum einen von den **Parteien** des erstinstanzlichen Verfahrens und ihren **Streithelfern** eingelegt werden, zum anderen aber auch von den **Mitgliedstaaten** und **Organen** der EU (Art. 56 Abs. 2 EuGH-Satzung).

121 Kläger und Beklagter der ersten Instanz können ein Rechtsmittel einlegen, wenn sie vor dem EuG ganz oder teilweise **mit ihren Anträgen unterlegen** sind (Art. 56 Abs. 2 S. 1 EuGH-Satzung). Das beklagte Unionsorgan ist auch dann rechtsmittelberechtigt, wenn es vor dem EuG zwar in der Sache obsiegt hat, jedoch mit seinen Anträgen zur Zulässigkeit der erstinstanzlichen Klage unterlegen ist.[217]

122 **Streithelfer aus erster Instanz** können unabhängig von der von ihnen unterstützten Partei Rechtsmittel einlegen. Abgesehen von der formellen Beschwer ist in ihrem Fall allerdings zusätzlich auch eine *materielle Beschwer* erforderlich, dh sie müssen nicht nur mit ihren Anträgen ganz oder teilweise unterlegen sein, sondern darüber hinaus von der angefochtenen Entscheidung des EuG unmittelbar berührt sein.[218] Diese Vor-

---

[214] Vgl. etwa EuGH Urt. v. 18.5.1993 – C-220/91 P, Slg. 1993, I-2763 – Kommission/Peine-Salzgitter; Urt. v. 16.7.2009 – C-440/07 P, Slg. 2009, I-6413 – Kommission/Schneider Electric.
[215] EuGH Urt. v. 3.10.2013 – C-583/11 P, ECLI:EU:C:2013:625 – Inuit Tapriit Kanatami ua/Parlament und Rat.
[216] EuGH Beschl. v. 13.1.1995 – C-253/94 P, Slg. 1995, I-7 Rn. 12–14 – Roujanski/Rat; Urt. v. 26.6.2014 – C-37/13 P, ECLI:EU:C:2014:2030 Rn. 51 – Nexans/Kommission.
[217] EuGH Urt. v. 22.2.2005 – C-141/02 P, Slg. 2005, I-1283 Rn. 50–51 – Kommission/T-Mobile Austria („max.mobil"); Urt. v. 7.6.2007 – C-362/05 P, Slg. 2007, I-4333 Rn. 70 – Wunenburger/Kommission; Urt. v. 10.9.2009 – C-445/07 P ua, Slg. 2009, I-7993 Rn. 40 – Kommission/Ente per le Ville Vesuviane. An dieser Rechtsprechung dürfte sich auch durch den neuen Art. 169 Abs. 1 VerfO-EuGH nichts geändert haben; vgl. dazu *Dittert* EuZW 2013, 726 (731).
[218] EuGH Urt. v. 24.9.2002 – C-74/00 P ua, Slg. 2002, I-7869 Rn. 55–58 – Falck ua/Kommission ua; Urt. v. 2.10.2003 – C-172/01 P ua, ECLI:EU:C:2003:534 Rn. 51–53 – International Power ua/NALOO;

aussetzung ist in Anlehnung an die Rechtsprechung zu Art. 263 Abs. 4 AEUV zu verstehen.[219]

Mitgliedstaaten und Organe der EU sind **privilegierte Rechtsmittelführer,** dh sie dürfen beim EuGH selbst dann gegen Urteile und Beschlüsse des EuG vorgehen, wenn sie an den jeweiligen erstinstanzlichen Verfahren gar nicht beteiligt waren. Angesichts ihrer Gesamtverantwortung für die Unionsrechtsordnung wird ihnen die Darlegung eines irgendwie gearteten Interesses am Ausgang des Rechtsstreits nicht abverlangt.[220]

123

Jeder Rechtsmittelführer, gleichviel ob privilegiert oder nicht, muss über ein **Rechtsschutzbedürfnis** dergestalt verfügen, dass ihm das Rechtsmittel im Ergebnis einen Vorteil verschaffen kann.[221] Daran fehlt es, wenn nur die Begründung, nicht aber die Entscheidungsformel des erstinstanzlichen Urteils oder Beschlusses angegriffen wird.[222] Das Rechtsschutzbedürfnis entfällt bei Erledigung des Rechtsstreits.[223]

124

Wer kein Rechtsmittel oder Anschlussrechtsmittel gegen die erstinstanzliche Entscheidung des EuG eingelegt hat, kann sich unter den Voraussetzungen von Art. 40 EuGH-Satzung iVm Art. 130, 190 Abs. 2 VerfO-EuGH ggf. als (neuer) **Streithelfer** am Rechtsmittelverfahren beteiligen[224] (→ Rn. 184 ff.).

125

3. Beschränkung auf Rechtsfragen des Unionsrechts

Das Rechtsmittel ist **auf Rechtsfragen beschränkt** (Art. 256 Abs. 1 UAbs. 2 AEUV, Art. 58 Abs. 1 EuGH-Satzung). Unzulässig sind somit alle Rechtsmittelrügen oder Argumente von Verfahrensbeteiligten, die direkt oder indirekt auf eine Überprüfung der Tatsachen- und Beweiswürdigung des EuG durch den EuGH abzielen.[225] Es ist dem EuGH verwehrt, im Rechtsmittelverfahren seine eigene Bewertung der Tatsachen oder Beweismittel an die Stelle der Würdigung des EuG zu setzen.[226]

126

Zulässig sind hingegen Rechtsmittelrügen, mit denen eine **Verfälschung der Tatsachen oder Beweismittel** geltend gemacht wird.[227] Eine solche Verfälschung wird nämlich als Rechtsfrage fingiert, die einer Überprüfung durch den EuGH als Rechtsmittelin-

127

GA *Kokott,* SchlA v. 11.12.2014 − C-293/13 P u. C-294/13 P Rn. 38 ff., 50 ff. − Fresh Del Monte ua/Kommission ua.
[219] Von der Groeben/Schwarze/Hatje/*Dittert* Bd. 4, AEUV Art. 256 Rn. 42.
[220] Von der Groeben/Schwarze/Hatje/*Dittert* Bd. 4, AEUV Art. 256 Rn. 43.
[221] EuGH Urt. v. 24.4.1996 − C-19/93 P, Slg. 1996, I-1997 Rn. 13 aE − Rendo/Kommission; Urt. v. 14.9.2010 − C-550/07 P, Slg. 2010, I-8301 Rn. 23 − Akzo und Akcros/Kommission; Urt. v. 21.12.2011 − C-27/09 P, Slg. 2011, I-13427 Rn. 43 − Frankreich/People's Mojahedin. Das Rechtsschutzbedürfnis kann sich auch daraus ergeben, dass die Rechtsmittelführerin im Fall ihres Obsiegens Anspruch auf Verzugszinsen hätte (EuGH Urt. v. 18.11.2010 − C-317/09 P, ECLI:EU:C:2010:700 Rn. 102 − ArchiMEDES/Kommission).
[222] EuGH Urt. v. 6.10.2009 − C-501/06 P ua, Slg. 2009, I-9291 Rn. 24−26 − GlaxoSmithKline Services/Kommission.
[223] EuGH Urt. v. 21.12.2011 − C-27/09 P, Slg. 2011, I-13427 Rn. 46−50 − Frankreich/People's Mojahedin; zu dem verwandten Fall, in dem ein Rechtsmittelführer behauptet, der Rechtsstreit habe sich schon in erster Instanz erledigt und das Gericht habe dies rechtsfehlerhaft verkannt, vgl. EuGH Urt. v. 7.6.2007 − C-362/05 P, Slg. 2007, I-4333 Rn. 36−62 − Wunenburger/Kommission.
[224] EuGH Urt. v. 14.9.2010 − C-550/07 P, Slg. 2010, I-8301 − Akzo und Akcros/Kommission, mit SchlA GA *Kokott* Rn. 26−29; Urt. v. 6.10.2009 − C-501/06 P ua, Slg. 2009, I-9291 − GlaxoSmithKline Services/Kommission.
[225] EuGH Beschl. v. 17.9.1996 − C-19/95 P, Slg. 1996, I-4435 Rn. 39 − San Marco/Kommission; Urt. v. 7.1.2004 − C-204/00 P ua, Slg. 2004, I-123 Rn. 48 f. − Aalborg Portland ua/Kommission; Urt. v. 19.7.2012 − C-628/10 P und C-14/11 P, ECLI:EU:C:2012:479 Rn. 84 − Alliance One International und Standard Commercial Tobacco/Kommission; Urt. v. 11.7.2013 − C-439/11 P, ECLI:EU:C:2013:513 Rn. 74 f. − Ziegler/Kommission; Urt. v. 10.7.2014 − C-295/12 P, ECLI:EU:C:2014:2062 Rn. 84, 89, 93, 113 f., 153, 159, 165, 176, 225 − Telefónica ua/Kommission; Urt. v. 20.1.2016 − C-373/14 P, ECLI:EU:C:2016:26 Rn. 40 − Toshiba/Kommission.
[226] EuGH Urt. v. 23.4.2002 − C-62/01 P − Slg. 2002, I-3793 Rn. 24 aE − Campogrande/Kommission; Urt. v. 15.3.2007 − C-95/04 P, Slg. 2007, I-2331 Rn. 137 − British Airways/Kommission.
[227] EuGH Urt. v. 1.6.1994 − C-136/92 P, Slg. 1994, I-1981 Rn. 49 − Kommission/Brazzelli Lualdi ua; Beschl. v. 17.9.1996 − C-19/95 P, Slg. 1996, I-4435 Rn. 39 − San Marco/Kommission; Urt. v. 16.7.2009 − C-440/07 P, Slg. 2009, I-6413 Rn. 104 − Kommission/Schneider Electric; im selben Sinne bereits Urt. v. 2.3.1994 − C-53/92 P, Slg. 1994, I-667 Rn. 42− Hilti/Kommission.

stanz zugänglich ist. Auch die unvollständige Beweiswürdigung seitens des EuG, dh das Außerachtlassen entscheidungserheblicher Umstände, kann Gegenstand des Rechtsmittels sein,[228] ebenso wie die Verkennung der Beweisregeln oder der Beweislast.[229] Revisibel sind schließlich die **rechtliche Qualifikation** des Sachverhalts (Subsumtion) durch das Gericht sowie die **rechtlichen Folgerungen,** die das Gericht an den von ihm festgestellten Sachverhalt geknüpft hat.[230]

128 In zahlreichen Fällen wird leider die Beschränkung des Rechtsmittels auf Rechtsfragen von den Verfahrensbeteiligten und ihren Prozessvertretern nicht hinreichend ernst genommen. Dies ist einer der wichtigsten Gründe dafür, dass Rechtsmittel in großer Zahl ganz oder teilweise als unzulässig zurückgewiesen werden,[231] häufig sogar als **offensichtlich unzulässig** (Art. 181 VerfO-EuGH).

129 Sollten in einem kartellrechtlichen Rechtsstreit ausnahmsweise **Vorfragen des nationalen Rechts** relevant sein, so werden diese von den Unionsgerichten wie Tatsachenfragen behandelt. Dementsprechend sind sie einer Überprüfung durch den EuGH im Rechtsmittelverfahren nur eingeschränkt zugänglich, nämlich mit Blick auf eine etwaige Verfälschung – dh ein offensichtliches Fehlverständnis – des betreffenden nationalen Rechts.[232]

4. Beschränkung auf den erstinstanzlichen Streitgegenstand

130 Im Rahmen des Rechtsmittelverfahrens sind die Befugnisse des EuGH auf die Prüfung der rechtlichen Entscheidung des EuG zu den Punkten beschränkt, die im ersten Rechtszug erörtert wurden oder von Amts wegen zu prüfen gewesen wären.[233] Dementsprechend darf der **Streitgegenstand** im Vergleich zu dem in erster Instanz erörterten nicht verändert und insbesondere nicht erweitert, sondern allenfalls eingeschränkt werden.[234]

131 Folgerichtig sind **neue Anträge unzulässig** (Art. 170 Abs. 1, Art. 174 VerfO-EuGH) und **neue Angriffs- oder Verteidigungsmittel** nur insoweit zulässig, als sie nicht nach Art. 127 iVm Art. 190 Abs. 1 VerfO-EuGH **präkludiert** sind (→ Rn. 177). Gänzlich unzulässig sind ferner angesichts der Beschränkung des Verfahrens auf Rechtsfragen neue Beweismittel oder Beweisangebote.[235]

---

[228] EuGH Urt. v. 20.1.2011 – C-90/09 P, Slg. 2011, I-1 Rn. 77–79 – General Química/Kommission; im selben Sinne bereits Urt. v. 15.10.2002 – C-238/99 P ua, Slg. 2002, I-8375 Rn. 403–405 – Limburgse Vinyl Maatschappij ua/Kommission.

[229] EuGH Urt. v. 6.1.2004 – C-2/01 P ua, Slg. 2004, I-23 Rn. 61 – BAI u. Bayer/Kommission; Urt. v. 5.10.1999 – C-433/97 P, Slg. 1999, I-6795 Rn. 16f. – IPK/Kommission.

[230] EuGH Urt. v. 1.6.1994 – C-136/92 P, Slg. 1994, I-1981 Rn. 49 aE – Kommission/Brazzelli Lualdi ua; Beschl. v. 17.9.1996 – C-19/95 P, Slg. 1996, I-4435 Rn. 39 – San Marco/Kommission; Urt. v. 19.7.2012 – C-628/10 P und C-14/11 P, ECLI:EU:C:2012:479 Rn. 84 – Alliance One International und Standard Commercial Tobacco/Kommission; EuGH Urt. v. 11.7.2013 – C-439/11 P, ECLI:EU:C:2013:513 Rn. 74 – Ziegler/Kommission.

[231] Besonders frappierend zB die handwerklichen Mängel der Rechtsmittel in EuGH Urt. v. 18.7.2013 – C-501/11 P, ECLI:EU:C:2013:522 Rn. 44f., 54f., 84, 106 – Schindler Holding ua/Kommission, und Urt. v. 10.7.2014 – C-295/12 P, ECLI:EU:C:2014:2062 Rn. 84, 89, 93, 113f., 153, 159, 165, 176, 225 – Telefónica ua/Kommission.

[232] EuGH Urt. v. 24.10.2002 – C-82/01 P, Slg. 2002, I-9297 Rn. 63 aE – Aéroports de Paris/Kommission; Urt. v. 5.7.2011 – C-263/09 P, Slg. 2011, I-5853 Rn. 53 – Edwin/HABM; vgl. auch – zur Prüfung einer Klausel in einem zivilrechtlichen Vertrag – EuGH Urt. v. 29.10.2015 – C-78/14 P, ECLI:EU:C:2015:732 Rn. 21ff. – Kommission/ANKO.

[233] EuGH Urt. v. 1.6.1994 – C-136/92 P, Slg. 1994, I-1981 Rn. 59 – Kommission/Brazzelli Lualdi ua; Urt. v. 11.7.2013 – C-439/11 P, ECLI:EU:C:2013:513 Rn. 127 – Ziegler/Kommission; Urt. v. 18.7.2013 – C-501/11 P, ECLI:EU:C:2013:522 Rn. 55 – Schindler Holding ua/Kommission; vgl. auch EuGH Urt. v. 22.10.2015 – C-194/14 P, ECLI:EU:C:2015:717 Rn. 54f. – AC-Treuhand/Kommission.

[234] Zur Einschränkung des Streitgegenstands vgl., statt vieler, EuGH Urt. v. 15.3.2007 – C-95/04 P, Slg. 2007, I-2331 Rn. 137 – British Airways/Kommission, mit SchlA GA *Kokott* Rn. 22; Urt. v. 14.9.2010 – C-550/07 P, Slg. 2010, I-8301 Rn. 14 – Akzo und Akcros/Kommission; Urt. v. 26.6.2014 – C-37/13 P, ECLI:EU:C:2014:2030 – Nexans/Kommission, mit SchlA GA *Kokott* Rn. 22.

[235] Dies muss auch für eine etwaige Rüge der Verfälschung von Tatsachen oder Beweismitteln gelten, da auch über sie *ohne die Erhebung neuer Beweise* zu befinden ist (→ Rn. 157).

Erlaubt ist hingegen die **Fortentwicklung und Verfeinerung** der im erstinstanzlichen Verfahren vorgebrachten **Argumente der Parteien** in den Grenzen des bestehenden Streitgegenstands. Denn nur so ist eine sinnvolle rechtliche Auseinandersetzung der Verfahrensbeteiligten mit dem angefochtenen Urteil oder Beschluss möglich.[236]

132

5. Anforderungen an die Rechtsmittelschrift

Die Rechtsmittelschrift muss in der **Verfahrenssprache** des ersten Rechtszuges abgefasst sein (Art. 37 Abs. 2 lit. a) VerfO-EuGH);[237] nur Mitgliedstaaten der EU genießen das Privileg, dass sie sich in ihrer jeweiligen Landessprache an den EuGH wenden dürfen (Art. 37 Abs. 2 VerfO-EuGH iVm Art. 38 Abs. 4 VerfO-EuGH).

133

In der Rechtsmittelschrift müssen gem. Art. 168–170 VerfO-EuGH **Anträge** gestellt werden, die die vollständige oder teilweise Aufhebung der erstinstanzlichen Entscheidung *in der Gestalt der Entscheidungsformel* und ggf. die vollständige oder teilweise Aufrechterhaltung der im ersten Rechtszug gestellten Anträge des Rechtsmittelführers zum Gegenstand haben. Anträge, die auf eine Änderung des Tenors des angefochtenen Urteils oder Beschlusses abzielen, sind unzulässig, weil sie den **rein kassatorischen Charakter** des Rechtsmittels verkennen.[238] Ebenso unzulässig sind Anträge, die auf eine bloße Änderung der Entscheidungsgründe unter Aufrechterhaltung des Tenors gerichtet sind (sog **Ersetzung von Urteilsgründen** oder frz. *substitution de motifs*).[239] **Neue Anträge,** die sich nicht mit dem erstinstanzlichen Streitgegenstand decken, sind unzulässig (Art. 170 Abs. 2 VerfO-EuGH).

134

Über die Anträge hinaus sind in der Rechtsmittelschrift gem. Art. 168 Abs. 1 lit. d) VerfO-EuGH iVm Art. 58 Abs. 1 EuGH-Satzung die **Rechtsmittelgründe** anzugeben, einschließlich einer kurzen **Zusammenfassung.** Dabei hat der Rechtsmittelführer die Argumente, auf die er sich stützt, sowie die beanstandeten Teile der angefochtenen erstinstanzlichen Entscheidung genau zu bezeichnen[240] (Art. 169 Abs. 2 VerfO-EuGH). Nichts hindert den Rechtsmittelführer daran, in der zweiten Instanz dieselbe Rechtsauffassung zu vertreten und sich auf die gleichen Argumente zu stützen wie in erster Instanz. Er muss sich jedoch argumentativ mit dem Urteil oder Beschluss des EuG auseinandersetzen und darf sich keinesfalls darauf beschränken, seine Rügen aus dem erstinstanzlichen Verfahren schlicht zu wiederholen oder pauschal auf sie zu verweisen.[241] Eine Rechtsmittelschrift, deren Argumentation unklar, unstrukturiert, unzusammenhän-

135

---

[236] EuGH Urt. v. 20.10.1994 – C-76/93 P, Slg. 1994, I-5190 Rn. 18 – Scaramuzza/Kommission; Urt. v. 10.9.2009 – C-97/08 P, Slg. 2009, I-8237 Rn. 38–39 – Akzo/Kommission; Urt. v. 18.11.2010 – C-322/09 P, Slg. 2010, I-11911 Rn. 41 – NDSHT/Kommission („… dass der Rechtsmittelführer im Rahmen eines Rechtsmittels jedes erhebliche Argument vortragen darf, sofern das Rechtsmittel den vor dem Gericht verhandelten Streitgegenstand nicht verändert …"); Urt. v. 29.3.2012 – C-504/09 P, ECLI:EU:C:2012:178 Rn. 35f. – Kommission/Polen.
[237] EuGH Beschl. v. 14.1.2016 – C-500/15 P, ECLI:EU:C:2016:18 – TVR Italia/TVR Automotive u. HABM.
[238] EuGH Urt. v. 5.7.2011 – C-263/09 P, Slg. 2011, I-5853 Rn. 83f. – Edwin/HABM.
[239] EuGH Urt. v. 6.10.2009 – C-501/06 P ua, Slg. 2009, I-9291 Rn. 23–26 – GlaxoSmithKline Services/Kommission; Urt. v. 21.12.2011 – C-329/09 P, ECLI:EU:C:2011:859 Rn. 48–51 – Iride/Kommission. In einer *Rechtsmittelbeantwortung* darf hingegen die Ersetzung von Urteilsgründen angeregt werden, allerdings nur im Rahmen des vom Rechtsmittelführer definierten Streitgegenstands und nur in Bezug auf tragende Urteilsgründe (EuGH Urt. v. 11.7.2013 – C-439/11 P, ECLI:EU:C:2013:513 Rn. 42, 112 – Ziegler/Kommission, mit SchlA GA *Kokott* Rn. 27).
[240] EuGH Beschl. v. 14.12.1995 – C-173/95 P, Slg. 1995, I-4905 Rn. 15f.; Urt. v. 28.6.2005 – C-189/02 P, Slg. 2005, I-5425 Rn. 426 – Dansk Rørindustri ua/Kommission; Urt. v. 18.7.2013 – C-501/11 P, ECLI:EU:C:2013:522 Rn. 43, 81–84 – Schindler Holding ua/Kommission; Urt. v. 10.7.2014 – C-295/12 P, ECLI:EU:C:2014:2062 Rn. 96f. – Telefónica ua/Kommission; Urt. v. 11.9.2014 – C-382/12 P, ECLI:EU:C:2014:2201 Rn. 215f. – MasterCard ua/Kommission; Urt. v. 21.1.2016 – C-603/13 P, ECLI:EU:C:2016:38 Rn. 43f. – Galp/Kommission.
[241] EuGH Urt. v. 13.7.2000 – C-210/98 P, Slg. 2000, I-5843 Rn. 43 – Salzgitter/Kommission; Urt. v. 7.6.2007 – C-362/05 P, Slg. 2007, I-4333 Rn. 92 – Wunenburger/Kommission; Urt. v. 3.10.2013 – C-583/11 P, ECLI:EU:C:2013:625 Rn. 46f. – Inuit Tapriit Kanatami ua/Parlament und Rat; Urt. v. 18.7.2013 – C-501/11 P, ECLI:EU:C:2013:522 Rn. 44f. – Schindler Holding ua/Kommission.

gend oder unverständlich ist, genügt nicht den gesetzlichen Anforderungen und ist ganz oder teilweise unzulässig.[242]

6. Rechtsmittelfrist

136 Die **Rechtsmittelfrist,** deren Einhaltung eine zwingende Prozessvoraussetzung ist, beträgt zwei Monate und wird um einen pauschalen Entfernungszuschlag von zehn Tagen verlängert (Art. 56 Abs. 1 EuGH-Satzung, Art. 51 VerfO-EuGH).[243] Hinsichtlich des Beginns der Frist gilt das zu Art. 263 Abs. 6 AEUV Gesagte entsprechend (→ Rn. 22 ff.). Da im Unionsrecht nicht zwischen Einlegung und Begründung eines Rechtsmittels unterschieden wird, muss innerhalb der genannten Frist ein einheitlicher, umfassender Schriftsatz eingereicht werden, der bereits die komplette Rechtsmittelbegründung samt Anlagen enthält.[244]

137 Abweichend von dieser allgemeinen Fristregelung sind Rechtsmittel gegen die Zurückweisung von **Streithilfeersuchen** aus erster Instanz innerhalb einer verkürzten Frist von zwei Wochen einzulegen, die sich allerdings ebenfalls um den pauschalen Entfernungszuschlag von zehn Tagen verlängert (Art. 57 Abs. 1 EuGH-Satzung, Art. 51 VerfO-EuGH).

7. Anschlussrechtsmittel

138 Statt ein eigenes (Haupt-)Rechtsmittel einzulegen, kann jeder Verfahrensbeteiligte aus erster Instanz ein bereits anhängiges Rechtsmittel einer anderen Partei zum Anlass nehmen, seinerseits ein **Anschlussrechtsmittel** einzulegen. Dabei gelten grundsätzlich dieselben Zulässigkeitsvoraussetzungen wie für eigenständige Rechtsmittel,[245] lediglich die Frist ist eine andere: Das Anschlussrechtsmittel ist innerhalb der Rechtsmittelbeantwortungsfrist von zwei Monaten und zehn Tagen einzulegen (Art. 172 iVm Art. 51 VerfO-EuGH). Es ist **mit gesondertem Schriftsatz** anhängig zu machen und darf nicht in der Rechtsmittelbeantwortung enthalten sein (Art. 176 Abs. 2 VerfO-EuGH).

139 Ziel des Anschlussrechtsmittels ist die vollständige oder teilweise Aufhebung der angefochtenen Entscheidung des EuG, allerdings aus anderen als den im Hauptrechtsmittel genannten Gründen (Art. 178 Abs. 1, 3 VerfO-EuGH). **Unzulässig** ist ein **Anschlussrechtsmittel,** das sich nicht gegen die erstinstanzliche Entscheidung richtet, sondern sich darauf beschränkt, das Hauptrechtsmittel zu bekämpfen.[246]

140 Das Anschlussrechtsmittel zeichnet sich durch seine **Akzessorietät** gegenüber dem Hauptrechtsmittel aus. Diese hat zur Folge, dass das Anschlussrechtsmittel gegenstandslos wird, wenn das Hauptrechtsmittel zurückgenommen wird oder wenn es sich als offensichtlich unzulässig erweist, weil es verfristet ist oder eine nicht rechtsmittelfähige Entscheidung angreift (Art. 183 VerfO-EuGH).[247]

II. Begründetheit

141 Das Rechtsmittel ist begründet, wenn mindestens einer der vom Rechtsmittelführer vorgebrachten **Rechtsmittelgründe** durchgreift. Angesichts der Beschränkung des Verfahrensgegenstands auf Rechtsfragen kommen nur folgende drei Arten von Rechtsmittelgründen in Betracht: **Unzuständigkeit** des EuG, **Verfahrensfehler** und die **Verletzung**

---

[242] EuGH Urt. v. 11.9.2007 – C-227/04 P, Slg. 2007, I-6767 Rn. 83 – Lindorfer/Rat; Urt. v. 18.7.2013 – C-501/11 P, ECLI:EU:C:2013:522 Rn. 45 – Schindler Holding ua/Kommission; Urt. v. 10.7.2014 – C-295/12 P, ECLI:EU:C:2014:2062 Rn. 30 – Telefónica ua/Kommission; Urt. v. 11.9.2014 – C-382/12 P, ECLI:EU:C:2014:2201 Rn. 151 – MasterCard ua/Kommission.
[243] Zur Fristberechnung im Einzelnen vgl. Art. 49 VerfO-EuGH.
[244] Von der Groeben/Schwarze/Hatje/*Dittert* Bd. 4, AEUV Art. 256 Rn. 62.
[245] Zu den besonderen Anforderungen für Anschlussrechtsmittel, die von erstinstanzlichen Streithelfern eingelegt werden, vgl. GA *Kokott* SchlA v. 11.12.2014 – verb. Rs. C-293/13 P u. C-294/13 P Rn. 50 ff. – Fresh Del Monte ua/Kommission ua; EuGH Urt. v. 24.6.2015 – C-293/13 P u. C-294/13 P, ECLI:EU:C:2015:416 Rn. 45 ff. – Fresh Del Monte ua/Kommission ua.
[246] EuGH Urt. v. 17.7.2008 – C-71/07 P, Slg. 2008, I-5887 Rn. 41–43 – Campoli/Kommission; Urt. v. 15.11.2012 – C-539/10 P ua, ECLI:EU:C:2012:711 Rn. 95 f. – Al-Aqsa/Rat.
[247] Vgl. dazu auch *Dittert* EuZW 2013, 726 (731).

des Unionsrechts durch das EuG (Art. 256 Abs. 1 UAbs. 2 AEUV iVm Art. 58 Abs. 1 EuGH-Satzung). Im Einklang mit der **Parteimaxime** obliegt es grundsätzlich dem Rechtsmittelführer, diese Rechtsmittelgründe geltend zu machen. Nur höchst selten sieht der EuGH einen Rechtsfehler des EuG als so gravierend an, dass er ihn dem *„ordre public"* zurechnet und **von Amts wegen** aufgreift.[248]

1. Unzuständigkeit des EuG

Mit dem Rechtsmittelgrund der Unzuständigkeit des Gerichts kann zum einen die **absolute** (oder sachliche) **Unzuständigkeit** der Unionsgerichte im Verhältnis zu den nationalen Gerichten oder dem EFTA-Gerichtshof thematisiert werden, zum anderen die **relative** (oder instanzielle) **Unzuständigkeit** des EuG im Verhältnis zum EuGH oder zu etwaigen Fachgerichten überprüft werden. In kartellrechtlichen Gerichtsverfahren gegen Maßnahmen der Kommission dürfte dieser Rechtsmittelgrund im Normalfall kaum eine Rolle spielen.

142

2. Verfahrensfehler des EuG

Ein **Verfahrensfehler** des EuG kann im Rechtsmittelverfahren nur insoweit gerügt werden, als durch ihn die Interessen des Rechtsmittelführers beeinträchtigt werden (Art. 58 Abs. 1 S. 2, 2. Variante EuGH-Satzung). Die als verletzt gerügte Verfahrensvorschrift muss also dem **Schutz der Interessen des Rechtsmittelführers** dienen. Hinsichtlich der Beeinträchtigung seiner Interessen trifft den Rechtsmittelführer die Darlegungslast, wobei es genügen muss, dass eine nachteilige Auswirkung auf seine Interessenlage nicht ausgeschlossen ist.[249]

143

In erster Linie können mit dem Rechtsmittel solche Verfahrensfehler thematisiert werden, die möglicherweise zu einer Beeinträchtigung des **Grundrechts auf effektiven gerichtlichen Rechtsschutz** und des **Grundsatzes des fairen Verfahrens** geführt haben (Art. 47 GRC iVm Art. 6, 13 EMRK). Dazu gehört die Verletzung der Vorschriften über die **Besetzung des Gerichts** und seine **Unparteilichkeit**,[250] die Nichteinhaltung einer **angemessenen Verfahrensdauer**[251] (**übermäßig langes Verfahren** → Rn. 96, 148), sowie die Missachtung des **Gebots der Waffengleichheit**[252] oder des Anspruchs auf ein **kontradiktorisches Verfahren**.[253]

144

Zu den Verfahrensmängeln, die die Interessen des Rechtsmittelführers beeinträchtigen können, zählen ferner etwaige **Begründungsmängel** im angefochtenen Urteil oder Beschluss.[254] Gemäß der primärrechtlich verankerten **Begründungspflicht** (Art. 36 iVm 53

145

---

[248] Zu Beispielen vgl. Von der Groeben/Schwarze/Hatje/*Dittert* Bd. 4, AEUV Art. 256 Rn. 73.
[249] EuGH Urt. v. 8.7.1999 – C-51/92 P, Slg. 1999, I-4235 Rn. 86 – Hercules/Kommission; Urt. v. 24.9.2002 – C-74/00 P ua, Slg. 2002, I-7869 Rn. 70 – Falck ua/Kommission ua; Urt. v. 17.12.2009 – C-197/09 RX, Slg. 2009, I-12033 Rn. 52, 54 – M/EMEA.
[250] EuGH Urt. v. 15.1.2002 – C-171/00 P, Slg. 2002, I-451 Rn. 38 – Libéros/Kommission; Urt. v. 1.7.2008 – C-341/06 P ua, Slg. 2008, I-4777 Rn. 44–61 – Chronopost ua/Ufex ua; Urt. v. 19.2.2009 – C-308/07 P, Slg. 2009, I-1059 Rn. 41–50 – Gorostiaga Atxalandabaso/Parlament; Beschl. v. 15.12.2011 – C-411/11 P, ECLI:EU:C:2011:852 – Altner/Kommission; vgl. auch EGMR Urt. v. 4.3.2014 – Beschwerde-Nr. 36073/04 – Fazlı Aslaner/Türkei.
[251] EuGH Urt. v. 17.12.1998 – C-185/95 P, Slg. 1998, I-8485 Rn. 26–49 – Baustahlgewebe/Kommission; Urt. v. 26.11.2013 – C-40/12 P, ECLI:EU:C:2013:768 Rn. 97–102 – Gascogne Sack Deutschland/Kommission; GA *Kokott,* SchlA – C-110/10 P, Slg. 2011, I-10439, Rn. 79–86, 176–189 – Solvay/Kommission. Es obliegt dem Rechtsmittelführer, substantiiert darzulegen, inwieweit das erstinstanzliche Verfahren übermäßig lange gewesen sein soll: EuGH Urt. v. 10.7.2014 – C-295/12 P, ECLI:EU:C:2014:2062 Rn. 68 – Telefónica ua/Kommission.
[252] EuGH Urt. v. 21.9.2010 – C-514/07 P, Slg. 2010, I-8533 Rn. 88 – Schweden/API und Kommission; EuGH Urt. v. 6.11.2012 – C-199/11, ECLI:EU:C:2012:684 Rn. 71 – Otis ua; EuGH Urt. v. 22.10.2014 – C-580/12 P, ECLI:EU:C:2014:2363 Rn. 30f. – Guardian/Kommission.
[253] EuGH Urt. v. 10.7.2001 – C-315/99 P, Slg. 2001, I-5281 Rn. 28 – Ismeri Europa/Rechnungshof; Urt. v. 13.12.2005 – C-78/03 P, Slg. 2005, I-10737 Rn. 48 – Kommission/ARE; Urt. v. 2.12.2009 – C-89/08 P, Slg. 2009, I-11245 Rn. 50f. – Kommission/Irland; Urt. v. 17.12.2009 – C-197/09 RX, Slg. 2009, I-12033 Rn. 39ff. – M/EMEA.
[254] Nicht zu verwechseln mit etwaigen Rechtsfehlern des Gerichts im Hinblick auf die Begründungsanforderungen, denen die Kommission beim Erlass ihrer Entscheidungen unterliegt (→ Rn. 154).

Abs. 1 EuGH-Satzung) müssen aus den Entscheidungsgründen die Überlegungen des EuG klar und eindeutig hervorgehen, so dass die Betroffenen die erstinstanzliche Entscheidung verstehen und der EuGH sie überprüfen kann.[255] Allerdings muss das EuG nicht jedes einzelne von den Parteien vorgebrachte Argument nacheinander erschöpfend abhandeln, vielmehr kann seine Urteilsbegründung zu bestimmten Punkten auch implizit erfolgen.[256] Entscheidend ist allein, ob sich das EuG mit allen Anträgen der Parteien und mit allen von ihnen gerügten Rechtsverletzungen gebührend auseinandergesetzt hat.[257] Ferner hat seine Urteilsbegründung frei von Widersprüchen zu sein.[258] Der Umstand, dass das EuG in der Sache zu einem anderen Ergebnis gelangt ist, als dies dem Rechtsmittelführer genehm ist, kann nicht als Grundlage für die Rüge eines Begründungsmangels dienen.[259] Ebenso wenig darf unter dem Deckmantel einer Begründungsrüge versucht werden, eine bloße Neubewertung tatsächlicher oder rechtlicher Fragen durch den EuGH zu erlangen.

146 Auch Fehler oder Versäumnisse des EuG bei der **Beweisaufnahme** können grundsätzlich als Verfahrensfehler vor dem EuGH gerügt werden. Allerdings muss der Rechtsmittelführer die dazu in erster Instanz bestehenden Antrags- und Beschwerdemöglichkeiten ausgeschöpft haben.[260] Überdies ist daran zu erinnern, dass der EuGH dem EuG einen erheblichen Freiraum einräumt, wenn es gilt, die Notwendigkeit oder Zweckmäßigkeit von Maßnahmen zur Sachverhaltsaufklärung zu beurteilen. So obliegt es grundsätzlich allein dem EuG zu beurteilen, ob eine Vernehmung von **Zeugen** oder die Einholung von **Sachverständigengutachten** zu einem bestimmten Thema erforderlich ist (Art. 24 ff. EuGH-Satzung),[261] solange der Grundsatz der Waffengleichheit gewahrt ist[262] (→ Rn. 42).

147 Verfahrensfehlerhaft wäre es schließlich, wenn das EuG in seiner erstinstanzlichen Entscheidung über die Anträge des Klägers hinausginge[263] *(ne ultra petita).* Davon zu unter-

---

[255] EuGH Urt. v. 14.5.1998 – C-259/96 P, Slg. 1998, I-2915 Rn. 32–33 – Rat/De Nil u. Impens; Urt. v. 20.1.2011 – C-90/09 P, Slg. 2011, I-1 Rn. 59 – General Química/Kommission; Urt. v. 11.7.2013 – C-439/11 P, ECLI:EU:C:2013:513 Rn. 81 – Ziegler/Kommission; Urt. v. 11.9.2014 – C-382/12 P, ECLI:EU:C:2014:2201 Rn. 189 – MasterCard ua/Kommission.

[256] EuGH Urt. v. 7.1.2004 – C-204/00 P ua, Slg. 2004, I-123 Rn. 372 – Aalborg Portland ua/Kommission; Urt. v. 11.7.2013 – C-439/11 P, ECLI:EU:C:2013:513 Rn. 82 – Ziegler/Kommission; Urt. v. 26.11.2013 – C-40/12 P, ECLI:EU:C:2013:768 Rn. 35 – Gascogne Sack Deutschland/Kommission; Urt. v. 11.9.2014 – C-382/12 P, ECLI:EU:C:2014:2201 Rn. 189 – MasterCard ua/Kommission.

[257] EuGH Urt. v. 17.12.1992 – C-68/91 P, Slg. 1992, I-6849 Rn. 25–26, 37–39 – Moritz/Kommission; Urt. v. 9.12.2004 – C-123/03 P, Slg. 2004, I-11647 Rn. 40–41 – Kommission/Greencore; Urt. v. 14.7.2005 – C-57/02 P, Slg. 2005, I-6689 Rn. 36–37 – Acerinox/Kommission; Urt. v. 25.10.2007 – C-167/06 P ECLI:EU:C:2007:633 Rn. 22 – Komninou ua/Kommission; Urt. v. 20.1.2011 – C-90/09 P, Slg. 2011, I-1 Rn. 59–62 – General Química/Kommission; vgl. außerdem Urt. v. 11.4.2013 – C-652/11 P, ECLI:EU:C:2013:229 Rn. 41– Mindo/Kommission, wo das erstinstanzliche Urteil aufgehoben wird, weil es „auf einen zentralen Punkt der Argumentation" der Klägerin „nicht eingegangen" sei.

[258] EuGH Urt. v. 1.10.1991 – C-283/90 P, Slg. 1991, I-4339 Rn. 29 – Vidrányi/Kommission; Urt. v. 16.12.2008 – C-47/07 P, Slg. 2008, I-9761 Rn. 76 – Masdar/Kommission. Als Beispiel für die Aufhebung eines erstinstanzlichen Urteils ua wegen widersprüchlicher Begründung vgl. Urt. v. 8.7.1999 – C-49/92 P, Slg. 1999, I-4125 Rn. 202 – Kommission/Anic Partecipazioni.

[259] EuGH Urt. v. 7.6.2007 – C-362/05 P, Slg. 2007, I-4333 Rn. 80 – Wunenburger/Kommission; Urt. v. 20.5.2010 – C-583/08 P, Slg. 2010, I-4469 Rn. 35 – Gogos/Kommission.

[260] Der Rechtsmittelführer kann sich nicht über die unterbliebene Vernehmung von Zeugen in erster Instanz beklagen, wenn er eine solche Vernehmung nicht unter Hinweis auf die Unrichtigkeit des von der Kommission festgestellten Sachverhalts substantiiert beantragt hat (EuGH Urt. v. 18.7.2013 – C-501/11 P, ECLI:EU:C:2013:522 Rn. 46 – Schindler Holding ua/Kommission). Kam es in erster Instanz zur Vernehmung von Zeugen, so kann eine Partei, die nicht die Möglichkeiten des Art. 99 VerfO-EuG ausgeschöpft hat, später diesbezüglich kein Rechtsmittel einlegen (EuGH Urt. v. 26.4.1993 – C-244/92 P, Slg. 1993, I-2041 Rn. 14–19 – Kupka-Floridi/Kommission).

[261] Kommentiert bei Von der Groeben/Schwarze/Hatje/*Dittert* Bd. 4, EuGH-Satzung Art. 24 ff.

[262] EuGH Urt. v. 28.6.2005 – C-189/02 P, Slg. 2005, I-5425 Rn. 67 ff. – Dansk Rørindustri ua/Kommission; Urt. v. 19.12.2013 – C-239/11 P ua, ECLI:EU:C:2013:866 Rn. 323 ff. – Siemens ua/Kommission.

[263] EuGH Urt. v. 19.1.2006 – C-240/03 P Slg. 2006, I-731 Rn. 43 – Comunità montana della Valnerina/Kommission; EuGH Urt. v. 10.12.2013 – C-272/12 P ECLI:EU:C:2013:812 Rn. 27 – Kommission/Irland ua.

scheiden ist allerdings die naturgemäß bestehende Befugnis des Gerichts, in der Begründung seiner Entscheidung von den Argumenten der Parteien abzuweichen.[264]

Hervorzuheben ist, dass nicht jeder Verstoß gegen eine Verfahrensvorschrift – selbst wenn diese individualschützend ist – zur **Aufhebung** des angefochtenen **Urteils** oder **Beschlusses** führen muss. Vielmehr kommt es darauf an, ob sich ein etwaiger Verfahrensfehler auf den Inhalt der Entscheidung des EuG ausgewirkt haben kann. So führt beispielsweise die **Feststellung eines übermäßig langen erstinstanzlichen Gerichtsverfahrens** (→ Rn. 144) nur dann zur Aufhebung, wenn sich die Verfahrensdauer auf die Verteidigungsmöglichkeiten des Rechtsmittelführers ausgewirkt und diese beeinträchtigt hat; ansonsten wird der Rechtsmittelführer lediglich auf die (separate) Geltendmachung seines Anspruchs auf Ersatz etwa entstandener Schäden verwiesen[265] (Art. 268 AEUV iVm 340 Abs. 2 AEUV; → Rn. 96). **148**

Hinweis: Gleichwohl dürfte es weiterhin sinnvoll sein, in Rechtsmittelverfahren in geeigneten Fällen substantiiert[266] die Rüge des Verstoßes gegen den Grundsatz der angemessenen Verfahrensdauer zu erheben, unter Berücksichtigung der von den Unionsgerichten zugrunde gelegten Kriterien.[267] Dabei empfiehlt es sich, die Aufhebung des erstinstanzlichen Urteils wegen Verletzung der Verteidigungsrechte und hilfsweise die Feststellung der überlangen Verfahrensdauer im Sinne der *Gascogne*-Rspr. zu beantragen.[268] Schon die schlichte Feststellung der überlangen Verfahrensdauer durch den EuGH kann, selbst wenn sie nicht zur Aufhebung des angefochtenen Urteils führt, als Ausgangspunkt für den dann einzuleitenden Folgeprozess auf Schadensersatz dienen[269] (→ Rn. 96). **149**

3. Verletzung des Unionsrechts durch das EuG

Den mit Abstand wichtigsten Rechtsmittelgrund stellt in der Praxis die **Verletzung des Unionsrechts** durch das EuG dar (Art. 58 Abs. 1 S. 2, 3. Variante EuGH-Satzung). Mit dieser denkbar weiten Kategorie möglicher Revisionsrügen – einer Art Auffangtatbestand – ist sichergestellt, dass es zu einer umfassenden rechtlichen Überprüfung von Entscheidungen des EuG durch den EuGH kommen kann. **150**

Unter Verletzung des Unionsrechts ist jede **unzutreffende Auslegung oder Anwendung** einer Bestimmung des Unionsrechts zu verstehen, gleichviel, ob es sich um geschriebenes oder ungeschriebenes Recht, um Primärrecht oder Sekundärrecht handelt.[270] **151**

---

[264] EuGH Beschl. v. 27.9.2004 – C-470/02 P, ECLI:EU:C:2004:565 Rn. 69 – UER/M6 ua; EuGH Urt. v. 21.9.2010 – C-514/07 P, Slg. 2010, I-8533 Rn. 65 – Schweden/API und Kommission.
[265] EuGH Urt. v. 16.7.2009 – C-385/07 P, Slg. 2009, I-6155 Rn. 176 ff. – Der Grüne Punkt/Kommission; Urt. v. 26.11.2013 – C-40/12 P, ECLI:EU:C:2013:768 Rn. 80–103 – Gascogne Sack Deutschland/Kommission. Die frühere Rechtsprechung, wonach ein übermäßig langes erstinstanzliches Verfahren zur Herabsetzung einer Geldbuße führen konnte (EuGH C-185/95 P, Slg. 1998, I-8485 Rn. 141 f. – Baustahlgewebe/Kommission), ist seit dem Urteil Gascogne Sack Deutschland/Kommission aufgegeben. Erste Schadensersatzprozesse gegen den Gerichtshof als Organ wegen überlanger Verfahrensdauer sind nunmehr mit den Rs. T-479/14 – Kendrion/EuGH und T-577/14 – Gascogne/EuGH anhängig.
[266] Das Erfordernis einer substantiierten Rüge wird betont in EuGH Urt. v. 10.7.2014 – C-295/12 P, ECLI:EU:C:2014:2062 Rn. 68 – Telefónica ua/Kommission.
[267] Zu diesen Kriterien vgl. etwa EuGH Urt. v. 17.12.1998 – C-185/95 P, Slg. 1998, I-8485 Rn. 26–47 – Baustahlgewebe/Kommission; Urt. v. 26.11.2013 – C-40/12 P, ECLI:EU:C:2013:768 Rn. 91–95 – Gascogne Sack Deutschland/Kommission; GA *Kokott*, SchlA – verb. Rs. C-110/10 P, Slg. 2011, I-10439, Rn. 79–86, 176–189 – Solvay/Kommission.
[268] Eine solche Feststellung ist zwar eigentlich in Rechtsmittelverfahren nicht vorgesehen (Art. 169 Abs. 1 VerfO-EuGH), entspricht aber gleichwohl seit den *Gascogne*-Fällen der Praxis des Gerichtshofs (EuGH Urt. v. 26.11.2013 – C-40/12 P, ECLI:EU:C:2013:768 Rn. 97–102 – Gascogne Sack Deutschland/Kommission; EuGH Urt. v. 26.11.2013 – C-50/12 P ECLI:EU:C:2013:771 Rn. 102–106 – Kendrion/Kommission; Urt. v. 26.11.2013 – C-58/12 P, ECLI:EU:C:2013:770 Rn. 91–96 – Groupe Gascogne/Kommission; Urt. v. 12.6.2014 – C-578/11 P, ECLI:EU:C:2014:1742 Rn. 88–92 – Deltafina/Kommission; Urt. v. 19.6.2014 – C-243/12 P, ECLI:EU:C:2014:2006 Rn. 137–142 – FLS Plast/Kommission).
[269] EuGH Urt. v. 16.7.2009 – C-385/07 P, Slg. 2009, I-6155 Rn. 183–188 – Der Grüne Punkt/Kommission; Urt. v. 26.11.2013 – C-40/12 P, ECLI:EU:C:2013:768 Rn. 97–102 – Gascogne Sack Deutschland/Kommission.
[270] Von der Groeben/Schwarze/Hatje/*Dittert* Bd. 4, AEUV Art. 256 Rn. 85.

152 In Rechtsmittelverfahren mit kartellrechtlichem Einschlag stehen dabei naturgemäß die Art. 101 AEUV und 102 AEUV bzw. die Art. 53 und 54 des EWR-Abkommens, sowie die VO Nr. 1/2003, die VO Nr. 773/2004 und die diversen Gruppenfreistellungsverordnungen im Mittelpunkt des Interesses, jeweils ergänzt um die dazu gehörigen Mitteilungen, Bekanntmachungen und Leitlinien der Kommission. Daneben gewinnen aber auch die **Unionsgrundrechte,** wie sie insbesondere in der Charta der Grundrechte zum Ausdruck kommen (vgl. insbesondere Art. 20, 41, 47–50 GRC), sowie **allgemeine** aus dem Rechtsstaatsprinzip fließende **Rechtsgrundsätze** wie das Verhältnismäßigkeitsprinzip, das Rückwirkungsverbot und der Grundsatz des Vertrauensschutzes zunehmend an Bedeutung (→ Rn. 45 ff.).

153 Überprüfbar sind sowohl die vom EuG gestellten Anforderungen an die **Zulässigkeit der erstinstanzlichen Klage**[271] als auch seine Aussagen zu ihrer **Begründetheit,** wobei die Verletzung materiellrechtlicher Vorschriften ebenso geltend gemacht werden kann wie die Missachtung formaler Erfordernisse für die vom EuG überprüfte Handlung der Kommission.

154 *In formaler Hinsicht* kann das EuG insbesondere die **Erfordernisse der guten Verwaltung** verkannt haben, denen die Kommission als Wettbewerbsbehörde unterliegt (Art. 41 GRC). Dazu gehört zum einen die Wahrung der **Verteidigungsrechte** im Verwaltungsverfahren (Art. 27 VO Nr. 1/2003; Art. 10 ff. VO Nr. 773/2004; Art. 41 Abs. 1 GRC), zum anderen die ordnungsgemäße **Begründung der streitigen Entscheidung der Kommission** (Art. 296 Abs. 2 AEUV, Art. 41 Abs. 2 GRC).[272] An diese Begründung darf das EuG weder zu strenge noch zu laxe Anforderungen stellen;[273] ebenso wenig ist der Unionsrichter befugt, eine von der Kommission gegebene Begründung nachzubessern oder durch andere Gründe zu ersetzen.[274]

155 *In materieller Hinsicht* stellt der EuGH als Rechtsmittelinstanz sicher, dass das EuG bei der Überprüfung von Rechtsakten der Kommission **zutreffende rechtliche Kriterien und Maßstäbe** angelegt hat.[275] Dies schließt die Frage ein, mit welcher Intensität das EuG die Beurteilung komplexer wirtschaftlicher Sachverhalte durch die Kommission kontrollieren durfte. Einerseits muss nämlich das EuG seinem Auftrag nachkommen, effektiven Rechtsschutz zu gewähren (Art. 47 GRC iVm Art. 6 Abs. 1 und 13 EMRK), andererseits darf das EuG nicht in einen etwa bestehenden Beurteilungs- oder Ermessensspielraum der Kommission eingreifen.[276]

156 Zwar unterliegt, wie bereits erwähnt (→ Rn. 126), weder die **Tatsachenfeststellung** noch die **Beweiswürdigung** des EuG als solche der Überprüfung durch den EuGH. Es obliegt nicht dem EuGH als Rechtsmittelinstanz, die Tatsachen- und Beweiswürdigung des EuG durch seine eigene zu ersetzen.[277] Jedoch vergewissert sich der

---

[271] EuGH Urt. v. 9.7.2009 – C-319/07 P, Slg. 2009, I-5963 – 3F/Kommission; Urt. v. 13.10.2011 – C-463/10 P ua, Slg. 2011, I-9639 – Deutsche Post ua/Kommission.
[272] Nicht zu verwechseln mit Mängeln in der Begründung des angefochtenen Urteils oder Beschlusses des Gerichts (→ Rn. 145).
[273] EuGH Urt. v. 20.2.1997 – C-166/95 P, Slg. 1997, I-983 Rn. 24 – Kommission/Daffix; Urt. v. 10.7.2008 – C-413/06 P, Slg. 2008, I-4951 Rn. 168 ff. – Bertelsmann & Sony/Impala; Urt. v. 29.9.2011 – C-521/09 P, Slg. 2011, I-8947 Rn. 146 ff. – Elf Aquitaine/Kommission; Urt. v. 10.3.2016 – C-247/14 P, ECLI:EU:C:2016:149 – Heidelbergcement/Kommission.
[274] EuGH Urt. v. 27.1.2000 – C-164/98 P, Slg. 2000, I-447 Rn. 38, 49 – DIR International Film ua/Kommission; Urt. v. 22.12.2008 – C-487/06 P, Slg. 2008, I-10515 Rn. 141 – British Aggregates/Kommission; Urt. v. 24.1.2013 – C-73/11 P, ECLI:EU:C:2013:32 Rn. 89 – Frucona Košice/Kommission.
[275] EuGH Urt. v. 25.1.2007 – C-403/04 P ua, Slg. 2007, I-729 Rn. 40 – Sumitomo ua/Kommission; Urt. v. 10.7.2008 – C-413/06 P, Slg. 2008, I-4951 Rn. 117– Bertelsmann & Sony/Impala; Urt. v. 25.10.2011 – C-109/10 P, Slg. 2011, I-10329 Rn. 51 – Solvay/Kommission; Urt. v. 11.7.2013 – C-440/11 P, ECLI:EU:C:2013:514 Rn. 59 – Kommission/Portielje.
[276] Vgl. einerseits EuGH Urt. v. 20.1.2011 – C-90/09 P, Slg. 2011, I-1 Rn. 77–79 – General Química/Kommission, andererseits Urt. v. 29.6.2010 – C-441/07 P, Slg. 2010, I-5949 Rn. 59–68 – Kommission/Alrosa.
[277] EuGH Urt. v. 23.4.2002 – C-62/01 P – Slg. 2002, I-3793 Rn. 24 aE – Campogrande/Kommission; Urt. v. 15.3.2007 – C-95/04 P, Slg. 2007, I-2331 Rn. 137 – British Airways/Kommission.

EuGH, dass die erste Instanz eine **korrekte rechtliche Qualifizierung** (Subsumtion) des Sachverhalts vorgenommen[278] und dabei keine **Tatsachen oder Beweismittel verfälscht** hat.[279]

Wirft der Rechtsmittelführer dem EuG eine **Tatsachen- oder Beweisverfälschung** 157 vor, so obliegt ihm dafür die Darlegungslast: Zum einen muss er genau angeben, um welche Tatsachen oder Beweismittel es sich handelt, zum anderen muss er substantiiert die Beurteilungsfehler darlegen, die dem EuG unterlaufen sein sollen.[280] Eine Verfälschung wird nur höchst selten anzunehmen sein; sie liegt vor, wenn ohne die Erhebung neuer Beweise die Würdigung der vorliegenden Beweismittel offensichtlich unzutreffend war.[281] Dies kann auch dann der Fall sein, wenn das EuG das Vorbringen einer Partei im erstinstanzlichen Verfahren offensichtlich falsch verstanden oder sinnentstellt wiedergegeben hat.[282] Hingegen liegt keine Verfälschung vor, wenn ein Beweismittel mehrere Interpretationen zulässt und das EuG sich in vertretbarer Weise für eine von ihnen entschieden hat. Zur Aufhebung des angefochtenen Urteils oder Beschlusses führt die Feststellung einer Verfälschung von Tatsachen, Beweismitteln oder des Parteivortrags im Übrigen nur, soweit sie sich auf die Entscheidung des EuG ausgewirkt haben kann.[283]

Auch die Ausübung der Befugnis des EuG zur **unbeschränkten Ermessensnachprü-** 158 **fung** von finanziellen Sanktionen überprüft der EuGH im Rechtsmittelverfahren nur auf **offensichtliche Fehler.** Solche (Rechts)Fehler sind erstens anzunehmen, wenn das EuG die Ausmaße seiner Befugnisse nach Art. 261 AEUV verkannt hat, zweitens, wenn es sich nicht umfassend mit allen relevanten Gesichtspunkten auseinandergesetzt hat, und drittens, wenn es unzutreffende rechtliche Kriterien angelegt hat.[284] In diesem Zusammenhang gewinnen insbesondere die Grundsätze der Gleichbehandlung und der Verhältnismäßigkeit an Bedeutung (→ Rn. 47, 50). Abgesehen davon ist es aber nicht Aufgabe des EuGH, im Rechtsmittelverfahren seine eigene Einschätzung an die Stelle der Beurteilung des EuG zu setzen und allein aus Billigkeitsgründen anders zu entscheiden als die erste Instanz.[285] Eine Neufestset-

---

[278] EuGH Urt. v. 1.6.1994 – C-136/92 P, Slg. 1994, I-1981 Rn. 49 aE – Kommission/Brazzelli Lualdi ua; Urt. v. 19.7.2012 – C-628/10 P und C-14/11 P, ECLI:EU:C:2012:479 Rn. 84 – Alliance One International and Standard Commercial Tobacco/Kommission; Urt. v. 11.7.2013 – C-439/11 P, ECLI:EU:C:2013:513 Rn. 74 – Ziegler/Kommission.

[279] EuGH Urt. v. 3.4.2003 – C-277/01 P, Slg. 2003, I-3019 Rn. 50 – Parlament/Samper; EuGH Urt. v. 18.1.2007 – C-229/05 P, Slg. 2007, I-439 Rn. 53–54 – PKK u. KNK/Rat; Urt. v. 18.7.2007 – C-326/05 P, Slg. 2007, I-6557 Rn. 68–69 – Industrias Químicas del Vallés/Kommission.

[280] EuGH Urt. v. 7.1.2004 – C-204/00 P ua, Slg. 2004, I-123 Rn. 50, 159 – Aalborg Portland ua/Kommission; Urt. v. 17.6.2010 – C-413/08 P, Slg. 2010, I-5361 Rn. 16 – Lafarge/Kommission.

[281] EuGH Urt. v. 18.1.2007 – C-229/05 P, Slg. 2007, I-439 Rn. 37 – PKK u. KNK/Rat; Urt. v. 22.11.2007 – C-260/05 P, Slg. 2007, I-10005 Rn. 37 – Sniace/Kommission; Urt. v. 17.6.2010 – C-413/08 P, Slg. 2010, I-5361 Rn. 17 – Lafarge/Kommission; Urt. v. 10.7.2014 – C-295/12 P, ECLI:EU:C:2014:2062 Rn. 163, 219 – Telefónica ua/Kommission.

[282] EuGH Urt. v. 13.12.2005 – C-78/03 P, Slg. 2005, I-10737 Rn. 44–50 – Kommission/ARE; Urt. v. 29.11.2007 – C-176/06 P, Slg. 2007, I-170 Rn. 25 – Stadtwerke Schwäbisch Hall/Kommission; Urt. v. 1.7.2010 – C-407/08 P, Slg. 2010, I-6375 Rn. 31 – Knauf Gips/Kommission; vgl. ergänzend GA *Kokott,* SchlA v. 14.4.2011 – C-109/10 P, Slg. 2011, I-10329 Rn. 94 – Solvay/Kommission.

[283] EuGH Urt. v. 1.6.2006 – C-442/03 P ua, Slg. 2006, I-4845 Rn. 67–69 – P&O European Ferries ua/Kommission; Urt. v. 1.2.2007 – C-266/05 P – Slg. 2007, I-1233 Rn. 67ff. – Sison/Rat; Urt. v. 3.10.2013 – C-583/11 P, ECLI:EU:C:2013:625 Rn. 112 – Inuit Tapriit Kanatami ua/Parlament und Rat; Urt. v. 20.1.2016 – C-373/14 P, ECLI:EU:C:2016:26 Rn. 45 – Toshiba/Kommission.

[284] EuGH Urt. v. 17.12.1998 – C-185/95 P, Slg. 1998, I-8485 Rn. 128 – Baustahlgewebe/Kommission; Urt. v. 28.6.2005 – C-189/02 P, Slg. 2005, I-5425 Rn. 244, 303 – Dansk Rørindustri ua/Kommission; Urt. v. 3.9.2009 – C-322/07 P ua, Slg. 2009, I-7191 Rn. 125 – Papierfabrik August Koehler ua/Kommission; vgl. ergänzend GA *Kokott* SchlA v. 8.12.2005 – C-105/04 P, Slg. 2006, I-8725 Rn. 137ff. – FEG/Kommission; außerdem speziell zur Prüfung der Verhältnismäßigkeit einer Geldbuße EuGH Urt. v. 22.11.2012 – C-89/11 P, ECLI:EU:C:2012:738 Rn. 126 – E.ON/Kommission; Urt. v. 18.7.2013 – C-501/11 P, ECLI:EU:C:2013:522 Rn. 165 – Schindler Holding ua/Kommission.

[285] EuGH Urt. v. 6.4.1995 – C-310/93 P, Slg. 1995, I-865 Rn. 34 – BPB und British Gypsum/Kommission; Urt. v. 22.11.2012 – C-89/11 P, ECLI:EU:C:2012:738 Rn. 125f. – E.ON/Kommission; Urt. v. 18.7.2013 – C-501/11 P, ECLI:EU:C:2013:522 Rn. 164 – Schindler Holding ua/Kommission; Urt. v. 7.9.2016 – C-101/15 P, ECLI:EU:C:2016:631 Rn. 72f. – Pilkington/Kommission.

zung von Geldbußen durch den EuGH nach eigenem Ermessen kommt nur in Betracht, wenn der EuGH das erstinstanzliche Urteil wegen eines Rechtsfehlers aufgehoben hat und selbst zur Sache entscheidet (Art. 61 Abs. 1 S. 2 EuGH- Satzung).[286]

III. Entscheidung über das Rechtsmittel

159 Im Regelfall entscheidet der EuGH über das Rechtsmittel durch **Urteil,** dem Schlussanträge des Generalanwalts vorausgehen.[287] Zunehmend wird aber dazu übergegangen, offensichtlich unzulässige oder offensichtlich unbegründete Rechtsmittel durch **Beschluss** zurückzuweisen (Art. 181 VerfO-EuGH), was „jederzeit" geschehen kann, also auch ohne Zustellung an die anderen Verfahrensbeteiligten und ohne Durchführung eines schriftlichen und mündlichen Verfahrens. Von dieser Möglichkeit wird insbesondere dann Gebrauch gemacht, wenn der Rechtsmittelführer elementare Zulässigkeitsanforderungen verkennt. Umgekehrt kann offensichtlich zulässigen und begründeten Rechtsmitteln im Beschlusswege stattgegeben werden, sofern der EuGH die maßgeblichen Rechtsfragen bereits früher entschieden hat (Art. 182 VerfO-EuGH).

160 Das Rechtsmittel wird auch dann zurückgewiesen, wenn der EuGH zwar einen Rechtsfehler des EuG feststellt, aber der Tenor der angefochtenen erstinstanzlichen Entscheidung gleichwohl aus anderen Gründen aufrechtzuerhalten ist. In einem solchen Fall ist das Rechtsmittel unbegründet, weil es „ins Leere geht" bzw. „wirkungslos" ist (frz. *inopérant*).[288] Gleiches gilt, wenn der Rechtsmittelführer Teile der erstinstanzlichen Entscheidung angreift, in denen keine tragenden Gründe, sondern lediglich *obiter dicta* enthalten sind.[289]

161 Ein zulässiges und begründetes Rechtsmittel hat – ganz oder teilweise – die **Aufhebung** des angefochtenen Urteils oder Beschlusses des EuG zur Folge (Art. 61 Abs. 1 S. 1 EuGH-Satzung). Soweit der Rechtsstreit zur Entscheidung reif ist, macht der EuGH von seinem **Evokationsrecht** Gebrauch und entscheidet selbst den Rechtsstreit – ganz oder teilweise – endgültig (Art. 61 Abs. 1 S. 2 EuGH-Satzung). Andernfalls wird die Sache zur Entscheidung an das EuG zurückverwiesen.[290] Beantragt der Rechtsmittelführer selbst die **Zurückverweisung,** so muss er die Gründe dafür angeben (Art. 170 Abs. 2 VerfO-EuGH), die insbesondere in der Notwendigkeit weiterer Maßnahmen zur Sachverhaltsaufklärung liegen können. Bei Zurückverweisung ist das EuG an die rechtliche Beurteilung des EuGH gebunden (Art. 61 Abs. 2 EuGH-Satzung).

162 Über die **Kosten des Rechtsmittelverfahrens** befindet der EuGH in seinem Urteil oder Beschluss nur, wenn er das Rechtsmittel entweder zurückweist oder ihm stattgibt und den Rechtsstreit selbst endgültig entscheidet (Art. 184 Abs. 2 VerfO-EuGH). Erstinstanzlichen Streithelfern, die sich am Rechtsmittelverfahren beteiligt haben, können ihre eigenen Kosten auferlegt werden (Art. 184 Abs. 4 VerfO-EuGH). Obsiegt allerdings der erstinstanzliche Streithelfer mit seinen im Rechtsmittelverfahren gemachten Ausführungen, so kann es

---

[286] EuGH Urt. v. 8.7.1999 – C-49/92 P, Slg. 1999, I-4125 Rn. 218ff. – Kommission/Anic Partecipazioni; Urt. v. 6.12.2012 – C-441/11 P, ECLI:EU:C:2012:778 Rn. 79–82 – Verhuizingen Coppens/Kommission; Urt. v. 22.10.2014 – C-580/12 P, ECLI:EU:C:2014:2363 Rn. 73ff. – Guardian/Kommission.

[287] Von Schlussanträgen des Generalanwalts kann abgesehen werden, wenn sich keine neue Rechtsfrage stellt (Art. 20 Abs. 5 EuGH-Satzung). Inzwischen werden nur noch in rund der Hälfte aller Rechtssachen Schlussanträge gestellt.

[288] EuGH Urt. v. 9.6.1992 – C-30/91 P, Slg. 1992, I-3755 Rn. 28 – Lestelle/Kommission; Urt. v. 3.9.2008 – C-402/05 P ua, Slg. 2008, I-6351 Rn. 233 – Kadi ua/Rat ua; Urt. v. 11.9.2014 – C-382/12 P, ECLI:EU:C:2014:2201 Rn. 170 – MasterCard ua/Kommission.

[289] EuGH – Parlament/Frederiksen, Rs. C-35/92 P – Slg. 1993, I-991 Rn. 31–32; Urt. v. 28.6.2005 – C-189/02 P, Slg. 2005, I-5425 Rn. 148 – Dansk Rørindustri ua/Kommission; Urt. v. 11.7.2013 – C-439/11 P, ECLI:EU:C:2013:513 Rn. 112 – Ziegler/Kommission.

[290] Zu Beispielen aus der Rspr. vgl. Von der Groeben/Schwarze/Hatje/*Dittert* Bd. 4, AEUV Art. 256 Rn. 107.

gerecht sein, seine Kosten der Gegenseite aufzuerlegen.[291] Verweist der EuGH den Rechtsstreit an das EuG zurück, so bleibt die Kostenentscheidung vorbehalten.

G. Besondere Verfahrensarten

Die Wirkungen von Entscheidungen der Unionsgerichte können Rechte Dritter beeinträchtigen, die am Gerichtsverfahren nicht beteiligt waren. Zu ihrem Schutz sieht Art. 42 EuGH-Satzung (iVm Art. 157 VerfO-EuGH, Art. 167 VerfO-EuG) als außerordentlichen Rechtsbehelf den **Drittwiderspruch** vor,[292] der die aus dem französischen Rechtskreis bekannte *„tierce opposition"* zum Vorbild hat. Der Drittwiderspruch erlaubt die Durchbrechung der Rechtskraft von Urteilen der Unionsgerichte zugunsten des betroffenen Dritten. Die Zulässigkeitshürden für die Einlegung eines Drittwiderspruchs sind allerdings hoch. Insbesondere muss es dem Dritten aus tatsächlichen Gründen (*nicht aus rechtlichen Gründen!*) unmöglich gewesen sein, sich als Streithelfer am ursprünglichen Rechtsstreit zu beteiligen. Dies dürfte nur selten der Fall sein, weil über den Gegenstand jeder bei den Unionsgerichten eingereichten Klage eine Mitteilung im Amtsblatt veröffentlicht wird. 163

Die **Wiederaufnahme des Verfahrens** (Art. 44 EuGH-Satzung iVm Art. 159 VerfO-EuGH, Art. 169 VerfO-EuG)[293] ermöglicht die Durchbrechung der Rechtskraft eines Urteils der Unionsgerichte, wenn die Tatsachengrundlage, auf der es beruht, sich nachträglich in einem wesentlichen Punkt als falsch erweist. Ein Antrag auf Wiederaufnahme kann nur auf Tatsachen gestützt werden, die geeignet gewesen wären, einen entscheidenden Einfluss auf den Ausgang des ursprünglichen Rechtsstreits auszuüben, so dass die richterliche Entscheidung, wären diese Tatsachen im Zeitpunkt des Urteils bekannt gewesen, möglicherweise anders ausgefallen wäre. Die Tatsache, auf die sich der Antrag stützt, muss schon im Zeitpunkt des Urteils vorgelegen haben. Es darf sich also nicht um eine neue, sondern nur um eine neu entdeckte Tatsache handeln. Von der Entdeckung dieser Tatsache an hat der Betroffene drei Monate Zeit, den Wiederaufnahmeantrag zu stellen. Mit Ablauf von zehn Jahren nach Urteilsverkündung ist keine Wiederaufnahme mehr möglich. 164

Von den außerordentlichen Rechtsbehelfen des Drittwiderspruchs und der Wiederaufnahme unterscheidet sich die **Urteilsauslegung** (Art. 43 EuGH-Satzung, Art. 158 VerfO-EuGH, Art. 168 VerfO-EuG)[294] dadurch, dass sie die Rechtskraft bzw. die Bindungswirkung des nicht rechtskräftigen Urteils unberührt lässt. Auslegungsfähig sind nur diejenigen Textstellen, die die Entscheidung des Unionsrichters über den ihm unterbreiteten Rechtsstreit enthalten, dh der Tenor und die das Urteil tragenden Entscheidungsgründe, nicht dagegen *obiter dicta*. Der Antragsteller muss eine Frist von zwei Jahren einhalten, in schlüssiger Weise Zweifel an Sinn und Tragweite des Urteils darlegen sowie ein berechtigtes Interesse an dessen Auslegung vorweisen. Keine Frage der Urteilsauslegung ist es, welche Folgerungen aus einem Urteil zu ziehen sind, insbesondere welche Maßnahmen ein Unionsorgan nach Art. 266 AEUV aufgrund des Urteils zu ergreifen hat. Von der Urteilsauslegung zu unterscheiden sind die Verfahren zur **Urteilsberichtigung** (Art. 164 VerfO-EuG, Art. 154 VerfO-EuGH) und zur **Urteilsergänzung** (Art. 165 VerfO-EuG, Art. 155 VerfO-EuGH). Ersteres dient der Korrektur von offensichtlichen Unrichtigkeiten im Urteil, wie etwa Schreibfehlern.[295] Zweiteres erlaubt es dem EuG allein die Kostenentscheidung nachzuholen, während der EuGH auf diesem Wege allgemein die Entscheidung über vergessene Anträge nachschieben kann. 165

---

[291] EuGH Urt. v. 19.7.2012 – C-337/09 P, ECLI:EU:C:2012:471 Rn. 112 – Rat/Xinanchem; GA *Kokott*, SchlA v. 18.4.2013 – verb. Rs. C-501/11 P, ECLI:EU:C:2013:248 Rn. 232 – Schindler Holding ua/Kommission.
[292] Zu den Einzelheiten vgl. Von der Groeben/Schwarze/Hatje/*Dittert* Bd. 4, EuGH-Satzung Art. 42.
[293] Zu den Einzelheiten vgl. Von der Groeben/Schwarze/Hatje/*Dittert* Bd. 4, EuGH-Satzung Art. 44.
[294] Zu den Einzelheiten vgl. Von der Groeben/Schwarze/Hatje/*Dittert* Bd. 4, EuGH-Satzung Art. 43.
[295] Besonders extensiv wurde zB von der Möglichkeit der Urteilsberichtigung Gebrauch gemacht in EuG Beschl. v. 10.11.2015 – T-380/10 REC u. T-419/10 REC, ECLI:EU:T:2015:855 – SLM ua/Kommission.

H. Allgemeines zum Verfahrensablauf vor den Unionsgerichten

166 Das Verfahren vor den Unionsgerichten ist stärker reglementiert und zeichnet sich durch eine größere **Formenstrenge** aus, als dies im nationalen Gerichtsverfahren der Fall sein mag. Dies hat zum einen mit den unterschiedlichen Rechtstraditionen zu tun, die sich vor dem EuGH und dem EuG vereinen, zum anderen liegt es aber auch an dem besonderen Aufwand, der den Luxemburger Gerichten angesichts der Vielsprachigkeit der Union im Hinblick auf die Übersetzung von Schriftstücken und die Dolmetschleistungen in der mündlichen Verhandlung abverlangt wird.

167 Den **Besonderheiten in der Arbeitsweise der Unionsgerichte** als genuin supranationalen Einrichtungen sollten Prozessvertreter von Unternehmen während des gesamten Verfahrensablaufs Rechnung tragen. Insbesondere haben sie zu berücksichtigen, dass ihre schriftlichen und mündlichen Ausführungen für Juristen aus unterschiedlichen Rechtskreisen verständlich sowie leicht übersetzbar sein sollten. Dies setzt ein hohes Maß an Anpassungsfähigkeit voraus und zwingt nicht zuletzt zu einem Verzicht auf liebgewonnene Fachbegriffe, Redewendungen und Gebräuche aus dem nationalen Kontext. Auch ist für deutsche Juristen gewöhnungsbedürftig, dass telefonische Anfragen sowie jeglicher Schriftverkehr mit dem EuG bzw. mit dem EuGH ausschließlich über deren jeweilige **Kanzleien** abzuwickeln ist; eine direkte Kontaktaufnahme mit Mitgliedern der Unionsgerichte ist abseits der mündlichen Verhandlung nicht zulässig.

168 Die **Verfahrenssprache** in erster Instanz wird grundsätzlich vom Kläger gewählt. Dabei kann es sich um jede der 24 Amtssprachen der Union handeln (Art. 44 VerfO-EuG). In der Praxis wird dies in den allermeisten Fällen diejenige Sprache sein, in der die streitige Entscheidung der Kommission den betroffenen Unternehmen zugestellt wurde. Zwingend ist dies allerdings nicht.[296] Im Rechtsmittelverfahren wird die Verfahrenssprache – von Ausnahmen abgesehen – durch das angefochtene Urteil oder den angefochtenen Beschluss bestimmt (Art. 37 Abs. 2 lit. a) VerfO-EuGH, → Rn. 133). Die interne **Arbeitssprache** der Unionsgerichte, in der auch alle Akten bearbeitet sowie Urteile abgefasst und beraten werden, ist traditionell Französisch.

169 Im Direktklageverfahren vor den Unionsgerichten herrscht in beiden Instanzen **Anwaltszwang** (Art. 19 Abs. 3 und 4 EuGH-Satzung).[297] Postulationsfähig ist nur ein bei einem Gericht im EWR zugelassener Rechtsanwalt, unter Ausschluss von Patentanwälten uä, aber unter Einschluss bestimmter Hochschullehrer (Art. 19 Abs. 7 EuGH-Satzung).[298] Der Prozessvertreter muss von der von ihm vertretenen Partei unabhängig sein, was bei Syndikusanwälten[299] ebenso wenig der Fall ist wie bei Personen, die zugleich eine Leitungsfunktion in dem jeweiligen Unternehmen innehaben, etwa als Geschäftsführer, mögen sie auch als Rechtsanwälte zugelassen sein.[300]

---

[296] Vgl. etwa EuGH Urt. v. 26.6.2014 – C-37/13 P, ECLI:EU:C:2014:2030 – Nexans/Kommission (Zustellung des Durchsuchungsbeschlusses in französischer Sprache, Klageerhebung in englischer Sprache).
[297] Siehe dazu ausführlich Von der Groeben/Schwarze/Hatje/*Rosch,* EUV/AEUV/GRC, 7. Aufl. 2015, Bd. 4, Art. 19 EuGH-Satzung Rn. 10 ff., 17 ff; vgl. auch EuGH Beschl. v. 20.6.2013 – C-471/12 P, ECLI:EU:C:2013:418 – Interspeed/Kommission.
[298] Zu den Einzelheiten vgl. Von der Groeben/Schwarze/Hatje/*Rosch,* EUV/AEUV/GRC, 7. Aufl. 2015, Bd. 4, Art. 19 EuGH-Satzung Rn. 17 ff. (zu Rechtsanwälten) und Rn. 23 f. (zu Hochschullehrern).
[299] Vgl. grundlegend EuGH Urt. v. 18.5.1982 – 155/79, Slg. 1982, 1575 – AM&S Europe/Kommission; Urt. v. 14.9.2010 – C-550/07 P, Slg. 2010, I-8301 – Akzo und Akcros/Kommission; speziell zur Postulationsfähigkeit EuGH Urt. v. 6.9.2012 – C-422/12 P ua, ECLI:EU:C:2012:553 Rn. 23 ff. – Prezes Urzędu Komunikacji Elektronicznej/Kommission; weniger streng EFTA-GH Beschl. v. 29.8.2014 – E-8/13 Rn. 46 f. – Abelia.
[300] EuG Beschl. v. 8.12.1999 – T-79/99, Slg. 1999, II-3555 Rn. 28 f. – Euro-Lex/HABM; Beschl. v. 13.1.2005 – T-184/04, Slg. 2005, II-85 Rn. 9 f. – Sulvida/Kommission; Beschl. v. 19.11.2009 – T-40/08, ECLI:EU:T:2009:445 Rn. 25 f. – EREF/Kommission, bestätigt durch EuGH Beschl. v. 29.9.2010 – C-74/10 P ua, ECLI:EU:C:2010:557 – EREF/Kommission; zu einer vom Kläger selbst unterzeichneten Rechtsmittelschrift vgl. EuGH Beschl. v. 5.12.1996 – C-174/96 P, Slg. 1996, I-6401 Rn. 11 – Lopes/Gerichtshof.

Das **Verfahren** umfasst im Regelfall sowohl einen **schriftlichen** als auch einen **mündlichen Teil** (Art. 20 Abs. 1 EuGH-Satzung), wobei allerdings va im Rechtsmittelverfahren zunehmend von mündlichen Verhandlungen abgesehen wird[301] (Art. 76 Abs. 2 VerfO-EuGH). Die Zahl der einzureichenden **Schriftsätze** ist nach Art und Umfang streng limitiert. Im erstinstanzlichen Verfahren finden normalerweise zwei Schriftsatzrunden statt (Klage und Klagebeantwortung sowie Erwiderung und Gegenerwiderung, Art. 76–83 VerfO-EuG), im Rechtsmittelverfahren zumeist nur eine (Art. 175 VerfO-EuGH). Darüber hinaus können die Unionsgerichte jederzeit Fragen an die Parteien richten, die diese je nach Sachlage schriftlich oder mündlich zu beantworten haben (Art. 24 EuGH-Satzung; vgl auch Art. 89 Abs. 3 VerfO-EuG, Art. 80 VerfO-EuGH). 170

Grundsätzlich sind **Schriftsätze** im unterschriebenen Original einzureichen. Immer mehr setzt sich jedoch die Verwendung moderner Kommunikationsmittel durch, namentlich die elektronische Übermittlung von Schriftstücken durch das von den Unionsgerichten zur Verfügung gestellte **Portal E-Curia** unter den dafür eigens festgelegten Bedingungen[302] (Art. 74 VerfO-EuG, Art. 57 Abs. 8 VerfO-EuGH). Fristwahrend können Schriftstücke außerdem per **Fernkopie (Telefax)** eingereicht werden, in diesem Fall muss allerdings das unterschriebene Original – anders als bei E-Curia – innerhalb von zehn Tagen samt Anlagen nachgereicht werden (Art. 73 Abs. 3 VerfO-EuG, Art. 57 Abs. 6 VerfO-EuGH). Unabhängig von der Übermittlungsform ist wichtig, dass alle relevanten Rügen, Angriffs- und Verteidigungsmittel sowie Argumente im Text des jeweiligen Schriftsatzes ausgeführt werden müssen; pauschale **Verweise auf Anlagen** oder gar auf Schriftsätze aus anderen Verfahren sind unzulässig.[303] Anlagen haben im Verhältnis zu den Ausführungen im jeweiligen Schriftsatz eine bloße Beweis- und Hilfsfunktion.[304] Sie werden im Normalfall nicht übersetzt. 171

Zahlreiche Einzelheiten zur **Abfassung** und **Formatierung** der **Schriftsätze** – aber auch zu sonstigen Aspekten des Gerichtsverfahrens – finden sich in den **Praktischen Anweisungen** der Unionsgerichte an die Parteien,[305] die in ihren Wirkungen einer verbindlichen Ausführungsvorschrift zur Verfahrensordnung zumindest sehr nahekommen. Insbesondere sind dort **Seitenzahlbegrenzungen** für die verschiedenen Arten von Schriftsätzen vorgesehen. Schriftstücke, die nicht den formalen Anforderungen genügen, können den Parteien zur Behebung der jeweiligen Mängel (sog **„Regularisierung"**) zurückgereicht werden,[306] nicht zuletzt bei Überschreitung des vorgegebenen Höchstumfangs.[307] Wer einer solchen Aufforderung der Kanzlei nicht Folge leistet, riskiert, dass sein Schriftsatz nicht zugestellt und auch nicht zu den Akten genommen wird. 172

---

[301] Dementsprechend müssen die Parteien triftige Gründe haben, um im Rechtsmittelverfahren mündlich gehört zu werden. In der Praxis ist der substantiiert vorgetragene Wunsch, auf das zu antworten, was andere Verfahrensbeteiligte schriftlich geäußert haben, der einzig wirklich Erfolg versprechende Grund für einen Antrag auf Abhaltung einer mündlichen Verhandlung in zweiter Instanz (vgl. auch *Dittert* EuZW 2013, 726, 727).

[302] Einzelheiten finden sich in dem Merkblatt „Voraussetzungen für die Nutzung der Anwendung E-Curia", abrufbar auf den Internetseiten des EuGH und des EuG (http://curia.europa.eu) in der Rubrik „Verfahren".

[303] EuGH Urt. v. 28.6.2005 – C-189/02 P, Slg. 2005, I-5425 Rn. 94–100 – Dansk Rørindustri ua/Kommission; Urt. v. 13.6.2013 – C-511/11 P, ECLI:EU:C:2013:386 Rn. 115 – Versalis/Kommission; EuGH Urt. v. 11.9.2014 – C-382/12 P, ECLI:EU:C:2014:2201 Rn. 40 – MasterCard ua/Kommission; Urt. v. 19.3.2015 – C-286/13 P, ECLI:EU:C:2015:184 Rn. 50 – Dole/Kommission; speziell zum unzulässigen Verweis auf Schriftsätze aus anderen Verfahren vgl. EuG Urt. v. 24.3.2011 – T-376/06, ECLI:EU:T:2011:107 Rn. 30–32 – Legris/Kommission.

[304] EuGH Urt. v. 28.6.2005 – C-189/02 P, Slg. 2005, I-5425 Rn. 97, 100 – Dansk Rørindustri ua/Kommission.

[305] Praktische Durchführungsbestimmungen zur Verfahrensordnung des Gerichts (ABl. 2015, 152, 1) und Praktische Anweisungen für die Parteien in den Rechtssachen vor dem Gerichtshof (ABl. 2014, L 31, 1).

[306] Rn. 104 ff. der Praktischen Durchführungsbestimmungen zur Verfahrensordnung des Gerichts.

[307] Rn. 120 ff. der Praktischen Durchführungsbestimmungen zur Verfahrensordnung des Gerichts (ABl. 2015, 152, 1).

173 Eine **Überschreitung der Seitenzahlbegrenzung** ist nur mit Genehmigung der Kanzlei bzw. des Präsidenten des jeweiligen Unionsgerichts zulässig. Zweifelsohne wird bei Entscheidungen über dahin gehende Anträge stets das Grundrecht des effektiven Rechtsschutzes (Art. 47 GRC) zu berücksichtigen sein. Je substantiierter dabei die Begründung des Antrags ausfällt, desto größer dürften seine Erfolgsaussichten sein. Der pauschale Hinweis darauf, dass es sich um ein Kartellverfahren handelt, wird regelmäßig nicht ausreichen. Eher dürften das Volumen der angefochtenen Entscheidung und die Komplexität der darin erörterten Sach- und Rechtsfragen eine Rolle spielen, vor allem in erster Instanz. Unabhängig von der Frage der Seitenzahl sei aber der Hinweis erlaubt, dass es in den meisten Fällen weder notwendig noch zielführend erscheint, zur Verteidigung des eigenen Standpunkts vor den Unionsgerichten eine Materialschlacht anzuzetteln. Die Erfahrung zeigt, dass Qualität und Durchschlagskraft rechtlicher Argumente mit steigender Seitenzahl eher ab- als zunehmen. Ein guter Prozessvertreter wird deshalb bemüht sein, den Standpunkt seiner Mandantschaft auch in komplexen Fällen möglichst kurz und prägnant zur Geltung zu bringen und dabei auf **überflüssige** oder **wenig aussichtsreiche Rügen** von vornherein zu verzichten.[308]

174 Im Vergleich zum schriftlichen Verfahren spielt das **mündliche Verfahren** im Gerichtsbetrieb der Unionsgerichte traditionell eher eine untergeordnete Rolle.[309] Die mündliche Verhandlung sollte im Übrigen nicht – wie so häufig – zur bloßen Wiederholung des schriftlichen Vorbringens genutzt werden. Vielmehr bieten die **Plädoyers** den Prozessvertretern die Gelegenheit, ein letztes Mal auf das zu replizieren, was andere Verfahrensbeteiligte in ihren Schriftsätzen vorgebracht haben. Beim mündlichen Vortrag sollte sich der Redner insbesondere darauf einstellen, dass seine Ausführungen gedolmetscht werden und für Zuhörer aus unterschiedlichen Rechtskreisen verständlich sein müssen. Der Rückgriff auf computergestützte Animationen oder sonstige „Showeffekte" zur Untermalung des Gesagten ist unüblich und wird in der Regel nicht gestattet. Dementsprechend sollten die Plädoyers „für sich sprechen".

175 In erstinstanzlichen Kartellrechtsprozessen vor dem EuG gibt die **mündliche Verhandlung** häufig Anlass zu einer intensiven Befragung der Parteien durch die Mitglieder des Gerichts. Mit Genehmigung des Gerichts kann die mündliche Beantwortung technischer Detailfragen in begrenztem Umfang **fachkundigen Mitarbeitern** der betroffenen Unternehmen übertragen werden, auch wenn diese nicht als Rechtsanwälte zugelassen sein sollten.[310]

176 In Vorbereitung des mündlichen Verfahrens vor dem EuG werden regelmäßig prozessleitende Maßnahmen seitens des Gerichts erlassen (Art. 89, 90 VerfO-EuG). Bisweilen finden im Vorfeld auch **informelle Zusammenkünfte** zwischen Mitgliedern des Gerichts (va Berichterstatter) und den Parteien statt, um den weiteren Verfahrensablauf sachgerecht und effizient zu gestalten. Zur Anhörung von **Zeugen** und **Sachverständigen** ist es bislang in Kartellverfahren so gut wie nie gekommen[311] (→ Rn. 33, 42, 146); der

---

[308] So sollten im erstinstanzlichen Verfahren Begründungsmängel oder Verfahrensfehler der Kommission nur dann gerügt werden, wenn dazu bei objektiver Betrachtung wirklich Anlass besteht (→ Rn. 33, 35, 37). Ebenso sollte im Rechtsmittelverfahren darauf verzichtet werden, pauschal das Vorbringen aus dem ersten Rechtszug zu wiederholen (→ Rn. 135), ohne triftigen Grund eine Tatsachen- oder Beweisverfälschung zu rügen (→ Rn. 127, 157) oder dem EuGH sonstwie zu einer Neubewertung der Tatsachen bzw. Beweise zu verleiten (→ Rn. 126, 156). Außerdem ist zu beachten, dass die Rüge des Begründungsmangels im Rechtsmittelverfahren nicht das geeignete Forum für inhaltliche Kritik am erstinstanzlichen Urteil oder Beschluss ist und auch nicht zu einem Einfallstor für eine – unzulässige – Hinterfragung der Tatsachen- oder Beweiswürdigung degenerieren sollte (→ Rn. 145).
[309] Vgl. auch dazu die Praktischen Anweisungen der Unionsgerichte an die Parteien (→ Rn. 172).
[310] Bei einer solchen Befragung darf allerdings nicht die Grenze zur Beweisaufnahme über streitige Tatsachen überschritten werden, für die ein förmlicher Beweisbeschluss unverzichtbar ist (EuGH Urt. v. 12.6.2014 – C-578/11 P, ECLI:EU:C:2014:1742 Rn. 60ff. – Deltafina/Kommission).
[311] Vgl. aber EuGH Urt. v. 31.3.1993 – C-89/85 ua, Slg. 1993, I-1307 Rn. 31f. – A. Ahlström Osakeyhtiö ua/Kommission (Sachverständigengutachten); Urt. v. 16.12.1975 – 40/73 ua, Slg. 1975, 1663 Rn. 408ff.

Urkundsbeweis[312] ist hingegen von großer praktischer Relevanz.[313] Legt eine Partei ihrerseits auf eine Beweisaufnahme oder den Erlass prozessleitender Maßnahmen seitens des Gerichts Wert, so obliegt es ihr, rechtzeitig im erstinstanzlichen Verfahren die nötigen Anträge zu stellen und die Notwendigkeit der begehrten Maßnahmen substantiiert zu begründen. Zur Entscheidung über solche Anträge verfügt das Gericht über einen weiten Beurteilungsspielraum (→ Rn. 146).

Generell ist zu beachten, dass nach Einreichung der Klageschrift **neue Angriffsmittel** und nach Einreichung der Klagebeantwortung **neue Verteidigungsmittel** sowie die dazu gehörigen Beweisangebote nur noch sehr eingeschränkt vorgebracht werden dürfen. Es gilt eine vergleichsweise strenge **Präklusionsregelung** (Art. 84, 85 VerfO-EuG; Art. 127 Abs.1, 190 Abs. 1 VerfO-EuGH). Stets möglich ist jedoch die Verfeinerung und Fortentwicklung der Argumente der Parteien im Laufe des Verfahrens in den Grenzen des Streitgegenstands, den sie mit ihren Rügen definiert haben (→ Rn. 130ff.). 177

Ist eine Rechtssache besonders dringlich, so können die Unionsgerichte eine Hauptsacheentscheidung im **beschleunigten Verfahren** treffen (Art. 151 ff. VerfO-EuG; Art. 133ff. iVm Art. 190 Abs. 1 VerfO-EuGH). Die Durchführung des beschleunigten Verfahrens steht im Ermessen des jeweiligen Unionsgerichts. Sie ist gleichzeitig mit der Klageschrift oder Klagebeantwortung mit gesondertem Schriftsatz ausdrücklich zu beantragen. Wird ein beschleunigtes Verfahren angeordnet, so hat dies zur Folge, dass das Verfahren deutlich straffer geführt wird; in der Regel findet nur eine Schriftsatzrunde statt, und die mündliche Verhandlung wird besonders zügig anberaumt. In Rechtsstreitigkeiten über die Feststellung und Ahndung von Kartellvergehen mittels Geldbußen dürfte allerdings ein beschleunigtes Verfahren mangels besonderer Dringlichkeit kaum jemals in Betracht kommen. Hingegen können sich Gerichtsverfahren über Verpflichtungsentscheidungen gem. Art. 9 VO Nr. 1/2003 für eine Beschleunigung anbieten, insbesondere dann, wenn Unsicherheit auf den Märkten droht oder wichtige Interessen Dritter berührt sind.[314] Die Beschleunigung des Verfahrens erfordert von allen Beteiligten (Parteien und Gericht) ein hohes Maß an Flexibilität und Kooperationsbereitschaft. In der Praxis setzt eine effiziente Abwicklung des beschleunigten Verfahrens voraus, dass der Kläger Prioritäten setzt und sich allein auf die wichtigsten seiner Rügen beschränkt, unter Verzicht auf Nebensächlichkeiten. 178

Als Alternative zum beschleunigten Verfahren kann in einem Rechtsstreit auch schlicht die **prioritäre Behandlung** angeordnet werden (Art. 67 Abs. 2 VerfO-EuG, Art. 53 Abs. 3 VerfO-EuGH), was etwa zu einer frühen mündlichen Verhandlung führen kann. Dahin gehende Anträge der Parteien dürften aber nur geringe Erfolgsaussichten haben. Neben der Hauptsacheentscheidung im beschleunigten Verfahren und der prioritären Behandlung von Rechtssachen besteht stets die Möglichkeit der Gewährung von **einstweiligem Rechtsschutz** (→ Rn. 104ff., insbes. Rn. 106). 179

Erhebt das beklagte Unionsorgan mit gesondertem Schriftsatz die **Einrede der Unzulässigkeit oder Unzuständigkeit** gegen die Klage, so wird darüber in aller Regel in einem Zwischenverfahren vorab verhandelt und entschieden (Art. 130 VerfO-EuG). In diesem Fall hat sich das weitere schriftliche und mündliche Vorbringen der Parteien zunächst allein auf die Zulässigkeits- oder Zuständigkeitsfrage zu beschränken. Ist die Einre- 180

– Suiker Unie ua/Kommission (Zeugen); EuG Urt. v. 11.3.1999 – T-141/94, Slg. 1999, II-347 Rn. 67f. – Thyssen/Kommission (Zeugen und Sachverständige).

[312] Dabei handelt es sich namentlich um Dokumente, welche die Kommission bei Durchsuchungen erlangt hat, sowie um die während des Verwaltungsverfahrens gemachten schriftlichen Einlassungen von Unternehmen, einschließlich etwaiger Kronzeugenanträge. Auch Aufzeichnungen über die Vernehmung von natürlichen Personen durch die Kommission (Art. 19 VO Nr. 1/2003, Art. 3 VO Nr. 773/2004) können dazu gehören.

[313] Vgl. dazu auch Von der Groeben/Schwarze/Hatje/*Dittert* Bd. 4, EuGH-Satzung Art. 24 Rn. 3, EuGH-Satzung Art. 25 Rn. 4, EuGH-Satzung Art. 26 Rn. 2f.

[314] Vgl. EuG Urt. v. 11.7.2007 – T-170/06 Slg. 2007, II-2601 Rn. 30 – Alrosa/Kommission.

de stichhaltig, so wird die Klage durch Beschluss als unzulässig abgewiesen, ohne dass überhaupt zur Sache verhandelt würde. Der Beschluss ist rechtsmittelfähig (→ Rn. 118).

181 Vor den Unionsgerichten fallen grundsätzlich **keine Gerichtskosten** an (zu Ausnahmen vgl. Art. 139 VerfO-EuG, Art. 143 VerfO-EuGH). Es ist jedoch nicht auszuschließen, dass auf mittlere Frist die Erhebung solcher Kosten in der Verfahrensordnung ermöglicht wird, insbesondere für kartellrechtliche Rechtsmittelverfahren.

182 Die Entscheidung über die Tragung der **Verfahrenskosten** ergeht im verfahrensabschließenden Urteil oder Beschluss (Art. 133 ff. VerfO-EuG; Art. 137 ff., 184 VerfO-EuGH). Grundsätzlich hat die unterliegende Partei nicht nur ihre eigenen Kosten, sondern auch die der Gegenseite zu tragen, wohingegen Streithelfern in der Regel ihre eigenen Kosten auferlegt werden.[315] Wer eine Klage oder ein Rechtsmittel zurücknimmt, wird auf Antrag grundsätzlich ebenfalls zur Kostentragung verurteilt, einschließlich der Kosten etwaiger Streithelfer.[316]

183 Im Streitfall über den Umfang der zu ersetzenden Kosten kann ein **Kostenfestsetzungsverfahren** durchgeführt werden (Art. 170 VerfO-EuG, Art. 145 und 184 Abs. 1 VerfO-EuGH), in dem die Unionsgerichte nach freiem Ermessen entscheiden. Ersatzfähig sind die für das Verfahren notwendigen Aufwendungen der Parteien, insbesondere angemessene Anwaltshonorare für die Prozessvertretung im schriftlichen und mündlichen Gerichtsverfahren (nicht im Verwaltungsverfahren!) sowie für die Teilnahme an der mündlichen Verhandlung, einschließlich notwendiger Reisekosten. Eine Gebührenordnung gibt es auf Unionsebene bedauerlicherweise nicht. Umso wichtiger sind klare und substantiierte Ausführungen im Kostenfestsetzungsantrag zur Erläuterung der einzelnen Rechnungsposten, die in ihrer Detailgenauigkeit deutlich über das im deutschen Gerichtsbetrieb Übliche hinausgehen sollten. Insbesondere legen die Unionsgerichte regelmäßig auf eine hinreichende Erläuterung der Höhe der abgerechneten „billable hours" und des zugehörigen Stundensatzes Wert. Beide sind ins Verhältnis zum Umfang und Schwierigkeitsgrad des jeweiligen Falles zu setzen, wobei ein Kartellverfahren keineswegs von vornherein als „besonders schwierig" eingestuft werden kann. Insgesamt dürfte aber die Kostenfestsetzungspraxis der Unionsgerichte deutlich großzügiger sein als das, was nach nationalen Gebührenordnungen von der jeweiligen Gegenseite zu erlangen wäre.

I. Streithilfe

184 Sowohl in der ersten als auch in der zweiten Instanz können Mitgliedstaaten und Unionsorgane sich als privilegierte **Streithelfer** jederzeit ohne Angabe von Gründen am Verfahren beteiligen (Art. 40 Abs. 1 EuGH-Satzung).[317] Für natürliche und juristische Personen setzt eine solche **Nebenintervention** hingegen die **Glaubhaftmachung eines berechtigten Interesses** am Ausgang des Rechtsstreits voraus (Art. 40 Abs. 2 EuGH-Satzung). Es muss sich um ein unmittelbares und gegenwärtiges Interesse am konkreten Streitgegenstand handeln, das rechtlicher, wirtschaftlicher oder ideeller Natur sein kann.[318] In Wettbewerbssachen kommen insbesondere Konkurrenten, Zulieferer und Abnehmer von Kartellbeteiligten als Streithelfer in Betracht, gleichviel, ob sie im Verwaltungsverfahren als Beschwerdeführer aufgetreten waren oder nicht; sie beteiligen sich teils auf Seiten der Kartellbeteiligten, teils auf Seiten der Kommission. Ob Adressaten einer Entscheidung der

---

[315] Vgl. aber etwa EuGH, Urt. v. 19.7.2012 – C-337/09 P, ECLI:EU:C:2012:471 Rn. 112 – Rat/Zhejiang Xinan Chemical Industrial Group (in jenem Fall wurden dem Rat als unterlegenem Rechtsmittelführer ua die Kosten von Audace als gegnerischer Streithelferin aus erster Instanz auferlegt, die ihrerseits mit ihren Anträgen im Rechtsmittelverfahren obsiegt hatte); GA *Kokott*, SchlA v. 18.4.2013 – verb. Rs. C-501/11 P, ECLI:EU:C:2013:248 Rn. 232 – Schindler Holding ua/Kommission.

[316] Vgl. etwa jüngst EuG Beschl. v. 15.7.2014 – T-344/12, ECLI:EU:T:2014:706 – Virgin Atlantic Airways/Kommission.

[317] Ausführliche Hinweise zur Streithilfe finden sich bei Von der Groeben/Schwarze/Hatje/*Dittert* Bd. 4, EuGH-Satzung Art. 40, und Wiedemann/*Schütte* HdB KartellR, 2. Aufl. 2008, § 49 Rn. 83 ff.

[318] Von der Groeben/Schwarze/Hatje/*Dittert* Bd. 4, EuGH-Satzung Art. 40 Rn. 15 ff., 21 f.

Kommission nach Versäumung der Frist für die Erhebung einer eigenen Nichtigkeitsklage (Art. 263 Abs. 6 AEUV) als Streithelfer in den von anderen Beteiligten betriebenen Gerichtsverfahren zuzulassen sind, erscheint wegen der damit einher gehenden Aushöhlung der Bestandskraft höchst zweifelhaft; aus der Praxis des EuG sind aber auch solche Fälle bekannt.[319] Repräsentative **Vereinigungen,** die den Schutz ihrer Mitglieder bezwecken, können ebenfalls als Streithelferinnen in Rechtssachen zugelassen werden, die Grundsatzfragen mit Auswirkungen auf ihre Mitglieder aufwerfen.[320] Tendenziell ist aber in jüngerer Zeit eine etwas restriktivere Praxis bei der Zulassung solcher Vereinigungen zu verzeichnen.[321]

Der Streitbeitritt erfolgt stets auf Initiative des Intervenienten; eine **Beiladung** Dritter durch die Unionsgerichte ist in den Verfahrensvorschriften nicht vorgesehen. Das **Streithilfeersuchen** muss in der Verfahrenssprache abgefasst sein und innerhalb einer **Frist von sechs Wochen** nach Veröffentlichung der Mitteilung über die Klage im Amtsblatt gestellt werden (Art. 143 Abs. 1VerfO-EuG, Art. 130 Abs. 1 VerfO-EuGH). Die formalen Anforderungen entsprechen weitgehend denen für eine Klageschrift (Art. 143 Abs. 2, 3 VerfO-EuG, Art. 130 Abs. 2 VerfO-EuGH). Insbesondere sollten substantiiert die Umstände ausgeführt werden, aus denen sich das berechtigte Interesse des Nebenintervenienten am Ausgang des Rechtsstreits ergibt. Wer die sechswöchige Frist versäumt, kann allenfalls als Streithelfer „zweiter Klasse" zugelassen werden (→ Rn. 189). 185

Zuständig für die **Zulassung von Streithelfern** ist der Präsident des jeweilgen Unionsgerichts, nach Zuweisung der Rechtssache an einen Spruchkörper der jeweilige Kammerpräsident (Art. 144 VerfO-EuG, Art. 131 Abs. 2 und 3 VerfO-EuGH). Ist die Klage offensichtlich unzulässig, so braucht über Streithilfegesuche nicht entschieden zu werden.[322] Gegen die Nichtzulassung als Streithelfer vor dem EuG steht dem Betroffenen ein Rechtsmittel mit verkürzter Frist offen (Art. 57 EuGH-Satzung; → Rn. 115 ff.). 186

Die **Rechtsstellung des Streithelfers** wird ganz maßgeblich durch ihre **Akzessorietät** gegenüber dem Rechtsstreit zwischen den Hauptparteien gekennzeichnet (Art. 129 VerfO-EuGH, Art. 142 Abs. 2 VerfO-EuG). Dies hat zum einen zur Folge, dass der Streithelfer nur die **Anträge einer Hauptpartei untertützen** darf (Art. 40 Abs. 4 EuGH-Satzung)[323] und den Rechtsstreit in der Lage annehmen muss, in der er sich zum Zeitpunkt seines Beitritts befindet. Zum anderen verleiht die Streithilfe dem Nebenintervenienten nicht die gleichen **Verfahrensrechte,** wie sie den Hauptparteien zustehen. Insbesondere erhält er nur eingeschränkt Akteneinsicht, muss mit einer kürzeren Schriftsatzfrist auskommen, hat nicht das Recht, selbst eine mündliche Verhandlung zu beantragen, und verfügt regelmäßig über weniger Redezeit. 187

Speziell zur **Akteneinsicht** ist anzumerken, dass dem Streithelfer zwar grundsätzlich alle Dokumente zugestellt werden, die auch den Hauptparteien zugehen, insbesondere alle zwischen ihnen ausgetauschten Schriftsätze (Art. 144 Abs. 7 VerfO-EuG, Art. 131 Abs. 4 VerfO-EuGH). Die Hauptparteien können jedoch ein schutzwürdiges Interesse daran haben, dass bestimmte Angaben aus ihren Schriftsätzen – insbesondere **Geschäfts-** 188

---

[319] Aus jüngerer Zeit vgl. etwa EuG Urt. v. 12.4.2013 – T-421/08, ECLI:EU:T:2013:181 Rn. 47, 50 – Performing Right Society/Kommission; EuG Urt. v. 14.3.2013 – T-587/08, ECLI:EU:T:2013:129 Rn. 41 – Fresh Del Monte/Kommission.
[320] Zu Beispielen vgl. Von der Groeben/Schwarze/Hatje/*Dittert* Bd. 4, EuGH-Satzung Art. 40 Rn. 17 ff., mwN.
[321] Vgl. insbesondere EuGH Beschl. v. 5.2.2009 – C-550/07 P Rn. 14 – Akzo und Akcros/Kommission.
[322] EuGH – C-341/00 P, Slg. 2001, I-5263 Rn. 33 ff. – CNPA/Kommission; Beschl. v. 23.4.2009 – T-383/08, ECLI:EU:T:2008:114 Rn. 25 – New Europe/Kommission; Beschl. v. 9.4.2013 – T-28/12, ECLI:EU:T:2013:158 Rn. 23 – PT Ecogreen/Rat.
[323] Der Nebenintervenient darf nicht die Zulässigkeit der Klage bestreiten, wenn die von ihm unterstützte Hauptpartei sich nur zur Begründetheit geäußert hat (EuGH Urt. v. 24.3.1993 – C-313/90, Slg. 1993, I-1125 Rn. 19 ff. – CIRFS/Kommission). Ebenso wenig darf der Nebenintervenient die Erhöhung einer von der Kommission verhängten Geldbuße beantragen (GA *Jacobs*, SchlA v. 10.11.1993 – verb. Rs. C-53/92 P, Slg. 1994, I-667 Rn. 59 – Hilti/Kommission).

§ 14   2. Teil 1. Abschnitt Kartellverfahren in der Europäischen Union

geheimnisse – dem Streithelfer nicht zugänglich gemacht werden (Art. 144 Abs. 2, 5 und 7 VerfO-EuG, Art. 131 Abs. 3–4 VerfO-EuGH). Dies müssen sie gegenüber der Kanzlei der jeweiligen Unionsgerichtsbarkeit klar zum Ausdruck bringen und eine nichtvertrauliche Version des jeweiligen Schriftstücks zur Verfügung stellen.

189 Im Prinzip haben Streithelfer vor den Unionsgerichten das **Recht der schriftlichen und mündlichen Verfahrensbeteiligung.** Davon abweichend dürfen sich **Streithelfer „zweiter Klasse"**, die nicht fristgerecht ihre Zulassung beantragt haben (→ Rn. 185), nicht schriftlich äußern und sind darauf beschränkt, allein in einer etwaigen mündlichen Verhandlung ihren Standpunkt geltend zu machen. Beim EuG werden seit 2015 *keine* Streithelfer „zweiter Klasse" mehr zugelassen.

§ 15 Zusammenarbeit der Wettbewerbsbehörden und der Gerichte in der Europäischen Union in Verwaltungs- und Bußgeldverfahren

Übersicht

	Rn.
A. Verfahren der Kommission und Unionsgerichte	1
I. Vorrang der Zuständigkeit der Kommission	1
II. Pflichten der nationalen Behörden zur Unterstützung der Kommission	4
1. Auskunftsverlangen	5
2. Nachprüfungsbefugnisse	6
3. Vertikale Amtshilfe	8
4. Informationsaustausch	10
III. Vorrang des Verfahrens der Kommission und Unionsgerichte vor Verfahren der Gerichte und Behörden der Mitgliedstaaten im Rahmen des Art. 16 VO 1/2003	11
1. Grundsätze	11
2. Vorrang der Kommissionsentscheidung gegenüber Entscheidungen nationaler Gerichte	15
a) Bindungswirkung von Entscheidungen	18
b) Reichweite der Bindungswirkung	23
c) Verfahrensmöglichkeiten der nationalen Gerichte	24
3. Vorrang der Kommissionsentscheidung gegenüber Entscheidungen nationaler Wettbewerbsbehörden	26
4. Folgen der Nichtbeachtung	27
B. Verfahren der Wettbewerbsbehörden und Gerichte der Mitgliedstaaten	28
I. Befugnisse zur Durchsetzung des europäischen Kartellrechts	28
1. Pflicht zur Anwendung von Art. 101 und 102 AEUV	28
2. Zuständigkeit und Entscheidungsbefugnisse der nationalen Wettbewerbsbehörden	29
3. Zuständigkeit der nationalen Gerichte	35
II. Die Zusammenarbeit zwischen Kommission und den Wettbewerbsbehörden der Mitgliedstaaten im Netz der Wettbewerbsbehörden (ECN)	37
1. Grundsätze der Fall- und Aufgabenverteilung	40
2. Einzelheiten der Fall- und Aufgabenverteilung	44
a) Informationsaustausch zwecks Fallallokation	45
b) Informationsaustausch zwecks Anwendung der Art. 101 und 102 AEUV	49
3. Sicherstellung der kohärenten Anwendung der Art. 101 und 102 AEUV	60
4. Aufgreifbefugnis durch die Kommission	64
5. Rechtsschutz	67
6. Besonderheiten bei Kronzeugenanträgen	69
7. Aussetzung und Einstellung des Verfahrens bei Bearbeitung durch eine andere Behörde	73
8. Ne bis in idem-Grundsatz	80
a) Identität des Rechtsguts	83
b) Identität des Sachverhalts und Identität des Zuwiderhandelnden	84
c) Ne bis in idem-Grundsatz im Verhältnis zu Drittstaaten	88
9. Beratender Ausschuss für Kartell- und Monopolfragen	89
III. Zusammenarbeit im gerichtlichen Verfahren	91
1. Übermittlung von Informationen durch die Kommission	97
2. Abgabe von Stellungnahmen durch die Kommission	100
3. Stellungnahme der Kommission aus eigener Initiative	101
4. Übermittlung von Urteilen nationaler Gerichte	103
5. Beteiligung der nationalen Wettbewerbsbehörden	104

Schrifttum:

Bechtold/Bosch/Brinker, Kommentar zum EU-Kartellrecht, 3. Aufl. 2014; *Bornkamm,* Die Masterfoods-Entscheidung des EuGH: Bindung der Zivilgerichte an Kommissionsentscheidungen – Lehren für das neue Kartellverfahren?, ZWeR 2003, 73–86; *Brammer,* Ne bis in idem im europäischen Kartellrecht – Neue Einsichten zu einem alten Grundsatz, EuZW 2013, 617–622; *Dalheimer/Feddersen/Miersch,* EU-Kartellverfahrensordnung, 2005, Sonderausgabe aus Grabitz/Hilf, Das Recht der Europäischen Union nach Art. 83 EGV; *de Bronett,* Kommentar zum europäischen Kartellverfahrensrecht VO 1/2003, 2. Aufl. 2012; *Faull & Nikpay,* The EU Law of Competition, 3. Aufl., 2014; *Gussone/Michalczyk,* Der Austausch von Informationen im ECN – wer bekommt was wann zu sehen?, EuZW 2011, 130–134; *Hirsch,* Anwendung der Kartellverfahrensordnung (EG) Nr. 1/2003 durch nationale Gerichte, ZWeR 2003, 233–254; *Jungheim,* Zusammenarbeit im ECN und die Rechte der Unternehmen, EWS 2013, 305–311; *Kamann/Horstkotte,* Commission vs. national courts – Cooperation or confrontation in the European antitrust procedure, WuW 2001, 458–468; *Klees,* Der Grundsatz ne bis in idem und seine Auswirkungen auf die Zusammenarbeit der Kartellbehörden im European Competition Network (ECN), WuW 2006, 1222–1230; *ders.,* Europäisches Kartellverfahrensrecht mit Fusionskontrollverfahren, 2005; *Montag/Rosenfeld,* A Solution to the Problems? Regulation 1/2003 and the modernisation of competition procedure, ZWeR 2003, 107–135; *Pohlmann,* Keine Bindungswirkung von Bekanntmachungen und Mitteilungen der Europäischen Kommission, WuW 2005, 1005–1009; *Robertson,* Kartellrechtliche Vorabentscheidungsersuchen seit Inkrafttreten der Verordnung 1/2003: Wird der Einfluss von Kommissionsstellungnahmen spürbar?, WuW 2014, 372–382; *Schmidt/Simon,* Die fusionskontrollrechtliche Zuständigkeitsverweisung gemäß Art. 22 FKVO, WuW 2011, 1056–1067; *Schröter/Jakob/ Klotz/Mederer,* Europäisches Wettbewerbsrecht, 2. Aufl. 2014; *Schwarze/Weitbrecht,* Grundzüge des europäischen Kartellverfahrensrechts, 2004; *Wils,* EU Anti-trust Enforcement Powers and Procedural Rights and Guarantees: The Interplay between EU Law, National Law, the Charter of Fundamental Rights of the EU and the European Convention On Human Rights, World Competition 2011, 189–213; *ders.,* Ten Years of Regulation 1/2003 – A Retrospective, NZKart 2014, 2–8; *ders.,* The Principle of Ne Bis in Idem in EC Antitrust Enforcement: A Legal and Economic Analysis, World Competition 2003, 131–148.

A. Verfahren der Kommission und Unionsgerichte

I. Vorrang der Zuständigkeit der Kommission

1 Die Kommission achtet gem. Art. 105 Abs. 1 AEUV auf die Verwirklichung der in den Art. 101 und 102 AEUV niedergelegten Grundsätze.[1] Primärrechtlich sind der Kommission damit selbständige **Vollzugskompetenzen** zugewiesen. Sekundärrechtlich ist das Verfahren zur Anwendung der Art. 101 und 102 AEUV durch die VO 1/2003 und die VO 773/2004 (Durchführungsverordnung) geregelt. Die Kommission kann jederzeit die **Einleitung eines förmlichen Verfahrens** zum Erlass einer Entscheidung nach Kapitel III der VO 1/2003 aufgrund einer Beschwerde oder aufgrund anderweitig erhaltener Anhaltspunkte von Amts wegen (ex officio) beschließen (Art. 2 VO 773/2004).

2 Leitet die Kommission ein Verfahren ein, entfällt gem. Art. 11 Abs. 6 S. 1 VO 1/2003 die **Zuständigkeit der nationalen Wettbewerbsbehörden** für die Anwendung der Art. 101 und 102 AEUV (Evokation). Die nationalen Wettbewerbsbehörden sind dann nicht mehr befugt, ein Verfahren „auf derselben Rechtsgrundlage gegen dieselbe(n) Vereinbarung(en) oder Verhaltensweise(n) derselben/desselben Unternehmen(s) auf demselben relevanten geografischen Markt und Produktmarkt" zu eröffnen (vgl. zum Grundsatz ne bis in idem → Rn. 80ff.).[2] Die **Reichweite der Sperrwirkung** des Art. 11 Abs. 6 VO 1/2003 ergibt sich aus dem Beschluss der Kommission.[3] Neben der Verfahrenseinleitung in Kapitel III VO 1/2003 sind von der Sperrwirkung trotz des Wortlauts des Art. 11 VO 1/2003 auch die Verfahren in Kapitel VI[4] (Sanktionen) und in Kapitel IX[5] (Freistellungsverordnungen) der VO 1/2003 erfasst.[6] Der Zuständigkeitsverlust der nationalen Wettbewerbsbehörde ist nicht dauerhaft und endgültig. Vielmehr

---

[1] Vgl. auch EuGH Urt. v. 14.12.2000 – C-344/98, Slg. 2000, I-11369 Rn. 46 – Masterfoods.
[2] ABl. 2004 C 101, 43 (Netzwerkbekanntmachung) Rn. 51.
[3] Langen/Bunte/*Sura* VO 1/2003 Art. 11 Rn. 13; FK/*Murach* VO 1/2003 Art. 11 Rn. 66.
[4] Sanktionen wegen Zuwiderhandlungen gegen Art. 101 und 102 AEUV sowie gegen Verfahrenspflichten gem. Art. 23 VO 1/2003.
[5] Verfahren hinsichtlich des Entzugs des Vorteils einer Gruppenfreistellung gem. Art. 29 Abs. 1 VO 1/2003.
[6] *De Bronett* VO 1/2003 Art. 11 Rn. 9; Langen/Bunte/*Sura* VO 1/2003 Art. 11 Rn. 12; MüKoEuWettbR/ *Bardong* VO 1/2003 Art. 11 Rn. 80.

lebt die nationale Zuständigkeit wieder auf, sobald das von der Kommission eingeleitete Verfahren beendet ist.[7]

Aufgrund der Konvergenzregel in Art. 3 VO 1/2003 entfällt in der Regel auch die Zuständigkeit der nationalen Wettbewerbsbehörden, **innerstaatliches Kartellrecht anzuwenden.**[8] Dies ergibt sich aus dem engen Zusammenhang zwischen Art. 11 Abs. 6 VO 1/2003 und Art. 3 VO 1/2003. Gem. Art. 3 VO 1/2003 wenden die nationalen Wettbewerbsbehörden bei Vorliegen des Zwischenstaatlichkeitsbezugs nationales Kartellrecht nur bei gleichzeitiger Anwendung der Art. 101 und 102 AEUV an. Ist es der nationalen Wettbewerbsbehörde gem. Art. 11 Abs. 6 VO 1/2003 aber verwehrt, Art. 101 AEUV anzuwenden, ergibt sich daraus, dass auch die nationalen Vorschriften nicht mehr angewendet werden dürfen.[9] Unberührt bleibt dagegen die Möglichkeit der nationalen Wettbewerbsbehörden nach Art. 3 Abs. 2 S. 2 VO 1/2003, strengere innerstaatliche Vorschriften zur Unterbindung oder Ahndung einseitiger Handlungen von Unternehmen **(Missbrauchstatbestände)** zu erlassen oder anzuwenden. 3

II. Pflichten der nationalen Behörden zur Unterstützung der Kommission

Leitet die Kommission ein Verfahren ein, sind die nationalen Wettbewerbsbehörden verpflichtet, die Kommission nach entsprechendem Ersuchen zu unterstützen. Zu den Pflichten gehören neben der Zusammenarbeit im Netzwerk der europäischen Wettbewerbsbehörden – European Competition Network (ECN) (→ Rn. 37) – die Erteilung von Auskünften, die Unterstützung bei Nachprüfungen, die vertikale Amtshilfe sowie die Befugnis bzw. Pflicht zum Informationsaustausch. 4

1. Auskunftsverlangen

Gem. Art. 18 Abs. 6 VO 1/2003 sind die Regierungen und die nationalen Wettbewerbsbehörden verpflichtet, der Kommission auf Verlangen **alle Auskünfte** zu erteilen, die sie zur Erfüllung der ihr mit der Verordnung übertragenen Aufgaben benötigt. Diese Auskunftspflicht konkretisiert die in Art. 4 Abs. 3 EUV statuierte allgemeine Kooperationspflicht der Mitgliedstaaten.[10] Die nationalen Wettbewerbsbehörden werden durch das Auskunftsverlangen nicht zum Gebrauch eigener Hoheitsrechte verpflichtet und müssen keine selbständigen Ermittlungen anstellen.[11] Eine direkte **Sanktionsmöglichkeit** hat die Kommission bei Auskunftsverweigerung einer nationalen Wettbewerbsbehörde nicht; lediglich das Vertragsverletzungsverfahren (Art. 258 AEUV) steht der Kommission zur Verfügung. In praxi dürfte das Auskunftsverlangen nach Art. 18 Abs. 6 VO 1/2003 allerdings wenig Bedeutung haben,[12] da die Kommission Auskünfte im Rahmen des European Competition Network (ECN) erlangt. 5

2. Nachprüfungsbefugnisse

Gem. Art. 20 Abs. 5 VO 1/2003 **unterstützen die Bediensteten der nationalen Wettbewerbsbehörde,** in deren Hoheitsgebiet die Nachprüfung vorgenommen werden soll, oder von dieser Behörde entsprechend ermächtigte oder benannte Personen auf Ersuchen dieser Behörde oder der Kommission aktiv die Bediensteten der Kommission und die anderen von ihr ermächtigten Begleitpersonen. Diese Unterstützung wird die Kommission insbesondere dann anfordern, wenn für die Nachprüfung Spezialkenntnisse erforderlich sind, zusätzliches Personal gebraucht wird oder die Kommission in Ermangelung von Vollstreckungskompetenzen auf die Hilfe der nationalen Wettbewerbsbehörden ange- 6

---

[7] EuGH Urt. v. 14.2.2012 – C-17/10 Rn. 79f. – Toshiba Corp. ua.
[8] Immenga/Mestmäcker/*Ritter* EuWettbR VO 1/2003 Art. 11 Rn. 24; SJKM/*Leupold* VO 1/2003 Art. 11 Rn. 36.
[9] GA *Kokott* SchlA v. 8.9.2011 – C-17/10 Rn. 78 – Toshiba Corp. ua.
[10] Langen/Bunte/*Sura* VO 1/2003 Art. 18 Rn. 8.
[11] Immenga/Mestmäcker/*Burrichter/Hennig* EuWettbR VO 1/2003 Art. 18 Rn. 80.
[12] So auch MüKoEuWettbR/*Bischke/Schirra* VO 1/2003 Art. 18 Rn. 26; SJKM/*Hirsbrunner* VO 1/2003 Art. 18 Rn. 6.

wiesen ist.[13] Die Bediensteten der nationalen Wettbewerbsbehörden verfügen gem. Art. 20 Abs. 5 S. 2 VO 1/2003 über **dieselben Befugnisse** wie die Bediensteten der Kommission.

7 Da die Kommission nicht über die Befugnis zur Vollstreckung von Nachprüfungsentscheidungen verfügt, ist sie auf Unterstützung des Mitgliedstaats für den Fall angewiesen, dass sich das betroffene Unternehmen den Forderungen der Kommission widersetzt. Gem. Art. 20 Abs. 6 VO 1/2003 gewährt der Mitgliedstaat im Wege der Amtshilfe die **erforderliche Unterstützung,** gegebenenfalls unter Einsatz von Polizeikräften oder einer entsprechenden vollziehenden Behörde. Ebenfalls besteht die Möglichkeit, Nachprüfungen unter Anwendung unmittelbaren Zwangs durchzuführen. Die nationalen Behörden wenden dabei nationales Recht an.[14] In Ausnahmefällen können die Unterstützungshandlungen vorsorglich angefordert werden,[15] wenn es Gründe für die Annahme gibt, dass der Nachprüfung widersprochen und versucht werden könnte, Beweise zu verbergen und dem Zugriff zu entziehen.[16] Verweigert die nationale Wettbewerbsbehörde die Unterstützung, verbleibt der Kommission das **Vertragsverletzungsverfahren** nach Art. 258 AEUV.

3. Vertikale Amtshilfe

8 Eine weitere Pflicht zur Unterstützung ergibt sich aus dem vertikalen Amtshilfeersuchen gem. Art. 22 Abs. 2 VO 1/2003. Die vertikale Amtshilfe ist von der horizontalen Amtshilfe gem. Art. 22 Abs. 1 VO 1/2003 zu unterscheiden, bei der eine nationale Wettbewerbsbehörde ein Amtshilfeersuchen an eine andere nationale Wettbewerbsbehörde richtet.[17] Im Rahmen der vertikalen Amtshilfe ersucht die Kommission die nationalen Wettbewerbsbehörden um Durchführung von Nachprüfungen, die sie gem. Art. 20 Abs. 1 VO 1/2003 für erforderlich hält, oder die sie durch Entscheidung gem. Art. 20 Abs. 4 VO 1/2003 angeordnet hat. Richtet die Kommission ein Ersuchen an eine nationale Wettbewerbsbehörde, so ist diese zur **Amtshilfe verpflichtet**[18] und gehalten, die durch die Amtshilfe erlangten Informationen an die Kommission weiterzuleiten.[19]

9 Besondere formelle Anforderungen an die vertikale Amtshilfe bestehen nicht.[20] Materiell müssen die Voraussetzungen des Art. 20 Abs. 3 (Nachprüfungsauftrag) bzw. Abs. 4 (Nachprüfungsentscheidung) VO 1/2003 erfüllt sein.[21] Die **Befugnisse der nationalen Wettbewerbsbehörde** zur Durchführung der Nachprüfung im Rahmen der Amtshilfe richten sich gem. Art. 22 Abs. 2 S. 2 VO 1/2003 nach nationalem Recht.[22] Weigert sich eine nationale Wettbewerbsbehörde, dem Amtshilfeersuchen der Kommission nachzukommen, kann die Kommission den Gerichtshof anrufen (Vertragsverletzungsverfahren nach Art. 258 AEUV).

4. Informationsaustausch

10 Im förmlichen Verfahren unterstützen die nationalen Wettbewerbsbehörden die Kommission im Rahmen des Informationsaustauschs nach Art. 11 f. VO 1/2003. Gem. Art. 12 Abs. 1 VO 1/2003 sind die Kommission und die nationalen Wettbewerbsbehörden befugt, einander **tatsächliche oder rechtliche Umstände** einschließlich vertraulicher Angaben mitzuteilen. Der Wortlaut („befugt") legt nahe, dass eine Pflicht zur Informations-

---

[13] *De Bronett* VO 1/2003 Art. 20 Rn. 38; Langen/Bunte/*Sura* VO 1/2003 Art. 20 Rn. 36.
[14] Immenga/Mestmäcker/*Burrichter/Hennig* EuWettbR VO 1/2003 Art. 20 Rn. 83.
[15] EuGH Urt. v. 21. 9. 1989 – verb. Rs. C-46/87 und C-227/88, Slg. 1989, 2859 Rn. 32 – Hoechst/Kommission.
[16] EuGH Urt. v. 22. 10. 2002 – C-94/00, Slg. 2002, I-9011 Rn. 74 – Roquette Frères.
[17] Dazu *Jungheim* EWS 2013, 305 (306).
[18] Langen/Bunte/*Sura* VO 1/2003 Art. 22 Rn. 6; MüKoEuWettbR/*Bischke/Schirra* VO 1/2003 Art. 22 Rn. 5; SJKM/*Hirsbrunner* VO 1/2003 Art. 22 Rn. 3 (Gemeinschaftstreue).
[19] Loewenheim/Meessen/Riesenkampff/*Barthelmeß/Rudolf* VerfVO Art. 22 Rn. 28.
[20] Immenga/Mestmäcker/*Burrichter/Hennig* EuWettbR VO 1/2003 Art. 22 Rn. 33.
[21] Vgl. hierzu *De Bronett* VO 1/2003 Art. 22 Rn. 5.
[22] Netzwerkbekanntmachung Rn. 29 f.

weitergabe nicht besteht, wobei der Grundsatz der loyalen Zusammenarbeit nach Art. 4 Abs. 3 EUV zu beachten ist.[23] Weitere Erläuterungen zum sehr umfangreichen Informationsaustausch finden sich in → Rn. 44 ff.

III. Vorrang des Verfahrens der Kommission und Unionsgerichte vor Verfahren der Gerichte und Behörden der Mitgliedstaaten im Rahmen des Art. 16 VO 1/2003

1. Grundsätze

Gem. Art. 105 Abs. 1 S. 1 AEUV achtet die Kommission auf die Verwirklichung der in 11 den Art. 101 und 102 AEUV niedergelegten Grundsätze; sie hat die **Wettbewerbspolitik der Union** festzulegen und gem. ihrer Ausrichtung durchzuführen.[24] Gleichzeitig sind gem. Art. 3, 5, und 6 VO 1/2003 die nationalen Wettbewerbsbehörden und Gerichte zur Anwendung der Art. 101 und 102 AEUV verpflichtet. In diesem dezentralen System paralleler Zuständigkeiten sind zwingend Regelungen notwendig, die eine sinnvolle **Fallverteilung zwischen Kommission und nationalen Wettbewerbsbehörden** gewährleisten. Die Vorschriften der Art. 11 bis 14 VO 1/2003 treffen diesbezüglich detaillierte Grundsätze über die Zusammenarbeit der Kommission und der nationalen Wettbewerbsbehörden im European Competition Network (ECN) (→ Rn. 37 ff.). Art. 15 VO 1/2003 regelt die Zusammenarbeit zwischen Kommission, nationalen Wettbewerbsbehörden und nationalen Gerichten (→ Rn. 91 ff.).

Des Weiteren ist eine Regelung notwendig, die den **Entscheidungen der Kommis-** 12 **sion einen Geltungsvorrang**[25] zuweist, um widersprüchliche Entscheidungen von nationalen Wettbewerbsbehörden und Gerichten zu vermeiden. Das Verhältnis von Einzelentscheidungen der Kommission und Entscheidungen nationaler Wettbewerbsbehörden bzw. nationaler Gerichte zueinander bestimmt sich nach der Kollisionsvorschrift des Art. 16 VO 1/2003, die die grundlegenden Wertungen der europäischen Rechtsprechung in Sachen Delimitis[26] und Masterfoods[27] kodifiziert.[28]

Art. 16 VO 1/2003 normiert nur das **Verbot, zuwiderlaufende Entscheidungen zu** 13 **erlassen;** andere Entscheidungen werden von der Norm nicht erfasst. Die Vorrangregelung des Art. 16 VO 1/2003 schweigt zu der Konstellation, in der ein nationales Gericht rechtskräftig über einen Sachverhalt befunden hat, der zu einem späteren Zeitpunkt von der Kommission anders beurteilt wird. Der EuGH hat in der Entscheidung Masterfoods[29] klargestellt, dass die Kommission nicht an eine Entscheidung gebunden ist, die ein nationales Gericht in Anwendung der Art. 101 und 102 AEUV erlassen hat. Damit kann die Kommission Entscheidungen treffen, auch wenn eine Vereinbarung oder Verhaltensweise bereits **Gegenstand einer Entscheidung eines nationalen Gerichts** ist, und die von der Kommission ins Auge gefasste Entscheidung zu dieser in Widerspruch steht. Erst recht gilt dies für in der Vergangenheit erlassene Entscheidungen nationaler Wettbewerbsbehörden.[30]

Weitergehende **nationale Regelungen** bleiben aber möglich. So ist zB in § 33 Abs. 4 14 GWB geregelt, dass „das Gericht an die Feststellung des Verstoßes gebunden [ist], wie sie in einer bestandskräftigen Entscheidung der Kartellbehörde, der Europäischen Kommission oder der Wettbewerbsbehörde oder des als solche handelnden Gerichts in einem anderen Mitgliedstaat der Europäischen Union getroffen wurde."

---

[23] EuG Urt. v. 18.9.1996 – T-353/94, Slg. 1996, II-921 Rn. 64 – Postbank/Kommission; *Faull/Nikpay* Rn. 2.168.
[24] EuGH Urt. v. 14.12.2000 – C-344/98, Slg. 2000, I-1369 Rn. 46 – Masterfoods.
[25] MüKoEuWettbR/*Schneider* VO 1/2003 Art. 16 Rn. 1; *Kamann/Horstkotte* WuW 2001, 458 (465).
[26] EuGH Urt. v. 28.2.1991 – C-234/89, Slg. 1991, I-935 – Delimitis.
[27] EuGH Urt. v. 14.12.2000 – C-344/98, Slg. 2000, I-1369 – Masterfoods.
[28] EuGH Urt. v. 6.11.2012 – C-199/11, Slg. 2012, I-0000 Rn. 50 – Otis ua; BBB Art. 16 VO 1/2003 Rn. 5 f.
[29] EuGH Urt. v. 14.12.2000 – C-344/98, Slg. 2000, I-1369 Rn. 48 – Masterfoods.
[30] Dieses Verständnis wird in der Gemeinsamen Erklärung (Rn. 23) vorausgesetzt.

2. Vorrang der Kommissionsentscheidung gegenüber Entscheidungen nationaler Gerichte

15 Nach Art. 16 Abs. 1 VO 1/2003 dürfen nationale Gerichte keine Entscheidungen treffen, die einer **getroffenen** – nicht notwendigerweise bestandskräftigen – oder **beabsichtigten Entscheidung der Kommission zuwiderlaufen.** Manifestiert wird die Absicht, wenn die Kommission das Verfahren gem. Art. 2 Abs. 1 VO 773/2004 einleitet. In praxi wird die Verfahrenseinleitung auf der Internetseite der Kommission bekannt gegeben. Ob weitere Elemente notwendig sind, die die Absicht der Kommission konkretisieren, eine bestimmte Entscheidung zu erlassen, ist streitig. Zum einen wird argumentiert, dass Wortlaut („Absicht" versus „Einleitung des Verfahrens") und ratio legis für das Erfordernis einer zusätzlichen Mitteilung der Kommission streite, aus der sich die konkret gebildete Absicht einer Entscheidung und ihres voraussichtlichen wesentlichen Inhalts ergibt.[31] Dagegen spricht, dass nationale Gerichte mit Bekanntgabe der Verfahrenseinleitung von der Existenz eines Verfahrens – und damit von der Möglichkeit einer materiellen, Bindungswirkung entfaltenden Kommissionsentscheidung – Kenntnis erlangt haben. Zudem ist das nationale Gericht berechtigt, bei der Kommission **Informationen zum Verfahrensstand und wahrscheinlichen Entscheidungszeitpunkt** einzuholen.[32] Das nationale Gericht erhält somit ab Verfahrenseinleitung die Information, die es benötigt, um die Reichweite der Bindungswirkung evaluieren und einen Verstoß gegen das Vorrangprinzip vermeiden zu können.

16 Die von Art. 16 VO 1/2003 adressierten Gerichte sind alle nach Art. 267 AEUV **vorlageberechtigten Gerichte und Rechtsmittelgerichte,** soweit sie zuständig sind, Entscheidungen von Wettbewerbsbehörden zu überprüfen (siehe auch Darstellung zu Art. 6 VO 1/2003 (→ Rn. 35).[33] Unerheblich ist, ob es sich um Straf-, Zivil-, Verwaltungs- oder sonstige Gerichte handelt.[34] Schiedsgerichte sind nicht erfasst, da sie keine Befugnis zur Anrufung des EuGH gem. Art. 267 AEUV haben.[35] Gleichwohl dürfen auch Schiedssprüche erlassene oder beabsichtigte Entscheidungen der Kommission nicht ignorieren. Dies ergibt sich aus dem ordre public, zu dem die europäischen Wettbewerbsregeln aus Art. 101 und 102 AEUV einschließlich ihrer kohärenten Anwendung gehören.[36]

17 Die von der Kommission erlassenen Entscheidungen entfalten **Bindungswirkung** für die nationalen Gerichte (zum Grundsatz des Doppelbestrafungsverbots → Rn. 80 ff.).[37] Einschränkend sind dabei nur solche Entscheidungen gemeint, die „Vereinbarungen, Beschlüsse oder Verhaltensweisen" gem. Art. 101 und 102 AEUV materiell beurteilt haben. Folglich sind prozedurale Ermittlungsentscheidungen nach Kapitel V der VO 1/2003 (Auskunftsverlangen, Befragung, Nachprüfung), die Zurückweisung einer Beschwerde gem. Art. 7 Abs. 2 VO 773/2004, die Verfahrenseinstellung,[38] das Beratungsschreiben[39] und Stellungnahmen der Kommission als amicus curiae nicht umfasst.[40]

---

[31] Vgl. nur Langen/Bunte/*Sura* VO 1/2003 Art. 16 Rn. 12; FK/*Jaeger* VO 1/2003 Art. 16 Rn. 26; *Bornkamm* ZWeR 2003, 73 (84); aA Dalheimer/Feddersen/Miersch/*Dalheimer* VO 1/2003 Art. 16 Rn. 8; *Klees* § 8 Rn. 124.

[32] ABl. 2004 C 101, 54 (Bekanntmachung Zusammenarbeit Gerichte) Rn. 12, 21.

[33] EuGH Urt. v. 31.5.2005 – C-53/03, Slg. 2005, I-4609 Rn. 29 – Syfait. Inwieweit Gerichte, die als Wettbewerbsbehörde (vgl. Art. 35 Abs. 1, 2 VO 1/2003) tätig sind, in den Anwendungsbereich des Art. 16 VO 1/2003 fallen, ist für Deutschland unerheblich. Vgl. die Darstellung in FK/*Jaeger* VO 1/2003 Art. 16 Rn. 4.

[34] MüKoEuWettbR/*Schneider* VO 1/2003 Art. 16 Rn. 6.

[35] Vgl. bereits EuGH Urt. v. 23.3.1982 – C-102/81, Slg. 1981, 1095 – Nordsee. Ausführlich SJKM/*Becker/Vollrath* VO 1/2003 Art. 16 Rn. 10 f.

[36] EuGH Urt. v. 1.6.1999 – C-126/97, Slg. 1999, I-3055 Rn. 36 ff. – Eco Swiss.

[37] Bekanntmachung Zusammenarbeit Gerichte Rn. 13.

[38] Immenga/Mestmäcker/*Ritter* EuWettbR VO 1/2003 Art. 16 Rn. 4 unter Verweis auf EuG Beschl. v. 17.10.2005 – T-28/02, Slg. 2005, II-4119 Rn. 50 – First Data.

[39] Dalheimer/Feddersen/Miersch/*Dalheimer* VO 1/2003 Art. 16 Rn. 7; FK/*Jaeger* VO 1/2003 Art. 16 Rn. 16; SJKM/*Becker/Vollrath* VO 1/2003 Art. 16 Rn. 21; aA für Nachprüfungsentscheidungen Immenga/Mestmäcker/*Ritter* EuWettbR VO 1/2003 Art. 16 Rn. 3.

[40] Stellungnahme Kommission v. 2.2.2005, 2004/MR/6 – Edmond/Brasserie Haacht.

a) Bindungswirkung von Entscheidungen. Die von der Bindungswirkung erfassten Entscheidungen müssen **denselben Untersuchungsgegenstand** betreffen. Dieses Merkmal erfordert die Identität der konkreten Vereinbarung bzw. Verhaltensweise und der Unternehmen. Die bloße Gleichheit, Vergleichbarkeit oder Ähnlichkeit des Untersuchungsgegenstands reicht nicht aus, um die Bindungswirkung zu entfalten.[41]

18

Erfasst ist die **Abstellungsverfügung** gem. Art. 7 Abs. 1 S. 1 VO 1/2003, durch die eine Zuwiderhandlung gegen Art. 101 oder 102 AEUV festgestellt und/oder den beteiligten Unternehmen aufgegeben wird, den Verstoß abzustellen. Gleiches gilt für die nach Art. 7 Abs. 1 S. 2 VO 1/2003 verfügte **Abhilfemaßnahme.** Nationalen Gerichten ist es mithin verwehrt, den Geltungsanspruch des Art. 101 bzw. 102 AEUV für diese Einzelfälle zu verneinen – sei es wegen mangelnder Tatbestandsmäßigkeit (zB Art. 101 Abs. 1 AEUV) oder wegen gegebener Rechtmäßigkeit (Art. 101 Abs. 3 AEUV).[42] Ebenfalls erfasst ist die **Feststellung einer beendeten Zuwiderhandlung** (Art. 7 Abs. 1 S. 4 VO 1/2003).

19

Des Weiteren ist die **Anordnung einstweiliger Maßnahmen** gem. Art. 8 VO 1/2003 von der Bindungswirkung erfasst. Könnte ein nationales Gericht die Rechtmäßigkeit der in Rede stehenden Verhaltensweise feststellen, läge trotz materieller – wenn auch vorläufiger – Bewertung durch die Kommission ein Widerspruch vor, der dem Erfordernis einer kohärenten Anwendung der europäischen Wettbewerbsregeln zuwiderläuft.[43] Die Bindungswirkung resultiert zudem aus Art. 16 Abs. 1 S. 2 VO 1/2003: Danach müssen es Gerichte vermeiden, Entscheidungen zu erlassen, die einer beabsichtigten Entscheidung der Kommission zuwiderlaufen. Dagegen entfaltet die Entscheidung, mit der die Kommission **Verpflichtungszusagen** gem. Art. 9 VO 1/2003 annimmt, gem. Art. 16 Abs. 1 VO 1/2003 keine Bindungswirkung. Eine solche Entscheidung enthält gerade keine Feststellung zur Zuwiderhandlung gegen Art. 101 und 102 AEUV, sondern erklärt lediglich die Zusagen der Unternehmen für bindend. Demzufolge nehmen die Erwägungsgründe 13 und 22 VO 1/2003 die Zusagenentscheidung expressis verbis von der Bindungswirkung aus.

20

Stellt die Kommission qua **Positiventscheidung** nach Maßgabe des Art. 10 Abs. 1 VO 1/2003 fest, dass eine Verhaltensweise keinen Verstoß gegen Art. 101 Abs. 1 AEUV darstellt bzw. die Rechtfertigungsvoraussetzungen des Art. 101 Abs. 3 AEUV vorliegen, und wird die Nichtanwendbarkeit der Normen erklärt, ist nach überwiegender Auffassung die Bindungswirkung gegeben. Gleiches gilt für die Nichtanwendbarkeit in Bezug auf Art. 102 AEUV (vgl. Art. 10 Abs. 2 VO 1/2003).[44] Der Streit über die Bindungswirkung der Positiventscheidung resultiert aus dem Umstand, dass gem. Erwägungsgrund 14 VO 1/2003 die Positiventscheidung deklaratorischen Charakter hat und den Unternehmen keine Rechtspositionen verschafft, an die nationale Gerichte gebunden sein können.[45] Die gewichtigeren Gründe sprechen aber für eine Bindungswirkung: Anders als nationale Wettbewerbsbehörden gem. Art. 5 VO 1/2003 (Entscheidung, dass kein Anlass besteht, tätig zu werden) beurteilt die Kommission mit der Positiventscheidung einen Einzelfall nach Maßgabe der Art. 101 und 102 AEUV. Beansprucht eine solche – formell und materiell rechtmäßige – Entscheidung keine Bindungswirkung, könnte ein nationales Gericht grundsätzlich einen Verstoß gegen Art. 101 und 102 AEUV annehmen. Die Kollisionsvorschrift des Art. 16 VO 1/2003 liefe damit leer und das Postulat der kohärenten Anwendung der Art. 101 und 102 AEUV wäre verletzt.

21

---

[41] Vgl. Bekanntmachung Zusammenarbeit Gerichte Rn. 13; FK/*Jaeger* VO 1/2003 Art. 16 Rn. 6; MüKoEuWettbR/*Schneider* VO 1/2003 Art. 16 Rn. 9; Dalheimer/Feddersen/Miersch/*Dalheimer* VO 1/2003 Art. 16 Rn. 7; *Klees* § 8 Rn. 112; *Hirsch* ZWeR 2003, 233 (248); *Pohlmann* WuW 2005, 1005 (1006).

[42] Vgl. FK/*Jaeger* VO 1/2003 Art. 16 Rn. 9.

[43] Langen/Bunte/*Sura* VO 1/2003 Art. 16 Rn. 9; SJKM/*Becker/Vollrath* VO 1/2003 Art. 16 Rn. 15.

[44] Dalheimer/Feddersen/Miersch/*Dalheimer* VO 1/2003 Art. 16 Rn. 7; *Klees* § 8 Rn. 110; Loewenheim/Meessen/Riesenkampff/*Zuber* VerfVO Art. 16 Rn. 9; MüKoEuWettbR/*Schneider* VO 1/2003 Art. 16 Rn. 8; SJKM/*Becker/Vollrath* VO 1/2003 Art. 16 Rn. 14.

[45] FK/*Jaeger* VO 1/2003 Art. 16 Rn. 15.

22 **Sanktionsentscheidungen** gem. Art. 23 VO 1/2003 (Geldbuße) und Art. 24 VO 1/2003 (Zwangsgeld) sind ebenfalls von der Bindungswirkung erfasst, obwohl diese Vorschriften von nationalen Gerichten und Wettbewerbsbehörden gar nicht angewandt werden können. Dennoch stehen sie untrennbar mit der die Sanktionsentscheidung tragenden inhaltlichen Begründung im Zusammenhang.[46] Die Entscheidung über den **Entzug des Rechtsvorteils einer Gruppenfreistellungsverordnung** gem. Art. 29 Abs. 1 VO 1/2003 entfaltet Bindungswirkung, da die Kommission einzelfallbezogen und verbindlich über die in den Freistellungsverordnungen konkretisierten Rechtfertigungsbedingungen des Art. 101 Abs. 3 AEUV befindet.[47]

23 **b) Reichweite der Bindungswirkung.** Die Bindungswirkung bezieht sich auf den **Tenor** der Entscheidung und die den Tenor tragenden **Entscheidungsgründe**.[48] Die Reichweite der Bindung wird zutreffend aus den bestehenden Rechtsschutzmöglichkeiten gegen eine Kommissionsentscheidung abgeleitet:[49] Da ein nationales Gericht keine zuwiderlaufende Entscheidung treffen kann, ist ihm die abweichende Beurteilung verwehrt. Vor dem Hintergrund der verfassungsmäßig garantierten Rechtsschutzgarantie ist der Geltungsvorrang der Kommissionsentscheidung nur gerechtfertigt, wenn Rechtsschutzlücken ausgeschlossen sind. Die Entscheidungsgründe können separat nicht angefochten werden, unterliegen aber der Kontrolle durch die europäischen Gerichte, soweit sie im Fall einer belastenden Maßnahme den Tenor entscheidend begründen.[50] Insofern sind der Tenor und die Entscheidungsgründe plausible Demarkationslinien, um die **Reichweite der Bindungswirkung in personeller, sachlicher und zeitlicher** Hinsicht zu definieren.

24 **c) Verfahrensmöglichkeiten der nationalen Gerichte.** Hat die Kommission eine von Art. 16 VO 1/2003 erfasste Entscheidung erlassen bzw. beabsichtigt sie, eine solche Entscheidung zu erlassen, stehen dem nationalen Gericht die folgenden Möglichkeiten zur Verfügung:

25 Das Gericht kann eine Entscheidung erlassen, die dem Tenor und der materiell-rechtlichen Beurteilung der **erlassenen Kommissionsentscheidung nicht zuwiderläuft.** Ist die Kommissionsentscheidung noch nicht erlassen oder noch nicht bestandskräftig, kann das nationale Gericht ebenfalls eine Entscheidung erlassen, die der Entscheidung nicht zuwiderläuft.[51] Alternativ kann das nationale Gericht sein Verfahren gem. Art. 16 Abs. 1 S. 3 VO 1/2003 aussetzen, bis die Kommission die beabsichtigte Entscheidung bestandskräftig getroffen oder der EuGH über die von dem betroffenen Unternehmen eingereichte Nichtigkeitsklage befunden hat.[52] Hat die Kommission noch keine Entscheidung getroffen, ist das nationale Gericht berechtigt, bei der Kommission Informationen zum Verfahrensstand und wahrscheinlichen Entscheidungszeitpunkt einzuholen – die Kommission wiederum bemüht sich dann um vorrangige Bearbeitung solcher Fälle.[53] Auch kann das nationale Gericht **einstweilige Maßnahmen** gem. innerstaatlichen Rechts erlassen, um die Interessen der Beteiligten bis zum Verfahrensabschluss zu sichern.[54] Zudem kann das nationale Gericht nach erhobener Nichtigkeitsklage[55] eine bestimmte Rechtsfrage oder

---

[46] SJKM/*Becker/Vollrath* VO 1/2003 Art. 16 Rn. 20.
[47] Vgl. nur MüKoEuWettbR/*Schneider* VO 1/2003 Art. 16 Rn. 8.
[48] Zur Bindungswirkung für Schadensersatzklagen vgl. EuGH Urt. v. 6.11.2012 – C-199/11, Slg. 2012, I-0000 Rn. 65 f. – Otis.
[49] SJKM/*Becker/Vollrath* VO 1/2003 Art. 16 Rn. 30.
[50] Vgl. EuG Urt. v. 8.7.1999 – T-266/97, Slg. 1999, II-2329 Rn. 151 – Vlaamse Televisie Maatschappij/Kommission.
[51] FK/*Jaeger* VO 1/2003 Art. 16 Rn. 18.
[52] Vgl. Dalheimer/Feddersen/Miersch/*Dalheimer* VO 1/2003 Art. 16 Rn. 9.
[53] Bekanntmachung Zusammenarbeit Gerichte Rn. 12, 21.
[54] EuGH Urt. v. 14.12.2000 – C-344/98, Slg. 2000, I-11369 Rn. 58 – Masterfoods.
[55] Eine Vorlage scheidet aus, wenn ein zur Nichtigkeitsklage Berechtigter nicht innerhalb der Frist des Art. 263 Abs. 6 AEUV Klage erhoben hat, vgl. EuGH Urt. v. 9.3.1994 – C-188/92, Slg. 1994, I-833 – Textilwerke Deggendorf.

die Frage der Gültigkeit der Kommissionsentscheidung gem. **Art. 267 AEUV beim EuGH vorlegen**.[56] Diese Befugnis wird vereinzelt kritisch gesehen,[57] doch dürfte die praktische Relevanz der Vorlage ohnehin gering sein. Zu Recht wird darauf hingewiesen, dass der EuGH gem. Art. 54 Abs. 3 Satzung des Gerichtshofs ein Vorabentscheidungsverfahren, das die Rechtmäßigkeit einer Kommissionsentscheidung betrifft, aussetzen kann, bis das EuG über die Nichtigkeitsklage entschieden hat.[58]

3. Vorrang der Kommissionsentscheidung gegenüber Entscheidungen nationaler Wettbewerbsbehörden

Art. 16 Abs. 2 VO 1/2003 statuiert den Vorrang **bereits erlassener Kommissionsentscheidungen** gegenüber Entscheidungen nationaler Wettbewerbsbehörden. Die Vorschrift verbietet nicht die Befugnis nationaler Wettbewerbsbehörden zur Anwendung der Art. 101 und 102 AEUV und des nationalen Wettbewerbsrechts, sondern allein den Erlass von Entscheidungen, die einer Kommissionsentscheidung zuwiderlaufen.[59] Eine Regelung zur Vermeidung paralleler Entscheidungen bedarf es nicht, da gem. Art. 11 Abs. 6 VO 1/2003 die Einleitung des Kommissionsverfahrens die Zuständigkeit der nationalen Wettbewerbsbehörden für die Anwendbarkeit der Art. 101 und 102 AEUV entfallen lässt (→ Rn. 64 ff.). Enge Informations- und Kooperationspflichten zwischen Kommission und nationalen Wettbewerbsbehörden gem. Art. 11 VO 1/2003 zielen darauf ab, Konflikte bereits im Vorfeld zu vermeiden (→ Rn. 37). Zur Bindungswirkung gilt das oben für die Gerichte Gesagte (→ Rn. 18 ff.).

4. Folgen der Nichtbeachtung

Ein Verstoß gegen Art. 16 VO 1/2003 durch nationale Gerichte oder Wettbewerbsbehörden kann von der betroffenen Partei im Rahmen des **Rechtsmittelverfahrens** gerügt werden, wobei das letztinstanzliche Gericht im Fall der Nichtbeachtung des Art. 16 VO 1/2003 nicht zur Loyalitätspflicht gezwungen werden kann.[60] Die Kommission kann bei offenkundigem und wiederholtem Verstoß eines nationalen Gerichts gegen Art. 16 VO 1/2003 ein **Vertragsverletzungsverfahren** gem. Art. 258 AEUV einleiten;[61] zudem kommen Staatshaftungsansprüche des betroffenen Unternehmens in Betracht.[62]

B. Verfahren der Wettbewerbsbehörden und Gerichte der Mitgliedstaaten

I. Befugnisse zur Durchsetzung des europäischen Kartellrechts

1. Pflicht zur Anwendung von Art. 101 und 102 AEUV

Die Vorschrift des Art. 3 Abs. 1 VO 1/2003 verpflichtet nationale Wettbewerbsbehörden und nationale Gerichte, **neben dem nationalen Wettbewerbsrecht auch Art. 101 und 102 AEUV** anzuwenden, wenn es sich bei den in Frage stehenden Verhaltensweisen um Vereinbarungen zwischen Unternehmen, Beschlüsse von Unternehmensvereinigungen oder aufeinander abgestimmte Verhaltensweisen iSd Art. 101 AEUV oder um verbotene Missbräuche iSd Art. 102 AEUV handelt, die den Handel zwischen Mitgliedstaaten beeinträchtigen können. Ist eine Verhaltensweise nach nationalem Wettbewerbsrecht erlaubt, nach Unionsrecht dagegen verboten, gebietet der Grundsatz des **Vorrangs des Unionsrechts**,[63] dass die Verhaltensweise zu verbieten ist.[64] Im umgekehrten Fall nor-

---

[56] EuGH Urt. v. 14.12.2000 – C-344/98, Slg. 2000, I-11369 Rn. 54 – Masterfoods.
[57] *Bornkamm* ZWeR 2003, 73 (79); GA *Cosmas* SchlA v. 16.5.2000 – C-344/98 – Slg. 2000, I-1369 Rn. 42 – Master foods.
[58] FK/*Jaeger* VO 1/2003 Art. 16 Rn. 19 mit weiteren Erläuterungen.
[59] EuGH Urt. 14.2.2012 – C-17/10 Rn. 85 f. – Toshiba Corp. ua.
[60] Loewenheim/Meessen/Riesenkampff/*Zuber* VerfVO Art. 16 Rn. 20.
[61] BBB Art. 16 VO 1/2003 Rn. 9.
[62] Immenga/Mestmäcker/*Ritter* EuWettbR VO 1/2003 Art. 16 Rn. 13.
[63] EuGH Urt. v. 15.7.1964 – C-6/64, Slg. 1964, 1253 – Flaminio Costa/E.N.E.L.
[64] BBB Art. 3 VO 1/2003 Rn. 12; *De Bronett* VO 1/2003 Art. 3 Rn. 12.

miert Art. 3 Abs. 2 S. 1 VO 1/2003, dass das Unionsrecht maßgeblich ist und das Verhalten nicht verboten werden darf. Hierbei handelt es sich nicht um einen Vorrang im Rechtssinne, sondern um eine Vorrangregelung mit faktischer Verdrängungswirkung.[65] Gem. Art. 3 Abs. 2 S. 2 VO 1/2003 können Mitgliedstaaten in Bezug auf Missbrauchstatbestände (Art. 102 AEUV) strengere nationale Vorschriften erlassen und durchsetzen. Es liegt im Ermessen der nationalen Gesetzgeber, die nationalen Wettbewerbsbehörden und Gerichte von der parallelen Anwendung nationalen Rechts freizustellen.[66] In **Deutschland** ist es gem. § 22 Abs. 1 und 3 GWB in das Ermessen des Bundeskartellamts gelegt, bei Sachverhalten mit Zwischenstaatlichkeitsbezug neben dem europäischen auch das deutsche Wettbewerbsrecht anzuwenden.

2. Zuständigkeit und Entscheidungsbefugnisse der nationalen Wettbewerbsbehörden

29 Gem. Art. 5 S. 1 VO 1/2003 sind die nationalen Wettbewerbsbehörden für die Anwendung von Art. 101 und 102 AEUV zuständig. Die nationalen Wettbewerbsbehörden werden gem. Art. 35 VO 1/2003 von den Mitgliedstaaten bestimmt, wobei auch Gerichte als Wettbewerbsbehörden iSd Verordnung in Betracht kommen und den Wettbewerbsbehörden gleichgestellt sind.[67] Im Gegensatz zu Art. 4 VO 1/2003, der der Kommission die in der VO 1/2003 vorgesehenen Befugnisse verleiht, lassen sich aus Art. 5 S. 1 VO 1/2003 aber keine unmittelbaren Handlungsbefugnisse ableiten. Art. 5 S. 1 VO 1/2003 hat lediglich deklaratorischen Charakter.[68]

30 Gem. Art. 5 S. 2 VO 1/2003 können nationale Wettbewerbsbehörden Entscheidungen erlassen, mit denen die Abstellung von Zuwiderhandlungen angeordnet wird, einstweilige Maßnahmen angeordnet, Verpflichtungszusagen angenommen oder Geldbußen, Zwangsgelder oder sonstige im innerstaatlichen Recht vorgesehene Sanktionen verhängt werden. Ebenso können nationale Wettbewerbsbehörden ausnahmsweise beschließen, keine Geldbuße zu verhängen, obwohl ein Unternehmen vorsätzlich oder fahrlässig gegen Art. 101 AEUV verstoßen hat. Dies kann dann der Fall sein, wenn ein allgemeiner Grundsatz des Unionsrechts (zB der Grundsatz des Vertrauensschutzes) der Verhängung einer Geldbuße entgegensteht.[69] Die **Entscheidungsbefugnisse der nationalen Wettbewerbsbehörden** entsprechen somit weitgehend den Befugnissen der Kommission (vgl. Art. 7, 8, 9 und 23 Abs. 2 und 24 Abs. 1 lit. a-c) VO 1/2003).[70] Die in Art. 5 S. 2 VO 1/2003 aufgeführten Entscheidungsbefugnisse werden durch die Befugnis in Art. 29 Abs. 2 VO 1/2003 ergänzt, wonach auch nationale Wettbewerbsbehörden den Rechtsvorteil von Gruppenfreistellungsverordnungen entziehen können.

31 Allerdings ist nationalen Wettbewerbsbehörden nicht die Befugnis zur **Feststellung der Nichtanwendbarkeit** von Art. 101 und 102 AEUV verliehen (vgl. Art. 10 VO 1/2003).[71] Die nationalen Wettbewerbsbehörden können aber gem. Art. 5 S. 3 VO 1/2003 entscheiden, dass für sie kein Anlass zum Tätigwerden besteht. Dies betrifft Fälle, in denen ein Verfahren wegen eines möglichen Verstoßes gegen Art. 101 oder 102 AEUV eingeleitet wurde, weitere Ermittlungen aber ergeben haben, dass eine Untersagung oder eine andere Entscheidung nicht in Betracht kommt.[72] Die Entscheidung beurteilt nicht förmlich die Rechtmäßigkeit der untersuchten Verhaltensweise und entfaltet nur für die

---

[65] Immenga/Mestmäcker/*Rehbinder* EuWettbR VO 1/2003 Art. 3 Rn. 19.
[66] *De Bronett* VO 1/2003 Art. 3 Rn. 5; Immenga/Mestmäcker/*Rehbinder* EuWettbR VO 1/2003 Art. 3 Rn. 14.
[67] Siehe ebenfalls Erwägungsgrund 35 zur VO 1/2003. Gem. § 50 GWB sind das Bundeskartellamt und die obersten Landesbehörden für die Anwendung der Art. 101 und 102 AEUV zuständig.
[68] Immenga/Mestmäcker/*Ritter* EuWettbR VO 1/2003 Art. 5 Rn. 1; Loewenheim/Meessen/Riesenkampff/*Hossenfelder* VerfVO Art. 5 Rn. 3; aA Klees § 7 Rn. 37; Langen/Bunte/*Sura* VO 1/2003 Art. 5 Rn. 1.
[69] EuGH Urt. v. 18.6.2013 – C-681/11 Rn. 40 – Schenker.
[70] *De Bronett* VO 1/2003 Art. 5 Rn. 3; FK/*Jaeger* VO 1/2003 Art. 5 Rn. 8; SJKM/*Puffer-Mariette* VO 1/2003 Art. 5 Rn. 11.
[71] EuGH Urt. v. 3.5.2011 – C-375/09, Slg. 2011, I-3055 Rn. 15 – Tele2 Polska.
[72] Dalheimer/Feddersen/Miersch/*Dalheimer* VO 1/2003 Art. 5 Rn. 11.

entscheidende Behörde Bindungswirkung. Das Unternehmen ist daher nicht vor einer späteren Untersagungsentscheidung einer anderen Behörde geschützt.[73]

Die nationalen Wettbewerbsbehörden können Art. 101 und 102 AEUV nur nach **Maßgabe des nationalen Rechts sanktionieren** (vgl. Art. 5 S. 2 Spiegelstrich 4 VO 1/2003).[74] Das OLG Düsseldorf hat diese Auffassung im Urteil Silostellgebühren II im Jahr 2012 bestätigt.[75] Im GWB sind diese Befugnisse in den §§ 32 ff. und 81 ff. GWB geregelt. 32

Die **territoriale Zuständigkeit** wird durch die VO 1/2003 nicht geregelt.[76] Während die Kommission Verstöße gegen europäisches Wettbewerbsrecht in der Union verfolgt, richtet sich die Zuständigkeit der nationalen Wettbewerbsbehörden für das Aufgreifen und die Verfolgung von Kartellrechtsverstößen nach **mitgliedstaatlichem Verfahrensrecht**. Dieses stellt in der Regel auf das Auswirkungsprinzip ab (vgl. § 130 Abs. 2 GWB). Zu unterscheiden ist die territoriale Zuständigkeit von der Arbeitsteilung im Netzwerk der europäischen Wettbewerbsbehörden – European Competition Network (ECN) (→ Rn. 37). Hat die nationale Wettbewerbsbehörde keine territoriale Zuständigkeit, kann diesbezüglich auch keine Arbeitsteilung stattfinden. 33

Zur **Reichweite der Entscheidungen** der nationalen Wettbewerbsbehörden trifft die Verordnung keine Regelung; eine dem Art. 16 VO 1/2003 entsprechende Vorschrift fehlt (→ Rn. 15). Grundsätzlich sind aufgrund des Territorialitätsprinzips die Entscheidungen der nationalen Wettbewerbsbehörde oder eines Rechtsbehelfsgerichts nur im jeweiligen Hoheitsgebiet rechtsverbindlich und durchsetzbar.[77] Die **Schadensersatz-RL**[78] erweitert jedoch die Reichweite der Entscheidungen nationaler Wettbewerbsbehörden. Gem. Art. 9 Abs. 1 Schadensersatz-RL müssen die Mitgliedstaaten gewährleisten, dass die nationalen Gerichte keine Entscheidungen erlassen, die den bestandskräftigen Entscheidungen der nationalen Wettbewerbsbehörde und Gerichte desselben Staates zuwiderlaufen. Im Hinblick auf bestandskräftige Entscheidungen ausländischer Wettbewerbsbehörden und Gerichte müssen Mitgliedstaaten dagegen gewährleisten, dass diese Entscheidungen vor dem jeweiligen Gericht zumindest als prima facie-Beweis vorgelegt werden können (Art. 9 Abs. 2 Schadensersatz-RL). Der prima facie-Beweis bezieht sich in Art. 9 Abs. 2 Schadensersatz-RL ausschließlich auf die Feststellung eines Verstoßes gegen das Wettbewerbsrecht. Kausalität und die Schadenshöhe muss von der anspruchstellenden Partei nachgewiesen werden. Die Entscheidungen der nationalen Wettbewerbsbehörden haben somit weitreichende Beweiskraft, wodurch Rechtsunsicherheiten und Kosten vermieden werden sollen.[79] 34

3. Zuständigkeit der nationalen Gerichte

Nationale Gerichte müssen Art. 101 und 102 AEUV **von Amts** wegen beachten;[80] die Zuständigkeit der nationalen Gerichte ergibt sich bereits aus der unmittelbaren Anwendung dieser Normen.[81] Die Vorschrift des Art. 6 VO 1/2003 ist rein deklaratorischer Natur.[82] Der Begriff der „einzelstaatlichen Gerichte" in Art. 6 VO 1/2003 meint in Abgrenzung zum Begriff der „Wettbewerbsbehörden" des Art. 5 VO 1/2003 nur die Gerichte iSd Art. 267 AEUV.[83] Dabei stellt der EuGH auf eine Reihe von Gesichtspunkten ab: 35

---

[73] FK/*Jaeger* VO 1/2003 Art. 5 Rn. 15 f.; Dalheimer/Feddersen/Miersch/*Dalheimer* VO 1/2003 Art. 5 Rn. 13.
[74] So auch OLG Düsseldorf Urt. v. 17.12.2012 – V-1Kart 7/12 Rn. 40 – Silostellgebühren II.
[75] OLG Düsseldorf Urt. v. 17.12.2012 – V-1Kart 7/12 Rn. 39 – Silostellgebühren II.
[76] FK/*Jaeger* VO 1/2003 Art. 5 Rn. 19 f.
[77] Dalheimer/Feddersen/Miersch/*Dalheimer* VO 1/2003 Art. 5 Rn. 24.
[78] Ratsdokument 8986/14 (Schadensersatz-RL).
[79] COM(2013) 404 final, Abschn. 4.3.1.
[80] EuGH Urt. v. 14.12.1995 – C-430/93 und C-431/93, Slg. 1995, I-4705 Rn. 15 – Van Schijndel/Stichting Pensioenfonds voor Fysiotherapeuten.
[81] EuGH Urt. v. 28.2.1991 – C-234/89, Slg. 1991, I-935 Rn. 45 – Delimitis.
[82] Lange/Bunte/*Sura* VO 1/2003 Art. 6 Rn. 1 f.; Immenga/Mestmäcker/*Ritter* EuWettbR VO 1/2003 Art. 6 Rn. 1.
[83] Bekanntmachung Zusammenarbeit Gerichte; FK/*Jaeger* VO 1/2003 Art. 6 Rn. 4.

gesetzliche Grundlage der Einrichtung, ständiger Charakter, obligatorische Gerichtsbarkeit, streitiges Verfahren, Anwendung von Rechtsnormen durch diese Einrichtung sowie deren Unabhängigkeit.[84]

36 Grundsätzlich sind die nationalen Gerichte in ihrer Entscheidungsfindung frei. Lediglich Art. 16 VO 1/2003 (→ Rn. 15) schränkt die Gerichte dahingehend ein, dass sie keine Entscheidungen fällen dürfen, die einer **erlassenen oder beabsichtigten Entscheidung** der Kommission zuwiderlaufen. Im Interesse der Rechtssicherheit und der verfahrensrechtlichen Effizienz von Schadensersatzklagen soll diese Einschränkung gem. Art. 9 der Schadensersatz-RL auch im Hinblick auf Entscheidungen einer einzelstaatlichen Wettbewerbsbehörde oder eines Rechtsbehelfsgerichts gelten.

II. Die Zusammenarbeit zwischen Kommission und den Wettbewerbsbehörden der Mitgliedstaaten im Netz der Wettbewerbsbehörden (ECN)

37 Das System paralleler Zuständigkeiten für die dezentrale Anwendung der europäischen Wettbewerbsregeln verlangt zwingenderweise Regelungen für eine **sinnvolle Fallverteilung und Koordinierung** zwischen Kommission und nationalen Wettbewerbsbehörden, um ineffiziente Verfahren und nicht zuletzt widersprechende Entscheidungen zu verhindern. Zu diesem Zweck ist das Netzwerk der europäischen Wettbewerbsbehörden – **European Competition Network (ECN)** – gegründet worden.

38 Erwägungsgrund 15 der VO 1/2003 formuliert das Ziel der Schaffung eines Netzes von Wettbewerbsbehörden der Mitgliedstaaten und der Kommission, die die europäischen Wettbewerbsregeln in enger Zusammenarbeit anwenden. Die Zusammenarbeit erfolgt dabei auf Grundlage der Gleichheit, des Respekts und der Solidarität.[85] Wichtige Prinzipien des ECN finden sich in der gemeinsamen Erklärung des Rates und der Kommission zur Funktionsweise des Europäischen Wettbewerbsnetzes, die die Ziele des ECN, namentlich die **Sicherstellung der effektiven und kohärenten Anwendung und Durchsetzung der Wettbewerbsregeln der Union,** formuliert.[86] Die Einzelheiten der Zusammenarbeit und die Art der Aufsicht durch die Kommission regeln Art. 11 bis 14 VO 1/2003. Darüber hinaus stellt die Netzwerkbekanntmachung die einzelnen Elemente der Zusammenarbeit dar.[87] Diese Prinzipien binden formal allein die Kommission, sind aber von den nationalen Wettbewerbsbehörden anerkannt.[88] Interne Richtlinien der Kommission und der nationalen Wettbewerbsbehörden komplettieren die ansonsten im Detail nicht formal regulierte Kooperation.

39 Das ECN ist keine Behörde, sondern ein **informelles Forum,** das als Kommunikationsplattform für die nationalen Wettbewerbsbehörden und die Kommission dient.[89] Zu den Aufgaben gehören neben der Fallverteilung und Koordinierung auch die Erörterung und Formulierung von wettbewerbspolitischen Fragen und Standpunkten – in jüngster Zeit insbesondere zur Konvergenz des Verfahrens- und Sanktionsrechts.[90] In den ersten Kommentierungen nach Inkrafttreten der VO 1/2003 wurde Skepsis geäußert, ob die Fallverteilungs- und Fallbearbeitungsgrundsätze ein funktionsfähiges Konzept liefern.[91] Die nun mehr als zehnjährige Praxis zeigt, dass die Fallverteilung innerhalb des ECN weitgehend konfliktfrei abläuft; die Zusammenarbeit wird weithin als sehr gut und erfolgreich beschrieben.[92]

---

[84] Vgl. EuGH Urt. v. 22.12.2010 – C-517/09, Slg. 2010, I-14093 Rn. 36 – RTL Belgium.
[85] Ratsdokument 15435/02 ADD 1 (Gemeinsame Erklärung) Rn. 7.
[86] Gemeinsame Erklärung Rn. 2, 5.
[87] Netzwerkbekanntmachung Rn. 3.
[88] Netzwerkbekanntmachung Rn. 72.
[89] Zu Einzelheiten, auch technischer Art, vgl. SWD(2014) 230/2 (Commission Staff Working Document (2014)) Rn. 231 f.; Kommission, Antitrust Manual of Procedures, Module 3, March 2012.
[90] Commission Staff Working Document (2014) Rn. 7.
[91] Vgl. stellvertretend *Klees* § 7 Rn. 151.
[92] *Jungheim* EWS 2013, 305 (311); *Wils* NZKart 2014, 2 (4).

1. Grundsätze der Fall- und Aufgabenverteilung

Im System paralleler Zuständigkeit liegt es im Ermessen jeder **nationalen Wettbewerbsbehörde und der Kommission** darüber zu entscheiden, ob Ermittlungen eingeleitet werden sollen oder nicht. Die Frage, welche Wettbewerbsbehörde einen Fall verfolgen soll, ist in der VO 1/2003 nicht im Sinne einer Zuständigkeitshierarchie geregelt.[93] Die Mitglieder des ECN müssen sich daher darüber verständigen, welche Behörde den Fall erledigen soll.[94] Für die Fallverteilung entscheidend ist, dass die Behörde, die sich des Falles annimmt, „**gut geeignet**" ist.[95] Die Bearbeitung kann durch eine nationale Wettbewerbsbehörde, gegebenenfalls mit Unterstützung anderer nationalen Wettbewerbsbehörden, mehrerer parallel handelnder nationaler Wettbewerbsbehörden oder durch die Kommission erfolgen.[96] Anders als in der Fusionskontrolle[97] ist die Konstellation nicht vorgesehen, dass eine nationale Wettbewerbsbehörde und die Kommission einen Fall bearbeiten.

Eine Behörde ist immer dann gut geeignet, sich eines Falles anzunehmen, wenn folgende **Bedingungen** kumulativ erfüllt sind:[98] 1. die Vereinbarung oder Verhaltensweise hat wesentliche unmittelbare tatsächliche oder absehbare Auswirkungen auf den Wettbewerb innerhalb des Hoheitsgebiets dieser Behörde, wird in deren Hoheitsgebiet umgesetzt oder hat in deren Hoheitsgebiet ihren Ursprung; 2. die Behörde kann die gesamte Zuwiderhandlung wirksam beenden, dh sie kann eine Verbotsentscheidung erlassen, deren Wirksamkeit ausreicht, die Zuwiderhandlung zu beenden, und sie kann ggf. die Zuwiderhandlung angemessen ahnden; und 3. sie kann, ggf. mit Unterstützung anderer Behörden, die zum Nachweis der Zuwiderhandlung erforderlichen Beweise erheben.

Eine einzelne nationale Wettbewerbsbehörde ist im Regelfall gut geeignet, Verfahren betreffend Vereinbarungen oder Verhaltensweisen durchzuführen, die den Wettbewerb hauptsächlich innerhalb ihres Hoheitsgebiets wesentlich beeinträchtigen.[99] Die Marktnähe und -kenntnis der Behörde legen daher nahe, den Fall nicht durch eine andere Behörde prüfen zu lassen. Eine gemeinsame Bearbeitung durch zwei oder drei nationale Wettbewerbsbehörden kann opportun sein, wenn eine kartellrechtsrechtswidrige Abrede hauptsächlich in einem Hoheitsgebiet wesentliche Auswirkungen auf den Wettbewerb hat, das Vorgehen lediglich einer nationalen Wettbewerbsbehörde aber nicht ausreichen würde, die gesamte Zuwiderhandlung zu beenden bzw. zu ahnden.[100] In einem solchen Fall sind die Wettbewerbsbehörden gehalten, sich bestmöglich untereinander abzustimmen und gegebenenfalls eine **federführende Behörde** zu bestimmen und dieser bestimmte Aufgaben zu übertragen. Letztlich bleibt aber jede Behörde für ihr eigenes Verfahren zuständig. Eine Bearbeitung durch **mehr als drei Behörden** sieht die Netzwerkbekanntmachung nicht vor; dies ist vor dem Hintergrund des dann notwendigen Koordinationsaufwands sachgerecht. In jüngster Zeit haben demgegenüber mehrere nationale Wettbewerbsbehörden Verfahren gegen Anbieter von Internetplattformen eröffnet. In einer Reihe von Mitgliedstaaten (zB Deutschland, Frankreich, Großbritannien, Italien, Österreich, Schweden) wurden beispielsweise Verfahren wegen Bestpreisklauseln gegen Anbieter von Hotelbuchungsplattformen durchgeführt – mit teilweise unterschiedlichen rechtlichen Bewertun-

---

[93] Wiedemann/*Dieckmann* HdB KartellR § 41 Rn. 49.
[94] Gemeinsame Erklärung Rn. 17, 20.
[95] Netzwerkbekanntmachung Rn. 6; vgl. auch Gemeinsame Erklärung Rn. 15.
[96] Netzwerkbekanntmachung Rn. 5.
[97] *Schmidt/Simon* WuW 2011, 1056 (1065).
[98] Vgl. Netzwerkbekanntmachung Rn. 8.
[99] Vgl. Netzwerkbekanntmachung Rn. 10.
[100] Vgl. Fallbeispiel in Netzwerkbekanntmachung Rn. 12: Zwei Unternehmen treffen eine Marktaufteilungsvereinbarung, wonach die Tätigkeit des in Mitgliedstaat A ansässigen Unternehmens auf Mitgliedstaat A und die Tätigkeit des in Mitgliedstaat B ansässigen Unternehmens auf Mitgliedstaat B beschränkt ist. Zu den Fallbeispielen ist zu Recht hingewiesen worden (*Klees* § 7 Rn. 148), dass sie eher theoretischer Natur sind, da der den Schlussfolgerungen zugrunde liegende Sachverhalt zu Beginn eines Verfahrens noch weitgehend unbekannt ist und erst noch ermittelt werden muss.

gen. Auch wenn sich die Kommission um eine Koordinierung der nationalen Verfahren bemüht, zeigen die Fälle deutlich die Notwendigkeit einer frühen Abstimmung insbesondere bei neuartigen Geschäftspraktiken in mehreren Mitgliedstaaten, deren rechtliche und ökonomische Beurteilung noch keiner etablierten Praxis folgt.

43 Die **Kommission** ist stets gut geeignet, einen Fall zu bearbeiten. Sie soll aber nur dann tätig werden, wenn sie dazu „**besonders gut geeignet**" ist. Dies ist dann anzunehmen, wenn eine oder mehrere Vereinbarungen oder Verhaltensweisen, darunter Netze ähnlicher Vereinbarungen oder Verhaltensweisen, in mehr als drei Mitgliedstaaten Auswirkungen auf den Wettbewerb haben.[101] Dies gilt auch für Fälle, die eng mit Unionsbestimmungen verknüpft sind, die allein oder effizienter von der Kommission angewandt werden können (zB Beihilferecht), wenn das Unionsinteresse eine Entscheidung der Kommission erfordert, um die Wettbewerbspolitik der Union fortzuentwickeln, wenn neue Wettbewerbsfragen auftreten oder um eine wirksame Durchsetzung der Wettbewerbsregeln sicherzustellen.[102]

2. Einzelheiten der Fall- und Aufgabenverteilung

44 Die Organisation und Durchführung der Fallverteilung innerhalb des ECN erfordert notwendigerweise einen **intensiven Informationsaustausch.** Verdachtsfälle und bevorstehende Verfahrenseinleitungen müssen rechtzeitig bekannt und identifizierbar sein, um eine sachgerechte Fallallokation zu ermöglichen. Die Vorschriften des Art. 11 Abs. 2 und 3 VO 1/2003 normieren hierzu Informationspflichten der Kommission (Abs. 2) und der nationalen Wettbewerbsbehörden (Abs. 3). Art. 12 VO 1/2003 stellt eine detaillierte Rechtsgrundlage für den Austausch von Informationen zwischen Kommission und nationalen Wettbewerbsbehörden dar und regelt deren Verwendung.

45 **a) Informationsaustausch zwecks Fallallokation.** Die Kommission ist gem. Art. 11 Abs. 2 VO 1/2003 verpflichtet, den nationalen Wettbewerbsbehörden ohne deren Ersuchen eine **Kopie der wichtigsten Schriftstücke** zu übermitteln, die sie für ein Verfahren zum Erlass einer Entscheidung gem. Art. 7 VO 1/2003 (Feststellung und Abstellung von Zuwiderhandlungen), Art. 8 VO 1/2003 (einstweilige Maßnahmen), Art. 9 VO 1/2003 (Verpflichtungszusagen) oder Art. 10 VO 1/2003 (Feststellung der Nichtanwendbarkeit des Art. 101 AEUV) und Art. 29 Abs. 1 VO 1/2003 (Entzug des Rechtsvorteils) gesammelt hat. Wichtigste Schriftstücke sind typischerweise **Beschwerden** oder **die Mitteilung der Beschwerdepunkte**.[103] Die Übermittlung erfolgt elektronisch. Durch diese Information werden nationale Wettbewerbsbehörden in die Lage versetzt, eine Umverteilung auf nationaler Ebene zu veranlassen.

46 Die Vorschrift des Art. 11 Abs. 3 VO 1/2003 statuiert umfangreiche **Informationspflichten der nationalen Wettbewerbsbehörde an die Kommission.** Werden nationale Wettbewerbsbehörden gem. Art. 101 oder 102 AEUV tätig, müssen sie vor Beginn oder unmittelbar nach Einleitung der ersten förmlichen Verfahrensschritte die Kommission unterrichten. Weiterhin können die anderen nationalen Wettbewerbsbehörden informiert werden, was in praxi unter Nutzung des ECN-Intranets auch geschieht.[104] Die Umverteilung kann sowohl zwischen nationalen Wettbewerbsbehörden als auch zwischen Kommission und nationalen Wettbewerbsbehörden erfolgen.

47 Die Unterrichtung der nationalen Wettbewerbsbehörden und der Kommission soll **vor oder kurz nach** den ersten Maßnahmen erfolgen, die mit den **Ermittlungsmaßnahmen** vergleichbar sind, die die Kommission gem. Art. 18 bis 21 VO 1/2003 ergreifen

---

[101] Netzwerkbekanntmachung Rn. 14. Dann wird die Kommission im Lichte der Prioritäten schnell entscheiden, ob sie den Fall bearbeiten wird, vgl. Kommission, Antitrust Manual of Procedures, Module 3, März 2012, Rn. 16.
[102] Netzwerkbekanntmachung Rn. 15.
[103] ZB Auskunftsersuchen, Nachprüfungsaufträge und -entscheidungen. Weitere Beispiele siehe Kommission, Antitrust Manual of Procedures, Module 3, März 2012, Rn. 54.
[104] Vgl. *Klees* § 7 Rn. 93 f.

kann (Auskunftsverlangen, Befragung, Nachprüfung). Diese sind im deutschen Recht das förmliche Auskunftsverlangen (§ 59 Abs. 1 GWB), die Nachprüfung (§ 59 Abs. 3 GWB) und die Durchsuchung (§ 59 Abs. 4 GWB bzw. § 46 Abs. 1 OWiG iVm §§ 102 StPO). Ein Anfangsverdacht oder vorbereitende Tätigkeiten reichen daher im Regelfall nicht aus.[105] Die Tatsache, dass die Ermittlungsmaßnahmen durch einen Antrag auf Kronzeugenbehandlung initiiert worden sind, steht der Pflicht zur Unterrichtung nicht entgegen. Die Unterrichtung erfolgt über ein im ECN-Intranet eingestelltes Standardformblatt,[106] und enthält wesentliche Einzelheiten des Falles (Behörde, betroffene Produkte, Gebiete und Parteien, mutmaßlicher Verstoß und vermutliche Dauer des Verstoßes, Ursprung des Falles). Ebenso halten sich die Behörden über einschlägige Änderungen auf dem Laufenden.[107]

48 Die Entscheidung über eine Umverteilung muss **möglichst schnell,** dh innerhalb von zwei Monaten nach dem Zeitpunkt der erstmaligen Unterrichtung des ECN erfolgen. Eine Fallverteilung ist revidierbar, wenn sich der Sachverhalt im Verlauf des Verfahrens wesentlich ändert. Grundsätzlich gilt jedoch, dass diejenige Behörde, die bei Ablauf der zwei Monate mit dem Fall befasst ist, das Verfahren bis zum Abschluss durchführt.[108]

b) Informationsaustausch zwecks Anwendung der Art. 101 und 102 AEUV. Art. 12 VO 1/ 49 2003 regelt den **Informationsaustausch zwischen nationalen Wettbewerbsbehörden und Kommission** (Abs. 1), und die Verwendung der ausgetauschten Information als **Beweismittel** (Abs. 2), einschließlich der Besonderheiten, die es zu beachten gilt, wenn natürliche Personen belangt werden sollen (Abs. 3).

aa) Zweckbindung. Für die Zwecke der Anwendung der Art. 101 und 102 AEUV dürfen 50 nationale Wettbewerbsbehörden und Kommission – nicht andere Behörden – **tatsächliche und rechtliche Umstände** einschließlich vertraulicher Geschäfts- und Berufsgeheimnisse austauschen.[109] Eine Pflicht zum Informationsaustausch und insbesondere die Pflicht einer Behörde zur Informationsübermittlung sieht die Verordnung nicht vor;[110] allerdings dürfte sich die Pflicht, dem berechtigten Ersuchen einer nationalen Wettbewerbsbehörde oder der Kommission nachzukommen, aus der in Art. 4 Abs. 3 EUV formulierten Pflicht zur loyalen Zusammenarbeit ergeben.[111] Grundsätzlich bedarf es keines Ersuchens einer nationalen Wettbewerbsbehörde oder der Kommission; auch freiwillig übermittelte Informationen einer nationalen Wettbewerbsbehörde bzw. der Kommission sind erlaubt, falls die Vorgaben des Art. 12 VO 1/2003 erfüllt sind; von nationalen Wettbewerbsbehörden ersuchte Informationen werden von der Kommission herausgegeben, solange keine gewichtigen Gründe dagegen sprechen.[112]

Vom Informationsaustausch erfasst sind **bestehende** Unterlagen,[113] insbesondere 51 **schriftliche Dokumente** gleich welcher Form und welchen Formats. Die Information kann von nationalen Wettbewerbsbehörden oder von der Kommission erstellt oder von Dritten verfasst worden sein, beispielsweise von den Verfahrensbeteiligten, anderen Marktteilnehmern oder Beschwerdeführern.[114] Nicht beachtet ist, ob die Information ursprünglich freiwillig zur Verfügung gestellt worden ist oder die Herausgabe – etwa im Rahmen einer Beschlagnahme – geduldet werden musste. Da Art. 12 Abs. 1 VO 1/2003 auch den Austausch von rechtlichen Umständen vorsieht, dürfen nationale Wettbewerbs-

---

[105] Loewenheim/Meessen/Riesenkampff/*Hossenfelder* VerfVO Art. 11 Rn. 23; FK/*Murach* VO 1/2003 Art. 11 Rn. 37.
[106] Wiedemann/*Dieckmann* HdB KartellR § 41 Rn. 45.
[107] Netzwerkbekanntmachung Rn. 17.
[108] Netzwerkbekanntmachung Rn. 19.
[109] Zum Schutz des Berufsgeheimnisses vgl. *Gussone/Michalczyk* EuZW 2011, 130 (133).
[110] *Gussone/Michalczyk* EuZW 2011, 130 (131).
[111] Siehe auch SJKM/*Vollrath* VO 1/2003 Art. 12 Rn. 15f.
[112] Kommission, Antitrust Manual of Procedures, Module 3, März 2012, Rn. 56, 62.
[113] *Klees* § 7 Rn. 81.
[114] FK/*Murach* VO 1/2003 Art. 12 Rn. 8; SJKM/*Vollrath* VO 1/2003 Art. 12 Rn. 6.

behörden und Kommission auch Vermerke zur rechtlichen Beurteilung austauschen. Rein mündlich vorgetragene Informationen, zB der **Zeugenbeweis,** sind dagegen vom Anwendungsbereich des Art. 12 VO 1/2003 nicht umfasst.

52 Die Informationen dürfen nur für die **Zwecke der Anwendung der Art. 101 und 102 AEUV** ausgetauscht werden. Anwender iSd Art. 12 VO 1/2003 ist allein diejenige Behörde, die die Information empfangen hat.[115] Dies bedeutet, dass der empfangenden nationalen Wettbewerbsbehörde bzw. Kommission auch Informationen zur Verfügung gestellt werden dürfen, die ursprünglich aus anderen Gründen erlangt worden sind. Denkbar ist hier die Information, die eine nationale Wettbewerbsbehörde auf Grundlage nationaler Kartellrechtsnormen oder in einem fusionskontrollrechtlichen Verfahren gewonnen hat. Die Zweckbindung der erlangten Information verbietet aber in letzterem Fall, die Information als Beweismittel in einem fusionskontrollrechtlichen Prüfverfahren zu verwenden.

53 Die Zweckbindung der Informationserlangung ist gegeben, wenn die die Information empfangende nationale Wettbewerbsbehörde **Verwaltungs- oder Bußgeldentscheidungen gem. Art. 5 VO 1/2003** oder die Kommission **Entscheidungen gem. Art. 7, 8, 9, 10, 23, 24 VO 1/2003** zu erlassen beabsichtigt. Die Durchführung einer nationalen Sektorenuntersuchung genügt dem Erfordernis der Anwendung des europäischen Wettbewerbsrechts[116] nur dann, wenn auch Art. 101 und 102 AEUV betroffen sind. Die Anwendung rein nationaler Kartellvorschriften eröffnet keine Möglichkeit, Informationen zu empfangen; etwas anderes gilt, wenn die nationale Wettbewerbsbehörde wegen des Zwischenstaatlichkeitsbezugs auch die Normen der Art. 101 und 102 AEUV anwendet.

54 **bb) Beweismittel.** Die von der empfangenden Behörde für die Anwendung der Art. 101 und 102 AEUV erlangte Information darf in Bezug auf den Untersuchungsgegenstand, für den sie von der übermittelnden Behörde erhoben worden ist, als Beweismittel verwendet werden (Art. 12 Abs. 2 S. 1 VO 1/2003). In Bezug auf eine andere Verhaltensweise kann die Information nicht als Beweismittel dienen. Nicht vollständig geklärt ist, welche Anforderungen an die **Identität des Untersuchungsgegenstands** zu stellen sind. Nach einer weniger strengen Auffassung vermag die Erweiterung der untersuchten Unternehmen, des untersuchten geografischen Markts oder der rechtlichen Einschätzung dem Identitätserfordernis nicht widersprechen.[117] Allerdings muss das zugrundeliegende Kernverhalten identisch sein, um die Beweiserheblichkeit begründen zu können. Dazu zählen der vermutete Kartellverstoß in Bezug auf den sachlich relevanten Produktmarkt und die tragenden Elemente der vermuteten Wettbewerbsbeschränkung, so dass sich der Untersuchungsgegenstand wesentlich aus der Definition der ermittelnden Behörde ableiten lässt.[118] Aus dem Identitätserfordernis folgt weiterhin, dass ursprünglich in einem Fusionskontrollverfahren erlangte Informationen zwar zur Anwendung der Art. 101 und 102 AEUV übermittelt werden können, diese aber keine beweiserhebliche Wirkung für einen Kartellverstoß haben. Die empfangende Behörde kann aber die rechtmäßig nach Art. 12 Abs. 1 VO 1/2003 empfangene Information nutzen, um ihrerseits Ermittlungen wegen eines vermuteten Wettbewerbsverstoßes einzuleiten.[119]

55 Die Beschränkung als Beweismittel zur Anwendung der Art. 101 und 102 AEUV bedeutet auch, dass die empfangende Behörde die Information nicht für die Zwecke einer fusionskontrollrechtlichen Bewertung verwenden darf. Ebenso wenig wäre die Informati-

---

[115] SJKM/*Vollrath* VO 1/2003 Art. 12 Rn. 8.
[116] AA Immenga/Mestmäcker/*Ritter* EuWettbR VO 1/2003 Art. 12 Rn. 1.
[117] MüKoEuWettbR/*Bardong* VO 1/2003 Art. 12 Rn. 65 ff.
[118] Loewenheim/Meessen/Riesenkampff/*Hossenfelder* VerfVO Art. 12 Rn. 11; Immenga/Mestmäcker/*Ritter* EuWettbR VO 1/2003 Art. 12 Rn. 13.
[119] EuGH Urt. v. 16.7.1992 — C-67/91, Slg. 1992, I-4785 — Dirección General de Defensa de la Competencia/Asociación Española de Banca Privada ua.

on als Beweis im Rahmen einer Sektorenuntersuchung tauglich, da das Tatbestandsmerkmal Beweismittel auf eine einzelfallgerichtete Normanwendung gerichtet ist.[120]

Wird das nationale Wettbewerbsrecht im gleichen Fall und parallel zum europäischen Wettbewerbsrecht angewandt und führt es nicht zu einem anderen Ergebnis, können die ausgetauschten Informationen auch für die **Anwendung des nationalen Wettbewerbsrechts** verwendet werden (Art. 12 Abs. 2 S. 2 VO 1/2003). Die von einer nationalen Wettbewerbsbehörde empfangenen Informationen dürfen aber nicht als Beweismittel für den Verstoß gegen strengere Normen nationaler **Missbrauchskontrolle** verwendet werden. 56

cc) Beweismittel und Sanktionen gegen natürliche Personen. Besonderheiten gelten für den Fall, dass die empfangenen Informationen als Beweismittel verwendet werden sollen, um Sanktionen gegen natürliche Personen zu verhängen. Über die Erfordernisse nach Art. 12 Abs. 1 und 2 VO 1/2003 hinaus sind die Informationen nur dann als Beweismittel zulässig, wenn das nationale Recht der übermittelnden Behörde **ähnlich geartete Sanktionen** in Bezug auf die Verstöße gegen Art. 101 und 102 AEUV vorsieht (Art. 12 Abs. 3 erster Spiegelstrich VO 1/2003). Ist dies nicht der Fall, müssen die Informationen in einer Weise erhoben worden sein, die hinsichtlich der Wahrung der Verteidigungsrechte natürlicher Personen das **gleiche Schutzniveau** gewährleistet wie es das für die empfangende Behörde geltende nationale Recht vorsieht; die empfangende Behörde darf aber auch dann die Information nicht verwenden, um eine Haftstrafe zu verhängen (Art. 12 Abs. 3 zweiter Spiegelstrich VO 1/2003). Die Vorschrift setzt die Gleichwertigkeit des Schutzniveaus in den Mitgliedstaaten voraus; folgerichtig können die in einem Mitgliedstaat erlangten Informationen in einem anderen, äquivalenten Schutz bietenden Mitgliedstaat als Beweismittel dienen.[121] 57

Die erste Variante des Art. 12 Abs. 3 VO 1/2003 setzt dabei auf „ähnlich geartete Sanktionen" in dem übermittelnden und empfangenden Mitgliedstaat. Ein kongruentes Sanktionssystem verlangt die Norm nicht, ebenso wenig eine identische Sanktionshöhe. Es kommt nicht einmal darauf an, ob die Sanktion in dem einen Mitgliedstaat strafrechtlichen Charakter hat und in dem anderen lediglich als ordnungs- bzw. verwaltungsrechtliches Vergehen eingeordnet wird.[122] Aus alledem folgt aber auch, dass **Freiheitsstrafe und Bußgeld** unterschiedlich geartete Sanktionen sind. Innerhalb der Sanktionsart Bußgeld wird allein die Möglichkeit **unterschiedlich hoher Bußgelder** das Erfordernis der ähnlich gearteten Sanktionen nicht verletzen. Dies dürfte im Grundsatz auch für die Sanktionsart Freiheitsstrafe gelten, wobei angesichts der Eingriffsintensität nur marginale Unterschiede tolerierbar sind. Sind in dem Mitgliedstaat der übermittelnden Behörde schärfere Sanktionen möglich, soll dies für die Beweisverwertung im Mitgliedstaat der empfangenden Behörde kein Hindernisgrund darstellen, da unterstellt werden kann, dass das Schutzniveau im Hoheitsgebiet der übermittelnden Behörde ebenfalls höher ist.[123] 58

Nach der zweiten Variante darf die empfangende Behörde die Information nur dann als Beweismittel für Sanktionen gegen natürliche Personen – allerdings nicht für Haftstrafen – verwenden, wenn sie in einer Art und Weise erlangt worden ist, die hinsichtlich der **Wahrung der Verteidigungsrechte** natürlicher Personen das gleiche Schutzniveau wie nach dem für die empfangende Behörde geltenden nationalen Recht gewährleistet. Divergiert der Schutzstandard, darf die Information nicht als Beweismittel verwendet, wohl aber nach den allgemeinen Regeln ausgetauscht werden.[124] 59

---

[120] SJKM/*Vollrath* VO 1/2003 Art. 12 Rn. 21.
[121] *Klees* § 7 Rn. 126.
[122] Wiedemann/*Dieckmann* HdB KartellR § 41 Rn. 48c; kritisch SJKM/*Vollrath* VO 1/2003 Art. 12 Rn. 34.
[123] SJKM/*Vollrath* VO 1/2003 Art. 12 Rn. 34.
[124] *De Bronett* VO 1/2003 Art. 12 Rn. 7.

3. Sicherstellung der kohärenten Anwendung der Art. 101 und 102 AEUV

60 Über die Fall- und Aufgabenverteilung hinaus muss sichergestellt werden, dass die im ECN organisierten Wettbewerbsbehörden die europäischen Wettbewerbsregeln widerspruchsfrei anwenden. Art. 11 Abs. 4 VO 1/2003 sieht daher ein **umfangreiches Informationsrecht** der Kommission über beabsichtigte Entscheidungen der nationalen Wettbewerbsbehörden vor, einschließlich der Gerichte, die gem. Art. 35 Abs. 3 VO 1/2003 als Wettbewerbsbehörde handeln.[125] Die Entscheidungen betreffen die Abstellung einer Zuwiderhandlung gegen Art. 101 oder Art. 102 AEUV, einschließlich Sanktionen,[126] Verpflichtungszusagen und den Entzug des Rechtsvorteils einer Gruppenfreistellungsverordnung. Nationale Wettbewerbsbehörden werden in praxi ebenfalls über beabsichtigte Entscheidungen anderer nationaler Wettbewerbsbehörden unterrichtet.

61 Die Unterrichtung muss spätestens **30 Tage vor Erlass** der beabsichtigten Entscheidung erfolgen. Zu diesem Zweck übermitteln die nationalen Wettbewerbsbehörden der Kommission eine zusammenfassende Darstellung des Falles (in englischer Sprache), den Entscheidungsentwurf oder jede andere Unterlage, aus der sich die geplante Maßnahme ergibt, falls der Entwurf der geplanten Entscheidung noch nicht vorliegt. Die Unterlagen werden sowohl vom ECN-Referat als auch von dem sektorspezifischen Referat der Generaldirektion Wettbewerb geprüft;[127] ebenfalls wird der Juristische Dienst eingeschaltet. Seit Inkrafttreten der VO 1/2003 (1.5.2004) bis 31.3.2015 ist die Kommission über 834 beabsichtigte Entscheidungen nationaler Wettbewerbsbehörden informiert worden.[128] Die Kommission nimmt vor Erlass zu den rechtlichen Aspekten der Entscheidung gegenüber den nationalen Wettbewerbsbehörden **mündlich Stellung;** eine schriftliche Stellungnahme findet fast nie statt, um möglichen Einsichtsrechten der Unternehmen entgegenzutreten. Die Stellungnahmen sind meist technischer Natur und können auch den Vorschlag umfassen, bestimmte Argumente zu überdenken oder aufzugreifen. Dabei bleibt die Letztverantwortung bei der nationalen Wettbewerbsbehörde.[129] Nach Ablauf der 30 Tage kann die nationale Wettbewerbsbehörde die Entscheidung erlassen, falls die Kommission nicht ihrerseits ein Verfahren in derselben Sache einleitet. Die Unterrichtung nach Art. 11 Abs. 4 VO 1/2003 ist **Rechtmäßigkeitserfordernis** der nationalen Entscheidung. Die Kommission gibt Unternehmen, die von einer nationalen Entscheidung betroffen sind, Auskunft über die Unterrichtung, so dass sie die unterbliebene Information klageweise geltend machen können.[130]

62 Ein weiteres Element zur Sicherstellung der kohärenten Anwendung der Art. 101 und Art. 102 AEUV ist die **Konsultationsmöglichkeit** der nationalen Wettbewerbsbehörden bei der Kommission gem. Art. 14 Abs. 5 VO 1/2003. Im Wege zumeist informeller Anfragen werden Auffassungen zu bestimmten Rechtsfragen ausgetauscht. Die Auffassung der Kommission kann damit bereits vor Beginn der 30-Tage-Frist in Betracht gezogen werden.

63 Die Kommission ist ihrerseits nicht verpflichtet, die nationalen Wettbewerbsbehörden über beabsichtigte Entscheidungen zu unterrichten; die Abstimmung mit den Mitgliedstaaten erfolgt hier gem. Art. 14 Abs. 1 VO 1/2003, der vorsieht, dass vor jeder Kommissionsentscheidung der **Beratende Ausschuss für Kartell- und Monopolfragen** (→ Rn. 89) gehört werden muss.

4. Aufgreifbefugnis durch die Kommission

64 Die Kommission hat die Aufgabe, auf die Verwirklichung der europäischen Wettbewerbsregeln zu achten, die Wettbewerbspolitik der Union festzulegen und gemäß ihrer Aus-

---

[125] SJKM/*Leupold* VO 1/2003 Art. 11 Rn. 28.
[126] *De Bronett* VO 1/2003 Art. 11 Rn. 4.
[127] Kommission, Antitrust Manual of Procedures, Module 4, März 2012, Rn. 20.
[128] Statistik auf der Internetseite der Kommission: http://ec.europa.eu/competition/ecn/statistics.html. Vgl. auch Commission Staff Working Document (2014) Rn. 12.
[129] Commission Staff Working Document (2014) Rn. 241.
[130] Commission Staff Working Paper (2009) Rn. 255.

richtung durchzuführen.¹³¹ Sie kann daher jederzeit Einzelentscheidungen gem. Art. 101 und 102 AEUV erlassen. Die Zuständigkeit der nationalen Wettbewerbsbehörden zur Anwendung der europäischen Wettbewerbsregeln **entfällt,** wenn die Kommission gem. Art. 11 Abs. 6 S. 1 VO 1/2003 ein Verfahren zum Erlass einer Entscheidung gem. Art. 7 VO 1/2003 (Feststellung und Abstellung von Zuwiderhandlungen), Art. 8 VO 1/2003 (einstweilige Maßnahmen), Art. 9 VO 1/2003 (Verpflichtungszusagen) oder Art. 10 VO 1/2003 (Feststellung der Nichtanwendbarkeit des Art. 101 AEUV) einleitet (Evokationsrecht). Die Zuständigkeit entfällt **nicht dauerhaft und endgültig;** sie lebt wieder auf, sobald das von der Kommission eingeleitete Verfahren beendet ist.¹³² Die Aufgreifbefugnis bedeutet, dass nach Verfahrenseröffnung die nationalen Wettbewerbsbehörden nicht mehr in derselben Sache, dh auf derselben Rechtsgrundlage gegen dieselbe Abrede derselben Unternehmen auf demselben sachlich und geografisch relevanten Markt, vorgehen können. Die Verfahrenseinleitung ist ein förmlicher Rechtsakt und kann **in jeder Ermittlungsphase** geschehen, gem. Art. 2 VO 773/2004 spätestens vor der Übersendung der Mitteilung der Beschwerdepunkte oder der vorläufigen Beurteilung gem. Art. 9 VO 1/2003. Die Tatsache, dass bei der Kommission eine Beschwerde eingegangen ist, reicht nicht aus, um die nationalen Wettbewerbsbehörden ihrer Zuständigkeit zu entheben.

Die Evokation der Kommission gelangt in den folgenden **Konstellationen** zur Anwendung: 1. Die Kommission leitet als erste Behörde ein Verfahren zum Erlass einer Entscheidung ein.¹³³ 2. Eine oder mehrere nationale Wettbewerbsbehörden haben das ECN davon unterrichtet, dass sie in einem bestimmten Fall tätig sind. Während der Fallverteilungsphase leitet die Kommission nach Konsultation mit den betroffenen Behörden ein Verfahren ein.¹³⁴ 3. Nach der Fallverteilungsphase macht die Kommission von dem Evokationsrecht Gebrauch, wenn eine der folgenden Situationen vorliegt:¹³⁵ a) Die betroffenen nationalen Wettbewerbsbehörden beabsichtigen, in demselben Fall widersprüchliche Entscheidungen zu erlassen. Die Kommission übt damit faktisch die Aufsicht über die inhaltliche Abstimmung der nationalen Wettbewerbsbehörden aus.¹³⁶ b) Die nationalen Wettbewerbsbehörden beabsichtigen den Erlass einer Entscheidung, die offensichtlich in Widerspruch zur gesicherten¹³⁷ bzw. ständigen¹³⁸ Rechtsprechung der europäischen Gerichte oder zu früheren in Entscheidungen und Verordnungen der Kommission aufgestellten Standards steht. c) Eine oder mehrere nationale Wettbewerbsbehörde(n) ziehen ein Verfahren unangemessen in die Länge. d) Eine Kommissionsentscheidung ist zur Weiterentwicklung der Wettbewerbspolitik der Union erforderlich, insbesondere dann, wenn in mehreren Mitgliedstaaten ein ähnliches Wettbewerbsproblem auftritt oder um eine effektive Durchsetzung sicherzustellen. e) Schließlich kann die Kommission den Fall aufgreifen, wenn die bereits tätige nationale Wettbewerbsbehörde keine Einwände erhebt. Alle Mitglieder des ECN haben die Möglichkeit, die Einberufung einer Sitzung des Beratenden Ausschusses (→ Rn. 89) zu verlangen, bevor die Kommission ein Verfahren einleitet.¹³⁹

Informationsbefugnis, Konsultationsmöglichkeit und nicht zuletzt das Evokationsrecht gem. Art. 11 Abs. 6 VO 1/2003 verleihen der Kommission eine **herausragende Stellung,** um die kohärente Anwendung der Art. 101 und Art. 102 AEUV sicherzustellen. In der Praxis finden regelmäßig vertrauliche Gespräche zwischen Kommission und nationalen Wettbewerbsbehörden statt, in denen Standpunkte ausgetauscht werden und die

---

[131] Vgl. EuGH Urt. v. 14.12.2000 – C-344/98, Slg. 2000, I-11369 Rn. 46 – Masterfoods.
[132] EuGH Urt. 14.2.2012 – C-17/10 Rn. 79 – Toshiba Corp. ua.
[133] Netzwerkbekanntmachung Rn. 53.
[134] Netzwerkbekanntmachung Rn. 54.
[135] Netzwerkbekanntmachung Rn. 54.
[136] *Klees* § 7 Rn. 183.
[137] Netzwerkbekanntmachung Rn. 54.
[138] Gemeinsame Erklärung Rn. 21.
[139] Netzwerkbekanntmachung Rn. 56.

Kommission in der Lage ist, ihre Auffassung durchzusetzen. Das Evokationsrecht besitzt dabei als ultima ratio[140] ein hohes Abschreckungspotential: Nachdem eine nationale Wettbewerbsbehörde die Kommission über eine beabsichtigte Entscheidung unterrichtet hat, ist es bisher nicht dazu gekommen, dass die Kommission ein Verfahren eingeleitet hat.[141]

5. Rechtsschutz

67 Die Einleitung des Verfahrens ist ein förmlicher Rechtsakt,[142] der gem. Art. 11 Abs. 6 VO 1/2003 den Wegfall der sachlichen Zuständigkeit der nationalen Wettbewerbsbehörde bedeutet. Die Verfahrenseinleitung durch die Kommission stellt folglich für **nationale Wettbewerbsbehörden** eine Endentscheidung dar, die in deren Rechte eingreift. In Ermangelung einer späteren Überprüfbarkeit der Verfahrenseinleitung durch die Kommission haben die Mitgliedstaaten die Möglichkeit, die Verfahrenseinleitung gem. Art. 263 Abs. 2 AEUV im Wege der Anfechtungsklage anzugreifen, was in praxi aber noch nicht beurteilt worden ist.[143] Anders sieht es beim Rechtsschutz der **betroffenen Unternehmen** aus. Die Regelungen des ECN betreffen die Konzeption einer Fall- und Arbeitsverteilung und keine Kompetenzhierarchie.[144] Für die betroffenen Unternehmen werden daher keinerlei Rechte dahingehend begründet, dass sich eine bestimmte Behörde mit einem Fall befassen muss.[145] Da die Einleitung des Verfahrens im europäischen und deutschen Recht kein selbständig anfechtbarer Rechtsakt ist, können diesbezügliche Verfahrensfehler nur bei der Überprüfung der Endentscheidung gerügt und überprüft werden.[146]

68 Angesichts der Tragweite der Fallbearbeitung für Unternehmen ist die mangelnde Rechtsschutzmöglichkeit **unbefriedigend.** Zum einen sind sowohl die nationalen Verfahren untereinander als auch im Vergleich zum Verfahren der Kommission durchaus unterschiedlich.[147] Zu nennen sind verfahrensrechtliche Aspekte (zB der Schutz der Rechtsanwaltskorrespondenz, Verjährung, Beweismaßstab) und materiell-rechtliche Fragen wie zB Konzernhaftung, Haftung von Naturpersonen und Sanktionen. Zum anderen haben Unternehmen ein berechtigtes Interesse daran, dass der Verdacht wettbewerbswidriger Verhaltensweisen von der Behörde ermittelt und bewertet wird, mit der ein Unternehmen vertraut ist. Der Verweis auf den Charakter eines Arbeitsverteilungsplans wird den teilweise gravierenden Konsequenzen nicht gerecht, so dass betroffenen Unternehmen eine Klagebefugnis eingeräumt werden sollte.

6. Besonderheiten bei Kronzeugenanträgen

69 Kronzeugenanträge haben für die Kartellverfolgung durch Kommission und nationale Wettbewerbsbehörden eine **herausragende Bedeutung** erlangt.[148] Sie enthalten wesentliche Informationen, die zur Aufdeckung des Kartells und Sanktionierung der Unternehmen und ggfls. natürlicher Personen führen. Kronzeugenanträge sind besonders schützenswert, weil sie freiwillig beigebrachte, hoch-sensitive und selbstbelastende Informationen enthalten. Es muss ausgeschlossen werden, dass eine Wettbewerbsbehörde aufgrund der Kenntnis von im ECN ausgetauschten Informationen aus Kronzeugenanträgen, die an

---

[140] Kommission, Antitrust Manual of Procedures, Module 3, März 2012, Rn. 21.
[141] Commission Staff Working Document (2014) Rn. 242.
[142] Der EuGH hat diesen Begriff in folgendermaßen definiert: „Die Einleitung eines Verfahrens nach Art. 9 der Verordnung 17 setzt einen hoheitlichen Rechtsakt der Kommission voraus, der deren Willen zum Ausdruck bringt, eine Entscheidung herbeizuführen." Vgl. EuGH Urt. v. 6.2.1973 – C-48/72, Slg. 1973, 77 Rn. 16 – Brasserie de Haecht.
[143] *De Bronett* VO 1/2003 Art. 11 Rn. 10; FK/*Murach* VO 1/2003 Art. 11 Rn. 67; Langen/Bunte/*Sura* VO 1/2003 Art. 11 Rn. 16.
[144] EuG Urt. v. 8.3.2007 – T-339/04, Slg. 2007, II-521 Rn. 82 – France Télécom/Kommission.
[145] EuG Urt. v. 13.7.2011 – verb. Rs. T-144/07, T-147/07, T-148/07, T-149/07, T-150/07 und T-154/07, Slg. 2011, II-5129 Rn. 77 – Thyssen Krupp/Commission; Dalheimer/Feddersen/Miersch/*Dalheimer* VO 1/2003 vor Art. 11 Rn. 24.
[146] *Schwarze/Weitbrecht* § 9 Rn. 11.
[147] Dazu im Einzelnen *Jungheim* EWS 2013, 305 (308 f.), die auf die Konvergenz des Verfahrensrechts setzt, um die Probleme zu lösen, und *Schwarze/Weitbrecht* § 9 Rn. 41 f.
[148] EuGH Urt. v. 14.6.2011 – C-360/09, Slg. 2011, I-5161 Rn. 25 – Pfleiderer: „Nützliche Instrumente".

eine andere Behörde gestellt sind, ex officio ein Verfahren einleitet und ggfls. ein Bußgeld verhängt.

Informationen aus Kronzeugenanträgen an die Kommission unterfallen grundsätzlich der den nationalen Wettbewerbsbehörden gegenüber bestehenden **Mitteilungspflicht** gem. Art. 11 Abs. 2 VO 1/2003. Ebenso unterfallen die Informationen aus Anträgen auf Kronzeugenbehandlung an nationale Wettbewerbsbehörden den Mitteilungspflichten, die einer nationalen Wettbewerbsbehörde anderen nationalen Wettbewerbsbehörden und der Kommission gegenüber obliegen (Art. 11 Abs. 3 VO 1/2003). Für alle Konstellationen gelten die folgenden **Beschränkungen:** **70**

In den Fällen, in denen die Kommission Informationen aus Kronzeugenanträgen an nationale Wettbewerbsbehörden weitergeleitet hat, werden die informierten Behörden auf Grundlage der Kronzeugeninformationen **keine eigenen Ermittlungen** wegen des Verstoßes gegen europäische und nationale Wettbewerbsregeln initiieren.[149] Damit ist nicht ausgeschlossen, dass eine nationale Wettbewerbsbehörde ein Verfahren einleiten kann, falls sie aus anderen Quellen relevante Informationen erlangt. Ebenfalls werden nationale Wettbewerbsbehörden auf Grundlage von Informationen aus Kronzeugenanträgen an andere nationale Wettbewerbsbehörden keine eigenen Ermittlungen wegen des Verstoßes gegen europäische und nationale Wettbewerbsregeln einleiten.[150] Auch hier bleibt die Befugnis zur Verfahrenseinleitung auf Grund anders erlangter Informationen unberührt. Für Informationen aus Kronzeugenanträgen an die Kommission und an nationale Wettbewerbsbehörden gilt, dass die Übermittlung an eine andere Wettbewerbsbehörde gem. Art. 12 VO 1/2003 nur nach **(unwiderruflichem) Einverständnis** des Kronzeugenantragstellers zulässig ist.[151] Das Erfordernis des Einverständnisses gilt auch für sonstige Informationen, die durch weitere Ermittlungen (zB durch eine Nachprüfung) erlangt werden, falls diese Ermittlungen nur infolge des Kronzeugenantrags durchgeführt werden konnten.[152] Die ECN-Behörden werden versuchen, die Antragsteller zur Erteilung des Einverständnisses zu überzeugen, vor allem, wenn ein Kronzeugenantrag bei den betroffenen Behörden eingereicht werden könnte. Genau dies dürften Unternehmen bereits ohnehin getan haben, um sich die Möglichkeit vollumfänglicher Immunität in allen potentiell betroffenen Jurisdiktionen zu verschaffen.[153] **71**

Eine Weiterleitung der Information aus Kronzeugenanträgen ist unter den folgenden drei Voraussetzungen auch **ohne Einverständnis des Kronzeugenantragstellers** möglich: 1. Der Antragsteller hat bereits bei der empfangenden Behörde einen Antrag auf Kronzeugenbehandlung in derselben Sache gestellt und kann die Information, um deren Weiterleitung es geht, zum Zeitpunkt der beabsichtigten Übermittlung nicht mehr zurückziehen.[154] 2. Die empfangende Behörde sichert dem Antragsteller der Kronzeugenbehandlung schriftlich Straffreiheit zu, sowie allen von der strafbefreienden Wirkung des Kronzeugenprogramms profitierenden natürlichen und juristischen Personen, einschließlich aktuellen und ehemaligen Mitarbeitern. 3. Die empfangende Behörde hat einen Kronzeugenantrag erhalten und eine andere Behörde um Amtshilfe gem. Art. 22 Abs. 1 VO 1/2003 ersucht. Die qua Amtshilfe gewonnenen Informationen können der ersuchenden Behörde übermittelt werden. **72**

7. Aussetzung und Einstellung des Verfahrens bei Bearbeitung durch eine andere Behörde

Das System paralleler Zuständigkeiten benötigt einen Mechanismus zur bestmöglichen **Vermeidung paralleler oder zeitlich aufeinanderfolgender** Ermittlungen und Verfahren in Bezug auf einen identischen Untersuchungsgegenstand.[155] Die Notwendigkeit **73**

---

[149] Netzwerkbekanntmachung Rn. 39.
[150] Netzwerkbekanntmachung Rn. 39, 42.
[151] Netzwerkbekanntmachung Rn. 40.
[152] Netzwerkbekanntmachung Rn. 40.
[153] Vgl. auch BBB VO 1/12003 vor Art. 11 Rn. 9.
[154] Netzwerkbekanntmachung Rn. 41.
[155] Erwägungsgrund 18 VO 1/2003; Netzwerkbekanntmachung Rn. 7.

einer Regelung wird evident in Fällen von Mehrfachbeschwerden und Kronzeugenanträgen in verschiedenen Jurisdiktionen.

74 Art. 13 Abs. 1 S. 1, Abs. 2 VO 1/2003 bietet für **nationale Wettbewerbsbehörden** die Rechtsgrundlage für die Aussetzung eines Verfahrens oder die Zurückweisung einer Beschwerde mit der Begründung, dass eine andere nationale Wettbewerbsbehörde denselben Fall bereits bearbeitet bzw. bearbeitet hat.[156] Eine Aussetzung ist insbesondere dann geboten, wenn eine Wettbewerbsbehörde das Ergebnis der Ermittlungen einer anderen Behörde abwarten möchte. Die Zurückweisung gem. Art. 13 Abs. 1 VO 1/2003 bzw. Abweisung gem. Art. 13 Abs. 2 VO 1/2003 kommt bei abgeschlossenen Verfahren in Betracht. Auch die **Kommission** ist gem. Art. 13 Abs. 1 S. 2, Abs. 2 VO 1/2003 befugt, eine Beschwerde mit der Begründung zurückzuweisen, dass sich bereits eine nationale Wettbewerbsbehörde mit dieser Beschwerde befasst bzw. befasst hat; sie ist aber anders als die nationale Wettbewerbsbehörde nicht befugt, unter Verweis auf ein nationales Verfahren ein eigenes Verfahren auszusetzen. Dies erklärt sich aus Art. 11 Abs. 6 VO 1/2003, wonach die Kommission ohnehin allein zuständig ist, wenn sie ein Verfahren einleitet.

75 Voraussetzung für die gem. Art. 13 VO 1/2003 normierten Befugnisse ist die Beurteilung eines **identischen Untersuchungsgegenstands** in parallelen Verfahren. Die untersuchte Vereinbarung oder Verhaltensweise muss dieselbe Zuwiderhandlung auf denselben sachlich und räumlich relevanten Märkten betreffen.[157] Notwendig ist des Weiteren, dass eine Behörde ein eigenes Verfahren durchführt bzw. durchgeführt hat. Die Art des eigenen Verfahrens (Verwaltungs-, Bußgeld-, Amts- oder Beschwerdeverfahren) und der Anlass (ex officio, Beschwerde) ist für die Anwendbarkeit des Art. 13 VO 1/2003 unerheblich. Ebenso unerheblich ist, welche von parallel befassten Behörden ihr Verfahren aussetzt. So kann beispielsweise auch diejenige Behörde ihr Verfahren einstellen, die zuerst mit dem Fall befasst war, wenn eine andere Behörde, die aus Sicht der ersten Behörde gut zur Bearbeitung geeignet ist, den Fall bearbeitet. Schließlich ist keine förmliche Verfahrenseinleitung notwendig; angesichts des teilweise recht späten Zeitpunkts der förmlichen Verfahrenseinleitung wäre dies dem Ziel einer effizienten Vermeidung von Parallelverfahren abträglich, so dass bereits Ermittlungen ausreichend sind.[158]

76 Diejenige Behörde, die auszusetzen oder zurückzuweisen beabsichtigt, muss nicht die Erfolgsaussichten des anderen Verfahrens prüfen. Ebenso wenig ist die Prüfung notwendig, ob die befasste Behörde „gut geeignet" ist, den Fall zu verfolgen.[159] Art. 13 VO 1/2003 statuiert für die nationalen Wettbewerbsbehörden und die Kommission eine nach **freiem Ermessen auszuübende Befugnis,** die die Kompetenz, selbstständig über Einleitung und Durchführung eines Verfahrens zu entscheiden, nicht einschränkt. Die Gemeinsame Erklärung[160] und die Netzwerkbekanntmachung[161] sehen vor, dass ein paralleles Vorgehen von zwei oder mehreren nationalen Wettbewerbsbehörden angemessen sein kann. Gleichwohl sind bei der Ermessensausübung die Gesichtspunkte der **effizienten Fallbearbeitung und effektiven Anwendung** der Art. 101 und 102 AEUV zu berücksichtigen.[162] Andere Zurückweisungsgründe, insbesondere aus nationalem Recht, bleiben unberührt.[163]

77 Die Vorschrift genießt **Vorrang vor nationalem Recht.** Daher können Wettbewerbsbehörden, die nach nationalem Recht verpflichtet sind, über eine Beschwerde zu entscheiden, unter Verweis auf Art. 13 VO 1/2003 die Beschwerde allein unter Verweis auf die Bearbeitung des Falles durch eine andere Behörde zurückweisen. Bedeutung hat

---

[156] Netzwerkbekanntmachung Rn. 24.
[157] Netzwerkbekanntmachung Rn. 21.
[158] Auch SJKM/*Sauer* VO 1/2003 Art. 13 Rn. 12.
[159] Netzwerkbekanntmachung Rn. 2; Gemeinsame Erklärung Rn. 8.
[160] Netzwerkbekanntmachung Rn. 18, 20.
[161] Netzwerkbekanntmachung Rn. 12 f., 18.
[162] Netzwerkbekanntmachung Rn. 5, 7.
[163] Netzwerkbekanntmachung Rn. 25.

dies nicht nur für die Anwendung der Art. 101 und Art. 102 AEUV, sondern auch für die Anwendung nationalen Rechts, da ein Fall, für den auch die europäischen Wettbewerbsregeln gelten, gem. Art. 3 VO 1/2003 nicht isoliert nach nationalem Recht beurteilt werden darf.

Die Aussetzung bzw. Einstellung des Beschwerdeverfahrens berührt Rechte Dritter. **78** Der Beschwerdeführer kann nach den für die letztlich befasste Behörde geltenden Verfahrensvorschriften keine oder weniger Beteiligungsrechte haben als nach den Vorschriften der Jurisdiktion, in der die Beschwerde eingereicht wurde. Die Aussetzungs- und Einstellungsbefugnis wird davon aber nicht berührt. Weist die Kommission eine Beschwerde zurück, setzt sie den Beschwerdeführer umgehend über die befasste Behörde in Kenntnis (Art. 9 VO 773/2004). Vorher gibt sie dem Beschwerdeführer Gelegenheit, zur beabsichtigten Zurückweisung Stellung zu nehmen (pre-Article 13 letter).

Die Aussetzung einer nationalen Wettbewerbsbehörde gem. Art. 13 Abs. 1 S. 1 VO 1/ **79** 2003 ist nicht anfechtbar,[164] zumal diese nur vorläufigen Charakter hat. Eine Zurückweisung durch eine nationale Wettbewerbsbehörde kann mit den **Rechtsmitteln** des nationalen Rechts angegriffen werden, wobei das Gericht nur zu prüfen hat, ob die Voraussetzungen des Art. 13 Abs. 1 S. 1 bzw. Abs. 2 VO 1/2003 und der nationalen Verfahrensvorschriften vorgelegen haben. Weist die Kommission eine Beschwerde zurück, ist die Abweisung mittels Nichtigkeitsklage gem. Art. 263 Abs. 4 AEUV anfechtbar. Das Gericht kann die Zurückweisung allein am Maßstab des Art. 13 Abs. 1 S. 2, Abs. 2 VO 1/2003 und gem. VO 773/2004 beurteilen.

8. Ne bis in idem-Grundsatz

Das System der VO 1/2003 sieht grundsätzlich vor, dass mehrere Wettbewerbsbehörden **80** parallel in derselben Sache tätig werden. In einem solchen Fall stellt sich die Frage, ob ein Verstoß gegen das **Verbot der Doppelbestrafung** (ne bis in idem-Grundsatz) vorliegt.

Neben Regelungen in den nationalen Rechtsordnungen ist der Grundsatz in Art. 4 **81** des 7. Zusatzprotokolls zur Europäischen Menschenrechtskonvention und in Art. 54 des Übereinkommens zur Durchführung des Übereinkommens von Schengen normiert. Im Unionsrecht ist der Grundsatz in Art. 50 der Grundrechte-Charta iVm Art. 6 Abs. 1 EUV niedergelegt und hat den Rang eines Unionsgrundrechts.[165] Neben dem Anwendungsbereich in der klassischen Strafverfolgung gilt der Grundsatz auch in Verwaltungsverfahren wie dem **Kartellverfahren.**[166] Der EuGH hat die Beachtung des Grundsatzes für Kartellbußgelder als Strafe im weiteren Sinne ausdrücklich anerkannt.[167] Das Doppelbestrafungsverbot untersagt, „dass ein Unternehmen wegen eines wettbewerbswidrigen Verhaltens in Bezug auf das es in einer früheren, nicht mehr anfechtbaren Entscheidung mit einer Sanktion belegt oder für nicht verantwortlich erklärt wurde, erneut verurteilt oder verfolgt wird."[168] Das Verbot der Doppelbestrafung greift, wenn über eine Zuwiderhandlung mittels einer **Verurteilung** oder eines **Freispruchs** entschieden wurde.[169] Anders verhält es sich dagegen, wenn eine Entscheidung wegen eines Formfehlers für nichtig erklärt wurde, da ohne materielle Prüfung

---

[164] Vgl. SJKM/*Sauer* VO 1/2003 Art. 13 Rn. 25.
[165] GA *Kokott*, SchlA v. 8.9.2011 – C-17/10 Rn. 99 – Toshiba Corp. ua.
[166] *Wils* World Competition 2003, 131 (133).
[167] EuGH Urt. v. 15.10.2002 – verb. Rs. C-238/99 P, C-244/99 P, C-245/99 P, C-247/99 P, C-250/99 P bis C-252/99 P und C-254/99 P, Slg. 2002, I-8375 Rn. 59 – Limburgse Vinyl Maatschappij ua/Kommission; Urt. v. 29.6.2006 – C-308/04 P, Slg. 2006, I-5977 Rn. 26 – SGL Carbon/Kommission; Urt. v. 14.2.2012 – C-17/10 Rn. 94 – Toshiba Corp. ua.
[168] EuGH Urt. v. 15.10.2002 – verb. Rs. C-238/99 P, C-244/99 P, C-245/99 P, C-247/99 P, C-250/99 P bis C-252/99 P und C-254/99 P, Slg. 2002, I-8375 Rn. 59 – Limburgse Vinyl Maatschappij ua/Kommission.
[169] EuGH Urt. v. 15.10.2002 – verb. Rs. C-238/99 P, C-244/99 P, C-245/99 P, C-247/99 P, C-250/99 P bis C-252/99 P und C-254/99 P, Slg. 2002, I-8375 Rn. 60 – Limburgse Vinyl Maatschappij ua/Kommission.

des zur Last gelegten Sachverhalts eine Nichtigkeitserklärung keinen „Freispruch" im strafrechtlichen Sinne darstellt.[170]

82 Nach der Rechtsprechung des EuGH muss für die Anwendung des Doppelbestrafungsverbots die **Identität des Sachverhalts, des Zuwiderhandelnden und des geschützten Rechtsguts** gegeben sein.[171] GA Kokott plädierte im Fall Toshiba für den Verzicht der Voraussetzung der Identität des Rechtsguts, da der EuGH auch in anderen Rechtsgebieten allein die Identität der materiellen Tat berücksichtige.[172] Im Gegensatz zum EuGH stelle auch der EGMR auf die wesentliche Identität des Sachverhalts und nicht auf die rechtliche Qualifizierung der Tat ab.[173] Eine abweichende Auslegung laufe dem Homogenitätsprinzip zuwider.[174] Demgegenüber ging der EuGH in der Vorabentscheidung Toshiba nicht auf die von GA Kokott vorgenommene Auslegung ein, sondern stellte auf die dreifache Voraussetzung der Identität des Sachverhalts, des Zuwiderhandelnden und des geschützten Rechtsguts ab.[175]

83 **a) Identität des Rechtsguts.** In der Entscheidung Walt Wilhelm[176] aus dem Jahr 1969 hatte der EuGH die Geltung des ne bis in idem-Grundsatzes wegen des Verhältnisses von nationalem zu europäischem Wettbewerbsrecht mangels Identität des Rechtsguts abgelehnt. Danach konnte eine nationale Wettbewerbsbehörde die nationalen Verbotsvorschriften auf einen Sachverhalt anwenden, der bereits Gegenstand eines Verfahrens vor der Kommission war. Allerdings gebiete laut EuGH ein allgemeiner Billigkeitsgedanke, die frühere Sanktionsentscheidung bei Bemessung der späteren Sanktion zu berücksichtigen.[177] Seit Inkrafttreten der VO 1/2003 müssen die nationalen Wettbewerbsbehörden gem. Art. 3 VO 1/2003 bei Zwischenstaatlichkeitsbezug neben nationalem Wettbewerbsrecht parallel das europäische Wettbewerbsrecht anwenden. Mit besseren Argumenten wird daher bei **europäischen und nationalen Kartellverfahren** eine **Identität des geschützten Rechtsguts** angenommen, da sich beide Güter am Schutz des freien und offenen Wettbewerbs im Binnenmarkt orientieren, so dass das Verbot der Doppelbestrafung jedenfalls nicht unter Verweis auf unterschiedliche Rechtsgüter abgelehnt werden sollte.[178] Der **EuGH** ist allerdings **anderer Auffassung** und hat die Argumentation der Entscheidung Walt Wilhelm im Jahr 2012 aufrechterhalten.[179]

84 **b) Identität des Sachverhalts und Identität des Zuwiderhandelnden.** Über die Identität des Rechtsguts hinaus muss die Identität des Sachverhalts und des Zuwiderhandelnden vorliegen. Beide Elemente können zu einem Merkmal zusammengefasst werden.[180] Hinsichtlich der tatsächlichen Reichweite der Sachverhaltsidentität stellt sich die Frage, ob neben der wettbewerbswidrigen Verhaltensweise auch deren Auswirkungen berücksichtigt werden sollen. Teils wird dies abgelehnt, da die Auswirkungen bei Vorliegen einer bezweckten

---

[170] EuGH Urt. v. 15.10.2002 – verb. Rs. C-238/99 P, C-244/99 P, C-245/99 P, C-247/99 P, C-250/99 P bis C-252/99 P und C-254/99 P, Slg. 2002, I-8375 Rn. 62 – Limburgse Vinyl Maatschappij ua/Kommission.
[171] EuGH Urt. v. 7.1.2004 – C-204/00, Slg. 2004, I-123 Rn. 338 – Aalborg Portland ua/Kommission.
[172] GA *Kokott* SchlA v. 8.9.2011 – C-17/10 Rn. 116, 122 – Toshiba Corp. ua; *Brammer* EuZW 2013, 617 (619, 621).
[173] EGMR Urt. v. 10.2.2009 – Beschwerde-14939/03 Rn. 82 – Sergey Zolotukhin/Russland.
[174] GA *Kokott* SchlA v. 8.9.2011 – C-17/10 Rn. 120 u. 123 – Toshiba Corp. ua; so auch *Brammer* EuZW 2013, 617 (618f.).
[175] EuGH Urt. 14.2.2012 – C-17/10 Rn. 97 – Toshiba Corp. ua.
[176] EuGH Urt. v. 13.2.1969 – C-14/68, Slg. 1969, 1 – Walt Wilhelm ua/Bundeskartellamt.
[177] EuGH Urt. v. 13.2.1969 – C-14/68, Slg. 1969, 1 Rn. 11 – Walt Wilhelm ua/Bundeskartellamt; zustimmend *De Bronett* VO 1/2003 Art. 23 Rn. 19; Langen/Bunte/*Sura* VO 1/2003 Art. 23 Rn. 72.
[178] GA *Colomer,* SchlA v. 11.2.2003 – C-213/00 P Rn. 95 – Italcementi-Fabbriche Riunite Cemento/Kommission; siehe auch BBB VO 1/2003 Art. 23 Rn. 11; Immenga/Mestmäcker/*Dannecker/Biermann* EuWettbR Vor Art. 23 VO 1/2003 Rn. 253; *Klees* WuW 2006, 1222 (1226); *Brammer* EuZW 2013, 617 (621); aA *de Bronett* VO 1/2003 Art. 23 Rn. 19.
[179] EuGH Urt. 14.2.2012 – C-17/10 Rn. 81 – Toshiba Corp. ua.
[180] GA *Kokott* SchlA v. 8.9.2011 – C-17/10 Rn. 122 – Toshiba Corp. ua.

Zuwiderhandlung (zB Preiskartell) für die Tatbestandsmäßigkeit des Kartellrechtsverstoßes irrelevant seien;[181] zudem seien sie oftmals nicht eindeutig zu lokalisieren.[182] Dagegen spricht, dass zu den wesentlichen Bestandteilen des Sachverhalts das Gebiet und der Zeitraum gehören, in denen sich das Kartell auswirkt oder auswirken kann.[183] Danach sind zu Recht „**die tatsächlichen oder potentiellen Auswirkungen eines Kartelles** unverzichtbarer Bestandteil des Sachverhalts, dessentwegen die am Kartell beteiligten Unternehmen von einer Wettbewerbsbehörde belangt werden und dann kein zweites Mal belangt werden dürfen."[184] Der EuGH bekräftigte in seiner anschließenden Vorabentscheidung, dass die Prüfung der Anwendung des ne bis in idem-Grundsatzes daran auszurichten sei, „in welchem innerhalb oder außerhalb der Union gelegenen Gebiet und in welchem Zeitraum mit der entsprechenden Verhaltensweise ein solcher Zweck verfolgt oder eine solche Wirkung entfaltet wurde."[185]

Trifft die **Kommission eine Erstentscheidung,** dürfen nationale Wettbewerbsbehörden keine Entscheidung erlassen, die der Kommissionsentscheidung zuwiderläuft (Art. 16 Abs. 2 VO 1/2003). Zwar sind übereinstimmende nationale Entscheidungen möglich, doch dürfte bei unionsweiter Ausrichtung des Kartells die selbständige Sanktionsmöglichkeit einer nationalen Wettbewerbsbehörde entfallen sein, da wegen der Identität des Schutzguts und des Sachverhalts, einschließlich der Auswirkungen, der ne bis in idem-Grundsatz gilt. 85

Trifft eine **nationale Wettbewerbsbehörde eine Erstentscheidung,** stellt sich die Frage, inwieweit andere nationale Wettbewerbsbehörden parallel oder nachfolgend Sanktionen aussprechen dürfen. Zum Teil wird vertreten, dass eine nationale Wettbewerbsbehörde einen Fall vollständig aburteilen könne, und nicht nur die Auswirkungen in ihrem Hoheitsgebiet, mit der Folge, dass der ne bis in idem-Grundsatz einer weiteren Sanktionierung entgegensteht. Dies soll auch dann gelten, wenn die nationale Wettbewerbsbehörde von ihrer Entscheidungskompetenz, einen Kartellverstoß grenzüberschreitend zu ahnden, abgesehen und lediglich die Auswirkungen auf dem eigenen Hoheitsgebiet berücksichtigt habe.[186] Differenziert soll das Doppelbestrafungsverbot nur insoweit gelten, wie durch die Erstentscheidung die Auswirkungen eines Verstoßes in einem bestimmten Mitgliedstaat bebußt wurde.[187] 86

Tatsächlich verhängen nationale Wettbewerbsbehörden Sanktionen nur für Zuwiderhandlungen, die sich im eigenen Hoheitsgebiet auswirken. In Deutschland kann das Bundeskartellamt die Tatsache, dass sich die wettbewerbswidrige Verhaltensweise auch im Ausland ausgewirkt hat, nicht bußgelderhöhend berücksichtigen. Nach § 130 Abs. 2 GWB findet das Gesetz nur auf Wettbewerbsbeschränkungen Anwendung, die sich im Geltungsbereich des GWB auswirken.[188] Die hoheitliche Befugnis des Staates und somit auch der nationalen Wettbewerbsbehörden endet nach dem völkerrechtlichen Territorialprinzip an den Staatsgrenzen;[189] nationalen Wettbewerbsbehörden ist mithin eine territorial unbegrenzte Aburteilungskompetenz nicht verliehen. Aus der Tatsache, dass **nationale Wettbewerbsbehörden** die Auswirkungen auf **ausländische Jurisdiktionen nicht sanktionieren,** folgt, dass eine erneute Verfolgung und Sanktionierung desselben kartellrechtswidrigen Verhaltens in einem anderen Mitgliedstaat ohne Verletzung des ne bis in idem-Grundsatzes möglich ist.[190] Daher trägt der Einwand nicht, dass das Doppelbestra- 87

---

[181] *Brammer* EuZW 2013, 617 (621).
[182] *Klees* WuW 2006, 1222 (1227), der allerdings davon ausgeht, dass nationale Wettbewerbsbehörden im Regelfall die Auswirkungen eines Kartells über das eigene Hoheitsgebiet hinaus sanktionieren.
[183] GA *Kokott* SchlA v. 8.9.2011 – C-17/10 Rn. 125 u. 130 – Toshiba Corp. ua.
[184] GA *Kokott* SchlA v. 8.9.2011 – C-17/10 Rn. 130 – Toshiba Corp. ua.
[185] EuGH Urt. v. 14.2.2012 – C-17/10 Rn. 99 – Toshiba Corp. ua.
[186] *Klees* WuW 2006, 1222 (1227).
[187] Vgl. Loewenheim/Meessen/Riesenkampff/*Hossenfelder* VerfVO Art. 11 Rn. 10.
[188] *Bechtold/Bosch* GWB § 81 Rn. 9; kritisch Langen/Bunte/*Sura* VO 1/2003 Art. 23 Rn. 71.
[189] *Bechtold/Bosch* GWB § 130 Rn. 16.
[190] SJKM/*Leupold* VO 1/2003 Art. 11 Rn. 45.

fungsverbot selbst dann zu beachten sei, wenn die Erstentscheidung eine einzig fortdauernde Zuwiderhandlung einschließlich der Auswirkungen in mehreren Mitgliedstaaten zwar festgestellt, aber nicht sanktioniert hat.[191]

88 **c) Ne bis in idem-Grundsatz im Verhältnis zu Drittstaaten.** Im Hinblick auf Drittstaaten gilt der Grundsatz ne bis in idem nicht.[192] Der EuGH hat festgestellt, dass die Anwendung des Wettbewerbsrechts in Drittstaaten nicht nur speziellen Zwecken und Zielsetzungen unterliege, sondern die Durchsetzung des Wettbewerbsrechts zu ganz unterschiedlichen Rechtsfolgen im Bereich des Verwaltungs-, Straf- oder Zivilrechts führe.[193] Die Beurteilung des Sachverhalts durch die Kommission könne demnach erheblich von den Beurteilungen durch die Behörden von Drittstaaten abweichen.

9. Beratender Ausschuss für Kartell- und Monopolfragen

89 Die enge Zusammenarbeit zwischen der Kommission und den nationalen Wettbewerbsbehörden wird durch den Beratenden Ausschuss für Kartell- und Monopolfragen ergänzt. Gem. Art. 14 Abs. 1 VO 1/2003 hört die Kommission den Beratenden Ausschuss vor jeder Entscheidung an, die nach Maßgabe der Art. 7, 8, 9, 10 und 23, Art. 24 Abs. 2 und Art. 29 Abs. 1 VO 1/2003 ergeht. Des Weiteren ist der Beratende Ausschuss vor der Entscheidung einer Sektorenuntersuchung nach Art. 17 VO 1/2003 und vor der Einleitung eines Verfahrens nach Art. 11 Abs. 6 VO 1/2003 (→ Rn. 64) zu hören. Schließlich ist er vor dem Erlass von Durchführungsvorschriften zur Verfahrensordnung gem. Art. 33 VO 1/2003 und vor der Veröffentlichung des Erlasses von Gruppenfreistellungsverordnungen anzuhören.

90 Der Beratende Ausschuss setzt sich gem. Art. 14 Abs. 2 VO 1/2003 aus **Vertretern der nationalen Wettbewerbsbehörden** zusammen.[194] Die Sitzungen des Beratenden Ausschusses werden von der Kommission einberufen und geleitet. Die **Anhörung ist nicht öffentlich.** Die Kommission übermittelt den Ausschussmitgliedern im Rahmen der Einberufung eine Darstellung des Sachverhalts unter Angabe der wichtigsten Schriftstücke. Der Beratende Ausschuss gibt schließlich seine Stellungnahme schriftlich ab (Art. 14 Abs. 6 VO 1/2003). Gem. Art. 14 Abs. 5 VO 1/2003 berücksichtigt die Kommission die Stellungnahme des Ausschusses soweit wie möglich. Die Stellungnahme des Beratenden Ausschusses kann auf Empfehlung des Ausschusses veröffentlicht werden (Art. 14 Abs. 6 S. 2 VO 1/2003).

III. Zusammenarbeit im gerichtlichen Verfahren

91 Eine allgemeine Pflicht zur Zusammenarbeit im gerichtlichen Verfahren ergibt sich aus dem **Grundsatz der loyalen Zusammenarbeit** gem. Art. 4 Abs. 3 EUV, der die Mitgliedstaaten verpflichtet, „alle geeigneten Maßnahmen, soweit erforderlich […] zu treffen, um die Geltung und die Wirksamkeit des Gemeinschaftsrechts zu gewährleisten."[195] Den nationalen Gerichten kommt im Rahmen dieser Verpflichtung zur loyalen Zusammenarbeit besondere Bedeutung zu, da sie in den Mitgliedstaaten für die Anwendung und Wahrung des Unionsrechts Sorge tragen.[196] Der Grundsatz der loyalen Zusammenarbeit wird in Art. 15 VO 1/2003 konkretisiert, indem **drei Formen der Zusammenarbeit** in Bezug auf die Anwendung von Art. 101 und 102 AEUV ausgestaltet werden: 1. Die Übermittlung von Informationen und die Abgabe von Stellungnahmen durch die Kom-

---

[191] *Brammer* EuZW 2013, 617 (621 f.). Ebenfalls wohl auch BBB VO 1/2003 Art. 13 Rn. 2 und *Klees* WuW 2006, 1222 (1227).
[192] EuGH Urt. v. 29. 6. 2006 – C-308/04 P, Slg. 2006, I-5977 Rn. 32 – SGL Carbon/Kommission.
[193] EuGH Urt. v. 29. 6. 2006 – C-289/04 P, Slg. 2006, I-5859 Rn. 52–56 – Showa Denko/Kommission; Urt. v. 29. 6. 2006 – C-308/04 P, Slg. 2006, I-5977 Rn. 28–32 – SGL Carbon/Kommission; Urt. v. 10. 5. 2007 – C-328/05 P, Slg. 2007, I-3921 Rn. 24–30 – SGL Carbon/Kommission.
[194] Wiedemann/*Dieckmann* HdB KartellR § 41 Rn. 47.
[195] EuGH Beschl. v. 13. 7. 1990 – C-2/88, Slg. 1990, I-3365 Rn. 17 – Zwartveld ua.
[196] EuGH Beschl. v. 13. 7. 1990 – C-2/88, Slg. 1990, I-3365 Rn. 18 – Zwartveld ua.

mission auf Ersuchen der nationalen Gerichte (Art. 15 Abs. 1 VO 1/2003); 2. die Übermittlung von Gerichtsurteilen durch die nationalen Gerichte (Art. 15 Abs. 2 VO 1/2003) und 3. die Abgabe von Stellungnahmen durch die Kommission aus eigener Initiative (Art. 15 Abs. 3 VO 1/2003). Alle drei Arten der Zusammenarbeit haben für die Gerichte keine Bindungswirkung, die Grundsätze der Gewaltenteilung und der richterlichen Unabhängigkeit bleiben damit gewahrt.[197]

Die Norm stellt die **kohärente und wirksame Anwendung des europäischen Wettbewerbsrechts** sicher.[198] In ihrer Bekanntmachung über die Zusammenarbeit zwischen der Kommission und den Gerichten weist die Kommission ua darauf hin, dass sich die nationalen Gerichte zunächst an der Rechtsprechung des Gerichtshofs der Europäischen Union oder an Verordnungen, Entscheidungen, Bekanntmachungen und Leitlinien der Kommission bezüglich der Anwendung von Art. 101 und 102 AEUV orientieren sollen.[199] Ergibt sich aus den Quellen kein ausreichender Aufschluss, kann das Gericht ein Auskunftsersuchen an die Kommission richten. Die Möglichkeit des nationalen Gerichts, die Frage dem EuGH im Rahmen eines Verfahrens zur **Vorabentscheidung gem. Art. 267 AEUV vorzulegen,** bleibt davon unberührt und kann zusätzlich erfolgen. Jedoch dürfte sich das Bedürfnis, ein langwieriges Vorabentscheidungsverfahren vor dem EuGH anzustreben, aufgrund der Möglichkeit einer unverbindlichen, aber relativ kurzfristigen kartellrechtlichen Stellungnahme seitens der Kommission verringert haben.[200] 92

Grundsätzlich steht das Ersuchen um Informationen im **Ermessen des nationalen Gerichts.**[201] Eine entsprechende Pflicht kann aus Art. 16 Abs. 1 VO 1/2003 erwachsen, wenn das nationale Gericht Anhaltspunkte dafür hat, dass die Kommission hinsichtlich derselben Vereinbarung oder Verhaltensweise bereits ein Verfahren betreibt.[202] Die am **Verfahren beteiligten Parteien** haben keinen Anspruch gegenüber der Kommission, dass Informationen oder Stellungnahmen an das nationale Gericht übermittelt werden, da die Kommission ihre Unterstützungsleistungen im öffentlichen Interesses erbringt.[203] Die Parteien können aber das nationale Gericht anregen, sich an die Kommission zu wenden.[204] Die Kommission hört aufgrund des Handelns im öffentlichen Interesse keine der beteiligten Parteien an; sie kann jedoch von sich aus die beteiligten Parteien kontaktieren und dies dem jeweiligen Gericht mitteilen.[205] 93

Relevant wird die Zusammenarbeit nach Art. 15 VO 1/2003 insbesondere bei **privatrechtlichen Streitigkeiten** (Vertrags- oder Schadensersatzklagen) sowie bei **angefochtenen Entscheidungen der nationalen Wettbewerbsbehörden** vor den Rechtsmittelgerichten. Bei Schadensersatzklagen wegen Zuwiderhandlung gegen nationales oder europäisches Wettbewerbsrecht kommt den Beweismitteln erhebliche Bedeutung zu, da die Streitigkeiten typischerweise von einer Informationsasymmetrie gekennzeichnet sind. Durch den Informationsaustausch in Art. 15 VO 1/2003 sollen daher die sehr unterschiedlichen Möglichkeiten der Informationsbeschaffung durch Kommission einerseits und private Kläger andererseits angeglichen werden.[206] Die nationalen Gerichte können auch die Vorlage von Beweismitteln durch Dritte, einschließlich Behörden, anordnen. Bei einer nationalen gerichtlichen Anordnung, Beweismittel durch die Kommission offenzulegen, findet der Grundsatz der loyalen Zusammenarbeit Anwendung; bei einem Auskunftsersuchen ist Art. 15 Abs. 1 VO 1/2003 einschlägig. 94

---

[197] Bekanntmachung Zusammenarbeit Gerichte Rn. 19.
[198] Vgl. Erwägungsgrund 21 VO 1/2003.
[199] Bekanntmachung Zusammenarbeit Gerichte Rn. 27.
[200] So *Robertson* WuW 2014, 372 (381).
[201] Langen/Bunte/*Sura* VO 1/2003 Art. 15 Rn. 4; FK/*Jaeger* VO 1/2003 Art. 15 Rn. 16.
[202] FK/*Jaeger* VO 1/2003 Art. 15 Rn. 17.
[203] Bekanntmachung Zusammenarbeit Gerichte Rn. 19; FK/*Jaeger* VO 1/2003 Art. 15 Rn. 9.
[204] Lange/Bunte/*Sura* VO 1/2003 Art. 15 Rn. 4.
[205] Bekanntmachung Zusammenarbeit Gerichte Rn. 19.
[206] FK/*Jaeger* VO 1/2003 Art. 15 Rn. 1.

95 Die Vorschrift des Art. 15 VO 1/2003 adressiert nationale Gerichte, die Art. 101 und 102 AEUV anwenden können und nach Art. 267 AEUV berechtigt sind, dem EuGH eine Frage zur **Vorabentscheidung** vorzulegen.[207] Vom Anwendungsbereich des Art. 15 VO 1/2003 ausgeschlossen sind Schiedsgerichte (→ Rn. 16).[208] Zwischen Schiedsgerichten und der Kommission besteht jedoch die Möglichkeit eines Informationsaustausches auf freiwilliger Basis.[209]

96 Das Informationsersuchen an die Kommission erfolgt in der Regel in schriftlicher oder elektronischer Form.[210] Zwecks vereinfachter und zügiger Bearbeitung einer gerichtlichen Anfrage hat die Kommission auf ihrer Website Informationen bereitgestellt.[211] Die Anfrage sollte demnach eine kurze Darstellung des Sachverhaltes und der wesentlichen Argumente der Parteien enthalten, sowie die Angabe der Gründe für die Anfrage.

1. Übermittlung von Informationen durch die Kommission

97 Gem. Art. 15 Abs. 1 VO 1/2003 können die nationalen Gerichte die Kommission um die Übermittlung von Informationen bitten. Darunter fallen **alle Arten von Informationen** oder Auskünfte verfahrensmäßiger Art.[212] Trotz des Wortlauts („können die Gerichte […] bitten") kann sich eine Pflicht der Informationsmitteilung aus dem Grundsatz der loyalen Zusammenarbeit ergeben. Dies gilt insbesondere dann, wenn das nationale Gericht Informationen benötigt, über die nur die Kommission verfügt.[213] Auch ist die **Kommission** verpflichtet, den nationalen Gerichten die ersuchten Informationen zu gewähren.[214] Sie bemüht sich, die Informationen spätestens **einen Monat nach Ersuchen** an das nationale Gericht zu übermitteln.[215]

98 Die Informationsübermittlung ist dadurch eingeschränkt, dass die Kommission nur solche Informationen weitergeben muss, die sich zum Zeitpunkt der Anfrage in ihrem Besitz befinden. Eine Pflicht zur Informationsbeschaffung besteht nicht.[216] Darüber hinaus bestehen **rechtliche Grenzen** der Übermittlung, wenn die Informationen unter das **Berufsgeheimnis** iSd Art. 339 AEUV fallen oder die Übermittlung der Informationen das **Unionsinteresse** beeinträchtigen würde. Unter das Berufsgeheimnis fallen vertrauliche Informationen und Geschäftsinformationen, deren bloße Übermittlung an eine andere Person als die, die sie bereitgestellt hat, die Interessen der bereitstellenden Person ernstlich schädigen kann.[217] Allerdings ist die Übermittlung solcher Informationen wegen des Prinzips der loyalen Zusammenarbeit nicht grundsätzlich verboten. Schließlich gehört es auch zur Aufgabe der nationalen Gerichte, für die Sicherheit der Vertraulichkeit der Informationen Sorge zu tragen.[218] Die Kommission kommt daher ihrer Geheimhaltungspflicht nach Art. 339 AEUV nach, wenn sie das ersuchende nationale Gericht darauf hinweist, dass es nach dem Unionsrecht zur Wahrung der Rechte verpflichtet ist, die natürlichen oder juristischen Personen durch Art. 339 AEUV verliehen werden. In der Praxis fragt die Kommission das nationale Gericht, ob es diesen Schutz gewährleisten kann und übermittelt die Informationen, wenn das einzelstaatliche Gericht diesen Schutz gewährleistet.[219] Gegen

---

[207] Bekanntmachung Zusammenarbeit Gerichte Rn. 1.
[208] Dalheimer/Feddersen/Miersch/*Dalheimer* VO 1/2003 Art. 15 Rn. 3.
[209] FK/*Jaeger* VO 1/2003 Art. 15 Rn. 6.
[210] Bekanntmachung Zusammenarbeit Gerichte Rn. 18.
[211] http://ec.europa.eu/competition/court/antitrust_requests.html.
[212] Bekanntmachung Zusammenarbeit Gerichte Rn. 21.
[213] Langen/Bunte/*Sura* VO 1/2003 Art. 15 Rn. 5; FK/*Jaeger* VO 1/2003 Art. 15 Rn. 17.
[214] Bekanntmachung Zusammenarbeit Gerichte Rn. 17, 21.
[215] Bekanntmachung Zusammenarbeit Gerichte Rn. 22.
[216] Kommission, Antitrust Manual of Procedures, Module 4, März 2012, Rn. 8; Lange/Bunte/*Sura* VO 1/2003 Art. 15 Rn. 7; aA *Montag/Rosenfeld* ZWeR 2003, 107 (132).
[217] Bekanntmachung Zusammenarbeit Gerichte Rn. 23.
[218] EuG Urt. v. 18.9.1996 – T-353/94, Slg. 1996, II-921 Rn. 90 – Postbank/Kommission.
[219] Bekanntmachung Zusammenarbeit Gerichte Rn. 25; Wiedemann/*Dieckmann* HdB KartellR § 41 Rn. 53a. Kritisch zur Wirksamkeit einer solchen weitergegebenen Verpflichtung *Schwarze/Weitbrecht* § 11 Rn. 47.

die Entscheidung, die Information an das nationale Gericht zu übermitteln, kann mittels einer Nichtigkeitsklage gem. Art. 263 AEUV vorgegangen werden.[220]

Die Informationsübermittlung ist auch beschränkt, wenn **Vorrang, Funktionsweise** **99** und **Interesse der Union** dies zwingend erforderlich machen,[221] zB, wenn die Erfüllung der der Kommission übertragenen Aufgaben gefährdet sind.[222] Daher dürfen Informationen, die im Rahmen eines **Kronzeugenantrags** freiwillig vom Antragsteller mitgeteilt werden, nicht ohne dessen Einverständnis an das nationale Gericht weitergegeben werden.[223] Kronzeugenprogramme sind ein wichtiges Mittel zur Aufdeckung von Kartellen, und die Weitergabe von Informationen kann potentielle Antragsteller davon abhalten, dieses für die Kartellverfolgung so bedeutsame Instrument in Anspruch zu nehmen.[224] Die eingeschränkte Übermittlung deckt sich mit den Regeln des ECN, wonach Informationen, die vom Antragsteller freiwillig vorgelegt wurden, nicht ohne dessen Einverständnis ausgetauscht werden dürfen (→ Rn. 71).[225] Ebenso sieht Art. 6 Abs. 6 **Schadensersatz-RL** vor, dass es den einzelstaatlichen Gerichten verwehrt ist, die Offenlegung von Kronzeugenunternehmenserklärungen und Vergleichsausführungen durch eine Partei oder einen Dritten anzuordnen.

2. Abgabe von Stellungnahmen durch die Kommission

Nationale Gerichte können die Kommission um Stellungnahmen ersuchen. Der Begriff **100** der Stellungnahme iSd Art. 15 Abs. 1 VO 1/2003 ist weit zu verstehen und umfasst Auffassungen zu „**wirtschaftlichen, sachlichen und rechtlichen Aspekten**".[226] Die Stellungnahme erfolgt in Form eines Rechtsgutachtens[227] und kann zB eine sachliche oder räumliche Marktabgrenzung beinhalten.[228] Die Kommission beschränkt sich auf die spezifische Anfrage und nimmt keinen Bezug auf den konkreten Klagegrund.[229] Die Abgabe einer Stellungnahme kann mit der Übermittlung von Informationen kombiniert werden. Anders als im Vorabentscheidungsverfahren vor dem EuGH sind die Stellungnahmen der Kommission für die nationalen Gerichte nicht bindend.[230] Es ist jedoch davon auszugehen, dass aufgrund der Sachkompetenz der Kommission eine erhebliche **faktische Bindungswirkung** für die nationalen Gerichte erzeugt wird.[231] Mangels rechtlicher Bindungswirkung entfällt aber die Möglichkeit einer Anfechtung einer Stellungnahme im Prozess. Die Kommission bemüht sich, die Stellungnahme innerhalb von vier Monaten nach Eingang des Ersuchens abzugeben, wobei Verzögerungen des Fristbeginns bei dem Erfordernis von weiteren Auskünften möglich sind.[232] Von 2004 bis 2013 hat die Kommission 26 Stellungnahmen übermittelt.[233]

---

[220] EuG Urt. v. 18.9.1996 – T-353/94, Slg. 1996, II-921 Rn. 91, 96 – Postbank/Kommission.
[221] EuGH Urt. v. 26.11.2002 – C-275/00, Slg. 2002, I-10943 Rn. 34, 49 – First und Franex; EuG Urt. v. 18.9.1996 – T-353/94, Slg. 1996, II-921 Rn. 93 – Postbank/Kommission; Bekanntmachung Zusammenarbeit Gerichte Rn. 26.
[222] EuGH Beschl. v. 6.12.1990 – C-2/88, Slg. 1990, I-4405 Rn. 11 – Zwartveld ua.
[223] Bekanntmachung Zusammenarbeit Gerichte Rn. 26.
[224] EuGH Urt. v. 6.6.2013 – C-536/11 Rn. 33, 42 – Donau Chemie ua.
[225] Netzwerkbekanntmachung Rn. 40.
[226] Bekanntmachung Zusammenarbeit Gerichte Rn. 27.
[227] *Hirsch* ZWeR 2003, 233 (240).
[228] Vgl. einige Beispiele für Stellungnahmen: http://ec.europa.eu/competition/court/antitrust_requests.html; vgl. FK/*Jaeger* VO 1/2003 Art. 15 Rn. 18.
[229] Bekanntmachung Zusammenarbeit Gerichte Rn. 29.
[230] Bekanntmachung Zusammenarbeit Gerichte Rn. 29.
[231] So auch Lange/Bunte/*Sura* VO 1/2003 Art. 15 Rn. 9; *Robertson* WuW 2014, 372 (376).
[232] Bekanntmachung Zusammenarbeit Gerichte Rn. 28.
[233] COM(2014) 453 (Communication from the Commission (2014)) Rn. 22; Commission Staff Working Document (2014) Rn. 246: 12 Stellungnahmen wurden an spanische Gerichte übermittelt, neun an belgische, jeweils zwei an litauische und schwedische Gerichte und eine an ein niederländisches Gericht.

3. Stellungnahme der Kommission aus eigener Initiative

101 Gem. Art. 15 Abs. 3 S. 3 VO 1/2003 ist die Kommission als **amicus curiae** befugt, aus eigener Initiative Stellungnahmen bei nationalen Gerichten einzureichen. Die Kommission tritt als sachverständiger Beistand im Verfahren auf, ohne selbst Partei zu sein.[234] Dadurch besteht die Möglichkeit, auf die Anwendung des europäischen Kartellrechts durch nationale Gerichte Einfluss zu nehmen.[235] Der Begriff der Stellungnahme entspricht demjenigen des Art. 15 Abs. 1 VO 1/2003 (→ Rn. 100). Die Stellungnahme der Kommission erfolgt grundsätzlich schriftlich. Eine mündliche Stellungnahme ist nur mit Erlaubnis des betreffenden Gerichts zulässig. Im deutschen Recht sieht § 90a Abs. 2 S. 4 GWB vor, dass die Kommission in der mündlichen Verhandlung mündlich Stellung beziehen darf. Daher sind die deutschen Gerichte verpflichtet, der Kommission die Erlaubnis zur mündlichen Stellungnahme zu erteilen, wobei dies nicht bedeutet, dass ein Gericht hierfür eine mündliche Verhandlung ansetzen muss. Besteht eine solche Regelung nicht, und erteilt das Gericht die Erlaubnis nicht, muss die Kommission einen entsprechenden Antrag stellen. Die Gerichte sind nicht verpflichtet, den Antrag anzunehmen; sie müssen jedoch den Grundsatz der loyalen Zusammenarbeit gem. Art. 4 Abs. 3 EUV beachten.[236]

102 Voraussetzung für eine Stellungnahme nach Art. 15 Abs. 3 VO 1/2003 ist das weit auszulegende[237] **Erfordernis einer kohärenten Anwendung der Art. 101 und 102 AEUV.** Eine gerichtliche Überprüfung dieser Voraussetzung ist mangels Bindungswirkung der Stellungnahme nicht möglich.[238] Damit der Kommission eine sinnvolle Stellungnahme möglich ist, ist sie gem. Art. 15 Abs. 3 S. 5 VO 1/2003 befugt, von einzelstaatlichen Gerichten alle zur vollständigen Beurteilung **erforderlichen Unterlagen** anzufordern. Da die Unterlagen vertrauliche Informationen beinhalten können, ist es denkbar, dass einzelne Gerichte Bedingungen stellen oder Vorgaben machen, um die Vertraulichkeit der Dokumente gegenüber der Kommission zu wahren. Einer Anhörung oder gar Zustimmung der betroffenen Parteien bedarf es nicht.[239] Die Kommission ist verpflichtet, die erhaltenen Unterlagen nur zum **Zwecke der Ausarbeitung der Stellungnahme** zu nutzen. Hieraus kann geschlossen werden, dass die Kommission die Unterlagen weder zur eigenen Beweisführung noch zur Einleitung eines Verfahrens nutzen darf.[240] In den Jahren 2004 bis 2013 kam es in acht verschiedenen Mitgliedstaaten[241] zu insgesamt 13 amicus curiae-Interventionen.[242] Dabei fanden acht Stellungnahmen vor letztinstanzlichen Gerichten, drei vor Berufungsgerichten und zwei vor erstinstanzlichen Gerichten statt.

4. Übermittlung von Urteilen nationaler Gerichte

103 Nach Art. 15 Abs. 2 VO 1/2003 sind die Mitgliedstaaten verpflichtet, der Kommission eine Kopie jedes Urteils zu übermitteln, das die Anwendung der Art. 101 und 102 AEUV betrifft. Dies muss unverzüglich erfolgen, nachdem das vollständige schriftliche Urteil den Parteien zugestellt wurde. Die Frist bestimmt sich allein nach nationalem Verfahrensrecht.[243] Die Kommission erhält hierdurch einen **Überblick über die Rechtsprechungspraxis** der Mitgliedstaaten und kann gegebenenfalls auf Urteile reagieren, zB in Form einer Stellungnahme, falls eine der Parteien gegen das Urteil Rechtsmittel einlegt.[244]

---

[234] Bekanntmachung Zusammenarbeit Gerichte Rn. 17; Langen/Bunte/*Sura* VO 1/2003 Art. 15 Rn. 4.
[235] *Klees* § 8 Rn. 76.
[236] FK/*Jaeger* VO 1/2003 Art. 15 Rn. 28.
[237] EuGH Urt. v. 11.6.2009 – C-429/07, Slg. 2009, I-04833 Rn. 30 ff. – Inspecteur van de Belastingdienst; *de Bronett* VO 1/2003 Art. 15 Rn. 10.
[238] FK/*Jaeger* VO 1/2003 Art. 15 Rn. 27.
[239] *De Bronett* VO 1/2003 Art. 15 Rn. 12.
[240] Langen/Bunte/*Sura* VO 1/2003 Art. 15 Rn. 14; FK/*Jaeger* VO 1/2003 Art. 15 Rn. 29.
[241] Frankreich, Belgien, Slowakei, Österreich, den Niederlanden, Vereinigtes Königreich, Irland und Spanien.
[242] Communication from the Commission (2014) Rn. 22; Commission Staff Working Document (2014) Rn. 248.
[243] *Klees* § 8 Rn. 84.
[244] Bekanntmachung Zusammenarbeit Gerichte Rn. 37; *Schwarze/Weitbrecht* §11 Rn. 49.

Übermittelte Urteile der nationalen Gerichte stellt die Kommission auf ihrer Website zur Verfügung.[245] In den Jahren von 2004 bis 2013 wurden ca. 370 Urteile an die Kommission übermittelt, die meisten davon von Gerichten aus Spanien, Deutschland und Frankreich.[246] Ungefähr zehn Mitgliedstaaten haben bislang überhaupt noch keine Urteile an die Kommission übermittelt.

5. Beteiligung der nationalen Wettbewerbsbehörden

Nationale Wettbewerbsbehörden können gem. Art. 15 Abs. 3 S. 1 VO 1/2003 aus eigener Initiative schriftliche **Stellungnahmen,** nach Art. 15 Abs. 3 S. 2 VO 1/2003 mit Erlaubnis der nationalen Gerichte auch mündliche Stellungnahmen abgeben.[247] Im **deutschen Recht** bedarf es aufgrund der gesetzlichen Regelung in § 90 Abs. 2 GWB einer solchen Zustimmung des nationalen Gerichts nicht. Wie die Kommission haben die nationalen Wettbewerbsbehörden das Recht, alle das Verfahren betreffenden Unterlagen anzufordern.[248] Insoweit bestehen dieselbe Anforderungen an die vertrauliche und ausschließliche Nutzung für die Erstellung der Stellungnahmen. **104**

Die Stellung der nationalen Wettbewerbsbehörde als **amicus curiae** hängt nicht davon ab, ob die Stellungnahme zur kohärenten Anwendung des europäischen Kartellrechts erforderlich sein muss. Das Recht zur Abgabe von Stellungnahmen kann die Behörde aber nur in Bezug auf die Gerichte ihres eigenen Mitgliedstaats geltend machen.[249] Es besteht keine Regelung bezüglich eines Vorrangs von Stellungnahmen der Kommission. Demnach ist es auch möglich, dass sich sowohl **Kommission als auch nationale Wettbewerbsbehörde** im selben Gerichtsverfahren äußern. Darüber hinaus bleiben einzelne, nach nationalem Recht weitergehende Befugnisse der nationalen Wettbewerbsbehörden im Gerichtsverfahren (wie zB die nach § 90 Abs. 2 GWB dem Bundeskartellamt obliegende Befugnis, Fragen an die Parteien, Zeugen oder Sachverständigen zu richten) von Art. 15 Abs. 4 VO 1/2003 unberührt. **105**

---

[245] http://ec.europa.eu/competition/elojade/antitrust/nationalcourts/.
[246] Commission Staff Working Document (2014) Rn. 247.
[247] Eine Beteiligung an nationalen Gerichtsverfahren als Antragsgegnerin sieht hingegen Art. 15 Abs. 3 VO 1/2003 nicht vor, vgl. EuGH Urt. v. 7.12.2010 – C-439/08, Slg. 2010, I-12471 Rn. 55 – VEBIC.
[248] *Schwarze/Weitbrecht* §11 Rn. 54.
[249] Lange/Bunte/*Sura* VO 1/2003 Art. 15 Rn. 15.

2. Abschnitt Kartellverfahren in Deutschland

§ 16 Einleitung

Übersicht

	Rn.
A. Kartellverfahren und Verfolgungsbehörden	1
B. Zuständigkeitsbereiche der Kartellbehörden	4
I. Zuständigkeitsverteilung für die Anwendung des nationalen Kartellrechts	5
1. Grundlagen	5
2. Originäre Zuständigkeitsverteilung	8
a) Spezialzuständigkeiten des Bundeskartellamts	9
b) Zuständigkeit bei überregionaler Wirkung	10
c) Zuständigkeit für Sektoruntersuchungen	14
3. Zuständigkeit kraft einvernehmlicher Abgabe	15
4. Verhältnis zur sektorspezifischen Regulierung der Bundesnetzagentur	24
5. Streitige Zuständigkeit der Kartellbehörden	29
II. Zuständigkeitsverteilung für die Anwendung der Europäischen Wettbewerbsregeln	35
1. Zuständigkeit von Kommission und nationalen Kartellbehörden	36
a) Parallele Zuständigkeiten und interne Fallallokation	37
b) Fallallokationsgrundsätze	42
c) Allokationsverfahren und Verfahrenseinleitung	56
2. Nationale Zuständigkeitsverteilung für den Vollzug des Europäischen Rechts	64
C. Aufbau und Arbeitsweise des Bundeskartellamts	69
I. Justizförmigkeit	70
II. Arbeitsweise in der Praxis	74

Schrifttum:
Böni, Die Einbindung sektorspezifischen Wettbewerbsrechts in das allgemeine Kartellrecht, N&R-Beil. Heft 1/2008, 1–12; *Jungheim,* Zusammenarbeit im ECN und die Rechte der Unternehmen, EWS 2013, 305–311; *Leopold,* Das Aufgreifen eines Verfahrens durch die Kommission nach Art. 11 Abs. 6 VO (EG) Nr. 1/2003, EWS 2004, 539–546; *ders.,* Rechtsprobleme der Zusammenarbeit im Netzwerk der Wettbewerbsbehörden nach der Verordnung (EG) Nr. 1/2003, 2006; *Mayen,* Marktregulierung nach dem novellierten TKG. Ausgewählte Rechtsfragen der Zugangs- und Entgeltregulierung, CR 2005, 21–30; *Ochs,* Zuständigkeitsabgrenzung in Fällen von Wettbewerbsbeschränkungen mit Auslandsbezug, WRP 2010, 1241–1243; *Ritzenhoff,* Die kartellrechtliche Wasserpreiskontrolle nach „Wasserpreise Wetzlar", WRP 2010, 734–742; *Säcker,* Der Einfluss der sektorspezifischen Regulierung auf die Anwendung des deutschen und gemeinschaftsrechtlichen Kartellrechts, 2006 (zit.: sektorspezifische Regulierung); *Schwarze,* Die Anfechtung der Fallverteilung im europäischen Netzwerk der Wettbewerbsbehörden, FS Rainer Bechtold 2006, 483–499: *Topel,* Das Verhältnis zwischen Regulierungsrecht und allgemeinem Wettbewerbsrecht nach dem europäischen Rechtsrahmen in der Telekommunikation und dem TKG, ZWeR 2006, 27–48; *Wiesner,* Das European Competition Network und nationales Verfahrensrecht, in: Weiß (Hrsg.): Die Rechtsstellung Betroffener im modernisierten EU-Kartellverfahren, 2010, 135–142.

A. Kartellverfahren und Verfolgungsbehörden

1 Als Kartellverfahren sind zunächst alle Verfahren auf der Grundlage des GWB zu verstehen, die nicht Fusionskontrolle darstellen. Bedeutung haben dabei vor allem Verfahren wegen Verstößen gegen das Kartellverbot (§ 1 GWB und Art. 101 AEUV) und gegen das Missbrauchsverbot (§§ 19, 20 GWB, Art. 102 AEUV). Zu unterscheiden sind hierbei die Kartellverwaltungsverfahren und Kartellordnungswidrigkeitsverfahren. Während das Verwaltungsverfahren auf der Grundlage des allgemeinen VwVfG einschließlich spezialgesetzlicher Regelungen im GWB geführt wird, ist die Grundlage des Kartellbußgeldverfahrens das OWiG einschließlich der bußgeldrechtlichen Spezialregelungen im GWB. Kartellstrafverfahren finden wiederum auf der Grundlage der StPO statt.

Die Verfahrensarten und anwendbaren Verfahrensordnungen haben Auswirkung auf die hiermit befassten Stellen: Insbesondere bei der Verfolgung von Kartellverstößen nach dem GWB im Ordnungswidrigkeitenverfahren sind verfahrensführende Stellen nach Einspruchseinlegung auch die Generalstaatsanwaltschaft und im Hauptverfahren das zuständige Oberlandesgericht, das – anders als im Europäischen Recht – keine überprüfende Funktion der behördlichen Bußgeldentscheidung hat, sondern ein eigenständiges Kartellverfahren in Form des strafrechtlich geprägten Hauptverfahrens gemäß der §§ 71 ff. OWiG führt, für das das kartellbehördliche Verfahren den vorbereitenden Charakter eines staatsanwaltlichen Ermittlungsverfahrens annimmt. Die Funktion einer „klassischen" Kartellbehörde, die nach dem GWB die unmittelbare Befugnis zur behördlichen Verfahrenseinleitung und -führung besitzt, übernehmen dabei in erster Linie das Bundeskartellamt und die Landeskartellbehörden. Das Bundesministerium für Wirtschaft und Technologie, das gemäß § 48 Abs. 1 GWB ebenfalls als Kartellbehörde aufgeführt wird, hat heute nur noch im Rahmen der Fusionskontrolle mit dem Ministererlaubnisverfahren nach § 42 GWB eine solche Funktion.

Die Staatsanwaltschaft ist dagegen keine nach dem GWB unmittelbar berechtigte oder verpflichtete Verfolgungsbehörde, jedoch im Hinblick auf das sich an einen Einspruch gegen einen Bußgeldbescheid anschließende Zwischenverfahren nach der Abgabe an die Generalstaatsanwaltschaft gemäß § 69 Abs. 4 OWiG eine kartellverfahrensführende Stelle, deren Befugnisse von den klassischen Kartellbehörden abgeleitet sind. Eine unmittelbare eigene Führung von Ermittlungsverfahren gegen Unternehmen nach § 30 OWiG steht der Staatsanwaltschaft bei Kartellordnungswidrigkeiten dagegen nicht zu – auch nicht bei gleichzeitiger Verwirklichung eines Straftatbestandes. Denn abweichend von § 40 OWiG sieht § 82 GWB vor, dass die klassischen Kartellbehörden nach dem GWB ausschließlich für die Verfolgung des Kartellverstoßes zuständig ist. Die Kartellbehörde kann Verfahren nach § 30 OWiG jedoch nach § 82 S. 2 GWB an die Staatsanwaltschaft abgeben.

B. Zuständigkeitsbereiche der Kartellbehörden

Die Zuständigkeitsbereiche der deutschen Kartellbehörden sind für den Bereich der Kartellverfahren relativ klar voneinander abgegrenzt. Parallele Zuständigkeiten von deutschen Kartellbehörden bestehen bei der Verfolgung von Verstößen gegen das nationale Kartellrecht prinzipiell nicht. Anders ist dies im Bereich des Vollzugs des europäischen Rechts, bei der die Allokation der Fälle erst im jeweiligen Einzelfall durch einen Einigungsmechanismus im ECN oder durch die Verfahrenseröffnung der Kommission erfolgt. Im Verhältnis zur Bundesnetzagentur bestehen abhängig von dem regulierten Sektor teils parallele teils alternative Zuständigkeiten.

I. Zuständigkeitsverteilung für die Anwendung des nationalen Kartellrechts

1. Grundlagen

Das GWB sieht mit der Regelung der Kartellbehörden in § 48 Abs. 1 GWB eine Zuständigkeit für die Wettbewerbsaufsicht sowohl des Bundes als auch der Länder vor. Dieses Nebeneinander ist verfassungsrechtlich nur zulässig, wenn eine hinreichend klare Abgrenzung des Wirkungsbereichs von Bund und Ländern erfolgt und das Zusammenwirken den für eine Mischverwaltung gesetzten Rahmen in Art. 83 ff. GG nicht überschreitet.[1] Vor

---

[1] Vgl. BVerfG Beschl. v. 12.1.1983 – 2 BvL 23/81, BVerfGE 63, 1 (39); BVerfG Urt. v. 19.2.2002 – 2 BvG 2/00, BVerfGE 104, 249 (266 f.); BVerfG Urt. v. 15.7.2003 – 2 BvF 6/98, BVerfGE 108, 169 (181 f.); BVerfG Beschl. v. 12.11.2008 – 1 BvR 2456/06, NVwZ 2009, 171 (173).

diesem Hintergrund sind die Zuständigkeitsregelungen in § 48 Abs. 2, 49, 50 GWB sowie die Verfahrensbeteiligung des Bundeskartellamtes an den Kartellverwaltungsverfahren der Landeskartellbehörden nach § 54 Abs. 3 GWB zu sehen.

6   Die Vorschriften enthalten zunächst eine Grundregel der Aufgabenteilung nach dem GWB zwischen Bund und Ländern, soweit dem Bundeskartellamt nicht ausdrücklich eine Aufgabe gesetzlich zugewiesen ist. Die zwingende Abgabepflicht nach § 49 Abs. 2 GWB ist Ausdruck der verfassungsrechtlich gebotenen Trennung der Wirkungsbereiche von Bund und Ländern. Eine Durchbrechung erfährt dieser Grundsatz durch die Möglichkeit einer einvernehmlichen Zuständigkeitsverlagerung nach § 49 Abs. 3 und 4 GWB zwischen dem Bundeskartellamt und den Landeskartellbehörden im Einzelfall. Auch die formale Verfahrensbeteiligung des Bundeskartellamtes an den Kartellverwaltungsverfahren der Landeskartellbehörden begründet ein Mitwirkungsrecht des Bundes bei der Landesverwaltung.

7   Diese Regelungen dürften innerhalb des vom Bundesverfassungsgericht gesetzten Rahmens einer zulässigen Mischverwaltung liegen. Denn trotz der nach Art. 83 ff. GG grundsätzlich geforderten organisatorischen und funktionellen Trennung der Verwaltung des Bundes und der Verwaltungen der Länder ist ein Zusammenwirken von Bund und Ländern bei der Verwaltung in vielfältiger Form vorgesehen.[2] Die Verfassungsrelevanz macht aber deutlich, dass Zusammenwirken der Behörden auf die gesetzlich vorgesehenen Ausnahmen zu beschränken sind, die Regelungen damit entsprechend eng und verfassungskonform auszulegen sind. Bei den Durchbrechungen der Trennung muss dem Ausnahmecharakter der Regelungen Rechnung getragen werden. Eine weitergehende Einflussnahme über die gesetzlichen Regelungen hinaus ist nicht möglich.

2. Originäre Zuständigkeitsverteilung

8   Die originäre Zuständigkeitsverteilung ergibt sich aus § 48 GWB. Gemäß § 48 Abs. 2 GWB können bestimmte Kartellbehörden zunächst durch eine Spezialzuweisung sachlich zuständig sein. Dabei handelt es sich für die Anwendung nationalen Rechts jeweils um eine ausschließliche Zuständigkeit.[3]

9   **a) Spezialzuständigkeiten des Bundeskartellamts.** Das Bundeskartellamt ist dabei vor allem für alle Verfahren und Entscheidungen im Rahmen der nationalen Fusionskontrolle mit Ausnahme der Ministererlaubnis ausschließlich zuständig. Das Bundeskartellamt ist ferner zuständig für die Missbrauchsaufsicht über die Preisbindung bei Zeitungen und Zeitschriften nach § 30 Abs. 3 GWB, die praktisch jedoch nicht sehr bedeutsam ist. Die 8. GWB-Novelle hat eine Zuständigkeit des Bundeskartellamts für die Marktbeobachtung im Bereich Kraftstoffe in § 47k GWB begründet (Markttransparenzstelle für Kraftstoffe). Sie dient der Erleichterung der Aufdeckung und Sanktionierung von Verstößen gegen das nationale und europäische Kartell- und Missbrauchsverbot. Die Spezialzuständigkeit ist dabei auf die Marktbeobachtung beschränkt. Die sich auf der Grundlage der Daten ergebenden Anhaltspunkte für etwaige Kartellverstöße hat die Markttransparenzstelle an die nach allgemeinen Grundsätzen zuständige Kartellbehörde abzugeben, § 47k Abs. 4 GWB.

10   **b) Zuständigkeit bei überregionaler Wirkung.** Im Übrigen ist das Bundeskartellamt für die Durchsetzung des nationalen Kartellrechts nur dann zuständig, wenn die Wirkung des wettbewerbsbeschränkenden oder diskriminierenden Verhaltens oder einer Wettbewerbsregel über das Gebiet eines Bundeslandes hinausreicht. Ausgangspunkt hierfür ist zunächst grundsätzlich die räumliche Marktabgrenzung, die dem Verhalten zugrunde zu legen ist. Maßgeblich ist, ob sich das beanstandete Verhalten auf einen räumlich

---

[2] BVerfG Beschl. v. 12.1.1983 – 2 BvL 23/81, BVerfGE 63,1 (39); BVerfG Beschl. v. 12.11.2008 – 1 BvR 2456/06, NVwZ 2009, 171 (173).
[3] MüKoGWB/*Pfeiffer* § 48 Rn. 3.

über das Gebiet eines Bundeslandes hinausreichenden sachlichen Markt auswirkt.[4] Nicht maßgeblich ist der Sitz des betroffenen Unternehmens. Die Zuständigkeit hängt auch nicht davon ab, in welchem räumlichen Bereich das betroffene Unternehmen insgesamt tätig ist. Ebenfalls unmaßgeblich ist hierbei die Frage, ob es sich um eine vertikale oder um eine horizontale Wettbewerbsbeschränkung handelt.[5] Ein Verhalten, das auf einem räumlich überregional abzugrenzenden Markt stattfindet, wirkt sich dabei auch immer auf den gesamten Markt aus. Anderenfalls würde auf das regionale Ausmaß des Verhaltens und nicht auf die wettbewerbliche Wirkung abgestellt.[6] Auch eine vertikale Bindung eines Abnehmers verfälscht die Wettbewerbsbedingungen des gesamten Marktes, auf dem sich Anbieter und Abnehmer gegenüber stehen. Eine Beschränkung auf den Wirkungsbereich des gebundenen Abnehmers kann auch hier nicht maßgeblich sein.[7]

Die Zuständigkeit des Bundeskartellamts ist auch dann begründet, wenn nach Marktabgrenzungsgrundsätzen zwar ein regionaler Markt innerhalb eines Bundeslandes betroffen ist, das Verhalten jedoch dennoch eine gewisse überregionale Wirkung entfaltet. Denn nach der Rechtsprechung ist eine „noch so geringe" Auswirkung über ein Bundesland hinaus bereits ausreichend. Dabei reicht zB ein Vertrieb der betroffenen Erzeugnisse über das Bundesland hinaus in geringem Umfang aus.[8] Nach der Praxis des Bundeskartellamts ist unter diesem Gesichtspunkt auch dann eine originäre Zuständigkeit des Bundeskartellamts gegeben, wenn es eine länderübergreifende Nachfrage nach dem betreffenden Gut gibt, auch wenn das Gut nur in einem Bundesland erhältlich ist.[9] Das Bundeskartellamt nimmt daher regelmäßig seine originäre Zuständigkeit für Verhalten bei der Vergabe von Wegenutzungsrechten in der Energiewirtschaft an, insbesondere wenn ihnen eine europaweite Ausschreibung zugrundeliegt.[10] Nach bisheriger Praxis des Bundeskartellamts ist die originäre Zuständigkeit außerdem bei Verfahren gegen den Behinderungsmissbrauch durch Netznutzungsentgelte gegeben, auch wenn das betroffene Netz nur in einem Bundesland gelegen ist. Denn es ist möglich, dass durch dieses Verhalten weitere potentielle Gaslieferanten aus anderen Bundesländern vom Marktzutritt in das Versorgungsgebiet der Beteiligten abgehalten werden.[11] **11**

Das Bundeskartellamt ist ferner dann für räumlich begrenzte Verhaltensweisen eines Unternehmens zuständig, wenn sie auf einer allgemeingültigen Entscheidung des Unternehmens beruhen, die über die Grenzen eines Landes hinausgehen. Wenn sich das Verhalten also auf mehrere regionale Märkte auswirkt, begründet dies Zuständigkeit des Bundeskartellamtes.[12] Eine Aufspaltung des Verhaltens in einzelne regionale Wirkungen mit der Folge, dass eine Vielzahl von Landeskartellbehörden zuständig wäre, erfolgt nicht und **12**

---

[4] BGH Beschl. v. 15.11.1994 – KVR 29/34, BGHZ 128, 17 – Gasdurchleitung = GRUR 1995, 287; OLG Düsseldorf Beschl. v. 11.6.2003 – Kart 7/03, WuW/E DE-R 1179 (1181) – Stromcontracting; OLG Düsseldorf Beschl. v. 23.6.2004 – Kart 35/03, WuW/E DE-R 1307 (1314) – Mainova/GETEC.
[5] AA offenbar Immenga/Mestmäcker/*Klaue* GWB § 48 Rn. 13.
[6] AA *Bechtold/Bosch* § 48 Rn. 8.
[7] So aber Immenga/Mestmäcker/*Klaue* GWB § 48 Rn. 13.
[8] BGH Beschl. v. 1.6.1977 – KRB 3/76, BGHZ 69, 398 = NJW 1977 (1784) – Brotindustrie; OLG Düsseldorf Beschl. v. 11.6.2003 – Kart 7/03, WuW/E DE-R 1179, 1181 – Stromcontracting.
[9] OLG Düsseldorf Beschl. v. 23.6.2004 – Kart 35/03, WuW/E DE-R 1307 – Mainova/GETEC.
[10] Zuletzt BKartA Beschl. v. 30.11.2012 – B8–101/11, BeckRS 2013, 09751, rkr.; aA OLG Stuttgart Beschl. v. 20.6.2002 – 2 Kart 1/02, ZNER 2003, 46 (47) m. abl. Anm. *Schoening*; vgl. auch Gemeinsamer Leitfaden von Bundeskartellamt und Bundesnetzagentur zur Vergabe von Strom- und Gaskonzessionen und zum Wechsel des Konzessionsnehmers Rn. 12 und 18.
[11] BKartA Beschl. v. 16.9.2006 – B10–11/09, BeckRS 2009, 71389; aA OLG Stuttgart Beschl. v. 20.6.2002 – 2 Kart 1/02, ZNER 2003, 46 (47) m. abl. Anm. *Schoening*; die Konstellation ist inzwischen im Hinblick auf die ausschließliche Zuständigkeit der Bundesnetzagentur nach EnWG für die Netznutzungsentgelte nicht mehr relevant. vgl. OLG Düsseldorf Beschl. v. 19.10.2011 – VI-3 Kart 1/11, ZNER 2011, 623.
[12] OLG Düsseldorf Beschl. v. 26.7.2002 – Kart 37/01, WuW/E DE-R 949 (950) – Transportbeton Sachsen.

liefe dem Normzweck auch entgegen.[13] Nicht ausreichend für eine überregionale Wirkung ist dagegen nach der Rechtsprechung, wenn eine bisher nur in einem Bundesland wirksame Behinderung zwar Bestandteil einer erklärten landesübergreifenden Strategie ist, diese Strategie jedoch noch nicht zu Wirkungen in anderen Bundesländern tatsächlich geführt hat.[14]

13 Die Fälle der regionalen Marktbetroffenheit in einem Bundesland mit gewissen überregionalen Bezügen werden jedoch in Praxis und Rechtsprechung sehr uneinheitlich gehandhabt und sind im Einzelnen streitig. Es entspricht daher der Praxis des Bundeskartellamtes, in Zweifelsfällen vorsorglich die Abgabe der Sache von der alternativ zuständigen Landeskartellbehörde gemäß § 49 Abs. 3 GWB zu beantragen, die regelmäßig auch erfolgt (dazu unten → Rn. 15 ff.).

14 **c) Zuständigkeit für Sektoruntersuchungen.** Die Zuständigkeit für die Sektoruntersuchung ist gemäß § 32e GWB sowohl dem Bundeskartellamt als auch der Landeskartellbehörde zugewiesen. Der Gesetzeswortlaut bietet dabei keinerlei Abgrenzungssystematik. Insbesondere fehlt ein Verweis auf § 48 GWB. Nach der Regierungsbegründung zur 7. GWB-Novelle, die noch die alleinige Zuständigkeit des Bundeskartellamts vorsah, soll es sich hierbei um eine eigenständige Zuständigkeitsregelung handeln, die die Anwendung des § 48 GWB ausschließe.[15] Die Zuständigkeit auch der Landeskartellbehörden ist erst durch den Vermittlungsausschuss eingefügt worden, ohne dass eine Abgrenzung der Zuständigkeiten erfolgt ist. Es erscheint durchaus naheliegend, dass letzteres zunächst eine planwidrige Lücke darstellte, zumal Landeskartellbehörden ihre Hoheitsrechte – wie zB ihre durchsetzbaren Ermittlungsbefugnisse – kaum in anderen Bundesländern einsetzen können. Offenbar stellte sich jedoch der Gesetzgeber der 8. GWB-Novelle eine parallele Zuständigkeit von Bund und Land zur Durchführung derselben Norm vor. Denn er hat in § 32 e Abs. 4 GWB lediglich die Benachrichtigungspflichten nach § 49 Abs. 1 GWB für anwendbar erklärt, die jedoch keine klare Zuständigkeitsabgrenzung erlauben. Vielmehr scheint eine Einigung zwischen den Behörden über die Durchführung einer Sektoruntersuchung angestrebt zu sein.[16] Dies ist angesichts der verfassungsrechtlichen Vorgaben zur Abgrenzung des Wirkbereiches zwischen Bund und Länder jedoch kaum zulässig. Es ist daher in verfassungskonformer Auslegung von einer entsprechenden Anwendung auch des § 48 Abs. 2 GWB auszugehen. Für die entsprechende Anwendung ist dabei auf die räumliche Ausdehnung der Marktphänomene und den Umfang der möglichen Verfälschung des Wettbewerbs abzustellen, an die die Sektoruntersuchung anknüpft. Eine Zuständigkeit der Landeskartellbehörde kommt nur in Betracht, wenn es um ausschließlich regionale Phänomene eines Bundeslandes geht. Die Zuständigkeit des Bundeskartellamtes ist daher insbesondere auch dann gegeben, wenn räumlich nebeneinander liegende Märkte, in denen der Verdacht auf eine mögliche Einschränkung des Wettbewerbs besteht und die Gegenstand der Untersuchung sind, in mehreren Bundesländern liegen.[17]

3. Zuständigkeit kraft einvernehmlicher Abgabe

15 Gemäß § 49 Abs. 3 und 4 GWB kann eine Zuständigkeit durch die Abgabe einer Sache auf Antrag des Bundeskartellamtes oder der Landeskartellbehörde einvernehmlich begründet werden. Hierfür ist erforderlich, dass eine solche Abgabe aufgrund der Umstände der Sache angezeigt ist. Genau genommen erfordert die Abgabe einer Sache an eine andere Kartellbehörde die originäre Zuständigkeit der abgebenden Behörde, da aus den darge-

---

[13] BKartA Beschl. v. 8.5.2006 – B9–149/04, WuW/E DE-V 1235, 1238; BKartA Beschl. v. 20.11.1981 – B8–74/81, WuW/E BKartA 1983 (1984); so auch Immenga/Mestmäcker/*Klaue* GWB § 48 Rn. 24; OLG Frankfurt Beschl. v. 9.5.1995 – 11 VA (Kart) 1/94, WuW/E OLG 5416, 5424 f. – Konzessionsvertrag Niedernhausen.
[14] BGH Beschl. v. 15.11.1994 – KVR 29/93, BGHZ 128, 17–40 = GRUR 1995, 287 – Gasdurchleitung.
[15] Regierungsbegründung zur 7. GWB-Novelle, BT-Drs. 17/9852, 27.
[16] So auch *Bechtold/Bosch* § 32e Rn. 6.
[17] Wie hier im Ergebnis auch *Bechtold/Bosch* § 48 Rn. 6.

stellten verfassungsrechtlichen Gründen eine nur vereinbarte Zuständigkeit zwischen Bund und Länder nicht zulässig ist. Dennoch hat der Antrag auf Abgabe der Sache nach § 49 Abs. 3 und 4 GWB vor allem dort erhebliche praktische Bedeutung, wo die originäre Zuständigkeit wegen verschiedenster überregionaler Bezüge des Falles unklar ist. Die Kartellbehörden lassen sich in diesen Fällen regelmäßig vorsorglich die Sache abgeben.

Abzugeben ist jeweils die „Sache" und nicht ein bestimmtes Verfahren. Unter „Sache" **16** ist der konkrete Lebenssachverhalt zu verstehen, der im Rahmen eines Verfahrens unter allen kartellrechtlichen Gesichtspunkten geprüft werden kann. Eine Beschränkung auf eine bestimmte Verfahrensart – zB die Durchführung eines Kartellverwaltungsverfahrens oder eines Kartellbußgeldverfahrens – ist nicht möglich. Dies ergibt sich auch aus der Begründung der Zuständigkeit, die sich außerhalb von Spezialzuweisungen auf eine bestimmte tatsächliche Verhaltensweise bezieht und nicht auf bestimmte Verfahrensformen. Das Bundeskartellamt beantragt dementsprechend die Zuständigkeit für bestimmte Verhaltensweisen oder Vereinbarungen mit allen dazugehörigen Bestimmungen und Umständen. In formaler Hinsicht ist ein Antrag der Kartellbehörde bei der originär zuständigen Behörde erforderlich. Die Zuständigkeitsverlagerung wird nur bei Zustimmung der betroffenen Kartellbehörde(n) wirksam. Insbesondere im Fall des § 49 Abs. 4 GWB ist die Zustimmung aller Landeskartellbehörden erforderlich, in deren Bundesland das Verhalten wirksam ist. Insbesondere kann die Zuständigkeit nicht einseitig „aufgedrängt" werden.

Eine Abgabe kann erfolgen, wenn dies die Umstände der Sache angezeigt erscheinen **17** lassen. Dieses ist in der Praxis häufiger im Falle des § 49 Abs. 3 GWB anzunehmen als bei § 49 Abs. 4 GWB. Die Abgabe eines überregionalen Falles an eine Landeskartellbehörde hat praktisch keine Bedeutung, auch wegen der regelmäßigen Betroffenheit mehrerer Länder, die der Abgabe zustimmen müssen. Die Abgabemöglichkeit ist im Rahmen der 7. GWB-Novelle auf Initiative der Länder eingeführt worden. § 49 Abs. 3 GWB sollte nach der Regierungsbegründung insbesondere bei Verfahren von grundsätzlicher Bedeutung anwendbar sein, daneben aber auch schon dann, wenn die Bearbeitung eines Falles die Ressourcen einer Landeskartellbehörde übersteigt.[18] Letzteres würde abstrakt betrachtet allerdings die grundsätzliche Zuständigkeitsverteilung in Frage stellen und den Wirkungsbereich von Bund und Ländern bei der Anwendung nationalen Rechts zur Disposition der Kartellbehörden stellen. Zweifelhaft ist daher auch, ob die Abgabe einer Sache schon allein deswegen möglich ist, weil die abgebende Behörde aus Ermessensgründen nicht selbst tätig werden will.[19] Zu berücksichtigen ist dabei vor allem, dass die betroffenen Unternehmen in regionalen Fällen bei zu knappen Ressourcen der Behörde in erster Linie auf den Zivilrechtsweg zu verweisen sind, den der Gesetzgeber zumindest in den weniger komplexen Fällen von eher individueller Bedeutung als den hauptsächlich einzuschlagenden Weg vorgesehen hat, und der mit der 7. GWB-Novelle nochmals deutlich gestärkt wurde.[20]

In der Praxis kommt letztlich eine einvernehmliche Abgabe an das Bundeskartellamt **18** ohnehin nur bei Fällen vor, die grundsätzliche Bedeutung über ein Bundesland hinaus haben. Denn auch das Bundeskartellamt hat nicht hinreichende Ressourcen, um neben der ohnehin bestehenden Fallbelastung zusätzlich typische regionale Fälle von Landeskartellbehörden übernehmen zu können. Dies ist nur möglich, wenn hierbei auch ein öffentliches Interesse an der Durchführung eines regionalen Verfahrens gerade durch das Bundeskartellamt besteht. Auch das Bundeskartellamt verweist regelmäßig diejenigen Verfahren, die keine grundsätzliche Bedeutung über den Einzelfall hinaus haben, auf den Zivilrechtsweg. Ein hohe praktische Bedeutung hat die Abgabe von Sachen an das Bundeskartellamt daher in erster Linie bei Fällen, die von vornherein einen deutlichen überregionalen Bezug haben, bei dem es jedoch nach der allgemeinen Regel des § 48 Abs. 2

---

[18] Regierungsbegründung vom 7.6.2004, BT-Drs. 15/3640, 60.
[19] So aber MüKoGWB/*Pfeiffer* § 49 Rn. 17; enger auch Immenga/Mestmäcker/*Klaue* GWB § 49 Rn. 13.
[20] Vgl. hierzu auch Wiedemann/*Topel* HdB KartellR § 50 Rn. 76.

GWB rechtlich unklar ist, ob er eine originäre Zuständigkeit begründet. Dabei handelt es sich vor allem um Fälle, bei denen die betroffenen Märkte zwar jeweils regional oder sogar kommunal abzugrenzen sind, ein beteiligtes Unternehmen jedoch eine länderübergreifende Strategie[21] verfolgt oder eine länderübergreifende Nachfrage nach einem regionalen Gut[22] existiert. Diese Fälle liegen nach hier vertretener Ansicht bereits nach § 48 Abs. 2 GWB in der originären Zuständigkeit des Bundeskartellamtes.

19 Beispiel:
Im Verfahren wegen der Praktizierung unbilliger Bezugspflichten sowie der Verweigerung der Weitergabe von Einkaufsvorteilen im Rahmen eines Franchise-Systems bei Baumärkten hat das Bundeskartellamt wegen der Auswirkung auf eine Vielzahl von regionalen und lokalen Märkten im ganzen Bundesgebiet seine originäre Zuständigkeit zwar grundsätzlich bejaht, vorsorglich jedoch einen Antrag nach § 49 Abs. 3 GWB an die Landeskartellbehörde gestellt, in deren Bundesland der beigeladene (einzige) Beschwerdeführer ansässig war.[23]

20   Ein weiterer in der Praxis bedeutsamer Umstand, der eine Abgabe an das Bundeskartellamt rechtfertigt, ist das Vorliegen einer Mehrzahl von zwar jeweils regionalen oder lokalen, jedoch parallel gelagerten Fällen, die mehrere Bundesländer betreffen. Hier steht vor allem der Gesichtspunkt einer einheitlichen Kartellrechtsanwendung im Vordergrund. Dieses trifft beispielsweise auf eine große Anzahl im Bereich der Energie- und Wasserpreise zu.[24] Eine Abgabe gemäß § 49 Abs. 3 GWB kann insbesondere bei der Preismissbrauchsaufsicht im Energiebereich auch dann gerechtfertigt sein, wenn sich die Landeskartellbehörde in einem unlösbaren Interessenkonflikt befindet.[25]

21   In der Praxis bedeutsam ist schließlich die Abgabe nach § 49 Abs. 3 GWB wegen des Sachzusammenhangs mit einer Spezialzuständigkeit des Bundeskartellamts. Denn eine originäre Zuständigkeit für Fälle kraft Sachzusammenhangs zB mit der Fusionskontrolle ist nicht anzunehmen.[26] Dies hat vor allem Bedeutung für die Doppelkontrolle von Gemeinschaftsunternehmen, die bei Erreichen der Schwellen fusionsrechtlich ausschließlich vom Bundeskartellamt zu prüfen sind, bei nur regionalen Märkten jedoch hinsichtlich der Prüfung des Kartellverbots in der Zuständigkeit der Landeskartellbehörden liegen.

22   Allerdings entspricht es der aktuellen Rechtsprechung des Bundesgerichtshofs, dass fusionsrechtlich die Folgen einer zulässigen Kooperation der Unternehmen im Rahmen des § 36 Abs. 1 GWB zu berücksichtigen sind.[27] Dies bedeutet umgekehrt, dass die Zulässigkeit der Kooperationen inzident zu prüfen ist, damit sie als Tatsache berücksichtigungsfähig ist. Diese Prüfung kann wegen der ausschließlichen Zuständigkeit für die Fusionskontrolle nur das Bundeskartellamt durchführen.

23   Das Bundeskartellamt lässt sich insbesondere im Bereich der Pressefusionskontrolle, die häufig kleinteilige räumliche Märkte in nur einem Bundesland betrifft, in der Regel – jedenfalls vorsorglich – die Zuständigkeit für die Prüfung sämtlicher Kooperationen oder

---

[21] Vgl. zB BKartA Beschl. v. 24.5.2013 – B7–30/07–1, 9 zur bundesweit verfolgten Strategie des Unternehmens beim Abschluss von kommunalen Konzessionsverträgen zur Aufschaltung von Brandmeldeanlagen.
[22] Vgl. BKartA Beschl. v. 2.12.2013 – B8–180/11–1, 8 zur länderübergreifenden Nachfrage nach Wegenutzungsrechten; ständige Praxis.
[23] Bzgl. der originären Zuständigkeit wohl aA Langen/Bunte/*Kiecker* Bd. 1, 10. Aufl. 2006, § 48 Rn. 16 angesichts zT entgegenstehender OLG-Rechtsprechung allerdings differenziert für die Prüfung der Kriterien eines bundesweiten Vertriebssystems für einen bestimmten regional tätigen Händler; wie hier zu Recht Immenga/Mestmäcker/*Klaue* GWB § 48 Rn. 12 und 14; so auch BKartA Beschl. v. 8.5.2006 – B9–149/04, WuW/E DE-V 1235 (1238) – Praktiker-Baumärkte.
[24] Vgl. hierzu *Ritzenhoff* WRP 2010, 734 (737).
[25] BKartA Beschl. v. 4.6.2012 – B8–40/10, BeckRS 2013, 10997 – Berliner Wasserpreise.
[26] BGH Beschl. v. 21.6.1982 – KVR 7/80, BGHZ 81, 56 (65) – Transportbeton Sauerland; *Bechtold* § 48 Rn. 7.
[27] Vgl. BGH Beschl. v. 19.6.2012 – KVR 15/11, NZKart 2013, 36 (38) – Haller Tagblatt; das OLG Düsseldorf hatte in der Vorinstanz dagegen darauf abgestellt, dass die Landeskartellbehörden die regionalen Kooperationen nicht beanstandet hatten.

Transaktionen, die von dem Fusionsvorhaben berührt werden, gemäß § 49 Abs. 3 GWB abgeben.

4. Verhältnis zur sektorspezifischen Regulierung der Bundesnetzagentur

Das Verhältnis zwischen dem allgemeinen Wettbewerbsrecht und sektorspezifischer Regulierung ist in den der BNetzA zugewiesenen Regulierungsbereichen Bahn, Telekommunikation, Post und Energie unterschiedlich geregelt und im Einzelnen streitig. Dabei stellt sich die Frage des Verhältnisses der Zuständigkeiten weniger unter dem Gesichtspunkt der Vollzugszuständigkeit, als vielmehr unter dem Gesichtspunkt der Anwendbarkeit des materiellen Kartellrechts neben dem Regulierungsrecht. Betroffen ist dabei im Wesentlichen nur die Zuständigkeit für parallele Missbrauchsverfahren nach §§ 19, 20 GWB gegen regulierte Unternehmen. Die Regulierung besteht in allen regulierten Märkten in einer besonderen Missbrauchsaufsicht, die sich vielfach mit der allgemeinen Missbrauchsaufsicht nach dem GWB überschneidet und daher parallele Verfahren verschiedener Behörden mit unter Umständen divergierenden Entscheidungen ermöglichen. Dies ist bei der Diskussion auch für alle Bereiche das Hauptargument, das für eine Spezialzuständigkeit der Bundesnetzagentur angeführt wird.[28] Die Bedeutung des Streits ist in der Praxis allerdings begrenzt, da jedenfalls Art. 102 AEUV parallel anwendbar bleibt, für dessen Vollzug auf nationaler Ebene nach § 50 GWB unzweifelhaft die Kartellbehörden iSd GWB zuständig sind.[29]

24

Das Verhältnis von nationalem Kartellrecht und Regulierungsrecht im Bereich des **Schienenverkehrs** regelt § 14 b Abs. 2 AEG. Nach dem Wortlaut der Norm bleibt das GWB ohne Weiteres parallel anwendbar. Anders als in den übrigen Regulierungsbereichen wird dieser Regelungswille auch durch die Regierungsbegründung zum Ausdruck gebracht.[30] Auch die Regelung in § 14 b Abs. 2 S. 3 AEG zu dem Informationsaustausch über ein paralleles Missbrauchsverfahren würde keinen Sinn machen, gäbe es eine parallele Anwendbarkeit nicht.[31]

25

Für die **Telekommunikation** ist die parallele Anwendbarkeit des GWB neben dem TKG umstritten. § 2 Abs. 3 TKG sieht vor, dass die Vorschriften des GWB anwendbar bleiben, soweit nicht durch das TKG ausdrücklich abschließende Regelungen getroffen werden. Eine allgemein abdrängende Sonderzuweisung zur Regulierungsbehörde ist ausdrücklich nicht vorgesehen. Soweit also das GWB anwendbar bleibt, sollen die Kartellbehörden parallel zur BNetzA zuständig bleiben.[32] Der Streit über das Verhältnis des TKG gegenüber dem GWB entsteht letztlich dadurch, dass das TKG an keiner Stelle tatsächlich eine Regelung ausdrücklich für abschließend erklärt, wie es der Wortlaut in § 2 Abs. 3 TKG eigentlich erwarten lässt. Hieraus wird teilweise sogar der Schluss gezogen, dass das TKG das GWB „stillschweigend" allgemein verdrängt, eine allgemeine Missbrauchsaufsicht nach nationalem Recht damit nicht stattfindet.[33] Gegen eine solche Sichtweise spricht nicht nur der Wortlaut, sondern auch der Zweck der Regulierung, die nach der Regierungsbegründung ausdrücklich regulierte Telekommunikationsmärkte in das allgemeine Wettbewerbsrecht überführen soll, so dass eine Abdrängung eben dieser angestrebten Normen wenig Sinn macht.[34] Außerdem hat auch das TKG eine Regelung zum Informationsaustausch über Verfahren im Telekommunikationsbereich nach §§ 19, 20 GWB

26

---

[28] Vgl. zu den einzelnen Regulierungsbereichen *Böni* N&R-Beil. Heft 1/2008, 1 ff.
[29] ZB BKartA Beschl. v. 11.2.2005 – B9 55/03, K&R 2005, 82 (83) zum Teilleistungszugang im Postwesen; bestätigt durch OLG Düsseldorf Beschl. v. 13.4.2005 – VI Kart 2/2005, GRUR 2005, 697 (681).
[30] BT-Drs. 14/6929, 12, 16.
[31] Auch *Böni* N&R-Beil. Heft 1/2008, 1, 15 f.; *Säcker*, 282.
[32] Regierungsbegründung, BT-Drs. 13/3609, 36 zum TKG 1998; die Neuregelung in 2004 berührte § 2 TKG nicht und enthält keine Ausführungen hierzu, sondern nur unklare Äußerungen zu § 40 TKG, vgl. BT-Drs. 15/2316, 71.
[33] *Mayen* Sektorspezifische Regulierung CR 2005, 21, 26, wohl auch Beck'scher TKG-Kommentar/*Geppert* § 123 Rn. 9.
[34] So auch *Böni* N&R-Beil. Heft 1/2008, 1, 4; *Topel* ZWeR 2006, 27 (46 f.).

§ 16   2. Teil 2. Abschnitt Kartellverfahren in Deutschland

in § 123 Abs. 1 S. 3 und 4 TKG, die bei einem insgesamt abschließenden Charakter nur noch Sinn für nicht regulierte Märkte machen würde. In der Praxis herrscht eine sehr ausgeprägte Zusammenarbeit zwischen BNetzA und BKartA auf der Grundlage des § 123 TKG. Parallele Verfahren werden ohnehin vermieden, in dem sich die Behörden über die Verfahrensführung einigen oder die Verfahren gemeinsam führen.[35] Letztlich ist es angesichts der geographisch umfänglichen Tätigkeit der Deutschen Telekom AG (DTAG) nicht entscheidend, ob die nationale Missbrauchsaufsicht anwendbar ist oder nicht. Denn ein Verhalten der DTAG berührt regelmäßig den zwischenstaatlichen Handel iSd Art. 102 AEUV, so dass die Kartellbehörden jedenfalls auf dieser Grundlage parallel zur BNetzA tätig werden können und nach Art. 3 VO 1/2003 auch müssen.[36]

27   Im **Postbereich** ist die Anwendbarkeit des GWB ebenfalls streitig. Das PostG formuliert in § 2 Abs. 3 nur kurz, dass das GWB unberührt bleibt. Nach der Regierungsbegründung zum PostG soll das PostG jedoch gegenüber dem GWB abschließend sein.[37] Vor allem hierauf beruft sich die Ansicht, die eine umfassende Spezialzuständigkeit der Regulierungsbehörde für die Missbrauchsaufsicht im Postbereich befürwortet. Das GWB sei danach nur subsidiär anwendbar, nämlich insoweit, als das PostG keine spezielle Regelung enthalte.[38] Hiergegen spricht jedoch, dass sich ein solcher Regelungswille im Gesetzeswortlaut hier in keiner Weise niedergeschlagen hat. Die Regierungsbegründung erklärt an anderer Stelle im Widerspruch zu § 2 Abs. 3 PostG sogar, dass die in § 32 PostG geregelte besondere Missbrauchsaufsicht der Regulierungsbehörde eine spezialgesetzliche *Ergänzung* zu dem allgemeinen Verbot der Wettbewerbsbeschränkung und Diskriminierung in den §§ 22 und 26 GWB [aF] darstellt.[39] Darüber hinaus steht diese Ansicht auch hier – wie im TKG – nicht im Einklang mit den Kooperationsregeln nach § 48 PostG, der auf § 82 S. 3 und 4 TKG 1996 (jetzt § 123 Abs. 1 S. 3 und S. 4 TKG) verweist.[40]

28   Anders sieht es damit lediglich im **Energiebereich** beim Verhältnis zwischen der allgemeinen Missbrauchsaufsicht nach GWB und dem EnWG aus. Hier regelt § 111 EnWG das Verhältnis zum GWB sehr viel klarer und erklärt es in seinem Abs. 1 für anwendbar, soweit keine abschließenden Regelungen im EnWG getroffen werden. Die Bestimmungen des Teils 3 des EnWG werden zu abschließenden Regelungen erklärt. Darüber hinaus sind für kartellbehördliche Preismissbrauchsverfahren gegen Energieversorgungsunternehmen die von der BNetzA bestandskräftig geregelten Netznutzungsentgelte bindend. Dieser Anwendungsvorrang dient nach der Regierungsbegründung ausdrücklich der Vermeidung sowohl von Überschneidungen materiell-rechtlicher Verbote als auch von Doppelzuständigkeiten der Kartell- und Regulierungsbehörden.[41] Die Anforderungen an den Netzbetreiber nach den §§ 11–28a EnWG wie auch die Bestimmung des verbotenen Missbrauchs der Stellung als Netzbetreiber und seiner Rechtsfolgen nach den §§ 30–33 EnWG werden damit allein den Regelungen des Energiewirtschaftsgesetzes unterworfen.[42] Dennoch ist die Abgrenzung im Einzelnen schwierig, je nachdem welche Konstellation mit der Missbrauchsaufsicht aufgegriffen wird. Nach der Rechtsprechung des BGH bleibt das GWB zB anwendbar, wenn überhöhte Konzessionsabgaben als Preisbestandteile von Netznutzungsentgelten eines kommunalen Energieunternehmens nicht im Hinblick

---

[35] *Topel* ZWeR 2006, 27 (47).
[36] Zur Bedeutung der nationalen Missbrauchsaufsicht im Bereich des TKG vgl. *Topel,* ZWeR 2006, 27, 45 f.
[37] BT-Drs. 13/7774, 17, 19.
[38] Beckscher PostG-Kommentar/*Gerstner* § 32 Rn. 6, 20; unklar dagegen Beckscher PostG-Kommentar/*Badura* § 2 Rn. 32; *ders.* § 48 Rn. 11.
[39] BT-Drs. 13/7774, 17, 28.
[40] OLG Düsseldorf Beschl. v. 13.4.2005 – IV Kart 2/05, GRUR 2005, 697 (681) mwN; BKartA Beschl. v. 11.2.2005 – B9–55/03, N&R 2005, 82 (83).
[41] BT-Drs. 15/3917, 75; vgl. BGH Urt. v. 15.5.2012 – EnZR 105/10, WuW/E DE-R 3625 Rn. 18 – Stromnetznutzungsentgelt V.
[42] Wiedemann/*Scholz* HdB KartellR § 34 Rn. 105; vgl. BGH Beschl. v. 23.6.2009 – KZR 43/08, GWF/Recht und Steuern 2009, 47 Rn. 3.

auf die Eigenschaft als Netzbetreiber beanstandet werden, sondern im Hinblick auf den Konzessionsmarkt.[43]

5. Streitige Zuständigkeit der Kartellbehörden

Streitigkeiten über die Zuständigkeit zwischen Landeskartellbehörden und Bundeskartellamt werden durch die Regeln zur gegenseitigen Information über die Einleitung von Verfahren nach § 48 Abs. 1 GWB und die Beteiligung des Bundeskartellamts an den Verfahren der Landeskartellbehörden gemäß § 54 Abs. 3 GWB sowie zu den gegenseitigen Abgabemöglichkeiten und -pflichten in der Praxis weitestgehend ausgeschlossen. Insbesondere die Beteiligung nach § 54 Abs. 3 GWB stellt sich in der Praxis auch als eine Alternative zu einer eigenen Verfahrensführung durch das Bundeskartellamt dar, da es mit der Beteiligung zur Stellungnahme berechtigt ist und zur Verfahrensführung beitragen kann. Im Übrigen stehen Bundeskartellamt und Landeskartellbehörden in einem regelmäßigen Austausch über ihre Fälle. Hierbei werden insbesondere auch aufkommende Zuständigkeitsfragen erörtert und auf eine einheitliche Rechtsanwendung hingewirkt. Auch die gegenseitige einvernehmliche Zuständigkeitsverlagerung nach § 49 Abs. 3 und 4 GWB verhindert Auseinandersetzungen über die Zuständigkeit mit den Beteiligten. Denn die Abgabe der Zuständigkeit kann nicht selbständig angefochten werden, da sie keine Verfügung im Sinne des § 63 GWB darstellt, sondern lediglich ein verwaltungsinterner Vorgang.[44] Stattdessen muss die auf der Grundlage dieser Zuständigkeitsverlagerung ergangene Verfügung wegen einer unzulässigen oder fehlerhaften Abgabe angefochten werden.[45] Die Unzulässigkeit einer solchen Zuständigkeitsverlagerung dürfte bei der dargestellten Praxis kaum gegeben sein.

Die Verfügung einer unzuständigen Behörde wäre rechtswidrig.[46] Die Regelung nach § 55 Abs. 2 GWB ordnet für die Geltendmachung der örtlichen und sachlichen Unzuständigkeit eine Rügepflicht der Beteiligten an.

> Nur wenn ein Beteiligter die örtliche oder sachliche Unzuständigkeit der Kartellbehörde bereits im Verwaltungsverfahren geltend macht, kann auch eine Beschwerde darauf gestützt werden. Das gilt auch für die Zuständigkeitsverteilung zwischen den Kartellbehörden und der Bundesnetzagentur. Etwas anderes kann nur gelten, wenn eine Geltendmachung während des Verfahrens nicht möglich war.[47]

Zur sachlichen Zuständigkeit ist dabei auch die Verbandskompetenz eines selbständigen Trägers der öffentlichen Verwaltung zu zählen.[48]

Das Verhältnis zwischen Kartellbehörden und Regulierungsbehörde ist dagegen keine Frage der formellen Zuständigkeit, die von § 55 Abs. 2 GWB erfasst wird.[49] Vielmehr geht es hier um die Anwendbarkeit des GWB und damit um eine materielle Frage, die unabhängig von einer Rüge beschwerde- und vor allem auch rechtsbeschwerdefähig ist. Der BGH hat demgemäß die Sichtweise der Vorinstanz zum Verhältnis zwischen GWB

---

[43] Vgl. im Einzelnen BGH Beschl. v. 6.11.2012 – KVR 54/11, RdE 2013, 224 (225) – Gasversorgung Ahrensburg; BKartA Beschl. v. 16.9.2009 – B10–11/09, BeckRS 2009, 71389 – GAG Gasversorgung Ahrensburg; anders die Vorinstanz OLG Düsseldorf Beschl. v. 19.10.2012 – VI-3 Kart 1/11, RdE 2012, 65 (66).
[44] Grundlegend KG Beschl. v. 28.4.2008 – 2 Kart 1/08, WuW/E DE-R 2559, 2560 – GASAG; die Nichtzulassungsbeschwerde hat der BGH mit der Begründung zurückgewiesen, dass es unzweifelhaft sei, dass die Abgabe nicht isoliert angefochten werden könne, vgl. BGH Beschl. v. 25.9.2008 – KVZ 32/08, BeckRS 2009, 04360; *Bechtold/Bosch* § 49 Rn. 5.
[45] Langen/Bunte/*Kiecker* Bd. 1, 10. Aufl. 2006, § 49, Rn. 6.
[46] Eine Nichtigkeit der Verfügung ist bei Verletzung der Zuständigkeitsregeln im GWB in der Regel nicht anzunehmen; vgl. OLG Düsseldorf Beschl. v. 19.10.2011 – VI-3 Kart 1/11 (V), ZNER 2011, 623 (624) zum Verhältnis Bundeskartellamt und Regulierungsbehörde.
[47] Vgl. OLG München Beschl. v. 5.4.1979 – Kart 2/79, WuW/E 2156 (2158).
[48] OLG Düsseldorf Beschl. v. 19.10.2011 – VI-3 Kart 1/11 (V), RdE 2012, 65 (66).
[49] So aber OLG Düsseldorf Beschl. v. 19.10.2011 – VI-3 Kart 1/11 (V), RdE 2012, 65 (66).

und EnWG überprüft und beanstandet, nicht jedoch die Frage der Zuständigkeit des Bundeskartellamts in Abgrenzung zur Landeskartellbehörde.[50]

34 Gemäß § 55 Abs. 1 GWB kann die Kartellbehörde schließlich im Wege einer Feststellungsentscheidung über ihre Zuständigkeit vorab entscheiden. Dies steht im pflichtgemäßen Ermessen der Behörde.[51] Die Vorabentscheidung ist die einzige Möglichkeit, die Frage der Zuständigkeit der Kartellbehörde bis in die Rechtsbeschwerdeinstanz zu bringen und höchstrichterlich durch den BGH klären zu lassen.[52] Denn im Rahmen des Hauptsacheverfahrens kann die Rechtsbeschwerde gemäß § 76 Abs. 2 S. 2 GWB nicht mehr auf eine Verletzung der Zuständigkeitsregeln des § 48 GWB gestützt werden. Die praktische Bedeutung ist dennoch angesichts der Abgabemöglichkeiten und der erheblichen Verzögerungswirkung gering.[53] Die Beschwerde gegen eine Vorabentscheidung hat gemäß § 55 Abs. 1 S. 2 GWB aufschiebende Wirkung, so dass während des gesamten gerichtlichen Verfahrens keine weiteren formalen Verfahrensschritte unternommen werden können.[54] Dies dürfte auch für Ermittlungsmaßnahmen gelten, solange diese mit einem durchsetzbaren Auskunftsbeschluss durchgeführt werden.[55] Denn auch für eine solche relativ weitgehende Eingriffsmaßnahme ist die Zuständigkeit erforderlich. Die Vorabentscheidung dient aber gerade der Klärung der Zuständigkeit für Eingriffe durch die betroffene Behörde.

II. Zuständigkeitsverteilung für die Anwendung der Europäischen Wettbewerbsregeln

35 Die Zuständigkeitsverteilung für die Anwendung des Europäischen Rechts erfolgt für die in Deutschland zu führenden Verfahren auf zwei Ebenen. Zunächst ist die Fallzuordnung nach den Europäischen Regeln vorzunehmen und insbesondere von der Zuständigkeit der Kommission abzugrenzen. Darüber hinaus ist gemäß § 50 GWB die Zuständigkeitsverteilung auf nationaler Ebene zwischen Bundeskartellamt und Landeskartellbehörde für den Vollzug des Europäischen Rechts zu beachten.

1. Zuständigkeit von Kommission und nationalen Kartellbehörden

36 Die rechtliche Zuständigkeit der Wettbewerbsbehörden für die Anwendung der Art 101 und 102 AEUV ist auf Europäischer Ebene in der VO 1/2003 geregelt. Hiervon zu trennen ist die Frage, welche Behörde(n) sich tatsächlich mit einer Sache befassen soll(en). Letztere wird im Rahmen eines Koordinierungsmechanismus im Europäischen Netzwerk (European Competition Network – ECN) ermittelt.

37 **a) Parallele Zuständigkeiten und interne Fallallokation.** Die Durchsetzung der Europäischen Wettbewerbsregeln erfolgt in einem System paralleler Zuständigkeiten, bei dem sämtliche Wettbewerbsbehörden zur Anwendung von Artikel 101 oder 102 AEUV befugt sind. Die VO 1/2003 regelt dabei ausdrücklich auch die Zuständigkeit der nationalen Wettbewerbsbehörden (Art. 5 VO 1/2003).[56] Die Zuständigkeit der Kommission ist dabei eine ausschließliche Zuständigkeit, sobald sie ein Verfahren förmlich einleitet (Art. 11 Abs. 6 VO 1/2003). Die parallele Zuständigkeit der mitgliedsstaatlichen Wettbewerbsbehörden endet mit Ausübung des Evokationsrechts durch die Kommission.[57] Sie bleibt dagegen unverändert, wenn andere Mitgliedstaaten tätig werden. Parallele Verfahren sind

---

[50] BGH Beschl. v. 6.11.2012 – KVR 54/11, RdE 2013, 224 (225) – Gasversorgung Ahrensburg.
[51] BKartA Beschl. v. 5.9.1988 – B1–13/88, WuW/E BKartA 2313 (2315) – Golden Toast.
[52] OLG Stuttgart Beschl. v. 20.6.2002 – 2 Kart. 1/02, ZNER 2003, 46 (47) erging noch vor der 7. GWB-Novelle als die Rechtsbeschwerde nur gegen Entscheidungen in der Hauptsache zulässig waren.
[53] Soweit ersichtlich gibt es eine Entscheidung der LKB Baden-Württemberg aus dem Jahr 2001, die dem Beschluss des OLG Stuttgart v. 20.6.2002 – 2 Kart. 1/2, ZNER 2003, 46 ff. zugrunde liegt.
[54] So auch MüKo/*Engelking* Bd. 2, GWB § 55 Rn. 6; aA Immenga/Mestmäcker/*Karsten Schmidt/Bach* GWB § 55 Rn. 5.
[55] AA Loewenheim/Meessen/Riesenkampff/*Becker* Bd. 2, § 55 Rn. 5; Langen/Bunte/*Kiecker* Bd. 1, 10. Aufl. 2006, § 55 Rn. 4.
[56] Nicht zutreffend daher Langen/Bunte/*Sura* Bd. 2, VO 1/2003, vor Art. 11–16 Rn. 5, wonach die VO 1/2003 selbst nicht regelt, welche Behörde zuständig ist.
[57] EuG Urt. v. 8.3.2007 – T-340/04, Slg. 2007, II 573 – France Télécom/Kommission Rn. 79.

Einleitung § 16

auf Ebene der Mitgliedstaaten nicht ausgeschlossen. Dies zeigt auch die Regelung in Art. 13 VO 1/2003, der ein paralleles Handeln lediglich als möglichen Aussetzungsgrund zulässt.[58] Eine Zuweisung von Hoheitsrechten an einen einzelnen Mitgliedstaat zur Anwendung des Europäischen Rechts wäre in der Europäischen Union wohl auch kaum realisierbar. Demgemäß erklärt Erwägungsgrund 18 der VO 1/2003 insoweit nur die Zielvorstellung, dass jeder Fall nur von einer Behörde tatsächlich bearbeitet wird.

Hiervon zu trennen ist die tatsächliche Fallverteilung zur Erreichung dieses Ziels. **38** Art. 11 VO 1/2003 sieht hierfür eine umfassende Zusammenarbeit der Wettbewerbsbehörden bei der Anwendung der EU-Wettbewerbsregeln vor, deren Rahmen das ECN ist.[59] Die Mechanismen der Fallallokation im ECN finden sich im Einzelnen in der Bekanntmachung der Kommission über die Zusammenarbeit innerhalb des Netzes der Wettbewerbsbehörden.[60] Diese Bekanntmachung ist auf der Grundlage einer gemeinsamen Erklärung des Rates und der Kommission zur Arbeitsweise des Netzes der Wettbewerbsbehörden entstanden.[61] Eine politische Bindung erhält die Bekanntmachung darüber hinaus durch eine Erklärung aller Netzmitglieder in der Anlage der Bekanntmachung, mit der sie die Grundsätze der Bekanntmachung anerkennen und ihre Einhaltung erklären.[62] Eine rechtliche Verbindlichkeit erwächst aus der Bekanntmachung nach der Rechtsprechung des EuGH nicht.[63]

Die Fallallokation im Netzwerk kann und soll damit keine Zuständigkeitsbegründung **39** im rechtlichen Sinne darstellen, sondern nur einen Rahmen für eine vertrauensvolle und effiziente interne Kooperation bilden.[64] Zuständig sind vielmehr alle Wettbewerbsbehörden, es sei denn die Kommission leitet selbst ein Verfahren ein. Die Zuständigkeit der Kommission ist dabei umfassend und besteht zu jeder Zeit (Art. 2 Abs. 1 VO 773/2004) für sämtliche Fälle, die den Anwendungsbereich der Wettbewerbsregeln erfüllen, also den zwischenstaatlichen Handel beeinträchtigen. Die förmliche Verfahrenseinleitung ist kein zuständigkeitsbegründender konstitutiver Akt, sondern sie beendet nur die parallel bestehende Zuständigkeit der nationalen Wettbewerbsbehörden. Durch die parallelen Zuständigkeiten wird sichergestellt, dass niemals eine rechtlich unzuständige Behörde tätig wird, unabhängig davon, welche Behörde letztlich tatsächlich tätig wird, solange sie nach nationalem Recht die Kompetenz für den Vollzug des europäischen Rechts hat.[65] Die Fallallokation ist als rein interner Verwaltungsvorgang konstruiert, der keine Entscheidung über die rechtliche Zuständigkeit enthält und unter diesem Gesichtspunkt keine Beschwer für die Unternehmen entfalten kann. Grundsätzlich ist die Fallallokation sogar von Vorteil für die Unternehmen, da nur diese zu dem hoch geschätzten „one-stop-shop" führen kann. Denn dass eine parallele Zuständigkeit für die Anwendung der Wettbewerbsregeln bei entsprechend paralleler Auswirkung in mehreren Mitgliedstaaten gegeben ist, dürfte unstreitig und nach der Rechtsprechung des EuGH zur unmittelbaren Geltung der Wettbewerbsregeln in den Mitgliedstaaten letztlich sogar zwingend sein. Grenzen können sich aus dem Grundsatz *ne bis in idem* für bestimmte Sanktionen in wenigen Einzelfällen ergeben. Eine Grenze für die formale Zuständigkeit bildet dieser Grundsatz jedoch nicht.

Auf dieser Grundlage sind die wesentlichen Eckpunkte der Fallallokation in der Be- **40** rücksichtigung des Subsidiaritätsgrundsatzes einerseits (Art. 2 Abs. 2 AEUV) sowie der Ei-

---

[58] EuG Urt. v. 8.3.2007 – T-340/04, Slg. 2007, II 573 – France Télécom/Kommission Rn. 130.
[59] Vgl. Erwägungsgrund 15 zu VO 1/2003.
[60] Bekanntmachung der Kommission über die Zusammenarbeit innerhalb des Netzes der Wettbewerbsbehörden, ABl. 2004 C 101/43, 5 ff.
[61] Dokument Nr. 15435/02 ADD 1.
[62] Eine rechtliche Bindungswirkung dürfte allerdings von dieser Erklärung nicht ausgehen und im Hinblick auf das gewollte Konsensprinzip auch nicht sollen, so aber offenbar *Jungheim* EWS 2013, 305 (306); kritisch auch *Schwarze* FS Bechtold 2006, 483 (489).
[63] EuGH Große Kammer Urt. v. 14.6.2011 – C-360/09, Slg. 2011, I-5161–5202 Rn. 21 (Pfleiderer).
[64] Vgl *Weiß/Wiesner* 135 (136); aA *Schwarze* FS Bechtold 2006, 483 (490).
[65] Hierzu zählt auch das völkerrechtliche Erfordernis der Auswirkung im betroffenen Mitgliedstaat, vgl. *Schwarze* FS Bechtold 2006, 483 (486).

genschaft der Kommission als „Hüterin der Verträge" (Art. 211 EG) andererseits zu sehen.[66] Die Kommission sollte dabei in dieser Eigenschaft unter Berücksichtigung des Dezentralisierungsziels der VO 1/2003 zwar die letzte, aber nicht die alleinige Verantwortung für die Entwicklung der Politik und die Sicherstellung der Effizienz und Kohärenz haben.[67] Die Allokationsgrundsätze versuchen diese Eckpunkte durch die Netzwerkmechanismen des ECN mit Supervisionsfunktion und Evokationsrecht sowie der Bildung einer Kernzuständigkeit der Kommission auszutarieren. Das zentrale Abgrenzungselement bildet dabei in den Allokationsgrundsätzen der Netzwerk-Bekanntmachung das Merkmal „gut geeignet", wobei die Kommission nach ihrer Auffassung wegen ihrer umfassenden Befugnisse prinzipiell als zumindest „gut" geeignete Behörde angesehen werden soll.[68] Ein Kernbereich der Kommission besteht dabei für Verfahren, für die sich die Kommission als „besonders gut geeignet" einstuft.[69] Weitere zentrale Elemente für die „Hüterfunktion" der Kommission sind die Sperrwirkung der Verfahrenseinleitung der Kommission sowie das Evokationsrecht nach Art. 11 Abs. 6 VO 1/2003 auch nach bereits erfolgter und von der Kommission supervidierter Fallallokation.[70] Die Regelungen zeigen dabei deutlich die Betonung der Hüterfunktion der Kommission. Dezentralisierung und Subsidiarität bei der Anwendung der Wettbewerbsregeln hängen dabei letztlich allein von der faktischen Zurückhaltung der Kommission bei der Ausübung ihrer Befugnisse und der Aufrechterhaltung einer freundlichen und kooperativen Atmosphäre im Netzwerk ab.[71]

41 Dieses Konzept funktioniert in der Praxis bei aller Skepsis gegenüber der gefundenen Regelung relativ reibungslos. Nach den aktuellen Zahlen werden die weitaus überwiegenden Verfahren durch die Mitgliedstaaten – also dezentral – geführt. Im Zeitraum vom 1.5.2004 bis zum 30.11.2013 waren 14% der im Netzwerk bekannt gemachten Fälle Kommissionsverfahren. Das Bundeskartellamt hat von den eingestellten Verfahren rund 10% geführt. Frankreich kommt auf 13% der eingestellten Fälle. Ein (quantitatives) Übergewicht der Kommission lässt sich hieraus nicht entnehmen. Auch die Fallallokation und Zusammenarbeit funktioniert relativ problemlos und erreicht die Zielvorstellungen der VO 1/2003 und der Bekanntmachung, wonach möglichst nur eine Behörde tätig werden soll. In der Praxis führt in fast allen Fällen die Wettbewerbsbehörde, die ein Verfahren einleitet, dieses auch zu Ende. In wenigen Fällen kommt es zu parallelen Verfahren durch mehrere Wettbewerbsbehörden. Nur sehr selten stellt sich die Frage der Umverteilung von Fällen.[72] Die Ausübung des Evokationsrechts nach Art. 11 Abs. 6 VO 1/2003 ist bis dato sparsam eingesetzt worden.

42 **b) Fallallokationsgrundsätze.** Wesentlicher Teil der Fallallokation sind zunächst die angeordneten Mitteilungspflichten nach Art. 11 Abs. 2–4 VO 1/2003. Zu ermitteln ist auf dieser Grundlage in einem bestimmten Zeitraum, welche Behörde gut bzw. am besten geeignet ist, den Fall zu bearbeiten. Dabei sollen parallele Verfahren sowie eine Reallokation möglichst vermieden werden.

43 **aa) Die Mitteilungspflichten.** Herzstück des ECN ist ein Intranet mit einer gesicherten Falldatenbank, über das die wesentliche Kommunikation – insbesondere die gegenseitige Mitteilung der laufenden Fälle – abgewickelt wird. Für eine effiziente Fallverteilung ist

---

[66] Vgl. EuGH Urt. v. 14.12.2000 – C-344/98, Slg. 200, I-11369 – Masterfoods; zu dem Spannungsverhältnis Immenga/Mestmäcker/*Ritter* EuWettbR VO 1/2003 Art. 11 Rn. 6.
[67] So ausdrücklich die Gemeinsame Erklärung des Rates und der Kommission zur Arbeitsweise des Netzes der Wettbewerbsbehörden, abrufbar auf dem Ratsregister: http://register.Consilium.eu.Art. (Dokument Nr. 15435/02 ADD1 1) Rn. 9.
[68] Vgl. Dalheimer/Feddersen/Miersch/*Dalheimer* VO 1/2003, vor Art. 11 Rn. 12; Weiß/*Wiesner* 135 (137); Langen/Bunte/*Sura* Bd. 2, VO 1/2003 vor Art. 11–16 Rn. 12.
[69] Bekanntmachung der Kommission über die Zusammenarbeit innerhalb des Netzes der Wettbewerbsbehörden, ABl. 2004 C 101, 43, Rn. 14, 15.
[70] Langen/Bunte/*Sura* Bd. 2, VO 1/2003 Art. 11 Rn. 12.
[71] So zu Recht auch Weiß/*Wiesner* 135 (137).
[72] *Jungheim* EWS 2013, 305 (306); Weiß/*Wiesner* 135 (137).

die möglichst frühzeitige Kenntnis der Fallgestaltung in der Anfangsphase des Verfahrens entscheidend. Nach Art. 11 Abs. 3 VO 1/2003 haben die Wettbewerbsbehörden der Mitgliedstaaten daher bereits vor Beginn oder unverzüglich nach Einleitung der ersten förmlichen Ermittlungshandlung die Kommission zu unterrichten. Das Bundeskartellamt, das – anders als andere Mitgliedstaaten – keinen förmlichen Einleitungsakt benötigt, teilt daher in der Regel seine Verfahren in einer frühen Phase dem ECN mit, allerdings nicht bereits in einer Vorprüfungsphase, die noch einer ersten Erhärtung des Anfangsverdachts dient und in der Regel ausschließlich in einer Kommunikation mit den betroffenen Unternehmen selbst besteht. Auch ein informelles Ersuchen um Stellungnahme auf eine Beschwerde gegen ein betroffenes Unternehmen dient lediglich der Vorermittlung und löst keine Mitteilungspflicht aus. Eine Mitteilung an das ECN findet vielmehr erst nach der internen Ausübung des Aufgreifermessens statt. In Verwaltungsverfahren des Bundeskartellamts geben in der Regel die ersten Auskunftsersuchen an Dritte Anlass für die Meldung des Verfahrens an das ECN. Eine Verpflichtung sieht Art. 11 Abs. 3 VO 1/2003 dem Wortlaut nach dabei nur für förmliche Ermittlungshandlungen vor. Das Bundeskartellamt wird insbesondere in fristungebundenen Verfahren häufig ohne förmliche Auskunftsbeschlüsse mit einfachen Ersuchen tätig. Dennoch wird in den meisten Fällen eine ECN-Meldung vorgenommen. In Bußgeldverfahren findet die Mitteilung erst nach Durchführung der etwaig erforderlichen Durchsuchung statt, um den Ermittlungserfolg nicht zu gefährden.[73]

Nach Art. 11 Abs. 4 VO 1/2003 besteht eine Konsultationspflicht für die nationalen Wettbewerbsbehörden, die 30 Tage vor Erlass einer Abstellungsverfügung, einer Zusagenentscheidung oder eines Entzugs des Rechtsvorteils von GVOs die Kommission hierüber schriftlich zu unterrichten haben. Hierzu müssen eine umfassende Darstellung des Falls und die in Aussicht genommene Entscheidung bzw. eine geeignete Unterlage hierüber vorgelegt werden. In Deutschland besteht diese in der Regel in der Übermittlung der Abmahnung bzw. des rechtlichen Gehörs, bei Bußgeldentscheidungen der Übermittlung eines Entscheidungsentwurfs. Diese Mitteilungspflicht dient in erster Linie Konsistenzgründen. Die Kommission beschränkt sich hier in der Regel auf eine telefonische Stellungnahme zu den Fällen, um auf Inkonsistenzen mit eigenen Entscheidungen hinzuweisen oder Anmerkungen in der Sache zu geben. Die Konsultation ist jedoch auch die Grundlage für eine Reallokation des Falles durch eine Verfahrenseinleitung der Kommission nach Art. 11 Abs. 6 VO 1/2003. **44**

Vergleichbare Verpflichtungen bestehen für die Kommission nicht. Art. 11 Abs. 2 VO 1/2003 sieht für die Kommission vor, dass Kopien der wichtigsten Schriftstücke übermittelt werden. Dieses dient im Wesentlichen der Information über die Fälle der Kommission, damit die Wettbewerbsbehörden nicht unwissentlich und unkoordiniert parallel tätig werden. Darüber hinaus sollen die Behörden so die Erkenntnisse und das Know-How der Kommission für sich nutzen können. In der Praxis wird in der Folge der Information der Wettbewerbsbehörden in Einzelfällen jedoch durchaus eine Diskussion über die sachgerechte Fallverteilung geführt, da die Kommission zu diesem Zeitpunkt in der Regel noch kein förmliches Verfahren mit der daraus folgenden Sperrwirkung nach Art. 11 Abs. 6 VO 1/2003 eingeleitet hat.[74] Die Beteiligung der Mitgliedstaaten an den Entscheidungen der Kommission erfolgt dagegen ausschließlich förmlich im Beratenden Ausschuss (Art. 14 VO 1/2003). **45**

bb) Die geeignete(n) Behörde(n). Ausgangspunkt der Fallverteilung ist die Ermittlung der „gut geeigneten Behörden". Hierbei ist nach der Bekanntmachung ersichtlich nicht nur eine einzige Behörde gut geeignet. Eine Wettbewerbsbehörde ist nach der Bekanntmachung dann gut geeignet, wenn drei Bedingungen kumulativ erfüllt sind:
– die Vereinbarung oder Verhaltensweise hat wesentliche unmittelbare tatsächliche oder absehbare Auswirkungen auf den Wettbewerb innerhalb des Hoheitsgebiets dieser Be- **46**

---

[73] Vgl. auch MüKoEuWettbR/*Bardong* VO 1/2003 Art. 11 Rn. 34.
[74] So auch Kommission, Antitrust Manual of Procedures 2012, Sec. 21 – Handling of complaints Rn. 21.

hörde, wird in deren Hoheitsgebiet umgesetzt oder hat in deren Hoheitsgebiet ihren Ursprung;
– die Behörde kann die gesamte Zuwiderhandlung wirksam beenden, dh sie kann eine Verbotsentscheidung erlassen, deren Wirksamkeit ausreicht, die Zuwiderhandlung zu beenden, und sie kann ggf. die Zuwiderhandlung angemessen ahnden;
– sie kann, ggf. mit Unterstützung anderer Behörden, die zum Nachweis der Zuwiderhandlung erforderlich Beweise erheben.

47 Die Kommission ist angesichts dieser Voraussetzungen immer eine gut geeignete Behörde, denn alle drei Merkmale sind bei Erfüllung der Zwischenstaatlichkeitsklausel erfüllt. Dies korrespondiert mit der Funktion der Kommission als Hüterin der Verträge.[75] In allen Fällen kommt es mit dem Merkmal der „guten Eignung" damit zu parallelen Fallbearbeitungsmöglichkeiten von nationalen Behörden und Kommission. Darüber hinaus sind bei Erfüllung der Zwischenstaatlichkeitsklausel ebenfalls in einer Vielzahl der Fälle mehrere nationale Wettbewerbsbehörden für die Fallbearbeitung nach den genannten Kriterien gut geeignet. Die Bekanntmachung formuliert grundsätzlich die Zielvorstellung, dass sich effizienterweise nur eine einzige Behörde mit einem Fall befassen sollte. In der Praxis ist daher eher der Begriff „best placed" bzw. am besten geeignete Behörde gängig, ohne dass dieser in der Netzwerkbekanntmachung benutzt wird. Das Konzept der Fallallokation beruht jedoch auf Kooperation und freiwilligen Konsens, so dass eine parallele Fallbearbeitung nicht ausgeschlossen ist. In vielen Fällen kann sie bei entsprechender Kooperationsbereitschaft der Behörden auch durchaus effiziente Arbeitsergebnisse bringen, so dass mehrere Behörden gleich gut geeignet sein können. Die Netzwerkbekanntmachung weist auch ausdrücklich auf diese Möglichkeit hin.[76]

48 Da die Kommission immer eine gut geeignete Behörde ist und dieses Merkmal damit keine Allokationswirkung hat, hat die Netzwerkbekanntmachung zur Definition eines Kernbereichs der Kommissionstätigkeit über das Merkmal der „besonders guten Eignung" drei Fallgruppen umschrieben.[77] Dabei lassen sich die Fallgruppen an dem Begriff der „guten Eignung" spiegeln. Denn die Kommission ist nach der Bekanntmachung dann besonders gut geeignet, sich eines Falles anzunehmen,

49 „…wenn eine oder mehrere Vereinbarungen oder Verhaltensweisen, darunter Netze ähnlicher Vereinbarungen oder Verhaltensweisen, in mehr als drei Mitgliedstaaten (grenzübergreifende Märkte, bei denen mehr als drei Mitgliedstaaten oder mehrere nationale Märkte betroffen sind) Auswirkungen auf den Wettbewerb haben.

Darüber hinaus ist die Kommission dann besonders gut geeignet, sich eines Falls anzunehmen, wenn dieser eng mit anderen Gemeinschaftsbestimmungen verknüpft ist, die ausschließlich oder effizienter von der Kommission angewandt werden können oder wenn das Gemeinschaftsinteresse eine Entscheidung der Kommission erfordert, um die gemeinschaftliche Wettbewerbspolitik weiter zu entwickeln, wenn neue Wettbewerbsfragen auftreten oder um eine wirksame Durchsetzung der Wettbewerbsregeln sicherzustellen."

50 Hiermit dürften viele Fälle erfasst werden, in denen eine einzelne Wettbewerbsbehörde nur schwer die gesamte Zuwiderhandlung verfolgen und abstellen kann, da ihr bestimmte Befugnisse fehlen, die Beteiligung von zwei weiteren Mitgliedstaaten bei den Ermittlungen über Art. 22 VO 1/2003 ineffizient wird bzw. eine konsistente Praxis vorgezeichnet werden muss.

51 Die Fälle, die für die „3+"-Regel der ersten Fallgruppe in Betracht kommen, lassen sich dabei vor allem durch Mitteilungspflichten der nationalen Wettbewerbsbehörden nach Art. 11 Abs. 3 VO 1/2003 identifizieren. Stellen mehr als drei Mitgliedstaaten einen Fall bezogen auf denselben Wettbewerbsverstoß in ihrem jeweiligen Territorium in das

---

[75] So auch Langen/Bunte/*Sura* Bd. 2, VO 1/2003 Art. 11 Rn. 12; Weiß/*Wiesner* 135 (137).
[76] Bekanntmachung der Kommission über die Zusammenarbeit innerhalb des Netzes der Wettbewerbsbehörden, ABl. 2004 C 101, 43 Rn. 5.
[77] Bekanntmachung der Kommission über die Zusammenarbeit innerhalb des Netzes der Wettbewerbsbehörden, ABl. 2004 C 101, 43 Rn. 14, 15.

ECN ein, weist dies normalerweise darauf hin, dass die Kommission besonders gut für die Fallbearbeitung geeignet ist. Gleichzeitig betont die Kommission, dass dies nicht zu einer systematischen Verfahrenseinleitung führt, dies vielmehr von dem materiellen Gehalt des Falles abhängt.[78] Das tatsächliche Aufgreifermessen der Kommission wird hierdurch nicht abschließend vorgezeichnet.

Bei den Bezügen zu anderen EU-Politikbereichen kann es sich zB um Fälle handeln, die mit einer sektorspezifischen Regulierung in Zusammenhang stehen. Im Vordergrund steht hier vor allem der Telekommunikationsbereich, der einem engen europäischen Regulierungsrechtsrahmen[79] unterliegt, ohne das allgemeine Wettbewerbsrecht auszuschließen. Dieses bleibt vielmehr als Ergänzung des Regulierungsrechtsrahmens parallel anwendbar.[80] Die Kommission setzt das allgemeine Wettbewerbsrecht dabei – soweit den betroffenen Unternehmen hinreichende Spielräume für ihr Verhalten verblieben sind – statt eines Vertragsverletzungsverfahrens nach Art. 258 AEUV gelegentlich als nachträgliche Korrektur nationaler Regulierungsentscheidungen ein.[81]

52

Die Formulierung der dritten Fallgruppe gibt der Kommission grundsätzlich einen weiten Spielraum, praktisch jedes Verfahren wegen grundsätzlicher Bedeutung an sich zu ziehen. In der Praxis kommt dies jedoch nur selten vor. Denn gerade neue Wettbewerbsfragen erfordern zunächst einen Praxistest, der dezentral erfolgen kann und erst am Ende eines Prozesses – soweit Kohärenzprobleme tatsächlich auftreten – eine grundsätzliche Entscheidung durch die Kommission erfordert.[82] Gerade die neuen Wettbewerbsthemen sind Gegenstand der Diskussionsforen im ECN, die in Subgroups und Workgroups organisiert sind und intensiv genutzt werden. Dies lässt eine eigene Verfahrensführung der Kommission zur Fortentwicklung der Wettbewerbspolitik in Fällen, die nicht erhebliche grenzüberschreitende Wirkungen haben, ganz weitgehend überflüssig werden. Auch die wirksame Durchsetzung der Wettbewerbsregeln dürfte nur im Ausnahmefall ein Einleitungsgrund der Kommission darstellen.

53

Eine einzelne nationale Behörde ist am besten geeignet, wenn sich die Vereinbarung oder die Verhaltensweise „hauptsächlich" in diesem einen Mitgliedstaat auswirkt.[83] Dies sind zunächst die Fälle der Zwischenstaatlichkeitsklausel, die die Marktabschottung eines einzelnen Mitgliedstaats betreffen oder bei denen nur nationale Märkte mit gewisser grenzüberschreitender Wirkung betroffen sind. Hier liegt die bessere Eignung des betroffenen Mitgliedstaats gegenüber anderen Mitgliedstaaten auf der Hand. Aber auch die überwiegende Markttätigkeit der handelnden Unternehmen in einem Mitgliedstaat, in dem sie auch ansässig sind, prädestiniert die dort zuständige nationale Wettbewerbsbehörde. Dazu gehörte in Deutschland zB das Verfahren des Bundeskartellamts zu Absprachen von Fernsehsendern über die Grundverschlüsselung von deutschsprachigen Fernsehprogrammen bei der Satellitenausstrahlung sowie bei der Kabeleinspeisung.[84] Ferner soll nach der Bekanntmachung eine einzelne Behörde auch dann tätig werden, wenn sie in der Lage ist, den gesamten Verstoß abzustellen. Dies ist insbesondere der Fall, wenn sich der Sitz des betroffenen Unternehmens in einem Mitgliedstaat befindet und hier das hauptsächliche Beweismaterial zu erheben ist.[85]

54

---

[78] Kommission, Antitrust Manual of Procedures, Sec. 3 – Cooperation with National Authorities & ECN Rn. 16.
[79] Vgl. insbesondere RL 2002/21EG v. 7.3.2002 über einen gemeinsamen Rechtsrahmen für elektronische Kommunikationsnetze und -dienste, ABl 2002 L-108, 22.
[80] Vgl. zu dieser Möglichkeit und seinen Grenzen *Topel* ZWeR 2006, 27 (47).
[81] Vgl. zB Kommission Entsch. v. 21.5.2003 – COMP/C-1/37451, 37578, 37579, ABl. 2003 L 263, 9 ff. – Wanadoo Espana v. Téléfonica.
[82] Zu Recht MüKoEuWettbR/*Bardong* Bd. 1, § 11 VO 1/2003 Rn. 103.
[83] Bekanntmachung der Kommission über die Zusammenarbeit innerhalb des Netzes der Wettbewerbsbehörden, ABl. 2004 C 101, 43 Rn. 10.
[84] BKartA Beschl. v. 27.12.2012 – B7–22/07, Beck-RS 09761.
[85] Vgl. Bekanntmachung der Kommission über die Zusammenarbeit innerhalb des Netzes der Wettbewerbsbehörden, ABl. 2004 C 101, 43 Rn. 11.

55 Ein paralleles Vorgehen von zwei oder drei Wettbewerbsbehörden (mehr würde die Kommission zu der am besten geeigneten Behörde machen) ist sinnvoll, wenn ein Kartellrechtsverstoß hauptsächlich in diesen Mitgliedsstaaten stattfindet und das Einschreiten einer der Behörden nicht ausreicht, um die Zuwiderhandlung abzustellen oder zu sanktionieren. Hierzu gehören zB Fälle einer Marktaufteilung und Abschottung zweier oder dreier Mitgliedstaaten voneinander. Bei Verfahren mit dem Ziel der Bebußung sind darüber hinaus die meisten nationalen Wettbewerbsbehörden nach nationalem Recht nicht befugt, die Auswirkungen eines Kartells außerhalb ihres Mitgliedstaats zu ahnden. Der Grundsatz *ne bis in idem* hindert eine parallele Sanktionierung von Verstößen in den meisten Fällen nicht. Das Verbot der Doppelbestrafung greift schon dann nicht ein, wenn jede Behörde deutlich macht, dass sich ihre Bußgeldentscheidung nur auf die Auswirkungen innerhalb ihres Mitgliedsstaates beschränkt.[86] Im Übrigen ist erforderlich, dass der Zuwiderhandelnde und das geschützte Rechtsgut identisch sein müssen.[87] In der Praxis sind aber auch parallele Verfahren von nationalen Behörden in Fällen geführt worden, in denen Unternehmen in der gesamten EU tätig ist, jedoch lediglich zwei Mitgliedstaaten förmliche Ermittlungshandlungen in das ECN gemeldet haben. Dies ist für die Kommission zunächst kein Anlass, das Verfahren an sich zu ziehen. Denn es ist möglich, dass mit Abstellverfügungen zweier Mitgliedstaaten das Verhalten für die ganze Union beendet werden kann.

56 **c) Allokationsverfahren und Verfahrenseinleitung.** Das praktische Allokationsverfahren besteht im Wesentlichen in der Mitteilung des jeweiligen Falles nach Art. 11 Abs. 3 bzw. – für die Kommission – Art. 11 Abs. 2 VO 1/2003. Bedeutsam ist insoweit die hiermit einsetzende zweimonatige Allokationsphase, in der eine Verteilung bzw. Umverteilung möglichst rasch erfolgen sollte.[88] Eine Umverteilung eines Falls nach Ablauf der Verteilungsfrist von zwei Monaten soll nur erfolgen, wenn sich der bekannte Sachverhalt im Verlauf des Verfahrens wesentlich ändert. Nach der Bekanntmachung bleibt in den meisten Fällen die Behörde, welche eine Beschwerde erhalten hat, auch weiterhin mit einem Fall befasst. Eine Umverteilung wird nur zu Beginn des Verfahrens in Betracht gezogen, wenn entweder die betreffende Behörde zu dem Schluss gelangt, dass sie nicht gut geeignet ist, sich des Falls anzunehmen, oder andere Behörden der Auffassung sind, dass sie ebenfalls gut geeignet sind, sich des Falls anzunehmen.[89] In der Praxis ist allerdings die Prüfung der befassten Behörde auf die eigene Geeignetheit sinnvollerweise vor Mitteilung eines Falls im ECN schon abgeschlossen. Hier geht es eher um die Prüfung der Kommission, die die Geeignetheit der meldenden Behörde überprüft.

57 Soweit andere nationale Behörden ebenfalls tätig werden wollen, können und sollen sie während der Allokationsphase ein entsprechendes Interesse bekunden.[90] Soweit es zu solchen Interessensbekundungen kommt, sollen sich die Mitgliedstaaten über die Fallbearbeitung einigen, wobei hier auch eine parallele Fallbearbeitung in Betracht kommt. In der Praxis stellen die Kartellbehörde ganz überwiegend Fälle mit einem deutlichen Schwerpunkt im eigenen Mitgliedstaat ein, so dass es tatsächlich in aller Regel nicht zu einer Umverteilung kommt – insbesondere nicht zwischen den Mitgliedstaaten. Es wird durchgängig diejenige Behörde weiterhin tätig, die den Fall eingestellt hat. Wenn Behörden jedoch sich überschneidende Fälle parallel ins ECN melden, bleiben sie – wenn nicht die Kommission den Fall an sich zieht – meist auch parallel tätig. Es geht in den wenigen Fällen der parallelen Bearbeitung in der Regel um die Koordinierung von nur zwei Behörden. In solchen Fällen ist eine enge Kooperation meist der wesentlich sinnvollere und

---

[86] MüKoEuWettbR/*Bardong* Bd. 1, VO 1/2003 Art. 11 Rn. 104.
[87] EuGH C-204/00 P, Slg. 2004, I-123 Rn. 338 – Aalborg Portland ua/Kommission.
[88] Bekanntmachung der Kommission über die Zusammenarbeit innerhalb des Netzes der Wettbewerbsbehörden, ABl. 2004 C 101, 43 Rn. 16, 19.
[89] Bekanntmachung der Kommission über die Zusammenarbeit innerhalb des Netzes der Wettbewerbsbehörden, ABl. 2004 C 101, 43 Rn. 6.
[90] Vgl. MüKoEuWettbR/*Bardong* Bd. 1, VO 1/2003 § 11 Rn. 113.

effizientere Weg, der außerdem den schwierigen Einigungsprozess auf nur eine tätige Behörde insbesondere bei den aktiveren Mitgliedstaaten vermeidet. Art. 12 Abs. 1 VO 1/2003, der den Informationsaustausch im Netzwerk erlaubt, spielt hierbei eine nicht unerhebliche Rolle. Im Verhältnis zu anderen Mitgliedsstaaten dient diese Möglichkeit nicht nur der effektiven Fallverteilung, sondern insbesondere auch einer effektiven Kooperation bei paralleler Fallbearbeitung durch mehrere Mitgliedstaaten. Insbesondere bei letzterer Konstellation hat der gegenseitige Informationsaustausch zwischen nationalen Wettbewerbsbehörden mit der Möglichkeit der Verwendung der Informationen als Beweismittel nach Art. 12 Abs. 2 VO 1/2003 auch praktische Bedeutung.

Hat die Kommission ein Interesse an einem im ECN eingestellten Fall, erfolgt die Allokation per Verfahrenseinleitung nach Art. 11 Abs. 6 VO 1/2003. Dabei erfolgt jede Verfahrenseinleitung der Kommission, die die Verfolgung von Verstößen gegen Art. 101 oder Art. 102 AEUV zum Gegenstand hat, auf der Grundlage des Art. 11 Abs. 6 VO 1/2003 iVm mit Art. 2 Abs. 1 VO 773/2004. Art. 11 Abs. 6 bezieht sich nicht nur auf Fälle, die von Mitgliedstaaten ins ECN eingestellt wurden, sondern auch auf die Fälle, die die Kommission als erste Wettbewerbsbehörde aufgreift. Das betrifft gleichzeitig die große Mehrzahl der Kommissionsverfahren. Erforderlich ist nach Art. 2 Abs. 1 VO 773/2004 ein förmlicher Beschluss, der vor der vorläufigen Beurteilung gemäß Art. 9 Abs. 1 der VO 1/2003, vor der Mitteilung der Beschwerdepunkte oder vor der Veröffentlichung einer Mitteilung gemäß Art. 27 Abs. 4 VO 1/2003 ergehen muss. Nach Erwägungsgrund 17 der VO 1/2003 sollte im Interesse der Effizienz und der Rechtsklarheit über die Zuständigkeiten die Verfahrenseinleitung frühestmöglich erfolgen. In der Praxis führt die Kommission jedoch häufig zunächst relativ umfängliche Ermittlungen durch, bevor es zu einer förmlichen Verfahrenseinleitung kommt. Diese Ermittlungshandlungen einschließlich Nachprüfungen nach Art. 20 VO 1/2003 sind auch zulässig, insbesondere um die Entscheidung über die Fallallokation treffen zu können. Dieses gilt auch für den Fall, dass bereits eine nationale Behörde parallel tätig geworden ist.[91]

Die Einleitung des Verfahrens nach Art. 11 Abs. 6 VO 1/2003 beendet die Zuständigkeit der Mitgliedstaaten nur bezogen auf den konkreten Fall. Die Reichweite der Sperrwirkung ist allerdings häufig schwer zu bestimmen. Nach der Netzwerkbekanntmachung können die Mitgliedstaaten nach der Verfahrenseinleitung nicht mehr „auf derselben Rechtsgrundlage gegen dieselbe(n) Vereinbarungen(en) oder Verhaltensweise(n) derselben/desselben Unternehmen(s) auf demselben, relevanten geografischen Markt und Produktmarkt vorgehen".[92] Welche Umstände oder Abreden zu der Vereinbarung oder Verhaltensweise gehören, ist im Einzelnen jedoch unklar und auch nicht im Vorhinein anhand von abstrakten Kriterien bestimmbar. In der Praxis geht die Kommission zunächst von einer sehr umfassenden Sperrwirkung aus, die den gesamten zu der Vereinbarung oder der Verhaltensweise in Beziehung stehenden Lebenssachverhalt erfasst, etwa vergleichbar mit dem strafprozessualen Tatbegriff (§§ 155, 264 StPO).[93] Hilfreich ist hier die strafprozessuale Beschreibung des betroffenen Lebenssachverhalts als einen „einheitlichen geschichtlichen Vorgang, der sich von anderen ähnlichen oder gleichartigen unterscheidet und innerhalb dessen die getrennte Verfolgung der darin enthaltenen Vorgänge einen einheitlichen Lebensvorgang unnatürlich aufspalten würde".[94] In der Praxis bestimmt die

---

[91] EuG Urt. v. 8.3.2007 – T-340/04, Slg. 2007, II-537–640 Rn. 128, 129 – France Télécom/Kommission.
[92] Bekanntmachung der Kommission über die Zusammenarbeit innerhalb des Netzes der Wettbewerbsbehörden, ABl. 2004 C 101, 43 Rn. 51.
[93] Die Tat im strafprozessualen Sinne ist nach der Rechtsprechung des BGH der vom Eröffnungsbeschluss betroffene geschichtliche Lebensvorgang einschließlich aller damit zusammenhängenden oder darauf bezogenen Vorkommnisse und tatsächlichen Umstände, die geeignet sind, in diesem Bereich fallende Tun des Angeklagten unter irgendeinem rechtlichen Gesichtspunkt als strafbar erscheinen zu lassen (st. Rspr.; etwa BGH Urt. v. 23.9.1999 – 4 StR 700/98, BGHSt 45, 211 (212f.); BGH Urt. v. 11.9.2007 – 5 StR 213/07, NStZ 2008, 411; BGH Urt. v. 18.12.2012 – 1 StR 415/12, BGHR StPO § 264 Abs. 1 Ausschöpfung 5; vgl. auch BGH Beschl. v. 26.2.2013 – KRB 20/12, NZWiSt 2013, 180 (182), Tz. 21).
[94] Vgl. zB *Meyer/Goßner* § 264 Rn. 2.

Kommission die Reichweite der Sperrwirkung allerdings letztlich für jeden Einzelfall selbst, zumal die Abtrennung von Teilen des Vorgangs ohnehin jederzeit im Rahmen des pflichtgemäßen Ermessens möglich ist und insoweit an die Mitgliedstaaten zurück gegeben werden kann. Die Reallokation von Verfahrensteilen und die Reichweite der Sperrwirkung lassen sich daher nicht klar voneinander trennen.

60 Es ist im Zweifelsfalle erforderlich, einen Fall, der irgendeinen Zusammenhang mit einem laufenden Verfahren der Kommission aufweist, im Hinblick auf die ausschließliche Zuständigkeit zunächst der Kommission vorzulegen.

61   Die Verfahrenseinleitung der Kommission ist nach Art. 11 Abs. 6 VO 1/2003 auch nach Ablauf der Allokationsphase entsprechend der Hüterfunktion ohne Weiteres möglich und hängt lediglich von der Konsultation des Mitgliedstaates ab. Nach Tz. 54 der Netzwerkbekanntmachung soll Art. 11 Abs. 6 VO 1/2003 in erster Linie eingesetzt werden, wenn Netzmitglieder im selben Fall den Erlass widersprüchlicher Entscheidungen beabsichtigen oder eine Entscheidung beabsichtigt ist, die im Widerspruch zur gesicherten Rechtsprechung steht. Eine Verfahrenseinleitung nach Allokation kann darüber hinaus dann stattfinden, wenn dies zur Weiterentwicklung der gemeinschaftlichen Wettbewerbspolitik erforderlich ist, insbesondere dann, wenn in mehreren Mitgliedstaaten ein ähnliches Wettbewerbsproblem auftritt, oder um eine effektive Durchsetzung sicherzustellen.[95] Letzteres Kriterium unterscheidet sich allerdings nicht von dem Kernbereich der Kommissionszuständigkeit, und sollte in der Regel schon im Anfangsstadium der Allokation durch die Kommission überprüfbar sein. Dieser Gesichtspunkt kann für eine Verfahrenseinleitung in einem derartig späten Verfahrensstadium allenfalls ausnahmsweise – etwa wenn sich ein Fall in eine überraschende Richtung fortentwickelt hat – überzeugen.

62   In der Praxis ist eine Verfahrenseinleitung nach Ablauf der Allokationsphase eher selten. Sie würde nämlich in der Regel erst nach der Mitteilung der beabsichtigten Entscheidung nach Art. 11 Abs. 4 VO 1/2003 durchgeführt werden, also zu einem Zeitpunkt, zu dem das Verfahren der nationalen Wettbewerbsbehörde schon fast beendet oder jedenfalls weit fortgeschritten wäre. Denn das Mittel der Reallokation durch Verfahrenseinleitung der Kommission dient insbesondere der Kohärenz der Rechtsanwendung,[96] die in der Regel erst überprüft werden kann, wenn der betreffende Fall schon so weit gediehen ist, dass der Sachverhalt ausermittelt ist und die Wettbewerbsbehörde eine Vorstellung von ihrer Entscheidung einschließlich der Begründung entwickeln konnte. In der Praxis findet zwar ein informeller Austausch in Form von „state-of-play-Gesprächen" zwischen nationalen Wettbewerbsbehörden und der Kommission statt. Dabei ist aber in der Regel noch nicht absehbar, ob es zu divergierenden Entscheidungen kommt oder nicht. Eine Reallokation eines Falles in diesem Verfahrensstadium belastet daher den Kooperationsgedanken im ECN ganz erheblich und darüber hinaus vor allem die betroffenen Unternehmen, die einem erneuten längerfristigen Verfahren entgegen sehen müssen. Die Kommission macht von diesem Instrument daher einen überaus zurückhaltenden Gebrauch und sieht dieses als ultima ratio an.[97] Dabei spielt sicher auch die – angesichts der Entscheidungsstrukturen bei der Kommission – sehr kurze Frist von 30 Tagen, in der diese Entscheidung erfolgen muss, eine Rolle.[98] Ein prominenter deutscher Fall war die kontroverse Verfahrenseinlei-

---

[95] Bekanntmachung der Kommission über die Zusammenarbeit innerhalb des Netzes der Wettbewerbsbehörden, ABl. 2004 C 101, 43 Rn. 54.
[96] MüKoEuWettbR/*Bardong* Bd. 1, VO 1/2003 § 11 Rn. 118; Langen/Bunte/*Sura* Bd. 2, VO 1/2003 Art. 11 Rn. 12.
[97] Siehe auch Kommission, Antitrust Manual of Procedures, Sec. 3 – Cooperation with National Authorities & ECN Rn. 21.
[98] Kommission, Antitrust Manual of Procedures, Sec. 3 – Cooperation with National Authorities & ECN Rn. 21: danach hat DG Competition lediglich 14 Tage Zeit, bis der Kommissar um eine entsprechende Erlaubnis gebeten werden muss.

tung in Sachen *E.On Ruhrgas/GDF Suez/Kommission,*[99] die die Zuständigkeit des bereits tätig gewordenen Bundeskartellamts beendete.[100]

Formal ist vor der Verfahrenseinleitung nach Art. 11 Abs. 6 VO 1/2203 die Konsultation der bereits tätig gewordenen nationalen Wettbewerbsbehörde erforderlich. Hierfür erläutert die Kommission schriftlich ihre Gründe für die Anwendung von Art. 11 Abs. 6 VO 1/2003.[101] Das ECN muss so rechtzeitig von der Absicht einer Verfahrenseinleitung in Kenntnis gesetzt werden, dass die Netzmitglieder die Möglichkeit haben, die Einberufung einer Sitzung des Beratenden Ausschusses zu verlangen (Art. 14 Abs. 7 S. 4 VO 1/2003).[102] Im Gegensatz zu den betroffenen Unternehmen können die Mitgliedstaaten eine Verfahrenseinleitung der Kommission theoretisch gemäß Art. 230 Abs. 2 EG anfechten, da sie endgültig in die Rechtsstellung der Wettbewerbsbehörden nach Art. 5 VO 1/2003 eingreift.[103] Aussicht auf Erfolg wird eine solche Klage angesichts des weiten Ermessensspielraums der Kommission und ihrer herausragenden Hüterfunktion kaum haben. 63

2. Nationale Zuständigkeitsverteilung für den Vollzug des Europäischen Rechts

Unklar ist die nationale Zuständigkeitsverteilung für den Vollzug des Europäischen Rechts. Dies gilt insbesondere im Hinblick auf die in § 50 GWB getroffene Regelung, wonach auch die Landeskartellbehörden für die Anwendung europäischen Rechts originär zuständig sein können. Dabei ist vor allem fraglich, welche Behörde originär zuständig ist, wenn ein Verhalten in Rede steht, das sich nur auf einen in einem einzigen Bundesland liegenden regionalen Markt bezieht, aber grenzüberschreitende Wirkung hat. Nach dem Wortlaut des § 48 Abs. 2 GWB ist eine Zuständigkeit der Landeskartellbehörden nicht gegeben, da die Wirkung über ein Bundesland hinaus – nämlich ins Ausland – geht.[104] Dieses entspricht auch der Rechtsprechung des Bundesgerichtshofs jedenfalls für den Fall, dass das kartellrechtswidrige Verhalten vom Ausland ausgeht und sich in nur ein Bundesland auswirkt.[105] 64

Der Verweis auf § 48 GWB führt jedoch im Hinblick auf die Zwischenstaatlichkeitsklausel der Art. 101 und 102 AEUV nicht zu einer hinreichend klaren Abgrenzung der Zuständigkeiten. Die Zwischenstaatlichkeitsklausel ist nach der europäischen Rechtsprechung und Kartellrechtspraxis relativ weit auszulegen und erfasst auch die bloße Eignung von grenzüberschreitenden Wirkungen, allerdings nur, soweit diese auch spürbar sind. Letzteres ist bei regionalen und lokalen Wirkungen nach der Praxis der Kommission allerdings nur in bestimmten Fällen anzunehmen.[106] Nach der nationalen und auch durchaus aktuelleren Rechtsprechung ist dagegen – wie oben dargestellt – die „noch so geringe" überregionale Auswirkung schon ausreichend für die Zuständigkeit des Bundeskartellamts,[107] wobei es sich allerdings um eine bereits konkrete Auswirkung handeln muss.[108] Nach der Regierungsbegründung soll für den Vollzug des europäischen Rechts das Bundeskartellamt entgegen den Grundsätzen nach § 48 Abs. 2 GWB aber wiederum erst dann zuständig sein, wenn die Wirkung einen „ins Gewicht fallenden" Auslandsbezug hat.[109] 65

---

[99] Kommission Entsch. v. 8.7.2009 – COMP. 39.401, Beck LSK 2010, 090937 – E.ON/GDF.
[100] BKartA – TB 2007/2008, BT-Drs. 16/13500, 48.
[101] Bekanntmachung der Kommission über die Zusammenarbeit innerhalb des Netzes der Wettbewerbsbehörden, ABl. 2004 C 101, 43 Rn. 55.
[102] Bekanntmachung der Kommission über die Zusammenarbeit innerhalb des Netzes der Wettbewerbsbehörden, ABl. 2004 C 101, 43 Rn. 56.
[103] Langen/Bunte/*Sura* Bd. 2, VO 1/2003 Art. 11 Rn. 16; *Leopold* EWS 2004, 539 (545).
[104] AA *Bechtold/Bosch* § 48 Rn. 6; wie hier Immenga/Mestmäcker/*Klaue* GWB § 48 Rn. 10.
[105] BGH Beschl. v. 15.11.1994 – KVR 29/93, BGHZ 128, 17–40 = GRUR 1995, 287 – Gasdurchleitung.
[106] Vgl. Kommission, Leitlinien über den Begriff der Beeinträchtigung des zwischenstaatlichen Handels in den Artikeln 81 und 82 des Vertrags, ABl. 2004 C 108, 81 Rn. 77 ff.
[107] Vgl. von der aktuellen Rechtsprechung OLG Düsseldorf Beschl. v. 11.6.2003 – Kart 7/03, WuW/E DE-R 1179 (1181) – Stromcontracting.
[108] Vgl. Langen/Bunte/*Kiecker* Bd. 1, 10. Aufl. 2006, § 48 Rn. 12.
[109] Regierungsbegründung vom 7.6.2004, BT-Drs. 15/3640, 39; kritisch hierzu auch *Ochs* WRP 2010 (1241), 1242.

Dabei hatte der Gesetzgeber wohl für die Zuständigkeit der Landeskartellbehörden die lediglich mittelbaren und potentiellen grenzüberschreitenden Wirkungen im Auge, die nach § 48 Abs. 2 GWB für eine Zuständigkeit des Bundeskartellamtes nicht reichen würden.[110] Die konkreten Auswirkungen wären dann die „ins Gewicht fallenden" Auslandsbezüge.

66 **Beispiel:**
Im Fall *Puttgarden* hat das Bundeskartellamt seine originäre Zuständigkeit angenommen. Dort ging es um den Zugang zu den Hafenanlagen eines in Schleswig-Holstein gelegenen Fährhafens für die Fährverbindung zwischen Puttgarden und dem dänischen Hafen Rødby. Dies ist als konkreter und gewichtiger Auslandsbezug anzusehen.[111]

67　　Es ist allerdings letztlich wenig sinnvoll, die Zuständigkeit der Landeskartellbehörde für die potentiellen und mittelbaren zwischenstaatlichen Wirkungen anzunehmen, die des Bundeskartellamtes nur bei den tatsächlichen Wirkungen. Nicht erkennbar ist hier insbesondere der Vorteil dieses Anknüpfungspunktes gegenüber der Anwendung der rechtlich und tatsächlich inzwischen recht gut ausgeleuchteten Zwischenstaatlichkeitsklausel, die der Gesetzgeber aber vermeiden wollte.[112] Stattdessen hängt die Zuständigkeit an einem nicht hinreichend abgegrenzten Teil innerhalb des Anwendungsbereichs der Zwischenstaatlichkeitsklausel, der noch dazu durchaus bedeutendes Gewicht haben kann. Eine Zuständigkeit der Landeskartellbehörde könnte danach originär insbesondere hinsichtlich der – qualitativ schwerwiegenden – Abschottungseignung von regionalen Märkten für den Gemeinsamen Markt bestehen, das Bundeskartellamt dagegen für relativ geringfügige tatsächliche Beeinträchtigungen des Handelsverkehrs. Ebenfalls nicht sinnvoll und praxisrecht ist die Annahme einer generellen Zuständigkeit der Landeskartellbehörde bei regionalen oder lokalen Märkten mit Auslandsbezug, wenn auch dieses eine klare Abgrenzung wäre.[113] Dieses würde letztlich von vornherein zu einer häufigen Zuständigkeitsverlagerung nach § 49 Abs. 3 GWB führen, die jedoch die Ausnahme bleiben sollte. Eine Praxis der Kartellbehörden zur Auslegung dieses Begriffs existiert hierzu nicht.[114] In der Praxis findet vielmehr die Anwendung des Europäischen Rechts nach wie vor weitgehend ausschließlich durch das Bundeskartellamt statt. In den Jahren 2013 und 2014 haben die Landeskartellbehörden lediglich ein Verfahren mit paralleler Anwendung von EU-Recht eingeleitet.[115]

68　　Für die Mitwirkung bei den Verfahren der Kommission oder ausländischer Wettbewerbsbehörden ist das Bundeskartellamt gemäß § 50 Abs. 3 GWB ausschließlich zuständig. Dabei geht es vor allem um den Vollzug der Regelungen in der VO 1/2003 zur Durchführung von Ermittlungen auf Ersuchen der Kommission oder anderer Mitgliedstaaten (Art. 22 Abs. 1 und 2 VO 1/2003) und Teilnahme an Nachprüfungen der Kommission (Art. 20 und 21 VO 1/2003). Gemäß § 50 Abs. 4 GWB ist das Bundeskartellamt auch ausschließlich für die Mitwirkung bei Durchsuchungen anderer Mitgliedstaaten nach Art. 22 Abs. 1 VO 1/2003 zuständig. Schließlich besteht gemäß § 50 Abs. 5 GWB eine ausschließliche Zuständigkeit des Bundeskartellamtes beim Vollzug von EU-Recht außerhalb der VO 1/2003. Dabei geht es in erster Linie um die Anwendung der Art. 84 und 85 EG. Fälle aus diesem Bereich hat es jedoch in den letzten Jahren nicht gegeben.

---

[110] Regierungsbegründung vom 7.6.2004, BT-Drs. 15/3640, 39.
[111] BKartA Beschl. v. 27.1.2010 – B9–188/05, WuW DE-V 1879 (1883) – Puttgarden; zur Bedeutung der Hafenfälle im Rahmen der Zwischenstaatlichkeitsklausel vgl. auch Kommission, Leitlinien über den Begriff der Beeinträchtigung des zwischenstaatlichen Handels in den Artikeln 81 und 82 des Vertrags, ABl. 2004 C 108, 81 Rn. 98.
[112] Regierungsbegründung vom 7.6.2004, BT-Drs. 15/3640, 39.
[113] So aber *Ochs*, WRP 2010, 1241 (1242).
[114] Zu Unrecht meint Immenga/Mestmäcker/*Klaue* GWB § 48 Rn. 9, dass dies ein lang praktizierter Grundsatz zwischen den Kartellbehörden gewesen sei.
[115] Vgl. BKartA Tätigkeitsbericht 2013/2014, BT-Drs. 18/5210, 140f.

C. Aufbau und Arbeitsweise des Bundeskartellamts

Das Bundeskartellamt ist eine selbständige Oberbehörde, die seit 1999 seinen Sitz in Bonn mit ca. 330 Mitarbeitern hat. Das Amt hat im Vergleich zu anderen Kartellbehörden – insbesondere den hierarchisch agierenden, ministerial aufgehängten Landeskartellbehörden – eine besondere Struktur, die nach § 51 Abs. 2 und 3 GWB im Grundsatz zwingend vorgegeben ist, und in Europa in Bezug auf den Grad der Unabhängigkeit einzigartig ist.[116]

I. Justizförmigkeit

Wesentliches Kennzeichen der Organisation des Bundeskartellamts ist seine Justizförmigkeit sowohl hinsichtlich des Aufbaus, als auch der Arbeitsweise der Behörde. Denn § 51 Abs. 2 GWB legt fest, dass die Entscheidungen des Bundeskartellamts von Beschlussabteilungen getroffen werden und dies gemäß § 51 Abs. 3 GWB in der Besetzung mit einem oder einer Vorsitzenden und zwei Beisitzenden. Derzeit existieren zwölf Beschlussabteilungen sowie zwei Vergabekammern. Drei der Beschlussabteilungen sind auf die Kartellverfolgung in Form der Ordnungswidrigkeitsverfahren spezialisiert (B10, B11, B12). Die Geschäftsverteilung richtet sich bei den übrigen Beschlussabteilungen nach Branchen und folgt insgesamt einer internen Geschäftsordnung des Bundeskartellamts, die der Präsident mit Zustimmung des Wirtschaftsministeriums erlassen hat. Das jeweils aktuelle Organigramm ist auf der Website des Bundeskartellamts abrufbar.

Die Regelungen der Justizförmigkeit des § 51 Abs. 2 und 3 GWB in Verbindung mit den Regelungen über allgemeine Weisungen in § 52 GWB führen zu einer Unabhängigkeit und Weisungsfreiheit der Beschlussabteilungen bei der Entscheidung von Einzelfällen. Denn die justizförmige Entscheidung in einem Dreier-Gremium macht keinen Sinn, wenn diese letztlich per Einzelweisung durch das Ministerium oder den Präsidenten beseitigt werden kann. Die Justizförmigkeit entspricht dem ausdrücklichen Willen des Gesetzgebers und diente gerade dazu, wettbewerbliche Entscheidungen tages- oder standortpolitischen sowie Wahlkampfeinflüssen zu entziehen.[117] Denn das Wettbewerbssystem erhält sich nicht selbst, sondern ist ständig von Einzelinteressen bedroht. Einzelweisungen, die der Beschlussabteilung in einem konkreten Fall die Entscheidungslinie, das Ergebnis oder sonstige Entscheidungsbestandteile vorgeben, sind daher unzulässig. Dies ergibt sich auch aus § 52 GWB, der nur allgemeine Weisungen behandelt. Allgemeine Weisungen betreffen dagegen keine konkreten Entscheidungen, sondern lediglich Ermessensrichtlinien oder rechtsaufsichtsrechtliche Hinweise. Das Ministerium könnte also – ähnlich wie es das Finanzministerium im Steuerrecht in großem Ausmaß betreibt – (Nicht-)Anwendungserlasse, Ministerschreiben oder Richtlinien verbreiten. Dieses ist im Bereich des GWBs im Hinblick auf die Bedeutung der Unabhängigkeit nicht üblich. Allgemeine Weisungen existieren hier praktisch nicht, die letzte Weisung stammt aus dem Jahr 1980.[118]

Die Regelungen zur Besetzung und Entscheidung der Beschlussabteilungen führen nicht dazu, dass die Beschlussabteilungen als Gericht (für ein besonderes Sachgebiet, Art. 101 Abs. 2 GG) oder Organ der Rechtsprechung im Sinne des GG anzusehen wären. Dies scheitert schon an der Besetzungsregelung nach § 51 Abs. 4 GWB, die nicht zwingend die Befähigung zum Richteramt voraussetzt. Gemäß Art. 92 GG ist die rechtsprechende Gewalt aber „den Richtern" anvertraut, die die in § 5 DiRG vorgesehene Befähigung zum Richteramt haben. Auch die Funktion des Bundeskartellamts als Exekutive im Geschäftsbereich des Bundesministeriums für Wirtschaft nach § 51 Abs. 1 GWB steht

---

[116] Soweit ersichtlich verfügt im restlichen Europa nur Litauen über eine vergleichbar politisch unabhängige Wettbewerbskommission.
[117] Bericht des Wirtschaftspolitischen Ausschusses vom 22.6.1957, BT-Drs. 2/3644, 34.
[118] Zu den Weisungen vgl. MüKoGWB/*Pfeiffer* § 52 Rn. 9.

dem entgegen. Damit sind auch die Regelungen über den **gesetzlichen Richter** nach Art. 101 GG nicht anwendbar.[119] Ein Anspruch auf eine bestimmte Besetzung ist nicht gegeben.[120] Fälle und Personal können damit innerhalb der Behörde frei verschoben werden, solange die Struktur als solche erhalten bleiben und die Funktionen der Entscheidungspersonen den gesetzlichen Anforderungen des § 51 Abs. 3 GWB entsprechen. Auch eine Bindung an die Geschäftsverteilung nach Branchen ist nicht gegeben. Bundeskartellamt hat daher die Möglichkeit, Personal für einzelne Fälle einer Beschlussabteilung zuzuordnen, solange die Weisungsfreiheit der Beschlussabteilung dadurch nicht umgangen wird. Dies wäre der Fall, wenn Personal für die Zwecke einer bestimmten Stimmausübung im Gremium in einem Einzelfall zugewiesen würde. Ein einvernehmlicher Personaltausch zwischen Beschlussabteilungen ist dagegen ein unproblematischer Weg. Hierfür hat die Leitung des Bundeskartellamts auch mit der Bildung von sogenannten „Tandems" eine organisatorische Grundlage geschaffen. Insbesondere die Kartellverfolgungsabteilungen sind auf diese Weise organisatorisch verknüpft (durch Hinzukommen einer weiteren Abteilung inzwischen ein „Tridem"). Andere Abteilungen nutzen eine solche Verknüpfungsmöglichkeit, um die Überschneidungen in den Zuständigkeiten personell abzubilden.

73   Anders als die Vergabekammern des Bundeskartellamts, sind die Beschlussabteilungen auch keine Gerichte im Sinne des Art. 267 AEUV. Hier steht ebenfalls die Exekutivfunktion des Bundeskartellamts letztlich entgegen. Der EuGH stellt für die Frage, ob es sich bei der vorlegenden Einrichtung um ein „Gericht" im Sinne des Art. 267 AEUV handelt, auf eine Reihe von Merkmalen ab, wie zB gesetzliche Grundlage der Einrichtung, ständiger Charakter, obligatorische Gerichtsbarkeit, streitiges Verfahren, Anwendung von Rechtsnormen durch die Einrichtung sowie deren Unabhängigkeit.[121] Nach diesen Merkmalen dürfte das Bundeskartellamt mit den Beschlussabteilungen zunächst im Hinblick auf seine Justizförmigkeit der Entscheidungen durchaus als Gericht in Betracht kommen. Nach neuerer Rechtsprechung kann eine nationale Einrichtung unionsrechtlich jedoch dann nicht als Gericht qualifiziert werden, wenn sie außergerichtliche Funktionen wie zB Funktionen administrativer Art ausübt.[122] Die Entscheidungen der Beschlussabteilungen tragen jedoch Züge administrativer Art, da sie nicht nur auf Antrag Dritter tätig werden, sondern Verfahren praktisch durchgängig auch von Amts wegen eröffnen (§ 54 Abs. 1 GWB).[123]

II. Arbeitsweise in der Praxis

74   In der Praxis erfolgt die Geschäftsverteilung in den Beschlussabteilungen sehr unterschiedlich. In der Regel sieht der oder die Vorsitzende auch hier eine Aufteilung der Zuständigkeiten der einzelnen Beisitzer für bestimmte Bereiche und Märkte vor, die dann regelmäßig für die dort anfallenden Fälle in der Funktion des „Berichterstatters" tätig werden. Diese Funktion ist vergleichbar mit der entsprechenden Funktion in einem Kollegialgericht. Es handelt sich um dasjenige Mitglied des Entscheidungsgremiums, das die Entscheidung durch ein schriftliches oder mündliches Gutachten vorzubereiten und nach Beratung und Abstimmung schriftlich abzufassen hat. Letztlich ist die Verteilung der Geschäfte jedoch abhängig von der konkreten Arbeitsbelastung und der Fristenlage der

---

[119] KG Beschl. v. 8.11.1990 – Kart 19/90, WuW/E OLG 4627 (4628) – Hamburger Benzinpreise.
[120] *Bechtold/Bosch* § 51 Rn. 3; MüKoGWB/*Pfeiffer* § 51 Rn. 16.
[121] Zuletzt EuGH Urt. v. 14.11.2013 – C-49/13 Rn. 23(juris) – MAFRA; Urt. v. 31.1.2013 – C-175/11, NVwZ 2013, 334 (336) – Belov; Urt. v. 17.9.1997 – C 54/96, Slg. 1997, I-4961 Rn. 23 – Dorsch Consult Urt. v. 31.5.2005 – C 53/03, Slg. 2005, I-4609 Rn. 29 – Syfait ua; Urt. v. 14.6.2007 – C-245/05, Slg. 2007, I-4673 Rn. 16.
[122] EuGH Urt. v. 31.1.2013 – C-394/11, BeckRS 2013, 80175; Urt. v. 14.11.2013 – C-49/13 Rn. 16 (juris) – MAFRAN.
[123] EuGH Urt. v. 31.1.2013 – C-394/11, BeckRS 2013, 80175; Urt. v. 14.11.2013 – C-49/13 Rn. 18 (juris) – MAFRAN.

Fusionsfälle, die sehr stark die Prioritäten in der Abteilung bestimmen. Eine bindende Fallverteilung – wie es etwa in § 21g GVG vorgesehen ist – ist mangels Gerichtsqualität der Beschlussabteilung nicht erforderlich. In der Praxis kommt es auch vor, dass der oder die Vorsitzende intern selbst die Berichterstatterfunktion übernimmt. Darüber hinaus existieren in den Beschlussabteilungen üblicherweise abteilungsinterne Regeln über die Zusammensetzung des Entscheidungsgremiums durch Zuordnung eines bzw. einer regelmäßigen 2. Beisitzenden, um eine Teamkonstanz herzustellen bzw. um bestimmte Kenntnisse und Kompetenzen zusammenzufügen. Auch dies ist jedoch im Einzelfall veränderlich, je nach den nötigen Kenntnissen oder sonstigen Erfordernissen der konkreten Fallbearbeitung. Es werden daher in den Abteilungen für große Fälle auch häufig Teams im Einzelfall zusammengestellt.

Die Bearbeitung des Falles findet in der Praxis nicht nur von den drei im Gesetz vorgesehenen Mitgliedern der Beschlussabteilung statt. Neben den unmittelbar in der Abteilung tätigen Referenten findet insbesondere in größeren Fällen eine intensive Zusammenarbeit mit der dem Präsidenten unterstellten Grundsatzabteilung und der Prozessabteilung statt. Dabei hat insbesondere die Grundsatzabteilung neben ihrer umfänglichen Beratungsaufgabe vor allem auch koordinierende Funktion. Denn die Unabhängigkeit der Beschlussabteilungen zielt nicht auf die Unabhängigkeit „voneinander" ab, sondern nur auf die Vermeidung von politischen Einflüssen. Dies entbindet die Beschlussabteilungen jedoch nicht davon, auf eine einheitliche Anwendungspraxis hinzuwirken. Dieses wird im Bundeskartellamt über Koordinierungsmechanismen angestrebt und auch sichergestellt, wobei hier jedoch zunächst möglichst weitgehende Freiräume bei der Entwicklung der Praxis nötig sind. Dieses gilt insbesondere im Hinblick auf die hohe Komplexität der Einzelfälle und der Märkte, die sich in aller Regel nicht auf abstrakte und koordinierbare Sätze vereinfachen lassen. Im Rahmen der Vergleichbarkeit von Sachverhalten und die letztlich auch einzufordernde Gleichbehandlungspflicht gegenüber den Unternehmen findet eine Koordinierung innerhalb des Bundeskartellamts jedoch in hohem Maße und in ständigem Dialog mit wissenschaftlichen Institutionen sowie anwaltschaftlichen Vereinigungen statt. Die Einbindung der Grundsatzabteilungen in die Fallarbeit stellt bei Verfolgung der Koordinierungsfunktion damit auch keinen unzulässigen Eingriff in die Unabhängigkeit der Beschlussabteilungen dar. Die Notwendigkeit einer Koordinierung ist vielmehr eine Folge der Unabhängigkeit. **75**

Die Entscheidung des Falles findet im Ergebnis allein durch das gesetzlich vorgesehene Dreier-Gremium statt, das angesichts der gesetzlichen Regelung auch nicht vergrößert oder verkleinert werden kann.[124] Dabei ist grundsätzlich eine Mehrheitsentscheidung möglich, die durch Abstimmen erreicht werden kann. Das Dreier-Gremium ist aber vor allem auch ein laufendes Fallberatungsgremium, das nicht erst zusammentritt, wenn es zur Abstimmung über den Fall kommt. In großen Fällen findet eine Vielzahl von Beratungen während des Verfahrens statt, die einen Entscheidungsprozess ermöglichen. Denn eine Entscheidung durch ein Dreier-Gremium ist neben der Absicherung der Unabhängigkeit und der Unbestechlichkeit auch deshalb sinnvoll, weil die Komplexität eines Kartellverfahrens hoch ist und permanent ansteigt. Dies erfordert regelmäßig einen längeren Entscheidungsprozess. Eine Abstimmung mit der Möglichkeit des Überstimmens sowohl des oder der Vorsitzenden, als auch desjenigen, der oder die die Entscheidung abfassen soll, stellt bei diesem Prozess letztlich nur die Ultima Ratio für den Fall, das sich die Gremiums-Mitglieder nicht einigen können, dar. **76**

---

[124] Unklar insoweit MüKoGWB/*Pfeiffer* § 51 Rn. 16.

§ 17 Verwaltungsverfahren

Übersicht

	Rn.
A. Arten des Verfahrens (Einleitung des Verfahrens)	1
I. Amtsverfahren	4
II. Antragsverfahren	6
B. Verfahrensbeteiligte	7
I. Beteiligung kraft Gesetzes	11
1. Antragsteller	12
2. Betroffener	13
3. Veräußerer	16
4. Bundeskartellamt	17
II. Beteiligung kraft Beiladung	18
1. Erhebliche Interessenberührung	20
a) Interessenberührung	21
b) Erheblichkeit der Interessenberührung	24
2. Ermessensentscheidung	25
a) Einfache Beiladung	25
b) Notwendige Beiladung	30
c) Faktische Verfahrensbeteiligung	33
3. Zeitpunkt der Beiladung	34
4. Wirkung, Umfang und Dauer der Beiladung	38
C. Ermittlungsbefugnisse	42
I. Untersuchungsgrundsatz	42
II. Auskunftsrechte	47
1. Anwendungsbereich	48
a) Geltung im Verwaltungsverfahren	48
b) Gleichrangigkeit der Maßnahmen	52
2. Berechtigte Behörden	53
3. Allgemeine Voraussetzungen	54
a) Anfangsverdacht	54
b) Erforderlichkeit	55
c) Verhältnismäßigkeit	60
4. Adressaten, Auskunftsverpflichtete	64
5. Umfang des Auskunftsverlangen	68
a) Auskunft über wirtschaftliche Verhältnisse	68
b) Auskunft über eigene Verhältnisse	71
c) Pflicht zur Herausgabe von Unterlagen	73
6. Form, Fristen	74
a) Formlose Auskunftsersuchen	74
b) Förmliche Auskunftsverlangen	76
7. Einschränkungen der Auskunftspflicht	81
a) Umgang mit Geschäftsgeheimnissen	81
b) Auskunftsverweigerungsrechte	83
III. Einsichts- und Prüfungsrechte	86
1. Adressaten und Mitwirkungspflichten	88
2. Umfang und Grenzen	89
3. Formelle Voraussetzungen	92
IV. Durchsuchungen	94
1. Adressaten, Umfang und Grenzen	96
2. Formelle Voraussetzungen	99
V. Beschlagnahme	102
1. Gegenstand und Grenzen der Beschlagnahme	103
2. Formelle Voraussetzungen und Verfahren	106
VI. Beweis durch Augenschein, Zeugen und Sachverständige	109

	Rn.
1. Augenscheinsbeweis	110
2. Zeugenvernehmung	111
3. Sachverständige	112
4. Rechtsmittel	113
VII. Zwangsmittel	114
D. Verfahrensregeln und Verfahrensablauf	118
I. Förmlichkeit des Verfahrens	118
II. Anspruch auf rechtliches Gehör	120
III. Recht auf Akteneinsicht	127
IV. Öffentliche mündliche Verhandlung	132
V. Vorabentscheidung über Zuständigkeit (§ 55 GWB)	134
VI. Einstweilige Maßnahmen (§ 60 GWB)	136
1. Formelle Voraussetzungen	137
2. Materielle Voraussetzungen	140
a) Anordnungsgrund	141
b) Anordnungsinhalt	143
3. Rechtsmittel	144
E. Verfahrensabschluss	145
I. Verfügung	146
1. Formelle Anforderungen	147
2. Bekanntmachung	152
a) Bekanntmachung mittels Zustellung	152
b) Bekanntmachungen im Bundesanzeiger	156
3. Vollstreckung	157
II. Verfahrenseinstellung	158
III. Gebührenpflichtigkeit	159
F. Rechtsschutz	162
I. Beschwerde	166
1. Zuständigkeit des Beschwerdegerichts	166
2. Zulässigkeit	168
a) Beschwerdearten	168
b) Beteiligte	181
3. Frist und Form	183
4. Aufschiebende Wirkung	187
a) Anordnung/Aussetzung der sofortigen Vollziehung durch die Kartellbehörde	189
b) Wiederherstellung/Anordnung der aufschiebenden Wirkung durch das Beschwerdegericht	190
5. Verfahren vor dem Beschwerdegericht	195
a) Amtsermittlungsgrundsatz	197
b) Hinweispflicht des Gerichts und Mitwirkungspflichten der Beteiligten	198
c) Mündlichkeitsgrundsatz	199
d) Öffentlichkeitsgrundsatz	200
e) Beweiserhebung	201
f) Grundsatz rechtlichen Gehörs	202
g) Anwaltszwang	203
6. Beschwerdeentscheidung	204
a) Form der Entscheidung	204
b) Inhalt der Entscheidung	205
c) Erledigung	207
d) Ermessensnachprüfung	213
II. Rechtsbeschwerde	214
1. Zulässigkeit	215
a) Rechtsbeschwerdebefugnis	215
b) Rechtsbeschwerdegründe	216
c) Verfahren, Form und Frist	218

	Rn.
d) Beteiligtenfähigkeit	219
2. Umfang der Nachprüfung	220
3. Nichtzulassungsbeschwerde	222
III. Kosten	224
G. Anspruch auf Informationszugang nach dem Informationsfreiheitsgesetz	227
I. Allgemeines	227
II. Anspruchsinhalt	229
III. Ausschluss des Anspruchs	232
1. Schutz von Kontroll- und Aufsichtsaufgaben des Bundeskartellamtes (§ 3 Nr. 1 lit. d) IFG)	234
2. Schutz der behördeninternen Willensbildung (§ 3 Nr. 3 lit. b) IFG, § 4 IFG)	238
3. Dem Berufs- oder Amtsgeheimnis unterfallende Informationen (§ 3 Nr. 4 IFG)	242
4. Vertraulich erhobene oder übermittelte Informationen (§ 3 Nr. 7 IFG)	245
5. Schutz personenbezogener Daten (§ 5 IFG)	251
6. Schutz von Betriebs- und Geschäftsgeheimnissen (§ 6 S. 2 IFG)	253
IV. Verfahren und Rechtsschutz	255
V. Kritische Einordnung	258

Schrifttum:

Bauer, Zur Frage des Auskunftsverweigerungsrecht juristischer Personen und Personenvereinigungen, WuW 1989, 304 f.; *Baumbach/Lauterbach/Albers/Hartmann*, Zivilprozessordnung, 74. Aufl. 2016 (zit.: ZPO); *Bechtold*, Die Stellung der Beigeladenen im Kartellverfahren, BB 2003, 1021; *Bechtold/Bosch*, Kartellgesetz: GWB, Gesetz gegen Wettbewerbsbeschränkungen, 8. Aufl. 2015; *Becker*, „Greenpeace" und andere Beiladungsentscheidungen des OLG Düsseldorf, ZWeR 2003, 199; *Bien*, Die Rechtzeitigkeit des Beiladungsantrags – Konsequenzen für den gerichtlichen Rechtsschutz im Kartellverfahren, WuW 2009, 166; *Bosch*, Die Entwicklung des deutschen Kartellrechts, NJW 2013, 1857; *Buntschek*, Anwaltskorrespondenz – Beitrag zur geordneten Rechtspflege oder „tickende Zeitbombe", WuW 2007, 229; *Burholt*, Die Auswirkungen des Informationsfreiheitsgesetzes auf das Akteneinsichtsrecht in Kartell- und Fusionskontrollverfahren, BB 2006, 2201; *Burholt/Schaper*, Ausgewählte Rechtsprobleme beim sog „no-jurisdiction letter" in der Praxis der deutschen Fusionskontrolle, WuW 2010, 1217; *Deichfuß*, Die Beiladung im Kartellverwaltungsgerichtlichen Verfahren, WRP 2006, 862; *Deringer*, Können auch deutschen Unternehmen gegenüber Kartellbehörden Auskünfte verweigern, wenn sie sich dadurch der Gefahr einer Verfolgung nach dem Strafrecht oder dem Recht der Ordnungswidrigkeiten aussetzen?, WuW 1988, 933; *Emmerich*, Kartellrecht, 12. Aufl. 2012; Frankfurter Kommentar zum Kartellrecht, Grundwerk mit 85. Ergänzungslieferung; *Grützner/Reimann/Wissel*, Richtiges Verhalten bei Kartellamtsermittlungen im Unternehmen, 3. Aufl. 1993; *Hauger/Palzer*, Verweigerung der Einsichtnahme in Bonusanträge nach EuGH „Pfleiderer" – die Folgeentscheidung des AG Bonn vom 18.1.2012 – 51 Gs 53/09, EWS 2012, 124; *Herrlinger*, Von Springer/ProSieben bis Total/OMV: Die Rechtsprechung des BGH zum Fortsetzungsfeststellungsinteresse, WuW 2013, 332; *Herrlinger/Kleine*, § 59 Abs. 1 Nr. 2 GWB als Rechtsgrundlage aktueller Auskunftsbeschlüsse des Bundeskartellamts, WuW 2007, 222; *Immenga/Mestmäcker*, Wettbewerbsrecht: GWB, 5. Aufl. 2014; *Jüntgen*, Zur Verwertung von Kronzeugenerklärungen in Zivilprozessen, WuW 2007, 128; *Jüntgen*, Kartellgerichtliches Beschwerdeverfahren und effektiver Rechtsschutz, WuW 2011, 540; *Kahlenberg/Hempel*, Identifizierende Pressemitteilungen des Bundeskartellamts bei der Einleitung von Untersagungsverfahren, WuW 2006, 127; *Kapp*, Vertraulichkeit der Anwaltskorrespondenz in Kartellverfahren, WuW 2003, 142; *Kevekordes*, Zur Rechtsstellung des Beigeladenen im Kartellrecht, WuW 1987, 365; *Klemp*, Übergang vom kartellrechtlichen Verwaltungsverfahren zum Bußgeldverfahren, BB 1976, 912; *Kopp/Ramsauer*, Verwaltungsverfahrensgesetz, 16. Aufl. 2015; *Krauß*, Aktuelle Rechtsprechung zu den Ermittlungsbefugnissen der Kartellbehörden, FIW-Schriftenreihe „Schwerpunkte des Kartellrechts 2013", Heft 246, 71; *Leopold*, Die Kartellbehörden im Angesicht der Informationsfreiheit, WuW 2006, 592; *Mäger/Zimmer/Milde*, Konflikt zwischen öffentlicher und privater Kartellrechtsdurchsetzung, WuW 2009, 885; *Meyer/Kuhn*, Befugnisse und Grenzen kartellrechtlicher Durchsuchungen nach VO Nr. 1/2003 und nationalem Recht, WuW 2004, 880; *Münchner Kommentar* zum Europäischen und Deutschen Wettbewerbsrecht (Kartellrecht), Bd. 2 – Gesetz gegen Wettbewerbsbeschränkungen, 2. Aufl. 2015; *Möllers/Pregler*, Zivilrechtliche Rechtsdurchsetzung und kollektiver Rechtsschutz im Wirtschaftsrecht, ZHR 176 (2012), 144, 156; *Schalast/Rößner*, Beiladung und Beschwerdebefugnis nach der pepcom-Entscheidung des BGH – das GWB auf dem Weg nach Europa?, WuW 2007, 589; *Schmidt*, Kartellverfahrensrecht, Kartellverwaltungsrecht, Bürgerliches Recht, 1977; *Sellmann/Augsberg*, Chancen und Risiken des Bundesinformationsfreiheitsgesetzes – Eine „Gebrauchsanleitung" für (private) Unternehmen, WM 2006, 2293; *Soltész*, Zugang zu Kartellrechtsakten für jedermann? – das EuG-Urteil Österreichische Banken, EWS 2006, 102; *Stelkens/Bonk/Sachs*, Verwaltungsverfahrensgesetz, 8. Aufl. 2014; *Stancke*, Grundlagen des

Unternehmensdatenschutzrechts – gesetzlicher und vertraglicher Schutz unternehmensbezogener Daten im privaten Wirtschaftsverkehr, BB 2013, 1418; *Stancke*, Zum Fehlen eines eigenständigen Rechtsschutzes Drittbetroffener im Kartellverfahren, WuW 2010, 642; *Tüxen*, Probleme des Schadensersatzes bei dem Vollzug einer ungerechtfertigten einstweiligen Anordnung, WuW 1988, 1021; *Vollmer*, Der Zugriff auf elektronisch gespeicherte Daten im Kartellordnungswidrigkeitenverfahren, WuW 2006, 235; *Wagner*, Die „anmeldenden Unternehmen" in der deutschen Fusionskontrolle, WuW 2010, 38; *Westermann*, Beiladung und Rechtsschutzmöglichkeiten Dritter in der deutschen Fusionskontrolle, WuW 2007, 577.

A. Arten des Verfahrens (Einleitung des Verfahrens)

Das Kartellverfahren in Deutschland ist im Dritten Teil des GWB geregelt. Dort wird **1** zwischen den von den Kartellbehörden zu führenden Verwaltungssachen (§§ 54 ff.) und Bußgeldverfahren (§§ 81 ff.; siehe hierzu → § 18 Rn. 4 ff.) sowie den bürgerlichen Rechtsstreitigkeiten vor den Zivilgerichten (§§ 87 ff.) unterschieden. Es steht im **Ermessen** der Kartellbehörde, ob sie ein Verfahren als **Verwaltungs- oder Bußgeldverfahren** führen will.[1] Da sich die Ermittlungsmöglichkeiten und Verfahrensrechte in beiden Verfahrensarten erheblich unterscheiden, muss sich die Kartellbehörde nach der hier vertretenen Ansicht aber grundsätzlich für eine der beiden Verfahrensarten entscheiden.[2] Die Kartellbehörde muss das betroffene Unternehmen dabei über die gewählte Verfahrensart informieren bzw. diese zu erkennen geben.[3] Soweit die Verwaltungs- und Bußgeldverfahren unterschiedliche Verfahrensgegenstände haben (zB Entflechtungsverfahren zur Auflösung eines nicht angemeldeten Zusammenschlusses sowie ein Bußgeldverfahren wegen eines Verstoßes gegen das Vollzugsverbot), können beide Verfahren trotz der damit verbundenen Beweisverwertungsprobleme auch nebeneinander geführt werden.[4] Auch ein späterer **Wechsel der Verfahrensart** ist grundsätzlich möglich, soweit bei der Gewinnung der Beweismittel ordnungsgemäß belehrt worden ist.[5] Ein Übergang von einem Verwaltungs- zu einem Bußgeldverfahren unter unbegrenzter Weiterverwendung der bereits gewonnen Beweismittel begegnet demgegenüber Bedenken (siehe zur Verwertung von Angaben aus Auskunftsersuchen → Rn. 48).[6]

Das **förmliche Verwaltungsverfahren** stellt den Regelfall des kartellbehördlichen **2** Verfahrens dar. Verwaltungsverfahren werden von der Kartellbehörde gem. § 54 Abs. 1 GWB entweder von Amts wegen oder auf Antrag eingeleitet. Im Amtsverfahren herrscht das Offizialprinzip und das Opportunitätsprinzip,[7] während Antragsverfahren der Dispositionsmaxime unterliegen.[8] Die **Verfahrenseinleitung** im Rahmen eines Amtsverfahrens bedarf dabei keiner förmlichen Einleitungsverfügung oder einer spezifischen Mitteilung an den Betroffenen. Die Einleitung muss aber nach außen wirken (§ 9 VwVfG), dh die Kartellbehörde muss eine Handlung vornehmen, die außerhalb der Behörde sichtbar macht, dass in die Untersuchung eines Sachverhalts eingetreten wurde, um die Voraussetzungen für den Erlass einer Verfügung zu prüfen.[9] Dies ist spätestens dann der Fall, wenn die Kartellbehörde von ihren förmlichen Ermittlungsbefugnissen gem. §§ 57 ff. GWB Gebrauch macht[10] oder dem betroffenen Unternehmen mitteilt, in die Prüfung eines best.

---

[1] MüKoGWB/*Ost* vor § 54 Rn. 2.
[2] Ebenso *Hofmann* FIW-Schriftenreihe, Heft 69, 7; aA *Klemp* BB 1976, 912 (913), der ein Nebeneinander beider Verfahrensarten grundsätzlich für zulässig hält; ebenso offenbar Langen/Bunte/*Schneider* GWB Vorbem. vor § 54 ff. Rn. 3; MüKoGWB/*Ost* vor § 54 Rn. 2.
[3] MüKoGWB/*Ost* vor § 54 Rn. 2.
[4] *Deringer* WuW 1988, 933 (936); *Klemp* BB 1976, 912 ff.; MüKoGWB/*Ost* vor § 54 Rn. 2.
[5] *Klemp* BB 1976, 912 (914); *Grützner/Reimann/Wissel* 42; so auch Loewenheim/Meessen/Riesenkampf/*Becker* GWB 1. Aufl. vor § 54 Rn. 2.
[6] aA MüKoGWB/*Ost* vor § 54 Rn. 2.
[7] Wiedemann/*Klose* HdB KartellR § 53 Rn. 39.
[8] Immenga/Mestmäcker/*Bach* GWB § 54 Rn. 2.
[9] Loewenheim/Meessen/Riesenkampf/*Becker* GWB § 54 Rn. 1: FK/*Bracher* § 54 Rn. 18; Immenga/Mestmäcker/*Bach* GWB § 54 Rn. 6.
[10] Vgl. MüKoGWB/*Ost* § 54 Rn. 4; kritisch *Grützner/Reimann/Wissel* 27.

§ 17

Sachverhalts eingetreten zu sein.[11] Teilt die Kartellbehörde dem betroffenen Unternehmen die Einleitung eines Verfahrens mit, handelt es sich insoweit um keine zu begründende oder anfechtbare Verfügung im Sinne der §§ 61, 63 GWB.[12] Demgegenüber wird bei Antragsverfahren das Verfahren durch einen bei der Kartellbehörde ordnungsgemäß eingegangenen Antrag automatisch eingeleitet, ohne dass es einer weiteren Tätigkeit der Kartellbehörde bedarf.[13]

3 In der Praxis geht einem förmlichen Verfahren häufig ein **formloses Vorverfahren** oder Vorermittlungen voraus. Diese dienen der Sachverhaltsaufklärung, um eine Entscheidung darüber treffen zu können, ob und gegen wen Anlass zur Einleitung eines Verfahrens mit dem Ziel des Erlasses einer Verfügung besteht. In Betracht kommen insoweit zB informelle Gespräche mit Unternehmensvertretern, formlose Auskunftsersuchen (→ Rn. 74 f.), sonstigen Marktrecherchen, aber auch von Unternehmen selbst initiierte Kontakte mit der Kartellbehörde (zB in Form eines Informations- oder Beratungsgesprächs). Die Grenze zwischen solchen **Vorermittlungen** und der Einleitung eines förmlichen Verwaltungsverfahrens sind häufig unscharf und schwer abzugrenzen,[14] aber insofern von Bedeutung, als die Verfahrensrechte (zB das Recht auf Akteneinsicht) des Betroffenen nur im förmlichen Verfahren gelten. Entsprechend ist darauf zu achten, dass durch formloses Verwaltungshandeln (zB durch das formlose Anfordern von Auskünften) keine verfahrensrechtlichen Grenzen umgangen werden.[15] Dessen ungeachtet erweist sich die Durchführung formloser Vorermittlungen in der Praxis als grundsätzlich sinnvoll. Dies folgt bereits aus der hohen Zahl der bei den Kartellbehörden eingehenden Eingaben.[16] Etwaige kartellrechtliche Bedenken können durch die betroffenen Unternehmen in informellen Gesprächen ggf. schnell ausgeräumt werden oder beanstandete Verhaltensweisen freiwillig aufgegeben werden, ohne dass auf förmliche Ermittlungsmethoden zurückgegriffen werden muss. Aufgrund der mit der Einleitung eines förmlichen Verfahrens häufig einhergehende Reputationsschäden, die auch dann fortdauern können, wenn sich der Verdacht später als unbegründet erweist, kann die Durchführung von Vorermittlungen (zB durch informelle Gespräche mit Unternehmensvertretern) ggf. sogar geboten sein. Allerdings darf die Einleitung eines förmlichen Verfahrens mit Blick auf die Verfahrensrechte und Rechtsschutzmöglichkeiten des betroffenen Unternehmens auch nicht unnötig aufgeschoben werden.[17]

I. Amtsverfahren

4 Amtsverfahren sind alle förmlichen Verwaltungsverfahren, die keine Antragsverfahren sind.[18] Danach können insbesondere alle Verfahren, die aufgrund eines festgestellten Kartellverstoßes oder Missbrauchs einer marktbeherrschenden Stellung zu Untersagungsverfügungen gem. § 32 GWB führen können, von der Kartellbehörde von Amts wegen eingeleitet werden. Im Amtsverfahren gilt das **Opportunitätsprinzip,** dh die Kartellbehörde entscheidet gem. § 22 VwVfG nach pflichtgemäßen Ermessen, ob sie ein Verfahren von Amts wegen durchführt.[19] Der Kartellbehörde steht insoweit ein weites Aufgreifermessen

---

[11] *Bechtold/Bosch* § 54 Rn. 2.
[12] Wiedemann/*Klose* HdB KartellR § 53 Rn. 38.
[13] Immenga/Mestmäcker/*Bach* GWB vor § 54 Rn. 4; a.A FK/*Bracher* § 54 Rn. 13; offengelassen Loewenheim/Meessen/Riesenkampf/*Becker* GWB § 54 Rn. 1.
[14] Wiedemann/*Klose* HdB KartellR § 53 Rn. 38; MüKoGWB/*Ost* § 54 Rn. 4; FK/*Bracher* § 54 Rn. 19 sieht in jeder Aufnahme formloser Ermittlungen eine Verfahrenseinleitung.
[15] Immenga/Mestmäcker/*Bach* GWB vor § 54 Rn. 16.
[16] Loewenheim/Meessen/Riesenkampf/*Becker* GWB § 54 Rn. 1.
[17] Wiedemann/*Klose* HdB KartellR § 53 Rn. 37.
[18] Wiedemann/*Klose* HdB KartellR § 53 Rn. 39; Immenga/Mestmäcker/*Bach* GWB § 54 Rn. 5.
[19] BGH Beschl. v. 14.11.1968 – KVR 1/68, WuW/E BGH 995 (998) – Taxiflug; OLG Düsseldorf Beschl. v. 17.12.1970 – Kart 2/70, WuW/E OLG 1171 (1172); Immenga/Mestmäcker/*Bach* GWB § 54 Rn. 7; MüKoGWB/*Ost* § 54 Rn. 5.

zu.[20] Da den von einem kartellrechtswidrigen Verhalten betroffenen Unternehmen gem. § 33 GWB regelmäßig Beseitigungs- und Unterlassungsansprüche zustehen, besteht grundsätzlich kein Anspruch von dritten Unternehmen auf ein kartellbehördliches Einschreiten. Dies gilt namentlich dann, wenn das von einem mutmaßlich kartellrechtswidrigen Verhalten betroffene Unternehmen auch Rechtsschutz vor Zivilgerichten erlangen kann.[21] Entsprechend stellt ein „Antrag" eines Dritten auf Verfahrenseinleitung regelmäßig eine bloße Anregung auf eine Verfahrenseinleitung von Amts wegen dar. § 54 Abs. 1 S. 2 GWB stellt insoweit klar, dass die Kartellbehörde „zum Schutz eines Beschwerdeführers ein Verfahren von Amts wegen einleiten" und damit der Beschwerdeführer anonym bleiben kann, um ihn vor Repressalien des mutmaßlich kartellrechtswidrig handelnden Unternehmens zu schützen (**sog Ross-und-Reiter-Problematik**).[22] Das Akteneinsichtsrecht der Verfahrensbeteiligten gem. § 29 VwVfG wird entsprechend beschränkt.[23]

Nicht gänzlich geklärt ist die Frage, ob es sich bei **Fusionskontrollverfahren** um Antrags- oder Amtsverfahren handelt. Die Anmeldepflicht in § 39 Abs. 1 GWB deutet auf ein Antragsverfahren hin.[24] Nach der Rechtsprechung[25] und der herrschenden Meinung soll es sich aber bei Fusionskontrollverfahren um Amtsverfahren handeln, da die Anmeldung technisch nicht auf eine Freigabeentscheidung gerichtet sei, sondern die Kartellbehörde auf Grundlage der Anmeldung lediglich über die Einleitung eines Hauptprüfverfahrens entscheide und das Vollzugsverbot auch ohne Entscheidung durch Fristablauf entfallen könne.[26] Entsprechend könne das Bundeskartellamt ein Fusionskontrollverfahren auch nach Rücknahme der Anmeldung fortführen, ohne dass die Rücknahme zur Unwirksamkeit oder Rechtswidrigkeit einer späteren oder einer bereits erlassenen Verfügung führe.[27] Nach der hier vertretenen Auffassung ist das Vorliegen einer Anmeldung allerdings Bedingung für die Durchführung eines Fusionskontrollverfahrens. Mit der Anmeldung erstreben die anmeldenden Parteien zumindest für den Fall der Einleitung eines Hauptpüfverfahrens eine Freigabeverfügung gem. § 40 Abs. 2 S. 1 GWB. Die Anmeldung bestimmt insoweit den Verfahrensgegenstand[28] und ist damit notwendige Voraussetzung des Verfahrens. Geben die Parteien den Zusammenschluss trotz Rücknahme nicht auf, kann das Bundeskartellamt von Amts wegen ein neues Verfahren wegen Verstoßes gegen das Vollzugsverbot einleiten.

II. Antragsverfahren

Antragsverfahren sind solche Verfahren, die von Unternehmen initiiert werden können, um eine für sie positive Entscheidung zu erlangen. Neben den Fusionskontrollverfahren (→ Rn. 5) gehören hierzu ausschließlich die anderen im GWB vorgesehenen Verfahren, in denen die Entscheidung der Kartellbehörde ausdrücklich auf Antrag erfolgt.[29] Dies sind die Ministererlaubnis (§ 42 Abs. 1 GWB), die Anerkennung von Wettbewerbsregeln (§ 24 Abs. 3 GWB) sowie die Aufhebung einer Verlagspreisbindung (§ 30 Abs. 3 GWB). Anträge zur Einleitung eines Antragsverfahrens bedürfen der **Schriftform** und müssen auf eine bestimmte Entscheidung gerichtet sein.[30] Ihre Rücknahme führt ohne weiteres zur Ver-

---

[20] MüKoGWB/*Ost* § 54 Rn. 5.
[21] BGH Beschl. v. 7.11.2006 – KVR 37/05, WuW/E DE-R 1857 (1859f.) – pepcom; OLG Düsseldorf Beschl. v. 28.6.2000 – Kart 6/00 (V), Kart 6/00, WuW/E DE-R 545 (547f.) – Herzklinik; Loewenheim/Meessen/Riesenkampf/*Becker* GWB § 54 Rn. 3.
[22] *Küpper* BB 1997, 1105ff.; Köhler BB 1998, 113ff.; vgl. auch BKartA, TB 1997/1998, 31.
[23] FK/*Bracher* § 54 Rn. 25.
[24] Vgl. Bechtold/Bosch § 54 Rn. 2; MüKoGWB/*Ost* § 54 Rn. 6.
[25] KG Beschl. v. 13.2.1991 – Kart 12/90, WuW/E OLG 4737 (4743) – Pinneberger Tageblatt.
[26] Loewenheim/Meessen/Riesenkampf/*Becker* GWB § 54 Rn. 5; Wiedemann/*Klose* HdB KartellR § 53 Rn. 39.
[27] Wiedemann/*Klose* HdB KartellR § 53 Rn. 39.
[28] MüKoGWB/*Ost* § 54 Rn. 6.
[29] Immenga/Mestmäcker/*Bach* GWB § 54 Rn. 3; MüKoGWB/*Ost* § 54 Rn. 6.
[30] Immenga/Mestmäcker/*Bach* GWB § 54 Rn. 4; aA Wiedemann/*Klose* HdB KartellR § 53 Rn. 41, der ein besonderes Formerfordernis ablehnt und nur verlangt, dass der Antrag aktenkundig wird.

fahrensbeendigung, sofern die Kartellbehörde nicht von Amts wegen oder aufgrund eines anderweitigen Antrags tätig bleibt.[31] Ist auf den Antrag hin bereits eine Entscheidung ergangen, die noch nicht bestandskräftig geworden ist, führt die Rücknahme zur Unwirksamkeit der Verfügung.[32] Neben den Anträgen, die auf eine Entscheidung der Kartellbehörde in der Hauptsache gerichtet sind, sieht das Gesetz verschiedene Verfahrensanträge bzw. Anträge in Nebenverfahren vor. Hierbei handelt es sich zum Beispiel um den Antrag auf Befreiung vom Vollzugsverbot (§ 41 Abs. 2 GWB) sowie den in der Praxis wichtigsten Fall des Beiladungsantrag gem. 54 Abs. 2 Nr. 3 GWB.

B. Verfahrensbeteiligte

7   Die Beteiligung im Verwaltungsverfahren begründet eine **verfahrensrechtliche Position,** die mit verschiedenen Rechten, aber auch mit Pflichten verbunden ist. Zu den **Rechten** der Verfahrensbeteiligten gehören insbesondere die Anhörungsrechte gem. § 56 GWB, die Akteneinsichtsrechte gem. § 29 VwVfG und die Beschwerdemöglichkeit gem. § 63 Abs. 2 GWB. Zudem sind Verfügungen der Kartellbehörde den Beteiligten gem. § 61 Abs. 1 S.1 GWB zuzustellen. Die möglichen **Pflichten** der Verfahrensbeteiligten betreffen – neben den nicht an den Beteiligtenstatus gebundenen Auskunfts- und Duldungspflichten im Rahmen der kartellbehördlichen Ermittlungen – insbesondere die Pflicht zur Zahlung von Gebühren für gebührenpflichtige Handlungen und zur Erstattung von Auslagen der Kartellenbehörde gem. § 80 GWB sowie zur Kostenerstattung zugunsten anderer Beteiligter gem. §§ 8, 9 KartKostV.[33]

8   Voraussetzung für eine Verfahrensbeteiligung ist die **Beteiligtenfähigkeit** gem. § 77 GWB. Die Beteiligtenfähigkeit knüpft danach nicht am Unternehmensbegriff an. Vielmehr stellt § 77 GWB auf die Träger des Unternehmens ab, die die Verfahrensrechte ausüben.[34] Danach sind alle natürlichen und juristischen Personen sowie nichtrechtsfähige Personenvereinigungen fähig, am Verfahren vor der Kartellbehörde beteiligt zu sein. Es kommt nicht darauf an, ob es sich um inländische oder ausländische Personen handelt.[35] Zudem können als nichtrechtsfähige Personenvereinigungen auch nichtrechtsfähige Vereine, Außen-GbR, oHG, KG, nicht eingetragene Genossenschaften, freiberufliche Partnerschaftsgesellschaften sowie Kartelle und Wirtschafts- und Berufsvereinigungen am Verfahren beteiligt sein.[36] Gleiches gilt für öffentlich-rechtliche Personenvereinigungen wie Anstalten, Stiftungen und Körperschaften des öffentlichen Rechts.[37] Damit sind alle denkbaren Unternehmensträger erfasst.[38] Im Gegensatz zu einzelnen konzernzugehörigen Gesellschaften[39] sind Unternehmensgruppen und Konzerne als solche nicht beteiligtenfähig, da sie lediglich aus nebeneinander bestehenden Gesellschaften bestehen.[40]

9   Als Beteiligte unterscheidet § 54 Abs. 2 GWB zwischen den sog **geborenen Beteiligten,** dh die kraft Gesetz am Verwaltungsverfahren Beteiligten, und die sog **gekorenen Beteiligten,** die infolge einer Auswahlentscheidung der Kartellbehörde an dem Verfahren beteiligt werden. Zudem ist das Bundeskartellamt gem. § 54 Abs. 3 GWB stets auch an den Verfahren vor den obersten Landesbehörden beteiligt. Die Aufzählung der Verfah-

---

[31] Immenga/Mestmäcker/*Bach* GWB § 54 Rn. 4; Wiedemann/*Klose* HdB KartellR § 53 Rn. 41.
[32] Wiedemann/*Klose* HdB KartellR § 53 Rn. 41.
[33] KG Beschl. v. 24.4.1976 – Kart 28/74, WuW/E OLG 1722 – Bayerischer Bankenverband.
[34] *Bechtold/Bosch* § 77 Rn. 2; Immenga/Mestmäcker/*K. Schmidt* GWB § 77 Rn. 6.
[35] KG Beschl. v. 7.11.1969 – Kart 8/69, WuW/OLG 1071 (1073) – Triest-Klausel; *Bechtold/Bosch* § 77 Rn. 2.
[36] Immenga/Mestmäcker/*K. Schmidt* GWB § 77 Rn. 4f.; Wiedemann/*Klose* HdB KartellR § 53 Rn. 54.
[37] MüKoGWB/*Wende* § 77 Rn. 5; Immenga/Mestmäcker/*K. Schmidt* GWB § 77 Rn. 7.
[38] Wiedemann/*Klose* HdB KartellR § 53 Rn. 54.
[39] KG Beschl. v. 21.9.2004 – Kart 9/94, WuW/E OLG 5355 (5357) – Beiladung RTL 2.
[40] KG Beschl. v. 28.11.1986 – 1 Kart 26/85, WuW/E OLG 3914 (3915) – Unternehmensgruppe; Immenga/Mestmäcker/*K. Schmidt* GWB § 77 Rn. 6.

Verwaltungsverfahren § 17

rensbeteiligten in § 54 Abs. 2 und Abs. 3 GWB ist insoweit abschließend.[41] Wer nur anhörungsberechtigt ist oder im Verfahren durch die Behörde informell angehört wurde, ist damit nicht gleichzeitig förmlich am Verfahren beteiligt.[42]

Die Verfahrensbeteiligung erstreckt sich grundsätzlich nicht nur auf das Hauptverfahren, sondern auch auf **akzessorische Nebenverfahren,** die auf den Erlass von Entscheidungen zur Förderung des Hauptverfahrens gerichtet sind. Die Verfahrensbeteiligung bezieht sich daher auch auf Anordnungsverfahren gem. § 60 GWB[43] und Beiladungsverfahren gem. § 54 Abs. 2 Nr. 3 GWB.[44] Demgegenüber sind an **Auskunftsverfahren** gem. § 59 GWB nur die auskunftspflichtigen Unternehmen beteiligt, nicht aber die Beteiligten des Hauptverfahrens aus dessen Anlass das Auskunftsverfahren betrieben wird.[45] Entsprechend steht ein Beschwerderecht (§ 63 Abs. 2 GWB) gegen ein Auskunftsverlangen grundsätzlich nur dem Auskunftspflichtigen, nicht aber den Hauptverfahrensbeteiligten (einschließlich dem Unternehmen, gegen das das Hauptsacheverfahren geführt wird) zu.[46]   10

I. Beteiligung kraft Gesetzes

Zu den kraft Gesetzes am Verfahren Beteiligten (sog geborene Beteiligte) gehören gem. § 54 Abs. 2 Nr. 1, 2 und 4 GWB im Antragsverfahren der Antragsteller, die Betroffenen bzw. Verfügungsadressaten des Verfahrens sowie im Fusionskontrollverfahren betreffend einen Vermögens- oder Anteilserwerb auch der Veräußerer. Schließlich ist das Bundeskartellamt gem. § 54 Abs. 3 GWB an Verfahren vor den obersten Landesbehörden beteiligt.   11

1. Antragsteller

Der Eigenschaft als **Antragsteller** liegt ein formeller Antragsbegriff[47] zugrunde, dh der Antrag muss sich auf ein im Gesetz vorgesehenes Antragsverfahren beziehen (→ Rn. 6). Die Verfahrensbeteiligung beginnt, sobald der Antrag der Kartellbehörde zugegangen ist, und sie endet – soweit das Verfahren ansonsten weiter betrieben wird – mit Rücknahme des Antrags.[48] Zu den Antragsverfahren gehört nach hier vertretener Auffassung auch das Fusionskontrollverfahren, so dass die anmeldenden Parteien zugleich Antragsteller sind.[49] Dagegen stellt die Anregung zur Einleitung eines Verfahrens von Amts keinen förmlichen Antrag dar, so dass der Beschwerdeführer auch kein Antragsteller im Sinne von § 54 Abs. 2 Nr. 1 GWB ist. In diesem Fall kann eine Verfahrensbeteiligung nur über einen Beiladungsantrag erreicht werden.[50] Auch die Anregung zum Erlass von Entscheidungen nach §§ 32b und 32c GWB stellen keinen förmlichen Antrag dar,[51] da die Entscheidung nach § 32b GWB ein Amtsverfahren nach § 32 GWB voraussetzt und die Entscheidung nach § 32c GWB auch von Amts wegen zum Abschluss eines Verfahrens gem. § 32 GWB getroffen werden kann.[52]   12

---

[41] FK/*Bracher* § 54 Rn. 33; Immenga/Mestmäcker/*K. Schmidt* GWB § 54 Rn. 19.
[42] Vgl. Immenga/Mestmäcker/*Bach* GWB § 54 Rn. 16.
[43] KG Beschl. v. 3.12.1974 – Kart 37/74, WuW/E OLG 1548 – SABA; KG Beschl. v. 17.12.1985 – Kart 64/85, WuW/E OLG 3730 (3731).
[44] Immenga/Mestmäcker/*Bach* GWB § 54 Rn. 30; MüKoGWB/*Ost* § 54 Rn. 10.
[45] KG Beschl. v. 17.12.1985 – Kart 64/85, WuW/E OLG 3730 (3731); FK/*Bracher* § 54 Rn. 35; Immenga/Mestmäcker/*Bach* GWB § 54 Rn. 30.
[46] Immenga/Mestmäcker/*Klaue* § 59 Rn. 66; anders für den Fall, dass lediglich die Art und Weise angegriffen wird, mit der die Auskünfte eingeholt werden OLG Frankfurt Beschl. v. 15.11.1990 – 6 VA 1/90, WuW/E OLG 4684 (4685).
[47] Wiedemann/*Klose* HdB KartellR § 53 Rn. 59.
[48] Loewenheim/Meessen/Riesenkampf/*Becker* GWB § 54 Rn. 7; Immenga/Mestmäcker/*Bach* GWB § 54 Rn. 23.
[49] Bechtold/Bosch § 54 Rn. 3.
[50] Loewenheim/Meessen/Riesenkampf/*Becker* GWB § 54 Rn. 7; Immenga/Mestmäcker/*Bach* GWB § 54 Rn. 21; MüKoGWB/*Ost* § 54 Rn. 11.
[51] AA Bechtold/Bosch § 54 Rn. 3.
[52] Loewenheim/Meessen/Riesenkampf/*Rehbinder* § 32c Rn. 5; aA MüKoGWB/*Keßler* § 32c Rn. 3.

2. Betroffener

13 Als **Betroffene** sind gem. § 54 Abs. 2 Nr. 2 GWB am Verfahren auch Kartelle, Unternehmen, Wirtschafts- und Berufsvereinigungen beteiligt, gegen die sich das Verfahren richtet. Dies sind alle Unternehmen und Vereinigungen, die als Adressaten durch die angestrebte Verfügung der Kartellbehörde belastet werden würden. Erforderlich ist daher eine **unmittelbare Betroffenheit** als **Verfügungsadressat**. Demgegenüber reicht eine bloß mittelbare wirtschaftliche Beeinträchtigung für eine automatische Verfahrensbeteiligung nicht aus,[53] kann aber eine Beiladung rechtfertigen. Entsprechendes gilt für Unternehmen, die durch das Verfahren begünstigt werden, weil sie durch das verfahrensgegenständliche Verhalten gebunden, behindert oder diskriminiert worden sind. In diesen Fällen ist an dem Verfahren nur das bindende bzw. missbräuchlich handelnde Unternehmen als das betroffene Unternehmen beteiligt, gegen das sich das Verfahren richtet. Nicht beteiligt sind dagegen die durch das Verfahren Begünstigten,[54] die sich daher zur Wahrung ihrer Interessen zu dem Verfahren beiladen lassen müssen. Soweit die Entscheidung der Kartellbehörde rechtsgestaltende Wirkung für Dritte entfaltet, sind diese – soweit bekannt – mit Blick auf eine notwendige Beiladung (→ Rn. 30 ff.) von der Verfahrenseinleitung zu benachrichtigen.[55]

14 In Verfahren der Kartellaufsicht ist hinsichtlich der Frage, ob das **Kartell** als Unternehmensverbund oder dessen Mitgliedsunternehmen beteiligt sind, nach der Organisationsform des Kartells zu unterscheiden. Soweit das Kartell über eine eigenständige Rechtspersönlichkeit und über eine selbständige Organisation mit eigener Willensbildung verfügt, ist das Kartell als solches beteiligt. Besteht das Kartell demgegenüber aus einer losen Verbindung der Mitgliedsunternehmen ohne eine von den Mitgliedern unabhängige Willensbildung, sind die Kartellmitglieder als Unternehmen an dem Verfahren beteiligt.[56]

15 Soweit man in **Fusionskontrollverfahren** die Verfahrensbeteiligung nicht bereits aus der Anmeldung als Antragstellung ableitet, folgt die Beteiligung aus der Betroffenheit der materiell an dem Zusammenschluss beteiligten Unternehmen. „Gegen" diese richtet sich das Verfahren.[57] Beteiligt sind folglich der Erwerber und – soweit beteiligtenfähig – das Zielobjekt des Zusammenschlusses. Bei Gemeinschaftsunternehmen sind zudem aufgrund der Zusammenschlussfiktion gem. § 37 Abs. 3 S. 3 GWB auch die jeweiligen Muttergesellschaften beteiligt.[58] Demgegenüber sind die mit den zusammenschlussbeteiligten Unternehmen verbundenen Unternehmen grundsätzlich nicht am Verfahren beteiligt.[59] Etwas anderes kann allerdings in Sondersituationen gelten, zB für Muttergesellschaften bei der Nutzung von bloßen Erwerbsvehikeln.[60] Soweit eine Fusionskontrollanmeldung – wie in der Praxis häufig – von der Muttergesellschaft des Erwerbers eingereicht wird, folgt die Verfahrensbeteiligung gem. § 54 Abs. 2 Nr. 1 GWB aus der Antragstellung.

---

[53] BGH Beschl. v. 25.6.1985 – KVR 3/84, WuW/E BGH 2150 (2151) – Edelstahlbestecke; KG Beschl. v. 10.1.1996 – Kart 23/94, WuW/E OLG 5621 (5635) – Stadtwerke Garbsen; *Bechtold/Bosch* § 54 Rn. 3; Immenga/Mestmäcker/*Bach* GWB § 54 Rn. 26 mwN.
[54] BGH Beschl. v. 14.1.1993 – KVR 25/91, WuW/E BGH 2875 (2876) – Hersteller-Leasing; KG Beschl. v. 28.11.1979 – Kart 12/79, WuW/E OLG 2247 (2256) – Parallellieferteile; Immenga/Mestmäcker/*Bach* GWB § 54 Rn. 25.
[55] Wiedemann/*Klose* HdB KartellR § 53 Rn. 63.
[56] Loewenheim/Meessen/Riesenkampf/*Becker* GWB § 54 Rn. 9; Langen/Bunte/*Schneider* GWB § 54 Rn. 13.
[57] *Bechtold/Bosch* § 54 Rn. 4.
[58] OLG Düsseldorf Beschl. v. 16.11.2005 – VI (Kart) 11/05, WuW/E DE-R 1651 (1652) – Zementvertrieb.
[59] Für ein Unternehmen, das ein am Zusammenschluss beteiligtes beherrscht BGH Beschl. v. 25.6.1985 – KVR 3/84 (KG), WuW/E BGH 2150 (2151) – Edelstahlbestecke; für Tochtergesellschaften von zusammenschlussbeteiligten Unternehmen KG Beschl. v. 10.1.1996 – Kart 23/94, WuW/E 5621 (5634) – Stadtwerke Garbsen.
[60] MüKoGWB/*Ost* § 54 Rn. 14.

3. Veräußerer

Neben den anmeldenden Parteien und den zusammenschlussbeteiligten Unternehmen als Betroffene des Fusionskontrollverfahrens ist beim **Anteils- und Vermögenserwerb** gem. § 54 Abs. 2 Nr. 4 GWB darüber hinaus auch der Veräußerer am Verfahren beteiligt, obwohl er materiell nicht am Zusammenschluss beteiligt ist. Der Veräußerer ist auch dann an dem Verfahren zu beteiligen, wenn infolge eines Anteils- oder Vermögenserwerb ein **Kontrollerwerb** begründet wird.[61] Andernfalls müsste der Veräußerer einen Beiladungsantrag stellen, um seine Verfahrensbeteiligung zu erreichen.[62] Allerdings soll die Beteiligungspflicht nur dann gelten, wenn der Veräußerer seiner Anmeldepflicht gem. § 39 Abs. 2 Nr. 2 GWB selbst gerecht geworden ist, weil das Bundeskartellamt insbesondere beim Erwerb einer Vielzahl von Unternehmensanteilen (zB beim börsenbasierten Aktienkauf von Kleinaktionären) keine Identifizierung der Veräußerer vornehmen kann.[63]

16

4. Bundeskartellamt

An Verfahren der Landeskartellbehörden ist gem. § 54 Abs. 3 GWB stets das Bundeskartellamt zu beteiligen. Ziel der Beteiligung ist eine Vereinheitlichung der Entscheidungspraxis der Kartellbehörden, die andernfalls erst durch eine Befassung des Bundesgerichtshofes erreicht werden könnte.[64]

17

II. Beteiligung kraft Beiladung

Neben den kraft Gesetzes am Verfahren Beteiligten sind auch Personen und Personenvereinigungen am Verfahren beteiligt, deren Interessen durch die Entscheidung erheblich berührt werden und die die Kartellbehörde auf ihren Antrag zu dem Verfahren beigeladen hat (§ 54 Abs. 2 Nr. 3 GWB). Die Beiladung zum Verwaltungsverfahren durch die Kartellbehörde ist von erheblicher praktischer Bedeutung. Die Beiladung vermittelt dem Beigeladenen neben **Vortrags-, Anhörungs- und Akteneinsichtsrechten** insbesondere auch ein **Beschwerderecht** gegen die Entscheidung der Kartellbehörde (vgl. § 63 Abs. 2 GWB). Die Beiladung soll allerdings weniger den individuellen Interessen des Beigeladenen dienen als vielmehr der Förderung des Verwaltungsverfahrens. Durch die Beteiligung betroffener Dritter wird es der Kartellbehörde ermöglicht, ihre Entscheidung auf eine breitere Grundlage zu stellen, die den Interessen der anderen Marktbeteiligten Rechnung trägt.[65] Die Beiladung bezweckt insoweit eine möglichst umfassende **Sachverhaltsaufklärung** und eine Erhöhung der Richtigkeitsgewähr der Entscheidung der Kartellbehörde.[66] Nach der hier vertretenen Ansicht dient die Beiladung aber gleichermaßen auch der Wahrnehmung individueller Interessen der Beigeladenen,[67] die bei der erforderlichen Ermessensentscheidung über eine Beiladung eigenständig abzuwägen sind.

18

Die Beiladung setzt gem. § 54 Abs. 2 Nr. 3 GWB einen **Antrag** voraus. Dieser muss nicht als solcher bezeichnet werden, es reicht aber nicht aus, ein allgemeines Interesse an dem Verfahren zu bekunden. Es muss vielmehr hinreichend deutlich werden, dass eine Beteiligung an dem Verfahren gewünscht wird.[68] Ein Formerfordernis besteht indes nicht. Der Antragsteller muss zudem beteiligtenfähig im Sinne des § 77 GWB sein (→ Rn. 8). Die auf den Antrag ergehende Beiladungsentscheidung stellt eine zu begründende Verfügung gem. § 61 Abs. 1 GWB dar, die im Falle des Bundeskartellamts durch Beschluss

19

---

[61] Vgl. Loewenheim/Meessen/Riesenkampf/*Becker* GWB § 54 Rn. 10; *Bechtold/Bosch* § 54 Rn. 4.
[62] *Westermann* WuW 2007, 577 (579).
[63] Loewenheim/Meessen/Riesenkampf/*Becker* GWB § 54 Rn. 10; MüKoGWB/*Ost* § 54 Rn. 15; unberührt bleibt die drittschützende Wirkung einer etwaigen Amtspflichtverletzung zugunsten des Veräußerers (LG Köln Urt. v. 26.2.2013 – 5 O 86/12, WuW/E DE-R 3849 (3853) – GN Store Nord/Bundeskartellamt).
[64] *Bechtold/Bosch* § 54 Rn. 5; Loewenheim/Meessen/Riesenkampf/*Becker* GWB § 54 Rn. 11.
[65] BGH Beschl. v. 7.11.2006 – KVR 37/05, WuW/DE-R 1857 (1858) – pepcom.
[66] MüKoGWB/*Ost* § 54 Rn. 18.
[67] Siehe *Schmidt* Kartellverfahrensrecht, 459; *Westermann* WuW 2007, 577 (580); *Schalast/Rößner* WuW 2007, 589 (591 f.).
[68] BGH Beschl. v. 22.2.2005 – KVZ 20/04, WuW/DE-R 1544 – Zeiss/Leica.

ergeht (§ 51 Abs. 2 S. 1 GWB). An dem **Beiladungsverfahren** als akzessorischem Nebenverfahren sind neben dem Antragsteller auch die Beteiligten des Hauptverfahrens beteiligt (→ Rn. 10). Ihnen ist gem. § 56 Abs. 1 GWB Gelegenheit zur Stellungnahme zu dem Beiladungsantrag zu geben und die Beiladungsentscheidung zuzustellen (§ 61 Abs. 1 S. 1 GWB).

1. Erhebliche Interessenberührung

20 In materieller Hinsicht setzt eine Beiladung voraus, dass die Interessen des beizuladenden Unternehmens oder der beizuladenden Vereinigung durch die mögliche Entscheidung der Kartellbehörde erheblich berührt werden.

21 **a) Interessenberührung.** Der Begriff der Interessenberührung wird in der Praxis weit ausgelegt. Eine Berührung rechtlicher Interessen oder gar eine Verletzung subjektiv öffentlicher Rechte ist nicht erforderlich. Ausreichend ist, dass durch den möglichen Verfahrensausgang **wirtschaftliche Interessen** berührt werden.[69] Damit sind die Beiladungsmöglichkeiten gem. § 54 Abs. 2 Nr. 3 GWB weiter als nach den allgemeinen Regelungen in § 13 Abs. 2 S. 1 VwVfG und § 65 Abs. 1 VwGO, die jeweils eine Berührung rechtlicher Interessen voraussetzen. Bei der Prüfung der wirtschaftlichen Interessenberührung sind die gesamten wirtschaftlichen Verhältnisse des beizuladenden Unternehmens zu berücksichtigen. Jeder **unmittelbare oder mittelbare** Einfluss eines möglichen Verfahrensergebnisses auf die wirtschaftlichen Verhältnisse des Unternehmens reicht für die Interessenberührung aus.[70] Dabei genügt es, wenn nicht der Antragsteller selbst, sondern eine Tochtergesellschaft in ihren wirtschaftlichen Verhältnissen betroffen ist.[71] Einer Prognose zum Ausgang des Hauptverfahrens bedarf es insoweit nicht. Es reicht aus, wenn zumindest eine Entscheidung der Kartellbehörde denkbar ist und möglich erscheint, die sich auf die wirtschaftlichen Verhältnisse des Beizuladenden zumindest mittelbar auswirkt.[72] Die Interessen des Beiladungspetenten müssen aber durch die Entscheidung selbst, dh durch den Verfügungstenor berührt werden.[73] Ein bloßes Interesse an einer **Vorfrage** der Entscheidung oder einer sonstigen möglicherweise nachteiligen **Nennung in den Gründen** der Entscheidung rechtfertigt demgegenüber keine Beiladung. Gleiches gilt auch dann, wenn die Beiladung lediglich begehrt wird, um betriebsinterne Informationen über die Beteiligten zu erhalten oder sonstige verfahrensfremde Zwecke zu verfolgen.[74]

22 Das betroffene Interesse muss zudem einen Wettbewerbsbezug aufweisen, dh die mögliche Entscheidung muss geeignet sein, sich auf die **Wettbewerbslage** des beizuladenden Unternehmens auszuwirken.[75] Die wirtschaftlichen Interessen müssen daher eine kartellrechtliche Relevanz haben und mit der Freiheit des Wettbewerbs oder der Wettbewerbsstruktur im relevanten Markt zusammenhängen. Auf das Vorliegen eines Wettbewerbsverhältnisses mit dem Hauptbeteiligten des Verfahrens kommt es danach allerdings nicht an.[76] Die Beiladungsmöglichkeiten sind daher auch nicht auf deren unmittelbare **Wettbewer-**

---

[69] BGH Beschl. v. 7.11.2006 – KVR 37/05, WuW/E DE-R 1857 (1858) – pepcom; OLG Düsseldorf Beschl. v. 2.10.2002 – Kart 24/02 (V), WuW/E DE-R 1029 – E.ON/Ruhrgas: Greenpeace; Immenga/Mestmäcker/*Bach* GWB § 54 Rn. 35; MüKoGWB/*Ost* § 54 Rn. 19.
[70] OLG Düsseldorf Beschl. v. 5.7.2000 – Kart 1/00 (V), Kart 1/00, WuW/E DE-R 523 (525) – SPNV.
[71] OLG Düsseldorf Beschl. v. 5.7.2000 – Kart 1/00 (V), Kart 1/00, WuW/E DE-R 523 (525) – SPNV; KG Beschl. v. 11.4.1997 – Kart 5/97, WuW/E OLG 5849 (5851) – Großverbraucher; KG Beschl. v. 22.8.1980 – Kart 7/80, WuW/E OLG 2356 (2357) – Sonntag Aktuell; MüKoGWB/*Ost* § 54 Rn. 19.
[72] OLG Düsseldorf Beschl. v. 2.10.2002 – Kart 24/02 (V), WuW/E DE-R 1029 – E.ON/Ruhrgas: Greenpeace; OLG Düsseldorf Beschl. v. 5.7.2000 – Kart 1/00 (V), Kart 1/00, WuW/E DE-R 523 (525) – SPNV.
[73] KG Beschl. v. 19.1.1983 – Kart 18/82, WuW/E OLG 2970 (2971) – Coop-Supermagazin; BKartA Beschl. v. 17.12.1985 – 03-412950 – U 54/85, WuW/E 2221 (2222) – Linde Agefko II.
[74] OLG Düsseldorf Beschl. v. 5.7.1977 – Kart 2/77, WuW/E OLG 1881 (1886) – Anzeigenpreise; Loewenheim/Meessen/Riesenkampf/*Becker* GWB § 54 Rn. 15.
[75] OLG Düsseldorf Beschl. v. 16.6.2004 – VI-Kart 2/04 (V), Kart 2/04 (V), WuW/E DE-R 1545 (1547) – VDZ-Wettbewerbsregeln.
[76] OLG Düsseldorf Beschl. v. 5.7.2000 – Kart 1/00 (V), WuW/E DE-R 523 (525) – SPNV.

ber beschränkt. Vielmehr können darüber hinaus auch **Lieferanten** und **Abnehmer**[77] sowie – im Falle einer mittelbaren Betroffenheit – auch Unternehmen auf benachbarten Märkten[78] in ihren wirtschaftlichen Interessen in einer Weise berührt sein, dass der mögliche Verfahrensausgang Auswirkungen auf ihre Wettbewerbslage hat. Demgegenüber reichen mangels Wettbewerbsbezugs möglicherweise betroffene bloße individuell-vertraglichen Einzelinteressen für eine Beiladung nicht aus.[79] Gleiches gilt für **Allgemeininteressen,** die keinen Wettbewerbszug aufweisen und daher regelmäßig keine wirtschaftlichen Interessen im Sinne von § 54 Abs. 2 Nr. 3 GWB darstellen.[80] Eine Beiladung kann daher grundsätzlich nicht auf Belange des Umwelt- oder Klimaschutzes[81] oder sonstige Interessen der Allgemeinheit (zB Sicherung von Arbeitsplätzen) gestützt werden.[82]

Verbände können sowohl die Berührung eigener wirtschaftlicher Interessen als auch die wirtschaftliche Interessenberührung ihrer Mitglieder geltend machen. Voraussetzung für die Geltendmachung von Mitgliederinteressen ist aber, dass der Verband diese Interessen tatsächlich und maßgeblich repräsentiert.[83] Dabei müssen zwar nicht die Interessen aller Mitglieder, aber doch die Interessen eines erheblichen Teils der Mitglieder durch die mögliche Entscheidung in einer wettbewerblich relevanten Weise berührt sein.[84] Soweit die Interessen sich lediglich auf eine potenzielle zukünftige Marktteilnahme beziehen, reicht dies nicht aus.[85] Für Verbraucherzentralen und **Verbraucherverbände** genügt es nach dem Wortlaut von § 54 Abs. 2 Nr. 3 GWB, wenn sich die Entscheidung auf eine Vielzahl von Verbrauchern auswirkt und damit die Interessen der Verbraucher insgesamt erheblich berührt werden. Damit fingiert das Gesetz durch die Vielzahl der in ihren Interessen berührten einzelnen Verbraucher eine Erheblichkeit der Interessenberührung der Verbraucher insgesamt.[86] 23

b) Erheblichkeit der Interessenberührung. Nicht jede Interessenberührung eines beiladungswilligen Unternehmens oder Vereinigung eröffnet die Möglichkeit einer Beiladung. Die rechtliche oder wirtschaftliche Interessenberührung muss vielmehr „erheblich" sein. Dies setzt voraus, dass die relevanten Interessen vom Ausgang des Verfahrens **spürbar** und nicht etwa nur entfernt oder geringfügig betroffen sind.[87] Nach der Rechtsprechung des OLG Düsseldorf ist die hierfür erforderliche Abgrenzung anhand einer **wertenden Betrachtung** vorzunehmen. Entscheidend soll danach sein, ob die Interessen des Dritten eine solche Nähe zum Entscheidungsgegenstand aufweisen und die mögliche Entscheidung der Kartellbehörde im Hauptverfahren derart gewichtige Auswirkungen auf diese Interessen hat, dass es angemessen erscheint, ihm die Rechte auf Beteiligung am Kartellverfahren (Vortragsrecht, Recht auf Schriftsatz und Entscheidungsabschriften, Recht auf 24

---

[77] Wiedemann/*Klose* HdB KartellR § 53 Rn. 71.
[78] OLG Düsseldorf Beschl. v. 16.6.2004 – VI-Kart 2/04 (V), Kart 2/04 (V), WuW/E DE-R 1545 (1547) – VDZ-Wettbewerbsregeln.
[79] OLG Düsseldorf Beschl. v. 5.7.2000 – Kart 1/00 (V), Kart 1/00, WuW/E DE-R 523 (525) – SPNV.
[80] Wiedemann/*Klose* HdB KartellR § 53 Rn. 72; Immenga/Mestmäcker/*Bach* GWB § 54 Rn. 35.
[81] Vgl. OLG Düsseldorf Beschl. v. 2.10.2002 – Kart 24/02 (V), WuW/E DE-R 1029 (1030) – E.ON/Ruhrgas: Greenpeace, das zwar offen gelassen hat, ob Umwelt- und Klimaschutz als kartellrechtlich relevant anzusehen sind, aber zumindest keine „erhebliche" Interessenberührung feststellen konnte.
[82] *Becker* ZWeR 2003, 199 (205 f.); etwas anderes kann ggf. in Ministererlaubnisverfahren gelten, in denen gem. § 42 Abs. 1 S. 1 GWB Interessen der Allgemeinheit als Rechtfertigungsgrund für eine Freigabe zu berücksichtigen sind; in Bezug auf Arbeitnehmerinteressen offengelassen Immenga/Mestmäcker/*Bach* GWB § 54 Rn. 35.
[83] OLG Düsseldorf Beschl. v. 16.6.2004 – VI-Kart 2/04 (V), Kart 2/04 (V), WuW/E DE-R 1545 (1547) – VDZ-Wettbewerbsregeln; Immenga/Mestmäcker/*Bach* GWB § 54 Rn. 38 mwN. MüKoGWB/*Ost* § 54 Rn. 21.
[84] Vgl. OLG Düsseldorf Beschl. v. 7.4.2006 – 3 (Kart) 162/06, WuW/E DE-R 1813 (1815) – Energiewirtschaftsverband für den gleichlautenden § 66 Abs. 2 Nr. 3 HS. 1 EnWG; KG Beschl. v. 7.11.1969 – Kart 8/69, WuW/E 1071 (1073) – Triest-Klausel; *Bechtold/Bosch* § 54 Rn. 11; Immenga/Mestmäcker/*Bach* GWB § 54 Rn. 38.
[85] OLG Düsseldorf Beschl. v. 4.9.2015 – VI-Kart 2/15 (V) WuW/E DE-R 4729 – Verbandsbeiladung.
[86] MüKoGWB/*Ost* § 54 Rn. 21.
[87] KG Beschl. v. 11.4.1997 – Kart 5/97, WuW/E OLG 5849 (5851) – Großverbraucher; KG Beschl. v. 22.8.1980 – Kart 7/80, WuW/E OLG 2356 (2357) – Sonntag Aktuell.

Akteneinsicht, vereinfachtes Beschwerderecht) einzuräumen.[88] In Ergänzung zu der wertenden Betrachtungsweise hat das OLG Düsseldorf in der Vergangenheit allerdings auch auf quantitative Kriterien abgestellt und zB eine monatliche Mehrbelastung von Verbrauchern um 5 EUR als nicht erheblich erachtet.[89] Im Ergebnis stößt allerdings sowohl der Ansatz einer wertenden Betrachtungsweise unter Berücksichtigung der Verfahrensökonomie als auch eine rein quantitative Prüfung auf Bedenken. Eine wertende Abwägung der Interessenbeeinträchtigung mit den verfahrensökonomischen Folgen einer Beiladung kann kein Prüfkriterium für die Erheblichkeit einer individuellen Interessenberührung darstellen, sondern sollte ausschließlich bei der Ermessensausübung berücksichtigt werden.[90] Da auch eine rein quantitative Betrachtung zur Erfassung einer individuellen erheblichen Interessenberührung zu kurz greift, ist vielmehr auf **Zusatzkriterien** abzustellen, die die individuelle Wettbewerbssituation des Beiladungspetenten berücksichtigen. Eine erhebliche Interessenberührung sollte danach jedenfalls dann angenommen werden, wenn sich die konkrete Wettbewerbslage des Beiladungswilligen durch das mögliche Verfahrensergebnis so spürbar verändert, dass für ihn **wirtschaftliche Reaktionen** aufgrund veränderter Wettbewerbsparameter erforderlich werden.[91]

2. Ermessensentscheidung

25 **a) Einfache Beiladung.** Bei Vorliegen der Beiladungsvoraussetzungen steht die Entscheidung über eine Zulassung der Beiladung nach ständiger Rechtsprechung im **pflichtgemäßen Ermessen** der Kartellbehörde.[92] Das Bundeskartellamt hat in seiner bisherigen Beiladungspraxis im Rahmen seiner Ermessensentscheidungen grundsätzlich einen großzügigen Maßstab angelegt. Eine Verpflichtung zur Beiladung besteht aber grundsätzlich nicht, wenn auch eine Ermessensreduzierung „auf Null" im Einzelfall denkbar ist.[93] Die Möglichkeit, Beiladungen auch bei Vorliegen der Beiladungsvoraussetzungen ablehnen zu können, stellt das erforderliche Korrektiv für die Weite der Beiladungsvoraussetzungen dar, welche bereits die Berührung von wirtschaftlichen Interessen ausreichen lassen und je nach Marktverhältnissen zu einer Vielzahl an Beiladungspetenten führen können. Die Kartellbehörde hat ihre Ermessensentscheidung daher maßgeblich am Zweck der Beiladung auszurichten, die nach der Rechtsprechung nicht den individuellen Interessen des Beiladungswilligen dienen soll, sondern der **Förderung des Verwaltungsverfahrens.** Die Kartellbehörde soll danach in die Lage versetzt werden, ihre Entscheidung auf eine breitere, den Interessen der anderen Marktbeteiligten Rechnung tragende Grundlage zu stellen (→ Rn. 18). Hieraus kann allerdings nicht geschlossen werden, dass die eigenen Interessen des Beiladungswilligen und der Hauptbeteiligten bei der Ermessensausübung keine Berücksichtigung zu finden haben. Eine derartige Verengung der Ermessenserwägungen auf rein verfahrensökonomische Aspekte greift zu kurz und würde dem an der Wahrnehmung eigener Interessen ausgerichteten Beiladungsinstitut nicht gerecht. Entsprechend stellen die Interessen des Beiladungswilligen, wie auch die ggf. gegenläufigen Interessen der Hauptbeteiligten, eigenständige abwägungsrelevante Ermessenskriterien dar, die in die **Abwägung der Vor- und Nachteile** einer Beiladung für die Verfahrensöko-

---

[88] OLG Düsseldorf Beschl. v. 2.10.2002 – Kart 24/02 (V), WuW/E DE-R 1029 – E.ON/Ruhrgas: Greenpeace; OLG Düsseldorf Beschl. v. 5.7.2000 – Kart 1/00 (V), Kart 1/00, WuW/E DE-R 523 (525) – SPNV.
[89] OLG Düsseldorf Beschl. v. 2.10.2002 – Kart 24/02 (V), WuW/E DE-R 1029 (1030) – E.ON/Ruhrgas: Greenpeace; siehe auch BGH Urt. v. 15.5.2012 – EnZR 105/10, WuW/E DE-R 3625 (3629) – Stromnetznutzungsentgelte V, der für § 66 Abs. 2 Nr. 3 EnWG ein Überschreiten der Erheblichkeitsschwelle bei einer nur geringfügige Entgeltabsenkung verneint.
[90] Immenga/Mestmäcker/*Bach* GWB § 54 Rn. 37, aA offenbar MüKoGWB/*Ost* § 54 Rn. 22.
[91] Vgl. bereits KG Beschl. v. 21.11.1983 – Kart 19/83, WuW/E OLG 3211 – WZ-WAZ.
[92] BGH Beschl. v. 7.11.2006 – KVR 37/05, WuW/E DE-R 1857 (1858) – pepcom; OLG Düsseldorf Beschl. v. 21.12.2005 – VI-Kart 17/05 (V), WuW/E DE-R 1705 – Springer/ProSiebenSat.1; OLG Düsseldorf Beschl. v. 7.4.2006 – 3 (Kart) 162/06, WuW/DE-R 1813 – Energiewirtschaftsverband.
[93] OLG Düsseldorf Beschl. v. 16.6.2004 – IV Kart 2/04 (V), 2/04 (V), WuW/E DE-R 1545 (1547) – VDZ-Wettbewerbsregeln.

nomie, dh dem Bedürfnis nach einer Konzentration und Beschleunigung des Verfahrens, einzubeziehen sind.[94] Dabei kommt dem Gesichtspunkt der Verfahrensökonomie in fristgebundenen Fusionskontrollverfahren ein größeres Gewicht zu als in nicht fristgebundenen Verfahren.[95]

Bei der erforderlichen **Gesamtabwägung** der Interessen des Beiladungspetenten, der Interessen der Hauptbeteiligten sowie der Vor- und Nachteile einer Beiladung für das Verfahren stellt die Bereitschaft und die Fähigkeit des beiladungswilligen Unternehmens, mit Blick auf seine Betroffenheit einen **Beitrag zur Sachverhaltsaufklärung** zu leisten, ein wesentliches Abwägungskriterium dar.[96] Dabei darf die Kartellbehörde die Möglichkeit des Beiladungspetenten, seine Interessen auch in einem Anhörungsverfahren gem. § 56 Abs. 2 GWB geltend zu machen (→ Rn. 125), zwar in die Ermessenentscheidung einbeziehen,[97] die Ablehnung eines Beiladungsantrags aufgrund der besseren Informationsgrundlage eines Beigeladenen aber nicht allein darauf stützen.[98] Ebenfalls ermessensfehlerhaft ist es, wenn die Kartellbehörde die Ablehnung ausschließlich auf eine ausreichende eigene Tatsachenkenntnis und eine übermäßige Arbeitsbelastung stützt, obwohl der Beiladungspetent möglicherweise einen zusätzlichen Beitrag zur Sachaufklärung leisten kann.[99] Es steht aber im Ermessen der Kartellbehörde, den Antrag auf Beiladung abzulehnen, wenn die Sachaufklärung, die durch eine Beteiligung des Beiladungspetenten erzielt werden könnte, dadurch gesichert erscheint, dass andere Unternehmen mit ähnlichen, mehr oder weniger gleichgerichteten Interessen bereits beigeladen worden sind.[100] Entsprechend kann die Kartellbehörde bei Vorliegen mehrerer Beiladungsanträge, ein beizuladendes Unternehmen auswählen und die anderen Beiladungsanträge ablehnen.[101] Voraussetzung ist insoweit aber, dass auch die Interessen der Beiladungspetenten untereinander abgewogen wurden und nicht lediglich anhand des Prioritätsgrundsatzes dem zeitlich zuerst eingegangenen Antrag der Vorrang eingeräumt wurde.[102] Insoweit kommt es darauf an, ob und in welchem Maße sich die wirtschaftliche Betroffenheit der einzelnen Unternehmen unterscheidet und ob und inwieweit die Unternehmen jeweils in der Lage und bereit sind, das Verfahren zu unterstützen. Bei fehlenden qualitativen Unterschieden kann im Rahmen der Ermessensausübung dem früheren Antrag der Vorrang eingeräumt werden, wobei es insoweit nicht auf eine völlige Interessenidentität ankommt.[103] Mit Blick auf die Gleichgerichtetheit der Interessenlage kann danach die Verfahrensbeteiligung eines **Interessenverbandes** die Ablehnung der Beiladung eines Mitgliedsunternehmens rechtfertigen.[104] Entsprechendes gilt, wenn eine **Muttergesellschaft** Beila-

26

---

[94] KG Beschl. v. 7.11.1969 – Kart 8/69, WuW/E OLG 1071 (1072) – Triest-Klausel; FK/*Bracher* § 54 Rn. 69; so wohl auch *Bechtold/Bosch* § 54 Rn. 12; Loewenheim/Meessen/Riesenkampf/*Becker* GWB § 54 Rn. 18.
[95] *Bechtold/Bosch* § 54 Rn. 12; *Kevekordes* WuW 1987, 365 (369).
[96] OLG Düsseldorf Beschl. v. 16.6.2004 – IV-Kart 2/04 (V), Kart 2/04 (V), WuW/E DE-R 1545 (1549) – VDZ-Wettbewerbsregeln; *Bechtold/Bosch* § 54 Rn. 12; Loewenheim/Meessen/Riesenkampf/*Becker* GWB § 54 Rn. 18.
[97] OLG Düsseldorf Beschl. v. 21.9.2005 – VI-Kart 10/05 (V), WuW/E DE-R 1607 (1608) – Breitbandkabelnetz; OLG Düsseldorf Beschl. v. 21.12.2005 – VI-Kart 17/05 (V), WuW/E DE-R 1705 – Spinger/ProSiebenSat.1.
[98] MüKoGWB/*Ost* § 54 Rn. 27.
[99] OLG Düsseldorf Beschl. v. 2.11.2006 – VI-3 Kart 165/06 (V), WuW/E DE-R 2050 (2052) – Höchstentgelt.
[100] BGH Beschl. v. 7.11.2006 – KVR 37/05, WuW/E DE-R 1857 (1859) – pepcom.
[101] OLG Düsseldorf Beschl. v. 21.12.2005 – VI-Kart 17/05 (V), WuW/E DE-R 1705 – Spinger/ProSieben Sat.1; *Westermann* WuW 2007, 577 (580).
[102] *Schalast/Rößner* WuW 2007, 589, 592; FK/*Bracher* § 54 Rn. 69.
[103] OLG Düsseldorf Beschl. v. 21.12.2005 – VI-Kart 17/05 (V), WuW/E DE-R 1705 (1707) – Spinger/ProSiebenSat.1; OLG Düsseldorf Beschl. v. 21.9.2005 – VI-Kart 10/05 (V), WuW/E DE-R 1607 (1608) – Breitbandkabelnetz; *Bechtold/Bosch* § 54 Rn. 11; *Westermann* WuW 2007, 577, 580 f.
[104] KG Beschl. v. 22.8.1980 – Kart 7/80, WuW/E OLG 2356 (2359) – Sonntag Aktuell; Immenga/Mestmäcker/*Bach* GWB § 54 Rn. 41; MüKoGWB/*Ost* § 54 Rn. 28 mwN.

dung zu einem Verfahren beantragt, an dem ein abhängiges Unternehmen bereits beteiligt ist.[105]

27 Der Umstand, dass die Beiladung gem. § 63 Abs. 2 GWB die Möglichkeit zur Beschwerde eröffnet, findet im Rahmen der Ermessensausübung keine Berücksichtigung. Die **Beschwerdemöglichkeit** mag zwar eine (zusätzliche) Motivation für einen Beiladungsantrag sein, stellt aber kein abwägungsrelevantes Kriterium dar. Nach der Rechtsprechung steht dem Beiladungspetenten, dessen Antrag auf Beiladung trotz Erfüllung der subjektiven Beiladungsvoraussetzungen im Hinblick auf übergeordnete Interessen der Verfahrensökonomie abgelehnt worden ist, in ergänzender Auslegung des § 63 Abs. 2 GWB allerdings ebenfalls ein Beschwerderecht zu, wenn er geltend macht, durch die Hauptsacheentscheidung unmittelbar und individuell betroffen zu sein.[106]

28 Überwiegen die Interessen an einer Beiladung haben die Hauptbeteiligten die damit verbundenen Verzögerungen und Belastungen hinzunehmen.[107] Etwaige **Geheimhaltungsinteressen** der Hauptbeteiligten sind zwar berücksichtigungsfähig, stellen aber regelmäßig keinen Ablehnungsgrund für einen Beiladungsantrag dar, da die Kartellbehörde gem. §§ 72 Abs. 2 S. 2 GWB, 29 Abs. 2 VwVfG zur Wahrung von Geschäftsgeheimnissen verpflichtet ist.[108] Eine Ausnahme kann allenfalls dann vorliegen, wenn es in dem Verfahren in außergewöhnlichem Maße auf Geschäftsgeheimnisse der Betroffenen ankommt.[109] Im Rahmen der Abwägung nicht zu berücksichtigen ist der voraussichtliche Ausgang des Verfahrens.[110]

29 Die Beiladungsverfügung kann von anderen Verfahrensbeteiligten durch **Anfechtungsbeschwerde** gem. § 63 GWB angefochten werden. Die Ablehnung einer Beiladung durch die Kartellbehörde kann mit einer **Verpflichtungsbeschwerde** angegriffen werden. Die getroffene Ermessensentscheidung ist vom Beschwerdegericht dabei nach den allgemeinen Regeln nur darauf hin beschränkt überprüfbar, ob die Kartellbehörde von ihrem Ermessen fehlerhaft Gebrauch gemacht hat, etwa indem sie von einem unzutreffenden Sachverhalt ausgegangen ist, die gesetzlichen Grenzen des Ermessens überschritten hat, den Zweck des Gesetzes verfehlt oder bei der Ermessensabwägung relevante Interessen in erheblicher Weise unberücksichtigt gelassen hat.[111] Entsprechend ist eine Beschwerde gegen die Ablehnung einer Beiladung mit Ausnahme einer Ermessensreduzierung „auf Null" auf die Verpflichtung zur Neuentscheidung unter Beachtung der Rechtsauffassung des Beschwerdegerichts gerichtet.[112]

30 **b) Notwendige Beiladung.** Neben der in § 54 Abs. 2 Nr. 3 GWB gesetzlich geregelten einfachen Beiladung ist in Literatur und Rechtsprechung die sog notwendige Beiladung anerkannt.[113] Diese betrifft Fälle, in denen der Verfahrensausgang für Dritte, die nicht

---

[105] KG Beschl. v. 2.7.1982 – Kart 21/80, WuW/E OLG 2663 (2664) – Texaco-Zerssen.
[106] BGH Beschl. v. 7.11.2006 – KVR 37/05, WuW/E DE-R 1857 (1859) – pepcom; BGH Beschl. v. 7.11.2006 – KVR 38/05, WuW/E DE-R 2029 (2031) – iesy/ISH sowie in der Folge BGH Beschl. v. 30.3.2011 – Kart 7/80, WuW/E DE-R 3285 f. – Presse-Grossisten.
[107] KG Beschl. v. 7.11.1969 – Kart 8/69, WuW/E OLG 1071 (1072) – Triest-Klausel.
[108] OLG Düsseldorf Beschl. v. 5.7.2000 – Kart 1/00 (V), WuW/E DE-R 523 (525) – SPNV; KG Beschl. v. 22.8.1980 – Kart 7/80, WuW/E OLG 2356 (2359) – Sonntag Aktuell; vgl. Loewenheim/Meessen/Riesenkampf/*Becker* GWB § 54 Rn. 18.
[109] OLG Düsseldorf Beschl. v. 5.7.1977 – Kart 2/77, WuW/E OLG 1881 (1886) – Anzeigenpreise; FK *Bracher* § 54 Rn. 65.
[110] OLG Düsseldorf Beschl. v. 5.7.1977 – Kart 2/77, WuW/E OLG 1881 (1882) – Anzeigenpreise; MüKoGWB/*Ost* § 54 Rn. 28; Immenga/Mestmäcker/*Bach* GWB § 54 Rn. 39.
[111] OLG Düsseldorf Beschl. v. 16.6.2004 – IV-Kart 2/04 (V), Kart 2/04 (V), WuW/E DE-R 1545 (1547) – VDZ-Wettbewerbsregeln.
[112] OLG Düsseldorf Beschl. v. 5.7.1977 – Kart 2/77, WuW/E OLG 1881 (1882) – Anzeigenpreise; KG Beschl. v. 22.8.1980 – Kart 7/80, WuW/E OLG 2356 (2359) – Sonntag Aktuell; MüKoGWB/*Ost* § 54 Rn. 43.
[113] KG Beschl. v. 19.12.1979 – Kart 32/79, WuW/E OLG 2193 (2194) – Basalt-Union; KG Beschl. v. 28.11.1979 – Kart 12/79, WuW/E OLG 2247 (2256) – Parallellieferteile; Loewenheim/Meessen/Riesenkampf/*Becker* GWB § 54 Rn. 16; MüKoGWB/*Ost* § 54 Rn. 30; Immenga/Mestmäcker/*Bach* GWB § 54 Rn. 42.

gem. § 54 Abs. 2 Nr. 1, 2 und 4 GWB beteiligt sind, **rechtsgestaltende Wirkung** hat, weil die Entscheidung in Rechtsbeziehungen zwischen den Verfahrensbeteiligten und einem Dritten verändernd, feststellend oder sogar aufhebend eingreift. Allen Fällen der notwendigen Beiladung ist gemein, dass der mögliche Ausgang des Verfahrens den Beizuladenden unmittelbar in seinen Rechten verletzt und daher eine Beiladung zum Schutz subjektiver Rechte des Beizuladenden erforderlich ist.[114] Aufgrund der rechtsgestaltenden Wirkung kann die Entscheidung der Kartellbehörde gegenüber den Verfahrensbeteiligten und dem jeweiligen Dritten nur einheitlich ergehen (vgl. § 71 Abs. 1 S. 4 GWB). Der Betroffene muss unter diesen Voraussetzungen durch die Kartellbehörde in entsprechender Anwendung des § 13 Abs. 2 S. 2 VwVfG von dem Verfahren benachrichtigt werden,[115] es erfolgt aber keine automatische Verfahrensbeteiligung. Die notwendige Beiladung setzt vielmehr wie die einfache Beiladung einen entsprechenden **Antrag** des notwendig Beizuladenden voraus.[116] Bei Vorliegen der Voraussetzungen einer notwendigen Beiladung muss die Kartellbehörde dem Antrag wegen einer Ermessensreduzierung „auf Null" stattgeben.

Eine notwendige Beiladung ist danach zB gegeben, wenn durch die Verfügung der **31** Kartellbehörde die **Unwirksamkeit** vertraglicher Rechtspositionen **zu Lasten Dritter** festgestellt wird,[117] die Erfüllung einer vertraglichen Pflicht gegenüber einem Dritten untersagt wird[118] oder einem Dritten Unterlassungs- und Schadenersatzansprüche entzogen werden.[119] Werden demgegenüber lediglich vertragliche Bindungen *zugunsten* eines Dritten beseitigt[120] oder Anordnungen getroffen, die noch der privatrechtlichen Umsetzung durch den Adressaten bedürfen, soll die Beiladung trotz der absehbaren Auswirkungen auf die Vertragspartner mangels Verletzung eigener Rechte nicht notwendig sein.[121] Vor diesem Hintergrund beschränkt sich der Anwendungsbereich notwendiger Beiladungen im Wesentlichen auf **Kartell- und Missbrauchsverfahren,** die gegen § 1 oder §§ 19, 20 GWB verstoßende Vertragsbeziehungen zum Gegenstand haben. Demgegenüber wird in Fusionskontrollverfahren eine notwendige Beiladung eher selten in Betracht kommen.[122] Dies dürfte auch für Auflagen und Verpflichtungszusagen gelten, die von der Kartellbehörde gem. § 32b GWB für verbindlich erklärt werden, da diese üblicherweise noch eine Umsetzung durch die betroffenen Unternehmen erfordern.

Die Nichtbeiladung eines notwendig Beizuladenden stellt einen **Verfahrensmangel** **32** dar, der zur Rechtswidrigkeit der kartellbehördlichen Verfügung führt. Ist der Fehler besonders schwerwiegend und offenkundig, ist die Verfügung gem. § 44 VwVfG sogar nichtig. Die Beiladung soll allerdings noch im Beschwerdeverfahren nachholbar sein.[123] Ist eine Benachrichtigung eines notwendig Beizuladenden unterblieben, kann dieser die Entscheidung selbst dann noch anfechten, wenn sie gegenüber den Verfahrensbeteiligten bereits unanfechtbar geworden ist.[124]

---

[114] BGH Beschl. v. 22.2.2005 – KVZ 20/04, WuW/E DE-R 1544 (1545) – Zeiss/Leica; OLG Düsseldorf Beschl. v. 2.11.2006 – 3 Kart 165/06, WuW/E DE-R 2050 (2052) – Höchstentgelt.
[115] KG Beschl. v. 19.12.1979 – Kart 33/79, WuW/E OLG 2193 (2194) – Basalt-Union.
[116] KG Beschl. v. 15.3.1991 – Kart 15/90, WuW/E OLG 4753 (4759) – VW Leasing; KG Beschl. v. 28.11.1979 – Kart 12/79, WuW/E OLG 2247 (2256) – Parallellieferteile.
[117] KG Beschl. v. 28.11.1979 – Kart 12/79, WuW/E OLG 2247 (2256) – Parallellieferteile.
[118] KG Beschl. v. 19.12.1979 – Kart 33/79, WuW/E OLG 2193 (2194) – Basalt-Union.
[119] OLG Düsseldorf Beschl. v. 16.6.2004 – IV-Kart 2/04 (V), Kart 2/04 (V), WuW/E DE-R 1545 (1547) – VDZ-Wettbewerbsregeln.
[120] KG Beschl. v. 28.11.1979 – Kart 12/79, WuW/E OLG 2247 (2256) – Parallellieferteile.
[121] BGH Beschl. v. 7.4.2009 – KVR 34/08, WuW/E DE-R 2728 (2729) – Versicherergemeinschaft; BGH Urt. v. 7.4.2009 – KVR 58/08, WuW/E DE-R 2725 (2726) – Universitätsklinikum Greifswald; vgl. auch zum Umsetzungserfordernis bei Entscheidungen der BNetzA BGH Beschl. v. 5.10.2010 – EnVR 52/09, WuW/E DE-R 3104 (3107) – GABi Gas.
[122] OLG Düsseldorf Beschl. v. 25.10.2005 – VI-Kart 15/05, WuW/E DE-R 1644 (1645) – Werhahn.
[123] Immenga/Mestmäcker/*Bach* GWB § 54 Rn. 45.
[124] BGH Beschl. v. 22.2.2005 – KVZ 20/04, WuW/E DE-R 1544 (1545) – Zeiss/Leica.

33 **c) Faktische Verfahrensbeteiligung.** Behandelt die Kartellbehörde einen Dritten als Verfahrensbeteiligten, ohne dass die Voraussetzungen des § 54 Abs. 2 GWB erfüllt sind oder eine formelle Beiladung erfolgt ist, ist eine Prüfung der Verfahrensbeteiligung entbehrlich.[125] Dem faktisch beteiligten Unternehmen stehen dann dennoch die normalen **Verfahrensrechte** einschließlich der Beschwerdemöglichkeit zu.[126] Damit der Dritte eine entsprechende Verfahrensposition erlangt, muss die faktische Beteiligung allerdings ein Ausmaß erreichen, das mit dem eines Verfahrensbeteiligten vergleichbar ist (zB in Bezug auf die Gewährung rechtlichen Gehörs, Zustellungen von Verfügungen). Ein bloßer Informationsaustausch[127] oder informelle Besprechungen mit der Kartellbehörde reichen insoweit nicht aus. Die Kartellbehörde muss vielmehr zu erkennen geben, dass sie den Dritten als Beteiligten im Sinne von § 54 Abs. 2 GWB ansieht.[128] Liegen die Voraussetzungen einer faktischen Beteiligung vor, ist die Stellung eines Beiladungsantrags nur erforderlich, wenn die Beteiligteneigenschaft im Verfahren von anderen Beteiligten bestritten wird.[129]

3. Zeitpunkt der Beiladung

34 Als akzessorisches Nebenverfahren setzt das Beiladungsverfahren ein förmliches Verwaltungsverfahren voraus. Die Beiladungsmöglichkeit beginnt daher frühestens mit der **Einleitung eines förmlichen Verfahrens** (→ Rn. 2). Eine Beiladung vor der Verfahrenseinleitung ist unzulässig.[130] Informelles Verwaltungshandeln der Kartellbehörde im Stadium reiner Vorermittlungen stellt daher kein beiladungsfähiges Verwaltungsverfahren dar. Gleiches gilt für Schreiben, in denen lediglich mitgeteilt wird, dass sich die Kartellbehörde die Prüfung eines bestimmten Sachverhalts vorbehält.[131] Entsprechend geht ein vor Einleitung des Verfahrens gestellter Antrag ins Leere, so dass er nach Einleitung des Verfahrens nochmals gestellt werden muss.[132]

35 Die Möglichkeit zur Stellung eines Beiladungsantrags endet nach der Rechtsprechung mit dem **Abschluss des kartellbehördlichen Verwaltungsverfahrens.** Auf die Bestandskraft einer abschließenden Verfügung kommt es insoweit nicht an, so dass auch ein Beiladungsantrag unzulässig ist, der nach Verfahrensabschluss, aber noch vor Einlegung der Beschwerde eingereicht wurde.[133] Begründet wird dies damit, dass nach Abschluss des Verfahrens eine Beiladung ihren primären Zweck, nämlich die Sachverhaltsaufklärung im Verfahren vor der Kartellbehörde, nicht mehr erfüllen könne.[134] Der Umstand, dass die Beteiligung des Beiladungspetenten möglicherweise ein Beschwerdeverfahren fördern kann, stelle lediglich einen Reflex der Stellung eines Beigeladenen im Verwaltungsverfahren dar.[135]

---

[125] BGH Beschl. v. 25.6.1985 – KVR 3/84, WuW/E BGH 2150 (2151) – Edelstahlbestecke; KG Beschl. v. 9.9.1983 Kart 19/81, WuW/E OLG 3137 (3138) – Rheinmetal-WMF; vgl. auch KG Beschl. v. 26.6.1991 – Kart 23/89, WuW/E OLG 4811 (4819) – Radio NRW; Immenga/Mestmäcker/*Bach* GWB § 54 Rn. 55; aA *Bechtold/Bosch* § 54 Rn. 15, der eine besondere Rechtsposition und eine Beschwerdemöglichkeit des faktisch Beteiligten ablehnt.
[126] Wiedemann/*Klose* HdB KartellR § 53 Rn. 67; Immenga/Mestmäcker/*Bach* GWB § 54 Rn. 55.
[127] Vgl. KG Beschl. v. 26.6.1991 – Kart 23/89, WuW/E OLG 4811 (4819) – Radio NRW.
[128] Immenga/Mestmäcker/*Bach* GWB § 54 Rn. 55.
[129] MüKoGWB/*Ost* § 54 Rn. 41.
[130] KG Beschl. v. 6.12.1968 – Kart 16/68, WuW/E OLG 964 (965) – Autoschmiermittel; Immenga/Mestmäcker/*Bach* GWB § 54 Rn. 48, der allerdings in Fusionskontrollverfahren eine Beiladung bereits im „Vorprüfverfahren" für möglich hält.
[131] MüKoGWB/*Ost* § 54 Rn. 36.
[132] Wiedemann/*Klose* HdB KartellR § 53 Rn. 81.
[133] OLG Düsseldorf Beschl. v. 5.6.2008 – VI-Kart 16/07 (V), WuW/DE-R 2283 (2285f.) – Wirtschaftsprüferhaftpflicht.
[134] BGH Beschl. v. 7.4.2009 – KVR 34/08, WuW/E DE-R 2728 (2729) – Versicherergemeinschaft; BGH Urt. v. 7.4.2009 – KVR 58/08, WuW/E DE-R 2725 (2726) – Universitätsklinikum Greifswald; ablehnend hierzu *Stancke* WuW 2010, 642; aA Immenga/Mestmäcker/*Bach* GWB § 54 Rn. 48, der eine Beiladung auch dann für zulässig erachtet, wenn der Beiladungsantrag nach Einlegung der Beschwerde gestellt wurde.
[135] BGH Beschl. v. 7.4.2009 – KVR 34/08, WuW/E DE-R 2728 (2729) – Versicherergemeinschaft; BGH Urt. v. 7.4.2009 – KVR 58/08, WuW/E DE-R 2725 (2726) – Universitätsklinikum Greifswald.

Das Verwaltungsverfahren findet seinen Abschluss mit dem Erlass einer **abschließenden** 36
Verfügung, einer **Einstellung** des Verfahrens oder dessen sonstiger Erledigung,[136] so dass
damit auch die Möglichkeit zur Stellung eines Beiladungsantrags endet. Entsprechend ist
ein Beiladungsantrag im Fusionskontrollverfahren nach Ablauf der Monatsfrist verspätet.[137]
Eine Ausnahme von dem Erfordernis des rechtzeitigen Beiladungsantrags gilt nach Auffassung des BGH nur, wenn der Drittbetroffene den Beiladungsantrag deshalb nicht stellen konnte, weil das kartellbehördliche Verfahren in der Öffentlichkeit nicht bekannt geworden ist[138] oder eine Benachrichtigung durch die Kartellbehörde im Falle einer notwendigen Beiladung unterblieben ist (→ Rn. 30ff.).

Zu unterscheiden von der Rechtzeitigkeit des Beiladungs*antrags* ist der späteste Zeit- 37
punkt einer **Beiladungsentscheidung** durch die Kartellbehörde. Soweit ein Beiladungsantrag vor Abschluss des Verwaltungsverfahrens gestellt wurde, besteht eine Beiladungsbefugnis der Kartellbehörde auch noch nach Erlass einer abschließenden Verfügung bis zur **Unanfechtbarkeit der Entscheidung,** dh auch noch während des Rechtmittelverfahrens.[139] Eine nicht erfolgte Beiladung kann allerdings weder durch das Beschwerdegericht noch durch das Rechtsbeschwerdegericht nachgeholt werden.[140] Wird die verfahrensabschließende Entscheidung durch Ablauf der Beschwerdefist bestandskräftig, scheidet eine Beiladung – außer im Fall einer notwendigen Beiladung (→ Rn. 30)[141] – aus.[142]

4. Wirkung, Umfang und Dauer der Beiladung

Mit der Beiladungsverfügung wird der Beigeladene Verfahrensbeteiligter. Er muss das 38
Verfahren zu dem vorgefundenen Stand übernehmen,[143] hat aber grundsätzlich dieselben
Verfahrensrechte wie die Hauptbeteiligten.[144] Von praktischer Bedeutung ist insoweit
insbesondere das Recht auf **Akteneinsicht** (§ 29 VwfG), das allerdings zur Wahrung von
Betriebs- und Geschäftsgeheimnissen eingeschränkt ist (vgl. § 71 Abs. 1 S. 3 GWB). Zudem steht dem Beigeladenen als Verfahrensbeteiligten gem. § 63 Abs. 2 GWB die **Beschwerdebefugnis** zu.[145]

Die Beiladung erstreckt sich auf das gesamte Hauptverfahren einschließlich dazugehöri- 39
ger **Nebenverfahren** und **Zwischenverfahren.** Dies schließt insbesondere einstweilige
Anordnungsverfahren[146] sowie weitere Beiladungsverfahren ein.[147] Die Beiladung wirkt

---

[136] OLG Düsseldorf Beschl. v. 5.6.2008 – VI-Kart 16/07 (V), WuW/DE-R 2283 (2285f.) – Wirtschaftsprüferhaftpflicht.
[137] Vgl. OLG Düsseldorf Beschl. v. 30.6.2004 – Kart 1/06, WuW/E DE-R 1293 (1297) – TV Kofler.
[138] BGH Beschl. v. 11.11.2008 – EnVR 1/08, WuW/E DE-R 2535 – citiworks.
[139] KG Beschl. v. 5.4.2000 – Kart 38/99, WuW/E DE-R 641 (642) – tobaccoland; KG Beschl. v. 21.2.1989 – Kart 19/88, WuW/E OLG 4363 (4364) – Wieland-Langenberg; BGH Beschl. v. 10.4.1984 – KVR 8/83, WuW/E BGH 729 (730) – Coop-Supermagazin für den Fall einer Beiladung nach Erlass einer Untersagungsverfügung, aber vor Beschwerdeeinlegung; *Bechtold* § 54, Rn. 8; *Bien* WuW 2009, 166 (169ff.).
[140] MüKoGWB/*Ost* § 54 Rn. 35 mwN; aA *Deichfuß* WRP 2006, 862 (863ff.).
[141] BGH Beschl. v. 22.2.2005 – KVZ 20/04, WuW/E DE-R 1544 (1545) – Zeiss/Leica.
[142] Immenga/Mestmäcker/*Bach* GWB § 54 Rn. 48; *Bechtold/Bosch* § 54 Rn. 8, der allerdings auch im Falle einer notwendigen Beiladung nach Unanfechtbarkeit keine Beiladungsmöglichkeit mehr sieht.
[143] Wiedemann/*Klose* HdB KartellR § 53 Rn. 85; Immenga/Mestmäcker/*Bach* GWB § 54 Rn. 53.
[144] Immenga/Mestmäcker/*Bach* GWB § 54 Rn. 52; MüKoGWB/*Ost* § 54 Rn. 39; kritisch *Bechtold* BB 2003, 1021 (1022f.) mit Hinweis auf eine erforderliche Differenzierung im Vergleich zu den Hauptbeteiligten.
[145] Um Ungleichbehandlungen zu vermeiden, hat der BGH die Beschwerdebefugnis zudem auf Beiladungspetenten ausgedehnt, deren Beiladungsantrag im Rahmen der Ermessensausübung abgelehnt wurde, obwohl sie die Beiladungsvoraussetzungen erfüllten, wenn sie geltend machen durch die Entscheidung unmittelbar und individuell betroffen zu sein (BGH Beschl. v. 7.11.2006 – KVR 37/05, WuW/E DE-R 1857 (1859) – pepcom).
[146] KG Beschl. v. 3.12.1974 – Kart 37/74, WuW/OLG 1548 – SABA; Loewenheim/Meessen/Riesenkampf/*Becker* GWB § 54 Rn. 19; Immenga/Mestmäcker/*Bach* GWB § 54 Rn. 52.
[147] Immenga/Mestmäcker/*Bach* GWB § 54 Rn. 52; aA Loewenheim/Meessen/Riesenkampf/*Becker* GWB § 54 Rn. 19 sowie MüKoGWB/*Ost* § 54 Rn. 10, der an Beiladungsverfahren offenbar nur die jeweiligen Hauptverfahrensbeteiligten als beteiligt ansieht.

zudem in einem sich dem Verwaltungsverfahren anschließendem **gerichtlichen Beschwerdeverfahren** (§ 67 Abs. 1 Nr. 3 GWB) sowie einem möglichen Rechtsbeschwerdeverfahren (§ 76 Abs. 5 S. 1 GWB) fort. Demgegenüber erstreckt sich die Beiladung nicht auf **Auskunftsverfahren**. An Auskunftsverfahren ist nur das jeweils zur Auskunft verpflichtete Unternehmen beteiligt.[148] Auch in Bezug auf mögliche **Folgeverfahren,** zB zur Prüfung der Erfüllung von Nebenbestimmungen im Anschluss an ein Fusionskontrollverfahren, entfaltet die Beiladung keine Wirkung mehr.

40   Die Beiladung stellt eine Entscheidung mit **Dauerwirkung** dar. Die Beiladung endet mit der Beendigung des Hauptverfahrens bzw. eines etwaigen Rechtsmittelverfahrens, sei es durch Bestandskraft der abschließenden Verfügung, endgültiger Einstellung oder durch Rücknahme des Hauptantrags oder der Beschwerde. Eine Ausnahme muss allerdings in Fusionskontrollverfahren dann gelten, wenn eine Fusionskontrollanmeldung mit dem Ziel zurückgenommen wurde, den Zusammenschluss im Anschluss in identischer oder modifizierter Form erneut anzumelden und auf diese Weise den Fristlauf faktisch zu verlängern. Gleiches gilt, wenn die Fusionskontrollanmeldung von den anmeldenden Parteien so maßgeblich modifiziert wird, dass dies einer Rücknahme und Neuanmeldung gleichkommt. In diesen Fällen sollte die Beiladung auch in Bezug auf das erneut angemeldete bzw. modifizierte Zusammenschlussvorhaben fortwirken und die Stellung eines erneuten Beiladungsantrags entbehrlich sein.[149]

41   Im Falle einer erfolgreichen Anfechtung endet die Beiladung ex nunc mit der **Aufhebung** der Beiladungsverfügung.[150] Für die Rücknahme einer rechtswidrigen Beiladungsverfügung durch die Kartellbehörde gilt § 48 VwVfG.[151] Eine rechtmäßige Beiladung kann nur widerrufen worden, wenn die Beiladung erschlichen wurde oder neu bekannt gewordene Tatsachen eine Ablehnung rechtfertigen würden.[152]

C. Ermittlungsbefugnisse

I. Untersuchungsgrundsatz

42   Nach § 57 Abs. 1 GWB kann die Kartellbehörde alle Ermittlungen führen und alle Beweise erheben, die erforderlich sind. § 57 GWB schreibt damit für das Kartellverwaltungsverfahren den **Untersuchungsgrundsatz** vor. Entgegen dem Gesetzeswortlaut, der durch die Formulierung „kann ... alle Ermittlungen führen", ein Ermessen der Kartellbehörde bei der Sachverhaltsermittlung nahelegt, besteht wie im allgemeinen Verwaltungsverfahren nach § 24 VwVfG eine umfassende **Sachaufklärungspflicht** der Kartellbehörden.[153] Die Kartellbehörden haben danach von Amts wegen alle entscheidungserheblichen Tatsachen zu ermitteln, und sie trifft im Grundsatz die materielle Beweislast für das Vorliegen der Eingriffsvoraussetzungen. Den Kartellbehörden ist es dabei unbenommen, etwaige Anregungen der Beteiligten aufzunehmen, sie sind aber an das Vorbringen der Beteiligten grundsätzlich nicht gebunden.[154] Soweit Anregungen der Beteiligten zur Aufklärung des Sachverhalts beitragen, ist ihnen im Rahmen der Sachaufklärungspflicht nachzugehen.[155]

---

[148] KG Beschl. v. 17.12.1985 – Kart 64/85, WuW/E OLG 3730 (3731); Loewenheim/Meessen/Riesenkampf/*Becker* GWB § 54 Rn. 19; MüKoGWB/*Ost* § 54 Rn. 10.
[149] Vgl. MüKoGWB/*Dubberstein* § 40 Rn. 35.
[150] Immenga/Mestmäcker/*Bach* GWB § 54 Rn. 54.
[151] Immenga/Mestmäcker/*Bach* GWB § 54 Rn. 54 hält die Rücknahme einer widerrechtlich ausgesprochenen Beiladung sogar für rechtlich geboten.
[152] Immenga/Mestmäcker/*Bach* GWB § 54 Rn. 54 mwN.
[153] BGH Beschl. v. 21.2.1995 – KVR 10/94, WuW/E BGH 2990 (2993) – Importarzneimittel; MüKoGWB/*Engelsing* § 57 Rn. 2; Immenga/Mestmäcker/*K. Schmidt* GWB § 57 Rn. 3.
[154] Vgl. KG Beschl. v. 25.6.1968 – Kart V 22/67, WuW/E OLG 891 (895) – IGZ; Loewenheim/Meessen/Riesenkampf/*Becker* GWB § 57 Rn. 1.
[155] Wiedemann/*Klose* HdB KartellR § 53 Rn. 105.

Der Untersuchungsgrundsatz gilt für alle Verfahrensarten und damit auch für Antragsverfahren. Deshalb tragen die Beteiligten selbst im Antragsverfahren keine formelle Darlegungs- und Beweislast.[156] Die Beteiligten unterliegen aber **Mitwirkungsobliegenheiten** (§ 26 Abs 2 VwVfG), die der Sachaufklärung dienen und den Umfang der Ermittlungspflicht einschränken. Mitwirkungsobliegenheiten bestehen vor allem in den Fällen, in denen das Gesetz den Unternehmen ausdrücklich eine Beweislast auferlegt oder eine Beweislastumkehr vorsieht.[157] Demgegenüber gibt es grundsätzlich keine erzwingbare Pflicht der Beteiligten zur Mithilfe bei Ermittlungen der Kartellbehörde.[158] Eine formale Mitwirkungspflicht besteht nur in ausdrücklich gesetzlich festgelegten Fällen. Dies gilt für die Pflichtangaben in einer Fusionskontrollanmeldung gem. § 39 Abs. 3 GWB sowie bei der Beantwortung von Auskunftsverlangen gem. § 59 Abs. 1 GWB, soweit keine Verweigerungsrechte nach § 59 Abs. 5 GWB bestehen. Dabei darf die Kartellbehörde ihre materielle Beweislast durch das Einfordern von Mitwirkungshandlungen nicht umgehen.[159] 43

Den Kartellbehörden stehen zur Erfüllung ihrer Sachaufklärungspflicht weitreichende **Ermittlungs- und Beweiserhebungsmittel** zur Verfügung. Die in der Praxis wichtigste Ermittlungsmaßnahme im Kartellverwaltungsverfahren stellt das Auskunftsverlangen (§ 59 GWB) dar. Der Kartellbehörde steht danach gegenüber Unternehmen und Unternehmensvereinigungen ein Auskunftsrecht (§ 59 Abs. 1 GWB) und ein Einsichts- und Prüfungsrecht (§ 59 Abs. 2 GWB) zu. Zudem kann die Kartellbehörde Gegenstände beschlagnahmen (§ 58 GWB) und auf Anordnung des Amtsrichters Durchsuchungen durchführen (§ 59 Abs. 4 GWB). Daneben kann die Kartellbehörde gem. § 32e GWB die Untersuchung einzelner Wirtschaftszweige und einzelner Arten von Vereinbarungen durchführen (sog Sektoruntersuchung). Für den förmlichen Beweis durch Augenschein, Zeugen und Sachverständige schreibt § 57 GWB die sinngemäße Anwendung der jeweiligen ZPO-Vorschriften vor. § 57 Abs. 3 bis 6 GWB enthalten dabei für den Zeugen- und Sachverständigenbeweis spezielle Regeln. 44

Die gesetzlich normierten Beweis- und Ermittlungsmöglichkeiten stellen keinen abschließenden Katalog dar. Daneben können sich die Kartellbehörden jeder **weiteren Erkenntnisquelle** bedienen. Hierzu kann sie formlos Personen, Unternehmen, Verbände und Behörden befragen, Ortsbesichtigungen vornehmen, sowie Unterlagen und Akten anderer Behörden beiziehen.[160] Informationen, die durch Ermittlungen (zB im Rahmen von informellen Telefongesprächen mit Dritten) gewonnen werden, sind aber stets aktenkundig zu machen.[161] 45

Die Wahl der konkreten Ermittlungsform und der Umfang der Ermittlungen steht im pflichtgemäßen Ermessen der Kartellbehörde.[162] Dabei ist der **Grundsatz der Verhältnismäßigkeit** zu beachten, dh die Maßnahmen müssen geeignet, erforderlich und auch angemessen sein. Aus dem Erforderlichkeitsgebot ergibt sich, dass die Ermittlungen nicht über das Verfahrensziel hinausgehen dürfen.[163] Zudem müssen Anlass der Ermittlungen und deren Art und Umfang in einem angemessenen Verhältnis stehen. 46

II. Auskunftsrechte

Die Kartellbehörde verfügt gem. § 59 Abs. 1 GWB über umfassende Auskunftsbefugnisse. Diese stellen für die Kartellbehörde eine der wichtigsten Instrumente zur Informationsbeschaffung dar. Danach kann die Kartellbehörde von Unternehmen und Vereinigungen von Unter- 47

---

[156] Vgl. *Bechtold/Bosch* § 57 Rn. 2; Immenga/Mestmäcker/*K. Schmidt* GWB § 57 Rn. 2.
[157] MüKoGWB/*Engelsing* § 57 Rn. 8.
[158] Immenga/Mestmäcker/*K. Schmidt* GWB § 57 Rn. 9.
[159] OLG Stuttgart Beschl. v. 25.8.2011 – 201 Kart 2/11, WuW/E DE-R 3389 (3398 f.) – Tarifwasser-Kunden.
[160] Loewenheim/Meessen/Riesenkampf/*Becker* GWB § 57 Rn. 3.
[161] Wiedemann/*Klose* HdB KartellR § 53 Rn. 106, 109.
[162] FK/*Bracher* § 57 Rn. 6.
[163] Wiedemann/*Klose* HdB KartellR §53 Rn. 105.

nehmen Auskunft über ihre wirtschaftlichen Verhältnisse sowie die Herausgabe von Unterlagen verlangen, soweit dies „zur Erfüllung der in diesem Gesetz der Kartellbehörde übertragenen Aufgaben erforderlich ist." Die Adressaten eines **förmlichen Auskunftsverlangens** trifft gem. § 59 Abs. 2 GWB eine Auskunfts- und Herausgabepflicht. Ein Verstoß gegen die Auskunfts- und Herausgabepflicht kann gem. § 81 Abs. 2 Nr. 6 GWB mit der Verhängung eines Bußgeldes geahndet werden. Neben den förmlichen Auskunftsbeschlüssen auf Basis von § 59 GWB haben **formlose Auskunftsersuchen,** dh das Anfordern von Auskünften durch formlose Verwaltungsschreiben, per email oder telefonisch, in der Praxis eine erhebliche praktische Bedeutung. Derartige formlose Auskunftsersuchen sind im Gesetz nicht geregelt und lösen mithin auch keine Auskunftspflicht oder Sanktionen aus (→ Rn. 74 f.).

1. Anwendungsbereich

48 **a) Geltung im Verwaltungsverfahren.** Der Kartellbehörde stehen die Auskunftsrechte gem. § 59 GWB zur Verfügung, soweit diese zur Erfüllung der gesetzlich übertragenen Aufgaben erforderlich sind. Insoweit kommen grundsätzlich alle Vorschriften in Betracht, die den Erlass von kartellrechtlichen Verfügungen ermöglichen.[164] Die Auskunftsrechte bestehen insoweit allerdings nur in **Verwaltungsverfahren.** Dies ergibt sich aus der systematischen Einordnung von § 59 GWB im Abschnitt „Verwaltungssachen" im dritten Teil des GWB.[165] Dies bedeutet, dass die weitgehenden Auskunftsrechte nach § 59 GWB nicht in **Ordnungswidrigkeitsverfahren** genutzt werden können. Auf die Beweiserhebung in Ordnungswidrigkeitsverfahren finden über die §§ 2, 46 Abs. 1 OWiG ausschließlich die Vorschriften der StPO Anwendung, die für Betroffene und Zeugen einen weitergehenden Rechtsschutz bieten (insbesondere durch §§ 136, 136a StPO). Die Anwendung der Auskunftsrechte des § 59 GWB ist auch im Rahmen einer Beteiligung des Bundeskartellamts in **Kartellzivilverfahren** gem. § 90 Abs. 2 GWB grundsätzlich ausgeschlossen.[166] Das Bundeskartellamt kann daher in seiner Rolle als amicus curiae keine Auskunftsverlangen an die Parteien des Rechtsstreits oder an Dritte richten. Zulässig ist es demgegenüber, wenn das Bundeskartellamt Erkenntnisse aus einem parallel laufenden Ermittlungsverfahren im Rahmen eines Zivilprozess verwertet.[167]

49 Das Auskunftsrecht steht der Kartellbehörde ab **Einleitung des Verfahrens** bis zu dessen Abschluss bzw. bis zum Eintritt der Bestandskraft ihrer Entscheidung zu.[168] Da die Einleitung eines Verwaltungsverfahrens formlos bereits durch die Aufnahme einer nach außen wirkenden Tätigkeit der Kartellbehörde erfolgt, liegt spätestens in dem Erlass eines förmlichen Auskunftsverlangens auch zugleich die Einleitung eines Verfahrens (→ Rn. 2).[169] Die Frage, ob ein förmliches Auskunftsrecht bereits im Rahmen sog Vorermittlungen besteht, etwa wenn die Kartellbehörde ein Unternehmen über den Verdacht eines Kartellverstoßes informiert und insoweit formlos zu einer Stellungnahme auffordert, spielt daher in der Praxis keine Rolle.

50 Das Auskunftsrecht gem. § 59 Abs. 1 GWB endet mit dem **Abschluss des Verwaltungsverfahrens** durch Erlass eines Verwaltungsaktes oder durch Einstellung des Verfahrens (→ Rn. 145 ff.).[170] Im Falle einer Einstellung durch Erledigung sollen allerdings Ermittlungen zur Feststellung der Tatsache, ob eine Erledigung tatsächlich eingetreten ist, noch möglich sein.[171] Kein Auskunftsrecht besteht demgegenüber mehr, wenn in einem Antragsverfahren der Antrag zurückgenommen wurde und das Verfahren damit beendet ist. Wird das Verwaltungsverfahren mit einer Verfügung abgeschlossen, hat die Kartellbe-

---

[164] Immenga/Mestmäcker/*Klaue* § 59 Rn. 7.
[165] MüKoGWB/*Barth* § 59 Rn. 2; Loewenheim/Meessen/Riesenkampf/*Becker* GWB § 59 Rn. 1; Bechtold/Bosch § 59 Rn. 2: Immenga/Mestmäcker/*Klaue* § 59 Rn. 5.
[166] Langen/Bunte/*Schneider* GWB § 59 Rn. 2; Immenga/Mestmäcker/*Klaue* § 59 Rn. 7.
[167] KG Beschl. v. 27.3.1981 – Kart 15/81, WuW/E OLG 2446 (2447) – Heizölhandel.
[168] MüKoGWB/*Barth* § 59 Rn. 4; Loewenheim/Meessen/Riesenkampf/*Becker* GWB § 59 Rn. 2.
[169] MüKoGWB/*Barth* § 59 Rn. 4.
[170] Immenga/Mestmäcker/*Klaue* § 59 Rn. 9.
[171] MüKoGWB/*Barth* § 59 Rn. 5.

hörde die Befugnisse des § 59 GWB auch noch während eines laufenden Beschwerde- und Rechtsbeschwerdeverfahrens. Die Kartellbehörde kann danach auch noch während eines Rechtsmittelverfahrens sowohl gegenüber dem Beschwerdeführer als auch gegenüber Dritten Auskunftsbeschlüsse erlassen, soweit diese für das Rechtsmittelverfahren relevant sein können und auf ein zulässiges Nachschieben von Gründen gerichtet sind.[172] Zur Sachaufklärung kann zudem das Beschwerdegericht im Rahmen des Beschwerdeverfahrens Auflagenbeschlüsse zur Durchführung weiterer Ermittlungen durch die Kartellbehörde erlassen.[173] Das dem Verwaltungsverfahren nachgelagerte Auskunftsrecht durchbricht damit den prozessualen Grundsatz der „Waffengleichheit" im Rechtsmittelverfahren.[174]

Die Beschränkung der Auskunftsrechte gem. § 59 GWB auf das Verwaltungsverfahren steht einer nachträglichen Verwertung von Erkenntnissen bei einem späteren **Wechsel in ein Bußgeldverfahren** nicht entgegenstehen.[175] Ein Wechsel von einem Verwaltungsverfahren in ein Bußgeldverfahren ist danach unter Verwendung der bereits im Verwaltungsverfahren gewonnenen Informationen grundsätzlich möglich. Ein ausreichender Schutz des Betroffenen ist allerdings nur gegeben und eine Verwertung daher nur zulässig, wenn die auskunftspflichtige Person über ihr Auskunftsverweigerungsrecht gem. § 59 Abs. 5 GWB ordnungsgemäß belehrt worden ist.[176] Demgegenüber können Informationen, die durch ein Auskunftsverlangen von einem Dritten erlangt worden sind, auch ohne Einschränkungen in einem Bußgeldverfahren gegen den Betroffenen verwendet werden. Ein umfassendes Verwertungsverbot muss allerdings dann bestehen, wenn die Kartellbehörde die Auskunftsrechte nach § 59 GWB gezielt zur Vorbereitung eines späteren Bußgeldverfahrens nutzt.[177] 51

b) Gleichrangigkeit der Maßnahmen. Das Auskunftsrecht gem. § 59 Abs. 1 Nr. 1 und 2 GWB steht gleichrangig neben den in Abs. 1 Nr. 3 geregelten Nachprüfungsbefugnissen und den Betretungs- und Durchsuchungsrechten gem. Abs. 3 und 4. Dies bedeutet, dass die Kartellbehörde grundsätzlich nicht gehalten ist, zuerst Auskunftsbeschlüsse und erst danach Nachprüfungen durchzuführen[178] oder Auskunftsverlangen zunächst nur an den Betroffenen und nicht sofort an Dritte zu richten.[179] Bei der Entscheidung über ein Ermittlungsinstrument ist allerdings stets der Verhältnismäßigkeitsgrundsatz zu beachten.[180] Daraus folgt, dass die Kartellbehörde von mehreren gleichermaßen geeigneten Ermittlungsmaßnahmen diejenige zu wählen hat, die den Betroffenen am wenigsten belastet.[181] Die Einsichtnahme vor Ort bedarf mithin regelmäßig einer besonderen Rechtfertigung.[182] 52

2. Berechtigte Behörden

Die Auskunftsrechte gem. § 59 Abs. 1 GWB stehen grundsätzlich allen Kartellbehörden, dh Bundeskartellamt, Landeskartellbehörden und Bundeswirtschaftsministerium zu, soweit 53

---

[172] KG Beschl. v. 10.2.1982 – Kart 52/81, WuW/E OLG 2767 (2769); MüKoGWB/*Barth* § 59 Rn. 5; Bechtold/Bosch § 59 Rn. 9; Wiedemann/*Klose* HdB KartellR § 52 Rn. 7.
[173] BGH Beschl. v. 24.6.2003 – KVR 14/01, WuW/E DE-R 1163 (1167) – HABET/Lekkerland.
[174] Bechtold/Bosch § 59 Rn. 9; vgl. aber KG Beschl. v. 10.2.1982 – Kart 52/81, WuW/E OLG 2767 (2770); aA auch Wiedemann/*Klose* HdB KartellR § 52 Rn. 7, der das Prinzip der Waffengleichheit nicht verletzt sieht.
[175] MüKoGWB/*Barth* § 59 Rn. 2; Immenga/Mestmäcker/*Klaue* § 59 Rn. 10; Wiedemann/*Klose* HdB KartellR § 52 Rn. 6.
[176] Ebenso FK/*zur Nieden* § 59 Rn. 11; MüKoGWB/*Barth* § 59 Rn. 2; Grützner/Reimann/Wissel 42; enger dagegen Bechtold/Bosch § 59 Rn. 2, der bereits jede belastende Information einem Verwertungsverbot unterwirft, zu deren Erteilung der Betroffene nicht verpflichtet gewesen wäre; aA offenbar Immenga/Mestmäcker/*Klaue* § 59 Rn. 10; Wiedemann/*Klose* HdB KartellR § 52, Rn. 6.
[177] MüKoGWB/*Barth* § 59 Rn. 2; Immenga/Mestmäcker/*Klaue* § 59 Rn. 10.
[178] KG Beschl. v. 4.2.1981 – Kart 5/81, WuW/E OLG 2433 (2434) – Metro-Kaufhof.
[179] KG Beschl. v. 12.5.1981 – Kart 22/81, WuW/E OLG 2613 – Olga Tschechowa.
[180] Bechtold/Bosch § 59 Rn. 3; FK/*zur Nieden* § 59 Rn. 24.
[181] OLG Düsseldorf Beschl. v. 4.5.2011 – Kart 7/10, WuW/E DE-R 3320 (3328) – Hörgeräteakustiker; KG Beschl. v. 13.11.1981 – Kart 36/81, WuW/E OLG 2607 (2610) – Raffinerie-Abnahmepreis.
[182] *Krauß*, FIW-Schriftenreihe „Schwerpunkte des Kartellrechts 2013", Heft 246, 71, 74.

diese jeweils für die übertragene Aufgabe zuständig sind. Damit folgt die Zuständigkeit für den Erlass von Auskunftsverlangen der Zuständigkeitsverteilung gem. § 48 Abs. 2 GWB. Soweit die Kartellbehörde für das Verfahren nicht zuständig ist, muss das Verfahren ggf. vor Erlass eines Auskunftsverlangens gem. § 49 Abs. 2 oder 3 GWB verwiesen werden.[183]

3. Allgemeine Voraussetzungen

54 **a) Anfangsverdacht.** Voraussetzung für den Erlass eines Auskunftsverlangens ist zunächst das Vorliegen eines auf konkrete Tatsachen gestützten **Anfangsverdachts** über einen kartellrechtlichen Tatbestand, der die Kartellbehörde zum Eingreifen berechtigen könnte.[184] Die Rechtsprechung stellt insoweit weder an die tatsächliche Würdigung des Sachverhalts noch an seine rechtliche Einordnung strenge Anforderungen. Erforderlich, aber auch ausreichend ist danach ein schlüssiges **Ermittlungskonzept,** das in Bezug auf die tatsächlichen Verdachtsmomente und die rechtliche Einordnung des Geschehens vertretbar erscheint.[185] Dies setzt weder in tatsächlicher noch in rechtlicher Hinsicht den für den Erlass einer Verfügung notwendigen Erkenntnisstand voraus. Ein Anfangsverdacht kann sich aus allen der Kartellbehörde zugänglichen Erkenntnisquellen einschließlich Presseberichten[186] ergeben. Insoweit ist auch kein dringender Tatverdacht erforderlich, die Ermittlungen dürfen aber nicht „ins Blaue hinein" erfolgen und nur dazu dienen festzustellen, ob überhaupt ein Verdacht vorliegt.[187] In Bezug auf die rechtliche Einordnung kommt es grundsätzlich auf die Rechtsauffassung der Kartellbehörde an. Nur soweit diese offensichtlich unvertretbar ist[188] oder ihr „jegliche Plausibilität" fehlt,[189] kann es an einem Auskunftsrecht fehlen. Dabei können sogar entgegenstehende höchstrichterliche Entscheidungen die Vertretbarkeit einer abweichenden Rechtsauffassung der Kartellbehörde nicht ausschließen, wenn diese zB auf veränderte Umstände oder sonstige nachvollziehbare Gründe gestützt ist.[190] Demgegenüber scheiden Auskunftsverlangen aus, wenn auf Basis der bereits vorliegenden Erkenntnisse bereits feststeht, dass zumindest ein Tatbestandsmerkmal der kartellrechtlichen Eingriffsnorm nicht erfüllt ist[191] und es daher nicht zum Erlass einer kartellrechtlichen Verfügung kommen kann.

55 **b) Erforderlichkeit.** Die Kartellbehörde kann gem. § 59 Abs. 1 S. 1 GWB Auskünfte verlangen, soweit es zur Erfüllung der ihr gesetzlich übertragenen Aufgaben erforderlich ist. Die Befugnis, Auskünfte zu verlangen, ist damit durch das Ermittlungsziel und durch die Erforderlichkeit der verlangten Auskünfte beschränkt.[192]

56 Das **Ermittlungsziel** und die verlangten Auskünfte müssen auf die Feststellung von Tatsachen gerichtet sein, die den Tatbestand oder einzelne **Tatbestandsmerkmale einer Sachnorm** erfüllen und damit eine zu erlassende Verfügung rechtfertigen können.[193] Insoweit kommen grundsätzlich alle materiellen Vorschriften außerhalb des § 59 GWB in Betracht, über deren Anwendung in einer Verfügung zu entscheiden ist, dh insbesondere die §§ 32 ff. i.Vm. §§ 1 bis 21, 29 GWB sowie Art. 101, 102 AEUV (bei Verdacht von Kartellverstößen und im Rahmen der Missbrauchsaufsicht), die §§ 24 ff. GWB (in Verfah-

---

[183] Immenga/Mestmäcker/*Klaue* § 59 Rn. 14.
[184] OLG Düsseldorf Beschl. v. 11.6.2003 – Kart 7/03, WuW/DE-R 1179 (1180) – Stromcontracting mwN.
[185] OLG Düsseldorf Beschl. v. 11.6.2003 – Kart 7/03, WuW/DE-R 1179 (1180) – Stromcontracting; OLG Düsseldorf Beschl. v. 4.6.2006 – Kart 6/06, WuW/DE-R 1861 (1863) – Kalksandstein.
[186] KG Beschl. v. 28.3.1990 – Kart 8/88, WuW/E OLG 4556 (4557) – Axel Springer.
[187] KG Beschl. v. 30.11.1977 – Kart 14/77, WuW/E OLG 1961 (1964) – Flugunion.
[188] MüKoGWB/*Barth* § 59 Rn. 7 mwN.
[189] KG Beschl. v. 19.5.1999 – Kart 22/99, WuW/E DE-R 343 – WAZ/OTZ; KG Beschl. v. 19.5.1999 – Kart 26/99, WuW/E DE-R 386 (387) – Abo- und Tageszeitungen.
[190] Wiedemann/*Klose* HdB KartellR § 52 Rn. 16.
[191] KG Beschl. v. 12.6.1981 – Kart 18/81, WuW/E OLG 2517 (2518); OLG München Beschl. 22.7.1982 – Kart 6/82, WuW/E OLG 2738 (2739) – Wertkauf.
[192] OLG Düsseldorf Beschl. v. 11.6.2003 – Kart 7/03, WuW/DE-R 1179 (1180) – Stromcontracting.
[193] OLG München Beschl. v. 23.6.1997 – Kart 11/97, WuW/E OLG 5859 – Gaspreisermittlungen.

ren zur Anerkennung von Wettbewerbsregeln), § 30 GWB (im Rahmen der Missbrauchsaufsicht über Preisbindungen) sowie schließlich die §§ 35 ff. GWB (in Fusionskontrollverfahren). Darüber hinaus können außerhalb konkreter Verwaltungsverfahren Auskunftsverlangen über § 32 e Abs. 4 iVm § 59 GWB auch im Rahmen der Untersuchung einzelner Wirtschaftszweige und einzelner Vereinbarungen eingeholt werden (Sektoruntersuchung). Demgegenüber kann die Kartellbehörde keine Auskünfte für einen außerkartellrechtlichen Zweck verlangen. Die verlangten Auskünfte müssen daher zur Prüfung und für die aktuelle Anwendung einer konkreten kartellrechtlichen Norm benötigt werden.[194] Tatsachen und Umstände, deren Kenntnisse wegen Zeitablaufs keine Bedeutung mehr haben, um das Vorliegen einer kartellrechtlichen Sachnorm zu bestätigen oder auszuräumen, können durch Auskunftsverlangen nicht (mehr) ermittelt werden.[195] Umgekehrt ist auch die Ermittlung von sog Vorratsinformationen oder die Erhebung allgemeiner Auskünfte (etwa zur Feststellung einer marktbeherrschenden Stellung) unzulässig, soweit diese nicht für ein konkretes Verfahren von Bedeutung sind.[196]

Mit Blick auf das Ermittlungsziel müssen das Ermittlungskonzept als solches und die einzelnen Auskunftsanordnungen zur Erreichung des legitimen Ermittlungsziels erforderlich sein. Bei der Beurteilung der **Erforderlichkeit** der verlangten Auskünfte steht der Kartellbehörde ein weites Ermessen zu.[197] Nach der Rechtsprechung ist eine Auskunft erforderlich, wenn die Auskunft bei Anlegung eines großzügigen Maßstabes geeignet erscheint, den bestehenden Verdacht zu bestätigen oder auszuräumen.[198] Das Mittel des Auskunftsverlangens stellt ein zentrales Gestaltungselement der Ermittlungen dar, so dass das Gericht der Kartellbehörde grundsätzlich nicht vorgeben kann, welche Ermittlungen sie anzustellen und welche sie zu unterlassen hat.[199] Daher ist es auch grundsätzlich ausreichend, dass die Annahme der Erforderlichkeit der Auskunftsanordnungen insgesamt sowie im Einzelnen mit Blick auf das erforderliche Ermittlungskonzept der Kartellbehörde vertretbar ist.[200] 57

Aus dem weiten Ermessen der Kartellbehörde bei der Bestimmung der erforderlichen Auskünfte folgt, dass die verlangten Informationen für die Beurteilung des Sachverhalts nicht entscheidend sein müssen. Vielmehr genügt es zur Rechtfertigung des Auskunftsverlangens, dass von ihm zumindest ein **mitwirkender Beitrag** zur Sachverhaltsaufklärung zu erwarten ist[201] und die Kartellbehörde die Kenntnis der Tatsachen für die Prüfung der kartellrechtlichen Tatbestandsvoraussetzungen benötigt.[202] Zudem ist die Kartellbehörde grundsätzlich weder gehindert noch verpflichtet,[203] den Sachverhalt zur Prüfung aller einschlägigen Tatbestandsvoraussetzungen gleichzeitig zu ermitteln. Im Interesse einer ökonomischen Verfahrensführung kann es allerdings geboten sein, die Ermittlungen mehrstufig abzuschichten und zunächst auf das Vorliegen einfacher und mit geringerem Aufwand feststellbarer Tatbestandsvoraussetzungen zu beschränken, um bei Nichtvorlie- 58

---

[194] Immenga/Mestmäcker/*Klaue* § 59 Rn. 20; *Bechtold*/*Bosch* § 59 Rn. 6.
[195] OLG München Beschl. v. 23.6.1997 – Kart 11/97, WuW/E OLG 5859 – Gaspreisermittlungen.
[196] OLG Düsseldorf Beschl. v. 6.4.2006 – Kart 6/06, WuW/E DE-R 1861 (1863) – Kalksandstein.
[197] OLG Düsseldorf Beschl. v. 22.1.2003 – Kart 39/02 (V), VI-Kart 39/02 (V), WuW/E DE-R 1067 (1068) – Stromnetz Darmstadt.
[198] OLG München Beschl. v. 23.6.1997 – Kart 11/97, WuW/E OLG 5859 – Gaspreisermittlungen; KG Beschl. v. 18.6.1971 – Kart 3/71, WuW/E OLG 1189 (1190) – Import-Schallplatten.
[199] OLG Düsseldorf Beschl. v. 17.9.2012 – VI-2 Kart 3/12 (V), WuW/E DE-R 3799 (3800) – Auskunftsbefugnis; OLG Düsseldorf Beschl. v. 27.4.2001 – Kart 19/01 (V), WuW/E DE-R 677 (678) – Müllverbrennungsanlage.
[200] OLG Düsseldorf Beschl. v. 27.4.2001 – Kart 19/01 (V), WuW/E DE-R 677 (678) – Müllverbrennungsanlage; OLG Düsseldorf Beschl. v. 11.6.2003 – Kart 7/03, WuW/DE-R 1179 (1180) – Stromcontracting.
[201] OLG Düsseldorf Beschl. v. 27.4.2001 – Kart 19/01 (V), WuW/E DE-R 677 (680) – Müllverbrennungsanlage.
[202] KG Beschl. v. 18.11.1985 – 1 Kart 32/85, WuW/E OLG 3721 (3726) – Coop/Wandmaker.
[203] KG Beschl. v. 29.1.1971 – Kart 11/70, WuW/E OLG 1160 (1164) – Haushaltspanels; Immenga/Mestmäcker/*Klaue* § 59 Rn. 21.

gen dieser Voraussetzungen von weiteren aufwendigeren Ermittlungen absehen zu können.[204]

59 Eine Auskunftsanordnung ist nur dann erforderlich, wenn kein **milderes Mittel** vorhanden ist, das gleich geeignet ist, um eine Prüfung der Tatbestandsvoraussetzungen der einschlägigen Sachnorm vornehmen zu können.[205] Tatsachen, die offenkundig oder bereits amtsbekannt sind, dürfen danach grundsätzlich nicht zum Gegenstand eines Auskunftsverlangens gemacht werden.[206] Dies gilt zB dann, wenn die betreffenden Informationen durch ein formloses Auskunftsersuchen oder im Rahmen eines anderen Verwaltungsverfahrens bereits erhoben wurden, es sei denn es besteht ein begründeter Verdacht, dass die vorliegenden Auskünfte nicht richtig oder unvollständig gegeben wurden.[207] Gleiches gilt auch für öffentlich zugängliche Informationen, die von der Kartellbehörde im Grundsatz ebenfalls nicht durch Auskunftsverlangen angefordert werden können. Allerdings kann eine Erforderlichkeit gegeben sein, wenn der Auskunftspflichtige die verlangten Informationen bereits besitzt und ohne besondere Mühe und Belastung zur Verfügung stellen könnte, während die Kartellbehörde zur anderweitigen Erlangung umfangreiche Untersuchungen mit erheblichen Kosten vornehmen müsste.[208] Von praktischer Bedeutung ist insoweit insbesondere die verlangte Herausgabe von öffentlich zugänglichen, aber häufig sehr teuren **Marktstudien.** Nach der ausdrücklichen Ausdehnung der Herausgabepflicht gem. § 59 Abs. 1 S. 1 Nr. 1 GWB im Rahmen der 7. GWB-Novelle 2005 auf allgemeine, im Besitz des Auskunftspflichtigen befindliche Marktstudien kann die Erforderlichkeit allerdings nur noch ausnahmsweise verneint werden, wenn es am erforderlichen Bezug zum Ermittlungsziel fehlt. Insoweit dürfte es ungeachtet etwaiger Lizenzbeschränkungen regelmäßig nicht genügen, die Kartellbehörde auf die entsprechende Fundstelle bzw. den eigenen Erwerb der Studie zu verweisen.[209]

60 **c) Verhältnismäßigkeit.** Neben der nötigen Erforderlichkeit muss das Auskunftsverlangen verhältnismäßig ieS sein, dh es darf nicht außer Verhältnis zu dem verfolgten Ermittlungsziel stehen. Danach hat die Kartellbehörde zwar unnötigen und unverhältnismäßigen Aufwand für den Betroffenen zu vermeiden, für die Beantwortung geeigneter und erforderlicher Auskunftsverlangen müssen aber grundsätzlich auch **erhebliche Belastungen** hingenommen werden. Daher führt auch erheblicher finanzieller oder zeitlicher Aufwand für den Adressaten des Auskunftsverlangens nicht zur Unverhältnismäßigkeit der geforderten Auskünfte.[210]

61 Die Verhältnismäßigkeit ist konkret anhand einer **Interessenabwägung** zu prüfen. Hierzu sind die Interessen des betroffenen Unternehmens an der Vermeidung der mit dem Auskunftsverlangen verbundenen Belastungen mit dem öffentlichen Interesse an der Aufklärung kartellrechtlich relevanter Sachverhalte abzuwägen.[211] Bei der Abwägung sind zugunsten des Unternehmens neben den unternehmensintern anfallenden Kosten und organisatorischen Belastungen, die durch den Ressourceneinsatz für die Beantwortung entstehen, auch die negativen Folgewirkungen der kartellrechtlichen Ermittlungen für die Reputation des Unternehmens (Prangerwirkung) zu berücksichtigen; dies gilt insbesonde-

---

[204] KG Beschl. v. 23.12.1982 – Kart 28/82, WuW/E OLG 2892 (2897) – Euglucon.
[205] KG Beschl. v. 13.11.1981 – Kart 36/81, WuW/E OLG 2607 (2610) – Raffinerie-Abnahmepreis.
[206] KG Beschl. v. 4.2.1981 – Kart 5/81, WuW/E OLG 2433 (2438) – Metro-Kaufhof; MüKoGWB/*Barth* § 59 Rn. 8; Immenga/Mestmäcker/*Klaue* § 59 Rn. 22.
[207] OLG München Beschl. v. 19.3.1987 – Kart 4/86, WuW/E OLG 3949 (3950) – Kathreiner; KG Beschl. v. 18.6.1971 – Kart 3/71, WuW/E OLG 1189 – Import-Schallplatten.
[208] KG Beschl. v. 29.1.1971 – Kart 11/70, WuW/E OLG 1160 – Haushaltspanels.
[209] AA Wiedemann/*Klose* HdB KartellR § 52 Rn. 17; FK/*zur Nieden* § 59 Rn. 18.
[210] KG Beschl. v. 5.5.1982 – Kart 24/81, WuW/E OLG 2965 (2966) – Haribo; KG Beschl. v. 5.3.1986 – Kart 21/85, WuW/E OLG 3821 (3822) – Coop/Wandmaker (Auskünftsbeschlüsse 2); OLG Düsseldorf Beschl. v. 4.6.2006 – Kart 6/06, WuW/E DE-R 1861 (1864) – Kalksandstein.
[211] OLG Düsseldorf Beschl. v. 17.9.2012 – Kart 3/12 (V), WuW/E DE-R 3799 (3803) – Auskunftsbefugnis; OLG Düsseldorf Beschl. v. 4.6.2006 – Kart 6/06, WuW/E DE-R 1861 (1864) – Kalksandstein; FK/*zur Nieden* § 59 Rn. 20.

re bei länger andauernden Verfahren.²¹² Umgekehrt ist bei der Bewertung des Aufklärungsinteresses der Allgemeinheit auch das Interesse der betroffenen Branche an einem funktionierenden Wettbewerb einzubeziehen.²¹³

Danach kann dem Unternehmen grundsätzlich zugemutet werden, in Bezug auf den eigenen Geschäftsbetrieb auch selbst Recherchen durchzuführen und insoweit internen **Arbeitsaufwand** zu betreiben.²¹⁴ Der Auskunftspflichtige kann aber nach hier vertretener Auffassung nur verpflichtet sein, im Unternehmen bereits vorhandene Informationen zu ermitteln und beizubringen. Demgegenüber dürfte es unverhältnismäßig sein, wenn das Unternehmen über die verlangten Informationen nicht verfügt, sondern diese zB selbst erst durch aufwändige Auswertungen beschaffen bzw. erstellen muss (zB selbst erst Kundenbefragungen, technische Messungen oder sonstige ansonsten betrieblich nicht benötigte Auswertungen durchführen müsste).²¹⁵ Bei besonders arbeitsaufwändigen Fragen empfiehlt es sich in der Praxis, mit der Kartellbehörde eine einvernehmliche Einigung dahingehend zu suchen, dass bestimmte Informationen ggf. nicht oder nur in geringerem Umfang zur Verfügung gestellt werden müssen oder auf repräsentative Angaben beschränkt werden können. 62

Ein Auskunftsverlangen wird nicht dadurch unverhältnismäßig, dass sich die Kartellbehörde nicht zuerst an das betroffene Unternehmen wendet, sondern unmittelbar an einen Dritten (→ Rn. 67).²¹⁶ Auch die Vorgabe einer bestimmten **Form der Angaben** führt grundsätzlich nicht zu einer Unverhältnismäßigkeit. Unklar war zwar bis zur 8. GWB Novelle 2013, ob die auskunftspflichtigen Unternehmen verpflichtet werden können, die Auskünfte in einer bestimmten Form (zB als Tabelle oder in elektronischer Form) zur Verfügung zu stellen.²¹⁷ Nach § 59 Abs. 1 S. 3 GWB ist nunmehr allerdings klargestellt, dass die Kartellbehörde eine bestimmte Form vorgeben kann. Zur Bewältigung größerer Datenmengen kann daher zB die Verwendung von Tabellen sowie die elektronische Übermittlung von Daten verlangt werden. Bei elektronisch zu übermittelnden Angaben kann die Kartellbehörde zudem die Verwendung einer Internetplattform zur Eingabe der Angaben vorgeben. Dies entspricht der bereits gängigen Praxis der EU-Kommission im Rahmen von Fusionskontrollverfahren. Damit soll der verbundene Aufwand sowohl für das Bundeskartellamt als auch für die betroffenen Unternehmen erheblich reduziert werden.²¹⁸ Ob dies tatsächlich der Fall sein wird, hängt maßgeblich von der Ausgestaltung der vom Bundeskartellamt verwendeten Internetplattform, dessen Nutzerfreundlichkeit sowie dem Umstand ab, inwieweit die verlangten Daten im Unternehmen im vorgegebenen Format tatsächlich vorhanden sind oder Daten ggf. erst entsprechend transformiert werden müssen. Zudem würde eine Verpflichtung zur unverschlüsselten Versendung von Angaben mit Betriebs- und Geschäftsgeheimnissen Bedenken begegnen.²¹⁹ 63

4. Adressaten, Auskunftsverpflichtete

Die Kartellbehörde kann gem. § 59 Abs. 1 S. 1 GWB Auskünfte von **Unternehmen und Vereinigungen von Unternehmen** verlangen. Wie die Rechtsprechung jüngst 64

---

[212] OLG Düsseldorf Beschl. v. 22. 1. 2003 – Kart 39/02 (V), VI-Kart 39/02 (V), WuW/DE-R 1067 (1069) – Stromnetz Darmstadt.
[213] KG Beschl. v. 5. 5. 1982 – Kart 24/81, WuW/E OLG 2965 (2967) – Haribo.
[214] KG Beschl. v. 12. 9. 1985 – Kart 24 u. 28/85, WuW/E OLG 3542 – Aldi.
[215] Siehe aber OLG Brandenburg Beschl. v. 11. 9. 2012 – Kart W 2/12, WuW/E DE-R 3717 (3720) – Wasser- und Abwasserzweckverband, das die Beauftragung eines mit der Betriebsführung beauftragten externen Dienstleisters zur Datenerhebung für zumutbar hält.
[216] KG Beschl. v. 10. 3. 1981 – Kart 6/78, WuW/E OLG 2441 (2444) – Schulbuchvertrieb; KG Beschl. v. 5. 5. 1982 – Kart 24/81, WuW/E OLG 2965 (2967) – Haribo; KG Beschl. v. 4. 6. 1982 – Kart 19/82, WuW/E OLG 2713 (2715) – Trinkmilch.
[217] Bejahend OLG Brandenburg Beschl. v. 11. 9. 2012 – Kart W 2/12, WuW/E DE-R 3717 (3721) – Wasser- und Abwasserzweckverband; im Interesse einer möglichst effizienten Verfahrensführung ebenso befürwortend MüKoGWB/*Barth* § 59 Rn. 16.
[218] Gesetzesbegründung, BT-Drs. 17/9852, 32.
[219] Vgl. OLG Brandenburg Beschl. v. 11. 9. 2012 – Kart W 2/12, WuW/E DE-R 3717 (3721) – Wasser- und Abwasserzweckverband.

klargestellt hat, können dabei auch öffentlich-rechtliche Körperschaften oder Unternehmen mit öffentlich-rechtlicher Beteiligung unabhängig von einer öffentlich-rechtlichen Ausgestaltung des Leistungsverhältnisses auskunftspflichtig sein.[220]

65 Nur eingeschränkte Ermittlungsbefugnisse bestehen gem. § 59 Abs. 1 S. 2 GWB gegenüber **Wirtschafts- und Berufsvereinigungen,** von denen die Kartellbehörde lediglich Auskünfte und die Herausgabe von Unterlagen verlangen kann in Bezug auf ihre (eigene) Tätigkeit, Satzung, Beschlüsse sowie Anzahl und Namen ihrer Mitglieder, für die die Beschlüsse bestimmt sind. Wirtschafts- und Berufsvereinigungen sind Verbände, die auf Grundlage freiwilliger Mitgliedschaft organisiert sind und die umfassende Förderung der gemeinsamen wirtschaftlichen, berufsständischen und sozialen Interessen ihre Mitglieder einschließlich der Vertretung nach außen und nicht die Verfolgung von Einzelinteressen zum Gegenstand haben.[221] Nicht zu den Wirtschafts- und Berufsvereinigungen gehören aufgrund bestehender Mitgliedschaftspflicht Anwalts-, Notar-, Apotheker-, Ärzte- und Architektenkammern.[222]

66 Innerhalb der Unternehmen bzw. Vereinigungen sind die in Abs. 2 genannten **natürlichen Personen** auskunftspflichtig. Im Falle eines Einzelunternehmens sind danach deren Inhaber und ihre Vertreter, dh ein gesetzlicher Vertreter oder eine mit der Geschäftsführung insgesamt betraute Person (Generalbevollmächtigter), nicht aber Prokuristen und Handlungsbevollmächtigte zur Auskunft verpflichtet.[223] Bei juristischen Personen, Gesellschaften und nicht rechtsfähigen Vereinigungen sind die nach Gesetz oder Satzung zur Vertretung berufenen Personen, dh in der Regel Geschäftsführer und Vorstände, zur Auskunft verpflichtet. Auch wenn in der Praxis die danach verantwortlichen Personen die Erfüllung der Auskunftspflicht häufig an nachgeordnete Mitarbeiter delegieren, kommt dieser Regelung praktische Bedeutung insoweit zu, als die Auskunftspflichtigen die Bußgelddrohung gem. § 81 Abs. 2 Nr. 6 GWB trifft. Demgegenüber besteht keine Auskunftspflicht von Privatpersonen, die über keine Unternehmenseigenschaft im Sinne des GWB verfügen. Diese können nur als Zeugen gem. § 57 GWB vernommen werden.

67 Die Auskunftspflicht ist nicht auf die Beteiligten des Hauptverfahrens bzw. auf Unternehmen beschränkt, gegen die die Kartellbehörde wegen des Verdachts eines Kartellverstoßes ermittelt. Vielmehr kann die Kartellbehörde im Rahmen der Verhältnismäßigkeit auch **Auskünfte von unbeteiligten Dritten** verlangen.[224] Es liegt im pflichtgemäßen Ermessen der Kartellbehörde, ob sie sich zunächst nur an die unmittelbar betroffenen Unternehmen wendet und Auskünfte bei Dritten nur einholt, soweit diese bei dem betroffenen Unternehmen nicht oder nicht ohne weiteres zu erhalten waren, oder ob sie sich im Interesse zügiger Ermittlungen auch parallel an dritte Unternehmen wendet.[225] Richtet die Kartellbehörde einen Auskunftsbeschluss an einen Dritten, sind die Beteiligten des Hauptverfahrens nicht zu beteiligen, da es sich um ein Nebenverfahren handelt.[226] Die Beteiligten des Hauptverfahrens erhalten daher weder rechtliches Gehör noch wird ihnen

---

[220] BGH Beschl. v. 18.10.2011 – KVR 9/11, WuW/E DE-R 3497 (3499) – Niederbarnimer Wasserverband; OLG Frankfurt Beschl. v. 20.9.2011 – 11 W 24/11, WUW/E DE-R 3525 (3527 f.) – Rekommunalisierung.
[221] BGH Beschl. v. 1.12.1989 – KVR 2/84, WuW/E BGH 2191 (2192) – Schwarzbuntzüchter; MüKoGWB/*Barth* § 59 Rn. 11.
[222] OLG Celle Entsch. v. 15.5.1985 – 13 W (Kart) V 3/84, WuW/E OLG 3535 (3536) – Apothekenwerbung für Randsortiment.
[223] Wiedemann/*Klose* HdB KartellR § 52 Rn. 10.
[224] KG Beschl. v. 19.2.1980 – Kart 6/78, WuW/E OLG 2441 (2445) – Schulbuchvertrieb; KG Beschl. v. 5.5.1982 – Kart 24/81, WuW/E OLG 2965 (2967) – Haribo; KG Beschl. v. 4.6.1982 – Kart 19/82, WuW/E OLG 2713 (2715) – Trinkmilch.
[225] KG Beschl. v. 12.5.1981 – Kart 22/81, WuW/E OLG 2613 – Olga Tschechowa; KG Beschl. v. 5.5.1982 – Kart 24/81, WuW/E OLG 2965 (2967) – Haribo.
[226] OLG Düsseldorf Beschl. v. 8.8.2001 – Kart 32/01 (V), WuW/E DE-R 723 (726) – Blitz-Tip I; MüKoGwB/*Barth* § 59 Rn. 13; Loewenheim/Meessen/Riesenkampf/*Becker* GWB § 59 Rn. 16.

der Auskunftsbeschluss zugestellt.[227] Ihnen steht gegen das an einen Dritten gerichtete Auskunftsverlangen auch kein Rechtsmittel zu.[228]

5. Umfang des Auskunftsverlangen

a) Auskunft über wirtschaftliche Verhältnisse. Die Kartellbehörde kann von Unternehmen und Unternehmensvereinigungen gem. § 59 Abs. 1 S. 1 Nr. 1 GWB Auskunft über „ihre wirtschaftlichen Verhältnisse" verlangen. Der Begriff wirtschaftliche Verhältnisse wird im Interesse der Effizienz kartellbehördlicher Ermittlungen von der Rechtsprechung sehr weit ausgelegt.[229] Die Behörde ist grundsätzlich berechtigt, sich durch eine erschöpfende Befragung ein möglichst umfassendes Bild von den wirtschaftlichen Verhältnissen zu machen.[230] Die wirtschaftlichen Verhältnisse umfassen danach sämtliche tatsächlichen Umstände aus der **gesamten betrieblichen sowie der gesellschaftsrechtlichen Sphäre** des auskunftsverpflichteten Unternehmens oder Unternehmensvereinigung.[231] In diesem Rahmen sind die Ermittlungsbefugnisse nur insoweit eingeschränkt, als die einzelnen Auskunftsanordnungen zur Erreichung eines legitimen Ermittlungsziel erforderlich und verhältnismäßig sein müssen. Die Fragen in dem Auskunftsbeschluss müssen für das adressierte Unternehmen klar und eindeutig und auf die Erlangung wettbewerblich relevanter Informationen gerichtet sein (→ Rn. 56).[232] 68

Der betrieblichen Sphäre des auskunftsverpflichteten Unternehmens zuzuordnen sind insbesondere produktbezogene Angaben wie Preise, Umsätze, Produktions- und Absatzmengen, Kalkulationen, Kosten und Erträge,[233] Geschäftsbedingungen und Angaben zu Forschung und Entwicklung, zu Produktionsverhältnissen, Vermarktung und Vertriebsstruktur sowie Angaben zu Kunden- und Lieferantenbeziehungen wie Namen, Verkaufs- und Einkaufskonditionen[234] sowie sonstige Vertrags- und Rechtsverhältnisse mit anderen Unternehmen.[235] Daneben gehören zur betrieblichen Sphäre auch Aufbau, Organisation des Unternehmens sowie innerbetriebliche Geschäftsprozesse. Der gesellschaftsrechtlichen Sphäre zuzurechnen sind alle Informationen, die sich auf die Eigentums-, Leitungs- und Einflussmöglichkeiten des betroffenen Unternehmens sowie Unternehmensverträge und Verflechtungen[236] mit anderen Unternehmen beziehen. 69

Allerdings ist das Auskunftsrecht auf die Ermittlung von **Tatsachen beschränkt** und umfasst damit **keine Wertungen** des betroffenen Unternehmens.[237] Als unzulässig angesehen wurden daher Fragen zur Einschätzung der allgemeinen Marktsituation, die sich nicht auf die unmittelbaren Umstände der Wettbewerbssituation des Adressaten beschränken.[238] Demgegenüber sind Fragen nach sog inneren Tatsachen, dh die das Handeln des Unternehmens bestimmenden Beweggründe, wie beispielsweise Angaben zu Überlegungen, Planungen, Geschäftsstrategien und Motive für ein bestimmtes Marktverhalten von der Rechtsprechung als zulässig erachtet worden.[239] Können Fragen von dem Auskunftspflichtigen nicht beantwortet werden, weil die verlangten Informationen im Unterneh- 70

---

[227] MüKoGWB/*Barth* § 59 Rn. 13.
[228] Immenga/Mestmäcker/*Klaue* § 59 Rn. 66.
[229] KG Beschl. v. 18.11.1985 – Kart 32/85, WuW/E OLG 3721 (3722) – Coop/Wandmaker; OLG Düsseldorf Beschl. v. 27.4.2001 – Kart 19/01 (V), WuW/DE-R 677 (680) – Müllverbrennungsanlage.
[230] KG Beschl. v. 30.11.1977 – Kart 14/77, WuW/E OLG 1961 (1964) – Flug-Union; KG Beschl. v. 10.3.1981 – Kart 6/78, WuW/E OLG 2441 (2444) – Schulbuchvertrieb.
[231] Immenga/Mestmäcker/*Klaue* § 59 Rn. 25.
[232] Wiedemann/*Klose* HdB KartellR § 52 Rn. 13.
[233] KG Beschl. v. 7.10.1969 – Kart 15/69, WuW/E OLG 1046 (1049) – Kopierautomaten; OLG Düsseldorf Beschl. v. 22.4.2002 – VI-Kart 2/02 (V), WuW/DE-R 914 (916) – Netznutzungsentgelt.
[234] KG Beschl. v. 18.11.1985 – Kart 32/85, WuW/E OLG 3721 (3723f.) – Coop/Wandmaker.
[235] MüKoGWB/*Barth* § 59 Rn. 20; Immenga/Mestmäcker/*Klaue* § 59 Rn. 25.
[236] OLG Düsseldorf Beschl. v. 6.4.2006 – Kart 6/06, WuW/E DE-R 1861 (1865) – Kalksandstein; KG Beschl. v. 13.11.1981 – Kart 36/81, WuW/E OLG 2607 (2609f.) – Raffinerie-Abnahmepreise.
[237] *Bechtold/Bosch* § 59 Rn. 10; Immenga/Mestmäcker/*Klaue* § 59 Rn. 25.
[238] KG Beschl. v. 18.11.1985 – Kart 32/85, WuW/E OLG 3721 (3725) – Coop/Wandmaker.
[239] KG Beschl. v. 19.2.1980 – Kart 6/78, WuW/E OLG 2441 (2444) – Schulbuchvertrieb.

men nicht vorliegen (und auch nicht ohne größeren Aufwand beschafft werden können; → Rn. 62), wird die Auskunftsanordnung damit zwar nicht unzulässig; es reicht aber zur Beantwortung die Erklärung aus, dass die angeforderten Angaben nicht bekannt sind.[240]

71 **b) Auskunft über eigene Verhältnisse.** Gem. § 59 Abs. 1 Nr. 1 GWB können Unternehmen nur verpflichtet werden, über „ihre" wirtschaftlichen Verhältnisse Auskünfte zu geben. Angaben über die wirtschaftlichen Verhältnisse Dritter kann die Kartellbehörde von dem Adressaten des Auskunftsbeschlusses daher nicht fordern,[241] sondern muss diese – soweit für die Erreichung des Ermittlungsziels erforderlich und verhältnismäßig – bei dem dritten Unternehmen direkt anfordern.[242] Es ist nach der Rechtsprechung allerdings zulässig, Adressangaben zu den gesondert zu befragenden Kunden zu verlangen.[243]

72 Eine Ausnahme von der Beschränkung der Auskunftspflicht auf Angaben zu den eigenen wirtschaftlichen Verhältnissen besteht gem. § 59 Abs. 1 S. 1 Nr. 2 GWB in Bezug **auf Unternehmen, die mit dem Auskunftspflichtigen gem. § 36 Abs. 2 GWB verbunden sind.** Die Auskunftspflicht und die Pflicht zur Herausgabe von Unterlagen schließt damit nicht nur abhängige, sondern auch herrschende Unternehmen und Schwesterunternehmen im Sinne von §§ 17, 18 AktG ein. Über die erweiterte Auskunftspflicht werden die Ermittlungsbefugnisse der deutschen Kartellbehörden insbesondere auf Konzernunternehmen mit Sitz im Ausland erweitert.[244] Voraussetzung für eine Auskunftspflicht und eine Herausgabepflicht ist allerdings, dass das befragte Unternehmen die verlangten Informationen zur Verfügung hat oder zur Beschaffung in der Lage ist. Dies dürfte zwar bei Tochtergesellschaften regelmäßig unproblematisch der Fall sein – hier bestehen zB nach deutschen Recht Auskunftsansprüche gem. § 51a GmbHG und § 131 AktG – gilt aber nicht im Verhältnis zu Mutter- und Schwestergesellschaften. Zwar wird von der Rechtsprechung ein Auskunftsanspruch gegenüber Konzerngesellschaften aufgrund gesellschaftsrechtlicher Treuepflichten teilweise für möglich gehalten,[245] die Durchsetzbarkeit gegenüber einer Mutter- oder Schwestergesellschaft erscheint aber zumindest zweifelhaft.[246] Soweit es dem auskunftspflichtigen Unternehmen daher trotz allen Bemühens nicht gelingt, die erfragten Informationen zu beschaffen, kann es die entsprechenden Fragen nur mit der Erklärung erfüllen, es könne die Frage nicht beantworten.[247] Der Auskunftsbeschluss wird hierdurch allerdings nicht unzulässig.[248]

73 **c) Pflicht zur Herausgabe von Unterlagen.** Neben Auskünften über die wirtschaftlichen Verhältnisses des Auskunftspflichtigen kann die Kartellbehörde gem. § 59 Abs. 1 S. 1 Nr. 1 GWB auch die **Herausgabe von Unterlagen** verlangen. Nach dem Wortlaut ist die Herausgabepflicht zwar unbeschränkt, aus dem systematischen Zusammenhang ergibt sich aber, dass die Herausgabepflicht nur Unterlagen betrifft, die sich auf die wirtschaftlichen Verhältnisse des Unternehmens beziehen.[249] Danach ist die Kartellbehörde berechtigt, alle Unterlagen herauszuverlangen, über die sie berechtigterweise auch Auskünfte verlangen könnte. Dies schließt insbesondere Vorstands- bzw. Geschäftsführungs- und

---

[240] KG Beschl. v. 12.9.1985 – Kart 28/85, WuW/E OLG 3542 – Aldi.
[241] KG Beschl. v. 13.11.1981 – Kart 36/81, WuW/E OLG 2607 (2609) – Raffinerie-Abnahmepreise; Immenga/Mestmäcker/*Klaue* § 59 Rn. 26, MüKoGWB/*Barth* § 59 Rn. 21.
[242] OLG Düsseldorf Beschl. v. 27.4.2001 – Kart 19/01 (V), WuW/DE-R 677 (680) – Müllverbrennungsanlage.
[243] KG Beschl. v. 7.10.1969 – Kart 15/69, WuW/E OLG 1046 (1049) – Kopierautomaten; KG Beschl. v. 18.11.1985 – Kart 32/85, WuW/E OLG 3721 (3724) – Coop/Wandmaker.
[244] Ausweislich der Gesetzesbegründung ist es das ausdrückliche Ziel der gesetzlichen Regelung, das BKartA in die Lage zu versetzen, Auskünfte über Mutter- und Schwestergesellschaften im Ausland zu erlangen.
[245] Siehe OLG Düsseldorf Beschl. v. 6.4.2006 – Kart 6/06, WuW/E DE-R 1861 (1863) – Kalksandstein.
[246] Für der Verhältnis von Tochtergesellschaften untereinander BGH Beschl. v. 23.6.2009 – KZR 21/08, WuW/E DE-R 2739 (2741) – Entega; kritisch auch *Herrlinger/Kleine* WuW 2007, 222 (226).
[247] Wiedemann/*Klose* HdB KartellR § 52 Rn. 15; FK/*zur Nieden* § 59 Rn. 28; im Ergebnis wohl ebenso Bechtold/*Bosch* § 59 Rn. 12.
[248] OLG Düsseldorf Beschl. v. 6.4.2006 – Kart 6/06, WuW/E DE-R 1861 (1863) – Kalksandstein.
[249] Bechtold/*Bosch* § 59 Rn. 11.

Aufsichtsratsvorlagen sowie Vertragsdokumente ein; eine Vorlagepflicht für **Anwaltskorrespondenz** ist allerdings abzulehnen (→ Rn. 90). Die Herausgabepflicht soll dabei grundsätzlich auch Originalunterlagen umfassen,[250] wobei in der Praxis Herausgabeverlangen üblicherweise auf Kopien beschränkt werden. Erweitert wird die Herausgabepflicht durch die Einbeziehung von „allgemeinen Marktstudien, die der Einschätzung oder Analyse der Wettbewerbsbedingungen oder der Marktlage dienen und sich im Besitz des Unternehmens oder der Unternehmensvereinigung befinden." Soweit sich die Tätigkeit einer Wirtschafts- und Berufsvereinigungen auf die Sammlung von Marktdaten und die Erstellung von Studien erstreckt, können diese gem. § 59 Abs. 1 S. 1 GWB auch von diesen herausverlangt werden.[251]

6. Form, Fristen

a) Formlose Auskunftsersuchen. Die in der Praxis häufigste Ermittlungsmethode stellt das formlose Auskunftsersuchen dar, das im Gesetz nicht geregelt ist. Hierbei handelt es sich häufig um ein einfaches Verwaltungsschreiben, mit dem um die Beantwortung von Fragen oder die Übermittlung von Informationen gebeten wird. Daneben haben auch formlose Anfragen per email in der Praxis eine zunehmende Bedeutung erlangt. Formlose Auskunftsersuchen erfordern keine Beschlussfassung durch die Beschlussabteilung und enthalten üblicherweise auch keine Begründung. Sie bieten daher verfahrenstechnisch ein hohes Maß an Flexibilität und fördern die Verfahrenseffizienz. Sie enthalten zwar regelmäßig den Hinweis, dass eine Beantwortung innerhalb einer bestimmten Frist erwartet wird. Dennoch bleibt ein formloses Auskunftsersuchen unverbindlich und löst **keine Pflicht zur Beantwortung** und auch keine Bußgeldsanktion gem. § 81 Abs. 2 Nr. 6 GWB aus. Umgekehrt besteht gegen ein formloses Auskunftsersuchen auch keine Rechtsschutzmöglichkeit. 74

Von Unternehmen werden formlose Auskunftsersuchen häufig in der Erwartung beantwortet, dass die Kooperation durch die Kartellbehörde positiv bewertet wird und dass bei Verweigerung der erbetenen Auskünfte nach kurzer Zeit ohnehin mit einem verbindlichen Auskunftsbeschluss zu rechnen wäre. Problematisch kann allerdings die Beantwortung von Fragen sein, die zu einem Verstoß gegen eine bestehende **Vertraulichkeitsverpflichtung** mit einem dritten Unternehmen führen würde (etwa bei der Vorlage von Vertragsdokumente). Hier kann es erforderlich sein, gegenüber der Kartellbehörde darauf hinzuweisen, dass einer Vertraulichkeitsabrede unterliegende Informationen auf Basis eines formlosen Auskunftsersuchens nicht übermittelt werden können. Wurden Auskünfte freiwillig erteilt, kommt ein gleichgerichteter förmlicher Auskunftsbeschluss nur noch in Betracht, wenn ein begründeter Verdacht besteht, dass die Auskünfte nicht richtig oder unvollständig erteilt wurden.[252] 75

b) Förmliche Auskunftsverlangen. Das Bundeswirtschaftsministerium und die Landeskartellbehörde fordern Auskünfte förmlich durch eine **schriftliche Einzelverfügung** an. Förmliche Auskunftsverlangen des Bundeskartellamts ergehen gem. § 59 Abs. 6 GWB durch **Beschluss** der zuständigen Beschlussabteilung, die in der Besetzung mit einem Vorsitzenden bzw. einer Vorsitzenden und zwei Beisitzenden entscheidet (§ 51 Abs. 3 GWB). Der Beschluss bzw. die Verfügung ist nach den Vorschriften des Verwaltungszustellungsgesetzes dem Adressaten zuzustellen und löst damit die **Verpflichtung zur Erteilung der angeforderten Auskünfte** sowie – im Falle eines Verstoßes gegen die Auskunftspflicht – gegenüber der auskunftspflichtigen Person die **Bußgeldsanktion** gem. § 81 Abs. 2 Nr. 6 GWB aus. Die Bußgeldsanktion kann bei Vorliegen der Voraussetzungen des § 30 OWiG auch auf das Unternehmen erstreckt werden. 76

---

[250] MüKoGWB/*Barth* § 59 Rn. 36.
[251] MüKoGWB/*Barth* § 59 Rn. 36; Immenga/Mestmäcker/*Klaue* § 59 Rn. 42a.
[252] KG Beschl. v. 18.6.1971 – Kart 3/71, WuW/E OLG 1189 (1190) – Import-Schallplatten.

77 Der Auskunftsbeschluss muss nach den allgemeinen verwaltungsrechtlichen Maßstäben so **bestimmt** sein, dass der Adressat in die Lage versetzt wird zu erkennen, was von ihm gefordert wird. Der Beschluss muss für den Adressaten so vollständig, klar und unzweideutig sein, dass er sich in seinem Verhalten danach richten kann. Eine Konkretisierung darf nicht der Vollstreckung überlassen bleiben.[253] Darüber hinaus muss der Beschluss eine Begründung enthalten, in der die nach Auffassung der Kartellbehörde tragenden Gründe angeben sind. Schließlich sind in dem Beschluss die gem. § 59 Abs. 6 GWB geforderten Angaben zur Rechtsgrundlage, dem Gegenstand und dem Zweck des Auskunftsverlangens zu machen. Das Fehlen dieser Angaben führt allerdings nicht zur Nichtigkeit des Beschlusses, sondern nur zu dessen Anfechtbarkeit.[254]

78 In dem Beschluss muss eine „**angemessene Frist**" zur Erteilung der Auskunft gesetzt werden. Bei der Fristsetzung ist der zu erwartenden Aufwand und die Arbeitsbelastung des betroffenen Unternehmens zu berücksichtigen. Allgemein werden – je nach Umfang des Auskunftsverlangens – Fristen von 2–3 Wochen gewährt. Bei besonders umfangreichen Auskunftsverlangen kann allerdings auch eine längere Fristsetzung erforderlich sein. In der Praxis ist das Bundeskartellamt zudem regelmäßig bereit, Antwortfristen zu verlängern, soweit dem nicht die Fristen in einem Fusionskontrollverfahren entgegenstehen.

79 Der Beschluss muss schließlich eine **Belehrung** darüber enthalten, dass ein vorsätzlicher oder fahrlässiger Verstoß gegen die Auskunftspflicht eine bußgeldbewehrte Ordnungswidrigkeit (§ 81 Abs. 2 Nr. 6 GWB) darstellt. Darüber hinaus muss der Beschluss mit einer Rechtsmittelbelehrung versehen werden. Die Beantwortung kann mittels Verwaltungszwang durchgesetzt werden. Hierzu kann der Auskunftsbeschluss mit der Androhung eines Zwangsgeldes verbunden werden (§ 13 Abs. 2 VwVG).

80 Das förmliche Auskunftsverlangen kann als Verfügung im Sinne des § 61 GWB mit einer **Anfechtungsbeschwerde** gem. § 63 GWB angefochten werden.[255] Die Anfechtungsbeschwerde hat nach § 64 Abs. 1 GWB keine aufschiebende Wirkung. Das Beschwerdegericht kann aber gem. § 65 Abs. 3 S. 2 GWB die aufschiebende Wirkung einer Beschwerde herstellen. Die Anfechtungsbeschwerde bleibt für die Dauer des Hauptsacheverfahrens auch dann noch zulässig, wenn die verlangte Auskunft erteilt wurde, da das Auskunftsverlangen als Rechtsgrund für die Verwertung der Auskunft fortwirkt.[256] Bei der Anfechtung von Auskunftsverlangen gelten im Beschwerdeverfahren gem. § 70 Abs. 4 GWB zugunsten der Kartellbehörde Beweiserleichterungen.

7. Einschränkungen der Auskunftspflicht

81 **a) Umgang mit Geschäftsgeheimnissen.** Die Pflicht zur Erteilung der geforderten Auskünfte erstreckt sich grundsätzlich auch auf **Betriebs- und Geschäftsgeheimnisse**. Auch Informationen, die einer **Geheimhaltungsvereinbarung** mit einem Dritten unterliegen, sind grundsätzlich offen zu legen. Eine Auskunft kann daher nicht mit dem Hinweis verweigert werden, die verlangten Auskünfte enthielten geheimhaltungsbedürftige Informationen[257] oder seien durch eine Geheimhaltungsvereinbarung geschützt.[258] Die Kartellbehörde ist allerdings verpflichtet, in den erteilten Auskünften enthaltene Geschäftsgeheimnisse zu schützen und insoweit insbesondere eine Akteneinsicht durch Dritte zu versagen (§§ 72 Abs. 2 S. 2, 29 Abs. 2 VwVfG). Ein umfassender Schutz ist allerdings dennoch nicht zwingend gewährleistet, da im Rahmen einer

---

[253] BGH Beschl. v. 29.9.1998 – KVR 17/97, WuW/E DE-R 195 (196) – Beanstandung durch Apothekerkammer.
[254] MüKoGWB/*Barth* , § 59 Rn. 28; FK/*zur Nieden* § 59 Rn. 34; aA Immenga/Mestmäcker/*Klaue* § 59 Rn. 35 in Bezug auf das Fehlen von Angaben zur Rechtsgrundlage.
[255] BGH Beschl. v. 19.6.2007 – KVR 17/06, DE-R 2055 (2057) – Auskunftsverlangen.
[256] BGH Beschl. v. 19.6.2007 – KVR 17/06, DE-R 2055 (2057) – Auskunftsverlangen; MüKoGWB/*Barth* § 59 Rn. 48.
[257] KG Beschl. v. 18.11.1985 – Kart 32/85, WuW/E OLG 3721 (3725) – Coop/Wandmaker.
[258] Unklar ist, ob die Herausgabe von Dokumenten verweigert werden kann, die den Rechtsrat eines Anwalts enthalten; bejaht wird dies von Wiedemann/*Klose* HdB KartellR § 52 Rn. 30.

mündlichen Verhandlung die Öffentlichkeit gem. § 56 Abs. 3 S. 2 GWB nur zum Schutz von „wichtigen" Geschäftsgeheimnissen ausgeschlossen werden muss und das Beschwerdegericht gem. § 72 Abs. 2 S. 4 GWB die Offenlegung bei überwiegendem öffentlichen Interesses anordnen kann. Zudem ist die §§ 89c Abs. 1, 2 iVm 89b Abs. 6 RegE-GWB vorgesehen, dass in Rechtsstreitigkeiten über Schadenersatz- und Auskunftsansprüche das Gericht die Kartellbehörde um Vorlage von Aktenbestandteilen ersuchen und die Offenlegung von Beweismitteln anordnen kann, auch wenn deren Geheimhaltung geltend gemacht wurde.

Für die Einordnung einer Information als Geschäftsgeheimnis ist eine **objektive Betrachtung** maßgeblich. Unter Betriebs- und Geschäftsgeheimnissen eines Unternehmens sind nach der Definition des BVerfG alle auf ein Unternehmen bezogene Tatsachen, Umstände und Vorgänge zu verstehen, die nicht offenkundig, sondern nur einem begrenzten Personenkreis zugänglich sind und an deren Nichtverbreitung der Rechtsträger ein berechtigtes Interesse hat.[259] Für die Schutzbedürftigkeit ist daher die bloße Bezeichnung von Auskünften als Geschäftsgeheimnis nicht ausreichend.[260] Daher wird es vom Bundeskartellamt grundsätzlich auch nicht akzeptiert, wenn ein Fragebogen – ohne Rücksicht auf die Angaben im Einzelnen – insgesamt als vertraulich gekennzeichnet wird.[261] In der Praxis fordert das Bundeskartellamt die Auskunftspflichtigen auf, etwaige Betriebs- und Geschäftsgeheimnisse in den zu erteilenden Auskünften zu kennzeichnen bzw. zusätzlich eine um Betriebs- und Geschäftsgeheimnisse bereinigte Fassung der Antworten zu übermitteln. Gem. § 30 VwVfG und § 203 Abs. 2 StGB sind die Kartellbehörden allerdings auch ohne Kennzeichnung verpflichtet, für sie erkennbare Betriebs- und Geschäftsgeheimnisse zu wahren.[262] Die betroffenen Unternehmen sind indes nicht verpflichtet, geheimhaltungsbedürftige Informationen per Email ohne Signatur und/oder unverschlüsselt an die Kartellbehörde zu übersenden, da dies für Geschäfts- und Betriebsgeheimnisse keinen hinreichenden Schutz bietet (zur Vorgabe von (elektronischen) Tabellen und zur Nutzung von Internetplattformen → Rn. 63).[263]

b) Auskunftsverweigerungsrechte. Die zur Auskunft Verpflichteten (→ Rn. 64 ff.) können gem. § 59 Abs. 5 GWB iVm § 55 Abs. 1 StPO die Auskunft auf solche Fragen verweigern, deren Beantwortung ihnen selbst oder einem der in § 52 Abs. 1 StPO bezeichneten Angehörigen die Gefahr zuziehen würde, wegen einer Straftat oder einer Ordnungswidrigkeit verfolgt zu werden. Dieses Auskunftsverweigerungsrecht trägt der umfassenden Verwertbarkeit von Informationen in Bußgeldverfahren Rechnung, die im Rahmen eines Verwaltungsverfahrens erlangt wurden (→ Rn. 51). Das Auskunftsverweigerungsrecht besteht bereits dann, wenn auch nur die entfernte **Möglichkeit einer Verfolgung** als Ordnungswidrigkeit oder Straftat besteht.[264] In Betracht kommen insoweit Vorwürfe gem. § 81 GWB oder § 298 StGB wegen einer eigenen Tatbeteiligung des Auskunftspflichtigen oder wegen der Verletzung einer Aufsichtspflicht gem. § 130 OWiG. Das Auskunftsverweigerungsrecht besteht mit Blick auf den Informationsaustausch im Netzwerk der europäischen und sonstigen ausländischen Wettbewerbsbörden (§§ 50a, 50b GWB) auch dann, wenn das fragliche Verhalten nach **ausländischem Recht** mit Bußgeld oder Strafe sanktioniert ist.[265]

---

[259] BVerfG Beschl. v. 14.3.2006 – 1 BvR 2087, 2111/03, WuW/E DE-R 1715 (1717) – Deutsche Telekom; siehe auch eingehend zum Begriff und den Voraussetzungen von Geschäftsgeheimnissen MüKoGWB/*Engelsing* § 56 Rn. 19 ff.
[260] Vgl. zum Zeugnisverweigerungsrecht KG Beschl. v. 10.5.1985 – Kart 21/83, WuW/E OLG 3539 (3540); zum Akteneinsichtsrecht: KG Beschl. v. 19.8.1986 – 1 Kart 9/86, WuW/E OLG 3908 (3911).
[261] BKartA Beschl. v. 11.5.2005 – B5-170/03, WuW/E DE-V 1048 (1049 f.) – Legett & Platt.
[262] BKartA Beschl. v. 11.5.2005 – B5-170/03, WuW/E DE-V 1048 (1049 f.) – Legett & Platt.
[263] OLG Brandenburg Beschl. v. 11.9.2012 – Kart W 2/12, WuW/E DE-R 3717 (3721) – Wasser- und Abwasserzweckverband.
[264] Immenga/Mestmäcker/*Klaue* § 59 Rn. 40; Wiedemann/*Klose* HdB KartellR § 52 Rn. 24.
[265] Immenga/Mestmäcker/*Klaue* § 59 Rn. 36; Wiedemann/*Klose* HdB KartellR § 52 Rn. 24.

Demgegenüber besteht kein Auskunftsverweigerungsrecht soweit ein Verhalten nur im Rahmen eines Verwaltungsverfahrens untersagt werden kann[266] oder die **Verfolgung als Ordnungswidrigkeit nicht mehr möglich** ist, zB weil sie bereits verjährt ist[267] oder die Kartellbehörde auf die Verfolgung als Ordnungswidrigkeit verzichtet hat.[268] Über das Bestehen des Auskunftsverweigerungsrechts ist der Auskunftspflichtige gem. § 59 Abs. 5 GWB iVm § 55 Abs. 2 StPO zu **belehren**.

84 Umstritten ist, ob sich das Auskunftsverweigerungsrecht nur auf **einzelne Fragen** oder auf das gesamte Auskunftsersuchen erstreckt.[269] Letztlich muss es nach der hier vertretenen Auffassung darauf ankommen, ob die ordnungsgemäße Beantwortung einzelner oder ggf. sogar aller Fragen die Gefahr einer Verfolgung des Auskunftspflichtigen begründen würde. Soweit die geforderten Auskünfte insgesamt mit dem straf- bzw. bußgeldbewehrten Verhalten in engem Zusammenhang stehen und daher insgesamt nicht beantwortet werden können, ohne sich selbst oder Angehörige zu belasten, muss auch ein umfassendes Auskunftsverweigerungsrecht bestehen.[270] Der Auskunftspflichtige muss sein Verweigerungsrecht ausdrücklich geltend machen, um etwaige Zwangsgelder zur Durchsetzung der Beantwortung abwenden zu können.[271]

85 Ebenfalls umstritten ist die Frage, ob das Auskunftsverweigerungsrecht lediglich den gem. § 59 Abs. 2 GWB auskunftspflichtigen Personen zusteht oder ob das Auskunftsverweigerungsrecht auch auf **juristische Personen** zu erstrecken ist, gegen die gem. § 30 OWiG ein Bußgeld als Nebenfolge festgesetzt werden kann.[272] Der Umstand, dass das verfassungsrechtliche Verbot der Selbstbezichtigung nach einer Entscheidung des BVerfG auf Unternehmen nicht anwendbar sein soll,[273] spricht dabei zwar gegen eine Ausdehnung des Auskunftsverweigerungsrechts auf juristische Personen.[274] Die europäischen Gerichte haben allerdings unter Hinweis auf das Erfordernis der Wahrung der Rechte der Verteidigung ein **partielles Schweigerecht** als fundamentalen Grundsatz des Gemeinschaftsrechts anerkannt. Danach können Unternehmen zwar verpflichtet werden, erforderliche Auskünfte selbst dann zu erteilen, wenn diese dazu verwendet werden können, den Beweis für ein wettbewerbswidriges Verhalten zu erbringen; es dürfen aber keine Verpflichtungen auferlegt werden, in deren Folge eine Zuwiderhandlung gegen das Wettbewerbsrecht eingestanden werden müsste.[275] Vor diesem Hintergrund ist Unternehmen nach der hier vertretenen Auffassung ein Auskunftsverweigerungsrecht zumindest insoweit einzuräumen, als keine Auskünfte gegeben werden müssen, die dem Eingeständnis eines Kartellverstoßes gleichkommen.

---

[266] KG Beschl. v. 29.1.1971 – Kart 11/70, WuW/E OLG 1160 (1164) – Haushaltspanels; Immenga/Mestmäcker/*Klaue* § 59 Rn. 36; MüKoGWB/*Barth* § 59 Rn. 34.
[267] Wiedemann/*Klose* HdB KartellR § 52 Rn. 24.
[268] Loewenheim/Meessen/Riesenkampf/*Becker* GWB § 59 Rn. 12; *Lieberknecht* FIW, Schwerpunkte des Kartellrechts, Heft 86, 70.
[269] Das AG Berlin-Tiergarten hatte in einer Entscheidung vom 26.6.1972 (WuW/E LG/AG 336) das Auskunftsverweigerungsrecht auf einzelne Fragen begrenzt; diese enge Auffassung blieb allerdings nicht unwidersprochen. Zum gegenwärtigen Streitstand ausführlich MüKoGWB/*Barth* § 59 Rn. 33.
[270] Ebenfalls auf den Einzelfall abstellend: Immenga/Mestmäcker/*Klaue* § 59 Rn. 41; zurückhaltend MüKoGWB/*Barth* § 59 Rn. 33; aA Langen/Bunte/*Schneider* GWB § 59 Rn. 20, FK/*zur Nieden* § 59 Rn. 32.
[271] Immenga/Mestmäcker/*Klaue* § 59 Rn. 42; Wiedemann/*Klose* HdB KartellR § 52 Rn. 24.
[272] Bejahend Immenga/Mestmäcker/*Klaue* § 59 Rn. 39 sowie Wiedemann/*Klose* HdB KartellR § 52 Rn. 26 unter Hinweis auf BVerfG Beschl. v. 26.2.1975 – 2 BvR 820/74, WuW/E VG 263; ebenfalls zustimmend *Bauer* WuW 1989, 304f. und *Deringer* WuW 1988, 933 (939ff.); ablehnend Langen/Bunte/*Schneider* GWB § 59 Rn. 20; kritisch auch MüKoGWB/*Barth* § 59 Rn. 34.
[273] BVerfG Beschl. v. 26.2.1997 – 1 BvR 2172/96, BVerfGE 95, 220 (242).
[274] So MüKoGWB/*Barth* § 59 Rn. 34.
[275] EuGH Entsch. v. 18.10.1989 – Rs. 374/87, Slg 1989, 3343 Rn. 35 – Orkem; EuG Urt. v. 20.2.2001 – Rs. T-112/98 Rn. 67, WuW 2001, 401 – Mannesmannröhrenwerke unter Hinweis auf Art. 6 EMRK; für ein Aussageverweigerungsrecht für Unternehmen auch *Meyer/Kuhn* WuW 2004, 880 (891f.).

III. Einsichts- und Prüfungsrechte

Neben dem Recht, Auskünfte zu verlangen und die Herausgabe von Unterlagen zu fordern, kann die Kartellbehörde gem. § 59 Abs. 1 Nr. 3 GWB geschäftliche Unterlagen bei Unternehmen und Unternehmensvereinigungen innerhalb der Geschäftszeiten einsehen und prüfen. Für die Einsichts- und Prüfungsrechte gelten die gleichen Beschränkungen hinsichtlich ihres auf Verwaltungsverfahren beschränkten Anwendungsbereichs sowie die gleichen sonstigen **allgemeinen Voraussetzungen** wie für förmliche Auskunftsverlangen (→ Rn. 48 ff.). Die Ermittlungsbefugnisse stehen grundsätzlich gleichrangig nebeneinander, die Einsichtnahme und Prüfung muss aber erforderlich und verhältnismäßig sein, dh die Kartellbehörde muss insbesondere prüfen, ob nicht ein Auskunftsersuchen als milderes Mittel gleichermaßen geeignet wäre.[276] Die Kartellbehörde muss daher berechtigterweise davon ausgehen dürfen, die benötigten Informationen vollständig und zuverlässig nur durch eine Einsicht und Prüfung vor Ort erlangen zu können.[277] 86

Die Einsichtnahme und Prüfung stellt einen einheitlichen Vorgang dar;[278] es handelt sich dabei aber um **keine Durchsuchung,** dh die prüfende Kartellbehörde hat nicht das Recht, in den Geschäfsräumen nach Unterlagen zu suchen. In der Praxis wird allerdings mit der Prüfung häufig zugleich ein Durchsuchungsbeschluss beantragt, um ggf. von der Prüfung unmittelbar in eine Durchsuchung übergehen zu können, falls Anhaltspunkte dafür bestehen, dass Unterlagen nicht oder nicht vollständig vorgelegt werden. 87

1. Adressaten und Mitwirkungspflichten

Die Einsichtnahme und Prüfung kann gem. § 59 Abs. 1 Nr. 3 GWB gegenüber Unternehmen und Vereinigungen von Unternehmen angeordnet werden (→ Rn. 64 f.). Die in § 59 Abs. 2 GWB genannten natürlichen Personen sind zur **aktiven Mitwirkung** verpflichtet. Die Mitwirkungspflicht umfasst dabei insbesondere die im Einsichts- und Prüfungsbeschlusses aufgeführten geschäftlichen Unterlagen ab dessen Zustellung aufzubewahren und unverändert zu lassen. Die Unterlagen sind zur Einsichtnahme fristgerecht und vollständig vorzulegen; ihre Prüfung und das Betreten der Geschäftsräume und -grundstücke muss gem. § 59 Abs. 2 GWB geduldet werden. Ein Verstoß gegen diese Mitwirkungspflichten kann gem. § 81 Abs. 2 Nr. 6 GWB als Ordnungswidrigkeit mit einem Bußgeld geahndet werden. Zudem kann eine nach Zustellung des Einsichts- und Prüfungsbeschlusses erfolgte Veränderung der vorzulegenden Unterlagen ein strafbares Urkundsdelikt gem. § 274 StGB darstellen.[279] 88

2. Umfang und Grenzen

Das Einsichts- und Prüfrecht bezieht sich – im Rahmen des Ermittlungsziels und der Erforderlichkeit – gem. § 59 Abs. 1 Nr. 3 GWB auf **geschäftliche Unterlagen.** Der Begriff „geschäftliche Unterlagen" wird weit ausgelegt und schließt alle Unterlagen ein, aus denen sich die wirtschaftlichen Verhältnisse des Unternehmens ergeben können. Entsprechend der weiten Auslegung des Begriffs der „wirtschaftlichen Verhältnisse" in § 59 Abs. 1 Nr. 1 GWB sind Unterlagen mit Bezug zum „gesamten Geschäftsgebaren" erfasst.[280] Soweit ein Bezug zum unternehmerischen Verhalten besteht, können auch Unterlagen aus dem persönlichen Bereich (zB Kalendereintragungen) unter die Vorlagepflicht fallen.[281] Es kommt nicht darauf an, ob es sich um geschriebene bzw. gedruckte oder um elektronisch gespeicherte Unterlagen handelt.[282] Im Zweifel sollen sogar alle Unterlagen, 89

---

[276] MüKoGWB/*Barth* § 59 Rn. 39.
[277] OLG Düsseldorf Beschl. v. 4.5.2011 – Kart 7/10, WuW/E DE-R 3320 (3328) – Hörgeräteakustiker.
[278] Immenga/Mestmäcker/*Klaue* § 59 Rn. 46.
[279] MüKoGWB/*Barth* § 59 Rn. 40; Immenga/Mestmäcker/*Klaue* § 59 Rn. 53; Wiedemann/*Klose* HdB KartellR § 52 Rn. 36.
[280] KG Beschl. v. 4.2.1981 – Kart 5/81, WuW/E OLG 2433 (2438) – Metro-Kaufhof.
[281] Immenga/Mestmäcker/*Klaue* § 59 Rn. 43.
[282] Immenga/Mestmäcker/*Klaue* § 59 Rn. 43.

die sich in den Geschäftsräumen befinden, unter das Einsichts- und Prüfrecht fallen.[283] Die Vorlagepflicht ist allerdings stets auf die Unterlagen beschränkt, die in dem entsprechenden Beschluss konkret bezeichnet sind.[284]

90 Umstritten ist, ob sich das Einsichts- und Prüfrecht auch auf **Anwaltskorrespondenz** bezieht. Nach der wohl noch hM umfasst die Vorlagepflicht auch die im Unternehmen vorhandene Korrespondenz mit einem externen Anwalt.[285] Nur die beim Anwalt aufbewahrte Korrespondenz soll ausgenommen sein. Diese Auffassung überzeugt indes nicht. Mit Blick auf den Schutzzweck des Anwaltgeheimnisses sowie zur Vermeidung von unauflösbaren Wertungswidersprüchen mit dem weiteren „legal privilege" bei Ermittlungen durch die EU-Kommission[286] sollte Anwaltskorrespondenz der Kartellbehörde unabhängig davon vorenthalten werden können, wo die Korrespondenz aufbewahrt wird.[287] Dies gilt erst recht, wenn es sich um Korrespondenz handelt, die sich auf das konkrete Ermittlungsverfahren bezieht.[288]

91 Umstritten ist auch, ob dem Vorlagepflichtigen ein **Vorlageverweigerungsrecht** zusteht, soweit die vorzulegenden Unterlagen ihn der Gefahr einer Strafverfolgung oder einer Verfolgung nach dem OWiG aussetzen würden. Von der hM wird ein entsprechendes Vorlageverweigerungsrecht abgelehnt.[289] Das Verweigerungsrecht in § 59 Abs. 5 GWB sei ausdrücklich auf Auskunftsbeschlüsse beschränkt; Inhalt und Mitwirkungspflichten bei Auskunftsbeschlüssen seien deutlich intensiver als bei Einsichts- und Prüfbeschlüssen.[290] Der Ausschluss jedes Vorlageverweigerungsrechts ist indes zu weitgehend. Mit Blick auf die notwendige Wahrung der Rechte der Verteidigung als fundamentalem Grundsatz des Gemeinschaftsrechts besteht nach der hier vertretenen Auffassung ein Vorlageverweigerungsrecht zumindest dann, wenn die vorgelegte Unterlage dem Eingeständnis eines Kartellverstoßes gleichkäme (zum Auskunftsverweigerungsrecht für Unternehmen → Rn. 85).

3. Formelle Voraussetzungen

92 Zusätzlich zu den allgemeinen formellen Voraussetzungen einer Auskunftsanordnung erfordert eine Einsichts- und Prüfungsanordnung des Bundeskartellamt gem. § 59 Abs. 7 GWB die **Zustimmung dessen Präsidenten,** die auf dem Beschluss anzubringen ist.[291] In dem Beschluss sind Zeitpunkt, Rechtsgrundlage, Gegenstand und Zweck der Prüfung anzugeben. Die vorzulegenden Unterlagen sind in dem Beschluss so genau anzugeben, dass der Vorlagepflichtige zweifelsfrei entscheiden kann, welche Unterlagen der Vorlagepflicht unterfallen.[292] Die Prüfer können die Unterlagen nur während der üblichen Geschäftszeiten und nur in den Geschäftsräumen des betroffenen Unternehmens einsehen. Gem. § 59 Abs. 3 GWB dürfen auch Personen, die von der Kartellbehörde mit der Vornahme der Prüfung beauftragt wurden, die Geschäftsräume betreten. Hierbei kann es sich auch um amtsfremde Fachkräfte wie zB Wirtschaftsprüfer oder IT-Experten handeln.[293]

---

[283] MüKoGWB/*Barth* § 59 Rn. 41; Loewenheim/Meessen/Riesenkampf/*Becker* GWB § 59 Rn. 9; Wiedemann/*Klose* HdB KartellR § 52 Rn. 36.
[284] Wiedemann/*Klose* HdB KartellR § 52 Rn. 36.
[285] MüKoGWB/*Barth* § 59 Rn. 41; Loewenheim/Meessen/Riesenkampf/*Becker* GWB § 59 Rn. 9; Immenga/Mestmäcker/*Klaue* § 59 Rn. 43.
[286] Während bei Ermittlungen der EU-Kommission wegen eines Verstoßes gegen Artt. 101 oder 102 AEUV die Vorlage von externer Anwaltskorrespondenz verweigert werden könnte, wäre dies bei gleichgelagerten Ermittlungen des BKartA nicht der Fall.
[287] Bechtold/*Bosch* § 59 Rn. 17; Wiedemann/*Klose* HdB KartellR § 52 Rn. 37; FK/*zur Nieden* § 59 Rn. 29.
[288] Bechtold/*Bosch* § 59 Rn. 17; zur verfahrensbezogenen Anwaltskorrespondenz in OWiG-Verfahren LG Bonn Beschl. v. 27.3.2003 – 37 Qs 91/01, WuW/E DE-R 917 – DSD.
[289] MüKoGWB/*Barth* § 59 Rn. 41; Immenga/Mestmäcker/*Klaue* § 59 Rn. 54; Langen/Bunte/*Schneider* GWB § 37.
[290] MüKoGWB/*Barth* § 59 Rn. 41; Loewenheim/Meessen/Riesenkampf/*Becker* GWB § 59 Rn. 12; aA Wiedemann/*Klose* HdB KartellR § 52 Rn. 37.
[291] MüKoGWB/*Barth* § 59 Rn. 38; Immenga/Mestmäcker/*Klaue* § 59 Rn. 47.
[292] MüKoGWB/*Barth* § 59 Rn. 38; Immenga/Mestmäcker/*Klaue* § 59 Rn. 48; Wiedemann/*Klose* HdB KartellR § 52 Rn. 35.
[293] MüKoGWB/*Barth* § 59 Rn. 42; Immenga/Mestmäcker/*Klaue* § 59 Rn. 52.

Zu Geschäftsräumen zählen dabei auch nur teilweise geschäftlich genutzte Wohnräume (sog Mischräume), in die geschäftliche Unterlagen eingebracht worden sind.[294]

Die Anordnung einer Einsichtnahme und Prüfung stellt eine Verfügung dar, die mit der **Anfechtungsbeschwerde** gem. § 63 GWB angegriffen werden kann. Die Anfechtungsbeschwerde hat gem. § 64 GWB keine aufschiebende Wirkung. Im Beschwerdeverfahren gelten zugunsten der Kartellbehörde die Beweiserleichterungen des § 70 Abs. 4 GWB.

93

IV. Durchsuchungen

Die Kartellbehörde kann gem. § 59 Abs. 4 GWB eine Durchsuchung von Geschäftsräumen vornehmen, wenn zu vermuten ist, dass sich in den Räumen Unterlagen befinden, für die nach § 59 Abs. 1 GWB ein Recht zur Einsicht, Prüfung und Herausgabe besteht. Das Grundrecht auf Unverletzlichkeit der Wohnung gem. Art. 13 GG ist durch § 59 Abs. 4 S. 3 GWB entsprechend Art. 19 Abs. 1 S. 2 GG ausdrücklich eingeschränkt.

94

Im Verwaltungsverfahren kommen Durchsuchungen auf Basis von § 59 Abs. 4 GWB relativ selten vor. Durchsuchungen werden in der Praxis weitaus häufiger in Ordnungswidrigkeitenverfahren durchgeführt und richten sich dort nach den Vorschriften der StPO (→ § 18 Rn. 32 ff.). Da es sich bei einer Durchsuchung um die Ermittlungsmaßnahme mit der höchsten Eingriffsintensität handelt, sind an den Grundsatz der **Erforderlichkeit und Verhältnismäßigkeit** besondere Anforderungen zu stellen. Zwar fehlt es an einem strengen Stufenverhältnissen zwischen den Ermittlungsformen (→ Rn. 52),[295] dennoch sind Durchsuchungen mit Blick auf die hohe Eingriffsintensität und das Erfordernis der Verhältnismäßigkeit nur zulässig, wenn andere Ermittlungsmaßnahmen nicht erfolgversprechend sind, dh konkrete Anhaltspunkte bestehen, dass die benötigten und relevanten Unterlagen im Rahmen eines förmlichen Auskunftsverlangens bzw. einer Nachprüfung unter Verstoß gegen die Auskunftspflicht nicht oder nicht vollständig vorgelegt wurden bzw. ein Auskunftsverlangen oder eine Nachprüfung zur Erlangung von vornherein nicht aussichtsreich sind.[296]

95

1. Adressaten, Umfang und Grenzen

Das Durchsuchungsrecht richtet sich gegen den gleichen **Adressatenkreis wie das Auskunfts-, Einsichts- und Prüfungsrecht** gem. § 59 Abs. 1 GWB (→ Rn. 64).[297] Dies bedeutet insbesondere, dass Durchsuchungen grundsätzlich auch bei dritten Unternehmen zulässig sind, wobei insoweit allerdings besonders strenge Anforderungen an die Verhältnismäßigkeit zu stellen sind.[298]

96

Der Umfang des Durchsuchungsrechts entspricht dem Auskunfts- und Prüfungsrecht nach § 59 Abs. 1 GWB. Das heißt, die Suche darf sich grundsätzlich auf alle **„geschäftlichen Unterlagen"** mit Bezug zu den „wirtschaftlichen Verhältnissen" des Betroffenen erstrecken, die die Kartellbehörde nach § 59 Abs. 1 GWB auch einsehen, prüfen oder herausverlangen darf (→ Rn. 73 ff.). Das Durchsuchungsrecht ist insoweit allerdings begrenzt auf die Räume und die Unterlagen, die in der Durchsuchungsanordnung bezeichnet sind (zu den Grenzen des Ermittlungsziels → Rn. 56)[299] und die für das Ermittlungsziel tatsächlich erforderlich sind.[300] Soweit aufgrund von **Zufallsfunden** weitere Verdachtsmomente entstanden sind und das Bundeskartellamt über die sachlichen oder räumlichen Beschränkungen der bestehenden Durchsuchungsanordnung hinausgehen

97

---

[294] MüKoGWB/*Barth* § 59 Rn. 42; Immenga/Mestmäcker/*Klaue* § 59 Rn. 50.
[295] MüKoGWB/*Barth* § 59 Rn. 45.
[296] MüKoGWB/*Barth* § 59 Rn. 45; *Bechtold/Bosch* § 59 Rn. 18; Wiedemann/*Klose* HdB KartellR § 52 Rn. 38.
[297] Immenga/Mestmäcker/*Klaue* § 59 Rn. 56.
[298] MüKoGWB/*Barth* § 59 Rn. 45 unter Hinweis auf die Anforderungen des § 103 StPO.
[299] MüKoGWB/*Barth* § 59 Rn. 46; FK/*zur Nieden* § 59 Rn. 38.
[300] Immenga/Mestmäcker/*Klaue* § 59 Rn. 55.

will, ist hierfür eine ergänzende Durchsuchungsanordnung erforderlich. Diese kann bei Gefahr im Verzuge allerdings auch vor Ort getroffen werden.[301]

98 Die Durchsuchung darf sich nur auf **Geschäftsräume**[302] und zumindest teilweise geschäftlich genutzte Wohnräume (sog Mischräume) erstrecken. Eine Durchsuchung von reinen Privaträume, Räumen unbeteiligter Dritter oder die Durchsuchung von **Personen** darf nicht vorgenommen werden.[303] Gleiches muss aufgrund des klaren Wortlautes auch für Geschäftsfahrzeuge und sonstige Transportmittel gelten. Darüber hinaus darf nach hier vertretener Auffassung auch keine **Anwaltskorrespondenz** durchsucht werden, die im Zusammenhang mit dem Kartellverfahren steht (zum Herausgabe- und Prüfungsrecht → Rn. 90; zur Beschlagnahme → Rn. 105). Schließlich werden die mit der Durchsuchung beauftragten Personen durch die Durchsuchungsanordnung lediglich ermächtigt, die dort aufgeführten geschäftlichen Unterlagen zu suchen und zu sichten. Die Durchsuchungsbefugnis erstreckt sich demgegenüber nicht auf eine Beschlagnahme etwaig gefundener Beweismittel. Eine Beschlagnahme setzt vielmehr eine entsprechende **Beschlagnahmeanordnung** gem. § 58 GWB voraus, die allerdings jederzeit möglich ist (→ Rn. 106 ff.).[304]

2. Formelle Voraussetzungen

99 Durchsuchungen bedürfen als Erweiterung der Nachprüfungsbefugnis gem. § 59 Abs. 1 Nr. 3 GWB zusätzlich zu den allgemeinen Voraussetzungen einer Nachprüfung (→ Rn. 92) der **Anordnung eines Amtsrichters** (§ 59 Abs. 4 GWB). Nach der 8. GWB Novelle 2013 ist hierfür wie im Bußgeldverfahren nach §§ 46 OWiG, 162 Abs. 1 StPO das Amtsgericht am Sitz der Kartellbehörde zuständig (§ 59 Abs. 4 S. 1 GWB). Durch die entsprechende Zuständigkeitskonzentration soll eine effektive Kontrolle unter Berücksichtigung der jeweiligen zeitlichen Zwänge erreicht werden.[305] Der Durchsuchungsbeschluss muss Rahmen, Grenzen und Ziel der Durchsuchung definieren und dabei darlegen, warum andere, weniger einschneidende Ermittlungsmaßnahmen nicht geeignet sind.[306] Der entsprechende Beschluss kann ggf. auch mündlich erlassen werden.[307] Bei **Gefahr im Verzug** ist die Durchsuchung – oder deren Erweiterung zB aufgrund von Zufallsfunden – gem. § 59 Abs. 4 S. 5 GWB während der üblichen Geschäftszeiten auch ohne richterliche Anordnung möglich. Gefahr im Verzug besteht, wenn bei Abwarten bis zu einer Anordnung des Amtsrichters die Gefahr bestünde, dass der Zweck der Durchsuchung vereitelt werden würde,[308] dh die zu suchenden Unterlagen in der Zwischenzeit der Einsichtnahme endgültig entzogen werden würden.[309] Danach kann zB im Rahmen einer Nachprüfung ein unmittelbarer Übergang zu einer Durchsuchung wegen Gefahr im Verzug gerechtfertigt sein, wenn sich bei der Nachprüfung der konkrete Verdacht ergibt, dass Unterlagen nicht vollständig vorgelegt werden und beseitigt werden sollen.[310] Ist eine richterliche Anordnung wegen Gefahr im Verzuge danach ausnahmsweise entbehrlich, bedarf es auch keiner schriftlichen Verfügung des Bundeskartellamts, mit der die Durchsuchung angeordnet bzw. begründet werden müsste.[311] Für die Durchführung der Durchsuchung können die Mitarbeiter des Bundeskartellamts aufgrund der Verweisung in § 59 Abs. 4 S. 5 auf Abs. 3 GWB auch Dritte hinzuziehen.

100 Über die Durchsuchung ist gem. § 59 Abs. 4 S. 6 GWB an Ort und Stelle eine **Niederschrift** anzufertigen. Diese muss den wesentlichen Gang der Durchsuchung, dh ins-

---

[301] Wiedemann/*Klose* HdB KartellR § 52, Rn. 40.
[302] Immenga/Mestmäcker/*Klaue* § 59 Rn. 63; Wiedemann/*Klose* HdB KartellR § 52, Rn. 40.
[303] Immenga/Mestmäcker/*Klaue* § 59 Rn. 63.
[304] MüKoGWB/*Barth* § 59 Rn. 47; Wiedemann/*Klose* HdB KartellR § 52 Rn. 41.
[305] Gesetzesbegründung, BT-Drs. 17/9852, 32.
[306] MüKoGWB/*Barth* § 59 Rn. 45; Wiedemann/*Klose* HdB KartellR § 52 Rn. 39.
[307] MüKoGWB/*Barth* § 59 Rn. 44.
[308] Wiedemann/*Klose* HdB KartellR § 52 Rn. 39.
[309] Immenga/Mestmäcker/*Klaue* § 59 Rn. 58.
[310] *Bechtold/Bosch* § 59 Rn. 18; Langen/Bunte/*Schneider* GWB § 59 Rn. 41.
[311] Immenga/Mestmäcker/*Klaue* § 59 Rn. 58.

besondere Zeit, Ort und Beteiligte enthalten[312] sowie ihr wesentliches Ergebnis zusammenfassen. Bei einer Durchsuchung ohne richterliche Anordnung aufgrund Gefahr im Verzug sind in der Niederschrift auch die Gründe für die Eilbedürftigkeit anzugeben (§ 59 Abs. 4 S. 6 aE GWB).

Für die **Anfechtung** der Durchsuchungsanordnung des Amtsrichters gelten gem. § 59 Abs. 4 S. 4 GWB die strafprozessualen Regelungen in §§ 306 ff. StPO. Die Beschwerde ist danach grundsätzlich bei dem Amtsgericht einzulegen, das den Durchsuchungsbeschluss erlassen hat. Hilft das Amtsgericht der Beschwerde nicht ab, ist die Beschwerde sofort, spätestens vor Ablauf von drei Tagen, dem Landgericht als Beschwerdegericht vorzulegen (§ 306 Abs. 2 StPO). Durch die Beschwerde wird der Vollzug der Durchsuchungsanordnung nicht gehemmt (§ 307 Abs. 1 StPO).

101

V. Beschlagnahme

Die Kartellbehörde kann gem. § 58 Abs. 1 GWB auch im Verwaltungsverfahren Gegenstände beschlagnahmen, die für die Ermittlungen von Bedeutung sind. Die Beschlagnahmebefugnis ermöglicht und sichert die Beweisführung durch Urkunden und Augenschein und ergänzt die Einsichts- und Prüfungsrechte und Durchsuchungsbefugnisse nach § 59 Abs. 1 Nr. 3 und Abs. 4 GWB (→ Rn. 86 ff.). Die Beschlagnahme gem. § 58 Abs. 1 GWB hat in der Praxis allerdings bisher nur geringe Bedeutung erlangt, da die Kartellbehörden in Verwaltungsverfahren von den Durchsuchungs- und Beschlagnahmerechten nur zurückhaltend Gebrauch machen. Die in der Praxis häufigere Beschlagnahme im Kartellordnungswidrigkeitenverfahren richtet sich nach §§ 94 Abs. 2, 98 StPO iVm § 46 Abs. 1 OWiG (zur Beschlagnahme in Ordnungswidrigkeitenverfahren → § 18 Rn. 39 ff.).

102

1. Gegenstand und Grenzen der Beschlagnahme

Das Beschlagnahmerecht bezieht sich auf alle Gegenstände, die als Beweismittel für die Ermittlungen von Bedeutung sein können. Maßgeblich für die Beurteilung der Beweisbedeutung ist der Zeitpunkt der Beschlagnahme. Es kommt daher nicht darauf an, ob der beschlagnahmte Gegenstand später tatsächlich als Beweismittel Verwendung findet.[313] Auch auf die Eigentumslage kommt es nicht an;[314] betroffen können Unternehmen und Unternehmensvereinigungen sowie natürliche Personen sein, in deren Gewahrsam sich der Gegenstand befindet.[315] Die Beweisbedeutung muss für jeden Gegenstand einzeln geprüft und konkret festgestellt werden, so dass die Beschlagnahme von **Sachgesamtheiten** (zB Aktenordnern, Schrankinhalten) grundsätzlich unzulässig ist,[316] soweit nicht ausnahmsweise die konkrete Ablage des beweisrelevanten Teils innerhalb der Sachgesamtheit Beweisrelevanz hat.[317] Eine Grobdurchsicht zur Prüfung, ob sich unter den Unterlagen auch beschlagnahmefähige Unterlagen befinden, reicht hierzu nicht aus.[318] Dies hat insbesondere Bedeutung für die Beschlagnahme **elektronischer Datenträger** (zB Festplatten, DVDs, CDs, USB-Sticks etc) sowie von elektronischen Dokumenten und e-mail accounts, die in der Unternehmenspraxis die Nutzung von papierbasierten Akten, Dokumenten und Schriftstücken zunehmend verdrängen. Auch hier müssen die einzelnen Datensätze durchgesehen und die potentiell beweisbedeutsamen Datensätze herausgefiltert werden.[319] Zum Zwecke der Durchsicht können allerdings Datenträger analog § 110 StPO **vorläufig sicherge-**

103

---

[312] MüKoGWB/*Barth* § 59 Rn. 47; deutlich weitergehend Immenga/Mestmäcker/*Klaue* § 59 Rn. 64, der auch die Angabe der durchsuchten Räume sowie der geprüften Unterlagen für erforderlich hält.
[313] Immenga/Mestmäcker/*K. Schmidt* GWB § 58 Rn. 3.
[314] Immenga/Mestmäcker/*K. Schmidt* GWB § 58 Rn. 3.
[315] Immenga/Mestmäcker/*K. Schmidt* GWB § 58 Rn. 6.
[316] Wiedemann/*Klose* HdB KartellR § 53 Rn. 113.
[317] MüKoGWB/*Ost* § 58 Rn. 2.
[318] LG Bonn Beschl. v. 7.6.2003 – 37 Qs 20/03, WuW DE-R 1447 – Abgespeicherte e-mails.
[319] LG Bonn Beschl. v. 7.6.2003 – 37 Qs 20/03, WuW DE-R 1447 – Abgespeicherte e-mails.

stellt werden. Die Durchsicht und eine etwaige Beschlagnahme beweisrelevanter Datensätze hat dann zeitnah in den Räumen der Kartellbehörde zu erfolgen.[320] Den Betroffenen ist hierzu Gelegenheit zur Teilnahme zu geben.[321] Die Durchsicht der Datensätze kann im Wege einer Filterung anhand geeigneter Stichworte erfolgen[322] und beweisbedeutsame Dateien anschließend beschlagnahmt werden. Die Beschlagnahme von Zufallsfunden bleibt allerdings ebenfalls zulässig.[323]

104 Die Beschlagnahme ist mangels **Erforderlichkeit** unzulässig, wenn die relevanten Gegenstände durch den Gewahrsamsinhaber freiwillig herausgegeben werden.[324] Für die Abwendung einer Beschlagnahme ist die Herausgabe von **Kopien** ausreichend, soweit deren Beweiskraft mit Blick auf das Ermittlungsziel vergleichbar ist.[325] Dies mag bei Originaldokumenten häufig zweifelhaft sein.[326] Bei elektronisch gespeicherten Daten ist der Beweiswert aber regelmäßig gleichwertig.[327] Daneben ist der Grundsatz der **Verhältnismäßigkeit** zu beachten. Werden daher dennoch Originaldokumente beschlagnahmt, ist den Betroffenen zeitnah die Erstellung von Kopien der für den Geschäftsbetrieb benötigten Unterlagen zu ermöglichen.[328]

105 Umstritten ist, ob Gegenstände, die sich im Gewahrsam eines Zeugnisverweigerungsberechtigten befinden, einem **Beschlagnahmeverbot** unterliegen. Nach wohl hM gelten die Beschlagnahmeverbote gem. § 97 StPO im Verwaltungsverfahren nicht.[329] Bedeutung hat dies insbesondere für die Frage einer Beschlagnahmefreiheit von **Anwaltskorrespondenz,** da diese im Strafverfahren gem. § 97 Abs. 2 StPO nur beschlagnahmefrei ist, wenn sie sich im Gewahrsam des Rechtsanwalts befindet. Entsprechend soll Anwaltskorrespondenz, die sich im Gewahrsam des Beschuldigten befindet, grundsätzlich beschlagnahmt werden können.[330] Gleiches soll für Unterlagen und Korrespondenz im Gewahrsam eines Syndikusanwalts gelten, soweit sich die Gegenstände auf seine Tätigkeit für das betroffene Unternehmen beziehen.[331] Dies ist für Strafverfahren durch die Einfügung einer entsprechenden Rückausnahme in § 53 Abs. 1 Nr. 3 StPO im Rahmen der Neuordnung des Rechts der Syndikusanwälte 2015 klargestellt worden. Nach der hier vertretenen Auffassung muss aber jedenfalls in Kartellverwaltungsverfahren für die Korrespondenz mit externen Anwälten, die in Zusammenhang mit dem relevanten Verfahren steht, eine Beschlagnahmefreiheit unabhängig vom Fundort sowie unabhängig davon gelten, ob die Dokumente vor oder nach Einleitung eines förmlichen Verfahrens erstellt wurden, um dem Schutzzweck des Anwaltsgeheimnisses gerecht zu werden und unauflösbare Wertungswidersprüche mit dem weiteren europäischen „legal privilege" zu vermeiden.[332] Ob

---

[320] *Vollmer* WuW 2006, 235 (241).
[321] Immenga/Mestmäcker/*K. Schmidt* GWB § 58 Rn. 4.
[322] *Vollmer* WuW 2006, 235 (241) unter Verweis auf LG Bonn Beschl. v. 16.3.2005 – 37 Qs 8/05, in Sachen Umweltdienste DSD.
[323] MüKoGWB/*Ost* § 58 Rn. 2.
[324] Wiedemann/*Klose* HdB KartellR § 53 Rn. 113; MüKoGWB/*Ost* § 58 Rn. 2.
[325] Wiedemann/*Klose* HdB KartellR § 53 Rn. 113; Immenga/Mestmäcker/*K. Schmidt* GWB § 58 Rn. 4.
[326] MüKoGWB/*Ost* § 58 Rn. 2.
[327] Vgl. BVerfG Beschl. v. 12.4.2005 – 2 BvR 1027/02, NJW 2005, 1917 (1921).
[328] Immenga/Mestmäcker/*K. Schmidt* GWB § 58 Rn. 5; MüKoGWB/*Ost* § 58 Rn. 2.
[329] Immenga/Mestmäcker/*K. Schmidt* GWB § 58 Rn. 6; FK/*Bracher* § 58 Rn. 9; MüKoGWB/*Ost* § 58 Rn. 3 unter Hinweis auf die abweichenden Ziele des Verwaltungsverfahrens; Langen/Bunte/*Schneider* GWB § 58 Rn. 2; aA Wiedemann/*Klose* HdB KartellR § 53 Rn. 112.
[330] LG Bonn Beschl. v. 21.6.2012 – 27 Qs 2/12, WuW/E DE-R 3672 (3682) – Verteidigerprivileg; LG Bonn Beschl. v. 29.9.2005 – 37 Qs 27/05, WuW/E DE-R 1787 (1788) – Anwaltskorrespondenz; MüKoGWB/*Ost* § 58 Rn. 3.
[331] LG Bonn Beschl. v. 29.9.2005 – 37 Qs 27/05, WuW/E DE-R 1787 (1790) – Anwaltskorrespondenz; vgl. zur Ablehnung des europäischen Legal Privilege für Syndikusanwälte EuGH Urt. v. 14.9.2010 – C-550/07, WuW/E EU-R 1763 (1770) – Akzo Nobel/Kommission.
[332] Ebenso *Buntschek* WuW 2007, 229 (241); *Kapp* WuW 2003, 142 (144); Wiedemann/*Klose* HdB KartellR § 53 Rn. 112; kritisch allerdings unter Hinweis auf die Zulässigkeit abweichender Maßstäbe LG Bonn Beschl. v. 21.6.2012 – 27 Qs 2/12, WuW/E DE-R 3672 (3682) – Verteidigerprivileg; aA *Krauß* WuW 2013, 24 (32).

Gleiches auch für Syndikusanwälte gelten kann, ist allerdings fraglich. Die Versagung des Zeugnisverweigerungsrechts gem. § 53 Abs. 1 Nr. 3 StPO und damit einhergehend der Beschlagnahmefreiheit im Strafprozess spricht gegen ein Beschlagnahmverbot im Verwaltungsverfahren. Es bestehen insoweit auch keine Wertungswidersprüche zum EU-Recht, weil Syndikusanwälte nach der Rechtsprechung des EuGH kein Legal Privilege genießen, da sie aufgrund ihrer engen Bindung an den Arbeitgeber nicht in einer Weise beruflich unabhängig seien, die mit externen Rechtsanwälten vergleichbar sei.[333] Der Umstand, dass Syndikusanwälte aufgrund ihrer anwaltlichen Tätigkeit den Rechtsanwälten gem. § 46c Abs. 1 BRAO weitgehend gleichgestellt sind und die fachliche Unabhängigkeit des Syndikusanwalts gem. § 46 Abs. 4 S. 2 BRAO nunmehr vertraglich und tatsächlich zu gewährleisten ist, sollte allerdings Anlass für eine Neubewertung für deutsche Syndikusanwälte geben.

2. Formelle Voraussetzungen und Verfahren

Die Beschlagnahme erfordert – anders als eine Durchsuchung – **keine vorherige gerichtliche Entscheidung.** Außerhalb von Durchsuchungen kommt eine Beschlagnahme insbesondere in Bezug auf Unterlagen in Betracht, die der Kartellbehörde gem. § 59 Abs. 1 Nr. 3 GWB im Rahmen einer Prüfung vorgelegt werden. Umstritten ist, ob die Beschlagnahme eine Kollegialentscheidung der Beschlussabteilung gem. § 51 Abs. 2 S. 1 GWB voraussetzt oder ob ein einzelnes Mitglied der Beschlussabteilung entscheiden kann.[334] Mit Blick auf den eindeutigen Verfügungscharakters der Anordnung einer Beschlagnahme ist gem. § 51 Abs. 2 S. 1 GWB eine Entscheidung der zuständigen Beschlussabteilung zu fordern. Diese kann allerdings auch mündlich ergehen.[335] Außer bei Gefahr im Verzug ist der Betroffene vor einer Entscheidung gem. § 28 VwVfG anzuhören.[336] Die Beschlagnahme ist dem Betroffenen gem. § 58 Abs. 1 S. 2 GWB unverzüglich bekannt zu machen und zumindest knapp zu begründen.[337]

Nach einer Beschlagnahme soll die Kartellbehörde gem. § 58 Abs. 2 GWB binnen drei Tagen **nachträglich eine richterliche Bestätigung** einholen, wenn bei der Beschlagnahme weder der davon Betroffene noch ein erwachsener Angehöriger anwesend war oder wenn der Betroffene und im Falle seiner Abwesenheit ein erwachsener Angehöriger gegen die Beschlagnahme ausdrücklich Widerspruch erhoben hat. Die 3-Tagesfrist ist seit der 8. GWB-Novelle 2013 nicht mehr zwingend, sondern stellt eine Soll-Frist dar. Zudem ist zur Erreichung einer Zuständigkeitskonzentration und einer effizienten Verfahrensführung in Anlehnung an die Rechtslage in Straf- und Bußgeldverfahren[338] nunmehr das Amtsgericht zuständig, in dessen Bezirk die Kartellbehörde ihren Sitz hat. Der Betroffene ist darüber zu belehren, dass er gegen die Beschlagnahme jederzeit eine richterliche Entscheidung nachsuchen kann (§ 58 Abs. 3 S. 2 GWB). Über einen solchen Antrag entscheidet ebenfalls das Amtsgericht, in dessen Bezirk die Kartellbehörde ihren Sitz hat (§ 58 Abs. 3 S. 3 iVm. Abs. 2 GWB). Gegen die richterliche Entscheidung ist die Beschwerde zulässig, für die die §§ 306 bis 310 und 311a StPO entsprechend gelten (§ 58 Abs. 4 GWB).

Die Beschlagnahme wird durch Wegnahme des Gegenstands beim Betroffenen und Begründung eines öffentlichen Gewahrsams vollzogen.[339] Die Beschlagnahme bewirkt eine öffentliche **Verstrickung,** die durch § 136 StGB geschützt ist. Die Verstrickung ist durch Freigabe der beschlagnahmten Gegenstände wieder aufzuheben, wenn die Asservate für

---

[333] EuGH Urt. v. 14.9.2010 – C-550/07, WuW/E EU-R 1763 (1770) – Akzo Nobel/Kommission.
[334] Für das Erfordernis einer Entscheidung der Beschlussabteilung *Bechtold/Bosch* § 58 Rn. 3; Wiedemann/ Klose HdB KartellR § 53 Rn. 114; Immenga/Mestmäcker/*K. Schmidt* GWB § 58 Rn. 8; aA Langen/ Bunte/*Schneider* GWB § 58 Rn. 3; MüKoGWB/*Ost* § 58 Rn. 4.
[335] MüKoGWB/*Ost* § 58 Rn. 4; Immenga/Mestmäcker/*K. Schmidt* GWB § 58 Rn. 11.
[336] MüKoGWB/*Ost* § 58 Rn. 4.
[337] MüKoGWB/*Ost* § 58 Rn. 4; Immenga/Mestmäcker/*K. Schmidt* GWB § 58 Rn. 11.
[338] Gesetzesbegründung, BT-Drs. 17/9852, 32.
[339] Immenga/Mestmäcker/*K. Schmidt* GWB § 58 Rn. 12.

das Verfahren nicht mehr benötigt werden. Dies ist spätestens bei einem rechtskräftigen Abschluss des Verfahrens der Fall.[340]

VI. Beweis durch Augenschein, Zeugen und Sachverständige

109 Für den Beweis durch Augenschein, Zeugen und Sachverständige verweist § 57 Abs. 2 S. 1 GWB auf die sinngemäße Anwendung der jeweiligen Vorschriften der ZPO. Für diese Beweismittel besteht entsprechend ein formalisiertes Verfahren zur Verfügung. Die Kartellbehörde kann sich im Übrigen aber auch jeder anderen Erkenntnisquelle bedienen, zB formlos Personen oder Unternehmen befragen, Urkunden oder Akten anderer Behörden beziehen (§ 26 Abs. 1 S. 2 Nr. VwVfG) oder Ortsbesichtigungen vornehmen.

1. Augenscheinsbeweis

110 Die Einnahme des Augenscheins erfolgt durch die **unmittelbare sinnliche Wahrnehmung** von Tatsachen, wie zB durch die Besichtigung von Betriebsabläufen und Produktionsprozessen. Die Zulässigkeit des Augenscheinsbeweises wird in § 57 GWB vorausgesetzt. Lediglich in Bezug auf die konkrete Beweisaufnahme verweist § 57 Abs. 2 GWB auf § 372 Abs. 1 ZPO, der für die Einnahme des Augenscheins die Hinzuziehung von Sachverständigen erlaubt. Eine Verpflichtung des betroffenen Unternehmens, eine Inaugenscheinnahme „vor Ort" zu dulden, besteht allerdings nur in den Grenzen der Prüf- und Durchsuchungsrechte gem. § 59 Abs. 1 Nr. 3 und Abs. 4 GWB sowie im Rahmen der Beschlagnahme.[341]

2. Zeugenvernehmung

111 Die Kartellbehörde kann auch Zeugen laden. Für Form und Inhalt der Ladung gilt § 377 ZPO. Bei Nichterscheinen können Ordnungsmittel verhängt werden. Die Verhängung von Haft ist aber gem. § 57 Abs. 2 S. 1 HS 2 GWB unzulässig. Bei wiederholtem Ausbleiben kann eine Vorführung des Zeugen erfolgen (§ 380 Abs. 2 ZPO). Der Zeuge kann seine Aussage gegenüber der Kartellbehörde nur bei Vorliegen eines Zeugnisverweigerungsrechts gem. §§ 383, 384 ZPO verweigern. Dies gilt gem. § 383 Abs. 1 Nr. 6 ZPO zB für Rechtsanwälte einschließlich Syndikusanwälte. Über die Zeugenaussage soll eine Niederschrift angefertigt werden (§ 57 Abs. 3 GWB), die durch Unterschrift vom Zeugen zu genehmigen ist (§ 57 Abs. 4 GWB). Eine falsche mündliche Aussage des Zeugen vor der Kartellbehörde ist nicht gem. § 153 StGB strafbar, da die Kartellbehörde zur eidlichen Vernehmung nicht befugt ist. Die Kartellbehörde kann gem. § 57 Abs. 6 GWB aber das Amtsgericht um die Beeidigung des Zeugen ersuchen, wenn sie dies für die Herbeiführung einer wahrheitsgemäßen Aussage für notwendig erachtet. Alternativ zu einer Zeugenvernehmung kann die Kartellbehörde auch eine schriftliche Beantwortung der Beweisfrage anordnen, wenn sie dies im Hinblick auf den Inhalt der Beweisfrage und die Person des Zeugen für ausreichend erachtet (§ 377 Abs. 3 ZPO). Für eine weitere Klärung bleibt eine spätere Ladung aber zulässig. Die Anforderungen an eine förmliche Zeugenvernehmung dürfen aber nicht umgangen werden. Die Beantwortung eines formlosen Auskunftsersuchens ist entsprechend nicht als Zeugenvernehmung verwertbar.[342]

3. Sachverständige

112 Sachverständige wirken in einem kartellbehördlichen Verfahren mit, indem sie zur Beurteilung bereits aktenkundiger oder von ihnen erst zu erhebender Tatsachen der Kartellbehörde Fachwissen und allgemeine Erfahrungssätze vermitteln und der Behörde eine Schlussfolgerung auf entscheidungsrelevante Tatsachen ermöglichen oder erleichtern.[343] Hierzu erstattet der Sachverständige ein Gutachten. Für den Sachverständigenbeweis gelten die entsprechenden Vorschriften der ZPO. Für die Vernehmung eines Sachverständi-

---

[340] Immenga/Mestmäcker/*K. Schmidt* GWB § 58 Rn. 13.
[341] Wiedemann/*Klose* HdB KartellR § 53 Rn. 107.
[342] KG Beschl. v. 21.6.1970 – Kart 26/78, WuW/E OLG 2140 (2141) – Einbauküchen.
[343] Thomas/Putzo/*Reichold* ZPO, Vorbem § 402 Rn. 1.

gen als gesetzlicher Regelfall finden gem. § 57 Abs. 5 GWB die Bestimmungen für die Zeugenvernehmung entsprechende Anwendung. Die Vereidigung eines Sachverständigen ist wegen der fehlenden Verweisung auf § 410 ZPO nicht möglich. Zumeist wird allerdings die schriftliche Begutachtung angeordnet (§ 411 ZPO), um dem Sachverständigen eine bessere Vorbereitung und genauere Bearbeitung zu ermöglichen. Der Sachverständigenbeweis bezieht sich dabei stets nur auf Tatsachen, so dass die Beibringung eines Rechtsgutachtens keinen Sachverständigenbeweis darstellt, sondern als Parteivortrag zu würdigen ist.[344] Gleiches gilt für ein Privatgutachten, das sich ein Verfahrensbeteiligter bei einem von ihm ausgewählten Sachverständigen beschafft.[345]

4. Rechtsmittel

Gegen Anordnungen im Rahmen der Beweisaufnahme ist die **Beschwerde** nach Maßgabe der anwendbaren ZPO-Vorschriften zulässig. Zuständig ist gem. § 57 Abs. 2 S. 2 GWB das Oberlandesgericht, in dessen Bezirk die Kartellbehörde ihren Sitz hat. Beschwerdebefugt ist nur der von der angefochtenen Maßnahme betroffene Zeuge oder Sachverständige.[346] Gegen den Beweisbeschluss als solchen ist kein Rechtsmittel statthaft.[347] Verstößt die Kartellbehörde gegen Vorschriften der Beweiserhebung (zB durch Unterlassung der Belehrung eines Zeugen nach § 383 ZPO), kann dies aber zu einem **Verwertungsverbot** führen.[348]

113

VII. Zwangsmittel

Die Vollstreckung von Anordnungen zur Durchsetzung der Ermittlungsbefugnisse und die hierzu anwendbaren Zwangsmittel richten sich gem. § 86a GWB nach den für die **Vollstreckung** von Verwaltungsmaßnahmen geltenden Vorschriften. Diese sind für Anordnungen des Bundeskartellamts und des Bundeswirtschaftsministeriums das Verwaltungsvollstreckungsgesetz (VwVG) und für die Landeskartellbehörden die jeweiligen Landesvollstreckungsgesetze. Danach vollstrecken die Kartellbehörden ihre Anordnungen grundsätzlich selbst (§ 7 Abs. 1 VwVG sowie die entsprechenden landesrechtlichen Normen). Ermittlungsmaßnahmen sind gem. § 6 Abs. 1 VwVG und den meisten landesrechtlichen Vorschriften auch grundsätzlich sofort vollziehbar und damit im Wege der Verwaltungsvollstreckung durchsetzbar, da Rechtsbehelfen gegen entsprechende Anordnungen gem. § 64 GWB keine aufschiebende Wirkung zukommt. Liegen danach die Vollstreckungsvoraussetzungen vor, liegt es im pflichtgemäßen **Ermessen** der Kartellbehörde zu entscheiden, ob die Maßnahmen vollstreckt werden sollen oder im Falle einer Verletzung von Auskunfts-, Herausgabe- oder Vorlagepflichten stattdessen ein Bußgeldverfahren gem. § 81 Abs. 2 Nr. 6 GWB eingeleitet werden soll.

114

Als **Zwangsmittel** unterscheidet § 9 VwVG Ersatzvornahme, Zwangsgeld und unmittelbaren Zwang. Da kartellbehördliche Ermittelungen nicht auf vertretbare Handlungen gerichtet sind, sondern regelmäßig unvertretbare Handlungen sowie Duldungen und Unterlassungen durchgesetzt werden sollen, sind in der Praxis lediglich Zwangsgeld und unmittelbarer Zwang relevant. Mit **Zwangsgeld** können gem. § 11 VwVG Handlungen, die durch einen anderen nicht vorgenommen werden können, sowie Duldungen und Unterlassungen durchgesetzt werden. Die Verhängung eines Zwangsgeldes kommt insbesondere zur Durchsetzung von Auskunfts-, Herausgabe- und Vorlagepflichten gem. § 59 Abs. 1 Nr. 1 bis 3 GWB in Betracht. Abweichend von dem Zwangsgeldrahmen gem. § 11 Abs. 3 VwVG beträgt das Zwangsgeld gem. § 86a S. 2 GWB mindestens 1.000 EUR und höchstens 10 Mio. EUR.

115

---

[344] Wiedemann/*Klose* HdB KartellR § 53 Rn. 111.
[345] *Baumbach/Lauterbach/Albers/Hartmann* ZPO Übers § 402 Rn. 21; Thomas/Putzo/*Reichold* ZPO, Vorbem § 402 Rn. 5.
[346] Immenga/Mestmäcker/*K. Schmidt* GWB § 57 Rn. 30; MüKoGWB/*Engelsing* § 57 Rn. 15.
[347] Immenga/Mestmäcker/*K. Schmidt* GWB § 57 Rn. 29.
[348] Loewenheim/Meessen/Riesenkampf/*Becker* GWB § 57 Rn. 5; Immenga/Mestmäcker/*K. Schmidt* GWB § 57 Rn. 25.

Hinsichtlich der konkreten Höhe des festzusetzenden Zwangsgelds verfügt die Kartellbehörde über Ermessen.[349] Kann das Zwangsgeld nicht beigebracht werden und ist dessen Festsetzung bestandskräftig geworden, kann die Kartellbehörde als ultima ratio beim zuständigen Verwaltungsgericht einen Antrag auf Anordnung von **Zwangshaft** anstelle des Zwangsgeldes stellen, wenn bei der Anordnung des Zwangsgeldes darauf hingewiesen wurde (§ 16 Abs. 1 S. 1 VwVG).

116 Die Anwendung **unmittelbaren Zwangs** ist nur zulässig, wenn Ersatzvornahme und Zwangsgeld nicht zum Ziel geführt haben oder untunlich sind (§ 12 VwVG). Die Kartellbehörde kann dann den Pflichtigen zur Handlung, Duldung oder Unterlassung mittels Anwendung von Gewalt zwingen oder die Handlung selbst vornehmen. Die Kartellbehörde kann sich hierzu der Amtshilfe der Polizei bedienen (§ 15 Abs. 2 S. 2 VwVG). Dies dürfte in der Praxis lediglich zur Vollstreckung von Beschlagnahmen und Durchsuchungen in Betracht kommen.

117 Das **Vollstreckungsverfahren** setzt sich regelmäßig aus drei Schritten zusammen. Die Kartellbehörde muss das ausgewählte Zwangsmittel zunächst schriftlich androhen und eine Frist bestimmen, innerhalb derer dem Betroffenen der Vollzug billigerweise zugemutet werden kann (§ 13 Abs. 1 VwVG). Die **Androhung** kann dabei mit der zu vollstreckenden Anordnung (zB einem Auskunftsbeschluss gem. § 59 Abs. 1 GWB) verbunden werden. Bei ergebnislosem Ablauf der Frist setzt die Kartellbehörde das Zwangsmittel gem. § 14 VwVG fest. Keiner Fristsetzung bedarf es, wenn Duldungs- oder Unterlassungspflichten vollstreckt werden sollen.[350] Führt die **Festsetzung** nicht zur Erfüllung der Verpflichtung, wird das Zwangsmittel entsprechend der Festsetzung angewendet (§ 15 Abs. 1 VwVG). Führt auch die **Anwendung** des Zwangsmittels nicht zur Erfüllung, können Zwangsmittel gem. § 13 Abs. 6 VwVG so oft wiederholt und hierbei jeweils erhöht oder gewechselt werden, bis die Verpflichtung erfüllt ist. Eine neue Androhung ist allerdings erst dann zulässig, wenn das zunächst angedrohte Zwangsmittel erfolglos geblieben ist. Die Vollstreckung ist einzustellen, wenn der Zweck des Vollzugs erreicht ist (vgl. § 15 Abs. 3 VwVG), der Zweck nicht mehr erreicht werden kann oder die zu vollstreckende Verfügung aufgehoben worden ist.[351] Gegen die Androhung eines Zwangsmittels und deren Festsetzung ist die **Beschwerde** gem. § 63 Abs. 1 GWB statthaft.[352]

D. Verfahrensregeln und Verfahrensablauf
I. Förmlichkeit des Verfahrens

118 Mit Blick auf die weitgehenden Entscheidungs- und Sanktionsbefugnisse der Kartellbehörden ist das Verwaltungsverfahren formalisiert und „justizähnlich" ausgestaltet (zur Justizförmigkeit der Arbeitsweise des BKartA → § 16 Rn. 70f.).[353] Die Formalisierung des Verfahrens zielt im besonderen Maße auf eine Richtigkeitsgewähr der Verwaltungsentscheidung und trägt damit insbesondere den verfassungsrechtlich begründeten Rechtsschutzgarantien Rechnung.[354] Dabei werden allgemeine Verwaltungsgrundsätze durch das GWB nicht ausgeschlossen. Soweit keine Sonderregelungen im GWB bestehen, finden die **Vorschriften des Verwaltungsverfahrensgesetz** (VwVfG) subsidiär Anwendung. Dies gilt insbesondere für Regelungen zur Akteneinsicht (§ 29 VwVfG), den Geheimnisschutz (§ 30 VwVfG), die Heilung bzw. Folgen von Verfahrens- oder Formfehlern (§§ 45, 46 VwVfG) und die Umdeutung von Verfügungen (§ 47 VwVfG).

---

[349] OLG Düsseldorf Beschl. v. 9.10.2002 – Kart 32/02 (V), WuW/E DE-R 953 (955) – Lufthansa/Eurowings.
[350] VGH München Beschl. v. 15.6.2000 – 4 B 98.775, NJW 2000, 3297 (3298).
[351] MüKoGWB/*Vollmer* § 86a Rn. 19.
[352] Siehe hierzu MüKoGWB/*Vollmer* § 86a Rn. 20ff. mwN.
[353] BGH Beschl. v. 8.4.1965 – KVR 2/64, BGH 680 (684) – Linoleum; KG Beschl. v. 21.6.1979 – Kart 26/78, WuW/E OLG 2140 (2141) – Einbauküchen.
[354] Immenga/Mestmäcker/*Bach* GWB vor § 54 Rn. 7.

Schließlich gelten auch im Kartellverwaltungsverfahren die allgemeinen Grundsätze des **Vertrauensschutzes.**[355] Dabei kann allerdings nicht bereits aus dem bloßen Nichteinschreiten gegen rechtswidrige Verhaltensweisen bzw. deren Duldung auf eine Verwirkung der Eingriffsbefugnisse der Kartellbehörde geschlossen werden.[356] Erforderlich ist vielmehr die Schaffung bzw. Aufrechterhaltung einer Vertrauenslage, auf deren Basis der Betroffene sich durch bestimmte Maßnahmen so eingerichtet hat, dass ihm im Falle eines späteren Einschreitens unzumutbare Nachteile entstehen würden.[357] Das einseitige Vertrauen darauf, ein rechtswidriges Verhalten fortsetzen zu können, genügt demgegenüber nicht.[358] Umgekehrt bindet eine **schriftlich erteilte Zusage,** eine bestimmte Verfügung zu erlassen oder nicht zu erlassen, die Kartellbehörde nach Maßgabe von § 38 VwVfG. Eine bloße Auskunft über die Rechtsauffassung der Kartellbehörde genügt insoweit allerdings nicht.[359]

119

II. Anspruch auf rechtliches Gehör

Nach § 56 Abs. 1 GWB hat die Kartellbehörde den Beteiligten Gelegenheit zur Stellungnahme zu geben. Die Vorschrift ist Ausprägung des verfassungsrechtlich garantierten Anspruchs auf rechtliches Gehör (Art. 103 Abs. 1 GG).[360] Die Gelegenheit zur Stellungnahme setzt eine Unterrichtung über die erforderlichen Informationen voraus. Entsprechend hat die Kartellbehörde die Verfahrensbeteiligten im Rahmen des rechtlichen Gehörs über alle für die Beurteilung maßgeblichen Tatsachen zu unterrichten.[361] Dieser Pflicht kommt die Kartellbehörde üblicherweise durch Übersendung einer **Abmahnung** nach, welche den entscheidungserheblichen Sachverhalt und die voraussichtlichen Entscheidungsgründe zusammenfasst. Den Zeitpunkt für eine Anhörung kann die Kartellbehörde im Rahmen ihres Ermessens bestimmen.[362] Ansonsten reicht es aber grundsätzlich aus, wenn die Beteiligten über alle maßgeblichen Umstände informiert wurden und im Laufe des Verfahrens Gelegenheit zur Stellungnahme bestand.[363]

120

Aus der Pflicht der Kartellbehörde zur Gewährleistung des rechtlichen Gehörs folgt spiegelbildlich, dass sie ihrer Entscheidung nur diejenigen Tatsachen, bedeutsamen Erklärungen von Beteiligten und Beweisergebnisse zugrunde legen darf, zu denen sich alle Beteiligten äußern konnten. Bei neuem **entscheidungserheblichen Vorbringen** eines Beteiligten müssen vor einer Entscheidung alle anderen Beteiligten nochmals angehört werden.[364]

121

Von einer Anhörung kann unter den Voraussetzungen des § 28 Abs. 2 VwVfG abgesehen werden, wenn sie nach den Umständen des Einzelfalls nicht geboten ist. Insoweit kommen insbesondere Fälle in Betracht, in denen eine sofortige Entscheidung wegen **Gefahr im Verzug** notwendig erscheint oder von den Angaben eines Beteiligten nicht zu seinen Ungunsten abgewichen werden soll. Unter dieser Maßgabe kann bei eilbedürftigen einstweiligen Anordnungen gem. § 60 GWB eine Anhörung wegen einer besonderen Dringlichkeit im Einzelfall entfallen (zum einstweiligen Anordnungsverfahren

122

---

[355] Siehe hierzu Immenga/Mestmäcker/*Bach* GWB vor § 54 Rn. 10.
[356] BGH Beschl. v. 12.3.1991 – KVR 1/90, WuW/E BGH 2697 (2705f.) – Golden Toast; BGH Beschl. v. 24.6.1980 – KVR 6/79, WuW/E BGH 1717 (1722) – Haus und Hofkanalguß.
[357] BGH Beschl. v. 27.1.1981 – KVR 4/80, WuW/E BGH 1787 (1793) – Garant.
[358] BGH Beschl. v. 12.3.1991 – KVR 1/90, WuW/E BGH 2697 (2705f.) – Golden Toast; BGH Beschl. v. 27.1.1981 – VI-Kart 4/03 (V), WuW/E BGH 1787 (1793) – Garant.
[359] Immenga/Mestmäcker/*Bach* GWB vor § 54 Rn. 12.
[360] OLG Düsseldorf Beschl. v. 11.2.2004 – KVR 3/84, WuW/E DE-R 1239 (1240) – TEAG.
[361] KG Beschl.v. 26.11.1980 – Kart 17/80, WuW/E OLG 2411 (2414) – Synthetischer Kautschuk I; KG Beschl. v. 21.6.1979 – Kart 26/78, WuW/E OLG 2140f. – Einbauküchen, für den Fall der Verweigerung des Zugangs zu Verfahrensunterlagen.
[362] *Kopp/Ramsauer* VwVfG § 28 Rn. 36.
[363] BGH Beschl. v. 25.6.1985 – KVR 3/84, WuW/E BGH 2150 (2152f.) – Edelstahlbestecke.
[364] OLG Düsseldorf Beschl. v. 16.12.2003 – Kart 25/02 (V), WuW/E DE-R 1013 (1017) – E.ON/Ruhrgas; OLG Düsseldorf Beschl. v. 25.7.2002 – Kart 25/02 (V), WuW/E DE-R 926 (936) – E.ON/Ruhrgas.

→ Rn. 136 ff.).³⁶⁵ Bei Entscheidungen in der Hauptsache wird der **Verzicht auf eine Anhörung** wegen des verfassungsrechtlich geschützten Rechts auf Gehör allerdings nur in engen Ausnahmefällen in Betracht kommen, etwa wenn im Rahmen eines fristgebundenen Fusionskontrollverfahrens durch eine Anhörung die Einhaltung der Untersagungsfrist konkret gefährdet wäre.³⁶⁶ Auch eine Anhörung zu jeder neuen Fassung von „Auflagenpapieren" soll danach entbehrlich sein.³⁶⁷

123 **Form und Frist zur Stellungnahme** hängt von den Umständen des Einzelfalls ab.³⁶⁸ Zu berücksichtigen sind einerseits die Komplexität des Sachverhalts und der Rechtsfragen sowie andererseits die Eilbedürftigkeit des Falles.³⁶⁹ Die Stellungnahmefrist gegenüber dem betroffenen Unternehmen muss so bemessen sein, dass umfassend zu dem erhobenen Vorwurf des kartellrechtswidrigen Verhaltens Stellung genommen werden kann und alle von dem Unternehmen beabsichtigten Verteidigungsmittel vorgebracht werden können. Soweit dies im Einzelfall zu einer angemessenen Wahrnehmung der Verteidigungsrechte gehört, ist Gelegenheit zu eigenen Sachverhaltsermittlungen sowie zur Einholung von Rechtsrat durch Dritte zu geben.³⁷⁰ Demgegenüber genügt eine knappe Frist, wenn die Kartellbehörde sich allein auf Angaben des Betroffenen stützt und keine ihm unbekannten Ermittlungsergebnisse verwendet. Auch in fristgebundenen Fusionskontrollverfahren sind die Fristen häufig relativ kurz. Eine Fristversäumnis führt allerdings nicht zur Präklusion, sondern erlaubt der Kartellbehörde nur, ohne Stellungnahme zu entscheiden.³⁷¹

124 Das rechtliche Gehör wird regelmäßig in **Form einer schriftlichen Stellungnahme** wahrgenommen. Ein Anspruch auf ein mündliches Vorbringen oder einen Gesprächstermin mit der Kartellbehörde besteht grundsätzlich nicht. In Ausnahmefällen kann die Kartellbehörde allerdings verpflichtet sein, sich ein Privatgutachten des betroffenen Unternehmens mündlich erläutern zu lassen, soweit es entscheidungserheblichen Sachverhalt betrifft.³⁷²

125 Darüber hinaus kann die Kartellbehörde eine **Anhörung Dritter** durchführen, indem sie gem. § 56 Abs. 2 GWB den von dem Verfahren betroffenen Wirtschaftskreisen (zB nicht beigeladene Unternehmen, Verbände, Gewerkschaften oder Verbraucher) Gelegenheit zur Stellungnahme gibt. Die Entscheidung über eine Anhörung Dritter liegt im pflichtgemäßen **Ermessen** der Kartellbehörde. Die Anhörung nicht am Verfahren beteiligter Dritter dient nicht der Gewährung rechtlichen Gehörs, sondern soll der Kartellbehörde in geeigneten Fällen die Möglichkeit geben, weitere Erkenntnisse zur Sachverhaltsaufklärung zu gewinnen.³⁷³ Entsprechend hat die Kartellbehörde im Rahmen der Ermessensausübung zu berücksichtigen, ob von dem Dritten ein erheblicher Beitrag zur Sachverhaltsaufklärung zu erwarten ist.³⁷⁴ Ein Anspruch auf Anhörung von Nicht-Verfahrensbeteiligten besteht danach grundsätzlich nicht. Die Anhörung der Dritten erfolgt formlos, die Verfahrensbeteiligten müssen aber im Rahmen des rechtlichen Gehörs von dem Inhalt der Anhörung informiert werden. Ein Recht auf Teilnahme an der Anhörung durch die Verfahrensbeteiligten ist damit aber nicht verbunden.³⁷⁵

---

³⁶⁵ KG Beschl. v. 11.1.1993 – Kart 25/92, WuW/E OLG 5151 (5159) – Ernstliche Untersagungszweifel.
³⁶⁶ Eine unterbliebene Anhörung ist allerdings nicht gerechtfertigt, wenn die Eilbedürftigkeit auf eine vorherige Säumnis der Kartellbehörde zurückzuführen ist (vgl. hierzu KG Beschl. v. 26.11.1980 – Kart 17/80, WuW/E OLG 2411 (2415) – Synthetischer Kautschuk I).
³⁶⁷ Wiedemann/*Klose* HdB KartellR § 53 Rn. 95.
³⁶⁸ KG Beschl. v. 24.4.1985 – Kart 34/81, WuW/E OLG 3577 (3579) – Hussel-Mara; Stelkens/Bonk/Sachs/*Kallerhof* VwVfG § 28 Rn. 44.
³⁶⁹ Bechtold/*Bosch* § 56 Rn. 2.
³⁷⁰ OLG Düsseldorf Beschl. v. 11.2.2004 – VI-Kart 4/03 (V), WuW/E DE-R 1239 (1240) – TEAG.
³⁷¹ Kopp/*Ramsauer* VwVfG § 28 Rn. 37.
³⁷² OLG Düsseldorf Beschl. v. 11.2.2004 – VI-Kart 4/03 (V), WuW/E DE-R 1239 (1240) – TEAG.
³⁷³ Loewenheim/Meessen/Riesenkampff/*Becker* GWB § 56 Rn. 13; MüKoGWB/*Engelsing* § 56 Rn. 10.
³⁷⁴ Immenga/Mestmäcker/*K. Schmidt* GWB § 56 Rn. 21.
³⁷⁵ Loewenheim/Meessen/Riesenkampff/*Becker* GWB § 56 Rn. 14; Immenga/Mestmäcker/*K. Schmidt* GWB § 56 Rn. 23.

Wegen der Folgen einer **unterbliebenen Anhörung** verweist § 56 Abs. 4 GWB auf **126**
die §§ 45, 46 VwVfG. Danach sind Verfahrens- und Formfehler **grundsätzlich unbeachtlich,** wenn sie nachträglich behoben werden. Gem. § 45 Abs. 2 VwVfG kann die erforderliche **Anhörung** bis zum **Abschluss der letzten Tatsacheninstanz eines gerichtlichen Verfahrens** nachgeholt werden. Erforderlich ist insoweit, dass die Anhörung in einer Weise erfolgt, dass sie ihre Funktion für den Entscheidungsprozess uneingeschränkt erreichen kann. Hierzu ist es erforderlich, dass die Ergebnisse der Anhörung nicht nur zur Kenntnis genommen werden, sondern die Kartellbehörde diese – nach außen erkennbar – zum Anlass nimmt, die Entscheidung kritisch, unvoreingenommen und ergebnisoffen zu überprüfen.[376] Für eine Heilung reicht es daher nicht aus, wenn die Anhörung durch das Gericht erfolgt und die Behörde hiervon lediglich Kenntnis erhält.[377] Die Gewährung rechtlichen Gehörs muss vielmehr außerhalb des Gerichtsverfahrens durch die Kartellbehörde selbst erfolgen.[378] Soweit die Verfügung nicht bereits nach § 44 VwVfG nichtig ist, führt eine unterbliebene Anhörung nach § 46 VwVfG allerdings nicht zur Anfechtbarkeit, wenn offensichtlich ist, dass die Verletzung des rechtlichen Gehörs **die Entscheidung in der Sache nicht beeinflusst** hat, da §§ 45 und 46 VwVfG grundsätzlich nebeneinander anwendbar sind.[379] Fehlt es an der Offensichtlichkeit einer fehlenden Beeinflussung, ist die Verfügung bei unterbliebener (und nicht nachgeholter) Anhörung rechtswidrig.[380]

III. Recht auf Akteneinsicht

Die Verfahrensbeteiligten haben gem. § 29 VwVfG ein Recht auf Akteneinsicht, soweit **127**
die Kenntnis der Akten zur Geltendmachung oder Verteidigung ihrer rechtlichen Interessen erforderlich ist.[381] Das Akteneinsichtsrecht ergänzt den Anspruch auf rechtliches Gehör, da nur bei einem ausreichenden Aktenzugang der Anspruch auf rechtliches Gehör in sinnvoller Weise wahrgenommen werden kann. Bei der Gewährung von Akteneinsicht sind entsprechend ein großzügiger Maßstab anzulegen und der Umfang der einsehbaren Akten weit zu fassen. Das Akteneinsichtsrecht umfasst danach nicht nur die eigentliche Verfahrensakte, sondern **alle Akten,** die mit dem Gegenstand des Verfahrens in Zusammenhang stehen und für die Entscheidung von Bedeutung sein können. Dies schließt neben beigezogenen Akten auch Vorakten ein.[382] Darüber hinaus sind nicht nur Schriftstücke, sondern auch alle sonstigen Informationsträger (zB Datenträger wie CD-ROMs, DVDs etc) vom Einsichtsrecht umfasst.[383]

Vom Akteneinsichtsrecht nicht umfasst sind gem. § 29 Abs. 1 S. 2 VwVfG Entschei- **128**
dungsentwürfe sowie Arbeiten zur unmittelbaren Vorbereitung einer Entscheidung. Gleiches gilt gem. § 29 Abs. 2 VwVfG für Akteninhalte, durch deren Bekanntwerden die Kartellbehörde in der ordnungsgemäßen Erfüllung ihrer Aufgaben beeinträchtigt wäre oder die wegen der berechtigten Interessen der Beteiligten oder dritter Personen geheim gehalten werden müssen. Danach dürfen insbesondere **Geschäftsgeheimnisse** (→ Rn. 82) Dritter, an deren Geheimhaltung auch im Verwaltungsverfahren objektiv

---

[376] OLG Düsseldorf Beschl. v. 11.2.2004 – VI-Kart 4/03 (V), WuW/E DE-R 1239 (1241) – TEAG; *Kopp/Ramsauer* VwVfG § 45 Rn. 26.
[377] *Kopp/Ramsauer* VwVfG § 45 Rn. 27; OLG Düsseldorf Beschl. v. 11.2.2004 – VI-Kart 4/03 (V), WuW/E DE-R 1239 (1241) – TEAG.
[378] Loewenheim/Meessen/Riesenkampf/*Becker* GWB § 56 Rn. 22; Immenga/Mestmäcker/*K. Schmidt* GWB § 56 Rn. 27.
[379] Stelkens/Bonk/Sachs/*Sachs* VwVfG § 45 Rn. 18.
[380] *Bechtold/Bosch* § 56 Rn. 8.
[381] Neben dem auf Verfahrensbeteiligte beschränkten Akteneinsichtsrecht nach § 29 VwVfG besteht nach dem Informationsfreiheitsgesetz ein Recht auf Informationszugang für „jedermann". Siehe hierzu *Leopold* WuW 2006, 592 ff.
[382] KG Beschl. v. 19.8.1986 – 1 Kart 9/86, WuW/E OLG 3908 (3910); MüKoGWB/*Engelsing* § 56 Rn. 14.
[383] Immenga/Mestmäcker/*K. Schmidt* GWB § 56 Rn. 10; *Kopp/Ramsauer* VwVfG § 29 Rn. 12a.

ein erhebliches Interesse besteht,[384] von der Kartellbehörde grundsätzlich nicht offengelegt werden.[385] Informationen, die als Geschäftsgeheimnis Dritter der Aktensicht durch andere Verfahrensbeteiligte entzogen sind, können im Rahmen der Entscheidung allerdings nicht verwertet werden.[386] Dies gilt jedenfalls dann, wenn deren Verwertung unter Berücksichtigung von § 71 Abs. 1 S. 2–4 GWB im gerichtlichen Verfahren nicht möglich wäre.[387] Das Bundeskartellamt behilft sich daher im Rahmen von Abmahnungen und Entscheidungen durch Relativierungen, Umschreiben sowie Angaben von aggregierten Zahlen und Spannen, um keine geheimen Unternehmenszahlen offen zulegen.[388] Bei einer förmlichen Beweisaufnahme nach § 57 GWB besteht allerdings ein uneingeschränktes Akteneinsichtsrecht.[389]

129   Das Recht auf Akteneinsicht besteht wegen des engen Bezugs zum Anhörungsrecht nur bis zum Abschluss des anhängigen Verwaltungsverfahrens.[390] Für die Akteneinsicht im Beschwerdeverfahren gilt § 72 GWB. Der **Zeitpunkt** der Akteneinsicht steht ansonsten im **Ermessen** der Kartellbehörde.[391] Sie muss aber so rechtzeitig gewährt werden, dass den Beteiligten für eine Stellungnahme im Rahmen des rechtlichen Gehörs ausreichend Zeit bleibt. Neben dem gesetzlichen Akteneinsichtsrecht gem. § 29 VwVfG für Verfahrensbeteiligte hat die Rechtsprechung beim Vorliegen berechtigter gewichtiger Interessen auch ein **außergesetzliches Akteneinsichtsrecht** Dritter anerkannt. Die berechtigten Interessen können insoweit insbesondere auch in der Vorbereitung von Schadenersatzklagen liegen, wenn der Dritte zur Wahrnehmung seiner Rechte auf eine entsprechende Akteneinsicht angewiesen ist. Der Dritte hat insoweit einen Anspruch auf ermessensfehlerfreie Entscheidung über sein Akteneinsichtsgesuch, der auch noch nach Abschluss des Verfahrens (zB durch die Entgegennahme von Verpflichtungszusagen) geltend gemacht werden kann.[392]

130   Die Akteneinsicht erfolgt grundsätzlich durch **Einsichtnahme** in den Räumen der Kartellbehörde (vgl. § 29 Abs. 3 VwVfG). Das Bundeskartellamt ist zwar häufig auch zu einer kostenpflichtigen Übersendung von **Kopien** oder elektronischer Datenträger bereit (ggf. nach Einsichtnahme und Identifizierung der relevanten Aktenteile), ein allgemeiner Anspruch auf Übersendung besteht indes außer im Fall einer förmlichen Beweisaufnahme nicht.[393] Eine andere Frage ist, ob anlässlich einer Akteneinsicht Kopien gefertigt (lassen) werden können. Dies ist jedenfalls dann zu bejahen, wenn die Anfertigung von Kopien – wie in komplexen Verfahren regelmäßig der Fall – zur effizienten Rechtsverfolgung unverzichtbar ist.[394] Die Kosten für die Kopien richten sich bis September 2021 trotz des in Kraft getretenen BGebG weiter nach § 10 Abs. 1 Nr. 2 VwKostG iVm. § 136 Abs. 3 KostO (§§ 23 Abs. 6, 24 BGebG).[395]

---

[384] KG Beschl. v. 19.8.1986 – 1 Kart 9/86, WuW/E OLG 3908 (3910f.); OLG Düsseldorf Beschl. v. 5.7.1977 – Kart 2/77, WuW/E OLG 1881 (1887) – Anzeigenpreise.
[385] MüKoGWB/*Engelsing* § 56 Rn. 28.
[386] *Bechtold/Bosch* § 56 Rn. 4.
[387] FK/*Bracher* § 56 Rn. 13.
[388] Siehe hierzu MüKoGWB/*Engelsing* § 56 Rn. 30.
[389] KG Beschl. v. 21.6.1979 – Kart 26/78, WuW/E 2140 (2141) – Einbauküchen.
[390] Wiedemann/*Klose* HdB KartellR § 53 Rn. 101; Stelkens/Bonk/Sachs/*Kallerhof* VwVfG, § 29 Rn. 38.
[391] Langen/Bunte/*Schneider* GWB § 56 Rn. 12.
[392] BGH Beschl. v. 14.7.2015 – KVR 55/14, WuW/E DE-R 4884, 4886 – Trinkwasserpreise; OLG Frankfurt Beschl. v. 4.9.2014 – 11 W 3/14 (Kart), WuW/E DE-R 4505, 4506 – Akteneinsichtsrecht; kritisch zur Akteneinsicht in Kronzeugenunterlagen *Lotze/Smolinski*, Zum Akteneinsichtsrecht Dritter nach Abschluss von Verpflichtungszusagen, WuW 2015, 494ff.
[393] Immenga/Mestmäcker/*K. Schmidt* GWB § 56 Rn. 10; aA Wiedemann/*Klose* HdB KartellR § 53 Rn. 101, der jedenfalls bei umfangreichen Akten einen Anspruch auf die kostenpflichtige Anfertigung von Kopien annimmt. Siehe auch Langen/Bunte/*Schneider* GWB § 56 Rn. 13.
[394] Stelkens/Bonk/Sachs/*Kallerhof* VwVfG, § 29 Rn. 85; ebenso *Lieberknecht* FIW, Schwerpunkte des Kartellrechts, Heft 86, 71.
[395] Die Kosten betragen danach für die ersten 50 Seiten 0,50 EUR je Seite und für jede weitere Seite 0,15 EUR.

Strittig ist, ob eine versagte Akteneinsicht mit der **Beschwerde** angefochten werden kann oder ob es sich bei der Versagung mangels Verfügungscharakters lediglich um eine verfahrensleitende Maßnahme handelt.[396] Unabhängig von ihrer Rechtsnatur stellt die rechtswidrige Versagung der Akteneinsicht einen Verfahrensfehler dar, der analog § 44a VwVfG mit der Beschwerde gegen die Entscheidung in der Hauptsache anzugreifen ist.[397] Daneben ist eine Leistungsbeschwerde auf Akteneinsicht zulässig.[398] Rechtsschutz gegen die beabsichtigte Gewährung einer Akteneinsicht ist in Form einer vorbeugenden Unterlassungsbeschwerde zulässig.[399]

IV. Öffentliche mündliche Verhandlung

Die Kartellbehörde kann gem. § 56 Abs. 3 GWB auf Antrag eines Beteiligten oder von Amts wegen eine öffentliche mündliche Verhandlung durchführen. Die mündliche Verhandlung bezweckt eine intensive, dem Interesse an einer richtigen Entscheidung dienende **Erörterung aller Sach- und Rechtsfragen** sowie der Gewährleistung des Anspruchs aller Verfahrensbeteiligten auf **rechtliches Gehör**.[400] Im Rahmen eines Ministererlaubnisverfahrens nach § 42 GWB ist die Durchführung einer öffentlichen mündlichen Verhandlung obligatorisch (§ 56 Abs. 3 S. 3 GWB), falls nicht die Beteiligten ihr Einverständnis zu einer Entscheidung ohne mündliche Verhandlung erteilen. In allen übrigen Fällen liegt die Durchführung einer öffentlichen mündlichen Verhandlung im pflichtgemäßen **Ermessen** der Kartellbehörde.[401]

Eine mündliche Verhandlung soll erst anberaumt werden, wenn die Ermittlungen im Wesentlichen abgeschlossen sind.[402] Nicht erforderlich ist allerdings, dass der gesamte entscheidungserhebliche Sachverhalt zum Gegenstand der mündlichen Verhandlung gemacht wird.[403] Für die Ladung aller Beteiligten gilt § 67 VwVfG entsprechend. Der Verlauf der Verhandlung richtet sich in analoger Anwendung nach § 68 VwVfG. Im Ministererlaubnisverfahren muss das Verfahren durch das Bundeswirtschaftministerium geleitet werden. Eine Leitung oder Anwesenheit des Bundeswirtschaftsministers selbst ist nicht zwingend.[404] Die **Öffentlichkeit** ist durch die Kartellbehörde für die Verhandlung oder für einen Teil der Verhandlung auszuschließen, wenn eine Gefährdung der öffentlichen Ordnung, insbesondere der Staatssicherheit, oder die Gefährdung wichtiger Geschäfts- oder Betriebsgeheimnisse zu besorgen ist (§ 56 Abs. 3 S. 2 GWB). Die Folgen eines Verstoßes gegen die Öffentlichkeit richten sich nach §§ 45 und 46 VwVfG und dürften daher regelmäßig heilbar bzw. unbeachtlich sein.

V. Vorabentscheidung über Zuständigkeit (§ 55 GWB)

Macht ein Verfahrensbeteiligter die örtliche oder sachliche Unzuständigkeit der Kartellbehörde geltend, kann die Kartellbehörde über die Zuständigkeit gem. § 55 Abs. 1 GWB vorab entscheiden. Die Frage der **örtlichen Zuständigkeit** (§ 48 Abs. 2 S. 2 GWB) stellt sich aufgrund der länderübergreifenden Zuständigkeit des Bundeskartellamts nur für die Landeskartellbehörden untereinander. Die **sachliche Zuständigkeit** betrifft die Abgrenzung der Zuständigkeit von Bundeskartellamt und Landeskartellbehörden gem. § 48

---

[396] So MüKoGWB/*Engelsing* § 56 Rn. 18; a.A Langen/Bunte/*Schneider* GWB § 56 Rn. 18; KG Beschl. v. 19.8.1986 – 1 Kart 9/86, WuW/E OLG 3908 (3909).
[397] Immenga/Mestmäcker/*K. Schmidt* GWB § 56 Rn. 10; Langen/Bunte/*Schneider* GWB § 56 Rn. 18 mwN.
[398] Immenga/Mestmäcker/*K. Schmidt* GWB § 56 Rn. 10.
[399] OLG Düsseldorf Beschl. v. 22.1.2003 – Kart 21/02 (V), WuW/E DE-R 1070 – Energie-AG Mitteldeutschland.
[400] OLG Düsseldorf Beschl. v. 25.7.2002 – Kart 25/02 (V), WuW/E DE-R 926 (934) – E.ON/Ruhrgas.
[401] Dies gilt auch für das gesondert geregelte Anerkennungsverfahren für Wettbewerbsregeln (vgl. § 25 S. 3 GWB).
[402] Wiedemann/*Klose* HdB KartellR § 53 Rn. 118.
[403] Wiedemann/*Klose* HdB KartellR § 53 Rn. 118.
[404] Gesetzesbegründung, BT-Drs. 15/3640, 41.

Abs. 2 S. 1 GWB[405] sowie die Abgrenzung der Zuständigkeit zwischen Bundeskartellamt und Bundeswirtschaftsministerium.[406] Die Vorabentscheidungsbefugnis betrifft demgegenüber nicht die Zuständigkeitskonkurrenz zwischen Bundeskartellamt und Europäischer Kommission.[407] Die Vorabentscheidungsbefugnis gem. § 55 GWB hat in der Praxis aufgrund der Abgabemöglichkeiten gem. § 49 Abs. 3, 4 GWB und der damit verbundenen Verfahrensverzögerungen allerdings nur geringe Bedeutung erlangt.

135 Für die Zuständigkeitsrüge durch einen Verfahrensbeteiligten ist keine Form vorgeschrieben, so dass insoweit auch eine mündliche Rüge ausreichend ist.[408] Die Entscheidung über eine Vorabentscheidung steht im **pflichtgemäßen Ermessen** der Kartellbehörde.[409] Abzuwägen sind insoweit die durch Zwischenentscheidung entstehende Verfahrensverzögerung mit dem Risiko einer späteren Aufhebung der Hauptsachenentscheidung infolge einer Unzuständigkeit.[410] Die Zwischenentscheidung der Kartellbehörde kann selbständig mit der **Beschwerde** angefochten werden. Die Beschwerde hat gem. § 55 Abs. 1 S. 2 HS. 2 GWB **aufschiebende Wirkung,** so dass im Hauptsacheverfahren bis zu einer rechtskräftigen Klärung der Zuständigkeit keine formalen Verfahrensschritte mehr unternommen werden können (→ § 16 Rn. 34). Die Anordnung einer sofortigen Vollziehung nach § 65 Abs. 1 GWB ist nicht möglich.[411] Wird eine Zuständigkeitsrüge vor Abschluss des Verwaltungsverfahrens versäumt, führt dies gem. § 55 Abs. 2 GWB zum **Verlust der Zuständigkeitsrüge** im Beschwerdeverfahren, dh eine spätere Beschwerde kann nicht mehr auf die fehlende Zuständigkeit der Kartellbehörde gestützt werden. In diesem Fall kann Beschwerde nur dann erfolgreich wegen einer Unzuständigkeit eingelegt werden, wenn die Unzuständigkeit offensichtlich war und damit die Entscheidung nichtig ist.[412]

VI. Einstweilige Maßnahmen (§ 60 GWB)

136 Die Kartellbehörde kann gem. § 60 GWB in bestimmten Verfahren bis zu einer endgültigen Entscheidung in der Hauptsache einstweilige Anordnungen erlassen. Ziel einer einstweiligen Anordnung ist dabei die Regelung eines einstweiligen Zustands bis zur endgültigen Entscheidung, um drohende irreparable Nachteile oder schwere Schäden im Interesse des Gemeinwohls oder im überwiegenden Interesse eines Beteiligten zu verhindern.[413]

1. Formelle Voraussetzungen

137 Nach der Aufzählung in § 60 GWB kommt eine einstweilige Anordnung in Fusionskontroll- (§§ 40 Abs. 2, 40 Abs. 3a GWB) bzw. Entflechtungsverfahren (§ 41 Abs. 3 GWB) und Ministererlaubnisverfahren (§ 42 Abs. 1 und 2 GWB) sowie in Verfahren über die Anerkennung von Wettbewerbsregeln (§ 26 Abs. 4 GWB), in Missbrauchsverfahren über Preisbindungen bei Presseerzeugnissen (§ 30 Abs. 3) sowie in Verfahren zur Vorteilsabschöpfung (§ 4 Abs. 1 GWB) in Betracht. Die **Aufzählung** in § 60 GWB ist insoweit **abschließend,** dh einstweilige Anordnungen sind nur in den ausdrücklich genannten Verfahren möglich;[414] für den praktisch wichtigen Fall eines Untersagungsverfahrens nach § 32 GWB enthält § 32a GWB allerdings eine Sonderregelung. Die Anordnung einer einstweiligen Maßnahme durch die Kartellbehörde setzt ein anhängiges

---

[405] OLG Frankfurt Entsch. v. 9.5.1995 – 11 VA (Kart) 1/94, WuW/E OLG 5416 (5425) – Konzessionsvertrag Niedernhausen. Siehe zur Abgrenzung oben § 16 Rn. 10.
[406] Immenga/Mestmäcker/*K. Schmidt* GWB § 55 Rn. 1. Siehe zur Abgrenzung zwischen Bundeskartellamt und Bundesnetzagentur → § 16 Rn. 33.
[407] BKartA Beschl. v. 5.9.1988 – KVR 1/90, WuW/E 2313 (2315) – Golden Toast; MüKoGWB/*Engelsing* § 55 Rn. 3; siehe zur Abgrenzung oben § 16 Rn. 35 ff.
[408] *Bechtold/Bosch* § 55 Rn. 2; MüKoGWB/*Engelsing* § 55 Rn. 8.
[409] BKartA Beschl. v. 5.9.1988 – KVR 1/90, WuW/E 2313 (2315) – Golden Toast.
[410] *Bechtold/Bosch* § 55 Rn. 2.
[411] *Bechtold/Bosch* § 55 Rn. 2; MüKoGWB/*Engelsing* § 55 Rn. 7.
[412] *Bechtold/Bosch* § 55 Rn. 2; Immenga/Mestmäcker/*K. Schmidt* GWB § 55 Rn. 6.
[413] KG Beschl. v. 10.12.1990 – Kart 19/90, WuW/E OLG 4640 (4642) – Hamburger Benzinpreise.
[414] Loewenheim/Meessen/Riesenkampf/*Becker* GWB § 60 Rn. 1; *Bechtold/Bosch* § 60 Rn. 2.

und noch **nicht abgeschlossenes Hauptsacheverfahren** in einer der in § 60 GWB aufgezählten Verfahrensarten voraus.[415] Nach Abschluss des Verwaltungsverfahrens durch abschließende Verfügung wird bei Einlegung eines Rechtsmittels für den Erlass von einstweiligen Anordnungen das Beschwerdegericht zuständig (§§ 64 Abs. 3 S. 1, 75 Abs. 4 S. 2, 76 Abs. 5 S. 2 GWB).[416] Die Kartellbehörde kann aber auch nach Abschluss des Verwaltungsverfahrens gem. § 65 Abs. 1 GWB die sofortige Vollziehung ihrer Hauptsachenentscheidung anordnen, wenn die Beschwerde gem. § 64 Abs. 1 GWB aufschiebende Wirkung hat.

Den Verfahrensbeteiligten ist vor Erlass einer einstweiligen Anordnung grundsätzlich **138 rechtliches Gehör** zu gewähren. Eine Anhörung kann allerdings gem. § 28 Abs. 2 VwVfG insbesondere dann entbehrlich sein, wenn eine sofortige Entscheidung wegen Gefahr im Verzug oder im öffentlichen Interesse geboten erscheint.[417] Zudem kann eine unterbliebene Anhörung gem. § 45 Abs. 2 VwVfG bis zum Abschluss des gerichtlichen Verfahrens nachgeholt werden (→ Rn. 126).

Die einstweilige Anordnung stellt eine Verfügung im Sinne des § 61 Abs. 1 S. 1 GWB **139** dar, die entsprechend zu begründen ist. Dies bedeutet, dass die Anordnung die sie tragenden Gründe einschließlich einer Begründung der Eilbedürftigkeit enthalten muss. Ein bloßer formelhafter Hinweis, die einstweilige Anordnung sei im öffentlichen Interesse geboten, genügt der **Begründungspflicht** nicht, sondern stellt einen unheilbaren Begründungsmangel dar.[418]

2. Materielle Voraussetzungen

Die materiellen Voraussetzungen einer einstweiligen Anordnung sind in § 60 GWB nicht **140** geregelt. Die Lücke kann aber aufgrund eines aus vergleichbaren Regelungen des GWB (§ 65 GWB) und anderer Verfahrensordnungen (§§ 935, 940 ZPO, 80 Abs. 2 Nr. 4, Abs. 3, 123 VwGO) ableitbaren allgemeinen Rechtsgedankens im Wege einer Gesamtanalogie geschlossen werden.[419] Danach setzt eine einstweilige Anordnung einen Anordnungsgrund dergestalt voraus, dass die Anordnung im öffentlichen Interesse oder im überwiegenden Interesse eines Beteiligten erforderlich sein muss, um drohende schwere oder zumindest wesentliche Nachteile abzuwenden.[420] Der Erlass einer einstweiligen Anordnung stellt daher nicht den Regel-, sondern den Ausnahmefall dar.[421]

a) Anordnungsgrund. Der Erlass einer einstweiligen Anordnung ist nur zulässig, wenn **141** eine **Interessenabwägung** ergibt, dass das Interesse der Allgemeinheit oder das Interesse eines Betroffenen dem Interesse desjenigen überwiegt, in dessen Rechtsposition durch die Anordnung eingegriffen wird.[422] In die Interessenabwägung sind dabei insbesondere der voraussichtliche Ausgang der Hauptsache, die Dringlichkeit der Maßnahme sowie die Eingriffsintensität in die jeweils betroffenen Rechtsgüter einzubeziehen. An einem überwiegenden Interesse an der Anordnung fehlt es daher, wenn bereits **ernstliche Zweifel** an der Rechtmäßigkeit der in Aussicht genommenen **Hauptsachenentscheidung** bestehen.[423] Es ist mithin erforderlich, dass die Sach- und Rechtslage zumindest im Rahmen einer summarischen Prüfung so weit geklärt ist, dass die Tatbestandsmerkmale der Ein-

---

[415] KG Beschl. v. 21.1.1966 – Kart V 23/66, WuW/E OLG 803 (804) – Filtertüten; MüKoGWB/*Barth* § 60 Rn. 3.
[416] Vgl. zur Befreiung vom Vollzugsverbot BGH Beschl. v. 14.10.2008 – KVR 30/08, WuW/E DE-R 2507 (2511) – Faber/Basalt.
[417] KG Beschl. v. 11.1.1993 – Kart 25/92, WuW/E OLG 5151 (5159) – Ernstliche Untersagungszweifel.
[418] KG Beschl. v. 10.12.1990 – Kart 19/90, WuW/E OLG 4640 (4643) – Hamburger Benzinpreise.
[419] Vgl. KG Beschl. v. 10.12.1990 – Kart 19/90, WuW/E OLG 4640 (4643) – Hamburger Benzinpreise.
[420] *Bechtold/Bosch* § 60 Rn. 8; Immenga/Mestmäcker/*Bach* GWB § 60 Rn. 12; MüKoGWB/*Barth* § 60 Rn. 8, der allerdings zwischen Anordnungsgrund und Anordnungsanspruch unterscheidet; ebenso Wiedemann/*Klose* HdB KartellR § 53 Rn. 45 ff.
[421] Wiedemann/*Klose* HdB KartellR § 53 Rn. 47; Immenga/Mestmäcker/*Bach* GWB § 60 Rn. 11.
[422] *Bechtold/Bosch* § 60 Rn. 8; Immenga/Mestmäcker/*Bach* GWB § 60 Rn. 12.
[423] KG Beschl. v. 11.1.1993 – Kart 25/92, WuW/E OLG 5151 (5159) – Ernstliche Untersagungszweifel.

griffsnorm für die Hauptsachenentscheidung als erfüllt angesehen werden können.[424] Hierzu hat die Kartellbehörde die erforderlichen Tatsachen glaubhaft machen.[425] Es muss eine nicht durch ernsthafte Zweifel geminderte Gewissheit über den behaupteten Wettbewerbsverstoß bestehen.[426]

142 Weiterhin ist in die Abwägung einzubeziehen, aus welchen Gründen eine Hauptsachenentscheidung nicht abgewartet werden kann.[427] Es muss eine **Dringlichkeit** gegeben sein, die die angeordnete Maßnahme unaufschiebbar macht.[428] Das an der Hauptsachenentscheidung bestehende Interesse allein rechtfertigt jedenfalls keine einstweilige Anordnung.[429] Vielmehr müssen besondere Interessen gerade in Bezug auf die Sofortmaßnahme bestehen.[430] Demgegenüber rechtfertigen Nachteile, die ohne Schwierigkeiten auch nach Beendigung des Hauptverfahrens behoben werden können, eine einstweilige Anordnung nicht.[431] Schließlich sind im Rahmen der Interessenabwägung die jeweils betroffenen Rechtsgüter einzubeziehen. Zu berücksichtigen ist einerseits das öffentliche Interesse an der **Erhaltung wettbewerblicher Strukturen;**[432] insoweit kommt es insbesondere auf die Schwere und Wahrscheinlichkeit der drohenden Wettbewerbsbeschränkung an.[433] Auf der anderen Seite ist das Interesse dessen zu berücksichtigen, in dessen Rechtspositionen durch die Maßnahme eingegriffen werden soll. Insoweit kommt es insbesondere darauf an, wie stark das betroffene Unternehmen durch die Maßnahme belastet wird und mit welchem Aufwand etwaige Schäden durch das belastete Unternehmen wieder beseitigt werden können.[434] Dabei sind geringfügige Belastungen infolge der Sofortmaßnahme grundsätzlich hinzunehmen.[435] Führt die Maßnahme hingegen zu irreparablen Schäden, sind den entgegenstehenden Interessen grundsätzlich der Vorrang einzuräumen.[436]

143 b) Anordnungsinhalt. Die Kartellbehörde kann nach § 60 GWB einstweilgen Anordnungen „zur Regelung eines einstweiligen Zustands" treffen. Die Sofortmaßnahme darf daher die Hauptsachenentscheidung grundsätzlich weder in tatsächlicher noch rechtlicher Sicht vorwegnehmen. Dies gilt selbst dann, wenn die Sach- und Rechtslage eindeutig für den späteren Erlass einer Hauptsachenentscheidung spricht.[437] Hieraus folgt, dass sich die Anordnung inhaltlich grundsätzlich in den Grenzen der zu erwartenden Hauptsachenentscheidung halten muss[438] bzw. hinter dieser zurückbleiben muss.[439] Da das Hauptsacheverfahren nicht nur auf belastende, sondern – wie im Fall eines Fusionskontrollverfahrens – auch auf den Erlass einer begünstigenden Entscheidung gerichtet sein kann, kommen als Regelungsinhalt grundsätzlich sowohl belastende als auch begünstigende Anordnungen in

---

[424] MüKoGWB/*Barth* § 60 Rn. 10; Immenga/Mestmäcker/*Bach* GWB § 60 Rn. 13.
[425] KG Beschl. v. 10.12.1990 – Kart 19/90, WuW/E OLG 4640 (4643) – Hamburger Benzinpreise; KG Beschl. v. 14.4.1978 – Kart 8/78, WuW/E OLG 1983 (1984) – Rama-Mädchen.
[426] KG Beschl. v. 10.12.1990 – Kart 19/90, WuW/E OLG 4640 (4643) – Hamburger Benzinpreise; als zu weitgehend ablehnend MüKoGWB/*Barth* § 60 Rn. 11.
[427] Unter Hinweis auf erforderliche Markterhebungen OLG München Beschl. v. 7.5.1992 – Kart 2/92, WuW/E OLG 4990 (4994) – Herr der Gezeiten.
[428] KG Beschl. v. 26.1.1977 – Kart 27/76, WuW/E OLG 1767 (1774) – Kombinationstarif.
[429] KG Beschl. v. 11.1.1993 – Kart 25/92, WuW/E OLG 5151 (5160) – Ernstliche Untersagungszweifel; KG Beschl. v. 13.6.1979 – Kart 18/79, WuW/E OLG 2145 (2146) – Sonntag Aktuell II.
[430] *Bechtold/Bosch* § 60 Rn. 8.
[431] Immenga/Mestmäcker/*Bach* GWB § 60 Rn. 12.
[432] Immenga/Mestmäcker/*Bach* GWB § 60 Rn. 12; vgl. auch OLG München Beschl. v. 7.5.1992 – Kart 2/92, WuW/E OLG 4990 (4992 ff.) – Herr der Gezeiten.
[433] MüKoGWB/*Barth* § 60 Rn. 15.
[434] MüKoGWB/*Barth* § 60 Rn. 15.
[435] Vgl. KG Beschl. v. 13.4.1994 – Kart 6/94, WuW/E OLG 5263 (5266) – Krupp-Hoesch-Brüninghaus zur Anordnung einer aufschiebenden Wirkung der Beschwerde gegen eine einstweiligen Anordnung.
[436] Vgl. KG Beschl. v. 21.1.1966 – Kart V 23/66, WuW/E OLG 803 (806) – Filtertüten; *Bechtold/Bosch* § 60 Rn. 8.
[437] KG Beschl. v. 11.1.1993 – Kart 25/92, WuW/E OLG 5151 (5164) – Ernstliche Untersagungszweifel.
[438] OLG Düsseldorf Beschl. v. 25.11.2009 – VI Kart 2/09 (V), WuW/E DE-R 2894 (2895 f.) – Bauen und Garten; KG Beschl. v. 22.1.1985 – Kart 1/85 (V), WuW/E OLG 3335 (3336) – Inter-Mailand.
[439] *Bechtold/Bosch* § 60 Rn. 9. Immenga/Mestmäcker/*Bach* GWB § 60 Rn. 17.

Betracht (zB eine „vorläufige" Erlaubnis zum Vollzug eines Zusammenschlusses[440]). Eine **Vorwegnahme der Hauptsache** kommt daher allenfalls in Ausnahmefällen und nur unter strengen Voraussetzungen in Betracht, wenn die Interessenabwägung sie unabweisbar gebietet.[441] Soweit möglich, ist die Vorwegnahme der Hauptsache in derartigen Fällen aber zumindest zeitlich zu begrenzen.[442] Keinesfalls darf die Anordnung inhaltlich weitergehen als die zu erwartenden Hauptsachenentscheidung.[443] Im Übrigen gelten die Grundsätze der **Erforderlichkeit** und **Verhältnismäßigkeit**. Dies bedeutet, dass von mehreren gleichermaßen geeigneten Mitteln zur Erreichung des angestrebten Zustands dasjenige mit der geringsten Eingriffsintensität zu wählen ist und dieses zudem in einem angemessenen Zweck-Mittel-Verhältnis stehen muss.[444]

3. Rechtsmittel

Eine einstweilige Anordnung kann mit der Beschwerde gem. § 63 GWB angefochten werden. Die Beschwerde hat keine aufschiebende Wirkung,[445] das Beschwerdegericht kann aber gem. § 64 Abs. 2 GWB die aufschiebende Wirkung anordnen. Gegen die Entscheidung des Beschwerdegerichts ist nach Maßgabe des § 74 Abs. 1 GWB die Rechtsbeschwerde zum BGH zulässig.

E. Verfahrensabschluss

Das Kartellverwaltungsverfahren wird entweder durch eine begründete und zuzustellende Verfügung (§ 61 Abs. 1 S. 1 GWB) oder durch Einstellung des Verfahrens abgeschlossen (§ 61 Abs. 2 GWB).

I. Verfügung

Der Begriff der Verfügung umfasst im Kartellverwaltungsrecht jede verwaltungsakttypische Regelung eines Einzelfalls. In Anlehnung an die Definition des **Verwaltungsaktes** in § 35 Satz 1 VwVfG stellt jede Entscheidung oder andere hoheitliche Maßnahme einer Kartellbehörde, die diese zur Regelung eines Einzelfalls auf dem Gebiet des Kartellverwaltungsrechts trifft und die auf eine unmittelbare Rechtswirkung nach außen gerichtet ist, eine Verfügung dar.[446] Die wichtigsten Anwendungsfälle von abschließenden Verfügungen in der Hauptsache sind Abstellungs- und nachträgliche Feststellungsverfügungen (§ 32 GWB) einschließlich Entscheidungen über die Entgegennahme von Verpflichtungszusagen (§ 32b GWB) und die Feststellung, dass kein Anlass zum Tätigwerden besteht (§ 32c GWB), sowie Freigaben oder Untersagungen in Fusionskontrollverfahren (§ 40 Abs. 2 S. 1 GWB). Verfügungen in Nebenverfahren sind insbesondere Beiladungsbeschlüsse (§ 54 Abs. 1 Nr. 3 GWB), Auskunftsbeschlüsse (§ 59 Abs. 6 GWB) und einstweilige Anordnungen (§ 60 GWB).[447] Keine Verfügungen sind hingegen verfahrensleitende Maßnahmen (zB die Beiziehung von Akten, die Gewährung von Akteneinsicht, die Anordnung einer mündlichen Verhandlung oder die Abgabe des Verfahrens an eine andere

---

[440] KG Beschl. v. 26.11.1980 – Kart 18/80, WuW/E OLG 2419 (2421) – Synthetischer Kautschuk II; nach Einführung der Befreiung vom Vollzugsverbot gem. § 41 Abs. 1 GWB nur noch in Ministererlaubnisverfahren oder bei Anordnungen durch das Beschwerdegericht von Bedeutung.
[441] KG Beschl. v. 22.1.1985 – Kart 1/85 (V), WuW/E OLG 3335 (3336) – Inter-Mailand; Wiedemann/Klose HdB KartellR § 53 Rn. 48.
[442] KG Beschl. v. 22.1.1985 – Kart 1/85 (V), WuW/E OLG 3335 (3336) – Inter-Mailand.
[443] MüKoGWB/*Barth* § 60 Rn. 18; Immenga/Mestmäcker/*Bach* GWB § 60 Rn. 17.
[444] MüKoGWB/*Barth* § 60 Rn. 20; *Bechtold/Bosch* § 60 Rn. 9; Immenga/Mestmäcker/*Bach* GWB § 60 Rn. 16.
[445] Zu möglichen Schadenersatzansprüchen bei Vollzug einer im Rechtsmittelverfahren aufgehobenen Anordnung *Tüxen* WuW 1988, 1021 ff.
[446] OLG Düsseldorf Beschl. v. 22.1.2003 – Kart 21/02 (V), WuW/E DE-R 1070 (1071) – Energie-AG Mitteldeutschland.
[447] Siehe eine Aufstellung relevanter Verfügungen bei Immenga/Mestmäcker/*Bach* GWB § 61 Rn. 2 und MüKoGWB/*Ost* § 61 Rn. 2 f.

Kartellbehörde), bloße Mitteilungen wie zB formlose Abmahnungen oder die Mitteilung, dass in das Hauptprüfverfahren eingetreten wurde (sog Monatsbrief)[448] sowie Presserklärungen oder damit zusammenhängende Hintergrundpapiere.[449]

1. Formelle Anforderungen

147 Mit Blick auf die Eingriffsintensität und die Besonderheiten kartellbehördlichen Handelns werden die für Verwaltungsakte allgemein geltenden Regeln durch § 61 GWB konkretisiert. Danach sind Verfügungen durch die Kartellbehörde schriftlich abzufassen. Das **Schriftformerfordernis** ist in § 61 GWB zwar nicht ausdrücklich vorgeschrieben, wird aber stillschweigend vorausgesetzt.[450] Die Einhaltung der Schriftform verlangt gem. § 37 Abs. 3 VwVfG, dass die Verfügung entweder durch die entscheidenden Beamten unterschrieben wird oder zumindest die Wiedergabe deren Namen enthält.

148 Die Verfügungen unterliegen zudem dem allgemeinen verwaltungsrechtlichen **Bestimmtheitsgebot** gem. § 37 Abs. 1 VwVfG. Dies bedeutet, dass die Entscheidung so vollständig, klar und eindeutig gefasst ist, dass ihr Adressat in die Lage versetzt wird zu erkennen, was von ihm gefordert wird.[451] Insoweit ist allerdings nicht allein auf den Tenor abzustellen. Vielmehr genügt es, wenn sich der Regelungsgehalt aus der Verfügung insgesamt einschließlich ihrer Begründung ergibt.[452] Maßstab für eine ausreichende Bestimmtheit ist dabei, ob die Verfügung Grundlage für Vollstreckungsmaßnahmen sein kann.[453] Die Konkretisierung des verlangten Verhaltens darf mithin nicht der Vollstreckung überlassen bleiben. Dabei ist eine Bezugnahme in der Entscheidung auf nicht beigefügte Dokumente (zB Tariflisten) unschädlich, soweit der Inhalt der entsprechenden Dokumente leicht und kurzfristig ermittelt werden kann.[454] Die konkreten Anforderungen, die an die Bestimmtheit zu stellen sind, sind im Übrigen aus dem Regelungsgehalt der jeweiligen gesetzlich vorgesehenen Maßnahme und dem mit ihr verfolgten Sinn und Zweck herzuleiten. Schwierigkeiten ergeben sich insoweit insbesondere bei der Verwendung **unbestimmter Rechtsbegriffe,** etwa in Fällen eines Kontrahierungszwangs im Rahmen der Missbrauchsaufsicht (zB die Untersagung der Verweigerung des Zugangs zu einer Infrastruktureinrichtung gegen „angemessenes Entgelt").[455] Um die Umsetzung des gesetzlichen Regelungsauftrags nicht praktisch unmöglich machen, kann es im Einzelfall geboten sein, eine allgemeine Verpflichtung dem Grunde nach genügen zu lassen. Dies gilt insbesondere dann, wenn es dem Adressaten überlassen bleibt, in welcher Weise er eine ihm auferlegte Verpflichtung erfüllen will.[456]

149 Nach § 61 Abs. 1 S. 1 GWB sind Verfügungen zudem zu begründen. Der Begründungszwang dient in erster Linie dem Rechtsschutz des Betroffenen.[457] Inhaltlich deckt sich die **Begründungspflicht** mit § 39 Abs. 1 S. 2 VwVfG.[458] Danach sind in der Begründung die wesentlichen tatsächlichen und rechtlichen Gründe mitzuteilen, die die Behörde zu ihrer Entscheidung bewogen haben. Bei Ermessensentscheidungen sollen auch

---

[448] Siehe MüKoGWB/*Ost* § 61 Rn. 7.
[449] OLG Düsseldorf Beschl. v. 16.9.2009 – Kart 1/09, WuW/E DE-R 2755 (2762) – DFL Vermarktungsrechte.
[450] OLG Stuttgart Beschl. v. 27.11.1987 – Kart 2/87, WuW/E OLG 4211 – Druckrohre; Immenga/Mestmäcker/*Bach* § 61 Rn. 12.
[451] BGH Beschl. v. 8.5.2001 – KVR 12/99, WuW/E DE-R 711 (715) – Ostfleisch; OLG Düsseldorf Beschl. v. 13.11.2000 – Kart 16/00 (V), WuW/E DE-R 589 (599) – Freie Tankstellen.
[452] MüKoGWB/*Ost* § 61 Rn. 10, der sogar die Heranziehung des zwischen dem Betroffenen und der Behörde geführten Schriftwechsels für zulässig erachtet.
[453] BGH Beschl. v. 24.9.2002 – KVR 15/01, WuW/E DE-R 977 (978) – Fährhafen Puttgarden; OLG Düsseldorf Beschl. v. 13.11.2000 – Kart 16/00 (V), WuW/E DE-R 589 (599) – Freie Tankstellen.
[454] BGH Beschl. v. 21.2.1995 – KVR 4/94, WuW/E BGH 2967 (2968 f.) – Strompreis Schwäbisch-Hall.
[455] OLG Düsseldorf Beschl. v. 2.8.2000 – Kart 3/00 (V), WuW/E DE-R 569 (572) – Fährhafen Puttgarden II, das die Verwendung des Begriffs „angemessenes Entgelt" mangels Konkretisierung als zu unbestimmt ansah.
[456] BGH Beschl. v. 24.9.2002 – KVR 15/01, WuW/E DE-R 977 (981) – Fährhafen Puttgarden.
[457] OLG Düsseldorf Beschl. v. 8.5.2007 – Kart 5/07, WuW/E DE-R 1993 (1996) – Außenwerbeflächen.
[458] KG Beschl. v. 24.8.1978 – Kart 5/07, WuW/E OLG 2053 (2060) – Valium.

die Gesichtspunkte erörtert werden, die die Behörde bei der Ausübung ihres Ermessens zugrunde gelegt hat (§ 39 Abs. 1 S. 3 VwVfG). Zudem muss sich die Behörde in der Begründung mit den wichtigsten Gegenargumenten der Betroffenen auseinandersetzen und etwaige rechtliche Hindernisse behandeln.[459] Nicht erforderlich ist, dass die Behörde dabei zu jedem Einwand Stellung nehmen muss.[460] Ausreichend ist vielmehr, dass die wesentlichen Gründe dargelegt und der Streitstand so fixiert werden, dass der Betroffene die Erfolgsaussichten einer Anfechtung abschätzen und eine Beschwerde sachgerecht begründen kann.[461] Für die Erfüllung der formellen Begründungspflicht kommt es auf die Tragfähigkeit und Richtigkeit der Begründung grundsätzlich nicht an.[462] Die Zugrundelegung eines unvollständigen Sachverhalts indiziert aber eine fehlerhafte Ermessensausübung.[463] Die Begründungspflicht gilt im Übrigen ohne Ausnahmen. § 39 Abs. 2 VwVfG findet insoweit keine Anwendung.[464]

Bei **Verstoß gegen die Begründungspflicht** leidet die Verfügung unter einem Rechtsmangel.[465] Nach der Rechtsprechung des OLG Düsseldorf kann der Fehler aber noch in der Beschwerdeerwiderung nachgeholt und damit gem. § 45 Abs. 1 Nr. 3 VwVfG analog geheilt werden.[466] Das Ergänzen von Ermessenserwägungen auch noch im Beschwerdeverfahren ist allerdings nur zulässig, soweit die nachträgliche Begründung nicht zu einer Wesensänderung der angefochtenen Entscheidung führt, eine vollständige Nachholung, Änderung oder Auswechslung der die Ermessensentscheidung tragenden Gründe unterbleibt und der Betroffene in seiner Rechtsverteidigung nicht beeinträchtigt wird.[467] Entsprechendes gilt für das echte **Nachschieben von Gründen,** dh die Änderung einer den verfahrensrechtlichen Anforderungen genügenden Begründung, soweit die neu vorgebrachten Tatsachen bereits bei Erlass der Entscheidung bekannt waren.[468] In einem solchen Fall ist allerdings regelmäßig erneut rechtliches Gehör zu gewähren (→ Rn. 121).

150

Die Verfügung muss schließlich gem. § 61 Abs. 1 S. 1 GWB mit einer **Rechtsmittelbelehrung** versehen sein. In der Belehrung ist jeder Verfahrensbeteiligte auf die Form und die Fristen zur Einlegung und Begründung der Beschwerde (§ 66 GWB) sowie den geltenden Anwaltszwang (§ 68 GWB) hinzuweisen.[469] Ein Hinweis auf die Regelungen zur aufschiebenden Wirkung (§§ 64, 65 GWB) ist nicht erforderlich,[470] aber in der Praxis üblich. Ein **Verstoß** gegen die Pflicht zur Rechtsmittelbelehrung hindert analog § 58 Abs. 1 VwGO den Beginn des Laufs der Beschwerdefrist. In diesem Fall gilt für die Beschwerde die Jahresfrist ab Zustellung (§ 58 Abs. 2 VwGO analog).[471]

151

---

[459] KG Beschl. v. 26.11.1980 – Kart 17/80, WuW/E OLG 2411 (2417) – Synthetischer Kautschuk I.
[460] KG Beschl. v. 5.11.1986 – Kart 15/84, WuW/E OLG 3917 (3918) – Coop-Wandmaker; KG Beschl. v. 19.6.1981 – Kart 15/80, WuW/E OLG 2507 (2510) – Veba-Stadtwerke Wolfenbüttel.
[461] OLG Stuttgart Beschl. v. 29.12.1993 – 2 Kart 4/93, WuW/E OLG 5231 (5237) – Strompreis Schwäbisch-Hall; KG Beschl. v. 5.11.1986 – Kart 15/84, WuW/E OLG 3917 (3918) – Coop-Wandmaker.
[462] OLG Stuttgart Beschl. v. 29.12.1993 – 2 Kart 4/93, WuW/E OLG 5231 (5237) – Strompreis Schwäbisch-Hall; KG Beschl. v. 5.11.1986 – Kart 15/84, WuW/E OLG 3917 (3918) – Coop-Wandmaker.
[463] OLG Düsseldorf Beschl. v. 13.11.2000 – Kart 16/00 (V), WuW/E DE-R 589 (599) – Freie Tankstellen.
[464] MüKoGWB/*Ost* § 61 Rn. 12.
[465] KG Beschl. v. 26.11.1980 – Kart 17/80, WuW/E OLG 2411 (2418) – Synthetischer Kautschuk I.
[466] OLG Düsseldorf Beschl. v. 8.5.2007 – Kart 5/07, WuW/E DE-R 1993 (1997) – Außenwerbeflächen; aA noch KG Beschl. v. 26.11.1980 – Kart 17/80, WuW/E OLG 2411 (2418) – Synthetischer Kautschuk I; Immenga/Mestmäcker/*Bach* GWB § 61 Rn. 15, der zwar eine Heilung nur bis Beschwerdeeinlegung für möglich hält, aber bei späterer Nachholung eine Aufhebbarkeit der Verfügung gem. § 46 VwVfG verneint, wenn auch bei rechtzeitiger Begründung keine andere Entscheidung hätte getroffen werden können.
[467] OLG Düsseldorf Beschl. v. 7.4.2006 – 3 (Kart) 162/06, WuW/E DE-R 1813 (1816) – Energiewirtschaftsverband; OLG Düsseldorf Beschl. v. 21.12.2005 – VI Kart 17/05 (V), WuW/E DE-R 1705 (1707) – Springer/ProSiebenSat.1; *Kopp/Ramsauer* VwVfG § 45 Rn. 19.
[468] Immenga/Mestmäcker/*Bach* GWB § 61 Rn. 15; Wiedemann/*Klose* HdB KartellR § 53 Rn. 126.
[469] MüKoGWB/*Ost* § 61 Rn. 13.
[470] Immenga/Mestmäcker/*Bach* GWB § 61 Rn. 16.
[471] OLG Celle Beschl. v. 21.2.1973 – 13 Kart V 1/72, WuW/E OLG 1387 (1389) – Bauleitplan.

2. Bekanntmachung

152 a) Bekanntmachung mittels Zustellung. Verfügungen sind den Beteiligten gem. § 61 Abs. 1 S. 1 GWB zuzustellen. Die Zustellung ist Voraussetzung für die innere und äußere **Wirksamkeit der Verfügung** (vgl. § 43 Abs. 1 S. 1 VwVfG). Das Zustellungserfordernis bezieht sich auf den gesamten Text der Verfügung, dh den Tenor und die Begründung einschließlich Rechtsmittelbelehrung.[472] Die Zustellung muss an jeden erfolgen, der gem. § 54 Abs. 2 und 3 GWB an dem Verfahren beteiligt ist.[473] Eine Zustellung an andere Beteiligte reicht nicht aus,[474] selbst wenn es sich um verbundene Unternehmen handelt.[475] Zudem empfiehlt sich auch eine Zustellung an Unternehmen, deren Beiladungsantrag nur aus Gründen der Verfahrensökonomie abgelehnt wurde, um die Voraussetzungen für eine formelle Bestandskraft zu schaffen.[476]

153 Wegen der Form der **Zustellung** verweist § 61 Abs. 1 GWB auf die Vorschriften des Verwaltungszustellungsgesetzes. Nach § 2 Abs. 2 VwZG erfolgt die Zustellung entweder durch die Post, dh mittels Einschreiben (§ 4 VwZG) oder mit Zustellungsurkunde (§ 3 VwZG), durch einen nach § 17 des De-Mail-Gesetzes akkreditierten Diensteanbieter oder durch die Behörde selbst gegen Empfangsbekenntnis (§ 5 VwZG). Die Zustellung durch die Behörde gegen Empfangsbekenntnis erfolgt durch Aushändigung (§ 5 Abs. 1 VwZG) oder bei Rechtsanwälten (§ 5 Abs. 4 VwZG) sowie Unternehmen und Vereinigungen von Unternehmen (§ 61 Abs. 1 S. 2 GWB) auch auf andere Weise einschließlich einer elektronischen Zustellung; bei elektronischer Zustellung muss das Dokument mit einer qualifizierten elektronischen Signatur versehen sein (§ 5 Abs. 5 VwZG). Die Behörde kann zwischen den einzelnen Zustellungsarten wählen (§ 2 Abs. 3 VwZG). Im Rahmen der Zustellung der Verfügung ist entweder das Original, eine Ausfertigung oder eine beglaubigte Abschrift zu übermitteln. Die Übersendung einer bloßen Kopie genügt nicht.[477] Wird – wie in der Praxis üblich – eine Ausfertigung übermittelt, muss diese vom Urkundsbeamten unterschrieben sein und einen mit Dienstsiegel versehenen Ausfertigungsvermerk enthalten.[478] Dieses Formerfordernis erstreckt sich auch auf sog echte Anlagen des Originals (zB in Bezug genommene vorangegangene Beschlüsse), die hierzu entweder mit ausgefertigt oder zumindest fest mit der Ausfertigung der Verfügung verbunden werden müssen.[479] Muss die Verfügung (zB eine Untersagungsverfügung im Fusionskontrollverfahren gem. § 40 Abs. 2. S. 2 GWB an die anmeldenden Unternehmen[480]) innerhalb einer bestimmten **Frist** zugestellt werden, ist ein dem zuzustellenden Dokument selbst anhaftender Mangel (zB ein fehlender Ausfertigungsvermerk) nach Fristablauf nicht mehr gem. § 8 VwZG heilbar.[481]

154 Sind Verfahrensbeteiligten durch einen **Bevollmächtigten** vertreten, können Zustellungen an diesen gerichtet werden. Dem Bevollmächtigten muss zugestellt werden, wenn eine schriftliche Vollmacht vorliegt. Ist ein Bevollmächtigter für mehrere Beteiligte bestellt, so genügt die Zustellung an ihn für alle von ihm vertretenen Beteiligten (§ 7 Abs. 1

---

[472] *Bechtold/Bosch* § 61 Rn. 6.
[473] BGH Beschl. v. 24.3.1987 – KVR 10/85, WuW/E BGH 2389 (2393) – Coop Schleswig-Holstein – Deutscher Supermarkt; KG Beschl. v. 14.8.1991 – Kart 18/90, WuW/E OLG 4784 (4792) – Deutsche Versicherungs-AG; KG Beschl. v. 19.9.1979 – Kart 20/78, WuW/E OLG 2202 (2203) – Stadtwerke Leverkusen.
[474] KG Beschl. v. 19.9.1979 – Kart 20/78, WuW/E OLG 2202 (2203) – Stadtwerke Leverkusen.
[475] KG Beschl. v. 26.11.1980 – Kart 17/80, WuW/E OLG 2411 (2416) – Synthetischer Kautschuk I.
[476] BGH Beschl. v. 7.11.2006 – KVR 37/05, WuW/E DE-R 1857 (1860) – pepcom; siehe hierzu auch oben Rn. 26.
[477] Begr. VwZG, BT-Drs. 15/5216, 11.
[478] BGH Beschl. v. 24.3.1987 – KVR 10/85, WuW/E BGH 2389 (2390) – Coop Schleswig-Holstein – Deutscher Supermarkt.
[479] OLG Düsseldorf Beschl. v. 6.11.2015 – VI Kart 5/15 (V), WuW/E DE-R 4838 (4841) – Zustellungsmangel bei Anlage.
[480] Siehe hierzu *Wagner* WuW 2010, 38 (48).
[481] BGH Beschl. v. 24.3.1987 – KVR 10/85, WuW/E BGH 2389 (2391 f.) – Coop Schleswig-Holstein – Deutscher Supermarkt.

VwZG). Es muss jedoch auch ein entsprechender Zustellungswille bestehen.[482] Soweit Verfügungen an Unternehmen zuzustellen sind, die ihren **Sitz im Ausland** haben, erfolgt die Zustellung an die Person, die das Unternehmen im Inland als zustellungsbevollmächtigt benannt hat (§ 61 Abs. 1 S. 3 GWB). Hat das Unternehmen keinen inländischen Zustellungsbevollmächtigten benannt, erfolgt die Zustellung durch Bekanntmachung im Bundesanzeiger (§ 61 Abs. 1 S. 4 GWB). Bei natürlichen Personen, die keine Unternehmen sind, erfolgt die Zustellung im Ausland gem. § 9 VwZG verbunden mit der Anordnung gem. Abs. 3 einen inländischen Zustellungsbevollmächtigen zu benennen.[483]

Zustellungsmängel können gem. § 8 VwZG geheilt werden, soweit sich der Mangel 155 nur auf den Zustellungsvorgang als solchen bezieht und das Dokument tatsächlich zugegangen ist.[484] Unterbleibt eine Zustellung wird die Verfügung nicht wirksam. Wird einer von mehreren Beteiligten bei der Zustellung übergangen, ist die Verfügung allerdings nicht generell unwirksam oder nichtig.[485] Die Nichtzustellung führt aber dazu, dass die Beschwerdefrist gem. § 66 Abs. 1 GWB für denjenigen, bei dem die Zustellung unterblieben ist, nicht zu laufen beginnt.[486]

b) Bekanntmachungen im Bundesanzeiger. Die Kartellbehörde hat **belastende Verfü-** 156 **gungen** in Kartell- und Missbrauchsverfahren gem. § 61 S. 1 GWB im Bundesanzeiger oder im elektronischen **Bundesanzeiger** bekannt zu machen. Für Bekanntmachungen in Fusionskontrollverfahren gilt § 43 GWB und für Bekanntmachungen von Wettbewerbsregeln § 27 GWB. Nicht bekanntmachungspflichtig sind einstweilige Anordnungen gem. § 60 GWB. Positiventscheidungen darüber, dass kein Anlass zum Tätigwerden besteht (§ 32c GWB), können von der Kartellbehörde bekannt gemacht werden. Die Entscheidung hierüber steht im pflichtgemäßen Ermessen der Kartellbehörde. Die Bekanntmachungen im Bundesanzeiger dienen der Information der Öffentlichkeit. Veröffentlicht werden üblicherweise nur der Tenor und die Namen der Verfahrensbeteiligten. Die Bekanntmachungen haben allerdings erheblich an praktischer Bedeutung verloren, da zwischenzeitlich die **Internetseiten** der Kartellbehörde als Hauptinformationsquelle dienen.[487] Das Bundeskartellamt stellt in der Praxis Entscheidungen in Fusionskontroll-, Kartell- und Missbrauchsverfahren im vollen Wortlaut oder in gekürzter Form auf der Internetseite ein[488] und veröffentlicht darüber hinaus zunehmend auch sog Fallberichte zu Verfahren, die nicht mittels Verfügung abgeschlossen wurden. Hierzu ist nunmehr in § 53 Abs. 4 RegE-GWB eine klarstellende Rechtsgrundlage vorgesehen, nach der das Bundes-

---

[482] KG Beschl. v. 14.8.1991 – Kart 18/90, WuW/E OLG 4784 (4792f.) – Deutsche Versicherungs-AG; KG Beschl. v. 26.11.1980 – Kart 17/80, WuW/E OLG 2411 (2416) – Synthetischer Kautschuk I.
[483] *Bechtold/Bosch* § 61 Rn. 9.
[484] Eine Heilungsmöglichkeit auch bei einem Zustellungsmangel durch das zuzustellende Schriftstück grundsätzlich offengelassen, aber jedenfalls für den Fall einer Untersagungsverfügung abgelehnt BGH Beschl. v. 24.3.1987 – KVR 10/85, WuW/E BGH 2389 (2392); im Einzelfall kann die Geltendmachung einer Unwirksamkeit infolge mangelhafter Verfügung aber gegen den Grundsatz von Treu und Glauben (§ 242 BGB) verstoßen (siehe OLG Düsseldorf Beschl. v. 6.11.2015 – VI Kart 5/15 (V), WuW/E DE-R 4838 (4843) – Zustellungsmangel bei Anlage).
[485] OLG Stuttgart Beschl. v. 17.12.1982 – 2 Kart 3/82, WuW/E OLG 2807 (2808) – gebrochener Muschelkalk.
[486] Immenga/Mestmäcker/*Bach* GWB § 61 Rn. 18; dies gilt trotz einer fristwahrenden Zustellung gem. § 40 Abs. 2 S. 2 GWB an die anmeldende Unternehmen im Fusionskontrollverfahren auch für Beigeladene, *Wagner* WuW 2010, 38 (48).
[487] Kritisch zur Veröffentlichung von Fusionskontrollanmeldungen wegen entgegenstehender Geheimhaltungsinteressen *Burholt/Schaper* WuW 2010, 1217 (1227f.); abstellend auf einen Anspruch auf eine fehlerfreie Ermessensentscheidung *Sturm* WuW 2008, 1177 (1180). Soweit durch Pressemitteilungen in Unternehmenspersönlichkeitsrechte eingegriffen wird (zB durch die Offenlegung der Beteiligung an Kartellrechtsverstößen), ist nach der Rechtsprechung zwischen dem Informationsrecht der Presse und dem Geheimhaltungsinteressen der betroffenen Unternehmen abzuwägen (OLG Düsseldorf Beschl. v. 6.3.2015 – VI Kart 5/14 (V), WuW/E DE-R 4537 (4539f.) – Unternehmenspersönlichkeitsrechte. Zu Pressemitteilungen über die Einleitung von Untersagungsverfahren, die die Identität der betroffenen Unternehmen offen legen, *Kahlenberg/Hempel* WuW 2006, 127 (129ff.); aA *Sewczyk* WuW 2006, 244 (250ff.).
[488] Vgl. BT-Drs. 15/3640 64.

kartellamt der Öffentlichkeit auch fortlaufend über seine Tätigkeit sowie über die Lage und Entwicklung auf seinem Aufgabengebiet berichten kann. Zudem berichtet das Bundeskartellamt über die wichtigsten Verfahren in seinem Tätigkeitsbericht (§ 53 Abs. 1 GWB). Da die Bekanntmachung nur der Öffentlichkeit dient, hat die Verletzung der Bekanntmachungspflicht auf die Wirksamkeit der Verfügung keine Auswirkung.[489]

3. Vollstreckung

157 Die Kartellbehörde kann Verfügungen, die eine Anordnung enthalten, im Wege des Verwaltungszwangs durchsetzen (§ 86a GWB). Die Höhe des Zwangsgelds beträgt gem. § 86a S. 2 GWB mindestens 1000 Euro und höchstens 10 Millionen Euro. In der Praxis werden allerdings vollziehbare, verfahrensabschließende Anordnungen im Wege eines Bußgeldverfahrens durchgesetzt (vgl. insbesondere § 81 Abs. 2 Nr. 2 GWB). Die Anwendung von Verwaltungszwang kommt daher insbesondere bei Anordnungen in Betracht, die dem Fortgang des Verfahrens dienen. Dies gilt insbesondere für Ermittlungsmaßnahmen wie Auskunftsbeschlüsse, Beschlagnahmen und Durchsuchungen (→ Rn. 114 ff.).

II. Verfahrenseinstellung

158 Soweit ein Verfahren nicht mit einer Verfügung abgeschlossen wird, wird das Verfahren durch Einstellung beendet. Diese ist den Beteiligten **schriftlich mitzuteilen** (§ 61 Abs. 2 GWB). Diese Mitteilung erfolgt üblicherweise durch formloses Schreiben. Die Mitteilung stellt keinen Verwaltungsakt dar, sondern ist ein nicht anfechtbarer, rein **deklaratorischer Informationsakt**.[490] Mit der Verfahrenseinstellung endet das Verwaltungsverfahren. Nach der Einstellung des Verfahrens sind damit keine Ermittlungsmaßnahmen oder einstweiligen Anordnungen mehr zulässig und alle Rechte der Beteiligten erlöschen.[491] Es kann allerdings jederzeit ein neues Verfahren eingeleitet werden. Versäumt die Kartellbehörde die erforderliche Mitteilung, obwohl das Verfahren eingestellt wurde, besteht ein Anspruch auf entsprechende Mitteilung, wenn dadurch Reputationsschäden durch den Schein eines andauernden Verfahrens beseitigt werden können.[492] Es gibt demgegenüber aber keinen Anspruch auf formelle Einstellung eines von der Kartellbehörde lediglich ruhend gestellten Verfahrens.[493] Die Kartellbehörde ist gem. § 10 S. 2 VwVfG allerdings verpflichtet, das Verfahren zügig und zweckmäßig durchzuführen.

III. Gebührenpflichtigkeit

159 Das Verfahren vor Kartellbehörden ist grundsätzlich kostenpflichtig. Die Kartellbehörde kann Gebühren und Auslagen zur Deckung des Verwaltungsaufwandes erheben. Gem. § 80 Abs. 1 GWB sind gebührenpflichtig Fusionskontrollanmeldungen und Anmeldungen von Verträgen der Wasserwirtschaft (S. 2 Nr. 1), Amtshandlungen in Kartell-, Missbrauchs- und Fusionskontrollverfahren, in Anerkennungsverfahren für Wettbewerbsregeln und in einstweiligen Anordnungsverfahren sowie zur Vorteilsabschöpfung (S. 2 Nr. 2). Auf die Gebühren für Entscheidungen in Fusionskontrollverfahren sind die Gebühren für die Anmeldung anzurechnen (§ 80 Abs. 1 S. 4 GWB). Schließlich werden Gebühren erhoben für die Einstellung von Entflechtungsverfahren (S. 2 Nr. 3) und für die Erteilung von beglaubigten Abschriften aus den Verfahrensakten (S. 2 Nr. 4). Als Auslagen werden Kosten erhoben für Veröffentlichungen, öffentlichen Bekanntmachungen, weitere Ausfertigungen, Kopien und Auszüge sowie für Zeugen und Sachverständige (S. 3). Die entsprechende Aufzählung in § 80 Abs. 1 GWB ist **abschließend**.[494] Ausdrücklich gebüh-

---

[489] MüKoGWB/*Ost* § 62 Rn. 8.
[490] Wiedemann/*Klose* HdB KartellR § 53 Rn. 135; MüKoGWB/*Ost* § 61 Rn. 24.
[491] MüKoGWB/*Ost* § 61 Rn. 24.
[492] KG Beschl. v. 10.11.1976 – Kart 171/75, WuW/E OLG 1813 (1814) – Medizinischer Badebetrieb.
[493] OLG Düsseldorf Beschl. v. 28.9.2005 – VI-Kart 7/05 (V), WuW/E DE-R 1585 (1588) – Sanacorp/ANZAG (Celesio).
[494] *Bechtold*/*Bosch* § 80 Rn. 3.

renfrei sind mündliche und schriftliche Auskünfte der Kartellbehörde und Anregungen (§ 80 Abs. 4 Nr. 1 GWB). Hierzu zählen auch sog jurisdiction letters, mit denen eine fehlende Anmeldepflicht im Rahmen der Fusionskontrolle bestätigt wird.[495]

In Bezug auf die **Gebührenhöhe** bestimmt § 80 Abs. 2 S. 2 GWB in Abhängigkeit **160** vom Verfahrensgegenstand jeweils unterschiedliche Höchstgebühren von bis zu 50.000 Euro in Fusionskontrollverfahren. Der Gebührenrahmen kann allerdings bei außergewöhnlich hohem Aufwand der Kartellbehörde auf das Doppelte erhöht werden (§ 80 Abs. 2 S. 3 GWB). Aus Billigkeitsgründen kann die ermittelte Gebühr auch bis auf ein Zehntel ermäßigt werden (S. 4). Die konkrete Gebührenfestsetzung bestimmt sich gem. § 80 Abs. 2 GWB nach dem personellen und sachlichen **Aufwand** der Kartellbehörde (Kostendeckungsprinzip) unter Berücksichtigung der **wirtschaftlichen Bedeutung** des Verfahrensgegenstandes (Äquivalenzprinzip). Die Festsetzung liegt im **Ermessen** der Kartellbehörde und ist daher gerichtlich auch nur auf Ermessensfehler überprüfbar.[496] Danach soll es grundsätzlich sachgerecht sein, dass bei einem Auseinanderfallen von Aufwand und wirtschaftlicher Bedeutung die wirtschaftliche Bedeutung des Verfahrensgegenstands bei der Bemessung der Gebühr maßgeblich ist.[497] Bei der Bewertung der wirtschaftlichen Bedeutung steht der Kartellbehörde ein Beurteilungsspielraum zu.[498] In der Fusionskontrolle können auch die Größe und Bedeutung der beteiligten Unternehmen bei der Bewertung der wirtschaftlichen Bedeutung des Zusammenschlussvorhabens berücksichtigt werden.[499] Bei durchschnittlicher wirtschaftlicher Bedeutung gilt regelmäßig die Hälfte des jeweiligen Höchstbetrages als angemessen.[500] Ergibt die Bewertung der Kartellbehörde eine unterdurchschnittliche wirtschaftliche Bedeutung, müssen vom Mittelwert grundsätzlich Abschläge gemacht werden.[501] Für die Höhe des Abschlags kommt es auf die Umstände des Einzelfalls an. Dabei ist der Gleichbehandlungsgrundsatz zu beachten, damit gleichgewichtige kartellrechtliche Tatbestände möglichst mit einer gleich hohen Gebühr belegt werden.[502] Umgekehrt rechtfertigen weder die Vorsorglichkeit einer Fusionskontrollanmeldung noch die materielle Unbedenklichkeit als solche eine Ermäßigung der Gebühr.[503] Wird eine Anmeldung innerhalb von drei Monaten nach Eingang bei der Kartellbehörde zurückgenommen, ist allerdings lediglich die Hälfte der Gebühr zu entrichten (§ 80 Abs. 5 S. 2 GWB).

Die Gebühr wird grundsätzlich in einem gesonderten Beschluss festgesetzt. Gegen den **161** **Kostenbescheid** ist die Beschwerde zulässig. Das Bundeskartellamt setzt in der Praxis Gebühren zwar auch häufig in formlosen Schreiben fest (zB zusammen mit der formlosen Freigabemitteilung eines Zusammenschlusses), bietet aber regelmäßig auch die Zustellung eines rechtsmittelfähigen förmlichen Kostenbescheids an. Der Gebührenanspruch und der Auslagenerstattungsanspruch der Kartellbehörde verjährt gem. § 80 Abs. 7 GWB in 4 Jahren nach Gebührenfestsetzung bzw. Entstehung des Anspruchs. Kostenschuldner sind die anmeldende/beantragende Partei bzw. derjenige, gegen den die Verfügung ergangen ist (§ 80 Abs. 6 S. 1 GWB). Ergeben sich danach mehrere Kostenschuldner, haften diese gem. § 80 Abs. 6 S. 3 GWB als Gesamtschuldner. Weitere Durchführungsbestimmungen

---

[495] *Burholt/Schaper* WuW 2010, 1217 (1223 f.).
[496] OLG Düsseldorf Beschl. v. 19.8.2008 – VI-Kart 6/08 (V), WuW/E DE-R 2495 f. – Solarenergieunternehmen.
[497] OLG Düsseldorf Beschl. v. 25.4.2000 – Kart 2/00 (V), WuW/E DE-R 514 (519 ff.) – Tequila.
[498] OLG Düsseldorf Beschl. v. 19.8.2008 – VI-Kart 6/08 (V), WuW/E DE-R 2495 f. – Solarenergieunternehmen; OLG Düsseldorf Beschl. v. 4.3.2004 – VI-Kart 21/01 (V), WuW/E DE-R 1375 – Zusammenschluss von Entsorgungsunternehmen.
[499] OLG Düsseldorf Beschl. v. 19.8.2008 – VI-Kart 6/08 (V), WuW/E DE-R 2495 f. – Solarenergieunternehmen.
[500] OLG Düsseldorf Beschl. v. 25.4.2000 – Kart 2/00 (V), WuW/E DE-R 514 (519 ff.) – Tequila.
[501] OLG Düsseldorf Beschl. v. 19.8.2008 – VI-Kart 6/08 (V), WuW/E DE-R 2495 f. – Solarenergieunternehmen.
[502] OLG Düsseldorf Beschl. v. 25.4.2000 – Kart 2/00 (V), WuW/E DE-R 514 (519 ff.) – Tequila.
[503] KG Beschl. v. 7.7.1992 – Kart 12/92, WuW/E OLG 4995 (4996 f.) – Geringe Anmeldegebühr.

einschließlich Regelungen zur Erstattung von Kosten durch Beteiligte enthält die Verordnung über die Kosten der Kartellbehörden (KartkostV). Daraus ergibt sich aber kein Kostenerstattungsanspruch gegen die Kartellbehörde zugunsten desjenigen, gegen den das Verfahren durchgeführt wurde.[504]

F. Rechtsschutz

162 Das gerichtliche Beschwerdeverfahren gegen Entscheidungen der Kartellbehörde (dh der Landeskartellbehörden und des Bundeskartellamts) im Verwaltungsverfahren findet seine **Regelung in den §§ 63 ff. GWB.** Die Beschwerde tritt an die Stelle der Klage vor dem Verwaltungsgericht, während zum Zwecke der Konzentration aller kartellrechtlichen Gerichtsverfahren die Entscheidung spezialisierten Spruchkörpern der **Zivilgerichte** übertragen ist.[505]

163 In §§ 63–67 GWB findet die **Beschwerde** als Rechtsmittel gegen kartellbehördliche Verfügungen zur Einleitung des Kartellbeschwerdeverfahrens ihre ausführliche Regelung zu Art, Wirkung, Formalien und Verfahrensbeteiligten. Das Kartellbeschwerdeverfahren vor den Beschwerdegerichten von der mündlichen Verhandlung bis zur Entscheidung über die Beschwerde wird näher in den §§ 68–73 GWB konkretisiert. Gegen die erstinstanzlich verfahrensabschließende Entscheidung des Beschwerdegerichts steht den Beteiligten die **Rechtsbeschwerde** zur Verfügung (§§ 74–76 GWB). Die §§ 77–80 GWB schließlich enthalten der Beschwerde und Rechtsbeschwerde gemeinsame Bestimmungen, insbesondere zu der Beteiligtenfähigkeit (§ 77 GWB) und den Kosten (§ 78 GWB).

164 Die **Rechtsnatur** des Kartellbeschwerdeverfahrens ist umstritten. Nach teilweise vertretener Auffassung wird es als verwaltungsgerichtliches Klageverfahren verstanden,[506] den Vertretern einer weiteren Ansicht zufolge handelt es sich um die Fortsetzung eines durchlaufenden Instanzenzugs.[507] Dieser Streit ist allerdings rein akademischer Natur.

165 Das **Kartellbeschwerdeverfahren** unterscheidet sich jedoch wesentlich von dem **Kartellbußgeldverfahren.** Bei letzterem richten sich die Befugnisse der Kartellbehörde nach den §§ 81 ff. GWB und dem OWiG, wobei die Kartellbehörde im Rahmen der Ermittlungen eine der Staatsanwaltschaft ähnliche Stellung einnimmt. Gegen den Bußgeldbescheid ist der Einspruch statthaft, sodass die Kartellbehörde – anders als im Beschwerdeverfahren – nicht weiter formell am Verfahren beteiligt wird.

I. Beschwerde

1. Zuständigkeit des Beschwerdegerichts

166 Die Zuständigkeit der Kartellverwaltungsgerichte iSd GWB erstreckt sich auf alle Kartellverwaltungsstreitigkeiten, die sich gegen Maßnahmen der Kartellbehörde auf der Grundlage der Regelungen des GWB richten.[508] §§ 63 ff. GWB enthalten insoweit eine **abdrängende Sonderzuweisung an die Zivilgerichte** iSv § 40 Abs. 1 S. 1 VwGO. Demgegenüber ist nach Ansicht des OLG Düsseldorf der Verwaltungsrechtsweg gem. § 40 Abs. 1 S. 1 VwGO eröffnet, sofern die Kartellbehörde auf der Grundlage eines anderen Gesetzes tätig wird: so bspw. bei einem isolierten Auskunftsersuchen des Bundeskartellamts außerhalb eines bei ihm anhängigen Kartellverfahrens, wenn sich ein Drittbetroffener gem. §§ 8 Abs. 2 S. 3, 9 Abs. 4 IFG gegen die Einsicht in die Verfahrensakte zu einem Fusionskontrollverfahren wendet.[509]

---

[504] *Bechtold/Bosch* § 80 Rn. 13.
[505] Wiedemann/*Klose* HdB. KartellR § 54 Rn. 1.
[506] *Emmerich* Kartellrecht § 42 Rn. 5.
[507] Wiedemann/*Klose* HdB. KartellR § 54 Rn. 2 mwN.
[508] Siehe auch *Bechtold/Bosch* § 63 Rn. 2; ausführlich Immenga/Mestmäcker/*K. Schmidt* GWB § 63 Rn. 2 ff.
[509] OLG Düsseldorf Beschl. v. 15.6.2009 – VI-Kart 3/09 (V), WuW/E DE-R 2754 f. – Akteneinsicht.

Nach § 64 Abs. 4 S. 1 GWB entscheidet das für den Sitz der Kartellbehörde zuständige **167** Oberlandesgericht **in ausschließlicher Zuständigkeit**. Ist ein Fall der Zusammenschlusskontrolle gem. §§ 35–42 GWB betroffen, ist das für den Sitz des Bundeskartellamts zuständige **OLG Düsseldorf** ausschließlich zuständig – selbst bei einer Beschwerde gegen eine Verfügung des Bundeswirtschaftsministeriums nach § 42 GWB (§ 63 Abs. 4 S. 1 GWB).[510] Bei dem zuständigen Oberlandesgericht ist ein Kartellsenat zu bilden, der über die zugewiesenen Beschwerden entscheidet, § 91 S. 1 und 2 GWB.[511]

2. Zulässigkeit

a) Beschwerdearten. Die ausschließliche Erwähnung der **Anfechtungsbeschwerde** in **168** § 63 Abs. 1 GWB und der **Verpflichtungsbeschwerde** in § 63 Abs. 3 GWB ist nicht im Sinne eines *numerus clausus*, mithin einer abschließenden Regelung, zu begreifen.[512] Daneben erlangen die **allgemeine Leistungsbeschwerde** sowie die **Fortsetzungsfeststellungsbeschwerde** Bedeutung.

Die Anfechtungsbeschwerde kann bspw. auf Aufhebung des Auskunftsverlangens der **169** Kartellbehörde gem. § 59 GWB gerichtet sein. Begehrt zB ein Marktteilnehmer eine Verfügung gem. § 32 GWB gegen ein anderes Unternehmen auf Verpflichtung, einen Kartellverstoß abzustellen, ist die Verpflichtungsbeschwerde einschlägig. Tritt Erledigung in einem dieser Fälle ein, ist die Fortsetzungsfeststellungsbeschwerde statthaft. Schließlich kommt die allgemeine Leistungsbeschwerde ua zur Durchsetzung von Folgenbeseitigungsansprüchen und vor allem in Form der gegen die Kartellbehörde gerichteten (vorbeugenden) **Unterlassungsbeschwerde** in Betracht, die sich zB gegen die Veröffentlichung von Pressemitteilungen richten kann.[513]

aa) Anfechtungsbeschwerde. (1) Anfechtbare Verfügung. Ziel der Anfechtungsbeschwerde **170** nach § 63 Abs. 1 S. 1 GWB ist die **Aufhebung einer Verfügung der Kartellbehörde** zum Teil oder im Ganzen, wobei unerheblich ist, ob die Verfügung für rechtswidrig oder nichtig erachtet wird.[514] Die „Verfügung" ist insoweit als Verwaltungsakt aufzufassen,[515] sodass die Kartellbehörde durch die angegriffene Verfügung eine Regelung des Einzelfalls vorgenommen haben muss. Verfügungen der Kartellbehörde iSd § 63 Abs. 1 S. 1 GWB sind damit insbesondere die das Verwaltungsverfahren abschließenden Maßnahmen gem. §§ 32 bis 32 d GWB, Auskunftsverlangen nach § 59 GWB, Beiladungsbeschlüsse gem. § 54 Abs. 2 Nr. 3 GWB und Gebühren- oder Auslagenbescheide iSd § 80 Abs. 2 GWB.[516] Hierzu zählt insbesondere auch das Instrument der Ministererlaubnis nach § 42 GWB.[517] Die Anfechtungsbeschwerde ist hingegen nicht statthaft gegen kartellbehördliche Beschlagnahmeanordnungen iSd § 58 GWB, da dieser insoweit einen dem Strafprozess entlehnten Rechtsschutz vorsieht und die Beschwerde nach § 63 GWB spezialgesetzlich ausschließt.[518]

Ein wichtiger Fall der Anfechtungsbeschwerde ist das Vorgehen gegen die **Entschei-** **171** **dung des Bundeskartellamts im Fusionskontrollverfahren**. Wichtig ist dabei, dass das Bundeskartellamt nur im Hauptprüfverfahren durch Verfügung entscheidet (§ 40 Abs. 2 GWB). Die Verfahrensbeendigung im Vorprüfverfahren, etwa durch Mitteilung des Bundeskartellamts, dass die Untersagungsvoraussetzungen nicht vorliegen oder durch Fristablauf ist hingegen keine anfechtbare Verfügung. Ersteres war früher umstritten, ist

---

[510] Vgl. § 92 Abs. 1 S. 1 GWB iVm NRW VO v. 22.11.1994, GVBl. NRW 1067.
[511] MüKoGWB/*Stockmann* § 63 Rn. 17.
[512] Immenga/Mestmäcker/*K. Schmidt* GWB § 63 Rn. 5.
[513] Vgl. BGH Beschl. v. 18.2.1992 – KVR 4/91, WuW/E BGH 2760 f. – Unterlassungsbeschwerde.
[514] Immenga/Mestmäcker/*K. Schmidt* GWB § 63 Rn. 7; Loewenheim/Meessen/Riesenkampf/*Kühnen* § 63 Rn. 3.
[515] Immenga/Mestmäcker/*K. Schmidt* GWB § 63 Rn. 7.
[516] *Bechtold/Bosch* § 63 Rn. 4.
[517] Vgl. Immenga/Mestmäcker/*Thomas* GWB § 42 Rn. 171 ff.
[518] Vgl. Immenga/Mestmäcker/*Schmidt* GWB § 58 Rn. 18 ff.

aber seit Beschluss des BGH iS „Ampere"[519] einhellige Meinung. Eine solche Freigabe kann daher von Dritten nicht angefochten werden, da die Freistellungswirkung dann kraft Gesetzes eintritt. Statthaft wäre dann allenfalls eine Verpflichtungsbeschwerde (auf Erlass einer Untersagungsverfügung).

172 Hinsichtlich der **Nebenbestimmungen** einer (begünstigenden) Verfügung sind nur selbstständige Nebenbestimmungen (zumeist Auflagen) isoliert anfechtbar. Möchte der Antragsteller jedoch gegen eine unselbstständige Nebenbestimmung (zumeist Bedingung oder Befristung) vorgehen, so muss er die Verfügung insgesamt mit der Anfechtungsbeschwerde angreifen bzw. im Wege der Verpflichtungsbeschwerde den Erlass einer nebenbestimmungsfreien Verfügung begehren. Letzteres bleibt häufig unerwähnt, ist aber vor allem geboten, wenn sich nach der Rechtsauffassung des Beschwerdeführers ausschließlich die unselbstständige Nebenbestimmung als rechtswidrig erweist, da andernfalls ein teilweises Unterliegen und die entsprechend negative Kostenfolge droht.

173 Im Fall einer **Ministererlaubnis** nach § 42 GWB kann sich insbesondere für Wettbewerber der Zusammenschlussbeteiligten eine (Dritt-)Anfechtung der Ministererlaubnis anbieten; zudem empfiehlt sich ein Antrag auf Anordnung der aufschiebenden Wirkung der Beschwerde (siehe hierzu unten Rn. 188 ff.), da für diese kein Suspensiveffekt nach § 64 Abs. 1 GWB besteht. REWE und Markant beschritten diesen Weg gegen die im März 2016 erfolgte Ministererlaubnis der Übernahme von Kaiser's Tengelmann durch EDEKA.[520]

174 **(2) Beschwerdebefugnis.** Nach § 63 Abs. 2 GWB steht die Beschwerde den am Verfahren vor der Kartellbehörde **Beteiligten** (§ 54 Abs. 2 und 3) zu. Maßgeblicher Zeitpunkt ist der Erlass der angefochtenen Verfügung.[521] Zum Zeitpunkt der Einlegung der Anfechtungsbeschwerde müssen die Voraussetzungen für die Befugnis also nicht mehr vorliegen. Nach § 54 Abs. 2 Nr. 3 GWB sind an dem Verfahren vor der Kartellbehörde auch Personen und Personenvereinigungen beteiligt, die die Kartellbehörde auf ihren Antrag zu dem Verfahren **beigeladen** hat. Über diesen Wortlaut hinaus ist der Antragsteller im Hinblick auf die Rechtsweggarantie des Art. 19 Abs. 4 GG auch dann beschwerdebefugt, wenn die Kartellbehörde in Ausübung ihres Ermessens die Beiladung allein aus Gründen der Verfahrensökonomie abgelehnt hat.[522]

175 Weitere Voraussetzung für die Beschwerdebefugnis ist die „formelle" und „materielle" Beschwer des Antragstellers durch die Verfügung der Kartellbehörde. Für die **formelle Beschwer** muss die kartellbehördliche Verfügung von den im Verwaltungsverfahren gestellten Anträgen oder verfolgten Begehren negativ abweichen.[523] Hat sich der Antragsteller im Verwaltungsverfahren zu seinen Zielen nicht geäußert oder stellt er keinen Antrag und es ist nicht durch Auslegung zu ermitteln, welches Rechtsziel er mit seiner Beteiligung verfolgt, so fehlt ihm die formelle Beschwer.[524] Die **materielle Beschwer** liegt vor, wenn der Beschwerdeführer durch die angefochtene Verfügung in seinen wirtschaftlichen Interessen unmittelbar und individuell betroffen ist.[525] Durch die jeweilige Beschwer des Antragstellers wird der Umfang der Überprüfung der kartellbehördlichen Verfügung durch das Gericht festgelegt.[526] Beigeladene müssen ihre Beschwer in der Form darlegen, dass sie durch die Verfügung nachteilig betroffen sind und die Betroffenheit im Rahmen der Interessen liegt, auf Grund derer die Beiladung erfolgt ist.[527] Es ist insbesondere nicht

---

[519] BGH Beschl. v. 28.6.2005 – KVZ 34/04, WuW/E DE-R 1571 Rn. 11 – Ampere.
[520] OLG Düsseldorf Beschl. v. 12.7.2016 – VI-Kart 3/16 (V), BB 2016, 1741.
[521] BGH Beschl. v. 25.9.2007 – KVR 25/06, WuW/E DE-R 2138 Rn. 11 – Anteilsveräußerung.
[522] BGH Beschl. v. 7.11.2006 – KVR 37/05, MMR 2007, 245 – pepcom.
[523] Loewenheim/Meessen/Riesenkampff/*Kühnen* GWB § 63 Rn. 18.
[524] OLG Düsseldorf Beschl. v. 30.8.2004 – VI-Kart 21/03 (V), WuW/E DE-R 1462 – Argenthaler Steinbruch.
[525] BGH Beschl. v. 25.9.2007 – KVR 25/06, WuW/E DE-R 2138 Rn. 14 – Anteilsveräußerung.
[526] *Bechtold/Bosch* § 63 Rn. 9.
[527] *Bechtold/Bosch* § 63 Rn. 8.

die Geltendmachung der Verletzung subjektiver Rechte erforderlich, sondern bereits die Beteiligung am Verfahren ausreichend.[528]

bb) Verpflichtungsbeschwerde. Mit der Verpflichtungsbeschwerde verfolgt der Antragsteller gem. § 63 Abs. 3 S. 1 GWB das Ziel des Erlasses einer Verfügung, auf deren Vornahme er ein Recht zu haben meint. Dementsprechend bietet ihm diese Beschwerde nach dem Wortlaut des Gesetzes sowohl den nötigen Rechtsschutz gegen die **Ablehnung einer Verfügung** durch die Kartellbehörde als auch gem. § 63 Abs. 3 S. 2 und 3 GWB Rechtsschutz gegen die **Untätigkeit der Kartellbehörde,** wenn diese ohne zureichenden Grund den Antrag auf Vornahme der Verfügung in angemessener Frist nicht beschieden hat. Die Angemessenheit der Entscheidungsfrist ist insoweit einzelfallabhängig zu bestimmen, insbesondere in Abhängigkeit von den tatsächlichen und rechtlichen Schwierigkeiten des Falles, wobei grundsätzlich von einer angemessenen Entscheidungsfrist von bis zu vier Monaten auszugehen ist.[529] In rechtsberatender Hinsicht ist dabei zu beachten, dass zunächst ein **förmlicher Antrag** gestellt werden muss und ein bloßer Hinweis auf ein kartellrechtswidriges Verhalten eines Dritten an die zuständige Kartellbehörde nicht die Entscheidungsfrist in Gang setzt und regelmäßig keinen Anspruch auf Einschreiten begründet. Dem Vorgehen gegen eine bloße Untätigkeit der Behörde ist ein ablehnender Bescheid wegen der Länge der Frist für die Untätigkeitsbeschwerde ggf. vorzuziehen. Anders als bei der Anfechtungsbeschwerde ist hinsichtlich des iSd § 63 Abs. 3 S. 1 GWB behaupteten Rechts des Antragstellers die Verpflichtungsbeschwerde nur dann zulässig, wenn der substantiierte Vortrag des Antragstellers das Bestehen eines Rechts auf den Erlass der Verfügung zumindest möglich erscheinen lässt, mithin ein Anspruch auf Erlass nicht von vornherein ausgeschlossen ist.[530] Die bloße Verfahrensbeteiligung ist hingegen nicht ausreichend, aber – im Unterschied zur Anfechtungsbeschwerde – auch nicht erforderlich.[531] Verbänden ist es versagt, Rechte ihrer Mitglieder auf Erlass einer Verfügung geltend machen.[532]

cc) Allgemeine Leistungsbeschwerde. Sofern Gegenstand der Beschwerde des Antragstellers nicht eine Verfügung, sondern **schlicht-hoheitliches Verwaltungshandeln** ist, kann der Antragsteller entweder eine allgemeine auf Vornahme gerichtete Leistungsbeschwerde oder eine Unterlassungsbeschwerde erheben.

Die **allgemeine Leistungsbeschwerde** ist statthaft, wenn und soweit nur durch sie ein lückenloser effektiver Rechtsschutz iSd Art. 19 Abs. 4 GG gewährleistet werden kann.[533] Ausreichend ist, dass der Antragsteller – wie bei der Verpflichtungsbeschwerde – eine Beeinträchtigung subjektiver Rechte durch das Verwaltungshandeln substantiiert behauptet und diese möglich erscheint.[534] Im Rahmen der Begründetheit wird geprüft, ob ein rechtswidriger Störungszustand vorliegt und der Beschwerdeführer einen Anspruch auf die Beseitigung dieses Zustandes hat.

Eine **vorbeugende Unterlassungsbeschwerde** ist statthaft, wenn der Antragsteller ein „besonderes (qualifiziertes), gerade auf die Inanspruchnahme des vorbeugenden Rechtsschutzes gerichtetes Interesse"[535] geltend machen kann. Dieses ist nur zu bejahen, wenn das dem Antragsteller unmittelbar bevorstehende (nicht notwendig schlicht-hoheitliche) Verwaltungshandeln irreparable oder zumindest nur schwer auszugleichende Nachteile zur Folge hätte.[536] Daran fehlt es, wenn auch durch eine der gesetzlich vorgesehenen

---

[528] BGH Beschl. v. 24.6.2003 – KVR 14/01, WuW/E DE-R 1163 (1165) – HABET/Lekkerland.
[529] *Bechtold/Bosch* § 63 Rn. 10.
[530] Immenga/Mestmäcker/*K. Schmidt* GWB § 63 Rn. 31.
[531] Frankfurter Kommentar – *Meyer-Lindemann* § 63 GWB Rn. 55 mwN.
[532] KG Beschl. v. 31.3.1992 – Kart 25/90, WuW/E OLG 4973 (4975) – Verbandsbeschwerde.
[533] BGH Beschl. v. 18.2.1992 – KVR 4/91, WuW/E BGH 2760 (2761) – Unterlassungsbeschwerde.
[534] *Bechtold/Bosch* § 63 Rn. 12.
[535] BGH Beschl. v. 18.2.1992 – KVR 4/91, WuW/E BGH 2760 (2761) – Unterlassungsbeschwerde.
[536] OLG Düsseldorf Beschl. v. 28.9.2005 – VI-Kart 7/05 (V), WuW/E DE-R 1585 Rn. 19 – Sancorp/ANZAG (Celesio).

Beschwerdearten nachträglich zeitnah effektiver Rechtsschutz gewährleistet werden kann.[537]

180 **dd) (Fortsetzungs-)Feststellungsbeschwerde.** Demgegenüber ist eine allgemeine Feststellungsbeschwerde entsprechend § 43 Abs. 1 VwGO von der Rechtsprechung bisher nicht anerkannt worden, da der effektive Rechtsschutz in den bisherigen Fällen mittels Anfechtungs- oder Leistungsbeschwerde oder auch auf dem Zivilrechtsweg gewährt werden konnte (sog **Subsidiarität der allgemeinen Feststellungsbeschwerde**).[538] Nur die besondere Fortsetzungsfeststellungsbeschwerde ist gem. § 71 Abs. 2 S. 2 und Abs. 3 GWB zulässig. Nach § 71 Abs. 2 S. 2 GWB spricht das Beschwerdegericht auf Antrag aus, dass die Verfügung der Kartellbehörde unzulässig oder unbegründet gewesen ist, wenn der Beschwerdeführer ein berechtigtes Interesse an dieser Feststellung hat und sich die kartellbehördliche Verfügung vorher durch Zurücknahme oder auf andere Weise erledigt hat. In erweiternder Auslegung des § 71 Abs. 2 S. 2 GWB ist die **Fortsetzungsfeststellungsbeschwerde** außerdem statthaft, wenn sich die Verfügung der Kartellbehörde bereits vor Einlegung der Beschwerde erledigt hat.[539] Eine solche Erledigung kann bspw. eintreten, wenn das Bundeskartellamt im Wege einer einstweiligen Anordnung den Parteien Maßnahmen im Vorfeld eines Zusammenschlusses verbietet, die Anordnung aber bis zum Abschluss des Fusionskontrollverfahrens befristet. Mit Untersagung hat sich die Anordnung dann erledigt. Im Fall EDEKA/Kaiser's Tengelmann sah das OLG Düsseldorf die Fortsetzungsfeststellungsbeschwerde der Zusammenschlussparteien als zulässig an, soweit sie sich gegen die auf § 32a GWB gestützte Anordnung richtete. Denn es bejahte insoweit die Wiederholungsgefahr, weil das Bundeskartellamt die angefochtenen Entscheidungen andernfalls inhaltsgleich erneut erlassen könnte. Sofern das BKartA die einstweilige Anordnung jedoch auf § 60 Nr. 1 Alt. 2 GWB gestützt hatte, sah das OLG keine Wiederholungsgefahr.[540]

181 **b) Beteiligte.** Am Beschwerdeverfahren sind über den Wortlaut des § 67 GWB hinaus jedenfalls alle Personen beteiligt, die in **§ 54 Abs. 2 GWB** Erwähnung finden. Damit wird ein Gleichlauf der Beteiligung an Verwaltungs- und Beschwerdeverfahren gewährleistet **(Kontinuität der Verfahrensbeteiligung).**[541]

182 Beteiligt sind demnach
- der Beschwerdeführer (§ 67 Abs. 1 Nr. 1 GWB),
- die Kartellbehörde, deren Verfügung angefochten wird (§ 67 Abs. 1 Nr. 2 GWB),
- Personen und Personenvereinigungen, deren Interessen durch die Entscheidung erheblich berührt werden und die die Kartellbehörde auf ihren Antrag zu dem Verfahren beigeladen hat (§ 67 Abs. 1 Nr. 3 und § 54 Abs. 2 Nr. 3 GWB),
- das Bundeskartellamt, wenn sich die Beschwerde gegen eine Verfügung einer obersten Landesbehörde richtet (§ 67 Abs. 2 GWB),
- wer die Einleitung eines Verfahrens beantragt hat (§ 54 Abs. 2 Nr. 1 GWB),
- diejenigen, gegen die sich das Verfahren richtet (§ 54 Abs. 2 Nr. 2 GWB) und
- in den Fällen des § 37 Abs. 1 Nr. 1 oder 3 auch der Veräußerer (§ 54 Abs. 2 Nr. 4 GWB).

3. Frist und Form

183 Anfechtungs- und Verpflichtungsbeschwerden, denen eine Verfügung der Kartellbehörde vorangeht, unterliegen einer **Monatsfrist,** beginnend mit der (förmlichen) Zustellung der Verfügung (§ 63 Abs. 1 S. 1 und 2 GWB). Im Falle des Fehlens oder der Fehlerhaftigkeit

---

[537] BGH Beschl. v. 18.2.1992 – KVR 4/91, WuW/E BGH 2760 (2761) – Unterlassungsbeschwerde.
[538] OLG Düsseldorf Beschl. v. 16.9.2009 – VI-Kart 1/09 (V), WuW/E DE-R 2755 (2761) – DFL-Vermarktungsrechte; OLG Düsseldorf Beschl. v. 28.9.2005 – VI-Kart 7/05 (V), WuW/E DE-R 1585 Rn. 33 – Sancorp/ANZAG (Celesio).
[539] *Bechtold/Bosch* § 63 Rn. 13, § 71 Rn. 12 mwN.
[540] OLG Düsseldorf Beschl. v. 9.12.2015 – VI Kart 1/15 (V), NZKart 2016, 30 (31 f.) – Vollzugsverbot I.
[541] Immenga/Mestmäcker/*K. Schmidt* GWB § 67 Rn. 5 mwN.

der Rechtsmittelbelehrung beginnt gem. § 58 Abs. 2 VwGO analog eine Jahresfrist ab Kenntnis des Adressaten von der Verfügung zu laufen.[542] Geht der Beschwerde keine Verfügung voraus, ist diese nicht fristgebunden (§ 63 Abs. 2 GWB). Die Fristberechnung folgt aus § 73 Nr. 2 GWB iVm § 222 ZPO. Regelmäßig wird bei kartellbehördlichem Verhalten eine Ereignisfrist iSv § 73 Nr. 2 GWB iVm § 222 Abs. 1 ZPO iVm §§ 187 Abs. 1, 188 Abs. 2 BGB ausgelöst, wobei bzgl. des Fristendes § 222 Abs. 2 ZPO zu beachten ist. Die Beschwerdefrist ist gem. § 517 ZPO analog eine Notfrist iSv § 233 ZPO.[543] Jedoch kommt ggf. eine Wiedereinsetzung in den vorigen Stand gem. §§ 233 ff. ZPO in Betracht. Zum Zwecke der Selbstkontrolle der Kartellbehörde ist die Beschwerde gem. § 66 Abs. 1 S. 1 GWB fristwahrend bei dieser einzureichen. Es genügt allerdings gem. § 66 Abs. 1 S. 4 GWB auch, wenn die Beschwerde innerhalb der Frist bei dem Beschwerdegericht eingeht.

Wird in Fällen der **fusionskontrollrechtlichen Untersagungsverfügung** nach § 36 Abs. 1 GWB ein Ministererlaubnisantrag gem. § 42 GWB gestellt, beginnt die Frist für die Beschwerde gegen die Verfügung des Bundeskartellamts gem. § 66 Abs. 1 S. 3 GWB mit Zustellung der Verfügung des Bundeswirtschaftsministeriums. Bleibt ein Erlaubnisantrag aus, beginnt die Frist mit Zustellung der Untersagungsverfügung.[544] Sollen sowohl die Verfügung des Bundeskartellamts als auch die des Bundeswirtschaftsministeriums angegriffen werden, gilt eine einheitliche Monatsfrist ab Zustellung der Verfügung des Bundeswirtschaftsministeriums.[545] Wird der Erlaubnisantrag zurückgenommen oder widerruft der Bundeswirtschaftsminister seine Erlaubnis nach § 42 Abs. 2 GWB, beginnt mit Rücknahme bzw. Widerruf die Frist von neuem zu laufen.[546] **184**

Die Beschwerde ist **schriftlich** einzureichen, § 66 Abs. 1 S. 1 GWB. Ferner ist sie zu begründen. Die **Beschwerdebegründung** muss gem. § 66 Abs. 4 Nr. 1 GWB eine Erklärung enthalten, inwieweit die Verfügung angefochten und ihre Abänderung oder Aufhebung beantragt wird. Es genügt, dass aus dem Inhalt der Beschwerdeschrift hinreichend deutlich hervorgeht, welche Abänderung konkret mit welchem Rechtsschutzziel begehrt wird.[547] Nach § 66 Abs. 4 Nr. 2 GWB sind außerdem die Tatsachen, auf die sich die Beschwerde stützt, und für den Fall, dass diese streitig sind, die in Betracht kommenden Beweismittel anzugeben. **185**

Die **Beschwerdebegründungsfrist** beträgt gem. § 66 Abs. 3 S. 1 GWB **zwei Monate** nach Zustellung der angefochtenen Verfügung. Ergeht ohne zureichenden Grund in angemessener Frist auf Antrag keine Verfügung der Kartellbehörde (§ 66 Abs. 2 GWB), ist die Beschwerde nach § 66 Abs. 3 S. 4 GWB binnen eines Monats nach deren Einlegung zu begründen. Schließlich bedürfen Beschwerdeschrift und -begründung gem. § 66 Abs. 5 Hs. 1 GWB der **Unterzeichnung** durch einen Rechtsanwalt. Insoweit entspricht das Unterschriftserfordernis des § 66 Abs. 5 GWB demjenigen des § 130 Nr. 6 ZPO und der in diesem Kontext ergangenen (strengen) höchstrichterlichen Rechtsprechung zu Unterschriftserfordernissen im Anwaltsprozess.[548] **186**

4. Aufschiebende Wirkung
Die aufschiebende Wirkung von Beschwerden gegen angefochtene Verfügungen tritt rückwirkend zum Zeitpunkt des Erlasses bzw. der Zustellung der Verfügung mit fristge- **187**

---
[542] Loewenheim/Meessen/Riesenkampf/*Kühnen* § 66 Rn. 3.
[543] Loewenheim/Meessen/Riesenkampf/*Kühnen* GWB GWB § 66 Rn. 5.
[544] *Bechtold/Bosch* § 66 Rn. 4.
[545] *Bechtold/Bosch* § 66 Rn. 4.
[546] *Bechtold/Bosch* § 66 Rn. 4.
[547] Loewenheim/Meessen/Riesenkampf/*Kühnen* GWB § 66 Rn. 10.
[548] Vgl. OLG Düsseldorf Beschl. v. 30.9.2015 – VI-Kart 3/15 (V), NZKart 2016, 27 ff. mwN (insoweit ergeben sich nach Ansicht des OLG im Kartellverwaltungsverfahren ausdrücklich keine milderen Anforderungen). Zu beachten ist bspw., dass eine Beschwerde, die ein „Associate" mit dem Zusatz „i.A." für den federführenden Partner unterschreibt, nicht ordnungsgemäß unterzeichnet und damit ggf. nicht fristgerecht eingereicht ist (anders bei Unterschrift „i.V."), vgl. *Deichfuß* NJW 2016, 3132 ff. (Besprechung zu OLG Düsseldorf Beschl. v. 30.9.2015 – VI-Kart 3/15 (V), NZKart 2016, 27).

rechter Einlegung einer ihrer Art nach statthaften Beschwerde, aber nur in den gesetzlich geregelten Fällen der § 64 Abs. 1 GWB und § 55 Abs. 1 GWB, ein.[549] Sie endet mit Unanfechtbarkeit der Verfügung oder im Falle der Nichtzulassung der Rechtsbeschwerde mit Ablauf der Frist nach § 75 GWB bzw. mit Zurückweisung der Nichtzulassungsbeschwerde (§ 75 Abs. 4 GWB).[550] Eine entsprechende oder analoge Anwendung des § 64 Abs. 1 GWB ist nach hM ausgeschlossen. Etwaige Rechtsschutzlücken füllt § 65 GWB, da dieser auch die Anordnung der aufschiebenden Wirkung in den Fällen zulässt, die von § 64 Abs. 1 GWB nicht erfasst sind.[551] Maßgeblicher Zeitpunkt für den Eintritt des Suspensiveffekts ist der Eingang der Beschwerde bei der Kartellbehörde (§ 66 Abs. 1 S. 1 GWB).

188 Daneben besteht für das Beschwerdegericht gem. § 64 Abs. 2 S. 1 GWB die Möglichkeit, insoweit eine einstweilige Anordnung nach § 60 GWB ergangen ist, die **aufschiebende Wirkung anzuordnen**. Bzgl. der Sicherungsmittel gelten die §§ 108–113 ZPO entsprechend.[552] Die Anordnung des Gerichts kann dieses im Rahmen pflichtgemäßen Ermessens gem. § 64 Abs. 2 S. 2 GWB jederzeit nach **Abwägung** des Aussetzungsinteresses des Beschwerdeführers und des Vollzugsinteresses desjenigen, in dessen Interesse die Verfügung erlassen wurde, aufheben oder ändern.[553]

189 a) **Anordnung/Aussetzung der sofortigen Vollziehung durch die Kartellbehörde.** Die Kartellbehörde kann gem. § 65 Abs. 1 GWB die sofortige Vollziehung – nach § 65 Abs. 2 GWB auch bereits vor Einreichung der Beschwerde – anordnen. Dabei muss die Anordnung im **öffentlichen Interesse** oder **überwiegenden Interesse eines Beteiligten** geboten sein, insb. über das allgemeine Interesse an der Vollziehung der Verfügung hinausgehen, um den Ausnahmecharakter der sofortigen Vollziehung zu wahren. Insgesamt ist ein strenger Maßstab für die Beurteilung der Gebotenheit anzulegen.[554] Das öffentliche Interesse kann sich ua aus dem Gewicht der Maßnahme für die wettbewerblichen Marktverhältnisse oder anderweitig befürchteter Nachteile für die Marktstruktur ergeben.[555] Ferner kann die Kartellbehörde die sofortige Vollziehung gem. § 65 Abs. 3 GWB **aussetzen**. Die Aussetzung soll nach § 65 Abs. 3 S. 2 Hs. 2 GWB erfolgen, wenn die Voraussetzungen des § 65 Abs. 3 S. 1 Nr. 3 GWB erfüllt sind.

190 b) **Wiederherstellung/Anordnung der aufschiebenden Wirkung durch das Beschwerdegericht.** In der Praxis kommt dem unmittelbaren Antrag an das Gericht gem. § 65 Abs. 3 S. 1 und 3 jedoch wesentlich größere Bedeutung zu. Danach kann das Beschwerdegericht die aufschiebende Wirkung ganz oder teilweise wiederherstellen (S. 1) bzw. anordnen (S. 3), wenn die Voraussetzungen von § 65 Abs. 3 S. 1 Nr. 1–3 GWB alternativ vorliegen. Dem Gericht wird dabei, anders als es der Wortlaut vermuten lässt („kann"), kein eigener Ermessens- oder Abwägungsspielraum zugestanden, sondern lediglich eine Kompetenz zugewiesen.[556] Die **Darlegungs- und Beweislast** für das Vorliegen der Voraussetzungen von § 65 Abs. 3 S. 1 Nr. 1 GWB trägt die Kartellbehörde, für die von § 65 Abs. 3 S. 1 Nr. 2 und 3 GWB der Betroffene.[557] Liegt es in der Hand des Unternehmens selbst, die Erledigung der Verfügung herbeizuführen, kann mit einem Antrag nach § 65 Abs. 3 S. 3 GWB die Erledigung des Rechtsmittels

---

[549] Wiedemann/*Klose* HdB. KartellR § 54 Rn. 54.
[550] *Bechtold/Bosch* § 64 Rn. 5.
[551] Immenga/Mestmäcker/*K. Schmidt* GWB § 64 Rn. 4; FK/*Birmanns* § 64 Rn. 62; Wiedemann/*Klose* HdB KartellR § 54 Rn. 50f., 55 mwN.
[552] Vgl. Loewenheim/Meessen/Riesenkampf/*Kühnen* GWB § 64 Rn. 10; Immenga/Mestmäcker/*K. Schmidt* GWB § 64 Rn. 14.
[553] Wiedemann/*Klose* HdB KartellR § 54 Rn. 54; FK/*Birmanns* § 64 Rn. 33.
[554] OLG Düsseldorf Beschl. v. 30.4.2003 – Kart 4/03 (V), WuW/E DE-R 1094 (1095) – TEAG; KG Beschl. v. 16.7.1993 – Kart 11/93, WuW/E OLG 5132 (5133) – Empfehlung Ersatzkostenerstattung.
[555] Wiedemann/*Klose* HdB. KartellR § 54 Rn. 54; FK/*Birmanns* § 64 Rn. 33f.
[556] OLG Düsseldorf Beschl. v. 25.7.2002 – Kart 25/02 (V), WuW/E DE-R 926 (931) – E.ON/Ruhrgas.
[557] Wiedemann/*Klose* HdB. KartellR § 54 Rn. 61.

verhindert werden, so zB, wenn einer Entflechtungsanordnung (§ 41 Abs. 3 GWB) Folge geleistet werden soll.[558]

Ernstliche Zweifel an der Rechtmäßigkeit einer Verfügung iSd (praktisch besonders relevanten) § 65 Abs. 3 S. 1 Nr. 2 GWB bestehen dann, wenn sich nach **summarischer Prüfung** des Gerichts nach den Umständen des Einzelfalls die Aufhebung der Verfügung als überwiegend wahrscheinlich darstellt.[559] Je stärker die Unternehmen durch eine sofortige Vollziehung belastet werden würden, desto mehr fallen Unsicherheiten bei der Beurteilung der Rechtmäßigkeit ins Gewicht.[560]   191

Eine unbillige, nicht durch überwiegende öffentliche Interessen gebotene Härte iSd § 65 Abs. 3 S. 1 Nr. 3 GWB stellen nur schwerwiegende Nachteile (zB Existenzbedrohungen oder irreparable Folgen) dar.[561] Bei der Prüfung der **Zumutbarkeit** sind die Dauer des Verfahrens, dessen voraussichtlicher Ausgang und auch der Aufwand des Unternehmens, seine Marktstrategie zu ändern, zu würdigen.[562] Der Antragsteller einer Drittbeschwerde muss sich für die gem. § 65 Abs. 3 S. 4 GWB erforderliche Antragsbefugnis auf ein subjektives Recht berufen, das zumindest auch seinen individuellen Interessen zu dienen bestimmt ist, mithin Drittschutz vermittelt. Die **Zusammenschlusskontrolle** dient mit dem Ziel der Aufrechterhaltung des Wettbewerbs ausschließlich öffentlichen Interessen und entfaltet daher keinen Drittschutz.[563] Auch Art. 2 Abs. 1, 12 Abs. 1 und 14 Abs. 1 GG vermitteln keine subjektiven Rechte iSd § 65 Abs. 3 S. 4 GWB.[564] Freigabeentscheidungen können insb. dann in subjektive Rechte Dritter eingreifen, wenn diese durch Geschäftsbeziehungen mit einem der Zusammenschlussbeteiligten eine besondere rechtliche Nähe zur Transaktion aufweisen und die Freigabe daher Auswirkungen auf bestehende Verträge hat.[565]   192

Die Tatsachen, auf die ein Antrag zur Wiederherstellung bzw. Anordnung der sofortigen Vollziehung gestützt wird, sind gem. § 65 Abs. 4 S. 2 GWB iVm § 123 Abs. 3 VwGO iVm §§ 920, 294 ZPO entsprechend **glaubhaft zu machen.** Aus dem Fehlen der Glaubhaftmachung jedoch folgt nicht unbedingt die Unzulässigkeit des Antrags.[566]   193

Mit Anhängigkeit des Verfahrens geht das Recht zum Erlass einstweiliger Anordnungen auf das **Beschwerdegericht** über, wobei dieses auch diejenigen Maßnahmen anordnen kann, welche die Kartellbehörde während des Verwaltungsverfahrens hätte treffen können.[567] § 65 GWB ist insoweit gem. § 64 Abs. 3 S. 2 GWB lex specialis gegenüber §§ 64 Abs. 3 S. 1, 60 GWB.[568] § 65 GWB findet **auch im Verfahren der Ministererlaubnis** Anwendung.[569]   194

---

[558] OLG Düsseldorf Beschl. v. 12.11.2008 – VI-Kart 5/08 (V), WuW/E DE-R 2462 (2476) – A-TEC/Norddeutsche Affinerie.
[559] OLG Düsseldorf Beschl. v. 20.6.2006 – VI-2 Kart 1/06 (V), WuW/E DE-R 1757 (1761f.) – E.ON/Ruhrgas; OLG Düsseldorf Beschl. v. 27.3.2003 – Kart 7/02 (V), WuW/E DE-R 867 (868) – Germania. Bspw. im Fall EDEKA/Kaiser's Tengelmann (OLG Düsseldorf Beschl. v. 9.12.2015 – VI Kart 1/15 (V), NZKart 2016, 30 (31f.) – Vollzugsverbot I) stützte das OLG Düsseldorf seine ernsthaften Zweifel an der Rechtmäßigkeit der Ministererlaubnis im Wesentlichen auf die Besorgnis der Befangenheit des Bundesministers, der nicht protokollierte sog „Sechs-Augen-Gespräche" mit den Zusammenschlussparteien geführt hatte. Der Beschluss verdeutlicht, dass der Minister zwar die auf reinen Wettbewerbserwägungen beruhende Entscheidung der Kartellbehörde aus (wirtschafts-) politischen Gründen korrigieren darf. Dabei muss er sich aber an strenge Verfahrensregeln halten (vgl. hierzu *Horstkotte/Weichbrodt* BB 2016, 1746).
[560] Wiedemann/*Klose* HdB. KartellR § 54 Rn. 62.
[561] Immenga/Mestmäcker/*K. Schmidt* GWB § 65 Rn. 15 mwN.
[562] Immenga/Mestmäcker/*K. Schmidt* GWB § 65 Rn. 15 mwN.
[563] Wiedemann/*Klose* HdB. KartellR § 54 Rn. 66.
[564] OLG Düsseldorf Beschl. v. 25.10.2005 – VI-Kart 15/05, WuW/E DE-R 1644 (1645ff.) – Werhahn mwN; OLG Düsseldorf Beschl. v. 30.8.2004 – VI-Kart 21/03 (V) WuW/E DE-R 1462 (1467) – Argenthaler Steinbruch.
[565] Wiedemann/*Klose* HdB. KartellR § 54 Rn. 67.
[566] Immenga/Mestmäcker/*K. Schmidt* GWB § 65 Rn. 16.
[567] Wiedemann/*Klose* HdB. KartellR § 54 Rn. 70.
[568] Wiedemann/*Klose* HdB. KartellR § 54 Rn. 70.
[569] OLG Düsseldorf Beschl. v. 25.7.2002 – Kart 25/02 (V), WuW/E DE-R 926 (929ff.) – E.ON/Ruhrgas.

5. Verfahren vor dem Beschwerdegericht

195 Das Beschwerdeverfahren findet seine Regelung in § 73 GWB iVm einzelnen Normen des GVG und der ZPO, auf die in Teilen verwiesen wird. Im Übrigen werden Regelungslücken durch **Analogien** zu den Normen der ZPO und VwGO sowie zu Verfahrensgrundsätzen geschlossen, wobei die VwGO bei Abweichungen den Vorrang erhält.[570] Dabei ist stets den Besonderheiten des Beschwerdeverfahrens Rechnung zu tragen.

196 Das Beschwerdegericht ist eine **Tatsacheninstanz,** sodass die Beschwerde auch auf neue Tatsachen und Beweismittel gestützt werden kann, unabhängig davon, ob diese vor oder nach Einlegung der Beschwerde entstanden bzw. bekannt geworden sind (§ 63 Abs. 1 S. 2 GWB).

197 a) **Amtsermittlungsgrundsatz.** Nach § 70 Abs. 1 GWB erforscht das Beschwerdegericht den Sachverhalt von Amts wegen. Die Beteiligten bestimmen mit ihren Anträgen den Umfang der Ermittlungstätigkeit, wobei das Gericht unabhängig von deren Sachvortrag nach pflichtgemäßem Ermessen entscheidet, welche Sachaufklärungen konkret erforderlich sind.[571] Ihre Grenzen findet die **Aufklärungspflicht** des Gerichts im Vortrag der Beteiligten, deren **Mitwirkungspflicht** oder soweit sich entscheidungserhebliche Tatsachen geradezu aufdrängen.[572] Den Beteiligten kommt also insoweit eine Mitwirkungspflicht zu.[573] Des Weiteren kann das Beschwerdegericht in entsprechender Anwendung des § 113 Abs. 3 S. 2 VwGO eine grds. rechtswidrige Verfügung **auch ohne Spruchreife** aufheben, soweit die Sachverhaltsaufklärungen der Kartellbehörde gänzlich unterblieben oder unverwertbar sind, um der Kartellbehörde in einem neuen Verfahren die Möglichkeit zu geben, die erforderlichen Ermittlungen nachzuholen.[574] Die Aufhebung ohne vorherige Herbeiführung der Spruchreife ist allerdings gem. § 113 Abs. 3 S. 4 VwGO entsprechend nur innerhalb von 6 Monaten seit Eingang der kartellbehördlichen Akten bei Gericht zulässig.[575] Auch während des laufenden Beschwerdeverfahrens ist die Kartellbehörde daher zur Ermittlung von Tatsachen, welche die Rechtmäßigkeit bzw. Rechtswidrigkeit der Verfügung begründen, berechtigt und verpflichtet.[576]

198 b) **Hinweispflicht des Gerichts und Mitwirkungspflichten der Beteiligten.** Das Beschwerdegericht trifft nach § 70 Abs. 2 GWB eine umfassende **Hinweispflicht.** Den Beteiligten kann ferner eine Frist zur Äußerung über aufklärungsbedürftige Punkte aufgegeben werden (§ 70 Abs. 3 S. 1 GWB). Kommen die Beteiligten ihrer **Mitwirkungspflicht** innerhalb der gesetzten Frist nicht nach, kann das Gericht nach Lage der Sache ohne Berücksichtigung der nicht beigebrachten Beweismittel entscheiden (§ 70 Abs. 3 S. 2 GWB).

199 c) **Mündlichkeitsgrundsatz.** Die Sachentscheidung des Gerichts kann gem. § 69 Abs. 1 Hs. 1 GWB grds. nur **aufgrund mündlicher Verhandlung** ergehen, ausnahmsweise jedoch mit Einverständnis aller Beteiligten gem. § 69 Abs. 1 Hs. 2 GWB auch ohne vorherige mündliche Verhandlung. Erscheint ein Beteiligter trotz rechtzeitiger Benachrichtigung nicht oder ist nicht ordnungsgemäß vertreten, kann gem. § 69 Abs. 2 GWB gleichwohl verhandelt und entschieden werden. Dies gilt jedoch nicht, soweit der Beteiligte auf Grund unvorhergesehener Ereignisse nicht erschienen ist und sich nicht rechtzeitig entschuldigen konnte. Dann ist wegen des Grundsatzes rechtlichen Gehörs (Art. 103 Abs. 1

---

[570] Loewenheim/Meessen/Riesenkampf/*Kühnen* GWB § 73 Rn. 3.
[571] Wiedemann/*Klose* HdB. KartellR § 54 Rn. 76; ausführlich: Immenga/Mestmäcker/*K. Schmidt* GWB § 70 Rn. 3 ff.
[572] Wiedemann/*Klose* HdB. KartellR § 54 Rn. 81.
[573] *Emmerich* Kartellrecht § 36 Rn. 18, § 41 Rn. 7, § 43 Rn. 6.
[574] BGH Beschl. v. 24.6.2003 – KVR 14/01, WuW/E DE-R 1163 (1167 f.) – HABET/Lekkerland; OLG Düsseldorf Beschl. v. 13.2.2002 – Kart 16/00 (V), WuW/E DE-R 829 (839) – Freie Tankstellen.
[575] BGH Beschl. v. 24.6.2003 – KVR 14/01, WuW/E DE-R 1163 (1168) – HABET/Lekkerland.
[576] BGH Beschl. v. 24.6.2003 – KVR 14/01, WuW/E DE-R 1163 (1167) – HABET/Lekkerland; zur Übersicht und mit kritischen Anmerkungen *Jüntgen* WuW 2011, 340 ff.

GG) ein neuer Termin anzuberaumen.[577] Die Beschwerde kann analog §§ 522 Abs. 1 S. 2 ZPO, 125 Abs. 2 S. 1 VwGO auch ohne mündliche Verhandlung als unzulässig verworfen werden.[578] Im Rahmen des Verfahrens gilt das **richterliche Fragerecht** (§ 103 Abs. 3 VwGO, § 139 Abs. 3 ZPO) und die **Erörterungspflicht** des Richters (§ 70 Abs. 2 GWB). In jedem Falle sind die Beschwerdeanträge in der mündlichen Verhandlung zu stellen.[579] Ergänzend kann auf die Inhalte der Schriftsätze Bezug genommen werden.

d) Öffentlichkeitsgrundsatz. Aus § 73 Nr. 1 GWB iVm §§ 169–201 GVG gehen insbesondere die Regelungen zur Öffentlichkeit des Beschwerdeverfahrens hervor. Demnach ist die **Verhandlung grds. öffentlich,** § 73 Nr. 1 GWB iVm § 169 GVG. In der Regel ist die Öffentlichkeit jedoch gem. § 73 Nr. 1 GWB iVm § 172 Nr. 2 GVG auszuschließen, soweit das Gericht die **Offenlegung von Geheimnissen** nach § 72 Abs. 2 S. 4 GWB angeordnet hat.[580] Für die anwesenden Amtsträger und Rechtsanwälte gilt die gesetzliche Schweigepflicht gem. § 203 StGB, für Rechtsanwälte darüber hinaus auch gem. § 43a Abs. 2 BRAO. Verhandelt wird grds. in deutscher Sprache, §§ 184, 185 GVG. Die Regelungen über Ladungen, Termine, Fristen und die Anordnung des persönlichen Erscheinens ergeben sich aus § 73 Nr. 2 GWB iVm §§ 214–229 und § 141 ZPO.

200

e) Beweiserhebung. Eine Beweiserhebung ist nur erforderlich, soweit Tatsachen zwischen den Beteiligten streitig sind oder Zweifel an der Richtigkeit einer unstreitigen Tatsache bestehen (Prinzip der materiellen Wahrheit). Der **Inhalt der Amtsakten** ist, soweit die Kartellbehörde deren Einsicht nicht verweigert, vom Beschwerdegericht zu berücksichtigen.[581] **Ermittlungsergebnissen der Kartellbehörde** kommt keine Beweisqualität zu, sie stellen lediglich Tatsachenvortrag dar. Offenkundige Tatsachen bedürfen keines Beweises (§ 73 Nr. 2 GWB iVm § 291 ZPO). Ökonomische Theorien sind hingegen bloß als Indizien zu werten und können sich allenfalls zu einem Beweis des ersten Anscheins verdichten.[582] Wegen des Untersuchungsgrundsatzes existiert grds. **keine Beweisführungslast.** Wird dennoch ein Beweisantrag gestellt, muss dieser nicht beschieden werden, jedoch in der abschließenden Entscheidung erkennbar dargelegt werden, aus welchen Gründen dem Beweisantrag nicht entsprochen wurde.[583] Zur Aufklärung des Sachverhalts stehen dem Beschwerdegericht die Beweismittel der § 73 Nr. 2 GWB iVm §§ 355 ff. ZPO zur Verfügung. Im Rahmen des Zeugenbeweises kommt den **Zeugnisverweigerungsgründen** (§§ 383–389 ZPO) des § 384 Nr. 3 ZPO bzgl. eigener und des § 383 Abs. 1 Nr. 6 ZPO bzgl. fremder Geschäftsgeheimnisse besondere Bedeutung zu. Die Tatsachen, auf die der Zeuge seine Weigerung gründet, hat er anzugeben und gem. § 294 ZPO glaubhaft zu machen (§ 386 Abs. 1 ZPO). An der Geheimhaltung muss in restriktiver Auslegung der Zeugnisverweigerungsgründe ein erhebliches Interesse bestehen.[584] Im Rahmen des Geheimhaltungsinteresses ist ferner § 72 Abs. 2 S. 4 GWB zu beachten.

201

f) Grundsatz rechtlichen Gehörs. Im Beschwerdeverfahren gilt der Grundsatz rechtlichen Gehörs, demzufolge den Beteiligten die **umfassende Gelegenheit** gegeben werden muss, sich zu Tatsachen und Rechtsfragen zu erklären. Aus § 71 Abs. 1 S. 2 GWB ergibt sich zudem ein grundlegender Teilaspekt dieses Grundsatzes. Demnach darf ein Beschluss des Gerichts nur auf Tatsachen und Beweismittel gestützt werden, zu denen die Beteiligten die **Möglichkeit zur Äußerung** hatten. Als geheim deklarierte und der Offenlegung gegenüber dem Beschwerdeführer entzogene Unterlagen können daher nicht verwertet

202

---

[577] *Bechtold*/*Bosch* § 69 Rn. 3; Wiedemann/*Klose* HdB. KartellR § 54 Rn. 85.
[578] BGH Beschl. v. 29.4.1971 – KVR 1/71, NJW 1971, 1937 – Bayerischer Bankenverband.
[579] Wiedemann/*Klose* HdB. KartellR § 54 Rn. 89.
[580] Wiedemann/*Klose* HdB. KartellR § 54 Rn. 86.
[581] Wiedemann/*Klose* HdB. KartellR § 54 Rn. 91.
[582] Wiedemann/*Klose* HdB. KartellR § 54 Rn. 94.
[583] Immenga/Mestmäcker/*K. Schmidt* GWB § 70 Rn. 1.
[584] Wiedemann/*Klose* HdB. KartellR § 54 Rn. 97.

werden.⁵⁸⁵ Nach wohl hM besteht keine Verpflichtung des Kartellgerichts zur Offenlegung aller rechtlichen Gesichtspunkte, insoweit keine Überraschungsentscheidung ergeht.⁵⁸⁶ **Beigeladenen** kann gem. § 71 Abs. 1 S. 3 GWB rechtliches Gehör verwehrt werden, wenn dies zur Wahrung von Betriebs- oder Geschäftsgeheimnissen gerechtfertigt ist. Eine Ausnahme davon besteht gem. § 71 Abs. 1 S. 4 GWB, wenn ihnen gegenüber die Entscheidung nur einheitlich ergehen kann.

203 **g) Anwaltszwang.** Alle Beteiligten, mit Ausnahme der Kartellbehörde, unterliegen gem. § 68 GWB im Beschwerdeverfahren zu ihrer **Postulationsfähigkeit** dem Anwaltszwang. Dieser umfasst sowohl die Einlegung und Begründung der Beschwerdeschrift (§ 66 Abs. 5 GWB) als auch der Vertretung in der mündlichen Verhandlung. Der Beschwerdeführer bedarf also stets der anwaltlichen Vertretung, während andere Beteiligte allein zu ihrer aktiven Beteiligung anwaltlich vertreten werden müssen.

6. Beschwerdeentscheidung

204 **a) Form der Entscheidung.** Die Entscheidung des Beschwerdegerichts ergeht gem. § 71 Abs. 1 S. 1 GWB in Form eines **Beschlusses.** Dieser ist nach § 71 Abs. 6 GWB zu begründen und mit einer Rechtsmittelbelehrung zu versehen. Fehlt eine **Begründung** oder ist sie nach vorheriger Verkündung des Beschlusses erst nach mehr als 5 Monaten zur Geschäftsstelle gelangt, ist der Beschluss mit der Rechtsbeschwerde anfechtbar (§ 74 Abs. 4 Nr. 6 GWB).⁵⁸⁷ Immer dann, wenn eine mündliche Verhandlung stattgefunden hat, ist der Beschluss entsprechend § 310 ZPO zu verkünden.⁵⁸⁸ Unabhängig von dem Verkündungserfordernis ist der Beschluss zu seiner Wirksamkeit allen Beteiligten iSv § 67 GWB zuzustellen.⁵⁸⁹

205 **b) Inhalt der Entscheidung.** Das Beschwerdegericht darf nur innerhalb des durch die Beschwerde vorgegebenen Rahmens entscheiden, sodass sich für den sachlichen Entscheidungsinhalt ein **Verbot der Schlechterstellung** *(reformatio in peius)* ergibt (vgl. entsprechend §§ 129 VwGO, 559 ZPO).⁵⁹⁰ Dies stellt einen wesentlichen Unterschied zum Bußgeldverfahren dar, in dem das Gericht die Möglichkeit hat, die ursprünglich von der Kartellbehörde festgesetzte Bußgeldhöhe zu überschreiten. Das Beschwerdegericht entscheidet gem. § 71 Abs. 1 S. 1 GWB nach seiner freien Überzeugung. Entscheidungsgrundlage können auch Tatsachen und Rechtsansichten sein, die der Verfügung nicht oder nicht ausdrücklich zugrunde lagen.⁵⁹¹ Eine Auswechslung der Rechtsgrundlage durch das Gericht kommt jedoch nicht in Betracht, soweit die Kartellbehörde ihre Verfügung ausdrücklich auf eine bestimmte Rechtsgrundlage gestützt hat.⁵⁹² Denn die Verfügung darf wegen des Gewaltenteilungsprinzips (Art. 20 Abs. 2 S. 2, Abs. 3 GG) in ihrem Wesen nicht verändert werden.⁵⁹³

206 Ist die Anfechtungsbeschwerde zulässig und begründet bzw. die ist kartellbehördliche Verfügung unzulässig oder unbegründet, **hebt das Beschwerdegericht die Verfügung auf** (§ 71 Abs. 2 S. 1 GWB). **Teilweise rechtswidrige Verfügungen** werden entsprechend § 113 Abs. 1 S. 1 VwGO („soweit") auch nur teilweise aufgehoben. Hat die Verpflichtungsbeschwerde Erfolg, spricht das Beschwerdegericht die Verpflichtung der Kar-

---

⁵⁸⁵ Wiedemann/*Klose* HdB. KartellR § 54 Rn. 57.
⁵⁸⁶ BVerwG Urt. v. 11.11.1970 – VI C 49/68, BVerwGE 36, 264ff.; Immenga/Mestmäcker/*K. Schmidt* GWB § 71 Rn. 2 mwN; zu dem Begriff der Überraschungsentscheidung vgl. BVerfG Beschl. v. 7.10. 2009 – 1 BvR 178/09, GRUR-RR 2009, 441 – Nichtberücksichtigung eines Beweisangebots.
⁵⁸⁷ BGH Urt. v. 29.10.1986 – VIa ZR 119/85, NJW 1987, 2446; vgl. auch die Wertung des § 551 Abs. 2 S. 3 ZPO.
⁵⁸⁸ *Bechtold/Bosch* § 71 Rn. 2.
⁵⁸⁹ *Bechtold/Bosch* § 71 Rn. 2.
⁵⁹⁰ BGH Beschl. v. 26.9.1995 – KVR 24/94, WuW/E BGH 3009 (3014) – Stadtgaspreis Potsdam.
⁵⁹¹ BGH Beschl. v. 24.10.1963 – KVR 3/62, WuW/E BGH 588 (594) – Fensterglas IV; Wiedemann/*Klose* HdB KartellR § 54 Rn. 74 mwN.
⁵⁹² Wiedemann/*Klose* HdB. KartellR § 54 Rn. 75.
⁵⁹³ Wiedemann/*Klose* HdB. KartellR § 54 Rn. 75.

tellbehörde aus, die begehrte Verfügung vorzunehmen (§ 71 Abs. 4 GWB). Fehlt der Sache die Spruchreife, ergeht analog § 113 Abs. 5 S. 2 VwGO ein Bescheidungsbeschluss. Die erfolgreiche Leistungsbeschwerde hat die Verpflichtung zur Vornahme der begehrten Leistung bzw. Unterlassung des angegriffenen Verhaltens, die Feststellungbeschwerde die Feststellung des Bestehens bzw. Nichtbestehens des betroffenen Rechtsverhältnisses zur Folge. Ist die Beschwerde unzulässig, wird sie **verworfen,** ist sie unbegründet, so wird sie **zurückgewiesen.**

c) Erledigung. aa) Erledigung der Verfügung. Nach § 71 Abs. 2 S. 2 GWB spricht das Beschwerdegericht (nur) auf Antrag aus, dass die Verfügung der Kartellbehörde unzulässig oder unbegründet gewesen ist, wenn der Beschwerdeführer ein berechtigtes Interesse an dieser Feststellung hat. Erledigung tritt ein, wenn die Verfügung **keinerlei rechtliche Wirkungen mehr entfaltet.** Dies ist insbesondere gegeben bei einer Rücknahme der Verfügung durch die Kartellbehörde, deren verbindliche Erklärung, keine Rechte mehr aus der Verfügung abzuleiten, bei Ablauf der Geltungsdauer oder auch bei Entfallen des Betroffenseins auf Seiten des Beschwerdeführers.[594] Letzteres ist in Fusionskontrollfällen nur dann anzunehmen, wenn zumindest eine Partei das **Fusionsvorhaben endgültig aufgibt**[595] bzw. wenn die Beteiligten den Zusammenschluss, der Gegenstand der Untersagungsverfügung war, derart verändert haben, dass er einen seinem Wesen nach andersartigen Zusammenschluss darstellt und deshalb vom Kern der Verbotsverfügung nicht mehr erfasst wird.[596] Bei Auskunftsbeschlüssen gem. § 59 Abs. 1 GWB tritt Erledigung auch nach Erteilung der Auskünfte nicht ein, soweit das Hauptsacheverfahren noch anhängig ist.[597]

207

Einen besonders praxisrelevanten Fall der Erledigung stellt die **Erledigungserklärung** dar. Diese kann zunächst einseitig durch den Beschwerdeführer erfolgen. Darin ist eine Umstellung des Anfechtungsantrags auf Feststellung der Erledigung zu sehen. Begründet ist der Antrag, soweit objektiv tatsächlich Erledigung eingetreten ist. Die Umstellung des Antrags kann mit einen Antrag auf Feststellung der Unzulässigkeit oder Unbegründetheit der Verfügung verbunden werden.[598] Unabhängig von dem tatsächlichen Eintritt der Erledigung kommt eine **beidseitige Erledigungserklärung** in Betracht. Das Beschwerdegericht ist in diesem Fall an die Erklärungen gebunden und entscheidet lediglich über die Kosten des Verfahrens. Teilweise ermöglicht die Rechtsprechung dem Beschwerdeführer auch bei beidseitiger Erledigungserklärung die Verbindung mit einem Fortsetzungsfeststellungsantrag iSv § 71 Abs. 2 S. 2 GWB.[599]

208

Nach hM kann der **Zeitpunkt der Erledigung** für die Fortsetzungsfeststellungsbeschwerde nach, aber auch vor Einlegung der Beschwerde liegen.[600] Außerdem wird § 71 Abs. 2 S. 2 GWB zumindest analog auch auf Verpflichtungsbeschwerden angewendet, soweit sich das behauptete Recht des Beschwerdeführers erledigt hat.[601]

209

Des Weiteren setzt § 71 Abs. 2 S. 2 GWB voraus, dass der Beschwerdeführer ein „**berechtigtes Interesse"** an der Feststellung hat. Dieses umfasst grds. jedes anzuerkennde schutzwürdige Interesse rechtlicher, wirtschaftlicher oder ideeller Art.[602] Es muss noch in der letzten mündlichen Verhandlung der verfahrensabschließenden Instanz vorliegen.[603] In der Entscheidung „A-TEC/Norddeutsche Affinerie"[604] verneinte das OLG Düsseldorf ein

210

---

[594] *Bechtold/Bosch* § 71 Rn. 9 mwN.
[595] BGH Beschl. v. 25.9.2007 – KVR 30/06, WuW/E DE-R 2221 – Springer/Prosieben Sat 1.
[596] OLG Düsseldorf Beschl. v. 17.11.2004 – IV-Kart 13/04 (V) – Agrana/Atys.
[597] *Bechtold/Bosch* § 71 Rn. 13 mwN.
[598] *Bechtold/Bosch* § 71 Rn. 10.
[599] KG Beschl. v. 10.12.1990 – Kart 19/90, WuW/E OLG 4460 (4641) – Hamburger Benzinpreise; OLG Düsseldorf Beschl. v. 13.2.2002 – Kart 16/00 (V), WuW/E DE-R 829 (839) – Freie Tankstellen.
[600] *Bechtold/Bosch* § 71 Rn. 12 mwN, § 63 Rn. 13.
[601] BGH Beschl. v. 31.10.1978 – KVR 3/77, NJW 1979, 2563 (2564) – Weichschaum-Rohstoffe.
[602] *Bechtold/Bosch* § 71 Rn. 13 mwN.
[603] BGH Beschl. v. 20.4.2010 – KVR 1/09, WuW/E DE-R 2905f. – Phonak/GN Store.
[604] OLG Düsseldorf Beschl. v. 12.11.2008 – VI-Kart 5/08 (V), WuW/E DE-R 2462 – A-TEC/Norddeutsche Affinerie; für weitere relevante aktuelle Entscheidungen vgl. auch *Bosch* NJW 2013, 1857 (1860).

solches berechtigtes Interesse für den fusionskontrollrechtlichen Fall, dass einer Entflechtungsanordnung nach § 41 Abs. 3 GWB Folge geleistet wurde und ein erneuter Erwerb nicht konkret bevorstand, mithin keine Wiederholungsgefahr anzunehmen war. Insbesondere soll sich das erforderliche Feststellungsinteresse nicht aus dem Umstand ergeben können, dass dem Erwerber gegenüber für die Entflechtungsanordnung eine Verwaltungsgebühr festgesetzt wurde, da insoweit der Rechtsweg gegen den Gebührenbescheid zu beschreiten sei.[605] Das für das besondere Rechtsschutzbedürfnis geforderte berechtigte Interesse des Antragstellers an der Feststellung kann sich zB aus einer **Wiederholungsgefahr** oder einer **Vorgreiflichkeit,** meist in Form der Vorbereitung einer Amtshaftungsklage, ergeben. Insbesondere im Falle eines absehbaren und nicht aussichtslosen Schadensersatzprozess ist das erforderliche Interesse zu bejahen.[606] Fusionskontroll-Untersagungsfälle werden im Hinblick auf das erforderliche Feststellungsinteresse von der Rechtsprechung inzwischen großzügiger behandelt.[607] Das berechtigte Interesse besteht allerdings nicht mehr, wenn sich aus Sicht der Kartellbehörde die für die Untersagung maßgeblichen Gesamtumstände derart wesentlich geändert haben, dass es einer erneuten Überprüfung bedarf.[608]

211 Die Zulässigkeit einer Fortsetzungsfeststellungsbeschwerde kann bei Erledigung der Verfügung bzw. des rechtlichen Begehrens vor Einlegung der Beschwerde auf den Ablauf der Beschwerdefrist **zeitlich begrenzt** sein.[609] Maßgeblich für den Zeitpunkt der Beschwerdeentscheidung im Falle der Erledigung ist bei Verfügungen ohne Dauerwirkung der Zeitpunkt der letzten kartellbehördlichen Entscheidung, bei Verfügungen mit Dauerwirkung der Zeitpunkt ihrer Erledigung. Das Beschwerdegericht entscheidet nicht darüber, ob die Beschwerde vor Erledigung der Verfügung zulässig war.[610]

212 **bb) Erledigung von Abstellungsverfügungen.** Erledigt sich eine Verfügung nach §§ 32–32b, 32d GWB, trifft **§ 71 Abs. 3 GWB** eine besondere Regelung für die Entscheidung des Beschwerdegerichts. Dabei geht der Regelungsumfang über den des § 71 Abs. 2 S. 2 GWB hinaus. Antragsberechtigt sind alle Verfahrensbeteiligten. Ein besonderes Interesse wird bereits von Gesetzes wegen vermutet und bedarf daher keiner gesonderten Darlegung. Schließlich umfasst die Feststellungsentscheidung, ob die Verfügung unzulässig oder unbegründet, und in welchem Umfang und bis zu welchem Zeitpunkt sie begründet gewesen ist.[611] Die Feststellung setzt jedoch abweichend von § 71 Abs. 2 S. 2 GWB voraus, dass die Beschwerde zulässig war.[612]

213 **d) Ermessensnachprüfung.** Dem Beschwerdegericht wird durch § 71 Abs. 5 S. 1 GWB Raum für eine **umfassende Rechts-** und in gewissen Grenzen **Zweckmäßigkeitskontrolle** eingeräumt. Auch gebundene Entscheidungen unterliegen der gerichtlichen Nachprüfung bzgl. unbestimmter Rechtsbegriffe.[613] Grds. existieren keine der gerichtlichen Überprüfung entzogenen Ermessens- und Beurteilungsspielräume, zumindest insoweit das Abwägungsermessen betroffen ist.[614] Eine Ausnahme von der umfassenden Kontrolle besteht gem. § 71 Abs. 5 S. 2 GWB, soweit die Beurteilung der gesamtwirtschaftlichen Lage und Entwicklung betroffen ist und die insoweit anzustellenden politischen Erwägungen vom Tatbestand her erforderlich sind.[615] Relevanz gewinnt diese Regelung daher heute

---

[605] OLG Düsseldorf Beschl. v. 12.11.2008 – VI-Kart 5/08 (V), WuW/E DE-R 2462 (2474f.) – A-TEC/ Norddeutsche Affinerie.
[606] *Bechtold/Bosch* § 63 Rn. 13 mwN.
[607] Ausführlich *Herrlinger* WuW 2013, 332 ff.; *Bechtold/Bosch* § 71 Rn. 14 mwN.
[608] BGH Beschl. v. 20.4.2010 – KVR 1/09, WuW/E DE-R 2905f. – Phonak/GN Store.
[609] OLG Düsseldorf Beschl. v. 26.11.2008 – VI-Kart 8/07 (V), WuW/E DE-R 2477 (2479f.) – Phonak/ReSound.
[610] *Bechtold/Bosch* § 71 Rn. 16.
[611] *Bechtold/Bosch* § 71 Rn. 19.
[612] *Bechtold/Bosch* § 71 Rn. 19.
[613] *Bechtold/Bosch* § 71 Rn. 21.
[614] *Immenga/Mestmäcker/K. Schmidt* GWB § 71 Rn. 41 mwN.
[615] *Bechtold/Bosch* § 71 Rn. 21.

nur noch für § 42 Abs. 1 GWB. Nach hM[616] ist das Aufgreifermessen der Kartellbehörde, mithin die Entscheidung über die Einleitung des Verfahrens, nicht gerichtlich nachprüfbar.[617]

II. Rechtsbeschwerde

Gegen Beschlüsse des Oberlandesgerichts findet gem. § 74 GWB die **Rechtsbeschwerde an den Bundesgerichtshof** statt. Im Rahmen dessen können vor dem Bundesgerichtshof als Rechtsinstanz grundsätzlich nur Rechtsverletzungen geltend gemacht werden (§ 76 Abs. 2 S. 1, Abs. 4 GWB). Die Rechtsbeschwerde kann sich gegen alle Beschlüsse richten, auch solche in Nebenverfahren, die verfahrensrechtlich und materiell-rechtlich im Abhängigkeitsverhältnis zum Hauptsacheverfahren stehen (zB Überprüfung einstweiliger Anordnungen, Anordnungen der aufschiebenden Wirkung, Beschlüsse über Kosten und Gebühren sowie Auskunftsbeschlüsse nach § 59 GWB).[618] Der Rechtsbeschwerde hingegen nicht zugänglich sind alle das Verfahren betreffende Zwischenentscheidungen sowie die Streitwertfestsetzung.[619]   214

1. Zulässigkeit

a) Rechtsbeschwerdebefugnis. Die Rechtsbeschwerde steht nach § 76 Abs. 1 GWB der **Kartellbehörde** sowie wenigstens allen am Beschwerdeverfahren **Beteiligten** zu. Ob darüber hinaus auch Dritten im Falle der Unterlassung einer notwendigen Beiladung (§ 54 GWB) ein Rechtsbeschwerderecht zustehen kann, ist streitig.[620] Erforderlich ist – entsprechend der Anfechtungsbeschwerde – eine formelle und nach hM[621] auch materielle Beschwer des Rechtsmittelführers.   215

b) Rechtsbeschwerdegründe. Grundsätzlich bedarf die Rechtsbeschwerde der **Zulassung** durch das Beschwerdegericht (§ 74 Abs. 1 bis 3 GWB). Die Rechtsbeschwerde ist zuzulassen, wenn eine Rechtsfrage von **grundsätzlicher Bedeutung** zu entscheiden ist (§ 74 Abs. 2 Nr. 1 GWB). Grundsätzliche Bedeutung hat eine Rechtsfrage, die sich voraussichtlich in einer Vielzahl anderer Fälle stellen wird und bislang höchstrichterlich nicht oder nicht hinreichend geklärt ist.[622] Des Weiteren ist die Rechtsbeschwerde zuzulassen, wenn die Fortbildung des Rechts oder die Sicherung einer einheitlichen Rechtsprechung eine Entscheidung des Bundesgerichtshofs erfordert (§ 74 Abs. 2 Nr. 2 GWB). Regelmäßig liegt eine dieser Voraussetzungen vor, wenn das Beschwerdegericht in seiner Rechtsauffassung von jener anderer Oberlandesgerichte oder der des Bundesgerichtshofs in entscheidungserheblichen Fragen abweicht.[623]   216

Einer Zulassung der Rechtsbeschwerde bedarf es ausnahmsweise bei Vorliegen **grundlegender Verfahrensmängel** nicht, wenn einer der abschließend aufgezählten Gründe nach § 74 Abs. 4 GWB vorliegt (sog zulassungsfreie Rechtsbeschwerde). Die in einem dieser Fälle stets zulässige Rechtsbeschwerde bewirkt dann die notwendige Aufhebung der angefochtenen Entscheidung und die Zurückverweisung an das Beschwerdegericht durch den Bundesgerichtshof.[624]   217

c) Verfahren, Form und Frist. Die Rechtsbeschwerde ist binnen **eines Monats** schriftlich bei dem Oberlandesgericht einzureichen, gegen dessen Entscheidung sich das Rechtsmit-   218

---

[616] Immenga/Mestmäcker/*K. Schmidt* GWB § 71 Rn. 41 mwN; aA *Bechtold* § 71 Rn. 20 mwN.
[617] Immenga/Mestmäcker/*K. Schmidt* GWB § 71 Rn. 41 mwN; aA *Bechtold* § 71 Rn. 20 mwN.
[618] *Bechtold/Bosch* § 74 Rn. 3 insbesondere differenzierend bzgl. Auskunftsbeschlüssen.
[619] *Bechtold/Bosch* § 74 Rn. 3 mwN.
[620] Dafür Immenga/Mestmäcker/*K. Schmidt* § 76 Rn. 2; Loewenheim/Meessen/Riesenkampf/*Kühnen* GWB § 76 Rn. 3; Langen/Bunte/*Kollmorgen* GWB § 76 Rn. 10; dagegen *Bechtold* § 76 Rn. 2 mwN.
[621] Immenga/Mestmäcker/*K. Schmidt* GWB § 76 Rn. 2.
[622] BGH Beschl. v. 8.5.2001 – KVZ 23/00, WuW/E DE-R 703 (707) – Puttgarden II; ausführlich *Bechtold/Bosch* § 74 Rn. 5 mwN.
[623] *Bechtold/Bosch* § 74 Rn. 5.
[624] *Bechtold/Bosch* § 74 Rn. 6.

tel richtet und beginnt mit Zustellung der angefochtenen Entscheidung (§ 76 Abs. 3 GWB). Die binnen zwei Monaten ab Beginn der **Rechtsbeschwerdefrist** an den Bundesgerichtshof zu richtende Begründung muss erkennen lassen, in welchem Umfang der Beschluss des Beschwerdegerichts angefochten werden soll und dessen Änderung oder Aufhebung beantragt wird (§ 76 Abs. 5 GWB iVm § 66 Abs. 3 S. 1, Abs. 4 Nr. 1, Abs. 5 GWB). Für das gesamte Rechtsbeschwerdeverfahren herrscht **Anwaltszwang** (§ 76 Abs. 5 GWB iVm § 68 GWB).

219 **d) Beteiligtenfähigkeit.** Die Beteiligtenfähigkeit an dem Verfahren vor der Kartellbehörde, dem Beschwerde- und Rechtsbeschwerdeverfahren richtet sich nach **§ 77 GWB**. Beteiligtenfähig sind zunächst natürliche und juristische private und öffentlich-rechtliche Personen bzw. werdende juristische Personen (zB GmbH i.G.) sowie rechtsfähige Gesellschaften, bspw. die oHG (§ 124 Abs. 1 HBG) und die KG (§§ 161 Abs. 2, 124 Abs. 1 HGB).[625] Weiterhin sind auch nichtrechtsfähige Personenvereinigungen beteiligtenfähig. Erfasst sind insbesondere Kartelle und auch Wirtschafts- und Berufsvereinigungen, die regelmäßig Außengesellschaften bürgerlichen Rechts iSv §§ 705 ff. BGB darstellen.[626] Unerheblich ist, ob das Unternehmen in eine Konzernstruktur eingebunden und innerhalb derer herrschend oder abhängig ist.[627] Nicht beteiligtenfähig ist allerdings das Unternehmen selbst, sondern lediglich die dahinter stehende juristische Person. Schließlich sind beteiligungsfähig auch ausländische Personen und Vereinigungen im og Sinne, die bei fiktiver Anwendung des deutschen Rechts nach ihrer Struktur und Organisation beteiligtenfähig wären.[628]

2. Umfang der Nachprüfung

220 Der Bundesgerichtshof überprüft die Entscheidung des Beschwerdegerichts grundsätzlich nur auf die **Verletzung des Rechts** (vgl. § 76 Abs. 2 S. 1 Hs. 1, Abs. 4 GWB). Das Recht ist gem. § 76 Abs. 2 S. 1 Hs. 2 GWB iVm § 546 ZPO verletzt, soweit eine Rechtsnorm nicht oder nicht richtig angewendet worden ist. Eine Rechtsverletzung besteht auch bei Vorliegen eines **absoluten Revisionsgrundes** iSv § 76 Abs. 2 S. 1 Hs. 2 GWB iVm § 547 ZPO. Ebenfalls erfasst ist die ausbleibende oder fehlerhafte Anwendung von Erfahrungssätzen.[629] Ausnahmsweise erstreckt sich gem. § 76 Abs. 4 GWB die Prüfungskompetenz der Rechtsbeschwerdeinstanz auf vom Beschwerdegericht getroffene tatsächliche Feststellungen, wenn in Bezug auf diese Feststellungen zulässige und begründete Rechtsbeschwerdegründe vorgebracht sind. Auch tatsächliche Feststellungen können einer erneuten Würdigung durch den Bundesgerichtshof unterzogen werden, wenn sich die vorinstanzliche Gesamtwürdigung als fehlerhaft erweist, keine weitere Sachaufklärung geboten ist und eine fehlerfreie Gesamtwürdigung nur ein Ergebnis zulässt.[630]

221 Der **Prüfungsmaßstab** des Bundesgerichtshofs beschränkt sich innerhalb von Eilverfahren auf bloß vorläufige Entscheidungen, soweit dies in der Vorinstanz auch der Fall ist, da wegen der besonderen Dringlichkeit und der bereits beschränkten Prüfungskompetenz des Beschwerdegerichts kein Raum für umfassende und endgültige Entscheidungen der letzten Instanz besteht.[631] Im Übrigen wird der Prüfungsumfang in Nebenverfahren nicht eingeschränkt. Ferner kann die Zulassung der Rechtsbeschwerde – ebenso wie die Revision in Zivilsachen – auch von Seiten des Gerichts wirksam auf einen rechtlich und tatsächlich selbstständigen Teil des Gesamtstreitstoffs **beschränkt** werden, soweit über diesen zulässigerweise durch Teil- oder Grundurteil

---

[625] Vgl. Immennga/Mestmäcker/*K. Schmidt* GWB § 77 Rn. 3 ff. mwN.
[626] Immenga/Mestmäcker/*K. Schmidt* GWB § 77 Rn. 5.
[627] KG Beschl. v. 21.9.1994 – Kart 9/94, WuW/E OLG 5355 (5357 f.) – Beiladung RTL 2.
[628] *Bechtold/Bosch* § 77 Rn. 2.
[629] *Bechtold/Bosch* § 76 Rn. 3.
[630] BGH Beschl. v. 20.4.2010 – KVR 1/09, WuW/E DE-R 2905 Rn. 81 – Phonak/GN Store.
[631] *Bechtold/Bosch* § 76 Rn. 5 mwN.

hätte entschieden werden können oder auf den der Rechtsmittelführer selbst das Rechtsmittel beschränken könnte.[632]

3. Nichtzulassungsbeschwerde

Wird eine zulassungspflichtige Rechtsbeschwerde mit Beschluss durch das Beschwerdegericht abgelehnt (§ 74 Abs. 3 GWB), ist gegen diesen Beschluss die Nichtzulassungsbeschwerde als **selbstständiges Rechtsmittel** gem. § 75 GWB statthaft. Über die Nichtzulassungsbeschwerde entscheidet der Bundesgerichtshof durch Beschluss (§ 75 Abs. 2 S. 1 GWB). Der Prüfungsumfang beschränkt sich dabei auf die Frage, ob die Zulassung zu Recht abgelehnt wurde. Die Erfolgsaussichten des konkret beabsichtigten Rechtsmittels bleiben außer Betracht.[633]

222

Dem Beschwerdeführer steht eine **Frist** von einem Monat ab Zustellung der angefochtenen Entscheidung zur Einreichung der Nichtzulassungsbeschwerdeschrift bei dem Oberlandesgericht, dessen Beschluss angefochten wird, zur Verfügung (§ 75 Abs. 3 GWB). Die Nichtzulassungsbeschwerde ist gem. § 74 Abs. 4 S. 1 GWB iVm § 66 Abs. 3, 4 Nr. 1, Abs. 5 GWB binnen zwei Monaten nach Fristbeginn für die Einlegung der Nichtzulassungsbeschwerde in der Weise **zu begründen,** dass sich zumindest erkennen lässt, welcher Zulassungsgrund nach § 74 Abs. 2 GWB aus welchen Gründen vorliegen soll.[634] Ist die Rechtsbeschwerdefrist noch nicht abgelaufen, wird der Beschluss des Bundesgerichtshofs erst mit Ablauf der Frist rechtskräftig.[635] Legt der Rechtsmittelführer neben der Nichtzulassungsbeschwerde auch eine zulassungsfreie Rechtsbeschwerde ein, tritt Rechtskraft erst mit Entscheidung über die zulassungsfreie Rechtsbeschwerde ein.[636] Im Falle der Zulassung der Rechtsbeschwerde, beginnt die Rechtsbeschwerdefrist mit Zustellung des Beschlusses des Bundesgerichtshofs zu laufen (§ 75 Abs. 5 S. 2 GWB). Die **aufschiebende Wirkung** der Beschwerde bleibt bis zur Entscheidung über die Nichtzulassungsbeschwerde erhalten. Wird sie zugelassen, ergibt sich die aufschiebende Wirkung aus § 75 Abs. 4 S. 1 GWB iVm § 64 Abs. 1 und 2 GWB. Für den Erlass einstweiliger Anordnungen verbleibt es bei einer Zuständigkeit des Beschwerdegerichts (§ 75 Abs. 4 S. 2 GWB). Im Nichtzulassungsbeschwerdeverfahren bedarf es zur Prozesshandlungsfähigkeit der Vertretung durch einen Anwalt (§ 74 Abs. 4 S. 1 GWB iVm § 68 GWB).

223

III. Kosten

§ 78 GWB regelt die Kostenverteilung für das Gerichtsverfahren, über die das zuständige Gericht von Amts wegen entscheidet. Das Beschwerdeverfahren wird dabei entsprechend § 78 GWB aF gebührenrechtlich wie der Zivilprozess in der Berufungsinstanz behandelt (§§ 1 Nr. 1 lit. k, 50 Abs. 1 Nr. 1 GKG und Teil 1 Abschnitt 2, Unterabschnitt 1 (Nr. 3200 ff.) der Anlage 1 zum RVG). Die **Bemessung des (Gebühren-)Streitwerts** nach §§ 1, 50 GKG, § 3 ZPO ist mit erheblicher Unsicherheit behaftet. Im Verwaltungsstreitverfahren gegen Kartelle wird ein Streitwert von regelmäßig 5 bis 10% des Umsatzes der Kartellanten zu Grunde gelegt.[637] In Fusionskontrollverfahren spielen bei der Bemessung vor allem der Umsatz des zu erwerbenden Unternehmens und der Kaufpreis eine Rolle, wobei nach der neueren Rechtsprechung bei einer Anfechtung der Untersagung das Interesse der Zusammenschlussbeteiligten an der Aufhebung maßgeblich ist.[638]

224

Es ist zwischen **Gerichtskosten** und **außergerichtlichen Kosten** zu differenzieren. Grds. trägt bei erfolglos eingelegtem Rechtsmittel der Rechtsmittelführer die Gerichtskosten.[639] Bei Erfolg des Rechtsmittels hingegen folgt keine automatische Befreiung von

225

---

[632] BGH Beschl. v. 7.2.2006 – KVR 5/05, WuW/E DE-R 1681 Rn. 10 – DB Regio/üstra.
[633] BGH Beschl. v. 25.1.1983 – KVZ 1/82, WuW/E 1982 – Haribo.
[634] *Bechtold/Bosch* § 75 Rn. 2.
[635] Loewenheim/Meessen/Riesenkampf/*Kühnen* GWB § 75 Rn. 8.
[636] Immenga/Mestmäcker/*K. Schmidt* GWB § 75 Rn. 10.
[637] *Bechtold/Bosch* § 78 Rn. 2.
[638] *Bechtold/Bosch* § 78 Rn. 2 mwN.
[639] *Bechtold/Bosch* § 78 Rn. 1 mwN.

der Kostentragungspflicht des Rechtsmittelführers.[640] Im Falle der Rücknahme des Rechtsmittels sind dem Rechtsmittelführer die Gerichtskosten aufzuerlegen. Bei Erledigung der Hauptsache wird die Kostenlast nach billigem Ermessen im Rahmen einer summarischen Prüfung der Erfolgsaussichten in rechtlicher und tatsächlicher Hinsicht verteilt.[641] Tritt Erledigung erst während des Rechtsbeschwerdeverfahrens ein, entscheidet der BGH über die Kosten in beiden Instanzen.[642]

226 Bzgl. der außergerichtlichen Kosten hingegen kommt dem Gericht ein **Ermessensspielraum** zu, wobei im Rahmen dessen Billigkeitserwägungen anzustellen sind.[643] Die Vertreter der wohl hM wenden § 78 S. 2 GWB nicht im Beschwerdeverfahren an, da die Beschwerde kein Rechtsmittel iSv S. 2 sei, berücksichtigt allerdings bei der Billigkeitsentscheidung im Rahmen von S. 1 den in S. 2 zu Grunde gelegten Rechtsgedanken.[644] In den übrigen Fällen können einem Beteiligten, der die Kosten „unter Versäumung jeder prozessualen Sorgfalt"[645] verursacht, zumindest im Rechtsbeschwerdeverfahren die Kosten auferlegt werden.[646] Regelmäßig werden dem obsiegenden Rechtsmittelführer auch die außergerichtlichen Kosten erstattet.[647] Andere Verfahrensbeteiligte als der Rechtsmittelführer tragen ein Kostenrisiko nach § 78 S. 1 GWB über die eigenen Kosten hinaus grds. nur, wenn sie selbst Rechtsmittel einlegen.[648]

G. Anspruch auf Informationszugang nach dem Informationsfreiheitsgesetz

I. Allgemeines

227 Das Informationsfreiheitsgesetz des Bundes (IFG)[649] gewährt jedem, dh natürlichen und juristischen Personen auch mit Sitz im Ausland,[650] einen **allgemeinen voraussetzungslosen Zugang zu amtlichen Informationen des Bundes**.[651] Ziel des Gesetzes ist die transparentere Gestaltung des Verwaltungshandelns des Bundes sowie die Stärkung der demokratischen Beteiligungsrechte der Bürgerinnen und Bürger.[652] Als selbstständige Bundesoberbehörde im Geschäftsbereich des Bundesministeriums für Wirtschaft und Energie ist auch das Bundeskartellamt gem. § 1 Abs. 1 IFG grds. verpflichtet, Zugang zu eigenen amtlichen Informationen zu gewähren.

228 Neben § 406e StPO eröffnet das IFG vor allem möglichen Geschädigten von Kartellverstößen eine Möglichkeit, Informationen zu erhalten, welche die Grundlage für eine mögliche Schadensersatzklage oder außergerichtliche Vergleichsverhandlungen sein können. Allerdings hat der IFG-Anspruch in der Praxis eine weit geringere Bedeutung als Akteneinsichtsgesuche nach § 406e StPO. Dies liegt insbesondere daran, dass der IFG-Anspruch gem. § 1 Abs. 3 IFG gegenüber anderen (spezielleren) Informationszugangsansprüchen (mit Ausnahme von § 29 VwVfG und § 25 SGB X) **formell subsidiär** ist. Er wird daher für den gesamten Bereich der ordnungswidrigkeitsrechtlichen Bußgeldverfah-

---

[640] *Bechtold/Bosch* § 78 Rn. 1.
[641] *Bechtold/Bosch* § 78 Rn. 8 mwN.
[642] BGH Beschl. v. 29.10.1985 – KVR 4/83, WuW/E 2207 ff. (2208) – Lufthansa/f. i. r. s. t. Reisebüro; BGH Beschl. v. 31.5.2006 – KVR 1/05, WuW/E DE-R 420 ff. (421) – Erledigte Beschwerde; BGH Beschl. v. 16.11.1999 – KVR 10/98, WuW/E DE-R 1783 (1785) – Call Option.
[643] *Bechtold/Bosch* § 78 Rn. 1.
[644] Zustimmend (wohl hM) Immenga/Mestmäcker/*Stockmann* GWB § 78 Rn. 11 mwN.; ablehnend Immenga/Mestmäcker/*Stockmann* GWB § 78 Rn. 12; Loewenheim/Meessen/Riesenkampf/*Kühnen* GWB § 78 Rn. 8; *Bechtold/Bosch* § 78 Rn. 4; Langen/*Bunte* GWB § 78 Rn. 19.
[645] KG Beschl. v. 26.5.1970 – Kart 23/69, WuW/E OLG 1093 f. (1094) – Beiladung, Kosten.
[646] *Bechtold/Bosch* § 78 Rn. 10.
[647] *Bechtold/Bosch* § 78 Rn. 7.
[648] *Bechtold/Bosch* § 78 Rn. 9.
[649] Gesetz zur Regelung des Zugangs zu Informationen des Bundes v. 5.9.2005, BGBl. 2005 I 2722.
[650] BVerwG Urt. v. 24.5.2011 – 7 C 6/10, NVwZ 2011, 1012 Rn. 12.
[651] BT-Drs. 15/4493, 1.
[652] BT-Drs. 15/4493, 1.

ren des Bundeskartellamts durch § 406e StPO verdrängt.[653] Als Anwendungsbereich verbleiben daher neben allgemeinen Anfragen vor allem Anträge auf Zugang zu den **Akten zu Verwaltungsverfahren** des Bundeskartellamts, zB Akten zu **Abstellungsentscheidungen nach § 32 Abs. 1 GWB** oder **Verfahren der Fusionskontrolle nach § 35 ff. GWB**.[654]

II. Anspruchsinhalt

Der Informationsanspruch nach § 1 Abs. 1 IFG ist auf den **Zugang zu amtlichen Informationen** gerichtet. § 2 Nr. 1 IFG definiert amtliche Information als „jede amtlichen Zwecken dienende Aufzeichnung, unabhängig von der Art ihrer Speicherung". Der Anspruch ist allgemein auf amtliche Informationen gerichtet, nicht lediglich auf behördliche Dokumente oder Akten. Erfasst sind daher alle Informationen, die in Erfüllung amtlicher Tätigkeit angefallen sind. Es kommt weder auf die Art der Verwaltungsaufgabe noch auf die Handlungsform der Verwaltung an. Es ist ebenfalls unerheblich, ob die begehrten Informationen hoheitliches, schlicht-hoheitliches oder fiskalisches Behördenhandeln betreffen.[655]

229

Ausgenommen von dem Begriff der „amtlichen Informationen" und einem Anspruch nach § 1 Abs. 1 IFG sind nach § 2 Nr. 1 IFG „**Entwürfe und Notizen,** die nicht Bestandteil eines Vorgangs werden sollen". Darunter können zum Beispiel interne, eine Entscheidung vorbereitende Dokumente oder Entscheidungsentwürfe fallen. Werden diese Dokumente jedoch zur Akte genommen (wie zB regelmäßig das Entscheidungsvotum des Berichterstatters einer Beschlussabteilung des Bundeskartellamts), werden sie Bestandteil eines Vorgangs und sind grds. vom Anspruch nach § 1 Abs. 1 IFG umfasst[656] (allerdings regelmäßig zum Schutz der internen Beratungen des Amtes nach § 3 Nr. 3 lit. b) IFG von einer Einsicht ausgenommen,[657] → Rn. 238). Niemals umfasst sind dagegen private Informationen sowie Informationen, die nicht mit amtlicher Tätigkeit zusammenhängen, selbst wenn sie sich in der Akte einer Behörde befinden.[658]

230

Der Anspruch nach § 1 Abs. 1 IFG ist **kein Informationsbeschaffungsanspruch.** Er beschränkt sich auf bei der Behörde tatsächlich und dauerhaft verfügbare Informationen. Informationen die nicht, noch nicht oder nicht mehr bei einer Behörde vorhanden sind, sind nicht erfasst.[659]

231

III. Ausschluss des Anspruchs

Der Informationsanspruch nach dem IFG ist zwar voraussetzungslos, unterliegt jedoch nach §§ 3–6 und 9 Abs. 3 IFG einer Reihe von **Ausnahmen.** Für den Zugang zu Informationen beim Bundeskartellamt sind insbesondere bestimmte Ausschlusstatbestände zum **Schutz von besonderen öffentlichen Belangen** nach § 3 IFG, der **Schutz des behördlichen Entscheidungsprozesses** nach § 4 IFG, der **Schutz personenbezogener Daten** nach § 5 IFG sowie der **Schutz von Betriebs- oder Geschäftsgeheimnissen** nach § 6 IFG relevant.

232

Bei der Anwendung dieser Ausschlusstatbestände ist allgemein zu berücksichtigen, dass das Ziel des IFG die Stärkung der demokratischen Beteiligungsrechte der Bürger durch die Verbesserung der Informationszugangsrechte ist.[660] Systematisch handelt es sich bei

233

---

[653] Vgl. auch Hauger/Palzer, EWS, 124, 127; *Jüntgen* WuW 2007, 128 (131).
[654] VG Köln Urt. v. 24.11.2011 – 13 K 1549/10, BeckRS 2012, 58753 – Zugang zu Fusionskontrollakten.
[655] Vgl. *Sellmann/Augsberg* WM 2006, 2293 (2296).
[656] VG Köln Urt. v. 24.11.2011 – 13 K 1549/10, BeckRS 2012, 58753 Rn. 38 ff.; *Leopold* WuW 2006, 592 (593).
[657] VG Köln Urt. v. 24.11.2011 – 13 K 1549/10, BeckRS 2012, 58753 Rn. 42 ff.
[658] VG Berlin Urt. v. 10.10.2007 – VG 2 A 102.06, ZUM 2008, 353, 355 – Bonusmeilen; *Burholt* BB 2006, 2201 (2202).
[659] VG Berlin Urt. v. 10.10.2007 – VG 2 A 102.06, ZUM 2008, 353, 355 – Bonusmeilen.
[660] BT-Drs. 15/4493, 6; BVerwG Urt. v. 3.11.2011 – 7 C 4/11, NVwZ 2012, 251 Rn. 19 f.

den Ausschlusstatbeständen daher um Ausnahmevorschriften, die entsprechend der üblichen Auslegungsregeln grundsätzlich **eng auszulegen** sind.[661]

1. Schutz von Kontroll- und Aufsichtsaufgaben des Bundeskartellamtes (§ 3 Nr. 1 lit. d) IFG)

234 Nach § 3 Nr. 1 lit. d) IFG besteht der Anspruch auf Informationszugang nicht, wenn das Bekanntwerden der Information nachteilige Auswirkungen auf **Kontroll- oder Aufsichtsaufgaben der Finanz-, Wettbewerbs- oder Regulierungsbehörden** haben kann, womit unter anderem das Bundeskartellamt angesprochen ist. Geschützt werden soll nach dem Willen des Gesetzgebers insbesondere der Wettbewerb. Das Bundeskartellamt erhält im Rahmen seiner Tätigkeit zahlreiche **wettbewerbsrelevante Unternehmens- und Marktdaten,** wertet diese aus und erstellt daraus eigene Marktübersichten. § 3 Nr. 1 lit. d) IFG soll verhindern, dass Unternehmen den Informationszugangsanspruch nach § 1 Abs. 1 IFG ausnutzen, um ihre Wettbewerber über das Bundeskartellamt auszuspähen.[662] Darüber hinaus ist im Falle des Bundeskartellamts nach Ansicht des Gesetzgebers die Transparenz der Behördentätigkeit bereits durch die Berichtspflichten des Amtes und der Monopolkommission gewährleistet.[663] Vom Informationszugangsanspruch weitestgehend ausgeschlossen sind damit im Besitz des Bundeskartellamts befindliche Marktdaten sowie wettbewerbsrechtliche Beurteilungen der Marktsituation oder der einzelnen Marktteilnehmer.

235 Jenseits dieses Kernbereichs ist jedoch nicht abschließend geklärt, inwieweit das Bundeskartellamt sich auf § 3 Nr. 1 lit. d) IFG stützen kann, um einen Zugang zu seinen Verwaltungsverfahrensakten zu verweigern.

236 Auf der einen Seite hat der VGH Kassel in einem Verfahren zu Unterlagen der Bundesanstalt für Finanzdienstleistungsaufsicht (BaFin) – einer Finanzbehörde im Sinne von § 3 Nr. 1 lit. d) IFG – den Ausnahmetatbestand der möglichen nachteiligen Auswirkungen auf die Behördentätigkeit eng ausgelegt:[664] Danach ist zwar neben Gefährdungen des Wettbewerbs auch ein **drohender Vertrauensverlust** der der Aufsicht unterworfenen Personen (Banken) grundsätzlich ausreichend.[665] Zudem erfordere § 3 Nr. 1 lit. d) IFG keine im Einzelfall belegbare Gefährdung der Kontroll- oder Aufsichtstätigkeit. Es genüge vielmehr die durch Fakten untermauerte konkrete Möglichkeit, dass durch eine Informationsweitergabe generell die Ausübung der Kontroll- und Aufsichtsaufgaben nachteilig beeinflusst wird.[666] Jedoch werde der Ausschlusstatbestand nicht bereits durch Erschwerungen erfüllt, die mit der gesetzlichen Verpflichtung zur Offenbarung unternehmens- und drittbezogener Informationen nach dem IFG als solcher verbunden sind.[667] Es müsse vielmehr die **konkrete Möglichkeit einer erheblichen und spürbaren Beeinträchtigung** der Aufgabenerfüllung vorliegen.[668] Dies sei nicht bereits bei ablehnenden Reaktionen der betroffenen Dritten, die ihre Kooperationsbereitschaft in allgemeiner Form in Frage stellen, der Fall.[669] Diese Rechtsprechung findet eine Stütze in der Entscheidungs-

---

[661] Bayerischer VGH Urt. v. 2.5.2012 – 5 BV 11.1724, DVBl 2012, 1034 Rn. 13; OVG Berlin-Brandenburg Urt. v. 28.6.2013 – OVG 12 B 9.12, Rn. 35.
[662] BT-Drs. 15/4493, 9.
[663] BT-Drs. 15/4493, 10.
[664] VGH Kassel Beschl. v. 24.3.2010 – 6 A 1832/09.
[665] VGH Kassel Beschl. v. 24.3.2010 – 6 A 1832/09 Rn. 12; allgemein zur Anwendung des IFG auf Dokumente der Bafin vgl. *Möllers/Pregler* ZHR 176 (2012), 144 (156 ff.).
[666] VGH Kassel Beschl. v. 24.3.2010 – 6 A 1832/09 Rn. 12.
[667] VGH Kassel Beschl. v. 24.3.2010 – 6 A 1832/09 Rn. 14.
[668] VGH Kassel Beschl. v. 24.3.2010 – 6 A 1832/09 Rn. 15.
[669] VGH Kassel Beschl. v. 24.3.2010 – 6 A 1832/09 Rn. 16; der VGH Kassel hat es erst jüngst abgelehnt, diese Rechtsprechung in Bezug auf § 3 Nr. 1 lit. d) IFG zu revidieren (VGH Kassel Urt. v. 11.3.2015 – 6 A 330/14 Rn. 38 f.), obwohl sich das Gericht aufgrund einer unionsrechtskonformen Auslegung des § 9 Abs. 1 KWG im Ergebnis dennoch gezwungen sah, Dokumente, die im Rahmen der Aufsicht über ein Unternehmen erlangt wurden, nach § 3 Nr. 4 IFG umfassend vom Informationszugang nach dem IFG auszunehmen (VGH Kassel Urt. v. 11.3.2015 – 6 A 330/14 Rn. 30, 34, 51).

praxis des Bundesverwaltungsgerichts, das es in der Vergangenheit ablehnte, § 3 Nr. 1 lit. d) IFG im Sinne einer weitgehenden Bereichsausnahme zugunsten der Finanzbehörden zu interpretieren[670] und für die Ausnahme nach § 3 Nr. 1 lit. g) IFG (Ausnahme vom Informationszugang bei nachteiligen Auswirkungen auf strafrechtliche Ermittlungen) ebenfalls die Darlegung konkreter Tatsachen im Einzelfall verlangte.[671]

Auf der anderen Seite hat das AG Bonn in seiner vielbeachteten *Pfleiderer*-Entscheidung den Zugang zu im Rahmen von Bonusanträgen übermittelten Informationen nach § 406e Abs. 2 S. 2 StPO verweigert, da durch die Herausgabe von diesen freiwillig übergebenen Dokumenten zukünftig an einer wettbewerbsrechtlichen Zuwiderhandlung Beteiligte von einer Kooperation mit den Kartellbehörden abgehalten werden könnten, was den **Untersuchungszweck in anderen Verfahren** gefährde.[672] Es spricht einiges dafür, diese Rechtsprechung jedenfalls auf im Rahmen von Verwaltungsverfahren freiwillig übergebene Dokumente zu übertragen und den Anwendungsbereich von § 3 Nr. 1 lit. d) IFG entsprechend weiter zu interpretieren. Auch in der Gesetzesbegründung zum IFG hat der Gesetzgeber die Bedeutung der Bereitschaft von Unternehmen zur freiwilligen Zusammenarbeit mit dem Bundeskartellamt und damit zusammenhängend die Notwendigkeit des Vertrauens in die vertrauliche Behandlung übermittelter Informationen betont (→ Rn. 245).[673] Eine Erschütterung dieses Vertrauens könnte grds. dazu geeignet sein, die Kontroll- und Aufsichtstätigkeiten des Bundeskartellamts zukünftig zu behindern. 237

2. Schutz der behördeninternen Willensbildung (§ 3 Nr. 3 lit. b) IFG, § 4 IFG)

Die interne Willensbildung in Behörden unterliegt nach dem IFG einem doppelten Schutz. Einerseits soll nach § 4 Abs. 1 S. 1 IFG der Informationszugang zu **bestimmten Dokumenten im Zusammenhang mit einer unmittelbar bevorstehenden behördlichen Entscheidung** (Entwürfe zu Entscheidungen, sowie Arbeiten und Beschlüsse zu ihrer unmittelbaren Vorbereitung) abgelehnt werden, soweit und solange durch die vorzeitige Bekanntmachung der Informationen der Erfolg der Entscheidung oder bevorstehender behördlicher Maßnahmen vereitelt würde. Über diesen Ausnahmetatbestand für bestimmte Dokumente hinaus unterliegen jedoch weitergehend auch Informationen zu dem eigentlichen Entscheidungsprozess (zu behördeninternen Beratungen) nach § 3 Nr. 3 lit. b) IFG einem absoluten Schutz, wenn und solange die Beratungen der Behörde durch einen Informationszugang beeinträchtigt werden. Angesichts dieses in seinen Tatbestandsvoraussetzungen wie seinen Folgen weitergehenden **Schutzes behördlicher Beratungen durch § 3 Nr. 3 lit. b) IFG** verbleibt für § 4 Abs. 1 IFG kaum ein erkennbarer eigenständiger Schutzbereich.[674] 238

Zweck von § 3 Nr. 3 lit. b) IFG ist es, den **unbefangenen und freien Meinungsaustausch** innerhalb einer Behörde oder zwischen Behörden zu gewährleisten. Dies gilt im besonderen Maße für den internationalen **Austausch innerhalb des Netzwerks der europäischen Wettbewerbs- und Kartellbehörden,** in welchem die Behörden ständig vertrauliche Informationen austauschen und ihre wettbewerbsrechtlichen Maßnahmen koordinieren. Eine Beeinträchtigung der Beratungen von Behörden ist aber grds. bei allen zwischen- und innerbehördlichen Vorgängen, bei Beratungen zwischen Exekutive und Legislative und bei Beratungen zwischen Behörden und sonstigen Einrichtungen denkbar.[675] 239

Geschützt von § 3 Nr. 3 lit. b) IFG ist nur der eigentliche Vorgang der Entscheidungsfindung, dh die **Besprechung, Beratschlagung und Abwägung.** Ein typisches Beispiel 240

---

[670] BVerwG Urt. v. 24.5.2011 – 7 C 6/10, NVwZ 2011, 1012 Rn. 13.
[671] BVerwG Urt. v. 27.11.2014 – 7 C 18/12, NVwZ 2015, 823 Rn. 17.
[672] AG Bonn Beschl. v. 18.1.2012 – 51 Gs 53/09, EuZW 2012, 193, 194 f. – Pfleiderer.
[673] BT-Drs. 15/4493, 11 f.
[674] *Schoch*, IFG, 2009, § 4, Rn. 47 f.
[675] BT-Drs. 15/4493, 10.

ist das **Entscheidungsvotum des Berichterstatters** in einer Beschlussabteilung, mit dem dieser seine vorläufige Bewertung eines Vorgangs vorschlägt und zugleich nach dem Kollegialprinzip zur Beratung und Abstimmung mit den anderen Mitgliedern der Beschlussabteilung stellt.[676] Davon abzugrenzen sind zum einen die Tatsachengrundlagen und sonstigen Grundlagen der Willensbildung, also zB auch eingeholte Stellungnahmen oder Gutachten (Beratungsgegenstand), zum anderen das Ergebnis der Willensbildung, also die Entscheidung selbst (Beratungsergebnis).[677] Weder **Beratungsgegenstand** noch **Beratungsergebnis** werden vom Ausschlusstatbestand des § 3 Nr. 3 lit. b) IFG erfasst.[678]

241 Die **Dauer dieses Schutzes** bestimmt sich danach, ob der Schutz der Vertraulichkeit weiterhin eine Offenlegung der Beratungsinterna verbietet. Insoweit macht das Gesetz mit der Formulierung „solange" deutlich, dass der Informationszugang grds. nur aufgeschoben ist. Allerdings wird in vielen Fällen auch zeitlich **über den Abschluss des konkreten Verfahrens hinaus** eine Geheimhaltung geboten sein. Der Abschluss des laufenden Verfahrens bildet insoweit keine unüberwindbare zeitliche Grenze.[679] Der Schutz des § 3 Nr. 3 lit. b) IFG zielt dabei nicht so sehr auf mögliche Außenwirkungen eines Informationszugangs ab, die mit der zeitlichen Distanz zum Beratungsvorgang regelmäßig abnehmen, als vielmehr auf die „Innenwirkungen", insbesondere das Vertrauen der an behördlichen Beratungen beteiligten Personen in die Vertraulichkeit eines internen Meinungsaustausches. So hat das VG Köln etwa entschieden, dass ein Entscheidungsvotum des Berichterstatters in einem Fusionskontrollverfahren auch mehr als drei Jahre nach Abschluss des Verfahrens nicht offenzulegen ist.[680]

3. Dem Berufs- oder Amtsgeheimnis unterfallende Informationen (§ 3 Nr. 4 IFG)

242 Darüber hinaus besteht ein Informationszugang nach § 3 Nr. 4 IFG immer dann nicht, wenn eine Information durch Rechtsvorschrift oder durch die Allgemeine Verwaltungsvorschrift zum materiellen und organisatorischen Schutz von Verschlusssachen geregelten **Geheimhaltungs- oder Vertraulichkeitspflicht** oder einem **Berufs- oder Amtsgeheimnis** unterliegt.

243 § 3 Nr. 4 IFG enthält selbst keine materiell-rechtlichen Geheimhaltungsverpflichtungen, sondern nimmt Bezug auf **Geheimhaltungsvorschriften der jeweils anwendbaren Spezialgesetze.**[681] Bei Verfahren vor dem Bundeskartellamt könnten hier insbesondere die Vorschriften der §§ 72 Abs. 2, 111 Abs. 2 GWB, § 30 VwVfG relevant sein, wonach sowohl Beteiligte des Verfahrens als auch – teilweise auf Grundlage analoger Anwendung der Vorschriften – Dritte einen Anspruch darauf haben, dass ihre zum persönlichen Lebensbereich gehörenden Geheimnisse sowie die Betriebs- und Geschäftsgeheimnisse von der Behörde nicht unbefugt offenbart werden.[682] Da sowohl personenbezogene Daten als auch Betriebs- und Geschäftsgeheimnisse in §§ 5 und 6 IFG noch einmal explizit geschützt werden (→ Rn. 251 ff.), gewährleistet § 3 Nr. 4 IFG in dieser Hinsicht keinen relevanten eigenständigen Schutzbereich. Anders dürfte dies jedenfalls dann sein, wenn das Bundeskartellamt im Rahmen eines Verfahrens der Kommission nach der VO 1/2003 oder der FKVO tätig wird und in diesem Zusammenhang an Informationen gelangt. Sowohl Art. 28 Abs. 1 VO 1/2003 als auch Art. 17 Abs. 1 FKVO legen fest, dass im Rahmen eines Verfahrens erlangte Kenntnisse und Informationen nur für die Zwecke dieses Verfahrens verwendet werden dürfen. Die Vorschriften dürften damit spezialgesetzliche Vertraulichkeitsvorschriften darstellen, die nach § 3 Nr. 4 IFG auch im Rahmen des IFG zu beachten sind und deren Schutz absolut ist, dh über den Schutz von

---

[676] Vgl. VG Köln Urt. v. 24.11.2011 – 13 K 1549/10, BeckRS 2012, 58753 Rn. 42ff.
[677] BVerwG Urt. v. 3.11.2011 – 7 C 4/11, NVwZ 2012, 251, 254; OVG NRW Urt. v. 2.11.2010 – 8 A 475/10 Rn. 91; VG Berlin Urt. v. 25.8.2011 – 2 K 50.11 Rn. 21.
[678] VG Köln Urt. v. 24.11.2011 – 13 K 1549/10, BeckRS 2012, 58753 Rn. 45.
[679] BVerwG Urt. v. 3.11.2011 – 7 C 4/11, NVwZ 2012, 251, 253f.
[680] VG Köln Urt. v. 24.11.2011 – 13 K 1549/10, BeckRS 2012, 58753 Rn. 42ff.
[681] BT-Drs. 15/4493, 11.
[682] *Burholt* BB 2006, 2201 (2205) mwN.

personenbezogenen Daten und Betriebs- und Geschäftsgeheimnissen nach §§ 5 und 6 IFG hinausgeht. Offen ist, ob der auf diese Weise für europäische Verfahren etablierte absolute Schutz auch weitergehend als allgemein für kartellrechtliche Verfahren anwendbares Schutzniveau in das deutsche Recht zu übertragen ist.

Nach § 3 Nr. 4 IFG effektiv geschützt ist darüber hinaus bei den Akten befindliche **244** Anwaltskorrespondenz, die jedenfalls dann unter das **anwaltliche Berufsgeheimnis nach § 43a Abs. 2 BRAO** fällt, wenn sie unmittelbar mit der Berufsausübung zusammenhängt.[683] Dies dürfte dann der Fall sein, wenn die Korrespondenz eine anwaltliche Tätigkeit wiederspiegelt, die daher im Grundsatz nicht von anderen Personen als Rechtsanwälten ausgeübt werden kann.[684] Hier bietet sich an, auf den Begriff der „Rechtsdienstleitung" im Sinne des § 2 Abs. 1 RDG abzustellen (Tätigkeit in konkreten fremden Angelegenheiten, die eine rechtliche Prüfung des Einzelfalls erfordert).

4. Vertraulich erhobene oder übermittelte Informationen (§ 3 Nr. 7 IFG)

Ein Anspruch auf Informationszugang besteht gem. § 3 Nr. 7 IFG nicht, wenn eine **In- 245 formation vertraulich erhoben oder übermittelt** wurde und das Interesse eines Dritten an einer vertraulichen Behandlung im Zeitpunkt des Antrags auf Informationszugang noch fortbesteht. Nicht abschließend geklärt ist die Frage, inwieweit **§ 3 Nr. 7 IFG** neben § 3 Nr. 4 IFG einen eigenständigen, über die spezialgesetzlichen Geheimhaltungspflichten hinausgehenden Vertraulichkeitsschutz von im Rahmen von Verwaltungsverfahren an das Bundeskartellamt übermittelten Informationen gewährleistet. In der Gesetzesbegründung zum IFG heißt es hierzu erläuternd, Behörden seien in hohem Maße auf eine – insbesondere freiwillige – Informationszusammenarbeit mit Bürgern angewiesen, was auf Bundesebene zB für das Bundeskartellamt gelte. Da die Bereitschaft der Bürger zu einer solchen Kooperation von dem Vertrauen in die Verschwiegenheit der Verwaltung abhänge, müssten vertrauliche Informationen geschützt werden. Vertraulich sei eine **vertraulich (von der Behörde) erhobene oder (an die Behörde) übermittelte Information**.[685]

Tatsächlich verfügt das Bundeskartellamt auch in Verwaltungsverfahren über sehr **weit- 246 reichende Ermittlungsbefugnisse** nach §§ 57 ff. GWB und kann Geschäftsräume durchsuchen, Unterlagen beschlagnahmen und sicherstellen, Auskünfte und Unterlagen (heraus-)verlangen und die Richtigkeit von Auskünften vor Ort verifizieren. Viele Unternehmen kooperieren vor diesem Hintergrund von vornherein mit dem Bundeskartellamt und stellen freiwillig umfassende Informationen zur Verfügung. Auf diese Weise erhält das Bundeskartellamt regelmäßig **große Mengen unternehmensbezogener Informationen**. Die Gesetzesbegründung legt nahe, dass diese großen Mengen erhobener und/oder übermittelter Informationen einem weitgehenden Vertraulichkeitsschutz unterstellt werden können.

Die **Rechtsprechung** war jedoch bei der Anwendung des § 3 Nr. 7 IFG zum Teil **247** deutlich zurückhaltender als es die Gesetzesbegründung nahelegt. So hat es der VGH Kassel in Bezug auf die BaFin in der Vergangenheit abgelehnt, Informationen, die im Rahmen gesetzlicher Kontroll- oder Aufsichtsbefugnisse erhoben oder von den beaufsichtigten Unternehmen auf Grundlage gesetzlicher Verpflichtungen oder freiwillig zur Verfügung gestellt wurden, als vertraulich zu behandeln. Ein Vertraulichkeitsschutz sei innerhalb des IFG nur nach § 3 Nr. 4 IFG im Umfang der anwendbaren fachrechtlichen Geheimhaltungspflichten gewährleistet. Einen generellen Vertraulichkeitsschutz, der faktisch auf eine Bereichsausnahme hinauslaufen würde, vermittle § 3 Nr. 7 IFG nicht.[686] Das VG Berlin und das OVG

---

[683] *Schoch*, IFG, 2009, § 3, Rn. 145 ff.
[684] Zu der parallelen Beurteilung der Reichweite des Zeugnisverweigerungsrechts nach § 53 StPO: OLG Frankfurt NJW 2002, 1135, 1136.
[685] BT-Drs. 15/4493, 11.
[686] VGH Kassel Beschl. v. 24.3.2010 – 6 A 1832/09 Rn. 18; in Bezug auf die BaFin ist diese Rechtsprechung inzwischen wohl obsolet, da sich der VGH Kassel jüngst auf Grund einer unionsrechtskonformen

Berlin-Brandenburg haben einen Vertraulichkeitsschutz jedenfalls dann in Betracht gezogen, wenn die Vertraulichkeit zwischen der Behörde und dem Betroffenen ausdrücklich oder konkludent, aber jedenfalls **übereinstimmend verabredet** wurde.[687] Selbst in diesem Fall müsse aber neben dieser Abrede auch materiell ein **objektiv schutzwürdiges Geheimhaltungsinteresse** bestehen, um von einem Schutz nach § 3 Nr. 7 IFG auszugehen.[688]

248 Eine gesicherte Praxis des Bundeskartellamts zur Anwendung des § 3 Nr. 7 IFG existiert bislang nicht. Jedenfalls die sehr enge Sichtweise des VGH Kassel, die § 3 Nr. 7 IFG neben § 3 Nr. 4 IFG praktisch keine eigenständige Bedeutung zuerkennt, dürfte auf den Zugang zu **Verwaltungsverfahrensakten des Bundeskartellamts** nicht übertragbar sein. Der Gesetzgeber wollte mit § 3 Nr. 7 IFG insbesondere die freiwillige Zusammenarbeit von Betroffenen mit dem Bundeskartellamt, aber auch vom Bundeskartellamt „erhobene" Informationen, einem besonderen, also über die nach § 3 Nr. 4 IFG bereits in Bezug genommenen Geheimhaltungsregelungen hinausgehenden Schutz unterstellen.[689] Klärungsbedürftig sind jedoch die genauen Voraussetzungen und der Umfang eines Vertraulichkeitsschutzes:

249 Ausweislich der Gesetzesbegründung muss jedenfalls die **freiwillige Zusammenarbeit** mit dem Bundeskartellamt geschützt sein. Es erscheint jedoch offen, ob eine Zusammenarbeit auch dann freiwillig ist, wenn sie vor dem Hintergrund drohender Zwangsmaßnahmen oder zu deren Vermeidung erfolgt, oder ob nur echte Eigeninitiative geschützt ist. Soweit die Voraussetzungen für eine freiwillige Zusammenarbeit erfüllt sind, dürfte es jedenfalls dem gesetzgeberischen Willen widersprechen, an eine **Vertraulichkeitsabrede** oder ein **objektives Geheimhaltungsinteresse** zu hohe Anforderungen zu stellen. Freiwillige Zusammenarbeit erfolgt regelmäßig auf Grundlage eines Vertrauens in die Vertraulichkeit übermittelter Informationen. Umgekehrt dürfte dieses Vertrauen auch dem Interesse des Bundeskartellamts entsprechen, da es die Bereitschaft von Betroffenen zur Zusammenarbeit fördert. Regelmäßig dürfte dies ausreichen, um von einem übereinstimmenden konkludenten Vertraulichkeitsverständnis auszugehen.

250 Darüber hinaus ist ebenfalls klärungsbedürftig, ob und wenn ja, unter welchen Voraussetzungen und in welchem Umfang auch nicht freiwillig herausgegebene, **vom Bundeskartellamt „erhobene" Informationen** ebenfalls Vertraulichkeitsschutz genießen können. Das Bundeskartellamt und die Rechtsprechung würden wohl gut daran tun, bei der Gewährung von Zugang zu diesen Informationen eine gewisse Vorsicht walten zu lassen. Das Bundeskartellamt verfügt auch im Rahmen von Verwaltungsverfahren über weitreichende Ermittlungskompetenzen, die mit tiefgreifenden Beeinträchtigungen grundrechtlicher Positionen der Betroffenen verbunden sein können. Eine Akteneinsicht in die so gewonnenen Informationen vertieft und perpetuiert diese Beeinträchtigungen. Die tatbestandlichen Voraussetzungen der Akteneinsichtsrechte in die Akten zu Bußgeldverfahren tragen dieser grundrechtlichen Dimension der Akteneinsicht umfassend Rechnung (→ Rn. 256). Es ist nicht ersichtlich, warum die Betroffenen von Verwaltungsverfahren des Bundeskartellamts einen geringeren Schutz genießen sollten.

5. Schutz personenbezogener Daten (§ 5 IFG)

251 Nach § 5 IFG darf **Zugang zu personenbezogenen Daten** nur gewährt werden, soweit das Informationsinteresse des Antragstellers das schutzwürdige Interesse des Dritten

---

Auslegung der Verschwiegenheitspflicht nach § 9 Abs. 1 KWG gezwungen sah, für die Aufsichtstätigkeit der BaFin faktisch eine Bereichsausnahme nach § 3 Nr. 4 IFG anzunehmen (VGH Kassel Urt. v. 11. 3. 2015 – 6 A 330/14 Rn. 30, 34, 51).

[687] OVG Berlin-Brandenburg Urt. v. 8. 5. 2014 – OVG 12 B 4/12, NVwZ-RR 2015, 126, 127; VG Berlin Urt. v. 10. 10. 2007 – VG 2 A 102.06, ZUM 2008, 353, 355 – Bonusmeilen.

[688] OVG Berlin-Brandenburg Urt. v. 8. 5. 2014 – OVG 12 B 4/12, NVwZ-RR 2015, 126, 127; OVG Berlin-Brandenburg Urt. v. 28. 6. 2013 – OVG 12 B 9.12, Rn. 34.

[689] Vgl. auch *Mäger/Zimmer/Milde* WuW 2009, 885 (890); *Jüntgen* WuW 2007, 128 (131); *Soltész* EWS 2006, 102 (107); *Sellmann/Augsberg* WM 2006, 2293 (2300).

am Ausschluss des Informationszugangs überwiegt oder der Dritte eingewilligt hat. Die Vorschrift zielt darauf ab, das Recht auf Zugang zu behördlichen Informationen mit dem im Einzelfall möglicherweise entgegenstehenden Datenschutzrecht betroffener Dritter in Einklang zu bringen. Grundsatz ist dabei die Unzulässigkeit des Informationszugangs, die nur ausnahmsweise außer Kraft gesetzt wird, wenn das Informationsinteresse für einen Zugang „überwiegt". Im Zweifel ist der Zugang zu verweigern.[690]

Stimmt der betroffene Dritte, dem nach § 8 Abs. 1 IFG eine Gelegenheit zur Stellungnahme zu geben ist, der Einsichtnahme nicht zu, hat die Behörde **die betroffenen Interessen abzuwägen**. Für den Antragsteller streiten dabei zum einen seine individuellen Interessen („das Informationsinteresse des Antragstellers"), also zB das Interesse an der Prüfung eines möglichen Schadensersatzanspruchs. Damit die Behörde dieses Interesse tatsächlich in seine Abwägung einbeziehen und gewichten kann, hat der Antragsteller seinen Antrag zu begründen, wenn dieser Daten Dritter betrifft (§ 7 Abs. 1 S. 3 IFG). Insofern ist der Grundsatz, dass das IFG einen anlasslosen Informationszugang gewährt, eingeschränkt. Zum anderen können für den Antragsteller aber auch Informationsinteressen der Allgemeinheit streiten.[691] Hierzu dürfte allerdings wohl nicht das öffentliche Interesse an der Förderung kartellrechtlicher Schadensersatzklagen zu zählen sein, da es sich dabei nicht um ein Informationsinteresse handelt. Für den betroffenen Dritten streitet zuvorderst das Interesse, keine Beeinträchtigungen der Persönlichkeit oder gar eine öffentliche Stigmatisierung hinnehmen zu müssen.[692] Dabei ist mit zu berücksichtigen, dass nach § 1 Abs. 1 IFG erlangte Informationen, anders als zB nach § 406e StPO erlangte Informationen, keiner Verwendungsbeschränkung unterliegen. Der Antragsteller ist grds. nicht daran gehindert, erlangte Informationen für beliebige Zwecke zu nutzen, öffentlich zu machen oder weiterzugeben.

6. Schutz von Betriebs- und Geschäftsgeheimnissen (§ 6 S. 2 IFG)

Nach § 6 S. 2 IFG dürfen **Betriebs- und Geschäftsgeheimnissen** nur offengelegt werden, soweit der Betroffene eingewilligt hat. Das Gesetz enthält keine Legaldefinition von Betriebs- und Geschäftsgeheimnissen. Ausweislich der Gesetzesbegründung sollen jedoch alle Tatsachen erfasst sein, die im Zusammenhang mit einem wirtschaftlichen Geschäftsbetrieb stehen, nur einem begrenzten Personenkreis bekannt sind und nach dem erkennbaren Willen des Inhabers sowie dessen berechtigten wirtschaftlichen Interessen geheim gehalten werden sollen.[693] Die Vorschrift gewährleistet einen **absoluten Schutz,** ohne dass ein Ermessen der Behörde besteht oder (wie etwa bei § 406e StPO) widerstreitende Interessen abzuwägen sind. Die Prüfung der Behörde beschränkt sich daher auf die Feststellung, ob Geschäftsgeheimnisse vorliegen.[694] Ist das der Fall, sind diese vom Informationszugang auszunehmen.[695]

Für Einzelfragen, welche Informationen unter den Begriff der Betriebs- und Geschäftsgeheimnisse fallen, kann auf die entsprechende Entscheidungspraxis zu § 406e StPO zurückgegriffen werden (→ Kap. 18 Rn. 259 ff.). Geschützt sind etwa Umsatzzahlen[696] bzw. Tätigkeitsfelder, auf welchen die Umsätze erzielt wurden,[697] Details kommerzieller Verträge, Erläuterungen zu Markt- und Wettbewerbsstrategien oder Unternehmensstrukturen. Dabei ist zu beachten, dass die Geheimhaltungsbedürftigkeit auch dieser Informationen mit ihrem Alter abnimmt.[698] Generell nicht schutzwürdig und

---

[690] BT-Drs. 15/4493, 13; *Schoch,* IFG, 2009, § 5, Rn. 23.
[691] BT-Drs. 15/4493, 13.
[692] *Schoch,* IFG, 2009, § 5, Rn. 35.
[693] BT-Drs. 15/4493, 14 unter Verweis auf BGH, NJW 1995, 2301; VG Köln Urt. v. 24.11.2011 – 13 K 1549/10, BeckRS 2012, 58753 Rn. 57.
[694] BT-Drs. 15/4493, 14.
[695] VG Köln Urt. v. 24.11.2011 – 13 K 1549/10, BeckRS 2012, 58753 Rn. 55 f.
[696] VG Köln Urt. v. 24.11.2011 – 13 K 1549/10, BeckRS 2012, 58753 Rn. 54 f.
[697] VG Köln Urt. v. 24.11.2011 – 13 K 1549/10, BeckRS 2012, 58753 Rn. 59.
[698] BGH Beschl. v. 6.12.2011 – KVR 95/10, BeckRS 2012, 1093 Rn. 88.

damit keine Betriebs- und Geschäftsgeheimnisse sind Tatsachen, aus denen sich ein Verstoß gegen die Vorschriften des Kartellrechts ergibt.[699]

IV. Verfahren und Rechtsschutz

255 Das **Verfahren** richtet sich nach dem VwVfG und wird ergänzt durch die §§ 7−9 IFG. Die Behörde, die zur Verfügung über die begehrten Informationen berechtigt ist, entscheidet gem. § 7 Abs. 1 S. 1 IFG über den Antrag auf Informationszugang. Auskünfte können gem. § 7 Abs. 3 IFG mündlich, schriftlich oder elektronisch erteilt werden, wobei die Behörde nicht verpflichtet ist, die inhaltliche Richtigkeit der Information zu prüfen. Die Behörde kann den Anspruch erfüllen, indem sie Auskunft erteilt, Akteneinsicht gewährt oder Informationen in sonstiger Weise zur Verfügung stellt. Begehrt der Antragsteller eine bestimmte Art des Informationszugangs, darf diese nur aus wichtigem Grund, zB einem deutlich höheren Verwaltungsaufwand, verweigert werden (§ 1 Abs. 2 IFG). Die beantragte Information ist dem Antragsteller gem. § 7 Abs. 5 IFG unverzüglich zugänglich zu machen und der Informationszugang soll innerhalb eines Monats erfolgen. Die Entscheidung nach § 7 Abs 1 S. 1 IFG hat gem. § 8 Abs. 2 S. 1 IFG schriftlich zu ergehen.

256 Sollten **Daten Dritter** im Sinne der §§ 5 oder 6 IFG betroffen sein, ist der Antrag gem. § 7 Abs. 1 S. 3 IFG zu begründen. Einem Dritten, dessen Belange durch den Antrag berührt sind, wird gem. § 8 Abs. 1 IFG schriftlich Gelegenheit zur Stellungnahme innerhalb eines Monats gegeben, sofern Anhaltspunkte dafür vorliegen, dass er ein schutzwürdiges Interesse am Ausschluss des Informationszugangs haben kann.[700] Die Entscheidung nach § 7 Abs 1 S. 1 IFG muss auch dem Dritten bekannt gegeben werden. Der Informationszugang darf erst erfolgen, wenn die Entscheidung dem Dritten gegenüber bestandskräftig ist oder die sofortige Vollziehung angeordnet worden ist und seit der Bekanntgabe der Anordnung an den Dritten zwei Wochen verstrichen sind (§ 8 Abs. 2 IFG). Sollte ein Anspruch auf Informationszugang zum Teil bestehen, ist dem Antrag in dem Umfang stattzugeben, in dem der Informationszugang ohne Preisgabe der geheimhaltungsbedürftigen Informationen oder ohne unverhältnismäßigen Verwaltungsaufwand möglich ist. Dies gilt gem. § 7 Abs. 2 S. 2 IFG auch in Fällen, in denen Belange Dritter berührt sind und sich der Antragsteller mit einer Unkenntlichmachung der diesbezüglichen Informationen einverstanden erklärt.

257 Sollte der **Antrag ganz oder teilweise abgelehnt** werden, hat diese Entscheidung gem. § 9 Abs. 1 IFG innerhalb der in § 7 Abs. 5 S. 2 IFG normierten Monatsfrist zu erfolgen. Zudem muss die Behörde gem. § 9 Abs. 2 IFG mitteilen, ob und wann der Informationszugang ganz oder teilweise zu einem späteren Zeitpunkt voraussichtlich möglich ist. Nach § 9 Abs. 4 IFG sind gegen die ablehnende Entscheidung **Widerspruch und Verpflichtungsklage** zulässig, wobei das Widerspruchsverfahren selbst dann durchzuführen ist, wenn die Entscheidung von einer obersten Bundesbehörde getroffen wurde.[701] Auch bei Entscheidungen, die das Bundeskartellamt außerhalb kartellverwaltungsrechtlicher Verfahren isoliert nach den Bestimmungen des IFG getroffen hat, obliegt die Überprüfung der Entscheidung allein den Verwaltungsgerichten. Der Rechtsweg zu den ordentlichen Gerichten ist unzulässig.[702] Ist vor Gericht die Geheimhaltungsbedürftigkeit bestimmter Informationen entscheidungserheblich, kann das die Durchführung eines In-camera-Verfahrens nach § 99 Abs. 2 VwGO durch den nach § 189 VwGO zuständigen Fachsenat erforderlich machen.[703]

---

[699] OLG Düsseldorf Beschl. v. 22.8.2012 − V-4 Kart 5 und 6/11 (OWi), WuW 2012, 962, 967 − Kaffeeröster.
[700] Vgl. auch *Sellmann/Augsberg* WM 2006, 2293 (2298).
[701] Vgl. zum Rechtsschutz gegen ablehnende Entscheidungen allgemein *Sellmann/Augsberg* WM 2006, 2293 (2300 f.).
[702] OLG Düsseldorf Beschl. v. 15.6.2009 − VI-Kart 3/09 (V); vgl. auch *Leopold* WuW 2006, 592 (600).
[703] VGH Kassel Beschl. v. 24.3.2010 − 6 A 1832/09 Rn. 24.

V. Kritische Einordnung

258 Das IFG zielt konzeptionell nicht darauf ab, den Zugang zu Informationen mit Drittbezug zu gewährleisten, sondern soll die Transparenz des Verwaltungshandelns des Bundes und die demokratische Kontrolle seiner Behörden stärken (→ Rn. 227). Soweit der Anspruch nach § 1 Abs. 1 IFG dennoch eingesetzt wird, um Zugang zu Verwaltungsverfahrensakten des Bundeskartellamts und die darin enthaltenen Informationen mit Drittbezug zu erhalten, erscheint es daher dringend geboten, das gesetzgeberische Ziel der Transparenz nicht überzustrapazieren. Die Rechtsprechung zur Anwendung des IFG in anderen Bereichen hat das Ziel der Transparenz zum Teil stark betont und die grds. umfangreichen Ausschlusstatbestände im IFG sehr restriktiv angewendet. Ein Vergleich mit den Akteneinsichtsrechten in Bußgeldverfahrensakten des Bundeskartellamts nach §§ 406e, 475, 477 StPO zeigt, zu welchen **systematischen Brüchen** eine Übertragung dieser Praxis auf den Zugang zu Bundeskartellamtsakten führen kann:

– Ermittlungstechnische Zwangsmaßnahmen, mit denen das Bundeskartellamt gegen den Willen der Betroffenen Informationen über diese und ihre wirtschaftlichen Aktivitäten erheben kann, stellen schwere Eingriffe in die informationelle Selbstbestimmung dar.[704] Dieser Eingriff wird perpetuiert und verstärkt, sofern die erhobenen Informationen in der Folge an Dritte weitergegeben werden. Die tatbestandlichen Voraussetzungen der Akteneinsichtsrechte in die Akten zu Bußgeldverfahren nach §§ 406e, 475, 477 StPO tragen dem insbesondere durch die **Abwägung gegenläufiger Interessen,** die **Beschränkung der Einsicht auf Rechtsanwälte** und eine **strenge Zweckbindung** und -begrenzung der Akteneinsicht Rechnung (→ Kap. 18 Rn. 255 ff.).[705] Auch im Rahmen von Verwaltungsverfahren verfügt das Bundeskartellamt über umfassende Zwangsmittel zur Informationserhebung (§§ 57 ff. GWB). Folgerichtig erhalten nur die am Verfahren Beteiligten nach den Verfahrensregelungen des GWB Akteneinsicht (etwa in Fusionskontrollverfahren). Der Zugang nach dem IFG zu Informationen in Verfahrensakten wird jedoch grds. **anlasslos gewährt,** kann **von jedem beliebigen Dritten** (also nicht nur von Rechtsanwälten) ausgeübt werden und die **erlangten Informationen unterliegen keiner Verwendungsbeschränkung,** könnten daher theoretisch öffentlich verbreitet oder weitergegeben werden.

– Der Zugang zu im Rahmen freiwilliger Kooperation übermittelten Informationen ist nach der Rechtsprechung des AG Bonn im Rahmen von Bußgeldverfahren nach § 406e Abs. 2 S. 2 StPO weitgehend ausgeschlossen.[706] Der VGH Kassel hat es in Bezug auf die BaFin jedoch abgelehnt, freiwillig übergebene Informationen nach § 3 Nr. 7 IFG vom Zugangsrecht nach dem IFG auszuschließen.[707]

259 Diese Brüche sind umso auffälliger vor dem Hintergrund, dass potentiell Geschädigte ein tendenziell geringeres Interesse an einem Zugang zu Verwaltungsverfahrensakten als zu Bußgeldverfahrensakten des Bundeskartellamts haben, da in Verwaltungsverfahren tendenziell weniger gravierende und daher auch weniger schadensträchtige Kartellverstöße im Raum stehen und eine persönliche Vorwerfbarkeit des Verstoßes nicht Gegenstand der Verfahren ist. Umso problematischer erscheint es, dass der Informationszugang zu Verwal-

---

[704] Das Recht auf informationelle Selbstbestimmung schützt auch juristische Personen, soweit Informationen mit deren wirtschaftlicher Tätigkeit in Verbindung stehen: BVerfG Beschl. v. 13.6.2007 – 1 BvR 1550/03 ua, NJW 2007, 2464 Rn. 150 ff. – Abfrage von Kontostammdaten; BVerfG Urt. v. 24.11.2010 – 1 BvF 2/05, NVwZ 2011, 94 Rn. 156 – Gentechnikgesetz; vgl. hierzu auch *Stancke* BB 2013, 1418 (1419 f.).

[705] BT-Drs. 14/1484, 16 f., 26 f., 29; BVerfG Beschl. v. 24.9.2002 – 2 BvR 742/02, NJW 2003, 501, 502; BVerfG Beschl. v. 26.10.2006 – 2 BvR 67/06, NJW 2007, 1052; BVerfG Beschl. v. 18.3.2009 – 2 BvR 8/08, NJW 2009, 2876, 2876 f.; BVerfG Beschl. v. 4.12.2008 – 2 BvR 1043/08, BeckRS 2009, 18693, Rn. 22 ff.; BVerfG Beschl. v. 21.3.2002 – 1 BvR 2119/01, NJW 2002, 2307, 2308.

[706] AG Bonn Beschl. v. 18.1.2012 – 51 Gs 53/09, EuZW 2012, 193, 194 f. – Pfleiderer.

[707] VGH Kassel Beschl. v. 24.3.2010 – 6 A 1832/09 Rn. 16; Informationen der BaFin unterliegen jedoch nach § 3 Nr. 4 IFG iVm. § 9 Abs. 1 KWG einem weitreichenden Schutz aufgrund einer spezialgesetzlichen Vertraulichkeitsvorschrift, vgl. VGH Kassel Urt. v. 11.3.2015 – 6 A 330/14 Rn. 30, 34, 51.

tungsverfahrensakten nach dem allgemeinen Zugangsanspruch nach § 1 Abs. 1 IFG im Ausgangspunkt in mehrfacher Hinsicht weiter und einfacher als der Zugang nach §§ 406e, 475, 477 StPO zu Bußgeldverfahrensakten ist. Es erscheint daher dringend geboten, diese Diskrepanz durch eine zurückhaltende Anwendung des IFG-Anspruchs und eine Auslegung der Ausnahmetatbestände in Übereinstimmung mit der Praxis zu § 406e StPO aufzulösen. Die entsprechende besondere Auslegung des IFGs bei Verfahrensakten des Bundeskartellamtes entspräche auch der vom EuGH im Rahmen der unionsrechtlichen Informationsfreiheitsregelung VO 1049/2001 betonten notwendigen **praktischen Konkordanz** mit den besonderen Regelungen zum kartellrechtlichen Verwaltungsverfahren.[708]

---

[708] EuGH Urt. v. 27.2.2014 – C-365/12 P, ECLI:EU:C:2014:112 Rn. 83 ff. – Kommission/EnBW.

§ 18 Ordnungswidrigkeitenverfahren

Übersicht

	Rn.
A. Überblick	1
B. Grundzüge des Ordnungswidrigkeitenrechts bei Kartellrechtsverstößen	4
I. Überblick über bußgeldbewährte Kartellrechtsverstöße	4
II. Art und Weise der Begehung einer Kartellordnungswidrigkeit	8
1. Täterschaft und Teilnahme	8
2. Begehen durch Unterlassen	9
3. Aufsichtspflichtverletzung	10
4. Subjektiver Tatbestand, Schuld	13
a) Vorsatz, Fahrlässigkeit	13
b) Verbotsirrtum	14
III. Bußgeldhaftung natürlicher und juristischer Personen	15
1. Bußgeldhaftung juristischer Personen	15
2. Bußgeldhaftung natürlicher Personen	17
IV. Rechtskraft, Strafklageverbrauch etc.	20
1. Sperrwirkung in Bezug zu weiteren Verfahren gegen dieselbe Person	20
2. „Doppelte" Bebußung der juristischen Person und ihrer Vertreter	24
C. Verfahrenseröffnung	25
D. Ermittlungsbefugnisse	31
I. Überblick	31
II. Durchsuchungen	32
III. Sicherstellung von Beweisgegenständen	39
IV. Vernehmungen	47
V. Auskunftsverlangen	54
VI. Sachverständige	58
VII. Freiwillige Kooperationsbeiträge der Bonusantragsteller	59
E. Verfahrensrechte	63
I. Selbstbelastungsfreiheit	64
II. Rechtliches Gehör	65
III. Beistand durch einen Verteidiger	66
IV. Akteneinsicht	68
V. Rechtsbehelfe	72
F. Beweisrecht	76
G. Verfahrensabschluss	81
H. Sanktionen	87
I. Überblick	88
II. Verfolgungsverjährung	93
III. Bußgeldzumessung	99
1. Festlegung des Bußgeldrahmens	100
a) Unterscheidung nach schweren und leichten Kartellordnungswidrigkeiten nach § 81 Abs. 4 GWB	101
b) Verbandsgeldbuße nach § 30 OWiG	105
c) Aufsichtspflichtverletzung nach § 130 OWiG	109
d) Bußgeldreduktion bei fahrlässiger Tatbegehung	110
e) Anwendung des Kumulationsprinzips bei Tatmehrheit	112
f) Einzelheiten zur Unternehmensgeldbuße nach § 81 Abs. 4 S. 2 GWB	113
g) Intertemporaler Anwendungsbereich	124
h) Abschöpfung des wirtschaftlichen Vorteils	133
2. Individuelle Bußgeldzumessung	136
a) Allgemeines	136
b) Schwere der Tat	139
c) Den Täter treffender Vorwurf	141

	Rn.
d) Wirtschaftliche Leistungsfähigkeit	144
e) Verfahrensdauer	147
f) Bußgeldleitlinien des BKartA	148
g) Bußgeldreduzierung wegen Kooperation	159
3. Zahlungserleichterungen	165
4. Verzinsung	166
IV. Steuerrechtliche Behandlung von Bußgeldern und Verfahrenskosten	170
V. Sonstige Sanktionen	172
1. Eintragung in das Gewerbezentralregister	173
2. Ausschluss von Vergabeverfahren	174
3. Abschöpfung des wirtschaftlichen Vorteils	175
I. Vergleichsverfahren	177
I. Die Entwicklung des Vergleichsverfahrens in Deutschland	178
II. Rechtsgrundlage und Ermessen	180
1. Rechtsgrundlage	180
2. Ermessen der Behörde	181
III. Vor- und Nachteile eines Settlements	182
IV. Ablauf des Settlement-Verfahrens	184
V. Inhalt Settlement-Erklärung	188
VI. Rechtsfolgen und Rechtsmittel	191
1. Rechtsfolgen	191
2. Rechtsmittel	192
VII. Hybride Settlements	193
J. Rechtsschutz gegen Entscheidungen im Ordnungswidrigkeitenverfahren	194
I. Einspruch gegen einen Bußgeldbescheid	194
1. Allgemeines	195
a) Sachliche und örtliche Zuständigkeit	195
b) Frist und Form	197
c) Beschränkung des Einspruchs	199
2. Zwischenverfahren	201
a) Zulässigkeitsprüfung	202
b) Überleitung in das Strafverfahren	205
c) Verfahrensverbindung	206
3. Rücknahme des Einspruchs	207
4. Akteneinsicht, Geschäftsgeheimnisse	209
5. Gerichtliches Verfahren	211
a) Wesentliche Verfahrensgrundsätze	213
b) Gang der Hauptverhandlung	218
c) Anwesenheitspflichten während der Hauptverhandlung	219
d) Beweisaufnahme	223
6. Verständigung nach § 257c StPO	228
II. Rechtsbeschwerde	231
1. Das Rechtsmittel der Rechtsbeschwerde	231
2. Zuständigkeit des BGH/Zurückverweisung an das OLG	233
3. Formelle Voraussetzungen der Beschwerde	234
a) Beschwerdeberechtigung	234
b) Frist und Form	235
4. Verfahrensgang	237
5. Verfahrens- und Sachrügen	239
6. Beschränkung und Rücknahme der Rechtsbeschwerde	240
K. Akteneinsicht für Verletzte nach § 406e StPO	242
I. Allgemeines	242
II. Anspruchsberechtigung	244
1. Verletzteneigenschaft	246
2. Berechtigtes Interesse	249
a) Prüfung von Schadenersatzansprüchen	250
b) Akteneinsicht nur „soweit" berechtigtes Interesse besteht	252

	Rn.
III. Versagungsgründe	255
1. Überwiegende Interessen Beschuldigter oder anderer Personen	258
a) Schutz von Betriebs- und Geschäftsgeheimnissen	259
b) Unschuldsvermutung	262
c) Recht auf informationelle Selbstbestimmung/Schutz personenbezogener Daten	263
d) Interessen von nicht bebußten Personen bzw. Unternehmen	264
2. Gefährdung des Untersuchungszwecks (§ 406e Abs. 2 S. 2 StPO)	265
3. Erhebliche Verzögerung des Verfahrens (§ 406e Abs. 2 S. 3 StPO)	266
IV. Beurteilung zu einzelnen Aktenbestandteilen	269
1. Bußgeldbescheide	271
2. Bonusanträge	274
3. Mit dem Bonusantrag freiwillig übermittelte Dokumente	277
4. Settlementerklärungen/Vergleichsausführungen	279
5. Sonstige Aktenbestandteile (Verfahrensakte, Asservate)	280
a) Darlegung der Notwendigkeit eines weiteren Zugangs?	281
b) Denkbare verfahrensrechtliche Ausgestaltungen	285
c) Einzelne Aktenbestandteile	287
V. Verfahren und Rechtsschutz	291
1. Antrag durch einen Rechtsanwalt	293
2. Inhalt des Antrages	295
3. Anhörung der Betroffenen und Beschluss zur Akteneinsicht	297
4. Gewährung der Einsicht und Zweckbindung	300
VI. Rechtsmittel	301
1. Beschlüsse des Bundeskartellamtes	301
2. Entscheidungen der GStA Düsseldorf bzw. OLG Düsseldorf	304

Schrifttum:

Achenbach, Neuigkeiten im Recht der Kartellordnungswidrigkeiten, wistra 2006, 2; *ders.*, Die Kappungsgrenze und die Folgen – Zweifelsfragen des § 81 Abs. 4 GWB; ZWeR 2009, 1; *ders.*, Die Vorteilsabschöpfung durch die Geldbuße und die 10%-Umsatzgrenze nach § 81 Abs. 4 Satz 2 GWB, ZWeR 2010, 237; *ders.*, Grauzement, Bewertungseinheit und Bußgeldobergrenze, WuW 2013, 688; *ders.*, Die 8. GWB-Novelle und das Wirtschaftsstrafrecht, wistra 2013, 369; *ders.*, Das Höchstmaß der Geldbuße wegen betrieblicher Aufsichtsverletzung (§ 130 OWiG) bei Kartellrechtsverstößen, NZKart 2014, 473; *Achenbach/Wegner*, Probleme der „reinen Ahndungsgeldbuße" im Kartellrecht (§ 81 Abs. 5 GWB), ZWeR 2006, 49; *Bach*, Verschärfung von Unternehmensbußen – ein gescheiterter Versuch. Zum Verständnis von § 81 Abs. 4 GWB, in: Festschrift für Bechtold, 2006, 1; *Bach/Klumpp*, Nach oben offene Bußgeldskala – erstmals Bußgeldleitlinien des Bundeskartellamts, NJW 2006, 3524; *Barth/Budde*, Ausgewählte Probleme der Ahndung von Verstößen gegen das Kartellverbot nach deutschem Recht, Zugleich eine Anmerkung zu der Entscheidung „Zementkartell" des OLG Düsseldorf, Beschluss vom 26. Juni 2009 – VI-2a Kart 2-6/08 OWi, WRP 2009, 1357; *Barth/Budde*, Die Stellung des Bundeskartellamtes im gerichtlichen Bußgeldverfahren, WuW 2010, 377; *Barth/Budde*, Die „neue" Bußgeldobergrenze des OLG Düsseldorf, wrp 2010, 712; *Barth/Budde*, „Die Strafe soll nicht größer sein als die Schuld" Zum Urteil des BGH in Sachen Grauzement und den neuen Leitlinien für die Bußgeldzumessung, NZKart 2013, 311; *Bechtold/Buntscheck*, Die 7. GWB-Novelle und die Entwicklung des deutschen Kartellrechts 2003 bis 2005, NJW 2005, 2966; *Beth/Pinter*, Preisschirmeffekte: Wettbewerbsökonomische Implikationen für kartellrechtliche Bußgeld- und Schadensersatzverfahren, WuW 2013, 228; *Bär*, Transnationaler Zugriff auf Computerdaten, ZIS 2011, 53; *Bohnert*, Ordnungswidrigkeitengesetz, 3. Aufl. 2010; *Bosch/Colbus/Harbusch*, Berücksichtigung von Compliance-Programmen in Kartellbußgeldverfahren, WuW 2009, 740; *Brammer*, Ne bis in idem im europäischen Kartellrecht – Neue Einsichten zu einem alten Grundsatz, EuZW 2013, 617; *Brenner*, „Settlements" in Kartellverfahren des Bundeskartellamtes – Perspektiven und Grenzen, WuW 2011, 590; *Brettel*, Aktuelle Rechtsprechung zur Bebußung von Kartellordnungswidrigkeiten, ZWeR 2013, 200; *Brettel/Thomas*, Unternehmensbußgeld, Bestimmtheitsgrundsatz und Schuldprinzip im novellierten deutschen Kartellrecht, ZWeR 2009, 25; *Brettel/Thomas*, Der Verbotsirrtum im europäischen und nationalen Kartellbußgeldrecht – Zugleich Besprechung des Schenker-Urteils des EuGH, ZWeR 2013, 272; *Brevern/Hack*, Die „Nichtverfolgungszusage" des Bundeskartellamtes, WuW 2013, 936; *Von Brevern/Scheidtmann*, Der Zeitpunkt für die Bestimmung der wirtschaftlichen Einheit im Sinne des § 81 Abs. 4 Satz 3 GWB, WuW 2014, 668; *Buntscheck*, § 81 Abs. 4 GWB n. F. – die geänderte Obergrenze für Unternehmensgeldbußen, WuW 2008, 941; *ders.*, Die gesetzliche Kappungsgrenze für Kartellgeldbußen, Bedeutung und Auslegung im Lichte der neuen Bußgeld-Leitlinien von Kommission und Bundeskartellamt, EuZW 2007, 423; *Dahs*, „Informationelle Vorbereitung" von Zeugenaussagen durch den anwaltlichen Rechtsbeistand, NStZ 2011, 200; *Deselaers,* Uferlose Geldbußen bei Kartellverstößen nach der neuen 10% Umsatzregel des § 81 Abs. 4 GWB?, WuW 2006, 118; *Dreher,* Voraussetzung und Rechtsfolgen unternehmens- oder verbandsinterner Maßnahmen zur Einhaltung des Kartellrechts, ZWeR 2004, 75; *Dück/Schultes,* Bußgeldhaftung und Rechtsnachfolge – ein Schlupfloch für Kartellsünder?, WM 2013, 9; *Eisenberg,* Beweisrecht der StPO, 8. Aufl. 2013; *Fiedler/Blume Huttenlauch,* Der Schutz von Kronzeugen- und Settlementerklärungen vor der Einsichtnahme durch Dritte nach dem Richtlinien-Vorschlag der Kommission, NZKart 2013, 350; *Göhler,* Gesetz über Ordnungswidrigkeiten, 16. Aufl. 2012; Karlsruher Kommentar, Ordnungswidrigkeitengesetz, 3. Aufl. 2006; Karlsruher Kommentar, Strafprozessordnung, 7. Aufl. 2013; *Graf,* Strafprozessordnung, 2. Aufl. 2012; *Grafunder/Gänswein,* Das Merkblatt des Bundeskartellamtes zu Settlements, BB 2015, 968; *Haus,* Verfassungsprinzipien im Kartellbußgeldrecht – ein Auslaufmodell? Zu den anwendbaren Maßstäben bei der Bemessung umsatzbezogener Geldbußen nach § 81 Abs. 4 GWB, NZKart 2013, 183; *Heinichen,* Auslegung des Kartellrechts – zugleich Anmerkung zu BGH, Beschl. v. 26.2.2013 – KRB 20/12, NZWiSt 2013, 161; *Kamann/Schwedler,* Akteneinsicht „auf dem kleinen Dienstweg" im Kartellschadenersatzprozess, EWS 2014, 121; *Kapp,* Das Akteneinsichtsrecht kartellgeschädigter Unternehmen: Bonn locuta, causa finita?, WuW 2012, 474; *Karst,* Kartellrechtscompliance im Konzern, WuW 2012, 150; *Kersting,* Behandlung des unvermeidbaren Verbotsirrtums im europäischen Kartellrecht, WuW 2013, 845; *Klees,* Der Grundsatz ne bis in idem und seine Auswirkungen auf die Zusammenarbeit der Kartellbehörden im European Competition Network (ECN), WuW 2006, 1222; *Klengel/Müller,* Der anwaltliche Zeugenbeistand im Strafverfahren, NJW 2011, 23; *Klooz,* Die Akteneinsicht möglicherweise geschädigter Dritter in Akten des Bundeskartellamtes, Frankfurt am Main, 2014; *Knauer/Lickleder,* Die obergerichtliche Rechtsprechung zu Verfahrensabsprachen nach der gesetzlichen Regelung – ein kritischer Überblick, NStZ 2012, 366; *Krauß,* Die aktuelle Rechtsprechung zum Anwalts- und Verteidigungsprivileg im deutschen Kartellbußgeldverfahren, WuW 2013, 24; *dies.,* Aktuelle Rechtsprechung zu den Ermittlungsbefugnissen der Kartellbehörden, in: FIW, Schwerpunkte des Kartellrechts 2013, 71; *Krumm,* Verständigung auf eine Punktstrafe im OWi-Verfahren, NZV 2011, 376; *Kühnen,* Mehrerlös und Vorteilsabschöpfung nach der 7. GWB-Novelle, WuW 2010, 16; *Meessen,* Die 7. GWB-Novelle – verfassungsrechtlich gesehen, WuW 2004, 733; *Mehle/Mehle,* Beschlagnahmefreiheit von Verteidigungsunterlagen – insbesondere in Kartellbußgeldverfahren, NJW 2011, 1639; *Meinhold-Heerlein/Engelhoven,* Verzinsung von Kartellbußgeldern, NZKart 2013, 104; *Meyer,* StrEG (Strafrechtsentschädigung), Kommentar, 8. Aufl. 2011; *Meyer-Goßner,* Strafprozessordnung, 56. Aufl. 2013; *Meyer/Kuhn,* Befugnisse und Grenzen kartellrechtlicher Durchsuchungen nach VO Nr. 1/2003 und nationalem Recht, WuW 2004, 880; *Milde,* Schutz des Kronzeugen im Spannungsfeld von behördlicher Kartelldurchsetzung und privaten Schadensersatzklagen, 2013; *Mühlhoff,* Lieber der Spatz in der Hand … oder: Nach der Novelle ist vor der Novelle! Zu den wesentlichen Änderungen des allgemeinen Ordnungswidrigkeitenrechts durch die 8. GWB-Novelle, NZWiSt 2013, 321; *Mundt,* Die Bußgeldleitlinien des Bundeskartellamtes, WuW 2007, 458; *ders.,* Vortrag auf dem 44. Innsbrucker Symposium des FIW 10.3.2011:" Verfahren ohne Sanktionen – Sanktionen ohne Verfahren?", abrufbar auf der Webseite des BKartA unter www.bundeskartellamt.de; *Nickel,* Submissionskartelle zwischen Kartell- und Strafrecht – Reichweite und Bedeutung der Bonusregelung des Bundeskartellamts, wistra 2014, 7; *Ost,* Aufsichtspflichten im Konzern und die 8. GWB-Novelle, NZKart 2013, 25; *ders.,* Kartellbußgelder, Grundrechte und europäische Konvergenz: der Nebel lichtet sich …, NZKart 2013, 173; *ders.,* Kartellbußgelder, Grundrechte und europäische Konvergenz: Der Nebel lichtet sich …, NZKart 2013, 173; *ders.,* Die Regelung der Rechtsnachfolge und weitere Neuerungen im Kartellordnungswidrigkeitenrecht durch die 8. GWB-Novelle, in: Das deutsche Kartellrecht nach der 8. GWB-Novelle (Hrsg.: Bien), 2013, 305; *Palzer,* Kartellbußen als Insolvenzauslöser – Oder: Was tun, wenn's brennt?, NZI 2012, 667; *Pichler/Karl,* Rechtliche Rahmenbedingungen für kartellrechtliche Settlements in Deutschland – insbesondere Reichweite der Übertragbarkeit strafprozessualer Vorgaben für Verständigungen, NZKart 2015, 217; *Pampel,* Die Bedeutung von Compliance-Programmen im Kartellordnungswidrigkeitenrecht, BB 2007, 1636; *Polley/Heinz,* Settlements bei der Europäischen Kommission und beim Bundeskartellamt – ein Praxisvergleich, WuW 2012, 14; *Roxin/Schünemann,* Strafverfahrensrecht, 27. Aufl. 2012; *Saller,* Vorgehensweise des Bundeskartellamts bei der Sicherstellung von IT-Asservaten im Rahmen einer Unternehmensdurchsuchung in Kartellordnungswidrigkeitenverfahren, CCZ 2012, 190; *Schnelle,* Die Aufteilung von Bußgeldern in Konzernen, WuW 2015, 332; *Schuster,* Zur Beschlagnahme von Unterlagen aus unternehmensinternen Ermittlungen im Kartellbußgeldverfahren, NZKart 2013, 191; *Singelnstein,* Möglichkeiten und Grenzen neuerer strafprozessualer Ermittlungsmaßnahmen, Web 2.0, Datenbeschlagnahme, polizeiliche Datenverarbeitung & Co., NStZ 2012, 593; *Thiele,* Zur Verfassungsmäßigkeit des § 81 IV GWB, WRP 2006, 999; *Thomas,* Die irreversible Sanktionslücke im deutschen Kartellbußgeldrecht, ZWeR 2010, 138; *Vogt,* Die Verbandsgeldbuße gegen eine herrschende Konzerngesellschaft, 2009; Systematischer Kommentar zur Strafprozessordnung, 4. Aufl. 2011–2014; *Vollmer,* Der Zugriff auf elektronisch gespeicherte Daten im Kartellordnungswidrigkeitenverfahren, WuW 2006, 235; *Vollmer,* Die Bußgeldleitlinien des Bundeskartellamts, ZWeR 2007, 168; *Vollmer,* Settlements in German competition law, E.C.L.R. 2011, 350; *Vollmer,* Akteneinsicht potenzieller Kartellgeschädigter gemäß § 406e StPO iVm § 46 Abs. 1, 3 OWiG, ZWeR 2012, 442; *Vollmer,* Zinsen auf Geldbußen gemäß § 81 Abs. 6 GWB, wistra 8/2013, 289; *Wagner,* Die Übernahme der europäischen 10%-Regel für Geldbußen bei Kartellverstößen schafft einen verfassungsrechtlich fragwürdigen Fremdkörper im deutschen Recht, EWS 2006, 251; *Weitbrecht/Mühle,* Zur Verfassungsmäßigkeit der Bußgeldandrohung gegen Unternehmen nach der 7. GWB-Novelle, WuW 2006, 1106; *ders./Hieramente,* Akteneinsicht im Kartellrecht – Der Aspekt des Geheimnisschutzes, WuW 2015, 220; *Wessing,* Die Akteneinsicht im Kartellbußgeldverfahren, WuW 2010, 1019; *Wiedmann/Funk,* Umgehung von Kartellgeldbußen durch Umstrukturierung – Konzernhaftung als Lösung?, BB 2014, 2627; *Wiesner,* Zur Rechtmäßigkeit einer „Bonusregelung" im Kartellrecht, WuW 2005, 606; *Yomere,* Die Novellierung des Kartellbußgeldverfahrens durch die 8. GWB-Novelle, WuW 2013, 118; *Zerbes/El-Ghazi,* Zugriff auf Computer: Von der gegenständlichen zur virtuellen Durchsuchung, NStZ 2015, 425.

A. Überblick

Wie die europäische hat sich auch die deutsche kartellbehördliche **Bußgeldverfahrens-** 1
praxis in den letzten 15 Jahren durch Ausdehnung sowohl der Bußgeldhöhe als auch der Anzahl der Verfahren **deutlich verschärft.**[1] Erleichtert wurde diese Entwicklung insbesondere durch die Einführung der Bonusregelung (→ Rn. 28, 59 ff.), durch einen geänderten Rechtsrahmen hinsichtlich der Bußgeldobergrenze (→ Rn. 89) und schließlich durch eine Konzentrierung der Zuständigkeiten innerhalb des BKartA. Allein im Jahr 2015 hat etwa das BKartA in 11 Fällen rund 208 Mio. EUR Geldbußen gegen insgesamt 45 Unternehmen und 24 Privatpersonen verhängt.[2] Die Wirkungen dieser verschärften Kartellrechtsdurchsetzung zeigen sich ua in verstärkten Compliance-Bestrebungen von Unternehmen etwa durch Einrichtung von speziellen Programmen und/oder die Einsetzung von Compliance-Beauftragten, die idR einen wichtigen Beitrag zur Vermeidung von Kartellrechtsverstößen leisten.[3]

Im Gegensatz zum materiellen Recht und zum Verwaltungsverfahren **gleicht das** 2
deutsche Kartellbußgeldverfahren eher nicht dem europäischen Kartell-, sondern **dem deutschen Strafverfahren.** Eine europäische Harmonisierung hat insoweit generell (noch)[4] nicht stattgefunden, auch wenn der deutsche Gesetzgeber Tendenzen hierzu durch Einführung eines konzernumsatzbezogenen Bußgeldrahmens in § 81 Abs. 4 S. 2 GWB (→ Rn. 89), einer entsprechenden Auskunftspflicht der juristischen Personen nach § 81a GWB (→ Rn. 54 ff.) sowie mit der derzeit geplanten Einführung der unternehmensgerichteten Sanktion zeigt. Darüber hinaus entwickelt die Rechtsprechung des EuGH zunehmend Vorgaben zum Verfahrensrecht (zB zur Beweiswürdigung, → Rn. 77) bzw. zum allgemeinen Teil des Bußgeldrechts (zB zum Verbotsirrtum, → Rn. 14) unmittelbar aus Art. 101 f. AEUV iVm dem Effektivitätsgebot, die auch von den nationalen Behörden und Gerichten bei deren Anwendung zu beachten sind. Noch steht aber im deutschen Kartellbußgeldverfahren – theoretisch – die Verfolgung von natürlichen Personen im Vordergrund, an die sich die Sanktionierung juristischer Personen und Verbände nach § 30 OWiG „anknüpft" (→ Rn. 15). Die kartellbehördliche Praxis setzt den **Schwerpunkt der Ahndung** allerdings schon seit langem **bei den juristischen Personen,** auch wenn regelmäßig die verantwortlichen natürlichen Personen ebenfalls mit vergleichsweise hohen Geldbußen sanktioniert werden. Hintergrund der sich auf die Unternehmen bzw. juristischen Personen konzentrierenden kartellbehördlichen Verfolgungspolitik ist neben der Tatsache, dass sich die durchzusetzenden kartellrechtlichen Pflichten an Unternehmen richten (und nicht an natürliche Personen), dass die Unternehmen die wirtschaftlichen Vorteile aus der Tat ziehen, während die für sie handelnden natürlichen Personen im Wesentlichen nur mittelbar durch vom Unternehmen gesetzte Anreize (wie Boni und Karrierechancen) hiervon profitieren. Weiterhin handelt es sich insbesondere bei langfristigen Kartellen häufig nicht um Einzeltäter im Unternehmen. Vielmehr wechseln die verantwortlichen – vom Unternehmen ausgewählten – Leitungspersonen oftmals über die Jahre, ohne dass die Kartellbeteiligung des Unternehmens beendet wird.

---
[1] BKartA, Erfolgreiche Kartellverfolgung, 2011, 7 f.
[2] BKartA Pressemitteilung v. 21. 12. 2015 – Jahresrückblick 2015.
[3] S. ua Interview mit *Andreas Mundt,* Compliance Praxis 2014, 12 (s. www.compliance-praxis); Monopolkommission, 19. Hauptgutachten 2010/2011, 218; *Zimmermann* BB 2011, 634.
[4] Derzeit prüft die Europäische Kommission, ob die Durchsetzungsbefugnisse der nationalen Wettbewerbsbehörden in der EU durch legislative EU-Maßnahmen verbessert werden sollten, Europäische Kommission Pressemitteilung v. 4. 11. 2015.

2a Dementsprechend macht es durchaus Sinn, mit der Kartellverfolgung in erster Linie auf die Unternehmen einzuwirken. Letztendlich dürfte die Unternehmensleitung am besten in der Lage sein, Anreizstrukturen im Unternehmen in einer Weise zu setzen, dass Kartellrechtsverstöße karrieretechnisch für die (potentiell) rechtswidrig handelnden Mitarbeiter unattraktiv sind. So kann die Unternehmensleitung gezielt Maßnahmen zur Vermeidung, frühzeitigen Entdeckung und Abschreckung von Kartellrechtsverstößen ergreifen, die auf die jeweilige Branche sowie die jeweilige Unternehmensstruktur und -kultur angepasst sind.[5] Zusätzlich sanktionieren auch die Kartellbehörden die für die Unternehmen handelnden natürlichen Personen in der Praxis regelmäßig mit oftmals sechsstelligen Geldbußen. So wurden etwa in den Jahren 2014/2015 insgesamt über 100 Manager mit Geldbußen im Schnitt von mehr als 100.000 EUR belegt. Eine teilweise geforderte Strafbarkeit der Manager[6] dürfte die Effektivität der Kartellrechtsdurchsetzung hingegen nur dann steigern, wenn der zusätzliche Abschreckungseffekt der theoretischen Haftdrohung nicht infolge einer Erschwerung der praktischen Aufdeckung und Ahndung von Kartellen durch damit einhergehende verfahrenstechnische Hürden und komplexere Zuständigkeiten überwogen wird.

3 Das Ordnungswidrigkeitenrecht knüpft – anders als das materielle Recht und das europäische Kartellverfahren – nicht an **Unternehmen im Sinne einer wirtschaftlichen Einheit** an, sondern nur an **juristische Personen** und Personenvereinigungen. Durch diese **mangelnde Konvergenz** entstehen bei der Durchsetzung des Kartellrechts mithilfe von Bußgeldverfahren teilweise unbefriedigende Lücken (insbesondere durch die weiterhin bestehende Möglichkeit der bußgeldbefreienden Rechtsnachfolge → Rn. 16). Mittlerweile rücken deshalb auch bei der deutschen Kartellverfolgung die Unternehmen als wirtschaftliche Einheit mehr in den Fokus. So stellt bereits heute der sich aus dem GWB ergebende umsatzbezogene Bußgeldrahmen auf die Umsätze der wirtschaftlichen Einheit und nicht nur der juristischen Person ab, auch wenn die Sanktion bislang rechtlich nur von der juristischen Person zu tragen ist. Weiterhin wurden in der Praxis vom BKartA in einigen Fällen nicht mehr nur die operativ handelnden juristischen Personen, sondern teilweise auch die sie beherrschenden Mutterunternehmen wegen mangelnder Aufsicht sanktioniert (→ Rn. 10), wobei diese Vorgehensweise noch keiner gerichtlichen Überprüfung standhalten musste. Eine sich aus Art. 5 S. 2 4. Spiegelstrich VO Nr. 1/2003 ergebende unmittelbare Befugnis der mitgliedsstaatlichen Wettbewerbsbehörden, gegen Unternehmen im Sinne des europäischen Kartellrechts Geldbußen wegen Verstoßes gegen Art. 101, 102 AEUV zu verhängen, ist allerdings kürzlich vom BGH abgelehnt worden.[7] Vor diesem Hintergrund ist zu begrüßen, dass derzeit mit der 9. GWB-Novelle die Einführung einer unternehmensgerichteten Sanktion in Angleichung an das europäische Recht geplant ist (→ Rn. 15 ff.).[8] Der Mehrwert eines teilweise geforderten Unternehmensstrafrechts[9] liegt hingegen im Kartellrecht angesichts der bereits vorhandenen und nach der geplanten Reform noch verbesserten Möglichkeit der Verhängung hoher Unternehmenssanktionen, die schon heute in der Praxis zu den oben beschriebenen Compliance-Bemühungen der Unternehmen führt, nicht auf der Hand.

---

[5] Ausführlicher BKartA, www.bundeskartellamt.de/DE/Kartellverbot/kartellverbot_node.html; für ein entsprechendes Bsp. siehe BKartA Pressemitteilung v. 12.1.2016.
[6] Vgl. nur Monopolkommission, Strafrechtliche Sanktionen bei Kartellverstößen, Sondergutachten vom 27.10.2015 (http://www.monopolkommission.de/images/PDF/SG/s72_volltext.pdf).
[7] BGH, 16.12.2014 – KRB 47/13 Rn. 22 ff., NJW 2015, 2198.
[8] Monopolkommission, Strafrechtliche Sanktionen bei Kartellverstößen, Sondergutachten vom 27.10.2015, S. 1, 3 (http://www.monopolkommission.de/images/PDF/SG/s72_volltext.pdf).
[9] Vgl. nur Gesetzesentwurf VerbStrG, Landtag Nordrhein-Westfalen, Information 16/127.

B. Grundzüge des Ordnungswidrigkeitenrechts bei Kartellrechtsverstößen

I. Überblick über bußgeldbewährte Kartellrechtsverstöße

Der **„besondere Teil"** des **deutschen Kartellbußgeldrechts** ergibt sich aus dem 4
GWB und Art. 101, 102 AEUV, während die Regelungen **des „allgemeinen Teils"**,
wie etwa zur Täterschaft und Teilnahme, zum subjektiven Tatbestand und der Schuld,
weitgehend dem OWiG zu entnehmen sind. Im Hinblick auf Verstöße gegen Art. 101 ff.
AEUV entwickelt der EuGH allerdings zunehmend Vorgaben aus Art. 101 ff. AEUV iVm
dem Effektivitätsgebot auch zum „allgemeinen Teil" des Sanktionenrechts, die bei der
Kartellrechtsdurchsetzung durch nationale Kartellbehörden zu beachten sind.

Voraussetzung für die Erfüllung eines Bußgeldtatbestandes ist, dass ein Verstoß gegen 5
das GWB bzw. Art. 101, 102 AEUV begangen wurde. Welche Verstöße gegen das Kartellrecht bzw. gegen vollziehbare Verfügungen der Kartellbehörde mit einem Bußgeld geahndet werden können, ergibt sich aus § 81 Abs. 1–3 GWB. Diese Norm enthält **keine
eigenständigen Ordnungswidrigkeitstatbestände,** sondern ist zusammen zu lesen
mit den jeweils dort genannten gesetzlichen Verbotsnormen des AEUV und des GWB
bzw. mit den jeweils dort bezeichneten vollziehbaren kartellbehördlichen Verfügungen,
deren Missachtung nach § 81 Abs. 2 GWB mit einer Geldbuße geahndet werden kann.
Im Hinblick auf die unterschiedliche Höhe der maximalen Bußgelddrohung kann man sie
in **leichte und schwerwiegende Verstöße** einteilen:
- Die in § 81 Abs. 4 S. 3 GWB benannten Kartellrechtsverstöße können „nur" mit maximal 100.000 EUR bebußt werden („leichte Verstöße").
- Bei „schweren Verstößen" gegen die in § 81 Abs. 4 S. 1 GWB aufgezählten Tatbestände können Geldbußen von bis zu 1 Mio. EUR verhängt werden. Unternehmen können sogar darüber hinaus mit bis zu 10 % des weltweiten Umsatzes der wirtschaftlichen Einheit im letzten Geschäftsjahr vor der Behördenentscheidung bebußt werden (§ 81 Abs. 4 S. 2 GWB).

In einem Bußgeldverfahren werden in der Praxis der nationalen Kartellbehörden vor allem 6
die sog **schwerwiegenden Kartellrechtsverstöße** verfolgt und hier insbesondere Verstöße
gegen das Kartellverbot.[10] Hierzu gehören etwa horizontale Absprachen zwischen (potentiellen) Wettbewerbern über Preise, Kunden, Liefergebiete und/oder -quoten[11] (sog Hardcore-Kartelle) bzw. der Austausch von sensiblen, wettbewerblich relevanten Informationen
zwischen (potentiellen) Wettbewerbern, zB über zukünftig geplante Preiserhöhungen oder
über den aktuellen Stand der Verhandlungen mit ihren Abnehmern.[12] Zu den sog schwerwiegenden Verstößen gehören auch vertikale wettbewerbsbeschränkende Absprachen zwischen Lieferant und Abnehmer über die Preise, die der Abnehmer gegenüber seinen Kun-

---

[10] § 81 Abs. 1 Nr. 1 iVm Art. 101 AEUV bzw. § 81 Abs. 2 Nr. 1 iVm § 1 GWB.
[11] Zu Absprachen über **Preise** vgl. etwa BKartA-Berichte zu d. Entscheidung v. 16.6.2015 – B12-15/12 – Fertiggaragen; zu den Entscheidungen v. 27.12.2013 und v. 31.3.2014 – B10-105/11 – Bierbrauer; zu d. Entscheidung v. 31.11.2013 – B11-13/08 – Herstellung von Süßwaren; Entscheidungen v. Oktober 2011 bis Februar 2013 – B11-13/06 – Mühlenindustrie; Zu Absprachen über **Preisbestandteile** vgl. etwa BKartA-Fallbericht zu d. Entsch. v. 28.5.2010 – B12–11/08 – Brillengläser. Zu Absprachen über **Konditionen** vgl. etwa BKartA-Fallbericht zu d. Entsch. v. 27.12.2012 – B7–22/07, B7–34/10 – TV-Grundverschlüsselung; Entsch. v. 20.7.2012 – B10–102/11 – Automatische Türsysteme. Zu Absprachen über **Kunden** vgl. etwa BKartA-Fallbericht zu d. Entsch. v. Oktober 2011 bis Februar 2013 – B11–13/06 – Mühlenindustrie; Entsch. v. März 2012 – B12–13/08 – Chemiegroßhandel. Zu Absprachen über **Lieferquoten und/oder -gebiete** vgl. etwa BKartA-Fallberichte zu d. Entsch. v. 19.9.2012 – B10–101/11 – Leistungstransformatoren; Entsch. v. Juli 2012 – B12–11/11 – Schienen; Entsch. v. Dezember 2009 – B1–241/04 – Transportbeton Freiburg; Entsch. v. 27.10.2008 und 7.11.2011 – B10–104/11 – Bunker- und Gasöl. Bei Absprachen bzgl. **Ausschreibungen** liegt uU auch eine Strafbarkeit nach § 298 StGB vor, vgl. etwa BKartA-Fallberichte zu d. Entsch. v. 19.9.2012 – B10–101/11 – Leistungstransformatoren; Entsch. v. Juli 2012 – B12–11/11 – Schienen; Entsch. v. 10.2.1011 – B12–11/09 – Feuerwehrfahrzeuge; ausführlich → § 19.
[12] BKartA-Fallberichte zu d. Entsch. v. Februar 2008 bis März 2013 – B11–17/06 – Drogerieartikel; Entsch. v. 28.5.2010 – B12–11/08 – Brillengläser.

den verlangen soll.[13] Darüber hinaus hat das Bundeskartellamt in den letzten Jahren auch Geldbußen wegen Boykottaufrufs,[14] Verstoßes gegen das Vollzugsverbot[15] sowie wegen der Androhung des Lieferanten, dem Händler wirtschaftliche Nachteile zuzufügen, wenn der Händler die vom Lieferanten vorgegebenen Preise nicht gegenüber seinen Kunden einhält,[16] verhängt. Bei den sog **leichten Kartellrechtsverstößen** handelt es sich zum einen um die Verletzung bestimmter Informationspflichten gegenüber der Kartellbehörde (Verstoß gegen eine Anordnung nach § 39 Abs. 5 GWB und gegen § 59 Abs. 2 GWB) und zum anderen um fusionskontrollrechtliche Pflichten, wie die Anzeige des Vollzugs eines Zusammenschlusses nach § 39 Abs. 6 GWB bzw. die richtige und vollständige Anmeldung eines Zusammenschlussvorhabens nach § 39 Abs. 1 GWB.[17]

7 **Beispiel**
Wegen der unvollständigen Anmeldung eines Zusammenschlusses, in der die Angabe wesentlicher Konzernverflechtungen des Anmelders (§ 39 Abs. 3 S. 4 GWB) fehlte, verhängte das BKartA im Jahr 2013 eine Geldbuße in Höhe von 90.000 EUR gegen das Mutterunternehmen des Anmelders, welches die Konzernverflechtungen verschwiegen hatte.[18]

II. Art und Weise der Begehung einer Kartellordnungswidrigkeit

1. Täterschaft und Teilnahme

8 Jede Art der Beteiligung an einem bußgeldbewährten Kartellrechtsverstoß kann unter bestimmten Voraussetzungen bebußt werden. Auch solche Personen, die einen Kartellrechtsverstoß nicht selbst bzw. durch entsprechende Anweisung ihrer Mitarbeiter (also „mittelbar" selbst) begehen,[19] sondern hierzu Dritte „nur" anstiften oder diese lediglich unterstützen, können hierfür mit einer Geldbuße belegt werden. Das OWiG unterscheidet dabei nicht zwischen der eigentlichen Täterschaft und bloßen Teilnahmehandlungen (§ 14 Abs. 1 S. 1 OWiG, **„Einheitstäter"**). Allerdings setzt die Sanktionierung einer bloßen Unterstützungs- oder Anstiftungshandlung voraus, dass materiell ein Verstoß gegen das Kartellrecht vorliegt, also etwa eine gegen § 1 GWB verstoßende Kartellabsprache zwischen Unternehmen getroffen wurde, auf die sich die Unterstützungs- bzw. Anstiftungshandlung bezieht. Ist dies der Fall, kann zB einem Verband, der für die Kartellanten die Quotenlisten führt oder die Kartelltreffen organisiert, eine Geldbuße auferlegt werden, obwohl der Verband selbst kein Unternehmen im Sinne des § 1 bzw. des Art. 101 AEUV ist.[20] Die beratende Tätigkeit von Rechtsanwälten kann uU als Beteiligung durch Anstiftung qualifiziert werden.[21] Weitere Voraussetzung für eine Bußgeldhaftung ist allerdings ein schuldhaftes Handeln. Dem Mitarbeiter eines kartellbeteiligten Unternehmens,

---

[13] Vgl. etwa BKartA-Fallberichte zu den Entscheidungen v. 19.12.2014, 2.6.2015 und 16.6.2015 – B10-40/14 – Haribo-Produkte; zu d. Entscheidungen v. 19.12.2014, v. 10. u. 16.6.2015 sowie 23.12.2015 – B10-50/14 – Röstkaffee; zu d. Entscheidung v. 19.12.2014 – B10-41/14 – Ritter-Produkte; zu d. Entscheidung v. 20.8.2012 – B5-20/10 – TTS Tooltechnic; Entscheidung v. 18.6.2010 – B5-100/09 – Navigationsgeräte.
[14] Verstoß gegen § 21 Abs. 1 GWB, BKartA Pressemitteilung v. 2.7.2009 – DocMorris.
[15] Verstoß gegen § 41 Abs. 1 S. 1 GWB, BKartA Pressemitteilung v. 28.1.2011 – ZG Raiffeisen.
[16] ZB durch Lieferverweigerung oder schlechtere Konditionen, Verstoß gegen § 21 Abs. 2 GWB, BKartA Pressemitteilung v. 15.10.2009 – Hörgeräte.
[17] Verstoß gegen § 39 Abs. 3 S. 5 GWB, BKartA Pressemitteilung v. 7.1.2016 – Bongrain.
[18] Vgl. BKartA Pressemitteilung v. 15.1.2013 – Tönnies; die Konzernmutter war eine natürliche Person, die nach § 36 Abs. 3 GWB als Unternehmen galt.
[19] Vgl. *Schulze* NJW 2014, 3484 (3486).
[20] Vgl. etwa BKartA Entsch. v. Februar 2008 bis März 2013 – B11–17/06 – Drogerieartikel (Bebußung eines Verbandes wegen Unterstützung des Kartellverstoßes); Entsch. v. Oktober 2011 bis Februar 2013 – B11–13/06 – Mühlenindustrie (Bebußung eines Verbandes wegen Organisation von Kartelltreffen und Koordination von Absprachen); Entsch. v. 10.2.1011, B12–11/09 – Feuerwehrfahrzeuge (Bebußung eines Wirtschaftsprüfers als Kartellbuchhalter). Auch nach europäischem Recht können Kartellgehilfen grds. sanktioniert werden, s. EuGH Urt. v. 22.10.2015 – C-194/14 P, ZIP 2016, 387 – AC Treuhand II; kritisch zu letzterem *Dannecker/N. Müller* KSzW 2015, 281; *Diedrichsen* ZWH 2016, 16.
[21] *Langen/Bunte/Raum* GWB § 81 Rn. 19; *MüKoGWB/Vollmer* § 81 Rn. 47; *Diedrichsen* ZWH 2016, 16 (19f.).

der den Kartellverstoß unwissentlich unterstützt (zB eine Vorzimmerkraft, die die Quotenlisten führt oder Kartelltreffen organisiert, ohne deren Tragweite zu kennen), kann daher keine Geldbuße auferlegt werden (ausführlich → Rn. 13 f.). Der Vorsatz des Beteiligten muss die Bezugstat und ihre konkrete Tatausführung allerdings nicht in allen Einzelakten, sondern nur in ihren wesentlichen Grundzügen umfassen.[22]

2. Begehen durch Unterlassen

Wenn ein Unternehmensvertreter die Kartelltat nicht aktiv selbst begeht oder unterstützt, kann ihm uU dennoch eine Geldbuße auferlegt werden, wenn er die Voraussetzungen des § 8 OWiG erfüllt und eine **Garantenpflicht** zur Verhinderung dieser Tat hat. Darüber hinaus muss er die **Möglichkeit zu einer zumutbaren Abwendungshandlung** haben, die die Tatbestandsverwirklichung mit an Sicherheit grenzender Wahrscheinlichkeit verhindert hätte **(Kausalität)**. Das Kausalitätserfordernis des § 8 OWiG zwischen Unterlassung der erforderlichen Handlungen und der Zuwiderhandlung ist also strenger als das des § 130 OWiG (→ Rn. 12). Insbesondere der Betriebsinhaber bzw. die für ihn handelnden Vertreter (→ Rn. 10, 18) haben eine Garantenpflicht als Aufsichtsperson (Überwachungsgarantenstellung).[23] Die Garantenpflicht des Betriebsinhabers beinhaltet, die Begehung von betriebsbezogenen Ordnungswidrigkeiten durch Mitarbeiter zu verhindern,[24] wozu Kartellrechtsverstöße zu zählen sind. Tätigkeitsdelikte, wie eine gegen § 1 GWB verstoßende Vereinbarung, die eine Wettbewerbsbeschränkung bezweckt,[25] können gleichfalls durch Unterlassen begangen werden, auch wenn § 8 OWiG auf das Abwenden eines Erfolges abstellt.[26] Schreitet etwa ein Geschäftsführer gegen ihm bekannte gegen § 1 GWB verstoßende Preisabsprachen seiner Vertriebsmitarbeiter nicht ein, dürften zumindest die Voraussetzungen für eine Haftung nach § 8 OWiG in der Regel vorliegen.[27] Auch fahrlässiges Begehen durch Unterlassen ist in den Fällen möglich, in denen eine fahrlässige aktive Täterschaft ordnungswidrig ist.

3. Aufsichtspflichtverletzung

Darüber hinaus kann ein Unternehmensinhaber (oder sein Vertreter → Rn. 17 f.) nach § 130 OWiG bußgeldrechtlich haften, wenn er die Kartelltat nicht selbst begeht oder unterstützt, aber die gebotenen Aufsichtsmaßnahmen schuldhaft unterlässt. Es handelt sich um einen **Auffangtatbestand**.[28] Ist dem Unternehmensinhaber eine konkrete Zuwiderhandlung seiner Mitarbeiter bekannt und könnte er hiergegen einschreiten, werden idR die Voraussetzungen einer unmittelbaren Tatbeteiligung zumindest nach § 8 OWiG (Begehen durch Unterlassen) gegeben sein (→ Rn. 9). Der Begriff des **Unternehmensinhabers** ist gesetzlich nicht definiert. Jedenfalls die Vertreter iSd § 9 OWiG einer juristischen Person sind hiervon umfasst (→ Rn. 18). Umstr. ist, ob im Konzern daneben eine **Muttergesellschaft Inhaberin** der von ihr beherrschten, aber dennoch selbständigen Tochtergesellschaft sein kann.[29] Richtigerweise ist derjenige als Unternehmensinhaber im Sinne

---

[22] BGH Urt. v. 24.3.1987 – KRB 8/86, WuW/E BGH 2394 (2396, 2398); BKartA Entsch. v. 20.3.1996 – B3–14/94, WuW/E BKartA 2871 (2873); Langen/Bunte/*Raum* GWB § 81 Rn. 19; MüKoGWB/*Vollmer* § 81 Rn. 47; krit. FK/*Achenbach* GWB Vor § 81 Rn. 63.
[23] KK-OWiG/*Rengier* § 8 Rn. 41; *Schulze* NJW 2014, 3484 (3486).
[24] Vgl. zu § 13 StGB BGH Urt. v. 17.7.2009 – 5 StR 394/08, WM 2009, 1882 (1883); KK-OWiG/*Rengier* § 8 Rn. 48.
[25] MüKoGWB/*Vollmer* § 81 Rn. 9.
[26] Ausführlich zu dieser Frage und den Stimmen aus Lit. und Rspr. KK-OWiG/*Rengier* § 8 Rn. 48; s.a. MüKoGWB/*Vollmer* § 81 Rn. 41.
[27] OLG Stuttgart Urt. v. 27.4.1979 – 2 (Kart) 1/79, WuW/E OLG 2153. Wenn in einem solchen Fall ggf. nicht sogar eine aktive Begehung durch Erleichterung der Absprachen vorliegt, BGH Urt. v. 24.3.1987 – KRB 8/86, WuW/E BGH 2394 (2396, 2398).
[28] KG Urt. v. 17.12.1976 – Kart 10/76, WuW/E OLG 1817 (1820); BayObLG Beschl. v. 17.8.1998 – 3 ObOWi 83/98, wistra 1999, 71 (73); Göhler/*Gürtler* OWiG § 130 Rn. 25; Langen/Bunte/*Raum* GWB § 81 Rn. 20, 23.
[29] Str., befürwortend Gegenäußerung der Bundesregierung zur Stellungnahme des Bundesrates zum Entwurf der 8 GWB-Novelle, BT-Drs. 17/9852, 49; vgl. a. Antwort der Bundesregierung auf die Kleine Anfrage

dieser Vorschrift anzusehen, dem die Erfüllung der das Unternehmen treffenden Pflichten obliegt.[30] Jedenfalls diejenigen kartellrechtlichen Bestimmungen, die sich an Unternehmen richten, treffen nicht nur einzelne juristische Personen im Konzern, sondern die wirtschaftliche Einheit als Ganzes: Zum einen dürfen die operativ handelnden juristischen Personen nicht gegen das Kartellrecht verstoßen. Zum anderen müssen diejenigen juristischen Personen, die rechtlich bzw. faktisch Einfluss auf die operativ handelnden juristischen Personen ausüben, auf ein kartellrechtskonformes Verhalten der beherrschten Tochterunternehmen hinwirken. Dementsprechend hat das BKartA zB in den Fällen Tondachziegel[31] und Span-/OSB-Platten[32] Konzernobergesellschaften für Aufsichtspflichtverletzungen nach § 130 Abs. 1 OWiG im Hinblick auf Kartellrechtsverstöße ihrer Tochtergesellschaften bebußt.

11   Die Tathandlung besteht im Unterlassen der **Aufsichtsmaßnahmen,** die erforderlich und zumutbar sind, um die sich konkret ergebenden Gefahren abzuwenden. Hierauf (und nicht auf die tatsächlich begangene Zuwiderhandlung) müssen sich Vorsatz bzw. Fahrlässigkeit beziehen. Die Aufsicht ist so wahrzunehmen, dass Zuwiderhandlungen gegen gesetzliche Bestimmungen und Anweisungen der Betriebsleitung voraussichtlich vermieden werden.[33] Die erforderlichen Maßnahmen hängen stark von den Umständen des Einzelfalles ab.[34] Der Maßstab wird wesentlich vom **Risiko eines bestimmten Typs von Zuwiderhandlung in dem jeweiligen Unternehmen, Geschäftsbereich oder der jeweiligen Branche** abhängen.[35] Sind im Unternehmen oder auch der Branche bereits Vortaten begangen worden oder handelt es sich um eine besonders schwierige Rechtsmaterie, können gesteigerte Aufsichtsmaßnahmen notwendig sein.[36] Werden den Mitarbeitern vom Unternehmensinhaber ungewöhnlich hohe Gewinnmargen als Ziele vorgegeben, müssen an die erforderlichen Maßnahmen zur Verhinderung wettbewerbswidriger Absprachen, mit denen höhere Gewinnmargen idR wesentlich leichter erzielt werden können, ebenfalls besonders hohe Anforderungen gestellt werden. Gesetzlich ausdrücklich vorgeschrieben ist, dass die bestellten Aufsichtspersonen **sorgfältig ausgewählt** und überwacht werden müssen (§ 130 Abs. 1 S. 2 OWiG), wobei die Zuständigkeiten eindeutig festzulegen sind.[37] Dies gilt aber auch für andere Mitarbeiter in kartellrechtsrelevanten Positionen.[38] Bezogen auf das Kartellrecht müssen die mit potentiell kartellrechtsrelevan-

---

der Fraktion der SPD betr.: „Reformbedarf im europäischen Kartellrecht" – BT-Drs. 17/11285 – v. 2. 11.2012, S. 4; BKartA Fallbericht v. 12.4.2012 – Etex; Langen/Bunte/*Raum* GWB § 81 Rn. 25; KK-OWiG/*Rogall* § 130 Rn. 25; MüKoGWB/*Vollmer* § 81 Rn. 49; *Becker/Vollmer* KSzW 2015, 235 (239); *Ost* NZKart 2013, 25; Bien/*Ost* 305 (316); *Karst* WuW 2012, 150 (151ff.); *Grundmeier* 37ff.; aA Göhler/*Gürtler* OWiG § 130 Rn. 5a; *Achenbach* NZWiSt 2012, 321 (326); Wiedemann/*Klusmann* HdB KartellR § 55 Rn. 41 ff.; offen BGH Beschl. v. 1.12.1981 – KRB 3/79, WuW/E BGH 1871 (1876); bejahend nur unter der Voraussetzung und in dem Umfang, in dem eine tatsächliche Einflussnahme der Konzernmutter auf die Tochtergesellschaft stattgefunden hat, offen gelassen bei Beherrschungsvertrag, OLG München Beschl. v. 23.9.2014 – 3 Ws 599, 600/14, StV 2016, 35; kritisch hierzu *Pelz* DB 2015, 2739.

[30] KK-OWiG/*Rogall* § 130 Rn. 23.
[31] BKartA Beschl. v. 9.2.2009 – B1–200/06 u. Fallbericht v. 12.4.2012.
[32] BKartA Pressemitteilung v. 20.9.2011.
[33] OLG Düsseldorf Urt. v. 27.3.2006 – VI-Kart 3/05 (OWi), Kart 3/05 (OWi), WuW/E DE-R 1733 (1744) mwN.
[34] Göhler/*Gürtler* OWiG § 130 Rn. 10.
[35] Ausführlich OECD, Policy Roundtables, Promoting Compliance with Competition Law 2011, www.oecd.org.
[36] BGH Beschl. v. 1.6.1977 – KRB 3/76, WuW/E BGH 1489 (1491 f.); OLG Düsseldorf Urt. v. 27.3. 2006 – VI-Kart 3/05 (OWi), Kart 3/05 (OWi), WuW/E DE-R 1733 (1744); Göhler/*Gürtler* OWiG § 130 Rn. 13; vgl. a. LG München v. 10.12.2013 – 5 HKO 1387/10 CC2 2014, 142 – Neubürger.
[37] BGH Beschl. v. 25.6.1985 – KRB 2/85, WuW/E BGH 2202 (2203); Beschl. v. 23.4.1985 – KRB 7/84, WuW/E BGH 2148 (2149); Beschl. v. 1.6.1977 – KRB 3/76, WuW/E BGH 1489 (1491 f.); KG Beschl. v. 21.9.1984 – Kart a 29/84, WuW/E OLG 3399 (3403); KK-OWiG/*Rogall* § 130 Rn. 37 f.; MüKoGWB/*Vollmer* § 81 Rn. 50; zur Zulässigkeit der Übertragung der kartellrechtlichen Behandlung eines Anteilskaufs auf eine spezialisierte Anwaltskanzlei BGH Beschl. v. 11.11.2008 – KRB 47/08. NJW-RR 2009, 973.
[38] Göhler/*Gürtler* OWiG § 130 Rn. 12.

ten Sachverhalten in Berührung kommenden Mitarbeiter (insbesondere im Vertrieb) in jedem Fall regelmäßig über aktuelle kartellrechtliche Entwicklungen, aber auch über das korrekte Verhalten in typischerweise auftretenden problematischen Situationen **geschult** werden (zB bzgl. der Unzulässigkeit bestimmter Verhaltensweisen zur Durchsetzung von Preisempfehlungen).[39] Weiterhin ist eine hinreichende **Überwachung** erforderlich, insbesondere durch Stichproben[40] oder uU auch durch die Einrichtung eines anonymen Hinweisgebersystems. Ggf. bietet sich zur Überwachung und Aufklärung ein unternehmensinternes Amnestieprogramm an.[41]

§ 130 OWiG ist nicht schon bei einer schuldhaften Aufsichtspflichtverletzung für sich genommen erfüllt. Vielmehr muss sich die dadurch entstandene Gefahr verwirklicht haben und tatsächlich **eine betriebsbezogene Pflicht** (wie die Vermeidung von Kartellrechtsverstößen) **verletzt** worden sein, die den Inhaber trifft und deren Verletzung mit Strafe oder Geldbuße bedroht ist.[42] Derjenige, der die Pflicht tatsächlich „eigenhändig" verletzt hat, kann, muss aber nicht selbst bußgeldrechtlich haften und insbesondere auch kein Unternehmensvertreter im Sinne des § 9 OWiG sein.[43] Er kann sogar betriebsfremd sein, wenn er der Verantwortungssphäre des Unternehmens angehört.[44] Seine Identität muss gleichfalls nicht bekannt sein, sofern feststeht, dass objektiv und subjektiv (allerdings nicht notwendigerweise schuldhaft) eine mit Strafe oder Geldbuße bedrohte Zuwiderhandlung begangen worden ist.[45] Zwischen der mangelnden Aufsichtspflicht und der Zuwiderhandlung muss – anders als bei einer Haftung wegen Unterlassens nach § 8 OWiG – **keine exakte Kausalität** bestehen. Vielmehr ist hinreichend, wenn die **Zuwiderhandlung bei gehöriger Aufsicht zumindest erschwert** worden wäre, wobei die entsprechende Wahrscheinlichkeit nicht rechnerisch sicher bestimmt werden muss.[46] Werden mehrere Zuwiderhandlungen begangen, die durch eine einheitliche zumutbare Aufsichtsmaßnahme hätten verhindert oder erschwert werden können, liegt idR nur eine einzige Aufsichtspflichtverletzung, also nur eine verfahrensrechtliche Tat vor.[47] Hätten aber etwa spezifische Maßnahmen zur Verhinderung verschiedener Zuwiderhandlungen ergriffen werden müssen, können auch mehrere verfahrensrechtliche Taten durch das Unterlassen der Maßnahmen gegeben sein. Ob nur eine einheitliche Aufsichtspflichtverletzung gegeben ist, ist häufig erst nach Würdigung der Umstände des Einzelfalles möglich.[48]

4. Subjektiver Tatbestand, Schuld

a) Vorsatz, Fahrlässigkeit. Die in § 81 Abs. 3 GWB genannten (sog leichten) Kartellrechtsverstöße können gemäß § 10 OWiG nur dann als Ordnungswidrigkeiten geahndet werden, wenn sie vorsätzlich begangen werden. Bei den in § 81 Abs. 1 und 2 GWB ge-

---

[39] KG Urt. v. 30.4.1997 – Kart 10/96, WuW/E DE-R 83 (86); KG Urt. v. 21.1.1981 – Kart 12/80, WuW/E OLG 2476 (2478); Göhler/*Gürtler* OWiG § 130 Rn. 13.
[40] BGH Beschl. v. 25.6.1985 – KRB 2/85, WuW/E BGH 2202 (2203); BGH Urt. v. 23.3.1973 – 2 StR 390/72, BGHSt 25, 158 (163); Göhler/*Gürtler* OWiG § 130 Rn. 12.
[41] Zum Ganzen OECD, Policy Roundtables, Promoting Compliance with Competition Law 2011, www.oecd.org; zahlreiche Bsp. a. d. Rspr. nennt Wiedemann/*Klusmann* HdB KartellR § 55 Rn. 35 f.; zu unternehmensinternen Amnestieprogrammen *Annuß/Pelz* BB-Beilage 2010, 14.
[42] Göhler/*Gürtler* OWiG § 130 Rn. 18.
[43] KK-OWiG/*Rogall* § 130 Rn. 94; Göhler/*Gürtler* OWiG § 130 Rn. 21.
[44] Langen/Bunte/*Raum* GWB § 81 Rn. 32; KK-OWiG/*Rogall* § 130 Rn. 92; Göhler/*Gürtler* OWiG § 130 Rn. 19.
[45] KK-OWiG/*Rogall* § 130 Rn. 93; Göhler/*Gürtler* OWiG § 130 Rn. 20.
[46] Vgl. MüKoGWB/*Vollmer* § 81 Rn. 51; KK-OWiG/*Rogall* § 130 Rn. 97 ff.; FK/*Achenbach* GWB Vor § 81 Rn. 84.
[47] BGH Urt. v. 20.12.1985 – KRB 3/85, WuW/E BGH 2205 (2206 f.); vgl. a. BGH Beschl. v. 25.7.1989 – KRB 1/89, WuW/E BGH 2597; Langen/Bunte/*Raum* GWB § 81 Rn. 33 f.
[48] BGH Beschl. v. 25.7.1989 – KRB 1/89, WuW/E BGH 2597; Langen/Bunte/*Raum* GWB § 81 Rn. 33 f.; zur Abgrenzung der verfahrensrechtlichen Taten bei einer Überschneidung von Aufsichtspflichtverletzung und unmittelbarer Beteiligung an der OWi Wiedemann/*Klusmann* HdB KartellR § 55 Rn. 48 ff. mwN.

nannten (sowohl schweren als auch leichten) Verstößen kann hingegen ausdrücklich auch eine fahrlässige Begehungsweise geahndet werden. Eine besondere Form des **Vorsatzes oder der Fahrlässigkeit,** wie direkter Vorsatz oder grobe Fahrlässigkeit, ist bei keiner Kartellordnungswidrigkeit Voraussetzung für eine Ahndung. Allerdings enthält zB § 21 Abs. 1 GWB (Boykottaufruf) mit der erforderlichen „Absicht der unbilligen Behinderung" ein zusätzliches subjektives Unrechtselement. Vorsatz (allerdings nicht notwendigerweise Fahrlässigkeit) ist bei einem **Tatumstandsirrtum** ausgeschlossen (§ 11 Abs. 1 OWiG), der anzunehmen ist, wenn der Täter bei der Tat einen Umstand nicht kennt, der zum gesetzlichen Tatbestand gehört. Bei normativen Tatbestandsmerkmalen (zB „Unbilligkeit" der Behinderung nach § 20 Abs. 1 GWB) liegt ein Tatumstandsirrtum vor, wenn der Täter den sachlichen Bedeutungsgehalt des Merkmals nicht oder nicht richtig erfasst.[49] Allerdings ist ein juristisch exaktes Begriffsverständnis nicht erforderlich[50] und bei im Geschäftsleben Erfahrenen davon auszugehen, dass sie die wettbewerbliche Bedeutung eines Umstandes erkennen.[51]

14 **b) Verbotsirrtum.** Kennt der Täter sämtliche Tatumstände und hat er ihren Bedeutungsgehalt richtig erfasst, besteht ein **Verbotsirrtum,** wenn er dennoch glaubt, sein Verhalten sei erlaubt. Eine Ahndung wird dadurch jedoch nur dann ausgeschlossen, wenn dieser Irrtum **unvermeidbar** war (§ 11 Abs. 2 OWiG). Vermeidbarkeit ist anzunehmen, wenn der konkrete Täter in der Lage gewesen wäre, die Unrechtmäßigkeit seines Handelns zu erkennen. Ihm obliegt eine **Prüfungspflicht,** bei der es sich im Kartellrecht um eine aus einer unternehmerischen Stellung folgende Berufspflicht handeln kann. Dabei ist sicherlich nach der Stellung in der Unternehmenshierarchie zu differenzieren,[52] so dass sich etwa eine die Quotenlisten führende Schreibkraft möglicherweise auf einen Verbotsirrtum berufen kann, nicht jedoch der Vertriebsleiter, der ihr die Zahlen übermittelt (→ Rn. 8). Die **Anforderungen an eine „Unvermeidbarkeit"** sind hoch. Im Hinblick auf die sog „Hardcore"-Absprachen über Preise, Quoten, Gebiete oder Kunden durch Unternehmen geht die Rechtsprechung regelmäßig davon aus, dass sich ein langjähriger und erfahrener Kaufmann in einer Führungsposition über die Kartellrechtswidrigkeit seines Verhaltens im Klaren ist.[53] **In einem Zweifelsfall** muss sich der Täter vor der Handlung qualifiziert rechtskundigen und vertrauenswürdigen Rat einholen.[54] Aber auch bei entsprechendem **Rechtsrat** ist der Verbotsirrtum nur dann unvermeidbar, wenn er durch einen auf das Kartellrecht spezialisierten, unabhängigen Rechtsanwalt auf der Grundlage vollständiger und zutreffender Tatsachen erging und eine fundierte, klare und plausible Aussage gerade zu der relevanten Rechtsfrage getroffen hat.[55] Zu beachten ist dabei, dass nach neuer EuGH-Rechtsprechung jedenfalls in einem Verfahren gegen Unternehmen wegen Verstoßes gegen Art. 101, 102 AEUV die **Anforderungen an den subjektiven Tatbestand auch im nationalen Bußgeldverfahren nicht höher** sein dürfen, **als die in der**

---

[49] OLG Düsseldorf Urt. v. 16.11.2004 – VI-Kart 24–27/03 OWi, WuW 2005, 61 (67) – DSD.
[50] Langen/Bunte/*Raum* GWB § 8 Rn. 56.
[51] BGH Beschl. v. 23.4.1985 – KRB 8/84, WuW/E BGH 2145 (2147); MüKoGWB/*Vollmer* § 81 Rn. 59; Langen/Bunte/*Raum* GWB § 81 Rn. 58.
[52] Langen/Bunte/*Raum* GWB § 81 Rn. 62.
[53] OLG Düsseldorf Urt. v. 30.3.2009 – VI-2 Kart 10/08 OWi, juris-Rn. 113 (Quotenkartell); Urt. v. 27.3.2006 – VI-Kart 3/05 (OWi), Kart 3/05 (OWi), WuW/E DE-R 1733 (1744) (Preisabsprache); Urt. v. 29.10.2012 – V-Kart 1 bis 6/12 (OWi), WuW/E DE-R 3889 – Silostellgebühren (Abstimmung über Preise); OLG Celle Urt. v. 17.5.2010 – 13 VA 34/09 (KartOwi) n.v. (zu einem eindeutig kartellrechtswidrigen Wettbewerbsverbot); vgl. a. EuGH Urt. v. 18.6.2013 – C-681/11, ABl. 2013 C 225, 22, Rn. 39 – Schenker, zum Vebotsirrtum von „Unternehmen".
[54] Langen/Bunte/*Raum* GWB § 81 Rn. 64.
[55] Zum allgemeinen Strafrecht vgl. etwa BGH Urt. v. 4.4.2013 – 3 StR 521/12, NStZ 2013, 461; zum Kartellrecht vgl. BGH Beschl. v. 23.4.1985 – KRB 8/84, WuW/E BGH 2145 (2147); OLG Celle Urt. v. 17.5.2010 – 13 VA 34/09 (KartOwi) n.v.; GA *Kokott,* SchlA v. 28.12.2012 – C-681/11, ECLI:EU:C:2013:126 Rn. 64 ff. – Schenker; *Kersting* WuW 2013, 845 (849); zu einer Rechtsauskunft durch Behörden, ausführlich Langen/Bunte/*Raum* GWB § 81 Rn. 64 mwN.

Verordnung Nr. 1/2003 vorgesehenen.[56] Ob die in dieser EuGH-Entscheidung getroffene Aussage, dass ein Irrtum, der auf dem Rechtsrat eines Anwalts oder der Entscheidung einer mitgliedstaatlichen Behörde beruht, die Verhängung einer Geldbuße gegen ein Unternehmen wegen Verstoßes gegen Art. 101, 102 AEUV nicht ausschließen kann,[57] in dieser Absolutheit tatsächlich gilt, ist allerdings zweifelhaft.[58]

III. Bußgeldhaftung natürlicher und juristischer Personen

1. Bußgeldhaftung juristischer Personen

Die kartellbehördliche Praxis setzt den Schwerpunkt der Ahndung regelmäßig bei den juristischen Personen (→ Rn. 2). In einem deutschen Bußgeld- (und Straf-)verfahren können juristische Personen wegen eines Kartellrechtsverstoßes sanktioniert werden, wenn ihnen die Tat aufgrund der **Handlung einer natürlichen Person nach § 30 Abs. 1 OWiG zugerechnet** werden kann. § 30 Abs. 1 OWiG adressiert nicht nur die **Vertreter im gesellschaftsrechtlichen Sinne,** sondern **auch das mittlere Management,** für deren schuldhafte Handlungen die juristische Person bußgeldrechtlich haftet, wenn sie dabei für die juristische Person tätig sind. Bei einer Beteiligung mehrerer Leitungspersonen derselben juristischen Person an derselben Tat können nicht mehrere Geldbußen gegen die juristische Person festgesetzt werden.[59] Die **Identität der handelnden Leitungsperson muss nicht feststehen,** sofern bewiesen ist, dass irgendeine Leitungsperson schuldhaft einen Bußgeldtatbestand im Pflichtenkreis der juristischen Person oder zu ihrer Bereicherung verwirklicht hat.[60] Die Haftung der juristischen Person besteht nicht nur dann, wenn ihre Pflichten verletzt wurden, wozu die Beachtung des Kartellrechts ohne Zweifel gehört, sondern auch wenn sie bereichert worden ist oder werden soll, etwa aufgrund von Kartellgewinnen. Zu weiteren Verfahrensvoraussetzungen → Rn. 24.

15

Haftungssubjekt kann nach § 30 OWiG immer nur eine bestimmte juristische Person sein und nicht **das Unternehmen im kartellrechtlichen Sinne,** auch wenn es als Gesamtheit Adressat des gesetzlichen Verbotes oder der behördlichen Verfügung ist. Der kartellrechtliche Begriff des Unternehmens bezeichnet nach ständiger europäischer Rechtsprechung die wirtschaftliche Einheit, selbst wenn diese rechtlich aus mehreren natürlichen oder juristischen Personen bzw. Personenvereinigungen gebildet wird.[61] Maßgeblich ist, ob eine einheitliche Leitung im Sinne einer bestimmenden Einflussnahme auf die generelle Geschäftspolitik ausgeübt wird.[62] Diese Divergenz zwischen materiellem Normadressaten und verfahrensrechtlichem Haftungssubjekt bietet kartellbeteiligten Unternehmen anders als im europäischen Recht Gestaltungsmöglichkeiten, durch konzerninterne Umstrukturierungen oder Vermögensverschiebungen Bußgeldzahlungen zu entgehen.[63] Im europäischen Kartellverfahren ist dies nicht möglich, weil Sanktionsadressat des hier anwendbaren Art. 23 VO Nr. 1/2003 das Unternehmen insgesamt ist. Eine sich aus Art. 5 S. 2 4. Spiegelstrich VO Nr. 1/2003 ergebende unmittelbare Befugnis der mitgliedstaatlichen Wettbewerbsbehörden, gegen ein Unternehmen im Sinne des europäischen Kartellrechts Geldbußen wegen Verstoßes ge-

15a

---

[56] EuGH Urt. v. 18.6.2013 – C-681/11, ABl 2013 C 225, 22, Rn. 35 f. – Schenker, unter Berufung auf den Effektivitätsgrundsatz; *Kersting* WuW 2013, 845 (849).
[57] EuGH Urt. v. 18.6.2013 – C-681/11, ABl. 2013 C 225, 22, Tenor – Schenker.
[58] Ausführlich *Kersting* WuW 2013, 845 (849); vgl. a. MüKoGWB/*Vollmer* § 81 Rn. 73; *Brettel/Thomas* ZWeR 2013, 272 (275, 297); *Gussone/Lexow* NZKart 2013, 327 (328 f.).
[59] BGH Beschl. v. 8.2.1994 – KRB 25/93, WuW/E BGH 2904 (2906); Göhler/*Gürtler* OWiG § 30 Rn. 27b.
[60] BGH Beschl. v. 8.2.1994 – KRB 25/93, WuW/E BGH 2904 (2906); Göhler/*Gürtler* OWiG § 30 Rn. 27b.
[61] Vgl. nur EuGH Urt. v. 10.9.2009 – C-97/08 P, Slg. 2009, I-8237 Rn. 60 – Akzo Nobel / Kommission.
[62] Begründung des Regierungsentwurfs zur 9. GWB-Novelle, S. 87.
[63] Regierungsentwurf S. 38 f.

gen Art. 101, 102 AEUV zu verhängen, ist kürzlich vom BGH abgelehnt worden.[64] Vor diesem Hintergrund ist zu begrüßen, dass derzeit mit der **9. GWB-Novelle** eine Angleichung des Sanktionsadressaten an das europäische Recht durch **eine unternehmensgerichtete Sanktion geplant** ist.[65]

15b Der Regierungsentwurf sieht bei einheitlich geleiteten Unternehmen im Sinne der europäischen Rechtsprechung[66] vor, dass Geldbußen wegen Kartellrechtsverstößen nicht nur gegen die handelnde Tochtergesellschaft, sondern auch gegen die lenkende(n) Konzernmuttergesellschaft(en) verhängt werden können (§ 81 Abs. 3a des Regierungsentwurfs).[67] Durch die Beschränkung der zusätzlichen Haftung ausschließlich auf die Konzernmütter würde zwar die entsprechende Sanktionsnorm des europäischen Rechts Art. 23 VO Nr. 1/2003 nicht wörtlich und auch nicht vollkommen inhaltsgleich in das GWB übernommen. Allerdings wäre auf der Entwurfsbasis eine **Bebußung der Konzernmutter entsprechend dem europäischen Recht** auch dann möglich, wenn nur ein Vertreter im Sinne des § 30 OWiG der Tochter/Enkelin und nicht ein Vertreter der Mutter selbst tatbeteiligt war. Bislang können auf der Basis von § 30 OWiG mehrere juristische Personen desselben Unternehmens nur dann bebußt werden, wenn zumindest einer der Vertreter der jeweiligen juristischen Person tatbeteiligt war (allerdings auch aufgrund eines Verstoßes gegen die Aufsichtspflicht nach § 130 OWiG). Eine solche Tatbeteiligung einer Leitungsperson der Konzernmutter wäre auf der Basis des Regierungsentwurfs nicht mehr notwendig für die Festsetzung einer Geldbuße gegen die Mutter. Voraussetzung ist allerdings wie im europäischen Recht, dass die Konzernmutter auf die juristische Person, deren Leitungsperson die Ordnungswidrigkeit begangen hat, während der Tat unmittelbar oder mittelbar einen bestimmenden Einfluss ausgeübt hat, wobei sich dieser Einfluss nicht konkret auf die Zuwiderhandlung, sondern nur generell auf die Geschäftspolitik bezogen haben muss. Für die Auslegung dieser Bestimmung ist die europäische Rechtsprechung des Gerichtshofs der Europäischen Union heranzuziehen.[68] Mutter und Tochter haften in dieser Konstellation ggf. als **Gesamtschuldnerinnen** für die gegen sie festgesetzten Geldbußen (§ 81 Abs. 3e des Regierungsentwurfs). Dadurch ist es der Kartellbehörde möglich, bei der Bemessung der Geldbußen zu berücksichtigen, dass letztlich nur eine Zuwiderhandlung einer einzigen Leitungsperson im Wirkungskreis des Unternehmens begangen wurde. Die vorgesehene Erweiterung des Kreises der Bußgeldverantwortlichen führt somit aus Sicht des Unternehmens insgesamt gesehen im Ergebnis nicht zu einer Erhöhung oder gar Verdopplung von Bußgeldern.

15c Darüber hinaus können auch bei Umsetzung des Regierungsentwurfs weiterhin wie schon auf der Basis des heutigen Rechts weitere juristische Personen desselben Unternehmens, zum Bsp. Schwestergesellschaften, auf der Basis von § 30 OWiG bebußt werden, sofern sie selbst durch eine eigene Leitungsperson tatbeteiligt sind und damit eigene Zuwiderhandlungen begangen haben. Nach § 81 Abs. 3e des Regierungsentwurfs würde in diesem Fall keine gesamtschuldnerische Haftung der Schwestergesellschaften entstehen.

16 Auch im Falle einer **Rechtsnachfolge** bestehen nach aktueller Rechtslage noch Lücken bei der Sanktionierung von Unternehmen, da die bußgeldrechtliche Haftung einer juristischen Person nur unter bestimmten Bedingungen auf ihren wirtschaftlichen Nachfolger übergeht. Ein Übergang der bußgeldrechtlichen Haftung kommt nur in Betracht, wenn der Rechtsnachfolger im Wege der Gesamtrechtsnachfolge (und

---

[64] BGH Beschl. v. 16.12.2014 – KRB 47/13, NJW 2015, 2198. dagegen auch MüKoGWB/*Vollmer* § 81 Rn. 40; *Bürger* WuW 2011, 130 (134f.); *Bechtold* GWB § 81 Rn. 5; befürwortend *Ost Bien* 2013, 305 (314f.).
[65] Regierungsentwurf zur 9. GWB-Novelle (http://www.bmwi.de/DE/Themen/Wirtschaft/Wettbewerbspolitik/wettbewerbsrecht.html). Diesem Gesetzesprojekt zustimmend *Becker/Vollmer* KSzW 2015, 235 (242); kritisch *Mäger/von Schreitter* KSzW 2015, 243 (254).
[66] Begründung des Regierungsentwurfs zur 9. GWB-Novelle, S. 87.
[67] Vorschrift: S. 26, Begründung: S. 38f. des Regierungsentwurfs.
[68] Begründung des Regierungsentwurfs zur 9. GWB-Novelle, S. 91f.

zwar nur in Form einer Verschmelzung und Aufspaltung)[69] an die Stelle des Verbandes tritt, dessen Vertreter die Tat begangen hat. Nach **früherer Rechtslage** musste darüber hinaus zwischen der früheren und der neuen Vermögensverbindung nach wirtschaftlicher Betrachtungsweise **(nahezu) Identität** bestehen.[70] Danach konnte der Gesamtrechtsnachfolger der ursprünglich nach § 30 OWiG haftenden juristischen Person nur dann mit einer Geldbuße belegt werden, wenn bei wirtschaftlicher Betrachtungsweise das von der ursprünglich haftenden juristischen Person stammende (Teil-)Vermögen im Gesamtvermögen des Nachfolgers qualitativ und/oder quantitativ einen wesentlichen Teil ausmacht und in gleicher oder ähnlicher Weise wie bisher eingesetzt wird.[71] **Seit der 8. GWB-Novelle** kann darüber hinaus im Falle einer **Gesamtrechtsnachfolge** auch ohne „Nahezu-Identität" zwischen ursprünglich haftender juristischer Person und ihrem Nachfolger nach § 30 Abs. 2a S. 1 OWiG eine Geldbuße gegen den Rechtsnachfolger festgesetzt werden. Die Geldbuße darf aber nach § 30 Abs. 2a S. 2 OWiG den **Wert des übernommenen Vermögens sowie die Höhe der gegenüber dem Rechtsvorgänger angemessenen Geldbuße nicht übersteigen.** Die Neuregelung gilt für diejenigen Rechtsnachfolgetatbestände, die nach dem Inkrafttreten der 8. GWB-Novelle, dh nach dem 30.6.2013, wirksam geworden sind.[72] Im Falle einer bloßen **Änderung der Firma oder eines Wechsels der Rechtsform** wurde hingegen schon nach altem Recht eine Kontinuität der bußgeldrechtlichen Haftung angenommen.[73] Auch wenn der Rechtsnachfolger die (einheitliche) Tat fortgesetzt hat, wurde eine bußgeldrechtliche Haftung des Nachfolgers angenommen.[74] Bei einer Einzelrechtsnachfolge, dh wenn nur ein Vermögensteil übernommen wird (etwa bei einem Asset-Deal), bzw. bei einer Abspaltung oder Aufgliederung, geht die Bußgeldhaftung aber auch nach der 8. GWB-Novelle nach wie vor nicht über.[75]

Vor diesem Hintergrund ist wiederum zu begrüßen, dass sich der **Regierungsentwurf** **16a** **zur 9. GWB-Novelle** dieses Problems annimmt, indem für **sämtliche Fälle der Rechtsnachfolge und wirtschaftlichen Nachfolge** bei Unternehmen vorgesehen ist, dass das Bußgeld auch gegen den Nachfolger festgesetzt werden kann. Dabei ist bislang keine Bußgeldbegrenzung auf das übernommene Vermögen vorgesehen. „Wirtschaftliche Nachfolge" im Sinne des § 81 Abs. 3c des Regierungsentwurfs ist nach dessen Begründung im Sinne der unionsrechtlich etablierten Grundsätze zu verstehen: Ein Erwerber, der die Wirtschaftsgüter der juristischen Person, deren Leitungsperson die Ordnungswid-

---

[69] Zu den nach wie vor bestehenden Lücken, die diese Regelung nicht erfasst, siehe Regierungsentwurf zur GWB-Novelle, S. 87.
[70] BGH Beschl. v. 27.01.2015 – KRB 39/14, WuW 2015, 748 – Melittta; dazu *Mäger/von Schreitter* DB 2015, 581; die Verfassungsmäßigkeit dieser Rspr. Bestätigend BVerfG Beschl. v. 20.8.2015 – BvR 980/15 – Melitta; kritisch hierzu *Capellari/Hieber* DB 2015, 2623; BGH Beschl. v. 26.2.2013 – KRB 20/12 Rn. 82, WuW/E DE-R 3861; Beschl. v. 10.8.2011 – KRB 55/10 u. KRB 2/10 Rn. 12, NJW 2012, 164 m.Anm. *Reichling* – Versicherungsfusion; Beschl. v. 11.3.1986 – KRB 8/85, WuW/E 2265; OLG Düsseldorf v. 15.4.2013 – VI-4 Kart 2 6/10 OWi; Urt. v. 19.6.2013 – V-4 Kart 2/13 (OWi); vgl. a. *Dück/Schultes* WM 2013, 9.
[71] OLG Düsseldorf OLG Düsseldorf Urt. v. 10.2.2014 – V-4 Kart 5/11 (OWi), WuW 2015, 750 – Melitta; dazu *Mäger/von Schreitter* DB 2015, 53ff. vgl. BKartA Pressemitteilung v. 11.2.2014; OLG Düsseldorf Urt. v. 15.4.2013 – VI-4 Kart 2 6/10 OWi, UmbruchS. 307; Urt. v. 19.6.2013 – V-4 Kart 2/13 (OWi), UmbruchS. 187;
[72] *Ost* Bien 2013, 305, 311; MüKoGWB/*Vollmer* § 81 Rn. 59; Langen/Bunte/*Raum* GWB § 81 Rn. 46; vgl. aber OLG Düsseldorf Urt. v. 10.2.2014 – V-4 Kart 5/11 (OWi), 4 Kart 5/11 (OWi).
[73] BGH Beschl. v. 10.8.2011 – KRB 55/10, WuW/E DE-R 3455 (3459); BGH Beschl. v. 11.3.1986 – KRB 8/85, WuW BGH 2265 (2266).
[74] BGH Beschl. v. 26.2.2013 – KRB 20/12 Rn. 83, WuW/E DE-R 3861.
[75] Regierungsentwurf zur GWB-Novelle, S. 87; *Ost* Bien 2013, 305 (308); *Mühlhoff* NZWiSt 2013, 321 (328); *Achenbach* wistra 2013, 369 (373). Zur Vermeidung von Vermögensverschiebungen, um einem Bußgeld zu entgehen, sieht § 30 Abs. 6 OWiG iVm § 111d StPO nunmehr die Möglichkeit des dinglichen Arrests schon auf der Grundlage eines Bußgeldbescheides und nicht erst auf der Basis der Entscheidung des erstinstanzlichen Gerichts vor (*Ost* Bien 2013, 305 (313); *Achenbach* wistra 2013, 369 (371)).

rigkeit begangen hat, vollständig oder in Teilen übernimmt und die Geschäftstätigkeit fortsetzt, tritt danach in die bußgeldrechtliche Verantwortung des Rechtsvorgängers ein.[76] Eine Übergangsregelung in §§ 81a, 186 Abs. 5 des Regierungsentwurfs zur 9. GWB-Novelle soll sicherstellen, dass Fälle, in denen das Bußgeldverfahren gegen den Rechtsvorgänger bereits vor Geltung der Neuregelung eingeleitet wurde, die gesellschaftsrechtliche Umstrukturierung mit der Folge der Bußgeldvermeidung aber erst nach Inkrafttreten der Neuregelung vorgenommen wird, ebenfalls erfasst werden können: Bis zur vollen Wirksamkeit der Neuregelung, wird ein gesonderter Haftungstatbestand geschaffen, mit dem ein rein haftungsrechtliches Einstehenmüssen für die Bußgeldverantwortlichkeit begründet wird.[77]

2. Bußgeldhaftung natürlicher Personen

17 Anders als im europäischen Kartellverfahren können im deutschen Bußgeldverfahren nicht nur Unternehmen, sondern auch natürlichen Personen Sanktionen auferlegt werden.[78] Auch wenn die deutsche kartellbehördliche Praxis den Schwerpunkt der Kartellverfolgung eher bei den juristischen Personen setzt, werden regelmäßig die verantwortlichen natürlichen Personen ebenfalls mit vergleichsweise hohen Geldbußen sanktioniert. So wurden etwa vom BKartA in den Jahren 2014/2015 insgesamt über 100 Manager mit Geldbußen im Schnitt von mehr als 100.000 Euro belegt. Das Ordnungswidrigkeitenrecht adressiert sogar in erster Linie die natürlichen Personen, während die Sanktionierbarkeit der juristischen Personen „nur" an schuldhafte Straftaten oder Ordnungswidrigkeiten von natürlichen Personen „anknüpft". Die meisten materiellen Kartellrechtsvorschriften richten sich allerdings an **Unternehmen** bzw. Unternehmensvereinigungen (vgl. etwa § 1 GWB, Art. 101 f. AEUV). Gegen diese Kartellrechtsbestimmungen verstoßen können also nur Unternehmen im Sinne dieser Vorschriften. Sie können von einer natürlichen Person unmittelbar nur dann verletzt werden, wenn sie selbst „Unternehmen" im Sinne dieser Vorschriften ist, weil sie als solche (zB als Einzelkaufmann) ein Gewerbe betreibt.[79] Fraglich ist aber, welchen natürlichen Personen, die selbst keine Unternehmen im Sinne der Kartellrechtsnorm sind, ein Bußgeld auferlegt werden kann, wenn das Unternehmen materiell einen Kartellrechtsverstoß begangen hat. Die hM[80] geht davon aus, dass die natürlichen Personen die Voraussetzungen des **§ 9 OWiG** erfüllen (und schuldhaft gehandelt haben) müssen (sog **Sonderdelikteigenschaft**).[81] Dies sind die **dort genannten Unternehmensvertreter,** die bei dem Kartellrechtsverstoß in ihrer Funktion für das Unternehmen oder für die Unternehmensvereinigung tätig waren. Unternehmensvertreter im Sinne dieser Vorschrift sind nicht nur die nach dem Gesellschaftsrecht Vertretungsberechtigten (§ 9 Abs. 1 OWiG, zB Geschäftsführer einer GmbH, Vorstand einer AG), sondern auch das mittlere Management (zB Vertriebsleiter), sofern ein bestimmter Verantwortungsbereich übertragen worden ist (§ 9 Abs. 2 OWiG). Nach dem Wortlaut des § 81 Abs. 1–3 GWB ist dessen Sonderdelikteigenschaft allerdings nicht zwingend, weil danach uneingeschränkt jeder („wer"), der etwa gegen Art. 101 AEUV verstößt oder § 1 GWB zuwiderhandelt, ordnungswidrig handelt. Sonderdelikte schränken aber den Kreis der potentiell Handelnden im Wortlaut ein (zB § 130 OWiG: „Wer *als Inhaber eines Betriebes oder Unternehmens* vorsätzlich oder fahrlässig die Aufsichtsmaßnahmen unterlässt,...").[82] Auch teleologische Erwägungen erfordern keine Reduktion des Tatbestands, da die allgemei-

---

[76] Begründung des Regierungsentwurfs zur GWB-Novelle, S. 89.
[77] Begründung des Regierungsentwurfs zur GWB-Novelle, S. 39.
[78] Beziehen sich Absprachen auf Ausschreibungen können sie sich sogar nach § 298 StGB strafbar machen (ausführlich → § 19).
[79] Im og Bußgeldverfahren wegen einer unvollständigen Fusionsanmeldung war Konzernmutter eine natürliche Person, die nach § 36 Abs. 3 GWB als Unternehmen galt, vgl. BKartA Pressemitteilung v. 15.1. 2013 – Tönnies.
[80] Vgl. etwa Langen/Bunte/*Raum* GWB § 81 Rn. 15 ff.
[81] Vgl. nur Langen/Bunte/*Raum* GWB § 81 Rn. 15; MüKoGWB/*Vollmer* § 81 Rn. 39.
[82] Hervorhebung durch Verf.

nen Regeln zur (Mit-)Täterschaft bereits eine angemessene Begrenzung des Täterkreises bewirken, wie der Vergleich mit § 298 StGB zeigt, der nach hM kein Sonderdelikt ist (ausführlich → § 19 Rn. 52).

Die **Aufsichtspflichtverletzung nach § 130 OWiG** richtet sich ausdrücklich nur an **Betriebs- und Unternehmensinhaber,** bei denen es sich idR um juristische Personen handelt (sog Sonderdelikt).[83] Natürliche Personen haften nach dieser Norm bußgeldrechtlich, wenn sie die Aufsichtspflicht als Vertreter des Inhabers trifft und sie die Voraussetzungen des § 9 OWiG erfüllen. In erster Linie sind dies die gesetzlichen Vertreter der juristischen Person iSd § 9 Abs. 1 OWiG, da diese in Vertretung des Inhabers aufgrund gesetzlicher Bestimmungen die Aufsichtspflicht trifft. Bei mehreren gesetzlichen Vertretern sind grundsätzlich alle aufsichtspflichtig, wobei das individuell gebotene Ausmaß der gebotenen und zumutbaren Maßnahmen, die der jeweilige Vertreter zur Vermeidung der Zuwiderhandlung ergreifen muss, von der internen Geschäftsverteilung abhängen kann.[84] Weiterhin können auch **Betriebsleiter** im Sinne des § 9 Abs. 2 S. 1 Nr. 1 OWiG und solche Personen aufsichtspflichtig sein, denen die Aufsichtspflicht speziell vom Unternehmensinhaber übertragen worden ist, wie zB (je nach konkreter Ausgestaltung) **Compliance-Beauftragte** im Rahmen ihres Auftrags (§ 9 Abs. 2 S. 1 Nr. 2 OWiG).[85] Wenn die Aufsicht delegiert wird, verbleibt aber stets zumindest die Oberaufsicht bei dem gesetzlichen Vertreter.[86]

Darüber hinaus kann aber auch bei einem Sonderdelikt natürlichen Personen, die keine Vertreter im Sinne des § 9 OWiG sind, nach § 14 Abs. 1 OWiG ein Bußgeld auferlegt werden, wenn sie sich schuldhaft an der rechtswidrig verwirklichten Tat eines Vertreters beteiligen. Handelt es sich bei der „Haupttat", auf die sich die **Beteiligungshandlung** bezieht, um ein Sonderdelikt, setzt dies nach § 14 Abs. 2 OWiG allerdings voraus, dass zumindest eine natürliche Person als Vertreterin eines Unternehmens (bzw. Unternehmensinhabers, § 130 OWiG) im Sinne des § 9 OWiG rechtswidrig einen Kartellrechtsverstoß begangen hat.

IV. Rechtskraft, Strafklageverbrauch etc

1. Sperrwirkung in Bezug zu weiteren Verfahren gegen dieselbe Person

Die (materielle) Rechtskraft betrifft die Zulässigkeit von Sanktionen gegen denselben Täter wegen derselben (verfahrensrechtlichen) Tat.[87] Die erste rechtskräftige Entscheidung über dieselbe Tat hat grds. auch für die anderen Handlungen innerhalb des erfassten geschichtlichen Lebensvorgangs **Sperrwirkung für andere Bußgeld- und Strafverfahren** (sog Strafklageverbrauch).[88] Sie können nicht nochmals geahndet werden, weil dies dem Grundsatz „**ne bis in idem**" iSd Art. 103 Abs. 3 GG widersprechen würde. Für eine behördliche Bußgeldentscheidung gilt der Strafklageverbrauch allerdings nur eingeschränkt: Nach § 84 OWiG kann dieselbe Tat nicht mehr als Ordnungswidrigkeit verfolgt werden. Die Verfolgung als Straftat wird aber nur durch die rechtskräftige Entscheidung eines Gerichts verhindert (§ 84 Abs. 2 OWiG).[89] Die **Reichweite der Rechtskraft** wird durch den Täter und seine verfahrensrechtliche („prozessuale") Tat bestimmt. Darüber hinaus ist die Reichweite der Tat und insbesondere der Zeitpunkt ihrer Beendigung auch

---

[83] Zur Frage der Unternehmensinhaberschaft der Konzernobergesellschaft → Rn. 10.
[84] OLG Düsseldorf Beschl. v. 16.1.2002 – 2b Ss (OWi) 2/01 – (OWi) 75/01 IV, NStZ-RR 2002, 178 f.; zu § 13 StGB vgl. a. BGH Urt. v. 6.7.1990 – 2 StR 549/89, BGHSt 37, 106 (123); LAG Essen Urt. v. 19.12.2013 – 1 Ca 657/13, BeckRS 2014, 68462; KK-OWiG/*Rogall* § 130 Rn. 68; Göhler/*Gütler* OWiG § 9 Rn. 15.
[85] Vgl. zu § 13 StGB BGH Urt. v. 17.7.2009 – 5 StR 394/08, WM 2009, 1883; vgl. a. *Zimmermann* BB 2011, 634; *Dann/Mengel* NJW 2010, 3265; *Grützner/Behr* DB 2013, 561.
[86] Göhler/*Gürtler* OWiG § 130 Rn. 15.
[87] *Meyer-Goßner* Einl. Rn. 168.
[88] Göhler/*Seitz* Vor § 59 Rn. 50 mwN.
[89] Göhler/*Seitz* § 84 Rn. 3 f.

für die Frage des Verjährungsbeginns maßgeblich.[90] Die Tat im verfahrensrechtlichen Sinne ist ein bestimmter Lebenssachverhalt, der Gegenstand des Verfahrens ist und bezüglich dessen dem Betroffen die Verwirklichung eines Ordnungswidrigkeitentatbestandes zur Last gelegt wird.[91] Die Reichweite richtet sich nicht danach, ob der Verfolgungsbehörde Teile der Tat nicht bekannt sind oder erst später bekannt werden.[92] Es kommt grundsätzlich nicht darauf an, ob im materiell-rechtlichen Sinne **Tateinheit oder Tatmehrheit** vorliegt (→ Rn. 112), da der verfahrensrechtliche Tatbegriff eigenständig zu bestimmen ist.[93] Allerdings führt ein tateinheitliches Konkurrenzverhältnis in prozessualer Hinsicht regelmäßig zur Annahme einer einheitlichen verfahrensrechtlichen Tat.[94]

21 Welche Handlungen als **ein einheitlicher geschichtlicher Vorgang** aufzufassen sind, bestimmt sich nach der „natürlichen Auffassung des Lebens" bzw. hierzu bereits entwickelter Kasuistik. Letztlich müssen die Handlungen unter Berücksichtigung ihrer strafrechtlichen Bedeutung **innerlich so miteinander verknüpft** sein, dass ihre getrennte Würdigung und Ahndung als unnatürliche Aufspaltung eines einheitlichen Lebensvorganges empfunden werden.[95] Die von der Tathandlung verletzten Schutzgüter und der zeitliche Abstand zwischen den Handlungen sind wichtige Abgrenzungskriterien.[96] Einzelabsprachen, die lediglich eine kartellrechtswidrige **Grundabsprache** konkretisieren, begründen regelmäßig keine selbständigen Taten (sowohl im materiell-rechtlichen als auch im verfahrensrechtlichen Sinne). Sie bilden eine **Bewertungseinheit**. Die einzelnen Ausführungshandlungen einer langjährigen Absprache werden dadurch zu einer einheitlichen Tat zusammengefasst.[97] Von der Bewertungseinheit werden Absprachen umfasst, durch die neue Mitglieder in das Kartell einbezogen werden.[98] Auch Veränderungen der Quote in einem hierauf bezogenen Kartell stellen lediglich Aktualisierungen der ursprünglichen Grundabsprache dar, die Teil der Bewertungseinheit sind.[99] Ob auch Abwehrmaßnahmen eines Kartells gegen unvorhergesehene Störungen durch Drittanbieter (Einlieferungen in den kartellierten Markt) als unselbständige Bestandteile der Grundabsprache einzuordnen sind, ist eine Frage des Einzelfalles.[100] Erst mit Abschluss des letzten Teilakts, durch den eine kartellrechtswidrige Absprache umgesetzt wird, ist die Tat beendet.[101] Kommt es bei einer Submissionsabsprache zu einer Auftragserteilung an einen Kartellanten, tritt eine Beendigung der Taten sämtlicher Kartellanten erst ein, wenn der aufgrund der kartellrechtswidrigen Absprache erteilte Auftrag durchgeführt und die

---

[90] KK-OWiG/*Bohnert* OWiG § 19 Rn. 11.
[91] BGH Urt. v. 5.11.1969 – 4 StR 519/68, BGHSt 23, 141 (145); Göhler/*Seitz* Vor § 59 Rn. 50.
[92] *Bohnert* OWiG § 19 Rn. 24.
[93] BGH Urt. v. 5.11.1969 – 4 StR 519/68, BGHSt 23, 141 (145); KK-OWiG/*Bohnert* § 19 Rn. 14; Göhler/*Seitz* § 84 Rn. 5.
[94] BGH Beschl. v. 4.11.2003 – KRB 20/03, WuW/E DE-R 1233 (1234) – Frankfurter Kabelkartell; Beschl. v. 19.12.1995 – KRB 33/95, NJW 1996, 1973 (1974).
[95] BGH Urt. v. 5.11.1969 – 4 StR 519/68, BGHSt 23, 141 (145); Beschl. v. 19.12.1995 – KRB 33/95, NJW 1996, 1973 (1974); Göhler/*Seitz* Vor § 59 Rn. 50a; KK-OWiG/*Bohnert* Einl. Rn. 174 und § 19 Rn. 12.
[96] BGH Beschl. v. 4.11.2003 – KRB 20/03, WuW/E DE-R 1233 (1234) – Frankfurter Kabelkartell; Beschl. v. 19.12.1995 – KRB 33/95, NJW 1996, 1973 (1974); Göhler/*Seitz* Vor § 59 Rn. 50a.
[97] BGH Beschl. v. 4.11.2003 – KRB 20/03, WuW/E DE-R 1233 (1234) – Frankfurter Kabelkartell; Beschl. v. 28.6.2005 – KRB 2/05, WuW/E DE-R 1567 (1568).
[98] BGH Beschl. v. 26.2.2013 – KRB 20/12, WuW/E DE-R 3861 – Grauzement; Beschl. v. 28.6.2005 – KRB 2/05, WuW/E DE-R 1567 (1568).
[99] BGH Beschl. v. 28.6.2005 – KRB 2/05, WuW/E DE-R 1567 (1568).
[100] Vgl. etwa BGH Urt. v. 26.2.2013 – KRB 20/12, BGHSt 58, 158 (167) Rn. 27 – Grauzementkartell; Langen/Bunte/*Raum* § 81 Rn. 94; vgl. hingegen BGH Beschl. v. 19.12.1995 – KRB 33/95, NJW 1996, 1973, wobei diese Entscheidung angesichts der neuen BGH-Rechtsprechung, die § 298 StGB auch bei Absprachen zwischen der Vergabestelle und einem Bieter als verwirklicht ansieht und dabei ggf. Tateinheit mit Bestechung annimmt (BGH Beschl. v. 29.4.2015 – 1 StR 235/14, NStZ-RR 2015, 278; vgl. a. BGH Beschl. v. 25.7.2012 – 2 StR 154/12, NJW 2012, 3318) wahrscheinlich mittlerweile als überholt anzusehen ist.
[101] BGH Beschl. v. 4.11.2003 – KRB 20/03, WuW/E DE-R 1233 – Frankfurter Kabelkartell (insoweit nicht abgedruckt, vgl. juris-Rn. 18).

Schlussrechnung gelegt wurde.[102] Zur Abgrenzung der verfahrensrechtlichen Tat bei Aufsichtspflichtverletzungen → Rn. 12.

Parallele Verfahren und Entscheidungen mehrerer nationaler Wettbewerbsbehörden oder Gerichte zB wegen desselben Kartells, welches sich in verschiedenen Staaten auswirkt, sind grundsätzlich zulässig. Das grundgesetzliche Verbot der Doppelverfolgung gilt nicht im Verhältnis zur ausländischen Gerichtsbarkeit, es sei denn eine entsprechende Sperrwirkung ist durch zwischenstaatlichen Vertrag ausdrücklich geregelt.[103] Auch Art. 4 des 7. Zusatzprotokolls zur EMRK sperrt nach hM nur eine Strafverfolgung durch den nämlichen nationalen Staat.[104] Die VO 1/2003 schränkt parallele Verfahren nicht ein, sondern nennt diese nur als hinreichenden Grund, eines der Verfahren auszusetzen (Art. 13 Abs. 1 VO 1/2003).[105] Der EuGH hat parallele Verfahren verschiedener europäischer Behörden wegen desselben Kartells auch unter Berücksichtigung des unionsrechtlichen Grundsatzes „ne bis in idem" ausdrücklich für zulässig erklärt, sofern sie die Wettbewerbsbeschränkungen auf unterschiedlichen Gebieten oder für unterschiedliche Zeiträume ahnden.[106] Denn zur Tat gehöre im Zusammenhang mit Kartellvergehen stets der Zeitraum und das Gebiet, in dem sich der Kartellverstoß in wettbewerbswidriger Weise ausgewirkt hat oder auswirken konnte. Es liege in diesen Fällen kein „idem" vor.[107] Der unionsrechtliche Grundsatz „ne bis in idem" lässt im Übrigen auch **parallele Verfahren einer europäischen Wettbewerbsbehörde mit einer anderen Behörde außerhalb der Union** zu.[108]

Im Verhältnis zur Europäischen Kommission sind parallele Verfahren einer mitgliedsstaatlichen Behörde[109] und der Kommission gegen dasselbe Unternehmen wegen desselben Verstoßes gegen Art. 101, 102 AEUV unzulässig, weil die nationale Behörde nach Art. 11 Abs. 6 S. 1 VO 1/2003 ihre Zuständigkeit verliert, sobald die Kommission ein Verfahren einleitet. Wegen Art. 3 Abs. 1 S. 1 VO 1/2003 kann die nationale Behörde dann auch kein Verfahren gegen das Unternehmen gestützt auf nationales Wettbewerbsrecht führen. Allerdings ist dieser Kompetenzverlust nur ein zeitlicher, da die Zuständigkeit der nationalen Behörde mit der Beendigung des Kommissionsverfahrens wieder auflebt.[110] Sukzessive Verfahren sind somit theoretisch denkbar, sofern sich die nationale Behörde nicht in Widerspruch zu einer vorangegangenen Entscheidung der Kommission setzt (Art. 16 Abs. 2 VO 1/2003),[111] in der Praxis dürften sie jedoch kaum vorkommen. Ein Verfahren gegen die handelnden natürlichen Personen, die ja nicht Gegenstand des Verfahrens der Kommission sind, ist allerdings auch gleichzeitig zum Kommissionsverfahren möglich.[112] Diese Konstellation dürfte in Deutschland wegen der Geltung des Legali-

---

[102] BGH Beschl. v. 4.11.2003 – KRB 20/03, WuW/E DE-R 1233 – *Frankfurter Kabelkartell* (insoweit nicht abgedruckt, vgl. juris-Rn. 18); LG Bonn Beschl. v. 21.9.2015 – 29 Qs 7/15; vgl. allerdings BGH Beschl. v. 13.3.1990 KRB 3/89, BeckRS 1990, 31168412 – *Leerangebot*, der in dieser Frage zwischen „beihilfefähigen Mithilfehandlungen" durch die Abgabe von Leerangeboten und „täterschaftlicher Tatverwirklichung" durch die Abgabe von Schutzangeboten unterscheidet.).
[103] Göhler/*Seitz* § 84 Rn. 18 mwN.
[104] SK/*Paeffgen* EMRK Anhang Art.7 Rn. 24 mwN; *Brammer* EuZW 2013, 617 (618).
[105] Vgl. a. EuGH Urt. v. 14.2.2012 – C-17/10, ABl. 2012 C 98, 3, ECLI:EU:C:2011:552 Rn. 90 – *Toshiba*.
[106] EuGH Urt. v. 14.2.2012 – C-17/10, ABl. 2012 C 98, 3, Tenor, Ziff. 99 – *Toshiba*; Urt. v. 13.2.1969 – C-14/68, Slg. 1969, 1 – *Walt Wilhelm*; zustimmend Langen/Bunte/*Sura* VO 1/2003 Art. 23 Rn. 70 ff.; kritisch *Brammer* EuZW 2013, 617 (620); s.a. *Klees* WuW 2006, 1222 (1226).
[107] EuGH 14.2.2012 – C-17/10, ABl. 2012 C 98, 3, Ziff. 99 – *Toshiba*; GA *Kokott* SchlA v. 8.9.2011 – C-17/10, Rn. 130 – *Toshiba*.
[108] EuGH Urt. v. 18.5.2006 – C-397/03 P – ADM; GA *Kokott* SchlA v. 8.9.2011 – C-17/10, ECLI:EU:C:2011:552 Rn. 132 – *Toshiba*.
[109] Eine Ausnahme gilt für den Zeitraum vor dem Beitritt des Mitgliedsstaates zum EWR, EuGH Urt. v. 14.2.2012 – C-17/10, ABl. 2012 C 98, 3 – *Toshiba*.
[110] EuGH Urt. v. 14.2.2012 – C-17/10, ABl. 2012 C 98, 3, Rn. 79 f. – *Toshiba*.
[111] EuGH Urt. v. 14.2.2012 – C-17/10, ABl. 2012 C 98, 3, Rn. 86 f. – *Toshiba*.
[112] So geschehen zB im Marineschläuche-Verfahren, vgl. etwa Competition and Markets Authority case, Marine hose: criminal cartel investigation (https://www.gov.uk/cma-cases/marine-hose-criminal-cartel-in

tätsprinzips, welches die Strafverfolgungsbehörden zur Verfolgung aller Straftaten verpflichtet, fast ausschließlich im Hinblick auf die Verfolgung strafbarer Submissionsabsprachen durch die Staatsanwaltschaft auftreten.[113] Für die Kartellbehörde, die aufgrund des Opportunitätsprinzips ein Aufgreifermessen hat, dürfte hingegen idR der Einsatz ihrer Ressourcen zur Verfolgung anderer Kartellverstöße, die andernfalls nicht sanktioniert würden, sinnvoller sein.

2. „Doppelte" Bebußung der juristischen Person und ihrer Vertreter

24 Dass wegen derselben Kartellordnungswidrigkeit sowohl gegen den handelnden Unternehmensvertreter als auch gegen die vertretene juristische Person jeweils eine selbständige Sanktion verhängt werden kann,[114] ist mit dem Grundsatz „ne bis in idem" vereinbar.[115] **Verfahrensmäßig** ist die **Zulässigkeit der selbständigen Verfolgung juristischer Personen** allerdings in bestimmten Konstellationen eingeschränkt (für natürliche Personen gilt dies nicht). Wird gleichzeitig ein Verfahren gegen eine Leitungsperson geführt, so hat die Verfolgung der von ihr vertretenen juristischen Person wegen derselben Tat grundsätzlich in demselben Verfahren zu erfolgen. Wird (noch) kein oder kein Verfahren mehr gegen eine Leitungsperson geführt, ist ein **selbständiges Verfahren gegen die von ihr vertretene juristische Person** hingegen zulässig (§ 30 Abs. 4 S. 1 OWiG). Ist allerdings schon vor Einleitung des Verfahrens gegen die juristische Person eine Verfolgung sämtlicher Leitungspersonen aus rechtlichen Gründen[116] nicht (mehr) möglich, zB weil die Verfahren gegen sie bereits rechtskräftig abgeschlossen sind und ihre Verfolgung wegen Art. 101 Abs. 3 GG (ne bis in idem) unzulässig wäre, oder weil ihre Taten bereits verjährt sind (vgl. aber § 30 Abs. 4 S. 3, 2. Hs, § 33 Abs. 1 S. 2 OWiG), ist die Festsetzung einer Geldbuße gegen die juristische Person nach § 30 Abs. 4 S. 3 OWiG unzulässig (allerdings nicht nichtig[117]). Etwas anderes gilt, wenn die **Verfahrensspaltung erst nach der behördlichen Bußgeldentscheidung** gegen die juristische Person und ihre Vertreter im ursprünglich einheitlichen Verfahren entstanden ist. Lässt die Leitungsperson die Bußgeldentscheidung gegen sie selbst rechtskräftig werden, während die juristische Person gegen das ihr auferlegte Bußgeld Einspruch erhebt, ist die selbständige Fortführung eines Zwischen- bzw. Gerichtsverfahrens gegen die juristische Person allein möglich (einschließlich Rücknahme und Neuerlass des Bußgeldbescheides zB aufgrund eines erst im Zwischenverfahren vereinbarten Settlements). Der umgekehrte Fall wirft ohnehin keine Fragen auf, weil die Verfolgung der natürlichen Person in keiner Konstellation aufgrund einer rechtskräftigen Verurteilung der juristischen Person eingeschränkt ist. Darüber hinaus kann nach § 82 GWB bei **Submissionsabsprachen** in jeder Konstellation ein Bußgeldverfahren durch die Kartellbehörde gegen eine beteiligte juristische Person und gleichzeitig bzw. nacheinander ein Strafverfahren durch die Staatsanwaltschaft gegen den handelnden Unternehmensvertreter geführt und beiden in den jeweiligen Verfahren (zeitlich und inhaltlich) unabhängig voneinander eine Sanktion auferlegt werden.[118]

---

vestigation); Pino, The Marine Hoses Cartel (http://ec.europa.eu/competition/publications/cpn/2009_2_12.pdf).

[113] So wurden etwa im Aufzugskartell zunächst die Unternehmen von der Europäischen Kommission (vgl. EuGH Urt. v. 24.10.2013 – C-510/11 P) und anschließend die natürlichen Personen durch die Staatsanwaltschaft Düsseldorf (Az. 130 Js 14/07) verfolgt.

[114] Hierzu Göhler/*Gürtler* OWiG Vor § 29a Rn. 14.

[115] Göhler/*Gürtler* OWiG § 30 Rn. 29 ff.

[116] Tatsächliche Umstände, wie Tod oder dauernde Verhandlungsunfähigkeit der Leitungsperson, zählen nicht hierzu, BGH Beschl. v. 26.2.2013 – KRB 20/12, WuW/E DE-R, 3861 – Grauzement.

[117] Göhler/*Gürtler* OWiG § 30 Rn. 31, 33a mwN; KK-OWiG/*Rogall* § 30 Rn. 163.

[118] Ausführlich MüKoGWB/*Vollmer* § 82 Rn. 9 ff. mwN und diesbezüglichem Streitstand in der Lit.

C. Verfahrenseröffnung

Die Kartellbehörde ist befugt ein Bußgeldverfahren einzuleiten, sofern Anhaltspunkte für eine 25 Kartellordnungswidrigkeit vorliegen und keine Verfolgungshindernisse (zB Verjährung) entgegenstehen. Anders als die Staatsanwaltschaft im Strafverfahren, die das Legalitätsprinzip zur Verfahrenseinleitung verpflichtet, hat die Kartellbehörde ein pflichtgemäßes Ermessen, ob sie einen Kartellrechtsverstoß aufgreift (§ 47 Abs. 1 OWiG, **Opportunitätsgrundsatz**). Solange das Verfahren bei ihr anhängig ist, kann sie es dementsprechend auch (teilweise) wieder einstellen (§ 47 Abs. 1 S. 2 OWiG). Die Kartellbehörde entscheidet,
- ob sie bei Verdacht einen Verstoß gegen das Kartellrecht aufgreift und wenn ja,
- mit welcher Zielrichtung sie gegen den Verstoß vorgeht (Ahndung, Abschöpfung des wirtschaftlichen Vorteils, Abstellung des Verstoßes durch Untersagung oder konkrete Vorgaben) und in welcher Verfahrensart (Bußgeld- oder Verwaltungsverfahren),
- ob sie alle am Verstoß Beteiligten oder nur bestimmte (natürliche oder juristische) Personen verfolgt sowie
- ob sie die Verfolgung der Tat auf abtrennbare Teilaspekte beschränkt.[119]

Die Verwaltungsbehörde muss sich bei Ausübung des Ermessens an sachlichen Gesichts- 26 punkten orientieren und darf nicht willkürlich entscheiden.[120] Maßgeblicher Gesichtspunkt ist das Ziel der Durchsetzung des Kartellrechts und der Offenhaltung von Märkten. **Ob überhaupt und in welcher Verfahrensart ein Verstoß aufgegriffen** wird, hängt daher zB von der Schwere des Verstoßes, seinen marktschädlichen Wirkungen und seiner volkswirtschaftlichen Bedeutung ab. Auch eine eventuelle über den Einzelfall hinausgehende „Signalwirkung" eines Verfahrens in der Branche, die zu erwartenden Schwierigkeiten bei der Aufklärung und die zur Verfügung stehenden Ressourcen können berücksichtigt werden. Entschließt sich die Behörde gegen einen Kartellrechtsverstoß grundsätzlich in einem Bußgeldverfahren vorzugehen, stellt sich außerdem die Frage, **gegen wen** sich das Verfahren richten soll. Dabei kann zB die Art des Kartellrechtsverstoßes, die Marktpositionen der jeweils Beteiligten sowie die Schwere und Bedeutung ihres eigenen Tatbeitrags von Bedeutung sein. Schließlich ist auch der Grundsatz der Gleichmäßigkeit des Verwaltungshandelns zu berücksichtigen, der insbesondere zur Beachtung von Richtlinien oder Verwaltungsgrundsätzen, wie der Bonusregelung, zwingt.[121]

Eingeleitet wird das Verfahren durch die erste behördliche Maßnahme, die erkenn- 27 bar darauf abzielt, gegen jemanden (nicht notwendigerweise schon bestimmten) wegen des Verdachts einer Ordnungswidrigkeit in einem Bußgeldverfahren vorzugehen.[122] Mit der Einleitung eines Verfahrens gegenüber einer bestimmten (natürlichen oder juristischen) Person, erhält diese die Stellung einer Betroffenen. Der Tatverdacht allein begründet noch nicht die **Eigenschaft als Betroffener,** sondern erst wenn aufgrund dessen Ermittlungen gegen die Person geführt werden. Diese Stellung als Betroffener hat bestimmte verfahrensrechtliche Konsequenzen: So darf der Betroffene insbesondere nur als solcher unter Hinweis auf sein Recht zu schweigen, und nicht als Zeuge (mit grds. Aussagepflicht) vernommen werden (ausführlich → Rn. 47, 64). Darüber hinaus hat er bestimmte Verteidigungsrechte (ausführlich → Rn. 63 ff.). Voraussetzung für die Einleitung eines Kartellbußgeldverfahrens ist das Vorliegen **konkreter Tatsachen,** die auf die Verwirklichung eines Kartellordnungswidrigkeitentatbestandes hinweisen, reine Vermutungen sind nicht hinreichend.[123] Ein förmlicher **Antrag** (etwa ein Bonusantrag) oder **eine Anzeige** sind weder erforderlich noch führen sie zwingend zu der Einleitung eines Ermittlungsver-

---

[119] Göhler/*Seitz* § 47 Rn. 30.
[120] Göhler/*Seitz* § 47 Rn. 8; Langen/Bunte/*Raum* GWB § 81 Rn. 69.
[121] Göhler/*Seitz* § 47 Rn. 8 f.; MüKoGWB/*Vollmer* § 81 Rn. 177.
[122] LG Bonn Beschl. v. 21.6.2012 – 27 Qs 2/12, NZKart 2013, 204 – Matratzen; Göhler/*Seitz* Vor § 59 Rn. 27 mwN.
[123] Göhler/*Seitz* Vor § 59 Rn. 28.

fahrens. Insbesondere im Bereich der Fusionskontrolle, aber auch bezüglich anderer Kartellverstöße können sich konkrete Verdachtsmomente aus anderen Verwaltungsverfahren der Kartellbehörde ergeben, die grundsätzlich in einem Bußgeldverfahren verwertet werden können.[124] Darüber hinaus gehen viele Beschwerden und/oder (anonyme) Hinweise von Marktteilnehmern bei der Kartellbehörde ein, die konkrete Hinweise auf einen Kartellrechtsverstoß enthalten können. Die besonders wettbewerbsschädlichen sog „Hardcore"-Absprachen zwischen Wettbewerbern sind dennoch schwer aufzudecken. Aufgrund der hohen Bußgelddrohung finden solche Kartellverstöße regelmäßig im Geheimen statt und werden durch die Täter verschleiert, indem sie sich zB an unauffälligen Orten wie an Flughäfen, am Rande von Verbandstreffen oder sogar im Ausland treffen[125] mit Verbot der Protokollierung, unter Benutzung von Prepaid-Handys sowie der Verwendung von Decknamen und Codes[126]. Die dadurch Geschädigten können häufig nur ein mehr oder weniger gleichförmiges Marktverhalten der Täter erkennen, welches auch durch die Marktverhältnisse und nicht durch Absprachen bedingt sein könnte, so dass schon die Tat an sich schwer zu entdecken ist. Ohne Unterstützung und Kooperation eines kartellbeteiligten Unternehmens und/oder seiner Mitarbeiter, ist die Aufdeckung bzw. der Nachweis dieser Kartellverstöße in manchen Fällen kaum möglich.

28 Um das Kartellrecht gerade in diesem Bereich durchzusetzen, haben viele Kartellbehörden im In- und Ausland sowie die Europäische Kommission eine besondere Form der **Kronzeugenregelung** eingeführt, die die Reduktion bzw. sogar den Erlass der Geldbuße unter bestimmten Bedingungen zusichert.[127] Voraussetzung ist insbesondere, dass ein Kartellant sich selbst und die anderen Kartellbeteiligten anzeigt und während der gesamten Verfahrensdauer mit der Kartellbehörde bei der Aufklärung und dem Nachweis der Tat zusammenarbeitet. Es handelt sich um eine Anzeige eines eigenen horizontalen Verstoßes gegen das Kartellverbot, so dass es sich zwangsläufig nicht nur um eine Selbstanzeige handelt, sondern auch andere Unternehmen der Beteiligung bezichtigt werden müssen. Mit der im Jahr 2000 eingeführten und im Jahr 2006 noch verbesserten sog **Bonusregelung**[128] sichert das Bundeskartellamt bezüglich der Aufdeckung und Aufklärung horizontaler Absprachen im Wesentlichen Folgendes zu:
- Wer als erster gegenüber der Behörde ein ihr unbekanntes horizontales Kartell aufdeckt und mit ihr im Verlaufe des Verfahrens ununterbrochen kooperiert, erhält einen **Bußgelderlass** („Windhundprinzip"). Auch wenn das BKartA zum Zeitpunkt des Bonusantrags schon einen Tatverdacht hatte, wird dem ersten Antragsteller die Geldbuße regelmäßig erlassen, wenn er die entscheidenden für den Nachweis der Tat erforderlichen Beweise liefert.[129] Ausgeschlossen vom Erlass sind in jedem Fall der alleinige Anführer und solche Mitglieder eines Kartells, die andere zur Teilnahme an dem Kartell gezwungen haben.
- Für alle übrigen Bonusantragsteller gibt es je nach Zeitpunkt und Beweiswert ihrer Bonusanträge und Kooperationsbeiträge eine **Bußgeldminderung,** die maximal 50% der Geldbuße betragen kann.

---

[124] MüKoGWB/*Vollmer* § 81 Rn. 177; Immenga/Mestmäcker/*Dannecker/Biermann* GWB Vor § 81 Rn. 155.
[125] Vgl. etwa BKartA-Fallbericht zu d. Entscheidung v. 10.2.1011 – B12-11/09 – Feuerwehrfahrzeuge: Kartelltreffen am Flughafen Zürich.
[126] Vgl. etwa BKartA-Fallberichte zu d. Entscheidung v. Juli 2012 – B12-11/11 – Schienen: Übermittlung der Preisangaben teilweise als Aktien- oder Börsenwerte, manchmal auch als Lottozahlen ; Entscheidung v. 27.7.2011 – B12-12/10 – Feuerwehrdrehleitern: abgesprochene Rabatte wurden als Fußballergebnisse getarnt, Kartelltreffen als Trainingstermine bezeichnet.
[127] ZB fast alle EU-Mitgliedsstaaten, vgl. „List of National Competition Authorities which operate a Leniency programme", Stand: 22.11.2012 (http://ec.europa.eu/competition/ecn/leniency_programme_nca.pdf).
[128] Abrufbar unter www.bundeskartellamt.de. Mehrere LKartB haben entsprechende Verwaltungsgrundsätze eingeführt (zB Bayern, Hessen, Rheinland-Pfalz, Sachsen-Anhalt) bzw. verpflichten sich zur Anwendung der Bonusregelung des BKartA (zB Niedersachsen, Hessen, Nordrhein-Westfalen, Baden-Württemberg).
[129] Vgl. etwa BKartA Pressemitteilung v. 24.6.2015 – akustisch wirksame Bauteile.

Der erste ein Kartell aufdeckende Bonusantrag auf Erlass einer Geldbuße wird beim Bundeskartellamt häufig gestellt, wenn ein Unternehmen infolge intensiver interner Untersuchungen, etwa aufgrund der Vorgaben eines Compliance-Programms, im Rahmen von Fusionsverhandlungen oder infolge anderweitiger kartellbehördlicher Verfahren einen Kartellrechtsverstoß durch seine Mitarbeiter aufgedeckt hat. Allein im Jahr 2015 wurden beim BKartA insgesamt 76 Anträge in 29 Fällen gestellt.[130] Nicht alle Anträge führen zur Einleitung eines Bußgeldverfahrens, gut die Hälfte der gegen horizontale Kartelle eingeleiteten Verfahren werden aber durch Bonusanträge ausgelöst und in fast allen mit Bußgeldern abgeschlossenen Fällen werden letztlich Bonusanträge gestellt, die wesentlich zum Nachweis der horizontalen Kartelle beitragen (ausführlich zur Handhabung der Bonusregelung → Rn. 59 ff.). 29

Ebenfalls zur Erhöhung der Aufklärungsquote hat das Bundeskartellamt ein **elektronisches Hinweisgebersystem** eingeführt. Über einen besonders gesicherten elektronischen Briefkasten können konkrete Hinweise auf Kartellverstöße – auch in anonymer Form – übermittelt werden. Das Bundeskartellamt kann hierzu Rückfragen stellen, ohne die Identität des Hinweisgebers zu erkennen bzw. ermitteln zu können. Auf diese Weise können zB Mitarbeiter von Kartellanten, die Repressalien befürchten müssen, ihre Identität geheim halten und müssen auch im weiteren Verlauf des Verfahrens insbesondere bei einer Akteneinsicht der Betroffenen keine Offenbarung ihrer Identität befürchten. Ein anonymer Bonusantrag ist allerdings nicht möglich. Bei Eingang eines anonymen Hinweises vergewissert sich das Bundeskartellamt zunächst, ob die Angaben eine entsprechende sachliche Qualität haben, ausreichend detailliert sind, von schlüssigem Tatsachenmaterial begleitet oder durch weitere behördliche Recherchen bestätigt werden, bevor weitere Verfahrensschritte eingeleitet werden. Das Hinweisgebersystem hat in der Praxis bereits zu erheblichen Ermittlungserfolgen geführt.[131] 30

D. Ermittlungsbefugnisse

I. Überblick

Aufgabe des Ermittlungsverfahrens ist es, den Sachverhalt in rechtsstaatlicher Weise aufzuklären. Im Gegensatz zum Zivilprozess gilt im Straf- und Bußgeldverfahren das Prinzip der materiellen Wahrheit und für deren Auffinden der **Ermittlungsgrundsatz**.[132] Dies bedeutet, dass die Verfolgungsbehörden den Sachverhalt insgesamt, also alle für den Tatvorwurf relevanten be- und entlastenden Umstände, selbst ermitteln müssen und dabei an (Beweis-)Anträge oder Erklärungen (einschließlich Geständnissen) der Verfahrensbeteiligten nicht gebunden sind.[133] Allerdings ist im Hinblick auf den Umfang der Sachverhaltsermittlung im Bußgeldverfahren das **Opportunitätsprinzip** zu beachten. Es erlaubt den Verfolgungsbehörden, bestimmte Taten oder Tatbestandteile – zugunsten des Betroffenen – nach ihrem pflichtgemäßen Ermessen nicht „aufzugreifen", was bedeutet, dass sie auch nicht ermittelt werden müssen (→ Rn. 25). Der Kartellbehörde stehen im Wesentlichen dieselben **Ermittlungsbefugnisse** zur Verfügung, **wie der Staatsanwaltschaft im Strafverfahren** (§ 46 Abs. 1, 2 OWiG), so dass im kartellbehördlichen Ermittlungsverfahren die Vorschriften der StPO in weiten Teilen Anwendung finden.[134] Lediglich die in § 46 Abs. 3–5 OWiG explizit genannten Maßnahmen sind nicht bzw. nur mit Einschränkungen zulässig.[135] Die Behörde kann insbesondere 31

---

[130] Vgl. BKartA Pressemitteilung v. 21.12.2015 – Jahresrückblick 2015.
[131] BKartA Pressemitteilung v. 24.6.2015 – akustisch wirksame Bauteile.
[132] Für das Ermittlungsverfahren wird dies in §§ 160 Abs. 2, 163 StPO ausgedrückt.
[133] *Roxin/Schünemann* Strafverfahrensrecht, 86; *Göhler/Seitz* Vor § 59 Rn. 53 f.
[134] Im Folgenden wird bei der Zitierung von Vorschriften § 46 Abs. 1, 2 OWiG nicht genannt, wenn sich aus dem OWiG keine Besonderheiten ergeben.
[135] Im Übrigen bestehen teilweise Sonderregelungen, die das Bußgeldverfahren idR gegenüber dem Strafverfahren vereinfachen sollen, wie zB bezüglich der Anhörung des Betroffenen, § 55 OWiG (→ Rn. 56).

Durchsuchungen durchführen (§§ 102 ff. StPO), Gegenstände sicherstellen (§§ 94 ff. StPO) und Vernehmungen von Betroffenen (§§ 133 ff. StPO) und Zeugen (§§ 48 ff. StPO) selbst durchführen oder durch die Polizei durchführen lassen (§ 161 Abs. 1 S. 2 StPO bzw. § 53 OWiG).[136] Zur Überwachung der Telekommunikation insbesondere des Beschuldigten bei der Verfolgung von Submissionsabsprachen, → § 19 Rn. 131. Im Hinblick auf die zu beachtende Verhältnismäßigkeit dieser Maßnahmen[137] ist zu berücksichtigen, dass es sich bei Kartellrechtsverstößen idR nur um Ordnungswidrigkeiten handelt. Allerdings können schwer wiegende Kartellrechtsverstöße, die einen beträchtlichen Schaden für die Volkswirtschaft darstellen können, sogar Straftaten von erheblicher Bedeutung gleich stehen.[138] Im Gegenzug zu den staatsanwaltlichen Ermittlungsbefugnissen haben die Betroffenen auch insoweit die im Strafverfahren geltenden Rechte. Anders als etwa im europäischen Kartellverfahrensrecht haben die verdächtigen (natürlichen und juristischen) Personen im deutschen Kartellordnungswidrigkeitenrecht daher **keine umfassenden Mitwirkungspflichten,** sondern können sich (fast) vollständig auf ihr Schweigerecht zurückziehen (→ Rn. 64). Lediglich Auskünfte und Unterlagen über bestimmte Umsätze sind neuerdings aufgrund des mit der 8. GWB-Novelle eingeführten § 81a GWB nF von juristischen Personen und Personenvereinigungen zu erteilen bzw. vorzulegen (→ Rn. 54 ff.). Darüber hinaus unterstützen zumeist freiwillige Kooperationsbeiträge von Bonusantragstellern die Aufklärung von Kartellabsprachen wesentlich (→ Rn. 59 ff.). Derzeit prüft im Übrigen die Europäische Kommission, ob die Durchsetzungsbefugnisse der nationalen Wettbewerbsbehörden in der EU durch legislative EU-Maßnahmen verbessert werden sollten.[139]

II. Durchsuchungen

32 In der Anfangsphase eines Kartellbußgeldverfahrens erfolgt als Maßnahme in der Regel die Durchsuchung von Geschäftsräumen, von Privatwohnungen und des Verdächtigen selbst mit dem Zweck der Suche und Sicherstellung von Beweismitteln. Als **„Verdächtige"** werden in Kartellverfahren in der Regel die Unternehmen sowie die für sie in den relevanten Bereichen Handelnden durchsucht, wie sie in der **Durchsuchungsanordnung** näher umschrieben werden.[140] Die Durchsuchung beim Verdächtigen ist nach § 102 StPO zulässig, wenn zu vermuten ist, dass sie zum Auffinden von Beweismitteln führen wird.[141] Die Vermutung muss durch tatsächliche Anhaltspunkte oder die kriminalistische Erfahrung belegbar sein.[142] Eine Durchsuchung zur bloßen Ausforschung ist unzulässig.[143] Auch **bei Nichtverdächtigen** ist die Durchsuchung mit der zusätzlichen Einschränkung zulässig, dass die vorliegenden Erkenntnisse den vertretbaren Schluss zulassen, dass bei diesen Beweismittel aufgefunden werden (§ 103 Abs. 1 StPO).[144] Die **Beweismittel** müssen **hinreichend**

---

[136] Göhler/*Gürtler* OWiG § 53 Rn. 20.
[137] Zum Verhältnismäßigkeitsgrundsatz in Kartellordnungswidrigkeitenverfahren vgl. BVerfG Beschl. v. 27. 4. 1973 – 2 BvR 256/71, WuW/E VG 235 (236).
[138] Zu § 160a Abs. 2 StPO: LG Bonn Beschl. v. 10. 1. 2011 – 27 Qs 33/10, NJW-Spezial 2011, 378; Beschl. v. 29. 7. 2012 – 27 Qs 12/12; vgl. a. BVerfG Beschl. v. 27. 4. 1973 – 2 BvR 256/71, WuW/E VG 235 (236); BGH Beschl. v. 19. 12. 1995 – KRB 33/95, NJW 1996, 1973 (1974).
[139] Europäische Kommission, Pressemitteilung v. 4. 11. 2015.
[140] Zur Eigenschaft der juristischen Person als potentieller „Tatverdächtiger" iSd § 102 StPO generell und zum zulässigen Kreis der Verantwortlichen bei einer Durchsuchung zur Ermittlung von Mehrerlösdaten, BGH Beschl. v. 23. 1. 2014 – KRB 48/13, BGHSt-DE 4180.
[141] BVerfG Beschl. v. 27. 4. 1973 – 2 BvR 256/71, WuW/E VG 235 (236). Das „Ergreifen des Verdächtigen", welches nach den §§ 102, 103 StPO ebenfalls eine Durchsuchung rechtfertigen kann, spielt in Kartellordnungswidrigkeitenverfahren keine Rolle.
[142] Vgl. KK-StPO/*Nack* § 102 Rn. 3 mwN.
[143] Zur Bestimmtheit der Durchsuchungsanordnung vgl. BVerfG Beschl. v. 28. 4. 2003 – 2 BvR 358/03, NJW 2003, 2669; Beschl. v. 3. 9. 1991 – 2 BvR 279/90, NJW 92, 551; zur Abgrenzung eines für eine Durchsuchung ausreichenden Tatverdacht zur nicht ausreichenden bloßen Vermutung, BVerfG Beschl. v. 10. 9. 2010 – 2 BvR 2561/08, NJW 2011, 291.
[144] Vgl. KK-StPO/*Nack* § 103 Rn. 5 mwN.

individualisiert sein.[145] Dazu ist es zwar nicht notwendig, dass die Beweismittel in allen Einzelheiten beschrieben werden. Erforderlich ist jedoch, dass sie zumindest ihrer Gattung nach bestimmt sind (zB Kalender, Preislisten, Sitzungsprotokolle).[146] Konkrete Gründe müssen dafür sprechen, dass der gesuchte Beweisgegenstand in der zu durchsuchenden Gewahrsamssphäre des Unverdächtigen gefunden werden kann. Dies unterscheidet die Durchsuchung beim Unverdächtigen nach § 103 StPO von einer Durchsuchung bei einer verdächtigen Person nach § 102 StPO, bei der es bereits nach der Lebenserfahrung in gewissem Grade wahrscheinlich ist, dass Beweisgegenstände zu finden sind, die zur Prüfung des Tatverdachts beitragen können und bei der durch die Verknüpfung des personenbezogenen Tatverdachts mit einem eher abstrakten Auffindeverdacht ein hinreichender Eingriffsanlass besteht.[147] Die Durchsuchung eines an sich nach den bisherigen Erkenntnissen Tatverdächtigen, gegen den aber aus Ermessensgründen nach § 47 OWiG oder mangels Zuständigkeit nach § 82 GWB durch die KartB kein Verfahren geführt wird, ist vor diesem Hintergrund unter den gleichen Voraussetzungen wie eine Durchsuchung nach § 102 StPO gerechtfertigt, selbst wenn die Durchsuchungsanordnung aus den genannten Gründen formal auf § 103 StPO gestützt wird. **Durchsuchungen** müssen im Regelfall **durch den Richter angeordnet** werden, die Kartellbehörde darf dies nur bei Gefahr im Verzug, § 105 Abs. 1 S. 1 StPO. In Bußgeldverfahren des Bundeskartellamts ist das AG Bonn zuständig, § 46 Abs. 1 OWiG, § 162 Abs. 1 S. 2 StPO. **Gefahr im Verzug** ist gegeben, wenn die richterliche Anordnung nicht mehr eingeholt werden kann, ohne dass der Zweck der Maßnahme, also der Ermittlungserfolg, ernsthaft gefährdet wäre.[148] In einer aktuellen Entscheidung vom 16.6.2015[149] bekräftigt das BVerfG die Bedeutung des Richtervorbehaltes nach Art. 13 Abs. 2 GG und die daraus folgende enge Auslegung des Begriffs der „Gefahr im Verzug". Da die Gerichte verpflichtet sind, durch Bereitschafts- und Hintergrunddienste zumindest zu Tageszeiten in der Regel erreichbar zu sein, ist das Vorliegen von Gefahr im Verzug in Kartellverfahren nur in seltenen Fällen denkbar.

Die Beantragung sowie die Anordnung bedürfen keiner bestimmten **Form,** so dass sie **mündlich, telefonisch oder auch per Telefax** erfolgen können.[150] Sie sollen allerdings **im Regelfall schriftlich** erfolgen. Konnte in Eilfällen vor der Maßnahme keine Verschriftlichung der Anordnung erfolgen, ist diese nachträglich zeitnah zu dokumentieren.[151] Der Beschluss muss die Anlasstat bezeichnen, insbesondere den Tatvorwurf so beschreiben, dass der äußere Rahmen abgesteckt wird, innerhalb dessen die Zwangsmaßnahme durchzuführen ist, und die wesentlichen Verdachtsmomente aufführen.[152] Aus dem Beschluss heraus muss bestimmbar sein, welche Unternehmen ggf. zu durchsuchen sind.[153] Außerdem muss insbesondere bei besonderen Umständen des Einzelfalles (etwa bei der Durchsuchung eines nach der Bonusregelung an sich kooperierenden Unternehmens) eine Auseinandersetzung mit der Geeignetheit und Erforderlichkeit der Durchsuchung an sich und ihrer jeweiligen Reichweite stattfinden.[154] Eine Durchsuchung zur Ermittlung der Umsätze eines Unternehmens und seiner Konzernstruktur ist allerdings nicht

32a

---

[145] Vgl. BVerfG Beschl. v. 28.4.2003 – 2 BvR 358/03, NJW 2003, 2669; BGH Beschl. v. 21.11.2001 – StB 20/01, NStZ 2002, 215.
[146] BGH Beschl. v. 21.11.2001 – StB 20/01, NStZ 2002, 215.
[147] BVerfG Beschl. v. 11.1.2016 – 2 BvR 1361/13, NJW 2016, 1645.
[148] BVerfG Urt. v. 20.2.2001 – 2 BvR 1444/00, BverfGE 103, 142 (154); LG Bonn Beschl. v. 2.9.2010 – 27 Qs-B 7–34/10, BeckRS 2012, 03644; as BVerfG Beschl. v. 3.4.1979 – 1 BvR 994/76, NJW 1979, 1539 (1540); KK-StPO/*Nack* § 105 Rn. 1.
[149] BVerfG Beschl. v. 16.6.2015 – 2 BvR 2718/10 ua, NStZ 2015, 529 m. Anm. *Grube*.
[150] *Meyer-Goßner* StPO § 105 Rn. 3.
[151] LG Lüneburg Beschl. v. 7.12.2015 – 26 Qs 281/15, StRR 2016, Nr 3, 2; *Rabe von Kühlwein* NStZ 2015, 618 (622 m. Nachw).
[152] BVerfG Beschl. v. 16.4.2015 – 2 BvR 440/14, wistra 2015, 307; BGH Beschl. v. 18.12.2008 – StB 26/08, NStZ-RR 2009, 142 (143); LG Bonn Beschl. v. 3.7.2014 – 27 Qs 13/14; *Meyer-Goßner* StPO § 105 Rn. 5f.
[153] BVerfG Beschl. v. 16.8.2015 – 2 BvR 440/14, wistra 2015, 307.
[154] Zur Durchsuchung im Falle einer Selbstanzeige des Verdächtigen, BVerfG Beschl. v. 11.2.2015 – 2 BvR 1694/14, NJW 2015, 1585 (1586).

allein deshalb unverhältnismäßig, weil die KartB nach § 81a GWB die Möglichkeit hat, Auskünfte über Umsatzdaten zu verlangen.[155] Nur wenn der Untersuchungszweck andernfalls gefährdet wäre, kann die Angabe der wesentlichen Verdachtsmomente unterbleiben,[156] was in Kartellverfahren zB der Fall sein könnte, wenn eine Beeinflussung von noch nicht abschließend vernommenen Zeugen droht.[157] Zu Rechtsmitteln gegen den Durchsuchungsbeschluss und die Art und Weise der Durchsuchung, → Rn. 72.

33 Bei Durchsuchungen in Kartellfällen entstehen immer wieder Diskussionen darüber, **welche Räume eines im Durchsuchungsbeschluss bezeichneten Durchsuchungsobjektes** durch die kartellbehördlichen Ermittler durchsucht werden dürfen. Die Grenzen der zulässigen Durchsuchung muss letztlich der Durchsuchungsbeschluss vorgeben, der auch dazu dient, die Durchführung der Eingriffsmaßnahme messbar und kontrollierbar zu gestalten.[158] Der äußere Rahmen wird insbesondere durch die Beschreibung des Tatvorwurfs abgesteckt, innerhalb dessen die Zwangsmaßnahme durchzuführen ist.[159] Dafür muss der Beschluss die aufzuklärende Ordnungswidrigkeit also das tatsächlich vorgeworfene Verhalten, wenn auch kurz, doch so genau umschreiben, wie es nach den Umständen des Einzelfalls möglich ist, und die in Frage stehende Bußgeldvorschrift benennen.[160] Dies versetzt den von der Durchsuchung Betroffenen zugleich in den Stand, die Durchsuchung seinerseits zu kontrollieren und etwaigen Ausuferungen im Rahmen seiner rechtlichen Möglichkeiten von vornherein entgegenzutreten.[161] In Kartellverfahren werden die Grenzen der Durchsuchung häufig durch die von der mutmaßlichen Absprache betroffenen Produkte bzw. Märkte sowie die Aufgabenbereiche der Unternehmensmitarbeiter abgesteckt. Grundsätzlich dürfen allerdings sämtliche Räumlichkeiten, Behältnisse etc, auf die sich die Durchsuchungsanordnung erstreckt, durchsucht werden, es sei denn es ist aufgrund tatsächlicher Anhaltspunkte oder kriminalistischer Erfahrung eindeutig ausgeschlossen, dass dort vom Durchsuchungszweck umfasste Beweismittel gefunden werden könnten.[162] Grenze ist eine gezielte Suche nach außerhalb des Durchsuchungszwecks liegenden Beweismitteln. Weiterhin kann die Intensität der Sichtung eines Raumes auch vom Grad des auf beweisrelevante Unterlagen bezogenen Auffindeverdachts abhängen.[163] Generell gilt allerdings, dass sich die Ermittlungsbeamten nicht ohne weiteres auf Angaben vor Ort präsenter Personen verlassen müssen, weil andernfalls die Betroffenen einer Durchsuchungsmaßnahme, nicht die Ermittlungsbehörden deren Umfang bestimmen würden.[164] Darüber hinaus ist bei der konkreten Sichtung von Unterlagen Zurückhaltung zu wahren, wenn ein (verfassungsrechtliches) **Verwertungsverbot** in Betracht kommt.[165] Beschlagnahmefreie Papiere sind aber nur dann von einer Durchsicht vollkommen ausgenommen, wenn sie bei objektiver Betrachtung eindeutig als solche erkennbar sind.[166] Sie sind in diesem Fall unmittelbar im Durchsuchungsobjekt zu belassen, andernfalls erst nach Durchsicht durch die Kartellbehörde herauszugeben.[167] Besteht hinsichtlich der Frage der

---

[155] LG Bonn Beschl. v. 3.7.2014 – 27 Qs 13/14.
[156] BGH Beschl. v. 18.12.2008 – StB 26/08, NStZ-RR 2009, 142 (143).
[157] LG Bonn Beschl. v. 2.9.2010 – 27 Qs-B7-34/10, BeckRS 2012, 03644; *Krauß* FIW 2013, 76.
[158] BVerfG Beschl. v. 11.2.2015 – 2 BvR 1694/14, NJW 2015, 1585; Beschl. v. 16.4.2015 – 2 BvR 440/14, wistra 2015, 307; BVerfGE 20, 162 (224).
[159] BVerfG Beschl. v. 16.4.2015 – 2 BvR 440/14, wistra 2015, 307.
[160] BVerfG Beschl. v. 16.4.2015 – 2 BvR 440/14, wistra 2015, 307; Beschl. v. 5.3.2012 – 2 BvR 1345/08 Rn. 15, BVerfGE 20, 162 (224).
[161] BVerfG Beschl. v. 16.4.2015 – 2 BvR 440/14, wistra 2015, 307; BVerfGE 42, 212 (221); BVerfGE 103, 142 (151 f.).
[162] Vgl. zu einer ähnlichen Fragestellung *Meyer-Goßner* StPO § 103 Rn. 13.
[163] Zum Umfang der Sicherstellung von IT-Daten, BVerfG Beschl. v. 12.4.2005 – 2 BvR 1027/02, NJW 2005, 1917 (1921).
[164] LG Bonn Beschl. v. 10.1.2011 – 27 Qs 33/10, BeckRS 2011, 11803.
[165] BVerfG Beschl. v. 17.11.2007 – 2 BvR 518/07, BeckRS 2007, 28275.
[166] SK/*Wohlers* StPO § 110 Rn. 21 mwN; zur entsprechenden Rechtslage bei der Sichtung von IT-Daten nach § 110 StPO OLG Düsseldorf Beschl. v. 10.4.2014 – VI-4 Kart 7/10 (OWi).
[167] *Meyer-Goßner* StPO § 110 Rn. 2 mwN.

Beschlagnahmefähigkeit von Unterlagen zwischen den Ermittlungsbeamten und dem Gewahrsamsinhaber keine Einigkeit, kann letzterer gegen die Entscheidung der Kartellbehörde nach § 98 Abs. 2 S. 2 StPO Antrag auf gerichtliche Entscheidung stellen.[168]

Die Räume/Sachen müssen nicht im Alleingewahrsam der durchsuchten Person stehen, sondern können auch durchsucht werden, wenn sie von Personen (mit-)genutzt werden, gegen die keine Durchsuchungsanordnung vorliegt. Der **Inhaber der zu durchsuchenden Räume** hat ein Recht auf Anwesenheit. Ist der Inhaber nicht anwesend, ist die Durchsuchung trotzdem zulässig. In diesem Fall sollte gemäß § 106 Abs. 1 S. 2 StPO – wenn möglich – der Vertreter des Inhabers hinzu gezogen werden. Handelt es sich um eine Durchsuchung beim Verdächtigen, ist § 137 Abs. 1 StPO zu berücksichtigen, wonach sich ein Betroffener in jeder Lage des Verfahrens **eines Verteidigers bedienen** darf. Dessen Eintreffen muss aber von der Kartellbehörde nicht abgewartet werden. Die Kartellbehörden werden bei der Durchsuchung idR durch Ermittlungsbeamte der Kriminalpolizei unterstützt, die nach entsprechender Anordnung der Kartellbehörde auch zur ausführlichen Sichtung der potentiellen Beweismittel befugt sind, § 110 Abs. 1 StPO. Die Hinzuziehung von Durchsuchungszeugen nach § 105 Abs. 2 StPO ist bei Durchsuchungen der Kartellbehörde nicht erforderlich, weil sie selbst staatsanwaltliche Befugnisse hat.

34

Die Durchsuchung kann erforderlichenfalls mit **unmittelbarem Zwang** durchgesetzt werden, wobei stets der Verhältnismäßigkeitsgrundsatz zu beachten ist.[169] Die Ermittlungsbeamten dürfen deshalb ggf. auch Wohnungstüren oder Tresore aufbrechen lassen. Generell haben die Ermittlungsbeamten das Recht, unter Beachtung des Grundsatzes der Verhältnismäßigkeit alle Tätigkeiten durch entsprechende Anordnungen zu unterbinden, die die Durchführung der konkreten Durchsuchungsmaßnahmen erschweren oder die Erfolgsaussichten der Durchsuchung mindern.[170] Da bei Verfahren wegen des Verdachts horizontaler Kartellabsprachen regelmäßig mehrere Unternehmen gleichzeitig durchsucht werden und die Gefahr besteht, dass andere Personen gewarnt und zur Vernichtung von Beweismitteln aufgefordert werden, hat die Kartellbehörde die Befugnis, zu Beginn einer Durchsuchung eine kurzfristige **Telefonsperre** zu verhängen, die allerdings die Kontaktierung eines Verteidigers nicht verhindern darf.[171] Um sicherzustellen, dass mit einem angeblichen Anruf des Verteidigers keine anderen Kartellanten gewarnt werden, kann ein Ermittlungsbeamter die Gesprächsvermittlung übernehmen.[172] Im Gegenzug müssen die Betroffenen die Durchsuchung nur dulden und haben – anders als bei Nachprüfungen der Europäischen Kommission – **keine Mitwirkungspflichten**. Andererseits liegt es idR im Interesse der Betroffenen, dass die Durchsuchung zügig und möglichst reibungslos durchgeführt wird, so dass häufig eine gewisse Unterstützung erfolgt.[173] Weigert sich etwa ein Verdächtiger, das Passwort für den Zugang seines PC zu nennen, kann die Kartellbehörde die entsprechende Hardware sicherstellen, während sie sich andernfalls ggf. auf die vorläufige Sicherstellung bestimmter vorausgewählter Daten beschränken würde. In Horizontalkartellfällen ist es zudem sinnvoll, möglichst frühzeitig zu klären, ob eine Kooperation nach der Bonusregelung und dementsprechend das Setzen eines Markers für den Verdächtigen von Vorteil ist (→ Rn. 28, 59 ff.). Dritte und auch nicht-verdächtigte Mitarbeiter des verfahrensbetroffenen Unternehmens können auch während einer Durchsuchung als Zeugen befragt werden. Sie sind verpflichtet, über alle ihre eigenen Wahrnehmungen

35

---

[168] Eine Versiegelung von Unterlagen zur Übergabe, Sichtung und Entscheidung an den Ermittlungsrichter ist im deutschen Recht für diesen Fall nicht als Verfahrensweise vorgegeben.
[169] *Meyer-Goßner* § 105 Rn. 13.
[170] *Meyer-Goßner* § 105 Rn. 13; *Meyer/Kuhn* WuW 2004, 880 (887, 891); *Rengier* NStZ 1981, 372 (375), die diese Befugnis aus § 164 StPO herleiten.
[171] *Meyer-Goßner* § 105 Rn. 13; MüKoGWB/*Vollmer* § 81 Rn. 179; einschränkend *Rengier* NStZ 1981, 372 (375); aA etwa Immenga/Mestmäcker/*Dannecker/Biermann* Vor § 81 Rn. 229.
[172] *Rengier* NStZ 1981, 372 (375).
[173] *Birnstiel/Janka/Schubert* DB 2014, 467.

wahrheitsgemäß Auskunft zu geben (zB über ihnen bekannte Passwörter, Aufbewahrungsorte von Unterlagen, Zuständigkeiten im Unternehmen etc), soweit sie keine Auskunfts- oder Zeugnisverweigerungsrechte haben (→ Rn. 49).

36 Eine Durchsuchung vor Ort kann – etwa über Nacht – unterbrochen werden (zur Unterbrechung der weiteren Sichtung von IT-Daten → Rn. 43). In der Regel werden in einem solchen Fall die noch zu durchsuchenden Räumlichkeiten durch Versiegelung für den Inhaber unzugänglich gemacht, um einem Entfernen dort möglicherweise befindlicher Beweismittel vorzubeugen. Nach abschließender Beendigung der Durchsuchung vor Ort ist der Durchsuchungsbeschluss bezüglich der betroffenen Räumlichkeiten „verbraucht", so dass eine erneute Durchsuchung einer neuen richterlichen Durchsuchungsanordnung bedarf.[174] Nach Beendigung der Durchsuchung werden von den Ermittlungsbeamten eine Durchsuchungsniederschrift und ein Asservatenverzeichnis im Sinne des § 107 StPO erstellt und eine Kopie davon dem Inhaber der durchsuchten Räume überlassen.

37 Auch **EDV-Anlagen und andere elektronische Speichermedien** (Laptops, Mobiltelefone, USB-Sticks etc) dürfen durchsucht werden,[175] weshalb die Kartellbehörde idR durch IT-Experten begleitet wird. Dies gilt auch dann, wenn sich ein Speichermedium nicht am Ort der Durchsuchung befindet, aber von dem Durchsuchungsort aus auf das Medium zugegriffen werden kann, § 110 Abs. 3 StPO.[176] Voraussetzung ist, dass andernfalls der Verlust beweiserheblicher Daten – also insbesondere deren Löschung – zu befürchten ist. Auf diese Weise können auch E-Mails von Zielpersonen gesichert werden, die auf dem Server eines Internet-Providers gespeichert sind und auf welche die Zielperson über eine Internetverbindung zugreift.[177] Der Internet-Provider kann auch unmittelbar durch einen Durchsuchungsbeschluss nach § 103 StPO als Nicht-Verdächtiger verpflichtet werden, die bei ihm gespeicherten Daten des Betroffenen an die Kartellbehörde zu übermitteln. Der Betroffene ist von einer solchen offenen Maßnahme nach §§ 33 Abs. 1, 35 Abs. 2 StPO zu benachrichtigen.[178] In der Praxis des BKartA erfolgt zunächst lediglich eine **vorläufige Sicherstellung bestimmter anhand des Durchsuchungszwecks vorausgewählter IT-Daten** (etwa der E-Mail-Accounts und Verzeichnisse bestimmter Zielpersonen) auf der Basis von § 110 Abs. 1 StPO,[179] deren Sichtung nicht an Ort und Stelle, sondern später im BKartA (idR) mit Hilfe von Stichworten fortgesetzt wird. Die Kartellbehörde darf sich zB bei der Aufbereitung und Sichtung der Daten auch der Hilfe von Sachverständigen bedienen.[180] In der Regel werden bei der Sichtung Suchprogramme mit Stichworten eingesetzt, grundsätzlich kann allerdings jedes vorläufig sichergestellte Dokument einer kurzen Prüfung unterzogen werden. Dementsprechend können auch allgemeinere Stichworte verwendet werden. Grenze ist eine offensichtlich gezielte Suche nach Sachverhalten, die außerhalb des Verfahrensgegenstandes liegen.[181] Auch wenn sich unter den Daten möglicherweise solche befinden, die einem Beweisverwertungsverbot unterliegen könnten, ist ihre Sichtung zulässig, solange wie sich ohne die

---

[174] *Meyer-Goßner* § 105 Rn. 14; *Rengier* NStZ 1981, 372 (377).
[175] *Meyer-Goßner* § 102 Rn. 10a.
[176] Auch wenn sich das Speichermedium im Ausland befindet, MüKoGWB/*Vollmer* § 81 Rn. 184; *Saller* CCZ 2012, 190 (191); *Birnstiel/Janka/Schubert* DB 2014, 467, Fn. 26; enger *Singelnstein* NStZ 2012, 593 (598); *Bär* ZIS 2011, 53 (54). Zu den Folgen, falls dadurch die Souveränität eines anderen Staates verletzt werden sollte *Bär* ZIS 2011, 53 (59); *Meyer-Goßner* § 110 Rn. 7b.
[177] SK-StPO/*Wohlers* § 110 Rn. 10; *Meyer-Goßner* § 110 Rn. 6; ausführlich *Bär* ZIS 2011, 54; zur unmittelbaren Durchsuchung des Providers nach § 103 StPO, BVerfG Urt. v. 16.6.2009 – 2 BvR 902/06, NJW 2009, 2431.
[178] BGH Beschl. v. 4.8.2015 – 3 StR 162/15, wistra 2015, 478. Allerdings besteht nach dieser Rspr. bei einer fehlenden Benachrichtigung kein Verbot der Verwertung der E-Mails, sofern die Sicherstellung an sich rechtmäßig war.
[179] LG Bonn Beschl. v. 14.1.2015 – 27 Qs 28/14.
[180] KK-OWiG/*Bruns* § 110 Rn. 4.
[181] LG Bonn Beschl. v. 14.1.2015 – 27 Qs 28/14.

Durchsicht nicht beurteilen lässt, ob ein solches Verwertungsverbot tatsächlich besteht.[182] Die Liste der bei der Sichtung ggf. verwendeten Stichworte wird offen gelegt, indem sie nach Abschluss der Sichtung übermittelt bzw. in der Akte dokumentiert wird und somit der Akteneinsicht unterliegt. Werden aufgrund der Sichtung beweisrelevante Daten gefunden, veranlasst das Bundeskartellamt deren endgültige Sicherstellung durch freiwillige Herausgabe durch den ursprünglichen Gewahrsamsinhaber oder, bei deren Verweigerung, durch Beantragung einer Beschlagnahmeanordnung beim Gericht (→ Rn. 39 ff.). Die übrigen Daten, die keine potentielle Beweisrelevanz haben bzw. unter ein Beweisverwertungsverbot fallen, werden gelöscht. Grundsätzlich hat der ursprüngliche Inhaber der Daten kein Anwesenheitsrecht bei der Sichtung in den Räumen der Kartellbehörde.[183] Nur in engen Ausnahmefällen ist eine Anwesenheit zu gestatten, etwa bei der Sicherstellung des Datenbestandes einer Rechtsanwaltssozietät, weil hier typischerweise eine besondere Gefahrenlage für die Integrität der Daten Unbeteiligter mit Bezug zu Berufsgeheimnisträgern gegeben ist.[184] Der Inhaber wird vom BKartA aber nachträglich über die Art und Weise der Sichtung und über die verwendeten Stichworte informiert.[185]

38 In den letzten Jahren hat das hierfür in Deutschland ausschließlich zuständige BKartA (§ 81 Abs. 10 iVm § 50 Abs. 3 bis 5 GWB) mehrfach als rechtshelfende Behörde wegen des Verdachts eines Verstoßes gegen Art. 101 f. AEUV **Durchsuchungen für andere europäische Wettbewerbsbehörden** nach Art. 22 Abs. 1 VO 1/2003 durchgeführt.[186] Die ausländischen Bediensteten dürfen das BKartA sowohl bei der Durchsuchung vor Ort als auch bei der Sichtung vorläufig sichergestellter IT-Daten im BKartA unterstützen, § 50 Abs. 4 GWB.[187] Auch das BKartA hat schon in einem Verfahren wegen eines Verstoßes gegen Art. 101, 102 AEUV eine andere europäische Behörde nach Art. 22 Abs. 1 VO 1/2003 ersucht, eine Durchsuchung in ihrem Land durchzuführen.[188] Die dabei erlangten Informationen können unter den Voraussetzungen des Art. 12 VO 1/2003 an die ersuchende Behörde übermittelt und dann als Beweismittel verwendet werden. Schließlich unterstützt das BKartA regelmäßig die Europäische Kommission bei ihren Nachprüfungen in Deutschland (Art. 20 ff. VO 1/2003). Die dabei (bzw. generell über das ECN) erlangten Erkenntnisse müssen jedoch nach Art. 28 Abs. 2 VO 1/2003 grundsätzlich vom BKartA geheim gehalten werden und unterliegen auch nicht der Akteneinsicht, es sei denn sie sind unter den Voraussetzungen des Art. 12 VO 1/2003 erlangt worden.

III. Sicherstellung von Beweisgegenständen

39 Gegenstände, die als Beweismittel für einen bestimmten Untersuchungsgegenstand von Bedeutung sein können, sind von der Kartellbehörde für das Verfahren sicherzustellen. Sicherstellung ist der Oberbegriff für die Herstellung der staatlichen Gewalt über das Beweismittel. Dies ist keine Voraussetzung für ihre Verwertung.
- Sind Gegenstände für ein Verfahren potentiell beweisrelevant, können sie
  - durch eine formlose Sicherstellung bei freiwilliger Herausgabe oder andernfalls
  - durch förmliche Beschlagnahme zwangsweise sichergestellt werden.
- Ist die potentielle Beweisrelevanz von im Rahmen des Durchsuchungszwecks ausgewählter Gegenstände noch unklar, können sie zu ihrer weiteren Sichtung und Prüfung vorübergehend auch nur vorläufig sichergestellt werden.

---

[182] OLG Düsseldorf Beschl. v. 10.4.2014 – VI-4 Kart 7/10 (OWi).
[183] Vgl. BVerfG Beschl. v. 12.4.2005 – 2 BvR 1027/02, NJW 2005, 1917 Rn. 127; Beschl. v. 16.6.2009 – 2 BvR 902/06, NJW 2009, 2431 Rn. 127; LG Bonn Beschl. v. 23.8.2011 – 27Qs 17/11, II1b; AG Bonn Beschl. v. 22.6.2015 – 52 OWi 63/15 [b]; *Saller* CCZ 2012, 190; *Krauß* FIW 2013, 80.
[184] BVerfG Beschl. v. 12.4.2005 – 2 BvR 1027/02, NJW 2005, 1917 Rn. 132; *Krauß* FIW 2013, 80.
[185] *Saller* CCZ 2012, 190
[186] *Krauß* FIW 2013, 81.
[187] AG Bonn Beschl. v. 25.11.2011 – 50 Gs 1759/11.
[188] BKartA Pressemitteilung v. 10.2.2011.

- Gegenstände, die auf eine andere Tat hindeuten, die nicht Gegenstand der Ermittlungen ist, können nach § 108 StPO einstweilen in Beschlag genommen werden.

40 Diese Maßnahmen erfolgen in der Praxis entweder im Rahmen einer Durchsuchung oder aber nach Abschluss der Sichtung vorläufig sichergestellter IT-Daten. Darüber hinaus können auch die freiwillig von Betroffenen (zB von Bonusantragstellern) oder von Dritten (zB von Beschwerdeführern) übermittelten Unterlagen als Beweismittel für ein Verfahren sichergestellt werden.

41 Gegenstände, die in Kartellbußgeldverfahren als Beweismittel in Betracht kommen, sind in der Regel schriftliche Unterlagen, digital gespeicherte Informationen, deren Datenträger und uU auch technische Mittel, mit deren Hilfe sie lesbar gemacht werden können.[189] **Beweismittel** sind alle Sachen, die unmittelbar oder mittelbar für die Tat, die Umstände ihrer Begehung aber auch für Umstände, die für die Bemessung der Geldbuße bedeutsam sind, Beweis erbringen. Auch wenn ein Dokument zB Einblick in die Entscheidungsabläufe, die unternehmerische Struktur oder eine allgemeine Vorgehensweise eines Unternehmens gibt, kann es beschlagnahmt werden, sofern diese Gesichtspunkte für das Verfahren von Bedeutung sein können.[190] Gemäß §§ 94 ff. StPO sichergestellt werden können Gegenstände schon dann, wenn lediglich die Möglichkeit besteht, dass sie zu Ermittlungszwecken verwendet werden können (**potentielle Beweisbedeutung**).[191] Für welche Beweisführung sie im Einzelnen in Betracht kommen, braucht bei ihrer Sicherstellung noch nicht endgültig festzustehen, da das Ermittlungsergebnis und die Entwicklung des Verfahrens nicht voraussehbar sind.[192] Bei einem einheitlichen Dokument mit potentiell beweisrelevanten Inhalten ist keine Teillöschung/-schwärzung von einzelnen nicht relevanten Teilen oder Anhängen geboten, da es für die Bewertung der relevanten Teile darauf ankommen kann, in welchem Gesamtkontext sie stehen. Wenn etwa nur der Inhalt einer E-Mail selbst oder eines ihrer Anhänge für das Verfahren relevant ist, wird von der potentiellen Beweisrelevanz die gesamte E-Mail mit sämtlichen Anhängen erfasst.[193] Bei schriftlichen Unterlagen ist in der Regel die Sicherstellung der Originale und nicht nur von Kopien zulässig, damit Auseinandersetzungen über ein mögliches Abweichen zwischen Kopie und Original von Vornherein der Boden entzogen ist.[194] In der Praxis ermöglicht das BKartA aus Verhältnismäßigkeitsgründen idR von denjenigen Unterlagen, die für aktuelle Geschäftstätigkeiten gebraucht werden und nicht anderweitig im Unternehmen vorhanden sind, Kopien zu fertigen.

42 Gegenstände, die ausdrücklich oder stillschweigend freiwillig herausgegeben werden, sind gemäß § 94 Abs. 1 StPO **formlos sicherzustellen.** Haben mehrere Personen Mitgewahrsam, so müssen alle einwilligen, sofern nicht einer allein verfügungsberechtigt ist. Freiwillig kann eine Sache nur herausgegeben werden, wenn der Gewahrsamsinhaber weiß, dass er hierzu nicht verpflichtet ist, eine ausdrückliche Belehrung hierüber ist aber nicht erforderlich.[195] Ein späterer Widerruf des Einverständnisses macht die Sicherstellung gemäß § 94 Abs. 1 StPO nicht rückwirkend unzulässig. Der Betroffene kann dann allerdings jederzeit gerichtliche Entscheidung beantragen (§ 98 Abs. 2 S. 2 StPO). Werden die aufgefundenen Beweismittel von dem Gewahrsamsinhaber nicht freiwillig herausgegeben oder ist er nicht anwesend, sind sie nach § 94 Abs. 2 StPO **förmlich zu beschlagnahmen.** Nach § 98 Abs. 1 S. 1 StPO ist die Anordnung der Beschlagnahme **grundsätzlich durch den Richter** vorzunehmen.

---

[189] *Meyer-Goßner* § 94 Rn. 4; KK-StPO/*Bruns* § 110 Rn. 2 mwN.
[190] LG Bonn Beschl. v. 14.1.2015 – 27 Qs 28/14.
[191] Vgl. BVerfG Beschl. v. 1.10.1987 – 2 BvR 1178/86, BVerfGE 74, 1 Rn. 129; LG Bonn Beschl. v. 16.3.2005 – 37 Qs 08/05; Beschl. v. 5.3.2012 – 27 Qs 26/11; Beschl. v. 14.1.2015 – 27 Qs 28/14; *Meyer-Goßner* StPO § 94 Rn. 6 mwN; *Meyer/Kuhn* WuW 2004, 880 (887).
[192] *Meyer-Goßner* StPO § 94 Rn. 6 f.
[193] LG Bonn Beschl. v. 14.1.2015 – 27 Qs 28/14.
[194] LG Bonn Beschl. v. 12.10.2006 – 37 Qs 41/06, BeckRS 2009, 13506, 3 f.
[195] Vgl. *Meyer-Goßner* § 94 Rn. 12.

Der Umfang der Begründung eines Beschlagnahmebeschlusses kann hinter der eines **42a** Durchsuchungsbeschlusses zurückbleiben, da das insoweit betroffene Grundrecht aus Art. 14 GG keinen dem Art. 13 GG vergleichbaren Richtervorbehalt aufweist.[196] Bei Gefahr im Verzug ist eine Beschlagnahmeanordnun ausnahmsweise auch durch die Kartellbehörde zulässig, sofern nicht eine richterliche Entscheidung vor der Maßnahme (ggf. auch mündlich) herbeigeführt werden kann, ohne dass ein Beweismittelverlust droht. Am Tag der Durchsuchung kann zwar regelmäßig eine telefonische Kontaktaufnahme mit dem Gericht erfolgen. Scheitern kann die mündliche Beantragung aber an den Schwierigkeiten der mündlichen Beschreibung der Beweisgegenstände sowie der erforderlichen Erläuterung deren Beweisrelevanz. Wenn diese aufgrund der in Kartellbußgeldverfahren häufig vorliegenden Komplexität und des Umfangs der sicherzustellenden Unterlagen nicht zeitnah in einer Weise durchgeführt werden können, die dem Ermittlungsrichter eine eigenständige Prüfung und Entscheidung ermöglicht, ist die Herbeiführung einer richterlichen Anordnung vor der Sicherstellung nicht möglich. In diesen Fällen kann die Kartellbehörde daher die **Beschlagnahme wegen Gefahr im Verzug** nach § 98 Abs. 1 S. 1 StPO selbst anordnen, wenn bei einem Abwarten Beweismittelverlust droht, was nach durchgeführter Durchsuchung regelmäßig anzunehmen ist.[197] Im Hinblick auf den Ausnahmecharakter, den eine behördliche Beschlagnahmeanordnung nach dem Gesetz haben soll, sind dann aber zeitnah und konkret die Umstände des Einzelfalles, aus denen die Kartellbehörde ihre Eilkompetenz geschlossen hat, zu dokumentieren.[198] Bei einer wegen Gefahr im Verzug angeordneten Beschlagnahme muss der Gewahrsamsinhaber bzw. sein Vertreter gefragt werden, ob er **gegen die Beschlagnahme Widerspruch** einlegt. Erst der Widerspruch und nicht bereits die Beschlagnahme führt zur Pflicht der Kartellbehörde, bezüglich der beschlagnahmten Gegenstände die gerichtliche Bestätigung der Beschlagnahme zu beantragen (§ 98 Abs. 2 S. 1 StPO). Der Gewahrsamsinhaber ist gemäß § 98 Abs. 2 S. 6 StPO dahingehend zu belehren, dass er jederzeit eine richterliche Entscheidung über die Beschlagnahme beantragen kann. Ist kein Gewahrsamsinhaber und auch kein Vertreter zugegen, muss in jedem Fall eine gerichtliche Bestätigung beantragt werden, § 98 Abs. 2 S. 1 StPO. Der Antrag soll gemäß § 98 Abs. 2 S. 1 StPO binnen drei Tagen erfolgen, wobei ein Überschreiten dieser Soll-Frist gerade in komplexen Fällen, wie es Kartellordnungswidrigkeitenverfahren typischerweise sind, nicht die Wirksamkeit der Beschlagnahme berührt (zu den Rechtsmitteln gegen die Beschlagnahmeanordnung → Rn. 72).[199] Sofern feststeht, dass Asservate nicht mehr zu Beweiszwecken gebraucht werden, besteht eine Pflicht zur **Aufhebung der Beschlagnahme.** Bei rechtskräftigem Verfahrensabschluss erlischt die Beschlagnahme sogar auch ohne ausdrückliche Anordnung ihrer Aufhebung, so dass die Kartellbehörde grundsätzlich zur Herausgabe an den letzten Gewahrsamsinhaber verpflichtet ist.[200] Die **Rückgabe** hat am Ort der Aufbewahrung zu erfolgen, es handelt sich also um eine Holschuld.[201] Surrogate, wie etwa sichergestellte Kopien, sind zu vernichten,[202] sofern sie nicht Bestandteil der Verfahrensakte geworden sind (etwa als Anhang zu einem Vernehmungsprotokoll).

---

[196] LG Braunschweig Beschl. v. 21.7.2015 – 6 Qs 116/15, wistra 2016, 40 (41).
[197] LG Bonn Beschl. v. 7.4.2009 – 27 Qs 49/08 und 27 Qs 50/08, 13; LG Bonn Beschl. v. 25.9.2008 – 27 Qs 25/08 und 27 Qs 27/08, 6f.; LG Bonn Beschl. v. 30.7.2007 – 37 Qs 24/07 und 37 Qs 34/07, 6f.; LG Bonn Beschl. v. 12.10.2006 – 37 Qs 41/06, 3f.
[198] LG Bonn Beschl. v. 21.9.2015 – 29 Qs 7/15.
[199] Allgemein *Meyer-Goßner* § 98 Rn. 14; KK-StPO/*Greven* § 98 Rn. 16. Nach erhobener öffentlicher Anklage ist dem Gericht zwingend innerhalb von drei Tagen zumindest Anzeige von der Beschlagnahme zu machen, § 98 Abs. 3 StPO. Für die Zurverfügungstellung der beschlagnahmten Gegenstände gilt diese Frist nach dem Wortlaut allerdings nicht.
[200] *Meyer-Goßner* § 98 Rn. 29; SK-StPO/*Wohlers* § 98 Rn. 53 mwN. Einer solchen Herausgabe kann in bestimmten Fallkonstellationen der Akteneinsichtsantrag eines potentiell Geschädigten nach § 406e StPO entgegenstehen (AG Bonn Beschl. v. 3.2.2009 – 51 Gs 53/09 (AG Bonn) – Pfleiderer I, aufgehoben).
[201] BGH Urt. v. 3.2.2005 – III ZR 271/04, MDR 2005, 774; aA etwa SK-StPO/*Wohlers* § 98 Rn. 60 mwN a.d. Lit.
[202] SK/*Wohlers* StPO § 98 Rn. 61.

43 Bei einer **vorläufigen Sicherstellung** nach § 94 Abs. 1 StPO zur Durchsicht nach § 110 Abs. 1 StPO werden im Rahmen der Durchsuchungsanordnung ausgewählte Gegenstände ohne abschließende Prüfung auf ihre potenzielle Beweisbedeutung von der Behörde mitgenommen.[203] Nach allgemeiner Auffassung dauert die Durchsuchung in diesem Fall im Hinblick auf diese Gegenstände (allerdings nicht bezüglich der durchsuchten Räume) fort, bis die Durchsicht der vorläufig sichergestellten Gegenstände abgeschlossen ist (→ Rn. 37).[204] Die vorläufige Sicherstellung ist auch gegen den Willen des Gewahrsamsinhabers möglich, er kann hiergegen aber analog § 98 Abs. 2 S. 2 StPO einen Antrag auf gerichtliche Entscheidung gegen die Art und Weise der Durchsuchung stellen. Eine vorläufige Sicherstellung erfolgt in der Praxis des Bundeskartellamts regelmäßig bezüglich IT-Daten, wobei nach Möglichkeit nicht der gesamte Datenbestand, sondern nur solche Daten sichergestellt werden, die vom Durchsuchungszweck erfasst werden.[205] Sollen nach der Sichtung im Amt bestimmte potentiell beweisrelevante Daten endgültig sichergestellt werden, stellt die Kartellbehörde bei Gericht einen Antrag auf Beschlagnahme, sofern die Daten nicht freiwillig herausgegeben werden. Eine Beschlagnahme durch die Behörde wäre nicht gerechtfertigt, da kein Beweismittelverlust bezüglich der bereits im behördlichen Gewahrsam befindlichen Daten droht und somit keine Gefahr im Verzug besteht (§ 98 Abs. 1 S. 1 StPO).[206] Das Gericht nimmt in diesem Fall eine eigenständige Prüfung der potentiellen Beweisrelevanz sowie etwaiger Beweisverwertungsverbote zB aufgrund eines Verteidigungsprivilegs vor. Die Betroffenen haben sowohl im behördlichen als auch im gerichtlichen Verfahren Gelegenheit, entsprechende Einwände vorzutragen.[207] Alle übrigen Daten, die nicht potentiell beweisrelevant sind oder unter ein Beweisverwertungsverbot fallen, werden gelöscht. Vor der endgültigen Sicherstellung von Daten für das Verfahren ist somit entsprechend der Rechtsprechung des Europäischen Gerichtshofs für Menschenrechte[208] rechtlich und tatsächlich sichergestellt, dass adäquate und wirksame Schutzmechanismen gegen Missbrauch oder Willkür zur Verfügung stehen.

44 In der Praxis übersendet das Bundeskartellamt dem ursprünglichen Inhaber der vorläufig sichergestellten IT-Daten nach Abschluss ihrer Sichtung eine CD-ROM mit einer Kopie des Datenbestands, der wegen potentieller Beweisrelevanz endgültig sichergestellt werden soll. Gleichzeitig wird idR eine Liste der bei der Sichtung verwendeten Stichworte übermittelt.[209] Auf dieser Basis erhält der Inhaber Gelegenheit, die Daten freiwillig herauszugeben. Verweigert er diese, wird die Beschlagnahme beim AG Bonn beantragt.

45 Als weniger einschneidende Maßnahme im Vergleich zur Durchsuchung auf der Grundlage des § 103 StPO mit dem Ziel der Sicherstellung von Beweismitteln sieht § 95 StPO eine **Vorlage- und Herausgabepflicht** von Beweismitteln iSd § 94 Abs. 1 StPO vor. Diese gilt zwar **nicht für die Betroffenen** (Ausfluss des nemo tenetur-Prinzips), wohl aber für nicht beschuldigte Dritte. Die Kartellbehörde kann auf dieser Basis selbst auch ohne Vorliegen von Gefahr im Verzug die Herausgabe verlangen. Das Herausgabverlangen bedarf – anders als die Beschlagnahme nach §§ 94, 98

---

[203] BVerfG Beschl. v. 16.6.2009 – 2 BvR 902/06, NJW 2009, 2431; BGH Beschl. v. 5.8.2003 – StB 7/03, NStZ 2003, 670.
[204] BGH Beschl. v. 23.11.1987 – 1 BGs 517/87; LG Bonn Beschl. v. 19.11.2013 – 27 Qs 15/13/27 Qs 21/13; LG Bonn Beschl. v. 17.6.2003 – 37 Qs 20/03; *Meyer-Goßner* § 110 Rn. 6; *Saller* CCZ 2012, 190.
[205] LG Bonn Beschl. v. 14.1.2015 – 27 Qs 28/14.
[206] KarlsruherKommentar/*Bruns* StPO § 110 Rn. 4.
[207] Vgl. etwa AG Bonn Beschl. v. 10.9.2015 – 50 GS 1428/15.
[208] Vgl. EGMR, Robathin gegen Österreich v. 3.7.2012 – Nr. 30457/06 Rn. 40ff.; Bernh Larsen gegen Norwegen v. 14.3.2013 – Nr. 24117/08 Rn. 170ff.; Vinci gegen Frankreich v. 2.4.2015 – Nr. 63629/10 und 60567/10 Rn. 76ff.
[209] Die Verwendung von Stichworten ist zulässig, aber nicht zwingend geboten, LG Bonn Beschl. v. 14.1.2015 – 27 Qs 28/14.

StPO – grundsätzlich nicht der richterlichen Anordnung, str.[210] § 98 StPO, der den Richtervorbehalt für Beschlagnahmen statuiert, ist nicht unmittelbar anwendbar. Eine entsprechende Anwendung kommt nicht in Betracht, weil das Herausgabeverlangen einen erheblich geringeren Eingriff in die Rechte des Dritten darstellt als Durchsuchung und unmittelbar anschließend erfolgende Beschlagnahme. Da auch ein gegen das Herausgabeverlangen erfolgender Rechtsschutz die Herausgabe typischerweise noch verhindern kann, bedarf es nicht des vorgeschalteten Korrektivs durch Einschaltung des Richters.[211] Die – bei unberechtigter Weigerung (vgl. § 95 Abs. 2 S. 2 StPO) – zur Verfügung stehenden Zwangsmittel zur Durchsetzung der Herausgabepflicht (§ 95 Abs. 2 iVm § 70 StPO – Ordnungsgeld bis zu 1.000 EUR) dürfen zudem nur durch das Gericht angeordnet werden.[212] Auch ein unrechtmäßiger Gewahrsamsinhaber hat einen Beweisgegenstand herauszugeben, selbst wenn der rechtmäßige Eigentümer widerspricht.[213] Nach bundesverfassungsgerichtlicher Rspr. kann sich das Herausgabeverlangen auch auf einen Beweisgegenstand beziehen, der durch Zusammenstellung und Kopie von Einzeldaten nach konkreten Kriterien aus einem vorhandenen Gesamtdatenbestand geschaffen werden muss. Dies sei verfassungsrechtlich unbedenklich, da es gegenüber der Beschlagnahme des Originaldatenträgers mit dem Gesamtdatenbestand das mildere Mittel darstelle.[214]

46 Werden im Rahmen der Durchsuchung wegen eines bestimmten Tatverdachts Gegenstände aufgefunden, die auf eine andere Tat (wie zB Betrug, Bestechung, Steuerstraftat oder eine andere Kartellordnungswidrigkeit) hindeuten, die nicht Gegenstand der Durchsuchung ist, handelt es sich um sogenannte **Zufallsfunde**. Diese sind gemäß § 108 StPO einstweilen in Beschlag zu nehmen. Von der einstweiligen Beschlagnahme ist der zuständigen Verfolgungsbehörde Kenntnis zu geben (vgl. § 108 Abs. 1 S. 2 StPO), um dieser die Möglichkeit zu geben, über die Einleitung eines neuen Verfahrens bezüglich der durch die Zufallsfunde indizierten Tat zu entscheiden.[215] Dies erübrigt sich, sofern die Kartellbehörde auch für die vom Zufallsfund indizierte Tat die Verfolgungszuständigkeit besitzt (Kartellordnungswidrigkeit). Die **einstweilige Beschlagnahme** kommt **nur für einen Übergangszeitraum** in Betracht. Die Verfolgungsbehörde hat sich innerhalb einer angemessenen Frist darüber schlüssig zu werden, ob der Gegenstand für ein bereits vorhandenes anderes Verfahren bzw. für ein ggf. neu einzuleitendes Verfahren als Beweismittel von Bedeutung ist.[216] Die Dauer dieser Frist ist nicht genau bestimmt, keinesfalls darf eine einstweilige Beschlagnahme jedoch „weit über ein Jahr" aufrecht erhalten werden.[217] Nach Ablauf der angemessenen Frist ist die einstweilige Beschlagnahme durch eine förmliche Beschlagnahme (bzw. ggf. erfolgende freiwillige Herausgabe) für das andere bzw. neue Verfahren abzulösen oder der Gegenstand freizugeben.[218] Die förmliche Beschlagnahme kann nur durch den Richter erfol-

---

[210] Für eine Zuständigkeit der Kartellbehörde LG Halle Beschl. v. 6.10.1999 – 22 Qs 28/99, NStZ 2001, 276; LG Gera Beschl. v. 30.9.1999 – 2 Qs 412/99, NStZ 2001, 276; LG Koblenz Beschl. v. 31.10.2001 – 4 Qs 167/01, wistra 2002, 359; LG Lübeck Beschl. v. 3.2.2000 – 6 Qs 3/00–720 Js 35837/98 Wi, 6 Qs 3/00, NJW 2000, 3148; Graf/Ritzert StPO § 95 Rn. 2; Meyer-Goßner § 95 Rn. 2; SK-StPO/Rudolphi § 95 Rn. 7; dagegen LG Bonn Beschl. v. 11.11.1982 – 37 Qs 116/82, NStZ 1983, 327 (m.krit.Anm. v. Kurth); LG Düsseldorf Beschl. v. 8.1.1993 – X Qs 142/92, wistra 1993, 199; LG Stuttgart Beschl. v. 19.11.1991 – 14 Qs 61/91, NJW 1992, 2646; KK-StPO/Greven § 95 Rn. 3.
[211] Ausführlich LG Lübeck Beschl. v. 3.2.2000 – 6 Qs 3/00–720 Js 35837/98 Wi, 6 Qs 3/00, NJW 2000, 3148 mwN.
[212] KK-StPO/Greven § 95 Rn. 4; Graf/Ritzert StPO § 95 Rn. 2; Meyer-Goßner § 95 Rn. 9.
[213] Graf/Ritzert StPO § 95 Rn. 2.
[214] BVerfG Beschl. v. 18.2.2003 – 2 BvR 369/01, 2 BvR 372/01, NStZ-RR 2003, 176.
[215] BGH Beschl. v. 4.8.1964 – StB 12/63, BGHSt 19, 374 (376).
[216] BGH Beschl. v. 4.8.1964 – StB 12/63, BGHSt 19, 374 (376); Beschl. v. 14.3.1979 – StB 6/79, BGHSt 28, 349 (350); LG Bonn Beschl. v. 19.11.2013 – 27 Qs 15/13/27 Qs 21/13.
[217] BGH Beschl. v. 4.8.1964 – StB 12/63, BGHSt 19, 374 (376).
[218] BGH Beschl. v. 14.3.1979 – StB 6/79, BGHSt 28, 349 (350); OLG Hamm Beschl. v. 6.9.1984 – 1 Ws 234/84, MDR 1985, 163; LG Bonn Beschl. v. 19.11.2013 – 27 Qs 15/13/27 Qs 21/13.

gen (§ 98 Abs. 1 S. 1 Alt. 1 StPO),[219] da Gefahr im Verzug nach einer einstweiligen Beschlagnahme nicht mehr gegeben ist.

IV. Vernehmungen

47 Die Vernehmung von Zeugen und Betroffenen hat in den letzten Jahren in deutschen Kartellbußgeldverfahren **wesentlich an Bedeutung gewonnen.** Während sich die Behörden und Gerichte noch vor etwa 10–15 Jahren bei dem Nachweis eines Kartellverstoßes wesentlich auf Sachbeweise gestützt und nur vereinzelt Zeugen oder Betroffene hierzu gehört haben, werden nunmehr in der Regel zumindest die unmittelbar am Tatgeschehen Beteiligten befragt. Für die Vernehmung von **Betroffenen und Zeugen** gelten **unterschiedliche Regeln.** Insbesondere sind nur Zeugen, nicht aber die Betroffenen grundsätzlich zur Aussage verpflichtet. Betroffene sind diejenigen, gegen die wegen des Verdachts der Teilnahme an einem Kartellverstoß, ein Bußgeldverfahren eröffnet worden ist. Es darf nicht offenbleiben, ob der Vernommene als Zeuge oder als Betroffener vernommen wird. Zu beachten ist, dass in Kartellbußgeldverfahren **nicht jeder Tatverdächtige ein „Betroffener"** ist. Weil im Bußgeldverfahren anders als im Strafverfahren das Legalitätsprinzip nicht gilt, sondern vielmehr ein Aufgreifermessen der Kartellbehörde besteht (→ Rn. 25), muss nicht gegen jeden Tatverdächtigen ein Verfahren geführt werden. Darüber hinaus führt die Kartellbehörde in **Submissionsbetrugsverfahren** in der Regel nur gegen die Unternehmen ein Verfahren, nicht jedoch gegen die tatverdächtigen natürlichen Personen, für deren Verfolgung nach § 82 GWB die Staatsanwaltschaft zuständig ist (→ § 19 Rn. 108). Vor diesem Hintergrund kann bei einer Vernehmung in Kartellbußgeldverfahren die Besonderheit bestehen, dass gegen einen Tatverdächtigen kein Bußgeldverfahren geführt und er somit bei einer Vernehmung als Zeuge vernommen wird. Auch in diesem Fall ist der tatverdächtige Zeuge aber vor einer unfreiwilligen Selbstbelastung geschützt (→ Rn. 50). Alle aktuellen (dh nicht bereits ausgeschiedenen) **Organe von verfolgten juristischen Personen** sind nicht als Zeugen, sondern nur als Betroffene zu vernehmen, selbst wenn gegen das Organ kein Verfahren geführt wird oder sogar ein Verfolgungshindernis hierfür besteht.[220] Das Organ ist nämlich dazu berufen, das der verfolgten juristischen Person im Bußgeldverfahrens zustehende Aussageverweigerungsrecht (Schweigerecht) auszuüben, und zwar allein aufgrund seiner Organstellung also unabhängig davon, ob es die juristische Person als Prozessvertreter vertritt oder nicht (→ Rn. 64).[221]

48 In der Praxis führt das Bundeskartellamt Vernehmungen vor allem in den Räumen der Behörde durch. Die **Ladung** zur Vernehmung erfolgt in der Regel schriftlich, von Gesetzes wegen ist allerdings nur bei der Ladung eines Betroffenen eine besondere Form vorgesehen.[222] Sie sollte das Verfahren bezeichnen und klarstellen, ob der zu Vernehmende als Zeuge oder Betroffener vernommen wird. Die Ladung des Betroffenen muss den Gegenstand der Beschuldigung erkennen lassen, soweit es mit dem Zweck der Untersuchung vereinbar ist.[223] Wenn eine gründliche Vorbereitung zB durch Mitnahme von Unterlagen ermöglicht werden soll, kann die Ladung (auch eines Zeugen) bereits einen Fragenkatalog enthalten oder zumindest das Beweisthema enger umreißen. Darüber hinaus kann die Vernehmung auch schriftlich erfolgen (Nr. 67 Abs. 1 RiStBV). Zeugen und Betroffene sind – auch im Verfahren der Kartellbehörde – grundsätzlich zum Erscheinen

---

[219] LG Bonn Beschl. v. 19.11.2013 – 27 Qs 15/13/27 Qs 21/13.
[220] BGH Urt. v. 26.5.1956 – 2 StR 322/55, BGHSt 9, 250 (251); KK-OWiG/*Rogall* § 30 Rn. 188f.; Graf/ Inhofer StPO § 444 Rn. 4; zur Zeugenstellung ehemaliger Organmitglieder BVerfG Beschl. v. 26.2.1975 – 2 BvR 820/74, BB 1975, 1315f.
[221] KK-OWiG/*Rogall* § 30 Rn. 188; KK-StPO/*Schmidt* § 444 Rn. 7, jeweils mwN.
[222] Zeugenladung: §§ 161a Abs. 1, 48 Abs. 1 StPO, Nr. 64 RiStBV; Ladung des Betroffenen: §§ 163a Abs. 1 S. 1, Abs. 3 S. 2, 133 Abs. 1 StPO; zur Ladung zur Hauptverhandlung § 216 StPO § 71 OWiG, Nr. 117 Abs. 1 RiStBV.
[223] *Meyer-Goßner* § 133 Rn. 4.

verpflichtet.²²⁴ Nach §§ 161 Abs. 2 S. 1, 51 Abs. 1 S. 1, 2 StPO kommt bei **Nichterscheinen** des Zeugen zu einer Vernehmung der Kartellbehörde sowohl die **Auferlegung der Kosten** wie auch die Verhängung eines **Ordnungsgeldes** (bzw. Ersatzordnungshaft) in Betracht, in der Hauptverhandlung sind diese Folgen grundsätzlich zwingend.²²⁵ Ordnungshaft kann nur für den Fall, dass das Ordnungsgeld nicht beigetrieben werden kann, festgesetzt werden, und das auch nur durch den Richter, § 161a Abs. 2 S. 2 StPO. Auch die **zwangsweise Vorführung** des Zeugen sowie des Betroffenen ist zulässig, die die Kartellbehörde allerdings nicht selbst anordnen kann, sondern beim Gericht beantragen muss.²²⁶ Hat ein Betroffener schriftlich angekündigt, sich auf sein Schweigerecht zu berufen, kann – zumindest im Zwischenverfahren – eine zwangsweise Vorführung unverhältnismäßig sein.²²⁷ Die Zwangsmaßnahmen sind zuvor anzudrohen, was in der Ladung erfolgen kann.²²⁸ Eine sofortige Vorführung nach § 134 StPO, bei der eine Androhung entbehrlich ist, kommt in Kartellbußgeldverfahren nicht in Betracht.

Im Gegensatz zum Betroffenen ist der **Zeuge verpflichtet, wahrheitsgemäß** über seine Wahrnehmungen **auszusagen.**²²⁹ Bei unberechtigter Weigerung insgesamt oder auch auf einzelne Fragen zu antworten, können ihm die dadurch entstandenen Kosten auferlegt werden (zu den Verweigerungsrechten → Rn. 46). Zudem ist die Festsetzung eines Ordnungsgeldes (bzw. Ersatzordnungshaft) und bis zu sechs Wochen Erzwingungshaft möglich, §§ 161a Abs. 2, 70 Abs. 1 StPO, § 46 Abs. 5 S. 2 OWiG.²³⁰ Bei einer unwahren Aussage des Zeugen vor der Kartellbehörde kommt eine Strafbarkeit nach § 145d StGB (Vortäuschen einer Straftat), § 164 StGB (falsche Verdächtigung) oder § 258 StGB (Strafvereitelung) in Betracht. Bei einer unwahren Aussage vor Gericht ist zudem eine Strafbarkeit wegen falscher (ggf. sogar eidlicher) Aussage gegeben, §§ 153, 154 StGB. Im Falle einer unvollständigen oder lückenhaften Beantwortung von Fragen ist zu differenzieren: Legt der Zeuge die Unvollständigkeit seiner Angaben offen („Mehr will ich nicht sagen.") liegt eine Zeugnisverweigerung vor. Legt er dies nicht offen, handelt es sich um eine unwahre Aussage.²³¹ Ist die Vortäuschung der Erinnerungslücken oder des Nichtwissens offensichtlich, handelt es sich um eine Aussageverweigerung.²³² Der **Betroffene** hat hingegen ein umfassendes **Schweigerecht** (→ Rn. 64).²³³ Ihn trifft **verfahrensrechtlich** auch **keine strafbewehrte Wahrheitspflicht.** Er kann allerdings ggf. die og allgemeinen Strafgesetze verwirklichen.²³⁴ Außerdem dürfen aus nachgewiesenen unwahren Aussagen Schlüsse auf seine Glaubwürdigkeit gezogen werden. Leugnen oder Schweigen dürfen aber nicht strafschärfend berücksichtigt werden.²³⁵

Ein **Auskunftsverweigerungsrecht** besteht nach § 55 Abs. 1 StPO für **Zeugen** in Bezug auf einzelne Fragen, durch deren Beantwortung sie entweder sich selbst oder einen Angehörigen der Gefahr aussetzen würden, wegen einer Straftat oder Ordnungswidrigkeit verfolgt zu werden. Das Auskunftsverweigerungsrecht gewährt grundsätzlich kein umfassendes, sondern nur ein partielles Verweigerungsrecht. **Mitarbeiter von Unternehmen,** die

---

[224] Zeugen: § 48 Abs. 1 S. 1 StPO, auf den § 161a Abs. 1 S. 1 StPO verweist. Betroffene: §§ 133 ff. StPO, bzw. § 163a Abs. 3 S. 1.
[225] *Meyer-Goßner* § 51 Rn. 16 f.
[226] Zeugen: §§ 161 Abs. 2 S 1, 51 Abs. 1 S. 3 StPO § 46 Abs. 5 S. 1 OWiG; Betroffene: §§ 163a Abs. 3 S. 1, 2, 135 Abs. 1 StPO § 46 Abs. 5 S. 1 OWiG; KK-StPO/*Diemer* § 133 Rn. 8 f.). Eine sofortige Vorführung nach § 134 StPO kommt in Kartellbußgeldverfahren nicht in Betracht.
[227] AG Bonn Beschl. v. 27.6.2013 – 51 GS 1012/13; vgl. a. KK-StPO/*Diemer* § 133 Rn. 9 ff.
[228] KK-StPO/*Diemer* § 133 Rn. 10.
[229] § 48 Abs. 1 S. 2 bzw. § 161a Abs. 1 S. 2 StPO; KK-StPO/*Griesbaum* § 161a Rn. 4.
[230] Ob die Auferlegung der Kosten und die Festsetzung des Ordnungsgeldes im Ermessen der Kartellbehörde stehen, ist str. (s. KK-StPO/*Griesbaum* § 161a Rn. 12).
[231] Karlsruher Kommentar/*Wache* OWiG § 59 Rn. 64.
[232] *Eisenberg* Beweisrecht der StPO Rn. 1098 mwN.
[233] Außer in Bezug auf die Angaben zur Identität nach § 111 OWiG und – juristische Personen – im Hinblick auf die Angaben nach § 81a GWB.
[234] BGH Urt. v. 10.2.2015 – 1 StR 488/14, NJW 2015, 1705; ausführlich *Dehne-Niemann* NStZ 2015, 677.
[235] Zum Ganzen KarlsuherKommentar/*Diemer* StPO § 136 Rn. 20 mwN.

den Kartellverstoß möglicherweise schuldhaft begangen oder unterstützt haben, sind zwar grundsätzlich als Zeugen anzusehen, solange gegen sie selbst kein Verfahren eröffnet wurde. Sie können allerdings bei bestehender Verfolgungsgefahr ein weitreichendes Auskunftsverweigerungsrecht haben. Dies gilt nicht, wenn ein Verfahrenshindernis ihrer Verfolgung entgegensteht, wie etwa die Verjährung oder Strafklageverbrauch durch eine rechtskräftige Bebußung.[236] Nach ständiger Rechtspraxis des OLG Düsseldorf steht auch denjenigen Tatverdächtigen, denen vom Bundeskartellamt nach pflichtgemäßer Ausübung seines Verfolgungsermessens eine **Nichtverfolgungszusage** gegeben wurde, kein Auskunftsverweigerungsrecht zu, weil durch diese Selbstbindung der Behörde jedenfalls die tatsächliche Verfolgungsgefahr entfällt.[237] Die in § 52 Abs. 1 StPO genannten **Angehörigen** eines Betroffenen haben ein umfassendes **Zeugnisverweigerungsrecht**.[238] In Kartellbußgeldverfahren spielt dieses in der Regel nur dann eine Rolle, wenn gegen Familienunternehmen ermittelt wird. Zum anwaltlichen Zeugnisverweigerungsrecht → Rn. 79 f.

51 Der Vernehmende muss den **Zeugen** über seine Pflicht zur wahrheitsgemäßen Aussage sowie – sofern solche im konkreten Fall bestehen – über etwaige Aussage- und Auskunftsverweigerungsrechte, den **Betroffenen** (nur) bei seiner ersten Vernehmung über sein umfassendes Schweigerecht **belehren**.[239] Bei der Ausübung seiner prozessualen Rechte, wie des Schweigerechts, wird der Verband durch die natürlichen Personen vertreten, die von Gesetzes wegen bzw. nach der Satzung oder einer sonstigen Regelung dazu berufen sind (→ Rn. 64).[240] Unterbleibt die Belehrung über das Schweigerecht, ist der Betroffene bei einer erneuten Vernehmung **qualifiziert dahingehend zu belehren,** dass er nicht zur Sache aussagen muss und dass seine vorhergehende Aussage nicht verwertbar ist.[241] Verwertbar ist dann nur die zweite Aussage. Wird statt der qualifizierten Belehrung bei der erneuten Vernehmung nur „einfach" über das umfassende Schweigerecht belehrt, ist die zweite Aussage nicht schlechthin unverwertbar. Insbesondere wenn der Betroffene nicht davon ausgegangen ist, dass er von seiner früheren Aussage nicht abrücken kann, kann die zweite Aussage verwertbar sein.[242] Beruft sich der Zeuge erst später auf das Auskunftsverweigerungsrecht, bleiben seine vorherigen Angaben verwertbar. Weder für die in der Hauptverhandlung noch für die davor unter Verzicht auf das Auskunftsverweigerungsrecht gemachten Angaben besteht ein Beweisverwertungsverbot, da § 252 StPO nur für die Zeugnisverweigerung (insbesondere nach § 52 StPO) und nicht für die Auskunftsverweigerung nach § 55 StPO gilt.[243] Darüber hinaus darf nach § 136a Abs. 1 S. 3 StPO kein Versprechen eines gesetzlich nicht vorgesehenen Vorteils erfolgen (zum Inaussichtstellen eines Bußgeldnachlasses durch die Bonusregelung → Rn. 59 ff.). Anders als im Strafverfahren braucht der Betroffene nicht darauf hingewiesen zu werden, dass er auch schon vor seiner ersten Vernehmung einen Verteidiger befragen oder dass er zu seiner Entlastung einzelne Beweiserhebungen beantragen kann (§ 55 Abs. 2 OWiG).

52 Die Vernehmung im engeren Sinne beginnt mit der Aufforderung, einen **freien Bericht** über das Beweisthema zu erstatten, gefolgt von einer Befragung durch die Behörde. Für den Zeugen ist der freie Bericht nach §§ 69, 161a Abs. 1 S. 2 StPO vorgeschrieben, während dies für den Betroffenen nicht zwingend ist. Die Vernehmung von Zeugen und Betroffenen durch die Kartellbehörde soll nach § 168b Abs. 2 StPO protokolliert werden. Die – offene – Aufnahme der Vernehmung durch ein Tonbandgerät ist zulässig und be-

---

[236] Vgl. *Meyer-Goßner* § 55 Rn. 8 mwN.
[237] In der Lit. str., vgl. zum aktuellen Streitstand *Brevern/Hack* WuW 2013, 936.
[238] Zu Einzelfragen siehe *Meyer-Goßner* § 52 Rn. 10 ff.
[239] Zeugenbelehrung: §§ 52 Abs. 3 S. 1, 55 Abs. 2, 57 S. 1, 161a Abs. 1 StPO. Betroffenenbelehrung: § 136 Abs. 1 StPO, auf den 163a Abs. 3 Satz 2 StPO verweist. Sie muss bei der ersten Vernehmung durch das Gericht wiederholt werden.
[240] KK-StPO/*Schmidt* § 444 Rn. 7.
[241] BGH Urt. v. 18.12.2008 – 4 StR 455/08, BGHSt 53, 112; *Meyer-Goßner* § 136 Rn. 9.
[242] BGH Urt. v. 18.12.2008 – 4 StR 455/08, BGHSt 53, 112; *Meyer-Goßner* § 136 Rn. 9.
[243] *Meyer-Goßner* StPO § 252 Rn. 5, § 55 Rn. 5 mwN.

darf keiner Zustimmung durch den Vernommenen.²⁴⁴ Die vorläufigen Aufzeichnungen mittels Tonband sind noch nicht das Protokoll im Sinne von § 168 StPO, bilden aber dessen verbindliche Grundlage.²⁴⁵ Das Tonband ist als Aktenbestandteil aufzubewahren. Der Zeuge oder auch sein Beistand haben keinen Anspruch auf Übergabe einer Kopie des Vernehmungsprotokolls, während der Verteidiger des Betroffenen nach § 147 Abs. 3 StPO ein uneingeschränktes Einsichtsrecht in das Protokoll der Vernehmung des Betroffenen bzw. des Zeugen hat, bei dessen Vernehmung er anwesend war. Nach § 161a Abs. 1 S. 3 StPO bleibt eine **eidliche Vernehmung** dem Richter vorbehalten. Die Kartellbehörde kann eine **richterliche Vernehmung** des Zeugen oder Betroffenen beantragen, § 162 StPO, bei der ein Zeuge auch vereidigt werden kann (§§ 59, 62 StPO). Allerdings kommt eine Vereidigung des Zeugen im Verfahren der Kartellbehörde nur ausnahmsweise in Betracht.²⁴⁶ Bei der Vernehmung eines Zeugen durch die Kartellbehörde hat der Betroffene oder sein Verteidiger – anders als bei einer richterlichen Vernehmung (§ 168c StPO) – kein Anwesenheits- oder Fragerecht. Auch aus Art. 6 Abs. 3d EMRK kann kein Recht auf Anwesenheit bei der Zeugenbefragung in diesem Verfahrensstadium abgeleitet werden. Die strafverfahrensrechtlichen Garantien des Art. 6 EMRK gelten zwar auch schon im Ermittlungsverfahren, allerdings insoweit in eingeschränktem Umfang.²⁴⁷ Die Kartellbehörde kann die Anwesenheit aber nach ihrem Ermessen gestatten.²⁴⁸

Zeugen können sich eines anwaltlichen Beistandes bedienen. Einem zur Vernehmung des Zeugen erschienenen **Zeugenbeistand** ist die Anwesenheit während der gesamten Dauer der Vernehmung zu gestatten, wenn keine Ausschlussgründe vorliegen, vgl. § 68b Abs. 1 S. 1, 2 StPO. Das Anwesenheitsrecht gibt dem Anwalt ein durch seinen Aufgabenbereich beschränktes Mitwirkungsrecht. Er darf den Zeugen – zB bzgl. d. Reichweite seines Auskunftsverweigerungsrechts – beraten, unzulässige Fragen beanstanden und für den Zeugen Anträge und Erklärungen anbringen, ihn aber nicht bei der Aussage vertreten.²⁴⁹ Der Zeugenbeistand hat keine weitergehenden Rechte als der Zeuge. Somit ist ihm vor der Befragung keine Akteneinsicht zu gewähren, dies ist auch nicht zur Ausübung seines Fragebeanstandungsrechtes bzw. zur Vermeidung von Protokollierungsfehlern erforderlich bzw. zulässig.²⁵⁰ Wie auch aus §§ 58 Abs. 1, 243 StPO folgt, soll ein Zeuge unbeeinflusst von Angaben Dritter aussagen. Der Beweiswert einer Aussage wäre stark gemindert, wenn der Zeuge vor seiner Aussage wüsste, was andere Zeugen zu dem Beweisthema bekundet haben.²⁵¹ Der Anwalt kann ausgeschlossen werden, wenn Tatsachen die Annahme rechtfertigen, dass seine Anwesenheit die geordnete Beweiserhebung nicht nur unwesentlich beeinträchtigt. Dies kann der Fall sein, wenn das Aussageverhalten des Zeugen dadurch beeinflusst wird, dass der Beistand nicht nur den Interessen des Zeugen verpflichtet erscheint, § 68b Abs. 1 S. 4 Nr. 2 StPO. Dabei genügt bereits der Nachweis einer bestimmten Gefährdung der Beweiserhebung. Ein dringender Tatverdacht ist nicht erforderlich.²⁵² Wenn konkrete Hinweise vorliegen, dass ein Zeugenbeistand von einem Kanzleikollegen, der eine Nebenbetroffene verteidigt, Einsicht in das vom Bundeskartellamt an den Verteidiger der Nebenbetroffenen übersandte Anhörungsschreiben er-

---

²⁴⁴ § 58a StPO; *Meyer-Goßner* § 58a Rn. 4, 8.
²⁴⁵ *Meyer-Goßner* StPO § 168 Rn. 4.
²⁴⁶ *Göhler/Seitz* § 59 Rn. 21.
²⁴⁷ EGMR Urt. v. 13.3.2007 – Antragsnr. 23393/05, Rn. 47 – Castravet v. Moldova; Urt. v. 24.11.1993 – Beschwerdenr. 32/1992/377/451, Series A no. 275, 13 § 36 – Imbrioscia v. Switzerland; Urt. v. 8.2.1996 – Beschwerdenr. 41/1994/488/570, Reports, 1996-I, 54 § 62 – John Murray v. the United Kingdom; KK-EMEK/*Schädler* Art. 6 Rn. 11.
²⁴⁸ KK-StPO/*Griesbaum* § 161a Rn. 6.
²⁴⁹ *Meyer-Goßner* § 68b Rn. 4.
²⁵⁰ AG Bonn Beschl. v. 15.3.2016 – 52 OWi 7/16[b].
²⁵¹ KG Berlin Urt. v. 20.12.2007 – (1) 2 BJs 58/06 – 2 (22/07), StV 2010, 298 (299); OLG Düsseldorf Urt. v. 21.5.2002 – VI 9/01, NJW 2002, 2806 (2807); zum Ganzen *Dahs* NStZ 2011, 200 f.; aA KK-StPO/*Senge* § 68b Rn. 8.
²⁵² AG Bonn Beschl. v. 15.3.2016 – 52 OWi 7/16 [b]; *Meyer-Goßner* § 68b Rn. 7.

langt hat, um den Zeugen vor seiner Vernehmung durch das Bundeskartellamt auch im Interesse der Nebenbetroffenen zu präparieren, liegt ein Ausschlussgrund nach § 68b Abs. 1 S. 3, 4 Nr. 2 StPO vor.[253] Dieser Ausschlussgrund liegt häufig auch dann nahe, wenn es sich bei dem Zeugenbeistand gleichzeitig um den Verteidiger eines Betroffenen handelt.[254]

V. Auskunftsverlangen

54 Anders als etwa im europäischen Kartellverfahrensrecht haben die verdächtigen (natürlichen und juristischen) Personen im deutschen Kartellbußgeldverfahren keine umfassenden Mitwirkungspflichten, sondern können sich (fast) vollständig auf ihr grundgesetzlich gewährtes Schweigerecht zurückziehen. Die Selbstbelastungsfreiheit der Unternehmen besteht allerdings nur insoweit, wie sie sich aus dem einfachgesetzlichen Recht ergibt (→ Rn. 64). Dieses einfachgesetzlich bislang umfassend gewährte **Schweigerecht** der Unternehmen wurde mit der 8. GWB-Novelle durch § 81a GWB **beschränkt**.[255] Juristische Personen und Personenvereinigungen müssen nunmehr Auskünfte und Unterlagen über die jährlichen Gesamtumsätze im Geschäftsjahr vor der Behördenentscheidung und den vorangegangenen fünf Geschäftsjahren sowie über bestimmte Produkt- bzw. Kundenumsätze der wirtschaftlichen Einheit erteilen bzw. vorlegen.[256] Nur ihre Organe können sich als natürliche Personen auch insoweit auf ein Auskunftsverweigerungsrecht berufen. Sie müssen weder sie selbst (oder Angehörige) belastende Auskünfte erteilen noch belastende Unterlagen vorlegen und sind dementsprechend zu belehren (§ 81a Abs. 3 GWB). Das in der Norm vorgesehene Auskunftsverweigerungsrecht der Organe dürfte in der Praxis jedoch kaum eine Rolle spielen, da die abfragbaren Daten idR keine potentiell tat- oder tatzumessungsrelevanten Umstände im Hinblick auf eine etwaige Ordnungswidrigkeit des Organs betreffen.[257] Die Anwendung des § 81a GWB auf vor Inkrafttreten der Norm beendete Taten verstößt nicht gegen das Rückwirkungsverbot aus Art. 103 Abs. 2 GG in Verbindung mit § 4 Abs. 1 OWiG, weil sie diesem Verbot als verfahrensrechtliche Norm nicht unterliegt.[258] Die Vorschrift dient nach der Gesetzesbegründung der Ermittlung der **Bußgeldobergrenze** des § 81 Abs. 4 S. 2 GWB, (in gewissen Grenzen) der Prüfung der **wirtschaftlichen Leistungsfähigkeit** der wirtschaftlichen Einheit sowie von Umständen, die für die **Bußgeldzumessung** von Relevanz sind.[259] Letzteres bezieht sich insbesondere auf das Gewinn- und Schadenspotential des Kartellverstoßes, für welches der **tatbezogene Umsatz** (→ Rn. 150) von Bedeutung ist.[260] Die Auskunftspflicht von juristischen Personen soll nach dem Regierungsentwurf zur 9. GWB-Novelle um Auskünfte zur objektiven Unternehmensstruktur und deren Veränderungen im Zeitablauf maßvoll erweitert werden, wobei die gesamte Norm dann zudem in § 81b GWB umnummeriert würde. Gegen das Auskunftsersuchen kann **gerichtliche Entscheidung** gemäß § 62 OWiG beim Amtsgericht beantragt werden.[261]

---

[253] AG Bonn Beschl. v. 15.3.2016 – 52 OWi 7/16 [b].
[254] BR Drs. 2009 178/09, 25; einschränkend: KK-StPO/*Senge* § 68b Rn. 3. Nach AG Rudolstadt (Beschl. v. 5.3.2012 – 770 Js 21821/10–1 Ls, StraFo 2012, 181) besteht sogar eine Interessenkollision bei einem Zeugenbeistand aus der Sozietät, der auch der Verteidiger angehört.
[255] Krit. *Achenbach* wistra 2013, 369 (371); *Meyer/Kuhn* WuW 2004, 880 (892); grds. begrüßend BKartA, Stellungnahme zum Regierungsentwurf zur 8. GWB-Novelle v. 22.6.2012, 20; MüKoGWB/*Vollmer* § 81a Rn. 2; auf natürliche Personen, die selbst Unternehmensinhaber sind, ist diese Vorschrift nicht anwendbar.
[256] AG Bonn Beschl. v. 18.11.2013 – 51 Gs 1955/13.
[257] Bien/*Ost* 305, 326; MüKoGWB/*Vollmer* § 81 Rn. 6.
[258] AG Bonn Beschl. v. 18.11.2013 – 51 Gs 1955/13.
[259] Bundesregierung, Begründung Entwurf 8. GWB-Nov., BT-Drs. 17/9852, 35.
[260] BGH Beschl. v. 17.10.2013 – 3 StR 167/13 Rn. 39; BKartA, Leitlinien für die Bußgeldzumessung in Kartellordnungswidrigkeitenverfahren v. 26.6.2013 Rn. 4, 10.
[261] AG Bonn Beschl. v. 18.11.2013 – 51 Gs 1955/13; Beschl. v. 23.1.2014 – 80 OW 211/13 [b]; MüKoGWB/*Vollmer* § 81a Rn. 11; aA *Bechtold* § 81a Rn. 7, der das OLG für zuständig hält.

Hinsichtlich der **Reichweite** der Auskunftspflicht stellt § 81a Abs. 1 S. 2 GWB klar, dass 55
sich diese auf die weltweiten Umsätze aller natürlichen und juristischen Personen bezieht,
die als **wirtschaftliche Einheit** operieren (→ Rn. 117).[262] Die Adressatin des Auskunftsverlangens ist deshalb auch verpflichtet, über die Umsätze ihrer Tochter-, Schwester- und Mutterunternehmen Auskunft zu erteilen, die zu derselben wirtschaftlichen Einheit gehören wie sie. Die Angaben, die auf der Basis von § 81a Abs. 1 Nr. 1 GWB verlangt werden können, sind relativ klar schon durch die Norm umrissen. In einem Auskunftsverlangen können die Angaben über die **Gesamtumsätze** der wirtschaftlichen Einheit ggf. für bis zu sechs Geschäftsjahre vor der Behördenentscheidung verlangt werden. Die **produkt- oder kundenspezifischen Umsatzangaben,** die die Behörde nach § 81a Abs. 1 Nr. 2 GWB ermitteln kann, sind weit weniger eng schon durch die Norm umrissen, so dass die Behörde hier einen relativ weiten Spielraum hat. Aus dem Gesetz selbst ergibt sich weder eine konkrete zeitliche Einschränkung noch eine konkrete Vorgabe, dass es sich nur um zumessungsrelevante oder „tatferne" Informationen handeln darf.[263] In der Praxis spielen reine Umsatzinformationen für den Nachweis der Tat aber idR ohnehin keine Rolle.[264] Dementsprechend dient diese Norm tatsächlich vor allem der Ermittlung solcher Umsätze, die für die Bußgeldbemessung von Relevanz sind (in erster Linie der tatbezogenen Umsätze).[265] Zur **Überprüfung der Glaubhaftigkeit der Angaben** der juristischen Person können auch die Herausgabe von Unterlagen (§ 81a Abs. 1 S. 1, letzter HS.) sowie Angaben zur Begründung der genannten Zahlen verlangt werden.[266] So kann eine Auflistung der mit ihr verflochtenen Gesellschaften verlangt werden, die die Auskunftsgeberin zur wirtschaftlichen Einheit bzw. die sie nicht dazu gezählt hat. In Zweifelsfällen können auch Angaben dazu verlangt werden, *warum* bestimmte mit der Auskunftsgeberin verflochtene Gesellschaften nicht zur wirtschaftlichen Einheit gezählt wurden. Herauszugebende Unterlagen können etwa (testierte) Jahresabschlüsse, Unternehmensverträge, Gesellschaftervereinbarungen oder auch diejenigen Unterlagen sein, die die juristische Person zur Beantwortung des Auskunftsverlangens selbst herangezogen hat.

Nach dem Gesetz ist **Voraussetzung für ein Auskunftsverlangen** nach § 81a GWB 56
lediglich, dass gegen den Adressaten ein **Bußgeldverfahren eingeleitet** wurde und somit „die Festsetzung einer Geldbuße in Betracht kommt".[267] Anders als die Ermittlung der Umsätze nach § 81a Abs. 1 Nr. 2 GWB ist das Ersuchen über Auskünfte zum Gesamtumsatz allerdings in der Praxis regelmäßig erst dann sinnvoll, wenn das Verfahren vor der Kartellbehörde schon fortgeschrittener ist, weil andernfalls nicht „voraussichtlich" ist, welches Geschäftsjahr für den Bußgeldrahmen im Sinne des § 81 Abs. 4 S. 2 GWB maßgeblich sein wird.[268] Die Vorschrift billigt der Behörde in der Frage der „Voraussichtlichkeit" aber einen weiten Einschätzungsspielraum zu. Eine präzise Planung des behördlichen Verfahrensabschlusses ist regelmäßig nicht möglich, weil die Behörde stets auf neue tat- oder zumessungsrelevante Erkenntnisse sowie Verhaltensweisen der Beteiligten (zB Abbruch einer Settlementverhandlung) eingehen können muss. Dauert das Verfahren länger als es bei einem ersten Auskunftsersuchen ersichtlich war, kann die Behörde in einem erneuten Auskunftsersuchen die Angabe der dann voraussichtlich nach § 81 Abs. 4 S. 2 GWB maßgeblichen Gesamtumsätze verlangen, selbst wenn sie im ersten Auskunftsersuchen schon die Gesamtumsätze für sechs Jahre abgefragt hat. Auch im Zwischenverfahren kann die Kartellbehörde noch ein entsprechendes Auskunftsersuchen stellen, wenn sie

---

[262] Bundesregierung, Begründung Entwurf 8. GWB-Novelle, BT-Drs. 17/9852, 35.
[263] Zu letzterem siehe AG Bonn v. 18.11.2013 – 51 Gs 1955/13.
[264] Bien/*Ost* 305 (326).
[265] Bundesregierung, Begründung Entwurf 8. GWB-Novelle, BT-Drs. 17/9852, 35.
[266] Langen/Bunte/*Raum* GWB § 81a Rn. 7.
[267] AG Bonn v. 18.11.2013 – 51 Gs 1955/13; MüKoGWB/*Vollmer* § 81a Rn. 4; enger *Achenbach* wistra 2013, 369 (370).
[268] *Achenbach* wistra 2013, 369 (370) sieht dies sogar als rechtliche Voraussetzung, allerdings ohne hinsichtlich der Ermittlung des Gesamtumsatzes und der Angaben nach § 81a Abs. 1 Nr. 2 GWB zu differenzieren.

aufgrund neuer rechtlicher oder tatsächlicher Gesichtspunkte die Aufhebung und den Neuerlass eines Bußgeldbescheides erwägt.[269] Nach § 81a Abs. 2 GWB kann das Gericht ebenfalls entsprechende Auskünfte verlangen.

57 Ein schuldhafter Verstoß gegen die Auskunftspflicht ist nach § 81 Abs. 2 Nr. 7, Abs. 4 S. 5 GWB bußgeldbewährt. Erteilt die Adressatin des Verlangens die Auskünfte nicht oder bestehen Anhaltspunkte für ein unkooperatives Verhalten bzw. für mangelnde Vollständigkeit, Verlässlichkeit oder Wahrhaftigkeit der bereits gegebenen Auskünfte und der hierzu überlassenen Unterlagen, ist eine Durchsuchung der juristischen Person oder auch von Dritten (also zB von dem entsprechenden Mutterunternehmen) verhältnismäßig, wenn zu erwarten ist, dass Beweismittel zum Nachweis der notwendigen Informationen dort zu finden sind.[270] Das gleiche gilt, wenn die Unterlagen nicht hinreichend konkret bestimmt werden können.[271] Falls erforderlich, kann die Kartellbehörde zur Ermittlung der Umsätze auch gemäß Art. 22 VO 1/2003 eine Durchsuchung im europäischen Ausland veranlassen, etwa wenn die Mutter dort ihren Sitz hat. Richtet sich das Verfahren nicht gegen die juristische Person, bei der die Umsatzzahlen vorliegen, ist diese als „andere Person" im Sinne des § 103 StPO anzusehen. Dritte können im Übrigen aber auch gemäß § 95 StPO aufgefordert werden, Unterlagen herauszugeben. Darüber hinaus weist *Vollmer* zutreffend darauf hin, dass ein Auskunftsverlangen der Kartellbehörde gemäß § 81a Abs. 1 S. 1 GWB eine Anordnung iSd § 86a S. 1 GWB darstellt, die im Wege der Verwaltungsvollstreckung durchgesetzt werden kann.[272]

VI. Sachverständige

58 Die Kartellbehörde kann sich während des gesamten Ermittlungsverfahrens (also zB auch als Unterstützung bei einer Durchsuchung) Sachverständiger bedienen.[273] Die Tätigkeit des Sachverständigen kommt in Fällen in Betracht, in denen die Kartellbehörde nicht über den nötigen eigenen Sachverstand verfügt (sog Übermittlung von Sachverstand). Deren Sachkunde kann aber auch dadurch genutzt werden, dass sie eine bloße Verrichtung vornehmen.[274] Ist damit zu rechnen, dass das Gutachten des Sachverständigen in ein späteres gerichtliches Verfahren eingeführt werden wird, sollte der Sachverständige möglichst mit Zustimmung des Verteidigers bestellt werden, es sei denn der Gegenstand der Untersuchung ist ein häufig wiederkehrender, tatsächlich gleichartiger Sachverhalt oder aber eine Gefährdung des Untersuchungszwecks bzw. eine Verfahrensverzögerung ist zu besorgen.[275] Die Ablehnung des Sachverständigen durch den Betroffenen ist im kartellbehördlichen Ermittlungsverfahren nicht zulässig, da § 74 StPO (sinngemäß) erst anwendbar ist, wenn der Fall gerichtlich anhängig ist.[276]

VII. Freiwillige Kooperationsbeiträge der Bonusantragsteller

59 Die Bonusregelung ist nicht nur eine wichtige Quelle zur Aufdeckung von Kartellen (→ Rn. 28), sie ist auch **wichtiges Instrument zu deren Nachweis**. Ein Bonusantrag löst eine für die gesamte Dauer des Verfahrens geltende ununterbrochene Kooperationspflicht

---

[269] AG Bonn Beschl. v. 23.1.2014 – 80 OW 211/13 [b].
[270] BGH Beschl. v. 23.1.2014 – KRB 48/13, BGHStR DE-R 4180; LG Bonn Beschl. v. 29.1.2014 – 27 Qs 28/13, 27 Qs 30/13; Langen/Bunte/*Raum* GWB § 81a Rn. 3.
[271] BGH Beschl. v. 23.1.2014 – KRB 48/13; Langen/Bunte/*Raum* GWB § 81a Rn. 3; vgl. die entsprechende Rechtfertigung einer Einsichtnahme und Prüfung vor Ort nach § 59 Abs. 1 Nr. 3 GWB, die das OLG Düsseldorf (Beschl. v. 4.5.2011 – VI-Kart 7/10 (V), juris-Rn. 42f., WuW/E DE-R 3320 – Hörgeräteakustiker) für zulässig hielt.
[272] MüKoGWB/*Vollmer* § 86a Rn. 2.
[273] BVerfG Beschl. v. 31.8.2007 – 2 BvR 1681/07, BeckRS 2007, 26565; *Meyer-Goßner* § 105 Rn. 8b mwN.
[274] *Meyer-Goßner* Vor § 72 Rn. 3.
[275] Göhler/*Seitz* § 59 Rn. 86.
[276] Göhler/*Seitz* § 59 Rn. 87 mwN.

gegenüber der Behörde aus.[277] Im Rahmen dessen führen die Unternehmen regelmäßig umfangreiche unternehmensinterne Befragungen von möglicherweise tatbeteiligten Mitarbeitern und Recherchen nach relevanten Urkunden durch, die den Nachweis der Tat erheblich erleichtern, wenn nicht sogar erst ermöglichen. Darüber hinaus müssen die Unternehmen sowie die Mitarbeiter, die von dem Bonusantrag profitieren wollen, auf die (schriftlichen oder mündlichen) Befragungen der Kartellbehörde umfassend und wahrheitsgemäß antworten. Im Gegenzug verpflichtet sich die Behörde zu einem Erlass oder einer Reduktion der Geldbuße (→ Rn. 28). Gewährt die Kartellbehörde dem Bonusantragsteller einen Bußgelderlass, stellt sie das Verfahren gemäß § 47 Abs. 1 OWiG gegen ihn ein, so dass das Gericht bezüglich seiner Person keine Bußgeldentscheidung zu treffen hat.[278] Mindert die Kartellbehörde die Geldbuße, ist ein **Einspruch gegen den Bescheid** nicht ausgeschlossen. Im Einspruchsverfahren sind die Gerichte zwar nicht an die Bonusregelung gebunden, sie können aber den Aufklärungsbeiträgen gleichfalls ein (erhebliches) bußgeldminderndes Gewicht beimessen.[279] Die Bonusregelung gilt nur für **horizontale Kartellrechtsverstöße.** Aber auch bezüglich anderer Kartellrechtsverstöße werden Kooperationsbeiträge regelmäßig bußgeldmindernd berücksichtigt.[280]

In fast allen horizontalen Kartellbußgeldverfahren werden mittlerweile Bonusanträge auf Erlass oder Reduktion der Geldbuße gestellt.[281] Um die Hürden für einen Bonusantrag möglichst gering zu halten, kann ein solcher Antrag auch mündlich und/oder in englischer Sprache gestellt werden. Der erste Schritt wird häufig per Fax oder Telefon über einen sog. **„Marker"** getan.[282] Damit kann sich ein Antragsteller den nach dem „Windhundprinzip" für den Erlass oder die Höhe der Reduktion wichtigen Rang wahren, wenn bestimmte Informationen zu dem Kartell gegenüber der Kartellbehörde bereits kurz benannt werden: Die Antragsteller erklären die Bereitschaft zur Zusammenarbeit mit der Kartellbehörde und geben die Art und Dauer des Kartellverstoßes, die sachlich und räumlich betroffenen Märkte, sowie die Identität der Kartellbeteiligten an. Zudem muss der Antrag auf einen Marker die Information enthalten, bei welchen Wettbewerbsbehörden ebenfalls Anträge gestellt wurden oder dies beabsichtigt ist. Der Antragsteller erhält daraufhin eine **Eingangsbestätigung und eine Frist** von bis zu acht Wochen, um seinen vollständigen Bonusantrag auszuarbeiten. Geht der vervollständigte Antrag in dieser Frist ein, bleibt der Rang gewahrt, zwischenzeitlich eingegangene Bonusanträge treten im Rang dahinter zurück. Zu beachten ist, dass zwischen einem sowohl bei der Europäischen Kommission als auch bei einer nationalen EU-Wettbewerbsbehörde eingereichten Antrag auf Erlass der Geldbuße für dasselbe Kartell kein rechtlicher Zusammenhang besteht, so dass die nationale Behörde weder verpflichtet ist, den bei ihr eingereichten Antrag im Licht des Antrags bei der Kommission zu beurteilen, noch gehalten ist, die Kommission zu kontaktieren, um Informationen über den Gegenstand und die Ergebnisse des auf europäischer Ebene eingerichteten Kronzeugenverfahrens zu erhalten.[283] Der Bonusantragsteller muss also selbst dafür Sorge tragen, dass seine ggf. bei verschiedenen Behörden gestellten Anträge jeweils die angestrebte Reichweite haben.

60

---

[277] *Matussek* Unternehmensjurist 2014, 66.
[278] Das OLG überprüft im Einspruchsverfahren nur die von der Behörde erhobene Beschuldigung, KK-OWiG/*Bohnert* § 71 Rn. 6.
[279] OLG Düsseldorf Urt. v. 10.2.2014 – V-4 Kart 5 + 6/11 OWi WuW 2015, 750 – Melitta; Urt. v. 26.6.2009 – VI-2a Kart 2–6/08, 190, 283 ff., BB 2010, 514 (Kurzwiedergabe) – Grauzement; Urt. v. 30.3.2009 – IV-2 Kart 10/08 OWi.
[280] Vgl. etwa BKartA Pressemitteilung v. 12.1.2016 – Lego; BKartA-Fallbericht zu den Entscheidungen v. 19.12.2014, 10. und 16.6.2015 sowie 23.12.2015, B10–50/14 – Bußgelder wegen vertikaler Preisabsprachen beim Vertrieb von Röstkaffee.
[281] So wurden etwa in allen im Zeitraum vom 1.1.2013 – 28.2.2014 durch das BKartA abgeschlossenen horizontalen Kartellbußgeldverfahren Bonusanträge gestellt, die durch Erlass oder Reduktion der Geldbuße honoriert wurden, vgl. Pressemitteilungen d. BKartA für diesen Zeitraum.
[282] Rn. 11 ff. d. Bonusregelung des BKartA, www.bundeskartellamt.de.
[283] EuGH Urt. v. 20.1.2016 – C-428/14, EuZW 2016, 270 – DHL, Ziff. 67.

61 Ein Bonusantrag kann sowohl **von Unternehmen als auch von natürlichen Personen gestellt** werden. Da nach der Bonusregelung des BKartA eine Vermutung besteht, dass sich der Bonusantrag eines Unternehmens auch auf seine aktuellen und ehemaligen Mitarbeiter erstreckt, sind selbständige Bonusanträge von diesen eher selten. Mitarbeiter, die von dem Bonusantrag des Unternehmens profitieren wollen,[284] müssen sich allerdings an der Aufklärung beteiligen und zu einer Aussage bereit sein. Die nach § 82 GWB wegen strafbarer Submissionsabsprachen (§ 298 StGB, ggf. § 263 StGB) nicht von der Kartellbehörde, sondern von der Staatsanwaltschaft verfolgten natürlichen Personen (ausführlich → § 19), können konsequenterweise nicht unmittelbar von der Bonusregelung profitieren.[285] Der Bonusantrag einer juristischen Person kann auf sämtliche mit ihr verbundene Unternehmen erstreckt werden, wenn diese ebenfalls zur Kooperation bereit sind. Gesellschaftsrechtlich hat für das Unternehmen das nach internen Grundsätzen zuständige Organ oder sein Vertreter den Antrag zu stellen.[286] Die Wirksamkeit eines Markers setzte allerdings noch keine Vertretungsmacht des Antragstellers voraus, da er ohnehin seine Gültigkeit verliert, wenn der Vertretene den Marker anschließend nicht durch einen Bonusantrag vervollständigt bzw. wenn er während des Verfahrens nicht ununterbrochen und vollständig kooperiert. Dementsprechend kann ein Marker zB auch durch einen nicht vertretungsberechtigten Gesellschafter gesetzt werden. Auch ist ein Rechtsanwalt, der für eine Vielzahl verbundener Unternehmen einschließlich der aktuellen und ehemaligen Mitarbeiter einen Marker setzt, nicht gemäß §§ 146, 146a StPO wegen Verstoßes gegen das Mehrfachverteidigungsverbot von der Kartellbehörde zurückzuweisen. Denn ein Marker (und selbst ein Bonusantrag) löst nicht automatisch die Einleitung eines Bußgeldverfahrens aus (→ Rn. 28 ff.). Eine etwaige Zurückweisung nach § 146a StPO ist aber frühestens dann geboten, wenn die Kartellbehörde ein Verfahren einleitet. Das BKartA versagt grundsätzlich **Dritten Akteneinsicht oder Auskunftserteilung** nach §§ 406e, 475 StPO iVm § 46 Abs. 1 OWiG in die Antragsunterlagen und übermittelten Beweismittel in Übereinstimmung mit der Rechtsprechung des AG Bonn und des OLG Düsseldorf.[287] Zur Akteneinsicht Dritter (unmittelbar oder über Zivilgerichte) in die Akten der Staatsanwaltschaft in Submissionsbetrugsverfahren → § 19 Rn. 127.[288] Die zivilrechtliche Verfolgung von Schadensersatzansprüchen ist durch einen Bonusantrag nicht ausgeschlossen. Jedoch wird der Bonusantrag auch bei der Frage der Abschöpfung des wirtschaftlichen Vorteils durch das BKartA berücksichtigt.[289]

62 Die Kartellbehörde ist nach § 81 Abs. 7 GWB ermächtigt, entsprechende Verwaltungsgrundsätze einzuführen. Die **Rechtmäßigkeit der Bonusregelung** wird auch von der Rechtsprechung ausdrücklich anerkannt.[290] Sie hält sich in den Grenzen des nach dem Opportunitätsprinzip bestehenden behördlichen Aufgreifermessens und der in § 17 Abs. 3

---

[284] Oder sogar einen selbständigen Antrag gestellt haben. Dieser Fall ist aber eher selten, da die meisten Bonusanträge von Unternehmen gestellt werden, von dem ihre Mitarbeiter profitieren.
[285] Zur Berücksichtigung von Kooperationsbeiträgen im Rahmen der Bonusregelung im Strafverfahren, siehe § 19 u. *Nickel* wistra 2014, 7.
[286] *Dreher* ZWeR 2009, 397 (400); Langen/Bunte/*Raum* GWB § 81 Rn. 196.
[287] OLG Düsseldorf Beschl. v. 22.8.2012 – V-4 Kart 5/11 (OWi) ua, W/E DE-R 3662; AG Bonn Beschl. v. 18.1.2012 – 51 Gs 53/09, WuW/E DE-R 3499 – Pfleiderer II; BKartA-Bonusregelung Rn. 22; *Engelsing* ZWeR 2006, 179 (194).
[288] Zur Zulässigkeit der Aktenweitergabe (einschließlich der von der KartB nach § 41 OWiG an die StA übersandte Bonusunterlagen) durch die StA an Zivilgerichte, OLG Hamm Beschl. v. 26.11.2013 – 1 VAs 116–120/13 u. 122/13, WuW 2014, 301. Diese Fallkonstellation, die grds. nur in Submissionsbetrugsverfahren auftreten kann, wird allerdings durch die Kartellschadensersatz-RL erfasst, die zumindest eine Versagung der Einsicht und Verwertung auch von Zivilgerichten in die Bonusanträge (nicht jedoch in die damit übermittelten Beweise) vorsieht.
[289] Rn. 23 d. Bonusregelung d. BKartA. Allerdings hat das BKartA unter der Geltung der 7. GWB-Novelle ohnehin noch in keinem Fall ein Abschöpfungsverfahren durchgeführt.
[290] Zur Bonusregelung des BKartA OLG Düsseldorf Urt. v. 27.3.2006 – VI – Kart 3/05 (OWi), WuW DE-R 1733 – Papiergroßhandel; Urt. v. 30.3.2009 – VI-2 Kart 10/08 OWi; Langen/Bunte/*Raum* GWB § 81 Rn. 196; zur Zulässigkeit von Kronzeugenprogrammen bei der Anwendung europäischen Kartellrechts allgemein EuGH Urt. v. 18.6.2013 – C-681/11, NZKart 2013, 332 Rn. 46 – DB Schenker mwN.

OWiG enthaltenen Zumessungsregeln.²⁹¹ Das Inaussichtstellen eines Nachlasses bei der Bußgeldbemessung gegen Aufklärungshilfe bei der Aufdeckung von Kartellordnungswidrigkeiten durch das Bundeskartellamt stellt daher kein die Freiheit der Willensentschließung und der Willensbetätigung beeinträchtigendes Versprechen eines gesetzlich nicht vorgesehenen Vorteils und damit auch keine verbotene Vernehmungsmethode im Sinne des § 136a StPO dar.²⁹² Unternehmensinterne Ermittlungen zur Vorbereitung eines Bonusantrags werden – durch Unternehmensanwälte oder andere Unternehmensvertreter – regelmäßig auch im Wege der Befragung von sich dabei möglicherweise selbst belastenden Mitarbeitern durchgeführt. In der strafrechtlichen Literatur wird teilweise die **Verwertbarkeit der protokollierten Mitarbeiteraussagen** kritisch gesehen.²⁹³ Begründet wird dies mit einer Zwangslage, in der der Arbeitnehmer zu selbstbelastenden Aussagen gegenüber seinem Arbeitgeber bzw. von diesem beauftragten Ermittlern aus arbeitsvertraglichen Gründen verpflichtet ist. Würde man die Aussagen in einem Strafverfahren verwerten können, würde nach dieser Auffassung faktisch das verfassungsrechtlich abgesicherte Schweigerecht des Beschuldigten umgangen. Im Kartellbußgeldverfahren haben sich diese Fragen allerdings noch nicht gestellt. Wenn derartige Protokolle zur Vorbereitung eines Bonusantrags gefertigt werden, den das Unternehmen für sich und seine Mitarbeiter gestellt hat bzw. zu stellen beabsichtigt, wird der Mitarbeiter in der Regel einer Verwertung zustimmen, weil er dadurch von dem Bonusantrag profitiert. Darüber hinaus steht in Kartellbußgeldverfahren die Verfolgung der Unternehmen und ihrer Leitungspersonen im Sinne der §§ 9, 30 OWiG, und nicht der einfachen Mitarbeiter, im Fokus. Ein derartiges Verwertungsverbot – wenn es denn bestehen sollte²⁹⁴ – würde aber nur in einem Verfahren gegen den jeweiligen Mitarbeiter gelten.²⁹⁵ Bei schriftlichen oder mündlichen **Aussagen von Mitarbeitern gegenüber der Kartellbehörde** handelt es sich grundsätzlich um Vernehmungen, deren Verwertbarkeit sich nach den allgemeinen Regeln richtet (→ Rn. 47 f.).

E. Verfahrensrechte

Der Betroffene ist mit aktiven und passiven Verfahrensrechten ausgestattet, die teilweise nur durch einfaches Recht, teilweise aber auch durch Verfassungsrecht gewährleistet werden. Bei der Ausübung seiner prozessualen Rechte wird der Verband durch die natürlichen Personen vertreten, die von Gesetzes wegen bzw. nach der Satzung oder einer sonstigen Regelung dazu berufen sind.²⁹⁶

I. Selbstbelastungsfreiheit

Eine **natürliche Person,** gegen die ein Verfahren geführt wird, hat ein umfassendes Recht, sich nicht selbst zu belasten und zu den gegen sie erhobenen Vorwürfen zu schweigen. Dieses wird, sofern (noch) kein Verfahren gegen sie geführt wird, durch das Auskunftsverweigerungsrecht bezüglich einzelner sie belastender Antworten nach § 55 StPO abgesichert. Auch die Herausgabe von Beweismitteln kann sie verweigern. Dieser „Nemo-tenetur-Grundsatz" wird als Ausfluss der verfassungsrechtlich abgesicherten Menschenwürde angesehen und besagt, dass keiner gezwungen werden darf, sich selbst einer Straftat oder Ordnungswidrigkeit bezichtigen zu müssen.²⁹⁷ Denn der Schutz der Men-

63

64

---

²⁹¹ *Wiesner* WuW 2005, 606 (609); MüKoGWB/*Vollmer* § 81 Rn. 152.
²⁹² OLG Düsseldorf Urt. v. 30.3.2009 – VI-2 Kart 10/08 OWi.
²⁹³ Vgl. etwa *Theile* StV 2011, 381; *Jahn* StV 2009, 41; einschränkend *Bittmann/Molkenbur* wistra 2009, 373.
²⁹⁴ Ablehnend *Raum* StraFo 2012, 395 (397ff.); vgl. a. LG Mannheim Beschl. v. 3.7.2012 – 24 Qs 1/12, 24 Qs 2/12 –, juris-Rn. 120, 133 ff., wistra 2012, 400.
²⁹⁵ *Bittmann/Molkenbur* wistra 2009, 373 (378).
²⁹⁶ KK-StPO/*Schmidt* § 444 Rn. 7; FK/*Wrage-Molkenthin/Bauer* Vorbem. §§ 81–86 Rn. 45; Immenga/Mestmäcker/*Dannecker/Biermann* GWB Vor § 81 Rn. 187.
²⁹⁷ BVerfG Beschl. v. 27.4.2010 – 2 BvL 13/07, wistra 2011, 341 (344); BGH Beschl. v. 26.4.2001 – 5 StR 587/00, BGHSt 47, 8 (12 ff.).

schenwürde erfordert es, dass es einen unantastbaren Kernbereich privater Lebensführung gibt, der einen absoluten Schutz vor einer Erhebung, Verwendung oder Verwertung von Informationen gebietet. Die Garantie der Menschenwürde ist jedoch nicht wesensgleich im Sinne von Art. 19 Abs. 3 GG auf Unternehmen anwendbar.[298] Eine **juristische Person,** gegen die nach § 30 OWiG eine Geldbuße verhängt werden kann/soll, verfügt grundsätzlich daher nur über ein einfachgesetzliches Schweigerecht (zu dessen Grenzen → Rn. 54 ff.).[299] Dies wird aus §§ 444 Abs. 2 S. 2, 432 Abs. 2, 163a Abs. 3 S. 2, 136 Abs. 1 S. 2 StPO abgeleitet.[300] Auch § 81a Abs. 1 S. 3 GWB geht offensichtlich von einer grundsätzlichen – aber einschränkbaren – Anwendbarkeit der einfachgesetzlichen Bestimmungen der §§ 163a Abs. 3 S. 2, 136 Abs. 1 S. 2 StPO auf juristische Personen aus. Bei der Ausübung des Aussageverweigerungsrechts wird der Verband durch seine aktuell berufenen Organe vertreten.[301] In Ausübung des Aussageverweigerungsrechts der verfolgten juristischen Person sind sie somit befugt, zu sämtlichen Vorgängen, an die eine Sanktionierung der juristischen Person geknüpft werden soll, die Aussage zu verweigern. Darüber hinaus steht dem Organ ggf. bezüglich seiner eigenen Taten ein eigenes Schweige- bzw. Auskunftsverweigerungsrecht zu.

II. Rechtliches Gehör

65 Sowohl natürliche als auch juristische Personen haben in einem Bußgeldverfahren einen grundgesetzlich abgesicherten Anspruch auf rechtliches Gehör, Art. 103 Abs. 1 GG,[302] bei dem es sich um das wichtigste Verteidigungsrecht handeln dürfte. Dieses Recht beinhaltet, dass der Betroffene durch die Behörde über den Vorwurf informiert wird (und Akteneinsicht erhält, → Rn. 68 ff.) sowie vor Erlass der ihn belastenden Entscheidung ausreichend Zeit und Gelegenheit zur Stellungnahme und damit zu seiner Verteidigung gegen den Vorwurf haben muss, wenn das Verfahren nicht eingestellt wird (§ 163a Abs. 1 StPO).[303] Der Betroffene kann sich zu tatsächlichen und rechtlichen Aspekten der erhobenen Vorwürfe sowie der für ihn relevanten Zumessungsgesichtspunkte äußern, § 136 Abs. 2 StPO.[304] Die Form der Anhörung ist im Bußgeldverfahren der Kartellbehörde nicht vorgeschrieben, da § 55 OWiG die Anwendbarkeit des § 163a Abs. 1 StPO insoweit einschränkt.[305] Die Kartellbehörde kann den Vorwurf also mündlich oder schriftlich in Form eines Anhörungsschreibens erläutern. In der Praxis erfolgt in der Regel eine ausführliche, schriftliche Information. Ihr Umfang kann allerdings vom Verfahrensstadium und davon abhängen, ob die Vorwürfe im Rahmen von Settlement-Verhandlungen bereits ausführlich mündlich erläutert worden sind. Die erste Anhörung muss (gleich in welcher Form) einen Hinweis auf die in Betracht kommenden Bußgeldvorschriften und eine Belehrung über das Schweigerecht enthalten (§§ 136 Abs. 1 S. 1, 163a Abs. 3 S. 2 StPO), → Rn. 49, 64. Die Gelegenheit zur Stellungnahme kann mündlich gewährt werden, eine schriftliche Stellungnahme ist aber in der BKartA-Praxis stets möglich. Unterbleibt die Anhörung vor Erlass eines Bußgeldbescheides ganz oder teilweise, liegt ein Verstoß gegen § 55 OWiG vor. Der Bescheid wird jedoch dadurch nicht unwirksam, weil der Betroffene die Möglichkeit hat, dagegen Ein-

---

[298] Bundesregierung, Begründung Entwurf 8. GWB-Nov., BT-Drs. 17/9852, 35; Baudenbacher/*Ost* 2008, 201 (211); Langen/Bunte/*Raum* GWB § 81a Rn. 2.
[299] BGH Beschl. v. 23.1.2014 – KRB 48/13, WuW 2014, 512; Bundesregierung, Begründung Entwurf 8. GWB-Nov., BT-Drs. 17/9852, 35; Baudenbacher/*Ost* 2008, 201 (211); kritisch *Achenbach* wistra 2013, 369 (371).
[300] § 432 Abs. 2 StPO, der im Ermittlungsverfahren entsprechend gilt, verweist auf die Vorschriften über die Vernehmung des Beschuldigten, die für juristische Personen „entsprechend" gelten; KK-OWiG/*Rogall* § 30 Rn. 188; KarlsruherKommentar/*Schmidt* StPO § 444 Rn. 7; SK-StPO/*Weßlau* § 444 Rn. 11; für das Hauptverfahren wird dies aus §§ 444 Abs. 2 S. 2, 433 Abs. 1 S. 1, 243 Abs. 4 S. 1 StPO abgeleitet.
[301] KK-StPO/*Schmidt* § 444 Rn. 7.
[302] Vgl. a. Art. 6 Abs. 3a, b EMRK.
[303] MüKoGWB/*Vollmer* § 81 Rn. 190.
[304] *Roxin/Schünemann* Strafverfahrensrecht, 106.
[305] Göhler/*Gürtler* OWiG § 55 Rn. 4.

spruch einzulegen und der Verstoß durch das rechtliche Gehör im gerichtlichen Verfahren geheilt werden kann.[306] In der Hauptverhandlung und in der Revisionsinstanz wird Art. 103 Abs. 1 GG durch verschiedene ausdrücklich geregelte Äußerungs- und Hinweispflichten weiter konkretisiert, ausführlich → Rn. 218.[307]

III. Beistand durch einen Verteidiger

Der Betroffene kann sich in jeder Lage des Verfahrens eines Verteidigers bedienen, § 137 StPO, dh er kann sich jederzeit (insbesondere) einen zugelassenen Rechtsanwalt[308] als Beistand zu seiner Verteidigung in einem Bußgeldverfahren wählen. Als den gesetzlich zulässigen Beschuldigteninteressen verpflichtetes Rechtspflegeorgan hat der Verteidiger zu dessen Gunsten sprechende Umstände geltend zu machen und ihm bei der umfassenden Wahrnehmung seiner prozessualen Rechte zu helfen.[309] Ihn trifft eine besondere Schweigepflicht (§ 203 Abs. 1 Nr. 3 StGB), die durch ein Zeugnisverweigerungsrecht und Verwertungsverbote von Verteidigungsunterlagen abgesichert wird (→ Rn. 79 f.). Der Verteidiger hat dem Mandanten umfassenden Rechtsrat zu erteilen, er hat bestimmte Anwesenheitsrechte bei Ermittlungen und kann teilweise aus eigenem Recht Anträge stellen,[310] Rechtsbehelfe allerdings nicht gegen den Willen des Betroffenen einlegen (§ 297 StPO). Zur Rücknahme eines Einspruchs bedarf der Verteidiger nach § 302 Abs. 2 StPO, § 67 Abs. 1 S. 2 OWiG einer vorherigen, ausdrücklichen Ermächtigung, die allerdings formlos erfolgen kann.[311] Eine nachträgliche Genehmigung führt nicht zu einer Heilung.

66

Mit der Wahrnehmung seiner Verteidigungsinteressen kann der Betroffene nicht pauschal eine gesamte Rechtsanwaltskanzlei, sondern nur bestimmte Rechtsanwälte beauftragen, und zwar nicht mehr als drei (§ 137 Abs. 1 S. 2 StPO iVm § 46 Abs. 1 OWiG). Die Personen sind im Prinzip frei wählbar, es besteht allerdings – auch im Ordnungswidrigkeitenverfahren – ein Mehrfachverteidigungsverbot, § 146 StPO,[312] dh dass mehrere von einem Bußgeldverfahren Betroffene bzw. mehrere derselben Tat Beschuldigte wegen des drohenden Interessenwiderstreits nicht denselben Verteidiger wählen dürfen.[313] Ob eine Ausnahme von diesem Grundsatz für die gemeinsame Verteidigung einer beschuldigten juristischen Person zusammen mit einem ihrer Mitarbeiter nach wie vor besteht, ist angesichts des auch hier möglichen Interessenkonfliktes fraglich.[314] Die Kartellbehörde ist verpflichtet, einen gewählten Verteidiger nach § 60 S. 2 OWiG iVm § 146a Abs. 1 S. 1 StPO zurückzuweisen, sobald sie erkennt, dass die Voraussetzungen hierfür vorliegen.[315] Handlungen, die ein Verteidiger vor der Zurückweisung vorgenommen hat, sind aber nicht deshalb unwirksam, weil die Voraussetzungen des § 146 StPO vorlagen, vgl. § 146a Abs. 2 StPO.[316] Selbst wenn die Mitwirkung eines Verteidigers in einem Kartellbußgeld-

67

---

[306] Göhler/*Gürtler* OWiG § 55 Rn. 6.
[307] ZB § 33a StPO (Nachholung rechtlichen Gehörs), § 243 Abs. 2, 5 StPO (Äußerungsrecht), §§ 257, 258 StPO (Erklärungsrechte, letztes Wort), gerichtliche Hinweispflicht nach § 265 StPO, die nach § 71 Abs. 1 S. 1 OWiG iVm § 411 Abs. 1 S. 2 StPO im gerichtlichen Bußgeldverfahren anwendbar sind.
[308] Zu anderen Personen als Verteidiger siehe Göhler/*Seitz* § 60 Rn. 5a ff. Ein Syndikusanwalt kann nicht als Verteidiger des betroffenen Unternehmens oder seiner Mitarbeiter bestellt werden, § 46c Bundesrechtsanwaltsordnung (nF).
[309] Zum Ganzen *Roxin*/*Schünemann* Strafverfahrensrecht, 116.
[310] ZB auf Akteneinsicht nach § 147 StPO BGH Beschl. v. 30.1.1959 – 1 StR 510/58, BGHSt 12, 367 (369).
[311] OLG Düsseldorf Beschl. v. 25.2.2013 – III 3 RVs 24/13, BeckRS 2013, 04320; als vorherige Ermächtigung genügt nicht eine pauschale Ermächtigung zur „Einlegung und Rücknahme von Rechtsbehelfen" in der Strafprozessvollmacht. AA KK-OWiG/*Bohnert* § 67 Rn. 101; Göhler/*Seitz* § 67 Rn. 36.
[312] BVerfG Beschl. v. 21.6.1977 – 2 BvR 70/75, 2 BvR 361/75, BVerfGE 45, 272 (287).
[313] Löwe/Rosenberg/*Lüderssen/Jahn* StPO § 146 Rn. 1; KK-OWiG/*Kurz* § 60 Rn. 77.
[314] Str., gegen eine entsprechende Ausnahme MüKoGWB/*Vollmer* § 81 Rn. 138; Immenga/Mestmäcker/ *Dannecker/Biermann* Vor § 81 Rn. 189; aA *Bechtold* Vor § 81 Rn. 7; FK/*Wrage-Molkenthin/Bauer* Vorbem. §§ 81–86 Rn. 67; zweifelnd Göhler/*Gürtler* § 88 Rn. 14.
[315] BGH Beschl. v. 27.2.1976 – StB 8/76, BGHSt 26, 291 (294).
[316] BGH Beschl. v. 27.2.1976 – StB 8/76, BGHSt 26, 291 (294).

verfahren im Sinne von § 140 Abs. 2 S. 1 StPO geboten sein sollte, ist zwar die Kartellbehörde bzw. der Vorsitzende des Gerichts für dessen Bestellung zuständig (§ 60 Abs. 1 OWiG), in der Regel ist aber der vom Betroffenen gewünschte Rechtsanwalt zu bestellen.

IV. Akteneinsicht

68 Gemäß § 147 Abs. 1 StPO ist der **Verteidiger** berechtigt, die Verfahrensakten und die Beweismittel einzusehen. Es handelt sich um ein umfassendes Einsichtsrecht, welches grundsätzlich selbst bei entgegenstehenden berechtigten Interessen zu gewähren ist, und zwar **in sämtliche Akten, Beiakten und Beweismittel** einschließlich Geschäftsgeheimnissen Dritter, die dem Gericht in einem Verfahren vorliegen oder vorzulegen wären.[317] In Kartellbußgeldverfahren gilt darüber hinaus die Besonderheit, dass auch in Akten abgetrennter Verfahren ein umfassendes Einsichtsrecht besteht, wenn die Verfahren lediglich hinsichtlich der Betroffenen aufgespalten wurden, aber einen einheitlichen Gesamtkomplex betreffen (insbesondere dasselbe Kartell) und dem Gericht tatsächlich gemeinsam vorliegen.[318] Allerdings muss in Akten eines vorangegangenen oder parallelen Verfahrens, welches nur einen ähnlich gelagerten Vorwurf betrifft, der sich dennoch in inhaltlicher, zeitlicher und/oder personeller Hinsicht unterscheidet, grundsätzlich keine Einsicht gewährt werden.[319] Ein entsprechendes Einsichtsrecht in Verfahrensakten bezüglich anderer Kartellrechtsverstöße kann nur bei einem dargelegten besonderen Interesse bestehen, etwa wenn dem äußeren Anschein nach ein Strafklageverbrauch vorliegen könnte.[320] Keine Einsicht ist in die Handakten der Kartellbehörde und andere innerdienstliche Vorgänge zu gewähren. Dabei ist aber der Grundsatz der Aktenvollständigkeit zu beachten. Dh der Verfahrensakte dürfen entlastende oder belastende Schriftstücke oder auch Tonbandaufnahmen (zB von Vernehmungen), aus denen sich schuld- und rechtsfolgenrelevante Umstände ergeben können, nicht ferngehalten werden.[321]

69 **Der Betroffene selbst** hat ein eingeschränktes Akteneinsichtsrecht, und zwar nach § 147 Abs. 7 StPO, wenn er keinen Verteidiger hat.[322] Dieser Anspruch besteht nur insoweit,

- wie es zu einer angemessenen Verteidigung notwendig ist,
- der Untersuchungszweck auch anderer Verfahren nicht gefährdet wird und
- keine überwiegenden schutzwürdigen Interessen Dritter entgegenstehen.

Daneben kann die Kartellbehörde nach § 49 Abs. 1 OWiG auch dem verteidigten Betroffenen unter Aufsicht Einsicht gewähren, wenn keine überwiegenden schutzwürden Interessen Dritter entgegenstehen.

70 Grundsätzlich darf der Verteidiger die aus der Akteneinsicht erlangten Kenntnisse und ggf. auch Ablichtungen an den Mandanten weitergeben, soweit dies für eine angemessene Verteidigung notwendig ist.[323] Sollten sich aber Unterlagen mit sensiblen Geschäftsgeheimnissen von Dritten oder von mitbeschuldigten Wettbewerbern (zB bezüglich deren wirtschaftlicher Leistungsfähigkeit) in den Akten befinden, so ist vom Verteidiger sorgfältig zu prüfen, ob die **Weitergabe dieser Informationen an den Mandanten** zu Verteidigungszwecken überhaupt erforderlich ist oder zumindest lediglich in abstrakter oder aggregierter Form erfolgen kann.[324] Zudem darf eine Weitergabe von Informationen den

---

[317] OLG Rostock Beschl. v. 7.7.2015 – 20 VAs 2/15, wistra 2015, 446.
[318] BGH Beschl. v. 4.10.2007 – KRB 59/07, NJW 2007, 3652 – Industrieversicherer.
[319] AG Bonn Beschl. v. 3.12.2013 – 51 Gs 1327/12.
[320] AG Bonn Beschl. v. 10.8.2007 – 51 Gs 890/07.
[321] Zum Ganzen: *Meyer-Goßner* § 147 Rn. 13.
[322] *Göhler/Seitz* § 49 Rn. 1; aA KK-OWiG/*Lampe* § 49 Rn. 1, der § 49 OWiG als lex specialis ansieht, so dass der unverteidigte Betroffene keinen Anspruch nach § 147 Abs. 7 StPO habe.
[323] *Meyer-Goßner* § 147 Rn. 20.
[324] Zur Befugnis der Weitergabe von Akteninhalten vgl. BGH Beschl. v. 4.10.2007 – KRB 59/07, NJW 2007, 3652 (3653); *Meyer-Goßner* § 147 Rn. 22 mwN; weiter FK/*Wrage-Molkenthin/Bauer* GWB Vorbem. §§ 81–86 Rn. 71.

Untersuchungszweck nicht gefährden.[325] Die Weitergabe von Akteninhalten an Dritte begründet die Annahme eines Missbrauchs der Verteidigungsrechte nach § 147 Abs. 1 StPO, wenn dies ohne jeglichen Bezug zur Verteidigungssituation des Beschuldigten geschieht. Hiervon ist auszugehen, wenn ein Verteidiger einem Zeugenbeistand zur Präparierung des Zeugen vor seiner Vernehmung Einsicht ua in das vom Bundeskartellamt an den Verteidiger übersandte Anhörungsschreiben gewährt.[326] Die **Modalitäten der Akteneinsichtsgewährung** an den Verteidiger liegen grundsätzlich im Ermessen der Behörde. Dies ergibt sich etwa daraus, dass die Behörde aus wichtigen Gründen davon absehen kann, einem Verteidiger Akten in dessen Büroräume mitzugeben.[327] Die Akteneinsicht muss allerdings ausreichend und in zumutbarer Weise organisiert sein.[328] Die gerichtliche Überprüfung ist auf die rechtmäßige Ermessensausübung beschränkt.[329] Der Anspruch auf Besichtigung der Beweisstücke erfasst diese lediglich in ihrem gegenwärtigen Zustand. Ein Anspruch auf Erstellung weiterer Akteninhalte, wie zB einer Auflistung, besteht nicht. Andererseits kann die Verteidigung wohl nicht auf die Anschaffung einer speziellen Auswertesoftware auf eigene Kosten zur Lesbarmachung von sichergestellten Daten verwiesen werden, sofern die Daten ursprünglich in unverschlüsselter Form vorlagen und erst durch die Ermittlungsbehörde verschlüsselt wurden.[330]

Grundsätzlich **entsteht das Akteneinsichtsrecht** des Verteidigers, sobald das Verfahren eingeleitet ist und er zum Verteidiger bestellt wurde. Allerdings gilt es bis zum Vermerk des Abschlusses der Ermittlungen in den Akten (§ 61 OWiG) zunächst nur eingeschränkt: Es kann verweigert werden, soweit die Akteneinsicht den Untersuchungszweck gefährden kann. Spätestens im Zeitpunkt der Versendung des Anhörungsschreibens wird aber in der Praxis des BKartA in der Regel umfassende Akteneinsicht gewährt, wenn nicht im Rahmen von Settlement-Verhandlungen eine Teilakteneinsicht vereinbart wurde, wobei auch dann in der Regel alle wichtigen Beweismittel offen gelegt werden. Insbesondere in Sachverständigengutachten, in die Niederschrift über die Vernehmung des Betroffenen[331] sowie über solche Untersuchungshandlungen, bei denen die Anwesenheit des Verteidigers gestattet war (zB Protokoll der Durchsuchung oder einer Zeugenvernehmung in Anwesenheit des Verteidigers) ist auch schon vor Abschluss der Ermittlungen uneinschränkbar Einsicht zu gewähren. 71

Nach Beendigung des Bußgeldverfahrens durch eine rechtskräftige Bußgeldentscheidung oder durch Einstellung besteht grundsätzlich keine Verteidigungslage, so dass ein uneingeschränkter Akteneinsichtsanspruch nicht mehr besteht, sondern nur noch unter den Voraussetzungen des § 475 StPO oder des § 406e StPO.[332] Die Akteneinsicht ist dann lediglich noch unter Abwägung entgegenstehender Interessen (etwa dem Untersuchungszweck hinsichtlich des noch nicht abgeschlossenen Verfahrens bezüglich weiterer Betroffener oder dem Schutz von Geschäftsgeheimnissen Dritter oder anderer Betroffener) zu gewähren.[333] Eine entsprechende Anwendung des § 147 StPO kommt nur dann in Betracht, wenn eine dem direkten Anwendungsbereich des § 147 Abs. 1 StPO vergleichbare Verteidigungslage gegeben ist und die Akteneinsicht zum Zweck der Verteidi- 71a

---

[325] BGH Urt. v. 3.10.1979 – 3 StR 264/79 (S), BGHSt 29, 99 (103); KK-StPO/*Laufhütte/Willnow* § 147 Rn. 14; *Meyer-Goßner* § 147 Rn. 21; aA *Mehle* NStZ 83, 557; *Tondorf* StV 83, 257; FK/*Wrage-Molkenthin/Bauer* GWB Vorbem. §§ 81–86 Rn. 74.
[326] AG Bonn Beschl. v. 15.3.2016 – 52 OWi 7/16 [b].
[327] KK-StPO/*Laufhütte/Willnow* § 147 Rn. 11.
[328] Siehe *Meyer-Goßner* § 147 Rn. 12.
[329] Graf/*Wessing* StPO § 147 Rn. 7 mwN.
[330] BGH Beschl. v. 11.2.2014 – 1 StR 355/13, NStZ 2014, 347 (349 f.).
[331] Dies gilt nicht für vom Betroffenen gefertigte Schriftstücke, AG Bonn Beschl. v. 2.8.2010 – 51 Gs 1122/10.
[332] AG Bonn Beschl. v. 1.7.2014 – 701 Gs 58/14; Beschl. v. 21.2.2014 – 52 Gs 29/14, 52 Gs 30/14; Beschl. v. 24.6.2015 – 52 OWi 45/15 [b]; Beschl. v. 17.2.2016 – 52 Gs 53/14; vgl. aber OLG Hamm Beschl. v. 17.5.2001 – 1 VAs 64/2000; LG Frankfurt Beschl. v. 29.6.2005 – 5/2 AR 3/2005, StraFo 2005, 379; KK-StPO/*Laufhütte/Willnow* § 147 Rn. 21.
[333] AG Bonn Beschl. v. 5.10.2005 – 51 Gs 1257/05.

gung im Ordnungswidrigkeitenverfahren erfolgt. Wird ein Verfahren nach dessen Einstellung wieder aufgenommen, wird den Verteidigungsinteressen ausreichend Rechnung getragen, wenn dem Verteidiger nach der Wiederaufnahme Akteneinsicht gemäß § 147 StPO gewährt wird. Ein Anspruch auf Akteneinsicht nach bzw. entsprechend § 147 StPO besteht nicht, wenn der frühere Beschuldigte Akteneinsicht für Zwecke begehrt, die mit seiner Verteidigung in der Strafsache nicht mehr zusammenhängen.[334] Eine entsprechende restriktive Anwendung des § 147 StPO ist gerade im Kartellordnungswidrigkeitenverfahren geboten, bei dem die Besonderheit besteht, dass für alle Betroffenen eine einheitliche Verfahrensakte geführt wird, weil eine Abtrennung der Verfahren nicht zu einer Beschränkbarkeit der Akteneinsicht führt (→ Rn. 68). Die Akte umfasst somit regelmäßig Unterlagen, die Geschäfts- und Betriebsgeheimnisse von anderen Marktteilnehmern beinhalten, welche diesen nach Sinn und Zweck des Kartellverbots gerade nicht bekannt werden sollen.

V. Rechtsbehelfe

72 Gegen **Ermittlungsmaßnahmen der Kartellbehörde** mit selbständiger Bedeutung sind folgende Rechtsbehelfe statthaft:
- In der Regel ist der Antrag auf gerichtliche Entscheidung gegen Maßnahmen der Kartellbehörde gestützt auf § 62 OWiG statthaft, insbesondere
  – gegen die kartellbehördliche Anordnung einer Durchsuchung oder Beschlagnahme wegen Gefahr im Verzug,
  – gegen einen Auskunftsbeschluss nach § 81a GWB,
  – gegen die Anordnung einer einstweiligen Beschlagnahme nach § 108 StPO,
  – gegen die Androhung des Antrags auf polizeiliche Vorführung[335] sowie
  – in der Regel gegen eine Akteneinsichtsentscheidung (nach §§ 147, 475, 406e StPO).[336]
- Unanfechtbar ist nach § 147 Abs. 5 StPO lediglich die Versagung der Akteneinsicht, solange der Abschluss der Ermittlungen noch nicht in den Akten vermerkt ist.[337]

73 **Entscheidungen des Amtsgerichts,** die erst auf Antrag der Kartellbehörde ergangen sind – also nicht ursprünglich von ihr selbst getroffen wurden – können mit der Beschwerde gemäß § 304 StPO iVm § 46 Abs. 1 OWiG angegriffen werden. Dies sind insbesondere
- der gerichtliche Durchsuchungs- und Beschlagnahmebeschluss sowie
- die Anordnung der Vorführung des Betroffenen oder eines Zeugen.

74 Die Rechtsbehelfe hemmen allerdings den **Vollzug der Maßnahme** nicht, sofern die Aussetzung der Vollziehung nicht durch die Kartellbehörde selbst oder das Gericht angeordnet wird (§ 62 Abs. 2 S. 2 OWiG iVm § 307 StPO). Das BKartA setzt regelmäßig die Vollziehung von Akteneinsichtsbeschlüssen, mit denen Dritten nach §§ 475, 406e StPO (teilweise) Einsicht in die Verfahrensakten gewährt wird, für einen Übergangszeitraum aus, um den Betroffenen vor dem irreversiblen Vollzug Gelegenheit zur Stellung eines Antrags auf gerichtliche Entscheidung zu geben.[338] Der Antrag auf gerichtliche Entscheidung gegen Maßnahmen und Entscheidungen der Kartellbehörde ist nach § 62 Abs. 2 S. 2 OWiG iVm § 306 Abs. 1 StPO bei der Kartellbehörde einzulegen. Hilft die Kartellbehörde nicht ab, legt sie den Antrag dem Amtsgericht vor, in dessen Bezirk die Kartellbehörde ihren Sitz hat (§ 62 Abs. 2 iVm § 68 Abs. 1 OWiG).

---

[334] Vgl. *Meyer-Goßner* § 147 Rn. 11.
[335] Schon diese bedeutet eine eigene Beschwer und kann dementsprechend selbständig angefochten werden, AG Bonn Beschl. v. 27.6.2013 – 51 Gs 1012/13.
[336] Zu weiteren Maßnahmen siehe Göhler/*Seitz* § 62 Rn. 3f.
[337] § 147 Abs. 5 S. 2 StPO; AG Bonn Beschl. v. 2.8.2010 – 51 Gs 1122/10. Die Ausnahme hiervon, dass der Betroffene sich nicht auf freiem Fuß befindet, trifft für Kartellbußgeldverfahren nie zu.
[338] Wie bundesverfassungsgerichtlich vorgegeben, BVerfG Beschl. v. 15.4.2005 – 2 BvR 465/05, NStZ-RR 2005, 343.

Die **Entscheidung des Amtsgerichts** ist grundsätzlich **unanfechtbar** (§ 62 Abs. 2 S. 3 OWiG).[339] Eine Ausnahme besteht bezüglich der amtsgerichtlichen Entscheidung über die Art und Weise der Durchsuchung, gegen die die Beschwerde nach § 304 Abs. 1 StPO statthaft ist.[340] Die Beschwerde gegen Entscheidungen des Amtsgerichts ist bei dem Gericht einzulegen, das die angefochtene Entscheidung erlassen hat (§ 304 iVm § 306 Abs. 1 StPO).

Die Rechtsbehelfe gegen Ermittlungsmaßnahmen sind **jederzeit möglich, solange** **75** **die Maßnahme andauert** bzw. die dadurch entstandene Eingriffswirkung noch besteht. Die bloße Feststellung der Rechtswidrigkeit einer Maßnahme, von der nach ihrem Vollzug keine weitere Eingriffswirkung ausgeht, ist nach der Systematik des strafprozessualen Rechtsmittelrechts grundsätzlich kein zulässiges Ziel der Beschwerde im Straf- bzw. Bußgeldverfahren.[341] Lediglich bei tiefgreifenden Grundrechtseingriffen, wie einer Durchsuchung (Art. 13 GG), gegen die typischerweise vor ihrer Erledigung kein Rechtsschutz erlangt werden kann, kann der Betroffene die Rechtmäßigkeit des Eingriffs auch nach ihrer Beendigung überprüfen lassen.[342] Dieser **nachträglich Rechtsschutz** besteht jedoch idR nicht für die vorläufige Sicherstellung und anschließende Sichtung von IT-Daten (oder anderen Asservaten) nach § 110 StPO, auch wenn diese Maßnahme als Fortsetzung der Durchsuchung angesehen wird (→ Rn. 43). Zum einen handelt es sich regelmäßig um eine länger andauernde Maßnahme, bei der typischerweise vor ihrer Erledigung mit dem Antrag gegen die Art und Weise der Durchsuchung analog § 98 Abs. 2 S. 2 StPO Rechtsschutz erlangt werden kann. Zum anderen stellt diese Maßnahme idR auch keinen tiefgreifenden Grundrechtseingriff dar. Ein Bedürfnis für eine nachträgliche Feststellung der vermeintlichen Rechtswidrigkeit besteht bezüglich dieser Maßnahme somit regelmäßig nicht.[343] Im Hinblick auf die typischerweise im Anschluss an die vorläufige Sicherstellung erfolgende endgültige Beschlagnahme (eines Teils) des Datenbestandes ist auf den Rechtsbehelf gegen diese zu verweisen.[344] Voraussetzung des Rechtsschutzes ist zudem, dass der Antragsteller von der Maßnahme selbst betroffen ist. Dies sind Privatpersonen bei einer Durchsuchung von Geschäftsräumen nur dann, wenn und soweit die Räumlichkeiten der Privatsphäre der natürlichen Person zuzuordnen sind. Bei Geschäftsführern oder Gesellschaftern einer Unternehmensgruppe kann nicht unterstellt werden, dass Räume der Gesellschaft der Privatsphäre dieser Personen zugeordnet sind.[345] Im Regelfall kann daher nur die durchsuchte juristische Person selbst – vertreten durch ihre gesetzlichen Vertreter – Rechtsmittel gegen die Durchsuchung einlegen (also zB der Geschäftsführer einer GmbH in deren Namen).

F. Beweisrecht

Im Gegensatz zum Zivilprozess gilt im Straf- und Bußgeldverfahren das Prinzip der materiellen Wahrheit und für deren Auffinden der **Ermittlungsgrundsatz**.[346] Dies bedeutet, dass die Verfolgungsbehörden den Sachverhalt insgesamt, also alle für den Tatvorwurf relevanten be- und entlastenden Umstände, selbst ermitteln müssen und dabei an (Beweis-) Anträge oder Erklärungen (einschließlich Geständnissen) der Verfahrensbeteiligten nicht **76**

---

[339] LG Bonn Beschl. v. 27.9.2010 – 27 Qs-Bundeskartellamt-25/10; v. 13.2.2012, 27 Qs 3/12.
[340] Vgl. etwa LG Bonn Beschl. v. 1.10.2011 – 27 Qs 33/10; Beschl. v. 19.11.2013 – 27 Qs 15/13, 27 Qs 21/13.
[341] LG Bonn Beschl. v. 19.11.2013 – 27 Qs 15/13/27 Qs 21/13.
[342] BVerfG Beschl. v. 30.4.1997 – 2 BvR 817/90 ua, NJW 1997, 2163; Beschl. v. 15.7.1998 – 2 BvR 446/98, NJW 1999, 273; LG Bonn Beschl. v. 2.9.2010 – 27 Qs-B 7–34/10; Beschl. v. 19.11.2013 – 27 Qs 15/13/27 Qs 21/13; KK-StPO/*Nack* § 105 Rn. 19; *Meyer-Goßner* StPO Vor § 296 Rn. 18a mwN.
[343] LG Bonn Beschl. v. 19.11.2013 – 27 Qs 15/13/27 Qs 21/13; Beschl. v. 14.1.2015 – 27 Qs 28/14.
[344] LG Bonn Beschl. v. 19.11.2013 – 27 Qs 15/13/27 Qs 21/13; Beschl. v. 14.1.2015 – 27 Qs 28/14.
[345] BVerfG Beschl. v. 16.4.2015 – 2 BvR 2279/13, NJW 2015, 2869.
[346] Für das Ermittlungsverfahren wird dies in §§ 160 Abs. 2, 163 StPO ausgedrückt.

gebunden sind.³⁴⁷ Allerdings ist im Hinblick auf den Umfang der Sachverhaltsermittlung im Bußgeldverfahren das Opportunitätsprinzip zu beachten. Es erlaubt den Verfolgungsbehörden, bestimmte Taten oder Tatbestandteile – zugunsten des Betroffenen – nach ihrem pflichtgemäßen Ermessen nicht „aufzugreifen", was bedeutet, dass sie auch nicht ermittelt werden müssen (→ Rn. 25). Weiterhin gilt im Straf- und Bußgeldverfahren der Grundsatz der **freien Beweiswürdigung** (§ 261 StPO), der die Bindung an feste Beweisregeln grundsätzlich ausschließt.³⁴⁸ Und schließlich ist die **Unschuldsvermutung** zu beachten, die im Zweifelsfall eine Entscheidung zugunsten des Betroffenen verlangt.³⁴⁹ Die Kartellbehörde bzw. das Gericht dürfen daher belastenden Sachverhalt nur insoweit ihrer Entscheidung zugrunde legen, wie sie von dessen Richtigkeit überzeugt sind.

77 Fraglich ist, ob die im materiellen bzw. im europäischen Kartellrecht teilweise bestehenden **Vermutungsregelungen** mit dem Grundsatz der freien richterlichen Beweiswürdigung bzw. der Unschuldsvermutung vereinbar sind oder ob diese im Bußgeldverfahren nicht beachtet werden dürfen.³⁵⁰ So gilt etwa nach der Rspr. des EuGH bei der Prüfung der Voraussetzungen des „abgestimmten Verhaltens" im Sinne des Art. 101 AEUV die Vermutung, dass die an der Abstimmung beteiligten und weiterhin auf dem Markt tätigen Unternehmen die mit ihren Mitbewerbern ausgetauschten Informationen bei der Bestimmung ihres Marktverhaltens berücksichtigen.³⁵¹ Dabei handelt es sich nach der EuGH-Rspr. sogar um einen **integralen Bestandteil des Unionsrechts,** so dass diese **Kausalitätsvermutung zwischen Abstimmung und Marktverhalten** zwingend auch durch den nationalen Richter zu beachten ist.³⁵² Weiterhin besteht im Rahmen der Prüfung der wirtschaftlichen Einheit im europäischen Recht die widerlegbare **Vermutung, dass eine Muttergesellschaft das Marktverhalten ihrer Tochter im Allgemeinen in maßgeblicher Weise bestimmt,** wenn die Muttergesellschaft alle oder fast alle Anteile an der Tochter hält.³⁵³ Im Hinblick auf den ausdrücklichen Willen des Gesetzgebers der 7. GWB-Novelle, eine weitgehende Angleichung des nationalen an das europäische Kartellrecht zu erreichen, müsste die Vermutungsregelung auch bei der Auslegung des in § 81 Abs. 4 S. 3 GWB enthaltenen Begriffs der „wirtschaftlichen Einheit" zur Anwendung kommen.³⁵⁴

78 Allerdings wäre es mit der Unschuldsvermutung nicht vereinbar, wenn ein Betroffener beweisen müsste, dass sein Verhalten rechtmäßig war und die Tatbestandsvoraussetzungen einer Kartellordnungswidrigkeit im konkret ihn betreffenden Fall nicht vorliegen. Andererseits sind aber auch bei der Beweiswürdigung im Bußgeldverfahren **Erfahrungssätze** zu beachten, also alltägliche oder wissenschaftlich-empirisch ermittelte Allgemeinaussagen zum Eintritt von Wirkungen aufgrund bestimmter Ursachen.³⁵⁵ Ein Erfahrungssatz ist allgemeinkundig, wenn er Bestandteil desjenigen Wissens ist, das verständige und erfahrene

---

³⁴⁷ *Roxin/Schünemann* Strafverfahrensrecht, 86; Göhler/*Seitz* Vor § 59 Rn. 53f.
³⁴⁸ *Roxin/Schünemann* Strafverfahrensrecht, 88.
³⁴⁹ Dies ist aus dem grundgesetzlich verbürgten Rechtsstaatsprinzip abzuleiten (BVerfG Beschl. v. 29.5.1990 – 2 BvR 254/88, 2 BvR 1343/88, BVerfGE 82, 106) und in Art. 6 Abs. 2 EMRK ausdrücklich festgehalten (Göhler/*Seitz* § 46 Rn. 10b). Im Gerichtsverfahren ist darüber hinaus das Unmittelbarkeitsprinzip anwendbar, wonach das Gericht sein Urteil aufgrund des Inbegriffs der Hauptverhandlung und nicht anhand der Verfahrensakten bilden darf (*Roxin/Schünemann* Strafverfahrensrecht, 88).
³⁵⁰ So *Achenbach*WuW 2011, 810 (816); differenziert Langen/Bunte/*Krauß* GWB § 1 Rn. 103; Langen/Bunte/*Hengst* AEUV Art. 101 Rn. 120f.; MüKoGWB/*Vollmer* § 81 Rn. 5.
³⁵¹ EuGH Urt. v. 8.7.1999 – C-49/92, Slg. 1999, I-4203 Rn. 121 – Kommission/ANIC Partecipazioni; Urt. v. 8.10.2008 – T-69/04 Rn. 118 – Schunck; Urt. v. 4.6.2009 – C 8/08 Rn. 53 – T-Mobile-Netherlands/NMa, WuW/E-EU R 1589 (1593).
³⁵² EuGH Urt. v. 4.6.2009 – C 8/08 Rn. 51 – T-Mobile-Netherlands/NMa, WuW/E-EU R 1589 (1593).
³⁵³ EuGH Urt. v. 10.9.2009 – C-97/08 P, Slg. 2009, I-8237 Rn. 60ff. – Akzo Nobel; Urt. v. 20.1.2011 – C-90/09 P, Slg. 2011, I-1 Rn. 39f. – General Quimica; Urt. v. 11.7.2013 – C-440/11 P Rn. 40ff. – Stiching Administratiekantoor Portielje; krit. zur 100%-Vermutung etwa *Mansörfer/Timmerbeil* EuZW 2011, 214 (217); *Bosch* ZWeR 2012, 368 (372ff.); dagegen *Kokott/Dittert* WuW 2012, 670 (675); Langen/Bunte/*Hengst* AEUV Art. 101 Rn. 46ff.
³⁵⁴ Langen/Bunte/*Hengst* AEUV Art. 101 Rn. 49.
³⁵⁵ Hierzu *Meyer-Goßner* § 337 Rn. 31; KK-StPO/*Fischer* § 244 Rn. 7, 135f.; Göhler/Seitz § 77 Rn. 3.

Menschen in der Regel besitzen oder sich unschwer verschaffen können. Derartige Erfahrungssätze sind mit der Unschuldsvermutung vereinbar, weil es sich nicht um bloße Rechtsregeln handelt, die dem Betroffenen einen Gegenbeweis auferlegen, sondern ein anerkanntes Mittel der Würdigung bewiesener Tatsachen ist: Die den Erfahrungssätzen zugrunde liegenden Tatsachen muss nicht der Betroffene nachweisen, sondern die Kartellbehörde bzw. das Gericht. Beruhen also Vermutungsregelungen auf Erfahrungssätzen in diesem Sinne, sind sie bei der Beweiswürdigung zu beachten.[356] So entspricht es etwa der allgemeinen Lebenserfahrung, dass ein Unternehmen Kenntnisse über die geplante Marktstrategie seines Wettbewerbers in der Regel bei seinem eigenen Marktverhalten berücksichtigt.[357] Ist deshalb die Abstimmung zwischen den Unternehmen im Sinne des Art. 101 AEUV und ihre anschließende Tätigkeit auf dem Markt nachgewiesen, ist eine die Kausalität zwischen der Abstimmung und dem Marktverhalten positiv begründende Gesamtwürdigung nur dann erforderlich, wenn ernsthafte Anhaltspunkte dafür vorliegen, dass ein Ausnahmefall gegeben sein könnte, in dem das Unternehmen die Kenntnisse nicht bei seinem Marktverhalten berücksichtigt hat.[358] Ebenso muss im Hinblick auf die Feststellung der wirtschaftlichen Einheit im Sinne des § 81 Abs. 4 S. 3 GWB im deutschen Bußgeldverfahren der Erfahrungssatz zur Anwendung kommen, dass bei einer 100%-Beteiligung der Mutter an ihrer Tochtergesellschaft von der Möglichkeit der Einflussnahme durch die Mutter auch Gebrauch gemacht wird (und somit eine wirtschaftliche Einheit vorliegt), da dies der allgemeinen ökonomischen Erfahrung entspricht.[359]

79 Der Pflicht zur Wahrheitserforschung sind Grenzen gesetzt. Die Wahrheit darf nicht „um jeden Preis" erforscht werden.[360] Zum Schutz einfachgesetzlicher (vgl. zB §§ 52 ff. StPO) und grundgesetzlicher Rechte dürfen bestimmte Beweise gar nicht erst erhoben bzw. verwertet werden.[361] So kann etwa ein Rechtsanwalt als Zeuge nur begrenzt vernommen werden, da er sich zum Schutz des Vertrauensverhältnisses zwischen Rechtsanwälten und denen, die ihre Hilfe und Sachkunde in Anspruch nehmen, auf ein **Zeugnisverweigerungsrecht** nach § 53 StPO berufen kann.[362] Um eine Umgehung des Zeugnisverweigerungsrechts zu verhindern, besteht zudem nach § 97 StPO ein Beschlagnahmeverbot bezüglich Aufzeichnungen des Rechtsanwalts sowie bezüglich der schriftlichen Mitteilungen zwischen ihm und dem Betroffenen, wenn sie sich **in anwaltlichem Gewahrsam** befinden **(Anwaltsprivileg)**.[363] **Syndikusanwälten** stehen schon nach früherer Rechtsprechung[364] und nunmehr auch ausdrücklich nach dem „Gesetz zur Neuordnung des Rechts der Syndikusanwälte" weder das Zeugnisverweigerungsrecht nach § 53 Abs. 1 S. 1 Nr. 3 StPO noch die Anwaltsprivilegien nach §§ 97, 160a StPO zu.[365] Zum Schutze des Rechts

---

[356] Vgl. GA *Kokott* SchlA v. 19. 2. 2009 – C-8/08 Rn. 89 f.
[357] Vgl. etwa BKartA Fallbericht v. 27. 5. 2013 – B11–11/08 – Süßwaren, 3; Fallbericht v. 14. 6. 2013 – B11–17/06 – Drogerieartikel, 2.
[358] Langen/Bunte/*Krauß* GWB § 1 Rn. 103; Langen/Bunte/*Hengst* AEUV Art. 101 Rn. 125.
[359] MüKoGWB/*Vollmer* § 81 Rn. 133 f. Dementsprechend hat auch der BGH für das deutsche Kartellordnungswidrigkeitenrecht eine wirtschaftliche Einheit bei Muttergesellschaften und ihren 100%-igen Tochtergesellschaften ohne Weiteres bejaht, BGH Beschl. v. 26. 2. 2013 – KRB 20/12, WuW/E DE-R 3861 (3875 f.) – Grauzement (hierzu: MüKoGWB/*Vollmer* § 81 Rn. 133 f.).
[360] BGH Urt. v. 14. 6. 1960 – 1 StR 683/59, BGHSt 14, 358 (365); Göhler/*Seitz* Vor § 59 Rn. 53a.
[361] Göhler/*Seitz* § 46 Rn. 10c mwN.
[362] Meyer-Goßner § 53 Rn. 1 mwN a. d. Rspr.
[363] Ausführlich zu Kartellbußgeldverfahren *Krauß* WuW 2013, 24. Allg. KK-StPO/*Nack* § 97 Rn. 1; Graf/ *Ritzert* StPO § 97 Rn. 6; *Gronemeyer/Slobodenjuk* EWS 2010, 308 (311 f.).
[364] LG Bonn Beschl. v. 29. 9. 2005 – 37 Qs 27/05, WuW/E DE-R 1787 (1791); Beschl. v. 9. 7. 2012 – 27 Qs 12/12; SK-StPO/*Rogall* § 53 Rn. 90 m. Darstellung des Streitstandes in der Lit.; KK-StPO/*Senge* § 53 StPO Rn. 15 mwN; Meyer-Goßner § 53 Rn. 15; *Thum* HRRS 2012, 535 (536); *de Lind von Wijngaarden/Egler* NJW 2013, 3549 (3351 f.); vgl. a. zum europäischen Recht EuGH Urt. v. 14. 9. 2010 – C-550/07, NJW 2010, 3557 – Akzo Nobel Chemicals Ltd.
[365] Dies ergibt sich aus § 46c Bundesrechtsanwaltsordnung (nF), gemäß dem Syndikusanwälte bei einem unternehmensbezogenen Vorwurf nicht als Rechtsanwalt des Unternehmens tätig werden dürfen (damit schon Ausschluss des Zeugnisverweigerungsrechts nach § 53 StPO und der Anwaltsprivilegien nach §§ 97, 160a StPO) Schließlich ist letzteres nochmal ausdrücklich in der StPO geregelt (Neufassung des

des Betroffenen auf effektive Verteidigung als Ausprägung des Rechts auf ein faires Verfahren (Art. 2 Abs. 1, 20 Abs. 3 GG, Art. 6 Abs. 3 EMRK) sind – vom Verteidiger oder Betroffenen erstellte – Unterlagen auch dann vor einer Beschlagnahme geschützt, wenn sie sich **im Gewahrsam des Betroffenen** befinden, sofern sie zu Verteidigungszwecken gefertigt wurden.[366] Als „vom Betroffenen" erstellte und somit vom Verteidigungsprivileg[367] geschützte Unterlagen gelten bei Verfahren gegen juristische Personen auch solche, die von Unternehmensmitarbeitern – ggf. auch von Syndikusanwälten – zum Zwecke der Verteidigung erstellt wurden.[368] Grundsätzlich müssen die durch das **Verteidigungsprivileg** geschützten Unterlagen nach der hM drei Voraussetzungen kumulativ erfüllen: (1) Es bestand zum Zeitpunkt ihrer Fertigung bereits ein straf- bzw. bußgeldrechtliches Ermittlungsverfahren, (2) der Anwalt ist mit der Verteidigung beauftragt und (3) die Unterlagen wurden zum Zwecke der Verteidigung erstellt.[369] Unterlagen, die anlässlich eines Zivilverfahrens, eines kartellbehördlichen Verwaltungsverfahrens oder eines Verfahrens der Europäischen Kommission erstellt wurden, fallen deshalb nicht unter das Verteidigungsprivileg und können grundsätzlich beschlagnahmt werden.[370] Die von Verteidigern entsprechend geforderte Erweiterung des Verteidigungsprivilegs in Kartellbußgeldverfahren wurde jeweils vom LG Bonn abgelehnt.[371]

80 Auch das **europäische „legal privilege"**, welches in Verfahren der Europäischen Kommission gilt, hielt das LG Bonn in diesen Fällen zutreffenderweise nicht für einschlägig. Wegen des nach der europäischen Rechtsprechung ebenfalls erforderlichen Verteidigungsbezugs privilegierter Unterlagen[372] hätte das europäische „legal privilege" in diesen Fällen ohnehin nicht eingegriffen.[373] Im Übrigen kann aber auch nicht davon ausgegangen werden, dass die für das Kommissionsverfahren entwickelten konkreten Regeln zum Anwaltsprivileg Grundrechte sind, die in allen nationalen Verfahren beachtet werden müssten. Das deutsche Strafverfahrensrecht beruht auf einer grundlegenden gesetzgeberischen Abwägung verschiedener Rechtsprinzipien, die durch die Übernahme einzelner Regeln ohne Berücksichtigung des nationalen Verfahrensrechts insgesamt gesehen aus dem Gleichgewicht gebracht würde. Dementsprechend haben die Regeln zur Begrenzung der teilweise wesentlich weitergehenderen Ermittlungsbefugnisse der Kommission keine Verbindlichkeit für die Auslegung des in deutschen Straf- und Kartellverfahren gelten-

---

§ 53 StPO, der sich dann auch auf den Anwendungsbereich des § 97 StPO und damit auch des § 160a StPO auswirkt).

[366] Vgl. BVerfG Beschl. v. 30.1.2002 – 2 BvR 2248/00, NStZ 2002, 377; BGH Beschl. v. 13.8.1973 – StB 34/73, NJW 1973, 2035; BGH Urt. v. 25.2.1998 – 3 StR 490/97, NJW 1998, 1963 (1964); LG Bonn Beschl. v. 16.1.2012 – 27 Qs 24/11; zur Reichweite des Verteidigungsprivilegs in Kartellordnungswidrigkeitenverfahren ausführlich *Krauß* WuW 2013, 24 f. Allg. sa KarlsruherKommentar *Nack* StPO § 97 Rn. 24; *Mehle/Mehle* NJW 2010, 1639 (1639); *Gronemeyer/Slobodenjuk* EWS 2010, 308 (312 f.).

[367] Nicht vom Anwaltsprivileg.

[368] LG Braunschweig Beschl. v. 21.7.2015 – 6 Qs 116/15, wistra 2016, 40 (42).

[369] Das Verteidigungsprivileg gilt allerdings auch schon in der Anbahnungsphase hierzu BGH Beschl. v. 18.2.2014 – StB 8/13, NJW 2014, 1314; Löwe-Rosenberg/*Lüderssen/Jahn* StPO § 148 Rn. 7 f.; Graf/ *Wessing* StPO § 148 Rn. 1; Umstr. ist, ob und inwieweit das Verteidigungsverhältnis schon vor Einleitung eines Ermittlungsverfahrens besteht, sofern dessen Einleitung nahe liegt, hierzu: LG Braunschweig, Beschl. v. 21.7.2015 – 6 Qs 116/15, wistra 2016, 40 (41); *Meyer-Goßner* § 148 Rn. 4 jeweils mwN; *Krauß* WuW 2013, 24 (27 ff.).

[370] Ausführlich *Krauß* WuW 2013, 24 (27 ff.).

[371] LG Bonn Beschl. v. 14.9.2010 – 27 Os-B7-34/10-U2; Beschl. v. 21.6.2012 – 27 Qs 2/12; vgl. a. LG Bonn Beschl. v. 16.1.2012 – 27 Qs 24/11; vgl. a. BVerfG 13.10.2009 – 2 BvR 256/09, NJW 2010, 1740 f.; *Krauß* WuW 2013, 24 (27).

[372] EuG Urt. v. 7.9.2007 – T-125/03, Rn. 123 ff. – Akzo; vgl. a. LG Bonn Beschl. v. 29.9.2005 – 37 Qs 27/05, WuW/E DE-R 1787 (1791); Beschl. v. 14.9.2010 – 27 Os-B7–34/10-U2; *Schnichels/Resch* EuZW 2011, 47 (48) mwN; *Kapp/Roth* RIW 2003, 946 (947); *Mehle/Mehle* NJW 2011, 1639 (1643); *Klees* EWS 2011, 76 (78).

[373] LG Bonn Beschl. v. 14.9.2010 – 27 Os-B7–34/10-U2; Beschl. v. 21.6.2012 – 27 Qs 2/12; vgl. a. LG Bonn Beschl. v. 29.9.2005 – 37 Qs 27/05, WuW/E DE-R 1787 (1791).

G. Verfahrensabschluss

Das kartellbehördliche Verfahren schließt mit einem Bußgeldbescheid oder der Verfahrenseinstellung ab.[376] Die Kartellbehörde kann das Ermittlungsverfahren **mit einem Bußgeldbescheid beenden,** wenn sie nach Aufklärung des Sachverhalts und Anhörung des Betroffenen davon überzeugt ist, dass der Betroffene schuldhaft eine Kartellordnungswidrigkeit begangen hat, Verfahrenshindernisse nicht gegeben sind und sie die Ahndung mit einer Geldbuße nach pflichtgemäßem Ermessen für geboten hält.[377] Nach der Rechtsprechung des Europäischen Gerichtshofs für Menschenrechte ist das deutsche Bußgeldverfahren, welches Ermittlung und Entscheidung durch dieselbe Verwaltungsbehörde zulässt, mit Art. 6 Abs. 1 EMRK vereinbar. Das Recht auf eine Verhandlung und Entscheidung durch ein unabhängiges und unparteiisches Gericht wird durch die Möglichkeit des Einspruchs gegen die Bußgeldentscheidung gewahrt.[378] In der Praxis hat diese Zuständigkeitskonzentration während des kartellbehördlichen Verfahrens für die Betroffenen im Hinblick auf die Verlässlichkeit und die Schnelligkeit von Zwischenentscheidungen auch Vorteile. So erfolgen etwa die bedingte Zusage eines Bußgelderlasses nach der Bonusregelung (→ Rn. 28, 59 ff.) oder die Einigung hinsichtlich eines Settlements in verlässlicher Weise idR vergleichsweise zügig, weil keine weiteren inner- oder außerbehördlichen Instanzen als die während des gesamten Verfahrens zuständige Beschlussabteilung darüber zu entscheiden haben. Im Übrigen bedingt die dem BKartA nach § 51 Abs. 3 GWB vorgegebene Entscheidung in einem Dreiergremium bereits ein gewisses Maß an Kontrolle.

Über die Angaben nach § 66 Abs. 1 Nr. 3 und 4 OWiG hinaus braucht der Bußgeldbescheid nicht **begründet** zu werden (§ 66 Abs. 3 OWiG), er muss allerdings eine Abgrenzungsfunktion im Hinblick auf den Strafklageverbrauch (→ Rn. 20) erfüllen. Darüber hinaus ist zu beachten, dass den im Bußgeldbescheid getroffenen Feststellungen für potentielle Schadensersatzklagen wegen ihrer Tatbestandswirkung nach § 33 Abs. 4 S. 1 GWB besondere Bedeutung zukommt. Gemäß §§ 50 f. OWiG ist der Bußgeldbescheid entweder dem Betroffenen selbst oder seinem Verteidiger **zuzustellen.** Der jeweils andere ist von der Zustellung zu unterrichten und erhält formlos eine Abschrift des Bescheides. Der Verteidiger ist nur dann empfangsberechtigt, wenn sich die Vollmacht oder zumindest ein Vermerk, aus dem sich die mündliche Vollmachterteilung durch den Betroffenen gegenüber der Behörde ergibt,[379] in den Akten befindet. Gegenüber dem bevollmächtigten Verteidiger ist eine vereinfachte Zustellung gegen Empfangsbekenntnis nach § 51 Abs. 1 OWiG iVm § 5 Abs. 4 VwZG möglich. Hat der Betroffene mehrere Verteidiger, kann an jeden von ihnen zugestellt werden, die Übrigen sind zu unterrichten.[380] Rechtskräftige Bußgeldentscheidungen sind nach § 149 Abs. 2 Ziff. 3 GewO in das **Gewerbezentralregister** einzutragen, wenn die Geldbuße mehr als 200 EUR beträgt.

---

[374] Dieser Schluss ist letztlich auch aus EuGH Urt. v. 14.9.2010 – C-550/07 P Rn. 102 – Akzo Nobel zu ziehen, *Krauß* FIW 2013, 82; vgl. a. *Berrisch* EuZW 2010, 786 (787); *Schnichels/Resch* EuZW 2011, 47 (49); *Töllner* EWS 2011, 21 (24); *Klees* EWS 2011, 76 (83).
[375] *Krauß* WuW 2013, 24 (30 f.); *dies.* FIW 2013, 82.
[376] Eine förmliche Verwarnung iSd § 56 OWiG kommt in der BKartA-Praxis nicht vor.
[377] MüKoGWB/*Vollmer* § 81 Rn. 192.
[378] EGMR Urt. v. 23.7.2002 – Antragsnr. 34619/97, Rn. 80 f. – Janosevic v Schweden; Urt. v. 24.2.1994 – Antragsnr. 12547/86, Rn. 46 – Bendenoun v Frankreich; Urt. v. 21.2.1984 – Nr. 8544/79 Rn. 56 – Öztürk v Deutschland; vgl. a. EGMR Urt. v. 23.11.2006 – Antragsnr. 73053/01 Rn. 47 f. – Jussila v. Finnland.
[379] Göhler/*Seitz* § 51 Rn. 44a.
[380] Göhler/*Seitz* OWiG § 51 Rn. 47.

Da es sich dabei nicht um eine Ermessensentscheidung handelt, kann die Eintragung nicht zum Gegenstand eines Settlements gemacht werden. Schließlich ist die KartB befugt, über die Tatsache, dass sie gegen bestimmte, im einzelnen benannte Unternehmen wegen eines Kartellrechtsverstoßes Bußgeldbescheide erlassen und Geldbußen in einer bestimmten Gesamthöhe verhängt hat, in einer Pressemitteilung zu berichten.[381]

83 Gemäß § 105 Abs. 1 OWiG iVm § 464 Abs. 1 StPO hat der Bußgeldbescheid eine Entscheidung über die **Kostentragungspflicht** zu enthalten, die alle im Verfahren der Kartellbehörde (ggf. einschließlich des Zwischenverfahrens) entstandenen Kosten umfasst.[382] Nach § 105 Abs. 1 OWiG iVm § 465 Abs. 1 StPO hat der mit einem Bußgeld belegte Betroffene grundsätzlich die Verfahrenskosten zu tragen.[383] Mehrere Mitbetroffene, gegen die in demselben Verfahren wegen derselben prozessualen Tat auf ein Bußgeld erkannt wurde, haften für die behördlichen Auslagen (nicht für die Gebühren) nach § 105 Abs. 1 OWiG iVm § 466 StPO grundsätzlich **gesamtschuldnerisch**.[384] Die **Kostengrundentscheidung** über die Kostentragungspflicht kann nur durch Einspruch gegen den Bußgeldbescheid gemäß §§ 67 ff. OWiG angefochten werden, der die Rechtskraft und damit die Fälligkeit des Kostenanspruchs hindert. Der Einspruch ist auf den Kostenpunkt beschränkbar.[385] Die konkreten Auslagen und Gebühren (§ 107 OWiG) werden in einer Kostenrechnung angesetzt (sog **Kostenansatz**), der mit dem Bußgeldbescheid verbunden werden kann, aber nicht muss.[386] Auslagen können nur insoweit erhoben werden, wie der abschließende Auslagenkatalog des § 107 Abs. 3 OWiG eine spezielle Erhebung gestattet, da alle anderen Auslagen als bereits von der Gebühr umfasst gelten.[387] Die Verteilung der angeforderten Kosten auf die Mitbetroffenen wird im Kostenansatz nach pflichtgemäßem Ermessen entschieden.[388] Im Regelfall wird von jedem rechtskräftig bebußten Gesamtschuldner ein jeweils gleich hoher prozentualer Anteil eingefordert.[389] Eine **Nachforderung** von Kosten ist grundsätzlich zulässig.[390] Die **Gebühr** nach § 107 Abs. 1 OWiG wird unabhängig von tatsächlich entstandenen Verwaltungskosten prozentual nach der Höhe der festgesetzten Geldbuße erhoben. Will sich der Betroffene nur gegen den Kostenansatz wenden, so ist dafür nach § 108 Abs. 1 Nr. 3 OWiG der Rechtsbehelf des Antrags auf gerichtliche Entscheidung gemäß § 62 OWiG statthaft.

84 Die **Einstellung des Verfahrens** erfolgt durch schriftliche Aktenverfügung
- **aus tatsächlichen Gründen,** wenn nach den Ermittlungen der Beweis für eine Kartellordnungswidrigkeit nicht erbracht ist bzw. ein endgültiges Verfahrenshindernis besteht (§ 170 Abs. 2 StPO iVm § 46 Abs. 1 OWiG), oder
- **aus Opportunitätsgründen** wenn die Verfolgung nach pflichtgemäßer Ermessensausübung nicht geboten erscheint (§ 47 Abs. 1 S. 2 OWiG).

85 Erfolg die Einstellung nach Einspruch des Betroffenen gegen den Bußgeldbescheid, verliert dieser automatisch sein Wirkung.[391] Die Beschuldigung wird dadurch fallengelassen, so dass die Einstellung nicht nur das Ahndungs- sondern auch das Ermittlungsverfahren beendet. Bei einer Rücknahme des Bußgeldbescheides nach Einspruch im Zwischenverfahren wird das Bußgeldverfahren hingegen in den Zustand des Ermittlungsverfahrens

---

[381] OLG Düsseldorf Beschl. v. 9.10.2014 – VI-Kart 5/14 (V), NZKart 2015, 57 (59).
[382] Göhler/*Gürtler* OWiG Vor § 105 Rn. 9.
[383] Die Nebenbetroffene ist kostenmäßig dem Betroffenen gleichgestellt, § 105 Abs. 1 OWiG iVm § 472b StPO; KK-OWiG/*Schmehl* § 105 Rn. 74a.
[384] Zu beachten sind die Ausnahmen des § 466 S. 2 StPO, die allerdings im kartellbehördlichen Verfahren selten einschlägig sind.
[385] KK-OWiG/*Schmehl* § 105 Rn. 29. Die im kartellbehördlichen Verfahren entstandenen Auslagen zählen dann zu den Kosten des Gerichtsverfahrens.
[386] Göhler/*Seitz* § 66 Rn. 30.
[387] KK-OWiG/*Schmehl* § 107 Rn. 1.
[388] Göhler/*Gürtler* OWiG § 107 Rn. 26; KK-OWiG/*Schmehl* § 105 Rn. 96.
[389] Göhler/*Gürtler* OWiG § 107 Rn. 26: vgl. § 421 BGB.
[390] Göhler/*Gürtler* OWiG § 107 Rn. 24a.
[391] BayObLG Beschl. v. 9.4.1999 – 2 ObOWi 138/99, NZV 1999, 393.

versetzt.[392] Eine Mitteilung an den Betroffenen über eine Einstellung seines Verfahrens ist nur erforderlich, wenn er als Betroffener angehört worden ist (§ 170 Abs. 2 S. 2 StPO).[393] Die Mitteilung kann formlos erfolgen und bedarf keiner Zustellung, § 50 OWiG. Beide Arten der Einstellung haben **keinen Strafklageverbrauch** (→ Rn. 20) zur Folge.[394] Bei einer Einstellung vor oder nach Erlass eines Bußgeldbescheides durch die Kartellbehörde kommt eine **Kostenentscheidung** idR nicht in Betracht, da § 105 OWiG nicht auf § 467 Abs. 1 StPO verweist. Die Verfahrenskosten sind in dieser Konstellation somit durch die Staatskasse und die notwendigen Auslagen (insbesondere die Anwaltskosten) grundsätzlich von dem Betroffenen zu tragen.[395] Nur bei einer Aufhebung des Bußgeldbescheides im Zwischenverfahren, der eine Einstellung oder die Verhängung eines weniger belastenden Bescheides folgt, können in entsprechender Anwendung der §§ 467a Abs. 1 465 Abs. 2 S. 3 StPO die notwendigen Auslagen der Staatskasse auferlegt werden, wenn die dort genannten Voraussetzungen vorliegen.[396]

Die Kartellbehörde hat bei einer Einstellung des Verfahrens über eine mögliche **Entschädigung des Betroffenen für Verfolgungsmaßnahmen** zu entscheiden, § 110 OWiG, wobei die Vorschriften des Gesetzes über die Entschädigung für Strafverfolgungsmaßnahmen (StrEG) sinngemäß auch für kartellbehördliche Maßnahmen im Bußgeldverfahren anwendbar sind, § 46 Abs. 1 OWiG.[397] Nur der **Vollzug einer Maßnahme nach § 2 StrEG** (insbesondere Durchsuchung, Beschlagnahme und dinglicher Arrest) kann zur Entschädigung des davon konkret Betroffenen führen, sofern eine Entschädigungspflicht dem Grunde nach besteht. Hingegen zählen Schäden, die durch die Einleitung und Durchführung eines strafrechtlichen Ermittlungsverfahrens als solches verursacht worden sind, nicht zu den entschädigungsfähigen Nachteilen im Sinne des StrEG.[398] Die materielle Entschädigungsregelung des StrEG gilt nur zugunsten desjenigen, der im Zeitpunkt der ihn betreffenden Strafverfolgungsmaßnahme **Betroffener** ist, gegen den sich also sowohl das Ordnungswidrigkeitenverfahren allgemein als auch die Maßnahme konkret richten.[399] Anders als es teilweise in der Lit. vertreten wird,[400] ist § 2 StrEG auf juristische Personen und Personenvereinigungen grundsätzlich anwendbar, da sie wegen der eigenständigen Ahndungsmöglichkeit gemäß § 30 OWiG wie Täter verfolgt werden und dementsprechend etwa auch als „Verdächtige" iSd des § 102 StPO durchsucht werden können.[401] Dritte müssen etwaige Ansprüche im Zivilrechtsweg geltend machen.[402] Bei einer **Einstellung aus Opportunitätsgründen** nach § 47 Abs. 1 S. 2 OWiG kommt anders als bei einer **Einstellung mangels hinreichenden Tatverdachts** gemäß § 170 Abs. 2 StPO iVm § 46 Abs. 1 OWiG eine Entschädigung nur äußerst selten in Betracht.[403] Dies folgt aus § 3 StrEG. Danach wird bei Einstellung aus Ermessen eine Entschädigung nur gewährt, soweit dies nach den Umständen des Falls der Billigkeit entspricht. Dies ist insbesondere der Fall, wenn die Verfolgungsmaßnahme grob unverhältnismäßig war.[404] Darüber hinaus dürfen bei jeder Art der Einstellung keine **Ausschluss- oder Versagungsgründe nach §§ 5, 6 StrEG** vorliegen. So erfolgt dann keine Entschädigung, wenn der Beschuldigte die Strafverfolgungsmaßnahme vorsätzlich oder grob fahrlässig verursacht

---

[392] BayObLG Beschl. v. 9.4.1999 – 2 ObOWi 138/99, NZV 1999, 393.
[393] Göhler/*Seitz* Vor § 59 Rn. 158.
[394] Göhler/*Seitz* Vor § 59 Rn. 161.
[395] Göhler/*Gürtler* OWiG Vor § 105 Rn. 10, 15; KK-OWiG/*Schmehl* § 105 Rn. 19 und 97 f.
[396] Göhler/*Gürtler* OWiG Vor § 105 Rn. 15, 69, 93.
[397] Göhler/*Seitz* § 46 Rn. 1; KK-OWiG/*Schmehl* § 110 Rn. 1.
[398] BGH Beschl. v. 24.10.1991 – III ZR 43/91, BGHR StrEG § 2 Strafverfolgungsmaßnahme 1.
[399] OLG Hamm Beschl. v. 21.3.2006 – 3 Ws 102/06, wistra 2006, 359 (360), mwN; KG Berlin Beschl. v. 10.3.2009 – 2 Ws 9/08, 1 AR 1833/07–2 Ws 9/08, StraFo 2009, 437 (438) mwN.
[400] *Bohnert* OWiG § 110 Rn. 4; Rebmann/Roth/Herrmann/*Herrmann* OWiG § 110 Rn. 2a.
[401] BGH Beschl. v. 23.1.2014 – KRB48/13, NZKart 2014, 236.
[402] Göhler/*Gürtler* § 110 Rn. 2 mwN.
[403] Göhler/*Gürtler* § 110 Rn. 6; *Meyer* StrEG Rn. 14 zu § 110 OWiG.
[404] *Meyer* StrEG § 3 Rn. 1, 33.

hat, § 5 Abs. 2 S. 1 StrEG. Als Verursachung der Strafverfolgungsmaßnahme gilt auch die vorsätzliche oder grob fahrlässige Begehung der Tat, wobei die ex ante-Perspektive der Verfolgungsbehörde maßgeblich ist.[405] Diese Vorschrift ist auch dann anwendbar, wenn der Betroffene nicht bebußt werden kann, weil das Verfahrenshindernis der Verjährung vorliegt. Denn § 6 Abs. 1 Nr. 2 StrEG kommt nur zum Zuge, wenn § 5 Abs. 2 StrEG nicht eingreift.[406] Die Höhe eines nach § 2 StrEG bestehenden Entschädigungsanspruches bestimmt sich gemäß § 7 StrEG. Entscheidend für die Erstattungsfähigkeit ist, dass die geltend gemachten unmittelbaren geldwerten Vermögenseinbußen durch die und nicht nur aus Anlass der entschädigungspflichtigen Maßnahmen (also insbesondere durch eine von der KartB durchgeführte Durchsuchung oder die Sicherstellung) entstanden sind.[407] Gegen die Entscheidung über die Entschädigung dem Grunde nach ist innerhalb von zwei Wochen ein Antrag auf gerichtliche Entscheidung nach § 62 OWiG zulässig (§ 110 Abs. 2 OWiG). Gegen die Entscheidung über die Höhe der Entschädigung kann nach § 13 StrEG innerhalb von drei Monaten Klage bei den Zivilgerichten erhoben werden. Die Entschädigungsfrage wird im Bußgeldverfahren nur selten relevant, insofern genügt es in der Regel wenn die Kartellbehörde den Betroffenen lediglich über die Möglichkeit einer in Betracht kommenden Entschädigung belehrt und erst bei einem entsprechenden Antrag eine Entscheidung trifft.[408]

H. Sanktionen

87 Verstöße gegen die kartellrechtlichen Verbotsbestimmungen werden grundsätzlich als Ordnungswidrigkeiten geahndet (§ 81 Abs. 1–3 GWB). Allerdings können bestimmte Fallgruppen, etwa Submissionsabsprachen, parallel strafrechtlich verfolgt werden, soweit es um die Ahndung von Verstößen natürlicher Personen geht, und werden dies in der Praxis sogar vorrangig. Die Darstellung der Sanktionen in → § 18 beschränkt sich auf die Sanktionen des Kartellordnungswidrigkeitenrechts, während mögliche strafrechtliche Sanktionen im anschließenden → § 19 zum Kartellstrafrecht behandelt werden.

I. Überblick

88 Für den nach dem Ordnungsrecht zu Verfügung stehenden Sanktionsrahmen gelten im Überblick die folgenden Grundsätze. Das Ordnungswidrigkeitenrecht sieht als Sanktion **Bußgelder für natürliche Personen** (§ 9 OWiG) sowie für juristische Personen und Personenvereinigungen, sog **Verbandsbußen** nach § 30 OWiG, vor. Sonstige Sanktionen spielen bei Kartellordnungswidrigkeiten keine wesentliche Rolle.

89 Die für Kartellordnungswidrigkeiten geltende Bußgeldzumessungsvorschrift des **§ 81 Abs. 4 GWB** enthält **Sonderregelungen** zu den allgemeinen Bußgeldzumessungsbestimmungen im Ordnungswidrigkeitenrecht nach **§ 17 Abs. 1 und 3 OWiG**. Dies betrifft zum einen das **Höchstmaß** der Geldbuße sowie die **individuelle Bußgeldzumessung** (Bußgeldzumessung im engeren Sinne). Die spezialgesetzlichen Bußgeldzumessungsregeln wurden durch die mit Verkündung am 12.7.2005 in Kraft getretene 7. GWB-Novelle[409] und – korrigierend – das nachfolgende, am 22.12.2007 in Kraft getretene Gesetz zur Bekämpfung von Preismissbrauch im Bereich der Energieversorgung und des Lebensmittelhandels ("Preismissbrauchsnovelle")[410] erheblich angepasst, indem zum einen die **Höchstbeträge des festen Bußgeldrahmens** für schwere und leichte

---

[405] *Meyer-Goßner* StrEG § 5 Rn. 9, 10 mwN.
[406] Vgl. BGH Beschl. v. 19.12.1979 – 3 StR 396/79, BeckRS 1979 30380087; ebenso OLG Düsseldorf Beschl. v. 29.3.1988 – 1 Ws 88/88, BeckRS 1988, 07206.
[407] Vgl. OLG Jena Beschl. v. 30.4.2012 – 4 W 94/12, BeckRS 2012, 10101; *Meyer* StrEG, 9. Aufl. 2014, § 7 Rn. 12.
[408] Göhler/*Gürtler* § 110 Rn. 28 mwN; KK-OWiG/*Schmehl* § 110 Rn. 35.
[409] BGBl. I 1954.
[410] BGBl. I 2966.

Kartellordnungswidrigkeiten von vormals 500.000 EUR bzw. 25.000 EUR (§ 81 Abs. 2 S. 1 GWB 2002[411]) auf jetzt 1 Mio. EUR bzw. 100.000 EUR (§ 81 Abs. 4 S. 1 GWB) heraufgesetzt wurden, zum anderen der bisherige mehrerlösbezogene Sonderbußgeldrahmen des § 81 Abs. 2 S. 2 GWB 2002 abgeschafft und mit dem Ziel der Anpassung an die europäische Rechtslage in § 81 Abs. 4 S. 2–3 GWB durch einen **Sonderbußgeldrahmen für Unternehmen und Unternehmensvereinigungen** ersetzt wurde, wonach gegen diese **Bußgelder in Höhe von 10 % ihres jeweiligen im vorausgehenden Geschäftsjahr erzielten Gesamtumsatzes** verhängt werden können. Für natürliche Personen beträgt das Höchstmaß der Geldbuße nach § 81 Abs. 4 S. 1 GWB 1 Mio. EUR anstatt 1.000 EUR nach § 17 Abs. 1 OWiG.

Über die Ermächtigungsgrundlage des § 81 Abs. 7 GWB hat das Bundeskartellamt, das in Deutschland für die Verfolgung von Kartellordnungswidrigkeiten deren Wirkungen nicht auf das Gebiet eines einzelnen Bundeslandes beschränkt sind, zuständig ist, allgemeine Verwaltungsgrundsätze für die Bußgeldzumessung, die sog **Bußgeldleitlinien,**[412] erlassen (→ Rn. 148) sowie für den Erlass und die Reduktion von Geldbußen von Kartellteilnehmern, die durch ihre Kooperation mit dem BKartA zur Aufdeckung eines Kartells beitragen, die sog **Bonusregelung**[413] (→ Rn. 28). 90

Die Geldbuße im Ordnungswidrigkeitenrecht hat eine **Doppelfunktion**. Sie dient nicht nur der gerechten **Ahndung** der Ordnungswidrigkeit, welche mittels der Zumessung der Geldbuße als Sanktion nach der allgemeinen Bestimmung des § 17 Abs. 3 OWiG bzw. den Spezialvorschriften des § 81 Abs. 4 GWB erfolgt, sondern auch der Abschöpfung des aus der Tat gezogenen wirtschaftlichen Vorteils (§ 17 Abs. 4 OWiG). Für Kartellordnungswidrigkeiten findet sich zur **Vorteilsabschöpfung** eine Sonderregelung in § 34 GWB, die mit der 7. GWB-Novelle eingeführt wurde (→ Rn. 175). Mit der Regelung zur Abschöpfung des wirtschaftlichen Vorteils soll sichergestellt werden, dass sich die Ordnungswidrigkeit nicht für den Täter lohnt. 91

Im Zusammenhang mit der **8. GWB-Novelle,**[414] die zum **30.6.2013** in Kraft getreten ist, kam es zu folgenden, die Sanktionierung von Kartellordnungswidrigkeiten betreffenden **Änderungen:** Neu eingeführt in § 30 OWiG betreffend die Verbandsgeldbuße wurde der Abs. 2a zur Bußgeldhaftung im Falle einer Gesamtrechtsnachfolge. Auslöser hierfür war der Beschluss des BGH in Sachen *Versicherungsfusion,* mit der der BGH die engen Grenzen einer Bußgeldhaftung des Gesamtrechtsnachfolgers nach geltendem Recht (§ 30 OWiG aF) bestätigte.[415] Mit der neuen Vorschrift des § 30 Abs. 2a OWiG hat der Gesetzgeber versucht, die offen gelegten Schlupflöcher aus der Bußgeldhaftung des Nebenbetroffenen mittels Umstrukturierungen weitestgehend zu schließen (→ Rn. 105). Zudem wurden die Höchstbeträge für Verbandsbußen in § 30 Abs. 2 S. 1 OWiG bei vorsätzlicher und fahrlässiger Straftatbegehung von bislang 1 Mio. EUR auf 10 Mio. EUR bzw. 500.000 EUR auf 5 Mio. EUR erhöht. Sie werden dann relevant, wenn die Leistungsperson mit der kartellrechtsordnungswidrigkeit zugleich eine Straftat, zB nach § 298 StPO, verwirklicht. Außerdem wurde ein neuer S. 3 in § 30 Abs. 2 OWiG eingefügt, wonach sich mittels der Verweisung in dem ebenfalls neu eingefügten S. 3 in § 130 Abs. 3 OWiG die Höchstbeträge für Verbandsgeldbußen auf das Zehnfache erhöhen, wenn der Betriebsinhaber eine Aufsichtspflichtverletzung nach § 130 OWiG begangen hat. Damit kann jetzt für Aufsichtspflichtverletzungen bei schweren Kartellordnungswidrigkeiten (§ 81 Abs. 4 S. 1 GWB) eine Verbandsgeldbuße von 10 Mio. EUR (anstatt 1 Mio. EUR) und bei leichten Kartellordnungswidrigkeiten (§ 81 Abs. 4 S. 5 GWB) von 1 Mio. EUR 92

---

[411] BGBl. I 2992.
[412] BKartA Leitlinien für die Bußgeldbemessung in Kartellordnungswidrigkeitenverfahren v. 25.6.2013, abrufbar auf der Webseite des BKartA unter www.bundeskartellamt.de.
[413] Bekanntmachung Nr. 9/2006 über den Erlass und die Reduktion von Geldbußen in Kartellsachen – Bonusregelung – v. 7.3.2006, abrufbar auf der Website des BKartA unter www.bundeskartellamt.de.
[414] BGBl. I 1738.
[415] BGH Beschl. v. 10.8.2011 – KRB 55/10, WuW/E DE-R 3455 Rn. 12ff. – Versicherungsfusion.

(anstatt 100.000 EUR) verhängt werden. Schließlich wurde über die neue Bestimmung des § 30 Abs. 6 OWiG den Kartellbehörden die Möglichkeit eröffnet, zur Sicherung der per Bußgeldbescheid verhängten Verbandsgeldbußen einen dinglichen Arrest nach § 111d StPO gegen die Bußgeldschuldner bei Gericht zu erwirken. Unverändert sind durch die 8. GWB-Novelle die Sanktionsbestimmungen in § 81 Abs. 4 GWB geblieben, insoweit haben die 7. GWB-Novelle sowie die anschließende Preismissbrauchsnovelle bereits die entscheidenden Änderungen herbeigeführt.[416]

92a Der zum 28.9.2016 veröffentlichte **Regierungsentwurf zur 9. GWB-Novelle („RegE-GWB")**[417] sieht zudem signifikante Änderungen betreffend die Sanktionierung von Kartellordnungswidrigkeiten vor. Änderungen hinsichtlich des Wortlauts der vorgeschlagenen Neuregelungen werden vom Bundeswirtschaftsministerium nicht erwartet. So sollen in § 81 Abs. 3 GWB Vorschriften zur Bußgeldhaftung von Konzerngesellschaften sowie zur Bußgeldhaftung des Rechtsnachfolgers ergänzt werden. Bei der Bußgeldhaftung von Konzerngesellschaften ist eine Angleichung an die EU-Kartellrechtspraxis vorgesehen. Der § 81 Abs. 3a RegE-GWB ermöglicht direkte Sanktionen gegenüber der Muttergesellschaft einer an einem Kartellverstoß beteiligten Tochtergesellschaft, soweit die Gesellschaften eine wirtschaftliche Einheit bilden (→ Rn. 118). Mutter- und Tochtergesellschaft sollen nach § 81 Abs. 3e RegE-GWB zudem für die Geldbuße als Gesamtschuldner haften. Die neuen Regelungen zur Bußgeldhaftung des Rechtsnachfolgers sollen insbesondere die auch nach Einführung des § 30 Abs. 2a OWiG noch bestehende Lücke schließen. Nunmehr soll auch im Falle einer Umstrukturierung oder einer Vermögensverschiebung eine Geldbuße gegen den Rechtsnachfolger verhängt werden können (→ Rn. 107). Anpassungen sind zudem hinsichtlich der bisherigen Zinsregelung in § 81 Abs. 6 GWB vorgesehen (→ Rn. 166). Neu eingeführt wird § 81a RegE-GWB zur Ausfallhaftung im Übergangszeitraum (→ Rn. 107c). § 81b RegE-GWB enthält nunmehr die bisher in § 81a GWB normierten Regelungen zur Auskunftspflicht und erweitert diese hinsichtlich der Fälle des § 81 Abs. 3b, 3c und § 81a RegE-GWB (→ Rn. 121a).

II. Verfolgungsverjährung

93 Für Kartellordnungswidrigkeiten iSv § 81 Abs. 1–3 GWB gelten die **allgemeinen Verjährungsvorschriften für Ordnungswidrigkeiten,** die in §§ 30 ff. OWiG geregelt sind (vgl. § 81 Abs. 8 S. 1 GWB). Danach beträgt die Verfolgungsverjährung für Ordnungswidrigkeiten, die mit einer Geldbuße im Höchstmaß von mehr als 15.000 EUR bedroht werden (was nach § 81 Abs. 4 GWB der Fall ist), **drei Jahre** (§ 31 Abs. 2 Nr. 1 OWiG). Eine Ausnahme dazu gilt nach **§ 81 Abs. 8 S. 2 GWB** für schwere Kartellrechtsordnungswidrigkeiten im Sinne von **§ 81 Abs. 1, Abs. 2 Nr. 1 und Abs. 3 GWB,** also alle bedeutenden Gruppen von Kartellrechtsverstößen, für die eine **verlängerte Verjährung** von **fünf Jahren** gilt. Mit der 7. GWB-Novelle ist diese Vorschrift auf Verstöße gegen die europäischen Bestimmungen des Art. 101 und 102 AEUV (bzw. deren Vorgängervorschriften Art. 81 und 82 EG), die jetzt in § 81 Abs. 1 GWB aufgeführt sind, ausgedehnt worden. § 81 Abs. 8 S. 1 GWB stellt klar, dass die allgemeinen Verjährungsvorschriften des OWiG (einschließlich der des § 81 Abs. 8 S. 2 GWB)[418] – und nicht die kürzeren presserechtlichen Verjährungsfristen – auch dann gelten, wenn die Zuwiderhandlung durch Verbreitung von Druckvorschriften begangen wird.[419]

---

[416] Vgl. dazu zB *Bechtold* Einführung Rn. 26, 28; *Kühnen* WuW 2010, 16 (20 ff.); *Achenbach* ZWeR 2010, 237; *Buntscheck* WuW 2008, 941; *Achenbach* wistra 2006, 2.
[417] Gesetzentwurf der Bundesregierung, Entwurf eines Neunten Gesetzes zur Änderung des Gesetzes gegen Wettbewerbsbeschränkungen v. 28.9.2016.
[418] *Bechtold* § 81 Rn. 56; wohl auch Langen/Bunte/*Raum* GWB § 81 Rn. 202; aA Immenga/Mestmäcker/*Dannecker/Biermann* GWB § 81 Rn. 584 f.
[419] Ausführlicher dazu vgl. *Bechtold* § 81 Abs. 57; *Göhler/Gürtler* § 32 Rn. 7.

Die Verjährung einer **Aufsichtspflichtverletzung** nach § 130 OWiG (→ Rn. 109) bestimmt sich nach den für die zugrundeliegende Zuwiderhandlung (Anknüpfungstat) geltenden Verjährungsvorschriften (§ 131 Abs. 3 OWiG).[420] Denn der Aufsichtspflichtige soll nicht schlechter behandelt werden, als wenn er die Zuwiderhandlung selbst begangen hätte. 94

Der Lauf der Verjährung **beginnt** mit der **Beendigung der Tat** (§ 31 Abs. 3 OWiG), also mit dem Abschluss der letzten Ausführungshandlung der relevanten Bewertungseinheit (→ Rn. 21) oder mit dem Eintritt des Erfolges, sofern ein solcher – ausnahmsweise – zum Tatbestand gehört.[421] Für bestimmte Fallgruppen, etwa einen Boykottaufruf (§ 21 Abs. 1 GWB), der Veranlassung zu unerlaubtem Verhalten (§ 21 Abs. 2 GWB) oder Verstößen gegen das fusionskontrollrechtliche Vollzugsverbot (§ 41 Abs. 1 GWB), fällt der Zeitpunkt der Tatbeendigung begriffsnotwendig mit der Vollendung der Tathandlung zusammen.[422] Bei Kartellabsprachen, zB Preis-, Kunden-, Gebiets- und Quotenkartellen, ist die Tat solange nicht beendet, wie die kartellrechtswidrige Absprache (Grundabrede) praktiziert wird, also einzelne Umsetzungshandlungen erfolgen; entsprechend beginnt die Verjährung erst, wenn keine auf der kartellrechtswidrigen Vereinbarung beruhenden Ausführungshandlungen mehr vorgenommen werden.[423] Eine Vereinbarung zwischen Wettbewerbern, jeweils bestimmte Produkte nicht in bestimmten Gebieten zu vermarkten, ist etwa erst dann beendet, wenn die Absprache einvernehmlich aufgehoben oder auf andere Weise – zB durch einseitige Beendigungshandlung eines der Beteiligten – gestoppt wird. Bei Submissionsabsprachen beginnt die Verjährung nach der Rspr. des BGH erst mit der Erstellung der Schlussrechnung.[424] Der im Ordnungswidrigkeitenrecht geltende **einheitliche Täterbegriff** (§ 14 OWiG, → Rn. 8), nach dem ohne Unterscheidung der unterschiedlichen Beteiligungsformen wie Mittäterschaft, Anstiftung und Beihilfe auch von einzelnen Tätern verwirklichte Tathandlungen grundsätzlich allen Tatbeteiligten **zugerechnet** werden, ist auch für die Frage des Verjährungsbeginns relevant, da die Tat erst mit der letzten Umsetzungshandlung eines der Absprachebeteiligten beendet ist.[425] 95

Der Lauf der Verjährung wird durch Vornahme der in **§ 33 Abs. 1 OWiG** enumerativ aufgezählten Verfolgungsmaßnahmen **unterbrochen**. Unterbrechung der Verjährung bedeutet, dass die Verjährung nach jeder Unterbrechungshandlung von neuem zu laufen beginnt (§ 33 Abs. 3 S. 1 OWiG). In der Praxis häufige Unterbrechungshandlungen iSv § 33 Abs. 1 OWiG sind die Bekanntgabe der Verfahrenseröffnung gegenüber dem Betroffenen durch die Kartellbehörde bzw. die vorausgehende behördeninterne Anordnung dieser Maßnahme (Nr. 1) sowie die Anordnung von Durchsuchungen durch die Kartellbehörde (Nr. 4). Wichtig ist, dass die Unterbrechung jeweils nur **personenbezogen** wirkt, so dass sie nur eintreten kann, wenn die betreffende Verfolgungsmaßnahme sich gegen einen **bestimmten oder** – zB aus den Ermittlungsakten der Verfolgungsbehörden – **bestimmbaren Verdächtigen** richtet.[426] Durchsuchungsbeschlüsse haben entsprechend nur dann eine verjährungsunterbrechende Wirkung, wenn das Verfahren gegen einen bekannten Täter (natürliche Person) geführt wird. Dieser muss zwar nicht namentlich bekannt 96

---

[420] Göhler/*Gürtler* § 130 Rn. 30.
[421] Vgl. Göhler/*Gürtler* § 31 Rn. 8 ff.; KK-Kart/*Schöner* GWB § 81 Rn. 234.
[422] Ausführlich dazu Wiedemann/*Klusmann* HdB KartellR § 55 Rn. 24.
[423] BGH Beschl. v. 28.6.2005 – KRB 2/05, WuW/E DE-R 1567 (1568) – Berliner Transportbeton I; OLG Düsseldorf Urt. v. 27.3.2006 – VI-Kart 3/05 (OWi), WuW/E DE-R 1733 (1746) – Papiergroßhandel.
[424] BGH Beschl. v. 9.7.1984, WuW/E BGH 2100 (2102) – Schlussrechnung; BGH Beschl. v. 4.11.2003, NJW 2004, 1539 (1541) – Frankfurter Kabelkartell; aA Immenga/Mestmäcker/*Dannecker/Biermann* GWB § 81 Rn. 590.
[425] Vgl. dazu Wiedemann/*Klusmann* HdB KartellR § 55 Rn. 23 mit Verweis auf die insoweit immer noch einschlägige Rspr. aus der Zeit vor der 6. GWB-Novelle, BGH Beschl. v. 8.5.1990 – KRB 1/90, WuW/E DE-R 2661 (2662).
[426] BGH Beschl. v. 28.6.2005 – KRB 2/05, WuW/E DE-R 1567 (1568) – Berliner Transportbeton I; Langen/Bunte/*Raum* GWB § 81 Rn. 204; MüKoGWB/*Vollmer* § 81 Rn. 135.

sein, aber individuell bestimmbar sein; die Kennzeichnung aufgrund bloßer abstrakter Kriterien genügt nicht.[427] Die Situation unterscheidet sich von der nach europäischem Kartellverfahrensrecht, wonach die Unterbrechung der Verjährung gegenüber allen an der Zuwiderhandlung beteiligten Unternehmen und Unternehmensvereinigungen wirkt (Art. 25 Abs. 4 VO 1/2003; → Rn. 173). Unterbrechungshandlungen gegenüber natürlichen Personen (Betroffenen) sind zugleich gegenüber den nach § 30 OWiG haftenden **juristischen Personen und Personenvereinigungen** (Nebenbetroffenen) wirksam und zwar – trotz des Wortlauts des § 33 Abs. 1 S. 2 OWiG – auch dann, wenn gegen diese Nebenbetroffenen ein selbständiges Verfahren (nachträglich) geführt wird.[428] Nach der Rspr. des BGH wird für die Verjährung auf die prozessuale Tat aus Sicht der juristischen Person abgestellt. Haben mehrere Leitungspersonen nacheinander für dasselbe Unternehmen gehandelt, reicht es für die Zurechnung der Mitwirkungsbeiträge aller über die Zeit handelnden Leitungspersonen nach § 30 OWiG aus, wenn das Handeln der letzten Leitungsperson noch nicht verjährt war.[429] Nach Auffassung des 1. Kartellsenats des OLG Düsseldorf, die vom BGH in der Rechtsbeschwerde bestätigt wurde, tritt gegenüber einer juristischen Person oder Personenvereinigung (hier ging es um eine GmbH & Co. KG) auch dann eine Unterbrechungswirkung nach § 33 Abs. 1 OWiG ein, wenn gegen den „falschen" Organtäter ermittelt wurde, da die Leitungsebene der juristischen Person hinsichtlich der identischen Tat eine Einheit bilde und die Ermittlungen sich in einem solchen Fall erkennbar gegen die Leitungsperson der juristischen Person richten würden.[430] Diese Auffassung widerspricht dem Rechtscharakter des § 30 OWiG als Zurechnungsnorm, die keinen eigenen Ordungswidrigkeitentatbestand umschreibt, sondern an den Verstoß des Organs bzw. der Leitungsperson einer juristischen Person anknüpft, womit auch nur Verfolgungsmaßnahmen gegenüber einem Täter, der tatsächlich Organ bzw. Leitungsperson der betreffenden juristischen Person ist, die mit der Haftung nach § 30 OWiG verbundene akzessorische Verjährung[431] unterbrechen können.

97 In Ergänzung zu den in § 33 Abs. 1 OWiG aufgeführten Unterbrechungshandlungen sieht der mit der 7. GWB-Novelle eingeführte **§ 81 Abs. 9 GWB** für Kartellordnungswidrigkeitenverfahren eine **spezielle Verjährungsunterbrechung** vor: Auch **Verfolgungsmaßnahmen der Europäischen Kommission oder einer nationalen Kartellbehörde eines anderen EU-Mitgliedstaates,** die den in § 33 Abs. 1 OWiG aufgeführten Maßnahmen entsprechen, unterbrechen die Verjährung für eine Verfolgung durch die deutschen Behörden und Gerichte, sofern derselbe Kartellrechtsverstoß nach Art. 101 oder 102 AEUV betroffen ist. Die Verfassungsmäßigkeit dieser Regelung wird teilweise in Frage gestellt.[432] Praktisch kann diese Vorschrift etwa relevant werden, wenn die Kommission ein Verfahren einleitet und es dann aber mangels ausreichendem Unionsinteresses nicht zu Ende führt. In diesem Fall, in dem die Zuständigkeit der nationalen Kartellbehörden – bei unterstellten Inlandsauswirkungen des verfolgten Kartellverstoßes – wieder auflebt (vgl. Art. 11 Abs. 6 VO 1/2003), war die Verjährung für das deutsche Verfahren während der Verfahrensführung durch die Kommission unterbrochen.

98 Jede neue Verfolgungsmaßnahme iSv § 33 Abs. 1 OWiG führt zu einer **erneuten Unterbrechung** der Verjährung. Nach allg. Meinung kann die Verjährung durch die in § 33 Abs. 1 Nr. 1 OWiG aufgeführten Verfahrenshandlungen (erste behördliche Vernehmung

---

[427] BGH Beschl. v. 6.3.2007 – KRB 1/07, WuW/E DE-R 2032 (2034) – Papiergroßhandel.
[428] BGH Beschl. v. 5.7.1995 – KRB 10/95, WuW/E DE-R 3015 (3016) – Unternehmens-Geldbuße; Immenga/Mestmäcker/*Dannecker/Biermann* GWB § 81 Rn. 593; Wiedemann/*Klusmann* HdB KartellR § 55 Rn. 22.
[429] BGH Beschl. v. 28.6.2005 – KRB 2/05, WuW/E DE-R 1567 (1568) – Transportbeton I; kritisch *Bechtold* § 81 Rn. 58.
[430] OLG Düsseldorf Urt. v. 23.1.2014 – V-1 Kart 9–10/13 (OWi); BGH Beschl. v. 16.12.2014 – KRB 24/14(„jedenfalls"); Göhler/*Gürtler* § 30 Rn. 43b; offen gelassen BGH Urt. v. 5.12.2000 – 1 StR 411/00, NJW 2001, 1436; aA KK-OWiG/*Rogall* § 30 Rn. 170.
[431] BGH Urt. v. 5.12.2000 – 1 StR 411/00, NJW 2001, 1436 Punkt 4.
[432] Vgl. Wiedemann/*Klusmann* HdB KartellR § 55 Rn. 22; *Bechtold* § 81 Rn. 58.

des Betroffenen und Bekanntgabe der Einleitung eines Ermittlungsverfahrens gegen den Betroffenen bzw. jeweils die dahingehenden behördeninternen Anordnungen) nur einmal unterbrochen werden.[433] Ihre Grenze findet die Verfahrensunterbrechung in der **absoluten Verjährung,** die das Doppelte der gesetzlichen Verjährung beträgt (**§ 33 Abs. 3 S. 2 OWiG**). Das bedeutet, dass bei den in § 81 Abs. 1, Abs. 2 Nr. 1 und Abs. 3 GWB aufgeführten schweren Kartellrechtsordnungswidrigkeiten innerhalb eines Zeitraums von 10 Jahren nach Verjährungsbeginn (bzw. den sonstigen Kartellordnungswidrigkeiten nach § 81 Abs. 2–7 GWB innerhalb von 6 Jahren nach Verjährungsbeginn) entweder ein Bußgeldbescheid erlassen und rechtskräftig geworden sein muss oder im Falle eines Einspruchs gegen den Bußgeldbescheid innerhalb dieses Zeitraums ein erstinstanzliches Urteil vorliegen muss, um zu verhindern, dass eine Ahndung der Tat wegen absoluter Verfolgungsverjährung ausgeschlossen ist (§ 32 Abs. 2 OWiG). In Ausnahmefällen, in denen gegen die Bußgeldentscheidung der Kartellbehörden Einspruch eingelegt wird und zB das gerichtliche Einspruchsverfahren mangels Verbindung des Verfahrens gegen sämtliche Betroffene und Nebenbetroffene in mehreren Tranchen zeitlich gestaffelt geführt wird, kann die absolute Verjährungsfrist durchaus praktische Relevanz erhalten.

III. Bußgeldzumessung

Grundlage für jede Bußgeldzumessung ist im **ersten Schritt** die Bestimmung des anzuwendenden **gesetzlichen Bußgeldrahmens** (→ Rn. 100). Im **zweiten Schritt** folgt dann innerhalb des anwendbaren Bußgeldrahmens die **Bußgeldzumessung im engeren Sinne,** für welche die ebenfalls gesetzlich vorgegebenen Kriterien, die sich in tatbezogene und täterbezogene Kriterien unterteilen lassen, gelten (→ Rn. 136). Mit den Bußgeldleitlinien (→ Rn. 148) und der Bonusregelung (→ Rn. 28) hat sich das BKartA zudem im Rahmen der Selbstbindung der Verwaltung eigene Vorgaben für die Bußgeldzumessung gemacht. 99

1. Festlegung des Bußgeldrahmens

Bei der Festlegung des Bußgeldrahmens sind der Mindestbetrag und der Höchstbetrag zu bestimmen. Der **Mindestbetrag** ergibt sich aus **§ 17 Abs. 1 OWiG** und beträgt 5 EUR. Der **Höchstbetrag** nach § 17 Abs. 1 OWiG beträgt 1.000 EUR, wenn das Gesetz nichts anderes bestimmt. **§ 81 Abs. 4 GWB** beinhaltet abweichende, spezielle Bestimmungen für den Höchstbetrag von Bußgeldern für Kartellrechtsordnungswidrigkeiten. 100

a) Unterscheidung nach schweren und leichten Kartellordnungswidrigkeiten nach § 81 Abs. 4 GWB. Nach der Spezialvorschrift des **§ 81 Abs. 4 GWB** unterscheidet sich der Höchstbetrag danach, ob eine **schwere Kartellordnungswidrigkeit** im Sinne von § 81 Abs. 1, Abs. 2 Nr. 1, 2a und 5 und Abs. 3 GWB begangen wurde oder eine sonstige Kartellordnungswidrigkeit im Sinne von § 81 Abs. 2 Nr. 2b–2d, 3–4 und 5a–7 GWB vorliegt. Bei schweren Kartellordnungswidrigkeiten, zB den in § 81 Abs. 1 und Abs. 2 Nr. 1 GWB in Bezug genommenen wettbewerbsbeschränkenden Vereinbarungen im Sinne von Art. 101 Abs. 1 AEUV und § 1 GWB sowie Verstößen gegen das Verbot des Missbrauchs einer marktbeherrschenden bzw. marktmächtigen Stellung nach Art. 102 AEUV und §§ 19, 20 GWB, gilt nach **§ 81 Abs. 4 S. 1 GWB** ein **fester Bußgeldrahmen** bis zu 1 Mio. EUR. Dieser gilt für Bußgelder gegen natürliche Personen und zunächst einmal auch für Bußgelder gegen juristische Personen und Personenvereinigungen, die ihre Grundlage in der Zurechnungsvorschrift des § 30 OWiG finden (→ Rn. 105). 101

Nach **§ 81 Abs. 4 S. 2 GWB** kann gegen „Unternehmen" oder „Unternehmensvereinigungen" auch eine über den festen Bußgeldrahmen von 1 Mio. EUR hinausgehende Geldbuße verhängt werden, wobei sie **10% des in dem der Behördenentscheidung vorausgegangenen Geschäftsjahr erzielten Gesamtumsatzes des Unternehmens oder der Unternehmensvereinigung** nicht übersteigen darf. Wie sich dieser Gesamt- 102

---

[433] Göhler/*Gürtler* § 33 Rn. 6a mwN.

umsatz ermittelt, ergibt sich aus § 81 Abs. 4 S. 3 GWB, wobei dieser nach § 81 Abs. 4 S. 4 GWB auch geschätzt werden darf. In der Praxis wird für die Bemessung von Geldbußen gegen Unternehmen wegen schwerer Kartellrechtsordnungswidrigkeiten jedenfalls seit der 7. GWB-Novelle regelmäßig die 10%-Regelung des § 81 Abs. 4 S. 3 GWB herangezogen, so dass der feste Bußgeldrahmen von 1 Mio. EUR (§ 81 Abs. 4 S. 1 GWB) vorrangig für Geldbußen gegen natürliche Personen praktische Bedeutung erlangt, vorausgesetzt die Anwendung der umsatzbezogenen Bußgeldbemessungsvorschrift führt zu einem höheren Maximalbußgeld als 1 Mio. EUR.

103 § 81 Abs. 4 S. 2 GWB gilt **nicht** für natürliche Personen, selbst wenn sie **Unternehmensinhaber** oder **Einzelunternehmer** sind.[434] Denn das ließe sich nicht mit der Regelung zu Verbandsgeldbußen nach § 30 OWiG in Abgrenzung zur Ahndung des Täters (natürliche Person) vereinbaren. Nur im Falle der Verantwortlichkeit einer juristischen Person oder Personenvereinigung nach § 30 OWiG kann die Bußgeldbemessungsvorschrift für Unternehmen des § 81 Abs. 4 S. 2 GWB zur Anwendung kommen. Auch wenn der BGH für die Zwecke der Bußgeldberechnung den Begriff des „Unternehmens" in § 81 Abs. 4 S. 2 GWB als wirtschaftliche Einheit im europäischen Rechtssinne versteht (→ Rn. 35 ff.), so knüpft er für die Begründung der bußgeldrechtlichen Verantwortlichkeit an die juristische Person an.[435]

104 Für alle sonstigen Kartellrechtsordnungswidrigkeiten, die nicht schwere im Sinne der Aufzählung in § 81 Abs. 4 S. 1 GWB sind, gilt nach **§ 81 Abs. 4 S. 5 GWB** der spezialgesetzliche Bußgeldrahmen von 100.000 EUR. Angesichts dieses weitaus geringeren Bußgeldrahmens werden diese Verstöße zur Abgrenzung auch als **leichte Kartellrechtsordnungswidrigkeiten** bezeichnet. Dieser Bußgeldrahmen gilt für natürliche Personen und für juristische Personen und Personen-Vereinigungen (§ 30 Abs. 2 S. 2 OWiG).

105 **b) Verbandsgeldbuße nach § 30 OWiG.** Die Bußgeldtatbestände des § 81 Abs. 1–3 GWB sind stets im Zusammenhang mit dem allgemeinen Ordnungswidrigkeitenrecht zu sehen, das OWiG ist mit seinen materiellen Vorschriften voll anwendbar. Dazu zählt auch die **Zurechnungsvorschrift** des § 30 OWiG, wonach gegen eine juristische Person oder Personenvereinigung (jeweils im OWiG auch als „Verband" bezeichnet) eine Geldbuße verhängt werden kann, wenn eine Leitungsperson der juristischen Person oder Personenvereinigung iSv § 30 Abs. 1 Nr. 1–5 OWiG Täter einer Ordnungswidrigkeit (Anknüpfungstat) ist und durch diese Ordnungswidrigkeit betriebsbezogene Pflichten verletzt wurden oder die juristische Person oder Personenvereinigung durch die Ordnungswidrigkeit bereichert wurde oder werden sollte (→ Rn. 15). Die Bußgeldbemessung für **Verbandsgeldbußen** richtet sich nach § 30 Abs. 2–5 OWiG. Nach § 30 Abs. 2 S. 2 OWiG bemisst sich das Höchstmaß der Geldbuße nach dem für die Zuwiderhandlung der Leitungsperson der juristischen Person oder Personenvereinigung geltenden Höchstmaß. Bei Kartellordnungswidrigkeiten bestimmt sich das Höchstmaß nach der spezialgesetzlichen Regelung des § 81 Abs. 4 S. 1 GWB und beträgt 1 Mio. EUR (anstatt 1.000 EUR nach 3 17 Abs. 1 OWiG). Hierzu sieht die Regelung des **§ 81 Abs. 4 S. 2 GWB** zur Höhe von Geldbußen gegen Unternehmen und Unternehmensvereinigung von maximal 10% des Jahresgesamtumsatzes des Unternehmens oder der Unternehmensvereinigung wiederum eine Sondervorschrift vor, die Bußgelder gegen Unternehmen und Unternehmensvereinigungen von mehr als 1 Mio. EUR ermöglicht. Die Bußgeldregelung für Unternehmen und Unternehmensvereinigungen nach § 81 Abs. 4 S. 2 GWB lässt sich mit dem geltenden Ordnungswidrigkeitenrecht, konkret der dort geregelten Verbandsgeldbuße nach § 30 OWiG, nicht in Einklang bringen (→ Rn. 113 ff.). Sofern die (vorsätzliche)

---

[434] Ebenso Wiedemann/*Klusmann* HdB KartellR § 57 Rn. 87 aE; Immenga/Mestmäcker/*Dannecker/Biermann* GWB § 81 Rn. 335; BGH Beschl. v. 5.7.1995 – KRB 10/95, WuW/E BGH 3015 (3016) – Unternehmens-Geldbuße.
[435] BGH Beschl. v. 26.2.2013 – KRB 20/12 Rn. 69 – Grauzementkartell; unter Verweis auf BGH Beschl. v. 10.8.2011 – KRB 55/10, WuW/E DE-R 3455 – Versicherungsfusion.

Kartellordnungswidrigkeit des Leitungsorgans **zugleich eine Straftat,** zB einen Verstoß gegen § 298 StGB darstellt, gilt ebenfalls die maximale Unternehmensgeldbuße nach § 81 Abs. 4 S. 2 GWB, es sei denn sie läge bei vorsätzlicher Tatbegehung unter 10 Mio. EUR (§ 30 Abs. 2 S. 4 OWiG). Das bedeutet, dass für Unternehmen mit einem Gesamtumsatz von unter 100 Mio. EUR unter diesen Umständen Bußgelder von bis zu 10 Mio. EUR verhängt werden können.

Gegen eine juristische Person oder Personenvereinigung kann auch **selbständig** eine Geldbuße **verhängt** werden, wenn kein Verfahren gegen die handelnde natürliche Person durchgeführt wird **(§ 30 Abs. 4 S. 1 OWiG).** In der Regel führt das BKartA allerdings nicht nur gegen das Unternehmen, sondern auch gegen ein oder sogar mehrere ihrer Leitungspersonen als Täter der Zuwiderhandlung ein Verfahren durch. Das BKartA wählt dafür in der Regel Personen am oberen Ende der Unternehmenshierarchie, insbesondere Geschäftsführungsmitglieder und leitende Angestellte wie Vertriebsabteilungsleiter aus, sofern sich deren ausreichende Beteiligung an der Zuwiderhandlung aus den verfügbaren Beweisen ergibt.

106

Mit der Vorschrift des **§ 30 Abs. 2a OWiG** wurde im Rahmen der 8. GWB-Novelle für Verbandsgeldbußen eine ausdrückliche Regelung zur **Gesamtrechtsnachfolgehaftung** eingeführt (→ Rn. 16). Auslöser des gesetzgeberischen Tätigwerdens war die höchstrichterliche Entscheidung in Sachen *Versicherungsfusion,* die die bereits langjährig in dieser Form bestehende Rechtslücke für die Haftung der juristischen Personen bzw. Personenvereinigung im Falle einer Gesamtrechtsnachfolge in Erinnerung gerufen hat.[436] Die Regelung erfasst – in Ergänzung zu der genannten, weiterhin gültigen Rechtsprechung zur ausnahmsweise schon nach § 30 GWB aF möglichen Gesamtrechtsnachfolgehaftung – die (sonstigen Fälle der) **Gesamtrechtsnachfolge,** insbesondere die Verschmelzung (§§ 2 ff. UmwG), und die **partiellen Gesamtrechtsnachfolge durch Aufspaltung** (§ 123

107

---

[436] BGH Beschl. v. 10.8.2011 – KRB 55/10, WuW/E DE-R 3455 (3458) Rn. 12, 16 ff. – Versicherungsfusion mwN: Unter Verweis auf die bisherige gefestigte Rspr. stellt der BGH klar, dass die bußgeldrechtliche Haftung für eine Organtat nach dem Wortlaut des § 30 OWiG aF (in der Fassung vor Einfügung des neuen Abs. 2a in § 30 OWiG im Rahmen der 8. GWB-Novelle), dessen weitergehende Auslegung sich auch dem Gesetzlichkeitsprinzip (Art. 103 Abs. 2 GG) verbiete, nur unter zwei Voraussetzungen auf eine andere juristische Person als diejenige, für die der Täter gehandelt hat, erstreckt: (i) Die betreffende juristische Person ist – etwa im Wege der Umwandlung nach dem UmwG – Gesamtrechtsnachfolgerin der juristischen Person oder Personenvereinigung geworden, deren Organ die Tat begangen hat und (ii) zwischen der früheren und der neuen Vermögensverbindung besteht nach wirtschaftlicher Betrachtungsweise nahezu Identität (was wiederum erfordert, dass das Vermögen der ursprünglich haftenden juristischen Person oder Personenvereinigung einen wesentlichen Teil des Gesamtvermögens der neuen juristischen Person ausmacht). Im Ergebnis hat der BGH deshalb eine Haftung nach § 30 OWiG der im Rahmen der Verschmelzung nach UmwG aufnehmenden Gesellschaft (nunmehrige Nebenbetroffene) als der Gesamtrechtsnachfolgerin der erloschenen, übertragenden Gesellschaft (vormalige Nebenbetroffene) abgelehnt, wobei die Gesellschaften vor der Verschmelzung keine verbundenen Konzerngesellschaften waren. Im Ergebnis ebenso BGH Beschl. v. 10.8.2011 – KRB 2/10, wistra 2012, 152 Rn. 7 ff., 16 ff. – Transportbeton Elskes (oder Transportbeton II): Hier hatte die durch ihr Organ handelnde 100%-ige Tochtergesellschaft (vormalige Nebenbetroffene) ihre wesentlichen Vermögensgegenstände (per Einzelrechtsnachfolge) auf eine Schwestergesellschaft übertragen und war anschließend auf ihre Muttergesellschaft (nunmehrige Nebenbetroffene) verschmolzen worden. In Anlehnung an den BGH in Sachen *Versicherungsfusion* hat der 1. Kartellsenat des OLG Düsseldorf in Sachen *Silostellgebühren II* mangels hinreichender wirtschaftlicher Identität eine Bußgeldhaftung der im Rahmen der Verschmelzung aufnehmenden Gesellschaft (nunmehrige Nebenbetroffene) abgelehnt, Urt. v. 17.12.2012 – V-1 Kart 7/12 (OWi) Rn. 28 ff. Der BGH hat das Urteil des OLG Düsseldorf bestätigt: Beschl. v. 16.12.2014 – KRB 47/13 – Silostellgebühren III. Dagegen hat der 4. Kartellsenat im *Flüssigas I*-Verfahren hinsichtlich zweier Nebenbetroffener, die während des Verfahrens umfangreiche konzerninterne Umstrukturierungen durchgeführt hatten, die Haftung der Gesamtrechtsnachfolger nach § 30 OWiG aF (in der Fassung vor der 8. GWB-Novelle) unter Heranziehung einer wirtschaftlichen Betrachtungsweise bejaht, OLG Düsseldorf Urt. v. 15.4.2013 – VI-4 Kart 2–6/10 OWi u. Urt. v. 19.6.2013 – V-4 Kart 2/13 (OWi); gegen diese Entscheidung haben alle Nebenbetroffenen Rechtsbeschwerde zum BGH eingelegt, der damit voraussichtlich auch über die Frage der Bußgeldhaftung des Rechtsnachfolgers in der hier vorliegenden Konstellation zu befinden haben wird. Ebenso derselbe Kartellsenat in *Kaffeeröster*-Kartellverfahren gegen Melitta, OLG Düsseldorf Urt. v. 11.2.2014 – V-4 Kart 5/11 OWi, wogegen Melitta bereits Rechtsbeschwerde eingelegt hat.

Abs. 1 UmwG). Dagegen **nicht** erfasst sind die ebenfalls eine Gesamtrechtsnachfolge nach sich ziehenden **alternativen Spaltungsfälle der Abspaltung (§ 123 Abs. 2 UmwG) oder Ausgliederung (§ 123 Abs. 3 UmwG),** wohl weil – anders als bei der in § 30 Abs. 2a OWiG aufgeführten Aufspaltung – der übertragende, ursprüngliche Rechtsträger in diesen beiden Spaltungsfällen bestehen bleibt und deshalb im Prinzip weiterhin als Haftungssubjekt zur Verfügung steht, sowie die Fälle der **Einzelrechtsnachfolge** mittels Vermögensübertragung, in denen der übertragende Rechtsträger ebenfalls fortbesteht.[437] Ebenfalls nicht erfasst ist der Fall, in dem ein Unternehmen in der Rechtsform einer juristischen Person, die nach § 30 OWiG haftet, durch eine natürliche Person als Einzelkaufmann fortgeführt wird;[438] in diesem Fall geht die Bußgeldhaftung nicht auf die natürliche Person über, sondern erlischt. Wegen der **beschränkten Anwendungsfälle des § 30 Abs. 2a OWiG** bestanden nach der 8. GWB-Novelle weiterhin Möglichkeiten für Unternehmen, durch Umstrukturierungsmaßnahmen einer Haftung nach § 30 OWiG zu entgehen.[439] Die Nutzung von **Gesetzeslücken** ist schließlich des Rechtsanwenders legitimes Recht. Erfasst sind von § 30 Abs. 2a OWiG auch Fälle der wiederholten bzw. mittelbaren Gesamtrechtsnachfolge, wenn mehrere Umstrukturierungsmaßnahmen sukzessiv erfolgen.[440] Die Regelung des **§ 30 Abs. 2a S. 2 OWiG** trifft zudem eine Aussage zur **Bußgeldzumessung im Falle einer Gesamtrechtsnachfolgehaftung.** Danach darf die Geldbuße gegen den haftenden Rechtsnachfolger den Wert des übernommenen Vermögens und die Höhe der gegenüber dem (ursprünglichen) Rechtsvorgänger angemessenen Geldbuße nicht übersteigen. Haften bei einer Aufspaltung (§ 123 Abs. 1 UmwG) mehrere Rechtsvorgänger, sollen diese für Zwecke der Bußgeldzumessung gegenüber dem Rechtsnachfolger als Gesamtschuldner haften.[441]

107a Mit der 9. GWB-Novelle will der Gesetzgeber die offensichtlichen Gesetzeslücken, die die Vorschrift des § 30 Abs. 2a OWiG gelassen hat, schließen. Nachdem sich ein im Wurstkartell beteiligtes Unternehmen durch mehrere gesellschaftsrechtliche Umstrukturierungen der Bußgeldhaftung Angang 2015 entzogen hatte, war es das erklärte Ziel des Gesetzgebers, die sog „Wurstlücke" zu schließen.[442] Daher sieht der Regierungsentwurf vor, dass sowohl im Falle einer Umstrukturierung als auch im Falle einer Vermögensverschiebung gegenüber dem Rechtsnachfolger eine Geldbuße verhängt werden kann (→ Rn. 16). Die Neuregelung in **§ 81 Abs. 3b S. 1 RegE-GWB** erstreckt sich dabei nicht nur auf die Bußgeldverantwortlichkeit nach § 30 Abs. 1 OWiG und § 30 Abs. 2a OWiG sondern auch auf die Gesamtrechtsnachfolge der nach § 81 Abs. 3a RegE-GWB verantwortlichen juristischen Personen oder Personenvereinigungen. (→ Rn. 15, 118). Ziel der Neuregelung ist die Angleichung an das europäische Recht. Nach der europäischen Rechtsprechung gehen im Falle einer Gesamtrechtsnachfolge, bei der ein haftender Rechtsträger des Unternehmens zu existieren aufhört, die Aktiva und Passiva einschließlich der bußgeldrechtlichen Haftung für kartellrechtliche Ordnungswidrigkeit auf den Gesamtrechtsnachfolger über.[443] Das heißt, der Gesamtrechtsnachfolger übernimmt die bußgeldrechtliche Verantwortlichkeit und repräsentiert als Nachfolger einer ursprünglich haftenden juristischen Person oder Personenvereinigung das materiell verantwortliche Unternehmen weiter.

---

[437] BT-Drs. 17/11053, 26 rechte Spalte unten; zur Einzelrechtsnachfolge vgl. auch *Löbbe* ZHR 2013, 518 (536 ff.).
[438] BT-Drs. 17/11053, 29.
[439] Kritisch zur begrenzten Reichweite des § 30 Abs. 2a OWiG und mit einem Appell an den Gesetzgeber zur Nachbesserung schon seinerzeit *Mühlhoff* NZWiSt 2013, 321 (322 ff., 326 f.). Vgl. auch *Wiedmann/Funk* BB 2014, 2627 f.
[440] BT-Drs. 17/11053, 22.
[441] BT-Drs. 17/11053, 28 f.; zu Recht kritisch *Bechtold* § 81 Rn. 77.
[442] Pressemitteilung des BKartA v. 15.7.2014 – Wurst-Kartell.
[443] Gesetzentwurf der Bundesregierung, Entwurf eines Neunten Gesetzes zur Änderung des Gesetzes gegen Wettbewerbsbeschränkungen v. 28.9.2016, 105.

§ 81 Abs. 3c RegE-GWB sieht vor, dass die Geldbuße nach § 30 Abs. 1, 2 OWiG sowie nach § 81 Abs. 3a RegE-GWB auch gegen die juristische Person oder Personenvereinigung festgesetzt werden kann, die das Unternehmen in **wirtschaftlicher Kontinuität** fortführt. Der Begriff der wirtschaftlichen Kontinuität wird durch Absatz 3c neu in das deutsche Kartellordnungswidrigkeitenrecht eingeführt.[444] Nach diesem Grundsatz kommt bei konzernexternen Vermögensübertragungen etwa in Form des „asset deals" eine Haftung des neuen Betreibers in Betracht, wenn der ursprünglich haftende Betreiber rechtlich fortfällt oder wirtschaftlich nicht mehr existent ist, dh keine nennenswerte wirtschaftliche Tätigkeit mehr ausübt.[445] Die bußgeldrechtliche Verantwortung trifft dann den Erwerber, der die Wirtschaftsgüter der juristischen Person oder Personenvereinigung, deren Leitungsperson die Ordnungswidrigkeit begangen hat, vollständig oder in Teilen übernimmt und die Geschäftstätigkeit im Wesentlichen fortsetzt. Als eigene Fallgruppe werden die konzerninternen Vermögensübertragungen angesehen, bei denen der kartellbefangene Geschäftsbereich auf einen anderen Rechtsträger im selben Konzern übertragen wird. In dem Fall kann nach der europäischen Rechtsprechung der erwerbende Rechtsträger uU auch dann zur Bußgeldzahlung herangezogen werden, wenn die juristische Person, deren Leitungsperson die Ordnungswidrigkeit begangen hat, rechtlich und wirtschaftlich noch fortbesteht.[446] Die Neuregelungen zur Rechtsnachfolge sind insgesamt sehr weitgehend, so dass generell zu befürchten ist, dass M&A-Transaktionen dadurch unnötig erschwert werden.

Eine weitere Neuregelung bezieht sich auf die Frage der Beschränkung der Bußgeldhaftung des Gesamtrechtsnachfolgers. **§ 81 Abs. 3b S. 3 RegE-GWB** stellt klar, dass § 30 Abs. 2a S. 2 OWiG keine Anwendung mehr finden soll und damit die **Bußgeldhaftung des Gesamtrechtsnachfolgers** nicht mehr auf die Höhe des Werts des übernommenen Vermögens beschränkt wird.[447] **§ 81 Abs. 3e RegE-GWB** setzt zudem fest, dass in den Fällen des § 81 Abs. 3a, 3b und 3c RegE-GWB im Falle der Verhängung von Geldbußen gegen mehrere juristische Personen oder Personenvereinigungen wegen derselben Ordnungswidrigkeit die Vorschriften zur Gesamtschuld entsprechende Anwendung finden.

§ 81a RegE-GWB enthält zudem bezüglich der Rechtsnachfolge eine Regelung zur **Ausfallhaftung im Übergangszeitraum,** dh für den Zeitraum bis zur vollen Wirksamkeit der Neuregelung. Schließlich besteht bis dahin die sog „Wurstlücke" fort und auch die Regelung zur Konzernhaftung nach § 81 Abs. 3a RegE-GWB findet noch keine Anwendung. Denn auch für Kartellordnungswidrigkeiten gilt das verfassungsrechtlich normierte Rückwirkungsverbot des Art. 103 Abs. 2 GG. Um daher auch im Falle bereits beendeter Kartellverstöße aber noch laufender Kartellverfahren einer Vermögensverschiebung und Umstrukturierung entgegenzuwirken, schafft § 81a RegE-GBW die Möglichkeit eines Vorgehens gegen die die bußgeldrechtlich verantwortliche juristische Person oder Personenvereinigung beherrschenden Gesellschaften oder den Nachfolger. Konstru-

---

[444] Gesetzentwurf der Bundesregierung, Entwurf eines Neunten Gesetzes zur Änderung des Gesetzes gegen Wettbewerbsbeschränkungen v. 28.9.2016, 106.
[445] Gesetzentwurf der Bundesregierung, Entwurf eines Neunten Gesetzes zur Änderung des Gesetzes gegen Wettbewerbsbeschränkungen v. 28.9.2016, 106.
[446] EuGH Urt. v. 7.1.2004, Rs. C-204/00 P, Slg. 2004, I-123, Rn. 356-359 – Aalborg Portland; Urt. v. 11.12.2007, Rs. C-280/06, Slg. 2007 I-10893, Rn. 48 – ETI; Gesetzentwurf der Bundesregierung, Entwurf eines Neunten Gesetzes zur Änderung des Gesetzes gegen Wettbewerbsbeschränkungen v. 28.9.2016, 106.
[447] Eine Begründung liefert der RegE-GWB dafür nicht, was insbesondere deshalb verwundert, da diese Regelung erst mit der 8. GWB-Novelle vor dem Hintergrund der Einhaltung des Verhältnismäßigkeitsgrundsatzes bei der Bußgeldbemessung eingeführt worden ist. Scheinbar stützt sich der RegE-GWB auf die Tatsache, dass sich vor dem Hintergrund der neu eingeführten Konzernhaftung die Sanktion in der Sache gegen das Unternehmen als Ganzes richtet, was dazu führt, dass die Angemessenheit der Geldbuße in jedem Fall auf das Unternehmen bezogen ist und die gegenüber dem Rechtsnachfolger festgesetzte Geldbuße auch den Wert des übernommenen Vermögens übersteigen kann; Gesetzentwurf der Bundesregierung, Entwurf eines Neunten Gesetzes zur Änderung des Gesetzes gegen Wettbewerbsbeschränkungen v. 28.9.2016, 105.

iert wird hier ein rein **haftungsrechtliches Einstehen müssen** für die Bußgeldverantwortlichkeit; die Betroffenen selber werden gerade nicht Adressat der Sanktion. Rechtsgrund für die Anordnung der Ausfallhaftung ist daher auch nicht die Kartellordnungswidrigkeit sondern ein der Tat nachgelagertes Ereignis, namentlich das nach Einleitung des Bußgeldverfahrens veranlasste Erlöschen einer nach § 30 OWiG verantwortlichen Gesellschaft oder eine anderweitige Verschiebung von Vermögen, die zur Folge hat, dass das Bußgeld nicht festgesetzt oder vollstreckt werden kann.[448] Gem. **§ 186 RegE-GWB** findet § 81a RegGWB Anwendung, wenn das Erlöschen der nach § 30 OWiG verantwortlichen juristischen Person oder Personenvereinigung oder die Verschiebung von Vermögen nach dem Tag des Inkrafttreten des Gesetzes erfolgt. War die Kartellordnungswidrigkeit zu dem Zeitpunkt noch nicht beendet, gehen die Regelungen des § 81 Abs. 3a bis 3e RegE-GWB vor.

108   **Zur Sicherung der von ihr verhängten Geldbuße** kann die Kartellbehörde beim Gericht einen **dinglichen Arrest** (§ 111d StPO) gegen den Bußgeldschuldner beantragen. Rechtsgrundlage hierfür ist die mit der 8. GWB-Novelle eingeführte Regelung des **§ 30 Abs. 6 OWiG**. Der dingliche Arrest darf danach schon dann angeordnet werden, wenn der behördliche Bußgeldbescheid gegen die juristische Person oder Personenvereinigung ergangen ist, eine gerichtliche Bußgeldentscheidung bedarf es nicht. In der Praxis könnte das BKartA insbesondere dann von dieser Möglichkeit Gebrauch zu machen versuchen, wenn zu befürchten ist, dass der Bußgeldschuldner durch Umstrukturierungsmaßnahmen, insbesondere durch die Übertragung von Vermögenswerten per Einzelrechtsnachfolge, die Vollstreckung der Geldbuße zu vereiteln versucht. Allerdings kann ein dinglicher Arrest nur dann angeordnet werden, wenn ein **Arrestgrund** vorliegt (§ 111d StPO, § 916 ZPO), der von den beantragenden Verfolgungsbehörden nicht nur rechtzeitig zu erkennen, sondern auch ausreichend zu belegen ist. In der strafrechtlichen Praxis sind an das Vorliegen eines Arrestgrundes hohe Anforderungen gestellt.[449] Da die Anordnung eines dinglichen Arrest außerdem die wirtschaftliche Existenz des Schuldners bedrohen kann,[450] ist auch der Verhältnismäßigkeitsgrundsatz besonders zu beachten. Der bloße Umstand, dass ein Bußgeldschuldner eine gesellschaftsrechtliche Umstrukturierung oder Veräußerungen plant, reicht nicht für die Bejahung eines Arrestgrunds aus, denn solche Vorgänge können durch unterschiedlichste unternehmerische und rechtliche, etwa steuerrechtliche – in jedem Fall aber legale – Überlegungen motiviert sein und belegen keineswegs, dass hierdurch die Bußgeldvollstreckung vereitelt oder gefährdet werden soll.[451] Teilweise wurde auch diskutiert, ob nicht über die **Anordnung eines Verfalls** nach **§ 29a Abs. 2 OWiG** (→ Rn. 176) gegen den Rechtsvorgänger (dh den ehemaligen Nebenbetroffenen) sicher gestellt werden kann, dass der Rechtsnachfolger im Wege von konzern-/unternehmensinternen Umstrukturierungsmaßnahmen nicht gänzlich der Haftung entgeht, insbesondere wenn § 30 Abs. 2a OWiG (→ Rn. 107) nicht eingreift, und somit zumindest der durch die Zuwiderhandlung erlangte wirtschaftliche Vorteil herauszugeben ist. Die Möglichkeit entfällt jedoch dann, wenn der Rechtsvorgänger wegen der vorgenommenen Umwandlung, zB Verschmelzung, gar nicht mehr existiert und auch nicht mit seinem Rechtsnachfolger die notwendige wirtschaftliche Kontinuität aufweist (→ Rn. 107 Fn. 368). Die beschriebene Thematik wird durch die mit der 9. GWB-Novelle geplanten Änderungen zu § 81 GWB in der Praxis wohl weitgehend gegenstandslos. Denn durch die Schließung der nach Einführung des § 30 Abs. 2a OWiG noch bestehenden sog Wurstlücke, soll eine Umstrukturierung oder Vermögensverschiebung für die Zwecke der Vereitelung eines Bußgeldes gerade nicht mehr möglich sein. Der Absiche-

---

[448] Gesetzentwurf der Bundesregierung, Entwurf eines Neunten Gesetzes zur Änderung des Gesetzes gegen Wettbewerbsbeschränkungen v. 28.9.2016, 109.
[449] *Mühlhoff* NZWiSt 2013, 321 (328); vgl. auch BGH Beschl. v. 3.6.2014 – KRB 2/14, WuW 2014, 976 f. – Arrestonordnung.
[450] OLG Köln Beschl. v. 6.1.2010 – 2 Ws 636, 642/09, NStZ 2011, 174.
[451] So auch *Mühlhoff* NZWiSt 2013, 321 (328).

rung durch die Anordnung eines dinglichen Arrest bedarf es folglich nicht mehr. Bis zur endgültigen Wirksamkeit der Neuregelung ist zudem in § 81a RegE-GWB eine Regelung zur Ausfallhaftung im Übergangszeitraum geschaffen worden (→ Rn. 107 Fn. 368).

c) Aufsichtspflichtverletzung nach § 130 OWiG. Über die mit der 8. GWB-Novelle vorgenommenen Änderungen bzw. Ergänzungen zu § 130 Abs. 3 OWiG und § 30 Abs. 2 OWiG, auf den § 130 Abs. 3 S. 2 OWiG jetzt ausdrücklich in Form einer Rechtsgrundverweisung Bezug nimmt, wurde der Höchstbetrag für Verbandsgeldbußen bei **Aufsichtspflichtverletzungen** nach § 130 Abs. 1 OWiG (→ Rn. 92) angehoben.[452] Das Höchstmaß einer Geldbuße für den Täter, der eine Aufsichtspflichtverletzung im Hinblick auf eine Kartellordnungswidrigkeit, also eine mit Geldbuße bedrohte Zuwiderhandlung gegen betriebsbezogene Pflichten (Anknüpfungstat), begangen hat, richtet sich gemäß § **130 Abs. 3 S. 3 OWiG** nach dem für die Kartellrechtsordnungswidrigkeit angedrohten Höchstmaß. Für die natürliche Person, die § 130 Abs. 1 OWiG vorsätzlich verletzt, gilt damit die Bußgeldobergrenze von 1 Mio. EUR gemäß § 81 Abs. 4 S. 1 GWB. Allerdings ist nach den geänderten Regelungen der §§ 130 Abs. 3 S. 2, 30 Abs. 2 S. 3 OWiG diese für die Anknüpfungstat geltende Obergrenze für Geldbußen gegen juristische Personen und Personenvereinigungen um das Zehnfache zu erhöhen.[453] Das gilt auch, wenn die Anknüpfungstat gleichzeitig eine Straftat darstellt (§ 130 Abs. 3 S. 4 OWiG). Im Zusammenhang mit **schweren Kartellordnungswidrigkeiten** erhöht sich danach das maximale Verbandsbußgeld für eine Aufsichtspflichtverletzung des Betriebsinhabers von 1 Mio. EUR (§ 81 Abs. 4 S. 1 GWB) auf **10 Mio. EUR**. Nicht abzustellen für die Bestimmung der Maximalgeldbuße für eine Aufsichtspflichtverletzung des Betriebsinhabers ist dagegen auf die umsatzbezogene Unternehmensgeldbuße nach § 81 Abs. 4 S. 2 GWB.[454] Denn maßgeblich ist der für den Täter der Anknüpfungstat geltende Bußgeldrahmen (erhöht um das Zehnfache). Nach deutschem OWiG ist das die natürliche Person, nicht dagegen die über die Zurechnungsnorm des § 30 OWiG verantwortliche juristische Person oder Personenvereinigung. Dieses gesetzliche Grundprinzip wird auch durch die Bußgeldbemessungsregel des § 81 Abs. 4 S. 2 GWB, die den Bußgeldrahmen für Unternehmen und Unternehmensvereinigungen über das nach § 81 Abs. 4 S. 1 GWB vorgegebene Höchstmaß hinaus erhöhen kann, nicht in Frage gestellt. Im Zusammenhang mit **leichten Kartellordnungswidrigkeiten** erhöht sich die maximale Verbandsgeldbuße für eine Aufsichtspflichtverletzung des Betriebsinhabers von 100.000 EUR (§ 81 Abs. 4 S. 5 OWiG) auf **1 Mio. EUR**.

d) Bußgeldreduktion bei fahrlässiger Tatbegehung. Ist die Tat nicht vorsätzlich, sondern nur **fahrlässig** begangen worden, reduziert sich der Höchstbetrag nach § 17 Abs. 2 OWiG auf die Hälfte. Dies gilt für Bußgelder gegen natürliche Personen sowie juristische Personen und Personenvereinigungen. Damit beträgt bei **schweren Kartellordnungswidrigkeiten** der feste Bußgeldrahmen für natürliche Personen und Unternehmen **500.000 EUR** (§ 81 Abs. 4 S. 1 GWB). Nach § 30 Abs. 2 S. 3 OWiG erhöht sich der Bußgeldhöchstbetrag um das zehnfache, also auf 5 Mio. EUR, wenn das Unternehmen auf Grund einer Aufsichts-

---

[452] Vgl. ausführlich hierzu *Achenbach* NZKart 2014, 473 f.
[453] *Bechtold* § 81 Rn. 27.
[454] Ebenso Langen/Bunte/*Raum* GWB § 81 Rn. 171; dieser Literaturmeinung kommt insoweit nicht ganz unerhebliche Bedeutung zu, als der Autor Richter beim Kartellsenat des BGH ist, welcher die Sache Grauzementkartell, Beschl. v. 26.2.2013 – KRB 20/12, wistra 2013, 391, entschieden hat; FK/*Achenbach* GWB § 81 Rn. 244; *Wagner* EWS 2006, 251 (255 f.); aA MüKoGWB/*Vollmer* § 81 Rn. 126; BKartA Fallbericht zur Entsch. v. 9.12.2009 – B1-200/06-U13 – Dachziegel, allerdings aus anderen Gründen Aufhebung des Bußgeldbescheids, Fallbericht v. 12.4.2012. Die dahingehende Diskussion in der Literatur datiert noch aus der Zeit, bevor der Höchstbetrag der Verbandsgeldbuße für eine Aufsichtspflichtverletzung des Betriebsleiters mit der 8. GWB-Novelle auf das Zehnfache der Maximalgeldbuße für die Anknüpfungstat erhöht wurde; zuletzt aber mit einer detaillierten Auseinandersetzung mit der Mantelordnungswidrigkeitenrechtlichen Haftung nach § 130 OWiG, insbesondere auch im Hinblick auf die etwaige Haftung für Konzernobergesellschaften, von Streitter NZKart 2016, 253 (254 ff., 263).

pflichtverletzung geahndet wird.[455] Kommt für das Unternehmen stattdessen die umsatzbezogene Bußgeldbemessungsvorschrift des § 81 Abs. 4 S. 2 GWB zur Anwendung, beträgt das Höchstmaß der Geldbuße 5% des in dem der Behördenentscheidung vorausgegangenen Geschäftsjahr erzielten Gesamtumsatzes des Unternehmens oder der Unternehmensvereinigung. Da für die Begehung einer schweren Kartellordnungswidrigkeiten iSv § 81 Abs. 3 GWB Vorsatz vorausgesetzt wird, kommt insoweit eine Reduktionsmöglichkeit nicht in Betracht.[456] Bei fahrlässig begangenen **leichten Kartellordnungswidrigkeiten** beträgt das Höchstmaß der Geldbuße **50.000 EUR** (§ 81 Abs. 4 S. 5 GWB). In der Praxis hat es bislang wohl keinen einzigen Fall gegeben, in dem das BKartA oder im Einspruchsverfahren das OLG Düsseldorf von einer fahrlässigen Begehung von Hardcore-Kartellrechtsverstößen nach Art. 101 Abs. 1 AEUV, § 1 GWB, wie Preis-, Quoten-, Gebiets- und Kundenabsprachen zwischen Wettbewerbern, ausgegangen ist.

111   Auch für eine fahrlässige **Aufsichtspflichtverletzung** nach § 130 OWiG reduziert sich der Höchstbetrag des Bußgeldes auf die Hälfte (50%), selbst wenn sie sich auf eine vorsätzlich begangene Kartellordnungswidrigkeit bezieht.[457] Für den Fall einer fahrlässigen Aufsichtspflichtverletzung betreffend eine fahrlässig begangene Kartellordnungswidrigkeit ist das Höchstmaß der Geldbuße durch zweimalige Anwendung des § 17 Abs. 2 OWiG um jeweils 50%, also zusammen 75% herabzusetzen.[458] Da sich über die mit der 8. GWB-Novelle eingeführten neuen Bestimmungen der §§ 130 Abs. 3 S. 2, 30 Abs. 2 S. 3 OWiG der Höchstbetrag der Verbandsgeldbuße für eine Aufsichtspflichtverletzung um das Zehnfache des für die Anknüpfungstat geltenden Bußgeldrahmens erhöht, liegt demnach der Maximalbetrag für eine fahrlässige Aufsichtspflichtverletzung betreffend eine vorsätzliche schwere Kartellordnungswidrigkeit (§ 81 Abs. 4 S. 1 GWB) bei 5 Mio. EUR (10 Mio. EUR x 50%) und eine fahrlässige schwere Kartellordnungswidrigkeit bei 2,5 Mio. EUR (10 Mio. EUR x 25%). Bei vorsätzlichen leichten Kartellordnungswidrigkeiten (§ 81 Abs. 4 S. 5 GWB) liegt das Höchstmaß der Verbandsgeldbuße für die fahrlässige Aufsichtspflichtverletzung dagegen bei 500.000 EUR (1 Mio. EUR x 50%) und bei fahrlässigen leichten Kartellordnungswidrigkeiten bei 250.000 EUR (1 Mio. EUR x 25%).

112   **e) Anwendung des Kumulationsprinzips bei Tatmehrheit.** Der Bußgeldrahmen gilt für die Ahndung jeder einzelnen Tat. Wenn nur eine einzige Handlung vorliegt, bestimmt sich der Bußgeldrahmen nach § 19 OWiG. Liegen dagegen mehrere ordnungswidrige Handlungen im Sinne der Tatmehrheit vor, so wird der Bußgeldrahmen des § 81 Abs. 4 GWB mehrfach angewandt und nach **§ 20 OWiG** für jede Handlung eine separate Geldbuße festgesetzt. Es gilt also im Ordnungswidrigkeitenrecht in Fällen von Tatmehrheit das **Kumulationsprinzip**.[459] Anders als im Strafrecht (§ 54 StGB) besteht keine gesetzlich vorgesehene Möglichkeit zur Begrenzung der Gesamthöhe der Geldbußen durch Bildung einer Gesamtstrafe mittels Erhöhung der verwirklichten höchsten Einzelstrafe. Die **Addition der Einzelbußen** bei mehreren separaten Einzeltaten kann zu unangemessen hohen, im Hinblick auf das Verfassungsgebot schuldangemessener Strafen rechtlich fragwürdigen Bußgeldern führen.[460] Vor dem Hintergrund der allgemeinen rechtlichen Grenzen ist es deshalb notwendig, den Folgen des Additionsgebots nach § 20 OWiG bei der individuellen Bußgeldzumessung Rechnung zu tragen.[461] Im Rechtssinne liegt nur eine einzige

---

[455] *Bechtold* § 81 Rn. 27.
[456] *Bechtold* § 81 Rn. 27.
[457] Immenga/Mestmäcker/*Dannecker/Biermann* GWB § 81 Rn. 403.
[458] Langen/Bunte/*Raum* GWB § 81 Rn. 172; Immenga/Mestmäcker/*Dannecker/Biermann* GWB § 81 Rn. 403 mwN; Göhler/*Gürtler* § 130 Rn. 28 mwN.; aA BKartA Entsch. v. 17.12.2003 – B 9–9/03, WuW/E DE-V 911 (916) – Fotoarbeitstasche.
[459] Göhler/*Gürtler* § 20 Rn. 2.
[460] Immenga/Mestmäcker/*Dannecker/Biermann* GWB § 81 Rn. 408; Wiedemann/*Klusmann* HdB KartellR § 57 Rn. 104.
[461] BGH Beschl. v. 26.2.2013 – KRB 20/12, NZKart 2013, 195 Rn. 86 – Grauzementkartell; OLG Düsseldorf Urt. v. 26.6.2009 – VI 2a Kart 6/08 Rn. 663, 688, 722 – Zementkartell.

Handlung vor, wenn mehrere natürliche Handlungen in einem engen zeitlichen und räumlichen Zusammenhang stehen und bei natürlicher Betrachtungsweise ein einheitliches zusammengehörendes Tun darstellen (natürliche Handlungseinheit).[462] In der Entscheidungspraxis kommen die Kartellbehörden zu einer natürlichen Handlungseinheit bzw. **„Bewertungseinheit"**, wenn sich eine Grundabrede zwischen den Kartellanten feststellen lässt, der in der Folge nur noch Ausführungshandlungen nachgefolgt sind.[463] Im Hinblick auf die Frage der Verjährung (→ Rn. 93) sowie der anwendbaren Bußgeldbemessungsvorschrift (→ Rn. 99) ist genau zu prüfen, ob tatsächlich Tateinheit (dh eine natürliche Handlungseinheit) oder doch Tatmehrheit vorliegt. Die Rechtsfigur des Fortsetzungszusammenhangs, wodurch eine rechtliche Handlungseinheit entstand, wurde wie im Strafrecht auch im Ordnungswidrigkeitenrecht von der Rspr. aufgegeben,[464] womit die Möglichkeit entfällt, von einem Gesamtvorsatz getragene Einzeltaten zu einer Tat zusammenzufassen.

f) Einzelheiten zur Unternehmensgeldbuße nach § 81 Abs. 4 S. 2 GWB. aa) Zur Diskussion 113
der Verfassungsmäßigkeit. Bis zum Beschluss des Kartellsenats des BGH in Sachen *Grauzementkartell* vom 26. 2. 2013[465] war die Frage der verfassungsrechtlichen Zulässigkeit der umsatzbezogenen Bußgeldbemessungsvorschrift für Unternehmen und Unternehmensvereinigungen nach § 81 Abs. 4 S. 2 GWB höchst umstritten. Die ganz überwiegende Auffassung in der Literatur hat sich vor der *Grauzementkartell*-Entscheidung aus mehreren Gründen gegen deren Verfassungsmäßigkeit ausgesprochen.[466] Nach Erlass des BGH-Beschlusses, in dem die verfassungsrechtlichen Einwendungen der Verteidigung zurückgewiesen wurden, richtet sich die Kritik – zu Recht – gegen die Entscheidung des BGH und ihre nicht überzeugende Begründung.[467] Bis zur verfassungsgerichtlichen Klärung der aufgeworfenen Fragen wird man aber in der Praxis um den *Grauzementkartell*-Beschluss des BGH nicht umhin können und weder gegenüber dem BKartA noch vor Gericht, insbesondere dem OLG Düsseldorf, das für Einsprüche gegen Bußgeldentscheidungen des BKartA ausschließlich zuständig ist, mit der Einwendung der Verfassungswidrigkeit des § 81 Abs. 4 S. 2 GWB obsiegen. Der 4. Kartellsenat des OLG Düsseldorf ist bereits in seiner Entscheidung in Sachen *Flüssiggas I* dem BGH gefolgt.[468] Auch in diesem Kartellverfahren vor dem OLG Düsseldorf hatte die Verteidigung umfänglich die Verfassungswidrigkeit des § 81 Abs. 4 S. 2 GWB gerügt.

Die **Kritik an der Verfassungswidrigkeit** des § 81 Abs. 4 S. 2 GWB in der Litera- 114
tur konzentrierte sich – vor Verkündung der BGH-Entscheidung in Sachen *Grauzementkartell* – auf die im Folgenden zusammengefassten Aspekte. Diese sind aus Sicht der Verfasser überzeugend und hätten eigentlich zu einer anderslautenden Entscheidung des

---

[462] Göhler/*Gürtler* Vor § 19 Rn. 3 ff.; Immenga/Mestmäcker/*Dannecker*/*Biermann* GWB Vor § 81 Rn. 206.
[463] BGH Beschl. v. 26. 2. 2013 – KRB 20/12, NZKart 2013, 195 (196) Rn. 23 mwN – Grauzementkartell.
[464] BGH Urt. v. 19. 12. 1995, WuW/E BGH 2032 (2049) – Fortgesetzte Ordnungswidrigkeit II; für das Strafrecht BGH Urt. v. 3. 5. 1994 – GSSt 2/93, WuW/E BGH 2929 – Fortgesetzte Handlung.
[465] BGH Beschl. v. 26. 2. 2013 – KRB 20/12, NZKart 2013, 195 (197 f.) Rn. 50 ff. – Grauzementkartell.
[466] *Bechtold* § 81 Rn. 29 mwN; Göhler/*Gürtler* § 17 Rn. 48 c; Immenga/Mestmäcker/*Dannecker*/*Biermann* GWB § 81 Rn. 346 ff.; Wiedemann/*Klusmann* HdB KartellR § 57 Rn. 89 ff.; Brettel/*Thomas* ZWeR 2009, 25 (31 ff.); *Achenbach* ZWeR 2009, 1 (16 ff.); FK/*Achenbach* § 81 GWB 2005 Rn. 246; *Bach* FS Bechtold 2006, 1 (7 f.); *Deselaers* WuW 2006, 118 (121 f.); *Thiele* WRP 2006, 999 (1002 f.); *Wagner* EWS 2006, 251; *Bechtold*/*Buntscheck* NJW 2005, 2966 (2969 f.); aA MüKoGWB/*Vollmer* § 81 Rn. 114 ff.; Langen/Bunte/*Raum* GWB § 81 Rn. 164; Loewenheim/Meessen/Riesenkampff/*Meyer-Lindemann* GWB § 81 Rn. 91; *Mundt* WuW 2007, 458 (464 ff.); *Vollmer* ZWeR 2007, 163 (170 f.); Weitbrecht/*Mühle* WuW 2006, 1106 (1110 ff.); *Meessen* WuW 2004, 733 (742). Es ist zu konstatieren, dass die Autoren der herrschenden Literaturmeinung ausschließlich Hochschullehrer und Rechtsanwälte sind, die Autoren der Gegenmeinung daggen größtenteils Vertreter des BKartA.
[467] Immenga/Mestmäcker/*Dannecker*/*Biermann* GWB § 81 Rn. 444 ff.; *Achenbach* WuW 2013, 688; *Brettel* ZWeR 2013, 200; *Haus* NZKart 2013, 183; *Heinichen* NZWiSt 2013 (161); *Barth*/*Budde* NZKart 2013, 311 (312 ff.); aA *Ost* NZKart 2013, 173; KK-Kart/*Schöner* GWB § 81 Rn. 154 ff.
[468] OLG Düsseldorf Urt. v. 15. 4. 2013 – VI-4 Kart 2–6/10 OWi u. Urt. v. 19. 6. 2013 – V-4 Kart 2/13 (OWi) Rn. 1269 ff. – Flüssiggas I (noch nicht rechtskräftig entschieden).

BGH führen müssen: Zum einen wird unter Berufung auf die Entscheidung des BVerfG[469] zur Vermögensstrafe ein **Verstoß gegen den Bestimmtheitsgrundsatz** des **Art. 103 Abs. 2 GG** (nulla poena sine lege certa) gerügt.[470] Denn § 81 Abs. 4 S. 2 GWB enthalte einen „wandernden" Bußgeldgeldrahmen[471] und dem Gesetz würden sich weder Vorgaben für die Methode der Bußgeldberechnung noch eine Orientierung für die Einstufung der Ordnungswidrigkeit entnehmen lassen.[472] Was die Bußgeldzumessung (→ Rn. 99) innerhalb des vorgegebenen Bußgeldrahmens betrifft, so wird in der Literatur ein **Verstoß gegen den Gleichheitsgrundsatz** des **Art. 3 GG** moniert, denn einerseits würden Unternehmen anders als sonstige nach § 81 GWB Betroffene sowie Unternehmen außerhalb des Kartellrechts behandelt werden,[473] andererseits sei die Anknüpfung an den Umsatz des der Behördenentscheidung vorausgehenden Geschäftsjahres sachlich willkürlich.[474] Schließlich wird bei der Bußgeldzumessung auch die Vereinbarkeit des § 81 Abs. 4 S. 2 GWB mit dem verfassungsrechtlich garantierten **Schuldprinzip** und dem **Verhältnismäßigkeitsgrundsatz** in Frage gestellt, denn es sei fraglich, ob Bußgelder in Milliardenhöhe in einem gerechten Verhältnis zur Schwere der Tat und zum Maß der Schuld des Täters stünden.[475]

115 **bb) Bußgeldobergrenze.** In Sachen *Grauzementkartell* hat der BGH die **Verfassungsmäßigkeit** der Bußgeldbemessungsvorschrift des § 81 Abs. 4 S. 2 GWB **bejaht**. Es interpretiert die Bestimmung **verfassungskonform** als **Bußgeldobergrenze**, womit dem Bestimmtheitsgrundsatz genüge getan sei.[476] Mangels Vergleichbarkeit der Rechtsinstitute seien die Ausführungen des BVerfG zur Vermögensstrafe (§ 43a StGB)[477] nicht ohne weiteres auf die Bestimmtheitsanforderungen an die Geldbuße gegen Unternehmen übertragbar, die wegen der großen volkswirtschaftlichen Schäden auch für Großunternehmen eine empfindliche Sanktion darstellen müsse.[478] Mit dieser Auslegung als Bußgeldobergrenze überschreitet der BGH die Grenzen einer verfassungskonformen Auslegung, indem er sich über den Normtext[479] und das ausdrückliche Ziel des Gesetzgebers, eine Kappungsgrenze nach dem Vorbild der europäischen Praxis zu schaffen,[480] hinwegsetzt.[481] Eine Auslegung als **Kappungsgrenze,** wie die Vorschrift – in Einklang mit dem europäischen Verständnis der Bußgeldbemessungsvorschrift des Art. 23 Abs. 2 S. 2 VO 1/2003 (→ Rn. 123f.) –

---

[469] Vgl. BVerfG Urt. v. 20.3.2002 – 2 BvR 794/95, BVerfGE 105 (135), NJW 2002, 1779 ff. – Vermögensstrafe.
[470] ZB Bechtold § 81 Rn. 29; Göhler/*Gürtler* § 17 Rn. 48 c; Wiedemann/*Klusmann* HdB KartellR § 57 Rn. 78d aE.
[471] BVerfG Urt. v. 20.3.2002 – 2 BvR 794/95, NJW 2002, 1779 ff. – Vermögensstrafe.
[472] So etwa Immenga/Mestmäcker/*Dannecker*/*Biermann* GWB § 81 Rn. 346 ff.; Wiedemann/*Klusmann* HdB KartellR § 57 Rn. 90; aA Langen/Bunte/*Raum* GWB § 81 Rn. 150.
[473] Göhler/*Gürtler* § 17 Rn. 48c.
[474] *Bechtold* § 81 Rn. 34; FK/*Achenbach* § 81 GWB 2005 Rn. 246.
[475] Wiedemann/*Klusmann* HdB KartellR § 57 Rn. 88 aE; Immenga/Mestmäcker/*Dannecker*/*Biermann* GWB § 81 Rn. 371.
[476] BGH Beschl. v. 26.2.2013 – KRB 20/12, NZKart 2013, 195 (200) Rn. 50–64 – Grauzementkartell; ebenso OLG Düsseldorf Urt. v. 26.6.2009 – VI 2a Kart 6/08 Rn. 640–643 – Zementkartell; OLG Düsseldorf Urt. v. 29.10.2012 – V-1 Kart 1–6/12 (OWi), NZKart 2013, 122 (124) Rn. 217 – Silostellgebühren I; BGH Beschl. v. 3.6.2014 – KRB 46/13, WuW 2014, 973 (974) – Silostellgebühren III.
[477] BVerfG Urt. v. 20.3.2002 – 2 BvR 794/95, NJW 2002, 1779 ff.
[478] BGH Beschl. v. 26.2.2013 – KRB 20/12, NZKart 2013, 195 (200) Rn. 60 – Grauzementkartell.
[479] In § 81 Abs. 4 S. 2 GWB (vor und nach Inkrafttreten der Preismissbrauchsnovelle am 22.12.2007) heißt es, dass die Geldbuße 10% „nicht übersteigen" darf.
[480] BT-Drs. 16/7156, 11.
[481] BVerfG Beschl. v. 11.6.1958 – 1 BvL 149/52, NJW 1958, 1227 (1435); Beschl. v. 11.6.1980 – 1 BvR 194/78, NJW 1981, 39 (42); Beschl. v. 27.3.2012 – 2 BvR 2258/09, NJW 2012, 1784 (1787); ebenfalls gegen die Möglichkeit einer verfassungskonformen Auslegung *Hassemer*/*Dallmeyer*, Gesetzliche Orientierung im deutschen Recht der Kartellbußen und das Grundgesetz, 2010, 40; *Barth*/*Budde* NZKart 2013, 311 (312); *Haus* NZKart 2013, 183 (185); *Heinichen* NZWiSt 2013, 161 (164f.); Immenga/Mestmäcker/*Dannecker*/*Biermann* GWB § 81 Rn. 357; *Buntscheck* FS Bechtold 2006, 81 (91); ebenfalls kritisch *Achenbach* WuW 2013, 688 (694f).

bislang vom BKartA verstanden wurde,[482] ist auch aus Sicht des BGH mangels fester Obergrenze des Sanktionsrahmens wegen Verstoßes gegen den Bestimmtheitsgrundsatz **verfassungswidrig;**[483] dem stimmen die Verf. zu.[484]

cc) Bestimmung des Höchstbetrages. Der Höchstbetrag der Unternehmensgeldbuße nach § 81 Abs. 4 S. 2 GWB beträgt 10% „des im Behördenentscheidung vorausgegangenen Geschäftsjahr erzielten Gesamtumsatzes des Unternehmens oder der Unternehmensvereinigung". Diese Regelung enthält die für die Berechnung des Höchstmaßes des Bußgeldes relevanten Begriffe „Gesamtumsatz" und „Unternehmen", auf die im Folgenden einzugehen ist. Hiermit werden Bezugseinheiten für die Zwecke der Festlegung des Bußgeldrahmens verwendet, die – so auch ausdrücklich der BGH in Sachen *Grauzementkartell*[485] – über die Rechtsfigur der juristischen Person, welche für die Begründung der bußgeldrechtlichen Verantwortlichkeit (§ 30 OWiG) maßgeblich ist, hinausgehen. Es kommt damit nach der geltenden Rechtslage zu einer **problematischen Spaltung zwischen der Verantwortlichkeit der juristischen Person (§ 30 OWiG) und der „kalkulatorischen Zurechnung" bei der Bußgeldbemessung,** konkret der Bezugsgröße für die Festlegung der Bußgeldobergrenze, die neben den Umsätzen dieser Person auch die Umsätze aller anderen Personen, die derselben wirtschaftlichen Einheit angehören, einbezieht.[486]

116

Die Bestimmung des für die Festlegung des Bußgeldhöchstbetrages relevanten Gesamtumsatzes richtet sich nach dem mit der Preismissbrauchsnovelle in **§ 81 Abs. 4 GWB** neu eingeführten **S. 3.** Danach kommt es für die Berechnung der 10% Obergrenze auf den weltweiten Umsatz aller natürlicher und juristischer Personen an, die zusammen eine **wirtschaftliche Einheit** bilden. Der Begriff der wirtschaftlichen Einheit kommt aus dem europäischen Recht, womit der Gesetzgeber insoweit bewusst eine Anpassung an das europäische Recht vornimmt[487] und sich gegen die Anwendung des aus der Fusionskontrolle bekannten Konzepts der verbundenen Unternehmen nach der Vorschrift des **§ 36 Abs. 2 GWB,** die wiederum auf den Konzernverbund nach § 18 AktG verweist, entschieden hat. Dennoch zieht die Rspr. für die Zwecke der Festlegung der Bußgeldobergrenze den **Konzernverbund** (§ 18 AktG) heran.[488] Die hier vorgenommene Vermischung des unionsrechtlichen Begriffs der wirtschaftlichen Einheit mit dem Konzernbegriff des deutschen Gesellschaftsrechts ist problematisch,[489] denn der Begriff der wirtschaftlichen Einheit kann durchaus enger sein als der des Konzerns.[490] Für die Auslegung des unionsrechtlichen Begriffs der wirtschaftlichen Einheit gilt die Rspr. der Unionsgerichte, insbesondere des EuGH (→ § 13 Rn. 70).

117

Die unionsrechtlich geprägte Umsatzzurechnung ändert bisher nichts an dem bußgeldrechtlich verankerten **Rechtsträgerprinzip,** wonach aus dem Bußgeldbescheid nur die juristische Person haftet, gegen die dieser erlassen wurde.[491] Jede Form der Durchgriffshaftung auf die Konzernmuttergesellschaften der haftenden juristischen Person kannte das deutsche Recht im Unterschied zum europäischen Bußgeldrecht, nach dem im Grundsatz

118

---

[482] Vgl. die alten Bußgeldleitlinien des BKartA v. 15.9.2006 (Bußgeldleitlinien 2006) Rn. 18; *Mundt* WuW 2007, 458 (463).
[483] BGH Beschl. v. 26.2.2013 – KRB 20/12, NZKart 2013, 195 (200) Rn. 57 – Grauzementkartell.
[484] Ebenso bereits vor der BGH-Entscheidung in Sachen *Grauzementkartell* Immenga/Mestmäcker/*Dannecker/Biermann* GWB § 81 Rn. 346.
[485] BGH Beschl. v. 26.2.2013 – KRB 20/12, NZKart 2013, 195 (200) Rn. 69 – Grauzementkartell; ebenso schon OLG Düsseldorf Urt. v. 26.6.2009 – VI 2a Kart 6/08, NStZ 2010, 623 – Zementkartell; Urt. v. 17.12.2012 – V-1 Kart 7/12 OWi, NZKart 2013, 166 (167) – Silostellgebühren II.
[486] Ebenfalls kritisch *Haus* NZKart 2013, 183 (188); *Achenbach* WuW 2013, 688 (701f.).
[487] BT-Drs. 16/7156, 11.
[488] BGH Beschl. v. 26.2.2013 – KRB 20/12, NZKart 2013, 195 (200) Rn. 69 – Grauzementkartell; OLG Düsseldorf Urt. v. 26.6.2009 – VI 2a Kart 6/08 Rn. 633 – Zementkartell.
[489] Vgl. auch *Haus* NZKart 2013, 183 (188); *Achenbach* WuW 2013, 688 (702f.).
[490] Vgl. *Bechtold* § 81 Rn. 33; *Haus* NZKart 2013, 183 (189f.); *Buntscheck* WuW 2008, 941 (948).
[491] Langen/Bunte/*Raum* GWB § 81 Rn. 167 aE.

Konzerngesellschaften gesamtschuldnerisch haften, bisher nicht. Allerdings kann die umsatzbezogene Bußgeldbemessung de facto auf dasselbe Ergebnis hinauslaufen, sofern das betroffene Unternehmen das verhängte Bußgeld nur zu bezahlen in der Lage ist, wenn es von seiner Muttergesellschaft, deren Umsatz bei der Bußgeldbemessung berücksichtigt wurde, zusätzliches Kapital erhält. Diese Form der **Bußgeldhaftung für fremde Ressourcen,** die der BGH in der Grauzementkartell-Entscheidung für verfassungskonform hält, erscheint zumindest fragwürdig.[492] Die 9. GWB-Novelle sieht nunmehr eine Konzernhaftung in Anlehnung an das europäische Kartellrecht vor. Demnach wird die Verantwortlichkeit für die Bußgeldzahlung weiterhin dem Rechtsträger zugewiesen, der das Unternehmen zur Zeit der Begehung des Kartellverstoßes bildet und juristisch verkörpert. Dies kann jedoch, abgesehen von der Tochtergesellschaft, deren Leitungsperson unmittelbar nach außen gehandelt hat, nun auch nach § 81 Abs. 3a RegE-GWB die diese Tochtergesellschaft lenkende Muttergesellschaft sein, soweit die Gesellschaften eine wirtschaftliche Einheit bilden (→ Rn. 15). Der Begriff der wirtschaftlichen Einheit, der bisher im deutschen Kartellordnungswidrigkeitenrecht nur im Rahmen der Bußgeldbemessung eine Rolle spielt, wird nun für die Frage der Bußgeldhaftung herangezogen. Der Unterschied zur Konzernhaftung im europäischen Kartellrecht besteht darin, dass nach dem RegE-GWB der Kartellverstoß durch eine Leitungsperson begangen werden muss und sich die Bußgeldhaftung nicht auf Schwester- und Beteiligungsgesellschaften des Rechtsträgers erstreckt, dessen Leitungsperson den Kartellverstoß begangen hat. Die Einführung der Konzernhaftung wirft nach wie vor einige Fragen auf: So schweigt der RegE-GWB bezüglich der Bewertung der wirtschaftlichen Einheit über die Anwendbarkeit der Einflussnahmevermutung, wie sie das europäische Kartellrecht bei (nahezu) 100%-igen Tochtergesellschaften kennt. Auch bewirkt der RegE-GWB eine Ungleichbehandlung im deutschen Recht, da er die Konzernhaftung auf das Kartellrecht beschränkt. Andere Bereiche des Wirtschaftsstraf- und Ordnungswidrigkeitenrechts, die ebenfalls Verbandsgeldbußen vorsehen, sind von der Neuregelung nicht betroffen.

119 Offen gelassen hat der BGH im *Grauzementkartell,* ob und in welchem Umfang die **Umsatzerlöse von Gemeinschaftsunternehmen** für die Umsatzzurechnung nach § 81 Abs. 4 S. 2 GWB zu berücksichtigen sind, die von dem bußgeldrechtlich verantwortlichen Unternehmen gemeinsam mit einem oder mehreren Drittunternehmen mit kontrolliert werden oder an denen dieses Unternehmen direkt oder indirekt beteiligt ist.[493] Ebenfalls nicht in der BGH-Entscheidung behandelt ist die Umsatzberechnung in Fällen, in denen das betroffene Unternehmen selber ein Gemeinschaftsunternehmen ist, also mehrere Gesellschafter hat. Die Fragen sind im Hinblick auf die Regelung des § 81 Abs. 4 S. 3 GWB unter Heranziehung der Entscheidungspraxis der europäischen Gerichte zum Begriff der wirtschaftlichen Einheit (→ § 13 Rn. 70) zu beantworten.

120 Laut BGH soll für die Berechnung der Bußgeldobergrenze nach § 81 Abs. 4 S. 2 GWB auch in der **Zeit zwischen dem Inkrafttreten der 7. GWB-Novelle** (mit Verkündung am 12.7.2005) **und dem Inkrafttreten der Preismissbrauchsnovelle** (am 22.12.2007), mit der erst S. 3 in § 81 Abs. 4 GWB eingefügt wurde, der auf den Konzernumsatz bezogene Bezugsmaßstab gegolten haben.[494] Dies ergebe sich schon aus den Begriffen „Unternehmen" und „Gesamtumsatz" in § 81 Abs. 4 S. 2 GWB, die auf eine Bezugseinheit hinweisen, die über die Rechtsfigur der bußgeldrechtlich verantwortlichen juristischen Person hinausgehe. Demgegenüber hatte der 1. Kartellsenat des OLG Düsseldorf in Sachen *Silostellgebühren I* die Regelung des § 81 Abs. 4 S. 2 GWB für die Zeit vor dem Inkrafttreten der Preismissbrauchsnovelle noch anders verstanden und **für die Umsatzfeststellung nur auf die über § 30 OWiG bußgeldrechtlich verantwortliche juristische Person abgestellt** und nicht auf

---

[492] Ebenso *Brettel* ZWeR 2013, 200 (219 ff., 228); Wiedemann/*Klusmann* HdB KartellR § 57 Rn. 88.
[493] BGH Beschl. v. 26.2.2013 – KRB 20/12, NZKart 2013, 195 (200) Rn. 71 – Grauzementkartell.
[494] BGH Beschl. v. 26.2.2013 – KRB 20/12, NZKart 2013, 195 (200) Rn. 67–69 – Grauzementkartell; ebenso OLG Düsseldorf Urt. v. 26.6.2009 – VI 2a Kart 6/08 Rn. 630–634 – Zementkartell; aA *Bechtold* § 81 Rn. 31.

die Unternehmensgruppe im Sinne einer wirtschaftlichen Einheit.[495] In dieser OLG-Entscheidung kam diese Umsatzberechnung über das Günstigerprinzip (§ 4 Abs. 3 OWiG; → Rn. 130) im Vergleich zu der vor der 7. GWB-Novelle geltenden Mehrerlösberechnung sowie der ab der Preismissbrauchsnovelle anwendbaren Konzernumsatzberechnung (§ 81 Abs. 4 S. 2 und 3 GWB) zur Anwendung.[496] Das entscheidende Argument für diese Berechnungsmethode und gegen die Bewertung des BGH ist das in § 30 OWiG normierte Rechtsträgerprinzip, mit dem die Umsatzbemessung in § 81 Abs. 4 S. 2 GWB (in der Fassung der 7. GWB-Novelle) in Einklang zu bringen ist.[497] Danach konnte bisher nach § 30 OWiG bußgeldrechtlich verantwortlich immer nur eine juristische Person sein, deren Leitungsperson eine OWiG in Verletzung der Betriebspflichten begangen hat, niemals dagegen der Konzern im Sinne einer wirtschaftlichen Einheit. Die ändert sich nun mit der 9. GWB-Novelle, die in § 81 Abs. 3a RegE-GWB eine Konzernhaftung in Anlehnung an das europäische Kartellrecht vorsieht (→ Rn. 118).

121 Der Gesamtumsatz kann nach dem mit der Preismissbrauchsnovelle neu in § 81 Abs. 4 GWB eingefügten S. 4 auch **geschätzt** werden. Die Bedeutung dieser Schätzbefugnis hat sich jedoch mit der durch die 8. GWB-Novelle eingeführten umsatzbezogenen **Auskunftspflicht** relativiert. Nach dem bisherigen **§ 81a GWB** ist das Unternehmen, gegen welches die Verhängung eines Bußgeldes nach § 81 Abs. 4 S. 2 und 3 GWB in Betracht kommt, gegenüber der Kartellbehörde bzw. dem Gericht verpflichtet, über die Gesamtumsätze in den letzten sechs Jahren vor der Entscheidung (sowie auch über die produktbezogenen oder kundenspezifischen Umsätze in bestimmten Zeiträumen) Auskunft zu erteilen und entsprechende Unterlagen beizubringen. Diese Auskunftspflicht bezieht sich auf die Gruppen- bzw. Konzernumsätze des im Verdacht stehenden Unternehmens, da maßgeblich für die Berechnung des Bußgeldrahmens für Unternehmen nach § 81 Abs. 4 S. 2 GWB die Gesamtumsätze der wirtschaftlichen Einheit sind, welcher das Unternehmen angehört (§ 81a Abs. 1 S. 2 iVm § 81 Abs. 4 S. 3 GWB → Rn. 120). Aus Sicht der Verfolgungsbehörden ist es sicher zutreffend, dass mit dieser Vorschrift in der Regel insbesondere bei internationalen Konzernen langwierige Ermittlungen zu den Umsatzerlösen vermieden werden können und sie damit zur Verfahrensökonomie beitragen.[498] Dass dadurch die einfachgesetzlichen Aussageverweigerungsrechte betroffener juristischer Personen im Hinblick auf unternehmens- und marktbezogene Daten beschränkt werden, war dem Gesetzgeber bewusst,[499] auch wenn dies vor dem Hintergrund des aus dem Rechtsstaatsprinzip – in der Form des Rechtes auf ein faires Verfahren – hergeleiteten „nemo tenetur"-Grundsatzes nicht unproblematisch ist.[500]

121a Mit der 9. GWB-Novelle, mit der der bisherige § 81a GWB zum § 81b GWB wird, werden zusätzliche Auskunftspflichten zur Unternehmensstruktur (§ 81b Abs. 1 S. 1 Nr. 3 RegE-GWB) sowie zu Nachfolgekonstellationen (§ 81b Abs. 1 S. 1 Nr. 4 RegE-GWB) eingeführt. Im Hinblick auf die Ermittlung der Unternehmensstruktur sind demnach ua Angaben zu gesellschaftsrechtlichen Verbindungen, zu Beteiligungsverhältnissen und Gesellschafts- und Unternehmensverträgen zu machen. Die Neuregelung in Nr. 4 ist wiederum nach der Begrün-

---

[495] OLG Düsseldorf Urt. v. 29.10.2012 – V-1 Kart 1–6/12 OWi, NZKart 2012, 122 (124f.) Rn. 228 – Silostellgebühren I; der BGH hat das Urteil des OLG Düsseldorf zwischenzeitlich aufgehoben und festgestellt, dass sich aus dem Wortlaut und Normzweck des § 81 Abs. 4 S. 2 GWB ergibt, dass nicht allein der weltweite Gesamtumsatz der konkreten juristischen Person, sondern der Gesamtumsatz der gesamten wirtschaftlichen Einheit in Ansatz zu bringen ist, BGH Beschl. v. 3.6.2014 – KRB 46/13, WuW 2014, 973 – Silostellgebühren III.
[496] OLG Düsseldorf Urt. v. 29.10.2012 – V-1 Kart 1–6/12 OWi, NZKart 2012, 122 (124f.) Rn. 239 – Silostellgebühren I.
[497] *Bechtold* § 81 Rn. 31 aE; *Haus* NZKartR 2013, 183 (188); *Brettel* ZWeR 2013, 200 (214f.); *Wiedemann/Klusmann* HdB KartellR § 57 Rn. 88, 92; *Immenga/Mestmäcker/Dannecker/Biermann* GWB § 81 Rn. 424 ff.
[498] *Mühlhoff* NZWiSt 2013, 321 (330).
[499] Begründung der BReg. zum Gesetzesentwurf v. 31.5.2012, BT-Drs. 17/9852, 21 f.
[500] Im Einzelnen dazu *Yomere* WuW 2013, 1187 (1188 ff.).

dung des RegE-GWB für die Klärung der Frage erforderlich, ob eine wirtschaftliche oder rechtliche Nachfolge im Sinne der neuen Regelungen nach § 81 Abs. 3b und 3c RegE-GWB vorliegt.[501] So sieht die Auskunftspflicht vor, dass im Falle einer wirtschaftlichen Nachfolge (zB in Form eines „asset deal"), Auskunft über den Erhalt und die Übertragung von Vermögenswerten sowie die rechtliche Ausgestaltung geliefert werden. Der diesbezüglich bereits im Vorfeld geäußerten Kritik tritt der RegE-GWB in seiner Begründung entgegen und argumentiert, dass aufgrund der Begrenzung der Auskunftspflichten auf juristische Personen und Personenvereinigungen, der Schutzbereich des verfassungsrechtlich garantierten Verbots eines Zwangs zur Selbstbelastung (nemo tenetur-Grundsatz) nicht tangiert sei.[502] Auch sei das Prozessgrundrecht auf ein faires (rechtsstaatliches) Verfahren, das auch für juristische Personen zum Tragen kommt, gewahrt. Diese Auffassung wird sicherlich in der Praxis weiterhin Gegenstand kontrovers geführter Diskussionen sein.

122   Maßgeblich für die Berechnung der Bußgeldobergrenze im behördlichen Kartellverfahren sowie im Kartellgerichtsverfahren ist nach § 81 Abs. 4 S. 2 GWB das **„der Behördenentscheidung vorausgehende Geschäftsjahr"**. Das ergibt sich seit der Preismissbrauchsnovelle eindeutig aus dem Wortlaut des § 81 Abs. 4 S. 2 GWB. In der vorausgehenden Fassung der 7. GWB-Novelle war der Wortlaut dieser Vorschrift dagegen noch nicht eindeutig (dort hieß es: „im vorausgegangenen Geschäftsjahr"). Für die Zeit bis zum Inkrafttreten der Preismissbrauchsnovelle (am 22.12.2007) haben der BGH in Sachen *Grauzementkartell* und das OLG Düsseldorf in Sachen *Flüssiggas I* ebenfalls auf das Jahr vor der behördlichen Bußgeldentscheidung abgestellt, nicht dagegen auf die gerichtliche Entscheidung, als den nach allgemeinen bußgeldrechtlichen Grundsätzen für die Bestimmung der wirtschaftlichen Verhältnisse im Rahmen der Bußgeldzumessung relevanten Zeitpunkt, indem sie – zu Recht – eine Günstigerprüfung nach § 4 Abs. 3 OWiG vorgenommen haben und in beiden Fällen die Umsatzerlöse der Nebenbetroffenen im Jahr vor dem Bußgeldbescheid niedriger als im Jahr vor der gerichtlichen Entscheidung waren.[503] Kontrovers diskutiert wird mithin weiterhin die Frage des Zeitpunkts für die Bestimmung der wirtschaftlichen Einheit,[504] da die Veränderung der Struktur eines Unternehmens zu einer anderen Bußgeldberechnung führen kann.

123   Unter dem Begriff der **Unternehmensvereinigung** in § 81 Abs. 4 S. 2 GWB sind solche Vereinigungen zu verstehen, die nach den materiellen Grundnormen, an die die Bußgeldtatbestände des § 81 Abs. 1–3 GWB anknüpfen, ordnungswidrig handeln können. So nehmen zB Art. 101 Abs. 1 AEUV und § 1 GWB ausdrücklich auch auf Unternehmensvereinigungen Bezug. Die Ahndung einer Unternehmensvereinigung schließt nicht aus, dass das Handeln der einzelnen in der Unternehmensvereinigung vereinigten Unternehmen auch jedem einzelnen Unternehmen zuzurechnen ist.[505] Für die Geldbuße gegen eine Unternehmensvereinigung kommt es nur auf den Umsatz dieser Vereinigung an, nicht auf die Umsätze ihrer Mitglieder. In der Praxis werden in Kartellverfahren regelmäßig auch gegen Wirtschaftsverbände, also Unternehmensvereinigungen, sowie die für sie handelnden natürlichen Personen Bußgelder verhängt. Denn oftmals finden die Zuwiderhandlungen im Kontext von Verbandstreffen statt. Eine Mithaftung der Mitgliedsunternehmen des betroffenen Verbandes für dessen Verstoß kommt im Unterschied zum europäischen Kartellrecht (Art. 23 Abs. 4 Vo 1/2003; → § 13 Rn. 31) nicht in Betracht.

---

[501] Gesetzentwurf der Bundesregierung, Entwurf eines Neunten Gesetzes zur Änderung des Gesetzes gegen Wettbewerbsbeschränkungen v. 28.9.2016, 114.
[502] Gesetzentwurf der Bundesregierung, Entwurf eines Neunten Gesetzes zur Änderung des Gesetzes gegen Wettbewerbsbeschränkungen v. 28.9.2016, 114.
[503] BGH Beschl. v. 26.2.2013 – KRB 20/12, NZKart 2013, 195 Rn. 73 – Grauzementkartell; OLG Düsseldorf Urt. v. 15.4.2013 – VI-4 Kart 2–6/10 OWi u. Urt. v. 19.6.2013 – V-4 Kart 2/13 (OWi) Rn. 1318 ff. – Flüssiggas I; dagegen auf das Jahr vor der Entscheidung des Kartellsenats abstellend OLG Düsseldorf Urt. v. 29.10.2012 – V-1 Kart 1–6/12 (OWi), NZKart 2013, 122 Rn. 233 – Silostellgebühren I; Langen/Bunte/*Raum* GWB § 81 Rn. 168.
[504] Vgl. ausführlich hierzu *van Brevern/Scheidtmann* WuW 2014, 668 f.; MüKoGWB/*Vollmer* § 18 Rn. 135a.
[505] *Bechtold* § 81 Rn. 36.

g) Intertemporaler Anwendungsbereich. Grundsätzlich bestimmt sich die Geldbuße nach 124
dem Gesetz, das zur Zeit der Handlung gilt (§ 4 Abs. 1 OWiG). Die Bußgeldbemessungsvorschrift des § 81 Abs. 4 GWB gilt deshalb unproblematisch für alle Zuwiderhandlungen, die **nach dem Inkrafttreten der 7. GWB Novelle am 12.7.2005** (→ Rn. 120) begonnen wurden. Nach § 6 OWiG wird eine Handlung zu der Zeit begonnen, zu welcher der Täter tätig wird oder im Falle einer Unterlassung hätte tätig werden müssen. Auf den Erfolgseintritt kommt es nicht an. Die Bußgeldvorschrift des § 81 Abs. 4 GWB gilt aber auch dann, wenn die Zuwiderhandlung vor dem Inkrafttreten der 7. GWB Novelle begonnen wurde, aber erst danach endete, da nach § 4 Abs. 2 OWiG das Gesetz zur Anwendung kommt, das bei Beendigung der Tat gilt. Dieselben Erwägungen gelten im Falle des Inkrafttretens der 9. GWB-Novelle. Zu beachten ist hier lediglich, dass mit der Einführung des neuen § 81a RegE-GWB eine Regelung zur Ausfallhaftung im Übergangszeitraum, dh bis zur vollen Wirksamkeit der Neuregelung vorgesehen ist. Ziel dieser Regelung ist es, Vermögensverschiebungen und Umstrukturierungen zur Vermeidung der Vollstreckung der Geldbuße entgegenzuwirken (→ Rn. 107c).

aa) Mehrerlösgeldbuße. Für Kartellordnungswidrigkeiten, die bereits **vor dem Inkrafttre-** 125
ten der 7. GWB-Novelle am 12.7.2005 beendet waren und noch nicht verjährt sind
(→ Rn. 93), greift für schwere Kartellrechtsverstöße der mehrerlösbezogene Bußgeldrahmen oder alternativ das Regelbußgeld von maximal 500.000 EUR (§ 81 Abs. 2 S. 1 GWB 1999[506] bzw. GWB 2002[507]) und für alle sonstigen Kartellrechtsverstöße der Bußgeldrahmen von maximal 25.000 EUR, es sei denn die später erlassenen Bußgeldbemessungsvorschriften sind das mildere Gesetz und kommen deshalb statt dessen über das Günstigerprinzip (§ 4 Abs. 3 OWiG) zur Anwendung (→ Rn. 130). Im Grundsatz stimmen die seinerzeitigen schweren Kartellrechtsverstöße (§ 81 Abs. 1 Nr. 1, 2, 3, 6a und 9 GWB 2002) mit dem heutigen Katalog in § 81 GWB überein, wobei jetzt auch ausdrücklich Verstöße gegen die europäischen Kartellrechtsbestimmungen des Art. 101, 102 AEUV in § 81 Abs. 1 GWB aufgenommen sind. Das Höchstmaß der **Mehrerlösgeldbuße** beträgt das **dreifache des durch die Zuwiderhandlung erlangten Mehrerlöses**. Sie kann gegen juristische Personen und Personenvereinigungen nach § 30 GWB verhängt werden, wenn sie über dem Regelbußgeld von maximal 500.000 EUR liegt. Da es sich bei dem Mehrerlösbußgeldrahmen um einen Sonderbußgeldrahmen handelt, ist zu beachten, dass bei Nichterweislichkeit eines Mehrerlöses (→ Rn. 126) oder für den Fall, dass eine Schätzung des Mehrerlöses auf ausreichend gefestigter Grundlage nicht möglich ist (→ Rn. 128), der Regelbußgeldrahmen Anwendung findet. Gegen natürliche Personen kann für Kartellordnungswidrigkeiten ein Maximalbußgeld nach dem GWB 2002 von 500.000 EUR verhängt werden. Wegen der Gesetzesänderung ist die Mehrerlösgeldbuße ein **Auslaufmodell**. Für behördliche Kartellverfahren spielt die alte Mehrerlösgeldbuße bereits seit einiger Zeit keine praktische Rolle mehr, da die Kartellbehörden zum einen wohl keine Verfahren mehr führen, in denen die Verstöße vor dem Inkrafttreten der 7. GWB-Novelle (am 12.7.2005) beendet waren, aber – wegen des Eingreifens von Hemmungsmaßnahmen – noch nicht verjährt sind, zum anderen das BKartA in der Praxis dazu übergegangen ist, in laufenden Kartellordnungswidrigkeitenverfahren, in denen die fraglichen Zuwiderhandlungen zwar vor dem 12.7.2005 begonnen, aber erst später beendet wurden, die Ahndung auf den Zeitraum des Verstoßes ab dem 12.7.2005 bzw. dem 1.7.2005 zu beschränken. Da die Mehrerlösbußgeldberechnung oftmals schwierige Rechtsfragen sowie erheblichen Ermittlungsaufwand mit sich bringt, lässt sie sich auf diesem Wege durch die Verfolgungsbehörden vermeiden. Denn selbst wenn für eine vor dem 12.7.2005 begonnene und erst danach beendete Zuwiderhandlung das bei Beendigung geltende Gesetz zur Anwendung kommt (und nicht die Mehrerlösgeldbuße nach § 81 Abs. 2 S. 1 GWB 2002), so ist in solchen Fällen bei der Bußgeldbemessung die

---
[506] BGBl. I 2546.
[507] BGBl. I 2992.

Mehrerlösgeldbuße, sofern sie das mildere Gesetz darstellt, in der Weise zu berücksichtigen, dass den Tatteilen, die vor Sanktionsverschärfung lagen, kein größeres Gewicht zukommt, als sie früher hatten.[508] Das prominenteste, derzeit noch nicht rechtskräftig entschiedene Kartellverfahren, in dem die Mehrerlösgeldbuße wegen des vor dem 12.7.2005 beendeten Tatvorwurfs zur Anwendung kommt, ist das *Flüssiggaskartell*-Verfahren.[509] Die Mehrerlösgeldbuße war zB auch in dem 2013 vom BGH rechtskräftig entschiedenen *Grauzementkartell*-Verfahren relevant.[510]

126 Zur **Bestimmung des alten mehrerlösbezogenen Bußgeldrahmens** ist zusammenfassend folgendes zu sagen: Unter Mehrerlös ist die Differenz zwischen den tatsächlich erzielten Einnahmen, die auf Grund des Wettbewerbsverstoßes erzielt werden, und den Einnahmen zu verstehen, die das betroffene Unternehmen ohne diesen Verstoß erzielt hätte.[511] Ist der Mehrerlös (zB 1 EUR pro Einheit) ermittelt, so ergibt sich die (einfache) Mehrerlösgeldbuße durch Multiplikation mit der während des Kartellzeitraums abgesetzten Mengen des betroffenen Unternehmens (zB 1 EUR x 10 Mio. Einheiten = 10 Mio. EUR). Die Obergrenze der Mehrerlösgeldbuße kann bis zum Dreifachen des erlangten Mehrerlöses (zB 10 Mio. EUR x 3 = 30 Mio. EUR) betragen. Dabei handelt es sich um einen Bußgeldrahmen, innerhalb dessen eine Bußgeldzumessung nach § 17 Abs. 3 OWiG zu erfolgen hat.[512] Eine Mehrerlösgeldbuße kommt – anstatt des gesetzlichen Regelbußgeldrahmens – nur in Betracht, wenn das betroffene Unternehmen überhaupt einen Mehrerlös erzielt hat (Frage des **„Ob" des Mehrerlöses**).[513] Im Unterschied zur Höhe des Mehrerlöses ist die Entstehung des Mehrerlöses keine Frage der Schätzung; für den Kausalzusammenhang zwischen der Zuwiderhandlung und einem Mehrerlös gilt vielmehr der Zweifelsgrundsatz („in dubio pro reo"). Allerdings geht der BGH seit der Entscheidung in Sachen *Berliner Transportbeton I* davon aus, dass nach der Lebenserfahrung eine **hohe Wahrscheinlichkeit** dafür besteht, dass ein Kartell den Beteiligten die Durchsetzung höherer als am Markt sonst durchsetzbarer Preise ermöglicht.[514] Der Tatrichter muss diesen **Erfahrungssatz** anhand der weiteren Beweismittel daraufhin überprüfen, ob er im konkreten Fall zur Gewissheit wird. Je länger, nachhaltiger und flächendeckender ein Kartell praktiziert wird, desto höher sind die Anforderungen an die Darlegungen des Tatrichters, ausnahmsweise das Vorliegen eines wirtschaftlichen Vorteils verneinen zu können.[515] Dieser Erfahrungssatz gilt nach der Entscheidungspraxis unabhängig davon, um

---

[508] Vgl. BVerfG Urt. v. 4.9.1995 – 2 BvR 1106/94, NStZ 1996, 192; Immenga/Mestmäcker/*Dannecker*/*Biermann* GWB § 81 Rn. 377.
[509] Entschieden hat das OLG Düsseldorf bereits in Sachen *Flüssiggas I*, Urt. v. 15.4.2013 – VI-4 Kart 2–6/10 OWi, u. Urt. v. 19.6.2013 – V-4 Kart 2/13 (OWi) Rn. 989ff. – Flüssiggas I; hiergegen haben die betroffenen Unternehmen Rechtsbeschwerde zum BGH eingelegt über die noch nicht rechtskräftig entschieden worden ist.
[510] BGH Beschl. v. 26.2.2013 – KRB 20/12, NZKart 2013, 195 – Grauzementkartell.
[511] BGH Beschl. v. 24.4.1991 – KRB 5/90, WuW/E BGH 2718 (2719) – Bußgeldbemessung; BGH Beschl. v. 25.4.2005 – KRB 22/04, WuW/E DE-R 1487 (1488) – Steuerfreie Mehrerlösabschöpfung; BGH Beschl. v. 19.6.2007 – KRB 12/07, WuW/E DE-R 2225, WRP 2007, 1487 (1488) – Papiergroßhandel; BGH Beschl. v. 28.6.2005 – KRB 2/05, WuW/E DE-R 1567 (1569) – Berliner Transportbeton I.
[512] Wiedemann/*Klusmann* HdB KartellR § 57 Rn. 86.
[513] BGH Beschl. v. 19.6.2007 – KRB 12/07, WuW/E DE-R 2225, WRP 2007, 1487 (1488) – Papiergroßhandel; Beschl. v. 28.6.2005 – KRB 2/05, WuW/E DE-R 1567 (1569) – Berliner Transportbeton I.
[514] BGH Beschl. v. 28.6.2005 – KRB 2/05, WuW/E DE-R 1567 (1569) – Berliner Transportbeton I; mit Hinweis auf die Verkennung dieses Erfahrungssatzes hat der BGH die Vorinstanz aufgehoben, in der das OLG Düsseldorf noch die Entstehung eines Mehrerlöses verneinte, da dieser nicht mit der erforderlichen Sicherheit festgestellt werden könne, Urt. v. 6.5.2004 – Kart 41–43 und 45–47/01 OWi, WuW/E DE-R 1315 (1316) Rn. 183ff. – Berliner Transportbeton I.
[515] In Sachen *Berliner Transportbeton I* kam der BGH zu dem Schluss, dass die Begründung des OLG Düsseldorf, wieso das vorliegende Quotenkartell trotz seiner zeitlichen Dauer und Intensität ausnahmsweise nicht zu einem wirtschaftlichen Vorteil für die Betroffenen geführt hat, diesen Anforderungen nicht gerecht wird, BGH Beschl. v. 28.6.2005 – KRB 2/05, WuW/E DE-R 1567 (1569).

welche Art von Kartell (Preis-, Quoten-, Submissions- und Kundenschutzabsprache) es sich handelt.

Für die Berechnung der Mehrerlösgeldbuße kommt es nur auf die von dem betroffenen Unternehmen erzielten **Umsatzerlöse** und nicht darauf an, ob der Betroffene Gewinne erzielt hat.[516] Mehrerlöse können deshalb auch dann vorliegen, wenn die kartellbedingt erhöhten Preise nicht kostendeckend waren.[517] Anders als beim wirtschaftlichen Vorteil iSv § 17 Abs. 4 OWiG und § 81 Abs. 5 GWB gilt nicht das Nettoprinzp (→ Rn. 134). Die Bestimmung des Mehrerlöses bereitet in der Praxis regelmäßig Probleme, insbesondere in Bezug auf die hierfür notwendige **Ermittlung des hypothetischen Wettbewerbspreises,** also des normalen Marktpreises, der bestehen würde, wenn in dem betroffenen Markt kein Kartell geschlossen worden wäre.[518] Während über das Erfordernis einer Unterscheidung zwischen kartellellbedingtem Preis und hypothetischem Wettbewerbspreis Einigkeit besteht, ist die Behandlung des damit verknüpften **Mengeneffekts** streitig. Die Kartellbehörden und Gerichte gehen von der Annahme aus, dass die unter Wettbewerbsbedingungen verkauften Mengen mit den im kartellierten Markt abgesetzten Mengen identisch sind. Dabei entspricht es einem ökonomischen Grundprinzip, dass (kartellbedingt) überhöhte Preise zu einer Reduktion der Absatzmengen führen, es sei denn es handelt sich um den seltenen Fall eines Marktes ohne jegliche preisabhängige Nachfrageelastizität.[519] Während das OLG Düsseldorf noch im *Zementkartell*-Verfahren Mengenrückgänge mehrerlösmindernd berücksichtigt hat,[520] hat es sich im *Flüssiggas I*-Verfahren im Prinzip dagegen ausgesprochen, aber im konkreten Fall offen gelassen, ebenso wie die Argumentation der Verteidigung, es handle sich hierbei um einen (ökonomisch basierten) Erfahrungssatz, dem bei der Bußgeldbemessung zu Gunsten der Betroffenen Rechnung getragen werden müsse, nicht gehört wurde.[521]

In der behördlichen und gerichtlichen Praxis wird zur **Bestimmung des hypothetischen Mehrerlöses** üblicherweise eine **Vergleichsmarktbetrachtung** vorgenommen, bei der die Preise auf dem kartellierten Markt mit den Preisen auf einem anderen Markt verglichen werden, der in **zeitlicher, räumlicher und** – in der Fallpraxis seltener – **sachlicher** Hinsicht mit dem Kartellmarkt vergleichbar ist.[522] Auch Kombinationen dieser Vergleichsmarktalternativen kommen in Betracht.[523] Die sich aus dem Preisvergleich ergebende Differenz bildet dann den kartellbedingten Mehrerlös. Ein anderer Markt kann in jedem Fall nur dann als Vergleichsmarkt dienen, wenn er **nicht selber kartellbefangen** ist.[524] Erst wenn die Vergleichsmarktbetrachtung als die überlegene Schätzungsmethode nicht in Betracht kommt, etwa weil sich keine kartellfreien Vergleichsmärkte feststellen lassen, muss der **hypothetische Mehrerlös im Wege einer gesamtwirtschaftlichen Analyse** bestimmt werden, für deren Vornahme der Tatrichter regelmäßig sachverständi-

---

[516] Immenga/Mestmäcker/*Dannecker/Biermann* GWB § 81 Rn. 380.
[517] Wiedemann/*Klusmann* HdB KartellR § 57 Rn. 83.
[518] Im Einzelnen dazu Immenga/Mestmäcker/*Dannecker/Biermann* GWB § 81 Rn. 380.
[519] Immenga/Mestmäcker/*Dannecker/Biermann* GWB § 81 Rn. 383; Wiedemann/*Klusmann* HdB KartellR § 57 Rn. 84.
[520] OLG Düsseldorf Urt. v. 26.6.2009 – VI 2a Kart 6/08 Rn. 535 ff. – Zementkartell; anders *Bongard* WuW 2010, 762, der sich sogar wegen der mit ihnen verbundenen volkswirtschaftlichen Schäden für ein bußgelderhöhende Berücksichtigung von kartellbedingten Mengenrückgängen ausspricht.
[521] OLG Düsseldorf Urt. v. 15.4.2013 – VI-4 Kart 2–6/10 OWi, u. Urt. v. 19.6.2013 – V-4 Kart 2/13 (OWi) – Flüssiggas I; dagegen hat das KG kartellbedingte Mengenrückgänge in der Vergangenheit bußgeldmildernd berücksichtigt, Urt. v. 7.11.1980 – Kart 6/79, WuW/E OLG 2369 (2376) – Programmzeitschriften.
[522] Vgl. zu den möglichen Vergleichsmärkten auch *Barth/Bongard* WuW 2009, 30 (33 ff.).
[523] Eine Kombination aus zeitlicher und räumlicher Vergleichsmarktbetrachtung wurde vom BGH in Sachen *Steuerfreie Mehrerlösabschöpfung* bestätigt, Beschl. v. 25.4.2005 – KRB 22/04, WuW/E DE-R 1487, WRP 2005, 1015 (1018).
[524] BGH Beschl. v. 25.4.2005 – ZRB 22/04, WuW/E DE-R 1487 (1488) – Steuerfreie Mehrerlösabschöpfung; Beschl. v. 28.6.2005 – KRB 2/05, WuW/E DE-R 1567 (1571) – Berliner Transportbeton I.

ger Hilfe benötigen wird.[525] In Sachen *Papiergroßhandel* hat der BGH als (sachlichen) Vergleichsmarkt eine andere Kundengruppe in Betracht gezogen, sofern die betreffenden Kundengruppen (Teilmärkte) unter Berücksichtigung ihrer jeweiligen Spezifika (zB Bonität, Zahlungsmoral, Relevanz persönlicher Beziehungen) vergleichbar seien.[526] In den Verfahren *Grauzementkartell*[527] sowie *Industrieversicherer*[528] wurden im Rahmen des zeitlichen Vergleichsmarktkonzepts die Preise während der Kartellperiode mit denen nach Beendigung des Kartells verglichen. Für diesen zeitlichen Vergleich mittels einer Zeitreihen- bzw. Regressionsanalyse[529] hat der 2a. Kartellsenat des OLG Düsseldorf im *Zementkartell*-Verfahren einen ökonomischen Gutachter als Sachverständigen beauftragt und dessen Ergebnisse als Schätzgrundlage (→ Rn. 129) für Zwecke der Mehrerlösbestimmung herangezogen.[530] Im Fall *Flüssiggas I* hat der 4. Senat des OLG Düsseldorfs einen Vergleich mit der Gruppe alternativer, nicht im Branchenverband organisierter Flüssiggasversorgungsunternehmen im selben sachlich, räumlich und zeitlichen Markt, in dem auch die Kartellanten tätig waren, vorgenommen; entgegen den Erkenntnissen der Verteidigung aus der Hauptverhandlung ist er dabei von einer strukturellen Vergleichbarkeit mit den betroffenen Flüssiggasunternehmen ausgegangen.[531] Die zeitliche Vergleichsmarktanalyse wurde in diesem Fall dagegen abgelehnt, weil nach Ansicht des Gerichts nicht mit Sicherheit ausgeschlossen werden könne, dass sich das festgestellte Kartell auch noch auf die Zeit nach dem Tatzeitraum ausgewirkt habe.[532] Die Haltbarkeit dieser Argumentation ist umso fragwürdiger, je größer der Abstand zwischen dem Ende des Tatzeitraums und dem Beginn der Hauptverhandlung wird (zB 7–8 Jahre), weil dann für Zwecke einer aussagekräftigen Zeitreihenanalyse im Rahmen der zeitlichen Vergleichsmarktbetrachtung immer noch eine ausreichend lange Zeitperiode (zB 5 Jahre) herangezogen werden kann, deren Beginn sich – zur Ausblendung etwaiger zeitlicher Nachwirkungen des festgestellten Kartells – mit ausreichendem Abstand nach Ende des Tatzeitraums (zB 1–2 Jahre) wählen lässt. Streitig ist, welche Bedeutung bei der Ermittlung des hypothetischen Wettbewerbspreises dem Umstand beizumessen ist, dass die Preise auf dem ausgewählten, nicht kartellierten Vergleichsmarkt wegen der Ausstrahlungswirkung des Kartells verzerrt sein können (sog **Preisschirm- oder „Umbrella"-Effekt**) und deshalb keineswegs das Preisniveau eines Wettbewerbszustandes wiederspiegeln. Richtigerweise scheidet in solchen Fällen die Heranziehung als Vergleichsmarkt ebenso aus, wie dies unstreitig bei einem kartellierten Vergleichsmarkt der Fall ist.[533]

---

[525] BGH Beschl. v. 19.6.2007 – KRB 12/07, WuW/E DE-R 2225 (2228), WRP 2007, 1487 Rn. 19 – Papiergroßhandel; zur Diskussion der gesamtwirtschaftlichen Analyse vgl. *Barth/Bongard* WuW 2009, 30 (39 ff.).
[526] BGH Beschl. v. 19.6.2007 – KRB 12/07, WuW/E DE-R 2225 (2227 f.), WRP 2007, 1487 Rn. 20, 15 – Papiergroßhandel.
[527] OLG Düsseldorf Urt. v. 26.6.2009 – VI 2a Kart 6/08 Rn. 472 – Zementkartell; bestätigt durch den BGH Beschl. v. 26.2.2013 – KRB 20/12, NZKart 2013, 195 Rn. 58 – Grauzementkartell.
[528] OLG Düsseldorf VI Beschl. v. 13.1.2010 – Kart 18–55/06 (OWi) – Industrieversicherer (das Verfahren ist nach rund 4-monatiger Verhandlung durch Einspruchsrücknahme beendet worden).
[529] Zur Zeitreihenanalyse und anderen ökonometrischen Methoden zur Bestimmung des Mehrerlöses zB *Barth/Budde* WRP 2009, 1366 mwN.
[530] Auch im *Industrieversicherer*-Verfahren, VI – Kart 18–55/06 (OWi), hat der 2. Kartellsenat des OLG Düsseldorf für Zwecke der Mehrerlösschätzung ökonomische Sachverständige beauftragt.
[531] OLG Düsseldorf Urt. v. 15.4.2013 – VI-4 Kart 2–6/10 OWi, u. Urt. v. 19.6.2013 – V-4 Kart 2/13 (OWi) Rn. 995 ff. – Flüssiggas I.
[532] OLG Düsseldorf Urt. v. 15.4.2013 – VI-4 Kart 2–6/10 OWi, u. Urt. v. 19.6.2013 – V-4 Kart 2/13 (OWi) Rn. 1000 – Flüssiggas I.
[533] Ebenso *Beth/Pinter* WuW 2013, 228 (233 ff.). Anders dagegen im Gerichtsverfahren in Sachen *Flüssiggas I*, VI-4 Kart 2–6/10 OWi, in dem in der Hauptverhandlung im Jahr 2013 GStA und BKartA wegen des Umbrella-Effekts für die Berücksichtigung nur der niedrigsten Preise aus der den Vergleichsmarkt bildenden Gruppe der alternativen Flüssiggasanbieter plädierten; die Existenz eines Preisschirm-Effekts ablehnend dagegen das OLG Düsseldorf Urt. v. 15.4.2013 – VI-4 Kart 2–6/10 OWi, u. Urt. v. 19.6.2013 – V-4 Kart 2/13 (OWi) Rn. 40 – Flüssiggas I.

Die **Höhe** des dem Grunde nach feststehenden Mehrerlöses kann nach dem mit der 4. GWB-Novelle[534] in § 81 Abs. GWB 1999 eingeführten S. 2 geschätzt werden. Diese **gesetzliche Schätzbefugnis** räumt dem Tatrichter laut BGH einen erheblichen **Ermessensspielraum** ein, er hat darüber zu entscheiden, welche Schätzmethode dem vorgegebenen Ziel, der Wirklichkeit durch Wahrscheinlichkeitsüberlegungen möglichst nahe zu kommen, am besten gerecht wird.[535] Die Schätzmethode muss schlüssig sein und zu wirtschaftlich vernünftigen und möglichen Ergebnissen führen.[536] Als Mittel der Sanktionsbemessung sind Schätzungen allerdings nur in engen Grenzen und **unter Beachtung der strafprozessualen Vorgaben wie des Gesetzlichkeitsprinzips des Art. 103 Abs. 3 GG und Zweifelssatzes** („in dubio pro reo") rechtsstaatlich zulässig.[537] Insoweit kann das in der Fallpraxis dokumentierte, weite Verständnis des BKartA und des Gerichts betreffend den Umfang seiner Schätzbefugnis durchaus bedenklich sein. So hat etwa die Mehrerlösbestimmung des BKartA im *Flüssiggas*-Verfahren der gerichtlichen Überprüfung im Ergebnis nicht stand halten können. Auch in früheren Kartellverfahren haben sich die Gerichte gegen die vom BKartA im konkreten Fall angewandten Methoden der Mehrerlösbestimmung ausgesprochen bzw. eine abweichende Berechnungsmethode gewählt.[538] Bedenklich ist aber gleichermaßen, dass sich der 4. Kartellsenat des OLG Düsseldorf in Sachen *Flüssiggas I* in dem unter anderem wegen der Schwierigkeiten bei der Mehrerlösbestimmung bislang längsten gerichtlichen Kartellordnungswidrigkeitenverfahren (mit 136 Sitzungstagen über fast drei Jahre) unter Berufung auf sein eigene Sachkunde in der Lage sah, die Grundlagen für seine Mehrerlös-Schätzung selbst ermitteln zu können.[539] Verbleibenden Berechnungsunsicherheiten, die sich nach abgeschlossener Beweiswürdigung ergeben, hat der Tatrichter wegen des im Ordnungswidrigkeitenrecht anzuwendenden Zweifelssatzes durch einen **Sicherheitsabschlag** Rechnung zu tragen.[540] Entsprechend hat das OLG Düsseldorf im *Zementkartell*-Verfahren zum Ausgleich von gewissen Berechnungsunsicherheiten, die sich auf Basis der durch den Sachverständigen ermittelten Schätzgrundlage ergaben, einen Sicherheitsabschlag von 25% vorgenommen.[541] In Sachen *Flüssiggas I* hat das OLG Düsseldorf dagegen nur einen Sicherheitsabschlag von etwa 10% angesetzt, obwohl es die Mehrerlösschätzung allein auf eigener Sachkunde – unter Heranziehung der Berechnungen des Bundeskartellamtes nach einer der alternativ vorgeschlagenen Berechnungsmethoden, aber ohne Einschaltung eines Sachverständigen – vorgenommen hat.[542] Wenn allerdings, wie in der Vergangenheit geschehen, die vorgenommenen Sicherheits-

129

---

[534] BT-Drs. 8/2136, 27.
[535] BGH Beschl. v. 19.6.2007 – KRB 12/07, WuW/E DE-R 2225 (2226f.) Rn. 12 – Papiergroßhandel; OLG Düsseldorf Urt. v. 26.6.2009 – VI 2a Kart 6/08 Rn. 472 – Zementkartell.
[536] BGH Beschl. v. 19.6.2007 – KRB 12/07, WuW/E DE-R 2225 (2226f.) Rn. 12, 16ff. – Papiergroßhandel; unter Aufhebung des OLG Düsseldorf, dessen Preisunterbietungsansatz für Zwecke der Mehrerlösbestimmung zu wirtschaftlich nicht nachvollziehbaren Ergebnissen geführt habe, OLG Düsseldorf Urt. v. 27.3.2006 – VI-Kart 3/05 (OWi), WuW/E DE-R 1733 (1741) – Papiergroßhandel; *Kühnen* WuW 2010, 16 (18f.).
[537] Zu Recht Wiedemann/*Klusmann* HdB KartellR § 57 Rn. 85; die Beachtung der strafprozessualen Vorgaben wie etwa des Zweifelssatzes betont auch der BGH Beschl. v. 19.6.2007 – KRB 12/07, WuW/E DE-R 2225 (2226f.) Rn. 12 – Papiergroßhandel.
[538] ZB OLG Düsseldorf Urt. v. 26.6.2009 – VI 2a Kart 6/08 Rn. 40ff. (452ff.) – Zementkartell; Urt. v. 27.3.2006 – VI-Kart 3/05 (OWi), WuW/E DE-R 1733 (1740ff.) – Papiergroßhandel.
[539] OLG Düsseldorf Urt. v. 15.4.2013 – VI-4 Kart 2–6/10 OWi, u. Urt. v. 19.6.2013 – V-4 Kart 2/13 (OWi) Rn. 989ff. – Flüssiggas I; unter Bezugnahme auf die vorausgehenden gerichtlichen Großverfahren *Zementkartell* und *Industrieversicherer*, bei denen ebenfalls die zeitliche Vergleichsmarktbetrachtung herangezogen worden ist, nimmt dagegen *Kühnen* in WuW 2010, 16 (19) die Position ein, dass die Schätzung der Mehrerlöshöhe ohne sachverständige Hilfe nicht zu bewerkstelligen wäre (bzw. gewesen wäre).
[540] BGH Beschl. v. 19.6.2007 – KRB 12/07, WuW/E DE-R 2225 (2229f.) Rn. 22f. – Papiergroßhandel; vgl. *Barth/Budde* WRP 2009, 1357 (1367).
[541] OLG Düsseldorf Urt. v. 26.6.2009 – VI 2a Kart 6/08 Rn. 558 – Zementkartell.
[542] OLG Düsseldorf Urt. v. 15.4.2013 – VI-4 Kart 2–6/10 OWi, u. Urt. v. 19.6.2013 – V-4 Kart 2/13 (OWi) Rn. 1216 – Flüssiggas I.

abschläge eine Größenordnung von über 50% annehmen,[543] spricht einiges dafür, dass schon die zugrunde gelegte Schätzmethode, konkret der herangezogene Vergleichsmarkt mangels Vergleichbarkeit, falsch gewählt wurde.

130 **bb) Anwendung des Günstigerprinzips.** Wird die gesetzliche Bußgeldsanktion nach Beendigung der Tat, aber vor der Entscheidung geändert, ist nach dem sog **Günstigerprinzip** das mildeste Gesetz anwendbar (**§ 4 Abs. 3 OWiG**).[544] Maßgeblich ist der Zeitpunkt der letzten Entscheidung,[545] also der Bußgeldbescheid der Kartellbehörden im behördlichen Ordnungswidrigkeitenverfahren und im Falle eines Einspruchs gegen den Bußgeldbescheid die Entscheidung des zuständigen Gerichts im Einspruchsverfahren und im Falle einer zusätzlichen Rechtsbeschwerde die Entscheidung des BGH. Bei mehrfachen Gesetzesänderungen sind alle gesetzlichen Regelungen in die Günstigerprüfung einzubeziehen.[546] Da die Sanktionsvorschriften des GWB ab der 7. GWB-Novelle mehrfach geändert wurden, lassen sich für die Anwendung des Günstigerprinzips unterschiedliche Fallkonstellationen denken.

131 Für den festen Regelbußgeldrahmen, der mit der mit Verkündung am 12.7.2005 in Kraft getretenen 7. GWB-Novelle angehoben wurde, bedeutet das Günstigerprinzip, dass die alte Regelung des § 81 Abs. 2 S. 1 GWB 2002 zur Anwendung kommt, wenn die Tat vor dem 12.7.2005 beendet war und die Entscheidung erst danach ergangen ist. Für Zuwiderhandlungen vor dem 12.7.2005, für welche nach altem Recht gegen die betroffenen Unternehmen alternativ eine Mehrerlösgeldbuße verhängt werden konnte (§ 81 Abs. 2 S. 1 GWB 2002), ist zu prüfen, ob die nach dem 12.7.2005 geltenden Bußgeldbestimmungen günstiger sind. Das Günstigerprinzip spielte etwa in den gerichtlichen Kartellverfahren in Sachen *Grauzement* und *Silostellgebühren I* sowie dem noch nicht rechtskräftig vom BGH entschiedenen Verfahren in Sachen *Flüssiggas I* eine Rolle, in denen der Tatvorwurf vor dem 12.7.2005 beendet war und so für jeden Nebenbetroffenen geprüft werden musste, ob die Mehrerlösgeldbuße des § 81 Abs. 2 GWB 2002 oder die (verschiedenen) später ergangenen Bußgeldbestimmungen einschließlich der jetzt geltenden umsatzbezogenen Bußgelbemessungsvorschrift des § 81 Abs. 4 S. 2 GWB günstiger waren. Im Ergebnis war die Mehrerlösgeldbuße für alle Nebenbetroffenen – mit jeweils einer Ausnahme in zwei der Verfahren – die günstigere Sanktionsvorschrift.

132 Das Günstigerprinzip greift grundsätzlich auch, wenn eine später ergangene Bußgeldvorschrift wegen Verfassungswidrigkeit nichtig ist und es dadurch zu einer Sanktionslücke kommt. Die durch die **Sanktionslücke** bedingte „Nicht-Regelung" ist günstiger als die alte Regelung (und auch als alle nachfolgenden Regelungen, die die Sanktionslücke schließen), mit der Folge dass eine bußgeldrechtliche Ahndung insgesamt ausgeschlossen ist.[547] Das gilt insbesondere dann, wenn es der erkennbare Wille des Gesetzgebers war, die alte Bußgeldvorschrift (hier Mehrerlösgeldbuße) abzuschaffen, so dass mit Eintritt der Sanktionslücke die Altvorschrift auch nicht wieder „aufgelebt" ist. Das Eintreten einer Sanktionslücke wurde in weiten Teilen der Lit. insbesondere im Zusammenhang mit dem Inkrafttreten der 7. GWB-Novelle diskutiert, die am 12.7.2005 verkündet wurde,[548] aber ausweislich Art. 4 der 7. GWB-Novelle rückwirkend zum 1.1.2005 in Kraft treten sollte. Wegen Verletzung des verfassungsrechtlich normierten **Rückwirkungsverbots** (Art. 103 Abs. 2 GG) sei die 7. GWB-Novelle nicht zum 1.1.

---

[543] BGH Beschl. v. 12.2.1980 – KVR 3/79, WuW/E BGH 1678 (1684) – Valium II; BGH Beschl. v. 28.6.2005 – KVR 17/04, WuW/E DE-R 1513 (1518) – Stadtwerke Mainz; vgl. auch BGH Beschl. v. 25.4.2005 – KRB 22/04, WuW/E DE-R 1487 (1489) – Steuerfreie Mehrerlösabschöpfung.
[544] BGH Beschl. v. 26.2.2013 – KRB 20/12, NZKart 2013, 195 (197) Rn. 45 – Grauzementkartell.
[545] Göhler/*Gürtler* § 4 Rn. 9.
[546] Göhler/*Gürtler* § 4 Rn. 8.
[547] Mangels Entscheidungsrelevanz offen gelassen durch den BGH Beschl. v. 26.2.2013 – KRB 20/12, NZKart 2013, 195, 200 Rn. 56 mwN – Grauzementkartell, unter Verweis auf BVerfG Urt. v. 29.11.1989 – 2 BvR 1491–1492/87, NJW 1990, 1103, BVerfGE 81, 132.
[548] BGBl. I 1954.

2005, sondern erst mit ihrer Verkündung am 12.7.2005 bzw. am 27.7.2005 (vgl. Art. 82 Abs. 2 S. 2 GG) in Kraft getreten oder sogar erst mit ihrer Neubekanntmachung im Rahmen der am 22.12.2007 in Kraft getretenen Preismissbrauchsnovelle, was in jedem Fall zwischenzeitlich zu einem sanktionslosen Zustand geführt habe.[549] Der BGH hat dagegen im *Grauzementkartell*-Verfahren mittels verfassungskonformer Auslegung des Art. 4 der 7. GWB-Novelle unter (auslegender) Berücksichtigung des Willens des Gesetzgebers, die alte Bestimmung des § 81 Abs. 2 GWB 2002 ohne zeitliche Lücke durch die neue Vorschrift des § 81 Abs. 4 GWB zu ersetzen, das Entstehen einer Sanktionslücke verneint.[550] Ebenfalls hat der BGH die Argumentation der Verteidigung in diesem Verfahren abgelehnt, dass die Bußgeldbemessungsvorschrift des § 81 Abs. 4 S. 2 GWB in der Fassung der 7. GWB-Novelle sowie der mit Inkrafttreten der Preismissbrauchsnovelle (am 22.12.2007) geltenden Fassung wegen mehrfacher Verletzung des verfassungsrechtlich normierten Bestimmtheitsgebots (→ Rn. 114) nichtig und deshalb eine im Rahmen der Günstigerprüfung zu berücksichtigende Sanktionslücke entstanden sei.[551] Denn der BGH legt die Vorschrift des § 81 Abs. 4 S. 2 GWB im Hinblick auf das zu wahrende Bestimmtheitsgebot verfassungskonform als Bußgeldobergrenze aus (→ Rn. 115) und sieht in der durch die Preismissbrauchsnovelle erfolgten Einfügung von S. 4 in § 81 Abs. 4 GWB zur Umsatzberechnung nur eine Klarstellung zu der schon seit der 7. GWB-Novelle geltenden Berechnung des Gesamtumsatzes nach § 81 Abs. 4 S. 2 GWB (→ Rn. 112). Im Übrigen wendet der BGH für die Frage, auf welches Geschäftsjahr für die Zwecke der Umsatzberechnung abzustellen ist, bei einem Vergleich des § 81 Abs. 4 S. 2 GWB in der Fassung der 7. GWB-Novelle mit der anschließend durch die Preismissbrauchsnovelle geänderten Fassung dieser Vorschrift – jetzt ausdrücklich auf das der Behördenentscheidung vorausgehende Geschäftsjahr verweisend – eine Günstigerprüfung an (→ Rn. 122).

h) Abschöpfung des wirtschaftlichen Vorteils. Nach der für Kartellordnungswidrigkeiten geltenden Spezialregelung des § 81 Abs. 5 GWB kann der wirtschaftliche Vorteil, der aus der Zuwiderhandlung gezogen wurde, durch die Geldbuße nach § 81 Abs. 4 GWB abgeschöpft werden. Die Regelung gilt für Bußgelder gegen natürliche Personen und Verbandsgeldbußen (§ 30 OWiG) gleichermaßen. § 81 Abs. 5 S. 1 GWB stellt insoweit eine Spezialregelung zu der allgemeinen bußgeldrechtlichen Vorschrift des § 17 Abs. 4 S. 1 OWiG dar, als die **Abschöpfung des wirtschaftlichen Vorteils nicht obligatorisch** ist, sondern es sich vielmehr um eine reine „Kann"-Vorschrift handelt.[552] Ob und in welchem Umfang die Geldbuße der Ahndung und der Abschöpfung dient, steht im **Ermessen** der Kartellbehörden und Kartellgerichte.[553] Für Kartellordnungswidrigkeiten können damit – entsprechend dem europäischen Vorbild – **reine Ahndungsgeldbußen** verhängt werden, was auch der heutigen Praxis des BKartA entspricht. Dient die Geldbuße allein der Ahndung, ist dies bei der Bußgeldzumessung zu berücksichtigen (§ 81 Abs. 5 S. 2 GWB; → Rn. 139). Soll auch der aus der Kartellordnungswidrigkeit beim Täter entstandene wirtschaftliche Vorteil abgeschöpft werden, kann die Geldbuße die in § 81 Abs. 4 S. 1 und 2 GWB vorgesehene **Bußgeldobergrenze um den Abschöpfungsbetrag**

133

---

[549] ZB *Thomas* ZWeR 2010, 138 ff.; *Bechtold* 6. Aufl. § 81 Rn. 2 und 5. Aufl. Rn. 1a; aA zB Immenga/Mestmäcker/*Dannecker/Biermann* GWB § 81 Rn. 4; Langen/Bunte/*Raum* GWB § 81 Rn. 4.
[550] BGH Beschl. v. 26.2.2013 – KRB 20/12, NZKart 2013, 195 Rn. 45–49 – Grauzementkartell; im Ergebnis ebenso OLG Düsseldorf Urt. v. 26.6.2009 – VI 2a Kart 6/08 Rn. 613–616 – Zementkartell; kritisch dazu nach Erlass der BGH-Entscheidung *Bechtold* § 81 Rn. 2.
[551] BGH Beschl. v. 26.2.2013 – KRB 20/12, NZKart 2013, 195 Rn. 50 ff. – Grauzementkartell; ebenso schon OLG Düsseldorf Urt. v. 26.6.2009 – VI 2a Kart 6/08 Rn. 617 ff. – Zementkartell; kritisch dazu nach Erlass der BGH-Entscheidung *Haus* NZKart 2013, 183 (185 ff.); *Achenbach* WuW 2013, 688 (691 ff.); *Heinichen* NZWiSt 2013, 161; *Bettel* ZWeR 2013, 200 (210 ff., 214 ff.).
[552] Im Gegensatz dazu ist die allgemeine Regelung des § 17 Abs 4 S. 1 OWiG als „Soll"-Vorschrift formuliert.
[553] Langen/Bunte/*Raum* GWB § 81 Rn. 183; zur Ermessensreichweite im Einzelnen vgl. *Kühnen* WuW 2010, 16 (25 ff.); Immenga/Mestmäcker/*Dannecker/Biermann* GWB § 81 Rn. 554 mwN.

überschreiten (§ 81 Abs. 5 S. 1 GWB iVm § 17 Abs. 4 S. 2 OWiG).[554] Diese Möglichkeit hat das OLG Düsseldorf gegen einen Nebenbetroffenen in Sachen *Flüssiggas I*[555] genutzt, für den die Günstigerprüfung (→ Rn. 130) zur Anwendung der Bußgeldobergrenze des § 81 Abs. 4 S. 2 GWB geführt hat. Mit der Geldbuße hat das OLG Düsseldorf neben der Sanktion, die im Vergleich zu den Mehrerlösgeldbußen der anderen Nebenbetroffenen im Verhältnis wesentlich geringer ausgefallen wäre, den durch die Zuwiderhandlung erzielten wirtschaftlichen Vorteil abgeschöpft, da nach seiner Bewertung anderenfalls der aus der Zuwiderhandlung erzielte wirtschaftliche Vorteile bei diesem Nebenbetroffenen verblieben wären. In welchem Umfang ein Bußgeld der Ahndung bzw. der Vorteilsabschöpfung dient, ist von den Kartellbehörden bzw. den Gerichten **in der Entscheidung ausdrücklich zu bestimmen**.[556] Dies ist auch deshalb wichtig, da der **auf die Abschöpfung entfallende Teil der Geldbuße steuerlich abzugsfähig** ist (→ Rn. 170), es sei denn die Einkommens- und Ertragssteuern wurden bei der Bemessung des wirtschaftlichen Vorteils schon abgezogen (was nur ausnahmsweise dann der Fall sein wird, wenn das Besteuerungsverfahren schon bestandskräftig abgeschlossen wurde).[557]

134 Für die **Bemessung des wirtschaftlichen Vorteils** iSv § 17 Abs. 4 OWiG und § 81 Abs. 5 GWB ist eine Saldierung erforderlich, bei der von den aus der Zuwiderhandlung resultierenden Vermögenszuwächsen die damit verbundenen Kosten und sonstige eigene Aufwendungen des Betroffenen abzuziehen sind (sog **Nettoprinzip**). **Vermögenszuwächse** können neben den in Geld bezifferbaren Vorteilen wie Einnahmen und Entgelte auch – praktisch schwierig zu messende – immaterielle Vorteile wie die Verbesserung der Marktposition und die sichere Aussicht auf Gewinnerzielung sein.[558] Die hiervon **abzuziehenden Aufwendungen** des Betroffenen können neben den verbundenen Kosten die vom Betroffenen eingesetzte Arbeitskraft sowie eingesetzte Sach- und Produktionsmittel, aber auch rechtlich missbilligte Aufwendungen wie Schmiergelder sein.[559] Ebenfalls vorteilsmindernd zu berücksichtigen sind kartellbedingte Schadensersatzleistungen an Dritte[560] und – sofern das Besteuerungsverfahren (ausnahmsweise) bereits bestandskräftig abgeschlossen ist – die auf den wirtschaftlichen Vorteil entfallenden Einkommens- und Ertragssteuern.[561] Der wirtschaftlichen Vorteil iSv § 17 Abs. 4 OWiG und § 81 Abs. 5 GWB unterscheidet sich damit von dem Begriff des Mehrerlöses iSv § 81 Abs. 2 GWB 2002, weil er einerseits auch immaterielle Vorteile einbezieht, andererseits etwaige aufgewandte Kosten abzuziehen sind.[562] Der wirtschaftliche Vorteil kann auch **geschätzt** werden.[563] Der **nachträgliche Wegfall eines erlangten Vorteils** ist grundsätzlich zu berücksichtigen, so etwa wenn dieser noch vor der Tat, aber vor der Entscheidung entfällt.[564] Entfällt der erlangte Vorteil dagegen erst nach der Bußgeldentscheidung, werden zB **kartellbedingte Schadensersatzansprüche** von Dritten erst nach Erlass des Bußgeldbescheides geltend gemacht und rechtskräftig festgestellt, so hat die Vollstreckungsbehörde analog § 99 Abs. 2 OWiG anzuordnen, dass die Geldbuße insoweit nicht mehr zu vollstrecken bzw. eine bezahlte Geldbuße insoweit zurückzuerstatten ist. Unter anderem we-

---

[554] Langen/Bunte/*Raum* GWB § 81 Rn. 184 aE; MüKoGWB/*Vollmer* § 81 Rn. 139.
[555] OLG Düsseldorf Urt. v. 15.4.2013 – VI-4 Kart 2–6/10 OWi – Flüssiggas I.
[556] BGH Beschl. v. 25.4.2005 – KRB 22/04, WuW/E DE-R 1487 (1489) – Steuerfreie Mehrerlösabschöpfung; MüKoGWB/*Vollmer* § 81 Rn. 143.
[557] Ausführlich dazu BGH Beschl. v. 25.4.2005 – KRB 22/04, WuW/E DE-R 1487 (1489f.) – Steuerfreie Mehrerlösabschöpfung; *Bechtold* § 81 Rn. 43, 49f.; Langen/Bunte/*Raum* GWB § 81 Rn. 187; Immenga/Mestmäcker/*Dannecker/Biermann* GWB § 81 Rn. 552.
[558] Immenga/Mestmäcker/*Dannecker/Biermann* GWB § 81 Rn. 561; MüKoGWB/*Vollmer* § 81 Rn. 141; FK/*Achenbach* GWB § 81 Rn. 297f.; Göhler/*Gürtler* § 17 Rn. 40.
[559] Immenga/Mestmäcker/*Dannecker/Biermann* GWB § 81 Rn. 563; MüKoGWB/*Vollmer* § 81 Rn. 141; FK/*Achenbach* GWB § 81 Rn. 301; Göhler/*Gürtler* § 17 Rn. 41.
[560] *Bechtold* § 81 Rn. 1 aE; MüKoGWB/*Vollmer* § 81 Rn. 116, 115.
[561] Immenga/Mestmäcker/*Dannecker/Biermann* GWB § 81 Rn. 564; MüKoGWB/*Vollmer* § 81 Rn. 141.
[562] Langen/Bunte/*Raum* GWB § 81 Rn. 185; Wiedemann/*Klusmann* HdB KartellR § 57 Rn. 79.
[563] Langen/Bunte/*Raum* GWB § 81 Rn. 185.
[564] Wiedemann/*Klusmann* HdB KartellR § 57 Rn. 95 aE.

gen dieses „Hin und Her", das angesichts der Zunahme von „Follow-on"-Schadensersatzklagen gegen bebußte Unternehmen durchaus praktische Relevanz hat, hat sich in der behördlichen Praxis die Verhängung reiner Ahndungsbußgelder mehr oder weniger bereits zum Standard entwickelt.[565]

Alternativ zur Abschöpfung des wirtschaftlichen Vorteils über die Bußgeldverhängung im Kartellordnungswidrigkeitenverfahren besteht für die Kartellbehörden die Möglichkeit der gesonderten Vorteilsabschöpfung im **verwaltungsrechtlichen Abschöpfungsverfahrens** nach **§ 34 GWB** (→ Rn. 175). Ob die Vorteilsabschöpfung im Wege des Bußgeldverfahrens oder eines Verwaltungsverfahrens nach § 34 GWB oder gar nicht erfolgt, ist Teil der Ermessensausübung, die nach § 81 Abs. 5 GWB im Hinblick auf die Entscheidung für oder gegen eine reine Ahndungsgeldbuße zu erfolgen hat.[566] Es besteht auch die Möglichkeit, im Ordnungswidrigkeitenverfahren den vom Betroffenen durch den Kartellverstoß erlangten wirtschaftlichen Vorteil über die **Anordnung des Verfalls** gemäß **§ 29a Abs. 1 OWiG** abzuschöpfen, sofern gegen den Betroffenen **keine Geldbuße** – auch keine reine Ahndungsgeldbuße – verhängt wird (→ Rn. 175). 135

2. Individuelle Bußgeldzumessung

a) Allgemeines. Innerhalb des anwendbaren gesetzlichen Bußgeldrahmens (→ Rn. 89) hat für den die Zuwiderhandlung begehenden Täter (natürliche Person) bzw. die nach § 30 OWiG haftende juristische Person eine individuelle Bußgeldzumessung (sog **Bußgeldbemessung im engeren Sinne**) zu erfolgen. Für sämtliche Ordnungswidrigkeiten einschließlich der Kartellordnungswidrigkeiten nach § 81 Abs. 1–3 GWB gilt die **allgemeine bußgeldrechtliche Zumessungsnorm des § 17 Abs. 3 OWiG**. Die dort niedergelegten Kriterien finden auf natürliche Personen und – sofern nicht unmittelbar, dann jedenfalls sinngemäß – auf juristische Personen Anwendung. Danach kommt es für die Festsetzung der Bußgeldhöhe im Einzelfall auf (i) die Bedeutung der Ordnungswidrigkeit, (ii) den Vorwurf, der den Täter trifft sowie (iii) die wirtschaftlichen Verhältnisse des Täters an. Sämtliche Bußgeldzumessungskriterien, die die Art der Ordnungswidrigkeit als solche betreffen, werden als **tatbezogene Kriterien** bezeichnet, alle Zumessungsgesichtspunkte, die den Vorwurf gegen den konkreten Täter betreffen, als **täter- oder schuldbezogene Kriterien**. Die Zumessungskriterien können sich jeweils entweder **bußgelderhöhend oder -mildernd** auswirken. Für Kartellordnungswidrigkeiten gilt **in Ergänzung** zu der allgemeinen Bußgeldzumessungsvorschrift des § 17 Abs. 3 OWiG und den allgemeinen – auch im Strafrecht geltenden – rechtlichen Erwägungen[567] die mit der 7. GWB-Novelle eingeführte Bestimmung des **§ 81 Abs. 4 S. 6 GWB,** die als Kriterien für die Festsetzung der Bußgeldhöhe die Schwere und Dauer der Zuwiderhandlung nennt. Sie hat also keinen über § 17 Abs. 3 OWiG hinausgehenden Aussagegehalt, allenfalls beinhaltet sie eine geringfügige Konkretisierung der tatbezogenen Zumessungskriterien, ist aber vorrangig Ausdruck des Willens des Gesetzgebers zu einer möglichst weiten Angleichung der Bußgeldzumessung an das europäische Recht (Art. 23 Abs. 3 VO 1/2003).[568] Deshalb können auch die von der Europäischen Kommission entwickelten Grundsätze zur Bußgeldbemessung (→ § 13 Rn. 65) einen gewissen Aussage- oder Vergleichswert für die Bußgeldbemessung nach deutschem Recht darstellen, selbst wenn sie weder für die Kartellbehörden noch für die Kartellgerichte irgendeine Bindungswirkung entfalten.[569] Zur Konkretisierung seines Vorgehens bei der individuellen Bußgeldzumessung für schwere Kartellordnungswidrigkeiten gegenüber Unternehmen und Unternehmensvereinigungen hat das 136

---

[565] MüKoGWB/*Vollmer* § 81 Rn. 139; vgl. auch Immenga/Mestmäcker/*Dannecker/Biermann* GWB § 81 Rn. 566.
[566] Immenga/Mestmäcker/*Dannecker/Biermann* GWB § 81 Rn. 554; MüKoGWB/*Vollmer* § 81 Rn. 142; *Kühnen* WuW 2010, 16 (25 ff.).
[567] Langen/Bunte/*Raum* GWB § 81 Rn. 174.
[568] Vgl. Wiedemann/*Klusmann* HdB KartellR § 57 Rn. 106; *Bechtold* § 81 Rn. 37.
[569] Langen/Bunte/*Raum* GWB § 81 Rn. 173.

BKartA auf Basis der Ermächtigungsgrundlage des § 81 Abs. 7 GWB zuletzt im Juni 2013 **Bußgeldleitlinien**[570] erlassen (→ Rn. 148). Nach dem **Doppelverwertungsverbot,** das als allgemeiner Rechtsgrundsatz auch im Ordnungswidrigkeitenrecht gilt (vgl. § 46 Abs. 3 StGB im Strafrecht), dürfen Umstände, die zum Tatbestand der Bußgeldnorm gehören, etwa das Vorliegen einer marktbeherrschenden Stellung bei der Sanktionierung eines Verstoßes nach § 81 Abs. 2 Nr. 1 iVm § 19 Abs. 1 GWB, nicht mehr strafschärfend bei der Rechtsfolge (Bußgeldbemessung) berücksichtigt werden.[571]

137   Da die gesetzliche **Obergrenze** des Bußgeldrahmens für Unternehmen nach § 81 Abs. 4 S. 2 u. 3 GWB (→ Rn. 102) dem **denkbar schwersten Fall** einer Kartellordnungswidrigkeit entspricht, in dem das höchste Unrechts- und Schuldmaß anzunehmen ist, darf allein in einem solchen Fall die höchste Sanktion verhängt werden.[572] In durchschnittlichen Fällen ist die Tat noch erheblich unterhalb des theoretisch denkbaren Höchstwertes einzuordnen.[573] Dem ist bei der individuellen Bußgeldzumessung im Rahmen dieses Bußgeldrahmens Rechnung zu tragen.[574]

138   Bei der individuellen Bemessung einer Geldbuße für eine **Aufsichtspflichtverletzung nach § 130 OWiG** kommt es in erster Linie auf den individuellen Vorwurf gegen den Aufsichtspflichtigen bzw. Betriebsleiter und das Gewicht der Aufsichtspflichtverletzung an. Zwar hängt die Höhe der Geldbuße auch von der Schwere der im Betrieb begangenen Zuwiderhandlung (Anknüpfungstat) ab, sie sollte sich aber nicht wesentlich danach ausrichten, denn bei § 130 OWiG handelt es sich um einen eigenständigen Ordnungswidrigkeitentatbestand.[575]

139   **b) Schwere der Tat.** Die Bedeutung der Tat im Sinne von § 17 Abs. 3 OWiG, also der Unrechtsgehalt der Zuwiderhandlung, wird **durch objektive Umstände** bestimmt.[576] Hierzu gehören bei Kartellordnungswidrigkeiten die in § 81 Abs. 4 S. 6 GWB genannten Kriterien der **Schwere des Kartellrechtsverstoßes** und dessen **Dauer** als die wesentlichen tatbezogenen Zumessungskriterien.[577] Für die Bewertung der Schwere des kartellrechtswidrigen Verhaltens sind nach der älteren und aktuellen Entscheidungspraxis der Gerichte[578] insbesondere die nachfolgend beschriebenen **tatbezogenen Kriterien** zu berücksichtigen:[579] Eine wichtige Rolle spielt, in welchem Umfang sich der Kartellverstoß **auf die Marktverhältnisse ausgewirkt** hat.[580] Bußgeldschärfende Konsequenzen hat es, wenn Absprachen den gesamten Inlandsmarkt[581] oder einen Markt mit erheblicher wirtschaftlicher Bedeutung und Größenordnung betreffen bzw. branchenumfassend sind.[582]

---

[570] BKartA Leitlinien für die Bußgeldbemessung in Kartellordnungswidrigkeitenverfahren v. 25.6.2013 („Bußgeldleitlinien"), veröffentlicht auf der Webseite des BKartA unter www.bundeskartellamt.de.
[571] Langen/Bunte/*Raum* § 81 Rn. 179.
[572] BGH Beschl. v. 26.2.2013 – KRB 20/12, NZKart 2013, 195 (200) Rn. 56 mwN – Grauzementkartell.
[573] Göhler/*Gürtler* § 17 Rn. 25; Immenga/Mestmäcker/*Dannecker/Biermann* GWB § 81 Rn. 441; Wiedemann/*Klusmann* HdB KartellR § 57 Rn. 82; MüKoGWB/Vollmer § 81 Rn. 98 mwN.
[574] Wiedemann/*Klusmann* HdB KartellR § 57 Rn. 82; MüKoGWB/*Vollmer* § 81 Rn. 98.
[575] Ebenso Immenga/Mestmäcker/*Dannecker/Biermann* GWB § 81 Rn. 447; enger wohl Göhler/*Gürtler* § 130 Rn. 28 a.
[576] Immenga/Mestmäcker/*Dannecker/Biermann* GWB § 81 Rn. 446.
[577] Langen/Bunte/*Raum* GWB § 81 Rn. 173 (175).
[578] Zu den aktuell vom BKartA herangezogenen tatbezogenen Kriterien vgl. Bußgeldleitlinien Rn. 16 (→ Rn. 156).
[579] Immenga/Mestmäcker/*Dannecker/Biermann* GWB § 81 Rn. 450 ff.; Wiedemann/*Klusmann* HdB KartellR § 57 Rn. 98 ff.; MüKoGWB/*Vollmer* § 81 Rn. 101.
[580] BGH Beschl. v. 24.4.1991 – KRB 5/90, WuW/E BGH 2718 (2720) – Bußgeldbemessung.
[581] OLG Düsseldorf Urt. v. 15.4.2013 – VI-4 Kart 2–6/10 OWi, u. Urt. v. 19.6.2013 – V-4 Kart 2/13 (OWi) Rn. 1330 – Flüssiggas I; KG Urt. v. 17.3.1993 – Kart 16/91, WuW/E OLG 5121 (5131) – Treibstoffzuschläge; KG Urt. v. 6.6.1984 – Kart a 20/82, WuW/E OLG 3175 (3180) – Preisanpassungsklausel; KG Urt. v. 28.11.1972 – Kart 4/72, WuW/E OLG 1339 (1348f.) – Linoleum.
[582] OLG Düsseldorf Urt. v. 15.4.2013 – VI-4 Kart 2–6/10 OWi, u. Urt. v. 19.6.2013 – V-4 Kart 2/13 (OWi) Rn. 1330 – Flüssiggas I; Urt. v. 26.6.2009 – VI-2a Kart 6/08 Rn. 648, 661. 685, 700, 719 – Zementkartell; Urt. v. 27.3.2006 – VI-Kart 3/05 OWi, WuW/E DE-R 1733 (1747) – Papiergroßhan-

Wenn sich die Zuwiderhandlung dagegen auf einen geografisch und volumenmäßig kleinen Markt beschränkt, wirkt dies dagegen bußgeldmildernd.[583] Bußgeldschärfend wirken zB auch erhebliche Preiserhöhungen[584] sowie praktisch irreparable Auswirkungen.[585] Vom OLG Düsseldorf wurde dagegen jüngst in Sachen *Silostellgebühren I* bußgeldmildernd berücksichtigt, dass sich die Zuwiderhandlung auf einen (auf die Preisbildung bezogenen) Informationsaustausch beschränkte und dagegen keine Absprache über die Höhe der Preise darstellte (obwohl in beiden Fällen das Kartellverbot des § 1 GWB bzw. Art. 101 AEUV verletzt wird).[586] Ebenfalls bußgeldmindernd ist in diese Entscheidung eingeflossen, dass die Initiative für den Kartellrechtsverstoß von der Marktgegenseite ausging.[587] Zu Lasten des Betroffenen wird regelmäßig berücksichtigt, wenn der betreffende Markt oligopolistisch geprägt und damit für Wettbewerbsbeschränkungen besonders anfällig ist.[588] Maßgeblich für die Bußgeldzumessung ist schließlich die **Dauer des Kartellrechtsverstoßes**.[589] Ebenfalls kann schließlich die **Art und Weise der Tatausführung** Berücksichtigung finden, etwa kann sich der **Organisationsgrad** eines Kartells[590] und das Ergreifen besonderer Geheimhaltungs- und Kontrollmaßnahmen bei der Durchführung von Kartellplänen als Ausprägung besonderer krimineller Energie[591] bußgelderhöhend auswirken. Dient die Geldbuße allein der Ahndung (und nicht auch der Vorteilsabschöpfung), ist dies nach **§ 81 Abs. 5 S. 2 GWB** bei der Bußgeldzumessung entsprechend zu berücksichtigen. Selbst wenn die Klarheit des Wortlauts dieser Vorschrift zu Recht moniert wird,[592] ist sie wohl richtigerweise dahingehend zu verstehen, dass ein vom Täter erzielter (oder gerade nicht erzielter) **wirtschaftlicher Vorteil** aus der Zuwiderhandlung das Unrecht der Handlung mitbestimmen und deshalb nach § 17 Abs. 3 OWiG auch im Sinne eines tatbezogenen Zumessungskriteriums zu Lasten (oder zu Gunsten) des Betroffenen Berücksichtigung finden kann.[593]

Bei der Bußgeldzumessung für **nach § 30 OWiG haftende juristische Personen oder Personenvereinigungen** kommt es auf die **Schwere der Bezugstat** an, also den

140

---

del; Urt. v. 6.5.2004 – VI-Kart 48 + 50/01 OWi, WuW/E DE-R 1315 (1320) – Berliner Transportbeton I; KG Urt. v. 11.9.1998 – 18 U 786/98, WuW/E DE-R 228 (232) – Osthafenmühle.

[583] OLG Frankfurt Urt. v. 17.2.1992 – 6 WS [Kart] 1/92, WuW/E OLG 4944 (4950) – Fahrschullehrerabsprache; FK/*Achenbach* GWB § 81 Rn. 256.

[584] KG Urt. v. 7.11.1980 – Kart 6/79, WuW/E OLG 2369 (2374) – Programmzeitschriften.

[585] KG Urt. v. 11.9.1998 – 18 U 786/98, WuW/E DE-R 228 (232) – Osthafenmühle.

[586] OLG Düsseldorf Urt. v. 29.10.2012 – V-1 Kart 1–6/12 (OWi), NZKart 2013, 122 (124) Rn. 166 – Silostellgebühren I.

[587] OLG Düsseldorf Urt. v. 29.10.2012 – V-1 Kart 1–6/12 (OWi), NZKart 2013, 122 Rn. 167 – Silostellgebühren I.

[588] KG Urt. v. 7.11.1980, WuW/E OLG 2369 (2374) – Programmzeitschriften; Urt. v. 30.4.1997 – Kart 10/96, WuW/E DE-R 83 (87) – Jeans-Vertrieb.

[589] BGH Beschl. v. 24.4.1991 – KRB 5/90, WuW/E BGH 2718 (2720) – Bußgeldbemessung; OLG Düsseldorf Urt. v. 15.4.2013 – VI-4 Kart 2–6/10 OWi, u. Urt. v. 19.6.2013 – V-4 Kart 2/13 (OWi) Rn. 1330 – Flüssiggas I; Urt. v. 26.6.2009 – VI-2a Kart 6/08 Rn. 648 – Zementkartell; Urt. v. 27.3.2006 – VI-Kart 3/05 OWi, WuW/E DE-R 1733 (1747f.) – Papiergroßhandel; KG Urt. v. 30.4.1997 – Kart 10/96, WuW/E DE-R 83 (87) – Jeans-Vertrieb.

[590] OLG Düsseldorf Urt. v. 27.3.2006 – VI-Kart 3/05 OWi, WuW/E DE-R 1733 (1747f.) – Papiergroßhandel; Urt. v. 15.4.2013 – VI-4 Kart 2–6/10 OWi, u. Urt. v. 19.6.2013 – V-4 Kart 2/13 (OWi) Rn. 1330 – Flüssiggas I.

[591] OLG Düsseldorf Urt. v. 26.6.2009 – VI-2a Kart 6/08 Rn. 648 – Zementkartell; Urt. v. 27.3.2006 – VI-Kart 3/05 OWi, WuW/E DE-R 1733 (1747f.) – Papiergroßhandel; KG Urt. v. 7.11.1980 – Kart 6/79, WuW/E OLG 2369 (2374) – Programmzeitschriften; Urt. v. 8.2.1974 – Kart 15/73, WuW/E OLG 1449 (1456) – bitumenhaltige Bautenschutzmittel II; Urt. v. 14.1.1972 – Kart [B] 23/71, WuW/E OLG 1264 (1268) – Zahnpasten.

[592] *Achenbach/Wegner* ZWeR 2006, 49 (56ff.); *Bechtold* § 81 Rn. 41; Immenga/Mestmäcker/*Dannecker/Biermann* GWB § 81 Rn. 559.

[593] Ebenso Immenga/Mestmäcker/*Dannecker/Biermann* GWB § 81 Rn. 559; *Raum* FS Hirsch, 301 (308); vgl. auch *Kühnen* WuW 2010, 16 (24); aA MüKoGWB/*Vollmer* § 81 Rn. 101 aE; FK/*Achenbach* GWB § 81 Rn. 321; *Achenbach/Wegner* ZWeR 2006, 49 (60f.); ebenfalls ablehnend in Bezug auf die Berücksichtigung eines etwaigen Mehrerlöses des Täters *Kühnen* WuW 2010, 16 (22f.).

Unrechtsgehalt der von der Leitungsperson der Organisation begangenen Kartellordnungswidrigkeit.[594]

141 c) Den Täter treffender Vorwurf. Das Verhalten des Täters bei der Tatbegehung muss in die Bußgeldbemessung einfließen. Es geht um das Ausmaß des Vorwurfs, der den Täter trifft, also um seine **individuelle Schuld.** Insbesondere die folgenden **täter- bzw. schuldbezogenen Bußgeldzumessungskriterien** sind nach der älteren und aktuellen gerichtlichen Entscheidungspraxis[595] **bußgelderhöhend** zu berücksichtigen:[596] **Einnahme einer führenden Rolle** oder Anführer des Kartells,[597] besonders **vorwerfbare Motive** oder Ziele des Täters, wie rücksichtsloses Gewinnstreben,[598] bewusste Missachtung einer kartellbehördlichen Abmahnung,[599] Ergreifen nur **unzulänglicher Maßnahmen zur Abstellung** der Zuwiderhandlung nach Kenntniserlangung oder Einleitung eines Ordnungswidrigkeitenverfahrens[600] sowie **frühere Kartellrechtsverstöße des Täters**, die sanktioniert und im Gewerbezentralregister noch nicht getilgt wurden (§ 153 Abs. 6 S. 1 GewO)[601] – insoweit im Vergleich zur Praxis der Europäischen Kommission jedenfalls von Seiten der deutschen Gerichte[602] eine nur eingeschränkte Berücksichtigung von Wiederholungstaten.[603] **Bußgeldmildernd** berücksichtigt wird insbesondere das Nachtatverhalten und im Einzelfall auch andere Aspekte wie die **lediglich erzwungene oder passive Teilnahme** an dem Kartell,[604] Intension der **Sicherung langfristig kostendeckender, auskömmlicher Preise** ohne übermäßige Gewinnerzielungsabsicht,[605] **behördliche Duldung** oder Förderung des Verstoßes,[606] rechtliche Zweifel im Hinblick auf das Verbotensein des Handels[607] sowie besondere wirtschaftliche Schwierigkeiten, in denen sich der Täter zu einem Handeln zum Zwecke der Existenzsicherung veranlasst sah.[608]

---

[594] BGH Beschl. v. 24.4.1991 – KRB 5/90, WuW/E BGH 2718 (2720) – Bußgeldbemessung; Langen/Bunte/*Raum* GWB § 81 Rn. 181.
[595] Zu den aktuell vom BKartA herangezogenen tatbezogenen Kriterien vgl. Bußgeldleitlinien Rn. 16 (→ § 18 Rn. 156).
[596] Vgl. auch Immenga/Mestmäcker/*Dannecker/Biermann* GWB § 81 Rn. 456ff.; Wiedemann/*Klusmann* HdB KartellR § 57 Rn. 101f.
[597] OLG Düsseldorf Urt. v. 26.6.2009 – VI-2a Kart 6/08 Rn. 701 – Zementkartell; KG Urt. v. 7.11.1980 – Kart 6/79, WuW/E OLG 2369 (2374) – Programmzeitschriften; Urt. v. 17.9.1992 – Kart 12/91, WuW/E OLG 5053 (5062) – Einflussnahme auf die Preisgestaltung.
[598] KG Urt. v. 18.4.1984 – Kart a 27/83, WuW/E OLG 3387 (3394) – Altölpreise.
[599] LKartB Bayern Beschl. v. 16.10.1974 – 5555q – VI/7C – 45717, WuW/E LKartB 183 (185) – Zahntechniker-Innung; FK/*Achenbach* § 81 GWB 2005 Rn. 263.
[600] KG Urt. v. 30.4.1997 – Kart 10/96, WuW/E DE-R 83 (87) – Jeans-Vertrieb.
[601] Vgl. BGH Urt. v. 19.8.1993 – 4 StR 627/92, NJW 1993, 3081 (3084); BVerwG Urt. v. 17.12.1976 – VII C 28.74, NJW 1977, 1075; Göhler/*Gürtler* § 167 Rn. 20f.; vgl. auch → Rn. 173.
[602] Anders dagegen das BKartA, vgl. Bußgeldleitlinien Rn. 16 erster Spiegelstrich.
[603] OLG Düsseldorf Urt. v. 26.6.2009 – VI-2a Kart 6/08 Rn. 414 – Zementkartell: Wegen der Vorschrift des § 153 Abs. 6 S. 1 GewO berücksichtigt das Gericht – im Unterschied zum BKartA in seinen Bußgeldbescheiden in diesem Verfahren – nicht bußgelderhöhend, dass gegen die Nebenbetroffenen wegen anderer Kartellverstöße Bußgelder durch die Europäische Kommission verhängt wurden,; vgl. auch Immenga/Mestmäcker/*Dannecker/Biermann* GWB § 81 Rn. 459; MüKoGWB/*Vollmer* § 81 Rn. 102.
[604] OLG Düsseldorf Urt. v. 3.3.1981 – Kart 4/80, WuW/E OLG 2488 (2494) – Heizölspediteure; OLG Stuttgart Urt. v. 4.11.1985 – 2 Kart 5/85, WuW/E OLG 3981 (3982) – Trägerhose.
[605] OLG Düsseldorf Urt. v. 26.6.2009 – VI-2a Kart 6/08 Rn. 684, 699 – Zementkartell; Urt. v. 27.3.2006 – VI-Kart 3/05 OWi, WuW/E DE-R 1733 (1747) – Papiergroßhandel.
[606] OLG Frankfurt Urt. v. 17.3.1989 – 3 Ws. (Kart) 31/89, WuW/E OLG 4484 (4488) – Gießener Modell; OLG Karlsruhe Urt. v. 30.12.1974 – 35s (B) 117/74, NJW 1975, 793.
[607] KG Urt. v. 24.3.1972 – Kart [B] 20/71, WuW/E OLG 1253 (1264) – Tubenhersteller II.
[608] Vgl. KG Urt. v. 18.4.1984 – Kart a 27/83, WuW/E OLG 3387 (3393) – Altölpreise; OLG Düsseldorf Urt. v. 3.3.1981 – Kart. 4/80, WuW/E OLG 2488 (2494) – Heizölspediteure; KG Urt. v. 17.3.1993 – Kart 16/91, WuW/E OLG 5121 (5131) – Treibstoffzuschläge.

Was das **Nachtatverhalten** des Betroffenen betrifft, so wirkt sich ein **Geständnis** oder Teilgeständnis immer **bußgeldmildernd** aus.[609] Wegen der prozessualen Rechte des Betroffenen, insbesondere seines Schweigerechts, bedeutet dies aber umgekehrt nicht, dass ein Bestreiten zu Lasten des Betroffenen gewertet werden darf. In welchem Maß ein Geständnis bußgeldmildernd wirkt, hängt davon ab, zu welchem Zeitpunkt im Verfahren es abgelegt wird und in welchem Umfang es zur Aufdeckung des Kartellverstoßes bzw. zum Beweis des Tatvorwurfs beiträgt. Auch andere Tataufklärungsbeiträge des Betroffenen einschließlich der freiwilligen Herausgabe von Unterlagen können bußgeldmildernd wirken.[610] Kooperieren Betroffene mit dem BKartA im Rahmen des behördlichen Kartellordnungswidrigkeitenverfahren, können sie im Rahmen dieses Verfahrens unter den in der **Bonusregelung des BKartA** vorgesehenen Bedingungen einen Bußgelderlass oder zumindest eine Bußgeldreduktion erwirken (→ Rn. 159). Die Gerichte wenden bei der Bußgeldzumessung im Einspruchsverfahren die sie nicht bindende Bonusregelung des BKartA nicht an, sie berücksichtigen aber bußgeldmildernd die schon gegenüber dem BKartA erbrachten – und etwa mittels Einlassung in die Hauptverhandlung eingeführten – Tataufklärungsbeiträge sowie deren Umfang mit teilweise erheblichen Abschlägen.[611] **Kartellrechtliche Compliance-Maßnahmen,** die von Unternehmen in dem Bemühen durchgeführt werden, Kartellrechtsverstöße ihrer Mitarbeiter von vornherein zu vermeiden, können – und sollten nach Auffassung der Verf. – ebenfalls **bußgeldmindernd** berücksichtigt werden.[612] Das BKartA lehnt dies generell ab.[613] Vielmehr nutzt es etwaige ihm vorliegende Unterlagen aus kartellrechtlichen Compliance-Schulungen, um damit das schuldhafte Handeln des Betroffenen zu belegen. Zumindest sind Compliance-Maßnahmen, die zur Beendigung der vorgeworfenen Verstöße ergriffen werden und darauf ausgerichtet sind, Zuwiderhandlungen dieser Art für die Zukunft zu unterbinden bzw. wesentlich zu erschweren, als positives Nachtatverhalten des Betroffenen bußgeldmindernd anzusetzen.[614]

142

Bei der Bußgeldbemessung für nach **§ 30 OWiG haftenden juristischen Personen und Personenvereinigungen** sind – neben der Schwere der Bezugstat (→ Rn. 139) – die **spezifischen unternehmensbezogenen Umstände** zu berücksichtigen.[615] Die vorausgehend diskutierten (schuldbezogenen) Zumessungskriterien gelten nicht nur für natürliche Personen, sondern können sinngemäß auch auf Unternehmen übertragen werden,[616] wobei sie auf die das Unternehmen vertretende Leitungsperson im Sinne von § 30 OWiG zu beziehen sind.

143

d) Wirtschaftliche Leistungsfähigkeit. Nach § 17 Abs. 3 S. 2 OWiG sind auch die wirtschaftlichen Verhältnisse bei der individuellen Bußgeldzumessung zu berücksichtigen, die im Prinzip ein täterbezogenes Zumessungskriterium darstellen. Bei der Bußgeldbemessung

144

---

[609] OLG Düsseldorf Urt. v. 26.6.2009 – VI-2a Kart 6/08 Rn. 659, 671 – Zementkartell; OLG Düsseldorf Urt. v. 29.10.2012 – V-1 Kart 1–6/12 (OWi), NZKart 2013, 122 Rn. 184, 198 – Silostellgebühren I; Langen/Bunte/*Raum* GWB § 81 Rn. 178.
[610] OLG Düsseldorf Urt. v. 26.6.2009 – VI-2a Kart 6/08 Rn. 659, 671, 684, 699, 718 – Zementkartell.
[611] OLG Düsseldorf Urt. v. 26.6.2009 – VI-2a Kart 6/08 Rn. 659, 671, 684, 699, 718 – Zementkartell.
[612] Ebenso Immenga/Mestmäcker/*Dannecker*/*Biermann* GWB § 81 Rn. 458; Wiedemann/*Klusmann* HdB KartellR § 57 Rn. 102; Langen/Bunte/*Raum* GWB § 81 Rn. 181 aE; vgl. auch *Dreher* ZWeR 2004, 75 (92 f.); *Bosch*/*Colbus*/*Harbusch* WuW 2009, 740; *Gehring*/*Kasten*/*Mäger* CCZ 2013, 1 ff.; aA MüKoGWB/*Vollmer* § 81 Rn. 102; *Pampel* BB 2007, 1636 (1638 ff.).
[613] *Mundt* BUJ Sonderedition Compliance 2012, 82; anders noch BKartA Tätigkeitsbericht 2011/2012, BT-Drs. 17/13675, 32, vgl. auch BT-Drs. 17/11053, 21 mwN; das BMWi diskutiert derzeit die Frage, inwiefern ein Compliance-System bußgeldmindernd berücksichtigt werden kann und ob es dafür eine gesetzliche Regelung geben sollte, BMWi-Workshop zur kartellrechtlichen Compliance v. 2.9.2014.
[614] Ebenso Loewenheim/Meessen/Riesenkampff/*Meyer-Lindemann* GWB § 81 Rn. 106; so auch die Generalstaatsanwaltschaft in ihrem Plädoyer im Kartellverfahren *Flüssiggas I* in der Hauptverhandlung vor dem 4. Kartellsenat des OLG Düsseldorf am 28.1.2013 – VI-4 Kart 2–6/10 OWi.
[615] *Göhler*/*Gürtler* § 30 Rn. 36 a; Langen/Bunte/*Raum* GWB § 81 Rn. 181; MüKoGWB/*Vollmer* § 81 Rn. 107.
[616] BGH Beschl. v. 24.4.1991 – KRB 5/90, WuW/E BGH 2718 (2720) – Bußgeldbemessung.

gegenüber **persönlich Betroffenen** werden in der Praxis bei schweren Kartellrechtsverstößen – ungeachtet der Obergrenze von 1 Mio. EUR nach § 81 Abs. 4 S. 1 GWB – Bußgelder in Höhe von bis zu einem Jahresnettoeinkommen verhängt.[617] Teilweise werden von den Kartellbehörden die letzten Jahressteuererklärungen angefordert, zu deren Vorlage persönlich Betroffene jedoch nicht verpflichtet und die Finanzbehörden wegen des Steuergeheimnisses nicht berechtigt sind.[618] Die mit der 8. GWB-Novelle eingeführte Auskunftspflicht (§ 81a GWB)[619] gilt nicht für natürliche Personen. Als Ausgangspunkt für die Bußgeldbemessung dient dem Bundeskartellamt und den Gerichten das ermittelte – und anderenfalls geschätzte – Jahresbruttoeinkommen; dieses wird auch in den Bußgeldentscheidungen bei den Erwägungen – zur Bußgeldzumessung in Bezug genommen. Bei der Bewertung der **wirtschaftlichen Verhältnisse** des persönlich Betroffenen können neben dem Einkommen zB sein Vermögen, etwaige Schulden, Unterhaltspflichten und Erwerbsmöglichkeiten sowie – wenn der Betroffene Gesellschafter eines betroffenen Unternehmens ist und als dessen Organ gehandelt hat – die Ertragslage des betroffenen Unternehmens eine Rolle spielen.[620]

145 Für die Bemessung von **Geldbußen gegenüber juristischen Personen und Personenvereinigungen** (§ 30 OWiG) handelt es sich bei der **wirtschaftlichen Leistungsfähigkeit** derselben um ein **zentrales Kriterium,** das von den Kartellbehörden und Gerichten durchwegs geprüft wird.[621] Da der für die Bußgeldbemessung nach § 81 Abs. 4 S. 2 GWB maßgebliche Umsatz nicht notwendigerweise die Ertragslage des betroffenen Unternehmens widerspiegelt, sind neben der Umsatzermittlung auch Feststellungen zur wirtschaftlichen Gesamtsituation des Unternehmens zu treffen. Hierzu können die Jahresabschlüsse des Unternehmens relevant sein. Die neu in § 81a GWB geregelte Auskunftspflicht hilft den Verfolgungsbehörden ebenfalls bei der Ermittlung der **wirtschaftlichen Leistungsfähigkeit** von juristischen Personen, jedenfalls soweit es um Umsatzzahlen geht. Wegen der nach § 81 Abs. 4 S. 2 GWB bestehenden Möglichkeit der Verhängung extrem hoher Bußgelder gegen Unternehmen kommt dem Zumessungskriterium der wirtschaftlichen Leistungsfähigkeit besonders große Bedeutung zu.[622] Durch die Bußgelder darf die **Existenz und Wettbewerbsfähigkeit der betroffenen Unternehmen nicht nachhaltig gefährdet** werden.[623] Das wäre etwa der Fall, wenn das betroffene Unternehmen anderenfalls **Insolvenz** beantragen müsste, ein Beweis der in der Praxis grundsätzlich schwierig zu erbringen sein wird. Soweit ersichtlich, haben bislang weder das BKartA noch die Gerichte im Rahmen der Bewertung der wirtschaftlichen Leistungsfähigkeit eine von der Verteidigung verschiedentlich vorgetragene drohende Insolvenz bzw. Zahlungsunfähigkeit als Konsequenz der Geldbuße als gegeben erachtet und deswegen das Bußgeld reduziert (geschweige denn von einer Bußgeldverhängung abgesehen; anders dagegen die Kommission in einzelnen EU-Kartellverfahren → § 13 Rn. 135). Ist über das Vermögen eines Betroffenen zum Zeitpunkt der Bußgeldentscheidung bereits ein Insolvenzverfahren anhängig und ist damit zu rechnen, dass nach dessen Abschluss keine Vermögenswerte verbleiben, die eine Fortsetzung der Betriebstätigkeit ermöglichen würden, so hat eine Bußgeldverhängung zu unterbleiben; anderenfalls ginge nicht nur

---

[617] Entsprechend wird bei der Bemessung von Tagessätzen im Strafrecht auch das Nettoeinkommen berücksichtigt, § 40 Abs. 2 S. 2 StGB.
[618] Wiedemann/*Klusmann* HdB KartellR § 57 Rn. 105.
[619] Mit der 9. GWB-Novelle wird § 81a GWB zum neuen § 81b GWB.
[620] Göhler/*Gürtler* § 17 Rn. 21; Immenga/Mestmäcker/*Dannecker/Biermann* GWB § 81 Rn. 468 f.
[621] BGH Beschl. v. 27.5.1986 – KRZ 32/84, WuW/E BGH 2285 (2286) – Spielkarten; zB OLG Düsseldorf Urt. v. 26.6.2009 – VI 2a Kart 6/08 Rn. 662, 687, 702 – Zementkartell; OLG Düsseldorf Urt. v. 15.4.2013 – VI-4 Kart 2–6/10 OWi u. Urt. v. 19.6.2013 – V-4 Kart 2/13 (OWi) Rn. 936 ff. – Flüssiggas I; Langen/Bunte/*Raum* GWB § 81 Rn. 182.
[622] Mit der 9. GWB-Novelle wird § 81a GWB zum neuen § 81b GWB eingefügt, der erweiterte Auskunftspflichten zur Unternehmensstruktur und Nachfolgekonstellationen enthält (→ Rn. 121).
[623] Immenga/Mestmäcker/*Dannecker/Biermann* GWB § 81 Rn. 474; Wiedemann/*Klusmann* HdB KartellR § 57 Rn. 107; kritisch zum Thema allgemein *Palzer* NZI 2012, 67 (71 f.).

eine Pflichtenmahnung ins Leere, sondern auch eine Beitreibung der Geldbuße käme von vornherein nicht mehr in Betracht.[624] Bei konzerngebundenen Unternehmen (Nebenbetroffenen) müssen die wirtschaftlichen Verhältnisse der Konzernmutter jedenfalls dann außer Betracht bleiben, wenn das betroffene Unternehmen keinen Beherrschungs- oder Gewinnabführungsvertrag abgeschlossen hat.[625] Bei der individuellen Bußgeldzumessung für ein Unternehmen (§ 30 OWiG) ist auch mildernd zu berücksichtigen, wenn gegen den (kontrollierenden) Gesellschafter dieses Unternehmens, welcher in seiner Funktion als Leitungsorgan des Unternehmens gehandelt hat, ebenfalls als persönlich Betroffener ein Bußgeld verhängt wird.[626]

Bei der Bußgeldbemessung gegenüber natürlichen und juristischen Personen ist vor dem Hintergrund deren wirtschaftlicher Leistungsfähigkeit auch die Regelung des **§ 18 Abs. 1 OWiG** (iVm § 30 Abs. 3 OWiG) zu beachten, wonach dem Betroffenen gegebenenfalls **Zahlungserleichterungen (Ratenzahlung** oder **Stundung)** zu gewähren sind (→ Rn. 165). Das BKartA sieht in der Gewährung von Zahlungserleichterungen insbesondere in der Form von Ratenzahlungen ein ausreichend adäquates Mittel, um zu vermeiden, dass Unternehmen wegen zu zahlender Geldbußen insolvent werden.[627] **146**

e) Verfahrensdauer. Ein in der Praxis wichtiger weiterer Zumessungsgesichtspunkt ist die nicht vom Betroffenen zu vertretende **Verfahrensdauer,** der auf den auch im Ordnungswidrigkeitenrecht anerkannten, allgemeinen rechtsstaatlichen **Grundsatz der Verfahrensbeschleunigung** (Art. 20 Abs. 3 GG, Art. 6 Abs. 1 S. 1 EMRK) zurückgeht.[628] Bußgeldmildernd kann zum einen der **Zeitraum zwischen Beendigung des Rechtsverstoßes und Entscheidung** (dh Bußgeldbescheid im behördlichen Kartellverfahren und Urteil im gerichtlichen Einspruchsverfahren) berücksichtigt werden. Dieser Gesichtspunkt wird regelmäßig bei behördlichen Kartellverfahren relevant, in denen insbesondere im Falle vieler Tatbeteiligter und eines umfangreichen Asservatenbestandes vom Zeitpunkt der Verfahrenseinleitung (zB Durchsuchung) bis zur Zustellung des Bußgeldbescheids mehrere Jahre vergehen können.[629] Dies gilt erst recht im Falle eines sich nach Einspruchseinlegung gegen den Bußgeldbescheid anschließenden Gerichtsverfahrens.[630] Hintergrund für diese Bußgeldreduktion ist, dass bei einem langen Abstand zur Tatbegehung ein geringeres Ahndungsbedürfnis gesehen **147**

---

[624] KG Urt. v. 4.11.1991 – Kart 4/91, WuW/E OLG 4885 (4894) – Branche Heizung/Klima/Lüftung; Wiedemann/*Klusmann* HdB KartellR § 57 Rn. 107; anders OLG Düsseldorf Urt. v. 27.3.2008 – VI-Kart 9–11/07 (OWi), BeckRS 2008, 21709: dort stand die Insolvenz der Nebenbetroffenen der Verhängung einer Geldbuße nicht entgegen, da nach Angaben des Insolvenzverwalters die Möglichkeit bestand, dass der Nebenbetroffenen nach Abschluss des Insolvenzverfahrens ein nicht unerheblicher Überschuss verbleiben würde. Im Kartellverfahren in Sachen *Haushaltsgeschirr* konnten nach eigenen Angaben des BKartA zwei der beteiligten Unternehmen wegen Insolvenz nicht weiter verfolgt werden, was nahe legt, dass sie vor oder während des Kartellverfahrens einen Insolvenzantrag gestellt haben, vgl. BKartA Pressemitteilung v. 17.10.2013, abrufbar auf der Webseite des BKartA unter www.bundeskartellamt.de.
[625] Immenga/Mestmäcker/*Dannecker/Biermann* GWB § 81 Rn. 475; Loewenheim/Meessen/Riesenkampff/ *Meyer-Lindemann* GWB § 81 Rn. 109.
[626] KG Urt. v. 30.4.1997 – Kart 10/96, WuW/E DE-R 83 (88) – Jeans-Vertrieb; Langen/Bunte/*Raum* GWB § 81 Rn. 182 aE.
[627] BKartA Tätigkeitsbericht 2011/2012, BT-Drs. 17/13675 Rn. 43; Tätigkeitsbericht 2009/2010, BT-Drs. 17/6640 Rn. 17 linke Spalte oben.
[628] BGH Beschl. v. 4.11.2003 – KRB 20/03, WuW/E DE-R 1233 (1235f.) – Frankfurter Kabelkartell; BGH Beschl. v. 26.2.2013 – KRB 20/12 Rn. 90 – Grauzementkartell.
[629] So wurden etwa im Kartellverfahren gegen die *Zuckerhersteller* die Durchsuchungen im März 2009 durchgeführt und die Bußgeldentscheidungen ergingen erst knapp fünf Jahre später am 18.2.2014, BKartA Pressemitteilung v. 18.2.2014, abrufbar auf der Webseite des BKartA unter www.bundeskartellamt.de; ob die Verfahrensdauer bußgeldreduzierend zugunsten der Betroffenen berücksichtigt wurde, ist allerdings nicht bekannt.
[630] BGH Beschl. v. 4.11.2003 – KRB 20/03, WuW/E DE-R 1233 (1235f.) – Frankfurter Kabelkartell (10 Jahre zwischen Tatbeendigung und OLG-Entscheidung); OLG Frankfurt Beschl. v. 19.4.2004 – 11 Ws (Kart) 1/01, WuW/E DE-R 1388 (1390) – Kommunikationstechnik (knapp 9 Jahre zwischen Tatbeendigung und OLG-Entscheidung).

wird.[631] In welchem Umfang dieser Gesichtspunkt bei der Bußgeldbemessung Eingang findet, wird in der Regel in der Entscheidung nicht transparent gemacht. Zum anderen kann eine **überlange Dauer des Verfahrens** berücksichtigt werden.[632] Dieser Gesichtspunkt wird in Ergänzung zu dem vorausgehenden Aspekt des langen Zurückliegens des Verstoßes nur im gerichtlichen Einspruchsverfahren (einschließlich dem vorausgehenden Zwischenverfahren) relevant. Da der Nebenbetroffenen ein Zinsvorteil durch die Verfahrensverzögerung im Gerichtsverfahren erwachse, wird die bußgeldmildernde Berücksichtigung einer überlangen Verfahrensdauer teilweise zurückhaltend bewertet.[633] Stellt das Gericht schließlich eine **rechtsstaatswidrige Verfahrensdauer** fest, hat es – analog zum Strafrecht – eine **Kompensation anzuordnen**.[634] Eine rechtsstaatswidrige Verfahrensverzögerung ist bei einer den staatlichen Verfolgungsorganen oder dem Gericht zurechenbaren Untätigkeit oder Verzögerung gegeben. Der Zeitraum der rechtsstaatswidrigen Verzögerung und das Maß der zugebilligten Kompensation – was auch in Form einer prozentualen Anrechnung auf die Geldbuße erfolgen kann – muss in der Entscheidung genau bestimmt werden. Die Kompensation hat dadurch zu erfolgen, dass ein Teil der Gesamtgeldbuße als vollstreckt angesehen wird.[635] Im Verfahren *Silostellgebühren I* hat das OLG Düsseldorf zB für eine vermeidbare Verfahrensverzögerung durch die Verfolgungsorgane von 17 Monaten bzw. 24 Monaten gegenüber den jeweils betroffenen Unternehmen eine Anrechnung (Bußgeldreduktion) von 20% bzw. 30% angeordnet.[636] Im *Grauzementkartell*-Rechtsbeschwerdeverfahren hat der BGH für die von der Generalstaatsanwaltschaft verschuldete Verfahrensverzögerung von knapp zwei Jahren dagegen nur eine Anrechnung von 5% auf die festgestellten Geldbußen der Nebenbetroffenen für angemessen gehalten.[637]

---

[631] BGH Beschl. v. 21.10.1986 – KRB 7/86, WuW/E DE-R 2336f. – U-Bahnbau Frankfurt; Beschl. v. 4.11.2003 – KRB 20/03, WuW/E DE-R 1233 (1235f.) – Frankfurter Kabelkartell.

[632] BGH Beschl. v. 4.11.2003 – KRB 20/03, WuW/E DE-R 1233 (1235) – Frankfurter Kabelkartell (10 Jahre zwischen Tatbeendigung und OLG-Entscheidung, davon rund 3 Jahre zwischen Bußgeldbescheid und OLG-Entscheidung); OLG Düsseldorf Urt. v. 26.6.2009 – VI-2a Kart 6/08 Rn. 666 – Zementkartell (8,5 Jahre zwischen Tatbeendigung und OLG-Urteil); auch BGH Beschl. v. 25.10.1988 – KRB 3/88, WuW/E BGH 2542f. – Sportartikelhersteller.

[633] Langen/Bunte/*Raum* GWB § 81 Rn. 180.

[634] BGH Beschl. v. 26.2.2013 – KRB 20/12 Rn. 90 – Grauzementkartell; Langen/Bunte/*Raum* GWB § 81 Rn. 180.

[635] BGH Beschl. v. 26.2.2013 – KRB 20/12 Rn. 90 – Grauzementkartell, mit Verweis auf den Großen Senat für Strafsachen des BGH Beschl. v. 17.1.2008 – GSSt 1/07, NJW 2008, 860.

[636] OLG Düsseldorf Urt. v. 29.10.2012 – V-1 Kart 1–6/12 (OWi), NZKart 2013, 122 (124) Rn. 174ff., 257, 260 – Silostellgebühren I. Dagegen hat der BGH in der Rechtsbeschwerdeinstanz klargestellt, dass die Kompensation für eine rechtsstaatswidrige Verfahrensverzögerung nicht im Wege eines Abschlags, sondern durch eine Anrechnungsentscheidung vorzunehmen sei. Diese werde durch das Maß der rechtsstaatswidrigen Verfahrensverzögerung und der hierdurch eingetretenen Belastung der Betroffenen bestimmt. Dem genüge zwar das OLG-Urteil an sich nicht, weil es den Kompensationsbetrag als einen prozentualen Anteil gebildet und diesen Betrag von der eigentlich verwirkten Geldbuße abgezogen habe; im Ergebnis sei allerdings die fehlerhaft unterlassene Anrechnung und der statt dessen vorgenommene Abzug bei der Bußgeldbemessung ohne Folgen geblieben, BGH Beschl. v. 3.6.2014 – KRB 46/13, WuW 2014, 973 (975) – Silostellgebühren III.

[637] BGH Beschl. v. 26.2.2013 – KRB 20/12 Rn. 91 – Grauzementkartell; anders das OLG Düsseldorf in vorausgehenden Entscheidungen, insbesondere in der Vorinstanz, OLG Düsseldorf Urt. v. 26.6.2009 – VI 2a Kart 6/08 Rn. 667ff. – Zementkartell, das zwar eine Verfahrensverzögerung im Gerichtsverfahren von 9 Monaten ausdrücklich im Urteil feststellt, aber angesichts der Gesamtdauer des Verfahrens darin keine besondere, nicht anderweitig kompensierbare Belastung für die Betroffenen sieht (und deshalb einen Ausspruch des Inhalts, dass die Geldbuße nur teilweise vollstreckbar ist, ablehnt); Urt. v. 15.4.2013 – VI-4 Kart 2–6/10 OWi, u. Urt. v. 19.6.2013 – V-4 Kart 2/13 (OWi) Rn. 1348ff. – Flüssiggas I, das eine durch das BKartA verursachte Verfahrensverzögerung von knapp 3 Monaten feststellt, aber – anstatt einer Kompensation durch Anrechnung auf die Geldbuße – deren Berücksichtigung in den Urteilsgründen für ausreichend hält; Beschl. v. 31.1.2005 – VI-Kart 51/01 (OWi), WuW/E DE-R 1433 (1434f.) – Transportbeton in C., das für eine justizbedingte Verfahrensverzögerung von 18 Monaten die Geldbuße um 15% ermäßigt.

f) Bußgeldleitlinien des BKartA. Auf der Grundlage des § 81 Abs. 7 GWB hat das BKartA **148** am 25.6.2013 neue Leitlinien, einschließlich amtlicher Erläuterungen dazu, veröffentlicht, mit denen es in Ausübung seines Ermessens festlegt, wie es bei der Bußgeldzumessung für schwere Kartellordnungswidrigkeiten nach § 81 Abs. 1, Abs. 2 Nr. 1, 2a und Abs. 3 GWB, also im Wesentlichen horizontale und vertikale Kartellrechtsverstöße sowie missbräuchliche und sonstige verbotene einseitige Verhaltensweisen, vorgehen wird (**„Bußgeldleitlinien"**).[638] Die neuen Bußgeldleitlinien ersetzen die bisher geltenden Bußgeldleitlinien vom 15.9.2006 („Bußgeldleitlinien 2006").[639] Es handelt sich dabei um allgemeine Verwaltungsgrundsätze, an die das BKartA im Rahmen der **Selbstbindung der Verwaltung** gebunden ist. Die Bußgeldzumessung der Gerichte im Einspruchsverfahren gegen Bußgeldbescheide bleibt hiervon unberührt. Der Tatrichter ist verpflichtet, die Geldbuße auf Grundlage der in § 17 Abs. 3 OWiG niedergelegten Zumessungserwägungen festzulegen,[640] wobei verwaltungsinterne Leitlinien wie die Bußgeldleitlinien unter dem Gesichtspunkt einer möglichst gleichmäßigen Behandlung eine grobe Orientierungshilfe darstellen können, wenn sie in der Praxis einen breiten Anwendungsbereich erreicht haben.[641] Durch die Kartellsenate des OLG Düsseldorf wurden die in der Vergangenheit gültigen Bußgeldleitlinien wie die Bußgeldleitlinien 2006 (jedenfalls nicht erkennbar) bei der individuellen Bußgeldbemessung herangezogen. Allerdings ist zu konstatieren, dass etliche der in der gerichtlichen Entscheidungspraxis relevanten tat- und täterbezogenen Bußgeldzumessungskriterien (→ Rn. 136, 141) auch in die alten und aktuellen Bußgeldleitlinien Eingang gefunden haben.

Die Bußgeldleitlinien beschränken sich – wie bisher – auf die Bußgeldzumessung gegen- **149** über Unternehmen und Unternehmensvereinigungen, für die der gesetzliche Bußgeldrahmen des § 81 Abs. 4 S. 2 GWB greift, und auf den Ahndungsteil der Geldbuße (vgl. § 81 Abs. 5 GWB, § 17 Abs. 4 OWiG, → Rn. 134) – unberührt davon bleibt also die Möglichkeit des BKartA, den kartellbedingten wirtschaftlichen Vorteil abzuschöpfen (→ Rn. 175).[642] Neu ist, dass die Bußgeldleitlinien aus der Gruppe der schweren Kartellordnungswidrigkeiten in § 81 Abs. 1–3 GWB ausdrücklich nicht Verstöße im Bereich der Fusionskontrolle erfassen. Die Überarbeitung der Bußgeldleitlinien war nach der Entscheidung des BGH in Sachen *Grauzementkartell* erforderlich geworden, in der das Gericht die Regelung des § 81 Abs. 4 S. 2 GWB verfassungskonform als **Bußgeldobergrenze** ausgelegt und der bisherigen Interpretation des BKartA als Bußgeldkappungsgrenze[643] eine klare Absage erteilt hat (→ Rn. 151).[644] Die jetzt neu erlassenen Bußgeldleitlinien sind für das BKartA auch ein wichtiges Instrument zur Erzielung von einvernehmlichen Verfahrensbeendigungen (sog Settlements, → Rn. 177 ff.). Denn Unternehmen werden in dahingehende Verhandlungen nur eintreten, wenn die Maßstäbe des BKartA für die Bußgeldberechnung ausreichend transparent und klar sind. Das BKartA wendet die Bußgeldleitlinien auch auf Verstöße an, die vor deren Veröffentlichung beendet waren, denn es handelt sich bei den Bußgeldleitlinien nicht um eine rückwirkende Neuregelung, sondern lediglich um eine behördliche Ausfüllung des unverändert geltenden Bußgeldrahmens nach § 81 Abs. 4 S. 2 GWB.[645] Im Rahmen der Bußgeldobergrenze des § 81 Abs. 4

---

[638] Veröffentlicht auf der Website des BKartA unter www.bundeskartellamt.de.
[639] Bekanntmachung Nr. 38/2006 über die Festsetzung von Geldbußen nach § 81 Abs. 4 S. 2 GWB, veröffentlicht auf der Webseite des BKartA unter www.bundeskartellamt.de; vgl. dazu zB Immenga/Mestmäcker/*Dannecker/Biermann* GWB § 81 Rn. 479 ff.; MüKoGWB/*Vollmer* § 81 Rn. 155 ff.; *Mundt* WuW 2007, 458; *Bach/Klumpp* NJW 2006, 3524; *Buntscheck* EuZW 2007, 423.
[640] Langen/Bunte/*Raum* GWB § 81 Rn. 196; OLG Düsseldorf Beschl. v. 19.1.2000 – 2b Ss (OWi) 290/99 – (OWi) 2/00 I, NStZ-RR 2000, 218.
[641] Langen/Bunte/*Raum* GWB § 81 Rn. 196; OLG Düsseldorf Beschl. v. 15.6.2000 – 2a Ss (OWi) 190/00 – (OWi) 54/00 II, DAR 2001, 320 (321).
[642] Bußgeldleitlinien des BKartA v. 25.6.2013 Rn. 17.
[643] Bußgeldleitlinien 2006 Rn. 18.
[644] BGH Beschl. v. 26.2.2013 – KRB 20/12, NZKart 2013, 195, WuW/E DE-R 3861 Rn. 55 – Grauzementkartell; vgl. auch BKartA Pressemitteilung v. 19.4.2013, abrufbar auf der Webseite des BKartA unter www.bundeskartellamt.de.
[645] *Bechtold* § 81 Rn. 39.

S. 2 GWB will das BKartA entsprechend § 81 Abs. 4 S. 6 GWB, § 17 Abs. 3 OWiG die Schwere, Dauer und Bedeutung der Ordnungswidrigkeit berücksichtigen sowie den den Täter treffenden Vorwurf und seine wirtschaftlichen Verhältnisse; auch der Verhältnismäßigkeitsgrundsatz ist zu beachten.[646] Es handelt sich dabei um die üblichen **tat- und täterbezogenen Zumessungskriterien,** die auch ein Gericht für Zwecke der individuellen Bußgeldzumessungsentscheidung nach § 17 Abs. 3 OWiG anwenden würde (→ Rn. 136, 141).

150 Zwei neue Begrifflichkeiten ziehen sich durch die Bußgeldleitlinien:[647] Zum einen soll sich die Bußgeldhöhe an dem **Gewinn- und Schadenspotential** der Zuwiderhandlung orientieren, das sich wiederum aus dem tatbezogenen Umsatz, der bereits aus den Bußgeldleitlinien 2006 bekannt ist, ableiten lässt. Zum anderen ist neben den sonstigen tat- und täterbezogenen Umständen die **Ahndungsempfindlichkeit** des Unternehmens bei der Bußgeldzumessung zu berücksichtigen, die durch den Gesamtumsatz des Unternehmens abgebildet wird. Konkret erfolgt die Bußgeldbemessung nach den Bußgeldleitlinien in zwei Schritten: Bestimmung des Bemessungsspielraums bzw. individuellen Bußgeldrahmens innerhalb des gesetzlichen Bußgeldrahmens nach § 81 Abs. 4 S. 2 GWB und individuelle Bußgeldzumessung. Nach Berechnung des Bußgeldes anhand der Bußgeldleitlinien kann es zu einer Reduktion dieses Betrages nach der **Bonusregelung** (→ Rn. 59, 159) kommen; erst im Anschluss kann ein weiterer Abschlag für eine einvernehmliche Verfahrensbeendigung – **Settlement** – (→ Rn. 177 ff.) vorgenommen werden.[648] Weitere mit dem BKartA verhandelte Reduktionen der Geldbuße außerhalb dieser Verwaltungsgrundsätze (§ 81 Abs. 7 GWB) bleiben prinzipiell ebenfalls möglich.

151 **aa) Bestimmung des Bemessungsspielraums.** Zur Bestimmung des individuellen Bußgeldrahmens (Bemessungsspielraums) wird das Gewinn- und Schadenspotential mit der Ahndungsempfindlichkeit multipliziert.[649] Das Gewinn- und Schadenspotential bemisst das BKartA dabei – bei vorsätzlichem Handeln – pauschal mit **10 % des während der Dauer des Kartellverstoßes erzielten tatbezogenen Umsatzes** des Unternehmens.[650] Bei Fahrlässigkeit wird nur 5 % des erzielten Umsatzes in Ansatz gebracht (§ 17 Abs. 2 OWiG). Tatbezogener Umsatz ist der mit den im Zusammenhang mit der Zuwiderhandlung stehenden Produkten und Dienstleistungen während des Tatzeitraums erzielte Inlandsumsatz bzw., sofern aufgrund der Art der Zuwiderhandlung kein Umsatz erzielt wurde, der hypothetische Umsatz. Der tatbezogene Umsatz kann **geschätzt** werden.[651] Wie auch schon in der Vergangenheit legt das BKartA für die Berechnung eine Dauer von mindestens 12 Monaten (und zwar vor Beendigung der Tat) zugrunde, selbst wenn die Zuwiderhandlung weniger als 12 Monate andauerte. Die Ahndungsempfindlichkeit als **Multiplikationsfaktor** ist vom BKartA in einen **degressiv ansteigenden Unternehmensfaktor** übersetzt worden, dessen Ausgangswert für Unternehmen mit einem Gesamtumsatz bis zu 100 Mio. EUR bei Faktor 2 und dessen Spitzenwert für Unternehmen mit einem Gesamtumsatz von mehr als 100 Mrd. EUR größer Faktor 6 liegt.[652] Mit „Unternehmen" ist durchwegs die wirtschaftliche Einheit iSv § 81 Abs. 4 S. 3 GWB gemeint, so dass der „Gesamtumsatz" sich auch auf die konsolidierten Umsatzerlöse dieser wirtschaftlichen Einheit bezieht (→ Rn. 117). Zur Berechnung wendet das BKartA die Regelung des **§ 38 Abs. 1 GWB** an.[653] Der Umstand, dass für die vom BKartA gebildeten fünf Gruppen von Unternehmensgrößen, die sich über Umsatzspannen definieren, jeweils – mit Ausnahme der nach oben offenen Gruppe der größten Unternehmen – eine Faktor-bezogene Spanne (und zwar die Faktoren 2–3, 3–4,

---

[646] Bußgeldleitlinien des BKartA v. 25.6.2013 Rn. 2.
[647] Bußgeldleitlinien des BKartA v. 25.6.2013 Rn. 4f.
[648] Bußgeldleitlinien des BKartA v. 25.6.2013 Rn. 18.
[649] Bußgeldleitlinien des BKartA v. 25.6.2013 Rn. 9–13.
[650] Bußgeldleitlinien des BKartA v. 25.6.2013 Rn. 8.
[651] Kritisch zur Schätzbefugnis des BKartA *Barth/Budde* NZKart 2013, 311 (318f.).
[652] Bußgeldleitlinien des BKartA v. 25.6.2013 Rn. 13.
[653] Bußgeldleitlinien des BKartA v. 25.6.2013 Erläuterungen zu Rn. 10 Anm. 4; das entspricht der bisherigen Praxis des BKartA im Rahmen des § 81 Abs. 4 S. 2 u. 3 GWB, vgl. Bußgeldleitlinien 2006 Rn. 20.

4–5, 5–6) vorgesehen ist, ist so zu verstehen, dass innerhalb der jeweiligen Gruppe der Faktor entsprechend des erreichten Gesamtumsatz degressiv ansteigt und insoweit auch keine abweichende Ermessensausübung des BKartA in Betracht kommt. Mit dem Multiplikationsfaktor erhält die umsatzmäßige **Größe des Unternehmens** eine **überproportionale Bedeutung** bei der Bußgeldbemessung durch das BKartA.[654] Zwar war es auch nach den Bußgeldleitlinien 2006 möglich, gegenüber Großunternehmen die Sanktion zu Abschreckungszwecken um 100% zu erhöhen,[655] jedoch lag dieser „Konzernzuschlag" in der Praxis häufig bei „nur" 20%, hat sich also faktisch weniger ausgewirkt als es jetzt der Multiplikationsfaktor für Großunternehmen mit Milliardenumsatz tut.

Für die **Großunternehmen** mit Umsätzen von mehr als 100 Mrd. EUR lässt das BKartA in fragwürdiger Weise offen, in welcher Form der über 6 liegende Faktor steigt und welcher Faktor den theoretischen Spitzenwert darstellt – diesen hätte man anhand der Umsatzerlöse der weltweit größten Unternehmen definieren können. Hinsichtlich der hiervon betroffenen – zugegebenermaßen wenigen – Großkonzerne behält sich das BKartA damit weitreichende Ermessensfreiheit bei der Bußgeldzumessung vor, ohne in seinem Bemessungsspielraum über die Bußgeldleitlinien einer Selbstbindung zu unterliegen,. Selbstverständlich bleibt es dabei an die allgemeinen Grundsätze wie den Verhältnismäßigkeitsgrundsatz und das Gleichbehandlungsgebot gebunden. Gleichermaßen problematisch zulasten von **kleinen und mittleren Unternehmen**, die Gesamtumsätze von unter 100 Mio. EUR erzielen, ist es, dass zwischen ihnen keine weiter Unterscheidung vorgenommen wird, ein Unternehmen mit Umsätzen von 5 Mio. EUR wird also wegen des identischen Multiplikationsfaktors wie ein 20-fach größeres Unternehmen mit Umsätzen von 100 Mio. EUR behandelt. Es hätte der neuen Systematik des BKartA entsprochen, wenn für Unternehmen mit einer Umsatzgröße von nicht mehr als 10 Mio. EUR der Faktor 1 als kleinster Multiplikationsfaktor vorgesehen worden wäre. Nicht berücksichtigt wird schließlich in den Bußgeldleitlinien, dass zentrale Funktion einer Bußgeldobergrenze die gesetzgeberische Vorgabe einer angemessenen Sanktion für den **denkbar schwersten Verstoß** ist (→ Rn. 139). Denn nach der Berechnungsmethodik des BKartA bildet grundsätzlich die über die Multiplikation von 10% des tatbezogenen Umsatzes mit dem je nach umsatzbasierter Unternehmensgröße anwendbaren Faktor errechnete Bußgeldobergrenze die Grundlage für die individuelle Bußgeldzumessung anhand von tat- und täterbezogenen Kriterien.[656]

152

Sofern der über die Multiplikation von Gewinn- und Schadenspotential mit der Ahndungsempfindlichkeit ermittelte individuelle Bußgeldrahmen (Bemessungsspielraum)[657] die gesetzliche Bußgeldobergrenze nach § 81 Abs. 4 S. 2 GWB (also 10% des Gesamtumsatzes des Unternehmens) **übersteigt,** findet aus Gründen der Sanktionsangemessenheit der **gesetzliche Bußgeldrahmen** und nicht der ermittelte Bemessungsspielraum Anwendung.[658] Wie in Verwaltungsgrundsätzen üblich, behält sich das BKartA die Möglichkeit offen, im **Ausnahmefall** von diesem Prinzip abzuweichen und den ermittelten Bemessungsspielraum insbesondere dann zu überschreiten, wenn dieser wegen eines offensichtlich wesentlich höheren Gewinn- und Schadenspotentials im konkreten Fall als zu niedrig bemessen erscheint.[659]

153

Mit den Bußgeldleitlinien werden voraussichtlich die Geldbußen gegen **Einproduktunternehmen** künftig – im Vergleich zu den Bußgeldleitlinien 2006, die noch eine Kap-

154

---

[654] Auch das BKartA geht davon aus, dass es in Zukunft bei großen Unternehmen tendenziell zu höheren Bußgeldern kommen könnte, vgl. BKartA Pressemitteilung v. 19.4.2013, abrufbar auf der Webseite des BKartA unter www.bundeskartellamt.de; kritisch auch MüKoGWB/*Vollmer* § 81 Rn. 162.
[655] Bußgeldleitlinien 2006 Rn. 15.
[656] Vgl. Bußgeldleitlinien des BKartA v. 25.6.2013 Rn. 5 S. 1 und Erläuterungen zu Rn. 13 Anm. 1; ebenfalls kritisch *Barth/Budde* NZKart 2013, 311 (318).
[657] Bußgeldleitlinien des BKartA v. 25.6.2013 Rn. 13.
[658] Bußgeldleitlinien des BKartA v. 25.6.2013 Rn. 14.
[659] Bußgeldleitlinien des BKartA v. 25.6.2013 Rn. 15.

pungsgrenze für die Bußgeldzumessung vorsahen – geringer ausfallen, denn ihnen kommt die im ersten Schritt der Bußgeldzumessung zu erfolgende Berechnung des individuellen Bußgeldrahmens (Bemessungsspielraums), der seine Obergrenze in der gesetzlichen Bußgeldobergrenze findet, zu Gute.[660] Bei Mehrproduktunternehmen wird dagegen in der Regel der individuelle Bußgeldrahmen unter der gesetzlichen Bußgeldobergrenze liegen.[661] Das gilt allerdings für Einproduktunternehmen dann gleichermaßen, wenn sie einen wesentlichen Teil ihrer Umsätze im Ausland erzielten – bei exportorientierten mittelständischen Unternehmen aus Deutschland nicht ungewöhnlich –, denn für die Berechnung kommt es nur auf den inländischen Umsatz an.

155 **bb) Individuelle Bußgeldzumessung.** Ist der individuelle Bußgeldrahmen (Bemessungsspielraum) im ersten Schritt der Bußgeldbemessung errechnet, nimmt das BKartA eine individuelle Bußgeldzumessung vor, und zwar anhand von **tat- und täterbezogenen Zumessungskriterien** nach § 81 Abs. 4 S. 6 GWB und § 17 Abs. 3 OWiG, die **bußgeldschärfend oder -mildernd** in die Gesamtabwägung einfließen[662] und im Grundsatz den auf denselben Rechtsvorschriften beruhenden Bußgeldzumessungserwägungen der Gerichte entsprechen (→ Rn. 136 ff.). Die Auflistung der Zumessungskriterien ist nicht deckungsgleich mit den aus den Bußgeldleitlinien 2006 bekannten tatbezogenen Zumessungsfaktoren[663] und (erschwerenden und mildernden) Anpassungsfaktoren.[664] Das BKartA scheint – abgesehen von der offensichtlichen Annäherung der Bußgeldleitlinien im Wortlaut und systematischen Aufbau an die Bußgeldzumessung im deutschen Ordnungswidrigkeitenrecht und dem gleichzeitigen Abrücken von den Europäischen Bußgeldleitlinien vom 1. 9. 2006 (2006/C 210/02; → § 13 Rn. 65 ff.), denen die Bußgeldleitlinien 2006 nachgebildet waren – Adjustierungen bzw. Konkretisierungen zu seinen Zumessungsüberlegungen innerhalb der Kategorien von tat- und täterbezogenen Faktoren vornehmen zu wollen. Die Liste der einzelnen Kriterien ist nicht abschließend, auch die Konkretisierungen sind nur beispielhaft in den Bußgeldleitlinien aufgeführt.

156 Zu den **tatbezogenen Kriterien** zählen die **Art und Dauer der Zuwiderhandlung,** ihre **qualitativ zu bestimmenden Auswirkungen** (zB Umfang der betroffenen räumlichen Märkte, Bedeutung der beteiligten Unternehmen auf den betroffenen Märkten), **Bedeutung der betroffenen Märkte** und der **Organisationsgrad** unter den Kartellanten. Neu ist die Aufführung der Dauer der Zuwiderhandlung. Da diese bereits für die Bestimmung des individuellen Bußgeldrahmens herangezogen wird, scheint für eine erneute Berücksichtigung bei der Zumessung im engeren Sinne kein Raum mehr zu sein, auch im Hinblick auf das im Ordnungswidrigkeitenrecht geltende **Doppelverwertungsverbot** (→ Rn. 136).[665] Konkretisiert wurde das Kriterium der Marktauswirkungen auf „qualitativ zu bestimmende" Auswirkungen. Damit will das BKartA wohl sein Verständnis klarstellen, dass es für die Bußgeldbemessung weder auf die quantitativ zu bemessende Größe des betroffenen Marktes – diese Kriterium war noch in den Bußgeldleitlinien 2006 enthalten[666] – noch auf die kartellbedingten konkreten Auswirkungen auf den Markt, insbesondere den durch den Kartellverstoß erziel-

---

[660] Das noch vor Erlass der neuen Bußgeldleitlinien vom BKartA abgeschlossene *Mühlen*-Kartellverfahren dokumentiert das Problem der untragbar hohen Geldbußen für Einproduktunternehmen (ungeachtet der Kappung nach den Bußgeldleitlinien 2006, Rn. 18), in dem das BKartA unter Bezugnahme zu einem vergleichbaren, von der Europäischen Kommission entschiedenen Fall ausnahmsweise, zur Erzielung angemessener Ergebnisse eine Bußgeldreduktion vorgenommen hat, vgl. BKartA Fallbericht v. 27. 5. 2013 zu Entsch. aus Oktober 2011 bis Februar 2013 – B11–13/06, 3 – Mühlen, abrufbar auf der Webseite des BKartA unter www.bundeskartellamt.de.
[661] Kritisch deswegen *Barth/Budde* NZKart 2013, 311 (318).
[662] Bußgeldleitlinien des BKartA v. 25. 6. 2013 Rn. 16.
[663] Bußgeldleitlinien 2006 Rn. 8.
[664] Bußgeldleitlinien 2006 Rn. 14–17.
[665] Ebenso *Barth/Budde* NZKart 2013, 311 (319) mwN; MüKoGWB/*Vollmer* § 81 Rn. 162.
[666] Bußgeldleitlinien 2006 Rn. 8.

ten Mehrerlös des Betroffenen ankommt.[667] Dagegen kann aus Sicht der Verf. sehr wohl bei der individuellen Bußgeldzumessung (bußgelderhöhend oder bußgeldmildernd) berücksichtigt werden, ob der Kartellverstoß dem Täter einen **wirtschaftlichen Vorteil,** vergleichbar einem Mehrerlös (wie aus der alten Mehrerlösbußgeldberechnung nach § 81 Abs. 2 GWB 2002 bekannt), eingebracht hat oder gerade nicht (→ Rn. 125 ff.) oder allgemeiner gesprochen, der Kartellverstoß tatsächlich zu quantifizierbaren Marktauswirkungen oder eben zu keinen oder nur atypischen Auswirkungen geführt hat.[668]

Zu den **täterbezogenen Kriterien** in den Bußgeldleitlinien zählen die **Rolle des Unternehmens** im Kartell, die **Stellung des Unternehmens** auf dem betroffenen Markt, **Besonderheiten bei der Wertschöpfungstiefe,** der **Grad des Vorsatzes bzw. der Fahrlässigkeit** und **vorangegangene Verstöße**. Als täterbezogenes Kriterium wird auch die **wirtschaftliche Leistungsfähigkeit** des Unternehmens aufgeführt. Zu begrüßen ist die neue Aufnahme des Kriteriums „Besonderheiten der Wertschöpfungstiefe". Damit könnte das BKartA künftig bußgeldmindernd berücksichtigen, wenn es sich bei den Betroffenen um reine Handelsunternehmen oder Unternehmen in anderen, auf Volumengeschäft (zB Rohstoffe oder Vorprodukte) orientierten Branchen handelt. Wie in der bisherigen Entscheidungspraxis des BKartA wird es bußgeldschärfend von Bedeutung sein, wenn der Betroffene der Kartellanführer oder -initiator ist und sich umgekehrt bußgeldmildernd auswirken, wenn er nur „Mitläufer" war bzw. eine passive Rolle bei der Zuwiderhandlung einnahm.[669] Auch wie bereits in der Vergangenheit wird das BKartA frühere Kartellverstöße des Betroffenen bußgeldschärfend berücksichtigen, wobei unklar ist, ob es sich dabei an die engen, für die Gerichte geltenden Grenzen halten wird (→ Rn. 141). Nicht mehr ausdrücklich im Kriterienkatalog genannt ist die sich nach den Bußgeldleitlinien 2006 noch bußgeldmildernd auswirkende Genehmigung oder Förderung der Zuwiderhandlung durch die nationale oder supranationale (zB europäische) Behörden und geltende Rechtsvorschriften.[670] Ob mit dieser Streichung ein Signal gesetzt werden sollte oder es schlichtweg an praktischer Relevanz fehlte, ist unklar. Die Gerichte haben jedenfalls in der Vergangenheit die behördliche Duldung oder Förderung von Verstößen sehr wohl bußgeldmildernd berücksichtigt (→ Rn. 141). Ebenfalls **nicht** (mehr) explizit als täterbezogenes Zumessungskriterium aufgeführt ist das **Nachtatverhalten;** es wird nur noch an anderer Stelle der Bußgeldleitlinien im Zusammenhang mit einem gestellten Bonusantrag und einer einvernehmlichen Verfahrensbeendigung (Settlement) genannt.[671] Wegen der nur exemplarischen Auflistung schließt dies aber nicht aus, dass das BKartA sonstiges positives Nachtatverhalten sehr wohl bußgeldmildernd berücksichtigt, sofern es die Umstände im Einzelfall nahelegen, etwa im Falle eines sonstigen Kooperationsbeitrages, der nicht förmlich von der Bonusregelung erfasst wird und auch nicht im Rahmen eines Settlement erfolgt. Die bußgeldmildernde Berücksichtigung von **Compliance-Programmen** zur Verhinderung von Kartellrechtsverstößen wird das BKartA ungeachtet der vielfach geäußerten Kritik wohl auch weiterhin **ablehnen** (→ Rn. 142). Im Zusammenhang mit der wirtschaftlichen Leistungsfähigkeit enthalten die Bußgeldleitlinien jetzt keine Ausführungen

157

---

[667] Bußgeldleitlinien des BKartA v. 25.6.2013 Rn. 6, mit einer deplatzierten, weil aus dem Zusammenhang gerissenen Zitierung der Entscheidung des OLG Düsseldorf zum Akteneinsichtsgesuch eines potentiell Geschädigten in die Gesamtakte zum Kartellverfahren *Kaffeeröster*, OLG Düsseldorf Beschl. v. 22.8.2012 – V-4 Kart 5 + 6/11 OWi, WuW/E DE-R 3662 (3670) Rn. 74 – Akteneinsichtsrecht.
[668] So *Barth/Budde* NZKart 2013, 311 (319) mwN.
[669] So zB im Kartellverfahren gegen die *Kaffeeröster* betreffend den Außer-Haus-Vertrieb, vgl. BKartA Pressemitteilung v. 9.6.2010, abrufbar auf der Webseite des Bundeskartellamt unter www.bundeskartellamt.de.
[670] Bußgeldleitlinien 2006 Rn. 17 dritter Spiegelstrich; im Kartellverfahren gegen die Zuckerhersteller hat das BKartA in seiner Pressemitteilung v. 19.2.2014 (abrufbar über die Webseite des BKartA unter www.bundeskartellamt.de) betont, dass die Billigung oder sogar Initiierung einer Kartellabsprache durch staatliche Stellen diese nicht legalisieren könne; ob die Mitwirkung staatlicher Stellen zumindest bußgeldmildernd zu berücksichtigen ist, musste das BKartA in diesem Fall jedoch nicht entscheiden, da es bereits das Vorliegen belastbarer Hinweise für eine derartige staatliche Beteiligung verneinte.
[671] Bußgeldleitlinien des BKartA v. 25.6.2013 Rn. 18; dagegen weiter Bußgeldleitlinien 2006 Rn. 17 erster Spiegelstrich.

mehr zu möglichen **Zahlungserleichterungen**.[672] Es ist allerdings wegen § 18 Abs. 1 OWiG davon auszugehen, dass das BKartA an seiner bisherigen Praxis festhalten wird und weiterhin – bei entsprechend belegtem Vortrag des Betroffenen – jedenfalls Ratenzahlungen einräumen wird, und zwar schon im Bußgeldbescheid (→ Rn. 165).

158   Gänzlich offen und bewusst dem **Ermessen des BKartA** vorbehalten ist, in welchem Umfang die tat- und täterbezogenen Bußgeldzumessungskriterien bei der Bußgeldzumessung innerhalb des individuellen Bußgeldrahmens schärfend bzw. mildernd berücksichtigt werden.[673] Insoweit gibt es genauso wenig Vorhersehbarkeit und Transparenz wie bei der Bußgeldzumesssung im Gerichtsverfahren. Laut seinen Ausführungen in den Bußgeldleitlinien zu den tatbezogenen Zumessungsfaktoren will das BKartA bei **schwerwiegenden horizontalen Wettbewerbsbeschränkungen,** insbesondere Preis-, Quoten-, Gebiets- und Kundenabsprachen, in der Regel eine Einordnung „im oberen Bereich" des individuellen Bußgeldrahmens vornehmen.[674] Die bisherige Entscheidungspraxis des BKartA zur Bußgeldbemessung bei derartigen Kartellabsprachen, für die eine ähnlich lautende Regelung in den Bußgeldleitlinien 2006 enthalten war,[675] lässt sich jedenfalls wegen der geänderten Berechnungssystematik nicht anwenden. Unverändert wird das BKartA im Rahmen seiner Bußgeldermessensentscheidung auf die Wahrung des **Gleichbehandlungsgebots gegenüber mehreren Beteiligten** derselben Tat achten, wobei bei der Bewertung der Gleichartigkeit der Unternehmen wiederum Entscheidungsraum besteht.

159   **g) Bußgeldreduzierung wegen Kooperation.** Kooperiert ein Kartellmitglied mit dem BKartA nach Maßgabe der **Bonusregelung** (→ Rn. 59), so kann es dadurch den vollständigen Erlass des für die Zuwiderhandlung angedrohten Bußgeldes oder zumindest eine Reduktion seines Bußgeldes von bis zu 50 % erreichen. Mit der Bonusregelung hat das BKartA für das behördliche Kartellordnungswidrigkeitenverfahren eine Richtlinie für die Festsetzung von Bußgeldern gegenüber aufklärungsbereiten Kartellbeteiligten erlassen, für welche § 81 Abs. 7 GWB Ermächtigungsgrundlage ist. Die Bonusregelung gilt **nur für Kartelle,** also für kartellrechtswidrige Absprachen zwischen Wettbewerbern nach § 1 GWB bzw. Art. 81 Abs. 1 AEUV.[676] Allerdings kann das BKartA die Kooperation von (Neben-)Betroffenen in Vertikalfällen im Rahmen seines Ermessens bis hin zu einem Bußgelderlass berücksichtigen. Das gilt insbesondere für vertikale Absprachen mit horizontalen Elementen, die also einem sog „Hub-and-Spoke" Kartell sehr nahe kommen, zB wie in dem als „Vertikalfall" bezeichneten Verfahrenskomplex, in dem wegen vertikaler Preisfindung betreffend die Warengruppen Süßwaren, Kaffee, Tiernahrung, Bier und Körperpflegeprodukte diverse Bußgelder gegen die Hersteller und Lebensmittelhändler verhängt, bzw. als Gegenleistung für deren Kooperationsbeiträge erlassen oder reduziert wurden.[677] Die Bonusregelung ist eine behördliche Konkretisierung des im Rahmen der

---

[672] Anders dagegen Bußgeldleitlinien 2006 Rn. 24, wonach in Ausnahmefällen auch eine Bußgeldreduktion möglich sein sollte, wenn das Unternehmen den Nachweis erbrachte, langfristig die Geldbuße nicht zahlen zu können, ohne dass seine Existenz gefährdet wäre. Diese enge Ausnahme sollte wohl nur greifen, wenn eine Zahlungserleichterung, etwa eine Stundung oder Ratenzahlungen über einen längeren Zeitraum, keine weniger weitreichende Alternative zur Bußgeldreduktion darstellte. Es ist kein Fall bekannt, in dem das BKartA eine Bußgeldreduktion wegen einer solchen (langfristig angelegten) Faktenlage gewährt hätte.
[673] Bußgeldleitlinien des BKartA v. 25. 6. 2013, Erläuterungen zu Rn. 17 Anm. 1.
[674] Bußgeldleitlinien des BKartA v. 25. 6. 2013 Rn. 16 erster Spiegelstrich aE.
[675] Bußgeldleitlinien 2006 Rn. 9; danach sollte der Bußgeld-Grundbetrag bei derartigen schwerwiegenden Verstößen im oberen Bereich des maximalen Grundbetrages von 30 % des tatbezogenen Umsatzes liegen, was in der Praxis des BKartA zur regelmäßigen Festsetzung eines Grundbetrages von 22 bis 25 % führte.
[676] Bonusregelung Rn. 1.
[677] Vgl. BKartA Fallberichte v. 18. 6. 2015 – B10-040/14; B10-041/14, B10-050/14; in dem zuletzt entschiedenen Teilkomplex im Vertikalfall betreffend die Warengruppe Bier hat das BKartA zB gegenüber den beiden „Kronzeugen" AB Inber als Hersteller und Rewe als Abnehmer von einer Bußgeldverhängung abgesehen, vgl. BKartA Fallbericht v. 9. 5. 2016 – B10-20/15; auch im ebenfalls in 2016 entschiedenen Verfahren gegen LEGO wegen vertikaler Preisbindung hat das BKartA die Kooperation von LEGO bei der Bußgeldfestsetzung mindernd berücksichtigt, vgl. BKartA Pressemitteilung v. 12. 1. 2016.

Bußgeldzumessung (§ 17 Abs. 3 OWiG, § 81 Abs. 4 S. 6 GWB) zu berücksichtigenden Nachtatverhaltens als schuldbezogenes Zumessungskriterium.[678] Neben einer Kooperation nach Maßgabe der Bonusregelung können auch andere Formen des Nachtatverhaltens bei der Festlegung der Bußgeldhöhe Eingang finden (→ Rn. 142), insbesondere die Kooperation mit dem BKartA im Rahmen des **Settlement**-Verfahrens, die eine (weitere) Reduktion der Geldbuße um 10% einbringt (→ Rn. 177 ff.). Die Bonusregelung entfaltet eine **Selbstbindung für das BKartA.** Die Landeskartellbehörden sind an die Bonusregelung nicht gebunden, wobei diese entsprechende Verwaltungsgrundsätze erlassen können,[679] was in den meisten Bundesländern geschehen ist. Anderenfalls können die Landeskartellbehörden die Bonusregelung des BKartA auch entsprechend anwenden. Eine Bindung der Gerichte wird durch die Bonusregelung nicht ausgelöst, allerdings berücksichtigen diese die Kooperation des Betroffenen und deren Umfang bei der individuellen Bußgeldzumessung nach § 17 Abs. 3 OWiG (→ Rn. 142).

Sofern ein Kartellmitglied die nach der Bonusregelung vorgegebenen Voraussetzungen für den vollständigen **Bußgelderlass** erfüllt (→ Rn. 28), ergeht gegen ihn eine Entscheidung des BKartA, in der zwar der Kartellrechtsverstoß festgestellt, im Rahmen der Bußgeldzumessung aber das Bußgeld auf null gestellt wird. Der Adressat der Entscheidung des BKartA könnte theoretisch hiergegen Einspruch einlegen, um so eine gerichtliche Prüfung der Tatvorwürfe herbeizuführen. Das mag für ihn im Hinblick auf künftiges Verhalten von Interesse sein, wenn er der rechtlichen Würdigung der zugestandenen Tatsachen durch das BKartA nicht zustimmt. Da jedoch das Gericht im Einspruchsverfahren eine eigene Bußgeldzumessungsentscheidung trifft, die – in Abweichung von dem (auf der Bonusregelung basierenden) Bußgelderlasses des BKartA – doch noch zu einer Geldbuße führen könnte, und eine Beschränkung des Einspruchs auf die Tatvorwürfe bzw. auf die rechtliche Würdigung des gestandenen Sachverhalts wohl aus Rechtsgründen ausscheidet[680] (→ Rn. 199), ist aus Sicht der Verteidigung eine Einspruchseinlegung nicht zielführend. Erlässt das BKartA dem Kartellmitglied die Geldbuße, wird es „in der Regel" weder eine Vorteilsabschöpfung nach § 34 GWB (→ Rn. 175) noch einen Verfall nach § 29a OWiG (→ Rn. 176) anordnen (Rn. 23 S. 1 der Bonusregelung); daran ist es für den Normalfall wegen der Selbstbindung entfaltenden Bonusregelung gebunden.[681] Die Möglichkeit einer strafrechtlichen Verfolgung, etwa im Hinblick auf §§ 263, 266, 298, 299 StGB, bleibt von dem Eingreifen der Bonusregelung zugunsten einer kartellbeteiligten natürlichen Person allerdings unbenommen (vgl. Rn. 24 S. 2 der Bonusregelung). 160

Eine **Bußgeldreduktion** für Kartellmitglieder nach den Vorgaben der Bonusregelung (Rn. 5) setzt an, nachdem das BKartA innerhalb des gesetzlichen Bußgeldrahmens (§ 81 Abs. 4 GWB) die Bußgeldbemessung anhand seiner Bußgeldleitlinien (→ Rn. 148 ff.) vorgenommen hat. Bei der genauen Höhe der Bußgeldreduktion, die in prozentualen Abschlägen bis maximal 50% (Rn. 5 S. 1 der Bonusregelung) vorgenommen werden, hat das BKartA **Ermessen,** berücksichtigt dabei jedoch – bei mehreren Antragstellern im Nachgang zu dem ersten Antrag auf Bußgelderlass – regelmäßig die Reihenfolge der Anträge (vgl. Rn. 5 S. 2 der Bonusregelung). An den Inhalt des erbrachten Aufklärungsbeitrags werden in der Praxis vom BKartA keine allzu hohen Anforderungen gestellt, insbesondere müssen keine schriftlichen, den Tatvorwurf bestätigenden Dokumente im Sinne von Urkundenbeweisen vorgelegt werden, sondern es reicht eine die Tatvorwürfe bestäti- 161

---

[678] Ausführlich zur rechtlichen Bewertung der alten Bonusregelung Nr. 68/2000 im Zusammenhang mit der Verwertbarkeit von Zeugenaussagen OLG Düsseldorf Urt. v. 27.3.2006 – VI-Kart 3/05 (OWi), WuW/E DE-R 1733 (1737 ff.) – Papiergroßhandel.
[679] BT-Drs. 15/3640, 67.
[680] Zur entsprechenden Beschränkung der Berufung bzw. des Einspruchs gegen den Strafbefehl vgl. Meyer-Goßner/Schmitt § 410 Rn. 4, § 318 Rn. 5; dieselben Überlegungen gelten entsprechend auch für die Beschränkung des Einspruchs gegen den Bußgeldbescheid (§ 67 OWiG), der der Vorschrift zur Einspruchseinlegung gegen den Strafbefehl (§ 410 Abs. 2 StPO) nachgebildet ist, vgl. Göhler/Seitz § 67 Rn. 34d.
[681] Wohl anders Langen/Bunte/Raum GWB § 81 Rn. 197.

gende Zeugenaussage eines Mitarbeiters der Nebenbetroffenen bzw. eine dahingehende Einlassung des Betroffenen, selbst wenn dem BKartA schon entsprechende Zeugenaussagen bzw. Einlassung anderer Antragsteller vorliegen. Die Bußgeldreduktion nach der Bonusregelung des BKartA unterscheidet sich damit von den Anforderungen an eine Bußgeldreduktion nach der Kronzeugenregelung („Leniency Notice") der Europäischen Kommission (→ § 13 Rn. 65 ff.), nach der zum einen die Aufklärungsbeiträge der Antragsteller einen „erheblichen Mehrwert" gegenüber den bereits im Besitz der Kommission befindlichen Beweismittel darstellen müssen (Rn. 24 f. der Kronzeugenregelung) und zum anderen je nach Rang des Antragsstellers vorgegebene prozentuale Bußgeldermäßigungsspannen greifen (Rn. 26 der Kronzeugenregelung). Bei einer Bußgeldermäßigung wird das BKartA grundsätzlich in dem Umfang, in dem die Reduktion gewährt wurde, von einer Vorteilsabschöpfung (§ 34 GWB) bzw. Verfallsanordnung (§ 29a OWiG) absehen (Rn. 23 S. 2 der Bonusregelung). Wird gegen den Bußgeldbescheid Einspruch eingelegt, so kann jedenfalls nicht ausgeschlossen werden, dass das Gericht den Kooperationsbeitrag im Rahmen der Bußgeldzumessung anders würdigt als das BKartA und im Ergebnis eine höhere Geldbuße verhängt (→ Rn. 194).

162 Mit der Stellung eines Bonusantrags durch ein Unternehmen werden automatisch die bei diesem Unternehmen (gegenwärtig oder früher) beschäftigten **natürlichen Personen** mit erfasst, sofern sich aus dem Antrag oder dem Verhalten des Unternehmens nichts anderes ergibt (Rn. 17 der Bonusregelung). Damit profitierten auch die an dem Kartell beteiligten persönlich Betroffenen, die für das Unternehmen gehandelt haben, von dem gewährten Bußgelderlass oder einer Bußgeldreduktion. Im Falle einer Bußgeldreduktion wird bei natürlichen Personen – anders als gegenüber Unternehmen – vom BKartA kein im Bußgeldbescheid ausgewiesener prozentualer Abschlag vorgenommen, sondern die Bußgeldhöhe wird einfach von vornherein geringer angesetzt. Rechnerisch wird aber der identische Prozentsatz berücksichtigt.

163 Angesichts der finanziellen Anreize, die die Bonusregelung Kartellbeteiligten im Gegenzug für ihre Kooperation gewährt, müssen die **Aussagen** von den kooperierenden Kartellmitgliedern vom BKartA **mit Vorsicht gewürdigt werden** und dürfen nur dann als Grundlage für den Nachweis eines Kartells herangezogen werden, wenn sie durch andere Beweismittel gestützt bzw. bestätigt werden.[682] Das hat auch das OLG Düsseldorf im Einspruchsverfahren gegen die Bußgeldbescheide des BKartA in Sachen *Zementkartell* nicht verkannt, wenn es betont, dass die Bonusregelung einen Anreiz darstellen könne, Sachverhalte zu erfinden oder zumindest aufzubauschen und es sich deshalb ein eigenes Bild vom Sachverhalt im Rahmen der Hauptverhandlung gemacht habe.[683] Die Möglichkeit einer **vollumfänglichen gerichtlichen Prüfung der vom BKartA erhobenen Tatvorwürfe** im Einspruchsverfahren ist deswegen aus rechtsstaatlichen Gesichtspunkten zu begrüßen.[684]

164 Erst im Anschluss an die Bußgeldreduktion nach der Bonusregelung erfolgt der Abschlag von weiteren 10%, wegen einvernehmlicher Verfahrensbeendigung **(Settlement)**,[685] sofern der Betroffene sich hierzu bereit erklärt (→ Rn. 177).

3. Zahlungserleichterungen

165 Nach **§ 18 Abs. 1 OWiG** (iVm § 30 Abs. 3 OWiG) sind dem Betroffenen **Zahlungserleichterungen** zu gewähren, wenn die sofortige Zahlung der Geldbuße objektiv nicht zumutbar ist.[686] Von der Rechtsprechung wird etwa als zumutbar angesehen, dass das be-

---

[682] Ebenso Immenga/Mestmäcker/*Dannecker/Biermann* GWB § 81 Rn. 541.
[683] ZB OLG Düsseldorf Urt. v. 26. 6. 2009 – VI 2a Kart 6/08 Rn. 425 – Zementkartell.
[684] Dagegen plädiert das BKartA aus verfahrensökonomischen Erwägungen *de lege ferenda* gegen die vollumfängliche gerichtliche Überprüfung: BKartA, Kartellbußgeldverfahren zwischen deutschem Systemdenken und europäischer Konvergenz, Hintergrundpapier zur Tagung des Arbeitskreises Kartellrecht am 4. 10. 2012, 26–28, abrufbar auf der Webseite des BKartA unter www.bundeskartellamt.de.
[685] Bußgeldleitlinien des BKartA v. 23. 6. 2013 Rn. 18 S. 2.
[686] OLG Düsseldorf Beschl. v. 3. 4. 2008 – VI-Kart 6/03 (OWi), BeckRS 2006, 14579 Rn. 21.

troffene Unternehmen zur Zahlung des Bußgeldes unter anderem einen Kontokurrentkredit in Anspruch nimmt und vorhandene Grundstücke zwecks zusätzlicher Kreditbeschaffung beleiht.[687] Das Ausmaß der Zahlungserleichterung (**Stundung** oder **Ratenzahlungen**) ist so zu bestimmen, dass dem Betroffenen die fristgerechte Zahlung zugemutet werden kann.[688] Vom BKartA und OLG Düsseldorf werden – bei entsprechend belegtem Vortrag der Nebenbetroffenen zu ihrer wirtschaftlichen Leistungsfähigkeit, insbesondere durch Vorlage der geprüften Jahresabschlüsse für die letzten, der Bußgeldentscheidung vorausgehenden Jahre – oftmals Ratenzahlungen gewährt, jedoch in der Regel nicht mehr als drei und – jedenfalls bei hohen Geldbußen – mit einer Fälligkeit im Abstand von höchstens einem Jahr.[689] Wird die Zahlungserleichterung nicht bereits im Bußgeldbescheid der Kartellbehörden bzw. in der Bußgeldentscheidung des Gerichts angeordnet, kann sie immer noch in dem an das Bußgeldverfahren anschließenden **Vollstreckungsverfahren** (§§ 89 ff. OWiG) gewährt werden. Hierzu bedarf es in der Praxis eines nach Rechtskraft der Bußgeldentscheidung zu stellenden Antrags des Betroffenen, mit dem die Gründe für seine Verhinderung zur sofortigen Zahlung des Bußgeldbetrages darzulegen und durch Vorlage entsprechender Dokumente, etwa Steuerberaterbescheinigungen, WP-Berichte, Kontoauszüge, Darlehensverträge, zu belegen sind. Für die Entscheidung über die Bewilligung von Zahlungserleichterungen nach Rechtskraft des Bußgeldbescheids des BKartA ist das **BKartA als Vollstreckungsbehörde** zuständig (§§ 93, 92, 90 OWiG); das gilt seit der 7. GWB-Novelle auch, wenn im Einspruchsverfahren gegen den Bußgeldbescheid eine gerichtliche Bußgeldentscheidung ergeht (§ 82a Abs. 2 S. 1 GWB). Wer nach Rechtskraft des Bußgeldbescheids einer Landeskartellbehörde zuständige Vollstreckungsbehörde ist, richtet sich nach dem jeweiligen Landesrecht,[690] wobei dann für gerichtliche Bußgeldentscheidungen die Staatsanwaltschaft als Vollstreckungsbehörde agiert (§§ 92, 91 OWiG iVm § 451 Abs. 1 StPO). In jüngerer Zeit werden Zahlungserleichterungen in Form von Ratenzahlungen oftmals bereits in der Bußgeldentscheidung der Kartellbehörden und Gerichte angeordnet, wenn die im Rahmen der individuellen Bußgeldzumessung zu bewertende wirtschaftliche Leistungsfähigkeit des Betroffenen dies nahelegt (→ Rn. 144). Zahlungserleichterungen nach Rechtskraft der Bußgeldentscheidung wurden von den Kartellbehörden bislang nur zurückhaltend gewährt.[691]

4. Verzinsung

Gemäß § 81 Abs. 6 GWB sind die vom Bundeskartellamt gegen **juristische Personen** und **Personenvereinigungen** verhängten Bußgelder zu verzinsen. Die Regelung, die mit der 7. GWB-Novelle eingeführt worden ist, sollte insbesondere verhindern, dass Unternehmen allein dadurch einen erheblichen Zinsgewinn erzielen, dass sie gegen den Bußgeldbescheid Einspruch einlegen und diesen kurz vor der gerichtlichen Entscheidung wieder zurücknehmen.[692] Der **Zinszeitraum** beginnt gem. § 81 Abs. 6 S. 1 Hs. 2 GWB **zwei Wochen** nach Zustellung des Bußgeldbescheids. Im Falle eines Einspruchs gegen den Bußgeldbescheid bleibt die Zinspflicht bestehen, auch wenn der Einspruch nach Beginn der Hauptverhandlung mit Zustimmung der Generalstaatsanwaltschaft zurückgenommen wird. Allerdings gilt die Zinspflicht nur für das behördliche Verfahren. Bei einer

166

---

[687] OLG Düsseldorf Beschl. v. 3.4.2008 – VI-Kart 6/03 (OWi), BeckRS 2006, 14579 Rn. 23, 32.
[688] Göhler/*Gürtler* § 18 Rn. 3.
[689] ZB OLG Düsseldorf Urt. v. 26.6.2009 – VI 2a Kart 6/08 Rn. 669, 678, 692, 707 – Zementkartell; Urt. v. 15.4.2013 – VI-4 Kart 2–6/10 OWi, u. Urt. v. 19.6.2013 – V-4 Kart 2/13 (OWi) – Flüssiggas I; BKartA Fallbericht v. 27.5.2013 zu Entsch. v. Oktober 2011 bis Februar 2013 – B11–13/06, 4 – Mühlen; BKartA Fallbericht v. 4.5.2012 zu Entsch. v. 10.8.2011 u. 28.2.2012 – B12–15/09, 2 – Betonrohre und -schächte; BKartA Fallbericht v 19.10.2011 zu Entsch. v. 9.9.2011, 13.9.2011 u. 19.9.2011 – B12–15/08, 2 – Spanplatten, abrufbar auf der Webseite des BKartA unter www.bundeskartellamt.de.
[690] Göhler/*Seitz* § 90 Rn. 3, 6 f.
[691] ZB OLG Düsseldorf Beschl. v. 2.4.2001 – VI-Kart 6/03 (OWi), abrufbar auf der Rechtsprechungsdatenbank NRW unter www.justiznrw.de; Wiedemann/*Klusmann* HdB KartellR § 57 Rn. 99.
[692] Regierungsbegründung 7. GWB-Novelle, BT-Drs. 15/3640, 67; Langen/Bunte/*Raum* GWB § 81 Rn. 191; KK-Kart/*Schöner* GWB § 81 Rn. 229.

vom OLG im Wege des Einspruchsverfahrens festgesetzten Geldbuße fallen daher keine Zinsen an.[693] Im Übrigen betragen die Zinsen 5% über dem gesetzlichen Basiszinssatz (§ 81 Abs. 6 S. 2 GWB iVm §§ 288 Abs. 1 S. 2, 247 BGB). Die 9. GWB-Novelle sieht eine Anpassung der Regelung des § 81 Abs. 6 S. 1 Hs. 2 GWB dergestalt vor, dass der Beginn der Verzinsung zwei Wochen weiter nach hinten verlagert wird. Die Verzinsung beginnt demnach erst **vier Wochen** nach der Zustellung des Bußgeldbescheids und nicht mehr wie bisher zwei Wochen. Hintergrund ist, dass in Fällen, in denen innerhalb von zwei Wochen kein Einspruch gegen den Bußgeldbescheid eingelegt wird, dem Betroffenen nach § 95 OWiG in der Regel eine Schonfrist von weiteren zwei Wochen zur Begleichung der Bußgeldforderung eingeräumt wird.[694] Die Regelung dient der Klarstellung, dass in solchen Fällen keine Zinsen innerhalb der Schonfrist anfallen. Zudem wird mit § 81 Abs. 6 S. 3 RegE-GWB eine Neuregelung ergänzt, mit der die **Geltendmachung der gesetzlichen Zinsforderung** auf **15 Jahre** ab Zustellung des Bußgeldbescheids beschränkt wird. Die Verjährungsregel trägt der Rechtsprechung des Bundesverfassungsgerichts zum Kommunalabgabenrecht Rechnung, wonach das Rechtsstaatsprinzip es erfordert, dass Abgaben zum Vorteilsausgleich nicht zeitlich unbegrenzt nach Erlangung des Vorteils festgesetzt werden können.[695]

167 Die in der Vergangenheit geführte Diskussion[696] um die **Verfassungsmäßigkeit** des § 81 Abs. 6 GWB hat mit dem Beschluss des BVerfG vom 19.12.2012[697] ihren Abschluss gefunden. Während das OLG Düsseldorf[698] in seinem Vorlagebeschluss zu dem Ergebnis kam, dass § 81 Abs. 6 GWB den Gleichheitssatz in mehrfacher Weise verletze, sah das BVerfG weder einen Verstoß gegen den allgemeinen Gleichheitssatz des Art. 3 Abs. 1 GG noch gegen die Rechtsweggarantie des Art. 19 Abs. 4 GG als gegeben an.[699]

168 Zur Frage der **zeitlichen Geltung** von § 81 Abs. 6 GWB hat das OLG Düsseldorf entschieden, dass eine Verzinsungspflicht nicht bereits dadurch ausgeschlossen ist, dass das geahndete kartellrechtswidrige Verhalten bereits vor Inkrafttreten des § 81 Abs. 6 GWB beendet war und auch der den Kartellverstoß ahndende Bußgeldbescheid schon erlassen und zugestellt war.[700] Schließlich habe der Gesetzgeber keine nähere Bestimmung hinsichtlich des zeitlichen Anwendungsbereichs der Vorschrift getroffen, so dass nach dem Wortlaut des § 81 Abs. 6 GWB eine Verzinsungspflicht für alle in einem Bußgeldbescheid festgesetzten Geldbußen angeordnet ist. Nach Auffassung des OLG Düsseldorf liegt auch kein Verstoß gegen das Rückwirkungsverbot aus Art. 103 Abs. 2 GG vor, da es sich bei der Verzinsungspflicht bereits nicht um eine strafähnliche Maßnahme handelt, so dass der Schutzbereich des Art. 103 Abs. 2 GG nicht eröffnet ist.[701]

---

[693] In der Gesetzesbegründung heißt es hierzu: „Bei wirksamen Einsprüchen ist das Gericht an den Ausspruch der Behörde nicht gebunden, sondern entscheidet selbständig, ob und inwieweit eine Ahndung geboten ist. Das gilt auch für die Zinspflicht, die sich allein auf die im Bußgeldbescheid festgesetzte Geldbuße bezieht.", BT-Drs. 15/3640, 67; ob das Gericht die gesetzliche Wertentscheidung des § 81 Abs. 6 GWB bei der Bemessung des Bußgeldes berücksichtigt, bleibt offen; vgl. hierzu Langen/Bunte/*Raum* GWB § 81 Rn. 194; *Bechtold* § 81 Rn. 46; aA Immenga/Mestmäcker/*Dannecker/Biermann* GWB § 81 Rn. 575, nach deren Auffassung die Verzinsungspflicht in dem Umfang gilt, in dem die gerichtlich festgesetzte Geldbuße der der Kartellbehörde entspricht; siehe auch MüKoGWB/*Vollmer* § 81 Rn. 150.

[694] Gesetzesentwurf der Bundesregierung, Entwurf eines Neunten Gesetzes zur Änderung des Gesetzes gegen Wettbewerbsbeschränkungen v. 28.9.2016, 109.

[695] Gesetzesentwurf der Bundesregierung, Entwurf eines Neunten Gesetzes zur Änderung des Gesetzes gegen Wettbewerbsbeschränkungen v. 28.9.2016, 109.

[696] Immenga/Mestmäcker/*Dannecker/Biermann* GWB § 81 Rn. 569ff.; MüKoGWB/*Vollmer* § 81 Rn. 144; Loewenheim/Meesen/Riesenkampff/*Meyer-Lindemann* GWB § 81 Rn. 134ff.

[697] BVerfG Beschl. v. 19.12.2012 – 1 BvL 18/11, WuW/E DE-R 3765 (3771) – Verzinsungspflicht; vgl. Ausführungen in KK-Kart/*Schöner* GWB § 81 Rn. 231f.

[698] OLG Düsseldorf Beschl. v. 24.5.2011 – V-1 Kart 1/11 (OWi), WuW/E DE-R 3308 (3317) – Zinsverpflichtung.

[699] Eine ausführliche Kommentierung des Beschl. des BVerfG v. 19.12.2012 („Verzinsungspflicht") findet sich in *Meinhold-Heerlein/Engelhoven* NZKart 2013, 104; *Vollmer* wistra 8/2013, 289.

[700] OLG Düsseldorf Beschl. v. 25.9.2013 – V-1 Kart 7/11 (OWi) Rn. 24ff.

[701] OLG Düsseldorf Beschl. v. 25.9.2013 – V-1 Kart 7/11 (OWi) Rn. 32.

169 Die gegen die im Vollstreckungsverfahren erlassene Zinszahlungsanordnung zulässigen **Rechtsbehelfe** richten sich nach den hierfür geltenden Regelungen der §§ 103, 104 OWiG.[702] Da keiner der in § 104 Abs. 3 Nr. 1–3 OWiG aufgeführten Fälle vorliegt, in denen die sofortige Beschwerde eröffnet wäre, ist im Übrigen kein Rechtsbehelf gegen einen Beschluss des OLG gegeben, mit dem es einen Antrag auf gerichtliche Entscheidung gegen den Verwerfungsbeschluss des BKartA zurückgewiesen hat.[703]

IV. Steuerrechtliche Behandlung von Bußgeldern und Verfahrenskosten

170 In Bezug auf die steuerliche Behandlung von Bußgeldern stellt sich regelmäßig die Frage, ob eine von den Behörden verhängte Geldbuße von der Ertragsteuer, insbesondere der Einkommenssteuer, abgezogen werden kann. Gem. § 4 Abs. 5 Nr. 8 EStG sind Geldbußen grundsätzlich nicht abzugsfähig. Geldbußen, die von deutschen Behörden oder Gerichten oder von Organen der Europäischen Union verhängt werden, werden als Betriebsausgaben angesehen, die den Gewinn nicht mindern dürfen. Allerdings ist gem. § 4 Abs. 5 Nr. 8 Satz 4 EStG in der seit 1992 geltenden Fassung eine Ausnahme vom Abzugsverbot dann vorgesehen, wenn durch die Geldbuße der **wirtschaftliche Vorteil iSd § 17 Abs. 4 OWiG** (→ Rn. 133), der durch den Gesetzesverstoß erlangt wurde, **abgeschöpft** worden ist.[704] Die Geldbuße ist jedoch nur dann abzugsfähig, wenn der wirtschaftliche Vorteil brutto angesetzt und damit von der Behörde die auf dem Vorteil lastende Ertragsteuer nicht abgezogen wurde. Sofern bei der Berechnung des wirtschaftlichen Vorteils dieser bereits um die Steuern von Einkommen und Ertrag vermindert wurde (sog Nettoprinzip, → Rn. 134), ist eine Geldbuße dagegen nicht mehr abzugsfähig. Hat eine Geldbuße reinen **Ahndungscharakter** (vgl. § 81 Abs. 5 S. 2 GWB), ist sie in keinem Fall abzugsfähig.

171 Der BGH hat bereits 2005 in Bezug auf die mit der 7. GWB-Novelle abgeschaffte Mehrerlösgeldbuße entschieden, dass bei der Bußgeldbemessung stets zu bestimmen ist, ob und gegebenenfalls welcher Anteil des Bußgeldes die Ahndung betrifft und welcher Teil der bloßen Abschöpfung dient.[705] Die Kartellbehörde muss dies in ihrer Bußgeldentscheidung klarstellen.[706] Vor dem Hintergrund des Nettoprinzips ist hinsichtlich des Abschöpfungsteils zu überprüfen, ob für den Veranlagungszeitraum, in dem die abzuschöpfenden Erlöse erzielt wurden, das Besteuerungsverfahren bereits durch einen bestandskräftigen Bescheid beendet wurde. Nur in dem in der Praxis eher seltenen Fall, dass das Besteuerungsverfahren endgültig abgeschlossen ist, berücksichtigt der Bußgeldrichter die hierauf entfallende steuerliche Belastung und mindert insoweit den Abschöpfungsbetrag.[707] Ist das Besteuerungsverfahren noch offen und kann die Abschöpfung noch im Rahmen des Besteuerungsverfahrens berücksichtigt werden, so wird in der Regel der wirtschaftliche Vorteil abgeschöpft, ohne dass bei der Bußgeldzumessung die auf den Vorteil entfallenden Steuern berücksichtigt werden.[708] In diesem Fall ist die Geldbuße hinsichtlich des Abschöpfungsteils steuerlich abzugsfähig und kann als Betriebsausgabe steuermindernd geltend gemacht werden. Da das BKartA generell eine Tendenz hat, reine Ahndungsgeldbußen zu verhängen (→ Rn. 135), spielt die Frage der steuerlichen Abzugsfähigkeit in der Praxis eine immer geringere Rolle.

---

[702] BGH Beschl. v. 31.1.2012 – III-3 KRB 39/11, WuW/E DE-R 3607 (3608) – Zinszahlungsanordnung.
[703] BGH Beschl. v. 31.1.2012 – III-3 KRB 39/11, WuW/E DE-R 3607 (3608) – Zinszahlungsanordnung.
[704] Dieser Regelung vorausgehend hatte das BVerfG in seinem Beschl. v. 23.1.1990 – 1 BvL 4/87 ua, NJW 1990, 1900, entschieden, dass der allgemeine Gleichheitssatz verlangt, dass entweder die Geldbuße mit dem Abschöpfungsbetrag bei der Einkommensbesteuerung abgesetzt werden kann oder ihrer Bemessung nur der um die absehbare Einkommensteuer verminderte Betrag zugrunde gelegt wird.
[705] BGH Beschl. v. 25.4.2005 – KRB 22/04, WuW/E DE-R 1487 (1489) – Steuerfreie Mehrerlösabschöpfung.
[706] *Bechtold* § 81 Rn. 50; Immenga/Mestmäcker/*Dannecker/Biermann* § 81 Rn. 552; KK-Kart/*Schöner* GWB § 81 Rn. 227.
[707] *Bechtold* § 81 Rn. 50.
[708] Loewenheim/Meesen/Riesenkampff/*Meyer-Lindemann* § 81 Rn. 129.

V. Sonstige Sanktionen

172 Anstatt oder in Ergänzung zu der Verhängung einer Geldbuße für die Kartellordnungswidrigkeit kommen weitere Sanktionen in Betracht.

1. Eintragung in das Gewerbezentralregister

173 Rechtskräftige Bußgeldentscheidungen der Kartellbehörden oder Gerichte (§ 149 Abs. 2 Nr. 3 GewO) sind von diesen gem. **§ 153a GewO** dem beim Bundeszentralregister geführten **Gewerbezentralregister** zur Eintragung mitzuteilen (sofern die Geldbuße mehr als 200 EUR beträgt, was bei Kartellverstößen wohl immer der Fall sein wird). Die Eintragung betrifft die bebußten natürlichen Personen (Betroffene) und juristischen Personen (Nebenbetroffene). Die Eintragungen werden **nach fünf Jahren ab Eintritt der Rechtkraft** der Entscheidung aus dem Gewerbezentralregister getilgt (§ 153 Abs. 1 Nr. 2 GewO). Enthält das Register mehrere Eintragungen, so werden die einzelnen Eintragungen erst getilgt, wenn für alle Eintragungen die 5-Jahres-Frist abgelaufen ist. Zur **Auskunftseinholung** über die im Gewerbezentralregister eingetragenen Bußgeldentscheidungen zum Zweck der Verfolgung von Kartellordnungswidrigkeiten sind seit der 7. GWB-Novelle auch die Kartellbehörden (iSv § 81 Abs. 10 GWB) befugt (§ 150a Abs. 2 Nr. 4 GewO). Den von der Eintragung Betroffenen ist auf Antrag entweder nach Maßgabe des § 150 GeWO Auskunft über den Registerinhalt zu erteilen oder gem. § 150a Abs. 5 GewO in die von der Behörde aus dem Register erhaltene Auskunft Einsicht zu gewähren. Die im Gewerbezentralregister eingetragenen – und weder getilgten noch tilgungsreifen – rechtskräftigen Bußgeldbescheide können im Rahmen der **Bußgeldzumessung** Berücksichtigung finden (→ Rn. 141).

2. Ausschluss von Vergabeverfahren

174 Ist ein Unternehmen wegen einer Kartellrechtsordnungswidrigkeit von den Kartellbehörden oder Gerichten bebußt worden, kann es **von der Vergabe öffentlicher Aufträge ausgeschlossen** werden. Das am 18. 4. 2016 in Kraft getretene **Vergaberechtsmodernisierungsgesetz vom 17. 2. 2016**[709] sieht darin gem. **§ 124 Abs. 2 Nr. 4 GWB n. F.** einen fakultativen Ausschlussgrund. Demnach können öffentliche Auftraggeber unter Berücksichtigung des Grundsatzes der Verhältnismäßigkeit ein Unternehmen zu jedem Zeitpunkt des Vergabeverfahrens von der Teilnahme an einem Vergabeverfahren ausschließen, wenn der öffentliche Auftraggeber über hinreichende Anhaltspunkte dafür verfügt, dass das Unternehmen Vereinbarungen mit anderen Unternehmen getroffen hat, die eine Verhinderung, Einschränkung oder Verfälschung des Wettbewerbs bezwecken oder bewirken. Dabei geht es nicht nur um wettbewerbsbeschränkende Vereinbarungen im gerade laufenden Vergabeverfahren. Durch die mit der 8. GWB-Novelle vorgenommene Ergänzung des **§ 150a Abs. 1 Nr. 4 GewO** sind die Behörden und öffentlichen Auftraggeber zudem berechtigt, zur Vorbereitung von vergaberechtlichen Entscheidungen über wegen Kartellrechtsverstößen ergangene strafgerichtliche Verurteilungen und Bußgeldbescheide Informationen beim Gewebezentralregister einzuholen. Mit diesem Auskunftsrecht soll sichergestellt werden, dass die Vergabestellen zurückliegende Kartellrechtsverstöße von Bewerbern bei der Vergabe öffentlicher Aufträge berücksichtigen können.[710] Auch die wichtige Frage, wann und unter welchen Voraussetzungen ein Unternehmen trotz Vorliegen eines Ausschlussgrundes wieder mit Aussicht auf Erfolg an öffentlichen Vergaben teilnehmen kann, ist nun gesetzlich geregelt. Die nunmehr in **§ 125 GWB nF** kodifizierte **Selbstreinigung** setzt den Nachweis des Unternehmens voraus, für jeden durch das Fehlverhalten verursachten Schaden einen Ausgleich gezahlt oder sich zur Zahlung eines Ausgleichs zumindest dem Grunde nach verpflichtet zu haben, mit den Ermittlungsbehörden und dem Auftraggeber bei der umfassenden Aufklärung der tatsächlichen Umstän-

---

[709] Gesetz zur Modernisierung des Vergaberechts (Vergaberechtsmodernisierungsgesetz – VergRModG), BGBl. 2016 I, 203.
[710] BT-Drs. 17/9852, 38; *Mühlhoff* NZWiSt 2013, 321 (330).

de des Fehlverhaltens zusammengearbeitet zu haben und konkrete Maßnahmen zur Vermeidung künftiger Non-Compliance ergriffen zu haben.[711] Praktisch relevant wurde die Notwendigkeit solcher Selbstreinigungsmaßnahmen etwa für die vom BKartA wegen Kunden- und Quotenabsprachen bebußten Feuerwehrlöschfahrzeughersteller,[712] um so das Vertrauen der auftragsvergebenden Kommunen in ihre Zuverlässigkeit wiederherzustellen und zu den Ausschreibungsverfahren wieder zugelassen zu werden. Unternehmen sind jedoch nicht zur Selbstreinigung verpflichtet. Statt dessen können sie den Zugang zu diesen Märkten nach den neuen, in **§ 126 GWB nF** normierten Sperrfristen, durch bloßen **verfehlungsfreien Zeitablauf** erhalten. Für die fakultativen Ausschlussgründe (also auch für Kartellanten) gilt eine Sperrfrist von drei Jahren. Allerdings fehlt es bisher an einer klaren Regelung, welches Ereignis fristauslösend sein soll. In der Gesetzesbegründung heißt es hierzu, dass „insbesondere die Entscheidung der zuständigen Kartellbehörde über das Vorliegen eines Wettbewerbsverstoßes" ein solches Ereignis darstellen kann.[713]

3. Abschöpfung des wirtschaftlichen Vorteils

Sofern die **Abschöpfung des wirtschaftlichen Vorteils** nicht schon über die Festsetzung der Geldbuße erfolgt (→ Rn. 133), kann die Kartellbehörde über die mit der 7. GWB-Novelle eingeführte Vorschrift des § 34 GWB den wirtschaftlichen Vorteil auch in einem **gesonderten verwaltungsrechtlichen Abschöpfungsverfahren nach § 34 GWB** abschöpfen.[714] Für die Bestimmung des wirtschaftlichen Vorteils gelten die zu § 17 Abs. 4 OWiG entwickelten Grundsätze,[715] es greift also das **Nettoprinzip** (→ Rn. 134). Ein solches gesondertes Verfahren kommt dann in Betracht, wenn die verhängte Geldbuße reinen Ahndungscharakter hat, § 81 Abs. 5 GWB (→ Rn. 139). Die verwaltungsrechtliche Vorteilsabschöpfung hat hinter zivilrechtlichen Schadensersatzleistungen zurückzustehen (vgl. § 34 Abs. 2 GWB).[716] Die Kartellbehörde wird deshalb zweckmäßigerweise von der Anordnung der Vorteilsabschöpfung absehen, wenn gegen die Kartellanten Schadensersatzansprüche vor den Zivilgerichten geltend gemacht werden bzw. eine solche Geltendmachung zu erwarten ist und solange die gerichtliche Klärung der Ansprüche noch nicht abgeschlossen ist.[717] Praktische Anwendungsfälle des § 34 GWB sind bislang nicht bekannt. Es gibt im Übrigen gem. **§ 34a GWB** auch die Möglichkeit für **Verbände** zur Vorteilsabschöpfung, allerdings nur dann, wenn es sich um einen vorsätzlich begangenen Kartellverstoß handelt und dadurch eine Vielzahl von Abnehmern oder Anbietern geschädigt wurde (→ § 28 Rn. 1 ff.). Die Bedeutung dieser Möglichkeit ist von vornherein gering, da sie gegenüber anderen bußgeldrechtlichen, verwaltungsrechtlichen und zivilrechtlichen Ansprüchen von Behörden bzw. Gerichten und Geschädigten **subsidiär** ist.[718]

175

Im **Ordnungswidrigkeitenverfahren** der Kartellbehörden oder Gerichte kann nach § 29a Abs. 1 OWiG eine Abschöpfung des durch den Kartellverstoß erlangten Vermögensvorteils auch durch **Anordnung des Verfalls** erfolgen. Das setzt allerdings voraus, dass gegen den Betroffenen bzw. Nebenbetroffenen **keine Geldbuße** – auch keine reine Ahndungsgeldbuße nach § 81 Abs. 5 S. 2 GWB – **verhängt** wird. Anders als bei der Bemessung einer Geldbuße, die auch der Vorteilsabschöpfung dient (§ 17 Abs. 4 OWiG), bemisst sich die Abschöpfung des wirtschaftlichen Vorteils beim Verfall nach dem **Bruttoprinzip,** so dass Auf-

176

---

[711] Vgl. *Neun* NZKArt 2016, 320; zur Frage der kartellrechtlichen Compliance in dem Zusammenhang *Mutschler-Siebert/Dorschfeldt* BB 2015, 642.
[712] BKartA Fallbericht v. 18.2.2011 zur Entsch. v. 10.2.2011 – B12-11/09 – Feuerwehrlöschfahrzeuge, abrufbar auf der Webseite des BKartA unter www.bundeskartellamt.de.
[713] Gesetzesentwurf der Bundesregierung zum VergRModG v. 14.8.2015, Drs. 367/15, 131.
[714] Im Einzelnen hierzu *Bechtold* § 34 Rn. 1 ff.; Langen/Bunte/*Bornkamm* GWB § 34 Rn. 1 ff.; MüKoGWB/*Lübbig* § 34 Rn. 1 ff.; Immenga/Mestmäcker/*Emmerich* GWB § 34 Rn. 1 ff.; KK-Kart/*Schöner* GWB § 81 Rn. 216 ff.
[715] BT-Drs. 15/3640, 55 linke Spalte.
[716] BT-Drs. 15/3640, 55 linke Spalte.
[717] *Bechtold* § 34 Rn. 6.
[718] BT-Drs. 15/3640, 55 rechte Spalte; *Bechtold* § 34a Rn. 1.

wendungen des Täters nicht in Abzug zu bringen sind.[719] Da im Ordnungswidrigkeitenrecht regelmäßig der wirtschaftliche Vorteil aus der Zuwiderhandlung dem hinter dem Täter stehenden Unternehmen zufließt, kommt die Verfallsanordnung insbesondere gegenüber der nach § 30 OWiG haftenden juristischen Person oder Personenvereinigung (Nebenbetroffenen) in Betracht, sofern gegen diese kein Bußgeld verhängt wurde.[720] Deswegen wird die Verfallsanordnung (nach § 29a Abs. 2 OWiG) auch im Zusammenhang mit Fallkonstellationen diskutiert, die nicht von der neuen Regelung zur Gesamtrechtsnachfolgehaftung § 30 Abs. 2a OWiG erfasst sind und deshalb in eine Sanktionslücke fallen (→ Rn. 107). Kartellordnungswidrigkeitenverfahren, in denen die Kartellbehörde oder das Gericht den Verfall angeordnet hat, sind bis dato nicht bekannt.

I. Vergleichsverfahren

177 Die einvernehmliche Beendigung von Kartellbußgeldverfahren (sog Settlements) haben in der heutigen Verfolgungspraxis des BKartA eine große Bedeutung erlangt. Die mit dem Settlement-Verfahren verbundene rasche Verfahrensbeendigung und Bußgeldreduktion führt dazu, dass kaum ein Kartellverfahren mehr ohne Erzielung eines Settlements zumindest mit einem der Beteiligten abgeschlossen wird. Im Settlement-Verfahren muss der Betroffene den zur Last gelegten Sachverhalt anerkennen und erhält im Gegenzug eine Reduktion des Bußgeldes. Einen Kartellrechtsverstoß gibt der Betroffene damit gerade nicht zu, auch wenn dieser im Kurz-Bußgeldbescheid letztlich festgestellt wird.

I. Die Entwicklung des Vergleichsverfahrens in Deutschland

178 Die **ersten Vergleichsverfahren** oder auch Settlements vor dem BKartA fanden bereits in den 90er Jahren in Form von sog „amicable fine decision" statt.[721] Seit 2007 hat das BKartA seine Behördenpraxis bezüglich der Settlements stärker ausgebaut, was sich insbesondere in der hohen Fallzahl widerspiegelt: bereits von 2007 bis März 2011 hat das BKartA in 37 Verfahren, das entspricht 82% seiner Verfahren, Entscheidungen aufgrund von Settlement-Vereinbarungen getroffen.[722] Dabei wurde allerdings innerhalb desselben Verfahrens häufig nur mit einigen Unternehmen ein Vergleich gefunden, während gegen die übrigen Unternehmen normale Bußgeldbescheide erlassen wurden (sog hybride Settlements, → Rn. 193).[723] Seit März 2011 wurden nahezu sämtliche Bußgeldverfahren vor dem BKartA zumindest mit einem Teil der Unternehmen im Wege der einvernehmlichen Verfahrensbeendigung abgeschlossen.[724] Im Vergleich dazu wurden vor der Europäischen Kommission seit 2008, dh mit Erlass der Settlement-Leitlinien[725] lediglich zwanzig Settle-

---

[719] Göhler/*Gürtler* § 29a Rn. 11 f.; Langen/Bunte/*Raum* GWB § 81 Rn. 190 mwN.
[720] Loewenheim/Meessen/Riesenkampff/*Meyer-Lindemann* GWB § 81 Rn. 127; Göhler/*Gürtler* § 29a Rn. 18.
[721] OECD Working Party No. 3 on Co-operation and Enforcement, Plea Bargaining/Settlement of Cartel Cases, Federal Republic of Germany, DAF/COMP/WP3/WD (2006)77, 17.10.2006, 3.
[722] *Mundt*, Vortrag auf dem 44. Innsbrucker Symposium des FIW 10.3.2011: „Verfahren ohne Sanktionen – Sanktionen ohne Verfahren?", 13, abrufbar auf der Webseite des BKartA unter www.bundeskartellamt.de.
[723] *Mundt*, Vortrag auf dem 44. Innsbrucker Symposium des FIW 10.3.2011: „Verfahren ohne Sanktionen – Sanktionen ohne Verfahren?", 14 Fn. 22: Demnach waren in der Zeit von 2007 bis März 2011 115 von 178 Unternehmensbußen gesettelte Bußgelder. Bezogen auf die Bußgeldhöhe wurden 37% der verhängten Bußgelder gesettelt.
[724] So hat das BKartA im Verfahren gegen Zuckerhersteller mit sämtlichen Betroffenen eine einvernehmliche Verfahrensbeendigung erzielt (BKartA Pressemitteilung v. 18.2.2014). Eine Ausnahme bilden die im Rahmen des Schienenkartells verhängten Bußgelder, vgl. BKartA Pressemitteilung v. 5.7.2012 – Schienenfall, abrufbar auf der Webseite des BKartA unter www.bundeskartellamt.de. Allerdings könnten hier die parallel laufenden Ermittlungen wegen des Verdachts auf Submissionsbetrug gegen die handelnden natürlichen Personen dazu beigetragen haben, dass ein Settlement und das damit verbundene „Geständnis" nicht in Frage kamen.
[725] Verordnung der Kommission Nr. 662/2008 v. 30.6.2008 hinsichtlich der Durchführung von Vergleichsverfahren in Kartellfällen.

ment-Verfahren abgeschlossen (→ § 10 Rn. 14 ff.).[726] Allerdings wurden allein in 2014 immerhin sechs Kartellverfahren im Wege des Settlements beendet, so dass auch auf EU-Ebene ein Trend zur einvernehmlichen Verfahrensbeendigung erkennbar wird. Vor dem BKartA sind **Vergleiche in sämtlichen Ordnungswidrigkeitenverfahren** im Sinne des § 81 GWB möglich. Das heißt, dass Vergleiche nicht nur in Bezug auf horizontale Hardcore-Kartelle vorgesehen sind, sondern auch Verfahren wegen Vertikalverstößen[727] und wegen Verstoßes gegen das fusionskontrollrechtliche Vollzugsverbot[728] im Wege des Settlements beendet werden können. So hat das BKartA ein Verfahren, in dem es um die Verhängung eines Bußgeldes wegen einer unvollständigen Anmeldung eines Zusammenschlusses ging, ebenfalls im Wege des Settlements beendet.[729]

179 Das BKartA bezweckt mit seiner zunehmenden Settlement-Praxis insbesondere eine Schonung der Mitarbeiterressourcen. Da sowohl die Prozessabteilung als auch die Mitarbeiter in den Beschlussabteilungen in den gerichtlichen Einspruchsverfahren gegen eine Bußgeldentscheidung in erheblichem Umfang in Anspruch genommen werden, stehen bei einer zügigen Verfahrensbeendigung durch ein Settlement diese Kapazitäten für andere Verfahren und insbesondere auch Verfahrensneueinleitungen zur Verfügung.[730] Kritiker der zunehmenden Settlement-Praxis befürchten hingegen zu Recht, dass durch die Vielzahl an Settlements faktisch die gerichtliche Kontrolle der Entscheidungen des BKartA zu kurz gerät.

II. Rechtsgrundlage und Ermessen

1. Rechtsgrundlage

180 Weder der Inhalt noch das Verfahren der einvernehmlichen Verfahrensbeendigung beim BKartA sind gesetzlich geregelt. Die Grundzüge des Vergleichsverfahren werden in einem OECD-Arbeitspapier von 2006,[731] im Tätigkeitsbericht des BKartA 2007/2008,[732] im Fallbericht zum sog Kaffeeröster-Kartell[733] und in einem im Dezember 2013 veröffentlichen und im Februar 2016 aktualisierten, inhaltlich knappen **Merkblatt des BKartA**[734] dargestellt. Das BKartA sieht bisher offensichtlich auch keine Notwendigkeit für umfassende Leitlinien und verweist unter anderem auf den Gesetzgeber, der eine Regelung des Settlements im Bußgeldverfahren für zu formalistisch hielt.[735] Die Praxis der Europäischen Kommission wird in dem Zusammenhang als negatives Beispiel angesehen, da vor allem die starke Formalisierung des Verfahrens nach Auffassung des BKartA dazu geführt habe, dass die Vergleichsverhandlungen vor der

---

[726] Stant 1.4.2016: die bisherigen Settlementverfahren der Kommission werden in der jüngsten Pressemitteilung aufgelistet; Kommission Pressemitteilung v. 27.1.2016, IP/16/173 – Autoteilehersteller; vgl. ausführlich hierzu § 10 Rn. 84.
[727] BKartA Pressemitteilung v. 18.6.2010, B 5–100/09 – Navigationsgeräte für den Outdoor-Bereich, abrufbar auf der Webseite des BKartA unter www.bundeskartellamt.de.
[728] BKartA Pressemitteilung v. 28.1.2011 – Hauptgenossenschaft ZG Raiffeisen; BKartA Pressemitteilung v. 10.5.2011 – Intersoh.
[729] BKartA Pressemitteilung v. 15.1.2013 – Clemens Tönnies.
[730] Der Fall Dekorpapier war zB innerhalb von drei Monaten (zwischen Durchsuchung und Bußgeldentscheidung) abgeschlossen, vgl. BKartA-Pressemitteilung v. 5.2.2008; vgl. hierzu mit weiteren Beispielen *Vollmer* E.C.L.R. 2011, 350 (351).
[731] OECD Working Paper No. 3 on Co-operation and Enforcement, Plea Bargaining/Settlement of Cartel Cases: The Federal Republic of Germany, DAF/COMP/WP3/WD (2006)77, 17.10.2006.
[732] BKartA Tätigkeitsbericht 2007/2008, BT-Drs. 16/13500, 35.
[733] BKartA Entsch. v. 18.12.2009 – B 11–18/08 – Kaffeeröster; vgl. hierzu Fallbericht des BKartA v. 14.1.2010, abrufbar auf der Webseite des BKartA unter www.bundeskartellamt.de.
[734] BKartA Merkblatt, „Das Settlement-Verfahren des Bundeskartellamtes in Bußgeldsachen", 2.2.2016, abrufbar auf der Webseite des BKartA unter www.bundeskartellamt.de.
[735] BKartA Merkblatt, „Das Settlement-Verfahren des Bundeskartellamtes in Bußgeldsachen", 2.2.2016, 2 mit Verweis auf die Regierungsbegründung zum Gesetz zur Regelung der Verständigung im Strafverfahren, BT-Drs. 16/12310, 16.

Europäischen Kommission teilweise über zwei Jahre dauern.[736] Das BKartA stützt sich im Rahmen des Settlement-Verfahrens schließlich auf das ihm zustehende Aufgreif- und Verfolgungsermessen gem. § 47 Abs. 1 OWiG. Das Gesetz zur Regelung der Verständigung im Strafverfahren,[737] insbesondere § 257c StPO, das ausschließlich die Verständigung im gerichtlichen Verfahren regelt, findet hingegen im Rahmen des behördlichen Verfahrens keine Anwendung (→ Rn. 191).[738]

2. Ermessen der Behörde

181 Die Möglichkeit zu einem Settlement liegt im Ermessen des BKartA. Gem. § 47 OWiG entscheidet die Behörde nach **pflichtgemäßem Ermessen,** ob sie ein Bußgeldverfahren einleitet. Im Gegensatz zum Strafverfahren, wo der Legalitätsgrundsatz die Verfolgung verlangt, ist das BKartA nicht verpflichtet, ein Bußgeldverfahren einzuleiten und durchzuführen.[739] Hat sich das BKartA zur Einleitung eines Bußgeldverfahrens entschlossen, so muss es im Rahmen eines Settlements weder einen vollständigen Nachweis der Tat führen noch sämtliche entlastende Umstände ermitteln. Aufgrund dieses Verzichts auf eine weitere Sachverhaltsaufklärung wird teilweise befürchtet, dass das Verfolgungsermessen gem. § 47 OWiG durch ein Settlement beschränkt wird. Nach dieser Auffassung erscheint ein Settlement deshalb bei einem noch nicht vollständig aufgeklärten Sachverhalt problematisch.[740] Dagegen wird argumentiert, dass sich Unternehmen ohnehin nur auf ein Settlement einlassen werden, wenn überzeugende Beweismittel vorliegen.[741] In der Tat wird ein betroffenes Unternehmen einem Settlement und damit einer Geldbuße nicht zustimmen, wenn es den Sachverhalt nicht für hinreichend geklärt hält.

III. Vor- und Nachteile eines Settlements

182 Der wesentliche **Vorteil des Settlements** besteht für die betroffenen Einzelpersonen und Unternehmen vor allem in der **Reduktion des Bußgeldes** um **bis zu 10%.** Dabei kann auch ein Bonusantragsteller, der keinen 100%-igen Bußgelderlass bekommen hat, mit dem BKartA in Settlement-Verhandlungen eintreten.[742] Beide Formen der Kooperation sind kombinierbar, der 10%-ige Settlement-Abschlag wird in dem Fall ergänzend gewährt. Nachteilig ist in dem Fall lediglich die Berechnungsmethode des BKartA für den Bußgelderlass: das BKartA zieht in der Praxis von dem errechneten Bußgeld zunächst den Abschlag für den Bonusantrag ab. Der Settlement-Abschlag in Höhe von 10% wird dann auf dieses bereits reduzierte Bußgeld gewährt. Für die Betroffenen wäre es vorteilhafter, den Abschlag für den Bonusantrag und den Settlement-Abschlag zu addieren (zB 30% + 10%) und anschließend den Gesamtbetrag (iHv 40%) als Abschlag anzusetzen. Sofern der Sachverhalt noch nicht ausermittelt ist, ist zudem eine **Einigung über die Reichweite des Tatvorwurfs** möglich.[743] Das BKartA zeigt sich dabei teilweise bereit, kleinere Tatkomplexe fallen zu lassen, damit es sich auf die wesentlichen Verstöße konzentrieren kann. Auch ist es möglich, im Rahmen der Verhandlungen mit dem BKartA den **Vorwurfszeitraum** als Teil des Settlements zu begrenzen. Da sowohl der Umfang des Tat-

---

[736] Vgl. *Mundt,* Vortrag auf dem 44. Innsbrucker Symposium des FIW 10 März 2011: „Verfahren ohne Sanktionen – Sanktionen ohne Verfahren?", 17, mit Verweis auf das DRAM-Verfahren der Europäischen Kommission.
[737] Gesetz zur Regelung der Verständigung im Strafverfahren, BGBl. 2353, in Kraft getreten am 4.8.2009; das BVerfG hat mit Urt. v. 19.3.2013 – 2 BvR 2628/10, DÖV 2013, 394, das Gesetz für verfassungsgemäß erklärt.
[738] BKartA Merkblatt, „Das Settlement-Verfahren des Bundeskartellamtes in Bußgeldsachen", 2.2.2016, 2.
[739] Göhler/*Seitz* § 47 Rn. 1; *Bechtold* Vor § 81 Rn. 3; Immenga/Mestmäcker/*Dannecker/Biermann* GWB § 81 Rn. 543.
[740] *Brenner* WuW 2011, 590 (596).
[741] *Polley/Heinz* WuW 2012, 14 (17).
[742] BKartA Tätigkeitsbericht 2007/2008, BT-Drs.16/13500, 35; vgl. BKartA Pressemitteilung v. 25.2.2014 – Preisabsprachen von Tapetenherstellern.
[743] *Polley/Heinz* WuW 2012, 14 (20); *Pichlo/Klar* NZKart 2015, 217; *Grafunder/Gänswein* BB 2015, 968 (971).

vorwurfs als auch der Vorwurfszeitraum Auswirkungen auf die Bußgeldhöhe haben, sind im Rahmen der Settlement-Verhandlungen durchaus größere Bußgeldreduktionen zu erzielen. Davon abgesehen können teilweise auch **Vorwürfe gegen betroffene natürliche Personen** fallengelassen werden. Dies war in der Vergangenheit insbesondere dann der Fall, wenn das Geständnis in Ergänzung zu weiteren Gründen, wie zB dem relativ hohen Alter des persönlich Betroffenen, vorlag.[744] Schließlich profitieren die Beteiligten von der mit dem Settlement verbundenen **schnellen Verfahrensbeendigung** und dem **verkürzten Bußgeldbescheid.** Der verkürzte Bußgeldbescheid stellt insbesondere mit Blick auf mögliche Follow-On-Klagen einen Mehrwert dar. Durch seinen knappen Inhalt hat der Kurz-Bußgeldbescheid in der Regel wesentlich weniger Aussagekraft als ein vollständiger Bußgeldbescheid.

Gegen das Settlement spricht primär der Verzicht auf bestimmte Verfahrensrechte, wie zB das teilweise **eingeschränkte Akteneinsichtsrecht.** Sofern der Sachverhalt noch nicht vollständig ausermittelt ist, wird es für die Betroffenen zudem schwierig, sich gegen den Tatvorwurf zu wehren. Schließlich ist zu befürchten, dass es durch die wachsende Settlement-Praxis zu **keiner gerichtlichen Überprüfung der Entscheidungen** des BKartA mehr kommt.[745] Zwar ist ein formaler Rechtsmittelverzicht nicht möglich (→ Rn. 192), de facto ist jedoch bisher kein Fall bekannt, in dem die Parteien die Settlement-Erklärung zurückgenommen und Rechtsmittel eingelegt hätten. Durch die Tatsache, dass in den bisherigen Einspruchsverfahren vor dem OLG Düsseldorf die Bußgelder des BKartA kaum nach unten korrigiert wurden, wird der Druck zur Annahme eines Settlement-Angebots des BKartA zudem erhöht. Fraglich bleibt auch, wie das BKartA mit der Frage der Akteneinsicht in die Unterlagen aus der Settlement-Verhandlung umgehen wird.[746] (→ § 18 Rn. 279).

183

IV. Ablauf des Settlement-Verfahrens

Für das Settlement-Verfahren besteht kein **fester zeitlicher Rahmen.** In der Regel wird das BKartA zunächst die Beweismittel sichten, bevor es von sich aus ein Settlement initiiert. Prinzipiell können die Vergleichsverhandlungen jedoch bereits in einem früheren Stadium, etwa kurz nach einer Durchsuchung, stattfinden.[747] Auch der Betroffene kann jederzeit ein Settlement anregen. Vor dem Erhalt eines Beschuldigtenschreibens wird ein Settlement jedoch vor allem dann stattfinden, wenn das Unternehmen bereits kooperiert. Andernfalls wird ein Unternehmen grundsätzlich, bevor es in Vergleichsverhandlungen einsteigt, zunächst den im Beschuldigtenschreiben adressierten Tatvorwurf abwarten. Die Rolle des am Settlement Beteiligten unterscheidet sich von der eines Bonusantragstellers. Während der Bonusantragsteller verpflichtet ist, mit der Behörde zu kooperieren und aktiv die Untersuchung zu unterstützen (→ Rn. 59), ist die Rolle der betroffenen Parteien im Settlement-Verfahren in puncto Sachverhaltsermittlung eher passiv. Hier besteht lediglich die **Verpflichtung die Fakten zuzugeben,** jedoch nicht, den Sachverhalt weiter aufzuklären.

184

Der **Ablauf der Settlement-Verhandlungen** unterliegt keiner festen Struktur. Die Verhandlungen mit dem BKartA werden entweder persönlich vor Ort oder telefonisch geführt. Die Anzahl der Gespräche ist dabei nicht festgelegt. In seinem jüngst veröffentlichten Merkblatt zum Settlement-Verfahren stellt das BKartA den Verfahrensablauf wie folgt dar: In der Regel wird bereits zu Beginn der Gespräche das **Settlement-Angebot**

185

---

[744] *Vollmer* E.C.L.R. 2011, 350 (352).
[745] So auch *Polley/Heinz* WuW 2012, 14 (19); *Grafunder/Gänswein* BB 2015, 968 (971).
[746] Vgl. ausführlich hierzu *Grafunder/Gänswein* BB 2015, 968 (972); *Fiedler/Blume Huttenlauch* NZKart 2013, 350 (351).
[747] So geschehen in den BKartA-Entscheidungen Werbezeitenvermarkter (BKartA Beschl. v. 11.4.2006 – B6–142/05) und Dekorpapier (BKartA Beschl. v. 5.12.2006 – B3–169/07); vgl. *Mundt*, Vortrag auf dem 44. Innsbrucker Symposium des FIW 10 März 2011: „Verfahren ohne Sanktionen – Sanktionen ohne Verfahren?", 15.

vorgestellt, dh das BKartA erläutert schriftlich oder mündlich den zur Last gelegten Sachverhalt, stellt einen Betrag als Geldbuße in Aussicht, der im Falle eines Settlements nach dem Stand der Ermittlungen nicht überschritten wird.[748] Das Angebot kann im Laufe der Verhandlungen angepasst werden. Sobald ein finales Angebot vorliegt, setzt das BKartA eine Frist, bis zu der die Parteien das Settlement-Angebot annehmen müssen. Bei Verstreichen dieser Frist wird der Bußgeldbescheid verhängt. Formal erfordert die geständige Einlassung zudem die Abgabe einer sogenannten **Settlement-Erklärung,** in der der Betroffene bzw. die Nebenbetroffene jeweils erklärt, dass der zur Last gelegte Sachverhalt aus seiner bzw. ihrer Sicht als zutreffend anerkannt und die Geldbuße bis zur Höhe des in Aussicht gestellten Betrages akzeptiert wird.[749] Da das Settlement-Verfahren gesetzlich nicht geregelt ist, unterliegt der konkrete Verfahrensablauf letztendlich ebenfalls dem Verhandlungsgeschick der Parteien.

186 Das BKartA ist grundsätzlich zur **Gleichbehandlung aller am Settlement Beteiligten** verpflichtet.[750] Das bezieht sich insbesondere auch auf die für die Bußgeldberechnung herangezogenen Parameter, wie zB den Prozentsatz für die Errechnung des Grundbetrages oder auch die Festsetzung der Dauer des Verstoßes (→ Rn. 139). Problematisch kann dies im Falle umfangreicher Kartellverfahren sein, in denen die Betroffenen mit dem BKartA zu **unterschiedlichen Zeitpunkten** setteln. Offenbaren sich im Laufe des Verfahrens **entlastende Umstände,** müsste das BKartA auch die bereits abgeschlossenen Settlements zugunsten der Betroffenen anpassen. Schwierig gestaltet es sich teilweise für den Betroffenen, falls er Unterschiede gegenüber den übrigen Beteiligten, zB mit Blick auf den eigenen Tatbeitrag, herausarbeiten möchte. Das BKartA zeigt sich im Settlement-Verfahren häufig nicht bereit, **Unterschiede im Sachverhalt** anzuerkennen. Aus taktischen Erwägungen kann es gegebenenfalls für einen Betroffenen hilfreich sein, sich mit den übrigen Unternehmen über die Vergleichsverhandlungen mit dem BKartA auszutauschen. Da das BKartA bisher keine ausdrückliche Vertraulichkeitsverpflichtung diesbezüglich kommuniziert hat, sollte ein Austausch über den Inhalt der Settlement-Vereinbarung zulässig sein.[751]

187 Wurde bereits ein Beschuldigtenschreiben an die Betroffenen versandt, so wird ihren Verteidigern volle **Akteneinsicht** gewährt. Finden die Vergleichsverhandlungen noch vor Versand des Beschuldigtenschreibens statt, wird die Akteneinsicht der Verteidigung auf die wesentlichen Beweismittel beschränkt.[752] In dem Fall erhalten die Parteien außerdem eine Zusammenfassung der Ergebnisse der Untersuchung des BKartA sowie der für die Bemessung des Bußgeldes relevanten Fakten.[753]

V. Inhalt Settlement-Erklärung

188 Nachdem der Betroffene, bzw. das Unternehmen, sein grundsätzliches Einverständnis mit dem Settlement-Angebot erklärt hat, erfolgen gegebenenfalls intensive Verhandlungen über den **Wortlaut und Inhalt** der Settlement-Erklärung bzw. des Kurz-Bußgeldbescheids. Für den Betroffenen wird eine separate Settlement-Erklärung vorbereitet. Da die Settlement-Erklärung bzw. insbesondere der Kurz-Bußgeldbescheid gegebenenfalls nicht nur die Beschreibung der Fakten, sondern auch die Umstände aufführt, die für die Berechnung des Bußgeldes relevant sind, versuchen die Parteien insbesondere mit Blick auf mögliche Schadensersatzprozesse den Wortlaut beider Schriftstücke zu beeinflussen. Das

---

[748] BKartA Merkblatt, „Das Settlement-Verfahren des Bundeskartellamtes in Bußgeldsachen", 2.2.2016, 2.
[749] BKartA Merkblatt, „Das Settlement-Verfahren des Bundeskartellamtes in Bußgeldsachen", 2.2.2016, 2.
[750] *Polley/Heinz* WuW 2012, 14 (22); *Pichler/Karl* NZKart 2015, 217 (218).
[751] So auch *Polley/Heinz* WuW 2012, 14 (23).
[752] *Polley/Heinz* WuW 2012, 14 (18); Immenga/Mestmäcker/*Dannecker/Biermann* GWB § 81 Rn. 545.
[753] Das Bundeskartellamt hat die Frage der Akteneinsicht in dem aktualisierten Merkblatt vom 2.2.2016 auf S. 3 klargestellt: [Das Bundeskartellamt] gewährt regelmäßig zumindest teilweise Akteneinsicht […] Eine vollständige Akteneinsicht kommt nicht in Frage, sofern die Ermittlungen noch gegen andere Betroffene fortgeführt werden und dadurch der Untersuchungszweck gefährdet würde.

Bundeskartellamt ist dabei häufig zu Zugeständnissen bereit. Mit Blick auf ein potentielles U.S. amerikanisches Discovery-Verfahren ist es außerdem möglich, die Settlement-Erklärung **mündlich** abzugeben.

Nach Unterzeichnung der Settlement-Erklärung ergeht der **Kurzbußgeldbescheid**, der die nach § 66 Abs. 1 und 2 OWiG notwendigen Informationen enthält.[754] Die Veröffentlichung der **Pressemitteilung** kann und sollte mit dem BKartA abgestimmt werden.

Mit der Abgabe der Settlement-Erklärung verpflichten sich die betroffenen Einzelpersonen und Unternehmen die Fakten einzuräumen, sie sind jedoch gerade nicht verpflichtet, den Verstoß an sich zuzugeben.

VI. Rechtsfolgen und Rechtsmittel

1. Rechtsfolgen

Gemäß dem Grundsatz des fairen Verfahrens ist das BKartA grundsätzlich an den **Inhalt des Settlements und das verhängte Bußgeld gebunden.** Teilweise wird angenommen, dass die Bindungswirkung dabei nicht weiter gehen darf als für die im Strafverfahren vorgesehenen Vergleiche, dh „wenn rechtlich oder tatsächlich bedeutsame Umstände übersehen worden sind oder sich neu ergeben haben und das Gericht deswegen zu der Überzeugung gelangt, dass der in Aussicht gestellte Strafrahmen nicht mehr tat- oder schuldangemessen ist" oder „wenn das weitere Prozessverhalten des Angeklagten nicht dem entspricht, das der Prognose des Gerichts zugrunde gelegt worden ist" (vgl. § 257c Abs. 4 S. 1, 2 StGB).[755] Das Bundeskartellamt hat in seinem Merkblatt zum Settlement-Verfahren klargestellt, dass **§ 257c StPO keine Anwendung** auf das Settlement-Verfahren finden soll.[756] Es ist somit fraglich, in welchem Umfang der Rechtsgedanke des § 257c StPO auf das behördliche Settlement übertragbar ist. Zumindest sind die vom BVerfG konkretisierten **rechtsstaatlichen Anforderungen** zu beachten.[757]

2. Rechtsmittel

Ein formaler Rechtsmittelverzicht kann niemals Gegenstand eines Settlements sein.[758] Sofern die betroffenen Parteien gem. § 67 OWiG **Einspruch** gegen den Kurz-Bußgeldbescheid einlegen, wird das BKartA den Kurz-Bußgeldbescheid im Zwischenverfahren zurücknehmen und einen **ausführlichen Bescheid** nach § 69 Abs. 2 S. 1 OWiG erlassen.[759] Generell ist die Kartellbehörde im **Zwischenverfahren** zwar nicht gehindert, im zweiten Bußgeldbescheid nachteiligere Rechtsfolgen festzusetzen, allerdings ist eine solche Verschärfung unangebracht, wenn damit zu rechnen ist, dass der Betroffene gegen diesen ebenfalls Einspruch einlegen wird.[760] Dazu kommt, dass nach BGH-Rechtsprechung eine verfahrensbeendende Absprache nicht automatisch die **Bindungswirkung** durch ein Rechtsmittel verliert. Es lässt sich also argumentieren, dass das BKartA nicht im Nachhinein das Bußgeld um den Settlement-Erlass erhöhen darf.[761] Offen ist, ob das BKartA im Fall der Einspruchseinlegung des Betroffenen das Geständnis oder die Settlement-Erklärung als **Beweismittel** im sich anschließenden **gerichtlichen Einspruchsverfahren**

---

[754] Vgl. hierzu *Vollmer* E.C.L.R. 2011, 354; *Grafunder/Gänswein* BB 2015, 968 (970).
[755] *Polley/Heinz* WuW 2012, 14 (24); *Vollmer* E.C.L.R. 2011, 350 (353).
[756] BKartA Merkblatt, „Das Settlement-Verfahren des Bundeskartellamtes in Bußgeldsachen", 2.2.2016, 2.
[757] BVerfG Urt. v. 19.3.2013 – 2 BvR 2628/10, DÖV 2013, 394; vgl. ausführlich hierzu *Pichler/Karl* NZKart 2015, 217 (220).
[758] BGH Urt. v. 3.3.2005 – GSSt 1/04, BGHSt 50, 40 – Urteilsabsprachen im Strafrecht; BKartA Merkblatt, „Das Settlement-Verfahren des Bundeskartellamtes in Bußgeldsachen", 2.2.2016, 2.
[759] MüKoGWB/*Vollmer* § 81 Rn. 196. BKartA Merkblatt, „Das Settlement-Verfahren des Bundeskartellamtes in Bußgeldsachen", 2.2.2016, 2.
[760] Göhler/*Seitz* § 69 Rn. 29.
[761] So auch *Vollmer* E.C.L.R. 2011, 350 (354) mit Verweis auf BGH Urt. v. 12.3.2008 – 3 StR 433/07, NStZ 2008, 416; Der BGH hat in dieser Entscheidung festgestellt, dass eine verfahrensbeendende Absprache ihre Bindungswirkung nicht verliert, wenn lediglich das vereinbarte Bußgeld angefochten wird; vgl. hierzu auch *Polley/Heinz* WuW 2012, 14 (26).

nutzen darf.[762] Keinesfalls darf eine Verwertung jedoch erfolgen, wenn die Parteien ihr **Geständnis widerrufen bzw. die Settlement-Erklärung zurücknehmen.** Da bisher kein Fall bekannt ist, in dem eine Partei im Falle eines Settlements Rechtsmittel eingelegt hat, bleibt abzuwarten, wie die Gerichte bezüglich dieser Fragen entscheiden werden.

VII. Hybride Settlements

193 Das BKartA ist auch dann bereit, ein Verfahren im Wege eines Settlements zu beenden, wenn nicht alle Beteiligten an dem Vergleich teilnehmen. Das BKartA sieht einen der Vorteile des **sog hybriden Settlements** darin, dass zumindest die am Settlement Beteiligten voraussichtlich kein Rechtsmittel mehr einlegen werden und damit die Anzahl der Parteien im gerichtlichen Einspruchsverfahren verringert wird.[763] Zudem entfällt mit Rechtskraft der Settlement-Entscheidung das **Aussageverweigerungsrecht** der am Settlement beteiligten Betroffenen, so dass der **Betroffene als Zeuge** im gerichtlichen Einspruchsverfahren vernommen werden kann.[764] Auch die **Settlement-Erklärungen** der betroffenen Unternehmen, die sich verglichen haben, dürften im Einspruchsverfahren als Beweismittel verwertbar sein, etwa mittels Vernehmung des gesetzlichen Vertreters.[765]

J. Rechtsschutz gegen Entscheidungen im Ordnungswidrigkeitenverfahren

I. Einspruch gegen einen Bußgeldbescheid

194 Die Adressaten des Bußgeldbescheids (dh die betroffenen natürlichen und juristischen Personen oder Personenvereinigungen) können gegen die Bußgeldentscheidung des BKartA gem. § 67 OWiG Einspruch einlegen. Durch den Einspruch wird, sofern das BKartA den Bußgeldbescheid nach Prüfung im Zwischenverfahren nicht zurücknimmt, das Verfahren in ein gerichtliches Hauptverfahren übergeleitet mit der Konsequenz, dass das Gericht ermächtigt wird, eine eigene Sachentscheidung zu treffen.[766] Der Bußgeldbescheid verliert mit dem Einspruch die Bedeutung einer Entscheidung und wirkt statt dessen wie eine Anklageschrift, insbesondere in Bezug auf die Bezeichnung und Abgrenzung der prozessualen Tat. Das **Verbot der reformatio in peius** gilt nach dem Einspruch nicht.[767] Das gerichtliche Verfahren, das mit Übersendung der Akten durch die Staatsanwaltschaft an das Gericht anhängig wird, richtet sich im Übrigen nach dem Verfahren, das nach Einspruch gegen einen Strafbefehl gilt (§ 71 Abs. 1 OWiG), soweit das OWiG nichts anderes bestimmt. Der Einspruch gegen den Bußgeldbescheid verhindert den Eintritt der Rechtskraft.

1. Allgemeines

195 **a) Sachliche und örtliche Zuständigkeit.** Das Einspruchsverfahren im Falle von Kartellordnungswidrigkeiten sieht eine Abweichung von der generellen Zuständigkeitsregelung des § 68 OWiG vor. **Erste gerichtliche Instanz** im Verfahren nach Einspruch ist gem. § 83 GWB das **Oberlandesgericht.** Hintergrund dieser Regelung war es, das gleiche Gericht mit kartellrechtlichen Ordnungswidrigkeiten zu befassen, das auch im Beschwerdeverfahren nach §§ 63 ff. GWB über dieselben kartellrechtlichen Grundtatbestände entscheidet.[768] § 91 GWB stellt zudem klar, dass bei dem Oberlandesgericht ein **Kartellsenat** zur Entscheidung berufen ist, dessen Besetzung aus drei Mitgliedern mit Einschluss des Vorsitzenden besteht (§ 83 Abs. 2 GWB). Von der Zuständigkeitsregelung umfasst sind sämtliche

---

[762] Dafür *Vollmer* E.CL.R. 2011, 350 (354); *Polley/Heinz* WUW 2012, 14 (26); dagegen Immenga/Mestmäcker/*Dannecker/Biermann* GWB § 81 Rn. 547.
[763] *Vollmer* E.C.L.R. 2011, 354 (355).
[764] *Grafunder/Gänswein* BB 2015, 968 (970).
[765] *Polley/Heinz* WuW 2012, 14 (27).
[766] *Göhler/Seitz* Vor § 67 Rn. 1; Wiedemann/*Klusmann* HdB KartellR § 58 Rn. 2.
[767] *Göhler/Seitz* Vor § 67 Rn. 4.
[768] Immenga/Mestmäcker/*Dannecker/Biermann* GWB § 83 Rn. 1.

Entscheidungen der Kartellbehörde, die unmittelbar oder mittelbar die Zulässigkeit des Einspruchs betreffen.[769] Für gerichtliche **Handlungen vor Einspruch,** dh im Ermittlungsverfahren der Kartellbehörde, bleibt es dagegen bei der allgemeinen Zuständigkeit der Strafgerichte.[770] Von Bedeutung ist dies vor allem für die richterliche Zuständigkeit im Zusammenhang mit Durchsuchungen und Beschlagnahme (§§ 105, 98 StPO iVm § 46 OWiG) und sonstigen Zwangsmaßnahmen (§ 162 StPO iVm § 46 OWiG).

Örtlich zuständig ist das **Oberlandesgericht,** in dessen Gerichtsbezirk die Kartellbehörde ihren Sitz hat (§ 83 Abs. 1 S. 1 GWB). Das zuständige Oberlandesgericht für das **BKartA** ist das **Oberlandesgericht Düsseldorf.**[771] Für die **Landeskartellbehörden** gibt § 92 GWB den Landesregierungen die Befugnis, bei Vorhandensein mehrerer Oberlandesgerichte in einem Land einem von ihnen die ausschließliche örtliche Zuständigkeit zu übertragen.[772] **196**

b) Frist und Form. Der Einspruch ist gem. § 67 Abs. 1 OWiG **innerhalb von zwei Woche** nach wirksamer Zustellung des Bußgeldbescheids **schriftlich oder zur Niederschrift** bei der Kartellbehörde, die ihn erlassen hat, einzulegen.[773] Dies gilt auch, wenn die Behörde an sich örtlich oder sachlich unzuständig war.[774] Wird der Einspruch bei einer anderen Stelle eingelegt, zB bei dem für das Einspruchsverfahren zuständigen Oberlandesgericht, wird die Frist nur gewahrt, wenn die Ausgangsbehörde fristgerecht über die Einspruchseinlegung unterrichtet wird.[775] Die Frist berechnet sich nach § 43 StPO iVm § 46 OWiG, dh der Tag der Zustellung des Bußgeldbescheids wird nicht mitgerechnet. Wird die Einspruchsfrist unverschuldet versäumt, kann der Betroffene **Wiedereinsetzung in den vorigen Stand** beantragen (§ 52 OWiG).[776] **197**

Für die Wahrung der **Formvorschriften** bedarf es keiner Begründung des Einspruchs. Eine Begründung kann dann zweckmäßig sein, wenn sich der Betroffene dadurch eine Abänderung der Entscheidung durch das BKartA oder ggfls. durch die GStA im Zwischenverfahren erhofft. Da neue rechtliche und tatsächliche Aspekte spätestens in der mündlichen Verhandlung vorgetragen werden können, ist eine **Begründung** nicht regelmäßig notwendig. Gem. § 67 Abs. 1 S. 2 OWiG iVm § 297 StPO kann der Einspruch auch durch den Verteidiger eingelegt werden, in der Praxis der Regelfall. **198**

c) Beschränkung des Einspruchs. Der Einspruch kann auf **einzelne Taten** im prozessualen Sinne und auch auf **einzelne Beschwerdepunkte** beschränkt werden (§ 67 Abs. 2 OWiG). Die Beschränkung auf einzelne Taten ist nur dann möglich, sofern diese voneinander abtrennbar sind und folglich in gesonderten Bußgeldbescheiden hätten geahndet werden können (sog **vertikale Beschränkbarkeit**).[777] Eine Beschränkung des Einspruchs auf bestimmte Beschwerdepunkte (sog **horizontale Beschränkung**) setzt ebenfalls voraus, dass die Beschwerdepunkte voneinander trennbar sind und losgelöst voneinander beurteilt werden können.[778] So kann der Einspruch zB auf die **Rechtsfolgen** insgesamt, dh **199**

---

[769] Vgl. hierzu Loewenheim/Meesen/Riesenkampff/*Meyer-Lindemann* GWB § 83 Rn. 3.
[770] KG Beschl. v. 13.6.1983 – Kart. AR 30/83, WuW/E OLG 3047 (3049); Immenga/Mestmäcker/*Dannecker/Biermann* GWB § 83 Rn. 2 mwN; KK-Kart/*van Rossum* GWB § 83 Rn. 4.
[771] VO v. 2.10.1990, GV 579.
[772] Von dieser Möglichkeit Gebrauch gemacht hat, das Land Nordrhein-Westfalen, in dem das OLG Düsseldorf ausschließlich zuständig ist (§ Kartellsachen-Konzentrations-VO v. 27.9.2005, GV NW S. 820). In Bayern und Niedersachsen ist für Verwaltungs- und Bußgeldsachen ohnehin das OLG zuständig, in dessen Bezirk die LKartB ihren Sitz hat (OLG München und OLG 616); vgl. hierzu Langen/Bunte/*Bernkamm* GWB § 93 Rn. 2.
[773] Vgl. ausführlich hierzu *Bohnert* OWiG § 67 Rn. 29ff.; Göhler/*Seitz* § 67 Rn. 18–26.
[774] *Bohnert* OWiG § 67 Rn. 20.
[775] Wiedemann/*Klusmann* HdB KartellR § 58 Rn. 4; Göhler/*Seitz* § 67 Rn. 14.
[776] Wiedemann/*Klusmann* HdB KartellR § 58 Rn. 4.
[777] BGH Beschl. v. 26.2.2013 – KRB 20/12 Rn. 21 – Grauzementkartell; Göhler/*Seitz* § 67 Rn. 34a.
[778] BGH Beschl. v. 26.2.2013 – KRB 20/12 Rn. 22 – Grauzementkartell; Göhler/*Seitz* § 67 Rn. 34d; KK-Kart/*van Rossum* GWB § 83 Rn. 14.

auf die Höhe des Bußgeldes, beschränkt werden.[779] Eine Beschränkung auf einzelne Beschwerdepunkte ist jedoch dann unzulässig, wenn dies eine einheitliche Tat iSd § 19 OWiG, § 52 StGB betrifft.[780] Zu einer **Teilrechtskraft** mit den Folgen eines Strafklageverbrauchs kommt es bezüglich des nicht angefochtenen Teils der Bußgeldentscheidung im Übrigen nur, falls dies eine andere prozessuale Tat iSd § 264 Abs. 1 StPO betrifft.[781] Sofern die Beschränkung des Einspruchs unzulässig oder nicht in der notwendigen Eindeutigkeit erfolgt ist, gilt der Bußgeldbescheid als insgesamt angefochten.[782] Schließlich kann der Einspruch auch nachträglich, dh bis zur Verkündung des ersten Urteils, auf bestimmte Beschwerdepunkte beschränkt werden (§ 411 Abs. 3 StPO). **Nach Beginn der Hauptverhandlung** bedarf es dafür jedoch der Zustimmung der Staatsanwaltschaft (§ 303 S. 1StPO).[783]

2. Zwischenverfahren

201 Mit Einspruch gegen den Bußgeldbescheid wird nicht unmittelbar das Gericht zuständig, sondern zunächst werden die Kartellbehörde und die Staatsanwaltschaft mit der Sache befasst.[784] Zunächst **prüft die Kartellbehörde die Zulässigkeit des Einspruchs.** Nur wenn diese den Einspruch für zulässig hält und gleichzeitig ihren Bußgeldbescheid aufrecht erhält, leitet sie die Akten an die Staatsanwaltschaft, bzw. an die Generalstaatsanwaltschaft im Fall des Bundeskartellamtes, weiter. Damit geht die Verfahrensherrschaft auf die Staatsanwaltschaft über. **Bejaht die Staatsanwaltschaft** den hinreichenden Tatverdacht einer Ordnungswidrigkeit und das Verfolgungsinteresse, legt sie die Akten dem Gericht vor, welches von dem Zeitpunkt an die Verfahrensherrschaft hat.

202 **a) Zulässigkeitsprüfung.** Im Zwischenverfahren wird zunächst durch die Kartellbehörde und dann die Staatsanwaltschaft die Zulässigkeit des Einspruchs geprüft. Ist der Einspruch nicht rechtzeitig, nicht in der vorgeschriebenen Form oder sonst nicht wirksam eingelegt, so verwirft ihn die **Kartellbehörde** als unzulässig (§ 69 Abs. 1 S. 1 OWiG). Hiergegen ist innerhalb von zwei Wochen nach Zustellung des Bescheides der **Antrag auf gerichtliche Entscheidung** nach § 62 OWiG durch das zuständige Oberlandesgericht zulässig (§ 69 Abs. 1 S. 2 OWiG). Bewertet die Kartellbehörde den Einspruch als zulässig, so kann sie entweder den Bußgeldbescheid zurücknehmen oder am Bußgeldbescheid festhalten und die Akten der Staatsanwaltschaft vorlegen (§ 69 Abs. 2 OWiG).[785] Zur Vorbereitung der Entscheidung zwischen diesen beiden Möglichkeiten kann die Kartellbehörde weitere Ermittlungen anstellen. Häufig nimmt das Bundeskartellamt im Zwischenverfahren auch **Nachermittlungen** zur Verbesserung des Bußgeldbescheides vor.[786] Die Rücknahme des Bußgeldbescheides durch die Behörde kann bis zur Übersendung der Akten an die Staatsanwaltschaft erfolgen. Da eine **Rücknahme** das Verfahren in den Stand vor Erlass des Bußgeldbescheides versetzt, kann die Kartellbehörde das Ermittlungsverfahren danach weiter betreiben oder sogleich eine neue, ihr Verfahren abschließende Entscheidung tref-

---

[779] Göhler/*Seitz* § 67 Rn. 34e; vgl. hierzu auch *Barth/Budde* WRP 2009, 1357 (1359).
[780] Vgl. ausführlich hierzu und zur Frage der Tateinheit Kraft Bewertungseinheit OLG Düsseldorf Urt. v. 26. 6. 2009 – VI-2a Kart 2–6/08 OWi Rn. 391 ff. – Zementkartell; BGH Beschl. v. 26. 2. 2013 – KRB 20/12 Rn. 23 ff. – Grauzementkartell; *Achenbach* WuW 2013, 688 (689, 690).
[781] OLG Düsseldorf Urt. v. 26. 6. 2009 – VI-2a Kart 2–6/08 OWi Rn. 387 – Zementkartell; Göhler/*Seitz* § 67 Rn. 34a.
[782] OLG Düsseldorf Urt. v. 26. 6. 2009 – VI-2a Kart 2–6/08 OWi Rn. 391 – Zementkartell; Langen/Bunte/*Raum* GWB § 83 Rn. 11.
[783] Loewenheim/Meesen/Riesenkampff/*Meyer-Lindemann* GWB § 83 Rn. 6; KK-Kart/*van Rossum* GWB § 83 Rn. 14.
[784] Vgl. hierzu *Klesczewski* Ordnungswidrigkeitenrecht Rn. 955 ff.
[785] Staatsanwaltschaft beim OLG Düsseldorf ist die Generalstaatsanwaltschaft (§ 142 Abs. 1 Nr. 2 GVG). Sie wirkt bei sämtlichen Einspruchsverfahren gegen Kartellordnungswidrigkeitenentscheidungen des BKartA mit.
[786] Nachermittlungen zur Mehrerlösberechnung stellte das BKartA zB im Verfahren gegen die Zementhersteller an, vgl. OLG Düsseldorf Urt. v. 26. 6. 2009 – VI-2a Kart 2–6/08 OWi Rn. 39.

fen.[787] Stellt die Kartellbehörde nach Rücknahme des Bußgeldbescheides das Verfahren ein, so hat sie über die **notwendige Auslagen** des Betroffenen zu entscheiden (§ 467a Abs. 1 und 2 StPO, § 105 Abs. 1 OWiG).[788]

Hält die Behörde den Bußgeldbescheid aufrecht, **übersendet sie die Akten** an die zuständige Staatsanwaltschaft, die damit die Aufgaben der Verfolgungsbehörde übernimmt und das weitere Verfahren bis zur Abgabe an das Gericht bestimmt (§ 69 Abs. 4 OWiG). Die **Staatsanwaltschaft** führt zunächst eine umfassende Zulässigkeitsprüfung durch, in der sie insbesondere auch das Vorliegen von Verfahrenshindernissen, das öffentliche Interesse an der Fortführung des Verfahrens und die hinreichende Ausermittlung der Sache prüft.[789] Kommt die Staatsanwaltschaft zu dem Ergebnis, dass der **Einspruch unwirksam** ist, gibt sie die Sache entweder an die Kartellbehörde zurück oder legt sie dem Gericht zum Zweck der Entscheidung nach § 70 OWiG vor. **Deutet die Staatsanwaltschaft die Tat als Straftat,** führt sie das Verfahren als Strafverfahren fort, vernimmt den Betroffenen als Beschuldigten (§ 163a StPO) und erhebt Anklage vor dem für die Straftat zuständigen Gericht.[790] Sind nach Auffassung der Staatsanwaltschaft die Voraussetzungen für eine Ahndung gegeben, leitet sie die Akten dem Oberlandesgericht zu (§ 83 GWB). Generell findet im Zwischenverfahren eine enge Kooperation zwischen der Staatsanwaltschaft und der Kartellbehörde statt. Dies ist insbesondere der Fall, sofern es um die Verhandlung einer außergerichtlichen Verständigung (Verfahrensbeendigung) mit dem Betroffenen geht. 203

Auch das **Oberlandesgericht** kann, nach Abgabe der Akten durch die Staatsanwaltschaft, den Einspruch als unzulässig verwerfen (§ 70 Abs. 1 OWiG), wobei die Entscheidung grundsätzlich durch **Beschluss** ergeht. Gegen den Beschluss ist die sofortige Beschwerde zulässig (§ 70 Abs. 2 OWiG). Steht der Durchführung des Verfahrens ein Hindernis entgegen, wie zB Strafklageverbrauch oder Verjährung, stellt das Gericht das Verfahren außerhalb der Hauptverhandlung ein (§ 46 Abs. 1 OWiG iVm §§ 206a und 206b StPO).[791] Gegen den Einstellungsbeschluss ist ebenfalls das Rechtsmittel der sofortigen Beschwerde gem. § 70 Abs. 2 OWiG gegeben. Liegen dem Bußgeldbescheid nach Auffassung des Gerichts unzureichende Tatsachenfeststellungen zugrunde, kann das Gericht die Sache mit Zustimmung der Staatsanwaltschaft **zur weiteren Aufklärung des Sachverhalts** an die Kartellbehörde zurückverweisen (§ 69 Abs. 5 S. 1 OWiG).[792] Die Behörde hat gegen die Zurückverweisung **keinen Rechtsbehelf.** Sie muss nachermitteln oder den Bußgeldbescheid zurücknehmen. 204

b) Überleitung in das Strafverfahren. Ergibt sich im gerichtlichen Verfahren für die im Bußgeldbescheid verfolgte Tat der **Verdacht einer strafbaren Handlung,** so hat das Oberlandesgericht das Verfahren in entsprechender Anwendung von § 270 StPO an ein nach §§ 24, 75 GVG, §§ 7 ff. StPO zuständiges erstinstanzliches Strafgericht zu verweisen.[793] **Der Betroffene** muss gem. § 81 Abs. 1 S. 1 OWiG auf die Veränderung des rechtlichen Gesichtspunktes hingewiesen werden. Dem Kartellsenat selber fehlt, mangels Einrichtung als Strafsenat, die Zuständigkeit für Strafsachen (§§ 116, 122 GVG).[794] Im Übrigen ist das **Strafgericht** an die Verweisung nach Maßgabe von § 270 StPO gebun- 205

---

[787] *Bohnert* OWiG § 69 Rn. 24; *Göhler/Seitz* § 69 Rn. 25, 29.
[788] *Wiedemann/Klusmann* HdB KartellR § 58 Rn. 5.
[789] *Wiedemann/Klusmann* HdB KartellR § 58 Rn. 6.
[790] *Bohnert* OWiG § 69 Rn. 48; *Göhler/Seitz* § 69 Rn. 41.
[791] KG Beschl. v. 29.9.1998 – Kart 6/98, WuW/E DE-R 227 – Kabelverlegung; KG Beschl. v. 22.6.2001 – Kart 5/01, WuW/E DE-R 758 – Haustechnik.
[792] KK-Kart/*van Rossum* GWB § 83 Rn. 17.
[793] BGH Urt. v. 20.4.1993, WUW/E BGH 2865 – Verweispflicht; Wiedemann/*Klusmann* HdB KartellR § 58 Rn. 12; MüKoGWB/*Vollmer* § 83 Rn. 11; kritisch hierzu Immenga/Mestmäcker/*Dannecker/Biermann* GWB § 83 Rn. 23–28.
[794] Langen/Bunte/*Raum* GWB § 83 Rn. 8; KK-Kart/*van Rommel* GWB § 83 Rn. 27; MüKoGWB/*Vollmer* § 83 Rn. 11.

den und kann die Eröffnung des Hauptverfahrens nicht ablehnen.[795] Wird das Strafverfahren vom zuständigen Strafgericht nach § 170 Abs. 2 StPO oder nach §§ 154, 154a StPO eingestellt, kann die Kartellordnungswidrigkeit weiter verfolgt werden.[796] Im Falle einer Einstellung des Strafverfahrens gem. § 153a StPO, die die gesamte Tat und nicht nur eine Gesetzesverletzung umfasst, tritt jedoch **Strafklageverbrauch** ein, so dass eine Verfolgung der Tat als Ordnungswidrigkeit nicht mehr möglich ist.[797]

206 **c) Verfahrensverbindung.** Legen mehrere Betroffene eines Kartells Einspruch gegen den Bußgeldbescheid der Kartellbehörde ein, so steht es im **Ermessen des Gerichts,** die Einsprüche zu verbinden und eine gemeinsame Hauptverhandlung zu führen oder die Verfahren getrennt zu führen.[798] Das OLG Düsseldorf hat sich bereits in mehreren Verfahren dazu entschieden, die von den Betroffenen in einem Gesamtkartell eingelegten Einsprüche gegen Bußgeldbescheide in **getrennten Verfahren** zu behandeln.[799] Für die Aufteilung der Betroffenen in zwei Gruppen werden zumeist organisatorische Gründe, wie zB der Platzmangel im Sitzungssaal, angeführt. Da die Beweisaufnahme zumeist identische Tatvorwürfe und ähnliche Sachverhaltsfragen betrifft, ist es rechtsstaatlich bedenklich, dass regelmäßig derselbe Kartellsenat auch für das zeitlich nachgeschobene Verfahren gegen die zweite nicht verbundene Gruppe von Betroffenen zuständig ist.

3. Rücknahme des Einspruchs

207 Der Einspruch kann gem. § 67 Abs. 1 S. 2 OWiG, § 302 Abs. 1 S. 2 StPO von dem Betroffenen bis zum Zeitpunkt der Urteilsverkündung zurückgenommen werden, zB im Falle einer drohenden **Verböserung.**[800] Allerdings bedarf die Rücknahme nach Beginn der Hauptverhandlung der **Zustimmung der Staatsanwaltschaft** (§§ 411 Abs. 3 S. 2, 303 StPO iVm § 71 OWiG). Die Rücknahme hat in derselben Form wie der Einspruch zu erfolgen und muss den Rücknahmewillen unmissverständlich zum Ausdruck bringen.[801] Die Rücknahme muss bei der Stelle eingehen, die zu dem Zeitpunkt die Verfahrensherrschaft innehat. Dies ist nach Abgabe der Akten durch die Kartellbehörde die Staatsanwaltschaft und nach Übersendung der Akten durch die Staatsanwaltschaft das Gericht. Nach Rücknahme des Einspruchs durch den Betroffenen wird der Bußgeldbescheid rechtskräftig und vollstreckbar (§ 89 OWiG).

208 Wird zunächst gegen sämtliche Bußgeldfestsetzungen Einspruch eingelegt und dieser dann teilweise zurückgenommen, so ist zu prüfen, ob hier eine selbständig gesondert anfechtbare Tat vorliegt. Die **Teilrücknahme** ist nur dann wirksam, soweit sie materiellrechtlich selbständige Taten betrifft.[802]

4. Akteneinsicht, Geschäftsgeheimnisse

209 Der Verteidiger des Betroffenen bzw. Nebenbetroffenen verfügt im Einspruchsverfahren über ein **umfassendes Akteneinsichtsrecht** (§ 147 StPO, § 46 Abs. 1 OWiG).

---

[795] Langen/Bunte/*Raum* GWB § 83 Rn. 9; MüKoGWB/*Vollmer* § 83 Rn. 11.
[796] BGH Urt. v. 19.12.1995 – KRB 32/95, WuW/E BGH 3043, 3047 – Fortgesetzte Ordnungswidrigkeit; Langen/Bunte/*Raum* GWB § 83 Rn. 9; Immenga/Mestmäcker/*Dannecker/Biermann* GWB § 83 Rn. 27.
[797] Loewenheim/Meessen/Riesenkampff/*Meyer-Lindemann* GWB § 83 Rn. 9; Immenga/Mestmäcker/*Dannecker/Biermann* GWB § 83 Rn. 27.
[798] BGH Urt. v. 6.8.2013 – 1 StR 201/13 Rn. 18, NStZ-RR 2013, 352.
[799] Eine Aufteilung der Betroffenen und Nebenbetroffenen in mehrere Gruppen erfolgte zB im Kartellverfahren gegen die Industrieversicherer (OLG Düsseldorf Urt. v. 13.1.2010 – VI-Kart 55/06 OWi, WuW 2010, 688 – HDI-Gerling) als auch im Verfahren gegen die Flüssiggasunternehmen (OLG Düsseldorf Urt. v. 15.4.2013 – VI-4 Kart 2–6/10 OWi u. Urt. v. 19.6.2013 – V-4 Kart 2/13 (OWi) – Flüssiggas I).
[800] Einspruchsrücknahme aufgrund drohender Verböserung erfolgte zB im Einspruchsverfahren der Industrieversicherer II, vgl. hierzu BKartA Fallbericht v. 22.2.2010.
[801] *Bohnert* OWiG § 67 Rn. 52; Wiedemann/*Klusmann* HdB KartellR § 58 Rn. 9.
[802] BGH Beschl. v. 26.2.2013 – KRB 20/12 Rn. 22 – Grauzementkartell; hierzu *Achenbach* WuW 2013, 688f.; Langen/Bunte/*Raum* GWB § 83 Rn. 11.

Von dem Akteneinsichtsrecht umfasst sind alle Akten, die dem Gericht vorliegen.[803] Bei einem einheitlichen Verfahren gegen mehrere Betroffene **umfasst das Einsichtsrecht die gesamte Akte,** selbst wenn einzelne Aktenteile nur die Tat eines anderen betreffen.[804] Das Gericht darf die der Verteidigung zu überlassenden Aktenbestandteile weder vorher sichten noch einer Auswahl unterziehen.[805] Werden die Einsprüche mehrerer Betroffener in demselben Kartellverfahren vor dem Oberlandesgericht als separate Verfahren geführt, ist nicht auszuschließen, dass für die Verteidigung eines Betroffenen Einlassungen anderer Betroffenen oder Nebenbetroffenen in Parallelverfahren weiterhin relevante Gesichtspunkte enthalten. Der BGH hat im Zusammenhang mit dem Kartellverfahren in Sachen „*Akteneinsichtsgesuch*" entsprechend entschieden, dass der Verteidiger einen Anspruch auf Einsicht auch in solche Akten hat, die nach Trennung eines Gesamtverfahrens in parallel geführten Verfahren entstanden sind.[806] Eine **Gewährung von Akteneinsicht in Parallelverfahren** ist außerdem dann erforderlich, wenn der Verfolgungsbehörde und dem Gericht die Akten in ihrer Gesamtheit vorliegen. Bei einer solchen Fallkonstellation gebietet es der Grundsatz des fairen Verfahrens (Art. 6 Abs. 1 MRK), der Verteidigung dasselbe Maß an Kenntnis des Akteninhalts einzuräumen.[807]

Als Versagungsgrund für die Akteneinsicht kann auch nicht der **Schutz der Geschäftsgeheimnisse** Dritter, dh vor allem der Geschäftsgeheimnisse anderer Nebenbetroffener, vorgetragen werden.[808] Nach Ansicht des BGH können die Geschäftsgeheimnisse anderer Unternehmen, wenn sie dem Gericht übermittelt worden sind, gegenüber der Verteidigung grundsätzlich nicht verheimlicht werden, da § 46 Abs. 1 OWiG iVm § 147 Abs. 1 StPO im gerichtlichen Verfahren dem Verteidiger ein umfassendes Akteneinsichtsrecht gewährt.[809] Aufgrund der besonderen Pflichtenstellung des Verteidigers als Organ der Rechtspflege geht der BGH zudem davon aus, dass der Verteidiger seinem Mandanten nur solche Auskünfte zukommen lassen wird, die für eine Durchführung einer sachgerechten Verteidigung erforderlich sind.[810] Den Betroffenen und Nebenbetroffenen bleibt es zudem unbenommen, für das Gerichtsverfahren eine **privatrechtliche Vereinbarung** über den Umgang mit Geschäftsgeheimnissen und anderen vertraulichen Informationen zu schließen. Dies erscheint insbesondere dann sinnvoll, wenn die Parteien Gutachten, zB zur wirtschaftlichen Leistungsfähigkeit, in das Verfahren eingeführt haben, die eine Vielzahl von **unternehmensindividuellen wirtschaftlichen Daten** enthalten. In einer solchen Vereinbarung können sich die Verteidiger der Betroffenen und Nebenbetroffenen ua gesondert verpflichten, ihren Mandanten lediglich **um Geschäftsgeheimnisse bereinigte Informationen** oder Auszüge der für das Verfahren relevanten Aktenteile zugänglich zu machen.

5. Gerichtliches Verfahren

Das gerichtliche Verfahren richtet sich, soweit das OWiG nichts anderes bestimmt, nach den Vorschriften der StPO, die für das Verfahren nach einem zulässigen Einspruch gegen einen Strafbefehl gelten (§ 71 Abs. 1 OWiG). Die **Reihenfolge der Prozesshandlungen** bestimmt sich folglich nach §§ 243, 244 Abs. 1 StPO. Das Oberlandesgericht kann

---

[803] Langen/Bunte/*Raum* GWB § 83 Rn. 18; *Meyer-Goßner/Schmitt* § 147 Rn. 13; KK-Kart/*van Rommel* GWB § 83 Rn. 33.
[804] *Wessing* WuW 2010, 1023.
[805] BGH Urt. v. 4.10.2007 – KRB 59/07 Rn. 11, NJW 2007, 3652 ff. – Akteneinsichtsgesuch.
[806] BGH Urt. v. 4.10.2007 – KRB 59/07 Rn. 14, NJW 2007, 3652 ff. – Akteneinsichtsgesuch; Langen/Bunte/*Raum* GWB § 83 Rn. 18.
[807] BGH Urt. v. 4.10.2007 – KRB 59/07 Rn. 15, NJW 2007, 3652 ff. – Akteneinsichtsgesuch; KK-Kart/*van Rommel* GWB § 83 Rn. 33.
[808] Solche Geschäftsgeheimnisse können sich sowohl aus eigenen Angaben, beschlagnahmten Unterlagen als auch aus Zeugenaussagen Dritter ergeben.
[809] BGH Urt. v. 4.10.2007 – KRB 59/07 Rn. 17, NJW 2007, 3652 ff. – Akteneinsichtsgesuch.
[810] BGH Urt. v. 4.10.2007 – KRB 59/07 Rn. 17, NJW 2007, 3652 ff. – Akteneinsichtsgesuch; BVerfG Urt. v. 26.10.2006 – 2 BvR 67/06, NJW 2007, 1052 (1053); Langen/Bunte/*Raum* GWB § 83 Rn. 19.

im Hauptverfahren entweder eine öffentliche Hauptverhandlung durchführen (§ 169 GVG iVm § 46 Abs. 1 OWiG) und **durch Urteil** entscheiden oder ohne Hauptverhandlung **durch Beschluss** entscheiden (§ 72 OWiG). Allerdings wird in der Praxis in Kartellordnungswidrigkeitenfällen das Verfahren ohne Hauptverhandlung die Ausnahme bilden. Entscheidet das Gericht doch ausnahmsweise durch Beschluss, ist ein *reformatio in peius* der Rechtsfolgenentscheidung nicht zulässig (§ 72 Abs. 3 S. 2 OWiG), im Verfahren mit Hauptverhandlung gilt das Verschlechterungsverbot hingegen nicht. Grundlage der Hauptverhandlung ist der Bußgeldbescheid im Sinne einer **Anklageschrift.** Mängel des Bußgeldbescheides und des vorausgegangenen Verfahrens sind grundsätzlich unbeachtlich.[811]

212 Das Gericht bestimmt den **Termin zur Hauptverhandlung** (§ 213 StPO). Eine Verpflichtung zur Terminsabsprache besteht dabei nicht. Zwischen der Zustellung der Ladung und dem Tag der Hauptverhandlung muss mindestens eine Woche liegen (§ 217 StPO). Bei Kartellordnungswidrigkeitenverfahren können in der Praxis jedoch durchaus mehrere Monate bis zum Beginn der Hauptverhandlung vergehen.

213 **a) Wesentliche Verfahrensgrundsätze.** Im Ordnungswidrigkeitenverfahren gilt das **Opportunitätsprinzip,** dh die Verfolgungsbehörde ist nicht stets verpflichtet, ein Bußgeldverfahren einzuleiten und durchzuführen.[812] Statt dessen entscheidet sie hierüber nach pflichtgemäßem Ermessen.[813] Das Gericht ist zur **Einstellung des Verfahrens** befugt, wenn es eine Ahndung nicht für geboten hält und die Staatsanwaltschaft der Einstellung zustimmt (§ 47 Abs. 2 OWiG). Das Oberlandesgericht hat im Einspruchsverfahren den Sachverhalt von Amts wegen zu erforschen (§ 77 Abs. 1 OWiG – **Amtsermittlungsgrundsatz**), anders als im Strafverfahren bestimmt das Gericht den Umfang der Beweisaufnahme jedoch selbst (§ 77 Abs. 1 S. 1 OWiG).

214 Die Gestaltung der Hauptverhandlung im Einspruchsverfahren wird stark durch das **Mündlichkeitsprinzip** geprägt (→ Rn. 218). Nach dem Mündlichkeitsprinzip müssen alle urteilsrelevanten Vorgänge in der Hauptverhandlung dargestellt und erörtert werden.[814] Das bedeutet, dass auch der **Akteninhalt nicht automatisch Teil der Hauptverhandlung** wird, sondern gesondert in das Verfahren eingeführt werden muss.[815] So müssen teilweise ökonomische Gutachten mit komplexen Tabellen und Formeln in der Hauptverhandlung verlesen werden. Auch Anträge und Stellungnahmen werden grundsätzlich verlesen, was je nach Länge der Anträge mehrere Stunden in Anspruch nehmen kann. Das Mündlichkeitsprinzip führt daher im Einspruchsverfahren gegen Bußgeldentscheidungen des BKartA oftmals zu einer **verhältnismäßig langen Verfahrensdauer.** Das BKartA äußert ua vor dem Hintergrund vermehrt Bedenken gegen die prozessuale Gestaltung des Einspruchsverfahrens.[816]

215 Allerdings wird der **Mündlichkeitsgrundsatz** nicht nur durch die entsprechenden strafprozessualen Regelungen **eingeschränkt** (§§ 249 Abs. 2, 251, 256 StPO). Eine Einschränkung erfolgt insbesondere auch durch § 77a OWiG und § 78 OWiG, die damit zugleich eine Verfahrenserleichterung darstellen. **§ 77a OWiG** sieht eine **vereinfachte Art der Beweisaufnahme** vor und erweitert die strafprozessuale Verlesungserlaubnis. So kann zB die Vernehmung eines Zeugen durch **Verlesung von Niederschriften** über eine frühere Vernehmung sowie von **Urkunden,** die eine von ihm stammende schriftliche Äußerung enthalten, ersetzt werden (§ 77a Abs. 1 OWiG). Der Gerichtsbeschluss

---

[811] Göhler/Seitz § 71 Rn. 3; MüKoGWB/Vollmer § 83 Rn. 15.
[812] Göhler/Seitz § 47 Rn. 1; Im Gegensatz dazu steht das Strafverfahren, wo grundsätzlich der Legalitätsgrundsatz die Verfolgung verlangt (§ 152 Abs. 2 StPO).
[813] Göhler/Seitz § 47 Rn. 1.
[814] Bohnert OWiG § 71 Rn. 46.
[815] Bohnert OWiG § 71 Rn. 46.
[816] Hintergrundpapier des BKartA „Kartellbußgeldverfahren zwischen deutschem Systemdenken und europäischer Konvergenz", Tagung des Arbeitskreises Kartellrecht v. 4.10.2012, abrufbar auf der Webseite des BKartA unter www.bundeskartellamt.de.

über die Anordnung der Verlesung ist in das Protokoll aufzunehmen. Die Protokollierung ist für den Betroffenen insbesondere mit Blick auf eine mögliche Rechtsbeschwerde relevant. Der Regelfall bleibt jedoch die Zeugenvernehmung in der Hauptverhandlung.

Nach § 78 OWiG kann das Gericht statt der Verlesung eines Schriftstücks auch dessen **wesentlichen Inhalt bekannt geben**. Sofern – in Kartellordnungswidrigkeitenverfahren – neben der notwendigen Kenntnisnahme durch alle Mitglieder des Kartellsenats[817] der Betroffene, der Verteidiger und der in der Hauptverhandlung anwesende Vertreter der Generalstaatsanwaltschaft **von dem Wortlaut des Schriftstücks Kenntnis genommen** oder dazu Gelegenheit gehabt haben, genügt es, die **Feststellung hierüber in das Protokoll** aufzunehmen (§ 78 Abs. 1 S. 2 OWiG). Ob die Gelegenheit genutzt wurde ist gleichgültig, der in der Hauptverhandlung erfolgte **Hinweis auf das Schriftstück** und die festgestellte Gelegenheit reicht aus.[818] Während § 78 OWiG für die Einführung allgemeiner Schriftstücke, wie zB des Bußgeldbescheids, gilt, findet für Urkunden und anderes als Beweismittel dienender Schriftstücke die Regelungen des § 249 StPO iVm § 46 OWiG Anwendung. Auch nach § 249 Abs. 2 StPO 2011 von der Verlesung abgesehen werden, wenn die Richter vom Wortlaut der Urkunde Kenntnis genommen haben und die übrigen Beteiligten hierzu Gelegenheit hatten. Eine Verfahrenserleichterung stellt das **Selbstleseverfahren** insbesondere bei der Einführung von umfangreichen Datenmengen in Form von Excel-Dateien, zB im Zusammenhang mit der alten Mehrerlösberechnung, dar. Auch im Falle **umfangreicher Beweisanträge**, deren Verlesung ganze Prozesstage in Anspruch nehmen würde, greift das Gericht teilweise auf das Mittel des Selbstleseverfahrens zurück. Fraglich ist in derartigen Fällen allerdings, ob sich die damit verbundene erhebliche Beschränkung des Rechtlichkeitsgrundsatzes bzw. des Anspruchs auf eine öffentliche Verhandlung noch durch die mit § 78 Abs. 1 OWiG bezweckte Verfahrensvereinfachung rechtfertigen lässt.

216

Ob sowohl die Verlesung nach § 77a OWiG als auch die zusammengefasste Darstellung nach § 78 OWiG der **Zustimmung der Verfahrensbeteiligten** bedarf, bestimmt sich nach den Regeln der StPO. Gem. § 77a Abs. 4 S. 1 OWiG gilt die Zustimmungsbedürftigkeit für alle anwesenden Verfahrensbeteiligten, dh insbesondere für den Betroffenen und seinen Verteidiger. Nach § 77a Abs. 4 OWiG ist die Verlesung von Vernehmungen in den Fällen des § 251 Abs. 1 Nr. 2, 3, Abs. 2 Nr. 1, 2, Abs. 3 StPO sowie im Falle der Verlesung von Niederschriften zur Gedächtnisunterstützung nach § 253 StPO auch ohne Zustimmung der Verfahrensbeteiligten zulässig. Die gleichen Grundsätze gelten für § 78 OWiG (vgl. § 78 Abs. 1 S. 3 OWiG).[819]

217

b) Gang der Hauptverhandlung. Die Hauptverhandlung beginnt mit dem Aufruf zur Sache und der Feststellung, dass die Betroffenen, im Falle von Unternehmen gegebenenfalls ihre gesetzlichen Vertreter, und ihre Verteidiger anwesend sind. Der persönlich Betroffene wird über seine persönlichen Verhältnisse vernommen (§ 243 Abs. 2 S. 2 StPO). Als **Anklageverlesung** iSv § 243 Abs. 3 StPO gilt die Verlesung der im Bußgeldbescheid enthaltenen Beschuldigung (§ 66 Abs. 1 Nr. 3 OWiG). Nach der Feststellung, dass gegen den Bußgeldbescheid wirksam Einspruch eingelegt wurde (§ 70 OWiG), werden die Betroffenen darüber belehrt, dass es ihnen frei steht, zur Sache auszusagen. Sind sie dazu bereit, werden sie vernommen (§ 243 Abs. 5 StPO). Daran schließt sich die **Beweisaufnahme** mit der Besonderheit, dass alle Beweismittel aus dem Bußgeldbescheid durch die Staatsanwaltschaft neu eingeführt werden müssen. An **Zeugen und Sachverständige** können dabei Fragen gestellt werden (§ 240 Abs. 2 StPO), wobei das Fragerecht durch den Vorsitzenden eingeräumt wird. **Der Betroffene, aber auch der Verteidiger** und die Staatsanwaltschaft haben zudem das Recht, nach jeder Vernehmung eines Mitbetroffenen und nach jeder anderen Beweiserhebung, insbesondere einer Zeugenvernehmung, eine **Erklä-**

218

---

[817] Göhler/Seitz OWiG 978 Rn. 1d.
[818] Bohnert OWiG § 78 Rn. 5.
[819] Vgl. hierzu Göhler/Seitz § 78 Rn. 1e.

rung gem. § 257 Abs. 1 und 2 StPO abzugeben. Nach Schluss der Beweisaufnahme erhält zunächst die Staatsanwaltschaft das Wort, anschließend die Verteidigung und das letzte Wort hat der Betroffene (§ 258 StPO). Die Kartellbehörde muss ihre Stellungnahme vor dem Schlussvortrag der Staatsanwaltschaft abgeben. Am Ende der Hauptverhandlung steht die Verkündung des **Urteils** (§§ 260 ff. StPO), das auf Freispruch, Verurteilung oder Einstellung des Verfahrens lautet. Die schriftliche Begründung des Urteils ist innerhalb der von der Verfahrensdauer abhängigen Frist des § 275 Abs. 1 StPO zu den Akten zu bringen. Aufgrund der oftmals langen Verfahrensdauer des Einspruchsverfahren, das Verfahren gegen die Flüssiggashersteller hat drei Jahre gedauert, kann die Frist für die Abfassung der **Urteilsbegründung** mehrere Monate betragen.

219 c) **Anwesenheitspflichten während der Hauptverhandlung.** Die Anwesenheit des **Betroffenen** richtet sich nach den §§ 73, 74 OWiG, die die §§ 230 ff. StPO weitgehend verdrängen. Zwar ist der Betroffene grundsätzlich zum Erscheinen in der Hauptverhandlung verpflichtet, er kann unter den Voraussetzungen des § 73 Abs. 2 OWiG aber von seiner Anwesenheitspflicht befreit werden.[820] Eine **Befreiung von der Anwesenheitspflicht** ist dann vorgesehen, wenn der Betroffene sich zur Sache geäußert oder erklärt hat, dass er sich in der Hauptverhandlung nicht zur Sache äußern werde und zudem seine Anwesenheit zur Aufklärung wesentlicher Gesichtspunkte nicht erforderlich ist. Hat das Gericht den Betroffenen von der Verpflichtung zum persönlichen Erscheinen entbunden, so ist die **Vertretung durch einen Verteidiger** in der Hauptverhandlung zulässig (§ 73 Abs. 3 OWiG).[821] Schließlich besteht für den Betroffenen auch die Möglichkeit, sich für einzelne Sitzungstermine zu entschuldigen (§ 74 OWiG). Als Entschuldigungsgrund werden zB Erkrankungen, seit langem gebuchte Urlaubsreisen oder erhebliche geschäftliche Verpflichtungen akzeptiert.[822] Bleibt der ordnungsgemäß geladene Betroffene unentschuldigt aus, ist sein Einspruch gem. § 74 Abs. 2 OWiG zu verwerfen. Gegen die Verwerfung des Einspruchs kann der Betroffene Wiedereinsetzung beantragen, § 74 Abs. 4 S. 1 OWiG. Ferner besteht keine Anwesenheitspflicht der gesetzlichen Vertreter der Nebenbetroffenen.

220 Zwar besteht für die **Staatsanwaltschaft** keine Pflicht zur Teilnahme an der Hauptverhandlung (§ 75 Abs. 1 S. 1 OWiG), das Oberlandesgericht kann eine Mitwirkung der Staatsanwaltschaft an der Hauptverhandlung jedoch anregen (§ 75 Abs. 1 S. 2 OWiG). Generell nimmt die Staatsanwaltschaft in Kartellverfahren ihre Rolle wahr.

221 Die **Kartellbehörde** hat ihre Stellung als Verfolgungsbehörde mit Eingang der Akten bei der Staatsanwaltschaft an diese abgegeben (§ 69 Abs. 4 S. 1 OWiG), sie kann jedoch in allen Teilen der Hauptverhandlung anwesend sein (§ 76 Abs. 1 S. 3 OWiG). Wegen ihrer besonderen Sachkunde erhält die Kartellbehörde zwar in der Hauptverhandlung **Gelegenheit zur Äußerung** (§ 76 Abs. 1 OWiG), über ein **eigenes Antragsrecht verfügt sie jedoch nicht.**[823] Gem. § 82a Abs. 1 GWB ist es dem Vertreter der Kartellbehörde allerdings gestattet, Fragen an Betroffene, Zeugen und Sachverständige zu richten. Von diesem Recht macht die Kartellbehörde in der Praxis regelmäßig Gebrauch. Generell findet während des Verfahrens ein permanenter Austausch zwischen der Kartellbehörde und der Staatsanwaltschaft statt, der dadurch begünstigt wird, dass die Vertreter beider Behörden in der Hauptverhandlung nebeneinander sitzen. Trotz der Beteiligung der Kartellbehörde an der Hauptverhandlung, können einzelne **Bedienstete der Behörde weiterhin als Zeugen vernommen werden,** etwa über Wahrnehmungen bei Beschlagnahme und Durchsuchungen.[824]

---

[820] MüKoGWB/*Vollmer* § 83 Rn. 18.
[821] Göhler/*Seitz* § 73 Rn. 26; KK-Kart/*van Rommel* GWB § 83 Rn. 22.
[822] Bohnert OWiG § 78 Rn. 25 mit weiteren Beispielen.
[823] Vgl. ausführlich zur Stellung des BKartA im gerichtlichen Bußgeldverfahren *Barth/Budde* WuW 2010, 377; MüKoGWB/*Vollmer* § 83 Rn. 18.
[824] *Barth/Budde* WuW 2010, 377 (385); KK-Kart/*van Rommel* GWB § 83 Rn. 23.

Die in der StPO statuierte Mitwirkung des **Verteidigers** an der Hauptverhandlung vor dem Oberlandesgericht (§ 140 Abs. 1 Nr. 1 StPO iVm § 46 Abs. 1 OWiG) findet auf Einspruchsverfahren gem. § 83 Abs. 1 S. 2 GWB keine Anwendung. Ein notwendiger Verteidiger wird daher in der Regel nur dann gem. § 140 Abs. 2 StPO iVm. § 46 Abs. 1 OWiG bestellt, wenn dies wegen einer schwierigen Sach- oder Rechtslage erforderlich erscheint.[825] In einem Einspruchsverfahren gegen die Bußgeldentscheidung des BKartA ist die Mitwirkung eines Verteidigers demgegenüber der Regelfall. Für den Betroffenen (und die Nebenbetroffene) dürfen maximal drei Verteidiger tätig werden (§ 137 Abs. 1 S. 2 StPO). Ergänzend gilt das **Verbot der Mehrfachverteidigung** (§ 146 StPO), wobei nur die Verteidigung mehrerer Betroffener unzulässig ist. Die gleichzeitige Verteidigung eines Betroffenen und einer beteiligten juristischen Person oder Personenvereinigung (Nebenbetroffene) verletzt dieses formale Gebot nicht.[826] 222

d) Beweisaufnahme. Auch im Bußgeldverfahren ist das Gericht zur **Aufklärung von Amts wegen** verpflichtet. Allerdings ist das Gericht nicht, wie die Strafgerichte nach § 244 Abs. 2 StPO, verpflichtet, jedes Beweismittel über eine entscheidungserheblichen Tatsache heranzuziehen.[827] Die **Reichweite der Aufklärungspflicht** bestimmt sich dahingehend, dass eine Beweiserhebung stets notwendig ist, wenn die Sachlage unter Berücksichtigung des Akteninhalts und des Verfahrensablaufs zur Benutzung weiterer Beweismittel drängt.[828] 223

Das Gericht kann zur Vorbereitung der Hauptverhandlung, vor oder nach der Terminierung, einzelne Beweise für die Hauptverhandlung anordnen und selbst erheben (§ 71 Abs. 2 S. 1 Nr. 1 OWiG). Mit der **Durchführung der Beweiserhebung** kann das Gericht sowohl die Kartellbehörde als auch die Staatsanwaltschaft beauftragen.[829] Allerdings kommt ein solches Vorgehen nur ausnahmsweise in Betracht, da es generell zu einer Verfahrensverzögerung führt.[830] Im Regelfall fordert das Gericht die Behörden und Stellen lediglich zur Mitwirkung (§ 71 Abs. 2 S. 1 Nr. 2 OWiG) und den Betroffenen zur Stellungnahme auf, welche Tatsachen oder Beweismittel er in der Hauptverhandlung vorbringen will (§ 71 Abs. 2 S. 2 OWiG). 224

Die **Beweisaufnahme** ist der Teil der Hauptverhandlung, in dem mit den gesetzlich zugelassenen Beweismitteln von Amts wegen oder auf Antrag eines Prozessbeteiligten vergangene oder gegenwärtige Tatsachen und Erfahrungssätze aufgeklärt werden.[831] Zentrales **Beweismittel** im Einspruchsverfahren ist, neben dem Urkundsbeweis (§§ 249 ff. StPO) und dem Sachverständigen und Augenschein (§ 72 ff. StPO), der **Zeugenbeweis** (§§ 48 ff. StPO). Die Reihenfolge hinsichtlich der Vernehmung des Zeugen richtet sich danach, welche Partei die jeweilige Zeugenvernehmung beantragt hat. Der Senat, bzw. der Vorsitzende, hat das Vorrecht der ersten Befragung, im Anschluss daran wird der Zeugen entweder zuerst von der Staatsanwaltschaft oder der Verteidigung vernommen. 225

Durch einen **Beweisantrag** äußert ein Verfahrensbeteiligter gezielt sein Verlangen auf Beweiserhebung über eine **bestimmte bezeichnete Tatsache** und durch Gebrauch eines im Antrag **bestimmt bezeichneten Beweismittels**.[832] Der Angabe des Beweisziels bedarf es dabei im Antrag nicht.[833] Von dem Beweisantrag zu unterscheiden ist der Beweisermittlungsantrag. Mit einem **Beweisermittlungsantrag** regt der Antragsteller die 226

---

[825] Immenga/Mestmäcker/*Dannecker/Biermann* GWB § 83 Rn. 3; KK-Kart/*van Rommel* GWB § 83 Rn. 29; MüKoGWB/*Vollmer* § 83 Rn. 18.
[826] Loewenheim/Meesen/Riesenkampff/*Meyer-Lindemann* GWB § 83 Rn. 18; KK-Kart/*van Rommel* GWB § 83 Rn. 31.
[827] Göhler/*Seitz* § 77 Rn. 1.
[828] Göhler/*Seitz* § 77 Rn. 3.
[829] Göhler/*Seitz* § 71 Rn. 23b.
[830] Göhler/*Seitz* § 71 Rn. 23b.
[831] Meyer-Goßner/*Schmitt* § 244 Rn. 2.
[832] Meyer-Goßner/*Schmitt* § 244 Rn. 18.
[833] Meyer-Goßner/*Schmitt* § 244 Rn. 20c.

Aufklärung eines Umstands durch das Gericht an, indem er die Amtsermittlungspflicht des Gerichts aktiviert. Beweisermittlungsanträge dienen der Vorbereitung von Beweisanträgen, zB weil der Antragsteller das Beweismittel noch nicht bestimmt bezeichnen kann.[834] Solche Anträge sind stets zulässig. Der Beweisantrag muss in der Hauptverhandlung (mündlich) gestellt oder wiederholt werden. Beweisanträge sind bis zum Beginn der Urteilsverkündung zulässig. Nach § 273 Abs. 1 StPO muss der Beweisantrag **protokolliert** werden.[835] Das Gericht hat die **prozessuale Fürsorgepflicht** auf formale und prozessuale Mängel des Antrags hinzuweisen.[836] Die **Gründe, einen Beweisantrag abzulehnen,** ergeben sich aus § 244 Abs. 3 und 4 StPO und aus § 77 Abs. 2 OWiG und können wie folgt zusammengefasst werden:

- Unzulässigkeit,
- rechtliche oder tatsächliche Bedeutungslosigkeit für die Entscheidung,
- Erwiesenheit der Tatsache,
- Unerreichbarkeit oder Ungeeignetheit der Beweismittel,
- Verschleppungsabsicht, Verspätung des Beweisantrags,
- Wahrunterstellung,
- eigene Sachkunde des Senats beim Sachverständigenbeweisantrag,
- Anhörung eines weiteren Sachverständigen.

227 Die **Ablehnung eines Beweisantrags geschieht durch Beschluss,** der zu begründen ist (§ 244 Abs. 6 StPO). Das Gericht stützt sich im Einspruchsverfahren häufig auf den Ablehnungsgrund des § 77 Abs. 2 Nr. 1 OWiG, dh die Beweiserhebung ist zur Erforschung der Wahrheit nicht erforderlich. Diese bei den Kartellsenaten zu beobachtende Tendenz ist angesichts der auch in Kartellordnungswidrigkeitenverfahren geltenden Beweiserhebungspflichten als Ausprägungen des gerichtlichen Amtsermittlungsgrundsatzes nicht unbedenklich. Im Falle dieses Ablehnungsgrundes genügt noch dazu eine Kurzbegründung (vgl. § 77 Abs. 3 OWiG).[837] Ein Ablehnungsbeschluss ist spätestens vor Ende der Beweisaufnahme in der Hauptverhandlung bekannt zu machen. Bis dahin kann er zurückgestellt werden.[838] Die Ablehnung eines Beweisantrags ist zwar nicht mit der separaten Beschwerde angreifbar, allerdings kann diese in **Form der Verfahrensrüge** im Rechtsbeschwerdeverfahren der richterlichen Kontrolle unterworfen werden.[839] Die Beweiswürdigung muss im Urteil so ausführlich sein, dass dem Rechtsbeschwerdegericht die rechtliche Nachprüfung möglich ist.[840]

6. Verständigung nach § 257c StPO

228 Auch in Kartellordnungswidrigkeitenverfahren kommt eine **Verständigung nach § 257c StPO**[841] iVm § 71 OWiG in Betracht und ist durchaus praxisrelevant. Hintergrund für die am 4. 8. 2009 in Kraft getretene gesetzliche Neuregelung ist eine Gemengelage aus prozessökonomischen Überlegungen und dem erklärten Ziel der Begrenzung der in den Strafprozess Einzug haltenden Dispositionsmaxime unter gleichzeitiger Wahrung der Autonomie des Angeklagten sowie der Gewährleistung des öffentlichen Interesses und der öffentlichen Kontrolle des Strafprozesses.[842] Verständigungen (sog „Deals")

---

[834] *Meyer-Goßner/Schmitt* § 244 Rn. 25.
[835] *Meyer-Goßner/Schmitt* § 244 Rn. 36: Wird der Antrag aus einem dem Gericht überreichten Schriftsatz verlesen, so genügt die Bezugnahme auf das als Anlage zum Protokoll genommene Schriftstück.
[836] BGH Urt. v. 31. 5. 1994 – 5 StR 154/94, NStZ 1994, 483; Urt. v. 28. 1. 2003 – 5 StR 310/02, NStZ-RR 2003, 147.
[837] Göhler/*Seitz* § 77 Rn. 23, 24.
[838] *Bohnert* OWiG § 77 Rn. 31.
[839] Göhler/*Seitz* § 77 Rn. 28.
[840] MüKoGWB/*Vollmer* § 83 Rn. 19; Immenga/Mestmäcker/*Dannecker/Biermann* GWB § 83 Rn. 32.
[841] Zur Verfassungsmäßigkeit der gesetzlichen Regelung BVerfG Urt. v. 19. 3. 2013 – 2 BVR 2628/10 ua, NJW 2013, 1058; vgl. auch *Meyer-Goßner/Schmitt* StPO Einl Rn. 119i. Zu der in der Literatur geäußerten Kritik an der Ausgestaltung der Verständigungsregelung zB *Meyer-Goßner/Schmitt* § 257c Rn. 3, 13, 14a, 15; *Knauer/Lickleder* NStZ 2012, 366 mwN in Fn. 2.
[842] BT-Drs. 16/12310, 1.

außerhalb der gesetzlichen Regelung der Verständigung kommen nicht (mehr) in Betracht.[843] Es handelt sich bei der Verständigung um eine – vorbehaltlich der in § 257c Abs. 4 StPO geregelten Lösungsmöglichkeit des Gerichts – **verbindliche Vereinbarung** des Gerichts mit den Verfahrensbeteiligten, also dem Betroffenen (Unternehmen oder natürliche Person) und der Staatanwaltschaft.[844] In der Praxis geht die Anregung zu einer Verständigung in Kartellordnungswidrigkeitenverfahren von der Verteidigung oder der Staatsanwaltschaft aus, zweckmäßigerweise bereits vor Eröffnung der Hauptverhandlung. **Gegenstand der Verständigung** dürfen nur **Rechtsfolgen** sein, die Gegenstand des Urteils und der dazugehörigen Beschlüsse des Gerichts sein können, nicht dagegen der Schuldspruch oder die strafrechtliche Bewertung eines Sachverhalts (vgl. § 257c Abs. 2 S. 3 StPO).[845] Ebenfalls Gegenstand einer Verständigung können **sonstige verfahrensbezogene Maßnahmen** in dem dem Urteil (bzw. Beschluss) zugrundeliegenden Erkenntnisverfahren sein, zB der Verzicht des Gerichts auf gewisse Beweiserhebungen (sofern dadurch die Amtsaufklärungspflicht des Gerichts nicht beschränkt wird)[846] oder eine Teileinstellung desselben Verfahrens nach § 154a StPO,[847] sowie das **Prozessverhalten der Verfahrensbeteiligten,** zB der Verzicht auf die Geltendmachung prozessualer Rechte wie etwa die Stellung von (weiteren) Beweisanträgen[848] sowie andere Kooperationsbeiträge wie etwa die freiwillige Überlassung von entscheidungsrelevanten Unterlagen. Ein Rechtsmittelverzicht kann dagegen nicht im Rahmen einer Verständigung vereinbart werden (§ 302 Abs. 1 S. 2 StPO). Zwar „soll" Bestandteil einer Verständigung ein **Geständnis** des Betroffenen sein (§ 257c Abs. 2 S. 2 StPO), dies ist aber keine zwingende Voraussetzung, da nach dem gesetzgeberischen Willen schließlich auch das Prozessverhalten der Verfahrensbeteiligten Gegenstand einer Verständigung sein kann.[849] Für das Berufungsverfahren ist es im Übrigen anerkannt, dass die **Beschränkung auf den Rechtsfolgenausspruch** mit einem Geständnis vergleichbar ist und schon deshalb Gegenstand einer Verständigung sein kann.[850] Die für das Berufungsverfahren entwickelten Grundsätze lassen sich auch auf das gerichtliche Einspruchsverfahren übertragen, denn dieses richtet sich nach zulässigem Einspruch gegen den Bußgeldbescheid der Kartellbehörde (§ 71 Abs. 1 OWiG) nach den Vorschriften der StPO nach zulässigem Einspruch gegen einen Strafbefehl, einschließlich der Regelung zur Beschränkung des Einspruchs nach § 410 Abs. 2 StPO,[851] die wiederum der Regelung zur Beschränkung der Berufung nach § 318 Abs. 1 StPO nachgebildet ist.

Gegenstand der Verständigung kann nach § 257c Abs. 3 S. 2 StPO auch die **Angabe einer Bußgeldober- und -untergrenze** sein. Ist der Betroffenen im Rahmen der Verständigung zu einem Geständnis oder einem anderen Prozessverhalten bereit, erwartet er als Gegenleistung eine Sicherheit im Hinblick auf die zu erwartende Bußgeldhöhe. Ohne Angabe eines (wenn auch engen) Bußgeldkorridors ist eine Verständigung in der Praxis deshalb nicht denkbar. Jedenfalls im Strafverfahren ist wegen der Regelung des § 257c Abs. 3 StPO, wonach die konkrete Bußgeldzumessung dem Gericht vorbehalten bleiben muss,[852] die

229

---

[843] BVerfG Urt. v. 19.3.2013 – 2 BvR 2628/10 ua Rn. 75 f., NJW 2013, 1058.
[844] *Meyer-Goßner/Schmitt* § 257c Rn. 3, zum Umfang der Verbindlichkeit für das Gericht und die Verfahrensbeteiligten im Einzelnen SK-StPO/*Velten* § 257c Rn. 28 ff.
[845] *Meyer-Goßner/Schmitt* § 257c Rn. 9 mwN.
[846] *Meyer-Goßner/Schmitt* § 257c Rn. 13; SK-StPO/*Velten* § 257c Rn. 11, 13.
[847] *Graf/Eschelbach* StPO § 257c Rn. 16.
[848] *Meyer-Goßner/Schmitt* § 257c Rn. 14.
[849] SK-StPO/*Velten* § 257c Rn. 22; *König* NJW 2012, 1916; aA *Meyer-Goßner/Schmitt* § 257c Rn. 16; *Graf/Eschelbach* StPO § 257c Rn. 20.
[850] OLG Karlsruhe Beschl. v. 14.6.2013 – 3 Ws 235/13 (nicht veröffentlicht); LG Freiburg Urt. v. 18.1.2010 – 7 Ns 610 Js 13070/09 – AK 113/09, BeckRS 2010, 02687, StV 2010, 236 f.; *Meyer-Goßner/Schmitt* § 257c Rn. 17b; SK-StPO/*Velten* § 257c Rn. 14.
[851] Zur Beschränkung des Einspruchs gegen einen Strafbefehl auf die Rechtsfolgenseite als möglicher Gegenstand einer Verständigung nach § 257c StPO ist bislang keine eindeutige Rspr. und Lit. veröffentlicht worden.
[852] BT-Drs. 16/12310, 14.

Vereinbarung einer „**Punktstrafe**" nicht zulässig.[853] Für die Verständigung auf eine Punktstrafe im Ordnungswidrigkeitenverfahren (anstatt eines engen Bußgeldkorridors) lässt sich demgegenüber argumentieren, dass die StPO-Vorschriften im Bußgeldverfahren nur sinngemäße Anwendung finden (§ 46 Abs. 1 OWiG) und wegen des abweichenden Rechtsfolgeninstrumentariums im Bußgeldverfahren Abweichungen von den strengen Maßstäben des Strafverfahren möglich sind.[854]

230 Der mögliche Inhalt der Verständigung (§ 257c Abs. 2 S. 1 StPO) sowie auch der wesentliche Ablauf des Verständigungsverfahrens und das Ergebnis der Verständigung sind in das **Hauptverhandlungsprotokoll** aufzunehmen (§§ 243 Abs. 4, 273 Abs. 1a S. 2 iVm 257c StPO).[855] Der Betroffene ist über die Voraussetzungen, unter denen sich das Gericht nach § 257c Abs. 4 StPO von einer Verständigung lösen kann und über die Folgen einer solchen Abweichung von der Verständigung zu belehren. Der Gang der Hauptverhandlung nach einer Verständigung gestaltet sich praktisch so, dass es zu einer **verkürzten Hauptverhandlung** kommt. Grundsätzlich gilt die Amtsaufklärungspflicht des Gerichts zwar fort, allerdings führt die Verständigung, sofern sie ein Geständnis oder ein bestimmtes Prozessverhalten des Betroffenen beinhaltet, de facto zu einem reduzierten Aufklärungsbedarf.[856] Grundlage der Entscheidung des Gerichts kann dennoch nur ein Sachverhalt sein, der auf einer Überzeugungsbildung des Gerichts unter dem Eindruck der (verständigungsbedingt beschränkten) Beweisaufnahme in der Hauptverhandlung beruht. Das Gericht trifft (im Rahmen des festgelegten Bußgeldkorridors) auch eine individuelle Bußgeldzumessungsentscheidung, berücksichtigt etwa die wirtschaftliche Leistungsfähigkeit des Betroffenen. Eine Verständigung entbindet das Gericht auch nicht von der **sorgfältigen Abfassung der Urteilsgründe**.[857] Das Urteil unterliegt der uneingeschränkten Überprüfung durch das Rechtsbeschwerdegericht. Im Falle einer Lösung des Gerichts von der Verständigung gilt ein Verwertungsverbot hinsichtlich des abgelegten Geständnisses, aber auch sonstiger Prozesshandlungen des Betroffenen, sofern diese zu Beweismitteln, zB zur freiwilligen Vorlage von Urkunden, geführt haben (§ 257 Abs. 4 S. 3 StPO in direkter oder analoger Anwendung[858]).

II. Rechtsbeschwerde

1. Das Rechtsmittel der Rechtsbeschwerde

231 Gegen das im Einspruchsverfahren in der Hauptverhandlung gefällte Urteil (sowie den Beschluss nach § 72 OWiG) ist die **Rechtsbeschwerde** zulässig, sofern die in § 79 Abs. 1 OWiG statuierten, alternativen **Zulässigkeitsvoraussetzungen** vorliegen. Aufgrund der Höhe der im kartellrechtlichen Bußgeldverfahren verhängten Geldbuße, das Gesetz gibt eine Untergrenze von 250 EUR bzw. 600 EUR vor, werden die Zulässigkeitsvoraussetzung des § 79 Abs. 1 Nr. 1–3 OWiG regelmäßig vorliegen.[859] Ergänzend ist gem. § 79 Abs. 1 S. 2 OWiG die Rechtsbeschwerde gegen ein Urteil dann statthaft, wenn sie – auf entsprechenden Antrag – nach den Voraussetzungen des § 80 Abs. 1 OWiG vom Beschwerdegericht zugelassen wird.

232 Auf das **Rechtsbeschwerdeverfahren** sind die Vorschriften der StPO und des GVG über die Revision entsprechend anwendbar (§ 79 Abs. 3 OWiG).

---

[853] BGH Urt. v. 17.2.2011 – 3 StR 426/10, NStZ 2011, 648; Beschl. v. 27.7.2010 – 1 StR 345/10, NStZ 2010, 650.
[854] Im Ergebnis ebenso *Krumm* NZV 2011, 376 (377).
[855] *Knauer/Lickleder* NStZ 2012, 366 (374).
[856] Vgl. SK-StPO/*Velten* § 257c Rn. 33 ff.
[857] *Meyer-Goßner/Schmitt* § 257c Rn. 22a; BGH Beschl. v. 23.6.2010 – 2 StR 222/10, NStZ-RR 2010, 336.
[858] Vgl. SK-StPO/*Velten* § 257c Rn. 48.
[859] MüKoGWB/*Vollmer* § 84 Rn. 4; Loewenheim/Meesen/Riesenkampff/*Meyer-Lindemann* GWB § 84 Rn. 2; KK-Kart/*van Rommel* GWB § 84 Rn. 3.

2. Zuständigkeit des BGH/Zurückverweisung an das OLG

Zuständig für die Rechtsbeschwerde gegen Urteile und Beschlüsse des OLG ist gem. § 84 GWB der BGH, genauer gesagt dessen **Kartellsenat** (§ 94 Abs. 1 Nr. 2 GWB). Sofern der BGH die angefochtene Entscheidung des OLG aufhebt, ohne in der Sache selbst zu entscheiden, verweist er die Sache an das Oberlandesgericht, dessen Entscheidung aufgehoben wird, zurück (§ 84 S. 2 GWB). Verfügt ein OLG über mehrere Kartellsenate, wie zB das OLG Düsseldorf, so hat die **Zurückverweisung** an einen der anderen Kartellsenate zu erfolgen (§ 354 Abs. 2 S. 2 StPO).[860] Die in § 84 S. 2 GWB festgelegte Spezialregelung stellt eine Abweichung von § 79 Abs. 6 OWiG dar, der eine Zurückverweisung durch das Beschwerdegericht an das Amtsgericht, dessen Entscheidung aufgehoben wird, oder an ein anderes Amtsgericht desselben Landes vorsieht.

233

3. Formelle Voraussetzungen der Beschwerde

a) Beschwerdeberechtigung. Die Beschwerdeberechtigung, die eine Beschwer voraussetzt, richtet sich ebenfalls nach den strafverfahrensrechtlichen Vorschriften (§ 46 Abs. 1 OWiG). Beschwerdeberechtigt sind gem. § 296 Abs. 1 StPO der **Betroffene** und die **Staatsanwaltschaft** sowie, für den Betroffenen, der **Verteidiger** gem. § 297 StPO. Der Staatsanwaltschaft kann auch zugunsten des Betroffenen Rechtsbeschwerde einlegen (§ 296 Abs. 2 StPO). Die Kartellbehörde ist hingegen nicht beschwerdeberechtigt.[861]

234

b) Frist und Form. Die Rechtsbeschwerde muss innerhalb von **einer Woche** nach Verkündung des Urteils (in der Hauptverhandlung bzw. Zustellung des Beschlusses) eingelegt werden (§ 341 Abs. 1 StPO iVm § 79 Abs. 3 OWiG). Hat die Verkündung des Urteils nicht in Anwesenheit des Betroffenen stattgefunden und wurde dieser auch nicht durch seinen Verteidiger vertreten, so beginnt die Frist mit der Zustellung der Entscheidung (§ 79 Abs. 4 OWiG).[862] Die **Anträge** sowie die **Begründung** der Rechtsbeschwerde sind spätestens binnen **eines Monats** nach Ablauf der Frist zur Einlegung der Rechtsbeschwerde anzubringen (§ 345 Abs. 1 S. 1 StPO iVm § 79 Abs. 3 OWiG). War zu diesem Zeitpunkt das Urteil (mitsamt der Urteilsgründe) noch nicht zugestellt, so **beginnt die Frist mit der Zustellung des Urteils** (§ 345 Abs. 1 S. 2 StPO iVm § 79 Abs. 3 OWiG). Die Monatsfrist wird nach § 43 StPO berechnet. Gegen die **Versäumung der Frist** gibt es unter den Voraussetzungen der §§ 44–47 StPO die Wiedereinsetzung in den vorigen Stand.[863]

235

Die Rechtsbeschwerde muss entweder durch **Erklärung zu Protokoll der Geschäftsstelle** oder **schriftlich** beim Oberlandesgericht, dh dem Gericht, dessen Entscheidung angefochten wird, eingelegt werden (§ 341 Abs. 1 StPO). Dies gilt auch für den Antrag und die Begründung der Rechtsbeschwerde. Im Falle der Rechtsbeschwerde durch den Betroffenen, sofern diese nicht zu Protokoll der Geschäftsstelle gegeben wird, bedarf es für die Antragstellung und Begründung der **Mitwirkung eines Verteidigers** oder eines Rechtsanwalts (§ 345 Abs. 2 StPO).[864] Die Einschaltung eines Rechtsbeistands oder des Gerichts soll gewährleisten, dass der Inhalt der Begründung von sachkundiger Seite stammt und daher gesetzmäßig und sachgerecht ist.[865]

236

4. Verfahrensgang

Das OLG entscheidet zunächst über die **Zulässigkeit der Rechtsbeschwerde,** wobei sich die Prüfung auf die in § 346 Abs. 1 StPO bezeichneten Fälle beschränkt, dh auf die verspätete Revisionseinlegung und das verspätete Vorbringen der Revisionsanträge und –

237

---

[860] Vgl. hierzu Immenga/Mestmäcker/*Dannecker/Biermann* GWB § 84 Rn. 3.
[861] MüKoGWB/*Vollmer* § 84 Rn. 5; Göhler/*Seitz* Vor § 79 Rn. 7; *Bohnert* OWiG § 79 Rn. 7.
[862] Vgl. ausführlich zur ordnungsgemäßen Zustellung FK/*Wrage-Molkenthin/Bau* GWB § 84 Rn. 10 f.
[863] *Bohnert* OWiG § 79 Rn. 29; Göhler/*Seitz* § 79 Rn. 30b; FK/*Wrage-Molkenthin/Bau* GWB § 84 Rn. 21 ff.
[864] Vgl. ausführlich hierzu Meyer-Goßner/*Schmitt* § 345 Rn. 9; Göhler/*Seitz* § 79 Rn. 29a: Die Begründung darf nicht bloß vom Verteidiger abgezeichnet werden, sondern muss von diesem mit verantwortet werden; Immenga/Mestmäcker/*Dannecker/Biermann* GWB § 84 Rn. 6.
[865] BVerfG Urt. v. 17.5.1983 – 2 BvR 731/80, NJW 1982, 2762; Göhler/*Seitz* § 79 Rn. 29–29b.

begründung sowie auf die Nichteinhaltung der Formvorschrift des § 345 Abs. 2 StPO. Jede weitere Zulässigkeitsprüfung ist dem OLG untersagt.[866] Hält das OLG die Rechtsbeschwerde auf dieser Grundlage für unzulässig, kann es diese durch Beschluss als unzulässig verwerfen (§ 346 Abs. 1 StPO). Der Beschwerdeführer kann **binnen einer Woche** nach Zustellung des Beschlusses die **Entscheidung des BGH** hierüber beantragen (§ 346 Abs. 2 S. 1 StPO). Die Vollstreckung des Urteils wird hierdurch jedoch nicht gehemmt.[867] **Rechtskraft** tritt erst nach Ablauf der nicht genutzten einwöchigen Frist ein oder mit dem Erlass des Verwerfungsbeschlusses durch den BGH.[868]

238   Sofern das OLG die Rechtsbeschwerde nicht als unzulässig verwirft, richtet sich das weitere Verfahren nach § 347 StPO. Nach § 79 Abs. 5 S. 1 OWiG entscheidet das Beschwerdegericht **ohne mündliche Verhandlung durch Beschluss**. Richtet sich die Rechtsbeschwerde allerdings gegen ein Urteil, kann der BGH auf Grund einer **Hauptverhandlung durch Urteil** entscheiden (§ 79 Abs. 5 S. 2 OWiG).[869] Die Durchführung einer Hauptverhandlung steht jedoch allein im **Ermessen des Rechtsbeschwerdegerichts**.[870] Sofern die Entscheidung des OLG auf einem sachlichen oder verfahrensrechtlichen Rechtsmangel beruht, ist die Rechtsbeschwerde begründet und der BGH hebt das Urteil (bzw. den Beschluss) des OLG auf.[871] Der BGH muss dann die Sache nicht zurückverweisen, sondern kann gem. § 79 Abs. 6 OWiG **in der Sache selbst entscheiden**. Die Entscheidung des BGH erfolgt auf der vom OLG festgestellten Tatsachengrundlage, soweit sie nicht als rechtsfehlerhaft aufgehoben wurde. Reicht die Tatsachengrundlage nicht aus, muss zurückverwiesen werden, der BGH trifft als Rechtsbeschwerdegericht keine neuen Tatsachenfeststellungen.[872] Sofern der Betroffene oder die Staatsanwaltschaft zu seinen Gunsten Rechtsmittel eingelegt hat, darf die angefochtene Entscheidung im Ausspruch nicht verschlechtert werden, es gilt also ein **Verböserungsverbot** (§ 358 Abs. 2 S. 1 StPO).[873]

5. Verfahrens- und Sachrügen

239   Für die **Begründetheit der Rechtsbeschwerde** bedarf es entweder einer **Gesetzesverletzung,** auf der die angefochtene Entscheidung des Oberlandesgerichts **beruht** (§ 337 StPO iVm § 79 Abs. 3 S. 1 OWiG) oder eines **absoluten Revisionsgrunds** (§ 338 StPO iVm § 79 Abs. 3 S. 1 OWiG). Im Falle einer Gesetzesverletzung muss aus der Rechtsbeschwerdebegründung hervorgehen, ob die Entscheidung wegen der Verletzung einer Rechtsnorm über das Verfahren (Verfahrensrüge) und/oder wegen Verletzung einer anderen Rechtsnorm (Sachrüge) angefochten wird. Im Falle der **Verfahrensrüge** müssen die den **Mangel begründenden Tatsachen** angegeben werden (§ 344 Abs. 2 S. 2 StPO). Es muss genau ersichtlich sein, gegen welche Handlungen oder Unterlassungen des Gerichts der Vorwurf der fehlerhaften Verfahrensweise erhoben wird.[874] Das Gericht muss schon an Hand der Rechtsbeschwerdeschrift **(ohne Rückgriff auf die Akte)** in der Lage sein zu prüfen, ob ein Verfahrensfehler vorliegt.[875] Die Angabe von Beweismitteln ist hingegen nicht erforderlich.[876] Allerdings kann das Gebot des vollständigen Vortrags es zwingend

---

[866] Vgl. hierzu ausführlich *Meyer-Goßner/Schmitt* § 346 Rn. 2.
[867] BGH Urt. v. 17.7.1968 – 3 StR 117/68, BGHSt 22, 213 (218) = NJW 1968, 2253.
[868] *Meyer-Goßner/Schmitt* § 346 Rn. 5.
[869] BGH Beschl. v. 7.2.2006 – KRB 02/05, WuW/E DE-R 1694 – Berliner Transportbeton I; Langen/Bunte/*Raum* GWB § 84 Rn. 7.
[870] BGH Beschl. v. 7.2.2006 – KRB 02/05, WuW/E DE-R 1694 – Berliner Transportbeton I.
[871] Vgl. ausführlich hierzu *Bohnert* OWiG § 79 Rn. 128; *Göhler/Seitz* § 79 Rn. 44ff.; MüKoGWB/*Vollmer* § 84 Rn. 8.
[872] *Bohnert* OWiG § 79 Rn. 134; Immenga/Mestmäcker/*Dannecker/Biermann* GWB § 84 Rn. 8.
[873] MüKoGWB/*Vollmer* § 84 Rn. 8.
[874] *Meyer-Goßner/Schmitt* § 344 Rn. 24; *Göhler/Seitz* § 79 Rn. 27b.
[875] BGH Beschl. v. 26.2.2013 – KRB 20/12 Rn. 32 – Grauzementkartell; KK-Kart/*van Rommel* GWB § 84 Rn. 7; *Göhler/Seitz* § 79 Rn. 27d.
[876] BGH Beschl. v. 21.5.2003 – 4 StR 157/02, NStZ-RR 03, 334; Urt. v. 24.7.2012 – 1 StR 302/12, BeckRS 2012, 17662; *Meyer-Goßner/Schmitt* § 344 Rn. 23; *Göhler/Seitz* § 79 Rn. 27c; FK/*Wrage-Molkenthin/Bau* GWB § 84 Rn. 33ff.

notwendig machen, auch Tatsachen vorzutragen, die dem Erfolg der Rüge (möglicherweise) entgegenstehen.[877] So sah sich der BGH im „*Grauzementkartell*" nicht in der Lage, eine umfassende Prüfung der Rüge der Verletzung des rechtlichen Gehörs vorzunehmen, da die Geschehnisse in der mündlichen Verhandlung vor dem OLG in Bezug auf die ordnungsgemäße Einführung einer Urkunde in das Verfahren nach § 78 Abs. 1 S. 2 OWiG nicht ausreichend dargestellt waren.[878] Mit der Verfahrensrüge können die **absoluten Revisionsgründe** des § 338 StPO entsprechend geltend gemacht werden (§ 79 Abs. 3 S. 1 OWiG).[879] Das Beruhen der Entscheidung auf dem Verfahrensfehler wird bei ihnen unwiderleglich vermutet. Für die **Sachrüge** bedarf es hingegen keiner Begründung. Sie muss allerdings ausdrücklich erhoben werden: „Gerügt wird die Verletzung sachlichen Rechts".[880] Einzelausführungen zur Sachrüge können hilfreich sein und werden in der Praxis auch von Rechtsbeschwerdeführern vorgenommen, da sie das Gericht zur Prüfung bestimmter Fragen anregen.[881] Dies ist auch nach Ablauf der Rechtsbeschwerdebegründungsfrist, bis zur Entscheidung des Rechtsbeschwerdegerichts, möglich.[882] Im Bußgeldverfahren wegen Kartellordnungswidrigkeiten spielt häufig die **Bußgeldbemessung** eine große Rolle (einschließlich der alten Mehrerlösberechnung). In Sachen „Grauzementkartell" wurde ua die **lange Verfahrensdauer** gerügt, die Generalstaatsanwaltschaft hatte nahezu zwei Jahre für ihre 800 Seiten umfassende Gegenerklärung zur Rechtsbeschwerdebegründung benötigt.[883] Der BGH sah eine derart lange Bearbeitungszeit als unangemessen an und reduzierte das Bußgeld um 5%.[884] Auch die **Beweiswürdigung** ist im Wege der Sachrüge revisionsrechtlich überprüfbar. Die Urteilsgründe des Tatgerichts müssen erkennen lassen, dass die Beweiswürdigung auf einer tragfähigen und einsichtigen Tatsachengrundlage beruht.[885]

6. Beschränkung und Rücknahme der Rechtsbeschwerde

Eine **Beschränkung der Rechtsbeschwerde** auf abtrennbare Teile ist möglich, sofern eine selbständige Prüfung und rechtliche Beurteilung durchführbar ist. Der nicht angefochtene Teil wird rechtskräftig.[886] So kann die Rechtsbeschwerde zB auf den **Rechtsfolgenausspruch,** die **Zumessung der Geldbuße,** beschränkt werden.[887] Wird die Rechtsbeschwerde hingegen auf eine von mehreren tateinheitlich begangenen Ordnungswidrigkeiten beschränkt, so ist sie gegenstandslos.[888] Wurde unzulässig teilangefochten, gilt die ganze Entscheidung als angefochten. 240

Die Rechtsbeschwerde kann bis zur Rechtskraft des Verwerfungsbeschlusses **zurückgenommen** werden.[889] Hat die Hauptverhandlung vor dem Rechtsbeschwerdegericht bereits begonnen, bedarf die Rücknahme der **Zustimmung des Gegners** (§ 303 StPO iVm § 79 Abs. 3 OWiG). Bei **Rücknahme der Rechtsbeschwerde** wird die Entscheidung rechtskräftig. 241

---

[877] BGH Beschl. v. 26.2.2013 – KRB 20/12 Rn. 32 – Grauzementkartell.
[878] Vgl. hierzu BGH Beschl. v. 26.2.2013 – KRB 20/12 Rn. 31 ff. – Grauzementkartell.
[879] Vgl. ausführlich zu den Besonderheiten der absoluten Rechtsbeschwerdegründe im Kartellbußgeldverfahren Immenga/Mestmäcker/*Dannecker/Biermann* GWB § 84 Rn. 11–13; Loewenheim/Meesen/Riesenkampff/*Meyer-Lindemann* GWB § 84 Rn. 6; KK-Kart/*van Rommel* GWB § 84 Rn. 12.
[880] Göhler/*Seitz* § 79 Rn. 27c; KK-Kart/*van Rommel* GWB § 84 Rn. 6; FK/*Wrage-Molkenthin/Bau* GWB § 84 Rn. 17.
[881] *Meyer-Goßner/Schmitt* § 344 Rn. 19; KK-Kart/*van Rommel* GWB § 84 Rn. 6; mit Vorbehalt Göhler/*Seitz* § 79 Rn. 27c.
[882] FK/*Wrage-Molkenthin/Bau* GWB § 84 Rn. 17.
[883] BGH Beschl. v. 26.2.2013 – KRB 20/12 Rn. 87ff. – Grauzementkartell.
[884] BGH Beschl. v. 26.2.2013 – KRB 20/12 Rn. 91 – Grauzementkartell.
[885] Immenga/Mestmäcker/*Dannecker/Biermann* GWB § 84 Rn. 10.
[886] *Bohnert* OWiG § 79 Rn. 13.
[887] OLG Karlsruhe Urt. v. 10.11.2004 – 1 Ss 94/04, NJW 2005, 450; Göhler/*Seitz* § 79 Rn. 32.
[888] Göhler/*Seitz* § 79 Rn. 32.
[889] BGH Urt. v. 5.9.1997 – 3 StR 271/97, NStZ 1998, 52; *Bohnert* OWiG § 79 Rn. 32; Göhler/*Seitz* § 79 Rn. 34e.

K. Akteneinsicht für Verletzte nach § 406e StPO

I. Allgemeines

242 Das Recht für Verletzte auf Akteneinsicht nach § 406e StPO findet in **Kartellbußgeldverfahren** Anwendung (§ 46 Abs. 1, 3 OWiG). Neben diesem Akteneinsichtsrecht für Verletzte zur Prüfung von Schadensersatzansprüchen können **Zivilgerichte** bei bereits anhängigen Schadensersatzklagen nach § 474 Abs. 1 StPO iVm § 46 Abs. 1 OWiG Akteneinsicht beim Bundeskartellamt bzw. im Falle von Submissionsabsprachen (§ 298 StGB) die bei Staatsanwaltschaften vorhandenen Akten beiziehen.[890] (→ § 29 Rn. 33 ff.). Bei **Kartellverwaltungsverfahren** beim Bundeskartellamt kann ein Anspruch auf Informationszugang nach dem IFG geltend gemacht werden (→ § 17 Rn. 225 ff.). Bei Verfahren der Landeskartellbehörden kann sich ein außergesetzlicher Anspruch auf Akteneinsicht aus allgemeinen verwaltungsrechtlichen Grundsätzen ergeben.[891]

243 Bei der Anwendung und Auslegung von § 406e StPO sind **unionsrechtliche Vorgaben** zu beachten. Dies gilt nicht nur für die umstrittene Frage des Zugangs zu Kronzeugenunterlagen,[892] sondern auch generell für eine Interpretation von § 406e StPO, etwa in Hinsicht auf den konkreten Umfang der Zugangsberechtigung bzw. eine Auslegung der Ausnahmetatbestände in § 406e Abs. 2 StPO im Hinblick auf die Interessen der persönlich Betroffenen bzw. betroffenen Unternehmen. Soweit das betreffende Verfahren des Bundeskartellamtes (wie dies regelmäßig der Fall ist) auch eine **Durchführung von Art. 101 bzw. Art. 102 AEUV** betrifft, sind gemäß Art. 51 der **GR-Charta** etwa die Vorgaben zum Schutz von personenbezogenen Daten nach Art. 8 GR-Charta sowie der Schutz von Betriebs- und Geschäftsgeheimnissen nach Art. 16 GR-Charta zu beachten.[893]

II. Anspruchsberechtigung

244 Die beantragte Akteneinsicht ist zu gewähren, soweit Verletzte (hierzu 1.) ein berechtigtes Interesse darlegen (hierzu 2.) und keine Versagungsgründe nach § 406e Abs. 2 StPO entgegenstehen (hierzu III.).

245 Die aktenführende Stelle hat dabei aufgrund der unionsrechtlichen Vorgaben jeweils im konkreten Verfahren eine **Einzelfallabwägung** zwischen den Interessen, die eine Übermittlung der Informationen rechtfertigen, und den gegenläufigen Interesse der Betroffenen und Nebenbetroffenen bzw. den öffentlichen Interessen an einem Schutz der Dokumente vorzunehmen.[894]

1. Verletzteneigenschaft

246 Der Begriff des Verletzten ist gesetzlich nicht definiert und wird unterschiedlich interpretiert.[895] Bei Kartellverfahren wird für den Begriff des Verletzen eines Verstoßes gegen § 1 GWB bzw. 101 AEUV regelmäßig auf § 33 Abs. 1 S. 3 GWB abgestellt.[896] Danach ist

---

[890] OLG Hamm Beschl. v. 26.11.2013, 1 VAs 116/13, WuW/E DE-R 4101, BeckRS 2014, 00949; BVerfG Beschl. v. 6.3.2014 – 1 BvR 3541/13, BeckRS 2014, 49398. Näher zu den Voraussetzungen und Grenzen dieses Beziehungsrechtes bzw. der Pflichten der Zivilgerichte bei der prozessualen Nutzung der beigezogenen Akten: *Kamann/Schwedler* EWS 2014, 121.

[891] BGH Beschl. v. 14.7.2015 – KVR 55/14, WuW/E DE-R 4883, vorgehend OLG Frankfurt Beschl. v. 4.9.2014, 11 W 3/14 (Kart), WuW/E DE-R 4585.

[892] EuGH Urt. v. 14.6.2011 – C-360/09, ECLI:EU:C:2011:389 – Pfleiderer; sowie Urt. v. 6.6.2013 – C-536/11, ECLI:EU:C:2013:366 – Donau Chemie ua.

[893] EuGH Urt. v. 6.6.2013 – C-536/11, ECLI:EU:C:2013:366, Rn. 27, 33 – Donau Chemie ua. Vgl. zur Anwendung der unionsrechtlichen Vorgaben und Vorlagepflichten bei Akteneinsichtsfällen: *Kamann/Schwedler* EWS 2014, 121, 128.

[894] EuGH Urt. v. 6.6.2013 – C-536/11, ECLI:EU:C:2013:366, Rn. 30, 34 – Donau Chemie ua; Urt. v. 27.2.2014 – C-365/12 P, ECLI:EU:C:2014:112, Rn. 107 – Kommission/EnBW.

[895] Hierbei wird ein „enger" bzw. „weiter" Verletztenbegriff vertreten, vgl. zur Diskussion: OLG Düsseldorf Beschl. v. 22.8.2012 – V-4 Kart 5+6/11 (OWi), BeckRS 2012, 18635, WuW/E DE-R 3662, 3665 – Kaffeeröster; *Milde,* S. 189 ff.

[896] AG Bonn Beschl. v. 24.9.2008 – 51 Gs 1456/08, WuW/E DE-R 2503, 2504.

Verletzter, „wer als Mitbewerber oder sonstiger Marktteilnehmer durch den Verstoß beeinträchtigt ist". Sonstige Marktbeteiligte sind die Abnehmer (bzw. Lieferanten), die den Kartellbeteiligten auf der Marktgegenseite unmittelbar gegenüberstehen,[897] aber auch die indirekten Abnehmer[898] der kartellbefangenen Produkte bis hin zu Endverbrauchern. Ausreichend für die Verletzteneigenschaft ist, dass der Antragsteller **potenziell Geschädigter** ist. Die Akteneinsicht soll dazu dienen, festzustellen, ob und in welchem Umfang zivilrechtliche Schadenersatzansprüche bestehen können. Ob dem Antragsteller tatsächlich durch den betreffenden Kartellverstoß ein Schaden entstanden ist, wird im Rahmen von § 406e StPO nicht geprüft.[899]

Ausreichend zum Nachweis der Verletzteneigenschaft sind in der Praxis die Vorlage von Rechnungen, aus denen sich ergibt, dass der Antragsteller im relevanten Zeitraum **kartellbefangene Produkte bezogen** hat. Aufgrund der grundsätzlichen **gesamtschuldnerischen Haftung** der an dem Kartellverstoß beteiligten Unternehmen nach §§ 830, 840 BGB ist ausreichend, dass der Antragsteller direkt oder indirekt von einem der beteiligten Unternehmen kartellbefangene Produkte erworben hat.[900] Daneben können wegen der Möglichkeit von **Preisschirmeffekten** *(„umbrella pricing")* auch Schadensersatzansprüche desjenigen bestehen, der im Zeitraum der Zuwiderhandlung Produkte nicht von den Kartellbeteiligten, sondern von dritten Anbietern bezogen hat.[901] Folglich dürften auch diese Unternehmen antragsberechtigt sein. Muttergesellschaften von marktbeteiligten Unternehmen kommen ebenfalls als Verletzte in Betracht, zumindest wenn zwischen Mutter- und Tochtergesellschaft ein Beherrschungs- und Gewinnabführungsvertrag besteht.[902] 247

Ein Recht auf Einsicht besteht nur in Bezug auf Aktenbestandteile zu Taten, für die der Antragsteller schlüssig vorträgt, Verletzter zu sein. Akten oder Aktenteile, die andere Taten betreffen, sind von der Einsicht ausgenommen.[903] Dritte, denen Verletzte ihre möglichen Schadensersatzansprüche zur Geltendmachung abgetreten haben, sind selbst keine Verletze iSd § 406e Abs. 1 S. 1 StPO und daher nicht zur Akteneinsicht nach dieser Vorschrift berechtigt.[904] 248

2. Berechtigtes Interesse

Grundsätzlich setzt die die Einsichtnahme die **schlüssige Darlegung eines berechtigten Interesses** voraus. Die Prüfung von möglichen Schadensersatzansprüchen gegen die an der Zuwiderhandlung Beteiligten stellt grundsätzlich ein berechtigtes Interesse dar (hierzu a)). Allerdings wird die Einsicht nur in einem Umfang gewährt, in welchem der Antragsteller ein berechtigtes Interesse dargelegt hat. Während an der Einsicht in die erlassenen Bußgeldbescheide (zumindest soweit diese rechtskräftig sind) ein berechtigtes Interesse besteht, bedarf der Zugang zu weiteren Unterlagen in der Akte richtigerweise einer schlüssigen Darlegung, wieso der Zugang zu diesen Dokumenten zur Prüfung und Geltendmachung von möglichen Schadensersatzansprüchen notwendig ist (hierzu b)). 249

---

[897] OLG Düsseldorf Beschl. v. 22.8.2012 – V-4 Kart 5+6/11 (OWi), BeckRS 2012, 18635, WuW/E DE-R 3662, 3665 f.; AG Bonn Beschl. v. 4.4.2011 – 51 Gs 545/11, BeckRS 2013, 16834, Ziffer II. 1.
[898] BGH WuW/E DE-R 3471, 3437 – ORWI.
[899] OLG Düsseldorf Beschl. v. 22.8.2012 – V-4 Kart 5+6/11 (OWi), BeckRS 2012, 18635, WuW/E DE-R 3662, 3665 f.; AG Bonn Beschl. v. 19.7.2010 – 51 Gs 1194/10, WuW/E DE-R 3016, 3018.
[900] OLG Düsseldorf Beschl. v. 22.8.2012 – V-4 Kart 5+6/11 (OWi), BeckRS 2012, 18635, WuW/E DE-R 3662, 3665 f. – Kaffeeröster. Fraglich ist, ob dies auch gelten kann, wenn das Bundeskartellamt im Bußgeldverfahren lediglich zugunsten der Betroffenen und Nebenbetroffenen von einer Tateinheit zwischen verschiedenen räumlichen und produktbezogenen Kartellrunden ausgegangen ist, eine Tatmehrheit aber tatsächlich wahrscheinlicher ist.
[901] EuGH Urt. v. 5.6.2014 – C-557/12, ECLI:EU:C:2014:1317 – Kone ua.
[902] AG Bonn Beschl. v. 29.12.2011 – 51 Gs 2496/10, BeckRS 2013, 11580, Ziffer II. 1.
[903] OLG Koblenz StV 1988, 332, 333.
[904] *Milde*, S. 193; *Vollmer* ZWeR 2012, 442, 447. In Betracht kommt lediglich ein mögliches Einsichtsrecht als „Dritter" nach § 46 Abs. 1 OWiG, § 475 StPO. Hierzu näher *Klooz* S.78 ff.

250 **a) Prüfung von Schadenersatzansprüchen.** Ein berechtigtes Interesse ist gegeben, wenn die Akteneinsicht zur Prüfung der Frage dienen soll, ob und in welchem Umfang dem Verletzten zivilrechtliche Ansprüche zustehen und ob diese mit Aussicht auf Erfolg geltend gemacht werden können. Die **Möglichkeit des Bestehens von Schadensersatzansprüchen** reicht aus; es ist nicht zu prüfen, ob tatsächlich ein Schaden entstanden ist. Nach der Rechtsprechung führt die Akteneinsicht nach § 406e StPO grundsätzlich nicht zu einem zivilprozessual unzulässigen „Ausforschen" der Unternehmen oder Personen, gegen die sich das Verfahren gerichtet hat.[905] Ein berechtigtes Interesse besteht auch, wenn Nebenbetroffene verjährungshemmende Vereinbarungen mit potentiell Geschädigten abgeschlossen haben.[906]

251 Kein berechtigtes Interesse besteht dagegen, soweit die Akteneinsicht dazu dienen soll, Informationen zu Unternehmen oder Personen zu erlangen, welche keine Betroffenen oder Nebenbetroffenen in dem Ordnungswidrigkeitsverfahren sind, so etwa Muttergesellschaften von Nebenbetroffenen. Fraglich ist, ob für die Prüfung von möglichen Schadenersatzansprüchen, die **Zeiträume vor oder nach dem vom Bundeskartellamt ermittelten Tatzeitraum** betreffen, auchein berechtigtes Interesse nach § 406e Abs. 1 S.1 StPO besteht.

252 **b) Akteneinsicht nur „soweit" berechtigtes Interesse besteht.** Das Interesse von potentiell Geschädigten an der Prüfung von Schadensersatzansprüchen bedeutet nicht, dass stets Zugang zu der gesamten Akte gewährt werden müsste. Nach § 406e Abs. 1 S. 1 StPO ist Akteneinsicht nur zu gewähren, „soweit" ein berechtigtes Interesse dargelegt wird. Daher lässt sich aus § 406e StPO kein pauschales Recht auf Zugang zu allen Aktenbestandteilen ableiten. Auch der EuGH hat darauf verwiesen, dass einem Antragsteller nicht jedes zu einem wettbewerbsrechtlichen Verfahren gehörende Schriftstück übermittelt werden müsse, da es wenig wahrscheinlich ist, dass die Schadensersatzklage auf die Gesamtheit der in den Akten dieses Verfahrens enthaltenen Schriftstücke gestützt werden muss.[907] Eine **Übermittlung aller Aktenbestandteile ist nicht erforderlich,** um das Recht des Antragstellers auf Schadensersatz wirksam zu schützen.[908]

253 Auch die deutsche Entscheidungspraxis geht überwiegend davon aus, dass – soweit über den Bußgeldbescheid hinaus Akteneinsicht beantragt wird – eine Darlegung erforderlich ist, aus welchen Gründen (gerade vor dem Hintergrund der Bindungswirkung nach § 33 Abs. 4 GWB) der Zugang zu diesen weiteren Dokumenten **für das zivilrechtliche Schadenersatzverfahren notwendig** ist[909] (→ Rn. 281 ff.). Ein entsprechendes berechtigtes Interesse ist danach vom Antragssteller einzelfallbezogen darzulegen.[910] Der **BGH** hat demgegenüber in einer neueren Entscheidung betont, dass dem Antragsteller regelmäßig der genaue Akteninhalt nicht bekannt ist, und er daher auch keine Dokumente benennen kann, die Gegenstand der Akteneinsicht sein sollen.[911] Die vom EuGH in der Rs. *EnBW* für die Einsicht in Akten der Kommission aufgestellte Pflicht des An-

---

[905] OLG Düsseldorf Beschl. v. 22.8.2012 – V-4 Kart 5+6/11 (OWi), BeckRS 2012, 18635, WuW/E DE-R 3662, 3666 – Kaffeeröster.
[906] AG Bonn Beschl. v. 29.12.2011 – 51 Gs 2496/10, BeckRS 2013, 11580, Ziffer II. 3 a.
[907] EuGH Urt. v. 6.6.2013 – C-536/11, ECLI:EU:C:2013:366, Rn. 33 – Donau Chemie ua; Urt. v. 27.2.2014 – C-365/12 P, ECLI:EU:C:2014:112 Rn. 106 – Kommission/EnBW.
[908] EuGH Urt. v. 6.6.2013 – C-536/11, ECLI:EU:C:2013:366 Rn. 33 – Donau Chemie ua.
[909] OLG Düsseldorf Beschl. v. 22.8.2012 – V-4 Kart 5+6/11 (OWi), BeckRS 2012, 18635, WuW/E DE-R 3662, 3671 – Kaffeeröster; LG Berlin Beschl. v. 20.5.2008 – 514 AR 1/07, BeckRS 2008, 10186, Ziffer III.7. (Ausgehend vom Zweck der Akteneinsicht, die Substantiierung von deliktischen Schadensansprüchen zu ermöglichen, ist Akteneinsicht nur in diejenigen Bestandteile zu gewähren, die dafür notwendig sind). Vgl. auch *Vollmer* ZWeR 2012, 442, 451.
[910] AG Bonn Beschl. v. 4.3.2015 – 52 Gs 109/14 –, S. 5 ff.; in diesem Sinne: *Vollmer* ZWeR 2012, 442, 451.
[911] BGH Beschl. v. 14.7.2015 – KVR 55/14 Rn. 33, WuW/E DE-R 4883. Diese Entscheidung bezog sich nicht direkt auf § 406e StPO, sondern auf die Frage, inwieweit mangels einschlägiger gesetzlicher Einsichtsansprüche ein außergesetzliches Recht auf die Einsicht in kartellbehördliche Akten beseht.

tragstellers zu Benennung konkreter Dokumente, in welche er Einsicht begehrt,[912] hat der BGH zurückgewiesen. Auch im Rahmen des § 406e StPO soll **keine Pflicht für Antragsteller zur Benennung konkreter Dokumente** in der Akte bestehen.[913]

Unabhängig von der Frage der Darlegungslast ist ein berechtigtes Interesse abzulehnen, wenn **keine Notwendigkeit der Einsicht in weitere Aktenbestandteile für die Prüfung von Schadenersatzansprüchen** besteht, entweder weil die Informationen öffentlich bekannt sind (etwa durch Pressemitteilungen oder einen Fallbericht des Bundeskartellamtes)[914] oder die Informationen in dem Bindungswirkung entfaltenden Bußgeldbescheid für die Prüfung von Schadenersatzansprüchen ausreichend sind[915] bzw. nicht erkennbar ist, inwieweit die gewünschten Aktenbestandteile relevante Informationen für die Prüfung von Schadenersatzansprüchen bzw. die Höhe eines möglichen Schadens enthalten können. 254

III. Versagungsgründe

Auch bei dem Vorliegen eines berechtigten Interesse des Verletzten kann die Akteneinsicht abgelehnt werden, soweit Versagungsgründe gegeben sind. Aus § 406e Abs. 2 StPO ergeben sich drei mögliche Gründe für die Versagung der Akteneinsicht: 255

Soweit „**überwiegende schutzwürdige Interessen des Beschuldigten oder anderer Personen**" (§ 406e Abs. 2 S. 1 StPO) entgegenstehen, ist die Akteneinsicht zwingend zu versagen. Daneben steht die Verweigerung der Akteneinsicht im Ermessen der aktenführenden Stelle, soweit von einer **Gefährdung des Untersuchungszweckes** auszugehen ist (§ 406e Abs. 2 S. 2 StPO) oder wenn durch die Akteneinsicht eine **erhebliche Verzögerung des Verfahrens** eintreten würde (§ 406e Abs. 2 S. 2 StPO). 256

Bei der konkreten Auslegung der Versagensgründe in § 406e StPO sind **unionsrechtliche Prinzipien** zu beachten. Einerseits auf die Versagung der Einsicht in die Akten bzw. Aktenbestandteile es dem Verletzten nicht praktisch unmöglich machen oder übermäßig erschweren, sein Recht auf Schadenersatz geltend zu machen (Effektivitätsgrundsatz).[916] Andererseits hat der EuGH betont, dass auch die Rechte zu beachten sind, die das Unionsrecht den betroffenen Unternehmen bzw. Personen verleiht, wie das Recht auf Wahrung des Berufs- oder des Geschäftsgeheimnisses (Art. 8 und 16 GR-Charta) oder das Recht auf Schutz personenbezogener Daten (Art. 8 GR-Charta).[917] Daneben ist das öffentliche Interesse an der Effektivität von Kronzeugenprogrammen zu beachten.[918] Notwendig ist daher eine Einzelfallabwägung der gegenläufigen Interessen an der Gewährung bzw. Versagung der Akteneinsicht in die betreffenden Dokumente bzw. Aktenteile.[919] 257

1. Überwiegende Interessen Beschuldigter oder anderer Personen

Akteneinsicht ist nicht zu gewähren, soweit überwiegend schutzwürdige Interessen Beschuldigter oder anderer Personen bestehen (§ 406 Abs. 2 S.1 StPO). Dabei ist eine sorgfältige **Abwägung der gegenläufigen Interessen** im konkreten Einzelfall notwendig.[920] Die Interessen des Betroffenen oder anderen Personen überwiegen, wenn deren Interessen an der Geheimhaltung gewichtiger einzustufen ist als das Informationsinteresse des 258

---

[912] EuGH Urt. v. 27.2.2014 – C-365/12 P, ECLI:EU:C:2014:112 Rn. 107 – Kommission/EnBW.
[913] BGH Beschl. v. 14.7.2015 – KVR 55/14 Rn. 33, WuW/E DE-R 4883.
[914] Hierzu *Vollmer* ZWeR 2012, 442, 451 f.
[915] OLG Düsseldorf Beschl. v. 22.8.2012 – V-4 Kart 5+6/11 (OWi), BeckRS 2012, 18635, WuW/E DE-R 3662, 3671 – Kaffeeröster.
[916] EuGH Urt. v. 14.6.2011 – C-360/09, ECLI:EU:C:2011:389, Rn. 30 – Pfleiderer; sowie Urt. v. 6.6.2013 – C-536/11, ECLI:EU:C:2013:366, Rn. 32 – Donau Chemie ua.
[917] EuGH Urt. v. 6.6.2013 – C-536/11, ECLI:EU:C:2013:366, Rn. 33 – Donau Chemie ua.
[918] EuGH Urt. v. 6.6.2013 – C-536/11, ECLI:EU:C:2013:366, Rn. 33, 41, 42 – Donau Chemie ua.
[919] Konkret für den Fall des beantragten Zugangs zu Bonusanträgen: EuGH Urt. v. 14.6.2011 – C-360/09, ECLI:EU:C:2011:389, Rn. 31, 32 – Pfleiderer; sowie Urt. v. 6.6.2013 – C-536/11, ECLI:EU:C:2013:366, Rn. 31, 34 – Donau Chemie ua.
[920] BVerfG Nichtannahmebeschl. v. 4.12.2008 – 2 BvR 1043/08 – BeckRS 2009, 18693, Ziffer III. 4.

Verletzten.[921] Zweifel, ob die einer Akteneinsicht entgegenstehenden Interessen überwiegen, wirken sich zugunsten des Verletzten aus.[922]

259 **a) Schutz von Betriebs- und Geschäftsgeheimnissen.** Betriebs- und Geschäftsgeheimnisse sind durch Art. 12 GG geschützt und daher als **schutzwürdige Interessen** von Nebenbetroffenen anerkannt.[923] Gleiches gilt nach Art. 8 und 16 GR-Charta bei der Durchführung von Art. 101 und 102 AEUV durch das Bundeskartellamt.[924] Betriebs- und Geschäftsgeheimnisse sind alle auf ein Unternehmen bezogenen Umstände und Vorgänge, die nicht offenkundig, sondern nur einem begrenzten Personenkreis zugänglich sind und an deren Nichtverbreitung der Rechtsträger ein berechtigtes Interesse hat. Im Wesentlichen handelt es sich bei den Betriebsgeheimnissen um technisches Wissen im weitesten Sinne, bei den Geschäftsgeheimnissen um kaufmännisches Wissen wie Kalkulationen, Konditionen, Umsätze, Gewinnspannen und Marktstrategien.[925]

260 Betriebs- und Geschäftsgeheimnisse sind regelmäßig von der Akteneinsicht auszunehmen.[926] Dabei kann bei der Abwägung auch eine Rolle spielen, wie alt die betreffenden Informationen sind.[927] Ein Abstellen auf eine starre Zeitgrenze, etwa 5 Jahre,[928] ist abzulehnen. Vielmehr hängt die Beurteilung von der konkreten Information ab. Diese kann noch über den 5-Jahreszeitraum hinaus als Geschäftsgeheimnis schützenswert sein.[929]

261 **Nicht schutzwürdig** als Geschäftsgeheimnis ist die Tatsache der Teilnahme an kartellrechtswidrigem Verhalten einschließlich der zugrundliegenden Fakten über den Kartellverstoß,[930] oder das Interesse, nicht von Seiten Dritter mit Schadensersatzansprüchen konfrontiert zu werden.[931]

262 **b) Unschuldsvermutung.** Die Unschuldsvermutung (Art. 6 Abs. 2 EMRK) stellt ein gewichtiges schutzwürdiges Interesse der Betroffenen und Nebenbetroffenen dar. Allerdings spielt die Unschuldsvermutung in der Praxis nur eine untergeordnete Rolle, da § 406e StPO bereits nach seinem Wortlaut nicht zwingend den rechtskräftigen Abschluss des Bußgeldverfahrens voraussetzt. Eine Akteneinsicht soll selbst dann noch möglich sein, wenn zwar ein Freispruch vorliegt, dieser aber noch nicht rechtskräftig ist.[932] Dabei dürfte aber stets eine Interessenabwägung im Einzelfall notwendig sein. Dies gilt auch bei der begehrten Einsicht in **nicht rechtskräftige Bußgeldbescheide,** welchen nach Einspruchseinlegung lediglich die Funktion einer Beschuldigungsschrift zukommt. Nach der Rechtsprechung des OLG Düsseldorf überwiegt die Unschuldsvermutung jedenfalls dann

---

[921] BVerfG Nichtannahmebeschl. v. 4.12.2008 – 2 BvR 1043/08 – BeckRS 2009, 18693, Ziffer III. 4; OLG Düsseldorf Beschl. v. 22.8.2012 – V-4 Kart 5+6/11 (OWi), BeckRS 2012, 18635, WuW/E DE-R 3662, 3666 – Kaffeeröster.
[922] OLG Düsseldorf Beschl. v. 22.8.2012 – V-4 Kart 5+6/11 (OWi), BeckRS 2012, 18635, WuW/E DE-R 3662, 3666 f. – Kaffeeröster.
[923] Vgl. nur OLG Düsseldorf Beschl. v. 22.8.2012 – V-4 Kart 5+6/11 (OWi), BeckRS 2012, 18635, WuW/E DE-R 3662, 3667 – Kaffeeröster; BVerfG Nichtannahmebeschl. v. 6.3.2014 – 1 BvR 3541/13 ua, BeckRS 2014, 49398. Hierzu ausführlich *Wessing/Hiéramente* WuW 2015, 220, 224 f.
[924] Vgl. EuGH Urt. v. 6.6.2013 – C-536/11, ECLI:EU:C:2013:366, Rn. 33 – Donau Chemie ua.
[925] OLG Düsseldorf Beschl. v. 22.8.2012 – V-4 Kart 5+6/11 (OWi), BeckRS 2012, 18635, WuW/E DE-R 3662, 3667 – Kaffeeröster.
[926] Vgl. OLG Düsseldorf Beschl. v. 22.8.2012 – V-4 Kart 5+6/11 (OWi), BeckRS 2012, 18635, WuW/E DE-R 3662, 3668, 3669 – Kaffeeröster.
[927] AG Bonn Beschl. v. 29.12.2011 – 51 Gs 2496/10, BeckRS 2013, 11580, Ziffer II. 1. und 3 c. und d.
[928] In diesem Sinne AG Bonn Beschl. v. 29.12.2011 – 51 Gs 2496/10, BeckRS 2013, 11580, Ziffer II. 3 c. und d.
[929] Vgl. EuG Urt. v. 13.9.2013 – T-380/08, ECLI:EU:T:2013:480, Rn. 99, 100 – Niederlande/Kommission.
[930] OLG Düsseldorf Beschl. v. 22.8.2012 – V-4 Kart 5+6/11 (OWi), BeckRS 2012, 18635, WuW/E DE-R 3662, 3667 – Kaffeeröster; AG Bonn Beschl. v. 24.9.2008 – 51 Gs 1456/08, WuW/E DE-R 2503, 2506; AG Bonn Beschl. v. 19.7.2010 – 51 Gs 1194/10, WuW/E DE-R 3016, 3017.
[931] AG Bonn Beschl. v. 24.9.2008 – 51 Gs 1456/08, WuW/E DE-R 2503, 2506; AG Bonn Beschl. v. 19.7.2010 – 51 Gs 1194/10, WuW/E DE-R 3016, 3017.
[932] AG Bonn Beschl. v. 19.7.2010 – 51 Gs 1194/10, S. 5. Zustimmend etwa *Vollmer* ZWeR 2012, 442, 450, 459.

nicht das Informationsinteresse des (potentiell) Verletzten, wenn sich die Einsprüche lediglich auf das verhängte Bußgeld beziehen, der Kern des Tatvorwurfes jedoch nicht in Abrede gestellt wird. Werden dagegen mit gewichtigen Gründen grundlegende materielle Einwände gegen die im Bußgeldbescheid erhobenen Vorwürfe geltend gemacht,[933] muss dies auch bei der Interessenabwägung eine Rolle spielen und kann zu einem Überwiegen des Geheimhaltungsinteresses führen.

c) Recht auf informationelle Selbstbestimmung/Schutz personenbezogener Daten. Zu den 263 schutzwürdigen Interessen von Beschuldigten zählt das Interesse an der Geheimhaltung persönlicher Daten.[934] Die Gewährung von Akteneinsicht in die Ermittlungsakten stellt einen Eingriff in das Recht auf informationelle Selbstbestimmung (Art. 2 Abs. 1 iVm Art. 1 Abs. 1 GG) bzw. Art. 8 der GR-Charta der Personen dar, deren personenbezogene Daten auf diese Weise zugänglich gemacht werden.[935] Bei persönlichen Daten von Betroffenen (Geburtsdatum und -ort, Angaben zu Vermögensverhältnissen) liegen überwiegend schutzwürdige Interessen vor.[936] Den Namen von Betroffenen legt das Bundeskartellamt hingegen regelmäßig offen, da das Informationsinteresse des Verletzten als vorrangig angesehen wird.[937] Diese deutsche Praxis weicht vom Vorgehen der Kommission ab. Im Einklang mit der ständigen Entscheidungspraxis der Unionsgerichte legt diese im Rahmen des Aktenzugangs die Namen der für die Unternehmen handelnden natürlichen Personen nie offen, um den Vorgaben der Verordnung (EG) Nr. 45/2001 bzw. Art. 8 GR-Charta zu entsprechen.[938] Es ist offen, ob die deutsche Praxis mit unionsrechtlichen Vorgaben vereinbar ist.

d) Interessen von nicht bebußten Personen bzw. Unternehmen. Oftmals werden in Buß- 264 geldbescheiden oder in Verfahrensakten Personen oder Unternehmen erwähnt, die möglicherweise an den Kartellabsprachen beteiligt waren, gegen die das Bundeskartellamt aber die Ermittlungen aus Opportunitätsgründen (§ 47 Abs. 1 OWiG) bzw. wegen des Eintritts der Verfolgungsverjährung (§ 81 Abs. 8 S. 2 GWB, § 31 Abs. 1 OWiG) eingestellt oder nicht aufgenommen hat. Das Bundeskartellamt gewährt in seiner Praxis dennoch **Zugang zu Angaben zu nicht bebußten Personen bzw. Unternehmen,** insbesondere soweit diese in den Bußgeldbescheiden gegen die Kartellteilnehmer erwähnt werden.[939] Auch die Nennung von Personen bzw. Unternehmen als Tatbeteiligte, gegen die das Bundeskartellamt noch keinen Bußgeldbescheid erlassen hat, soll zulässig sein.[940] Zwar kann für diese Praxis auf die Struktur des § 406e StPO verwiesen werden, der grundsätzlich bereits während des laufenden Ermittlungsverfahrens eine Akteneinsicht zulässt und daher keinen (rechtskräftigen) Abschluss des Bußgeldverfahrens erfordert.[941] Dieses Vorgehen ist jedoch bedenklich, da die betreffenden Personen und Unternehmen mangels einer anfechtbaren Entscheidung des Bundeskartellamtes keine Möglichkeit haben, sich gegen die entspre-

---

[933] Dies kann etwa der Fall sein, wenn das Bundeskartellamt wegen drohender Verfolgungsverjährung keine Ermittlungen zu entlastendem Vorbringen von Betroffenen und Nebenbetroffenen vorgenommen hat.
[934] BVerfG Nichtannahmebesch. v. 4.12.2008 – 2 BvR 1043/08, BeckRS 2009, 18693, Ziffer III. 2. und 4.
[935] BVerfG Nichtannahmebeschl. v. 4.12.2008 – 2 BvR 1043/08, BeckRS 2009, 18693, Ziffer III. 2. und 4.; EuGH Urt. v. 6.6.2013 – C-536/11, ECLI:EU:C:2013:366, Rn. 33 – Donau Chemie ua.
[936] Ständige Praxis des Bundeskartellamtes, bestätigt etwa von OLG Düsseldorf Beschl. v. 22.8.2012 – V-4 Kart 5+6/11 (OWi), BeckRS 2012, 18635, WuW/E DE-R 3662, 3669 – Kaffeeröster.
[937] Ständige Entscheidungspraxis des Bundeskartellamtes und der AG Bonn, vgl. nur AG Bonn Beschl. v. 24.9.2008 – 51 Gs 1456/08, WuW/E DE-R 2503, 2506; AG Bonn Beschl. v. 19.7.2010 – 51 Gs 1194/10, WuW/E DE-R 3016, 3017.
[938] EuG Urt. v. 12.10.2007 – T-474/04, Slg. 2007, II-4225 Rn. 64 – Pergan Hilfsstoffe für industrielle Prozesse/Kommission; Urt. v. 13.9.2013 – T-380/08, ECLI:EU:T:2013:480 Rn. 8 unter Bezugnahme auf Rn. 4 letzter Spiegelstrich – Niederlande/Kommission; siehe auch EuG Beschl. v. 8.6.2009 – T-173/09 R, Slg. 2009 II-67 Rn. 19 – Z/Kommission; sowie Antitrust Manual of Procedures, Kap. 28, Gliederungspunkt 3.2.
[939] Zustimmend AG Bonn Beschl. v. 5.6.2014, 52 Gs 177/14, S. 8 sowie *Vollmer* ZWeR 2012, 442, 459.
[940] AG Bonn Beschl. v. 5.6.2014, 52 Gs 177/14, S. 8.
[941] Vgl. hierzu *Vollmer* ZWeR 2012, 442, 459.

chenden Vorwürfe zu einer angeblichen Teilnahme an Kartellverstößen zu wehren. Nach der **unionsrechtlichen Entscheidungspraxis** darf die Kommission wegen des Grundsatzes der **Unschuldsvermutung** keine Informationen zu Unternehmen, gegen die das Verfahren eingestellt wurde, an Dritte weitergeben.[942] Richtigerweise können daher auch im Rahmen des § 406e StPO **überwiegende Geheimhaltungsinteressen** von nicht bebußten Unternehmen und Personen bestehen.

2. Gefährdung des Untersuchungszwecks (§ 406e Abs. 2 S. 2 StPO)

265 Die aktenführende Stelle kann nach pflichtgemäßem Ermessen die Akteneinsicht verweigern, wenn der Untersuchungszweck im laufenden Verfahren oder in anderen Straf- oder Ordnungswidrigkeitsverfahren gefährdet erscheint (§ 406e Abs. 2 S. 2 StPO). Der Untersuchungszweck ist gefährdet, wenn eine Gefahr der **Beeinträchtigung der Sachaufklärung** besteht, etwa eine Beeinflussung von Zeugen nicht auszuschließen ist.[943] In Kartellbußgeldverfahren ist dieser Ausschlussgrund regelmäßig nur bei der Frage des Zugangs zu Kronzeugenunterlagen relevant (→ § 29 Rn. 44).[944]

3. Erhebliche Verzögerung des Verfahrens (§ 406e Abs. 2 S. 3 StPO)

266 Die Akteneinsicht kann schließlich auch verweigert werden, wenn diese aus Sicht der aktenführenden Stelle eine erhebliche Verfahrensverzögerung zur Folge hat. Dieser Verweigerungsgrund wird vom Bundeskartellamt regelmäßig herangezogen, um bei den oftmals sehr umfangreichen Akten zu Kartellbußgeldverfahren eine Einsicht in andere Aktenbestandteile als den Bußgeldbescheid abzulehnen.[945] Auch das OLG Düsseldorf hat sich für die Ablehnung der Einsicht in andere Aktenbestandteile als Bußgeldbescheide auf Verfahrensverzögerungen berufen.[946]

267 Während des **laufenden Ermittlungsverfahren** wird eine Akteneinsicht regelmäßig wegen der notwendigen Durchsicht und Bereinigung der gesamten Akten auf zu schwärzende Geschäfts- und Betriebsgeheimnisse bzw. andere schützenswerte Angaben, sowie die erforderliche Anhörung der möglichen betroffenen Personen und Unternehmen zu einer erheblichen Verzögerung des Verfahrens führen und kann daher abgelehnt werden.[947] Dies gilt insbesondere, wenn der Ablauf von Verjährungsfristen nach § 81 Abs. 8 S. 2 GWB, § 31 Abs. 1 OWiG droht. Eine andere Beurteilung kann möglich sein, wenn der Antragsteller nur Einsicht in konkrete benannte Dokumente bzw. eine Auskunft aus der Akte verlangt, die in kurzer Zeit zu beantworten ist.

268 Auch **nach Erlass (erster) Bußgeldbescheide** und der Durchführung des Zwischenverfahrens nach der Einlegung von Einsprüchen nimmt das Bundeskartellamt regelmäßig eine erhebliche Verzögerung des Verfahrens durch die Akteneinsicht an, soweit neben der Einsicht in den Bußgeldbescheid auch Einsicht in die weiteren Aktenbestandteile verlangt wird.[948] Dabei ist allerdings zu prüfen, ob dem berechtigten Informationsinteresse des Antragsteller etwa durch die Erteilung von weniger zeitaufwändigen **Auskünften aus den Akten** nach § 406e Abs. 5 StPO Genüge getan werden kann.[949] Statt einer vollständigen

---

[942] EuG Urt. v. 12.10.2007 – T-474/04, Slg. 2007, II-4225 Rn. 76–80 – Pergan Hilfsstoffe für industrielle Prozesse/Kommission.

[943] Meyer-Goßner/Schmitt/*Schmitt*, StPO, 58. Aufl., § 406e Rn. 6a; AG Bonn Beschl. v. 29.12.2011 – 51 Gs 2496/10, BeckRS 2013, 11580, Ziffer II. 3a.

[944] Vgl. AG Bonn Beschl. v. 18.1.2012 – 51 Gs 53/09, BeckRS 2012, 03246 – Pfleiderer II sowie OLG Düsseldorf Beschl. v. 22.8.2012 – V-4 Kart 5+6/11 (OWi), BeckRS 2012, 18635 – Kaffeeröster.

[945] Das AG Bonn billigt dieses Vorgehen regelmäßig: vgl. etwa AG Bonn Beschl. v. 4.3.2015 – 52 Gs 109/14.

[946] OLG Düsseldorf Beschl. v. 22.8.2012 – V-4 Kart 5+6/11 (OWi), BeckRS 2012, 18635 – WuW/E DE-R 3662, 3670f. – Kaffeeröster.

[947] Auch nach Art. 6 Abs. 5 RL 2014/104/EU dürfen vor Erlass eines Bußgeldbescheides für die Zwecke des Verfahrens von beschuldigten Unternehmen bzw. vom Bundeskartellamt erstellte Dokumente nicht offengelegt werden.

[948] Vgl. etwa BKartA Beschl. v. 7.8.2015 – B 11–10616 – Kh-13/06-AE (Mühlenkartell).

[949] OLG Düsseldorf Beschl. v. 22.8.2012 – V-4 Kart 5+6/11 (OWi), BeckRS 2012, 18635 – WuW/E DE-R 3662, 3670f. – Kaffeeröster.

Versagung der Akteneinsicht erscheint auch möglich, diese zeitlich zu staffeln, und in weiterem Umfang Einsicht zu gewähren, sobald keine Verfahrensverzögerung mehr zu befürchten ist.

IV. Beurteilung zu einzelnen Aktenbestandteilen

Der Anspruch nach § 406e StPO bezieht sich auf „Akten, die dem Gericht vorliegen oder im Fall der Erhebung der Klage vorzulegen wären" (§ 406e Abs. 1 S. 1 StPO).[950] Grundsätzlich umfasst von dem Recht zur Akteneinsicht sind daher alle Teile der Akten, dh etwa Verfahrensakten, Unternehmensakten sowie Asservate und Asservatenlisten. Von vornherein nicht erfasst sind dagegen interne Unterlagen wie Entwürfe und Notizen, die nicht Bestandteil der Akte sind, oder interne Entwürfe/Korrespondenz der Beschlussabteilung zu Settlementgesprächen.[951] Daneben kann auch der Schriftverkehr zwischen Wettbewerbsbehörden von der Einsicht ausgenommen werden.[952] 269

Die im Rahmen der Entscheidung über die Akteneinsicht vorzunehmende Abwägung der gegenläufigen Interessen kann **je nach betroffenem Aktenbestandteil unterschiedlich** ausfallen.[953] Während des laufenden Ermittlungsverfahrens gewährt das Bundeskartellamt in der Praxis keine Akteneinsicht (→ Rn. 71). Nach dem Erlass erster Bußgeldbescheide wird regelmäßig nur Einsicht in die um schützenswerte Angaben bereinigte Fassung der erlassenen **Bußgeldbescheide** gewährt, dabei auch in solche Bußgeldbescheide, die noch nicht rechtskräftig sind. Ein Zugang zu den übrigen Aktenbestandteilen (Verfahrensakte, Asservate) lehnt das Bundeskartellamt in aller Regel ab (hierzu näher → Rn. 280 ff.). In der Praxis gewährt das Bundeskartellamt zudem **keine Einsicht in Bonusanträge,** mit diesen eingereichte Dokumente (soweit diese nicht anderweitig bereits als Asservate vorliegen) sowie Vernehmungsprotokolle von Mitarbeitern der Bonusantragsteller (hierzu → Rn. 274, 277).[954] 270

1. Bußgeldbescheide

Das Bundeskartellamt gewährt regelmäßig Einsicht in die **um schutzwürdige Angaben bereinigte Fassungen der Bußgeldbescheide,** auch wenn diese noch nicht rechtskräftig sind und damit keine Bindungswirkung nach § 33 Abs. 4 GWB entfalten können. Im Fall von „hybriden" Settlements (Abschluss von Settlements nur mit einem Teil der Betroffenen/Nebenbetroffenen) sind von der Akteneinsicht sowohl die im Rahmen von Settlements erlassenen Kurzbußgeldbescheide als auch die eine vollständige Begründung enthaltenden Langbußgeldbescheide umfasst. 271

Vor der Einsicht werden die folgenden Angaben geschwärzt: Betriebs- und Geschäftsgeheimnisse der Betroffenen bzw. Nebenbetroffenen (→ Rn. 259), persönliche Angaben der Betroffenen (Geburtsdatum, Geburtsort, Anschrift), Bußgeldhöhe und Zahlungsmodalitäten sowie Informationen zu den Kosten des Verfahrens. 272

Ebenfalls schwärzt das Bundeskartellamt wörtliche Zitate aus den Bonusanträgen oder persönlichen Stellungnahmen bzw. Vernehmungsprotokollen von Mitarbeitern der Bonusantragsteller. Nicht geschwärzt werden hingegen die **auf den Bonusanträgen beruhenden Schilderungen des Tatvorwurfs,** die das Ergebnis der Ermittlungen und Beweiswürdigung sind, sowie die Bezugnahmen auf Bonusanträge in Fußnoten oder in der Beweismittelauflistung. Diese Praxis hat das AG Bonn gebilligt.[955] Der Bonusantragsteller kann danach zwar darauf vertrauen, dass sein Bonusantrag und die vorgelegten Beweis- 273

---

[950] BGH Beschl. v. 4.10.2007 – KRB 59/07, BGHSt 52, 58 ff. – Akteneinsichtsgesuch.
[951] AG Bonn Beschl. v. 18.1.2012 – 51 Gs 53/09, WuW/E DE-R 3499, 3504 – Pfleiderer II.
[952] Art. 6 Abs. 2 RL 2014/104/EU.
[953] AG Bonn Beschl. v. 18.1.2012 – 51 Gs 53/09, WuW/E DE-R 3499, 3501 – Pfleiderer II; LG Berlin, Beschl. v. 20.5.2008 – 514 AR 1/07 –, BeckRS 2008, 10186, Ziffer III.7.
[954] OLG Düsseldorf Beschl. v. 22.8.2012 – V-4 Kart 5+6/11 (OWi), BeckRS 2012, 18635, WuW/E DE-R 3662, 3669 – Kaffeeröster.
[955] AG Bonn Beschl. v. 4.4.2011 – 51 Gs 545/11, BeckRS 2013, 16834, Ziffer II. 3. und 4; Beschl. v. 29.12.2011 – 51 Gs 2496/10, BeckRS 2013, 11580, Ziffer II. 3. b).

mittel geschützt werden. Der Schutz geht aber nicht soweit, dass eine dadurch veranlasste Sachverhaltsdarstellung und Beweiswürdigung des Bundeskartellamtes von potenziell Schadenersatzberechtigten nicht eingesehen werden könnte.

2. Bonusanträge

274 Eine Einsicht in Bonusanträge kann wegen einer **Gefährdung des Untersuchungszwecks (§ 406e Abs. 2 S. 2 StPO)**[956] bzw. überwiegender Interessen des Bonusantragstellers[957] versagt werden. Die nach der Rechtsprechung des EuGH notwendige Abwägung im Einzelfall im Rahmen des § 406e StPO[958] fällt dabei (immer) zugunsten eines Schutzes von Bonusanträgen aus, soweit dem Antragsteller Einsicht in Bußgeldbescheide gewährt wird und er damit eine mögliche Klage auf diese stützen kann.[959] Der Annahme einer Gefährdung des Untersuchungszwecks nach § 406e Abs. 2 S. 2 StPO[960] liegt die Prämisse zugrunde, dass eine Offenlegung negative Auswirkungen auf das Bonusprogramm des Bundeskartellamtes haben und Kartellteilnehmer von der Stellung eines Bonusantrages abhalten könnte.[961] Vor dem Hintergrund der grundsätzlichen gesamtschuldnerischen Haftung auch des Kronzeugen nach §§ 830, 840 BGB für den gesamten durch das Kartell verursachten Schaden, einschließlich möglicher Schäden durch Preisschirmeffekte,[962] erscheint diese Gefahr plausibel.

275 Nach der **RL 2014/104/EU** unterliegen Kronzeugenerklärungen einem **absoluten Schutz**.[963] Eine Offenlegung darf nicht durch mitgliedsstaatliche Gerichte angeordnet werden (Art. 6 Abs.6 iVm Art. 2 Nr. 16 RL 2014/24/EU). Auch wenn diese Regelungen nicht unmittelbar für Akteneinsichtsanträge bei Kartellbehörden gelten, dürften sie die bestehende deutsche Praxis zu § 406e StPO bestätigen. Flankiert wird dieses Offenlegungsverbot in Schadenersatzklagen durch ein **gesetzliches Beweisverwertungsverbot** in Bezug auf Kronzeugenanträge oder Vergleichsausführungen, die durch Einsicht in Akten von Wettbewerbsbehörden (einschließlich der Kommission) ggf. erlangt werden (Art. 7 Abs.1 und Erwägungsgrund 32 der RL 2014/104/EU). Damit ist fraglich, ob nationale Gerichte – selbst bei einer Offenlegung nach § 406e StPO – Bonusanträge in Schadensersatzprozessen überhaupt als Beweismittel zulassen dürfen.[964]

276 Ähnliche Überlegungen dürften – auch wenn diese wohl nicht einem absoluten Offenlegungsschutz nach Art. 6 Abs. 6 lit. a) RL 2014/104/EU unterliegen – für **Vernehmungsprotokolle mit Mitarbeitern der Bonusantragsteller** gelten. Auch diese sind nach der Entscheidungspraxis des Bundeskartellamtes regelmäßig aufgrund von überwie-

---

[956] AG Bonn Beschl. v. 18.1.2012 – 51 Gs 53/09, WuW/E DE-R 3499, 3501 ff.– Pfleiderer II.
[957] OLG Düsseldorf Beschl. v. 22.8.2012 – V-4 Kart 5+6/11 (OWi), BeckRS 2012, 18635, WuW/E DE-R 3662, 3669 f. – Kaffeeröster.
[958] EuGH Urt. v. 14.6.2011 – C-360/09, ECLI:EU:C:2011:389, Rn. 31 – Pfleiderer sowie Urt. v. 6.6.2013 – C-536/11, ECLI:EU:C:2013:366, Rn. 30, 31, 37, 39 – Donau Chemie ua. Dagegen gewährt Art. 6 Abs. 6 RL 2014/104/EU einen absoluten Schutz vor Offenlegung. Dieser dürfte durch die gleichzeitig in Art. 5 RL 2014/104/EU eröffneten Möglichkeiten des Zugangs zu Beweismitteln auch beim Bonusantragsteller gerechtfertigt sein. Hierzu näher → § 24 Rn. 43 ff.
[959] AG Bonn Beschl. v. 18.1.2012 – 51 Gs 53/09, WuW/E DE-R 3499, 3501 ff.– Pfleiderer II; OLG Düsseldorf Beschl. v. 22.8.2012 – V-4 Kart 5+6/11 (OWi), BeckRS 2012, 18635, WuW/E DE-R 3662, 3669 f. – Kaffeeröster.
[960] Hierzu ausführlich AG Bonn Beschl. v. 18.1.2012 – 51 Gs 53/09, WuW/E DE-R 3499, 3503 ff.– Pfleiderer II.
[961] OLG Düsseldorf Beschl. v. 22.8.2012 – V-4 Kart 5+6/11 (OWi), BeckRS 2012, 18635, WuW/E DE-R 3662, 3670. EuGH Urt. v. 14.6.2011 – C-360/09, ECLI:EU:C:2011:389, Rn. 26 f. – Pfleiderer; zustimmend auch *Vollmer* ZWeR 2012, 442, 463 ff. Kritisch OLG Hamm Beschl. v. 26.11.2013 – 1 VAs 116/13, WuW/E DE-R 4101, BeckRS 2014, 00949 sowie *Kapp* WuW 2012, 474, 480 f.
[962] EuGH Urt. v. 5.6.2014 – C-557/12, ECLI:EU:C:2014:1317 – Kone ua.
[963] Vor dem Hintergrund der gleichzeitig in Art. 5 und 6 RL 2014/104/EU vorgesehenen Verfahren zur Offenlegung von anderen Beweismitteln dürfte dieser absolute Schutz zulässig und mit der Rechtsprechung des EuGH in der Rs. Donau Chemie (EuGH Urt. v. 6.6.2013 – C-536/11, ECLI:EU:C:2013: 366, Rn. 30, 31, 37, 39 – Donau Chemie ua) vereinbar sein.
[964] Jedenfalls gilt das Beweisverwertungsverbot für nach dem 26.12.2014 erhobene Schadensersatzklagen (Art. 22 Abs. 2 RL 2014/104/EU).

genden schutzwürdige Interessen der Bonusantragsteller (§ 406e Abs. 2 S. 1 StPO) bzw. dem öffentlichen Interesse an dem Schutz der Bonusregelung des Bundeskartellamtes (§ 406e Abs. 2 S. 2 StPO) von einer Einsicht auszunehmen.[965]

3. Mit dem Bonusantrag freiwillig übermittelte Dokumente

Das Bundeskartellamt gewährt wegen einer Gefährdung des Untersuchungszwecks zudem keinen Zugang zu Dokumenten, welche vom Antragsteller freiwillig mit dem Bonusantrag eingereicht werden.[966] Das AG Bonn[967] und das OLG Düsseldorf[968] haben diese Praxis gebilligt. Dies gilt allerdings nicht für Dokumente, die sich ohnehin in den Asservaten des Bundeskartellamts befinden. Diese unterfallen nicht etwa deshalb dem Schutz der Bonusregelung, weil die gleichen Dokumente auch als Teil eines Bonusantrages eingereicht werden.

Während der EuGH[969] der von Generalanwalt Mazák in der Rs. Pfleiderer vorgeschlagenen Differenzierung zwischen dem Bonusantrag selbst und den mit dem Antrag übermittelten Dokumenten[970] nicht gefolgt war, trifft **RL 2014/104/EU** eben diese Unterscheidung und sieht nur für Kronzeugenanträge selbst, nicht aber für die mit dem Kronzeugenantrag eingereichten Dokumente einen absoluten Schutz vor (Art. 2 Nr. 16 aE, Art. 6 Abs. 6 RL 2014/104/EU). Diese Vorschriften dürften der bisherigen deutschen Praxis im Rahmen von § 406e StPO nicht grundlegend entgegenstehen. Formell könnte zum einen darauf verwiesen werden, dass die Regelungen in Art. 5 und 6 RL 2014/104/EU nicht wie in § 406e StPO die Gewährung der Akteneinsicht durch Wettbewerbsbehörden, sondern die von Zivilgerichten angeordnete Offenlegung von Beweismitteln im Rahmen von Schadensersatzklagen betreffen. Zudem bedeutet die Verneinung eines absoluten Schutzes für diese bereits bestehenden Dokumente im Umkehrschluss nicht, dass immer eine Offenlegung zu erfolgen hat. Vielmehr ist im Rahmen einer Einzelfallabwägung (vgl. Art. 6 Abs. 4 RL 2014/104/EU) zu ermitteln, inwieweit überwiegende schutzwürdige Interessen des Bonusantragstellers nach § 406e Abs. 2 S. 1 StPO bestehen.[971]

4. Settlementerklärungen/Vergleichsausführungen

Settlementerklärungen in Verfahren beim Bundeskartellamt enthalten eine kurze Beschreibung der prozessualen Tat und die Erklärung der beschuldigten Personen bzw. Unternehmen, dass diese Beschreibung zutreffend ist und ein Bußgeld bis zu einer bestimmten Höhe akzeptiert wird. Das OLG Düsseldorf hat keine Einsicht in Settlementerklärungen gewährt, wohl mit der Begründung, dass bei einer Offenlegung der Bindungswirkung nach § 33 Abs. 4 GWB entfaltenden Kurzbußgeldbescheide kein berechtigtes Interesse für eine Einsicht in die Settlementerklärungen besteht.[972] Nach den Regelungen der **RL 2014/104/EU** unterliegen auch Vergleichsausführungen ebenso wie Kronzeugenerklärungen einem **absoluten Schutz** (Art. 6 Abs. 6 iVm Art. 2 Nr. 16 RL 2014/24/EU), welcher durch ein **Beweisverwertungsverbot** in Schadensersatzklagen flankiert wird

---

[965] OLG Düsseldorf Beschl. v. 22.8.2012 – V-4 Kart 5+6/11 (OWi), BeckRS 2012, 18635, WuW/E DE-R 3662, 3663, 3669f. – Kaffeeröster. Hierzu: *Vollmer* ZWeR 2012, 442, 467f.; *Mäger/Zimmer/Milde* WuW 2011, 935, 940.

[966] Vgl. Ziffer 22 der Bekanntmachung Nr. 9/2006 über den Erlass und die Reduktion von Geldbußen in Kartellsachen – Bonusregelung – vom 7.3.2006. Zustimmend *Mäger/Zimmer/Milde* WuW 2011, 935, 939f.

[967] AG Bonn Beschl. v. 18.1.2012 – 51 Gs 53/09, WuW/E DE-R 3499, 3501ff.– Pfleiderer II.

[968] OLG Düsseldorf Beschl. v. 22.8.2012 – V-4 Kart 5+6/11 (OWi), BeckRS 2012, 18635, WuW/E DE-R 3662, 3669 – Kaffeeröster.

[969] EuGH Urt. v. 14.6.2011 – C-360/09, ECLI:EU:C:2011:389, Rn. 30ff. – Pfleiderer.

[970] SchlA des GA *Mazák* v. 16.12.2010, Rs. C-360/09, Rn. 47 – Pfleiderer. Kritisch *Kapp* WuW 2012, 474, 475f.

[971] Vgl. OLG Düsseldorf Beschl. v. 22.8.2012 – V-4 Kart 5+6/11 (OWi), BeckRS 2012, 18635, WuW/E DE-R 3662, 3670 – Kaffeeröster, mit einer exemplarischen Interessenabwägung.

[972] OLG Düsseldorf Beschl. v. 22.8.2012 – V-4 Kart 5+6/11 (OWi), BeckRS 2012, 18635, WuW/E DE-R 3662, 367; hierzu *Vollmer* ZWeR 2012, 442, 469.

(Art. 7 Abs. 1 und Erwägungsgrund 32 der RL 2014/104/EU). Es ist fraglich, ob diese Gleichstellung berechtigt ist, da Vergleichsausführungen anders als Bonusanträge nicht der Aufdeckung von Kartellen, sondern nur einer effektiven Verfahrensbeendigung dienen.

5. Sonstige Aktenbestandteile (Verfahrensakte, Asservate)

280 An dem Zugang zu weiteren Aktenbestandteilen dürfte nur dann ein berechtigtes Interesse bestehen, wenn der Antragsteller dargelegt, dass weitere Dokumente neben dem Bußgeldbescheid für Zwecke des Zivilverfahrens benötigt werden.[973] So hat der EuGH darauf verwiesen, dass es unwahrscheinlich ist, dass durch den Kartellverstoß mutmaßlich Verletzte alle Teile der Akte für die Prüfung und Geltendmachung vom Schadensersatzansprüchen benötigen. Auch das OLG Düsseldorf hat darauf verwiesen, dass fraglich ist, ob und inwieweit eine Einsicht in die Verfahrensakte für die Prüfung von Schadensersatzansprüchen noch notwendig ist, wenn Antragsteller Einsicht in Bußgeldbescheide erhalten haben.[974]

281 **a) Darlegung der Notwendigkeit eines weiteren Zugangs?** Nach der neueren Entscheidungspraxis des Bundeskartellamtes[975] und des AG Bonn[976] ist – mit wenigen Ausnahmen (→ Rn. 290) – im Falle einer begehrten Akteneinsicht über die Bußgeldbescheide hinaus, eine detaillierte Darlegung von Seiten des Antragstellers erforderlich, aus welchen spezifischen und einzelfallbezogenen Gründen bestimmte Aspekte nicht von der Tatbestandswirkung des § 33 Abs. 4 GWB umfasst sind und daher eine Einsicht in weitere Teile der Verfahrensakte notwendig ist. Eine über die Bußgeldbescheide hinausgehende Akteneinsicht wird daher regelmäßig abgelehnt.

282 Der **BGH** hat demgegenüber in einer neueren Entscheidung betont, dass dem Antragsteller regelmäßig der genaue Akteninhalt nicht bekannt ist, und er daher auch keine Dokumente benennen kann, die Gegenstand der Akteneinsicht sein sollen.[977] Die von dem EuGH in der Rs. EnBW für die Einsicht in Akten der Kommission aufgestellte Pflicht des Antragstellers zur Benennung konkreter Dokumente, in welche er Einsicht begehrt,[978] hat der BGH zurückgewiesen. Auch im Rahmen des § 406e StPO soll **keine Pflicht für Antragsteller zur Benennung konkreter Dokumente** in der Akte bestehen.[979] Daher ist fraglich, ob die restriktive Entscheidungspraxis des Bundeskartellamtes und des AG Bonn, welche die Entscheidung des EuGH in der Rs. EnBW mit als Begründung heranzieht, mit dieser Stellungnahme des BGH vereinbar ist.

283 Folgt man der Auffassung des Bundeskartellamtes und des AG Bonn zu einer Substantiierungspflicht ist im Einzelfall zu prüfen, inwieweit jeweils ein berechtigtes Informationsinteresse des Verletzten und die **Notwendigkeit einer Einsicht in weitere Aktenbestandteile** besteht. Insofern spricht auch für eine Substantiierungspflicht, dass es der aktenführenden Stelle regelmäßig erst auf Grundlage dieser Darlegungen möglich sein wird, zu ermitteln, ob bezüglich der weiteren Aktenbestandteile ein berechtigtes Interesse besteht bzw. die notwendige Interessenabwägung nach § 406 Abs. 2 S. 1 StPO vorzunehmen.

284 Ein berechtigtes Interesse an einer Einsicht in weitere Aktenbestandteile kann beispielsweise bei geplanten Klagen gegen Kronzeugen bestehen, da dann kein Bußgeldbescheid des Bundeskartellamtes vorliegt, welcher Bindungswirkung nach § 33 Abs. 4 GWB ge-

---

[973] EuGH Urt. v. 27.2.2014 – C-365/12 P, ECLI:EU:C:2014:112 Rn. 106–108 – Kommission/EnBW.
[974] OLG Düsseldorf Beschl. v. 22.8.2012 – V-4 Kart 5+6/11 (OWi), BeckRS 2012, 18635, WuW/E DE-R 3662, 3671 – Kaffeeröster.
[975] Etwa Bundeskartellamt Beschl. v. 3.7.2015 – B2-36/09 – AE (Zuckerkartell).
[976] Etwa AG Bonn Beschl. v. 4.3.2015 – 52 Gs 109/14 (Schienenkartell); AG Bonn Beschl. v. 22.4.2015 – 52 Gs 125/14, BA S. 7.
[977] BGH Beschl. v. 14.7.2015 – KVR 55/14, Rn. 33, WuW/E DE-R 4883. Diese Entscheidung bezog sich nicht direkt auf § 406e StPO, sondern auf die Frage, inwieweit mangels einschlägiger gesetzlicher Einsichtsansprüche ein außergesetzliches Recht auf die Einsicht in kartellbehördliche Akten besteht.
[978] EuGH Urt. v. 27.2.2014 – C-365/12 P, ECLI:EU:C:2014:112 Rn. 107 – Kommission/EnBW.
[979] BGH Beschl. v. 14.7.2015 – KVR 55/14, Rn. 33, WuW/E DE-R 4883.

genüber dem Kronzeugen entfalten kann.[980] Ein **berechtigtes Informationsinteresse** kann zudem bestehen, soweit das Verfahren im Rahmen eines Settlements beendet wurde und daher nur Kurzbußgeldbescheide vorliegen, die möglicherweise nicht hinreichend aussagekräftig sind. Denkbar ist auch, dass die Akten Dokumente enthalten, die für die **Substantiierung eines möglichen Schadens** notwendig sind. Allerdings dürften die Akten – da das Bundeskartellamt keine Ermittlungen zu den Auswirkungen des Kartellverstoßes bzw. dem mit der Verletzung erzielten Mehrerlös mehr vornimmt – regelmäßig keine hilfreichen Dokumente für die Frage des Schadens enthalten.[981]

b) Denkbare verfahrensrechtliche Ausgestaltungen. Folgt man der Auffassung, dass der Antragsteller für einen weiteren Zugang zu Dokumenten aus der Verfahrensakte ein konkretes berechtigtes Interesse darzulegen hat, dürfte dieser Vortrag regelmäßig voraussetzen, dass der Antragsteller in einem ersten Schritt zunächst die Akteneinsicht in die Bußgeldbescheide in Anspruch nimmt und nachfolgend in einem zweiten Schritt darlegt, aus welchen Gründen eine weitere Aktensicht trotz der Informationen in dem Bußgeldbescheid und dessen Bindungswirkung nach § 33 Abs. 4 GWB notwendig ist. Die Nachteile eines solchen **gestaffelten Vorgehens** liegen in der Praxis in den oftmals langen Verfahrensdauern bis zur tatsächlichen Gewährung einer ersten Einsicht in die Bußgeldbescheide einschließlich des Verfahrens vor dem AG Bonn über Anträge auf gerichtliche Entscheidung kann dieses über zwei Jahre in Anspruch nehmen. Damit zehrt das Einsichtsverfahren bereits bei einmaliger Durchführung die regelmäßige Verjährungsfrist von drei Jahren (§§ 197, 199 Abs. 1 BGB) nicht selten annähernd auf. Zudem wird die geforderte konkrete Darlegung oftmals schwer möglich sein, ohne den Inhalt der Akte zu kennen. 285

Zur Lösung dieser Problematik erscheint grundsätzlich denkbar, im Rahmen des § 406e StPO eine verfahrensrechtliche Ausgestaltung vorzusehen, bei welcher die bevollmächtigten Rechtsanwälte des Antragstellers unter bestimmten Bedingungen Einsicht in vertrauliche Fassungen der Verfahrensakte erhalten und auf dieser Basis konkrete Dokumente benennen, in welche sie neben dem Bußgeldbescheid Einsicht beantragen. Den berechtigten Schutzinteressen der Betroffen und Nebenbetroffenen (etwa bezüglich Geschäftsgeheimnisse und anderen schutzwürdigen Angaben) könnte dahingehend Rechnung getragen werden, dass sich die Einsicht nehmenden Rechtsanwälte im Rahmen einer entsprechenden **Vertraulichkeitserklärung** zur Geheimhaltung auch gegenüber ihren Mandanten verpflichten. 286

c) Einzelne Aktenbestandteile. Anhörungsschreiben (Beschuldigungsschreiben) enthalten eine vorläufige Beurteilung des Bundeskartellamtes. Während eine Einsicht in der Vergangenheit teilweise gewährt wurde,[982] geht die Praxis wohl überwiegend davon aus, dass eine Einsicht in **Anhörungsschreiben** nicht erforderlich ist, soweit Verletzte Zugang zu den erlassenen Bußgeldbescheiden erhalten.[983] Liegen hingegen nur Kurzbußgeldbescheide im Rahmen eines Settlements vor, welche den Tatvorwurf kurz darstellen und auf eine weitergehende Begründung verzichten, kann trotz der Bindungswirkung nach § 33 Abs. 4 GWB möglicherweise ein berechtigtes Informationsinteresse bestehen.[984] 287

---

[980] Das Bundeskartellamt stellt das Verfahren gegen Kronzeugen, welche die Voraussetzungen für einen vollständigen Erlass der Geldbuße erfüllen, nach § 47 Abs. 1 OWiG ein, so dass – anders als bei Verfahren der Kommission – keine kartellbehördliche Entscheidung gegen den Kronzeugen vorliegt.
[981] Vgl. OLG Düsseldorf Beschl. v. 22.8.2012 – V-4 Kart 5+6/11 (OWi), BeckRS 2012, 18835, WuW/E DE-R 3662, 3670 – Kaffeeröster.
[982] AG Bonn Beschl. v. 4.4.2011 – 51 Gs 545/11, BeckRS 2013, 16834, Ziffer II. 1. Die Anordnung einer Offenlegung durch Zivilgerichte ist jedenfalls während des laufenden Ermittlungsverfahrens nach Art. 6 Abs. 5 llit. b) RL 2014/104/EU ausgeschlossen.
[983] OLG Düsseldorf Beschl. v. 22.8.2012 – V-4 Kart 5+6/11 (OWi), BeckRS 2012, 18835, WuW/E DE-R 3662, 3670 – Kaffeeröster (Akteneinsicht nur in Bußgeldbescheide gewährt); *Vollmer* ZWeR 2012, 442, 454.
[984] *Vollmer* ZWeR 2012, 442, 454.

288 In die **Asservatenliste** bzw. **Asservate** kann Einsicht gewährt werden, wenn Antragsteller ein berechtigtes Interesse nachweisen.[985] Dabei ist auch zu prüfen, ob dem Antragsteller zunächst Auskunft über die bei den Akten befindlichen Asservate (Asservatenliste) nach § 406e Abs. 5 StPO erteilt werden kann.[986] Dies ermöglicht dem Antragsteller, näher darzulegen, warum die Einsichtnahme in einen Teil der Asservate für die Prüfung von Schadenersatzansprüche erforderlich sein soll. Wenn nicht zu erwarten ist, dass sich in den Asservaten für die Zwecke der Prüfung von Schadenersatzansprüchen hilfreiche Angaben enthalten, verneint das Bundeskartellamt in seiner neueren Praxis allerdings eine Einsicht in Asservate bzw. Asservatenlisten.[987]

289 In **Stellungnahmen von Betroffenen/Nebenbetroffenen** hat das AG Bonn teilweise Einsicht gewährt.[988] Allerdings dürfte wegen der Berührung von wesentlichen Interessen der Betroffenen/Nebenbetroffenen bei einer Einsicht regelmäßig eine sorgfältige Interessenabwägung notwendig sein. Dies wiederum dürfte voraussetzen, dass der Antragsteller im Einzelfall konkret vorträgt, aus welchen Gründen er Einsicht auch in die Stellungnahmen von bestimmten Betroffenen oder Nebenbetroffenen benötigt. Eine Einsichtnahme vor dem Erlass von Bußgeldbescheiden scheidet jedenfalls aus (Art. 6 Abs. 5 lit. a) RL 2014/104/EU).

290 In **hilfreiche Dokumente für die Schadensermittlung** hat das Bundeskartellamt teilweise ohne eine spezifische Darlegung des Antragstellers Einsicht gewährt, wenn aus dem Zusammenhang klar erkennbar war, dass die spezifischen Dokumente/Passagen in Vernehmungen von Betroffenen für die Prüfung von Schadensersatzansprüchen hilfreich sind.[989]

V. Verfahren und Rechtsschutz

291 Die **Zuständigkeit** für die Entscheidung über Akteneinsichtsanträge richtet sich nach dem Verfahrensstand: Solange das **Bundeskartellamt** über die Akten verfügt, entscheidet es über den Antrag, dh während des kartellbehördlichen Verfahrens bis zum Erlass eines Bußgeldbescheides oder sonstigen verfahrensabschließenden Verfügung. Auch bei einem Einspruch gegen den Bußgeldbescheid bliebt das Bundeskartellamt im Zwischenverfahren bis zur Abgabe an die **Generalstaatsanwaltschaft Düsseldorf** zuständig. Während des laufenden Gerichtsverfahrens zu Einsprüchen gegen die Bußgeldbescheide entscheidet das **OLG Düsseldorf** über Anträge nach § 406e StPO.[990]

292 In der Praxis nehmen Verfahren zu Akteneinsichtsanträgen **teilweise über zwei Jahre** in Anspruch. Durch schnellere Entscheidungen des Bundeskartellamtes bzw. des AG Bonn über Anträge auf gerichtliche Entscheidung müssten diese Zeitläufe verkürzt werden, gerade auch im Hinblick auf den Lauf von Verjährungsfristen bei rechtskräftigen Bußgeldbescheiden.[991]

1. Antrag durch einen Rechtsanwalt

293 Den Antrag auf Akteneinsicht nach § 406e Abs. 1 S. 1 StPO kann nur ein **Rechtsanwalt** für einen Verletzten stellen.

---

[985] Einsicht in um Geschäftsgeheimnisse bereinigte Asservate gewährt: AG Bonn Beschl. v. 18.1.2012 – 51 Gs 53/09, WuW/E DE-R 3499, 3504 – Pfleiderer II.
[986] OLG Düsseldorf Beschl. v. 22.8.2012 – V-4 Kart 5+6/11 (OWi), BeckRS 2012, 18635, WuW/E DE-R 3662, 3669, 3671 – Kaffeeröster.
[987] Etwa Bundeskartellamt Beschl. v. 3.7.2015 – B2–36/09- AE, S. 15, Rn. 29 (Zuckerkartell).
[988] AG Bonn Beschl. v. 4.4.2011 – 51 Gs 545/11, BeckRS 2013, 16834, Ziffer II. 1.
[989] Bundeskartellamt Beschl. v. 3.7.2015 – B2–36/09- AE, S. 15f. S. 29ff, Rn. 67ff. (Zuckerkartell). Bestätigt durch AG Bonn Beschl. v. 8.1.2016 – 52 OWi 126/15(b), Ziffer II. 2.b (3).
[990] OLG Düsseldorf Beschl. v. 22.8.2012 – V-4 Kart 5+6/11 (OWi), BeckRS 2012, 18635 – Kaffeeröster.
[991] Spätestens durch die Pressemitteilungen des Bundeskartellamtes über den Erlass von Bußgeldbescheiden dürfte davon auszugehen sein, dass potentiell Schadensersatzberechtigte Kenntnis bzw. grob fahrlässige Unkenntnis von einer Anspruchsberechtigung iSd § 199 Abs. 1 Nr. 2 BGB haben.

Soweit **Verletzte** selbst einen Antrag stellen, sind diese nur berechtigt, Auskünfte und 294
Abschriften aus der Akte zu erhalten (§ 406e Abs. 5 StPO). Da das Bundeskartellamt regelmäßig nur Akteneinsicht durch die Übersendung einer um schützenswerte Angaben bereinigte Fassung der relevanten Bußgeldbescheide erteilt, ergibt sich praktisch oftmals kein Unterschied gegenüber einer Antragstellung durch einem Rechtsanwalt. Allerdings hat sich das Bundeskartellamt bei der Übermittlung von Anklagen an Verletzte (da diese anders als Rechtsanwälte nicht den Vorgaben des § 203 Abs. 1 Nr. 3 StGB unterliegen) genau zu vergewissern, dass die erteilten Abschriften und Auskünfte keine schützenswerten Geschäftsgeheimnisse oder personenbezogene Daten enthalten. Zudem ist der Verletzte auf die Zweckbindung nach §§ 406e Abs. 6, 477 Abs. 5 StPO hinweisen, dh dass die erlangten Daten nur den Zweck verwendet werden dürfen, für den die Auskunft gewährt wurde.

2. Inhalt des Antrages

In dem Antrag ist – regelmäßig durch die Vorlage entsprechender Rechnungskopien – 295
schlüssig darzulegen, dass der vertretene Mandant Verletzter ist (dh in dem Zeitraum der festgestellten Zuwiderhandlung kartellbefangene Produkte entweder direkt von einem beteiligten Unternehmen oder indirekt bezogen hat) und aus welchen Gründen ein berechtigtes Interesse zur Akteneinsicht besteht.

Wenn über den Bußgeldbescheid hinaus Akteneinsicht beantragt wird, sollten die entsprechenden Dokumente/Dokumentenkategorien so genau wie möglich angegeben werden. Darüber hinaus ist zu empfehlen, im Einzelnen darzulegen, aus welchen Gründen an der **Einsicht in weitere Aktenbestandteile neben dem Bußgeldbescheid** ein berechtigtes Interesse besteht bzw. diese notwendig für die Prüfung und Geltendmachung von Schadensersatzansprüchen ist.[992] Dies dürfte oftmals voraussetzen, dass zunächst Einsicht in die Bußgeldbescheide genommen wird und danach in einem zweiten Schritt dargelegt wird, warum die erhaltenen Angaben in dem Bußgeldbescheid nicht ausreichend sind, um einen Anspruch klageweise geltend zu machen. 296

3. Anhörung der Betroffenen und Beschluss zur Akteneinsicht

Nach Eingang des Antrages prüft das Bundeskartellamt die Voraussetzungen für eine Gewährung der Einsicht, insbesondere ob die Verletzteneigenschaft hinreichend glaubhaft gemacht wurde und ob und in welchem Umfang ein berechtigtes Interesse des Verletzten auf Akteneinsicht besteht. 297

Das Bundeskartellamt hört danach die Betroffenen und Nebenbetroffenen unter Einräumung einer bestimmten Stellungnahmefrist zu dem Umfang der beabsichtigten Akteneinsicht an. Hierbei legt die Beschlussabteilung die offenzulegenden Dokumente (dh regelmäßig nur die Bußgeldbescheide) bei, in welchen die aus Sicht des Bundeskartellamtes schutzwürdigen Angaben bereits geschwärzt sind. Bei weiteren Anträgen anderer Verletzter im betreffenden Bußgeldverfahren erhalten die von der Einsicht persönlich Betroffenen und Nebenbetroffenen ebenso wie die Einsicht begehrenden Verletzten oftmals ohne vorherige Anhörung einen entsprechenden finalen Beschluss der Beschlussabteilung zur Akteneinsicht mit dem Hinweis auf die Möglichkeit, gegen diesen gerichtliche Entscheidung nach § 62 OWiG beantragen zu können. 298

Wird die begehrte Akteneinsicht abgelehnt, ergeht ebenfalls ein entsprechender Beschluss, gegen welchen der Antragsteller gerichtliche Entscheidung nach § 62 OWiG beantragen kann. 299

---

[992] Nach der Entscheidungspraxis des EuGH im Zusammenhang mit dem Zugang zu Kommissionsakten hat der Antragsteller darzulegen, dass der Zugang zu konkreten Dokumenten in der Akten für Schadenersatzklagen zwingend notwendig ist (EuGH Urt. v. 27.2.2014 – C-365/12 P, ECLI:EU:C:2014:112, Rn. 106, 107, 132 – Kommission/EnBW). Demgegenüber hat der BGH in einer neueren Entscheidung betont, dass die Benennung von einzelnen Dokumenten auch im Rahmen von § 406e StPO nicht von Antragsteller verlangt werden kann (BGH Beschl. v. 14.7.2014 – KVR 55/14, Rn. 33).

4. Gewährung der Einsicht und Zweckbindung

300 Soweit Akteneinsicht gewährt wird, erhält der antragstellende Rechtsanwalt für den Verletzten Einsicht in die jeweiligen Dokumente. Regelmäßig wird die Einsicht durch die **Übersendung von Abschriften** der um schutzwürdige Angaben bereinigte Dokumente gewährt. Die erlangten Informationen unterliegen nach § 406e Abs. 5 StPO iVm § 477 Abs. 5 StPO einer **strengen Zweckbindung**. Sie dürfen nur zu dem Zweck verwendet werden, für den die Auskunft gewährt wurde, dh zur Prüfung und Geltendmachung von möglichen Schadenersatzforderungen für den konkreten Mandanten.[993] Als Organ der Rechtspflege hat der antragstellende Rechtsanwalt die Pflicht, seinem Mandanten nur die Auskünfte zukommen zu lassen, die zur Verfolgung zivilrechtlicher Ansprüche dringend erforderlich sind.[994]

VI. Rechtsmittel

1. Beschlüsse des Bundeskartellamtes

301 Gegen einen Beschluss des Bundeskartellamtes zur Akteneinsicht kann ein **Antrag auf gerichtliche Entscheidung nach § 62 OWiG** gestellt werden, welchen das Bundeskartellamt bei Nichtabhilfe dem zuständigen Amtsgericht Bonn zur Entscheidung vorlegt (§ 62 OWiG iVm § 306 StPO).

302 Der Beschluss des **AG Bonn** zu dem gestellten Antrag auf gerichtliche Entscheidung ergeht ohne mündliche Verhandlung und ist unanfechtbar (§ 62 Abs. 2 S. 3 OWiG). Nach der Entscheidung des AG Bonn verbleibt daher nur die Möglichkeit einer Verfassungsbeschwerde und eines entsprechenden Eilantrages beim Bundesverfassungsgericht.[995] Die Rechtschutzmöglichkeiten der betroffenen Unternehmen oder auch Antragsteller (bei einer Versagung der Akteneinsicht) sind daher stark beschränkt. Dies ist vor dem Hintergrund der gewichtigen Interessen, die durch die Gewährung der Akteneinsicht in Kartellbußgeldakten betroffen sind, nicht befriedigend.

303 Als letztinstanzliches Gericht besteht für das AG Bonn jedenfalls eine **Pflicht zur Vorlage an den EuGH** nach Art. 267 AEUV, soweit streitentscheidende unionsrechtliche Fragen zu klären sind.[996] Dies betrifft insbesondere Verfahren des Bundeskartellamtes, mit denen es (auch) Art. 101 oder Art. 102 AEUV durchführt. Nach Art. 51 GR-Charta sind in diesem Fall die Verfahrens- und Grundrechte der GR-Charta anwendbar, über deren Auslegung allein der der EuGH zu befinden hat. Anwendbar sind vor allem die grundrechtlichen Vorgaben zum Schutz von personenbezogener Daten nach Art. 8 GR-Charta sowie der Schutz von Betriebs- und Geschäftsgeheimnissen nach Art. 16 GR-Charta. Auch bei der Anwendung von § 406e StPO sind Gerichte der Mitgliedsstaaten verpflichtet, die Unionsgrundrechte und den unionsrechtlichen Effektivitätsgrundsatz zu beachten. Eine Nichtvorlage wäre daher mit unionsrechtlichen Prinzipien nicht vereinbar.

2. Entscheidungen der GStA Düsseldorf bzw. OLG Düsseldorf

304 Gegen Entscheidungen der **Generalstaatsanwaltschaft Düsseldorf** zur Akteneinsicht kann Antrag auf gerichtliche Entscheidung zum AG Düsseldorf gestellt werden (§ 62 Abs. 1 S. 1, Abs. 2 S. 1 OWiG iVm § 68 OWiG).[997] Soweit die Akten beim **OLG Düsseldorf** vorliegen, entscheidet dieses über den Antrag nach § 406e StPO durch Beschluss.[998] Gegen diesen Beschluss ist – trotz der Vorschrift des § 304 Abs. 4 S. 2 Nr. 4 StPO – kein Rechtsmittel zulässig.[999]

---

[993] OLG Braunschweig NJW 2008, 3294: Nutzung für andere Mandanten und für andere Zwecke (Mandantenakquise) ist unzulässig.
[994] BVerfG Nichtannahmebeschl. v. 4.12.2008 – 2 BvR 1043/08, BeckRS 2009, 18693, Ziffer III. 4.
[995] Vgl. BVerfG Beschl. v. 6.3.2014 – 1 BvR 3541/13, BeckRS 2014, 49398.
[996] Zur Anwendbarkeit der unionsrechtlichen Grundrechte und einer möglichen Vorlagepflicht in Akteneinsichtsfällen: *Kamann/Schwedler* EWS 2014, 121, 128.
[997] Vgl. *Vollmer* ZWeR 2012, 441, 471 f.
[998] OLG Düsseldorf Beschl. v. 22.8.2012 – V-4 Kart 5+6/11 (OWi), BeckRS 2012, 18635 – Kaffeeröster.
[999] BGH Beschl. v. 18.2.2014 – KRB 12/13, BeckRS 2014, 05879.

§ 19 Kartellstrafrecht

Übersicht

	Rn.
A. Straftatbestände	1
I. Wettbewerbsbeschränkende Absprachen bei Ausschreibungen (§ 298 StGB)	1
1. Entstehung/Bedeutung:	1
2. Rechtsgut	3
3. Deliktsnatur	8
a) Abstraktes Gefährdungs- oder Erfolgsdelikt	8
b) Kartellrechtsakzessorietät	11
4. Tatbestand	14
a) Ausschreibung oder freihändige Vergabe eines Auftrags nach vorausgegangenem Teilnahmewettbewerb	15
b) Absprache	24
c) Unternehmen (→ § 13 Rn. 30 f.)	27
d) Rechtswidrigkeit der Absprache	31
e) Tathandlung	45
f) Täterschaft und Teilnahme	50
g) Zusammenhang zwischen Absprache und Angebot	53
h) Finalität der Absprache	56
i) Subjektiver Tatbestand	57
j) Tätige Reue	60
5. Verjährung	65
6. Konkurrenzen	67
7. Internationale Sachverhalte	73
II. Betrug (§ 263 StGB)	77
1. Bedeutung	77
2. Tatbestand	80
a) Täuschung	80
b) Irrtum	85
c) Vermögensverfügung	87
d) Schaden	93
e) Stoffgleichheit	99
f) Besonders schwere Fälle/Qualifikationen	100
g) Vorsatz	101
3. Verjährung	105
4. Konkurrenzen	107
B. Zuständigkeiten	108
I. Zuständigkeit der Staatsanwaltschaft	108
II. Zuständigkeit der Kartellbehörden	111
C. Strafverfahren (ausgewählte Fragen)	115
I. Die Bonusregelung und das Legalitätsprinzip	115
II. Akteneinsicht insbesondere in den Bonusantrag	126
1. Akteneinsicht von Geschädigten	127
2. Akteneinsicht für Justizbehörden	129
3. Akteneinsicht für Verteidiger	130
III. Überwachung der Telekommunikation (§ 100a StPO)	131
1. Zulässigkeit der Überwachung der Telekommunikation	131
2. Verwertung im Verfahren zur Festsetzung der Verbandsgeldbuße	138
D. Rechtsfolgen	142
I. § 153 StPO	142
II. § 153a StPO	147
III. Strafen	153
1. § 298 StGB	153
2. § 263 StGB	156

	Rn.
IV. Vermögensabschöpfung	158
1. Verfall	158
a) Anwendung in Fällen des § 298 StGB	159
b) Anwendung in Fällen des § 263 StGB	164
2. Rückgewinnungshilfe	165
a) Allgemeines	165
b) Verhältnis der Verbandsgeldbuße zur Rückgewinnungshilfe	166
c) Sicherung der Ansprüche der Verletzten im Ermittlungsverfahren	167
d) Bestimmung des Erlangten im Sinne des § 73 StGB	169

Schrifttum:

Achenbach, Bonusregelung bei Kartellstraftaten?, NJW 2001, 2232 ff.; *ders.*, Die Verselbständigung der Unternehmensgeldbuße bei strafbaren Submissionsabsprachen – ein Papiertiger?, wistra 1998, 168 ff.; *Achenbach/Ransiek*, Handbuch Wirtschaftsstrafrecht, 3. Aufl. 2011 (zit. HWSt); *Bischke/Boger/Mueller*, Vorlage zum EuGH wegen Akteneinsicht in kartellrechtliche Bonusanträge, NZG 2010, 60 f.; *Bischke/Brack*, Akteneinsicht letzter Akt? EuGH beantwortet Vorlagefrage des AG Bonn, NZG 2011, 779 f.; *Böhme/Röske*, Überwachung der Telekommunikation gemäß § 100a StPO bei fortgesetzt begangenen Straftaten – Eine Untersuchung am Beispiel des § 298 StGB, NStZ 2014, 69 ff.; *Busch/Sellin*, Vertrauen in die Vertraulichkeit – Kronzeugenverfahren in Europa auf der Probe, BB 2012, 1167 ff.; *Fischer*, Kommentar zum StGB, 63. Aufl. 2016; *Graf/Jäger/Wittig*, Wirtschaft- und Steuerstrafrecht, 2011 (zit. GJW); *Greeve*, Ausgewählte Fragen zu § 298 StGB seit Einführung durch das Gesetz zur Bekämpfung der Korruption v. 13.8.1997, NStZ 2002, 505 ff.; *dies.*, Anmerkung zu BGH, Beschl. v. 25.7.2012, NZWiSt, 2013, 140 ff.; *Krell*, Der Eingehungsschaden bei Betrug und Untreue – zugleich Besprechung von BGH, Urt. v. 20.3.2013 – 5 StR 344/12, NZWiSt 2013, 370 ff.; *Kuhlen*, Anmerkungen zu § 298 StGB, Festschrift für Lampe 2003, 743 ff.; *Leipziger Kommentar zum StGB*, 12. Aufl. 2006 ff. (zit. LK); *Meyer-Goßner/Schmitt*, StPO, 58. Aufl. 2015; *Nickel*, Submissionskartelle zwischen Kartell- und Strafrecht – Reichweite und Bedeutung der Bonusregelung des Bundeskartellamts, wistra 2014, 7 ff.; *Nomos Kommentar zum StGB*, 4. Aufl. 2013 (zit. NK); *Otto*, Wettbewerbsbeschränkende Absprachen bei Ausschreibungen, § 298 StGB, wistra 1999, 41 ff.; *Peglau*, Neues zur „Kronzeugenregelung"- Beschränkung auf Zusammenhangstaten, NJW 2013, 1910 ff.; *Satzger/Schmitt/Widmaier*, Strafgesetzbuch, 2. Aufl. 2014 (zit. SSW); *Schönke/Schröder*, Kommentar zum StGB, 29. Aufl. 2014; *Stoffers/Möckel*, Reichweite der Strafbarkeit von Submissionsabsprachen, NJW 2012, 3270 ff.; *Wagner-von Popp*, Kriminalisierung von Kartellen, WuW 2010, 268 ff.; *Wessing*, Die Akteneinsicht im Kartellbußgeldverfahren, WuW 2010, 1019 ff.; *Wolters*, Die Änderungen des StGB durch das Gesetz zur Bekämpfung der Korruption, JuS 1998, 1100 ff.

A. Straftatbestände

I. Wettbewerbsbeschränkende Absprachen bei Ausschreibungen (§ 298 StGB)

1. Entstehung/Bedeutung:

1 Die zentrale Norm des Kartellstrafrechts wurde nach längerer kontroverser Diskussion durch das Gesetz zur Bekämpfung der Korruption v. 13.8.1997[1] mit Wirkung zum 20.8.1997 eingeführt. Sie gilt seither unverändert. Unmittelbarer Anlass für die Schaffung der Norm waren die trotz der Rheinausbau I Entscheidung des BGH[2] fortbestehenden Schwierigkeiten der Rechtsprechung bei der Anwendung des Betrugstatbestandes, namentlich der Feststellung eines Vermögensschadens in Fällen der Ausschreibungsmanipulation.[3] Der Gesetzgeber hat sich vor diesem Hintergrund zur Schaffung eines eigenständigen Straftatbestandes zum Schutz des freien Wettbewerbs und gegen einen Tatbestand im Vorfeld des Betruges entschieden.[4] Es wurde sowohl auf das Erfordernis einer Täuschung als auch eines Vermögensschadens verzichtet.[5] Der Tatbestand stuft einen Teil der Ordnungswidrigkeiten des GWB als strafbares Unrecht ein.[6]

---

[1] BGBl. I 2038–2043.
[2] BGH Urt. v. 8.1.1992 – 2 StR 102/91, BGHSt 38, 186 ff.
[3] LK/*Tiedemann* § 298 Rn. 1; MüKoStGB/*Hohmann* § 298 Rn. 22; NK/*Dannecker* § 298 Rn. 5; Schönke/Schröder/*Heine* § 298 Rn. 1; *Kuhlen* FS Lampe, 743; *Fischer* § 298 Rn. 3.
[4] LK/*Tiedemann* § 298 Rn. 2; Schönke/Schröder/*Heine* § 298 Rn. 1; aA *Wiedemann* HdB KartellR § 56 Rn. 13.
[5] MüKoStGB/*Hohmann* § 298 Rn. 25; NK/*Dannecker* § 298 Rn. 10; Schönke/Schröder/*Heine* § 298 Rn. 1.
[6] NK/*Dannecker* § 298 Rn. 3; GJW/*Böse* StGB § 298 Rn. 3; Schönke/Schröder/*Heine* § 298 Rn. 1; BeckOK StGB/*Momsen* § 298 Rn. 5 und 10.

Die Bedeutung der Vorschrift blieb verhalten.[7] Die polizeiliche Kriminalstatistik[8] erfasste im Jahr 2014 lediglich 75 Fälle. Auch in den Jahren zuvor wichen die festgestellten Fallzahlen nicht signifikant hiervon ab und verharrten zumeist im niedrigen dreistelligen Bereich.[9] Die hohe Aufklärungsquote von 92 % in 2014 spricht allerdings für ein hohes Dunkelfeld.[10] Aufgrund der niedrigen Fallzahlen ist die Vorschrift eher selten Gegenstand veröffentlichter Rechtsprechung der Obergerichte.[11] Soweit ersichtlich, befasste sich der BGH bislang lediglich in sieben Entscheidungen explizit mit ihrer Auslegung.[12] In einem Nichtannahmebeschluss v. 2.4.2009 bestätigte das Bundesverfassungsgericht zudem ihre Verfassungsmäßigkeit.[13] Es bleibt abzuwarten, ob die Vorschrift zukünftig vor dem Hintergrund aktueller rechtspolitischer Diskussionen[14] und dem Versuch einer Intensivierung der Zusammenarbeit von Kartellbehörden und Staatsanwaltschaften einen breiteren Anwendungsbereich findet.

2. Rechtsgut
Die Bestimmung des Rechtsguts der Vorschrift ist Gegenstand kontroverser Erörterungen. Keine der vom Schrifttum vorgeschlagenen Konzeptionen ist frei von Brüchen. Im Folgenden sollen die hauptsächlich vertretenen Ansichten vor dem Hintergrund ihrer Relevanz für die praktische Rechtsanwendung kurz beleuchtet werden. Die auftretenden Fragen können auf dieser abstrakten Ebene nur angerissen werden, sie werden nochmals im Zusammenhang mit dem jeweiligen Tatbestandsmerkmal erörtert.

Die Vorschrift schützt nach hM die **Institution** des freien Wettbewerbs als Ausprägung der freien Entfaltung der Persönlichkeit auf ökonomischem Gebiet und als Grundlage einer gesamtwirtschaftlichen vorteilhaften Entwicklung.[15] Teilweise abweichend wird angenommen, dass der Tatbestand das Vertrauen des Einzelnen in die Funktionsfähigkeit des freien und fairen Wettbewerbs,[16] bzw. den konkreten Ausschreibungswettbewerb schütze.[17]

Bedeutung haben die unterschiedlichen Auffassungen insoweit, als von Vertretern der erstgenannten Auffassung gelegentlich gefordert wird, der konkreten Tat müsse die **Tendenz zur Wiederholung** inne wohnen, da der freie Wettbewerb als **Institution** des Wirtschaftslebens nur durch eine große Zahl einzelner Manipulationen gefährdet werde.[18] So wird zB die Strafbarkeit vertikaler Absprachen zwischen dem Veranstalter einer Ausschreibung und einem Bieter nach § 298 StGB ua mit dem Argument bestritten, diesen fehle eine für das Rechtsgut gefährliche **Wiederholungstendenz**.[19] Da die ganz hM vor allem aber die Rechtsprechung[20] einer teleologischen Reduktion des Tatbestandes auf entsprechende Fälle aber ablehnend gegenüber steht, kommt der genannten Unterschei-

---
[7] *Fischer* vor § 298 Rn. 4; BeckOK StGB/*Momsen* § 298 Rn. 1 für alle Delikte des 26. Abschnitts des StGB.
[8] Im Internet unter www.bka.de.
[9] Überblick bei MüKoStGB/*Hohmann* § 298 Rn. 21.
[10] MüKoStGB/*Hohmann* § 298 Rn. 21; *Fischer* vor § 298 Rn. 4.
[11] Wiedemann/*Klusmann* HdB KartellR § 56 Rn. 13; *Kuhlen* FS Lampe 2003, 743.
[12] BGH Urt. v. 11.7.2001 – 1 StR 576/00, BGHSt 47, 83 ff.; Beschl. v. 19.12.2002 – 1 StR 366/02, wistra 2003, 146; Beschl. v. 22.6.2004 – 4 StR 428/03, BGHSt 49, 201 ff.; Beschl. v. 7.9.2004 – 4 StR 234/04, wistra 2005, 29; Beschl. v. 25.7.2012 – 2 StR 154/12, NJW 2012, 3318; BGH Beschl. v. 17.10.2013 – 3 StR 167/13; Beschl. v. 29.4.2015 – 1 StR 235/14.
[13] BVerfG Beschl. v. 2.4.2009 – 2 BvR 1468/08.
[14] So wird vor die fehlende Abschreckungswirkung der kartellrechtlichen Bußgeldverfahren gegen die Unternehmen beklagt, wohingegen man sich von einer persönlichen (auch strafrechtlichen) Verfolgung der handelnden natürlichen Personen eine höhere abschreckende Wirkung erhofft vgl. LK/*Tiedemann* § 298 Rn. 5 mwH; *Thomas* Schäden durch falsche Kartellstrafen, FAZ v. 10.12.2012.
[15] GJW/*Böse* StGB § 298 Rn. 1; LK/*Tiedemann* § 298 Rn. 6; NK/*Dannecker* vor § 298 Rn. 11 f.; Schönke/Schröder/*Heine* § 298 Rn. 6; *Fischer* vor § 298 Rn. 6; HWSt/*Achenbach*, 340 Rn. 11; BeckOK StGB/*Momsen* § 298 Rn. 3, 11 f.
[16] MüKoStGB/*Hohmann* § 298 Rn. 1.
[17] *Kuhlen* FS Lampe 2003, 746 (748 f.).
[18] *Kuhlen* FS Lampe 2003, 748.
[19] GJW/*Böse* StGB § 298 8 Rn. 24.
[20] BGH Beschl. v. 25.7.2012 – 2 StR 154/12.

dung bei der Bestimmung des Rechtsguts im Ergebnis kaum eine praktische Bedeutung zu.

6   Größere Bedeutung, zB für die Zulässigkeit des Verfalls nach § 73 StGB, dürfte die Bestimmung des Rechtsguts bei der Frage haben, ob die Norm auch die **Vermögensinteressen** des Veranstalters und der Wettbewerber schützt. Die hM bejaht dies für die Vermögensinteressen des Veranstalters.[21] Eine starke Mindermeinung sieht hingegen die Vermögensinteressen des Veranstalters bzw. der Wettbewerber als nicht geschützt an.[22] Vor dem Hintergrund, dass sich der Gesetzgeber für einen eigenständigen, nicht im Vorfeld des Betruges angesiedelten Tatbestand entschieden hat,[23] erscheint die Mindermeinung zwar nicht unplausibel, sie hat jedoch mit Blick auf den Verfall nach § 73 StGB insoweit mit Friktionen zu kämpfen, als ihre Vertreter teilweise den Verfall gemäß § 73 Abs. 1 S. 2 StGB ausschließen.[24] Da die Norm aber nach Auffassung der Mindermeinung nur den Wettbewerb und damit keine Individualinteressen schützt, wäre nach dieser Auffassung der Verfall eigentlich zwingend.[25] Für die Mindermeinung spricht dagegen der Umstand, dass sich von ihrem Standpunkt aus die Frage einer teleologischen Reduktion des Tatbestandes[26] in Fällen, in welchen die Absprache keine Preiserhöhung, sondern zB die Sicherung der Auftragslage bezweckt, nicht stellt.[27] Da die Norm nach dieser Ansicht die Vermögensinteressen der Veranstalter nicht schützt, findet sie unzweifelhaft auch in diesen Fällen Anwendung. Eine teleologische Reduktion der Norm wird zwar auch von der hM abgelehnt,[28] jedoch bedarf es hierfür ergänzender Argumentation.[29] Die Regelung des § 298 Abs. 3 StGB, wonach der Täter Straffreiheit ua auch noch dann erlangen kann, wenn er die Leistung des Auftragnehmers verhindert, spricht dagegen, wenn auch nicht zwingend,[30] wiederum für die Anerkennung des Schutzes zumindest des Vermögens des Veranstalters als Rechtsgut der Vorschrift.

7   Letztlich verdient die hM den Vorzug. Die Norm schützt neben dem Wettbewerb die Vermögensinteressen zumindest des Veranstalters. § 33 Abs. 3 GWB billigt Kartellgeschädigten einen **Schadensersatzanspruch** gegen die Kartellanten zu. Ihre **Vermögensinteressen** werden also durch das Kartellverbot geschützt, welches § 298 StGB in einem Teilbereich strafrechtlich sanktioniert. Nach Ansicht des BGH schützt die Norm zuvorderst den freien Wettbewerb und daneben (mittelbar) die Vermögensinteressen des Veranstalters (→ Rn. 60 ff.).[31]

---

[21] LK/*Tiedemann* § 298 Rn. 7;NK/*Dannecker* § 298 Rn. 13; wohl auch Schönke/Schröder/*Heine* StGB vor § 298 Rn. 6 (Vermögenserwerbsinteressen); *Fischer* § 298 Rn. 2; HWSt/*Achenbach,* 340 Rn. 11; *Otto* wistra 1999, 41 f. (42); BeckOK StGB/*Momsen* § 298 Rn. 11.
[22] MüKoStGB/*Hohmann* § 298 Rn. 4; GJW/*Böse* StGB § 298, NJW 2012, 3318 Rn. 1; SSW/*Bosch* StGB § 298 Rn. 1; *Kuhlen* FS Lampe 2003, 745; vermittelnd NK/*Dannecker* § 298 Rn. 12 f., Schutz der Vermögensinteressen der Mitbewerber nur erwünschte Folge des § 298 StGB, Vermögen des Veranstalters dagegen unmittelbar geschützt.
[23] GJW/*Böse* StGB § 298 Rn. 1; Schönke/Schröder/*Heine* § 298 Rn. 1.
[24] GJW/*Böse* StGB § 298 Rn. 45 begründet dies im dem Zweck des § 73 Abs. 1 S. 2 StGB, der eine doppelte Inanspruchnahme des Täters vermeiden soll.
[25] MüKoStGB/*Hohmann* § 298 Rn. 109.
[26] *Otto* wistra 1999, 41 (46).
[27] GJW/*Böse* StGB § 298 Rn. 31; *Kuhlen* FS Lampe 2003, 743 (751).
[28] LK/*Tiedemann* § 298 Rn. 11; dagegen *Otto* wistra 1999, 41 ff. (46).
[29] LK/*Tiedemann* § 298 Rn. 11 sieht den Tatbestand mit Blick auf den Schutz des freien Wettbewerbs als Verletzungsdelikt, weshalb sich für ihn die nur bei den Gefährdungsdelikten geführte Diskussion einer teleologischen Reduktion erübrigt. *Fischer* § 298 Rn. 3a und BeckOK StGB/*Momsen* § 298 Rn. 13 schließen eine teleologische Reduktion aus praktischen Gründen, dh wohl Beweisproblemen und einer allgemeinen Korrumpierung des Wettbewerbs auch in diesen Fällen aus.
[30] *Kuhlen* FS Lampe 2003, 749.
[31] BGH Beschl. v. 25.7.2012 – 2 StR 154/12, NJW 2012, 3318; BGH Beschl. v. 17.10.2013 – 3 StR 167/13, NJW 2014, 1252.

3. Deliktsnatur

a) Abstraktes Gefährdungs- oder Erfolgsdelikt. Nach hM handelt es sich bei der Norm **8** um ein **abstraktes Gefährdungsdelikt**.[32] Eine wiederum sehr starken Mindermeinung geht dagegen von einem Verletzungs- bzw. **Erfolgsdelikt** aus.[33] Die letztgenannte Auffassung liegt jedenfalls für die Autoren nahe, die als Rechtsgut den durch die konkrete Ausschreibung geschaffenen Wettbewerb ansehen, da dieser durch die Absprache ausgeschaltet, dh verletzt wird. Mit Blick auf den Schutz des Wettbewerbs als Institution liegt dagegen die Annahme eines Gefährdungsdelikts nahe. Soweit Vermögensinteressen des Veranstalters als von der Norm geschützt angesehen werden, ist die Annahme eines abstrakten Gefährdungsdelikts dagegen fast zwingend. Konkrete Feststellungen zu einer Verletzung der Vermögensinteressen sind nach der Norm gerade nicht erforderlich. Eine Beschränkung des Wettbewerbs verletzt die Vermögensinteressen des Veranstalters nur typischerweise, also abstrakt insofern, als deren Interesse an möglichst niedrigen Preisen gefährdet wird.[34]

Die **praktische Bedeutung** zeigt sich wiederum bei der Frage einer teleologischen **9** Reduktion, sowie beim Verständnis der Strafbefreiung nach § 298 Abs. 3 StGB. So neigen Autoren, die einer selbstständigen Rechtsgutsfähigkeit des freien Wettbewerbs eher kritisch gegenüber stehen und demgemäß den (abstrakten) Schutz der Vermögensinteressen des Veranstalters betonen, zur Annahme einer **teleologischen Reduktion** des Tatbestandes für die Fälle, in denen eine solche Vermögensgefährdung auszuschließen ist.[35] Wohingegen diejenigen Autoren, welche nur den freien Wettbewerb als geschützt ansehen, in der Regel zur Auffassung tendieren, bei § 298 StGB handele es sich um ein Verletzungsdelikt.[36] Mit Blick auf die Regelung der Tätigen Reue nach § 298 Abs. 3 StGB ist aber wiederum die Annahme eines Gefährdungsdelikts naheliegend.[37]

Die Bedeutung dieses Streites für die Praxis geht jedenfalls nicht über die oben beim **10** Rechtsgut skizzierte Bedeutung hinaus; wird mit der hM eine teleologische Reduktion des Tatbestands auch bei Annahme eines abstrakten Gefährdungsdelikts abgelehnt, ist seine Bedeutung denkbar gering.[38] Die Rechtsprechung hat die Frage, ob es sich bei § 298 StGB um ein abstraktes Gefährdungs- oder um ein Erfolgsdelikt handelt, bislang offen gelassen.[39]

b) Kartellrechtsakzessorietät. Nach der Rechtsprechung ist der Tatbestand kartellrechtsak- **11** zessorisch auszulegen.[40] Die hM folgt der Rechtsprechung darin im Grundsatz, jedoch mit einigen Einschränkungen.[41] Teilweise wird von vollumfänglicher Kartellrechtsakzessorietät ausgegangen,[42] teilweise aber auch nur von einer sogenannten „asymmetrischen" Akzessorietät.[43] Danach sollen sich zwar Einschränkungen des Kartellverbots auf ihren Anwendungsbereich auswirken, nicht jedoch Erweiterungen.

---

[32] NK/*Dannecker* § 298 Rn. 15; SSW/*Bosch* StGB § 298 Rn. 2; *Fischer* § 298 Rn. 3a; Schönke/Schröder/*Heine* § 298 Rn. 2; *Kuhlen* FS Lampe 2003, 747 (750); *Otto* wistra 1999, 41 (46); BeckOK StGB/*Momsen* § 298 Rn. 13.
[33] MüKoStGB/*Hohmann* § 298 Rn. 5 ff.; GJW/*Böse* StGB § 298 Rn. 2.
[34] LK/*Tiedemann* § 298 Rn. 8 f. spricht daher mit Blick auf das primäre Rechtsgut (konkreter Wettbewerb) von einem Verletzungsdelikt; vgl. auch MüKoStGB/*Hohmann* § 298 Rn. 9.
[35] *Otto* wistra 1999, 41 (46).
[36] GJW/*Böse* StGB § 298 Rn. 2; MüKoStGB/*Hohmann* § 298 Rn. 5; anders *Kuhlen* FS Lampe 2003, 747, abstraktes Gefährdungsdelikt auch mit Blick auf den allein geschützten freien Wettbewerb; vermittelnd, Verletzungsdelikt nur mit Blick auf das primäre Rechtsgut: LK/*Tiedemann* § 298 Rn. 9.
[37] *Kuhlen* FS Lampe 2003, 743 (750).
[38] *Kuhlen* FS Lampe 2003, 743 (751).
[39] BGH Beschl. v. 17.10.2013 – 3 StR 167/13 Rn. 21.
[40] BGH Beschl. v. 25.7.2012 – 2 StR 154/12, NJW 2012, 3318.
[41] LK/*Tiedemann* § 298 Rn. 32 f.; NK/*Dannecker* § 298 Rn. 20; SSW/*Bosch* StGB § 298 Rn. 9.
[42] LK/*Tiedemann* vor § 298 Rn. 5, 33, 34; *Fischer* § 298 Rn. 12; Schönke/Schröder/*Heine* § 298 Rn. 1.
[43] GJW/*Böse* StGB § 298 Rn. 3; *Greeve* NZWiSt 2013, 140 (141).

12 Von einer Mindermeinung wird die Norm als **unechte Blankettnorm** aufgefasst, da sich ihr Unrechtsgehalt nicht, wie bei Blankettnormen sonst üblich, aus einer expliziten Verweisung des Tatbestandes auf eine ausfüllende Norm ergebe, essentielle Voraussetzung der Strafbarkeit aber eine Kartellrechtswidrigkeit nach § 1 ff. GWB sei.[44]

13 Bedeutung hat die Frage vor allem für den Streit um die Einordnung von Absprachen zwischen dem Veranstalter einer Ausschreibung und einem Bieter unter Geltung des § 1 GWB seit der 7. GWB-Novelle (→ Rn. 32). Die hM, nach der der Tatbestand **kartellrechtsakzessorisch** auszulegen ist, verdient dabei den Vorzug. Der Gesetzgeber wollte einen Teilbereich der heute in § 81 GWB geregelten Ordnungswidrigkeiten wegen ihres qualifizierten Unrechtsgehalts zu Vergehen hochstufen.[45] Die Akzessorietät einer Strafrechtsnorm zu einem anderen Rechtsgebiet ist hierfür eine auch sonst gebräuchliche Regelungstechnik. So ist etwa § 266a StGB sozialrechts-akzessorisch ausgestaltet,[46] ohne dass insoweit prinzipielle Bedenken bestünden. Eine Einschränkung ist im Strafrecht nur bezüglich der **Wortlautgrenze** im Hinblick auf das verfassungsrechtliche Bestimmtheitsgebot der Norm zu ziehen. Diese Einschränkung kommt bei akzessorischen Strafnormen stärker zum Tragen als etwa bei **Blankettnormen,** die als solche auf das andere Rechtsgebiet verweisen. Soweit also Einschränkungen bei der Akzessorietät erforderlich sind, ergeben sich diese bei § 298 StGB aus dessen Wortlaut. Dieser kann nur bis zu seiner Wortlautgrenze akzessorisch ausgelegt werden.[47] So ist zB die Wortlautgrenze des Begriffs „Absprache" ebenso zu beachten, wie die des Begriffs der „Ausschreibung". Dass § 298 StGB daher nicht alle Vergabeverfahren erfassen kann, die im Kartell- bzw. Vergaberecht geregelt sind, wie zB den wettbewerblichen Dialog, ist bei der vom Gesetzgeber gewählten Regelungstechnik, der sich eben nicht für eine Blankettnorm entschieden hat, ebenso hinzunehmen wie der Umstand, dass § 298 StGB nicht alle „abgestimmten Verhaltensweisen" von Unternehmen zur Beeinträchtigung des Wettbewerbs erfassen kann, die § 1 GWB verbietet.[48] Darüber hinaus gehende Einschränkungen im Sinne einer statischen, also auf das historische Kartellrecht verweisenden Akzessorietät sind dagegen nicht möglich.[49] Dies würde dem § 298 StGB ein kartellrechtliches Verständnis zugrunde legen, welches das Kartellrecht nicht (mehr) hat. Der freie Wettbewerb und die Vermögensinteressen des Veranstalters werden im Rahmen der Wortlautgrenzen der Norm nach Maßgabe des jeweils geltenden Kartellrechts geschützt.

4. Tatbestand

14 Gemäß § 298 StGB macht sich wegen wettbewerbsbeschränkender Absprachen bei Ausschreibungen strafbar, wer im Rahmen einer Ausschreibung über Waren und Dienstleistungen (§ 298 Abs. 1 StGB) oder im Rahmen einer freihändigen Vergabe nach vorausgegangenem Teilnahmewettbewerb (§ 298 Abs. 2 StGB) ein Angebot abgibt, das auf einer rechtswidrigen Absprache beruht und darauf abzielt, den Veranstalter zur Annahme eines bestimmten Angebots zu veranlassen.

15 **a) Ausschreibung oder freihändige Vergabe eines Auftrags nach vorausgegangenem Teilnahmewettbewerb.** Eine Ausschreibung oder die freihändige Vergabe eines Auftrages nach vorausgegangenem Teilnahmewettbewerb stellen den Handlungszusammenhang dar, in welchem das Delikt begangen werden kann.[50] Außerhalb dieses Kontextes stellen kartellrechtswidrige Absprachen eine Ordnungswidrigkeit gemäß § 81 GWB dar (→ § 18 Rn. 4 ff.).

---

[44] MüKoStGB/*Hohmann* § 298 Rn. 12 und 35; BeckOK StGB/*Momsen* § 298 Rn. 1.
[45] Allgemeine Meinung; LK/*Tiedemann* vor § 298 Rn. 1; NK/*Dannecker* § 298 Rn. 3; GJW/*Böse* StGB § 298 Rn. 3; Schönke/Schröder/*Heine* § 298 Rn. 1; BeckOK StGB/*Momsen* § 298 Rn. 10.
[46] *Fischer* § 266a Rn. 9a.
[47] GJW/*Böse* StGB § 298 Rn. 22.
[48] GJW/*Böse* StGB § 298 Rn. 22.
[49] So aber *Greeve* NZWiSt 2013, 140 (141) und iE wohl auch GJW/*Böse* StGB § StGB 298 Rn. 3.
[50] *Kuhlen* FS Lampe 2003, 749; HWSt/*Achenbach,* 340; ausführliche Begründung der besonderen Sozialschädlichkeit wettbewerbswidrigen Verhaltens in diesem Bereich bei NK/*Dannecker* § 298 Rn. 6 ff.

Bei einer **Ausschreibung** holt ein Veranstalter Angebote einer Mehrzahl von Anbietern ein.[51] Vom Tatbestand erfasst werden sowohl **offene Ausschreibungen,** in deren Rahmen öffentlich eine unbeschränkte Vielzahl von Unternehmen zur Abgabe eines Angebots aufgefordert werden (§ 101 Abs. 2 GWB), als auch **beschränkte Ausschreibungen** bei denen mit (§ 101 Abs. 3 GWB) oder ohne (vgl. nur § 3 Nr. 1 Abs. 2 VOB/A) vorausgegangenem Teilnahmewettbewerb nur eine beschränkte Anzahl von Unternehmen zu Abgabe eines Angebots aufgerufen werden.[52] Der Wortlaut der Vorschrift erfasst die genannten Ausschreibungsarten ohne Unterschied. Der Gesetzgeber hat gemäß § 298 Abs. 2 StGB nur im Falle einer freihändigen Vergabe das Erfordernis eines vorgeschalteten Teilnahmewettbewerbs statuiert, nicht aber bei einer beschränkten Ausschreibung. Gerade die beschränkte Ausschreibung ist in hohem Maße anfällig für Manipulationen. Viele Märkte sind oligopolartig strukturiert. Es wäre widersinnig, den strafrechtlichen Schutz gerade in diesem für Manipulationen anfälligen Bereich zu versagen. Die Rechtsprechung geht ebenfalls davon aus, dass beschränkte Ausschreibungen von der Norm erfasst werden,[53] auch wenn kein Teilnahmewettbewerb vorausgegangen ist.[54]

Das **Verhandlungsverfahren** (§ 101 Abs. 5 GWB), bei welchem die Auftragsbedingungen mit mehreren Unternehmen verhandelt werden, fällt dagegen nicht unter den Begriff der Ausschreibung und wird daher nicht von § 298 Abs. 1 StGB erfasst.[55] Das Verfahren ähnelt der freihändigen Vergabe. Es kann aber unter § 298 Abs. 2 StGB subsumiert werden, sofern ein Teilnahmewettbewerb vorausgegangen ist.[56] Unter dieser Voraussetzung hat der Gesetzgeber sogar eine **freihändige Vergabe** als schützenswert angesehen, für ein geregeltes Vergabeverfahren kann dann nichts anderes gelten. In der Konsequenz der Anerkennung des Verhandlungsverfahrens muss jedoch der Begriff des Angebots überdacht werden, da Nachverhandlungen in diesen Fällen meist erfolgen, erscheint eine weitere Definition des **Begriffs des Angebots,** als von der hM angebracht. Auch bei einer freihändigen Vergabe wird nicht zwingend ein Angebot abgegeben, das ohne wesentliche Nachverhandlungen angenommen werden kann (→ Rn. 46). Die Rechtsprechung hat sich zu dieser Frage, soweit ersichtlich, bislang noch nicht geäußert.

Weder von § 298 Abs. 1 StGB, noch von Abs. 2 StGB wird dagegen der **wettbewerbliche Dialog** (§ 101 Abs. 4 GWB) erfasst. Da die Einzelheiten des Auftrages verhandelt werden, liegt eine Ausschreibung ebenso wenig wie beim Verhandlungsverfahren vor. Das Verfahren ähnelt im Gegensatz zum Verhandlungsverfahren auch nicht der freihändigen Vergabe.[57] Das Strafrecht erfasst damit nur einen Teil der zulässigen Vergabeverfahren. Gerade Verfahren zur Vergabe komplexer Aufträge werden lediglich fragmentarisch erfasst, was kriminalpolitisch fraglich, aber *de lege lata* aufgrund der sich aus Art. 103 Abs. 2 GG ergebenden Bindung des Strafrechts an die Grenzen des Wortlauts hinzunehmen ist (→ Rn. 13).

---

[51] LK/*Tiedemann* § 298 Rn. 19; GJW/*Böse* StGB § 298 Rn. 6; Schönke/Schröder/*Heine* § 298 Rn. 4; *Fischer* § 298 Rn. 4.

[52] GJW/*Böse* StGB § 298 Rn. 8; LK/*Tiedemann* § 298 Rn. 21; NK/*Dannecker* § 298 Rn. 36f.; HWSt/*Achenbach,* 341; SSW/*Bosch* StGB § 298 Rn. 3; Schönke/Schröder/*Heine* § 298 Rn. 5; *Fischer* § 298 Rn. 4; aA MüKoStGB/*Hohmann* § 298 Rn. 44, der bei beschränkter Ausschreibung stets einen Teilnahmewettbewerb fordert.

[53] BGH Beschl. v. 25.7.2012 – 2 StR 154/12, NJW 2012, 3318; bei einer Ausschreibung unter drei Anbietern wird ohne weiteres von der Anwendbarkeit des § 298 StGB ausgegangen; die jüngste Entscheidung des BGH hat sich mit ausführlicher Begründung der hM angeschlossen, vgl. BGH Beschl. v. 17.10.2013 – 3StR 167/13, NJW 2014, 1252.

[54] So ausdrücklich BGH Beschl. v. 29.4.2015 – 1 StR 235/14 Rn. 69.

[55] LK/*Tiedemann* § 298 Rn. 21; GJW/*Böse* StGB § 298 Rn. 9; MüKoStGB/*Hohmann* § 298 Rn. 47; NK/*Dannecker* § 298 Rn. 40.

[56] GJW/*Böse* StGB § 298 Rn. 9 und 16; MüKoStGB/*Hohmann* § 298 Rn. 48 aE; NK/*Dannecker* § 298 Rn. 40.

[57] MüKoStGB/*Hohmann* § 298 Rn. 49; aA GJW/*Böse* StGB § 298 Rn. 10, wobei die dort angestellte funktionale Betrachtung die Wortlautgrenze überschreiten dürfte, vgl. NK/*Dannecker* § 298 Rn. 41.

19 Historisch bedingt und wohl auch noch forensisch am bedeutendsten sind **Ausschreibungen der öffentlichen Hand**. Dieser stehen juristische und natürliche Personen des Privatrechts nach Maßgabe des § 98 GWB gleich.[58] Die öffentliche Hand ist abhängig von gewissen Schwellenwerten nach den Haushaltsordnungen, der VOB/A, VOL/A und VOF bzw. nach den §§ 97 ff. GWB verpflichtet, ihren Bedarf an Waren, Bau- und sonstigen gewerblichen Leistungen im Wege von Ausschreibungen zu decken.[59] Damit soll auch für Leistungen, für welche es aufgrund ihrer Individualität oder Komplexität zunächst keinen Markt gibt, Wettbewerb unter den Anbietern geschaffen und so eine möglichst effektive Verwendung von Steuergeldern sichergestellt werden. Instruktiv zu der über die Jahrhunderte hinweg gleichbleibenden Bedeutung unabhängiger Angebote für eine in diesem Sinne effektive Preisfindung mögen die Erinnerungen von Alexander Courtin sein,[60] der sich als Baurat in Baden bei der Wagenbeschaffung für die badische Eisenbahn 1895 einem Kartell der damaligen Rheinisch Westfälischen Hüttenwerke, der sogenannten Radsatzgemeinschaft gegenüber sah und daher ein Angebot von einem belgischen Werk einholte, welches die Preise erheblich unterbot. Die so zu Preisverhandlungen gezwungenen Kartellanten versuchten unter Hinweis auf Vaterlandsliebe den Schutz des deutschen Arbeiters bzw. der heimischen Industrie Courtin zum Einlenken zu bewegen. Als diese Argumente jedoch nicht verfingen, reduzierten sie ihren Preis wohl signifikant.

20 Auch **private Ausschreibungen** werden unabhängig davon, ob der Veranstalter Unternehmer ist, von der Norm erfasst, sofern sich die privaten Veranstalter an die grundlegenden Vorgaben der Vergabevorschriften wie die Beschränkung auf geeignete Bieter, eine eindeutige Leistungsbeschreibung, die Bestimmung einer Frist zur Abgabe von Angeboten, die Gleichbehandlung der Anbieter und die Geheimhaltung der Angebote bis zum Fristablauf halten.[61]

21 **Fehler im Ausschreibungsverfahren** berühren die Strafbarkeit nicht.[62] Da nach der Rechtsprechung des BGH[63] § 298 StGB auch dann einschlägig sein soll, wenn alle Beteiligten, also auch der Veranstalter nicht nur um die Manipulation der Ausschreibung wissen, sondern aktiv daran beteiligt sind, wird man letztlich davon ausgehen müssen, dass eine Ausschreibung iSv § 298 StGB bereits dann vorliegt, wenn gegenüber dem ausschreibenden Vermögensträger, dessen Aufsichtsgremien bzw. dem nicht an der Absprache beteiligten Mitbewerber lediglich der **Anschein** einer ordnungsgemäßen Ausschreibung gesetzt wird. Die Ausschreibung hat in diesen Fällen nämlich keine inhaltliche Bedeutung mehr. Sie existiert nur der Form nach.[64] Dies zeigt schon eine frühere Entscheidung des BGH.[65] Der BGH hatte sich mit zwei unterschiedlichen Fällen des kollusiven Zusammenwirkens eines vom Veranstalter mit der Ausschreibung betrauten Planungsbüros mit Bietern zu befassen. Zwar hat er damals noch entschieden, dass Absprachen zwischen dem auf Seiten des Veranstalters tätigen Planungsbüro und einem Bieter vom Tatbestand des § 298 StGB nicht erfasst seien,[66] wohl aber Fälle, in denen sich – bei

---

[58] GJW/*Böse* StGB § 298 Rn. 7; NK/*Dannecker* § 298 Rn. 27; MüKoStGB/*Hohmann* § 298 Rn. 51.
[59] *Fischer* § 298 Rn. 5.
[60] Vgl. FAZ v. 4.1.2013.
[61] BGH Beschl. 19.12.2002 – 1 StR 366/02, wistra 2003, 146; GJW/*Böse* StGB § 298 Rn. 12; LK/*Tiedemann* § 298 Rn. 20; MüKoStGB/*Hohmann* § 298 Rn. 50, 52; HWSt, *Achenbach*, 341; Schönke/Schröder/*Heine* StGB § 298 Rn. 7; *Fischer* § 298 Rn. 6.
[62] BGH Beschl. v. 17.10.2013 – 3 StR 167/13, NJW 2014, 1252; GJW/*Böse* StGB § 298 Rn. 11; MüKoStGB/*Hohmann* § 298 Rn. 55 aE; LK/*Tiedemann* § 298 Rn. 19; teilweise abweichend für schwerwiegende Verstöße gegen vergaberechtliche Vorschriften NK/*Dannecker* § 298 Rn. 44; Schönke/Schröder/*Heine* § 298 Rn. 9.
[63] BGH Beschl. v. 25.7.2012 – 2 StR 154/12, NJW 2012, 3318.
[64] Diese Konsequenz der hM in Literatur und Rechtsprechung wurde bislang nur wenig beachtet, vgl. aber GJW/*Böse* StGB § 298 Rn. 24 f., wonach die Absprache zwischen Veranstalter und Bieter die Ausschreibung unterlaufe. *Fischer* § 298 Rn. 12a spricht insoweit vom Vortäuschen eines Auswahlverfahrens.
[65] BGH Beschl. v. 22.6.2004 – 4 StR 428/03, wistra 2004, 387.
[66] Anders die neuere Rechtsprechung BGH Beschl. v. 25.7.2012 – 2 StR 154/12, NJW 2012, 3318.

gleicher Grundkonstellation – auf Veranlassung des Planungsbüros mehrere Bieter absprechen und ungünstige Scheinangebote abgegeben, um dem bevorzugten Anbieter zum Auftrag zu verhelfen. Bereits die vom Planungsbüro erstellten Ausschreibungsunterlagen waren in dem vom BGH entschiedenen Fall zu diesem Zweck mit „Luftpositionen" manipuliert. Obgleich in allen Fällen mindestens gegen das vergaberechtliche Gleichbehandlungsgebot[67] verstoßen wurde, hinderte dies die Rechtsprechung nicht daran, (unausgesprochen) von einer Ausschreibung im Sinne des § 298 StGB auszugehen. Sofern man mit der neueren Rechtsprechung davon ausgeht, dass der Tatbestand seit der 7. GWB-Novelle auch Absprachen zwischen dem Veranstalter einer Ausschreibung und einem Bieter erfasst (→ Rn. 32), wird man nicht umhin kommen, von einer **Ausschreibung** iSd § 298 StGB bereits dann auszugehen, wenn formal im Rahmen der entsprechenden Vorschriften des Ausschreibungsverfahrens gehandelt wird, dh mindestens der Vermögensträger und nicht an der Absprache beteiligte Bieter von einer ordnungsgemäßen Ausschreibung ausgehen.

Fehlt es an einer in diesem Sinne zumindest **formalen Ausschreibung** oder einem 22 Teilnahmewettbewerb vor einer freihändigen Vergabe, kommt eine Strafbarkeit wegen wettbewerbsbeschränkender Absprachen nicht in Betracht. Die Einhaltung der Vergabevorschriften durch die öffentliche Hand als solche ist nicht strafbewährt. Wird pflichtwidrig auf eine Ausschreibung verzichtet und entsteht der öffentlichen Hand dadurch ein Schaden, kann sich der vermögensbetreuungspflichtige Vertreter der öffentlichen Hand wegen **Untreue** strafbar machen.[68]

Die Ausschreibung muss auf die **Beschaffung von Waren oder Dienstleistungen** 23 gerichtet sein, wobei diese Begriffe wiederum kartellrechtsakzessorisch und damit weit auszulegen sind.[69]

b) Absprache. Im Rahmen einer Ausschreibung oder einer freihändigen Vergabe nach 24 vorausgegangenem Teilnehmerwettbewerb (§ 298 Abs. 2 StGB) muss ein auf einer rechtswidrigen Absprache beruhendes Angebot abgegeben werden. Einerseits ist der Tatbestand kartellrechtsakzessorisch auszulegen (Rn. 11). Andererseits ist der von § 298 StGB verwendete Begriff der Absprache dem Kartellrecht fremd.[70] Dieses spricht in Art 101 AEUV und § 1 GWB von **Vereinbarungen, Beschlüssen** und **abgestimmten Verhaltensweisen.**

Nach allgemeiner Meinung bezieht sich der Begriff der Absprache jedenfalls auf die in 25 § 1 GWB bzw. Art. 101 AEUV genannten **Vereinbarungen** zwischen Unternehmen.[71] Der Begriff der Absprache ist weit auszulegen, er setzt eine Willensübereinstimmung voraus, die sich durch eine zumindest gewisse faktische, wirtschaftliche oder moralische **Bindungswirkung** der Beteiligten auszeichnet.[72]

Zweifelhaft ist dagegen, inwieweit die ebenfalls vom Kartellrecht als kartellrechtswidrig 26 angesehenen **abgestimmten Verhaltensweisen**[73] dem Begriff der Absprache unterfallen. Der Bundesgerichtshof hat in einer älteren, zum damaligen Bußgeldtatbestand ergangenen Entscheidung[74] hierin eine unzulässige Analogie gesehen. Die heute wohl hM geht dahin,

---

[67] Nach GJW/*Böse* StGB § 298 Rn. 11 wollte der Gesetzgeber auch die Kollision des Veranstalters mit einem Bieter ungeachtet dessen erfassen, dass damit gegen grundlegende Prinzipien der Ausschreibung verstoßen wird.
[68] LK/*Tiedemann* § 298 Rn. 19; GJW/*Böse* StGB § 298 Rn. 11; MüKoStGB/*Hohmann* § 298 Rn. 55.
[69] LK/*Tiedemann* § 298 Rn. 23; NK/*Dannecker* § 298 Rn. 45 ff.; MüKoStGB/*Hohmann* § 298 Rn. 56; GJW/ *Böse* StGB § 298 Rn. 6; Schönke/Schröder/*Heine* StGB § 298 Rn. 10; *Fischer* § 298 Rn. 8; BeckOK StGB/*Momsen* § 298 Rn. 19.
[70] BGH Beschl. v. 22.6.2004 – 4 StR 428/03 unter 4.b) bb); GJW/*Böse* StGB § 298 Rn. 22.
[71] LK/*Tiedemann* § 298 Rn. 32; MüKoStGB/*Hohmann* § 298 Rn. 73 ff.; GJW/*Böse* StGB § 298 Rn. 22.
[72] LK/*Tiedemann* § 298 Rn. 32; MüKoStGB/*Hohmann* § 298 Rn. 75; NK/*Dannecker* § 298 Rn. 56 ff.; GJW/ *Böse* StGB § 298 Rn. 22; *Fischer* § 298 Rn. 11; ein gentlemans aggrement genügt Schönke/Schröder/ *Heine* StGB § 298 Rn. 16.
[73] Zum Begriff vgl. Emmerich KartellR § 4 Rn. 18 ff.
[74] BGH Beschl. v. 17.12.1970 – KRB1/70, BGHSt 24, 54, 62.

dass abgestimmte Verhaltensweisen jedenfalls dann Absprachen iSd § 298 StGB sind, wenn eine Verständigung über das Verhalten im Ausschreibungsverfahren erfolgt ist.[75] Demgegenüber erfasst der kartellrechtliche Begriff bereits die Information des Konkurrenten über das geplante eigene Verhalten in der Erwartung, dass dieser sich danach richten werde.[76] Daher ist die gegenseitige Information über das beabsichtigte Verhalten in Bezug auf eine konkrete Ausschreibung zB durch den Austausch von Preislisten etc, jedenfalls dann noch keine Absprache, wenn nicht mindestens konkludent ein Übereinkommen über ein bestimmtes Verhalten getroffen wird.[77] Nicht jede abgestimmte Verhaltensweise iSd Kartellverbots stellt daher auch eine Absprache nach § 298 StGB dar.[78]

27 **c) Unternehmen (→ § 13 Rn. 30 f.).** Die Absprache muss über den Wortlaut des § 298 StGB hinaus zwischen Unternehmen stattfinden.[79] Das folgt aus § 1 GWB und Art. 101 AEUV. Die Vorschriften des Kartellrechts gelten grundsätzlich nur für Unternehmen.[80] Daher ist nur bei Beachtung dieses Umstandes die Kartellrechtsakzessorietät des Tatbestandes gewährleistet. Die **kartellrechtliche Unternehmenseigenschaft** wird, jedenfalls nach der nationalen Rechtsprechung, durch jede selbständige geschäftliche oder wirtschaftliche Tätigkeit begründet, die auf den Austausch von Waren und gewerblichen Leistungen gerichtet ist.[81] Der Begriff erfasst die **freien Berufe** ebenso, wie **öffentlich-rechtliche Vermögensträger**.[82] Er ist weit auszulegen.[83] Die Frage, ob eine Unternehmenseigenschaft in diesem Sinne vorliegt, muss nicht einheitlich für eine Person beantwortet werden, vielmehr ist die im Einzelfall in Frage stehende wirtschaftliche Tätigkeit zu prüfen.[84] Eine Gewinnerzielungsabsicht ist nicht erforderlich.[85] Die rein private, außerhalb des Erwerbslebens stehende Tätigkeit ist dagegen ausgenommen, ebenso die **hoheitliche Tätigkeit**.[86]

28 Das Ausüben einer wirtschaftlichen Tätigkeit wird vom EuGH jedoch einschränkend dahingehend verstanden, dass nur jede selbständige Tätigkeit in der Erzeugung oder Verteilung wirtschaftlicher Güter oder gewerblicher Leistungen erfasst wird.[87] Ohne an dieser Stelle auf die Details der in diesem Zusammenhang bestehenden kartellrechtlichen Fragen eingehen zu wollen, ist es wichtig festzustellen, dass nach der Rechtsprechung des EuGH daher die schlichte **Nachfragetätigkeit** der **öffentlichen Hand,** der keine anbietende Tätigkeit gegenübersteht, **nicht** unter den **kartellrechtlichen Unternehmensbegriff** fällt.[88] Die Nachfragetätigkeit wird nach der Rechtsprechung des EuGH nur dann von den Wettbewerbsregeln erfasst, wenn sie eine **Einheit** mit der späteren Verwendung im Rahmen eines **Angebots** darstellt.[89] Damit wird gerade die zum Hauptanwendungsbe-

---

[75] LK/*Tiedemann* § 298 Rn. 32; etwas weiter MüKoStGB/*Hohmann* § 298 Rn. 75; NK/*Dannecker* § 298 Rn. 57.
[76] Einzelheiten bei Emmerich KartellR § 4 Rn. 20 ff.
[77] GJW/*Böse* StGB § 298 Rn. 22; LK/*Tiedemann* § 298 Rn. 32; MüKoStGB/*Hohmann* § 298 Rn. 75; BGH Beschl. v. 17.10.2013 – 3 StR 167/13, NJW 2014, 1252.
[78] NK/*Dannecker* § 298 Rn. 57 aE; aA BeckOK StGB/*Momsen* § 298 Rn. 21.
[79] GJW/*Böse* StGB § 298 Rn. 23; *Fischer* § 298 Rn. 8; *Greeve* NStZ 2002, 505 (508).
[80] Emmerich KartellR § 20 Rn. 4.
[81] BGH Urt. v. 6.11.2013 – KZR 58/11, WuW/E DE-R 4037–4049 Rn. 43.
[82] Emmerich KartellR § 20 Rn. 5.
[83] BGH Urt. v. 6.11.2013 – KZR 58/11, WuW/E DE-R 4037–4049 Rn. 43; Emmerich KartellR § 20 Rn. 6.
[84] BGH Urt. v. 6.11.2013 – KZR 58/11, WuW/E DE-R 4037–4049 Rn. 44; Emmerich KartellR § 20 Rn. 7; § 3 Rn. 27.
[85] Emmerich KartellR § 20 Rn. 5 ff.
[86] Immenga/Mestmäcker/*Zimmer* GWB § 1 Rn. 28 und 30; Emmerich KartellR § 3 Rn. 24.
[87] EuGH Urt. v. 11.7.2006 – C- 205/03 P, Slg. 2006, I-6295–6331 – Fenin; Emmerich KartellR § 3 Rn. 29.
[88] EuGH Urt. v. 11.7.2006 – C- 205/03 P, Slg. 2006, I-6295–6331 – Fenin; BGH Urt. v. 6.11.2013 – KZR 58/11, WuW/E DE-R 4037–4049 Rn. 52; Emmerich KartellR § 3 Rn. 29f. und 36; Immenga/Mestmäcker/*Emmerich* EuWettbR AEUV Art. 101 Rn. 15 ff.; Immenga/Mestmäcker/*Zimmer* GWB § 1 Rn. 31.
[89] EuGH Urt. v. 11.7.2006 – C- 205/03 P, Slg. 2006, I-6295–6331 – Fenin.

reich des § 298 StGB zählende Nachfragetätigkeit der öffentlichen Hand, die pflichtgemäß in Form von Ausschreibungen zur decken ist, oft nicht von den Wettbewerbsregeln des Vertrages erfasst.[90]

Ob dem im nationalen Recht zu folgen ist, hat der Kartellsenat des BGH bislang offen gelassen, wenngleich vor dem Hintergrund der vom Gesetzgeber mit der 7. GWB-Novelle verfolgten Angleichung des nationalen Kartellrechts an das europäische Recht einiges dafür sprechen dürfte. Der Kartellsenat hat seit dieser Rechtsprechung des EuGH denn auch nur Fälle entschieden, in denen es auf die Differenzierung nicht angekommen ist.[91] **29**

Folgt man der Auslegung des EuGH, dürfte dies erhebliche Auswirkungen auf die Frage haben, ob Absprachen zwischen Veranstaltern und Bietern einer Ausschreibung von § 298 StGB erfasst werden. Diese Frage wird von der strafrechtlichen Literatur unter dem Gesichtspunkt der Rechtswidrigkeit der Absprache erörtert (vgl. dazu → Rn. 32). **30**

d) Rechtswidrigkeit der Absprache. Eine Absprache iSd § 298 StGB ist nach allgemeiner Meinung rechtswidrig, wenn sie gegen das GWB oder die europarechtlichen Wettbewerbsnormen des AEUV verstößt.[92] Der Streit, ob es sich hierbei um ein normatives Tatbestandsmerkmal[93] oder ein allgemeines Verbrechensmerkmal[94] handelt, erlangt Bedeutung vor allem für die Frage, ob sich der Vorsatz des Täters darauf beziehen muss und wird in diesem Zusammenhang erörtert (→ Rn. 57). Zwei Problemkreise bedürfen dagegen hier der näheren Erörterung: **31**

aa) Strafbarkeit vertikaler Absprachen. Seit der 7. GWB-Novelle v. 1.7.2005 sind gemäß § 1 GWB alle Vereinbarungen und abgestimmte Verhaltensweisen zwischen Unternehmen, die eine Verhinderung, Einschränkung oder Verfälschung des Wettbewerbs bezwecken oder bewirken, kartellrechtswidrig. Das GWB hat damit die europarechtliche Regelungen der Art. 101 Abs.1 und 3 AEUV im Wesentlichen unverändert in das deutsche Recht übernommen.[95] Bis zur 7. GWB-Novelle wurden von § 1 GWB nur Vereinbarungen zwischen Unternehmen erfasst, die miteinander im Wettbewerb stehen. Darunter versteht man **horizontale Vereinbarungen.** In der neuen Fassung ist dies entfallen, sie erfasst daher auch **vertikale Vereinbarungen,** also solche zwischen Unternehmen, die **nicht** miteinander im Wettbewerb stehen. **32**

Unter dem Begriff **vertikaler Absprachen** werden im Kartellrecht vor allem Vereinbarungen verstanden, die bis zur 7. GWB-Novelle in den §§ 14–18 GWB aF geregelt waren.[96] Das sind **Preis-** und **Konditionenbindungen** (§§ 14 und 15 GWB aF), **Verwendungsbeschränkungen, Ausschließlichkeits-** und **Vertriebsbindungen** (§§ 14 und 15 GWB aF) sowie Beschränkungen des Lizenznehmers in **Lizenzverträgen** (§ 18 aF GWB).[97] Da diese Vereinbarungen von § 1 GWB nF erfasst werden, wurden die §§ 14–18 GWB aF durch die 7. GWB-Novelle aufgehoben. § 18 GWB nF hat seit der 8. GWB-Novelle[98] einen neuen, in vorliegendem Zusammenhang nicht weiter interessierenden Inhalt. Eine Definition des kartellrechtlichen Begriffs der **vertikalen Vereinba- 33**

---

[90] *Emmerich,* KartellR § 20 Rn. 30 und 36.
[91] BGH Kartellsenat Urt. v. 6.11.2013 – KZR 58/11 Rn. 52, WuW/E DE-R 4037–4049 Rn. 51.
[92] LK/*Tiedemann* § 298 Rn. 33; GJW/*Böse* StGB § 298 Rn. 21 und 26; MüKoStGB/*Hohmann* § 298 Rn. 76; NK/*Dannecker* § 298 Rn. 59; SSW/*Bosch* StGB § 298 Rn. 11; Schönke/Schröder/*Heine* StGB § 298 Rn. 19; *Fischer* § 298 Rn. 12; *Otto* wistra 1999, 41; *Kuhlen* FS Lampe 2013, 743 (754); BeckOK StGB/*Momsen* § 298 Rn. 20.
[93] So die hM, vgl. LK/*Tiedemann* § 298 Rn. 36 und 42; MüKoStGB/*Hohmann* § 298 Rn. 76; NK/*Dannecker* § 298 Rn. 59; SSW/*Bosch* StGB § 298 Rn. 11; BeckOK StGB/*Momsen* § 298 Rn. 22; kritisch *Fischer* StGB § 298 Rn. 12, 18.
[94] So insbesondere GJW/*Böse* StGB § 298 Rn. 26; Schönke/Schröder/*Heine* StGB § 298 Rn. 19.
[95] *Emmerich* KartellR § 20 Rn. 2.
[96] *Emmerich* KartellR § 21 Rn. 11, 19.
[97] *Emmerich* KartellR § 21 Rn. 11.
[98] BGBl. I 1738.

§ 19 2. Teil 2. Abschnitt Kartellverfahren in Deutschland

34 rung findet sich in der Gruppenfreistellungsverordnung der EU.[99] Diese erfasst alle vertikalen Vereinbarungen und ist gemäß § 2 Abs. 2 GWB auf die vom Verbot des § 1 GWB freigestellten Vereinbarungen anzuwenden. Nach der dortigen Definition handelt es sich bei vertikalen Vereinbarungen um Vereinbarungen zwischen Unternehmen in einer Produktions- oder Lieferkette.[100]

34 Im Strafrecht werden diese Vertriebsbindungen indes nicht diskutiert, da sie keinen Bezug zu einer Ausschreibung aufweisen. Unter dem Begriff der **vertikalen Vereinbarung** wird vielmehr die Frage diskutiert, ob Vereinbarungen zwischen dem **Veranstalter** und einem **Bieter** einer Ausschreibung § 298 StGB unterfallen.

35 Die hM in der strafrechtlichen Literatur bejaht dies aufgrund der mit der 7. GWB-Novelle erfolgten Änderung des 1 GWB.[101] Diese Auffassung kann sich auf den Wortlaut der Vorschrift berufen, wonach es nicht mehr erforderlich ist, dass die Unternehmen zueinander **im Wettbewerb** stehen. Der BGH folgte in Abkehr zu einer früheren noch zum GWB vor der 7. Novelle ergangenen Entscheidung[102] nunmehr der herrschenden Meinung in der Literatur.[103]

36 Der gesamte Fragenkreis ist sehr strittig und für die Anwendung des § 298 StGB von zentraler Bedeutung. So hat die neuere Rechtsprechung des BGH bislang nur wenig diskutierte Auswirkungen auf den Begriff der Ausschreibung iSd § 298 StGB (→ Rn. 21) und insgesamt auf das Verständnis der Norm und deren Abgrenzung zu den Vermögens- und Korruptionsdelikten. Schließlich wirft sie Fragen von Täterschaft und Teilnahme auf.

37 Die Mindermeinung in der strafrechtlichen Literatur teilt zwar noch den Ausgangspunkt der hM, wonach es sich bei Absprachen zwischen Veranstaltern und Bietern um vertikale Absprachen handelt und diese nach der Neufassung von § 1 GWB erfasst werden,[104] sieht jedoch aus historischen, teleologischen und systematischen Gründen eine Absprache zwischen einem Veranstalter und einem Bieter als nicht von § 298 StGB erfasst an.[105] § 298 StGB erfasst danach ungeachtet der Änderung in § 1 GWB durch die 7. GWB-Novelle nur **horizontale Absprachen,** also Absprachen zwischen den Bietern einer Ausschreibung.

38 Die von der Mindermeinung angeführten Argumente vermögen jedoch nicht zu überzeugen. Mit Blick auf die Änderung des § 1 GWB erscheint die Argumentation mit dem Willen des historischen Gesetzgebers des § 298 StGB wenig überzeugend. Das teleologische Argument, vertikalen Vereinbarungen fehle die Tendenz zur Wiederholung, wird gerade durch den vom BGH entschiedenen Fall widerlegt. Auch die systematische Argumentation der Mindermeinung, wonach es sich bei § 298 StGB nicht um ein **Blankettgesetz** handele und daher nicht jede Änderung der ausfüllenden Normen (hier des GWB) auf die Regelung der Strafnorm „durchschlage", bietet wenig inhaltliche Überzeugungskraft. Das Tatbestandsmerkmal der „rechtswidrigen Absprache" wird von der Mindermeinung im Ergebnis nicht **akzessorisch** zum Kartellrecht, sondern **strafrechtlich** definiert. Dabei bleibt offen, welche Änderungen des GWB für die Anwendung des strafrechtlichen Tatbestandes bedeutsam sein sollen und welche nicht. Letztlich verweist das Merkmal der rechtswidrigen Absprache nach der Mindermeinung nur auf das **historische Kartellrecht,** was als **asymmetrische Akzessorietät** bezeichnet wird.[106]

39 Obgleich der hM in Literatur und Rechtsprechung daher der Vorzug gebührt und diese zudem für die Praxis maßgeblich ist, bedarf diese aber mit Blick auf den **kartellrecht-**

---

[99] VO Nr. 330/2010, ABl. 2010 L 102/1.
[100] Art. 1 Abs. 1 lit. a der VO Nr. 330/210.
[101] LK/*Tiedemann* § 298 Rn. 33; MüKoStGB/*Hohmann* § 298 Rn. 84; *Fischer* § 298 Rn. 10; SSW/*Bosch* StGB § 298 Rn. 19; Schönke/Schröder/*Heine* StGB § 298 Rn. 17.
[102] BGH Beschl. v. 22.6.2004 – 4 StR 428/03, BGHSt 49, 201 ff.
[103] BGH Beschl. v. 25.7.2012 – 2 StR 154/12, NJW 2012, 3318.
[104] Vgl. nur NK/*Dannecker* § 298 Rn. 63.
[105] GJW/*Böse* StGB § 298 Rn. 24; NK/*Dannecker* § 298 Rn. 63 ff.; *Greeve* NZWiSt 2013, 140 ff.
[106] GJW/*Böse* StGB § 298 Rn. 3 und 24; *Greeve* NZWiSt 2013, 140 (142) und → Rn. 13.

lichen **Unternehmensbegriffs** einer bislang, soweit ersichtlich, noch nicht diskutierten Ergänzung. Die strafrechtliche Literatur hat sich bislang noch nicht ausreichend mit den kartellrechtlichen Begriffen des Unternehmens und der vertikalen Absprache befasst.[107] Vor dem Hintergrund, dass aber nur Absprachen von § 298 StGB erfasst werden, die kartellrechtswidrig sind, ist dies zwingend geboten.

Mit Blick auf den **kartellrechtlichen Unternehmensbegriff** (→ Rn. 27 ff.) ist ein erheblicher Anteil der in der Praxis in Betracht kommenden Absprachen zwischen Veranstaltern und Bietern nicht rechtswidrig im Sinne des § 1 GWB bzw. des Art. 101 AEUV, mögen sie auch zB wegen korrupter Beziehungen oder infolge der Untreue einer Person auf Seiten des Veranstalters sonst rechtswidrig sein. Dies gilt jedenfalls auf der Grundlage der Rechtsprechung des EuGH zum kartellrechtlichen Unternehmensbegriff. Soweit dieser nämlich die schlichte Nachfragetätigkeit der öffentlichen Hand, die mit einem Angebot auf dem Markt keine Einheit bildet, aus dem Anwendungsbereich des Kartellrechts ausnimmt,[108] fehlt es an der Kartellrechtswidrigkeit der Absprache zwischen einem in diesem Sinne öffentlich-rechtlichen Veranstalter und einem Anbieter. Da Ausschreibungen der öffentlichen Hand im Zentrum des Anwendungsbereichs des § 298 StGB stehen, ist diese Einschränkung für die Frage, inwieweit vertikale Absprachen von § 298 StGB erfasst werden auch auf der Grundlage der hM von großer Bedeutung. **40**

Damit ist die Entscheidung des BGH zur vertikalen Absprache[109] im Ergebnis zutreffend, in der Begründung aber, da der **kartellrechtliche Unternehmensbegriff** nicht erörtert wird, lückenhaft. In der fraglichen Entscheidung hatte der BGH über den Fall eines Geschäftsführers einer städtischen Wohnungsbaugesellschaft zu entscheiden, der an der Manipulation von beschränkten Ausschreibungen der Wohnungsbaugesellschaft über die Montage von Bauelementen und Trockenbauarbeiten zugunsten einer GmbH mitwirkte, an welcher seine Ehefrau als Geschäftsführerin und Mitgesellschafterin beteiligt war. Die Vergabe derartiger Aufträge für die von der Wohnungsbaugesellschaft verwalteten Wohnungen dürfte im Sinne der zitierten Rechtsprechung des EuGH in einer Einheit zur wirtschaftlichen Tätigkeit der Wohnungsbaugesellschaft „Angebot von Mietwohnungen" stehen. Die konkrete wirtschaftliche Tätigkeit der Wohnungsbaugesellschaft erfüllt mithin in dem vom BGH entschiedenen Fall den Unternehmensbegriff des § 1 GWB sowohl nach der weiteren Auffassung des Kartellsenats des BGH, als auch nach der engeren Auffassung des EuGH. Würde die Entscheidung des BGH aber ohne die genannte Einschränkung künftig mit der hM auf alle Absprachen zwischen Veranstalter und Bieter angewendet, würde sich der Anwendungsbereich des § 298 StGB von der **Akzessorietät** zum Kartellrecht lösen, da Absprachen erfasst würden, die jedenfalls von der kartellrechtlichen Rechtsprechung des EuGH nicht als kartellrechtswidrig angesehen werden. Dies dürfte so lange nicht möglich sein, wie sich die nationale kartellrechtliche Rechtsprechung hierzu nicht eindeutig verhält. **41**

Abschließend ist noch darauf hinzuweisen, dass Freistellungen (§ 2 GWB) und Ausnahmen vom Kartellverbot bei der Anwendung des § 298 StGB zu beachten sind. Für die Landwirtschaft gibt es eine Bereichsausnahme (§ 28 GWB).[110] Unter den dort genannten Voraussetzungen gilt § 1 GWB nicht für landwirtschaftliche Erzeugerbetriebe. Entsprechende Absprachen werden daher nicht von § 298 StGB erfasst. **42**

Insgesamt zeigen die vorliegenden Probleme, dass Fälle mit kartellrechtlichen Fragestellungen tunlichst in Zusammenarbeit mit den Kartellrechtsbehörden als zuständiger Fachbehörde bearbeitet werden sollten, um deren Fachexpertise nutzbar zu machen. Dies sieht Nr. 242 RiStBV zwar vor, findet in der Praxis aber noch zu wenig statt. **43**

---

[107] Der knappe Hinweis in GJW/*Böse* StGB § 298 Rn. 23, dass auch öffentliche Auftraggeber dem kartellrechtlichen Unternehmensbegriff unterfallen ist hierfür nicht ausreichend.
[108] EuGH Urt. v. 11.7.2006 – C- 205/03 P, Slg. 2006, I-6295–6331 – Fenin.
[109] BGH Beschl. v. 25.7.2012 – 2 StR 154/12, NJW 2012, 3318.
[110] Zu den europarechtlichen Einzelheiten vgl. Emmerich KartellR § 3 Rn. 56.

44 bb) Bieter- und Arbeitsgemeinschaften. Von Bieter- und Arbeitsgemeinschaften spricht man, wenn mehrere Unternehmen vereinbaren, einen Auftrag gemeinsam auszuführen. Legale Bietergemeinschaften unterfallen nicht dem § 298 StGB.[111] Ihre Bildung beruht zwar auf einer Absprache, die oft im Zuge einer Ausschreibung, etwa einem komplexen Bauvorhaben getroffen wird, sie sind jedoch jedenfalls dann nicht kartellrechtswidrig, wenn keines der beteiligten Unternehmen die Leistung hätte alleine erbringen können.[112] Darüber hinaus lässt die kartellrechtliche Rechtsprechung des BGH Arbeits- und Bietergemeinschaften bereits dann zu, wenn ihre Bildung „**wirtschaftlich sinnvoll und kaufmännisch vernünftig**" ist.[113] Diese Voraussetzungen sind jedenfalls dann nicht erfüllt, wenn die Beteiligten eines Gemeinschaftsunternehmens jeweils noch für die einzelnen Gesellschaften abgesprochene Einzelangebote abgeben.[114] Die grundsätzlich großzügige Behandlung von Arbeitsgemeinschaften beruht auf dem Gedanken, dass diese den Wettbewerb nicht einschränken, sondern erweitern, da es aufgrund des zeitweiligen Zusammenschlusses einen weiteren Mitbewerber gibt. Dieser Gedanke ist jedoch nur in den Fällen zutreffend, in denen die Unternehmen allein zur Ausführung des Auftrages, sei es aus technischen, wirtschaftlichen oder kaufmännischen Gründen nicht fähig wären und sich daher selbständig nicht an der Ausschreibung beteiligt hätten. Die Rechtsprechung lässt den Unternehmen hier kaufmännische **Bewertungsspielräume.** So kann die Annahme eines Auftrages einerseits schon dann gerechtfertigt sein, wenn gerade die variablen Kosten gedeckt werden, während in einem anderen Fall die Ablehnung eines Geschäfts schon dann wirtschaftlich sinnvoll ist, wenn zwar ein gewisser Gewinn zu erwarten ist, dieser jedoch im Hinblick auf andere Gewinnmöglichkeiten zu niedrig erscheint.[115] Jedoch ist die subjektive Entscheidung des Unternehmens allein nicht ausreichend, die Bewertung muss vielmehr durch den Tatrichter nachvollzogen werden können.[116] Es muss also anhand von Fakten belegbar und damit **objektiv nachvollziehbar** sein, dass sich die Zusammenarbeit im Rahmen **wirtschaftlich zweckmäßigen** und **kaufmännisch vernünftigen** Handelns bewegt, weshalb erst durch die Kooperation ein zusätzliches Angebot auf dem Markt gebracht wird.[117] Es ist Aufgabe des Tatrichters zu beurteilen, ob die Entscheidung verschiedener Unternehmen, sich zu einer Bieter- und Arbeitsgemeinschaft zusammenzuschließen in der Erkenntnis getroffen wurde, dass eine selbständige Teilnahme an einer Ausschreibung wirtschaftlich nicht zweckmäßig und kaufmännisch nicht vernünftig wäre, oder ob sich die Unternehmen ohne Rücksicht auf die Möglichkeit einer alleinigen Übernahme des Auftrags in dieser Form zusammengeschlossen haben, um den Wettbewerb zu beschränken.[118] Soweit ein solcher objektiv nachvollziehbarer Grund für den Zusammenschluss vorliegt, ist dieser nicht kartellrechtswidrig.[119] Soweit in der Literatur für eine Strafbarkeit nach § 298 StGB weitergehend gefordert wird, die Bietergemeinschaft müsse darüber hinaus eindeutig gegen die genannten Kriterien verstoßen,[120] besteht hierfür kein sachlicher Grund. Bereits der Grundsatz der Akzessorietät des § 298 StGB zum Kartellrecht spricht

---

[111] NK/*Dannecker* § 298 Rn. 72f.; MüKoStGB/*Hohmann* § 298 Rn. 86; GJW/*Böse* StGB § 298 Rn. 28.
[112] Emmerich KartellR § 21 Rn. 63; MüKoStGB/*Hohmann* § 298 Rn. 87; NK/*Dannecker* § 298 Rn. 72; GJW/*Böse* StGB § 298 Rn. 28.
[113] BGH Urt. v. 13.12.1983 – KRB 3/83 – Bauvorhaben Schramberg; BGH Urt. v. 5.2.2002 – KZR 3/01, WuW 2002, 608 – Jugendnachtfahrten; MüKoStGB/*Hohmann* § 298 Rn. 88; NK/*Dannecker* StGB § 298 Rn. 73; GJW/*Böse* StGB § 298 Rn. 28.
[114] LG Düsseldorf Urt. v. 8.3.2007 – 24b Ns 9/06, WuW/DE-R 2087–2090.
[115] BGH Urt. v. 13.12.1983 – KRB 3/83 – Bauvorhaben Schramberg.
[116] BGH Urt. v. 11.7.2006 – KVZ 44/05 NZBAU 2006, 809; Emmerich KartellR § 21 Rn. 63.
[117] *Wiedemann* HdB KartellR § 8 Rn. 230.
[118] BGH Urt. v. 13.12.1983 – KRB 3/83 – Bauvorhaben Schramberg; BGH Urt. v. 11.7.2006 – KVZ 44/05, NZBAU 2006, 809; GJW/*Böse* StGB § 298 Rn. 28.
[119] GJW/*Böse* StGB § 298 Rn. 28.
[120] LK/*Tiedemann* § 298 Rn. 35; MüKoStGB/*Hohmann* § 298 Rn. 88; NK/*Dannecker* § 298 Rn. 73; Beck-OK StGB/*Momsen* § 298 Rn. 22.2.

dagegen. Bezüglich lediglich geringfügiger Verstöße wird sich in der Regel aber kein vorsätzliches Handeln nachweisen lassen.[121]

e) Tathandlung. Die Tathandlung besteht in der Abgabe eines Angebots, das auf einer rechtswidrigen Absprache beruht. 45

aa) Angebot. Das Angebot ist die Erklärung des Bieters, die ausgeschriebene Leistung gegen Entgelt zu im Einzelnen festgelegten Bedingungen erbringen zu wollen.[122] Es muss so beschaffen sein, dass ohne wesentliche Nachverhandlung der Zuschlag erteilt werden kann.[123] Dies gilt jedenfalls bei einer Ausschreibung nach § 298 Abs. 1 StGB. In den Fällen des § 298 Abs. 2 StGB, insbesondere beim **Verhandlungsverfahren** nach vorausgegangenem Teilnehmerwettbewerb kommt es dagegen zu entsprechenden Verhandlungen ohne dass dies der Tatbestandsmäßigkeit abträglich wäre. Da auch Schein- und Schutzangebote erfasst werden, die von Mitbewerbern mit dem Ziel abgegeben werden, einem anderen Angebot zum Zuschlag zu verhelfen, wird ein Rechtsbindungswille nicht vorausgesetzt.[124] 46

Nach der Rechtsprechung erfasst der Tatbestand ein Angebot auch dann, wenn es an so **schwerwiegenden Mängeln** leidet, dass es im Vergabeverfahren ausgeschlossen werden müsste.[125] Argumentiert wird damit, dass § 298 StGB sonst im Wesentlichen leer liefe, da gerade abgesprochene Angebote auszuschließen sind (§ 25 Nr. 1 Abs. 1c VOB/A).[126] Schließlich werde das Rechtsgut des freien Wettbewerbs auch von solchen Angeboten betroffen, zumal sie faktisch ungeachtet der vergaberechtlichen Mängel den Zuschlag erhalten können.[127] Das BVerfG hat diese Auslegung, anhand derer namentlich entschieden wurde, dass auch verspätete, dh nach dem vorgesehenen Submissionstermin eingegangene Angebote dem Tatbestand unterfallen, gebilligt.[128] Im Schrifttum herrscht dagegen die Meinung vor, dass sich ein schon offenkundig aus formellen Gründen zwingend auszuschließendes Angebot[129] auf die Vergabe nicht auswirken könne, weshalb ein derartiges Angebot nicht tatbestandsmäßig sei.[130] Insoweit erfülle nur ein in kollusivem Zusammenwirken mit dem Veranstalter rückdatiertes Angebot die Voraussetzungen, da der Mangel dann nicht offenkundig sei. Die Ansicht der Rechtsprechung scheint dagegen auch im Blick auf § 298 Abs. 2 StPO vorzugswürdig. Die Vorschrift zeigt, dass das Rechtsgut des freien Wettbewerbs auch ohne ein Angebot, das bestimmten Formerfordernissen genügt beeinträchtigt werden kann. Damit erscheint es folgerichtig, auch mängelbehaftete Angebote genügen zu lassen. 47

bb) Abgabe eines Angebots. Das Angebot ist nach ganz hM abgegeben und die Tat damit **vollendet,** wenn es dem Veranstalter zugeht, dh so in dessen Machtbereich gelangt, dass mit einer Berücksichtigung im Ausschreibungsverfahren gerechnet werden kann.[131] Teilwei- 48

---

[121] GJW/*Böse* StGB § 298 Rn. 28.
[122] NK/*Dannecker* § 298 Rn. 49; MüKoStGB/*Hohmann* § 298 Rn. 61 f.; SSW/*Bosch* StGB § 298 Rn. 6; *Fischer* § 298 Rn. 13.
[123] LK/*Tiedemann* § 298 Rn. 27; GJW/*Böse* StGB § 298 Rn. 17.
[124] GJW/*Böse* StGB § 298 Rn. 19; LK/*Tiedemann* § 298 Rn. 28; NK/*Dannecker* § 298 Rn. 52; MüKoStGB/*Hohmann* § 298 Rn. 68.
[125] BGH Beschl. v. 19.12.2002 – 1 StR 366/02, wistra 2003, 146; BGH Beschl. v. 17.10.2013 – 3 StR 167/13, NJW 2014, 1252.
[126] BGH Beschl. v. 19.12.2002 – 1 StR 366/02, wistra 2003, 146.
[127] BGH Beschl. v. 17.10.2013 – 3 StR 167/13 Rn. 19 ff.
[128] BVerfG Beschl. v. 2.4.2009 – 2 BvR 1468/08.
[129] Zur unterschiedlichen Behandlung von Mängeln des Angebots im Vergabeverfahren vgl. *Greeve* NStZ 2002, 505 ff. (509).
[130] GJW/*Böse* StGB § 298 Rn. 18; *Fischer* § 298 Rn. 15a; NK/*Dannecker* § 298 Rn. 53; MüKoStGB/*Hohmann* § 298 Rn. 67, 71; SSW/*Bosch* StGB § 298 Rn. 7; LK/*Tiedemann* § 298 Rn. 29; Schönke/Schröder/*Heine* StGB § 298 Rn. 13; zu weitgehend dagegen BeckOK StGB/*Momsen* § 298 Rn. 24.
[131] LK/*Tiedemann* StGB § 298 Rn. 29; GJW/*Böse* StGB § 298 Rn. 20, 33; MüKoStGB/*Hohmann* § 298 Rn. 69; NK/*Dannecker* § 298 Rn. 53; SSW/*Bosch* StGB § 298 Rn. 7; Schönke/Schröder/*Heine* StGB § 298 Rn. 12, 27; *Fischer* § 298 Rn. 15; BeckOK StGB/*Momsen* § 298 Rn. 24; aA *Wolters* JuS 1998, 1100 (1102): Vollendung erst mit Ablauf der Angebotsfrist. Aber: Der hierfür ins Feld geführte Vermeidung

se wird davon ausgegangen, dass damit die Tat zugleich **beendet** ist, also die **Verjährung** gemäß § 78a StGB zu laufen beginnt.[132] Teilweise wird der Zeitpunkt der Beendigung mit Blick auf § 298 Abs. 3 StGB und dem Argument, eine Strafbefreiung könne nicht mehr nach Beendigung der Tat eintreten, auf den Zeitpunkt der letzten Leistung des Veranstalters gelegt.[133] Teilweise wird vermittelnd auf den Zuschlag als Beendigungszeitpunkt abgestellt.[134] Die Meinungen führen zu einer erheblich unterschiedlichen Bestimmung des Verjährungsbeginns, da der Zeitpunkt der letzten Zahlung uU Monate oder Jahre nach der Abgabe des Angebots liegt. Die Frage wurde bislang, soweit ersichtlich, nicht explizit für § 298 StGB durch die Rechtsprechung entschieden. Der Kartellsenat des BGH ging in einer Entscheidung aus dem Jahr 2004 zu § 38 Abs. 1 Nr. 1 GWB aF davon aus, dass die Ordnungswidrigkeit im Falle einer Auftragserteilung erst dann beendet ist, wenn der erteilte Auftrag durchgeführt und die Schlussrechnung erstellt wurde.[135]

49 Ein Angebot kann auch durch **Unterlassen** abgegeben werden, etwa wenn ein Mitglied der Geschäftsführung des Bieters nicht selbst handelt, aber die Umstände kennt und nicht einschreitet. Erforderlich ist insoweit eine Garantenpflicht (§ 13 StGB), die sich jedoch nicht allein aus der vertraglichen Verpflichtung zur Einhaltung der Ausschreibungsbedingungen ergibt.[136] Hier kann insbesondere auch eine Strafbarkeit von Mitgliedern der Compliance Abteilung begründet werden, wenn diese trotz Kenntnis der Absprache nicht einschreiten.[137] Vor der Annahme einer Strafbarkeit durch unterlassen ist jedoch stets zu prüfen, ob sich die strafbarkeitsbegründende Handlung des Täters nach dem **Schwerpunkt der Vorwerfbarkeit** nicht als aktives Tun darstellt. So kommt es beispielsweise nicht mehr darauf an, wenn ein Täter, der aktiv an der Absprache beteiligt war, das Angebot durch andere hat abgeben lassen.[138]

50 **f) Täterschaft und Teilnahme.** Eng mit der Tathandlung verknüpft stellen sich diverse Fragen von Täterschaft und Teilnahme.

51 Eine Mindermeinung in der Literatur sieht § 298 StGB als Sonderdelikt an.[139] Täter kann daher nur sein, wer Inhaber, Organ, Vertreter oder Beauftragter iSv § 14 StGB eines Unternehmens ist, das an der kartellrechtswidrigen Absprache beteiligt ist. Eine starke Meinung in der Literatur will den möglichen Täterkreis dagegen **materiell** begrenzen. § 298 StGB ist danach zwar kein Sonderdelikt, eine Begrenzung des Täterkreises ergebe sich aber aus dem Erfordernis, dass dieser ein Angebot abgeben müsse, welches auf einer rechtswidrigen Absprache beruhe. Insoweit sei eine teleologische Reduktion des Tatbestandes geboten.[140]

52 Nach der hM und der Rechtsprechung des BGH entscheidet sich die Frage, wer Täter oder Teilnehmer einer Tat nach § 298 StGB ist dagegen nach den allgemeinen Regeln des § 25 StGB.[141] Diese Ansicht ist vorzugswürdig und in der Praxis maßgeblich. Nach dem

---

einer Vorverlagerung der Strafbarkeit wird im Rahmen des § 298 Abs. 3 StGB hinreichend Rechnung getragen. Wenn der Bieter sein auf einer Absprache beruhendes Angebot zurückzieht, wird er nach dieser Vorschrift straflos.

[132] MüKoStGB/*Hohmann* § 298 Rn. 94.
[133] Schönke/Schröder/*Heine* StGB § 298 Rn. 27; *Fischer* § 298 Rn. 15b.
[134] LK/*Tiedemann* § 298 Rn. 57; NK/*Dannecker* § 298 Rn. 101; GJW/*Böse* StGB § 298 StGB Rn. 33; SSW/*Bosch* StGB § 298 StGB Rn. 17; BeckOK StGB/*Momsen* § 298 Rn. 25.
[135] BGH Beschl. v. 4.11.2003 – KRB 20/03, WuW 2004, 515.
[136] LK/*Tiedemann* § 298 Rn. 48; MüKoStGB/*Hohmann* § 298 Rn. 110; GJW/*Böse* StGB § 298 Rn. 37; SSW/*Bosch* StGB § 298 Rn. 8; Schönke/Schröder/*Heine* StGB § 298 Rn. 14; aA *Fischer* § 298 Rn. 16, der eine Garantenpflicht aus der vertraglichen Verpflichtung zur Einhaltung der Ausschreibungsbedingungen herleitet; zustimmend BeckOK StGB/*Momsen* § 298 Rn. 27.
[137] GJW/*Böse* StGB § 298 Rn. 37.
[138] BGH Beschl. v. 17.10.2013 – 3 StR 167/13 Rn. 24.
[139] GJW/*Böse* StGB § 298 Rn. 4.
[140] LK/*Tiedemann* § 298 Rn. 13; MüKoStGB/*Hohmann* § 298 Rn. 100; NK/*Dannecker* § 298 Rn. 19.
[141] BGH Beschl. v. 25.7.2012 – 2 StR 154/12, NJW 2012, 3318 mwH; SSW/*Bosch* StGB § 298 Rn. 18; *Fischer* § 298 Rn. 17ff.; wohl auch Schönke/Schröder/*Heine* StGB § 298 Rn. 22; BeckOK StGB/*Momsen* § 298 Rn. 16ff.

Wortlaut des § 298 StGB kann Täter jedermann sein, dem nach den allgemeinen Regeln die Abgabe eines Angebots, das auf einer rechtswidrigen Absprache beruht, zugerechnet werden kann.[142] Teleologische Überlegungen erfordern entgegen der Ansicht der Mindermeinung keine Reduktion des Tatbestandes. Dies gilt mit dem BGH auch insoweit, als der Veranstalter tauglicher (Mit-)Täter sein kann. Sofern die oben beschriebenen Voraussetzungen des kartellrechtlichen Unternehmensbegriffs beachtet werden, droht insbesondere kein Wertungswiderspruch zum Kartellrecht. Der vom BGH entschiedene Fall[143] zeigt, dass der Geschäftsführer des Veranstalters maßgeblich an der Absprache beteiligt war. Er hatte Tatherrschaft.[144] Auch wollte er die Tat als eigene, da ihm an der Auftragserteilung zugunsten der GmbH seiner Ehefrau gelegen war. Schließlich lassen sich auch die von der Mindermeinung sonst behandelten Fallgruppen auf der Basis der allgemeinen Lehren zutreffend behandeln. Hilfspersonen, etwa Mitarbeiter, die an der Erstellung eines auf einer rechtswidrigen Absprache beruhenden Angebots mitwirken (Bürobote, Sekretär/in etc), kommen mangels Tatherrschaft und eigenem Tatinteresse schon nach allgemeinen Regeln allenfalls als Teilnehmer in Betracht. Eines Rückgriffs auf § 14 StGB bedarf es hierfür nicht.[145] Dies gilt auch für die sachgerechte Behandlung des **Aussteigers,** also eines nicht oder nicht mehr an der Absprache beteiligten Bieters. Dieser ist nach allgemeinen Regeln dann Täter des § 298 StGB, wenn sein Angebot auf der Absprache beruht.[146] Einer Beschränkung des Tatbestandes dahingehend, dass als Täter nur an der Absprache beteiligte Kartellmitglieder in Betracht kommen, bedarf es nicht wie die nachfolgenden Ausführungen zeigen.

g) Zusammenhang zwischen Absprache und Angebot. Das Angebot muss nach dem Wortlaut des § 298 StGB auf der rechtswidrigen Absprache **beruhen.** Dieses Merkmal kann hier nicht als schlichtes Kausalitätserfordernis verstanden werden. Die hM geht jedoch zunächst von der schlichten Kausalität aus und nimmt eine teleologische Reduktion erst insoweit vor, als vom Tatbestand dann auch einseitige Anpassungen von **Außenseitern** an das Kartell erfasst würden, da diese nicht kartellrechtswidrig sind.[147] Dagegen soll das Angebt des **Aussteigers,** der das Kartell verlässt, seine Kenntnisse jedoch für sein Angebot ausnutzt, auf der Absprache beruhen. Begründet wird dies damit, dass jemand, der zur Ausschaltung des Wettbewerbs noch seine Mittäter hintergeht nicht privilegiert werden soll.[148] 53

Tatsächlich ist hier über den Ansatz der hM hinaus eine **teleologische Reduktion** des Tatbestandes im Hinblick auf die geschützten Rechtsgüter veranlasst. Ein Angebot beruht über das reine Kausalitätserfordernis hinaus nur dann auf einer rechtswidrigen Absprache, wenn es geeignet ist, den Wettbewerb einzuschränken. Dies ist mit der hM bei dem Angebot eines **Außenseiters,** dh eines nicht an der Absprache beteiligten Bieters dann nicht der Fall, wenn er in Kenntnis der Absprache ein Angebot abgibt, dass das von den Kartellmitgliedern für den Zuschlag vorgesehene Angebot unterbietet. Mit einem solchen Angebot schafft der **Außenseiter** Leistungswettbewerb und tangiert die Vermögensinteressen des Veranstalters nicht.[149] Dennoch unterfiele das Angebot dem Tatbestand, wenn man für das Erfordernis des Beruhens lediglich die Kausalität im Sinne der condicio sine qua non-Formel genügen ließe.[150] Nach der hiesigen Auffassung spielt es dabei keine Rolle, ob es sich um einen **Aussteiger** aus dem Kartell handelt, der seine Kenntnisse von 54

---
[142] BGH Beschl. v. 25.7.2012 – 2 StR 154/12, NJW 2012, 3318.
[143] BGH Beschl. v. 25.7.2012 – 2 StR 154/12, NJW 2012, 3318.
[144] BeckOK StGB/*Momsen* § 298 Rn. 18 schließt mit unklarer Begründung Tatherrschaft des Veranstalters in aller Regel dagegen aus. Demgegenüber dürfte der Veranstalter Tatherrschaft schon dann haben, wenn er von der Absprache weiß, da er dann die Angebote zurückweisen müsste. Die Tat hängt schon damit maßgeblich von seiner Beteiligung ab.
[145] So aber GJW/*Böse* StGB § 298 Rn. 5.
[146] SSW/*Bosch* StGB § 298 Rn. 12.
[147] LK/*Tiedemann* § 298 Rn. 15; MüKoStGB/*Hohmann* § 298 Rn. 72; NK/*Dannecker* § 298 Rn. 77.
[148] LK/*Tiedemann* § 298 Rn. 31; NK/*Dannecker* § 298 Rn. 76; *Fischer* § 298 Rn. 14.
[149] GJW/*Böse* StGB § 298 Rn. 30.
[150] LK/*Tiedemann* § 298 Rn. 31; *Fischer* § 298 Rn. 14.

der Absprache zum eigenen Vorteil ausnutzt, oder um einen **Außenseiter,** der sich aufgrund sonstiger Kenntniserlangung einseitig an das Kartell anpasst.[151] Solange er die Preise des Kartells unterschreitet, gefährdet er die Rechtsgüter des § 298 StGB nicht, mag er seine Kenntnisse auch mehr oder weniger deliktisch erlangt haben. Sowohl der **Außenseiter** wie auch der **Kartellaussteiger** unterbietet jeweils im eigenen Interesse die Kartellpreise, um selbst den Zuschlag zu erhalten. Damit brechen sie aber das Kartell auf. Ihre Angebote beruhen daher nicht auf einer rechtswidrigen Absprache, da sie Wettbewerb schaffen und die Vermögensinteressen des Veranstalters nicht tangieren.[152] Etwas anderes könnte nur dann angenommen werden, wenn auch das Angebot des **Aussteigers** noch über dem Wettbewerbspreis liegen würde, was aber in der Praxis kaum feststellbar sein dürfte.[153] Die hier vertretene Auffassung führt zu weitestgehend identischen Ergebnissen mit der in der Literatur ebenfalls vertretenen Auffassung, wonach ein Angebot nur dann auf der rechtswidrigen Absprache beruht, wenn es der rechtswidrigen Einigung entspricht.[154] Ein solches Angebot wird den Kartellpreis nicht unterbieten. Zu eng erscheint daher auch die in der Literatur vertretene Ansicht, dass das Angebot in seiner konkreten Gestalt von der Absprache beeinflusst sein müsse.[155] Dies allein besagt nichts darüber, ob es den Wettbewerb erweitert oder einen solchen schafft, bzw. ob es die Vermögensinteressen des Veranstalters tangiert.

55 Da die teleologische Reduktion des Tatbestandes vorliegend beim Merkmal des „Beruhens" des Angebots erfolgt und nicht bei der allgemeinen Täterschafts- und Teilnahmelehre, ermöglicht sie eine differenzierte, am Kartellrecht ausgerichtete Erfassung des Veranstalters einerseits und des Aussteigers bzw. Außenseiters andererseits vom Tatbestand des § 298 StGB.

56 **h) Finalität der Absprache.** Die Absprache muss darauf abzielen, den Veranstalter zur Annahme eines bestimmten Angebots[156] zu veranlassen, ihr muss also eine **Lenkungswirkung** zukommen, was auch dann der Fall ist, wenn lediglich eine **Preisuntergrenze** (Nullpreis) vereinbart wird.[157] Das Merkmal entfällt nicht durch eine Beteiligung des Veranstalters oder eines seiner Mitarbeiter an der Absprache. Diese ist vielmehr mitursächlich für den Zuschlag.[158]

57 **i) Subjektiver Tatbestand.** Der Tatbestand erfordert vorsätzliches Handeln bezüglich der Tatbestandsmerkmale der Ausschreibung, Absprache, Angebotsabgabe, der Finalität der Absprache sowie der Kausalbeziehung zwischen Absprache und Angebot. Bedingter Vorsatz genügt, der Täter muss also das Vorliegen der Tatbestandsmerkmale zumindest ernstlich für möglich halten und dies billigen.[159] Bei den normativen Merkmalen der Ausschreibung und der Absprache muss er zusätzlich ohne die zugrundeliegenden Normen zu

---

[151] Insoweit differenzierend NK/*Dannecker* § 298 Rn. 77; SSW/*Bosch* StGB § 228 Rn. 12.
[152] Weshalb dem Aussteiger die wettbewerbsbeschränkende Wirkung des Kartells in diesen Fällen zugerechnet werden sollte, wie SSW/*Bosch* StGB § 298 Rn. 12 meint, erschließt sich nicht, da er den Wettbewerb mit seinem Angebot zumindest insoweit wieder herstellt.
[153] NK/*Dannecker* § 298 Rn. 76.
[154] SK/*Rudolphi* StGB § 298 Rn. 9.
[155] HWSt/*Achenbach,* 342 Rn. 15.
[156] Dies kann bei Gebiets- Kunden- oder Quotenabsprachen fraglich sein, wenn diese allgemein, dh losgelöst von konkreten Ausschreibungen getroffen werden; vgl. Wiedemann/*Klusmann* HdB KartellR § 56 Rn. 20.
[157] HM vgl. LK/*Tiedemann* § 298 Rn. 39; MüKoStGB/*Hohmann* § 298 Rn. 92; NK/*Dannecker* § 298 Rn. 78; GJW/*Böse* StGB § 298 Rn. 25; SSW/*Bosch* StGB § 298 Rn. 10; Schönke/Schröder/*Heine* StGB § 298 Rn. 18; BeckOK StGB/*Momsen* § 298 Rn. 23; aA *Fischer* § 298 Rn. 12a.
[158] LK/*Tiedemann* § 298 Rn. 38; MüKoStGB/*Hohmann* § 298 Rn. 94; NK/*Dannecker* § 298 Rn. 80; GJW/*Böse* StGB § 298 Rn. 25; SSW/*Bosch* StGB § 298 Rn. 10; Schönke/Schröder/*Heine* StGB § 298 Rn. 18; HWSt/*Achenbach,* 342 Rn. 16; BeckOK StGB/*Momsen* § 298 Rn. 23.
[159] Das gilt auch bezüglich der Finalität der Absprache: LK/*Tiedemann* § 298 Rn. 41; NK/*Dannecker* § 298 Rn. 82; GJW/*Böse* StGB § 298 Rn. 32; Schönke/Schröder/*Heine* StGB § 298 Rn. 21; aA (direkter Vorsatz, aber keine Absicht) SSW/*Bosch* StGB § 298 Rn. 13; *Fischer* § 298 Rn. 18; BeckOK StGB/*Momsen* § 298 Rn. 28.

kennen ihre rechtliche Wertung nachvollziehen (**Parallelwertung in der Laiensphäre**). Nach hM[160] gehört das Merkmal der **Rechtswidrigkeit** der Absprache zum Tatbestand mit der Folge, dass sich der Vorsatz auch hierauf beziehen muss. Nach der Mindermeinung handelt es sich um ein gesamttatbewertendes Merkmal, auf welches sich der Vorsatz nicht zu erstrecken braucht.[161]

Die hM ist vorzugswürdig. Das Merkmal der Rechtswidrigkeit verweist auf die Regelungen des GWB. Vollzieht der Täter in der Laiensphäre die dortigen Wertungen nicht nach, unterliegt er einem außerstrafrechtlichen Irrtum, dh einem **Tatbestandsirrtum** (§ 16 StGB). Auch insoweit ist bedingter Vorsatz ausreichend. Es genügt, wenn der Täter mit einem Verstoß gegen das Kartellrecht ernstlich rechnet und dies billigt. Daher dürften sich in der Praxis mit der hM kaum Strafbarkeitslücken ergeben.[162] Zumeist dokumentieren die Täter durch konspiratives Vorgehen im Zuge der Absprache bzw. im Rahmen von verschleierten Ausgleichszahlungen etc ihren Vorsatz. 58

Schwierigkeiten könnte die Feststellung des Vorsatzes insbesondere in Fällen von kartellrechtlich nicht zulässigen **Bietergemeinschaften** bereiten. Hier wird die Absprache offen dokumentiert, da sich die Beteiligten der Bietergemeinschaft offen zusammenschließen und auch offen Regelungen zur internen Umsatzbeteiligung etc treffen. Hieraus lassen sich daher keine Rückschlüsse auf den Vorsatz ziehen. Andererseits sind die Beteiligten auf den fraglichen Märkten oft für die Problematik sensibilisiert. Ggf. werden im Rahmen einer Ausschreibung auch Erklärungen zur Begründung der Bildung einer Bietergemeinschaft abgegeben. Sollten sich diese nach einer inhaltlichen Überprüfung als unzutreffend erweisen, dürfte dieser Umstand ein starkes Indiz dafür sein, dass die Beteiligten wussten, dass es für die Bildung einer Bietergemeinschaft keine der oben (→ Rn. 44) genannten Gründe gibt. 59

j) Tätige Reue. § 298 Abs. 3 StGB enthält eine Regelung, wonach der Täter Straffreiheit erlangen kann, wenn er freiwillig verhindert, dass der Veranstalter sein auf einer rechtswidrigen Absprache beruhendes Angebot annimmt oder der Veranstalter seine Leistung erbringt (§ 298 Abs. 3 S. 1 StGB), bzw., für den Fall dass dies ohne Zutun des Täters geschieht, wenn dieser sich freiwillig und ernsthaft darum bemüht (§ 298 Abs. 3 S. 2 StGB). Die Regelung wird in Anlehnung an die Begründung des Gesetzgebers allgemein als Ausgleich für die frühe Vollendung der Strafbarkeit mit Abgabe des Angebots verstanden.[163] Sie ist den §§ 264 Abs. 5; 264a Abs. 3 und 265b Abs. 2 StGB nachgebildet. Ihre Auslegung ist sehr umstritten.[164] Eine Funktion hat sie bislang vor allem bei der Diskussion um die Auslegung des übrigen Tatbestandes erlangt. So deutet die Vorschrift schon wegen ihrer Nähe zu den genannten Vorschriften über die Tätige Reue im StGB auf eine Ansiedlung des Tatbestandes im „Vorfeld des Betruges" hin.[165] Jedenfalls dann, wenn das Tatbestandsmerkmal „Leistung des Veranstalters" nicht einschränkend ausgelegt wird,[166] sondern auf die Schlusszahlung des Veranstalters abgestellt wird spricht die Norm für die Berücksichtigung von dessen Vermögensinteressen als Rechtsgut des § 298 StGB (→ Rn. 6 f.). 60

Eine starke Meinung in der Literatur versucht, die Möglichkeiten der Erlangung von Strafbefreiung einzuschränken. Begründet wird dies mit dem Umstand, dass sonst noch Straffreiheit zu erlangen sei, obwohl bereits eine Gefährdung des Rechtsguts Wettbewerb eingetreten und die Vermögensinteressen des Veranstalters schon weitgehend geschädigt 61

---

[160] LK/*Tiedemann* § 298 Rn. 43; NK/*Dannecker* § 298 Rn. 75; MüKoStGB/*Hohmann* § 298 Rn. 77, 95; SSW/*Bosch* StGB § 298 Rn. 14; Schönke/Schröder/*Heine* StGB § 298 Rn. 19, 21; *Kuhlen* FS Lampe 2013, 743 (754); *Fischer* § 298 Rn. 18.
[161] GJW/*Böse* § 298 Rn. 26; SK/*Rudolphi* § 298 Rn. 8.
[162] *Kuhlen* FS Lampe 2013, 743 (754), SSW/*Bosch* StGB § 298 Rn. 14.
[163] LK/*Tiedemann* § 298 Rn. 44; MüKoStGB/*Hohmann* § 298 Rn. 114; NK/*Dannecker* § 298 Rn. 85; GJW/*Böse* StGB § 298 Rn. 38; *Fischer* § 298 Rn. 21; HWSt/*Achenbach*, 342 Rn. 18.
[164] Zur Verfassungsmäßigkeit vgl. BVerfG Beschl. v. 2.4.2009 – 2 BvR 1468/08.
[165] *Fischer* § 298 Rn. 21.
[166] So aber NK/*Dannecker* § 298 Rn. 85; GJW/*Böse* § 298 Rn. 38; SSW/*Bosch* § 298 Rn. 16.

seien. Nach einer Ansicht darf der Täter daher für die Anwendung des § 283 Abs. 3 StGB mit seiner Leistungserbringung noch nicht so weit fortgeschritten sein, dass eine Übernahme der Leistungsverpflichtung durch Mitbewerber nicht mehr möglich ist.[167] Dies widerspricht jedoch nicht nur dem Wortlaut des § 298 Abs. 3 StGB, der auf die Leistung des **Veranstalters** und nicht des **Täters** abstellt. In der Praxis wird sich dieser Zeitpunkt auch nicht bestimmen lassen. Eine andere Ansicht will eine Strafbefreiung nur gewähren, wenn die Leistungserbringung des Veranstalters vollständig verhindert wird.[168]

62 Insgesamt scheint jedoch die Auffassung, die auf eine vollständige Leistungserbringung des Veranstalters abstellt, vorzugswürdig. Sie entspricht dem Wortlaut der Norm. Die Vermögensinteressen des Veranstalters sind noch nicht endgültig verletzt und die Gefährdung des freien Wettbewerbs wird durch die erforderliche **Aufdeckung des Kartells** kompensiert.[169] Am zwanglosesten lässt sich die Vorschrift daher auf dem Boden der hM und der Rechtsprechung verstehen, wenn man also davon ausgeht, dass der Tatbestand auch die Vermögensinteressen des Veranstalters schützt und Strafbefreiung noch bis zur vollständigen Leistungserbringung,[170] dh bis zur Schlusszahlung für möglich hält. Geht man dazu noch davon aus, dass das Delikt erst mit der Schlusszahlung **beendet** ist, wird auch die Friktion vermieden, dass Strafbefreiung sonst noch nach Beendigung, das heißt nach endgültiger Verwirklichung der Straftat erlangt werden könnte.[171]

63 In der Praxis sind Fälle des § 298 Abs. 3 StGB ausgesprochen selten. Kartelle werden in der Regel im Rahmen der **Bonusregelung** (→ Rn. 115) der Kartellbehörden aufgedeckt, lange nachdem die einzelnen Vertragsverhältnisse abgewickelt wurden. Die **Bonusregelung** ist weit wirksamer als die genannte Vorschrift. Ein Vergleich zeigt, dass das Verhältnis zwischen Sanktionierung von natürlichen Personen und Unternehmen ua in diesem Bereich einer besseren Abstimmung bedarf, da den betroffenen Mitarbeitern der Weg über § 298 Abs. 3 StGB meist versperrt ist, wenn sich das Unternehmen zum Gebrauch der Bonusregelung entschließt.

64 § 298 Abs. 3 StGB führt nur für die Tat nach § 298 StGB zur Straffreiheit, nicht jedoch für eventuell tateinheitlich damit erfüllten Tatbestände, wie etwa des Betrugs. Deckt der Täter das Kartell indes bereits vor Erteilung des Zuschlages auf, wird indes bezüglich eines etwaig tateinheitlich verwirklichten Versuch des Betruges von einem **Rücktritt** gemäß § 24 StGB auszugehen sein.[172]

5. Verjährung

65 Taten nach § 298 StGB verjähren gemäß § 78 Abs. 1 Nr. 4 StGB nach Ablauf von fünf Jahren, da die Tat im Höchstmaß mit fünf Jahren Freiheitsstrafe bedroht ist. Gemäß § 78a StGB beginnt die Verjährung mit der Beendigung der Tat. Der Zeitpunkt der **Beendigung** der Tat des § 298 StGB ist strittig (→ Rn. 48). Mit Blick auf § 298 Abs. 3 StGB und den Umstand, dass nach hM auch die Vermögensinteressen der Veranstalter von § 298 StGB geschützt werden, wird man als Beendigung der Tat den Zeitpunkt der vollständigen Leistungserbringung des Veranstalters ansehen müssen (→ Rn. 62).[173] Nur so kann die „wenig sinnvolle und sachwidrige"[174] Konsequenz vermieden werden, dass gemäß § 298 Abs. 3 StGB noch lange nach Beendigung der Tat Strafbefreiung erlangt werden kann.[175]

---

[167] SSW/*Bosch* StGB § 298 Rn. 16.
[168] GJW/*Böse* StGB § 298 Rn. 38; Wiedermann/*Klusmann* HdB KartellR § 56 Rn. 23.
[169] GJW/*Böse* StGB § 298 Rn. 38.
[170] LK/*Tiedemann* § 298 Rn. 44; MüKoStGB/*Hohmann* § 298 Rn. 115; *Fischer* § 298 Rn. 21.
[171] Dagegen jedoch MüKoStGB/*Hohmann* § 298 Rn. 114.
[172] LK/*Tiedemann* § 298 Rn. 45; MüKoStGB/*Hohmann* § 298 Rn. 116; GJW/*Böse* StGB § 298 Rn. 38; Wiedemann/*Klusmann* HdB KartellR § 56 Rn. 24.
[173] BGH Beschl. v. 4.11.2003 – KRB 20/03, WuW 2004, 515.
[174] MüKoStGB/*Hohmann* § 298 Rn. 114.
[175] *Fischer* § 298 Rn. 15b.

Die Verjährung des § 298 StGB beginnt daher nach zutreffender Ansicht mit der Schluss- 66
zahlung des Veranstalters.[176] Damit wird auch ein Gleichlauf der Verjährungsfrist mit dem
Betrug erreicht. Schon dieser Umstand zeigt, dass der damit einhergehende längere Verjährungszeitraum keine unbillige Härte für den Täter darstellt. Es ist nicht ersichtlich,
weshalb er gegenüber der Betrugsstrafbarkeit insoweit privilegiert werden sollte.

6. Konkurrenzen

Nach allgemeiner Auffassung bilden mehrere Handlungen, die zur Abgabe eines Angebots 67
in einem Ausschreibungsverfahren führen eine natürliche Handlungseinheit. Sie begründen damit eine Tat iSd § 298 StGB.[177] Dies gilt auch, wenn ein Bieter in einem Ausschreibungsverfahren mehrere Angebote abgibt.[178]

Beteiligt sich ein Täter in Rahmen mehrerer Ausschreibungsverfahren mit jeweils ei- 68
nem Angebot, liegt in der Regel **Tatmehrheit** vor.[179] Für die Praxis bedeutsam ist indes
die Ausnahme hiervon, nämlich für den Fall, dass im Rahmen einer Absprache das Verhalten in mehreren Ausschreibungsverfahren besprochen wird, dh die abgegebenen Angebote in mehreren Ausschreibungsverfahren auf derselben Absprache beruhen. In diesen
Fällen liegt ebenfalls eine Bewertungseinheit und somit Tateinheit vor.[180] Allein der Umstand, dass die Absprache anlässlich einer Ausschreibung auf Wiederholung bei anderen
Ausschreibungen angelegt ist, genügt jedoch nicht für die Begründung der Tateinheit. Erforderlich ist vielmehr, dass sich die Absprache auf mehrere konkrete Ausschreibungen
bezieht.[181]

Zwischen § 298 StGB und § 263 StGB besteht **Tateinheit**. Die Klarstellungsfunktion 69
der Tateinheit gebietet in diesen Fällen die Feststellung, dass neben dem Vermögen des
Veranstalters auch der Wettbewerb durch die Tat betroffen wurde.[182]

Tateinheit besteht auch zwischen § 298 StGB und § 266 StGB, soweit ein auf Seiten 70
des Veranstalters eingesetzter Vertreter an der Absprache mitwirkt. Dieser Umstand begründet ggf. zugleich die Verletzung der **Vermögensbetreuungspflicht** des Vertreters
gegenüber dem Veranstalter.[183]

Schließlich kommt auch Tateinheit zwischen § 298 StGB und den Bestechungsdelikten 71
(§ 299 und §§ 331 ff. StGB) in Betracht.[184] Jedenfalls bei grundsätzlicher Anerkennung
von Absprachen zwischen dem **Veranstalter** und einem oder mehreren **Anbietern** als
tatbestandsmäßig iSv § 298 StGB folgt dies daraus, dass die Tathandlungen zumindest teilweise identisch sind.[185]

---

[176] Schönke/Schröder/*Heine* StGB § 298 Rn. 27; *Fischer* § 298 Rn. 15b; aA GJW/*Böse* StGB § 298 Rn. 43.
[177] MüKoStGB/*Hohmann* § 298 Rn. 117; LK/*Tiedemann* § 298 Rn. 49; NK/*Dannecker* § 298 Rn. 102; GJW/*Böse* StGB § 298 Rn. 39; Schönke/Schröder/*Heine* StGB § 298 Rn. 29; *Fischer* § 298 Rn. 22 (der jedoch insoweit unzutreffend auf BGH Beschl. v. 19.12.1995 – KRB 33/95, NJW 1996, 1973 verweist, vgl. SSW/*Bosch* StGB § 298 Rn. 20); BeckOK StGB/*Momsen* § 298 Rn. 31.
[178] NK/*Dannecker* § 298 Rn. 102.
[179] MüKoStGB/*Hohmann* § 298 Rn. 117; NK/*Dannecker* § 298 Rn. 102; GJW/*Böse* StGB § 298 Rn. 39; BeckOK StGB/*Momsen* § 298 Rn. 31.
[180] GJW/*Böse* StGB § 298 Rn. 39; wie hier BGH-Kartellsenat zu § 38 aF GWB Beschl. v. 19.12.1995 – KRB 33/95; aA SSW/*Bosch* StGB § 298 Rn. 20 (Tatmehrheit).
[181] GJW/*Böse* StGB § 298 Rn. 39.
[182] Für die Vertreter der MM, wonach § 298 StGB nur den Wettbewerb schützt versteht sich dies von selbst: MüKoStGB/*Hohmann* § 298 Rn. 119; GJW/*Böse* StGB § 298 Rn. 40; Schönke/Schröder/*Heine* StGB § 298 Rn. 29; SSW/*Bosch* StGB § 298 Rn. 20; Aber auch die Vertreter welche das Vermögen des Veranstalters als von § 298 StGB mitgeschützt ansehen bejahen dies für den vollendeten Betrug *Fischer* § 298 Rn. 22; NK/*Dannecker* § 298 Rn. 103; LK/*Tiedemann* § 298 Rn. 50; BeckOK StGB/*Momsen* § 298 Rn. 31 nicht dagegen für den versuchten. Dieser tritt hinter § 298 zurück, vgl. LK/*Tiedemann* § 298 Rn. 51; MüKoStGB/*Hohmann* § 298 Rn. 119; BeckOK StGB/*Momsen* § 298 Rn. 31.
[183] MüKoStGB/*Hohmann* § 298 Rn. 118; NK/*Dannecker* § 298 Rn. 105; GJW/*Böse* StGB § 298 Rn. 40; BeckOK StGB/*Momsen* § 298 Rn. 31.
[184] MüKoStGB/*Hohmann* § 298 Rn. 118; Schönke/Schröder/*Heine* StGB § 298 Rn. 29; *Fischer* Rn. 22; BeckOK StGB/*Momsen* § 298 Rn. 31; aA LK/*Tiedemann* § 298 Rn. 51; GJW/*Böse* StGB § 298 Rn. 41; NK/*Dannecker* § 298 Rn. 104.
[185] Vgl. dazu GJW/*Böse* StGB § 298 Rn. 41.

72 Ordnungswidrigkeiten natürlicher Personen nach § 81 GWB treten hinter § 298 StGB gemäß § 21 OWiG zurück.[186] Die Verbandsgeldbuße gegen juristische Personen und Personenvereinigungen nach § 30 OWiG kann dagegen neben der Strafe gegen die natürliche Person, ggf. in einem getrennt von der Kartellbehörde nach § 82 GWB geführten Verfahren verhängt werden.[187]

7. Internationale Sachverhalte

73 Ausschreibungen der EU unterfallen dem Schutzbereich des § 298 StGB. Dieser erfasst Verstöße gegen § 1 GWB in gleicher Weise wie solche gegen Art 101 AEUV.[188] Nach hM gilt dies auch für Ausschreibungen der Mitgliedstaaten.[189] Teilweise werden private Ausschreibungen ausgenommen,[190] dagegen spricht aber das Erfordernis des Schutzes des freien und unverfälschten Wettbewerbs im gesamten Binnenmarkt.[191]

74 Nicht dem Schutzbereich des § 298 StGB unterfallen dagegen Ausschreibungen in Drittstaaten.[192]

75 Neben der Frage, inwieweit § 298 StGB generell ausländische Ausschreibungen erfasst, sind bei Auslandssachverhalten die Regelungen der §§ 3–7 StGB zu beachten. Das deutsche Strafrecht gilt danach zunächst für Taten, die im Inland begangen werden (§ 3 StGB), wobei sich der Ort der Tat nach § 9 StGB bestimmt. Beteiligen sich daher deutsche Unternehmen an Ausschreibungen eines Veranstalters aus einem EU-Mitgliedstaat oder ausländische Unternehmen an der Ausschreibung eines deutschen Veranstalters wird § 298 StGB regelmäßig anwendbar sein, da entweder das Angebot im Inland abgesendet wird, oder der Zugang des Angebots im Inland erfolgt (§ 9 Abs. 1 StGB).[193]

76 **Reine Auslandstaten** (Angebot wird im Ausland abgegeben und geht dort zu) werden nach Maßgabe des § 7 Abs. 1, bzw. Abs. 2 Nr. 1 StGB erfasst. Neben dem Umstand, dass die Tat im Tatort mit Strafe bedroht sein muss oder der Tatort keiner Strafgewalt unterliegt, muss die Tat also gegen einen Deutschen (§ 7 Abs. 1 StGB) oder durch einen Deutschen (§ 7 Abs. 2 StGB) begangen worden sein. Geht man hier davon aus, dass sich die Regelung nur auf natürliche Personen bezieht und Deutscher im statusrechtlichen Sinn gemeint ist,[194] ergeben sich bei der Anwendung des § 298 StGB erhebliche Einschränkungen. Veranstalter einer Ausschreibung und damit derjenige, gegen den sich die Tat im Ausland richtet, wird regelmäßig eine juristische Person sein. Für § 7 Abs. 2 käme es daher darauf an, dass die konkret für einen Bieter handelnde natürliche Person Deutscher iSd Art. 116 GG ist. Ob Deutscher im Sinne des § 7 StGB auch eine juristische Person sein kann, ist streitig.[195]

---

[186] NK/*Dannecker* § 298 Rn. 106; HWSt/*Achenbach*, 342 Rn. 19.
[187] NK/*Dannecker* StGB § 298 Rn. 106, *Fischer* § 298 Rn. 22 aE; BeckOK StGB/*Momsen* § 298 Rn. 31.
[188] LK/*Tiedemann* § 298 Rn. 53; MüKoStGB/*Hohmann* § 298 Rn. 130; GJW/*Böse* StGB § 298 Rn. 14; SSW/*Bosch* StGB § 298 Rn. 21; Schönke/Schröder/*Heine* StGB § 298 Rn. 8; *Fischer* § 298 Rn. 5a; BeckOK StGB/*Momsen* § 298 Rn. 33; zur Verpflichtung der Mitgliedstaaten Rechtsgüter der Union in gleicher Weise zu schützen wie inländische Rechtsgüter vgl. EuGH Urt. v. 21.9.1989 – 68/88, Slg 1989, 2965–2988.
[189] LK/*Tiedemann* § 298 Rn. 53; MüKoStGB/*Hohmann* § 298 Rn. 130; GJW/*Böse* StGB § 298 Rn. 14; Schönke/Schröder/*Heine* StGb § 298 Rn. 8; SSW/*Bosch* StGB § 298 Rn. 21; zweifelnd, *Fischer* § 298 Rn. 5a.
[190] NK/*Dannecker* StGB § 298 Rn. 107.
[191] GJW/*Böse* StGB § 298 Rn. 14.
[192] LK/*Tiedemann* § 298 Rn. 54; MüKoStGB/*Hohmann* § 298 Rn. 130; GJW/*Böse* StGB § 298 Rn. 14; BeckOK StGB/*Momsen* § 298 Rn. 33.
[193] LK/*Tiedemann* § 298 Rn. 55; MüKoStGB/*Hohmann* § 298 Rn. 128; SSW/*Bosch* StGB § 298 Rn. 21; *Fischer* § 298 Rn. 5a.
[194] *Fischer* § 7 Rn. 4.
[195] Dagegen *Fischer* § 7 Rn. 4; OLG Stuttgart Beschl. v. 30.10.2003 – 1 Ws 288/03, NStZ 2004, 402; zweifelnd SSW/*Bosch* StGB § 298 Rn. 21; dafür LK/*Tiedemann* § 298 Rn. 54; MüKoStGB/*Hohmann* § 298 Rn. 129; Schönke/Schröder/*Eser* StGB § 7 Rn. 6; *Fischer* § 298 Rn. 5a; BeckOK StGB/*Momsen* § 298 Rn. 33.

II. Betrug (§ 263 StGB)

1. Bedeutung

Eine Strafbarkeit wegen Betruges kommt in Fällen von Submissionsabsprachen nach der Rechtsprechung des BGH in folgenden Konstellationen in Betracht: zum Nachteil des **Veranstalters** einer Ausschreibung[196] oder eines Auftraggebers, der, ohne dass eine Ausschreibung stattgefunden hätte, mindestens zwei Vergleichsangebote eingeholt hat,[197] sowie, allerdings beschränkt auf Ausnahmekonstellationen, auch zum Nachteil eines **Mitbewerbers**.[198]

Dennoch ist die Bedeutung der Norm in derartigen Fällen für die Praxis, auch nachdem der BGH ab Anfang der 90ziger Jahre in mehreren Entscheidungen eine Strafbarkeit nach § 263 StGB in Fällen der Submissionsabsprache zum Nachteil des Veranstalters angenommen hatte,[199] gering geblieben.[200] Grund dafür sind, ungeachtet der vom BGH in den genannten Entscheidungen aufgezeigten Möglichkeiten, fortbestehende Schwierigkeiten bei der Feststellung eines Schadens.[201] Diese Schwierigkeiten dürften sich durch die neuere Entwicklung der höchstrichterlichen Rechtsprechung zum (Gefährdungs-)Schaden[202] eher noch verschärft haben.

Dennoch ist die Anwendung des Tatbestands im Einzelfall möglich. In der Praxis dürfte die Strafverfolgung aber aus den genannten Gründen häufig nach den §§ 154, 154a StPO auf § 298 StGB beschränkt werden.[203] In zwei Fallkonstellationen erscheint indes ungeachtet dieser Schwierigkeiten eine nähere Prüfung des Betruges angezeigt, da der Weg der Beschränkung der Strafverfolgung nach §§ 154, 154a StPO in der Regel verwehrt ist: zum einen, soweit Anhaltspunkte auf das Vorliegen besonders schwerer Fälle iSv § 263 Abs. 3 StGB oder der Qualifikation des § 263 Abs. 5 StGB gegeben sind. Dies dürfte insbesondere bei Anhaltspunkten auf eine **Ringabsprache** der Fall sein, da in diesen Fällen häufig bandenmäßige Strukturen vorliegen,[204] zum anderen in Fällen, in denen es zwar zu Absprachen bei der Erteilung von Aufträgen gekommen ist, es aber, wie etwa beim wettbewerblichen Dialog, für die Anwendung des § 298 StGB an einer Ausschreibung fehlt.

2. Tatbestand

a) Täuschung. Der Tatbestand setzt zunächst eine Täuschung voraus.[205] Darunter ist das Hervorrufen einer Fehlvorstellung einer natürlichen Person über Tatsachen zu verstehen, die grundsätzlich durch eine **Handlung mit Erklärungswert** erfolgt, sei es, dass eine Tatsache ausdrücklich erklärt wird oder sich eine solche Erklärung aus einer **schlüssigen** (konkludenten) Handlung mit Erklärungswert ergibt.[206] Tatsachen sind dabei gegenwärtige oder vergangene Verhältnisse, Zustände oder Geschehnisse, die in einem allgemeinen Sinn dem Beweis zugänglich sind.[207] Das Vorliegen von Absprachen unter Wettbewerbern

---

[196] BGH Urt. v. 8.1.1992 – 2 StR 102/91, BGHSt 38, 186–196 – Rheinausbau I; BGH Beschl. v. 31.8.1994 – 2 StR 256/94, NJW 1995, 737 – Rheinausbau II.
[197] BGH Urt. v. 11.7.2001 – 1 StR 576/00, BGHSt 47, 83–89 – Flughafen München.
[198] BGH Urt. v. 20.2.1962 – 1 StR 496/61, BGHSt 17, 147–149; BGH Urt. v. 29.5.1987 – 3 StR 242/86, BGHSt 34, 379–392; BGH Urt. v. 29.1.1997 – 2 StR 633/96, wistra 1997, 144; *Fischer* § 263 Rn. 171.
[199] So Fn. 196.
[200] Wiedemann/*Klusmann* HdB KartellR § 56 Rn. 26.
[201] Wiedemann/*Klusmann* HdB KartellR § 56 Rn. 26.
[202] BGH Beschl. v. 18.2.2009 – 1 StR 731/08, BGHSt 53, 199–205; BVerfG Beschl. v. 23.6.2010 – 2 BvR 2559/08 (zur Untreue), BVerfGE 126, 170–233; BVerfG Beschl. v. 7.12.2011 – 2 BvR 2500/09 (zum Betrug), BVerfGE 130, 1–51; BGH Urt. v. 14.4.2011 – 2 StR 616/10, NJW 2011, 2675.
[203] MüKoStGB/*Hohmann* § 298 Rn. 119.
[204] LK/*Tiedemann* § 298 Rn. 50.
[205] GJW/*Dannecker* StGB § 263 Rn. 12; *Fischer* § 263 Rn. 14.
[206] GJW/*Dannecker* StGB § 263 Rn. 13; *Fischer* § 263 Rn. 14, 15a.
[207] GJW/*Dannecker* StGB § 263 Rn. 14; *Fischer* § 263 Rn. 6.

stellt in diesem Sinne eine beweisbare Tatsache dar.[208] Daneben ist, unter der Voraussetzung des Bestehens einer entsprechenden Aufklärungspflicht auch eine Täuschung durch **Unterlassen** möglich, dh ohne ausdrückliche oder konkludente Erklärung.[209] Hierauf wird, da sie in Fällen des Submissionsbetrugs keine Rolle spielt und überdies immer zunächst geprüft werden muss, ob dem Täterverhalten durch Auslegung eine **schlüssige Erklärung** zukommt,[210] in der Folge nicht näher eingegangen.

81 aa) **Betrug zum Nachteil des Veranstalters einer Ausschreibung.** Im Rahmen von Ausschreibungen gibt der Anbieter häufig, entsprechenden rechtlichen Vorgaben folgend, die ausdrückliche schriftliche Erklärung ab, dass das Angebot nicht auf Preisabsprachen beruht. Ist dies dennoch der Fall, liegt eine Täuschung durch eine ausdrückliche Erklärung vor.[211] Aber auch bei Fehlen einer **ausdrücklichen Erklärung** kommt der Angebotsabgabe im Rahmen von Ausschreibungen regelmäßig ein entsprechender **konkludenter Erklärungsinhalt** zu.[212]

82 bb) **Betrug zum Nachteil eines Auftraggebers.** Nach der Rechtsprechung ist darüber hinaus regelmäßig auch bei einer **freihändigen Vergabe** jedenfalls dann von einer entsprechenden **konkludenten Erklärung** auszugehen, wenn der Abgabe des Angebots Angebotsanfragen bei zumindest zwei Unternehmen vorausgegangen sind.[213] In diesen Fällen erwarte der Auftraggeber, so die Rechtsprechung des BGH, dass die Angebote im Wettbewerb erfolgen, sonst hätte er nicht bei verschiedenen Anbietern anfragen müssen. Diese Erwartung ist dem Anbieter, insbesondere vor dem Hintergrund der Regelung des § 1 GWB, auch bekannt.[214]

83 Für die Praxis wird daher vom Vorliegen einer Täuschung in allen Fällen von geheim gehaltenen Absprachen bei **Ausschreibungen** und **freihändigen Vergaben,** in deren Rahmen mindestens zwei Angebote eingeholt wurden, auszugehen sein.

84 cc) **Betrug zum Nachteil des Mitbewerbers.** Ein solcher wurde bislang von der Rechtsprechung in Konstellationen angenommen, in denen ein nicht verfügender, dh den Zuschlag nicht selbst erteilender Mitarbeiter des Veranstalters mit einem Anbieter bei der **nachträglichen Manipulation des Angebots** zusammen arbeitet.[215] In diesen Fällen liegt eine (gemeinschaftliche) Täuschung des letztlich den Zuschlag erteilenden Mitarbeiters des Veranstalters darüber vor, dass es sich bei dem nachträglich manipulierten Angebot um ein ordnungsgemäß nach den Vorschriften der Vergabeordnungen eingereichtes handelt.[216]

85 b) **Irrtum.** Mit der Täuschung korrespondiert das weitere Tatbestandsmerkmal des Irrtums. Darunter versteht man jede kausal durch die Täuschung hervorgerufene Fehlvorstellung von der Wirklichkeit.[217] Irren kann nur ein Mensch. Subjekt des Irrtums kann weder eine juristische Person noch eine Personenmehrheit oder eine Behörde sein.[218] Abzustellen ist daher auf die im Zuge von Auftragsvergaben handelnden natürlichen Personen. Haben die handelnden natürlichen Personen auf Seiten des Veranstalters bzw. des Auftraggebers Kenntnis von der Preisabsprache, etwa weil sie in die Vorgänge involviert sind, scheidet

---

[208] LK/*Tiedemann* § 263 Rn. 11.
[209] GJW/*Dannecker* StGB § 263 Rn. 13; *Fischer* § 263 Rn. 16, 38 ff.
[210] GJW/*Dannecker* StGB § 263 Rn. 34; *Fischer* § 263 Rn. 21.
[211] GJW/*Dannecker* StGB § 263 Rn. 21.
[212] LK/*Tiedemann* § 263 Rn. 39; GJW/*Dannecker* StGB § 263 Rn. 212; *Fischer* § 263 Rn. 35; Wiedemann/ Klusmann HdB KartellR § 56 Rn. 25.
[213] BGH Urt. v. 11.7.2001 – 1 StR 576/00, NJW 2001, 3718; GJW/*Dannecker* StGB § 263 Rn. 37, 214.
[214] GJW/*Dannecker* StGB § 263 Rn. 214.
[215] BGH Urt. v. 29.1.1997 – 2 StR 633/96, wistra 1997, 144.
[216] GJW/*Dannecker* StGB § 263 Rn. 212 aE.
[217] GJW/*Dannecker* StGB § 263 Rn. 58; *Fischer* § 263 Rn. 54.
[218] LK/*Tiedemann* § 263 Rn. 92; *Fischer* § 263 Rn. 66.

Betrug regelmäßig aus. Dies gilt jedenfalls dann, wenn die verfügende Person[219] auf Seiten des Veranstalters Kenntnis von der Absprache hat, etwa weil sie in die Vorgänge deliktisch involviert ist. In Betracht kommt dann eine Strafbarkeit wegen **Untreue** dieser Person bzw. eine Strafbarkeit wegen Beihilfe zur Untreue durch den Anbieter oder, je nach Fallgestaltung, auch wegen **Bestechungsdelikten.** Wirkt indes eine in die Vergabeentscheidung vorgeschaltete Person auf Seiten des Veranstalters deliktisch mit einem Anbieter zusammen, zB ein **Planungsbüro,** etwa bei der Manipulation von Angebotsunterlagen, wird die verfügende, dh den Zuschlag erteilende Person auf Seiten des Veranstalters gemeinschaftlich getäuscht. Unterliegt sie einem entsprechenden Irrtum, kommt wiederum gemeinschaftlicher Betrug der in die Manipulation involvierten Personen in Betracht.[220] Eine Zurechnung des Wissens der täuschenden Hilfsperson an den Geschäftsherrn erfolgt nicht.[221]

Zweifel an den Angaben des Täuschenden schließen den Irrtum nicht aus. Dies ist jedenfalls solange der Fall, wie der Getäuschte die Möglichkeit der Unwahrheit für geringer hält.[222] Grundsätzlich unbeachtlich ist es, ob der Getäuschte die Täuschung hätte erkennen können.[223] **86**

c) Vermögensverfügung. Dabei handelt es sich um ein nach allgemeiner Meinung[224] anerkanntes ungeschriebenes Tatbestandsmerkmal des Betruges als Bindeglied zwischen Irrtum und Schaden. Darunter wird jedes kausal auf dem Irrtum beruhende Tun oder Unterlassen verstanden, dass sich unmittelbar vermögensmindernd auswirkt.[225] Dabei müssen zwar getäuschte und verfügende Person, nicht aber verfügende und geschädigte Person identisch sein.[226] In Fällen des Ausschreibungsbetrugs wird häufig ein sogenannter **Dreiecksbetrug** vorliegen, da die auf Seiten des Auftraggebers oder Veranstalters einer Ausschreibung handelnde natürliche Person täuschungsbedingt über das Vermögen der von ihr vertretenen juristischen Person, Personenvereinigung oder Behörde verfügt. Die hier in Rede stehenden Fälle der (nach zivilrechtlichen Vertretungsregelungen) **befugten Vertretung** werden indes allgemein als von § 263 StGB erfasst angesehen.[227] **87**

aa) Betrug zum Nachteil des Veranstalters/Auftraggebers. Bereits die Begründung einer schuldrechtlichen Verpflichtung kommt als Vermögensverfügung in Betracht.[228] Diese allgemein anerkannte und in der Praxis überaus häufig anzutreffende Art der Vermögensverfügung wird als **Eingehungsbetrug** bezeichnet.[229] Der täuschungsbedingt erteilte **Zuschlag** durch den Veranstalter an einen Anbieter erfüllt daher das Tatbestandsmerkmal der Vermögensverfügung, da sich die eingegangene Verpflichtung, den Angebotspreis zu bezahlen, unmittelbar[230] vermögensmindernd auswirkt.[231] Die Frage einer etwaigen Kompensation dieser Vermögensminderung durch die Gegenleistung ist dagegen keine Frage der Vermögensverfügung, sondern Gegenstand der Erörterung im Rahmen des Vermö- **88**

---

[219] *Fischer* § 263 Rn. 66, da irrende und verfügende Person identisch sein müssen, kommt es auf die verfügende Person an.
[220] BGH Urt. v. 29.1.1997 – 2 StR 633/96, wistra 1997, 144; *Fischer* § 263 Rn. 68, 171; GJW/*Dannecker* StGB § 263 Rn. 66.
[221] GJW/*Dannecker* StGB § 263 Rn. 66.
[222] BGH Urt.v. 11.2.2001 – 1 StR 576/00, NJW 2001, 3718; GJW/*Dannecker* StGB § 263 Rn. 62; *Fischer* § 263 Rn. 55.
[223] *Fischer* § 263 Rn. 55a f.
[224] GJW/*Dannecker* StGB § 263 Rn. 69; *Fischer* § 263 Rn. 70 ff.
[225] GJW/*Dannecker* StGB § 263 Rn. 70; *Fischer* § 263 Rn. 70.
[226] GJW/*Dannecker* StGB § 263 Rn. 70; *Fischer* § 263 Rn. 79.
[227] LK/*Tiedemann* § 263 Rn. 113; GJW/*Dannecker* StGB § 263 Rn. 74; *Fischer* § 263 Rn. 81 mwH.
[228] LK/*Tiedemann* § 263 Rn. 173; GJW/*Dannecker* StGB § 263 Rn. 96 f.; *Fischer* § 263 Rn. 71.
[229] NK/*Kindhäuser* StGB § 263 Rn. 316; nach *Fischer* § 263 Rn. 175 bezeichnet der Begriff demgegenüber nur verschieden Blickwinkel bei der Feststellung des Vermögensschadens.
[230] Dazu *Fischer* § 263 Rn. 76 f.
[231] *Fischer* § 263 Rn. 70.

gensschadens.[232] Das Unmittelbarkeitserfordernis wird insbesondere nicht durch den Umstand in Frage gestellt, dass die Zahlung tatsächlich noch von der Ausführung der Leistung durch den Anbieter bzw. von der Rechnungsstellung abhängt. An der **Unmittelbarkeit** der Vermögensminderung fehlt es regelmäßig nur dann, wenn es zum Eintritt des Schadens weiterer **deliktischer Handlungen** des Täters bedürfte.[233]

89 Daneben kommt ein **Erfüllungsbetrug** im hier interessierenden Handlungszusammenhang, dh in Fällen der Submissionsabsprache wohl nicht in Betracht. Zunächst ist festzustellen, dass zwar auch die Erfüllung der durch den Zuschlag oder die sonstige Auftragsvergabe eingegangenen Verpflichtung auf Zahlung der Angebotssumme ebenfalls täuschungsbedingt erfolgen mag. Dieser Umstand führt jedoch nicht zu einer eigenen Betrugsstrafbarkeit, vielmehr stellt er sich lediglich als **Schadensvertiefung** einer einheitlichen Tat dar.[234]

90 Soweit der BGH in der sogenannten **Rheinausbauentscheidung** I[235] in zwei weiteren Konstellationen einen **Erfüllungsbetrug** für möglich gehalten hat, nämlich einmal in der Umgehung der damaligen Verordnung über die Preise von Bauleistungen bei öffentlichen oder mit öffentlichen Mitteln finanzierten Aufträgen,[236] nach der in Absprachefällen automatisch nur der sogenannte Selbstkostenpreis geschuldet war, hat sich dies durch die ersatzlose Aufhebung der Verordnung erübrigt.[237] Soweit darüber hinaus auch das Abhalten von der Geltendmachung von Schadenersatzansprüchen in Rede stand, hat der BGH in weiteren Entscheidungen[238] klargestellt, dass es insoweit an einem anderen ungeschriebenen Tatbestandsmerkmal des Betruges, nämlich der **Stoffgleichheit**[239] zwischen dem angestrebten Vorteil und dem Schaden mangelt.

91 **bb) Betrug zum Nachteil des Mitbewerbers.** Eine Verfügung zum Nachteil des sonst aussichtsreichen Mitbewerbers liegt im oben skizzierten Fall (→ Rn. 84)[240] darin, dass der Veranstalter dem Angebot des redlichen Mitbewerbers den Zuschlag nicht erteilt, sondern dem vermeintlich ordnungsgemäß im Rahmen der Vergabevorschriften eingereichten, tatsächlich aber **nachträglich manipulierten Angebot.** Es handelt sich wiederum um einen **Dreiecksbetrug,** da zwar Getäuschter und Verfügender (der den Zuschlag erteilende Mitarbeiter des Veranstalters) identisch sind, jedoch nicht Verfügender und Geschädigter (redlicher Mitbewerber mit dem sonst aussichtsreichsten Angebot). Um diese Konstellation nach der Betrugsdogmatik zutreffend erfassen zu können, müssen die bisherigen Erläuterungen in zweierlei Hinsicht ergänzt werden.

92 Zum Einen lässt die hM in Rechtsprechung und Literatur über den oben beschriebenen Fall einer **befugten Vertretung** des Vermögensinhabers (→ Rn. 87) hinaus, einen sogenannten **Dreiecksbetrug** auch dann zu, wenn der Verfügende „**im Lager**" des Vermögensinhabers steht, dh in einem **faktischen oder rechtlichen besonderen Näheverhältnis** zum geschädigten Dritten.[241] Dieses Näheverhältnis zwischen dem Veranstalter und dem redlichen Anbieter wird man hier – ohne dass dies in den entsprechenden Entscheidungen ausgeführt wäre – darin erblicken können, dass die Vergabevorschriften entsprechende Gleichbehandlungsverpflichtungen enthalten, weshalb die Vergabestelle ent-

---

[232] *Fischer* § 263 StGB Rn. 70.
[233] LK/*Tiedemann* § 263 Rn. 98; NK/*Kindhäuser* StGB § 263 Rn. 201 ff.; zweifelnd *Fischer* § 263 Rn. 76; für den Fall des Abschlusses eines Versicherungsvertrags, wenn es zum Erhalt der Leistung einer weiteren Täuschung bedarf BVerfG Beschl. v. 7.12.2011 – 2 BvR 2500/09, wistra 2012, 102.
[234] BGH Urt. v. 29.1.1997 – 2 StR 633/96, wistra 1997, 144.
[235] BGH Urt. v. 8.1.1992 – 2 StR 102/91, NJW 1992, 921.
[236] BGBl. 1972 I, 293; VO PR 1/72.
[237] Wiedemann/*Klusmann* HdB KartellR § 56 Rn. 34.
[238] BGH Beschl. v. 9.11.1999 – 1 StR 540/99, wistra 2000, 61; BGH Urt. v. 21.11.2000 – 1 StR 300/00, wistra 2001, 103.
[239] Vgl. dazu *Fischer* § 263 Rn. 171, 187.
[240] BGH Urt. v. 29.1.1997 – 2 StR 633/96, wistra 1997, 144.
[241] BGH Urt. v. 20.2.1962 – 1 StR 496/61, BGHSt 17, 147; BGH Urt. v. 29.5.1987 – 3 StR 242/86, ZIP 1988, 306; BGH Urt. v. 29.1.1997 – 2 StR 633/96, BGHSt 17, 147; LK/*Tiedemann* § 263 Rn. 115, 117; GJW/*Dannecker* StGB § 263 Rn. 75; *Fischer* § 263 Rn. 82, 84.

sprechende Prüfungs- und Schutzvorschriften zugunsten der Anbieter trifft.[242] Zum Anderen ist der Umfang des durch den Betrug geschützten Vermögens zu klären. Zum Vermögen zählen alle geldwerten Güter einer natürlichen oder juristischen Person abzüglich der Verbindlichkeiten.[243] **Erwartungen** zählen dann dazu, wenn sie sich zu einer gesicherten Position des Betreffenden, dh einer **Anwartschaft** verdichtet haben. Die schlichte Aussicht auf Erhalt eines Auftrages fällt grundsätzlich noch nicht unter das vom Tatbestand des Betruges geschützte Vermögen. Die bloße Vereitelung einer Vermögensmehrung ist kein Betrug.[244] In der vom BGH entschiedenen Fallkonstellation hatte der Mitbewerber indes nach Ablauf der Fristen das **günstigste Angebot** eingereicht. Nach den Ausschreibungsregeln hatte er damit eine gesicherte Aussicht auf Erhalt des Zuschlages. Dass ihm diese infolge der nachträglichen Manipulation des Angebots eines anderen Bewerbers genommen wurde, stellt sich für ihn nachteilig dar. Er hatte bereits eine Anwartschaft auf den Zuschlag erworben.[245]

d) Schaden. Unmittelbar kausal aus der Vermögensverfügung muss sich ein Schaden für das betroffene Vermögen ergeben.[246] Die Feststellung des Schadens ist gerade in Fällen des Submissions- oder Ausschreibungsbetrugs streitig und stößt in der Praxis nicht selten auf nicht zu überwindende Schwierigkeiten. Im Grundsatz besteht noch weitgehend, jedenfalls auf der Basis des herrschenden juristisch-ökonomischen Vermögensbegriffs, wonach das Vermögen die Summe aller geldwerter Vermögensgegenstände ist,[247] Einigkeit, dass ein Schaden dann vorliegt, wenn sich der Wert des Vermögens infolge der irrtumsbedingten Vermögensverfügung des Getäuschten verringert hat.[248] Der Schaden ist daher nach dem Prinzip der **Gesamtsaldierung** aus einem Vergleich der Vermögenslage **vor** und **nach** der schädigenden Verfügung zu ermitteln.[249] **93**

Im Zuge der sogenannten Rheinausbauentscheidungen[250] wandte der BGH diese Grundsätze auf Fälle der Absprachen bei Ausschreibungen an. Aufgrund der Vermögensverfügung, die in der Erteilung des Zuschlags bzw. in der Auftragserteilung zu sehen ist, ist das Vermögen durch die Verpflichtung zur Begleichung des Angebotsbetrages nach erfolgter Ausführung belastet. Eine Minderung des **Gesamtvermögens** des Veranstalters stellt dies aber nur dar, wenn der hierdurch erworbene **Gegenanspruch** auf Erbringung der vereinbarten Leistung diese Minderung nicht aufwiegt.[251] Die **Gegenleistung** ist dabei, da es sich um einen Austauschvertrag handelt, nach objektiven Maßstäben unter **wirtschaftlichen Gesichtspunkten** zu bewerten.[252] Bleibt ihr danach ermittelter Wert hinter der vom Getäuschten eingegangenen Verpflichtung zurück, liegt ein **Schaden** vor. Gerade in Fällen, in denen eine Leistung ausgeschrieben wird, fehlt es aber an einem allgemein gültigen abstrakten Maßstab für die **Bewertung** der **Gegenleistung.** Ein **Marktpreis** ermittelt sich über Angebot und Nachfrage in der konkreten Wirtschaftsstufe.[253] **94**

---

[242] LK/*Tiedemann* § 263 Rn. 117, der ebenfalls von einem Näheverhältnis in diesem Sinne ausgeht, soweit Rechtsvorschriften eine Schutz- und Nähebeziehung statuieren.
[243] *Fischer* § 263 Rn. 91.
[244] *Fischer* § 263 Rn. 93.
[245] LK/*Tiedemann* § 263 Rn. 135; *Fischer* § 263 Rn. 92, 92a.
[246] *Fischer* § 263 Rn. 88.
[247] *Fischer* § 263 Rn. 90; zu den Auswirkungen der anderen, hier wegen ihrer mangelnden Praxisrelevanz nicht weiter erörterten Vermögenslehren, vgl. NK/*Kindhäuser* StGB § 263 Rn. 248 ff.
[248] Ständige Rechtsprechung, vgl. ua BGH Urt. v. 23.2.1982 – 5 StR 685/81, BGHSt 30, 388; BGH Beschl. v. 5.3.2009 – 3 StR 559/08, wistra 2009, 236; BGH Urt. v. 20.3.2013 – 5 StR 344/12, NJW 2013, 1460; BVerfG Beschl. v. 23.6.2010 – 2 BvR 2559/08, NJW 2010, 3209 (zur Untreue); LK/*Tiedemann* § 263 Rn. 158; *Fischer* § 263 Rn. 110.
[249] LK/*Tiedemann* § 263 Rn. 159, 161; GJW/*Dannecker* StGB § 263 Rn. 85 ff.; *Fischer* § 263 Rn. 90, 111.
[250] BGH Urt. v. 8.1.1992 – 2 StR 102/91, NJW 1992, 921 – Rheinausbau I; BGH Beschl. v. 31.8.1994 – 2 StR 256/94 – Rheinausbau II.
[251] GJW/*Dannecker* StGB § 263 Rn. 101; LK/*Tiedemann* § 263 Rn. 159.
[252] LK/*Tiedemann* § 263 Rn. 163; *Fischer* § 263 Rn. 119 f.
[253] BGH Urt. v. 8.1.1992 – 2 StR 102/91, NJW 1992, 921 – Rheinausbau I; LK/*Tiedemann* § 263 Rn. 163.

Dieser Markt- oder Wettbewerbspreis soll gerade dann, wenn die nachgefragte Leistung mit anderen angebotenen Leistungen nicht ohne weiteres vergleichbar ist und es daher auch keinen allgemein gültigen Börsen- oder Marktpreis gibt, im Einzelfall durch die infolge der Ausschreibung herbeigeführte Wettbewerbssituation ermittelt werden. Der von der Vergabestelle zu berücksichtigende unter **Wettbewerbsbedingungen** ermittelte günstigste **Preis** ist daher für die Wertbestimmung maßgeblich. Sofern der Auftraggeber infolge der Manipulation einen höheren Preis bezahlt, erleidet er einen Schaden.[254] Die Schadensermittlung stellt sich daher sprichwörtlich als „Quadratur des Kreises" dar, da das zur Bestimmung des objektiven Werts maßgebliche Verfahren, die Ausschreibung, manipuliert wurde.[255] Nun liegt, wie der BGH in seinen Entscheidungen klarstellte, gerade in diesen Fällen ein Schaden aber außerordentlich nahe. Dies folgt schon aus der überragenden Bedeutung des freien Wettbewerbs für die **Preisbildung**. Im Übrigen benennt er zahlreiche Indizien für das Vorliegen eines Schadens, angefangen bei statistischen Untersuchungen über Durchschnittswerte der durch Preisabsprachen erzielten **Mehrerlöse**, der hohen Wahrscheinlichkeit, dass **Submissionskartelle** nur zur Durchsetzung höherer Preise geschaffen würden etc. Sofern der Tatrichter daher von einem Schaden überzeugt ist, darf er dessen **Höhe schätzen**.[256] Das Vorliegen von **Ausgleichszahlungen** an andere Kartellmitglieder und Außenseiter stellt ein sehr gewichtiges Indiz für einen über dem Wettbewerbspreis liegenden Zuschlagspreis und damit für das Vorliegen eines Schadens dar.[257] In weiteren Entscheidungen hat der BGH diese Rechtsprechung bestätigt und festgestellt, dass **Schmiergeld-** und **Ausgleichszahlungen** nahezu zwingende Beweisanzeichen dafür darstellen, dass der ohne Preisabsprache erzielbare Preis den tatsächlich vereinbarten Preis unterschritten hätte.[258] Darauf, ob der vereinbarte Preis unter dem **Selbstkostenpreis** des Anbieters liegt, kommt es in solchen Fällen ebenso wenig an, wie auf die Frage, ob infolge eines nach der Angebotsabgabe gewährten Nachlasses ein den Wertvorstellungen der Marktes entsprechender Preis erreicht wurde.[259]

95 Diese Rechtsprechung des BGH hat in der Literatur teilweise heftige Ablehnung erfahren.[260] Sie wird jedoch von der hM geteilt.[261] Die Kritik der M.M. richtet sich in erster Linie dahin, dass sich der Wettbewerbspreis nicht mit der gebotenen Zuverlässigkeit feststellen lasse. Gerade länger bestehende Submissionskartelle beseitigten jede Möglichkeit der Feststellung, zumal dann, wenn der Teilnehmerkreis umfassend sei. Aber auch sonst sei der Wettbewerbspreis nicht ermittelbar, da er von zahlreichen, kaum feststellbaren Umständen wie zB die konkrete Auftragslage der beteiligten Unternehmen, die konkreten Wettbewerbsverhältnisse vor Ort etc abhängig sei.

96 Die neuere Rechtsprechung zum Betrug und zur Untreue betont allgemein die Notwendigkeit der konkreten Schadensfeststellung anhand **wirtschaftlicher** Kriterien gerade in Fällen eines sogenannten **Gefährdungsschadens**.[262] Obgleich die vorliegende Problematik nicht ganz mit derjenigen vergleichbar ist, die unter dem Gesichtspunkt des Gefährdungsschadens in der jüngeren Rechtsprechung und Literatur verstärkt diskutiert wird, da sich im Gegensatz zu täuschungsbedingt abgeschlossenen Risikogeschäften vor-

---

[254] BGH Urt. v. 8.1.1992 – 2 StR 102/91, NJW 1992, 921 – Rheinausbau I; GJW/*Dannecker* StGB § 263 Rn. 215.
[255] LK/*Tiedemann* § 263 Rn. 164, 165.
[256] BGH Urt. v. 8.1.1992 – 2 StR 102/91; LK/*Tiedemann* § 263 Rn. 165.
[257] BGH Urt. v. 8.1.1992 – 2 StR 102/91.
[258] BGH Urt. v. 11.7.2001 – 1 StR 576/00, BGHSt 47, 83–85 – Flughafen München.
[259] BGH Urt. v. 11.7.2001 – 1 StR 576/00, BGHSt 47, 83–85 – Flughafen München.
[260] Nachweise bei Wiedemann/*Klusmann* HdB KartellR § 56 Rn. 36f.
[261] LK/*Tiedemann* § 263 Rn. 165; GJW/*Dannecker* StGB § 263 Rn. 215; *Fischer* § 263 Rn. 170; Wiedemann/*Klusmann* HdB KartellR § 56 Rn. 30.
[262] BGH Beschl. v. 18.2.2009 – 1 StR 731/08; BVerfG Beschl. v. 23.6.2010 – 2 BvR 2559/08, NJW 2010, 3209 (zur Untreue); BVerfG Beschl. v. 7.12.2011 – 2 BvR 2500/09, wistra 2012, 103; BGH Beschl. v. 14.4.2011 – 2 StR 616/10, NJW 2011, 2675; GJW/*Dannecker* StGB § 263 Rn. 89; *Fischer* § 263 Rn. 156ff.

liegend der Schaden zwischen Geschäftsabschluss und Leistung des Getäuschten nicht verändert,[263] dürften dennoch die hierzu entwickelten Kriterien zu beachten sein.[264] Stets ist es nach der höchstrichterlichen Rechtsprechung, vor allem auch der des Bundesverfassungsgerichts,[265] zur Vermeidung einer mit Art. 103 Abs. 2 GG nicht zu vereinbarenden Überdehnung des Tatbestandes erforderlich, die **konkrete gegenwertige Minderung des Vermögens** festzustellen. Ohne dass dies erschöpfend wäre, wird vor allem bei Risikogeschäften verstärkt auf **betriebswirtschaftliche Bewertungskriterien** abgestellt,[266] zu deren Ermittlung ggf. die Hinzuziehung von Sachverständigen erforderlich sei.[267] Diese Erwägungen werden keineswegs nur im Zusammenhang mit der Eingehung von täuschungsbedingten oder pflichtwidrigem Abschluss von Risikogeschäften angewandt, sondern finden allgemein in Fällen des Eingehungsbetrugs Beachtung.[268]

Die Rechtsprechung des BGH zum Submissionsbetrug ist jedoch dadurch nicht überholt. Die Feststellung eines Schadens ist weiterhin möglich. Jedenfalls bei Vorliegen der vom BGH als fast zwingend für eine Überschreitung des Marktpreises angesehenen Indizien dürfte dies in der Praxis auch ohne weiteres zu leisten sein. Es spricht in der Tat nichts gegen die Annahme, dass **Schmiergeld-** und **Ausgleichszahlungen** an Mitbewerber als **sachwidrige Positionen** in den Angebotspreis eingestellt wurden, weshalb ein **Mindestschaden** in dieser Höhe angenommen werden kann.[269] Hinzu dürften Fälle treten, in welchen sich nachweisen lässt, dass die an den Absprachen beteiligten Firmen selbst „Luft" in ihren Kalkulationen gesehen haben. Hinzuweisen ist auch auf die bußgeldrechtliche Rechtsprechung des Kartellsenats des BGH zu den sogenannten **Mehrerlösen** eines Kartells.[270] Die Rechtsprechung räumt dem Tatrichter zwar einen erheblichen Ermessensspielraum bei der Schätzung der Mehrerlöse ein, die durch Kartellabsprachen erzielt werden, solange die Schätzung schlüssig ist und die Ergebnisse wirtschaftlich vernünftig und möglich sind.[271] Gleichwohl wird die Ermittlung eines Schadens nach dieser Methode nur theoretisch in Betracht kommen. Zu denken ist hier beispielsweise an einen Preisvergleich mit funktionierenden Märkten. Jedenfalls sofern standardisierte Leistungen oder Waren angeboten werden und sich ein nicht vom Kartell betroffener vergleichbarer Markt ermitteln lässt. Hinzuweisen ist auch auf die vom BGH in der genannten Entscheidung angesprochene gesamtwirtschaftliche Analyse, im Rahmen derer der Tatrichter mit sachverständiger Hilfe anhand von Kostenstrukturen und empirisch zu ermittelnden durchschnittlichen Umsatzrenditen vergleichbarer Branchen auf zu erwartende Marktpreise schließen kann. Nachdem die Kartellbehörden die Mehrerlösgeldbuße nicht mehr anwenden, ergeben sich insoweit aber keine Synergieeffekte aus parallel mit den Kartellbehörden geführten Ermittlungen[272] mehr (→ § 18 Rn. 125ff.). Die praktische Relevanz des Betrugs wird sich daher auf Fälle des Vorliegens eines Mindestschadens im og Sinne beschränken.

Soweit die Rechtsprechung einen Betrug zum Nachteil eines Mitbewerbers infolge der nachträglichen Manipulation der auf eine Ausschreibung eingereichten Angebote angenommen hat, (Rn. 84, 91) erleidet der Anbieter des sonst (dh ohne Beachtung des manipulierten Angebots) günstigsten Angebots einen Schaden in Höhe seiner Gewinnerwartung.[273]

97

98

---

[263] *Fischer* § 263 Rn. 159.
[264] GJW/*Dannecker* StGB § 263 Rn. 97, 99; *Krell* NZWiSt 2013, 370 ff.
[265] BVerfG Beschl. v. 7.12.2011 – 2 BvR 2500/09, wistra 2012, 103.
[266] BGH Beschl. v. 18.2.2009 – 1 StR 731/08, ZIP 2009, 723; BVerfG Beschl. v. 23.6.2010 – 2 BvR 2559/08, NJW 2010, 3209 (zur Untreue); BVerfG Beschl. v. 7.12.2011 – 2 BvR 2500/09, wistra 2012, 103; BGH Beschl. v. 14.4.2011 – 2 StR 616/10, NJW 2011, 2675.
[267] BVerfG Beschl. v. 23.6.2010 – 2 BvR 2559/08, NJW 2010, 3209 (zur Untreue).
[268] *Krell* NZWiSt 2013, 370 ff.
[269] *Fischer* § 263 Rn. 170; GJW/*Dannecker* StGB § 263 Rn. 215.
[270] BGH Beschl. v. 19.6.2007 – KRB 12/07, BGHSt 52, 1–11; LK/*Tiedemann* § 263 Rn. 165.
[271] BGH Beschl. v. 19.6.2007 – KRB 12/07, NJW 2007, 3792.
[272] → Rn. 112.
[273] BGH Urt. v. 29.1.1997 – 2 StR 633/96, wistra 1997, 144.

99 **e) Stoffgleichheit.** Dieses ungeschriebene Tatbestandsmerkmal besagt, dass der vom Täter erstrebte Vorteil die Kehrseite des Schadens sein muss.[274] Das Kriterium ist bei einem Submissionsbetrug zum Nachteil des **Veranstalters** unproblematisch gegeben. Bei einem über dem (hypothetischen) Wettbewerbspreis liegenden Angebotspreis kommt der Nachteil des Veranstalters unmittelbar dem Anbieter zugute. Beim Betrug zum Nachteil eines **Mitbewerbers** stellt sich die Frage dagegen, da der aussichtsreichste Konkurrent und der unredliche Mitbewerber keine direkte Beziehung eingehen. Nach der Rechtsprechung[275] und Teilen der Literatur[276] liegt indes ungeachtet dessen Stoffgleichheit vor. Der Bereicherte erhalte den Gewinn unmittelbar zu Lasten des Geschädigten, dh zu Lasten des sonst aussichtsreichsten Konkurrenten.

100 **f) Besonders schwere Fälle/Qualifikationen.** Zu Recht hat Tiedemann[277] darauf hingewiesen, dass gerade in Fällen des Submissionsbetrugs häufig Strafschärfungen gemäß § 263 Abs. 3 StGB oder § 263 Abs. 5 StGB einschlägig sein dürften. Insbesondere das Merkmal der Gewerbsmäßigkeit, verstanden als das Streben, sich durch wiederholte Tatbegehung eine nicht nur vorübergehende nicht ganz unerhebliche Einnahmequelle zu verschaffen,[278] dürfte bei auf Wiederholung angelegten Submissionskartellen jedenfalls bei Beteiligung Inhaber-geführter Betriebe am Kartell nahe liegen. Im Rahmen von Konzernstrukturen dürfte es den handelnden natürlichen Personen indes an der erforderlichen Eigennützigkeit fehlen. Ein fremdseitiges Handeln für die Gesellschaft begründet in diesen Fällen keine Gewerbsmäßigkeit.[279] In **Ringkartellen** kommt auch eine bandenmäßige Begehung häufig in Betracht, da hierfür eine lose Gruppe von mindestens drei Tätern, die sich zur fortgesetzten Begehung von Betrugstaten zusammenfindet, ausreichend ist.[280]

101 **g) Vorsatz.** Die genannten Tatbestandsmerkmale muss der Täter vorsätzlich begehen, wobei bedingter Vorsatz ausreichend ist.[281] Er muss es also mindestens für ernstlich möglich halten, dass durch seine Handlung eine Person getäuscht wird und diese dadurch kausal bedingt eine schädigende Vermögensverfügung vornimmt und dies billigen. Bei einer konkludenten Täuschung setzt dies voraus, dass der Täter die den Erklärungswert begründende Verkehrsauffassung erkennt.[282] Im Falle einer Absprache unter Kaufleuten auf eine Ausschreibung hin, bzw. im Falle einer freihändigen Vergabe bei Einholung mehrerer Konkurrenzangebote dürfte dies regelmäßig der Fall sein. Daneben ist die Absicht der Bereicherung erforderlich. Dabei genügt es, wenn der Vorteil bei einem Dritten, etwa der begünstigten Unternehmung eintritt. Darauf muss es dem Täter ankommen.[283]

102 Die erstrebte Bereicherung muss rechtswidrig sein. Dies ist dann der Fall, wenn der Täter keinen Rechtsanspruch auf den Vorteil hat,[284] und ist im vorliegenden Handlungszusammenhang unproblematisch gegeben, da der Täter keinen Anspruch auf den Zuschlag hat.

103 Bezüglich der Rechtswidrigkeit des Vorteils ist es nur erforderlich, dass der Täter mit bedingtem Vorsatz handelt. Die Absicht muss sich nicht auf die Rechtswidrigkeit des Vorteils erstrecken.[285]

104 Bezüglich eines evtl. Verbotsirrtums hat der BGH klar gestellt, dass das erforderliche Unrechtsbewusstsein schon dann vorliegt, wenn der Täter weiß, dass er mit der Abspra-

---

[274] LK/*Tiedemann* StGB § 263 Rn. 254, 256; *Fischer* § 263 Rn. 187.
[275] BGH Urt. v. 29.5.1987 – 3 StR 242/86, BGHSt 34, 379–392.
[276] LK/*Tiedemann* § 263 Rn. 262; *Fischer* § 263 Rn. 188.
[277] LK/*Tiedemann* § 263 Rn. 50.
[278] *Fischer* vor § 52 Rn. 62.
[279] *Fischer* § 263 Rn. 210.
[280] LK/*Tiedemann* § 298 Rn. 50, § 263 Rn. 297; MüKoStGB/*Hohmann* § 298 Rn. 102.
[281] *Fischer* § 263 Rn. 180.
[282] LK/*Tiedemann* § 263 Rn. 242.
[283] *Fischer* § 263 Rn. 190.
[284] *Fischer* § 263 Rn. 191.
[285] *Fischer* § 263 Rn. 194.

che einen Kartellrechtsverstoß begeht. Nicht erforderlich ist, dass er auch wusste, dass seine Handlung auch als Betrug gewertet wird.[286]

3. Verjährung

Der Betrug wird im Grundtatbestand mit einer Freiheitsstrafe im Höchstmaß von fünf Jahren bestraft (§ 263 Abs. 1 StGB). Die Tat verjährt daher nach § 78 Abs. 3 Nr. 4 StGB nach Ablauf von fünf Jahren. § 263 Abs. 3 StGB bestimmt **Strafzumessungsregeln** für besonders schwere Fälle. Sie bleiben nach § 78 Abs. 4, 2. Halbsatz StGB bei der Berechnung der Verjährungsfristen unberücksichtigt.[287] Auch diese Fälle verjähren daher nach Ablauf von fünf Jahren. § 263 Abs. 5 StGB enthält dagegen einen **Qualifikationstatbestand**[288] des banden- und gewerbsmäßigen Betruges. Die Verjährungsfrist für diesen beträgt 10 Jahre, da die Tat im Höchstmaß mit 10 Jahren Freiheitsstrafe bedroht ist (§ 78 Abs. 3 Nr. 3 StGB iVm Abs. 4 1. Halbsatz).[289] Der in § 263 Abs. 5 StGB ebenfalls geregelte minder schwere Fall des gewebs- und bandenmäßigen Betrugs bleibt bei der Berechnung der Verjährungsfrist wiederum gemäß § 78 Abs. 4, 2. Halbsatz StGB unberücksichtigt. 105

Die Verjährung beginnt nach § 78a S. 1 StGB mit der **Beendigung** der Tat. Dies ist beim Betrug nach Rechtsprechung und h.L. erst mit Erlangung des letzten, vom Vorsatz erfassten Vorteils der Fall.[290] Dies wäre in den hier interessierenden Fällen der Zeitpunkt der Schlusszahlung des infolge einer Absprache betrügerisch erlangten Auftrages. Die Verjährung beginnt daher nach der hier vertretenen Meinung zu § 298 StGB einheitlich mit dieser Vorschrift. 106

4. Konkurrenzen

Hier kann, insbesondere zum Verhältnis zu § 298 StGB auf die obigen Ausführungen verwiesen werden (→ Rn. 69). 107

B. Zuständigkeiten

I. Zuständigkeit der Staatsanwaltschaft

Die Strafverfolgung obliegt, von den hier nicht weiter interessierenden Privatklagedelikten[291] abgesehen, dem Staat. Nach § 152 Abs. 1 StPO ist die Staatsanwaltschaft zur Erhebung der öffentlichen Klage, dh zur Verfolgung von Straftaten zuständig.[292] Wegen des grundsätzlichen Vorrangs der Straftat vor der Ordnungswidrigkeit erstreckt sich die Zuständigkeit der Staatsanwaltschaft gemäß § 21 Abs. 1 iVm § 40 OWiG auch auf die Verfolgung der Ordnungswidrigkeit, sofern eine Handlung gleichzeitig Straftat und Ordnungswidrigkeit ist. Dies ist bezüglich Ordnungswidrigkeiten gemäß § 81 Abs. 1 bzw. Abs. 2 GWB jedenfalls dann der Fall, wenn der Verstoß gegen Art. 101 Abs. 1 AEUV oder § 1 GWB zugleich den Verdacht einer Straftat nach § 298 StGB oder § 263 StGB begründet.[293] 108

Damit korrespondiert die Verpflichtung der Kartellbehörden nach § 41 Abs. 1 OWiG, das Verfahren gegen die verantwortlichen natürlichen Personen an die Staatsanwaltschaft abzugeben, wenn Anhaltspunkte für eine Straftat vorhanden sind.[294] Teilweise wird in der 109

---

[286] BGH Beschl. v. 31.8.1994 – 2 StR 256/94, NJW 1995, 737.
[287] *Fischer* § 78 Rn. 5a.
[288] *Fischer* § 263 Rn. 229.
[289] *Fischer* § 78 Rn. 5a; BGH Urt. v. 19.10.2010 – 1 StR 226/10.
[290] BGH Beschl. v. 2.5.2001 – 2 StR 149/01, wistra 2001, 339; LK/*Tiedemann* § 263 Rn. 337, beim Betrugsversuch ist die letzte, auf Täuschung gerichtete Täterverhalten maßgebend; *Fischer* § 78a Rn. 8a; aA: vollständiger Eintritt des Schadens NK/*Saliger* StGB § 78a Rn. 12.
[291] Vgl. dazu §§ 374 ff. StPO.
[292] Sie hat das sogenannte Anklagemonopol, das nur in engen Grenzen, zB zugunsten der Finanzbehörde in Steuerstrafsachen gemäß § 400 AO durchbrochen wird.
[293] Wiedemann/*Klusmann* HdB KartellR § 57 Rn. 5.
[294] LK/*Tiedemann* § 298 Rn. 58; MüKoStGB/*Hohmann* § 298 Rn. 107; GJW/*Böse* StGB § 298 Rn. 44.

Literatur der Standpunkt vertreten, dass diese Abgabepflicht erst dann gegeben ist, wenn ein gesicherter Verdacht für ein strafbares Verhalten vorliegt.[295] Dem kann nicht gefolgt werden. Zwar mag es sein, dass § 41 Abs. 1 OwiG keine ausdrückliche zeitliche Bestimmung hierfür enthält, jedoch liegt es bereits in der ausschließlichen Zuständigkeit der Staatsanwaltschaft, das Vorliegen eines **Anfangsverdachts** zu prüfen. Eine Abgabe des Verfahrens gegen die verantwortlichen natürlichen Personen durch die Kartellbehörden dürfte in der Praxis relativ häufig sein, zumal bei diesen aufgrund der nach § 81 Abs. 7 GWB iVm § 47 OWiG erlassenen **Bonusregelung** des Bundeskartellamts[296] häufig entsprechende Hinweise eingehen.[297] Bestehen dabei Anhaltspunkte, dass eine Straftat begangen wurde, etwa weil die Absprachen anlässlich einer Ausschreibung oder eines anderen unter § 298 StGB fallenden Verfahrens zur Vergabe von Aufträgen erfolgten, muss die Kartellbehörde den Sachverhalt frühestmöglich der örtlich gemäß §§ 7 ff. StPO zuständigen Staatsanwaltschaft mitteilen. Dies ist auch in Nr. 242 Abs. 1 der **Richtlinien für das Straf- und Bußgeldverfahren** (RiStBV)[298] geregelt. Die Kartellbehörden weisen hierauf auch in der Bonusregelung hin.[299] Ein Verstoß hiergegen kann ggf. als Strafvereitelung (§ 258 StGB) verfolgt werden.[300] Der BGH leitete, allerdings nicht in den tragenden Gründen, eine strafbewährte Pflicht für Verwaltungsbehörden zur Unterrichtung der Strafverfolgungsbehörden aus § 41 Abs. 1 OWiG her.[301]

110   Die Staatsanwaltschaft prüft nach Abgabe des Verfahrens das Vorliegen eines Anfangsverdachts einer Straftat. Bejahendenfalls übernimmt sie das Verfahren, andernfalls trifft sie eine Entscheidung gemäß § 152 Abs. 2 StPO, dh sie lehnt die Einleitung eines Ermittlungsverfahrens wegen der Straftat ab und gibt das Bußgelderfahren gemäß § 41 Abs. 2 OWiG an die Kartellbehörde zur Verfolgung der Ordnungswidrigkeit zurück.[302]

II. Zuständigkeit der Kartellbehörden

111   Abweichend von der allgemeinen Zuständigkeitsregelung des § 40 OWiG, wonach die Staatsanwaltschaft, welche die verantwortlich natürliche Person verfolgt, auch zur Verhängung der Verbandsgeldbuße nach §§ 30, 130 OWiG gegen juristische Personen und Personenvereinigungen zuständig ist, enthält § 82 GWB iVm § 30 Abs. 4 S. 2 OWiG eine **Sonderregelung** für die Kartellbehörden.[303] Diese bleiben für die Festsetzung einer Geldbuße gegen eine juristische Person oder Personenvereinigung wegen Kartellverstößen auch in den Fällen ausschließlich zuständig, in denen die Anknüpfungstat zugleich den Tatbestand eines Strafgesetzes verwirklicht.[304] Diese Sonderregelung soll nach dem Willen des Gesetzgebers sicherstellen, dass bei Festsetzung von Verbandsgeldbußen, die Sachkunde und Erfahrung der Kartellbehörden, sowie die Zuständigkeit der Kartellsenate erhalten bleiben.[305]

---

[295] Wiedemann/*Klusmann* HdB KartellR § 57 Rn. 8.
[296] Bekanntmachung Nr. 9/2006 über den Erlass und die Reduktion von Geldbußen in Kartellsachen – Bonusregelung v. 7.3.2006, www.bundeskartellamt.de.
[297] Nach einer auf der Homepage des Bundeskartellamts – www.bundeskartellamt.de – veröffentlichten Statistik hat sich die Anzahl der Fälle in denen Bonusanträge gestellt wurden zwischen 2001 und 2014 von 2 auf 41 Anträge vervielfacht.
[298] Meyer-Goßner/Schmitt/*Schmitt* StPO Anh. 12.
[299] Vgl. F.III. bzw. Rn. 24 der Bonusregelung.
[300] MüKoStGB/*Hohmann* § 298 Rn. 104; NK/*Dannecker* § 298 Rn. 115; GJW/*Böse* StGB GWB § 82 Rn. 5.
[301] BGH Urt. v. 30.4.1997 – 2 StR 670/96, wistra 1997, 298; aA Immenga/Mestmäcker/*Dannecker/Biermann* GWB § 82 Rn. 17.
[302] Wiedemann/*Klusmann* HdB KartellR § 57 Rn. 8.
[303] Immenga/Mestmäcker/*Dannecker/Biermann* GWB § 82 Rn. 2.
[304] GJW/*Böse* GWB § 82 Rn. 1; Wiedemann/*Klusmann* HdB KartellR § 57 Rn. 8; HWSt/*Achenbach* 3. Teil, 4. Kapitel, Rn. 20.
[305] GJW/*Böse* GWB § 82 Rn. 1; HWSt/*Achenbach* 1. Teil, 2. Kapitel, Rn. 20; Immenga/Mestmäcker/*Dannecker/Biermann* GWB § 82 Rn. 4.

Die Regelung führt zu einer **Aufspaltung** der Verfahren. Der identische Lebenssachverhalt wird bezüglich den verantwortlichen natürlichen Personen von der Staatsanwaltschaft und bezüglich der Verhängung der Verbandsgeldbuße, also betreffend der juristischen Personen oder Personenvereinigungen von den Kartellbehörden ermittelt. Nr. 242 RiStBV trägt diesem Umstand Rechnung und sieht eine enge Zusammenarbeit zwischen Kartellbehörden und Staatsanwaltschaft, insbesondere eine Abstimmung und Unterrichtung über geplante Ermittlungsschritte mit Außenwirkung vor. 112

Die Zulässigkeit dieser Verfahrensaufspaltung ist umstritten. Die Kritiker der gesetzlichen Regelung machen verfassungsrechtliche Bedenken geltend. So soll Art. 103 Abs. 3 GG **(ne bis in idem)** verletzt sein, da es sich auch bei den Sanktionen nach §§ 30, 130 OWiG der Sache nach um die Verhängung einer Sanktion als Rechtsfolge einer Straftat handele.[306] Die hM folgt dieser Kritik mit beachtlichen Gründen nicht.[307] So liegt eine Doppelbestrafung schon deshalb nicht vor, weil die Sanktionen unterschiedliche Beteiligte treffen. Es handelt sich damit nicht um ein und dieselbe Tat.[308] Bei einem anderen Verständnis würde auch die Verhängung einer Verbandsgeldbuße gegen die juristische Person zu einem Strafklageverbrauch gegen die verantwortliche natürliche Person führen. Die Rechtsprechung hat sich zu dem Fragenkreis noch nicht geäußert. Soweit Entscheidungen vorliegen, betreffen sie die Rechtslage vor Einführung des § 82 GWB im Jahr 1997.[309] Die Praxis folgt der ganz hM aufgrund der unzweideutigen Regelung des § 82 GWB bzw. des § 30 Abs. 4 S. 2 OWiG und den von der hM angeführten Gründen. 113

Dies hat zur Folge, dass die Kartellbehörden nach eigenem Ermessen ebenfalls über die Festsetzung der Verbandsgeldbuße entscheiden. Sie können das Verfahren über die Verbandsgeldbuße jedoch auch nach eigenem Ermessen ebenfalls an die Staatsanwaltschaft abgeben (§ 82 Satz 2 GWB). 114

C. Strafverfahren (ausgewählte Fragen)

I. Die Bonusregelung und das Legalitätsprinzip

Im Bußgeldverfahren gilt das **Opportunitätsprinzip.** Die Verfolgung von Ordnungswidrigkeiten liegt nach § 47 Abs. 1 OWiG im pflichtgemäßen Ermessen der Verfolgungsbehörden.[310] In Ausübung ihres Ermessens bei der Festsetzung einer Geldbuße hat das Bundeskartellamt die sogenannte **Bonusregelung** erlassen.[311] Hierbei handelt es sich um eine Verwaltungsvorschrift, für deren Erlass es jedenfalls seit der 7-GWB-Novelle eine ausdrückliche Ermächtigung in § 81 Abs. 7 GWB gibt.[312] Der Sache nach handelt es sich um eine **Kronzeugenregelung** nach europäischem Vorbild.[313] Unter genau bestimmten Voraussetzungen honoriert die Bonusregelung die Kooperation von Kartellanten mit einer Bußgeldreduktion bis hin zum Erlass der Geldbuße. Dabei ist der Grad der Reduktion vom Maß der Kooperation des Kartellanten mit der Kartellbehörde bei der Aufdeckung des Kartells abhängig (→ § 18 Rn. 28 ff., 59 ff.). 115

Im Strafverfahren gilt dagegen das **Legalitätsprinzip.** Nach § 152 Abs. 2 StPO hat die Staatsanwaltschaft wegen aller verfolgbaren Straftaten einzuschreiten, sofern zureichende tatsächliche Anhaltspunkte dafür vorliegen. Dies ist der Fall, wenn konkrete Tatsachen vorliegen, die es nach kriminalistischer Erfahrung als möglich erscheinen lassen, dass eine 116

---

[306] HWSt/*Achenbach* 3. Teil, 5. Kapitel, Rn. 69 und 1. Teil, 2. Kapitel, Rn. 20; *ders.* wistra, 1998, 168 ff. und NJW 2001, 2232 ff. mwH.
[307] LK/*Tiedemann* § 298 Rn. 58 f.; MüKoStGB/*Hohmann* § 298 Rn. 108; NK/*Dannecker* § 298 Rn. 114; GJW/*Böse* GWB § 82 Rn. 2; Immenga/Mestmäcker/*Dannecker/Biermann* GWB § 82 Rn. 12.
[308] LK/*Tiedemann* § 298 Rn. 59.
[309] BGH Beschl. v. 19.12.1995 – KRB 33/95.
[310] Wiedemann/*Klusmann* HdB KartellR § 57 Rn. 11.
[311] Bekanntmachung Nr. 9/2006 über den Erlass und die Reduktion von Geldbußen in Kartellsachen – Bonusregelung v. 7.3.2006, www.bundeskartellamt.de.
[312] *Nickel* wistra 2014, 7 ff. (8).
[313] ABl. 2006 C 298, 17.

verfolgbare Straftat vorliegt. Die Umstände, die zur Begründung eines Anfangsverdachts führen können sind vielfältig. Sie können sich beispielsweise aus einer Strafanzeige (§ 158 StPO) oder aufgrund einer Übermittlung von Erkenntnissen anderer Behörden, vorliegend namentlich der Kartellbehörden ergeben. Gegebenenfalls müssen zur Klärung, ob ein Anfangsverdacht vorliegt, sogenannte **Vorermittlungen** geführt werden. Zwangs- und Eingriffsmaßnahmen nach der StPO sind jedoch in diesem Stadium unzulässig,[314] wohl aber Recherchen in allgemein- oder jedenfalls für Behörden zugänglichen Quellen, zB im Internet, öffentlichen Registern etc. Auch Anfragen bei anderen Behörden, zB den Kartellbehörden sind im Rahmen von Vermittlungen zulässig.

117 Wie oben (→ Rn. 109) ausgeführt, sind die Kartellbehörden nach § 41 Abs. 1 OWiG verpflichtet, die Staatsanwaltschaft von Umständen zu unterrichten, die den Verdacht einer Straftat begründen können. Hiervon erfahren die Kartellbehörden oft im Rahmen eines **Bonusantrages**. Auf ihre Verpflichtung in diesen Fällen das Verfahren gegen die natürliche Person an die Staatsanwaltschaft abzugeben wird in der Bonusregelung ausdrücklich hingewiesen.[315]

118 In diesen Fällen tritt regelmäßig die Schwierigkeit auf, dass die Kartellbehörden einerseits aufgrund der durch die Bonusregelung bewirkten Selbstbindung bei der Ausübung ihres Ermessens nach § 47 OWiG gebunden sind,[316] die Staatsanwaltschaft dagegen an das Legalitätsprinzip, das Ermessensentscheidungen, von Ausnahmen abgesehen, keinen Raum lässt. Während also die juristische Person bzw. die Personenvereinigung bei Vorliegen der Voraussetzungen der Bonusregelung mit einem Erlass der Geldbuße oder jedenfalls einer erheblichen Reduzierung rechnen darf, gelten für die auf Seiten der juristischen Person oder Personenvereinigung handelnden natürlichen Personen die aufgrund des Legalitätsprinzips wesentlich strengeren Regeln der Strafprozessordnung. Hinzu kommt, dass die juristische Person oder Personenvereinigung, die von der Bonusregelung Gebrauch machen möchte, ihren danach bestehenden Pflichten zur Aufdeckung des Kartells meist nur dann nachkommen kann, wenn die verantwortlichen natürlichen Personen ihrerseits kooperieren, dh Angaben zu erfolgten Absprachen machen.[317] Diese setzen sich aber durch ihre Mitwirkung dem **Risiko der Strafverfolgung** aus. Die Interessen der betroffenen Personenvereinigung und der verantwortlichen Personen weichen daher erheblich voneinander ab.

119 Diese Konsequenzen werden von Teilen der Literatur, insbesondere von Kritikern eines aufgespaltenen Verfahrens abgelehnt.[318] Danach soll die Bonusregelung dann keine Anwendung finden, wenn eine Straftat Anknüpfungstat der Verbandsgeldbuße nach § 30 OWiG ist, also insbesondere im Anwendungsbereich des § 298 StGB bzw. des § 263 StGB. Die Unternehmensgeldbuße sei in diesen Fällen Rechtsfolge der Straftat mit der Folge, dass nur in einem einheitlichen Verfahren über sie entschieden werden könne. Wegen des Vorrangs des Strafverfahrens müsse daher in diesem einheitlich entschieden werden.[319]

120 Diese Meinung wird indes von der weit überwiegenden Ansicht aus den gleichen Gründen abgelehnt, die bereits für die Zulässigkeit der ausschließlichen Zuständigkeit der Kartellbehörden für die Verfolgung der Verbandsgeldbuße vorgebracht werden.[320] Die Praxis ist daher mit der oben skizzierten Schwierigkeit konfrontiert.

121 Zwar kennt auch das Strafrecht in § 46b StGB eine **Kronzeugenregelung.** Diese ist aber für Täter einer Submissionsstraftat idR nicht anwendbar. Die sogenannte **Anlasstat,**

---

[314] Meyer-Goßner/Schmitt/*Schmitt* StPO § 152 Rn. 4b.
[315] F. III. der Bonusregelung.
[316] GJW/*Böse* GWB § 82 Rn. 4.
[317] Vgl. dazu jüngst ausführlich *Nickel* wistra 2014, 7 ff.
[318] *Achenbach* NJW 2001, 2232 ff.; FK/*ders.* GWB § 82 Rn. 22.
[319] *Achenbach* NJW 2001, 2232 ff. (2233).
[320] GJW *Böse* § 82 GWB Rn. 4; Immenga/Mestmäcker/*Dannecker/Biermann* GWB § 82 Rn. 13; MüKo-GWB/*Vollmer* § 82 Rn. 14.

dh die Tat, derentwegen die betreffende Person sich strafbar gemacht hat und hinsichtlich derer von Strafe abgesehen (§ 46b Abs. 1 S. 4 StGB) oder deren Strafhöhe gemildert werden kann, muss im **Mindestmaß** mit erhöhter Freiheitsstrafe bedroht sein. Taten mit der Mindeststrafandrohung von einem Monat (§ 38 Abs. 2 StGB) oder Geldstrafe (§ 40 Abs. 1 StGB)[321] und damit § 298 StGB[322] scheiden aus dem Anwendungsbereich des § 46b StGB aus. Für den Bereich der Submissionskartelle ist an eine Anwendung der Norm daher allenfalls im Anwendungsbereich des § 263 StGB zu denken, sofern mindestens ein Regelbeispiel des § 263 Abs. 3 StGB erfüllt ist. Nach § 46b Abs. 1 S. 2 StGB werden neben Qualifikationen auch Strafschärfungen durch besonders schwere Fälle berücksichtigt. Da im Anwendungsbereich des Submissionsbetruges ggf. Gewerbsmäßigkeit[323] nach § 263 Abs. 3 Nr. 1 StGB vorliegen könnte, kommt der strafrechtlichen Kronzeugenregelung auch im Bereich der Submissionsabsprachen ein, wenn auch kleiner Anwendungsbereich zu.[324] Die weiteren Voraussetzungen des § 46b StGB sind idR in Fällen der Submissionsabsprache erfüllt. Insbesondere handelt es sich sowohl bei § 298 StGB, als auch § 263 Abs. 3 StGB um Delikte, deren Aufklärung § 46b StGB entsprechend honoriert. Bei beiden Vorschriften handelt es sich nämlich um **Katalogtaten** nach § 100a Abs. 2 StPO auf welche § 46b Abs. 1 StGB verweist. § 298 StGB wird von § 100a Abs. 2 Nr. 1 lit. r StPO und § 263 Abs. 3 und 5 StGB von § 100a Abs. 2 Nr. 1 lit. n StPO erfasst. Ein Zusammenhang zwischen der Anlasstat und der aufzuklärenden Tat, wie es § 46b StGB neuerdings erfordert,[325] liegt in den hier relevanten Fallkonstellationen, namentlich in Fällen, in denen von der **Bonusregelung** Gebrauch gemacht wird vor. Anlasstat und aufgeklärte Tat sind Teil eines „kriminellen Gesamtgeschehens".[326] An der Anwendbarkeit des § 46b StGB in diesen Fällen ändert auch der Umstand nichts, dass gegebenenfalls Tateinheit zwischen § 298 StGB und § 263 Abs. 1 und Abs. 3 StGB vorliegen kann. § 298 StGB sperrt in diesen Fällen die Anwendung des § 46b StGB nicht. Die Strafe wird bei Tateinheit aus dem schwereren Delikt, dh § 263 Abs. 3 StGB entnommen (§ 52 Abs. 2 StGB). Nur bei Tatmehrheit wäre die Anwendung von § 46b StGB für jede Tat gesondert zu prüfen.[327]

Die Staatsanwaltschaft kann mit Zustimmung des Gerichts, das für die Hauptverhandlung zuständig wäre, in Fällen, in denen nach § 46b Abs. 1 S. 4 StGB von Strafe abgesehen werden kann, das Verfahren nach § 153 b StPO einstellen.[328] Da es sich insoweit um eher schwerwiegendere Taten bzw. um Taten von mindestens mittlerer Kriminalität handelt wird in aller Regel die Wirtschaftsstrafkammer nach § 74 c GVG des örtlich zuständigen Landgerichts das für die Zustimmung zuständige Gericht sein. Eine Zusage der Staatsanwaltschaft gemäß § 153b StPO zu verfahren kann es, da die Anwendung der Norm von der Zustimmung des Gerichts abhängig ist, nicht geben. **122**

In Fällen, in denen lediglich eine Strafbarkeit nach § 298 StGB in Betracht kommt, ist § 46b StGB nicht anwendbar. § 298 StGB ist keine Anlasstat iSd § 46b StGB.[329] Leistet ein Täter in diesen Fällen hingegen Aufklärungshilfe **bevor** der Veranstalter das abgesprochene Angebot angenommen oder die Leistung erbracht hat, ist das Verfahren mit Blick auf § 298 Abs. 3 StGB schon mangels Tatverdachts einzustellen. Obgleich dieser Zeitpunkt nach der hier vertretenen Meinung (→ Rn. 60 ff.) erst mit der letzten Teilzahlung des Veranstalters erreicht ist, wird der Anwendungsbereich der **„Tätigen Reue"** in Fällen, in denen ein **Bonusantrag** gestellt wird, nur selten zum Tragen kommen. Bonusanträge erfassen meist **123**

---

[321] *Fischer* § 46b Rn. 6.
[322] *Nickel* wistra 2014, 7 ff. (9).
[323] Vgl. dazu *Fischer* vor § 52 Rn. 61 ff.
[324] Anders, aber ohne § 263 StGB in den Blick zu nehmen; *Nickel* wistra 2014, 7 ff. (9).
[325] Dieses Erfordernis wurde durch das 46. StÄG mit Wirkung zum 1.8.2013 eingeführt. Vgl. dazu *Peglau* NJW 2013, 1910 ff.
[326] *Fischer* § 46b Rn. 9b.
[327] *Fischer* § 46b Rn. 30.
[328] Meyer-Goßner/Schmitt/*Schmitt* StPO § 153b Rn. 1.
[329] *Nickel* wistra 2014, 7 ff. (9).

einen langen Zeitraum eines rechtswidrigen Verhaltens, zumal Kartellabsprachen die Tendenz zur Wiederholung innewohnt. In aller Regel wird daher § 298 Abs. 3 StGB auch bei weiter Auslegung des Tatbestands in diesem Bereich nicht zur Anwendung kommen. Gleichwohl ist zu bedenken, dass § 298 Abs. 3 StGB faktisch die Aufdeckung des Kartells voraussetzt. Damit werden weitere Absprachen verhindert und der Wettbewerb für die Zukunft geschützt. Insoweit besteht eine gewisse Nähe zu den Gründen für einen Erlass der Verbandsgeldbuße im Falle eines wirksamen Bonusantrags.[330]

124 Über die genannten Vorschriften hinaus ist die „Aufklärungshilfe" wie sie zB mit einem Bonusantrag statt findet jedoch allgemein gemäß § 46 StGB strafmildernd zu berücksichtigen.[331] Dies dürfte der Grund sein, weshalb § 46b StGB nur den Bereich der mittleren bis schweren Kriminalität „privilegiert".[332] Im Bereich der nicht mit erhöhter Strafe sanktionierten Kriminalität soll nach Ansicht des Gesetzgebers diese Strafmilderung für eine angemessene Berücksichtigung ausreichend sein.[333]

125 Insoweit ist insbesondere an die Möglichkeit einer **Einstellung des Verfahrens** nach den Vorschriften, die im Bereich von Vergehen die Geltung des **Opportunitätsprinzips auch im Strafverfahren** vorsehen[334] oder eine vereinfachte Verfahrenserledigung ermöglichen[335] zu denken. So können Verfahren, die ein Vergehen (§ 12 Abs. 2 StGB) zum Gegenstand haben, wegen geringer Schuld mangels öffentlichem Interesse an der Strafverfolgung ohne Auflagen gemäß § 153 StPO oder zur Beseitigung eines öffentlichen Interesses gegen Auflagen gemäß § 153a StPO eingestellt werden, sofern die Schwere der Schuld nicht entgegen steht (→ Rn. 142 ff.).[336]

II. Akteneinsicht insbesondere in den Bonusantrag

126 Im Rahmen der Zusammenarbeit zwischen Kartell- und Ermittlungsbehörden erhalten die zuständigen Staatsanwaltschaften im Rahmen der Abgabe der Verfahren gegen die beteiligten natürlichen Personen nach § 41 OWiG regelmäßig die für die Verfahrenseinleitung maßgeblichen Unterlagen. Beruht die Einleitung des Verfahrens, dh der hierzu erforderliche Anfangsverdacht auf den Angaben im Rahmen eines **Bonusantrages**, wird auch dieser den Ermittlungsbehörden zur Verfügung gestellt. Bezüglich der Akteneinsicht in diese Dokumente sind einige Besonderheiten zu beachten. Die Frage steht im Interessenkonflikt zwischen der Kartellrechtsdurchsetzung im Straf- und Bußgeldverfahren einerseits und durch private Schadenersatzklagen andererseits.[337]

1. Akteneinsicht von Geschädigten

127 Entsprechende Anträge sind regelmäßig auf § 406e StPO gestützt. Da eine Nebenklageberechtigung[338] des Verletzten nicht besteht, ist ihm Akteneinsicht nach dieser Vorschrift zu gewähren, wenn er hierfür ein **berechtigtes Interesse** darlegt (§ 406e Abs. 1 S. 1 StPO) und keine überwiegenden schutzwürdigen Interessen des Beschuldigten oder anderer Personen entgegen stehen (§ 406e Abs. 2 S. 1 StPO). Sie kann auch versagt werden, soweit der Untersuchungszweck auch in einem anderen Strafverfahren gefährdet erscheint (§ 406e Abs. 2 S. 2 StPO) oder das Verfahren hierdurch erheblich verzögert würde (§ 406e Abs. 2 S. 3 StPO).

128 Im Bußgeldverfahren ist die Vorschrift gemäß § 46 Abs. 3 S. 4 OWiG entsprechend anzuwenden. Die maßgeblichen Entscheidungen ergingen daher in diesem Bereich, weshalb hier auf die ausführliche Darstellung dort verwiesen wird (→ § 18 Rn. 242–290).

---

[330] GJW/*Böse* StGB § 298 Rn. 38.
[331] *Nickel* wistra 2014, 7 ff. (9).
[332] *Fischer* § 46b Rn. 6a; *Nickel* wistra 2014, 7 ff. (9).
[333] *Nickel* wistra 2014, 7 ff. (9) mwH.
[334] ZB § 153 StPO ermöglicht bei Vergehen eine Durchbrechung des Legalitätsprinzips; GJW/*Ganter* StPO § 153 Rn. 1.
[335] Namentlich um eine Erledigung nach § 153a StPO; GJW/*Ganter* StPO § 153a Rn. 1.
[336] *Nickel* wistra 2014, 7 ff. (11).
[337] *Busch/Sellin* BB 2012, 1167 ff.
[338] Vgl. dazu § 395 iVm § 406e Abs. 1 S. 2 StPO.

Hier nur so viel: Auf eine entsprechende Vorlage des AG Bonn[339] hat der EuGH[340] entschieden, dass die Gerichte der Mitgliedstaaten selbst die Voraussetzungen festlegen müssen, nach welchen Kartellgeschädigte zur Vorbereitung von Schadenersatzprozessen Zugang zu den Kartellakten erhalten. Das AG Bonn hat daraufhin gestützt auf § 406 Abs. 2 S. 2 StPO wegen **Gefährdung des Untersuchungszwecks** in **anderen Verfahren** ein Recht auf Einsicht für Verletzte eines Kartells in die **Bonusantragsunterlagen** mit der Begründung verweigert, dadurch würden Kartellmitglieder davon abgehalten, sich an dem Kronzeugenverfahren zu beteiligen.[341] Auch überwiegen die schutzwürdigen Interessen des **Kronzeugen,** der belastende Informationen im Vertrauen auf deren vertrauliche Behandlung preisgegeben habe.[342] Das OLG Düsseldorf hat sich insbesondere der letztgenannten Argumentation angeschlossen.[343] Nach dieser Entscheidung soll es den Interessen des Geschädigten genügen, Einsicht in die Bußgeldbescheide und ggf. die sonstigen Akten zu erhalten. Danach wird man davon ausgehen können, dass den Verletzten eines Kartells jedenfalls über § 406e StPO derzeit **keine Einsicht** in den **Bonusantrag** und die hierzu übermittelten Unterlagen zu gewähren ist.[344]

2. Akteneinsicht für Justizbehörden

In einer kürzlich ergangen Entscheidung hat das OLG Hamm nun entschieden, dass die sich in den Strafakten befindlichen **Bonusanträge** ebenso wenig einer Akteneinsicht an ein Zivilgericht entgegen stehen wie eine sich darin befindliche vertrauliche Entscheidung der Europäischen Kommission. Gemäß § 474 StPO sei vielmehr im Regelfall Akteneinsicht zu gewähren. Ein besonderer Anlass zur weitergehenden Prüfung nach § 477 Abs. 4 S. 2 StPO bestünde auch zum Schutze des Bonusantrages nicht.[345] Es ist jedoch darauf hinzuweisen, dass diese Entscheidung nicht zwingend zu einer Bekanntgabe der Bonusanträge an die Kartellgeschädigten führt. Gemäß § 477 Abs. 4 StPO muss die ersuchende Justizbehörde in eigener Verantwortung prüfen, inwieweit die Verwendung der Daten unter Berücksichtigung der schützenswerten Belange der Beklagten erfolgen kann (→ § 29 Rn. 33–52).[346]

3. Akteneinsicht für Verteidiger

Diese folgt den allgemeinen Regeln des § 147 StPO. Einschränkungen im Hinblick auf den Bonusantrag gibt es hier nicht.[347] Sofern man den Bonusantrag als Bestandteil einer Akte einer anderen Behörde ansieht, ändert dies daran nichts, da der Verteidiger auch hierin Einsicht nehmen kann. Soll dies verhindert werden, bedarf es einer Sperre nach § 96 StPO (→ § 18 Rn. 68).[348]

III. Überwachung der Telekommunikation (§ 100a StPO)

1. Zulässigkeit der Überwachung der Telekommunikation

§ 298 StGB ist nach § 100a Abs. 2 Nr. 1 lit. r. StPO **Katalogtat,** dh als schweres Delikt iSd § 100a Abs. 1 StPO eingestuft, dessentwegen die Telekommunikationüberwachung

---

[339] AG Bonn Beschl.v. 4.8.2009 – 51 Gs 53/09.
[340] EuGH Urt. v. 14.6.2011 – C-360/09, NJW 2011, 2946; vgl. auch die Kurzbesprechung der Entscheidung *Bischke/Boger/Mueller* NZG 2010, 60f. und *Bischke/Brack* NZG 2011, 779f.; Meyer/Goßner/Schmitt/*Schmitt* StPO § 406e Rn. 6.
[341] Gegen die Berücksichtigung dieser rein abstrakten und theoretischen Möglichkeit jedoch OLG Hamm in der zu § 474 StPO ergangenen Entscheidung Beschl. v. 26.11.2013 – verb. Rs. III-1 VAs 116/13–120 und 122/13, WuW 2014, 301; Meyer-Goßner/Schmitt/*Schmitt* StPO § 406e Rn. 6a.
[342] AG Bonn Beschl. v. 18.2.2012 – 51 GS 53/09, NJW 2012, 947ff.
[343] OLG Düsseldorf Beschl v. 22.8.2012 – V-4 Kart 5/11 (Owi).
[344] Meyer-Goßner/Schmitt/*Schmitt* StPO § 406e Rn. 6.
[345] OLG Hamm Beschl. v. 26.11.2013 – III-1 VAs 116/13–120 und 122/13, WuW 2014, 301.
[346] OLG Hamm Beschl. v. 26.11.2013 – III-1 VAs 116/13–120 und 122/13, WuW 2014, 301.
[347] *Wessing* WuW 2010, 1019ff.
[348] Meyer-Goßner/Schmitt/*Schmitt* StPO § 147 Rn. 16.

angeordnet werden darf.[349] Das gleiche gilt für den Betrug, sofern mindestens ein besonders schwerer Fall iSd § 263 Abs. 3 oder die Qualifikation des § 263 Abs. 5 StGB erfüllt ist (§ 100a Abs. 2 Nr. 1 lit. n. StPO).

132 Weitere Voraussetzung der Anordnung ist zunächst das Bestehen eines entsprechenden Tatverdachts, der aber weder dringend iS einer weit überwiegenden Wahrscheinlichkeit für das Vorliegen einer entsprechenden Straftat, noch hinreichend, dh zu einer Anklage ausreichend sein muss.[350] Es müssen bestimmte Tatsachen vorliegen, die unmittelbar oder als Beweisanzeichen den Verdacht einer Katalogtat begründen.[351] Diese Umstände können sich wie sonst auch durch Zeugenangaben, Strafanzeigen und andere Umstände ergeben. Zu denken wäre auch an hinreichend konkrete und mit überprüfbaren Tatsachen belegte Hinweise aus dem vom Bundeskartellamt neuerdings unterhaltenen **Whistleblowersystem,**[352] welches die anonyme Kommunikation mit Hinweisgebern ermöglicht. Weniger Praxisrelevanz dürften demgegenüber die Angaben in Bonusanträgen haben, da in diesen Fällen das Kartell zumeist beendet ist, sich also idR keine tatbezogene Kommunikation mehr ergeben dürfte.

133 Des Weiteren müssen die Straftaten auch im konkreten Einzelfall schwerwiegend sein (§ 100a Abs. 1 Nr. 2 StPO). Abzustellen ist hierbei ua auf die Folgen der Straftat.[353] Bei bundes- oder gar europaweit agierenden Kartellen dürfte dies in aller Regel der Fall sein. Ebenso bei verfestigten Kartellstrukturen, hohen Auftragsvolumina etc.

134 Die Anordnung ist nach § 100a Abs. 1 Nr. 3 StPO subsidiär, dh sie darf nur ergehen, wenn die Ermittlungen sonst wesentliche erschwert oder aussichtslos wären. Zunächst ist also zu prüfen, ob es andere Ermittlungsmöglichkeiten gibt. Stehen diese auch unter einem gleichartigen Subsidiaritätsvorbehalt, besteht für die Ermittlungsbehörden grundsätzlich eine Wahlmöglichkeit.[354] Ist dies nicht der Fall, ist zu prüfen, ob sie die gleichen Erfolgsmöglichkeiten bieten. Ist das der Fall, scheidet eine Telekommunikationsüberwachung aus. Den Ermittlungsbehörden ist dabei ein **Beurteilungsspielraum** eingeräumt.[355] Zu denken ist insbesondere an die Durchsuchung. Liegen jedoch Anhaltspunkte dafür vor, dass über die Absprachen keine Aufzeichnungen existieren etc, könnte dies zugunsten einer Anordnung sprechen.

135 Die Anordnung muss sich gegen eine bestimmt Person richten. Dies wird in der Regel der Beschuldigte sein, es kann aber auch eine Person sein, von der aufgrund bestimmter Tatsachen anzunehmen ist, dass sie vom Beschuldigten herrührende Mitteilungen entgegen nimmt oder weitergibt (§ 100a Abs. 3 StPO). Bezogen auf Fälle des § 298 StGB kommen daher insbesondere Anordnungen gegen die Personen, die ein Angebot im Rahmen einer Ausschreibung abgeben und/oder an Absprachen beteiligt sind in Betracht. Hierzu benötigen die Ermittlungsbehörden insoweit konkrete Hinweise, wie sie aber zB durch einen „Wistleblower" zu erlangen sein dürften.

136 Die Maßnahme ist unzulässig, wenn Anhaltspunkte dafür gegeben sind, dass die Maßnahme allein Erkenntnisse aus dem Kernbereich privater Lebensführung erbringen würde (§ 100a Abs. 4 StPO). Dies dürfte im vorliegenden Handlungszusammenhang aufgrund des eindeutig betrieblichen Bezugs kaum je der Fall sein.[356] Unzulässig ist darüber hinaus die Anordnung gegen Verteidiger[357] und gegen unverdächtige Rechtsanwälte nach Maßgabe des § 160a StPO.[358]

137 Die formellen Anordnungsvoraussetzungen ergeben sich aus § 100b StPO.

---

[349] Fischer § 298 Rn. 23.
[350] Meyer-Goßner/Schmitt/*Schmitt* StPO § 100a Rn. 9.
[351] Meyer-Goßner/Schmitt/*Schmitt* StPO § 100a Rn. 9.
[352] www.bundeskartellamt.de.
[353] Meyer-Goßner/Schmitt/*Schmitt* StPO § 100a Rn. 11.
[354] Meyer-Goßner/Schmitt/*Schmitt* StPO § 100a Rn. 14.
[355] Meyer-Goßner/Schmitt/*Schmitt* StPO § 100a Rn. 13.
[356] Vgl. die Einzelheiten bei Meyer-Goßner/Schmitt/*Schmitt* StPO § 100a Rn. 22 ff.
[357] Meyer-Goßner/Schmitt/*Schmitt* StPO § 100a Rn. 21.
[358] Meyer-Goßner/Schmitt/*Schmitt* StPO § 100a Rn. 21a.

2. Verwertung im Verfahren zur Festsetzung der Verbandsgeldbuße

Die rechtmäßig[359] erlangten Überwachungsergebnisse können grundsätzlich im Verfahren gegen die Beschuldigten und alle Tatbeteiligten verwertet werden. Dies gilt auch bei Änderung der rechtlichen Beurteilung, solange bei Anordnung ein objektiver Bezug zu einer Katalogtat bestanden hat.[360] Die Verwertung der Ergebnisse im Strafverfahren gegen die beschuldigten natürlichen Personen ist daher unter diesen Voraussetzungen selbst dann gegeben, wenn beispielsweise lediglich noch ein einfacher Betrug nach § 263 StGB oder eine Untreue nach § 266 StGB verfolgt würde. **138**

Fraglich und soweit ersichtlich bislang noch nicht explizit erörtert ist jedoch, ob Erkenntnisse aus Telefonüberwachungsmaßnahmen auch im Rahmen der Festsetzung der **Verbandsgeldbuße** verwertet werden dürfen. Im Strafverfahren hätte der Verband grundsätzlich die Stellung als Nebenbetroffener gemäß § 444 StPO. Anknüpfungstat des § 30 OWiG ist in diesen Fällen eine Straftat. Nach dem Grundsatz der **Klammerwirkung** wird über die Sanktion der juristischen Person oder der Personenvereinigung grundsätzlich in dem Verfahren entschieden, das wegen der Anknüpfungstat der Leitungsperson geführt wird.[361] Eine Verwertung der Erkenntnisse aus der Telekommunikationsüberwachung ist daher unter den gleichen Voraussetzungen gegeben, wie bezüglich der Anlasstat. **139**

Im Kartellrecht wird die Verbandsgeldbuße aber wie oben ausgeführt (→ Rn. 111) nach § 30 Abs. 4 S. 2 OWiG iVm § 82 GWB in einem gesonderten Verfahren festgesetzt. Die Kartellbehörden bleiben hierfür auch dann ausschließlich zuständig, wenn die Anknüpfungstat von § 30 OWiG eine Straftat ist. Dies begründet auch eine abweichende gerichtliche Zuständigkeit. Nach § 83 GWB ist der Kartellsenat beim Oberlandesgericht Düsseldorf und für die Rechtsbeschwerde nach § 84 GWB der Kartellsenat beim Bundesgerichtshof zuständig. Das Verfahren ist dem Ordnungswidrigkeitenrecht zuzurechnen.[362] Führt also das Kartellamt in diesen Fällen das Ordnungswidrigkeitsverfahren wegen der Verbandsgeldbuße, könnte § 477 Abs. 2 S. 2 StPO zur Anwendung kommen. Erkenntnisse aus einer Telekommunikationsüberwachung dürfen danach in anderen Strafverfahren nur zur Aufklärung solcher Straftaten verwendet werden, zu deren Aufklärung eine solche Maßnahme nach dem Gesetz hätte angeordnet werden dürfen. Im Bußgeldverfahren sind Telekommunikationsüberwachungsmaßnahmen aber nach § 46 Abs. 3 OWiG unzulässig.[363] **140**

Der Gesetzgeber hat aber bei Schaffung des § 477 Abs. 2 S. 2 StPO diese Konstellation nicht vor Augen gehabt. Es ging um die Verwertung von **Zufallsfunden,** die anlässlich von solchen, nur bei bestimmten Katalogtaten zulässigen Ermittlungsmaßnahmen gewonnen wurden. Die Vorschrift beansprucht daher für die Aufklärung der Anlasstat keine Geltung, auch wenn dies in von vornherein getrennt geführten Verfahren gegen Mitbeteiligte erfolgt.[364] Besteht demnach die Anlasstat für § 30 OWiG in einer Straftat nach § 298 StGB, so dürfen die im strafrechtlichen Ermittlungsverfahren gewonnenen Erkenntnisse aus einer rechtmäßig angeordneten Telekommunikationsüberwachung auch im Verfahren zur Festsetzung der Verbandgeldbuße verwertet werden. **141**

---

[359] Bezüglich der differenzierten Folgen von Verstößen gegen die Anordnungsvoraussetzungen vgl. Meyer-Goßner/Schmitt/*Schmitt* StPO § 100a Rn. 35f.
[360] Meyer-Goßner/Schmitt/*Schmitt* StPO § 100a Rn. 32.
[361] Göhler/*Gürtler* OWiG § 30 Rn. 32ff.
[362] Immenga/Mestmäcker/*Dannecker/Biermann* GWB § 82 Rn. 18.
[363] KK-OWiG/*Lampe* § 46 Rn. 44.
[364] Meyer-Goßner/Schmitt/*Schmitt* StPO § 477 Rn. 5.

D. Rechtsfolgen

I. § 153 StPO

142 Nach § 153 Abs. 1 S. 1 StPO ist eine Einstellung des Verfahrens möglich, sofern ein Vergehen vorliegt, die Schuld des Täters als gering anzusehen ist und kein öffentliches Interesse an der Verfolgung besteht. Einer Zustimmung des Beschuldigten bedarf es im Ermittlungsverfahren nicht (§ 153 Abs. 1 StPO), nach Erhebung der öffentlichen Klage, abgesehen von einigen in § 153 Abs. 2 S. 2 StPO normierten Ausnahmen, hingegen schon (§ 153 Abs. 2 S. 1 StPO). Eine Einstellung durch die Staatsanwaltschaft im Ermittlungsverfahren ohne Zustimmung des Gerichts führt zu keinem **Strafklageverbrauch**.[365] Das Verfahren kann also in den Grenzen der Verjährung jederzeit wieder aufgenommen werden. Eine Einstellung mit Zustimmung des Gerichts oder durch das Gericht nach § 153 Abs. 2 StPO bewirkt einen beschränkten Strafklageverbrauch.[366] Eine Wiederaufnahme ist nur möglich, wenn sich die Tat als Verbrechen darstellt, was in den vorliegenden Fallkonstellationen kaum je von praktischer Relevanz sein wird, da es sich bei fast allen in Betracht kommenden Tatbeständen um Vergehen nach § 12 StGB handelt. Theoretisch denkbar wäre eine Wiederaufnahme des Verfahrens etwa bei einer (nachträglichen) Qualifizierung der Tat als Verbrechen nach § 263 Abs. 5 StGB.[367] Die Einstellung kann auf die Straftat beschränkt werden. Die Staatsanwaltschaft kann die Einstellung auf die Straftat beschränken und das Verfahren zur Verfolgung der Ordnungswidrigkeit der natürlichen Personen wieder an die Kartellbehörde abgeben.[368]

143 Der Zustimmung des Gerichts bedarf es nach § 153 Abs. 1 S. 2 StPO nicht bei einem Vergehen, das nicht im Mindestmaß mit einer erhöhten Strafe bedroht ist und bei dem durch die Tat verursachten Folgen gering sind. Letzteres dürfte bei den hier im Raum stehenden Sachverhaltskonstellationen kaum anzunehmen sein. Zwar finden besonders schwere Fälle keine Beachtung, es kommt insoweit auf die Strafandrohung des Grundtatbestands an, weshalb zB auch ein gewerbsmäßiger Betrug gemäß § 153 Abs. 1 S. 2 eingestellt werden kann.[369] Dennoch ist der Anwendungsbereich der Norm im Wesentlichen auf Bagatellfälle beschränkt. Die Grenze geringer Tatfolgen bei Vermögensdelikten liegt bei etwa 50 EUR.[370] Ua bei Gefährdungsdelikten ist die Frage, ob **geringe Tatfolgen** vorliegen, nur schwer zu beantworten. Anhaltspunkte können zB geringe Auswirkungen auf das Tatopfer liefern.[371] Bezogen auf § 298 StGB wird man hiervon indes in aller Regel, ausgehend von dem Umstand, dass Ausschreibungen erst ab einer gewissen Höhe des Auftragsvolumens erfolgen, kaum je annehmen können.

144 Mit **Zustimmung des Gerichts** oder im gerichtlichen Verfahren durch Beschluss des Gerichts entfällt das Erfordernis der „geringen Tatfolge". Eine Einstellung ist möglich bei **geringer Schuld** und **Fehlen eines öffentlichen Interesses** an der Strafverfolgung.

145 Eine **geringe Schuld** ist gegeben, wenn sie im Vergleich mit anderen Vergehen gleicher Art nicht unerheblich unter dem Durchschnitt liegt, also am untersten Bereich der Strafdrohung angesiedelt ist.[372] Zur Bestimmung ist auf die Strafzumessungskriterien des § 46 Abs. 2 StGB zurückzugreifen.[373] In Fällen, in denen ein Bonusantrag vorliegt, kann

---

[365] GJW/Ganter StPO § 153 Rn. 19.
[366] BGH Beschl. v. 26.8.2003 – 5 StR 145/03, BGHSt 48, 331; GJW/Ganter StPO § 153 Rn. 20; Meyer-Goßner/Schmitt/Schmitt StPO § 153 Rn. 37 f.
[367] Fischer § 12 Rn. 8; § 263 Rn. 229; Qualifikationen sind, wenn sie im Mindestmaß mit einer Freiheitsstrafe von mehr als einem Jahr bedroht sind als Verbrechen einzustufen. Das ist bei § 263 Abs. 5 StGB der Fall.
[368] Meyer-Goßner/Schmitt/Schmitt StPO § 153 Rn. 6.
[369] GJW/Ganter StPO § 153 Rn. 11; Meyer-Goßner/Schmitt/Schmitt StPO § 153 Rn. 15.
[370] Meyer-Goßner/Schmitt/Schmitt StPO § 153 Rn. 17; GJW/Ganter StPO § 153 Rn. 11.
[371] Meyer-Goßner/Schmitt/Schmitt StPO § 153 Rn. 17.
[372] GJW/Ganter StPO § 153 Rn. 6; Meyer-Goßner/Schmitt/Schmitt StPO § 153 Rn. 4.
[373] GJW/Gantner § 153 Rn. 7; Meyer-Goßner/Schmitt/Schmitt StPO § 153 Rn. 4.

hier zB der individuelle **Aufklärungsbeitrag** des Beschuldigten berücksichtigt werden.[374] Gleichwohl wird man in den im Kartellrecht vorliegenden Fallkonstellationen nur selten bzw. ausnahmsweise zur Annahme einer geringen Schuld angesichts des regelmäßig festzustellenden Tatumfangs und der Ausschreibungssummen etc kommen.

Jedenfalls ist insoweit das Fehlen eines **öffentlichen Interesses**[375] an der Strafverfolgung kaum vorstellbar.[376] Insbesondere **generalpräventive Gesichtspunkte** bei oft länger bestehenden Kartellen, einer Betroffenheit der öffentlichen Hand als Veranstalter der Ausschreibung, Ausschreibungswert, Schadenssumme, Größe und Bedeutung des Kartells dürften es nur in gut begründeten Einzelfällen zulassen, das öffentliche Interesse an der Strafverfolgung, etwa durch die mit einer Aufklärung verbundenen Beendigung des Kartells und der Verfolgung der anderen Kartellmitglieder als aufgewogen anzusehen.[377] **146**

II. § 153a StPO

§ 153a StPO gestattet im Gegensatz zu § 153 StPO, der auf Bagatellverstöße und leichte Kriminalität beschränkt ist, eine vereinfachte Verfahrensbeendigung bei **Vergehen** iSd § 12 Abs. 2 StGB bis in den Bereich der **mittleren Kriminalität**.[378] Eine Zustimmung des Beschuldigten ist dabei stets erforderlich. Im Gegensatz zu § 153 StPO ist eine auf die Straftat beschränkte Einstellung beim Zusammentreffen mit einer Ordnungswidrigkeit nicht möglich. Das eintretende Verfahrenshindernis bezieht sich, sofern Tatidentität iSd § 264 StPO gegeben ist, auch auf die Ordnungswidrigkeit.[379] Schließlich setzt § 153a StPO im Gegensatz zu § 153 StPO, der insoweit nur eine „gewisse Wahrscheinlichkeit" ohne weitere Ermittlungen verlangt, das Bestehen eines hinreichenden Tatverdachts voraus.[380] Dh das Verfahren muss zum Zeitpunkt der Entscheidung soweit ausermittelt sein, dass alternativ, etwa wenn der Beschuldigte die Zustimmung zur Einstellung verweigert oder die Auflagen nicht erfüllt, Anklage erhoben werden könnte. **147**

Der **Strafklageverbrauch** ist im Gegensatz zu § 153 StPO in § 153a Abs. 1 S. 5 StPO ausdrücklich geregelt. Die Vorschrift, die auch für die gerichtliche Einstellung nach § 153a Abs. 2 StPO gilt,[381] sieht einen auf Vergehen beschränkten Strafklageverbrauch vor für den Fall, dass der Beschuldigte die ihm erteilten Auflagen und Weisungen erfüllt. Eine neue Verfolgung wegen derselben Tat bleibt aber zulässig, wenn sich bezüglich der Tat später der Verdacht eines Verbrechens ergibt. Insoweit kann auf das oben zu § 153 StPO angeführte Beispiel des nachträglichen Bekanntwerdens von Umständen verwiesen werden, die eine Qualifikation der Tat nach § 263 Abs. 5 StGB rechtfertigen. Da § 153a StPO gerade im Bereich des Kartellstrafrechts, etwa im Zusammenhang mit der von Bonusantragstellern geleisteten Aufklärungshilfe einige Bedeutung zukommt, ist darauf hinzuweisen, dass die Sperrwirkung einer Einstellung nach § 153a StPO die **prozessuale Tat** iSd § 264 StPO erfasst.[382] Darunter versteht man den einheitlichen geschichtlichen Lebenssachverhalt, der sich von anderen ähnlichen oder gleichartigen unterscheidet, innerhalb dessen der Beschuldigte einen Straftatbestand verwirklicht haben soll.[383] Ohne hier auf die Einzelheiten des prozessualen Tatbegriffs einzugehen, kann festgestellt werden, dass jedenfalls dann eine prozessuale Tat vorliegt, wenn materiell-rechtlich eine ein- **148**

---

[374] *Nickel* wistra 2014, 7 ff. (11).
[375] GJW/*Gantner* § 153 Rn. 9; Meyer-Goßner/Schmitt/*Schmitt* StPO § 153 Rn. 7.
[376] *Nickel* wistra 2014, 7 ff. (11).
[377] *Nickel* wistra 2014, 7 ff. (11).
[378] GJW/*Ganter* StPO § 153a Rn. 1.
[379] GJW/*Ganter* StPO § 153a Rn. 5; Meyer-Goßner/Schmitt/*Schmitt* StPO § 153a Rn. 35; sofern zwischen Straftat und OWiG keine Tatidentität besteht gilt dies jedoch nicht. BGH Beschl. v. 15.3.2012 – 5 StR 288/11.
[380] Meyer-Goßner/Schmitt/*Schmitt* StPO § 153a Rn. 7 und § 153 Rn. 3.
[381] § 153a Abs. 2 S. 2 StPO.
[382] GJW/*Gantner* StPO § 153a Rn. 29.
[383] Meyer-Goßner/Schmitt/*Schmitt* StPO § 264 Rn. 2.

heitliche Handlung iSd § 52 StGB gegeben ist.[384] Strafklageverbrauch tritt daher auch ein, wenn sich nachträglich ein größerer Schuldgehalt herausstellt oder sich die vermeintliche Einzeltat als Teil einer Dauerstraftat oder einer gesetzlichen Handlungseinheit darstellt.[385] In diesem Zusammenhang kann es gerade im Falle eines **Bonusantrages** zu Problemen kommen. Bonusanträge werden mit Blick auf § 81 GWB iVm § 30 OWiG gestellt. Verschiedene im Hinblick auf § 298 StGB oder § 263 StGB relevante Fragen spielen hier keine oder kaum eine Rolle, so zB ob Ausschreibungen im Sinne des § 298 Abs. 1 oder nach § 298 Abs. 2 StGB gleichwertige Vergabeverfahren von der Absprache betroffen waren, ob dem Veranstalter ein Schaden entstanden ist, in wie viele Einzelfällen die Absprache gehandhabt wurde etc. Der Einschätzung von Nickel, wonach es „nicht außerhalb der kriminalistischen Erfahrung (liege), dass Beschuldigte nur so viel preisgeben, wie sie eben müssen oder zur Erreichung eines gewünschten Ergebnisses zu müssen glauben", ist daher zuzustimmen.[386] Ermittlungs- und Strafverfahren sollten daher erst dann gemäß § 153a StPO abgeschlossen werden, wenn die Ermittlungen zum Gesamtkartell namentlich auch bezüglich derjenigen Kartellmitglieder, die keinen Bonusantrag gestellt haben, so weit als möglich durchgeführt sind und sich der Schuldumfang absehen lässt.[387]

149   Voraussetzung einer Einstellung nach § 153a StPO ist ferner, dass das **öffentliche Interesse** an der Strafverfolgung durch die Erfüllung von Auflagen und Weisungen beseitigt werden kann.[388] Ein öffentliches Interesse an der Strafverfolgung ergibt sich insbesondere aus **spezial-** oder **generalpräventiven Gesichtspunkten**.[389] Zumeist sprechen im Zusammenhang mit Kartellabreden generalpräventive Gesichtspunkte für das Vorliegen eines öffentlichen Interesses, zum Beispiel aufgrund der Tatfolgen, etwa wenn das Kartell bundesweite oder europaweite Bedeutung hatte, zu Lasten der öffentlichen Hand agierte oder infolge der Häufigkeit der Absprachen. Natürlich spielen auch spezialpräventive Gesichtspunkte wie das Vorleben des Beschuldigten, seine Motivation, eine lange Verfahrensdauer bzw. lange zurückliegende Taten eine Rolle.[390]

150   Die durch den Beschuldigten geleistete **Aufklärungshilfe** wird hier besonders dahingehend zu gewichten sein, dass das öffentliche Interesse an der Strafverfolgung auf ein durch Auflagen und Weisungen nach § 153a StPO kompensierbares Maß reduziert wird. Die in Rede stehenden Straftaten sind durch eine hohes Maß an Geheimhaltung und Verschleierung geprägt. Kartelle sind auf Wiederholung angelegt. Ohne die Aufklärungshilfe wären sie ggf. kaum oder nur sehr aufwändig aufzuklären. Darüber hinaus führt die Aufklärungshilfe zu einer Beendigung des Kartells.[391]

151   Schließlich darf die **Schwere der Schuld** einer Einstellung nicht entgegen stehen. Dies wird allgemein angenommen, wenn die Schuld des Täters den Bereich der mittleren Kriminalität übersteigt.[392] Das soll jedenfalls dann der Fall sein, wenn die Tat eine Freiheitsstrafe rechtfertigt, deren Vollstreckung nicht mehr zur Bewährung ausgesetzt werden kann,[393] was nach § 56 Abs. 2 StGB bei einer Freiheitsstrafe ab zwei Jahren der Fall ist. Weitergehend will eine Meinung in Aufklärungshilfefällen, also ua bezüglich der Bonusantragsteller als äußerste Grenze auf die in § 46b Abs. 1 S. 4 StGB festgelegte Grenze von drei Jahren Freiheitsstrafe abstellen.[394] Diese Auffassung ist vor dem Hintergrund, dass der Gesetzgeber Täter der mittleren bis schweren Kriminalität, mit der Kronzeugenregelung

---

[384] Meyer-Goßner/Schmitt/*Schmitt* StPO § 264 Rn. 6.
[385] GJW/*Gantner* StPO § 153a Rn. 29.
[386] *Nickel* wistra 2014, 7 ff. (12).
[387] *Nickel* wistra 2014, 7 ff. (12).
[388] GJW/*Ganter* StPO § 153a Rn. 10.
[389] Meyer-Goßner/Schmitt/*Schmitt* StPO § 153 Rn. 7; GJW/*Ganter* StPO § 153 Rn. 9.
[390] GJW/*Ganter* StPO § 153a Rn. 10.
[391] *Nickel* wistra 2014, 7 ff. (11 f.).
[392] GJW/*Ganter* StPO § 153a Rn. 7; Meyer-Goßner/Schmitt/*Schmitt* StPO § 153a Rn. 7.
[393] GJW/*Ganter* StPO § 153a Rn. 7.
[394] *Nickel* wistra 2014, 7 ff. (11).

erfasst, vorzugswürdig.³⁹⁵ Sie entspricht in Fällen der **Aufklärungshilfe** dem Willen des Gesetzgebers, der die Beschränkung des § 46b StGB auf Fälle der mittleren und schweren Kriminalität damit begründet hat, dass in den übrigen Fällen die allgemeinen Strafzumessungsregeln ausreichen. Ein Absehen von Strafe ist nach dieser Ansicht über § 153a StPO ebenso weitgehend zulässig wie im Rahmen des § 46b StGB.

Die Verfahrenseinstellung nach § 153a StPO erfolgt in **zwei Stufen.**³⁹⁶ Nach Zustimmung des Gerichts und des Beschuldigten wird das Verfahren **vorläufig eingestellt.** Dem Beschuldigten wird eine Frist zur Erfüllung der Auflagen gesetzt, die grundsätzlich³⁹⁷ sechs Monate nicht übersteigen darf. Im vorliegenden Zusammenhang wird von den im Gesetz aufgezählten nicht enumerativen Möglichkeiten nur die **Erteilung einer Geldauflage** zugunsten des Staates oder einer gemeinnützigen Einrichtung nach § 153a Abs. 1 Nr. 2 StPO von Relevanz sein. Erfüllt der Beschuldigte die Auflage wird das Verfahren **endgültig eingestellt.** Der beschränkte Strafklageverbrauch tritt ein. Es empfiehlt sich daher im Einstellungsbeschluss die Taten, derentwegen die Einstellung erfolgt, in einer Weise zu konkretisieren, wie es bei einer Anklage der Fall ist (§ 200 StPO), um Streitigkeiten über die **Reichweite des Strafklageverbrauchs** zu vermeiden. Werden die Auflagen nicht erfüllt, wird das Verfahren wieder aufgenommen und die Taten angeklagt. Teilleistungen werden nicht erstattet (§ 153a Abs. 1 S. 6 StPO). 152

III. Strafen

1. § 298 StGB

Das Gesetz sieht für Taten nach § 298 StGB Freiheitsstrafe bis zu fünf Jahren oder Geldstrafe vor. Das Mindestmaß der Freiheitsstrafe beträgt gemäß § 38 Abs. 2 StGB 1 Monat. Freiheitsstrafen unter 6 Monaten werden nur bei Vorliegen **besonderer Umstände** iSd § 47 StGB verhängt. Das Mindestmaß der Geldstrafe beträgt fünf Tagessätze, das Höchstmaß dreihundertsechzig Tagessätze (§ 40 Abs. 1 StGB). 153

Im Falle der Tatmehrheit, wenn also mehrere selbständige Verstöße gegen § 298 StGB vorliegen, beträgt die maximal zulässige zu bildende Gesamtgeldstrafe siebenhundertzwanzig Tagessätze (§ 54 Abs. 2 StGB). In diesem Fall beträgt das Höchstmaß der zulässigen Gesamtfreiheitsstrafe 15 Jahre (§ 54 Abs. 2 StGB). 154

Die Höhe des Tagessatzes bestimmt sich nach den persönlichen und wirtschaftlichen Verhältnissen des Täters (§ 40 Abs. 2 S. 1 StGB) aus einem Rahmen zwischen einem und 30.000 Euro (§ 40 Abs. 2 S. 3 StGB). 155

2. § 263 StGB

Bezüglich des Grundtatbestandes gilt das oben zu III.1. Ausgeführte. Bei Vorliegen eines besonders schweren Falles erhöht sich das Mindestmaß der Freiheitsstrafe (§ 38 Abs. 2 StGB) von einem auf sechs Monate. Das Höchstmaß der Freiheitsstrafe von fünf auf zehn Jahren (§ 263 Abs. 3 StGB). Die Verhängung einer Geldstrafe ist in diesen Fällen nur möglich, wenn die Indizwirkung des Regelbeispiels widerlegt ist³⁹⁸ und die Strafe daher aus dem Grundtatbestand entnommen wird, da § 47 Abs. 2 StGB keine Anwendung findet.³⁹⁹ 156

In den Fällen des § 263 Abs. 5 StGB, also etwa bei bandenmäßiger und gewerbsmäßiger Begehung, liegt ein Verbrechen⁴⁰⁰ mit einem Regelstrafrahmen zwischen einem und 10 Jahren vor. In minder schweren Fällen, die insbesondere vorliegen, wenn sich die Tat auf 157

---

³⁹⁵ *Fischer* § 46b Rn. 6a.
³⁹⁶ GJW/*Ganter* StPO § 153a Rn. 2.
³⁹⁷ Zu den Ausnahmen siehe § 153a Abs. 1 S. 3 StPO, zur bestehenden Verlängerungs- und Abänderungsmöglichkeiten § 153a Abs. 1 S. 4 StPO.
³⁹⁸ *Fischer* § 263 Rn. 209.
³⁹⁹ *Fischer* § 47 Rn. 12.
⁴⁰⁰ *Fischer* § 263 Rn. 229.

geringwertige Gegenstände bezieht,[401] was im vorliegenden Handlungszusammenhang kaum je vorliegen dürfte, liegt der Strafrahmen zwischen sechs Monaten und fünf Jahren.

IV. Vermögensabschöpfung

1. Verfall

158 Ist eine rechtswidrige Tat begangen worden und hat der Täter oder Teilnehmer für die Tat oder aus ihr etwas erlangt, so ordnet das Gericht dessen Verfall an (§ 73 Abs. 1 S. 1 StGB). Dies gilt nicht, soweit dem **Verletzten** aus der Tat ein Anspruch erwachsen ist, dessen Erfüllung dem Täter oder Teilnehmer den Wert des Erlangten entziehen würde (§ 73 Abs. 1 S. 2 StGB).

159 **a) Anwendung in Fällen des § 298 StGB.** Bezogen auf § 298 StGB bedeutet dies, dass gegen denjenigen Kartellanten, der den Auftrag oder zB eine Ausgleichszahlung erhalten hat, grundsätzlich der Verfall anzuordnen wäre. § 73 Abs. 3 StGB ordnet hierzu an, dass sich der Verfall auch gegen einen Dritten richten kann, wenn der Täter für diesen gehandelt hat und der Dritte hierdurch etwas erlangt hat. Diese Konstellation wird in Fällen des § 298 StGB regelmäßig einschlägig sein, da die natürliche Person, welche strafrechtlich verfolgt wird, abgesehen von Fällen einer Einzelunternehmung für eine juristische Person oder eine Personenvereinigung handelt.[402] Diese erhält infolge der wettbewerbswidrigen Absprache bei Ausschreibungen den Auftrag.

160 Der Verfall und damit auch der sogenannte Drittverfall gemäß § 73 Abs. 3 StGB ist jedoch nach § 73 Abs. 1 S. 2 StGB ausgeschlossen, soweit einem **Verletzen** aus der Tat Ansprüche erwachsen, welche dem Täter (oder Dritten) den Wert des aus der Tat Erlangten entziehen.[403] Voraussetzung ist, dass der Anspruch einem **durch die Tat Verletzten** zusteht.[404] Verletzt in diesem Sinne ist nur derjenige, dessen Individualinteressen durch das vom Täter übertretene Strafgesetz geschützt werden.[405] Für die Anwendung des Verfalls auf Fälle des § 298 StGB ist es daher von Bedeutung, inwieweit diese Norm die **Vermögensinteressen Dritter**, namentlich des Veranstalters einer Ausschreibung, schützt. Wie ausgeführt ist dies in der Literatur streitig (→ Rn. 6). Die Vertreter, die lediglich den Wettbewerb als von § 298 StGB als geschützt ansehen, kommen daher überwiegend zu der Auffassung, dass der Verfall nicht gemäß § 73 Abs. 1 S. 2 StGB ausgeschlossen ist.[406] Eine vermittelnde Meinung sieht den Verfall unabhängig davon, ob die Vorschrift lediglich den Wettbewerb schützt oder nicht als nach dieser Vorschrift ausgeschlossen an, soweit der Veranstalter Schadenersatzansprüche hat.[407] Argumentiert wird insoweit damit, dass § 73 Abs. 1 S. 2 StGB eine doppelte Inanspruchnahme verhindern wolle.[408]

161 Nach der Rechtsprechung und der hM in der Literatur schützt § 298 StGB auch das Vermögen des Veranstalters.[409] In der Konsequenz müsste daher auch die Rechtsprechung den Verfall bereits gemäß § 73 Abs. 1 S. 2 StGB ausschließen, wenngleich – soweit ersichtlich – hierzu noch keine ausdrückliche Entscheidung ergangen ist.

162 In der Praxis wird zudem das Verfahren gegen die juristische Person oder Personenvereinigung, für welche der Täter einer Straftat nach § 298 StGB gehandelt hat, gemäß § 82 GWB häufig von der Kartellbehörde mit dem Ziel der Festsetzung einer Geldbuße gemäß § 30 OWiG geführt werden (→ Rn. 111 ff.). Die Festsetzung einer Geldbuße gegen die juristische Person oder Personenvereinigung schließt es jedoch gemäß § 30 Abs. 5

---

[401] *Fischer* § 263 Rn. 229b.
[402] Es liegt dann regelmäßig ein sogenannter Vertretungsfall vor, dazu *Fischer* § 73 Rn. 34.
[403] NK/*Saliger* StGB § 73 Rn. 19; *Fischer* StGB § 73 Rn. 17 ff.
[404] NK/*Saliger* StGB § 73 Rn. 20; *Fischer* StGB § 73 Rn. 21.
[405] NK/*Saliger* StGB § 73 Rn. 19; *Fischer* StGB § 73 Rn. 21.
[406] MükoStGB/*Hohmann* § 298 Rn. 126.
[407] GJW/*Böse* StGB § 298 Rn. 45.
[408] GJW/*Böse* StGB § 298 Rn. 45.
[409] BGH Beschl. v. 25.7.2012 – 2 StR 154/12, NJW 2012, 3318 (→ Rn. 6).

OWiG aus, dass gegen sie wegen derselben Tat der Verfall nach den §§ 73 oder 73a StGB angeordnet wird.[410]

Zusammenfassend kann daher festgestellt werden, dass die Anordnung des Verfalls selbst auf der Grundlage der Mindermeinung, wonach § 298 StGB lediglich den Wettbewerb schützt und der Verfall somit nicht schon an der Ausschlussklausel des § 73 Abs. 1 S. 2 StGB scheitert, aufgrund der Tatsache, dass das Verfahren gegen die von der Tat drittbegünstigte juristische Person oder Personenvereinigung meist von der Kartellbehörde mit dem Ziel der Festsetzung einer Verbandsgeldbuße geführt wird, mit Blick auf § 30 Abs. 5 OWiG in diesen Fällen keine praktische Bedeutung hat.

b) Anwendung in Fällen des § 263 StGB. In Fällen des § 263 StGB scheidet der Verfall sicher aufgrund der Ausschlussklausel des § 73 Abs. 1 S. 2 StGB aus, da der betrogene Veranstalter unzweifelhaft Verletzter iSd Vorschrift ist.

2. Rückgewinnungshilfe

a) Allgemeines. Auf der Grundlage der hM in Literatur und Rechtsprechung zum Rechtsgut des § 298 StGB, der vermittelnden Meinung von Böse,[411] sowie nach allgemeiner Meinung in Fällen des § 263 StGB kommt für die Strafverfolgungsbehörde die Ergreifung von Maßnahmen der Rückgewinnungshilfe für die von einer Kartellabsprache betroffenen Veranstalter in Betracht. Gemäß §§ 111b Abs. 5 StPO kommt die Anordnung von **sichernden Maßnahmen im Ermittlungsverfahren** auch dann in Betracht, wenn der Verfall nur deshalb nicht angeordnet werden kann, weil die Voraussetzungen des § 73 Abs. 1 S. 2 StGB vorliegen. Ansprüche des Verletzten aus der Tat hindern vorläufige Sicherungsmaßnahmen also nicht. Sie stehen jedoch im Ermessen der Ermittlungsbehörden.[412]

b) Verhältnis der Verbandsgeldbuße zur Rückgewinnungshilfe. § 30 Abs. 5 OWiG hindert die Ergreifung von Maßnahmen der Rückgewinnungshilfe gleichfalls nicht. Die Vorschrift schließt nur den **Verfall** aus. Um diesen geht es vorliegend jedoch nicht. Vielmehr geht es um die **Sicherung von Schadensersatzansprüchen Dritter**. Diese sind wiederum bei der Bemessung des abschöpfenden Teils der Geldbuße gemäß § 81 Abs. 5 GWB iVm § 17 Abs. 4 OWiG zu berücksichtigen.[413] Dieser Umstand wird bei der Bemessung der Geldbuße praktisch nur eine sehr geringe Rolle spielen, da das BKartA in aller Regel reine **Ahndungsgeldbußen** verhängt (→ § 18 Rn. 133). Den Vorrang von Ansprüchen des Geschädigten zeigt auch § 99 Abs. 2 OWiG. Danach wird aus einem rechtskräftigen Verfall im Fall einer rechtskräftigen Entscheidung zugunsten des **Verletzten** nicht vollstreckt. Ist bereits gezahlt oder beigetrieben worden, erfolgt die Rückerstattung sobald die Zahlung an den Verletzten nachgewiesen wird. Im Kartellrecht ist zudem § 34 Abs. 2 Nr. 1 GWB zu beachten. Danach gehen Schadensersatzleistungen einer Vorteilsabschöpfung durch die Kartellbehörden vor.[414]

c) Sicherung der Ansprüche der Verletzten im Ermittlungsverfahren. Voraussetzung einer Sicherstellung im Wege der Rückgewinnungshilfe im Ermittlungsverfahren ist gemäß § 111b Abs. 2, § 111d StPO zunächst nur, dass Gründe für die Annahme bestehen, dass die Voraussetzungen für den Verfall, die Einziehung oder der Verfall von Wertersatz vorliegen (§ 111b Abs. 1 und 2 StPO). Wegen § 111b Abs. 5 StPO können die Vorschriften so angewendet werden, als gäbe es die Vorschrift des § 73 Abs. 1 S. 2 StGB nicht.[415] Es bedarf also nur eines **Anfangsverdachts** einer Straftat aus welcher der Täter oder in den Fällen des § 73 Abs. 3 StGB ein Dritter etwas erlangt hat. Gemäß § 111b Abs. 3 StPO

---
[410] BGH Urt. v. 14.2.2007 – 5 StR 323/06.
[411] GJW/*Böse* StGB § 298 Rn. 45.
[412] Meyer-Goßner/Schmitt/*Schmitt* StPO § 111b Rn. 6.
[413] GJW/*Böse* GWB § 81 Rn. 86.
[414] Vgl. auch KK-OWiG/*Rogall* § 30 Rn. 126f.
[415] Meyer-Goßner/Schmitt/*Schmitt* StPO § 111b Rn. 5.

bedarf es des Vorliegens dringender Gründe, dh eines **dringenden Tatverdachts** erst nach sechs, bzw. längstens neun Monaten.

168 Die Sicherstellung geschieht zumeist in Form des **dinglichen Arrests** in das Vermögen des Täters bzw. der durch die Tat begünstigten juristischen Person oder Personenvereinigung, da eine Restitution meist über einen Wertersatz für das durch die Tat erlangte zu erfolgen hat (§ 73a StGB). Dabei ist gemäß § 111d Abs. 2 StPO iVm § 917 ZPO insbesondere zu beachten, dass die Maßnahme nur bei Vorliegen eines **Arrestgrundes** zulässig ist. Dies ist dann der Fall, wenn die Besorgnis besteht, dass eine künftige Vollstreckung vereitelt oder wesentlich erschwert wäre.[416]

169 **d) Bestimmung des Erlangten im Sinne des § 73 StGB.** Schwierigkeiten dürfte in Fällen der Rückgewinnungshilfe in Fällen des § 298 StGB die Bestimmung des **Erlangten** im Sinne des § 73 StGB bereiten. Man wird in Anlehnung an die Rechtsprechung des BGH zu den Fällen korruptiv erlangter Auftragserteilungen grundsätzlich davon auszugehen haben, dass infolge der Tat der Auftrag erlangt wurde. Der **Wert des Auftrages** bemisst sich dabei nach dem zu diesem Zeitpunkt zu erwartenden **wirtschaftlichen Gewinn.**[417] Zur Bemessung sollten daher tunlichst die **Kalkulation** der betreffenden Unternehmung vorliegen. Dies gilt auch, sofern man das Erlangte im Sinne des § 73 StGB nach Maßgabe des Schadenersatzanspruches des Veranstalters aus § 33 GWB bemisst. Die Feststellung des zivilrechtlichen Schadens nach der Differenzmethode der §§ 249–252 BGB wirft ähnliche Probleme auf wie die eines Betrugsschadens.[418] Daher ist gemäß § 33 Abs. 3 S. 3 GWB eine **Schätzung des Schadens** unter Berücksichtigung des **anteiligen Gewinns,** den das Unternehmen durch den kartellrechtlichen Verstoß erlangte, zulässig.[419]

170 Materiell beschränkt wird die Rückgewinnungshilfe zudem auf die Höhe des Anspruchs, der dem Täter **aus der Tat** erwachsen ist (§ 73 Abs. 1 S. 2 StPO). Nicht erfasst werden daher Gegenstände, bzw. Werte, die der Täter **für die Tat,** als Tatentgelt oder Belohnung erhält.[420] In kartellrechtlichen Fällen ist hier insbesondere an **Abstands-** und **Ausgleichszahlungen** zu denken, die ein Mitbewerber für die Abgabe eines überhöhten Angebots erhält. Diese erhält der Täter für und nicht aus der Tat. Mit der Rückgewinnungshilfe kann also nur gegen denjenigen Kartellanten vorgegangen werden, der den Auftrag erhalten hat, nicht gegen den Abstands- und Ausgleichszahlungsempfänger, der ein Schutzangebot eingereicht hat.

171 Abschließend ist darauf hinzuweisen, dass die strafrechtliche Vermögensabschöpfung derzeit umfassend reformiert wird. Nach derzeitigem Stand des Gesetzgebungsverfahrens soll insbesondere die Rückgewährhilfe gänzlich neu geregelt werden.[421]

---

[416] Meyer-Goßner/Schmitt/*Schmitt* StPO § 111d Rn. 8.
[417] *Fischer* § 73 Rn. 8 f. mwH.
[418] Emmerich KartellR § 40 Rn. 17.
[419] Emmerich KartellR § 40 Rn. 18 f.
[420] *Fischer* § 73 Rn. 17.
[421] Vgl. Gesetzentwurf zur Reform der strafrechtlichen Vermögensabschöpfung v. 13.7.2016, www.bmjv.de.

3. Abschnitt Internationale Zusammenhänge

§ 20 Völkerrechtliche Grundlagen

Die **internationale Verflechtung** der weltweiten Wirtschaftsbeziehungen stellt das Kartellrecht und die ihm unterworfenen Normadressaten, also Unternehmen und Einzelpersonen, ebenso wie die zur Durchsetzung des Kartellrechts berufenen Wettbewerbsbehörden vor große Herausforderungen. Das Kartellrecht ist bisher weder materiell noch verfahrensseitig international vereinheitlicht. Ausgehend von den klassischen völkerrechtlichen Rechtsquellen, wie sie in Art. 38 Abs. 1 IGH-Statut beschrieben werden, gibt es zum Kartellrecht weder völkergewohnheitsrechtliche Regelungen, noch allgemeine völkerrechtliche Rechtsgrundsätze. Soweit das Kartellrecht überhaupt völkerrechtlich geregelt ist, erfolgt dies über bilaterale oder multilaterale völkerrechtliche Verträge. **1**

Zwar hatte es schon früh Versuche gegeben, kartellrechtliche Vorschriften auf internationaler Ebene zumindest materiell zu harmonisieren. Der wahrscheinlich bedeutendste Ansatz für die Schaffung eines **weltumspannenden Kartellrechts** findet sich in der Havanna-Charta aus dem Jahr 1948, mit der nach dem Zweiten Weltkrieg die Welthandelsorganisation ITO geschaffen werden sollte. Zwar erwuchs aus der Havanna-Charta die provisorische Anwendung des Freihandelsabkommen GATT. Die Gründung einer Welthandelsorganisation gelang aber letztlich erst Anfang der 90er Jahre mit Schaffung der WTO – allerdings ohne ein Wettbewerbsabkommen. Zwar wurde Anfang der 90er Jahre der Draft International Antitrust Code (DIAC) erarbeitet. Zu einem verbindlichen internationalen Kartellrechtsabkommen kam es aber nicht.[1] Auch der Neuanlauf zu einem WTO-Wettbewerbsabkommen scheiterte anlässlich der Ministerkonferenz der WTO in Cancún 2003.[2] Bei realistischer Betrachtung muss eine internationale Harmonisierung auf absehbare Zeit als gescheitert angesehen werden. Angesichts der global verflochtenen und sich tendenziell immer weiter verflechtenden Wirtschaftsbeziehungen[3] mag zwar ein „Weltkartellrecht", gerade aus der Sicht international operierender Unternehmen und im Licht ihrer ebenfalls globalen Compliance-Anstrengungen wünschenswert sein. Trotz des erfolgreichen Abschlusses der Weltklimakonferenz am 13. Dezember 2015 in Paris gibt es aber im gegenwärtigen internationalen politischen Umfeld für irgendeinen „Internationalisierungsoptimismus" jedenfalls im Wirtschaftsvölkerrecht keine Grundlage. **2**

Praktisch betrachtet ist die **fehlende materielle Vereinheitlichung** kartellrechtlicher Vorschriften aber wohl weniger bedeutend als dies zunächst scheinen mag. Denn auch ohne förmliche inhaltliche Angleichung sind die zentralen materiellen kartellrechtlichen Vorgaben in allen wesentlichen Jurisdiktionen in ihrer Zielrichtung und in ihrem wesentlichen Norminhalt identisch – trotz der nach wie vor bestehenden und durchaus beachtlichen Unterschiede in wichtigen Einzelfragen[4]. Einheitliche Regeln gelten insbesondere für die besonders Compliance-relevanten und mit drastischen Sanktionen bedrohten „Hardcore-Verstöße", wie Preis-, Kunden und Gebietsabsprachen zwischen Wettbewerbern. Diese sind in praktisch jeder entwickelten Wettbewerbsordnung verboten. In der Praxis sind international agierende Unternehmen daher gut beraten, weltweit einheitliche **3**

---

[1] Vgl. dazu *Terhechte* ZaöRV 68 (2008), 689 (699); MüKoEuWettbR/*Stoll* Einl. Rn. 1878.
[2] MüKoEuWettbR/*Stoll*, Einl. Rn. 1882ff.
[3] Vgl. *Terhechte* ZaöRV 68 (2008), 689, (700ff.)
[4] So werden gerade im Bereich der vertikalen Beschränkungen zum Teil unterschiedliche Standards angewendet. Besonders deutlich wird dies zB beim Verbot der vertikalen Preisbindung, die im europäischen Recht und damit in sämtlichen Mitgliedsstaaten der Europäischen Union verboten ist, während sie in anderen Jurisdiktionen wie zB den USA zulässig sein kann.

Standards für die Kartellrechts-Compliance anzuwenden, die sich regelmäßig an der strengsten für das jeweilige Unternehmen relevanten Rechtsordnung orientieren werden.

4 International agierende Unternehmen sehen sich aber nicht nur einer Mehrzahl von materiellen Rechtsordnungen, sondern gleichzeitig auch einer Mehrzahl von Verfahrensrechten unterworfen. Die **Abgrenzung der Zuständigkeit und Eingriffsbefugnisse** der Kartellrechtsbehörden im transnationalen Kontext kann nur durch eine strikte Anwendung der Regeln des allgemeinen Völkerrechts erfolgen. Ausgangspunkt ist damit der Staat als das nach wie vor zentrale Völkerrechtsubjekt sowie das eng mit dem Staatsbegriff verbundene Prinzip der Gebietshoheit. Danach endet die Ausübung staatlicher Hoheitsgewalt grundsätzlich an den Grenzen des Staatsgebiets[5]. Im Ausland dürfen eigene Hoheitsakte nicht vorgenommen werden. Dies gilt unabhängig vom Kartellverfahrensrecht und ist als Regel des Völkergewohnheitsrechts anerkannt.[6]

5 Von der **Anwendung des Prinzips der Gebietshoheit** und der staatlichen Souveränität in der **Verfahrensführung** klar zu trennen ist die ansonsten in der kartellrechtlichen Literatur und Praxis diskutierte Frage, ob bzw. inwieweit die **materiellen kartellrechtlichen Vorschriften** ihrerseits über das Hoheitsgebiet einer Jurisdiktion hinauswirken können. (→ § 4 Rn. 2ff.) Auf den in diesem Zusammenhang geführten Streit zwischen Auswirkungsprinzip und Territorialitätsprinzip kommt es vorliegend nicht an.[7] Während es bei der extraterritorialen Anwendung kartellrechtlicher Regeln im Einzelfall schwierig sein kann, die räumliche Reichweite zu bestimmen, sind die verfahrensrechtlichen Grenzen vergleichsweise leicht festzustellen. Wenn der Adressat einer kartellbehördlichen Maßnahme seinen Sitz in einem bestimmten Staat hat, so kann gegen den Adressaten nicht ohne Verletzung der Souveränität des Sitzstaates ein Hoheitsakt erlassen werden. Zwar werden Hoheitsakte und Ermittlungsmaßnahmen in einem anderen Staat zT stillschweigend geduldet[8]. Auskunftsersuchen der Europäischen Kommission werden regelmäßig direkt an Unternehmen mit Sitz im außereuropäischen Ausland verschickt, ohne dass dies von den jeweils betroffenen Staaten beanstandet würde. Völkerrechtlich ist aber jedes hoheitliche Handeln einer ausländischen Behörde im Territorium eines anderen Staates ein im Ausgangspunkt unzulässiger Eingriff in die territoriale Souveränität dieses Staates. Vor diesem Hintergrund akzeptiert zB die Schweiz keine Zustellung juristischer Urkunden per Post.

6 Freilich stellt es keinen Verstoß gegen das **Prinzip der Gebietshoheit und die territoriale Souveränität** eines Staates dar, wenn gegen Einzelpersonen kartellrechtliche Hoheitsakte gerichtet werden, während sie sich in dem Staat befinden, der den Hoheitsakt erlässt. Gleiches gilt für kartellrechtliche Hoheitsakte gegen Zweigniederlassungen oder Tochtergesellschaften, die sich in dem Staat befinden, der den kartellrechtlichen Hoheitsakt erlässt. Es ist aus völkerrechtlicher Sicht dann völlig unstreitig, dass der jeweilige Sitzstaat an die so in seinem Gebiet ansässigen Adressaten kartellbehördliche Maßnahmen richten kann. In der Praxis bedeutet dies, dass sich international agierende Unternehmen jedenfalls in den wirtschaftlich für sie bedeutenden Staaten kartellbehördlichen Maßnahmen nicht entziehen können. Auch wenn dadurch noch keine völkerrechtliche Grundlage für ein Vorgehen gegen die in einem anderen Staat ansässige Muttergesellschaft besteht, wird das Unternehmen in der Praxis regelmäßig alle Hoheitsakte, die aus für das jeweilige Unternehmen wirtschaftlich bedeutsamen Staaten kommen, als beachtlich ansehen, selbst wenn Zweifel hinsichtlich deren Völkerrechtskonformität bestehen. Dem Sitzstaat bleibt es aber weiter unbenommen, völkerrechtlich gegen den Staat, der über Hoheitsakte auf sein Territorium einwirkt, vorzugehen.

---

[5] Meessen, Völkerrechtliche Grundsätze des Internationalen Kartellrechts, 1975, 15 mN.
[6] Meessen, Völkerrechtliche Grundsätze des Internationalen Kartellrechts, 1975, 15 mN.
[7] Vgl. dazu *Immenga/Mestmäcker/Rehbinder* EuWettbR Teil 1 IntWbR Rn. 6ff. Vgl. dazu auch *Basedow* NJW 1989, 627, *Baudenbacher/Behn* ZWeR 2004, 604, *Morris* ECLR 2014, 601.
[8] Vgl. zu den Ursprüngen dieser Praxis *Meessen*, Völkerrechtliche Grundsätze des Internationalen Kartellrechts, 1975, 16.

Neben der stillschweigenden oder ausdrücklichen **Duldung fremder Hoheitsakte** besteht der „klassische" Weg zur Überwindung hoheitlicher Gebietsgrenzen darin, über völkerrechtliche Vereinbarungen zwischen den Staaten **gegenseitige Amtshilfe** zu ermöglichen. Das allgemeine Völkerrecht erlaubt daher im Wesentlichen eine „negative Abgrenzung" der Zuständigkeiten und verhindert Übergriffe von einer Rechtsordnung in eine andere zum Schutz der Integrität der Rechtsordnungen untereinander. Aus den allgemeinen völkerrechtlichen Regeln lassen sich aber weder Regeln für die Zusammenarbeit der Kartellbehörden oder das Zusammenspiel der Kartellverfahrensrechte ermitteln, noch ergeben sich daraus unmittelbar irgendwelche Rechte für die dem Kartellrecht unterworfenen Einzelpersonen oder Unternehmen. All dies kann nur über völkerrechtliche Verträge zwischen den Staaten oder eine wie auch immer geartete informelle Zusammenarbeit der Kartellbehörden in den Grenzen des geltenden Rechts erfolgen.

Darüber hinaus spielen **„weiche" Formen der staatenübergreifenden Kooperation** ohne völkervertragsrechtliche Grundlage bei der internationalen kartellrechtlichen Kooperation eine immer wichtigere Rolle. Diese Entwicklung ist angesichts der eher schwierigen Schaffung verbindlicher völkervertragsrechtlicher Regeln gut nachvollziehbar. Sie kann im Ergebnis für eine künftige rechtliche Vereinheitlichung im Bereich des materiellen Kartellrechts oder Kartellverfahrensrechts eine wichtige Grundlage sein.[9]

---

[9] Vgl. zum Ganzen *Terhechte* ZaöRV 68 (2008), 689; *Doh* ZWeR 2009, 289.

§ 21 Internationale Zusammenarbeit der Kartellbehörden – Internationales Netzwerk der Kartellbehörden

A. Einleitung

1 Anders als das europäische Netzwerk der Wettbewerbsbehörden **(ECN)** ist das internationale Netzwerk der Wettbewerbsbehörden **(ICN) keine wirklich rechtlich formalisierte Zusammenarbeit.** Eine Besonderheit besteht schon darin, dass im ICN nicht Staaten, sondern Wettbewerbsbehörden zusammengeschlossen sind.[1] Beim ICN handelt es sich um einen weltweiten Zusammenschluss interessierter Wettbewerbsbehörden mit dem Ziel, einen Erfahrungsaustausch zu ermöglichen und **weitreichende Best Practises und Standards** zu entwickeln, die dann in den jeweiligen Rechtsordnungen ins nationale Recht übernommen und umgesetzt werden können. Eine Verpflichtung dazu besteht nicht.

2 In seiner Entstehung geht das internationale Netzwerk der Wettbewerbsbehörden auf Empfehlungen des International Competition Policy Advisory Committee in den USA zurück[2]. Diese Kommission wurde 1997 von der damaligen US-amerikanischen Justizministerin Janet Reno und dem für Kartellrecht zuständigen Assistant Attorney General Joel Klein gebildet. Aufgabe der Gruppe war es, **globale kartellrechtliche Themen** im Licht der zunehmenden Globalisierung **aufzugreifen.** Im Schwerpunkt ging es damals gar nicht so sehr um Kartell- und Kartellverfahrensrecht, sondern vor allem um Parallelanmeldungen in der Fusionskontrolle. Im Abschlussbericht des International Competition Policy Advisory Committee wurde die Forderung aufgestellt, dass die USA sich um eine globale Wettbewerbsinitiative kümmern sollten. Ziel eines solchen globalen Ansatzes sollte eine *„greater convergence of competition law and analysis, common understanding, and common culture"* werden[3].

3 Dieser Vorschlag wurde jedenfalls in Europa positiv aufgenommen und hatte zur Folge, dass anlässlich einer internationalen Konferenz in Brüssel, die anlässlich des 10. Jubiläums der EU-Fusionskontrollverordnung abgehalten wurde, der für Kartellrecht zuständige Assistant Attorney General Joel Klein und der damalige EU-Wettbewerbskommissar Mario Monti die Initiative einer **„Global Competition Initiative"** unterstützten. Dies führte dann am 25. Oktober 2001 zur Gründung des internationalen Netzwerks der Wettbewerbsbehörden mit anfangs 14 Wettbewerbsbehörden[4]. Heute gehören dem internationalen Netzwerk der Wettbewerbsbehörden praktisch alle relevanten Wettbewerbsbehörden mit entwickelten oder sich gerade entwickelnden Kartellrechtsordnungen an[5]. Das internationale Netzwerk der Wettbewerbsbehörden ist grundsätzlich den Behörden und ihren Vertretern vorbehalten. Neben nationalen Wettbewerbsbehörden nehmen auch supranationale Wettbewerbsbehörden wie zB die Europäische Kommission am Austausch im Rahmen des ICN teil. Das ICN ist **keine eigene internationale Organisation** und verfügt nicht über einen gemeinsamen organisatorisch-institutionellen Rahmen. Die Organisation der Tätigkeit erfolgt in Abstimmung der Wettbewerbsbehörden und Aufgaben werden von diesen koordiniert und verteilt. Wichtigstes Gremium ist nach dem Operational Framework des ICN[6] eine einmal jährlich stattfindende Konferenz. Die Konferenz wählt eine 15köpfige Steering-Group, die die Geschäftsführung des ICN im Zeitraum bis zur nächsten Jahreskonferenz übernimmt.

---

[1] *Böge* WuW 2005, 590 (594).
[2] Vgl. zur Geschichte www.internationalcompetitionnetwork.org/about/history.aspx (zuletzt abgerufen am 30.3.2016); *Böge* WuW 2005, 590 (593f.).
[3] Vgl. www.internationalcompetitionnetwork.org/about/history.aspx (zuletzt abgerufen am 30.3.2016).
[4] Die Wettbewerbsbehörden der Gründerstaaten sind Australien, Kanada, die Europäische Union, Frankreich, Deutschland, Israel, Italien, Japan, Korea, Mexiko, Südafrika, Großbritannien, die Vereinigten Staaten und Sambia.
[5] Zum aktuellen Mitgliederstand www.internationcompetitionnetwork.org/members/memberdirectory.aspx.
[6] Verfolgbar unter www.internationalcompetitionnetwork.org/about (zuletzt abgerufen am 30.3.2016).

Das ICN hat kein Mandat zum Erlass eigener materieller Kartellrechtsvorschriften oder 4
Verfahrensvorschriften. Es soll, ganz im Sinne seines Ursprungs, durch praktischen Austausch der Wettbewerbsbehörden untereinander, aber auch durch Austausch der Wettbewerbsbehörden mit Unternehmensvertretern und Anwälten **zur praktischen Angleichung und zu einem gemeinsamen Verständnis von Kartell- und Kartellverfahrensrecht** führen. Im Gegensatz zur völkervertragsrechtlichen Harmonisierung „top down" wird das ICN als „bottom-up"-Ansatz eingeordnet, der aber letztlich zum gleichen Ziel, nämlich einer weitgehenden materiellen und verfahrensrechtlichen Kartellrechtsharmonisierung führen soll[7].

In völkerrechtlichen Kategorien gehört die Arbeit des ICN in die Kategorie der **Her-** 5
ausbildung von „Soft Law". Die wesentlichen Instrumente des internationalen Netzwerks der Wettbewerbsbehörden sind Dokumente, die auf den internationalen Kartellkonferenzen, auf Workshops und/oder in zu diesem Zweck eingesetzten Arbeitsgruppen entstehen. Zwei dieser Instrumente sollten hier erwähnt werden, die für die Zusammenarbeit der Kartellbehörden auf internationaler Ebene besondere praktische Bedeutung haben. Zum einen geht es um den allgemeinen **Rahmen der Zusammenarbeit der Kartellbehörden,** der in der Cartels Working Group, Subgroup 1 entstanden ist. Zum anderen geht es um das **Anti-Cartel-Enforcement Manual,** das von der Cartels Working Group, Sup-Group 2 erarbeitet wurde[8].

B. Die Arbeit des ICN

Wie das **General Framework** in der Einleitung formuliert, soll mit der zunehmenden 6
Zusammenarbeit der Kartellbehörden auf die zunehmende Verflechtung der internationalen Wirtschaft und internationaler Kartelle reagiert werden. Das General Framework gliedert sich in sechs Abschnitte. Nach einer Einführung, die auf die zunehmende Zahl grenzüberschreitende Kartelle und die Notwendigkeit grenzüberschreitender Zusammenarbeit hinweist, wird in einem zweiten Abschnitt der Hintergrund der Zusammenarbeit in Kartellverfahren beschrieben, dort werden zum einen die drei Phasen einer möglichen Zusammenarbeit der Kartellbehörden beschrieben, und zwar die *„pre-investigatory phase",* die *„investigatory phase"* und die *„post-investigatory phase".* Als zentrales **Element der Zusammenarbeit wird der Informationsaustausch benannt.** In einem dritten, ausführlichen Abschnitt werden die Arten der Zusammenarbeit beschrieben einschließlich ihrer rechtlichen Grundlage. Das ICN-Dokument unterscheidet wie folgt:

- **Informelle Kooperation auf der Basis von Soft Law-Instrumenten,** wie zB der Empfehlung der Empfehlung der OECD von 1995 über die Zusammenarbeit der Kartellbehörden oder ohne spezielle rechtliche Basis. Die Zusammenarbeit auf dieser Grundlage erstreckt sich eher auf allgemeine, nicht fallspezifische Informationen und Behördenerfahrungen. Sie kann alle Ermittlungsphasen betreffen. Grds. steht die Möglichkeit eines solchen Austauschs allen Wettbewerbsbehörden offen.
- Die **Kooperation auf der Basis von Waivers.** Darunter versteht man die Erlaubnis eines Kartellbetroffenen gegenüber einer Kartellbehörde, sich in dem im Waiver definierten Umfang mit anderen Kartellbehörden auszutauschen. Ein Informationsaustausch auf der Basis von Waivern findet regelmäßig in Verfahren mit Kronzeugenanträgen statt. Erteilt der Antragsteller eines Kronzeugenprogramms einen Waiver, können die Kartellbehörden die in den Kronzeugenanträgen übermittelten Informationen untereinander austauschen. Regelmäßig wird der Antragsteller im Waiver **nur den Austausch mit Kartellbehörden erlauben, die ebenfalls ein Kronzeugenprogramm haben** und dem Kronzeugen vergleichbaren Schutz gewähren wie die Ausgangsjurisdiktion.

---
[7] MüKoEuWettbR/*Stoll* Einl. Rn. 1892.
[8] Beide Dokumente sind abrufbar über www.internationalcompetitionnetwork.org/currentworkinggroups/cartel (zuletzt abgerufen am 30.3.2016).

- **Die Zusammenarbeit auf der Basis von nationalem Recht,** soweit nationale Rechtsvorschriften Regelungen für die Zusammenarbeit und den Austausch von Informationen mit anderen Kartellbehörden vorsehen.
- Die Zusammenarbeit auf der Basis von **nicht-kartellrechtsspezifischen völkerrechtlichen Vereinbarungen** und Instrumenten. Dies betrifft vor allem die vielfältigen gegenseitigen Rechtshilfeabkommen. Solche Rechtshilfeabkommen erlauben typischerweise Unterstützung bei grenzüberschreitenden Zeugenvernehmungen, bei der Zustellung von Verfahrensunterlagen, bei der Ermittlung von Sachverhalten, der Sicherstellung von Dokumenten bis hin zur Durchführung von Durchsuchungen und Beschlagnahmen. Auch die Überstellung von Kartelltätern im Rahmen von gegenseitigen Auslieferungsverträgen gehört in diese Kategorie.
- Die Zusammenarbeit auf der Basis von **kartellrechtsspezifischen völkerrechtlichen Vereinbarungen.** Hier handelt es sich regelmäßig um bilaterale Vereinbarungen, die gegenseitige Informationspflichten bei Verfahren, die für den jeweils anderen Vertragsstaat bedeutsam sind, vorsehen. Es ist ein genereller Informationsaustausch und die Möglichkeit von Konsultationen, einschließlich einer Koordinierung von Parallelverfahren, vorgesehen soweit dies angemessen und praktikabel erscheint.
- Die Zusammenarbeit auf der Basis von **regionalen Kooperationsvereinbarungen.** Hier nimmt das ICN im Wesentlichen auf die VO Nr. 1 2003 und das dort etablierte europäische Netzwerk der Wettbewerbsbehörden Bezug.

7 Im 4. Abschnitt des General Framework werden **wesentliche Probleme** beschrieben, auf die die Wettbewerbsbehörden in ihrer Zusammenarbeit stoßen. Folgende Bereiche werden hier ua benannt:
- Die Komplexität und Dauer der Kooperation, die es den Rechtsunterworfenen möglich macht, die Kooperation zu erschweren oder zu verhindern.
- Das Fehlen von Waivern: Die Erteilung oder Nichterteilung eines Waivers liegt im Ermessen des jeweiligen Kronzeugen. Dem Kronzeugen steht es frei, inwieweit er der Behörde andere Jurisdiktionen mitteilt, in denen er ebenfalls einen Kronzeugenantrag stellt.
- Manche Kooperationsformen stehen nicht allen Wettbewerbsbehörden offen.
- Es gibt eine Vielzahl von Beschränkungen im Hinblick auf die Vertraulichkeit von Informationen.
- Es gibt Beschränkungen bei der Zulässigkeit von den zwischen den Wettbewerbsbehörden ausgetauschten Informationen als Beweismittel.

8 Im 5. Abschnitt des General Framework werden **Ansätze und Lösungsmöglichkeiten** für die Verbesserung der Kooperation der Wettbewerbsbehörden zusammengestellt. Der 6. Abschnitt fasst den Inhalt und die **Schlussfolgerungen** des Dokuments zusammen. Insgesamt enthält das General Framework eine Zusammenstellung des **Status Quo der internationalen Zusammenarbeit der Kartellbehörden.**

9 Das Anti-Cartel-Enforcement Manual befasst sich in insgesamt 10 Kapiteln mit Ermittlungsmethoden zu verschiedenen Themenkomplexen. Es handelt sich um eine Zusammenstellung von Erfahrungen, gespeist aus verschiedenen Wettbewerbsbehörden, die sich aus deren Sicht bei ihrer Ermittlungstätigkeit als zielführend erwiesen haben. Im ICN-Internetauftritt wird das Anti-Cartel-Enforcement Manual als „**Living Document**" und „**Reference Tool**" bezeichnet. Im Einzelnen behandelt das Anti-Cartel-Enforcement folgende Kapitel:
- Searches, Raids and Inspections
- Drafting and Implementing an Effective Leniency Policy
- Digital Evidence Gathering
- Cartel Case Initiation
- Investigative Strategy
- Interview Techniques
- Cartel Case Resolution

- Cartel Awareness, Outreach and Compliance
- International Cooperation and Information Sharing
- Relationships between Competition Agencies and Public Procurement Bodies

Aus dem Anti-Cartel-Enforcement Manual wurde als Extrakt für jedes Kapitel eine Zusammenstellung von „Good Practices" entnommen, die auf der ICN Homepage separat veröffentlicht ist. **10**

§ 22 Informationsaustausch und Verwertung von Informationen als Beweismittel

Übersicht

	Rn.
A. Einleitung	1
B. Informationsaustausch des BKartA	3
I. Grundsatz	3
II. Beschränkungen der Weitergabe	5
III. Beschränkungen der Verwertung	7
IV. Rechtshilfeabkommen	8
V. Rechtsschutz	9
1. Informationsweitergabe durch das BKartA	10
2. Verwendung erlangter Informationen durch das BKartA	15
C. Informationsaustausch der Kommission	17
I. Einleitung	17
II. Wettbewerbsspezifische Verträge	20
III. Allgemeine völkerrechtliche Verträge	23
IV. Memoranda of Understanding	26
V. Rechtsschutz	29

A. Einleitung

1 Der **Austausch von Informationen innerhalb des Netzes der Kommission und der Wettbewerbsbehörden der Mitgliedsstaaten (ECN)** beruht auf den Bestimmungen der Art. 11 ff. VO 1/2003. Detaillierte Regelung erfährt die Zusammenarbeit im ECN in der Bekanntmachung der Kommission über die Zusammenarbeit innerhalb des Netzes der Wettbewerbsbehörden[1]. In § 50a GWB werden diese Grundsätze auch für das BKartA wiederholt.

2 Gem. Art. 12 VO 1/2003 ist der Austausch und die Verwendung aller Arten von Informationen zwischen der Kommission und den Behörden der Mitgliedsstaaten grds. möglich. Dies stellte eine wesentliche Änderung der Rechtslage dar, da vorher die Verwendung durch die Kommission erlangter Beweismittel durch mitgliedsstaatliche Behörden verboten war, ebenso wie die Weitergabe vertraulicher Informationen.[2] Im internationalen Netzwerk der Wettbewerbsbehörden (ICN) gibt es naturgemäß (→ § 21 Rn. 1) keine Art. 12 VO Nr. 1/2003 entsprechende Regelung. Es existieren auch **keine EU-weit harmonisierten Vorschriften für die Zusammenarbeit und den Informationstausch mit Wettbewerbsbehörden von Drittstaaten.** Daher ist zwischen den nationalen Vorschriften, die das BKartA binden, und den europäischen Vorschriften für die Kommission zu unterscheiden.

B. Informationsaustausch des BKartA

I. Grundsatz

3 In **§ 50b GWB** ist die Möglichkeit des Informationsaustausches mit der Kommission und anderen Wettbewerbsbehörden außerhalb von § 50a GWB geregelt. Dies umfasst zum einen die Kooperation mit der Behörde eines Mitgliedsstaates oder mit der Kommission in einem Sachverhalt ohne zwischenstaatlichen Bezug und zum anderen die Kooperation

---

[1] Bekanntmachung der Kommission über die Zusammenarbeit innerhalb des Netzes der Wettbewerbsbehörden, ABl. 2004 C 101,43 („Netzwerkbekanntmachung").
[2] Immenga/Mestmäcker/*Ritter* EuWettbR, 5. Aufl. 2012, VO 1/2003 Art. 12 Rn. 2.

mit Behörden von Drittstaaten sowie die Kooperation in Fusionskontrollfällen.[3] Gem. § 50b Abs. 1 GWB stehen dem BKartA auch in diesen Fällen die Befugnisse nach § 50a Abs. 1 GWB zu, die identisch mit denen aus Art. 12 Abs. 1 VO 1/2003 sind.[4] Damit kann das BKartA grds. Informationen von anderen Behörden ersuchen und an diese weitergeben sowie erlangte Informationen als Beweise verwenden.

Die Frage, ob das BKartA von diesen Befugnissen Gebrauch macht, steht im **pflichtgemäßen Ermessen**.[5] Insbesondere bei der Weitergabe von Informationen kann hierbei einfließen, ob die empfangende Behörde in vergangenen Fällen Vorbehalte des BKartA missachtete, die zukünftige Einhaltung von Vorbehalten aufgrund von Rechtsvorschriften oder der Praxis der Behörde zweifelhaft erscheint, die Informationsweitergabe auf Gegenseitigkeit beruht oder die Weitergabe die Effektivität der Bonusregelung beeinträchtigen würde.[6] Im Falle der Weitergabe von Informationen durch das BKartA sowie deren Verwendung durch das BKartA darf die Gewinnung der Information nicht als rechtswidrig aufgehoben worden sein. Eine Verwendung dieser Informationen widerspräche allgemeinen rechtsstaatlichen Anforderungen.[7]

II. Beschränkungen der Weitergabe

Die Übermittlung von Informationen durch das BKartA unterliegt gem. § 50b Abs. 2 GWB jedoch erheblich **strengeren Anforderungen, als der Informationsaustausch im ECN**. Hiernach ist die Informationsweitergabe zwingend an den Vorbehalt folgender Punkte geknüpft.

- Die Informationen sind **ausschließlich zur Anwendung kartellrechtlicher Vorschriften** zu verwenden (§ 50b Abs. 2 S. 1 Nr. 1 GWB). Hier erfolgt aber keine konkrete Prüfung der Rechtsnatur der ausländischen Vorschriften oder der tatsächlichen Verwendung der Informationen; die Norm fordert vielmehr nur die Erklärung eines Vorbehalts seitens des BKartA.[8] Eine Missachtung kann allenfalls Auswirkung auf zukünftige Ermessensentscheidungen haben und macht eine Weitergabe nicht rechtswidrig.
- Die Information muss in **Bezug auf den Untersuchungsgegenstand** verwendet werden, für den das BKartA diese erhoben hat (§ 50b Abs. 2 S. 1 Nr. 1 GWB). Diese ebenso in Art. 12 Abs. 2 VO 1/2003/§ 50a GWB existierende Einschränkung ist auch im autonomen nationalen Recht weit auszulegen und erfordert nur eine Teilidentität des Anlasses zur Untersuchung.[9]
- Darüber hinaus muss die Weitergabe mit dem Vorbehalt versehen werden, dass die empfangende Behörde den **Schutz vertraulicher Informationen** wahrt und diese an Dritte nur mit der Zustimmung des BKartA weitergibt; dies gilt auch für die Weitergabe in Verwaltungs- und Gerichtsverfahren (§ 50b Abs. 2 S. 1 Nr. 2 GWB). Auch hier hat die Missachtung dieses Vorbehalts durch die empfangende Behörde keine direkten Konsequenzen, es beeinflusst allein die Ausübung des Ermessens in zukünftigen Entscheidungen.[10] Die Zustimmung des BKartA zu einer Weitergabe an Dritte durch die empfangende Behörde steht im pflichtgemäßen Ermessen.[11] Hier ist insbesondere der Grad der Vertraulichkeit der Information, der Empfänger der Information (Privater oder mit Kartellermittlung betraute Behörde), das Schutzbedürfnis des Geheimnisträgers oder etwa die Funktionsfähigkeit der Bonusregelung des BKartA relevant.[12]

---

[3] Wiedemann/*Klose* HdB KartellR § 53 Rn. 30.
[4] Langen/Bunte/*Schneider* GWB § 50a Rn. 2.
[5] MüKoGWB § 50b Rn. 7.
[6] Immenga/Mestmäcker/*Rehbinder* GWB § 50b Rn. 6.
[7] MüKo/*Pfeiffer* GWB § 50b Rn. 8.
[8] Langen/Bunte/*Schneider* GWB § 50b Rn. 18.
[9] MüKoGWB/*Pfeiffer* § 50b Rn. 11, § 50a Rn. 12.
[10] Langen/Bunte/*Schneider* GWB § 50b Rn. 20.
[11] Immenga/Mestmäcker/*Rehbinder* GWB § 50b Rn. 10.
[12] Langen/Bunte/*Schneider* GWB § 50b Rn. 21.

6 Vertrauliche Informationen, die das BKartA im Zusammenhang mit der Zusammenschlusskontrolle erlangt hat, dürfen zusätzlich zu den genannten Beschränkungen nur mit Zustimmung des Betroffenen weitergeleitet werden (§ 50b Abs. 2 S. 2 GWB). Dadurch sollen diese sehr weitgehenden Austauschbefugnisse des BKartA in einem Bereich, der von der Bekanntgabe sehr sensibler Daten geprägt ist, angemessen eingeschränkt werden.[13] Das Unternehmen ist in seiner Entscheidung völlig frei und unterliegt keiner Begründungspflicht.[14]

III. Beschränkungen der Verwertung

7 Die Beschränkungen des § 50b Abs. 2 GWB gelten ausweislich des Wortlauts nur für die **Weitergabe von Informationen.** Auch der Verweis des § 50b Abs. 1 GWB ist auf § 50a Abs. 1 GWB beschränkt. Mithin gelten für die Verwertung von Informationen, die das BKartA nach § 50b GWB erhalten hat keine mit § 50a Abs. 2, 3 GWB vergleichbaren Beschränkungen.[15] Auch die Beschränkungen des § 50b Abs. 2 S. 1 Nr. 1 GWB in Bezug auf die Verwendung findet keine Anwendung.[16] Allerdings gelten die allgemeinen Beweisverwertungsverbote nach deutschem Prozess- und Verfassungsrecht uneingeschränkt.[17] So kommt eine Unverwertbarkeit in Betracht, wenn die Erhebung der Beweise gegen deutsche Verfassungsprinzipien verstößt.

IV. Rechtshilfeabkommen

8 Gem. § 50b Abs. 3 GWB bleiben **Regelungen über die Rechtshilfe** in Strafsachen sowie Amts- und Rechtshilfeabkommen unberührt. Zu nennen sind hier im Wesentlichen das Gesetz über die internationale Rechtshilfe in Strafsachen (IRG)[18] als allgemeine Rechtsgrundlage sowie das „Abkommen der Regierung der Bundesrepublik Deutschland und der Regierung der Vereinigten Staaten von Amerika über die Zusammenarbeit in Bezug auf restriktive Geschäftspraktiken"[19] als spezielle Regelung. Entgegen dem Wortlaut des § 50b Abs. 3 GWB haben diese Abkommen nach überwiegender Ansicht keinen grundsätzlichen Vorrang vor der Bestimmung des § 50b GWB.[20] Diese Regelung sollte den Informationsaustausch zwischen den Kartellbehörden erleichtern und erweitern, sodass ihre grundsätzliche Entbehrlichkeit diesem Zweck zuwider liefe. Vielmehr ist ein Vorrang nach dem Regelungszweck des jeweiligen Abkommens zu entscheiden. Enthalten internationale Abkommen oder Gesetze detaillierte, abweichende Regelungen speziell zum Austausch von Informationen zwischen Wettbewerbsbehörden, so kann von einer vorrangigen Geltung dieses Abkommens ausgegangen werden. Die allgemeinen Bestimmungen des IRG stellen jedoch nur eine alternative Rechtsgrundlage zum Informationsaustausch dar.[21]

V. Rechtsschutz

9 In Fragen des Rechtsschutzes ist zwischen der Weitergabe von Informationen durch das BKartA an ausländische Behörden und der Verwendung von erlangten Informationen von einer ausländischen Wettbewerbsbehörde durch das BKartA in einem Verfahren zu unterscheiden. Die Verfahrensgänge sind naturgemäß unterschiedlich.

---

[13] Immenga/Mestmäcker/*Rehbinder* GWB § 50b Rn. 12.
[14] Langen/Bunte/*Schneider* GWB § 50b Rn. 21.
[15] Langen/Bunte/*Schneider* GWB § 50b Rn. 16; MüKoGWB/*Pfeiffer* § 50b Rn. 13.
[16] MüKoGWB/*Pfeiffer* § 50b Rn. 14.
[17] Langen/Bunte/*Schneider* GWB § 50b Rn. 16; Immenga/Mestmäcker/*Rehbinder* GWB § 50b Rn. 12.
[18] Gesetz über die internationale Rechtshilfe in Strafsachen in der Fassung der Bekanntmachung v. 27.6.1994 (BGBl. I S. 1537), zuletzt geändert durch Art. 1 des Gesetzes v. 21.7.2012 (BGBl. I S. 1566).
[19] BGBl. II 1976, S. 1712 ff.
[20] Langen/Bunte/*Schneider* GWB § 50b Rn. 1025. 23; Immenga/Mestmäcker/*Rehbinder* GWB § 50b Rn. 13.
[21] MüKoGWB/*Pfeiffer* § 50b Rn. 17.

1. Informationsweitergabe durch das BKartA

Die Entscheidung zur Weitergabe von Informationen durch das BKartA kann in drei Verfahrensstadien erfolgen: außerhalb eines förmlich eingeleiteten Verfahrens, während eines Verwaltungsverfahrens, sowie während eines Bußgeldverfahrens.

Entscheidet sich das BKartA **außerhalb eines förmlichen Verfahrens** zur Weiterleitung von Informationen, so kommt eine Beschwerde gem. §§ 63 ff. GWB in Betracht. Eine Anfechtungsbeschwerde ist statthaft, wenn es sich bei der Informationsweitergabe um eine Verfügung des BKartA handelte. Der Begriff der Verfügung ist gleichbedeutend mit dem des Verwaltungsaktes.[22] Dazu muss die Handlung der Behörde jedenfalls Regelungsgehalt und Außenwirkung besitzen.[23] Bei der bloß tatsächlichen Weitergabe von Informationen fehlt es als Realhandlung bereits am Regelungsgehalt.[24] Fraglich ist allerdings, ob die bloße Entscheidung zur Weitergabe, wenn man ihren Regelungsgehalt anerkennt,[25] Außenwirkung besitzt. Zwar hat der Austausch durch den Erlass einer Entscheidung oder die Einleitung anderer Maßnahmen der ausländischen Behörde faktische Auswirkungen auf denjenigen, den die Information betrifft. Jedoch muss die Maßnahme auf diese Auswirkung auch unmittelbar gerichtet sein, also durch die Behörde direkt bezweckt werden.[26] Unmittelbar bezweckt durch den Informationsaustausch ist jedoch nur der Informationsgewinn der ausländischen Behörde; die eingeleiteten Maßnahmen sind nur mittelbare Folge.[27] Die **Informationsweitergabe ist somit keine Verfügung** und die Anfechtungsbeschwerde ist unstatthaft.

Daneben könnte eine **allgemeine Leistungsbeschwerde als Unterlassungsbeschwerde** statthaft sein. Diese ist im GWB zwar nicht ausdrücklich geregelt, wird aber allgemein anerkannt.[28] Diese Beschwerdeart kann zur Durchsetzung von Störungsbeseitigungs- und vorbeugenden Unterlassungsansprüchen jedenfalls gegen schlichtes Verwaltungshandeln[29] genutzt werden. Dafür muss eine gerade aus dem Informationsaustausch folgende Rechtsverletzung substantiiert dargelegt werden.[30] Bei einer Informationsweitergabe entgegen der Vorschriften des § 50b Abs. 2 GWB erscheint dies gut begründbar. So dient insbesondere der Schutz vertraulicher Informationen nach § 50b Abs. 2 S. 1 Nr. 2 GWB gerade dem Schutz des Betroffenen. Auch nach § 50b Abs. 2 S. 1 Nr. 1 GWB soll gerade der Betroffene vor einer anderweitigen Verfolgung durch die empfangende Behörde geschützt werden. Die Gefahr der Sanktionierung durch die empfangende Behörde stellt auch eine schwerwiegende Folge dar, die aus der Verletzung von § 50b Abs. 2 GWB folgt, sodass eine Unterlassungsbeschwerde gem. §§ 63 ff. GWB regelmäßig als statthaft anzusehen ist. Das Rechtsschutzbedürfnis[31] ist darüber hinaus nicht mit der Begründung zu verneinen, dass der Betroffene auch Rechtsschutz im Staat der empfangenden Behörde verlangen kann und damit dem Rechtsschutzbegehr auch ohne Anrufung der deutschen Gerichte entsprochen werden könne. Hier ist nämlich zu berücksichtigen, dass in einem ausländischen Verfahren in der Regel keine Überprüfung anhand von § 50b GWB erfolgt und darüber hinaus in einer ausländischen Rechtsordnung der Umfang des Rechtsschutzes erheblich hinter deutschen Standards zurückbleiben kann. Mithin besteht auch ein Rechtsschutzbedürfnis.

---

[22] Wiedemann HdB. KartellR § 54 Rn. 6.
[23] Stelkens/Bonk/Sachs/*Stelkens*, Verwaltungsverfahrensgesetz, 7. Aufl. 2008, § 35 Rn. 69, 141.
[24] Stelkens/Bonk/Sachs/*Stelkens*, Verwaltungsverfahrensgesetz, 7. Aufl. 2008, § 35 Rn. 91.
[25] Anders MüKoGWB/*Pfeiffer* § 50b Rn. 15.
[26] Stelkens/Bonk/Sachs/*Stelkens*, Verwaltungsverfahrensgesetz, 7. Aufl. 2008, § 35 Rn. 147.
[27] Ebenso MüKoGWB/*Pfeiffer* § 50b Rn. 15.
[28] Wiedemann HdB. KartellR § 54 Rn. 17; Immenga/Mestmäcker/*K. Schmidt* GWB § 63 Rn. 9; BGH NJW 1992, 1829 – Unterlassungsbeschwerde; KG WuW/E OLG 4645, 4647 – Bayerische Landesbank.
[29] Immenga/Mestmäcker/*K. Schmidt* GWB § 63 Rn. 9.
[30] MüKoGWB/*Stockmann* § 63 Rn. 16.
[31] Vgl. zur Definition Schoch/Schneider/Bier/*Ehlers*, Verwaltungsgerichtsordnung, 24. EL 2012, Vorb. § 40 Rn. 81.

13 Entscheidet sich das BKartA während eines **Verwaltungsverfahrens** zum Informationsaustausch, so ist auch die **Leistungsbeschwerde als Unterlassungsbeschwerde** nach §§ 63 ff. GWB statthaft. Insbesondere kann der Betroffene nicht auf die Anfechtung der abschließenden Verfügung und eine inzidente Prüfung der Informationsweitergabe verwiesen werden.[32] Die Entscheidung zur Weitergabe dient in keiner Weise der Durchführung des inländischen Verfahrens und ist allenfalls Ausgangspunkt eines ausländischen Verfahrens.

14 Bei einer Weitergabe von Informationen **während eines Bußgeldverfahrens** kommt ein Rechtsbehelf nach § 62 OWiG in Betracht.[33] Danach kann der Betroffene eine gerichtliche Entscheidung des nach § 68 OWiG zuständigen Gerichts gegen jede Maßnahme der Behörde verlangen. Auch hier ist dieser Begriff gleichbedeutend mit einem Verwaltungsakt; er erfordert also eine Regelung mit Außenwirkung.[34] Diese ist bei der Weitergabe von Informationen gerade nicht gegeben (→ Rn. 11). Den Betroffenen aber auf eine Überprüfung der abschließenden Bußgeldentscheidung zu verweisen, ist nicht ausreichend, da die Weitergabe von Informationen an ausländische Behörden keinerlei Auswirkungen auf eine nachfolgende Entscheidung der deutschen Behörde hat. Vielmehr handelt es sich dabei um eine nur beiläufig im Bußgeldverfahren ergangene Entscheidung, die nicht den Rechtsbehelfen des OWiG unterworfen ist.[35] Es gelten vielmehr die allgemeinen Rechtsbehelfe gegen Entscheidungen der Kartellbehörde. Mithin ist auch hier die **Leistungsbeschwerde als Unterlassungsbeschwerde** gem. §§ 63 ff. GWB statthaft (→ Rn. 12).

2. Verwendung erlangter Informationen durch das BKartA

15 Verwendet das BKartA Informationen, die es von einer ausländischen Behörde erlangt hat, in einer Entscheidung, so ist der Betroffene auf eine Anfechtung der abschließenden Verfügung gem. § 63 Abs. 1 GWB beschränkt. Die Verwendung enthält keine eigenen Verpflichtungen für den Betroffenen;[36] vielmehr kann die Verletzung der oben genannten Beweisverbote im **Verfahren gegen die abschließende Verfügung** geltend gemacht werden. Mit dieser Begründung ist auch das Rechtsschutzbedürfnis einer Unterlassungsbeschwerde zu verneinen.

16 Zu beachten ist allerdings, dass die Entscheidungen des BKartA – insbesondere zur Weitergabe von Informationen und zur Zustimmung zur Übermittlung vertraulicher Daten an Dritte – im pflichtgemäßen Ermessen stehen und daher nur auf Ermessensfehler überprüfbar sind. Soweit das BKartA sein Ermessen nicht verkannt hat, keine sachfremden Erwägungen hat einfließen lassen und insbesondere die Grundrechte des Betroffenen nicht verletzt hat,[37] ist die Entscheidung rechtmäßig.

C. Informationsaustausch der Kommission

I. Einleitung

17 Im europäischen Recht existiert keine mit § 50b GWB vergleichbare Generalklausel, die die Kommission zum Informationsaustausch mit Wettbewerbsbehörden von Drittstaaten ermächtigt; auch Art. 12 VO 1/2003 gilt nur im Verhältnis mit mitgliedsstaatlichen Behörden. Daher ist die Regelung des **Informationsaustauschs der Kommission auf den Abschluss bilateraler Abkommen unterschiedlicher Bindungsstärke**

---

[32] Vgl. dazu MüKoGWB/*Stockmann* § 63 Rn. 6.
[33] Immenga/Mestmäcker/*Dannecker/Biermann* GWB § 83 Rn. 2.
[34] Karlsruher Kommentar zum OWiG/*Kurz*, 3. Aufl. 2006, § 62 Rn. 4; Bohnert/*Bohnert*, OWiG, 3. Aufl. 2010, § 62 Rn. 9.
[35] Karlsruher Kommentar zum OWiG/*Kurz*, 3. Aufl. 2006, § 62 Rn. 6; *Göhler*, Gesetz über Ordnungswidrigkeiten: OWiG; 16. Aufl. 2012, § 62 Rn. 5.
[36] Vgl. Langen/Bunte/*Bunte* GWB § 63 Rn. 13 f.
[37] Vgl. zu den Ermessensfehlern Schoch/Schneider/Bier/*Gerhardt*, Verwaltungsgerichtsordnung, 24. EL 2012, § 114 Rn. 15 ff.

beschränkt.[38] Die Europäische Union hat sowohl wettbewerbsspezifische bilaterale Verträge, allgemeine völkerrechtliche Verträge mit wettbewerblichen Regelungen und unverbindliche „Memoranda of Understanding" geschlossen.[39] Diese betreffen nur die Weitergabe von Informationen und naturgemäß nicht die Verwertung der erlangten Beweise. Die Verwendung der Beweise durch die Kommission richtet sich nach den unionsrechtlichen Beweisverwertungsverboten. Insoweit kann im Verhältnis zu Drittstaaten kein weniger strenger Maßstab gelten als er bei Beweisverwertunsgsverboten innerhalb des ECN gilt.

Darüber hinaus darf die erlangte Information gem. Art. 12 Abs. 2 VO 1/2003 als Beweismittel nur verwendet werden, soweit die EU-Wettbewerbsregeln angewandt werden oder soweit die nationalen Vorschriften parallel anzuwenden sind. Fehlt der zwischenstaatliche Bezug, ist eine Beweisverwertung somit ausgeschlossen[40]. Ebenso muss das Verfahren, in dem die Beweise verwendet werden, den gleichen Untersuchungsgegenstand betreffen, wie das Verfahren, in dem die Informationen erhoben wurden (Art. 12 Abs. 2 S. 1 VO 1/2003). Hierfür reicht es aus, wenn der Lebenssachverhalt, der zur Ermittlung führte, teilweise identisch ist.[41]

Gem. Art. 12 Abs. 3 VO 1/2003 ist die Verwertung der Informationen in einem Verfahren gegen natürliche Personen weiter eingeschränkt. So ist eine Beweisverwertung nur zulässig, wenn nach dem Recht der übermittelnden Behörde gleich geartete Sanktionen wegen eines Verstoßes gegen Art. 101 und 102 AEUV verhängt werden können oder wenn die Informationen in einer Weise erhoben wurden, die dem Schutzniveau des innerstaatlichen Rechts der empfangenden Behörde entspricht. In letztem Fall ist die Verhängung einer Haftstrafe immer ausgeschlossen. Durch diese Regelung soll der bei natürlichen Personen erhöhte Schutzstandard gegenüber staatlicher Verfolgung auch beim Informationsaustausch zwischen verschiedenen Rechtsordnungen aufrechterhalten werden.[42]

II. Wettbewerbsspezifische Verträge

Mit den folgenden Staaten hat die Europäische Union wettbewerbsspezifische, **völkerrechtliche Verträge abgeschlossen, die gem. Art. 216 Abs. 2 AEUV unmittelbar gelten.**[43]

Land	Titel des Vertrags	Einschlägige Artikel	Fundstelle
Japan	ABKOMMEN zwischen der Europäischen Gemeinschaft und der Regierung von Japan über die Zusammenarbeit bei wettbewerbswidrigen Verhaltensweisen	Art. 3 (2) [Informationsaustausch] Art. 9 [Geltendes Recht, Vertraulichkeit]	ABl. 2003, L 183, 12 ff.
Kanada	Abkommen zwischen den Europäischen Gemeinschaften und der Regierung von Kanada über die Anwendung ihres Wettbewerbsrechts	Art. VII [Informationsaustausch] Art. X [Vertraulichkeit] Art. XI [Geltendes Recht]	1999/445/ EG, EGKS; ABl. 1999, L 175, 49 ff.

---

[38] Immenga/Mestmäcker/*Völcker* EuWettbR 5. Aufl. 2012, Teil 1 II. Abschn. B. Rn. 5; *Valle Lagares* Journal of European Competition Law & Practice, Advance Access published January 24, 2010, 1.
[39] Für eine Auflistung: http://ec.europa.eu/competition/international/bilateral/index.html (zuletzt abgerufen am 31.3.2016); eine Auflistung in Buchform (Stand 2008): http://ec.europa.eu/competition/international/legislation/brochure.pdf (zuletzt abgerufen am 31.3.2016).
[40] Immenga/Mestmäcker/*Ritter* EuWettbR VO 1/2003 Art. 12 Rn. 13.
[41] In diesem Sinne: Immenga/Mestmäcker/*Ritter* EuWettbR VO 1/2003 Art. 12 Rn. 12.
[42] Vgl. Netzwerkbekanntmachung Rn. 28 c).
[43] Zum Streit um die Rechtsnatur und die Zuständigkeit der Gemeinschaften zum Abschluss des Abkommens mit den USA von 1991 vgl. Immenga/Mestmäcker/*Völcker* EuWettbRTeil 1 II. Abschn. B. Rn. 7.

Land	Titel des Vertrags	Einschlägige Artikel	Fundstelle
Korea	ABKOMMEN zwischen der Europäischen Gemeinschaft und der Regierung der Republik Korea über die Zusammenarbeit bei wettbewerbswidrigen Verhaltensweisen	Art. 3 (2) [Informationsaustausch] Art. 7 [Geltendes Recht, Vertraulichkeit]	ABl. 2009, L 202, 36 ff.
USA (1991)	Abkommen zwischen den Europäischen Gemeinschaften und der Regierung der Vereinigten Staaten von Amerika über die Anwendung ihrer Wettbewerbsregeln – Interpretativen Briefwechsel Nichtamtliche Übersetzung	Art. III (3), (4) [Informationsaustausch] Art VIII [Vertraulichkeit] Art. IX [Geltendes Recht]	95/145/EG, EGKS; ABl. 1995, L 95, 45 f., 47 ff.
USA (1998)[44]	ABKOMMEN zwischen den Europäischen Gemeinschaften und der Regierung der Vereinigten Staaten von Amerika über die Anwendung der „Positive Comity"-Grundsätze bei der Durchsetzung ihrer Wettbewerbsregeln	Art. V [Informationsaustausch, Vertraulichkeit] Art. VII [Geltendes Recht]	98/386/EG, EGKS; ABl. 1998, L 173, 26 f., 28 ff.

Die verschiedenen Vorschriften der Verträge haben einen identischen oder jedenfalls gleichbedeutenden Wortlaut, sodass sie hier zusammenfassend behandelt werden.

21 In allen Verträgen verpflichten sich die Vertragsparteien zu einem **umfangreichen Austausch vorhandener Informationen** aus eigenem Antrieb heraus oder auf Anfrage der anderen Vertragspartei. Es muss sich um für die Durchsetzung des Kartellrechts relevante Informationen handeln. Dies beschränkt sich ausdrücklich auf **Informationen, die bereits im Besitz der Behörde sind;** die Ermittlungstätigkeit im Auftrag der anderen Vertragspartei ist ausgeschlossen.[45]

22 Im Bereich vertraulicher Informationen wird dieser Austausch jedoch erheblich eingeschränkt. So erfolgt dieser nicht, wenn die Offenlegung der Information gesetzlich verboten ist oder unvereinbar mit den Interessen der Vertragspartei wäre. Darüber hinaus wird bestimmt, dass der Vertrag zu keiner Änderung des geltenden Rechts der Vertragsparteien verpflichtet. Art. 7 (2) des Abkommens mit der Republik Korea bestimmt sogar ausdrücklich, dass eine Weitergabe von Informationen im Sinne des Art. 28 VO 1/2003 nicht erfasst wird. Die zur Auslegung herangezogenen Briefwechsel zu den anderen Verträgen bestimmen das Gleiche.[46] Mithin ist die **Weitergabe von vertraulichen Informationen nur mit Zustimmung des Betroffenen** möglich.[47]

Darüber hinaus verpflichten sich die Vertragsparteien, dass nicht allgemein zugängliche Informationen Dritten gegenüber nach Maßgabe ihres Rechts bestmöglich geschützt werden.

---

[44] Dieses Abkommen soll im Wesentlichen die Bestimmungen des Art. V des Abkommens von 1991 (Behandlung von Wettbewerbsverstößen im Territorium der einen Partei, die die Interessen der anderen Partei berühren, sog „Positive Comity") ergänzen, vgl. Art. I (1). Das Abkommen von 1991 gilt weiterhin fort, Art. VI.
[45] Vgl. auch Immenga/Mestmäcker/*Völcker* EuWettbR Teil 1 II. Abschn. B. Rn. 23.
[46] Vgl. auch Immenga/Mestmäcker/*Völcker* EuWettbR Teil 1 II. Abschn. B. Rn. 24.
[47] Zur Praxis unter dem EU-US-Abkommen: Immenga/Mestmäcker/*Völcker* EuWettbR Teil 1 II. Abschn. B. Rn. 25.

III. Allgemeine völkerrechtliche Verträge

Mit folgenden Staaten hat die Europäische Union **allgemeine völkerrechtliche Verträ-** 23
ge geschlossen, die einige **Vorschriften zu wettbewerbsspezifischen Themen** enthalten. Auch diese Vorschriften gelten unmittelbar, Art. 216 Abs. 2 AEUV.

Land	Titel des Vertrags	Einschlägige Artikel	Fundstelle
Algerien	EURO-MEDITERRANEAN AGREEMENT establishing an Association between the European Community and its Member States, of the one part, and the People's Democratic Republic of Algeria, of the other part	Art. 41 (2) [Administrative Kooperation und Informationsaustausch nach Annex 5] Annex 5: Implementing Rules for Article 41 4.1 [Informationsaustausch] 4.2 [Vertraulichkeit]	ABl. 2005, L 265, 2 ff. (Annex 5 S. 50 ff.)
Ägypten	EURO-MEDITERRANEAN AGREEMENT establishing an Association between the European Communities and their Member States, of the one part, and the Arab Republic of Egypt, of the other part	Art. 35 (6) [Informationsaustausch, Vertraulichkeit]	ABl. 2004, L 304, 39 ff.
Chile	AGREEMENT establishing an association between the European Community and its Member States, of the one part, and the Republic of Chile, of the other part	Art. 177 (1) [Informationsaustausch] Art. 177 (4), (5) [Vertraulichkeit]	ABl. 2002, L 352, 3 ff.
Israel	EURO-MEDITERRANEAN AGREEMENT establishing an association between the European Communities and their Member States, of the one part, and the State of Israel, of the other part	Art. 36 (6) [Informationsaustausch, Vertraulichkeit]	ABl. 2000, L 147, 3 ff.
Jordanien	EURO-MEDITERRANEAN AGREEMENT establishing an Association between the European Communities and their Member States, of the one part, and the Hashemite Kingdom of Jordan, of the other part	Art. 53 (7) [Informationsaustausch, Vertraulichkeit]	ABl. 2002, L 129, 3 ff.
Macedonien	Stabilisation and Association Agreement between the European Communities and their Member States, of the one part, and the former Yugoslav Republic of Macedonia, of the other part	Art. 69 (6) [Informationsaustausch, Vertraulichkeit]	ABl. 2004, L 84, 13 ff.
Mexiko	Economic Partnership, Political Coordination and Cooperation Agreement between the European Community and its Member States, of the one part, and the United Mexican States, of the other part	Art. 11 (1) [Einrichtung Joint Council]	ABl. 2000, L 276, 45 ff.

Land	Titel des Vertrags	Einschlägige Artikel	Fundstelle
	Decision No 2/2000 of the EC-MEXICO Joint Council of 23 March 2000	Annex XV Art. 4 (1) [Informationsaustausch] Art. 8 [Vertraulichkeit]	2000/415/EC; ABl. 2000, L 157, 10 ff.
Marokko	Euro-Mediterranean Agreement establishing an association between the European Communities and their Member States, of the one part, and the Kingdom of Morocco, of the other part	Art. 36 (7) [Informationsaustausch, Vertraulichkeit]	ABl. 2000, L 70, 1 ff.
	DECISION No 1/2004 OF THE EU-MOROCCO ASSOCIATION COUNCIL of 19 April 2004 adopting the necessary rules for the implementation of the competition rules	Annex 4.1 [Informationsaustausch] Annex 4.2 [Vertraulichkeit]	2005/466/EC; ABl. 2005, L 165, 10 ff.
Südafrika	Agreement on Trade, Development and Cooperation between the European Community and its Member States, of the one part, and the Republic of South Africa, of the other part	Art. 40 [Informationsaustausch, Vertraulichkeit]	ABl. 1999, L 311, 3 ff.
Tunesien	EURO-MEDITERRANEAN AGREEMENT establishing an association between the European Communities and their Member States, of the one part, and the Republic of Tunisia, of the other part	Art. 36 (7) [Informationsaustausch, Vertraulichkeit]	ABl. 1998, L 97, 2 ff.
Türkei	Decision No 1/95 of the EC-Turkey Association Council of 22 December 1995 on implementing the final phase of the Customs Union	Art. 36 [Informationsaustausch, Vertraulichkeit]	ABl. 1996, L 35, 1 ff.
	Agreement between the European Coal and Steel Community and the Republic of Turkey on trade in products covered by the Treaty establishing the European Coal and Steel Community	Art. 9 [Informationsaustausch, Vertraulichkeit]	ABl. 1996, L 227, 3 ff.
Ukraine	PARTNERSHIP AND COOPERATION AGREEMENT establishing a partnership between the European Communities and their Member States, of the one part, and Ukraine, of the other part	Art. 49 (2.3) [Informationsaustausch, Vertraulichkeit]	ABl. 1998, L 49, 3 ff.

Land	Titel des Vertrags	Einschlägige Artikel	Fundstelle
Westbank und Gazastreifen	EURO-MEDITERRANEAN INTERIM ASSOCIATION AGREEMENT on trade and cooperation between the European Community, of the one part, and the Palestine Liberation Organization (PLO) for the benefit of the Palestinian Authority of the West Bank and the Gaza Strip, of the other part	Art. 30 (8) [Informationsaustausch, Vertraulichkeit]	ABl. 1997, L 187, 3 ff.

Auch die Vorschriften dieser Verträge sind, soweit es Regelungen zum Informationsaustausch gibt, im Wesentlichen wort- und bedeutungsgleich und können gemeinsam dargestellt werden.

Es werden weitreichende Vereinbarungen zum Informationsaustausch getroffen, soweit die Anforderungen des Berufsgeheimnisses oder der Vertraulichkeit dies nicht verbieten.[48] In einigen Verträgen[49] wird diese allgemeine Bestimmung deutlicher ausgeführt. Danach findet keine Weitergabe statt, soweit diese **ausdrücklich durch Rechtsvorschriften verboten** ist oder **dem Betroffenen Schaden** zufügt und keine Zustimmung der Quelle vorliegt. Soweit nicht allgemein zugängliche Informationen ausgetauscht werden, sind diese nach den nationalen Vorschriften bestmöglich zu schützen.

24

Folglich ist die Weitergabe vertraulicher Informationen auch nach diesen Verträgen **nur mit Zustimmung des Betroffenen** möglich. Der Unterschied im Wortlaut der Bestimmungen lässt sich schwerlich als Indiz für eine weitere Auslegung der Bestimmungen heranziehen, da die betroffenen Staaten weder ausnahmslos wichtige Wirtschaftspartner darstellen oder über besonders hoch entwickelte rechtsstaatliche Standards verfügen.[50] Aus diesem Grunde ist eine identische Auslegung naheliegend.

25

IV. Memoranda of Understanding

Mit den Behörden folgender Staaten hat die Kommission Memoranda of Understanding bezüglich wettbewerbsrechtlicher Themen geschlossen. Diese stellen keine völkerrechtlichen Verträge nach Art. 216 Abs. 2 AEUV dar und entfalten keine Bindungswirkung.

26

Land	Titel des Vertrags	Einschlägige Artikel	Fundstelle
Brasilien	Memorandum of Understanding on Cooperation	Rn. 3 [Austausch nicht vertraulicher Informationen] Rn. 15, 16 [Geltendes Recht, Vertraulichkeit] Rn. 20 [keine rechtliche Bindung]	http://ec.eu ropa.eu/com petition/inter national/bila teral/brazil_ mou_en.pdf
China	Memorandum of Understanding on Cooperation in the area of anti-monopoly law	2.3 [Austausch nicht vertraulicher Informationen] 3.1 [Geltendes Recht] 3.2 [Vertraulichkeit] 5.3 [keine rechtliche Bindung]	http://ec.eu ropa.eu/com petition/inter national/bila teral/mou_chi na_en.pdf

---

[48] „Unbeschadet aller anderslautenden Bestimmungen, die gemäß Abs. 3 erlassen werden, tauschen die Vertragsparteien Informationen unter Berücksichtigung der erforderlichen Beschränkungen zur Wahrung des Berufs- und Geschäftsgeheimnisses aus."
[49] Algerien, Chile, Mexiko und Marokko.
[50] Vgl. zur Inkonsistenz der Kommissionspraxis bzgl. der Abkommen *Valle Lagares* Journal of European Competition Law & Practice, Advance Access Published January 24, 2010, 1.

Land	Titel des Vertrags	Einschlägige Artikel	Fundstelle
Russland	Memorandum of Understanding on Cooperation	Rn. 5 [Austausch nicht vertraulicher Informationen] Rn. 17, 18 [Geltendes Recht, Vertraulichkeit] Rn. 21 [keine rechtliche Bindung]	http://ec.eu ropa.eu/com petition/inter national/bila teral/mou_rus sia_en.pdf

Auch die Vorschriften dieser Übereinkünfte sind in ihrer Bedeutung gleich und decken sich mit den genannten Bestimmungen der anderen Vertragsarten.

27 Die Vertragsparteien vereinbaren den recht umfassenden Austausch nicht-vertraulicher Informationen. Ein Austausch erfolgt nicht, wenn er **unvereinbar mit dem geltenden Recht** oder durch dieses **ausdrücklich verboten** ist. Darüber hinaus enthalten alle Abkommen die Feststellung, dass durch sie keine rechtliche Bindungswirkung erzeugt wird.

28 Damit ist ein Informationsaustausch außerhalb vertraulicher Informationen nach jeder Art von Abkommen möglich. Vergleicht man die Bestimmungen aller Vertragsarten, so fällt auf, dass in der Sache nur geringe Unterschiede bestehen. Jedoch kann die Art des Abkommens und insbesondere das Vorhandensein von Regelungen über den Umgang mit nicht allgemein zugänglichen Informationen ein Indiz für das der jeweils anderen Vertragspartei entgegengebrachte Vertrauen sein.

V. Rechtsschutz

29 Gegen die Entscheidung der Kommission, bestimmte Informationen an eine ausländische Behörde weiterzuleiten, könnte der Betroffene mit einer **Nichtigkeitsklage gem. Art. 263 AEUV** vor dem EuG Rechtsschutz verlangen. Dafür muss es sich bei dieser Entscheidung um einen durch das betroffene Unternehmen angreifbaren Akt nach Art. 263 Abs. 4 AEUV handeln. Da diese Entscheidung nicht an das Unternehmen adressiert ist, müsste es dadurch unmittelbar und individuell betroffen sein. Unmittelbarkeit liegt dann vor, wenn das Unternehmen ohne Hinzutreten weiterer Umstände durch die Maßnahme des Unionsorgans beeinträchtigt ist.[51] Dies liegt insbesondere dann nicht vor, wenn bei einer an einen Mitgliedstaat gerichteten Maßnahme bei der Umsetzung noch ein Ermessensspielraum bleibt.[52] Auch bei der Weiterleitung von Informationen an eine ausländische Wettbewerbsbehörde hängt die Einleitung eines kartellrechtlichen Verfahrens noch von der Entscheidung und eventuell weiteren Ermittlungen der Behörde ab. Insofern könnte man eine unmittelbare Betroffenheit aufgrund der Vergleichbarkeit ablehnen. Jedoch ist zu beachten, dass bei einer noch ausstehenden Ermessensentscheidung eines Mitgliedstaates diese aus prozessökonomischen Gründen abzuwarten ist. Innerhalb der EU ist von einem einheitlichen Rechtsschutzniveau auszugehen, sodass in diesem Fall auf den innerstaatlichen Rechtsschutz verwiesen werden kann.[53] Geht es allerdings um die Einleitung eines ausländischen Verfahrens, kann diese Vermutung keine Geltung mehr beanspruchen. Da der Betroffene aber nach Weiterleitung der Information in der ausländischen Rechtsordnung im schlimmsten Fall schutzlos gestellt ist,[54] ist das Unternehmen bereits bei Weiterleitung der Informationen einer Beeinträchtigung ausgesetzt. Das Unternehmen ist somit unmittelbar betroffen. Es ist regelmäßig auch individuell betroffen, da die weitergegebenen Informationen es konkret

---

[51] Calliess/Ruffert/*Cremer*AEUV Art. 263 Rn. 36.
[52] Dauses/*Stotz/Tonne* EU-WirtschaftsR-HdB, 31. EL 2012, P I Rn. 98; EuGH Urt. v. 17.1.1985 – C-11/82, Slg. 1985, 207 (241) – Piraiki-Patraiki/Kommission; EuG Urt. v. verb. Rs. 27.4.1995 – T-442/93, Slg. 1995, II-1281 (1306) – AAC u. a./Kommission; Urt. v. 22.11.2001 – T-9/89, Slg. 2001, II-3367 (3385) – Mitteldeutsche Erdöl-Raffinerie/Kommission.
[53] Vgl. oben und Erwägungsgrund (16) VO 1/2003.
[54] Zu irreversiblen Schäden: Wiedemann/*Schütte* HdB KartellR § 49 Rn. 169.

betreffen und in ähnlicher Weise individualisieren wie einen Adressaten.[55] Mithin gibt es gute Gründe, dass die Nichtigkeitsklage nach Art. 263 Abs. 4 Var. 2 AEUV zulässig ist.

---

[55] Vgl. zur Definition: Calliess/Ruffert/*Cremer*AEUV Art. 263 Rn. 40; EuGH Urt. v. 19.7.1963 – C-25/62, Slg. 1963, 213 (239) – Plaumann/Kommission; Urt. v. 25.7.2002 – C-50/00 P, Slg. 2002, I-6677 Rn. 36f. – Unión de Pequeños Agricultores/Rat.

3. Teil Kartellprozess

1. Abschnitt Einleitung und Überblick

§ 23 Stellung der privaten Rechtsdurchsetzung im Gesamtsystem der Kartellrechtsdurchsetzung

Übersicht

Rn.
A. Verbote, Ansprüche und Einwendungen – Private Durchsetzung des Kartellrechts im Überblick 2
B. Verhältnis von privater und öffentlicher Rechtsdurchsetzung 7

Schrifttum:
Basedow/*Buxbaum,* Private Enforcement of EC Competition Law 2007, 41; *Eckard,* Anwendung und Durchsetzung des Kartellverbots im dezentralen Legalausnahmesystem, 2011; *Möschel,* Behördliche oder privatrechtliche Durchsetzung des Kartellrechts, WuW 2007, 483; *Poelzig,* Normdurchsetzung durch Privatrecht, 2012; *Ritter,* Private Durchsetzung des Kartellrechts, WuW 2008, 762; *Roth,* Das Kartelldeliktsrecht in der 7. GWB-Novelle, FS Huber, 1133; *Schmidt,* Gesetzliches Kartell-Zivilprozessrecht – Der mühsame Weg der §§ 87 ff. GWB aus einem Kartell-Prozessrecht von Gestern zum „Private Enforcement" für Heute und Morgen, ZWeR 2007, 394; *Soltész,* Due Process, Gesetzesvorbehalt und richterliche Kontrolle im Europäischen Kartellbußgeldverfahren, WuW 2012, 141.

Teil 3 dieses Handbuchs behandelt den **Kartellprozess.** Der Begriff „Kartellprozess" **1** steht hierbei synonym für die **private Durchsetzung des Kartellrechts** (→ § 1 Rn. 7). Abgehandelt werden nachfolgend die Grundlagen (1. Abschnitt), der Kartellzivilprozess in Deutschland (2. Abschnitt), das internationale Kartellprivat- und -zivilprozessrecht (3. Abschnitt) sowie einige ausländischen Rechtsordnungen und die Schiedsgerichtsbarkeit (4. Abschnitt).

A. Verbote, Ansprüche und Einwendungen – Private Durchsetzung des Kartellrechts im Überblick

Das Kartellrecht der EU und ihrer Mitgliedstaaten normiert zur Sicherstellung funktions- **2** fähiger Märkte mit dem Kartellverbot in Art. 101 Abs. 1 und 3 AEUV bzw. §§ 1 ff. GWB sowie dem Missbrauchsverbot in Art. 102 AEUV bzw. §§ 18 ff. GWB materiellrechtliche **Verbote** von kollektivem oder individuellem wettbewerbsbeschränkenden Marktverhalten (→ § 3 Rn. 5 ff.). Aus diesen Verboten erwachsen in betroffenen Wirtschaftsteilnehmern unmittelbar **subjektive Rechte,** welche die Gerichte der Mitgliedstaaten zu wahren haben (→ § 2 Rn. 5).[1] Diese Rechte können auf die Abwehr eines kartellrechtswidrigen Handelns *(Unterlassungsrecht),* auf Naturalrestitution *(Beseitigungsrecht)* bzw. auf Ersatz in Geld *(Schadensersatzrecht)* gerichtet sein und bilden damit eine **Trias der Unionsrechte** von Kartellverstößen Betroffener (→ § 24 Rn. 29). Verletzungen dieser Verbote können daher nicht nur im Rahmen kartellbehördlicher Verfahren Grundlage für Abstellungsverfügungen oder Bußgeldbescheide sein. Sie können auch von Privaten durch Geltendmachung ihrer aus den Art. 101 und 102 AEUV erwachsenen Abwehr- und Schadensersatz-

---

[1] EuGH Urt. v. 30.1.1974 – 127/73, Slg. 1974, 51 Rn. 15/17 – BRT I.

rechte zivilrechtlich – ggf. auch im Rahmen einstweiligen Rechtsschutzes[2] – durchgesetzt werden.

3 Aus den aus Art. 101 und 102 AEUV erwachsenen subjektiven Rechten ergeben sich **Ansprüche,** welche die Betroffenen von Kartellverstößen gegen Kartellrechtsverletzer außergerichtlich oder im Rahmen zivilprozessualer Streitigkeiten vor den nationalen Gerichten geltend machen können (sog *offensive Kartellrechtsdurchsetzung* → § 2 Rn. 15). Anders als bei der unionrechtliche Staatshaftung scheint der EuGH die Rechtsgrundlage dieser Ansprüche auf der Grundlage seines funktional-integrativen Rechtsprechungsansatzes und eines eher dem *Common Law* entspringenden Verständnisses über das Verhältnis von subjektiven Rechten und Rechtsschutz zwar prinzipiell, jedoch (noch) nicht abschließend im Unionsrecht zu sehen, sondern vielmehr im nationalen Recht, allerdings determiniert durch das Erfordernis der Gewährleistung der vollen Wirksamkeit des Unionsrechts auf Unterlassung, Beseitigung und Schadensersatz und eines dem nationalen Recht äquivalenten Rechtsbehelfsstandards (→ § 24 Rn. 3 f.). In Deutschland wird diesen Vorgaben genügt, indem **§ 33 GWB als zentrale Anspruchsgrundlage** den Betroffenen von Verstößen gegen europäisches und deutsches Kartellrecht gleichermaßen Ansprüche auf Unterlassung und Beseitigung (§ 33 Abs. 1 GWB) und/oder Schadensersatz (§ 33 Abs. 3 GWB) gewährt. Daneben können aber auch andere Ansprüche auf einen Kartellverstoß gestützt werden. Beispiele hierfür nach deutschem Recht sind Feststellungsklagen auf Nichtigkeit nach Art. 101 Abs. 2 AEUV bzw. § 1 GWB iVm § 134 BGB, auf Verletzung des Kartellverbots gestützte Beschluss-Anfechtungsklagen nach §§ 243, 246 AktG, kartellrechtlich begründete Schiedsspruch-Aufhebungsklagen nach § 1059 ZPO oder Rückforderungsklagen aus ungerechtfertigter Bereicherung (→ § 2 Rn. 15).

4 Daneben können Kartellverstöße als Verteidigungsmittel, dh als **Einwendung oder Einrede** gegen die Durchsetzung eines subjektiven Rechts durch einen Kartellrechtsverletzer geltend gemacht werden, zB gegen Klagen auf Einhaltung einer Wettbewerbsverbotsklausel oder einer Vertriebsbindung, Schadensersatzklagen, Patentklagen etc (sog *defensive Kartellrechtsdurchsetzung* → § 2 Rn. 15). So kann sich etwa derjenige, dem von einem marktbeherrschenden Unternehmen in missbräuchlicher Weise die Erteilung einer Lizenz verweigert wird, gegen Schadensersatz- oder Unterlassungsklagen des Rechteinhabers wegen vermeintlich unberechtigter Rechtenutzung als Einwand auf seinen kartellrechtlichen Anspruch auf Lizenzerteilung berufen.[3] Die rechtlichen Grundlagen für kartellrechtliche Einwendungen können sowohl aus dem europäischen Recht (zB Lizenzrecht aus Art. 102 AEUV, Nichtigkeit einer Vereinbarung nach Art. 101 Abs. 2 AEUV) als auch aus dem deutschen Recht (zB Lizenzanspruch aus §§ 19, 20 GWB, Nichtigkeit nach § 134 BGB) stammen.

5 Bislang liegt der Schwerpunkt der kartellrechtlichen Praxis im Bereich der offensiven und defensiven Geltendmachung von **Unterlassungs- und Beseitigungsrechten,** dh auf Fällen aus dem Bereich der Liefer- und Geschäftsverweigerung, auf Verfahren zur Geltendmachung vertraglicher Ansprüche unter dem Aspekt der Wirksamkeit von Verträgen oder ihrer Beendigung und im Bereich der Kontrolle marktmächtiger Unternehmen auf Fällen der Geltendmachung von Unterlassungsansprüchen gegen missbräuchliches Verhalten.[4] Demgegenüber war die praktische Bedeutung von **Schadensersatzklagen** lange gering. 2004 kam die von der Kommission in Auftrag gegebene sog *Ashurst-Studie*

---

[2] Allg. EuGH Urt. v. 19.6.1990 – C-213/89, Slg. 1990, I-2433 Rn. 21 – Factortame I.
[3] Vgl. zu diesem sog kartellrechtlichen Zwangslizenzeinwand gegenüber Schadensersatzbegehren des Lizenzinhabers BGH Urt. v. 13.7.2004 – KZR 40/02, NJW-RR 2005, 269 – Standard-Spundfass sowie gegenüber Unterlassungsbegehren des Lizenzinhabers BGH Urt. v. 6.5.2009 – KZR 39/06, NJW-RR 2009, 1047 – Orange-Book-Standard und LG Düsseldorf Beschl. v. 21.3.2013 – 4b O 104/12, GRUR-Int 2013, 547 (→ § 30 Rn. 18 ff.).
[4] So für Deutschland BKartA, Tätigkeitsbericht 2011/2012, BT-Drs. 17/13675, 42; Langen/Bunte/*Bornkamm* § 33 Rn. 4.

zu dem vernichtenden Urteil, dass das Bild, dass eine europaweite Untersuchung in Bezug auf private Kartellschadensersatzklagen ergeben habe, eines „erstaunlicher Ungleichheit und völliger Unterentwicklung" sei.[5] 2005 attestierte ein Diskussionspapier des Bundeskartellamts privaten Schadensersatzklagen eine „untergeordnete Bedeutung".[6] Der Impact Assessment Report zur RL 2014/104/EU stellt fest, dass nur 15 der 54 von der Kommission zwischen 2006 und 2012 getroffenen rechtskräftigen Kartellbeschlüsse in der Folge zu privaten Follow-on-Schadensersatzklagen führten. Diese insgesamt 52 Klagen wurden in lediglich sieben verschiedenen Mitgliedstaaten erhoben; der weit überwiegende Anteil in Großbritannien, Deutschland und den Niederlanden. In 20 Mitgliedstaaten konnte nicht eine einzige Schadensersatzklage verzeichnet werden.[7] Es ist allerdings zu erwarten, dass insgesamt die Bedeutung von Schadensersatzklagen, insbesondere als sog Follow-on-Schadensersatzklagen im Anschluss an die kartellbehördliche Aufdeckung sog Hardcore-Kartelle – auch infolge der Verabschiedung der RL 2014/104/EU und ihrer Umsetzung in den Mitgliedstaaten – erheblich zunehmen wird.

Die Probleme, denen Kläger in der Vergangenheit beim Nachweis des (materiell-rechtlichen) Bestehens eines kartellrechtlichen Schadensersatzanspruchs begegneten, betreffen insbesondere den Nachweis eines Kartellverstoßes und den Nachweis und die Bezifferung eines kartellbedingten Schadens. Dabei leiden die Kläger typischerweise unter einer für Kartellzivilverfahren charakteristischen **Informationsasymmetrie.** Die Lage der Kläger wird zusätzlich dadurch erschwert, dass Kartellverstöße **vielfältige und komplexe ökonomische Folgen** haben. Bereits der Schaden aufgrund eines eindeutig zu identifizierenden und zu beziffernden kartellbedingten Preisaufschlags kann innerhalb der Wertschöpfungs- bzw. Lieferkette sehr schwer zu lokalisieren sein, da häufig unklar ist, welche Marktstufe wie viel des Aufschlags an die jeweils nächste Marktstufe weitergegeben hat (sog *passing-on;* → § 24 Rn. 52). Auch die Bezifferung von Schäden aus entgangenem Gewinn aufgrund des Absatzrückgangs, der infolge einer Preiserhöhung zu erwarten ist (sog **Volumeneffekt**) sowie weitere Effekte wie Opportunitätskosten, Zinsverluste etc sind äußerst komplex und stellen für Juristen wie Ökonomen eine Herausforderung dar (→ § 26 Rn. 76).

B. Verhältnis von privater und öffentlicher Rechtsdurchsetzung

Öffentliche und private Rechtsdurchsetzung stehen sowohl im Unions- als auch im deutschen Kartellrecht grundsätzlich in einem Verhältnis der **funktionalen Äquivalenz und Komplementarität** (→ § 3 Rn. 16).[8] Im Unionsrecht wie im deutschen Recht stehen beide Instrumente gleichberechtigt nebeneinander und ergänzen sich.

- *Unionsrecht:* Das Unionsprimärrecht enthält parallel anwendbare Sanktionsregeln, in Art. 101 Abs. 2 AEUV eine privatrechtliche Nichtigkeitssanktion und in Art. 103 und 105 AEUV Grundregelungen über die öffentliche Durchsetzung, ohne einen Vorrang der einen oder anderen Durchsetzungsform anzuordnen. Auch im Sekundärrecht ist keine spezielle Vorrang- bzw. Subsidiaritätsregel normiert.[9] Dies gilt insbesondere auch

---

[5] Study on the conditions of claims for damages in case of infringement of EC competition rules (sog Ashurst-Studie), http://ec.europa.eu/competition/antitrust/actionsdamages/study.html, 1, für Deutschland identifizierte die Studie zB zwischen 1958 und 2004 lediglich 29 Schadensersatzklagen, von denen nur neun erfolgreich waren.
[6] BKartA, „Private Kartellrechtsdurchsetzung, Stand, Probleme, Perspektiven", 2005, I.
[7] Commission Staff Working Document, Impact Assessment Report – Damages actions for breach of EU antitrust Rules, SWD(2013) 203 final Rn. 52.
[8] *Poelzig,* Normdurchsetzung durch Privatrecht, 199; *Roth* FS Huber, 1133 (1135).
[9] Eine Subsidiarität der öffentlichen Durchsetzung ergibt sich daraus, dass die Kommission gem. Art. 7 VO (EG) Nr. 1/2003 die Möglichkeit hat, Beschwerden gegen einen Kartellverstoß mangels Unionsinteresse an der Verfolgung abzuweisen. Dies gilt nach der Rspr. des EuGH insbesondere dann, wenn ausschließlich Individualinteressen betroffen sind und bereits die nationalen Gerichte mit dem Streitfall befasst sind und wirksam entscheiden können, vgl. zB Urt. v. 18.9.1992 – T-24/90, Slg. 1992, II-2223 Rn. 85–96 – Au-

für das Verhältnis von Bußgeldern und privaten Schadensersatzpflichten.[10] Während die VO (EG) Nr. 1/2003 den nationalen Gerichten eine „ergänzende" Funktion zuwies (7. Erwägungsgrund), dh die Komplementarität beider Formen der Rechtsdurchsetzung hervorhob, bringt die RL 2014/104/EU daneben zum Ausdruck, dass beide Formen in einem Verhältnis der Gleichrangigkeit zueinander stehen. Die nationalen Gerichte spielen nach ihrer Begründung eine **„gleichermaßen wichtige Rolle"** wie die öffentliche Kartellrechtsdurchsetzung (3. Erwägungsgrund).

- *Deutsches Recht:* Eine ähnliche Gleichrangigkeit ergibt sich in Deutschland auch aus §§ 32ff. GWB. §§ 32–32e GWB regeln die Befugnisse der Kartellbehörden zur öffentlichen Rechtsdurchsetzung sowie § 34 GWB eine spezielle öffentliche Sanktionsform (die Vorteilsabschöpfung) und § 33 GWB die privaten Ansprüche nebeneinander. Auch gibt es **keinen Vorrang der einen Durchsetzungsform** vor der anderen. Eine Ausnahme besteht gem. § 34a GWB lediglich für die Vorteilsabschöpfung durch Verbände, die der kartellbehördlichen Sanktionierung untergeordnet ist.

8 Gleichzeitig bestehen zwischen öffentlicher und privater Kartellrechtsdurchsetzung zahlreiche, zum Teil komplementäre, zum Teil auch entgegenstehende Wechselwirkungen. Nach der Begründung der RL 2014/104/EU müssen daher **„beide Instrumente zusammenwirken,** damit die Wettbewerbsvorschriften höchstmögliche Wirkung entfalten". Gleichzeitig ist erforderlich, „die Koordinierung zwischen den beiden Formen der Durchsetzung kohärent zu regeln", um ein reibungsloses Funktionieren des Wettbewerbsrechts und damit des Binnenmarktes zu gewährleisten (6. Erwägungsgrund). Daher enthält die RL 2014/104/EU gem. Art. 1 Abs. 2 Vorschriften für die **Koordinierung** der öffentlichen und privaten Kartellrechtsdurchsetzung, durch welche beide Durchsetzungssysteme ausbalanciert und aufeinander abgestimmt werden sollen, um einerseits eine Kohärenz zur Gewährleistung einer höchstmöglichen Wirkung der Durchsetzung des Kartellrechts und eine Kompensation tatsächlich verursachter Schäden zu gewährleisten, auf der anderen Seite aber auch Überkompensationen und insbesondere unverhältnismäßige oder gar existenzbedrohende Belastungen von Kartellrechtsverletzern zu vermeiden.

9 **Beispiele** für solche Wechselwirkungen und des Bestrebens der Herstellung von Kohärenz im Gesamtsystem der Durchsetzung des Kartellrechts, insbesondere durch die RL 2014/104/EU, sind folgende:

- Im Falle von „echten" Hardcore-Kartellverstößen befinden sich private Schadensersatzkläger aufgrund einer Informationsasymmetrie häufig in einer Beweisnot hinsichtlich des Bestehens eines Kartellverstoßes. Regelmäßig ist die vorherige Aufklärung eines Wettbewerbsverstoßes im Rahmen eines Verwaltungs- bzw. Ordnungswidrigkeitenverfahrens eine wichtige Voraussetzung für die Wirksamkeit und verfahrensrechtliche Effizienz von sog *Follow-on* **Kartellschadensersatzklagen.** Diese wird daher durch eine vorangehende Feststellung eines Kartellverstoßes durch eine Kartellbehörde und die in Art. 16 Abs. 1 VO (EG) Nr. 1/2003, Art. 9 RL 2014/104/EU und § 33 Abs. 4 GWB statuierte **Bindungs- bzw. Vermutungswirkung** in anschließenden Zivilverfahren wesentlich erhöht. Art. 9 RL 2014/104/EU versucht, dieses Konzept der Wirkung bestandskräftiger Kartellbehördenentscheidungen zu vereinheitlichen und hierdurch die Kohärenz der Anwendung der Art. 101 und 102 AEUV zu gewährleisten (34. Erwägungsgrund RL 2014/104/EU) (→ § 24 Rn. 48).

- Das vielleicht effektivsten Instrument zur Aufdeckung von Hardcore-Kartellen sind die in den meisten Jurisdiktionen bestehenden **Kronzeugenprogramme** (→ § 26 Rn. 667). Kronzeugenprogramme sind gleichzeitig für die Wirksamkeit privater Scha-

---

tomec/Kommission. Gleiches gilt nach § 32 GWB auch für ein Einschreiten des BKartA, vgl. zB BGH – KVR 1/68 BGHZ 51, 61 – Taxiflug; BGH Beschl. v. 25.10.1983, BeckRS 9998, 90594 – Internord und BGH Beschl. v. 19.12.1995, BeckRS 9998, 00046 – Rechtsschutz gegen Berufsordnung.

[10] Eine Subsidiarität einer Bußgeldsanktion ergibt sich ausnahmsweise gegenüber einem Schadensersatz, der aufgrund eines außergerichtlichen Vergleichs geleistet wird, da die Kartellbehörde diesen Schadensersatz als mildernden Umstand berücksichtigen kann (Art. 18 Abs. 3 RL 2014/104/EU).

densersatzklagen von erheblicher Bedeutung, da Folgeklagen häufig auf Kartellentscheidungen beruhen, die auf Anträgen von Kronzeugen gründen (26. Erwägungsgrund RL 2014/14/EU). Durch die Förderung privater Schadensersatzklagen könnte dieser Effekt jedoch konterkariert werden.[11] Von Kronzeugen stammt regelmäßig der Großteil der belastenden Informationen. Sie greifen kartellbehördliche Entscheidungen regelmäßig seltener an als ihre Mitkartellanten, so dass die Bindungswirkung des Art. 16 Abs. 1 VO (EG) Nr. 1/2003, Art. 9 RL 2014/104/EU und § 33 Abs. 4 GWB sie als Erste trifft. Daher besteht ein erhebliches Risiko, dass sie zu einem „bevorzugten Ziel von Schadensersatzklagen" werden (38. Erwägungsgrund RL 2014/104/EU). Der Aussicht auf Immunität eines Kronzeugen steht damit ein erhöhtes Risiko einer Inanspruchnahme durch Kartellgeschädigte, insbesondere auf der Grundlage der von ihm selbst im Kronzeugenantrag offengelegten Informationen gegenüber. Dies gilt nicht nur für selbst verursachte Schäden der eigenen Abnehmer, sondern auch für die von allen anderen Kartellteilnehmern bei ihren jeweiligen Abnehmern verursachten Schäden. Diese Interessenproblematik versucht die RL 2014/104/EU durch eine **Ausnahme der allgemein angeordneten Offenlegungspflichten** (Art. 6 Abs. 6) (→ § 24 Rn. 47) und eine **Beschränkung der gesamtschuldnerischen Haftung** gegenüber eigenen unmittelbaren oder mittelbaren Abnehmern und Lieferanten, soweit andere Geschädigte von Dritten Ersatz erhalten können (Art. 11 Abs. 4) (→ § 24 Rn. 50), auszubalancieren.

- Zweck der Sanktionierung von Kartellrechtsverstößen ist unter anderem eine präventive Vermeidung weiterer Kartellverstöße durch eine effektive **Abschreckung** (→ § 2 Rn. 18). Effektive Abschreckung setzt voraus, dass die den Kartellanten auferlegte Sanktion den durch Kartellverstöße erwirtschafteten Gewinn übersteigt. Soweit Bußgelder dieser Anforderung nicht bereits allein gerecht werden, erhöht die Bedrohung durch anschließende Kartellschadensersatzprozesse die Abschreckungswirkung der kartellbehördlichen Verfahren.[12] Gleichzeitig dient der Schadensersatzanspruch der Herstellung **vollständiger Kompensation** (→ § 2 Rn. 18). Aus dem Gebot einer effektiven Abschreckung und vollständiger Kompensation folgt daher, dass eine Kartellrendite durch eine kartellbehördliche Sanktionierung und einen Kartellschadensersatzprozess vollständig abgeschöpft und ein Kartellschaden vollständig ersetzt werden sollte. Auf der anderen Seite sollte ein Kartellant nicht durch eine **übermäßige oder mehrfache Inanspruchnahme**, einerseits durch verschiedene internationale Kartellbehörden und andererseits durch verschiedene private Schadensersatzkläger (zB seine unmittelbaren und mittelbaren Abnehmer) in unverhältnismäßiger oder gar existenzbedrohender Weise wirtschaftlich haften müssen. Die RL 2014/104/EU enthält daher interessenausgleichende Regelungen etwa zur komplexen Frage der **Abwälzung des Preisaufschlags** (passing-on) (Art. 12−14) oder in Form der Befugnis der Kartellbehörden, aufgrund eines Vergleichs gezahlte Schadensersatzzahlungen als mildernden Umstand bei der Bußgeldbemessung zu berücksichtigen (Art. 18 Abs. 3) (→ § 24 Rn. 52ff.).

---

[11] Vgl. zB BR-Drs. 248/08, Beschluss – Stellungnahme des Bundesrats zum Weißbuch der Kommission der Europäischen Gemeinschaften über Schadenersatzklagen wegen Verletzung des EG-Wettbewerbsrechts (KOM(2008) 165 endg.; Ratsdok. 8235/08 Rn. 22 f.
[12] So auch EuGH Urt. v. 20. 9. 2001 – C-453/99, Slg. 2001, I-6297 Rn. 27 – Courage.

§ 24 EU-rechtliche Grundlagen des Kartellprozesses

Übersicht

	Rn.
A. Der unionsrechtliche Kartellschadensersatzanspruch	1
I. Grundlagen der unionsrechtlichen Haftung wegen eines Kartellverstoßes	1
1. Subjektives Recht, Rechtsschutz und Verfahren im Unionsrecht	2
2. Der europäische Staatshaftungsanspruch	5
II. Entstehungsgeschichte, Natur und Rechtsgrundlage des Kartellschadensersatzanspruchs	8
1. Hintergründe: Das europäische Kartellrecht als System effektiv durchzusetzender subjektiver Rechte und die erstmalige Herleitung eines Kartellschadensersatzanspruchs durch *GA van Gerven*	9
2. Das Urteil *Courage* des EuGH	11
3. Die Entwicklungen seit *Courage* – insbesondere die Urteile *Manfredi* und *Kone*	13
4. Einordnung der Rechtsprechung des EuGH vor dem Hintergrund der Debatte über die Rechtsnatur des europäischen Schadensersatzanspruchs	17
III. Funktionen des unionsrechtlichen Kartellschadensersatzanspruchs	19
IV. Allgemeine unionsrechtliche Haftungsvorgaben	22
1. Haftungstatbestand	22
2. Aktivlegitimation	25
3. Passivlegitimation	26
4. Rechtsfolgen	28
B. Die Richtlinie 2014/104/EU – Sekundärrechtliche Ausformung des unionsrechtlichen Kartellschadensersatzrechts	32
I. Entstehungsgeschichte	33
II. Ziele und Regelungstechnik der RL 2014/104/EU	34
III. Anwendungsbereich	37
IV. Wesentliche Regelungsinhalte	39
1. Inhalt des Schadensersatzanspruchs und Schadensermittlung	40
2. Offenlegung von Beweismitteln	43
3. Bindungswirkung kartellbehördlicher Entscheidungen	48
4. Verjährungsfristen	49
5. Gesamtschuldnerische Haftung	50
6. Schadensabwälzung (Passing-on) und Verortung des Schadens in der Lieferkette	52
7. Einvernehmliche Streitbeilegung	55
V. Wirkung im mitgliedstaatlichen Recht	57
C. Sonstige unionsrechtliche Vorgaben für die private Durchsetzung des Kartellrechts	61
I. Materiell-rechtliche Vorgaben – Internationales Kartellprivatrecht	62
1. Vertragliche Schuldverhältnisse	63
2. Außervertragliche Schuldverhältnisse	65
II. Verfahrensrechtliche Vorgaben – Internationales Kartellprozessrecht	68
1. Internationale Zuständigkeit	69
2. Zustellung von Schriftstücken	70
3. Beweis- und Beweisverfahrensrecht	71
4. Anerkennung und Vollstreckung	72
III. Grundsätze für kollektive Rechtsdurchsetzung	73

Schrifttum:

Augenhofer, Die Europäisierung des Kartell- und Lauterkeitsrechts, 2009; *Basedow,* Perspektiven des Kartelldeliktsrechts, ZWeR 2006, 294; *Basedow/Francq/Idot* (Hrsg.), International Antitrust Litigation, Conflict of Laws and Coordination, 2012; *Basedow/Paulis,* Private Enforcement of EC Competition Law, 2007, 7; *Behrens/Hartmann-Rüppel/Herrlinger,* Schadensersatzklagen gegen Kartellmitglieder, 2010; *Berrisch/Burianski,* Kartellrechtliche Schadensersatzansprüche nach der 7. GWB – Novelle, WuW 2005, 878; *Bien,* Perspektiven für eine europäische Gruppenklage bei Kartellverstößen? – Die Opt out-Class Actions als Äquivalent der Vorteilsabschöpfung, NZKart 2013, 12; *Bornkamm,* Die Masterfoods-Entscheidung des EuGH, ZWeR 2003, 73; *ders.,* Cui malo? – Wem schaden Kartelle?, GRUR 2010, 501; *Brömmelmeyer,* Die Ermittlung des Kartellschadens nach der Richtlinie 2014/104/EU, NZKart 2016, 2; *Bulst,* Internationale Zuständigkeit, anwendbares Recht und Schadensberechnung im Kartelldeliktsrecht, EWS 2004, 403; *ders.,* Schadensersatzansprüche der Marktgegenseite im Kartellrecht, 2006; *Buntscheck,* „Private Enforcement" in Deutschland: Einen Schritt vor und zwei Schritte zurück, WuW 2013, 947; *Classen,* Sanktionen im Kartellrecht – Referate des 44. FIW-Symposions, 2011; *Durner,* Die Unabhängigkeit nationaler Richter im Binnenmarkt – Zu den Loyalitätspflichten nationaler Gerichte gegenüber der EG-Kommission, insbesondere auf dem Gebiet des Kartellrechts, EuR 2004, 547; *Fiedler,* Der aktuelle Richtlinienvorschlag der Kommission – der große Wurf für den kartellrechtlichen Schadensersatz?, BB 2013, 2179; *Gussone/Schreiber,* Private Kartellrechtsdurchsetzung – Rückenwind aus Europa? Zum Richtlinienentwurf der Kommission für kartellrechtliche Schadensersatzklagen, WuW 2013, 1040; *Haus/Serafimova,* Neues Schadensersatzrecht für Kartellverstöße – die EU-Richtlinie über Schadensersatzklagen, BB 2014, 2883; *Hoseinian,* Passing-on Damages and Community Antitrust Policy – An Economic Background, World Competition 2005, 3; *Ipsen,* Europäisches Gemeinschaftsrecht, 1972; *Jones/Beard,* Co-contractors, Damages and Article 81: The ECJ finally speaks, ECLR 2002, 246; *Kamann/Horstkotte,* Kommission versus nationale Gerichte – Kooperation oder Konfrontation im Kartellverfahren, WuW 2001, 458; *Kamann/Ohlhoff,* Gesamtgläubigerschaft als Lösung des Passing-On-Problems, ZWeR 2010, 303; *Kamann/Schwedler,* Akteneinsicht „auf dem kleinen Dienstweg" im Kartellschadensersatzprozess?, EWS 2014, 121; *Kersting,* Die neue Richtlinie zur privaten Rechtsdurchsetzung im Kartellrecht, WuW 2014, 564; *Keßler,* Die europäische Richtlinie über Schadensersatz im Wettbewerbsrecht – Cui Bono?, VuR 2015, 83; *Koch,* Rechtsdurchsetzung im Kartellrecht: Public vs. private enforcement, JZ 2013, 390; *Köhler,* Kartellverbot und Schadensersatz, GRUR 2004, 99; *Krüger,* Der Gesamtschuldnerausgleich im System der privaten Kartellrechtsdurchsetzung, WuW 2012, 6; *Kwan,* The Damages Directive: end of England's eminence?, ECLR 2015, 455; *Lettl,* Kartellschadensersatz nach der Richtlinie 2014/104/EU und deutsches Kartellrecht, WRP 2015, 537; *ders.,* Der Kartellschadensersatzanspruch gemäß § 823 Abs. 2 BGB iV mit Art. 81 Abs. 1 EG, ZHR 2003, 473; *Logemann,* Der kartellrechtliche Schadensersatz, 2009; *Mäsch,* Private Ansprüche bei Verstößen gegen das europäische Kartellverbot – „Courage" und die Folgen, EuR 2003, 825; *Makatsch/Mir,* Die neue EU-Richtlinie zu Kartellschadensersatzklagen – Angst vor der eigenen „Courage"?, EuZW 2015, 7; *Mankowski,* Das neue Internationale Kartellrecht des Art. 6 Abs. 3 der Rom II-Verordnung, RIW 2008, 177; *ders.,* Der europäische Gerichtsstand des Tatortes aus Art. 5 Nr. 3 EuGVVO bei Schadensersatzklagen bei Kartelldelikten, WuW 2012, 797; *Mederer,* Richtlinienvorschlag über Schadensersatzklagen im Bereich des Wettbewerbsrechts, EuZW 2013, 847; *Meeßen,* Der Anspruch auf Schadensersatz bei Verstößen gegen EU-Kartellrecht, 2011; *Micklitz,* Zu den Rechtsfolgen eines Verstoßes gegen EGVtr Art 85 (EG Art 81), EWiR 2001, 1141; *Möschel/Bien,* Kartellrechtsdurchsetzung durch private Schadensersatzklagen?, 2010; *Müller-Graff,* Kartellrechtlicher Schadensersatz in neuer Versuchsanschauung, ZHR 2015, 691; *Nebbia,* Damages Actions for the Infringement of EC Competition Law: Compensation or Deterrence?, European Law Review 2008, 23; *Niemeier,* Das Weißbuch – eine Abkehr von „amerikanischen Verhältnissen"?, WuW 2008, 927; *Poelzig,* Normdurchsetzung durch Privatrecht, 2012; *Pohlmann,* Verjährung nach der EU-Richtlinie 2014/104 zum Kartellschadensersatz, WZP 2015, 546; *Rauh,* Vom Kartellantengewinn zum ersatzfähigen Schaden – Neue Lösungsansätze für die private Rechtsdurchsetzung, NZKart 2013, 222; *Reichert/Walther,* Die besonderen Regelungen für Kronzeugen im Rahmen der Richtlinie 2014/104/EU, GPR 2015, 120; *Remien,* Schadensersatz im europäischen Privat- und Wirtschaftsrecht, 2012; *Roth,* Neue EU-Richtlinie erleichtert künftig Schadensersatzklagen bei Verstößen gegen das Kartellrecht, GWR 2015, 73; *Ruffert,* Rights and Remedies in European Community Law: A Comparative View, CMLRev 1997, 307; *Scheidtmann,* Schadensersatzansprüche gegen eine Muttergesellschaft wegen Verstößen einer Tochtergesellschaft gegen Europäisches Kartellrecht, WRP 2010, 499; *Schweitzer,* Die neue Richtlinie für wettbewerbsrechtliche Schadensersatzklagen, NZKart 2014, 335; *Stauber/Schaper,* Die Kartellschadensersatzrichtlinie – Handlungsbedarf für den deutschen Gesetzgeber?, NZKart 2014, 346; *van Gerven,* Of Rights, Remedies and Procedures, CMLR 2000, 501; *Vollrath,* Das Maßnahmenpaket der Kommission zum wettbewerbsrechtlichen Schadenersatzrecht, NZKart 2013, 434; *Wagner,* Prävention und Verhaltenssteuerung durch Privatrecht – Anmaßung oder legitime Aufgabe?, AcP 2006, 352; *ders.,* Zivilrechtliche Ausgleichsansprüche von Kartellbeteiligten bei Verstößen gegen das EG-Kartellverbot, RIW 2003, 896; *ders.,* Internationale Zuständigkeit und anwendbares Recht bei grenzüberschreitenden Kartelldelikten, EuZW 2012, 933; *Wenzel,* Rechtsschutz reloaded, NZKart 2013, 433; *Weyer,* Schadensersatzansprüche gegen Private kraft Gemeinschaftsrecht, ZEuP 2003, 318; *Wurmnest,* Grundzüge eines europäischen Haftungsrechts, 2003.

A. Der unionsrechtliche Kartellschadensersatzanspruch

I. Grundlagen der unionsrechtlichen Haftung wegen eines Kartellverstoßes

Grundlage für die private Durchsetzung des Kartellrechts in der EU ist der europäische **1** Kartellschadensersatzanspruch, exakter ausgedrückt das **Unionsrecht auf Unterlassung, Beseitigung und Schadensersatz wegen eines Kartellverstoßes**. Sein Konzept basiert auf zwei grundlegenden Elementen: der allgemeinen Unionsrechtsdogmatik zum Bestehen subjektiver Rechte im Unionsrecht und ihrer Durchsetzung durch Private in Rechtsschutzverfahren in den Mitgliedstaaten (dazu unter 1.) sowie der allgemeinen Dogmatik des sog unionrechtlichen Staatshaftungsanspruchs, dem wesentliche Elemente der privaten Haftung für Kartellverstöße entlehnt sind (dazu unter 2.).

1. Subjektives Recht, Rechtsschutz und Verfahren im Unionsrecht

2   Nach ständiger Rechtsprechung des EuGH seit den grundlegenden Urteilen in *Van Gend & Loos*[1] und *Costa/ENEL*[2] ist die EU eine Rechtsgemeinschaft mit einer eigenen Rechtsordnung, deren Rechtssubjekte neben der EU und den Mitgliedstaaten auch Einzelne sind. Das Unionsrecht gewährt danach Privaten **subjektive Rechte.** Diese bestehen nicht nur, wenn es der AEUV ausdrücklich bestimmt, sondern auch wenn Einzelnen durch das objektive Unionsrecht eindeutige (korrespondierende) Pflichten auferlegt werden. Inhalt und Reichweite der subjektiven Rechte werden bestimmt durch das **funktional-integrative Verständnis** des Unionsrechts[3] und der Einbindung des Einzelnen in seinen Vollzug **(Prinzip der funktionellen Subjektivierung).**[4] Die subjektiven Rechte der Einzelnen gehen so weit, wie dies zur Gewährleistung einer vollen Wirksamkeit des objektiven Unionsrecht, etwa der Sicherung des Wettbewerbs zur Aufrechterhaltung eines funktionierenden Binnenmarktes, erforderlich ist.

3   Die nationalen Behörden und Gerichte sind verpflichtet, die volle Wirksamkeit dieser Rechte zu schützen. Eine solche **effektive Durchsetzung** beinhaltet nach den ebenfalls grundlegenden Urteilen *Simmenthal*[5] und *Factortame I*,[6] entgegenstehendes nationales Recht nicht anzuwenden und die erforderlichen prozessualen Mittel bereitzustellen, dies selbst dann, wenn sie zur Durchsetzung nationalen Rechts nicht bestehen. Darüber hinaus dürfen die nationalen Rechtsbehelfe die Durchsetzung der Unionsrechte nicht praktisch unmöglich machen oder übermäßig erschweren **(Effektivitätsgrundsatz)** und nicht weniger günstig sein als Rechtsbehelfe, die nur innerstaatliches Recht betreffen **(Äquivalenzgrundsatz).**

4   Dieses Verständnis des EuGH von subjektivem Recht und Rechtsschutz scheint dem **verfahrensorientierten Ansatz des *Common Law*** entlehnt zu sein.[7] Der EuGH trennt zwischen den subjektiven Rechten *(rights),* die im (auch objektiven) Unionsrecht gründen, und den Instrumenten zur Durchsetzung dieser Rechte, dh den Rechtsbehelfen *(remedies),* welche die Mitgliedstaaten bereitstellen müssen (auch dualistischer Ansatz genannt[8]). Durchsetzung im unionsrechtlichen Sinn auf mitgliedstaatlicher Ebene meint dabei nicht nur die prozessuale Seite (dh das Verfahrensrecht), sondern auch die materiell-rechtlichen Sanktionen, dh wirksame Abwehr- und Schadensersatzansprüche. Anders ausgedrückt: Das Unionsrecht begründet die Rechte der Einzelnen, welche die Mitgliedstaaten durch **materielle Ansprüche** und **gerichtliche Rechtsbehelfsmöglichkeiten** einschließlich des **Verfahrensrechts im engeren Sinne *(procedures)*** schützen bzw. durchsetzen müssen.[9] Der materielle nationale Anspruch ist dabei unmittelbare „Folge und Ergänzung" des subjektiven Unionsrechts.[10]

---

[1] EuGH Urt. v. 5.2.1963 – 26/62, Slg. 1963, 1 – Van Gend & Loos.
[2] EuGH Urt. v. 15.7.1964 – 6/64, Slg. 1964, 1253 – Costa/ENEL.
[3] Vgl. zum Prinzip der funktionellen Integration als maßgebliches Strukturprinzip des Unionsrechts grundlegend *Ipsen,* Europäisches Gemeinschaftsrecht, 8/28 ff.
[4] Vgl. *Poelzig,* Normdurchsetzung durch Privatrecht, 272 ff., 280 mwN.
[5] EuGH Urt. v. 9.3.1978 – C-106/77, Slg. 1978, 629 Rn. 21 – Simmenthal.
[6] EuGH Urt. v. 19.6.1990 – C-213/89, Slg. 1990, I-2433 Rn. 21 – Factortame I.
[7] Vgl. *Ruffert* CMLRev 1997, 307; *van Gerven* CMLRev 2000, 501; *Poelzig,* Normdurchsetzung durch Privatrecht, 258; *Meeßen,* Der Anspruch auf Schadensersatz bei Verstößen gegen EU-Kartellrecht, 25 f.
[8] Vgl. zB *Steindorff,* EG-Vertrag und Privatrecht, 309; *Poelzig,* Normdurchsetzung durch Privatrecht, 258.
[9] So zB grundlegend für einen Erstattungsanspruch EuGH Urt. v. 9.11.1983 – 199/82, Slg. 1983, 3595 Rn. 12 – San Giorgio; für die Durchsetzung eines Unterlassungsanspruchs im Bereich des unlauteren Wettbewerbs EuGH Urt. v. 17.9.2002 – C-253/00, Slg. 2002, I-7289 Rn. 27 – Muñoz.
[10] Grundlegend EuGH Urt. v. 9.11.1983 – 199/82, Slg. 1983, 3595 Rn. 12 – San Giorgio.

2. Der europäische Staatshaftungsanspruch

In Anlehnung an die Grundsätze der außervertraglichen Haftung der Union gemäß 5
Art. 340 Abs. 2 AEUV, wonach die Union Schäden nach den den Mitgliedstaaten gemeinsamen allgemeinen Rechtsgrundsätzen zu ersetzen hat, hat der EuGH im Jahr 1991 in seinem grundlegenden Urteil *Francovich*[11] einen unionsrechtlichen Staatshaftungsanspruch statuiert. Wie das Erfordernis nationaler Rechtsbehelfe generell leitete der EuGH auch diesen Staatshaftungsanspruch unmittelbar aus der Existenz subjektiver Rechte im Unionsrecht[12] und dem *effet utile*[13] ab. Er stellte fest, dass „[die] volle Wirksamkeit der gemeinschaftsrechtlichen Bestimmungen […] beeinträchtigt und der Schutz der durch sie begründeten Rechte gemindert [wäre], wenn der einzelne nicht die Möglichkeit hätte, für den Fall eine Entschädigung zu erlangen, daß seine Rechte durch einen Verstoß gegen das Gemeinschaftsrecht verletzt werden, der einem Mitgliedstaat zuzurechnen ist".[14]

Hinsichtlich des **Rechtscharakters** des unionsrechtlich gebotenen Staatshaftungsanspruchs spricht der EuGH davon, dass dieser Anspruch „unmittelbar im Gemeinschaftsrecht begründet ist".[15] Aus dieser Charakterisierung und der Vorgabe der Anspruchsvoraussetzungen durch den EuGH wird ganz überwiegend gefolgert, dass der EuGH in *Francovich* einen **originär unionsrechtlichen Anspruch** begründet und nicht bloß Mindestvorgaben für die Anwendung nationaler Anspruchsgrundlagen formuliert hat.[16] Die BGH ist dieser Ansicht ausdrücklich gefolgt.[17] 6

In *Francovich* und den nachfolgenden Urteilen hat der EuGH drei zentrale **Haftungs-** 7 **voraussetzungen** definiert: (1.) Die Rechtsnorm, gegen die verstoßen worden ist, bezweckt, dem Einzelnen Rechte zu verleihen, (2.) der Verstoß ist hinreichend qualifiziert, und (3.) zwischen dem Verstoß gegen die dem Staat obliegende Verpflichtung und dem den geschädigten Personen entstandenen Schaden besteht ein unmittelbarer Kausalzusammenhang.[18] Im übrigen sei es Sache der nationalen Rechtsordnungen die Gerichte zu bestimmen und Klageverfahren auszugestalten, die einen vollen Schutz des gewährten Schadenersatzrechts gewährleisten. Diese müssten dem Effektivitäts- und Äquivalenzgebot entsprechen.[19] Daneben stellte der EuGH fest, dass sich die **Rechtsfolgen** nicht nur auf reinen Schadensersatz beschränken, sondern die allgemeine Pflicht umfassen, „die rechtswidrigen Folgen eines Verstoßes zu beheben"[20]. Danach erfasst der unionsrechtliche Staatshaftungsanspruch neben dem Anspruch auf Ersatz in Geld *(Schadensersatzanspruch)* auch weitere Ansprüche, zB auf Naturalrestitution und Folgenbeseitigung *(Beseitigungsanspruch)* (→ Rn. 29).

II. Entstehungsgeschichte, Natur und Rechtsgrundlage des Kartellschadensersatzanspruchs

Der unionsrechtliche Kartellschadensersatzanspruch ist das **Produkt echter richterlicher** 8 **Rechtsfortbildung** durch den EuGH, der als „Promotor der privaten Rechtsdurchset-

---

[11] EuGH Urt. v. 19.11.1991 – C-6/90 u. C-9/90, Slg. 1991, I-5357 – Francovich.
[12] EuGH Urt. v. 19.11.1991 – C-6/90 u. C-9/90, Slg. 1991, I-5357 Rn. 31 – Francovich.
[13] EuGH Urt. v. 19.11.1991 – C-6/90 u. C-9/90, Slg. 1991, I-5357 Rn. 32 – Francovich; Urt. v. 9.3.1978 – C-106/77, Slg. 1978, 629 Rn. 14/16 – Simmenthal; Urt. v. 19.6.1990 – C-213/89, Slg. 1990, I-2433 Rn. 19 – Factortame.
[14] EuGH Urt. v. 19.11.1991 – C-6/90 u. C-9/90, Slg. 1991, I-5357 Rn. 33 – Francovich.
[15] EuGH Urt. v. 19.11.1991 – C-6/90 u. C-9/90, Slg. 1991, I-5357 Rn. 41 – Francovich.
[16] Vgl. Callies/Ruffert/*Ruffert* AEUV Art. 340 Rn. 36; GHN/*Jacobs/Holtmann* AEUV Art. 340 Rn. 144; vgl. zu den vereinzelten Gegenstimmen *Meeßen,* Der Anspruch auf Schadensersatz bei Verstößen gegen EU-Kartellrecht, 22 f.
[17] BGH – Urt. v. 24.10.1996 – III ZR 127/91, NJW 1997, 123 (124).
[18] EuGH Urt. v. 19.11.1991 – C-6/90 u. C-9/90, Slg. 1991, I-5357 Rn. 40 – Francovich; Urt. v. 5.3.1996 – C-46/93 u. C-48/93, Slg. 1996, I-1029 Rn. 51 – Brasserie du pêcheur und Factortame; Urt. v. 23.5.1996 – C-5/94, Slg. 1996, I-2553 Rn. 25 – Hedley Lomas.
[19] EuGH Urt. v. 19.11.1991 – C-6/90 u. C-9/90, Slg. 1991, I-5357 Rn. 42–43 – Francovich.
[20] EuGH Urt. v. 19.11.1991 – C-6/90 u. C-9/90, Slg. 1991, I-5357 Rn. 36 – Francovich.

zung" des europäischen Wettbewerbsrechts[21] (→ § 2 Rn. 5 f.) ein Recht auf Kartellschadensersatz auf der Grundlage der allgemeinen Prinzipien und Grundsätzen der europäischen Integration unmittelbar aus Art. 101 und 102 AEUV abgeleitet hat. Obwohl die Autoren des EWG-Vertrags mit der primärrechtlichen Statuierung der Nichtigkeit kartellrechtswidriger Vereinbarungen nach Art. 85 Abs. 2 EWGV der zivilrechtlichen Komponente der Kartellrechtsdurchsetzung bereits im Ausgangspunkt eine hohe Bedeutung beigemessen hatten und sich Europäisches Parlament und Kommission bereits in den 1960er Jahren für eine gewisse Zeit anschickten, auch private Schadensersatzklagen zur Durchsetzung der EWG-Wettbewerbsregeln zu etablieren,[22] lag der Schwerpunkt der Gesetzgebungs- und Durchführungstätigkeit der E(W)G und später der EU für viele Jahrzehnte bis zum Erlass der VO (EG) Nr. 1/2003 und nun der RL 2014/104/EU ausschließlich auf der behördlichen Durchsetzung (→ § 2 Rn. 4). Die Grundlagen des europarechtlich gewährleisteten Kartellschadensersatzanspruchs haben sich daher allein in den **richtungsweisenden Leitentscheidungen des EuGH** entwickelt. Seine Entstehungsgeschichte hat nicht lediglich rechtshistorische Bedeutung, sondern liefert entscheidende Hinweise für die Einordnung der Rechtsnatur und des Integrationsgrades des europäisch determinierten Kartellschadensersatz(prozess)rechts.

1. Hintergründe: Das europäische Kartellrecht als System effektiv durchzusetzender subjektiver Rechte und die erstmalige Herleitung eines Kartellschadensersatzanspruchs durch GA van Gerven

9   Die generelle Dogmatik der funktionellen Subjektivierung zur effektiven Durchsetzung von Unionsrecht (→ Rn. 2) hat der EuGH bereits sehr früh auch speziell im Kartellrecht angewendet. Bereits 1974 entschied er im Urteil *BRT I,* dass die europäischen Wettbewerbsregeln in den Beziehungen „zwischen Einzelnen unmittelbare Wirkungen erzeugen und **unmittelbar in deren Person Rechte entstehen lassen, die die Gerichte der Mitgliedstaaten zu wahren haben.**"[23]

10 Im Jahr 1994 ergriff **GA *van Gerven*** in seinen **Schlussanträgen in der Rechtssache Banks** die Gelegenheit, auf der Grundlage der *BRT I-* und der *Francovich*-Rechtsprechung erstmals einen unionsrechtlichen Schadensersatzanspruch als „logische Folge der horizontalen Direktwirkung" der anwendbaren Kartellrechtsregeln des EGKS-Vertrags herzuleiten. Anwendungsvorrang und/oder prozessuale Rechte böten in einer Situation, in der in einem horizontalen Verhältnis ein Schaden verursacht worden sei, keine Lösung. Ein nationales Gericht könne unter diesen Umständen „die verletzten gemeinschaftsrechtlichen Bestimmungen mit unmittelbarer Wirkung nur in der Weise in vollem Umfang wahren, dass die Rechte der geschädigten Partei durch Schadensersatz wiederhergestellt werden". Dies diene auch der „wirksameren Gestaltung der gemeinschaftlichen Wettbewerbsbestimmungen". Unter diesen Umständen stehe den Geschädigten eines Wettbewerbsverstoßes ein Schadensersatzanspruch zu, der **„seine Grundlage in der Gemeinschaftsrechtsordnung selbst findet".**[24] Der EuGH vermied, zur Frage der Existenz eines Schadensersatzanspruchs Stellung zu nehmen, indem er hinsichtlich der einschlägigen Wettbewerbsvorschriften des EGKS-Vertrags auf ein Anwendungsmonopol der Kommission und damit auf ihre fehlende unmittelbare Anwendbarkeit verwies.[25]

---

[21] Remien/*Wurmnest,* Schadensersatz im europäischen Privat- und Wirtschaftsrecht, 28 (39).
[22] Vgl. zB Kommission, Schadensersatzansprüche bei einer Verletzung von Art. 85 und 86 der Verträge zur Gründung der EWG, 1966; umfassend zur geschichtlichen Entwicklung Remien/*Wurmnest,* Schadensersatz im europäischen Privat- und Wirtschaftsrecht, 28 (32 ff.).
[23] EuGH Urt. v. 30. 1. 1974 – C-127/73, Slg. 1974, 51 Rn. 15/17 – BRT I.
[24] GA *van Gerven,* SchlA v. 27. 10. 1993 – C-128/92, Slg. 1994, I-1209 Rn. 44–45 – Banks; zu den dogmatischen Hintergründen vgl. *van Gerven* CMLRev 2000, 501, wonach unionsrechtlich stets ein „adäquates Schutzniveau" gefordert ist; hierzu ausführlich *Meeßen,* Der Anspruch auf Schadensersatz bei Verstößen gegen EU-Kartellrecht, 25 f.
[25] EuGH Urt. v. 13. 4. 1994 – C-128/92, Slg. 1994, I-1209 Rn. 21 – Banks.

2. Das Urteil *Courage* des EuGH

Seine Geburtsstunde feierte der unionsrechtliche Kartellschadensersatzanspruch 2001 im **11** Urteil des EuGH in der Rs. *Courage*. Dem Urteil lag eine Vorlagefrage des englischen *Court of Appeal* zugrunde, ob es mit dem Gemeinschaftsrecht vereinbar sei, dass die Parteien einer kartellrechtswidrigen Vereinbarung nach englischem Recht für ihre Forderungen keinen Rechtsschutz genossen, insbesondere keinen Ersatz etwaiger erlittener Schäden verlangen konnten. Gestützt auf die grundlegende Bedeutung der Wettbewerbsregeln für die Gemeinschaft und ihre unmittelbare horizontale Wirkung[26] folgerte der EuGH zunächst, dass auch eine Partei eines wettbewerbswidrigen Vertrags das Recht hat, sich auf einen Verstoß gegen das Kartellverbot zu berufen.[27] Hinsichtlich des **Rechts auf Geltendmachung eines Schadensersatzanspruchs** stellte der EuGH Folgendes fest:

- Nationale Gerichte müssen die volle Wirkung des Gemeinschaftsrechts gewährleisten und die Rechte schützen, die das Gemeinschaftsrecht dem Einzelnen verleiht.[28] Die volle Wirksamkeit des europäischen Kartellverbots wäre jedoch beeinträchtigt, „wenn nicht **jedermann Ersatz des Schadens verlangen könnte,** der ihm durch einen Vertrag, der den Wettbewerb beschränken oder verfälschen kann, oder durch ein entsprechendes Verhalten entstanden ist".[29] Ein Schadensersatzanspruch Geschädigter erhöhe nämlich „die Durchsetzungskraft der gemeinschaftlichen Wettbewerbsregeln". Daher dürfe nicht von vornherein ausgeschlossen werden, „dass eine solche Klage von einer Partei eines gegen die Wettbewerbsregeln verstoßenden Vertrages erhoben wird".[30]
- Es sei mangels einschlägiger Gemeinschaftsregelung „Sache des innerstaatlichen Rechts der einzelnen Mitgliedstaaten, die zuständigen Gerichte zu bestimmen und die **Verfahrensmodalitäten für Klagen** zu regeln, die den Schutz der dem Bürger aus der unmittelbaren Wirkung des Gemeinschaftsrechts erwachsenden Rechte gewährleisten sollen, sofern diese Modalitäten nicht weniger günstig ausgestaltet sind als die entsprechender innerstaatlicher Klagen (**Äquivalenzgrundsatz**) und die Ausübung der durch die Gemeinschaftsrechtsordnung verliehenen Rechte nicht praktisch unmöglich machen oder übermäßig erschweren (**Effektivitätsgrundsatz**)".[31]
- Das Gemeinschaftsrecht hindere die nationalen Gerichte nicht daran, dafür Sorge zu tragen, dass die Geltendmachung von Schadensersatz „nicht zu einer ungerechtfertigten Bereicherung führt" (**Grundsatz des Verbots der ungerechtfertigten Bereicherung**)[32] und eine erhebliche (Mit-)Verantwortung für einen Wettbewerbsverstoß zu berücksichtigen. Nach einem in den meisten Rechtsordnungen der Mitgliedstaaten anerkannten und vom EuGH bereits angewandten Rechtsgrundsatz dürfe ein einzelner aus seinem eigenen rechtswidrigen Verhalten keinen Nutzen ziehen (**Grundsatz des Mitverschuldens**).[33]

Insbesondere im deutschsprachigen Raum bewirkte das Urteil *Courage* eine intensive **12** rechtswissenschaftliche Debatte, die sich insbesondere mit der Frage der **Rechtsnatur des Kartellschadensersatzanspruchs** und der sich aus dieser Natur ergebenden Folgerungen für die Anwendung und weitere Entwicklung des Anspruchs befasste.[34] Dabei lassen sich die unterschiedlichen Ansichten grob in **zwei Grundpositionen** unterteilen:

---

[26] EuGH Urt. v. 20.9.2001 – C-453/99, Slg. 2001, I-6297 Rn. 19 ff. – Courage.
[27] EuGH Urt. v. 20.9.2001 – C-453/99, Slg. 2001, I-6297 Rn. 24 – Courage.
[28] EuGH Urt. v. 20.9.2001 – C-453/99, Slg. 2001, I-6297 Rn. 25 – Courage; gestützt auf EuGH Urt. v. 9.3.1978 – C-106/77, Slg. 1978, 629 Rn. 16 – Simmenthal und Urt. v. 19.6.1990 – C-213/89, Slg. 1990, I-2433 Rn. 19 – Factortame I.
[29] EuGH Urt. v. 20.9.2001 – C-453/99, Slg. 2001, I-6297 Rn. 26 – Courage.
[30] EuGH Urt. v. 20.9.2001 – C-453/99, Slg. 2001, I-6297 Rn. 27 f. – Courage.
[31] EuGH Urt. v. 20.9.2001 – C-453/99, Slg. 2001, I-6297 Rn. 29 – Courage.
[32] EuGH Urt. v. 20.9.2001 – C-453/99, Slg. 2001, I-6297 Rn. 30 – Courage unter Verweis ua auf die Rechtsprechung zur Unionshaftung in EuGH Urt. v. 4.10.1979 – 238/78, Slg. 1979, 2955 Rn. 14 – Ireks-Arkady/Rat u. Kommission.
[33] EuGH Urt. v. 20.9.2001 – C-453/99, Slg. 2001, I-6297 Rn. 31 – Courage.
[34] Umfassend *Meeßen,* Der Anspruch auf Schadensersatz bei Verstößen gegen EU-Kartellrecht, 27 ff.

- Die erste Gruppe³⁵ ging davon aus, dass der EuGH in *Courage* wie zuvor in *Francovich* einen **originär europarechtlichen Schadensersatzanspruch** geschaffen hat, dessen Anspruchsvoraussetzungen umfassend europarechtlich determiniert und damit letztlich **vollharmonisiert** sind. Entsprechend der von GA *van Gerven* vorgeschlagenen Unterscheidung wären nach dieser Ansicht sowohl das Recht wie auch zumindest die konstituierenden Elemente des Anspruchs zu seiner Durchsetzung allein vom EuGH zu entwickeln. Die Bedeutung nationalen Rechts wäre auf die Festlegung der Modalitäten zur Durchsetzung dieses Anspruchs im Sinne einer reinen Verfahrensregelung beschränkt.
- Die zweite Gruppe³⁶ vertrat die Ansicht, dass für den europarechtlich gewährleisteten Schadensersatzanspruch **Anspruchsgrundlage und Anspruchsvoraussetzungen dem nationalen Recht zu entnehmen** und vom EuGH nur darauf zu prüfen sind, ob diese Regelungen diskriminierungsfrei sind und die Rechtsdurchsetzung nicht unmöglich machen oder unangemessen erschweren. Danach gewährt das Recht auf Schadensersatz lediglich einen **Mindeststandard,** der durch die Mitgliedstaaten weiter auszugestalten ist.

3. Die Entwicklungen seit *Courage* – insbesondere die Urteile *Manfredi* und *Kone*

13 Im Jahr 2006 bekam der rechtswissenschaftliche Diskurs weitere Nahrung durch das Urteil des EuGH in der Sache **Manfredi.** Darin bestätigte der EuGH zunächst die grundsätzlichen Ausführungen in *Courage*.³⁷ Über die Feststellung des Bestehens eines Schadensersatzanspruchs hinaus, dessen Ausgestaltung in *Courage* noch offen blieb, traf er insbesondere zwei grundlegende Feststellungen zum Haftungsgrund und zum Haftungsumfang:
- Erstens stellte der EuGH fest, dass jedermann Schadensersatz verlangen könne, „wenn zwischen dem Schaden und einem nach Artikel 81 EG verbotenen Kartell oder Verhalten ein ursächlicher Zusammenhang besteht".³⁸ Hiermit legte er erstmals die **grundsätzlichen Anspruchsvoraussetzungen** (1) Kartellverstoß, (2) Schaden und (3) ursächlicher Zusammenhang (Kausalitätserfordernis) fest. Im Übrigen seien die Ausgestaltung von Rechtsbehelfsverfahren sowie die Bestimmung der Einzelheiten des Schadensersatzrechts einschließlich der Anwendung des Begriffes „ursächlicher Zusammenhang" Aufgabe des nationalen Rechts unter Beachtung des Effektivitäts- und Äquivalenzgrundsatzes.³⁹
- Zweitens stellte der EuGH fest, dass die „Bestimmung der Kriterien für die Ermittlung des Umfangs des Schadensersatzes [...] Aufgabe des innerstaatlichen Rechts [...] (sei), wobei der Äquivalenz- und Effektivitätsgrundsatz zu beachten sind". Er wies also die **Bestimmung des Schadensumfangs** augenscheinlich dem nationalen Recht zu. Auf dieser Grundlage leitete er zunächst aus dem Äquivalenzgrundsatz her, dass besonderer Schadensersatz wie der exemplarische oder Strafschadensersatz im Rahmen nationaler Klagen gewährt werden kann, wenn er auf Grundlage eines innerstaatlichen Sachverhalts ebenfalls zugesprochen werden kann. Er wiederholte jedoch den aus seiner Rechtsprechung zum Recht der außervertraglichen Unionshaftung hergeleiteten Grundsatz, dass die mitgliedstaatlichen Gerichte dafür Sorge tragen könnten, dass der Rechtsschutz nicht zu einer ungerechtfertigten Bereicherung der Anspruchsberechtigten führe.⁴⁰ Daneben stellte er fest, dass aus „dem Effektivitätsgrundsatz und dem Recht einer jeden Person auf Ersatz des Schadens [...] folgt, dass ein Geschädigter **nicht nur Ersatz des**

---

[35] Neben *van Gerven* CMLRev 2000, 501 zB auch *Mäsch* EuR 2003, 825; *Nowak,* EuZW 2001, 717.
[36] ZB BKartA, Private Kartellrechtsdurchsetzung – Stand, Probleme, Perspektiven, 2005, 6; *Weyer* ZEuP 2003, 318; *Micklitz* EWiR 2001, 1141; *Jones/Beard* ECLR 2002, 246 (252); auch *Meeßen,* Der Anspruch auf Schadensersatz bei Verstößen gegen EU-Kartellrecht, 31 ff.
[37] EuGH Urt. v. 13.7.2006 – C-295/04, Slg. 2006, I-6619 Rn. 60 – Manfredi.
[38] EuGH Urt. v. 13.7.2006 – C-295/04, Slg. 2006, I-6619 Rn. 61 – Manfredi.
[39] EuGH Urt. v. 13.7.2006 – C-295/04, Slg. 2006, I-6619 Rn. 62, 64 – Manfredi.
[40] EuGH Urt. v. 13.7.2006 – C-295/04, Slg. 2006, I-6619 Rn. 94 – Manfredi unter Verweis auf EuGH Urt. v. 4.10.1979 – 238/78, Slg. 1979, 2955 Rn. 14 – Irek-Arkady/Rat u. Kommission; Urt. v. 21.9.2000 – C-441/98 u. C-442/98, Slg. 2000, I-7145 Rn. 31 – Michaïlidis.

Vermögensschadens (damnum emergens), sondern auch des entgangenen Gewinns (lucrum cessans) sowie die Zahlung von Zinsen verlangen können muss".⁴¹ Er leitete danach einen bestimmten Schadensumfang trotz vorangegangenen Zuweisung der Schadensbestimmung an die Mitgliedstaaten unmittelbar aus dem unionsrechtlichen Schadensersatzrecht her.

Diese Ausführungen wurden erneut sehr unterschiedlich interpretiert. Das Festhalten des EuGH an der Zuständigkeit der Mitgliedstaaten für die Ausgestaltung der Einzelheiten des Begriffs des ursächlichen Zusammenhangs wurde teilweise als Hinweis gewertet, dass das Unionsrecht auch im Kernbereich des Tatbestands eine nationale Ausgestaltung akzeptiere.⁴² Demgegenüber folgte **GA Kokott** in ihren vielbeachteten **Schlussanträgen in der Rechtssache** *Kone* einer anderen Interpretation. Diesem Verfahren lag eine Vorlagefrage des österreichischen Obersten Gerichtshofs zu der Ersatzfähigkeit sog *umbrella damages*⁴³ zugrunde. *GA Kokott* stellte fest, dass sich bei näherer Betrachtung insbesondere des Urteils *Manfredi* erweise, dass der EuGH dem nationalen Recht nicht die Frage des „Ob" des Bestehens eines Schadensersatzanspruchs überlassen habe, sondern lediglich die Bestimmung der Modalitäten der konkreten Durchsetzung (dh das „Wie" der Durchsetzung).⁴⁴ Der EuGH habe in *Manfredi* sowohl den Kreis der Anspruchsberechtigten („jedermann") als auch den Umfang des ersatzfähigen Schadens (Vermögensschaden, entgangener Gewinn und Zinsen) aus dem Unionsrecht abgeleitet.⁴⁵ Bei der Frage der Haftung für *umbrella damages* handele es sich um eine solche der Kausalität und damit des „Ob", die entsprechend der Rechtsprechung des EuGH unionsrechtlich zu beantworten sei.⁴⁶

Der EuGH scheint im **Urteil** *Kone* einen gegenüber dem Vorschlag von *GA Kokott* differenzierteren Ansatz gewählt zu haben.

- Er wiederholte den allgemeinen Grundsatz aus *Manfredi,* dass jedermann Schadensersatz verlangen könne, wenn zwischen Schaden und dem Kartellverhalten ein ursächlicher Zusammenhang bestehe. Er wiederholte jedoch auch die Feststellung, dass die Regelung der Modalitäten für die Ausübung dieses Rechts einschließlich derjenigen für die Anwendung des Begriffs „ursächlicher Zusammenhang" Aufgabe der innerstaatlichen Rechtsordnung sei. Sie müsse den Äquivalenz- und Effektivitätsgrundsatz beachten.⁴⁷

- Anschließend und später bei der konkreten Prüfung des ursächlichen Zusammenhangs für einen Umbrella-Schaden traf er dann jedoch die weitere grundlegende Feststellung, dass die nationalen Regeln „nicht die **wirksame Anwendung** der Art. 101 AEUV und 102 AEUV beeinträchtigen" dürften bzw. „**die volle Wirksamkeit des Wettbewerbsrechts der Union sicherstellen** (müssen) [...]. Sie müssen daher **speziell das mit Art. 101 AEUV verfolgte Ziel berücksichtigen** [...] **die Aufrechterhaltung eines wirksamen und unverfälschten Wettbewerbs im Binnenmarkt zu gewährleisten** und damit Preise, die unter den Bedingungen eines freien Wettbewerbs festgesetzt werden".⁴⁸ Die volle Wirksamkeit von Art. 101 AEUV wäre jedoch in Frage gestellt, wenn das Schadensersatzrecht stets von einem unmittelbaren Kausalzusammenhang abhängig gemacht würde und bei Fehlen einer vertraglichen Beziehung zu einem Kartellanten ausgeschlossen wäre. Daher könne ein durch ein *umbrella pricing* Geschädigter Schadensersatz auch ohne vertragliche Beziehungen zu den Kartellanten verlangen, wenn erwiesen sei, dass „nach den Umständen des konkreten Falles und insbesondere

---

⁴¹ EuGH Urt. v. 13.7.2006 – C-295/04, Slg. 2006, I-6619 Rn. 95 – Manfredi.
⁴² Vgl. zusammenfassend *Meeßen*, Der Anspruch auf Schadensersatz bei Verstößen gegen EU-Kartellrecht 2011, 40.
⁴³ *Umbrella damages* entstehen nicht bei den Abnehmern eines Kartells, sondern bei den Abnehmern der Wettbewerber eines Kartells, wenn sie unter dem „Preisschirm" der kartellbedingt überhöhten Preise der Kartellanten in der Lage sind, selbst ebenfalls überhöhte Preise am Markt durchzusetzen.
⁴⁴ GA *Kokott*, SchlA v. 30.1.2014 – C-557/12, ECLI:EU:C:2014:45 Rn. 23 – Kone.
⁴⁵ GA *Kokott*, SchlA v. 30.1.2014 – C-557/12, ECLI:EU:C:2014:45 Rn. 25 ff. – Kone.
⁴⁶ GA *Kokott*, SchlA v. 30.1.2014 – C-557/12, ECLI:EU:C:2014:45 Rn. 28 – Kone.
⁴⁷ EuGH Urt. v. 5.6.2014 – C-557/12, ECLI:EU:C:2014:1317 Rn. 22, 24–25 – Kone.
⁴⁸ EuGH Urt. v. 5.6.2014 – C-557/12, ECLI:EU:C:2014:1317 Rn. 32 – Kone.

den Besonderheiten des betreffenden Marktes ein ,umbrella pricing' durch eigenständig handelnde Dritte zur Folge haben konnte, und wenn diese Umstände und Besonderheiten den Kartellbeteiligten nicht verborgen bleiben konnten".[49]

16 Der EuGH entwickelte daher das funktionale Erfordernis der „Sicherstellung der vollen Wirksamkeit des Wettbewerbsrechts der Union" zu einem **zusätzlichen materiellen Maßstab** für die Überprüfung der nationalen Ausgestaltung des Schadensersatzanspruchs, der über die traditionellen Kriterien des Effektivitäts- und Äquivalenzgrundsatzes hinausgeht, und leitete aus ihm einen **harmonisierten Kausalitätsmaßstab** zur Beurteilung des *umbrella pricing* ab.[50]

4. Einordnung der Rechtsprechung des EuGH vor dem Hintergrund der Debatte über die Rechtsnatur des europäischen Schadensersatzanspruchs

17 Die insbesondere deutsche rechtswissenschaftliche Diskussion mit den Grundsatzpositionen eines unionsrechtlichen Anspruchs mit vom EuGH zu definierenden Anspruchsvoraussetzungen (Vollharmonisierung) und einem lediglich auf Äquivalenz und Effektivität überprüfbaren nationalen Anspruch (Mindeststandard) wird der Rechtsprechung des EuGH nicht gerecht. Die Entwicklung dieser Rechtsprechung von *Courage* (Festlegung eines Rechts auf Schadensersatz) über *Manfredi* (Festlegung der grundsätzlichen Schadensersatzvoraussetzungen und Rechtsfolgen) hin zu *Kone* (Konkretisierung des Kausalitätserfordernisses unter Verweis auf die Binnenmarktzielsetzung des Wettbewerbsrechts) offenbart einen Ansatz der richterlichen Rechtsfortbildung, der dem klassischen **Prinzip der funktionalen Integration** entspricht, wie es für die Auslegung des Unionsrechts allgemein tragend ist.[51] Danach sieht sich der EuGH weder gezwungen, die Formulierung der Anspruchsvoraussetzungen eines Kartellschadensersatzanspruchs unmittelbar umfassend auf die europäische Ebene zu ziehen, noch sieht er sich auf eine reine Effektivitäts- und Äquivalenzkontrolle nationaler Vorschriften beschränkt. Vielmehr greift er in die Rechtsordnungen der Mitgliedstaaten jeweils insoweit (harmonisierend) ein, als es in der konkreten Fallgestaltung zur Gewährleistung der Funktionsfähigkeit des Wettbewerbs als Strukturelement des Binnenmarkts und der den Schutz des Wettbewerbs bezweckenden Vorschriften notwendig ist. Hierbei lässt er sich in keines der auf mitgliedstaatlicher Ebene diskutierten dogmatischen Korsette pressen, sondern allein vom Stand der Integration und ihrer von den Verträgen bezweckten Fortentwicklung leiten.

18 Dieser Befund gestattet folgende Folgerungen und Prognosen:
- Auf der Grundlage, dass das subjektive Recht auf Schadensersatz wegen eines Kartellverstoßes unmittelbar in Art. 101 und 102 AEUV gründet, wird der EuGH – unabhängig von der Frage, ob letztlich die konkrete „Anspruchsgrundlage" des europäischen Kartellschadensersatzanspruchs „unionsrechtlich oder nationalrechtlich" ist – die maßgeblichen **materiellen und prozessualen Voraussetzungen und Rechtsfolgen der Haftung wegen eines Kartellverstoßes schrittweise harmonisieren** und es nicht bei einer reinen Kontrolle ihm vorgelegter nationaler Anspruchs- und Verfahrensregelungen nach den traditionellen Anforderungen der Äquivalenz und Effektivität belassen. Maßstab für die Entwicklung positiver Haftungsvorgaben für das nationale Durchsetzungsrecht ist, ob sie im Sinne einer wirksamen Durchsetzung der Wettbewerbsregeln im jeweiligen Einzelfall geboten erscheint.
- Der EuGH wird die künftige Ausgestaltung des Schadensersatzanspruchs wegen eines Kartellverstoßes wie auch bereits in *Courage* und *Manfredi* **in Anlehnung** an die allgemeinen Grundsätze des Unionsrechts entwickeln, die er im Bereich der **außervertraglichen Haftung der Union** (Art. 340 Abs. 2 AEUV) und des **europäischen Staatshaftungsanspruchs** auf der Grundlage der den Rechtsordnungen der Mitgliedstaaten

---
[49] EuGH Urt. v. 5.6.2014 – C-557/12, ECLI:EU:C:2014:1317 Rn. 32 ff. – Kone.
[50] Dieser Ansatz eines „voll wirksamen" Schutzniveaus ähnelt im Ergebnis dem von *van Gerven* CMLRev 2000, 501 (503, 527 ff.) vorgeschlagenen Konzept eines „adäquaten Schutzniveaus".
[51] Grundlegend *Ipsen,* Europäisches Gemeinschaftsrecht, 8/28 ff., 8/30.

gemeinsamen allgemeinen Rechtsgrundsätze hergeleitet hat, soweit nicht funktionale oder strukturelle Unterschiede dieser Haftungsregime eine Analogie verbieten. Hierdurch stellt der EuGH eine **allgemeine Kohärenz** zwischen den verschiedenen Systeme des europäischen Haftungsrechts her[52] und wird im Einklang mit anderen Bereichen ein allgemeines europäisches Deliktsrecht entwickeln.
- Wenn auch der Wortlaut des EuGH zum Teil „offen" ist („hindert das Unionsrecht die innerstaatlichen Gerichte nicht […]"), ergibt sich aus den vom EuGH hergeleiteten allgemeinen unionalen Haftungsgrundsätzen (zB Mitverschulden und Verbot der ungerechtfertigten Bereicherung des Geschädigten) letztlich auch die aus Gründen einer effektiven Durchsetzung des Unionskartellrechts geforderte **Reichweite des Unionsrechts auf Schadensersatz** wegen eines Kartellverstoßes (→ Rn. 10 ff.). In diesem Sinne definieren die allgemeinen Vorgaben des EuGH sowohl im Hinblick auf die Anspruchsvoraussetzungen als auch im Hinblick auf die Rechtsfolgen nicht nur einen Mindeststandard an Haftung, der durch die mitgliedstaatlichen Gerichte überschritten werden kann, sondern gleichzeitig auch die **unionsrechtlichen Grenzen** eines Kartellschadensersatzanspruchs, über die im nationalen Schadensprozess – wiederum aus Gründen der Einheitlichkeit der Durchsetzung des Unionskartellrechts und Funktionsfähigkeit des Binnenmarkts – nicht hinausgegangen werden kann.

III. Funktionen des unionsrechtlichen Kartellschadensersatzanspruchs

Die Sanktionierung von Kartellverstößen dient – je nach Kartelljurisdiktion und Durchsetzung in unterschiedlicher Art und Nuancierung – verschiedenen Funktionen, insbesondere der Prävention gegen weitere Kartellverstöße durch Abschreckung, der Kompensation erlittener Schäden, der Belohnung privater Durchsetzungsinitiative und der Vergeltung und Sühne missbilligter Verhaltensweisen (→ § 2 Rn. 18). Innerhalb dieses Spektrums stehen nach der *Courage*- und Folgerechtsprechung des EuGH im Rahmen der privaten Durchsetzung des Unionskartellrechts durch einen Schadensersatzanspruch **zwei Zweckrichtungen** im Vordergrund: 19

- *Kompensation:* Wie bereits aus dem Courage-Urteil zu erkennen ist („Ersatz des Schadens […]")[53] und das *Donau Chemie*-Urteil des EuGH endgültig umgesetzt hat, dient der Schadensersatzanspruch zum einen dazu, „vollständigen Ersatz" für den durch einen Verstoß erlittenen Schaden zu erlangen, und schützt hierdurch gegen die nachteiligen Folgen des Verstoßes[54] (sog **Ausgleichsfunktion** → § 2 Rn. 18). Die Bedeutung des Rechts auf Vollständigkeit des Ersatzes wird nun sekundärrechtlich bestätigt durch die RL 2014/104/EU, einerseits durch Verweis auf das Recht auf effektiven Rechtsschutz nach Art. 19 Abs. 1 UAbs. 2 AEUV und Art. 47 Abs. 1 GR-Charta im 4. Erwägungsgrund und andererseits durch die ausdrückliche, wenn auch deklaratorische Regelung des Art. 3 Abs. 1 und 2 (→ Rn. 40).
- *Prävention:* Zum anderen dient der Schadensersatzanspruch nach den grundlegenden Feststellungen des EuGH in *Courage* dazu, „die Durchsetzungskraft der gemeinschaftlichen Wettbewerbsregeln" zu erhöhen, Unternehmen „von – oft verschleierten – Vereinbarungen oder Verhaltensweisen abzuhalten, die den Wettbewerb beschränken oder verfälschen können" und hierdurch „wesentlich zur Aufrechterhaltung eines wirksamen Wettbewerbs in der [Union] bei[zu]tragen."[55] Hiernach dient die kartellrechtliche Sanktionierung sowohl der **Abschreckung** des konkreten Rechtsverletzers *(Spezialprävention)* als auch gleichzeitig der allgemeinen Verhaltenssteuerung sämtlicher Normadressaten im Interesse des allgemeinen Wettbewerbsschutzes *(Generalprävention)*. Sie hält

---

[52] Vgl. *Wurmnest*, Grundzüge eines europäischen Haftungsrechts, 88 ff.
[53] EuGH Urt. v. 20. 9. 2001 – C-453/99, Slg. 2000, I-6297 Rn. 26 – Courage.
[54] EuGH Urt. v. 6. 6. 2013 – C-536/11, ECLI:EU:C:2013:366 Rn. 24 – Donau Chemie.
[55] EuGH Urt. v. 20. 9. 2001 – C-453/99, Slg. 2000, I-6297 Rn. 27 – Courage; ebenso Urt. v. 13. 7. 2006 – C-295/04 bis C-298/04, Slg. 2006, I-6619 Rn. 91 – Manfredi; Urt. v. 5. 6. 2014 – C-557/12, ECLI:EU:C:2013:1317 Rn. 23 – Kone.

sie von einem rechtswidrigen Verhalten ab (*negative* Generalprävention) und fördert gleichzeitig die Normtreue *(Compliance)* und den Wettbewerbsgedanken allgemein (*positive* Generalprävention) (→ § 2 Rn. 18).

20 Kompensations- und Abschreckungsfunktion des Kartellschadensersatzes stehen gleichrangig nebeneinander und ergänzen sich. Letztlich folgt die **Abschreckung als Reflex aus einer effektiven Kompensation.** Damit stellt die Kompensation neben ihrer individualschützenden Funktion ein Mittel zum Schutz eines funktionierenden Wettbewerbs dar.[56]

21 Der unionsrechtliche Kartellschadensersatzanspruch hat – anders als etwa die *treble damages* im US-Kartellrecht – **keine über die Kompensation hinausgehende Belohnungsfunktion** zur Schaffung eines zusätzlichen Anreizes zur Wahrnehmung privater Sanktionsrechte. Dies zeigt sich daran, dass Art. 101 und 102 AEUV kein Recht auf Überkompensation enthalten.[57] Die RL 2014/104/EU verbietet diese und damit einen Strafschadensersatz oder eine Mehrfachentschädigung sogar ausdrücklich (Art. 9 Abs. 3 und Art. 12 Abs. 2 RL 2014/104/EU) (→ Rn. 41).

IV. Allgemeine unionsrechtliche Haftungsvorgaben

1. Haftungstatbestand

22 Die allgemeinen Haftungsvoraussetzungen des unionsrechtlichen Kartellschadensersatzanspruchs ergeben sich aus folgender grundlegender Definition des EuGH in *Manfredi*: „Infolgedessen kann jedermann Ersatz des ihm entstanden Schadens verlangen, wenn zwischen dem Schaden und einem nach Artikel 81 EG verbotenen Kartell oder Verhalten ein ursächlicher Zusammenhang besteht".[58] Danach ist ein Kartellschadensersatzanspruch grundsätzlich von folgenden **drei Tatbestandsvoraussetzungen** abhängig:
(1) Kartellverstoß,
(2) Schaden und
(3) ursächlicher Zusammenhang zwischen Kartellverstoß und Schaden (Kausalität).

23 Im übrigen ist zwar die Bestimmung der Einzelheiten für die Ausübung dieses Rechts und die Ausgestaltung von Rechtsbehelfsverfahren, soweit kein einschlägiges Unions(sekundär)recht besteht, Aufgabe der nationalen Rechtsordnungen. Diese dürfen nicht weniger günstig ausgestaltet werden als die entsprechender innerstaatlicher Klagen (**Äquivalenzgrundsatz**) und dürfen die Ausübung der durch die Gemeinschaftsrechtsordnung verliehenen Rechte nicht praktisch unmöglich machen oder übermäßig erschweren (**Effektivitätsgrundsatz**).[59]

24 Daneben hat der EuGH in *Kone* aus dem funktionalen Erfordernis der „Sicherstellung der vollen Wirksamkeit des Wettbewerbsrechts der Union" einen **zusätzlichen materiellen Maßstab** für die Überprüfung der nationalen Ausgestaltung des Schadensersatzanspruchs hergeleitet,[60] der über die traditionellen Kriterien des Effektivitäts- und Äquivalenzgrundsatzes hinausgeht. Er gibt ihm die Möglichkeit, künftig bei Bedarf in Analogie zu den anderen Haftungsregimen des Unionsrechts und auf Grundlage von den Rechtsordnungen der Mitgliedstaaten gemeinsamen allgemeinen Rechtsgrundsätzen einen **harmonisierten Haftungstatbestand** des Kartellschadensersatzanspruchs zu entwickeln. Dies hat der EuGH in *Kone* mit dem Vorhersehbarkeitskriterium im Rahmen des Kausalitätstatbestands bereits getan (→ § 26 Rn. 190). Es ist zu erwarten, dass er auf dieser

---

[56] Kom., Weißbuch „Schadenersatzklagen wegen Verletzung des EG-Wettbewerbsrechts", KOM (2008) 165 endg., 3; *Vollrath* NZKart 2013, 434 (436); aA *Hoseinian* World Competition 2005, 3 (7) (Vorrang der Abschreckung); ausführlich zum Ganzen *Meeßen*, Der Anspruch auf Schadensersatz bei Verstößen gegen EU-Kartellrecht, 60ff.
[57] EuGH Urt. v. 20.9.2001 – C-453/99, Slg. 2000, I-6297 Rn. 30 – Courage; Urt. v. 13.7.2006 – C-295/04 bis C-298/04, Slg. 2006, I-6619 Rn. 94 – Manfredi.
[58] EuGH Urt. v. 13.7.2006 – C-295/04, Slg. 2006, I-6619 Rn. 61 – Manfredi.
[59] EuGH Urt. v. 13.7.2006 – C-295/04, Slg. 2006, I-6619 Rn. 62, 64 – Manfredi.
[60] EuGH Urt. v. 5.6.2014 – C-557/12, ECLI:EU:C:2014:1317 Rn. 32 – Kone.

Grundlage etwa auch bislang offene Tatbestandsfragen wie die Existenz eines unionsrechtlichen **Verschuldensersfordernisses** klären wird.[61]

2. Aktivlegitimation

Möglicher **Anspruchsteller** ist „*jedermann*". Dies ist nach der sekundärrechtlichen Kon- 25
kretisierung der Aktivlegitimation in Art. 3 Abs. 1 RL 2014/104/EU jede natürliche oder juristische Person, die einen durch eine wettbewerbsrechtliche Zuwiderhandlung verursachten Schaden erlitten hat. Hierzu zählen Unternehmen, Verbraucher und Behörden (zB Städte und Gemeinden, auch die Kommission selbst[62]) jeglicher Marktstufe, unabhängig davon, ob eine unmittelbare vertragliche Beziehung zu einem Rechtsverletzer besteht[63] (13. Erwägungsgrund RL 2014/104/EU), insbesondere auch mittelbare Abnehmer (Art. 14 RL 2014/104/EU). Durch die Begrifflichkeit „jedermann" ist nicht ausgeschlossen, dass der EuGH spezifische normative Eingrenzungen des Kreises der Anspruchsberechtigten, etwa aus Gründen fehlender Adäquanz etc, zulassen bzw. vornehmen wird (zu Einzelheiten → § 25).

3. Passivlegitimation

Anspruchsgegner ist als Adressat der unionsrechtlichen Verbotstatbestände das **Unter-** 26
nehmen bzw. die **Unternehmensvereinigung,** welche die ursächliche kartellrechtliche Zuwiderhandlung begangen hat. Dies bestätigt nun auch der Wortlaut der RL 2014/104/EU. Gem. Art. 1 Abs. 1 RL 2014/104/EU kann Ersatz „von diesem Unternehmen oder dieser Unternehmensvereinigung" verlangt werden. Art. 2 Abs. 2 RL 2014/104/EU definiert als Rechtsverletzer das Unternehmen bzw. die Unternehmensvereinigung, „das bzw. die die Zuwiderhandlung gegen das Wettbewerbsrecht begangen hat".[64] Unternehmen iSv Art. 101 und 102 AEUV ist „eine wirtschaftliche Einheit [...], selbst wenn diese wirtschaftliche Einheit rechtlich aus mehreren natürlichen oder juristischen Personen besteht".[65] Nach der im europäischen Bußgeldrecht ergangenen Rechtsprechung ist es also diese wirtschaftliche Einheit, die nach dem Grundsatz der persönlichen Verantwortlichkeit für die Zuwiderhandlung einzustehen hat.[66]

Offen und bislang ungeklärt ist, **welche konkreten Rechtsträger,** dh natürliche 27
oder juristische Personen, als Teil des zuwiderhandelnden Unternehmens konkret zivilrechtlich in Anspruch genommen werden können. Dieses Problem ist deshalb in besonderer Weise komplex, weil sich die vom EuGH im Bußgeldbereich entwickelte unionsrechtliche Zurechnungssystematik für Kartellverstöße im Unternehmen und verschiedene nationale Zurechnungssysteme im Ordnungswidrigkeiten- und Zivilrecht zum Teil erheblich unterscheiden. Zwar sieht der 11. Erwägungsgrund RL 2014/104/EU vor, dass die Mitgliedstaaten auch Voraussetzungen zur „Zurechenbarkeit" im nationalen Recht beibehalten können, dies steht jedoch unter dem Vorbehalt der Rechtsprechung des EuGH. Es ist zu erwarten, dass der EuGH aus Gründen der Einheitlichkeit der Anwendung des Unionsrechts bei der Frage der zivilrechtlichen Verantwortlichkeit und Zurechnung nicht auf nationale Zurechnungsregeln (in Deutschland zB §§ 31, 831 BGB) zurückgreifen, sondern diese Frage auf der Grundlage eines **im materiellen Kartellrecht wie im Bereich der öffentlichen und privaten Rechtsdurch-**

---

[61] Gegen ein Verschuldenserfordernis im Bereich der Haftung für Antidiskriminierungsverstöße zB EuGH Urt. v. 8.11.1990 – 177/88, Slg. 1990, 3941 Rn. 24 – Dekker; für ein Verschuldenserfordernis als Bestandteil des Haftungstatbestands des „hinreichend qualifizierten Rechtsverstoßes" im Bereich des europäischen Staatshaftungsanspruchs EuGH Urt. v. 5.3.1996 – C-46/93 u. C-48/93, Slg. 1996, I-1029 Rn. 25 – Brasserie du Pêcheur and Factortame.
[62] EuGH Urt. v. 6.11.2012 – C-199/11, ECLI:EU:C:2012:684 – Otis.
[63] EuGH Urt. v. 5.6.2014 – C-557/12, ECLI:EU:C:2014:1317 Rn. 33 – Kone.
[64] Eingeschlossen sind auch öffentliche Unternehmen oder Unternehmen mit besonderen bzw. ausschließlichen Rechten iSv Art. 106 AEUV (3. Erwägungsgrund RL 2014/104/EU).
[65] EuGH Urt. v. 10.9.2009 – C-97/08, Slg. 2009, I-8237 Rn. 55 – Akzo Nobel/Kommission.
[66] EuGH Urt. v. 8.7.1999 – C-49/92 P, Slg. 1999, I-4125 Rn. 145 – Kommission/Anic Partecipazioni; Urt. v. 10.9.2009 – C-97/08, Slg. 2009, I-8237 Rn. 56 – Akzo Nobel/Kommission.

setzung einheitlichen[67] **Unternehmensbegriffs des Unionsrechts** lösen wird[68] (zu Einzelheiten → § 3 Rn. 6).

4. Rechtsfolgen

28 Auch wenn sich die *Courage-* und Folgerechtsprechung des EuGH bislang allein auf den Kartellschadensersatzanspruch als ein Anspruch auf Ersatz in Geld bezogen hat, geht eine Haftung wegen eines Kartellverstoßes offensichtlich über einen reinen Geldersatz hinaus. Im Bereich des europäischen Staatshaftungsanspruchs hat der EuGH in *Francovich* grundlegend festgestellt, dass die Schadensersatzpflicht auf der allgemeinen Verpflichtung gestützt ist, **„die rechtswidrigen Folgen eines Verstoßes gegen das Gemeinschaftsrecht zu beheben".**[69] Ähnlich abstrakt hat er in *Donau Chemie* die Schadensersatzpflicht allgemein als **„Schutz gegen die nachteiligen Folgen,** die ein Verstoß gegen Art. 101 Abs. 1 AEUV für den Einzelnen haben kann", bezeichnet. Art. 3 Abs. 2 S. 1 RL 2014/104/EU folgt dem aktuellen primärrechtlichen *acquis communautaire,* indem er im Hinblick auf das Recht auf Schadensersatz verlangt, dass ein „vollständiger Ersatz […] eine Person […] in die Lage [versetzt], in der sie sich befunden hätte, wenn die Zuwiderhandlung gegen das Wettbewerbsrecht nicht begangen worden wäre".

29 Solch einem durch die Rechtsprechung geforderten effektiven Nachteilsschutz dient nicht allein Geldersatz **(Schadensersatzanspruch),** sondern zuallererst ein Anspruch auf *ex-ante*-Abwehr eines kartellrechtswidrigen Handelns **(Unterlassungsanspruch)**[70] und einen Anspruch auf Naturalrestitution **((Folgen-)Beseitigungsanspruch)** (→ § 28 Rn. 2). Daher ergibt sich, auch wenn der EuGH dies noch nicht explizit entschieden hat, unmittelbar aus Art. 101 und 102 AEUV – flankiert durch das Grundrecht auf einen effektiven Rechtsschutz in Art. 47 GRCh – eine **Trias der Unionsrechte von Kartellverstößen Betroffener,** die einen effektiven „Rundumschutz" dieser Betroffenen bewirkt und auch auf jegliches Unterlassen von Kartellverstößen, zB einer ungerechtfertigten (diskriminierenden) Liefersperre,[71] und auch jede Form der Naturalrestitution, zB künftige Belieferung,[72] gerichtet sein kann. Sie kann – selbst wenn dies im nationalen Recht nicht vorgesehen ist – ggf. auch im Wege des **einstweiligen Rechtsschutzes** durchgesetzt werden.[73]

30 Wenn auch der EuGH bislang die konkrete Bestimmung des **Umfangs des Schadensersatzes** mangels konkreter unionsrechtlicher Regelung dem mitgliedstaatlichen Recht unter Beachtung des Äquivalenz- und Effektivitätsgrundsatzes zugewiesen hat, hat er doch selbst grundsätzliche Maßstäbe für diesen Umfang entwickelt, die nun Art. 3 Abs. 2 RL 2014/104/EU sekundärrechtlich aufgenommen hat. Danach muss der Ersatz vollständig sein und folgende Positionen erfassen: (1) den Ersatz des Vermögensschadens *(damnum emergens),* (2) den Ersatz des entgangenen Gewinns *(lucrum cessans)* sowie (3) die Zahlung von Zinsen[74] (→ Rn. 19). Es ist davon auszugehen, dass der EuGH die Grundsätze zum Schadensumfang künftig weiter konkretisieren und generell einen **unionsweit einheitlichen Standard von Rechtsfolgen von Kartellverstößen** entwickeln wird (→ Rn. 18).

31 Ein Beispiel einer implizit erfolgten Harmonisierung von Regelungen zum Schadensumfang ist das **Verbot der Überkompensation.** Zwar hat der EuGH dieses Verbot in

---

[67] So wohl GA *Kokott,* SchlA v. 3.7.2007 – C-280/06, Slg. 2007, I-10893 Rn. 31 – ETI.
[68] Für die Übertragung der im europäischen Bußgeldverfahren entwickelten Grundsätze der Zurechnung auf die Sanktionierung durch nationale Kartellbehörden EuGH Urt. v. 11.12.2007 – C-280/06, Slg. 2007, I-10893 Rn. 41 – ETI; vgl. *Vollrath* NZKart 2013, 434 (438); *Meeßen,* Der Anspruch auf Schadensersatz bei Verstößen gegen EU-Kartellrecht, 388 ff.
[69] EuGH Urt. v. 19.11.1991 – C-6/90 u. C-9/90, Slg. 1991, I-5357 Rn. 31 – Francovich.
[70] Vgl. analog für den Bereich des unlauteren Wettbewerbs EuGH Urt. v. 17.9.2002 – C-253/00, Slg. 2002, I-7289 Rn. 27 ff. – Muñoz.
[71] Vgl. BGH Urt. v. 23.10.1979 – KZR 21/78, NJW 1980, 1224 (1225) – BMW-Importe.
[72] Überholt daher BGH Urt. v. 12.5.1998 – KZR 23/96, NJW-RR 1999, 189 – Depotkosmetik.
[73] Grundlegend EuGH Urt. v. 19.6.1990 – C-213/89, Slg. 1990, I-2433 Rn. 21 – Factortame I.
[74] EuGH Urt. v. 13.7.2006 – C-295/04, Slg. 2006, I-6619 Rn. 95–97 – Manfredi.

Courage und *Manfredi* zunächst als „Befugnis" der nationalen Gerichte definiert, Bereicherungen Betroffener zu verhindern.[75] Er zitierte jedoch in diesem Zusammenhang Rechtsprechung aus anderen Haftungssystemen der Union (zB die Amtshaftung der Union, die Erstattungspflicht der Mitgliedstaaten), in der er das Verbot der Überkompensation als Grenze der unionsrechtlich gewährten Rechte in Form eines **allgemeinen Grundsatz des Unionsrechts** vorgegeben hatte.[76] Hieraus konnte man bereits folgern, dass die Vermeidung einer Überkompensation mehr sein sollte als eine bloß unionsrechtlich mögliche Entscheidungsvariante der nationalen Gerichte. Spätestens die RL 2014/104/EU, die auch im Hinblick auf den Schadensumfang den unionsrechtlichen Besitzstand bestätigt (12. Erwägungsgrund), klärt in Art. 3 Abs. 3 abschließend, dass das Überkompensationsverbot zwingendes Unionsrecht ist, das der Gewährung von Strafschadensersatz, Mehrfachentschädigung oder anderen Arten von (zB exemplarischem) Schadensersatz entgegensteht, soweit diese zu einer Überkompensation des bzw. der Betroffenen führen. Auf dieses Verbot kann sich ein Kartellrechtsverletzer unmittelbar berufen. Das gleiche gilt für den **Grundsatz des Mitverschuldens,** der zu einer Reduktion des Schadens oder ggf. einem völligen Wegfall der Schadensersatzpflicht führen kann.[77]

B. Die Richtlinie 2014/104/EU – Sekundärrechtliche Ausformung des unionsrechtlichen Kartellschadensersatzrechts

Die RL 2014/104/EU v. 26.11.2014 enthält Vorschriften zur Gewährleistung eines effektiven und gleichwertigen Rechtsschutzes zur Erlangung eines vollständigen Schadensersatzes durch Geschädigte von Kartellrechtsverstößen in der EU (Art. 1 Abs. 1) und zur Koordinierung der behördlichen und privaten Kartellrechtsdurchsetzung (Art. 1 Abs. 2). Sie **bestätigt** und **kodifiziert** den vom EuGH kreierten **primärrechtlichen *Acquis* der Union** zum materiellen Recht auf Schadensersatz wegen Kartellverstößen (12. Erwägungsgrund). Ohne der Weiterentwicklung dieses primärrechtlichen Besitzstandes durch die Rechtsprechung generell vorzugreifen, geht sie weiter und **harmonisiert zahlreiche materielle und prozessuale Vorschriften für Kartellschadensersatzklagen** auf sekundärrechtlicher Ebene. 32

I. Entstehungsgeschichte

Der Annahme der endgültigen Fassung der RL 2014/104/EU ging ein mehr als **zehnjähriger Gesetzgebungsprozess** mit umfassender Einbindung von Rechtswissenschaft, Mitgliedstaaten und Öffentlichkeit voraus:[78] 33
- Den initialen Anstoß hierfür lieferte das *Courage*-Urteil des EuGH im Jahr 2001, in dem der EuGH das Recht Privater auf Ersatz der infolge eines Kartellverstoßes erlittenen Schäden zur Erhöhung der Durchsetzungskraft der EU-Wettbewerbsregeln begründete. Es eröffnete damit eine neue Perspektive auf private Kartellschadensersatzklagen in der EU, welche die Kommission (auch) als Arbeitsauftrag verstehen musste.
- Im Auftrag der Kommission nahm die Kanzlei *Ashurst* 2004 in einer großangelegten rechtsvergleichenden Studie eine Bestandsaufnahme der Bedingungen privater Kartellschadensersatzklagen in den Mitgliedstaaten vor. Die ***Ashurst*-Studie** zeigte ein Bild „erstaunlicher Ungleichheit und völliger Unterentwicklung" („astonishing div-

---

[75] EuGH Urt. v. 20.9.2001 – C-453/99, Slg. 2000, I-6297 Rn. 30 – Courage; Urt. v. 13.7.2006 – C-295/04, Slg. 2006, I-6619 Rn. 94 – Manfredi („[…]das Gemeinschaftsrecht [hindert] die innerstaatlichen Gerichte […] nicht, dafür Sorge zu tragen, dass der Schutz der gemeinschaftsrechtlich gewährleisteten Rechte nicht zu einer ungerechtfertigten Bereicherung der Anspruchsberechtigten führt").
[76] EuGH Urt. v. 4.10.1979 – 238/78, Slg. 1979, 2955 Rn. 14 – Irek-Arkady/Rat u. Kommission; Urt. v. 21.9.2000 – C-441/98 u. C-442/98, Slg. 2000, I-7145 Rn. 31 – Michaïlidis.
[77] EuGH Urt. v. 20.9.2001 – C-453/99, Slg. 2000, I-6297 Rn. 31 – Courage.
[78] Umfassende Informationen hierzu sind abrufbar unter http://ec.europa.eu/competition/antitrust/actions damages/documents.html.

ersity and total underdevelopment").⁷⁹ Die als Hauptgründe dieser Unterentwicklung identifizierten Aspekte adressierte die Kommission daraufhin in einem **Grünbuch,**⁸⁰ das sie im Rahmen einer umfassenden Konsultation im Jahr 2005 veröffentlichte. Auf Grundlage der im Rahmen dieser Konsultation eingegangenen Stellungnahmen entwickelte die Kommission Vorschläge für rechtspolitische Entscheidungen und konkrete Maßnahmen, um den Zugang der Opfer von Kartellverstößen zu wirksamen Rechtsschutzinstrumenten zu verbessern und veröffentlichte diese gemeinsam mit einem Impact Assessment und zusätzlichen Erläuterungen im Jahr 2008 als **Weißbuch.**⁸¹

- Nach Durchführung eines weiteren Konsultationsprozesses erarbeiteten die Kommissionsdienststellen einen **Richtlinienvorschlag,** den sie 2009 erstmals informell bekannt machten und die Kommission in geänderter Fassung am 11.6.2013 offiziell verabschiedete.⁸² Gleichzeitig legte die Kommission eine Mitteilung zur Ermittlung des Schadensumfangs bei Kartell-Schadenersatzklagen,⁸³ einen Praktischen Leitfaden zur Schadensermittlung der Kommissionsdienststellen⁸⁴ und eine Empfehlung über Grundsätze für kollektive Unterlassungs- und Schadensersatzverfahren in den Mitgliedstaaten bei Verletzung von durch Unionsrecht garantierten Rechten⁸⁵ vor.
- Nach kontroverser Debatte in EP und Rat, in der das EP unter anderem durchsetzte, dass die Richtlinie unverändert auf eine **doppelte Rechtsgrundlage,** nämlich neben der Wettbewerbskompetenz gem. Art. 103 AEUV (welche dem EP lediglich ein Anhörungsrecht gewährt) auch auf die Binnenmarktkompetenz gem. Art. 114 AEUV gestützt und damit im ordentlichen Gesetzgebungsverfahren (Art. 294 AEUV) behandelt wurde, und intensiven Triloggesprächen im Frühjahr 2014 verabschiedete das EP mit Standpunkt v. 17.4.2014 in erster und einziger Lesung und der Rat mit Beschluss v. 10.11.2014 den Richtlinientext in endgültiger Fassung. Sie wurde am 5.12.2014 im Amtsblatt veröffentlicht⁸⁶ und trat am **25.12.2014 in Kraft.**

II. Ziele und Regelungstechnik der RL 2014/104/EU

34 Die RL 2014/104/EU verfolgt ausweislich der Begründung des Kommissionsvorschlags und ihrer Erwägungsgründe eine **doppelte Zielrichtung:**
- Erstes Ziel der RL 2014/104/EU ist im Ausgangspunkt die **Effektivierung der privaten Rechtsdurchsetzung durch Kartellschadensersatzklagen.**⁸⁷ Sie soll einen wirksamen Rechtsschutz für jeden, der durch kartellrechtliche Zuwiderhandlungen Schäden erlitten hat, im Einklang mit dem Grundrecht auf wirksamen Rechtsschutz gem. Art. 19 Abs. 1 UAbs. 2 EUV und Art. 47 Abs. 1 GR-Charta (4. Erwägungsgrund) gewährleisten (Art. 1 Abs. 1 S. 1).
- zweites Ziel der RL 2014/104/EU ist die **Optimierung der Interaktion zwischen behördlicher und privater Durchsetzung** des EU-Kartellrechts. Sie soll „die Koordinierung zwischen den beiden Formen der Durchsetzung kohärent […] regeln", so dass „beide Instrumente zusammenwirken, damit die Wettbewerbsvorschriften höchstmögliche Wirkung entfalten" (6. Erwägungsgrund und Art. 1 Abs. 2).

---

[79] Study on the conditions of claims for damages in case of infringement of EC competition rules, http://ec.europa.eu/competition/antitrust/actionsdamages/study.html.
[80] Grünbuch Schadenersatzklagen wegen Verletzungen des EU-Wettbewerbsrechts, KOM(2005) 672 end.
[81] Weißbuch Schadenersatzklagen wegen Verletzung des EU-Wettbewerbsrechts, KOM(2008) 165 end.
[82] Vorschlag für eine Richtlinie des Europäischen Parlaments und des Rates über bestimmte Vorschriften für Schadensersatzklagen nach einzelstaatlichem Recht wegen Zuwiderhandlungen gegen wettbewerbsrechtliche Bestimmungen der Mitgliedstaaten und der Europäischen Union, COM (2013) 404 final; dazu *Mederer* EuZW 2013, 847; *Vollrath* NZKart 2013, 434 (435).
[83] ABl. 2013 C 167, 19.
[84] http://ec.europa.eu/competition/antitrust/actionsdamages/quantification_guide_de.pdf.
[85] ABl. 2013 L 201, 60.
[86] ABl. 2014 L 349, 1.
[87] *Schweitzer* NZKart 2014, 335 (336).

Durch den **Abbau der unterschiedlichen Ausgangsbedingungen für Schadenser-** 35
satzklagen soll die RL 2014/104/EU letztlich einen in der ganzen EU „**gleichwerti-**
gen Schutz für jeden" (Art. 1 Abs. 1 S. 2) gewährleisten und hierdurch den beiden in
ihren Rechtsgrundlagen vorgegebenen grundsätzlichen Zielen, nämlich der Förderung des
unverfälschten Wettbewerbs (Art. 103 AEUV) und der Beseitigung von Hindernissen für
ein reibungsloses Funktionieren des Binnenmarktes (Art. 114 AEUV) dienen (7. und 8.
Erwägungsgrund und Art. 1 Abs. 1 S. 2).

Das allgemeine Harmonisierungsziel des „gleichwertigen Schutzes für jeden" versucht 36
die RL 2014/104/EU, durch eine **Teilharmonisierung** bestimmter wesentlicher materiellrechtlicher (zB Haftungsvoraussetzungen und Schadensumfang, Schadensabwälzung,
Gesamtschuld, Verjährung, materiellrechtliche Wirkung von Vergleichen) und prozess-
rechtlicher Regelungsgegenstände (zB Offenlegung von Beweismitteln im Prozess) zu erreichen.[88] Diese ausgewählten Teilmaterien regelt die RL in Form einer **gemischten**
Voll- und Mindestharmonisierung. So enthält zB Art. 9 Abs. 1 eine vollharmonisierte
Regelung über die Wirkung von Entscheidungen der eigenen Kartellbehörden im inländischen Kartellprozess, Art. 9 Abs. 2 dagegen offenbar eine Mindestregelung zur Vorlage
von Entscheidungen von Kartellbehörden aus anderen Mitgliedstaaten als Anscheinsbeweis. Art. 11 enthält eine vollharmonisierte Regelung zur gesamtschuldnerischen Haftung. Art. 5 Abs. 8 bestimmt im Bereich der Offenlegung von Beweismitteln ausdrücklich, dass die Mitgliedstaaten eine umfassendere Offenlegung regeln können. Art. 10
Abs. 3 legt ausdrücklich eine Mindestverjährungsfrist fest, Art. 10 Abs. 4 Mindestregeln
zur Hemmung der Verjährung. Bei allen Regelungen, die keine ausdrücklichen nationalen Spielräume vorsehen, ist der angestrebte Harmonisierungsgrad durch Auslegung zu ermitteln. Für alle nicht geregelten materiellen und prozessualen Regeln verweist Art. 4 deklaratorisch auf den Effektivitäts- und Äquivalenzgrundsatz.

III. Anwendungsbereich

Der **sachliche Anwendungsbereich** der RL 2014/104/EU erstreckt sich gem. Art. 1 37
Abs. 1 iVm Art. 2 Nr. 3 auf die gerichtliche und außergerichtliche Geltendmachung eines
Schadens aufgrund einer Zuwiderhandlung sowohl gegen das Unionskartellrecht der
Art. 101 und 102 AEUV als auch gegen nationales Kartellrecht, soweit es gem. Art. 3
Abs. 1 VO (EG) Nr. 1/2003 auf denselben Fall und parallel zum Unionskartellrecht angewandt worden ist. Erfasst sind sämtliche Kartellverstöße horizontaler oder vertikaler Natur
sowie marktmissbräuchliches Verhalten, nicht nur echte „Hardcore"-Kartelle. Nicht harmonisiert werden dagegen einerseits nationale Vorschriften über Rechtsbehelfe, mit denen kein Schadensersatz, sondern andere Ansprüche, zB ein Unterlassungsanspruch, geltend gemacht werden, und andererseits nationale Vorschriften über Schadensersatzklagen
wegen rein nationaler Kartellrechtsverstöße ohne Beeinträchtigung des Handels zwischen
den Mitgliedstaaten (10. Erwägungsgrund aE). **Über den Äquivalenzgrundsatz in**
Art. 4 wirkt die RL 2014/104/EU allerdings mittelbar auch auf diese national-
autonomen Vorschriften ein. Entscheidet sich zB ein Mitgliedstaat zur Festlegung einer
Verjährungsfrist von fünf Jahren in Umsetzung von Art. 10 Abs. 3, so könnte er nicht für
rein nationale Kartellverstöße eine längere Verjährungsfrist von sechs Jahren festlegen, da
hiermit die Fünf-Jahres-Frist gegen Art. 4 verstieße. Es ist daher zu erwarten, dass viele
Mitgliedstaaten die Regelungen zur Umsetzung der RL 2014/104/EU national-autonom
auf nicht erfasste nationale Sachverhalte erstrecken.[89]

---

[88] Zum Ganzen *Vollrath* NZKart 2013, 434 (437).
[89] So die Empfehlung von *Stauber/Schaper* NZKart 2014, 346. Bei Erlass einer einheitlichen Regelung sowohl in Umsetzung der RL 2014/104/EU und auch für national-autonome Fälle hätten die mitgliedstaatlichen Gerichte die Möglichkeit, dem EuGH gem. Art. 267 AEUV Vorlagefragen zur Auslegung der RL
2014/104/EU auch vorzulegen, wenn sie mit einem Sachverhalt außerhalb des Anwendungsbereichs der
RL 2014/104/EU befasst wären, weil insoweit ein Interesse der Union an einer einheitlichen Auslegung

38 Die RL 2014/104/EU ist am 25.12.2014 in Kraft getreten. Sie ist gem. Art. 21 Abs. 1 bis zum 27.12.2016 umzusetzen. Im Hinblick auf ihren **zeitlichen Anwendungsbereich** enthält Art. 22 RL 2014/104/EU zwei gesonderte **Rückwirkungsverbote**. Gem. Abs. 1 müssen die Mitgliedstaaten gewährleisten, dass nationale Umsetzungsvorschriften zu den materiell-rechtlichen Richtlinienbestimmungen nicht rückwirkend, dh für Ansprüche gelten, die abschließend vor dem 26.12.2014 entstanden sind. Gem. Abs. 2 müssen die Mitgliedstaaten gewährleisten, dass die sonstigen, dh prozessualen nationalen Umsetzungsvorschriften nicht für Schadensersatzklagen gelten, die vor dem 26.12.2014 erhoben worden sind. Diese Rückwirkungsverbote schließen allerdings nicht aus, bestehende nationale materiell-rechtliche Vorschriften für vor Inkrafttreten der RL 2014/104/EU entstandene Ansprüche und bestehende prozessuale Vorschriften im Rahmen von vor Inkrafttreten erhobenen Klagen **unionsrechtskonform auszulegen** und anzuwenden. Soweit bestehende nationale materielle oder prozessuale Vorschriften den primärrechtlichen Anforderungen des Unionsrechts auf Schadensersatz nach der *Courage*-Rechtsprechung einschließlich des Effektivitäts- und Äquivalenzgebots in einer bestimmten Auslegung oder insgesamt nicht entsprechen und die Richtlinienbestimmungen insoweit lediglich diese primärrechtlichen Anforderungen konkretisieren, sind diese nationalen Vorschriften zwingend unionsrechtskonform auszulegen oder unangewendet zu lassen (→ § 10 Rn. 145, → § 17 Rn. 234 u. 245).

IV. Wesentliche Regelungsinhalte

39 Die RL 2014/104/EU enthält **keine umfassende Regelung** privater Kartellschadensersatzklagen, sondern greift gezielt **einzelne Aspekte** auf. Neben einer deklaratorischen Wiedergabe der allgemeinen Grundsätze zum Inhalt des Schadensersatzanspruchs und ergänzenden Regelungen zur Schadensermittlung (Art. 3 und 17) sind dies die Offenlegung von Beweismitteln (Art. 5 bis 8), die Bindungswirkung wettbewerbsbehördlicher Entscheidungen (Art. 9), die Verjährung (Art. 10), die gesamtschuldnerische Haftung von Kartellmitgliedern (Art. 11), die Verortung eines Schadens innerhalb der Lieferkette sowie entsprechende Beweisregeln (Art. 12 bis 16) und Möglichkeiten einer einvernehmlichen Streitbeilegung (Art. 18 und 19). Die RL 2014/104/EU greift damit die Themen auf, die im Rahmen der *Ashurst*-Studie und der auf Grundlage des Grünbuchs und des Weißbuchs durchgeführten Konsultationen als besonders relevant im Hinblick auf die beiden Hauptziele der Richtlinie – Förderung/Vereinfachung von Kartellschadensersatzklagen und Koordinierung öffentlicher und privater Kartellrechtsdurchsetzung – identifiziert wurden (→ Rn. 33). Zusammengefasst stellen sich die Regelungen wie folgt dar:

1. Inhalt des Schadensersatzanspruchs und Schadensermittlung

40 Art. 3 RL 2014/104 bestätigt und kodifiziert das vom EuGH entwickelte materielle Recht auf Schadensersatz und übernimmt den *Acquis* zum primärrechtlich vorgegebenen **Inhalt des Schadensersatzanspruchs**. Danach hat jede natürliche und juristische Person einen Anspruch auf vollständigen Ersatz des erlittenen Schadens (Art. 3 Abs. 1) und ist in die (wirtschaftliche) Lage zu versetzen, in der sie sich befunden hätte, wenn der Kartellverstoß nicht begangen worden wäre (Art. 3 Abs. 2 S. 1; sog Naturalrestitution). Der Geschädigte erhält Ersatz der eingetretenen Vermögenseinbuße *(damnum emergens)* und des entgangenen Gewinns *(lucrum cessans)* zuzüglich Zinsen (Art. 3 Abs. 2 S. 2) (zu Einzelheiten → § 14 Rn. 98 ff.). Ergänzt werden diese allgemeinen Grundsätze durch eine – wiederum deklaratorische – Wiedergabe des **Effektivitäts- und Äquivalenzgrundsatzes** in Art. 4 RL 2014/104/EU.

41 Der vollständige Ersatz darf nicht zu einer Überkompensation führen, unabhängig davon, ob es sich dabei um Strafschadensersatz, Mehrfachentschädigung oder andere Arten von Schadensersatz handelt (Art. 3 Abs. 3). Unabhängig davon, ob bereits die Rechtspre-

---

besteht, vgl. zB EuGH Urt. v. 17.7.1997 – C-130/95, Slg. 1997, I-4291 Rn. 28 – Giloy; Urt. v. 16.6.1998 – C-53/96, Slg. 1998, I-3603 Rn. 32 – Hermès.

chung des EuGH als Befugnis oder Verpflichtung der nationalen Gerichte zur Verhinderung einer Überkompensation interpretiert werden konnte (→ Rn. 31), klärt die RL 2014/104/EU mit diesem **absoluten Überkompensationsverbot,** dass Geschädigte keine über den tatsächlichen Schaden hinausgehenden Beträge fordern dürfen. Nationale Regelungen wie die Gewährung von *treble damages* in den USA wären danach unionsrechtswidrig.

Zur Effektivierung von Schadensersatzansprüchen werden die Regeln zum Inhalt des **42** Schadensersatzanspruchs ergänzt durch Vorschriften zur **Ermittlung des Schadensumfangs** (47. Erwägungsgrund). Der Unionsgesetzgeber geht dabei davon aus, dass die Prüfung des Schadensumfangs eine Prüfung der hypothetischen Markt(preis)situation ohne Kartellverstoß beinhaltet, die niemals mit letzter Genauigkeit vorgenommen werden kann (46. Erwägungsgrund). Daher dürfen erstens die nationalen Regelungen zur Beweislast und zum Beweismaß gemäß dem Effektivitätsgrundsatz eine Schadensersatzklage nicht praktisch unmöglich machen oder übermäßig erschweren (Art. 17 Abs. 1 S. 1). Daneben sieht Art. 17 RL 2014/104/EU verschiedene für die Mitgliedstaaten verbindliche **Erleichterungen für die Schadensermittlung** vor:

- eine zwingende Befugnis der nationalen Gerichte zur **Schätzung der Schadenshöhe,** wenn die Existenz eines Schadens erwiesen ist und eine genaue Bezifferung des tatsächlichen Schadens praktisch unmöglich oder übermäßig schwierig ist (Art. 17 Abs. 1 S. 2). Die Möglichkeit der Schadensschätzung ist im deutschen Recht in § 287 ZPO bereits vorgesehen (→ § 26 Rn. 75).
- eine **widerlegliche Schadensvermutung** bei Verstößen in Form eines horizontalen *(Hardcore-)*Kartells, zB Preisabsprachen, Quotenvereinbarungen, Marktaufteilungen (Art. 17 Abs. 2 iVm. Art. 2 Nr. 14). Die Vermutungswirkung bezieht sich allein auf die Frage des „Ob" eines Schadens, nicht auf die Schadenshöhe (47. Erwägungsgrund). In Deutschland ist eine solche Schadensvermutung bereits gerichtlich angewendet worden[90] (→ § 18 Rn. 126).

2. Offenlegung von Beweismitteln

Art. 5 RL 2014/104/EU führt eine **allgemeine Offenlegungspflicht** von Beweismit- **43** teln ein. Kartellschadensersatzklagen sind durch eine **strukturelle Informationsasymmetrie** gekennzeichnet. Die Kläger müssen zur Begründung ihres Anspruchs ein Verhalten nachweisen, das typischerweise im Verborgenen stattfindet und an dem sie nicht beteiligt waren. Die meisten Beweismittel befinden sich damit in der Sphäre der Beklagten oder Dritter (14. u. 15. Erwägungsgrund). Daher erhalten die einzelstaatlichen Gerichte die Befugnis, die Offenlegung relevanter Beweismittel durch den Beklagten oder einen Dritten anzuordnen (Art. 5 Abs. 1 UAbs. 1 S. 1). Aus Gründen der **Waffengleichheit** kann auch der Beklagte eine Offenlegung beantragen (Art. 5 Abs. 1 UAbs. 1 S. 2). Die Offenlegungspflicht geht über die in den meisten Mitgliedstaaten bestehenden Offenlegungsmöglichkeiten zum Teil erheblich hinaus, geht jedoch in die Richtung der sog *discovery,* wie sie zB in den USA oder im Vereinigten Königreich praktiziert wird. Soweit diese eine umfassende Offenlegung ermöglicht, ist dies gem. Art. 5 Abs. 8 RL 2014/104/EU – unter Vorbehalt der Art. 6 und 7 (→ Rn. 45f.) – grundsätzlich möglich. Art. 5 RL 2014/104/EU führt insoweit zu einer **Mindestharmonisierung** der allgemeinen Offenlegungsregeln.

Die **Voraussetzungen** für eine Offenlegung sind folgende: **44**
- Ein Antrag des Klägers mit einer **substantiierten Begründung,** die alle mit zumutbarem Aufwand zugänglichen Tatsachen und Beweismittel enthält und die Plausibilität seines Schadensersatzanspruch ausreichend stützt (Art. 5 Abs. 1 UAbs. 1 S. 1).
- Die Anordnung kann spezifisch bezeichnete einzelne Beweismittel oder **Kategorien von Beweismitteln** betreffen. Um eine *„fishing expedition"* zu verhindern, hat das Ge-

---

[90] KG Urt. v. 1.10.2009 – 2 U 10/03 (Kart.), WuW/E DE-R 2773 Rn. 38ff. – Berliner Transportbeton.

richt diese jedoch so präzise und eng abzugrenzen, wie dies auf Grundlage der mit zumutbarem Aufwand zugänglichen Tatsachen möglich ist (Art. 5 Abs. 2).
- Die Offenlegung ist **verhältnismäßig**. Bei Prüfung der Verhältnismäßigkeit berücksichtigt das Gericht die berechtigten Interessen aller Parteien und betroffenen Dritter, insbesondere die vom Kläger vorgelegten Indizien für das Bestehen seines Anspruchs, den Umfang und die Kosten der Offenlegung und den Schutz von in den offenzulegenden Dokumenten (insbesondere Dritter) enthaltenen vertraulichen Informationen (Art. 5 Abs. 3).
- Auch die Offenlegung von Beweismitteln mit **vertraulichen Informationen** ist möglich, wenn dies sachdienlich ist. Die nationalen Gerichte müssen wirksame Mechanismen zu ihrem Schutz (zB eine *in camera*-Einsichtnahme) verfügen (Art. 5 Abs. 4). Das Interesse von Unternehmen, die Inanspruchnahme für eine Zuwiderhandlung gegen das Wettbewerbsrecht zu vermeiden, ist nicht schutzwürdig (Art. 5 Abs. 5).
- Die betroffenen Unternehmen sind zuvor **anzuhören** (Art. 5 Abs. 7).

45 Art. 6 RL 2014/104 enthält ein einheitliches Konzept (21. Erwägungsgrund) für die **Offenlegung von in den Akten von Wettbewerbsbehörden enthaltenen Beweismitteln**. Dieses umfasst Folgendes:
- Die nationalen Gerichte haben bei der **Beurteilung der Verhältnismäßigkeit** einer Offenlegungsanordnung (Art. 5 Abs. 3) **zusätzliche Aspekte** zu berücksichtigen, insbesondere, ob der Antrag in Bezug auf Art, Gegenstand oder Inhalt der offenzulegenden Dokumente spezifisch genug formuliert ist sowie die Notwendigkeit, die Wirksamkeit der öffentlichen Durchsetzung des Wettbewerbsrechts zu wahren (Art. 6 Abs. 4).
- Einem **zeitlich eingeschränkten Offenlegungsverbot** unterliegen Dokumente, die von den Betroffenen nur für die Zwecke eines Kartellverfahrens oder der Behörde im Verfahren erstellt und den Parteien übermittelt wurden sowie zurückgezogene Vergleichsausführungen (Art. 2 Nr. 18). Diese Dokumente dürfen erst nach Abschluss des Kartellverfahrens[91] offengelegt werden (Art. 6 Abs. 5; sog *graue Liste*).
- Einem **unbeschränkten Offenlegungsverbot** unterliegen Kronzeugenerklärungen (Art. 2 Nr. 16) sowie freiwillige Vergleichsausführungen (Art. 2 Nr. 18). Sie dürfen niemals offengelegt werden (Art. 6 Abs. 6; sog *„schwarze Liste"*). Bei Unklarheiten, ob ein Dokument den Charakter einer Kronzeugenerklärung oder einer Vergleichsausführung hat, kann das Gericht dieses auf Antrag des Klägers *in camera,* ggf. unter Anhörung des Dokumentenverfassers, einsehen und seinen privilegierten Charakter verifizieren (Art. 6 Abs. 7). Ob der Unionsgesetzgeber mit dem unabdingbaren Offenlegungs- und Verwertungsverbot das vom EuGH in der *Pfleiderer*-Rechtsprechung postulierte primärrechtliche Gebot der **Einzelfallabwägung**[92] bei Entscheidungen über Akteneinsichtsrechte und insbesondere das Verbot jeder „starren Regel"[93] eingehalten oder seinen sekundärrechtlichen Gestaltungsspielraum überschritten hat, ist offen und abschließend nur vom EuGH zu klären[94] (→ § 29 Rn. 21).
- Die **Inanspruchnahme einer Wettbewerbsbehörde** selbst ist nur dann subsidiär möglich, wenn die beantragten Beweismittel nicht mit zumutbarem Aufwand bei einer anderen Partei oder einem Dritten erlangt werden können (Art. 6 Abs. 10).

46 Art. 7 RL 2014/104/EU enthält ein der Systematik des Art. 6 Abs. 5 und 6 folgendes Konzept für die Verwertung von durch Akteneinsicht bei einer Wettbewerbsbehörde erlangten Beweismitteln. Die für die die Dauer eines Kartellverfahrens privilegierten Dokumente unterliegen einem **befristeten Beweisverwertungsverbot** (Art. 7 Abs. 2), Kronzeugenerklärungen und Vergleichsausführungen einem **absoluten Beweisverwertungs-**

---

[91] Nach EuGH Urt. v. 27.2.2014 – C-365/12 P, ECLI:EU:C:2014:112 Rn. 99 – EnBW ist ein Kartellverfahren der Kommission erst beendet, wenn ein abschließender Beschluss bestandskräftig ist.
[92] EuGH Urt. v. 14.6.2011 – C-360/09, Slg. 2011, I-5161 Rn. 30 – Pfleiderer.
[93] EuGH Urt. v. 6.6.2013 – C-536/11, ECLI:EU:C:2013:366 Rn. 31 – Donau Chemie.
[94] Für eine Primärrechtskonformität *Vollrath* NZKart 2013, 434 (446), *Mederer* EuZW 2013 847 (849 f.); kritisch dagegen *Schweitzer* NZKart 2014, 335 (343), *Frenz* EuZW 2013, 778.

verbot (Art. 7 Abs. 1). Darüber hinaus unterliegen sämtliche rechtmäßig erlangten Dokumente aus der Akte einer Wettbewerbsbehörde einer Verwendungsbeschränkung: Sie dürfen nur von der Person, an die sie herausgegeben wurden, sowie einem Rechtsnachfolger oder Zessionar, in einem Schadensersatzverfahren verwendet werden (Art. 7 Abs. 3).

Den Gerichten sind gem. Art. 8 RL 2014/104/EU **wirksame Sanktionsinstrumente** 47 an die Hand zu geben, um eine ordnungsgemäße Befolgung von Offenlegungsanordnungen durchzusetzen. Ob sich mit den Offenlegungsregeln die Effektivität von Schadensersatzklagen, aber auch die Verteidigungsmöglichkeiten von Kartellanten (zB im Hinblick auf die Geltendmachung einer Schadensabwälzung) spürbar verbessern wird, wird sich erst in der Praxis herausstellen. Entscheidend ist hier zum einen der Substantiierungs- und Plausibilisierungsmaßstab, dem die Offenlegungsanträge gerecht werden müssen, zum anderen die weite oder enge Fassung der Offenlegungsanordnungen selbst. Im deutschen Prozessrecht besteht zB bereits heute die Möglichkeit der Anordnung einer Urkundenvorlegung durch eine Partei oder einen Dritten (§§ 142, 420 ff. ZPO). Diese Regeln werden – soweit sie nicht gesetzgeberisch angepasst werden – richtlinienkonform auszulegen und weiterzuentwickeln sein (zu Einzelheiten → § 26 Rn. 575).

3. Bindungswirkung kartellbehördlicher Entscheidungen

Die RL 2014/104/EU führt zur Stärkung der Einheitlichkeit und Kohärenz der Kartell- 48 rechtsdurchsetzung in der EU ein einheitliches Konzept der Wirkung bestandskräftiger Entscheidungen einzelstaatlicher Kartellbehörden ein. Mit Bestandskraft der Entscheidung einer Kartellbehörde, die eine Zuwiderhandlung feststellt, gilt der Kartellverstoß vor den nationalen Gerichten desselben Mitgliedstaates als unwiderlegbar festgestellt (Art. 9 Abs. 1; sog **Bindungswirkung**). Mit dieser Regelung erweitert die RL 2014/104/EU das Konzept der Bindungswirkung von Kommissionsbeschlüssen nach Art. 16 Abs. 1 VO 1/2003 (→ § 3 Rn. 25) auf innerstaatliche Kartellentscheidungen. Bestandskräftige Entscheidungen der Kartellbehörden anderer Mitgliedstaaten haben zumindest das Gewicht eines **Anscheinsbeweises** (Art. 9 Abs. 2). In Deutschland regelt § 33 Abs. 4 GWB eine unwiderlegbare Bindungswirkung der bestandskräftigen behördlichen oder gerichtlichen Feststellung eines Verstoßes in einem anderen Mitgliedstaat und geht insoweit (zulässigerweise) über die Mindestanforderung des Art. 9 Abs. 2 hinaus.

4. Verjährungsfristen

Art. 10 RL 2014/104 enthält folgende unionsrechtliche Vorgaben für nationale Verjäh- 49 rungsregelungen für die Erhebung einer Schadensersatzklage (→ § 26 Rn. 408 ff.):

- Die **Verjährungsfrist beginnt** nicht, bevor die Zuwiderhandlung beendet wurde und der Kläger von den wesentlichen Voraussetzungen seines Anspruchs (dh das kartellrechtswidrige Verhalten und die Tatsache, dass dies eine Zuwiderhandlung gegen das Wettbewerbsrecht darstellt; die Tatsache, dass ihm ein kausaler Schaden entstanden ist; und die Identität des Rechtsverletzers) Kenntnis erlangt hat oder Kenntnis vernünftigerweise erwartet werden kann (Art. 10 Abs. 2).
- Die Mitgliedstaaten haben eine **Mindestverjährungsfrist von fünf Jahren** vorzusehen (Art. 10 Abs. 3).
- Eine **Verjährungshemmung oder -unterbrechung** tritt ein, wenn eine Wettbewerbsbehörde Maßnahmen im Hinblick auf eine Zuwiderhandlung trifft. Sie endet frühestens ein Jahr nach der bestandskräftigen Abschlussentscheidung (Art. 10 Abs. 4).

5. Gesamtschuldnerische Haftung

Art. 11 RL 2014/104/EU enthält Vorschriften zur Haftung gemeinsam handelnder 50 Rechtsverletzer. Nach dem **Grundsatz der gesamtschuldnerischen Haftung** haben die Geschädigten das Recht, von jedem Kartellmitglied vollständigen Ersatz des ihnen entstandenen Schadens zu verlangen (Art. 11 Abs. 1). Das in Anspruch genommene Unternehmen kann von den anderen Kartellmitgliedern wiederum einen Ausgleich verlangen, dessen Höhe anhand der relativen Verantwortung für den durch den Kartellverstoß verursachten Schaden ermittelt wird (Art. 11 Abs. 5; sog **Gesamtschuldnerausgleich**). In Deutschland werden die bestehenden Regelungen zur Gesamtschuldnerschaft der §§ 421 ff. BGB durch diese Vorgaben betroffen (zu Einzelheiten → § 26 Rn. 674 f.).

51 Bestimmte **Privilegierungen** von diesen grundsätzlichen Regelungen gelten für kleine und mittlere Unternehmen (KMU) und für Kronzeugen:
- **KMU** (dh Unternehmen mit weniger als 250 Beschäftigten oder einem Jahresumsatz von höchstens 50 Mio. Euro oder einer Jahresbilanzsumme von höchstens 43 Mio. Euro)[95] **haften nur gegenüber ihren unmittelbaren und mittelbaren Abnehmern,** wenn ihr Marktanteil am relevanten Markt während der Zuwiderhandlung stets kleiner als 5 % war und eine gesamtschuldnerische Haftung existenzgefährdend wäre (Art. 11 Abs. 2). Dies gilt nicht, wenn das KMU den Kartellverstoß organisiert oder andere Unternehmen zur Beteiligung gezwungen hat oder ein Wiederholungstäter ist (Art. 11 Abs. 3).
- **Kronzeugen** haften nur gegenüber ihren eigenen **unmittelbaren oder mittelbaren Abnehmern oder Lieferanten.** Gegenüber anderen Geschädigten (zB andere Marktbeteiligte, die sog *umbrella*-Schäden erlitten haben) haften sie nur dann, wenn diese von den anderen Kartellmitgliedern keinen vollständigen Schadensausgleich erlangen können (Art. 11 Abs. 4; Ausfallhaftung des Kronzeugen). Auch im Rahmen des Innenausgleichs sind **Rückgriffsansprüche gegen Kronzeugen** der Höhe nach begrenzt auf den Schaden, den diese bei ihren eigenen Abnehmern oder Lieferanten verursacht haben (Art. 11 Abs. 5 S. 2). Für Schäden, für welche die übrigen Kartellanten anderen Marktbeteiligten (zB umbrella-Geschädigten) gegenüber gehaftet haben, können sie einen Ausgleich vom Kronzeugen nur in Höhe seiner relativen Verantwortung für diesen Schaden erhalten (Art. 11 Abs. 6). Damit soll der Gefahr vorgebeugt werden, dass Kronzeugen gerade infolge ihrer Kooperation mit einer Kartellbehörde zum bevorzugten Ziel privater Schadensersatzklagen werden und übermäßig in Anspruch genommen werden (38. Erwägungsgrund).

6. Schadensabwälzung (Passing-on) und Verortung des Schadens in der Lieferkette

52 Die RL 2014/104/EU verpflichtet die Mitgliedstaaten, zu gewährleisten, dass jeder Geschädigte eines Kartells Schadensersatz verlangen kann, unabhängig davon, ob er unmittelbarer oder mittelbarer Abnehmer der Kartellbeteiligten war. Dabei soll sowohl ein Schadensersatz, der den dem Kläger entstandenen Schaden übersteigt (Überkompensation), als auch eine Nichthaftung der Kartellmitglieder vermieden werden (Art. 12 Abs. 1). Die RL 2014/104/EU präzisiert zu diesem Zweck die Haftungsvorschriften für Fälle, in denen die auf einer Zuwiderhandlung beruhende **Preiserhöhungen in der Vertriebs- oder Lieferkette „weitergegeben"** wurde (sog *passing-on*). Das Recht eines Geschädigten, neben dem Schaden aus einem kartellbedingten Überpreis Ersatz des Schadens aus entgangenem Gewinn zu verlangen, bleibt von den Regelungen der RL 2014/104/EU unberührt (Art. 12 Abs. 3). Die nationalen Gerichte müssen befugt sein, den Abwälzungsbetrag zu schätzen (Art. 12 Abs. 5). Für diese Schätzung soll die Kommission Leitlinien herausgeben (Art. 16).

53 Die RL 2014/104/EU sieht für die Behandlung der Schadensabwälzung folgende **(Beweislast-)Grundsätze** vor:
- Im Rahmen von **Klagen unmittelbarer Abnehmer** kann der Beklagte die (vollständige oder teilweise) Abwälzung eines Preisaufschlags durch den Kläger als **Einwendung** geltend machen. Dabei trägt der Beklagte die Beweislast für die Weitergabe des Preisaufschlags, kann jedoch in angemessener Weise Offenlegungen von den Klägern oder Dritten verlangen (Art. 13).
- Im Falle von **Klagen indirekter Abnehmer** liegt die Beweislast dagegen bei den Klägern. Sie müssen beweisen, dass ein kartellbedingter Überpreis durch die direkten Ab-

---

[95] Vgl. Art. 2 Abs. 1 Empfehlung 2003/261/EG der Kommission v. 6. 5. 2003, ABl. 2003 L 124, 36.

nehmer des Kartells weitergegeben wurde. Dabei können die Kläger jedoch zum einen in angemessener Weise Offenlegungen vom Beklagten oder Dritten verlangen (Art. 14 Abs. 1). Zum anderen gilt für sie eine **Beweiserleichterung,** nach der es für den Nachweis einer Schadensabwälzung ausreicht, wenn der Kläger folgende drei Umstände nachweist (a) Begehung eines Kartellverstoßes; (b) die Zuwiderhandlung hat zu Preisaufschlägen gegenüber den unmittelbaren Abnehmern geführt; und (c) der Kläger hat Waren oder Dienstleistungen erworben, die Gegenstand des Kartellverstoßes waren oder aus solchen hervorgegangen sind oder sie enthielten. Der Beklagte hat seinerseits wiederum die Möglichkeit, die Beweiserleichterung außer Kraft zu setzen, indem er glaubhaft macht, dass der Preisaufschlag nicht oder nicht vollständig an den mittelbaren Abnehmer weitergegeben wurde (Art. 14 Abs. 2).

Um **Klagen unterschiedlicher Marktstufen wegen desselben Wettbewerbsverstoßes** zu **koordinieren,** sieht die RL 2014/104/EU vor, dass die nationalen Gerichte – mit den ihnen zu Gebote stehenden Mitteln – Schadenersatzklagen von Klägern auf anderen Vertriebsstufen, auf solche Klagen ergangene Urteile sowie öffentlich verfügbare Informationen gebührend berücksichtigen können (Art. 15 Abs. 1). Gegebenenfalls kann (bzw. muss) ein nationales Gericht bei Anhängigkeit eines mit einer Klage zusammenhängenden Verfahrens vor einem anderen Gericht sein Verfahren aussetzen oder sich bei Möglichkeit einer Verbindung der Verfahren vor dem anderen Gericht für unzuständig erklären (Art. 30 VO (EU) Nr. 1215/2012; → § 91 Rn. 172).

7. Einvernehmliche Streitbeilegung

Die RL 2014/104/EU will die Nutzung einvernehmlicher Streitbeilegungsverfahren, dh Mechanismen zur außergerichtlichen Beilegung von Schadensersatzstreitigkeiten (Art. 2 Nr. 21; zB **außergerichtliche Vergleiche, Schiedsverfahren, Mediationsverfahren oder Schlichtungsverfahren**) erleichtern (48. Erwägungsgrund). Art. 18 und 19 RL 2014/104/EU sehen daher verschiedene Verfahrens- und materielle Regelungen vor, um die Wirksamkeit solch außergerichtlicher Lösungswege zu erhöhen: eine Verjährungshemmung für die Dauer der Streitbeilegung (Art. 18 Abs. 1) (in Deutschland bereits vorgesehen durch § 203 BGB), die Möglichkeit der Aussetzung des gerichtlichen Verfahrens bis zu zwei Jahren (Art. 18 Abs. 2) (in Deutschland ermöglicht durch § 251 S. 1 ZPO) und die Möglichkeit der Kartellbehörde, auf Grundlage eines Vergleichs bereits geleistete **Schadensersatzzahlungen als bußgeldmindernden Umstand** zu berücksichtigen (Art. 18 Abs. 3).

Art. 19 RL 2014/104/EU gibt daneben folgende verbindliche Wirkungen eines Vergleichs auf die gesamtschuldnerische Haftung und den Gesamtschuldnerinnenausgleich (Art. 11) vor, die dem **Konzept der sog beschränkten Gesamtwirkung** einer vertraglichen Haftungsfreistellung eines Gesamtschuldners gem. §§ 423, 426 Abs. 1 BGB[96] ähnelt (→ § 26 Rn. 682):

- Die Mitgliedstaaten gewährleisten, dass sich der Anspruch des Geschädigten im **Außenverhältnis** gegenüber den übrigen Kartellanten um den Anteil am Gesamtanspruch, den der Vergleichspartner (im Innenverhältnis) zu tragen hätte, verringert (Art. 19 Abs. 1). Der Geschädigte darf den Restanspruch nur gegenüber den nicht am Vergleich beteiligten Rechtsverletzern geltend machen (Art. 19 Abs. 2 S. 1).
- Im **Innenverhältnis** dürfen die nicht am Vergleich beteiligten Rechtsverletzer von dem sich vergleichenden Rechtsverletzer grundsätzlich keinen Ausgleich für den verbleibenden Anspruch verlangen (Art. 19 Abs. 2 S. 2). Sollten die übrigen Rechtsverletzer den Restanspruch nicht leisten können, muss der Geschädigte diesen von seinem Vertragspartner verlangen können, kann auf dieses Recht jedoch in dem Vergleich verzichten (Art. 19 Abs. 3).

---

[96] Vgl. zB BGH Urt. v. 21.3.2000 – IX ZR 89/99, NJW 2000, 1942; Urt. v. 22.12.2011 – VII ZR 7/11, NJW 2012, 1071.

V. Wirkung im mitgliedstaatlichen Recht

57 Die Wirkungen der RL 2014/104/EU im mitgliedstaatlichen Recht ergeben sich aus Art. 288 Abs. 3 AEUV und Art. 4 Abs. 3 EUV. Gem. Art. 288 Abs. 3 AEUV ist eine Richtlinie hinsichtlich ihrer Ziele verbindlich, die Wahl der Form und der Mittel ist jedoch den Mitgliedstaaten überlassen. Die Mitgliedstaaten sind also anders als bei einer Verordnung verpflichtet, die Regelungen der RL 2014/104/EU **fristgemäß,** dh bis zum 27. Dezember 2016 (Art. 21 Abs. 1), **und zielkonform** durch verbindliche, hinreichend klare und transparente nationale Vorschriften in mitgliedstaatliches Recht **umzusetzen.**[97]

58 Die Vorschriften der RL 2014/104 enthalten regelmäßig so hinreichend unbedingte und genaue Vorgaben für die Mitgliedstaaten und ihre Gerichte, dass sich für den Fall einer nicht fristgerechten oder fehlerhaften Umsetzung dieser Vorgaben die Frage der **unmittelbaren Wirkung** dieser Vorschriften (mit der Folge einer Unanwendbarkeit des entgegenstehenden nationalen Rechts) stellt. Nach ständiger Rechtsprechung des EuGH gilt, dass eine Richtlinie, die Verpflichtungen für Einzelne begründet, **keine Horizontalwirkung** entfalten kann.[98] Richtlinienbestimmungen, die mitgliedstaatliche **Verpflichtung mit Doppelwirkung,** dh eine Begünstigung Einzelner und Belastung anderer Einzelner, beinhalten, hat er dagegen eine unmittelbare Wirkung zugesprochen.[99] Die Vorschriften der RL 2014/104/EU regeln materielle und prozessuale Aspekte deliktischer Privatrechtsverhältnisse zwischen Kartellrechtsverletzer und Geschädigtem. Daher ist davon auszugehen, dass ihnen auf der Grundlage der Rechtsprechung zum Verbot der Horizontalwirkung grundsätzlich keine unmittelbare Wirkung zukommen.

59 Aus Art. 4 Abs. 3 EUV und Art. 288 Abs. 3 AEUV ergibt sich im Übrigen für die mitgliedstaatlichen Gerichte die Pflicht, alle geeigneten Maßnahmen zur Erreichung der Ziele der RL 2014/104/EU zu ergreifen. Hierzu gehört insbesondere, das nationale Recht so weit wie möglich am Wortlaut und Zweck der RL 2014/104/EU auszurichten, um das in ihr festgelegte Ergebnis zu erreichen (sog **Grundsatz der richtlinienkonformen Auslegung**).[100] Diese Pflicht zur richtlinienkonformen Auslegung ist unter voller Ausschöpfung jeglichen Beurteilungs- und Anwendungsspielraums im nationalen Recht zu erfüllen.[101] Eine Grenze findet diese Pflicht erst dort, wo sie zu einer Auslegung *contra legem* des nationalen Rechts führt.[102] Der Wortlaut des Gesetzes muss keine absolute Grenze bilden, wenn die richtlinienkonforme Auslegung mit den Methoden des nationalen Rechts, zB aufgrund einer teleologischen Reduktion, möglich ist. Insoweit kann sich auch eine Pflicht zur **richtlinienkonformen Rechtsfortbildung** ergeben.[103] Ob darüber hinaus eine Grenze in Form eines allgemeinen **Rechtsnachteilsverbots** dann besteht, wenn eine richtlinienkonforme Auslegung dazu führt, dass einem Einzelnen im Fall einer fehlenden oder fehlerhaften Umsetzung eine in der RL 2014/104/EU vorgesehene Verpflichtung entgegengehalten wird,[104] ist offen.

60 Darüber hinaus hat der EuGH anerkannt, dass für den Fall, dass eine Richtlinienbestimmung eine Norm enthält, die nicht konstitutiv ist, sondern lediglich einen unmittelbar anwendbaren allgemeinen Grundsatz des **Unionsprimärrechts konkretisiert,** ein nationales

---

[97] In Deutschland soll die 9. GWB-Novelle die RL 2014/104/EU umsetzen, s. RegE-GWB (→ § 26 Rn. 42 f., 94a, 149a); zu den allgemeinen Umsetzungspflichten vgl. zB. Streinz/*Schroeder* EUV/AEUV Art. 288 Rn. 77 ff.
[98] EuGH Urt. v. 14. 7. 1994 – C-91/92, Slg. 1994, I-3325 Rn. 20 – Facini Dori.
[99] EuGH Urt. v. 22. 6. 1989 – 103/88, Slg. 1989, 1839 Rn. 28 ff. – Fratelli Costanzo; Urt. v. 30. 4. 1996 – C-194/94, Slg. 1996, I-2201 Rn. 40 ff. – CIA Security; vgl. Streinz/*Schroeder* EUV/AEUV Art. 288 AEUV Rn. 118.
[100] EuGH Urt. v. 10. 4. 1984 – 14/83, Slg. 1984, 1891 Rn. 26 – von Colson u. Kamann.
[101] EuGH Urt. v. 10. 4. 1984 – 14/83, Slg. 1984, 1891 Rn. 28 – von Colson u. Kamann.
[102] EuGH Urt. v. 15. 4. 2008 – C-268/06, Slg. 2008, I-2483 Rn. 100 – Impact.
[103] BGH Urt. v. 26. 11. 2008 VIII ZR 200/05, NJW 2009, 427 (428 f.).
[104] In diese Richtung könnte EuGH Urt. v. 26. 9. 1996 – C-168/95, Slg. 1996, I-4705 Rn. 42 – Arcado interpretiert werden. Allerdings betraf dieses Urteil einen strafrechtlichen Fall und kein echtes horizontales Privatrechtsverhältnis.

Gericht die volle Wirksamkeit des Unionsrechts zu gewährleisten hat, indem es erforderlichenfalls eine dieser Norm entgegenstehende **nationale Bestimmung unangewendet** lässt.[105] Zahlreiche Vorschriften der RL 2014/104/EU, insbesondere die Regelungen zur Gewährung eines vollständigen und effektiven Schadensersatzes gem. Art. 3 und 4, stellen lediglich eine Konkretisierung und Bestätigung des unmittelbar aus Art. 101 und 102 AEUV folgenden primärrechtlichen Rechts auf Kartellschadensersatz dar (→ Rn. 29). Soweit dies der Fall ist, können diese Vorschriften trotz fehlender eigener unmittelbarer Wirkung der Anwendung nationalen Rechts entgegenstehen.

C. Sonstige unionsrechtliche Vorgaben für die private Durchsetzung des Kartellrechts

Neben der RL 2014/104/EU mit ihren spezifischen Vorschriften für Kartellschadensersatzklagen enthält das Unionsrecht zahlreiche weitere Rechtsvorschriften, die Vorgaben für den nationalen Kartellprozess enthalten. Diese umfassen materiell-rechtliche Vorschriften über das internationale Privatrecht in Kartellsachen (I.), zivilprozessuale Vorschriften über das internationale Prozessrecht in Kartellsachen (II.) und die Vorschriften zur Sicherstellung der einheitlichen Anwendung des Unionsrechts in der VO (EG) Nr. 1/2003 (III.). 61

I. Materiell-rechtliche Vorgaben – Internationales Kartellprivatrecht

Von der Frage, welchen **räumlichen Anwendungsbereich** die kartellrechtlichen Verbotsnormen der Art. 101, 102 AEUV bzw. §§ 1 ff., 19 ff. GWB haben – für Sachverhalte mit zwischenmitgliedstaatlichen Wirkungen richtet sich der Anwendungsbereich der Art. 101, 102 AEUV nach dem Auswirkungsprinzip, für die Anwendung deutschen Kartellrechts nach § 130 Abs. 2 GWB (→ § 33 Rn. 28) –, ist die Frage zu unterscheiden, welche materielle Rechtsordnung für weitere Aspekte eines Sachverhalts, der mit einem Kartellverstoß verbunden ist, gilt. Diese Frage beantworten die Regeln des sog **internationalen Kartellprivatrechts,** ein Teilbereich des internationalen Privatrechts (IPR). Bei ihnen handelt des sich um Regeln des harmonisierten Unions- und des autonomen nationalen Rechts (Einzelheiten → § 33 Rn. 2). 62

1. Vertragliche Schuldverhältnisse

Für Fragen im Rahmen **vertraglicher Schuldverhältnisse** (zB nach welchem Recht richtet sich die Auslegung einer Vertragsklausel, deren Kartellrechtswidrigkeit zu beurteilen ist; nach welchem Recht richtet sich die Frage der Nichtigkeit einer wettbewerbsbeschränkenden Vertragsklausel, der Nichtigkeit der übrigen Vertragsbestandteile oder etwaiger Folgeverträge und möglicher vertraglicher (Zahlungs-)Ansprüche enthält zunächst **Art. 101 Abs. 2 AEUV,** der eine Nichtigkeit kartellrechtswidriger Vereinbarungen oder Beschlüsse vorsieht, eine **primärrechtlich-privatrechtliche Eingriffsnorm,** die dem Anwendungsbereich des Art. 101 Abs. 1 AEUV folgt und von den Gerichten der EU-Mitgliedstaaten unabhängig vom auf den zugrundeliegenden Vertrag anwendbaren Recht unmittelbar und vorrangig anzuwenden ist. Nach dieser Norm sind diejenigen Teile eines Vertrags, die unter das Kartellverbot fallen, nichtig, die übrigen Teile ebenfalls, soweit sie sich nicht von den wettbewerbswidrigen Teilen trennen lassen[106] (→ § 3 Rn. 15). 63

Im übrigen richtet sich die Frage des anwendbaren Rechts im Grundsatz nach der für vertragliche Schuldverhältnisse geltenden **Rom I-VO.**[107] Diese berührt gem. Art. 9 Abs. 2 nicht die Anwendung von Eingriffsnormen des angerufenen Gerichts *(lex fori),* 64

---

[105] EuGH Urt. v. 22.11.2005 – C-144/04, Slg. 2005, I-9981 Rn. 74–77 – Mangold; Urt. v. 19.1.2010 – C-555/07, Slg. 2010, I-365 Rn. 50–51 – Kücükdeveci.
[106] EuGH Urt. v. 30.6.1966 – 56/65, Slg. 1966, 282 (304) – LTM/Maschinenbau Ulm; Urt. v. 28.2.1991 – C-234/89, Slg. 1991, I-935 Rn. 40 – Delimitis/Henninger Bräu.
[107] VO (EG) 593/2008, ABl. 2008 L 177, 6; die VO findet jedoch erst auf Verträge Anwendung, die nach dem 17.12.2009 geschlossen wurden, Art. 28 Rom I-VO. Sie gilt nicht in Dänemark, Erwägungsgrund 46.

wozu auch die Vorschriften des nationalen Kartellrechts gehören.[108] In Deutschland ergibt sich die Geltung des deutschen Kartellrechts daher aus der Kollisionsnorm des § 130 Abs. 2 GWB, die gem. Art. 9 Abs. 2 dem Vertragsstatut nach den übrigen Regelungen der Rom I-VO vorgeht. Analog des Geltungsanspruchs des Unionskartellrechts gem. Art. 101 Abs. 2 AEUV wird man danach trotz fehlender Anordnung einer Nichtigkeitsfolge im GWB eine Nichtigkeit wettbewerbsbeschränkender Vertragsklauseln als **primäre Rechtsfolge** des Kartellverstoßes gem. §§ 1 GWB, 134 BGB annehmen können (auch wenn dem Wortlaut nach durch § 130 Abs. 2 GWB allein das GWB – „dieses Gesetz" –, und nicht das BGB zur Anwendung gebracht wird). Soweit das deutsche Kartellrecht auch darüber hinaus generell Wirkung auch für die **mittelbaren Folgen,** zB die Nichtigkeit sonstiger Teile eines Vertrags, beansprucht, würde sich diese mittelbare Rechtsfolge dann ebenfalls nach deutschem Recht (§ 139 BGB) richten. Geht man allerdings davon aus, dass der Geltungsanspruch des nationalen Kartellrechts nicht weitergeht als der des Unionskartellrechts (welches nur eine primäre Nichtigkeitsfolge anordnet), würden diese mittelbaren Rechtsfolgen nicht nach dem Eingriffsrecht, sondern nach dem Vertragsstatut, dh ggf. einer anderen nach der Rom I-VO bestimmten Rechtsordnung, geregelt.[109]

2. Außervertragliche Schuldverhältnisse

65 Für Fragen im Rahmen **außervertraglicher Schuldverhältnisse** (zB nach welchem Recht richtet sich die Geltendmachung eines außervertraglichen Schadensersatz-, Unterlassungs- oder Bereicherungsanspruchs infolge eines Kartellverstoßes) bemisst sich das anwendbare Recht nach der Rom II-VO (VO (EG) 864/2007). Diese enthält in **Art. 6 Abs. 3** eine **spezielle kartellrechtliche Kollisionsnorm.** Diese erklärt grundsätzlich das Recht des Staates für anwendbar, dessen Markt durch den Wettbewerbsverstoß beeinträchtigt ist oder wahrscheinlich beeinträchtigt wird (lit. a)). Sie normiert damit das völkerrechtliche **Auswirkungsprinzip** (→ § 33 Rn. 28).

66 Um zu verhindern, dass bei Beeinträchtigung von Märkten in mehreren Staaten durch umfassende Kartellverstöße (sog **Streu- oder Multi-State-Delikte**) jede nationale Rechtsordnung nur die Teilsachverhalte mit den jeweiligen Inlandsauswirkungen erfasst (sog **Mosaikprinzip**), kann der Geschädigte in solchen Fällen seinen Anspruch ausschließlich auf das **Recht des EU-Mitgliedstaats des angerufenen Gerichts** *(lex fori)* stützen, sofern der Beklagte dort seinen Wohnsitz hat und der Markt in diesem Mitgliedstaat durch den Wettbewerbsverstoß unmittelbar und wesentlich beeinträchtigt ist (lit. b) Hs. 1). Gleiches gilt wenn der Kläger (zB auf Grundlage von Art. 8 Nr. 1 EuGVO (→ § 33 Rn. 38)) am Wohnsitz eines Rechtsverletzers auch gegen weitere Rechtsverletzer (zB Mitkartellanten) klagt, sofern das den Wettbewerb einschränkende Verhalten, auf das sich der Anspruch gegen jeden dieser Beklagten stützt, auch den Markt im Forumstaat unmittelbar und wesentlich beeinträchtigt (lit. b Hs. 2). Der Geschädigte kann damit aus verschiedenen Staaten stammende Kartellanten nicht nur vor demselben Gericht, sondern auch aufgrund desselben materiellen Rechts in Anspruch nehmen.

67 Art. 6 Abs. 3 Rom II-VO ist **zwingendes Recht;** von ihm kann nicht durch Rechtswahlvereinbarung abgewichen werden (Art. 6 Abs. 4). Anders als § 130 Abs. 2 GWB ist die Vorschrift als eine **allseitige Kollisionsnorm** ausgestaltet („Recht des Staates"). Sie kann also auch zur Anwendung außereuropäischen Rechts führen, wenn der Markt in einem Drittstaat beeinträchtigt wird[110] (Einzelheiten zu Art. 6 Abs. 2 Rom II-VO → § 33 Rn. 52).

---

[108] Vgl. zB MüKoBGB/*Martiny* Art. 9 Rom I-VO Rn. 72.
[109] MüKoBGB/*Martiny* Art. 9 Rom I-VO Rn. 53–54; Basedow/Francq/Idot/*Fallon/Francq* International Antitrust Litigation, Conflict of Laws and Coordination, 82 ff., 87; anders wohl *Adolphsen/Müller* § 34 Rn. 4, 56).
[110] Behrens/Hartmann-Rüppel/Herrlinger/*v. Dietze,* Schadensersatzklagen gegen Kartellmitglieder, 35 f.

II. Verfahrensrechtliche Vorgaben – Internationales Kartellprozessrecht

Das Unionsrecht enthält in verschiedenen Verordnungen unmittelbar geltende Vorgaben für zahlreiche verfahrensrechtliche Aspekte eines Zivilverfahrens infolge eines Kartellverstoßes mit zwischenstaatlichem Bezug (**Internationales Kartellprozessrecht**). Diese Vorgaben betreffen insbesondere die internationale gerichtliche Zuständigkeit (1.), Fragen der internationalen Zustellung gerichtlicher und außergerichtlicher Schriftstücke (2.), Fragen des internationalen Beweis- und Beweisverfahrensrechts (3.) sowie Fragen der Anerkennung und Vollstreckung von Entscheidungen in Kartellsachen (4.).

1. Internationale Zuständigkeit

Die internationale Zuständigkeit, dh die Befugnis eines nationalen Gerichts über einen Sachverhalt in Kartellsachen zu entscheiden, ist harmonisiert durch die **europäische Gerichtsstands-, Anerkennungs- und Vollstreckungsverordnung (EuGVO;** auch Brüssel Ia-VO). Aktuell ist dies die VO (EU) Nr. 1215/2012, die für nach dem 10.1. 2015 eingeleitete Prozesse gilt (Art. 66 Abs. 1). Für vorher eingeleitete Prozesse gilt die Vorgänger-VO (EG) Nr. 44/2001. Die EuGVO gibt für sämtliche Zivil- und Handelssachen (Art. 1 Abs. 1), zu denen auch zivilrechtliche Kartellprozesse gehören,[111] mögliche Gerichtsstände vor. Neben dem allgemeinen (Wohnsitz) Gerichtsstand (Art. 4 Abs. 1) und den besonderen Gerichtsständen des Erfüllungsorts für vertragliche Streitigkeiten (Art. 7 Nr. 1) und der Niederlassung (Art. 7 Nr. 5) sind dies die für Kartellprozesse relevante **Gerichtsstand der unerlaubten Handlung** (Art. 7 Nr. 2),[112] nach dem eine Klage sowohl am Ort des ursächlichen (Kartell-)Geschehens (Handlungsort) als auch am Ort, an dem der Schaden entstanden ist (Erfolgsort), möglich ist, und der Gerichtsstand der Streitgenossenschaft (Art. 8 Nr. 1). Daneben sind die Verfahren, die Mitgliedstaaten der Europäischen Freihandelszone (EFTA) (Norwegen, Schweiz und Island) betreffen, durch die sog **Luganer Übereinkommen** geregelt (Einzelheiten → § 31) geregelt.

2. Zustellung von Schriftstücken

Vorgaben für die Art und Weise der **Zustellung gerichtlicher und außergerichtlicher Schriftstücke** in Zivil- und Handelssachen an einen Prozessgegner im EU-Ausland werden geregelt durch die **europäische Zustellungsverordnung (EuZustellungsVO)**, aktuell die VO (EG) Nr. 1393/2007. Die EuZVO statuiert für die Zustellung gerichtlicher Schriftstücke ein Zustellungssystem über Übermittlungs- und Empfangsstellen (Art. 2 ff.) oder auf anderem Wege, zB per Post (Art. 14) oder im Parteibetrieb (Art. 15) und regelt weitere Zustellungsfragen, zB ein **Annahmeverweigerungsrecht,** wenn das Schriftstück nicht in der Sprache abgefasst ist, die der Empfänger versteht, oder in der Amtssprache des Empfangsstaates (Art. 8) (Einzelheiten → § 32 Rn. 8 ff.).

3. Beweis- und Beweisverfahrensrecht

Kartellprozesse werden maßgeblich bestimmt durch Beweisfragen. Neben den Regelungen zur grundsätzlichen Beweislast in Art. 2 VO (EG) Nr. 1/2003 (→ § 3 Rn. 20 f.), zur Beweiserleichterung durch die Bindungswirkung von Kommissionsbeschlüssen (Art. 16 VO (EG) Nr. 1/2003) und Bindungs- bzw. *prima facie*-Wirkung von Entscheidungen eigener und anderer Kartellbehörden (Art. 9 RL 2014/104/EU) (→ § 3 Rn. 25) regelt das europäische Sekundärrecht in der **europäischen Beweisverordnung (EuBVO)**, seit dem 1.1.2004 die VO (EG) Nr. 1206/2001, die Modalitäten der Zusammenarbeit zwischen den Gerichten der EU-Mitgliedstaaten, wenn das Prozessgericht eine Beweisaufnahme auf dem Gebiet eines anderen Mitgliedstaates durch ein dortiges Gericht ersucht (aktive Rechtshilfe; Art. 4 ff.) oder unmittelbar selbst vornehmen möchte (passive Rechtshilfe; Art. 17) (Einzelheiten → § 32 Rn. 92 ff.).

---

[111] EuGH Urt. v. 23.10.2014 – C-302/13, ECLI:EU:C:2014:2319 Rn. 24 ff. – flyLAL-Lithuanian Airlines.
[112] Vgl. EuGH Urt. v. 25.10.2012 – C-133/11, ECLI:EU:C:2012:664 – Folien Fischer/Ritrama; BGH Urt. v. 29.1.2013 – KZR 8/10, NZKart 2013, 202 (203) – Trägermaterial für Kartenformulare.

4. Anerkennung und Vollstreckung

72 Für die Anerkennung und Vollstreckung von Gerichtsentscheidungen in Kartellsachen sind zahlreiche verschiedene Verordnungen relevant. Dies sind

- die **EuGVO** (Brüssel Ia-VO) (→ Rn. 68), die in Art. 36 ff. allgemeine Regeln über die Anerkennung und Vollstreckung von Gerichtsentscheidungen in anderen Mitgliedstaaten enthält (→ § 34);
- die **EuBVO/VO** (EG) Nr. 805/2004), die einen europäischen Vollstreckungstitel für unbestrittene Forderungen eingeführt hat (→ § 34 Rn. 24);
- die VO (EG) Nr. 1896/2006, die ein europäisches Mahnverfahren eingeführt hat;
- die VO (EG) Nr. 861/2007, die ein europäisch harmonisiertes Verfahren für geringfügige Forderungen eingeführt hat.

III. Grundsätze für kollektive Rechtsdurchsetzung

73 Das Unionsrecht enthält noch keine rechtlich verbindlichen Vorgaben für eine kollektive Rechtsdurchsetzung, insb. für sog Sammelklagen. Einen ersten Schritt für eine „weiche Harmonisierung" hat die Kommission mit ihrer **Empfehlung v. 11.6.2013**[113] gemacht, in der sie Grundsätze für kollektive Unterlassungs- und Schadensersatzverfahren in den Mitgliedstaaten bei Unionsrechtsverstößen festgelegt hat:

- So sollen die Mitgliedstaaten unter genau definierten Zulassungsvoraussetzungen Vertreterorganisationen eine Befugnis zur Erhebung von Vertreterklagen gewähren (Rn. 4 ff.).
- Eine Vertreterorganisation oder Klägergruppe soll über die Absicht einer Kollektivklage informieren können (Rn. 10 ff.).
- Die unterliegende Partei soll die Kosten der obsiegenden Partei tragen. Es sollen Regeln gelten, die eine ausreichende Finanzierung der Klagepartei und Interessenkonflikte mit finanzierenden Dritten ausschließen (Rn. 13 ff.).
- Bei Schadensersatzklagen soll eine Klagepartei auf der Grundlage der ausdrücklichen Zustimmung der Personen, die einen Schaden geltend machen, gebildet werden (sog *Opt-in*-**Prinzip**) (Rn. 21 ff.).

74 Die Empfehlung ist gem. Art. 288 Abs. 5 AEUV nicht verbindlich; nationale Gerichte haben keine Befolgungs-, aber bei der Entscheidung konkreter Streitigkeiten eine **Berücksichtigungspflicht**.[114]

---

[113] Empfehlung der Kommission v. 11.6.2013: Gemeinsame Grundsätze für kollektive Unterlassungs- und Schadensersatzverfahren in den Mitgliedstaaten bei Verletzung von durch Unionsrecht garantierten Rechten, ABl. 2013 L 201, 60.

[114] EuGH Urt. v. 13.12.1989 – 322/88, Slg. 1989, 4407 Rn. 18 – Grimaldi.

2. Abschnitt: Kartellzivilprozesse im deutschen Recht

§ 25 Aktivlegitimation im Kartellzivilprozess

Übersicht

	Rn.
A. Hintergrund	1
I. Historische Entwicklung bis zur 7. GWB-Novelle	2
1. Anknüpfung der Aktivlegitimation an das Schutzgesetzprinzip	2
2. Restriktive Auslegung des Schutzgesetzprinzips bis zur 7. GWB-Novelle	3
II. „Betroffenheit" eines Marktteilnehmers nach § 33 GWB	9
1. Aufgabe des Schutzgesetzerfordernisses mit der 7. GWB Novelle	9
2. Weitere Klärung durch den BGH in Sachen „ORWI"	13
B. Einzelne Fallkonstellationen der Aktivlegitimation bzw. „Betroffenheit"	16
I. Kartellverstöße in Form horizontaler Wettbewerbsbeschränkungen	18
1. Aktivlegitimation von „sonstigen Marktbeteiligten"	19
a) Aktivlegitimation unmittelbare Abnehmer	19
b) Aktivlegitimation mittelbare Abnehmer	22
2. Aktivlegitimation von „Mitbewerbern" der Kartellbeteiligten	35
a) Aktivlegitimation kartellfremder Wettbewerber	35
b) Aktivlegitimation von Kartellmitgliedern	36
II. Kartellverstöße in Form vertikaler Wettbewerbsbeschränkungen	40
1. Aktivlegitimation von „sonstigen Marktbeteiligten"	41
a) Aktivlegitimation der gebundenen Vertragspartei	41
b) Aktivlegitimation mittelbarer Abnehmer	44
2. Aktivlegitimation von „Mitbewerbern" der Kartellbeteiligten	49
III. Missbrauchs- und Diskriminierungsverbote und anderes verbotswidriges unilaterales Verhalten	52
1. Keine materiell-rechtlichen Konsequenzen durch die 8. GWB-Novelle	52
2. Anspruchsberechtigung der unmittelbar Betroffenen	54
a) Behinderungs- und Diskriminierungsverbot	55
b) Ausbeutungs- und Strukturmissbrauch	58
c) Fälle der Zugangsverweigerung	59
d) Missbrauch von Nachfragemacht	60
e) Verkauf unter Einstandspreis	62
f) Boykottsachverhalte	63
g) Umgehungstatbestände	65
h) Aktivlegitimation mittelbarer Abnehmer und sonstiger mittelbar Betroffener	66
IV. Aktivlegitimation bei Verstößen gegen Verfügungen einer Kartellbehörde	67
V. Aktivlegitimation von Verbänden	72
VI. Neue Richtlinie über bestimmte Vorschriften für Schadensersatzklagen	77
C. „Passing-on defense"	84
I. Grundsätzliche Zulassung durch den BGH in Sachen „ORWI"	84
1. Anwendbarkeit der Grundsätze über die Vorteilsausgleichung	85
2. Voraussetzungen der Vorteilsausgleichung	86
3. Darlegungs- und Beweislast	89
4. „Zurückhaltende" Umkehr der Darlegungs- und Beweislast	91
II. Konsequenzen für die Praxis	96
1. Nachweis der Kausalität des Kartells für den Vorteil des Geschädigten	97
a) Plausibler Vortrag	98
b) Kein „entgangener Gewinn"	102
c) Kein eigener Wertschöpfungsanteil	103
2. Zunahme von Streitverkündungen?	104

	Rn.
3. Keine Notwendigkeit für eine Gesamtgläubigerschaft	107
III. Neue Richtlinie über bestimmte Vorschriften für Schadensersatzklagen	109
D. Mehrheit von Gläubigern und „Sammelklagen"	112
I. Entwicklungen auf europäischer Ebene	112
II. Situation nach deutschem Recht	115

Schrifttum:
Ackermann/Franck, Umfang der Schadensersatzhaftung von Kartellteilnehmern, Anm. zum ORWI-Urteil des BGH, GRUR 2012, 291; *Ahrens,* Kollektivschadensersatz wegen Wettbewerbsbeschränkungen oder unlauteren Wettbewerbs? – über Mythen und Problemignoranz, WRP 2015, 1040; *Alexander,* Schadensersatz und Abschöpfung im Lauterkeits- und Kartellrecht, 2009; *Basedow/Terhechte/Tichý,* Private Enforcement of Competition Law, 2010; *Batzel/Buch,* Kartellrechtliche Schadensersatzverfolgung, KSzW 2015, 255; *Bechtold/Bosch,* Kartellgesetz, 8. Aufl. 2015; *Berg/Mäsch,* Kartellrecht, 2. Aufl. 2015; *Bergmann/Fiedler,* Anspruchsberechtigung indirekter Abnehmer und Passing-on defense: Private Kartellrechtsdurchsetzung in Deutschland, BB 2012, 206; *Bien,* Das deutsche Kartellrecht nach der 8. GWB-Novelle, 2013; *Bornkamm,* Cui malo? Wem schaden Kartelle?, GRUR 2010, 501; *Böni/Wassmer,* Sammelklagen als Instrument der Kartellrechtsdurchsetzung, EWS 2015, 130; *Bulst,* Schadensersatzansprüche der Marktgegenseite im Kartellrecht, 2006; *Buntscheck,* „Private Enforcement" in Deutschland: Einen Schritt vor und zwei Schritte zurück, WuW 2013, 947; *Dück/Eufinger,* Anspruchsberechtigung mittelbar Betroffener und „passing-on-defence" im Lichte der BGH-Rechtsprechung zu § 33 GWB, WRP 2011, 1530; *Fiedler,* Der aktuelle Richtlinienvorschlag der Kommission – der große Wurf für den kartellrechtlichen Schadensersatz?, BB 2013, 2179; *Ebinger/Fischer,* Die steigende Bedeutung des Pass-on bei Schadensersatzforderungen aus Kartellfällen, KSzW 2015, 329; *Eckel,* Kollektivrechtsschutz gegen kartellrechtliche Streuschäden: Das Vereinigte Königreich als Vorbild?, WuW 2015, 4; *Franck,* Weitergabe von Kartellschaden und Vorteilsausgleich, WRP 2011, 843; *Fritzsche/Klöppner/Schmidt,* Die Praxis der privaten Kartellrechtsdurchsetzung in Deutschland, NZKart 2016, 412; *Görner,* Die Anspruchsberechtigung der Marktbeteiligten nach § 33 GWB, 2007; *Hartmann-Rüppel/Ludewig,* Entscheidung für die Passing-On-Defence im deutschen Recht, ZWeR 2012, 90; *Haucap/Stühmeier,* Wie hoch sind durch Kartelle verursachte Schäden: Antworten aus Sicht der Wirtschaftstheorie, WuW 2008, 413; *Hempel,* Privater Rechtsschutz im Kartellrecht, 2002; *Hempel,* Ende des kollektiven Rechtsschutzes im Kartellrecht?, NJW 2015, 2077; *Hoffmann,* Kartellrechtliche Streitverkündung bei Schadensabwälzung – Ein Vorschlag zur Umsetzung von Art. 15 der KartellschadensersatzRL, NZKart 2016, 9; *Bornkamm/Montag/Säcker,* MüKo KartR, 2. Aufl. 2015; *Inderst/Thomas,* Schadensersatz bei Kartellverstößen, 2015; *Jaeger/Pohlmann/Schroeder,* Frankfurter Kommentar zum Kartellrecht, 1982/2011; *Immenga/Mestmäcker,* Wettbewerbsrecht, 5. Aufl. 2014; *Langen/Bunte,* Kommentar zum deutschen und europäischen Kartellrecht, Bd. 1 – Deutsches Kartellrecht, 12. Aufl. 2014; *Jüntgen,* Die prozessuale Durchsetzung privater Ansprüche im Kartellrecht, 2007; *Kersting/Dworschak,* Zur Anspruchsberechtigung indirekter Abnehmer im Kartellrecht nach dem ORWI-Urteil des BGH, JZ 2012, 777; *Kersting,* Die neue Richtlinie zur privaten Rechtsdurchsetzung im Kartellrecht, WuW 2014, 564; *Kersting/Preuß,* Umsetzung der Kartellschadensersatzrichtlinien durch die 9. GWB-Novelle, WuW 2016, 394; *Kirchhoff,* Das ORWI-Urteil des Bundesgerichtshofs, WuW 2012, 927; *Kirchhoff,* Offenlegung von Dokumenten und Mehrfachinanspruchnahme, WuW 2015, 952; *Kleinlein/Schubert,* Die Auslegung als Möglichkeit zur Ausschaltung des Passing-on-Defence, WuW 2012, 345; *Kling/Thomas,* Kartellrecht, 2007; *Kredel/Brückner,* Sammelklagen – das richtige Instrument für den Umgang mit kartellrechtlichen (Streu-)Schäden?, BB 2015, 2947; *Kühne/Woitz,* Die neue EU-Kartellschadensersatzrichtlinie: „Follow-on"-Klagen auf Schadensersatz werden gefährlicher, DB 2015, 1028; *Lettl,* Kartellschadensersatz nach der Richtlinie 2014/104/EU und deutsches Kartellrecht, WRP 2015, 537; *Loewenheim/Meessen/Riesenkampff,* Kartellrecht, 2009; *Lübbig/Mallmann,* Zivilprozessuale Folgen des ORWI-Urteils des BGH zur kartellrechtlichen „Passing-on-Defence", WRP 2012, 166; *Lahme,* Die Eignung des Zivilverfahrens zur Durchsetzung des Kartellrechts, 2009; *Logemann,* Der kartellrechtliche Schadensersatz, 2009; *Morell,* Kartellschadensersatz nach „ORWI", WuW 2013, 959; *Maktatsch/Mir,* Die neue EU-Richtlinie zu Kartellschadensersatzklagen – Angst vor der eigenen „Courage"?, EuZW 2015, 7; *Möschel/Bien,* Kartellrechtsdurchsetzung durch private Schadensersatzklagen?, 2010; *Petrasincu,* Kartellschadensersatz nach dem Referentenentwurf der 9. GWB-Novelle, WuW 2016, 330; *Roth,* Neue EU-Richtlinie erleichtert künftig Schadensersatzklagen bei Verstößen gegen Kartellrecht, GWR 2015, 73; *Schulte/Just,* Kartellrecht, 2012; *Schürmann,* Die Weitergabe des Kartellschadens, 2010; *Stadler,* Die Bündelung von gleichgerichteten Ansprüchen durch Inkassozession – Geschäftsmodelle zur Prozessfinanzierung auf dem Prüfstand, JZ 2014, 613; *Soyez,* Schadensersatzanspruch des indirekten Abnehmers von Kartellteilnehmern, EuZW 2012, 100; *Stadler,* Die Bündelung von gleichgerichteten Ansprüchen durch Inkassozession – Geschäftsmodelle zur Prozessfinanzierung auf dem Prüfstand, JZ 2014, 613 ff.; *Stauber/Schaper,* Die Kartellschadensersatzrichtlinie – Handlungsbedarf für den deutschen Gesetzgeber?, NZKart 2014, 346; *Thiede/Träbing,* Praxis des Anscheinsbeweises im Kartellschadensersatzrecht – ein Rechtsprechungsbericht, NZKart 2016, 422; *Thomas,* Schadensverteilung im Rahmen von Vertriebsketten bei Verstoß gegen europäisches und deutsches Kartellrecht, ZHR 2016, 45; *Tzakas,* Die Haftung für Kartellrechtsverstöße im internationalen Rechtsverkehr, 2010; *Vogel,* Kollektiver Rechtsschutz im Kartellrecht, 2010; *Vollrath,* Das Maßnahmenpaket der Kommission zum wett-

bewerbsrechtlichen Schadenersatzrecht, NZKart 2013, 434; *Wiedemann,* Handbuch des Kartellrechts, 2. Aufl. 2008; *Winter/Thürk,* Die Synchronisierung von Ansprüchen auf Kartellschadensersatz, WuW 2016, 221; *Zöttl/Schlepper,* Die private Durchsetzung von kartellrechtlichen Schadensersatzansprüchen – Status Quo in Deutschland, EuZW 2012, 573.

A. Hintergrund

Bei der Aktivlegitimation im Kartellzivilprozess geht es um die Frage, **wer berechtigt ist, kartellrechtliche Ansprüche geltend zu machen.** Die Aktivlegitimation ist für den Kartellzivilprozess seit der zum 1.7.2005 in Kraft getretenen 7. GWB-Novelle in § 33 Abs. 1 Satz 1 GWB ausdrücklich geregelt. Anspruchsberechtigt ist danach der **Betroffene.** Betroffen ist nach der Legaldefinition des § 33 Abs. 1 Satz 3 GWB, wer als Mitbewerber oder sonstiger Marktbeteiligter durch den Kartellverstoß beeinträchtigt ist. Der Betroffene kann Ansprüche auf Beseitigung und bei Wiederholungsgefahr auf Unterlassung geltend machen (§ 33 Abs. 1 Satz 1 GWB). Dabei richtet sich der Beseitigungsanspruch gegen eine bereits eingetretene und noch fortdauernde Beeinträchtigung. Der Unterlassungsanspruch erfasst aktuelles und zukünftiges Verhalten. Im Fall von vorsätzlichen oder fahrlässigen Verstößen kann der Betroffene zudem Schadenersatz verlangen (§ 33 Abs. 3 GWB). 1

I. Historische Entwicklung bis zur 7. GWB-Novelle

1. Anknüpfung der Aktivlegitimation an das Schutzgesetzprinzip

Bereits die ursprüngliche Fassung des zum 1.1.1958 in Kraft getretenen Gesetzes gegen Wettbewerbsbeschränkungen enthielt in § 35 eine Regelung der **Aktivlegitimation.** Danach konnte bei Verstößen gegen eine Vorschrift des GWB oder gegen eine kartellbehördliche Verfügung derjenige Schadensersatz (und Unterlassung) verlangen, dessen Schutz die verletzte Vorschrift oder kartellbehördliche Verfügung bezweckte.[1] Mit dieser Regelung wurde für die Bestimmung der Aktivlegitimation an das in § 823 Abs. 2 BGB geregelte **Schutzgesetzprinzip** des allgemeinen Bürgerlichen Rechts angeknüpft. Diese Anknüpfung stimmte damit überein, dass auch sonst kartellrechtliche Unterlassungs- und Schadensersatzansprüche als Ansprüche aus unerlaubter Handlung angesehen wurden, mit der Folge der Anwendbarkeit der allgemeinen Vorschriften des Bürgerlichen Rechts.[2] Die Bestimmung des § 823 Abs. 2 GWB sollte durch § 35 GWB nicht eingeschränkt, sondern lediglich insoweit erweitert werden, als Schadensersatzansprüche auch bei der Verletzung einer Verfügung einer Kartellbehörde (oder eines Beschwerdegerichts in Kartellverwaltungsverfahren) begründet sein sollten. Diese Erweiterung wurde vom Gesetzgeber als notwendig angesehen, weil sich in zahlreichen Fällen nach der damaligen Gesetzesfassung Verbote nicht schon aus einer allgemeinen Norm des GWB ergaben, sondern erst durch eine im Einzelfall ergangene Verfügung der Kartellbehörde konkretisiert werden mussten. Dies galt insbesondere für Verfügungen gegen marktbeherrschende Unternehmen nach §§ 17, 25 der damaligen Gesetzesfassung.[3] 2

2. Restriktive Auslegung des Schutzgesetzprinzips bis zur 7. GWB-Novelle

An dem Schutzgesetzprinzip wurde bis zur 7. GWB-Novelle, also insbesondere auch mit der zum 1.1.1999 in Kraft getretenen 6. GWB-Novelle noch festgehalten.[4] Dies führte insbesondere bei der Geltendmachung von Unterlassungs- und Schadensersatzansprüchen wegen Verstößen gegen § 1 GWB und/oder Art. 81 EG (heute Art. 101 AEUV) zunehmend zu Unsicherheiten. Einzelne Gerichte legten das Schutzgesetzprinzip restriktiv aus. 3

---
[1] Fassung v. 27.7.1957, BGBl. I 1957, 1081.
[2] Begründung zu dem Entwurf eines Gesetzes gegen Wettbewerbsbeschränkungen v. 22.1.1995, Zu § 28, BT-Drs. 2/1158, 44; vgl. Langen/Bunte/*Bornkamm* GWB § 33 Rn. 19.
[3] Vgl. Begründung zu dem Entwurf eines Gesetzes gegen Wettbewerbsbeschränkungen v. 22.1.1955, Zu § 28, BT-Drs. 2/1158, 44.
[4] 6. GWB-Novelle 1998, BGBl. I 1998, S. 2546 ff.

Sie vertraten die Auffassung, § 1 GWB schütze in erster Linie den Wettbewerb, nicht aber bestimmte Unternehmen.[5] Folge war insbesondere bei marktumspannenden Preisabsprachen, dass die Unternehmen auf der Marktgegenseite als Abnehmer der kartellbefangenen Produkte nicht als aktivlegitimiert angesehen wurden. Das Handeln der Kartellmitglieder betreffe nämlich die Marktgegenseite, also alle Abnehmer. Es richte sich aber nicht „gezielt" gegen einzelne der Betroffenen.[6] Die Begrenzung der Anspruchsberechtigung durch das Merkmal der **„Zielgerichtetheit"** wurde für Ansprüche wegen Verstößen gegen § 1 GWB oder Verstößen gegen Art. 81 EG (heute Art. 101 AEUV) von den so entscheidenden Gerichten auch deshalb für erforderlich gehalten, weil eine Zulassung von Deliktsansprüchen der gesamten Marktgegenseite zu einer „völlig unübersehbaren" und „weitgehend vom Zufall abhängigen" Anzahl von Anspruchsberechtigten geführt hätte.[7]

4   Zur Begründung des „Zielgerichtetheitserfordernisses" wurde auch die Rechtsprechung des BGH herangezogen, wonach das deutsche und das europäische Kartellverbot für die Marktgegenseite als Schutzgesetz „jedenfalls" dann in Betracht komme, wenn sich die Absprache oder das abgestimmte Verhalten „gezielt" oder „unmittelbar" gegen bestimmte Abnehmer oder Lieferanten richte.[8] Diese Formulierung des BGH wurde, obwohl sie nicht abschließend sondern im Sinne eines „jedenfalls" gemeint war, zu Unrecht so interpretiert, dass sowohl das Kartellverbot des § 1 GWB als auch dasjenige des Art. 81 EG (heute Art. 101 AEUV) „nur" für denjenigen eine Schutzgesetzfunktion entfalte, der das Opfer einer gezielt gegen ihn gerichteten Vereinbarung geworden war.[9]

5   Überzeugend war die **restriktive Auslegung des Schutzgesetzerfordernisses** von Anfang an nicht. Insbesondere leuchtete die Notwendigkeit einer Begrenzung der Anzahl der Anspruchsberechtigten schon deshalb nicht ein, weil es letztlich nicht die Entscheidung der Unternehmen der Marktgegenseite, sondern vielmehr diejenige der Kartellbeteiligten war, ob sich eine Kartellabsprache gegen alle Unternehmen der Marktgegenseite richtete oder eben nur gezielt gegen einzelne Marktteilnehmer. Es gab keinen nachzuvollziehenden Grund, weshalb Kartelltäter, die nur einzelne Unternehmen schädigten, schlechter stehen sollten, als solche Kartelltäter, die die gesamte Marktgegenseite schädigten. Deshalb wurde in der Rechtsprechung anderer Gerichte durchaus auch vertreten, eine Zielgerichtetheit des kartellrechtswidrigen Verhaltens auf einen bestimmten Adressaten sei angesichts der „jede Kartellvereinbarung missbilligenden Zielsetzung" der Gesetze nicht zu fordern und es widerspreche dem wettbewerbsschützenden Gesetzeszweck, wenn Kartellabsprachen, die auf einzelne Unternehmen der Marktgegenseite ausgerichtet seien, zum Schadensersatz verpflichteten, während dies bei Kartellabsprachen, die auf die gesamte Marktgegenseite ausgerichtet seien, nicht der Fall sei.[10] Jedenfalls aus dem Blickwinkel des Europäischen Kartellrechtes würden überdies gerade diejenigen Marktteilneh-

---

[5] LG Berlin Urt. v. 23.5.2003 – 102 O 129/02 Kart, WuW/E DE-R 1325 (1327) – Berliner Transportbeton II; LG Mainz Urt. v. 15.1.2004 – 12 HK O 56/02 Kart, WuW/E DE-R 1349 (1351) – Vitaminpreise Mainz.

[6] LG Berlin Urt. v. 23.5.2003 – 102 O 129/02 Kart, WuW/E DE-R 1325 (1327) – Berliner Transportbeton II; LG Mannheim Urt. v. 11.7.2003 – 7 O 326/02, GRUR 2004, 182 (183) – Vitaminkartell; LG Mainz Urt. v. 15.1.2004 – 12 HK O 56/02 Kart, WuW/E DE-R 1349 (1350) – Vitaminpreise Mainz.

[7] LG Mannheim Urt. v. 11.7.2003 – 7 O 326/02, GRUR 2004, 182 (183) – Vitaminkartell; LG Mainz Urt. v. 15.1.2004 – 12 HK O 56/02 Kart, WuW/E DE-R 1349 (1350) – Vitaminpreise Mainz.

[8] Zu Art. 85 EWGV vgl. BGH Urt. v. 23.10.1979 – KZR 21/78, WuW/E BGH 1643 (1645) – BMW-Importe; zu § 1 GWB vgl. BGH Urt. v. 25.1.1983 – KZR 12/81, WuW/E BGH 1985 (1988) – Familienzeitschrift; zu Art. 85 EWG vgl. BGH Urt. v. 10.11.1987 – KZR 15/86, WuW/E BGH 2451 (2457) – Cartier-Uhren; vgl. auch BGH Urt. v. 12.5.1998 – KZR 23/96, WuW/E DE-R 206 (207) – Depot-Kosmetik.

[9] LG Berlin Urt. v. 23.5.2003 – 102 O 129/02 Kart, WuW/E DE-R 1325 (1327) – Berliner Transportbeton II; LG Mannheim Urt. v. 11.7.2003 – 7 O 326/02, GRUR 2004, 182 (183) – Vitaminkartell; LG Mainz Urt. v. 15.1.2004 – 12 HK O 56/02 Kart, WuW/E DE-R 1349 (1350) – Vitaminpreise Mainz.

[10] LG Dortmund Urt. v. 1.4.2004 – 13 O 55/02 Kart, WuW/E DE-R 1352 Rn. 17 – Vitaminpreise Dortmund; zu § 35 GWB aF vgl. KG Berlin Urt. v. 1.10.2009 – 2 U 10/03 Kart, WuW/E DE-R 2773 Rn. 26 ff. mwN – *Berliner Transportbeton*; vgl. Wiedemann/Topel HdB KartellR § 50 Rn. 77.

mer, die auf der Marktgegenseite von wettbewerbsbeschränkenden Vereinbarungen betroffen seien, in den Schutzbereich des Kartellverbotes fallen, ohne dass es auf ein finales Handeln ankäme, was jedenfalls auch bei der Auslegung von Schadensersatzansprüchen nach § 823 Abs. 2 BGB berücksichtigt werden müsste.[11] Trotz berechtigter Kritik und einer Reihe anderslautender gerichtlicher Entscheidungen wurde die (zu) restriktive Auslegung des Schutzgesetzerfordernisses als eines der wesentlichen **Hemmnisse** für die Durchsetzung kartellrechtlicher Schadensersatzansprüche in Deutschland identifiziert.[12]

Aufgrund einer restriktiven Auslegung des Schutzgesetzprinzips verneinte die Rechtsprechung ganz überwiegend auch die Frage, ob der **Vertragspartner einer wettbewerbsbeschränkenden Vereinbarung** selbst Schadensersatzansprüche gegen den anderen Vertragspartner geltend machen könnte.[13] Ein Rechtsschutz aus dem Gesichtspunkt des § 1 GWB könne sich nur für Wettbewerber der Kartellpartner ergeben, nicht aber für die Kartellpartner selbst.[14]

Größere praktische Relevanz hatte das Kartellverbot des § 1 GWB in zivilprozessualen Entscheidungen vor der 7. GWB-Novelle daher regelmäßig nur dann, wenn es – defensiv – als **Verteidigung gegenüber** einem vertraglichen **Erfüllungsanspruch** eingewandt wurde.[15] Dabei kam aufgrund der damaligen Gesetzesfassung und des Tatbestandsmerkmals des „**gemeinsamen Zwecks**" eine Anwendung von § 1 GWB in Austauschverträgen mit wettbewerbsbeschränkendem Inhalt allerdings nur dann in Betracht, wenn für die vereinbarte Beschränkung bei wertender Betrachtungsweise im Hinblick auf die Freiheit des Wettbewerbs **kein anzuerkennendes Interesse** bestand.[16]

Im Gegensatz zu der aufgrund der restriktiven Auslegung des Schutzgesetzprinzips wenig vorhandenen – offensiven – Durchsetzung des Kartellverbotes wurden die Missbrauchs- und Diskriminierungsverbote in §§ 19, 20 GWB in zivilprozessualen Verfahren auch bereits vor der 7. GWB-Novelle relativ häufig durchgesetzt.[17] Dies verstärkte sich noch nach der zum 1.1.1999 in Kraft getretenen 6. GWB-Novelle. Mit der 6. GWB Novelle wurde nämlich die **Bedeutung der Missbrauchsvorschriften** der §§ 19 und 20 insofern weiter **gestärkt,** als sie in unmittelbar geltende Verbotsnormen umgewandelt wurden und nicht mehr nur Anlass für ein Einschreiten der Kartellbehörde gaben.[18]

II. „Betroffenheit" eines Marktteilnehmers nach § 33 GWB

1. Aufgabe des Schutzgesetzerfordernisses mit der 7. GWB Novelle

Mit der 7. GWB-Novelle wurde das Schutzgesetzerfordernis zu Gunsten der nunmehr in § 33 Abs. 1 GWB geregelten **Anspruchsberechtigung des „Betroffenen"** aufgegeben. Hintergrund der 7. GWB-Novelle war die im Referentenentwurf vom 17.12.2003 deut-

---

[11] OLG Düsseldorf Urt. v. 28.8.1998 – U (Kart) 19/98, WuW/E DE-R 233 (240) – Inkontinenzhilfen.
[12] Vgl. Langen/Bunte/*Bornkamm* GWB § 33 Rn. 29 ff.
[13] Im Zusammenhang mit einer auf § 1 GWB gestützten Verpflichtungsbeschwerde vgl. KG Berlin, Beschl. v. 7.9.1977 – Kart 5/77, WuW/E OLG 1903 (1905) – Air-Conditioning-Anlagen.
[14] Vgl. KG Berlin, Beschl. v. 7.9.1977 – Kart 5/77, WuW/E OLG 1903 (1905) – Air-Conditioning-Anlagen.
[15] BGH Urt. v. 14.1.1997 – KZR 41/95, WuW/E BGH 3115 – Druckgussteile; Langen/Bunte/*Bornkamm*, GWB § 33 Rn. 14; vgl. *Lahme,* Durchsetzung des Kartellrechts, 20 f.
[16] Zu Kundenschutzvereinbarungen vgl. BGH Urt. v. 14.1.1997 – KZR 41/95, WuW/E BGH 3115 (3118) – Druckgussteile; vgl. BGH Urt. v. 12.5.1998 – KZR 18/97, WuW/E DE-R 131 – Subunternehmervertrag; zur Rechtslage nach der 7. GWB Novelle vgl. BGH Urt. v. 10.12.2008 – KZR 54/08, WuW/E DE-R 2554 – Subunternehmervertrag II.
[17] Vgl. Langen/Bunte/*Bornkamm* GWB § 33 Rn. 11; BGH Urt. v. 9.7.2002 – KZR 30/00, WuW/E DE-R 1006 – Fernwärme für Börnsen; BGH Urt. v. 4.11.2003 – KZR 16/02, WuW/E DE-R 1206 – Strom und Telefon I; BGH Urt. v. 4.11.2003 – KZR 38/02, WuW/E DE-R 1210 – Strom und Telefon II; BGH Urt. v. 30.3.2004 – KZR 1/03, WuW/E DE-R 1283 – Der Oberhammer; BGH Urt. v. 13.7. 2004 – KZR 40/02, WuW/E DE-R 1329 – Standard-Spundfass; BGH Urt. v. 29.4.2008 – KZR 2/07, WuW/E DE-R 2259 – Erdgassondervertrag; BGH Urt. v. 6.5.2009 – KZR 29/06, WuW/E DE-R 2613 – Orange-Book-Standard; BGH Urt. v. 23.6.2009 – KZR 21/08, WuW/E DE-R 2739 – Entega.
[18] Vgl. Langen/Bunte/*Bornkamm* GWB § 33 Rn. 19.

lich zum Ausdruck kommende **Zielrichtung,** die zivilrechtlichen Sanktionen bei Kartellrechtsverstößen auszuweiten. Etwaige Einbußen der Wettbewerbsaufsicht, die mit der Einführung der Legalausnahme möglicherweise einhergehen würden, sollten nach Möglichkeit ausgeglichen werden. Es sollte ein **zivilrechtliches Sanktionensystem** geschaffen werden, von dem eine zusätzliche spürbare **Abschreckungswirkung** ausgeht.[19]

10 Europarechtlicher Anlass für die Aufgabe des Schutzgesetzerfordernisses war insbesondere die Entscheidung des **EuGH** vom 20.9.2001 in Sachen *Courage*.[20] Diese Entscheidung des EuGH betraf Schadensersatzansprüche im Vertikalverhältnis wegen einer kartellrechtswidrigen Mindestabnahmeverpflichtung in einem Bierbezugsvertrag. Der Court of Appeal (England & Wales) hatte die Frage vorgelegt, ob auch die Partei eines Vertrages, der den Wettbewerb iSv Art. 85 EG-V (heute Art. 101 AEUV) beschränkt, von der anderen Partei Ersatz des Schadens verlangen könne, der ihr durch die Durchführung des Vertrages entstanden ist oder ob es zulässig sei, dies von vornherein auszuschließen. Der EuGH hat die Anspruchsberechtigung bejaht und herausgestellt, dass nach seiner Rechtsprechung Art. 85 und Art. 86 EGV in den Beziehungen zwischen Einzelnen **unmittelbare Wirkung** erzeugen und unmittelbar in deren Person Rechte entstehen lassen, welche die Gerichte der Mitgliedstaaten zu wahren hätten.[21] Die volle und „praktische Wirksamkeit" **(„effet utile")** des europäischen Kartellverbots wäre beeinträchtigt, so der EuGH auch in einer ganzen Reihe nachfolgender Entscheidungen, wenn nicht „**jedermann**" Ersatz des Schadens verlangen könnte, der ihm durch einen wettbewerbsbeschränkenden Vertrag oder ein entsprechendes Verhalten entstanden ist.[22] Ein solcher Schadensersatzanspruch erhöhe nämlich die Durchsetzungskraft der gemeinschaftlichen Wettbewerbsregeln und sei geeignet, von – oft verschleierten – Vereinbarungen oder Verhaltensweisen abzuhalten, die den Wettbewerb beschränken oder verfälschen könnten. Mangels einer einschlägigen Gemeinschaftsregelung sei es jedoch Sache des innerstaatlichen Rechts der einzelnen Mitgliedstaaten, die zuständigen Gerichte zu bestimmen und die Verfahrensmodalitäten für Klagen zu regeln, die den Schutz der dem Bürger aus der unmittelbaren Wirkung des Gemeinschaftsrechts erwachsenden Rechte gewährleisten sollten, sofern diese Modalitäten nicht weniger günstig ausgestaltet seien als diejenigen entsprechender innerstaatlicher Klagen (**Äquivalenzgrundsatz**) und die Ausübung der durch die Gemeinschaftsrechtsordnung verliehenen Rechte nicht praktisch unmöglich machten oder übermäßig erschwerten (**Effektivitätsgrundsatz**).[23]

11 Anstelle des im ersten Referentenentwurf vom 17.12.2003 noch vorgesehenen Verzichts auf das Schutzgesetzerfordernis hielt der **Regierungsentwurf** vom 25.6.2004 bei der Neufassung des § 33 Abs. 1 GWB zwar zunächst noch an dem Schutzgesetzerfordernis fest.[24] Im Gesetzestext wurde aber ausdrücklich die Klarstellung vorgesehen, dass Art. 81 und 82 des Vertrags zur Gründung der Europäischen Gemeinschaft sowie die Vorschriften des GWB auch dann dem **Schutz anderer Marktbeteiligter** dienten, wenn sich der Verstoß nicht gezielt gegen diese richtete. Mit dieser Klarstellung sollte die

---

[19] Vgl. zum Referentenentwurf sowie zum weiteren (wechselvollen) Gesetzgebungsverfahren der 7. GWB-Novelle im Detail: MüKoGWB/*Lübbig* § 33 Rn. 20 ff.; Immenga/Mestmäcker/*Emmerich* GWB § 33 Rn. 7.
[20] EuGH Urt. v. 20.9.2001 – C-453/99, WuW/E EU-R 479 – Courage Ltd/Crehan.
[21] EuGH Urt. v. 20.9.2001 – C-453/99, WuW/E EU-R 479 – Courage Ltd/Crehan; nachfolgend st. Rspr. vgl. EuGH Urt. v. 13.7.2006 – C-295/04 bis C-298/04, Slg. I-6641 Rn. 39 – *Manfredi;* EuGH Urt. v. 6.6.2013 – C-536/11 Rn. 21 – Donau Chemie; vgl. zur unmittelbaren Anwendbarkeit von Art. 101 AEUV: Tzakas, Die Haftung für Kartellrechtsverstöße im internationalen Rechtsverkehr, S. 390 ff.
[22] EuGH Urt. v. 20.9.2001 – C-453/99, WuW/E EU-R 479 (481) Rn. 26 – Courage Ltd/Crehan; nachfolgend st. Rspr. vgl. EuGH Urt. v. 13.7.2006 – C-295/04 bis C-298/04, Slg. I-6641 Rn. 39 – Manfredi; EuGH Urt. v. 6.6.2013 – C-536/11 Rn. 21 – Donau Chemie; EuGH Urt. v. 5.6.2014 – C-557/12 Rn. 21 – Kone.
[23] EuGH Urt. v. 20.9.2001 – C-453/99, WuW/E EU-R 479 (481) Rn. 29 – Courage Ltd/Crehan.
[24] Vgl. MüKoGWB/*Lübbig* § 33 Rn. 20 ff.; Entwurf eines Siebten Gesetzes zur Änderung des Gesetzes gegen Wettbewerbsbeschränkungen v. 26.5.2004, BT-Drs. 15/3640 v. 12.8.2004.

zu eng geratene Rechtsprechung einzelner Gerichte **explizit korrigiert werden**. Die Beschränkung auf finale Schädigungen führe dazu, dass aus Sicht eines Kartellmitgliedes eine Schadensersatzpflicht je weniger zu befürchten sei, je umfassender die Kartellabsprache angelegt sei. Im Fall von Sachverhalten mit zwischenstaatlicher Relevanz sei die Beschränkung auf finale Schädigungen überdies nicht mit europäischem Recht und der Rechtsprechung des **EuGH iS *Courage v. Crehan*** vereinbar.[25] Auch sollte in Entsprechung zu dieser Rechtsprechung des EuGH klargestellt werden, dass ein Anspruch – vorbehaltlich eines Mitverschuldens nach § 254 Abs. 1 BGB – nicht deswegen ausgeschlossen sei, weil der andere Marktbeteiligte an dem Verstoß mitgewirkt habe.[26]

Am Ende wurde das **Schutzgesetzerfordernis** in dem zum Gesetz gewordenen Wortlaut des § 33 Abs. 1 GWB dann aber, der **Beschlussempfehlung** des Ausschusses für Wirtschaft und Arbeit vom 9.3.2005 folgend, ganz **fallen gelassen**.[27] Anstelle der Klarstellung entschied sich der Gesetzgeber zu einer **Neuregelung der Anspruchsberechtigung** über den **Begriff des „Betroffenen"** im Sinne aller durch den Verstoß **beeinträchtigten Mitbewerber und sonstiger Marktbeteiligter**. Aus der *Courage*-Entscheidung des EuGH ergäbe sich, so die Beschlussempfehlung des Wirtschaftausschusses, dass in Fällen zwischenstaatlicher Auswirkung die von den Gerichten teilweise vertretene einengende Auslegung des Schutzgesetzerfordernisses regelmäßig nicht mehr aufrechterhalten werden könne.[28] Die weitere Begründung, die Beibehaltung des Schutzgesetzerfordernisses hätte dazu führen können, den Anwendungsbereich des § 33 Abs. 1 und 2 GWB bei Unterlassungsklagen von Verbraucherschutzverbänden einzuschränken, was der grundsätzlichen Schutzrichtung des GWB, wonach Wettbewerbsschutz im Regelfall zugleich Verbraucherschutz sei, nicht entsprochen hätte, hatte sich allerdings zeitlich überholt. Die Klagebefugnis von Verbraucherschutzverbänden war im späteren Gesetzgebungsverfahren durch den Vermittlungsausschuss nämlich wieder gestrichen worden.[29]

2. Weitere Klärung durch den BGH in Sachen „ORWI"

Das gesetzgeberische Ziel der 7. GWB-Novelle, die zu **restriktiv geratene Auslegung des Schutzgesetzerfordernisses zu korrigieren,** ist in der höchstrichterlichen Rechtsprechung mit der Entscheidung des **Bundesgerichtshofes** in Sachen **„ORWI"** umgesetzt worden.[30] Der BGH hat zu auf § 823 Abs. 2 BGB iVm Art. 85 EGV gestützten Ansprüchen vor Inkrafttreten der 7. GWB Novelle entschieden, dass der Kreis der durch das Kartellverbot des Art. 101 AEUV (ex Art. 85 EGV) geschützten Personen **nicht auf solche Abnehmer beschränkt ist, gegen die sich die Kartellabsprache gezielt richtet**. Denn diese Sichtweise wäre mit der auf die Sicherung eines unverfälschten Wettbewerbs im Binnenmarkt gerichteten **Zielsetzung des Art. 101 AEUV** unvereinbar. Gerade Verhaltensweisen, die sich auf die Marktgegenseite insgesamt auswirkten, etwa den gesamten Markt umspannende Preis- und Konditionenkartelle, seien in besonderem Maße geeignet, den Wettbewerb einzuschränken oder zu verfälschen. Sie von der Schadensersatzsanktion auszunehmen, wäre mit der Pflicht der nationalen Gerichte, dem Kartellverbot **volle Wirksamkeit** zu verleihen, nicht vereinbar und würde zu einer zweckwidrigen Entlastung gerade solcher Kartelltäter führen, die Schäden mit großer Breitenwirkung verursachen.[31]

---

[25] Entwurf eines Siebten Gesetzes zur Änderung des Gesetzes gegen Wettbewerbsbeschränkungen v. 26.5.2004, BT-Drs. 15/3640 v. 12.8.2004, 53 mVa LG Mannheim Urt. v. 11.7.2003 – 7 O 326/02, GRUR 2004, 182 (183) – Vitaminkartell.
[26] Entwurf eines Siebten Gesetzes zur Änderung des Gesetzes gegen Wettbewerbsbeschränkungen v. 26.5.2004, BT-Drs. 15/3640 v. 12.8.2004, 53.
[27] Beschlussempfehlung und Bericht des Ausschusses für Wirtschaft und Arbeit (9. Ausschuss), BT-Drs. 15/5049 v. 9.3.2005.
[28] Beschlussempfehlung und Bericht des Ausschusses für Wirtschaft und Arbeit (9. Ausschuss), BT-Drs. 15/5049 v. 9.3.2005, 49.
[29] Vgl. Beschlussempfehlung und Bericht des Ausschusses für Wirtschaft und Arbeit, BT-Drs. 15/5049.
[30] BGH Urt. v. 28.6.2011 – KZR 75/10, WuW/E DE-R 3431 – OWRI.
[31] BGH Urt. v. 28.6.2011 – KZR 75/10, WuW/E DE-R 3431 Rn. 16ff. – OWRI.

14 Somit können sich nach der ORWI-Entscheidung des BGH unstreitig **alle Marktbeteiligten** grundsätzlich auf § 823 Abs. 2 BGB iVm Art. 101 AEUV berufen, wenn sie durch das kartellrechtswidrige Verhalten einen **Schaden** erlitten haben oder **beeinträchtigt** worden sind, und zwar unabhängig davon, ob sich die Kartellabsprache gezielt gegen sie richtete oder nicht. Dies haben im Anschluss an die ORWI-Entscheidung mehrere Gerichte, wie insbesondere das OLG Karlsruhe in seinem Urteil zum „Feuerwehrkartell", das LG Mannheim in seinen Urteilen zum „Schienenkartell" und das LG Berlin in seinem Urteil zum „Fahrtreppenkartell" noch einmal bestätigt.[32]

15 Die Ausführungen des BGH zur **Aktivlegitimation** bei auf das Europäische Kartellverbot nach Art. 101 AEUV (ex Art. 85 EGV) gestützten Ansprüchen **gelten zwar nicht in gleicher Weise für Schadensersatzansprüche wegen Verstoßes gegen das Deutsche Kartellverbot** nach § 33 GWB aF bzw. § 35 GWB aF 1990 iVm **§ 1 GWB aF** vor Inkrafttreten der 7. GWB Novelle; sie gelten aber für auf § 823 Abs. 2 BGB iVm Art. 81 EGV gestützte Ansprüche.[33] Dies folgt daraus, dass der BGH die Rechtsprechung und Literatur zustimmend in Bezug nimmt, die eine solche Auffassung vertritt.[34] Die von einzelnen Gerichten vertretene restriktive Auffassung ist damit insbesondere für die Rechtslage vor Inkrafttreten der 7. GWB-Novelle obsolet geworden. Nach Inkrafttreten der 7. GWB-Novelle ist sowohl für auf § 33 Abs. 1 GWB iVm Art. 101 AEUV als auch auf § 33 Abs. 1 GWB iVm § 1 GWB gestützte Ansprüche die restriktive Auslegung des Schutzgesetzerfordernisses erst Recht nicht mehr vertretbar.[35]

B. Einzelne Fallkonstellationen der Aktivlegitimation bzw. „Betroffenheit"

16 Nach § 33 Abs. 1 Satz 3 GWB ist **betroffen,** wer als „**Mitbewerber**" oder „**sonstiger Marktbeteiligter**" durch den Verstoß **beeinträchtigt** ist. „**Mitbewerber**" sind Unternehmen, die auf dem gleichen sachlich und örtlich relevanten Markt tätig sind, auf den sich der Kartellverstoß bezieht.[36] Zu den „**sonstigen Marktbeteiligten**" gehören jedenfalls Abnehmer und Lieferanten, also alle Mitglieder der jeweiligen Marktgegenseite.[37] Das gilt nach dem klaren Willen des Gesetzgebers insbesondere auch dann, wenn sich die Kartellabsprache nicht gezielt gegen sie richtet.[38] Zum Kreis der Anspruchsberechtigten können als „sonstige Marktbeteiligte" auch **Endverbraucher** gehören, insbesondere dann, wenn eine Kartellabrede auf der letzten Absatzstufe vorliegt oder Schäden aus Kartellabsprachen auf vorgelagerter Marktstufe auf sie „abgewälzt" worden sind.[39] Eine „Beeinträchtigung" wirtschaftlicher Interessen wie zB auch die Schwächung einer Markt- oder Verhandlungsposition reicht – ebenso wie im UWG – aus. Es bedarf also keiner Rechtsbeeinträchtigung.[40] Betroffen im Sinn von § 33 Abs. 1 Satz 3 GWB ist damit letzt-

---

[32] OLG Karlsruhe Urt. v. 31.7.2013 – 6 U 51/12 (Kart), BWGZ 2013, 1011 – Feuerwehrkartell; ebenso schon in der Vorinstanz zum ORWI-Urteil: OLG Karlsruhe Urt. v. 11.6.2010 – 6 U 118/05 – Selbstdurchschreibepapier; LG Mannheim Urt. v. 9.1.2015 – 7 O 111/13 Kart – Schienenkartell; LG Berlin Urt. v. 6.8.2013 – 16 O 193/11 Kart, NZKart 2014, 37 – Fahrtreppen.
[33] OLG Frankfurt Urt. v. 17.11.2015 – 17 U 73/11 (Kart).
[34] BGH Urt. v. 28.6.2011 – KZR 75/10, WuW/E DE-R 3431 – ORWI mit Verweis auf KG Berlin Urt. v. 1.10.2009 – 2 U 10/03 Kart, WuW/E DE-R 2773 (2775) – Berliner Transportbeton; FK/*Roth* GWB § 33 Rn. 53 (Stand November 2001); Immenga/Mestmäcker/*Emmerich* GWB § 33 Rn. 16.
[35] *Buntscheck* WuW 2013, 947 (948); ebenso schon Langen/Bunte/*Bornkamm* GWB § 33 Rn. 48; vgl. Bechtold/*Bosch* § 33 Rn. 10.
[36] Bechtold/*Bosch* § 33 Rn. 11; Berg/Mäsch GWB § 33 Rn. 20; Langen/Bunte/*Bornkamm* GWB § 33 Rn. 33. Vgl. zur Ermittlung der eigenen Betroffenheit: *Batzel/Buch* KsZW 2015, 255 (256 ff.).
[37] Bechtold/*Bosch* § 33 Rn. 11.
[38] Entwurf eines Siebten Gesetzes zur Änderung des Gesetzes gegen Wettbewerbsbeschränkungen v. 26.5.2004, BT-Drs. 15/3640 v. 12.8.2004, 53.
[39] Vgl. Entwurf eines Siebten Gesetzes zur Änderung des Gesetzes gegen Wettbewerbsbeschränkungen v. 26.5.2004, BT-Drs. 15/3640 v. 12.8.2004, 53.
[40] Vgl. Langen/Bunte/*Bornkamm* GWB § 33 Rn. 32 mVa LG Köln Urt. v. 14.2.2012 – 88 O (Kart) 17/11, WuW/E DE-R – Pressegrosso.

lich jeder, für den vollstellbar ist, dass er einen auf den Kartellverstoß zurückzuführenden Schaden erlitten hat oder erleiden könnte.[41] Eine Beeinträchtigung der Wettbewerbsfreiheit des Betroffenen ist nicht zu fordern und zwar schon deshalb nicht, weil nur Unternehmen, nicht aber Endverbraucher, in ihrer Wettbewerbsfreiheit beeinträchtigt sein können und ein Ausschluss der Endverbraucher von der Anspruchsberechtigung vom Gesetzgeber nicht gewollt war.[42]

Die **Aufgabe des Schutzgesetzerfordernisses** mit der 7. GWB Novelle bedeutet nicht, dass Schutzzweck-Erwägungen bei der Bestimmung der Anspruchsberechtigung nunmehr gänzlich ohne Bedeutung wären.[43] Mit der Aufgabe des Schutzgesetzerfordernisses hat der Gesetzgeber lediglich zum Ausdruck gebracht, dass eine **„Zielgerichtetheit" nicht** zu fordern ist und außerdem **auch der Vertragspartner** einer wettbewerbsbeschränkenden Vereinbarung selbst **anspruchsberechtigt** sein kann; **andere Schutzzweckerwägungen gelten** demgegenüber **fort**.[44] Nach wie vor kommt es darauf an, ob der Gesetzgeber bei Erlass der verletzten Verbotsnorm den Rechtsschutz zugunsten des Anspruchstellers gewollt hat, die Norm also gerade auch in seinem Interesse erlassen hat.[45] Die Aktivlegitimation ist auch unter dem Konzept der Betroffenheit für die einzelnen in Betracht kommenden Kartellverstöße differenziert zu betrachten.[46] Ausgangspunkt für die Bestimmung des Schutzzweckes ist die Kategorisierung danach, ob es sich um einen Kartellverstoß in Form von **horizontalen** Wettbewerbsbeschränkungen iSv § 1 GWB und/oder Art. 101 AEUV handelt, ob es sich um einen Kartellverstoß in Form von **vertikalen** Wettbewerbsbeschränkungen iSv von § 1 GWB und/oder Art. 101 AEUV handelt, ob ein Verstoß gegen Missbrauchs- und Diskriminierungsverbote oder ein anderes verbotswidriges **unilaterales Verhalten** nach §§ 19 ff. GWB und/oder Art. 102 AEUV vorliegt oder ob ein Verstoß gegen eine **Verfügung** der Kartellbehörde im Raum steht. Dies wird nachfolgend im Einzelnen betrachtet. 17

I. Kartellverstöße in Form horizontaler Wettbewerbsbeschränkungen

Mit **horizontalen Wettbewerbsbeschränkungen** sind Vereinbarungen oder aufeinander abgestimmte Verhaltensweisen gemeint, die **zwischen tatsächlichen oder potentiellen Wettbewerbern** stattfinden, die auf demselben sachlich und räumlich relevanten Markt tätig sind. Häufig relevant sind **Preisabsprachen, Quotenabsprachen, Submissionsabsprachen, die Festlegung von Produktionsmengen** oder die **Aufteilung von Märkten.** Horizontale Wettbewerbsbeschränkungen werden regelmäßig von § 1 GWB und/oder Art. 101 AEUV erfasst. 18

1. Aktivlegitimation von „sonstigen Marktbeteiligten"

a) Aktivlegitimation unmittelbare Abnehmer. Als Anspruchsberechtigte kommen unter den „sonstigen Marktbeteiligten" sowohl Abnehmer auf erster (unmittelbare Abnehmer) als auch Abnehmer auf weiteren Absatzstufen (mittelbare Abnehmer) in Betracht. **Unmittelbare Abnehmer** sind die **Marktteilnehmer der unmittelbaren Marktgegenseite.** Die grundsätzliche Aktivlegitimation unmittelbarer Abnehmer scheitert nach der 7. GWB Novelle und der Klärung durch den BGH in Sachen „ORWI" jedenfalls nicht mehr an dem Erfordernis einer zielgerichteten Schädigung. Im Fall von horizontalen Wettbewerbsbeschränkungen ist stattdessen grundsätzlich **jeder unmittelbare Abnehmer** auf der Marktgegenseite aktivlegitimiert und zwar insbesondere auch dann, wenn 19

---

[41] Vgl. *Görner,* Die Anspruchsberechtigung, 193; Bechtold/*Bosch* § 33 Rn. 11; vgl. auch OLG Karlsruhe Urt. v. 31.7.2013 – 6 U 51/12 (Kart), BWGZ 2013, 1011 Rn. 44 – Feuerwehrkartell; *Fritzsche/Klöppner/Schmidt* NZKart 2016, 412 (415).
[42] *Roth* NJW 2000, 1313 (1314); Langen/Bunte/*Bornkamm* GWB § 33 Rn. 21; aA allerdings uU BGH Urt. v. 21.4.1999 – IV ZR 192/98, BGHZ 141, 214 (224).
[43] Ausführlich: *Alexander* Schadensersatz und Abschöpfung, 357 ff.
[44] Vgl. Langen/Bunte/*Bornkamm* GWB § 33 Rn. 34.
[45] Vgl. Langen/Bunte/*Bornkamm,* GWB § 33 Rn. 35.
[46] Ähnlich: Bechtold/*Bosch* § 33 Rn. 11.

sich die Absprache nicht gezielt gegen ihn richtet. Betroffen und damit aktivlegitimiert sein können infolge von Preisschirmeffekten auch Abnehmer, die von einem nicht am Kartell beteiligten Dritten bezogen haben.[47] Mit Blick auf den im Zivilprozess gegebenen **Anscheinsbeweis,** dass Kartelle gebildet und erhalten werden, weil sie höhere als am Markt erzielbare Preise erbringen und sich daher **preissteigernd** auswirken, ist eine Beeinträchtigung des wirtschaftlichen Interesses der unmittelbaren Abnehmer auch regelmäßig zu erwarten.[48] Dieser im Zivilprozess inzwischen weitgehend akzeptierte Anscheinsbeweis für einen kartellbedingten Preisaufschlag geht auf die BGH-Rechtsprechung zum Nachweis eines kartellbedingten Mehrerlöses in Bußgeldverfahren zurück.[49] Dies gilt auch für **Endverbraucher** jedenfalls dann, wenn der Wettbewerb auf dem unmittelbar vorgelagerten Markt beschränkt worden ist oder auf vorgelagerten Marktstufen entstandene Schäden auf sie abgewälzt worden sind.[50]

20 Voraussetzung der Aktivlegitimation bleibt allerdings auch für unmittelbare Abnehmer, dass eine individuelle **Betroffenheit bzw. Beeinträchtigung durch den Kartellverstoß** tatsächlich gegeben ist. Dies ist beispielsweise bei **Submissionsabsprachen** bezweifelt worden, die sich nur auf bestimmte Ausschreibungen beziehen, nicht aber auf diejenigen, durch die der Kläger vorträgt geschädigt worden zu sein.[51] Insoweit muss der Kläger darlegen und beweisen, dass die von ihm erzielten Aufträge bzw. getätigten Vertragsabschlüsse kartellbefangen, aber von den preissteigernden Wirkungen des Kartells beinflusst waren. Allerdings streitet jedenfalls bei marktumspannenden Kartellabsprachen ein **Anscheinsbeweis** dafür, dass das Preisgefüge auf dem Markt insgesamt überhöht war, so dass der Preis auch bei nicht unmittelbar von den Absprachen betroffenen Ausschreibungen beeinflusst war und eine **Betroffenheit** damit – vorbehaltlich einer Erschütterung des Anscheinsbeweises – regelmäßig zu bejahen sein wird.[52] Insofern gibt es nicht nur einen Anscheinsbeweis dafür, dass sich Kartelle preissteigernd auswirken, sondern einen **weiteren Anscheinsbeweis** dafür, dass ein konkretes Geschäft **kartellbefangen** ist, wenn es sich nahtlos in den zeitlichen, sachlichen und räumlichen Bereich der Kartellabsprachen einfügt bzw. wenn die Kartellabsprache den sachlichen Gegenstand, Zeitraum und örtlichen Raum des konkreten Geschäfts erfasst.[53] Die Annahme eines derartigen Anscheinsbeweises für die Kartellbefangenheit erscheint der Intention des Gesetzgebers zu entsprechen, da ansonsten das vom Gesetzgeber abgelehnte Erfordernis einer „zielgerichteten Schädigung" gleichsam über die Hintertür zivilprozessualer Beweisanforderungen wieder eingeführt würde.

21 Dies gilt in gleicher Weise für **Schadensersatz- und ggf. Unterlassungsansprüche,** die auf **Verstöße gegen das Europäische Kartellverbot** gestützt werden, wie für Ansprüche, die auf Verstöße gegen das **Deutsche Kartellverbot** gestützt werden. Gleiches gilt sowohl für die Rechtslage vor als auch nach Inkrafttreten der 7. GWB Novelle. Im Einzelnen: → Rn. 13.

22 b) Aktivlegitimation mittelbare Abnehmer. aa) Fortdauernde Diskussion nach der 7. GWB Novelle. Die Frage, ob auch mittelbare (bzw. indirekte) Abnehmer aktivlegitimiert sind, ist

---

[47] EuGH Urt. v. 5.6.2014 – C-557/12, NZKart 2014, 263 – Kone.
[48] Vgl. zum Anscheinsbeweis KG Berlin Urt. v. 1.10.2009 – 2 U 10/03 Kart Rn. 38 ff. – Berliner Transportbeton; *Inderst/Thomas*, Schadensersatz bei Kartellverstößen, S. 123 mwN.
[49] BGH Beschl. v. 28.6.2005 – KRB 2/05 NJW 2006, 163 – Berliner Transportbeton I.
[50] Langen/Bunte/*Bornkamm* GWB § 33 Rn. 48.
[51] Vgl. OLG Karlsruhe Urt. v. 31.7.2013 – 6 U 51/12 (Kart), BWGZ 2013, 1011 Rn. 44 – Feuerwehrkartell.
[52] Vgl. OLG Karlsruhe Urt. v. 31.7.2013 – 6 U 51/12 (Kart), BWGZ 2013, 1011 Rn. 56 – Feuerwehrkartell.
[53] Vgl. OLG Karlsruhe Urt. v. 31.7.2013 – 6 U 51/12 (Kart), BWGZ 2013, 1011 Rn. 58 – Feuerwehrkartell (offen gelassen, ob ggf. sogar tatsächliche Vermutung); LG Berlin Urt. v. 16.12.2014 – 16 O 384/13 Kart, WuW/E DE-R 4917 ff. Rn. 53 – Pauschalierter Schadensersatz; LG Mannheim Urt. v. 13.3.2015 – 7 O 110/13 Kart – Schienenkartell; vgl. *Inderst/Thomas*, Schadensersatz bei Kartellverstößen, S. 130 ff.; vgl *Fritzsche/Klöppner/Schmidt* NZKart 2016, 412 (416) mwN; *Thiede/Träbing* NZKart 2016, 422 (426).

auch nach Inkrafttreten der 7. GWB-Novelle lange Zeit kontrovers diskutiert worden.[54] Weder aus der Entscheidung des EuGH vom 20.6.2001 in Sachen *Courage*[55] noch aus der Entscheidung des EuGH vom 13.7.2006 in Sachen *Manfredi*[56] konnte eine eindeutige bzw. direkte Aussage über die Anspruchsberechtigung von mittelbaren Abnehmern gewonnen werden, da beide Fallkonstellationen unmittelbare Abnehmer betrafen. Auch sollte sich aus dem Willen des Gesetzgebers der 7. GWB Novelle nach einer weit verbreiteten Auffassung nichts Eindeutiges ableiten lassen. Auch soweit akzeptiert wurde, dass der Kreis der Anspruchsberechtigten nach der 7. GWB-Novelle nicht weiter über das „Zielgerichtetheitskriterium" einzelner Gerichte beschränkt werden sollte, wurde kritisch hinterfragt, ob dies nur für unmittelbare Abnehmer oder auch für mittelbare Abnehmer gelten sollte.[57]

bb) Bejahung der Aktivlegitimation durch den BGH in Sachen „ORWI". Der BGH hat in seinem ORWI-Urteil vom 28.6.2011 die Diskussion jedenfalls für die praktische Rechtsanwendung beendet und die **Anspruchsberechtigung mittelbarer bzw. indirekter Abnehmer bejaht.**[58] Zwar bezieht sich die Entscheidung des BGH ausdrücklich nur auf Schadensersatzansprüche nach § 823 Abs. 2 BGB iVm dem europäischen Kartellverbot des Art. 101 AEUV (bzw. der für den Entscheidungszeitraum von Februar 1994 bis Februar 1996 maßgeblichen Vorgängerregelung des Art. 85 EGV). Die Entscheidung gilt aber in gleicher Weise auch für Schadensersatzansprüche nach § 823 Abs. 2 BGB iVm dem nationalen Kartellverbot des § 1 GWB aF (Fassung vor Inkrafttreten der 7. GWB-Novelle), denn die tragenden Argumente lassen sich auf das nationale Kartellverbot ohne Weiteres übertragen und der BGH nimmt an einzelnen Stellen der Urteilsbegründung explizit auf zu § 1 GWB aF angestellte Überlegungen Bezug.[59]

Der BGH hat in seiner Pressemitteilung zu seinem Urteil in Sachen „ORWI" überdies ausdrücklich klargestellt, dass sich auch **nach geltendem Recht keine abweichende Beurteilung** ergibt.[60] Auch lässt sich aus dem Begriff der Betroffenheit in § 33 Abs. 1 GWB und der Gesetzgebungsgeschichte kein klarer Hinweis darauf ableiten, dass Schadensersatzansprüche auf die unmittelbare Marktgegenseite beschränkt sein sollten.[61] Im Gegenteil spricht die Intention des Gesetzgebers, einer zu restriktiven Auslegung des Schutzgesetzerfordernisses zu begegnen, ohnehin eher für die Einbeziehung auch mittelbarer Abnehmer in den Kreis der Anspruchsberechtigten. Auch für Ansprüche nach § 33 Abs. 1 GWB iVm § 1 GWB oder Art. 101 AEUV steht die **grundsätzliche Anspruchsberechtigung mittelbarer Abnehmer** für die praktische Rechtsanwendung damit fest.[62] Das LG Düsseldorf hat dies zuletzt auch in einer Fallkonstellation bestätigt, in der der „mittelbare Abnehmer" nicht am Ende einer Vertriebskette stand, sondern – **als Versicherer** – auf einer nachgelagerten „Marktstufe" tätig war, die nicht in unmittelbarem sachlichen Zusammenhang mit den kartellierten Produkten stand.[63]

---

[54] Für deren Einbeziehung insbesondere: Immenga/Mestmäcker/*Emmerich* GWB § 33 Rn. 17, 18 mwN; vgl. Langen/Bunte/*Bornkamm* GWB § 33 Rn. 49 ff. mwN; *Bulst* Schadensersatzansprüche der Marktgegenseite im Kartellrecht, 132 mwN; gegen eine Einbeziehung Bechtold/*Bosch*, GWB § 33 Rn. 12 mwN.; Loewenheim/Meessen/Riesenkampff/*Rehbinder* GWB § 33 Rn. 13 ff. mwN; mit Einschränkungen auch MüKoGWB/*Lübbig* § 33 Rn. 51 ff., 59; *Kling/Thomas* § 21 Rn. 43.
[55] EuGH Urt. v. 20.9.2001 – C-453/99, WuW/E EU-R 479 – Courage Ltd/Crehan (zur Anspruchsberechtigung des Vertragspartners eine Bierlieferungsvertrages).
[56] EuGH Urt. v. 13.7.2006 – C-295/04 bis C-298/04, WuW/E EU-R 1107 – *Manfredi* (zur Anspruchsberechtigung eines Versicherungsnehmers, der seine Kfz-Versicherung wegen der Absprache von Prämienerhöhungen in Anspruch nimmt).
[57] Vgl. MüKoGWB/*Lübbig* § 33 Rn. 51 ff. mwN.
[58] BGH Urt. v. 28.6.2011 – KZR 75/10, WuW/E DE-R 3431 – *ORWI*; aA in der Vorinstanz OLG Karlsruhe Urt. v. 11.6.2010 – 6 U 118/05 Rn. 32 ff. – Selbstdurchschreibepapier.
[59] BGH Urt. v. 28.6.2011 – KZR 75/10, WuW/E DE-R 3431 Rn. 25 – ORWI.
[60] Vgl. *Hartmann-Rüppel/Ludewig* ZWeR 2012, 90 (98); Pressemitteilung des BGH Nr. 118/2011 v. 29.6.2011 zu KZR 75/10.
[61] Vgl. ausführlich Langen/Bunte/*Bornkamm* GWB § 33 Rn. 42 ff.
[62] Ähnlich: Schulte/Just/*Staebe* GWB § 33 Rn. 10.
[63] LG Düsseldorf Urt. v. 19.11.2015 – 14d O 41/4 – Autoglasversicherer.

25 Sein Ergebnis leitet der BGH nach ausführlicher Auseinandersetzung mit den kontroversen Meinungen bereits aus der **Auslegung** des **Schutzgesetzkriteriums** in § 823 Abs. 2 BGB ab.[64] Auch **mittelbare bzw. indirekte Abnehmer** gehören zu dem durch Art. 101 AEUV (ex Art. 85 EGV) **geschützten Personenkreis**, weshalb auch für sie vom Gesetzgeber ein Schadensersatzanspruch gewollt ist.[65] Ob das Unionsrecht zwingend dieses Ergebnis verlange, könne dahinstehen.[66] Der mit der Anerkennung des Kartellverbots als Schutzgesetz im Sinne des § 823 Abs. 2 BGB verfolgte Zweck erfordere, dass indirekte Abnehmer kartellrechtliche Schadensersatzansprüche geltend machen könnten. Angesichts der Bedeutung des Kartellverbots für die Wirtschaftsordnung sei es geboten, denjenigen gesetzesgetreuen Marktteilnehmern deliktsrechtlichen Schutz zu gewähren, auf deren Kosten ein kartellrechtlich verbotenes Verhalten praktiziert werde.[67] Die schädlichen Wirkungen eines Kartells oder eines sonstigen nach Art. 101 AEUV verbotenen Verhaltens blieben häufig nicht auf die unmittelbare Marktgegenseite begrenzt. Je nach den Verhältnissen auf den Anschlussmärkten könnten auch oder sogar in erster Linie die Abnehmer auf nachfolgenden Marktstufen bis hin zu den Verbrauchern wirtschaftlich betroffen und in ihren Auswahl- und Entscheidungsmöglichkeiten beschränkt sein. Die mit Kartellen bezweckte Angebotsbeschränkung, Marktaufteilung oder Preisanhebung wirke sich regelmäßig in Form höherer Preise und einer geringeren Angebotsvielfalt für die Verbraucher aus. Denn die direkten Abnehmer würden versuchen, die Erhöhung ihrer Einstandspreise zumindest längerfristig an ihre Kunden weiterzugeben. Gelingt ihnen dies, weil auch die Verhältnisse auf den Anschlussmärkten von dem durch das Kartell geschaffenen Preisniveau geprägt sind, entsteht der kartellbedingte Schaden erst auf der nächsten Marktstufe. Indirekte Abnehmer generell von der Anspruchsberechtigung auszunehmen, hätte mithin zur Folge, gerade jenen Ansprüche zu verwehren, die häufig in erster Linie durch Kartelle oder verbotene Verhaltensweise geschädigt würden.[68]

26 Gegen den Einwand der **Gefahr einer unverhältnismäßigen Inanspruchnahme** des Schädigers durch die Geltendmachung von Ansprüchen von Abnehmern auf unterschiedlichen Marktstufen führt der BGH aus, dem könne insbesondere im Wege der **Vorteilsausgleichung** Rechnung getragen werden. Zudem würden die praktischen Möglichkeiten zu einer erfolgversprechenden Schadensersatzklage abnehmen, je weiter die Marktstufe des Anspruchstellers von den Kartellmitgliedern entfernt sei. Einem Geschädigten dürfe ein Schadensersatzanspruch aber nicht von vornherein mit der Begründung verwehrt werden, dass der Nachweis seiner Voraussetzungen Schwierigkeiten bereite.[69]

27 Nach Auffassung des BGH spricht für die Anspruchsberechtigung indirekter Abnehmer maßgeblich auch der **unionsrechtliche Effektivitätsgrundsatz**. Denn danach kann „**jedermann**" Ersatz des ihm entstandenen Schadens verlangen, wenn zwischen dem Schaden und einem nach Art. 101 AEUV verbotenen Kartell oder Verhalten ein ursächlicher Zusammenhang besteht.[70] Dabei ist es Aufgabe des innerstaatlichen Rechts, die Einzelheiten für die Anwendung des Begriffs des „ursächlichen Zusammenhangs" zu bestimmen. Eine Beschränkung von Schadensersatzansprüchen auf direkte Abnehmer des Kartellanten sei damit kaum in Einklang zu bringen. Vielmehr werde der Kreis möglicher Anspruchsteller allein durch das Erfordernis eines **Ursachenzusammenhangs** zwischen dem Schaden und dem verbotenen Kartell oder Verhalten eingeschränkt, der ohne weiteres auch bei indirekten Abnehmern gegeben sein könne.[71]

---

[64] BGH Urt. v. 28.6.2011 – KZR 75/10, WuW/E DE-R 3431 Rn. 19 ff. – ORWI.
[65] BGH Urt. v. 28.6.2011 – KZR 75/10, WuW/E DE-R 3431 Rn. 19 ff. – ORWI.
[66] BGH Urt. v. 28.6.2011 – KZR 75/10, WuW/E DE-R 3431 Rn. 24 – ORWI.
[67] BGH Urt. v. 28.6.2011 – KZR 75/10, WuW/E DE-R 3431 Rn. 25 – ORWI.
[68] BGH Urt. v. 28.6.2011 – KZR 75/10, WuW/E DE-R 3431 Rn. 26 – ORWI.
[69] BGH Urt. v. 28.6.2011 – KZR 75/10, WuW/E DE-R 3431 Rn. 27 – ORWI.
[70] BGH Urt. v. 28.6.2011 – KZR 75/10, WuW/E DE-R 1381 Rn. 34 – ORWI mVa EuGH Urt. v. 13.7.2006 – C-295/04 bis C-298/04, Slg. I-6641 Rn. 61 ff. – Manfredi.
[71] BGH Urt.v. 28.6.2011 – KZR 75/10, WuW/E DE-R 3431 Rn. 35 f.– ORWI.

Nach Auffassung des BGH fordert der unionsrechtliche Effektivitätsgrundsatz gerade 28
nicht, die Schadensersatzansprüche beim Erstabnehmer zu konzentrieren. Zwar hat der
Erstabnehmer in der Regel den **besten Zugang zu den für die Substantiierung der
Klage** erforderlichen Informationen und wird am ehesten das verbotene Verhalten und
die Höhe von Preisaufschlägen beweisen können. Dagegen wird es sich bei mittelbaren
Abnehmern regelmäßig um eine größere Zahl von Kunden mit eher geringeren **Streuschäden** handeln.[72] Diesen Bedenken will der BGH aber bei den Anforderungen an die
Ursächlichkeit einer Kartellabsprache für das Preisniveau auf den nachgelagerten Marktstufen und insbesondere bei der **Verteilung der Darlegungs- und Beweislast** Rechnung tragen. Zudem bleiben die unmittelbaren Abnehmer stets berechtigt, als Schaden
den **entgangenen Gewinn** geltend zu machen, der ihnen durch einen etwaigen kartellbedingten Nachfragerückgang entstanden ist.[73]

cc) Anspruchsvoraussetzungen in der Sache. Über die Bejahung der Aktivlegitimation hinaus 29
setzt ein auf einen Verstoß gegen § 1 GWB oder Art. 101 Abs. 1 AEUV gestützter Schadensersatzanspruch eines mittelbaren Abnehmers **in der Sache** allerdings voraus, dass ein **ursächlicher Zusammenhang zwischen dem verbotenen Verhalten und dem bei ihm entstandenen Vermögensnachteil** besteht. Die **Darlegungslast** dafür, dass und gegebenenfalls
in welcher Höhe ein kartellbedingter Preisaufschlag auf die nachfolgende Marktstufe abgewälzt wurde, trägt nach den klaren Aussagen des BGH der **mittelbare Abnehmer,** der sich
hierauf beruft. Zu erbringen ist dabei der Vollbeweis.[74] Auszugehen ist von dem im deutschen
Deliktsrecht anerkannten Maßstab adäquater Kausalität. Dieser steht nach Auffassung des
BGH auch mit dem Unionsrecht im Einklang.[75] Dabei muss die Kausalität im Einzelfall nachgewiesen werden. Wegen der ökonomischen Komplexität der Preisbildung und des unterschiedlichen Wettbewerbsdrucks auf den jeweiligen nachgelagerten Märkten spricht **keine
Vermutung** dafür, dass eine im zeitlichen Zusammenhang mit dem Kartell auftretende Preiserhöhung auf den Anschlussmärkten ursächlich auf das Kartell zurückzuführen ist.[76] Eine solche Vermutung soll es auch im Handel nicht geben.[77] Die Umsetzung der Schadensersatz-
Richtlinie lässt eine Änderung dieser Rechtslage erwarten → Rn. 77 ff.

Zuvor streitet für **unmittelbare** Abnehmer ein **Anscheinsbeweis,** wonach Kartellab- 30
sprachen typischer Weise zu einer Erhöhung der Abgabepreise führen.[78] Ob es für die
Weiterwälzung des so entstandenen Schadens auf die nachgelagerte Absatzstufe einen vergleichbaren Anscheinsbeweis gibt, also die Weiterwälzung dem üblicherweise zu erwartenden Geschehensablauf entspricht, wird aber nicht einheitlich gesehen, wenngleich dies
bei entsprechenden Strukturvoraussetzungen wie einer hohen Marktabdeckung, inelasti-
scher Nachfrage und nicht unerheblicher Dauer allerdings nahe liegt.[79]

Konkret bedarf es für die Bejahung der Kausalität der positiven Feststellung, dass die 31
Preiserhöhung auf dem Anschlussmarkt gerade auf das Kartellgeschehen und nicht etwa
auf andere preisbildende Faktoren zurückgeht. Es muss ausgeschlossen werden können,
dass der **Preissetzungsspielraum** des Abnehmers auf der vorgelagerten Marktstufe nicht

---

[72] Loewenheim/Meessen/Riesenkampff/*Rehbinder* GWB § 33 Rn. 16, 40.
[73] BGH Urt.v. 28.6.2011 – KZR 75/10, WuW/E DE-R 3431 Rn. 28ff.– ORWI.
[74] LG Düsseldorf Urt. v. 19.11.2015 – 14d O 4/14 Rn. 212 – Autoglasversicherer.
[75] BGH Urt. v. 28.6.2011 – KZR 75/10, WuW/E DE-R 3431 Rn. 44 – OWRI mVa EuG Urt. v. 28.4.1998 – T-184/95, Slg. 1998, II-667 Rn. 72 – Dorsch Consult.
[76] BGH Urt. v. 28.6.2011 – KZR 75/10, WuW/E DE-R 3431 Rn. 45 – ORWI; LG Düsseldorf Urt. v. 19.11.2015 – 14d O 4/14 Rn. 209 – Autoglasversicherer.
[77] BGH Urt. v. 28.6.2011 – KZR 75/10, WuW/E DE-R 3431 Rn. 45 – OWRI mVa EuGH Urt. v. 25.2.1988 – C-331/85, Slg. 1988, 1099 Rn. 17 – Bianco und Girard; EuGH Urt. v. 2.10.2003 – C-147/01, Slg. 2003, I-11365 Rn. 96 – Webers Wine World.
[78] Vgl. für ein Quotenkartell KG Urt. v. 1.10.2009 – 2 U 10/03 Kart, WuW/E DE-R 2773 Rn. 40ff. – Berliner Transportbeton; vgl. zuletzt LG Berlin Urt. v. 6.8.2013 – 16 O 193/11 Kart, NZKart 2014, 37 Rn. 59 – Fahrtreppen.
[79] Dagegen *Buntscheck* WuW 2013, 947 (952) mVa KG Urt. v. 1.10.2009 – 2 U 10/03 Kart, WuW/E DE-R 2773 – Berliner Transportbeton. Dafür *Thomas* ZHR 2016, 45 (54) (69).

auf der durch das Kartell geschaffenen Marktlage sondern auf einer davon unabhängigen, **besonderen Marktstellung** oder **anderen Gegebenheiten** des Anschlussmarkts beruht. Denn dann ist der vorgelagerte Abnehmer unabhängig von dem erhöhten Einstandspreis in der Lage gewesen, seinen Verkaufspreis anzuheben und ihm ist kein kartellbedingter Vorteil entstanden.[80] Hat sich der weiterliefernde Abnehmer seinen Preissetzungsspielraum insbesondere durch **besondere kaufmännische Leistungen und Anstrengungen** erworben, fehlt es an der erforderlichen adäquaten Kausalität des Kartells für die Preiserhöhung auf dem Folgemarkt.[81]

32 Relativ einfach ist der Schadensnachweis dann zu erbringen, wenn der direkte Abnehmer mit festen Margen kalkuliert oder seine Marge gar als Prozentsatz des von ihm offengelegten Einkaufspreises berechnet **(cost-plus-Verträge)**. In solchen Fällen kann eine vollständige Abwälzung des kartellbedingten Preisaufschlages auf den mittelbaren Abnehmer vorliegen.[82]

33 Zu den Faktoren für die Prüfung, ob eine Preiserhöhung auf der nachfolgenden Marktstufe **kartellbedingt** ist, gehören ansonsten nach der Rechtsprechung des BGH die **Preiselastizität von Angebot und Nachfrage,** die **Dauer des Verstoßes** sowie die **Intensität des Wettbewerbs auf dieser Stufe.**[83] Im Fall von **marktabdeckenden Kartellen** kann hieraus ein **Anscheinsbeweis** für eine vollständige **Weiterwälzung des Schadens** folgen. Müssen die meisten der auf der nachfolgenden Stufe auftretenden Anbieter den Kartellpreis entrichten und hat ihre Marktgegenseite keine oder nur geringe Ausweichmöglichkeiten, kann eine Kostenwälzung grundsätzlich jedenfalls dann als kartellbedingt angesehen werden, wenn der Wettbewerb auf dem Anschlussmarkt ansonsten funktionsfähig ist. Dieser **Anschein,** auf den sich der BGH ausweislich der in Bezug genommenen Literaturstellen beruft, beruht auf der ökonomisch begründbaren Theorie, dass eine vollständige Weiterwälzung der Preiserhöhung eines marktabdeckenden Kartells vorherzusagen ist, wenn auf dem nachgelagerten Markt perfekter Wettbewerb bei konstanten Grenzkosten herrscht.[84]

Die Begriffe der „Weiterwälzung" oder „Abwälzung" des Schadens auf den mittelbaren Abnehmer dürfen nicht in dem Sinne missverstanden werden, dass eine kartellbedingte Preisüberhöhung auf dem nachgelagerten Markt nur maximal in dem Umfang eintreten kann, wie auf dem kartellierten Markt ein Preisaufschlag tatsächlich erfolgt ist; vielmehr kann der Preisaufschlag auf nachgelagerten Märkten unter bestimmten Markt- und Wettbewerbsbedingungen das Ausmaß der Preisanhebung auf dem kartellierten Markt sogar überschreiten.[85]

34 **dd) Zulassung der „Passing-on defense".** Als – nahezu zwingende – Konsequenz der Bejahung der grundsätzlichen Anspruchsberechtigung mittelbarer Abnehmer lässt der BGH den Einwand der Schadensabwälzung („Passing-on defense") grundsätzlich zu.[86] Wird der Schädiger von einem unmittelbaren Abnehmer in Anspruch genommen, kann er grundsätzlich einwenden, der unmittelbare Abnehmer habe deshalb keinen Schaden erlitten, weil er diesen auf seinen eigenen Abnehmer, den mittelbaren Abnehmer, abgewälzt habe. Im Einzelnen: → C.

2. Aktivlegitimation von „Mitbewerbern" der Kartellbeteiligten

35 **a) Aktivlegitimation kartellfremder Wettbewerber.** Bereits vor Inkrafttreten der 7. GWB-Novelle war weitgehend anerkannt, dass **nicht dem Kartell angehörende Wettbewerber** gegen die Mitglieder eines Kartells zivilrechtliche Abwehransprüche geltend machen

---

[80] BGH Urt. v. 28.6.2011 – KZR 75/10, WuW/E DE-R 3431 Rn. 46 – ORWI.
[81] Vgl. BGH Urt. v. 28.6.2011 – KZR 75/10, WuW/E DE-R 3431 Rn. 46, 47 – OWRI.
[82] Langen/Bunte/*Bornkamm* GWB § 33 Rn. 151.
[83] Vg. im Einzelnen *Thomas* ZHR 2016, 46 (50).
[84] *Morell* WuW 2013, 959 (961); *Haucap/Stühmeier* WuW 2008, 413 (421); vgl. zur mikroökonomischen Analyse der Schadensweiterwälzung: *Schürmann,* Die Weitergabe des Kartellschadens, 236 ff.
[85] *Thomas* ZHR 2016, 45 (49) mwN.
[86] BGH Urt.v. 28.6.2011 – KZR 75/10, WuW/E DE-R 3431 Rn. 28 ff.– ORWI.

können. So sah die Rechtsprechung auch unter Geltung des Schutzgesetzprinzips in § 1 GWB aF jedenfalls ein Schutzgesetz zu Gunsten der durch ein Kartell **vom Marktzutritt ausgeschlossenen** und nicht dem Kartell angehörenden **Wettbewerber**.[87] An der „Betroffenheit" iS einer Beeinträchtigung als Mitbewerber bestehen auch nach heutigem Recht keine Zweifel, wenn das Kartell dem (potentiellen) Wettbewerber den Marktzutritt verweigert oder erschwert.[88] In diesem Fall liegt eine Betroffenheit iS einer Beeinträchtigung der wirtschaftlichen Interessen zweifelsfrei vor.

b) Aktivlegitimation von Kartellmitgliedern. Vor der *Courage*-Entscheidung[89] des EuGH 36 war es allgemeine Auffassung, dass die **Kartellmitglieder selbst** nicht durch das Kartellverbot geschützt sind und ihnen daher keine Unterlassungs- oder Schadensersatzansprüche untereinander zustehen können.[90] Nach der *Courage*-Entscheidung des EuGH wird sich die Aktivlegitimation von Kartellmitgliedern **nicht mehr in dieser Eindeutigkeit verneinen** lassen.[91] Dabei ist zwar zu berücksichtigen, dass die *Courage*-Entscheidung ein Vertikalverhältnis betraf. Dort kam die Wettbewerbsbeschränkungen einseitig nur dem die Bezugsverpflichtung auferlegenden Partner zu Gute. Die Begründung des EuGH dafür, dass ein Einzelner berechtigt sein muss, Schadensersatzansprüche auch dann geltend zu machen, wenn er selbst **Partei** einer wettbewerbsbeschränkenden Vereinbarung ist, liegt allerdings weniger darin, die schwächere Vertragspartei zu schützen. Die tragende Begründung ist, dass die Zubilligung von Schadensersatzansprüchen die **Durchsetzungskraft** der gemeinschaftlichen Wettbewerbsregeln erhöht und überdies geeignet ist, von – oft verschleierten – wettbewerbsbeschränkenden Vereinbarungen abzuhalten. Diese Überlegung trifft aber **nicht nur auf Vertikalabsprachen zu, sondern auf horizontale Absprachen in gleichem oder sogar noch höherem Maße.**[92]

Die generelle Verneinung der Aktivlegitimation von Kartellbeteiligten fällt nach Inkraft- 37 treten der 7. GWB Novelle auch deshalb schwer, weil in dem **Regierungsentwurf** vom 26.5.2004 in ausdrücklicher Abkehr zur anderslautenden Rechtsprechung noch ausdrücklich die **Klarstellung vorgesehen** war, dass ein Anspruch nicht deshalb ausgeschlossen sein solle, weil der andere Marktbeteiligte an dem Verstoß mitgewirkt habe.[93] Zwar ist diese Klarstellung aufgrund der Beschlussempfehlung des Ausschusses für Wirtschaft und Arbeit nicht in die endgültige Gesetzesfassung aufgenommen worden; eine ausdrückliche Abkehr von der Fassung des Regierungsentwurfes findet sich in der Begründung der Beschlussempfehlung allerdings auch nicht.[94] Deshalb sprechen insgesamt die besseren Gründe dafür, die **Aktivlegitimation** von **Kartellmitgliedern** grundsätzlich zu bejahen.

Allerdings kommt sowohl in der *Courage*-Entscheidung als auch in der Regierungsbe- 38 gründung deutlich zum Ausdruck, dass der Partei, die eine **erhebliche Verantwortung für die Wettbewerbsverzerrung** trägt, **trotz gegebener Aktivlegitimation kein Schadensersatzanspruch in der Sache zugebilligt** werden muss, weil niemand aus dem eigenen rechtswidrigen Verhalten soll Nutzen ziehen können.[95] Deshalb muss ein Anspruch trotz Bejahung der Aktivlegitimation jedenfalls unter dem Gesichtspunkt des **Mit-**

---

[87] BGH Urt. v. 4.4.1975 – KZR 6/74, WuW/E BGH 1361 (1364) Rn. 49 ff. – Krankenhaus-Zusatzversicherung; BGH Urt. v. 25.1.1983 – KZR 12/81, WuW/E BGH 1985 (1988) Rn. 43 ff. – Familienzeitschrift.
[88] Vgl. Langen/Bunte/*Bornkamm* GWB § 33 Rn. 43; Wiedemann/*Topel* HdB KartellR § 50 Rn. 87.
[89] EuGH Urt. v. 20.9.2001 – C-453/99, WuW/E EU-R 479 – Courage v. Crehan.
[90] KG Berlin Beschl. v. 7.9.1977 – Kart. 5/77, WuW/E OLG 1903 (1905) – Air-Conditioning-Anlagen; Immenga/Mestmäcker/*Emmerich* GWB § 33 Rn. 19 mwN.
[91] AA Loewenheim/Meessen/Riesenkampff/*Rehbinder* GWB § 33 Rn. 14.
[92] Vgl. EuGH Urt. v. 20.9.2001 – C-453/99, WuW/E EU-R 479 (481) – Courage v. Crehan.
[93] Entwurf eines Siebten Gesetzes zur Änderung des Gesetzes gegen Wettbewerbsbeschränkungen v. 26.5.2004, BT-Drs. 15/3640 v. 12.8.2004, 53.
[94] Beschlussempfehlung und Bericht des Ausschusses für Wirtschaft und Arbeit (9. Ausschuss), BT-Drs. 15/5049 v. 9.3.2005, 17.
[95] EuGH Urt. v. 20.9.2001 – C-453/99, WuW/E EU-R 479 (481) Rn. 31 – Courage v. Crehan; Entwurf eines Siebten Gesetzes zur Änderung des Gesetzes gegen Wettbewerbsbeschränkungen v. 26.5.2004, BT-Drs. 15/3640 v. 12.8.2004, 53; ebenso: Langen/Bunte/*Bornkamm* GWB § 33 Rn. 47.

verschuldens nach § 254 Abs. 1 BGB in der Sache ausgeschlossen werden, wenn der Anspruchsteller sich anderenfalls auf eine rechtswidrige Handlung stützen würde und ihn eine erhebliche Verantwortung an der Wettbewerbsverzerrung trifft.[96] Unabhängig von der grundsätzlich zu bejahenden Aktivlegitimation werden Schadensersatzansprüche in der Sache daher auch bei horizontalen Absprachen nur dann in Betracht kommen, wenn ein **deutliches Ungleichgewicht bei der Verhandlungsposition** festzustellen ist und die schwächere Partei sich der Kartellabsprache letztlich nicht hätte entziehen können oder sich die Kartellrechtswidrigkeit aufgrund der Bündeltheorie erst unter Berücksichtigung einer Vielzahl anderer Verträge ergibt.[97]

39 Als Beispiel für eine horizontale Kartellvereinbarung mit ungleicher Verhandlungsstärke kann eine **Quotenabsprache** in Betracht kommen, bei dem einem kleineren Wettbewerber nur eine unter seinem Potential liegende Quote zugebilligt wird und er sich darauf nur zur Vermeidung noch größerer Nachteile einlässt.[98] Die Geltendmachung von Schadensersatzansprüchen wegen Kartellverstößen, an denen der Kläger selbst mitgewirkt hat, ist in der Praxis – zumindest in einem öffentlichen Gerichtsverfahren – allerdings schon wegen des auch dem Kläger drohenden Bußgeldes – zumindest wiederum vor Stellung eines Kronzeugenantrages – schon wegen § 90 GWB mit derartigen Risiken verbunden, dass sie die seltene Ausnahme bleiben wird. Zu beachten bleibt auch, dass man Schadensersatzansprüche, die auf einen mittelbaren Zwang zur Erfüllung der verbotenen Kartellabsprache hinauslaufen würden, insbesondere Schadensersatz anstelle der Leistung, in der Sache nicht wird zubilligen können.[99]

II. Kartellverstöße in Form vertikaler Wettbewerbsbeschränkungen

40 Mit vertikalen Wettbewerbsbeschränkungen sind Vereinbarungen oder aufeinander abgestimmte Verhaltensweisen gemeint, die zwischen Unternehmen auf unterschiedlichen Ebenen einer Produktions- oder Vertriebskette abgeschlossen werden. Regelmäßig sind das Vereinbarungen zwischen Nichtwettbewerbern.

1. Aktivlegitimation von „sonstigen Marktbeteiligten"

41 **a) Aktivlegitimation der gebundenen Vertragspartei.** In seiner „*Courage*"-Entscheidung hat der EuGH ausdrücklich entschieden, dass schon wegen des Ziels der Erhöhung der Durchsetzungskraft der gemeinschaftlichen Wettbewerbsregeln grundsätzlich **auch der gebundenen Vertragspartei** eines **kartellrechtswidrigen Vertikalvertrages Abwehr- und Schadensersatzansprüche** zustehen müssen.[100] Anspruchsberechtigt können daher insbesondere die **Vertragspartner eines preis- oder konditionenbindenden Unternehmens** sein oder **Unternehmen, die Weiterverkaufs- oder Verwendungsbeschränkungen unterliegen** oder **zum Alleinbezug verpflichtet** worden sind.[101] Die Bejahung der Anspruchsberechtigung der gebundenen Vertragspartei entspricht im Wesentlichen der deutschen Rechtsprechung, die bereits vor der „*Courage*"-Entscheidung des EuGH galt.[102]

42 Mit der Bejahung der Aktivlegitimation der gebundenen Vertragspartei ist naturgemäß auch in Fällen von vertikalen Vereinbarungen noch nicht gesagt, dass diese Partei auch in der Sache einen Schadensersatzanspruch haben muss. Unter dem rechtlichen Aspekt des

---

[96] Vgl. Entwurf eines Siebten Gesetzes zur Änderung des Gesetzes gegen Wettbewerbsbeschränkungen v. 26.5.2004, BT-Drs. 15/3640 v. 12.8.2004, 53; aA Loewenheim/Meessen/Riesenkampff/*Rehbinder* GWB § 33 Rn. 14.
[97] Langen/Bunte/*Bornkamm* GWB § 33 Rn. 47; vgl. Immenga/Mestmäcker/*Emmerich* GWB § 33 Rn. 19.
[98] Zu diesem Beispiel: Langen/Bunte/*Bornkamm* GWB § 33 Rn. 47.
[99] Ebenso: Immenga/Mestmäcker/*Emmerich* GWB § 33 Rn. 19.
[100] EuGH Urt. v. 20.9.2001 – C-453/99, WuW/E EU-R 479 (481) Rn. 26 – Courage Ltd/Crehan.
[101] Loewenheim/Meessen/Riesenkampff/*Rehbinder* GWB § 33 Rn. 20; Immenga/Mestmäcker/*Emmerich* GWB § 33 Rn. 20.
[102] BGH Urt. v. 7.7.1992 – KZR 15/91, WuW/E BGH 2813 (2818) Rn. 33 – Selbstzahler; Langen/Bunte/*Bornkamm* GWB § 33 Rn. 62 unter Verweis auf die 10. Auflage GWB § 33 Rn. 17 und 22.

Mitverschuldens wird auch bei Vertikalvereinbarungen stets zu berücksichtigen sein, dass der Anspruchsteller in diesem Fall selbst den Vertrag mit abgeschlossen hat. Insoweit fordert der EuGH, dass die gebundene Vertragspartei der **anderen Partei eindeutig unterlegen war,** also aufgrund einer schwachen Verhandlungsposition eine Streichung der kartellrechtswidrigen Klausel nicht hätte durchsetzen können und nicht in der Lage war, unter Einsatz der ihr zur Verfügung stehenden Rechtsschutzmöglichkeiten den Schadenseintritt zu verhindern oder zu begrenzen.[103]

Eine **Aktivlegitimation der bindenden Vertragspartei** wurde vor der „*Courage*"- **43** Entscheidung des EuGH kaum ernsthaft diskutiert. Offenbar wurde mehr oder weniger selbstverständlich ausgeschlossen, dass die bindende Partei aus der kartellrechtswidrigen Vereinbarung einen Nachteil erleiden könnte.[104] Zwar dürfte ein genereller Ausschluss der Aktivlegitimation im Lichte der Begründung der *Courage*-Rechtsprechung, wonach Schadensersatzansprüche die Durchsetzungskraft der gemeinschaftlichen Wettbewerbsregeln erhöhen und generell vor wettbewerbsbeschränkenden Vereinbarungen abhalten sollen, nicht mehr zu rechtfertigen sein.[105] Von großer praktischer Relevanz wird die Frage aber kaum werden, da es nach wie vor wenig wahrscheinlich erscheint, dass die bindende Vertragspartei aufgrund der sie begünstigenden Regelung einen Schaden wird nachweisen können.[106]

b) Aktivlegitimation mittelbarer Abnehmer. Ebenso wie bei horizontalen Absprachen stellt **44** sich auch bei vertikalen Absprachen die Frage, ob neben der unmittelbar gebundenen Vertragsparteien auch deren **Abnehmer bzw. Lieferanten als „sonstige Marktteilnehmer"** Betroffene iSv § 33 Abs. 1 Satz 3 GWB sein können. Die Frage ist zu bejahen, wenn das gebundene Unternehmen in seinem Verhalten auf der nachgelagerten Absatzstufe gebunden wird, wie im Fall von **Preisbindungen, Vertriebsbeschränkungen oder Exportverboten.**[107]

Eine Aktivlegitimation zur Geltendmachung von Unterlassungs- und Schadensersatz- **45** ansprüchen kann nach der Rechtsprechung des OLG Düsseldorf insbesondere auch für **Einzelhändler** gegeben sein, wenn im Rahmen eines dreistufigen Vertriebs ein Hersteller mit dem Großhandel bestimmte Fachhandelsvereinbarungen schließt.[108] Dies ist insbesondere dann angenommen worden, wenn der Hersteller über **bestimmte Rabattvorgaben** bezweckt, den Wettbewerb zwischen solchen Einzelhändlern, die bestimmte Qualitätskriterien erfüllen und solchen Einzelhändlern, die dies nicht tun, weil sie beispielsweise keine stationären Ausstellungsräume vorhalten oder (preisgünstig) über das Internet vertreiben, zu beschränken.[109]

Evident ist die Möglichkeit des Schadenseintritts und damit die Aktivlegitimation des **46** mittelbaren Abnehmers auch im Fall einer **(Mindest-)Preisbindung.** In diesen Fällen wurde schon vor Inkrafttreten der 7. GWB-Novelle vielfach angenommen, auch die Vertragspartner des gebundenen Unternehmens gehörten zu dem geschützten Personenkreis.[110] Mittelbare Abnehmer, die in Folge einer kartellrechtswidrigen Preisbindungsvereinbarung einen überhöhten Preis zahlen müssen, sind als Betroffene anzusehen und daher aktivlegitimiert, **Unterlassungs- und Schadensersatzansprüche** geltend zu machen.[111]

---

[103] EuGH Urt. v. 20.9.2001 – C-453/99, WuW/E EU-R 479 (481) Rn. 33 – Courage Ltd/Crehan.
[104] Wiedemann/*Topel* HdB KartellR § 50 Rn. 96.
[105] Ebenso: Wiedemann/*Topel* HdB KartellR § 50 Rn. 96.
[106] Vgl. auch: Wiedemann/*Topel* HdB KartellR § 50 Rn. 96.
[107] Vgl. Loewenheim/Meessen/Riesenkampff/*Rehbinder* GWB § 33 Rn. 22.
[108] OLG Düsseldorf Urt. v. 13.11.2013 – VI-U (Kart) 11/13, WuW/E DE-R 4117 – Badarmaturen.
[109] OLG Düsseldorf Urt. v. 13.11.2013 – VI-U (Kart) 11/13, WuW/E DE-R 4117 Rn. 42 – Badarmaturen.
[110] Langen/Bunte/*Bornkamm* GWB § 33 Rn. 64 f. mwN.
[111] Langen/Bunte/*Bornkamm* GWB § 33 Rn. 64 f.; *Kling/Thomas* § 21 Rn. 48; Wiedemann/*Topel* HdB KartellR § 50 Rn. 100.

47 Praktisch relevant werden kann die Aktivlegitimation mittelbarer Abnehmer insbesondere auch im Fall einer **kartellrechtswidrigen Exklusivbindung**. Besteht beispielsweise ein kartellrechtswidriges exklusives Vertriebsrecht eines Händlers unter Ausschluss des Direktvertriebs des Herstellers, so sind die anderen Händler gezwungen, ihre Produkte über den mit dem exklusiven Vertriebsrecht ausgestatteten Händler zu beziehen und werden insoweit **(unfreiwillig) zu mittelbaren Abnehmern** des Herstellers. Ihnen muss die Aktivlegitimation zur Geltendmachung von Unterlassungsansprüchen und Ansprüchen auf Ersatz des aus dem Exklusivvertrieb entstandenen Schadens zugestanden werden. Der Schaden wird in der Regel mindestens in Höhe der an den exklusiven Händler gezahlten Handelsmarge bestehen, die bei einem Direktbezug beim Hersteller nicht angefallen wäre.

48 Richtigerweise wird der mittelbare Abnehmer gegen beide Parteien einer kartellrechtswidrigen Vertikalvereinbarung als **Gesamtschuldner** nach § 421 BGB vorgehen können. Der mittelbare Abnehmer muss und kann als außenstehender Dritter in aller Regel nicht herausfinden, ob die gebundene Vertragspartei sich gegen die Bindung hätte zur Wehr setzen können. Die gebundene Vertragspartei wird dann im Innenverhältnis zu der sie bindenden Vertragspartei Regress nach § 426 Abs. 1 Satz 1 BGB oder uU auch nach § 33 Abs. 3 iVm § 1 GWB und/oder Art. 101 AEUV nehmen können, wenn sie an der Schadensentstehung kein oder nur ein geringes Mitverschulden trifft und die wirtschaftlichen Erfolge des Kartellverstoßes der bindenden Vertragspartei zugeflossen sind.[112]

2. Aktivlegitimation von „Mitbewerbern" der Kartellbeteiligten

49 An der Anspruchsberechtigung von **Wettbewerbern** der bindenden oder der gebundenen Partei einer kartellrechtswidrigen Vertikalvereinbarung kann kein Zweifel bestehen.[113] So beeinträchtigt beispielsweise eine **kartellrechtswidrige Exklusivbindung** neben der gebundenen Vertragspartei unter Umständen insbesondere die Wettbewerber des bindenden Unternehmens, denn die gebundenen Marktteilnehmer gehen als potentielle Lieferanten oder Abnehmer verloren.[114] Im Fall von **selektiven Vertriebssystemen** können Außenseiter zu Unrecht von der Belieferung ausgeschlossen sein. Sie sind daher aktivlegitimiert, ggf. Unterlassungs- und Schadensersatzansprüche geltend zu machen.[115]

50 Eine Überschneidung mit der Fallgruppe unter B.II.1.b) kann sich bei einem **kartellrechtswidrigen Alleinvertriebsrecht eines Händlers** unter Ausschluss von Direktbelieferungen durch den Hersteller ergeben, wenn Wettbewerber des alleinvertriebsberechtigten Händlers nunmehr auf einen Warenbezug bei diesem, also bei einem Wettbewerber, auf der Handelsstufe angewiesen sind und so zugleich zu (unfreiwilligen) mittelbaren Abnehmern eines an der Vertikalabsprache Beteiligten werden. Die Aktivlegitimation zur Geltendmachung von Ansprüchen gegen beide Vertragsparteien ist ebenso wie unter → Rn. 44 ff. zu bejahen.

51 Der BGH hat auch die Aktivlegitimation von Wettbewerbern im Falle einer **kartellrechtswidrigen Preisbindung im Vertikalverhältnis** bejaht. Auch wenn Mitbewerber insbesondere im Fall einer Mindestpreisbindung eher bessere Absatzchancen erhalten, sollen sie davor geschützt sein, dass sich andere Marktteilnehmer durch kartellrechtswidrige Preisbindungen Wettbewerbsvorteile verschaffen.[116]

---

[112] Vgl. Langen/Bunte/*Bornkamm* GWB § 33 Rn. 68; zum Kriterium des wirtschaftlichen Erfolges vgl. OLG München, Urt. v. 9.2.2012 – U 3283/11 Kart, WuW/E DE-R 3835 Rn. 29.
[113] Vgl. Loewenheim/Meessen/Riesenkampff/*Rehbinder* GWB § 33 Rn. 21 mwN; *Kling/Thomas* § 21 Rn. 46 ff.
[114] Langen/Bunte/*Bornkamm* GWB § 33 Rn. 60.
[115] BGH Urt. v. 12.5.1998 – KZR 23/96, WuW/E DE-R 206 (207) – Depot-Kosmetik; vgl. Langen/Bunte/*Bornkamm* GWB § 33 Rn. 60.
[116] Vgl. Langen/Bunte/*Bornkamm* GWB § 33 Rn. 61 mwN; BGH Urt. v. 4.2.1986 – KZR 33/84, WuW/E BGH 2256 (2259) Rn. 22 mwN – Herstellerpreiswerbung; zustimmend: Wiedemann/*Töpel* HdB KartellR § 50 Rn. 98.

III. Missbrauchs- und Diskriminierungsverbote und anderes verbotswidriges unilaterales Verhalten

1. Keine materiell-rechtlichen Konsequenzen durch die 8. GWB-Novelle

Die bislang in §§ 19 bis 21 GWB geregelten Missbrauchs-, Diskriminierungs- und Boy- **52** kottverbote sind durch die 8. GWB-Novelle überarbeitet worden.[117] Die Missbrauchsvorschriften sollten einfacher, verständlicher und anwenderfreundlicher gestaltet werden, ohne dass eine Änderung des materiellen Gehalts der Vorschriften bezweckt wurde.[118] Im Wesentlichen wurde die bislang in § 19 Abs. 2 GWB enthaltene Marktbeherrschungsdefinition in den neu eingefügten § 18 GWB überführt. Die beiden bislang in § 19 Abs. 4 Nr. 1 und § 20 Abs. 1 GWB parallel enthaltenen Tatbestände für den Behinderungsmissbrauch wurden im Zuge einer redaktionellen Bereinigung zusammengeführt und unter Übernahme des neben der Behinderung auch die Diskriminierung enthaltenen weitergehenden Wortlautes in den neuen § 19 Abs. 2 Nr. 1 GWB überführt.

Weiter wurde **die Einschränkung** des bisherigen Tatbestandes des § 19 Abs. 4 Nr. 1 **53** GWB, wonach für die Behinderung eine für den Wettbewerb auf dem Markt „erhebliche Beeinträchtigung" erforderlich war, aus dem Wortlaut **gestrichen**. Dies sollte aber nicht zu einer Änderung des materiellen Gehalts des Behinderungsmissbrauchs führen, sondern die bisherige umfangreiche Rechtsprechung sollte maßgeblich bleiben.[119] Dies bedeutet, dass die **„Erheblichkeit" der Beeinträchtigung** auch in Zukunft, entsprechend der Auslegung des bisherigen § 20 Abs. 1 GWB im Rahmen der vorzunehmenden Interessenabwägung zu berücksichtigen sein wird.[120]

2. Anspruchsberechtigung der unmittelbar Betroffenen

Wer zur Geltendmachung von Unterlassungs- oder Schadensersatzansprüchen wegen Ver- **54** stößen gegen die jeweiligen Vorschriften in §§ 19 ff. GWB aktivlegitimiert ist, ergibt sich wie schon vor Inkrafttreten der 7. GWB Novelle im Wesentlichen aus dem Gesetzestext selbst.[121] Auch nach Wegfall des Schutzgesetzerfordernisses und unter Geltung des Kriteriums der „Betroffenheit" lassen sich hieraus **Begrenzungen der Anspruchsberechtigung** ableiten, weil nicht bei allen denkbaren Anspruchstellern der Zurechnungs- oder Rechtswidrigkeitszusammenhang zwischen Verstoß und Beeinträchtigung im Sinn von § 33 Abs. 1 Satz 3 GWB vorliegen würde bzw. es an einer Beeinträchtigung gänzlich fehlt.[122]

a) Behinderungs- und Diskriminierungsverbot. In Fällen einer unbilligen Behinderung **55** nach § 19 Abs. 2 Ziff. 1 Alt. 1 GWB ist nur derjenige auf der Marktgegenseite aktivlegitimiert, **dessen Wettbewerbsmöglichkeiten durch das verbotene Verhalten beeinträchtigt sind**.[123] Aktivlegitimiert zur Geltendmachung von Verstößen gegen das Diskriminierungsverbot in § 19 Abs. 2 Ziff. 1 Alt. 2 GWB ist das die Diskriminierung geltend machende Unternehmen. Im Fall einer diskriminierenden Lieferverweigerung kann als „Unterlassung" der Nichtbelieferung unmittelbar **auf Belieferung geklagt** werden.[124] Der unbilligen Behinderung oder der Diskriminierung eines anderen Unternehmens nach § 19 Abs. 2 Ziff. 1 GWB ist bereits tatbestandlich eine bestimmte Zielrichtung auf eines oder mehrere andere Unternehmen immanent. In diesen Fällen wurde der Kreis der Anspruchsberechtigten durch das von einzelnen Gerichten entwickelte **„Zielgerichtet-**

---

[117] 8. Gesetz zur Änderung des Gesetzes gegen Wettbewerbsbeschränkungen v. 26.6.2013, BGBl. 2013, Teil I, 1738 ff.
[118] Begründung des Gesetzentwurfes der Bundesregierung, BT-Drs. 17/9852 v. 31.5.2012, 1 und 23 v. 31.5.2012.
[119] Immenga/Mestmäcker/*Emmerich* GWB § 19 Rn. 91, 95.
[120] Begründung des Gesetzentwurfes der Bundesregierung, BT-Drs. 17/9852 v. 31.5.2012, 23 mVa Immenga/Mestmäcker/*Markert* GWB § 19 Rn. 95.
[121] Vgl. Langen/Bunte/*Bornkamm* GWB § 33 Rn. 69.
[122] Vgl. Langen/Bunte/*Bornkamm* GWB § 33 Rn. 69.
[123] Ähnlich noch zu § 19 Abs. 4 Nr. 1 GWB aF Langen/Bunte/*Bornkamm* GWB § 33 Rn. 69; vgl. OLG Karlsruhe Urt. v. 24.9.2014 – 6 U 89/12 (Kart), BeckRS 2015, 03638 – Schilderprägestelle.
[124] Vgl. Bechtold/*Bosch* § 33 Rn. 17.

heitskriterium" ohnehin nicht eingeschränkt, so dass mit der Aufgabe des Schutzgesetzerfordernisses durch den Gesetzgeber der 7. GWB Novelle nunmehr auch keine Erweiterung des Kreises der Anspruchsberechtigten eingetreten oder vom Gesetzgeber bezweckt worden wäre.

56   Die Begründung der Bundesregierung zur 8. GWB-Novelle stellt klar, dass die **Drittmarktbehinderung** vom Behinderungsverbot erfasst bleiben soll.[125] Insbesondere in Fällen, in denen der Normadressat seine Stellung auf dem beherrschten Markt durch Kopplung verschiedener Angebote ausnutzt, um seine beherrschende Stellung auf einen bislang nicht beherrschten Drittmarkt zu übertragen, kann ein Verstoß damit auch von Unternehmen geltend gemacht werden, die nicht auf dem Markt des beherrschenden Normadressaten aber auf dem Drittmarkt tätig sind.[126] Sie sind als auf dem Drittmarkt „Betroffene" zweifelsfrei aktivlegitimiert.[127] Die zu § 20 GWB (in der Fassung vor Inkrafttreten der 8. GWB-Novelle) entwickelte Rechtsprechung des BGH, wonach das Schutz beanspruchende Unternehmen auf dem Markt tätig sein musste, den der Normadressat beherrschte, soll also auf § 19 Abs. 2 GWB nach wie vor nicht übertragen werden.[128] Der BGH selbst hatte vor Inkrafttreten der 7. GWB-Novelle entschieden, dass die zu § 20 GWB entwickelte Rechtsprechung auf § 19 GWB nicht zu übertragen sei und hat auch anklingen lassen, für § 20 GWB von seiner bisherigen Rechtsprechung abrücken zu wollen.[129]

57   Verstöße gegen das in § 19 Abs. 2 GWB geregelte Behinderungs- und Diskriminierungsverbot können sowohl von Unternehmen der Marktgegenseite als auch von Wettbewerbern geltend gemacht werden. Voraussetzung ist, dass sie selbst auf dem beherrschten Markt oder einen Drittmarkt in ihren wirtschaftlichen Interessen beeinträchtigt sind.[130]

58   **b) Ausbeutungs- und Strukturmissbrauch.** Beim Ausbeutungs- und beim Strukturmissbrauch nach § 19 Abs. 2 Ziff. 2 und Ziff. 3 GWB ist derjenige betroffen und damit aktivlegitimiert, von dem missbräuchliche Entgelte oder Geschäftsbedingungen gefordert werden. Gleiches gilt, wenn von ihm ungünstigere Entgelte oder Geschäftsbedingungen gefordert werden als sie das marktbeherrschende Unternehmen selbst auf vergleichbaren Märkten von gleichartigen Abnehmern fordert.[131] An der Aktivlegitimation hat sich vor und nach Inkrafttreten der 7. GWB Novelle nichts geändert.

59   **c) Fälle der Zugangsverweigerung.** Beim Missbrauch durch Zugangsverweigerung nach § 19 Abs. 2 Nr. 4 GWB ist (nur) derjenige aktivlegitimiert, dem der Netzzugang verweigert wird.[132] Für die Geltendmachung der Aufnahme in Wirtschafts- und Berufsvereinigungen sowie Gütezeichengemeinschaften gemäß § 20 Abs. 5 GWB ist (nur) dasjenige Unternehmen aktivlegitimiert, dem der Zugang zu dem Verband oder der Gemeinschaft verwehrt wird.[133] Auch insoweit hat die 7. GWB Novelle nicht zu einer Erweiterung des Kreises der Anspruchsberechtigten geführt.

---

[125] Begründung des Gesetzentwurfes der Bundesregierung, BT-Drs. 17/9853 v. 31.5.2012, 23.
[126] Vgl. BGH Urt. v. 4.11.2003 – KZR 16/02, WuW/E DE-R 1206 – Strom und Telefon I; vgl. BGH Urt. v. 30.3.2004 – KZR 1/03, WuW/E DE-R 1283 – Der Oberhammer.
[127] Vgl. Wiedemann/*Töpel* HdB KartellR § 50 Rn. 103.
[128] Zu § 20 GWB aF vgl. BGH Urt. v. 23.2.1988 – KZR 17/86, WuW/E BGH 2483 (2490) Rn. 42 – Sonderungsverfahren; BGH Urt. v. 24.9.2002 – KZR 34/01, WuW/E DE-R 1011 (1013) Rn. 15 – Wertgutscheine für Asylbewerber; gegen eine Übertragbarkeit auf § 19 GWB bereits BGH Urt. v. 4.11.2003 – KZR 16/02, WuW/E DE-R 1206 – Strom und Telefon I; BGH Urt. v. 30.3.2004 – KZR 1/03, WuW/E DE-R 1283 – Der Oberhammer.
[129] BGH Urt. v. 4.11.2003 – KZR 16/02, WuW/E DE-R 1206 – *Strom und Telefon I*; BGH Urt. v. 30.3.2004 – KZR 1/03, WuW/E DE-R 1283 – Der Oberhammer; vgl. Wiedemann/*Töpel* HdB KartellR § 50 Rn. 103.
[130] Zu § 20 GWB aF vgl. Langen/Bunte/*Bornkamm* GWB § 33 Rn. 73; Loewenheim/Meessen/Riesenkampff/*Rehbinder* GWB § 33 Rn. 24.
[131] Loewenheim/Meessen/Riesenkampff/*Rehbinder* GWB § 33 Rn. 24.
[132] Vgl. Langen/Bunte/*Bornkamm* GWB § 33 Rn. 69 zu § 19 Abs. 4 Nr. 4 GWB aF.
[133] Langen/Bunte/*Bornkamm* GWB § 33 Rn. 75.

d) Missbrauch von Nachfragemacht.
Der in § 19 Abs. 2 Nr. 5 GWB geregelte Fall des Missbrauches von Nachfragemacht durch Aufforderung oder Veranlassung zur Gewährung von Vorteilen, der vor der 8. GWB Novelle in § 20 Abs. 3 GWB geregelt war, ist primär auf den Schutz von Wettbewerbern marktbeherrschender Unternehmen zugeschnitten. Die Vorschrift soll verhindern, dass sich marktbeherrschende Unternehmen vor ihren Wettbewerbern **Vorteile dadurch verschaffen, dass sie auf der Beschaffungsseite ihre Machtstellung dazu missbrauchen, sich sachlich ungerechtfertigte Vorzugsbedingungen gewähren zu lassen,** die andere vergleichbare Nachfrager nicht erhalten.[134] Letztere sind jedenfalls Betroffene iSv § 33 Abs. 1 Satz 3 GWB und damit aktivlegitimiert.[135] **60**

Streitig ist, ob diese Vorschrift auch dem **Schutz der Marktgegenseite** dient, also den **Anbieter vor einer Ausbeutung** schützten soll. Das Berliner Kammergericht hatte dies verneint.[136] Da eine „Beeinträchtigung" zumindest der wirtschaftlichen Interessen des Anbieters im Sinn von § 33 Abs. 1 Satz 3 GWB aber eigentlich auf der Hand liegt, ist jedenfalls nach der 7. GWB Novelle richtigerweise auch die Aktivlegitimation des Anbieters zu bejahen.[137] **61**

e) Verkauf unter Einstandspreis.
Bei dem in § 20 Abs. 3 Nr. 1 bis Nr. 3 GWB geregelten Sachverhalt wiederum geht es um die Beeinträchtigung von Wettbewerbern, beispielsweise durch den Verkauf von Lebensmitteln unter Einstandspreis. Hier ist regelmäßig klar, dass sich die Abnehmer der Lebensmittel nicht auf eine Beeinträchtigung ihrer wirtschaftlichen Interessen berufen können, zumal auch schwer denkbar ist, wie sie durch ein solches Verhalten (jedenfalls unmittelbar) geschädigt werden sollten. Beeinträchtigt sind in diesen Fällen nur die von § 20 Abs. 3 GWB zielgerichtet geschützten kleinen und mittleren Wettbewerber. Ein Wettbewerber, der nicht mehr zu den **kleinen und mittleren Wettbewerbern** gehört, ist nicht „Betroffener" iSv § 33 GWB, denn sein Schutz ist vom Gesetzgeber nicht bezweckt.[138] Insoweit bleibt der Kreis der Anspruchsberechtigten also auch unter Geltung des Konzeptes der Betroffenheit relativ eng. **62**

f) Boykottsachverhalte.
Bei Verstößen gegen das Boykottverbot aus § 21 Abs. 1 GWB kann jedenfalls der Boykottverrufene **Abwehr- und Schadensersatzansprüche** gegen den Verrufer geltend machen, insbesondere in Form eines entgangenen Gewinns.[139] In seinen wirtschaftlichen Interessen beeinträchtigt im Sinne von § 33 Abs. 1 Satz 3 GWB kann aber auch der **Abnehmer oder Lieferant des Verrufenen** sein, wenn dieser aufgrund des Boykotts in Bezugs- oder Absatzschwierigkeiten gerät.[140] Letzterer ist dann als **„mittelbar" Geschädigter** ebenfalls betroffen und kann Unterlassungs- bzw. Schadensersatzansprüche gegen den Boykottverrufer geltend machen. **63**

Nicht dagegen können von dem Boykottverrufenen Ansprüche gegen den **Aufforderungsadressaten** geltend gemacht werden, denn das Boykottverbot beschränkt sich darauf, den Boykottierten **gegen den Veranlasser** zu schützen.[141] Allerdings handelt es sich hierbei genau betrachtet auch nicht um eine Frage der Aktiv- sondern vielmehr um eine solche der Passivlegitimation. **64**

---

[134] KG Berlin Beschl. v. 23.6.1999 – Kart W 4327/99, WuW/E DE-R 367 (368) – Schulbuchbeschaffung; ebenso Immenga/Mestmäcker/*Markert* GWB § 19 Rn. 369.
[135] Vgl. KG Berlin Beschl. v. 23.6.1999 – Kart W 4327/99, WuW/E DE-R 367 (368) – Schulbuchbeschaffung; ebenso Immenga/Mestmäcker/*Markert* GWB § 19 Rn. 368, 383.
[136] KG Berlin Beschl. v. 23.6.1999 – Kart W 4327/9, WuW/E DE-R367 (368) – Schulbuchbeschaffung; ebenso Immenga/Mestmäcker/*Markert* GWB § 19 Rn. 368.
[137] Vgl. Langen/Bunte/*Bornkamm* GWB § 33 Rn. 74.
[138] Vgl. Langen/Bunte/*Bornkamm* GWB § 33 Rn. 74.
[139] Langen/Bunte/*Bornkamm* GWB § 33 Rn. 76; vgl. BGH Urt. v. 30.9.1971 – KZR 13/70, WuW/E BGH 1211 (1216) – Kraftwagen-Leasing; BGH Urt. v. 12.7.2016 – KZR 25/14, NJW 2016, 3527 – Lotto-Direkt.
[140] Langen/Bunte/*Bornkamm* GWB § 33 Rn. 76.
[141] BGH Urt. v. 25.1.1983 – KZR 12/81, WuW/E BGH 1985 (1988) Rn. 42 – Familienzeitschrift.

65 **g) Umgehungstatbestände.** Werden Unternehmen entgegen des Verbots in § 21 Abs. 2 GWB Nachteile angedroht oder zugefügt bzw. Vorteile versprochen oder gewährt, um sie zu einem mit dem GWB nicht vereinbaren Verhalten zu veranlassen, so sind diejenigen **Unternehmen, denen Nachteile angedroht oder zugefügt worden sind,** in ihren wirtschaftlichen Interessen beeinträchtigt und daher aktivlegitimiert.[142] Auch insoweit ist eine Änderung der Rechtslage nach Inkrafttreten der 7. GWB Novelle nicht gegeben.

66 **h) Aktivlegitimation mittelbarer Abnehmer und sonstiger mittelbar Betroffener.** Für die Aktivlegitimation mittelbarer Abnehmer oder sonstiger Vertragspartner der von Verstößen gegen §§ 19 ff. GWB unmittelbar Betroffenen lässt sich die **Rechtsprechung des BGH** in Sachen „ORWI" grundsätzlich **übertragen.**[143] Insbesondere **Behinderungs- oder Ausbeutungsmissbräuche** können für die mittelbaren Abnehmer in einer Lieferkette ähnliche Wirkungen wie ein horizontales Preis- oder Konditionenkartell haben. Als Konsequenz des *ORWI*-Urteils kann auch in solchen Fällen die Aktivlegitimation von nur mittelbar Betroffenen jedenfalls dann nicht ausgeschlossen werden, wenn ein hinreichender Rechtswidrigkeits- und Zurechnungszusammenhang gegeben ist.[144]

IV. Aktivlegitimation bei Verstößen gegen Verfügungen einer Kartellbehörde

67 § 33 Abs. 1 GWB gewährt eine Anspruchsberechtigung nicht nur bei Verstößen gegen Verbotsvorschriften des GWB sondern auch dann, wenn gegen eine Verfügung der Kartellbehörde verstoßen wird. Kartellbehörde in diesem Sinn kann das **Bundeskartellamt,** das **Bundeswirtschaftsministerium** oder die **Landeskartellbehörde** sein (vgl. § 48 GWB).[145]

68 Aus Gründen des „effet utile" ist es richtig, auch die **Europäische Kommission** als Kartellbehörde im Sinn von § 33 Abs. 1 GWB anzusehen.[146] Unabhängig davon liegt einer Abstellungsentscheidung der Europäischen Kommission auf Grundlage von Art. 7 VO 1/2003 notwendigerweise ein Verstoß gegen Art. 101 oder 102 AEUV zugrunde. Dieser würde aufgrund der Regelung in Art. 16 VO 1/2003, wonach die Behörden und Gerichte der Mitgliedsstaaten verpflichtet sind, keine einer Entscheidung der Kommission zuwiderlaufende Entscheidung zu treffen, im Fall einer streitigen Auseinandersetzung feststehen. Jedenfalls im praktischen Ergebnis wirken sich Verfügungen der Europäischen Kommission daher ebenso aus wie Verfügungen nationaler Kartellbehörden.[147]

69 Für die materielle Rechtslage relevant wird die Anspruchsberechtigung infolge von Verstößen gegen eine Verfügung der Kartellbehörde nur, wenn es sich um Tatbestände handelt, die erst durch eine **konstitutive Verfügung der Kartellbehörde** in ein Verbot umgewandelt werden. Bei rein **deklaratorischen Verfügungen** kann der Abwehr- bzw. Schadensersatzanspruch bereits unmittelbar auf das gesetzliche Verbot gestützt werden.[148] In diesen Fällen hat eine Verfügung allerdings möglicherweise zur Erleichterung des Nachweises eines Verstoßes prozessuale Bedeutung.[149] In besonderer Weise gilt dies für Folgeklagen aufgrund der durch die 7. GWB Novelle angeordneten Tatbestandswirkung des § 33 Abs. 4 GWB. Die Bedeutung konstitutiver Verfügungen hat für die materielle Rechtslage mit der 6. GWB Novelle insgesamt betrachtet allerdings stark abgenommen,

---

[142] Vgl. Langen/Bunte/*Bornkamm*, Kommentar zum deutschen und europäischen Kartellrecht, 12. Aufl. 2014, § 33 Rn. 77; vgl. noch unter Geltung des Schutzgesetzerfordernisses: BGH Urt. v. 7.10.1980, WuW/E BGH 1740 (1744) – Rote Liste.
[143] BGH Urt.v. 28.6.2011 – KZR 75/10, WuW/E DE-R 3431 ff. – ORWI.
[144] Anders, allerdings vor dem *ORWI*-Urteil des BGH beispielsweise noch Loewenheim/Meessen/Riesenkampff/*Rehbinder* GWB § 33 Rn. 24.
[145] Schulte/Just/*Staebe* GWB § 33 Rn. 8.
[146] Ausführlich: Schulte/Just/*Staebe* GWB § 33 Rn. 8.
[147] Bechtold/*Bosch* § 33 Rn. 8; aA offenbar Schulte/Just/*Staebe* GWB § 33 Rn. 8.
[148] Vgl. im Einzelnen Langen/Bunte/*Bornkamm* GWB § 33 Rn. 83 ff.
[149] Vgl. Loewenheim/Meessen/Riesenkampff/*Rehbinder* GWB § 33 Rn. 4.

nachdem insbesondere die Missbrauchstatbestände in unmittelbar geltende Verbote umgewandelt worden waren.[150]

Die betreffende (konstitutive) Verfügung muss **nicht bestandskräftig** sein, wohl aber wirksam und vollziehbar.[151] Wird eine zunächst vollziehbare **Verfügung nachträglich aufgehoben,** werden sich vorher geltend gemachte Beseitigungs- oder Unterlassungsansprüche regelmäßig **erledigt** haben.[152] Eine Aktivlegitimation zur Geltendmachung von Schadensersatzansprüchen hat derjenige, zu dessen Schutz die Verfügung erlassen worden ist. Der Anspruch erstreckt sich grundsätzlich auch auf den während der Zeit der vorläufigen Vollziehbarkeit entstandenen Schaden. Denn selbst wenn sich die Rechtswidrigkeit einer Verfügung der Kartellbehörde im Nachhinein herausstellt, ist sie während der Zeit ihrer Vollziehbarkeit dennoch zu beachten. In der Sache kommt ein Schadensersatzanspruch allerdings nur in Betracht, wenn während der Zeit der Vollziehbarkeit ein materieller Kartellverstoß gegeben war und die Aufhebung der Verfügung beispielsweise darauf beruht, dass sich nach ihrem Erlass der Sachverhalt oder die Rechtslage geändert hat.[153] 70

Konstitutive Untersagungsverfügungen, die eine Anspruchsberechtigung des Betroffenen nach sich ziehen, können insbesondere die **Untersagung von Zusammenschlüssen** (§ 36 Abs. 1 GWB), die **Untersagung einer Preisbindung** für Zeitungen und Zeitschriften (§ 30 Abs. 3 GWB) oder der **Entzug des Rechtsvorteils einer Gruppenfreistellung** nach § 32d GWB sein. In allen Fällen ist ohne Weiteres vorstellbar, dass Wettbewerber oder sonstige Marktteilnehmer durch Verstöße gegen derartige Verfügungen in ihren wettbewerblichen Interessen betroffen und daher aktivlegitimiert zur Geltendmachung von Unterlassungs- oder Schadensersatzansprüchen sein können. Zwar wird im Fall des § 36 GWB zum Teil vertreten, die Vorschrift diene in erster Linie dem öffentlichen Interesse an der Aufrechterhaltung des Wettbewerbs als Institution und vermittle keinen Individualschutz.[154] Jedenfalls soweit **Dritte** im **Falle einer Freigabe eines Zusammenschlusses** eine materielle Beschwer erlitten und diese auf dem Verwaltungsrechtsweg hätten geltend machen können, erscheint es aber gerechtfertigt, auch ihre Aktivlegitimation zur Geltendmachung von Schadensersatzansprüchen zu bejahen.[155] Daneben ergibt sich im Fall eines Verstoßes gegen eine Untersagungsverfügung, der im Vollzug des untersagten Zusammenschlusses liegt, ein möglicher Abwehr- bzw. Schadensersatzanspruch Dritter auch aus dem fortdauernden Vollzugsverbot des § 41 Abs. 1 GWB.[156] Bei **Verstößen gegen das Vollzugsverbot** wird ein Schadensersatzanspruch in der Sache allerdings nur dann zu bejahen sein, wenn der vollzogene Zusammenschluss materiell rechtlich tatsächlich zu untersagen war bzw. dies bestandskräftig feststeht, denn grundsätzlich schützt das Vollzugsverbot weniger andere Marktteilnehmer als das kartellamtliche Verfahren der präventiven Fusionskontrolle.[157] 71

V. Aktivlegitimation von Verbänden

Ansprüche auf Beseitigung und Unterlassung können nach § 33 Abs. 2 GWB auch von rechtsfähigen Verbänden zur Förderung gewerblicher oder selbständiger beruflicher Interessen geltend gemacht werden. Die Verbandsklagebefugnis nach dem Vorbild der Rege- 72

---

[150] Langen/Bunte/*Bornkamm* GWB § 33 Rn. 83.
[151] Schulte/Just/*Staebe* GWB § 33 Rn. 7.
[152] Bechtold/*Bosch* § 33 Rn. 9.
[153] Ähnlich Bechtold/*Bosch* § 33 Rn. 9; Loewenheim/Meessen/Riesenkampff/*Rehbinder*, Kartellrecht, 2. Aufl. 2009, § 33 GWB Rn. 30.
[154] Immenga/Mestmäcker/*Emmerich* GWB § 33 Rn. 21; beschränkt auf Beseitigungsansprüche: Wiedemann/*Topel* HdB KartellR § 50 Rn. 107.
[155] Wiedemann/*Topel* HdB KartellR § 50 Rn. 107; vgl. Langen/Bunte/*Bornkamm* GWB § 33 Rn. 82 mVa BGH Beschl. v. 24.6.2003 – KVR 14/01, WuW/E DE-R 1163 – HABET/Lekkerland.
[156] Langen/Bunte/*Bornkamm* GWB § 33 Rn. 89 mVa BGH Beschl. v. 14.10.2008 – KVR 14/01, WuW/E DE-R 2507 – Faber/Basalt.
[157] Vgl. Langen/Bunte/*Bornkamm* GWB § 33 Rn. 82.

lung im Lauterkeitsrecht gehört zum ursprünglichen Bestand des GWB.[158] Der Anspruch der Verbände auf Abschöpfung des wirtschaftlichen Vorteils wurde allerdings erst mit der zum 1.7.2005 in Kraft getretenen 7. GWB-Novelle in § 34a GWB geregelt.[159]

73 Nach der Neufassung des § 33 Abs. 2 GWB im Zuge der 8. GWB-Novelle können Unterlassungs- oder Beseitigungsansprüche nunmehr geltend gemacht werden von **rechtsfähigen Verbänden zur Förderung gewerblicher oder selbständiger beruflicher Interessen,** wenn ihnen eine erhebliche Zahl von betroffenen Unternehmen im Sinne des Abs. 1 Satz 3 angehört und sie insbesondere nach ihrer personellen, sachlichen und finanziellen Ausstattung im Stande sind, ihre satzungsmäßigen Aufgaben der Verfolgung gewerblicher oder selbständiger beruflicher Interessen tatsächlich wahrzunehmen. Gleiches gilt für Einrichtungen, die nachweisen, dass sie eingetragen sind in die Liste qualifizierter Einrichtungen nach § 4 des Unterlassungsklagengesetzes (a) oder das Verzeichnis der Europäischen Kommission nach Art. 4 Abs. 3 der Richtlinie 2009/22/EG des Europäischen Parlaments und des Rates vom 23.4.2009 über Unterlassungsklagen zum Schutz der Verbraucherinteressen (ABl. L 110/30 v. 1.5.2009) in der jeweils geltenden Fassung (b).

74 Mit der Neufassung in § 33 Abs. 2 Ziff. 1 GWB durch die 8. GWB Novelle sollte gewährleistet werden, dass nicht nur Verbände von Wettbewerbern sondern auch die bisher nicht erfassten **Verbände der Marktgegenseite** klagebefugt sind.[160] Dem Verband stehen aus **eigenem Recht Unterlassungs- und ggf. Beseitigungsansprüche** zu, nicht aber Schadensersatzansprüche. Die dem Verband zustehenden Ansprüche treten neben die Abwehransprüche der Betroffenen gemäß § 33 Abs. 1 Satz 1 GWB.[161] Zudem sollen die von § 33 Abs. 2 Ziff. 2 GWB neu erfassten Verbraucherverbände sowohl Unterlassungs- als auch Ansprüche auf Vorteilsabschöpfung für den Fall von Massen- oder Streuschäden geltend machen können (vgl. § 34a GWB).[162]

75 Während die Anspruchsberechtigung von Verbraucherverbänden im Gesetzgebungsverfahren zur 7. GWB-Novelle im Regierungsentwurf noch vorgesehen, in der Beschlussempfehlung des Vermittlungsausschusses vom 15.6.2005 aber wieder gestrichen worden war, sah es der Gesetzgeber nunmehr vor dem Hintergrund der laufenden Diskussionen auf europäischer Ebene über eine Stärkung der privaten Kartellrechtsdurchsetzung für sinnvoll an, diese Klagebefugnis einzuführen. Dabei wurde an das bewährte Rechtschutzsystem aus dem Gesetz gegen den unlauteren Wettbewerb angeknüpft.[163]

76 Die **an die Verbände gestellten Anforderungen** (Rechtsfähigkeit, repräsentative Mitgliederzahl, Ausstattung, satzungsmäßige Aufgaben) sind Voraussetzung für die Aktivlegitimation. Sie zählen damit im Prozess an sich zu den Begründetheitsvoraussetzungen; entsprechend der Rechtsprechung zu § 8 Abs. 3 Nr. 2 UWG wird allerdings vertreten, dass diesen Anforderungen eine **Doppelnatur** als Prozess- und als Anspruchsvoraussetzung zukommt. Sie werden also nicht erst in der Begründetheit geprüft, sondern bereits bei der Zulässigkeit mit der Folge einer Berücksichtigung von Amts wegen und der Ermöglichung des Freibeweises.[164]

VI. Neue Richtlinie über bestimmte Vorschriften für Schadensersatzklagen

77 Am 17.4.2014 ist der Vorschlag für eine neue Richtlinie über bestimmte Vorschriften für Schadensersatzklagen vom Europäischen Parlament in erster Lesung angenommen worden

---

[158] Langen/Bunte/*Bornkamm* GWB § 33 Rn. 25.
[159] Vgl. Langen/Bunte/*Bornkamm* GWB § 33 Rn. 26.
[160] Gesetzentwurf der Bundesregierung, BT-Drs. 17/9852, S. 27 gegen LG Köln Urt. v. 23.6.2009 – 90 O 19/09; zur vorherigen Rechtslage vgl. Schulte/Just/*Staebe* GWB § 33 Rn. 12; aA schon damals *Bechtold* GWB, 6. Aufl. 2010, § 33 Rn. 17.
[161] Langen/Bunte/*Bornkamm* GWB § 33 Rn. 104 mwN.
[162] Gesetzentwurf der Bundesregierung, BT-Drs. 17/9852 v. 31.5.2012, 27.
[163] Gesetzentwurf der Bundesregierung, BT-Drs. 17/9852 v. 31.5.2012, 27.
[164] Langen/Bunte/*Bornkamm* GWB § 33 Rn. 97f.

und am 25.12.2014 in Kraft getreten.[165] Im Zusammenhang mit der Aktivlegitimation geben Art. 1 Abs. 1 und Art. 2 Abs. 1 der Richtlinie den **Mitgliedsstaaten auf zu gewährleisten, dass „jeder", also jede natürliche oder juristische Person** – unabhängig davon, ob es sich um Einzelpersonen, Verbraucher, Behörden oder Unternehmen handelt[166] – die einen durch eine Zuwiderhandlung gegen das Wettbewerbsrecht verursachten Schaden erlitten hat, **den vollständigen Ersatz dieses Schadens verlangen und erwirken kann.** Damit nimmt die Richtlinie die Rechtsprechung des EuGH zum Primärrecht auf, wonach die volle Wirksamkeit der Art. 101 und 102 AEUV und insbesondere die praktische Wirkung der darin festgelegten Verbote erfordern, dass jeder – seien es Einzelne, einschließlich Verbraucher und Unternehmen, oder Behörden – vor einzelstaatlichen Gerichten Ersatz des Schadens verlangen kann, der ihm durch eine Zuwiderhandlung gegen die Bestimmungen entstanden ist.[167] Die Richtlinie verleiht dieser Rechtsprechung damit den **Charakter einer sekundärrechtlichen Norm.**

Zur Begründung der so geregelten Klagebefugnis verweist die Richtlinie auf den „gemeinschaftlichen Besitzstand", wonach jeder, der durch eine Zuwiderhandlung einen Schaden erlitten habe, **Ersatz der eingetretenen Vermögenseinbuße** (damnum emergens) und des **entgangenen Gewinns** (lucrum cessans) **zzgl. Zinsen** verlangen könne. Das Recht auf Schadensersatz sei für jede natürliche oder juristische Person – Verbraucher, Unternehmen wie Behörden – anerkannt, ohne Rücksicht darauf, ob eine unmittelbare vertragliche Beziehung zu dem zuwiderhandelnden Unternehmen besteht, und unabhängig von einer vorherigen Feststellung der Zuwiderhandlung durch eine Wettbewerbsbehörde.[168] 78

Art. 12 Abs. 1 der Richtlinie stellt klar, dass **sowohl unmittelbare als auch mittelbare Abnehmer** berechtigt sind, Schadensersatz zu verlangen. 79

Es ist bis hierher nicht zu erwarten, dass die Richtlinienvorgaben in Deutschland mit Blick auf die Regelung der Aktivlegitimation zur Geltendmachung von Schadensersatzansprüchen zu einer wesentlichen Veränderung des Rechtszustandes führen werden. Den Vorgaben des EuGH an die Anspruchsberechtigung von **„jedermann"** ist durch die Einführung des **Konzeptes der Betroffenheit** in § 33 Abs. 1 GWB bereits mit der 7. GWB Novelle weitestgehend Rechnung getragen worden. Gleiches gilt für die Anspruchsberechtigung auch mittelbarer Abnehmer. Dies gilt spätestens seit der Klärung durch den BGH iS ORWI.[169] Im Einzelnen: → Rn. 9. Dementsprechend behält auch § 33 des RefE-GWB die Regelungen über die Betroffenheit mit Ausnahme weniger redaktioneller Änderungen bei. Gleiches gilt für den Gesetzentwurf der Bundesregierung vom 28.9.2016 (RegE-GWB). 80

Änderungen werden sich allerdings durch die **Regelungen über die Beweislast** bei **Klagen mittelbarer Abnehmer** ergeben. In Übereinstimmung mit der Rechtsprechung des BGH in Sachen ORWI ordnet Art. 14 Abs. 1 der Richtlinie an, dass den klagenden mittelbaren Abnehmer die Beweislast für das Vorliegen und den Umfang einer auf ihn erfolgten Schadensabwälzung trifft.[170] Allerdings soll dem mittelbaren Kläger als Abneh- 81

---

[165] RL 2014/104/EU des Europäischen Parlaments und des Rates v. 26.11.2014 über bestimmte Vorschriften für Schadensersatzklagen nach nationalem Recht wegen Zuwiderhandlungen gegen wettbewerbsrechtliche Bestimmungen der Mitgliedstaaten und der Europäischen Union, ABl. 2014 L 349.
[166] *Lettl* WRP 2015, 537 (538).
[167] Vgl. Erwägungsgrund 3 der Richtlinie; vgl. EuGH Urt. v. 20.9.2001 – C-453/99, WuW/E EU-R 479 (481) Rn. 26 ff. – Courage Ltd/Crehan.
[168] Vgl. bereits Europäische Kommission, Vorschlag für eine Richtlinie des Europäischen Parlaments und des Rates über bestimmte Vorschriften für Schadensersatzklagen nach einzelstaatlichem Recht wegen Zuwiderhandlungen gegen wettbewerbsrechtliche Bestimmungen der Mitgliedstaaten und der Europäischen Union, 11.6.2013, COM(2013) 404 final, 2013/0185 (COD), Ziff. 4.1, S. 15; vgl. Erwägungsgrund 12 der Richtlinie.
[169] Vgl. *Vollrath* NZKart 2013, 434 (438).
[170] Vgl. BGH Urt. v. 28.6.2011 – KZR 75/10, WuW/E DE-R 3431 Rn. 44 – ORWI; vgl. *Böni* EWS 2014, 324 (327).

mer die Beweisführung dadurch erleichtert werden, dass er in angemessener Weise „Offenlegungen" von dem Beklagten und von Dritten fordern kann. Diese Regelung geht über die Möglichkeit der Annahme einer sekundären Darlegungslast des Beklagten hinaus.[171] Das erscheint grundsätzlich sinnvoll, weil der Beklagte regelmäßig selbst keine Informationen über die Preisgestaltung seiner unmittelbaren Abnehmer hat.[172] Die Richtlinienvorschrift über die „Offenlegungen" geht auch über die Regelung in § 142 ZPO insoweit hinaus, als keine genaue und spezifische Bezugnahme auf die vorzulegende Urkunde erforderlich ist.[173]

82   Klar über die ORWI-Rechtsprechung hinausgehend sieht Art. 14 Abs. 2 Satz 1 der Richtlinie den Beweis für eine Schadensabwälzung bereits dann als erbracht an, wenn der mittelbare Abnehmer als Kläger nachgewiesen hat, dass a) der Beklagte eine Zuwiderhandlung gegen das Wettbewerbsrecht begangen hat, b) die Zuwiderhandlung gegen das Wettbewerbsrecht einen Preisaufschlag für den unmittelbaren Abnehmer des Beklagten zur Folge hatte und c) er Waren oder Dienstleistungen erworben hat, die Gegenstand der Zuwiderhandlung gegen das Wettbewerbsrecht waren oder die aus den Waren oder Dienstleistungen, die Gegenstand der Zuwiderhandlung waren, hervorgegangen waren oder sie enthielten. Vieles spricht dafür, dass Art. 14 Abs. 2 der Richtlinie im Sinn einer Vermutung nach § 292 ZPO umzusetzen ist, während die gesetzliche Anordnung eines entsprechenden Anscheinsbeweises als Eingriff in die richterliche Beweiswürdigung zweifelhaft wäre. Zudem führt nur eine (widerlegliche) Vermutung zu einer Beweislastumkehr, während der Anscheinsbeweis bereits durch den Vortrag von Tatsachen erschüttert werden kann, die gegen die Typizität des Geschehensablaufs im konkreten Fall sprechen.[174] Inhaltlich kann an den Richtlinienvorgaben kritisiert werden, dass sie den wettbewerbsökonomisch begründbaren Kriterien, die auch nach der ORWI-Rechtsprechung maßgeblich für oder gegen eine Schadensweiterwälzung sprechen, keine ausdrückliche Bedeutung beimisst, also dem Grad der Marktabdeckung, der Preiselastizität der Nachfrage sowie der Dauer der Zuwiderhandlung und der Intensität des Wettbewerbs auf der direkten Abnehmerstufe.[175] Die Vermutung soll widerlegbar sein, wenn der Beklagte dem Gericht „glaubhaft"[176] machen kann, dass der Preisaufschlag nicht oder nicht vollständig an den mittelbaren Abnehmer weitergegeben wurde (Art. 14 Abs. 2 Satz 2). Offen ist, wie der nationale Gesetzgeber die jedenfalls „untechnisch", also nicht im Sinne von § 294 Abs. 2 ZPO zu verstehende, Richtlinienvorgabe des „Glaubhaftmachens" umsetzen wird. In der Sache beinhaltet Art. 14 Abs. 2 der Richtlinie genau diejenige Vermutung für eine Schadensweiterwälzung, die der **BGH in seiner ORWI-Entscheidung** – auch für den Handel – **explizit abgelehnt** hatte, weil wegen der ökonomischen Komplexität der Preisbildung auf dem jeweiligen Anschlussmarkt eine Schadensweiterwälzung zumindest nicht immer dem üblicherweise zu erwartenden Geschehensablauf entspricht.[177] Nach Art. 12 Abs. 5 der Richtlinie sollen die einzelstaatlichen Gerichte befugt sein zu schätzen, welcher Teil des Preisaufschlages weitergegeben wurde. In Art. 16 der Richtlinie werden Leitlinien der Kommission zur Schätzung des auf den mittelbaren Abnehmer abgewälzten Preisaufschlages angekündigt.

83   Ob und wie der Gesetzgeber die Vermutung in Art. 14 Abs. 2 der Richtlinie umsetzen wird, lässt sich zum Zeitpunkt der Drucklegung nicht abschließend sagen. § 33c Abs. 2 RegE-GWB sieht eine stark am Wortlaut von Art. 14 der Richtlinie angelehnte Umsetzung vor. Dem Grunde nach soll zugunsten eines mittelbaren Abnehmers vermu-

---

[171] *Böni* EWS 2014, 324 (327).
[172] Vgl. *Kersting* WuW 2014, 564 (569).
[173] Vgl. *Kersting* WuW 2014, 564 (570).
[174] Vgl. *Thomas* ZHR 2016, 45 (54) (58).
[175] Vgl. *Thomas* ZHR 2016, 45 (60).
[176] Vgl. zum „Bewegungsgrad" *Lettl* WRP 2015, 537 (543).
[177] Vgl. BGH Urt. v. 28.6.2011, KZR 75/10, WuW/E DE-R 3431 Rn. 45 – ORWI; vgl. *Fiedler* BB 2013, 2179 (2183); *Kersting* WuW 2014, 564 (570).

tet werden, dass der Preisaufschlag auf ihn abgewälzt wurde, wenn (1.) der Rechtsverletzer einen Kartellrechtsverstoß begangen hat, (2.) der Verstoß einen Preisaufschlag für den unmittelbaren Abnehmer zur Folge hatte und (3.) der mittelbare Abnehmer Waren oder Dienstleistungen erworben hat, die Gegenstand des Verstoßes waren oder aus kartellbefangenen Waren oder Dienstleistungen hervorgingen oder solche enthalten haben. Klargestellt wird in der Begründung des RegE-GWB, dass die Vermutung ausschließlich zugunsten des mittelbaren Abnehmers nicht aber zugunsten von Schädigern wirkt. Gestritten werden wird sicherlich darüber, ob die „Vermutung" als Vermutung im Rechtssinne zu verstehen ist oder lediglich als Anscheinsbeweis zu verstehen sein soll. Für letzteres könnte sprechen, dass in der Begründung zu § 33c RefE-GWB noch von der Möglichkeit einer „Erschütterung" der Vermutung gesprochen wurde, was an sich der im Zusammenhang mit dem Rechtsinstitut des Anscheinsbeweises üblichen Terminologie entspricht. Zu Missverständnissen könnte auch die Formulierung in § 33c Abs. 3 RegE-GWB führen, wonach die Vermutung keine Anwendung finden soll, wenn „glaubhaft" gemacht wird, dass der Preisaufschlag nicht oder nicht vollständig an den mittelbaren Abnehmer weitergegeben wurde. Voraussichtlich werden die Gerichte zu klären haben, dass die Terminologie der „Glaubhaftmachung" nicht im Sinne einer Herabsetzung des Beweismaßes gem. § 294 ZPO zu verstehen ist. Jedenfalls wird sich vor der Richtlinienumsetzung ein mittelbarer Abnehmer nicht unmittelbar auf Art. 14 Abs. 2 der Richtlinie berufen können; auch eine „richtlinienkonforme Auslegung" soll jedenfalls nach Auffassung des LG Düsseldorf vor Ablauf der Umsetzungsfrist offenbar nicht in Betracht kommen.[178] Insoweit dürfte von der Richtlinie, die sich primär an die Mitgliedsstaaten richtet, **keine „horizontale Direktwirkung"** zwischen Privaten ausgehen.[179] Vor der Richtlinienumsetzung kann ein mittelbarer Abnehmer von der Vermutung damit allenfalls aufgrund der Verpflichtung der Gerichte zur richtlinienkonformen Auslegung des nationalen Rechtes profitieren.[180]

C. „Passing-on defense"

I. Grundsätzliche Zulassung durch den BGH in Sachen „ORWI"

Gedanklich untrennbar verbunden mit der Aktivlegitimation unmittelbarer Abnehmer ist der Einwand der **Schadensweiterwälzung.** Der BGH hat in seinem Urteil in Sachen *„ORWI"* die kontroverse Diskussion zur Zulassung der **„Passing-on defense"** beendet. In der Sache geht es darum, ob es dem Kartellbeteiligten **von vornherein abgeschnitten** sein soll, sich darauf zu berufen, der Kläger habe den von ihm gezahlten überhöhten Kaufpreis an seine eigenen Abnehmer (die mittelbaren Abnehmer) weitergegeben, so dass ihm durch das Kartell kein Schaden entstanden sei. Der BGH hat sich für eine grundsätzliche **Zulassung dieses Einwandes** entschieden.[181] Dabei war der BGH erkennbar darum bemüht, die Problematik der „Passing-on defense" in das vorhandene zivilrechtliche Haftungssystem einzubetten.[182]

84

1. Anwendbarkeit der Grundsätze über die Vorteilsausgleichung

Der BGH hat zunächst richtig gestellt, dass eine etwa erfolgte Abwälzung des kartellbedingten Vermögensnachteils **nicht bereits die Entstehung eines Schadens ausschließt** oder mindert. Der Schaden ist vielmehr ungeachtet eines späteren Weiterverkaufs bereits mit dem Erwerb der Ware in Höhe der Differenz aus dem Kartellpreis und dem (hypo-

85

---

[178] LG Düsseldorf Urt. v. 19.11.2015 – 14d O 4/14 Rn. 211 – Autoglasversicherer.
[179] *Vollrath* NZKart 2013, 434 (437).
[180] *Vollrath* NZKart 2013, 434 (437).
[181] BGH Urt. v. 28.6.2011 – KZR 75/10, WuW/E DE-R 3431 Rn. 55 ff. – ORWI; aA in der Vorinstanz OLG Karlsruhe Urt. v. 11.6.2010 – 6 U 118/05 Rn. 41 – Selbstdurchschreibepapier mwN; kritisch insbesondere: *Soyez* EuZW 2012, 100 (102).
[182] *Kersting/Dworschak* JZ 2012, 777 (778).

thetischen) Wettbewerbspreis eingetreten.[183] Die davon unabhängige Frage, ob es den Ersatzanspruch des Geschädigten ausschließt oder mindert, wenn er den kartellbedingten Preisaufschlag auf seine Kunden abwälzt, ist nach den **Grundsätzen der Vorteilsausgleichung** zu beurteilen.[184] Der BGH stellt hierzu fest, dass sich der Gesetzgeber der 7. GWB-Novelle in § 33 Abs. 3 S. 2 GWB nicht grundsätzlich gegen eine Vorteilsausgleichung entschieden hat, sondern diese Frage vielmehr bewusst der Rechtsprechung überlassen hat.[185] Die Vorteilsausgleichung soll dabei nicht zu einer unangemessenen Entlastung des Kartelltäters führen, sondern seine **mehrfache Inanspruchnahme** wegen desselben Schadens **vermeiden.** Diese würde den Ersatzanspruch nach Auffassung des BGH in die Nähe eines dem deutschen Recht fremden Strafschadensersatzes rücken. Die Vorteilsausgleichung soll keinen Wegfall, sondern nur eine Verlagerung des Schadensersatzanspruchs auf die Marktteilnehmer der nächsten Absatzstufe bewirken.[186]

2. Voraussetzungen der Vorteilsausgleichung

86 Die Grundsätze der Vorteilsausgleichung beruhen auf dem Gedanken, dass dem Geschädigten unter bestimmten Voraussetzungen diejenigen Vorteile zuzurechnen sind, die ihm in adäquatem Zusammenhang mit dem Schadensereignis zufließen. Der gerechte Ausgleich zwischen den bei einem Schadensfall widerstreitenden Interessen erfordert einerseits, dass der Geschädigte entsprechend dem **schadensersatzrechtlichen Bereicherungsverbot** nicht besser gestellt wird, als er ohne das schädigende Ereignis stünde. Andererseits sind nicht alle durch das Schadensereignis bedingten Vorteile auf den Schadensersatzanspruch anzurechnen, sondern nur solche, deren Anrechnung mit dem jeweiligen Zweck des Ersatzanspruchs übereinstimmt, dh dem Geschädigten zumutbar ist und den Schädiger nicht unangemessen entlastet.[187]

87 Im Fall kartellrechtlicher Schadensersatzansprüche ist damit Voraussetzung einer Vorteilsausgleichung zunächst, dass die **Preiserhöhung,** die der Geschädigte gegenüber seinen eigenen Abnehmern durchsetzen kann, **in adäquatem Kausalzusammenhang mit dem kartellbedingten Preisaufschlag** steht.[188] Eine tatsächliche Vermutung hierfür lehnt der BGH ab. Der Kausalzusammenhang sei nicht schon deshalb zu bejahen, weil der Geschädigte ein Interesse daran hat, seinen Preis an den Gestehungskosten auszurichten oder seine Ware mit Gewinn zu verkaufen. Die Kausalität des Kartells für den Vorteil, der dem Geschädigten in Form höherer Erlöse zufließt, sei vielmehr nach den gleichen Maßstäben zu beurteilen, wie die Feststellung der kartellbedingten Preisabwälzung auf ihn (den Abnehmer des Geschädigten).[189] Der kartellbedingte Vorteil des unmittelbar Geschädigten ist das Spiegelbild des seinem Kunden kartellbedingt entstehenden Schadens.[190] Es ist also auch in diesem Zusammenhang anhand der **ökonomischen Gegebenheiten auf den Anschlussmärkten** zu beurteilen, ob die Preiserhöhung auf der nachfolgenden

---

[183] BGH Urt. v. 28.6.2011 – KZR 75/10, WuW/E DE-R 3431 Rn. 56 – *ORWI;* ebenso schon LG Dortmund Urt. v. 1.4.2004 – 13 O 55/02 Kart, WuW/E DE-R 1352 Rn. 19 – Vitaminkartell; Langen/Bunte/*Bornkamm* GWB § 33 Rn. 132 mwN; aA LG Mannheim Urt. v. 11.7.2003 – 7 O 326/02, GRUR 2004, 182 – *Vitaminkartell.*
[184] BGH Urt. v. 28.6.2011 – KZR 75/10, WuW/E DE-R 3431 Rn. 57 – ORWI; ebenso schon Langen/Bunte/*Bornkamm* GWB § 33 Rn. 132, Rn. 136 mwN; Wiedemann/*Topel* HdB KartellR § 50 Rn. 91; zustimmend: *Kirchhoff* WuW 927 (930); mit grundsätzlichen Bedenken gegen die Passing-on defence und für die Lösung eines „Opt-out-Modells" daher insbesondere: *Kleinlein/Schubert* WuW 2012, 345; kritisch daher auch: *Dück/Eufinger* WRP 1530 (1534).
[185] BGH Urt. v. 28.6.2011 – KZR 75/10, WuW/E DE-R 3431 Rn. 66 – ORWI; vgl. Beschlussempfehlung und Bericht des Ausschusses für Wirtschaft und Arbeit (9. Ausschuss), BT-Drucks. 15/5049, 49; vgl. Loewenheim/Meessen/Riesenkampff/*Rehbinder* GWB § 33 Rn. 39; *Zöttl/Schlepper* EuZW 2012, 573 ff.
[186] BGH Urt. v. 28.6.2011 – KZR 75/10, WuW/E DE-R 3431 Rn. 62 – *ORWI.* Dazu und zur quantitativen Schätzung des Pass-On: *Ebinger/Fischer* KSZW 2015, 329 ff.
[187] Zum Ganzen: BGH Urt. v. 28.6.2011 – KZR 75/10, WuW/E DE-R 3431 Rn. 58 – ORWI mVa BGH Urt. v. 28.6. 2007 – VII ZR 81/06, BGHZ 173, 83 Rn. 18.
[188] BGH Urt. v. 28.6.2011 – KZR 75/10, WuW/E DE-R 3431 Rn. 59 – ORWI.
[189] Vgl. BGH Urt. v. 28.6.2011 – KZR 75/10, WuW/E DE-R 3431 Rn. 59 – ORWI.
[190] Vgl. Wiedemann/*Topel* HdB KartellR § 50 Rn. 134.

Marktstufe kartellbedingt ist. Nur wenn dies der Fall ist, kann der Mehrerlös des weiterliefernden Geschädigten als Schaden seiner Kunden und damit zugleich als ausgleichspflichtiger Vorteil auf Seiten dieses Geschädigten angesehen werden.[191]

Der **Gleichklang der Kausalitätsprüfungen** soll dem Umstand Rechnung tragen, 88 dass der Schaden, soweit er in der Differenz aus dem Kartellpreis und dem (hypothetischen) Wettbewerbspreis besteht, bei wirtschaftlicher Betrachtung nur einmal eingetreten sein kann. Er kann den verschiedenen Marktstufen daher nur alternativ oder jeweils zum Teil, nicht aber kumulativ zugeordnet werden. Der Prüfungsgleichklang vermeidet zudem eine Vorteilsausgleichung in Fällen, in denen die **Abwälzung des Kartellpreises** nur aufgrund **besonderer kaufmännischer Leistungen** und Anstrengungen möglich war oder sonst auf einem unabhängig vom Kartell erlangten Preissetzungsspielraum des Abnehmers beruht. Für derartige Fälle gilt der Grundsatz, dass ein günstiger Weiterverkauf aufgrund eigener Leistung nicht schadensmindernd anzurechnen ist. Demgegenüber kommt eine Vorteilsausgleichung in Betracht, wenn der Abnehmer seinen Kartellschaden schon allein aufgrund eines kartellbedingt gestiegenen Preisniveaus auf dem Anschlussmarkt auf seine Kunden abwälzen kann.[192]

3. Darlegungs- und Beweislast

Im Einklang mit dem unionsrechtlichen Effektivitätsgebot liegt die Darlegungs- und Be- 89 weislast für die tatsächlichen Voraussetzungen der Vorteilsausgleichung und insbesondere die Kausalität des Vorteils beim **Schädiger.**[193] Die den Kartelltäter treffenden Nachweisanforderungen sollen sicherstellen, dass die grundsätzliche Anerkennung der Vorteilsausgleichung mit der effizienten Durchsetzung kartellrechtlicher Schadensersatzansprüche im Einklang steht.[194]

Um erfolgversprechend eine Vorteilsausgleichung geltend zu machen, muss der beklag- 90 te Kartellteilnehmer daher nach den Vorgaben des BGH zunächst anhand der allgemeinen Marktverhältnisse auf dem relevanten Absatzmarkt, insbesondere der **Nachfrageelastizität,** der **Preisentwicklung** und der **Produkteigenschaften, plausibel dazu vortragen,** dass eine Weiterwälzung der kartellbedingten Preiserhöhung zumindest ernsthaft in Betracht kommt (1).[195] Weiter ist darzutun und gegebenenfalls nachzuweisen, dass der Weiterwälzung **keine Nachteile des Abnehmers** gegenüber stehen, insbesondere kein Nachfragerückgang, durch den die Preiserhöhung (ganz oder teilweise) zum Nachteil des Abnehmers kompensiert worden ist (2).[196] Der Kartellteilnehmer hat auch darzulegen, wie sich gegebenenfalls eigene Wertschöpfungsanteile des weiterverkaufenden Abnehmers auf den Vorteilsausgleich auswirken. Soweit sich Preiserhöhungen auf den eigenen Wertschöpfungsanteil des Weiterverkäufers beziehen, können sie nicht als kartellbedingt angesehen werden (3).[197]

4. „Zurückhaltende" Umkehr der Darlegungs- und Beweislast

Nach den Vorgaben des BGH für die Instanzgerichte sollen Erleichterungen bei der 91 Darlegungslast zugunsten der Kartellteilnehmer nur zurückhaltend erwogen werden.[198] Dem BGH ist erkennbar daran gelegen, die Effizienz der Durchsetzung kartellrechtlicher Schadensersatzansprüche nicht durch die im Grundsatz zugelassene „Passing-on defense" zu gefährden. Zwar kommt grundsätzlich eine **sekundäre Darlegungslast** der anderen Partei in Betracht, wenn die beweisbelastete und primär darlegungspflich-

---

[191] Vgl. BGH Urt. v. 28.6.2011 – KZR 75/10, WuW/E DE-R 3431 Rn. 59 – ORWI.
[192] Zum Ganzen BGH Urt. v. 28.6.2011 – KZR 75/10, WuW/E DE-R 3431 Rn. 60 – ORWI.
[193] BGH Urt. v. 28.6.2011 – KZR 75/10, WuW/E DE-R 3431 Rn. 64 – ORWI mVa BGH Urt. v. 24.4.1985 – VIII ZR 95/84, BGHZ 94, 195 (217); vgl. Immenga/Mestmäcker/*Emmerich* GWB § 33 Rn. 65.
[194] BGH Urt. v. 28.6.2011 – KZR 75/10, WuW/E DE-R 3431 Rn. 68 – ORWI.
[195] BGH Urt. v. 28.6.2011 – KZR 75/10, WuW/E DE-R 3431 Rn. 69 – ORWI.
[196] BGH Urt. v. 28.6.2011 – KZR 75/10, WuW/E DE-R 3431 Rn. 69 – ORWI.
[197] BGH Urt. v. 28.6.2011 – KZR 75/10, WuW/E DE-R 3431 Rn. 69 – ORWI.
[198] BGH Urt. v. 28.6.2011 – KZR 75/10, WuW/E DE-R 3431 Rn. 70ff. – ORWI.

tige Partei außerhalb des von ihr darzulegenden Geschehensablaufs steht und keine Kenntnis der maßgebenden Tatsachen besitzt, während der Prozessgegner sie hat und ihm nähere Angaben zumutbar sind.[199] Die Bejahung einer sekundären Darlegungslast des Kartellgeschädigten setzt aber eine **umfassende Prüfung ihrer Erforderlichkeit und Zumutbarkeit** voraus. Hierbei ist sorgfältig abzuwägen, inwieweit dem Geschädigten insbesondere eine Darlegung zu wettbewerblich relevanten Umständen abverlangt werden kann, an deren Geheimhaltung er ein schützenswertes Interesse hat.[200] Je höher die vom Kartellteilnehmer darzulegende Wahrscheinlichkeit der Weiterwälzung des Schadens und je größer seine **Beweisnot** ist, desto eher kann dem Geschädigten eine gewisse Mitwirkung an der Aufklärung der insoweit maßgeblichen tatsächlichen Umstände zugemutet werden.[201]

92   In der Regel wird es nach den Maßgaben des BGH bereits an der **Erforderlichkeit** einer Erleichterung der Darlegungslast **fehlen**, wenn Marktteilnehmer der nachfolgenden Absatzstufe ihrerseits Ansprüche gegenüber dem beklagten Kartellteilnehmer geltend machen. Denn diese weiteren Abnehmer tragen die Darlegungs- und Beweislast dafür, dass kartellbedingte Preiserhöhungen auf sie abgewälzt worden sind. Nur wenn und soweit ihnen der Nachweis eines bei ihnen eingetretenen Kartellschadens gelingt, können sie den Kartellteilnehmer mit Erfolg auf Schadensersatz in Anspruch nehmen. Die Informationen, die erforderlich sind, um eine Vorteilsausgleichung gegenüber seinem unmittelbaren Kunden geltend zu machen, erhält der Kartellteilnehmer in diesem Fall von den indirekten Abnehmern der nachfolgenden Absatzstufe.[202]

93   Solange nicht feststeht, in welchem Umfang die kartellbedingten Preiserhöhungen auf nachfolgende Marktstufen weitergegeben worden sind, soll sich der Schädiger nach der Einschätzung des BGH durch eine **Streitverkündung** vor doppelter Inanspruchnahme schützen können.[203] Die Voraussetzungen der Streitverkündung nach § 72 Abs. 1 ZPO liegen vor, wenn der Kartellteilnehmer unabhängig vom Ausgang des durch einen direkten oder indirekten Abnehmer zunächst gegen ihn begonnenen Schadensersatzprozesses damit rechnen muss, auch von Abnehmern anderer Marktstufen in Anspruch genommen zu werden. Das ist aber regelmäßig der Fall. Auch dann, wenn der direkte Abnehmer seinen Prozess gewinnt, kann der indirekte Abnehmer behaupten, der Vorprozess sei unrichtig entschieden worden und tatsächlich sei er anspruchsberechtigter Geschädigter. Wird der Vorprozess nicht von einem direkten, sondern von einem indirekten Abnehmer angestrengt, treffen entsprechende Überlegungen auf den direkten Abnehmer zu.[204] Soweit dem Kartellteilnehmer eine Streitverkündung möglich ist oder war, soll für eine sekundäre Darlegungslast seines Prozessgegners im Zusammenhang mit dem Weiterwälzungseinwand nach Ansicht des BGH regelmäßig kein Raum sein.[205]

94   In bestimmten Fällen kann es nach Auffassung des BGH zwar grundsätzlich **unzumutbar** sein, Kartellteilnehmer auf eine Streitverkündung zu verweisen. Das soll etwa gelten, wenn die **potentiellen Anspruchsberechtigten auf ferneren Marktstufen nicht bekannt** sind oder es sich dabei – wie insbesondere bei (privaten) Endabnehmern – um einen **unüberschaubar großen Personenkreis** handelt. Der Umstand, dass keine Anspruchsprätendenten weiterer Marktstufen hervortreten, kann jedoch darauf hindeuten, dass eine Weiterwälzung kartellbedingter Preiserhöhungen auf nachfolgende Absatzstufen entweder nicht oder in derart geringem Umfang oder so fragmentiert stattgefunden hat,

---

[199] BGH Urt. v. 28.6.2011 – KZR 75/10, WuW/E DE-R 3431 Rn. 71 – ORWI mVa BGH Urt. v. 13.6.2002 – VII ZR 30/01, NJW-RR 2002, 1309 (1310); BGH Urt. v. 19.4.1999 – II ZR 331/07, NJW-RR 1999, 1152.
[200] BGH Urt. v. 28.6.2011 – KZR 75/10, WuW/E DE-R 3431 Rn. 71 – ORWI.
[201] BGH Urt. v. 28.6.2011 – KZR 75/10, WuW/E DE-R 3431 Rn. 77 – ORWI.
[202] BGH Urt. v. 28.6.2011 – KZR 75/10, WuW/E DE-R 3431 Rn. 72 – ORWI.
[203] Vgl. *Hoffmann* NZKart 2016, 9 ff.
[204] Zum Ganzen vgl. BGH Urt. v. 28.6.2011 – KZR 75/10, WuW/E DE-R 3431 Rn. 73 – ORWI.
[205] BGH Urt. v. 28.6.2011 – KZR 75/10, WuW/E DE-R 3431 Rn. 73 – ORWI.

dass ein (vom Kartellteilnehmer zu leistender) Nachweis der Weiterwälzung ohnehin praktisch nicht in Betracht kommt.[206]

Solche Nachweisschwierigkeiten bestehen auch dann, wenn das **Produkt,** das Gegenstand der Kartellabsprache ist, von vorgelagerten Abnehmern erst **nach einer Verarbeitung** weitergeliefert worden ist. Würde dann die Aufklärung der tatsächlichen Verhältnisse im Wege einer sekundären Darlegungslast zu wesentlichen Teilen dem (Erst-)Geschädigten aufgebürdet, bestünde die Gefahr, dass der Kartellteilnehmer unbillig entlastet würde, weil er letztlich niemanden Schadensersatz zu leisten hätte, obwohl er Schaden verursacht hat.[207] 95

II. Konsequenzen für die Praxis

Die Konsequenzen der Rechtsprechung des BGH zur Zulassung des Einwands der Weiterwälzung des Schadens können – je nach rechtspolitischem Standpunkt – unterschiedlich bewertet werden. Zwar wird die dogmatische Einordnung des Einwandes unter das anerkannte Institut der Vorteilsausgleichung weitgehend für richtig gehalten. Unterschiedlich bewertet wird aber, dass die Zulassung des Einwandes letztlich durch sehr restriktive Vorgaben zur Beweislast des Kartellbeteiligten sowie einer restriktiven Handhabung der sekundären Darlegungslast des Klägers weitgehend leerlaufen wird.[208] 96

1. Nachweis der Kausalität des Kartells für den Vorteil des Geschädigten

Entsprechend des vom BGH betonten **Gleichklangs der Kausalitätsprüfungen** entspricht der vom beklagten Kartellteilnehmer zu erbringende Nachweis der Kausalität des Kartells für den (vermeintlichen) **Vorteil des Geschädigten spiegelbildlich** dem vom mittelbaren Abnehmer zu erbringenden **Weiterwälzungsbeweis** zur Begründung seines Schadens.[209] Die vom BGH formulierten Anforderungen an die Darlegungs- und Beweislast des Kartelltäters zur erfolgreichen Geltendmachung einer Vorteilsausgleichung sind aber extrem hoch und in der Praxis kaum vollständig zu erbringen. Im Fall der Weiterverarbeitung der bezogenen Waren durch den unmittelbaren Abnehmer dürfte eine Vorteilsausgleichung aufgrund der **prozessualen Hürden** von vornherein ausscheiden.[210] 97

a) Plausibler Vortrag. Der BGH fordert anhand der allgemeinen Marktverhältnisse auf dem relevanten Absatzmarkt, insbesondere der Nachfrageelastizität, der Preisentwicklung und der Produkteigenschaften plausiblen Vortrag dazu, dass eine **Weiterwälzung** der kartellbedingten Preisüberhöhung **zumindest ernsthaft in Betracht kommt**.[211] Plausibel erscheint eine Weiterwälzung insbesondere dann, wenn auch die Wettbewerber des direkten Abnehmers durch die höheren Kartellpreise belastet werden, die direkten Abnehmer auf der nächsten Absatzstufe keine Ausweichmöglichkeiten haben und das verkaufte Produkt für den Endverbraucher unverzichtbar ist.[212] 98

Ebenso wie der Zweitabnehmer hat der Kartellant allerdings das Problem, dass er für seine Beweisführung **Informationen von einem Markt** benötigt, auf dem er, mit Ausnahme von Fällen vertikaler Integration, regelmäßig nicht selbst aktiv war. Regelmäßig hat der Schädiger schon keine Kenntnis davon, zu welchen Preisen der direkte Abnehmer weiterveräußert hat.[213] Den Zugang zu den für die Beweisführung notwendigen Informationen werden ihm die Gerichte nach den Vorgaben des BGH wegen des möglicherweise 99

---

[206] BGH Urt. v. 28.6.2011 – KZR 75/10, WuW/E DE-R 3431 Rn. 74 – ORWI.
[207] BGH Urt. v. 28.6.2011 – KZR 75/10, WuW/E DE-R 3431 Rn. 75 – ORWI.
[208] Vgl. *Buntscheck* WuW 2013, 947 (953) mwN; *Lübbig/Mallmann* WRP 2012, 166 ff.
[209] BGH Urt. v. 28.6.2011 – KZR 75/10, WuW/E DE-R 3431 Rn. 59, 60 – *ORWI;* vgl. *Morell* WuW 959 (962).
[210] Immenga/Mestmäcker/*Emmerich* GWB § 33 Rn. 67.
[211] BGH Urt. v. 28.6.2011 – KZR 75/10, WuW/E DE-R 3431 Rn. 69 – ORWI.
[212] Vgl. Langen/Bunte/*Bornkamm* GWB § 33 Rn. 147.
[213] Vgl. Langen/Bunte/*Bornkamm* GWB § 33 Rn. 145.

schutzwürdigen Geheimhaltungsinteresses des unmittelbaren Abnehmers auch im Wege einer sekundären Darlegungslast nur im Einzelfall eröffnen.[214] Schon hieran könnte der vom BGH geforderte plausible Vortrag in vielen Fällen scheitern.

100 Unklar ist, ob dem Kartellanten ebenso wie dem mittelbaren Abnehmer der **Anscheinsbeweis** für eine kartellbedingte Kostenwälzung zumindest **bei marktabdeckenden Kartellen** zu gute kommen soll, wenn die meisten der auf der nachfolgenden Marktstufe auftretenden Anbieter den Kartellpreis entrichten müssen und ihre Marktgegenseite keine oder nur geringe Ausweichmöglichkeiten hat und der Wettbewerb auf dem Anschlussmarkt ansonsten funktionsfähig ist.[215] Der BGH hat diesen Anscheinsbeweis für den Beklagten nicht angesprochen, möglicherweise wegen des Gleichklangs der Kausalitätsprüfungen aber auch stillschweigend als gegeben unterstellt.[216] Die Begründung zu § 33c Abs. 2 RegE-GWB spricht nunmehr eher gegen einen solchen Anscheinsbeweis zugunsten des Kartellamtes. Zum Anscheinsbeweis im Einzelnen: → Rn. 29, 33.

101 Fest steht jedenfalls, dass der passing-on Einwand nur dann plausibel dargelegt werden kann, wenn überhaupt **ein Anschlussmarkt existiert.** Das LG Berlin hatte die Voraussetzung eines Anschlussmarktes in dem Fall des Erwerbs von kartellbedingt übertreuerten Fahrtreppen für eine U-Bahnstation verneint. Das Gericht hat den Einwand der Beklagten zurückgewiesen, der Preisaufschlag sei an die Pächterin der U-Bahnanlagen weitergegeben worden, wozu schon nach dem haushaltsrechtlichen Grundsatz der Sparsamkeit eine Verpflichtung bestanden habe.[217] In Bezug auf die Verpachtung von U-Bahnstationen sei kein durch Konkurrenz geprägter Wirtschaftsraum und damit kein durch ein Marktgeschehen geprägter Folgemarkt vorhanden.[218] Zudem bestehe keine unmittelbare Relation des Pachtzinses zum Einkaufspreis einer bestimmten Infrastruktur. Hierfür seien anders als beim schlichten Weiterverkauf von Waren eine Fülle anderer Faktoren maßgeblich. Gleiches gelte für den Fahrpreis, der den Fahrgästen abverlangt werde, so dass auch eine Weiterwälzung des Schadens auf diese nicht in Betracht komme.[219]

102 **b) Kein „entgangener Gewinn".** Nach den Anforderungen des BGH ist weiter darzutun und gegebenenfalls nachzuweisen, dass der Weiterwälzung **keine Nachteile des Abnehmers** gegenüberstehen, insbesondere kein Nachfragerückgang, durch den die durchgesetzte Preiserhöhung (ganz oder teilweise) kompensiert worden ist.[220] Dabei liegt es im Ausgangspunkt durchaus nahe, dass die Nachfrage aufgrund eines höheren Preises nachgeben wird.[221] Damit lässt der BGH aber die Vorteilsausgleichung letztlich nur insoweit zu als der kartellbedingte Vorteil des unmittelbaren Abnehmers größer ist als sein entgangener Gewinn. Dies bedeutet bei strenger Umsetzung der Vorgaben des BGH aber nichts anderes, als dass der Kartellbeteiligte umfassend zum **entgangenen Gewinn** des unmittelbaren Abnehmers vorzutragen und darzulegen hat, dass und inwieweit dieser betragsmäßig unter dem behaupteten Weiterwälzungsvorteil lag. Nur wenn und soweit der **Weiterwälzungsvorteil über dem entgangenen Gewinn** lag, kommt er für den Kartellbeteiligten als schadensersatzmindernd in Betracht.[222] Damit kann der unmittelbar Geschädigte seinen ansonsten nur schwer darzulegenden und zu beweisenden entgangenen Gewinn nach § 252 BGB letztlich „indirekt" über den Kaufpreisschaden und unter dem rechtlichen Etikett der Naturalrestitution nach § 249 BGB erlangen.[223] Dies schließt freilich nicht aus, dass ein neben dem Kaufpreisschaden eingetretener entgangener Ge-

---

[214] Vgl. BGH Urt. v. 28.6.2011 – KZR 75/10, WuW/E DE-R 3431 Rn. 71 – ORWI.
[215] Vgl. BGH Urt. v. 28.6.2011 – KZR 75/10, WuW/E DE-R 3431 Rn. 47 – ORWI.
[216] Vgl. *Morell* WuW 2013, 959 (963).
[217] LG Berlin Urt. v. 6.8.2013 – 16 O 193/11 Kart, NZKart 2014, 37 Rn. 60 – Fahrtreppen.
[218] LG Berlin Urt. v. 6.8.2013 – 16 O 193/11 Kart, NZKart 2014, 37 Rn. 60 – Fahrtreppen.
[219] LG Berlin Urt. v. 6.8.2013 – 16 O 193/11 Kart, NZKart 2014, 37 Rn. 60 – Fahrtreppen.
[220] Vgl. BGH Urt. v. 28.6.2011 – KZR 75/10, WuW/E DE-R 3431 Rn. 69 – ORWI.
[221] Langen/Bunte/*Bornkamm* GWB § 33 Rn. 145.
[222] Vgl. *Morell* WuW 2013, 959 (963); *Thomas* ZHR 2016, 45 (67).
[223] Vgl. *Morell* WuW 2013, 959 (967); kritisch: *Ackermann/Franck* GRUR 2012, 291 (300).

winn seitens des unmittelbaren Abnehmers im Prozess zusätzlich nach § 252 BGB geltend gemacht werden kann. Hierfür müsste der unmittelbare Abnehmer dann allerdings dazu vortragen, welche hypothetische Menge er zum hypothetischen Marktpreis ohne Kartellrechtsverletzung zusätzlich abgesetzt hätte, wobei ihm dabei wiederum die Beweiserleichterung des § 252 S. 2 BGB zugute kommt.[224]

c) Kein eigener Wertschöpfungsanteil. Der BGH verlangt weiter, der Kartellbeteiligte müsse für eine Vorteilsausgleichung darlegen und beweisen, dass der weitergewälzte Schaden sich nicht auf einen eigenen Wertschöpfungsanteil des Weiterverkäufers bezieht. Der Nachweis wird dem Kartellbeteiligten desto schwerer fallen, je höher die Wertschöpfung ist, denn mit der Wertschöpfung steigen die Faktoren, die neben dem kartellbedingt erhöhten Einkaufspreis in die Preiskalkulation mit einfließen.[225] Damit dürfte der Einwand der Schadensweiterwälzung gegenüber denjenigen direkten Abnehmern, die die kartellbefangenen Produkte nicht lediglich als Händler unverändert weiterreichen, sondern dies erst nach einer Weiterverarbeitung tun oder sie gar nur als Teil des eigenen Betriebs- oder Produktionsvermögens nutzen, in der Praxis **kaum mehr durchsetzbar** sein.[226] Um den eigenen Wertschöpfungsanteil des Weiterverkäufers darzulegen, müsste der Kartellbeteiligte regelmäßig **Einblick in die Kalkulation des Weiterverkäufers** erhalten, was ihm nach den Vorgaben des BGH wegen des insoweit unstreitig gegebenen schützenswerten Interesses des Weiterverkäufers an der Geheimhaltung aber auch über den Weg einer sekundären Darlegungslast von den Gerichten kaum ermöglicht werden wird.[227]

2. Zunahme von Streitverkündungen?

Der Hinweis des BGH im Zusammenhang mit seinen Überlegungen zur nur „zurückhaltenden" Erleichterung der Darlegungs- und Beweislast, wonach sich der Kartelltäter durch eine Streitverkündung vor doppelter Inanspruchnahme schützen könne, wird teilweise gleichsam als „Aufforderung" zu flächendeckenden Streitverkündungen verstanden.[228] Hierin wird auf Klägerseite die Gefahr einer **Verkomplizierung des Verfahrens** und einer **Erhöhung des klägerischen Kostenrisikos** gesehen.[229]

Allerdings ist fraglich, ob für den Kartellteilnehmer eine Streitverkündung – ungeachtet einer möglichen Verzögerungstaktik – überhaupt sinnvoll ist. Jedenfalls führt eine Streitverkündung **nicht zu einer Erleichterung der Darlegungslast** des Kartellteilnehmers bzw. einer sekundären Darlegungslast des Prozessgegners des Kartellteilnehmers. Stattdessen setzt der BGH die Wirkungen der Streitverkündung offenbar mit demjenigen Fall gleich, in dem ein Kartellteilnehmer bereits von einem Marktteilnehmer der nachfolgenden Absatzstufe unter Nachweis des dem mittelbaren Abnehmers entstandenen Schadens erfolgreich in Anspruch genommen wurde, so dass der Kartellteilnehmer nunmehr über alle Informationen verfügt, um sich seinerseits mit Erfolg auf eine Vorteilsausgleichung gegenüber den unmittelbaren Abnehmern berufen zu können.[230] Eine Erleichterung der Darlegungslast hält der BGH aber offenbar weder in jenem Fall noch im Fall der Vornahme einer Streitverkündung für erforderlich.

Ob eine Streitverkündung des Kartellanten **gegenüber mittelbaren Abnehmern** – entsprechend der in der BGH-Entscheidung zum Ausdruck kommenden Erwartung – geeignet ist, die für die Geltendmachung der Vorteilsausgleichung erforderlichen Infor-

---
[224] Vgl. *Franck* WRP 2011, 843 (847).
[225] Vgl. Langen/Bunte/*Bornkamm* GWB § 33 Rn. 148.
[226] Vgl. BGH Urt. v. 28.6.2011 – KZR 75/10, WuW/E DE-R 3431 Rn. 69 – ORWI; ähnlich *Buntscheck* WuW 2013, 947 (957).
[227] Vgl. BGH Urt. v. 28.6.2011 – KZR 75/10, WuW/E DE-R 3431 ff. Rn. 71 – ORWI; vgl. *Buntscheck* WuW 2013, 947 (956).
[228] Vgl. *Buntscheck* WuW 2013, 947 (955) mwN; vgl. *Lübbig/Mallmann* WRP 2012, 166 (172); grundsätzlich zum Problem der Mehrfachhaftung als „rein akademischem Problem" vgl. *Bulst* Schadensersatzansprüche der Marktgegenseite im Kartellrecht S. 329 f.
[229] *Buntscheck* WuW 2013, 947 (955) mwN.
[230] Vgl. BGH Urt. v. 28.6.2011 – KZR 75/10, WuW/E DE-R 3431 Rn. 72 – ORWI.

mationen zu erlangen, ist fraglich. Auch der mittelbare Abnehmer wird regelmäßig nicht über die zur Geltendmachung einer Vorteilsausgleichung durch den Kartellbeteiligten erforderlichen Informationen verfügen, jedenfalls solange er nicht selbst erfolgreich einen Schadensersatzanspruch gegen den Kartellbeteiligten durchgesetzt hat. Dies gilt insbesondere für die Preiskalkulation des unmittelbaren Abnehmers, die der mittelbare Abnehmer regelmäßig nicht kennt.[231] Zudem ist keinesfalls sicher, dass ein mittelbarer Abnehmer, dem der Streit verkündet wird, dem Rechtsstreit auf Seiten des beklagten Kartellanten beitritt.[232] Zwar tritt die Bindungswirkung nach § 78 Abs. 3 ZPO zu seinen Lasten auch im Falle des Nichtbeitritts ein.[233] Möglicherweise wäre es für den Streitverkündeten aber naheliegender, auf Seiten des Klägers beizutreten, denn die für ihn günstige Interventionswirkung hinsichtlich einer möglichen Schadensweiterwälzung würde auch in diesem Fall eintreten und der Streitverkündete könnte in gleichgerichtetem Interesse mit dem Kläger zur Höhe des eingetretenen Schadens vortragen.[234] Hinzu tritt die Schwierigkeit, die auch der BGH selbst einräumt, dass nämlich der Kartellbeteiligte die Abnehmer entfernterer Vertriebsstufen nicht unbedingt kennt, wenngleich dies kein entscheidendes Argument gegen die Lösung über die Streitverkündung als solche ist.[235]

3. Keine Notwendigkeit für eine Gesamtgläubigerschaft

107 Die maßgeblich vom Berliner Kammergericht entwickelte Lösung einer Gesamtgläubigerschaft zwischen direktem und indirektem Abnehmer im Sinn von § 428 Satz 1 BGB dürfte sich nach der Entscheidung des BGH in Sachen „ORWI" zunächst erledigt haben.[236] Zu dieser Lösung gelangte das Kammergericht, weil es die **Anspruchsberechtigung sowohl der direkten als auch der indirekten Abnehmer** bejahte, dem vom direkten Abnehmer in Anspruch genommenen Kartellanten aber aus normativen Gründen den Einwand der Schadensweiterwälzung nicht zubilligte.[237] Dies hätte zu einer Vervielfachung des Schadensersatzanspruches geführt. Das Kammergericht versuchte dies durch die Annahme einer Gesamtgläubigerschaft zu vermeiden, weil danach der Schuldner die Leistung nur einmal hätte bewirken müssen (vgl. § 428 Satz 1 BGB).

108 Mit **Zulassung des Schadensweiterwälzungseinwandes** durch den BGH ist die Notwendigkeit für die Konstruktion der Gesamtgläubigerschaft entfallen. Zudem wurde auch in Frage gestellt, ob die Voraussetzung für eine Gesamtgläubigerschaft überhaupt bejaht werden konnte. Voraussetzung wäre, dass die Gläubiger eine „einheitliche" Leistung beanspruchen können. Hieran konnte man zweifeln, weil es sich bei dem Schaden des direkten Abnehmers einerseits und dem Schaden des indirekten Abnehmers andererseits um jeweils individuell zu bemessende Ansprüche und nicht um eine „einheitliche" Leistung handelt.[238] Gegen eine „einheitliche" Leistung spricht insbesondere, dass der indirekte Abnehmer nicht einen fremden Schaden sondern stets nur seinen eigenen, also einen anderen Schaden geltend macht als der unmittelbare Abnehmer.[239]

---

[231] Vgl. *Lübbig/Mallmann* WRP 2012, 166 (171); mit Bedenken auch: *Bergmann/Fiedler* BB 2012, 206 (209).
[232] Vgl. *Lübbig/Mallmann* WRP 2012, 166 (171); vgl. *Bergmann/Fiedler* BB 2012, 206 (209).
[233] Vgl. *Kirchhoff* WuW 2012, 927 (932).
[234] Vgl. *Lübbig/Mallmann* WRP 2012, 166 (171); ähnlich *Inderst/Thomas*, 301.
[235] Vgl. *Kersting/Dworschak* JZ 2012, 777 (780) mwN; vgl. Langen/Bunte/*Bornkamm* GWB § 33 Rn. 143; vgl. *Inderst/Thomas*, 298f.
[236] KG Berlin Urt. v. 1.10.2009 – 2 U 10/03 Kart, WuW/E DE-R 2773 Rn. 122ff. – Berliner Transportbeton; vgl. hierzu ausführlich auch: *Logemann* Der kartellrechtliche Schadensersatz S. 395ff.; vgl. BGH Urt.v. 28.6.2011 – KZR 75/10, WuW/E DE-R 3431 – ORWI.
[237] *Buntscheck* WuW 2013, 947 (954).
[238] Vgl. Möschel/Bien/*Bulst* S. 260f.; Langen/Bunten/*Bornkamm* GWB § 33 Rn. 121; vgl *Kersting/Dworschak* JZ 2012, 777 (779).
[239] Vgl. *Bornkamm* GRUR 2012, 501 (505f.).

III. Neue Richtlinie über bestimmte Vorschriften für Schadensersatzklagen

Art. 13 der Richtlinie[240] gibt den Mitgliedsstaaten auf zu gewährleisten, dass der Beklagte **109** in einem Schadensersatzklageverfahren als Einwand gegen einen Schadensersatzanspruch geltend machen kann, der Kläger habe den sich aus der Zuwiderhandlung gegen das Wettbewerbsrecht ergebenden Preisaufschlag ganz oder teilweise weitergegeben. Die Beweislast für die Weitergabe des Preisaufschlages soll der Beklagte tragen, der allerdings in angemessener Weise „Offenlegungen" von dem Kläger und von Dritten fordern kann (vgl. Art. 13 Satz 2). Sowohl die grundsätzliche Zulassung der Passing-on defense als auch die grundsätzliche Darlegungs- und Beweislast für den Kläger entspricht im Wesentlichen dem, was der BGH in seinem ORWI-Urteil bereits sehr viel differenzierter entschieden hat.[241] Auch § 33c Abs. 1 S. 2 RegE-GWB scheint nach der Begründung des Regierungsentwurfes davon auszugehen, dass an den vom BGH aufgestellten Anforderungen an den Einwand der Schadensabwälzung festzuhalten ist[242] (vgl. → Rn. 96 ff.). Neu ist jedenfalls das Recht des Beklagten, „Offenlegungen" von dem Kläger und Dritten Parteien verlangen zu können.[243] Dies geht aufgrund der Einbeziehung von Dritten in seiner Wirkung sowohl über die – vom BGH in seinem ORWI-Urteil zudem nur „zurückhaltend" – erwogene sekundäre Darlegungslast des kartellgeschädigten Klägers hinaus, ist aufgrund des Verzichts auf das Erfordernis einer konkreten Bezugnahme aber auch weitergehend als die vorhandene Regelung des § 142 Abs. 1 ZPO.[244] Der Offenlegung kann daher abschreckende Wirkung haben.[245]

Die Regelungen der Richtlinie werden aber auch die Frage aufwerfen, ob das vom **110** BGH in seiner ORWI-Entscheidung entwickelte System der Verteilung von Beweislast und sekundärer Darlegungslast noch stimmig ist bzw. ob die maßgebliche Begründung des BGH für die „Zurückhaltung" bei der Annahme einer sekundären Darlegungslast, der Schädiger könne sich durch eine Streitverkündung vor doppelter Inanspruchnahme schützen, noch tragfähig ist. Problematisch erscheint insbesondere, dass Art. 13 der Richtlinie dem beklagten Kartellanten die Beweislast für die Schadensabwälzung ohne – über die Möglichkeit der Offenlegung hinausgehende – Beweiserleichterungen auferlegt, während andererseits Art. 14 Abs. 2 der Richtlinie dem mittelbaren Abnehmer mit der Vermutung der Schadensabwälzung auf ihn erhebliche Beweiserleichterungen gewährt. Die Gefahr einer doppelten Inanspruchnahme des Geschädigten erscheint dadurch erhöht zu sein. Um eine mehrfache Haftung – oder eine fehlende Haftung – des Kartellanten zu verhindern, gibt Art. 15 Abs. 1 der Richtlinie den Mitgliedsstaaten vor diesem Hintergrund auf zu gewährleisten, dass die mit einer Schadensersatzklage befassten nationalen Gerichte bei der Prüfung, ob die sich aus Art. 13 und 14 ergebende Beweislastverteilung beachtet ist, mit den nach Unionsrecht und dem jeweiligen einzelstaatlichen Recht zur Verfügung stehenden Mitteln gebührend berücksichtigen können: a) Schadensersatzklagen, welche dieselbe Zuwiderhandlung gegen das Wettbewerbsrecht betreffen, aber von Klägern auf anderen Vertriebsstufen erhoben wurden, b) Urteile, mit denen über solche Klagen entschieden wird und c) relevante Informationen, welche in Folge öffentlicher Durchsetzung von Wettbewerbsrecht öffentlich zugänglich sind.

---

[240] Richtlinie 2014/104/EU des Europäischen Parlaments und des Rates v. 26. November 2014 über bestimmte Vorschriften für Schadensersatzklagen nach nationalem Recht wegen Zuwiderhandlungen gegen wettbewerbsrechtliche Bestimmungen der Mitgliedstaaten und der Europäischen Union, ABl. 2014 L 349/1.

[241] *Gussone/Schreiber* WuW 2013, 1040 (1055); *Vollrath* NZKart 2013, 434 (442); *Makatsch/Mir* EuZW 2015, 7 (12); *Stauber/Scheper* NZKart 2014, 346 (351); *Lettl* WRP 2015, 537 (544); vgl BGH Urt. v. 28.6.2011 – KZR 75/10, WuW/E DE-R 3431 Rn. 55 ff. – *ORWI*.

[242] *Petrasincu* WuW 2016, 221 (331).

[243] Vgl. auch *Roth* GWR 2015, 73 (74); *Kühne/Waitz* DB 2015, 1028 (1030).

[244] Vgl. Urt. v. 28.6.2011 – KZR 75/10, WuW/E DE-R 3431 Rn. 70 ff. – *ORWI*; vgl. *Kersting* WuW 2014, 464 (569); *Makatsch/Mir* EuZW 2015, 7 (12); *Stauber/Scheper* NZKart 2014, 346 (352).

[245] *Kühne/Woitz* DB 2015, 1028 (1030).

111 Da es grundsätzlich genügt, wenn das Recht dem Schädiger Instrumente an die Hand gibt, die generell geeignet sind, eine Mehrfachbelastung auszuschließen, werden die vorhandenen Regeln über die Streitverkündung – entsprechend den Überlegungen des BGH iS ORWI – teilweise nach wie vor als ausreichend angesehen.[246] Allerdings nutzt dem Kartellanten bei einer Klage durch den mittelbaren Abnehmer, welche dieser allein wegen der Weiterwälzungsvermutung des Art. 14 Abs. 2 der Richtlinie gewinnt, die Streitverkündung gegenüber den unmittelbaren Abnehmern nichts, da er bei einer nicht erwiesenen, sondern nur unwiderlegt vermuteten Weiterwälzung im Erstprozess in einem Folgeprozess des unmittelbaren Abnehmers für die Weiterwälzung im Rahmen der Passing-On Defence beweispflichtig bleibt und doppelt zu verlieren droht.[247] Unterliegt der Kartellant in einem Erstprozess des unmittelbaren Abnehmens infolge einer Beweislastentscheidung, weil er die Weitergabe des Schadens an die nächste Marktstufe nicht beweisen kann, würde eine durch Streitverkündung erreichbare Bindung des mittelbaren Abnehmers für einen Folgeprozess die zu dessen Gunsten wirkende Vermutung der Schadensweiterwälzung unterlaufen.[248] Ob der Gesetzgeber die Möglichkeit in Erwägung zieht, § 147 ZPO auch auf gerichtsübergreifende Verfahrensverbindungen zu erweitern, bleibt abzuwarten.[249] Zu berücksichtigen ist bei derartigen Überlegungen jedenfalls der regelmäßig ungewöhnlich große Aufwand kartellrechtlicher Schadensersatzklagen. Die Möglichkeit von Verfahrensverbindungen darf jedenfalls nicht dazu führen, dass die Durchsetzung von Schadensersatzansprüchen unverhältnismäßig erschwert wird, denn dies will die Richtlinie nach den klaren Regelungen in Art. 1 Abs. 1 und Art. 3 Abs. 1 gerade nicht. Vorgeschlagen worden ist eine Verfahrenskonzentration in Anlehnung an § 75 ZPO, bei welcher der Kartellant die Möglichkeit erhalten soll, nach einer Art „Aufgebotsverfahren", bei dem alle Geschädigten ihre Forderungen anmelden können, den vom Gericht zu ermittelnden Gesamtschadensbetrag zur anschließenden Verteilung unter den unmittelbaren und mittelbaren Geschädigten zu hinterlegen.[250] Vorgeschlagen worden ist auch eine Synchronisierung der materiell-rechtlichen Beweislastregeln dahingehend, dass die Vermutungsregelung zugunsten des mittelbaren Abnehmers nach Art. 14 Abs. 2 Richtlinie auch zugunsten des Kartellanten in dessen Verhältnis zum unmittelbaren Abnehmer gelten soll.[251] Die Regelungen des RefE-GWB folgen derartigen Vorschlägen bislang nicht.

D. Mehrheit von Gläubigern und „Sammelklagen"

I. Entwicklungen auf europäischer Ebene

112 Die Kommission der Europäischen Gemeinschaften hatte bereits in ihrem **Grünbuch** vom 19.12.2005 zu Schadensersatzklagen wegen Verletzung des EU-Wettbewerbsrechtes ein Bedürfnis nach einer Möglichkeit zur **kollektiven Anspruchsdurchsetzung** identifiziert.[252] In ihrem Grünbuch hatte die Kommission dies insbesondere aus dem **Interesse von Verbrauchern und Abnehmern mit geringen Schadensersatzforderungen** abgeleitet, durch die Zusammenfassung der Forderungen in einer Klage Zeit und Kosten sparen zu können.[253]

113 In ihrem **Weißbuch** vom 2.4.2008 zu Schadensersatzklagen wegen Verletzung des EG-Wettbewerbsrechts hat die Kommission insbesondere bei **relativ geringwertigen**

---

[246] Vgl. *Kersting* WuW 2014, 564 (571); zu Modifikationen vgl. *Hoffmann* NZKart 2016, 9 (15).
[247] Vgl. *Kirchhoff* WuW 2015, 952 (956).
[248] *Winter/Thürk* WuW 2016, 221 (222).
[249] Vgl. Kersting WuW 2014, 564 (571).
[250] Im Einzelnen *Kirchhoff* WuW 2015, 952 (956).
[251] *Winter/Thürk* WuW 2016, 221 (226).
[252] Kommission der Europäischen Gemeinschaften, Grünbuch Schadensersatzklagen wegen Verletzung des EU-Wettbewerbsrechts, 19.12.2005, KOM(2005) 672; vgl. Basedow/Terhechte/Tichý/*Micklitz*, Collective Private Enforcement in Antritrust Law – What is Going Wrong In the Debate?, 101 ff.
[253] Kommission der Europäischen Gemeinschaften, Grünbuch Schadensersatzklagen wegen Verletzung des EU-Wettbewerbsrechts, 19.12.2005, KOM(2005) 672, Kap. 2.5, S. 9.

Streuschäden[254] erneut einen eindeutigen Bedarf nach Mechanismen gesehen, die eine Bündelung der individuellen Schadenersatzforderungen von Opfern von Wettbewerbsverstößen ermöglichen.[255] Zur Lösung dieser Probleme hat die Kommission zwei einander ergänzende Mechanismen vorgeschlagen, nämlich **Verbandsklagen qualifizierter Einrichtungen** und **„Opt-in-Gruppenklagen"**, zu denen sich einzelne Opfer ausdrücklich zusammenschließen, um ihre jeweiligen Schadensersatzansprüche in einer einzigen Klage zusammenzufassen.[256]

Zuletzt hat sich die Europäische Kommission dann allerdings gegen sektorspezifische Regelungen des kollektiven Rechtsschutzes für das Wettbewerbsrecht entschieden und anstelle dessen einen **„horizontalen" Ansatz** verfolgt, der für sämtliche Politikbereiche, in denen häufig ein auf viele Geschädigte verteilter Schaden auftritt, gemeinsame Vorschriften ermöglichen sollte.[257] Dies mündete in der **Empfehlung über Gemeinsame Grundsätze für kollektive Unterlassungs- und Schadensersatzverfahren in den Mitgliedstaaten** bei Verletzung von durch Unionsrecht garantierten Rechten.[258] Diese Empfehlung ist eher allgemein gehalten und jedenfalls kaum geeignet, kollektive Rechtsschutzmöglichkeiten im Kartellrecht zu erleichtern. Die Mitgliedstaaten sind zwar gehalten, sich mit der Empfehlung auseinander zu setzen,[259] die Empfehlung ist aber unverbindlich.[260] Die Diskussion um die Einführung von kartellrechtsspezifischen Modellen für eine kollektive Anspruchsdurchsetzung durch den nationalen Gesetzgeber scheint damit zunächst einmal beendet zu sein.

II. Situation nach deutschem Recht

Das **Institut einer Sammelklage** ist im deutschen Kartellrecht für Schadensersatzklagen bislang **nicht vorgesehen.**[261] Zwar hat der Gesetzgeber der 8. GWB Novelle den Verbraucherverbänden neben der Klagebefugnis zur Geltendmachung von Beseitigungs- und Unterlassungsansprüchen gemäß § 33 Abs. 2 GWB auch einen Anspruch auf Vorteilsabschöpfung eingeräumt.[262] Da dieser Anspruch nach § 34a Abs. 1 GWB[263] lediglich auf Herausgabe des Vorteils an den Bundeshaushalt gerichtet werden kann, sind die Anreize zur Geltendmachung aber eher gering.

Nach der Anerkennung der Aktivlegitimation von mittelbaren Abnehmern durch den BGH in seiner *ORWI*-Entscheidung wird allerdings teilweise wieder ein verstärktes Bedürfnis nach der Zulässigkeit von Sammelklagen zur Geltendmachung von **Streuschäden** gesehen.[264] Ohne ein solches Institut wird die Gefahr gesehen, dass gerade solche Schä-

---

[254] Streuschäden zeichnen sich durch eine (geringfügige) Schädigung einer Vielzahl von Personen durch eine zentrale Ursache aus, vgl. *Böni/Wassmer* EWS 2015, 130 (131).
[255] Vgl. *Eckel* WuW 2015, 4 (4).
[256] Kommission der Europäischen Gemeinschaften, Weissbuch Schadensersatzklagen wegen Verletzung des EG-Wettbewerbsrechts, 2.4.2008, KOM(2005) 165, Kapitel 2.1, 4; *Böni/Wassmer* EWS 2015, 130 (135).
[257] Vgl. Europäische Kommission, Vorschlag für eine Richtlinie des Europäischen Parlaments und des Rates über bestimmte Vorschriften für Schadensersatzklagen nach einzelstaatlichem Recht wegen Zuwiderhandlungen gegen wettbewerbsrechtliche Bestimmungen der Mitgliedstaaten und der Europäischen Union, 11.6.2013, COM(2013) 404 final, Ziff. 2.1, 8.; vgl. auch Erwägungsgrund 12 der Richtlinie; vgl. *Ahrens* WRP 2015, 1040 (1041).
[258] Europäische Kommission, Empfehlung über Gemeinsame Grundsätze für kollektive Unterlassungs- und Schadensersatzverfahren in den Mitgliedstaaten bei Verletzung von durch Unionsrecht garantierten Rechten, 11.6.2013, ABl. L 201/60 v. 26.7.2013.
[259] *Ahrens* WRP 2015, 1030 (1041f.).
[260] *Eckel* WuW 2015, 4 (4); *Kühne/Woitz* DB 2015, 1028 (1032).
[261] Vgl. *Zöttl/Schlepper* EuZW 2012, 573; vgl. demgegenüber zur U.S.-amerikanischen *class action: Jüntgen*, Die prozessuale Durchsetzung privater Ansprüche im Kartellrecht, 186ff.; *Hempel*, Privater Rechtsschutz im Kartellrecht, 311ff.; *Böni/Wassmer* EWS 2015, 130 (132, 134); *Böni* EWS 2014, 324 (330).
[262] Begründung des Gesetzentwurfes der Bundesregierung, BT-Drs. 17/9852 v. 31.5.2012, 27; vgl. ausführlich *Bien*, Das deutsche Kartellrecht nach der 8. GWB-Novelle, 329ff.; vgl. zur Vorteilsabschöpfung: *Alexander*, Schadensersatz und Abschöpfung im Lauterkeits- und Kartellrecht, 578ff.
[263] Vgl. zu den strukturellen Schwächen auch *Eckel* WuW 2015, 4 (8ff.).
[264] Vgl. *Zöttl/Schlepper* EuZW 2012, 573; *Buntscheck* WuW 2013, 947 (950) mwN.

117 Als nach deutschem Prozessrecht zulässige Gestaltung der **gebündelten Geltendmachung von Schadenersatzansprüchen** hat es der BGH anerkannt, wenn sich der spätere Kläger die **Ansprüche von Geschädigten** abtreten lässt, um diese sodann im Wege der Klagenhäufung gegen die Kartellanten geltend zu machen.[266] Das OLG Düsseldorf hatte bereits in der Vorinstanz im Zusammenhang mit der Zulässigkeit der Klage klargestellt, dass für die gerichtliche Geltendmachung von kartellrechtlichen Schadensersatzansprüchen, die im Wege der **Zession oder Inkassozession** erworben worden sind, keine besonderen Anforderungen an die Prozessführungsbefugnis zu stellen sind. Insbesondere bedarf es – anders als nach den allgemeinen Grundsätzen der gewillkürten Prozessstandschaft in Fällen der bloßen Einziehungsermächtigung – bei der Geltendmachung von abgetretenen kartellrechtlichen Schadensersatzansprüchen keines eigenen schutzwürdigen Interesse des Klägers an der Geltendmachung der Forderung. Die Behauptung, **Forderungsinhaber** zu sein, reicht auch bei kartellrechtlichen Schadensersatzansprüchen für die Prozessführungsbefugnis aus.[267] Die Aktivlegitimation der Klägerin in der Sache ist in Abtretungsfällen im Rahmen der Begründetheit zu prüfen und hängt von der Wirksamkeit der Abtretungen ab.[268]

---

[265] *Buntscheck* WuW 2013, 947 (950) mwN.
[266] BGH Beschl. v. 7.4.2009 – KZR 42/08, GRUR-RR 2009, 319 – *Zementkartell*; vgl. *Zöttl/Schlepper* EuZW 2012, 573; *Böni* EWS 2014, 324 (330f.).
[267] OLG Düsseldorf Urt. v. 14.5.2008, WuW/E DE-R 2311 – *Belgisches Kartellklageunternehmen*; bestätigt durch BGH Beschl. v. 7.4.2009, KZR 42/08, GRUR-RR 2009, 319 – *Zementkartel*; vgl. Loewenheim/Meessen/Riesenkampff/*Rehbinder* GWB § 33 Rn. 4; vgl. MüKoGWB/*Lübbig* § 33 Rn. 6.
[268] LG Düsseldorf Urt. v. 17.12.2013 – 37 O 200/09 Kart, 19ff.; verneint wegen Verstoßes gegen § 138 BGB: OLG Düsseldorf Urt. v. 18.2.2015 – U (Kart) 3/14 Rn. 62 – *Zementkartell-Sammelklage*; *Böni/Wassmer* EWS 2015, 139 (134).

§ 26 Schadensersatzprozesse

Übersicht

	Rn.
A. Voraussetzungen und Umfang von deliktischen Schadensersatzansprüchen	1
I. Anspruchsgrund	1
1. Anspruchsgrundlagen	1
2. Tatbestandsvoraussetzungen	6
a) Kartellrechtliche Verbotstatbestände	6
b) Kartellrechtswidriges Verhalten	13
c) Rechtswidrigkeit und Verschulden	54
d) Darlegungs- und Beweislast für einen schuldhaften Kartellrechtsverstoß	73
3. Haftungsbegründende Kausalität	119
a) Erforderlichkeit einer konkreten individuellen Betroffenheit?	119
b) Anforderungen an die Darlegung	124
c) Schadensersatz wegen horizontaler Kartellabsprachen	128
d) Andere Verstöße gegen Kartellrechtsnormen	154
4. Beweisführung	158
II. Höhe des Schadens und haftungsausfüllende Kausalität	163
1. Grundlagen: §§ 249 ff. BGB	163
a) Anspruch auf Belieferung, Zugang oder Abschluss anderer Verträge	163
b) Schaden wegen kartellbedingter Preisüberhöhung	165
c) Entgangener Gewinn	185
2. Darlegung und Beweis	187
a) Maßstäbe des § 287 ZPO für Schadenshöhe und haftungsausfüllende Kausalität	187
b) Relevanz des Verletzergewinns	229
c) Pauschalierter Schadensersatz/Vertragsstrafen	241
3. Mitverschulden des Verletzten	246
III. Ökonomische Grundlagen der Schadensberechnung	253
1. Weitergehende Veröffentlichungen	256
a) Untersuchungen der Europäischen Kommission	257
b) Veröffentlichungen in der ökonomischen Literatur	258
2. Einführende Überlegungen zur Schätzung des Schadens durch einen Kartellpreisaufschlag	261
a) Können Ergebnisse von Meta-Studien über Kartellaufschläge sinnvoll für die Schadensschätzung verwendet werden?	266
b) Ist die Konstruktion einer kontrafaktischen wettbewerblichen Situation überhaupt möglich?	269
c) Umgang mit der Ungewissheit über die Natur der Kartellabsprachen	271
d) Verfügbare Daten	275
e) Wann kann eine empirische Methode zur Schadensschätzung eingesetzt werden?	281
f) Möglichkeiten, falls empirische Methoden nicht eingesetzt werden können	284
3. Empirische Methoden zur Schadensschätzung des Kartellpreisaufschlags: ein Beispiel	286
a) Einfacher zeitlicher Vergleich und einfacher Differenz-der-Differenzen Vergleich ohne ökonometrische Methoden	288
b) Ökonometrische Analyse mit monatlichen Daten	303
c) Hypothesentests	316
d) Vorher-Nachher-Vergleiche mit Kontrollfaktoren	332
e) Differenz-der-Differenzen Methode mit Kontrollfaktoren	342
f) Zusammenfassende Bewertung der dargestellten Schätzmethoden	345

	Rn.
4. Anmerkungen zu weiteren empirischen Ansätzen	346
a) Prädiktionsmodelle	346
b) Panelansätze	347
c) Zeitreihenanalyse	348
5. Abschließende Bemerkungen zur empirischen Schätzung eines Kartellpreisaufschlags	353
a) Ökonomische Überlegungen sind immer notwendig	353
b) Empirische Modelle können nur testen, ob Hypothesen nicht zurückgewiesen werden	357
c) Horizontalabsprachen, die keine Hardcorekartelle sind	359
6. Preisschirmeffekte	360
7. Passing-on des Kartellaufschlags/Vorteilsausgleichung	370
8. Mengeneffekte	377
9. Vertikalabsprachen und Vertikale Wettbewerbsbeschränkungen	380
10. Schadensschätzung in Missbrauchsfällen	384
a) Schwierigkeiten der Schadensdurchsetzung aufgrund fehlender ökonomischer und rechtlicher Konsistenz von Missbrauch von Marktmacht	386
b) Schwierigkeit der Schadensdurchsetzung aufgrund der zu zeigenden Indikatoren	389
IV. Anspruch auf Verzinsung des Schadens	393
V. Verjährung	408
1. Allgemeines	408
2. Verjährungsbeginn und -ende	409
3. Verjährungshemmung	415
4. Ansprüche aus § 852 Satz 1 BGB nach Verjährung	424
5. Regelungen zur Verjährung in der Schadensersatzrichtlinie	429
VI. Passivlegitimation	432
1. Zurechnung des Handelns natürlicher Personen	433
2. Zivilrechtliche Haftung im Konzern	439
3. Haftung natürlicher Personen	449
4. Haftung Mehrerer	450
VII. Behandlung von Altfällen	451
1. Allgemeine Grundsätze	451
2. Intertemporale Anwendung von § 33 Abs. 5 GWB	453
3. Intertemporale Anwendung der Verzinsungsregel nach § 33 Abs. 3 Satz 4 GWB und § 849 BGB	466
B. Nichtdeliktische Anspruchsgrundlagen	472
I. Vertragliche Ansprüche	472
1. Vertragsstraferegelungen und Schadenspauschalierungen	472
a) Hintergrund	472
b) Zulässigkeit	473
c) Beurteilung von Vertragsstraferegelungen nach § 309 Nr. 6 BGB	474
d) Beurteilung von Schadenspauschalen nach § 309 Nr. 5 BGB	475
e) Abgrenzung	476
f) Vertragsstraferegelungen und Schadenspauschalen in der Rechtsprechungspraxis	477
g) Vertragsgestaltung	485
2. Culpa in contrahendo	489
II. Bereicherungsansprüche	495
1. Anfechtbarkeit von Folgeverträgen nach § 123 BGB wegen arglistiger Täuschung	497
a) Täuschungshandlung	497
b) Kausalität	503
c) Arglist	504
d) Anfechtungsfrist	506
2. Bereicherungsrechtliche Rückabwicklung	508

	Rn.
3. Bereicherungsrechtliche Rückabwicklung und Kartellschadensersatz im Vergleich	515
a) Anspruchsvoraussetzungen	515
b) Rechtsfolgen	518
c) Fristen	522
C. Prozessuale Fragen	523
I. Rechtsweg	528
II. Zuständigkeit für Kartellsachen	533
1. Sachliche Zuständigkeit	534
2. Funktionelle Zuständigkeit	536
3. Örtliche Zuständigkeit	541
a) Anwendbarkeit der EuGVVO	542
b) Deliktsgerichtsstand nach § 32 ZPO	546
c) Zuständigkeitskonzentration nach § 89 Abs. 1 GWB	554
4. Gerichtsstandsklauseln	558
5. Schiedsvereinbarungen	560
III. Klage	561
1. Vorüberlegungen	563
2. Informationsbeschaffung für die Substantiierung der Klage	571
3. Formulierung des Antrags	580
a) Bestimmtheit des Antrages – Mindestbetrag	581
b) Zinsantrag	583
4. Zustellung der Klage und erforderliche Übersetzungen	588
5. Verfahrensgang	590
6. Beweisfragen	592
a) Vom Kläger zu beweisende Tatsachen	593
b) Vom Beklagten zu beweisende Tatsachen	595
c) Beweismittel und Beweismaß	599
d) Bindungswirkung einer kartellbehördlichen Entscheidung	602
e) Vermutung/Anscheinsbeweis der Kartellbetroffenheit	604
f) Schadensvermutung	605
g) § 287 ZPO	607
7. Exkurs: Schadenspauschalierung	609
8. Rechtsmittel	613
9. Verfahrensdauer	614
IV. Streitverkündung	615
1. Allgemeine Voraussetzungen	617
2. Kosten	622
V. Beteiligung der Kartellbehörden	623
1. Beteiligung der nationalen Kartellbehörden	624
2. Beteiligung der Europäischen Kommission	628
VI. Streitwert	631
1. Zuständigkeitsstreitwert	635
2. Gebührenstreitwert/Gegenstandswert	636
3. Rechtsmittelstreitwert	637
4. Streitwertanpassung nach § 89a GWB	638
5. Kosten des Rechtsstreits	644
a) Gerichtskosten	647
b) Anwaltskosten	648
VII. Schutz von Geschäftsgeheimnissen	653
1. Grundlagen	654
2. Lösungsmöglichkeiten für (kartellrechtliche) Zivilprozesse	658
D. Probleme des Ausgleichs unter Gesamtschuldnern im Kartellschadensersatzprozess	665
I. Gesamtschuldnerische Haftung der Kartellbeteiligten im Außenverhältnis	665
1. Grundsatz der Gesamtschuld	665

	Rn.
2. Nach derzeitiger Rechtslage keine Haftungsprivilegierung des Kronzeugen im Außenverhältnis	667
3. Praktische Konsequenzen für den Geschädigten	671
II. Innenausgleich zwischen Gesamtschuldnern: Kartellregress nach geltender Rechtslage	673
1. Grundsatz	673
2. Kein genereller Ausschluss des Kartellregresses	674
3. Kriterien des Innenausgleichs	676
a) Grundregel der Haftung nach Kopfteilen	676
b) Haftung nach Verursachungsbeiträgen nach § 254 BGB (analog)	678
c) Vertragliche Ausgleichsvereinbarungen	680
d) Vergleich mit „beschränkter" Gesamtwirkung	682
e) Haftungsverteilung nach Gewinn bzw. Kartellrendite oder Umsatz?	687
f) Vergleichbarkeit zur Innenhaftung für gesamtschuldnerisch festgesetzte Geldbußen	688
g) Keine Privilegierung des Kronzeugen im Innenverhältnis	691
h) Einzelwirkung der Verjährung	693
III. Streitverkündung zur Sicherung des Innenausgleiches	694
IV. Neue Richtlinie über bestimmte Vorschriften für Schadensersatzklagen	695
1. Grundsatz der gesamtschuldnerischen Haftung im Außenverhältnis	695
2. Haftung der Kartellmitglieder im Innenverhältnis	696
3. Haftungsprivilegierungen	697
a) Ausfallhaftung des Kronzeugen	697
b) Haftungsfreistellung kleiner und mittlerer Unternehmen	705
4. Vergleichsanreize	707

Schrifttum:

Juristisches Schrifttum: *Ackermann,* Prävention als Paradigma: Zur Verteidigung eines effektiven kartellrechtlichen Sanktionssystems, ZWeR 2010, 329; *Ahrens,* Gemeinschaftsunternehmen als wirtschaftliche Einheit, EuZW 2013, 899; *Alexander,* Die zivilrechtlichen Ansprüche im Kartellrecht nach der 7. GWB-Novelle – Ein Überblick, JuS 2007, 109; *ders.,* Gemeinschaftsrechtliche Perspektiven der kollektiven Rechtsdurchsetzung, WRP 2009, 683; *ders.,* Schadensersatz und Abschöpfung im Lauterkeits- und Kartellrecht: Privatrechtliche Sanktionsinstrumente zum Schutz individueller und überindividueller Interessen im Wettbewerb, 2010; *Axster/Weber,* Anmerkung zu BGH Urt. v. 23.3.1982 KZR 28/80 – Meierei-Zentrale, GRUR 1982, 579; *Bamberger/Roth,* Beck'scher Online Kommentar BGB, 37. Aufl. 2015; *Baron,* Die Rechtsnatur der Gruppenfreistellungsverordnungen im System der Legalausnahme – ein Scheinproblem, WuW 2006, 358; *Basedow,* Die Durchsetzung des Kartellrechts in Zivilverfahren, in: Baudenbacher, Neueste Entwicklungen im Kartellrecht, 2000, S. 353; *ders.,* Who will Protect Competition in Europe? – From central enforcement to authority networks and private litigation, EBOR 2001, 2; *ders.,* Private Enforcement of EC Competition Law, 2007; *ders.,* Perspektiven des Kartelldeliktsrechts, in: FIW, Wettbewerb in einem größeren Europa, FIW-Schriftenreihe Band 215, 2007, S. 45; *Baur,* Schadensersatz- und Unterlassungsansprüche bei Verstößen gegen die Kartellrechtsvorschriften des EWG-Vertrags, EuR 1988, 257; *Bechtold,* Die Entwicklung des deutschen Kartellrechts, NJW 2009, 3699; *ders.,* Die Durchsetzung europäischen Kartellrechts durch die Zivilgerichte, ZHR 1996, 160; *ders.,* Grundlegende Umgestaltung des Kartellrechts: Zum Referentenentwurf der 7. GWB-Novelle, DB 2004, 235; *ders.,* Der Referentenentwurf der 8. GWB-Novelle im Überblick, BB 2011, 3075; *ders./Bosch,* Der Zweck heiligt nicht alle Mittel – Eine Erwiderung auf Ackermann, ZWeR 2010, 329, ZWeR 2011, 160; *Becker/Kammin,* Die Durchsetzung von kartellrechtlichen Schadensersatzansprüchen: Rahmenbedingungen und Reformansätze, EuZW 2011, 503; *Behr,* Volker, Internationale Tatortzuständigkeit für vorbeugende Unterlassungsklagen bei Wettbewerbsverstößen, GRUR Int. 1992, 604; *Behr, Nele/Gorn,* Schadensersatzklagen wegen Verletzung sektorspezifischer Wettbewerbsrechte, N&R 2009, 2; *Behrens/Hartmann-Rüppel/Herrlinger,* Schadensersatzklagen gegen Kartellmitglieder, 2010; *Beninca,* Schadensersatzansprüche von Kunden eines Kartells? Besprechung der Entscheidung des OLG Karlsruhe v. 28.1.2004, WuW 2004, 604; *Bergmann/Fiedler,* Anspruchsberechtigung indirekter Abnehmer und passing-on defense: Private Kartellrechtsdurchsetzung in Deutschland, BB 2012, 206; *Bernhard,* Schadensberechnung im Kartellzivilrecht vor und nach dem „Praktischen Leitfaden" der Europäischen Kommission, NZKart 2013, 488; *ders.,* Schadensersatz trotz Eintritts der Regelverjährung? – Zur Bedeutung von § 852 BGB im Kartellrecht, NZKart 2014, 432; *ders./Holterhus,* Kartellrechtliche Schadensersatzansprüche in mehrstufigen Absatzverhältnissen: ein europäischer Kontrapunkt zum U.S.-Antitrust-Recht, RIW 2012, 470; *Berrisch/Burianski,* Kartellrechtliche Schadensersatzansprüche nach der 7. GWB-Novelle, WuW 2005, 878; *Bien,* Perspektiven für eine europäische Gruppenklage bei Kartellverstößen? Die opt-out Class Actions als Äquivalent der Vorteilsabschöpfung, NZKart 2013, 12; *ders.,* Überlegungen zu einer haftungsrechtlichen Privilegierung des Kartellkronzeugen, EuZW 2011, 889; *ders./Harke,* Neues

§ 26 Schadensersatzprozesse

Recht für alte Fälle? – Der intertemporale Anwendungsbereich der Verjährungshemmung gemäß § 33 Abs. 5 GWB 2005, ZWeR 2013, 312; *Bodenstein,* Zurück zum bewährten Grundsatz: Wer handelt, haftet, NZKart 2015, 141; *Böge/Ost,* Up and Running, or is it? Private Enforcement – the Situation in Germany and Policy Perspectives, ECLR 2006, 197; *Böhner,* Zivilrechtliche und kartellrechtliche Ansprüche wegen Vorenthaltung von Einkaufsvorteilen in Franchiseverträgen, WRP 2006, 1089; *Böni,* Europäische Richtlinie zur privaten Kartellrechtsdurchsetzung – Maß aller Dinge für Privatgeschädigte?, EWS 2014, 324; *Boos,* Die Beteiligung von Verbraucherschutzverbänden im Kartellverfahren, VuR 2003, 333; *Bornkamm,* Der Schutz vertraulicher Informationen im Gesetz zur Durchsetzung von Rechten des geistigen Eigentums – In-camera-Verfahren im Zivilprozess?, FS Eike Ullmann 2006, 893; *ders.,* Cui malo? Wem schaden Kartelle?, GRUR 2010, 501; *ders./Becker,* Die privatrechtliche Durchsetzung des Kartellverbots nach der Modernisierung des EG-Kartellrechts, ZWeR 2005, 213; *Bosch,* Die Entwicklung des deutschen Kartellrechts, NJW 2013, 1857; *ders.,* Die Entwicklung des deutschen und europäischen Kartellrechts, NJW 2014, 1714; *Brettel/Thomas,* Der Verbotsirrtum im europäischen und nationalen Kartellbußgeldrecht – Zugleich Besprechung des Schenker-Urteils des EuGH, ZWeR 2013, 272; *Brinker,* Die Zukunft des Kartellrechts, NZKart 2013, 3; *Brkan,* Procedural Apects of Private Enforcement of EC Antitrust Law: Heading toward New Reforms, W.Comp. 2005 28, 479; *Bueren,* Einer für alle, alle für einen? – Gesamtschuldnerische Bußgeldhaftung im europäischen Kartellrecht: Grundlage, Ausgestaltung und Konsequenzen, ZWeR 2011, 285; *ders.,* Zinsen ab Schadenseintritt schon vor der 7. GWB-Novelle!, WuW 2012, 1056; *Bues/Fritzsche,* EU erlässt Kartellschadensersatzrichtlinie – Kommt jetzt die Klageflut?, DB 2014, 2881; *Bulow/Klemperer,* Prices and the Winner's Curse, The RAND Journal of Economics Vol. 33, No. 1, 2002, 1; *Bulst,* Private Kartellrechtsdurchsetzung nach der 7. GWB-Novelle: Unbeabsichtigte Rechtsschutzbeschränkungen durch die Hintertür?, EWS 2004, 62; *ders.,* Private Kartellrechtsdurchsetzung durch die Marktgegenseite – deutsche Gerichte auf Kollisionskurs zum EuGH, NJW 2004, 2201; *ders.,* Schadensersatzansprüche der Marktgegenseite im Kartellrecht: zur Schadensabwälzung nach deutschem, europäischen und US-amerikanischem Recht, 2006; *ders.,* Schadensersatz wegen Kartellrechtsverletzungen – Herausforderungen und Lösungsansätze, in: Remien, Schadensersatz im europäischen Privat- und Wirtschaftsrecht – Würzburger Tagung v. 11. und 12.6.2010, 2012; *ders.,* Das ORWI-Urteil des Bundesgerichtshofs im Lichte des Unionsrechts, ZWeR 2012, 70; *Buntscheck,* „Private Enforcement" in Deutschland: Einen Schritt vor und zwei Schritte zurück, WuW 2013, 947; *Bürger,* Die Haftung der Konzernmutter für Kartellrechtsverstöße ihrer Tochter nach deutschem Recht, WuW 2011, 130; *Burrichter,* Ökonomische Gutachten in Kartellschadensersatzprozessen, in: Studienvereinigung Kartellrecht e.V. (Hrsg.), Festschrift für Canenbley zum 70. Geburtstag 2012, S. 111; *Burrichter/Paul,* Economic Evidence in Competition Litigation in Germany, in: Hüschelrath/Schweitzer, Public and Private Enforcement of Competition Law in Europe, Legal and Economic Perspectives, S. 193, 2014; *Canenbley/Steinvorth,* Kartellbußgeldverfahren, Kronzeugenregelungen und Schadensersatz – Liegt die Lösung des Konflikts delege ferenda in einem einheitlichen Verfahren?, Wettbewerbspolitik und Kartellrecht in der Marktwirtschaft, FS 50 Jahre FIW, 143; *v. Criegern/Engelhoven,* Absicherung von Kartellschäden in AGB-Einkaufsverträgen, WRP 2013, 1441; *Dallmann/Künstner,* Kartellverstoß, Schadensersatz, Pauschalierung, Geschäftsbedingung, DB 2015, 2191; *Daniel/Padialla/Svy,* Practical Issues with Competition Damages, GCLR 2010, 75; *Dauner-Lieb/Langen,* BGB, Schuldrecht, 3. Aufl. 2016; *Diehl,* Schadensersatzansprüche und deren Nachweis bei Submissionsabsprachen, ZfBR 1994, 105; *Dittrich,* Der passing-on Einwand und die Anspruchsberechtigung indirekter Abnehmer eines Kartells, GRUR 2009, 123; *Dohm,* Zuständigkeit für Klagen wegen Kartellschaden, IWRZ 2015, 33; *ders.,* Die Bindungswirkung kartellrechtlicher Entscheidungen der Kommission sowie deutscher und mitgliedstaatlicher Kartellbehörden und Gerichte im deutschen Zivilprozess, 2010; *Dölling,* Die Voraussetzungen der Beweiserhebung im Zivilprozess, NJW 2013, 3121; *Dreher,* Der Zugang zu Entscheidungen mit Bindungswirkung für den kartellrechtlichen Schadensersatz, ZWeR 2008, 325; *ders.,* Die persönliche Außenhaftung von Geschäftsleitern auf Schadensersatz bei Kartellverstößen, WuW 2009, 133; *ders.,* Die Haftungsverteilung bei der gesamtschuldnerischen kartellrechtlichen Schadensersatzhaftung, Festschrift zum 70. Geburtstag von Wernhard Möschel 2011, 149; *ders.,* Die Anfechtung und Abwicklung kartellbefangener Verträge nach §§ 123, 812ff. BGB – Bereicherungsrecht als Alternative zum kartellrechtlichen Schadenersatz, in: Studienvereinigung Kartellrecht e.V. (Hrsg.), Festschrift für Canenbley zum 70. Geburtstag 2012, 167; *Dück/Eufinger,* Anspruchsberechtigung mittelbar Betroffener und „passing-on defence" im Lichte der BGH-Rechtsprechung zu § 33 GWB, WRP 2011, 1530; *Dück/Schultes,* Kartellbedingte Arglistanfechtung und c.i.c.-Haftung – Mögliche Alternativen zum kartellrechtlichen Schadensersatzanspruch aus § 33 GWB?, NZKart 2013, 228; *Drexl,* Zur Schadensberechtigung unmittelbarer und mittelbarer Abnehmer im europäischen Kartelldeliktsrecht, Festschrift Canaris zum 70. Geburtstag, 2007, 1339; *Eden,* Haften Geschäftsführer persönlich gegenüber Kartellgeschädigten auf Schadensersatz?, WuW 2014, 792; *Dworschak/Maritzen,* Einsicht – der erste Schritt zur Besserung? Zur Akteneinsicht in Kronzeugendokumente nach dem Donau Chemie-Urteil des EuGH, WuW 2013, 829; *Ellger,* Kartellschaden und Verletzergewinn, Festschrift zum 70. Geburtstag von Wernhard Möschel 2011, 191; *Emde,* Anspruch von Vertriebsmittlern auf Zugang zum Vertriebssystem eines Unternehmers – Kontrahierungsanspruch, Belieferungsanspruch und ihr Verhältnis zum Schadensersatzanspruch, NZKart 2013, 355; *Emmerich,* Schadensersatzansprüche der mittelbar geschädigten Abnehmer eines Kartells – Anmerkung zur ORWI Entscheidung des BGH, JuS 2012, 847; *Erman/Westermann/Grunewald/Maier-Reimer,* Bürgerliches Gesetzbuch, 14. Aufl. 2014; *Fabisch,* Managerhaftung für Kartellrechtsverstöße, ZWeR 2013, 91; *Fiedler,* Der aktuelle Richtlinienvorschlag der Kommission – der große Wurf für den kartellrechtlichen Schadensersatz?, BB 2013, 2179; *Fikentscher,* Horizontale Wettbewerbsbeschränkungen und Verträge mit Dritten, BB 1956, 793; *Fleischer,* Kartellrechtsverstöße und Vorstandsrecht, BB 2008, 1070; *Franck,* Weitergabe von Kartellschaden und Vorteilsausgleich, WRP 2011,

843; *Fritzsche*, 8. GWB-Novelle – Überblick über den Regierungsentwurf, DB 2012, 845; *Fuchs*, Die 7.GWB Novelle – Grundkonzeption und praktische Konsequenzen, WRP 2005, 1384; *ders.*, Ausschluss oder Zulassung des Einwands der Schadensabwälzung ? Plädoyer für eine differenzierte Beurteilung der passing-on defense bei Schadensersatzklagen wegen Kartellverstößen, ZWeR 2011, 192; *ders.*, Anspruchsberechtigte, Schadensabwälzung und Schadensbemessung bei Kartellverstößen, in: Remien, Schadensersatz im europäischen Privat- und Wirtschaftsrecht – Würzburger Tagung v. 11. und 12.6.2010, 2012, 55; *Gänswein*, Gesamtschuldnerausgleich unter Kartellbeteiligten: Bestimmung des Haftungsanteils und Verjährung der Ausgleichsansprüche, NZKart 2016, 50; *Glöckner*, Verfassungsgerichtliche Fragen um das Verhältnis staatlicher und privater Kartellrechtsdurchsetzung, WRP 2015, 410; *Glöckner*, Individualschutz und Funktionenschutz in der privaten Durchsetzung des Kartellrechts – Der Zweck heiligt die Mittel nicht; er bestimmt sie!, WRP 2007, 490; *Göhler*, Ordnungswidrigkeitengesetz, 16. Aufl. 2012; *Görner*, Die Anspruchsberechtigung der Marktbeteiligten nach § 33 GWB, 2007; *Gronemeyer/Slobodenjuk*, Referentenentwurf zur 8. GWB-Novelle: Risiken und Nebenwirkungen, WRP 2012, 290; *Guski*, Kartellgeschädigte als Gesamtgläubiger? Zur Systemkompatibilität von Wettbewerbs- und allgemeinem Privatrecht am Beispiel von Kartelldelikten, ZWeR 2010, 278; *Gussone/Schreiber*, Private Kartellrechtsdurchsetzung, WuW 2013, 1040; *Harms/Sanner/Schmidt*, EuGVVO: Gerichtsstand bei Kartellschadensersatzklagen (Anmerkung zu EuGH, Urt. v. 21.5.2015 – C-352/13), EuZW 2015, 584; *Hartmann-Rüppel/Ludewig*, Entscheidung für die Passing-On-Defence im deutschen Recht – Zur ORWI-Entscheidung des Bundesgerichtshofs, ZWeR 2011, 90; *Hartmann-Rüppel/Schrader*, Es regnet Preiserhöhungen – Wie Preisschirme auch Unbeteiligte schädigen können – Zugleich Besprechung der „Preisschirmeffekte"-Entscheidung des EuGH v. 5.6.2014 – Rs C-557/12, ZWeR 2014, 300; *Haas/Dittrich*, Urteilsanmerkung zu BGH Urt. v. 28.6.2011 – KZR 75/10 – ORWI, LMK 2012, 327348; *Hack*, Vorstandsverantwortlichkeit bei Kartellrechtsverstößen, 2012; *Haslinger*, „Belieferungsanspruch des Außenseiters eines selektiven Vertriebsbindungssystems, das gegen Art. 85 I EGV verstößt?", WRP 1999, 161; *Hauke/Brettel*, Aktuelle Rechtsprechung zur Bebußung von Kartellordnungswidrigkeiten – Zugleich Besprechung von OLG Düsseldorf, Urt. v. 29.10.2012 – V-1 Kart 1–6/12 (OWi) ua sowie BGH v. 26.2.2013 – KRB 20/12, ZWeR 2013, 285; *Haus/Serafimova*, Neues Schadensersatzrecht für Kartellverstöße – die EU-Richtlinie über Schadensersatzklagen, BB 2014, 2884; *Hauser*, Kartellschadensersatz wegen Preiserhöhung durch Kartellaußenseiter?, GWR 2013, 146; *Heidel/Hüßtege/Mansel/Noack*, BGB, Allgemeiner Teil, 2. Auf. 2011; *Hein*, EUGH: Zuständigkeitskonzentration für Klagen wegen Kartellschäden gegen mehrere Beteiligte aus verschiedenen EU-Staaten, LMK 2015, 37; *Heinichen*, Akteneinsicht durch Zivilgerichte im Kartellschadensersatzverfahren, NZKart 2014, 83; *Hempel*, Privater Rechtsschutz im deutschen Kartellrecht: Eine rechtsvergleichende Analyse, 2002; *ders.*, Privater Rechtsschutz im deutschen Kartellrecht nach der 7. GWB-Novelle, WuW 2004, 362; *ders.*, War da nicht noch etwas? – Zum kollektiven Rechtsschutz im Kartellrecht, NZKart 2013, 494; *Herberger/Martinek/Rüßmann/Weth*, jurisPraxisKommentar BGB, 7. Aufl. 2014; *Hess*, Kartellrechtliche Kollektivklagen in der Europäischen Union – Aktuelle Perspektiven, WuW 2010, 493; *Heß/Burmann*, Gesamtschuldnerausgleich und Verjährung, NJW-Spezial 2010, 393; *v. Hoyningen-Huene*, Beweisfragen bei Berufsfortkommensschäden (§ BGB § 252 S. 2 BGB, § ZPO § 287 ZPO § 287 Absatz I ZPO), NJW 1994, 1757; *Immenga/Mestmäcker*, Wettbewerbsrecht, 5. Aufl. 2014; *Inderst/Maier-Rigaud/Schwalbe*, Preisschirmeffekte, WuW 2014, 1043; *Inderst/Maier-Rigaud/Schwalbe*, Umbrella Effects Journal of Competition Law and Economics 2014, 739; *Inderst/Thomas*, Schadensersatz bei Kartellverstößen, 2015; *Hülsen/Kasten*, Passivlegitimation von Konzernen im Kartell-Schadensersatzprozess? – Gedanken zur Umsetzung der Richtlinie 2014/104/EU, NZKart 2015, 296; *Jaschke*, Der kartellrechtliche Schadensersatzanspruch, 2012; *Jauernig/Stürner*, Bürgerliches Gesetzbuch, 16. Aufl. 2015; *Jüchser*, Gesamtschuldnerausgleich zwischen Mutter- und Tochtergesellschaft im Fall des Schadensersatzes nach deutschem und europäischem Kartellrecht, WuW 2012, 1048; *Jungermann*, US-Discovery zur Unterstützung deutscher Kartellschadensersatzklagen, WuW 2014, 4; *Jüntgen*, Die prozessuale Durchsetzung privater Ansprüche im Kartellrecht, FIW-Schriftenreihe 2007, 212; *ders.*, Zur Verwertung von Kronzeugenerklärungen in Zivilprozessen, WuW 2007, 128; *Kahlenberg/Heim*, Referentenentwurf der 9. GWB-Novelle: Mehr Effizienz für die private und behördliche Rechtsdurchsetzung, BB 2016, 1863; *Kahlenberg/Neuhaus*, Die Achte GWB-Novelle: Reform des deutschen Kartellrechts, BB 2012, 131; *Kahlenberg/Haellmigk*, Neues Deutsches Kartellgesetz, BB 2005, 1509; *Kamann/Ohlhoff*, Gesamtgläubigerschaft als Lösung des Passing-On-Problems? – Entscheidungsbesprechung, ZWeR 2010, 303; *Kapp*, Abschaffung des Private Enforcement bei Hardcore Kartellen, Festschrift zum 70. Geburtstag von Wernhard Möschel 2011, 319; *Kapp/Gärtner*, Die Haftung von Vorstand und Aufsichtsrat bei Verstößen gegen das Kartellrecht, CCZ 2009, 168; *Karst*, Kartellrechtscompliance im Konzern, WuW 2012, 150; *Kaufmann*, Rechtsschutz im deutschen und europäischen Kartellrecht: Konzeption einer effektiven Schadensersatzklage, 2007; *Kellerbauer/Weber*, Die gesamtschuldnerische Haftung für Kartellgeldbußen und ihre Grenzen: Das Urteil Siemens VA Tech, EuZW 2011, 666; *Kern*, Zivilrechtliche Schadensersatzansprüche der öffentlichen Hand bei Kartellverstößen, BWGZ 2011, 446; *Kersting*, Perspektiven der privaten Rechtsdurchsetzung im Kartellrecht, ZWeR 2008, 252; 845; *ders.*, Wettbewerbsrechtliche Haftung im Konzern, Der Konzern 2011, 445; *ders.*, Urteilsanmerkung zu EuGH, Urt. v. 14.6.2011 – C-360/09 – Pfleiderer, JZ 2012, 43; *ders.*, Behandlung des unvermeidbaren Verbotsirrtums im europäischen Kartellrecht, WuW 2013, 845; *ders.*, Die Rechtsprechung des EuGH zur Bußgeldhaftung in der wirtschaftlichen Einheit, WuW 2014, 1156; *ders.*, Die neue Richtlinie zur privaten Rechtsdurchsetzung im Kartellrecht, WuW 2014, 564; *ders.*, Gesamtschuldnerausgleich bei Kartellgeldbußen, NZKart 2016, 147; *Keßler*, Schadensersatzansprüche von Kartellabnehmern de lege data und de lege ferenda, BB 2005, 1125; *Kiebisch*, Outsourcing eines Kartellrechtsverstoßes – Nachhaftung für ausgegliederte Verstöße gegen das europäische Kartellrecht unter besonderer Berücksichtigung des Gemeinschaftsunternehmens, WRP 2012, 295; *Kießling*,

Neues zur Schadensabwälzung, GRUR 2009, 734; *Kirchhoff,* Das ORWI-Urteil des Bundesgerichtshofs, WuW 2012, 927; *ders.,* Ökonomie und Kartellrecht aus der Sicht des deutschen Richters, Festschrift für Klaus Tolksdorf zum 65. Geburtstag 2014, 521; *Kleinlein/Schubert,* Die Auslobung als Möglichkeit zur Ausschaltung der Passing-on-defence, WuW 2012, 345; *Kling,* Die Haftung der Konzernmutter für Kartellverstöße ihrer Tochterunternehmen, WRP 2010, 506; *ders.,* Wirtschaftliche Einheit und Gemeinschaftsunternehmen – Konzernprivileg und Haftungszurechnung, ZWeR 2011, 169; *ders./Thomas,* Kartellrecht, 2. Aufl. 2016; *Koch, Jens,* Der kartellrechtliche Sanktionsdurchgriff im Unternehmensverbund, ZHR 171 2007, 554; *ders.,* Compliance-Pflichten im Unternehmensverbund?, WM 2009, 1013; *ders.,* Rechtsdurchsetzung im Kartellrecht: Public vs. private enforcement, JZ 2013, 390; *Köhler,* Kartellverbot und Schadensersatz, GRUR 2004, 99; *ders.,* EU-Kartellbußen gegen Mutter- und Tochtergesellschaft: Gesamtschuldnerische Haftung und Ausgleich im Innenverhältnis, WRP 2011, 277; *Komninos,* New Prospects for Private Enforcement of EC Competition Law: Courage v. Crehan and the Community Right to Damages, CML. Rev. 2002, 447; *ders.,* Effect of Commission Decisions on Private Antitrust Litigation: Setting the Story Straight, CML Rev. 2007 44, 1387; *Köster,* Schadensersatzklagen wegen Verletzung von Art. 81 EG: Gelingt die Mobilisierung privater Kläger in der EU?, Festschrift für Peter Hay 2005, S. 233; *Kredel,* Der EuGH ist aufgerufen, die Rechtsunsicherheiten in Bezug auf den Innenausgleich zwischen gesamtschuldnerisch haftenden Kartellanten zu beseitigen, BB 2013, 2644; *ders./Brückner,* Sammelklagen – das richtige Instrument für den Umgang mit kartellrechtlichen (Streu-)Schäden?, BB 2015, 2947; *Krieger/Schneider,* Handbuch Managerhaftung, 2. Aufl. 2010; *Krüger,* Die haftungsrechtliche Privilegierung des Kronzeugen im Außen- und Innenverhältnis gemäß dem Richtlinienvorschlag der Kommission, NZKart 2013, 483; *ders.,* Kartellregress: Der Gesamtschuldnerausgleich als Instrument der privaten Kartellrechtsdurchsetzung, 2010; *ders.,* Der Gesamtschuldnerausgleich im System der privaten Kartellrechtsdurchsetzung, WuW 2012, 6; *Kruß,* Kartellschaden und Verbraucherschutz: rechtliche und faktische Rechtsdurchsetzungshürden für die Kompensation kartellbedingter Streuschäden unter Berücksichtigung gemeinschaftsrechtlicher Vorgaben, 2010; *Kühne/Woitz,* Die neue EU-Kartellschadensersatzrichtlinie: „Follow-on"-Klagen auf Schadensersatz werden gefährlicher, DB 2015, 1028; *Kühnen/Kizil,* Vollzugsverbot und Zivilrechtsschutz, ZWeR 3/2010, 268; *Lackner/Kühl,* Strafgesetzbuch, 28. Aufl. 2014; *Legner,* Schadensberechnung bei Hardcore-Kartellen, KSzW 2012, 218; *ders.,* Gesamtschuldnerausgleich zwischen Kartellanten, WRP 2014, 1163;*Lehmann,* Juristisch-ökonomische Kriterien zur Berechnung des Verletzergewinns bzw. des entgangenen Gewinns, BB 1988, 1680; *Lettl,* Der Schadensersatzanspruch gemäß § 823 Abs. 2 BGB iVm Art. 81 Abs. 1 EG, ZHR 167 (2003) 473; *ders.,* Haftungsausfüllende Kausalität für einen Schadensersatzanspruch wegen Verstoßes gegen Art. 101 AEUV, § 1 GWB, insbesondere beim sog. „umbrella pricing", WuW 2014, 1032; *ders.,* Kartellschadensersatz nach der Richtlinie 2014/104/EU und deutsches Kartellrecht, WRP 2015, 537; *ders.,* Privilegierung von kleinen und mittleren Unternehmen beim gesamtschuldnerischen Kartellschadensersatz (Art. 11 Abs. 2 Richtlinie 2014/104/EU), WuW 2015, 692; *ders.,* Kartellschadensersatz nach der Richtlinie 2014/104/EU und deutsches Kartellrecht, WRP 2015, 537; *ders.,* Privilegierung von kleinen und mittleren Unternehmen beim gesamtschuldnerischen Kartellschadensersatz (Art. 11 Abs. 2 Richtlinie 2014/104/EU), WuW 2015, 692; *Liesegang,* Kontrahierungszwang als Schadensersatz bei kartellverbotswidriger Lieferverweigerung, NZKart 2013, 233; *Lindner,* Privatklage und Schadensersatz im Kartellrecht – Eine vergleichende Untersuchung zum deutschen und amerikanischen Recht, 1980; *Logemann,* Der kartellrechtliche Schadensersatz: die zivilrechtliche Haftung bei Verstößen gegen das deutsche und europäische Kartellrecht nach Ergehen der VO (EG) Nr. 1/2003 und der 7. GWB-Novelle, 2009; *Lübbig,* Die zivilprozessuale Durchsetzung etwaiger Schadensersatzansprüche durch den Abnehmer eines kartellbefangenen Produkts, WRP 2004, 1254; *Lübbig/Bell,* Die Reform des Zivilprozesses in Kartellsachen, WRP 2006, 1209; *Lübbig/Mallmann,* Zivilprozessuale Folgen des ORWI-Urteils des BGH zur kartellrechtlichen „Passing-on-Defence", WRP 2012, 166; *Maier-Reimer,* Schutzgesetze – Verhaltensnormen, Sanktionen und ihr Adressat, NJW 2007, 3157; *Makatsch,* Kartellschadensersatz – Vergleichen oder Prozessieren, CCZ 2015, 127; *Makatsch/Abele,* Das Ende kollektiver Kartellschadensersatzklagen in Deutschland?, WuW 2014, 164; *Makatsch/Mir,* Die neue EU-Richtlinie zu Kartellschadensersatzklagen – Angst vor der eigenen „Courage"?, EuZW 2015, 7; *Mansdörfer/Timmerbeil,* Zurechnung und Haftungsdurchgriff im Konzern, WM 2004, 362; *Mäsch,* Praxiskommentar zum deutschen und europäischen Kartellrecht, 2011; *ders.,* Private Ansprüche bei Verstößen gegen das europäische Kartellverbot – Courage und die Folgen, EuR 2003, 825; *ders.,* Vitamine für Kartellopfer – Forumshopping im europäischen Kartelldeliktsrecht, IPRax 2005, 509; *ders.,* Innenausgleich bei gesamtschuldnerisch festgesetzter Kartellbuße der EU-Kommission – „Calciumcarbid", GRUR-Prax 2012, 268; *Mayer,* Vertragsanfechtung durch Kartellgeschädigte – Eine praxistaugliche Alternative zur Geltendmachung von Schadensersatz?, WuW 2010, 29; *Medicus,* Deliktische Außenhaftung der Vorstandsmitglieder und Geschäftsführer, ZGR 1998, 570; *K. M. Meessen,* Schadensersatz bei weltweiten Kartellen, WuW 2005, 1115; *ders.,* Antitrust Jurisdiction under Customary International Law, Am. J. Int. L. 1984, 783; *G. Meessen,* Der Anspruch auf Schadensersatz bei Verstößen gegen EU-Kartellrecht: Konturen eines Europäischen Kartelldeliktsrechts?, 2011; *Mehra,* Deterrence: The Private Remedy and International Antitrust Cases, Col. J. Transnat'l L. 2002, 275; *Mederer,* Richtlinienvorschlag über Schadensersatzklagen im Bereich des Wettbewerbsrechts, EuZW 2013, 847; *Mestmäcker/Schweitzer,* Europäisches Wettbewerbsrecht, 3. Aufl. 2014; *Meyer,* Die Bindung der Zivilgerichte an Entscheidungen im Kartellverwaltungsrechtsweg – der neue § 33 IV GWB auf dem Prüfstand, GRUR 2006, 27; *Meyer-Lindemann,* Durchsetzung des Kartellverbots durch Bußgeld und Schadenersatz, WuW 2011, 1235; *Moch,* Private Kartellrechtsdurchsetzung – Stand, Probleme, Perspektiven, WuW 2006, 39; *Möllers/Pregler,* Zivilrechtliche Rechtsdurchsetzung und kollektiver Rechtsschutz im Wirtschaftsrecht – Ein Vergleich der kollektiven Rechtsdurchsetzung im Wettbewerbs-, Kartell-, Gesellschafts-, und Kapitalmarktrecht, ZHR 2012, 144; *Montag,* Kollektiver Rechtsschutz in Europa und der Gesetzesentwurf zur Einführung von Gruppenklagen, ZRP 2013, 172; *Morell,* Kartellschadensersatz nach „ORWI", WuW 2013, 959; *Möschel,* Behördliche oder privatrechtliche Durchsetzung des Kartellrechts?, WuW 2007, 483; *ders./Bien,* Kartellrechtsdurchsetzung durch private Schadenersatzklagen, 2010; *Müller,* Punitive Damages und deutsches Schadensersatzrecht, 2000; *Müller-Graff/Kainer,* Die Pauschalierung von Schadensersatzansprüchen gegen Kartellabsprachen in Vergabeverträgen, WM 2013, 2149; *Müller-Henneberg/Schwartz/Benisch/Hootz,* Gemeinschaftskommentar Gesetz gegen Wettbewerbsbeschränkungen und Europäisches Kartellrecht, 4. Aufl. 1980–1997; Münchener Kommentar zur Zivilprozessordnung, 4. Aufl. 2012; *Masielak/Voit,* Zivilprozessordnung, 12. Aufl. 2015; MüKoBGB, 7. Aufl. 2016; *Napel/Oldehaver,* Kartellschadensersatz und Gesamtschuldnerausgleich – ökonomisch faire Schadensaufteilung mit dem Shapley-Wert, NZKart 2015, 135; *Nothdurft,* „The Trade Follows the Flag" – Reichweite der Bindungswirkung der öffentlichen für die private Kartellrechtsdurchsetzung nach § 33 Abs. 4 GWB, Festschrift für Klaus Tolksdorf zum 65. Geburtstag 2014, 533; *Oberender,* Private und öffentliche Kartellrechtsdurchsetzung – Überlegungen zur Gesamtschuld von Kartellmitgliedern im System der privaten Kartellrechtsdurchsetzung, 2012; *Ostendorf,* Internationale Zuständigkeit bei Schadensersatzklagen gegen Kartellanten, GWR 2015, 254; *Pajunk,* Konsumentenschutz im Rahmen privater Kartellrechtsdurchsetzung – Bestandsaufnahme und Entwicklung von Lösungsansätzen zur Gewährleistung subjektiver Befugnisse für mittelbare Kartellopfer unter besonderer Berücksichtigung deutscher und europarechtlicher Initiativen, 2011; *Palandt/Bassenge ua,* Bürgerliches Gesetzbuch, 75. Aufl. 2016; *Palzer,* Transparenz-VO und private Kartellrechtsdurchsetzung – Abschied von einem Hoffnungsträger?, ZEUP 2015, 416; *Palzer/Preisendanz,* Frischer Wind in der privaten Durchsetzung des Kartellrechts?, EWS 2010, 215; *Pauer,* Schadensersatzansprüche aufgrund von „Preisschirmeffekten" bei Kartellverstößen, WuW 2015, 14; *Petrasincu,* Verjährung des Gesamtschuldnerregresses wegen Kartellschadensersatzansprüchen, NZKart 2014, 437; *Pfeiffer,* Zivilrechtliche Ausgleichsansprüche bei kartellrechtswidrigen Verträgen?, Festschrift für Werner Benisch 1989, 313; *Poelzig,* Normdurchsetzung durch Privatrecht, 2012; *Pohlmann,* Intertemporales Verjährungsrecht beim Kartellschadensersatz, WuW 2013, 357; *dies.,* Verjährung nach der EU-Richtlinie 2014/104 zum Kartellschadensersatz, WRP 2015, 546; *Prütting/Wegen/Weinreich,* Bürgerliches Gesetzbuch, 9. Aufl. 2014; *Radziwill,* Privater Schadensersatz bei Kartellverstößen, in: Europa- Status Quo, Würzburger Arbeiten zum Wirtschaftrecht, Band 1, 2012; *Rauh,* Vom Kartellantengewinn zum ersatzfähigen Schaden – Neue Lösungsansätze für die private Rechtsdurchsetzung, NZKart 2013, 222; *ders./Zuchandke/Reddemann,* Die Ermittlung der Schadenshöhe im Kartelldeliktsrecht, WRP 2012, 173; *Reher,* Kartellrechtliche Schadensersatzansprüche nach der 7. GWB Novelle für Altfälle am Beispiel des Vitaminkartells, Festschrift für Alexander Riesenkampff 2006, 113; *Reich, Michael,* Die Passing-On Defense im Spannungsfeld zwischen Weißbuch und kritischer Literaturstimmen, WuW 2008, 1046; *Reich, Norbert,* The „Courage" Doctrine: Encouraging or Discouraging Compensation for Antitrust Injuries?, CML. Rev. 2005 42, 35; *Reichert/Walther,* Die besonderen Ragelungen für Kronzeugen im Rahmen der Richtlinie 2014/104/EU, GPR 2015, 120; *Ritter,* Private Durchsetzung des Kartellrechts – Vorschläge des Weißbuchs der Europäischen Kommission, WuW 2008, 762; *Rizzuto,* The Private Enforcement of EU Competition Law – What next?, GCLR 2010, 57; *Roth,* Das Kartelldeliktsrecht in der 7. GWB-Novelle, Festschrift für Ulrich Huber zum 70. Geburtstag 2006, 1133; *ders.,* Neue EU-Richtlinie erleichtert künftig Schadensersatzklagen bei Verstößen gegen das Kartellrecht, GWR 2015, 73; *Roth/Walther,* Die besonderen Regelungen für Kronzeugen im Rahmen der Richtlinie 2014/104/EU, GPR 2015, 120; *Ruf,* Feuerwehrbeschaffungskartell – Schadensersatzrechtliche und vergaberechtliche Aspekte, BWGZ 2011, 436; *Rust,* Kartellverstoß und Gesamtschuld-Bestandsaufnahme und Ausblick, NZKart 2015, 502; *Saam,* Kollektive Rechtsbehelfe zur Durchsetzung von Schadensersatzansprüchen im europäischen Wettbewerbs- und Verbraucherrecht, 2011; *Säcker/Rixecker,* Münchener Kommentar zum Bürgerlichen Gesetzbuch, 6. Aufl. 2012–2013; *Scheffler,* Die Bindungswirkung kartellbehördlicher Entscheidungen im Kartellschadensersatzprozess in der Rechtsprechung der Oberlandesgerichte, NZKart 2015, 223; *Scheidtmann,* Schadensersatzansprüche gegen eine Muttergesellschaft wegen Verstößen einer Tochtergesellschaft gegen Europäisches Kartellrecht?, WRP 2010, 499; *Schmidt,* Kartellprivatrecht – Zivilrechtswissenschaft und Kartellrechtswissenschaft: Herrin und Magd? Magd und Herrin?, ZWeR 2010, 15; *Schnelle,* Kommentar zu BGH Urteil v. 28.6.2011 – ORWI – Den Geschädigten trifft für den Weiterwälzungseinwand nur in Ausnahmefällen eine sekundäre Darlegungslast, BB 2012, 75; *Schoene,* Gerichtsstandsklausel erfasst idR nicht kartellrechtliche Ansprüche, GRUR-Prax 2015, 268; *Schreiber,* Nach der ORWI-Entscheidung des BGH: Was müssen indirekte Abnehmer bei der Geltendmachung von Schadensersatz beachten?, GRUR-Prax 2012, 78; *Schreiber,* Akteneinsicht zur Vorbereitung eines Schadensersatzprozesses, GRUR-Prax 2015, 472; *Schulte/Just,* Kartellrecht, 2. Aufl. 2015; *Schulze ua,* Bürgerliches Gesetzbuch, Handkommentar, 8. Aufl. 2014; *Schürmann,* Die Weitergabe des Kartellschadens, 2011; *Schütt,* Individualrechtsschutz nach der 7. GWB-Novelle, WuW 2004, 1124; *Schreiber,* Akteneinsicht zur Vorbereitung eines Schadensersatzprozesses, GRUR-Prax 2015, 472; *Schweitzer,* Die neue Richtlinie für wettbewerbsrechtliche Schadensersatzklagen, NZKart 2014, 335; *Schwenke,* Die Richtlinie für private Kartellschadensersatzklagen und der Gesamtschuldnerausgleich: Wie kann Art. 11 V ins deutsche Recht umgesetzt werden?, NZKart 2015, 383; *Soergel,* Bürgerliches Gesetzbuch, Allgemeiner Teil 1 (§§ 1–103), 13. Aufl. 2000; *Soyez,* Aufzugs- und Fahrtreppenkartell – Schadensersatzansprüche der Öffentlichen Hand, KommJur 2010, 41; *Soyez,* Die Verjährung des Schadensersatzanspruchs gem. § 33 Abs. 3 Satz 1 GWB, ZWeR 2011, 407; *ders.,* Schadensersatz des indirekten Abnehmers von Kartellteilnehmern, EuZW 2012, 100; *Spangler,* Schadensersatz für Preisschirmeffekte – Umbrella Pricing, NZBau 2015, 149; *Stancke,* Zu den Pflichten und Abwägungskriterien hinsichtlich der Durchsetzung kartellrechtlicher Schadensersatzansprüche, WuW 2015, 822; *Stauber/Schaper,* Die Kartellschadensersatzrichtlinie – Handlungsbedarf für den deutschen Gesetzgeber?, NZKart 2014, 346; *Staudinger,* Kommentar zum Bürgerlichen Gesetzbuch 2012,

Buch 1: Allgemeiner Teil 5 (§§ 164–240), Neubearb. 2014 und Buch 2: Recht der Schuldverhältnisse (§§ 305–310), 15. Aufl. 2013; *Steinle/Hattas,* The tide has turned: private enforcement of competition law in Germany, GCLR 2008, 57; *Steinle/Wilsk/Eckardt,* Kartellschadensersatz und Schiedsklauseln – Luxembourg Locuta, Causa Finita?, SchiedsVZ 2015, 165; *Stöber,* Schadensersatzhaftung für Preisschirmeffekte bei Verstößen gegen deutsches und europäisches Kartellrecht, EuZW 2014, 257; *Thomas,* Anmerkung zu LG Mannheim v. 29.4.2005 – 22 O 74/04 Kart – Selbstdurchschreibepapier ORWI, EWiR 2007, 659; *ders.,* Die verfahrensrechtliche Bedeutung der Marktbeherrschungsvermutungen des § 19 Abs. 3 GWB, WuW 2002, 470; *Thomas/Putzo,* Zivilprozessordnung, 36. Aufl. 2015; *Thonig,* Die Anspruchsberechtigung von Marktbeteiligten und die Geltendmachung von Schadensersatz im Fall des Ausbeutungsmissbrauchs, WRP 2014, 526; *Traugott,* Anspruch auf Belieferung aus Art. 85 Abs. 1 EGV in Verbindung mit § 823 Abs. 2 BGB und § 249 Satz 1 BGB?, WuW 1997, 486; *Ulmer/Brandner/Hensen,* AGB-Recht, 12. Aufl. 2016; *Ulmer/Habersacher/Löbbe,* GmbHG – Gesetz betreffend die Gesellschaften mit beschränkter Haftung, 2. Aufl. 2014; *Verse,* Organwalterhaftung und Gesetzesverstoß, ZHR 170 (2006), 398; *Verse/Wiersch,* Gesamtschuldnerausgleich für Kartellbußen in der wirtschaftlichen Einheit, ZWeR 2015, 21; *Volhard,* Schadensbezifferung und Schadensbeweis bei Submissionskartellen, Festschrift für Walter Oppenhoff zum 80. Geburtstag 1985, 509; *Vollrath,* Das Maßnahmenpaket der Kommission zum wettbewerbsrechtlichen Schadensersatzrecht, NZKart 2013, 434; *von Criegern/Engelhoven,* Absicherung von Kartellschäden in AGB-Einkaufsverträgen, WRP 2013, 1441; *Vykydal,* Der kartellrechtliche Kontrahierungszwang, 1996; *Wagner/Kleine/Liebenbach,* Kartellrechtliche Schadensersatzklagen – Bewertung der Vorschläge der Europäischen Kommission im Weißbuch, EWS 2008, 305; *Wagner,* Schadensersatz bei Kartelldelikten, in: Eger/Schäfer, Ökonomische Analyse der europäischen Zivilrechtsentwicklung, 2007, 605; *Wagner/von Olshausen,* Die Geltung der kartellrechtlichen Verjährungshemmung für Altfälle – Zum intertemporalen Anwendungsbereich des § 33 Abs. 5 GWB, ZWeR 2013, 121; *Wagner-v. Papp,* Der Richtlinienentwurf zu kartellrechtlichen Schadensersatzklagen, EWS 2009, 445; *Weidenbach/Saller,* Das Weißbuch der Europäischen Kommission zu kartellrechtlichen Schadensersatzklagen, BB 2008, 1020; *Weitbrecht,* Schadensersatzansprüche der Unternehmer und Verbraucher wegen Kartellverstößen, NJW 2012, 881; *Westermann,* Das privatrechtliche Sanktionssystem bei Kartellverstößen, Festschrift für Harm Peter Westermann, 2008, 1605; *Westhoff,* Der Zugang zu Beweismitteln bei Schadensersatzklagen im Kartellrecht: eine rechtsvergleichende Untersuchung, 2010; *Graf von Westphalen/Thüsing,* Vertragsrecht und AGB-Klauselwerke, 36. EL 2015 (Stand Gesamtwerk); *Willems,* Kein Durchgang durch die „Doppeltür"? – Möglichkeiten und Grenzen der Abmilderung von Informationsasymmetrien im Kartellzivilrecht nach der RL 2014/104/EU zum Kartellschadensersatz, WRP 2015, 819; *Wils,* Should Private Antitrust Enforcement be Encouraged in Europe?, World Competition 2003 26, 473; *Wils,* The judgment of the EU General Court in Intel and the so-called ‚more economic approach' to abuse of dominance, World Competition: Law and Economics Review, 2014; *Wissenbach,* Schadensersatzklagen gegen Kartellmitglieder – Offene Fragen nach der 7. Novellierung des GWB, 2006; *Wolf/Lindacher/Pfeiffer,* AGB-Recht, 6. Aufl. 2013; *Wurmnest,* Zivilrechtliche Ausgleichansprüche von Kartellbeteiligten bei Verstößen gegen das EG-Kartellverbot, RIW 2003, 896; *ders.,* Private Durchsetzung des EG-Kartellrechts nach der Reform der VO Nr. 17, in: Behrens/Braun/Nowak, Europäisches Wettbewerbsrecht im Umbruch, 2004, 213; *ders.,* Schadensersatz wegen Verletzung des EU-Kartellrechts, in: Remien, Schadensersatz im europäischen Privat- und Wirtschaftsrecht – Würzburger Tagung v. 11. und 12.6.2010, 2012, 27; *Zimmer/Logemann,* Unterliegen „Altfälle" der verschärften Schadensersatzhaftung nach § 33 GWB?-Die versteckte Rückwirkung im Kartellprivatrecht, WuW 2006, 982; *Zöller,* ZPO, 31. Aufl. 2016; *Zöttl/Schlepper,* Die private Durchsetzung von kartellrechtlichen Schadensersatzansprüchen – Status Quo in Deutschland, EuZW 2012, 573.

Ökonomisches Schrifttum: *Baker/Rubinfeld,* Empirical Methods in Antitrust Litigation: Review and Critique, American Law and Economics Review 1999, 386; *Beth/Pinter,* Preisschirmeffekte: Wettbewerbsökonomische Implikationen für kartellrechtliche Bußgeld- und Schadensersatzverfahren, WuW 2013, 228; *Boyer/Kotchoni,* How Much do Cartels Overcharge?, Toulouse School of Economics, Working Paper TSR-462, Januar 2014; *Bulow/Klemperer,* Prices and the Winner's Curse, The RAND Journal of Economics 2002, 1; *Connor,* Price-Fixing Overcharges: Revised 3rd Edition, 24.2.2014, abrufbar unter: http://ssrn.com/abstract=2400780 oder http://dx.doi.org/10.2139/ssrn.2400780 (zuletzt abgerufen am 11.11.2015); *Clark/Hughes/Wirth,* Study on the Conditions of Claims for Damages in Case of Infringement of EC Competition Rules: Analysis of economic models for the calculation of damages, 2004; *Davis,* „Facts" and the Estimation of Damages in Competition Cases, E.C.L.R. 2012, 339; *ders./Garcès,* Quantitative Techniques for Competition and Anti-trust analysis, Princeton University Press, 2010; *Friederiszick/Röller,* Quantification of Harm in Damages Actions for Antitrust Infringements: Insights from German Cartel Cases, Journal of Competition Law & Economics 2010, 595; *Haucap/Stühmeier,* Wie hoch sind durch Kartelle verursachte Schäden: Antworten aus Sicht der Wirtschaftstheorie, WuW 2008, 413; *Hickman/Hubbard/Saglam,* Structural Econometric Methods in Auctions: A Guide to the Literature, Journal of Econometric Methods 2012, 67; *Hüschelrath,* Competition Policy Analysis, ZEW Economic Studies, 2008; *Hüschelrath/Leheyda/Müller/Veith,* Schadensermittlung und Schadensersatz bei Hardcore-Kartellen – Ökonomische Methoden und rechtlicher Rahmen, 2012; *Hüschelrath/Müller/Veith,* Concrete Shoes for Competition: the Effect of the German Cement Cartel on Market Price, Journal of Competition Law and Economics 2012, 97; *Hüschelrath/Müller/Veith,* Estimating Damages from Price-Fixing: the Value of Transactions Data, European Journal of Law and Economics 2012, 1; *Hüschelrath/Veith,* The Impact of Cartelization on Pricing Dynamics – Evidence from the German Cement Industry, ZEW Discussion Paper No. 11–067, 2011; *Inderst/Jakubovic,* Nachwirkungen von Kartellen, WuW 2013, 5; *Inderst/Maier-Rigaud/Schwalbe,* Preisschirmeffekte, WuW 2014, 1043; *dies.*, Quantifizierung von Schäden durch Wettbewerbsverstöße, in: Fuchs/Weitbrecht, Handbuch der Privaten Kartellrechtsdurchsetzung, in Vorbereitung; *dies.,* Umbrella Effects, Journal of Competition Law and Economics 2013, 739; *Inderst/Schwalbe,* Das kontrafaktische Szenario bei der Berechnung von Kartellschäden, WuW 2012, 122; *Inderst/Thomas,* Schadensersatz bei Kartellverstößen, 2015; *Mankiw,* The Macroeconomist as Scientist and Engineer, 2006; *Maskin/Riley,* Asymmetric Auctions, The Review of Economic Studies 2000, 413; *Niels/Noble,* Quantifying Antitrust Damages – Economics and the Law, in: Hüschelrath/Schweitzer, Public and Private Enforcement of Competition Law in Europe, Legal and Economic Perspectives, 2014; *Oxera,* Quantifying Antitrust Damages Towards Non-Binding Guidance for Courts, 2009; *Paarsch/Hong,* An Introduction to the Structural Econometrics of Auction Data, 2006; *Pesendorfer,* A Study of Collusion in First-Price Auctions, Review of Economic Studies 2000, 381; *Smuda,* Cartel Overcharges and the Deterrent Effect of EU Competition Law, ZEW Discussion Paper No. 12–050, 2012; *UK Office of Fair Trading,* Cost pass-through: theory, measurement, and potential policy implications, RBB Economics Publications, Dec. 2014 oder https://www.gov.uk/government/publications/cost-pass-through-theory-measurement-and-policy-implications (zuletzt abgerufen am 7.1.2016); *Van Dijk/Verboven,* Quantification of Damages, in: Waller, Issues in Competition Law and Policy, ABA Section of Antitrust Law, 2008; *Van Dijk/Verboven,* Cartel Damages Claims and the Passing-on Defense, The Journal of Industrial Economics 2009, 457; *Van Dijk/Verboven,* Implementing the passing-on defence in cartel damages actions, Global Competition Litigation Review 2010, 98; *Wooldridge,* Econometric Analysis of Cross Section and Panel Data, Second Edition, 2010.

A. Voraussetzungen und Umfang von deliktischen Schadensersatzansprüchen

I. Anspruchsgrund

1. Anspruchsgrundlagen

1 Mit der Siebten GWB-Novelle wurde zum 1.7.2005 der heutige **§ 33 GWB als Zentralnorm des deutschen Rechts für deliktische Schadensersatzansprüche** wegen Verstößen gegen das Kartellrecht eingeführt (zur RL 2014/104/EU und zur 9. GWB-Novelle → Rn. 5).[1] Insbesondere wurde mit § 33 Abs. 3 S. 1 GWB eine einheitliche deliktische Anspruchsgrundlage für zivilrechtliche Schadensersatzansprüche wegen Verstößen gegen das GWB und kartellbehördliche Verfügungen einerseits und die Verbotsnormen des europäischen Wettbewerbsrechts andererseits geschaffen. Weder § 823 Abs. 1 BGB noch § 823 Abs. 2 BGB sind neben § 33 GWB anwendbar[2] (zu Altfällen → Rn. 2f. u. 451 ff.). Damit wurde die frühere Aufspaltung in das Sonderdeliktsrecht des GWB für Verstöße gegen das deutsche Kartellrecht und das allgemeine Deliktsrecht des BGB für Verstöße gegen das europäische Wettbewerbsrechts beseitigt. Im Zuge dieser Vereinheitlichung wurde auch das Schutzgesetzerfordernis aufgegeben, aus dem die Rechtsprechung den Grundsatz entwickelt hatte, dass nur der gegen einen Kartellrechtsverstoß zivilrechtlich vorgehen könne, gegen den sich dieser Verstoß gezielt gerichtet hat (im Einzelnen zur Aktivlegitimation → § 25 Rn. 1 ff.)

2 Viele kartellrechtliche Schadensfälle reichen jedoch in die Zeit vor dem Inkrafttreten des § 33 Abs. 3 S. 1 GWB in der Fassung der Siebten GWB-Novelle zurück. In solchen **Altfällen aus der Zeit vor Juli 2005** bleibt es bei der ursprünglichen Aufspaltung der Anspruchsgrundlagen nach der Natur des Verstoßes: Für Verstöße gegen das GWB und gegen kartellbehördliche Verfügungen gilt § 33 S. 1 Hs. 2 GWB in der Fassung der Sechsten GWB-Novelle (oder, für die Zeit vor dem 1.1.1999, der inhaltsgleiche § 35 Abs. 1 S. 1 GWB); für Verstöße gegen das europäische Wettbewerbsrecht steht dagegen nur § 823 Abs. 2 BGB als Anspruchsgrundlage des allgemeinen Deliktsrechts zur Verfügung.[3] Dies folgt aus den allgemeinen Grundsätzen des intertemporalen Rechts. Ändert

---

[1] Die Achte GWB-Novelle hat zum 30.6.2013 nur kleinere sprachliche Veränderungen in den hier relevanten Abs. 4 und 5 von § 33 GWB mit sich gebracht.
[2] Langen/Bunte/*Bornkamm* GWB § 33 Rn. 174; *Bechtold* GWB § 33 Rn. 40; HLMV/*Schweitzer,* 46; *Alexander* Schadensersatz, 339.
[3] BGH Urt. v. 28.6.2011 – KZR 75/10, NJW 2012, 928 Rn. 13 – ORWI; KG Urt. v. 1.10.2009 – 2 U 10/03 Kart, WuW/E DE-R 2773, (2774f.); OLG Düsseldorf Urt. v. 30.9.2009 – VI-U (Kart) 17/08 (V), WuW/E DE-R 2763 (2764ff.); LG Düsseldorf Urt. v. 19.11.2015 – 14d O 4/14, Rn. 180f., bei juris –

sich die materielle Rechtslage und fehlt es an einer Übergangsvorschrift (wie dies bei der Erstreckung des § 33 Abs. 3 S. 1 GWB auf das europäische Wettbewerbsrecht der Fall ist), bestimmen sich Inhalt, Umfang und Wirkung eines Schuldverhältnisses grundsätzlich nach dem Recht, das zum Zeitpunkt seiner Entstehung galt (vgl. den in Art. 170 EGBGB statuierten und beispielsweise in Art. 229 § 5 EGBGB aufgegriffenen allgemeinen Rechtsgedanken).[4]

Entscheidend für die **zeitliche Abgrenzung zwischen den verschiedenen Anspruchsgrundlagen** ist damit der Zeitpunkt der Entstehung von Schadensersatzansprüchen wegen Verstößen gegen das Kartellrecht. In der Rechtsprechung und Literatur wird hierfür regelmäßig auf den Zeitpunkt des Verstoßes abgestellt,[5] was zutrifft, wenn man mit der Rechtsprechung für die Verwirklichung des Tatbestands von § 823 Abs. 2 BGB und § 33 Abs. 3 S. 1 GWB sowie seiner Vorgängernormen nur den Verstoß gegen eine (kartellrechtliche) Verbotsnorm und nicht darüber hinaus den Eintritt (irgend) eines Schadens für erforderlich erachtet (→ Rn. 119 ff.).[6] Ist der Schadensersatzanspruch einmal entstanden, bleibt das Recht, nach dem sich dieser Anspruch bemisst, auch maßgebend, wenn sich der Schaden später fortentwickelt.[7] Im Einzelnen wird die Behandlung von Altfällen – insbesondere die intertemporale Anwendung der verschiedenen Fassungen des § 33 GWB und seiner Vorgängernormen – in → Rn. 451 ff. erörtert. 3

Neben § 33 Abs. 3 S. 1 GWB bzw. seinen Vorgängernormen und § 823 Abs. 2 BGB können sich **Ansprüche wegen Kartellrechtsverstößen auch aus § 826 BGB** ergeben. Allerdings kommt dieser Vorschrift praktisch allenfalls insoweit Bedeutung zu, als aus ihr Ansprüche gegen die an einem Kartellrechtsverstoß beteiligten natürlichen Personen hergeleitet werden können (→ Rn. 43 ff.). Eine theoretische Bedeutung mag § 826 BGB zudem bei der Durchsetzung von Schadensersatzansprüchen wegen Verstößen gegen ausländische Kartellrechtsnormen haben.[8] Auch **§ 831 BGB** kommt als Anspruchsgrundlage in Betracht, hat aber ebenfalls keine selbständige Bedeutung bei Kartellrechtsverstößen erlangt. Die Rechtsprechung hat den Anwendungsbereich des § 31 BGB (Haftung für Organverhalten) so ausgedehnt, dass für die Haftung wegen Auswahl- und Überwachungsverschuldens von Verrichtungsgehilfen kaum mehr Bedarf besteht (→ Rn. 13 ff.). Demgegenüber ist **§ 852 BGB** keine selbständige Anspruchsgrundlage, sondern begrenzt lediglich den Umfang des (fortbestehenden) Deliktsanspruchs nach Eintritt der Verjährung auf die Herausgabe des durch die unerlaubte Handlung – also beispielsweise einen Kartellrechtsverstoß – Erlangten.[9] Die Vorschrift ist nicht ohne Bedeutung in kartellrechtlichen Schadensersatzfällen, weil der Schaden des Betroffenen insbesondere dann, wenn es um durch ein Kartell oder einen Kartellrechtsverstoß bedingt überhöhte Preise geht, oft 4

Autoglaskartell; Immenga/Mestmäcker/*Fuchs* GWB § 131 Rn. 15 f.; Langen/Bunte/*Stadler* GWB § 131 Rn. 16.

[4] Vgl. aus der Rechtsprechung BGH Urt. v. 11.11.1953 – II ZR 181/52, BGHZ 10, 391 (394); BGH Urt. v. 18.10.1965 – II ZR 36/64, BGHZ 44, 192 (194); BGH Urt. v. 26.1.2009 – II ZR 260/07, NJW 2009, 1277 (1279); aus der Literatur Palandt/*Grüneberg* BGB, 70. Aufl. 2011, Einl v § 241 Rn. 14.

[5] OLG Düsseldorf Urt. v. 20.9.2009 – U (Kart) 17/08, WuW 2010, 81 (amtl. Leitsatz); KG Urt. v. 1.10.2009 – 2 U 17/03, NJOZ 2010, 536 (539) – Zementkartell; LG Berlin Urt. v. 6.8.2013 – 16 O 193/11 Kart, WuW 2014, 1240 (1241) – Fahrtreppen; LG Düsseldorf Urt. v. 19.11.2015 – 14d O 4/14, Rn. 180, bei juris – Autoglaskartell; vgl. auch *Bechtold* GWB § 33 Rn. 4. Aus der allg. Lit. Staudinger/*Löwisch* EGBGB Art. 229 § 5 Rn. 17; MüKoBGB/*Krüger* EGBGB Art. 229 § 5 Rn. 8.

[6] Vgl. zuletzt BGH Urt. v. 12.7.2016 – KZR 25/14, Rn. 42 des amtl. Umdrucks – Lotto-Totto-Schadensersatz.

[7] Staudinger/*Löwisch* EGBGB Art. 229 § 5 Rn. 17; MüKoBGB/*Krüger* EGBGB Art. 229 § 5 Rn. 8.

[8] Vgl. ausf. zur Berücksichtigung von ausländischem Kartellrecht bei der Auslegung der zivilrechtlichen Generalklauseln Staudinger/*Fitzer/Koos* BGB IntWirtschR Rn. 82 ff. Die Frage hatte vor allem deswegen Bedeutung, weil § 130 Abs. 2 GWB als einseitige Kollisionsnorm ausgestaltet war und nicht zur Anwendung ausländischer Kartellrechtsnormen führte. Für Fälle, die in den zeitlichen Anwendungsbereich der Rom II – VO fallen, gilt nunmehr Art. 6 Abs. 3 lit. a) dieser Verordnung.

[9] Eingehend MüKoBGB/*Wagner* BGB § 852 Rn. 5; vgl. auch Palandt/*Sprau* BGB § 852 Rn. 2.

in erheblichem Maß mit dem Vorteil des Verletzers korrespondiert. Die Einzelheiten werden im Zusammenhang mit den Regelungen zur Verjährung von kartellrechtlichen Ansprüchen behandelt (→ Rn. 424 ff.).

5 Wesentliche materiell-rechtliche und prozessuale Aspekte der Geltendmachung von Schadensersatzansprüchen wegen Verstößen gegen das Kartellrecht werden durch die **RL 2014/104/EU** künftig europaweit harmonisiert werden (→ § 24). Die Richtlinie kodifiziert den im Primärrecht der EU wurzelnden Anspruch jeder natürlichen und juristischen Person, vollständigen Ersatz des durch einen Verstoß gegen das Kartellrecht erlittenen Schadens von dem oder den an dem Verstoß beteiligten Unternehmen oder Unternehmensvereinigungen zu erhalten (Art. 1 und 3 RL 2014/104/EU). Zu den durch die RL 2014/104/EU getroffenen Regelungen gehören unter anderem Vorschriften über die Offenlegung von Beweismitteln, die Bindungswirkung von Entscheidungen nationaler Wettbewerbsbehörden, die Abwälzung des durch einen Kartellverstoß bedingten Preisaufschlags, die Ermittlung des Schadensumfangs, die Verjährung, die gesamtschuldnerische Haftung und die einvernehmliche Streitbeilegung.

5a Die Umsetzung der RL 2014/104/EU wird eine Vielzahl größerer und kleinerer Änderungen des bisherigen deutschen Rechts erfordern; zwischenzeitlich liegt ein **Regierungsentwurf zur Änderung des GWB vor (RegE-GWB),** mit dem die Richtlinie umgesetzt werden soll. Die materiell-rechtlichen Normen sind in §§ 33a–33h RegE-GWB, die prozessualen Normen in §§ 89b–89e RegE-GWB enthalten. Das BGB und die ZPO sollen unberührt bleiben. Für eine Reihe von Vorschriften werden nach dem RegE-GWB **Übergangsvorschriften.** So sollen die längeren Verjährungsfristen nach § 186 Abs. 3 RegE-GWB im Ergebnis auch für bereits entstandene, aber noch unverjährte Ansprüche gelten. § 186 Abs. 4 RegE-GWB ordnet an, dass § 33c Abs. 2–5 (Vermutungen für Weitergabe von Schäden), § 33g (Ansprüche auf Offenlegung von Beweismitteln) sowie §§ 89b–89e RegE-GWB (prozessuale Umsetzung von § 33g) für alle Prozesse gelten, in denen Klage nach dem 26.12.2016 erhoben wurde; auf den Zeitpunkt der Entstehung des Anpruchs kommt es nicht an (vgl. Art. 22 Abs. 2 RL 2014/104/EU). Für die (sonstigen) materiell-rechtlichen Normen bleibt es bei den allgemeinen Grundsätzen des intertemporalen Rechts (hierzu → Rn. 2). Auf die entsprechenden Regelungen wird im Zusammenhang mit der jeweiligen Sachfrage nachfolgend eingegangen.

2. Tatbestandsvoraussetzungen

6 **a) Kartellrechtliche Verbotstatbestände. aa) Relevante Rechtsvorschriften.** Als Grundlage für Schadensersatzansprüche nach § 33 Abs. 3 S. 1 GWB kommen im Ausgangspunkt Verstöße gegen sämtliche kartellrechtlichen Verbotsnormen in Betracht. Insbesondere ist es – anders als nach altem Recht – nicht mehr erforderlich, dass die betreffende Norm „den Schutz eines anderen bezweckt" (§ 33 S. 1 GWB in der Fassung der Sechsten GWB-Novelle). Allerdings bedeutet das nicht, dass sämtliche Verstöße gegen das GWB zu Unterlassungs-, Beseitigungs- und Schadensersatzansprüchen nach § 33 GWB führen können. Denn auch nach der Neuregelung sind Schutzzwecküberlegungen nicht irrelevant. Vielmehr scheiden individuelle zivilrechtliche Ansprüche von vornherein aus, wenn die verletzte Norm nicht zumindest auch privaten Interessen dient, sondern ausschließlich im öffentlichen Interesse steht. Darüber hinaus ist der Schutzzweck der betreffenden Norm von erheblicher Bedeutung für die Beantwortung der Frage, wer „Betroffener" eines Verstoßes sein kann (ausf. hierzu → § 25 Rn. 1 ff.[10]).

7 Unzweifelhaft können Schadensersatzansprüche aus Verstößen gegen das in **§ 1 GWB und Art. 101 Abs. 1 AEUV verankerte Kartellverbot** abgeleitet werden. Dies gilt sowohl für Horizontal- als auch für Vertikalabsprachen, soweit sie nicht nach § 2 GWB oder Art. 101 Abs. 3 AEUV vom Verbot freigestellt sind. Auch auf Verstöße gegen das Verbot des **Missbrauchs einer marktbeherrschenden Stellung nach §§ 19, 20 und**

---

[10] Vgl. nur Langen/Bunte/*Bornkamm* GWB § 33 Rn. 34 ff.

29 GWB sowie Art. 102 AEUV** können Schadensersatzansprüche nach § 33 Abs. 3 S. 1 GWB gestützt werden. Dasselbe gilt für die in **§ 21 GWB geregelten Verbote,** insbesondere das Boykottverbot. Allerdings müssen Schadensersatzansprüche wegen Verstößen gegen Art. 101 und 102 AEUV, die vor Inkrafttreten der Siebten GWB-Novelle erfolgt sind, aus § 823 Abs. 2 BGB abgeleitet werden, → Rn. 2.

Darüber hinaus kommen Schadensersatzansprüche auch wegen eines Verstoßes gegen das **fusionskontrollrechtliche Vollzugsverbot nach § 41 Abs. 1 GWB** in Betracht. Denn dieses Verbot dient nicht ausschließlich den Interessen der Allgemeinheit, sondern auch dem Schutz der Unternehmen, die durch den Zusammenschluss als Wettbewerber, Kunden oder Lieferanten unmittelbar in ihren eigenen wettbewerblichen Möglichkeiten betroffen sind.[11] Von vornherein ausgeschlossen sind Ansprüche wegen Verstoßes gegen die Pflicht zur Anmeldung eines Zusammenschlussvorhabens und die Anzeige seines Vollzugs nach § 39 GWB. Diese Vorschriften dienen ausschließlich dem öffentlichen Interesse an der Einleitung und Durchführung eines Fusionskontrollverfahrens.[12] Anders als bei Verstößen gegen das deutsche Vollzugsverbot können Ansprüche wegen Verstößen gegen das Vollzugsverbot nach Art. 7 FKVO schon deswegen nicht aus § 33 Abs. 3 S. 1 GWB abgeleitet werden, weil diese Vorschrift in § 33 Abs. 1 S. 1 GWB nicht erwähnt wird. Allenfalls in Betracht kommen Ansprüche aus § 823 Abs. 2 BGB,[13] wobei zweifelhaft ist, ob Art. 7 FKVO als Schutzgesetz im Sinne von § 823 Abs. 2 BGB einzuordnen ist.[14]

8

Schadensersatzansprüche nach § 33 Abs. 3. S. 1 GWB lassen sich nicht auf Verstöße gegen die **Missbrauchstatbestände des § 30 Abs. 3 GWB und des § 31 Abs. 3 bis 5 GWB** stützen. Diese Tatbestände begründen keine unmittelbar gegenüber den Presse- und Wasserversorgungsunternehmen wirkenden Ge- oder Verbote, gegen die die Adressaten im Sinne von § 33 GWB verstoßen können. Vielmehr handelt es sich bei beiden Vorschriften lediglich um Ermächtigungsgrundlagen für ein Einschreiten der Kartellbehörden. Bei § 30 Abs. 3 GWB folgt dies bereits aus dem Wortlaut dieser Vorschrift selbst.[15] Bei § 31 Abs. 3 bis 5 GWB ergibt sich das aus dem Zusammenspiel von § 31 Abs. 3 bis 5 GWB und der in § 31b Abs. 3 GWB geregelten Ermächtigung für ein Einschreiten der Kartellbehörden.[16] Ebenso wenig sind die Vorschriften über **Wettbewerbsregeln in §§ 24 bis 27 GWB** als Grundlage für Schadensersatzansprüche oder andere zivilrechtliche Sanktionen geeignet.[17] Schließlich scheiden Schadensersatzansprüche bei Verstößen gegen bloße Verfahrensvorschriften (wie beispielsweise die Vorschriften über Auskunftsverlangen) aus. Nach ihrer Schutzrichtung sollen diese Vorschriften lediglich ei-

9

---

[11] Das gilt jedenfalls dann, wenn der Zusammenschluss im Ergebnis bestandskräftig untersagt wird. Vgl. Langen/Bunte/*Bornkamm* GWB § 33 Rn. 81 f.; *Bechtold* GWB § 33 Rn. 6; Schulte/Just/*Staebe* GWB § 33 Rn. 4; *Alexander* Schadensersatz, 351. Zur materiellen Beschwer von Dritten und deren verwaltungsprozessualer Anfechtungsbefugnis gegen Freigabeentscheidungen vgl. BGH Beschl. v. 24.6.2003 – KVR 14/01, NJW 2003, 3776 (3777) – HABET/Lekkerland. AA zu Schadensersatzansprüchen bei Verstößen gegen § 41 GWB Immenga/Mestmäcker/*Thomas* GWB § 41 Rn. 76; Langen/Bunte/*Kallfaß* GWB § 41 Rn. 1. Vgl. ausf. und diff. *Kühnen/Kizil* ZWeR 2010, 268: kein Schadensersatz bei Verstoß gegen § 41 Abs. 1 GWB (S. 271 ff.), aber Schadensersatzansprüche bei Verstoß gegen Untersagungsverfügung (S. 275 f.).
[12] Langen/Bunte/*Bornkamm* GWB § 33 Rn. 80; *Bechtold* GWB § 33 Rn. 7. IdS auch Loewenheim/Meessen/Riesenkampff/*Lehr* GWB § 39 Rn. 11; Immenga/Mestmäcker/*Thomas* GWB § 39 Rn. 5.
[13] *Bechtold* GWB § 33 Rn. 6.
[14] Unter Berücksichtigung des EU-rechtlichen Äquivalenzgrundsatzes kann es allerdings geboten sein, bei der Prüfung der Schutzgesetzeigenschaft von Art. 7 FKVO einen großzügigen Maßstab anzuwenden, wenn und soweit § 33 Abs. 3 GWB auch auf Verstöße gegen § 41 Abs. 1 GWB angewandt wird.
[15] BGH Urt. v. 7.2.2006 – KZR 33/04, NJW 2006, 2627, 2629 Rn. 15 – Probeabonnement. Langen/Bunte/*Bornkamm* GWB § 33 Rn. 79; *Bechtold* GWB § 33 Rn. 7; *Alexander* Schadensersatz, 350 f.
[16] Vgl. *Bechtold* GWB § 33 Rn. 7. Dementsprechend ist auch nur der Verstoß gegen eine vollziehbare Anordnung der Kartellbehörden nach § 31b Abs. 3 GWB, nicht aber der Verstoß gegen § 31 Abs. 3 bis 5 GWB eine Ordnungswidrigkeit nach § 81 Abs. 2 Nr. 2 lit. a) GWB. IdS auch Langen/Bunte/*Raum* GWB § 81 Rn. 126.
[17] Langen/Bunte/*Bornkamm* GWB § 33 Rn. 82.

nen geordneten Verfahrensablauf garantieren, nicht aber individuelle Schäden durch die Verfahrensbeteiligten verhindern.[18]

10 **bb) Kartellbehördliche Verfügungen.** Auch Verstöße gegen Verfügungen der Kartellbehörden können Schadensersatzansprüche nach § 33 Abs. 3 S. 1 GWB nach sich ziehen. Als „Kartellbehörden" definiert § 48 GWB das **Bundeskartellamt und die Landeskartellbehörden,** also die für den Vollzug des Kartellrechts jeweils zuständigen Landesministerien. Darüber hinaus ist auch das **Bundesministerium für Wirtschaft und Energie** eine Kartellbehörde, soweit es Aufgaben im Rahmen der Fusionskontrolle nach § 42 GWB (Ministererlaubnis) wahrnimmt. **Keine Kartellbehörden** sind nach dem GWB die Europäische Kommission und nationale Wettbewerbsbehörden anderer Mitgliedstaaten der EU. Dementsprechend können Schadensersatzansprüche nicht direkt auf Verstöße gegen Entscheidungen dieser Behörden gestützt werden.[19] Dies dürfte allerdings keine wesentlichen praktischen Auswirkungen haben: Soweit die Europäische Kommission oder eine nationale Wettbewerbsbehörde eines anderen Mitgliedstaates eine Entscheidung zu Verstößen gegen Art. 101 oder 102 AEUV erlässt, sind die deutschen Zivilgerichte nach § 33 Abs. 4 S. 1 GWB und, im Falle der Europäischen Kommission, auch nach Art. 16 Abs. 1 VO 1/2003 an die Feststellungen dieser Behörden gebunden.[20] Für Entscheidungen der Kommission dürfte das ohne Weiteres auch für Verhalten gelten, das die Kommission mit ihrer Entscheidung für die Zukunft untersagt (oder verlangt) hat (zur Bindungswirkung solcher Entscheidungen → Rn. 95 ff. u. 112).

11 Schadensersatzansprüche nach § 33 Abs. 3 S. 1 GWB wegen eines Verstoßes gegen eine kartellbehördliche Verfügung setzen voraus, dass die **Verfügung für ihren Adressaten im Zeitpunkt der Zuwiderhandlung verbindlich** (allerdings nicht notwendig bereits bestandskräftig) war. Das bedeutet: Wird eine Verfügung durch Beschwerde angefochten und hat die Beschwerde aufschiebende Wirkung (oder wird die aufschiebende Wirkung durch das Beschwerdegericht angeordnet), entfaltet sie für den Adressaten keine Wirkung. Er ist nicht verpflichtet, die Verfügung zu beachten, und sie kann nicht Grundlage von Schadensersatzansprüchen sein. Hat die Beschwerde dagegen keine aufschiebende Wirkung, ist die Verfügung auch während einer gerichtlichen Überprüfung verbindlich, und Verstöße gegen die Verfügung können Schadensersatzansprüche nach § 33 Abs. 3 S. 1 GWB begründen. Das gilt jedenfalls dann, wenn die Verfügung später bestandskräftig wird oder wenn das Gericht nach § 71 Abs. 3 GWB feststellt, dass die Verfügung bis zu ihrer Erledigung rechtmäßig war.[21] Wird die Verfügung dagegen später aufgehoben oder wird die Hauptsache für erledigt erklärt, ohne dass über die Rechtmäßigkeit der Verfügung entschieden wird, bestehen regelmäßig keine Schadensersatzansprüche.[22]

12 Insgesamt ist die **praktische Bedeutung** von Schadensersatzansprüchen wegen Verfügungen der Kartellbehörden jedoch aus mehreren Gründen gering geblieben. Bei deklaratorischen Verfügungen, insbesondere Verfügungen nach § 32 GWB, mit denen ein Verhalten ausdrücklich untersagt wird, das bereits von Gesetzes wegen verboten ist, können Schadensersatzansprüche auch direkt auf den Gesetzesverstoß gestützt werden. Zwar mochte es in der Vergangenheit vorteilhaft gewesen sein, sich nicht auf den Gesetzesverstoß, sondern auf die kartellbehördliche Verfügung zu berufen, weil sich dadurch die Darlegung und der Nachweis des Gesetzesverstoßes erübrigt haben. Das hat

---

[18] *Bechtold* GWB § 33 Rn. 7; Langen/Bunte/*Bornkamm* GWB § 33 Rn. 36 u. 78; Loewenheim/Meessen/Riesenkampff/*Rehbinder* GWB § 33 Rn. 6.
[19] *Bechtold* GWB § 33 Rn. 8; Langen/Bunte/*Bornkamm* GWB § 33 Rn. 83; Immenga/Mestmäcker/*Schmidt* EuWettbR VO 1/2003 Anhang 2 Rn. 17. Für analoge Anwendung auf Entscheidungen der Europäischen Kommission Schulte/Just/*Staebe* GWB § 33 Rn. 8; *Alexander* Schadensersatz, 346 f.
[20] Immenga/Mestmäcker/*Emmerich* GWB § 33 Rn. 71; Langen/Bunte/*Bornkamm* GWB § 33 Rn. 161; Immenga/Mestmäcker/*Schmidt* EuWettbR VO 1/2003 Anhang 2 Rn. 17.
[21] Langen/Bunte/*Bornkamm* GWB § 33 Rn. 91; Immenga/Mestmäcker *Emmerich* GWB § 33 Rn. 29.
[22] Langen/Bunte/*Bornkamm* GWB § 33 Rn. 91; diff. *Bechtold* GWB § 33 Rn. 9; vgl. auch *Alexander* Schadensersatz, 347 f.: Kein Schadensersatz für Verstöße vor Bestandskraft.

sich aber durch die in § 33 Abs. 4 GWB geregelte Bindungswirkung kartellbehördlicher Entscheidungen für die Feststellung des Gesetzesverstoßes erledigt.[23] Im Ergebnis gilt dasselbe auch für Untersagungsverfügungen in der Fusionskontrolle. Diese sind zwar für die Fortgeltung des Vollzugsverbots über den Ablauf der Fristen nach § 40 Abs. 1 S. 1 und Abs. 2 S. 2 GWB hinaus konstitutiv. Schadensersatzansprüche können aber auch unmittelbar auf das gesetzliche Verbot in § 41 Abs. 1 S. 1 GWB gestützt werden (soweit man Schadensersatzansprüche auf dieser Grundlage überhaupt bejaht: → Rn. 8).[24] Damit dürfte die Erstreckung der Schadensersatzpflicht nach § 33 Abs. 3 S. 1 GWB auf kartellbehördliche Verfügungen letztlich allenfalls für Verfügungen nach § 30 Abs. 3 GWB (Preisbindung bei Zeitschriften und Zeitungen)[25] und § 31b Abs. 3 GWB (Verträge der Wasserwirtschaft)[26] sowie möglicherweise auch § 32a GWB (einstweilige Maßnahmen) und § 32b GWB (Verpflichtungszusagen)[27] als Grundlage von Schadensersatzansprüchen relevant sein.

b) Kartellrechtswidriges Verhalten. aa) Unternehmen als Adressaten des Kartellrechts. (1) Verhaltenszurechnung. Schadensersatzansprüche wegen Verstößen gegen das Kartellrecht richten sich zumindest **primär gegen Unternehmen** – also in der Regel Kapital- und Personen(handels)gesellschaften, Genossenschaften und VVaG, im Ausnahmefall auch natürliche Personen[28] (zur Eigenhaftung von Organen und Mitarbeitern der Unternehmen → Rn. 43 ff.). Denn nur Unternehmen sind Adressaten der Normen des materiellen Kartellrechts, deren Verletzung Grundlage für Schadensersatzansprüche nach § 33 GWB (oder gegebenenfalls § 823 Abs. 2 BGB) sein kann. Da Unternehmen – außer in dem Sonderfall, dass eine natürliche Person als Unternehmen gilt – nicht selbst handeln können, setzt ihre Haftung wegen eines Kartellrechtsverstoßes jedoch die Zuwiderhandlung einer natürlichen Person voraus, deren Verhalten dem Unternehmen zugerechnet werden kann.

13

Einigkeit besteht im Ergebnis darüber, dass Kapital- und Personen(handels)gesellschaften, Genossenschaften und VVaG in **analoger Anwendung von § 31 BGB**[29] für Verstöße gegen das GWB und Art. 101 und 102 AEUV verantwortlich sind, die durch ihre jeweiligen verfassungsmäßig berufenen Vertreter im Sinne von § 31 BGB („Organe") begangen wurden.[30] Deren Verhalten und Verschulden werden der Gesellschaft, die als Unternehmen im Sinne des GWB oder der Art. 101 und 102 AUEV Adressatin der kartellrechtlichen Ge- und Verbote ist, als eigene Handlung und eigenes Verschulden zugerech-

14

---

[23] Langen/Bunte/*Bornkamm* GWB § 33 Rn. 85.
[24] Langen/Bunte/*Bornkamm* GWB § 33 Rn. 89; vgl. aber *Kühnen/Kizil* ZWeR 2010, 268: Wenn man Ansprüche direkt aus § 41 Abs. 1 GWB ablehnt, kann die Untersagungsverfügung zum Ausgangspunkt von Schadensersatzansprüchen werden.
[25] Langen/Bunte/*Bornkamm* GWB § 33 Rn. 90.
[26] Langen/Bunte/*Bornkamm* GWB § 33 Rn. 90.
[27] Langen/Bunte/*Bornkamm* GWB § 33 Rn. 90. Der von *Bornkamm* ebenfalls erwähnte Entzug der Freistellung nach § 32d GWB dürfte dagegen keine Verfügung sein, auf deren Verletzung unmittelbar Schadensersatzansprüche gestützt werden können. Denn diese Maßnahme enthält selbst kein Verbot, sondern führt nur zum Wiederaufleben des gesetzlichen Kartellverbotes, dessen Verletzung dann zu Ansprüchen führen kann.
[28] Wie beispielsweise Einzelkaufleute oder private Anbieter von Waren oder Leistungen als „Ein-Personen-Unternehmen", vgl. Immenga/Mestmäcker/*Zimmer* GWB § 1 Rn. 33 ff.; Langen/Bunte/*Krauß* GWB § 1 Rn. 38 ff. Insbesondere gilt eine natürliche Person dann als Unternehmen, wenn ihr die Mehrheitsbeteiligung an einem Unternehmen zusteht. § 36 Abs. 3 GWB gilt nach allg. M. für das gesamte GWB, vgl. *Bechtold* GWB § 1 Rn. 11 und § 36 Rn. 71; Immenga/Mestmäcker/*Thomas* GWB § 36 Rn. 945; Langen/Bunte/*Krauß* GWB § 1 Rn. 41.
[29] MüKoBGB/*Reuter* BGB § 31 Rn. 15 f.; BeckOK BGB/*Schöpflin* BGB § 31 Rn. 3; Langen/Bunte/*Bornkamm* GWB § 33 Rn. 106. § 31 BGB findet allerdings keine Anwendung auf Einzelkaufleute und andere natürliche Personen, die als Unternehmen handeln oder gelten. Diese haften demnach nur für eigenes Fehlverhalten; das Verhalten von Mitarbeitern kann ihnen nur nach § 831 BGB zugerechnet werden, vgl. MüKoBGB/*Reuter* BGB § 31 Rn. 19.
[30] Vgl. nur Langen/Bunte/*Bornkamm* GWB § 33 Rn. 106; Schulte/Just/*Staebe* GWB § 33 Rn. 15; Immenga/Mestmäcker/*Emmerich* GWB § 33 Rn. 30.

net.³¹ Eine Möglichkeit zur Exkulpation für eine sorgfältige Auswahl und Überwachung der Organe gibt es – anders als im Anwendungsbereich des § 831 BGB – nicht. Zur Haftung der Gesellschaft für schuldhafte Kartellrechtsverstöße ihrer Organe kommt man **unabhängig von einer Eigenhaftung der für die Gesellschaft handelnde(n) natürliche(n) Person(en)** (so dass offen bleiben kann, ob eine solche Eigenhaftung in Betracht kommt und woraus sie abgeleitet werden kann, siehe hierzu → Rn. 43 ff.). Denn die Anwendung des § 31 BGB setzt nach richtigem Verständnis keine eigene Haftung des Organs voraus, die auf die Gesellschaft im Sinne einer Mithaftung ausgedehnt wird;³² vielmehr kann eine Haftung der Gesellschaft auch begründet werden, wenn ein Organ durch sein Handeln solche Pflichten verletzt, die nur der Gesellschaft obliegen.³³ Diese Pflichtverletzung kann nicht nur durch positives Tun erfolgen (auch wenn ein solches wegen der Ausweitung des Organbegriffs in der Regel vorliegen wird). Nach § 31 BGB wird einem Unternehmen auch ein **Unterlassen seiner Organe** zugerechnet³⁴ (zur Begehung von Kartellrechtsverstößen durch Unterlassen → Rn. 19 ff.).

15 **Organe im Sinne von § 31 BGB** sind im Ausgangspunkt die verfassungsmäßig berufenen – also im Einklang mit der Satzung bestellten – Vertreter des jeweiligen Unternehmens. Hierzu zählen insbesondere die Mitglieder des Vorstands einer AG, einer Genossenschaft und eines VVaG und die Geschäftsführer einer GmbH. Auch auf die geschäftsführenden Gesellschafter einer KG oder OHG wird § 31 BGB angewendet.³⁵ Bei der GmbH & Co. KG wird auf den Geschäftsführer der Komplementärgesellschaft abgestellt.³⁶ Darüber hinaus werden bereits vom Wortlaut der Vorschrift auch weitere (Sonder-)Organe erfasst, die in der Satzung vorgesehen sind und auf ih-

---

[31] Soergel/*Hadding* BGB § 31 Rn. 4; differenzierend MüKoBGB/*Reuter* BGB § 31 Rn. 31; ausführlich Staudinger/*Weick* BGB § 31 Rn. 2 ff. Kritisch gegenüber einer Zurechnung des Organhandelns als eigenes Handeln der Gesellschaft die Anhänger der sog Vertretungstheorie, die aber die Zurechnung des Organhandelns gerade in den Fällen allenfalls mit Mühe erklären können, in denen es um die Verletzung einer (nur) der Gesellschaft obliegenden Pflicht geht (und damit beispielsweise bei Verstößen gegen kartellrechtliche Ge- oder Verboten) (vgl. eindrücklich *Flume*, Allgemeiner Teil des Bürgerlichen Rechts, Erster Band, Zweiter Teil, Die juristische Person, 1983, § 11 III 2, der einerseits die Zurechnung des Organhandelns als Eigenhandeln der Gesellschaft scharf kritisiert, andererseits aber keine überzeugende Begründung für die von ihm ausdrücklich erwähnte Haftung für Verstöße gegen das GWB zu liefern vermag).

[32] So aber insbesondere *Altmeppen* ZIP 1995, 881 (887 f.); *ders.* Handbuch Managerhaftung § 7 Rn. 43. Unklar, aber ohne nähere Begründung Langen/Bunte/*Bornkamm* GWB § 33 Rn. 106: „Haftet das Organ als Täter, ergibt sich die Haftung des Unternehmens aus § 31 BGB analog."

[33] So die weit überwiegende Auffassung, vgl. Lutter/Hommelhoff/*Kleindiek* GmbHG § 43 Rn. 82 ff.; MüKoBGB/*Reuter* BGB § 31 Rn. 31; MüKoBGB/*Wagner* BGB § 823 Rn. 85. So im Ergebnis auch *Medicus* ZGR 1998, 570 (576 f.). Vgl. auch KG Urt. v. 13.11.2012 – 5 U 30/12, NZG 2013, 586 (590) (im Ergebnis bestätigt durch BGH Urt. v. 18.6.2014 – I ZR 242/12, GRUR 2014, 883). Ob Pflicht (Gesellschaft) und Verletzungshandlung (natürliche Person) auseinanderfallen können oder ob die Zurechnung von Organhandeln nach § 31 BGB eine eigene Haftung des Organs voraussetzt, wurde im Anschluss an das „Baustoff"-Urteil des BGH von 1989 intensiv diskutiert. In diesem Urteil geht der BGH zwar davon aus, dass die Pflichten von Gesellschaft und Geschäftsführung auseinanderfallen können und dass bei einem Versagen des Geschäftsführers bei der Erfüllung von nur die Gesellschaft treffenden Pflichten auch nur die Gesellschaft haftet. Er hat diese Feststellung aber zugleich ihrer praktischen Bedeutung beraubt, indem er die Verkehrspflichten der Gesellschaft weitgehend auf ihre Organe ausgedehnt und zu deren persönlichen Pflichten gemacht hat (BGH Urt. v. 5.12.1989 – VI ZR 335/88, NJW 1990, 976 (977)). Das Urteil wurde deswegen heftig kritisiert. Es grenze die Pflichtenkreise von Gesellschaft und Geschäftsführung nicht sauber voneinander ab und führe zu einer unnötigen wie übermäßigen Ausdehnung der persönlichen Haftung der Organe. Der BGH hat die Außenhaftung der Organe zwischenzeitlich jedenfalls bei bloßen Vermögensschäden wieder stark eingeschränkt und den Kreis der im Außenverhältnis nur der Gesellschaft obliegenden Verkehrs- und Organisationspflichten wieder erweitert (→ Rn. 51).

[34] BeckOKBGB/*Schöpflin* BGB § 31 Rn. 11; MüKoBGB/*Reuter* BGB § 31 Rn. 30; Soergel/*Hadding* BGB § 31 Rn. 1; Staudinger/*Weick* BGB § 31 Rn. 39.

[35] BGH Urt. v. 8.2.1952 – I ZR 92/51, NJW 1952, 538; BeckOKBGB/*Schöpflin* BGB § 31 Rn. 3; Erman/*Westermann* BGB § 31 Rn. 2; Palandt/*Ellenberger* BGB § 31 Rn. 3; Staudinger/*Weick* BGB § 31 Rn. 23 u. 44; MüKoAktG/*Heider* AktG § 1 Rn. 19. Ausführlich zur Begründung der Anwendbarkeit MüKoBGB/*Reuter* BGB § 31 Rn. 15.

[36] BGH Urt. v. 10.12.2009 – VII ZR 42/08, NJW 2010, 1808 (1812); Staudinger/*Weick* BGB § 31 Rn. 23 aa).

rer Grundlage berufen wurden.³⁷ § 31 BGB wurde von der Rechtsprechung aber schon bald über diese recht engen Grenzen hinaus ausgedehnt. Hierzu diente unter anderem die von der Rechtsprechung entwickelte Lehre vom Organisationsmangel, nach der das Unternehmen verpflichtet sein soll, für alle wichtigen Aufgabengebiete einen verfassungsmäßig berufenen Vertreter als Sonderorgan zu bestellen. Wenn es dies unterlässt, soll es haftungsmäßig so behandelt werden, als hätte es einen solchen Vertreter bestellt. Damit wurde im Ergebnis eine Haftung der Unternehmen für das Verhalten aller Personen begründet, denen durch die allgemeine Betriebsregelung und Handhabung bedeutsame, wesensmäßige Funktionen der juristischen Person zur selbständigen, eigenverantwortlichen Erfüllung zugewiesen sind, so dass sie die juristische Person im Rechtsverkehr repräsentieren.³⁸ Die Rechtsprechung wendet diese Maßstäbe großzügig an. Im Ergebnis haftet das Unternehmen nicht nur für das Handeln seiner Geschäftsleitung, sondern für das Verhalten aller leitenden Mitarbeiter.³⁹ Hierzu zählen beispielsweise die Bereichs- und Abteilungsleiter⁴⁰ (wie etwa die Leiter von Vertriebs-⁴¹ und Rechtsabteilung⁴²) oder die Leiter einer Filiale⁴³ oder Zweigniederlassung.⁴⁴ Nach herrschender Meinung wird § 31 BGB analog auch auf die Gesellschafter-/Haupt- oder Mitgliederversammlung oder einen etwaigen Aufsichtsrat oder vergleichbare Organe angewendet.⁴⁵

Desweiteren setzt die Haftung des Unternehmens für das Handeln seiner Organe nach § 31 BGB voraus, dass diese in **„Ausführung der ih[nen] zustehenden Verrichtungen"** tätig geworden sind. Das bedeutet aber nicht, dass eine Zurechnung der deliktischen Handlung des Organs ausscheidet, wenn das Organ mit ihr seine Befugnisse überschreitet. Deswegen kommt es beispielsweise bei einem Kartellrechtsverstoß durch Rechtsgeschäft (wie beispielsweise bei missbräuchlich überhöhten vertraglichen Entgelten oder bei wettbewerbsbeschränkenden Vertikalvereinbarungen) nicht darauf an, ob das Organ zur rechtsgeschäftlichen Vertretung im Einzelfall befugt war oder ob es seine Vertretungsmacht überschritten hat. So kommt eine Haftung des Unternehmens für das Handeln eines Vorstands oder Geschäftsführers nach § 31 BGB auch dann in Betracht, wenn dieser Vorstand oder Geschäftsführer nach der Satzung nicht alleinvertretungsberechtigt war. Ebenso wenig kann die Haftung deswegen verneint werden, weil das Organ eine unerlaubte Handlung begeht und seine Stellung als Organ missbraucht: Selbstverständlich steht ihm eine solche nicht zu, aber ebenso selbstverständlich erfasst § 31 BGB gerade diese Fälle und würde andernfalls weitgehend ins Leere laufen. Für die Zurechnung des Verhaltens eines Organs kommt es also allein darauf an, ob sich sein Han-

---

[37] Vgl. dazu Staudinger/*Weick* BGB § 31 Rn. 24 f.
[38] Vgl. nur BGH Urt. v. 30.10.1967 – VII ZR 82/65, NJW 1968, 391 (391); Urt. v. 21.9.1971 – VI ZR 122/70, NJW 1972, 334; Urt. v. 5.3.1998 – III ZR 183–96, NJW 1998 1854 (1856); Palandt/*Ellenberger* BGB § 31 Rn. 6.
[39] BeckOKBGB/*Schöpflin* BGB § 31 Rn. 7; Palandt/*Ellenberger* BGB § 31 Rn. 6; Staudinger/Soergel/*Hadding* BGB § 31 Rn. 10 mit Verweis auf § 5 Abs. 3 BetrVG. Ausführlich zu den Voraussetzungen Staudinger/*Weick* BGB § 31 Rn. 36.
[40] Für Beispiele vgl. BeckOKBGB/*Schöpflin* BGB § 31 Rn. 8.1.
[41] LAG Baden-Württemberg Urt. v. 12.6.2006 – 4 Sa 68/05, BeckRS 2011, 65832 = AuA 2007, 122. BeckOKBGB/*Schöpflin* BGB § 31 Rn. 8.1; Palandt/*Ellenberger* BGB § 31 Rn. 9; Staudinger/*Weick* BGB § 31 Rn. 36 aE.
[42] Vgl. BGH Urt. v. 10.5.1957 – I ZR 234/55, NJW 1957, 1315; BeckOKBGB/*Schöpflin* § 31 Rn. 8.1; Palandt/*Ellenberger* BGB § 31 Rn. 9; Staudinger/*Weick* BGB § 31 Rn. 36 aE.
[43] BGH Urt. v. 30.10.1967 – VII ZR 82/65, NJW 1968, 391; Urt. v. 12.7.1977 – VI ZR 159/75, NJW 1977, 2259 f.; Urt. v. 19.10.1989 – III ZR 92/88, NJW-RR 1990, 484; BeckOKBGB/*Schöpflin* BGB § 31 Rn. 8.1; Palandt/*Ellenberger* BGB § 31 Rn. 9; Staudinger/*Weick* BGB § 31 Rn. 36 aE.
[44] RG HRR 1936 Nr. 864. BeckOKBGB/*Schöpflin* BGB § 31 Rn. 8.1; Palandt/*Ellenberger* BGB § 31 Rn. 9; Staudinger/*Weick* BGB § 31 Rn. 36 aE.
[45] BeckOKBGB/*Schöpflin* BGB § 31 Rn. 9; Staudinger/*Weick* BGB § 31 Rn. 38; Soergel/*Hadding* BGB § 31 Rn. 11; zweifelnd mit Hinweis darauf, dass es sich bei diesen Organen in der Regel um Innenorgane handelt MüKoBGB/*Reuter* BGB § 31 Rn. 24; zweifelnd auch BGH Urt. v. 29.1.1962 – II ZR 1/61, NJW 1962, 864 (867) – Stadtgemeinde als Aktionärin.

deln aus der Sicht eines Außenstehenden objektiv grundsätzlich im Rahmen dessen bewegt, was sein Aufgabenbereich für gewöhnlich mit sich bringt. Nur dann, wenn sich das Organ mit seinem Verhalten so sehr außerhalb seines Aufgabenbereichs stellt, dass ein innerer Zusammenhang zwischen dem Handeln und dem allgemeinen Rahmen der dem Organ übertragenen Obliegenheiten nicht mehr erkennbar ist, scheidet eine Zurechnung dieses Verhaltens aus.[46] Bei Kartellrechtsverstößen wird das selten der Fall sein.

17 Im Einzelfall kann es zu **Abgrenzungsfragen bei der Verhaltenszurechnung** kommen. In der Praxis wichtig ist vor allem der Fall, dass eine natürliche Person als **Organ und/oder als leitender Angestellter bei mehreren Gesellschaften** tätig ist. Es ist beispielsweise nicht unüblich, dass ein leitender Mitarbeiter einer Konzernobergesellschaft zugleich Geschäftsführer einer Tochtergesellschaft ist. Für die Zurechnung entscheidend ist in diesen Fällen, für welche der Gesellschaften das Organ tätig wurde. Auch hier gilt ein objektiver Maßstab; auf die subjektive Sicht des Handelnden kommt es nicht an.[47] Weil für einen Außenstehenden im Regelfall nicht erkennbar ist, in welcher Funktion das Organ gehandelt hat, haften im Zweifel alle juristischen Personen. Nur, wenn das Organ im Einzelfall eindeutig ausschließlich einer Gesellschaft zugeordnet werden kann, entfällt die Haftung der anderen Gesellschaften.[48] Bei Kartellrechtsverstößen wird eine eindeutige Zuordnung nicht selten unmöglich sein. So lassen sich beispielsweise die Aufgabenbereiche eines Mitarbeiters in der Obergesellschaft (beispielsweise als Bereichsvorstand oder -leiter) und in der Tochtergesellschaft (beispielsweise als Geschäftsführer) in vielen Fällen zumindest aus der Außenperspektive nicht klar trennen. Zuordnungsprobleme können sich auch ergeben, wenn eine natürliche Person als Organ einer Gesellschaft tätig ist, die mit ihrer Muttergesellschaft und gegebenenfalls noch weiteren Gesellschaften zu einer **„wirtschaftlichen Einheit"** verbunden ist. Soweit man der Auffassung folgen sollte, dass nicht nur im Kartellverwaltungs- und -ordnungswidrigkeitenrecht, sondern auch im Zivilrecht an die kartellrechtliche Verantwortung des Unternehmens als wirtschaftliche Einheit angeknüpft wird, die sich auch aus mehreren juristischen (und gegebenenfalls auch natürlichen) Personen zusammensetzen kann, spricht vieles dafür, auch die Verhaltenszurechnung nach § 31 BGB entsprechend zu erstrecken. Hier ist allerdings vieles unklar, und auch die 9. GWB-Novelle verspricht, legt man den RegE-GWB zugrunde, keine Klärung (vgl. für die zivilrechtliche Haftung des Unternehmens als „wirtschaftliche Einheit" und das Zusammenspiel mit § 31 BGB → Rn. 39).

18 Kann trotz der enormen Reichweite, die § 31 BGB durch die Rechtsprechung zu seiner Ausdehnung auf alle verfassungsmäßig berufenen Vertreter erlangt hat, eine Beteiligung eines Organs im Sinne von § 31 BGB an dem Kartellrechtsverstoß danach weder durch aktives Tun noch durch Unterlassen festgestellt werden, bleibt noch immer die Möglichkeit einer **Haftung des Unternehmens nach §§ 831, 31 BGB** für ein kartellrechtwidriges Verhalten von Mitarbeitern, die nicht Organe, aber Verrichtungsgehilfen sind. Anders als § 31 BGB ist § 831 BGB keine Zurechnungs-, sondern eine Haftungsnorm.[49] Das Unternehmen haftet danach für vermutetes Auswahl- und Überwachungsverschulden (wobei auch insoweit wieder auf das Verhalten der Organe der Gesellschaft abgestellt wird). Auf ein Verschulden des Mitarbeiters selbst kommt es im Rahmen des § 831 BGB dagegen nicht an; vielmehr genügt die objektive Rechtswidrigkeit seines Verhaltens. Allerdings scheidet nach Auffassung der Rechtsprechung eine Haftung nach

---

[46] BGH Urt. v. 20.2.1979 – VI ZR 256/77, NJW 1980, 115 (166). BeckOKBGB/*Schöpflin* BGB § 31 Rn. 17; Palandt/*Ellenberger* BGB § 31 Rn. 10; MüKoBGB/*Reuter* BGB § 31 Rn. 18.
[47] BeckOKBGB/*Schöpflin* BGB § 31 Rn. 17; Erman/*Westermann* BGB § 31 Rn. 5; Palandt/*Ellenberger* BGB § 31 Rn. 10; so auch MüKoAktG/*Altmeppen* AktG § 309 Rn. 147.
[48] OLG Frankfurt aM Urt. v. 9.8.1984 – 6 U 66/84, OLGZ 1985, 112 (114f.).
[49] Erman/*Schiemann* BGB § 831 Rn. 1; Palandt/*Sprau* BGB § 831 Rn. 1; Soergel/*Krause* BGB § 831 Rn. 18; MüKoBGB/*Wagner* BGB § 831 Rn. 7; ausführlich Staudinger/*Belling* BGB § 831 Rn. 5.

§ 831 BGB dann aus, wenn das Unternehmen darzulegen und gegebenenfalls zu beweisen vermag, dass auch eine sorgfältig handelnde Person sich nicht anders als der Verrichtungsgehilfe verhalten hätte.[50] Das Unternehmen kann sich auch damit entlasten, dass es darlegt und gegebenenfalls beweist, dass es den Mitarbeiter, der den Kartellrechtsverstoß begangen hat, sorgfältig ausgewählt und überwacht hat. Anders als im Rahmen des § 31 BGB kann sich das Unternehmen daher bei der Haftung für Kartellrechtsverstöße von Mitarbeitern, die keine Organe sind, auf die Durchführung und Durchsetzung sogenannter Compliance-Programme berufen, mit denen Verstößen gegen das Kartellrecht vorgebeugt und die Schädigung von Wettbewerbern und (unmittelbaren und mittelbaren) Kunden verhindert (oder zumindest begrenzt) wird.

(2) Verwirklichung durch Tun oder Unterlassen. Grundsätzlich kann der Tatbestand einer kartellrechtlichen Ge- und Verbotsnorm sowohl durch positives Tun als auch durch Unterlassen verwirklicht werden. Dabei kommt es nicht darauf an, ob die betreffende kartellrechtliche Ge- und Verbotsnorm als Erfolgsdelikt (wie etwa die bewirkte Wettbewerbsbeschränkung bei einem Verstoß gegen § 1 GWB) oder abstraktes Gefährdungsdelikt (wie etwa die bezweckte Wettbewerbsbeschränkung bei einem solchen Verstoß) anzusehen ist. Insoweit gilt nichts anderes als für die ordnungswidrigkeitenrechtliche Beurteilung der Tatbestandsmäßigkeit eines Unterlassens nach § 8 OWiG: Die **Gleichwertigkeit von positivem Tun und Unterlassen** kann sich nicht nur bei echten Erfolgsdelikten ergeben, sondern grundsätzlich auch bei Tätigkeitsdelikten. Der Erfolg, den der Täter durch sein Einschreiten hätte verhindern müssen, ist bei Tätigkeitsdelikten das tatbestandsmäßige Geschehen, jedenfalls aber jede Wirkung oder Folge dieses Geschehens.[51] Daher können beispielsweise Verstöße gegen das Kartellverbot nach § 1 GWB bzw. Art. 101 AEUV[52] sowie gegen das Verbot des Missbrauchs einer marktbeherrschenden oder marktstarken Stellung nach §§ 19 und 20 GWB bzw. Art. 102 AEUV[53] durch das Unterlassen von (Aufsichts-)Maßnahmen begangen werden, mit denen eine konkrete Zuwiderhandlung gegen diese Normen hätte verhindert werden können. 19

Entscheidend für die Tatbestandsmäßigkeit eines Unterlassens ist also, ob im konkreten Fall eine **Garantenpflicht zur Abwendung des Kartellrechtsverstoßes** bestanden hat. Eine Garantenstellung kann sich aus vorangegangenem gefährdenden Tun, Gesetz, Vertrag oder der Inanspruchnahme von Vertrauen,[54] bei Kartellrechtsverstößen auch aus einer besonderen Marktstellung[55] ergeben. Immer erforderlich sind eine Abwägung der Interessenlage und die Bestimmung des konkreten Verantwortungsbereichs im Einzelfall.[56] Dabei kann und muss zwischen den Pflichten des Unternehmens und den eigenen (persönlichen) Pflichten der Geschäftsleitung unterschieden werden (zu dieser Unterscheidung bereits grundsätzlich → Rn. 14). Eine **eigene, persönliche Verpflichtung der Geschäftsleitung** gegenüber Dritten, bloße Vermögensschäden durch Verletzungen von Verhaltenspflichten durch die Gesellschaft zu verhindern, soll nach der jüngeren Rechtsprechung nur in Ausnahmefällen bestehen[57] (während die Rechtsprechung jedenfalls eine etwaige Verpflichtung der Gesellschaft zur Vermeidung von Eingriffen in die absolut geschützten Rechtsgüter des § 823 Abs. 1 BGB mit unterschiedlichen Begründungen bislang auf die 20

---

[50] Vgl. Palandt/*Sprau* BGB § 831 Rn. 16; MüKoBGB/*Wagner* BGB § 831 Rn. 29.
[51] Vgl. FK/*Achenbach* Vorbem. § 81 GWB 2005 Rn. 32.
[52] Vgl. z. Unterlassen bei § 823 BGB BGH Urt. v. 5.12.1989 – VI ZR 335/88, NJW 1990, 976 (977f.); Loewenheim/Meessen/Riesenkampff/*Rehbinder* GWB § 33 Rn. 34.
[53] Immenga/Mestmäcker/*Dannecker/Biermann* GWB § 81 Rn. 103, unter Hinweis auf die besondere Stellung des marktbeherrschenden Unternehmens als Beschützer-Garant für den (Rest-) Wettbewerb.
[54] Vgl. zuletzt etwa BGH Urt. v. 18.6.2014 – I ZR 242/12, GRUR 2014, 883 Rn. 16. Vgl. auch Palandt/*Grüneberg* BGB Vorbem. v. § 249 Rn. 51; MüKoBGB/*Wagner* BGB § 823 Rn. 328.
[55] Vgl. Immenga/Mestmäcker/*Dannecker/Biermann* GWB § 81 Rn. 103 mwN.
[56] BGH Urt. v. 10.7.2012 – VI ZR 341/10, NJW 2012, 3439, 3441 Rn. 19.
[57] Siehe vor allem BGH Urt. v. 18.6.2014 – I ZR 242/12, GRUR 2014, 883; BGH Urt. v. 10.7.2012 – VI ZR 341/10, NJW 2012, 3439.

Geschäftsleitung erstreckt[58]). Das gilt erst recht für die Geschäftsleitung der Obergesellschaft des Konzerns (siehe zur Eigenhaftung ausführlich → Rn. 43 ff.). Eine Haftung der Gesellschaft wegen Unterlassens setzt daher in der Regel eine Garantenpflicht der Gesellschaft selbst voraus. Ob eine solche besteht, ist aber für die Haftung der Gesellschaft, deren Mitarbeiter den Verstoß begangen haben, zumeist ohne Bedeutung. Selbst wenn es ausnahmsweise am positiven Tun eines Organs im Sinne von § 31 BGB fehlen sollte, bleibt noch immer eine Haftung des Unternehmens nach §§ 831, 31 BGB für ein vermutetes Auswahl- und Überwachungsverschulden. Ein Bedürfnis für eine weitergehende Haftung wegen Unterlassens bleibt daneben kaum.

21   Von erheblicher Bedeutung – bislang aber weitgehend ungeklärt – ist indes die Frage, ob die **Mutter- oder Konzernobergesellschaft** eine eigenständige Garantenpflicht trifft, Kartellrechtsverstöße von Organen oder sonstigen Betriebsangehörigen ihrer Tochtergesellschaften zu verhindern und Schäden von Dritten abzuwenden. Man wird eine solche Pflicht jedenfalls dann bejahen müssen, wenn die **Mutter- oder Konzernobergesellschaft selbst eine Situation geschaffen hat, die einen Kartellrechtsverstoß begünstigt.** Setzt die Mutter- oder Konzernobergesellschaft beispielsweise einen Mitarbeiter bei der Tochtergesellschaft als Vorstand oder Geschäftsführer (oder sonst in leitender Funktion) ein, der in der Vergangenheit bereits einen Kartellrechtsverstoß begangen hat (oder bei dem konkrete Anhaltspunkte einen solchen Verstoß in Zukunft nahelegen), muss die Mutter- oder Konzernobergesellschaft entsprechende Schulungs- und Überwachungsmaßnahmen ergreifen, um einen (weiteren) Verstoß zu verhindern. Ähnliches mag gelten, wenn die Mutter- oder Konzernobergesellschaft ein Geschäftsmodell ihrer Tochtergesellschaft veranlasst und fördert, das besonders anfällig für kartellrechtliche Verstöße ist.[59] In solchen (oder ähnlich gelagerten) Sonderfällen mag sich die Garantenpflicht aus der Schaffung einer besonderen Gefährdungslage ableiten lassen. Denkbar ist auch eine Garantenstellung der Mutter- oder Konzernobergesellschaft wegen der **Inanspruchnahme eines besonderen Vertrauens** des späteren Geschädigten, etwa, wenn sie einem Abnehmer von Produkten oder Dienstleistungen einer Tochtergesellschaft versichert, eine bestimmten Anforderungen genügende konzernweite Compliance-Organisation eingerichtet zu haben.

22   Sehr zweifelhaft ist dagegen, ob sich eine **Garantenstellung aus einer allgemeinen Verpflichtung ableiten lässt, eine konzernweite (Compliance-)Organisation einzurichten,** mit der Betriebsangehörige auch von Tochtergesellschaften so angeleitet und überwacht werden, dass Kartellrechtsverstöße und andere Rechtsverletzungen durch Konzerngesellschaften verhindert werden. Soweit eine solche eigene Pflicht der Mutter- oder Konzernobergesellschaft überhaupt besteht (→ § 39 Rn. 8), dürfte sie nicht auf die Verhinderung von Vermögensschäden außenstehender Dritter, sondern nach innen auf die Rechtmäßigkeit des Verhaltens der Konzernunternehmen gerichtet sein. Die Annahme einer umfassenden Garantenpflicht der Mutter- oder Konzernobergesellschaft zur Verhinderung von Schäden Dritter durch Rechtsverstöße der Konzerngesellschaften würde letztlich zur Aufweichung des Trennungsprinzips führen und wäre mit der Abgrenzung der Verantwortlichkeit der einzelnen Gesellschaften im Konzern kaum vereinbar. Für die Inanspruchnahme der Mutter- oder Konzernobergesellschaft für Kartellrechtsverstöße der Tochtergesellschaft bedarf es allerdings dann ohnehin nicht des Umwegs über eine generelle Garantenpflicht für die Einhaltung der Rechtsordnung im Konzern, wenn sich die gemeinsame Haftung der Mutter-/Konzernübergesellschaft im Einzelfall aus einer eigenen Beteiligung an dem Kartellrechtsverstoß nach den Grundsätzen über die „wirtschaftliche Einheit" ergibt. Dieser Weg führt nicht zu einer generellen Verlagerung der Pflichten der

---

[58] Vgl. BGH Urt. v. 24.1.2006 – XI ZR 384/03, NJW 2006, 830, 843 Rn. 125 ff. – Kirch; BGH Urt. v. 5. 12.1989 – VI ZR 335/88, NJW 1990, 976 – Baustoff. Vgl. auch *Maier-Reimer* NJW 2007, 3157 (3159), dazu, dass jedenfalls das „Baustoff"-Urteil auf die Verletzung absoluter Rechte beschränkt ist.

[59] Vgl. für das Recht des unlauteren Wettbewerbs BGH Urt. v. 18.6.2014 – I ZR 242/12, GRUR 2014, 883, 885 Rn. 29.

Konzerngesellschaften über eine Garantenstellung auf die Obergesellschaft, sondern spiegelt lediglich die Reichweite der materiell-rechtlichen Norm und deren Adressatenkreis im Haftungsrecht wider, orientiert sich damit an der gesetzgeberischen Entscheidung und ist beschränkt auf das Kartellrecht (siehe hierzu → Rn. 30 ff.).

bb) Haftung der Muttergesellschaft/Konzernobergesellschaft. Für eine zivilrechtliche Haftung 23 der Muttergesellschaft oder der Konzernobergesellschaft für Verstöße gegen das Kartellrecht, die von Mitarbeitern ihrer Tochtergesellschaft begangen wurden, gibt es zwei Ansätze: Wenn und soweit **Mitarbeitern der Mutter-/Konzernobergesellschaft selbst eine schuldhafte Beteiligung an dem Kartellrechtsverstoß** zur Last fällt, kommt eine Haftung der Mutter-/Konzernobergesellschaft für dieses Fehlverhalten nach § 31 BGB (oder ggf. § 831 BGB) in Betracht. Bei einer aktiven Beteiligung von Mitarbeitern der Mutter-/Konzernobergesellschaft an dem Verstoß gelten insoweit keine Besonderheiten. Lässt sich indes eine aktive täterschaftliche Beteiligung von Mitarbeitern/Organen der Mutter-/Konzernobergesellschaft an dem Kartellrechtsverstoß nicht feststellen, kann eine Haftung – anders als im Ordnungswidrigkeitenrecht – jedenfalls nicht allein mit einem etwaigen Verstoß eines Organs der Mutter-/Konzernobergesellschaft gegen Aufsichtspflichten im Sinne von § 130 OWiG begründet werden. § 33 GWB ist nur auf Verstöße gegen das GWB und Art. 101 und 102 AEUV, nicht aber auf Verstöße gegen das OWiG anwendbar; eine Haftung ergibt sich auch nicht aus § 823 Abs. 2 BGB, weil es sich bei § 130 OWiG nicht um ein Schutzgesetz handelt.[60] In Betracht kommt eine Haftung der Mutter-/Konzernobergesellschaft für die eigenen Organe/Mitarbeiter daher nur, wenn über eine einfache Aufsichtspflichtverletzung hinaus ein qualifizierter Verstoß vorliegt. In Betracht kommt hierfür entweder eine Beihilfe der Mutter-/Konzernobergesellschaft zu dem Kartellrechtsverstoß der Tochtergesellschaft[61] oder ein Verstoß gegen die kartellrechtlichen Verbotsnormen durch Unterlassen. Letzteres setzt allerdings voraus, dass ausnahmsweise eine Garantenpflicht der Organe der Mutter-/Konzernobergesellschaft zur Verhinderung des Verstoßes bestanden hat (zum Verstoß gegen kartellrechtliche Verbotsnormen durch Unterlassen → Rn. 19 ff.).

Deswegen stellt sich die Frage, ob und unter welchen Umständen neben der Haftung 24 für ein Fehlverhalten der eigenen Organe und/oder Mitarbeiter eine **Haftung der Mutter-/Konzernobergesellschaft für einen Kartellrechtsverstoß von Mitarbeitern der Tochtergesellschaft auch unabhängig von dem Verhalten ihrer eigenen Organe** bestehen kann. Im Zusammenhang mit der Verhängung von Bußgeldern wegen Verstößen gegen das EU-Kartellrecht ist eine solche Ausweitung der Verantwortlichkeit der Konzernobergesellschaften bereits vor geraumer Zeit erfolgt. Dabei geht es nicht nur um die Frage, ob bei der Bemessung der Geldbußen gegen die unmittelbar am Verstoß beteiligte Gesellschaft auch die Umsätze konzernverbundener Unternehmen zu berücksichtigen sind (→ § 13 Rn. 130 zum EU-Recht und § 18 Rn. 116 ff. zu den vergleichbaren Regeln im deutschen Recht). Vielmehr kann nach EU-Recht eine Geldbuße nicht nur gegen die unmittelbar am Verstoß beteiligte Gesellschaft, sondern auch gegen ihre Mutter-/Konzernobergesellschaft verhängt werden, ohne dass ein schuldhaftes Verhalten von Organen/Mitarbeitern der Mutter-/Konzernobergesellschaft festgestellt werden muss (→ § 13 Rn. 34 ff.; im deutschen Ordnungswidrigkeitenrecht musste dagegen bislang zumindest ein Verstoß der Organe gegen § 130 OWiG festgestellt werden → § 18 Rn. 15, zur Situation nach der 9. GWB-Novelle → Rn. 15a).

---

[60] Vgl. nur BGH Urt. v. 13.4.1994 – II ZR 16/93, NJW 1994, 1801 (1803); Palandt/*Sprau* BGB § 823 Rn. 68; MüKoBGB/*Wagner* BGB § 823 Rn. 430.
[61] Vgl. BGH Urt. v. 9.3.2010 – XI ZR 93/09, NZG 2010, 550 (552): Die Anforderungen sowohl an den objektiven Beihilfetatbestand als auch an den Gehilfenvorsatz sind nicht sehr hoch. Allerdings müssen bei sogenannten neutralen Beihilfehandlungen, also solchen, die nicht gezielt auf die Begehung einer deliktischen Handlung des Haupttäters gerichtet sind, konkrete Feststellungen zum subjektiven Tatbestand getroffen werden, vgl. hierzu BGH Urt. v. 3.12.2013 – XI ZR 295/12, NJW 2014, 1098 (1100).

25 Daneben steht aber – noch heftig umstritten und weitgehend ungeklärt – die praktisch hochrelevante Frage, ob eine vergleichbare Ausweitung der zivilrechtlichen Haftung von Konzernobergesellschaften für Kartellrechtsverstöße im Konzern geboten ist und ob den Kartellgeschädigten auf diesem Weg der Zugang zur Haftungsmasse auch der Konzernobergesellschaften (oder auch anderer Konzerngesellschaften) ermöglicht werden soll. Im Ausgangspunkt steht dem Durchgriff der Kartellgeschädigten auf das Vermögen der Konzernobergesellschaften das **Trennungsprinzip** entgegen, das in § 13 Abs. 2 GmbHG und § 1 Abs. 1 S. 2 AktG seinen Niederschlag gefunden hat und das deutsche Konzernhaftungsrecht prägt: Für Verbindlichkeiten der Gesellschaft haftet den Gläubigern der Gesellschaft nur das Gesellschaftsvermögen. Weitere Folge des Trennungsprinzips ist es, dass das Verhalten, die Eigenschaften und die Kenntnisse einer Gesellschaft grundsätzlich nur ihr und nicht ihren Gesellschaftern zugerechnet werden (und umgekehrt). Allerdings sind beide Grundsätze nicht ohne Einschränkung geblieben: Unter bestimmten, allerdings sehr engen Voraussetzungen sind die Gesellschafter für die Erfüllung der Verbindlichkeiten der Gesellschaft unmittelbar oder mittelbar verantwortlich **(Haftungsdurchgriff)**. Zudem ist anerkannt, dass eine wechselseitige Zurechnung von Verhalten, Eigenschaften und Kenntnissen von Gesellschaft und Gesellschaftern unter Berücksichtigung des Schutzzwecks der betreffenden Normen geboten sein kann **(Zurechnungsdurchgriff)**. Insbesondere letzterer ist für die kartellrechtliche Haftung der Mutter-/Konzernobergesellschaft von Bedeutung. Im Einzelnen:

26 **(1) Grundsatz: Kein Haftungsdurchgriff auf Mutter-/Konzernobergesellschaft.** Der echte und unmittelbare Haftungsdurchgriff auf das Vermögen der Mutter-/Konzernobergesellschaft **zur Deckung von Verbindlichkeiten der Konzerngesellschaft** ist von der Rechtsprechung nur in sehr wenigen Konstellationen anerkannt und in den letzten Jahren noch weiter beschränkt worden.[62] Nach der neueren Rechtsprechung ist die Möglichkeit des Haftungsdurchgriffs – außer in den gesetzlich geregelten Fällen (wie etwa der Haftung der herrschenden Gesellschaft gegenüber Gläubigern der beherrschten Gesellschaft bei fehlendem Nachteilsausgleich im faktischen Konzern unter den Voraussetzungen der § 317 Abs. 1 iVm § 309 Abs. 4 S. 3 AktG[63]) – letztlich nur noch analog § 128 HGB in den Fällen der (echten) **Vermögensvermischung** zwischen Gesellschaft und Gesellschaftern anerkannt.[64] Eine bloße sogenannte Sphärenvermischung genügt für einen Haftungsdurchgriff dagegen nicht; insoweit ist allenfalls – soweit die Voraussetzungen vorliegen – an einen Zurechnungsdurchgriff (Rechtsscheinhaftung) zu denken.[65]

27 Der Gläubiger einer Konzerngesellschaft erlangt daher in der Regel allenfalls dann **mittelbar Zugriff auf das Vermögen der Muttergesellschaft,** wenn er einen Titel gegen die Konzerngesellschaft erstreitet und diese einen Anspruch gegen ihre Muttergesellschaft hat, den sie entweder selbst geltend macht und so in die Lage versetzt wird, den Anspruch des Gläubigers zu befriedigen, oder den der Gläubiger im Vollstreckungsverfah-

---

[62] Selbst die Existenzvernichtung – also die Ausplünderung des Gesellschaftsvermögens zu Lasten der Gesellschaft und ihrer Gläubiger – führt seit der Trihotel-Entscheidung des BGH nicht mehr zur direkten Durchgriffshaftung, sondern wird als ein Fall der Innenhaftung der Muttergesellschaft zugunsten der Tochtergesellschaft aus § 826 BGB behandelt, vgl. BGH Urt. v. 16.7.2007 – II ZR 3/04, NJW 2007, 2689 – Trihotel; BGH Urt. v. 28.4.2008 – II ZR 264/06, NJW 2008, 2437 – GAMMA; umfassend zu diesen Entscheidungen etwa Ulmer/*Raiser* GmbHG, § 13 Rn. 157 ff.; MüKoAktG/*Heider* AktG § 1 Rn. 84; MüKoAktG/*Altmeppen* AktG Anh. zu § 317 Rn. 7 f.

[63] Die gesetzliche Regelung ist allerdings beschränkt auf den Ausgleich von Nachteilen in Folge von Einzelmaßnahmen und wird nicht analog auf abhängige GmbHs angewendet (vgl. nur *Hüffer/Koch* AktG § 311 Rn. 53; Ulmer/*Raiser* GmbHG § 13 Rn. 89). Streng genommen handelt es sich bei der Haftung nach § 317 Abs. 1 iVm § 309 Abs. 4 S. 3 AktG auch nicht um einen Haftungsdurchgriff, sondern um einen subsidiären Schadensersatzanspruch (vgl. MüKoAktG/*Heider* AktG § 1 Rn. 66).

[64] Vgl. zu ihr MüKoAktG/*Heider* AktG § 1 Rn. 70 ff.; BeckHdB Holding/*Rhein* Rn. 241; Ulmer/*Raiser* GmbHG § 13 Rn. 130 ff.

[65] Vgl. Michalski/*Michalski/Funke* GmbHG § 13 Rn. 374; Ulmer/*Raiser* GmbHG § 13 Rn. 135; vgl. auch BeckOK GmbHG/*Wilhelmi* § 13 Rn. 149 f.

ren pfändet und sich überweisen lässt. Ein wichtiges Beispiel hierfür ist die Verpflichtung der herrschenden Muttergesellschaft gegenüber der abhängigen Konzerngesellschaft zum **Verlustausgleich im Vertragskonzern** nach § 302 AktG, die nicht nur für die beherrschte AG, sondern in analoger Anwendung des § 302 AktG auch für GmbHs und Personengesellschaften gilt.[66] Von erheblicher praktischer Bedeutung in kartellrechtlichen Schadensersatzfällen ist die Pflicht der herrschenden Muttergesellschaft nach § 303 AktG zur **Sicherheitsleistung im Falle der Beendigung von Beherrschungsverhältnissen.** Nicht selten versuchen Konzernobergesellschaften, die unmittelbar für einen Kartellrechtsverstoß verantwortlichen Konzerngesellschaften nach Aufdeckung des Verstoßes gesellschaftsrechtlich zu isolieren, Beherrschungsverhältnisse zu beenden und Haftungsrisiken zu minimieren. Aus Sicht des Gläubigers ist hier insbesondere die sechsmonatige Ausschlussfrist nach § 303 Abs. 1 S. 1 AktG zu beachten.

Umstritten ist, ob es eine Pflicht zum **Verlustausgleich auch im faktischen Konzern** in analoger Anwendung der §§ 302 f. AktG geben kann, wenn das herrschende Unternehmen die abhängige Aktiengesellschaft[67] in einer Weise leitet, die eine isolierte Bewertung der Nachteile einzelner Maßnahmen nicht mehr zulässt, so dass die Ansprüche auf den Ausgleich nachteiliger Folgen von Einzelmaßnahmen aus § 317 AktG nicht mehr greifen (sog. „qualifizierte Nachteilszufügung"). In Teilen der Literatur wird in diesen Fällen sogar eine Ausfallhaftung der herrschenden Gesellschaft zugunsten der Gläubiger der abhängigen Gesellschaft unter bestimmten Voraussetzungen bejaht.[68] Andere Stimmen lehnen die Figur der qualifizierten Nachteilszufügung unter Hinweis auf die Trihotel-Entscheidung des BGH v. 16.7.2007[69] insgesamt und damit auch für die AG ab.[70] 28

Mittelbaren Zugriff auf das Vermögen der Mutter-/Konzernobergesellschaft für Verbindlichkeiten der Tochtergesellschaft verspricht schließlich noch die Haftung wegen **existenzvernichtenden Eingriffs.**[71] Auch hierbei handelt es sich nach neuerer Rechtsprechung allerdings um eine reine Binnenhaftung. Gläubiger der Tochtergesellschaft können aus ihr keine eigenen Ansprüche herleiten. Ansprüche der Tochtergesellschaft auf dieser Basis setzen voraus, dass sie wegen des Entzugs von Vermögenswerten durch die Muttergesellschaft in eine Situation geraten ist, in der sie ihre Verbindlichkeiten nicht mehr (oder nicht mehr in vollem Umfang) erfüllen kann.[72] 29

(2) Zurechnungsdurchgriff: Eigene Haftung der Mutter-/Konzernobergesellschaft? Scheidet ein Haftungsdurchgriff auf die Mutter-/Konzernobergesellschaft für Schadensersatzersatzansprüche gegen die Tochtergesellschaft wegen Kartellrechtsverstößen daher wegen der vermögensrechtlichen Trennung von Gesellschaft und Gesellschaftern in aller Regel aus,[73] kommt eine Haftung der Mutter-/Konzernobergesellschaft nur dann in Betracht, wenn sich ein nicht von dem Anspruch gegen die Tochtergesellschaft abgeleiteter **selbständi-** 30

---

[66] Allg. M., vgl. nur BeckHdB Holding/*Rhein* Rn. 203; Ulmer/*Raiser* GmbHG § 13 Rn. 78.
[67] Unstreitig ist, dass eine solche Analogie für GmbHs nicht in Betracht kommt. Dort bleibt es allein bei den Grundsätzen der Haftung wegen Existenzvernichtung. Vgl. Ulmer/*Raiser* GmbHG § 13 Rn. 79; Emmerich/*Habersack*, Aktien-/GmbH-KonzernR, AktG § 317 Anh. Rn. 3 f.
[68] Vgl. beispielsweise Emmerich/*Habersack* AktG § 317 Anh. Rn. 5 f. u. 24 ff.; ausführlich zum Streitstand MüKoAktG/*Altmeppen* Anh. zu § 317 Rn. 10 ff.
[69] BGH Urt. v. 16.7.2007 – II ZR 3/04, NJW 2007, 2689 – Trihotel.
[70] Vgl. beispielsweise MüKoAktG/*Heider* AktG § 1 Rn. 68 u. 85.
[71] Überwiegend abgelehnt wird dagegen ein Haftungsdurchgriff auf die Mutter-/Konzernobergesellschaft wegen einer Unterkapitalisierung der Tochtergesellschaft; vgl. nur BGH Urt. v. 28.4.2008 – II ZR 264/06, NJW 2008, 2437 – GAMMA; Hölters/*Solveen* AktG § 1 Rn. 13 ff.; MüKoBGB/*Reuter* BGB Vorb Rn. 39 ff.
[72] Umfassend hierzu BGH Urt. v. 16.7.2007 – II ZR 3/04, NJW 2007, 2689 – Trihotel; Urt. v. 28.4.2008 – II ZR 264/06, NJW 2008, 2437 – GAMMA; vgl. auch BeckHdB Holding/*Rhein* Rn. 233 f.; MüKoAktG/*Heider* AktG § 1 Rn. 77 ff.
[73] Vgl. auch *v. Hülsen/Kasten* NZKart 2015, 296 (297 u. 303 f.); LG Berlin Urt. v. 6.8.2013 – 160 193/11 Kart, WuW/E DE-R 4388 (4398 f.) – Fahrtreppen. LG Düsseldorf Urt. v. 8.9.2016 – 37 O 27/11 (Kart), NZKart 2016, 491 f. – Aufzugskartell. Beide Urteile beschränken sich aber auf Überlegungen zum **Haftungs**durchgriff und diskutieren die Möglichkeit eines **Zurechnungs**durchgriffs nicht.

ger Anspruch gegen die **Mutter-/Konzernobergesellschaft aus § 33 Abs. 3 GWB bzw. § 823 Abs. 2 BGB** für Verstöße gegen kartellrechtliche Verbotsnormen des deutschen oder des EU-Rechts begründen lässt, die durch Organe oder Mitarbeiter von Tochtergesellschaften begangen wurden. Ansatzpunkt hierfür könnte aus dogmatischer Sicht der sogenannte Zurechnungsdurchgriff sein, bei dem die Gesellschaft und ihre Gesellschafter im Hinblick auf ihr Verhalten, ihre Eigenschaften und ihre Kenntnisse als Einheit aufgefasst werden.

31 Anders als beim Haftungsdurchgriff geht es beim Zurechnungsdurchgriff nicht um die Haftung des Vermögens der Mutter-/Konzernobergesellschaft für die Erfüllung von Verbindlichkeiten der Tochtergesellschaft, sondern um die Frage, ob die Mutter-/Konzernobergesellschaft **originär selbst** neben (oder gar unabhängig von) ihrer Tochtergesellschaft haftet.[74] Ob dies geboten ist, ist eine **Frage der Auslegung der gesetzlichen Normen,** die im konkreten Einzelfall anzuwenden sind.[75] Gebietet das materielle Recht die Zusammenfassung von Mutter-/Konzernobergesellschaft und Tochtergesellschaft in eine Einheit, sind beide Gesellschaften jeweils Träger der aus dem materiellen Recht folgenden Rechte und Pflichten und jeweils selbst für einen eigenen Verstoß gegen die ihnen als Einheit obliegenden Pflichten verantwortlich. Mit Rücksicht auf das Trennungsprinzip darf eine solche Gesetzesauslegung nicht leichtfertig vorgenommen werden; das Trennungsprinzip steht einem solchen Zurechnungsdurchgriff aber nicht prinzipiell entgegen (wobei sich jedenfalls bei der deliktischen Haftung zusätzlich das Problem der Zurechnung eines Organverschuldens stellt → Rn. 41).[76]

32 Bei der Frage der Haftung der Mutter-/Konzernobergesellschaft für ein kartellrechtswidriges Verhalten von Organen/Mitarbeitern einer Tochtergesellschaft geht es daher, was oft falsch verstanden wird, nicht um die Haftung der Mutter-/Konzernobergesellschaft mit ihrem Vermögen für einen deliktischen Anspruch gegen die Tochtergesellschaft und die Vereinbarkeit eines solchen Durchgriffs mit gesellschaftsrechtlichen Prinzipen. Vielmehr geht es um die **persönliche Reichweite des materiellen Kartellrechts,** welche anhand einer **Auslegung der kartellrechtlichen Ge- und Verbotsnormen zu ermitteln ist.** Sind diese so zu verstehen, dass sie – jedenfalls unter bestimmten Voraussetzungen – eine eigene materiellrechtliche Verantwortlichkeit der Mutter-/Konzernobergesellschaft für einen Kartellrechtsverstoß begründen, ist deren Haftung jedenfalls nicht *a priori* wegen des Trennungsprinzips ausgeschlossen (zur Problematik des Prinzips der Organzurechnung → Rn. 41). Das belegt auch ein Blick auf den Wortlaut von § 33 GWB. Zum Schadensersatz verpflichtet ist nach Abs. 3, „**wer** einen Verstoß nach Absatz 1 […] begeht;" in Abs. 1 heißt es: „**wer** gegen eine Vorschrift dieses Gesetzes, gegen [Art. 101 oder 102 AEUV] oder eine Verfügung der Kartellbehörde verstößt." Beide Absätze verhalten sich ihrem Wortlaut nach nicht dazu, wer Anspruchsgegner ist, sondern verweisen durch die Verknüpfung von Anspruchsgegner („wer") und Verstoß auf die jeweilige materielle Ge- oder Verbotsnorm. Die 9. GWB-Novelle wird das nicht ändern; § 33a Abs. 1 RegE-GWB hält an der bisherigen Formulierung fest. Der deliktische Schadensersatzanspruch stellt insoweit nur die privatrechtliche Fortwirkung des Verstoßes gegen die (kartellrechtliche) Verbots-/Schutznorm dar.

---

[74] Vgl. zur Abgrenzung Ulmer/*Raiser* GmbHG § 13 Rn. 90. Insoweit ist die Diskussion in LG Berlin Urt. v. 6.8.2013 – 16 O 193/11 Kart, WuW/E DE-R 4388 (4398f.) – Fahrtreppen, und LG Düsseldorf Urt. v. 8.9.2016 – 37 O 27/11 (Kart), NZKart 2016, 491f. – Aufzugskartell, unvollständig. Vgl. auch Remien/*Wurmnest,* Schadensersatz, 27, 48f.

[75] Vgl. Michalski/*Michalski/Funke* GmbHG § 13 Rn. 313; MüKoAktG/*Heider* AktG § 1 Rn. 57.

[76] Von vielen wird – wohl zu Recht – vertreten, dass es sich bei der gegenseitigen Zurechnung von Verhalten und Eigenschaften von Gesellschaft und Gesellschaftern dogmatisch von vorneherein nicht um einen echten Durchgriff auf die hinter der Gesellschaft stehenden Gesellschafter und damit auch nicht um eine Einschränkung des Trennungsprinzips, sondern ausschließlich um eine Frage der Auslegung der betreffenden gesetzlichen oder vertraglichen Norm handelt. So etwa MüKoGmbHG/*Merkt* GmbHG § 13 Rn. 341; Michalski/*Michalski/Funke* GmbHG § 13 Rn. 313. Zweifelnd MüKoAktG/*Heider* AktG § 1 Rn. 57.

Bei **Verstößen gegen das deutsche Kartellrecht** hängt die Reichweite des materiellen 33
Rechts von der Auslegung der **Verbundklausel des § 36 Abs. 2 GWB** ab.[77] Der Anwendungsbereich von § 36 Abs. 2 GWB wurde durch die Rechtsprechung zunehmend erweitert. Er soll nicht nur für die Fusionskontrolle, sondern jedenfalls auch für alle anderen materiellen Vorschriften im gesamten Anwendungsbereich des GWB gelten.[78] Dabei beschränkt die Rechtsprechung die Wirkung der Verbundklausel auch keineswegs auf die materiell-rechtliche Beurteilung des Verhaltens von Konzernunternehmen, sondern erstreckt sie auch auf die kartellrechtliche Verantwortlichkeit für dieses Verhalten. Dementsprechend können sich Maßnahmen jedenfalls des Kartellverwaltungsrechts sowohl gegen die Tochter- als auch die Muttergesellschaft richten, wenn sie im Sinne von § 36 Abs. 2 GWB konzernverbunden sind.[79] Es mag auf den ersten Blick naheliegend erscheinen, das auch auf die zivilrechtliche Haftung zu übertragen. Denn § 33 Abs. 1 und 3 GWB knüpfen haftungsrechtlich an denjenigen ("wer") an, der gegen eine kartellrechtliche Ge- oder Verbotsnorm des GWB verstoßen hat, also denjenigen, der Träger der kartellrechtlichen Pflichten ist (→ Rn. 32). Adressaten der materiellen kartellrechtlichen Normen sind "Unternehmen" und "Vereinigungen von Unternehmen" (vgl. beispielsweise §§ 1, 19, 20 und 21 GWB). Wer damit gemeint ist, ergibt sich nach der Rechtsprechung unter anderem aus § 36 Abs. 2 GWB, nach dem verbundene Unternehmen "als ein einheitliches Unternehmen anzusehen" sind. Materiell-rechtlich sind demgemäß alle juristischen (und natürlichen) Personen, aus denen sich das einheitliche Unternehmen zusammensetzt, für die Einhaltung der kartellrechtlichen Ge- und Verbote verantwortlich (wie auch die Rechtsprechung zur kartellverwaltungsrechtlichen Verantwortlichkeit zeigt). Eine Aufteilung dieser gemeinsamen materiellen kartellrechtlichen Verantwortlichkeit des "einheitlichen Unternehmens" (§ 36 Abs. 2 GWB) auf die einzelnen Bestandteile des einheitlichen Unternehmens für die Zwecke der zivilrechtlichen Haftung ist mit dem unternehmensbezogenen Ansatz des materiellen Kartellrechts daher nicht ohne Weiteres zu vereinbaren. **Problematisch** ist insoweit allerdings, dass der Gleichlauf von kartellrechtlicher Verantwortlichkeit des "Unternehmens" im Sinne von § 36 Abs. 2 GWB und zivilrechtlicher Haftung des "wer" im Sinne des § 33 Abs. 3 GWB zu einer konturenlos ausufernden Erweiterung der kartellrechtlichen Haftung führen würde. Denn § 36 Abs. 2 GWB erstreckt den Unternehmensverbund nicht nur vertikal nach oben, sondern auch zur Seite und nach unten. Er erfasst auch Schwestergesellschaften und andere Konzernunternehmen und knüpft nicht konkret an die Möglichkeit der Einflussnahme auf die Entscheidungsfindung der tatsächlich an dem Kartellverstoß beteiligten Konzerngesellschaft an.[80] Daher

---

[77] Die Entega-I-Entscheidung des BGH steht einer Anwendung des § 36 Abs. 2 GWB auf die zivilrechtliche Haftung für Verstöße gegen das Kartellrecht nicht von vornherein entgegen. Zwar weist der BGH in dieser Entscheidung darauf hin, dass ein Vorgehen gegen die Muttergesellschaft der Beklagten wegen des Trennungsprinzips nicht in Betracht komme. In diesem Verfahren ging es aber nicht um Schadensersatz für ein kartellrechtliches Fehlverhalten der beklagten Erdgaslieferantin. Die Klägerin verlangte vielmehr von der Beklagten, dass sie keine höheren Entgelte für Erdgaslieferungen als ihre Schwestergesellschaften verlangt. Die Erfüllung eines solchen Unterlassungsanspruchs ist aber nur der Vertragspartnerin, nicht hingegen der Muttergesellschaft, möglich (BGH Urt. v. 23.6.2009 – KZR 21/08, NJW-RR 2010, 618 (619) – Entega I).
[78] BGH Urt. v. 23.6.2009 – KZR 21/08, NJW-RR 2010, 618 (619) – Entega I; BGH Urt. v. 2.2.2011 – I ZR 136/09, EuZW 2011, 440 (447); BGH Beschl. v. 6.11.2012 – KVR 54/11, NVwZ-RR 2013, 604 (605) – Gasversorgung Ahrensburg; OLG Düsseldorf Beschl. v. 20.6.2007 – VI-Kart 14/06, WuW/E DE-R 2146 (2147f.)– Nord-KS/Xella; Immenga/Mestmäcker/*Thomas* GWB § 36 Rn. 788; *Bechtold* GWB § 36 Rn. 63; vgl. auch Begründung zur 6. GWB-Novelle, BT-Drs. 13/9720, 56.
[79] BGH Beschl. v. 6.11.2012 – KVR 54/11, NVwZ-RR 2013, 604 (605) – Gasversorgung Ahrensburg.
[80] Das ist im EU-Recht anders. Denn der Begriff der wirtschaftlichen Einheit knüpft an die Einflussnahmemöglichkeiten der Muttergesellschaft (und dementsprechend deren persönliche Verantwortlichkeit für den Verstoß) an (→ Rn. 34ff.). Insoweit liegt auch eine Ausweitung der zivilrechtlichen Haftung nach den Grundsätzen des Zurechnungsdurchgriffs näher, ist aber vor allem wegen des Prinzips der Organzurechnung nicht unproblematisch (→ Rn. 41).

stellt sich auch für die, die grundsätzlich einen Gleichlauf der Adressateneigenschaft des materiellen Rechts und des Haftungsrechts herstellen wollen, die Frage nach teleologischen Begrenzungen der Haftung (für die aber konkrete Anhaltspunkte nur schwer ersichtlich sind). Ebenfalls problematisch ist die Vereinbarkeit eines Zurechnungsdurchgriffs auf der Basis des § 36 Abs. 2 GWB bei Schadensersatzansprüchen mit dem Verschuldensprinzip, das ein Verschulden eines Organs der juristischen Person nach § 31 BGB voraussetzt (zur vergleichbaren Problematik bei Verstößen gegen EU-Kartellrecht → Rn. 41). Insgesamt dürfte das bei Verstößen gegen Normen (nur) des GWB eher gegen eine Haftung der Mutter-/Konzernobergesellschaft sprechen.

34 Heftig umstritten und ungeklärt ist die Haftung von Mutter-/Konzernobergesellschaften indes vor allem bei **Verstößen gegen das EU-Kartellrecht.** Hier ist insbesondere die Überlagerung des nationalen Haftungsrechts durch das EU-Recht zu berücksichtigen, das nicht erst seit der RL 2014/104/EU Vorgaben auch für die zivilrechtliche Haftung bei Kartellrechtsverstößen enthält (→ § 24 Rn. 8ff.). Aus diesen unionsrechtlichen Maßgaben lassen sich durchaus Anhaltspunkte für einen Zurechnungsdurchgriff entwickeln, denen mit dem Schlagwort des Trennungsprinzips nicht ohne Weiteres zu begegnen ist. Als gewichtigere Hürde erweist sich das Prinzip der Organzurechnung.[81]

35 Ausgangspunkt der Überlegung muss wieder sein, wer „wer" im Sinne von § 33 Abs. 1 und 3 GWB ist. Wie auch das deutsche Kartellrecht knüpft das EU-Kartellrecht an das „Unternehmen" als Adressat der Verbotsnormen (Art. 101 und 102 AEUV) an. Nach der ständigen Rechtsprechung des EuGH umfasst der Begriff des „Unternehmens" jede eine wirtschaftliche Tätigkeit ausübende Einheit, unabhängig von ihrer Rechtsform und der Art ihrer Finanzierung.[82] Ein Unternehmen kann sich aus mehreren natürlichen und/oder juristischen Personen zusammensetzen, wenn diese zu einer **„wirtschaftlichen Einheit"** verbunden sind. Eine Muttergesellschaft ist mit ihrer Tochtergesellschaft dann in einer „wirtschaftlichen Einheit" zu einem Unternehmen verbunden, wenn die Tochtergesellschaft ihr Marktverhalten nicht autonom bestimmt, sondern wenn ihre Geschäftspolitik im Wesentlichen von der Muttergesellschaft bestimmt wird.[83] Bei einer hundertprozentigen Tochtergesellschaft wird das vermutet;[84] aber auch ein Gemeinschaftsunternehmen kann mit seiner/n Muttergesellschaft/en als „wirtschaftliche Einheit" zu einem Unternehmen verbunden sein[85] (umfassend hierzu → § 13 Rn. 34ff.). Nach der Rechtsprechung des Gerichtshofs folgt aus der Anknüpfung an das „Unternehmen" als Normadressat, dass das Unternehmen insgesamt, also einschließlich aller juristischen Personen, die es verkörpern, für die Beachtung des Kartellrechts (und spiegelbildlich für Verstöße dagegen) verantwortlich ist:

36 „Anknüpfungspunkt für die Mithaftung einer Muttergesellschaft für die Kartellvergehen ihrer [...] Tochtergesellschaft ist [...] der wettbewerbsrechtliche Unternehmensbegriff, der sich von dem der juristischen Person unterscheidet. Das *Unternehmen* ist Kartellbeteiligter, [...] gleichviel, ob eine oder mehrere juristische Personen das Unternehmen verkörpern. [Es] lässt sich auf eine originäre Festlegung des Vertragsgesetzgebers zurückführen, dass für ein Kartellvergehen nicht notwendig nur eine

---

[81] Bislang liegen zu dieser Frage drei Urteile vor, die eine Haftung der Muttergesellschaft ablehnen, wenn deren Organe nicht an dem Verstoß beteiligt waren: OLG München Urt. v. 21.2.2013 – U 5006/11 Kart, Beck RS 2013, 05429 a.E. (ohne detaillierte Begründung); LG Berlin Urt. v. 6.8.2013 – 16 O 193/11 Kart, WuW/E DE-R 4388 (4398f.) – Fahrtreppen; LG Düsseldorf Urt. v. 8.9.2016 – 37 O 27/11 (Kart) NZKart 2016, 490 (491f.) – Aufzugskartell. Zur Lit. vgl. die Fundstellen in Fn. 99.
[82] Vgl. bspw. EuGH Urt. v. 13.6.2013 – C-511/11 P Rn. 51 – Versalis; EuGH Urt. v. 18.6.1998 – C-35/96 Rn. 36 – Kommission/Italien.
[83] Vgl. die Zsf. der Rspr. des EuGH in BGH Beschl. v. 9.7.2013 – KZR 15/12 Rn. 14 – Calciumcarbid.
[84] EuGH Urt. v. 10.9.2009 – C-97/08 P Rn. 60 – Akzo Nobel NV; EuGH Urt. v. 25.10.1983 – 107/82 Rn. 50 – AEG.
[85] EuGH Urt. v. 26.9.2013 – C-179/12 P Rn. 58ff. – Dow Chemical Company; EuGH Urt. v. 26.9.2013 – C-172/12 P Rn. 47ff. – El Du Pont; EuGH Urt. v. 19.7.2012 – C-628/10 P u. C-14/11R Rn. 101 – Alliance One International.

einzelne juristische Person oder Handelsgesellschaft zur Verantwortung gezogen werden kann, sondern eine wirtschaftliche Einheit *sui generis*, nämlich das kartellbeteiligte Unternehmen."[86]

Mit anderen Worten: Das Sanktionssystem des EU-Kartellrecht beruht „auf dem Grundsatz der persönlichen Verantwortlichkeit der wirtschaftlichen Einheit, die die Zuwiderhandlung begangen hat."[87] Folge der kartellrechtlichen Verantwortlichkeit des „Unternehmens" als Gesamtheit mehrerer natürlicher und/oder juristischer Personen ist die **eigene Verantwortlichkeit jeder einzelnen natürlichen und juristischen Person, die in dem Unternehmen als „wirtschaftliche Einheit" miteinander verbunden** sind.[88] Sie haften „gesamtschuldnerisch mit den anderen diese Einheit bildenden Personen für diese wettbewerbsrechtlichen Verstöße."[89] Dementsprechend handele es sich bei der ordnungswidrigkeitenrechtlichen Haftung einer Muttergesellschaft als Teil derselben wirtschaftlichen Einheit wie ihre Tochtergesellschaft, so der EUGH, nicht um eine Haftung der Muttergesellschaft für die **fremde** Schuld der Tochtergesellschaft, sondern eine Haftung für **eigenes** Verschulden.[90] Nach der europarechtlichen Dogmatik wird der Muttergesellschaft selbst die Zuwiderhandlung „persönlich zur Last gelegt",[91] und die Verhängung von Bußgeldern gegen sie sei daher „keineswegs eine Ausnahme vom Grundsatz der persönlichen Verantwortlichkeit [...], sondern [...] Ausdruck eben dieses Grundsatzes."[92] 37

Aus der gemeinsamen kartellrechtlichen Verantwortlichkeit von Konzerngesellschaften, die als wirtschaftliche Einheit in einem Unternehmen im kartellrechtlichen Sinn verbunden sind, folgern die Unionsgerichte zudem, dass es für die Feststellung eines (schuldhaften) Verstoßes gegen Art. 101 AEUV oder Art. 102 AEUV als Grundlage von Bußgeldern **nicht der Feststellung des (schuldhaften) Handelns von Mitarbeitern jeder einzelnen Konzerngesellschaft** bedarf.[93] Insbesondere sei es nicht erforderlich, dass Organe oder vergleichbare Vertreter oder andere Mitarbeiter der Muttergesellschaft selbst an den Zuwiderhandlungen teilgenommen haben.[94] Vielmehr genüge die Handlung jeder Person, die berechtigt ist, für das „Unternehmen" tätig zu werden, also gegebenenfalls auch ein Mitarbeiter des Tochterunternehmens, das unmittelbar an einem Verstoß beteiligt war.[95] 38

Diese Rechtsprechung zur kartellrechtlichen Verantwortlichkeit von Mutter-/Konzernobergesellschaften für ein kartellrechtswidriges Verhalten von Mitarbeitern von Tochtergesellschaften wurde indes **in Ordnungswidrigkeitenverfahren entwickelt.** Bislang fehlen klare Anhaltspunkte dafür, dass die Unionsgerichte sie **auf die zivilrechtliche Haftung ausdehnen** werden. Die Befürworter einer Übertragung dieser Rechtsprechung in das Zivilrecht können sich darauf berufen, dass der EuGH die kartellrechtliche Verantwortung der Muttergesellschaft nicht aus den Vorschriften über die Verhängung von Geldbußen oder über verwaltungsrechtliche Maßnahmen in der VO 1/2003 abgeleitet hat, sondern direkt aus den primärrechtlichen Verbotsnormen in Art. 101 AEUV und Art. 102 AEUV. Die Sanktionen der VO 1/2003 knüpfen lediglich an die Auslegung die- 39

---

[86] GA *Kokott*, SchlA v. 18.4.2013 – C-501/11 P Rn. 83 und 85 – Schindler Holding Ltd. ua/Kommission, Hervorhebungen im Original; bestätigt durch den EuGH, vgl. EuGH Urt. v. 18.7.2013 – C-501/11 P Rn. 101 bis 104 – Schindler Holding Ltd. ua.
[87] EuGH Urt. v. 10.9.2009 – C-97/08 P Rn. 77 – Akzo Nobel NV.
[88] So auch ausdrücklich BGH Beschl. v. 9.7.2013 – KZR 15/12, BeckRS 2013, 11727 – Calciumcarbid.
[89] EuGH Urt. v. 10.9.2009 – C-97/08 P Rn. 77 – Akzo Nobel NV.
[90] EuGH Urt. v. 16.11.2000 – C-294/98 P Rn. 34 – Metsä-Serla Oyi.
[91] EuGH Urt. v. 16.11.2000 – C-294/98 P Rn. 34 – Metsä-Serla Oyi.
[92] GA *Kokott*, SchlA v. 23.4.2009 – C-97/08 P Rn. 43 – Akzo Nobel NV.
[93] BGH Beschl. v. 9.7.2013 – KZR 15/12, BeckRS 2013, 11727 – Calciumcarbid. AA *Bürger* WuW 2011, 130 (137ff.) (der letztlich deswegen eine zivilrechtliche Haftung der Mutter-/Konzernobergesellschaft ablehnt).
[94] BGH Beschl. v. 9.7.2013 – KZR 15/12, BeckRS 2013, 11727 – Calciumcarbid.
[95] EuGH Urt. v. 10.9.2009 – C-97/08 P Rn. 77 – Akzo Nobel NV; GA *Kokott*, SchlA v. 23.4.2009 _ C-97/08 P Rn. 99 – Akzo Nobel NV; GA *Kokott*, SchlA v. 18.4.2013 – C-501/11 P Rn. 129 bis 131 – Schindler Holding Ltd. ua.

ser Vorschriften an; der VO 1/2003 selbst ist weder etwas für noch gegen die Sanktionierung von Muttergesellschaften zu entnehmen. Geht es aber bei der Inanspruchnahme der Muttergesellschaft nicht um eine spezifisch ordnungswidrigkeitenrechtliche Frage, wäre es jedenfalls nicht systemwidrig oder besonders fernliegend, wenn die Unionsgerichte die primärrechtliche Verantwortlichkeit der Muttergesellschaft auch auf den zivilrechtlichen Schadensersatzanspruch übertragen würden, zumal auch dieser unmittelbar aus dem Unionsrecht selbst folgt und dort verankert ist.[96] Die primärrechtlichen Normen selbst verlangen wirksame Vorkehrungen dafür, dass jedermann Ersatz des Schadens verlangen kann, den er durch einen Kartellrechtsverstoß erlitten hat[97] (hierzu → § 24, insbes. Rn. 26 f.). In welche Richtung die Unionsgerichte diese Frage auf der Ebene des EU-Rechts letztlich entscheiden werden, ist offen und darf mit Spannung erwartet werden.

40 Jedenfalls lässt sich die Ablehnung einer zivilrechtlichen Haftung der Mutter-/Konzernobergesellschaft nicht ohne Weiteres mit gesellschaftsrechtlichen Prinzipien begründen[98]: Da die kartellrechtliche Verantwortlichkeit der Muttergesellschaft nach dem Verständnis des EuGH unmittelbar aus den materiell-rechtlichen Verbotsnormen Art. 101 und 102 AEUV folgt, würde das Trennungsprinzip durch die zivilrechtliche Haftung der Muttergesellschaft überhaupt nicht berührt. Denn sie würde in diesem Fall nicht mit ihrer Haftungsmasse für einen Verstoß ihrer Tochtergesellschaft, also einer anderen juristischen Person, sondern für einen eigenen Verstoß haften. Die Grenze zwischen den einzelnen juristischen Personen würde nicht erst auf der Ebene der Haftung durch einen Durchgriff auf das Vermögen der Muttergesellschaft zur Erfüllung von Verbindlichkeiten ihrer Tochtergesellschaft überschritten. Vielmehr folgt die Konzernverantwortlichkeit bereits vorgelagert aus den primärrechtlichen Verbotsnormen des AEUV durch die Definition des „Unternehmens" als Normadressat. Dort ist sie seit vielen Jahren durch die EU-Gerichte anerkannt – unabhängig davon, ob diese die Grenzen der Konzernverantwortlichkeit immer richtig gezogen haben (was man mit guten Gründen in Frage stellen kann). Eine Korrektur dieser Rechtsprechung auf der nachgelagerten Ebene des nationalen Haftungsrechts ist über das Trennungsprinzip dogmatisch nur schwer zu begründen.

41 Wesentlich schwieriger ist es allerdings, die Vereinbarkeit einer „Unternehmenshaftung" *de lege lata* mit dem **Prinzip der Organzurechnung** und dem Verschuldensprinzip der deliktischen Haftung nach § 33 Abs. 3 GWB herzustellen. Eine Zurechnung des Verhaltens von Organen der Tochtergesellschaft zur Mutter- und/oder Konzernobergesellschaft lässt sich nicht ohne Weiteres aus § 31 BGB (oder gegebenenfalls aus § 831 BGB) ableiten. Das Organ der Tochtergesellschaft handelt grundsätzlich nicht für die Mutter- bzw. Konzernobergesellschaft; es ist vielmehr lediglich, bildlich gesprochen, Arme und Beine der Tochtergesellschaft. Eine „Konzernorganschaft" gibt es nach dem derzeitigen Stand der Dogmatik zu § 31 BGB nicht; in der Konzeption des § 31 BGB, nach der das Organ nicht als Vertreter der juristischen Person, sondern gleichsam als diese Person handelt, ist eine solche „Konzernorganschaft" auch schwer darstellbar. Auch eine Doppelorganschaft kommt allenfalls ausnahmsweise in Betracht (→ Rn. 17). Den Befürwortern eines EU-rechtlichen Gebots der zivilrechtlichen Haftung der Mutter-/Konzernobergesellschaft hilft als Ausweg allenfalls eine europarechtsfreundliche Analogie, die – ähnlich wie die in Rn. 38 zitierte Rechtsprechung des EuGH zu EU-Ordnungswidrigkeitenver-

---

[96] Vgl. GA *Kokott,* SchlA v. 30.1.2014 – C- 557/12 Rn. 24 u. 25 – Kone ua/ÖBB Infrastruktur AG Rn. 24 und 25.
[97] EuGH Urt. v. 6.6.2013 – C-536/11 Rn. 25 bis 27 – Donau-Chemie AG ua; EuGH Urt. v. 13.7.2006 – C-295/04 bis C-298/04 Rn. 98 bis 100 – Manfredi; EuGH Urt. v. 20.9.2001 – C-453/99 Rn. 27 bis 29 – Courage.
[98] Soweit in diesem Zusammenhang auf die Rechtsprechung des BGH zur Konzernhaftung im Ordnungswidrigkeitsrecht verwiesen wird (vgl. etwa LG Düsseldorf Urt. v. 8.9.2016 – 37 O 27/11 (Kart), NZKart 2016, 490, 492; *Hülsen/Kasten* NZKart 2015, 296, 299) überzeugt das nicht. Denn für die straf- und bußgeldrechtliche Haftung gelten besondere Maßstäbe, insbesondere das Analogieverbot, und das verfassungsrechtliche Schuldprinzip, worauf der BGH auch ausdrücklich verweist (BGH Urt. v. 16.12.2014 – KRB 47/13, NJW 2015, 2198, 2200).

fahren – auf die Tätigkeit des Organs für das „Unternehmen" insgesamt abstellt. Ob eine solche Analogie zu dem ohnehin schon stark strapazierten § 31 BGB gerechtfertigt ist, soll hier nicht weiter vertieft werden; von vorneherein ausgeschlossen erscheint sie nicht.[99]

Künftig ist bei der Auslegung von § 33a Abs. 1 RegE-GWB die **RL 2014/104/EU** zu berücksichtigen.[100] Spätestens damit dürfte unionsrechtlich eine Haftung des gesamten „Unternehmens" – also jeder einzelnen in einer „wirtschaftlichen Einheit" zusammengefassten natürlichen und juristischen Person – geboten sein.[101] Nach Art. 1 Abs. 1 RL 2014/104/EU soll derjenige, der durch einen Kartellrechtsverstoß „eines Unternehmens oder einer Unternehmensvereinigung" einen Schaden erlitten hat, das Recht haben, „den vollständigen Ersatz dieses Schadens von diesem Unternehmen oder dieser Unternehmensvereinigung zu verlangen." Der durch das Wort „diese" hergestellte Konnex zwischen dem Verstoß – den nach Unionsrecht das Unternehmen als „wirtschaftliche Einheit" begeht und für den jeder Bestandteil dieser Einheit verantwortlich ist – und dem Anspruchsgegner lässt kaum einen anderen Schluss als den zu, dass der Richtliniengeber damit die Übereinstimmung zwischen der Normadressatenstellung des Unternehmens im materiellen Kartellrecht und der zivilrechtlichen Haftung sicherstellen wollte.[102] Dafür spricht auch, dass die Formulierung „von diesem Unternehmen oder dieser Unternehmensvereinigung" erst sehr spät – und offenbar bewusst und in Kenntnis der Parallelität zum materiellrechtlichen Kartellrecht – in den Entwurf der Richtlinie aufgenommen wurde.[103]

42

cc) Grundlagen für die Eigenhaftung von natürlichen Personen. Schließlich stellt sich die Frage, ob und unter welchen Voraussetzungen eine **Außenhaftung der Organe** oder an-

43

---

[99] Eine zivilrechtliche Haftung der Mutter-/Konzernobergesellschaft bejahen Immenga/Mestmäcker/*Emmerich* GWB § 33 Rn. 32; *Bulst* Schadensersatzansprüche, 229 ff.; *Ackermann* ZWeR 2010, 329 (343); *Kersting* Der Konzern 2011, 445 (456 ff.); *Kersting* WuW 2014, 1156 (1171 f.). Wohl auch *Jüchser* WuW 2012, 1048 f.; *Scheffler* NZKart 2015, 223 (225) (unter Hinweis auf Art. 16 VO 1/2003); vgl. auch Remien/*Wurmnest*, Schadensersatz, 27, 48 f., der zu demselben Ergebnis kommt, aber mit einer abweichenden Begründung. AA LG Berlin Urt. v. 6.8.2013 – 16 O 193/11 Kart, WuW/E DE-R 4388 (4398 f.) – Fahrtreppen; LG Düsseldorf Urt. v. 8.9.2016 – 37 O 27/11 (Kart), NZKart 2016, 490 (491 f.) – Aufzugskartell; vgl. auch OLG München Urt. v. 21.2.2013 – U 5006/11 Kart, BeckRS 2013, 05429 (allerdings nur sehr knapp begründet). Wie diese Rechtsprechung auch *v. Hülsen/Kasten* NZKart 2015, 296; *Kühne/Woitz* DB 2015, 1028 (1029); *Haus/Serafimova* BB 2014, 2883 (2884); *Thomas/Legner*, NZKart 2016, 155; *Kling/Thomas*, Kartellrecht, 2. Aufl. 2016, § 23 Rn. 71. Ebenfalls aA *Scheidtmann* WRP 2010, 499 (501 ff.), der entscheidend darauf abstellt, dass das EU-Recht der Muttergesellschaft den Kartellrechtsverstoß des Unternehmens als wirtschaftliche Einheit nicht zwingend als eigenen Verstoß zurechne (S. 502). Das ist mittlerweile durch die Rechtsprechung des EuGH überholt. Vgl. auch Loewenheim/Meessen/Riesenkampff/Kersting/Meyer-Lindemann/*Rehbinder* § 33 GWB Rn. 41.

[100] § 33a Abs. 1 RegE-GWB wird nach den allgemeinen Grundsätzen des intertemporalen Rechts für Verstöße gelten, die ab seinem Inkrafttreten begangen werden (→Rn. 3). Es ist allerdings zu bedauern, dass der RegE-GWB die Frage der Passivlegitimation keiner eindeutigen Klärung zuführt. Es darf bezweifelt werden, dass sich hieran im Gesetzgebungsverfahren noch etwas ändert.

[101] Nahezu allg. M., vgl. Wiedemann/*Dieckmann* HdB KartellR § 40 Rn. 20; Loewenheim/Meessen/Riesenkampff/Kersting/Meyer-Lindemann/*Rehbinder* § 33 GWB Rn. 42; *Makatsch/Mir* EuZW 2015, 7 (8); *Kersting* WuW 2014, 564 (565); *Kersting* WuW 2014, 1156 (1171); *Vollrath* NZKart 2013, 434 (438); *Stauber/Schaper* NZKart 2014, 346 (347). *Kühne/Woitz* DB 2015, 1028 (1028 f.); *Haus/Serafimova* BB 2014, 2883 (2884); *Lettl* WRP 2015, 537 (538). AA *v. Hülsen/Kasten* NZKart 2015, 296 (299 ff.); *Thomas/Legner*, NZKart 2016, 155 (156).

[102] *V. Hülsen/Kasten* (NZKart 2015, 266, 300) und *Thomas/Legner* (NZKart 2016, 155, 156) meinen, der Richtliniengeber hätte eine solche Kongruenz der Begrifflichkeiten ausdrücklich regeln müssen. Es ist aber umgekehrt. Die RL 2014/104/EU befasst sich mit der Haftung von „Unternehmen". Nur wenn damit nicht dasselbe gemeint wäre, hätte es einer Regelung bedurft. Bemerkenswert ist allerdings, dass Art. 3 Abs. 1 RL 2014/104/EU, die eigentliche Anspruchsnorm der Richtlinie, zur Passivlegitimation schweigt. Letztlich dürfte das aber nicht ausschlaggebend sein.

[103] Auch die Verwendung der Begriffe „Unternehmen" und „Rechtsverletzer" in anderen Bestimmungen spricht dafür, dass die Richtlinie das „Unternehmen" im Sinne von Art. 101 AEUV und Art. 102 AEUV in ihrer Gesamtheit als Anspruchsgegner ansieht. „Rechtsverletzer" ist das Unternehmen oder die Unternehmensvereinigung, das bzw. die die Zuwiderhandlung gegen das Wettbewerbsrecht begangen hat. Vgl. zur Verwendung der Begriffe auch *Kühne/Woitz* DB 2015, 1028.

derer **natürlicher Personen** gegeben ist, die an dem Verstoß aktiv beteiligt waren oder denen eine Verletzung von Aufsichts- und Organisationspflichten zur Last fällt. Die Antwort hierauf ist heftig umstritten. Soweit sie überhaupt zu begründen ist, dürfte die Außenhaftung aus den nachfolgend im Einzelnen erläuterten Gründen auf den oder die als Täter oder Teilnehmer **vorsätzlich** an einem durch **positives Tun** begangenen Kartellrechtsverstoß beteiligten Personen beschränkt sein. Auch insoweit wird mit der 9. GWB-Novelle aller Voraussicht nach die Chance einer Klärung verpasst. Jedenfalls enthält der RegE-GWB hierzu nichts Neues; die RL 2014/104/EU beschränkt sich insgesamt auf die Haftung von Unternehmen.

44 **(1) § 33 Abs. 3 GWB.** Eine Inanspruchnahme von natürlichen Personen auf der Grundlage von **§ 33 Abs. 3 GWB** scheidet in der Regel aus.[104] Diese Bestimmung knüpft an den Verstoß gegen eine Vorschrift des GWB oder gegen Art. 101 oder 102 AEUV an; Anspruchsgegner ist derjenige, der den Verstoß begangen hat („wer"). Damit verweist § 33 Abs. 3 GWB für den Haftungsgrund (einschließlich der Passivlegitimation) umfassend auf die materiell-rechtlichen Ge- und Verbotsnormen. Adressaten dieser Normen sind aber ausschließlich Unternehmen und Unternehmensvereinigungen; nur sie können den Verstoß begehen.[105] Der Wortlaut von § 33 Abs. 3 spricht daher nicht für eine Anwendung auf natürliche Personen,[106] sondern dagegen.[107] Eine Haftung von natürlichen Personen aus § 33 Abs. 3 GWB für Kartellrechtsverstöße kommt nur dann in Betracht, wenn sie – beispielsweise als Einzelkaufleute, nicht aber als Geschäftsführer oder Mitarbeiter – ausnahmsweise Unternehmen sind.

45 Eine **Erweiterung der zivilrechtlichen Haftung nach § 33 Abs. 3 GWB kann auch nicht aus § 9 OWiG abgeleitet** werden.[108] Mit dieser Norm soll sichergestellt werden, dass Verstöße gegen unternehmensbezogene Pflichten überhaupt mit einem Bußgeld geahndet werden können. Weil Unternehmen nach deutschem Recht nicht deliktsfähig sind, würde ohne die Erstreckung der Unternehmenseigenschaft auf die Vertreter im Sinne von § 9 OWiG im Ordnungswidrigkeitenrecht eine Ahndungslücke entstehen: Dem Handelnden würde die persönliche Eigenschaft („Unternehmen") fehlen; für die Ahndung des Unternehmens als Nebenbetroffenem nach § 30 OWiG würde die Anknüpfungstat fehlen. Weder der Handelnde noch das Unternehmen könnten zur Verantwortung gezogen werden. Diese Lücke wird durch § 9 OWiG überbrückt.[109] Eine vergleichbare Lücke besteht im Zivilrecht aber nicht: Unternehmen haften unabhängig von der Eigenhaftung ihrer Organe für Verstöße gegen Pflichten, die nur (oder auch) sie treffen; es muss also keine Kongruenz zwischen den Pflichten von Unternehmen und Organ hergestellt werden (→ Rn. 14).[110]

46 Ohne Erfolg bleibt auch der Versuch, eine **zivilrechtliche Haftung der natürlichen Person aus § 33 Abs. 3 GWB** damit zu begründen, dass sie nach § 81 GWB auch

---

[104] So im Ergebnis auch *Görner* Anspruchsberechtigung, 128 ff.; *Kling/Thomas* Kartellrecht § 21 Rn. 52 *Eden* WuW 2014, 792 (794 ff.); *Schmidt* ZWeR 2010, 15 (29 f.). Offengelassen durch OLG Düsseldorf Urt. v. 13.11.2013 – VI-U (Kart) 11/13, WuW 2014, 317 – Badarmaturen. Für eine Haftung aus § 33 GWB dagegen Immenga/Mestmäcker/*Emmerich* GWB § 33 Rn. 31; Langen/Bunte/*Bornkamm* GWB § 33 Rn. 106; Loewenheim/Meessen/Riesenkampff/*Rehbinder* GWB § 33 Rn. 34; *Kapp/Gärtner* CCZ 2009, 168 (170); *Dreher* WuW 2009, 133 (137 ff.).

[105] AA Langen/Bunte/*Bornkamm* GWB § 33 Rn. 106, der meint, dass die Organe der Unternehmen „in dieser Eigenschaft ebenfalls als Normadressaten der an die Unternehmen gerichteteten Verbote anzusehen" seien. Bornkamm meint, dies sei erforderlich, um eine Zurechnung des Verstoßes zum Unternehmen nach § 31 BGB zu begründen. Das ist nicht zutreffend (hierzu → Rn. 14).

[106] So aber *Dreher* WuW 2009, 133 (137 f.).

[107] *Eden* WuW 2014, 792 (794); *Schmidt* ZWeR 2010, 15 (30).

[108] So aber Immenga/Mestmäcker/*Emmerich* GWB § 33 Rn. 31; Langen/Bunte/*Bornkamm* GWB § 33 Rn. 106; Loewenheim/Meessen/Riesenkampff/*Rehbinder* GWB § 33 Rn. 34. Vgl. in diese Richtung auch allg. *Maier-Reimer* NJW 2007, 3157 (3159).

[109] Vgl. nur KKOWiG/*Rogall* OWiG § 9 Rn. 1.

[110] Im Ergebnis ebenso unter Hinweis auf die Sonderstellung des § 9 OWiG im Ordnungswidrigkeitenrecht *Eden* WuW 2014, 792 (796); *Schmidt* ZWeR 2010, 15 (30).

ordnungswidrigkeitenrechtlich zur Verantwortung gezogen werden kann.[111] Erstens ist § 81 GWB keine „Vorschrift dieses Gesetzes" im Sinne von § 33 Abs. 1 und 3 GWB, also eine materiell-rechtliche Ge- oder Verbotsnorm, sondern eine Sanktionsnorm, gegen die nicht selbständig verstoßen werden kann.[112] Zweitens gibt es auch keinen Grund für eine solche Parallele: Bußgeldrechtliche und zivilrechtliche Sanktionen können auseinanderfallen. So können etwa Verstöße gegen Aufsichts- und Organisationspflichten nach § 130 OWiG zu Geldbußen führen; zugleich ist aber auch weitgehend anerkannt, dass diese Vorschrift kein Schutzgesetz im Sinne von § 823 Abs. 2 BGB ist, so dass solche Verstöße nicht ohne Weiteres eine zivilrechtliche Haftung nach sich ziehen (hierzu → Rn. 23 u. 53).

(2) Sonstige Anspruchsgrundlagen. Scheidet § 33 Abs. 3 GWB als Anspruchsgrundlage für 47 die Haftung von an Kartellrechtsverstößen beteiligten natürlichen Personen aus, die nicht selbst als Unternehmen gelten, stellt sich die Frage, ob Ansprüche anders begründet werden können. Eine Haftung der täterschaftlich am Kartellverstoß beteiligten natürlichen Person aus **§ 823 Abs. 2 BGB wegen Verstoßes gegen die kartellrechtlichen Verbotsnormen** ist nur schwer zu begründen. Ein Rückgriff auf § 823 Abs. 2 BGB dürfte schon daran scheitern, dass er als Generalnorm hinter § 33 Abs. 3 GWB auch insoweit zurücktritt, als § 33 Abs. 3 GWB den Kreis der Anspruchsgegner abschließend regelt (siehe sogleich auch zur Haftung nach § 823 Abs. 1 BGB). Vor allem fehlt es aber an der Verletzung eines Schutzgesetzes durch die jeweilige natürliche Person, die nicht selbst Adressatin der jeweiligen kartellrechtlichen Verbots- und Gebotsnormen ist; insoweit gilt bei § 823 Abs. 2 BGB nichts anderes als bei § 33 Abs. 3 GWB.

Auch gegenüber einer Haftung von natürlichen Personen für Kartellrechtsverstöße auf 48 der Grundlage des **§ 823 Abs. 1 BGB wegen Eingriffs in einen eingerichteten und ausgeübten Gewerbebetrieb** bestehen erhebliche Zweifel. Es ist anerkannt, dass es sich hierbei um einen Auffangtatbestand handelt, der nicht greift, wenn der Sachverhalt durch eine speziellere Norm mit besonderen Anforderungen erfasst wird.[113] Das ist bei § 33 Abs. 3 GWB grundsätzlich der Fall.[114] Unklar ist, ob § 33 Abs. 3 GWB auch die Passivlegitimation als *lex specialis* abschließend regelt und einen Rückgriff auf § 823 Abs. 1 BGB ausschließt. Das liegt aber nahe.[115] Mit der Subsidiarität der Haftung wegen des Eingriffs in den eingerichteten und ausgeübten Gewerbebetrieb soll vor allem eine gesetzgeberisch nicht gewollte Ausdehnung der Fahrlässigkeitshaftung für Vermögensschäden verhindert werden. Genau das wäre aber der Fall, wenn man generell eine Haftung der – nach § 33 Abs. 3 GWB nicht haftenden – natürlichen Personen nach § 823 Abs. 1 BGB auch für fahrlässige Kartellrechtsverstöße bejahen wollte (zur Vorsatzhaftung nach § 826 BGB siehe sogleich). Selbst wenn man § 823 Abs. 1 BGB jedoch für anwendbar hielte, dürfte eine Haftung allenfalls in Ausnahmekonstellationen in Betracht kommen.[116] Denn zumeist dürfte es an der erforderlichen Betriebsbezogenheit des Eingriffs durch einen Kartellrechtsverstoß fehlen; mit diesem Merkmal sollen die Fälle der reinen Vermögensschädigung ausgeschlossen werden.[117] Möglich ist ein solcher Anspruch daher nur dann, wenn der Verstoß zielgerichtet gegen ein oder mehrere Unternehmen – wie etwa bei einem Behinderungsmissbrauch – begangen wird; insoweit dürfte man zu ähnlichen Ergebnissen wie bei § 33 GWB aF kommen.

---

[111] So aber FK/*Roth* GWB § 33 Rn. 138; *Dreher* WuW 2009, 133 (139).
[112] So zu Recht *Schmidt* ZWeR 2010, 15 (30).
[113] Umfassend MüKoBGB/*Wagner* BGB § 823 Rn. 250 ff.; vgl. auch BeckOKBGB/*Spindler* BGB § 823 Rn. 104; Palandt/*Sprau* BGB § 823 Rn. 126; Soergel/*Beater* BGB § 823 Anh V Rn. 13 u. 15.
[114] BGH Urt. v. 20.11.1964 – KZR 3/64, GRUR 1965, 267 (269) – Rinderbesamung; Immenga/Mestmäcker/*Emmerich* GWB § 33 Rn. 113; Langen/Bunte/*Bornkamm* GWB § 33 Rn. 174.
[115] AA *Eden* WuW 2014, 792 (800).
[116] Vgl. auch *Eden* WuW 2014, 792 (800), der aber offenbar Ansprüchen wegen des Eingriffs in den eingerichteten und ausgeübten Gewerbebetrieb insgesamt etwas größere Bedeutung zumisst.
[117] BeckOKBGB/*Spindler* BGB § 823 Rn. 108; Palandt/*Sprau* BGB § 823 Rn. 128; MüKoBGB/*Wagner* BGB § 830 Rn. 27.

49 Insgesamt näher liegt eine Haftung der unmittelbar täterschaftlich an dem Kartellverstoß beteiligten natürlichen Person wegen einer **vorsätzlich sittenwidrigen Schädigung nach § 826 BGB,** wenn dessen Voraussetzungen vorliegen.[118] § 826 BGB ist neben § 33 Abs. 3 GWB anwendbar.[119] Das dürfte jedenfalls bei einer vorsätzlichen täterschaftlichen Beteiligung an einem „Hardcore"-Kartellrechtsverstoß, also insbesondere Preis-, Gebiets- und Kundenschutzabsprachen, in Betracht kommen; dasselbe gilt auch für die vorsätzliche täterschaftliche Beteiligung an einem schwerwiegenden Verstoß gegen §§ 19, 20 GWB bzw. Art. 102 AEUV.[120]

50 Das OLG Düsseldorf musste sich in seinem „Badarmaturen"-Urteil ebenfalls mit der Diskussion um die Anwendung von § 33 Abs. 3 GWB auf natürliche Personen befassen, wobei es in diesem Fall um die **Haftung des Teilnehmers (Anstifter oder Gehilfe)** ging. Es konnte sich einer Entscheidung über die Anwendung von § 33 Abs. 3 GWB auf den Geschäftsführer in seinem Urteil entziehen, weil der Geschäftsführer an dem Verstoß nicht täterschaftlich beteiligt war, sondern ihn lediglich – allerdings vorsätzlich – veranlasst hatte. Schadensersatzansprüche ließen sich damit aus §§ 830, 840 BGB herleiten.[121] Das war in dieser Fallkonstellation zutreffend: Als allgemeine deliktische Regeln gelten §§ 830, 840 BGB nicht nur für die deliktische Haftung nach den Regeln des BGB, sondern auch für die Haftung aus § 33 Abs. 3 GWB.[122] Nach § 830 Abs. 2 BGB stehen Anstifter und Gehilfen Mittätern gleich, die dann gesamtschuldnerisch mit dem Täter nach § 830 Abs. 1 S. 1 und § 840 BGB haften. Für die Auslegung von § 830 Abs. 2 BGB wird auf die strafrechtlichen Regeln über Anstiftung und Beihilfe in §§ 26 ff. StGB zurückgegriffen.[123] Deswegen können Anstiftung und Beihilfe auch dann zu Sonderdelikten geleistet werden, wenn die persönlichen Merkmale der Strafbarkeit – hier also die Eigenschaft als „Unternehmen" – bei dem Anstifter oder Gehilfen nicht vorliegen (vgl. § 28 StGB).[124] Allerdings steht dieser Weg nicht für die Haftung der unmittelbar täterschaftlich an dem Kartellrechtsverstoß beteiligten Person offen. Denn die Beteiligung als Anstifter oder Gehilfe ist tatbestandlich nicht als „Minus" in der täterschaftlichen Beteiligung enthalten: Es fehlt sowohl subjektiv an dem Anstifter- oder Gehilfenvorsatz als auch objektiv an einer separaten Anstiftungs- oder Gehilfenhandlung.[125] Auch eine Übertragung der Einheitstäterschaft nach § 14 OWiG, nach dem die besonderen persönlichen Merkmale nicht bei jedem (Mit-)Täter, sondern nur bei irgendeinem Tatbeteiligten vorliegen müssen,[126] kommt nicht in Betracht, weil § 830 Abs. 2 BGB den strafrechtlichen Teilnahmebegriffen nachgebildet ist und eine Haupttat eines oder mehrerer geeigneter Täter voraussetzt. Dieses Ergebnis ist zwar unbefriedigend, weil es die Haftung der täterschaftlich beteiligten natürlichen Person an strengere Voraussetzungen (sittenwidrige Schädigung) knüpft als die

---

[118] MüKoBGB/*Wagner* BGB § 826 Rn. 153; vgl. auch *Eden* WuW 2014, 792 (801).
[119] BGH Urt. v. 2.4.1964 – KZR 10/62, NJW 1964, 1617 (1619) – Werkmilchabzug; BGH Urt. v. 20.11. 1964 – KZR 3/64, GRUR 1965, 267 (269) – Rinderbesamung; Langen/Bunte/*Bornkamm* GWB § 33 Rn. 174.
[120] Vgl. die Beispiele bei MüKoBGB/*Wagner* BGB § 826 Rn. 155 f.
[121] OLG Düsseldorf Urt. v. 13.11.2013 – VI-U (Kart) 11/13, WuW 2014, 317 (327) – Badarmaturen.
[122] *Bechtold* GWB § 33 Rn. 26; Immenga/Mestmäcker/*Emmerich* GWB § 33 Rn. 42; Langen/Bunte/*Bornkamm* GWB § 33 Rn. 107.
[123] BGH Urt. v. 4.11.1997 – VI ZR 348/96, NJW 1998, 377 (381 f.) – Gewerbepark; BGH Urt. v. 24.1. 1984 – VI ZR 37/82, NJW 1984, 1226 (1228); BGH Urt. v. 29.10.1974 – VI ZR 182/73, NJW 1975, 49 (50); BeckOKBGB/*Spindler* BGB § 830 Rn. 5 u. 10; Erman/*Schiemann* BGB § 830 Rn. 1; MüKoBGB/*Wagner* BGB § 830 Rn. 2; Staudinger/*Eberl-Borges* BGB § 831 Rn. 11 u. 38; Soergel/*Krause* BGB § 830 Rn. 4.
[124] BGH Urt. v. 11.7.1988 – II ZR 243/87, NJW 1988, 2794 (2797); BGH Urt. v. 26.10.2004 – XI ZR 279/03, NJW-RR 2005, 556 (557); Palandt/*Sprau* BGB § 830 Rn. 2; Soergel/*Krause* BGB § 830 Rn. 8; MüKoBGB/*Wagner* BGB § 830 Rn. 15.
[125] Vgl. *Maier-Reimer* NJW 2007, 3157 (3162).
[126] Göhler/*Gürtler* OWiG § 14 Rn. 11; Rebmann/Roth/*Hermann* OWiG § 14 Rn. 24; KKOWiG/*Senge*/*Rengier* OWiG § 14 Rn. 37.

der Teilnehmer. Alle Versuche, diesen Wertungswiderspruch zu beseitigen, überzeugen indes nicht. Die 9. GWB-Novelle wird das, bedauerlicherweise nicht ändern.

(3) Unterlassen. Für eine zivilrechtliche **Inanspruchnahme wegen Unterlassens** ist bei natürlichen Personen im Falle eines Kartellrechtsverstoßes allenfalls ausnahmsweise und in engen Grenzen Raum (zur Haftung der Unternehmen → Rn. 19 ff.) – und zwar selbst dann, wenn man, anders als hier vertreten, eine Eigenhaftung der natürlichen Personen aus § 33 Abs. 3 GWB grundsätzlich bejahen wollte (hierzu → Rn. 44 ff.). In seiner jüngeren Rechtsprechung lehnt der BGH in aller Regel eine Garantenstellung des Vorstands oder der Geschäftsführung (sowie anderer leitender Mitarbeiter) ab.[127] Allein aus seiner Stellung folgt keine Verpflichtung des Organs, Vermögensschäden von außenstehenden Dritten aufgrund von Gesetzesverstößen der Gesellschaft zu verhindern.[128] Eine Garantenstellung komme nur in Ausnahmefällen in Betracht, etwa, wenn es im Einzelfall konkrete Anhaltspunkte dafür gibt, dass das Organ durch vorangegangenes Verhalten eine besondere Gefahrenlage geschaffen hat.[129] Eine zur persönlichen Haftung des Organs führende Gefahrenlage wird durch die Aufnahme oder Ausübung einer legalen Geschäftstätigkeit auch dann nicht geschaffen, wenn diese für kartellrechtliche Verstöße anfällig ist.[130] Nach der Rechtsprechung scheidet eine Haftung des Organs selbst dann aus, wenn es von dem (drohenden) Verstoß Kenntnis hatte und ihn hätte verhindern können,[131] es sei denn, es treten besondere Umstände hinzu, weil sich beispielsweise das Organ bewusst der Möglichkeit entzogen hat, überhaupt Kenntnis von solchen Verstößen zu erlangen.[132] Eine Garantenstellung des Organs kommt ausnahmsweise in Betracht, wenn es im Einzelfall besonderes Vertrauen in Anspruch nimmt[133] – etwa durch eine persönliche Erklärung gegenüber dem später Geschädigten dazu, alles zu unternehmen, um Kartellrechtsverstöße zu verhindern.[134]

Interessant wird in diesem Zusammenhang sein, ob die Rechtsprechung eine Garantenstellung des für die Compliance-Organisation der Gesellschaft oder des Konzerns zuständigen Vorstands, Geschäftsführers und/oder Mitarbeiters auch für die Zwecke der zivilrechtlichen Außenhaftung bejahen wird. Aus strafrechtlicher Sicht geht der BGH von einer Garantenstellung des **Compliance Officers** aus und bejaht deswegen Beihilfe zum Verstoß, wenn ein Compliance Officer mindestens bedingt vorsätzlich ein ihm bekanntes Fehlverhalten nicht unterbindet.[135] Es darf bezweifelt werden, dass das auf die zivilrechtliche Haftung übertragen werden kann. Dagegen spricht, dass die Aufgabe des Compliance Officers nicht der Schutz von außenstehenden Dritten vor Schäden durch Rechtsverstöße im Unternehmen ist, sondern der Schutz der Gesellschaft (oder des Konzerns) vor den Folgen solcher Rechtsverstöße (wie beispielsweise Schadensersatzansprüche, Reputationsverlust oder Vergabesper-

---

[127] BGH Urt. v. 18.6.2014 – I ZR 242/12, GRUR 2014, 883; BGH Urt. v. 10.7.2012 – VI ZR 341/10, NJW 2012, 3439. Zu diesen Entscheidungen etwa MüKoBGB/*Wagner* BGB § 823 Rn. 114; *Hüffer/Koch* AktG § 93 Rn. 66; *Schirmer* NJW 2012, 3398 (3399 f.); *Nietsch* CCZ 2013, 192; *Grützner/Behr* DB 2013, 516. Mit diesen Entscheidungen verliert auch das viel kritisierte „Baustoff"-Urteil (BGH Urt. v. 5.12.1989 – VI ZR 335/88, NJW 1990, 976) jedenfalls für die Haftung nach § 823 Abs. 2 BGB für Vermögensschäden an Bedeutung. Ob und welche Bedeutung die mit diesem Urteil vorgenommene Erstreckung der Verkehrspflichten der Gesellschaft auf ihre Geschäftsführung für die Haftung nach § 823 Abs. 1 BGB in Zukunft hat, kann offenbleiben, vgl. auch MüKoBGB/*Wagner* BGB § 823 Rn. 114.
[128] BGH Urt. v. 18.6.2014 – I ZR 242/12, GRUR 2014, 883, 884 Rn. 23; BGH Urt. v. 10.7.2012 – VI ZR 341/10, NJW 2012, 3439, 3441 Rn. 21 ff.
[129] BGH Urt. v. 18.6.2014 – I ZR 242/12, GRUR 2014, 883, 885 Rn. 28 f.
[130] BGH Urt. v. 18.6.2014 – I ZR 242/12, GRUR 2014, 883, 885 Rn. 29.
[131] Vgl. BGH Urt. v. 18.6.2014 – I ZR 242/12, GRUR 2014, 883, 884 Rn. 20 für das Recht des unlauteren Wettbewerbs; unklar BGH Urt. v. 10.7.2012 – VI ZR 341/10, NJW 2012, 3439, 3441 Rn. 27 ff.
[132] BGH Urt. v. 18.6.2014 – I ZR 242/12, GRUR 2014, 883, 885 Rn. 26.
[133] BGH Urt. v. 10.7.2012 – VI ZR 341/10, NJW 2012, 3439, 3441 Rn. 27.
[134] Vgl. BGH Urt. v. 18.6.2014 – I ZR 242/12, GRUR 2014, 883, 885 Rn. 32.
[135] So in einem *Obiter Dictum* BGH Urt. v. 29.8.2008 – 2 StR 587/07, NJW 2009, 89; BGH Urt. v. 17.7.2009 – 5 StR 394/08, NJW 2009, 3173 (3175); *Hauschka* Corporate Compliance 2007, 2 ff. Ausführlich dazu *Kraft/Winkler* CCZ 2009, 29 (32).

ren). Denn die Aufgaben des Compliance Officers leiten sich aus der generellen Aufgabe von Vorstand und Geschäftsführung ab, dafür zu sorgen, dass Rechtsverletzungen unterbleiben; hinsichtlich dieser Pflicht der Geschäftsleitung ist aber aus zivilrechtlicher Sicht anerkannt, dass sie gerade nicht nach außen gerichtet ist (→ Rn. 51). Daran ändert sich durch ihre Übertragung auf ein Mitglied von Vorstand oder Geschäftsführung und/oder die Einbindung eines Mitarbeiters in die Erfüllung dieser Aufgabe nichts: Die Delegation verändert den Charakter der Aufgabe nicht und hat insbesondere nicht zur Folge, dass die ursprünglich nach innen bestehende Pflicht allein aufgrund ihrer Delegation in eine Verpflichtung gegenüber außenstehenden Dritten verwandelt wird. Daher mag die besondere, nach innen gerichtete Pflichtenstellung des Compliance Officers seine strafrechtliche Inanspruchnahme wegen Unterlassens im öffentlichen Interesse erklären, begründet aber keine Außenhaftung gegenüber einzelnen Dritten.[136]

53 Auch eine **Verletzung der gesetzlichen Aufsichts- und Organisationspflichten** (einschließlich wegen eines Versagens bei der Einrichtung und Durchführung von Compliance-Systemen) ist keine Grundlage für eine Außenhaftung. Nach der Rechtsprechung gelten die gesellschaftsrechtlichen Aufsichts- und Organisationspflichten von Vorstand und Geschäftsführung nur im Verhältnis zur Gesellschaft; sie entfalten keine Schutzwirkung nach außen zugunsten gesellschaftsfremder Dritter. Dies gilt insbesondere für § 93 AktG und § 43 GmbHG, die deswegen beide kein Schutzgesetz im Sinne von § 823 Abs. 2 BGB sind.[137] Auch § 130 OWiG ist nach nahezu allgemeiner Auffassung kein Schutzgesetz; die aus dieser Vorschrift folgende allgemeine Aufsichts- und Organisationspflicht des Betriebsinhabers (oder seiner Organe, Vertreter oder Beauftragten) dient nur dem Schutz der Öffentlichkeit und des Betriebs oder Unternehmens vor Rechtsverstößen im Unternehmen, nicht aber dem Individualschutz von Außenstehenden.[138]

54 **c) Rechtswidrigkeit und Verschulden.** Die Haftung für Verstöße gegen kartellrechtliche Ge- und Verbotsnormen und Verfügungen von Kartellbehörden ist **deliktische Haftung.** Das gilt nicht nur dann, wenn sie auf den deliktischen Anspruchsgrundlagen des BGB basiert, sondern auch dann, wenn sie aus § 33 Abs. 3 GWB hergeleitet wird. Sie setzt daher Rechtswidrigkeit – die jedenfalls dann, wenn nicht im Ausnahmefall Rechtfertigungsgründe geltend gemacht werden, keiner gesonderten Feststellung bedarf, sondern bereits durch den Verstoß indiziert wird[139] – und Verschulden voraus. Für die Haftung des Unternehmens aus § 33 Abs. 3 GWB oder § 823 Abs. 2 BGB (für Altfälle) genügt dabei Fahrlässigkeit; für die Außenhaftung der natürlichen Personen, die nach hier vertretener Auffassung lediglich aus § 826 BGB oder §§ 830, 840 BGB hergeleitet werden kann (→ Rn. 43 ff.), ist demgegenüber Vorsatz erforderlich.

55 Für die Feststellung, ob **Vorsatz oder Fahrlässigkeit** gegeben sind, gelten die **allgemeinen zivilrechtlichen Grundsätze und Anforderungen.** Der Meinungsstreit dar-

---

[136] Wie hier MüKoAktG/*Spindler* § 91 Rn. 72. Ähnl. bereits *Rieble* CCZ 2010, 1 (3). Nach *Grützner/Behr* DB 2013, 561 (564 u. 566), soll die zivilrechtliche Haftung allerdings der strafrechtlichen Verantwortlichkeit folgen, weswegen die jüngste Rechtsprechung des BGH nicht zu einer Entlastung der für Compliance zuständigen Vorstände, Geschäftsführer und Mitarbeiter führe. Unklar BGH Urt. v. 10.7.2012 – VI ZR 341/10, NJW 2012, 3439, 3441 Rn. 27 ff., wo der BGH offenbar jedenfalls eine Beihilfe durch Unterlassen bei Kenntnis des Verstoßes für möglich gehalten hat. Aus der Kenntnis allein lässt sich aber allenfalls der Vorsatz ableiten; damit ist aber die vorgelagerte Frage nach der Garantenstellung gegenüber außenstehenden Dritten noch nicht beantwortet. Letztlich kam es für die Entscheidung in dieser Sache auf die Frage mangels Kenntnis nicht an. BGH Urt. v. 18.6.2014 – I ZR 242/12, GRUR 2014, 883 (884 f.) lehnt zu Recht eine Beihilfe durch Unterlassen selbst bei Kenntnis ab (Rn. 20 u. 33).

[137] BGH Urt. v. 18.6.2014 – I ZR 242/12, GRUR 2014, 883 (884); BGH Urt. v. 10.7.2012 – VI ZR 341/10, NZG 2012, 992 (994); BGH Urt. v 9.7.1979 – II ZR 211/76, NJW 1979, 1829; BGH Urt. v. 13.4.1994 – II ZR 16/93, NJW 1994, 1801 (1803); MüKoBGB/*Wagner* BGB § 823 Rn. 91 u. 430; Ulmer/Habersack/Löbbe/*Paefgen* GmbHG § 43 Rn. 166; *Gross* ZGR 1998, 551 (555).

[138] BGH Urt. v. 13.4.1994 – II ZR 16/93, NJW 1994, 1801 (1803 f.); MüKoBGB/*Wagner* BGB § 823 Rn. 91; BeckOKBGB/*Spindler* BGB § 823 Rn. 179; Ulmer/Habersack/Löbbe/*Paefgen* GmbHG § 43 Rn. 221.

[139] Vgl. zu § 823 Abs. 2 BGB nur Palandt/*Sprau* BGB § 823 Rn. 59.

über, ob im Rahmen des § 823 Abs. 2 BGB der Verschuldensmaßstab dem Straf- oder dem Zivilrecht entnommen werden muss, wenn es sich bei der verletzten Schutznorm um einen Straftatbestand handelt,[140] ist bei Verstößen gegen das Kartellrecht weitgehend ohne praktische Bedeutung. Für § 33 Abs. 3 GWB ergeben sich Verschuldenserfordernis und -maßstab ohnedies aus der zivilrechtlichen Haftungsnorm selbst; des Umwegs über die ordnungswidrigkeitenrechtliche Sanktionsnorm – § 81 GWB – bedarf es nicht, so dass eine Erstreckung des straf- bzw. ordnungswidrigkeitenrechtlichen Verschuldensmaßstabs weder erforderlich noch angebracht ist. Auch § 826 BGB enthält eine eigenständige Regelung zum Verschulden. Dasselbe gilt im Ergebnis für die Haftung des Teilnehmers nach § 830 BGB; problematisch mag insoweit allerdings sein, ob der unvermeidbare Rechtsirrtum des Haupttäters das Vorsatzdelikt als Voraussetzung der Teilnehmerhaftung entfallen lässt (siehe insgesamt → Rn. 60).

Die **RL 2014/104/EU** wird hinsichtlich des Verschuldens zu keinen grundsätzlichen Änderungen im deutschen Recht führen. Sie setzt zwar selbst weder Fahrlässigkeit noch Vorsatz für eine Haftung für Kartellrechtsverstöße voraus, stellt aber in den Erwägungsgründen klar, dass die Mitgliedstaaten „andere Voraussetzungen für Schadensersatz […], wie etwa Zurechenbarkeit, Adäquanz oder Verschulden, […] beibehalten können."[141] Dementsprechend wird es für die zivilrechtlichen Haftung auch in Zukunft bei der Geltung der Anforderungen an das Verschulden bleiben, wie sie im nationalen Recht entwickelt wurden. Insbesondere ist kein Grund dafür ersichtlich, warum die für die Verhängung von Geldbußen nach Art. 23 VO 1/2003 geltenden – und der deutschen Zivilrechtsdogmatik in mehrfacher Hinsicht nicht entsprechenden – Verschuldensmaßstäbe des EU-Ordnungswidrigkeitenrechts in das nationale Haftungsrecht übertragen werden sollten.[142] **56**

aa) Vorsatz. Vorsätzliches Handeln verlangt Wissen und Wollen der objektiven Merkmale des Tatbestands der verletzten Kartellrechtsnorm oder des objektiven Verstoßes gegen die kartellbehördliche Verfügung.[143] Die Auswirkungen des Verstoßes – also insbesondere die Schädigung von Wettbewerbern, Kunden oder anderen Marktteilnehmern – müssen nicht vom Vorsatz umfasst sein.[144] Für die Wissenskomponente genügt es, dass der Schädiger die Verwirklichung des objektiven Tatbestands für möglich hält.[145] Soweit es um die Kenntnis des Sachverhalts geht, an den das Gesetz mit einem normativen Tatbestandsmerkmal anknüpft (wie beispielsweise bei der Billigkeit in § 21 GWB), genügt eine **57**

---

[140] Vgl. zu diesem Streit MüKoBGB/*Wagner* BGB § 823 Rn. 434; BeckOKBGB/*Spindler* BGB § 823 Rn. 164. Vgl. auch Palandt/*Sprau* BGB § 823 Rn. 60; Soergel/*Spickhoff* BGB § 823 Rn. 209 ff.

[141] Rn. 11 der Erwägungsgründe der RL 2014/104/EU; so auch Lettl, WRP 2015, 537 (541).

[142] Anders dagegen für das Ordnungswidrigkeitenrecht, EuGH Urt. v. 18.6.2013 – C-681/11 Rn. 33 ff. – BWB ua/Schenker & Co AG ua. Dort hat der EuGH die Übertragung der Maßstäbe des Art. 23 VO 1/2003 allerdings daraus abgeleitet, dass die nationalen Wettbewerbsbehörden nach Art. 5 VO 1/2003 (anstelle der Kommission und nach Art. 11 VO/2003 in enger Zusammenarbeit mit ihr) wegen Verstößen gegen Art. 101 und 102 AEUV unter anderem Geldbußen verhängen können und deswegen beide Behörden bei der Verhängung von Geldbußen dieselben Maßstäbe anwenden sollten (Rn. 35 f.). Eine vergleichbare Grundlage für die Erstreckung der Maßstäbe des Art. 23 VO 1/2003 auch auf das Zivilrecht (das die VO 1/2003 nicht regelt) gibt es ebensowenig wie ein vergleichbares Bedürfnis für eine solche Erstreckung.

[143] BGH Urt. v. 20.12.2011 – VI ZR 309/10, NJW-RR 2012, 404 Rn. 10; BeckOKBGB/*Unberath* BGB § 276 Rn. 11; Erman/*Westermann* BGB § 276 Rn. 7; Palandt/*Grüneberg* BGB § 276 Rn. 10; Soergel/*Wolf* BGB § 276 Rn. 41; Staudinger/*Löwisch*/*Caspers* BGB § 276 Rn. 22; idS auch MüKoBGB/*Grundmann* BGB § 276 Rn. 154.

[144] St. Rspr, vgl. BGH Urt. v. 8.3.1951 – III ZR 44/50, NJW 1951, 596 (597); BGH Urt. v. 20.3.1961 – III ZR 9/60, NJW 1961, 1157 (1160); BeckOKBGB/*Unberath* BGB § 276 Rn. 11; Palandt/*Grüneberg* BGB § 276 Rn. 10; Staudinger/*Löwisch*/*Caspers* BGB § 276 Rn. 24. Diff. MüKoBGB/*Grundmann* BGB § 276 Rn. 155.

[145] BGH Urt. v. 17.9.1985 – VI ZR 73/84, NJW 1986 180 (182); BGH Urt. v. 21.4.2009 – VI ZR 304/07, NJW-RR 2009, 1207, 1210 Rn. 24; BGH Urt. v. 10.7.2001 – VI ZR 160/00, NJW 2001, 3702; Palandt/*Grüneberg* BGB § 276 Rn. 10; MüKoBGB/*Grundmann* BGB § 276 Rn. 156; Staudinger/*Löwisch*/*Caspers* BGB § 276 Rn. 23.

zutreffende Parallelwertung in der Laiensphäre.[146] Für die Wollenskomponente muss der Schädiger den Verstoß zumindest billigend in Kauf genommen haben, wobei schon Gleichgültigkeit gegenüber einem Erfolg genügt, dessen Eintritt der Schädiger für nicht unwahrscheinlich hält.[147] Ein **Rechtsirrtum** des Handelnden – wie er gerade bei schwierigen Fragen des Kartellrechts und seiner Anwendung auf komplexe Sachverhalte nicht selten vorkommt – schließt im Zivilrecht den Vorsatz aus (sogenannte Vorsatztheorie);[148] es kommt dann aber eine Haftung wegen Fahrlässigkeit in Betracht, wenn der Irrtum vermeidbar war (→ Rn. 61 ff.).[149]

58 Für die – nach der hier vertretenen Auffassung insbesondere für Ansprüche gegen die unmittelbar täterschaftlich handelnde natürliche Person relevante (→ Rn. 43 ff., 49) – Haftung aus **§ 826 BGB für eine vorsätzlich sittenwidrige Schädigung** bedarf es eines auf den Eintritt eines Schadens und die Kausalität des schädigenden Verhaltens gerichteten Vorsatzes **(Schädigungsvorsatz)**.[150] Auch bei § 826 BGB genügt der bedingte Vorsatz, also die Vorhersehbarkeit und Inkaufnahme einer möglichen Schädigung; Schädigungsabsicht im Sinne eines Beweggrundes oder Ziels sind nicht erforderlich.[151] An die konkrete Ausprägung des Schädigungsvorsatzes werden keine besonders hohen Anforderungen gestellt. Es genügt, wenn der Schädiger hinsichtlich Art und Richtung des Schadens (bedingt) vorsätzlich handelt; weder der konkrete Kausalverlauf noch der Umfang des Schadens oder die Person des Geschädigten müssen in den Vorsatz aufgenommen werden.[152] Damit dürfte es in kartellrechtli-

---

[146] Vgl. BGH Urt. v. 15.5.2012 – VI ZR 166/11, NZG 2013, 28 (30); BGH Beschl. v. 8.9.1953 – 3 StR 559/53, NJW 1953, 1680.

[147] BGH Urt. v. 14.6.2000 – VIII ZR 218/99, NJW 2000, 2896 (2897); MüKoBGB/*Grundmann* BGB § 276 Rn. 161; Erman/*Westermann* BGB § 276 Rn. 7; Palandt/*Grünberg* BGB § 276 Rn. 10. Bei normativen Tatbestandsmerkmalen ist gelegentlich die Abgrenzung zwischen einem Tatbestands- und einem Subsumptions- oder Rechtsirrtum schwierig.

[148] BGH Urt. v. 2.7.1996 – KZR 20/91, NJW 1996, 3212 (3214) – Fremdleasingboykott II; BeckOKBGB/*Unberath* BGB § 276 Rn. 13; Staudinger/*Löwisch*/*Caspers* BGB § 276 Rn. 25 f.; Palandt/*Grünberg* BGB § 276 Rn. 11. Ausführlich zum Streit MüKoBGB/*Grundmann* BGB § 276 Rn. 158, 159. Für Schuldtheorie MüKoBGB/*Wagner* BGB § 823 Rn. 45 mwN. Vgl. auch BGH Urt. v. 15.5.2012 – VI ZR 166/11, NZG 2013, 28 (30 f.); BGH Urt. v. 10.7.1984 – VI ZR 222/82, NJW 1985, 134 (135).

[149] Auch bei einem Rechtsirrtum würde hingegen Vorsatz zu bejahen sein, wenn im Rahmen des § 33 Abs. 3 S. 1 GWB nicht die Vorsatztheorie, sondern die strafrechtliche Schuldtheorie gelten würde. Nach der herrschenden Meinung wird die strafrechtliche Schuldtheorie (und nicht die Vorsatztheorie) im Rahmen des § 823 Abs. 2 BGB angewendet, wenn es sich bei dem Schutzgesetz selbst um einen Straf- oder Ordnungswidrigkeitentatbestand handelt. Das gelte auch dann, wenn das Schutzgesetz selbst kein Straf- oder Ordnungswidrigkeitentatbestand ist, aber ein Verstoß gegen das Schutzgesetz durch eine separate Sanktionsnorm als Straftat oder Ordnungswidrigkeit geahndet wird (so BGH Urt. v. 15.5.2012 – VI ZR 166/11, NZG 2013, 28 (30 f.); BGH Urt. v. 10.7.1984 – VI ZR 222/82, NJW 1985, 134 (135); zu Recht krit. Soergel/*Spickhoff* BGB § 823 Rn. 210). Auf § 33 Abs. 3 S. 1 GWB lassen sich diese Überlegungen zu § 823 Abs. 2 BGB indes nicht übertragen. Zwar sind sämtliche relevanten Verstöße gegen das GWB und Art. 101 sowie 102 AEUV zugleich Ordnungswidrigkeiten nach § 81 GWB. Mit § 33 Abs. 3 S. 1 GWB ist aber eine eigenständige Haftungsnorm geschaffen worden, die ausschließlich im Zivilrecht wurzelt und für sämtliche vorsätzlichen oder fahrlässigen Kartellrechtsverstöße unabhängig davon gelten soll, ob für eine Ahndung als Ordnungswidrigkeit besondere Anforderungen an die subjektiven Tatbestand gelten. Vgl. ebenso BGH Urt. v. 2.7.1996 – KZR 20/91, NJW 1996, 3212 (3214) – Fremdleasingboykott II, zur Haftung für einen fahrlässigen Verstoß gegen das Boykottverbot (damals § 26 Abs. 1 GWB), obwohl ein solcher Verstoß nur bei Vorsatz als Ordnungswidrigkeit geahndet werden konnte (damals § 38 Abs. 1 Nr. 8 GWB). Dieser Streit ist indes vor allem für die Haftung des Teilnehmers relevant, weil sich eine Haftung des Haupttäters auch bei Fahrlässigkeit (des Rechtsirrtums) ergibt (→ Rn. 60). Im Rahmen der Haftung des Haupttäters kann der Streit über Vorsatz oder Fahrlässigkeit bei einem vermeidbaren Verbotsirrtum letztlich nur für die Reichweite einer D&O-Versicherung bedeutsam sein (wenn diese eine Haftung für Vorsatz ausschließt).

[150] MüKoBGB/*Wagner* BGB § 826 Rn. 24; BeckOKBGB/*Spindler* BGB § 826 Rn. 10; Palandt/*Sprau* BGB § 826 Rn. 10; Soergel/*Hönn* BGB § 826 Rn. 62; Staudinger/*Oechsler* BGB § 826 Rn. 77.

[151] BGH Urt. v. 13.9.2004 – II ZR 276/02, NJW 2004, 3706 (3710); BGH Urt. v. 26.6.1989 – II ZR 289/88, NJW 1989, 3277 (3279); BeckOKBGB/*Spindler* BGB § 826 Rn. 10; Palandt/*Sprau* BGB § 826 Rn. 11; Soergel/*Hönn* BGB § 826 Rn. 61 u. 64; MüKoBGB/*Wagner* BGB § 826 Rn. 24 u. 26.

[152] BGH Urt. v. 26.6.1989 – II ZR 289/88, NJW 1989, 3277 (3279); BGH Urt. v. 13.9.2004 – II ZR 276/02, NJW 2004, 3706 (3710); BeckOKBGB/*Spindler* BGB § 826 Rn. 10; Palandt/*Sprau* BGB § 826 Rn. 11; Soergel/*Hönn* BGB § 826 Rn. 62 f.; Staudinger/*Oechsler* BGB § 826 Rn. 61; MüKoBGB/*Wagner* BGB § 826 Rn. 24.

chen Sachverhalten regelmäßig genügen, wenn dem Schädiger bekannt war, dass sein Verhalten den Wettbewerb beschränken und deswegen zu Nachteilen von Wettbewerbern, Kunden und/oder Lieferanten führen könnte, solange der Schädiger sich zumindest gleichgültig gegenüber dem Eintritt eines Schadens zeigte. Die Abgrenzung zwischen Vorsatz (Haftung) und Fahrlässigkeit (keine Haftung) erfolgt anhand der Wollenskomponente des Vorsatzes: Nimmt der Schädiger den Schaden in Kauf, handelt er bedingt vorsätzlich; vertraut er darauf, dass die von ihm als möglich erkannte Schädigung nicht eintritt, handelt er nur (bewusst) fahrlässig[153] (was eine Haftung ausschließt, zumal selbst grobe Fahrlässigkeit für die Annahme des Schädigungsvorsatzes nicht ausreicht[154]). In der Praxis wird die Abgrenzungsfrage damit zu einer Beweis(last)frage, bei der die Art und Weise des sittenwidrigen Handelns, insbesondere der Grad der Leichtfertigkeit des Schädigers eine erhebliche Rolle spielt[155] (→ Rn. 115).

59 Für den – neben dem Schädigungsvorsatz getrennt festzustellenden[156] – **subjektiven Tatbestand der Sittenwidrigkeit** nach § 826 BGB genügt die Kenntnis der tatsächlichen Umstände, die das Sittenwidrigkeitsurteil begründen.[157] Der Kenntnis wird von der Rechtsprechung jedoch die grob fahrlässige (leichtfertige) Unkenntnis dieser Umstände gleichgesetzt.[158] Die richtige Beurteilung dieser Umstände im Hinblick auf die Sittenwidrigkeit des Verhaltens ist nach der Rechtsprechung nicht erforderlich; es bedarf also für eine Haftung nach § 826 BGB nicht des Bewusstseins der Sittenwidrigkeit.[159] Das kann gerade bei kartellrechtlichen Sachverhalten problematisch sein, weil deren Bewertung als zulässig oder unzulässig oft schwierig ist. Insoweit hilft es, dass ein Verstoß gegen die guten Sitten nicht anzunehmen ist, wenn der Täter der redlichen Überzeugung war, dass er sich rechtmäßig und sittlich verhalte.[160] Für die Redlichkeit der Überzeugungsbildung ist die Einschaltung eines Rechtsanwalts ein Anhaltspunkt. Die unrichtige anwaltliche Auskunft genügt zwar für die Enthaftung nicht zwingend;[161] allerdings ist insbesondere dann von Redlichkeit auszugehen, wenn ein Schädiger auf den anwaltlichen Rat in einer höchstrichterlich noch nicht geklärten Situation vertraut[162] (zur Parallelfrage im Zusammenhang mit dem fahrlässigen Verbotsirrtum bei Ansprüchen nach § 33 Abs. 3 GWB und § 823 Abs. 2 GWB → Rn. 62 ff.). In Abweichung von der sonst die zivilrechtliche Haftung dominierenden Vorsatztheorie hat die Rechtsprechung damit in § 826 BGB im Ergebnis die strafrechtliche Schuldtheorie verankert, nach der ein Irrtum über die Rechtmäßigkeit eines Verhaltens den Vorsatz nur dann ausschließt, wenn er unvermeidbar war.[163] Dieser Systembruch wird damit gerechtfertigt, dass andernfalls der gewissenlose Täter pri-

---

[153] So ausdrücklich BGH Urt. v. 4.6.2013 – VI ZR 288/12, NJW-RR 2013, 1448, 1450 Rn. 22.
[154] BGH Urt. v. 21.4.2009 – VI ZR 304/07, NJW-RR 2009, 1207 (1210).
[155] BGH Urt. v. 4.6.2013 – VI ZR 288/12, NJW-RR 2013, 1448, 1450 Rn. 22; BGH Urt. v. 9.3.2010 – XI ZR 93/09, NZG 2010, 550 (552); BGH Urt. v. 6.5.2008 – XI ZR 56/07, NJW 2008, 2245, 2249 Rn. 46; BGH Urt. v. 20.3.1995 – II ZR 205/94, NJW 1995, 1739 (1749); MüKoBGB/*Wagner* BGB § 826 Rn. 29 ff.
[156] BGH Urt. v. 21.4.2009 – VI ZR 304/07, NJW-RR 2009, 1207 (1210); Palandt/*Sprau* BGB § 826 Rn. 10; krit. MüKoBGB/*Wagner* BGB § 826 Rn. 30 f.
[157] BGH Urt. v. 21.4.2009 – VI ZR 304/07, NJW-RR 2009, 1207 (1210); BGH Urt. v. 13.9.2004 – II ZR 276/02, NJW 2004, 3706 (3710); BeckOKBGB/*Spindler* BGB § 826 Rn. 10; Staudinger/*Oechsler* BGB § 826 Rn. 61; Soergel/*Hönn* BGB § 826 Rn. 52; MüKoBGB/*Wagner* BGB § 826 Rn. 24 u. 32.
[158] BGH Urt. v. 9.3.2010 – XI ZR 93/09, NZG 2010, 550 (552); BGH Urt. v. 21.4.2009 – VI ZR 304/07, NJW-RR 2009, 1207 (1210); BGH Urt. v. 6.5.2008 – XI ZR 56/07, NJW 2008, 2245, 2249 Rn. 46; BGH Urt. v. 20.3.1995 – II ZR 205/94, NJW 1995, 1739 (1749); BGH Urt. v. 14.5.1992 – II ZR 299/90, NJW 1992, 2821 (2823); Soergel/*Hönn* BGB § 826 Rn. 52.
[159] BGH Urt. v. 19.9.1995 – VI ZR 377/94, VIZ 1996, 29 (32); BGH Urt. v. 24.9.1987 – III ZR 187/86, NJW 1987, 3256 (3258); BGH Urt. v. 19.2.1986 – IVb ZR 71/81, NJW 1986, 1751 (1755).
[160] BGH Urt. v. 24.9.1987 – III ZR 187/86, NJW 1987, 3256 (3258); BGH Urt. v. 19.2.1986 – IVb ZR 71/81, NJW 1986, 1751 (1755).
[161] BGH Urt. v. 19.9.1995 – VI ZR 377/94, VIZ 1996, 29 (32); BGH Urt. v. 19.2.1986 – IVb ZR 71/81, NJW 1986, 1751 (1755).
[162] BGH Urt. v. 15.9.1999 – I ZR 98/97, NJW-RR 2000, 393 (395). Vgl. bereits BGH Urt. v. 22.4.1958 – I ZR 67/57, GRUR 1958, 549 – Box-Programmheft, zur Sittenwidrigkeit nach § 1 UWG in Anlehnung an die Rechtsprechung zum Verbotsirrtum.
[163] MüKoBGB/*Wagner* BGB § 826 Rn. 32 ff.; Soergel/*Hönn* BGB § 826 Rn. 55.

vilegiert würde, der sich über Zweifel an der Rechtmäßigkeit seines Verhaltens hinwegsetzt.[164]

60 Die **Haftung des Teilnehmers nach § 830 Abs. 2 BGB** setzt zum einen eine Vorsatztat als Haupttat voraus,[165] also beispielsweise eine vorsätzliche Preisabsprache oder einen vorsätzlichen Missbrauch einer marktbeherrschenden Stellung, und zum anderen doppelten Vorsatz des Teilnehmers hinsichtlich dieser Haupttat und der Teilnahmehandlung.[166] Der Teilnehmer muss die Tatumstände der Haupttat zumindest in groben Zügen kennen; die genaue Kenntnis jedes Details ist nicht erforderlich.[167] Zudem muss der Teilnehmer die Haupttat dergestalt in seinen Willen aufnehmen, dass er sie als fremde Tat fördern will. Bedingter Vorsatz reicht hierfür; daher genügt für die Willenskomponente des Vorsatzes des Teilnehmers auch Gleichgültigkeit gegenüber der Verwirklichung der Haupttat.[168] Zum Vorsatz des Teilnehmers gehört auch das Bewusstsein der Rechtswidrigkeit der Haupttat;[169] ein **Rechtsirrtum des Teilnehmers** über den Verstoß gegen Kartellrecht oder kartellbehördliche Verfügungen schließt demnach den Teilnehmervorsatz aus. Insoweit folgt die Rechtsprechung auch im Rahmen des § 830 Abs. 2 BGB im Ausgangspunkt der Vorsatztheorie.[170] Allerdings genügt auch hinsichtlich des Bewusstseins der Rechtswidrigkeit der Haupttat bedingter Vorsatz, so etwa, wenn der Teilnehmer einen Verstoß gegen kartellrechtliche Ge- oder Verbotsnormen oder kartellbehördliche Verfügung für möglich erachtet und sich mit dieser Möglichkeit um seines Zieles willen abfindet oder wenn sich der Teilnehmer bewusst der Kenntnisnahme von der Rechtswidrigkeit des Verhaltens des Haupttäters – also des Unternehmens – verschließt.[171] Der **Rechtsirrtum des Haupttäters** führt jedenfalls dann zum Entfallen einer vorsätzlichen Haupttat und damit einer Haftung des Teilnehmers nach § 830 Abs. 2 BGB, wenn dieser Irrtum unvermeidbar war.[172] Ob das auch gilt, wenn der Rechtsirrtum des Haupttäters vermeidbar war, hängt nach der Rechtsprechung davon ab, ob es sich bei der Haupttat um eine Straftat oder Ordnungswidrigkeit handelt; ist das der Fall, soll die strafrechtliche Schuldtheorie mit der Folge gelten, dass die vorsätzliche Haupttat bei einem vermeidbaren Rechtsirrtum nicht entfällt.[173] Da dies – zumindest vereinzelt – auch auf Fälle angewendet wird, in denen die Verletzung einer Verhaltensnorm durch eine gesonderte Vorschrift unter Strafe gestellt wird,[174] kommt eine Haftung des Teilnehmers auch für einen rechtsirrtümlichen Verstoß gegen Kartellrecht oder gegen eine kartellbehördliche Verfü-

---

[164] MüKoBGB/*Wagner* BGB § 826 Rn. 34.
[165] HM BeckOKBGB/*Spindler* BGB § 830 Rn. 10 u. 12; Palandt/*Sprau* BGB § 830 Rn. 4; MüKoBGB/*Wagner* BGB § 830 Rn. 32; Soergel/*Krause* BGB § 830 Rn. 8; Staudinger/*Eberl-Borges* BGB § 830 Rn. 46; vgl. zur Gegenauffassung, die auch eine fahrlässige Haupttat genügen lassen will *Deutsch* Allgemeines Haftungsrecht Rn. 507; *Ehricke* ZGR 2000, 351 (356 ff.); *Schmidt* JZ 1978, 661 (666); ders. ZIP 1980, 328 (329); ders. ZIP 1988, 1497 (1501).
[166] HM BeckOKBGB/*Spindler* BGB § 830 Rn. 10 u. 12; Palandt/*Sprau* BGB § 830 Rn. 4; MüKoBGB/*Wagner* BGB § 830 Rn. 33; vgl. zur Gegenauffassung, die auch Fahrlässigkeit des Teilnehmers genügen lassen will, *Weckerle* Die deliktische Verantwortlichkeit Mehrerer, 76 ff.; *Karollus* ZIP 1995, 269 (275).
[167] BGH Urt. v. 25.1.2011 – XI ZR 195/08, NJW-RR 2011, 1193, 1195 Rn. 32; Soergel/*Krause* BGB § 830 Rn. 5; MüKoBGB/*Wagner* BGB § 830 Rn. 27.
[168] BGH Urt. v. 9.3.2010 – XI ZR 93/09, NZG 2010, 550 (552 f.); MüKoBGB/*Wagner* BGB § 830 Rn. 27.
[169] Ist das Bewusstsein der Rechtswidrigkeit der Haupttat gegeben, ist ein Irrtum über die Rechtswidrigkeit der Beteiligung an dieser Tat kaum denkbar; soweit ein solcher Irrtum im Ausnahmefall vorkommen sollte, kann er unter Umständen zum Entfallen des Vorsatzes führen.
[170] StRspr, BGH Urt. v. 16.5.2013 – I ZR 216/11, GRUR 2013, 1229, 1231 Rn. 32 – Kinderhochstühle im Internet II; BGH Urt. v. 3.7.2008 – I ZR 145/05, GRUR 2008, 810, 812 Rn. 15 – Kommunalversicherer; BGH Urt. v. 11.3.2004 – I ZR 304/01, NJW 2004, 3102 (3105); MüKoBGB/*Wagner* BGB § 830 Rn. 29.
[171] Vgl. BGH Urt. v. 3.7.2008 – I ZR 145/05, GRUR 2008, 810, 814 Rn. 45 – Kommunalversicherer; MüKoBGB/*Wagner* BGB § 830 Rn. 29.
[172] BGH Urt. v. 15.5.2012 – VI ZR 166/11, NZG 2013, 28, 30 Rn. 22; BGH Urt. v. 26.9.2005 – II ZR 380/03, NZG 2005, 976 (979).
[173] BGH Urt. v. 15.5.2012 – VI ZR 166/11, NZG 2013, 28, 30 Rn. 22.
[174] BGH Urt. v. 15.5.2012 – VI ZR 166/11, NZG 2013, 28, 30 Rn. 22.

gung in Betracht. Insoweit kann der eingangs zu diesem Abschnitt erwähnte Streit über die Anwendung der Schuldtheorie auf die zivilrechtliche deliktische Haftung auch für kartellrechtliche Schadensersatzfälle relevant werden, wenn auch nur in dem Sonderfall der Haftung des Teilnehmers (→ Rn. 55).

bb) Fahrlässigkeit (insbesondere Verbotsirrtum). Fahrlässigkeit liegt vor, wenn die im Verkehr **61** erforderliche Sorgfalt außer Acht gelassen wird (§ 276 Abs. 2 BGB). Es reicht **einfache Fahrlässigkeit;** weder § 33 Abs. 3 GWB noch der auf Altverstöße gegen Art. 81 und 82 EU (heute Art. 101 und 102 AEUV) anwendbare § 823 Abs. 2 BGB verlangen besondere Grade der Fahrlässigkeit. Der Sorgfaltsmaßstab ist – wie auch sonst im Zivilrecht – objektiv-abstrakt.[175] Für die Haftung des Unternehmens für Kartellrechtsverstöße kommt es dabei auf die Fähigkeiten eines typischen Unternehmens in der Situation des schädigenden Unternehmens an. Für die Beurteilung der Frage, ob Fahrlässigkeit vorliegt, kommt es sowohl auf die Gesamtheit als auch auf jeden einzelnen Mitarbeiter an, der nach § 31 BGB zugerechnet werden muss. Dementsprechend kann auch die Einführung eines **Compliance-Programms** durch den Vorstand oder die Geschäftsführung möglicherweise zwar das persönliche Risiko von Bußgeldern mindern und die zivilrechtliche (Binnen-)Haftung der Geschäftsleitung entfallen lassen, nicht aber die zivilrechtliche Haftung des Unternehmens beseitigen. Das gilt jedenfalls dann, wenn der Kartellrechtsverstoß durch einen Mitarbeiter begangen wird, der dem Unternehmen nach § 31 BGB zugerechnet werden muss; das Unternehmen kann sich dann nicht damit entlasten, dass sich andere Organe rechtstreu verhalten haben. Eine Enthaftung durch ein Compliance-Programm kommt nur dann in Betracht, wenn der Kartellrechtsverstoß (lediglich) durch einen Verrichtungsgehilfen begangen wurde; denn nach § 831 BGB ist die Exkulpation möglich, wenn das Unternehmen nachweisen kann, dass es kein Auswahl- oder Überwachungsverschulden trifft[176] (vgl. auch → § 39 Rn. 88 ff.).

Ein **Rechtsirrtum** des Schädigers kann den Fahrlässigkeitsvorwurf entfallen lassen.[177] **62** Das ist dann der Fall, wenn sich der Schädiger seine – unzutreffende – Rechtsauffassung hinreichend sorgfältig gebildet hat. Entscheidend für die Abgrenzung zwischen einem schuldhaften und einem schuldlosen Rechtsirrtum sind die Anforderungen an die Sorgfalt bei der Prüfung der Rechtslage. Die Rechtsprechung legt dabei generell sehr strenge Maßstäbe an. Der Schädiger muss sich über die Rechtslage (einschließlich der höchstrichterlichen Rechtsprechung[178]) umfassend informieren[179] und gegebenenfalls auch den Rat eines Rechtsanwalts einholen, der über hinreichende Erfahrung bei der Beurteilung der betreffenden (kartell-)rechtlichen Fragen verfügt.[180] Allerdings darf der Schädiger auch

---

[175] Vgl. zum objektiven Fahrlässigkeitsmaßstab BeckOKBGB/*Unberath* BGB § 276 Rn. 20; Erman/*Westermann* BGB § 276 Rn. 10 f.; MüKoBGB/*Grundmann* BGB § 276 Rn. 55; Staudinger/*Löwisch/Caspers* BGB § 276 Rn. 29; MüKoBGB/*Wagner* BGB § 823 Rn. 36 ff.; Soergel/*Spickhoff* BGB § 823 Rn. 142.
[176] Vgl. auch *Kersting* Der Konzern 2011, 445 (455); Langen/Bunte/*Bornkamm* GWB § 33 Rn. 125. Grds. zu Compliance-Programmen im Konzern *Karst* WuW 2012, 150.
[177] Der EuGH hält in Ordnungswidrigkeitenverfahren einen Rechtsirrtum für generell unerheblich; Vorsatz oder Fahrlässigkeit seien nur bei einem Tatbestandsirrtum über die Wettbewerbswidrigkeit ausgeschlossen. Vertrauensschutz bestehe nur bei präzisen Zusicherungen der zuständigen Behörde. Der Rechtsrat eines Anwalts könne generell, die Aussagen der nationalen Wettbewerbsbehörde im Regelfall kein berechtigtes Vertrauen über die Auslegung von Art. 101 und 102 AEUV auslösen, EuGH Urt. v. 18. 6. 2013 – C-681/11, NJW 2013, 3083 Rn. 37 f. u. 41 f. – BWB ua/Schenker ua. Auf den Zivilprozess wird man das nicht erstrecken können (→ Rn. 56).
[178] *Bechtold* GWB § 33 Rn. 24; Langen/Bunte/*Bornkamm* GWB § 33 Rn. 123; vgl. auch Immenga/Mestmäcker/*Emmerich* GWB § 33 Rn. 48; Loewenheim/Meessen/Riesenkampff/*Rehbinder* GWB § 33 Rn. 33.
[179] Grds. BGH Beschl. v. 18. 3. 1952 – GSSt. 2/51, NJW 1952, 593. BGH Beschl. v. 27. 1. 1966 – KRB 2/65, GRUR 1966, 456 (458 f.) – Klinker; MüKoBGB/*Grundmann* BGB § 276 Rn. 73; MüKoGWB/*Lübbig* GWB § 33 Rn. 75.
[180] BGH Urt. v. 16. 12. 1986 – KZR 36/85, GRUR 1987, 564 (565) – Taxizentrale Essen; OLG Düsseldorf Urt. v. 13. 11. 2013 – VI-U (Kart) 11/13, WuW/DE-R 4117 (4124) – Badarmaturen; vgl. auch BGH Urt. v. 8. 11. 1965 – 8 StE 1/65, NJW 1966, 1227 (1232) – Fall Pätsch; Erman/*Westermann* BGB § 276 Rn. 14; MüKoBGB/*Grundmann* BGB § 276 Rn. 73; MüKoGWB/*Lübbig* GWB § 33 Rn. 75.

diesem Rat nicht uneingeschränkt vertrauen;[181] das gilt insbesondere dann, wenn der Rechtsanwalt selbst auf Unsicherheiten bei der rechtlichen Beurteilung und offene Rechtsfragen hinweist oder wenn der Schädiger weiß (oder wissen muss), dass die betreffende Rechtsfrage Gegenstand einer gerichtlichen oder behördlichen Prüfung ist.[182] Selbst Entscheidungen von Kollegialgerichten zu derselben Rechtsfrage sollen die Vorwerfbarkeit eines Rechtsirrtums nicht unbedingt beseitigen.[183]

63 Die Anforderungen an die Sorgfalt bei der Prüfung der Rechtslage wurden von der Rechtsprechung nach und nach weiter verschärft. Eine Haftung wegen eines Rechtsirrtums ist – so die **Formel der Rechtsprechung auch des Kartellsenats des Bundesgerichtshofs** – nur dann ausgeschlossen, wenn

64 „der Irrende bei Anwendung der im Verkehr erforderlichen Sorgfalt mit einer anderen Beurteilung durch die Gerichte nicht zu rechnen brauchte [...] Bei einer zweifelhaften Rechtsfrage handelt bereits fahrlässig, wer sich erkennbar in einem Grenzbereich des rechtlich Zulässigen bewegt, indem er eine von der eigenen Einschätzung abweichende Beurteilung der rechtlichen Zulässigkeit des fraglichen Verhaltens in Betracht ziehen muss [...] Der Schuldner darf nicht das Risiko einer zweifelhaften Rechtslage dem Gläubiger zuschieben."[184]

65 Damit hat sich die Rechtsprechung von einer deliktischen Verschuldenshaftung entfernt und die **Haftung für Rechtsirrtümer zu einer letztlich verschuldensunabhängigen Gefährdungshaftung** entwickelt. Das gilt jedenfalls und insbesondere bei der Beurteilung von kartellrechtlichen Sachverhalten, bei denen die Anwendung des materiellen Rechts auf den konkreten Einzelfall oft komplex und eine abweichende Beurteilung durch die Gerichte nicht selten als realistisch in Betracht zu ziehen ist – wie jedem, der sich in der Anwalts- und Unternehmenspraxis mit der kartellrechtlichen Beratung befasst, aus der täglichen Arbeit bekannt ist.

66 Die Auswirkungen der in der Formel des BGH angelegten Risikoverteilung zeigt die **neuere Rechtsprechung der Instanzgerichte zu kartellrechtlichen Schadensfällen** beispielhaft:
• Das OLG Karlsruhe lehnte einen unvermeidbaren Verbotsirrtum beispielsweise in einem Sachverhalt ab, in dem sich die Beklagte – eine Anstalt des öffentlichen Rechts – in einer ungeklärten Frage auf eine Rechtsauffassung stützte, nämlich die Ablehnung der Unternehmenseigenschaft dieser Anstalt, die derselbe Senat des OLG Karlsruhe und der IV. Zivilsenat des BGH wenig später in anderem Zusammenhang ausdrücklich teilten. Wiederum einige Zeit später gab der Kartellsenat des BGH diese Rechtsprechung wieder auf. Das OLG Karlsruhe stellte sich auf den Standpunkt, dass es zum Zeitpunkt des Kartellrechtsverstoßes fahrlässig gewesen sei, die (zwischenzeitlich von ihm selbst und vom BGH gebilligte, später dann vom BGH wieder korrigierte) Rechtsauffassung zur Grundlage des eigenen Verhaltens gemacht zu haben. Damals habe es die Rechtsprechung des OLG Karlsruhe und des BGH, auf die die Beklagte hätte vertrauen kön-

---

[181] Vgl. MüKoGmbHG/*Fleischer* GmbHG § 43 Rn. 42; *Bechtold* GWB § 33 Rn. 24; Langen/Bunte/*Bornkamm* GWB § 33 Rn. 123. AA Brettel/Thomas ZWeR 2013, 272 (283); vgl. auch BGH Beschl. v. 11.11.2008 – KRB 47/08, WuW/E DE-R 2580 f. – G+J/RBA.

[182] Vgl. OLG Düsseldorf Urt. v. 30.9.2009 – VI-U (Kart) 17/08 (V), WuW/E DE-R 2763 (2768) – Post-Konsolidierer. Vgl. auch BGH Urt. v. 15.6.1951 – I ZR 59/50, GRUR 1951, 452 (455) – Mülltonne-Fall II.

[183] BGH Urt. v. 16.12.1986 – KZR 36/85, GRUR 1987, 564 (565 f.) – Taxizentrale Essen (für den Fall, dass eines der Instanzgerichte in derselben Sache die Rechtswidrigkeit des Verhaltens verneint hat). So auch *Bechtold* GWB § 33 Rn. 24; Langen/Bunte/*Bornkamm* GWB § 33 Rn. 123. Vgl. aber OLG Frankfurt Urt. v. 29.11.2005 – 11 U (Kart) 10/05, BeckRS 2007, 04772, unter II. 2. (wenn sich der Schädiger an einer früheren Entscheidung eines Kollegialgerichts orientiert).

[184] Vgl. aus der kartellgerichtlichen Rechtsprechung insbesondere BGH Urt. v. 10.10.1989 – KZR 22/88, GRUR 1990, 474 (478) – Neugeborenentransporte; BGH Urt. v. 16.12.1986 – KZR 36/85, GRUR 1987, 564 (565) – Taxizentrale Essen; OLG Düsseldorf Urt. v. 13.11.2013 – VI-U (Kart) 11/13, WuW/E DE-R 4118 (4124) – Badarmaturen; OLG Düsseldorf Urt. v. 30.9.2009 – VI-U (Kart) 17/08 (V), WuW/E DE-R 2763 (2767) – Post-Konsolidierer.

nen, noch nicht gegeben. Den Umstand, dass der BGH die Rechtslage zwischenzeitlich genauso beurteilt hat wie die Beklagte, sah das OLG Karlsruhe nicht als relevant an.[185]
- In dieselbe Richtung geht die Rechtsprechung des OLG Düsseldorf, nach der der Schädiger selbst der Beurteilung desselben Sachverhalts durch die für ihn zuständigen Kartell- und/oder Regulierungsbehörden nicht vertrauen dürfen soll. Das Vertrauen des Schädigers auf die Beurteilung des Sachverhalts durch das Bundeskartellamt sei jedenfalls dann nicht geschützt, wenn das Amt keine abschließende (förmliche) Entscheidung getroffen hat und der Prüfung nicht nur kartellrechtliche Normen, sondern (inzident) Normen außerhalb des Kartellrechts zugrunde lagen (dort das TKG).[186] Dasselbe soll umgekehrt gelten, wenn die Bundesnetzagentur (oder eine andere Regulierungsbehörde) ein Verhalten auf der Grundlage der sektorspezifischen (mit dem Kartellrecht vergleichbaren oder gar inhaltsgleichen) Regulierungsvorschriften geprüft und genehmigt hat,[187] und zwar selbst dann, wenn bei der Genehmigung kartellrechtliche Vorgaben zu beachten waren.[188] Dies hat das OLG Düsseldorf unter anderem damit begründet, dass es rechtlich möglich ist, dass eine behördliche Genehmigung anschließend durch die Europäische Kommission und gegebenenfalls die Gerichte der EU überprüft und beanstandet wird.[189]
- Selbst das Risiko eines Bußgeldes der Regulierungsbehörde muss der Schädiger nach Auffassung des OLG Düsseldorf gegebenenfalls hinnehmen, wenn er einen schuldhaften Rechtsirrtum vermeiden will. In dem dieser Entscheidung zugrunde liegenden Fall hätte der Schädiger mit dem später als rechtmäßig erkannten Alternativverhalten gegen eine Rechtsnorm in der Auslegung verstoßen, die sie durch die Regulierungsbehörde erfahren hat und die das VG Köln – wenn auch nur in einem Eilverfahren – bestätigt hat. Es sei dem Schädiger zuzumuten, sich gegebenenfalls in einem Ordnungswidrigkeitenverfahren gegen die – im Übrigen für ihn günstige – Auslegung der Norm durch die Regulierungsbehörde und das Gericht zur Wehr zu setzen; notfalls müsse der Schädiger eben Amtshaftungsansprüche geltend machen.[190]

Bestenfalls zum bloßen Lippenbekenntnis wird dabei die höchstrichterliche Rechtsprechung zum schuldlosen Rechtsirrtum bei **äußerst schwierigen und in der Fachwelt höchst umstrittenen Rechtsfragen,** zu denen sich eine herrschende Meinung noch nicht eindeutig gebildet hat, die aber von erheblicher wirtschaftlicher Bedeutung für den Geschäftsbetrieb des oder der Adressaten der relevanten Normen sind. Diese Rechtsprechung geht zurück auf das „Magnettonband"-Urteil des BGH von 1955, in dem es wörtlich heißt: **67**

„Das Berufungsgericht [das das Vorliegen eines entschuldigenden Verbotsirrtums abgelehnt hatte] hat die Anforderung an die im Verkehr zu beobachtende Sorgfaltspflicht in diesem außergewöhnlich gelagerten Falle überspannt. Es handelte sich um die Beurteilung einer äußerst schwierigen und in den Fachkreisen des In- und Auslands eingehend erörterten Rechtsfrage, zu der sich eine als herrschend anzusehende Meinung auch gegenwärtig noch nicht eindeutig gebildet hat. Die Beklagte konnte sich für die Richtigkeit der von ihr vertretenen Rechtsauffassung auf die Stellungnahme namhafter Fachjuristen berufen. Die Beurteilung der Streitfrage war für ihren gesamten Geschäftsbetrieb **68**

---

[185] OLG Karlsruhe Urt. v. 27.8.2014 – 6 U 115/11 (Kart.), BeckRS 2014, 20482, 148 (164).
[186] OLG Düsseldorf Urt. v. 8.6.2011 – VI-U (Kart) 2/11, BeckRS 2012, 04895, unter II.B.5.
[187] OLG Düsseldorf Urt. v. 29.1.2014 – VI-U (Kart) 7/13, BeckRS 2014, 17537, unter A.I.2.b)cc); OLG Düsseldorf Urt. v. 16.5.2007 – VI-2 U (Kart) 10/05, MMR 2007, 718 (722).
[188] OLG Düsseldorf Urt. v. 29.1.2014 – VI-U (Kart) 7/13, BeckRS 2014, 17537, unter A.I.2.b)cc): Die damalige Regulierungsbehörde für Telekommunikation und Post musste im Rahmen ihrer Genehmigungsverfahren auch die Vereinbarkeit der Entgelte mit anderen Rechtsvorschriften als dem Telekommunikationsgesetz, insbesondere auch mit kartellrechtlichen Vorgaben, prüfen (§ 27 Abs. 3 TKG).
[189] OLG Düsseldorf Urt. v. 29.1.2014 – VI-U (Kart) 7/13, BeckRS 2014, 17537, unter A.I.2.b)cc)(1). Das gilt erst recht, wenn ein Verfahren der Europäischen Kommission oder der Gerichte der EU bereits anhängig ist, vgl. OLG Düsseldorf Urt. v. 30.9.2009 – VI-U (Kart) 17/08 (V), WuW/E DE-R 2763 (2768f.) – Post-Konsolidierer.
[190] OLG Düsseldorf Urt. v. 30.9.2009 – VI-U (Kart) 17/08 (V), WuW/E DE-R 2763 (2767f.) – Post-Konsolidierer.

von weittragender Bedeutung. Bei dieser Sachlage konnte die Beklagte trotz der ihr ungünstigen Urteile der Tatsacheninstanzen an ihrer Rechtsauffassung festhalten und eine Klärung durch eine höchstrichterliche Rechtsprechung abwarten, ohne sich einem Schuldvorwurf auszusetzen [...]. In diesem Zusammenhang ist auch noch folgendes zu berücksichtigen: [Die erforderliche Maßnahme wäre] eine für ihre gesamte Werbung und den Ablauf ihres Geschäftsbetriebs außerordentlich einschneidende Maßnahme gewesen, deren Auswirkungen auch über den Abschluss dieses Rechtsstreits durch ein der Beklagten günstiges Urteil hinaus nicht abzusehen waren. Solche vom Rechtsstandpunkt der Beklagten aus nur vorsorgliche Maßnahmen waren ihr auch bei pflichtgemäßer Interessenabwägung nicht zuzumuten."[191]

69 Das „Magnettonband"-Urteil wurde anschließend – und bis heute – immer wieder von verschiedenen Senaten des BGH bekräftigt,[192] darunter auch dem Kartellsenat in seinen beiden grundlegenden Entscheidungen zur Behandlung des Rechtsirrtums in kartellrechtlichen Schadensersatzfällen.[193] Dabei hat die Rechtsprechung klargestellt, dass ein schuldloser Rechtsirrtum selbst dann vorliegen kann, wenn der Schädiger zuvor in beiden Tatsacheninstanzen unterlegen war oder wenn seine Auffassung im Widerspruch zu obergerichtlicher Rechtsprechung steht.[194]

70 **Aus der „Magnettonband"-Rechtsprechung** und der anschließenden Rechtsprechung des BGH lassen sich **drei Schritte für die Prüfung von Rechtsirrtümern bei komplexen Rechtsfragen** herauskristallisieren:
- Ist die Rechtslage ungewöhnlich komplex und betrifft eine Frage, zu der sich weder eine höchstrichterliche Rechtsprechung noch eine herrschende Meinung herausgebildet hat?
- Ist die irrtümliche Rechtsauffassung des Schädigers vertretbar? Kann er sich insbesondere auf die Auffassung namhafter Fachjuristen stützen?
- Ist es dem Normadressaten bei pflichtgemäßer Interessenabwägung auch unter Berücksichtigung der Auswirkungen auf seinen eigenen Geschäftsbetrieb zumutbar, sein Verhalten rein vorsorglich an die für ihn ungünstigste Rechtsauffassung anzupassen?

71 Es liegt auf der Hand, dass nach diesen Grundsätzen ein schuldloser Rechtsirrtum gerade in kartellrechtlichen Schadensersatzfällen bei komplexen Fragestellungen (beispielsweise im Bereich der kartellrechtlichen Missbrauchskontrolle oder im Schnittfeld zwischen Kartellrecht und dem Recht des geistigen Eigentums) keineswegs ausgeschlossen erscheint. Solche Fragen berühren nicht selten den Kernbereich der geschäftlichen Tätigkeit des Normadressanten; zugleich lässt sich das Risiko eines Verstoßes oft nicht durch (zumutbare) vorsorgliche Maßnahmen aus der Welt schaffen.[195] Insbesondere hat es der Normadressat zumeist nicht selbst in der Hand, eine höchstrichterliche Klärung herbeizuführen,

---

[191] BGH Urt. v. 18.5.1955 – I ZR 8/54, GRUR 1955, 492 (501) – Magnettonband.
[192] Vgl. etwa BGH Urt. v. 3.6.2014 – XI ZR 147/12, NJW 2014, 2947, 2948 Rn. 25; BGH Urt. v. 18.1.2011 – XI ZR 356/09, NJW 2011, 1063 (1065); BGH Urt. v. 17.12.1998 – V ZR 200/97, NJW 1999, 1470 (1474f.); BGH Urt. v. 20.11.1992 – V ZR 82/91, NJW 1993, 925 (927); BGH Urt. v. 27.9.1989 – IV a ZR 156/88, NJW-RR 1990, 160 (161); BGH Urt. v. 14.11.1980 – I ZR 138/78, GRUR 1981, 286 (288) – Goldene Karte I.
[193] BGH Urt. v. 10.10.1989 – KZR 22/88, GRUR 1990, 474 (478) – Neugeborenentransporte; BGH Urt. v. 16.12.1986 – KZR 36/85, GRUR 1987, 564 (565) – Taxizentrale Essen. In beiden Fällen fehlte es nach Auffassung des BGH allerdings an einer äußerst schwierigen Rechtsfrage, so dass es auf die weiteren Voraussetzungen für einen schuldlosen Rechtsirrtum nach dem „Magnettonband"-Urteil nicht ankam. Vgl. zu einem Bußgeldverfahren BGH Urt. v. 1.12.1981 – KRB 3/79, DB 1982, 1162 – Verkaufsgemeinschaft.
[194] Vgl. zuletzt ausdrücklich BGH Urt. v. 3.6.2014 – XI ZR 147/12, NJW 2014, 2947, 2948 Rn. 25.
[195] Daher wurden Schadensersatzansprüche wegen Kartellrechtsverstößen in der obergerichtlichen Rechtsprechung vor der Kehrtwende des OLG Düsseldorf vor knapp zehn Jahren in den in Rn. 66 beschriebenen Fällen desöfteren mit Rücksicht auf die Grundsätze des „Magnettonband"-Urteils abgelehnt, vgl. etwa OLG Karlsruhe Urt. v. 26.6.1985 – 6 U 188/81 (Kart), WuW/E OLG 3508 (3513) – Allkauf-Saba II; OLG Karlsruhe Urt. v. 12.3.1980 – 6 U 223/77 (Kart), WuW/E OLG 2217 (2224) – Allkauf-Saba; OLG Stuttgart Urt. v. 30.4.1981 – 2 U 205/80, WuW/E OLG 2700 (2701f.) – Modelleisenbahnen; OLG Stuttgart Urt. v. 27.6.1980 – 2 U (Kart) 130/79, WuW/E OLG 2352 (2355) – Einkaufsgemeinschaft.

wenn er zugleich das Risiko eines Verstoßes durch – unter Umständen sehr weitreichende – vorsorgliche Maßnahmen beseitigt und so sowohl einer Klage der Betroffenen als auch einer eigenen negativen Feststellungsklage den Boden entzieht.[196] Nicht in Betracht kommt eine Anwendung der Grundsätze des „Magnettonband"-Urteils selbstverständlich dann, wenn die Rechtslage geklärt ist – etwa wenn es um sog. „Hardcore"-Kartellabsprachen oder um Kernbeschränkungen in Gruppenfreistellungsverordnungen geht – und sich nur die Subsumtion eines komplexen Sachverhalts als schwierig herausstellt.

Die **jüngere Rechtsprechung der Instanzgerichte zum Verbotsirrtum ist nicht nur rechtlich bedenklich,** weil sie die Sorgfaltsanforderungen in einer Weise überspannt, die das Verschuldenserfordernis praktisch vollständig aushöhlt und für einen unvermeidbaren Verbotsirrtum der Adressaten des Kartellrechts selbst bei schwierigen und höchst umstrittenen Rechtsfragen letztlich keinen Raum mehr lässt. Die kartellgerichtliche Rechtsprechung zum Verbotsirrtum ist auch **rechtspolitisch verfehlt.** Zum einen wird damit für das Kartellrecht ein Haftungsmaßstab verankert, der größte Unsicherheit hervorruft. Er entwertet die Aussagen von Bundeskartellamt, Regulierungsbehörden und selbst Gerichten zur kartellrechtlichen Bewertung bestimmter Verhaltensweisen; bei regulierten Unternehmen führt er zu einer Doppelkontrolle, die weder sachlich gerechtfertigt ist noch dem Zweck der – regelmäßig durch kartellrechtliche Konzepte geprägten – Regulierung gerecht wird, in dem regulierten Markt für stabile rechtliche Rahmenbedingungen für Wettbewerb zu sorgen. Zum anderen zwingt sie Unternehmen selbst in schwierigen Zweifelsfällen zu allergrößter Vorsicht. Solche Zweifelsfälle treten gerade bei innovativen Produkten und Geschäftsmodellen regelmäßig auf; sie ergeben sich oft auch dann, wenn die rechtlichen Rahmenbedingungen in einem Markt so stark geändert werden, dass sich die Unternehmen, die in diesem Markt tätig sind, neu orientieren müssen. Die Rechtsprechung ist daher **unter dem Gesichtspunkt des Schutzes des Wettbewerbs kontraproduktiv und unterdrückt unternehmerisches, wettbewerblich aktives Verhalten** mehr, als dass sie ein solches Verhalten fördert. Umso bemerkenswerter ist es, dass das OLG Düsseldorf in dem umgekehrten Fall der Prüfung des Verschuldens des Bundeskartellamts wegen einer – vom Bundesgerichtshof anschließend als rechtsirrtümlich beurteilten – Untersagung eines Zusammenschlusses genau die umgekehrte Risikoverteilung vorgenommen hat: Das Bundeskartellamt hafte nicht für Rechtsirrtümer bei der Untersagung eines Zusammenschlusses, wenn es eine schwierige und komplexe Rechtslage sorgfältig geprüft habe; entscheidend hat das OLG Düsseldorf in diesem Fall auf den Vorgang der Meinungsbildung, nicht auf dessen (falsches) Ergebnis abgestellt. Anders als bei der Haftung von Unternehmen für Kartellrechtsverstöße geht das Risiko der zweifelhaften Rechtslage in diesem (umgekehrten) Fall daher mit den verfahrensbeteiligten Unternehmen heim.[197] So richtig dieses Ergebnis sein mag: Diese **Differenzierung zwischen dem Verbotsirrtum der Behörden und der Unternehmen** ist dogmatisch kaum zu begründen und überzeugt nicht.[198] Vielmehr sollten sich die Gerichte auf die Grundsätze des „Magnettonband"-Urteils rückbesinnen und realistische Maßstäbe auch an das Verschulden als Grundlage der Haftung von Unternehmen anlegen.

---

[196] Das verkennt OLG Düsseldorf Urt. v. 29.1.2014 – VI-U (Kart) 7/13, BeckRS 2014, 17537, unter A.I.2.b)cc)(2).

[197] OLG Düsseldorf Urt. v. 26.3.2014 – VI U (Kart) 43/13, NZKart 2014, 185, idS auch Langen/Bunte/ *Bornkamm* GWB § 33 Rn. 123.

[198] Sie lässt sich auch nicht damit begründen, dass derselbe Senat die rechtswidrige Untersagung des Zusammenschlusses zuvor wie das Bundeskartellamt irrtümlich als rechtmäßig angesehen hat (vgl. OLG Düsseldorf Urt. v. 26.3.2014 – VI U (Kart) 43/13, NZKart 2014, 185 (185 f.)). Dafür könnte zwar die Kollegialgerichtsrichtlinie sprechen. Für deren Anwendung ist aber dann kein Raum, wenn es um Maßnahmen einer zentralen Dienststelle geht, die ihre Entscheidung in ruhiger Abwägung aller Umstände und unter Benutzung allen einschlägigen Materials treffen kann, insbesondere, wenn sie dabei ein Spezialgesetz handhabt, mit dem sie vertraut sein sollte (vgl. BGH Urt. v. 3.3.1977 – III ZR 10/74, NJW 1977, 1148; BGH Urt. v. 21.12.1961 – III ZR 174/60, NJW 1962, 793 (794)). Diese Voraussetzungen liegen beim Bundeskartellamt erkennbar vor. Krit. ebenfalls *Hauke/Brettel* ZWeR 2013, 285.

73 d) Darlegungs- und Beweislast für einen schuldhaften Kartellrechtsverstoß. Auch wenn der Blick des Geschädigten eines Kartellrechtsverstoßes schnell auf die Höhe des (vermeintlichen) Schadens gerichtet ist, sind die Darlegung und gegebenenfalls der Beweis der Voraussetzungen des haftungsbegründenden Tatbestands die **erste wichtige Hürde für die erfolgreiche Geltendmachung von Schadensersatz**. Denn die Darlegungs- und Beweislast dafür, dass ein schuldhafter Verstoß des (vermeintlichen) Schädigers gegen Ge- oder Verbotsnormen des Kartellrechts vorliegt, obliegt – wie auch bei anderen Haftungstatbeständen – im Ausgangspunkt dem Geschädigten, der seine Ansprüche geltend machen will. Dabei kommen dem Geschädigten allerdings eine Reihe von Erleichterungen zugute, die nachfolgend im Einzelnen näher dargestellt werden.

74 Wenn und soweit diese Darlegungs- und Beweiserleichterungen nicht greifen, stellen die begrenzten Möglichkeiten für die **vorprozessuale Beschaffung von Informationen und Beweismitteln** zum Kartellrechtsverstoß den Geschädigten jedenfalls derzeit noch vor erhebliche Herausforderungen (zur vergleichbaren Problematik für Schädiger und Geschädigte bei der Darlegung und dem Nachweis des Schadens oder des Fehlens eines Schadens etwas umfassender → Rn. 200 ff.). Der Geschädigte kann weitere Informationen über den Kartellrechtsverstoß vorprozessual letztlich (fast) nur durch Einsichtnahme in die kartellbehördlichen Akten oder die Strafakten erlangen. Allerdings gewähren die Europäische Kommission und das Bundeskartellamt Akteneinsicht jedenfalls in Bußgeldverfahren in aller Regel nur zögerlich und nur in sehr eingeschränktem Umfang (für die Europäische Kommission → § 10 Rn. 130 f. und 132 ff. und für das Bundeskartellamt → § 18 Rn. 242 ff.; vgl. zu IFG-Verfahren bei Verwaltungsverfahren → § 17 Rn. 227 ff.). Demgegenüber können **materiell-rechtliche Auskunftsansprüche** derzeit nicht im Hinblick auf den Haftungsgrund geltend gemacht werden, sondern setzen den Nachweis des Anspruches dem Grunde nach voraus (ausf. zum Auskunftsanspruch → § 29).

74a Das wird sich im Rahmen der Umsetzung der **RL 2014/104/EU** ändern. **§ 33g RegE-GWB** sieht einen Auskunftsanspruch verbunden mit einem Anspruch auf Herausgabe von Beweismitteln **auch im Hinblick auf den Haftungsgrund** vor. Dieser Anspruch kann, soweit ein Verstoß gegen die materiell-rechtlichen Verbote des GWB oder des EU-Rechts mit Bindungswirkung behördlich (oder gerichtlich) festgestellt wurde, selbstständig und vorprozessual gegen die Adressaten der kartellbehördlichen Entscheidung in einem Eilverfahren geltend gemacht werden (§ 89b Abs. 5 RegE-GWB). Dabei gelten §§ 935, 940 ZPO nicht. Im Hauptsacheverfahren kann der Auskunftsanspruch sowohl gegen die am Verstoß beteiligten Unternehmen als auch gegen Dritte geltend gemacht werden, und zwar entweder isoliert oder gemeinsam mit dem Schadensersatzanspruch; im Rahmen dieser Hauptsacheverfahren kann auch die Offenlegung von Bestandteilen der Behördenakte verlangt werden.[199] Dieses Verfahren ersetzt §§ 406e und 475 StPO (die nur hinsichtlich des Bußgeldbescheids unberührt bleiben) (vgl. insg. §§ 89b und 89c RegE-GWB). Insgesamt dürfte das zu einer deutlichen Verbesserung der vorprozessualen Möglichkeiten zur Beschaffung von Informationen über das Vorliegen eines Verstoßes führen, wenn der Geschädigte den Schadensersatzanspruch so weitgehend substantiieren kann, dass das Bestehen eines solchen Anspruchs als ausreichend plausibel erscheint (was insbesondere bei Vorliegen einer behördlichen Entscheidung der Fall ist (→ Rn. 206a ff., → § 10 Rn. 154 ff., → § 24 Rn. 43 ff. und → § 29 Rn. 15 ff.).

75 Für die Voraussetzungen des haftungsbegründenden Tatbestands gilt der **Vollbeweis nach § 286 ZPO**. Der Richter hat daher nach freier Überzeugung zu entscheiden, ob eine tatsächliche Behauptung für wahr oder für nicht wahr zu erachten sei. Hierfür hat er die von der beweisbelasteten Partei angetretenen Beweise zu erheben, soweit die Tatsa-

---

[199] Dem Gesetzesentwurf ist nicht eindeutig zu entnehmen, ob sich die Anordnung der Offenlegung aus der Behördenakte auf das Hauptsacheverfahren beschränkt. Dafür spricht aber, dass §406e StPO auf den Bußgeldbescheid beschränkt werden soll, § 89c Abs. 5 RegE-GWB.

chenbehauptung für die Entscheidung erheblich und die behauptete Tatsache streitig sind sowie keine (sonstigen) Ablehnungsgründe (wie etwa Verspätung) vorliegen.[200] Hiervon zu unterscheiden sind die reduzierten Anforderungen nach § 287 ZPO für die (haftungsausfüllende) Kausalität und die Schadenshöhe. Hierfür ist nicht der Vollbeweis der Wahrheit der Tatsachenbehauptungen erforderlich; vielmehr genügen im Anwendungsbereich des § 287 ZPO grundsätzlich Wahrscheinlichkeitsbetrachtungen und Schätzungen auf der Basis von sogenannten Anknüpfungstatsachen. Die Anwendbarkeit von § 286 ZPO (Vollbeweis) oder § 287 ZPO (Schadensschätzung) wirkt sich auch auf die **Anforderungen an die Darlegung der Tatsachen** für die richterliche Beurteilung aus. Im Anwendungsbereich des § 286 ZPO muss die zu beweisende Tatsache selbst schlüssig dargelegt werden – also etwa die Voraussetzungen eines Verstoßes gegen Kartellrecht. Demgegenüber bedarf es im Rahmen des § 287 ZPO nicht (zwingend) der Darlegung der beweisbedürftigen Tatsache (also beispielsweise der Höhe des Schadens), sondern der Darlegung von Tatsachen, auf deren Grundlage die beweisbedürftige Tatsache geschätzt oder von denen sie abgeleitet werden kann. Bei der Abgrenzung der Anwendungsbereiche von § 286 ZPO und § 287 ZPO umstritten ist, ob (und inwieweit) die Beweiserleichterungen des § 287 ZPO auch auf die haftungsbegründende Kausalität angewendet werden können oder ob (und inwieweit) auch insofern der Vollbeweis nach § 286 ZPO gilt (im Einzelnen → Rn. 119 ff.).

aa) Verstoß gegen eine Kartellrechtsnorm. Die Darlegung und der Beweis des Verstoßes gegen kartellrechtliche Normen stellt einen (vermeintlich) Geschädigten insbesondere dann vor erhebliche Herausforderungen, wenn der **Verstoß nicht durch eine kartellbehördliche Entscheidung festgestellt** wurde oder wenn Schadensersatz für einen Zeitraum geltend gemacht werden soll, der von einer solchen Entscheidung nicht erfasst ist. Denn dann muss der Kläger die Voraussetzungen eines Kartellrechtsverstoßes vollumfänglich darlegen und im Bestreitensfall auch beweisen. Deswegen können Schäden wegen verdeckter Kartellrechtsverstöße – wie insbesondere Hardcore-Kartelle – in aller Regel in einem Zivilprozess ohne ein vorheriges kartellbehördliches Verfahren kaum geltend gemacht werden; wegen der Probleme bei der Aufdeckung solcher Verstöße haben die Kartellbehörden sogenannte Bonus- oder Kronzeugenprogramme eingerichtet (vgl. zum EU-Recht → § 7 Rn. 5 ff.; zum deutschen Recht → § 18 Rn. 28 f. und 59 ff.). Eine erfolgversprechende Durchsetzung von Schadensersatzansprüchen wegen der Verletzung kartellrechtlicher Normen ohne eine vorangegangene kartellbehördliche Entscheidung ist in der Praxis allenfalls bei offenen Verstößen möglich, die direkt gegen den Betroffenen gerichtet sind (wie das etwa beim Ausbeutungs- und Behinderungsmissbrauch sowie bei Verstößen gegen § 21 GWB, aber auch bei vertikalen Wettbewerbsbeschränkungen der Fall sein kann).[201] Die Geltendmachung von Schadensersatz fällt den (vermeintlich) Geschädigten demgegenüber wesentlich leichter, wenn der **Verstoß durch eine kartellbehördliche Entscheidung festgestellt** wurde. Dann steht jedenfalls der Tatbestand des Verstoßes sowie seine Dauer für die Gerichte verbindlich fest, auch wenn die Voraussetzungen und Reichweite der Bindungswirkung im Einzelnen umstritten sind (→ Rn. 95 ff.).

(1) Grundsätzliches. Für die Darlegung eines Kartellrechtsverstoßes gelten gegenüber der Haftung für die Verletzung anderer Verhaltensnormen **grundsätzlich keine Besonder-**

---

[200] MüKoZPO/*Prütting* ZPO § 284 Rn. 41; Zöller/*Greger* ZPO Vor § 284 Rn. 8, § 286 Rn. 12.
[201] Aber selbst bei solchen offenen Verstößen kann es dem Betroffenen an den für die Darlegung der Kartellrechtswidrigkeit eines Verhaltens erforderlichen Informationen fehlen. Macht beispielsweise der Abnehmer eines marktbeherrschenden Unternehmens geltend, er werde gegenüber anderen Abnehmern diskriminiert, muss er zumindest die diesen angebotenen Konditionen darlegen können – was ihm zumeist schwerfallen dürfte. Vgl. bspw. für den vergleichbaren Fall eines Verstoßes gegen § 21 Abs. 2 GWB durch Zufügung von Nachteilen gegenüber vergleichbaren Abnehmern LG Düsseldorf Urt. v. 16.1. 2014 – 14c O 226/12, BeckRS 2014, 08958, unter I.2.a).

heiten. An den Tatsachenvortrag des Klägers sind zunächst keine besonderen Anforderungen zu stellen. Insbesondere ist kein besonderer Detaillierungsgrad erforderlich; vielmehr genügt es für einen schlüssigen Vortrag, dass der Kläger knapp und zusammenfassend die Tatsachen vorträgt, aus denen sich ergibt, dass der Beklagte an einem Kartellrechtsverstoß beteiligt war. Allerdings kann sich der Beklagte dann in der Regel auf ein einfaches, nicht substantiiertes Bestreiten des klägerischen Vortrags beschränken (wobei er selbstverständlich die prozessuale Wahrheitspflicht aus § 138 Abs. 1 ZPO zu beachten hat). Der Kläger wird durch ein Bestreiten seines Vortrags durch den Beklagten zu einer vertieften und weiter substantiierten Darlegung des Kartellrechtsverstoßes gezwungen, was im Ergebnis zu einem **Wechselspiel zwischen Tatsachenvortrag und Bestreiten** führt.[202] Dasselbe gilt umgekehrt genauso für den Fall, dass (ausnahmsweise) dem Beklagten die Darlegungs- und Beweislast obliegt, wie etwa hinsichtlich der Voraussetzungen für die Freistellung einer wettbewerbsbeschränkenden Vereinbarung von den Verboten des § 1 GWB und Art. 101 AEUV oder der sachlichen Rechtfertigung einer Diskriminierung (im Einzelnen → Rn. 82 ff.).

78 Ein **Bestreiten mit Nichtwissen** nach § 138 Abs. 4 ZPO scheidet für den Beklagten im Hinblick auf das Vorliegen eines Kartellrechtsverstoßes zumeist aus.[203] Denn in der Regel wird es entweder um das eigene Verhalten des Beklagten oder, wie etwa bei Fragen der Marktabgrenzung, um Tatsachen gehen, die Gegenstand seiner eigenen Wahrnehmung waren. Größere Bedeutung kommt dem Bestreiten mit Nichtwissen in den Fällen zu, in denen es um eine Freistellung von den Verboten des § 1 GWB und Art. 101 AEUV oder die Rechtfertigung eines im Grundsatz missbräuchlichen Verhaltens geht. Hier kommt es in aller Regel vorrangig oder gar ausschließlich auf Angaben der zu Darlegung und Beweis verpflichteten Partei – üblicherweise dem oder den Beklagten – zu ihren unternehmensinternen Verhältnissen an (wie beispielsweise Angaben zu kundenspezifischen Preisen/Umsätzen und Kosten bei der Rechtfertigung einer Ungleichbehandlung). In diesen Fällen wird der Gegner nicht in der Lage sein, den Vortrag der darlegungs- und beweispflichtigen Partei substantiiert zu widerlegen. Insgesamt sind die Hürden für ein zulässiges Bestreiten mit Nichtwissen hoch. Für die Zulässigkeit des Bestreitens mit Nichtwissen wird bei juristischen Personen auf die Handlungen und Wahrnehmungen ihrer gesetzlichen Vertreter abgestellt.[204] Verfügen die Partei oder ihre gesetzlichen Vertreter nicht über präsentes Wissen, geht es aber um Tatsachen aus der Sphäre dieser Partei, trifft sie die Pflicht, sich durch Nachforschungen kundig zu machen und beispielsweise den Verbleib von Unterlagen zu erforschen.[205] Dabei muss die betreffende Partei grundsätzlich sämtliche verfügbaren Informationen in ihrem Unternehmen und gegebenenfalls auch bei Dritten einholen, die unter ihrer Anleitung, Aufsicht oder Verantwortung tätig geworden sind.[206] Die Partei muss zwar nicht jeden Geschäftspartner (also etwa einen normalen Lieferanten) befragen,[207] sich aber bei solchen Unternehmen informieren, die mit ihr organisatorisch und/oder vertraglich so verbunden sind, dass sie von ihnen voraussichtlich die erforderlichen Informationen oder Daten erlangen kann.[208] Deswegen muss die Partei, die mit Nichtwissen bestreiten will,

---

[202] BGH Beschl. v. 1.6.2005 – XII ZR 275/02, NJW 2005, 2710 (2711); vgl. auch MüKoZPO/*Prütting* ZPO § 286 Rn. 103; *Dölling* NJW 2013, 3121 (3123).
[203] Vgl. auch *Lübbig/Bell* WRP 2006, 1209 (1214).
[204] BGH Urt. v. 19.4.2001 – I ZR 238/98, NJW-RR 2002, 612 (613); BGH Urt. v. 7.10.1998 – VIII ZR 100–97, NJW 1999, 53 (54).
[205] BGH Urt. v. 10.10.1994 – II ZR 95/93, NJW 1995, 130 (131); BGH Urt. v. 15.11.1989 – VIII ZR 46/89, NJW 1990, 453 (454); MüKoZPO/*Wagner* BGB § 138 Rn. 27; Prütting/Gehrlein/*Prütting* ZPO § 138 Rn. 18; Zöller/*Greger* ZPO § 138 Rn. 14; vgl. auch *Dölling* NJW 2013, 3121 (3125).
[206] St. Rspr., vgl. BGH Urt. v. 17.9.2009 – Xa ZR 2/08, NJW-RR 2010, 110 (112); BGH Urt. v. 14.5.2004 – V ZR 164/03, BeckRS 2004, 05836; BGH Urt. v. 19.4.2001 – I ZR 238/98, NJW-RR 2002, 612 (613); BGH Urt. v. 7.10.1998 – VIII ZR 100–97, NJW 1999, 53 (54).
[207] BGH Urt. v. 7.10.1998 – VIII ZR 100–97, NJW 1999, 53 (54).
[208] BGH Urt. v. 17.9.2009 – Xa ZR 2/08, NJW-RR 2010, 110 (112).

beispielsweise die für sie tätigen Banken,[209] Handelsvertreter[210] oder Vertragswerkstätten[211] befragen. Dasselbe gilt für mit der Partei verbundene Unternehmen jedenfalls dann, wenn sie von ihr abhängig sind; unter Umständen ist aber selbst die Möglichkeit der Befragung von Schwester- und Muttergesellschaften zu berücksichtigen.[212] Nur wenn die erforderlichen Informationen und/oder Unterlagen aus legitimen Gründen – etwa wegen Vernichtung nach Ablauf der Aufbewahrungsfrist – tatsächlich nicht (mehr) vorhanden sind oder ihre Beschaffung zwar theoretisch möglich, aber mit unzumutbarem Aufwand verbunden ist, kann sich die nicht darlegungs- und beweispflichtige Partei erfolgreich auf ihr Nichtwissen berufen.[213] Für die Beurteilung des Nichtwissens relevant ist der Zeitpunkt, in dem sich die Partei erklären muss (wobei der BGH dabei offenbar nicht auf den letzten, sondern den ersten möglichen Zeitpunkt abstellt und ein Bestreiten mit Nichtwissen dann nicht zulässt, wenn zu diesem Zeitpunkt eine Aufklärung noch möglich gewesen wäre).[214] Die Anstrengungen, die zur Aufklärung unternommen worden sind, sind glaubhaft zu machen; ein pauschaler Verweis beispielsweise auf gesetzliche Aufbewahrungsfristen genügt nicht.[215] Schließlich: Auch wenn das Bestreiten mit Nichtwissen zulässig ist, genügt ein rein pauschales Bestreiten nicht; es muss klar erkennbar sein, welche Daten bestritten werden sollen.[216]

An die **Substantiierung des Vortrags** beider Parteien dürfen indes keine übermäßig strengen Maßstäbe angelegt werden. Insbesondere sind dabei der Detaillierungsgrad des gegnerischen Vortrags und die jeweiligen Erkenntnismöglichkeiten der Parteien zu berücksichtigen.[217] Dementsprechend müssen die konkreten Einzelheiten und Begleitumstände eines Vorgangs, der nicht im Wahrnehmungsbereich der darlegungspflichtigen Partei liegt, nicht dargelegt werden; vielmehr können insoweit sogar Vermutungen ausreichen, solange diese angesichts der konkreten Umstände jedenfalls nicht fernliegen und nicht nur „ins Blaue hinein" aufgestellt werden.[218] Insbesondere ist es unerheblich, wie wahrscheinlich die vorgetragenen Behauptungen sind und ob der Vortrag auf eigenem Wissen oder auf einer Schlussfolgerung aus Indizien beruht; dementsprechend kann auch kein Vortrag zu Einzelheiten verlangt werden, die Rückschlüsse auf die Plausibilität der

---

[209] BGH Urt. v. 7.11.2007 – IV ZR 149/04, BeckRS 2007, 65043.
[210] BGH Urt. v. 24.1.2013 – I ZR 52/11, BeckRS 2013, 11869.
[211] OLG Köln Urt. v. 27.3.2008 – 15 U 175/07, BeckRS 2008, 09080 Ziffer 3.1.2.2.
[212] Vgl. in diesem Sinne BGH Urt. v. 23.6.2009 – KZR 21/08 Rn. 13f. – Entega: Der BGH hat dort darauf hingewiesen, dass sich das beklagte Unternehmen nicht darauf berufen dürfe, dass nur seine Muttergesellschaft über die für die Rechtfertigung einer missbräuchlichen Preisspaltung erforderlichen Daten verfüge. Unterstütze die Muttergesellschaft die Beklagte nicht, sei das nicht anders zu beurteilen als der Verzicht einer Prozesspartei auf ihr günstigen Vortrag und führe gegebenenfalls zum Verlust des Prozesses. In der Entega-Entscheidung ging es zwar um die primäre Darlegungs- und Beweislast. Dieselben Überlegungen gelten aber auch für die Beurteilung der Frage, ob ein Bestreiten mit Nichtwissen zulässig oder ein substantiiertes Bestreiten (bis zur sekundären Darlegungslast) geboten ist. Wie hier LG Berlin Urt. v. 6.8.2013 – 16 O 193/11 Kart, WuW/E DE-R 4388 (4396f.) – Fahrtreppen. Vgl. für die Erforderlichkeit der Befragung einer Schwestergesellschaft auch einerseits BGH Urt. v. 17.9.2009 – Xa ZR 2/08, NJW-RR 2010, 110 (112) (grundsätzlich ja) und andererseits BGH Urt. v. 9.7.1987 – III ZR 229/85, Rn. 31; ZIP 1987, 1102 (grundsätzlich nein).
[213] BAG Beschl. v. 13.11.2007 – 3 AZN 449/07, NJW 2008, 1179; OLG Hamm Urt. v. 16.7.1998 – 21 U 143–97, NJW 1998, 3358; Baumbach/Lauterbach/Albers/*Hartmann* ZPO § 138 Rn. 23 u. 24; MüKoZPO/*Wagner* ZPO § 138 Rn. 27; Thomas/Putzo/*Reinhold* ZPO § 138 Rn. 21; vgl. auch *Dölling* NJW 2013, 3121 (3125); *Lange* NJW 1990, 3233 (3238).
[214] BGH Urt. v. 19.4.2001 – I ZR 238/98, NJW-RR 2002, 612 (613).
[215] BGH Urt. v. 10.10.1994 – II ZR 95/93, NJW 1995, 130 (131); KG Urt. v. 1.10.2009 – 2 U 17/03, NJOZ 2010, 536 (542) – Zementkartell; vgl. auch *Dölling* NJW 2013, 3121 (3125f.).
[216] OLG Düsseldorf Urt. v. 9.4.2014 – VI-U (Kart) 10/12, BeckRS 2014, 11817, unter II.B.4a.ee.
[217] BGH Urt. v. 24.5.2007 – III ZR 176/06, NJW 2007, 2043, 2044 Rn. 15; BGH Urt. v. 13.3.1996 – VIII ZR 36/95, NJW 1996, 1826 (1827).
[218] St. Rspr., BGH Urt. v. 1.7.1999 – VII ZR 202/98, ZfBR 1999, 340; BGH Urt. v. 13.3.1996 – VIII ZR 36/95, NJW 1996, 1826 (1827); BGH Urt. v. 8.11.1995 – VIII ZR 227/94, NJW 1996, 394; BGH Urt. v. 10.1.1995 – VI ZR 31/94, NJW 1995, 1160 (1161); ausführlich MüKoZPO/*Wagner* ZPO § 138 Rn. 8ff.; Stein/Jonas/*Leipold* ZPO § 138 Rn. 4; aA Prütting/Gehrlein/*Prütting* ZPO § 138 Rn. 4.

Tatsachenbehauptung zulassen.[219] Nur dann, wenn der Vortrag die relevanten Tatsachen so ungenau bezeichnet, dass das Gericht nicht beurteilen kann, ob die Behauptung überhaupt erheblich ist, also die Tatbestandsvoraussetzungen der geltend gemachten Rechtsnorm erfüllen, ist er nicht ausreichend substantiiert.[220] Erfüllt die darlegungspflichtige Partei diese Anforderungen und liegt eine behauptete Tatsache im Wahrnehmungsbereich des Gegners, hat dieser sich in der Regel dazu im Einzelnen zu erklären, will er den Vortrag der darlegungspflichtigen Partei bestreiten; einfaches Bestreiten genügt dann nicht.[221] Dabei hat er (wie auch die darlegungspflichtige Partei) den Wahrheitsgrundsatz zu berücksichtigen. Er muss zwar keine Irrtümer im Vortrag der darlegungspflichtigen Partei richtig stellen oder deren Schätzungen korrigieren,[222] darf aber den Vortrag nicht wider besseren Wissen bestreiten.[223] Stützt sich der Kläger in einem kartellrechtlichen Schadensersatzprozess beispielsweise auf Veröffentlichungen über einen Kartellrechtsverstoß in der Presse oder in Pressemitteilungen oder Fallberichten von Bundeskartellamt oder Europäischer Kommission, darf der Beklagte diesen Sachverhalt nicht bestreiten, wenn er zutrifft. Dies gilt auch dann, wenn der Beklagte deswegen negative Auswirkungen auf ein gleichzeitig anhängiges Bußgeldverfahren befürchten muss; solche Auswirkungen hat er gegebenenfalls hinzunehmen.[224]

80   Erfolgt der Vortrag der darlegungspflichtigen Partei allerdings – gemessen an den geschilderten Maßstäben – vollständig „ins Blaue" hinein, bleibt er unberücksichtigt, und die Klage ist unschlüssig.[225] Dasselbe gilt, wenn die darlegungspflichtige Partei nicht in der Lage ist, ihren (gegebenenfalls substantiiert bestrittenen) Vortrag ausreichend zu substantiieren. Umgekehrt ist das nicht ausreichend substantiierte Bestreiten der gegnerischen Partei als unerheblich anzusehen, so dass der Vortrag der darlegungspflichtigen Partei nach § 138 Abs. 3 ZPO als unstreitig behandelt wird. Beabsichtigt das Gericht, den Vortrag einer Partei auf dieser Basis als unschlüssig oder als unerheblich zurückzuweisen, muss es in der Regel zuvor einen **richterlichen Hinweis nach § 139 ZPO** erteilen.[226] Mit dem Hinweis muss unmissverständlich auf den fehlenden, aber entscheidungserheblichen Vortrag hingewiesen werden; zudem muss die Möglichkeit zur Nachbesserung gegeben werden.[227] Ein Hinweis ist allerdings entbehrlich, wenn sich die Erforderlichkeit eines vertieften Vortrags bereits aus dem erheblichen Bestreiten oder der substantiierten Darlegung der Gegenseite ergibt,[228] insbesondere, wenn diese auf die Defizite des Vortrags der anderen Partei ausdrücklich aufmerksam macht. Wird ein richterlicher Hinweis erteilt, muss er aktenkundig gemacht werden, indem er entweder im Verhandlungsprotokoll oder in einem Aktenvermerk, mindestens aber in einem der dem Hinweis nachfolgenden Schriftsätze oder im Tatbestand des Urteils dokumentiert wird.[229]

---

[219] BVerfG Beschl. v. 14.4.2003 – 1 BvR 1998/02, NJW 2003, 2976 (2977); BGH Beschl. v. 21.10.2014 – VIII ZR 34/14, Beck RS 2014, 21816 Rn. 20f., mWn aus der Rechtsprechung. Vgl. auch Zöller/*Greger* ZPO vor § 284 Rn. 5b; *Bischoff* JA 2010, 532 (533).
[220] BGH Beschl. v. 21.10.2014 – VIII ZR 34/14, Beck RS 2014, 21816 Rn. 21, mWn aus der Rechtsprechung.
[221] Vgl. dazu Baumbach/Lauterbach/Albers/*Hartmann* ZPO § 138 Rn. 27; MüKoZPO/*Wagner* ZPO § 138 Rn. 18; Zöller/*Greger* ZPO § 138 Rn. 8.
[222] Vgl. nur BeckOK ZPO/*von Selle* ZPO § 138 Rn. 30.
[223] BGH Beschl. v. 19.3.2004 – IX a ZB 229/03, NJW 2004, 2096 (2097); Zöller/*Greger* ZPO § 138 Rn. 1; Thomas/Putzo/*Reinhold* ZPO § 138 Rn. 3; MüKoZPO/*Wagner* ZPO § 138 Rn. 2.
[224] Vgl. OLG Düsseldorf Beschl. v. 3.5.2006 – W (Kart) 6/06, BeckRS 2006, 06970 unter C.; BeckOK ZPO/*von Selle* ZPO § 138 Rn. 31.1.; der Beklagte muss allerdings einen Verstoß oder sein Ausmaß nicht aktiv einräumen, vgl. Stein/Jonas/*Leipold* ZPO § 138 Rn. 13.
[225] Vgl. nur Stein/Jonas/*Leipold* ZPO § 138 Rn. 14.
[226] BVerfG Beschl. v. 28.6.1993 – 1 BvR 42/90, NJW 1994, 848 (849); BGH Beschl.v. 13.3.2008 – I ZB 59/07, NJW 2008, 1742 (1743) – Herzinfarkt statt Suizidgefahr; BGH Urt. v. 22.4.1999 – I ZR 37–97, NJW 1999, 3716; Zöller/*Greger* ZPO § 139 Rn. 17.
[227] OLG Düsseldorf Urt. v. 13.11.2013 – VI-U (Kart) 11/13, BeckRS 2013, 21406 – Badarmaturen.
[228] OLG Düsseldorf Urt. v. 13.11.2013 – VI-U (Kart) 11/13, BeckRS 2013, 21406 – Badarmaturen.
[229] Vgl. umfassend OLG Düsseldorf Urt. v. 13.11.2013 – VI-U (Kart) 11/13, BeckRS 2013, 21406 – Badarmaturen.

Weil dem Gericht nach den gesetzlichen Vorgaben ein erheblicher Beurteilungsspielraum verbleibt, neigt die Praxis nicht selten dazu, die **Anforderungen an die Substantiierung sehr (und gelegentlich zu) hoch** zu schrauben, um eine mühsame Beweisaufnahme zu vermeiden.[230] Daher empfiehlt es sich für beide Parteien, ihren Vortrag – spätestens nach einem richterlichen Hinweis – möglichst stark zu detaillieren, um das Prozessrisiko zu verringern. Gegebenenfalls sollte erwogen werden, etwaigen Vortrag zu komplexen ökonomischen Bewertungen (wie etwa zur Marktabgrenzung, zu Abschaltungseffekten beim Missbrauch marktbeherrschender Stellungen oder Vertikalvereinbarungen oder zu Effizienzvorteilen einer wettbewerbsbeschränkenden Vereinbarung) durch ein Privatgutachten eines (Wettbewerbs-) ökonomischen Sachverständigen zu untermauern (wobei Privatgutachten in der Praxis insbesondere im Zusammenhang mit der Schätzung der Schadenshöhe relevant sind und hierfür auch regelmäßig zur Substantiierung des Vortrags beider Parteien verwendet werden).

(2) Darlegungs- und Beweislast. Die Darlegungs- und Beweislast für das Vorliegen der Tatbestandsvoraussetzungen der angeblich verletzten kartellrechtlichen Ge- oder Verbotsnorm obliegt **grundsätzlich demjenigen, der aus einem Kartellrechtsverstoß Schadensersatzansprüche** herleiten will.[231] Anderes gilt nur dann, wenn sich entweder aus der Formulierung des Gesetzes (wie etwa durch die Verwendung von negativen oder positiven Merkmalen oder durch die Schaffung von Regel- und Ausnahmeverhältnissen) oder aus richterlicher Rechtsfortbildung ergibt, dass von diesem Grundsatz abgewichen werden soll.[232] Der gesetzlichen oder richterrechtlichen Verteilung der Darlegungs- und Beweislast für bestimmte Tatbestandsmerkmale liegt eine generalisierende Wertung zugrunde; sie darf nicht im Einzelfall aus Billigkeitsgründen verändert werden.[233] Hierfür bieten sich andere Instrumente zur Erleichterung der Darlegungs- und Beweislast an, wie etwa die sekundäre Darlegungslast bei einer ungleichen Verteilung der für die Darlegung der Voraussetzungen eines Tatbestands erforderlichen Tatsachenkenntnisse oder der Anscheinsbeweis bei typischen tatsächlichen Geschehensabläufen.

Dementsprechend muss der vermeintlich durch eine gegen das **Kartellverbot nach § 1 GWB** verstoßende wettbewerbsbeschränkende Vereinbarung Geschädigte darlegen und beweisen, dass das Verhalten der an der Vereinbarung beteiligten Unternehmen die Voraussetzungen des Kartellverbots erfüllt. Umgekehrt obliegen den an einer wettbewerbsbeschränkenden Vereinbarung beteiligten Unternehmen die Darlegung und der Beweis der Voraussetzungen einer Einzelfreistellung dieser Vereinbarung vom Kartellverbot nach § 2 Abs. 1 GWB sowie der Voraussetzungen einer (nach § 2 Abs. 2 GWB auch im Anwendungsbereich des GWB anwendbaren) Gruppenfreistellungsverordnung der EU.[234] Dasselbe gilt auch für die Voraussetzungen der Freistellung von Mittelstandskartellen nach § 3 GWB.[235] Dieselbe Beweislastverteilung wie für §§ 1 und 2 GWB ergibt sich auch für das **Kartellverbot nach Art. 101 AEUV.** Das folgt aus Art. 2 VO 1/2003, nach dem die Beweislast für eine Zuwiderhandlung gegen Art. 101 Abs. 1 AEUV der Partei obliegt, die diesen Vorwurf erhebt, während die Beweislast dafür, dass die Voraussetzungen des Art. 101 Abs. 3 AEUV vorliegen, demjenigen obliegt, der sich auf diese Bestimmung be-

---

[230] Krit. auch *Baumgärtel/Laumen/Prütting* Grundlagen § 3 Rn. 64.
[231] Immenga/Mestmäcker/*Emmerich* GWB § 33 Rn. 82; Loewenheim/Meessen/Riesenkampff/*Rehbinder* GWB § 33 Rn. 52; *Zöttl/Schlepper* EuZW 2012, 573 (574); vgl. generell bspw. BGH Urt. v. 14.1.1991 – II ZR 190/89, NJW 1991, 1052 (1053); Zöller/*Greger* ZPO Vor § 284 Rn. 20.
[232] MüKoZPO/*Prütting* ZPO § 286 Rn. 121; Musielak/*Foerste* ZPO § 286 Rn. 37; Zöller/*Greger* ZPO Vor § 284 Rn. 22 u. 27.
[233] BGH Urt. v. 10.3.2010 – IV ZR 264/08, NJW-RR 2010, 1378 (1379); MüKoZPO/*Prütting* ZPO § 286 Rn. 121; Musielak/*Foerste* ZPO § 286 Rn. 37; Zöller/*Greger* ZPO Vor § 284 Rn. 17.
[234] OLG Düsseldorf Urt. v. 13.11.2013 – VI-U (Kart) 11/13, WuW/DE-R 4117 (4122f.) – Badarmaturen; *Bechtold* GWB § 2 Rn. 6 u. 8; Immenga/Mestmäcker/*Fuchs* GWB § 2 Rn. 47f.; Langen/Bunte/*Schneider* GWB § 2 Rn. 8; *Bornkamm/Becker* ZWeR 2005, 213 (230); *Hempel* WuW 2004, 362 (364).
[235] Immenga/Mestmäcker/*Fuchs* GWB § 3 Rn. 90; Langen/Bunte/*Schneider* GWB § 3 Rn. 64; Loewenheim/Meessen/Riesenkampff/*Nordemann* GWB § 3 Rn. 68.

ruft. Art. 2 VO 1/2003 wurde auch mit Rücksicht auf die Durchsetzung des Wettbewerbsrechts der EU im Zivilprozess geschaffen[236] und erfasst sowohl die Darlegungs- als auch die Beweislast[237] für den objektiven Tatbestand (einschließlich der Voraussetzungen der Gruppenfreistellungsverordnungen[238]).

84 Beim **Missbrauchsverbot nach § 19 GWB** ist zu unterscheiden. Grundsätzlich muss der Geschädigte darlegen und gegebenenfalls beweisen, dass es sich bei dem Schädiger um ein marktbeherrschendes Unternehmen handelt. Umstritten ist die Rolle der Einzelmarktbeherrschungs- und Oligopolvermutungen in § 18 Abs. 4, 6 und 7 GWB. Nach herrschender Meinung führt die **Einzelmarktbeherrschungsvermutung** nicht zu einer Verlagerung der Darlegungs- und Beweislast auf das marktbeherrschende Unternehmen. Bei § 18 Abs. 4 GWB handele es sich nicht um eine zivilrechtliche Vermutung im Sinne von § 292 ZPO, sondern nur um eine Regelung der sekundären Darlegungslast dieses Unternehmens: Wenn der Geschädigte darlegt, dass die Voraussetzungen der Vermutung erfüllt sind, muss der Schädiger im Rahmen seiner sekundären Darlegungslast zeigen, dass er keine marktbeherrschende Stellung innehat. Lässt sich die Frage allerdings auch in der Beweisaufnahme nicht klären, geht das *non liquet* mit dem Geschädigten heim.[239] Demgegenüber wird die **Oligolvermutung** in § 18 Abs. 6 GWB gemeinhin als eine zivilrechtliche Vermutung im Sinne von § 292 ZPO angesehen, die zu einer Beweislastumkehr führt. Der Schädiger kann diese Vermutung nur widerlegen, wenn es ihm gelingt, die Voraussetzungen des § 18 Abs. 7 GWB darzulegen und zu beweisen.[240]

85 Die Darlegungs- und Beweislast für die Voraussetzungen eines missbräuchlichen Verhaltens hängt von den einzelnen **Missbrauchstatbeständen** des § 19 GWB ab. Bei § 19 Abs. 2 Nr. 1 Alt. 1 GWB (Behinderungsmissbrauch) obliegt es dem Geschädigten, die Voraussetzungen darzulegen und zu beweisen; das gilt auch für die Unbilligkeit der Behinderung.[241] Im Rahmen des § 19 Abs. 2 Nr. 1 Alt. 2 GWB (Diskriminierungsverbot) trägt der vermeintlich Geschädigte die Darlegungs- und Beweislast für die Diskriminie-

---

[236] Erwägungsgründe VO 1/2003 Nr. 5; Immenga/Mestmäcker/*Schmidt* VO 1/2003 Art. 2 Rn. 4, 9 u. 17; Langen/Bunte/*Sura* VO 1/2003 Art. 2 Rn. 9; MüKoEuWettbR/*Bardong* VO 1/2003 Art. 2 Rn. 1.
[237] Immenga/Mestmäcker/*Schmidt* VO 1/2003 Art. 2 Rn. 3 u. 22: nicht aber das Beweisverfahren.
[238] OLG Düsseldorf Urt. v. 13.11.2013 – VI-U (Kart) 11/13, WuW/DE-R 4117 (4122) – Badarmaturen; Immenga/Mestmäcker/*Schmidt* VO 1/2003 Art. 2 Rn. 32; Loewenheim/Meessen/Riesenkampff/*Zuber* VerfVO Art. 2 Rn. 10; Loewenheim/Meessen/Riesenkampff/*Nordemann* GWB § 3 Rn. 68. Vgl. auch MüKoEuWettbR/*Bardong* VO 1/2003 Art. 2 Rn. 15; *Bechtold* DB 2004, 235 (238). Vgl. ausführlich zum Verhältnis von GVO und VO 1/2003 *Baron* WuW 2006, 358.
[239] *Bechtold* GWB § 18 Rn. 70; Immenga/Mestmäcker/*Fuchs/Möschel* GWB § 18 Rn. 173; Langen/Bunte/*Bardong* GWB § 18 Rn. 215; Loewenheim/Meessen/Riesenkampff/*Götting* GWB § 19 Rn. 49. AA *Bischke/Brack* NZG 2013, 736; MüKoGWB/*Säcker/Gosse/Wolf* GWB § 19 Rn. 29ff. (Beweislastumkehr). Krit. *Bechtold* NJW 2009, 3699 (3703). Vgl. auch BGH Urt. v. 23.2.1988 – KZR 17/86, NJW-RR 1988, 1069 (1070) – Sonderungsverfahren; OLG München Urt. v. 17.6.2000 – U (K) 1607/10, NJOZ 2010, 2104 (2107). Beide Gerichte lassen die Frage im Ergebnis offen, legen aber nahe, dass die Marktbeherrschungsvermutungen im Zivilprozess nicht zu einer Umkehr der Beweislast, sondern nur zu einer sekundären Darlegungs- und Beweislast des Geschädigten führen sollen. So auch *Kleinlein/Schubert* NJW 2014, 3191 (3197).
[240] BGH Beschl. v. 2.12.1980 – KVR 1/80, NJW 1981, 1786 (1788) – Klöckner/Becorit; OLG Düsseldorf Beschl. v. 7.5.2008 – VI-Kart 13/07, BeckRS 2009, 86056, II. 2.b)aa) – Cargotec; OLG Düsseldorf Beschl. v. 3.12.2008 – VI-Kart 7/06 (V), WuW 2009, 663 (666) – Springer/ProSieben; OLG Düsseldorf Beschl. v. 26.11.2008 – VI-Kart 8/07, NJOZ 31654, 3168 – Phonak. Ebenso auch *Bechtold* GWB § 18 Rn. 74; Immenga/Mestmäcker/*Fuchs/Möschel* GWB § 18 Rn. 176; MüKoGWB/*Säcker/Gosse/Wolf* GWB § 19 Rn. 60; Langen/Bunte/*Bardong* GWB § 18 Rn. 225; Loewenheim/Meessen/Riesenkampff/ *Götting* GWB § 19 Rn. 54. Vgl. *Bechtold* NJW 2009, 3699 (3703). AA GK/*Leo* GWB § 19 Rn. 1383.
[241] BGH Urt. v. 22.10.1996 – KZR 19/95, WuW/E BGH 3079 (3084) – Stromeinspeisung II; BGH Urt. v. 12.11.1991 – KZR 18/90, NJW 1992, 1817 (1819) – Amtsanzeiger. Vgl. *Bechtold* GWB § 19 Rn. 32; Immenga/Mestmäcker/*Markert* GWB § 19 Rn. 233; Langen/Bunte/*Nothdurft* GWB § 19 Rn. 77. Allerdings kann das marktbeherrschende Unternehmen die sekundäre Darlegungslast hinsichtlich der Umstände treffen, aus denen sich sein Verhalten nicht als unbillig darstellt; das führt aber nicht zu einer Verlagerung der Beweislast (vgl. BGH Urt. v. 22.10.1996 – KZR 19/95, WuW/E BGH 3079 (3084) – Stromeinspeisung II; unzutreffend daher OLG Düsseldorf Urt. v. 14.10.2009 – VI-U [Kart] 4/09, WuW/E DE-R 2806 (2812) – Trassennutzungsänderung.

rung (einschließlich der Gleichartigkeit der unterschiedlich behandelten Unternehmen), während das marktbeherrschende Unternehmen für Darlegung und Beweis der Umstände verantwortlich ist, die die Ungleichbehandlung sachlich rechtfertigen.[242] Auch bei § 19 Abs. 2 Nr. 3 GWB (Preis- und Konditionenspaltung), § 19 Abs. 2 Nr. 4 GWB (Zugang zu Netzen und Infrastruktur) sowie § 19 Abs. 2 Nr. 5 GWB (Verlangen von Vorteilen/ Anzapfverbot) obliegt die Darlegungs- und Beweislast für das missbräuchliche Verhalten dem vermeintlich Geschädigten, die für die sachliche Rechtfertigung dem marktbeherrschenden Unternehmen.[243] Bei § 19 Abs. 2 Nr. 4 GWB ist umstritten, ob das marktbeherrschende Unternehmen zudem die Darlegungs- und Beweislast für die Angemessenheit des Entgelts für die Netz- bzw. Infrastrukturnutzung trägt. Richtigerweise wird man dem marktbeherrschenden Unternehmen nur insoweit eine sekundäre Darlegungslast aufbürden können, soweit die Voraussetzungen hierfür erfüllt sind (→ Rn. 89 ff.). Für eine echte Beweislastumkehr bedürfte es eines Anhaltspunktes im Gesetz.[244] Für das Vorliegen der Voraussetzungen eines Ausbeutungsmissbrauchs nach § 19 Abs. 2 Nr. 2 GWB trägt grundsätzlich der vermeintlich Geschädigte die Darlegungs- und Beweislast. Soweit die Rechtsprechung das Fehlen einer sachlichen Rechtfertigung auch im Rahmen des § 19 Abs. 2 Nr. 2 GWB als ungeschriebenes Tatbestandsmerkmal verankert hat, ist die Beweislastverteilung bislang offen geblieben;[245] für die Darlegungs- und Beweislast des marktbeherrschenden Unternehmens für die sachliche Rechtfertigung spricht die Beweislastverteilung in den anderen Einzeltatbeständen des § 19 Abs. 2 GWB. Für die Generalklausel in § 19 Abs. 1 GWB schließlich gilt, dass ihre Voraussetzungen grundsätzlich von dem vermeintlich Geschädigten dargelegt und bewiesen werden müssen;[246] lediglich dann, wenn der Missbrauch mit einem der Beispielstatbestände in § 19 Abs. 2 GWB vergleichbar ist, kann es zu einer abweichenden Beurteilung kommen.

Die Verteilung der Darlegungs- und Beweislast für das EU-rechtliche **Missbrauchs-** 86
verbot nach Art. 102 AEUV ist in Art. 2 VO 1/2003 geregelt. Danach obliegt dem Geschädigten die Darlegungs- und Beweislast für den gesamten objektiven Tatbestand. Eine § 18 GWB vergleichbare Regelung zur Marktbeherrschung (einschließlich der dort geregelten Vermutungen) gibt es im EU-Recht nicht. Unklar ist, ob die für das deutsche Recht entwickelten Differenzierungen bei der Darlegungs- und Beweislast im Rahmen des § 19 GWB auf das EU-Recht übertragbar sind. Dagegen spricht der klare Wortlaut von Art. 2 VO 1/2003. Für die Praxis ist das irrelevant, weil Sachverhalte, die die Voraussetzungen von Art. 102 AEUV erfüllen würden, in aller Regel zugleich auch in den Anwendungsbereich von § 19 GWB fallen, so dass sich der Geschädigte im Prozess auf diese Vorschrift stützen und die für sie entwickelten Regeln zur Darlegungs- und Beweislast nutzen kann.

Beim Verbot der **Ausnutzung einer relativen oder überlegenen Marktmacht** 87
nach § 20 Abs. 1 bis 4 GWB trägt der Geschädigte grundsätzlich zunächst die Darle-

---

[242] StRspr, BGH Urt. v. 2.4.1964 – KZR 10/62, NJW 1964, 1617 (1620) – Werkmilchabzug; BGH Urt. v. 12.11.1991 – KZR 18/90, NJW 1992, 1817 (1819) – Amtsanzeiger. AA OLG Hamburg Urt. v. 4.6. 2009 – 3 U 203/08, NJOZ 2009, 3601 (3607 u. 3610) – CRS, das zwischen dem in § 19 Abs. 4 Nr. 1 GWB aF (mittelbar enthaltenem) Diskriminierungsverbot und dem Diskriminierungsverbot in § 20 Abs. 1 GWB aF unterscheidet. Durch die Änderung der Missbrauchstatbestände lässt sich diese Unterscheidung jedenfalls heute nicht mehr aufrecht erhalten. Vgl. auch *Bechtold* GWB § 19 Rn. 44; Immenga/Mestmäcker/*Markert* GWB § 19 Rn. 233; Langen/Bunte/*Nothdurft* GWB § 19 Rn. 378.
[243] BGH Beschl. v. 24.9.2002 – KVR 8/01, WuW/E DE-R 984 (990) – Konditionenanpassung (zu § 20 Abs. 3 GWB aF); *Bechtold* GWB § 19 Rn. 65 u. 81; Loewenheim/Meessen/Riesenkampff/*Götting* GWB § 19 Rn. 94.
[244] So im Ergebnis auch *Bechtold* GWB § 19 Rn. 76, der zudem darauf verweist, dass es auch keinen Grund für eine Beweislastumkehr gibt. Ebenfalls Immenga/Mestmäcker/*Fuchs/Möschel* GWB § 19 Rn. 350. AA Loewenheim/Meessen/Riesenkampff/*Götting* GWB § 19 Rn. 97.
[245] Vgl. OLG Frankfurt Urt. v. 21.12.2010 – 11 U 37/09, WuW/E DE-R 3163 (3168) – Arzneimittelpreise.
[246] BGH Urt. v. 28.6.2011 – KZR 75/10, WuW/E DE-R 3431 (3434) Rn. 45 – ORWI; Immenga/Mestmäcker/*Fuchs* GWB § 19 Rn. 81.

gungs- und Beweislast für das Vorliegen einer solchen Stellung. Umstritten ist die Bedeutung der Abhängigkeitsvermutung in § 20 Abs. 1 S. 2 GWB, nach der ein Nachfrager dann als relativ marktstark im Sinne von § 20 Abs. 1 S. 1 GWB gilt, wenn er von einem Anbieter regelmäßig über das übliche Maß hinausgehende Vergünstigungen erlangt, die dieser Anbieter anderen Nachfragern nicht gewährt. Nach der wohl überwiegenden Meinung wird diese Vermutung – ähnlich wie bei der Einzelmarktbeherrschungsvermutung nach § 18 Abs. 4 GWB (→ Rn. 84) – nicht als Vermutung im Sinne von § 292 ZPO und damit auch nicht als Regelung zur Verteilung der Darlegungs- und Beweislast angesehen. Vielmehr werde durch § 20 Abs. 1 S. 2 GWB lediglich eine sekundäre (vertiefte) Darlegungslast des Schädigers begründet, wenn der Geschädigte die Voraussetzungen für die Vermutung darlegt.[247] Für die Verteilung der Darlegungs- und Beweislast in § 20 Abs. 1 GWB (Behinderungs-und Diskriminierungsverbot bei relativer Marktmacht) und § 20 Abs. 2 GWB (Verlangen von Vorteilen/Anzapfverbot bei relativer Marktmacht) gilt dasselbe wie bei 19 Abs. 2 Nr. 1 und Nr. 5 GWB, auf die § 20 GWB verweist. Bei § 20 Abs. 3 GWB (Behinderungsverbot bei überlegener Marktmacht) ist zu unterscheiden zwischen der Generalklausel in Satz 1 und den Regelbeispielen in Satz 2 (Verkauf unter Einstandspreis und Preis-Kosten-Schere). Liegt eines der Regelbeispiele vor, wird die Unbilligkeit des Verhaltens vermutet; das folgt aus der Formulierung „es sei denn, dies ist jeweils gerechtfertigt" am Ende von Satz 2. Die Darlegungs- und Beweislast dafür, dass ein Verkauf unter Einstandspreis oder eine Preis-Kosten-Schere nicht unbillig ist, liegt daher bei dem Normadressaten.[248] Demgegenüber führt § 20 Abs. 4 GWB nicht zu einer Verlagerung der Darlegungs- und Beweislast, sondern regelt lediglich die Darlegungsobliegenheit in „typischen" Behinderungsmissbrauchsfällen.[249] Ob dies über die von der Rechtsprechung entwickelten Grundsätze zur sekundären Darlegungslast beim Behinderungsverbot hinaus eine selbständige Bedeutung hat, ist zu bezweifeln;[250] zudem dürften die Voraussetzungen des § 20 Abs. 4 GWB allenfalls in wenigen ganz eindeutigen Fällen erfüllt sein.[251] Für die Regelbeispiele in § 20 Abs. 3 S. 2 GWB ist § 20 Abs. 4 GWB wegen der dort vorgesehenen Umkehr der Darlegungs- und Beweislast ohnedies irrelevant. Die besondere Bedeutung des § 20 GWB gerade bei der privaten Durchsetzung des Kartellrechts liegt nicht in den Besonderheiten der in § 20 GWB geregelten Verbotstatbestände, sondern darin, dass die Darlegung der Normadressateneigenschaft bei § 20 GWB wesentlich einfacher ist als die Darlegung einer marktbeherrschenden Stellung nach §§ 18, 19 GWB.

88 Bei dem Verbot der unberechtigten **Ablehnung der Aufnahme in Wirtschafts- und Berufsvereinigungen sowie Gütezeichengemeinschaften nach § 20 Abs. 5 GWB** trägt das die Aufnahme begehrende Unternehmen die Darlegungs- und Beweislast dafür, dass es die Aufnahmevoraussetzungen erfüllt und dass die Vereinigung diese Voraussetzungen nicht gleichmäßig anwendet,[252] sowie dass es durch die Ablehnung der Aufnahme im Wettbewerb unbillig benachteiligt werde (soweit diesem Merkmal überhaupt eine selb-

---

[247] Bechtold GWB § 20 Rn. 20; Langen/Bunte/*Nothdurft* GWB § 20 Rn. 65; Loewenheim/Meessen/Riesenkampff/*Loewenheim* GWB § 20 Rn. 52. AA MüKoGWB/*Westermann* GWB § 20 Rn. 56 mit beachtlichen Gründen.
[248] Vgl. BGH Beschl. v. 12.11.2002 – KVR/02, NJW 2003, 1739 – Wal-Mart; Immenga/Mestmäcker/*Markert* GWB § 20 Rn. 120; Loewenheim/Meessen/Riesenkampff/*Loewenheim* GWB § 20 Rn. 152, 155 u. 160; Bechtold GWB § 20 Rn. 39 u. 48; MüKoGWB/*Westermann* GWB § 20 Rn. 158 ff. u. 167. Vgl. auch BGH Urt. v. 12.11.2002 – KVR 5/02, WuW/DE-R 1042, (1044 ff.).
[249] Immenga/Mestmäcker/*Markert* GWB § 20 Rn. 124; MüKoGWB/*Westermann* GWB § 20 Rn. 170; Langen/Bunte/*Nothdurft* GWB § 20 Rn. 89 u. 150; Loewenheim/Meessen/Riesenkampff/*Loewenheim* GWB § 20 Rn. 164.
[250] Langen/Bunte/*Nothdurft* GWB § 20 Rn. 152; Immenga/Mestmäcker/*Markert* GWB § 20 Rn. 115; MüKoGWB/*Westermann* GWB § 20 Rn. 168.
[251] Bechtold GWB § 20 Rn. 49.
[252] OLG Düsseldorf Urt. v. 23.1.2013 – VI-U (Kart) 5/12, WuW/E DE-R 3841 (3846 f.) – Haustechnik-Großhändler. Vgl. auch Langen/Bunte/*Nothdurft* GWB § 20 Rn. 171 u. 173. Kritisch und differenzierend Loewenheim/Meessen/Riesenkampff/*Dorß* GWB § 20 Rn. 202.

ständige Bedeutung zukommt).[253] Die Darlegungs- und Beweislast dafür, dass die Ablehnung sachlich gerechtfertigt ist, trägt die Vereinigung.[254] Für das Vorliegen eines Verstoßes gegen das **Boykottverbot nach § 21 Abs. 1 GWB** ist das hiervon betroffene Unternehmen darlegungs- und beweispflichtig; das gilt auch für die komplexe und nur im Einzelfall zu beurteilende Frage der Unbilligkeit der durch die Liefer- und Bezugssperre verursachten Beeinträchtigung.[255] Bezüglich eines **Verstoßes gegen § 21 Abs. 2 bis 4 GWB** ergeben sich keine prozessualen Besonderheiten. Die Beweislastverteilung folgt den allgemeinen Grundsätzen, wonach der Geschädigte beweispflichtig bezüglich einer Veranlassung zu illegalen Wettbewerbsbeschränkungen nach § 21 Abs. 2 GWB, des Zwangs zu legalen Wettbewerbsbeschränkungen nach § 21 Abs. 3 GWB und der Nachteilszufügung nach § 21 Abs. 4 GWB ist. Soweit im Rahmen des § 21 Abs. 2 GWB inzident Rechtfertigungsgründe zu prüfen sind, folgt die Darlegungs- und Beweislastverteilung derjenigen, die für die Verbotsnorm gilt, gegen die der andere zu verstoßen veranlasst werden soll. Die in **§ 29 Abs. 1 S. 1 Nr. 1 GWB** für die Entgeltkontrolle in der Energiewirtschaft enthaltene Beweislastumkehr für die sachliche Rechtfertigung ungünstigerer Entgelte oder Konditionen gilt ausdrücklich nur für das Kartellverfahren, nicht aber für das Zivilverfahren. Ziel der Beschränkung der Beweislastumkehr auf das Verwaltungsverfahren war es, eine übermäßige Belastung der Versorgungsunternehmen zu verhindern.[256] Die Darlegungs- und Beweislast für einen Missbrauch iSv § 29 GWB trägt demnach insgesamt, also einschließlich des Fehlens einer sachlichen Rechtfertigung, der Geschädigte.[257] Eine sekundäre Darlegungslast kann das Versorgungsunternehmen nach der herrschenden Meinung ungeachtet des § 29 Abs. 2 S. 1 Hs. 2 GWB jedoch treffen, soweit die Voraussetzungen dafür erfüllt sind (→ Rn. 84 ff.).[258]

(3) Sekundäre Darlegungslast. Selbst wenn den vermeintlich Geschädigten in der Regel die 89 Darlegungs- und Beweislast für die Umstände trifft, aus denen sich der Kartellrechtsverstoß ergibt, kann es in Sondersituationen zu einer gesteigerten Darlegungslast auch des oder der an dem Verstoß beteiligten Unternehmen kommen, sogenannte sekundäre Darlegungslast.[259] **Voraussetzungen und Umfang** der sekundären Darlegungslast von Beklagten in kartellrechtlichen Schadensersatzprozessen sind noch weitgehend ungeklärt. Grundsätzlich geht die Rechtsprechung davon aus, dass keine Partei verpflichtet ist, ihrem (darlegungspflichtigen) Gegner die Informationen zu verschaffen, die er für eine erfolgreiche Darle-

---

[253] BGH Urt. v. 26.6.1979 – KZR 25/78, NJW 1980, 186 (187) – Anwaltsverein; vgl. dazu auch *Bechtold* GWB § 20 Rn. 61. AA Immenga/Mestmäcker/*Markert* GWB § 20 Rn. 169: Die Darlegungs- und Beweislast trage die Vereinigung, weil das Fehlen einer sachlichen Rechtfertigung und die Unbilligkeit der Benachteiligung inhaltlich weitgehend übereinstimmen. Krit. auch Langen/Bunte/*Nothdurft* GWB § 20 Rn. 171.
[254] *Bechtold* GWB § 20 Rn. 64; MüKoGWB/*Westermann* GWB § 20 Rn. 189; Immenga/Mestmäcker/*Markert* GWB § 20 Rn. 169.
[255] MüKoGWB/*Neef* GWB § 21 Rn. 38. AA Immenga/Mestmäcker/*Markert* GWB § 21 Rn. 47 zur Unbilligkeit.
[256] BT-Drs. 16/7156, 11.
[257] Immenga/Mestmäcker/*Körber* GWB § 29 Rn. 115; Loewenheim/Meessen/Riesenkampff/*Dorß* GWB § 29 Rn. 25; Langen/Bunte/*Lücke* GWB § 29 Rn. 35; *Bechtold* GWB § 29 Rn. 23.
[258] MüKoGWB/*Markert* GWB § 29 Rn. 67; Immenga/Mestmäcker/*Körber* GWB § 29 Rn. 115; Langen/Bunte/*Lücke* GWB § 29 Rn. 36; FK/*Baron* GWB § 29 Rn. 115; aA Loewenheim/Meessen/Riesenkampff/*Dorß* GWB § 29 Rn. 25; *Bechtold* GWB § 29 Rn. 23.
[259] Die dogmatische Begründung der sekundären Darlegungslast ist umstritten. Richtigerweise ist nicht von einer umfassenden prozessualen Aufklärungspflicht auszugehen (vgl. umfassend *Baumgärtel/Prütting/Laumen* Grundlagen § 16 Rn. 1 ff.). Vielmehr ist die sekundäre Darlegungslast aus der generellen Pflicht zur Substantiierung des Bestreitens unter Berücksichtigung der Wahrheits- und Vollständigkeitspflicht (§ 138 Abs. 1 und 2 ZPO) abzuleiten. Denn das Erfordernis zur Substantiierung des eigenen Vortrags korreliert nicht nur mit dem Grad der Substantiierung des gegnerischen Vortrags, sondern auch mit den eigenen Erkenntnismöglichkeiten. Daher kann zwischen der Substantiierungsobliegenheit und der sekundären Darlegungslast auch nicht eindeutig unterschieden werden (vgl. MüKoZPO/*Wagner* ZPO § 138 Rn. 22; Zöller/*Greger* ZPO § 138 Rn. 8b und Vor § 284 Rn. 34; *Baumgärtel/Prütting/Laumen* Grundlagen § 3 Rn. 61; vgl. auch BeckOK ZPO/*von Selle* ZPO § 138 Rn. 19.1).

gung der ihm günstigen Tatsachen benötigt.²⁶⁰ Sie bürdet der nicht darlegungspflichtigen Partei aber im Ausnahmefall die Pflicht auf, auf den Vortrag von Anhaltspunkten für das Vorliegen einer Tatbestandsvoraussetzung mit einer substantiierten Darlegung der für das Gegenteil sprechenden Tatsachen zu reagieren,²⁶¹ wenn sie verhindern will, dass der Vortrag der primär darlegungspflichtigen Partei trotz aller Mängel nach § 138 Abs. 3 ZPO als zugestanden gilt.²⁶² Eine sekundäre Darlegungsobliegenheit besteht insbesondere dann, wenn die darlegungspflichtige Partei selbst nicht zu einem umfassenden Vortrag von Tatsachen aus dem Wahrnehmungsbereich der gegnerischen Partei in der Lage ist²⁶³ und die Darlegung der relevanten Tatsachen der anderen Partei ohne Weiteres möglich und zumutbar ist.²⁶⁴ Die sekundäre Darlegungslast dürfte auch eine Pflicht zur Beschaffung von Informationen und Daten aus dem eigenen Unternehmen, von verbundenen Unternehmen oder auch von Dritten beinhalten (wobei immer die Zumutbarkeit im Blick zu halten ist); diese Pflicht ist letztlich nur die Kehrseite der Anforderungen an die Zulässigkeit des Bestreitens mit Nichtwissen nach § 138 Abs. 4 ZPO: Wo dieses nicht erlaubt ist, muss das Bestreiten im Rahmen der eigenen Erkenntnismöglichkeiten nach § 138 Abs. 1 und 2 ZPO substantiiert werden²⁶⁵ (siehe zum Inhalt der Pflicht zur Informationsbeschaffung → Rn. 78).

90 Der nicht primär darlegungspflichtigen Partei ist insbesondere die **Offenlegung von Geschäfts- und Betriebsgeheimnissen** im Rahmen der sekundären Darlegungslast im Allgemeinen nicht zumutbar.²⁶⁶ Ungeachtet dessen hat das OLG Düsseldorf von einem marktbeherrschenden Unternehmen verlangt, dass es im Rahmen der sekundären Darlegungslast detaillierte Angaben zu den Kosten und seiner Kalkulation macht, wenn dies zur Verteidigung gegen den Vorwurf einer unbilligen Behinderung im Sinne von § 19 Abs. 2 S. 1 GWB durch überhöhte Vorleistungsentgelte erforderlich ist.²⁶⁷ Das überzeugt jedenfalls dann nicht, wenn es sich – wie im dem OLG Düsseldorf entschiedenen Fall – bei den Parteien (zumindest auch) um Wettbewerber handelt: Das OLG Düsseldorf stützte sich zur Begründung seiner Entscheidung maßgeblich darauf, dass es möglich sei, die Geschäfts- und Betriebsgeheimnisse der Beklagten zu schützen. Deswegen sei es nicht unzumutbar, dem

---

²⁶⁰ BGH Urt. v. 11.6.1990 – II ZR 159/89, NJW 1990, 3151; *Baumgärtel/Prütting/Laumen* Grundlagen § 16 Rn. 6ff. mwN; vgl. auch *Dölling* NJW 2013, 3121 (3126).
²⁶¹ BGH Urt. v. 17.1.2008 – III ZR 239/06, NJW 2008, 982 (984); BGH Urt. v. 11.6.1990 – II ZR 159/89, NJW 1990, 3151f.
²⁶² *Baumgärtel/Prütting/Laumen* Grundlagen § 3 Rn. 61; Zöller/*Greger* ZPO § 138 Rn. 8b.
²⁶³ Der durch einen Kartellrechtsverstoß vermeintlich Geschädigte muss die Recherchen vornehmen, die ihm selbst möglich sind; erst wenn diese Möglichkeiten erfolglos ausgeschöpft sind, kommt eine sekundäre Darlegungslast des an dem Verstoß beteiligten Unternehmens in Betracht, OLG Düsseldorf Urt. v. 23.1.2013 – VI – U (Kart) 5/12, BeckRS 2013, 03363.
²⁶⁴ St. Rspr. Vgl. BGH Urt. v. 22.7.2014 – KZR 27/13, NJW 2014, 3089 (3090); BGH Urt. v. 8.1.2014 – I ZR 169/12, NJW 2014, 2360 (2361); BGH Urt. v. 28.6.2011 – KZR 75/10, GRUR 2012, 291 (297) – ORWI. BGH Urt. v. 17.1.2008 – III ZR 239/06, NJW 2008, 982 (984); BGH Urt. v. 17.3.1987 – VI ZR 282/85, NJW 1987, 2008 (2009); BGH Urt. v. 13.7.1962 – I ZR 43/61, GRUR 1963, 270 (271) – Bärenfang. Vgl. auch *Dölling* NJW 2013, 3121 (3125f.); Langen/Bunte/*Bornkamm* GWB § 33 Rn. 145.
²⁶⁵ Vgl. BGH Urt. v. 14.5.2004 – V ZR 164/03, BeckRS 2004, 05836 (dort wurde eine Informationsbeschaffungspflicht des Beklagten aber abgelehnt, weil der Kläger dem Sachverhalt näherstand); unklar BGH Urt. v. 17.9.2009 – Xa ZR 2/08, NJW-RR 2010, 110 (112), wo die sekundäre Darlegungslast grundsätzlich verneint wurde, weil sich der Beklagte die Kenntnisse erst hätte verschaffen müssen, im Rahmen der Zulässigkeit des Bestreitens mit Nichtwissen aber die Erkenntnismöglichkeiten im Einzelnen überprüft (dann aber auch verneint) wurden.
²⁶⁶ BGH Urt. v. 15.3.2012 – I ZR 52/10, GRUR 2012, 626 (629) – Converse; BGH Urt. v. 12.11.1991 – KZR 18/90, NJW 1992, 1817 (1819) – Amtsanzeiger; BGH Urt. v. 13.7.1962 – I ZR 43/61, GRUR 1963, 270 (271) – Bärenfang; OLG Stuttgart Urt. v. 29.11.2012 – 2 U 89/12 Rn. 129f.; OLG Frankfurt Urt. v. 30.1.2008 – 23 U 38/05, MMR 2008, 473. Vgl. auch *Burrichter* FS Canenbley 2012, 111 (118); *Lübbig/Bell* WRP 2006, 1209 (1214).
²⁶⁷ OLG Düsseldorf Urt. v. 8.6.2011 – VI-U (Kart) 2/11, BeckRS 2012, 04895 – Teilnehmerdaten. In diesem Verfahren war auch streitig, ob es sich bei den relevanten Daten überhaupt um Geschäftsgeheimnisse handelte. Das OLG Düsseldorf war der Auffassung, dass die dortige Beklagte das nicht ausreichend dargelegt habe (Rn. 267ff. bei juris). Die Ausführungen des OLG Düsseldorf zur Zumutbarkeit der Offenlegung von Geschäfts- und Betriebsgeheimnissen im Rahmen der sekundären Darlegungslast in Prozessen zwischen Wettbewerbern sind daher nur ein *Obiter Dictum*. Das mag auch erklären, warum der BGH die Revision nicht zugelassen hat (BGH Beschl. v. 9.10.2012 – KZR 40/11).

Beklagten die sekundäre Darlegungslast aufzubürden. Die vermeintlichen Schutzmaßnahmen erweisen sich bei näherer Analyse allerdings kaum als ausreichend. Insbesondere der Ausschluss der Öffentlichkeit schützt die Geheimnisse gerade nicht vor Kenntnisnahme durch die gegnerische Partei selbst.[268] Zudem führt die Auffassung des OLG Düsseldorf zu einem Widerspruch zwischen den prozessualen Anforderungen und den kartellrechtlichen Wertungen. Sie zwingt das sekundär darlegungspflichtige marktbeherrschende Unternehmen dazu, zwischen dem Prozessverlust und einer Offenlegung von unternehmensinternen und vertraulichen Informationen zu Kosten und Kalkulationen gegenüber einem Wettbewerber zu wählen, die, würde sie einvernehmlich erfolgen, wegen der wettbewerbsbeschränkenden Auswirkung eines Informationsaustauschs im Horizontalverhältnis ohne Weiteres kartellrechtswidrig wäre (siehe zum Schutz von Geschäftsgeheimnissen im kartellrechtlichen Zivilprozess ausführlicher → Rn. 653 ff.).

91 Wird die nicht primär darlegungspflichtige Partei ihrer sekundären Darlegungslast gerecht, darf ihr Vortrag auch dann nicht als richtig zugrunde gelegt werden, wenn die primär darlegungspflichtige Partei ihrerseits auf diesen Vortrag nicht durch weiteres Vorbringen substantiiert reagiert. Dass die primär darlegungspflichtige Partei das nicht kann, ist gerade der Grund für die sekundäre Darlegungslast der anderen Partei. Deswegen ist auch bei Erfüllung der sekundären Darlegungslast Beweis zu erheben, wenn die primär darlegungpflichtige Partei an ihrem Vortrag festhält. Eine weitere Substantiierung des Vortrags der primär darlegungspflichtigen Partei ist nur dann zu verlangen, wenn die primär darlegungspflichtige Partei durch die Erfüllung der sekundären Darlegungslast in die Lage versetzt wird, ihren eigenen Vortrag zu vertiefen und dies unterlässt. Allerdings verbleibt die Beweislast in jedem Fall bei der primär darlegungspflichtigen Partei; sie muss für die streitigen Tatsachen den Beweis anbieten und führen (→ Rn. 94).

92 In der Rechtsprechung wurde die sekundäre Darlegungslast im Rahmen der Haftungsbegründung bislang vor allem in Fällen des **Missbrauchs einer marktbeherrschenden Stellung** relevant. Neben der sekundären Darlegungslast des Schädigers bei Vorliegen der Voraussetzungen der Einzelmarktbeherrschungsvermutung bzw. der Vermutung relativer Marktmacht (→ Rn. 84 und 87) kommt beispielsweise bei dem – üblicherweise anhand eines Vergleichsmarkts ermittelten – Preishöhenmissbrauch nach § 19 Abs. 2 Nr. 2 GWB eine sekundäre Darlegungslast des marktbeherrschenden Unternehmens hinsichtlich der Darlegung solcher Unterschiede zwischen dem Vergleichsmarkt und dem von dem missbräuchlichen Verhalten betroffenen Markt in Betracht, die in der Sphäre des marktbeherrschenden Unternehmens liegen.[269] Hieraus kann sich im Einzelfall auch eine Pflicht des marktbeherrschenden Unternehmens zur Darlegung der Kosten und Kalkulation ergeben[270] (zur Unzumutbarkeit der Offenlegung von Geschäftsgeheimnissen im Rahmen der sekundären Darlegungslast → Rn. 90). Auch beim Behinderungsmissbrauch kann eine sekundäre Darlegungslast des marktbeherrschenden Unternehmens bestehen. Das gilt beispielsweise bei der Gewährung von Zugang zu Netzen und Infrastruktureinrichtungen nach § 19 Abs. 2 Nr. 4 Hs. 2 GWB. Zwar muss derjenige, der von dem marktbeherr-

---

[268] Vgl. auch den ausdrücklichen Hinweis des BGH, dass es „nicht von vorneherein ausgeschlossen ist," dass durch den Ausschluss der Öffentlichkeit ein genügender Schutz von Geschäfts- und Betriebsgeheimnissen erreicht werden kann, wenn „es sich bei der Gegenpartei **nicht** um einen Wettbewerber der Beklagten, sondern um einen Kunden handelt und folglich nicht schon die Bekanntgabe der Geheimnisse selbst eine Geheimnisverletzung zur Folge hat" (BGH Urt. v. 19.11.2008 – VIII ZR 138/08, NJW 2009, 502 (507), Hervorhebung nur hier). Ebenso bereits BGH Urt. v. 12.11.1991 – KZR 18/90, NJW 1992, 1817 (1819) – Anzeigenblatt. Vgl. auch BGH Urt. v. 8.7.2009 – VIII ZR 314/07, NJW 2009, 2894 (2896). Vgl. *Bornkamm* FS Ullmann 2006, 893 (904).

[269] Vgl. OLG Frankfurt Urt. v. 21.12.2010 – 11 U 37/09, WuW/E DE-R 3163 (3168) – Arzneimittelpreise (wobei dort offengelassen wird, ob nicht sogar eine Umkehr der Darlegungs- und Beweislast in Betracht kommt); OLG Düsseldorf Urt. v. 26.11.2008 – 2 U (Kart) 12/07, BeckRS 2009, 02336; OLG Düsseldorf Beschl. v. 22.3.2007 – 2 U (Kart) 17/04, BeckRS 2007, 14435. Vgl. auch Immenga/Mestmäcker/*Fuchs/Möschel* GWB § 19 Rn. 280; *Kleinlein/Schubert* NJW 2014, 3191 (3197).

[270] So OLG Düsseldorf Beschl. v. 22.3.2007 – 2 U (Kart) 17/04, BeckRS 2007, 14435. Vgl. auch OLG Düsseldorf Urt. v. 8.6.2011 – VI-U (Kart) 2/11, BeckRS 2012, 04895 zu einem Fall des Behinderungswettbewerbs.

schenden Inhaber eines Netzes oder einer Infrastruktureinrichtung Zugang zu diesem Netz oder dieser Einrichtung verlangt, die Unangemessenheit des von ihm verlangten Zugangsentgelts darlegen. Da der Anspruchsinhaber oftmals nicht über die Informationen verfügt, die für eine umfassende Darlegung der Unangemessenheit erforderlich sind, ist – jedenfalls bei tatsächlichen Anhaltspunkten für die Unangemessenheit des Entgelts – an eine sekundäre Darlegungslast des Inhabers zu denken.[271] Ähnliches dürfte auch für die Darlegung des Fehlens einer sachlichen Rechtfertigung von missbräuchlichen Entgelten oder anderen Konditionen von Energieunternehmen auf der Basis des Vergleichsmarktkonzepts nach § 29 S. 1 Nr. 1 GWB gelten. Die dort zu Lasten der Energieunternehmen vorgesehene Beweislastumkehr gilt zwar ausdrücklich nur in Kartellverwaltungsverfahren; das dürfte aber die allgemeinen Regeln zur sekundären Darlegungslast (die keine Umkehr der Darlegungslast ist und an der Beweislast nichts ändert) unberührt lassen.[272] Eine sekundäre Darlegungslast des marktbeherrschenden Unternehmens hat die Rechtsprechung auch im Falle des (allgemeinen) Behinderungsmissbrauchs nach § 19 Abs. 2 Nr. 1 (erster Fall) GWB angenommen, wenn die Umstände, aus denen sich die Unbilligkeit einer Behinderung ergibt, in der Sphäre des marktbeherrschenden Unternehmens liegen und für das betroffene Unternehmen nicht (vollständig) erkennbar sind.[273]

93 Aber auch generell kann eine sekundäre Darlegungslast der an einem Kartellrechtsverstoß beteiligten Unternehmen im Zusammenhang mit der Darlegung dieses Verstoßes zur Begründung von Schadensersatzansprüchen bestehen. Legt der Geschädigte beispielsweise anhand von **Pressemitteilungen und/oder Fallberichten der Kartellbehörden, anderen öffentlich verfügbaren Informationen** (wie etwa Presseberichten oder eigenen Mitteilungen der Kartellbeteiligten beispielsweise in Geschäftsberichten oder kapitalmarktrechtlichen Mitteilungen) **oder anhand anderer Quellen** (wie etwa ihm bekannt gewordenen Aktenbestandteilen der Kartellbehörden) gewichtige Anhaltspunkte für einen Kartellrechtsverstoß und seine Dauer, die davon betroffenen Produkte und Regionen sowie die an dem Verstoß beteiligten Unternehmen dar, können sich der oder die Beteiligten nicht auf ein einfaches Bestreiten beschränken, sondern müssen im Einzelnen (und unter Beachtung der prozessualen Wahrheitspflicht) darlegen, dass und aus welchen Gründen dieser Sachverhalt nicht zutrifft (oder welche Tatsachen gegen die rechtliche Einordnung des Sachverhalts als Kartellrechtsverstoß sprechen).[274] So kann sich ein Geschädigter zur Darlegung eines Kartellrechtsverstoßes beispielsweise auf die Feststellungen in einem kartellbehördlichen Bescheid selbst dann berufen, wenn dieser für das an dem Verstoß beteiligte Unternehmen nicht nach § 33 Abs. 4 GWB bindend ist, weil es beispielsweise als Kronzeuge eines Kartells nicht Adressat der Entscheidung des Bundeskartellamts ist, weil sich eine Untersagungsentscheidung erledigt hat oder weil die konkreten Feststellungen nicht an der Bindungswirkung teilnehmen (→ Rn. 109).[275] Das oder die (angeblich) an dem Verstoß beteiligten Unternehmen trifft dann eine sekundäre Darlegungslast für sämtliche Umstände in ihrer Sphäre, aus denen sich ergibt, dass der Vortrag des Geschädigten nicht zutrifft, soll er nicht als zugestanden gelten (§ 138 Abs. 3 ZPO). Die Kartellbeteiligten haben auch eine sekundäre Darlegungslast, wenn sie – trotz gegenteiliger An-

---

[271] Immenga/Mestmäcker/*Fuchs*/*Möschel* GWB § 19 Rn. 350. Vgl. auch *Bechtold* GWB § 19 Rn. 76: jedenfalls dann, wenn sich der Inhaber des Netzes oder der Einrichtung darauf berufen will, dass das anhand eines Vergleichsmarktes bestimmte angemessene Entgelt seine Kosten nicht decke.
[272] So auch MüKoGWB/*Markert* GWB § 29 Rn. 67; Langen/Bunte/*Lücke* GWB § 29 Rn. 36; FK/*Baron* GWB § 29 Rn. 115; Immenga/Mestmäcker/*Körber* GWB § 29 Rn. 115; Kleinlein/Schubert NJW 2014, 3191 (3197); aA *Bechtold* GWB § 29 Rn. 23; Loewenheim/Meessen/Riesenkampff/*Dorß* GWB §29 Rn. 25.
[273] OLG Düsseldorf Urt. v. 8.6.2011 – VI-U (Kart) 2/11, BeckRS 2012, 04895 – Teilnehmerdaten; OLG Hamburg Urt. v. 4.6.2009 – 3 U 203/08, NJOZ 2009, 3601 (3607) – CRS.
[274] Dass die Preise in der (vermeintlichen) Kartellperiode höher als in einer Vergleichsperiode lagen, ist aber kein hinreichendes Indiz für das Bestehen eines Kartells und lässt deswegen auch keine sekundäre Darlegungslast des Beklagten entstehen, vgl. KG Urt. v. 1.10.2009 – 2 U 17/03, NKOZ 2010, 536 (542).
[275] KG Urt. v. 1.10.2009 – 2 U 17/03, NKOZ 2010, 536 (539).

haltspunkte im Vortrag des Kartellgeschädigten – bestreiten wollen, dass ein ihnen nach § 31 BGB zurechenbarer verfassungsmäßiger Vertreter an dem Kartellrechtsverstoß beteiligt war.

Das Bestehen einer sekundären Darlegungslast kann zum Auseinanderfallen von Darlegungs- und Beweislast führen; sie hat **keine Umkehr der Beweislast** zur Folge. Das gilt für die formelle und materielle Beweislast gleichermaßen. Wird die nicht primär darlegungspflichtige Partei ihrer sekundären Darlegungslast gerecht, und bleibt die Tatsachenbehauptung danach zwischen den Parteien streitig, verbleibt es bei der Beweislast der primär darlegungs- und beweisbelasteten Partei.[276] Will sie mit ihrer Behauptung nicht beweisfällig bleiben, muss sie ein geeignetes Beweismittel anbieten; die sekundäre Beweislast verpflichtet insbesondere nicht dazu, solche Beweismittel zu identifizieren (also beispielsweise den Namen und die Anschrift eines Zeugen zu offenbaren[277]) oder eine Urkunde oder andere Unterlagen vorzulegen.[278] Verbleibt es nach einer von der primär darlegungs- und beweispflichtigen Partei beantragten Beweisaufnahme bei einem *non liquet,* geht das Beweisrisiko mit ihr – und nicht mit der sekundär darlegungspflichtigen Partei – heim.[279]

94

Die sekundäre Darlegungslast dürfte hinsichtlich des Verstoßes künftig erheblich an Bedeutung verlieren, wenn der **Regierungsentwurf für die 9. GWB-Novelle** unverändert Gesetz wird. Denn der neue § 33g RegE-GWB sieht einen materiell-rechtlichen Anspruch auf Auskunft und Herausgabe von Beweismitteln auch hinsichtlich des Haftungsrundes vor, wenn ein Anspruch auf Schadensersatz wegen Verstößen gegen das GWB oder das EU-Wettbewerbsrecht glaubhaft gemacht wird (→ Rn. 74a). Dieser Anspruch kann entweder gemeinsam mit dem Schadensersatzanspruch oder isoliert gerichtlich durchgesetzt werden (§ 89b RegE-GWB). Soweit dieser Anspruch greift, besteht kein Bedürfnis für eine sekundäre Darlegungslast; zugleich dürfen die Voraussetzungen und Grenzen des Auskunftsanspruchs nach § 33g RegE-GWB über die sekundäre Darlegungslast nicht umgangen werden. Die sekundäre Darlegungslast mag allerdings nach wie vor dort helfen, wo dem Inhaber des Schadensersatzanspruchs die Glaubhaftmachung des Anspruchs ohne Mitwirkung des Schädigers nicht gelingen kann, was insbesondere bei den in Rn. 92 genannten Fällen des Missbrauchs einer marktbeherrschenden Stellung der Fall sein kann.

94a

(4) Bindungswirkung von kartellbehördlichen/gerichtlichen Entscheidungen. (a) § 33 Abs. 4 GWB. In zahlreichen Fällen wird sich der Geschädigte zur Darlegung des Verstoßes auf eine Entscheidung der Europäischen Kommission, des Bundeskartellamts oder der Kartellbehörde eines anderen Mitgliedstaats stützen wollen. Dabei kommt dem Geschädigten zugute, dass solche Entscheidungen das mit der Geltendmachung von Schadensersatz wegen eines Kartellrechtsverstoßes befasste Gericht nach § 33 Abs. 4 GWB binden. Die Vorschrift soll die zivilprozessuale Geltendmachung von Schadensersatzansprüchen im Anschluss an eine behördliche oder gerichtliche Feststellung eines Kartellrechtsverstoßes im Wege sogenannter **„Follow on"-Klagen** erleichtern.[280] Unmittelbares Vor-

95

---

[276] St. Rspr., vgl. BGH Urt. v. 22.7.2014 – KZR 27/13, NJW 2014, 3089 (3090); BGH Urt. v. 8.1.2014 – I ZR 169/12, NJW 2014, 2360 (2361); BGH Urt. v. 17.1.2008 – III ZR 239/06, NJW 2008, 982 (984). Vgl. auch BGH Urt. v. 22.10.1996 – KZR 19/95, WuW/E BGH 3079 (3084) – Stromeinspeisung II. Das verkennt OLG Düsseldorf Urt. v. 14.10.2009 – VI-U [Kart] 4/09, WuW/E DE-R 2806 (2812) – Trassennutzungsänderung.

[277] Vgl. BGH Urt. v. 17.1.2008 – III ZR 239/06, NJW 2008, 982 (984).

[278] BGH Urt. v. 22.7.2014 – KZR 27/13, NJW 2014, 3089 (3090); BGH Urt. v. 23.10.2007 – X13 R 423/06, NJW-RR 2008, 1269 (1270); BGH Urt. v. 25.6.2007 – XI ZR 277/05, NJW 2007, 2989 (2991).

[279] Vgl. etwa BGH Urt. v. 5.12.2012 – VIII ZR 74/12, NJW 2013, 1299 (1301); BGH Urt. v. 2.4.2012 – V ZR 86/11, BeckRS 2012, 09618 Rn. 4 f.; BeckOK/ZPO *Becker* ZPO § 284 Rn. 84.

[280] BT-Drs. 15/3460, 54; Immenga/Mestmäcker/*Emmerich* GWB § 33 Rn. 86; Mestmäcker/Schweitzer/ *Mestmäcker/Schweizer* GWB § 23 Rn. 39; Loewenheim/Meessen/Riesenkampff/*Rehbinder* GWB § 33 Rn. 54.

bild des durch die 7. GWB-Novelle eingeführten § 33 Abs. 4 GWB war die in Art. 16 VO 1/2003 vorgesehene Bindungswirkung von Entscheidungen der Europäischen Kommission.[281]

96 Die **RL 2014/104/EU** sieht vor, dass eine vergleichbare Bindungswirkung von kartellbehördlichen Entscheidungen, wie sie in Deutschland bereits besteht, nunmehr auch in anderen Mitgliedstaaten eingeführt werden soll. Nach Art. 9 Abs. 1 RL 2014/104/EU soll das Vorliegen einer in einer bestandskräftigen Entscheidung einer nationalen Kartellbehörde oder eines Gerichts eines Mitgliedstaats festgestellte Zuwiderhandlung gegen Art. 101 AEUV, Art. 102 AEUV und/oder nationales Kartellrecht in einem nachfolgenden Schadensersatzprozess in demselben Mitgliedsstaat unwiderleglich vermutet werden und damit das Gericht in diesem Prozess binden. Das entspricht insoweit der gegenwärtigen Rechtslage in Deutschland.[282] Demgegenüber sieht die RL 2014/104/EU keine Bindungswirkung der Entscheidungen von Kartellbehörden oder Gerichten anderer Mitgliedstaaten vor; diese Entscheidungen sollen aber „zumindest" als Anscheinsbeweis für das Vorliegen eines Kartellrechtsverstoßes anerkannt werden. Diese Regelung geht zum Teil über § 33 Abs. 4 GWB hinaus (weil sie auch Entscheidungen von Behörden in anderen Mitgliedstaaten über Verstöße gegen das nationale Kartellrecht dieser Mitgliedstaaten erfasst[283]), zum Teil bleibt sie dahinter zurück (weil sie keine Bindungswirkung, sondern nur einen Anscheinsbeweis verlangt).[284] Da sich die Bindungswirkung von Kommissionsentscheidungen bereits aus der VO 1/2003 ergibt, enthält die RL 2014/104/EU dazu keine Regelung. Der **Regierungsentwurf für die 9. GWB-Novelle** sieht vor, dass die bisherige Regelung beibehalten wird (§ 33b RegE-GWB).

97 **(aa) Verbindliche Entscheidungen.** § 33 Abs. 4 S. 1 GWB gilt für alle kartellbehördlichen Entscheidungen, mit denen das **Vorliegen eines Kartellrechtsverstoßes abschließend und bestandskräftig festgestellt** wurde und bei denen es betroffene Dritte im Sinne des § 33 Abs. 1 S. 3 GWB geben kann.[285] Bei mehreren Adressaten wird für den Beginn der Bindungswirkung nicht auf den Zeitpunkt abgestellt, zu dem die Bestandskraft gegenüber dem letzten Adressaten eintritt; vielmehr wird die Bestandskraft der Entscheidung für jeden Adressaten separat festgestellt.[286] Der Bindungswirkung zugänglich sind Entscheidungen der Europäischen Kommission sowie der in § 48 Abs. 1 GWB definierten Kartellbehörden, also des Bundeskartellamts und der Landeskartellbehörden, theoretisch auch des Bundeswirtschaftsministeriums (was aber praktisch nicht relevant ist). Darüber hinaus können auch Entscheidungen von Kartellbehörden anderer Mitgliedstaaten der EU verbindlich sein, soweit sie über Verstöße gegen Art. 101 und/oder 102 AEUV entscheiden. Wird die Entscheidung einer Behörde gerichtlich angefochten, ist für die Bindungswirkung die Entscheidung des über die Anfechtung urteilenden Gerichts relevant (§ 33 Abs. 4 S. 2 GWB). Demgegenüber gilt § 33 Abs. 4 GWB nicht für Entscheidungen, die feststellen, dass ein Kartellrechtsverstoß nicht vorliegt; dasselbe gilt für Feststellungen zur

---

[281] Immenga/Mestmäcker/*Emmerich* GWB § 33 Rn. 86.
[282] So auch *Kühne/Woitz* DB 2015, 1028 (1029).
[283] Die praktische Bedeutung des Anscheinsbeweises eines Verstoßes gegen ausländisches Kartellrecht wird sich erst in der Zukunft erweisen. Nach deutschem Recht wird der Verstoß gegen ausländische kartellrechtliche Verbotsnormen weder von § 33 GWB noch von § 823 Abs. 2 BGB erfasst. Der Anscheinsbeweis eines Verstoßes gegen ausländisches Kartellrecht wird allerdings eine Rolle spielen, wenn das deutsche Gericht auch die Haftungsnorm des ausländischen Rechts heranziehen muss (was allerdings nach Art. 6 Abs. 3 Rom II-VO durchaus der Fall sein kann).
[284] So auch *Lettl* WRP 2015, 537 (541).
[285] Immenga/Mestmäcker/*Emmerich* GWB § 33 Rn. 91.
[286] Das hat wegen der gesamtschuldnerischen Haftung aller an einem Kartellrechtsverstoß beteiligten Unternehmen zur Folge, dass sich der Geschädigte bereits mit Eintritt der Bestandskraft für nur einen der Adressaten im Prozess gegen ihn für den gesamten Schaden auf GWB § 33 Abs. 4 stützen kann, vgl. *Weitbrecht* NJW 2012, 881 (882). Im Innenverhältnis kann das für den Adressaten, der die kartellbehördliche Entscheidung gegen sich bestandskräftig hat werden lassen, bedeuten, dass seine Ausgleichsansprüche gefährdet sind, wenn die anderen Adressaten mit ihren Rechtsmitteln gegen die Entscheidung ganz oder teilweise erfolgreich sind.

zeitlichen, sachlichen und räumlichen Reichweite eines Kartellrechtsverstoßes sowie die rechtliche Würdigung von Tatsachen in einer kartellbehördlichen Entscheidung, die dem Adressaten der Entscheidung günstig erscheinen. Sie binden das über den Schadensersatzanspruch urteilende Gericht nicht zugunsten des Beklagten in einem Follow-on-Prozess. Der Kläger kann geltend machen, dass der Verstoß länger dauerte, andere oder mehr Produkte erfasste und/oder sich auf weitere Regionen erstreckte. Es gelten dann jedoch die normalen Regeln zur Darlegung und zum Beweis.[287]

Als nach § 33 Abs. 4 S. 1 GWB für einen nachfolgenden Schadensersatzprozess verbindliche **Entscheidungen der deutschen Kartellbehörden** kommen Verfügungen gemäß § 32 Abs. 1 und 3 GWB, der Entzug einer Freistellung auf Grund des § 32d GWB sowie Bußgeldbescheide nach § 81 GWB in Betracht.[288] Die Bindungswirkung ist zu verneinen hinsichtlich Entscheidungen gemäß § 30 Abs. 3, § 32a, § 32b, § 32c und 36 Abs. 1 GWB, bei denen es entweder keine betroffenen Dritten geben kann oder bei denen keine abschließende Verfügung getroffen wird.[289] Als **Entscheidungen der Europäischen Kommission,** die Bindungswirkung entfalten, sind Beschlüsse auf der Grundlage der Art. 7, 8, 10, 23 Abs. 2 und 29 Abs. 1 der VO 1/2003 von Bedeutung.[290] Insoweit wiederholt § 33 Abs. 4 GWB allerdings letztlich weitgehend die in Art. 16 VO 1/2003 bereits getroffene, unmittelbar anwendbare und vorrangige Regelung,[291] regelt darüber hinaus aber ausdrücklich auch die Bindungswirkung der unionsgerichtlichen Entscheidungen (woran allerdings auch unionsrechtlich kein Zweifel besteht). Bei der Auslegung von § 33 Abs. 4 GWB im Hinblick auf die Wirkung von Kommissionsentscheidungen ist Art. 16 VO 1/2003 zu beachten; dies ergibt sich aus dem gesetzgeberischen Willen zur Transformation der unionsrechtlichen Regelung ins deutsche Recht, empfiehlt sich aber auch wegen des ohnedies bestehenden Vorrangs von Art. 16 VO 1/2003, der auch neben § 33 Abs. 4 GWB anwendbar bleibt. Die deutsche Rechtsprechung greift im Zusammenhang mit Kommissionsentscheidungen primär auf § 33 Abs. 4 GWB zurück und problematisiert das Verhältnis zu Art. 16 VO 1/2003 – zu Recht – nicht.[292]

Entscheidungen der deutschen Kartellbehörden sind **bestandskräftig,** wenn sie unanfechtbar sind. Die Anfechtbarkeit richtet sich in Verwaltungsverfahren nach § 66 GWB und in Ordnungswidrigkeitenverfahren nach § 67 OWiG. In Bestandskraft kann eine Verfügung allerdings nur erwachsen, wenn sie bis zum Eintritt der Unanfechtbarkeit wirksam war. Hat sie sich vor Eintritt der Unanfechtbarkeit erledigt, kann sie nicht mehr unanfechtbar werden und dementsprechend nicht mehr in Bestandskraft erwachsen.[293] Sie ist dann auch nicht nach § 33 Abs. 4 GWB bindend.[294] Erledigt sich eine Verfügung des Bundeskartellamts nach § 32 GWB oder § 32d GWB erst während eines Beschwerdeverfahrens, kann das Bundeskartellamt, möglicherweise auch ein an dem Beschwerdeverfah-

---

[287] Langen/Bunte/*Bornkamm* GWB § 33 Rn. 170; *Bechtold* GWB § 33 Rn. 42.
[288] Immenga/Mestmäcker/*Emmerich* GWB § 33 Rn. 91, 95; *Bechtold* GWB § 33 Rn. 42; Loewenheim/Meessen/Riesenkampff/*Rehbinder* GWB § 33 Rn. 54; Möschel/Bien/*Grünberger,* Kartellrechtsdurchsetzung, 163; *Dreher* ZWeR 2008, 325 (327 f.).
[289] Immenga/Mestmäcker/*Emmerich* GWB § 33 Rn. 91; *Bechtold* GWB § 33 Rn. 42; Möschel/Bien/*Grünberger,* Kartellrechtsdurchsetzung, 163; aA hinsichtlich § 32a GWB Loewenheim/Meessen/Riesenkampff/*Rehbinder* GWB § 33 Rn. 54.
[290] Vgl. Immenga/Mestmäcker/*Emmerich* GWB § 33 Rn. 90.
[291] BT-Drs. 15/3640, 54; Immenga/Mestmäcker/*Emmerich* GWB § 33 Rn. 87; MüKoGWB/*Lübbig* GWB § 33 Rn. 115.
[292] Vgl. etwa OLG Düsseldorf Urt. v. 29. 1. 2014 – VI-U (Kart) 7/13, WuW/DE-R 4477 (4478); OLG Düsseldorf Urt. v. 30. 9. 2009 – VI-U (Kart) 17/08 (V), WuW/DE-R 2763 (2765); LG Berlin Urt. v. 6. 8. 2013 – 16 O 193/11 Kart, WuW/DE-R 4456 (4457 f.).
[293] Vgl. BVerwG Urt. v. 14. 10. 1999 – 6 C 7/98, NVwZ 2000, 63 (64); *Kopp/Ramsauer* VwVfG § 43 Rn. 30a.
[294] Loewenheim/Meessen/Riesenkampff/*Kühnen* GWB § 71 Rn. 44; Langen/Bunte/*Lembach* GWB § 71 Rn. 61. Vgl. auch OLG Düsseldorf Beschl. v. 4. 12. 2002 – Kart 38/01 (V), WuW/DE-R 1058 (1060) – 100, eins Radio Aachen, für den insoweit vergleichbaren Fall eines Schadensersatzanspruchs wegen Verstoßes gegen eine kartellbehördliche Verfügung.

ren beteiligter Dritter,[295] nach § 71 Abs. 3 GWB Feststellung beantragen, ob, in welchem Umfang und bis zu welchem Zeitpunkt die Verfügung rechtmäßig war. Stellt das Gericht fest, dass die Verfügung zumindest vorübergehend rechtmäßig war, ist diese Entscheidung im nachfolgenden Schadensersatzprozess nach § 33 Abs. 4 GWB bindend.[296] Wann Entscheidungen der Kommission bestandskräftig im Sinne des § 33 Abs. 4 GWB werden, ist umstritten. Vorherrschend ist wohl die Auffassung, dass es weder auf den Ablauf der Rechtsmittelfrist noch darauf ankommt, ob der Adressat die Entscheidung mit der Nichtigkeitsklage angefochten hat, weil das Unionsrecht keine aufschiebende Wirkung von Rechtsmitteln vorsieht.[297] Selbst wenn man sich dem anschließt, darf das Gericht, das über Schadensersatzansprüche zu entscheiden hat, jedenfalls dann keine abschließende Entscheidung über das Vorliegen oder Nichtvorliegen eines Verstoßes gegen Art. 101 AEUV oder Art. 102 AEUV treffen, auch nicht auf der Grundlage von § 33 Abs. 4 GWB, wenn eine Nichtigkeitsklage über die Entscheidung beim Gericht und/oder Gerichtshof anhängig ist. Mit Rücksicht auf die Verpflichtung der nationalen Gerichte der Mitgliedstaaten zur loyalen Zusammenarbeit mit dem Gerichtshof muss das mit dem Schadensersatzanspruch befasste Gericht das Verfahren aussetzen und die Entscheidung des Gerichtshofs abwarten. Es muss aber nicht selbst die Frage nach der Rechtmäßigkeit der Kommissionsentscheidung nach Art. 267 AEUV vorlegen.[298] Insoweit unterscheidet sich die Situation bei Kommissionsentscheidungen von der, in der die Entscheidung einer deutschen Behörde noch nicht in Bestandskraft erwachsen ist; während das nationale Zivilgericht bei Kommissionsentscheidungen aufgrund der unionsrechtlichen Loyalitätspflicht dem Gerichtshof den Vorrang geben muss, ist die Entscheidung der deutschen Behörde schlicht nicht nach § 33 Abs. 4 GWB bindend, ohne dass es eine Pflicht des Zivilgerichts gäbe, eine gerichtliche Entscheidung im Verwaltungs- oder Bußgeldverfahren abzuwarten.[299]

100 Nicht unproblematisch ist die Entscheidung des deutschen Gesetzgebers dafür, auch **Entscheidungen der Behörden und Gerichte anderer Mitgliedstaaten** als rechtlich bindend anzuerkennen.[300] Zwar dürfte in den meisten Mitgliedstaaten gewährleistet sein, dass die verfahrensrechtlichen und praktischen Rahmenbedingungen für den Erlass von kartellbehördlichen Entscheidungen ebenso wie die für die gerichtliche Überprüfung solcher Entscheidungen im Einklang mit rechtsstaatlichen Grundsätzen (einschließlich der Verfahrensgrundrechte) stehen. Gleichwohl ist hiervon – jedenfalls gemessen an den Garantien des deutschen Rechts – nicht in allen Mitgliedstaaten auszugehen.[301] Bestehen konkrete Anhaltspunkte für eine Verletzung von rechtsstaatlichen Prinzipien oder für eine Missachtung anderer Bestandteile des deutschen Ordre Public, ist die Bindungswirkung einzuschränken und im Einzelfall abzulehnen.[302] Insgesamt wäre wegen dieser Problema-

---

[295] HM, vgl. Langen/Bunte/*Lembach* GWB § 71 Rn. 65; Loewenheim/Meessen/Riesenkampff/*Kühnen* GWB § 71 Rn. 46. AA *Bechtold* GWB § 71 Rn. 12.
[296] Langen/Bunte/*Lembach* GWB § 71 Rn. 61; Loewenheim/Meessen/Riesenkampff/*Kühnen* GWB § 71 Rn. 44.
[297] Immenga/Mestmäcker/*Emmerich* GWB § 33 Rn. 90; MüKoGWB/*Lübbig* GWB § 33 Rn. 114. AA *Bechtold* GWB § 33 Rn. 40; MüKoGWB/*Lübbig* GWB § 33 Rn. 114. Vgl. auch *Meyer* GRUR 2006, 27 (32).
[298] Vgl. umfassend zu allem BVerwG Beschl. v. 4.5.2005 – 4 C 6/04, NVwZ 1061 (1067) – Flughafen Zürich, mwN. Vgl. auch Immenga/Mestmäcker/*Emmerich* GWB § 33 Rn. 90.
[299] OLG Düsseldorf Beschl. v. 3.5.2006 – VI-W (Kart) 6/06, WuW/DE-R 1755 (1757) – Zementkartell.
[300] Vgl. auch Immenga/Mestmäcker/*Emmerich* GWB § 33 Rn. 92; *Meeßen* Anspruch auf Schadensersatz, 137 f.; *Roth* FS Huber 2006, 1133 (1153).
[301] Vgl. *Bechtold* DB 2004, 235 (239); *Berrisch/Burianski* WuW 2005, 878 (883); *Fuchs* WRP 2005, 1384 (1395); *Hempel* WuW 2005, 137 (144); *Lübbig/Bell* WRP 2006, 1209 (1212). AA *Alexander* Schadensersatz, 428 ff.
[302] Vgl. Langen/Bunte/*Bornkamm* GWB § Rn. 171; *Bechtold* GWB § 33 Rn. 45; Immenga/Mestmäcker/*Emmerich* § 33 GWB Rn. 97; Loewenheim/Meessen/Riesenkampff/*Rehbinder* GWB § 33 Rn. 55; *Meyer* GRUR 2006, 27 (31 f.). Vgl. auch *Schwab*, Ausschuss f. Wirtschaft u. Währung des EP, Entwurf eines Berichts v. 3.10.2013, 2013/0185 (COD), 39.

tik eine Art. 9 Abs. 2 der Richtlinie 2014/104/EU entsprechende Lösung, nach der Entscheidungen von Behörden in anderen Mitgliedstaaten nur einen Anscheinsbeweis oder eine widerlegliche Vermutung für das Vorliegen eines Kartellrechtsverstoßes begründen, vorzuziehen gewesen. Der RegE-GWB hält jedoch an der bisherigen Regelung fest (vgl. § 33b RegE-GWB). Die Bestandskraft von Entscheidungen der Behörden anderer Mitgliedstaaten ist nach der jeweiligen *lex fori* zu beurteilen.[303]

(bb) Feststellungswirkung der Entscheidungen. Die von § 33 Abs. 4 GWB erfassten Entscheidungen sind nach dem Wortlaut der Vorschrift **nur im Hinblick auf das Vorliegen eines Kartellrechtsverstoßes** verbindlich. Sie haben unstreitig keine Bindungswirkung im Hinblick auf die Kausalität und den Schaden;[304] nach der hier vertretenen Ansicht gilt § 33 Abs. 4 GWB darüber hinaus generell – also auch bei Bußgeldbescheiden des Bundeskartellamts und Entscheidungen der Kommission über die Verhängung von Geldbußen – nicht für das Verschulden (ausführlich → Rn. 116). Allerdings können sich die Feststellungen der Kartellbehörde zu den Einzelheiten eines Verstoßes mittelbar erheblich auf Kausalität und Schaden auswirken (→ Rn. 126 f.). Daher ist die sachliche Reichweite von § 33 Abs. 4 GWB nicht nur von Bedeutung für das Vorliegen und die Dauer eines die Schadensersatzpflicht nach § 33 Abs. 4 GWB auslösenden Verhaltens; vielmehr ist sie auch entscheidend dafür, welchen Sachverhalt das Zivilgericht seiner Entscheidung über Entstehung und Höhe eines Schadens als feststehend zugrundezulegen hat. Weitestgehend unstreitig ist in diesem Zusammenhang nur, dass es sich bei § 33 Abs. 4 GWB nicht nur um die Anordnung einer Tatbestands-,[305] sondern um die Anordnung einer Feststellungswirkung der kartellbehördlichen Entscheidung für einen nachfolgenden Schadensersatzprozess handelt. Das Zivilgericht muss also nicht nur berücksichtigen, **dass** es die kartellschädliche Entscheidung und die dort getroffene Regelung gibt, die Entscheidung ist auch **inhaltlich** hinsichtlich sowohl der tatsächlichen Feststellungen als auch der rechtlichen Bewertung verbindlich.[306] Nach wie vor unklar und umstritten ist allerdings, was das für die Praxis bedeutet.[307] Das Meinungsspektrum reicht dabei von einer Beschränkung der Bindungswirkung auf die bloße Feststellung eines Kartellrechtsverstoßes unter Ausschluss sämtlicher Feststellungen zu Vorfragen (wie beispielsweise die von der Behörde vorgenommene Marktabgrenzung oder die von ihr festgestellte Abschottungswirkung eines Verhaltens zu Lasten bestimmter Wettbewerber)[308] über die Bindung an die Feststellung des Verstoßes einschließlich aller diese Feststellung tragenden tatsächlichen Feststellungen[309] bis hin zu einer vollständigen Bindung des Gerichts an sämtliche tatsächlichen Fest-

101

---

[303] Möschel/Bien/*Grünberger*, Kartellrechtsdurchsetzung, 135, 165.
[304] OLG München Urt. v. 21.2.2013 – U 5006/11 Kart, NZKart 2013, 162 (163); LG Berlin Urt. v. 6.8. 2013 – 16 O 193/11 Kart, NZKart 2014, 37 (38); OLG Düsseldorf Urt. v. 9.4.2014 – VI-U (Kart) 10/12, BeckRS 2012, 04895; Immenga/Mestmäcker/*Emmerich* GWB § 33 Rn. 96; Langen/Bunte/*Bornkamm* GWB § 33 Rn. 169; Möschel/Bien/*Grünberger*, Kartellrechtsdurchsetzung, 174; *Bechtold* GWB § 33 Rn. 41 f.; so auch ausdr. BT-Drs. 15/3640, 54; vgl. zur Rechtslage nach Art. 16 VO 1/2003 auch EuGH Urt. v. 6.11.2012 – C-199/11 Rn. 65 f. – Otis.
[305] Missverständlich insofern die Regierungsbegründung zur 7. GWB-Novelle, vgl. BT-Drs. 15/3640, 54.
[306] BGH Urt. v. 12.7.2016 – KZR 25/14, Rn. 12–14 des amtl. Umdrucks – Lotto-Totto-Schadensersatz; Langen/Bunte/*Bornkamm* GWB § 33 Rn. 161; Immenga/Mestmäcker/*Emmerich* GWB § 33 Rn. 89 u. 96; *Bechtold* GWB § 33 Rn. 42; *Mestmäcker/Schweitzer* § 23 Rn. 39 mwN; Möschel/Bien/*Grünberger*, Kartellrechtsdurchsetzung, 135, 171 ff.; *Meeßen* Anspruch auf Schadenersatz, 133; *Alexander* Schadensersatz, 426 f.; *Dreher* ZWeR 2008, 325 (328 f.); *Nothdurft* FS Tolksdorf 2014, 533 (538 f.); *Scheffler* NZKart 2015, 223 (223 ff.). AA *Meyer* GRUR 2006, 27 (30).
[307] Soweit sich in den Urteilen oder Kommentierungen hierzu überhaupt Überlegungen finden, erschöpfen sie sich zumeist darin, dass sie tatsächlichen und rechtlichen Feststellungen binden. Anhaltspunkte für die Reichweite der Bindungswirkung lassen sich indes den Erörterungen in BGH Urt. v. 12.7.2016 – KZR 25/14, Rn. 12, 14, 15, 19 u. 20 ff. des amtl. Umdrucks – Lotto-Totto-Schadensersatz entnehmen.
[308] OLG München Urt. v. 21.2.2013 – U 5006/11 Kart, NZKart 2013, 162 (163) – Fernsehvermarktung; wohl auch LG Düsseldorf Urt. v. 19.11.2015 – 14d O 4/14, NZKart 2016, 88 (89 f.) – Autoglaskartell.
[309] So BGH Urt. v. 12.7.2016 – KZR 25/14, Rn. 12, 14, 15 u. 19 des amtl. Umdrucks – Lotto-Totto-Schadensersatz; Immenga/Mestmäcker/*Emmerich* GWB § 33 Rn. 96; *Meeßen* Anspruch auf Schadenser-

stellungen, welche die Tatbestandsmerkmale der jeweiligen Ge- oder Verbotsnorm ausfüllen und den Lebenssachverhalt bilden, bezüglich dessen ein Kartellrechtsverstoß festgestellt wurde.[310]

102 Letztlich ist die inhaltliche Reichweite der Bindungswirkung nicht isoliert anhand von § 33 Abs. 4 GWB, sondern nur im **Wechselspiel mit den Rechtsschutzmöglichkeiten der Adressaten der kartellbehördlichen Entscheidung** zu bestimmen.[311] Würde man die Bindungswirkung weiter fassen als die Rechtsschutzmöglichkeiten, entstünde eine unzulässige Rechtsschutzlücke. Das durch Art. 19 Abs. 4 GG gewährleistete Recht auf effektiven Rechtsschutz schließt grundsätzlich eine Bindung der Gerichte an tatsächliche oder rechtliche Feststellungen der Verwaltung hinsichtlich dessen aus, was im Einzelfall rechtens ist.[312] Eine Ausnahme besteht nur insoweit, als der Gesetzgeber der Verwaltung die Befugnis zur Letztentscheidung eingeräumt hat. Dabei handelt es sich insbesondere um normativ eröffnete Gestaltungs-, Ermessens- und Beurteilungsspielräume. Auch in diesen Fällen darf sich die einer Verwaltung übertragene Letztentscheidungsbefugnis nach Art. 19 Abs. 4 GG aber nicht auf die Feststellung der für die Entscheidung maßgeblichen Tatsachen beziehen.[313] Darüberhinaus sind für komplexe Sachverhalte gestufte Entscheidungsprozesse zulässig, bei denen jeweils einzelne Elemente abgeschichtet und schrittweise mit Bindungswirkung für nachfolgende Verfahrensschritte entschieden werden. Sowohl die Behörden als auch die Gerichte sind aber an tatsächliche oder rechtliche Feststellungen in bestandskräftigen Vorentscheidungen in gestuften Verfahren nur dann gebunden, wenn (i) diese Feststellungen zuvor einer gerichtlichen Prüfung tatsächlich zugänglich waren, (ii) die Aufspaltung des Rechtschutzes, also die Zulässigkeit, aber auch Notwendigkeit einer selbständigen Anfechtung der Vorentscheidung klar erkennbar war und (iii) die Aufspaltung des Rechtschutzes nicht mit unzumutbaren Risiken und Lasten verbunden ist.[314]

103 Die Bindung der Zivilgerichte an behördliche Vorentscheidungen im kartellrechtlichen Schadensersatzprozess nach § 33 Abs. 4 S. 1 GWB entspricht letztlich einem solchen gestuften Verfahren. Mit Rücksicht auf Art. 19 Abs. 4 GG kann das Gericht daher – wie auch sonst in gestuften Verfahren – **nur insoweit an tatsächliche und rechtliche Feststellungen der Kartellbehörde nach § 33 Abs. 4 GWB gebunden sein, wie diese Feststellungen ihrerseits einer gerichtlichen Überprüfung tatsächlich, wirksam und in zumutbarer Weise zugänglich waren.**[315] Dabei genügt es nicht, den Adressaten der kartellbehördlichen Entscheidung auf die Möglichkeit des Rechtsschutzes gegen

---

satz, 132; so im Ergebnis wohl auch OLG Düsseldorf Urt. v. 30.9.2009 – VI-U (Kart) 17/08, WuW/E DE-R 2763 (2766).

[310] So das BKartA, Stellungnahme v. 29.8.2013 in dem Rechtsstreit V./S. (OLG München), 10. Ebenso *Nothdurft* FS Tolksdorf 2014, 523 (539ff.). Eindrücklich die Darstellung der (vermeintlich) von der Bindungswirkung erfassten Feststellungen (S. 543ff.). In diese Richtung geht wohl auch das OLG Düsseldorf Urt. v. 29.1.2014 – VI-U (Kart) 7/13, BeckRS 2015, 090230: Tenor und Sachverhalt der Kommissionsentscheidung. Vgl. auch LG Mannheim Urt. v. 4.5.2012 – 7 O 63/11 Kart, WuW/E DE-R 3584 (3588) – Feuerwehrfahrzeuge: „Wenn die Beklagte daher einzelne Umstände, die in den Feststellungen des Bußgeldbescheides enthalten sind, dennoch in Abrede stellt, ist dies unbeachtlich."

[311] Die nachfolgend geschilderte verfassungsrechtliche Problematik betrifft nur kartellbehördliche Entscheidungen, die nicht gerichtlich geprüft wurden. Hinsichtlich einer weitgehenden Bindung der Zivilgerichte an vorangegangene Entscheidungen anderer Gerichte bestehen keine vergleichbaren grundlegenden Bedenken (vgl. Möschel/Bien/*Grünberger*, Kartellrechtsdurchsetzung, 135, 192f.).

[312] Vgl. nur BVerfG Beschl. v. 22.10.1986 – 2 BvR 197/83, NJW 1987, 577 (579), sowie die nachfolgend zitierten Urteile.

[313] Vgl. umfassend zu den verfassungsrechtlichen Anforderungen BVerfG Beschl. v. 10.12.2009 – 1 BvR 3151/07, NVwZ 435 (437f.) mwN. Vgl. auch bspw. Maunz/Dürig/*Schmidt-Aßmann* GG Art. 19 Abs. 4 Rn. 184a.

[314] Vgl. BVerfG Urt. v. 17.12.2013 – 1 BvR 3139/08 u. 1 BvR 3386/08, NVwZ 2014, 211 (216f.); BVerfG Urt. v. 31.5.2011 – BvR 857/07, NVwZ 2011, 1062 (1068); Maunz/Dürig/*Schmidt-Aßmann* GG Art. 19 Abs. 4 Rn. 166f.; Sachs/*Sachs* GG Art. 19 Rn. 145.

[315] Vgl. Mangoldt/Klein/Stark/*Huber* GG Art. 19 Rn. 460: „Der Sachverhalt muss wenigstens einmal vollständig in rechtlicher und tatsächlicher Hinsicht durch den Richter ermittelt [...] werden."

die eigentliche Regelung der kartellbehördlichen Verfügung – also beispielsweise die Untersagung eines bestimmten Verhaltens nach § 32 GWB oder die Verhängung einer Geldbuße – zu verweisen.³¹⁶ Es sind zahlreiche Konstellationen denkbar, in denen eine Anfechtungsbeschwerde gegen die Regelung selbst von vorneherein keinen Erfolg verspricht, obwohl einzelne Tatsachenfeststellungen durch die Behörde oder ihre rechtliche Bewertung dieser Tatsachen unzutreffend sind. Das gilt insbesondere bei alternativen Begründungen einer kartellbehördlichen Entscheidung, von denen eine zutrifft, während die andere auf falschen tatsächlichen oder rechtlichen Feststellungen beruht. Bindet man das Zivilgericht, wie es der Auffassung des Bundeskartellamts entspricht, an sämtliche Feststellungen zu dem Lebenssachverhalt, bezüglich dessen der Kartellrechtsverstoß festgestellt wurde,³¹⁷ zeigt sich dieses Problem noch deutlicher. Der Adressat wird durch praktisch jede Feststellung in seinen Verteidigungsmöglichkeiten im Zivilprozess beschränkt. Handelt es sich nicht um Feststellungen, mit denen die Rechtmäßigkeit der Verfügung steht und fällt, sondern um Begleitumstände und Details des Verstoßes, ist aber die Anfechtung der kartellbehördlichen Verfügung in ihrer Gesamtheit selten geeignet und nie zumutbar, um diese Feststellungen zu korrigieren. Ähnliches gilt auch bei Bußgeldbescheiden. Hier ist für die Beurteilung der Zumutbarkeit zusätzlich zu berücksichtigen, dass der Adressat bei einem Einspruch unter Umständen mit der Festsetzung eines höheren Bußgelds durch die Gerichte rechnen muss. Auch das lässt einen Einspruch gegen einen Bußgeldbescheid, der nur darauf gerichtet ist, sachlich unzutreffende Feststellungen der Kartellbehörde zu Details des Verstoßes zu korrigieren, nicht aber den Bescheid in seinem Kern – also hinsichtlich Natur, Schwere und Dauer des Verstoßes oder Höhe des Bußgeldes – anzugreifen, als kaum zumutbar erscheinen.³¹⁸

Beispiel: 104
Die Problematik lässt sich am Beispiel einer wettbewerbsbeschränkenden Vereinbarung (§ 1 GWB bzw. Art. 101 AEUV) illustrieren:

Stützt die Kartellbehörde eine Untersagung oder ein Bußgeld sowohl auf den wettbewerbsbeschränkenden Zweck als auch auf die wettbewerbsbeschränkende Wirkung der Vereinbarung, wären die Untersagung und die Verhängung des Bußgelds auch dann rechtmäßig (und das Bußgeld möglicherweise auch der Höhe nach berechtigt), wenn die Vereinbarung tatsächlich nur einen wettbewerbsbeschränkenden Zweck hatte (so dass es auf die Auswirkungen nicht ankommt).

Die Anfechtung einer Untersagung wäre dann nicht erfolgversprechend; dasselbe gilt auch für den Einspruch gegen einen Bußgeldbescheid. In beiden Fällen weichen das tatsächliche Rechtsschutzziel des Adressaten der kartellbehördlichen Entscheidung (nämlich die Beseitigung der unzutreffenden tatsächlichen und rechtlichen Feststellungen zum Vorliegen einer wettbewerbsbeschränkenden Wirkung der Vereinbarung) von dem konzeptionellen Rechtsschutzziel des Rechtsbehelfs (nämlich der Beseitigung der Regelung bzw. des Bußgelds) ab.

Selbst wenn der Adressat über diesen Umweg sein Ziel erreichen könnte (was noch nicht einmal sicher ist), wäre der gewünschte Rechtsschutz durch das überschießende Ziel des Rechtsbehelfs nur mit unnötigem Aufwand und unnötigen (Prozess-)Kosten zu erlangen. Art. 19 Abs. 4 GG verlangt aber nicht nur, dass ein Gericht überhaupt angerufen werden kann, sondern fordert eine tatsächlich wirksame, vor allem aber auch zumutbare gerichtliche Kontrolle.

Deswegen ist für den Umfang der Bindungswirkung nach § 33 Abs. 4 GWB letztlich 105
entscheidend, welche tatsächlichen und rechtlichen Feststellungen einer gerichtlichen

---

³¹⁶ So aber *Nothdurft* FS Tolksdorf 533 (540 f.).
³¹⁷ So die Formulierung des BKartA, Stellungnahme v. 29. 8. 2013 in dem Rechtsstreit V./S. (OLG München), 10. Vgl. auch *Nothdurft* FS Tolksdorf 2014, 533 (542 f.).
³¹⁸ Möschel/Bien/*Grünberger*, Kartellrechtsdurchsetzung, 135, 194 ff. u. 196 ff., diskutiert die Problematik des angemessenen Rechtsschutzes nur unter dem Gesichtspunkt des Rechtsschutzes gegen die Entscheidung als Ganzes, verknüpft das verfassungsrechtliche Problem der behördlichen Vorentscheidung aber nicht mit der Reichweite der Bindungswirkung. Ähnlich auch *Nothdurft* FS Tolksdorf 533 (540 f.), der die verfassungsrechtliche Problematik deswegen auch nur unzureichend erfasst.

Überprüfung tatsächlich und in zumutbarer Weise zugänglich gemacht werden können. Für **Verfügungen des Bundeskartellamts im Kartellverwaltungsverfahren** gilt aus verwaltungsprozessualer Sicht im Ausgangspunkt Folgendes: Zwar ist die Begründung einer solchen Verfügung (wie auch von anderen Verwaltungsakten) grundsätzlich einer gesonderten (Teil-)Anfechtung nicht zugänglich.[319] Soweit § 33 Abs. 4 GWB allerdings gesetzlich eine Feststellungswirkung der Verfügung anordnet, hat die Verfügung neben ihrem regelnden Charakter zwangsläufig auch feststellenden Charakter. Diese Feststellungen wären grundsätzlich einer gesonderten Anfechtung nach §§ 63 ff. GWB zugänglich.[320] Das gilt jedenfalls für solche Feststellungen, die von dem regelnden Teil der Verfügung getrennt werden können, also alle Feststellungen, die für die Begründung des regelnden Teils der Verfügung nicht zwingend sind.[321] Folgt man daher der Auffassung des Bundeskartellamts, dass praktisch sämtliche tatsächlichen Feststellungen und rechtlichen Bewertungen in kartellbehördlichen Entscheidungen selbst zu Teil- und Randaspekten des Sachverhalts für die Zivilgerichte bindend sind, würde das umgekehrt von Verfassungs wegen bedeuten (müssen), dass diese Feststellungen einer (Teil-)Anfechtung zugänglich sein müssen. Das gilt selbst (oder gerade), wenn die Verfügung nicht auf ihnen in dem Sinne beruht, dass die Verfügung mit ihnen steht oder fällt. Die Anfechtungsbeschwerde würde damit gleichsam zu einem Tatbestandsberichtigungs- und -prüfungsverfahren für kartellbehördliche Verfügungen.

106 Dass dieses Ergebnis unsinnig wäre, ist offenkundig. Es würde die Gerichte an ihre Belastungsgrenze führen, wäre aber auch für die Adressaten der Verfügungen nicht zumutbar. Sie müssten wegen des Risikos von Schadensersatzklagen vorsorglich jede ihnen ungünstige Feststellung in einer Verfügung anfechten, unabhängig davon, ob es überhaupt zu einem Folgeprozess kommt, ob die Feststellungen dort relevant werden und ob die Verfügung insgesamt rechtmäßig oder rechtswidrig ist. Eine **verfassungsgemäße Auslegung der Reichweite von § 33 Abs. 4 GWB unter Berücksichtigung der Zumutbarkeit der Rechtsschutzmöglichkeiten** verlangt daher eine Beschränkung der Bindungswirkung auf solche tatsächlichen und rechtlichen Feststellungen in einer Verfügung des Bundeskartellamts, die für die mit ihr verbundene Regelung so essentiell sind, dass deren Rechtmäßigkeit von diesen Feststellungen abhängt. Denn dann ist es dem Adressaten auch zuzumuten, die Verfügung insgesamt anzufechten; in diesem Fall würden sich das eigentliche Rechtsschutzziel der Anfechtungsbeschwerde nach §§ 63 ff. GWB (nämlich die Beseitigung der Verfügung) und das Ziel der Berichtigung der tatsächlichen und/oder rechtlichen Feststellungen des Bundeskartellamts decken: Bestätigt sich die Auffassung des Adressaten zu so zentralen Tatsachen oder Rechtsfragen, wäre die Verfügung insoweit im Erfolgsfall insgesamt aufzuheben. Bei allen anderen Tatsachenfeststellungen oder rechtlichen Bewertungen, von denen die Rechtmäßigkeit der Verfügung nicht abhängt, scheidet eine Bindungswirkung demgegenüber aus; bei gleichwertigen kumulativen Begründungen der Verfügung kann das dazu führen, dass keine von beiden nach § 33 Abs. 4 GWB verbindlich ist. Unabhängig von den verfassungsrechtlichen Vorgaben erscheint es überdies auch deutlich sachnäher, den Streit über die Richtigkeit von Feststellungen, die nicht für die Entscheidung der Kartellbehörde tragend sind, sondern bloße Hilfserwägungen darstellen oder lediglich zur weiteren Erläuterung und Detaillierung in

---

[319] Vgl. bspw. Schoch/Schneider/Bier/*Pietzcker* VWGO § 42 Abs. 1 Rn. 14.
[320] Vgl. nur Gärditz/*Gärditz* VwGO § 42 Rn. 21: „Keine selbständig anfechtbare Regelung eines Verwaltungsakts ist seine Begründung, [...] sofern nicht ausnahmsweise gesetzlich eine Feststellungswirkung angeordnet ist".
[321] Zweifelhaft ist, ob darüber hinaus auch solche Feststellungen einer gesonderten Anfechtung zugänglich gemacht werden müssten, mit denen die Regelung steht und fällt. Das hängt davon ab, ob man den Feststellungen jeweils einzeln einen gesonderten Regelungsgehalt zumisst, der unabhängig und neben dem verfügenden Teil der kartellbehördlichen Verfügung besteht (so dass die jeweiligen Feststellungen eine Doppelrolle als verbindliche Feststellung und als Begründung des verfügenden Teils hätten). Sieht man die tragenden Feststellungen nicht als unabhängig, sondern mit dem verfügenden Teil als unteilbar verknüpft an, wären sie schon aus Rechtsgründen nur zusammen mit dem verfügenden Teil anfechtbar.

die Begründung der Entscheidung aufgenommen wurden, in den Zivilprozess zu verlagern.

Für **Bußgeldbescheide des Bundeskartellamts** gilt im Ergebnis dasselbe: Da man 107 diese nicht in einen Verwaltungsakt mit feststellender Wirkung und einen Bußgeldbescheid trennen kann, bleibt als einziger Rechtsbehelf der Einspruch gegen den Bescheid insgesamt; einen nur gegen bestimmte Feststellungen in dem Bescheid gerichteten Rechtsbehelf gibt es im Ordnungswidrigkeitenverfahren noch nicht einmal theoretisch (wie das bei kartellrechtlichen Verfügungen der Fall ist). Das bedeutet aber, dass die Feststellungswirkung nach § 33 Abs. 4 GWB in diesen Fällen (ebenfalls) auf die tragenden Gründe der Entscheidung zum jeweiligen objektiven Tatbestand beschränkt bleiben muss. Alle anderen Erwägungen sind nicht für die Zivilgerichte in einem Folgeprozess bindend; stützt sich das Bundeskartellamt kumulativ auf gleichwertige Begründungen ist auch hier keine davon verbindlich festgestellt. Nur wenn die Tatsachenfeststellung von solcher Bedeutung ist, dass die Begründung der Entscheidung bei ihrer Unrichtigkeit die Verhängung eines Bußgelds mangels Erfüllung des objektiven Tatbestands der Verbotsnorm nicht (oder jedenfalls eindeutig nicht in dieser Höhe) rechtfertigen würde, ist dem Adressaten zuzumuten, den Bescheid insgesamt mit dem Einspruch anzugreifen.

Auch für **Entscheidungen der Europäischen Kommission** gelten diese Erwägungen entsprechend. Nach der ständigen Rechtsprechung des EuGH können einzelne Feststellungen der Kommission in einer Entscheidung nicht angefochten werden; sie können, soweit es sich nicht um tragende Erwägungen handelt, auch nicht inzident zur Überprüfung durch den Gerichtshof gestellt werden. Etwaige Mängel der Begründung einer Entscheidung, die aber ausreichend durch andere Bestandteile der Begründung gerechtfertigt sind, korrigiert das Gericht daher selbst bei einem offensichtlichen Beurteilungsfehler nicht. Das gilt etwa dann, wenn die Kommission eine Entscheidung über einen Verstoß gegen Art. 102 AEUV zum einen darauf stützt, dass ein Verhalten darauf gerichtet und objektiv dazu geeignet war, den Wettbewerb zu beschränken, und zum anderen darauf, dass das Verhalten auch tatsächlich den Wettbewerb beeinträchtigt hat. Der Adressat wird dann nicht damit gehört, dass es die von der Kommission festgestellten Auswirkungen überhaupt nicht gab.[322] Damit insoweit keine Rechtsschutzlücke entsteht, ist deswegen auch die Bindungswirkung von Kommissionsentscheidungen strikt auf die tragenden Erwägungen beschränkt.[323] 108

Deswegen ist im **Ergebnis einer engen Auslegung der Reichweite der Feststellungswirkung nach § 33 Abs. 4 S. 1 GWB bei behördlichen Entscheidungen der Vorzug zu geben** (während einer großzügigeren Handhabung der Bindung der Zivilgerichte nach § 33 Abs. 4 S. 2 GWB an die Feststellungen eines Gerichts im Falle der Anfechtung oder des Einspruchs gegen eine kartellbehördliche Entscheidung jedenfalls verfassungsrechtliche Überlegungen nicht im Weg stehen und eine gerichtliche Doppelkontrolle aus prozessökonomischen Gründen nicht angezeigt erscheint[324]). Die Zivilgerichte sollten dementsprechend bei der Annahme einer Bindungswirkung von Feststellungen der Kartellbehörden große Zurückhaltung üben und sich auf das Substrat der kartellbehördlichen Feststellungen zum Verstoß beschränken: Das betrifft letztlich nur die Schlussfolgerung zum Vorliegen eines Verstoßes an sich (einschließlich der rechtlichen Würdigung) sowie die zusammenfassenden Feststellungen zu den Tatsachen, aus denen sich die Dauer 109

---

[322] Vgl. EuG Urt. v. 9.9.2010 – T-155/06 Rn. 286ff. mwN – Tomra/Kommission. Sehr illustrativ zu dieser Problematik Hüschelrath/Schweitzer/*Burrichter/Paul*, 193, 201 ff.

[323] Vgl. auch, wenn auch in etwas anderem Zusammenhang, EuGH Urt. v. 29.3.2011 – C-352/09P Rn. 123ff. – Thyssen Krupp/Kommission: Hilfserwägungen sind nicht bindend und nicht von der Rechtskraft erfasst.

[324] Vgl. allerdings BGH Urt. v. 12.7.2016 – KZR 25/14 Rn. 15 u. 20–22 des amtl. Umdrucks: In einem Kartellverwaltungsverfahren sind nur solche Feststellungen des Berufungsgerichts bindend, die die Entscheidung des Berufungsgerichts und, im Falle der Rechtsbeschwerde, die Zurückweisung der Rechtsbeschwerde tragen.

des Verstoßes, die an ihm beteiligten Unternehmen, seine sachliche und geographische Reichweite und die Art des Verstoßes ergibt (also beispielsweise die Feststellung, dass es sich um ein Quotenkartell oder um einen Preishöhenmissbrauch handelt). Als Kontrollüberlegung muss sich das Zivilgericht vor einer leichtfertigen Annahme der Bindungswirkung die Frage stellen, ob gegen die jeweilige Feststellung, auf die sich das Gericht als bindend stützen will, zuvor Rechtsschutz rechtlich möglich und tatsächlich zumutbar war. Das ist nur dann der Fall, wenn die Entscheidung insgesamt mit der betreffenden Feststellung steht und fällt, so dass es dem Adressaten grundsätzlich zuzumuten gewesen wäre, die Entscheidung anzufechten, wenn er die betreffende Feststellung für unzutreffend hält. Im Zweifel sollte das Zivilgericht eine eigene Bewertung des Sachverhalts und der Rechtsfragen vornehmen. Dabei wird die **Ablehnung einer Bindungswirkung nach § 33 Abs. 4 GWB in den meisten Fällen nicht zu unterschiedlichen Ergebnissen** führen. Auch wenn sich der Kläger auf Feststellungen der Kartellbehörden stützt, die nicht unter § 33 Abs. 4 GWB fallen, dürfen der oder die Beklagten diesen Vortrag nur unter Beachtung des Wahrheitsgrundsatzes nach § 138 Abs. 1 BGB bestreiten; zudem obliegt ihnen dann im Zweifel eine gesteigerte Substantiierungspflicht bis hin zur sekundären Darlegungslast. Darüberhinaus können Feststellungen in einer kartellbehördlichen Entscheidung auch insoweit, als die Entscheidung keine Bindungswirkung hat, die Wirkung eines Anscheinsbeweises[325] oder eine Indizwirkung[326] zukommen. Da die Feststellungen der Kartellbehörden in ihren Entscheidungen auch insoweit, als sie nicht tragend sind, regelmäßig nicht frei erfunden sind, sondern die Ermittlungsergebnisse widerspiegeln, dürften den Adressaten die Widerlegung solcher Feststellungen zumeist nicht leicht fallen. Künftig kann im Übrigen im Zivilprozess auch § 33g iVm § 89b und 89c RegE-GWB helfen, der einen weitreichenden materiell-rechtlichen Auskunftsanspruch begründet.

110 (cc) **Reichweite in persönlicher Sicht.** Die Reichweite der Bindungswirkung nach § 33 Abs. 4 GWB wird in persönlicher Hinsicht durch die Reichweite des zuvor durchgeführten Verwaltungs- oder Ordnungswidrigkeitenverfahrens begrenzt. Nur die **Adressaten der Entscheidung,** die an dem Verfahren beteiligt waren und Rechtsmittel einlegen konnten, sind im Folgeprozess vor den Zivilgerichten an die kartellbehördlichen Entscheidungen gebunden.[327] Weil nach deutschem Recht gegen einen Kronzeugen, dem die Geldbuße auf der Basis der Bonusregelung in vollem Umfang erlassen wird, kein Bußgeldbescheid ergeht und auch von einer Feststellungsverfügung nach § 32 Abs. 3 GWB üblicherweise abgesehen wird,[328] kann sich der Geschädigte gegenüber dem Kronzeugen in deutschen Bußgeldverfahren üblicherweise nicht auf § 33 Abs. 4 GWB berufen.[329] Das ist im Verfahren der Europäischen Kommission anders, weil diese auch gegenüber dem ersten Kronzeugen eine förmliche und daher im nachfolgenden Zivilprozess verbindliche Entscheidung erlässt.[330] Dennoch dürfte auch der Kronzeuge in deutschen Bußgeldverfahren den Verstoß in aller Regel kaum ohne Verletzung der Wahrheitspflicht bestreiten können; zudem ist gerade auch insoweit an einen Anscheins- oder Indizienbeweis zu denken. Entlastende Feststellungen in einer kartellbehördlichen Entscheidung sind nicht nach § 33 Abs. 4 GWB zu Gunsten des Adressaten und zu Lasten des Geschädigten ver-

---

[325] KG Urt. v. 1.10.2009 – 2 U 10/03 Kart, WuW/DE-R 2773 (2775).
[326] LG Berlin Urt. v. 6.8.2013 – 16 O 193/11 Kart, WuW/DE-R 4456 (4464) – Fahrtreppen.
[327] Immenga/Mestmäcker/*Emmerich* GWB § 33 Rn. 97; Langen/Bunte/*Bornkamm* GWB § 33 Rn. 171; *Bechtold* GWB § 33 Rn. 45; Wiedemann/*Topel* HdB KartellR § 50 Rn. 141; Möschel/Bien/*Grünberger*, Kartellrechtsdurchsetzung, 135, 166 ff.; Loewenheim/Meessen/Riesenkampff/*Rehbinder* GWB § 33 Rn. 54; *Weitbrecht* NJW 2012, 881 (882); *Scheffler* NZKart 2015, 223 (224) Fn. 16.
[328] Vgl. zum Meinungsstand zu der Frage, ob das Bundeskartellamt ein berechtigtes Interesse an einer Feststellungsverfügung nach § 32 Abs. 3 GWB allein deswegen haben kann, weil dies die Geltendmachung von Schadensersatz erleichtert, Langen/Bunte/*Bornkamm* GWB § 32 Rn. 61.
[329] *Bechtold* GWB § 33 Rn. 42.
[330] *Bechtold* GWB § 33 Rn. 42.

bindlich; das gilt jedenfalls, wenn der Geschädigte nicht an dem Verfahren beteiligt war und Rechtsschutz gegen solche Feststellungen nicht erlangen konnte.

Wenn eine Kartellbehörde eine Geldbuße gegen die **Muttergesellschaft** eines Unternehmens verhängt, dessen Mitarbeiter an einem Kartellrechtsverstoß beteiligt waren, stellt sich die Frage, inwieweit sich die Geschädigten im Zivilprozess auf diese Entscheidung auch gegenüber der Muttergesellschaft berufen können.[331] Dabei ist zu unterscheiden: Wird eine Geldbuße durch das Bundeskartellamt nur wegen der Verletzung von (konzernweiten) Aufsichtspflichten der Organe der Muttergesellschaft nach §§ 130, 30 OWiG verhängt, kommt eine Bindungswirkung nicht in Betracht. Dann fehlt es bereits an der Feststellung eines Verstoßes gegen das GWB oder gegen Art. 101 bzw. 102 AEUV. § 130 OWiG ist überdies kein Schutzgesetz nach § 823 Abs. 2 BGB (→ Rn. 23, 53). Anders ist das allerdings zu beurteilen, wenn es um die Feststellung eines Verstoßes gegen Art. 101 bzw. 102 AEUV der Muttergesellschaft als Teil einer „wirtschaftlichen Einheit" mit der Tochtergesellschaft geht. Nach der unionsrechtlichen Dogmatik haftet die Muttergesellschaft in diesen Fällen nicht für einen fremden Verstoß der Tochtergesellschaft, sondern für ein eigenes Fehlverhalten als Bestandteil eines einheitlichen „Unternehmens" im Sinne der Art. 101 bzw. 102 AEUV. Erlässt die Kommission (oder eine andere Kartellbehörde) auf dieser Grundlage (auch) eine Entscheidung gegen die Muttergesellschaft, wird mit dieser Entscheidung ein eigener Verstoß dieser Muttergesellschaft festgestellt (siehe hierzu ausführlich → Rn. 35 ff.). Deswegen dürfte § 33 Abs. 4 GWB auf diesen Fall zu Lasten nicht nur der Tochter-, sondern auch der Muttergesellschaft anzuwenden sein[332] (vgl. aber zum Problem der Zurechnung von Organverschulden → Rn. 41). 111

(b) Art. 16 Abs. 1 Verordnung 1/2003. Art. 16 Abs. 1 VO 1/2003 ist im Hinblick auf die Bindungswirkung von Kommissionsentscheidungen im Wesentlichen deckungsgleich mit § 33 Abs. 4 GWB.[333] Soweit in der Literatur bezweifelt wurde, ob Art. 16 Abs. 1 VO 1/2003 tatsächlich eine Bindungswirkung von Entscheidungen der Kommission im Folgeprozess entnommen werden kann,[334] dürfte dies durch das „Otis"-Urteil des EuGH überholt sein. Danach „muss der nationale Richter," wenn eine Kommissionsentscheidung vorliegt, wegen Art. 16 Abs. 1 VO 1/2003 „vom Bestehen eines Kartells oder einer verbotenen Verhaltensweise ausgehen."[335] Unstreitig bezieht sich allerdings auch Art. 16 Abs. 1 VO 1/2003 lediglich auf das Vorliegen eines Kartellrechtsverstoßes und erstreckt sich nicht auf das Vorliegen eines Schadens oder den Kausalverlauf;[336] zudem erfasst Art. 16 Abs. 1 VO 1/2003 (wie § 33 Abs. 4 GWB) nach der hier vertretenen Auffassung auch bei Entscheidungen der Kommission nach Art. 23 VO 1/2003 über die Verhängung von Geldbußen nicht das Verschulden (siehe hierzu ausführlich → Rn. 117). Über § 33 Abs. 4 GWB hinaus sieht Art. 16 Abs. 1 Satz 2 der VO 1/2003 vor, dass die nationalen Gerichte schon im Vorfeld einer Entscheidung vermeiden müssen, sich in Widerspruch zu dieser Entscheidung zu setzen. Schließlich kann das nationale Gericht das Verfahren gemäß Art. 16 Abs. 1 Satz 3 und 4 VO 1/2003 aussetzen und die Rechtmäßigkeit der Kommissionsentscheidung dem Gerichtshof zur Prüfung im Verfahren nach Art. 267 AEUV vorlegen, wenn es Zweifel an der Rechtmäßigkeit hat. Von einer vertieften Erörterung von Art. 16 VO 1/ 112

---

[331] Vgl. *Weitbrecht* NJW 2012, 881 (883).
[332] Immenga/Mestmäcker/*Emmerich* GWB § 33 Rn. 32; *Kersting* Der Konzern 2011, 445 (457). AA allerdings LG Berlin Urt. v. 6.8.2013 – 16 O 193/11 Kart, WuW/E DE-R 4388 (4398 f.) – Fahrtreppen, wobei das Landgericht in dieser Entscheidung zu Unrecht davon ausgeht, dass es bei der Mithaftung der Muttergesellschaft um einen (gesellschaftsrechtlich nur in Ausnahmefällen zulässigen) Haftungsdurchgriff geht. Ebenfalls aA *Scheidtmann* WRP 2010, 499 (504).
[333] Vgl. BT-Drs. 15/3640, 54; Krit. dazu allerdings Loewenheim/Meessen/Riesenkampff/*Rehbinder* GWB § 33 Rn. 54; *Meyer* GRUR 2006, 27 (28 f.).
[334] Vgl. Langen/Bunte/*Bornkamm* GWB § 33 Rn. 166 f.; *Bornkamm/Becker* ZweR 2005, 213 (220).
[335] EuGH Urt. v. 6.11.2012 – C-199/11 Rn. 50 ff., 65 – Otis.
[336] EuGH Urt. v. 6.11.2012 – C-199/11 Rn. 65 f. – Otis.

2003 wird abgesehen, weil sich in Deutschland in der Praxis der Rückgriff auf § 33 Abs. 4 GWB auch bei Kommissionsentscheidungen durchgesetzt hat.[337]

113 **bb) Verschulden. (1) Grundsätzliches.** Für die Darlegung und den Beweis des Verschuldens gelten gegenüber dem allgemeinen Zivilrecht keine Besonderheiten. Die **Darlegungs- und Beweislast** für das Verschulden des oder der an dem Kartellrechtsverstoß beteiligten Unternehmen obliegt daher grundsätzlich dem Kläger. Weil eine juristische Person nach deutschem Recht nicht selbst schuldhaft handeln kann, ist hierfür auf das Verschulden der ihr zurechenbaren natürlichen Personen abzustellen. Üblicherweise dürfte es in diesem Zusammenhang für einen substantiierten Vortrag allerdings nicht erforderlich sein, die einzelnen Personen zu identifizieren und ihnen ein konkretes Verhalten zuzuordnen, solange sich aus dem Vortrag (und insbesondere einer behördlichen Entscheidung) ergibt, dass Personen, deren Verhalten dem oder den Beklagten nach § 31 BGB (analog) zuzurechnen ist, ein schuldhafter Verstoß zur Last fällt (zur Zurechnung grundsätzlich → Rn. 13 ff.); der oder die Beklagten müssten diesen Vortrag dann substantiiert bestreiten.[338] Machen der oder die Beklagten geltend, dass sie einem schuldlosen Verbotsirrtum unterlagen, müssen sie dessen Voraussetzungen dartun und gegebenenfalls beweisen. Sie müssen daher sowohl darlegen, dass sich die an dem streitgegenständlichen Verhalten beteiligten Entscheidungsträger im Unternehmen tatsächlich in einem Irrtum über die Rechtslage befanden, als auch die Umstände vortragen, aus denen sich die Schuldlosigkeit des Irrtums ergibt (zu den Voraussetzungen im Einzelnen → Rn. 61 ff.).

114 Nach der Rechtsprechung kann die Verwirklichung des objektiven Tatbestands des Schutzgesetzes die Fahrlässigkeit seiner Verletzung indizieren, so dass sich der Schädiger exkulpieren muss.[339] Das setzt allerdings voraus, dass das Schutzgesetz das geforderte Verhalten klar umschreibt und nicht nur einen bestimmten Verletzungserfolg verbietet.[340] Deswegen kann von einer **Umkehr der Darlegungs- und Beweislast** bei Verstößen gegen die sehr weiten und unbestimmten kartellrechtlichen Verbotsnormen nicht ohne Weiteres ausgegangen werden. Anders dürfte dies nur bei Fallgruppen von Verstößen sein, die durch die kartellrechtliche Rechtsprechung und Praxis so konkretisiert wurden, dass an der Reichweite des konkreten Verbots kein Zweifel mehr besteht – wie etwa bei Hardcore-Kartellabsprachen oder bestimmten Formen des Missbrauchs von Marktmacht. Eine Anwendung dieser Grundsätze kommt von vorneherein nicht in Betracht, wenn der Kläger ein vorsätzliches Verhalten der an dem Kartellrechtsverstoß beteiligten Unternehmen geltend macht.[341] Vielmehr müssen dann sowohl das Wissens- als auch das Wollenselement des Vorsatzes dargelegt und gegebenenfalls nachgewiesen werden.[342] Auch für bedingten Vorsatz genügt daher selbst die Darlegung von dem oder den Beklagten bekannten Umständen, die einen Kartellrechtsverstoß als sehr wahrscheinlich erscheinen lassen, nicht; es muss auch dargelegt und gegebenenfalls bewiesen werden, dass der oder die Beklagten den Verstoß zumindest (subjektiv) gebilligt ha-

---

[337] Vgl. aus der Literatur zu Art. 16 VO 1/2003: Immenga/Mestmäcker/*Ritter* VO 1/2003 Art. 16 Rn. 1 ff.; Loewenheim/Meessen/Riesenkampff/*Zuber* VO 1/2003 Art. 16 Rn. 1 ff.
[338] So zu Recht LG Berlin Urt. v. 6.8.2013 – 16 O 193/11 Kart, WuW/E DE-R 4388 (4392) – Fahrtreppen. Eine andere Kammer des LG Berlin ging allerdings offenbar davon aus, dass ein konkreter Vortrag zur Identität der einzelnen Personen und ihren jeweiligen Handlungen erforderlich ist. Es hat mit Rücksicht auf die Beweisnot der dortigen Kläger die Beiziehung der Akten nach § 273 ZPO iVm § 475 StPO angeordnet, vgl. BVerfG Beschl. v. 6.3.2014 – 1 BvR 3541/13 ua, NJW 2014, 1581 (1582).
[339] StRspr, vgl. BGH Urt. v. 18.12.2012 – II ZR 220/10, NJW 2013, 1304 (1305); BGH Urt. v. 13.12.1984 – III ZR 20/83, NJW 1985, 1774 (1775).
[340] Vgl. nur BGH Urt. v. 19.11.1991 – VI ZR 171/91, NJW 1992, 1039 (1042).
[341] BGH Urt. v. 18.12.2012 – II ZR 220/10, NJW 2013, 1304 (1305); vgl. auch BGH Urt. v. 5.3.2002 – VI ZR 398/00, NJW 2002, 1643 (1645): kein Anscheinsbeweis. Grundsätzlich wird es dem Geschädigten gleichgültig sein, ob Vorsatz oder Fahrlässigkeit vorliegt. Anders kann dies aber sein, wenn der oder die Beklagten Mitverschulden einwenden (→ Rn. 251).
[342] Vgl. nur BGH Urt. v. 15.10.2013 – VI ZR 124/12, NJW 2014, 1380 (1381), mwN.

ben.³⁴³ Insbesondere dann, wenn Anhaltspunkte für eine irrtümliche Fehleinschätzung der Sach- oder Rechtslage durch den oder die Beklagten vorliegen, darf nicht ohne Weiteres von Vorsatz ausgegangen werden, selbst wenn dem oder den Beklagten alle tatsächlichen Umstände bekannt waren.³⁴⁴

Ähnliches gilt auch für § 826 BGB, soweit auf ihn als Anspruchsgrundlage insbesondere für die Haftung von natürlichen Personen abgestellt wird (→ Rn. 49). Eine starke Gefährdung des Geschädigten kann nach der Rechtsprechung zwar ein Indiz für Schädigungsvorsatz sein, wenn der Schädiger trotzdem handelt. Allerdings ist der Grad der Wahrscheinlichkeit eines Schadenseintritts auch bei § 826 BGB nicht allein das Kriterium für die Frage, ob der Handelnde mit dem Erfolg auch einverstanden war. Vielmehr ist immer eine umfassende Würdigung sämtlicher Umstände des Einzelfalls erforderlich.³⁴⁵ 115

(2) Keine Bindungswirkung von kartellbehördlichen/gerichtlichen Entscheidungen. Aus der in § 33 Abs. 4 GWB geregelten Bindungswirkung von kartellbehördlichen Entscheidungen ergeben sich keine Erleichterungen der Darlegungs- und Beweislast hinsichtlich des Verschuldens. Das gilt – entgegen einer verbreiteten Auffassung in der Literatur³⁴⁶ – auch für Bußgeldbescheide des Bundeskartellamts nach § 81 GWB und für Entscheidungen der Europäischen Kommission über die Verhängung von Geldbußen nach Art. 23 VO 1/2003.³⁴⁷ Für § 33 Abs. 4 GWB ergibt sich das bereits aus dem Wortlaut, wonach für den Fall, dass „wegen eines Verstoßes gegen eine Vorschrift [des GWB] oder gegen Artikel 101 oder 102 [AEUV] Schadensersatz gefordert" wird, eine Bindung „an die **Feststellung des Verstoßes**" vorgesehen ist, „wie sie in einer […] Entscheidung der Kartellbehörde […] getroffen wurde." Weder ein „Verstoß" gegen die Verbotsnormen des AEUV noch gegen die des GWB erfordern ein schuldhaftes Verhalten. Vielmehr muss das Verschulden lediglich im Zusammenhang mit der Anwendung der ordnungswidrigkeitenrechtlichen Sanktionsnormen – also § 81 GWB und Art. 23 VO 1/2003 – festgestellt werden; dabei handelt es sich aber nicht mehr um eine „Feststellung des Verstoßes" (§ 33 Abs. 4 S. 1 GWB), sondern um Feststellungen zu den Voraussetzungen der ordnungswidrigkeitenrechtlichen Folgen dieses Verstoßes. 116

Etwas anderes ergibt sich auch nicht aus der in **Art. 16 Abs. 1 S. 1 VO 1/2003** geregelten Bindungswirkung von Entscheidungen der Europäischen Kommission für die nationalen Gerichte. Auch Art. 16 Abs. 1 S. 1 VO 1/2003 umfasst Feststellungen der Kommission zum Verschulden in einer Entscheidung über die Verhängung von Geldbußen nach Art. 23 VO 1/2003 nicht.³⁴⁸ Zunächst ist auf den Wortlaut hinzuweisen: Danach dürfen nationale Gerichte, wenn sie „nach Artikel [101 oder 102 AEUV] über Vereinbarungen, Beschlüsse oder Verhaltensweisen zu befinden haben, die bereits Gegenstand einer Entscheidung der 117

---

³⁴³ BGH Urt. v. 15.10.2013 – VI ZR 124/12, NJW 2014, 1380 (1381).
³⁴⁴ Unzutreffend daher OLG Düsseldorf Urt. v. 29.1.2014 – VI-U (Kart) 7/13, WuW/DE.R 4477 (4478).
³⁴⁵ BGH Urt. v. 4.6.2013 – VI ZR 288/12, NJW-RR 2013, 1448, 1450 Rn. 22; MüKoBGB/*Wagner* BGB § 826 Rn. 29 ff.
³⁴⁶ Vgl. Möschel/Bien/*Grünberger,* Kartellrechtsdurchsetzung, 135, 162, 179; Langen/Bunte/*Bornkamm* GWB § 33 Rn. 169; *Mestmäcker/Schweitzer* EU Wettbewerbsrecht § 23 Rn. 39. *Alexander* Schadensersatz, 427. Vgl. auch LG Köln Urt. v. 17.1.2013 – 88 O 1/11, BeckRS 2013, 220174: Die behördlichen Feststellungen zu den Tatsachen, aus denen sich das Verschulden nach Meinung der Kartellbehörde ergibt, seien bindend, nicht aber die rechtliche Bewertung durch die Behörde. Vgl. auch Immenga/Mestmäcker/*Emmerich* GWB § 33 Rn. 96: Gerichte seien an Feststellungen zum Verschulden in Kommissionsentscheidungen gebunden; bei Entscheidungen deutscher Behörden sei das noch offen.
³⁴⁷ Wie hier *Weitbrecht* NJW 2012, 881 (883); *Ritter* WuW 2008, 762 (769) mit Fn. 49; *Scheffler* NzKart 2015, 223 (225); Schulte/Just/*Staebe* GWB § 33 Rn. 47 („Zurechnungsfragen"); wohl auch Dauses/*Emmerich/Hoffmann* AEUV § 2 Art. 101 Rn. 142.
³⁴⁸ Vgl. die Untersuchungen der Kommission im Zusammenhang mit ihrem Weißbuch zu Schadensersatz wegen Kartellrechtsverstößen, das sich mit dem Acquis Communautaire zur Bindungswirkung von Kommissionsentscheidungen nach Art. 16 VO 1/2003 befasst hat und denen nichts dafür zu entnehmen ist, dass diese Wirkung weiter reichen soll als die Feststellung eines (objektiven) Verstoßes, vgl. Rn. 139 ff., Commission Staff Working Paper accompanying the White Paper on Damages actions for breach of the EC antitrust rules, 2.4.2008, SEC (2008)404.

Kommission sind, [...] keine Entscheidungen erlassen, die der Entscheidung der Kommission zuwiderlaufen." Auch hier geht es schon dem Wortlaut nach um die Kongruenz der Entscheidungen über das Vorliegen eines Verstoßes gegen die kartellrechtlichen Verbotsnormen, nicht um die einheitliche Anwendung der Sanktionen solcher Verstöße durch die nationalen Gerichte und die Kommission. Diese Auslegung bestätigt auch ein Blick auf Sinn und Zweck von Art. 16 VO 1/2003. Mit dieser Vorschrift soll eine einheitliche und kohärente Anwendung des materiellen europäischen Kartellrechts auf gemeinschaftlicher sowie auf nationaler Ebene gesichert werden.[349] Dem ist aber bereits mit einer Beschränkung der Bindungswirkung auf die Feststellung des Verstoßes genüge getan. Denn das materielle europäische Kartellrecht erschöpft sich in den (rein objektiven) Tatbestandsmerkmalen der Art. 101 AEUV und Art. 102 AEUV. Bei Art. 23 VO 1/2003 handelt es sich dagegen um eine Sanktionsnorm für den Fall eines Verstoßes gegen das materielle Recht. Schließlich ist darauf hinzuweisen, dass das Kohärenzgebot, also die Bindung an Feststellungen der Kommission und der Unionsgerichte, nur so weit reicht, wie die Zuständigkeiten der Kommission und der Unionsgerichte reichen.[350] Dazu gehört zwar die Verhängung von Geldbußen nach Art. 23 VO 1/2003, nicht aber die Feststellung der Voraussetzungen von Schadensersatzansprüchen. Diese sind allein Sache des nationalen Rechts und der Gerichte der Mitgliedstaaten, wenn auch in dem durch die Vorgaben des EU-Rechts, insbesondere die RL 2014/104/EU gezogenen Rahmen. Daher „muss der nationale Richter zwar vom Bestehen eines Kartells oder einer verbotenen Verhaltensweise ausgehen," wenn die Kommission eine Bußgeldentscheidung wegen eines solchen Verstoßes erlassen hat. Darüber hinaus steht aber kein Bedürfnis für Kongruenz und der nationale Richter bleibt ungebunden und muss eine eigene Beurteilung treffen, ob die zusätzlichen Voraussetzungen des Schadensersatzanspruchs nach nationalem Recht gegeben sind.[351]

118 Diese Auslegung sowohl von § 33 Abs. 4 GWB als auch von Art. 16 VO 1/2003 steht im Einklang mit der Regelung in Art. 9 **RL 2014/104/EU.** Dort heißt es, dass die „in einer bestandskräftigen Entscheidung [...] festgestellte Zuwiderhandlung gegen das Wettbewerbsrecht [...] als unwiderlegbar festgestellt gilt" (Abs. 1) bzw. dass eine in einem anderen Mitgliedstaat ergangene Entscheidung als „Anscheinsbeweis dafür vorgelegt werden kann, dass eine Zuwiderhandlung gegen das Wettbewerbsrecht begangen wurde" (Abs. 2). In Art. 2 Nr. 1 RL 2014/104/EU ist „Zuwiderhandlung gegen das Wettbewerbsrecht" definiert als eine Zuwiderhandlung gegen Art. 101 AEUV oder Art. 102 AEUV oder gegen nationales Wettbewerbsrecht. Aus den Erwägungsgründen wird deutlich, dass es dabei um die „Kohärenz der Anwendung der Artikel 101 und 102 AEUV" und die „Vermeidung von Widersprüchen bei der Anwendung" dieser beiden Verbote geht. Die Vermutung solle daher „nur die Art der Zuwiderhandlung sowie ihre sachliche, persönliche, zeitliche und räumliche Dimension erfassen."[352] Etwaige Feststellungen zum Verschulden werden nicht erfasst, zumal der Richtliniengeber insgesamt auf Regelungen zum Verschulden verzichtet hat und das Verschulden als Tatbestandsvoraussetzung eines Schadensersatzanspruchs an den nationalen Gesetzgeber verwiesen hat.[353]

---

[349] Vgl. Langen/Bunte/*Sura* Art. 16 VO 1/2003 Rn. 1; Loewenheim/Meessen/Riesenkampff/*Zuber* VerfO Art. 16 Rn. 1.
[350] EuGH Urt. v. 6.11.2012 – C-199/11 Rn. 54 – Otis.
[351] EuGH Urt. v. 6.11.2012 – C-199/11 Rn. 65 – Otis. Vgl. auch EuGH Urt. v. 14.12.2000 – C-344/98, Slg. I-11412 – Masterfoods; Bechtold/Bosch/Brinker/*Hirsbrunner* Art. 16 VO 1/2003 Rn. 1, 5 aE; Dauses/Emmerich/Hoffmann AEUV § 2 Art. 101 Rn. 142. Vgl. beispielsweise auch die Formulierung der Kommission in ihrer Pressemitteilung v. 9.11.2010 zur Verhängung von Geldbußen wegen des Luftfrachtkartells (IP/10/1487): Entscheidungen der Kommission sind „ein bindender Nachweis dafür, dass das Verhalten stattgefunden hat und rechtswidrig war." Verschulden erwähnt die Kommission nicht.
[352] Rn. 34 der Erwägungsgründe der RL 2014/104/EU.
[353] Rn. 11 der Erwägungsgründe der RL 2014/104/EU. Vgl. auch S. 14 des Vorschlags der Kommission für die Richtlinie v. 11.6.2013, COM (2103) 404 final. Vgl. auch S. 8 der Gemeinsamen Stellungnahme von Bundesregierung und Bundeskartellamt zum Weißbuch der Kommission: „‚Verschulden' und ‚Schaden' sind zentrale Begriffe der mitgliedstaatlichen Zivilrechtsordnungen und als solche den zuständigen Gerichten aus der alltäglichen Anwendungspraxis des allgemeinen Zivilrechts vertraut; ihre gemein-

3. Haftungsbegründende Kausalität

a) Erforderlichkeit einer konkreten individuellen Betroffenheit? Anders als bei der Haftung wegen der Verletzung von absoluten Rechten oder Rechtsgütern nach § 823 Abs. 1 BGB ist die Abgrenzung zwischen Haftungsbegründung und Haftungsausfüllung bei der Haftung für reine Vermögensschäden[354] wegen der Verletzung von Verhaltensnormen **umstritten und bereitet erhebliche Schwierigkeiten.** Relevant ist diese Frage vor allem deswegen, weil auf die Darlegung und den Nachweis des Haftungsgrundes die Maßstäbe des § 286 ZPO (Vollbeweis), auf die Darlegung und den Nachweis der haftungsausfüllenden Kausalität dagegen die Maßstäbe des § 287 ZPO (richterliche Schätzung) Anwendung finden. Zwar muss der Tatrichter auch im Rahmen des § 287 ZPO von dem von ihm festgestellten Kausalverlauf überzeugt sein; allerdings sind die Anforderungen an die Überzeugungsbildung geringer als bei § 286 ZPO. Es genügt eine mehr oder weniger große Wahrscheinlichkeit; insbesondere müssen andere, weniger wahrscheinliche Verlaufsmöglichkeiten nicht mit der für den Vollbeweis nach § 286 ZPO erforderlichen – sehr hohen – Wahrscheinlichkeit ausgeschlossen sein.[355] Es stellt sich daher die Frage, ob bei der Haftung wegen Verstößen gegen Verhaltensnormen – ähnlich wie bei der Haftung wegen der Verletzung von absoluten Rechten oder Rechtsgütern nach § 823 Abs. 1 BGB – zwischen der haftungsbegründenden und der haftungsausfüllenden Kausalität zu unterscheiden ist und wo die Trennlinie zu ziehen ist. Im Rahmen des § 823 Abs. 1 BGB wird die Kausalität zwischen der Pflichtverletzung und der primären Rechtsgutverletzung als haftungsbegründend angesehen und nach den Maßstäben des § 286 ZPO geprüft. Auf die haftungsausfüllende Kausalität zwischen Rechtsgutverletzung und Vermögensnachteil ist dagegen im Rahmen von § 823 Abs. 1 BGB der Maßstab des § 287 ZPO anzuwenden.[356] Diese Unterscheidung zwischen der primären Rechtsgutverletzung und der daraus resultierenden Vermögensschädigung, kann nicht ohne Weiteres auf die Haftung für Verstöße gegen Kartellrechtsnormen übertragen werden – wie auch bei anderen Haftungsnormen, deren Tatbestand nur die Verletzung einer Verhaltenspflicht voraussetzt und keine primäre Rechtsgutverletzung verlangt. Bei diesen Haftungstatbeständen gibt es eine vergleichbar eindeutige Trennlinie wie bei der Haftung nach § 823 Abs. 1 BGB wegen der Verletzung absoluter Rechte und Rechtsgüter nicht. Gleichwohl besteht aber weitgehend Einigkeit darüber, dass es irgendeines Filters auf der Ebene der Haftungsbegründung bedarf, um diejenigen Fälle auszusondern, bei denen das Bestehen eines Schadensersatzanspruchs wegen eines Verstoßes gegen Kartellrecht (oder andere Verhaltensnormen) von vorneherein ausscheidet.[357]

Die **Rechtsprechung** lässt für die Haftungsbegründung bei Verstößen gegen Verhaltensnormen genügen, dass der Schädiger schuldhaft eine ihm obliegende Verhaltenspflicht – also etwa eine Gebots- oder Verbotsnorm des Kartellrechts – verletzt hat und dass der Geschädigte so von dieser Pflichtverletzung „betroffen" war, dass „nachteilige Folgen für

---

schaftsrechtliche Kodifikation rührte an die Kernkompetenzen der Mitgliedstaaten im Bereich des Zivilrechts und führte zu einer Sektoralisierung der allgemeinen Voraussetzungen des Deliktsrechts, ohne dass dem ein Mehrwert in der Sache gegenüberstände."

[354] Bei der Haftung für die Verletzung von absoluten Rechten und Rechtsgütern aufgrund von Verstößen gegen Verhaltensnormen – also beispielsweise bei einer Anspruchskonkurrenz von Ansprüchen aus Vertrag und aus § 823 Abs. 1 BGB – wird die Abgrenzung von haftungsbegründender und haftungsausfüllender Kausalität bei Ansprüchen aus § 823 Abs. 1 BGB auf die Haftung für die Verletzung von Verhaltensnormen übertragen, vgl. BGH Urt. v. 24.6.1986 – VI ZR 21/85, NJW 1987, 705 (706).

[355] BGH Urt. v. 20.3.2008 – IX ZR 104/05, NJW 2008, 2647, 2648 Rn. 20; BGH Urt. v. 17.1.1995 – VI ZR 62/94, NJW 1995, 1023; BGH Urt. v. 22.9.1992 – VI ZR 293/91, NJW 1992, 3298. Vgl. hierzu auch OLG Düsseldorf Urt. v. 13.11.2013 – VI-U (Kart) 11/13, BeckRS 2013, 21406 – Badarmaturen.

[356] StRspr, BGH Urt. v. 8.6.2004 – VI ZR 230/03, NJW 2004, 2828 (2829) mwN; BGH Urt. v. 13.12.1951 – IV ZR 123/51, NJW 1952, 301 (302). Stein/Jonas/*Leipold* ZPO § 287 Rn. 18; MüKoBGB/*Wagner* BGB § 823 Rn. 56.

[357] Siehe die nachfolgend zitierte Rechtsprechung und Literatur. AA allerdings *Volhard* FS Oppenhoff 1985, 509 (513 f.).

ihn eintreten konnten," sein Vermögen also durch die Pflichtverletzung gefährdet war. Die Betroffenheit ist daher nach der Rechtsprechung der einzige Filter zur Aussonderung von offensichtlich unbegründeten Ansprüchen auf der Ebene der Haftungsbegründung. Die Frage, ob (überhaupt) ein (erster) Schaden entstanden ist, gehöre demgegenüber bereits zur haftungsausfüllenden Kausalität.[358] Nur insoweit – also für die durch die Verletzung der Gebots- oder Verbotsnorm geschaffene **Gefährdungslage für das Vermögen des Klägers** – gehe es um die haftungsbegründende Kausalität mit der Folge, dass der Vollbeweis nach § 286 ZPO erforderlich ist. Demgegenüber müsse für die Haftungsbegründung nicht anhand der Maßstäbe des § 286 ZPO festgestellt werden, dass der Kläger tatsächlich konkret und individuell von dem Verstoß betroffen war und ihm tatsächlich irgendein Vermögensnachteil entstanden ist. Diese Feststellung falle bereits in den Anwendungsbereich des § 287 ZPO und sei der richterlichen Schätzung zugänglich.[359]

121 Die besseren Gründe sprechen dafür, die Haftung für Vermögensschäden aus Verletzungen von Verhaltensnormen stärker zu begrenzen und bereits für den Haftungsgrund nicht nur die Gefährdung, sondern die **tatsächliche und konkrete individuelle Betroffenheit** des Klägers – das „Ob" des Eintritts irgendeines Schadens – zu verlangen (und die Darlegung der konkreten Betroffenheit demnach auch den Anforderungen des § 286 ZPO zu unterwerfen):[360] Zum einen wird die Abgrenzung zwischen Haftungsbegründung und Haftungsausfüllung letztlich willkürlich, wenn man die bloße Verletzungs**gefahr** für die Darlegung der Betroffenheit genügen lässt: Die Anforderungen an Darlegung und Beweis hängen dann davon ab, welches Maß an Konkretisierung der Gefahr die Gerichte im Einzelfall verlangen. Zum anderen kann das von der Rechtsprechung insbesondere für die vertragliche Haftung entwickelte Kriterium der Betroffenheit seine eigentliche Funktion – die Beschränkung des Kreises der Anspruchsberechtigten – bei Verstößen gegen das Kartellrecht regelmäßig nicht erfüllen. Denn solche Verstöße unterscheiden sich von den Fällen der Verletzung vertraglicher Pflichten dadurch, dass nicht selten das Vermögen einer Vielzahl von Unternehmen auf verschiedenen Marktstufen, Verbrauchern und anderen Dritten gefährdet ist, während die konkreten Auswirkungen für den einzelnen Dritten jeweils von den einzelnen individuellen Umständen abhängen.[361]

---

[358] BGH Urt. v. 12.7.2016 – KZR 25/14 Rn. 42 des amtl. Umdrucks – Lotto-Totto-Schadensersatz; OLG Düsseldorf Urt. v. 29.1.2014 – VI-U (Kart) 7/13, BeckRS 2013, 21406.

[359] BGH Urt. v. 12.7.2016 – KZR 25/14, Rn. 43–45 des amtl. Umdrucks – Lotto-Totto-Schadensersatz, unter anderem unter Hinweis auf den EU-rechtlichen Effektivitätsgrundsatz. Vgl. auch OLG Düsseldorf Urt. v. 29.1.2014 – VI-U (Kart) 7/13, BeckRS 2013, 21406: deswegen genüge es, dass der Geschädigte auf den Märkten als Nachfrager und/oder Wettbewerber tätig war, auf die sich der Kartellrechtsverstoß bezogen hat. Vgl. auch OLG Düsseldorf Urt. v. 9.4.2014 – VI-U (Kart) 10/12, wo das OLG zwar darauf hinweist, dass für die haftungsbegründende Kausalität auch bei Kartellrechtsverstößen § 286 ZPO gelte (Rn. 102), zugleich aber die Frage, ob die klagende Spielvermittlerin mit ihrem Geschäftsmodell tatsächlich konkret von dem Kartellrechtsverstoß der beklagten Lottogesellschaft betroffen war, an § 287 ZPO misst und es genügen lässt, dass die Kausalität zwischen dem Verstoß und dem Scheitern des Geschäftsmodells (und damit die haftungsbegründende Kausalität im Sinne der individuellen Betroffenheit der Klägerin) „plausibel und naheliegend" sei (Rn. 78 sowie insgesamt die Ausführungen in Rn. 55ff., vgl. zu dieser Entscheidung tlw. bestätigend, tlw. ablehnend BGH Urt. v. 12.7.2016 – KZR 25/14 Rn. 41–47 des amtl. Umdrucks – Lotto-Totto-Schadensersatz). So wohl auch OLG Düsseldorf Urt. v. 13.11.2013 – VI-U (Kart) 11/13, BeckRS 2013, 21406 – Badarmaturen. Vgl. allerdings umgekehrt LG Dortmund Urt. v. 1.4.2004 – 13 O 55/02 Kart, WuW DE/R 1353 – Vitaminkartell. Vgl. für Fälle der vertraglichen Haftung auch BGH Urt. v. 10.5.2012 – IX ZR 125/10, NJW 2012, 2435 (2439).

[360] MüKoZPO/*Prütting* ZPO § 287 Rn. 9ff.; Zöller/*Greger* ZPO § 287 Rn. 3; *Inderst/Thomas* Schadensersatz, 122; *Burrichter* FS Canenbley 2012, 111 (117); Zöttl/*Schlepper* EuZW 2012, 573 (575); Möschel/Bien/*Bulst* 225, 250f.; *Rauh/Zuchandke/Reddemann* WRP 2012, 173, 179. So im Ergebnis wohl auch Hüschelrath/Schweitzer/*Burrichter/Paul*, 193, 204. Diff. *Bulst* Schadensersatzansprüche der Marktgegenseite, 134ff.

[361] So auch *Inderst/Thomas* Schadensersatz, 122. Bei der vertraglichen Haftung wird dagegen bereits durch das Erfordernis einer individuellen Rechtsbeziehung zwischen Schuldner und Gläubiger eine Eingrenzung vorgenommen. Vgl. auch LG Düsseldorf Urt. v. 19.11.2015 – 14d O 4/14, das sich zwar auf die in → Rn. 120 zitierte Rspr beruft (Rn. 213 bei juris), auf den Nachweis der Weitergabe eines Kartellauf-

Umgekehrt hat die Anwendung der Maßstäbe des § 286 ZPO auf die Darlegung und den 122
Nachweis einer tatsächlichen und konkreten individuellen Betroffenheit des Klägers bei
der Geltendmachung von Schäden wegen der Verletzung einer (kartellrechtlichen) Verhaltensnorm in aller Regel **keine unangemessene Belastung des Geschädigten** zur
Folge. Denn oft verfügt (nur) der Geschädigte über die Informationen, die erforderlich
sind, um einen konkreten und individuellen Vermögensnachteil (in irgendeiner Höhe)
aufgrund eines Kartellrechtsverstoßes darzulegen. So ist es etwa bei komplexen unternehmerischen Entscheidungen, wie etwa bei der Geltendmachung von entgangenem Gewinn
in Folge von Verstößen gegen das Missbrauchsverbot, aber gegebenenfalls auch gegen andere kartellrechtliche Verbotsnormen, angemessen, dass der vermeintlich Geschädigte
nach den Maßstäben des Vollbeweises darlegt und gegebenenfalls beweist, dass seine Entscheidungen durch den Kartellrechtsverstoß tatsächlich und konkret in einer für sein Vermögen nachteiligen Weise beeinflusst wurden. Erst die Frage, welcher Gewinn ihm hierdurch entgangen ist, ist der Haftungsausfüllung und damit den Maßstäben des § 287 ZPO
zuzuordnen und unter Berücksichtigung der weiteren Beweiserleichterung in § 252 BGB
zu entscheiden. Soweit typische Darlegungs- und Beweisprobleme des Klägers bereits bei
der Frage der konkreten und individuellen Betroffenheit bestehen, kann ihnen durch entsprechende Beweiserleichterungen abgeholfen werden. Wo Beweiserleichterungen greifen, spielt die Abgrenzung zwischen Haftungsbegründung und Haftungsausfüllung im
Übrigen auch praktisch keine besondere Rolle.[362]

Schließlich spricht für die hier vertretene Auffassung auch die Ausgestaltung der Anforderungen an den Nachweis eines Schadens und die Ermittlung des Umfangs des Schadens 123
nach der **RL 2014/104/EU.** Nach Art. 17 Abs. 1 der Richtlinie sollen die nationalen
Gerichte befugt sein, die Höhe des Schadens in Folge eines Kartellrechtsverstoßes zu
schätzen, „**wenn erwiesen ist,** dass ein Kläger einen Schaden erlitten hat (Hervorhebung
hinzugefügt)." Damit greift die Richtlinie die auch hier vertretene Differenzierung zwischen der haftungsbegründenden Kausalität im Sinne des Nachweises einer tatsächlichen
und konkreten individuellen Betroffenheit durch irgendeinen Vermögensnachteil aufgrund des Kartellrechtsverstoßes einerseits und der haftungsausfüllenden Kausalität im Sinne des genauen Ausmaßes der durch den Verstoß bedingten Schädigung andererseits auf.
Nur für die Haftungsausfüllung verlangt die Richtlinie eine generelle Beweiserleichterung
durch eine dem § 287 ZPO vergleichbare richterliche Schätzung. Demgegenüber sind
dem Wortlaut der Richtlinie keine Anhaltspunkte dafür zu entnehmen, dass auch die Anforderungen an den Nachweis der individuellen Betroffenheit durch einen Kartellrechtsverstoß („dass ein Kläger einen Schaden erlitten hat") gegenüber den allgemeinen Anforderungen des nationalen Rechts an den Tatsachenbeweis abgesenkt werden sollen. Typischen Darlegungs- und Beweisschwierigkeiten des Klägers auf dieser ersten Stufe (der
Haftungsbegründung) soll durch inhaltlich begrenzte Beweiserleichterungen abgeholfen
werden.[363] Nach Art. 17 Abs. 2 der Richtlinie soll daher in Kartellfällen (aber nicht in
Fällen des Missbrauchs einer marktbeherrschenden Stellung oder bei anderen Kartellrechtsverstößen) vermutet werden, dass ein kartellbedingter Schaden eingetreten ist. Die
Vermutung beschränkt sich aber auf die grundsätzliche Betroffenheit und erstreckt sich
nicht gerade auf eine bestimmte Schadenshöhe, die stattdessen nach Art. 17 Abs. 1 der
Schätzung zugänglich ist.[364]

b) Anforderungen an die Darlegung. aa) Grundsätzliches. Der Geschädigte trägt die **Darle-** 124
gungs- und Beweislast dafür, dass er tatsächlich und konkret von dem Kartellrechtver-

---

schlags an mittelbare Abnehmer aber dennoch § 286 ZPO anwendet, weil von einem Kartell unterschiedlichste Personengruppen betroffen sein können.
[362] Vgl. auch MüKoZPO/*Prütting* ZPO § 287 Rn. 12.
[363] Rn. 47 der Erwägungsgründe der RL 2014/104/EU.
[364] Rn. 47 der Erwägungsgründe der RL 2014/104/EU. Vgl. auch *Mederer* EuZW 2013, 847 (851); *Kühne/
Woitz* DB 2015, 1028 (1029); *Bues/Fritzsche* DB 2015, 2881 (2882); *Lettl* WRP 2015, 537 (539); *Kersting*
WuW 2014, 564 (573).

stoß betroffen war – dass ihm also, so die hier vertretene Auffassung, irgendein Schaden entstanden ist. Er muss daher substantiiert solche Umstände darlegen, aus denen sich ergibt, dass sich der Kartellrechtsverstoß auf seine Vermögenslage nachteilig ausgewirkt hat. Für die Anforderungen an die Darlegung und das Bestreiten gilt im Wesentlichen dasselbe wie im Zusammenhang mit der Darlegung des Kartellrechtsverstoßes. Jede Partei muss ihren Vortrag nach ihren Möglichkeiten und unter Berücksichtigung des gegnerischen Vorbringens substantiieren. Das kann es erforderlich machen, die ökonomischen Zusammenhänge, aus denen sich die Kausalität (oder ihr Fehlen) ergibt, durch ein Privatgutachten eines wettbewerbsökonomischen Sachverständigen zu vertiefen. Hat der Geschädigte das ihm Mögliche vorgetragen, kann den Beklagten hinsichtlich von Umständen in seiner Sphäre im Einzelfall eine sekundäre Darlegungslast treffen (vgl. allg. zu den Anforderungen an die Darlegung → Rn. 77 ff.). Insgesamt kommt die Rechtsprechung dem Geschädigten beim Nachweis des „Ob" eines Schadenseintritts vor allem in Kartellfällen mit Beweiserleichterungen – insbesondere mit Anscheinsbeweisen und der großzügigen Handhabung von Indizienbeweisen – weit entgegen. Die Voraussetzungen für das Eingreifen dieser Beweiserleichterungen werden ebenso wie die Anforderungen an die Darlegung des „Ob" eines Schadenseintritts nachfolgend im Einzelnen für die wichtigsten Fallgruppen dargestellt (→ Rn. 128 ff.).

125 Soweit man auch das „Ob" eines Schadenseintritts entgegen der hier vertretenen Auffassung (→ Rn. 121 ff.) nicht an den Maßstäben des § 286 ZPO, sondern **mit dem BGH an denen des § 287 ZPO misst** (→ Rn. 120),[365] kommen dem Geschädigten über die nachfolgend erläuterten Erleichterungen hinaus die geringeren Anforderungen an die Darlegung und den Beweis zugute, die aus dem richterlichen Ermessen bei der Würdigung aller Umstände und der Schadensschätzung resultieren. Insoweit kann auf die Ausführungen zur haftungsausfüllenden Kausalität verwiesen werden (→ Rn. 187 ff.). Erhebliche praktische Bedeutung dürfte das nicht haben, weil die Anforderungen an die Darlegung der wesentlichen Haupttatsachen – insbesondere der Kausalität – auch im Rahmen des § 287 ZPO hoch sind, soweit nicht die nachfolgend dargestellten Erleichterungen greifen, und im Bestreitensfall üblicherweise Beweis zu erheben ist (→ Rn. 188 f., 197).

126 **bb) Rolle der kartellbehördlichen Entscheidung für Darlegung/Nachweis.** Die wichtigste Quelle für die Darlegung der Voraussetzungen der haftungsbegründenden Kausalität ist für den vermeintlich kartellgeschädigten Kläger die kartellbehördliche und/oder gerichtliche Entscheidung (soweit eine solche vorliegt). Zwar kann aus ihr die haftungsbegründende Kausalität des Verstoßes für eine konkrete und individuelle Einbuße in seinem Vermögen nicht unmittelbar und für das Gericht verbindlich abgeleitet werden, selbst wenn die Entscheidung dazu Feststellungen enthält. Denn die **Bindungswirkung nach § 33 Abs. 4 GWB** beschränkt sich nach allgemeiner Ansicht auf den Kartellrechtsverstoß und erstreckt sich nicht auf den Schaden des einzelnen Betroffenen (→ Rn. 101). Das gilt auch dann, wenn die Entscheidung selbst Ausführungen dazu enthält, welche Unternehmen von dem Missbrauch einer marktbeherrschenden Stellung konkret oder der Art nach betroffen gewesen sein sollen, ob, in welcher Weise und in welchem Umfang sich ein Kartell auf die Preise oder andere Konditionen für den Bezug der kartellbetroffenen Waren oder Dienstleistungen und/oder die Absatzmengen und/oder andere Parameter ausgewirkt hat und ob ein bestimmtes Unternehmen tatsächlich die kartellbetroffenen Waren und Dienstleistungen bezogen hat. Seine Grenze findet diese Einschränkung der Bindungswirkung erst dort, wo die Gründe für die Ablehnung der Schadensursächlichkeit eines Verstoßes im Widerspruch zur Feststellung eines Kartellrechtsverstoßes durch eine Kartellbehörde oder ein Gericht im Vorprozess stehen.[366] Dementsprechend steht beispielsweise bei einem Behinderungsmissbrauch zulasten bestimmter Unternehmen fest, dass Unternehmen dieser

---

[365] Vgl. BGH Urt. v. 12.7.2016 – KZR 25/14 Rn. 41–47 des amtl. Umdrucks – Lotto-Totto-Schadensersatz.
[366] OLG Düsseldorf Urt. v. 9.4.2014 – VI-U (Kart) 10/12, BeckRS 2014, 11817.

Art von dem Verstoß betroffen sind, nicht aber, dass ihnen auch irgend ein Schaden entstanden ist.[367]

Unabhängig von der genauen Reichweite ihrer Bindungswirkung sind kartellbehördliche Entscheidungen aber zumindest **praktisch von erheblicher Bedeutung** für die Darlegung und den Nachweis der haftungsbegründenden Kausalität. Das gilt vor allem für solche Entscheidungen, in denen der Verstoß in seinen Einzelheiten geschildert wird (weswegen die Kartellbeteiligten, wenn Gespräche mit der jeweiligen Behörde über ein Settlement stattfinden, zumeist auf verhältnismäßig knappe Ausführungen zum Sachverhalt drängen und die Veröffentlichung von Entscheidungen mit einem hohen Detaillierungsgrad zu verhindern oder zu verzögern versuchen). Denn aus den Feststellungen der Kartellbehörden zu den Details des Verstoßes können sich Rückschlüsse darauf ergeben, welche konkrete Art von Waren oder Dienstleistungen und/oder welche Varianten dieser Waren oder Dienstleistungen, ob alle oder nur bestimmte (und, wenn ja, welche) Verträge, Ausschreibungen oder andere Beschaffungsvorgänge und/oder ob alle oder nur bestimmte (und, wenn ja, welche) Abnehmer oder Gruppen von Abnehmern von der Kartellabsprache betroffen waren. Zudem können sich aus den Feststellungen zur Art des Verstoßes bedeutende Anhaltspunkte für die (wettbewerbsökonomische) Analyse der Auswirkungen einer Kartellabsprache auf die Preise für die betroffenen Produkte ergeben. Auf solche Feststellungen zur Reichweite und Art des Verstoßes in der kartellbehördlichen Entscheidung kann sich der geschädigte Kläger als Grundlage und Ausgangspunkt für seinen weiteren Vortrag zur Kausalität im Prozess stützen. Soweit die relevanten Feststellungen zu den die kartellbehördliche Entscheidung tragenden Gründen gehören, darf das Gericht nach § 33 Abs. 4 GWB nicht von ihnen abweichen (vgl. → Rn. 109). Aber auch das auf weitere (erläuternde) Feststellungen der Kartellbehörde gestützte Vorbringen können der oder die Beklagten nur bestreiten, soweit dies mit der prozessualen Wahrheitspflicht nach § 138 Abs. 1 ZPO vereinbar ist; zudem dürfte in der Regel ein einfaches Bestreiten hinsichtlich der zeitlichen, sachlichen, räumlichen und/oder personellen Reichweite des Verstoßes nicht genügen.[368]

c) Schadensersatz wegen horizontaler Kartellabsprachen. aa) Haftungsbegründende Kausalität bei direkten Abnehmern. Der primäre Vermögensnachteil des direkten Abnehmers von kartellbetroffenen Waren oder Dienstleistungen von den Kartellbeteiligten liegt in der Regel darin, dass er diese Waren oder Dienstleistungen zu kartellbedingt überhöhten Preisen bezogen hat, weil die Kartellabsprachen entweder unmittelbar die Preisgestaltung betrafen oder durch eine Angebotsverknappung mittelbar zu einem Preisanstieg führten (→ Rn. 166 f.). Für die haftungsbegründende Kausalität ist irrelevant, ob der Abnehmer den Kartellaufschlag weiterreichen konnte, weil das nach den Grundsätzen der Vorteilsausgleichung allenfalls dazu führen würde, dass der bereits entstandene Ersatzanspruch gekürzt werden müsste (→ § 25 Rn. 85). Daher muss der direkte Abnehmer für die haftungsbegründende Kausalität nach den Maßstäben des § 286 ZPO (nur) darlegen und beweisen, **welche Waren oder Dienstleistungen im Einzelnen von dem Kartell betroffen waren, dass er solche Waren oder Dienstleistungen tatsächlich bezogen hat und dass der Preis hierfür kartellbedingt überhöht war.** Aber auch das kann den geschädigten Kläger vor erhebliche Herausforderungen stellen, auch wenn er für die haftungsbegründende Kausalität weder den Umfang, in dem er die kartellbetroffenen Waren oder Dienstleistungen bezogen hat, noch das Ausmaß der kartellbedingten Preisüberhöhung jeweils in allen Einzelheiten darlegen und beweisen muss.

Rechtsprechung und Literatur haben sich wegen der Beweisschwierigkeiten des Kartellgeschädigten und der Nähe der Kartellbeteiligten zu den tatsächlichen Umständen

---

[367] BGH Urt. v. 12.7.2016 – KZR 25/14 Rn. 47 des amtl. Umdrucks – Lotto-Totto-Schadensersatz.
[368] Vgl. auch LG Berlin Urt. v. 6.8.2013 – 16 O 193/11 Kart, WuW/E DE-R 4388 (4396 f.) – Fahrtreppen.

für weitgehende **Beweiserleichterungen** im Rahmen der haftungsbegründenden Kausalität ausgesprochen. Das betrifft zunächst die **Kartellbetroffenheit der einzelnen Verträge über den Bezug von Waren oder Dienstleistungen,** die ihrer Art nach zu den Waren und Dienstleistungen gehören, die Gegenstand der Kartellabsprachen waren. Ergibt sich aus der kartellbehördlichen Entscheidung nichts anderes, spricht zumindest ein Anscheinsbeweis (aber womöglich sogar eine tatsächliche Vermutung[369]) dafür, dass jeder Bezug von Waren oder Dienstleistungen von den Kartellbeteiligten im sachlichen, zeitlichen und räumlichen Bereich der Kartellabsprachen auch Gegenstand dieser Absprachen und damit unmittelbar kartellbetroffen war.[370] Der geschädigte Kläger genügt daher seiner Darlegungs- und Beweislast, wenn er vorträgt und gegebenenfalls beweist, dass er solche Geschäfte mit den Kartellbeteiligten (oder von diesen beherrschten Unternehmen[371]) überhaupt getätigt hat. Es ist dann Sache der kartellbeteiligten Beklagten, den Anschein durch substantiierten Vortrag zu den konkreten Einzelheiten der Kartellabsprachen und deren Reichweite zu erschüttern und dabei aufzuzeigen, warum es eine ernsthafte Möglichkeit gibt, dass die streitgegenständlichen Geschäfte nicht kartellbetroffen waren.[372] Gelingt dies den kartellbeteiligten Beklagten, muss der geschädigte Kläger – geht man von einem Anscheinsbeweis aus – die Kartellbetroffenheit der streitgegenständlichen Geschäfte nach dem Maßstab des § 286 ZPO voll beweisen. Scheitert er oder bleiben danach Zweifel an der Kartellbetroffenheit der streitgegenständlichen Geschäfte, geht dies zu Lasten des geschädigten Klägers; der Anscheinsbeweis führt nicht zu einer Beweislastumkehr.[373] Anderes gilt, wenn es sich um eine tatsächliche Vermutung handelt. Dann tragen die kartellbeteiligten Beklagten die Beweislast für das Fehlen der Kartellbetroffenheit.[374]

130   Daneben kommen dem kartellgeschädigten Kläger weitere **Beweiserleichterungen** hinsichtlich der **Auswirkungen von Kartellen auf die Preise der kartellbetroffenen Waren oder Dienstleistungen** zugute. Unter Berufung auf die höchstrichterliche Rechtsprechung zum Mehrerlös als Grundlage der Bußgeldbemessung nach altem Recht[375] hat sich in Rechtsprechung und Literatur durchgesetzt, dass auch ein Anscheinsbeweis (oder sogar eine tatsächliche Vermutung[376]) dafür streitet, dass Kartellabsprachen zu einer Preiserhöhung bei den unmittelbar kartellbetroffenen Beschaffungsvorgängen führen.[377] Dies gilt sowohl für

---

[369] Das OLG Karlsruhe lässt ausdrücklich offen, ob auch eine tatsächliche Vermutung in Betracht kommt (vgl. OLG Karlsruhe Urt. v. 31.7.2013 – 6 U 51/12 (Kart), NZKart 2014, 366 (367)). Die Abgrenzung ist schwierig, in der Praxis aber zumeist bedeutungslos, weil es in beiden Fällen dem Gegner obliegt, den Anschein zu erschüttern oder die Vermutung zu widerlegen. In besonders komplexen Fällen mag das allerdings anders sein. Denn zur Erschütterung des Anscheinsbeweises genügt es, wenn ein anderer Geschehensverlauf ernsthaft möglich ist; die Vermutung kann nur durch einen echten Gegenbeweis widerlegt werden (vgl. zu diesem Unterschied BGH Urt. v. 16.11.1993 – XI ZR 214/92, NJW 1994, 512, 514).

[370] OLG Karlsruhe Urt. v. 31.7.2013 – 6 U 51/12 (Kart), NZKart 2014, 366 (367) – Feuerwehrfahrzeuge; LG Berlin Urt. v. 6.8.2013 – 16 O 193/11 Kart, WuW/E DE-R 4388 (4390f.) – Fahrtreppen. Ebenso nunmehr bspw. auch OLG Karlsruhe Urt. v. 9.11.2016 – 6 U 204/15 (Kart), NZKart 2016, 595 (597) – Grauzementkartell; LG Dortmund Urt. v. 21.12.2016 – 8 O 90/14 (Kart), NZKart 2017, 86f. – Schienenfreunde; LG Hannover Urt. v. 31.5.2016 – 180 259/14, Rn. 37 – Schienenkartell.

[371] LG Berlin Urt. v. 6.8.2013 – 16 O 193/11 Kart, WuW/E DE-R 4388 (4391f.) – Fahrtreppen. So auch HLMV/*Schweitzer* 48 (dort zur Frage der Anspruchsberechtigung).

[372] OLG Karlsruhe Urt. v. 31.7.2013 – 6 U 51/12 (Kart), NZKart 2014, 366 (367) – Feuerwehrfahrzeuge; LG Berlin Urt. v. 6.8.2013 – 16 O 193/11 Kart, WuW/E DE-R 4388 (4391) – Fahrtreppen.

[373] So zu Recht LG Berlin Urt. v. 6.8.2013 – 16 O 193/11 Kart, WuW/E DE-R 4388 (4391) – Fahrtreppen; vgl. *Inderst/Thomas* Schadensersatz, 132f.

[374] OLG Karlsruhe Urt. v. 31.7.2013 – 6 U 51/12, NZKart 2014, 366 (367).

[375] BGH Beschl. v. 28.6.2005 – KRB 2/05, WuW/E DE – 1567 (1569) – Berliner Transportbeton; BGH Beschl. v. 19.6.2007 – KRB 12/07, WuW/E DE-R 2225 (2226) – Papiergroßhandel.

[376] Offen gelassen in OLG Karlsruhe Urt. v. 31.7.2013 – 6 U 51/12, NZKart 2014, 366 (367) – Feuerwehrfahrzeuge. Zu den Unterschieden → Rn. 129.

[377] Vgl. die Nachweise zur Rechtsprechung in den folgenden Fn. Aus der Literatur vgl. *Mestmäcker/Schweitzer* Europäisches Wettbewerbsrecht, § 23 Rn. 42; *Buntscheck* WuW 2013, 947 (952); *Burrichter* FS Canenbley 2012, 111 (117); Hüschelrath/Schweitzer/*Burrichter/Paul*, 193, 204f.; *Ellger* FS Möschel 2011,

Preisabsprachen[378] als auch für Quotenkartelle und andere Kartellabsprachen.[379] Das überzeugt: Sowohl theoretische als auch empirische Erkenntnisse der wirtschaftswissenschaftlichen Forschung belegen, dass Kartellabsprachen grundsätzlich eine preistreibende Wirkung auf die unmittelbar von ihnen erfassten Beschaffungsvorgänge haben (→ Rn. 166). Selbstverständlich können der oder die beklagten Kartellbeteiligten den Anschein erschüttern bzw. die Vermutung widerlegen. Dies setzt aber voraus, dass sie konkrete Anhaltspunkte dafür vortragen und gegebenenfalls beweisen, die es ernsthaft als möglich erscheinen lassen, dass die Kartellabsprachen keine Auswirkungen auf den Preis hatten und/oder dass Preiserhöhungen während des Kartellzeitraums auf andere Ereignisse als die Kartellabsprachen zurückzuführen sind (wie beispielsweise der Abbau von Überkapazitäten oder das Ausscheiden von Wettbewerbern während des Kartellzeitraums).[380] Besteht eine tatsächliche Vermutung, müssen die Beklagten vollumfänglich widerlegen, dass das Kartell preiserhöhende Wirkung hatte. Sowohl zur Erschütterung des Anscheinsbeweises als auch zur Widerlegung einer Vermutung kommen grundsätzlich dieselben wettbewerbsökonomischen Methoden in Betracht wie für die Darlegung der Höhe des kartellbedingten Preisaufschlags, also vor allem eine zeitliche, räumliche oder sachliche Vergleichsmarktanalyse (→ Rn. 173 ff.). Dabei dürften vor allem bei solchen Kartellabsprachen strenge Maßstäbe anzulegen sein, die über einen längeren Zeitraum andauerten und eine große regionale Ausdehnung hatten sowie entweder ihrer Art nach (wie etwa Gebiets- oder Kundenschutzabsprachen) oder mit Rücksicht auf ihren Organisationsgrad als besonders wirksam gelten müssen.[381] Bleiben daher unter Berücksichtigung dieser Faktoren Zweifel an der Richtigkeit der von dem Beklagten gegen den Anschein eines kartellbedingten Preisanstiegs verbotene Einwände (sind also beispielsweise die Tatsachengrundlagen einer Vergleichsmarktanalyse oder ihr Ergebnis nicht frei von Zweifeln), geht das zu Lasten der Kartellbeteiligten und es bleibt beim Anscheinsbeweis. Umgekehrt gilt indes auch insoweit, dass der Anscheinsbeweis nicht zur Umkehr der Beweislast führt: Gelingt es dem oder den beklagten Kartellbeteiligten, den Anschein zu erschüttern, und verbleiben danach Zweifel, geht dies zu Lasten des Klägers.[382] Nur dann, wenn man von einer tatsächlichen Vermutung ausgeht, tragen die kartellbeteiligten Beklagten die Beweislast für das Fehlen von Kartelleffekten.[383]

Zumeist führt bereits die Kombination der Anscheinsbeweise (oder Vermutungen) für die Kartellbetroffenheit der Transaktionen in sachlichem, zeitlichem und räumlichem Zusammenhang mit dem Kartell und für die preistreibende Wirkung von Kartellabsprachen auf solche Transaktionen zu einer umfassenden Beweiserleichterung für die Geschädigten. Allerdings kann sich aus den Feststellungen der Kartellbehörden ergeben (oder die kartellbeteiligten Beklagten können im Rahmen der Widerlegung des Anscheinsbeweises bzw. der Vermutung der Kartellbetroffenheit zeigen), dass die Kartellabsprachen nicht sämtliche

---

191 (215 f.); *Kirchhoff* FS Tolksdorf 2014, 521 (525); *Zöttl/Schlepper* EuZW 2012, 573 (575); HLMV/*Schweitzer*, 53; *Rauh/Zuchandke/Reddemann* WRP 2012, 173 (179). Im Bußgeldrecht hat der BGH allerdings zusätzlich für erforderlich gehalten, dass die Vermutung eines kartellbedingten Preisanstiegs anhand weiterer Beweismittel darauf überprüft wird, ob sie sich zur Gewissheit verdichtet (BGH Beschl. v. 28.6.2005 – KRB 2/05, WuW DE-R 1567 (1569) – Berliner Transportbeton). Das ist aber den Besonderheiten des Ordnungswidrigkeitenrechts geschuldet, vgl. KG Urt. v. 1.10.2009 – 2410/03 Kart, WuW/E DE-R 2773 (2781) – Berliner Transportbeton.

[378] LG Dortmund Urt. v. 1.4.2004 – 13 O 55/02, BeckRS 2010, 02135 – Vitaminkartell.

[379] OLG Karlsruhe Urt. v. 9.11.2016 – 6 U 204/15 (Kart), NZKart 2016, 595 (597) – Grauzementkartell. OLG Karlsruhe Urt. v. 31.7.2013 – 6 U 51/12 (Kart), NZKart 2014, 366 (367) – Feuerwehrfahrzeuge; KG Urt. v. 1.10.2009 – 2410/03 Kart, WuW/E DE-R 2773 (2777) – Berliner Transportbeton; LG Berlin Urt. v. 6.8.2013 – 16 O 193/11 Kart, WuW/E DE-R 4388 (4390 f.) – Fahrtreppen; LG Düsseldorf Urt. v. 19.11.2015 – 14d O 4/14, Rn. 194 ff. – Autoglaskartell; LG Dortmund Urt. v. 21.12.2016 – 8 O 90/14 (Kart), NZKart 2017, 86 (87) – Schienenfreunde; LG Hannover Urt. v. 31.5.2016 – 18 O 259/14, Rn. 37, 41 f. – Schienenkartell.

[380] Vgl. *Burrichter* FS Canenbley 2012, 111 (118).

[381] Vgl. BGH Beschl. v. 28.6.2005 – KRB 2/05, WuW/E DE-R 1567 (1569) – Berliner Transportbeton.

[382] *Burrichter* FS Canenbley 2012, 111 (118); Hüschelrath/Schweitzer/*Burrichter/Paul*, 193, 205.

[383] Vgl. OLG Karlsruhe Urt. v. 31.7.2013 – 6 U 51/12, NZKart 2014, 366 (367) – Feuerwehrfahrzeuge. Praktisch wird dieser Unterschied nur in Ausnahmefällen relevant werden.

Verträge über den Bezug der kartellbetroffenen Waren und Dienstleistungen erfasst haben. Für diesen Fall hat die Rechtsprechung einen weiteren **Anscheinsbeweis dafür entwickelt, dass Kartellabsprachen zu Preiserhöhungen auch bei solchen Transaktionen der Kartellbeteiligten führten, die nicht Gegenstand der Kartellabsprachen waren,** solange sie der Art nach die kartellbetroffenen Waren oder Dienstleistungen betrafen und im zeitlichen und räumlichen Zusammenhang mit den Kartellabsprachen vorgenommen wurden.[384] Auch das überzeugt jedenfalls dann, wenn die Kartellbeteiligten einen erheblichen Teil des Marktes kontrollieren, wenn die Absprachen einen beträchtlichen Teil der Nachfrage auf diesem Markt unmittelbar betrafen und wenn das Kartell insgesamt über einen längeren Zeitraum andauerte. Dann liegt es nahe, dass das Kartell generell zu einer Dämpfung des Wettbewerbs zwischen den Kartellbeteiligten in dem betroffenen Markt führte[385] (zu so genannten „Umbrella-Effekten" bei Lieferungen von Kartellaußenseitern → Rn. 134 ff.).

132 Der Bundesgerichtshof hat es in diesem Zusammenhang auch für möglich, wenn nicht naheliegend erachtet, dass diese generelle Veränderung des Preisgefüges in dem kartellbetroffenen Markt nicht unmittelbar gleichzeitig mit dem Kartell endet, sondern dass das Preisniveau erst nach und nach wieder auf das Wettbewerbsniveau fällt.[386] Solche Nachwirkungen oder **Nachlaufeffekte von Kartellabsprachen** können dazu führen, dass auch Transaktionen, die erst nach Kartellende getätigt wurden, als kartellbetroffen anzusehen sind und Schadensersatzansprüche auslösen. Nachlaufeffekte sind weder so ungewöhnlich oder so mittelbar, dass der Zurechnungszusammenhang zwischen dem Kartell und Schäden aufgrund solcher Effekte nach der Adäquanztheorie oder dem Schutzzweckgedanken in Frage gestellt werden müsste. Allerdings ist ein Anscheinsbeweis für das Bestehen solcher Effekte nicht gerechtfertigt, weil sie stark von den konkreten Gegegebenheiten in dem Markt abhängen: Beispielsweise sind Nachlaufeffekte bei der Vergabe von langfristigen und großen Verträgen oder in Ausschreibungsmärkten grundsätzlich weniger wahrscheinlich als in Märkten, die durch einen konstanten Bezug von Waren oder Dienstleistungen auf der Grundlage von Verträgen ohne oder mit nur sehr kurzer Laufzeit gekennzeichnet sind. Nachlaufeffekte müssen daher anhand der konkreten Preisentwicklung in dem kartellierten Markt nach Kartellende gezeigt werden; für das Vorliegen von Nachlaufeffekten spricht insbesondere ein langsames Absinken der tatsächlichen Preise nach Kartellende von dem kartellbedingt überhöhten Preisniveau auf das Niveau des hypothetischen Wettbewerbspreises (zur Ermittlung der Höhe von Nachlaufeffekten → Rn. 181).

133 Die von der Rechtsprechung entwickelten Beweiserleichterungen für die Darlegung der Kartellbetroffenheit und des preistreibenden Effekts von Kartellabsprachen bilden im Zusammenwirken mit den Feststellungen in der kartellbehördlichen Entscheidung in aller Regel eine ausreichende Grundlage für den erfolgreichen Nachweis der haftungsbegründenden Kausalität in Schadensersatzprozessen des direkten Abnehmers wegen Kartellabsprachen. Unklar ist allerdings, ob die im deutschen Recht anerkannten Beweiserleichterungen auch den Vorgaben der **RL 2014/104/EU** entsprechen, nach deren Art. 17 Abs. 2 die Mitgliedstaaten in Kartellfällen eine widerlegliche Vermutung der Entstehung irgendeines Schadens anordnen soll, die zumindest zu Gunsten der direkten Abnehmer wirkt (zur Erstreckung auf direkte Abnehmer von Kartellaußenseitern → Rn. 143; zu den Beweiserleichterungen für indirekte Abnehmer → Rn. 146 ff.). Das hängt davon ab, ob Art. 17 Abs. 2 der Richtlinie im Sinne einer gesetzlichen Vermutung nach § 292 ZPO zu verstehen ist und als solche umgesetzt werden muss: Dann müsste angesichts der Unge-

---

[384] OLG Karlsruhe Urt. v. 9.11.2016 – 6 U 204/15 (Kart), NZKart 2016, 595 (597) – Grauzementkartell; OLG Karlsruhe Urt. v. 31.7.2013 – 6 U 51/12 (Kart), NZKart 2014, 366 (367) – Feuerwehrfahrzeuge.
[385] So auch *Inderst/Thomas* Schadensersatz, 133.
[386] BGH Urt. v. 28.6.2011 – KZR 75/10, GRUR 2012, 291 (298) – ORWI. Vgl. jüngst auch OLG Karlsruhe Urt. v. 9.11.2016 – 6 U 204/15 (Kart), Rn. 66 – Grauzementkartell; LG Dortmund, Urt. v. 21.12.2016 – 8 O 90/14 (Kart), NZKart 2017, 86 (88) – Schienenfreunde.

wissheit, ob gegenwärtig nach deutschem Recht (nur) ein Anscheinsbeweis oder (gar) eine tatsächliche Vermutung für den Schadenseintritt gilt (→ Rn. 129 f.), zumindest klargestellt werden, dass künftig eine echte Beweislastumkehr gilt.[387] Für eine gesetzliche Vermutung und Beweislastumkehr spricht der Hinweis in den Erwägungsgründen darauf, dass die Vermutung nicht nur die Informationsasymmetrie zwischen Kartellbeteiligten und Kläger ausgleichen soll, sondern auch den Schwierigkeiten des Klägers beim Zugang zu Beweismitteln abhelfen soll.[388] Der **RegE-GWB** sieht in § 33a Abs. 2 dementsprechend auch eine gesetzliche Vermutung mit der Folge einer Beweislastumkehr vor.[389] Die Vermutung gilt allerdings lediglich für den Eintritt irgendeines Schadens; das entspricht der Sache nach nur dem gegenwärtigen Anscheinsbeweis bzw. der Vermutung für eine kartellbedingte Preiserhöhung. Die von der Rechtsprechung in der Vergangenheit entwickelten Anscheinsbeweise werden daher weiter Bedeutung haben insbesondere hinsichtlich (i) der Kartellbetroffenheit von Waren und Dienstleistungen, die ihrer Art nach zu denen gehören, die Gegenstand der Absprachen waren und (ii) von kartellbedingten Preisaufschlägen bei Transaktionen der Kartellbeteiligten, die zwar selbst nicht Gegenstand der Absprachen waren, aber Waren oder Dienstleistungen betreffen, die ihrer Art nach zu den kartellbetroffenen Waren oder Dienstleistungen gehören.

bb) Haftungsbegründende Kausalität bei direkten Abnehmern von Kartellaußenseitern. (1) Ökonomische Grundlagen von „Umbrella-Effekten". Kartellabsprachen können nicht nur für die direkten Abnehmer der Kartellbeteiligten, sondern auch für die direkten Abnehmer von Kartellaußenseitern zu Vermögensnachteilen führen. **In der wettbewerbsökonomischen Theorie ist anerkannt,** dass sich Kartelle unter bestimmten Voraussetzungen auch auf die Preisfestsetzung von Unternehmen auswirken, die nicht an dem Kartell beteiligt waren (siehe ergänzend zu dem nachfolgenden Überblick → Rn. 360 ff.). Diese Auswirkungen eines Kartells auf die Preisfestsetzung durch Dritte nennt man „Preisschirm-" oder „Umbrella-Effekte" in Anlehnung an das Bild eines Regenschirms. Die kartellbedingt überhöhten Preise der Kartellbeteiligten spannen sich wie ein Schirm über die Angebote der nicht an dem Kartell beteiligten Marktteilnehmer. Geschützt vor Wettbewerb durch die Kartellbeteiligten können sie ihre Preise nunmehr in dem durch das Preisniveau des Kartells vorgegebenen Rahmen anheben. Aus ökonomischer Sicht geht es dabei im Kern um den folgenden Mechanismus: Kartelle führen in aller Regel dazu, dass die Kartellbeteiligten ihre Preise erhöhen und ihre Angebotsmengen verringern (was bei Absprachen über Gebiete, Kunden und/oder Mengen sogar ausdrücklich vereinbart wird). Sind nicht alle Marktteilnehmer an dem Kartell beteiligt, steigt wegen der Preiserhöhung und der Angebotsverknappung der Kartellbeteiligten die Nachfrage nach den Produkten des oder der Kartellaußenseiter – und damit der Preis für diese Produkte.[390]

134

---

[387] So *Kühne*/Woitz DB 2015, 1028 (1029); unklar *Schweitzer* NZKart 2014, 335 (336 f.), die von einer widerleglichen Vermutung spricht (§ 292 ZPO), aber davon ausgeht, dass dies bereits dem deutschen Recht entspreche.

[388] Rn. 47 der Erwägungsgründe der RL 2014/104/EU. Für die Notwendigkeit der Umsetzung durch eine gesetzliche Vermutung im Sinne von § 292 ZPO auch *Inderst/Thomas* Schadensersatz, 239. Vgl. auch S. 21 der Begründung des Richtlinienvorschlags durch die Europäische Kommission: Verlagerung der Beweislast.

[389] Vgl. zur Erforderlichkeit einer gesetzlichen Regelung trotz der stRspr auch *Stauber/Schaper* NZKart 2014, 346 (351).

[390] Vgl. *Inderst/Maier-Rigaud/Schwalbe* WuW 2014, 1043 (1044); *Beth/Pinter* WuW 2013, 228 (230 f.); *Inderst/Maier-Rigaud/Schwalbe*, Umbrella Effects, Journal of Competition Law and Economics 2014, 739 (740); *Maier-Rigaud* Journal of European Competition Law & Practice 2014, 247 (249); *Hüschelrath/Veith* ZEW 2011, 3 f. u. 29. Vgl. zum Stand der Diskussion auch *Hartmann-Rüppel/Schrader* ZWeR 2014, 300 (311 ff.). Preisschirmeffekte eines Kartells entstehen auch, wenn die Nachfrage nach den Produkten des Außenseiters überhaupt nur wegen des Kartells geweckt wird und diese Produkte im Wettbewerb nicht wettbewerbsfähig wären.

135 Für die Entstehung von Umbrella-Effekten irrelevant ist grundsätzlich, ob sich die Kartellabsprachen auf Preise oder Mengen (oder beide Parameter) beziehen.[391] Zudem können sie beim Außenseitervertrieb sowohl der kartellbetroffenen Waren oder Dienstleistungen als auch von Substitutionsprodukten entstehen.[392] In der ökonomischen Theorie haben sich aber **Kriterien für die Wahrscheinlichkeit von Umbrella-Effekten** herausgebildet:[393] Sie treten besonders häufig auf (und sind in der Regel auch ausgeprägter bis hin zu einer vollständigen Preisangleichung), wenn die Kartellbeteiligten und die Außenseiter in demselben Markt tätig[394] und die Produkte in diesem Markt durch ein hohes Maß an Homogenität gekennzeichnet sind.[395] Zusätzlich erforderlich ist allerdings, dass das Kartell einen großen Teil des Marktes abdeckt; Umbrella-Effekte werden zudem verstärkt, wenn die Kartellteilnehmer die (strategische) Preisführerschaft in dem Markt haben.[396] Umbrella-Effekte sind stärker, wenn die Marktanteile der Kartellaußenseiter gering sind (also der nichtkartellierte Teil des Marktes zersplittert ist) und die Kartellaußenseiter die kartellbedingt steigende Nachfrage nach ihren Produkten nicht (unbegrenzt) und/oder nur mit stark ansteigenden Grenzkosten decken können, die Angebotselastizität der Außenseiter also insgesamt gering ist. Andernfalls könnte sich das Kartell im Regelfall schon im Ausgangspunkt nicht stabilisieren, weil es zu Wettbewerbsdruck durch die Kartellaußenseiter käme.[397] Schließlich spielt auch die Dauer eines Kartells eine Rolle bei der Entstehung von Umbrella-Effekten: Bestand das Kartell nur für einen sehr kurzen Zeitraum, haben die Außenseiter unter Umständen noch keine Gelegenheit zur Anpassung ihrer Preise an die kartellbedingt veränderten Marktverhältnisse gehabt; bestand es für einen sehr langen Zeitraum, konnten die Außenseiter selbst bei einer geringen Angebotsflexibilität möglicherweise bereits eine erhebliche Mengenanpassung vornehmen, die zu einer Abschwächung (oder gar zum Entfall) von Umbrella-Effekten führte. Irrelevant ist dagegen, ob den Außenseitern das Bestehen des Kartells bekannt ist. Für das Entstehen eines Preisschirmeffekts genügt es, dass die Nachfrage tatsächlich auf die Außenseiter umgeleitet wird und das Preisniveau im Markt objektiv ansteigt.[398]

136 **(2) Grundsätzliche Ersatzfähigkeit von Schäden wegen „Umbrella-Effekten".** In der Vergangenheit war umstritten, ob der Geltendmachung von Schäden wegen Umbrella-Effekten grundsätzliche rechtliche Hindernisse im Weg stehen. Insbesondere wurde gegen die Berücksichtigung von Umbrella-Effekten eingewendet, dass sie den Kartellbeteiligten nicht zugerechnet werden können: Ob Kartellabsprachen zu Umbrella-Effekten führen, sei von einer solchen Vielzahl von Faktoren abhängig, dass es an der für die Zurechnung erforderlichen Vorhersehbarkeit fehle **(Adäquanzkausalität).**[399] Jedenfalls seien sie nicht mehr vom **Schutzzweck** des deliktischen Anspruchs auf Schadensersatz wegen Kartellrechts-

---

[391] Vgl. für den Umbrella-Mechanismus bei mengenbezogenen Absprachen *Inderst/Maier-Rigaud/Schwalbe* WuW 2014, 1043, (1047 f.); *Inderst/Maier-Rigaud/Schwalbe*, Umbrella Effects, im Erscheinen, Journal of Competition Law and Economics 2014, 739 (744 ff.).
[392] *Inderst/Maier-Rigaud/Schwalbe*, Umbrella Effects, Journal of Competition Law and Economics 2014, 739 (759 ff.).
[393] Vgl. auch die Zusammenfassung bei *Beth/Pinter* WuW 2013, 228 (232).
[394] Vgl. *Inderst/Maier-Rigaud/Schwalbe*, Umbrella Effects, Journal of Competition Law and Economics 2014, 739 (759). Vgl. auch *Inderst/Maier-Rigaud/Schwalbe* WuW 2014, 1043, 1047 m. Fn. 12; *Maier-Rigaud* Journal of European Competition Law & Practice 2014, 247 (249).
[395] *Inderst/Maier-Rigaud/Schwalbe* WuW 2014, 1043 (1048, 1050); *Beth/Pinter* WuW 2013, 228 (232); *Inderst/Maier-Rigaud/Schwalbe*, Umbrella Effects, Journal of Competition Law and Economics 2014, 739 (751 f.).
[396] Das ist allerdings nicht zwingend. Umbrella-Effekte können auch bei Kartellaußenseitern entstehen, die ihre Preise strategisch setzen, jedenfalls wenn sie die Angebotsmenge nicht unbegrenzt erhöhen können, vgl. nur *Inderst/Maier-Rigaud/Schwalbe* WuW 2014, 1043 (1049 f.).
[397] *Inderst/Maier-Rigaud/Schwalbe* WuW 2014, 1043 (1047); *Beth/Pinter* WuW 2013, 228 (231); *Inderst/Maier-Rigaud/Schwalbe*, Umbrella Effects, Journal of Competition Law and Economics 2014, 739 (751 f.).
[398] *Inderst/Maier-Rigaud/Schwalbe* WuW 2014, 1043 (1047); *Inderst/Maier-Rigaud/Schwalbe*, Umbrella Effects, Journal of Competition Law and Economics 2014, 739 (749 f.).
[399] So die EuGH-Vorlage OGH Wien Beschl. v. 17.10.2012 – 7 Ob 48/12b, BeckRS 2012, 24864 unter II 5.; Vgl. auch *Hauser* GWR 2013, 146.

verstoßen erfasst: Die Preisgestaltung der Kartellaußenseiter – insbesondere eine Erhöhung der Preise als Reaktion auf ein Kartell – sei nach Art und Umfang nicht mehr dem durch die Kartellabsprachen geschaffenen Risiko zuzurechnen; vielmehr sei der Kausalverlauf bei Umbrella-Effekten so weit von den Kartellabsprachen entfernt, dass sich in der zu solchen Effekten führenden Preisgestaltung der Außenseiter nur noch das allgemeine Lebensrisiko verwirkliche.[400] In eine ähnliche Richtung geht schließlich der Einwand, dass es sich bei der Preisgestaltung der Kartellaußenseiter um ein den Kausalverlauf unterbrechendes **vorsätzliches Dazwischentreten eines Dritten** – nämlich des Kartellaußenseiters – handelt, der vor allem dann, wenn ihm das Kartell nicht bekannt ist, eine autonome Entscheidung über die Preise für seine Waren oder Dienstleistungen treffe.[401] Der österreichische Oberste Gerichtshof hat sich diesen Bedenken angeschlossen und dem EuGH im Fall „Kone" die Frage vorgelegt, ob es mit EU-Recht vereinbar sei, wenn das nationale Recht den Ersatz von Schäden wegen Umbrella-Effekten ausschließe.[402]

Der EuGH hat in seiner **„Kone"-Entscheidung** zu Recht sämtliche Zweifel an der grundsätzlichen Ersatzfähigkeit von Umbrella-Schäden ausgeräumt. Umbrella-Effekte seien nicht so ungewöhnlich, dass Kartellbeteiligte mit ihrer Entstehung in Folge von Kartellabsprachen nicht zu rechnen bräuchten. Auch wenn die Preissetzung durch Kartellaußenseiter autonom erfolge, treffe auch der Kartellaußenseiter seine Entscheidung unter Bezugnahme auf die Marktbedingungen, die bei Vorliegen eines Kartells verfälscht seien. Es stelle daher die volle Wirksamkeit („„effet utile") von Art. 101 AEUV, der jedem das Recht garantiere, vollen Ersatz des ihm aufgrund eines Kartells entstandenen Schadens zu verlangen, in Frage, wenn das nationale Recht die Ersatzfähigkeit des Schadens davon abhängig mache, ob im Einzelfall eine vertragliche Beziehung zu einem Kartellbeteiligten oder einem Außenseiter besteht.[403] Der EuGH kommt zu dem folgenden Ergebnis: **137**

„Daher kann ein durch das „Umbrella Pricing" Geschädigter den Ersatz des ihm durch die Mitglieder eines Kartells entstandenen Schadens verlangen, obwohl er keine vertraglichen Beziehungen zu ihnen hatte, wenn erwiesen ist, dass dieses Kartell nach den Umständen des konkreten Falles und insbesondere den Besonderheiten des betreffenden Marktes ein „Umbrella Pricing" durch eigenständig handelnde Dritte zur Folge haben konnte, und wenn diese Umstände und Besonderheiten den Kartellbeteiligten nicht verborgen bleiben konnten."[404] **138**

Auch nach der Entscheidung des EuGH kann es (selbstverständlich) dazu kommen, dass sich „Umbrella-Effekte" nach den **Umständen des konkreten Einzelfalls** als so außergewöhnlich darstellen, dass mit ihrem Eintritt vernünftigerweise nicht zu rechnen war. Hierauf bezieht sich die Formulierung in der „Kone"-Entscheidung, dass der Ersatz von Schäden aufgrund von „Umbrella-Effekten" eines Kartells nur dann in Betracht kommt, wenn die Umstände des Falles und die Besonderheiten des betroffenen Marktes, die zu solchen Effekten führen können, den Kartellbeteiligten „nicht verborgen bleiben konnten."[405] Aus diesem Zitat wird aber auch deutlich, dass es nicht darauf ankommt, ob die Kartellbeteiligten das Risiko von „Umbrella-Effekten" tatsächlich vorhergesehen haben. Vielmehr ist – wie auch sonst im Rahmen der Adäquanzlehre im deutschen Schadensersatzrecht – in einer nachträglichen Prognose nicht auf die subjektive Vorhersehbarkeit solcher Effekte für die **139**

---

[400] *Bulst* Schadensersatzansprüche der Marktgegenseite, 255. Vgl. auch *Haus/Serafimova* BB 2014, 2883 (2884): Haftung für Umbrella-Effekte sei unverhältnismäßig.
[401] *Alexander* Schadensersatz, 388 f.
[402] OGH Wien Beschl. v. 17. 10. 2012 – 7 Ob 48/12b, BeckRS 2012, 24864.
[403] Vgl. EuGH Urt. v. 5. 6. 2014 – C-557/12 Rn. 29 ff. – Kone ua/ÖBB-Infrastruktur AG; vgl. insbesondere auch die ausführlichen Schlussanträge der Generalanwältin Kokott in dieser Rechtssache v. 30. 1. 2014. Krit. zu der Entscheidung bspw. *Haus/Serafimova* BB 2014, 2883 (2885).
[404] EuGH Urt. v. 5. 6. 2014 – C-557/12 Rn. 34 – Kone ua/ÖBB-Infrastruktur AG.
[405] EuGH Urt. v. 5. 6. 2014 – C-557/12 Rn. 34 – Kone ua/ÖBB-Infrastruktur AG. Vgl. auch *Pauer* WuW 2015, 14 (22 f.). *Lettl* WuW 2014, 1032 (1039), hingegen will die Vorhersehbarkeit als eine subjektive Voraussetzung einordnen, die aber (ähnlich wie die Sorgfaltsanordnungen für die deliktische Haftung) objektiviert ist.

Kartellbeteiligten selbst, sondern auf die objektive Vorhersehbarkeit unter Berücksichtigung des gesamten ökonomischen Erfahrungswissens abzustellen.[406] Insbesondere wenn die Kartellabsprachen und Marktgegebenheiten die oben genannten Kriterien ganz oder teilweise erfüllen, ist praktisch ausgeschlossen, dass die Zurechnung von „Umbrella-Effekten" an den Grundsätzen der Adäquanzlehre scheitert.

140 **(3) Beweiserleichterungen bei der Darlegung von „Umbrella-Effekten".** Der Kläger, der „Umbrella-Effekte" eines Kartells geltend machen will, muss im Rahmen der haftungsbegründenden Kausalität nach den Maßstäben des § 286 ZPO darlegen und gegebenenfalls beweisen, dass das Kartell zu einer Preiserhöhung nicht nur beim Bezug der kartellbetroffenen Waren oder Dienstleistungen von den Kartellbeteiligten, sondern auch beim Bezug dieser Waren oder Dienstleistungen von Außenseitern geführt hat. Weil es für ihn oft schwer sein wird, den inneren Zusammenhang zwischen diesen Preismaßnahmen und den Kartellabsprachen nachzuweisen, hat das OLG Karlsruhe auch bei „Umbrella-Effekten" mit der Annahme eines **Anscheinsbeweises** (bzw. einer tatsächlichen Vermutung) ausgeholfen. Es sei, so das OLG Karlsruhe, grundsätzlich davon auszugehen,

141 „dass das Preisgefüge infolge des unstreitig bestehenden Quotenkartells insgesamt höher war, als es ohne das kartellrechtswidrige Quotenkartell gewesen wäre. Dies bedeutet, dass selbst der Preis des am Kartell nicht beteiligten weiteren Bieters [...] kartellbedingt höher lag, als er ohne das Quotenkartell gelegen hätte. Denn auch dessen Angebot und dessen Kalkulation wird sich regelmäßig nicht allein an den eigenen Kosten, sondern auch daran orientiert haben, welcher Preis am Markt zu erzielen ist. Da jedoch das Preisgefüge insgesamt höher lag, als es ohne das Quotenkartell gelegen hätte, war selbst der Preis des nicht beteiligten Bieters von dem Kartell beeinflusst."[407]

142 Ob dies generell zutrifft, darf jedoch stark bezweifelt werden. Die Reaktion der Kartellaußenseiter hängt stark von den oben genannten Rahmenbedingungen ab; Situationen, in denen Umbrella-Effekte praktisch zwingend sind, lassen sich nur schwer allgemein und typisierend definieren (→ Rn. 135). Ein Anscheinsbeweis für das Bestehen von Umbrella-Effekten erscheint deswegen nicht gerechtfertigt. Allerdings ist die haftungsbegründende Kausalität eines Kartells für Schäden eines Abnehmers (nur) von Kartellaußenseitern auf der Basis eines **Indizienbeweises** schon dann zu bejahen, wenn der Kläger, der die kartellbetroffenen Waren oder Dienstleistungen (auch oder nur) von einem Außenseiter erworben hat, Umstände vorträgt (und gegebenenfalls nachweist), bei deren Vorliegen oder Zusammenwirken „Umbrella-Effekte" nach den Erkenntnissen der ökonomischen Theorie typischerweise zu erwarten sind. Hierzu gehören insbesondere ein hoher Marktabdeckungsgrad des Kartells, geringe Marktanteile und ein geringer Konzentrationsgrad der Außenseiter, eine geringe Angebotselastizität der Außenseiter und ein hoher Grad der Homogenität der Produkte von Kartellbeteiligten und Außenseitern (→ Rn. 135). Trägt der Kläger im Rahmen seiner Erkenntnismöglichkeiten zu diesen Umständen ausreichend substantiiert vor, ist ein Bestreiten der Kartellbeteiligten nur erheblich, wenn es seinerseits substantiiert ist. Dabei ist zu beachten, dass es vorwiegend um Tatsachen geht, die den Markt betreffen, in dem die Kartellbeteiligten tätig sind; insoweit kann sie auch eine sekundäre Darlegungslast treffen. Gegebenenfalls ist über den Vortrag des Klägers zu den Indizien für „Umbrella-Effekte" Beweis zu erheben. Der Rückgriff auf den Indizienbeweis lässt damit (anders als ein Anscheinsbeweis) ausreichend Spielraum für eine differenzierte Betrachtung der Marktverhältnisse, erleichtert dem Kläger aber die Darlegung und den Nachweis von „Umbrella-Effekten" erheblich.

---

[406] Vgl. BGH Urt. v. 23.10.1951 – I ZR 31/51, BGHZ 3, 266; OLG München Urt. v. 18.10.1998 – 20 U 6522/88; r + s 1991, 18 (19); Palandt/*Grüneberg* Vorb v § 249 Rn. 27.
[407] OLG Karlsruhe Urt. v. 31.7.2013 – 6 U 51/12 (Kart), NZKart 2014, 366 (367) – Feuerwehrfahrzeuge. Ausdr. bestätigt in OLG Karlsruhe Urt. v. 9.11.2016 – 204/15 (Kart), NZ Kart 2016, 595 (597) – Grauzementkartell. Vgl. ebenso LG Dortmund Urt. v. 21.12.2016 – 8 O 90/14 (Kart), NZKart 2017, 86 (87 f.) – Schienenfreunde.

Es ist unklar, ob zur Umsetzung von **Art. 17 Abs. 2 RL 2014/104/EU** die Verankerung 143 einer echten gesetzlichen Vermutung (§ 292 ZPO) für die Entstehung von Schäden aufgrund von „Umbrella-Effekten" (oder von anderen Beweiserleichterungen) von Kartellabsprachen im deutschen Recht erforderlich ist. Das hängt davon ab, ob Art. 17 Abs. 2 RL 2014/104/EU über die direkten Abnehmer von Kartellteilnehmern hinaus auch zu Gunsten aller potentiell Geschädigten – einschließlich der Kunden (nur) von Kartellaußenseitern – gelten soll (zur weiteren Frage, ob Art. 17 Abs. 2 RL 2014/104/EU überhaupt eine Verlagerung der Beweislast verlangt, wie sie der gesetzlichen Vermutung nach § 292 ZPO immanent ist, bereits → Rn. 133). Der Wortlaut von Art. 17 Abs. 2 RL 2014/104/EU enthält keine Einschränkung auf bestimmte Kundengruppen; vielmehr bezieht sich dieser nur abstrakt darauf, dass Kartellabsprachen „einen Schaden verursachen." Das deutet zunächst darauf hin, dass die in Art. 17 Abs. 2 RL 2014/104/EU angeordnete Vermutung zu Gunsten jedes möglicherweise durch ein Kartell betroffenen Dritten – und damit auch des Abnehmers von Kartellaußenseitern – wirken soll. Richtigerweise ist die Vermutung aber so zu verstehen, dass sie nur zu Gunsten des direkten Abnehmers der Kartellbeteiligten selbst wirken soll. Hierfür sprechen insbesondere systematische Gründe: **Mittelbare** Abnehmer werden schon deswegen nicht von Art. 17 Abs. 2 RL 2014/104/EU erfasst, weil es hierfür mit Art. 14 der Richtlinie eine Sondervorschrift gibt, nach der es grundsätzlich gerade keine Umkehr der Beweislast gibt, mit der zugunsten des mittelbaren Abnehmers das Vorliegen einer Schadensabwälzung an ihn (und damit eines Schadens) vermutet wird. Lediglich unter bestimmten Umständen soll zugunsten des mittelbaren Abnehmers eine Vermutung greifen (hierzu ausf. → Rn. 146 ff.). Damit stellt sich nur noch die Frage, ob Art. 17 Abs. 2 RL 2014/104/EU über die direkten Abnehmer der Kartellbeteiligten hinaus **andere direkte Abnehmer, nämlich die von Kartellaußenseitern,** erfassen soll. Es fällt auf, dass Schäden wegen „Umbrella-Effekten" in der RL 2014/104/EU an keiner Stelle ausdrücklich erwähnt werden (auch wenn die Richtlinie die Ersatzfähigkeit solcher Schäden schon mit Blick auf das „Kone"-Urteil des EuGH nicht ausschließt und nicht ausschließen könnte). Im Gegenteil: Wichtige Bestimmungen der Richtlinie beziehen sich nur auf die Abnehmer der an dem Kartellrechtsverstoß beteiligten Unternehmen. Hierzu zählen insbesondere die Bestimmungen über die Abwälzung des Preisaufschlags, obwohl eine solche Abwälzung bei dem Erwerb von Kartellbeteiligten genauso wie beim Erwerb von Kartellaußenseitern erfolgen kann (vgl. etwa Art. 12 Abs. 1 RL 2014/104/EU: „jeder Geschädigte unabhängig davon, ob er unmittelbarer oder mittelbarer Abnehmer eines Rechtsverletzers ist"[408]). Dementsprechend ist in den Erwägungsgründen der Richtlinie auch nur die Rede davon, dass Kartellrechtsverstöße häufig „zu Preisaufschlägen und sonstigem Schaden **für die Kunden der Rechtsverletzer** führen."[409] Dies deutet gemeinsam mit dem Umstand, dass „Umbrella-Effekte" aus wettbewerbsökonomischer Sicht zwar unter bestimmten Voraussetzungen typischerweise auftreten, aber – anders als Preiseffekte bei den kartellbetroffenen Waren und Dienstleistungen der Kartellbeteiligten – nicht generell eine typische Folge von Kartellverstößen sind, darauf hin, dass Art. 17 Abs. 2 RL 2014/104/EU nicht für „Umbrella-Effekte" beim Bezug (nur) von Kartellaußenseitern gilt.[410] Der **RegE-GWB** enthält hierzu ebenfalls keine klärende Regelung; vielmehr spricht auch § 33a Abs. 2 RegE-GWB lediglich allgemein von der Vermutung, dass ein Kartell „einen Schaden" verursacht. Die Begründung des RegE-GWB führt insoweit auch nicht weiter.

---

[408] Vgl. auch Rn. 44 der Erwägungsgründe der RL 2014/104/EU: „Schadensersatzklagen können sowohl von denjenigen, die Waren oder Dienstleistungen von dem Rechtsverletzer erworben haben, als auch von Abnehmern auf einer nachgelagerten Vertriebsstufe erhoben werden".

[409] Rn. 43 der Erwägungsgründe der RL 2014/104/EU (Hervorhebungen hinzugefügt).

[410] Bezieht ein Abnehmer sowohl von Kartellbeteiligten als auch von Kartellaußenseitern, genügt für den Nachweis der haftungsbegründenden Kausalität bereits die Vermutung eines Schadens durch den Bezug von Kartellbeteiligten. Für solche Abnehmer ist es daher irrelevant, ob Art. 17 Abs. 2 RL 2014/104/EU auch auf Umbrella-Effekte erstreckt werden kann.

144 **cc) Haftungsbegründende Kausalität bei mittelbaren Abnehmern. (1) Darlegungs- und Beweislast nach dem „ORWI"-Urteil.** Auch mittelbare Abnehmer können von Kartellabsprachen betroffen sein, wenn der unmittelbare Abnehmer (oder ein anderer mittelbarer Abnehmer auf einer vorgelagerten Stufe) eine kartellbedingte Preiserhöhung für die kartellbetroffenen Waren oder Dienstleistungen an die Folgestufe weitergibt. Grundsätzlich gilt das für die Abnehmer von unmittelbaren Abnehmern der Kartellbeteiligten genauso wie für die von Kartellaußenseitern (wenn und soweit das Kartell zu Umbrella-Effekten führte). In Deutschland war jedoch umstritten, ob und unter welchen Voraussetzungen mittelbare Abnehmer von kartellbetroffenen Waren oder Dienstleistungen Schadensersatzansprüche zustehen. Mit dem „ORWI"-Urteil des BGH wurde der Streit um das „Ob" geklärt und die Frage bejaht (vgl. hierzu ausführlich → § 25 Rn. 23 ff.). Zu den Voraussetzungen hat der BGH klargestellt, dass der mittelbare Abnehmer die **Darlegungs- und Beweislast** für die Weitergabe des Schadens trägt. Einen Anscheinsbeweis oder eine Vermutung dafür, dass eine Preiserhöhung auf dem nachgelagerten Markt im zeitlichen Zusammenhang mit dem Kartell auch kartellbedingt ist, gebe es nicht. Für die Darlegung und den Beweis des „Ob" einer (vollständigen oder teilweisen) kartellbedingten Schadensverlagerung auf den mittelbaren Abnehmer gelten, folgt man der hier vertretenen Auffassung, die Maßstäbe des § 286 ZPO (→ Rn. 119 ff.). Dabei hat es der BGH allerdings für den Nachweis der haftungsbegründenden Kausalität von Kartellabsprachen für Schäden eines mittelbaren Abnehmers im konkreten Einzelfall genügen lassen, dass es erstens einen zeitlichen Zusammenhang zwischen Preisbewegungen auf dem nachgelagerten Markt und den Kartellabsprachen gab, und dass zweitens die Verhältnisse auf dem nachgelagerten Markt so waren, dass sich eine Weitergabe von kartellbedingten Preiserhöhungen auf dem vorgelagerten Markt auf die nächste Marktstufe als naheliegend darstellte (siehe zu den Voraussetzungen hierfür → § 25 Rn. 32 f.).[411]

145 Auch wenn sich der BGH damit **gegen einen Anscheinsbeweis der Schadensweitergabe** entschieden hat, lässt er doch einen **Indizienbeweis** für den Nachweis der haftungsbegründenden Kausalität von Kartellabsprachen für eine Schädigung des mittelbaren Abnehmers genügen.[412] Das ist überzeugend, weil die Entscheidung über die Preissetzung – und damit über die Weitergabe eines Schadens aufgrund von erhöhten Inputkosten – stark von den Umständen des Einzelfalls geprägt ist. Die Weitergabe erhöhter Inputkosten ist zwar unter bestimmten Voraussetzungen zu erwarten; diese Voraussetzungen sind aber stark ausdifferenziert und in ihrem Zusammenspiel komplex.[413] Eine Rolle spielen dabei sowohl die konkreten Marktverhältnisse auf dem kartellierten und dem nachgelagerten Markt als auch strategische (oder psychologische und aus ökonomischer Sicht irrationale) Einflussfaktoren bei der Preissetzung. Einer solchen Situation kann mit einem Indizienbeweis besser als mit einem Anscheinsbeweis Rechnung getragen werden, ohne die Stellung

---

[411] Vgl. BGH Urt. v. 28.6.2011 – KZR 75/10, GRUR 2012, 291 (294 f.) – ORWI.
[412] Anders jedoch *Morell* WuW 2013, 959 (961 f.): Der BGH habe einen Anscheinsbeweis angenommen, wenn die von ihm in dem Sachverhalt des „ORWI-Urteils" vorgefundenen Bedingungen vorherrschen. Das überzeugt nicht. Die Bedingungen im „ORWI"-Fall waren so einzelfallspezifisch, dass sie nicht die Typizität aufweisen, die für einen generalisierenden Anscheinsbeweis erforderlich und geeignet ist. Dem Urteil ist auch nichts dafür zu entnehmen, dass der BGH einen Anscheinsbeweis begründen wollte. Wie hier auch *Kirchhoff* WuW 2012, 927 (928 f.) („keine widerlegbare Vermutung"; „besondere Umstände des Falls") und *Kirchhoff* FS Tolksdorf 2014, 521 (526). Kirchhoff war als Mitglied des Kartellsenats an der Entscheidung in dieser Sache beteiligt. Vgl. in dieselbe Richtung auch LG Düsseldorf Urt. v. 19.11.2015 – 14d O 4/14, Rn. 208 ff. – Autoglaskartell sowie *Buntscheck* WuW 2013, 947 (952); *Schreiber* GRUR-Prax 2012, 78 f.; *Hartmann-Rüppel/Ludewig* ZWeR 2012, 90 (99, 101 f.); *Lübbig/Mallmann* WRP 2012, 166 (169); *Bulst* ZWeR 2012, 70 (72 f.), 87. Vgl. auch *Inderst/Thomas* Schadensersatz, 261 ff.: Der BGH habe zwar keinen Anscheinsbeweis angenommen. Ein qualifizierter Anscheinsbeweis für das „Ob" einer Weitergabe des Schadens an den indirekten Abnehmer bei Vorliegen bestimmter Voraussetzungen sei aber gerechtfertigt und das „ORWI-Urteil" stehe einem solchen Anscheinsbeweis nicht entgegen.
[413] Illustrativ die umfangreiche Prüfung in LG Düsseldorf Urt. v. 19.11.2015 – 14d O 4/14, Rn. 215–245 – Autoglaskartell.

des indirekten Abnehmers hierdurch stark zu beeinträchtigen.[414] Sind Umstände gegeben, die als Indizien für eine Weitergabe des Schadens ausreichen, ist es auch irrelevant, dass der unmittelbare Abnehmer eine eigene Entscheidung über die Preissetzung getroffen hat; der Zurechnungszusammenhang wird dadurch nicht berührt, weil durch die Kartellabsprachen eine Gefährdungslage geschaffen wurde, die eine kartellbedingte Preiserhöhung durch den unmittelbaren Abnehmer und damit die Schadensweitergabe auslösen kann (zur Aktivlegitimation des mittelbaren Abnehmers und den Voraussetzungen für seine Betroffenheit im Einzelnen → § 25 Rn. 23 ff.).[415]

(2) Darlegungs- und Beweislast nach der RL 2014/104/EU. Durch die RL 2014/104/EU 146 wird der Grundansatz des „ORWI"-Urteils des BGH bestätigt: Danach müssen die Mitgliedstaaten gewährleisten, dass sowohl unmittelbare als auch mittelbare Abnehmer von kartellbetroffenen Waren oder Dienstleistungen Schadensersatzansprüche geltend machen können; die Mitgliedstaaten dürfen daher nicht generell die **Aktivlegitimation** des mittelbaren Abnehmers ausschließen (Art. 12 Abs. 1 RL 2014/104/EU). Auch die Verteilung der Darlegungs- und Beweislast nach Art. 14 Abs. 1 RL 2014/104/EU entspricht grundsätzlich der nach deutschem Recht geltenden Regel: Der mittelbare Abnehmer als Kläger trägt die **Darlegungs- und Beweislast.** Allerdings kommt dem mittelbaren Abnehmer nach der Richtlinie insoweit zugute, dass er in angemessener Weise die **Offenlegung von Beweismitteln** für die Schadensabwälzung durch den oder die Beklagten sowie durch Dritte, also insbesondere durch den unmittelbaren Abnehmer, verlangen kann[416] (zur Offenlegung nach der RL 2014/104/EU allgemein → § 24 Rn. 43 ff., → § 29 Rn. 15 ff.; zur Bedeutung der Offenlegungsvorschriften für die Darlegung des Passing-On → Rn. 206).

Vor allem soll aber nach Art. 14 Abs. 2 RL 2014/104/EU zu Gunsten des mittelbaren 147 Abnehmers unter bestimmten Voraussetzungen **vermutet werden, dass eine Schadensabwälzung erfolgt ist** und er dementsprechend im Sinne des deutschen Rechts von dem Kartell zumindest „betroffen" ist (zur Frage ob diese Regelung auch für den Umfang der Abwälzung gilt→ Rn. 220). Das ist dann der Fall, wenn der mittelbare Abnehmer nachgewiesen hat, dass (i) ein Kartellrechtsverstoß des Beklagten vorliegt (wobei er insoweit von der Bindungswirkung von kartellbehördlichen Entscheidungen nach § 33 Abs. 4 GWB sowie Art. 9 RL 2014/104/EU bzw. Art. 16 VO 1/2003 profitiert), dass (ii) dieser Verstoß einen Preisaufschlag für den unmittelbaren Abnehmer des Beklagten zur Folge hatte (wofür die Vermutung nach Art. 17 Abs. 2 RL 2014/104/EU streitet) und dass (iii) der mittelbare Abnehmer solche Waren oder Dienstleistungen (verarbeitet oder unverarbeitet) bezogen hat, die Gegenstand des Kartellrechtsverstoßes waren. Anders als der BGH in dem „ORWI"-Urteil[417] hat sich die Kommission damit dafür entschieden, generell von einer Weitergabe des Schadens durch den unmittelbaren Abnehmer auszugehen, zumal die erste und zweite Voraussetzung von Art. 14 Abs. 2 RL 2014/104/EU jedenfalls in Hardcore-Kartellfällen keine echte Hürde sind.[418] Aus wettbewerbsökonomischer Sicht ist das vertretbar, wird aber der Komplexität der Preisfindung in der Lebenswirklichkeit

---

[414] Vgl. auch *Schweitzer* NZKart 2014, 335 (339). Vgl. zur Abgrenzung zwischen dem generalisierendem Anscheinsbeweis und Indizienbeweis bei bestimmten individuellen Sachverhalten bspw. PG/*Laumen* ZPO § 286 Rn. 50. Gerade die von *Inderst/Thomas* aufgezeigten Kriterien, nach denen sich „Ob" (und Höhe) eines Passing-On bestimmen (S. 244 ff.) zeigen, dass eine Generalisierung schwierig ist und ein Rückgriff auf den Indizienbeweis näher liegt. Daher formulieren *Inderst/Thomas* den von ihnen angenommenen Anscheinsbeweis auch negativ: Passing-on müsse vermutet werden, „wenn ein solcher Effekt **nicht unwahrscheinlich** wäre" (S. 262). Das ist aber für einen Anscheinsbeweis zu wenig.
[415] Vgl. BGH Urt. v. 28.6.2011 – KZR 75/10, GRUR 2012, 291 (294 f.) – ORWI.
[416] Vgl. zur Bedeutung der Offenlegung auch *Kersting* WuW 2014, 564 (569 f.); *Lettl* WRP 2015, 537, 544; *Haus/Serafimova* BB 2014, 2883 (2885).
[417] Vgl. auch den Hinweis des BGH auf das Weißbuch der Kommission, BGH Urt. v. 28.6.2011 – KZR 75/10, GRUR 2012, 291 (294) – ORWI.
[418] *Kersting* WuW 2014, 564 (570); *Stauber/Schaper* NZKart 2014, 346 (352).

nicht gerecht; die ausgewogene und flexiblere Herangehensweise des BGH ist deswegen überzeugender.[419]

148 Ungeachtet dessen dürfte die Neuregelung in der Richtlinie jedenfalls nicht zu einer Verlagerung der Beweislast führen. Sie ist in den Kategorien des deutschen Rechts **eher als Anscheinsbeweis, denn als gesetzliche Vermutung** im Sinne von § 292 ZPO zu verstehen.[420] Nach dem Wortlaut von Art. 14 Abs. 2 S. 2 RL 2014/104/EU soll es zur Erschütterung der Vermutung genügen, wenn der Beklagte „glaubhaft machen kann" („demonstrate credibly" bzw. „démontrer de façon crédible"), dass eine Schadensverlagerung nicht oder nicht vollständig erfolgt ist. Dabei wurde in der deutschen Fassung – gleichsam in letzter Minute – das Wort „nachweisen" (wie es noch in der Fassung der Richtlinie hieß, die durch das Parlament verabschiedet wurde[421]) durch das Wort „machen" ersetzt, um Gleichlauf mit den anderen Sprachfassungen zu erzielen.[422] Dieser Maßstab für die Widerlegung der Vermutung entspricht eher dem Anscheinsbeweis des deutschen Rechts als einer Vermutung mit Beweislastumkehr, wie sie bei einer gesetzlichen Vermutung nach § 292 ZPO vorliegt. Dementsprechend ist auch in den Erwägungsgründen der Richtlinie im Zusammenhang mit Art. 14 Abs. 2 RL 2014/104/EU mehrfach von „Anscheinsbeweis" die Rede.[423] Missglückt ist allerdings der Wortlaut der Vorschrift insofern, als es nach Art. 14 Abs. 2 S. 2 RL 2014/104/EU zur Erschütterung des Anscheins einer Schadensabwälzung unabhängig von ihrer Höhe genügen soll, dass der Beklagte glaubhaft machen kann, dass diese jedenfalls nicht vollständig war. Dies würde die Effektivität des Anscheinsbeweises jedenfalls nach deutschem Recht angesichts der Trennung zwischen der haftungsbegründenden Kausalität bezüglich der tatsächlichen individuellen Betroffenheit und der haftungsausfüllenden Kausalität bezüglich der Höhe der Schädigung stark einschränken. Beabsichtigt ist wohl eine Regelung gewesen, nach der Art. 14 Abs. 2 RL 2014/104/EU die Vermutung irgendeiner Abwälzung enthält, also das „Ob" der Abwälzung betrifft, während ihre Höhe nach Art. 12 Abs. 5 RL 2014/104/EU geschätzt werden soll[424] (vgl. hierzu ausführlich → Rn. 220).

149 Abschließend ist darauf hinzuweisen, dass die Regelungen zur Geltendmachung von Schadensersatz durch mittelbare Abnehmer in Art. 12 und 14 RL 2014/104/EU auf die Abnehmer von unmittelbaren Abnehmern der an dem Kartellrechtsverstoß beteiligten Unternehmen beschränkt sind: Auf die Abnehmer von unmittelbaren Abnehmern von **Kartellaußenseitern** finden diese Regelungen nach ihrem Wortlaut keine Anwendung. Das ergibt sich aus Art. 12 Abs. 1 und Art. 14 Abs. 2 lit b) und c) RL 2014/104/EU.[425]

149a (3) Umsetzung durch 9. GWB-Novelle. Der RegE-GWB sieht vor, dass die Bestimmungen der RL 2014/104/EU zu Schäden von mittelbaren Abnehmern praktisch unverändert in die 9. GWB-Novelle übernommen werden (§ 33c Abs. 1 S. 1 und Abs. 2–5 RegE-GWB). Dementsprechend kann auf die Ausführungen zur RL 2014/104/EU verwiesen

---

[419] So im Ergebnis wohl auch *Inderst/Thomas* Schadensersatz, 268 u. 269.
[420] Wie hier *Kersting* WuW 2014, 564 (570); *Schweitzer* NZKart 2014, 335 (338); ähnl. auch *Lettl* WRP 2015, 537, 543. AA *Inderst/Thomas* Schadensersatz, 267 ff., wohl aber auf der Basis einer Entwurfsfassung der Richtlinie, nach der die Kartellbeteiligten zur Widerlegung der Vermutung bzw. des Anscheinsbeweises glaubhaft „nachweisen" mussten, dass ein Passing-On nicht erfolgt ist (siehe sogleich). Auch *Stauber/Schaper* NZKart 2014, 346 (352), gehen von einer Vermutung im Sinne von § 292 ZPO aus, ohne dies näher zu begründen.
[421] Vgl. Rat der Europäischen Union, Informatorischer Vermerk, Vorschlag für eine Richtlinie des Europäischen Parlaments und des Rates über bestimmte Vorschriften für Schadensersatzklagen wegen Zuwiderhandlungen gegen wettbewerbsrechtliche Bestimmungen der Mitgliedstaaten und der Europäischen Union, Ergebnis der ersten Lesung des Europäischen Parlaments, 2013/0185 (COD), 24.4.2014, S. 58.
[422] Das übersehen *Inderst/Thomas* Schadensersatz, 267 f. Auch *Kersting* WuW 2014, 564 (570) verwendet die Entwurfsfassung, kommt aber zu demselben Ergebnis wie hier.
[423] Rn. 41 der Erwägungsgründe der RL 2014/104/EU.
[424] So iE *Mederer* EuZW 2013, 847 (851); *Schweitzer* NZKart 2014, 335 (338 f.).
[425] So wohl auch *Inderst/Thomas* Schadensersatz, 268 f.

werden (→ Rn. 146 ff.). Das gilt auch für die Vermutung in Art. 14 Abs. 2 RL 2014/104/ EU; in der Begründung des RegE-GWB hierzu wird darauf hingewiesen, dass diese Regelung ungewöhnlich sei. Wie bereits erörtert, läuft dies in den Wirkungen letztlich auf einen Anscheinsbeweis hinaus (→ Rn. 148) und eine entsprechende und eindeutige Umsetzung in der 9. GWB-Novelle wäre wünschenswert gewesen.

dd) Haftungsbegründende Kausalität bei Wettbewerbern der Kartellbeteiligten. Horizontale 150 Kartellabsprachen können auch zu Vermögensnachteilen für an dem Kartell nicht beteiligte Wettbewerber führen. Solche Kartellaußenseiter können beispielsweise von **Marktabschottungseffekten** eines Kartells betroffen sein.[426] Denkbar ist auch, dass ein Kartell gezielt gegen einen Wettbewerber gerichtet ist; das wäre etwa der Fall, wenn die Kartellbeteiligten einen Wettbewerber gezielt in einem Marktsegment – beispielsweise bei bestimmten Ausschreibungen – durch Kampfpreise angreifen, um ihn damit insgesamt aus dem Markt zu drängen. Die daraus entstehenden Schäden sind grundsätzlich nach § 33 Abs. 3 GWB zu ersetzen; Kartellaußenseiter sind vom Schutzzweck des Kartellverbots erfasst (→ § 25 Rn. 35).[427] Allenfalls ausnahmsweise kann der Ersatz von Schäden von kartellfremden Wettbewerbern daran scheitern, dass der Kausalverlauf, der zur Entstehung des Schadens geführt hat, so ungewöhnlich und/oder so mittelbar ist, dass ein Schadensersatzanspruch aus Wertungsgründen mit Rücksicht auf die Adäquanzlehre ausgeschlossen ist.

Anlass für **Beweiserleichterungen** im Zusammenhang mit der haftungsbegründenden 151 Kausalität bei Schäden für Wettbewerber der Kartellbeteiligten gibt es allerdings nicht. Die Entstehung von Schäden bei Kartellaußenseitern ist keine typische Folge von Kartellen; vielmehr führen sie oft wegen eines „Umbrella"-Effekts zu Vorteilen für Kartellaußenseiter, die eine größere Menge von kartellbetroffenen Waren und Dienstleistungen zu höheren Preisen absetzen können, als es ihnen im Wettbewerb möglich gewesen wäre. Daher müssen Kartellaußenseiter ihre konkrete und tatsächliche individuelle Betroffenheit nach den unverminderten Maßstäben des Vollbeweises nach § 286 ZPO darlegen und beweisen. Ob sich daran durch Art. 17 Abs. 2 RL 2014/104/EU bzw. dessen Umsetzung in nationales Recht (vgl. § 33a Abs. 2 RegE-GWB) etwas ändern wird, ist ungewiss. Die Vermutung gilt zwar ihrem Wortlaut nach auch für „gegen andere Wettbewerber gerichtete wettbewerbsschädigende Maßnahmen" auf der Grundlage von Horizontalabsprachen. Es ist aber unklar, was für ein Verhalten der Richtlinien- bzw. Gesetzgeber im Blick hat; insgesamt legen die Erwägungsgründe nahe, dass von der Vermutung des Schadenseintritts in Kartellfällen nur die Marktgegenseite, insbesondere die (unmittelbaren → Rn. 143) Abnehmer, profitieren soll.[428] Andernfalls würde die Vermutung ebenso konturen- wie sinnlos.

ee) Haftungsbegründende Kausalität bei Einkaufskartellen. Horizontale Kartellabsprachen 152 werden nicht nur über den Absatz, sondern als Einkaufskartelle auch über den Bezug von Waren oder Dienstleistungen geschlossen. Solche Absprachen führen vor allem dann zu Vermögenseinbußen auf der vorgelagerten Marktstufe, wenn die Kartellbeteiligten von ihren Lieferanten Preise erzwingen, die niedriger sind als die Preise, die sich im Wettbewerb ergeben hätten.[429] Bislang sind diese Fälle sowohl in der Praxis der Kartellbehörden als auch bei der Durchsetzung von Schadensersatzansprüchen selten geblieben. In der

---

[426] Vgl. Langen/Bunte/*Bornkamm* GWB § 33 Rn. 43; *Ellger* FS Möschel 2011, 191 (197).
[427] Vgl. Langen/Bunte/*Bornkamm* GWB § 33 Rn. 44: Zweifelhaft aber die Annahme, dass Schadensersatzansprüche wegen des Normzwecks von § 1 GWB bzw. Art. 101 AEUV *a priori* ausgeschlossen sein sollen, wenn der Geschädigte mit den Kartellbeteiligten auf einem anderen Markt im Wettbewerb stand, als dem, auf dem der Wettbewerb beschränkt wurde. Zu eng daher auch BGH Urt. v. 10. 12. 1985 – KZR 22/85, GRUR 1986, 397 (400) – Abwehrblatt II.
[428] Rn. 47 der Erwägungsgründe der RL 2014/104/EU.
[429] Vgl. Rn. 134 des Leitfadens Schadensermittlung. Dort wird auch darauf hingewiesen, dass ein Einkaufskartell auch zur Dämpfung des Wettbewerbs der Kartellbeteiligten auf der nachgelagerten Ebene und dementsprechend zu Schäden ihrer Abnehmer führen kann.

Rechtsprechung haben sich in diesem Bereich noch **keine Beweiserleichterungen** durchgesetzt. Gegen Beweiserleichterungen zugunsten der Lieferanten bei Einkaufskartellen spricht insbesondere, dass die Effekte solcher Absprachen (anders als die Auswirkungen von horizontalen Kartellabsprachen über den Absatz von Waren oder Dienstleistungen) bislang wettbewerbsökonomisch weder theoretisch noch empirisch vertieft untersucht wurden und Erkenntnisse über ökonomische Gesetzmäßigkeiten in diesem Bereich zumindest nicht in demselben Maße verfestigt sind wie bei Absprachen über den Absatz. Das gilt erst recht für die Frage, ob und unter welchen Umständen ein Lieferant, der durch ein Einkaufskartell zu Preisnachlässen gezwungen wurde, diese Nachlässe in der Lieferkette nach oben an seine Vorlieferanten weitergeben hat. Daher ist grundsätzlich davon auszugehen, dass der angeblich geschädigte unmittelbare Lieferant (ebenso wie dessen Vorlieferanten, wollen sie eine Abwälzung des Schadens geltend machen) seine individuelle und tatsächliche Betroffenheit nach den Maßstäben des Vollbeweises nach § 286 ZPO ohne Beweiserleichterungen darlegen und gegebenenfalls beweisen muss.

153 Allerdings könnten sich hier durch die **RL 2014/104/EU** Änderungen ergeben: Erstens lässt sich mit guten Gründen vertreten, dass die Vermutung des Eintritts eines Schadens nach Art. 17 Abs. 2 RL 2014/104/EU nicht nur für absatzbezogene, sondern auch für einkaufsbezogene Absprachen gilt. Der in Art. 17 Abs. 2 RL 2014/104/EU verwendete Begriff „Kartell" ist in Art. 2 Nr. 14 RL 2014/104/EU definiert. Diese Definition lässt sich zumindest so verstehen, dass sie auch Einkaufskartelle erfassen soll; insbesondere spricht hierfür die Bezugnahme auf die Absprache von Ankaufspreisen. Gegen eine Anwendung der Vermutung auf Einkaufskartelle spricht allerdings zum einen, dass der Erkenntnisstand über die ökonomischen Zusammenhänge bei Einkaufskartellen eine solche Vermutung nicht in derselben Weise stützt wie bei absatzbezogenen Kartellen; zum anderen spricht dagegen, dass sich sowohl die Begründung des Richtlinienvorschlags durch die Kommission[430] als auch die Erwägungsgründe der Richtlinie[431] ausschließlich auf die Wahrscheinlichkeit von Preiseffekten bei absatzbezogenen Kartellen beziehen. Zweitens sieht Art. 12 Abs. 4 RL 2014/104/EU vor, dass die Bestimmungen über die Schadensabwälzung entsprechend angewendet werden sollen, wenn sich der Kartellrechtsverstoß nicht auf den Absatz, sondern auf den Bezug von Waren oder Dienstleistungen bezieht. Die Kommission hat in ihrer Begründung des Richtlinienvorschlags ausdrücklich auf den Fall verwiesen, dass die unmittelbaren Lieferanten durch ein Einkaufskartell erzwungene Niedrigpreise auf ihre jeweiligen Lieferanten abwälzen.[432] Das bedeutet vor allem, dass sich der mittelbare Lieferant auf den in Art. 14 Abs. 2 RL 2014/104/EU geregelten Anscheinsbeweis (hierzu → Rn. 148) für die Weitergabe eines Schadens aufgrund von Niedrigpreisen wegen eines Einkaufskartells berufen können soll. Diese Vermutung setzt – angewendet auf Einkaufskartelle – voraus, dass (i) der Beklagte einen Kartellrechtsverstoß begangen hat, (ii) dieser Verstoß zu einer Verringerung der Einkaufspreise geführt hat und (iii) der unmittelbare von dem mittelbaren Lieferanten entweder die kartellbetroffenen Waren oder Dienstleistungen bezogen oder Waren oder Dienstleistungen bezogen hat, die für die Herstellung der kartellbetroffenen Waren oder Dienstleistungen verwendet wurden. Eine überzeugende ökonomische Begründung für einen solchen Anscheinsbeweis ist nicht erkennbar. Der **RegE-GWB** setzt diese Bestimmungen in § 33a Abs. 2 und § 33c Abs. 4 um.

154 **d) Andere Verstöße gegen Kartellrechtsnormen.** Bei anderen Verstößen gegen Kartellrechtsnormen muss der Geschädigte grundsätzlich im **Einzelfall** substantiiert darlegen und gegebenenfalls nachweisen, dass er individuell von dem Verstoß betroffen ist (und, so die hier vertretene Auffassung, dass der Verstoß bei ihm zu irgendeiner Vermögenseinbuße geführt hat). Hierfür gilt nach der hier vertretenen Ansicht der Maßstab des § 286

---

[430] S. 21 der Begründung des Richtlinienvorschlags.
[431] Rn. 47 der Erwägungsgründe der RL 2014/104/EU.
[432] S. 20 der Begründung des Richtlinienvorschlags. Vgl. auch Rn. 43 der Erwägungsgründe der RL 2014/104/EU.

ZPO; folgt man der unter anderem in der Rechtsprechung vertretenen Gegenmeinung ist § 287 ZPO (gegebenenfalls iVm § 252 S. 2 BGB) anwendbar.[433] Angesichts der Vielzahl möglicher Varianten von Kartellrechtsverstößen verbieten sich verallgemeinernde Aussagen, so dass nachfolgend nur knapp auf einzelne Punkte eingegangen wird.

Bei einem **Preishöhenmissbrauch** (oder bei Kartellrechtsverstößen, die eine vergleichbare Wirkung haben, wie beispielsweise **vertikale Preisbindungen**), aber auch in anderen Fällen des **Ausbeutungsmissbrauchs** sind insgesamt ähnliche Anforderungen zu stellen wie bei horizontalen Kartellabsprachen. Daher spricht vieles dafür, die oben näher erläuterten Anscheinsbeweise zugunsten der direkten Abnehmer der Kartellbeteiligten entsprechend zugunsten der direkten Abnehmer des marktbeherrschenden Unternehmens anzuwenden. Zudem können auch mittelbare Abnehmer[434] und Abnehmer von nicht an dem Verstoß beteiligten Anbietern Schadensersatzansprüche geltend machen, wenn sie darlegen und gegebenenfalls beweisen können, dass sie (irgend)einen Schaden aufgrund des Verstoßes erlitten haben. Auch insoweit spricht einiges dafür, mit denselben Beweiserleichterungen zu arbeiten und – bei Vorliegen der Voraussetzungen – vergleichbare Anscheins- und (insbesondere) Indizienbeweise wie bei horizontalen Kartellabsprachen zuzulassen. Dementsprechend behandelt auch die RL 2014/104/EU die Weitergabe von Preisaufschlägen einheitlich für kartellbedingte oder durch andere Kartellrechtsverstöße verursachte Aufschläge (Art. 12 ff. RL 2014/104/EU); ebenso § 33c RegE-GWB). 155

Schwieriger sind hingegen die Darlegung und der Nachweis der haftungsbegründenden Kausalität bei einem **Behinderungsmissbrauch oder vergleichbaren Kartellrechtsverstößen** (wie etwa Verstößen gegen das Boykottverbot oder Vertikalvereinbarungen mit Abschottungswirkung). Insbesondere sind die Folgen solcher Kartellrechtsverstöße in aller Regel keinen Beweiserleichterungen zugänglich.[435] Das „Ob" des Eintritts eines Schadens hängt in diesen Fällen von der individuellen Situation des oder der betroffenen Unternehmen und ihrer Reaktion auf das missbräuchliche Verhalten ab. Dabei handelt es sich in der Regel um komplexe unternehmerische Entscheidungen, die durch eine Vielzahl von individuellen Faktoren beeinflusst werden (wie etwa die strategische unternehmerische Planung eines Markteintritts oder der Ausweitung der Tätigkeit). Zudem ist der Eintritt eines Schadens bei solchen Verstößen vielfach mit dem Verhalten von Dritten – etwa den Kunden des oder der betroffenen Unternehmen – verknüpft. Insgesamt wird diese Problematik ausführlicher im Zusammenhang mit der Darlegung der haftungsausfüllenden Kausalität erörtert, wo sie sich in ähnlicher Weise stellt und wo sie von der Rechtsprechung üblicherweise diskutiert wird[436] (→ Rn. 193). 156

Beispiel: 157
Die Problematik lässt sich anhand einer Entscheidung des OLG Düsseldorf illustrieren, die eine gegen § 1 GWB und Art. 101 AEUV verstoßende (und einem Behinderungsmissbrauch in ihren Auswirkungen vergleichbare) Vereinbarung der staatlichen Lottogesellschaften zum Gegenstand hatte, keine terrestrisch vermittelten Spieleinsätze von gewerblichen Spielvermittlern anzunehmen. Der dortige Kläger – ein gewerblicher Spielvermittler – hat sich darauf berufen, dass die Einführung seines Ge-

---

[433] Die Unterschiede dürften im Ergebnis nicht erheblich sein. Auch im Rahmen des § 287 ZPO muss Beweis erhoben werden, wenn die Kausalität streitig bleibt. Nur wenn danach noch Zweifel verbleiben, können sich die geringeren Anforderungen an die Überzeugungsbildung auswirken (→ Rn. 125, 188 f. und 197).
[434] Anders, aber ohne Begründung, OLG Frankfurt Urt. v. 21.12.2010 – 11 U 37/09 (Kart), WuW/E DE-R 3163 (3169) – Arzneimittelpreise. So auch *Thonig* WRP 2014, 526 (530 f.).
[435] Vgl. auch Hüschelrath/Schweitzer/*Burrichter/Paul*, 193, 206 f.
[436] Hier zeigt sich der Unterschied zwischen der Rechtsprechung, die der haftungsbegründenden Kausalität bei kartellrechtlichen Schadensersatzansprüchen keine gesonderte Bedeutung zumisst, sondern die bloße Betroffenheit genügen lässt, am deutlichsten. Nach der Rechtsprechung muss der Geschädigte nach § 286 ZPO nur darlegen und beweisen, dass er der Art nach zu den Unternehmen oder Personen gehört, die grundsätzlich durch den Verstoß beeinträchtigt sein können. Ob ihnen (irgend) ein Schaden entstanden ist, bemisst sich dann nach § 287 ZPO. Es darf allerdings bezweifelt werden, dass dies (außer in Ausnahmefällen) zu erheblichen Unterschieden führt (→ Rn. 119 ff.).

schäftsmodells wegen des Kartellrechtsverstoßes verhindert oder verzögert worden ist. Hierfür musste er nach dem OLG Düsseldorf darlegen, dass sein Geschäftsmodell grundsätzlich tragfähig gewesen wäre und dass das Scheitern und die Verzögerung tatsächlich auf den Verstoß zurückzuführen waren.[437] Zur Substantiierung des Vortrags zur Tragfähigkeit des Geschäftsmodells konnte er beispielsweise auf ähnliche Modelle anderer Unternehmen,[438] auf zeitgenössische Marktanalysen von Investmentbanken, Marktforschungsunternehmen oder ähnlichen Unternehmen,[439] eine privatgutachterliche Analyse[440] und eigene zeitgenössische Analysen verweisen. Im Rahmen der Darlegung der Kausalität musste der Geschädigte darüber hinaus zeigen, dass er tatsächlich die Absicht hatte, das Geschäftsmodell einzuführen,[441] und dass er über die hierfür erforderlichen finanziellen Mitteln für die Umsetzung des Konzepts verfügte,[442] so dass er an der Umsetzung des Geschäftsmodells maßgeblich durch den Verstoß gehindert wurde.[443] Die von der beklagten Lottogesellschaft vorgetragenen alternativen Ursachen für das Scheitern seines Geschäftsmodells musste der Geschädigte, soweit sie substantiiert dargelegt waren, widerlegen.[444]

4. Beweisführung

158 Soweit die (substantiierte) Behauptung eines Kartellrechtsverstoßes und/oder der haftungsbegründenden Kausalität streitig bleibt, muss das Gericht hierüber Beweis erheben. Voraussetzung dafür ist grundsätzlich, dass die beweisbelastete Partei – vorbehaltlich der bereits erläuterten Ausnahmen zumeist der Kläger – ein **geeignetes Beweismittel** angeboten hat (für Ausnahmen siehe sogleich). Die Erhebung des Beweises weist gegenüber anderen Zivilprozessen keine grundsätzlichen Besonderheiten auf; daher kann – ergänzend zu dem folgenden kurzen Überblick – auf die allgemeine (Kommentar-)Literatur verwiesen werden (zu der in kartellrechtlichen Schadensersatzprozessen besonders relevanten Problematik des Schutzes von Geschäftsgeheimnissen vgl. → Rn. 653 ff.).

159 Ein **Zeugenbeweis** nach §§ 373 ff. ZPO kommt insbesondere dann in Betracht, wenn es um das Verhalten der Parteien oder andere sie betreffende Tatsachen geht, für deren Vorliegen die Mitarbeiter der jeweiligen Partei als Zeugen benannt werden können. Der Beweisantritt ist allerdings nur dann wirksam, wenn der Name des Zeugen angegeben wird oder der Zeuge aufgrund von anderen Informationen hinreichend identifizierbar ist; der Beweisantritt durch „Zeugnis des N.N." ohne weitere Angaben zur Identifizierung des Zeugen[445] genügt nicht, und der Beweispflichtige bleibt – auch ohne richterlichen Hinweis – beweisfällig.[446] Eine Pflicht des Gegners zur Unterstützung bei der Identifikation der Zeugen besteht selbst dann nicht, wenn den Gegner eine sekundäre Darlegungslast trifft (→ Rn. 94). Zudem ist eine ladungsfähige Anschrift anzugeben; hierzu muss der Beweisführer allerdings gegebenenfalls nach § 356 ZPO unter Fristsetzung aufgefordert wer-

---

[437] OLG Düsseldorf Urt. v. 9.4.2014 – VI-U (Kart) 10/12 Rn. 54 ff. und 78 ff. – Lottogesellschaft, zur Errichtung eines stationären Systems zur Vermittlung von Lottospieleinsätzen. Der BGH stellte im Revisionsverfahren noch strengere Anforderungen als das OLG Düsseldorf an die Darlegung des Einwands, die staatlichen Lottogesellschaften hätten auch ohne ihr Zusammenwirken autonom von einer Zusammenarbeit mit den Spielvermittlern abgesehen, vgl. BGH Urt. v. 12.7.2016 – KZR 25/14 Rn. 51 ff. des amtl. Umdrucks – Lotto-Totto-Schadensersatz. Vgl. auch OLG Düsseldorf Urt. v. 11.12.2013 – VI-U (Kart) 50/12 Rn. 17 f., zur Einführung einer allgemeinen kostenlosen Internetauskunft. Anders als hier vertreten, hat das OLG dies allerdings nicht unter dem Gesichtspunkt der haftungsbegründenden Kausalität anhand der Maßstäbe des § 286 ZPO geprüft, sondern das Darlegungs- und Beweismaß des § 287 ZPO angewendet. Ebenso BGH Urt. v. 12.7.2016 – KZR 25/14 Rn. 51 ff. des amtl. Umdrucks.
[438] OLG Düsseldorf Urt. v. 9.4.2014 – VI-U (Kart) 10/12, BeckRS 2014, 11817 – Lottogesellschaft.
[439] OLG Düsseldorf Urt. v. 9.4.2014 – VI-U (Kart) 10/12, BeckRS 2014, 11817 – Lottogesellschaft.
[440] OLG Düsseldorf Urt. v. 9.4.2014 – VI-U (Kart) 10/12, BeckRS 2014, 11817 – Lottogesellschaft.
[441] Vgl. hierzu OLG Düsseldorf Urt. v. 11.12.2013 – VI-U (Kart) 50/12 Rn. 19 ff., zur Würdigung zeitgenössischer Aussagen (dort ablehnend).
[442] OLG Düsseldorf Urt. v. 9.4.2014 – VI-U (Kart) 10/12 Rn. 73 ff. bei juris – Lottogesellschaft. Vgl. auch OLG Düsseldorf Urt. v. 11.12.2013 – VI-U (Kart) 50/12 Rn. 55 ff.
[443] Vgl. hierzu OLG Düsseldorf Urt. v. 11.12.2013 – VI-U (Kart) 50/12 Rn. 92 ff.
[444] OLG Düsseldorf Urt. v. 9.4.2014 – VI-U (Kart) 10/12, BeckRS 2014, 11817 – Lottogesellschaft.
[445] Vgl. für ausreichende Angaben etwa BGH Urt. v. 5.5.1998 – VI ZR 24–97, NJW 1998, 2368 (2369).
[446] BGH Urt. v. 8.4.1987 – VIII ZR 211/86, NJW 1987, 3077 (3080); BeckOK ZPO/*Scheuch* ZPO § 373 Rn. 29; Saenger/*Eichele* ZPO § 373 Rn. 4. AA *Gottschalk* NJW 2004, 2939; MüKoZPO/*Damrau* ZPO § 373 Rn. 18.

den.[447] Der Zeuge kann – selbstverständlich – von den Zeugnisverweigerungsrechten nach §§ 383 ff. ZPO Gebrauch machen. Dabei können im Zusammenhang mit kartellrechtlichen Schadensersatzansprüchen insbesondere § 384 Nr. 1 und 2 ZPO für die selbst an dem Kartellverstoß beteiligten Mitarbeiter wegen des Risikos von Schadensersatzansprüchen und Regressforderungen sowie der Einleitung eines Ordnungswidrigkeiten- oder Strafverfahrens in Betracht kommen.[448] Eine Berufung auf § 384 Nr. 3 ZPO wegen der Offenbarung von Geschäftsgeheimnissen kommt nur in Betracht, wenn es sich um Geheimnisse des Zeugen selbst oder von Dritten, nicht aber der Parteien handelt.[449] Schließlich mag desöfteren auch eine Berufung auf § 383 Abs. 1 Nr. 6 ZPO wegen der Vertrauensstellung des Zeugen in Betracht kommen, so etwa wegen §§ 93 Abs. 1 S. 3 und 404 AktG bei einem (ehemaligen) Vorstand oder nach § 85 GmbHG bei einem (ehemaligen) Geschäftsführer.[450] Dieses Zeugnisverweigerungsrecht besteht nach § 385 Abs. 2 ZPO aber nicht, wenn der Zeuge von der Pflicht zur Verschwiegenheit entbunden wird. Verweigert die gegnerische Partei die Entbindung, ohne dass sie hierfür triftige Gründe hat, kann das im Rahmen der Beweiswürdigung als Beweisvereitelung gewürdigt werden.[451] Die Erhebung des Zeugenbeweises kann – anders als bei einzelnen anderen Beweismitteln – durch das Gericht auch in Ausnahmefällen nicht von Amts wegen angeordnet werden.

Die **Einholung eines Sachverständigengutachtens** nach §§ 402 ff. ZPO liegt im Rahmen der Haftungsbegründung insbesondere dann nahe, wenn es um die Abgrenzung der relevanten Märkte, die Bestimmung der Marktanteile und die Klärung von Verhaltensspielräumen und Abhängigkeiten auf einem Markt, die Auswirkungen eines bestimmten Verhaltens auf die Wettbewerbsbedingungen oder um andere wirtschaftswissenschaftliche Zusammenhänge geht.[452] Das Gericht darf die beantragte Begutachtung eines von der darlegungs- und beweispflichtigen Partei vorgetragenen und streitigen Sachverhalts nicht leichtfertig unter Hinweis auf die eigene Sachkunde ablehnen. Es muss dann darlegen, warum es über die erforderliche Sachkunde verfügt, den Parteien Gelegenheit zur Stellungnahme geben und sich damit in seinem Urteil auseinandersetzen.[453] Das gilt insbesondere dann, wenn die Parteien ihren Vortrag durch Privatgutachten vertieft und substantiiert haben; das Gericht darf sich einem solchen Gutachten weder anschließen (noch es verwerfen), ohne seine eigene Sachkunde im Einzelnen zu erläutern.[454] Anders als den Zeugenbeweis kann das Gericht ein Sachverständigengutachten nach § 144 ZPO auch von Amts wegen einholen; bei Schadensersatzansprüchen ergänzt diese im Zuge der Reform des Zivilprozesses 2001 eingeführte Vorschrift für die Haftungsbegründung die für die Haftungsausfüllung bereits seit langem nach § 287 Abs. 1 S. 2 ZPO bestehende Möglichkeit der Beweiserhebung durch Sachverständigengutachten von Amts wegen. Bei der Entscheidung hierüber muss das Gericht aber berücksichtigen, dass es grundsätzlich Sache der Parteien ist, geeignete Beweise zu bezeichnen und deren Erhebung zu beantragen. Die Anordnung von Amts wegen ist zudem unzulässig, wenn der Vortrag der Parteien nicht hinreichend substantiiert ist (und die Einholung des Gutachtens damit der Ausfor-

160

---

[447] BGH Urt. v. 31.3.1993 – VIII ZR 91/92, NJW 1993, 1926 (1927); BeckOK ZPO/*Scheuch* ZPO § 373 Rn. 28.
[448] Vgl. zu § 384 Nr. 2 ZPO *Lübbig/Bell* WRP 2006, 1209 (1213).
[449] MüKoZPO/*Damrau* ZPO § 384 Rn. 13; Prütting/Gehrlein/*Trautwein* ZPO § 384 Rn. 8; Zöller/*Greger* ZPO § 384 Rn. 7. Unklar („Unternehmensangehörige des Gegners") *Lübbig/Bell* WRP 2006, 1209 (1213).
[450] MüKoZPO/*Damrau* ZPO § 383 Rn. 38; Prütting/Gehrlein/*Trautwein* ZPO § 383 Rn. 19.
[451] MüKoZOP/*Damrau* ZPO § 385 Rn. 12; Prütting/Gehrlein/*Trautwein* ZPO § 385 Rn. 13; Zöller/*Greger* ZPO § 385 Rn. 13.
[452] Wie beispielsweise Preisentwicklungen als Anhaltspunkt für die Dauer von Kartellrechtsverstößen, vgl. hierzu *Inderst/Thomas* Schadensersatz Rn. 117.
[453] Vgl. nur Prütting/Gehrlein/*Katzenmeier* ZPO § 403 Rn. 5.
[454] BGH Beschl. v. 21.5.2007 – II ZR 266/04, NJW 2007, 1409, 1410 Rn. 9; BGH Beschl. v. 2.6.2008 – II ZR 67/07, NJW-RR 2008, 1252 (1253); BGH Urt. v. 28.4.1998 – VI ZR 403–96, NJW 1998, 2735. Vgl. Zöller/*Greger* ZPO § 402 Rn. 2 und 6c. Vgl. auch *Burrichter* FS Canenbley 2012, S. 111, 119.

schung dienen würde) oder wenn die Verspätungsvorschriften durch die Anordnung umgangen würden[455] (vgl. zur Entscheidung des Gerichts über die Einholung eines Sachverständigengutachtens über die haftungsausfüllende Kausalität und die Schadenshöhe nach § 287 ZPO → Rn. 196 f.).

161 Auch die Beweisführung durch **Parteivernehmung** nach §§ 445 ff. ZPO kommt bei kartellrechtlichen Schadensersatzprozessen in Betracht. Das ist insbesondere dann der Fall, wenn nur der gesetzliche Vertreter einer Partei (also beispielsweise der Geschäftsführer einer beklagten GmbH) über eine streitige Tatsache (wie insbesondere sein eigenes Verhalten als Geschäftsführer im Zusammenhang mit dem angeblichen Kartellrechtsverstoß) Auskunft erteilen kann. Die beweispflichtige Partei kann die Parteivernehmung des Gegners beantragen; aus seiner Weigerung kann das Gericht abhängig von der gesamten Sachlage nachteilige Schlüsse ziehen. Die Vernehmung der beweispflichtigen Partei selbst ist nur im Einvernehmen mit dem Gegner möglich. Im Ausnahmefall kann das Gericht nach § 448 ZPO die Parteivernehmung auch von Amts wegen anordnen. Neben der Parteivernehmung kommt nach §§ 141 und 273 Abs. 2 Nr. 3 ZPO auch die **Anordnung des persönlichen Erscheinens der Parteien und ihrer Anhörung** in Betracht. Dabei handelt es sich allerdings nicht um eine Beweisaufnahme, sondern um einen Bestandteil der mündlichen Verhandlung. In der Praxis verschwimmen die Grenzen allerdings.

162 Schließlich kommt dem **Urkundsbeweis** erhebliche Bedeutung beim Nachweis vor allem des Vorliegens eines Kartellrechtsverstoßes zu, wenn sich die Begehung des Verstoßes, die einzelnen Umstände und der Umfang des Verstoßes aus Unterlagen ergeben. Soweit – wie oft – die vorprozessuale Akteneinsicht durch die Kartellbehörden nur in sehr geringem Maße und/oder sehr spät gewährt wird, kommt – neben den Möglichkeiten der §§ 415 ff. ZPO – die Anordnung der Herausgabe der kartellbehördlichen Entscheidung oder anderer Unterlagen durch die Kartellbeteiligten oder auch Dritte nach § 142 ff. ZPO (→ Rn. 205) und/oder die Beiziehung von Behördenakten nach § 273 Abs. 2 ZPO iVm mit § 474 StPO (Bundeskartellamt) oder § 273 Abs. 2 ZPO iVm Art. 15 Abs. 1 VO 1/2003 (Europäische Kommission) in Betracht. Diese prozessualen Möglichkeiten zur Anordnung der Offenlegung von Beweismitteln werden durch die Umsetzung der **RL 2014/104/EU** deutlich gestärkt werden (→ § 24 Rn. 43 ff., → § 29 Rn. 15 ff.).

II. Höhe des Schadens und haftungsausfüllende Kausalität

1. Grundlagen: §§ 249 ff. BGB

163 **a) Anspruch auf Belieferung, Zugang oder Abschluss anderer Verträge.** § 249 Absatz 1 BGB sieht als Grundsatz des Schadensersatzrechts die Naturalrestitution vor. Dieser Grundsatz beansprucht (selbstverständlich) auch im Kartellschadensersatzrecht Geltung.[456] Demnach hat der Schädiger primär den Zustand herzustellen, der bestehen würde, wenn der zum Ersatz verpflichtende Umstand nicht eingetreten wäre. Nur soweit dies nicht möglich ist, hat der Schädiger den Geschädigten in Geld zu entschädigen (§ 251 Abs. 1 BGB). Als **Naturalrestitution** kommen im kartellrechtlichen Zusammenhang insbesondere[457] die Belieferung, die Gewährung von Zugang zu wesentlichen Einrichtungen oder der Abschluss von anderen Verträgen (wie beispielsweise Lizenzverträge) in Betracht.

---

[455] Vgl. Prütting/Gehrlein/*Prütting* ZPO § 144 Rn. 3; Zöller/*Greger* ZPO § 144 Rn. 2; Stein/Jonas/*Leipold* ZPO § 144 Rn. 12 (differenzierend zur Verspätung) und Rn. 14.
[456] Vgl. *Bechtold* 2011, § 33 Rn. 22.
[457] Auch der Ausgleich der Vermögensnachteile aufgrund überhöhter Preise in Folge eines Kartells oder eines anderen Kartellrechtsverstoßes kann als Naturalrestitution angesehen werden, wenn man auf die Zahlung des Preises als Schadensereignis abstellt (vgl. *Ellger* FS Möschel 2011, 191 (200)). Stellt man allerdings für den Eintritt des Schadens wegen überhöhter Preise auf die Belastung mit der vertraglichen Verbindlichkeit zur Zahlung dieses Preises ab, lässt sich zwar der Anspruch auf Beseitigung dieser Verbindlichkeit als Grundlage für künftige Zahlungen als Naturalrestitution einordnen. Der Anspruch auf Ausgleich des in der Vergangenheit kartellbedingt überbezahlten Betrags ist dagegen Wertersatz. Letztlich kommt es nicht darauf an.

Häufig wird die Naturalrestitution in Konstellationen des Missbrauchs von Marktmacht – also Verstößen insbesondere gegen Art. 102 AEUV bzw. §§ 19, 20 GWB – relevant. Im Bereich des Kartellverbots nach Art. 101 AEUV und § 1 GWB ist der wichtigste – und kontrovers diskutierte – Anwendungsfall der Naturalrestitution die zu Unrecht verweigerte Aufnahme eines Marktteilnehmers in ein selektives Vertriebssystem.[458]

164 Der materiellen Beurteilung vorgelagert ist jedoch die Frage, ob ein Anspruch auf Vertragsschluss, Belieferung oder Zugang zu wesentlichen Einrichtungen überhaupt als **Schadensersatzersatzanspruch** auf § 33 Abs. 3 GWB gestützt werden kann[459] **oder** ob er als **Beseitigungs- und/oder Unterlassungsanspruch** auf § 33 Abs. 1 GWB zu stützen ist.[460] Letztlich dürften dem Betroffenen beide Wege zur Begründung seines Anspruchs auf Vertragsschluss offenstehen. Von Bedeutung ist die Abgrenzung vor allem wegen des Verschuldenserfordernisses, das nur für den Schadensersatzanspruch nach § 33 Abs. 3 GWB, nicht aber für den Unterlassungs- und Beseitigungsanspruch nach § 33 Abs. 1 GWB besteht. Umgekehrt kann es sein, dass sich der Betroffene auf die Bindungswirkung einer kartellbehördlichen Entscheidung berufen möchte; das ist nur bei Schadensersatzansprüchen möglich. Weil die Einordnung als auf die Zukunft bezogener Abwehranspruch insgesamt präziser und (mangels Verschuldenserfordernisses) näherliegend erscheint,[461] werden auf Beseitigung und Unterlassung gerichtete Ansprüche insgesamt in → § 27 behandelt.

165 **b) Schaden wegen kartellbedingter Preisüberhöhung.** Hardcore-Kartellabsprachen führen in der Regel zu kartellbedingt überhöhten Preisen für die kartellbetroffenen Waren oder Dienstleistungen; auch andere Kartellrechtsverstöße – wie beispielsweise ein Preishöhenmissbrauch oder eine missbräuchliche Diskriminierung – können zu überhöhten Preisen führen. Hieraus resultiert jedenfalls ein **Schaden der unmittelbaren Abnehmer** dieser Waren oder Dienstleistungen; darüber hinaus können durch einen Kartellrechtsverstoß bedingte überhöhte Preise auch zu **Schäden der nachfolgenden Marktstufen bis hin zu den Endverbrauchern** führen, wenn die überhöhten Preise ganz oder teilweise weitergereicht werden. Die nachfolgende Darstellung beschränkt sich auf den Fall der kartellbedingten Preisüberhöhung, weil es sich dabei um den – jedenfalls bislang – in der Praxis wichtigsten Fall handelt.[462] Dabei sollen nur die Grundsätze skizziert werden; eine detaillierte Erörterung der wettbewerbsökonomischen Methoden zur Bestimmung der Schäden aus kartellbedingten Preiserhöhungen erfolgt in einem separaten Abschnitt (→ Rn. 253 ff.). Ne-

---

[458] *Emde* NZKart 2013, 355 (358).
[459] So die (st.) Rspr., vgl. BGH Urt. v. 12. 5. 1998 – KZR 23–96, NJW-RR 1999, 189 (190) mwN. Vgl. aus der obergerichtlichen Rechtsprechung beispielsweise OLG Frankfurt Urt. v. 13. 5. 2008 – 11 U 51/07 (Kart), BeckRS 2011, 22156.
[460] So etwa OLG Koblenz Urt. v. 17. 12. 2009 – U 1274/09 Kart, BeckRS 2009, 89240. Vgl. zum Anspruch auf Vergütung für Stromeinspeisung BGH Urt. v. 2. 7. 1996 – KZR 31/95, NJW 1996, 3005 (3005); BGH Urt. v. 6. 10. 1992 – KZR 10/91, NJW 1993, 396 (398). Für eine Begründung als Beseitigungsbzw. Unterlassungsanspruch auch bspw. Immenga/Mestmäcker/*Markert* GWB § 20 Rn. 231 mwN; Immenga/Mestmäcker/*Emmerich* GWB § 33 Rn. 60 u. 102; Immenga/Mestmäcker/*Schmidt* VO 1/2003 Anhang 2 Rn. 26; Loewenheim/Meessen/Riesenkampf/*Rehbinder* GWB § 33 Rn. 44; *Bechtold* GWB § 33 Rn. 14 ff.; Langen/Bunte/*Bornkamm* GWB § 33 Rn. 108 ff. Vgl. auch Schulte/Just/*Staebe* GWB § 33 Rn. 16 ff.; *Alexander* Schadensersatz, 390 ff.
[461] Langen/Bunte/*Bornkamm* GWB § 33 Rn. 114; *Alexander* Schadensersatz, 392 f.
[462] Beim Preishöhenmissbrauch ergibt sich die Höhe des Schadens regelmäßig bereits aus den Feststellungen zum Verstoß: Bereits dafür muss die Schwelle der Missbräuchlichkeit des Preises anhand des hypothetischen Wettbewerbspreises sowie weiterer Korrektur-, Sicherheits- und/oder Erheblichkeitsabschläge ermittelt werden (vgl. im Einzelnen beispielsweise Langen/Bunte/*Nothdurft* GWB § 19 Rn. 103 ff.). Der so ermittelte Schwellenpreis, den das marktbeherrschende Unternehmen nicht überschreiten darf, ist dann zugleich der Maßstab für die Ermittlung des Schadens. Im Übrigen entspricht sich aber das methodische Herangehen an die Schadensberechnung bei einem Preishöhenmissbrauch und bei einer kartellbedingten Preisüberhöhung weitgehend, vgl. Europäische Kommission, Praktischer Leitfaden zur Ermittlung des Schadensumfangs bei Schadensersatzklagen im Zusammenhang mit Zuwiderhandlungen gegen Artikel 101 oder 102 des Vertrags über die Arbeitsweise der Europäischen Union, verfügbar unter http://ec.europa.eu/competition/antitrust/actionsdamages/quantification_guide_de.pdf, Rn. 172 ff.

ben oder anstelle des Schadens, der durch die Zahlung überhöhter Preise für die kartellbetroffenen Waren (oder Dienstleistungen) entsteht, kann eine kartellbedingte Preisüberhöhung auch zur Folge haben, dass dem Geschädigten bei der Weiterveräußerung der kartellbetroffenen Waren (oder Dienstleistungen) in verarbeiteter oder unverarbeiteter Form Gewinne entgehen. Das ist insbesondere der Fall, wenn der Geschädigte die Erhöhung der Inputkosten in seine Preise einkalkuliert und die Nachfrage nach seinen Produkten wegen dieser Preiserhöhung bei konstanten oder geringeren Gewinnen pro Einheit sinkt.

166 Eine Studie im Auftrag der Europäischen Kommission kam zu dem Ergebnis, dass Hardcore-Kartellabsprachen im **Durchschnitt zu einem kartellbedingten Preisaufschlag von 20 Prozent führen; der Median liegt bei 18 Prozent** (jeweils ausgedrückt als Anteil des tatsächlichen Kartellpreises).[463] Für diese Studie wurden Untersuchungen der ökonomischen Auswirkungen von zahlreichen Kartellfällen ausgewertet und die Ergebnisse dieser Untersuchungen zusammengeführt.[464] In der wettbewerbsökonomischen Forschung ist diese Studie zwar nicht ohne Kritik geblieben. Die darin ermittelten Durchschnitts- und Medianwerte wurden aber auch in anderen Studien der Größenordnung nach bestätigt.[465] Unabhängig von der Aussagekraft dieser Durchschnittsbetrachtungen, belegen aber alle Studien, dass es eine typische Höhe der Schäden aus Hardcore-Kartellabsprachen nicht gibt. In der Kommissionsstudie konnte zwar nur bei einem (sehr geringen) Teil der untersuchten Kartellfälle eine preissteigernde Wirkung nicht nachgewiesen werden; in den anderen Fällen ist die Streubreite der Ergebnisse aber sehr groß und reicht von 1 bis 70 Prozent. Eine auffällige Häufung gibt es lediglich in der Spanne zwischen 10 und 20 Prozent.[466]

167 Die Ergebnisse dieser Studien rechtfertigen zwar einen Anscheinsbeweis dahingehend, dass Kartellabsprachen einen preistreibenden Effekt haben (siehe hierzu → Rn. 130). Aus ihnen lassen sich aber **weder ein Anscheinsbeweis noch eine tatsächliche Vermutung für eine bestimmte Höhe** der durch einen Kartellrechtsverstoß bedingten Preisüberhöhung ableiten.[467] Vielmehr muss die Höhe in jedem Einzelfall gesondert festgestellt werden. Hierfür bedarf es einer vertieften Untersuchung des konkreten Sachverhalts und in vielen Fällen einer Analyse des Sachverhalts durch wettbewerbsökonomische Experten (zur ökonomischen Analyse → Rn. 253 ff.). Die empirischen Untersuchungen im Auftrag der Europäischen Kommission und andere empirische Studien zum kartellbedingten Preisaufschlag können aber bei der Würdigung des Vortrags der Parteien und der von

---

[463] Oxera, Quantifying antitrust damages, Study prepared for the European Commission, 2009, 90; vgl. auch Europäische Kommission, Praktischer Leitfaden zur Ermittlung des Schadensumfangs bei Schadensersatzklagen im Zusammenhang mit Zuwiderhandlungen gegen Artikel 101 oder 102 des Vertrags über die Arbeitsweise der Europäischen Union, verfügbar unter http://ec.europa.eu/competition/antitrust/actions damages/quantification_guide_de.pdf, Rn. 143.

[464] Oxera, Quantifying antitrust damages, Study prepared for the European Commission, 2009, 90.

[465] Vgl. etwa die grundlegende Untersuchung von *Connor*, Price-Fixing Overcharges, Revised 3rd Edition 2014: *Connor* errechnet einen Median des Kartellaufschlags in Höhe von 23,0 Prozent (ausgedrückt als Anteil des hypothetischen Wettbewerbspreises); weil er Ausreißer nicht aus seiner Datengrundlage ausklammert, kommt er allerdings zu einem sehr hohen Durchschnittswert von rund 50 Prozent. Auf derselben Datengrundlage, aber nach Bereinigung um Ausreißer kommen *Boyer/Kotchoni* sowohl zu einem Durchschnittswert als auch zu einem Median von rund 16 Prozent (ausgedrückt als Anteil des hypothetischen Wettbewerbspreises) (*Boyer/Kotchoni*, How Much Do Cartels Typically Overcharge?, Toulouse School of Economics Working Paper No. TSE-462, 2014, insbes. S. 23). Auch *Smuda* hat die Datengrundlage von *Connor* erneut untersucht, nunmehr aber beschränkt auf Europa. Er kommt zu einem Durchschnittswert von rund 21 Prozent und zu einem Median von rund 18 Prozent, jeweils ausgedrückt als Anteil an dem tatsächlichen Kartellpreis, und damit zu nahezu denselben Ergebnissen wie die Kommissionsstudie (*Smuda*, Cartel Overcharges and the Deterrent Effect of EU Competition Law, ZEW Discussion Paper No. 12–050, 2012).

[466] Oxera, Quantifying antitrust damages, 2009, 91, Abb. 4.1. Die Studie von *Smuda* zeigt eine relativ gleichmäßige Verteilung auf die jeweiligen 5-Prozent-Intervalle zwischen 0 und 35 Prozent; in unter 10 Prozent der Fälle konnte gar kein Schaden nachgewiesen werden (*Smuda*, Cartel Overcharges and the Deterrent Effect of EU Competition Law, ZEW Discussion Paper No. 12–050, 2012, 9).

[467] Vgl. aber für Überlegungen in diese Richtung *Bernhard* NZKart 2013, 488 (492 ff.).

ihnen gegebenenfalls vorgelegten Privatgutachten sowie bei der Bewertung eines gerichtlichen Sachverständigengutachtens im Rahmen der richterlichen Schadensschätzung nach § 287 ZPO als Anhaltspunkt für deren Plausibilität relevant sein. Zudem können sich aus ihnen gewichtige Anhaltspunkte für die Beurteilung der Angemessenheit einer vertraglichen Schadenspauschalierung ergeben (hierzu → Rn. 241 ff.).

aa) Schaden des unmittelbaren Abnehmers. Ausgangspunkt für die Ermittlung der Höhe des Schadens des unmittelbaren Abnehmers wegen einer durch einen Kartellrechtsverstoß verursachten Preisüberhöhung ist die Differenz zwischen dem tatsächlichen Preis, den die Abnehmer für die von dem Kartellrechtsverstoß betroffenen Waren oder Dienstleistungen gezahlt haben, und dem Preis, den sie ohne den Kartellrechtsverstoß gezahlt hätten. Der tatsächliche Preis wird üblicherweise als „Kartellpreis" und der Vergleichspreis wird üblicherweise als „hypothetischer Wettbewerbspreis" bezeichnet. Der hypothetische Wettbewerbspreis wird insbesondere in der wettbewerbsökonomischen Literatur gelegentlich auch als „kontrafaktischer Preis" bezeichnet, weil er auf der Basis des „Kontrafaktums" – also eines hypothetischen Zustands ohne das den Wettbewerb beschränkende Verhalten – ermittelt wird.[468] Die **Differenz zwischen dem Kartellpreis und dem hypothetischen Wettbewerbspreis** wird üblicherweise als „Kartellaufschlag" bezeichnet. Er kann entweder als Betrag in Euro pro Einheit (also beispielsweise pro Tonne oder Liter) oder als Prozentsatz des Kartellpreises oder des hypothetischen Wettbewerbspreises ausgedrückt werden. Um den Gesamtschaden zu ermitteln, wird der Kartellaufschlag im Falle eines Betrags in Euro pro Einheit mit der (Gesamt-)Menge an kartellbetroffenen Waren oder Dienstleistungen, im Falle eines Prozentsatzes mit ihrem tatsächlichen oder hypothetischen (Gesamt-)Einkaufswert multipliziert. 168

Für die Ermittlung der Schadenshöhe ist es nicht erforderlich, den Kartellaufschlag jeweils gesondert für jeden Beschaffungsvorgang zu ermitteln; selbst die **Bildung eines (gewichteten) Durchschnittswerts für den Kartellaufschlag** über einen längeren Zeitraum hinweg bis hin zur gesamten Kartelldauer (oder der möglicherweise noch darüber hinausgehenden Dauer der Schadensentwicklung wegen etwaiger Nachlaufeffekte → Rn. 180 f.) beeinflusst die Schadenssumme insgesamt nicht. Dementsprechend können auch der tatsächliche Preis und der hypothetische Wettbewerbspreis entweder für jede einzelne betroffene Transaktion oder als Durchschnittswerte über bestimmte Zeiträume bis hin zur gesamten Dauer des Kartells ermittelt und vorgetragen werden. Allerdings kann mit einer zeitgenauen Ermittlung des hypothetischen Wettbewerbspreises den jeweiligen periodenspezifischen Umständen jedenfalls bei einer längeren Kartelldauer genauer Rechnung getragen werden; Besonderheiten – wie beispielsweise auffällige Schwankungen des Kartellaufschlags – sind besser erkennbar und können gegebenenfalls in der Analyse bereinigt werden, wenn sie unabhängig von dem Kartell sind. Zudem spricht für die Ermittlung des Kartellaufschlags für jeden einzelnen Beschaffungsvorgang, jedenfalls aber als Durchschnittswert für kürzere Zeiträume, dass hierdurch eine genauere Berechnung der Zinsen nach § 33 Abs. 3 S. 4 und 5 GWB bzw. § 849 BGB bei Schäden aus Kartellenabsprachen ermöglicht wird, die sich über einen längeren Zeitraum erstreckt haben. Wenn der Kartellaufschlag nicht als Durchschnittswert für die gesamte Kartelldauer ermittelt und dargelegt wird, muss bei der Ermittlung des Gesamtschadens (selbstverständlich) der jeweils anwendbare Aufschlag auf die relevante Menge oder den relevanten Einkaufswert angewendet werden. 169

Daran wird deutlich, dass die **Ermittlung des hypothetischen Wettbewerbspreises der Kern und das Hauptproblem der Schadensermittlung** bei Preisüberhöhungen aufgrund eines Kartells oder eines anderen Kartellrechtsverstoßes ist. Der hypothetische Wettbewerbspreis kann in der Regel nicht als Tatsache in der Wirklichkeit 170

---

[468] Dieser Begriff ist deswegen genauer als der Begriff „hypothetischer Wettbewerbspreis", weil es sich bei dem Kontrafaktum zwar zumeist, aber keineswegs immer um eine Situation handeln muss, in der funktionierender Wettbewerb besteht.

unmittelbar beobachtet werden, sondern muss aus anderen Anknüpfungspunkten in der Wirklichkeit abgeleitet oder anhand theoretischer und empirischer Erkenntnisse simuliert werden. In diesen Problemkreis gehört auch die Feststellung des Umfangs von Nachlaufeffekten eines Kartells, bei denen sich letztlich die Frage stellt, wann nach dem Ende eines Kartells das Wettbewerbspreisniveau wieder erreicht wird (hierzu → Rn. 132 und 180 f.). Demgegenüber geht es bei der Ermittlung der Beschaffungsvorgänge, die von den Kartellabsprachen (oder einem anderen Kartellrechtsverstoß) betroffen waren, und damit bei der Feststellung der tatsächlichen Preise und der relevanten Mengen nur um ein Problem der Darlegung und des Beweises (das sich allerdings oftmals als schwierig genug erweist) (→ Rn. 207 ff.).

171 Im **Einzelfall** lassen sich Anhaltspunkte für die Höhe des hypothetischen Wettbewerbspreises **unmittelbar aus der Art des Kartellrechtsverstoßes** ableiten. So hat die Rechtsprechung den hypothetischen Wettbewerbspreis bei einer Kartellabsprache, die sich auf eine gemeinsame Preiserhöhung durch die Beteiligten um einen bestimmten Betrag bezog, aus der Höhe der vereinbarten Preiserhöhung abgeleitet, wenn die Preise anschließend tatsächlich (um diesen Betrag oder Prozentsatz) erhöht wurden und es keine konkreten Anhaltspunkte dafür gibt, dass diese Preiserhöhung trotz der Absprachen ganz oder teilweise ohnehin erfolgt wäre.[469] Ebenso dürfte es möglich sein, die Höhe von Ausgleichszahlungen zwischen den Kartellbeteiligten (etwa bei Submissionsabsprachen oder Kunden- bzw. Gebietsschutzabreden) der Schadensschätzung jedenfalls als Mindestschaden zugrundezulegen.[470] In anderen Fällen ergibt sich der hypothetische Wettbewerbspreis aus dem regulatorischen Rahmen für den kartellierten Markt.[471]

172 In aller Regel wird es so eindeutige Anknüpfungspunkte für Feststellungen zum hypothetischen Wettbewerbspreis und zum Kartellaufschlag nicht geben. Vielmehr erfordert die Feststellung des hypothetischen Wettbewerbspreises in der Regel eine sehr viel umfassendere ökonomische Analyse des Sachverhalts. Die Europäische Kommission hat hierfür im Sommer 2013 einen **„Praktischen Leitfaden zur Ermittlung des Schadensumfangs bei Schadensersatzklagen im Zusammenhang mit Zuwiderhandlungen gegen Artikel 101 oder 102 des Vertrags über die Arbeitsweise der Europäischen Union"** („Praktischer Leitfaden Schadensumfang") veröffentlicht. In diesem Leitfaden erläutert sie unter anderem die in der Wirtschaftswissenschaft und der Rechtsprechung der Gerichte der Mitgliedstaaten anerkannten Möglichkeiten der Schätzung des Kartellaufschlags.[472] Die deutsche Rechtsprechung hat sich mit der Ermittlung des hypothetischen Wettbewerbspreises bislang vor allem im Zusammenhang mit der Ermittlung des Mehrerlöses für die Bemessung der Geldbußen für Kartellrechtsverstöße nach § 81 GWB aF[473] und des Preishöhenmissbrauchs nach § 19 Abs. 2 Nr. 2 GWB bzw. Art. 102 AEUV[474] befasst; nur in seltenen Fällen war die Ermittlung des hypothetischen Wettbewerbspreises

---

[469] Vgl. BGH Urt. v. 28.6.2011 – KZR 75/10, GRUR 2012, 291 (295) – ORWI. Hierzu auch *Kirchhoff* WuW 2012, 927 (928).
[470] Vgl. *Volhard* FS Oppenhoff 1985, 509 (519).
[471] So können beispielsweise staatlich festgesetzte Mindestpreise dem hypothetischen Wettbewerbspreis entsprechen, wenn diese Preise eine kostendeckende Herstellung erlauben und andere Gründe als die Kartellabsprachen für ein Überschreiten des Mindestpreisniveaus nicht erkennbar sind. Regulatorische Maßgaben für die Preissetzung und die Bestimmung des hypothetischen Preisniveaus dürften aber insbesondere bei Fällen des Missbrauchs einer marktbeherrschenden Stellung relevant werden.
[472] Verfügbar unter http://ec.europa.eu/competition/antitrust/actionsdamages/quantification_guide_de.pdf; vgl. auch die Mitteilung der Kommission dazu, ABl. 2013 C 167, 19 Rn. 10 ff.
[473] Vgl. bspw. BGH Beschl. v. 28.6.2005 – KRB 2/05 WuW/E DE-R 1567 (1568) – Berliner Transportbeton; BGH Beschl. v. 19.6.2007 – KRB 12/07, WuW/E DE-R 2225 (2227 ff.) – Papiergroßhandel. Aus der Rspr. der Instanzgerichte vgl. bspw. die ausf. Analyse durch OLG Düsseldorf Urt. v. 26.6.2009 – VI-2a Kart 2–6/08 OWi, Rn. 458 ff. bei juris – Grauzementkartell.
[474] Vgl. bspw. BGH Beschl. v. 15.5.2012 – KVR 51/11, NJW 2012, 3243 f. – Wasserpreise Calw; vgl. auch OLG Frankfurt Urt. v. 21.12.2010 – 11 U 37/09, WuW/E DE-R 3163 (3167 u. 3169) – Arzneimittelpreise.

bislang Gegenstand von Entscheidungen deutscher Gerichte in Schadensersatzfällen wegen Verstößen gegen das Kartellverbot.[475]

(1) Vergleichsmarktmethoden. Die in der Praxis mit großem Abstand wichtigste Gruppe von Methoden zur Bestimmung des hypothetischen Wettbewerbspreises kann als Vergleichs- oder Vergleichsmarktmethode bezeichnet werden. Dabei wird der hypothetische Wettbewerbspreis in dem Kartellzeitraum anhand eines Vergleichspreises ermittelt, der nicht von dem Kartell beeinflusst war.[476] Man kann zwischen den folgenden Methoden unterscheiden: 173

- Beim **zeitlichen Vergleich** wird der hypothetische Wettbewerbspreis aus den Preisen für dieselben Produkte in einer vergleichbaren Vor- oder Nachperiode ermittelt. Schwierigkeiten bereitet dabei nicht selten die genaue zeitliche Abgrenzung von Kartellzeitraum sowie Vor- und Nachperiode; auch wenn das gelingt, muss zudem sichergestellt werden, dass die Analyse nicht durch Nachlaufeffekte beeinflusst wurde (dazu → Rn. 180 f.).[477]
- Der **räumliche Vergleich** beruht auf einem Vergleich der Kartellpreise mit den Preisen für dieselben Produkte in vergleichbaren räumlichen Märkten, die nicht durch Kartellabsprachen beeinflusst waren.[478] Vor allem bei internationalen Kartellen scheidet ein räumlicher Vergleich regelmäßig aus, weil die Kartellfreiheit bei keinem der zum Vergleich grundsätzlich geeigneten Märkte ausreichend sicher gewährleistet ist.[479]
- Für den **sachlichen Vergleich** werden die Preise für vergleichbare Produkte herangezogen, um aus diesen Preisen einen hypothetischen Wettbewerbspreis abzuleiten. Auch das setzt voraus, dass diese Produkte nicht selbst Gegenstand von Kartellabsprachen waren. Zudem muss ausreichend sichergestellt sein, dass die Preise in dem sachlichen Vergleichsmarkt nicht durch Umbrella-Effekte des Kartells beeinflusst sind, für das Schadensersatz begehrt wird.[480]
- Für einen Vergleich anhand der **Differenz-der-Differenzen-Methode** wird der zeitliche Vergleich mit einem räumlichen oder sachlichen Vergleich kombiniert, indem man die Entwicklung der Preise in dem kartellierten Markt vor, während und nach dem Kartell der Entwicklung der Preise in anderen räumlichen Märkten oder für vergleichbare Produkte gegenüberstellt.[481] Auch das setzt voraus, dass der Kartellpreis und der Vergleichspreis voneinander unabhängig sind. Insbesondere darf der Vergleichspreis nicht durch Kartellabsprachen beeinflusst sein; aber auch umgekehrt kann eine Einwirkung des Vergleichspreises auf den Preis in dem kartellierten Markt eine Differenz-der-Differenzen-Analyse beeinträchtigen.

Die zum Vergleich herangezogenen **Zeiträume, Märkte oder Produkte sind allerdings in aller Regel nicht vollständig vergleichbar.** Das kann etwa Unterschiede in der Struktur der untersuchten sachlichen, räumlichen oder zeitlichen Märkte betreffen (wie etwa die Zahl und Zusammensetzung der Anbieter, die Stärke der Nachfrager und besondere regulatorische Bedingungen). Auch die Vertriebs- und Herstellungskosten kön- 174

---

[475] Vgl. KG Urt. v. 1.10.2009 – 2 U 10/03 Kart, WuW/E DE-R 2773 (2778 ff.); OLG Karlsruhe Urt. v. 11.6.2010 – 6 U 118/05, BeckRS 2011, 26582, unter II.6. – ORWI (insoweit bestätigt durch BGH Urt. v. 28.6.2011 – KZR 75/10, GRUR 2010, 291 (295) – ORWI).Vgl. auch OLG Düsseldorf Urt. v. 13.11.2013 – VI-U (Kart) 11/13 Rn. 77 ff. – Badarmaturen: Die Auswirkungen einer unzulässigen Rabattstaffel in einem Vertriebssystem auf den Großhandelspreis der betreffenden Waren wurden anhand eines zeitlichen (Rabatte vor Einführung der neuen Rabattstaffel) und räumlichen (Rabatte eines im Ausland ansässigen und nicht von dem Vertriebssystem erfassten Großhändlers) Vergleichs ermittelt. Vgl. HLMV/*Schweitzer,* 58 ff.; *Ellger* FS Möschel 2011, 191 (210 ff.), zu einer Analyse der Rechtsprechung.
[476] Vgl. BGH Beschl. v. 19.6.2007 – KRB 12/07, WuW/E DE-R 2225 (2227 f.) – Papiergroßhandel; OLG Karlsruhe Urt. v. 11.6.2010 – 6 U 118/05, ORWI.
[477] Rn. 38 ff. des Praktischen Leitfadens Schadensumfang.
[478] Rn. 49 ff. des Praktischen Leitfadens Schadensumfang.
[479] Vgl. beispielsweise OLG Karlsruhe Urt. v. 11.6.2010 – 6 U 118/05, ORWI.
[480] Rn. 54 ff. des Praktischen Leitfadens Schadensumfang.
[481] Rn. 56 f. des Praktischen Leitfadens Schadensumfang.

nen voneinander abweichen. Bei der Verwendung sachlicher oder räumlicher Vergleichsmärkte ist das offenkundig. Dasselbe gilt aber auch beim zeitlichen Vergleich: Bei den kartellbetroffenen Waren oder Dienstleistungen können sich die Preise über Zeit verändern, weil sich etwa die Rohstoffpreise verändern oder neue Herstellungsmethoden zu Effizienzgewinnen bei der Herstellung geführt haben. Die Preisbildung in den Vergleichsmärkten kann auch durch weitere Unterschiede (wie etwa Auswirkungen von Währungsschwankungen, die Heterogenität der betreffenden Produkte oder/und Mengenrabatte[482]) beeinflusst werden.

175   Daher müssen die zur Bildung des hypothetischen Wettbewerbspreises herangezogenen Preise in zeitlichen, räumlichen oder sachlichen Vergleichsmärkten jeweils **um solche Unterschiede bereinigt** werden, die unabhängig von den Kartellabsprachen zu unterschiedlichen Preisen in dem kartellbetroffenen und dem kartellfreien Markt geführt haben. Nur so lässt sich der kausal auf den Kartellabsprachen beruhende Preisunterschied abschätzen. Diese Bereinigung ist ein komplexer Vorgang und setzt in der Regel ein sehr genaues Verständnis der preisbildenden Faktoren in den relevanten Märkten voraus; grundsätzlich können dabei vergleichsweise einfache Methoden angewendet werden (bei denen die Preise etwa um die variablen Kosten bereinigt und dann verglichen werden) oder umfassende ökonometrische Regressionsanalysen durchgeführt werden (im Einzelnen → Rn. 253 ff.).

176   **(2) Weitere Methoden zur Ermittlung des hypothetischen Wettbewerbspreises.** Daneben haben sich eine Reihe von anderen Methoden etabliert, bei denen der Vergleichspreis nicht anhand der Preise auf einem Vergleichsmarkt, sondern auf andere Weise ermittelt wird. Insbesondere die folgenden beiden Methoden haben in der Praxis neben den Vergleichsmarktmethoden erhebliche Bedeutung gewonnen: Bei **Simulationsmethoden** wird das wahrscheinliche Marktverhalten auf der Basis von ökonomischen Modellen simuliert. Theoretische und empirische ökonomische Untersuchungen zeigen, dass die wahrscheinlichen Ergebnisse des Wettbewerbs auf einem Markt anhand der Merkmale dieses Marktes vorhergesagt werden können. Von Bedeutung können etwa die Zahl der auf einem Markt tätigen Unternehmen, der Grad der Homogenität oder Differenzierung zwischen diesen Unternehmen und ihren Produkten, die Kapazitäten und Kostenstrukturen der Anbieter, die Markteintrittsschranken und die Art und Struktur der Nachfrage sein. Kennt man diese Merkmale, lassen sich anhand von Simulationsmodellen die Preise (und gegebenenfalls andere Variablen) schätzen, die wahrscheinlich auf diesem Markt eingetreten wären, wenn es das Kartell nicht gegeben hätte. Solche Simulationen können abhängig von der Marktsituation, aber auch den verfügbaren Daten und dem regulatorischen Rahmen für die Betätigung auf einem Markt, einfacher oder komplexer sein.[483]

177   Bei **Kostenmethoden** wird der hypothetische Wettbewerbspreis anhand der Kosten geschätzt:[484]
- Zunächst sind hierfür die **tatsächlichen Kosten** für die Herstellung einer Einheit des kartellbetroffenen Produktes zu ermitteln. Dabei sollte grundsätzlich auf die variablen Kosten abgestellt werden – also auf die Kosten, deren Höhe abhängig von der Produktionsmenge ist, oder anders formuliert: die Kosten, die jeweils für die Herstellung einer Einheit des kartellbetroffenen Produktes anfallen. Denn auch im Wettbewerb würden die Preise jedenfalls nicht unter die variablen Kosten fallen. Das liegt daran, dass der Hersteller mit jedem zusätzlich zu einem Preis unterhalb der variablen Kosten verkauften Produkt zwangsläufig zusätzliche Verluste macht. Ein solches Verhalten ist allenfalls kurzfristig aus strategischen Gründen – etwa zur Gewinnung eines zusätzlichen Kunden – sinnvoll, aber nicht mittel- oder langfristig als Preisniveau am Markt durchsetzbar. Ob und inwieweit der hypothetische Wettbewerbspreis auch die Fixkosten decken würde,

---

[482] Vgl. etwa OLG Karlsruhe Urt. v. 11.6.2010 – 6 U 118/05, ORWI.
[483] Vgl. Rn. 97 ff. des Praktischen Leitfadens Schadensumfang.
[484] Vgl. Rn. 106 ff. des Praktischen Leitfadens Schadensumfang.

also die Kosten, die unabhängig von der hergestellten und verkauften Menge eines Produkts entstehen, hängt von der Marktsituation ab. Sie sind daher – um eine möglichst genaue Schätzung zu ermöglichen – besser bei der Ermittlung der angemessenen Gewinnspanne zu berücksichtigen (siehe sogleich).

- Gegebenenfalls muss in einem zweiten Schritt noch eine **Korrektur der tatsächlichen Kosten** vorgenommen werden. Durch Kartellabsprachen kann der Preisdruck entfallen, der die Anbieter in einem Markt zu einer effizienten Produktionsweise zwingt; dementsprechend können die Kosten im Kartellzeitraum durch kartellbedingte Ineffizienzen überhöht sein. Außerdem können Kartellabsprachen zur Beschränkung der Produktion und – spiegelbildlich – zum Verlust von Größenvorteilen und damit zu höheren Stückkosten führen.
- Anschließend muss eine **angemessene Gewinnspanne** geschätzt und zu den Stückkosten addiert werden. Hierfür kann ein Vergleich mit den Gewinnspannen von anderen Unternehmen in vergleichbaren anderen (sachlichen oder räumlichen) Märkten herangezogen werden; ebenfalls möglich ist ein Vergleich mit den Gewinnspannen der Kartellbeteiligten in einem kartellfreien Zeitraum vor oder nach dem Kartell. Ähnlich wie bei den Vergleichsmarktmethoden ist für solche Vergleiche erforderlich, dass es kartellfreie vergleichbare Unternehmen oder Zeiträume gibt. Alternativ kann auch hier wieder auf Erkenntnisse aus theoretischen oder empirischen ökonomischen Untersuchungen zurückgegriffen werden. Grundsätzlich ist die Gewinnspanne dann als angemessen anzusehen, wenn sie zur Deckung der (anteiligen) Fixkosten einschließlich der Kosten für Eigen- und Fremdkapital ausreicht. Das gilt auch in einem Markt, der durch die Homogenität der Produkte und Überkapazitäten geprägt ist. Zwar können die Preise in einem solchen Markt im Wettbewerb bis auf die variablen Kosten fallen. Mittel- bis langfristig werden die Hersteller aber auch in einem solchen Markt versuchen, ihr Angebot stärker zu diversifizieren und/oder Überkapazitäten abzubauen und damit die Preise so anzuheben, dass die Fixkosten gedeckt werden.

(3) Auswahl des methodischen Ansatzes. Aus ökonomischer Sicht stehen die genannten Methoden grundsätzlich gleichberechtigt nebeneinander und können einander gegebenenfalls auch gegenseitig ergänzen.[485] Allerdings werden die Parteien bei ihrem Vorbringen berücksichtigen müssen, dass die **Vergleichsmarktmethoden** – und allen voran die zeitliche Vergleichsmarktmethode – trotz aller Unsicherheiten **von der deutschen Rechtsprechung als besonders verlässlich eingeschätzt** werden.[486] Andere Methoden werden grundsätzlich eher als Ausweichlösungen angesehen, wenn Vergleichsmarktmethoden im Einzelfall ausscheiden.[487] Daher empfiehlt sich für die Parteien in aller Regel eine Analyse auf dieser Grundlage zumindest in Ergänzung anderer Untersuchungen, soweit eine ausreichende Datengrundlage vorhanden ist und keine grundsätzlichen Erwägungen – wie etwa besondere regulatorische Rahmenbedingungen in dem kartellierten Markt – dagegen sprechen.

178

Unabhängig von der Präferenz der deutschen Rechtsprechung hängt die Auswahl zwischen den methodischen Ansätzen zur Bestimmung des hypothetischen Wettbewerbspreises vor allem entscheidend davon ab, über welche Daten und Informationen die jeweilige Partei verfügt und ob die **Voraussetzungen für die Anwendung der einzelnen Me-**

179

---

[485] Rn. 122 f. des Praktischen Leitfadens Schadensumfang.
[486] So ausdrücklich BGH Beschl. v. 19.6.2007 – KRB 12/07, WuW/E DE-R 2225 (2228) – Papiergroßhandel; BGH Beschl. v. 28.6.2005 – KRB 2/05, WuW/E DE-R 1567 (1570) – Berliner Transportbeton; OLG Frankfurt Urt. v. 21.12.2010 – 11 U 37/09, WuW/E DE-R 3163 (3167) – Arzneimittelpreise. Vgl. als Beispiel für eine detaillierte Analyse OLG Düsseldorf Urt. v. 26.6.2009 – VI-2a Kart2–6/08 OWi, Rn. 458 ff. bei juris – Grauzementkartell. Vgl. auch BGH Urt. v. 28.6.2011 – KZR 75/10, GRUR 2012, 291 (298) – ORWI zu Nachlaufeffekten. Vgl. auch *Mestmäcker/Schweitzer* Europäisches Wettbewerbsrecht § 23 Rn. 45; HLMV/*Schweitzer*, 57; *Volhard* FS Oppenhoff 1985, 509 (514 f.); *Bernhard* NZKart 2013, 488 (489).
[487] BGH Beschl. v. 19.6.2007 – KRB 12/07, WuW/E DE-R 2225 (2228) – Papiergroßhandel.

thoden im Einzelfall gegeben sind. So setzt beispielsweise die Anwendung der Vergleichsmarktmethoden voraus, dass die jeweiligen Vergleichsmärkte – also die Vor- oder Nachperiode des Kartells, die Vergleichsprodukte und die anderen räumlichen Märkte für das kartellierte Produkt – miteinander wenigstens so vergleichbar sind, dass die Vergleichspreise um die verbleibenden Unterschiede einigermaßen verlässlich bereinigt werden können. Ist das nicht der Fall, kommen nur Simulations- oder Kostenmodelle in Betracht.[488] Wenn die Voraussetzungen für die Anwendung mehrerer Methoden gegeben sind, können bei der Auswahl beispielsweise der mit der Anwendung der Methoden verbundene Aufwand und/oder die Verfügbarkeit der erforderlichen Daten berücksichtigt werden.[489] Schließlich kann es sich – sollten mehrere Methoden geeignet und praktisch durchführbar sein – auch anbieten, diese Methoden kombiniert oder alternativ anzuwenden.[490]

180 **(4) Grundsätzlich: Übertragbarkeit auf Umbrella- und Nachlaufeffekte.** Kartellabsprachen können zu **Preiseffekten nicht nur bei Lieferungen der kartellbetroffenen Waren oder bei der Erbringung der kartellbetroffenen Leistungen durch die Kartellbeteiligten in der Kartellperiode** führen. Sie können sich auch auf die Preissetzung von Kartellaußenseitern auswirken („Umbrella-Effekte") und die Preissetzung sowohl von Kartellbeteiligten als auch von Kartellaußenseitern nach Kartellende beeinflussen. „Nachlaufeffekte" können sich entweder aus einer einfachen Fortwirkung des Preisniveaus oder aus den langfristigen Folgen des Kartells für die Struktur eines Marktes (etwa wegen einer dauerhaften regionalen Marktaufteilung durch die Stilllegung von Produktionsstätten) und andere Marktmerkmale (wie etwa die Entstehung eines stillschweigenden Parallelverhaltens bei langfristigen Kartellen) ergeben.[491] An der grundsätzlichen Ersatzfähigkeit von Schäden aus Umbrella-Effekten (hierzu → Rn. 136 ff.) und Nachlaufeffekten[492] gibt es zumindest heute keine Zweifel mehr.

181 Für die **Höhe von Schäden aus Umbrella- und Nachlaufeffekten** kommt es – wie auch bei Lieferungen bzw. Leistungen der Kartellbeteiligten – auf einen Vergleich der tatsächlichen Preise für Lieferungen bzw. Leistungen der Kartellaußenseiter in der Kartellperiode oder der Kartellbeteiligten oder Kartellaußenseiter in der Nachperiode mit dem hypothetischen Wettbewerbspreis an. Wird hierfür – was grundsätzlich im Rahmen der Schadensschätzung nach § 287 Abs. 1 ZPO als gerechtfertigt erscheint – auf denselben hypothetischen Wettbewerbspreis abgestellt, der auch der Ermittlung des Schadens wegen überhöhter Preise für die unmittelbar kartellbetroffenen Waren oder Dienstleistungen der Kartellbeteiligten zugrunde gelegt wurde, müssen allerdings zusätzlich etwaige Besonderheiten berücksichtigt werden, die die Wettbewerbsbedingungen der Kartellaußenseiter (und damit auch ihre Preissetzungsspielräume) beeinflussen bzw. die Phase direkt nach Kartellende kennzeichnen.[493] Vor allem setzt dieses Vorgehen bei Nachlaufeffekten voraus, dass das Enddatum solcher Effekte bekannt ist oder zumindest verlässlich geschätzt werden kann. Alternativ kann für die Schätzung von Nachlaufeffekten ein flexibler Ansatz gewählt werden, der den schrittweisen Abfall des Preises auf das Wettbewerbsniveau nachbildet.[494]

---

[488] Vgl. auch BGH Beschl. v. 19.6.2007 – KRB 12/07, WuW/E DE-R 2225 (2228) – Papiergroßhandel.
[489] Rn. 124 des Praktischen Leitfadens Schadensumfang.
[490] Rn. 125 des Praktischen Leitfadens Schadensumfang.
[491] Vgl. hierzu *Inderst/Thomas* Schadensersatz, 354 ff.
[492] BGH Urt. v. 28.6.2011 – KZR 75/10, GRUR 2012, 291 (298) – ORWI; *Kirchhoff* WuW 2012, 927 (929).
[493] Der BGH ist der Auffassung, dass die Nachlaufeffekte schlicht anhand der Differenz zwischen den Preisen bei Beendigung des Kartells und dem niedrigsten in einem angemessenen Zeitraum von beispielsweise einem Jahr nach Kartellende festgestellten Preis bemessen werden können. Es sei dann Sache der Kartellbeteiligten darzulegen, warum der zum Vergleich herangezogene Preis tatsächlich nicht vergleichbar sei (BGH Urt. v. 28.6.2011 – KZR 75/10, GRUR 2012, 291 (298) – ORWI; *Kirchhoff* WuW 2012, 927 (929)). Das ist sehr vereinfachend. Krit. auch *Inderst/Thomas* Schadensersatz, 364, 367 ff.
[494] Hierzu ausf. *Inderst/Thomas* Schadensersatz, 364 ff.

bb) Schaden des mittelbaren Abnehmers. Der mittelbare Abnehmer muss nicht nur eine kar- 182
tellbedingte Preisüberhöhung, sondern darüber hinaus auch den Umfang der **Weitergabe
von kartellbedingt überhöhten Preisen** durch seinen Lieferanten (und bei mehrstufigen Lieferketten durch die jeweiligen Vorlieferanten) darlegen und gegebenenfalls beweisen (siehe zur Verteidigung der Kartellbeteiligten gegen Schadensersatzansprüche mit dem Einwand des Passing-On → § 25 Rn. 84 ff. und → Rn. 214 ff.). Nicht nur die Antwort auf die Frage, ob überhaupt ein Passing-On erfolgt ist (→ Rn. 144 ff.), sondern auch seine Höhe hängt von dem **Vorliegen und Zusammenwirken einer Vielzahl von Faktoren** ab, darunter unter anderem von dem Marktabdeckungsgrad des Kartells und den Ausweichmöglichkeiten der nachgelagerten Marktstufe, der Dauer des Kartells, der Struktur und Wettbewerbsintensität des nachgelagerten Markts, der Wertsteigerung der nachgelagerten Marktstufe und damit der relativen Bedeutung der kartellbetroffenen Inputkosten, der Struktur und Elastizität der Nachfrage auf dem nachgelagerten Markt und weiteren ökonomischen und/oder psychologischen Faktoren bei der Preissetzung.[495] Auch die regulatorischen Rahmenbedingungen auf der nachgelagerten Marktstufe können bei der Analyse eine Rolle spielen; sie genügen aber in der Regel alleine und ohne Berücksichtigung der Umstände des Einzelfalls nicht für die Feststellung der Weitergabe des (gesamten) Kartellaufschlags an die nachfolgende Marktstufe.[496] Bei der Beurteilung dieser Faktoren müssen (mittelbar) kartellbedingte Preiserhöhungen auf der nachfolgenden Marktstufe insbesondere von solchen Preiserhöhungen abgegrenzt werden, die auf einem Preissetzungsspielraum beruhen, der aufgrund besonderer Leistungen des unmittelbaren Abnehmers entstanden sind. Das gilt beispielsweise für eine auf der Marktstufe des unmittelbaren Abnehmers erfolgte Wertschöpfung.[497]

Aus ökonomischer Sicht gibt es im Grundsatz zwei Möglichkeiten, die Höhe des 183
Passing-On zu ermitteln: Zum einen können die kartellierten Inputkosten im Rahmen einer **ökonometrischen Regressionsanalyse** ins Verhältnis zu den Preisen gesetzt werden, die die (direkten) Abnehmer auf der nachgelagerten Marktstufe von ihren Abnehmern verlangen (wobei andere Einflüsse auf die Preissetzung isoliert werden müssen). Bei dieser Analyse wird nach den Gründen der Preisentwicklung und den Mechanismen der Weitergabe von Inputkosten gar nicht gefragt, sondern lediglich das tatsächliche Geschehen anhand von Vergleichsparametern (in zeitlicher, sachlicher und räumlicher Hinsicht) beobachtet und gemessen. Zum anderen kann anhand der strukturellen Gegebenheiten in dem kartellierten und dem nachgelagerten Markt eine **Simulation des prozentualen Anteils des Passing-On** vorgenommen werden. Dabei spielen insbesondere die Wettbewerbsintensität und die Nachfrageelastizität auf dem nachgelagerten Markt eine erhebliche Rolle: Herrscht auf diesem Markt Wettbewerb, haben sich die Preise bereits den Kosten angenähert. Die auf dem nachgelagerten Markt tätigen Unternehmen sind (eher) gezwungen, (zumindest erhebliche) Veränderungen der Inputkosten durch Preiserhöhungen zumindest teilweise weiterzureichen. Besteht auf dem nachgelagerten Markt dagegen eine Monopol oder ein wettbewerbsloses oder -armes Oligopol, ist die Weitergabe von Veränderungen der Inputkosten weniger wahrscheinlich; höhere Inputkosten können wegen der höheren Preise auf dem nachgelager-

---

[495] Vgl. BGH Urt. v. 28.6.2011 – KZR 75/10, GRUR 2012, 291 (297) (im Zusammenhang mit dem Einwand des Passing-On). Vgl. auch OLG Düsseldorf Urt. v. 22.12.2010 – VI-2 U (Kart) 34/09, Beck-RS 2011, 01717. Ausf. dazu *Inderst/Thomas* Schadensersatz, 244 ff. Vgl. auch *Bornkamm* GRUR 2010, 501 (503).

[496] So im Ergebnis, wenn auch nicht in allen Aspekten der Begründung zu Recht, LG Berlin Urt. v. 6.8.2013 – 16 O 193/11 Kart, WuW/E DE-R 4388 (4394 f.) – Fahrtreppen.

[497] Dieser Aspekt wird zwar zumeist im Zusammenhang mit dem Einwand des „Passing-On" thematisiert (vgl. etwa BGH Urt. v. 28.6.2011 – KZR 75/10, GRUR 2012, 291 (296) – ORWI; Langen/Bunte/ *Bornkamm* GWB § 33 Rn. 148), spielt aber auch für die Prüfung des Kausalzusammenhangs zwischen dem Kartellrechtsverstoß und einer Preiserhöhung auf der nachfolgenden Marktstufe eine erhebliche Rolle. Wird die Zuordnung dieser Preiserhöhung nicht einheitlich vorgenommen, besteht das Risiko einer mehrfachen Inanspruchnahme des Geschädigten.

ten Markt leichter absorbiert werden. In beiden Fällen spielen bei der Entscheidung darüber, inwieweit Erhöhungen der Inputkosten weitergegeben oder absorbiert werden, zudem die Auswirkungen auf die Nachfragemenge (und damit die konkrete Elastizität der Nachfrage) eine große Rolle (zu den wettbewerbsökonomischen Methoden der Schätzung der Höhe des Passing-On → Rn. 370 ff.).

184 Für die Bestimmung der Höhe des Passing-On sind genaue Kenntnisse nicht nur über das Kartell und den kartellierten Markt, sondern auch über die Verhältnisse auf dem nachgelagerten Markt und über unternehmensinterne Daten und Abläufe der (direkten) Abnehmer (wie etwa Entscheidungsfaktoren und -prozesse bei der Preissetzung) erforderlich. Daher ist es kaum verwunderlich, dass die **Anforderungen an die Darlegung und das Bestehen von Beweiserleichterungen** bei der Geltendmachung von Schäden durch mittelbare Abnehmer, aber noch mehr bei der Geltendmachung des Einwands des „Passing-On" durch die Kartellbeteiligten noch weitgehend unklar und zum Teil umstritten sind (→ Rn. 214 ff.).

185 **c) Entgangener Gewinn.** Das von einem Kartellrechtsverstoß betroffene Unternehmen kann einen Schaden nicht nur durch eine unmittelbare Vermögenseinbuße – wie eine durch den Verstoß bedingte Preisüberhöhung – erleiden, sondern auch dadurch, dass ihm Gewinn, den es ohne den Verstoß erzielt hätte, entgangen ist. Auch der **durch entgangenen Gewinn eingetretene Schaden ist zu ersetzen.** Das ergibt sich aus § 252 S. 1 BGB, nach dem zur Naturalrestitution auch der entgangene Gewinn gehört, und wird durch Art. 3 Abs. 2 RL 2014/104/EU bekräftigt.[498] Der entgangene Gewinn kann die wesentliche oder einzige Schadensposition sein, so etwa vielfach in Fällen des Behinderungsmissbrauchs oder von Kartellrechtsverstößen mit einer vergleichbaren (Marktabschottungs-)Wirkung.[499] Ähnlich ist es bei dem Lieferanten, der sich einem Einkaufskartell oder dem missbräuchlichen Verhalten eines marktbeherrschenden Abnehmers gegenübersieht und dadurch seinen Preis unter den hypothetischen Wettbewerbspreis senken muss. Entgangener Gewinn kann aber auch als weitere Schadensposition gemeinsam mit einer unmittelbaren Vermögenseinbuße auftreten. Eine solche Verknüpfung der unmittelbaren Vermögenseinbuße mit entgangenem Gewinn kann insbesondere dann gegeben sein, wenn es dem unmittelbaren Abnehmer von kartellbetroffenen Waren oder Dienstleistungen gelingt, eine kartellbedingte Preiserhöhung an seine Abnehmer weiterzugeben.[500] Dies hat in aller Regel einen Mengenrückgang zur Folge, wenn nicht die Nachfrage ausnahmsweise vollständig unelastisch ist. Hat der unmittelbare Abnehmer vor dem Kartell mit den von ihm abgesetzten Produkten Gewinne erzielt,[501] dürfte der Mengenrückgang wiederum in aller Regel auch zu einem Rückgang des Gewinns des unmittelbaren Abnehmers führen.[502]

---

[498] Das folgt bereits aus dem EU-Primärrecht, vgl. etwa EuGH Urt. v. 6.6.2013 – C-536/11 Rn. 22 – Donau Chemie ua.
[499] Vgl. bspw. aus der jüngeren Rspr. die folgenden Entscheidungen zum entgangenen Gewinn: OLG Düsseldorf Urt. v. 9.4.2014 – VI-U (Kart) 10/12, BeckRS 2014, 11817 – Lottogesellschaft; OLG Düsseldorf Urt. v. 29.1.2014 – VI-U (Kart) 7/13, WuW/E DE-R 4477 (4480f.); OLG Düsseldorf Urt. v. 11.12.2013 – VI-U (Kart) 50/12, BeckRS 2014, 11817; OLG Düsseldorf Urt. v. 13.11.2013 – VI-U (Kart) 11/13, WuW/DE-R 4117 (4124ff.) – Badarmaturen.
[500] Vgl. nur *Inderst/Thomas* Schadensersatz, 338ff.; HLMV/*Schweitzer*, 66; *Rauh/Zuchandke/Redemann* WRP 2012, 173 (175). Vgl. hierzu auch Rn. 175ff. des Praktischen Leitfadens Schadensumfang. Vgl. auch BGH Urt. v. 28.6.2011 – KZR 75/10, GRUR 2012, 291 (297), im Zusammenhang mit dem Einwand des Passing-On als Verteidigung des Kartellbeteiligten.
[501] Das wird zumeist der Fall sein; zumindest wird der unmittelbare Abnehmer in nahezu allen Fällen seinen Preis so weit oberhalb der Grenzkosten festsetzen, dass er einen positiven Beitrag zur Deckung seiner Fixkosten erwirtschaftet, der durch einen Mengenrückgang verringert würde.
[502] Das ist nur in dem theoretischen Fall anders, dass der unmittelbare Abnehmer seine Preise in Folge der kartellbedingten Preisüberhöhung um mehr als den Kartellaufschlag erhöhen kann und damit höhere Gewinne pro Stück als ohne das Kartell generiert. Selbst dann müsste aber zusätzlich der positive Effekt des erhöhten Stückgewinns größer als der negative Effekt des Mengenrückgangs sein.

Unabhängig davon, ob entgangener Gewinn die einzige Folge eines Kartellrechtsverstoßes 186 ist oder mit einer unmittelbaren Vermögenseinbuße einhergeht, geht es bei der Bestimmung seiner Höhe letztlich um eine **Funktion aus Gewinn pro Einheit und Menge** (jeweils bemessen beispielsweise als Umsatz in Euro oder als Absatz in Stück).[503] Beide Faktoren lassen sich auf unterschiedliche Weise ermitteln, wobei es immer um einen Vergleich der Lage mit und ohne den Kartellrechtsverstoß geht: Als entgangener Gewinn sind alle Vermögensvorteile anzusehen, die zum Zeitpunkt des schädigenden Ereignisses noch nicht zum Vermögen des Betroffenen gehörten, ihm aber ohne dieses Ereignis zugeflossen wären.[504] Dabei muss sorgfältig darauf geachtet werden, dass das hypothetische Szenario ohne den Verstoß korrekt ermittelt wird. Das gilt insbesondere für die Marktverhältnisse, an denen der hypothetisch erzielbare Gewinn bei der Geltendmachung von Schadensersatz wegen des Missbrauchs einer marktbeherrschenden Stellung bemessen wird. Er ist auf der Grundlage der durch das marktbeherrschende Unternehmen geprägten Marktverhältnisse zu ermitteln; es ist bei dem für den zur Durchführung des nach der Differenzhypothese erforderlichen hypothetischen Zustands nicht zu unterstellen, dass der Markt durch besonders intensiven Wettbewerb gekennzeichnet gewesen wäre. Das Verbot des Missbrauchs einer marktbeherrschenden Stellung richtet sich nicht gegen diese Stellung an sich, sondern nur gegen das Verhalten des Adressaten des Verbots.[505] Nicht zuletzt wegen der Schwierigkeiten bei der Bestimmung der hypothetischen Marktverhältnisse sind die Darlegung und der Nachweis des entgangenen Gewinns insgesamt in aller Regel (noch) schwieriger als die Darlegung von Schäden aufgrund einer durch einen Kartellrechtsverstoß verursachten Preisüberhöhung (obwohl den Geschädigten die Darlegungs- und Beweiserleichterungen nach § 252 S. 2 BGB und § 287 ZPO zugute kommen → Rn. 191 und 193).

2. Darlegung und Beweis

a) Maßstäbe des § 287 ZPO für Schadenshöhe und haftungsausfüllende Kausalität. 187
aa) Grundsätze. Die Höhe des Schadens und den Kausalzusammenhang zwischen dem Kartellrechtsverstoß und dem geltend gemachten Schaden muss der Kläger darlegen und beweisen.[506] Der Geschädigte kann Anhaltspunkte für seinen Vortrag hierzu aus der kartellbehördlichen Entscheidung gewinnen, wenn es eine solche gibt und wenn sich aus ihr etwas zur Höhe des Schadens und zur haftungsausfüllenden Kausalität ergibt.[507] Etwaige Feststellungen der Kartellbehörde zum Schaden und zur Kausalität entfalten aber **keine Bindungswirkung nach § 33 Abs. 4 GWB** für ein nachfolgendes Gerichtsverfahren, zumal es nicht Aufgabe der Kartellbehörden ist, die Auswirkungen von Kartellrechtsverstößen auf bestimmte Betroffene festzustellen oder gar zu quantifizieren (auch wenn es kartellbehördliche Entscheidungen, Fallberichte und/oder Pressemitteilungen desöfteren an der gebotenen Zurückhaltung im Hinblick auf die zivilrechtlichen Folgen fehlen lassen) (zur Bindungswirkung → Rn. 95 ff. und 126 f.). Allerdings kommt dem Geschädigten zugute, dass er für die Darlegung und den Beweis der Höhe des Schadens und der haftungsausfüllenden Kausalität **nicht den Vollbeweis nach § 286 ZPO erbringen muss, sondern die reduzierten Anforderungen des § 287 Abs. 1 ZPO** gelten. Danach entscheidet das Gericht hierüber unter Würdigung aller Umstände nach freier Überzeugung. Das wirkt sich auf die Anforderungen an die Substantiierung des Vortrags der Parteien aus: Im Anwendungsbereich des § 287 Abs. 1 ZPO ist von den Parteien grundsätzlich keine so präzise Darlegung zu verlangen wie für die Darlegung der Voraussetzungen des

---

[503] Vgl. HLMV/*Schweitzer*, S. 66.
[504] Vgl. umfassend zu den Methoden zur Ermittlung des entgangenen Gewinns Rn. 180 ff. des Praktischen Leitfadens Schadensumfang.
[505] BGH Urt. v. 23.3.1982 – KZR 28/80, NJW 1982, 1759 (1760) – Meierei-Zentrale. Vgl. hierzu *Alexander* Schadensersatz, 394.
[506] Unstr., vgl. nur Stein/Jonas/*Leipold* ZPO § 287 Rn. 1 f.; *Rauh/Zuchandke/Reddemann* WRP 2012, 173 (179); *Köhler* GRUR 2004, 99 (103).
[507] Vgl. *Burrichter* FS Canenbley 2012, 111 (120).

Haftungsgrunds nach § 286 ZPO.[508] Insbesondere genügt grundsätzlich Vortrag zu Anknüpfungstatsachen, auf die sich die richterliche Feststellung der Haupttatsachen – Kausalität und Schadenshöhe – stützen kann (→ Rn. 192). Allerdings darf dies nicht darüber hinwegtäuschen, dass gerade bei der Geltendmachung von Schadensersatzansprüchen wegen Kartellrechtsverstößen und der Verteidigung gegen solche Ansprüche selbst bei Anwendung der reduzierten Maßstäbe des § 287 Abs. 1 ZPO oft äußerst umfangreicher und detaillierter Vortrag erforderlich ist, um eine gerichtliche Entscheidung nach den nachfolgend näher dargestellten Grundsätzen zu ermöglichen.

188 Insbesondere hat § 287 Abs. 1 ZPO nicht zur Folge, dass dem Gericht völlig freie Hand bei der Beurteilung der Schadenshöhe und der haftungsausfüllenden Kausalität gegeben wäre: Der Gesetzgeber verfolgt auch mit § 287 Abs. 1 ZPO das **Ziel einer möglichst weitgehenden Annäherung an die Wahrheit.**[509] Daher darf das Gericht nur dann auf die freie Beweiswürdigung – die Schätzung des Schadens und verkürzte Feststellungen zur Kausalität – ausweichen und auf eine genaue Feststellung des tatsächlichen Sachverhalts verzichten, wenn es nicht möglich ist, die genaue Höhe des Schadens und den ursächlichen Zusammenhang zwischen Schaden und (Kartellrechts-)Verstoß festzustellen. Ist dies hingegen möglich, muss das Gericht dem Vortrag der Parteien und den von ihnen angebotenen Beweisen nachgehen und den wahren Sachverhalt feststellen.[510] Beispielsweise muss das Gericht bei seinen Feststellungen zur Kausalität mögliche alternative Geschehensabläufe zwar nicht in demselben Maße prüfen und solche Alternativen nicht mit derselben Gewissheit ausschließen können wie im Rahmen des § 286 ZPO.[511] Aber auch im Rahmen des § 287 Abs. 1 ZPO darf das Gericht einen relevanten Vortrag der Parteien zu einer zentralen Frage des Rechtsstreits – wie etwa zur Kausalität eines Verstoßes für den geltend gemachten Schaden – nicht leichtfertig übergehen. Ergeben sich beispielsweise aus dem Vortrag des Beklagten greifbare Anhaltspunkte für Zweifel am Vorliegen des von dem Kläger vorgetragenen Kausalverlaufs, muss das Gericht diese prüfen (hierzu auch → Rn. 197).[512] Dementsprechend muss der darlegungs- und beweispflichtige Kläger im Rahmen des ihm Möglichen umfassend zur Schadenshöhe und -entstehung vortragen und gegebenenfalls auch erläutern, aus welchen Gründen und hinsichtlich welcher Tatsachen eine Aufklärung des tatsächlichen Sachverhalts nicht möglich ist. Umgekehrt empfiehlt es sich für den Beklagten, den klägerischen Vortrag gründlich auf seine Plausibilität zu prüfen, mögliche Alternativen sorgfältig zu erwägen und substantiiert auf diesen Vortrag einzugehen.

---

[508] BGH Urt. v. 22.10.1987 – III ZR 197/86, NJW-RR 1988, 410; BGH Urt. v. 23.10.1991 – XII ZR 144/90, NJW-RR 1992, 202 (203); BGH Urt. v. 18.2.1992 – VI ZR 367/90, NJW-RR 1992, 792; BGH Urt. v. 6.10.1994 – III ZR 134/93, NJW-RR 1995, 248 (250); BGH Urt. v. 2.7.1996 – X ZR 64/94, NJW 1996, 2924 (2925); OLG Hamburg Urt. v. 18.6.1992 – 3 U 6/92, NJW 1993, 734; Baumbach/Lauterbach/Albers/*Hartmann* ZPO § 287 Rn. 2; MüKoZPO/*Prütting* ZPO § 287 Rn. 28; Prütting/Gehrlein/*Laumen* ZPO § 287 Rn. 1; Stein/Jonas/*Leipold* ZPO § 287 Rn. 32; Thomas/Putzo/*Reichold* § 287 Rn. 9; Zöller/*Greger* ZPO § 287 Rn. 1.
[509] BGH Urt. v. 17.4.1997 – X ZR 2–96, NJW-RR 98, 331 (333); idS auch BGH Urt. v. 16.12.1963 – III ZR 47/63, NJW 1964, 589; Prütting/Gehrlein/*Laumen* ZPO § 287 Rn. 18; Baumgärtel/Laumen/Prütting/*Prütting* Handbuch der Beweislast § 9 Rn. 17; *Rauh* NZKart 2013, 222 (225). Vgl. auch *Mestmäcker/Schweitzer* GWB § 23 Rn. 46; HLMV/*Schweitzer,* 56.
[510] BVerfG Beschl. v. 8.12.2009 – 1 BvR 3041/06, NJW 2010, 1870 (1871); BGH Versäumnisurt. v. 19.3.2002 – XI ZR 183/01, NJW-RR 2002, 1072 (1073); BGH Urt. v. 16.12.1963 – III ZR 47/63, NJW 1964, 589; Prütting/Gehrlein/*Laumen* ZPO § 287 Rn. 1.
[511] OLG Düsseldorf Urt. v. 29.1.2014 – VI-U (Kart) 7/13, BeckRS 2014, 17537.
[512] St. Rspr., vgl. BGH Beschl. v. 30.9.2010 – IX ZR 136/08 Rn. 7 bei juris; BGH Beschl. v. 7.12.2006 – IX ZR 173/03, NJW-RR 2007, 500 (501); OLG Düsseldorf Urt. v. 11.12.2013 – VI-U (Kart) 50/12, BeckRS 2014, 17537. Vgl. auch Zöller/*Greger* ZPO § 287 Rn. 6. Deswegen – und weil es für die Feststellung, ob ein Kartellrechtsverstoß zu irgendeinem Schaden des Klägers geführt hat, zahlreiche Beweiserleichterungen gibt – ist die Frage, ob und in welchem Umfang bei Schadensersatzansprüchen wegen Kartellrechtsverstößen neben der an § 287 Abs. 1 ZPO zu messenden haftungsausfüllenden Kausalität noch Raum für eine an § 286 ZPO zu messende haftungsbegründende Kausalität verbleibt, allenfalls in Ausnahmefällen streitentscheidend (zur haftungsbegründenden Kausalität → Rn. 119 ff.).

§ 26

Vor allem, wenn die Höhe des Schadens von der **Reaktion des geschädigten Unternehmens** 189
oder eines Dritten auf den Kartellrechtsverstoß (und seinem hypothetischen Verhalten ohne diesen Verstoß) abhängt und dieses Verhalten zwischen den Parteien streitig ist, kann das Gericht seiner Entscheidung nicht ohne Weiteres ein aus seiner Sicht vermeintlich „kaufmännisches vernünftiges Verhalten" zugrunde legen.[513] Es kann offenbleiben, ob ein solcher Anscheinsbeweis des „kaufmännisch vernünftigen Verhaltens" zulässig wäre, wenn sich aus konkreten tatsächlichen Anhaltspunkten ergibt, dass für ein vernünftig handelndes Unternehmen eindeutig nur eine bestimmte tatsächliche Reaktion in Betracht kommt.[514] Denn an dieser Voraussetzung – nur eine vernünftige Reaktionsmöglichkeit – fehlt es bei Willensentschlüssen der Geschäftsleitung im Wirtschaftsleben regelmäßig: Selbst wenn eine Reaktionsmöglichkeit besonders nahe liegen mag, beruhen Entscheidungen über Preise, Mengen, Produktportfolien und andere Wettbewerbsparameter im Wirtschaftsleben selbst bei rationalem Verhalten in der Regel auf komplexen Abwägungen. Darüber hinaus ergibt sich schon aus allgemeiner Lebenserfahrung, dass Entscheidungen im Wirtschaftsleben nicht durchweg im ökonomischen Sinne rational, sondern oft aus strategischen und/oder psychologischen Gründen anders getroffen werden, als es bei einer rein ökonomischen Betrachtung sinnvoll wäre.[515] Legen die Marktverhältnisse unter Berücksichtigung der Erkenntnisse aus theoretischen und empirischen (wettbewerbs-)ökonomischen Untersuchungen im konkreten Einzelfall ein bestimmtes Verhalten besonders nahe, kann man dem bei der Beweiswürdigung – gerade im Anwendungsbereich von § 287 Abs. 1 ZPO – mit einem Indizienbeweis gerecht werden (siehe beispielsweise zu „Umbrella-Effekten" → Rn. 142, zur Weitergabe des Schadens an nachfolgende Marktstufen → Rn. 145). Auch dann gilt jedoch: Bestreitet der Beklagte den Kausalzusammenhang substantiiert, woran keine zu hohen Anforderungen gestellt werden dürfen,[516] muss Beweis erhoben werden.

Das Gericht darf die Feststellung der haftungsausfüllenden Kausalität und der Schadenshöhe – gegebenenfalls auch nur eines **Mindestschadens**[517] – nicht deswegen ablehnen, 190

---

[513] So aber beispielsweise OLG Düsseldorf Urt. v. 29.1.2014 – VI-U (Kart) 7/13, BeckRS 2014, 17537. Krit. zu der Häufigkeit des Abstellens der Gerichte auf die allgemeine „Lebenserfahrung" auch *Lübbig/Bell* WRP 2006, 1209 (1215). Vgl. auch *Kirchhoff* FS Talksdorf 2014, 521, der zu Recht darauf hinweist, dass „,gerichtsfeste' ökonomische Erfahrungssätze […] selten" seien (S. 526), allerdings zugleich meint, dass viele ökonomische Fragen im Einzelfall mit der Lebenserfahrung der mit der Entscheidung befassten Richter zu lösen seien (S. 530).

[514] So für die Haftung des Anwalts für die fehlerhafte Beratung zuletzt BGH Beschl. v. 15.5.2014 – IX ZR 267/2, NJW 2014, 2795 f. Zweifelnd selbst für den Fall, dass es nur eine objektiv vernünftige Reaktionsmöglichkeit gibt, Zöller/*Greger* ZPO Vor § 284 Rn. 30b. Bei der Haftung für die Verletzung einer Aufklärungspflicht hat der BGH hingegen mittlerweile die Figur des Anscheinsbeweises des aufklärungsrichtigen Verhaltens zugunsten einer widerlegbaren Vermutung aufgegeben. Nicht eine (vermeintliche) Typizität von individuellen Willensentschlüssen, sondern eine normative Beurteilung trage die Erleichterungen der klägerischen Darlegungs- und Beweislast in diesen Fällen. Es komme daher auf die empirische Wahrscheinlichkeit eines bestimmten Verhaltens nicht an. Vgl. BGH Urt. v. 8.5.2012 – XI ZR 262/10, NJW 2012, 2427 (2429 f.). Dazu *Schwab* NJW 2012, 3274 (3275 f.).

[515] So etwa OLG Düsseldorf Urt. v. 11.12.2013 – VI-U (Kart) 50/12, BeckRS 2014, 11817, dazu, dass der Kläger, der entgangenen Gewinn geltend macht, zunächst als Anknüpfungstatsache für die Schätzung der Höhe des Gewinns in vollem Umfang darlegen und beweisen muss, welche aus mehreren alternativen Investitionsmöglichkeiten er ohne den Verstoß gewählt hätte. Vgl. auch LG Köln Urt. v. 28.5.2013 – 87 O (Kart) 7/06, WuW/E DE-R 4033 – Telegate, zu den Anforderungen an die Darlegung, ob zusätzliche Finanzmittel tatsächlich für die Finanzierung eines bestimmten unternehmerischen Konzepts verwendet worden wären. Ähnl. bereits LG Köln Urt. v. 9.11.2012 – 90 O 1/11, S. 19 des amtl. Umdrucks. Vgl. auch BGH Urt. v. 23.3.1982 – KZR 28/80, NJW 1982, 1759 (1761) – Meierei-Zentrale, zur Beweiserhebung über die Frage, ob bestimmte Kunden tatsächlich in eine Geschäftsbeziehung mit der Klägerin getreten wären. Vgl. zur generellen Ablehnung des Anscheinsbeweises bei Willensentscheidungen BGH Urt. v. 16.12.1959 – IV ZR 206/59, NJW 1960, 818; BGH Urt. v. 20.9.1968 – V ZR 137/65, NJW 1968, 2139; Baumbach/Lauterbach/Albers/*Hartmann* ZPO Anh. § 286 Rn. 25; Musielak/*Foerste* ZPO § 286 Rn. 30; Stein/Jonas/*Leipold* ZPO § 287 Rn. 174; *Diehl* ZfBR 1994, 105 (108).

[516] Vgl. für den Fall des aufklärungsrichtigen Verhaltens bspw. BGH Urt. v. 8.5.2012 – XI ZR 262/10, NJW 2012, 2427 (2431) (wobei dort die Darlegungs- und Beweislast bei dem Aufklärungspflichtigen liegt).

[517] BGH Urt. v. 12.7.2016 – KZR 25/14 Rn. 66 des amtl. Umdrucks – Lotto-Totto-Schadensersatz; BGH Urt. v. 12.10.1993 – X ZR 65/92, NJW 1994, 663 (664); BGH Urt. v. 1.2.2000 – X ZR 222/98, NJW-RR 2000, 1340 (1341); BGH Urt. v. 26.7.2005 – X ZR 134/04, NJW 2005, 3348 (3349); BGH Urt. v. 12.10.1993 – X ZR 65/92, NJW 1994, 663 (664) (mwN); KG Urt. v. 1.10.2009 – 10 U 17/03

weil eine genaue Bestimmung des Schadens und sichere Feststellungen zur Kausalität nicht möglich sind. Denn für diesen Fall sieht § 287 Abs. 1 ZPO Erleichterungen bei der Überzeugungsbildung des Gerichts hinsichtlich der Kausalität und die Schätzung der Schadenshöhe vor, **wobei dann in Kauf genommen wird, dass das Ergebnis unter Umständen mit der Wirklichkeit nicht übereinstimmt.**[518] Auch in diesem Fall bleibt es aber dabei, dass die Schätzung des Gerichts nicht beliebig werden darf; das Gericht muss sich auch in diesen Fällen eine Überzeugung bilden, die auf greifbaren Anhaltspunkten und Anknüpfungstatsachen beruht und dementsprechend in der Wirklichkeit verwurzelt bleibt, auch wenn sie diese nicht vollständig abbildet. Das ergibt sich schon aus dem Kompensationsgedanken des deutschen Schadensersatzrechts: Schadensersatzansprüche dienen dem Ausgleich von Vermögensnachteilen und sollen den Rechtsverletzer (auch im Kartellrecht) nicht durch eine über den Schadensausgleich hinausgehende Schadensersatzforderung bestrafen. Die Schätzung soll daher so vorgenommen werden, dass der Schaden in vollem Umfang ausgeglichen, zugleich aber auch eine **Überkompensation** vermieden wird (vgl. auch Art. 3 Abs. 3 RL 2014/104/EU). In keinem Fall darf eine **Schätzung ins Blaue hinein** vorgenommen werden: Wenn mangels greifbarer Anhaltspunkte eine tragfähige Grundlage für das Urteil nicht zu gewinnen ist und das richterliche Ermessen vollends in der Luft hängen würde, wenn also selbst eine Schätzung nicht möglich ist, bleibt es bei der Regel, dass den Kläger die Beweislast für die klagebegründenden Tatsachen trifft und deren Nichterweislichkeit ihm schadet.[519] **Unsicherheiten bei der Schätzung** können – je nach Sachverhalt – durch Zu- und Abschläge berücksichtigt werden.[520] Sind die Methode der Schätzung und die Anknüpfungstatsachen aber belastbar, ist ein weiterer Sicherheitsabschlag nicht erforderlich. Der nach § 287 ZPO geschätzte Schaden muss nicht der geringst mögliche, sondern der wahrscheinliche Betrag sein.[521]

191 Soweit für die Darlegung und den Nachweis von **entgangenem Gewinn zusätzlich § 252 S. 2 BGB** gilt, führt das grundsätzlich nicht zu einer gegenüber § 287 ZPO abweichenden Herangehensweise.[522] § 252 S. 2 BGB konkretisiert und präzisiert das richterliche Ermessen bei der Bestimmung der Schadenshöhe und der Feststellung der haftungsausfüllenden Kausalität dahingehend,[523] dass der Geschädigte für die Darlegung und den Nachweis des entgangenen Gewinns auf den gewöhnlichen Lauf der Dinge abstellen darf. Es bedarf daher weder der Darlegung durch den Geschädigten noch der Gewissheit des Gerichts, dass der Gewinn tatsächlich gezogen worden wäre. Es genügt, dass der Kläger Ausgangs- und Anknüpfungstatsachen darlegt und gegebenenfalls beweist, die es nach dem gewöhnlichen Lauf der Dinge mit einer gewissen Wahrscheinlichkeit erwarten lassen, dass ein Gewinn in der vom Kläger behaupteten Höhe ohne den Kartellrechtsverstoß hätte erzielt werden können. Es ist dann Sache des Beklagten, darzulegen und zu beweisen,

---

WuW/E DE-R 2773 (2777) – Berliner Transportbeton; MüKoZPO/*Prütting* ZPO § 287 Rn. 14; Zöller/*Greger* ZPO § 287 Rn. 2.

[518] BGH Urt. v. 16.12.1963 – III ZR 47/63, NJW 1964, 589; OLG Düsseldorf Urt. v. 9.4.2014 – VI-U (Kart) 10/12, BeckRS 2014, 11817; Prütting/Gehrlein/*Laumen* ZPO § 287 Rn. 18; Zöller/*Greger* ZPO § 287 Rn. 2; *v. Hoyningen-Huene* NJW 1994, 1757, (1759).

[519] BGH Urt. v. 6.12.2012 – VII ZR 84/10, NJW 2013, 525 (527) Rn. 23 mwN. Vgl. auch BGH Urt. v. 25.4.1972 – VI ZR 134/71, NJW 1972, 1515 (1517); OLG Düsseldorf Urt. v. 9.4.2014 – VI-U (Kart) 10/12, BeckRS 2014, 11817 – Lottogesellschaft; OLG Düsseldorf Urt. v. 13.11.2013 – VI-U (Kart) 11/13, WuW/DE-R 4117 (4125) – Badarmaturen; Baumbach/Lauterbach/Albers/*Hartmann* ZPO § 287 Rn. 2; Stein/Jonas/*Leipold* ZPO § 287 Rn. 43; MüKoZPO/*Prütting* ZPO § 287 Rn. 28 f u. 31.

[520] Vgl. etwa BGH Urt. v. 28.6.2011 – KZR 75/10, GRUR 1012, 291 (298) – ORWI; OLG Karlsruhe Urt. v. 11.6.2010 – 6 U 118/05 (Kart.), BeckRS 2014, 11817 – ORWI.

[521] OLG Düsseldorf Urt. v. 9.4.2014 – VI-U (Kart) 10/12, BeckRS 2014, 11817 – Lottogesellschaft; vgl. aber OLG Frankfurt Urt. v. 21.12.2010 – 11 U 37/09, WuW/E DE-R 3163 (3167 u. 3169) – Arzneimittelpreise, für einen Fall des Preishöhenmissbrauchs. So auch HLMV/*Schweitzer*, S. 59.

[522] Vgl. nur Staudinger/*Schiemann* BGB § 252 Rn. 18; MüKoBGB/*Oetker* BGB § 252 Rn. 30; Soergel/*Ekkenga/Kuntz* BGB § 252 Rn. 39.

[523] So MüKoBGB/*Oetker* BGB § 252 Rn. 30. Vgl. auch Staudinger/*Schiemann* BGB § 252 Rn. 18: Mahnung an den Richter, die Beweiserfordernisse gering zu halten.

dass ein Gewinn in dieser Höhe tatsächlich nicht erzielt worden wäre. Stattdessen kann der Geschädigte aber auch darlegen und gegebenenfalls beweisen, dass er nach den besonderen Umständen wahrscheinlich einen höheren als den nach dem gewöhnlichen Lauf der Dinge zu erwartenden Gewinn hätte erzielen können.[524]

Das bedeutet, dass der Kläger auch dann, wenn und soweit eine Schätzung des Schadens auf der Grundlage von § 287 Abs. 1 ZPO (gegebenenfalls iVm § 252 S. 2 BGB) zulässig ist, insbesondere substantiiert zu den **Anknüpfungstatsachen** vortragen muss, auf deren Basis die Schadensschätzung (einschließlich der Feststellungen zur haftungsausfüllenden Kausalität) vorgenommen werden soll.[525] Was das im Einzelnen ist, hängt stark vom Einzelfall – der Art des Verstoßes, der Methodik der Schadensberechnung und den verfügbaren Daten – ab und kann hier nicht abschließend dargestellt werden; nachfolgend werden daher nur beispielhaft die Anforderungen an die Darlegung eines kartellbedingten Preisaufschlags dargestellt (→ Rn. 207 ff.). Generell gelten für die Substantiierung der Darlegung und des Bestreitens der Anknüpfungstatsachen für Schadenshöhe und haftungsausfüllende Kausalität dieselben Grundsätze wie für die Substantiierung des Vortrags der Parteien zu den haftungsbegründenden Umständen. Vereinfacht ausgedrückt: Jede Partei muss ihren Vortrag nach ihren Möglichkeiten unter Berücksichtigung des jeweiligen gegnerischen Vortrags substantiieren (hierzu → Rn. 77 ff., 124 f.). Der Ausgang von Schadensersatzprozessen über kartellrechtliche Sachverhalte hängt nicht selten von der **Qualität und Belastbarkeit** der Anknüpfungstatsachen ab. Daher sollten die Parteien bei der Zusammenstellung der Anknüpfungstatsachen und ihrem Vortrag dazu sorgfältig vorgehen und die in den Unternehmen vorhandenen Daten und sonstigen Erkenntnisse gründlich auswerten. Zudem empfiehlt sich häufig sowohl die Relevanz der vorgetragenen Anknüpfungstatsachen für die Schadensschätzung als auch deren Methodik und Ergebnisse durch ein **Privatgutachten** eines (wettbewerbs-)ökonomischen Sachverständigen weiter zu substantiieren.[526]

Die Anforderungen an die Darlegung der Grundlagen für eine Schadensschätzung lassen sich anhand der jüngeren **Rechtsprechung zum entgangenen Gewinn wegen Verstößen gegen das Kartellrecht** illustrieren: Beispielsweise muss ein Kläger, der geltend macht, dass ihm Gewinne entgangen sind, weil er ein bestimmtes unternehmerisches Konzept mangels hinreichender finanzieller Ausstattung in Folge eines Verstoßes gegen §§ 19, 20 GWB bzw. Art. 102 AEUV nicht umgesetzt habe, darlegen, welche konkreten betrieblichen Planungen es damals gab, warum dieses Konzept in finan-

---

[524] Vgl. zusammenfassend bspw. OLG Düsseldorf Urt. v. 9.4.2014 – VI-U (Kart) 10/12, BeckRS 2014, 11817 – Lottogesellschaft; OLG Düsseldorf Urt. v. 13.11.2013 – VI-U (Kart) 11/13, WuW/DE-R 4117 (4125) – Badarmaturen.

[525] Vgl. allg. bspw. BGH Urt. v. 24.4.2012 – XI ZR 360/11, NJW 2012, 2266; aus der kartellrechtlichen Rspr. etwa OLG Düsseldorf Urt. v. 13.11.2013 – VI-U (Kart) 11/13, WuW/DE-R 4117 (4125) – Badarmaturen; vgl. auch BGH Urt. v. 23.3.1982 – KZR 28/80, NJW 1982, 1759 – Meierei-Zentrale. Siehe hierzu auch *Burrichter* FS Canenbley 2012, S. 111 (119 f.); HLMV/*Schweitzer*, 56.

[526] Vgl. auch *Burrichter* FS Canenbley 2012, 111 (117 ff.); *Kirchhoff* FS Tolksdorf 2014, 521 (527 ff.), weist auf verschiedene Schwierigkeiten im Zusammenhang mit der Verwendung von Privat- oder Gerichtsgutachten von ökonomischen Sachverständigen hin, darunter: Wirtschaftswissenschaftliche Analysen führten oft nicht zu einem eindeutigen Ergebnis und unterlägen Denkmoden. Sie seien durch die Gerichte oft schwer zu bewerten; darüber hinaus seien sie oft nicht verständlich formuliert. Schließlich führten sie oft zu Verfahrensverzögerungen und würden wegen der mit ihnen verbundenen Kosten die Waffengleichheit gefährden. So richtig die einzelnen Punkte sind, so wenig überzeugen sie als Gründe, eine Substantiierung des eigenen Vortrags durch eine ökonomische Analyse oder eine Beweisaufnahme durch ein Gerichtsgutachten zu unterlassen. Denn alle – oder jeweils mindestens mehrere – dieser Risiken gelten für die Beiziehung eines Sachverständigen in fast allen Konstellationen. Man denke insoweit nur an die Beurteilung einer ärztlichen Behandlung in Arzthaftungsprozessen, an die Beurteilung gesundheitlicher (und insbesondere psychischer) Folgen in diesen oder auch anderen Prozessen oder an die Untersuchung von Ursachen und Folgen in Baumängelprozessen. In all diesen Prozessen ist der Richter damit konfrontiert, Sachverständigengutachten in für ihn ungewohnten Bereichen selbst verstehen und beurteilen zu müssen, ohne dass deswegen ihr Nutzen in Frage gestellt würde. Dabei kann es gerade von Vorteil sein und die richterliche Beurteilung und gegebenenfalls Schätzung erleichtern, wenn mehrere (Privat-)Gutachten vorliegen.

zieller und technischer Hinsicht aus damaliger Sicht sinnvoll und machbar erschien und warum dass missbräuchliche Verhalten die Umsetzung des Konzepts verhindert hat.[527]

Gelingt es dem Geschädigten darzulegen, dass er bei der Entwicklung seiner unternehmerischen Tätigkeit behindert wurde, müssen die für die Schätzung des entgangenen Gewinns erforderlichen Annahmen und Ansätze auf der Einnahmen- und der Kostenseite sowohl hinsichtlich des Gewinns pro Einheit als auch hinsichtlich der erzielbaren Absatzmengen so hinreichend erläutert werden, dass sie durch das Gericht und die Gegenseite zumindest auf ihre Plausibilität überprüft werden können.[528] Das erfordert in der Regel eine detaillierte Aufschlüsselung und eine Erläuterung der einzelnen Positionen insbesondere hinsichtlich ihrer Zuordnung zu dem betreffenden Geschäftsbereich und/oder Produkt.[529]

Grundsätzlich sind die Anknüpfungspunkte für die Schätzung der Faktoren, aus denen sich der entgangene Gewinn ergibt, in der Wirklichkeit zu gewinnen. Deswegen bietet sich insbesondere ein zeitlicher Vergleich der Situation des durch den Verstoß betroffenen Unternehmens vor oder nach dem Verstoß mit seiner Situation während des Verstoßes an.[530] Führt der Kartellrechtsverstoß beispielsweise zum Verlust von Bestandskunden, kann der entgangene Gewinn dadurch ermittelt werden, dass der vorherige Umsatz mit diesen Kunden mit der Gewinnspanne des betreffenden Geschäftsbereichs des geschädigten Unternehmens multipliziert wird.[531]

Soweit tatsächliche Einnahmen und Kosten zugrunde gelegt werden, bedarf es für deren Substantiierung in aller Regel der Vorlage von Liefer-/Leistungsverträgen, Rechnungen und/oder geeigneten Auszügen aus der Buchhaltung des Klägers.[532] Auch die Vorlage eines durch einen Wirtschaftsprüfer erstellten Prüfberichts zu bestimmten Kosten und/oder Einnahmen kann genügen, soweit er die erforderlichen Informationen in einem für die Plausibilitätsprüfung ausreichenden Detaillierungsgrad enthält und bestätigt sowie das Vorgehen bei der Ermittlung, Zuordnung und Abschreibung im Einzelnen erläutert.[533]

Insbesondere bei einer durch einen Behinderungsmissbrauch verhinderten Geschäftsausweitung kann aber beispielsweise auch auf Angaben in Marktanalysen und Geschäftsplänen des Geschädigten abgestellt werden, wobei die wahrscheinlichste, nicht die ungünstigste Prognose herangezogen werden muss[534] und ungünstigere Ist-Daten vor allem dann außer Betracht bleiben dürfen, wenn diese Ist-Daten durch den Kartellrechtsverstoß negativ beeinflusst worden sind.[535] Wird die Lage bei anderen Unternehmen als Vergleich herangezogen, muss im Einzelnen dargelegt und gegebenenfalls bewiesen werden, warum diese Unternehmen vergleichbar sind.[536]

Der Geschädigte muss sich zudem mit Einwänden auseinandersetzen, die der von ihm vorgetragenen Schätzung entgegenstehen: Beispielsweise kann der Geschädigte keinen entgangenen Gewinn für eine durch den Verstoß angeblich verhinderte Ausweitung seines Geschäfts geltend machen, wenn diese Ausweitung die bestehenden Kapazitäten überschritten hätte. Er muss dann im Einzelnen darlegen, wie sich eine entsprechende Kapazitätsausweitung auf die Schadensschätzung ausgewirkt und wie er eine solche Ausweitung umgesetzt hätte.[537]

---

[527] LG Köln Urt. v. 28.5.2013 – 87 (O) Kart 7/06, WuW/E DE-R 4033 – Telegate; ebenso bereits in anderem Zusammenhang LG Köln Urt. v. 9.11.2012 – 90 O 1/11, S. 19 ff. des amtl. Umdrucks. Vgl. auch OLG Düsseldorf Urt. v. 9.4.2014 – VI-U (Kart) 10/12, BeckRS 2014, 11817 – Lottogesellschaft.
[528] Vgl. die Prüfung in OLG Düsseldorf Urt. v. 9.4.2014 – VI-U (Kart) 10/12, BeckRS 2014, 11817 – Lottogesellschaft.
[529] OLG Düsseldorf Urt. v. 9.4.2014 – VI-U (Kart) 10/12, BeckRS 2014, 11817 – Lottogesellschaft.
[530] Vgl. BGH Urt. v. 23.3.1982 – KZR 28/80, NJW 1982, 1759 (1760f.) – Meierei-Zentrale. Vgl. auch BGH Beschl. v. 27.10.2010 – XII ZR 128/09, BeckRS 2010, 27763 Rn. 4.
[531] Vgl. BGH Urt. v. 23.3.1982 – KZR 28/80, NJW 1982, 1759 (1760f.) – Meierei-Zentrale.
[532] OLG Düsseldorf Urt. v. 9.4.2014 – VI-U (Kart) 10/12, BeckRS 2014, 11817 – Lottogesellschaft.
[533] OLG Düsseldorf Urt. v. 9.4.2014 – VI-U (Kart) 10/12, BeckRS 2014, 11817 zu einem Prüfbericht über Leasingverbindlichkeiten.
[534] OLG Düsseldorf Urt. v. 9.4.2014 – VI-U (Kart) 10/12, BeckRS 2014, 11817.
[535] OLG Düsseldorf Urt. v. 9.4.2014 – VI-U (Kart) 10/12, BeckRS 2014, 11817.
[536] OLG Düsseldorf Urt. v. 13.11.2013 – VI-U (Kart) 11/13, WuW/DE-R 4117 (4125) – Badarmaturen.
[537] BGH Urt. v. 23.3.1982 – KZR 28/80, NJW 1982, 1759, 1761 – Meierei-Zentrale. Vgl. auch OLG Düsseldorf Urt. v. 9.4.2014 – VI-U (Kart) 10/12 Rn. 73 ff. – Lottogesellschaft, zu der erforderlichen Liquidität für die Umsetzung eines wegen eines Kartellrechtsverstoßes gescheiterten Geschäftsmodells.

Soweit es um Angaben geht, über die nur der nicht primär darlegungs- und beweispflichtige Gegner verfügt, kann diesem **eine sekundäre Darlegungslast** obliegen. Beispielsweise können für die wettbewerbsökonomische Analyse des Kartellaufschlags Angaben zur Höhe und Entwicklung der Herstellungskosten eines kartellierten Produkts erforderlich sein; diese Angaben kann der Geschädigte selbst dann, wenn sie nicht zutreffen, in aller Regel nur grob abschätzen (wenn er nicht zunächst Auskunftsansprüche geltend machen will → § 29). Der kartellbeteiligte Beklagte kann den Annahmen des Geschädigten aber nicht mit einfachem Bestreiten entgegengetreten. Will er sie widerlegen, muss er substantiiert vortragen und die tatsächlichen Kosten im Einzelnen darlegen. In diesem Zusammenhang kann ihn auch eine Pflicht zur Beschaffung der relevanten Informationen und Daten treffen, soweit sie sich in seiner Sphäre befinden und ihm mit zumutbarem Aufwand zugänglich sind. Er muss aber keine Geschäftsgeheimnisse darlegen, wenn ihm das nach Abwägung der Umstände des Einzelfalls unzumutbar ist (zur sekundären Darlegungslast bereits ausführlich → Rn. 89 ff.).[538] Die Umsetzung der **RL 2014/104/EU** im Rahmen der **9. GWB-Novelle** wird insoweit zu einer deutlichen Verbesserung der Lage des Geschädigten führen (→ Rn. 201a und → Rn. 206 ff.). 194

Handelt es sich umgekehrt bei den vom Kläger vorgetragenen Anknüpfungstatsachen für die Schadensschätzung um solche, die sich der Kenntnis des Beklagten entziehen und deren Richtigkeit dieser auch nicht prüfen und beurteilen kann, kann er diesen Vortrag nach § 138 Abs. 4 ZPO auch **mit Nichtwissen bestreiten.** Das gilt beispielsweise für den Vortrag eines von Kartellabsprachen betroffenen Klägers zu den angeblich kartellbetroffenen Transaktionen, an denen der (jeweilige) Beklagte nicht selbst als Geschäftspartner beteiligt war (aber auch nur für solche Transaktionen). Dasselbe gilt für Angaben zu Umsätzen, Kosten und Gewinnen, auf die sich der Kläger zur Ermittlung entgangenen Gewinns (oder Kläger und/oder Beklagte im Zuge der Ermittlung eines kartellbedingten Preisaufschlags) beruft (zu den Anforderungen an die Darlegung des Nichtwissens und an das Bestreiten auch → Rn. 78). 195

Sind danach entweder die Anknüpfungstatsachen oder ihre Bewertung im Rahmen der Schadensschätzung und/oder der Kausalzusammenhang zwischen Vermögensnachteil und Verstoß streitig, stellt sich die Frage der Beweiserhebung; hierfür kommen grundsätzlich alle auch für den Beweis des Vorliegens eines Verstoßes und der haftungsbegründenden Kausalität bestehenden Beweismittel in Betracht (→ Rn. 158 ff.). Nach § 287 Abs. 1 S. 2 und 3 ZPO kann das Gericht darüber hinaus die Einholung eines Sachverständigengutachtens oder die Vernehmung der beweisbelasteten Partei von Amts wegen anordnen; eines Rückgriffs auf §§ 144 und 448 ZPO bedarf es nicht. Ob und inwieweit das Gericht Beweisanträgen nachgeht und/oder von Amts wegen tätig wird, steht nach § 287 Abs. 1 S. 2 ZPO in seinem Ermessen. Dieses **richterliche Ermessen über das „Ob" und „Wie" der Beweiserhebung** ist aber keineswegs uneingeschränkt, auch wenn die Instanzgerichte zu einer weiten Auslegung ihres Ermessensspielraums neigen. Auch § 287 Abs. 1 S. 2 ZPO hat die bestmögliche Aufklärung des tatsächlichen Geschehens zum Ziel (→ Rn. 188); deswegen muss das Gericht für die Überzeugung, die es sich bildet, gesicherte Grundlagen haben.[539] 196

Insbesondere darf der **Beweisantritt zu einer streitigen Haupttatsache** auch im Rahmen von § 287 Abs. 1 S. 2 ZPO nicht auf Grund einer freien richterlichen Würdigung des Sachvortrags übergangen werden, wenn es Möglichkeiten der Aufklärung der Haupttatsache gibt. Auch § 287 Abs. 1 S. 2 ZPO rechtfertigt es nicht, in einer für die Streitentscheidung zentralen Frage auf die nach Sachlage unerlässlichen Erkenntnisse zu 197

---

[538] Vgl. auch *Burrichter* FS Canenbley 2012, S. 111 (118).
[539] Vgl. nur BGH Urt. v. 6.10.2005 – I ZR 266/02, NJW 2006, 615 (616 f.) mwN; BGH Urt. v. 30.5.1995 – X ZR 54/93, NJW-RR 1995, 1320 (1321). Vgl. auch BGH Urt. v. 4.3.1982 – I ZR 19/80, GRUR 1982, 489 (491). Prütting/Gehrlein/*Laumen* ZPO § 287 Rn. 18; Zöller/*Greger* ZPO § 287 Rn. 4.

verzichten.⁵⁴⁰ Das ist vor allem für die Prüfung des Vortrags der Parteien zur Kausalität von Bedeutung; wenn die Kausalität streitig ist, muss das Gericht den angebotenen Beweisen – in diesem Zusammenhang insbesondere einem Beweisantritt durch Zeugenbeweis oder Parteivernehmung – nachgehen, wenn sie nicht von vorneherein ungeeignet zum Nachweis des Vortrags sind.⁵⁴¹ Kommt es dennoch auf Indizien zum Nachweis der Haupttatsache an – wie beispielsweise das Vorliegen von Marktverhältnissen, bei denen von „Umbrella-Effekten" oder von der Weitergabe von Schäden aufgrund von kartellbedingt überhöhten Inputkosten auszugehen ist (hierzu → Rn. 135 und 142 und → Rn. 145 und 182 f.) – und sind die Indiztatsachen streitig, muss über sie Beweis erhoben werden. Auch insoweit ist das richterliche Ermessen eingeschränkt.⁵⁴² Dasselbe gilt für den Fall, dass die Anknüpfungstatsachen für die Schadensschätzung streitig sind. Auch dann muss das Gericht in aller Regel hierüber Beweis erheben, weil diese Tatsachen die Grundlage dafür bilden, dass überhaupt eine tragfähige Schadensschätzung vorgenommen werden kann, die andernfalls in der Luft hängen würde.⁵⁴³

198 Schließlich ergeben sich Schranken des richterlichen Ermessens im Zusammenhang mit der Beweiserhebung im Rahmen des § 287 Abs. 1 S. 2 ZPO aus den **Grenzen der eigenen Sachkompetenz des Gerichts.** Es darf sich nicht eine Sachkunde zutrauen, über die es nicht verfügen kann; es muss dann einen gerichtlichen Sachverständigen hinzuziehen, wozu es nach § 287 Abs. 1 S. 2 ZPO von Amts wegen berechtigt und bei Fehlen ausreichender Sachkompetenz auch verpflichtet ist.⁵⁴⁴ Meint das Gericht, es verfüge im Einzelfall über die erforderliche Sachkunde, genügt nicht der bloße Hinweis auf die Lebenserfahrung, sondern es muss das Vorliegen eigener Sachkunde und die Gründe dafür darlegen und damit seine Ermessensausübung erläutern.⁵⁴⁵ Gerade bei Schadensersatzansprüchen wegen Verstößen gegen das Kartellrecht ist die Beurteilung der wirtschaftlichen Auswirkungen oft so komplex, dass das Gericht an der Bestellung eines (Wettbewerbs-)Ökonomen als gerichtlichem Sachverständen vielfach ohne Überschätzung der eigenen Sachkunde nicht vorbeikommen dürfte.⁵⁴⁶ Insbesondere dann, wenn, wie oft, eine oder mehrere Parteien zur Substantiierung ihres Vortrags Privatgutachten von ökonomischen Sachverständigen vorbringen, muss sich das Gericht damit sorgfältig auseinanderset-

---

⁵⁴⁰ StRspr, vgl. BVerfG Beschl. v. 25.10.2002 – 1 BvR 2116/01, NJW 2003, 1655; BGH Beschl. v. 30.9.2010 – IX ZR 136/08, BeckRS 2010, 28430; BGH Beschl. v. 7.12.2006 – IX ZR 173/03, NJW-RR 2007, 500 (501); Stein/Jonas/*Leipold* ZPO § 287 Rn. 39; Zöller/*Greger* ZPO § 287 Rn. 6.
⁵⁴¹ Vgl. für Beispiele BGH Beschl. v. 30.9.2010 – IX ZR 136/08, BeckRS 2010, 28430; BGH Beschl. v. 7.12.2006 – IX ZR 173/03, NJW-RR 2007, 500 (501). Vgl. umfassend zum Beweis der Kausalität bei individuellen Willensentscheidungen BGH Urt. v. 8.5.2012 – XI ZR 262/10, NJW 2012, 2427 (2431 f.). Hauptsächlich aus diesem Grund ist es praktisch auch nur in Ausnahmefällen relevant, ob man bei Schadensersatzansprüchen wegen Verstößen gegen das Kartellrecht Raum für eine haftungsbegründende Kausalität sieht (die nach § 286 ZPO bewiesen werden müsste) oder nur eine einheitliche Form der Kausalität annimmt (die dann § 287 ZPO untersteht) (→ Rn. 199 ff.).
⁵⁴² BVerfG Beschl. v. 25.10.2002 – 1 BvR 2116/01, NJW 2003, 165; BGH Beschl. v. 7.12.2006 – IX ZR 173/03, NJW-RR 2007, 500 (501); BGH Beschl. v. 30.9.2010 – IX ZR 136/08, NJOZ 2011, 1637.
⁵⁴³ BGH Urt. v. 26.11.1986 – VIII ZR 260/85, NJW 1987, 909 (910); BGH Urt. v. 2.7.1996 – X ZR 64/94, NJW 1996, 2924 (2925); BGH Urt. v. 23.10.1991 – XII ZR 144/90, NJW-RR 1992, 202 (203). Vgl. Stein/Jonas/*Leipold* ZPO § 287 Rn. 34; Zöller/*Greger* ZPO § 287 Rn.; *Bernhard* NZKart 2013, 488 (493).
⁵⁴⁴ StRspr, vgl. BGH Urt. v. 6.10.2005 – I ZR 266/02, NJW 2006, 615 (616 f.) mwN; BGH Urt. v. 17.10.2001 – IV ZR 205/00, NJW-RR 2002, 166 (167); BGH Urt. v. 25.2.1997 – VI ZR 101/96, NJW 1997, 1640 (1641); BGH Urt. v. 30.5.1995 – X ZR 54/93, NJW-RR 1995, 1320 (1321). IdS auch Stein/Jonas/*Leipold* ZPO § 287 Rn. 41.
⁵⁴⁵ BGH Urt. v. 2.3.1993 – VI ZR 104/92, NJW 1993, 2378 f.; BGH Urt. v. 25.2.1997 – VI ZR 101/96, NJW 1997, 1640 (1641). So auch Prütting/Gehrlein/*Laumen* ZPO § 287 Rn. 21. Stein/Jonas/*Leipold* ZPO § 287 Rn. 41.
⁵⁴⁶ Vgl. BGH Urt. v. 19.6.2007 – KRB 12/07, WuW/E DE-R 2225 (2228) (jedenfalls zu einem Simulationsmodell zur Ermittlung des hypothetischen Wettbewerbspreises). Vgl. auch HLMV/*Schweitzer*, 65. Zurückhaltend dagegen *Kirchhoff* FS Tolkdorf 2014, S. 521 (527 ff.).

zen.[547] Will es von diesen Gutachten abweichen (oder eines von ihnen zugrunde legen), muss es nicht nur die Gründe dafür, sondern darüber hinaus auch im Einzelnen darlegen, dass und warum es hierfür über die notwendige Sachkunde verfügt.[548] Zudem muss das Gericht die Parteien gegebenenfalls nach § 139 ZPO darauf hinweisen, dass es beabsichtigt, einem Privatgutachten zu folgen, um dem Gegner zu ermöglichen, das Vertrauen in die Richtigkeit des Gutachtens und/oder die Sachkunde des Sachverständigen zu erschüttern.[549]

Aus der **RL 2014/104/EU und dem RegE-GWB** ergeben sich im Hinblick auf die Ermittlung der Schadenshöhe gegenüber dem geltenden deutschen Recht inhaltlich keine grundsätzlichen Veränderungen. Nach Art. 17 Abs. 1 RL 2014/104/EU müssen die Mitgliedstaaten den Gerichten ermöglichen, den Schaden aus einem Kartellrechtsverstoß zu schätzen; dem trägt § 287 Abs. 1 ZPO bereits ausreichend Rechnung.[550] § 33a Abs. 3 RegE-GWB verweist wie auch bislang § 33 Abs. 3 GWB ausdrücklich auf § 287 ZPO und nennt auch weiterhin den Verletzergewinn als einen Anhaltspunkt für die Schadensschätzung. Zudem verbietet Art. 3 Abs. 3 RL 2014/104/EU die Überkompensation des einzelnen Geschädigten; auch das entspricht bereits dem deutschen Schadensersatzrecht, das vom Kompensationsgedanken geprägt ist. Soweit die Schätzung des Schadens im Einzelfall dennoch zu einer Überkompensation führt, ist das – wie auch das Risiko der Unterkompensation – eine notwendige Folge der Schadensschätzung und demnach auch den Vorgaben der Richtlinie immanent. Einer ausdrücklichen Regelung bedarf es nicht; sie ist auch im RegE-GWB nicht vorgesehen. Soweit dies aus Sicht der Gerichte und der Kartellbehörden sinnvoll erscheint, sollen die Behörden die Gerichte auf deren Antrag bei der Schadensschätzung unterstützen (Art. 17 Abs. 3 RL 2014/104/EU); das wird durch § 90 Abs. 5 RegE-GWG aufgegriffen.

199

Vor allem an zwei Punkten wird die **Umsetzung der RL 2014/104/EU** durch die 9. GWB-Novelle aber doch **erheblich in das geltende Recht eingreifen**: erstens bei der Beschaffung von Informationen und Beweismitteln durch die Parteien für die Geltendmachung von (und die Verteidigung gegen) Ansprüche und zweitens hinsichtlich der Behandlung der Weitergabe von durch einen Kartellrechtsverstoß bedingten Preiserhöhungen von einer an die andere Marktstufe („Passing-On"). Hierauf wird nachfolgend detaillierter eingegangen (→ Rn. 201a und 206 f. zur Beschaffung von Informationen/Beweismitteln und → Rn. 220 f. und 226 ff. zum „Passing-On").

199a

bb) Möglichkeiten der Beschaffung von Informationen und Beweismitteln. Ungeachtet der Erleichterungen, die sich aus § 287 ZPO ergeben, bleiben die Darlegung und der Beweis der Anknüpfungstatsachen für die Feststellung der haftungsausfüllenden Kausalität und die Schätzung der Höhe eines Schadens eine **Herausforderung für die Parteien.** Dabei ist zunächst vor allem der Kläger gefordert, dem einerseits die Darlegungs- und Beweislast für die Anknüpfungstatsachen obliegt, der aber andererseits oft weder die Details des Verstoßes kennt noch über (alle) für die Durchführung der ökonomischen Analyse erforderlichen Daten und Informationen verfügt. Das gilt beispielsweise für die Herstellungskosten und andere preisbestimmende Faktoren, die im Rahmen einer wettbewerbsökonomischen Analyse der Schadenshöhe bei Kartellen erforderlich sein können. Für einen mittelbar betroffenen Geschädigten kommt hinzu, dass ihm die erforderlichen Informationen fehlen

200

---

[547] BGH Urt. v. 17.10.2001 – IV ZR 205/00, NJW-RR 2002, 166 (167), BGH Urt. v. 20.7.1999 – X ZR 121/96, NJW-RR 2000, 44 (46); BGH Urt. v. 10.10.2000 – VI ZR 10/00, NJW 2001, 77 (78). Stein/Jonas/*Leipold* ZPO § 287 Rn. 50. Vgl. auch *Burrichter* FS Canenbley 2012, S. 111 (114).
[548] BGH Beschl. v. 21.5.2007 – II ZR 266/04, NJW-RR 2007, 1409 (1410); BGH Urt. v. 28.4.1998 – VI ZR 403–96, NJW 1998, 2735; BGH Urt. v. 11.5.1993 – VI ZR 243/92, NJW 1993, 2382 (2383). Vgl. BGH Urt. v. 17.10.2001 – IV ZR 205/00, NJW-RR 2002, 166 (167), für die Abweichung von den Feststellungen eines gerichtlich bestellten Sachverständigen. Vgl. auch BGH Urt. v. 25.2.1997 – VI ZR 101/96, NJW 1997, 1640 (1641). So auch *Burrichter* FS Canenbley 2012, 111 (114 u. 119).
[549] Vgl. Zöller/*Greger* ZPO § 402 Rn. 6c.
[550] So auch *Kühne/Woitz* DB 2015, 1028 (1029).

mögen, um die Höhe des an ihn weitergegebenen Teils eines durch einen Kartellrechtsverstoß bedingten Preisaufschlags zu beziffern (hierzu gesondert sogleich → Rn. 218 ff.). Aber auch dem Beklagten mögen die notwendigen Informationen für die Verteidigung fehlen. Zum Beispiel kennen die einzelnen Kartellbeteiligten zwar ihre eigenen Herstellungskosten, Absatzdaten oder andere Faktoren, aber nicht die der anderen Kartellbeteiligten, die zudem nicht notwendigerweise in demselben Verfahren als Parteien beteiligt sind. Ähnliches gilt im Ergebnis für die Daten und Informationen, die für die Darlegung des Einwands des Passing-On erforderlich sind (hierzu gesondert sogleich → Rn. 222 ff.).

201 **(1) Vorprozessuale Beschaffung von Informationen.** Für die Beschaffung der erforderlichen Daten und Informationen für die Bezifferung von Schadensersatzansprüchen im **Vorfeld eines Schadensersatzprozesses** stehen dem Geschädigten bislang vor allem zwei Wege offen: Er kann zum einen versuchen, Informationen über die Details und Funktionsweise des Kartellrechtsverstoßes, die konkret von ihm betroffenen Transaktionen und andere Informationen durch **Einsichtnahme in die kartellbehördlichen Akten oder die Strafakten zu** erlangen. Allerdings sind bislang weder das Bundeskartellamt und die deutschen Gerichte noch die Europäische Kommission und die Unionsgerichte gewillt, solchen Verlangen jedenfalls in Bußgeldverfahren – mit Ausnahme der (oft auch sehr späten) Bereitstellung einer um Geschäftsgeheimnisse und persönliche Angaben bereinigten Fassung der Entscheidungen – in nennenswertem Umfang tatsächlich stattzugeben (für die Europäische Kommission → § 10 Rn. 130 f. und 132 ff. und für das Bundeskartellamt → § 18 Rn. 242 ff.; zum IFG-Verfahren bei Verwaltungsverfahren des Bundeskartellamts → § 17 Rn. 227 ff.). Zum anderen können die Geschädigten **materiell-rechtliche Auskunftsansprüche gegen das oder die an dem Kartellrechtsverstoß beteiligten Unternehmen** geltend machen. Das setzt zwar voraus, dass sie den Haftungsgrund (einschließlich der Wahrscheinlichkeit eines Schadens) darlegen können (→ § 29 Rn. 2 f.). Insoweit helfen ihnen aber von der Bindungswirkung von Entscheidungen (→ Rn. 95 ff.) bis hin zu Indizienbeweisen und Anscheinsbeweisen bei der haftungsbegründenden Kausalität zahlreiche Erleichterungen (→ Rn. 124 ff.). Solche Ansprüche können entweder im Wege einer selbständigen Auskunftsklage oder – mit Rücksicht auf Verjährungsrisiken in der Regel aus Sicht des Klägers besser – im Wege der Stufenklage durchgesetzt werden (was allerdings sehr lange dauern kann) (im Einzelnen → § 29 Rn. 9 ff.). Das deutsche Zivilprozessrecht kennt allerdings **keine allgemeinen vorprozessualen Offenlegungspflichten,** wie sie etwa im US-amerikanischen, englischen und niederländischen Zivilprozessrecht mit der „Pre-Trial-Discovery" in jeweils unterschiedlichem Maße bestehen (→ § 35 Rn. 17, → § 36 Rn. 16 f. und → § 37 Rn. 46 ff.).[551] Das ist nicht nur, aber insbesondere dann problematisch, wenn es um Informationen und Daten geht, über die nur ein Dritter verfügt. Macht etwa der mittelbare Abnehmer Ansprüche wegen der Weitergabe von Preisüberhöhungsschäden geltend, benötigt er Informationen, über die nur der unmittelbare Abnehmer des kartellbetroffenen Produkts verfügt. Das gleiche Problem stellt sich bei der Geltendmachung von Umbrella-Schäden, für die mögliche Informationen erforderlich sind, die ein Kartellaußenseiter hat.

201a Obwohl die **RL 2014/104/EU** das nicht zwingend verlangt, wird sich das jedenfalls bei der Geltendmachung von Schadensersatz in „Follow-on Fällen" ändern, wenn der **RegE-GWB** Gesetz wird: Die Richtlinie verlangt zwar nur Vorschriften für die Offenlegung von Beweismitteln in bereits anhängigen Verfahren über Schadensersatzklagen, in denen das Bestehen eines Schadensersatzanspruchs durch den Kläger bereits schlüssig und substantiiert vorgetragen wurde (Art. 5 Abs. 1 RL 2014/104/EU). Der RegE-GWB sieht aber darüber hinausgehend einen materiell-rechtlichen Anspruch auf Auskunft und Her-

---

[551] Ansprüche aus § 809 BGB auf Besichtigung von Sachen und aus § 810 BGB auf Einsicht in Unterlagen bestehen in kartellrechtlichen Schadensersatzfällen in der Regel nicht, weil die Voraussetzungen zumeist nicht gegeben sind, vgl. *Inderst/Thomas* Schadensersatz, 385 f.; Möschel/Bien/*Wilhelmi*, 99, 104 f. u. 111; *Lübbig/Bell* WRP 2006, 1209 (1216); *Dreher* ZWeR 2008, 325 (334).

ausgabe von Beweismitteln vor, der getrennt vom Schadensersatzanspruch geltend gemacht werden kann. Der Geschädigte eines behördlich festgestellten Kartellrechtsverstoßes kann den Auskunfts- und Herausgabeanspruch sogar in einem Eilverfahren durchsetzen, ohne dass es der Glaubhaftmachung der Dringlichkeit als Verfügungsgrund (§§ 935, 940 ZPO) bedarf (§ 33g iVm § 89b Abs. 5 RegE-GWB). Auch ohne eine vorherige behördliche Entscheidung kann der Anspruch auf Auskunft und Herausgabe von Beweismitteln isoliert geltend gemacht werden; allerdings kommt ein Eilverfahren hierfür in der Regel nicht in Betracht, weil zumeist die Dringlichkeit fehlen wird. Geht es um Auskünfte oder Beweismittel im Besitz des Gegners des Schadensersatzanspruchs, wird sich in aller Regel dann die Verbindung dieses Anspruchs mit dem Schadensersatzanspruch in dem der „Stufenklage" angenäherten Verfahren des § 89b Abs. 3 RegE-GWB empfehlen (siehe hierzu auch → Rn. 206a ff.).

Eine wichtige vorprozessuale Informationsquelle für Geschädigte in Kartellfällen kann ein **frühzeitiger (vorgerichtlicher) Vergleich** sein. Eine solche Vereinbarung kann neben Pflichten zum Schadensausgleich auch die Überlassung von Informationen und Unterlagen über den Kartellrechtsverstoß[552] und Daten und Informationen als Grundlage für die Schadensanalyse zum Gegenstand haben. Für ein solches Vorgehen kommen aus Sicht der Geschädigten insbesondere (kleinere und ggf. wirtschaftlich schwächere) Kartellbeteiligte in Betracht, auf die nur ein vergleichsweise kleiner Anteil der kartellbetroffenen Lieferungen an den jeweiligen Geschädigten entfällt. In einer solchen Konstellation sind die Kosten des Nachgebens hinsichtlich des Schadensausgleichs für den Geschädigten vergleichsweise gering. Zugleich kann er sich Vorteile bei der Geltendmachung von Ansprüchen gegen seine größeren kartellbeteiligten Lieferanten verschaffen. Umgekehrt besteht aus Sicht eines Kartellbeteiligten insbesondere dann ein Anreiz für einen solchen Vergleichsschluss, wenn er – vor allem als Kronzeuge – befürchten muss, dass ein Schadensersatzprozess zunächst (nur) gegen ihn gerichtet wird,[553] und wenn er nicht damit rechnen muss, dass die dem Geschädigten überlassenen Informationen zu seinen Lasten verwendet werden. Das ist vor allem dann der Fall, wenn ein Großteil seines kartellbetroffenen Absatzes auf den Vertragspartner des Vergleichs entfällt[554] und das Passing-On-Risiko gering ist.[555] Im Einzelfall kann aus Sicht eines Kartellbeteiligten ein Vergleichsschluss auch dann attraktiv sein, wenn er sich dadurch selbst zusätzliche Informationen über die Marktbedingungen auf der nachfolgenden Marktstufe verschaffen kann, die ihm die Geltendmachung des Passing-On-Einwands gegenüber anderen Geschädigten erleichtern. Es ist offenkundig, dass die Idealbedingungen für einen solchen Vergleich nur in wenigen Ausnahmefällen gegeben sind. Allerdings werden sich die Anreize für einen Vergleichsschluss jedenfalls durch den Kronzeugen aufgrund der **RL 2014/104/EU** insgesamt erhöhen. Das hat folgenden Grund: Der Kronzeuge haftet nach Art. 11 Abs. 4 bis 6 RL 2014/104/EU sowohl im Außen- als auch Innenverhältnis künftig nur noch eingeschränkt gesamtschuldnerisch, nämlich für Schäden seiner eigenen unmittelbaren und mittelbaren Abnehmer. Damit kann der Kronzeuge das Risiko der Inanspruchnahme für Schadensersatz dem Grunde und der Höhe nach (etwas) genauer kalkulieren und unbeabsichtigte Nebeneffekte von Vergleichen auf die Rechtsposition in anderen Schadensersatzprozessen leichter ausschließen. Dieser Effekt wird durch die in Art. 19 RL 2014/104/EU geregelte be-

202

---

[552] Vgl. aber zu den künftigen Grenzen Art. 7 RL 2014/104/EU.
[553] Weil sich der Geschädigte etwa dann, wenn die anderen Kartellbeteiligten gegen die kartellbehördliche Entscheidung gerichtlich vorgehen, einen prozessualen Vorteil davon verspricht, nur gegen den Kronzeugen vorzugehen.
[554] Das macht eine Inanspruchnahme durch weitere Geschädigte weniger wahrscheinlich, weil die Geschädigten in der Praxis ungeachtet der gesamtschuldnerischen Haftung oft vorrangig oder nur ihre eigenen Lieferanten in Anspruch nehmen. Auch das Risiko der Inanspruchnahme im Innenverhältnis sinkt, auch wenn der Maßstab für den Ausgleich nach wie vor nicht eindeutig geklärt ist (hierzu → Rn. 676 ff.).
[555] Weil etwa die Umstände des Einzelfalls gegen ein Passing-On sprechen oder der Vertragspartner des Vergleichs auch seine Abnehmer beim Vergleichsabschluss vertritt oder deren Ansprüche innehat (vgl. zu einer solchen Bündelung → Rn. 203 und 215).

schränkte Gesamtwirkung von Vergleichen unter Ausschluss der Inanspruchnahme der Partei des Vergleichs für weitergehende Schäden des an dem Vergleich beteiligten Geschädigten weiter verstärkt (wobei eine solche Wirkung auch vertraglich herbeigeführt werden kann[556]). Im **RegE-GWB** sind diese Bestimmungen in § 33e und § 33f umgesetzt.

203 Fehlt es dem mittelbar Geschädigten für eine aussichtsreiche Klage an ausreichend Informationen darüber, in welcher Höhe Preisaufschläge durch den unmittelbar Geschädigten an ihn und andere Marktteilnehmer auf der nachgelagerten Marktstufe weitergegeben wurden, kann er versuchen, dem durch eine Vereinbarung mit dem unmittelbar Geschädigten über eine **gemeinsame Geltendmachung von Ansprüchen über mehrere Marktstufen** hinweg entgegen zu wirken. Der unmittelbar Geschädigte hat ein Interesse an einem gemeinsamen Vorgehen mit dem oder den mittelbar Geschädigten, weil sich dadurch sein Risiko verringert, mit seiner Klage ganz oder teilweise am Einwand der Schadensweitergabe zu scheitern. Ob eine solche Vereinbarung erzielt werden kann, hängt unter anderem von der Zahl der Betroffenen auf den verschiedenen Marktstufen und dem Gelingen einer Einigung über die Aufteilung des Schadens ab (siehe noch → Rn. 215).

204 **(2) Innerprozessuale Möglichkeiten.** In Anbetracht der beschränkten Möglichkeiten der vorprozessualen Beschaffung von Informationen und Beweismitteln erweist es sich jedenfalls für den **unmittelbar Geschädigten** in aller Regel als sinnvoll, auf der Basis der ihm zur Verfügung stehenden Daten und Informationen eine in sich widerspruchsfreie und schlüssige **(bestmögliche) Schätzung des durch den Kartellrechtsverstoß entstandenen Schadens** vorzunehmen und den so ermittelten Schaden prozessual geltend zu machen. Um das Kostenrisiko zu reduzieren, kann er einen **unbezifferten Zahlungsantrag** stellen[557] und diesen gegebenenfalls mit der Angabe eines Mindestschadens verbinden,[558] wenn sich aus der vorprozessualen Analyse auf der Basis der verfügbaren Daten und Informationen – wie oft – kein bestimmter Betrag, sondern eine Spannbreite ergibt. Hängt dieser Vortrag nicht völlig in der Luft, profitiert der Geschädigte zunächst von den Erleichterungen des § 287 ZPO hinsichtlich der Darlegungstiefe und den bereits erläuterten Beweiserleichterungen hinsichtlich der Reichweite der Auswirkungen eines Kartellrechtsverstoßes (→ Rn. 187 ff.). Handelt es sich bei den von dem Geschädigten vorgetragenen Anknüpfungstatsachen um solche aus der Sphäre des Beklagten, muss dieser sich substantiiert erklären und trägt gegebenenfalls auch die **sekundäre Darlegungslast.** Er muss dann zwischen dem Prozessverlust und der Offenlegung der für die Verteidigung gegen die dargelegte Schadenshöhe (oder gegen die Feststellung der haftungsausfüllenden Kausalität) erforderlichen Informationen wählen. Das gilt jedenfalls, soweit es sich um Informationen und Daten handelt, über die der oder die Beklagten noch verfügen und/oder die sie sich beschaffen können. Im Einzelfall kann die Offenlegung unzumutbar sein, beispielsweise, wenn es sich bei den relevanten Informationen und Daten um Geschäftsgeheimnisse von einigem Gewicht handelt (vgl. → Rn. 90 und 653 ff.). Nur wenn der Geschädigte danach substantiiert bestreitet, muss gegebenenfalls Beweis erhoben werden (wobei dann der Geschädigte die Beweislast trägt).

205 Wenn der unmittelbar Geschädigte eines Kartellrechtsverstoßes – wie meistens – über belastbare Anhaltspunkte für die Schadensschätzung verfügt und diese vorträgt, kann dieses Vorgehen selbst bei einer unsicheren Informationslage bereits genügen, um Schadensersatzansprüche erfolgreich durchzusetzen – wenn auch nicht unbedingt in der angestreb-

---

[556] Vgl. hierzu bspw. MüKoBGB/*Habersack* BGB § 779 Rn. 50 ff. zu den Ausgestaltungsmöglichkeiten von Vergleichen bei Gesamtschuld. Siehe auch → Rn. 682 ff.
[557] Vgl. etwa BGH Urt. v. 1.2.1966 – VI ZR 193/64, NJW 1966, 780; BGH Urt. v. 13.12.1951 – III ZR 144/50, NJW 1952, 382; OLG Düsseldorf Urt. v. 14.5.2008 – VI-U (Kart) 14/07, WuW/E DE-R 234 (2312) – Zementkartell. Vgl. auch *Bernhard* NZKart 2013, 488 (489).
[558] BGH Urt. v. 13.10.1981 – VI ZR 162/80, NJW 1982, 340 (341) m. Anm. *Gossmann*. Vgl. auch Zöller/*Greger* ZPO § 253 Rn. 14.

ten Höhe. Bei Prozessen über Ansprüche des unmittelbar Geschädigten gegen das oder die an dem Kartellrechtsverstoß beteiligten Unternehmen kommt es zumeist nicht auf **Daten und Informationen von Dritten,** sondern nur auf solche an, die sich in der Sphäre der Prozessbeteiligten befinden.[559] Ist dies ausnahmsweise anders, wie das etwa bei Klagen nur gegen einzelne Kartellbeteiligte oder bei Klagen von mittelbaren Abnehmern der Fall sein kann, sieht das geltende Zivilprozessrecht nur sehr eingeschränkt Möglichkeiten zur Gewinnung von Informationen und Beweismitteln vor. Insoweit ist insbesondere auf die Möglichkeit der richterlichen **Anordnung der Herausgabe von Unterlagen** nach § 142 ZPO zu verweisen, die auch gegen Dritte gerichtet sein kann und die die beweisbelastete Partei nach § 428 ZPO beantragen kann. Die **Herausgabe elektronischer Dokumente** kann nach § 144 ZPO ebenfalls gegenüber Dritten angeordnet werden; soweit es für die Einnahme des Augenscheins (oder auch eine gutachterliche Prüfung) erforderlich ist, kann der Dritte auch zur Duldung von Maßnahmen in seinen Geschäftsräumen verpflichtet werden. In beiden Fällen sind Maßnahmen gegenüber Dritten allerdings nur zulässig, wenn sie nicht unzumutbar sind (was beispielsweise bei einem erheblichen Zeitaufwand für die Suche und Zusammenstellung der Unterlagen der Fall sein kann) oder wenn keine Zeugnisverweigerungsrechte bestehen (was jedoch nach § 384 Nr. 3 ZPO insbesondere bei der Offenlegung von Geschäftsgeheimnissen der Fall ist). Daher blieben die richterlichen Aufklärungsrechte nach §§ 142 ff. ZPO bislang in kartellrechtlichen Zivilprozessen jedenfalls gegenüber Dritten ohne Bedeutung (woran sich auch in Zukunft nicht viel ändern dürfte) (zu §§ 142 ff. ZPO auch → § 29 Rn. 13 f.). Schließlich können sich für die Darlegung der Schadenshöhe und der haftungsausfüllenden Kausalität relevante Daten und Informationen von oder über Dritte auch aus den Behördenakten ergeben, die nach § 273 Abs. 2 ZPO iVm mit § 474 StPO oder § 273 Abs. 2 ZPO iVm. Art. 15 Abs. 1 VO 1/2003 beigezogen werden können (→ § 29 Rn. 37 ff.).

(3) RL 2014/104/EU und Regierungsentwurf für 9. GWB-Novelle. Diese prozessualen Möglichkeiten zur Anordnung der Offenlegung von Beweismitteln werden durch die Umsetzung der **RL 2014/104/EU** deutlich gestärkt werden. Die Art. 5 f. RL 2014/104/EU verlangen von den Mitgliedstaaten die Schaffung von Mechanismen zur Offenlegung von Beweismitteln in der Verfügungsgewalt der Parteien oder von Dritten, einschließlich der Kartellbehörden (zu den Regelungen im Einzelnen → § 10 Rn. 154 ff., → § 24 Rn. 43 ff. und → § 29 Rn. 15 ff.). Wegen der bereits bestehenden weitreichenden Beweiserleichterungen zugunsten des Klägers (einschließlich der Möglichkeit der Schadensschätzung nach § 287 Abs. 1 ZPO) und der hohen Anforderungen an die Substantiierung des Bestreitens des oder der an dem Kartellrechtsverstoß beteiligten und beklagten Unternehmen sind die Vorteile aus dieser Neuregelung gegenüber dem geltenden Recht für die unmittelbaren Abnehmer voraussichtlich begrenzt. Allerdings werden auch sie von der Umsetzung der Regelungen der RL 2014/104/EU zur Offenlegung mindestens insoweit profitieren, als zum einen der Zugang zu Unterlagen im Besitz der Kartellbehörden erleichtert wird und zum anderen die Offenlegung dieser Unterlagen, aber auch die Offenlegung von Daten und Informationen für die Schadensberechnung im Rahmen der sekundären Darlegungslast nicht mehr mit dem Argument verhindert werden kann, dass es sich um Geschäftsgeheimnisse handelt (wobei zugleich wirksame Verfahren zum Schutz der Geschäftsgeheimnisse entwickelt werden müssen → Rn. 653 ff. allg. hierzu). Erhebliche Vorteile wird die Umsetzung der Offenlegungsregeln allerdings sowohl für das oder die an dem Kartell-

---

[559] Der Kläger dürfte grundsätzlich zumindest in der Lage sein, ausreichend substantiiert zu einer zeitlichen oder sachlichen Vergleichsanalyse vorzutragen (→ Rn. 173). Der Beklagte verfügt in der Regel über ergänzende Informationen und Daten dazu und dürfte zudem in der Lage sein, substantiiert zu Simulations- und Kostenmodellen vorzutragen (→ Rn. 176 ff.). Die Parteien haben grundsätzlich auch die Informationen und Daten, die erforderlich sind, wenn der oder die Beklagten den Einwand des Passing-On geltend machen wollen. Denn diese Daten sind bei Klagen des unmittelbar Geschädigten in der Regel in seiner Hand. Ob er auch die sekundäre Darlegungslast trägt und zu diesen Daten vortragen muss, hängt von den Umständen des Einzelfalls ab (→ Rn. 225).

rechtsverstoß beteiligten Unternehmen (deren Darlegung des Einwands des „Passing-On" erleichtert werden wird → Rn. 144 ff.) als auch für die mittelbaren Abnehmer haben. Diese können nunmehr von den unmittelbaren Abnehmern Informationen über deren Preisgestaltung und Kalkulation verlangen, selbst wenn diese nicht am Prozess beteiligt sind (wie im Falle der Klage des mittelbaren Abnehmers) und selbst wenn die betreffenden Beweismittel Geschäftsgeheimnisse enthalten. Wieviel sich tatsächlich für die einzelnen Prozessbeteiligten ändern wird, wird stark von der praktischen Anwendung der Offenlegungsvorschriften durch die Gerichte abhängen. Dadurch, dass die Richtlinie die Offenlegung an die substantiierte Darlegung des Bestehens eines Anspruchs (Art. 5 Abs. 1 RL 2014/104/EU), die möglichst genaue Abgrenzung der relevanten Beweismittel oder Kategorien von Beweismitteln (Art. 5 Abs. 2 RL 2014/104/EU) und die Verhältnismäßigkeit der beantragten Offenlegung unter Berücksichtigung unter anderem von Kosten und Umfang der Offenlegung (Art. 5 Abs. 3 RL 2014/104/EU) knüpft, gibt sie den Gerichten zahlreiche Möglichkeiten an die Hand, mit Offenlegungsanträgen sehr flexibel (und gegebenenfalls auch sehr zurückhaltend) umzugehen.[560]

206a   Die im **Regierungsentwurf für die 9. GWB-Novelle** vorgesehenen Regelungen zur Umsetzung der Offenlegungsregeln der RL 2014/104/EU gehen über diese noch hinaus und dürften ihre Wirksamkeit stärken. Der RegE-GWB enthält in § 33g Abs. 1 und 2 umfassende materiell-rechtliche Ansprüche auf Auskunft und Herausgabe von Beweismitteln, die im Besitz des Schädigers, des Geschädigten oder von Dritten sind; der Anspruch aus § 33g Abs. 1 bzw. 2 RegE-GWB kann nicht gegen Wettbewerbsbehörden geltend gemacht werden (§ 89c Abs. 5 S. 3 RegE-GWB). Die Wettbewerbsbehörden können nur im Prozess zwischen Privaten über die Auskunfts- oder Schadensersatzansprüche zur Vorlegung von Urkunden und Gegenständen aus der Behördenakte verpflichtet werden (vgl. im Einzelnen § 89c RegE-GWB). Der Inhalt des Anspruchs aus § 33g Abs. 1 und 2 RegE-GWB entspricht letztlich dem in Art. 5 R 2014/104/EU vorgesehenen.

206b   Interessant ist die **prozessuale Umsetzung:** Der Auskunftsanspruch soll grundsätzlich, so die Konzeption des RegE-GWB, im Rahmen eines Schadensersatzprozesses geltend gemacht werden und wird als ein Fall des § 142 ZPO behandelt (hierzu → Rn. 205). Wird er von einer Partei eines solchen Rechtsstreits gegen die andere Partei geltend gemacht, entscheidet das Gericht über den Anspruch per Zwischenurteil, das aber in Betreff der Rechtsmittel als Endurteil anzusehen ist – also selbständig angefochten werden kann (§ 89b Abs. 3 RegE-GWB). Wird das Zwischenurteil angefochten, gilt § 280 Abs. 2 ZPO analog: Zur Hauptsache wird nur im Ausnahmefall auf Antrag einer der Parteien verhandelt; grundsätzlich wird die Rechtsmittelentscheidung zum Zwischenurteil abgewartet.[561] Die Anordnung der Erteilung der Auskünfte oder der Herausgabe der Beweismittel stellt sich damit für den Geschädigten letztlich wie eine Stufenklage nach § 254 ZPO dar. Ob diese daneben für den Anspruch aus § 33g Abs. 1 RegE-GWB überhaupt in Betracht kommt oder durch § 89b Abs. 3 RegE-GWB als Spezialnorm verdrängt wird, ist unklar; sie ist aber nicht ausdrücklich ausgeschlossen. Ansprüche aus § 33g Abs. 1 und 2 RegE-GWB können aber vor allem nicht nur in einem Rechtsstreit über den Schadensersatzanspruch oder in Verbindung mit diesem, sondern auch unabhängig von dem Schadensersatzanspruch geltend gemacht und gerichtlich durchgesetzt werden. In Betracht kommt daher eine isolierte Klage aus § 33 Abs. 1 RegE-GWB des Geschädigten gegen den Schädiger, aber auch gegen Dritte, die die erforderlichen Auskünfte erteilen können oder über die erforderlichen Beweismittel verfügen. Umgekehrt kann auch der Schädiger gegen den Geschädigten oder gegen Dritte den Anspruch aus § 33g Abs. 2 RegE-GWB schon dann geltend machen, wenn gegen ihn ein Prozess über den Auskunftsanspruch nach § 33g Abs. 1 RegE-GWB

---

[560] Siehe auch *Kühne/Woitz* DB 2015, 1028 (1029).
[561] Vgl. BGH Urt. v. 10.11.2005 – IX ZB 240/04, NJW-RR 206, 288; BeckOK ZPO/*Elzner* § 303 Rn. 33; MüKo ZPO/*Musielak* ZPO § 303 Rn. 7.

rechtshängig ist; er muss die Schadensersatzklage nicht abwarten, um sich die für die Verteidigung erforderlichen Informationen zu beschaffen (insbes. zur „Passing-On-Defense").[562] Ist parallel zu einer auf Auskunft und/oder Herausgabe gerichteten Klage ein Rechtsstreit über den Schadensersatzanspruch anhängig, kann dieser ausgesetzt werden (§ 89b Abs. 4 Nr. 1 RegE-GWB).

Besonderheiten gelten für die Durchsetzung des Anspruchs eines (möglicherweise) Geschädigten gegen ein Unternehmen, dessen Beteiligung an einem Kartellrechtsverstoß nach § 33b RegE-GWB (heute § 33 Abs. 4 GWB) durch eine Behörde oder ein Gericht verbindlich festgestellt wurde. Dieser Anspruch kann nach § 89b Abs. 5 RegE-GWB auch im Wege der einstweiligen Verfügung isoliert angeordnet werden. Der Glaubhaftmachung der Voraussetzungen der §§ 935, 940 ZPO bedarf es nicht. Ob das allerdings auch bedeuten soll, dass der Antragsteller noch nicht einmal die Voraussetzungen des Anspruchs nach § 33g Abs. 1 RegE-GWB glaubhaft machen muss, darf bezweifelt werden. Andernfalls würde § 89b Abs. 5 RegE-GWB letztlich zur Offenlegung von Informationen gegenüber jedermann verpflichten, ohne dass der Antragsteller auch nur darlegen muss, von dem Kartellrechtsverstoß betroffen zu sein. Das dürfte kaum gemeint sein, zumal sich der Antragsteller für die Glaubhaftmachung der Voraussetzungen von § 33g Abs. 1 RegE-GWB auf die Bindungswirkung der behördlichen Entscheidung sowie Vermutungen und Ausdrucksbeweise stützen kann, die durch die Gerichte entwickelt wurden und künftig teilweise auch gesetzlich geregelt sind. Vieles spricht daher dafür, dass die Ausnahme von §§ 935, 940 ZPO nur von der Glaubhaftmachung der Dringlichkeit befreien soll. So oder so wird damit im Ergebnis eine vorprozessuale Auskunftspflicht geschaffen, die über die RL 2014/104/EU hinausgeht und sich als scharfes Schwert herausstellen könnte. 206c

Wie auch in der RL 2014/104/EU vorgesehen, kann das Gericht den Gegner des Auskunftsanspruchs auch verpflichten, Beweismittel offenzulegen oder Auskünfte zu erteilen, deren Geheimhaltung aus wichtigen Gründen verlangt wird oder deren Offenbarung nach § 33g Abs. 6 RegE-GWB iVm den Zeugnisverweigerungsrechten der ZPO verweigert wird. Damit kann insbesondere die Offenlegung von **Betriebs- und Geschäftsgeheimnissen** erzwungen werden. Dies setzt voraus, dass die begehrten Unterlagen oder Auskünfte für den Rechtsstreit über den Schadensersatzanspruch sachdienlich sind und die Interessen des Anspruchstellers die Geheimhaltungsinteressen überwiegen (§ 89b Abs. 6 RegE-GWB). Das Gericht hat die zum Schutz der Geheimnisse erforderlichen Maßnahmen zu treffen (§ 89b Abs. 7 RegE-GWB), wobei der Regierungsentwurf diese Ermächtigung nicht näher konkretisiert und die Begründung lediglich auf das Immaterialgüterrecht verweist (siehe hierzu auch → Rn. 653ff., insbes. Rn. 655 und 664). Zudem wird ein Zwischenverfahren geregelt, mit dem die Einhaltung der inhaltlichen Grenzen des § 33g RegE-GWB, insbesondere der Schutz von Kronzeugenerklärungen und Vergleichsausführungen, sichergestellt werden soll (§ 89b Abs. 8 RegE-GWB). 206d

Der Anspruch auf Offenlegung von Beweismitteln oder Auskünften kann nicht gegen Wettbewerbsbehörden gerichtet werden. Die **Offenlegung aus der Behördenakte** richtet sich vielmehr nach § 89c RegE-GWB. Danach kann das Gericht in einem Rechtsstreit über den Schadensersatzanspruch (oder über den Anspruch aus § 33g Abs. 1 bzw. 2 RegE-GWB) auf Antrag einer Partei bei der Wettbewerbsbehörde die Vorlegung von Urkunden und ggf. Gegenständen ersuchen. Dieses Ersuchen ist subsidiär zu den Ansprüchen nach § 33g Abs. 1 bzw. 2 RegE-GWB (vgl. § 89c Abs.1 und 2 RegE-GWB). In den Abs. 2–4 von § 89c RegE-GWB sind weitere Einschränkungen der Offenlegung aus der Behördenakte genannt, die letztlich der RL 2014/104/EU entsprechen. Neben diesem Verfahren finden künftig § 406e StPO (Akteneinsicht des Verletzten) und § 475 StPO (Sonstige Auskünfte und Akteneinsicht für Private) nur noch im Hinblick auf Bußgeldbescheide Anwendung (§ 89c Abs. 5 S. 1 und 2 RegE-GWB). 206e

---

[562] Allerdings besteht ein vollständig vorprozessualer Auskunftsanspruch des Schädigers damit nicht.

206f Die **allgemeinen Vorschriften der ZPO** über die Anordnung der Herausgabe von Unterlagen und Gegenständen finden neben den neuen Vorschriften des GWB zur Umsetzung der RL 2014/104/EU nur insoweit Anwendung, als ein Anspruch nach § 33g Abs. 1 oder 2 RegE-GWB besteht bzw. die Voraussetzungen für die Offenlegung von Bestandteilen der Behördenakte nach § 89c Abs. 1–4 RegE-GWB gegeben sind.

207 **cc) Beispiel: Schäden wegen kartellbedingter Preisüberhöhung („Hardcore"-Kartelle). (1) Darlegung und Beweis des Umfangs des Schadens des unmittelbaren Abnehmers.** Macht der unmittelbare Abnehmer geltend, dass es in Folge eines Kartellrechtsverstoßes zu einer Preiserhöhung kam, muss er im Grundsatz zwei Dinge darlegen: das kartellbetroffene Einkaufsvolumen und die Anknüpfungstatsachen für die Schätzung des kartellbedingten Preisaufschlags.[563] Für die Darlegung des **kartellbetroffenen Einkaufsvolumens** kann der Kläger – verfügt er nicht über genauere Kenntnisse – zunächst zugrunde legen, dass sämtliche Lieferungen oder Leistungen der kartellbeteiligten Unternehmen im sachlichen, zeitlichen und geographischen Zusammenhang mit dem Kartell auch von diesem betroffen waren. Hierfür kann er sich auf den bereits geschilderten Anscheinsbeweis stützen (→ Rn. 129). Die Informationen zu den einzelnen Beschaffungsdaten sind grundsätzlich einer Schätzung nicht zugänglich; sie können im Normalfall vom Kläger genau ermittelt und vorgetragen werden, auch wenn dies im Einzelfall mühsam sein mag.[564] Daher bietet es sich in der Regel an, bereits von Anfang an mindestens folgende Daten für jeden Beschaffungsvorgang zu ermitteln, um im Bestreitensfall eine substantiierte Aufschlüsselung der Beschaffungsvorgänge vorlegen zu können: Spezifikation der bezogenen Ware oder Dienstleistung, Lieferant, Menge, Preis (einschließlich des etwaigen Abzugs von Skonto sowie sonstiger Preisnachlässe) und Zahlungsdatum.[565] Aus diesen Daten ergibt sich aber nicht nur das kartellbetroffene Einkaufsvolumen, sie bilden zumeist auch die Grundlage für die Analyse des Kartellaufschlags (→ Rn. 168 ff.); darüber hinaus ist eine genaue Aufschlüsselung auch als Grundlage für die substantiierte Darlegung des vom Zeitpunkt des jeweiligen Schadenseintritts abhängigen Zinsanspruches nach § 33 Abs. 3 S. 4 und 5 GWB erforderlich (→ Rn. 212).

208 Lediglich dann, wenn die erforderlichen Daten tatsächlich nicht (mehr) vorhanden sind, aber belastbare Anhaltspunkte für das kartellbetroffene Einkaufsvolumen aus den Begleitumständen gewonnen werden können, kann auch eine **Schätzung des Einkaufsvolumens** zulässig sein – beispielsweise anhand von noch vorhandenen Angaben zum Absatz von Waren, die mit dem kartellbetroffenen Input hergestellt wurden. Informationen zu den Lieferanten und ihren jeweiligen Lieferanteilen mögen sich aus noch erhaltenen Unterlagen und/oder aus einer Befragung der Mitarbeiter ergeben. Gegebenenfalls ist ein Sicherheitsabschlag zu machen. Sind aber auch solche Anhaltspunkte nicht zu finden, ist selbst die Schätzung eines Mindestschadens nicht möglich.[566]

209 Als Ausgangspunkt für die Ermittlung der erforderlichen Beschaffungsdaten wird der Kläger in der Regel auf die Daten in seinem **elektronischen Warenwirtschafts- und/oder Buchhaltungssystem** zurückgreifen (können). Allerdings kann es auch erforderlich sein, die Datengrundlage durch eine händische Aufarbeitung von **Bestellungen, Lieferscheinen, Rechnungen und/oder Zahlungsbelegen** zu schaffen oder zu ergänzen,

---

[563] Vgl. auch OLG Frankfurt Urt. v. 21.12.2010 – 11 U 37/09, WuW/E DE-R 3163 (3169) – Arzneimittelpreise.
[564] Vgl. OLG Düsseldorf Urt. v. 13.11.2013 – VI-U (Kart) 11/13, WuW/DE-R 4117 (4125) – Badarmaturen.
[565] Ob diese Daten tatsächlich erforderlich sind und wie sie aufbereitet sein müssen, lässt sich ebenso wie die Frage, ob noch weitere Daten notwendig sind, nur im Einzelfall beurteilen.
[566] Siehe OLG Düsseldorf Urt. v. 14.5.2008 – VI-U (Kart) 14/07, WuW/E DE-R 2311 (2312) – Zementkartell: § 287 ZPO ist auch auf die kartellbetroffene Menge anwendbar, wenn genaue Daten unverhältnismäßig schwierig exakt zu ermitteln sind. Vgl. KG Urt. v. 1.10.2009 – 2 U 10/13 Kart, WuW/E DE-R 2773 (2780) – Berliner Transportbeton: Dort war die Darlegung eines Mindestschadens möglich, die Darlegung eines höheren Schadens (dort: eines höheren Kartellaufschlags) scheiterte an den fehlenden Unterlagen zu den Beschaffungsvorgängen.

wenn ein elektronisches System nicht vorhanden oder – abhängig von seiner Ausgestaltung und seinem Detaillierungsgrad – nicht ausreichend ist.[567] Weil Kartellfälle oft weit in die Vergangenheit reichen und die üblichen Aufbewahrungsfristen regelmäßig erreicht oder überschritten sind, sollten die Geschädigten, aber auch die Kartellbeteiligten im Rahmen eines **„Data and Document Freeze"** umgehend nach Bekanntwerden der Möglichkeit bzw. des Risikos von Schadensersatzansprüchen sicherstellen, dass die für die Geltendmachung oder Verteidigung erforderlichen elektronischen Daten und Papierbelege erhalten bleiben.[568] Die Nachteile, die sich daraus bei einer späteren Offenlegungsanordnung nach §§ 142ff. ZPO oder künftig den Vorschriften zur Umsetzung der RL 2014/104/EU bzw. der entsprechenden Vorschriften des RegE-GWB ergeben können, sind im Allgemeinen deutlich geringer als die Vorteile, die sich aus einer substantiierten Darlegung und gegebenenfalls dem Nachweis der Tatsachen für die Darlegung von oder die Verteidigung gegen Schadensersatzansprüche ergeben.[569]

Soweit die Daten so aufgeschlüsselt sind, dass die beklagten Kartellbeteiligten die einzelnen Beschaffungsvorgänge nachvollziehen und die sie betreffenden Vorgänge identifizieren und prüfen können, ist ein **Bestreiten der Angaben** zu den sie jeweils betreffenden Vorgängen mit Nichtwissen nach § 138 Abs. 4 ZPO grundsätzlich nicht möglich. Die Beklagten müssen etwaige Einwände gegen den klägerischen Vortrag hierzu jeweils substantiiert – also für jeden einzelnen Beschaffungsvorgang – darlegen.[570] Etwas anderes kann allenfalls dann gelten, wenn die gesetzliche Aufbewahrungspflicht abgelaufen ist und der jeweilige Beklagte glaubhaft machen kann, dass er über die für eine Prüfung erforderlichen Unterlagen (einschließlich von Daten in seinem eigenen elektronischen Buchhaltungssystem) nach dem üblichen Lauf der Dinge in seinem Unternehmen tatsächlich nicht mehr verfügt (→ Rn. 78). Demgegenüber können die Beklagten den Vortrag des Klägers zum Bezug von den jeweils anderen Kartellbeteiligten nach § 138 Abs. 4 ZPO mit Nichtwissen bestreiten. Selbst wenn diese in demselben Prozess gesamtschuldnerisch für den Gesamtschaden in Anspruch genommen werden, sind sie als einfache Streitgenossen nicht an die Erklärungen des jeweiligen Lieferanten gebunden; bestreitet dieser die Angaben des Klägers nicht oder nicht ausreichend substantiiert (§ 138 Abs. 3 ZPO), hat dies für die Beurteilung der Angaben als streitig oder unstreitig im Verhältnis zu den anderen Kartellbeteiligten keine Folgen (zur Beweiswürdigung sogleich → Rn. 211).[571]

210

Nach wie vor Schwierigkeiten bereitet die Frage, wie im Bestreitensfall der **Beweis der Richtigkeit der Beschaffungsdaten** zu führen ist. Soweit der Kläger über Unterlagen, insbesondere Rechnungen und Kontobelege, verfügt, aus denen sich die Daten ergeben, kann er diese vorlegen; sie werden, soweit es sich (wie im Regelfall) nicht um „echte" Privaturkunden im Sinne von § 416 ZPO handelt, im Rahmen der freien Beweiswürdigung nach §§ 286, 287 ZPO berücksichtigt.[572] Ebenfalls im Rahmen der freien Beweiswürdigung wird bei gesamtschuldnerisch in Anspruch genommenen Kartellbeteiligten berücksichtigt, wenn der jeweilige kartellbeteiligte Lieferant als der Streitgenosse,

211

---

[567] Vgl. OLG Düsseldorf Urt. v. 13.11.2013 – VI-U (Kart) 11/13, WuW/DE-R 4117 (4125) – Badarmaturen. Vgl. auch KG Urt. v. 1.10.2009 – 2 U 10/03 Kart WuW/E DE-R 2773 (2780) – Berliner Transportbeton.

[568] Vgl. KG Urt. v. 1.10.2009 – 2 U 10/13 Kart, WuW/E DE-R 2773 (2780) – Berliner Transportbeton: Beide Seiten, Klägerin wie Beklagte, konnten sich von ihrer Substantiierungslast bei Darlegung und Verteidigung nicht durch einen Hinweis auf den Ablauf der Aufbewahrungsfrist befreien.

[569] Das gilt unabhängig davon, dass Art. 8 Abs. 1 RL 2014/04/EU verlangt, dass die Vernichtung von Beweismitteln durch die Mitgliedstaaten künftig mit Sanktionen belegt wird. Diese Regelung dürfte auf die gezielte Vernichtung nach einem Offenlegungsverlangen beschränkt sein und die turnusmäßige Aktenvernichtung auch dann nicht erfassen, wenn ein Offenlegungsverlangen als möglich erscheint.

[570] Vgl. ausdr. KG Urt. v. 1.10.2009 – 2 U 10/13 Kart, WuW/E DE-R 2773 (2780) – Berliner Transportbeton.

[571] Vgl. BGH Urt. v. 27.2.2003 – I ZR 145/00, NJW-RR 2003, 1344; Zöller/*Vollkommer* ZPO § 61 Rn. 8; MüKoZPO/*Schultes* ZPO § 61 Rn. 4.

[572] Vgl. nur Zöller/*Geimer* ZPO § 286 Rn. 13.

der dem Sachverhalt am nächsten steht, die Daten zu den von ihm getätigten Lieferungen oder erbrachten Leistungen nicht bestreitet.[573] Fraglich ist jedoch, ob und wie sich gegebenenfalls die Richtigkeit der Daten ohne die Vorlage sämtlicher Belege nachweisen lässt, zumal die Prüfung der Belege durch das Gericht selbst in größeren Fällen nahezu unmöglich ist. Das OLG Düsseldorf hat es beispielsweise als **Indizienbeweis** genügen lassen, dass der Kläger die Daten zu den einzelnen Beschaffungsvorgängen tabellarisch dargelegt hat, die Vorgehensweise bei der Erfassung dieser Vorgänge im Einzelnen geschildert hat und die Daten anhand von Belegen stichprobenartig durch einen Wirtschaftsprüfer überprüfen ließ. Für die Erfassung der Beschaffungsvorgänge durfte der Kläger sich sowohl auf eine händische Auswertung der Rechnungsunterlagen als auch auf eine Auswertung seines elektronischen Warenwirtschaftssystems stützen. Als Stichprobe für die Prüfung durch den Wirtschaftsprüfer hat das OLG Düsseldorf eine Quote von 15 Prozent bei den händisch ermittelten Daten und sogar nur rund 1 Prozent bei den Daten aus dem elektronischen Warenwirtschaftssystem genügen lassen. Die dabei aufgedeckten systematischen Fehler wurden korrigiert; eine Fehlerquote von 2 Prozent der Vorgänge hat das OLG Düsseldorf für hinnehmbar gehalten, zumal in dem ihm vorliegenden Sachverhalt der jeweilige absolute Fehlerbetrag sehr gering war.[574] Diese Indiztatsachen waren in dem Verfahren beim OLG Düsseldorf unstreitig geblieben; über sie hätte jedoch durch die Vernehmung von Zeugen über die Zusammenstellung der Daten und durch das Sachverständigengutachten eines Wirtschaftsprüfers Beweis erhoben werden können. Vor diesem Hintergrund **empfiehlt sich für den Geschädigten** mit Blick auf eine spätere Beweisführung über die Richtigkeit der von ihm vorgetragenen Beschaffungsdaten, bei der Zusammenstellung und Prüfung der Daten zugleich (i) die relevanten Belege zu sichern (und gegebenenfalls zusätzlich in einer Datenbank als elektronische Dokumente zu verwalten und für die weitere Bearbeitung und Prüfung zugänglich zu machen), (ii) das Vorgehen bei der Zusammenstellung der Daten präzise zu dokumentieren, einschließlich der Dokumentation der Namen der mit der Durchführung der einzelnen Schritte betrauten Mitarbeiter, und (iii) gegebenenfalls eine Prüfung durch einen Wirtschaftsprüfer vornehmen zu lassen. Insgesamt sind dabei selbstverständlich die Größenordnung des Schadens und die Erfolgsaussichten zu dem zeitlichen, personellen und finanziellen Aufwand für ein solches Vorgehen ins Verhältnis zu setzen.

212 Für die Anforderungen an die Darlegung des Vorgehens zur **Bestimmung des Kartellaufschlags** und der hierfür erforderlichen Anknüpfungstatsachen lassen sich keine allgemeinen Aussagen treffen. Im Einzelfall kann es möglich sein, den Kartellaufschlag aus den Kartellabsprachen und dem Verhalten der Kartellbeteiligten abzuleiten, etwa wenn die zwischen den Kartellbeteiligten vereinbarten Preiserhöhungen tatsächlich genau umgesetzt werden.[575] Im Übrigen hängen die Anforderungen letztlich davon ab, welche Methode für die Schätzung des Kartellaufschlags entweder zur Geltendmachung der Ansprüche oder zur Verteidigung gegen sie herangezogen werden soll (→ Rn. 173 ff.). Die Parteien werden sich bei der Wahl der Methode zum einen vom Ergebnis der unterschiedlichen Analysemethoden, aber zum anderen in erheblichem Maße auch von der Verfügbarkeit der erforderlichen Daten leiten lassen. Die Rechtsprechung hat bislang die Vergleichsmarktmethoden präferiert (→ Rn. 178). Das kommt dem Kläger grundsätzlich entgegen, weil insbesondere die Anknüpfungstatsachen für die zeitliche Vergleichsmarktmethode aus seiner Sicht in der Regel am Einfachsten darzulegen sein werden. Dabei kann er sich auf die – zur Darlegung des betroffenen Einkaufsvolumens ohnehin zu erhebenden – Beschaffungsdaten stützen (wobei zusätzlich entsprechende Daten für die

---

[573] MüKoZPO/*Schultes* ZPO § 61 Rn. 4; Musielak/Voit/*Weth* ZPO § 61 Rn. 6.
[574] OLG Düsseldorf Urt. v. 13.11.2013 – VI-U (Kart) 11/13, WuW/DE-R 4117 (4125) – Badarmaturen.
[575] So die Situation in BGH Urt. v. 28.6.2011 – KZR 75/10, GRUR 2012, 291 (295) – ORWI. Hierzu auch *Kirchhoff* WuW 2012, 927 (928).

Zeit vor und/oder nach dem Kartellzeitraum zu erheben und darzulegen sind).[576] Insoweit gilt sowohl für die Anforderungen an das Bestreiten als auch für den Nachweis das bereits Gesagte. Hält der Beklagte eine breitere Betrachtung für richtiger (und für ihn vorteilhaft), muss er gegebenenfalls weitere Daten über seinen Absatz darlegen (wobei dann die oben erläuterten Anforderungen an die Substantiierung von Darlegungsvorgängen umgekehrt auch hierfür gelten). Zusätzlich sollte der Kläger mindestens eine realistische Schätzung der Herstellungskosten und ihrer Entwicklung über Zeit und gegebenenfalls weiterer Einflussfaktoren auf die Preisbildung vornehmen, soweit ihm das möglich ist. Der Beklagte muss diese Faktoren in der Regel substantiiert bestreiten; insoweit kann ihm auch die sekundäre Darlegungslast obliegen (hierzu allg. → Rn. 89). Bleiben die preisbildenden Faktoren streitig, dürfte in der Regel – trotz des Ermessens des Gerichts im Rahmen des § 287 Abs. 1 ZPO – jedenfalls dann Beweis zu erheben sein, wenn es sich um gewichtige Faktoren und damit zentrale Anknüpfungstatsachen für die Schadensschätzung handelt (→ Rn. 197). Zudem kann der Beklagte selbstverständlich auch der vom Kläger gewählten Methode zur Schadensschätzung aus methodischer Sicht entgegentreten, beispielsweise, weil sie in der konkreten Situation nicht aussagekräftig ist. In der Regel sollte er dann aber selbst mit einer Variation derselben Methode oder einer anderen Methode darlegen, dass kein (oder ein wesentlich geringerer) Schaden entstanden ist. Weil der Schätzung des kartellbedingten Preisaufschlags in der Regel eine komplexe ökonomische Analyse zugrundeliegt, empfiehlt es sich für beide Seiten zumindest in größeren Fällen, bereits zu Beginn einen (wettbewerbs-)ökonomischen Sachverständigen einzubeziehen und zur Substantiierung der Darlegung ein von diesem erstelltes Privatgutachten einzureichen.[577] Das Gericht wird bei Differenzen über das methodische Herangehen oder das Ergebnis einer (wettbewerbsökonomischen) Schadensanalyse in der Regel ein Sachverständigengutachten einholen müssen.

Begehrt der Geschädigte Ersatz auch für Schäden aus **Umbrella-Effekten,** muss er – über die Darlegung des relevanten Einkaufsvolumens nach denselben Maßstäben, wie sie für die Beschaffung von den Kartellbeteiligten gelten, hinaus – Umstände darlegen und gegebenenfalls beweisen, aus denen sich der Schluss ziehen lässt, dass es zu Umbrella-Effekten gekommen ist (siehe hierzu bereits oben → Rn. 134f. und 142). Ist das der Fall, gilt für die Bestimmung der Höhe des Kartellaufschlags letztlich dasselbe wie für die Lieferungen oder Leistungen der Kartellbeteiligten. Auch insoweit geht es um die Bestimmung eines hypothetischen Wettbewerbspreises und die Ermittlung der Differenz zwischen diesem Preis und dem tatsächlich gezahlten Preis (→ Rn. 180f.). 213

(2) Darlegung und Beweis der Höhe des „Passing-On". Steht fest, dass und in welcher Höhe der unmittelbare Abnehmer einen kartellbedingt überhöhten Preis gezahlt hat, stellt sich die Frage, ob und in welcher Höhe er diese Erhöhung seiner Kosten an die nachfolgende Marktstufe über seine eigenen Preise weitergegeben hat (wobei sich diese Kette bis zum Endabnehmer fortsetzen lässt[578]). Bei der Darlegungs- und Beweislast für die Weitergabe 214

---

[576] Das führt zwar nur zu einer individualisierten Betrachtung und nicht zur Schätzung des Aufschlags anhand des Gesamtmarkts. Selbst wenn eine solche Gesamtmarktbetrachtung vor allem bei einem Kartell mit hoher Marktabdeckung vorzuziehen ist, bleibt ein individueller Vortrag des Geschädigten zunächst ausreichend substantiiert.

[577] Vgl. umfassend zum Nutzen von Privatgutachten in kartellrechtlichen Schadensersatzprozessen Burrichter FS Canenbley 2012, 111, 114 (117ff.). Allerdings ist auch zu beobachten, dass die Gerichte teilweise überschaubare Anforderungen an die Darlegung durch den Kläger stellen. Das gilt insbesondere dann, wenn sich der Kläger auf einen schlichten zeitlichen Vergleich stützt. Dann soll es dem Beklagten überlassen sein, dieses Vorbringen durch substantiiertes Vorbringen zum Fehlen der Vergleichbarkeit oder anderen Einwänden gegen den Vergleich zu widerlegen. Vgl. etwa OLG Frankfurt Urt. v. 21.12.2010 – 11 U 37/09, WuW/E DE-R 3163 (3167 u. 3169) – Arzneimittelpreise; KG Urt. v. 1.10.2009 – 2 U 10/13 Kart, WuW/E DE-R 2773 (2780) – Berliner Transportbeton. Vgl. auch BGH Urt. v. 28.6.2011 – KZR 75/10, GRUR 2012, 291 (298) – ORWI zu Nachlaufeffekten.

[578] Zur Vereinfachung der Darstellung wird nachfolgend ein dreistufiges Verhältnis – Kartellteilnehmer, unmittelbarer Abnehmer und mittelbarer Abnehmer – zugrunde gelegt. Die Ausführungen gelten aber auf

einer kartellbedingten Preisüberhöhung ist **zwischen dem mittelbaren Abnehmer als Kläger und den Kartellbeteiligten als Beklagten zu unterscheiden**. Das „Passing-On" als Grundlage von Schadensersatzansprüchen der mittelbaren Abnehmer unterscheidet sich von dem „Passing-On" als Einwand der Kartellbeteiligten dadurch, dass es in dem ersten Fall (nur) um die Weitergabe der kartellbedingten Preiserhöhung, in dem anderen Fall um die Weitergabe des Schadens geht, was neben der Weitergabe von Preiserhöhungen auch die Berücksichtigung von Schmälerungen des Gewinns durch Mengeneffekte erforderlich macht. Das hat auch Auswirkungen auf die Anforderungen an die Darlegung und den Nachweis des „Passing-On" in beiden Fällen. Insgesamt wird für die umfassende Darstellung der Rechtslage beim „Passing-On" – also den Ansprüchen des mittelbaren Abnehmers und der Verteidigung der Beklagten – auf § 25 Rn. 22 ff. u. 84 ff. verwiesen; hier werden nur einzelne Punkte im Zusammenhang mit der Darlegung und dem Beweis der Schadenshöhe herausgegriffen.

215   Bei der Entscheidung über die Anforderungen an Darlegung und Beweis des „Passing-On" durch die mittelbaren Abnehmer einerseits und die Kartellbeteiligten andererseits geht es insbesondere darum, sowohl das **Risiko der Mehrfachinanspruchnahme** des Schädigers als auch das **Risiko des Scheiterns aller Schadensersatzansprüche** auszuschließen, jedenfalls aber zu verringern. Ist die Gruppe der mittelbaren Abnehmer sowohl in der Tiefe (also im Hinblick auf die Anzahl der betroffenen Marktstufen) als auch in der Breite (also im Hinblick auf die Zahl der auf einer Marktstufe betroffenen Abnehmer) nicht übermäßig groß, bietet sich sowohl aus der Sicht der mittelbaren Abnehmer als auch aus Sicht des unmittelbaren Abnehmers eine **Bündelung der Ansprüche, zumindest aber ein Zusammenwirken bei ihrer Geltendmachung** an. Damit können die mittelbaren Abnehmer ihr – jedenfalls nach derzeitiger Rechtslage – kaum zu beseitigendes Informationsdefizit ausgleichen. Der unmittelbare Abnehmer kann das Risiko verringern, dass die Kartellbeteiligten „Passing-On" im (wirtschaftlichen) Ergebnis erfolgreich einwenden. Ob eine solche Bündelung zustande kommt, hängt von vielen Faktoren ab, darunter insbesondere die Verteilung von Prozesskosten/-risiken und -ertrag, aber beispielsweise auch das Bestehen von Mechanismen zum Schutz von Geschäftsgeheimnissen. Gelingt eine solche Bündelung, kann dies auch für die Kartellbeteiligten vorteilhaft sein: Sie sehen sich bei parallelen (oder aufeinanderfolgenden) Schadensersatzprozessen von Abnehmern auf mehreren Marktstufen mit erheblichem Aufwand und Kosten, zudem mit einem erheblichen Prozessrisiko konfrontiert. Die Bündelung kann sich zudem positiv auf die Vergleichsmöglichkeiten auswirken. Ihr Hauptnachteil aus Sicht der Kartellbeteiligten ist, dass sich die Chance verringert, ein Scheitern aller Ansprüche im Prozess herbeizuführen.

216   Gelingt eine Bündelung nicht und werden Ansprüche von Abnehmern auf mehreren Marktstufen geltend gemacht, ist eine Lösung mit den bestehenden **gesetzlichen Möglichkeiten** nur schwer zu erreichen, weil die Prozessrechtsverhältnisse dann getrennt und jeweils separat zu beurteilen sind (und zusätzliche Schwierigkeiten entstehen, wenn sich die Absatzkette über die staatlichen Grenzen hinweg erstreckt). Das KG hat insoweit eine Lösung über die **Gesamtgläubigerschaft** vorgeschlagen,[579] die aber mit der derzeitigen Rechtslage nicht ohne Weiteres zu vereinbaren ist.[580] Demgegenüber verweist der BGH die Kartellbeteiligten auf die Möglichkeit der **Streitverkündung**.[581] Diese Lösung ist weder dogmatisch noch konzeptionell zu beanstanden, aber zumindest bei einer Vielzahl

---

den jeweils nachfolgenden Marktstufen entsprechend, wobei die für den mittelbaren Abnehmer und den Einwand des „Passing-On" geltenden Grundsätze gegebenenfalls kombiniert werden müssen (vgl. zu einer solchen Konstellation auch BGH Urt. v. 28.6.2011 – KZR 75/10, GRUR 2012, 291 – ORWI).

[579] KG Urt. v. 1.10.2009 – 2 U 10/03 Kart, WuW/E DE-R 2773 (2783 f.) – Berliner Transportbeton; KG Urt. v. 1.10.2009 – 2 U 17/03 Kart, BeckRS 2009, 88782 – Berliner Transportbeton.

[580] Vgl. *Bornkamm* GRUR 2010, 501 (505 f.); *Kamann/Ohlhoff* ZWeR 2010, 303 (310 ff.); *Möschel/Bien/Bulst*, 225, 254 ff. Vgl. aber *Bechtold* GWB § 33 Rn. 28.

[581] BGH Urt. v. 28.6.2011 – KZR 75/10, GRUR 2012, 291 (297) – ORWI.

von Abnehmern (und einer Vielzahl von Marktstufen)[582] in der zivilprozessualen Praxis nur schwer umzusetzen.[583] Zudem beseitigt die vom BGH gewählte Lösung das Risiko der Mehrfachinanspruchnahme dann nicht, wenn – was durchaus realistisch ist – weder eine Streitverkündung in Betracht kommt noch die vom BGH bemühte sekundäre Darlegungslast des Klägers greift (oder nicht zur Aufklärung führt) (→ Rn. 225). Dieses Risiko nimmt der BGH jedoch (wohl bewusst) hin.[584] In der Praxis dürfte es dem BGH allerdings gelungen sein, durch verhältnismäßig hohe Anforderungen an Darlegung und Beweis des „Passing-On" zum einen bei Klagen mittelbarer Abnehmer und zum anderen bei der Geltendmachung des Einwands des „Passing-On" sowohl das Risiko einer Mehrfachinanspruchnahme als auch das Risiko einer Entlastung der Kartellbeteiligten durch eine gewisse Konzentration auf das Verhältnis zwischen Kartellbeteiligten und unmittelbaren Abnehmern stark zu reduzieren.[585]

Ob die Umsetzung der **RL 2014/104/EU** insoweit zu Verbesserungen führen wird, bleibt abzuwarten. Aus der Richtlinie ergibt sich zwar, dass der Richtliniengeber das Risiko der Mehrfachinanspruchnahme erkannt hat und zu beseitigen wünscht. Mit dem bloßen Hinweis in Art. 15 auf die Vorgaben der EuGVVO in den besonders schwierigen internationalen Fällen und darauf, dass Parallelverfahren und -urteile sowie öffentlich verfügbare Informationen gebührend zu berücksichtigen sind, belässt es die Richtlinie aber bei einer reinen Zielbestimmung. Möglicherweise könnte eine noch stärkere Konzentration von Schadensersatzprozessen wegen Kartellrechtsverstößen auf nur noch wenige Gerichte und/oder ein öffentliches (und womöglich europaweites) Register für solche Verfahren zumindest zu einer erhöhten Transparenz und dadurch zu einer stärkeren inhaltlichen Angleichung der Verfahrensergebnisse führen. Die Richtlinie ändert aber nichts daran, dass das Prozessrechtsverhältnis für jeden Schadensersatzprozess getrennt bleibt und über die jeweils geltend gemachten Ansprüche – sieht man vom Falle der Streitverkündung ab – getrennt unter Berücksichtigung der Prozesshandlungen der jeweiligen Parteien entschieden wird. Der **RegE-GWB** greift dieses Problem nicht auf. 217

(a) „Passing-On" als Grundlage von Ansprüchen mittelbarer Abnehmer. Macht der Geschädigte geltend, dass er als mittelbarer Abnehmer dadurch geschädigt wurde, dass sein Lieferant eine kartellbedingte Preisüberhöhung an ihn weitergegeben hat, obliegt ihm die **Darlegungs- und Beweislast** dafür, dass und in welcher Höhe dies der Fall war. Beweiserleichterungen kommen dem Geschädigten hinsichtlich des Eintritts eines Schadens – also des „Ob" der Weitergabe einer kartellbedingten Preiserhöhung – jedenfalls insoweit zugute, als er sich zur Darlegung und zum Beweis auf Indizien berufen kann (→ Rn. 182 f.). Für die Bestimmung des weitergegebenen Anteils der kartellbedingten Preiserhöhung gibt es – über die Möglichkeit der Schätzung nach § 287 Abs. 1 ZPO hinaus – nach geltendem Recht keine Beweiserleichterungen.[586] Im Einzelfall können jedoch Indizien für eine vollständige 218

---

[582] Das deutet auch der BGH selbst an: BGH Urt. v. 28.6.2011 – KZR 75/10, GRUR 2012, 291 (297) – ORWI; vgl. auch *Kirchhoff* WuW 2012, 927 (932 f.).
[583] Vgl. hierzu *Lübbig/Mallmann* WRP 2012, 166 (17 f.); *Inderst/Thomas* Schadensersatz, 294 ff.
[584] So wohl auch *Bulst* ZWeR 2012, 70 (88): Im Mittelpunkt der Überlegungen des BGH habe nicht die Verhinderung der Mehrfachhaftung, sondern die Totalreparation der Geschädigten gestanden. Ähnlich wohl auch *Haas/Dittrich* LMK 2012, 327348: Gewisses Risiko der Mehrfachinanspruchnahme wegen hoher Anforderungen an das Bestehen einer sekundären Darlegungslast des Geschädigten.
[585] Vgl. Langen/Bunte/*Bornkamm* GWB § 33 Rn. 154; *Morell* WuW 2013, 959 (966). Die Auswirkungen des Urteils sind in der Literatur umstritten; teilweise werden die Kartellbeteiligten (vgl. *Hartmann-Rüppel/Ludewig* ZWeR 90 (101 f. u. 103); *Buntscheck* WuW 2013, 947 (948, 955 ff., 957 f.)), teilweise die Geschädigten (vgl. *Haas/Dittrich* LMK 2012, 327348) als begünstigt angesehen. Vgl. auch *Kirchhoff* WuW 2012, 927 (930), der einen praktischen Anwendungsbereich für den Einwand des „Passing-On" (und wohl auch für Ansprüche der mittelbaren Abnehmer) ohnehin vorrangig (wenn nicht nur) bei der unveränderten Weiterveräußerung der kartellierten Waren durch Händler sieht.
[586] Vgl. *Inderst/Thomas* Schadensersatz, 263: Anscheinsbeweis zwar für das „Ob" eines „Passing-On", nicht aber für dessen Höhe. Vgl. auch *Morell* WuW 2013, 959 (961), der das „ORWI"-Urteil so verstehen will, dass der BGH einen Anscheinsbeweis für die vollständige Weitergabe des Preisaufschlags aufgestellt habe. Dass dies nicht überzeugt, belegt schon der Umstand, dass Morell selbst auf die dieser Annahme

Weitergabe sprechen. In Betracht kommt das beispielsweise, wenn ein Zwischenhändler als unmittelbarer Abnehmer seine Preiserhöhungen mit der Entwicklung seiner Einkaufspreise begründet und die Entwicklung seiner Einkaufs- und Verkaufspreise auch tatsächlich weitgehend miteinander übereinstimmt.[587] Liegen solche konkreten Anhaltspunkte nicht vor, lässt sich mit Hilfe von ökonomischen Analysen auf der Basis von Regressions- und/oder Simulationsmodellen anhand der Ausprägung und Stärke der Umstände, die für die Prüfung des „Ob" eines „Passing-On" herangezogen werden (siehe hierzu → Rn. 145 und 182), auch dessen Umfang schätzen.

219 **Praktische Probleme** werden für den mittelbaren Abnehmer in der Regel daraus resultieren, dass er über die für eine substantiierte Darlegung erforderlichen Informationen nicht verfügen wird.[588] Soweit dies bei den beklagten Kartellteilnehmern anders ist – wie etwa hinsichtlich des Marktabdeckungsgrads und der Dauer des Kartells – kann ihnen eine sekundäre Darlegungslast obliegen.[589] Ein wesentlicher Teil der Daten und Informationen wird aber nur bei den unmittelbaren Abnehmern vorhanden sein, die an dem Prozess des mittelbaren Abnehmers gegen die Kartellbeteiligten nicht beteiligt sind. Soweit der mittelbare Abnehmer keine Einigung mit dem unmittelbaren Abnehmer über ein Zusammenwirken bei der Geltendmachung von Schadensersatz herbeiführen kann, wird es ihm nach der derzeitigen Rechtslage schwerfallen, die erforderlichen Informationen zu beschaffen, zumal der mittelbare Abnehmer in der Regel kein Interesse daran haben dürfte, den mittelbaren Abnehmer bei der Darlegung des „Passing-On" zu unterstützen. Insbesondere die §§ 142 ff. ZPO werden dem mittelbaren Abnehmer in der Regel nicht helfen, weil es sich bei den erforderlichen Informationen zumeist um Geschäftsgeheimnisse handeln wird, deren Offenlegung der mittelbare Abnehmer als Dritter verweigern darf (§ 142 Abs. 2 S. 1 und § 144 Abs. 2 S. 1, jeweils iVm § 384 Nr. 3, sowie § 371 Abs. 1 und 2 und §§ 428 ff. ZPO). Zudem müsste der mittelbare Abnehmer, der sich auf §§ 142 ff. ZPO berufen will, die erforderlichen Unterlagen oder elektronisch gespeicherten Daten genau bezeichnen; auch das wird ihm in der Regel schwerfallen (→ Rn. 205 und → § 29 Rn. 13 f.).

220 Ob die **RL 2014/104/EU** zu einer fundamentalen Veränderung der Ausgangslage des mittelbaren Abnehmers führen wird, ist nicht eindeutig zu beantworten. Im Ausgangspunkt bleibt es nach Art. 14 Abs. 1 RL 2014/104/EU bei der Darlegungs- und Beweislast des mittelbaren Abnehmers. Es ist unklar, ob Art. 14 Abs. 2 der Richtline so zu verstehen werden kann, dass mit dieser Vorschrift nicht nur ein Anscheinsbeweis für das „Ob" des „Passing-On" begründet werden soll (hierzu → Rn. 148), sondern auch (oder sogar nur[590]) dafür, dass der Aufschlag in vollem Umfang weitergegeben wird, §§ 142 ff., 371, 428 ff. ZPO. Ein solcher Anscheinsbeweis wäre eine erhebliche Verbesserung gegenüber der gegenwärtigen Darlegungs- und Beweislage des mittelbaren Abnehmers, aber sachlich kaum zu rechtfertigen: Art. 14 Abs. 2 RL 2014/104/EU setzt nur voraus, dass der mittelbare Abnehmer ein von dem Kartellrechtsverstoß des Beklagten erfasstes und deswegen

---

entgegenstehenden ökonomischen Erkenntnisse hinweist. Sowohl hinsichtlich des „Ob" als auch hinsichtlich der Höhe der Weitergabe hat sich der BGH lediglich auf einen Indizienbeweis im Einzelfall gestützt (siehe sogleich).

[587] BGH Urt. v. 28.6.2011 – KZR 75/10, GRUR 2012, 291 (295) – ORWI. Vgl. hierzu *Kirchhoff* WuW 2012, 927 (928 f.).

[588] Vgl. auch Langen/Bunte/*Bornkamm* GWB § 33 Rn. 150 ff.

[589] Insoweit unzutreffend *Inderst/Thomas* Schadensersatz, 261, die offenbar in diesem Zusammenhang übersehen, dass die hier genannten und auch von *Inderst/Thomas* für relevant gehaltenen Indizien für ein Passing-On aus der Sphäre der Kartellteilnehmer stammen (vgl. dazu S. 256 ff.).

[590] Eine Auslegung von Art. 14 Abs. 2 RL 2014/104/EU, dass er nur eine Vermutung für das vollständige „Passing-On" begründet, darüber hinaus aber weder über das „Ob" noch über die Höhe des „Passing-On" etwas aussagt, könnte erklären, warum es für die Erschütterung des Anscheins des „Passing-On" nach Art. 14 Abs. 2 RL 2014/104/EU insgesamt genügt, wenn der Beklagte glaubhaft macht, dass der Preisaufschlag nicht „vollständig" weitergegeben wurde. Art. 14 Abs. 2 RL 2014/104/EU wäre dann so zu verstehen, dass er die teilweise Weitergabe sowohl im Rahmen der Haftungsbegründung als auch im Rahmen der Haftungsausfüllung unberührt lässt. Das ist aber wohl nicht so beabsichtigt gewesen; vielmehr ist die Entlastungsmöglichkeit nur unglücklich formuliert (→ Rn. 148).

überteuertes Produkt in unverarbeiteter oder verarbeiteter Form von einem Dritten erworben hat. Das genügt aber nicht, um aus ökonomischer Sicht eine vollständige Weitergabe des Preisaufschlags zu rechtfertigen,[591] zumal Art. 14 Abs. 2 RL 2014/104/EU keinerlei Begrenzung in Bezug auf die Zahl oder Art der von einem solchen Anscheinsbeweis profitierenden nachgelagerten Marktstufen vorsieht. Gegen eine Anwendung von Art. 14 Abs. 2 RL 2014/104/EU auf die Bestimmung des Umfangs des „Passing-On" spricht auch, dass nach Art. 12 Abs. 5 RL 2014/104/EU der weitergegebene Teil des Preisaufschlags geschätzt werden muss (und gerade nicht vermutet wird). Schließlich spricht gegen eine so weitreichende Vermutung, dass der Richtliniengeber damit sein eigenes Ziel, die mehrfache Inanspruchnahme des Schädigers (Art. 15 Abs. 1 RL 2014/104/EU) zu verhindern und auf jeder Vertriebsstufe eine Überkompensation (Art. 12 Abs. 2 RL 2014/104/EU) zu vermeiden, konterkarieren würde: Die über die gesamte Absatzkette hinweg wiederholte Vermutung des vollständigen „Passing-On" würde das Risiko einer Mehrfachinanspruchnahme deutlich erhöhen und im Ergebnis zu einer Überkompensation auf mehreren Stufen führen.[592]

Erheblich profitieren wird der mittelbare Abnehmer allerdings von der durch die RL 2014/104/EU geforderten **Erweiterung der derzeitigen Offenlegungspflichten.** In Art. 14 Abs. 1 RL 2014/104/EU wird dementsprechend ausdrücklich auf die Regelungen in Art. 5 ff. RL 2104/104/EU verwiesen. Mit den dort genannten „Dritten" sind insbesondere die unmittelbaren Abnehmer gemeint, um deren Preisgestaltung es bei der Frage der Schadensabwälzung geht. Während die Voraussetzungen von Art. 5 RL 2014/104/EU gegenüber der nach §§ 142 ff. ZPO geltenden Rechtslage in vielerlei Hinsicht keine wesentlichen Verbesserungen herbeiführen,[593] unterscheiden sie sich unter anderem[594] hinsichtlich der Behandlung von Geschäftsgeheimnissen wesentlich von der derzeitigen Rechtslage. Zwar sieht Art. 5 Abs. 3 lit. c) RL 2014/104/EU vor, dass bei der Prüfung der Verhältnismäßigkeit einer Offenlegungsanordnung auch die Schutzbedürftigkeit von Geschäftsgeheimnissen insbesondere von Dritten zu berücksichtigen sei. Allerdings ergibt sich aus Art. 5 Abs. 4 RL 2014/104/EU ausdrücklich, dass der Umstand, dass es sich bei den offenzulegenden Informationen um Geschäftsgeheimnisse handelt, die Anordnung der Offenlegung nicht ausschließt. Der Gesetzgeber muss lediglich sicherstellen, dass die Gerichte den Schutz von Geschäftsgeheimnissen sicherstellen können (zur Offenlegung von Beweismitteln allgemein → § 10 Rn. 154 ff., → § 24 Rn. 43 ff., → § 29 Rn. 15 ff.; zum Schutz von Geschäftsgeheimnissen → Rn. 653 ff.). Das war bislang wegen §§ 142 Abs. 2 S. 1 und 144 Abs. 2 S. 1, jeweils iVm § 384 Nr. 3 ZPO, anders. Auch wenn damit die Möglichkeiten der mittelbaren Abnehmer zur Beschaffung der für die Durchsetzung ihrer Ansprüche erforderlichen Informationen verbessert werden, bleibt die künftige praktische Bedeutung dieser Mechanismen abzuwarten. **221**

Der **Regierungsentwurf zur 9. GWB-Novelle** setzt Art. 14 RL 2014/104/EU (Vermutung bzw. Anscheinsbeweis der Weitergabe) sowie Art. 12 Abs. 5 RL 2014/104/EU (Schätzung des Umfangs) in § 33c Abs. 2, 3 und 5 RegE-GWB um. Hinsichtlich der Vermutung wird klargestellt, dass sie nur dem Grunde nach gilt, sich aber nicht zur Höhe verhält (→ Rn. 220). In § 33c Abs. 4 RegE-GWB ist die Erstreckung auf Einkaufskartelle und andere Kartellrechtsverstöße betreffend die Belieferung des Rechtsverletzers gem. Art. 12 Abs. 4 RL 2014/104/EU geregelt (krit. bereits → Rn. 153). Die Regeln zur Offenlegung von Beweismitteln wurden in §§ 33g sowie 89b und 89c RegE-GWB umgesetzt; sie gehen teilweise über die Vorgaben der RL 2014/104/EU noch hinaus (→ Rn. 206a ff.). **221a**

---

[591] Vgl. auch *Inderst/Thomas* Schadensersatz, 268.
[592] Im Ergebnis wie hier *Mederer* EuZW 2013, 847 (851); *Schweitzer* NZKart 2014, 335 (338).
[593] Vgl. *Stauber/Schaper* NZKart 2014, 346 (348); *Schweitzer* NZKart 2014, 335 (340 f.).
[594] *Schweitzer* NZKart 2014, 335 (341), weist bspw. auf die nach Art. 5 RL 2014/104/EU mögliche Bezeichnung von Kategorien von Beweismitteln (anstatt der Pflicht zur Benennung spezifischer einzelner Dokumente) sowie die dort geregelte Plicht zur Anordnung der Offenlegung (anstatt eine gerichtliche Ermessensentscheidung) hin.

222 **(b) „Passing-On" als Einwand der Kartellbeteiligten.** Der oder die beklagten Kartellbeteiligten können gegen Schadensersatzansprüche des unmittelbaren Abnehmers, aber auch von mittelbaren Abnehmern einwenden, dass diese die kartellbedingte Erhöhung der Inputkosten jeweils an die nachfolgende Marktstufe weiter gereicht haben. Ihnen obliegt dann aber die **Darlegungs- und Beweislast** für die Voraussetzungen des Einwands des „Passing-On" und für die Höhe, in der dieser Einwand gerechtfertigt ist. Das ergibt sich daraus, dass der Einwand des „Passing-On" nach deutschem Recht als ein Fall der Vorteilsausgleichung angesehen und behandelt wird (vgl. § 33 Abs. 3 S. 2 GWB) (→ § 25 Rn. 85).[595] Das bedeutet, dass die Kartellbeteiligten zunächst darlegen und beweisen müssen, dass und in welcher Höhe ein unmittelbarer oder mittelbarer Abnehmer als Kläger den von ihm als Schaden geltend gemachten Preisaufschlag an die nachfolgende Marktstufe weitergegeben hat. In diesem Zusammenhang müssen die Kartellbeteiligten auch darlegen, dass der Preisanstieg beim unmittelbaren Abnehmer nicht auf dessen eigener Wertschöpfung beruht (was schwerer ist, je geringer der Anteil der kartellbedingten überhöhten Inputkosten an Gesamtkosten und Preis ist). Umfassend zu den Voraussetzungen des Einwandes des „Passing-On" → § 25 Rn. 84 ff.[596] Darüber hinaus müssen sie dartun und gegebenenfalls beweisen, dass dieser Vorteil nicht durch einen Nachteil neutralisiert wird, weil die Gewinne des unmittelbaren Abnehmers wegen der Mengeneffekte aufgrund erhöhter Preise geschmälert werden; gegebenenfalls muss die Differenz zwischen Vor- und Nachteilen dargelegt werden.[597]

223 Die sich daraus ergebenden Anforderungen an die Darlegung und den Beweis der Voraussetzungen und des Umfangs des Einwands des „Passing-On" sind erheblich, und die Hürde für einen erfolgreichen Einwand ist damit durch den BGH offensichtlich – und wohl auch bewusst – sehr hoch gelegt worden. Angesichts der Komplexität der Beurteilung und der Vielzahl der Einflussfaktoren scheidet auch ein **Anscheinsbeweis** für das Bestehen oder die Höhe des Einwands des „Passing-On" aus. Insoweit gilt hinsichtlich der Weitergabe des Kartellaufschlags dasselbe wie bei der Geltendmachung von Ansprüchen durch mittelbare Abnehmer (zum „Ob" → Rn. 144 ff., zur Höhe → Rn. 182 ff.).[598] Auch die Höhe des Gewinns, der wegen der Weitergabe der kartellbedingten Preiserhöhung entgangen ist, ist aufgrund des Einzelfallcharakters der relevanten Faktoren nicht dem Anscheinsbeweis zugänglich.[599]

---

[595] Allg. M., vgl. nur BGH Urt. v. 28.6.2011 – KZR 75/10, GRUR 2012, 291 (297) – ORWI; KG Urt. v. 1.10.2009 – 2 U 17/03, WuW/E DE-R 2773 (2787 f.) – Berliner Transportbeton; LG Berlin Urt. v. 6.8.2013 – 16 O 193/11 Kart, WuW/E DE-R 4388 (4394) – Fahrtreppenkartell. Vgl. auch *Roth* FS Huber 2006, 1135 (1165).
[596] BGH Urt. v. 28.6.2011 – KZR 75/10, GRUR 2012, 291 (297) – ORWI. Vgl. hierzu auch *Inderst/Thomas* Schadensersatz, 274 ff.; *Morell* WuW 2013, 959 (962 ff.). Vgl. auch OLG Düsseldorf Urt. v. 22.12.2010 – VI-2 U (Kart) 34/09, BeckRS 2011, 01717, wonach es nur auf die Weitergabe des Preisaufschlags ankommen solle, während Nachteile aufgrund eines entgangenen Gewinns gesondert geltend gemacht werden müssen.
[597] Ein Rückgang der Gewinne ist nur dann nicht anzunehmen, wenn die Nachfrage vollständig unelastisch ist (so dass es nicht zu Mengeneffekten bei erhöhten Preisen kommt) und/oder wenn auf der nachgelagerten Marktstufe keine Gewinne erzielt werden (so dass mit Veränderungen der Menge keine Veränderungen der Gewinne einhergehen). Beide Fälle sind rein theoretisch. Ein Mengeneffekt von Preiserhöhungen für den Geschädigten begründet schon dann Nachteile, wenn seine Preise höher als die variablen Kosten sind und daher jedes zusätzlich verkaufte Stück zur Deckung der Fixkosten leistet. Vgl. auch *Morell* WuW 2013, 959 (964 f.); *Bulst* ZWeR 2012, 70 (84).
[598] Vgl. *Remien/Fuchs* Schadensersatz, 55, 71. Vgl. zur Höhe des Weitergabe des Kartellaufschlags auch *Inderst/Thomas* Schadensersatz, 285. Anders aber für das „Ob" (S. 276). Der BGH geht aber sowohl für die Geltendmachung von Ansprüchen durch den mittelbaren Abnehmer als auch für den Einwand des „Passing-On" durch die Kartellbeteiligten von einem „Gleichklang der Kausalitätsprüfungen" aus und verlangt, dass „die Kausalität [...] im Einzelfall nachgewiesen" wird, lässt hierfür aber in beiden Fällen einen Indizienbeweis genügen (BGH Urt. v. 28.6.2011 – KZR 75/10, GRUR 2012, 291 (294 ff.) – ORWI). Wie *Inderst/Thomas* auch *Morell* WuW 2013, 959 (964) (→ Rn. 144 f. zu Ansprüchen mittelbarer Abnehmer).
[599] So auch *Inderst/Thomas* Schadensersatz, 277 ff.; *Morell* WuW 2013, 959 (966).

Allerdings wird auf das „Passing-On" des Schadens – wie auf den Schaden selbst – der **224** **Maßstab des § 287 ZPO** angewendet; insoweit gilt nichts anderes als sonst bei der Vorteilsausgleichung.[600] Die Kartellbeteiligten müssen daher zunächst Anhaltspunkte für die Weitergabe der kartellbedingten Preisüberhöhung und die Schätzung ihres Umfangs vortragen, soweit ihnen das möglich ist. Das gilt insbesondere für Umstände, in die sie vertieften Einblick haben, wie beispielsweise Marktabdeckungsgrad und Dauer des Kartells als wichtige Faktoren für die Modellierung/Schätzung des Anteils der Preiserhöhung, der an die nachfolgende Marktstufe weitergegeben wurde. Aber auch über andere relevante Umstände, wie etwa die Marktverhältnisse auf den nachgelagerten Märkten oder die Bedeutung des von ihnen erzeugten Inputprodukts für ihren Abnehmer und deren Ausweichmöglichkeiten, mögen Informationen entweder öffentlich verfügbar oder jedenfalls den Kartellteilnehmern als Lieferanten bekannt sein. Dazu kommt, dass sich die Kartellbeteiligten nicht selten mit den mittelbaren Abnehmern selbst in Vergleichsgesprächen oder Prozessen befinden, aus denen sie weitere Anhaltspunkte für die Frage die Weitergabe von kartellbedingt überhöhten Preisen gewinnen können.[601] Schwerer wird es den Kartellbeteiligten fallen, den Einfluss der eigenen Wertschöpfung des unmittelbaren Abnehmers auf die Festsetzung seiner Preise darzulegen. Selbst wenn es den Kartellbeteiligten gelingt, die für die Feststellung der Weitergabe von erhöhten Inputkosten (und die Schätzung des Umfangs der Weitergabe) erforderlichen Anhaltspunkte vorzutragen, ist damit nur die erste Hürde genommen. Denn sie müssen zusätzlich zeigen, dass den Abnehmern keine Gewinne mit dem Absatz ihrer Produkte wegen Mengeneffekten durch erhöhte Preise entgangen sind (oder Anhaltspunkte für die Schätzung der Höhe des entgangenen Gewinns vortragen). Insoweit wird nahezu immer ein erhebliches Informationsdefizit bestehen.[602]

Um diese Informationsdefizite auszugleichen, wird in der Literatur teilweise eine groß- **225** zügige Anwendung der Grundsätze der **sekundären Darlegungslast** gefordert, deren Folge eine aktive Mitwirkung des Klägers bei der Aufklärung der für die Prüfung des Einwands des „Passing-On" erforderlichen Umstände wäre.[603] Auch der BGH geht davon aus, dass diese Grundsätze bei der Geltendmachung des Einwands des „Passing-On" angewendet werden können,[604] wie dies auch in anderen Fällen der Vorteilsausgleichung der Fall ist, wenn nur der Kläger über die Informationen zur Schätzung der Höhe des Vorteils verfügt.[605] Allerdings hat der BGH insbesondere mit Rücksicht auf die Zumutbarkeit der sekundären Darlegungslast **sehr strenge Maßstäbe** angelegt, die praktisch dazu führen werden, dass eine sekundäre Darlegungslast nur in sehr seltenen Ausnahmefällen besteht.[606] Voraussetzung ist nach dem BGH zunächst, wie stets, dass überhaupt eine Darlegungs- und Beweisnot der Kartellbeteiligten vorliegt und dass der Kläger über die erforderlichen Informationen verfügt (siehe allgemein zur sekundären Darlegungslast auch

---

[600] Vgl. allg. BGH Urt. v. 15.2.2005 – VI ZR 74/04, NJW 2005, 1041; BGH Urt. v. 31.1.1991 – VII ZR 63/90, NJW-RR 1991, 789; Prütting/Gehrlein/*Laumen* ZPO § 287 Rn. 14; Baumgärtel/Laumen/*Prütting* Grundlagen § 9 Rn. 13.
[601] BGH Urt. v. 28.6.2011 – KZR 75/10, GRUR 2012, 291 (297) – ORWI.
[602] Vgl. insgesamt hierzu *Inderst/Thomas* Schadensersatz, 278 f.; *Morell* WuW 2913, 959 (964); *Bulst* ZWeR 2012, 70 (85); HLMV/*Schweitzer*, 71 ff.
[603] Sehr großzügig etwa *Inderst/Thomas* Schadensersatz, 283 f.; zu großzügig hinsichtlich des Marktabdeckungsgrads des Kartells S. 275 unter Berufung auf KG Urt. v. 1.10.2009 – 2 U 17/03, WuW/E DE-R 2773 (2787 f.) – Transportbeton. Das KG verkennt dort aber (wie offenbar auch *Inderst/Thomas*), dass es sich beim Marktabdeckungsgrad nicht um eine negative Tatsache handelt; zudem dürften die Kartellbeteiligten regelmäßig über die Marktabdeckung durch das Kartell besser informiert sein als die Marktgegenseite. Kritisch gegenüber der vom BGH verlangten Zurückhaltung (bei der Anwendung der sekundären Darlegungslast (siehe hierzu sogleich) auch *Haas/Dittrich* LMK 2012, 327348; *Lübbig/Mallmann* WRP 2012, 166 (171).
[604] BGH Urt. v. 28.6.2011 – KZR 75/10, GRUR 2012, 291 (297) – ORWI.
[605] BGH Urt. v. 10.2.1987 – VI ZR 17/86, NJW 1987, 1814 (1815).
[606] So auch die Bewertung von *Morell* WuW 2013, 959 (964). Vgl. auch *Buntscheck* WuW 2013, 947 (955 ff.); *Kirchhoff* WuW 2012, 927 (933); HLMV/*Schweitzer*, 73 f.

→ Rn. 89 ff.). Darüber hinaus misst der BGH der Möglichkeit und Zumutbarkeit der Streitverkündung durch die Kartellbeteiligten gegenüber Abnehmern auf den nachfolgenden Marktstufen entscheidende Bedeutung zu. Können die Kartellbeteiligten das Risiko der Mehrfachinanspruchnahme dadurch ausräumen, sei für eine sekundäre Darlegungslast kein Raum mehr.[607] Aber auch wenn danach eine sekundäre Darlegungslast des Klägers grundsätzlich in Betracht kommt, sei sie abzulehnen, wenn die Interessenabwägung zu Lasten der Kartellbeteiligten ausfällt. Dies könne vor allem der Fall sein, wenn es – wie angesichts des Gegenstands der Prüfung sehr häufig – um Geschäftsgeheimnisse des Klägers von erheblichem Gewicht geht (zur sekundären Darlegungslast und Geschäftsgeheimnissen → Rn. 90). Zudem wird eine sekundäre Darlegungslast wegen der mit ihr verbundenen Belastung des nicht primär darlegungs- und beweispflichtigen Klägers – im Übrigen auch im Hinblick auf den enormen Aufwand bei der unternehmensinternen Ermittlung der erforderlichen Informationen – nur in Betracht kommen, wenn die Kartellbeteiligten nicht nur Gründe für eine hohe Wahrscheinlichkeit eines „Passing-On" darlegen, sondern auch gewichtige Gründe dafür dartun, dass ein erheblicher Anteil des Schadens an die nächste Marktstufe weitergegeben wurde. Schließlich seien, so der BGH, die Nachweisschwierigkeiten der indirekten Abnehmer auf der nachgelagerten Marktstufe zu berücksichtigen; im Interesse der (auch EU-rechtlich gebotenen) Effizienz des Kartelldeliktsrechts vor allem bei (erheblichen) Kartellrechtsverstößen sollen die Kartellbeteiligten nicht davon profitieren, dass Ansprüche nicht (oder nur unter Offenlegung von Geschäftsgeheimnissen) durchgesetzt werden (können).[608]

226 Die Umsetzung der **RL 2014/104/EU** dürfte hinsichtlich der Erfolgsaussichten des Einwands des „Passing-On" des Schadens zu erheblichen Veränderungen führen.[609] Das gilt schon für die materiell-rechtliche Ausgangslage: Die Richtlinie **trennt zwischen der Weitergabe des Preisaufschlags und den Nachteilen durch entgangenen Gewinn wegen Mengeneffekten** (Art. 12 Abs. 3 RL 2014/104/EU). Nur die Weitergabe des Preisaufschlags wird als Einwand behandelt; der deswegen entgangene Gewinn wird hingegen dem Schaden zugewiesen.[610] Eine Saldierung, wie sie nach der Rechtsprechung des BGH zum Einwand des „Passing-On" vorzunehmen ist,[611] findet nicht statt.[612] Das hat Folgen für die Darlegungs- und Beweislast: Während die Kartellbeteiligten nach der derzeitigen Rechtslage die Darlegungs- und Beweislast für das Saldo aus Vorteil und Nachteil (also gewissermassen den „Nettovorteil") tragen, obliegt den Kartellbeteiligten nach Art. 13 S. 2 RL 2014/104/EU die Darlegungs- und Beweislast nur noch für die Weitergabe des Kartellaufschlags. Hinsichtlich des entgangenen Gewinns bleibt es dagegen nach der RL 2014/104/EU bei den allgemeinen Regeln, so dass diesen der Kläger darlegen und beweisen muss. Das führt zu einer erheblichen Entlastung der Kartellbeteiligten.[613]

---

[607] Der BGH verleiht diesem Aspekt mehr Gewicht, als gerechtfertigt scheint. Eine Streitverkündung dürfte praktisch in den meisten Fällen ausscheiden, weil den Kartellbeteiligten die mittelbar Geschädigten nicht bekannt sind oder weil es so viele sind, dass den Beklagten eine Streitverkündung gegenüber allen möglicherweise mittelbar Geschädigten praktisch nicht zuzumuten ist. Auch dann, wenn die mittelbar Geschädigten zu einem Großteil im Ausland ansässig sind, kann eine Streitverkündung gegenüber allen mittelbar Geschädigten unzumutbar sein.
[608] BGH Urt. v. 28.6.2011 – KZR 75/10, GRUR 2012, 291 (297f.) – ORWI. Vgl. zu den Anforderungen auch *Morell* WuW 2013, 959 (964 f.); *Kirchhoff* WuW 2012, 927 (930 f., 933); HLMV/*Schweitzer*, 73 f.
[609] AA *Inderst/Thomas* Schadensersatz, 292: „entspricht im Wesentlichen der Rechtsprechungslinie des BGH." *Inderst/Thomas* übersehen aber insbesondere die Auswirkung der materiell-rechtlichen Veränderungen durch die Trennung von Preisaufschlag und entgangenem Gewinn auf die Darlegungs- und Beweislast. Zudem unterschätzen sie die voraussichtlichen Auswirkungen der Offenlegungsvorschriften der Richtlinien insbesondere im Verhältnis zwischen den Parteien.
[610] Remien/*Fuchs* Schadensersatz, 51, 72 ff., hält eine entsprechende Trennung auch nach deutschem Recht für geboten und kritisiert den BGH wegen der von ihm vorgenommenen Saldierung.
[611] *Kirchhoff* WuW 2012, 927 (930): „Gesamtvermögensvergleich".
[612] Das ist bemerkenswert, weil sich der Ansatz des BGH in seinem „ORWI"-Urteil eher aus dem Unionsrecht als aus dem deutschen Schadensersatzrecht herleiten ließ, vgl. *Bulst* ZWeR 2012, 70 (81 ff.).
[613] So auch *Kühne/Woitz* DB 2015, 1028 (1030); *Makatsch/Mir* EuZW 2015, 7 (12); *Schweitzer* NZKart 2014, 335 (338); *Volrath* NZKart 2013, 434 (442); unklar *Stauber/Schaper* NZKart 2014, 346 (351).

Der **RegE-GWB** folgt in § 33c Abs. 1 S.2 und 3 der Systematik der RL 2014/104/EU. Wegen der damit verbundenen Abkehr von der bisherigen Rechtsprechung des BGH dürfte der Hinweis in der Begründung des Regierungsentwurfs, dass die Neuregelung nur klarstellend sei, nicht zutreffen.

Darüber hinaus können die Kartellbeteiligten vom Kläger nach Art. 13 S. 2 RL 2014/104/EU die **Offenlegung von Beweismitteln** verlangen, die sie für die Darlegung und den Nachweis der Weitergabe des Preisaufschlags benötigen. Weil die Anordnung der Offenlegung nach Art. 5 Abs. 3 RL 2014/104/EU nur zulässig ist, wenn sie verhältnismäßig ist, werden die Gesichtspunkte, die bereits jetzt im Rahmen der sekundären Darlegungslast zu berücksichtigen sind, auch weiterhin relevant sein. Allerdings wird dem Schutz der Geschäftsgeheimnisse wahrscheinlich künftig deutlich weniger Gewicht als Grund für die Versagung der Offenlegung zukommen als heute bei der Entscheidung über die sekundäre Darlegungslast. Aus Art. 5 Abs. 3 lit c) RL 2014/104/EU folgt zwar, dass bei der Entscheidung über die Offenlegung berücksichtigt werden muss, ob Geschäftsgeheimnisse betroffen sind. Art. 5 Abs. 4 RL 2014/104/EU stellt aber klar, dass auch Geschäftsgeheimnisse offengelegt werden müssen, wenn ihr Schutz sichergestellt werden kann[614] (→ Rn. 653 ff., 664). Daher wird auch die Pflicht zur Offenlegung von Beweismitteln die Position der unmittelbar Geschädigten deutlich schwächen.[615] Die Umsetzung der Offenlegungsregeln durch den RegE-GWB wurde bereits oben erläutert (→ Rn. 206a ff.).

227

Auch nach der RL 2014/104/EU bleibt es hingegen dabei, dass die Höhe des weitergegebenen Anteils des Preisaufschlags – wie bereits heute nach § 287 ZPO – durch das Gericht geschätzt werden kann (Art. 12 Abs. 5 RL 2014/104/EU), dass es aber im Übrigen keine **Beweiserleichterungen** zugunsten der Kartellbeteiligten gibt. Die in Art. 14 Abs. 2 RL 2014/104/EU für die Geltendmachung von Ansprüchen durch mittelbare Abnehmer vorgesehene Vermutung der Weitergabe von Preisaufschlägen ist nicht anwendbar.[616] Das folgt bereits aus ihrer systematischen Stellung. Hätte der Richtliniengeber einen Bedarf für eine Vermutung auch zugunsten der Kartellbeteiligten gesehen, hätte er diese Vermutung nicht unter der Überschrift „Mittelbare Abnehmer" in Art. 14 RL 2014/104/EU geregelt oder in Art. 13 RL 2014/104/EU zumindest auf diese Regelung verwiesen. Für eine Erstreckung der Vermutung auf den Einwand des „Passing-On" gibt es auch keinen Grund. Einer etwaigen Darlegungs- und Beweisnot der Kartellbeteiligten im Verhältnis zwischen den Parteien kann bereits heute durch gesteigerte Anforderungen an die Substantiierung des Bestreitens durch den Kläger (bis hin zu einer sekundären Darlegungslast) entgegengewirkt werden. Nach Umsetzung der RL 2014/104/EU gelten ohnedies die Offenlegungspflichten nach Art. 5 RL 2014/104/EU, die voraussichtlich im Verhältnis zwischen den Parteien eines Rechtsstreits (wie beim Einwand des „Passing-On") großzügiger angewendet werden als im Verhältnis zu Dritten (wie bei der Geltendmachung von Schadensersatz durch mittelbare Abnehmer).[617] Dem entspricht auch die Umsetzung im **RegE-GWB**.

228

b) Relevanz des Verletzergewinns. Mit der Siebten GWB-Novelle wurde in § 33 Abs. 3 S. 3 GWB aufgenommen, dass „[b]ei der Entscheidung über den Umfang des Schadens nach § 287 [ZPO] insbesondere der anteilige Gewinn [berücksichtigt werden kann], den das Unternehmen durch den Verstoß erlangt hat" (kurz der „Verletzergewinn"). Die Bedeutung dieser Bestimmung ist in verschiedener Hinsicht rätselhaft; soweit ersichtlich, wurde sie bislang durch die Zivilgerichte auch nicht als Grundlage eines Schadensersatzanspruchs nach § 33 Abs. 3 GWB akzeptiert. Zunächst stellt sich die Frage, ob § 33 Abs. 3 S. 3 GWB als Anspruch auf Herausgabe des Verletzergewinns anzusehen ist. Auf den ers-

229

---

[614] Vgl. *Böni* EWS 2014, 324 (327); *Schweitzer* NZKart 2014, 335 (338).
[615] Vgl. etwa *Kühne/Woitz* DB 2015, 1028 (1030); *Bues/Fritzsche* DB 2014, 2881 (2882).
[616] AA wohl *Inderst/Thomas* Schadensersatz, 285.
[617] Das ergibt sich als Umkehrschluss aus der ausdrücklichen Bezugnahme auf das besondere Gewicht der Interessen Dritter in Art. 5 Abs. 3 RL 2014/104/EU.

ten Blick scheint das naheliegend: Die Idee zur ausdrücklichen Erwähnung des Verletzergewinns im Zusammenhang mit der Bestimmung der Höhe des Schadensersatzes stammt aus dem gewerblichen Rechtsschutz. Dort hat der Schutzrechtsinhaber, der Schadensersatzansprüche wegen einer Verletzung seiner Schutzrechte geltend macht, ein Wahlrecht. Er kann den tatsächlichen Schaden geltend machen; er kann vom Verletzer die hypothetischen Lizenzgebühren verlangen; oder er kann Herausgabe des Gewinns verlangen, den der Verletzer durch die Verletzungshandlung erzielt hat.[618] Gleichwohl sprechen die deutlich besseren Gründen dafür, dass § 33 Abs. 3 S. 3 GWB keinen Anspruch auf Herausgabe des Verletzergewinns vermittelt; das entspricht auch der im Wesentlichen einhelligen Meinung in der Literatur (→ Rn. 230 ff.). Es bleibt dann die Frage, in welchen Konstellationen eigentlich Raum für die Heranziehung des Verletzergewinns ist (→ Rn. 235 ff.).

230 **aa) Kein Anspruch auf Herausgabe.** Aus § 33 Abs. 3 S. 3 GWB folgt kein Anspruch auf Herausgabe des Verletzergewinns. Durch diese Vorschrift sollen die Maßstäbe der §§ 249 ff. BGB nicht verändert werden. Grundlage für die Bemessung des Schadensersatzanspruchs nach § 33 GWB ist auch nach der Neuregelung in der Siebten GWB-Novelle die Differenzhypothese. Der Verletzergewinn kann dabei nur ein Anhaltspunkt sein (zu den Auswirkungen auf die Darlegungs- und Beweislast im Rahmen des § 287 Abs. 1 ZPO → Rn. 235 ff.); mehr besagt § 33 Abs. 3 S. 3 GWB nicht[619] (und ist deswegen im Grunde überflüssig). Dies folgt nicht nur aus dem **Wortlaut** der Vorschrift, nach dem nicht der Geschädigte zwischen Schadensersatz und Gewinnherausgabe wählen kann, sondern das Gericht (das die Entscheidung nach § 287 ZPO trifft) den Verletzergewinn „berücksichtigen" kann.[620] Dass § 33 Abs. 3 S. 3 GWB keinen Anspruch auf Gewinnherausgabe vermittelt, belegt auch die **Gesetzgebungsgeschichte.**[621] Der Referentenentwurf für die 7. GWB-Novelle v. 17.12.2003 räumte dem Geschädigten ausdrücklich ein Wahlrecht zwischen dem entgangenen Gewinn und einem Anspruch auf Herausgabe des „Verletzergewinns" ein. Danach hätte § 33 Abs. 3 S. 3 GWB lauten sollen: „Der Betroffene kann an Stelle des Schadensersatzes den anteiligen Gewinn, den das Unternehmen durch den Verstoß erlangt hat, und Rechnungslegung über diesen Gewinn verlangen." In der Gesetzesbegründung wurde ausdrücklich auf die Rechtslage im gewerblichen Rechtsschutz Bezug genommen. Die zunächst vorgeschlagene Regelung wurde jedoch bereits in der zweiten Fassung des Referentenentwurfs wieder gestrichen und durch die heutige Formulierung ersetzt. Sie dient, so die Gesetzesbegründung ausdrücklich, nur der Klarstellung, dass der Verletzergewinn bei der Schadensschätzung berücksichtigt werden kann, bildet aber gerade keine Grundlage mehr für einen Herausgabeanspruch. Bei dieser Fassung blieb es dann auch; sie ist in § 33 Abs. 3 S. 3 GWB Gesetz geworden.

231 Die Entscheidung des Gesetzgebers gegen einen Anspruch auf Herausgabe des Verletzergewinns in § 33 Abs. 3 S. 3 GWB ist auch **dogmatisch überzeugend,** und zwar gerade dann, wenn man die Bedeutung des Verletzergewinns im Recht des geistigen Eigentums und im Lauterkeitsrecht zum Vergleich heranzieht. Der Anspruch auf Herausgabe des Verletzergewinns wurde im Rahmen der so genannten dreifachen Schadensberechnung bei der Verletzung von Rechten des geistigen Eigentums in Anlehnung an die Herausgabeansprüche aus § 687 Abs. 2 iVm § 667 BGB bei angemaßter Eigengeschäftsfüh-

---

[618] Im Einzelnen etwa *Kühnen,* Handbuch der Patentverletzung, 7. Aufl. 2014 Rn. 2598 ff.
[619] HM, vgl. beispielsweise Immenga/Mestmäcker/*Emmerich* GWB § 33 Rn. 69; Loewenheim/Meessen/Riesenkampff/*Rehbinder* GWB § 33 Rn. 38; *Bechtold* GWB § 33 Rn. 33; HLMV/*Schweitzer,* 56; *Alexander* Schadensersatz, 400; *Inderst/Thomas* Schadensersatz, 233 f.; *Rauh* NZKart 2013, 222 (226); *Ellger* FS Möschel 2011, 191 (217 ff.). Wohl für einen Anspruch auf „Gewinnabschöpfung" (also Herausgabe) als Alternative zum Schadensersatz Eger/Schäfer/*Wagner,* S. 605, 653 ff. Vgl. in dieselbe Richtung auch Möschel/Bien/*Bulst,* 225, 238 f.
[620] Ebenso *Ellger* FS Möschel 2011, 191 (217 f.).
[621] Ebenso Immenga/Mestmäcker/*Emmerich* GWB § 33 Rn. 69; MüKoGWB/*Lübbig* GWB § 33 Rn. 110; *Rauh* NZKart 2013, 222 (226); *Inderst/Thomas* Schadensersatz, 233 f. Vgl. auch die Begründung des ursprünglichen Referentenentwurfs einerseits und des späteren Gesetzesentwurfs andererseits.

rung entwickelt.[622] Er setzt eine eingriffsfähige Rechtsposition voraus (wie etwa die Immaterialgüterrechte und die in ähnlicher Weise nach § 3 Abs. 1 und § 4 Nr. 9 UWG geschützten Leistungen sowie die nach §§ 17ff. UWG geschützten Geschäftsgeheimnisse und Vorlagen).[623] Der Anspruch auf Herausgabe des Verletzergewinns folgt aus dem vermögensrechtlichen Zuweisungsgehalt der Rechte des geistigen Eigentums[624] und „hat eigentlich mit Schadensersatz nichts zu tun."[625] Dem Verletzten soll es frei stehen, die Benutzungshandlung durch den Verletzer gegen (bzw. für) sich gelten zu lassen und die Früchte der Benutzung herauszuverlangen; denn auch der Gewinn in Verwirklichung einer Rechtsposition mit Ausschließlichkeitscharakter ist dem Verletzten vermögensrechtlich zugewiesen.[626] Der Verletzer wird damit wie ein Geschäftsführer behandelt, der auf fremde Rechnung handelt.[627] Bei rein verhaltensbezogenen Wettbewerbsverstößen kann der Geschädigte demgegenüber nach einhelliger Meinung im Lauterkeitsrecht den Verletzergewinn vom Schädiger nicht herausverlangen.[628] Diese Abgrenzung im gewerblichen Rechtsschutz und Lauterkeitsrecht war Anlass für die Änderung der Gesetzgebungsvorschläge zwischen dem ersten und dem zweiten Referentenentwurf der 7. GWB-Novelle. Wie auch bei den verhaltensbezogenen Normen des Lauterkeitsrechts, etwa dem lauterkeitsrechtlichen Verbot der Wettbewerberbehinderung,[629] ist ein Herausgabeanspruch dogmatisch im Kartellrecht nicht zu begründen. Im Kartellrecht geht es nur um verhaltensbezogene Normen und nicht um den Schutz vermögensrechtlich zugewiesener Positionen vor Eingriffen.[630]

232 Vor diesem Hintergrund gibt es keine Anhaltspunkte dafür, dass mit § 33 Abs. 3 S. 3 GWB das das deutsche Schadensersatzrecht durchziehende **Verbot der Überkompensation**[631] für Ansprüche auf Schadensersatz wegen Verstößen gegen das Kartellrecht außer Kraft gesetzt werden sollte. Deswegen überzeugt auch die in der Literatur teilweise vertretene Ansicht, der Verletzergewinn könne als „Präventionszuschlag"[632] bei der Schätzung des Schadens berücksichtigt werden, nicht.[633] Soweit von Teilen der Literatur der Präventionsgedanke im Rahmen des § 33 Abs. 3 GWB dem Kompensationsgedanken gleichgestellt wird,[634] ist jedenfalls für das künftige Verständnis von § 33 Abs. 3 S. 3 GWB auch auf Art. 3 Abs. 3 RL 2014/104/EU hinzuweisen, aus dem ein ausdrückliches Verbot der Überkompensation folgt, und zwar unabhängig davon, aus welcher Art von Schadensersatz die Überkompensation resultiert. Der Präventionszweck der schadensersatzrechtlichen Normen im Kartellrecht beschränkt sich darauf, in den Grenzen des Verbots der Überkompensation für einen effektiven Schadensersatzanspruch zu sorgen.[635] Wird durch den Schadensersatz und/oder die Geldbuße der wirtschaftliche Vorteil, den der

---

[622] Vgl. etwa *Meier-Beck* GRUR 2005, 617 (618).
[623] Köhler/Bornkamm/*Köhler* UWG § 9 UWG Rn. 1.36b; *Teplitzky* Wettbewerbsrechtliche Ansprüche und Verfahren § 34 Rn. 19.
[624] Piper/Ohly/Sosnitza/*Ohly* UWG § 9 Rn. 15.
[625] *Meier-Beck* GRUR 2005, 617 (618).
[626] Piper/Ohly/Sosnitza/*Ohly* UWG § 9 Rn. 15.
[627] *Meier-Beck* GRUR 2005, 617 (618).
[628] Vgl. Harte-Bavendamm/Henning-Bodewig/*Goldmann* UWG § 9 Rn. 117; Piper/Ohly/Sosnitza/*Ohly* UWG § 9 Rn. 15; *Teplitzky* Wettbewerbsrechtliche Ansprüche und Verfahren § 34 Rn. 19 mwN.
[629] Vgl. zu § 4 Nr. 10 UWG ausdrücklich BGH Urt. v. 29.6.2010 – KZR 31/08, MMR 2010, 786 (789f.); Köhler/Bornkamm/*Köhler* UWG § 9 Rn. 1.36b; Piper/Ohly/Sosnitza/*Ohly* UWG § 9 Rn. 15.
[630] Ebenso *Ellger* FS Möschel 2011, 191 (218f.); vgl. auch *Rauh* NZKart 2013, 222 (224), im Zusammenhang mit der vergleichbaren Frage, ob der Verletzergewinn dem Gesamtgewinn mit dem kartellbetroffenen Produkt entspreche oder nur anteilig an diesem zu bemessen sei.
[631] Ausdr. etwa BGH Urt. v. 28.6.2011 – KZR 75/10, GRUR 2012, 291 (296) – ORWI.
[632] So die Formulierung von *Ellger* FS Möschel 2011, 191 (222).
[633] Immenga/Mestmäcker/*Emmerich* GWB § 33 Rn. 70; *Rauh* NZKart 2013, 222 (226). Vgl. aber *Roth* FS Huber, 1133 (1167); *Ellger* FS Möschel 2011, 191 (221ff.); Möschel/Bien/*Bulst,* 225, 238f. Vgl. auch *Wagner,* 605, 656ff.
[634] Vgl. etwa Möschel/Bien/*Bulst,* 225, 235ff.; HLMV/*Schweitzer,* 56f.
[635] Vgl. BGH Urt. v. 28.6.2011 – KZR 75/10, GRUR 2012, 291 (296): „nützliche Folge der Kompensation".

Schädiger durch den Verstoß erlangt hat, nicht vollständig abgeschöpft, sieht der Gesetzgeber (ausschließlich) die Gewinnabschöpfung nach § 34 GWB vor.

233 **bb) Rolle des Verletzergewinns bei der Schadensschätzung nach § 287 ZPO.** Durch § 33 Abs. 3 S. 3 GWB sollten also weder die materiell-rechtlichen Maßstäbe der §§ 249 ff. BGB noch die prozessualen Anforderungen des § 287 Abs. 1 ZPO verändert und (noch) weiter reduziert werden. § 33 Abs. 3 S. 3 GWB ist dementsprechend in dem durch die §§ 249 ff. BGB und § 287 Abs. 1 ZPO gesetzten Rahmen zu verstehen und anzuwenden. Die durch Schätzung nach § 287 ZPO zu beantwortende Frage bleibt dementsprechend auch bei Berücksichtigung von § 33 Abs. 3. S. 3 GWB, ob und in welcher Höhe wahrscheinlich ein Schaden entstanden ist. Damit kann dem Verletzergewinn nur unter zwei **Voraussetzungen** eine Rolle bei der Schadensschätzung zukommen: Eine Schätzung anhand des Verletzergewinns kommt **erstens** nur dann in Betracht, wenn und soweit er im konkreten Einzelfall auch tatsächlich zu diesem Zweck taugt und sich aus ihm ein Anhaltspunkt dafür gewinnen lässt, wie der Geschädigte ohne die angebliche Schädigung wirtschaftlich gestanden hätte. Gibt der Verletzergewinn für die Schätzung des Schadens nichts her, darf er bei der Schadensschätzung auch nicht berücksichtigt werden. Selbst wenn diese Voraussetzung erfüllt sein sollte, darf der Verletzergewinn **zweitens** nur dann herangezogen werden, wenn keine besser geeignete Schätzgrundlage vorhanden und für den Geschädigten erreichbar ist. Trotz der Beweiserleichterungen, die § 287 Abs. 1 ZPO vorsieht, bleibt sein Ziel die genaue Bestimmung des Schadens. Soweit dies nur auf der Basis einer Schätzung möglich ist, muss sie daher in einer Weise vorgenommen werden, die alle wesentlichen Bemessungsfaktoren einbezieht und eine weitestmögliche Annäherung an den wirklichen Schaden gewährleistet (→ Rn. 188).

234 Der Gesetzgeber hatte bei der ausdrücklichen Aufnahme des Verletzergewinns in den Kanon der Schätzgrundlagen im Rahmen des § 287 Abs. 1 ZPO insbesondere den Fall im Blick, dass die Ermittlung des hypothetischen Marktpreises als Grundlage der Schadensberechnung nach der Differenzmethode mit großen Schwierigkeiten verbunden ist.[636] Daraus wird deutlich, dass der Gesetzgeber eine Rolle des Verletzergewinns insbesondere bei der Schätzung des Schadens aus **Hardcore-Kartellabsprachen** sah.[637] Das ist im Ausgangspunkt nachvollziehbar, weil der Schaden des (unmittelbaren) Abnehmers durch kartellbedingte Preiserhöhungen spiegelbildlich zu dem Vermögensvorteil des Kartellbeteiligten ist (wenn man die Passing-On-Problematik und Schäden durch den Bezug von Kartellaußenseitern ausklammert).[638] Auch die Bezugnahme in der Gesetzesbegründung auf die (dem gewerblichen Rechtsschutz entnommene[639]) Ermittlung des Verletzergewinns als Umsatzerlöse abzüglich variabler Herstellungs- und Betriebskosten[640] erscheint vor allem im Zusammenhang mit Hardcore-Kartellabsprachen sinnvoll (dazu, ob eine Bemessung des Verletzergewinns im Rahmen des § 33 Abs. 3 S. 3 GWB anhand der variablen Kosten sinnvoll ist → Rn. 236 ff.). In einer aus ökonomischer Sicht idealisierten Welt mit vollkommenem Wettbewerb bei homogenen Gütern müssten die Preise grundsätzlich auf die variablen Kosten fallen; unter bestimmten Voraussetzungen gilt das auch in Oligopolmärkten.[641] Der als Differenz zwischen Umsätzen und variablen Kosten ermittelte Gewinn ist also der bei dem niedrigsten denkbaren hypothetischen Wettbewerbspreis maxi-

---

[636] Bundesregierung, Entwurf eines Siebten Gesetzes zur Änderung des GWB, BR-Drs. 441/04 v. 28. 5. 2004, S. 93.
[637] *Roth* FS Huber, 1133 (1167).
[638] Behrens/Hartmann-Rüppel/Herrlinger/*Hartmann-Rüppel,* Schadensersatzklagen gegen Kartellmitglieder, S. 85, 92.
[639] Vgl. zu den Maßstäben im gewerblichen Rechtsschutz bspw. *Kühnen* Handbuch der Patentverletzung Rn. 2655 ff.
[640] Bundesregierung, Entwurf eines Siebten Gesetzes zur Änderung des GWB, BR-Drs. 441/04 v. 28. 5. 2004, S. 93.
[641] Wobei selbst in einer solchen Situation mittel- bis langfristig durch eine Angebotsverknappung oder eine stärkere Ausdifferenzierung der betreffenden Güter ein die Vollkosten deckendes Preisniveau erreicht würde.

mal angefallene Schaden aus Hardcore-Kartellabsprachen. Um eine Überkompensation zu verhindern, müsste dieser Betrag dann jedoch im Rahmen der weiteren Schätzung in aller Regel erheblich korrigiert werden, um den Unterschieden zwischen diesen idealisierten Bedingungen und den tatsächlichen (hypothetischen) Wettbewerbsverhältnissen auf dem betreffenden Markt gerecht zu werden (→ Rn. 236 ff.). Das betrifft etwa den Grad der Homogenität der betroffenen Produkte und die Konzentration in dem relevanten Markt. Insoweit überschneiden sich der Verletzergewinnansatz des GWB mit den in der Wettbewerbsökonomie anerkannten Simulations- und Kostenmodellen (→ Rn. 176 ff.). Allerdings zeichnen sich gerade Hardcore-Kartellabsprachen dadurch aus, dass an dem Kartellrechtsverstoß mehrere Unternehmen beteiligt sind, aber jedes der beteiligten Unternehmen gesamtschuldnerisch für den gesamten Schaden haftet. Wird nur eines dieser Unternehmen gesamtschuldnerisch in Anspruch genommen, ist dessen Verletzergewinn schon deswegen als Anhaltspunkt für die Schadensschätzung nicht (oder allenfalls sehr eingeschränkt) geeignet, weil er nur einen Teil des Gesamtgewinns der Kartellbeteiligten abbildet (und auch auf die anderen kartellbeteiligten Unternehmen nur sehr eingeschränkt hoch gerechnet werden kann, weil diese zumeist individuell stark voneinander abweichende Kostenstrukturen und Umsätze haben). Insgesamt ist davon auszugehen, dass die von der Wettbewerbsökonomik entwickelten (und mittlerweile auch erprobten) (Vergleichs-) Methoden zur Ermittlung von Preisaufschlägen zur Schadensschätzung (→ Rn. 173 ff.) in vielen Fällen besser geeignet sind als der Verletzergewinn. Soweit einem Geschädigten die für eine verlässliche Schätzung auf der Basis dieser ökonomischen Methoden erforderlichen Informationen fehlen, kann er Auskunftsansprüche (gegebenenfalls im Wege der Stufenklage) geltend machen (und nach Umsetzung der RL 2014/104/EU gegebenenfalls auch Offenlegung der erforderlichen Daten von den Kartellbeteiligten verlangen) (→ § 29).

Bei **Kartellrechtsverstößen außerhalb des Bereichs der Hardcore-Kartellabsprachen** erscheint es noch unwahrscheinlicher, dass die beiden in → Rn. 233 genannten Voraussetzungen für eine Schätzung anhand des Verletzergewinns erfüllt sind. Den bei Hardcore-Kartellabsprachen einigermaßen einfachen Mechanismus der Vermögensverlagerung vom Abnehmer zum Lieferanten über die Preisgestaltung für das kartellbetroffene Vertragsprodukt gibt es bei den meisten anderen Arten von Kartellrechtsverstößen nicht. Das gilt insbesondere im Anwendungsbereich des Behinderungsmissbrauchs, bei vielen Arten von wettbewerbsbeschränkenden Vertikal- oder Horizontalkooperationen und beim Boykottverbot.[642] Es fehlt dort zumeist an der für Hardcore-Kartellabsprachen typischen Spiegelbildlichkeit des Vorteils der Kartellbeteiligten und des Nachteils der Abnehmer; eine Ausnahme ist allenfalls der Preishöhenmissbrauch. Dementsprechend ist auch die Ermittlung des Schadens ungleich komplexer und erfordert in der Regel eine umfassende Simulation der Entwicklung des Marktes, der Marktanteile und der Geschäftsmöglichkeiten der Marktteilnehmer ohne den Verstoß. Geht es beispielsweise bei einem Behinderungsmissbrauch um die Schätzung des entgangenen Gewinns von Wettbewerbern des Marktbeherrschers, lassen sich aus dem Verletzergewinn des Marktherrschers in der Regel keine Rückschlüsse auf die Höhe des Gewinns ziehen, die ein Wettbewerber ohne das missbräuchliche Verhalten erzielt hätte. Der Gewinn des marktbeherrschenden Unternehmens dürfte in aller Regel schon wegen dessen Marktstellung beim Absatz und größenbedingter Effizienzvorteile bei der Herstellung seiner Waren oder Dienstleistungen nicht repräsentativ sein. In der Missbrauchssituation kann der Gewinn des Marktbeherrschers überdies auch wegen des Missbrauchs überhöht und deswegen als Anhaltspunkt für den ohne Verstoß zu erzielenden Gewinn untauglich sein. Die eigenen Umsatz- und Kostendaten des Geschädigten sind daher in aller Regel in diesen Fällen die bessere Grundlage für die Schadensschätzung. Das mag allenfalls dann anders sein, wenn durch

---

[642] Ebenso Behrens/Hartmann-Rüppel/Herrlinger/*Hartmann-Rüppel* Schadensersatzklagen gegen Kartellmitglieder, 85, 92.

den Missbrauch ein dem marktbeherrschenden Unternehmen vergleichbares Geschäftsmodell ganz verhindert wurde und eigene Daten des Geschädigten, an die man für die Schadensschätzung anknüpfen könnte, deswegen nicht vorliegen. Zudem verringert sich in diesen Fällen auch die Beweisnot des Geschädigten durch die Verwendung des Verletzergewinns nicht. Typischerweise ist die zentrale Frage bei der Ermittlung des wegen eines Behinderungsmissbrauches entgangenen Gewinns, ob ein Markteintritt möglich gewesen wäre und/oder wie sich die Marktstellung des Geschädigten ohne das missbräuchliche Verhalten verändert hätte. Diese Frage stellt sich bei der Ermittlung des Verletzergewinns – also des auf der Verletzung beruhenden Gewinns – in derselben Weise wie bei der Ermittlung des Schadens anhand der eigenen Umsatz- und Kostendaten.

236 Insgesamt sind also nur wenige Fälle denkbar, in denen der Verletzergewinn überhaupt eine Rolle spielen könnte.[643] Aber auch bei diesen wenigen Fällen bestehen Zweifel daran, ob die Verwendung des Verletzergewinns als Grundlage der Schadensschätzung für den Geschädigten tatsächlich mit erheblichen Vorteilen verbunden ist. In der Literatur wird in diesem Zusammenhang oft darauf hingewiesen, dass für die **Bemessung des Verletzergewinns** nach der Gesetzesbegründung – wie im gewerblichen Rechtsschutz – auf eine nur an den variablen Kosten ausgerichtete Methode zurückzugreifen sei und dass besondere Eigenleistungen des oder der an dem Verstoß beteiligten Unternehmen beim Vertrieb nicht zu berücksichtigen seien.[644] Das bedeutet praktisch, dass nicht auf den kartellbedingten Gewinnanteil, sondern auf den Gesamtgewinn abgestellt wird,[645] und ist deswegen wenig überzeugend.[646] Schon der Gesetzeswortlaut gibt dafür nicht viel her; gemeinsam mit der gesetzgeberischen Entscheidung gegen einen Herausgabeanspruch (→ Rn. 230 ff.) belegt er eher das Gegenteil. Danach ist der „durch den Verstoß erlangt[e]" „anteilige Gewinn" bei der Schadensschätzung nach § 287 Abs. 1 ZPO zu berücksichtigen. Dementsprechend muss es sich bei dem in § 33 Abs. 3 S. 3 GWB genannten Gewinn um eine Größe handeln, die in irgendeiner Relation zum Kartellrechtsverstoß steht und aus der sich als Anküpfungspunkt für die – auf eine möglichst genaue Annäherung an den tatsächlichen Schaden gerichtete (→ Rn. 188) – Schadensschätzung nach § 287 Abs. 1 ZPO tatsächlich etwas gewinnen lässt.[647]

237 Der nur unter Berücksichtigung der variablen Kosten und ohne Rücksicht auf (von dem Kartellrechtsverstoß unabhängige) Eigenleistungen ermittelte Gewinn erfüllt diese im Wortlaut angelegten Voraussetzungen aber in aller Regel nicht. Vielmehr würde der so ermittelte Gewinn aus den eben erläuterten Gründen sowohl in Kartell- als auch in Missbrauchsfällen nahezu immer (ohne eine erhebliche Korrektur im Rahmen der weiteren Schätzung) zu einer **Überkompensation** des Klägers führen. Das wird zwar von manchen Stimmen in der Literatur als ein Vorteil des § 33 Abs. 3 S. 3 GWB dargestellt[648], ist aber im deutschen Recht nicht angelegt[649] und würde Art. 3 Abs. 3 RL 2014/104/EU

---

[643] Vgl. auch Remien/*Fuchs* Schadensersatz, 51, 87.
[644] Langen/Bunte/*Bornkamm* GWB § 33 Rn. 156; Immenga/Mestmäcker/*Emmerich* GWB § 33 Rn. 72. So wohl auch *Legner* KSzW 2012, 218 (224); *Inderst/Thomas* Schadensersatz, 232.
[645] Ausdr. so etwa HLMV/*Schweitzer* Schadensersatz, 56. Langen/Bunte/*Bornkamm* GWB § 33 Rn. 156 vertritt zwar die Auffassung, dass es beim Verletzergewinn um den nur um variable Kosten geminderten Umsatz gehe und Eigenleistungen nicht zu berücksichtigen seien, differenziert aber dennoch zwischen kartellbedingtem Mehrgewinn und Gesamtgewinn. Das mag bei Verletzungen von geistigen Eigentumsrechten möglich sein, ist aber bei der Haftung für Kartellrechtsverstöße nicht überzeugend.
[646] Im Ergebnis ebenso Loewenheim/Meessen/Riesenkampff/*Rehbinder* GWB § 33 Rn. 38; *Rauh* – NZKart 2013, 222 (223 ff.); *Rauh/Zuchandke/Reddemann* WRP 2012, 175 (179 f.); ähnlich auch *Alexander* Schadensersatz, 402 (der aber eher an eine Kürzung des Gesamtgewinns nach Billigkeitsgesichtspunkten denkt).
[647] *Rauh* NZKart 2013, 222 (225).
[648] Langen/Bunte/*Bornkamm* GWB § 33 Rn. 155 f.: Verletzergewinn könne deutlich höher als Kartellrendite sein, was für den Geschädigten günstig sei. Vgl. auch *Ellger* FS Möschel 2011, 191 (221 ff.); HLMV/*Schweitzer*, 57.
[649] Vgl. hierzu ausdr. BGH Urt. v. 28.6.2011 – KZR 75/10, GRUR 2012, 291 (296) – ORWI.

nicht entsprechen[650] (→ Rn. 232). Letzlich führt die Verwendung des Gesamtgewinns (anstelle des kartellbedingten Mehrgewinns) zumindest in die Nähe des Herausgabeanspruchs oder eines Sanktionszuschlags auf den tatsächlichen Schaden, gegen die sich der Gesetzgeber aus guten Gründen entschieden hat.

Nimmt man seine Funktion als Hilfsmittel zur Schadensschätzung ernst, verbieten sich vielmehr allgemeine Aussagen dazu, anhand welcher Umsätze und Kosten der Verletzergewinn zu ermitteln ist. Wenn und soweit er ausnahmsweise überhaupt im Rahmen des § 287 Abs. 1 ZPO relevant ist, muss unter **Berücksichtigung aller Umstände einschließlich seiner konkreten Funktion im Rahmen der beabsichtigten Schadensschätzung** jeweils im Einzelfall bestimmt werden, ob der Verletzergewinn anhand der variablen Kosten, der Vollkosten oder einer anderen Art der Kostenberechnung und -zuordnung ermittelt werden muss und in welcher Höhe der Verletzergewinn kausal auf dem Kartellrechtsverstoß beruht. Hierfür muss einerseits geprüft werden, ob und in welchem Maße die Kosten durch den Kartellrechtsverstoß beeinflusst wurden. Andererseits muss ermittelt werden, ob und in welchem Umfang der Gewinn auf Gründen beruht, die von dem Kartellrechtsverstoß unabhängig sind (wie etwa eine starke Ausdifferenzierung der Produkte oder eine hohe Konzentration am Markt). Nur aus dem so ermittelten (und gegebenenfalls korrigierten) Verletzergewinn lässt sich etwas für die Schadensschätzung gewinnen. Soweit durch einen Kartellrechtsverstoß mehrere Unternehmen geschädigt wurden, ist zudem zu ermitteln, welcher Anteil des Verletzergewinns auf den konkreten Kläger bezogen angefallen ist. Dabei kann insbesondere auf den Gewinn aus den von dem Kartellverstoß betroffenen Transaktionen des oder der an dem Verstoß beteiligten Unternehmen mit dem jeweiligen Geschädigten abgestellt werden.[651]

238

Der **Hinweis auf die Kalkulation des Verletzergewinns anhand der variablen Kosten in der Gesetzesbegündung** ist mit der ursprünglichen Überlegung zu erklären, im Kartellrecht ein dem gewerblichen Rechtsschutz ähnliches Wahlrecht zwischen Schadensersatz und Herausgabe des Verletzergewinns zu verankern. Bei Ansprüchen wegen der Verletzung von gewerblichen Schutzrechten werden die Fixkosten bei der Bemessung des Verletzergewinns nicht berücksichtigt.[652] Auch Eigenleistungen werden nicht berücksichtigt.[653] Das ist im Kontext des gewerblichen Rechtsschutzes auch zutreffend: Dort geht es um die Herausgabe der Früchte aus der Verletzungshandlung, also um die Verschiebung des durch die Verletzungshandlung bedingten Vermögenszuwachses zum Rechtsinhaber (→ Rn. 231). Bei der Berechnung dieses Vermögenszuwachses sind in der Tat die Fixkosten nicht in Abzug zu bringen, weil sie dem Verletzer auch ohne die Verletzungshandlung entstanden wären und die wirtschaftliche Gesamtsituation belastet hätten. Mit der Höhe des tatsächlichen Schadens des Berechtigten hat diese Berechnung aber nichts zu tun und bildet auch keinen Anhaltspunkt dafür. Bei den Eigenleistungen gelten ähnliche Überlegungen – allerdings mit umgekehrter Zielrichtung: Bei einer korrekten Zuordnung des Verletzergewinns zur Verletzungshandlung wurden auch alle besonderen Vertriebsleistungen des Verletzers nur durch die Verletzung der Schutzrechte ermöglicht. Es gibt keine schutzwürdigen Eigenleistungen, die auch ohne die Verletzungshandlung zu einem Gewinn geführt hätten. Auch dies sind aber Überlegungen, die sich auf die Feststellung der Höhe des Vermögenszuwachses beim Verletzer beziehen, nicht auf den Schaden des Inhabers der verletzten Rechte. Die Ausblendung sowohl der Fixkosten als auch der besonderen eigenen Leistungen wären daher im Falle eines auf den Vermögenszuwachs bei dem oder den an dem Kartellrechtsverstoß beteiligten Unternehmen gerichteten Herausgabeanspruchs gerechtfertigt gewesen. Sie ist das aber nicht bei der nunmehr

239

---

[650] *Rauh* NZKart 2013, 222 (225). Vgl. auch *Mestmäcker/Schweitzer* GWB § 23 Rn. 47.
[651] So *Bechtold* GWB § 33 Rn. 34; *Alexander* Schadensersatz, 461 f.; aA Immega/Mestmäcker/*Emmerich* GWB § 33 Rn. 72: Aufteilung nach Köpfen (wobei unklar ist, inwieweit das bei der Ermittlung des konkreten Schadens des Einzelnen helfen soll).
[652] Vgl. für Bsp. *Kühnen* Handbuch der Patentverletzung Rn. 2668 ff.
[653] *Eichmann/v. Falckenstein* GeschMG § 42 Rn. 25; *Kühnen* Handbuch der Patentverletzung Rn. 2711.

im GWB verankerten bloßen Berücksichtigung im Rahmen der Schadensschätzung. Daher ist der Hinweis auf die Bezifferung des Verletzergewinns in der Gesetzesbegründung wohl ein Versehen (und, da sie selbst nicht Gesetz ist, für die gerichtliche Anwendung des § 33 Abs. 3 S. 3 GWB auch nicht verbindlich).

240 Die **Darlegungs- und Beweislast** dafür, dass der Verletzergewinn als Grundlage für eine Schadensschätzung überhaupt in Betracht kommt, obliegt dem Geschädigten. Auch im Rahmen des § 287 Abs. 1 ZPO ist es Sache des Klägers, die tatsächlichen Grundlagen für eine Schadensschätzung vorzutragen und gegegebenenfalls zu beweisen. Dazu gehört auch die Darlegung der tatsächlichen Umstände, aus denen sich ergibt, dass der Verletzergewinn überhaupt – und bei mehreren Möglichkeiten der Schadensschätzung am Besten – geeignet ist, eine weitestmögliche Annäherung an den tatsächlich entstandenen Schaden zu erreichen. Daran ändert auch § 33 Abs. 3 S. 3 GWB nichts: Ihm ist weder eine gesetzliche Vermutung im Sinne von § 292 ZPO[654] noch ein Anscheinsbeweis[655] dafür zu entnehmen, dass der Verletzergewinn dem tatsächlich kartellbedingt eingetretenen Schaden entspricht; es handelt sich vielmehr nur um eine von mehreren Möglichkeiten der Annäherung an den Schaden.[656] Dem Geschädigten obliegt grundsätzlich auch die Darlegungs- und Beweislast dafür, wie hoch der Verletzergewinn tatsächlich war. Ob und inwieweit den Beklagten eine sekundäre Darlegungslast treffen kann, hängt vom Einzelfall ab. Soweit es beispielsweise darum geht, wie sich künstliche Marktzutrittsschranken – beispielsweise durch unzulässige Exklusivitätsvereinbarungen oder einen Behinderungsmissbrauch – auf die Marktentwicklung ausgewirkt und zu einer Verschiebung von Marktanteilen geführt haben, gibt es keine Rechtfertigung für eine sekundäre Darlegungslast. Soweit es dagegen um Daten geht, über die nur das oder die kartellbetroffenen Unternehmen verfügen, kann eine sekundäre Darlegungslast bestehen, allerdings nur dann, wenn der Geschädigte zunächst dargelegt und gegebenenfalls bewiesen hat, dass der Verletzergewinn überhaupt als Schätzgrundlage in Betracht kommt und wenn er die Möglichkeiten zum Vortrag auf der Basis von ihm zugänglichen Informationen ausgeschöpft hat (vgl. allg. → Rn. 89ff.). Soweit es sich bei den relevanten Daten um Geschäftsgeheimnisse handelt, wird eine sekundäre Darlegungslast jedenfalls im Prozess zwischen Wettbewerbern grundsätzlich ohnedies nicht in Betracht kommen (→ Rn. 90, Rn. 659 und → Rn. 662f.). Insoweit kann allenfalls die Geltendmachung von Auskunftsansprüchen, gegebenenfalls im Wege der Stufenklage, aus der Darlegungs- und Beweisnot helfen (→ § 29).

241 **c) Pauschalierter Schadensersatz/Vertragsstrafen.** Um den Schwierigkeiten und dem Aufwand beim Schadensnachweis zu begegnen, vereinbaren Unternehmen immer häufiger in ihren Einkaufsbedingungen oder individualvertraglich Regelungen über pauschalierten Schadensersatz oder Vertragsstrafen für den Fall, dass der Vertragspartner gegen das Kartellrecht verstößt.[657] Für individuell vereinbarte Vertragsstrafen und Schadenspauschalierungen gelten die allgemeinen Grundsätze und Anforderungen des Zivilrechts, ohne dass sich vor dem kartellrechtlichen Hintergrund größere Besonderheiten ergeben. Sind die entsprechenden Klauseln – wie häufig – in **Einkaufsbedingungen oder anderen vorformulierten Vertragstexten** enthalten, gelten die besonderen Anforderungen für allgemeine Geschäftsbedingungen. Hierfür ist zunächst eine Abgrenzung zwischen den beiden Rechtsinstituten erforderlich (vgl. § 309 Nr. 5 und Nr. 6 BGB). Nach der Rechtsprechung des BGH ist bei pauschaliertem Schadensersatz jedenfalls der Rechtsgedanke des § 309 Nr. 5 BGB auch im Verkehr zwischen Unternehmern im Rahmen der Inhaltskontrolle nach § 307 BGB zu be-

---

[654] So aber *Bechtold* GWB § 33 Rn. 33; HLMV/*Schweitzer*, 56f.
[655] So aber *Rauh* NZKart 2013, 222 (227).
[656] Vgl. Langen/Bunte/*Bornkamm* GWB § 33 Rn. 155; Immenga/Mestmäcker/*Emmerich* § 33 Rn. 70; Inderst/*Thomas* Schadensersatz, 234f. Ebenso wohl *Schütt* WuW 2004, 1124, unter III. 2., unter Hinweis auf die mit § 287 ZPO verbundene Flexibilität. Vgl. auch Schulte/Just/*Staebe* GWB § 33 Rn. 52.
[657] Vgl. hierzu insg. *Dallmann/Künstner* DB 2015, 2191.

achten.[658] Die Vorgaben für Vertragsstrafen in § 309 Nr. 6 BGB sind dagegen nach herrschender Meinung[659] auf Verbraucher zugeschnitten und finden bei der Inhaltskontrolle von Verträgen zwischen Unternehmern keine Anwendung. In diesem Kontext ist nur zu prüfen, „ob die Klausel den Schuldner unangemessen benachteiligt."[660]

Bei der **Abgrenzung zwischen Vertragsstrafen und pauschaliertem Schadensersatz** stellt der BGH – ausgehend vom Wortlaut – auf die Zielrichtung der jeweiligen Klausel ab: Vertragsstrafen im Sinne der § 339 ff. BGB haben primär die Funktion eines Druckmittels gegen den Vertragspartner, um diesen zur ordnungsgemäßen Erfüllung des Vertrags zu bewegen. Die Vereinbarung eines pauschalierten Schadensersatzes soll hingegen in erster Linie die Regulierung eines als bestehend vorausgesetzten Schadens erleichtern.[661] Auch die Vertragsstrafe erleichtert dem Geschädigten aber die Schadloshaltung, ebenso wie umgekehrt eine Regelung zum pauschalierten Schadensersatz im Ergebnis wegen des höheren Risikos der Inanspruchnahme Anreize schafft, den Vertrag ordnungsgemäß zu erfüllen. Daher ist die Abgrenzung von Vertragsstrafen und pauschalisiertem Schadensersatz in der Praxis oft nicht einfach. Ausgehend vom Wortlaut der Klauseln hat die Rechtsprechung verschiedene Anhaltspunkte für die Abgrenzung identifiziert: Ist in der Klausel beispielsweise von „Zahlungsansprüchen" (im Gegensatz zu „Strafe") die Rede oder wird darauf hingewiesen, der „Nachweis eines Schadens in anderer Höhe" sei nicht ausgeschlossen,[662] lässt dies auf eine Schadenspauschalierung schließen. Wurde dagegen beispielsweise vereinbart, dass eine bestimmte Summe „unabhängig von der Frage des Verzugs sowie ohne Rücksicht auf die Höhe eines etwaigen Verzugsschadens"[663] zu zahlen sei, ging der BGH von einer Vertragsstrafe aus – unabhängig von der konkreten Betitelung der Klausel. Fehlen konkrete Anhaltspunkte für die Vereinbarung einer Vertragsstrafe, wird im Zweifel von einer Schadenspauschalierung auszugehen sein.[664]

Schadenspauschalierungen – auch solche für Verstöße gegen Kartellrecht – dienen primär der Beweiserleichterung. Im Unterschied zur Vertragsstrafe müssen die haftungsbegründenden Voraussetzungen auch bei einer Schadenspauschalierung vorliegen und nach den oben in → Rn. 1–162 dargestellten Grundsätzen dargelegt und nachgewiesen werden.[665] Eine Schadenspauschalierung in AGB ist (im Ergebnis auch im Verkehr zwischen Unternehmern) anhand der Maßstäbe des § 309 Nr. 5a BGB zunächst darauf zu überprüfen, ob die vereinbarte Pauschale den nach dem gewöhnlichen Verlauf der Dinge zu erwartenden Schaden übersteigt. Mit Rücksicht darauf, dass sich Kartellrechtsverstöße typischerweise abhängig von ihrer Schwere unterschiedlich stark auswirken, empfiehlt sich eine gestufte Pauschalisierung.[666] Dabei kann sich der Verwender für die Bestimmung der Obergrenze bei besonders schweren Verstößen beispielsweise an den Erkenntnissen aus den wettbewerbsökonomischen Studien zur durchschnittlichen Schadenshöhe bei Verstößen gegen das Kartellverbot orientieren (→ Rn. 166). Insgesamt sollte sichergestellt sein, dass eine systematische Überkompensation auch bei leichten Kartellrechtsverstößen vermieden wird.[667] Nach § 309 Nr. 5b BGB darf dem Gläubiger zudem nicht die Möglichkeit des Nachweises des Eintritts eines geringeren Schadens genommen werden. Dabei ist es im Verkehr zwischen Unternehmern ausreichend, wenn der Gegenbeweis nicht aus-

---

[658] BGH Urt. v. 21.12.1995 – VII ZR 286/94, NJW 1996, 1209 f.; Urt. v. 11.11.1997 – XI ZR 13/97, NJW 1998, 592.
[659] Vgl. nur Palandt/*Grüneberg* ZPO § 309 Rn. 38.
[660] BGH Urt. v. 12.3.2003 – XII ZR 18/00, NJW 2003, 2158 (2161).
[661] BGH Urt. v. 25.11.1982 – III ZR 92/81, NJW 1983, 1542.
[662] OLG Karlsruhe Urt. v. 31.7.2013 – 6 U 51/12 (Kart), NZKart 2014, 366 – Feuerwehrfahrzeuge.
[663] BGH Urt. v. 29.3.1994 – XI ZR 69/93, NJW 1994, 1532 f.
[664] Vgl. *Dallmann/Künstner* DB 2015, 2191 (2192).
[665] Vgl. daher OLG Karlsruhe Urt. v. 31.7.2013 – 6 U 51/12 (Kart), NZKart 2014, 366 – Feuerwehrfahrzeuge. Dabei kommen dem Geschädigten aber die in der Rechtsprechung entwickelten Beweiserleichterungen im Rahmen der Haftungsbegründung zugute; hierzu ausf. → Rn. 128 ff., 134 ff., 144 ff.
[666] Vgl. *Dallmann/Künstner* DB 2015, 2191 (2194).
[667] *Müller-Graff/Kainer* WM 2013, 2149 (2150); *Dallmann/Künstner* DB 2015, 2191 (2194).

§ 26

drücklich ausgeschlossen wird, einer ausdrücklichen Zulassung eines solchen bedarf es nicht.[668]

244 Zuletzt wurde die Frage der **Angemessenheit der Pauschale** in zwei Entscheidungen zum Feuerwehrfahrzeuge-Kartell behandelt, wobei das OLG Karlsruhe und das LG Potsdam zu unterschiedlichen Ergebnissen kamen.[669] In beiden Fällen wurde Schadensersatz unter Zuhilfenahme einer Schadenspauschalierungsklausel geltend gemacht, die 15 Prozent der Auftragssumme als pauschalen Schadensersatz vorsah, „wenn der Auftragnehmer aus Anlass der Vergabe nachweislich eine Abrede getroffen hat, die eine unzulässige Wettbewerbsbeschränkung darstellt."[670] Das OLG Karlsruhe hielt die Schadenspauschalierung in Höhe von 15 Prozent der Abrechnungssumme für unbedenklich. Das Bundeskartellamt habe in seinem Bußgeldbescheid festgestellt, dass wegen der Kartellabsprachen der Hersteller von Feuerwehrfahrzeugen ansonsten übliche Sonderrabatte von 10–12 Prozent, im Einzelfall sogar von bis zu 30 Prozent nicht gewährt worden seien. Dies entspreche ungefähr der Schadenspauschalierung von 15 Prozent; die „geringfügige Differenz" zwischen den üblichen (und durch das Kartell verhinderten) Sonderrabatten und der Pauschalregelung falle „nicht hinreichend ins Gewicht."[671] Das LG Potsdam dagegen entschied, dass dieselbe Klausel nach §§ 307, 309 Nr. 5a BGB unwirksam sei. Bei der Prüfung, ob der pauschalierte Schaden angemessen sei, müssten „alle von der Klausel geregelten Fälle" betrachtet werden, „wobei es auf eine objektive Prüfung ankommt, bei der die Umstände des konkreten Falles außer Betracht bleiben."[672] In diese objektive Prüfung bezog das LG Potsdam auch vergleichsweise wenig schadensträchtige wettbewerbsbeschränkende Abreden ein. Demgegenüber sei der Bußgeldbescheid des Bundeskartellamtes für die Beurteilung der Klausel irrelevant, weil er sich auf einen konkreten Fall beschränke.[673]

245 Zur Durchsetzung von **Vertragsstrafen** ist der zusätzliche Nachweis der haftungsbegründenden Umstände nicht erforderlich; vielmehr ist die Vertragsstrafe verwirkt, wenn der von ihr erfasste Tatbestand eintritt. In AGB vereinbarte Vertragsstrafen werden im Rechtsverkehr zwischen Unternehmen nicht am Maßstab des § 309 Nr. 6 BGB gemessen; sie müssen aber der Kontrolle nach § 305 ff. BGB im Übrigen standhalten. Insbesondere darf nach § 307 Abs. 2 Nr. 1 BGB grundsätzlich nicht von den Vorschriften der §§ 339 ff. BGB abgewichen werden.[674] Daher kann eine Klausel, die – anders als § 339 BGB – ausdrücklich eine verschuldensunabhängige Verwirkung der Vertragsstrafe vorsieht, nur wirksam vereinbart werden, „wenn gewichtige Umstände vorliegen, welche die Regelung trotz der Abweichung vom dispositiven Gesetzesrecht mit Recht und Billigkeit noch vereinbar erscheinen lassen."[675]

3. Mitverschulden des Verletzten

246 Schadensersatzansprüche der Geschädigten von Kartellen können nach § 254 BGB durch ein **Mitverschulden des Geschädigten** oder ein entsprechendes Verhalten von Personen, deren Handlungen dem Geschädigten zuzurechnen sind, gemindert oder gar ausge-

---

[668] BGH Urt. v. 12.1.1994 – VIII ZR 165/92, NJW 1994, 1060 (1067); Urt. v. 21.12.1995 – VII ZR 286/94, NJW 1996, 1209.
[669] Vgl. hierzu auch *Dallmann/Künstner* DB 2015, 2191 (2192f.).
[670] OLG Karlsruhe Urt. v. 31.7.2013 – 6 U 51/12 (Kart), NZKart 2014, 366; LG Potsdam Urt. v. 22.10.2014 – 2 O 29/14, WuW 2015, 287.
[671] OLG Karlsruhe Urt. v. 31.7.2013 – 6 U 51/12 (Kart), NZKart 2014, 366 (368).
[672] LG Potsdam Urt. v. 22.10.2014 – 2 O 29/14, WuW 2015, 287.
[673] Ausweislich des Urteils des OLG Karlsruhe (Urt. v. 31.7.2013 – 6 U 51/12 (Kart), NZKart 2014, 366) enthielten die AGB in der darauffolgenden Klausel eine konkrete Aufzählung unzulässiger Wettbewerbsbeschränkungen, die gerade Preisabsprachen, Quotenkartelle und vergleichbare Fälle enthielt – nicht aber Verstöße, die tendenziell wirtschaftlich geringere Auswirkungen auf die Abnehmer haben. Insofern ist die Entscheidung des LG Potsdam nicht vollständig nachvollziehbar. Da sie – anders als das Urteil des OLG – nicht vollständig veröffentlicht ist, ist allerdings unklar, ob das möglicherweise dem Parteivortrag geschuldet ist.
[674] MüKoBGB/*Wurmnest* § 309 Nr. 6 Rn. 8, 20.
[675] BGH Urt. v. 3.4.1998 – V ZR 6/97, NJW 1998, 2600 (2601). So auch schon BGH Urt. v. 28.9.1978 – II ZR 10/77, NJW 1979, 105 ff.; BGH Urt. v. 18.4.1984 – VIII ZR 50/83, NJW 1985, 57; BGH Urt. v. 24.4.1991 – VIII ZR 180/90, NJW-RR 1991, 1013 (1015). Vgl. auch OLG Nürnberg Urt. v. 5.2.2002 – 1 U 2314/01, NJW-RR 2002, 917 (918); Palandt/*Grüneberg* BGB § 309 Rn. 39.

schlossen sein. § 254 BGB erfasst einerseits die aktive Mitwirkung an der Schadensentstehung (Absatz 1) und andererseits das Unterlassen von Warnungen vor dem Schuldner unbekannten Gefahren oder der Abwendung oder Minderung des Schadens (Absatz 2). Bei Verstößen gegen kartellrechtliche Gebots- oder Verbotsnormen ist indes allenfalls in extremen Ausnahmefällen an ein schadensminderndes aktives Mitverschulden nach § 254 Abs. 1 BGB zu denken. Näher mag ein passives Mitverschulden nach § 254 Abs. 2 BGB liegen. Dabei kommen insbesondere die Fälle in Betracht, in denen der Kartellrechtsverstoß durch Rechtsbehelfe des Geschädigten hätte abgewendet oder seine Dauer hätte verkürzt werden können oder in denen die Schäden aus dem Kartellrechtsverstoß durch die Inanspruchnahme alternativer Bezugsquellen hätten vermieden oder gemindert werden können. Insgesamt dürfte ein erfolgreicher Mitverschuldenseinwand allerdings höchst selten sein. In den meisten Fällen dürfte es bereits an einer dem Geschädigten zurechenbaren **Sorgfaltspflichtverletzung** fehlen.

Dem Geschädigten ist bei der Prüfung eines Mitverschuldens das Verhalten seiner Organe im Sinne des § 31 BGB jedenfalls dann **zuzurechnen,** wenn es in Ausübung der ihnen übertragenen Tätigkeiten erfolgt ist.[676] Demgegenüber ist dem Geschädigten das Verhalten anderer Mitarbeiter bei der Schadensentstehung (§ 254 Abs. 1 BGB) nur nach § 831 BGB zuzurechnen, weil es an der für die Anwendung von § 278 BGB erforderlichen Sonderverbindung zwischen Schädiger und Geschädigtem bei der deliktischen Haftung für Kartellrechtsverstöße (jedenfalls in der Regel) fehlt.[677] Dementsprechend besteht auch die Möglichkeit der Exkulpation. Bei der Prüfung des mitwirkenden Verschuldens bei der Schadensabwendung und -minderung (§ 254 Abs. 2 BGB) ist dagegen § 278 BGB anzuwenden; eine Entlastungsmöglichkeit gibt es nicht.[678] Selbst für strafbares Verhalten seiner Organe und Mitarbeiter hat der Geschädigte im Rahmen des Mitverschuldens grundsätzlich einzustehen.[679] Anderes gilt aber dann, wenn es um ein kollusives Zusammenwirken des Schädigers mit einem Organ oder Mitarbeiter des Geschädigten geht, das den Schädiger nicht entlasten soll und deswegen aus Wertungsgesichtspunkten dem Geschädigten nicht zugerechnet werden kann.[680]

247

Mitverschulden des geschädigten Unternehmens bei der **Schadensentstehung im Sinne von § 254 Abs. 1 BGB** liegt vor, wenn der Geschädigte die Sorgfalt außer Acht lässt, die ein sorgfältiger und gewissenhafter Kaufmann im eigenen Interesse aufwendet, um sich im Rahmen des Zumutbaren durch die notwendigen Maßnahmen vor Schaden im Geschäfts- und Rechtsverkehr zu bewahren, wobei die allgemeine Verkehrsanschauung *ex ante* zugrunde zu legen ist.[681] Auch wenn generell ein Risiko von Verstößen gegen das Kartellrecht besteht, sind Unternehmen nicht verpflichtet, ein System zur Vermeidung, Aufdeckung und Abwehr solcher Verstöße zu ihren Lasten einzurichten. Weil die meisten Kartellrechtsverstöße im Verborgenen erfolgen, wäre ein solches System – wenn überhaupt – allenfalls mit sehr großem Aufwand umzusetzen und würde eine umfassende und dauerhafte Beobachtung der gesamten Beschaffungs- (und gegebenenfalls auch Absatz-)Märkte des Unternehmens erforderlich machen. Zugleich wäre der Erfolg solcher Kontrollmechanismen äußerst ungewiss. Die Europäische Kommission rechtfertigte dementsprechend auch die Einführung ihrer Kronzeugenregelung mit der besonderen Schwierigkeit, Kartelle ohne Mitwirkung der an diesen beteiligten Einzelpersonen und

248

---

[676] Vgl. nur BeckOK BGB/*Lorenz* BGB § 254 Rn. 41; MüKoBGB/*Oetker* BGB § 254 Rn. 136.
[677] HM, vgl. BeckOK BGB/*Lorenz* BGB § 254 Rn. 41 f.; MüKoBGB/*Oetker* BGB § 254 Rn. 127 ff. u. 137.
[678] MüKoBGB/*Oetker* BGB § 254 Rn. 140.
[679] Vgl. MüKoBGB/*Oetker* BGB § 254 Rn. 141 zu § 254 Abs. 2 BGB.
[680] Vgl. etwa LAG Nürnberg Urt. v. 6.12.2004 – 9 (2) Sa 679/02, BeckRS 2005, 40513. Vgl. für den vergleichbaren Fall des gesetzlichen Vertreters MüKoBGB/*Oetker* BGB § 254 Rn. 141 zu § 254 Abs. 2 BGB.
[681] MüKoBGB/*Oetker* BGB § 254 Rn. 30 f.; Palandt/*Grüneberg* BGB § 254 Rn. 14; BeckOKBGB/*Unberath* BGB § 254 Rn. 19.

Unternehmen aufzudecken und zu untersuchen,[682] zumal eine allgemeine Beobachtung von Märkten in der Regel nicht zur Entdeckung von Kartellen führt.[683] Eine allgemeine Pflicht, den Markt ständig auf mögliche Schadensquellen zu beobachten, geht daher jedenfalls nach der gegenwärtigen Verkehrsanschauung zu weit,[684] auch wenn mittlerweile einige Unternehmen begonnen haben, Präventionsmechanismen gegen Schäden aus Kartellrechtsverstöße zu entwickeln und einzuführen (→ § 43 Rn. 98 ff.).

249 Ein Mitverschulden wegen Unterlassens von **Maßnahmen zur Schadensabwendung oder -minderung im Sinne von § 254 Abs. 2 S. 1 BGB** ist demgegenüber bei offen praktizierten Wettbewerbsbeschränkungen durchaus denkbar. Wenn dem Geschädigten das wettbewerbswidrige Verhalten bewusst ist, kann von ihm erwartet werden, dass er die erforderlichen Maßnahmen ergreift, um eine Vertiefung des Schadens zu vermeiden, soweit diese Maßnahmen angemessen sind. Unterlässt der Geschädigte beispielsweise die Anstrengung ihm zumutbarer Rechtsbehelfe, so steht ihm in der Regel kein Ersatz für den Schaden zu, den er durch die entsprechenden Rechtsbehelfe hätte verhindern können.[685] Ebenfalls denkbar ist eine Obliegenheit des durch eine Liefersperre Geschädigten auf die Belieferung aus anderen Quellen zurückzugreifen, sofern ihm dies möglich und zumutbar ist.[686] Diese Fälle werden aber Einzelfälle sein. Insbesondere bei verdeckten Kartellrechtsverstößen scheidet eine Schadensabwendungs- oder -minderungspflicht zumeist aus;[687] allenfalls nach ihrer Aufdeckung und nach Kenntnis des Geschädigten von seiner Betroffenheit durch den Verstoß mag an Obliegenheiten der Geschädigten zur Abwendung weiterer Schäden aus solchen verdeckten Verstößen (beispielsweise durch die Kündigung längerfristiger Verträge) zu denken sein.

250 Selbst wenn danach ein Mitverschulden des Geschädigten ausnahmsweise festgestellt werden kann, muss zusätzlich ein **adäquat kausaler Zusammenhang zwischen dem Mitverschulden und der Entstehung des Schadens oder seinem Umfang** bestehen.[688] Dabei ist nach der Rechtsprechung insbesondere bei der Annahme von Pflichten zur Abwehr und Verhinderung des Kartellrechtsverstoßes die kriminelle Energie des Täters zu berücksichtigen: Bei einem hohen Maß an krimineller Energie ist davon auszugehen, dass der Täter auch bei optimalen Maßnahmen zur Abwehr und Prävention Mittel und Wege findet, solche Vorkehrungen zu umgehen.[689] Das ist insbesondere bei Hardcore-Kartellverstößen relevant, bei denen die Vorgehensweise der Beteiligten oftmals ein erhebliches Bemühen um eine Geheimhaltung des Verstoßes erkennen lässt. Bei Vorliegen von Pflichten zur Schadensabwendung oder -minderung ist die Kausalität eines Mitverschuldens für die Entstehung oder Vertiefung des Schadens ebenfalls oftmals eine erhebliche Hürde: Rechtsschutz beispielsweise ist oft nicht rechtzeitig zu erlangen, um den Schaden zu verhindern; die Nutzung von alternativen Bezugsquellen mag vor allem bei Verstößen, die sich auf das Preisgefüge in dem betroffenen Markt insgesamt auswirken, nicht zu einer Verringerung des Schadens führen.

251 Stehen das Mitverschulden des Geschädigten und ein kausaler Zusammenhang zwischen dem Mitverschulden und der Entstehung oder dem Umfang des Schadens fest,

---

[682] Mitteilung der Kommission über den Erlass und die Ermäßigung von Geldbußen in Kartellsachen v. 8. 12. 2006 (ABl. C 298/17), 3. Erwägungsgrund.
[683] AG Bonn Beschl. v. 18. 1. 2012 – 51 Gs 53/09, NJW 2012, 947 (949).
[684] OLG Köln Urt. v. 26. 2. 2003 – 6 U 201/02, GRUR-RR 2003, 187 (188) mwN; OLG Hamm Urt. v. 13. 10. 2011 – I-4 W 84/11, BeckRS 2011, 25913; OLG Hamm Urt. v. 2. 2. 2012 – 4 U 168/11, BeckRS 2012, 9719.
[685] BGH Urt. v. 26. 1. 1984 – III ZR 216/82, NJW 1984, 1169 (1172); Immenga/Mestmäcker/*Emmerich* § 33 Rn. 66; *Lettl* ZHR 167 (2003) 473 (490).
[686] BGH Urt. v. 24. 6. 1965 – KZR 7/64, NJW 1965, 2249 (2251); Immenga/Mestmäcker/*Emmerich* GWB § 33 Rn. 66.
[687] *Inderst/Thomas* Schadensersatz, 237 f.
[688] BGH Urt. v. 3. 7. 2008 – I ZR 218/05, NJW-RR 2009, 103 (105); Palandt/*Grüneberg* BGB § 254 Rn. 12 mwN.
[689] BGH Urt. v. 30. 9. 2003 – XI ZR 232/02, NJW-RR 2004, 45 (46).

hängt der Umfang seines Ersatzanspruchs von einer Würdigung und **Abwägung aller Umstände des Einzelfalls** ab, wobei insbesondere das Maß der beiderseitigen Mitverursachung und des Verschuldens der Beteiligten zu berücksichtigen ist.[690] Dabei ist bei einer **beiderseitigen Verursachung** entscheidend darauf abzustellen, ob und inwieweit das im Zusammenhang mit dem konkreten Schaden vorwerfbare Fehlverhalten des Schädigers den Schadenseintritt in höherem Maße wahrscheinlich gemacht hat als das des Geschädigten (oder umgekehrt).[691] Hierbei kann die Mitverursachung durch ein unterlassenes Verhalten gegenüber der Mitverursachung durch aktives Handeln zurücktreten.[692] Im Rahmen der **Abwägung des Verschuldensgrades** ist jedenfalls bei schwerwiegenden Kartellrechtsverstößen – wie insbesondere Hardcore-Kartellen – zu berücksichtigen, dass regelmäßig ein fahrlässiges Verhalten des Geschädigten gegenüber dem Vorsatz des Schädigers vollständig zurücktritt.[693] Auch wenn der Vorsatz des Schädigers nicht „schlechthin zum Freibrief für jeden Leichtsinn des Geschädigten werden darf,"[694] kann sich der vorsätzlich handelnde Schädiger regelmäßig nicht darauf berufen, der Geschädigte habe sich fahrlässig verhalten, weil er sich nicht ausreichend gegen Schädigung gesichert und ihm, dem Schädiger, zu sehr vertraut habe. Das gilt selbst für grob fahrlässiges Verhalten des Geschädigten, wenn der Schädiger mit direktem Schädigungsvorsatz gehandelt hat und sich auf Kosten des Geschädigten einen rechtswidrigen Vermögensvorteil verschafft hat.[695] Entscheidend ist auf Seiten des Schädigers der Vorsatz eines Organs im Sinne von § 31 BGB. Hat demgegenüber – was bei Kartellrechtsverstößen eher selten vorkommen dürfte (→ Rn. 16 u. 18) – lediglich ein Verrichtungsgehilfe vorsätzlich gehandelt, genügt das nicht.[696] Umgekehrt ist ein vorsätzliches und kollusives Zusammenwirken eines Mitarbeiters des Geschädigten mit dem Schädiger nicht zu Lasten des Geschädigten bei der Abwägung zu berücksichtigen (wenn es ihm überhaupt zugerechnet werden kann).[697]

Die **Darlegungs- und Beweislast** hinsichtlich der Voraussetzungen des Mitverschuldens im Sinne von § 254 BGB trifft diejenige Partei, die sich im Prozess darauf berufen möchte.[698] Soweit eine kartellbehördliche Entscheidung im Einzelfall Feststellungen zum Verhalten der durch einen Kartellrechtsverstoß betroffenen Unternehmen enthalten sollte, kann sich der Schädiger darauf nicht stützen. § 33 Abs. 4 GWB kann schon deswegen nicht zu einer bindenden Feststellung der Voraussetzungen des Mitverschuldens gegenüber dem Geschädigten führen, weil dieser üblicherweise an dem kartellbehördlichen Verfahren nicht beteiligt wird. Das gilt jedenfalls für Ordnungswidrigkeitenverfahren als Hauptanwendungsfall des § 33 Abs. 4 GWB. Unabhängig davon ist die Bindungswirkung des § 33 Abs. 4 GWB schon seinem Wortlaut nach auf den Kartellrechtsverstoß beschränkt (zu § 33 Abs. 4 GWB → Rn. 95 ff.).

252

---

[690] Palandt/*Grüneberg* BGB § 254 Rn. 57–59.
[691] Vgl. BGH Urt. v. 28.10.1993 – IX ZR 252/92, NJW 1994, 379; OLG Nürnberg Urt. v. 20.11.1987 – 1 U 2551/87, NJW-RR 1988, 1373; Jauernig/*Teichmann* BGB § 254 Rn. 6.
[692] Staudinger/*Schiemann* BGB § 254 Rn. 124.
[693] BGH Urt. v. 5.3.2002 – VI ZR 398/00, NJW 2002, 1643 (1646); BGH Urt. v. 9.10.1991 – VIII ZR 19/91, NJW 1992, 310 (311); BGH Urt. v. 8.7.1986 – VI ZR 47/85, NJW 1986, 2941 (2943); Palandt/*Grüneberg* BGB § 254 Rn. 65 mwN.
[694] BGH Urt. v. 5.3.2002 – VI ZR 398/00, NJW 2002, 1643 (1646) mwN.
[695] BGH Urt. v. 9.10.1991 – VIII ZR 19/91, NJW 1992, 310 (311); BAG Urt. v. 12.4.2011 – 9 AZR 229/10, NZA 2011, 1350, Leitsatz 5; MüKoBGB/*Oetker* BGB § 254 Rn. 112 mwN; Palandt/*Grüneberg* BGB § 254 Rn. 65.
[696] Vgl. BGH Urt. v. 10.2.2005 – III ZR 258/04, NJW-RR 2005, 756 (758); BGH Urt. v. 6.12.1983 – VI ZR 60/82, NJW 1984, 921 (922); Palandt/*Grüneberg* BGB § 254 Rn. 65.
[697] LAG Nürnberg Urt. v. 6.12.2004 – 9 (2) Sa 679/02, BeckRS 2005, 40513.
[698] Vgl. BGH Urt. v. 30.9.2003 – XI ZR 232/02, NJW-RR 2004, 45 (46); BGH Urt. v. 21.7.2005 – IX ZR 6/02, NJW-RR 2005, 1511 (1513); Baumgärtel/Laumen/Prütting/*Helling* § 254 Rn. 1.

III. Ökonomische Grundlagen der Schadensberechnung

253 Theoretisch verzerrt ein Kartell alle Entscheidungen in einer Volkswirtschaft. Doch – um ein Bild aus Inderst/Maier-Rigaud/Schwalbe (2013) zu nehmen[699] – wie die von einem ins Wasser treffenden Stein ausgelösten Wellen recht schnell an Höhe und Kraft einbüßen, so verfliegen – im Allgemeinen gesprochen – auch die Effekte eines Kartells, je weiter weg man sich vom direkten Kartelleinfluss bewegt. Dies liegt daran, dass sich Firmen und Personen im Markt gegensätzlich zum Kartell verhalten: wenn das Kartell die Preise erhöht, so kaufen Firmen und Personen weniger ein und/oder substituieren weg vom Kartellgut. Dadurch haben sie selbst eine geringere Vermögenseinbuße, die sie wiederum nur vermindert an die nächsten Marktstufen weitergeben.

254 Zunächst interessiert man sich daher für die Auswirkungen eines Kartells auf die direkt betroffenen Abnehmer. Auf diese wirken bei einem wirksamen Kartell nach van Dijk/Verboven (2008) drei Effekte ein: Erstens bezahlt der Abnehmer einen um einen Kartellaufschlag erhöhten Kartellpreis anstatt eines Wettbewerbspreises; zweitens versucht der Abnehmer, diese erhöhten Kosten auf die nachliegende Marktstufe weiterzugeben (so genanntes „Passing-on" des Kartellaufschlags); und drittens vermindert sich möglicherweise für den Abnehmer der Absatz des Kartellguts oder der Produkte, für deren Herstellung das Kartellgut verwendet wurde.

255 In der Rechtspraxis der gerichtlichen und außergerichtlichen Streitfälle über Schadensansprüche spielt der Kartellpreisaufschlag dabei die wichtigste Rolle. Die Ausführungen in diesem Kapitel konzentrieren sich daher auf die Schätzung dieses Aufschlags. Im Anschluss wird das Passing-on und der Mengeneffekt diskutiert. Besonders nach dem Urteil des EuGH im Fall Kone[700] gibt es Interesse an Fragen der Schätzung von Preisschirmeffekten (in der Literatur aus dem Englischen auch Umbrellaeffekte genannt), auf die auch kurz eingegangen werden soll. Abschließend werden wir in diesem Kapitel knapp auf die Unterschiede zwischen der Schadensschätzung bei Kartellen und in Fällen des Missbrauchs einer marktbeherrschenden Stellung eingehen.

1. Weitergehende Veröffentlichungen

256 Dieses Kapitel versucht eine Balance zu schlagen zwischen dem etwas tiefer beleuchteten Schwerpunkt der empirischen Schätzung des Kartellaufschlags einerseits, und zusätzlichen Bemerkungen zu den anderen relevanten Themen der Schadensschätzung andererseits. In beiden Fällen können allerdings zahlreiche Einzelfragen nicht oder nicht im Detail erörtert werden. Für weitere Vertiefungen sei auf folgende Literatur verwiesen.

257 a) Untersuchungen der Europäischen Kommission. Die Europäische Kommission hat wiederholt versucht, durch Arbeiten über die Methoden der ökonomischen Schadensschätzung bei Kartellrechtsverstößen Einfluss auf die wirtschaftswissenschaftlichen Standards für die Berechnungsweise zu nehmen. Die Entwicklung begann mit der Ashurst Studie 2004[701] und führte über das Grünbuch 2005,[702] das Weißbuch 2008,[703] der Oxera Studie 2009 zur Quantifizierung von Schäden in Kartellrechtsfällen,[704] bis zum „Praktischen Leitfaden".[705] Gerade der praktische Leitfaden schafft gewisse Konventionen und Präferenzen für Schätzmethoden, denen man sich in der Praxis nur schwer entziehen kann.

---

[699] Fuchs/Weitbrecht/Inderst/Maier/Rigaud/Schwalbe Kartellrechtsdurchsetzung, S. 14.
[700] EuGH Urt. v. 5.6.2014 – C-557/12, NZKart 2014, 263 – Kone AG.
[701] Clark/Hughes/Wirth, *Study on the conditions of claims for damages in case of infringement of EC competition rules*.
[702] EU Kommission (2005) Grünbuch, *Schadensersatzklagen wegen Verletzung des EU-Wettbewerbsrechts*.
[703] EU Kommission Weißbuch (2008), *Schadensersatzklagen wegen Verletzung des EU-Wettbewerbsrechts*.
[704] Oxera (2009), *Quantifying antitrust damages towards non-binding guidance for courts,* Study prepared for the European Commission.
[705] EU Kommission, Praktischer Leitfaden zur Ermittlung des Schadensumfangs bei Schadensersatzklagen im Zusammenhang mit Zuwiderhandlungen gegen Artikel 101 oder 102 des Vertrags über die Arbeitsweise der europäischen Union v. 13.6.2013, ABl. 2013 C 167, 19.

b) Veröffentlichungen in der ökonomischen Literatur.
Wir beschränken uns in der Auflistung der Literatur auf einige wenige Beiträge, die zur Vertiefung des Themas der Schadensberechnung sowie des Themas der Schadensentstehung bei Kartellrechtsverstößen auch und insbesondere für Juristen geeignet erscheinen. Jüngst erschien das umfassende Buch *Schadensersatz bei Kartellverstößen* von Inderst/Thomas (2015). Dieses enthält auch sehr viele weitergehende Referenzen der Primärliteratur. Davis/Garcès (2010) gibt eine breitere Einführung in die Anwendung empirischer Methoden in die Kartellrechtspraxis. Es beinhaltet auch ein Kapitel zur Vorteilsausgleichung (Passing-on). Eine sehr gute Einführung in die Methoden empirischer Wirtschaftswissenschaften für Rechtsanwälte und Richter geben Baker/Rubinfeld (1999).

Aufgrund der Vertraulichkeit der meisten Verfahrensdaten sind öffentlich zugängliche Schadensschätzungen rar. Zwei wichtige Ausnahmen hierzu sind die beiden Veröffentlichungen von Hüschelrath/Müller/Veith (2012a und 2012b), in denen aufgrund öffentlicher Daten bzw. mit Hilfe von Transaktionsdaten der belgischen Gesellschaft „Cartel Damages Claims" eine Schadensschätzung des Preisaufschlags im deutschen Zementkartell durchgeführt wurde. Die veröffentlichten Schätzungen verfolgen die wichtigsten konventionellen Ansätze. Sie empfehlen sich besonders für eine Einsicht, wie ein ökonomisches Gutachten in einem Schadensfall aussehen sollte, wenn aufgrund der Datenlage eine empirische Schadensschätzung mit Hilfe von Ökonometrie möglich ist.

Aus dem Ordnungswidrigkeitenverfahren im Zementkartell vor dem OLG Düsseldorf[706] entsprang der Artikel *Quantification of Harm in Damages Actions for Antitrust Infringements: Insights from German Cartel Cases* von Friederiszick/Röller (2010), die als Gerichtsgutachter agierten. Der Artikel gibt praktische Einsichten in den Prozess der Schadensschätzung, wie sie auch im Ordnungswidrigkeitenverfahren vor der 7. GWB Novelle durchgeführt werden mussten. Friederiszick/Röller (2010) betonen dabei den Zielkonflikt zwischen „Genauigkeit" und „Praktikabilität" bei der Durchführung einer Schätzung.[707]

2. Einführende Überlegungen zur Schätzung des Schadens durch einen Kartellpreisaufschlag

In der Praxis stellt die Schätzung des Schadens durch einen Kartellpreisaufschlag die Hauptaufgabe der ökonomischen Gutachter dar. Alle vorgeschlagenen Methoden aus dem Praktischen Leitfaden der EU Kommission schätzen den Kartellpreisaufschlag durch einen Vergleich des tatsächlich bezahlten Preises mit dem Preis, den der Kartellgeschädigte hypothetisch bezahlt hätte, wenn kein Kartell bestanden hätte. Eine ökonomische Schätzung muss also diesen hypothetischen Preis finden (auch „kontrafaktischer Preis"). Anerkannte Methoden für eine Schätzung des Kartellaufschlags über den kontrafaktischen Wettbewerbspreises sind die (i) zeitliche Vergleichsmethode, die (ii) sachliche Vergleichsmethode, die (iii) räumliche Vergleichsmethode, die (iv) Methode mit einem durch ein ökonomisches Marktmodell simulierten Vergleichs, sowie (v) kosten- und finanzgestützte Vergleichsmethoden. Dabei sind auch Kombinationen der Methoden möglich, wie zB in einer Differenz-der-Differenzen Schätzung, die ausführlicher unten besprochen wird.

Die **zeitliche Vergleichsmethode** vergleicht Preise während des Kartells mit Preisen vor bzw. nach dem Kartell. Es wird also postuliert, dass die beobachteten Preise in der Vor- bzw. Nachkartellphase den kontrafaktischen wettbewerblichen Preisen innerhalb des Kartellzeitraums entsprechen. Der zeitliche Vergleich kann mit einfachen Preisvergleichen oder mit Hilfe einer Regressionsanalyse durchgeführt werden. Auf diese Methode wird anhand eines Beispiels vertieft weiter unten eingegangen. Die *sachliche Vergleichsmethode* vergleicht die Preise des kartellierten Produkts mit einem nicht-kartellierten aber sonst vergleichbaren Produkt. Gerade bei industriellen Vorprodukten gibt es Kartelle, in denen nur bestimmte Kundengruppen abgesprochen wurden, aber in denen die gleichen oder ähnliche Produkte auch im Wettbewerb an andere Kunden verkauft wurden. In solchen Situationen bietet sich ein sachlicher Ver-

---
[706] OLG Düsseldorf Urt. v. 26.9.2009 – VI-2a Kart 2-6/08 OWi.
[707] *Friederiszick/Röller* Journal of Competition Law and Economics 6 (3), 595 (596).

gleich des Preises an, jedenfalls wenn ähnliche Wettbewerbsstrukturen in den beiden Märkten bestehen. Ein *räumlicher Vergleich* vergleicht die Preise in kartellbetroffenen mit nichtbetroffenen Regionen oder Ländern. Dabei wird unterstellt, dass die Marktstrukturen und -regeln in den verschiedenen Regionen vergleichbar sind und die Kartelle keine räumliche Ausstrahlung auf Preise in den Vergleichsregionen besitzen. Auch sachliche und räumliche Vergleiche können sowohl mit einfachen als auch mit Regressionsmethoden geschätzt werden. Verbreitet ist die Kombination von zeitlichem mit räumlichem oder sachlichem Vergleich durch die Differenz-der-Differenzen Methode, bei der beispielsweise die zeitliche Differenz der Preisunterschiede zwischen der kartellierten und der kartellfreien Region (daher „der Differenzen") geschätzt wird.

263   Kosten- und finanzgestützte Methoden versuchen den wettbewerblichen Preis anhand einer Kostenrechnung mit einem angemessenen Profitaufschlag zu schätzen. Dafür müssen zum einen die Produktionskosten geschätzt werden. Zum anderen muss für den wettbewerblichen Profitaufschlag doch wieder auf einen Vergleich mit anderen Zeiträumen, Branchen oder Regionen zurückgegriffen werden.[708] Marktsimulationsmethoden schätzen den wettbewerblichen kontrafaktischen Preis aufgrund von ökonomischen Modellen. Eine solche Methode wurde zumindest in der akademischen Literatur besonders bei Kartellen in Bietermärkten (Submissionskartelle) eingesetzt[709] und bietet sich allgemeiner generell dann an, wenn die Marktrahmenbedingungen durch Ausschreiber oder auch durch Marktregulierung sehr eng beschrieben sind und sich damit gut in einem Modell abbilden lassen. Aufgrund der schwierigen Messbarkeit eines Verdrängungseffekts bieten sich solche Methoden auch bei Missbrauchsfällen an. Bei einer Gegenüberstellung von Marktsimulationsmethoden und Vergleichsmethoden sollte man nicht aus den Augen verlieren, dass auch die obengenannten empirischen Vergleiche letztendlich ein hypothetisches Verhalten unterstellen und daher enger mit einem theoretischen Marktmodell verbunden sind, als dies zunächst scheint.

264   Die Europäische Kommission scheint durchaus eine Präferenz für zeitliche Vergleiche auszudrücken, da diese zum einen auf tatsächlichen Marktdaten beruhen und zum anderen „Marktmerkmale wie Wettbewerbsintensität, Marktstruktur, Kosten und Nachfragemerkmale in ein und demselben Markt über die Zeit eher vergleichbar sein können als bei einem Vergleich mit anderen sachlichen oder räumlichen Märkten".[710] Im Ordnungswidrigkeitenverfahren im Zementkartell am OLG Düsseldorf wurde letztendlich auch ein zeitlicher Vergleichsansatz gewählt. Die Methode und Schätzung wurde 2013 vom BGH bestätigt.[711] Es kann durchaus sein, dass sich dadurch auch in Deutschland eine Präferenz (oder zumindest Erwartungshaltung) für eine zeitliche Vergleichsmarktmethode bei der Schadensschätzung ergibt. Ob eine solche Methode möglich ist, wird aber letztendlich durch die Frage getrieben werden, ob verfügbare Daten vorliegen und ob die Vergleichbarkeit der Vor- und/oder Nachperiode gewährleistet ist oder hergestellt werden kann.

265   Im Folgenden soll zunächst auf einige grundsätzliche Überlegungen und Probleme der Schadensschätzung eingegangen werden.

266 **a) Können Ergebnisse von Meta-Studien über Kartellaufschläge sinnvoll für die Schadensschätzung verwendet werden?** Connor et al.[712] und einige andere Autoren haben Meta-Studien über Kartellaufschläge veröffentlicht. Connor lieferte auch die Datenbasis für die Oxera-Studie zur Schadensschätzung für die Europäische Kommission (2009), die – vermutlich auch aufgrund ihres „runden" Ergebnisses – gerne in Schadensersatzklagen zitiert wird. Die Analysen, die für die Meta-Studien herangezogen werden, speisen sich aus einer breiten Basis aus wissenschaftlichen Veröffentlichungen und Behörden- bzw. Ge-

---

[708] Siehe dazu Praktischer Leitfaden der Kommission v. 13.6.2013, ABl. 2013 C 167, 19, Ran. 107.
[709] Beispielsweise *Pesendorfer* Review of Economic Studies 67 (2000), 381–411.
[710] Praktischer Leitfaden (2013) Rn. 41.
[711] BGH Beschl. v. 26.2.2013 – KRB 20/12, wistra 2013, 391.
[712] Die neueste Studie von J. Connor ist als Arbeitspapier auf SSRN erhältlich: *J. M. Connor* (2014), Price-Fixing Overcharges: Revised 3rd Edition, http://ssrn.com/abstract=2400780 oder http://dx.doi.org/10.2139/ssrn.2400780 zuletzt abgerufen am 15.10.2015.

richtsentscheidungen. Die Oxera-Studie untersucht 114 Studien über Kartelleffekte und erhält eine durchschnittliche Preisaufschlagsschätzung von 20% des Kartellpreises, und einen Median[713] von 18%. Dabei liegt die Streuung der Aufschläge zwischen 0 (etwa 7% der Studien) und 60–70% (etwa 1% der Studien).[714]

In der neuesten Fassung von Connor (2014) liegen inzwischen 1.535 „langfristige" Preisaufschlagsdaten vor, deren Quellen akribisch dokumentiert sind. Der größte Wert der Meta-Studien von Conner für eine Schadensschätzung liegt unseres Erachtens nach aber nicht im Durchschnittsergebnis, das offensichtlich schon aufgrund der Streuung nicht als Annäherung an eine Schätzung in einem konkreten Verfahren verwendet werden kann. So weist beispielsweise Connor (2014) sehr viele Studien bzw. Entscheidungen über Schulmilchkartelle in den USA auf. Der in diesen Kartellen geschätzte Aufschlag liegt – selbst für das gleiche Produkt – zwischen −6,5% und +48,8%, gerechnet als Aufschlag auf den kontrafaktisch wettbewerblichen Preis.[715]

Vielmehr liegt der Wert der Meta-Studien in der Dokumentation der unterschiedlichsten methodischen Ansätze in den dort untersuchten Referenzfällen selbst. Es finden sich viele verschiedene Methoden, die in den unterschiedlichsten Fällen angewandt wurden und daher bei einem Kartell im gleichen oder einem ähnlich Produkt als erster Anlaufpunkt für den Ansatz einer Formulierung der Schätzmethode dienen können. Es ist weiterhin möglich, die Entwicklung der Methoden zu verfolgen und daher zu vermeiden, dass die eigene gewählte Schätzmethode veraltet oder ohne Präzedenz ist. Letztlich lässt sich auch gerade dann, wenn von der zeitlichen Vergleichsmethode abgewichen werden soll oder muss, auf die zahlreichen anderen Methoden und Ansätze verweisen, die insbesondere in der Studie von Connor (2014) auch dokumentiert sind.

b) Ist die Konstruktion einer kontrafaktischen wettbewerblichen Situation überhaupt möglich? Von einem puristisch theoretischen Standpunkt aus gesehen lässt sich eine kontrafaktische Wettbewerbssituation gar nicht eindeutig (re)konstruieren. Das Problem liegt dabei gar nicht darin, dass kein kontrafaktisches ökonomisches Gleichgewicht gefunden werde kann, sondern dass aus den Kostenfunktionen der Firmen und dem beobachtbaren Nachfrageverhalten in der Regel zu wenig Struktur entsteht, um ein *eindeutiges* Gleichgewicht konstruieren zu können. Für Firmen gibt es zu viele rationale mögliche Strategien und das Konsumentenverhalten kann nicht ausreichend präzise beschrieben werden. Es wäre aber sicherlich der falsche Weg, daher einer ökonomischen Untersuchung allen Nutzen abzuschlagen. Hüschelrath (2008) zitiert den Makroökonomen G. Mankiw sehr schön, dass es Ökonomen gibt, die Theoretiker sind, und solche die eher wie Ingenieure arbeiten, dh Lösungen in einer realen aber eben nicht puristischen Welt zu finden versuchen.[716] Einen solchen Ingenieursansatz kann man auch bei einer Schadensschätzung empfehlen.

Für die praktische Überlegung zur Schadensschätzung sollte man sich daher bewusst machen, dass letztendlich jedes Kontrafaktum, das für den Zweck der Schadensschätzung in einem Kartellfall konstruiert wird, mit Unsicherheit belegt ist. Diese Einsicht spiegelt sich auch in der empirischen Schadensschätzung wider, denn im Allgemeinen wird in der Ökonometrie angenommen, dass der die Daten generierende Prozess (engl. *data generating process*) unbekannt ist. Man muss daher Resultate einer Schadensschätzung mit dem richtigen

---

[713] Der Median ist der Wert des mittleren Elements eines nach Größe geordneten Intervalls. Liegt der Median unter dem arithmetischen Mittelwert, so bedeutet dies, dass die obere Hälfte der Werte weiter vom Median abweichen als die unteren. Der Unterschied zwischen arithmetischem Mittelwert und Median ist also ein erster Indikator für die Streuung der Werte.

[714] Oxera (2009), S. 90–91. Die Oxera Daten stammen von Waller/*Connor*/Lande Issues in Competition Law and Policy, volume 3, ABA Section of Antitrust Law, Chapter 88; 2203–18 „Cartel Overcharges and Optimal Cartel Fines" und zusätzlichen Daten von J. Connor.

[715] Connor (2014), Appendix Table 2. Eintrag 12a auf S. 179 zeigt einen Kartellpreisaufschlag von 48,8% für Schulen in Kentucky zwischen 1983 und 1988. Eintrag 30a auf S. 190 zeigt einen negativen Kartellpreisaufschlag von −6,5% für Schulen in Ohio zwischen 1980–1990.

[716] *Hüschelrath* ZEW Economic Studies vol. 41 S. IX, Vorwort, bezogen auf *G. Mankiw*, The Macroeconomist as Scientist and Engineer, RAND Journal of Economics 17 (2006): 48–58.

Augenmaß benutzten und darf nicht auf absolute Sicherheit hoffen. Selbst wenn man etwa mit Hilfe einer Auskunftsklage erreichen könnte, dass alle relevanten Marktdaten offengelegt werden, so würde man bei einer empirischen Analyse der Schadensschätzung dennoch nicht jede letzte Unsicherheit über den kontrafaktischen Preis beseitigen. Im Umkehrschluss bedeutet dies, dass sowohl theoretische Überlegungen darüber, wie ein bestimmtes Kartell einen Schaden erzeugen konnte, als auch qualitative Beweise beispielsweise über Art und Anzahl von konkret abgesprochenen Projekten weiterhin eine Rolle spielen.

271 **c) Umgang mit der Ungewissheit über die Natur der Kartellabsprachen. aa) Inhalt und Zielrichtung der Absprachen.** Schadensersatzverfahren sind gegenüber Ordnungswidrigkeitenverfahren gegen Kartelle nicht nur deswegen komplexer, weil unter Umständen ein Kartell keine Wirkung auf den Markt ausübte und somit kein Schaden entstand. Vielmehr besteht oftmals eine eher diffizilere Komplexität darin, dass den Geschädigten, gelegentlich aber auch den Kartellanten nicht bekannt ist, welche Kunden, Quoten, Produkte oder Dienstleistungen tatsächlich im Einzelnen Gegenstand der Absprachen waren (ob erfolgreich oder nicht). Falls die Kartellanten nicht viele Produkte herstellen, wie zum Beispiel im Fall der Kartelle im Lebensmittelbereich (Zucker, Mehl, etc), die ein homogenes Produkt betreffen, so spielt dies eher eine untergeordnete Rolle, da die Preise in der Regel eher ähnlich sind. Aber gerade bei Kartellen in Ausschreibungsmärkten werden die Konditionen für konkrete und oft sehr heterogene Projekte oder Kunden abgesprochen. Die Absprachen sind in der Regel nicht allumfassend, da nicht immer jeder Kartellant zu einer Angebotsabgabe eingeladen wird. Daher haben auch die Kartellanten einen Anreiz diejenigen Projekte, die außerhalb der Wahrnehmung der Mitkartellanten liegen, nicht anzusprechen, um eben diese nicht abgesprochenen Projekte nicht mit auf die eigene Kartellquote (ob explizit oder implizit) angerechnet zu bekommen.

272 Vor diesem Hintergrund ist es nicht immer einfach, die tatsächlich und unmittelbar kartellbetroffenen Kunden, Produkte oder Beschaffungsvorgänge eindeutig zu identifizieren. Für die Kartellbeteiligten bedeutet das, dass man in jedem Fall immer genau überlegen sollte, ob in einer Schätzung denn von einem Gesamtmarkt ausgegangen und daher eine einzelne Schadensschätzung durchgeführt werden kann, in der das Resultat gleich einem Prozentaufschlag auf den kontrafaktischen Wettbewerbspreis ist, oder ob vielmehr nur individuelle Projekte oder Beschaffungsvorgänge untersucht werden oder zumindest Schätzungen für separate Kunden durchgeführt werden können. Falls man für einzelne Produkte oder Kunden mit Sicherheit eine Kartellaktivität ausschließen kann, so sollte man versuchen, den Kartellpreisaufschlag nur auf der Basis der betroffenen Produkte zu berechnen. Dahingegen empfiehlt es sich aufgrund von möglichen Preisschirmeffekten oftmals nicht, solche nicht abgesprochenen Projekte als nicht befangene Vergleichsprojekte zu behandeln. Geschädigte haben in der Regel zunächst ohnehin nur Zugang zu ihren eigenen Daten, sodass Klägergutachten oftmals kundenspezifisch sind oder auf öffentliche Daten zurückgreifen müssen, um einen Gesamtmarkteffekt zu schätzen.

273 **bb) Ungewissheit über den Beginn und das Ende des Kartells.** Oft herrscht auch Ungewissheit über den Beginn und das Ende des Kartells. Viele Kartelle entstehen eher allmählich und werden erst im Laufe der Zeit durch regelmäßige Kartelltreffen oder ähnliche Organisationsstrukturen institutionalisiert, sodass ein bestimmter Anfangszeitpunkt nicht einfach auszumachen ist. Auch der in einer Entscheidung genannte Anfangszeitpunkt entspricht nicht unbedingt dem Datum, ab dem ein Kartell entstanden ist und/oder einen Effekt auf den Markt hatte, zumal die Kartellbehörden oftmals mit Rücksicht auf die Beweislage, die Erreichbarkeit eines schnellen Verfahrensabschlusses oder die Irrelevanz der genauen Bestimmung der Dauer für die Bußgeldbemessung im konkreten Fall von einer Ausermittlung des Sachverhalts absehen.

Auch das Ende des Kartells im Sinne eines ökonomischen Effekts auf die Marktpreise 274 kann oft nicht eindeutig festgelegt werden. Zwar gibt es offensichtliche Daten wie den Zeitpunkt von Hausdurchsuchungen durch das Bundeskartellamt oder die Europäische Kommission, der Veröffentlichung einer Pressemitteilung oder der in der Kartellentscheidung genannte Zeitpunkt des Endes des Kartells. Doch oftmals hat ein Kartell über die Beendigung der Absprachen hinaus Nachwirkungen. Diese können beispielsweise dadurch entstehen, dass ein Kartell schon sehr lange Bestand hat und sich daher ein bestimmtes Marktverhalten unter den Kartellanten etabliert hat, welches selbst ohne explizite Absprachen in gewissem (geringerem) Maße für eine gewisse Zeit beibehalten wird. Andererseits mag auch unmittelbar im Anschluss an eine Kartellperiode ein Preiskrieg entstehen und die Preise unter das langfristige Wettbewerbsniveau fallen (was auch eine Folge dessen sein kann, dass Kunden selbstbewusster auftreten und dass sich die ehemaligen Kartellanten in ihrer Verhandlungsposition geschwächt fühlen). Welche konkreten Auswirkungen dies in einem zeitlichen Vergleich hat, muss von Fall zu Fall untersucht werden. Überlegungen zum Zeitraum eines Kartells spielten im Zementkartell in Deutschland eine wichtige Rolle. Es sei daher auf Friederiszick/Röller (2010) und Hüschelrath/Müller/Veith (2012a, 2012b) verwiesen.

d) Verfügbare Daten. Eines der schwierigsten praktisch auftretenden Probleme der Scha- 275 densschätzung besteht oftmals darin, dass die eigentlich benötigten Daten für eine robuste empirische Analyse nicht (mehr) oder nur (noch) eingeschränkt zur Verfügung stehen. Dies trifft insbesondere auf Kartelle in vielen Industrie- und Großhandelsmärkten von Produkten zu, die nicht aktiv etwa an einer Börse gehandelt werden. Bei solchen Produkten werden Preise oft entweder über Jahresgespräche oder in Ausschreibungen gesetzt, die nicht besonders häufig durchgeführt werden.

In solchen Märkten herrscht nicht nur eine Knappheit an zeitlichen Daten, von der 276 sowohl Kartellanten als auch Kläger betroffen sind. Darüber hinaus besteht in der Regel eine Asymmetrie der vorhandenen Informationen zwischen kartellbetroffenen Unternehmen und Kartellanten. Kartellbetroffene Unternehmen, also Einkäufer der vom Kartell betroffenen Güter oder Dienstleistungen, finden oftmals nur einen wirklich unabhängigen Preis pro Produkt pro Jahr vor (oder entsprechend einen Preis pro Produkt pro Ausschreibung). Gleichzeitig sind aber viele Produktmärkte von Industrieprodukten recht volatil in Angebot und Nachfrage, in den vorliegenden Kosten und oftmals auch gesetzlichen Rahmenbedingungen. Die Verbindung von Jahresgesprächen bzw. seltenen Ausschreibungen mit stark schwankenden Marktbedingungen bzw. Kosten machen einen empirischen Vorher-Während-Nachher Vergleich zumindest auf Klägerseite, aber gerade bei eher heterogenen Produkten auch auf Beklagtenseite, sehr schwierig.

Tatsächlich beziehen viele Unternehmen über das Jahr mehrfach Lieferungen von den 277 Kartellanten. Somit liegen oftmals hochfrequente Daten vor (sog. „Transaktionsdaten"). Die Preisdaten dieser Lieferungen sind aber meist nur Reflektionen der in den Jahresgesprächen bzw. in den Ausschreibungen vereinbarten Preise. Wirkliche zusätzliche Daten in solchen Märkten liegen für Abnehmer eines Kartells in der Regel dann vor, wenn sie eine Mehrlieferantenstrategie durchführen, denn dann existieren Querschnittsdaten, dh Daten über mehrere Preise zum gleichen Zeitpunkt.

Eine andere bis zum jetzigen Zeitpunkt noch unterschätzte Datenquelle für kartellbe- 278 troffene Unternehmen sind die eigenen (oder falls zugänglich öffentliche) Ausschreibungsdaten. Denn diese Daten enthalten nicht nur die Zuschlagspreise für den Gewinner der Ausschreibung, sondern geben auch Informationen über die Anzahl der Bieter sowie die Preise der unterlegenen Gebote. Diese Informationen können mit Methoden aus der Auktionsökonometrie unter Umständen auch zu einer Schätzung des Schadens hinzugezogen werden (→ Rn. 369).

Auch wenn Kartellanten nur Jahresgespräche führen, so verfügen sie dennoch in der 279 Regel über erheblich mehr Daten als Kartellabnehmer. Zum einen verkaufen Kartellanten in der Regel an mehrere Abnehmer. Sie haben also viele Querschnittsdaten. Zum anderen nehmen die Kartellanten an vielen Ausschreibungen und Jahresgesprächen teil, die nicht alle zum gleichen Zeitpunkt stattfinden. Deren Preise beinhalten entsprechend wirklich originäre Informationen. Die RL 2014/104/EU verfolgt das Ziel, diese Asymmetrie zu lindern.[717]

280 Die Asymmetrie der Daten kann durchaus dazu führen, dass Kläger und Beklagte ihre eigenen Schadensgutachten nicht nur auf unterschiedlichen Daten aufbauen, sondern auch unterschiedliche Methoden verwenden (müssen). Für einen Kläger können unter Umständen nicht genug Daten vorliegen, um eine ökonometrische Analyse durchzuführen. Er kann gezwungen sein, eher eine kostenbasierte Vergleichsanalyse oder ein Simulationsmodell zu benutzen. Dies muss für Kartellanten nicht zutreffen. Kartellanten können daher den in der Regel auftretenden Datenvorteil auch durch die Auswahl der Schätzmethode ausnutzen. Insgesamt kommt daher gerade bei der Schätzung des Kartellaufschlags den Möglichkeiten der vorprozessualen und prozessualen Informationsgewinnung erhebliche Bedeutung zu.

281 **e) Wann kann eine empirische Methode zur Schadensschätzung eingesetzt werden?** Unter empirischen Methoden sollen hier allgemein Analysen mit wirtschaftlichen Daten verstanden werden. Diese können mit deskriptiven statistischen Mitteln, wie zB einem Mittelwert, oder mit ökonometrischen Methoden durchgeführt werden. Unter Ökonometrie versteht man das Zusammenführen von mathematischer Wirtschaftstheorie und statistischer Datenanalyse. Zu den empirischen Methoden zählen insbesondere die bereits zusammenfassend dargestellten zeitlichen, sachlichen und räumlichen Vergleichsanalysen, von denen die zeitliche Methode derzeit in der deutschen Praxis wohl als präferiert angesehen werden muss. (→ Rn. 264).

282 Um einen Kartellschaden durch die empirische zeitliche Vergleichsmethode zu schätzen, bedarf es gewisser Voraussetzungen. Dabei sollte man zwischen sogenannten reduzierten und strukturellen Schätzungen unterscheiden. Eine reduzierte Schätzung liegt dann vor, wenn die Marktpreise während und außerhalb des Kartells verglichen werden, ohne dass ein theoretisches ökonomisches Modell dazu zu Hilfe gezogen wird (beispielsweise ein Cournot-, ein Bertrand-, oder ein Auktionsmodell), um den Preisfindungsmechanismus im Markt zu beschreiben.[718] Die meisten Schätzungen von Kartellschäden bauen letztendlich auf solchen reduzierten Schätzmethoden auf. In der Terminologie des Leitfadens der EU Kommission würde man dagegen bei einem strukturellen Modell wahrscheinlich von einem „Simulationsmodell" sprechen.

283 Da bei reduzierten Schätzmethoden kein theoretisches Preisfindungsmodell vorliegt, besteht eine erste wichtige Voraussetzung für eine Schätzung darin, dass die Institutionen, die den Preisfindungsmechanismus im Markt bestimmen, während und außerhalb der Kartellphase vergleichbar sind. Denn falls sich der Preissetzungsmechanismus entscheidend ändert, beispielsweise durch veränderte regulatorische Rahmenbedingungen wie Marktmindestpreise, so ist es schwierig, hierfür in einem reduzierten Modell zu ‚kontrollieren'. In einem strukturellen Modell, in dem ein theoretisches Modell zum Einsatz kommt, um die Preissetzung zu beschreiben, und dieses Modell mit Daten aus dem Markt kalibriert wird, kann eine institutionelle Änderung eher aufgegriffen werden. Eine zweite Voraussetzung besteht darin, dass die Zusammenhänge zwischen Preisen und den die Preise bestimmenden Faktoren über den Zeitraum generell stabil sein sollten. Falls beispielsweise in der Nachkartellphase generell geringere Margen, beispielsweise aufgrund stärkerer Kon-

---

[717] Vgl. hierzu § 10 2. Teil 1. Abschnitt IV. Rn. 154–157.
[718] Formal gesprochen ist ein reduziertes Modell eine Umschreibung eines formalen, theoretisch basierten, „strukturellen" Modells in der Art, dass in der Regressionsgleichung links eine endogene (also zu bestimmende) Variable steht und rechts nur exogene Variablen. In der Praxis wird aber in der Regel das reduzierte Modell nicht von einem formalen Modell hergeleitet. Es werden vielmehr nur qualitative Annahmen gemacht, zB dass höhere Kosten zu höheren Preisen führen sollten. In diesem Sinne basiert eine reduzierte Schätzung tatsächlich meistens nicht auf einem formalen ökonomischen Modell.

kurrenz durch neuen Markteintritt, beobachtet werden (in der Elektronik-Branche kann dies der Markteintritt von Unternehmen aus China und Korea sein), so werden die Nachkartellmargen dadurch verzerrt. Auch die Einführung eines neuen Modells eines der betroffenen Produkte kann die Marge unabhängig von einem Kartelleffekt verändern. Es ist in der Praxis oftmals eher schwierig, unstrittige Methoden zu finden, um solche allgemeineren Faktoren zu bereinigen.

f) Möglichkeiten, falls empirische Methoden nicht eingesetzt werden können. Falls sich aufgrund der Datenlage oder auch der Veränderungen der Institutionen ein zeitlicher Vergleich nicht anbietet, so sollte dies in einem Gutachten explizit begründet werden. Denn Gegenparteien sowie Richter gehen nicht zuletzt aufgrund des Praktischen Leitfadens und des Urteils im Zementkartell davon aus, einen zeitlichen Vergleich vorgelegt zu bekommen. Ein Kläger muss sich sogleich mit dem Vorwurf auseinandersetzen, nicht die Standardmethode gewählt zu haben und daher nicht gezeigt zu haben, was zu zeigen war. 284

Mögliche alternative Methoden sind in der Praxis neben strukturellen Modellen („Simulationen") finanz- oder kostenbasierte Methoden und eventuell Vergleiche, die sich auf die unterschiedlichen Regulatorien des Markts beziehen. Bei einer kostenbasierten Methode wird meist eine zu erwartende Marge geschätzt. Auch dies ist mit Schwierigkeiten verbunden, da man von einer üblichen Marge ausgehen muss. Marktsimulationen bieten sich, wie wir weiter unten ausführen, oft gut bei Verfahren über den Missbrauch von Marktmacht an ($\rightarrow$ Rn. 384 ff.). 285

3. Empirische Methoden zur Schadensschätzung des Kartellpreisaufschlags: ein Beispiel

Die Durchführung einer Schadensschätzung mit Hilfe von **empirischen Methoden** wird nachfolgend am Beispiel eines hypothetischen Kartellfalls vertieft erläutert. Dabei greifen wir auf die zwei gängigsten Methoden, den zeitlichen Vergleich und der Kombination aus zeitlichem und räumlichem bzw. sachlichem Vergleich (dem sogenannten Differenz-der-Differenzen Vergleich), zurück. Anhand des Beispiels wird es möglich sein, sowohl einige Grundbegriffe und Grundtechniken der empirischen Kartellschätzung aufzuzeigen, als auch auf gängige Schwierigkeiten hinzuweisen sowie Hilfestellung bei der Interpretation von empirischen Analysen zu geben. 286

Ein zeitlicher und ein Differenz-der-Differenzen Vergleich kann durch verschiedene empirische Methoden durchgeführt werden. Dabei empfiehlt es sich in der Praxis, zum einen dem Leitsatz „einfach ist besser" zu folgen, da einfache Modelle in der Praxis oft stabiler sind; und zum anderen eine Schätzung Schritt für Schritt aufzubauen. Dabei kann in einem ersten Schritt ein sehr einfacher Vergleich durchgeführt werden, der dann in weiteren Schritten durch mehr Daten und anspruchsvollere Methoden verfeinert wird. Gerade in einem Gerichtsverfahren erscheint es gegebenenfalls didaktisch sinnvoll, einem Richter mehrere Methoden anzubieten, die von „einfach und grob" bis „komplex und feiner" reichen. Dies kann zum Beispiel dadurch durchgeführt werden, dass zunächst ein einfacher zeitlicher Vergleich ohne Kontrollvariablen gezeigt wird, dann ein zeitlicher Vergleich mit Kontrollvariablen und zusätzliche eine Panelmethode und eine Differenz-in-Differenzen Methode.[719] 287

a) Einfacher zeitlicher Vergleich und einfacher Differenz-der-Differenzen Vergleich ohne ökonometrische Methoden. aa) Einfacher Durchschnittsvergleich. Das einfachste empirische Modell für einen zeitlichen Vergleich besteht in einem Vergleich des arithmetischen Durchschnitts der Preise im Nachkartellzeitraum mit dem arithmetischen Durchschnitt der Preise im Kartellzeitraum. Dies empfiehlt sich zunächst als eine Schätzung, wenn nur Jahresdaten vorliegen. 288

Eine solche Rechnung sei an folgendem Beispiel illustriert, in dem p den Preis des betroffenen Produkts bezeichnet und angenommen wird, dass ein Kartell von Januar 2006 289

---

[719] Die Terme werden im Laufe dieses Abschnitts erklärt.

bis Dezember 2010 bestand. Für den Zeitraum vor dem Kartell sind keine Daten zu finden. Für den Kartellzeitraum liegen daher fünf jährliche Preisbeobachtungen vor, für den Nachkartellzeitraum drei jährliche Preisbeobachtungen der Jahre 2011 bis 2013. Die Beobachtungen sind in folgender Tabelle gezeigt:

Jahr	p (EUR)
2006	10,00
2007	9,92
2008	9,98
2009	10,04
2010	9,84
2011	9,11
2012	8,84
2013	8,97

290 Zunächst sollte man die Daten in einer Grafik verbildlichen, in dem der Preis auf der vertikalen Achse und die Jahresdaten auf der horizontalen Achse liegen. Das Ende des Kartells im Jahr 2010 ist durch eine vertikale schwarze Linie gekennzeichnet. Man kann bereits im Graphen erkennen, dass der Preis nach Ende des Kartells im Jahr 2010 abfällt. Es wäre also erwarten, dass die zeitliche Vergleichsmethode einen Schaden zeigt.

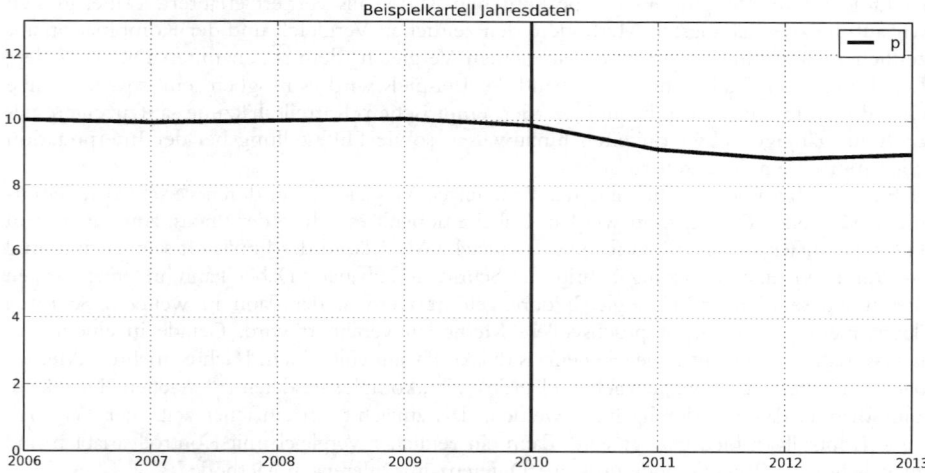

291 Eine einfache Durchschnittsbildung des Vor- und des Nachkartellpreises, die wir mit $\bar{p}$ bezeichnen, führt im Beispiel zu:

$$\bar{p}_{Kartell} = \frac{p_{2006}+p_{2007}+\cdots+p_{2010}}{5} \approx 9,96$$

$$\bar{p}_{Nachkartell} = \frac{p_{2011}+p_{2012}+p_{2013}}{3} \approx 8,97$$

292 Dies bedeutet, dass die Schätzung einen Kartellaufschlag von 9,96 EUR − 8,97 EUR = 0,99 EUR ergibt. Der prozentuale Kartellaufschlag beträgt damit 0,99 EUR/9,96 EUR ≈ 9,94 % mit dem Kartellpreis als Basis, und 11,04 % mit dem Nachkartellpreis als Basis.

Den Durchschnitt aus einem Datensatz kann man im stochastischen Sinn als den Wert 293 begreifen, den man von einer Beobachtung am ehesten erwartet, und ihn daher als Erwartungswert $E[p]$ schreiben. Aus Gründen, die bald verständlich werden, schreiben wir den erwarteten Kartellpreis als Summe aus Nachkartellpreis und Kartellpreisaufschlag, also:

$$E[p|Kartell] = (E[p|Kartell] - E[p|Nachkartell]) + E[p|Nachkartell]$$

wobei das Zeichen „|" eine Konditionierung bedeutet, also zB bedeutet p|Kartell, dass der Preis in der Kartellperiode gemeint ist.

Schon in dieser einfachen Darstellung entstehen erste Einsichten in die zeitliche Vergleichsmethode: Erstens sieht man, dass durch die Zusammenfassung der Beobachtungen in eine Kartellphase und eine Nachkartellphase die jährliche zeitliche Markierung der Preise innerhalb der einzelnen Phasen verlorengeht. Ob ein Preis innerhalb des Kartellzeitraums im Jahr 2007 oder 2009 beobachtet wurde fließt in die Schätzung nicht ein. Man nimmt also beim Verwenden eines solchen Vergleichs an, dass die tatsächlichen Marktgegebenheiten über den Beobachtungszeitraum stabil waren und die Institutionen sich über die Zeit nicht veränderten. 294

Nun ist es aber in der Praxis unwahrscheinlich, dass die Marktgegebenheiten über 295 längere Zeit alle unverändert sind; vielmehr ändern sich viele Parameter im Markt laufend. Herausragend seien hierbei Preise und Mengen vieler unterschiedlicher Produkte über viele Branchen hinweg während der Finanzkrise genannt. Während man in vielen Industrien bis zum ersten Halbjahr 2008 große Volumenzuwächse sieht, so führte die Finanzkrise seit dem Kollaps von Lehman Brothers im September 2008 zu erheblichen Verwerfungen bei Mengen und Preisen. Die empirische Berücksichtigung der Finanzkrise spielt für die Schadensschätzung der gerade laufenden Kartellverfahren und Schadensersatzklagen meist eine wichtige Rolle. Andere oft auftretende Veränderungen über die Zeit sind Produktivitätssteigerungen, Änderungen im Produktmix, technische Veränderungen, veränderte gesetzliche Rahmenbedingungen oder Änderungen in der Marktstruktur.

bb) Differenz-der-Differenzen Methode. Ein erster verbreiteter Ansatz zur Berücksichtigung 296 anderer Faktoren, die den Preis für das kartellierte Gut bestimmen können, ist die „Differenz-der-Differenzen" -Methode. Dabei wird ein zeitlicher Vergleich mit einem sachlichen oder einem räumlichen Vergleich kombiniert. Um dies zu illustrieren, erweitern wir unser Beispiel (→ Rn. 289) um die Beobachtungen eines sachlichen Vergleichsprodukts. Für das Vergleichsgut bestehen folgende Preisbeobachtungen.

Jahr	p Vergleichsgut (EUR)
2006	10,96
2007	10,76
2008	10,77
2009	10,66
2010	10,25
2011	10,17
2012	10,08
2013	10,18

297 Die Grafik der Preisentwicklung sieht daher wie folgt aus:

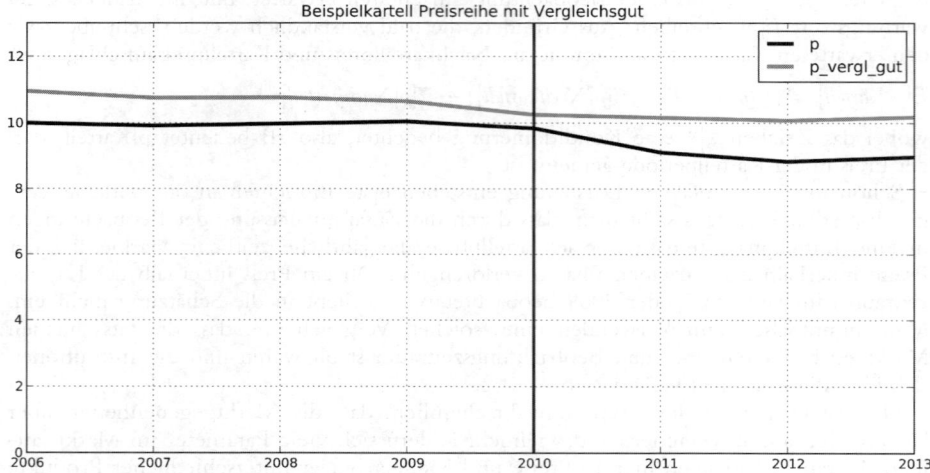

298 Man sieht, dass auch der Preis des Vergleichsguts über die Zeit fällt, wobei der Preisrückgang allerdings früher als das Ende des Kartells einsetzt. Wir verwenden zunächst das Vergleichsgut rein rechnerisch in unserer Schätzung, bevor wir wieder zu diesem Aspekt zurückkehren werden. Schon der Name „Differenz-der-Differenzen" beschreibt die Gestaltung der Methode, die wir benutzen, um das Vergleichsgut als zusätzliche Erklärung hinzuzufügen. Man bildet die zeitliche Preisdifferenz (=Preis Kartellzeitraum minus Preis Nachkartellzeitraum) der Preisdifferenzen der Güter (= Preis Kartellgut minus Vergleichsgut). Daraus ergeben sich folgende Rechnungsschritte:

$$Differenz_{Kartell} = \bar{p}_{Kartell} - \bar{p}_{Kartell}^{Vergleichsgut} \approx -0,72$$

$$Differenz_{Nachkartell} = \bar{p}_{Nachkartell} - \bar{p}_{Nachkartell}^{Vergleichsgut} \approx -1,17$$

$$Differenz - der - Differenzen = Differenz_{Kartell} - Differenz_{Nachkartell} \approx 0,45$$

299 Prozentual ergibt sich somit ein Kartellaufschlag von $\frac{0,45}{9,96} \approx 4,5\%$ auf Basis des Kartellpreises und etwa 5,02 % auf Basis des Nachkartellpreises.

300 Mit der Differenz-der-Differenzenrechnung kann man kartellfremde Veränderungen kontrollieren, die das kartellierte Gut im gleichen Maß betreffen wie das Vergleichsgut. In unserem Beispiel könnte es sein, dass sich die Kosten sowohl für das Kartellgut als auch für das Vergleichsgut reduzierten. Durch die Berücksichtigung des Preisverlaufs des nicht vom Kartell betroffenen Vergleichsguts verringert sich der Kartellaufschlag von etwa 9,9 % auf etwa 4,5 %. In der Abbildung sieht man den Kartelleffekt dadurch, dass p in der Nachkartellphase tiefer unterhalb von p_vergl_gut liegt, als dies im Kartellzentrum der Fall ist.

301 Dabei muss aber bei der Auswahl des Vergleichsguts sehr vorsichtig vorgegangen werden. Im obigen Beispiel ist das Vergleichsgut so konstruiert, dass sein Preis zwar auch fällt. Dies geschieht jedoch schon im Jahr 2010, also im letzten Kartelljahr. Einen solchen Preisverfall schon im Jahr 2010 sieht man dahingegen im kartellierten Gut nicht. Da die einzelnen Zeitpunkte der Beobachtungen während bzw. außerhalb des Kartells in der Rechnung nicht berücksichtigt werden, vermindert der Preisverfall des Vergleichsguts im Jahr 2010 seinen Durchschnittspreis im Kartellzeitraum. Damit erhöht sich der geschätzte Schaden. Es stellt sich daher die Frage, ob die Analyse dadurch verfälscht wird, dass der Preis für das Vergleichsgut durch Faktoren beeinflusst wird, die für die beiden Güter unterschiedlich sind, oder ob das Kartell im Stande war, den gleichen preissenkenden Faktoren zu widerstehen. Hierfür müsste genau untersucht werden, wo der Preisverfall des Vergleichsguts im Jahr 2010 herrührt.

Das Beispiel macht deutlich, dass gerade bei sehr wenigen Daten empirische Vergleiche **302** sehr anfällig sind für auch nur geringe Wertveränderungen, die nicht unbedingt mit dem Kartell in Zusammenhang stehen müssen. Dies trifft auch dann zu, wenn man mit einer verfeinerten Methode wie der Differenz-der-Differenzen Methode die Schätzung eigentlich robuster zu gestalten versucht. Gerade wenn wenige Daten vorliegen, ist in der Praxis daher eine genaue Beschreibung und Modellierung des Markts umso wichtiger. Jede verwendete Datenreihe muss ausreichend beschrieben und die Auswahl sollte ausreichend begründet werden. Dies kann auch mit qualitativen Argumenten geschehen. Falls zu viel Unsicherheit darüber besteht, ob der Preis eines Vergleichsguts (oder auch eines räumlichen Vergleichsmarkts) nicht doch signifikant anderen Veränderungen unterliegt, sollte eher von einem solchen Vergleich abgesehen und andere Methoden herangezogen werden.

b) Ökonometrische Analyse mit monatlichen Daten. Falls ausreichend Daten vorliegen, so **303** können ökonometrische, dh wirtschaftsstatistische Methoden, eingesetzt werden. In der Praxis kann man in der Regel bei monatlichen oder zumindest Quartalsbeobachtungen darauf hoffen, dass genug Daten für statistische Methoden zur Verfügung stehen. Bei einer Datenerhebung sollte jedoch kritisch darauf geachtet werden, ob die Daten tatsächlich unabhängige Beobachtungen darstellen. Gerade in vielen Industriemärkten werden Jahresgespräche abgehalten, die oft noch innerhalb von längerfristigen Geschäftsbeziehungen stehen. Dann können zwar unter Umständen sehr viele Transaktionsdaten vorliegen, die Warenlieferungen dokumentieren. Doch die Lieferungen könnten alle zum gleichen Preis durchgeführt werden. In solch einem Fall erhöht sich die Anzahl der Beobachtungen nicht und es bietet sich oft an, sich wiederum auf die Untersuchung der Jahresdaten zu beschränken.

Das schon eingeführte Beispiel (→ Rn. 289) beruht tatsächlich auf monatlichen (künst- **304** lich erzeugten) Beobachtungen, wie in der nächsten Grafik dargestellt.

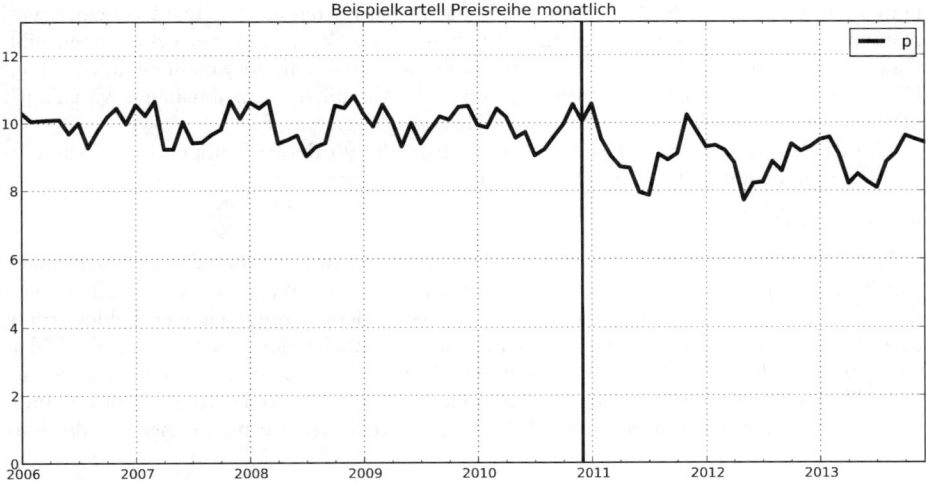

Die Grafik zeigt nun das Kartellende als den letzten Monat des Jahres 2010. Die Preise **305** in jedem Jahr unterliegen sowohl saisonalen als auch anderen zusätzlichen Schwankungen. Auf Basis dieser Datengrundlage soll nun wiederum sowohl der zeitliche Vergleich als auch der Differenz-in-Differenzenvergleich durchgeführt werden, diesmal aber unter Verwendung ökonometrischer Methoden.

306 Wie wir schon beschrieben haben (→ Rn. 270), geht man in der empirischen Wirtschaftsforschung davon aus, dass der tatsächliche die Daten erzeugende Prozess (der *data generating process*) unbekannt ist. Es wird daher ein ökonometrisches Modell formuliert, im Allgemeinen ausgedrückt durch eine oder mehrere Gleichungen, das den unbekannten Datenerzeugungsprozess, und damit den zu erklärenden ökonomischen Zusammenhang, beschreibt. Im vorliegenden Fall einer empirischen Schadensschätzung besteht die Aufgabe des Modells darin, zu bestimmen ob die Existenz eines Kartells zu einer Erhöhung des Marktpreises führte.

307 Um das Modell abzuleiten schreibt man für einen zeitlichen Vergleich ohne zusätzliche Erklärungsvariablen die Beobachtungen auf folgende Art.[720]

Monat	p	1 (Konstante)	I^k (Kartellindikator)
2006–01	10,31	1	1
2006–02	10,06	1	1
...	...	...	...
2013–11	9,51	1	0
2013–12	9,42	1	0

308 Die Beobachtungen beschreiben den Wert der Variablen in den beobachteten Monaten. Die erste Variable in der Tabelle ist der Preis des kartellbetroffenen Gutes p, den es zu erklären gilt. p wird austauschbar als „zu erklärende Variable", „abhängige Variable", „Regressand" oder „Reaktionsvariable" bezeichnet.[721] Der kartellbeeinflusste Preis p soll hier erklärt werden einzig durch den Nachkartellpreis und den Kartellaufschlag. Dies kann so geschrieben werden, dass p erklärt wird durch eine Konstante und einen Kartellindikator I^k. Der Kartellindikator ist gleich *1* falls die Beobachtung innerhalb des Kartellzeitraums erfolgt, und *0*, falls die Beobachtung nach dem Kartell erfolgt. Die Konstante wird benutzt, um den Wert des Preises auszudrücken, falls es keine anderen Erklärungen gibt. Daher übernimmt die Konstante hier die Rolle des Preises in Abwesenheit des Kartells. Die Erklärungen des Preises werden „erklärende Variablen", „unabhängige Variablen", „Regressoren", „Kontrollvariablen" oder „Kovariate" genannt.[722]

309 Um das Regressionsmodell zu erstellen, werden die 96 Beobachtungen bzw. Datensätze als die folgenden *i=1,...,96* Gleichungen geschrieben:

$$p_i = \alpha * 1 + \beta * I_i^k + u_i$$

310 Dabei werden die „Koeffizienten" α und β eingeführt, die für alle Beobachtungen gleich sind. Dies sind die von der Regression zu suchenden Werte. Da es nur einen Wert für α sowie einen Wert für β gibt, muss ein jeder Beobachtung eigener Fehlerterm u_i dazufügt werden, denn sonst könnte man kein Gleichheitszeichen setzen. In den Gleichungen sind also p der Preis des kartellierten Guts, α der Koeffizient der Konstante, der die Höhe des Preises in der Nachkartellperiode ausdrückt und β der Koeffizient der Indikatorvariablen für den Kartellzeitram I^k, der den Kartellaufschlag bezeichnet. Da die Kar-

---

[720] Man kann das Problem auch als sogenanntes ‚Vorhersageproblem' schreiben, indem man nur die Nachkartellperiode zur Preisbestimmung heranzieht, um den Preis in der Kartellperiode durch die Nachkartellperiode vorherzusagen. Siehe dazu den Leitfaden der EU Kommission v. 13.6.2013, ABl. 2013 C 167, 19 Rn. 90.
[721] Englisch: explained variable, dependent variable, regressand oder response variable.
[722] Englisch: explanatory variables, independent variables, regressors, control variables, covariates.

tellindikatorvariable I^k für den Kartellzeitraum den Wert 1 annimmt und sonst den Wert 0, reduziert sich die Gleichung für Beobachtungen außerhalb des Kartellzeitraums auf:

$$p_j = \alpha * 1 + u_j$$

für j=61,...,96. Aus dem Vergleich dieser Gleichung mit der unmittelbar darüberstehenden kann man gut sehen, dass der Koeffizient der Kartellindikatorvariable den durchschnittlichen Preisunterschied zwischen den Beobachtungen innerhalb und außerhalb des Kartellzeitraums aufzeigt.

Nach dem Umschreiben der Beobachtungen in Gleichungen mit Koeffizienten und einem Fehlerterm sind nun die Vorarbeiten für das Regressionsmodell geleistet. Dabei kommt man auf die obige Formulierung des Erwartungswerts des Preises zurück (→ Rn. 293), denn eine Regression ist die Suche nach dem Durchschnitt bzw. dem Erwartungswert des Preises gegeben des durch die unabhängigen Variablen ausgedrückten Modells. Anders formuliert versucht man durch die Regression, die 96 Gleichungen, die die Beobachtungen beschreiben, durch eine Durchschnittsgleichung anzunähern. Dies geschieht dadurch, dass man Annahmen über den Zusammenhang der Beobachtungen trifft und anschließend versucht, über alle 96 Gleichungen die Fehlerterme u_i zu minimieren. Eine Regression ist daher nichts anderes als eine numerische Optimierungsaufgabe, bei der die Abweichungen der Beobachtungen vom postulierten Modell minimiert werden.

Ein beträchtlicher Teil der Ökonometrie beschäftigt sich damit, je nach Struktur des Modells und Zusammenhang der Beobachtungen den besten Fehlerminimierungsmechanismus zu finden. In unserem einfachen Beispielfall verwenden wir die **Methode der kleinsten Quadrate** („OLS" oder „ordinary least squares"), die von Carl Friedrich von Gauss 1809 in seinem Werk *Theoria motus corporum* eingeführt wurde. Dabei entwickelte Gauss die OLS-Methode, um den Planetoiden Ceres wiederzufinden, der um 1800 vom italienischen Astronomen Guiseppe Piazzi (1746–1826) verfolgt wurde, der ihn aber um 1801 aus den Augen verlor. Mit Hilfe der OLS-Methode konnte Heinrich Olbers (1758–1840) in der Neujahrsnacht 1802 den Planetoiden wiederfinden.

Die OLS Methode minimiert die Summe der quadrierten Fehlerterme u_i. Unter folgenden, etwas vereinfacht ausgedrückten Annahmen ist diese Methode angebracht: der Fehler sollte im Durchschnitt über alle Beobachtungen gleich null sein, also $E[u] = 0$, und die einzelnen Regressoren sollten nicht mit dem Fehler korreliert sein, dh die Kovarianz eines Regressors mit dem Fehlerterm sollte auch null sein. In Worten ausgedrückt, sollten die Abweichungen vom gefundenen Mittelwert gleichermaßen über wie unter dem Mittelwert liegen, und die Abweichungen sollten auch zufällig gegenüber den Erklärungsfaktoren sein. Eine hinreichende Bedingung für diese zwei Annahmen ist, dass der Erwartungswert des Fehlers gegeben der Regressoren gleich null ist, geschrieben $E[u|k, I^k]=0$. Mit dieser Bedingung können wir nun den Durchschnittspreis, gegeben unser ökonomisches Modell, als

$$E[p|k, I^k] = \alpha + \beta * I^k$$

schreiben (der Fehlerterm u_i fällt heraus, da er so vom Modell berechnet wird, dass sein Durchschnitt Null ist). Dies bedeutet in Worten, dass der Durchschnittspreis gegeben Nachkartellpreis und Informationen über Kartellzeitraum gleich dem Nachkartellpreis plus dem Preisaufschlag ist, falls die Beobachtung im Kartellzeitraum liegt. Somit entspricht die Regressionsformulierung genau dem einfachen Durchschnittsmodell (→ Rn. 288). Der Kartellpreiseffekt selbst findet sich, wie schon oben beschrieben, in β, da wir an der Wirkung des Kartellindikators auf den Preis interessiert sind, unter der Annahme, dass alle anderen Erklärungsvariablen konstant gehalten werden. Mathematisch ausgedrückt ist der Kartellaufschlag gleich dem partiellen Effekt des Kartellindikatoren I^k auf die bedingte Erwartung $E[p|I^k,k]$ also $\partial E(p|I^k,k)/\partial I^k$, wobei außer der Konstante im allgemeinen Fall noch mehr Erklärungsvariablen dazukommen können, die in der Untersuchung des Kartellpreisaufschlags konstant bleiben.[723] Bei der ökonometrischen Analyse von Kartellen sind diese anderen Variablen möglichst genau zu identifizieren und als Kontrollfaktoren einzusetzen, um den Kartellpreis herausdistillieren zu können.

314 Die OLS-Regression des Preises auf die Konstante und den Kartellindikator liefert in unserem Beispiel folgende Resultate, wobei die Ergebnisse zu „Standardfehler",„t-Wert", „Konfidenzintervall" sowie „R^2", „Korrigiertes R^2" und „F-Statistik" nachfolgend erläutert werden.

	Koeffizient	Standardfehler	t-Wert	[95.0 % Konfidenzintervall]
Konstante	8,9732	0,091	98,845	[8,793; 9,153]
I^k	0,9821	0,115	8,552	[0,754; 1,210]

R^2	Korrigiertes R^2	F-Statistik:
0,438	0,432	73,14

315 Die **Koeffizienten** geben an, wie viel des Werts der zu erklärenden Variablen durch die betreffende Variable erklärt wird. Durch die Konstante wird ein Preisniveau von 8,97 EUR erklärt. Der Kartellindikator erklärt, dass, falls die Indikatorvariable $I^k = 1$ ist, dh für Beobachtungen, die während des Kartells stattfinden, der Preis um 0,98 EUR erhöht wird. Somit liegt der Kartellaufschlag bei 0,98 EUR oder etwa 0,9821 EUR/8,9732 EUR = 10,94 % über dem Nachkartellpreis. Dieser Wert entspricht genau dem einfachen Durchschnitt auf Jahresbasis.[724, 725]

316 **c) Hypothesentests.** Ein sehr großer Vorteil eines ökonometrischen Modells gegenüber der Bildung eines einfachen Durchschnitts liegt darin, dass noch weitere zusätzliche Angaben über die Güte der Schätzung gemacht werden können. Dies geschieht in Form von sog. Hypothesen- oder statistischen Tests (engl. *hypothesis tests*). Es liegt also eine sehr viel reichere Auswertung der Daten vor.

317 Bezüglich Tests über die Güte der Koeffizienten werden hier die zusätzlichen Angaben des Standardfehlers, des t-Werts und des Konfidenzintervalls erklärt. Bezüglich der Güte der Regression selbst wird der Determinationskoeffizient bzw. das Bestimmtheitsmaß R^2, das korrigierte R^2 sowie der F-Test betrachtet. Neben diesen wichtigen Testgrößen gibt es noch weitere Tests, die eine gängige Statistiksoftware standardmäßig bei der Durchführung einer linearen Regression ausgibt, die aber hier nicht weiter dargestellt werden sollen. Doch erlaubt die Konzentration auf die wichtigsten Maße etwas mehr Raum, um den Hintergrund dieser Tests einzuführen. Dies erscheint gerade daher fruchtbar, da die Tests Wahrscheinlichkeiten ausdrücken. Die richtige Interpretation der Wahrscheinlich-

---

[723] In diesem Abschnitt soll die Balance gehalten werden von sinnvoller und genauer Information, ohne jedoch den nicht-Ökonomen aus den Augen zu verlieren. Für eine Herleitung des OLS Modells werden die exzellenten einführenden Kapitel 1, 2 und 4 aus Wooldridge (2010) empfohlen.
[724] Das arithmetische Mittel minimiert genau wie die lineare Regression die Summe der quadratischen Abstände einer Beobachtungsreihe. Dies ist auch ein Grund, warum die quadratischen und nicht die einfachen Abstände minimiert werden.
[725] In der vorliegenden Schätzung wurde ein absolutes Modell des Preisaufschlags gewählt. Dies bedeutet, dass die Koeffizienten den absoluten Beitrag ihrer Variablen zur Höhe des Kartellpreises erklären. Man findet außer dieser Formulierung auch noch eine sogenannte „semi-logarithmische" Spezifizierung, bei der der Preis des kartellierten Guts logarithmiert wird, die einzelnen Koeffizienten aber in ihrer absoluten Form beibehalten werden. In diesem Fall misst der Koeffizient um wieviel Prozent der Preis durch das Vorliegen des Kartells ansteigt. Des Weiteren ist auch eine „log-log" Spezifizierung verbreitet, die den Logarithmus des Preises auf den Logarithmus der unabhängigen Variablen regressiert. Die Logarithmierung wird vor allem angewandt, um Wachstumstrends miteinbeziehen zu können und um die Volatilität der Daten besser beherrschen zu können. Bei einer „log-log" Spezifizierung misst der der Kartellindikatorkoeffizient, wieviel prozentual der Kartellzeitraum zur prozentualen Preisveränderung beiträgt.

keit eines Schadenseintritts und einer Schadenshöhe spielt in einer Schadensersatzklage eine wichtige Rolle.

aa) t-Test. Wir entwickeln die Methode der Hypothesentests im Rahmen des t-Tests für Koeffizienten. Zunächst sollt man sich vergegenwärtigen, dass die betrachtete Zeitreihe tatsächlich nur eine Stichprobe an Preisen darstellt. Denn selbst wenn die Preise monatlich gesetzt werden, so beinhaltet die Zeitreihe dennoch nur 96 monatlichen Beobachtungen. Es kann also sein, dass ein Modell gefunden wird, das den Kartellaufschlag anhand der 96 Beobachtungen anscheinend sehr gut erklärt, aber gerade in den anschließenden (möglicherweise zum Zeitpunkt der Analyse noch zukünftigen) Monaten 97 bis 102 der Preis so stark fällt, dass ein Einbeziehen dieser Monate den geschätzten Kartellaufschlag erheblich verändern würde. Die durchgeführte Schätzung würde in diesem Fall zu einer Unterschätzung des Kartellaufschlags führen.

Man sollte daher testen, ob der auf der Basis der Stichprobe geschätzte Kartellpreisaufschlag auch als Schätzung auf der Grundgesamtheit (dh mit allen Daten aus der tatsächlichen Population) Bestand hätte. Wie kann dies aber durchgeführt werden, wenn nur Informationen über die Stichprobe, aber nicht über die Grundgesamtheit vorliegen? Die Antwort darauf lautet, dass man eine weitere Annahme trifft, und zwar über die „Verteilung" der Fehler der Regressionsanalyse. „Verteilung" kann man sich dabei so vorstellen, dass beispielsweise der Fehler $-0,2$ EUR in 10 % der Fälle auftritt, kein Fehler in 25 % der Fälle, der Fehler $+0.3$ EUR in 5 % der Fälle, usw. Man nimmt an, dass die Verteilung der Fehler einer gut beschreibbaren Kurve folgt, nämlich der sogenannten Gaußschen Glockenkurve. Die Fehler sind dann „normalverteilt", geschrieben $u \sim N(\mu = 0, \sigma^2)$, das heißt sie sind normalverteilt mit einem Durchschnitt von μ (von dem wir schon verlangt haben, dass er gleich Null sein soll) und einer Standardabweichung von σ. Aus den Annahmen des linearen Regressionsmodells ergibt sich nun, dass im Falle einer Normalverteilung der Fehlerterme auch die Koeffizienten der Regressoren normalverteilt sind. Dies erlaubt nun wiederum, Gütetests darüber abzuleiten, ob die geschätzten Koeffizienten im Rahmen des Modells robuste Aussagen abgeben.

Hypothesentests sind so aufgebaut, dass eine Hypothese H_0 gegen eine (nicht überschneidende) Hypothese H_1 geprüft wird. Dabei wird in der Ökonometrie der Hypothesentest so aufgebaut, dass man H_0, also die Hypothese, dass ein einzelner Koeffizient gleich Null ist und daher nicht zur Erklärung der unabhängigen Variable beiträgt, zurückgewiesen werden kann. Um den t-Test zu konstruieren, benötigt man zunächst den **Standardfehler** (engl. *standard error*). Der Standardfehler ist ein Streumaß für den Koeffizienten und in einem ökonometrischen Modell gleich der Stichprobenstandardabweichung des Schätzers dividiert durch die Quadratwurzel der Anzahl der Beobachtungen. Als Gleichung ausgedrückt,

$$Standardfehler = \frac{Standardabweichung}{\sqrt{Anzahl\ der\ Beobachtungen}}$$

Aus der Darstellung kann man die wichtige Eigenschaft erkennen, dass der Standardfehler abnimmt, je größer die Stichprobe ist. Intuitiv wird dadurch die Größe der Stichprobe berücksichtigt: mehr Beobachtungen verkleinern die Unsicherheit über den Wert des Schätzers. Wie beschrieben ($\rightarrow$ Rn. 320) postuliert der t-Test nun die Hypothese H_0, nämlich dass der wahre Wert des Koeffizienten gleich Null ist. Die Prüfung, die dabei entwickelt wird, fragt ob die Abweichung des gefundenen Koeffizienten von Null, gesetzt in Relation zur Streuung der Daten, groß genug ist um eben die Hypothese, dass der tatsächliche Koeffizient eigentlich gleich null ist, abzulehnen. Auf Basis dieser Intuition schreibt man die „Prüfgröße" des t-Tests:

$$t_k = \frac{Koeffizient - 0}{Standardfehler}$$

wobei k der Anzahl der Koeffizienten entspricht.

322 Aus der Annahme der Normalverteilung des Koeffizienten lässt sich nun auch für diese Umformung des durchschnittlichen Kartellaufschlags eine Wahrscheinlichkeitsverteilung bestimmen. Aufgrund der Umformungen (der Koeffizient wird durch den Standardfehler dividiert) betrachten wir für t nicht mehr die Normalverteilung, sondern eine sogenannte t_{n-k} Verteilung, dh eine t-Verteilung „mit n-k" Freiheitsgraden, dh die Verteilung verändert sich mit der Anzahl der Beobachtungen und der Anzahl der Schätzvariablen. Die folgende Abbildung zeigt die t-Verteilung:

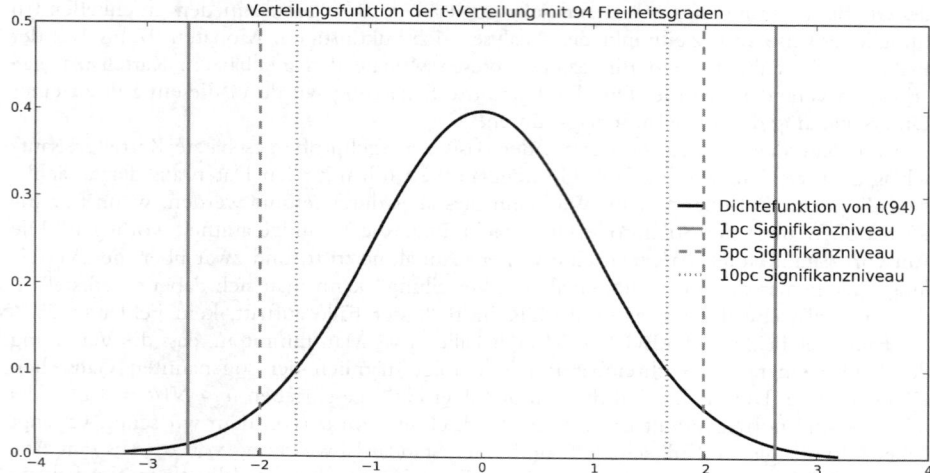

323 In der Abbildung liegt die Wahrscheinlichkeit der t-Verteilung unter dem Graphen. Da man die Hypothese H_0 zurückweisen möchte und der wahre Wert verschieden von Null sein sollte, sollte der t-Wert eines Koeffizienten außerhalb des Bereichs liegen, der statistisch gesehen noch als Null aufgefasst werden kann. Dieser Bereich liegt unter der Kurve in der Mitte des Graphen. Die Wahl, die man dafür trifft, was noch als „gleich 0" gilt, nennt man das Signifikanzniveau. Im Graphen sind die Signifikanzniveaus 10 %, 5 % und 1 % eingezeichnet, was bedeutet, dass 10 %/5 %/1 % der Wahrscheinlichkeitsmasse außerhalb der entsprechenden Linien liegen und man somit 90 %/95 %/99 % sicher ist, dass die Hypothese H_0 nicht zutrifft. Die Werte der Linien selbst bezeichnet man als „kritische Werte". Falls beispielsweise der gefundene t-Wert eines Koeffizienten außerhalb der 1 % Linien liegt, kann man 99 % sicher sein, dass der tatsächliche Wert des Koeffizienten nicht gleich Null ist.

324 10 %, 5 % und 1 % sind die üblichen Signifikanzniveaus, oft markiert durch einen Stern ★ (10 %), zwei Sterne ★★ (5 %) sowie drei Sterne ★★★ (1 %).

325 Die Tests werden oft auch in der Form von „Fehler 1. Art" und „Fehler 2. Art" beschrieben (engl. *Type 1 and Type 2 errors*). Ein Fehler 1. Art liegt dann vor, wenn die Hypothese H_0 zurückgewiesen wird, obwohl sie der Wirklichkeit entspricht. Dies geschieht beispielsweise bei einem Signifikanzniveau von 1 % in einem von Hundert Fällen. Damit entspricht das Signifikanzniveau einem Fehler 1. Art. Ein Fehler 2. Art liegt vor, wenn die Hypothese H_0 angenommen wird, obwohl in Wirklichkeit H_1 vorliegt.

326 Bei 96 Beobachtungen und zwei Koeffizienten ergeben sich kritische t-Werte von 1,66, 1,99 und 2,63. Dies bedeutet also, dass beispielsweise ein Koeffizient mit einem t-Wert von 1,2 statistisch gesehen nahe bei Null liegt. Man könnte nicht einmal mit 90 % Sicherheit davon ausgehen, dass ein solcher Koeffizient unterschiedlich von Null ist. Aus den Resultaten unseres Beispiels ist abzulesen, dass die Konstante einen t-Wert von 98,845 und der Koeffizient des Kartellpreisaufschlag einen t-Wert von 8,552 hat (diese haben wir oben gezeigt, berechnet als der Quotient von Koeffizient dividiert durch Standardfehler). Da diese Werte höher sind, als die kritischen Grenze sogar für das 1 %-ige Signifikanzniveau, kann die Hypothese, dass die Koeffizienten nicht unterscheidbar von Null sind, mit über 99 % zurückgewiesen werden. Wir können daher die Koeffizienten mit einem *** Zeichen versehen. Wir sind also statistisch gesehen sehr sicher, dass – falls unser ökonometrisches Modell den Preisbildungsprozess gut nachbildet – die These „kein Kartellaufschlag" zurückgewiesen werden sollte.

Das Konfidenzintervall gibt nun abgeleitet davon an, in welchem Intervall der tatsächliche Wert des Koeffizienten mit 95 % Wahrscheinlichkeit liegt. In unserem Beispiel liegen die Konstante zwischen 8,793 und 9,153 und der Kartellindikator zwischen 0,754 und 1,210, dh wir schätzen den Kartellaufschlag auf zwischen EUR 0,754 und EUR 1,210. 327

bb) F-Test. Es liegen nicht nur statistische Tests über die Güte der einzelnen Schätzer vor, sondern auch Tests über die Güte des gesamten Regressionsmodells. Die zwei wichtigsten sind der Wert des **Bestimmtheitsmaßes R^2** (auch Determinationskoeffizient) und der **F-Statistik**. 328

Das Bestimmtheitsmaß R^2 gibt an, wie viel der Veränderung der abhängigen Variable (hier der Kartellpreis) durch das gesamte Regressionsmodell (anstatt eines einzelnen Koeffizienten) erklärt wird. Das Interesse am Einfluss auf die „Veränderung" ist parallel zur Interpretation der Koeffizienten, die eben auch im Sinne einer partiellen Ableitung angeben, wie viel sie zu einer Veränderung der zu erklärenden Variable beitragen. In einem Regressionsmodell mit nur einer einzigen Erklärungsvariablen entspricht der Determinationskoeffizient dem Quadrat des Korrelationskoeffizienten zwischen der erklärenden Variable und der abhängigen Variable. R^2 liegt zwischen 0 und 1. Ein höherer Wert gibt an, dass ein höherer Anteil der Veränderung der abhängigen Variable durch das Modell erklärt wird. 329

R^2 erhöht sich immer durch den Einsatz von weiteren Variablen, auch wenn die zusätzlichen Variablen gar nicht wirklich das ökonomische Modell verbessern. Das **korrigierte R^2** stellt einen Ansatz dar, um dies zu korrigieren. Das korrigierte R^2 erhöht sich nur dann bei Hinzunahme einer zusätzlichen Variablen, wenn sich die Schätzung mehr verbessert als dies durch reinen Zufall erwartet würde. In unserem Beispiel liegt das R^2 bei 0,438 und das korrigierte R^2 bei 0,432. Dies bedeutet, dass etwa 43 % der Variation der abhängigen Variable durch das Regressionsmodell erklärt werden kann. In der Praxis der Kartellaufschlagschätzung wird das R^2 oft als ein Kriterium für die Modellselektion benutzt. Beispielsweise haben wir in unserem bisher diskutierten Fall keine anderen Erklärungsfaktoren für die Preise eingeführt als die Nachkartell- und die Kartellperiode. Falls nun durch die Hinzunahme eines weiteren Erklärungsfaktors das korrigierte R^2 erheblich steigt, so gilt dies als ein Argument, den zusätzlichen Kontrollfaktor bei der Schätzung zu berücksichtigen. 330

Die F-Statistik kann man sozusagen als t-Test des R^2 auffassen. Wie der t-Test prüft, ob ein Koeffizient tatsächlich unterschiedlich von Null ist, so prüft der Test der F-Statistik, ob der Determinationskoeffizient R^2 unterschiedlich von Null ist, und damit ob das gesamte Regressionsmodell tatsächlich eine Veränderung in der abhängigen Variablen erklären kann. Um im Beispiel mit 90 %, 95 % und 99 % Sicherheit auszusagen, dass R^2 unterschiedlich von Null ist, muss ein kritischer F-Wert berechnet werden. Dies ist im Beispiel mit einem Wert von 73,14 der Fall, denn die kritischen F-Werte liegen bei 2,76, 3,94 und 6,91. 331

d) Vorher-Nachher-Vergleiche mit Kontrollfaktoren. Der Vorteil eines Regressionsmodells gegenüber einfachen Vergleichsmethoden liegt nicht nur in der Möglichkeit des Testens seiner Aussage, sondern auch darin, dass zusätzliche unabhängige Variablen eingeführt werden können. Zusätzliche Variablen haben zwei unterschiedliche Einsatzmöglichkeiten. Zum einen können die zusätzlichen Variablen unter Umständen Preisunterschiede inner- 332 halb und außerhalb des Kartells erklären. Zum anderen dienen andere Variablen dazu, mit Produktunterschieden bei heterogenen Produkten umzugehen.

333 In unserem zeitlichen Vergleich, ob durch arithmetisches Mittel oder durch das Regressionsverfahren, haben wir bisher nur überprüft, ob der Preis im Kartellzeitraum höher lag als nach dem Kartellzeitraum. Diese Methode lässt außer der Existenz des Kartells gar keine anderen Erklärungsfaktoren zu. Es kann aber durchaus sein, dass sich beispielsweise die Kosten oder auch die Nachfrage erheblich veränderten. So sank in der Finanzkrise der Absatz von einigen Industriegütern in ganz erheblichem Ausmaß. Auch Inputkosten wie Energiekosten oder Arbeitskosten können einen Einfluss ausüben. Der geschätzte Schaden wird dann von anderen Einflussfaktoren verändert, wenn sich diese in der Nachkartellphase anders verhalten als im Kartellzeitraum. Wenn beispielsweise die Nachfrage im Nachkartellzeitraum erheblich geringer ausfällt, so kann dies (anstatt ganz oder teilweise das Ende des Kartells) ein Absinken des Preises im Nachkartellzeitraum bewirken.

334 Der zweite Einsatz von zusätzlichen Variablen liegt darin, Heterogenität von Produkten zu berücksichtigen. Falls ein Kartellant etwa zwei unterschiedliche Produkte verkaufte, die beide kartelliert waren, so kann eine Variable, die Unterschiede der Produkte aufgreift, es erlauben, dass dennoch über beide Produkte hinweg ein Kartellaufschlag gemessen wird. Hier gibt es in der Praxis oft die Möglichkeit, die technischen Spezifikationen der Produkte zu berücksichtigen. Bei einem Industrieprodukt kann beispielsweise der Stahlgehalt eine wichtige Rolle in der Preissetzung spielen, und der Unterschied zwischen Produkten kann möglicherweise durch diesen Beobachtungswert erklärt werden. Oft bieten sich alternativ dazu auch buchhalterische Kosten an. Denn gerade in Industrieunternehmen werden oft die Kosten der eigenen Produkte durch eine Methode bestimmt, die Kosten auf die technischen Eigenschaften zurückführen. Anstatt nun die technischen Eigenschaften selbst als Erklärungsfaktor zu benutzen, kann daher auch auf die Kosten, die eigentlich die Auswertung der technischen Eigenschaften durch das Unternehmen selbst darstellen, verwendet werden.

335 Mit dem Einsatz von zusätzlichen Variablen wird indirekt auch eine Zeitkomponente eingeführt. Auch dies trägt zur Verbesserung der Schätzung bei. Bei einem reinen zeitlichen Vergleich war die Reihenfolge, in der die Werte in die Preisdurchschnittsbildung einflossen, nicht von Wichtigkeit. Mit zusätzlichen Variablen greift man nun zu jedem Zeitpunkt eine ganze Menge (einen Vektor) an Beobachtungen ab. Zu jedem Zeitpunkt spielen die einzelnen Werte der Variablen zueinander nun eine Rolle: beispielsweise gehören die Kosten des Januar 2007 zu den Preisen des Januar 2007 und nicht zu einem anderen Datum.

336 Die Hinzunahme von zusätzlichen Variablen bringt nicht nur Verbesserungen, sondern auch zusätzliche Schwierigkeiten. Besonders wichtige Komplikationen kann man unter den Begriffen „ausgelassene Variable" (besonders im Zusammenhang mit „nichtbeobachtbarer Heterogenität"), „Messfehler" und „Simultanität" zusammenfassen. Dabei geht es letztlich darum, ob die Erklärungsvariablen mit dem Fehler korrelieren. Der Fehler sollte wie schon beschrieben (→ Rn. 313) aber zufällig sein. Im etwas unsauberen ökonometrischen Jargon werden die Variablen dann „endogen" genannt.[726] Es existieren ökonometrische Methoden, um mit diesen Problemen umzugehen. In einem ökonomischen Gutachten sollte daher nicht nur nachgeprüft werden, ob alle Erklärungsfaktoren berücksichtigt werden, sondern auch, wie mit einem etwaigen Zusammenhang, den die Variablen untereinander und zur zu erklärenden Variable haben, umgegangen wird, und ferner auch wie mit nichtbeobachtbaren Einflüssen umgegangen wird.

337 Um dies zu illustrieren, soll nun das Beispiel um zwei zusätzliche Erklärungsvariable erweitert werden und dabei ein weiteres oft auftretendes Problem aufzeigen. Die neuen Erklärungsvariablen werden „Kosten A" und „Kosten B" genannt. Wie aus folgender

---

[726] Eine sehr gute Einführung zu diesem Problem findet sich in *Wooldridge* Econometric Analysis, 53–55.

Grafik ersichtlich handelt es sich bei den Kosten A um solche, die in ähnlichem Maße wie der Preis fluktuieren, bei Kosten B hingegen um solche, die sich nicht stark ändern.

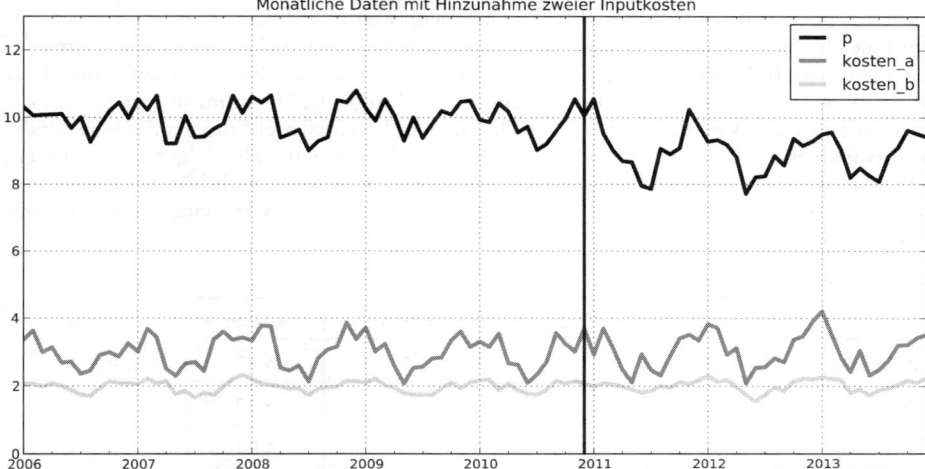

Tatsächlich tritt nun im Beispiel das Problem auf, dass Kosten A und Kosten B zwar **338** unterschiedliche stark schwanken, jedoch die Ausschläge meist in die gleiche Richtung zu gehen scheinen. Eine Korrelationsanalyse, die angibt, ob die Werte miteinander variieren, ergibt einen relativ hohen Wert von 0,71 (auf einer Skala zwischen 0 und 1). Da es schwierig für die Regressionsanalyse ist, die Effekte von multikollinearen Variablen zu schätzen, entscheiden wir uns daher im Beispiel, die beiden Kosten als Summe „Kosten = Kosten A + Kosten B" zusammenzufassen.

Das Regressionsmodell sieht daher wie folgt aus: **339**

$$p = \alpha + \beta * I^k + \gamma * kosten + u$$

Dies bedeutet, dass zusätzliche Terme einfach additiv hinzugefügt werden (daher auch **340** lineares Regressionsmodell). Die Auswertung des Modells ergibt folgendes:

	Koeffizient	Standardfehler	t-Wert	[95.0 % Konfidenzintervall]
Konstante	6,3088	0,379	16,651	[5,561;7,056]
I^k	0,7979	0,095	8,409	[0.611;0.985]
kosten	0,6441	0,074	8,748	[0,499;0,789]

R^2	Korrigiertes R^2	F-Statistik:
0,427	0,421	70,35

Man kann beobachten, dass sich die Güte des Modells selbst, wie von R^2 und der F- **341** Statistik gemessen, nur unwesentlich ändert. Allerdings trägt nun die Konstante wesentlich weniger zur Erklärung bei. Wir haben mit den Kosten eine zusätzliche Erklärungsvariable, die eine hohe Signifikanz hat. Der geschätzte Aufschlag des Kartells verringert sich in der neuen Schätzung auf 0,7979 EUR.

e) Differenz-der-Differenzen Methode mit Kontrollfaktoren. Als letzte Erweiterung unseres **342** Beispiels betrachten wir noch die Differenz-der-Differenzen Schätzung mit Hilfe der Regression. Diese wird so ausgeführt, dass sowohl die Beobachtung des Preises des kartellierten Guts wie auch des sachlichen Vergleichsguts als zu erklärende Variable auf die linke Seite der Gleichung geschrieben werden. Dadurch verdoppelt sich die Anzahl der Gleichungen. Auf der rechten Seite wird eine neue Indikatorvariablen I^G eingeführt, die gleich 1 ist, falls die Gleichung sich auf eine Beobachtung des kartellierten Guts bezieht, und gleich 0 falls es sich auf das Vergleichsgut bezieht. Zusätzlich wird noch das Produkt aus den zwei Indikatorvariablen $I^G \star I^K$ gebildet. Da man bei diesem Produkt nur dann nicht Null erreicht, wenn die Beobachtung sowohl im Kartellzeitraum liegt als auch eine Beobachtung des Kartellguts ist, so kristallisiert sich der Koeffizient des Produkts der Indikatorvariablen als Schätzer für den Kartellpreisaufschlag heraus. Die folgende Tabelle erklärt dies näher. Wir nehmen dabei an, dass die Kostendaten sowohl für das kartellierte, als auch das vergleichende Gut zutreffen (dies kann Beispielsweise eine Zeitreihe über Energiepreise sein).

Differenz-der-Differenzen Daten

	p	I^k	gut_d	kosten
2006–01	10.31	1	1	5.42
2006–01	12.04	1	0	5.42
2011–01	10.56	0	1	4.92
2011–01	10.92	0	0	4.92

343   Die Tabelle führt die vier möglichen Fälle für eine Beobachtung auf. Da nun die Regressionsgleichung wie folgt geschrieben wird

$$p = \alpha + \beta * I^k + \gamma * I^g + \delta * (I^k * I^g) + \zeta * kosten + u$$

und $I^k * I^g$ nur dann verschieden von Null ist, wenn die Beobachtung in der Kartellphase bestand ($I^k = 1$) und das kartellierte Produkt ($I^g = 1$) betrifft, wird tatsächlich der Schaden geschätzt, der über dem reinen zeitlichen Einfluss und den Unterschied zum Preis des vergleichenden Guts liegt. Die Differenz-der-Differenzen Analyse liefert folgende Auswertung der Regression:

	Koeffizient	Standardfehler	t-Wert	[95.0 % Konfidenzintervall]
Konstante	6.8933	0.267	25.824	6.367 7.420
I^k	0.5753	0.093	6.206	0.392 0.758
I^g	−1.1689	0.104	−11.285	−1,373; −10,965
$I^k \times I^g$	0.4452	0.131	3.398	0.187 0.704
kosten	0.6441	0.051	12.657	0.544 0.744

R^2	Korrigiertes R^2	F-Statistik:
0.729	0.723	125.8

344   Man beobachtet, dass der Kartellpreisaufschlag sich auf 0.4452 EUR verringert. Gleichzeitig erhöhen sich die Werte für die Güte des Regressionsmodells.

345   **f) Zusammenfassende Bewertung der dargestellten Schätzmethoden.** Die Darstellung der Schätzmethoden in diesem Kapitel soll in erster Linie dazu dienen, den juristisch gebildeten Leser beim Verstehen von ökonomischen Gutachten zu unterstützen und eine Diskussion zwischen Juristen und ökonomischen Gutachtern zu erleichtern. Dabei steht für uns die Sensibilisierung für die verschiedenen Schritte und Faktoren, die in ein Schätzmo-

dell einfließen, im Vordergrund. Wir wollen insbesondere auf die Wichtigkeit einer kritischen Hinterfragung der Datenbasis hinweisen; den Zusammenhang zwischen einem Durchschnittsvergleich und einem OLS-Modell klären; die wichtigsten Hypothesentests einer linearen Regression darstellen und den Effekt der Hinzunahme zusätzlicher Erklärungs- bzw. Kontrollfaktoren beschreiben. Außerdem stellen wir als weitere verbreitete Schätzmethode die Differenz-der-Differenzen Methode vor.

4. Anmerkungen zu weiteren empirischen Ansätzen

a) Prädiktionsmodelle. In unserem Beispiel benutzen wird eine Schätzmethode mit Indikatorvariablen. Man kann anstatt dessen auch nur die Nachkartellperiode zur Schätzung der Modellkoeffizienten verwenden und dann den Preis in der Kartellperiode, und damit den Kartellpreisaufschlag, aus der Ex-post-Perspektive vorhersagen. Die Vorteile einer solchen Methode liegen darin, dass nur Beobachtungen benutzt werden, die nicht vom Kartell beeinflusst sind und dass die Methode flexibler eingesetzt werden kann. Der Nachteil liegt allerdings darin, dass das Modell mit weniger Daten spezifiziert wird. 346

b) Panelansätze. Bei heterogenen Gütern, wie sie oft in Industriekartellen vorliegen, liegt oft das größte Problem der empirischen Schadensschätzung in der Heterogenität der Produkte. Man kann versuchen, mit Kontrollvariablen die beobachtbaren Unterschiede von Produkten in Betracht zu ziehen (→ Rn. 332 ff.). Ein weiterer Ansatz sind sogenannte Panels. Angenommen, es existieren zwei Produkte A und B. Für beide Produkte A und B existieren über die Zeit Beobachtungen über Verkaufspreise, Kosten, Anzahl der Kunden, Anzahl des verkauften Volumens, und so weiter. Ein Panel von A und B kann man sich dann so vorstellen, dass beide Produkte getrennt über die Zeit verfolgt werden, indem die Beobachtungen immer einem der beiden Produkte zugewiesen werden. Das Panel erlaubt durch seine Struktur, verschiedene Produkte und deren individuelle Entwicklung auseinanderzuhalten. Mit sogenannten fixen Effekten (engl. *fixed effects*) versucht man – wiederum durch Indikatorvariablen – die über die Zeit gleichbleibenden Unterschiede der Produkte zu berücksichtigen. 347

c) Zeitreihenanalyse. In der Ökonometrie unterscheidet man zwischen Querschnitts- bzw. Panelanalyse einerseits und Zeitreihenanalyse andererseits. In einem Querschnittsdatensatz werden Beobachtungen von verschiedenen Konsumenten oder Firmen gemacht und die Größe des Datensatzes steigt mit der Anzahl der Firmen bzw. Konsumentendaten. Ein Paneldatensatz kann als Erweiterung eines Querschnittsdatensatzes gelten, in dem für jedes einzelne Individuum bzw. für jede Firma mehrere Beobachtungen zu unterschiedlichen Zeitpunkten vorliegen. Wie in einem Querschnittsdatensatz wächst ein Paneldatensatz durch die Anzahl der Individuen bzw. Firmen (jede mit mehreren Beobachtungen). 348

Eine fundamental andere Datenstruktur ist die einer Zeitreihe. In einem Zeitreihendatensatz wird nur ein einziges Individuum – eine einzige Firma oder ein einziger Markt – beobachtet. Verschiedene Beobachtungen stammen von unterschiedlichen Zeitpunkten. Der Datensatz wächst dadurch, indem mehr Zeitpunkte zur Analyse herangezogen werden. 349

Im besprochenen Beispiel haben wir zwar ein Zeitreihendatensatz verwandt, aber die dargestellten ökonometrischen Methoden benutzen die Zeitstruktur nicht explizit. Denn außer dass der Zeitpunkt der Beobachtungen bestimmte, ob diese in oder nach dem Kartellzeitraum einzuordnen waren, wurde nicht weiter zwischen dem zeitlichen Aspekt der Beobachtungen differenziert. In vielen Fällen ist diese Einschränkung ausreichend. Es gibt allerdings Fälle, in denen es wichtig ist, die Zeitstruktur einzusetzen. Die ökonometrische Methode für solche Situationen heißt „Zeitreihenanalyse" (engl. *time series analysis*). Hier begnügen wir uns mit einigen Kommentaren zu diesem anderen Ansatz. 350

Wenn Daten eine temporäre Struktur aufweisen, so ist es unwahrscheinlich, dass direkt aufeinanderfolgende Beobachtungen unabhängig voneinander sind, da viele ökonomische 351

Ereignisse eine Tendenz haben, eine persistente, also anhaltende, Wirkung zu haben. Dies kann beispielsweise daran liegen, dass es oft kostspielig ist, auf ein jedes neues Ereignis hin Preise entsprechend neu zu verhandeln. Wenn eine solche „serielle Korrelation" vorliegt, geben gewöhnliche Standardfehler ein verfälschtes Bild der Aussagekraft der Modellparameter wider und es sollten stattdessen sog. „robuste" Standardfehler benutzt werden.

352 Wichtiger noch ist, dass ökonomische Ereignisse oft nicht zurück zu ihrem Mittelwert tendieren. Dies nennt man in der Zeitreihenanalyse „nicht stationär". Falls dies der Fall ist, müssen spezielle Zeitreihenmodelle eingesetzt werden, damit nicht die falschen Rückschlüsse aus den Daten gezogen werden. Diese ökonometrischen Modelle umfassen sogenannte „Fehlerkorrekturmodelle" (engl. *error correction models*), die davon Gebrauch machen, dass Zeitreihen untereinander durchaus stationär sein können, auch wenn die Zeitreihen von einzelnen Individuen bzw. Firmen oder Märkten dies nicht sind. Ein Beispiel hierfür, das man in der Schadensschätzung antrifft, ist der Zusammenhang zwischen dem Preis eines Guts und den Kosten des wichtigsten Vormaterials.

5. Abschließende Bemerkungen zur empirischen Schätzung eines Kartellpreisaufschlags

353 **a) Ökonomische Überlegungen sind immer notwendig.** Obwohl wir oben ausschließlich reduzierte Methoden präsentiert haben, also Methoden, die direkt die Effekte von ökonomischen Handlungen untersuchen, ohne dabei ein theoretisches Verhalten zu postulieren, ist zu betonen, dass auch für die Ausgestaltung eines reduzierten empirischen Modells theoretische Überlegungen zugrunde liegen sollten. Die ökonomische Modellierung erfolgt hier aus qualitativen Einsichten, die aber letztendlich dennoch ein ökonomisches Modell widerspiegeln.

354 Als Beispiel seien hier Kosten genannt. Die ökonomische Theorie geht davon aus, dass variable Kosten in das Preissetzungsverhalten von Firmen eingehen. Fixkosten spiegeln dagegen entweder Investitionsentscheidungen wider, die nur über die Ausweitung der Kapazität und die Verbesserung der Qualität indirekt die Preise beeinflussen, oder aber Gemeinkosten. Gemeinkosten werden nicht direkt durch Verkäufe gedeckt, sondern dadurch, dass Firmen ihre Produkte differenzieren oder bewusst eine Kapazität wählen, die nicht den gesamten Markt bedienen kann. Durch eine solche Produktdifferenzierung bzw. Kapazitätseinschränkung können Firmen höhere Preise setzen, die dann auch die Gemeinkosten decken. Aufgrund dieser Überlegungen sollte man zunächst versuchen, variable Kosten als Erklärungsfaktoren zu benutzen.

355 Ein zweites Beispiel liegt in der Verwendung für Nachfragefaktoren. Falls ein Nachfragefaktor fällt, so kann dies zum einen aufgrund einer Veränderung der Nachfrage erfolgen, aber andererseits kann auch das Angebot und der Preis (absolut oder relativ zu anderen Preisen) ein solcher Auslöser sein. Aufgrund dieser Überlegungen kann man davon ausgehen, dass ein Nachfragefaktor (zB der ifo-Indikator als Stimmungsbarometer der Wirtschaft) mit dem Kartellpreis simultan bestimmt wird und muss dieses Problem mit den geeigneten Methoden angehen.

356 Letztendlich möchte man einen kausalen Zusammenhang feststellen zwischen der Existenz eines Kartells und dem Preis, gegeben dass die anderen Faktoren fest gehalten werden. Für diesen kausalen Zusammenhang sollte man ein ökonomisches Modell, ob qualitativ oder quantitativ, zugrunde legen.

357 **b) Empirische Modelle können nur testen, ob Hypothesen nicht zurückgewiesen werden.** Auch sollte man sich vor Augen führen, dass empirische Wirtschaftsmethoden nicht die Wahrheit gewissermaßen „aufdecken", sondern dass dies vielmehr Hypothesen sind, die man durch Daten einer Prüfung unterlegt. Da man in den meisten Fällen nicht die Wahrheit wirklich herausarbeiten kann, werden oft mehrere empirische Modelle eingesetzt und Sensitivitätsanalysen durchgeführt. In der Praxis würde es sich beispielsweise anbieten, alle Resultate aus unserem Beispiel in einem Gutachten zu zeigen, um dadurch einen umfassenderen Einblick in die Wirkung des Kartells zu erzielen.

Ein weiterer wichtiger Punkt ist, dass unterschiedliche Schätzmodelle nicht zwingend allein dadurch, dass mehr Daten dazu gefügt werden, zum gleichen Ergebnis hin konvergieren müssen. Dies ist besonders einsichtig in den beiden Papieren von Hüschelrath/Müller/Veith, die einmal mit öffentlichen Daten und ein zweites Mal mit Transaktionsdaten operieren (2012a und 2012b). Es ist also nicht zwingend der Fall, dass mehr Daten den Kartellpreisaufschlag genauer bestimmen lassen. Mehr Daten erlauben nur, dass sich einzelne Hypothesen als gefestigter erweisen lassen, zB dadurch, dass solche Elemente wie Standardfehler kleiner werden. Dennoch kann dies auch bei mehreren Hypothesen aus verschiedenen Schätzansätzen der Fall sein und daher können weiterhin verschiedene Schätzansätze nebeneinander bestehen. 358

c) Horizontalabsprachen, die keine Hardcorekartelle sind. Da in diesem Kapitel reduzierte Schätzmethoden präsentiert wurden, die auf die Resultate von ökonomischem Handeln aufbauen und das ökonomische Verhalten nicht direkt modellieren, können die Methoden sowohl bei Hardcorekartellen als auch bei anderen Horizontalabsprachen oder impliziter horizontaler Kollusion eingesetzt werden. Dennoch muss sich die Implementierung der Methoden an den tatsächlichen faktischen Gegebenheiten orientieren, die sich zwischen Hardcorekartellen und anderen Horizontalabsprachen unterscheiden können. Als Beispiel sei die Marktabdeckung und damit die Identität der direkt geschädigten Unternehmen genannt, die bei echten Hardcorekartellen oft expliziter dargestellt ist als bei anderen Absprachen. Daher scheint eine Gesamtmarktbetrachtung bei Horizontalabsprachen (wie beispielsweise einem breit angelegten Informationsaustausch) eher natürlich nahezuliegen als bei einem Kartell, bei dem bestimmte Kunden abgesprochen wurden (bei denen wieder eine Analyse der Situation bei diesen Kunden oder Ausschreibungen näher liegt). 359

6. Preisschirmeffekte

Seit dem Urteilen des EuGH im Fall Kone[727] ist klar, dass potenziell Schäden durch Preisschirmeffekte in Betracht gezogen werden können. Preisschirmeffekte entstehen, wenn Kartellaußenseiter aufgrund des höheren Kartellpreisniveaus entscheiden, ihrerseits den Preis für das betroffene Produkt zu erhöhen. Einige kurze Anmerkungen zu den wesentlichen Punkten sollen hier genügen, für eine ausführliche Darstellung verweisen wir auf Inderst/Thomas (2015).[728] 360

Kartellanten und Kartellaußenseiter stehen im Wettbewerb zueinander. Die Natur dieses Wettbewerbs bestimmt die Existenz und die Größe des Preisschirmeffekts. Zunächst sollte man daher für eine Schätzung der Preisschirmeffekte eher qualitative bzw. methodische Überlegungen über die Marktabdeckung des Kartells und die Markpositionen der Außenseiter anstellen. Denn die Existenz von Kartellaußenseitern führt zunächst dazu, das Kartell in seinen Preiserhöhungsmöglichkeiten zu beschränken. 361

Dabei lassen sich zwei Fälle unterscheiden. Im ersten Fall bilden die Kartellaußenseiter eine Gruppe kleinerer Unternehmen, die in ihrer Kapazität eingeschränkt sind und die Markpreise nicht beeinflussen können, sondern als Preisnehmer grundsätzlich die von den Kartellbeteiligten vorgegebenen Preise übernehmen. Beispielsweise können dies Unternehmen sein, die in Präsenz eines nationalen Kartells nur lokal agieren oder die ihre Produktion nicht oder nur unter erheblichen Kosten ausweiten können. Diese Unternehmen werden die „competitive fringe", also „der wettbewerbliche Rand" genannt. Im zweiten Fall sind die Unternehmen in Größe und Wirkung den Kartellanten ähnlich und daher keine reinen Preisnehmer, sie agieren vielmehr strategisch. 362

Im Ausgangspunkt ist davon auszugehen, dass die Existenz von Außenseitern in beiden Fällen den Kartelleffekt (etwas) vermindert. Die Existenz von Kartellaußenseitern plausibilisiert also zunächst geringere Kartellpreiserhöhungen. Gleichzeitig kann ein Preisschirmeffekt entstehen, dh die vom Kartell betroffene Menge schließt auch die Kartellaußenseiter mit 363

---

[727] EuGH Urt. v. 5.6.2014 – C-557/12, NZKart 2014, 263 – Kone AG.
[728] *Inderst/Thomas* Schadensersatz, Kapitel VII und Appendix 4.

ein. Für die Existenz eines Preisschirmeffekts muss die gleiche, oder zumindest eine mit dem Kartellprodukt verwandte Nachfrage auch für die von Preisschirmeffekten betroffenen Produkte vorhanden sein. Es muss also eine Substitutionsfähigkeit der Produkte bestehen. Falls dies nicht (wie etwa bei komplett homogenen Gütern) offensichtlich ist, so kann dies durch Belege von tatsächlich eingetretenen Substitutionsfällen oder mit Techniken, wie diese in Fusionskontrollverfahren Anwendung finden, geprüft werden.

364 Im Falle eines „wettbewerblichen Rands" werden Preiseffekte über die Nachfrage übertragen. Falls das Kartell tatsächlich die Preise erhöht und Substitution existiert, so erwartet man eine erhöhte Nachfrage für die Produkte der Kartellaußenseiter. Die erhöhte Nachfrage schlägt sich dann in einem erhöhten Preis nieder, wenn die Firmen ansteigende marginale Kosten haben. Dies kann gerade dann der Fall sein, wenn sie kapazitätsbeschränkt sind, dh wenn die Angebotselastizität gering ist. Umgekehrt sollte bei hoher Angebotselastizität der Preisschirmeffekt eher geringer sein, wobei dann die Frage aufkommt, warum der wettbewerbliche Rand im Markt nicht eine größere Rolle spielt.

365 Sind die Kartellaußenseiter dagegen strategisch agierende Firmen in einem oligopolistischen Preiswettbewerb, haben sie zusätzlich zum Effekt der Substitution weg von den hohen Kartellpreisen Anreize, hohe Preise von Kartellanten mit ihrerseits hohen Preisen zu beantworten. D. h. in einer solchen Marktsituation sind Preise im Preiswettbewerb sog. „strategische Komplemente". In der Summe erwartet man daher bei strategischem Preiswettbewerb einen höheren Preisschirmeffekt als beim „wettbewerblichen Rand". In einem Mengenwettbewerb (Kapazitätswettbewerb) hingegen sind Mengen strategische Substitute. Dies bedeutet, dass die Kartellaußenseiter auf die Verringerung der Angebotsmenge der Kartellanten dadurch reagieren, dass sie ihre eigene Angebotsmenge erhöhen und damit den Marktpreis nach unten drücken. Dennoch besteht nicht der Anreiz, die verringerte Menge voll auszugleichen. Daher wird auch im Mengenwettbewerb weiterhin ein Kartelleffekt und damit auch ein Preisschirmeffekt bestehen, auch wenn dieser kleiner ausfällt als im Preiswettbewerb.

366 Bei der Schätzung eines Preisschirmeffekts sollte auch die gegebenenfalls eingeschränkte Austauschbarkeit der Produkte berücksichtigt werden. Dies bedeutet, dass bei nicht vollständiger Austauschbarkeit nicht einfach die Differenz zwischen Außenseiterpreis und vorher berechnetem kontrafaktischem Wettbewerbspreis herangezogen werden kann. Vielmehr sollte auch für die Außenseiterprodukte eine Schätzung mit den oben beschriebenen Methoden durchgeführt werden. Inderst/Maier-Rigaud/Schwalbe (2014) weisen darüberhinaus darauf hin,[729] dass es auch notwendig ist, die Position der Abnehmer zu beachten. Denn Abnehmer, die von Kartellaußenseitern einkaufen, haben dann einen Kostenvorteil gegenüber ihren Konkurrenten, wenn die Kartellaußenseiter unterhalb des Kartellpreises anbieten. Dies kann bedeuten, dass sie zwar immer noch durch die erhöhten Preise direkt geschädigt sind, aber ihre Position in ihrem eigenen Markt profitiert.

367 Bei Ausschreibungsmärkten ergeben sich folgende Überlegungen. Die Existenz eines Kartells bedeutet, dass entweder weniger Anbieter in einem Ausschreibungsmarkt mitbieten, (falls die Kartellanten absprechen, welche Firma Angebote abgibt), oder dass alle Kartellanten höhere Preise bieten (falls das Preisniveau abgesprochen wird). Falls nun die Außenseiter im Gegenzug ihre Preise erhöhen und beim resultierenden höheren Preisniveau dennoch nicht weniger Aufträge erzielen, so liegt ein Preisschirmeffekt vor. Ein Preisschirmeffekt kann aber auch vorliegen, falls die Außenseiter nicht ihre Preise erhöhen, aber wesentlich mehr Verträge gewinnen als außerhalb der Kartellperiode. Denn dann kann ein Preisschirmschaden dadurch entstehen, dass die Außenseiter im Wettbewerb eben nicht zum Zug gekommen wären. Eigentliche Verlierer werden durch das Kartell zu Gewinnern, ohne dass sie ihr Verhalten ändern. Falls die Gewinngebote von Außenseitern sich dahingegen unter dem geschätzten kontrafaktischen Preis der Kartellteilnehmer befinden, so sollte nicht von einem Preisschirmeffekt ausgegangen werden.

---

[729] *Inderst, Maier-Rigaud* und *Schwalbe* (2014), Abschnitt 4, Umbrella Effects.

Die Auktionstheorie kennt allerdings auch mindestens zwei Fälle, in denen das Kartell **368**
dazu führen kann, dass Außenseiter aggressiver bieten.
- Im einen Fall spricht beispielsweise das Kartell ein Projekt ab, dh es werden Informationen zum Beispiel zu den erwarteten Kosten oder den Durchführungsrisiken (zB Bodenbeschaffenheit im Baubereich, oder Informationen über Nachverhandlungsstrategien von Industriekunden) ausgetauscht, bevor Projekte verteilt werden. Dadurch kann ein Kartellant ein stärkerer Bieter werden. Gegen einen stärkeren Bieter bieten nun schwächere Außenseiter in der Regel mit aggressiveren Geboten.[730] Im Falle, dass man Projektgewinne durch Außenseiter beobachtet, liegen also bei diesem Beispiel eher keine Preisschirmeffekte vor.
- Im zweiten Fall wird die Situation beschrieben, dass bei der Teilnahme von vielen Bietern ein einzelner Bieter besonders aufpassen muss, nicht einen zu geringen Preis zu bieten (sogenannter *winner's curse*). Das Argument besagt, dass der Gewinn eines Projekts, auf das viele Bieter geboten haben, bedeutet, dass man geringere Kosten als alle diese Bieter aufweist. Dies erhöht aber die Wahrscheinlichkeit, dass man sich verkalkuliert hat. Im Wissen darum bieten alle Bieter eher konservativ. Nun kann es durchaus sein, dass bei weniger Bietern diese Gefahr des Unterbietens kleiner ist und daher auch die Gebotsanpassung an dieses Problem geringer ausfällt. Damit dieser Fall eintritt sollte aber der Bieter, der vom Kartell ausgesucht wird, ein zufälliger Bieter sein und nicht der beste Bieter. Dann ist es durchaus vorstellbar, dass Außenseiter bei weniger Bietern etwas aggressiver bieten und daher keine Preisschirmeffekte eintreten.[731]

Eine Untersuchung von Preisschirmeffekten in Ausschreibungsmärkten sollte bei vorhandenen Daten einen zeitlichen Vergleich von Ausschreibungen während und nach dem Kartell untersuchen, um Unterschiede im Bietverhalten der Bieter und Außenseiter zu finden. Die empirische Behandlung dieses Themas ist noch relativ jung. Referenzen zu Methoden der „strukturellen Ökonometrie von Auktionsdaten" sind Paarsch/Hong (2006) und Hickman/Hubbard/Saglam (2012).[732] Mit Methoden aus der Literatur kann man auf Basis der Gebote die Kosten der Bieter im Nachkartellzeitraum schätzen. Aufgrund dieser Kosten können dann im Kartellzeitraum die kontrafaktischen Gebote geschätzt werden. Der Unterschied zu den tatsächlich abgegeben Geboten liefert Aussagen über Kartellpreisaufschläge von Kartellanten und Außenseitern. **369**

7. Passing-on des Kartellaufschlags/Vorteilsausgleichung

„Passing-on" bezeichnet die Weitergabe eines erhöhten Kartellpreises auf die nachfolgende Marktstufe. Passing-on von Kosten im Allgemeinen ist ein aktives Feld in der akademischen Forschung, besonders getrieben von Weyl (siehe beispielsweise Weyl/Fabinger (2013)). In der Wettbewerbsökonomie tauchen Überlegungen zu Passing-on außer bei Kartellen auch in der Fusionskontrolle bei Fragen der Weitergabe von Kostensynergien („efficiency defense"), sowie bei Vertikalzusammenschlüssen bei Fragen der Marktverschließung auf. Bei Kartellen gibt in Deutschland das BGH Urteil im Fall ORWI[733] den rechtlichen Rahmen vor (ausf. dazu → A.III.7). Dabei wird versucht, einen Ausgleich zwischen Schadensbehebung und Verteidigungsrechten der Kartellanten, durch die Beweislast des Klägers und die Aktivlegitimation der nachfolgenden Marktstufen einerseits und der grundsätzlichen Möglichkeit der Vorteilsausgleichung andererseits, anzustreben. **370**

Grundsätzlich existiert eine einfache Möglichkeit zur Schätzung des Passing-on: Man versucht, den Wiederverkaufspreis als Funktion der vom Kartell betroffenen Inputkosten **371**

---

[730] *Maskin/Riley* Review of Economic Studies Vol. 67 (200) No. 3, 413–438.
[731] *Bulow/Klemperer* RAND Journal of Economics Vol. 33 (2002) No. 1, 1–21.
[732] Diese Beiträge sind allerdings sehr technisch. Tatsächlich bietet aber die Einleitung von Paarsch und Hong (2006), S. 1–16, eine sehr gute Darstellung des Zusammenhangs zwischen Bietermärkten und Märkten, in denen Firmen Preise veröffentlichen.
[733] BGH Urt. v. 28.6.2011 – KZR 75/10, BGHZ 190, 145 = WuW/E DE-R 3431 – ORWI.
siehe dazu auch Kommentar von Bundesrichter W. Kirchhoff (2012) *Das ORWI-Urteil des Bundesgerichtshofs,* WuW, 10: 927–935.

in reduzierter Form – also wie auch schon bisher in diesem Kapitel ausgeführt als Analyse der bloßen empirischen Erkenntnisse über die Entwicklung von Preisen, Kosten und anderen preisbildenden Faktoren – zu schätzen. Eine solche Schätzung kann auch anhand von Beobachtungen in der Kartellphase durchgeführt werden. Wir sahen bereits in der Besprechung der Regressionsmodelle, dass die Koeffizienten den partiellen Effekt einer erklärenden Variablen auf die zu erklärende Variable abbilden. Daher kann man eine Passing-on Gleichung wie folgt schreiben:

$$p_t^{Geschädigter} = \alpha + \beta * andere\ Faktoren_t + \gamma * p_t^{Kartellgut} + u_t$$

372 Der Vorteil einer solchen Methode liegt darin, dass sie reduziert ist, also nicht versucht, den ökonomischen Mechanismus des Passing-on nachzubilden, sondern nur die Resultate eines möglichen Passing-on schätzt. Allerdings ist ein solcher Ansatz zur Schätzung des Passing-on vor allem dann erfolgversprechend, wenn der Anteil der Inputkosten an den Gesamtkosten (und am Wiederverkaufspreis) vergleichsweise hoch ist – wie beispielsweise in Kartellen, deren Erstabnehmer Handelsunternehmen sind. Sind die Abnehmer jedoch Industrieunternehmen, ist zu beobachten, dass der Anteil des betroffenen Vorprodukts an den Gesamtkosten gerade in Industriekartellen oftmals sehr gering ist. Während auch geringe Kostenerhöhungen für Unternehmen relevant bleiben, bedeutet dies für eine empirische Untersuchung, dass ein mögliches Passing-on zu klein bleibt, um gemessen werden zu können. Ein in der Literatur beispielsweise von van Dijk/Verboven (2010) vorgeschlagenes Vorgehen in diesem Fall besteht darin, den Effekt einer Kostenveränderung anderer und größerer Inputkosten auf die Verkaufspreise zu schätzen.[734] Mit einem solchen Vorgehen weicht man allerdings von einem direkten Beweis des Passing-on ab, da es durchaus der Fall sein kann, dass das Passing-on für verschiedene Inputs unterschiedlich ist. Ein ähnliches Problem tritt auch beim vom Praktischen Leitfaden vorgeschlagenen Vergleich der Einkaufspreise des mittelbar betroffenen Unternehmens analog zu einem Vergleich des direkt betroffenen Unternehmens.[735]

373 Weil es oftmals schwierig ist, mit einer reduzierten empirischen Methode ähnlich dem Kartellpreisaufschlag das Passing-on zu zeigen, spielen theoretische Überlegungen eine größere Rolle. Wir erörtern im Folgenden die wichtigsten ökonomischen Überlegungen zu einem solchen Passing-on. Ausganspunkt dieser Überlegungen ist die Annahme, dass grundsätzlich, insofern das Kartell die variablen Kosten der nachfolgenden Marktstufe erhöht, zumindest ein Teil dieser variablen Kosten auch weitergegeben wird. Das gilt jedenfalls dann, wenn ein Kartellaufschlag über einen mittel- oder langfristigen Zeitraum angedauert hat. Bei Kartellen, die nur kurz wirken, muss es allerdings nicht zu Passing-on kommen: vergleichbar sind hier Preiserhöhungen etwa mit Wechselkursänderungen, die oftmals über einen kurzen Zeitraum von den betroffenen Firmen nicht weitergegeben werden.

374 Liegt eine kartellbedingte mittel- oder langfristige Erhöhung der variablen Kosten der Abnehmer eines Kartells vor, ist die Marktabdeckung eines Kartells ein erster Anhaltspunkt für das Bestehen und für die Größe eines Passing-on. Denn bei einer vollständigen Marktabdeckung sind alle Firmen der nachfolgenden Marktstufe betroffen, während bei einer Teilabdeckung nicht alle Abnehmer kartellbedingt höhere Inputpreise bezahlen. Bei einer Teilabdeckung geht man von geringerem Passing-on aus, da die vom Kartell betroffenen Firmen dem Wettbewerb von nicht-betroffenen Firmen ausgesetzt sind. Wenn nun die kartellbetroffene Firma darüber hinaus noch in einem sehr wettbewerbsintensiven Umfeld tätig ist, so wird im Limit kein Passing-on vorliegen, da die Firma sonst alle ihre Verkäufe an Konkurrenten verlieren würde. Umgekehrt kann es bei einer vollständigen Kartellabdeckung in einem sehr wettbewerbsintensiven Umfeld zu einem vollständigen Passing-on kommen, da die Firmen schon so

---

[734] van Dijk/Verboven Global Competition Litigation Review. Vol. 3 (2010) No. 3, 98–106, Abschnitt 5.
[735] Praktischer Leitfaden (2013), Randnr. 167.

geringe Profitmargen generieren, dass sie nicht auch noch eine Kartellpreiserhöhung absorbieren können.

Ein zweiter Anhaltspunkt für die Größe des Passing-on liegt in der Einsicht, dass Passing-on aus dem Verhältnis und der Form der Nachfrage- und Angebotselastizität resultiert. Der Mechanismus lässt sich verbal wie folgt beschreiben: eine hohe Nachfrageelastizität nach dem Produkt der dem Kartell nachfolgenden Marktstufe bedeutet, dass Preiserhöhungen zu hohen Mengenverlusten führen. Daher wird das Passing-on kleiner, je höher die Nachfrageelastizität ist. Hohe Mengenverluste können nun aber auch eine Auswirkung auf die Produktionskosten haben. Bei steigenden Grenzkosten bedeuten Mengenverluste, dass die Produktion günstiger wird. Dies führt zu einem Zweitrundeneffekt, einer Produktionsausweitung, und schmälert daher in der Gesamtbetrachtung das Passing-on. Die Form der Nachfrage- und Angebotselastizität spielt eine Rolle, da die Verschiebungen durch den Kartellpreisaufschlag und das Passing-on groß sein können. Die Nachfrageveränderung bei einem Preisanstieg von beispielsweise 1 % kann ganz anders sein als bei einem Preisanstieg von 30 %. Ist die Nachfrage konkav, dh große Preissteigerungen führen zu immer mehr Mengenverlust, so ist auch das Passing-on geringer.[736] 375

Auch wenn diese theoretischen Überlegungen Einsichten darin geben, welche Faktoren das Passing-on begünstigt, so müssen für quantitative Schätzungen der gerade beschriebenen Auswirkungen des Passing-on strukturelle ökonometrische Modelle verwendet werden, da Angebot und Nachfrage geschätzt werden müssen. Oft stehen dafür Daten nicht zur Verfügung. Auch die ökonometrische Modellierung selbst ist oft schwierig. Als Ausweg mag hier zumindest für eine grobe Abschätzung eine Konsultation der empirischen Literatur offenstehen. In der Literatur finden sich für verschiedene Industriezweige Schätzungen von Nachfrage- und Angebotselastizitäten, die dann im Rahmen eines theoretischen Modells zumindest eine Einsicht in den zu erwartenden Passing-on geben können. 376

8. Mengeneffekte

Mengeneffekte, dh ein geringerer Mengenabsatz der vom Kartell betroffenen Abnehmer, der für die Schadensberechnung mit der kontrafaktischen Marge multipliziert wird, spielen bis jetzt weder in der akademischen Literatur noch in der Praxis der Schadensschätzung eine große Rolle. In der ökonomischen Theorie wirkt die Unterscheidung des Passing-on Effekts und des Mengeneffekts künstlich, denn im Regelfall führt erst ein höherer Verkaufspreis der Kartellabnehmer zu einer geringeren Absatzmenge. Dabei macht die ökonomische Theorie keine generelle Aussage darüber, ob der Mengeneffekt geringer, ähnlich oder größer als das Passing-on ist. In zwei speziellen Fällen lassen sich dazu Aussagen machen, die sich allerdings in der Praxis als nicht sehr nützlich erweisen: im perfekten Wettbewerb mit konstanten Grenzkosten gibt es keinen Profitverlust durch eine reduzierte Menge, obwohl das Passing-on bei 100 % liegt, da die Firmen keine Profite machen. Im Monopolfall mit konstanten Grenzkosten überwiegt dagegen der Mengeneffekt den Passing-on Effekt. 377

Empirisch gesehen lässt sich ein Mengeneffekt ähnlich dem Preisaufschlagseffekt mit einer reduzierten Methode, wie sie oben in unserem Beispiel beschrieben wurde, schätzen. Dabei wird anstatt des Preises die abgesetzte Menge des Kartellnachfragers im Kartellzeitraum mit dem Nachkartellzeitraum verglichen. Man erwartet dabei, dass die Menge des Kartellnachfragers im Kartellzeitraum geringer ist als im Nachzeitraum. Dabei muss die Ausgestaltung der Schätzung durch Kontrollfaktoren besonders Rechnung tragen. So spielen etwa Kapazitätsbeschränkungen, denen die betroffene Firma unterlag, eine direktere Rolle bei der Bestimmung der eingebüßten Menge als bei einer Analyse des Kartellpreisaufschlags. 378

---

[736] Für eine ausführliche Behandlung dieser Faktoren verweisen wir auf UK Office of Fair Trading/RBB Economics 2014, https://www.gov.uk/government/publications/cost-pass-through-measurement-aid-policy-implications.

379 Aufgrund des negativen Zusammenhangs zwischen erhöhten Wiederverkaufspreisen (durch Passing-on) und dem Mengeneffekt haben Kläger in der Regel eher geringe Anreize, einen Mengeneffekt zu schätzen, da sie dadurch indirekt die Existenz von Passing-on zugeben. Beklagte hingegen haben wiederum kein Interesse an einer Schätzung des Mengeneffekts beim Vorbringen einer Passing-on Verteidigung, da diese das Passing-on verringert. Aus diesen Gründen spielen auch in der Praxis der Schadensklagen Mengeneffekte eher eine untergeordnete Rolle.

9. Vertikalabsprachen und Vertikale Wettbewerbsbeschränkungen

380 Im Gegensatz zu Hardcorekartellen im Horizontalverhältnis, die grundsätzlich als schädlich angesehen werden (auch wenn nicht unbedingt ein Schadenseffekt vorliegen muss), bestehen bei vielen Arten von Vertikalabsprachen bzw. Vertikalbeschränkungen ökonomische Effizienzen, die berücksichtigt werden müssen. Dies drückt sich natürlich schon in der Vertikal-GVO[737] aus, die Vertikalabsprachen unter bestimmten Bedingungen grundsätzlich zulässt. Dabei sollte man sich allerdings vor Augen halten, dass sich die wettbewerbsökonomische Theorie über Vertikalbeschränkungen im Gegensatz zu den Ansichten zu Horizontalbeschränkungen erheblich gewandelt hat. Die derzeitigen Untersuchungen von Vertikalbeschränkungen von Internetplattformen durch Bestpreisklauseln zeigen, dass diese Entwicklung noch nicht am Ende angekommen ist.

381 Bei vielen ökonomischen Überlegungen zu den Auswirkungen von vertikalen Beschränkungen, wie etwa dem Ziel der Aufhebung der doppelten Marginalisierung, dem Investitionsschutz oder der Preisdiskriminierung in unterschiedlichen geographischen Gebieten treten gegenläufige Effekte auf. So stellt sich etwa bei Bestpreisklauseln von Buchungsplattformen die Frage, ob solche Plattformen finanzielle Gewinne machen können, wenn Hotels bessere Preise auf ihren eigenen Internetplattformen bieten. Falls Buchungsplattformen grundsätzliche einen Mehrwert bieten, etwa durch eine einfachere Vergleichbarkeit, so dienen sie unter diesem Aspekt dem Wettbewerb und ihre Funktion sollte nicht durch ein *free-riding* untergraben werden. Andererseits stellt sich die Frage, ob durch die Preisbeschränkung sinnvoller Wettbewerb unterbunden wird. Umgekehrt ist der Gedanke der Buchpreisbindung, dass kleinere Verlage und kleinere Buchhändler ohne diese nicht mit Großverlagen und -buchhandlungen konkurrieren können, und daher ohne eine solche Bindung der Wettbewerb, die Qualität und das Angebot an Büchern schrumpfen würde.

382 Vor diesem Hintergrund eines Aufwiegens von negativen Auswirkungen und positiven Effizienzeffekten gestaltet sich eine Schadensschätzung als schwierig. Liegt eine Entscheidung zur Rechtswidrigkeit einer Bestpreisklausel vor, kann grundsätzlich zur Schadensschätzung auch ein zeitlich reduzierter Vergleich, wie oben für den Kartellpreisaufschlag dargestellt, durchgeführt werden. Aufgrund verschiedener Effekte, die auch zeitlich gesehen vermutlich eine unterschiedliche Wirkung entfalten, etwa dass kurzfristig ein Unterbieten des Preises verhindert wird, aber langfristig die Existenz von Vergleichsplattformen das Preisniveau senkt, kann sich ein solcher Vergleich konzeptionell schwierig gestalten. Einen Ausweg bieten unter Umständen räumliche Vergleiche. Falls unterschiedliche Entscheidungen von nationalen Behörden gefällt werden, kann ein räumlicher Vergleich durchführbar sein, der sowohl die unmittelbare Veränderung von Preisen nach Abschaffung der Bestpreisklausel in einem Markt, als auch die langfristige Preis- und Qualitätsentwicklung in jenem Markt und den Vergleichsmärkten betrachtet. Allerdings bleibt die Feststellung, dass in solchen Fällen nicht die Angemessenheit von Schätzmethoden im Vordergrund steht sondern vielmehr die Frage, ob die bei der Anwendung der Schätzmethoden gefundenen Effekte auch tatsächlich einen Schaden repräsentieren.

383 Wegen der erheblichen Ausdifferenzierung von vertikalen Wettbewerbsbeschränkungen und der komplexen Abwägung von pro- und antikompetitiven Effekten solcher Be-

---

[737] VO (EK) Nr. 330/2010 der Kommission v. 20.4.2010, ABl. 2010 L 102, 1.

schränkungen im Einzelfall sind generalisierende Aussagen zur Schätzung von Schäden aufgrund von vertikalen Wettbewerbsbeschränkungen kaum möglich. In diesem Zusammenhang soll aber insbesondere auch darauf hingewiesen werden, dass (unzulässige) vertikale Wettbewerbsbeschränkungen oftmals zu erheblichen Marktzutrittsschranken für Wettbewerber, Abnehmer oder Lieferanten führen können. Beispielsweise können Rabattabsprachen zwischen großen vorgeschalteten Lieferanten und nachgelagerten Firmen so gestaltet werden, dass ein Teil der Nachfrage durch solche Verträge verschlossen wird. Ein solcher Effekt ist ähnlich einem Missbrauchsfall und wird daher zusammen mit diesem im folgenden Abschnitt besprochen.

10. Schadensschätzung in Missbrauchsfällen

384 Die Bestimmung des Schadens in Missbrauchsfällen und, davon abgeleitet, die Durchsetzung in Schadensersatzklagen ist in aller Regel ungleich schwieriger als bei horizontalen Kartellen. Dabei können grundsätzlich zumindest auch bei Behinderungsmissbrauch die in diesem Kapitel beschriebenen reduzierten Methoden benutzt werden – Reduziertheit bedeutet ja gerade, dass die unterliegenden ökonomischen Mechanismen nicht direkt betrachtet werden, sondern nur deren Wirkungen auf Preise bzw. Mengen. Bei Behinderungsmissbrauch können die Aufträge, die Einnahmen, oder der Gewinn des Geschädigten oder des Verletzers beispielsweise in einem zeitlichen Vergleich betrachtet werden. Welche Betrachtung hierbei günstig ist, hängt von der Art der Behinderung und der Industrie ab. So sind beispielsweise in Industrien mit hohen Abschreibungen wie in der Telekommunikation Vergleiche des EBITDA eher sinnvoll.

385 Zusätzliche ökonomische Hürden bei der Schätzung und Durchsetzung eines Schadens in Missbrauchsfällen treten aber sowohl aus theoretischer wie auch empirischer Sicht auf. Erstens sind die ökonomischen und kartellrechtlichen Konzepte zu Missbrauch von Marktmacht nicht deckungsgleich und es bestehen mehrere ökonomische Interpretationen, was Missbrauch von Marktmacht darstellt. Zweitens ist das, was zu zeigen ist – nämlich der Schaden eines von Marktmacht betroffenen Unternehmens – ungleich schwieriger, da im Vergleich zur Schätzung erhöhter Preise der Nachweis von nicht-gewonnenen Kunden bzw. Aufträgen, Einnahmen oder Profiten von viel mehr Faktoren beeinflusst wird, die nicht direkt mit dem Kartell in Zusammenhang stehen.

386 **a) Schwierigkeiten der Schadensdurchsetzung aufgrund fehlender ökonomischer und rechtlicher Konsistenz von Missbrauch von Marktmacht.** Es fällt auf, dass jede größere Behördenentscheidung zu einem Missbrauch von Marktmacht zu oftmals sehr kontrovers geführten Diskussionen zwischen Wettbewerbsökonomen untereinander, und zwischen Wettbewerbsökonomen und Juristen führt. Ein aktuelles Beispiel hierfür bietet die Entscheidung des EuG zum Intel Rabattfall.[738] Auch bei den Ordnungswidrigkeitenverfahren selbst herrscht große Unsicherheit darüber, ob eine Behörde einen Fall aufgreifen wird und ob es letztendlich zu einer Entscheidung kommt. Besonders prominent in diesem Augenblick sind die möglichen Fälle gegen Google vor der Europäischen Kommission und die Streitigkeiten über Standard Essentielle Patente vor verschiedenen Gerichten in Deutschland, dem EuGH und unter Beteiligung der Europäischen Kommission. Es soll hier nur kurz dargestellt werden, welche ökonomischen Gründe den Kontroversen zugrunde liegen, um dann anschließend auf die Auswirkungen für die Schadensschätzung einzugehen.

387 Der Streit um die Interpretation, was einen Missbrauch an Marktmacht darstellt, liegt unseres Erachtens im Grunde darin, dass es aus ökonomischer Sicht sehr schwierig ist, für ein Verhalten auf einem Markt keine rationale profitmaximierende Erklärung zu finden. Zwar sind manche Verhaltensweisen nicht durch kurzzeitiges Profitstreben zu erklären (engl. *profit sacrifice*), aber können dann oftmals als langfristige Strategie rationalisiert wer-

---

[738] EuG Urt. v. 12.6.2014 – T-286/09, ECLI:EU:T:2014:547 – Intel Kommission; zu den Diskussionen siehe *Wils* World Competition: Law and Economics Review Vol. 37 (2014), No. 4.

den. Ob dann eine solche „profit sacrifice" Strategie die Konsumentenrente oder Gesamtwohlfahrt einer Wirtschaft verringert, ist oft sehr schwierig zu entscheiden. Ein *more economic approach,* der auf der einen Seite Firmenstrategien rationalisiert und auf der anderen Seite das Ziel hat, Konsumentenrente und Gesamtwohlfahrt zu maximieren, führt daher wohl eher zu einer stark eingeschränkten Sicht, wann Missbrauch von Marktmacht vorliegt. Dies gilt erst recht für Ausbeutungsmissbrauch, da aus ökonomischer Sicht der Markt den Preis bestimmt und selbst ein Monopolist nicht unabhängig von der eigenen Nachfrage Preise setzt. Erst die oftmals als rivalisierend angesehene Ansicht, dass Wettbewerbsbehörden eine weitergehende Aufgabe haben, die im Schutz des Wettbewerbs als Prozess liegt (und die oft über das Prinzip der ökonomischen Freiheit motiviert ist), gibt dem Missbrauch von Marktmacht mehr Kontur. Es ist daher wohl nicht überraschend, dass wichtige Missbrauchsentscheidungen in regulierten Industrien vorliegen, da gerade in diesen Industrien eine weitergehende Rolle einer Marktregulierung eher akzeptiert ist.

388 Für den Durchsatz von Schadensersatzansprüchen wiegt diese Debatte schwer. Denn wenn ein Verstoß nur deswegen gefunden wird, weil der Wettbewerbsprozess behindert wurde, so bleibt – mehr als bei Kartellen – unklar, ob eine Schädigung der Konsumenten vorlag und daher abgeleitet, ob ein behindertes Unternehmen tatsächlich in Abwesenheit des Missbrauchs mehr Profite erlöst hätte. Auch hier scheint ein Erfolg der Durchsetzung eines Schadensanspruchs in regulierten Industrien eher möglich, da dort Unternehmen in der Regel weitere Pflichten haben, wie beispielsweise die Verpflichtung zur Netzzusammenschaltung in der Telekommunikation.

389 b) Schwierigkeit der Schadensdurchsetzung aufgrund der zu zeigenden Indikatoren. Bei einem Kartell muss zunächst gezeigt werden, dass Lieferungen zu überhöhten Preisen abgenommen wurden. Dahingegen liegt der Schaden bei einem Missbrauch von Marktmacht darin, dass Kunden bzw. Umsatz nicht gewonnen und dadurch Profite nicht realisiert werden konnte. Nicht-gewonnene Profite zu schätzen ist zumindest theoretisch ungleich schwieriger als überhöhte Preise. Denn in Profiten spiegeln sich zunächst Preise, sodass alle Komplikationen der Preisschätzung aus Kartellen auch hier auftreten. Darüber hinaus aber kommen noch weitere Schwierigkeiten dazu.

390 Zum ersten – besonders in Rabattfällen – liegt der Missbrauch oft darin, dass den Kunden hohe Preise abverlangt wurden, aber durch eine Rabattstruktur eine Bindungswirkung erzeugt wurde. Der kontrafaktische Preis sollte dann der sein, der in Abwesenheit der Bindungswirkung erzielt worden wäre. Diesen zu finden ist aber genau deshalb schwierig, weil die Höhe des Preises durch die Rabattstruktur verzerrt wird. Insofern muss hier schon ein theoretisches Argument erstellt werden, um diesen Preis zu schätzen. Zweitens muss die Austauschbarkeit der Produkte des Schädigers und des Geschädigten gezeigt werden. Falls ein Unterschied beispielsweise in Qualität oder Kundenmix besteht, so müssen die hypothetisch erzielten Preise angepasst werden. Darüber hinaus stellt sich die Frage, ob die Kosten des Geschädigten effizienten Kosten entsprechen oder ob man etwa von den Kosten der Schädiger ausgehen sollte, wofür aber wiederum in der Regel keine Daten vorliegen. Ein weiterer Aspekt besteht darin, dass eigentlich eine Kreuzpreiselastizität oder zumindest eine „Wechselquote" (engl. *diversion ratio*) geschätzt werden muss, dh es muss untersucht werden, ab welchem Preis Kunden tatsächlich vom Schädiger auf den Geschädigten wechseln. Als letztes kommt noch die Schätzung der zusätzliches Kosten dazu, die ein Geschädigter hätte aufbringen müssen, um die höhere Anzahl an Kunden im Kontrafaktum zu bedienen.

391 Man kann als Kläger versuchen, alle diese Komplikationen dadurch zu umgehen, indem nur ein zeitlicher Profitvergleich durchgeführt wird. Gerade in dynamischen Industrien ist ein solcher Vergleich aber schwierig, da Firmen viele strategische Entscheidungen treffen, die den Profit beeinflussen. Dies steht im Gegensatz zur ungleich einfacheren Schätzung eines erhöhten Preises eines von einem Horizontalkartell betroffenen Gutes. Doch ist es wahrscheinlich, dass Beklagte die Diskussion um den Schaden auf die genannten Faktoren richten. Daher sollten versucht werden, diese Faktoren entweder direkt in einer Schätzung oder durch andere empirische oder qualitative Beweise zu berücksichtigen.

Daher ergibt sich für die Schätzung eines Schadens durch Missbrauch von Marktmacht eine tiefere Diskussion über die Wirkungsweise des Schadens, als dies in Kartellfällen der Fall ist. Gerade aber eine solche Diskussion wird durch einen reduzierten zeitlichen Vergleich nicht gefördert. Es stellt sich daher die Frage, ob in Missbrauchsfällen nicht eher auf andere Methoden wie Simulationen von parametrisierten ökonomischen Modellen zurückgegriffen werden sollte. Es bietet sich unserer Ansicht nach an, ähnliche Techniken für die Schadensschätzung zu verwenden, wie sie auch Kartellbehörden für Ihre Analysen zur Existenz eines Missbrauchs nutzen. Für die Verwendung und Entwicklung solcher Schätzmethoden ist allerdings die Betonung des Praktischen Leitfadens auf reduzierten empirischen Vergleichsmethoden nicht hilfreich. 392

IV. Anspruch auf Verzinsung des Schadens

§ 33 Abs. 3 Satz 4 und Satz 5 GWB regeln die **Verzinsung** kartellrechtlicher Schadensersatzansprüche als Geldschulden. 393

Nach § 33 Abs. 3 Satz 4 GWB sind Ansprüche **ab Eintritt des Schadens** zu verzinsen.[739] Es handelt sich hierbei um eine Sonderregelung gegenüber der im allgemeinen Zivilrecht geltenden Verzinsungspflicht. Gemäß § 288 Abs. 1 Satz 1 BGB sind Geldschulden grundsätzlich erst zu verzinsen, wenn sich der Schuldner nach § 286 BGB im Verzug befindet, gemäß § 291 BGB erst nach Eintritt der Rechtshängigkeit. Da wettbewerbsbeschränkende Verhaltensweisen oft lange Zeit unentdeckt bleiben, kann die kartellrechtliche Sonderregelung den Zeitpunkt der Verzinsungspflicht gegenüber dem gesetzlichen Normalfall zeitlich sehr weit nach vorne verlagern. Insoweit entspricht dies dem deliktsrechtlichen § 849 BGB, dessen Geltungsumfang aber im Einzelnen ungeklärt ist (zur möglichen Bedeutung von § 849 BGB im Bereich des Kartellschadensersatzes → Rn. 466ff.). Nach der Gesetzesbegründung[740] soll damit dem Umstand Rechnung getragen werden, dass Kartellgeschädigte ihren **Anspruch häufig erst sehr spät geltend machen** können,[741] nämlich zumeist nach Abschluss des nicht selten langwierigen behördlichen Bußgeldverfahrens. Zudem möchte die Regelung verhindern, dass der Schädiger Vorteile aus einer langen Verfahrensdauer erlangt. Dadurch soll auch der **Abschreckungscharakter** kartellrechtlicher Schadensersatzansprüche erhöht werden.[742] 394

Hinsichtlich der Einzelheiten der Verzinsung sieht § 33 Abs. 3 Satz 5 GWB vor, dass **§§ 288 und 289 Satz 1 BGB entsprechend anzuwenden** sind. Die Verweisung hat Bedeutung für die Zinshöhe. § 288 Abs. 1 Satz 2 und Abs. 2 BGB sehen für die Zinsforderung pauschale Beträge vor. Diese stehen dem Gläubiger als objektiver Mindestschaden zu.[743] Der Nachweis des tatsächlich entstandenen Schadens ist entbehrlich.[744] Der Gegenbeweis, dem Kläger sei nur ein geringerer oder kein Zinsschaden entstanden, ist ausgeschlossen.[745] 395

Es bestehen jedoch Unsicherheiten, was den Umfang der Verweisung angeht. Dem Wortlaut nach verweist die Vorschrift auf § 288 BGB insgesamt.[746] Im Ausgangspunkt 396

---

[739] Dieser kann bereits im Zeitpunkt eines Vertragsschlusses zu kartellrechtswidrigen Bedingungen liegen, Langen/Bunte/*Bornkamm* GWB § 33 Rn. 132; *Logemann,* Der kartellrechtliche Schadensersatz, 267; *Bueren* WuW 2012, 1056.
[740] BT-Drs. 15/3640, 54.
[741] Diese Möglichkeit soll die Verjährungshemmung nach § 33 Abs. 5 GWB auch grundsätzlich erhalten (s.u. Rn. 466ff.); hierzu auch *Logemann,* Der kartellrechtliche Schadensersatz, 269f.
[742] So die Gesetzesbegründung zu § 33 Abs. 3 GWB, BT-Drs. 15/3640, 54.
[743] Palandt/*Grüneberg* § 288 Rn. 4.
[744] Palandt/*Grüneberg* § 288 Rn. 4.
[745] Palandt/*Grüneberg* § 288 Rn. 4.
[746] Schulte/Just/*Staebe* GWB § 33 Rn. 55. Dem folgend BGH Urt. v. 6.11.2013 – KZR 58/11, NZKart 2014, 31 Rn. 68 – VBL-Gegenwert.

verweist § 33 Abs. 3 Satz 5 GWB damit auf **unterschiedliche Zinssätze**. Nach § 288 Abs. 1 Satz 2 BGB ist eine Verzinsung in Höhe von fünf Prozentpunkten über dem Basiszinssatz vorgesehen. Nach § 288 Abs. 2 BGB beträgt der Zinssatz unter den dort genannten Voraussetzungen neun Prozentpunkte über dem Basiszinssatz. Streitig ist, wie sich die Verweisung des § 33 Abs. 3 Satz 5 GWB im Hinblick auf die beiden genannten Absätze des § 288 BGB verhält. Zweifel bestehen, ob und unter welchen Umständen anstelle des Zinssatzes nach § 288 Abs. 1 BGB auch die höhere Verzinsung nach § 288 Abs. 2 BGB geltend gemacht werden kann. § 288 Abs. 2 BGB findet nach seinem Wortlaut nur auf Entgeltforderungen bei Rechtsgeschäften Anwendung, an denen ein Verbraucher nicht beteiligt ist.

397 Mit unterschiedlicher Begründung wird vertreten, der Verweis in § 33 Abs. 3 Satz 5 GWB beziehe sich mit Blick auf die Zinshöhe nur auf § 288 Abs. 1 BGB.[747] Dem steht allerdings der Wortlaut entgegen, da § 33 Abs. 3 Satz 5 GWB – anders als § 81 Abs. 6 Satz 2 GWB – auf § 288 BGB insgesamt verweist.[748] Auch verweist die Norm in ihrer Alternative ausdrücklich nur auf § 289 Satz 1 BGB. Dementsprechend nimmt der BGH in seiner Entscheidung in der Sache *VBL-Gegenwert* aus dem Jahr 2013 an, die Verweisung in § 33 Abs. 3 Satz 5 GWB nehme auf § 288 BGB insgesamt Bezug.[749] Es könne daher nicht angenommen werden, § 288 Abs. 2 BGB habe bei Kartellverstößen von vornherein keinen Anwendungsbereich.

398 Bei der Bestimmung des **Verweisungsumfangs** wird zumeist auf die Unterscheidung zwischen einer Rechtsgrund- oder Rechtsfolgenverweisung zurückgegriffen.[750] Die Verweisung ist insofern eine Rechtsfolgenverweisung, als allein auf § 288 BGB mit seinen entsprechenden Rechtsfolgen verwiesen wird und nicht auf die Anspruchsnormen der §§ 280 Abs. 2, 286 BGB. Häufig wird die Unterscheidung zwischen Rechtsgrund- oder Rechtsfolgenverweisung indessen auf § 288 BGB selbst bezogen.[751] Wäre die Verweisung nach § 33 Abs. 3 Satz 5 GWB in diesem Sinne als Rechtsgrundverweisung zu verstehen, würde eine Verzinsungspflicht nach § 288 BGB das zusätzliche Vorliegen der dort aufgestellten Tatbestandsmerkmale voraussetzen. Im Falle einer Rechtsfolgenverweisung würde die Verzinsungspflicht nach § 288 BGB eintreten, ohne dass es auf dessen Tatbestandsmerkmale ankäme.

399 Weder kommt indessen eine Rechtgrundverweisung noch eine Rechtsfolgenverweisung uneingeschränkt in Betracht. Eine **uneingeschränkte Rechtsfolgenverweisung** würde zu einem Regelungskonflikt führen. Die Verweisung liefe dann auf zwei unterschiedliche Rechtsfolgen hinaus (fünf Prozentpunkte über dem Basiszinssatz nach Abs. 1 bzw. neun Prozentpunkte über dem Basiszinssatz nach Abs. 2). Eine **umfassende Rechtsgrundverweisung** würde demgegenüber bedeuten, dass § 288 Abs. 2 BGB nur zur Anwendung käme, wenn sämtliche Tatbestandsmerkmale vorlägen, also auch ein „Rechtsgeschäft" und eine „Entgeltforderung" vorliegen und ein „Verbraucher nicht beteiligt" ist. Bei Schadensersatzansprüchen nach § 33 Abs. 3 GWB fehlt es jedoch an einem „Rechtsgeschäft".[752] Zudem handelt es sich bei Schadensersatzansprüchen nach § 33

---

[747] *Logemann*, Der kartellrechtliche Schadensersatz, 268f.; Loewenheim/Meesen/Riesenkampff/*Rehbinder* GWB § 33 Rn. 41; *Zöttl/Schlepper* EuZW 2012, 573 (575); LG Mannheim Urt. v. 4.5.2012 – 7 O 463/11 Kart, WuW/E DE-R 3584 (3590) – Feuerwehrfahrzeuge, mit Blick darauf, dass es an einer Entgeltforderung mangelt.

[748] Vgl. dazu Schulte/Just/*Staebe* GWB § 33 Rn. 55; ihm folgend BGH Urt. v. 6.11.2013 – KZR 58/11, NZKart 2014, 31 Rn. 68; diesen Umkehrschluss mangels ersichtlicher Privilegierung von kartellrechtlichen Schadensersatzforderungen durch den Gesetzgeber noch ablehnend LG Mannheim Urt. v. 4.5.2012 – 7 O 463/11 Kart, WuW/E DE-R 3584 (3590) – Feuerwehrfahrzeuge.

[749] BGH Urt. v. 6.11.2013 – KZR 58/11, NZKart 2014, 31 Rn. 67ff. – VBL-Gegenwert; s. hierzu *Braun/Raff* GPR 2014, 146ff.

[750] *Bueren* WuW 2012, 1056 (1056f.); vgl. auch *Bechtold/Bosch* GWB § 33 Rn. 36 sowie BGH Urt. v. 6.11.2013 – KZR 58/11, NZKart 2014, 31 Rn. 68 – VBL-Gegenwert.

[751] Siehe *Bueren* WuW 2012, 1056 (1056f.).

[752] *Bechtold/Bosch* GWB § 33 Rn. 36. Einschränkend *Logemann*, Der kartellrechtliche Schadensersatz, 268, demzufolge wegen der Formulierung „bei" der erforderliche Zusammenhang zu bejahen sein könnte.

Abs. 3 Satz 1 GWB in aller Regel nicht um „Entgeltforderungen",[753] denn Schadensersatzansprüche sind nicht auf eine Zahlung als Gegenleistung für die Lieferung von Gütern oder die Erbringung von Dienstleistungen gerichtet.[754] Eine Rechtsgrundverweisung auf § 288 Abs. 2 BGB liefe somit leer.[755]

Am nächsten liegt es, eine **eingeschränkte Rechtsgrundverweisung** anzunehmen, **400** bei der zumindest auf Tatbestandsmerkmale verzichtet wird, die die Verweisung von vornherein leerlaufen lassen würden. In der Literatur wird in diesem Sinne vertreten, es sei sowohl auf das Merkmal des Rechtsgeschäfts als auch auf das Merkmal der Entgeltforderung zu verzichten. Für die Anwendbarkeit des § 288 Abs. 2 BGB sei nur erforderlich, dass ein Verbraucher nicht beteiligt sei.[756] Bei Kartellschadensersatzansprüchen von und gegenüber Unternehmen wäre also stets der höhere Zinssatz des § 288 Abs. 2 BGB maßgeblich.

Der BGH legt insoweit strengere Maßstäbe an. In der Entscheidung in Sachen *VBL-* **401** *Gegenwert* geht er zwar davon aus, dass auf das Tatbestandsmerkmal des „Rechtsgeschäfts" verzichtet werden könne bzw. dass dieses durch das Merkmal „Schadensersatzansprüche nach § 33 Abs. 3 Satz 1 GWB" zu ersetzen sei.[757] Am Tatbestandsmerkmal der „Entgeltforderung" hält der BGH allerdings fest. Der BGH stellt in Sachen *VBL-Gegenwert* für das Vorliegen einer Entgeltforderung indessen nicht auf die Schadensersatzforderung selbst ab, bei der es sich unstreitig nicht um eine Entgeltforderung handelt, sondern auf den zugrunde liegenden Verstoß. Dieser **Verstoß** – im entschiedenen Fall ein Missbrauch nach § 19 Abs. 1 GWB – müsse sich **auf eine Entgeltforderung** des Geschädigten **beziehen.** Der BGH führt zwei Beispiele an, in denen diese Voraussetzung erfüllt sein soll: die „systematisch verzögerte Bezahlung fälliger Forderungen" und die „missbräuchliche Erzwingung zu niedriger Entgelte".[758]

Auch wenn der BGH damit für die Bestimmung einer Entgeltforderung über die Scha- **402** densersatznorm am zugrundeliegenden Verstoß anknüpft, dürfte der Anwendungsbereich von § 288 Abs. 2 BGB in Kartellfällen weiterhin sehr begrenzt bleiben. Dies zeigen auch die vom BGH angeführten Beispiele von eher seltenen Fällen, in denen ein Kartellverstoß selbst eine Entgeltforderung betrifft. Die **eingeschränkte Bedeutung der Vorschrift** steht im Einklang mit dem § 288 Abs. 2 BGB insgesamt, also unabhängig vom Kartellrecht, zugrundeliegenden Willen des Gesetzgebers. Danach sollte die Vorschrift des § 288 Abs. 2 BGB ausdrücklich einen begrenzten Anwendungsbereich haben. In der Gesetzesbegründung heißt es, dass der sich aus der „Zahlungsverzugsrichtlinie"[759] ergebende „hohe Zinssatz […] nicht über den Geltungsbereich der Richtlinie hinaus vorgesehen werden"[760] sollte.

---

[753] LG Mannheim Urt. v. 4.5.2012 – 7 O 463/11 Kart, WuW/E DE-R 3584 (3590) – Feuerwehrfahrzeuge; OLG Karlsruhe Urt. v. 14.12.2011, WuW/E DE-R 3478 (3496) – VBL; *Logemann*, Der kartellrechtliche Schadensersatz, 269. Vgl. auch BGH Urt. v. 21.4.2010 – XII ZR 10/08, NJW 2010, 1872 Rn. 23; MüKoBGB/*Ernst* § 286 Rn. 76; Palandt/*Grüneberg* § 286 Rn. 27.
[754] Vgl. Palandt/*Grüneberg* § 286 Rn. 27.
[755] So aber iE Langen/Bunte/*Bornkamm* GWB § 33 Rn. 160; Praxiskommentar/*Mäsch* GWB § 33 Rn. 60; Loewenheim/Meessen/Riesenkampff/*Rehbinder* GWB § 33 Rn. 41; *Zöttl/Schlepper* EuZW 2012, 573 (575), die ohne weitere Begründung davon ausgehen, dass der Kartellant dem Geschädigten nur Zinsen in Höhe von fünf Prozentpunkten über dem Basiszinssatz schuldet.
[756] *Schütt* WuW 2004, 1124 (1132); so wohl auch Immenga/Mestmäcker/*Emmerich* GWB § 33 Rn. 76 und Schulte/Just/*Staebe* GWB § 33 Rn. 55.
[757] BGH Urt. v. 6.11.2013 – KZR 58/11, NZKart 2014, 31 Rn. 68 – VBL Gegenwert; s. hierzu *Braun/Raff* GPR 2014, 146 ff.
[758] BGH Urt. v. 6.11.2013 – KZR 58/11, NZKart 2014, 31 Rn. 71 – VBL Gegenwert.
[759] RL 2000/35/EG.
[760] BT-Drs. 14/6857, 14, zu Artikel 1 Abs. 1 Nr. 9 der RL 2000/35/EG. § 288 Abs. 2 BGB kann schon deswegen und im Übrigen wegen seiner systematischen Stellung als Ausnahme zum in Abs. 1 geregelten Grundsatz angesehen werden. Ausnahmen sind bekanntlich eng auszulegen.

403 Mit dem BGH und im Einklang mit dem Gesetzeswortlaut ist schließlich davon auszugehen, dass der höhere Zinssatz nur dann gilt, wenn ein Verbraucher nicht beteiligt ist.[761] Somit kann der **höhere Zinssatz immer nur zwischen Unternehmern** gelten. Ob es in der Sache gerechtfertigt ist, Verbraucher gegenüber Unternehmern zu benachteiligen, mag dahingestellt bleiben.[762] Das Ergebnis ist Folge des gesetzgeberisch gewollten, engen Anwendungsbereichs des § 288 Abs. 2 BGB.

404 Die Höhe des Basiszinssatzes bestimmt sich nach § 247 BGB. Bezugsgröße ist der Zinssatz für die jüngste Hauptrefinanzierungsoperation der Europäischen Zentralbank. Der Zinssatz wird jeweils zum 1.1. und zum 1.7. eines Jahres angepasst. Seit dem 1.7.2016 beträgt der **Basiszinssatz -0,88 %**.[763]

405 Nach § 33 Abs. 3 Satz 5 GWB iVm § 288 Abs. 3 BGB ist der Gläubiger berechtigt, **höhere Zinsen** aus einem anderen Rechtsgrund zu verlangen. Der Verweis auf § 288 Abs. 3 BGB hat keine nennenswerte praktische Relevanz. Gesetzlich verankerte Rechtsgründe, die einen höheren Zinssatz vorsehen, sind nicht ersichtlich. An einer vertraglichen Regelung, die einen höheren Zinssatz bestimmt, fehlt es im Zusammenhang mit Kartellschadensersatzverfahren zumeist.

406 Nach § 288 Abs. 4 BGB, auf den § 33 Abs. 3 Satz 5 ebenfalls verweist, kann der Geschädigte einen weiteren Schaden geltend machen, der die gesetzliche Zinsforderung übersteigt. Eine **weiterreichende Schadensersatzverpflichtung** des Schädigers ist somit durch die gesetzlich vorgesehene Verzinsungspflicht nicht ausgeschlossen. In Betracht kommen insbesondere ein Verlust von Anlagezinsen oder die Aufwendung von Kreditzinsen.[764] Wegen der – auch im internationalen Vergleich – bereits hohen gesetzlichen Verzinsung nach § 288 Abs. 1 und Abs. 2 BGB, scheidet die Darlegung eines höheren Zinsschadens praktisch jedoch häufig aus.

407 Die Schadensersatzrichtlinie[765] sieht in Art. 3 Abs. 2 Satz 2 vor, dass der Schadensersatzanspruch wegen Kartellrechtsverstoßes auch die Zahlung von Zinsen umfasst.[766] Um die **vollständige Kompensation** des Geschädigten sicherzustellen, soll nach dem zwölften Erwägungsgrund der Richtlinie der Zinsanspruch, entsprechend § 33 Abs. 3 Satz 4 GWB, ab dem Zeitpunkt des Schadenseintritts bestehen. Zur Zinshöhe trifft die Richtlinie dagegen keine Aussage.[767]

V. Verjährung

1. Allgemeines

408 Die Verjährung kartellrechtlicher Schadensersatzansprüche richtet sich nach **allgemeinen zivilrechtlichen Grundsätzen.** Es gilt die regelmäßige Verjährungsfrist nach § 195 BGB.[768] Danach verjähren Ansprüche innerhalb von drei Jahren. Nach der sogenannten Ultimo-Regel des § 199 Abs. 1 BGB beginnt die regelmäßig Verjährungsfrist jeweils am Schluss des Jahres, in dem der Anspruch entstanden ist und der Gläubiger von den an-

---

[761] BGH Urt. v. 6.11.2013 – KZR 58/11, NZKart 2014, 31 Rn. 68 – VBL Gegenwert.
[762] Zu dem Ergebnis kommt – aus seiner Sicht konsequent – der Kartellsenat des BGH: Urt. v. 6.11.2013 – KZR 58/11, NZKart 2014, 31 Rn. 68 – VBL Gegenwert: Die Formulierung „bei Rechtsgeschäften, an denen ein Verbraucher nicht beteiligt ist" in § 288 Abs. 2 BGB sei zu lesen als „bei Schadensersatzansprüchen nach § 33 Abs. 3 S. 1 GWB, die nicht von Verbrauchern geltend gemacht werden".
[763] Abrufbar unter: http://www.bundesbank.de/Redaktion/DE/Standardartikel/Bundesbank/Zinssaetze/basiszinssatz.html.
[764] Palandt/*Grüneberg* § 288 Rn. 12ff.
[765] Richtlinie 2014/104/EU des Europäischen Parlaments und des Rates vom 26. November 2014 über bestimmte Vorschriften für Schadensersatzklagen nach nationalem Rechtwegen Zuwiderhandlungen gegen wettbewerbsrechtliche Bestimmungen der Mitgliedstaat un der Europäischen Union, Abl. 2014 L 349/1.
[766] So zuvor schon EuGH Urt. v. 13.7.2006 – C-295/04 bis C-298/04, Slg. 2006, I-6619 Rn. 100 – Manfredi, nach dem sich der Zinsanspruch aus dem Effektivitätsgrundsatz ergibt; vgl. hierzu auch EuGH Urt. v. 2.8.1993 – C-271/91, Slg. 1993, I-4367 Rn. 31 – Marshall.
[767] Vgl. *Braun/Raff* GPR 2014, 146 (148).
[768] Immenga/Mestmäcker/*Emmerich* GWB § 33 Rn. 77.

spruchsbegründenden Umständen Kenntnis erlangt hat oder ohne grobe Fahrlässigkeit Kenntnis hätte erlangen müssen. Das Fristende und damit der Verjährungseintritt fallen dementsprechend in der Regel auf das Jahresende.[769]

2. Verjährungsbeginn und -ende

Maßgeblich für den Beginn der Verjährungsfrist ist nach § 199 Abs. 1 BGB grundsätzlich, dass der **Anspruch entstanden** ist und der Gläubiger **Kenntnis oder grob fahrlässige Unkenntnis** von den anspruchsbegründenden Umständen erlangt hat. Der Beginn der Verjährungsfrist setzt das kumulative Vorliegen beider Voraussetzungen voraus.[770] **409**

Ein Anspruch ist im Sinne von § 199 Abs. 1 BGB entstanden, sobald er im Wege der Klage geltend gemacht werden kann.[771] Schadensersatzansprüche gelten mit **Schadenseintritt** als entstanden. Bei **lang andauernden Kartellverstößen** stellt sich die Frage, ob von einer Anspruchsentstehung erst bei der Beendigung des Kartells ausgegangen werden kann, so dass für die Dauer des Kartells die Verjährungsfrist noch nicht zu laufen beginnt. Dies entspräche dem Verjährungsbeginn, der sich zumeist nach den in Kartellbußgeldverfahren geltenden Grundsätzen des Ordnungswidrigkeitenrechts ergibt. Nach den für **Dauerordnungswidrigkeiten** geltenden Grundsätzen werden die auf einer Kartellvereinbarung beruhenden Ausführungshandlungen unter bestimmten Voraussetzungen zu einer Bewertungseinheit zusammengefasst, solange ein rechtswidriger Zustand aufrechterhalten wird.[772] Die Verjährung beginnt dann erst mit der Aufgabe des rechtswidrigen Verhaltens. Das Zivilrecht hingegen kennt zwar den Begriff der Dauerhandlung.[773] Anders als im Ordnungswidrigkeitenrecht ist davon allerdings nur auszugehen, wenn ein Eingriff selbst noch andauert. Bei wiederholten Handlungen ist jede einzelne Handlung verjährungsrechtlich separat zu betrachten und setzt eine eigenständige Verjährungsfrist in Gang.[774] Die im Rahmen des Ordnungswidrigkeitenrechts geltenden Maßstäbe zur Zusammenfassung mehrerer Verhaltensweisen können nicht auf das Zivilrecht übertragen werden. Für die Rechtsfigur der fortgesetzten Handlung stellte der BGH dies ausdrücklich fest und führte aus, dass mehrere Einzelhandlungen im Rahmen der zivilrechtlichen Verjährung „nicht unter dem Gesichtspunkt eines zusammenhängenden Gesamtverhaltens als Einheit betrachtet werden"[775] können. Im Ergebnis beginnt damit auch bei über lange Zeit praktizierten Kartellverstößen die **Verjährung für jeden Einzelanspruch eigenständig**.[776] **410**

Neben der Anspruchsentstehung setzt § 199 Abs. 1 Nr. 2 BGB Kenntnis oder grob fahrlässige Unkenntnis von den anspruchsbegründenden Umständen voraus. Hierzu ist grundsätzlich eine **reine Tatsachenkenntnis** ausreichend. Nicht erforderlich ist, dass der Anspruchsinhaber bereits eine zutreffende rechtliche Würdigung vornimmt.[777] Die erforderliche Kenntnis muss sämtliche Tatbestandsmerkmale des § 33 Abs. 3 GWB umfassen,[778] **411**

---

[769] Siehe zum Ganzen BeckOK BGB/*Henrich/Spindler* § 199 Rn. 3.
[770] BeckOK BGB/*Henrich/Spindler* § 199 Rn. 3.
[771] BGH Urt. v. 18.12.1980 – VII ZR 41/80, BGHZ 79, 176 (177f.); Urt. v. 22.2.1979 – VII ZR 256/77, BGHZ 73, 363 (365); Urt. v. 17.2.1971 – VIII ZR 4/70, BGHZ 55, 340 (341).
[772] Vgl. *Bechtold/Bosch* GWB § 81 Rn. 69; Immenga/Mestmäcker/*Dannecker/Biermann* GWB vor § 81 Rn. 172; *Göhler/Gürtler* OWiG Vor § 19 Rn. 17.
[773] BGH Urt. v. 28.9.1973 – I ZR 136/71, NJW 1973, 2285.
[774] BGH Urt. v. 26.1.1984 – I ZR 195/81, NJW 1985, 1023 (1024) mwN.
[775] BGH Urt. v. 14.2.1978 – X ZR 19/76, BGHZ 71, 86 (94); vgl. zum Ganzen auch *Logemann*, Der kartellrechtliche Schadensersatz, 258.
[776] AA *Bürger/Aran* NZKart 2014, 423 (424f.).
[777] BGH Urt. v. 22.7.2014 – KZR 13/13, Rn. 23; BGH Urt. v. 29.1.2008 – XI ZR 160/07, NJW 2008, 1729 Rn. 26; Urt. v. 17.10.1995 – VI ZR 246/94, NJW 1996, 117 (118). Siehe auch LG Düsseldorf Urt. v. 17.12.2013 – 37 O 200/09 (Kart) U, WuW/E DE-R 4087 (4095) – Zementkartell II: „Für die den Lauf der Verjährungsfrist in Gang setzende Kenntnis ist nicht entscheidend, ob die Zedenten alle Tatumstände in tatsächlicher und rechtlicher zutreffend würdigten oder sich der eigenen Gläubigerstellung aktuell bewusst waren. Vielmehr genügt es, dass sich ihnen aus den bekannt gewordenen Tatsachen ihre mögliche Anspruchsberechtigung erschließen konnte."
[778] Vgl. Prütting/Wegen/Weinreich/*Deppenkemper* § 199 Rn. 14.

wobei es in erster Linie auf eine Kenntnis vom Kartellverstoß und von der Entstehung eines Schadens ankommt. Neben positiver Kenntnis der anspruchsbegründenden Tatsachen setzt auch eine grob fahrlässige Unkenntnis die Verjährungsfrist in Gang. Nach allgemeinen Grundsätzen ist von **grob fahrlässiger Unkenntnis** auszugehen, wenn der Anspruchsteller die im Verkehr erforderliche Sorgfalt in ungewöhnlich grobem Maße verletzt und naheliegende Überlegungen nicht anstellt oder nicht beachtet, was jedem hätte einleuchten müssen.[779] Im Zusammenhang mit § 199 Abs. 1 Nr. 2 BGB ist hiervon auszugehen, wenn dem Anspruchsteller in seinen eigenen Angelegenheiten bei der Anspruchsverfolgung ein schwerer Obliegenheitsverstoß vorgeworfen werden kann.[780] In der Rechtsprechung hat sich ein Maßstab herausgebildet, wonach Kenntnis oder grob fahrlässige Unkenntnis anzunehmen ist, wenn der Gläubiger aufgrund der bekannten oder erkennbaren Umstände in der Lage ist, eine hinreichend aussichtsreiche, wenngleich nicht risikolose Feststellungsklage zu erheben.[781]

412   Wann von Kenntnis oder grob fahrlässiger Unkenntnis auszugehen ist, muss **von Fall zu Fall entschieden** werden.[782] Bislang haben sich in der kartellrechtlichen Praxis keine einheitlichen Maßstäbe herausgebildet. Zumeist dürfte sich die Kenntnis aus dem Bekanntwerden eines Kartellverfahrens[783] oder zumindest mit dessen Abschluss und Bekanntgabe der Entscheidung[784] ergeben. Ob bereits die **Berichterstattung** in der Presse in Bezug auf ein laufendes kartellbehördliches Verfahren genügt, wird in der Rechtsprechung unterschiedlich beantwortet.[785] Im Zusammenhang mit einer **Arglistanfechtung** hielt es der BGH jedenfalls für bedenklich, von einer Kenntnis schon allein wegen des Erscheinens einer Pressemitteilung zu einem Kartellverfahren auszugehen.[786] Allerdings setzt der Beginn der Anfechtungsfrist nach § 124 BGB positive Kenntnis voraus, während für § 199 BGB grob fahrlässige Unkenntnis ausreicht.

413   Die erforderliche Kenntnis bzw. grob fahrlässige Unkenntnis muss **bei dem Anspruchsberechtigten vorliegen.** Bei juristischen Personen kommt es auf die Kenntnis der gesetzlichen Vertreter, dh die Kenntnis der Organe der juristischen Person an. Im Falle mehrerer organschaftlicher Vertreter genügt die Kenntnis eines Vertreters.[787] Unternehmen müssen sich außerdem die Kenntnisse von Mitarbeitern **zurechnen** lassen, bei denen eine Weitergabe an die zuständigen Organe zu erwarten war.[788] Es ist weitgehend ungeklärt, unter welchen Umständen hiervon im Einzelnen auszugehen ist, wenn beispielsweise Mitarbeitern der Einkaufsabteilung eines geschädigten Unternehmens die kartellrechtswidrigen Umstände bekannt waren. Eine echte Wissenszurechnung analog § 166

---

[779] BGH Urt. v. 23.9.2008 – XI ZR 253/07, NJW-RR 2009, 544 Rn. 34 mwN.
[780] Palandt/*Ellenberger* § 199 Rn. 39 mwN.
[781] BGH Urt. v. 14.10.2003 – VI ZR 379/02, NJW 2004, 510 mwN; Urt. v. 10.11.2009 – VI ZR 247/08, NJW-RR 2010, 681 Rn. 14. So jüngst auch LG Düsseldorf Urt. v. 17.12.2013 – 37 O 200/09 (Kart) U, WuW/E DE-R 4087 (4095) – Zementkartell II.
[782] Vgl. zum Ganzen auch Schulte/Just/*Staebe* GWB § 33 Rn. 57; *Soyez* ZWeR 2011, 407 ff.; *Makatsch/Abele* WuW 2014, 164 (167); *Pohlmann* WuW 2013, 357 (360 f.) mwN.
[783] Vgl. *Bechtold/Bosch* GWB § 33 Rn. 37.
[784] So LG Berlin Urt. v. 6.8.2013 – 16 O 193/11 KartRn. 62 – Fahrtreppen. So auch OGH Wien Beschl. v. 2.8.2012, 4 Ob 46/12m, Beck RS 2013, 80510 (Rn. 10.14); Beschl. v. 16.12.2013, 6 Ob 186/12i, Beck RS 2014, 80508 (Leitsatz 2) (siehe hierzu *Bürger/Aran* NZKart 2014,423 (425, Fn. 28)).
[785] So in der Tendenz LG Düsseldorf Urt. v. 17.12.2013 – 37 O 200/09 (Kart), NZKart 2014, 75 (79) – Cartel Damage Claims S.A.; dagegen LG Mannheim Urt. v. 30.10.2015 – 7 O 34/15 Kart S. 16 f. – Kemmler Baustoffe / HeidelbergCement; LG Berlin Urt. v. 6.8.2013 – 16 O 193/11 Kart Rn. 62 – Fahrtreppen. Ablehnend wohl auch KG Urt. v. 1.10.2009 – 2 U 17/03 Kart Rn. 25 ff. Allerdings war hier für die Verjährung § 852 BGB aF maßgeblich, der positive Kenntnis der anspruchsbegründenden Umstände voraussetzt. Eher ablehnend auch BGH Beschl. v. 28.1.2010 – VII ZR 50/09, BeckRS 2010, 5572 Rn. 9. Hier ging es allerdings um den Beginn der Anfechtungsfrist nach § 124 BGB, der ebenfalls positive Kenntnis voraussetzt.
[786] BGH Beschl. v. 28.1.2010 – VII ZR 50/09, BeckRS 2010, 5572 (Rn. 9).
[787] Prütting/Wegen/Weinreich/*Deppenkemper* § 199 Rn. 12.
[788] BGH Urt. v. 2.2.1996 – V ZR 239/94, BGHZ 132, 30 (35 ff.).

BGB lehnt die Rechtsprechung bislang für den Bereich der Verjährung ab.[789] Möglicherweise liegt aber ein Fall der grob fahrlässigen Unkenntnis nach § 199 Abs. 1 Nr. 2 BGB vor, wenn die verjährungsrelevanten Tatsachen nicht mitgeteilt oder aktenmäßig erfasst wurden.[790]

Neben der kenntnisabhängigen Verjährungsfrist nach § 199 Abs. 1 BGB gelten für kartellrechtliche Schadensersatzansprüche die **kenntnisunabhängigen, absoluten Verjährungshöchstfristen nach § 199 Abs. 3 BGB.** Danach verjähren Schadensersatzansprüche jedenfalls zehn Jahre nach ihrer Entstehung oder 30 Jahre nach dem Schadensereignis. Es gilt die früher endende Frist (§ 199 Abs. 3 Satz 2 BGB). 414

3. Verjährungshemmung

Eine kartellrechtliche Sonderregelung im Zusammenhang mit der Verjährung sieht § 33 Abs. 5 GWB vor. Danach wird die Verjährung eines Schadensersatzanspruchs nach § 33 Abs. 3 GWB gehemmt, wenn eine nationale Kartellbehörde – also das Bundeskartellamt oder eine Landeskartellbehörde – ein Verfahren wegen eines Verstoßes gegen das GWB, gegen Art. 101 oder Art. 102 AEUV oder gegen eine Verfügung der Kartellbehörde einleitet. Gleiches gilt im Falle einer **Verfahrenseinleitung** durch die Europäische Kommission oder die Wettbewerbsbehörde eines anderen Mitgliedstaats der Europäischen Union wegen eines Verstoßes gegen die Art. 101 und 102 AEUV. Es liegt nahe, mit Blick auf ausländische Behörden ein funktionelles Behördenverständnis zugrunde zu legen und als Wettbewerbsbehörden eines anderen Mitgliedstaats auch Kartellgerichte anzusehen, die erstmals eine Kartellentscheidung treffen.[791] 415

Fraglich ist, ob die Verjährungshemmung nach § 33 Abs. 5 GWB auch fortdauert, wenn Gerichte befasst sind, die eine kartellbehördliche Entscheidung nicht erstmalig erlassen, sondern im Sinne eines Rechtsmittelgerichts überprüfen.[792] § 33 Abs. 5 Satz 1 GWB selbst erwähnt nur Kartellbehörden. Allerdings verweist Satz 2 auf § 204 Abs. 2 BGB. Dieser spricht im Zusammenhang mit dem Ende der Hemmungswirkung ua von einer „rechtskräftigen Entscheidung". Daraus ist zu folgern, dass für die **Dauer eines anhängigen Gerichtsverfahrens,** in dem die Behördenentscheidung überprüft wird, **bis zum Eintritt der Rechtskraft** vom Fortwirken der Hemmung nach § 33 Abs. 5 GWB auszugehen ist.[793] 416

Die Hemmung beginnt nach § 33 Abs. 5 GWB mit dem Tag der **Verfahrenseinleitung.** Der Zeitpunkt der Verfahrenseinleitung kann im Einzelnen mit Unsicherheiten behaftet sein.[794] Das europäische Verfahrensrecht sieht in Art. 2 Abs. 1 der VO 773/2004 eine eindeutige Regelung zur Verfahrenseinleitung vor. Danach wird das Verfahren durch **förmlichen Beschluss** eingeleitet.[795] Für das deutsche Verfahrensrecht ist zu differenzieren. Im Falle eines Verwaltungsverfahrens soll es für eine Verfahrenseinleitung darauf ankommen, ob die Tätigkeit einer Kartellbehörde bereits **Außenwirkung** entfaltet.[796] Bei Bußgeldverfahren soll auf die **erste Maßnahme** abzustellen sein, die erkennbar darauf abzielt, eine **Entscheidung nach § 81 GWB** zu treffen.[797] Mangels förmlichen Beschlusses ist die Frage der Verfahrenseinleitung im deutschen Recht mit deutlich größeren Unsicherheiten behaftet, als dies bei Ermittlungen der Europäischen Kommission der Fall ist. 417

---

[789] BGH Urt. v. 25.6.1996 – VI ZR 117/95, BGHZ 133, 129 (139).
[790] Vgl. Palandt/*Ellenberger* § 199 Rn. 25.
[791] Dies entspricht dem Art. 35 Abs. 3 S. 1 VO (EG) Nr. 1/2003 zugrunde liegenden Behördenverständnis. So auch Immenga/Mestmäcker/*Emmerich* GWB § 33 Rn. 69.
[792] Es handelt sich mithin um Gerichte iSv Art. 35 Abs. 3 S. 2 VO (EG) Nr. 1/2003.
[793] *Bechtold/Bosch* GWB § 33 Rn. 39. So iE auch Langen/Bunte/*Bornkamm* GWB § 33 Rn. 173.
[794] *Soyez* WuW 2014, 937 (938 f.).
[795] Vgl. Loewenheim/Meessen/Riesenkampff/Barthelmeß/*Rudolf* VerfVO Art. 17 Rn. 9; Nach der Rechtsprechung des LG Köln ist dieser Zeitpunkt für den Eintritt der Verjährungshemmung nach § 33 Abs. 5 GWB maßgeblich, LG Köln, Urt. V. 17.1.2013 – 88 O 1/11, BeckRS 2013. 08412 (C. I. 3.).
[796] Wiedemann/*Topel* HdB KartellR § 50 Rn. 150; eingehend auch *Soyez* WuW 2014, 937 (941 f.). Vgl. auch § 9 VwVfG.
[797] *Logemann*, Der kartellrechtliche Schadensersatz, 2009, 262 mwN.

Weitere Unsicherheiten können sich auch bei Verfahren ausländischer Behörden ergeben. Für die Frage, ob und wann eine ausländische Behörde ein Verfahren im Sinne von § 33 Abs. 5 Satz 1 GWB eingeleitet hat, liegt eine Orientierung an den Maßgaben der jeweiligen nationalen Rechtsordnung nahe.[798] Rechtlich zwingend ist dies indessen nicht.[799] So wie dies bei einer nationalen Kollisionsnorm der Fall sein kann, hat § 33 Abs. 5 Satz 1 GWB zwar (auch) ausländische Rechtsgestaltungen im Blick, kann jedoch als Vorschrift des nationalen Rechts autonom ausgelegt werden.[800]

418 Unklar ist ferner die **„Reichweite" der Hemmung,**[801] dh hinsichtlich welcher Tathandlungen und welcher Personen die Verjährung gehemmt ist. Dieses Problem stellt sich insbesondere, wenn die Kartellbehörde ihre Ermittlungen nach den Verfahrenseinleitungen in sachlicher oder persönlicher Hinsicht erweitert. Einigkeit besteht wohl insoweit, dass nicht maßgeblich sein kann, auf welchen Verstoß die Kartellbehörde letzlich ihre Entscheidung stützt.[802] *Soyez* schlägt vor, für die Reichweite der Hemmung auf die prozessuale Tat iSd Straf- und Ordnungswidrigkeitenrechts abzustellen.[803]

419 Nach §§ 33 Abs. 5 Satz 2 GWB, 204 Abs. 2 BGB kommt es für das Ende der Verjährungshemmung auf den Zeitpunkt an, zu dem das Verfahren durch bestands- oder rechtskräftige Entscheidung **abgeschlossen** wird oder es zur **Verfahrenseinstellung** kommt. Nach § 209 BGB wird der Zeitraum, während dessen die Verjährung gehemmt ist, nicht in die Verjährungsfrist eingerechnet. § 204 Abs. 2 Satz 1 BGB bewirkt, dass die Hemmung sechs Monate nach der Entscheidung oder Einstellung endet.

420 Beginn und Ende der Hemmung werden **auf den Tag genau berechnet.**[804] Nicht geklärt ist, wie § 33 Abs. 5 Satz 1 GWB anzuwenden ist, wenn Behörden mehrerer Mitgliedstaaten parallele Verfahren einleiten.[805] Einigkeit besteht insofern, als die Hemmung mit der Einleitung des ersten Verfahrens beginnt. Für das Ende der Hemmung wird teilweise vertreten, dieses falle mit dem zuerst abgeschlossenen Verfahren zusammen.[806] Teilweise wird insoweit auch auf das Ende des letzten Verfahrens abgestellt.[807]

421 Eine Unschärfe ergibt sich mit Blick auf die **Verjährungshemmung bei Zinsansprüchen.** Nach dem Wortlaut des § 33 Abs. 5 GWB gilt die Verjährungshemmung nur für Schadensersatzansprüche nach § 33 Abs. 3 GWB. Nach § 217 BGB verjähren Nebenleistungen – hierzu zählen auch Zinsansprüche – spätestens mit dem Hauptanspruch, sind aber im Übrigen von der Hauptforderung hinsichtlich des Verjährungsbeginns, der Dauer und einer etwaigen Hemmung unabhängig.[808] Denkbar wäre es somit, die Hemmungsregel nach § 33 Abs. 5 GWB nur auf den Hauptanspruch anzuwenden. Der Zinsanspruch könnte damit schon vor dem Schadensersatzanspruch verjähren. Allerdings würde dies der gesetzgeberischen Intention, die hinter der Verzinsungsregel (→ Rn. 393 ff.) und hinter dem Hemmungstatbestand des § 33 Abs. 5 GWB (→ Rn. 415 ff.) steht, zuwiderlaufen. Die praktische Konsequenz wäre, dass der Geschädigte zwar hinsichtlich der Hauptforderung von der Hemmungsregel des § 33 Abs. 5 GWB profitieren würde, aber in vielen Fällen schon vorab jedenfalls seine Zinsforderung geltend machen müsste. Dies erscheint weder sachgerecht noch gewollt. Nach alledem erscheint es vorzugswürdig, auch die Verjährung von **Zinsforderungen als von § 33 Abs. 5 GWB erfasst** anzusehen.[809]

---

[798] AA *Soyez* WuW 2014, 937 (940).
[799] AA wohl *Logemann*, Der kartellrechtliche Schadensersatz, 2009, 262.
[800] So iE auch *Soyez* WuW 2014, 937 (940).
[801] Siehe eingehend *Soyez* WuW 2014, 937 (942 ff.).
[802] So Immenga/Mestmäcker/*Emmerich* GWB § 33 Rn. 79; *Soyez*, WuW 2014, 937 (944).
[803] *Soyez* WuW 2014, 937 (944).
[804] Staudinger/*Peters/Jacoby* § 209 Rn. 7.
[805] Leitet die Kommission ein Verfahren ein, entfällt die Zuständigkeit der nationalen Behörde nach Art. 11 Abs. 6 S. 1 VO (EG) Nr. 1/2003.
[806] *Schütt* WuW 2004, 1124 (1132).
[807] Immenga/Mestmäcker/*Emmerich* GWB § 33 Rn. 78.
[808] Palandt/*Ellenberger* § 217 Rn. 1.
[809] Siehe zum Ganzen *Logemann*, Der kartellrechtliche Schadensersatz, 269 f.

Neben der kartellrechtlichen Sonderregelung des § 33 Abs. 5 GWB kann die Verjährung 422
auch aus anderen Gründen gehemmt werden. Es gelten die **allgemeinen Hemmungsgründe nach §§ 203, 204 Abs. 1 BGB.** Schweben zwischen Schuldner und Gläubiger Verhandlungen über den Schadensersatzanspruch, ist die Verjährung gemäß § 203 Satz 1 BGB gehemmt, bis eine Partei die Fortsetzung der Verhandlungen verweigert. § 203 Satz 2 BGB sieht ferner eine Distanzfrist vor, nach der die Verjährung frühestens drei Monate nach dem Ende der Hemmung gemäß § 203 Satz 1 BGB eintritt.[810] Von Bedeutung ist ferner § 204 Abs. 1 Nr. 1 BGB, wonach die Verjährung mit Klageerhebung gehemmt wird. Sowohl Leistungsklage als auch positive Feststellungsklage hemmen die Verjährung. Gleiches gilt auch für die bei kartellrechtlichen Schadensersatzklagen recht häufige Stufenklage, auch wenn in diesem Rahmen zunächst nur der Auskunftsanspruch geltend gemacht wird.[811] Von Bedeutung ist insbesondere im Zusammenhang mit etwaigen Rückgriffsansprüchen zwischen den kartellbeteiligten Unternehmen auch die Hemmungswirkung nach § 204 Abs. 1 Nr. 6 BGB im Falle der Streitverkündung.

In der Praxis spielen häufig **Verjährungsverzichtserklärungen** eine Rolle, durch die 423
sich der Anspruchsgegner dazu verpflichtet, sich – meist für einen bestimmten Zeitraum – nicht auf die Einrede der Verjährung zu berufen. Solche Erklärungen sind rechtlich ohne weiteres zulässig,[812] wobei gegebenenfalls die Grenzen des § 202 Abs. 2 BGB zu beachten sind.[813] Zeitlich begrenzte Verjährungsverzichtserklärungen werden in der kartellrechtlichen Praxis häufig abgegeben, um Vergleichsverhandlungen nicht zu gefährden. Zwar führen Verhandlungen über einen kartellrechtlichen Schadensersatzanspruch – wie gesehen – nach § 203 Satz 1 BGB ohnehin zur Hemmung der Verjährung. Allerdings kann oft nicht verlässlich gesagt werden, ob die Verhandlungen noch fortdauern oder bereits beendet wurden. Eine Verjährungsverzichtsregelung bietet daher **größere Rechtssicherheit.** Neben einem Verjährungsverzicht sind in den Grenzen des § 202 BGB auch individualvertragliche Regelungen über die Verjährung möglich.

4. Ansprüche aus § 852 Satz 1 BGB nach Verjährung

Sofern der Anspruch nach § 33 Abs. 3 Satz 1 GWB bereits verjährt ist, kommt gleichwohl 424
ein **Herausgabeanspruch nach § 852 Satz 1 BGB** in Betracht. Die Vorschrift sieht vor, dass der Schuldner auch nach Verjährung des deliktischen Anspruchs das durch eine unerlaubte Handlung auf Kosten des Verletzten Erlangte herauszugeben hat. Der Anspruch verjährt seinerseits in zehn Jahren von seiner Entstehung an oder in 30 Jahren von der Begehung der Verletzungshandlung (§ 852 Satz 2 BGB).

In der Rechtsprechung zu der Vorgängerregelung war anerkannt, dass der Anspruch 425
nach § 852 BGB aF ein deliktischer Anspruch bleibt, der lediglich hinsichtlich der Rechtsfolgen auf das Bereicherungsrecht verweist.[814] Für den Anspruchsgrund gelten somit weiterhin die Voraussetzungen des verjährten Schadensersatzanspruchs selbst.[815] Die Neufassung des § 852 BGB im Rahmen der Schuldrechtsreform im Jahr 2002 hat insofern zu keiner Änderung geführt.[816] Für die bis dahin geltende Fassung des § 852 BGB ging der BGH davon aus, dass auch Schadensersatzansprüche aus § 33 bzw. § 35 GWB aF der Regelung unterfallen.[817] Es ist anzunehmen, dass dies im Grundsatz **auch für § 33**

---

[810] Siehe *Bechtold/Bosch* GWB § 33 Rn. 38.
[811] Vgl. BGH Urt. v. 27.1.1999 – XII ZR 113–97, NJW 1999, 1101 f.; OLG Zweibrücken Urt. v. 16.1.2001 – 5 UF 89/00, NJW-RR 2001, 865.
[812] BGH Urt. v. 4.7.1973 – IV ZR 185/72, NJW 1973, 1690 f.
[813] Vgl. Prütting/Wegen/Weinreich/*Deppenkemper* § 202 Rn. 4.
[814] BGH Urt. v. 12.7.1995 – I ZR 176/93, NJW 1995, 2788 (2790); Urt. v. 14.2.1978 – X ZR 19/76, NJW 1978, 1377.
[815] Eingehend BGH Urt. v. 14.2.1978 – X ZR 19/76, NJW 1978, 1377 (1379).
[816] Begr. des Entwurfs eines Gesetzes zur Modernisierung des Schuldrechts v. 14.5.2001, BT-Drs. 14/6040, 270; ferner MüKoBGB/*Wagner* BGB § 852 Rn. 2.
[817] BGH Urt. v. 2.7.1996 – KZR 31/95, NJW 1996, 3005 (3006); Urt. v. 8.5.1990 – KZR 23/88, WuW/E 2647 (2652); Urt. v. 27.1.1966 – KZR 8/64, NJW 1966, 975 (zu § 35 GWB aF).

Abs. 3 Satz 1 GWB gilt.[818] Hiervon ging auch das LG Düsseldorf in seiner Entscheidung aus dem Jahr 2013 zur *follow-on* Klage der CDC gegen verschiedene Zementhersteller aus.[819]

426 Im Falle von Verstößen gegen das Kartellverbot lässt sich allerdings die Frage aufwerfen, ob im Sinne der Vorschrift überhaupt etwas **durch unerlaubte Handlung erlangt** ist. Der Wortlaut der Vorschrift („durch" eine unerlaubte Handlung) und die Rechtsprechung hierzu legen hinsichtlich des Zusammenhangs zwischen unerlaubter Handlung und Vermögensverschiebung nahe, dass das Erlangte unmittelbar durch den jeweiligen Verstoß zugeflossen sein muss. Zwar ist anerkannt, dass ein enger Unmittelbarkeitszusammenhang insofern nicht erforderlich ist, als sich die Vermögensverschiebung nicht unmittelbar zwischen Geschädigtem und Ersatzpflichtigem vollziehen muss.[820] Für das Verhältnis zwischen unerlaubter Handlung und Erlangtem spricht nach Wortlaut und Rechtsprechung indessen Vieles dafür, dass das Erlangte dem Anspruchsgegner **unmittelbar durch die Tat zugeflossen** sein muss. Das OLG Brandenburg formuliert dementsprechend, es sei „Voraussetzung, dass das Vermögen des Ersatzpflichtigen tatsächlich vermehrt worden ist, wobei es auf eine Unmittelbarkeit der Vermögensverschiebung zwar nicht ankommt. Der Vermögenszuwachs muss aber durch die unerlaubte Handlung verursacht sein […]".[821]

427 Ein Unmittelbarkeitszusammenhang mag bspw. bei einem Ausbeutungsmissbrauch ohne weiteres erfüllt sein. Hier liegt die Tat etwa im Verlangen missbräuchlich überhöhter Entgelte. Hieraus ergibt sich auch unmittelbar das Erlangte. Im Falle einer Kartellabsprache hingegen erlangt der Kartellbeteiligte durch das kartellrechtswidrige Verhalten selbst noch nichts. Zu einer Vermögensverschiebung kommt es vielmehr erst durch den Folgevertrag mit dem Anspruchsteller. Dieser Vertrag verstößt jedoch seinerseits nicht gegen das Kartellverbot. Der Folgevertrag stellt somit auch selbst keine unerlaubte Handlung dar, durch die der Ersatzpflichtige etwas erlangt hat.

428 Auch der **Anspruchsumfang** von § 852 Satz 1 BGB im kartellrechtlichen Zusammenhang ist bislang nicht im Einzelnen geklärt. Bei der Vorschrift handelt es sich um einen deliktischen Schadensersatzanspruch, nicht um einen Bereicherungsanspruch.[822] Nach Verjährungseintritt ist der ursprüngliche Anspruch lediglich „in seinem Umfang auf das durch die unerlaubte Handlung auf Kosten des Geschädigten Erlangte beschränkt".[823] Das heißt, dass nur solche Schadensposten über § 852 Satz 1 BGB ersatzfähig sind, die zu einem **Mehrerlös oder zu einem sonstigen Vermögensvorteil** bei den kartellrechtswidrig handelnden Unternehmen geführt haben. Bei Zuwiderhandlungen in Form von Kartellen könnten daher allenfalls nur Abnehmerschäden aufgrund von kartellbedingten Preiserhöhungen über § 852 Satz 1 BGB liquidiert werden.[824] Entgangene Gewinne von Wettbewerbern oder Abnehmern oder durch den Preisschirmeffekt eines Kartells verur-

---

[818] So mit ausführlicher Begründung *Bernhard* NZKart 2014, 432 (434); s. auch Beck OK BGB/*Spindler* § 852 Rn. 2.
[819] LG Düsseldorf Urt. v. 17.12.2013 – 37 O 200/09, NZKart 2014, 75 (78f.) – CDC.
[820] BGH Urt. v. 10.6.1965 – VII ZR 198/63NJW 1965, 1914 (1915); Urt. v. 14.2.1978 – X ZR 19/76, NJW 1978, 1377 (1379f.).
[821] OLG Brandenburg Urt. v. 26.5.2010 – 4 U 36/09, BeckRS 2010, 15185 (II. 3. d) dd)). Siehe ferner auch BAG, Urt. v. 24.10.2001 – 5 AZR 32/00, NJW 2002, 1066, 1068. Im zu Grunde liegenden Sachverhalt hatte ein Arbeitgeber eine Teilzeitarbeitskraft entgegen § 2 BeschFG geringer vergütet als Vollzeitarbeitskräfte. Gleichwohl kam das BAG zu dem Ergebnis, dass der Arbeitgeber dadurch nichts „erlangt" habe. Die Arbeitskraft habe er nicht auf Grund der unerlaubten Handlung, sondern auf Grund des – nur in seiner Vergütungsabrede unwirksamen – Arbeitsvertrags erlangt. Gleiches gelte für den nicht gedeckten Wert der Arbeitskraft. Unerlaubterweise habe der Arbeitgeber nur nicht gesetzeskonform vergütet. Dies begründe aber keine Herausgabepflicht.
[822] Begr. Des Entwurfs eines Gesetzes zur Modernisierung des Schuldrechts v. 14.5.2001, BT-Drs. 14/6040, 270; BGH Urt. v. 14.2.1978 – X ZR 19/76, NJW 1978, 1377 (1379).
[823] BGH Urt. v. 14.2.1978 – X ZR 19/76, NJW 1978, 1377 (1379).
[824] *Bernhard* NZKart 2014, 432 (435).

sachte Schäden können hingegen nicht im Wege des § 852 Satz 1 BGB geltend gemacht werden.[825]

5. Regelungen zur Verjährung in der Schadensersatzrichtlinie

Die Umsetzung der neuen EU-Schadensersatzrichtlinie wird eine Änderung des bestehenden Verjährungsregimes erforderlich machen.[826] Abweichend von den Ausführungen in Rn. 409 ff., stellt Art. 10 Abs. 2 der Schadensersatzrichtlinie weitergehende Anforderungen an den Verjährungsbeginn. Danach darf die Verjährung nicht beginnen, bevor die **Zuwiderhandlung gegen das Wettbewerbsrecht beendet** wurde.[827] Dies stellt einen Unterschied zu den im deutschen Zivilrecht geltenden Grundsätzen dar, wonach die kartellrechtswidrigen Einzelhandlungen separat verjähren. 429

Eine zusätzliche Erweiterung ergibt sich daraus, dass Art. 10 Abs. 3 der Schadensersatzrichtlinie die **Verjährungsfrist von 3 auf 5 Jahre** ausdehnt.[828] Eine Hemmung der Verjährung während des Verfahrens einer Wettbewerbsbehörde gemäß Art. 10 Abs. 4 Satz 1 der Schadensersatzrichtlinie sieht § 33 Abs. 5 Satz 1 GWB bereits vor. Allerdings müsste die Regelung über das Ende der Hemmung in § 33 Abs. 5 Satz 2 GWB iVm § 204 Abs. 2 Satz 1 BGB modifiziert werden. Nach Art. 10 Abs. 4 Satz 2 der Schadensersatzrichtlinie darf die Hemmung nicht früher als ein Jahr nach rechts- oder bestandskräftiger Entscheidung oder anderweitiger Beendigung des Verfahrens enden. § 33 Abs. 5 Satz 2 GWB iVm § 204 Abs. 2 Satz 1 BGB sieht dagegen ein **Ende der Hemmung** bereits 6 Monate nach rechtskräftiger, bestandskräftiger oder sonstiger Verfahrensbeendigung vor. 430

Der Anforderung nach Art. 18 Abs. 1 Satz 1der Schadensersatzrichtlinie, dass die Verjährung „für die Dauer einer **einvernehmlichen Streitbeilegung** gehemmt ist", wird de lege lata bereits durch § 203 BGB genügt. 431

Im Gesetzesentwurf der Bundesregierung[829] werden die diesbezüglichen Anforderungen der Richtlinie in § 33h GWB-RegE umfassend umgesetzt.

VI. Passivlegitimation

Verpflichtet ist nach dem Wortlaut von § 33 Abs. 3 Satz 1 GWB, „wer" einen Verstoß gegen europäisches oder deutsches Kartellrecht oder gegen die Verfügung einer Kartellbehörde begeht. Die Schadensersatznorm geht, wie im Deliktsrecht üblich, vom Handeln einer **natürlichen Person** aus. Anders als die kartellrechtlichen Verbotsnormen, knüpft § 33 Abs. 3 GWB nicht an den Unternehmensbegriff an. 432

1. Zurechnung des Handelns natürlicher Personen

Unternehmen wird das Handeln ihrer verfassungsmäßig berufenen Vertreter **nach § 31 BGB analog** zugerechnet.[830] Eine Person gilt nicht erst dann als verfassungsmäßig berufener Vertreter, wenn eine entsprechende satzungsmäßige Regelung, rechtsgeschäftliche Vertretungsmacht oder die Wahrnehmung einer Aufgabe innerhalb der geschäftsführenden Verwaltung vorliegt.[831] Zu den verfassungsmäßig berufenen Vertretern zählen Organe, aber auch jede natürliche Person, der „bedeutsame, wesensmäßige Funktionen [...] zur selbständigen, eigenverantwortlichen Erfüllung zugewiesen sind" und die das Unter- 433

---

[825] *Bernhard* NZKart 2014, 432 (435).
[826] So auch *Bürger/Aran* NZKart 2014, 423.
[827] Eine Kombination von Beendigung der Zuwiderhandlung und Anspruchsentstehung für den Beginn der Verjährung fordert *Pohlmann* WRP 2015, 546 (548 f.) mwN.
[828] Anders *Pohlmann* WRP 2015, 546 (547), derzufolge die Ultimoverjährung des deutschen Rechts beibehalten werden könne, da die vorgegebene Fünfjahresfrist ausdrücklich eine Mindestfrist darstelle.
[829] Gesetzesentwurf der Bundesregierung, Entwurf eines Neunten Gesetzes zur Änderung des Gesetzes gegen Wettbewerbsbeschränkungen.
[830] Langen/Bunte/*Bornkammm* GWB § 33 Rn. 106; mit näherer Begründung auch *Hack*, Vorstandsverantwortlichkeit bei Kartellrechtsverstößen, 88 f; siehe hierzu ferner → Rn. 14 ff.
[831] BGH Urt. v. 30.10.1967 – VII ZR 82/65, NJW 1968, 391 f.; vgl. auch Palandt/*Ellenberger* § 31 Rn. 6.

nehmen „auf diese Weise repräsentiert".[832] Verfassungsmäßig berufene Vertreter gemäß § 31 BGB sind nach diesem weiten Verständnis in der Regel auch leitende Angestellte.[833]

434 Eine Schadensersatzhaftung des Unternehmens wird über § 31 BGB ohne weiteres begründet, wenn ein verfassungsmäßig berufener Vertreter eine kartellrechtswidrige Handlung **selbst vorgenommen oder sich daran beteiligt** hat.[834] Eine Zurechnung kommt allerdings auch in Betracht, wenn Mitarbeiter den Verstoß begangen haben, die selbst keine verfassungsmäßig berufenen Vertreter des Unternehmens sind.

435 Eine Zurechnung kann sich in diesem Fall aus einer **Aufsichtspflichtverletzung** eines verfassungsmäßig berufenen Vertreters ergeben. In diesem Fall wird die Zurechnung unmittelbar über § 31 BGB vorgenommen, denn tatbestandlich ist auch ein Unterlassen, soweit eine Pflicht des Unternehmens zum Handeln bestand.[835] Ähnlich ging das LG Berlin jüngst in der Sache *Fahrtreppen*[836] vor und nahm eine tatbestandliche und schuldhafte Zuwiderhandlung des Unternehmens an, da nichts unternommen worden sei, kartellrechtswidriges Verhalten der Mitarbeiter zu verhindern. Die erforderliche Kenntnis der verfassungsmäßigen Vertreter des Unternehmens begründete das Gericht mit der Intensität und Dauer der Zuwiderhandlung:

436 „Es erscheint der Kammer ausgeschlossen, dass Mitarbeiter des Unternehmens über Jahre hinweg länderübergreifende Kartellabsprachen getroffen und zu deren Umsetzung Informationen weitergeleitet haben sollen, ohne dass die Geschäftsführung oder die nachgelagerte Leitungsebene des Unternehmens davon Kenntnis erlangte."[837]

437 Eine Zurechnung des Handelns sonstiger Unternehmensmitarbeiter über § 31 BGB nimmt die Rechtsprechung ferner im Falle von **Organisationsmängeln** vor. Von einem Organisationsmangel ist auszugehen, wenn für einen wichtigen Aufgabenbereich kein verfassungsmäßig berufener Vertreter eingesetzt, sondern die Aufgaben einem ‚einfachen' Mitarbeiter übertragen wurden.[838] Das Unternehmen muss sich dann nach der Rechtsprechung des BGH „so behandeln lassen, als habe e[s] den Beauftragten Organstellung eingeräumt".[839]

438 Darüber hinaus kommt bei Kartellverstößen **sonstiger Mitarbeiter** eine Haftung aus § 831 BGB in Betracht.[840] § 831 Abs. 1 Satz 2 BGB ermöglicht jedoch eine Exkulpation des Unternehmens, soweit diesem der Nachweis gelingt, dass bei Auswahl, Überwachung und ggf. Anleitung des betreffenden Mitarbeiters die im Verkehr erforderliche Sorgfalt beobachtet wurde oder der Schaden auch bei Anwendung dieser Sorgfalt eingetreten wäre. Es gelten die Grundsätze des „dezentralisierten Entlastungsbeweises".[841] Die Bedeutung von **Compliance-Programmen** ist in diesem Zusammenhang bislang nicht geklärt.

2. Zivilrechtliche Haftung im Konzern

439 Fraglich ist, ob neben der primär haftbaren Gesellschaft auch **Konzerngesellschaften** in Anspruch genommen werden können, denen ein Verhalten nicht über § 31 BGB zuge-

---

[832] BGH Urt. v. 30.10.1967 – VII ZR 82/65, NJW 1968, 391 f. mwN.
[833] Siehe hierzu MüKoBGB/*Reuter* BGB § 31 Rn. 20. So auch Palandt/*Ellenberger* § 31 Rn. 6; FK/*Roth* § 33 Rn. 133.
[834] Praxiskommentar/*Mäsch* GWB § 33 Rn. 58, 35; *Bürger* WuW 2011, 130 (137).
[835] OLG München Urt. v. 27.3.1975 – 1 U 1190/74, NJW 1977, 2123; Soergel/*Hadding* § 31 Rn. 14; BeckOK BGB/*Schöpflin* § 31 Rn. 11.
[836] LG Berlin Urt. v. 6.8.2013 – 16 O 193/11 Rn. 53 – Fahrtreppen.
[837] LG Berlin Urt. v. 6.8.2013 – 16 O 193/11 Rn. 53 – Fahrtreppen.
[838] BGH Urt. v. 8.7.1980 – VI ZR 158/78, NJW 1980, 2810 (2811) mwN; Palandt/*Ellenberger* § 31 Rn. 7; FK/*Roth*, 49. EL 2001, § 33 Rn. 133.
[839] BGH Urt. v. 8.7.1980 – VI ZR 158/78, NJW 1980, 2810 (2811).
[840] S. dazu Praxiskommentar/*Mäsch* GWB § 33 Rn. 58, 36; FK/*Roth*, 49. EL 2001, § 33 Rn. 133.
[841] Praxiskommentar/*Mäsch* GWB § 33 Rn. 58, 36. Zum dezentralisierten Entlastungsbeweis siehe Palandt/*Sprau* BGB § 831 Rn. 11 mwN.

rechnet werden kann.[842] Hierfür ließe sich anführen, dass die Verbotsnormen, auf die § 33 Abs. 3 GWB verweist – wie insbesondere Art. 101 AEUV und § 1 GWB – das Verhalten von „Unternehmen" erfassen und der kartellrechtliche Unternehmensbegriff als **wirtschaftliche Einheit** grundsätzlich den Gesamtkonzern umfasst (→ Rn. 17 sowie 23 ff.). Für das deutsche Kartellrecht bestimmt § 36 Abs. 2 GWB, dass abhängige oder herrschende Unternehmen nach § 17 AktG und Konzernunternehmen nach § 18 AktG als einheitliches Unternehmen anzusehen sind. Insbesondere wenn man die Zusammenfassung mehrerer Unternehmen zu einer wirtschaftlichen Einheit nicht nur als einen Zurechnungsmechanismus betrachtet, sondern von vornherein den gesamten Konzernverbund als Handlungssubjekt betrachtet, ließe sich argumentieren, jede Konzerngesellschaft sei für sich Anspruchsgegner des Schadensersatzanspruchs.[843]

Dem steht allerdings entgegen, dass das deutsche Zivilrecht grundsätzlich vom **Trennungsprinzip**[844] ausgeht. Im Verhältnis zwischen Gesellschaft und Gesellschaftern kommt danach eine Haftungsüberleitung nicht in Betracht.[845] Auch wenn die kartellrechtlichen Verbotstatbestände selbst das Handeln eines Unternehmens im kartellrechtlichen Sinne erfordern, setzt eine Haftung nach § 33 Abs. 3 GWB voraus, dass gerade der in Anspruch genommenen Gesellschaft das Verhalten einer natürlichen Person nach § 31 BGB analog zugerechnet werden kann. So entschied auch das LG Berlin in der Sache *Fahrtreppen*.[846] Demnach gelte der Grundsatz der wirtschaftlichen Einheit im deutschen Zivilprozess nicht.[847] Die Ausgestaltung der Verfahrensmodalitäten für private Schadensersatzklagen wegen Zuwiderhandlungen gegen Art. 101 und 102 AEUV sei Sache des mitgliedstaatlichen Rechts.[848] Eine Durchbrechung des nach deutschem Recht geltenden Trennungsprinzips sei auch nicht aufgrund des **Effektivitätsgrundsatzes** geboten.[849] Das Risiko des Forderungsausfalls rechtfertige keinen Durchgriff auf das Vermögen anderer Konzerngesellschaften.[850] Dieses Risiko lege „die Rechtsordnung (…) jedem Gläubiger in gleicher Weise auf."[851] **440**

Etwas anderes ergibt sich auch nicht aus der Rechtsprechung des BGH in den Sachen *Entega*[852] aus dem Jahr 2009 und *Meierei-Zentrale*[853] aus dem Jahr 1982.[854] Der Entega-Entscheidung lag vereinfacht ein Sachverhalt zugrunde, wonach eine marktbeherrschende Gasversorgerin über zwei Konzerngesellschaften – die Beklagte und eine Schwestergesellschaft der Beklagten – unterschiedliche Preise verlangte. Der BGH ging von einer missbräuchlichen Preisgestaltung aus und bejahte einen Verstoß gegen § 19 Abs. 1 und Abs. 2 Nr. 3 GWB. Hierbei traf der BGH die Aussage, der Beklagten seien die **Kenntnisse ihrer Schwestergesellschaft zuzurechnen.** Für den Verbotstatbestand nach § 19 Abs. 2 Nr. 3 GWB ging der BGH weiter davon aus, der Beklagten sei die Preisgestaltung ihrer Schwestergesellschaft zuzurechnen. **441**

---

[842] Siehe hierzu bereits → Rn. 23 ff.
[843] Vgl. ausführlich *Scheidtmann* WRP 2010, 499 (502 f.).
[844] Der Begriff des Trennungsprinzips hat sich in der Diskussion der vergangenen Jahre als Schlagwort herausgebildet. Genau genommen geht es aber bei der vorstehenden Frage um den Grundsatz der Haftungsbeschränkung auf das Vermögen der Kapitalgesellschaft. Dieser ist zwar typische, nicht aber zwingende Folge des Trennungsprinzips wie etwa das Beispiel der KGaA im deutschen Recht zeigt; siehe hierzu auch Baumbach/Hueck/*Fastrich*, in: Baumbach/Hueck, GmbHG, § 13 Rn. 5.
[845] BGH Urt. v. 16.10.2003 – IX ZR 55/02, NZG 2004, 38 (40); *Axster/Weber* GRUR 1982, 579 (580); *Mansdörfer/Timmerbeil* WM 2004, 362 (363); *Bürger* WuW 2011, 130 (136 ff.).
[846] LG Berlin Urt. v. 6.8.2013 – 16 O 193/11 Rn. 80 – Fahrtreppen.
[847] LG Berlin Urt. v. 6.8.2013 – 16 O 193/11 Rn. 80 – Fahrtreppen.
[848] LG Berlin Urt. v. 6.8.2013 – 16 O 193/11 Rn. 80 – Fahrtreppen.
[849] LG Berlin Urt. v. 6.8.2013 – 16 O 193/11 Rn. 82 – Fahrtreppen; aA *Kersting* Der Konzern 2011, 445 (457).
[850] LG Berlin Urt. v. 6.8.2013 – 16 O 193/11 Rn. 82 – Fahrtreppen.
[851] LG Berlin Urt. v. 6.8.2013 – 16 O 193/11 Rn. 82 – Fahrtreppen.
[852] BGH Urt. v. 23.6.2009 – KZR 21/08, WuW/E DE-R 2739.
[853] BGH Urt. v. 23.3.1982 – KZR 28/80, GRUR 1982, 576.
[854] So auch schon *Scheidtmann* WRP 2010, 499 (502).

442 Es wäre allerdings verfehlt, hieraus abzuleiten, der BGH habe in der Entscheidung eine zivilrechtliche Verantwortlichkeit des Gesamtkonzerns begründen wollen. Zunächst richtete sich im Fall die Klage gegen das Unternehmen, mit dem die Klägerin Geschäftsbeziehungen unterhielt, also gegen das unmittelbar handelnde Unternehmen. Im Rahmen der Passivlegitimation rechnete der BGH dieser Gesellschaft die Handlungen und Kenntnisse der Mutter- und Schwestergesellschaft zu. Der BGH beließ es aber insofern bei einer **Wissenszurechnung** und nahm gerade **keine Haftungszurechnung** vor. Zur Begründung verwies der BGH auch auf eine Umgehungsmöglichkeit, die gerade dem Tatbestand der Preisspaltung immanent ist. Mangels Zurechnung könne ein marktbeherrschendes Unternehmen dem Verbot missbräuchlicher Preisspaltung entgehen, indem es die unterschiedlichen Preisniveaus auf verschiedene Tochtergesellschaften „aufteile".[855] Diese Erwägung trifft für den Fall der Preisspaltung zu, ist aber nicht verallgemeinerungsfähig. Zudem begründete der BGH die Wissenszurechnung damit, dass eine Haftungszurechnung wegen des Trennungsprinzips gerade nicht in Betracht komme und daher ohne die Wissenszurechnung eine Geltendmachung von Ansprüchen regelmäßig ausscheide. In diesem Sinne führte der BGH aus, die Wissenszurechnung sei erforderlich, da „[e]ine Inanspruchnahme der Muttergesellschaft durch die mit überhöhten Preisen belasteten Kunden [...] regelmäßig nicht in Betracht [käme], weil die Kunden nach dem Trennungsprinzip jeweils nur gegen ihren Vertragspartner, also die jeweilige Tochtergesellschaft, vorgehen könnten".[856]

443 Auch aus dem Verweis des BGH auf die **Verbundklausel des § 36 Abs. 2 GWB** und deren Geltung für den gesamten Bereich des GWB lässt sich **keine Haftungszurechnung** für die Zwecke des § 33 Abs. 3 GWB herleiten.[857] § 36 Abs. 2 GWB beschreibt, gleichsam als Begriffsdefinition, den Unternehmensbegriff. Dementsprechend steht die Bezugnahme auf die Verbundklausel im Zusammenhang mit der Prüfung des Missbrauchstatbestands nach § 19 Abs. 2 Nr. 3 GWB. Dieser knüpft an den Unternehmensbegriff an. Anders verhält sich dies bei § 33 Abs. 3 GWB. Normadressat des Schadensersatzanspruch nach § 33 Abs. 3 GWB ist nicht das Unternehmen, sondern der deliktische Täter.

444 Die Rechtsprechung des BGH in der Sache *Meierei-Zentrale*[858] begründet ebenfalls keine grundsätzliche Haftung im Unternehmensverbund. Hier kam der BGH zwar zu dem Ergebnis, dass sich die Muttergesellschaft das kartellrechtswidrige Verhalten ihrer Tochtergesellschaft zurechnen lassen müsse.[859] Maßgeblich war hierfür aber, dass auch zwischen der Muttergesellschaft und dem betroffenen Unternehmen „unmittelbare Geschäfts- (Lieferungs-) Beziehungen" bestanden haben und die Maßnahmen der Tochtergesellschaft „im Rahmen des Gesamtvertriebs [...] [lagen] und von [...] [der Muttergesellschaft] selbst festgelegt worden sind."[860] Der Sache nach handelt es sich daher um eine **Haftung für eigenes bzw. selbst veranlasstes Verhalten** und nicht um eine Zurechnung kartellrechtwidrigen Verhaltens der Tochter- gegenüber der Muttergesellschaft wegen deren konzernmäßiger Verbindung.[861]

445 Die Schadensersatzrichtlinie sieht ebenfalls **keine Regelung einer Durchgriffshaftung im Konzern** vor. *Kersting* indes entnimmt Art. 1 Abs. 1 Satz 1 der Richtlinie, dass nicht nur das kartellrechtswidrig handelnde Unternehmen, sondern die gesamte wirtschaftliche Einheit passivlegitimiert sei.[862] Unter der Überschrift „Geltungsbereich" heißt es dort:

---

[855] BGH Urt. v. 23.6.2009 – KZR 21/08, WuW/E DE-R 2739 (2741) – Entega.
[856] BGH Urt. v. 23.6.2009 – KZR 21/08, WuW/E DE-R 2739 (2741) – Entega.
[857] BGH Urt. v. 23.6.2009 – KZR 21/08, WuW/E DE-R 2739 (2741) – Entega.
[858] BGH Urt. v. 23.3.1982 – KZR 28/80, GRUR 1982, 576 – Meierei-Zentrale.
[859] BGH Urt. v. 23.3.1982 – KZR 28/80, GRUR 1982, 576 (577) – Meierei-Zentrale.
[860] BGH Urt. v. 23.3.1982 – KZR 28/80, GRUR 1982, 576 (577) – Meierei-Zentrale.
[861] Vgl. hierzu auch *Scheidtmann* WRP 2010, 499 (502); *Axster/Weber* GRUR 1982, 579 (580).
[862] *Kersting* WuW 2014, 564 (565 f.); so auch → Rn. 42.

„In dieser Richtlinie sind bestimmte Vorschriften festgelegt, die erforderlich sind, um zu gewährleisten, dass jeder, der einen durch eine Zuwiderhandlung eines Unternehmens oder einer Unternehmensvereinigung gegen das Wettbewerbsrecht verursachten Schaden erlitten hat, das Recht, den vollständigen Ersatz dieses Schadens von diesem Unternehmen oder dieser Unternehmensvereinigung zu verlangen, wirksam geltend machen kann."

Nach *Kersting* wird hierdurch dem Mitgliedstaaten aufgegeben, den **europarechtlichen Unternehmensbegriff** in das nationale Schadensersatzrecht zu **übernehmen**.[863] Damit sei die Definition des Unternehmens als wirtschaftliche Einheit durch den EuGH auch für das mitgliedstaatliche Kartelldeliktsrecht maßgeblich.[864]

Dieses Verständnis von Art. 1 Abs. 1 Satz 1 der Richtlinie ist jedoch keineswegs zwingend. Dass in der Regelung – anders als in den Vorentwürfen – das Unternehmen Erwähnung findet, könnte auch als **Begrenzung der Passivlegitimation** zu verstehen sein, wonach sich der Schadensersatzanspruch nur gegen Unternehmen oder Unternehmensvereinigungen richten kann, nicht aber gegen die handelnden natürlichen Personen (siehe hierzu sogleich). Dies bedeutet aber nicht, dass sich die Regelung über das in nationalen Rechtsordnungen geltende Trennungsprinzip hinwegsetzen wollte. Andernfalls wäre hierzu eine explizite Regelung zu erwarten gewesen und nicht nur eine beiläufige Erwähnung in einem Artikel zum Geltungsbereich der Richtlinie, der als solcher die Frage der Passivlegitimation gar nicht betrifft.[865]

Der Regierungsentwurf schafft in § 81 Abs. 3a GWB-RegE erstmals die Möglichkeit auch gegen weitere juristische Personen oder Personenvereinigungen, die das Unternehmen zum Zeitpunkt der Begehung der Ordnungswidrigkeit gebildet haben oder die auf die juristische Person oder Personenvereinigung, deren Leitungsperson die Ordnungswidrigkeit begangen hat, unmittelbar oder mittelbar einen bestimmenden Einfluss ausgeübt haben, eine Geldbuße festgesetzt werden.[866] Hieraus kann aber nicht gefolgert werden, dass der Referentenentwurf das Konzept der wirtschaftlichen Einheit nun umfassend in das GWB implementieren wolle.[867] Bereits nach Wortlaut und systematischer Stellung der Norm ist offensichtlich, dass der Entwurf lediglich die Möglichkeit der Festsetzung einer Geldbuße gegenüber leitenden Konzerngesellschaften schaffen soll.

3. Haftung natürlicher Personen

Bislang ungeklärt ist, inwieweit auch natürliche Personen nach § 33 Abs. 3 GWB auf Schadensersatz haften können.[868] Eine solche Haftung ist jedenfalls möglich, wenn natürliche Personen selbst **als Unternehmen im Sinne des Kartellrechts zu qualifizieren** sind und somit gegen die Verbotsnormen verstoßen können, auf die in § 33 Abs. 3 GWB verwiesen wird.[869] Umstritten ist, ob auch eine Haftung natürlicher Personen ohne Unternehmenseigenschaft in Betracht kommt.[870] Teilweise wird dies unter Verweis auf das UWG generell bejaht für Personen, die für das Unternehmen handeln.[871] Die wohl herrschende Meinung geht davon aus, dass eine **persönliche Haftung von Organen** in Betracht kommt. Diese seien als solche Normadressaten, wobei zur Begründung zumeist auf

---

[863] *Kersting* WuW 2014, 564 (565); ebenso *Lettl* WRP 2015, 537 (538); *Makatsch/Mir* EuZW 2015, 7 (8), um einen Gleichlauf von bußgeldrechtlicher und zivilrechtlicher Haftung nach deutschem Recht herzustellen. Ähnlich schon *Vollrath* NZKart 2013, 434 (438), allerdings im Hinblick auf Art. 11 des Richtlinien-Vorschlags der Kommission v. 11.6.2013, COM(2013) 404 final.
[864] *Kersting* WuW 2014, 564 (565).
[865] So auch *Suchsland/Rossmann* WuW 2015, 973 (979), *Hülsen/Kasten* NZKart 2015, 296 (301 ff.) mwN.
[866] Kritisch hierzu: *Kahlenberg/Heim* BB 2016, 1863, 1869 f.
[867] Die Begründung zum insofern wortidentischen Referentenentwurf selbst sprach zudem in diesem Zusammenhang von einer Angleichung des Kartellordnungswidrigkeitenrechts an das europäische Recht.
[868] Siehe hierzu bereits → Rn. 43 ff.
[869] Immenga/Mestmäcker/*Emmerich* GWB § 33 Rn. 31.
[870] Ausführlich zum Streitstand *Hack*, Vorstandsverantwortlichkeit bei Kartellrechtsverstößen, 89 ff. Verallgemeinernd zum Problem der Organwalterhaftung *Verse* ZHR 170 (2006), 398 ff.
[871] Praxiskommentar/*Mäsch* GWB § 33 Rn. 58, 37.

die Zurechnungsnorm des § 9 Abs. 1 OWiG iVm § 81 GWB verwiesen wird.[872] Dem wird entgegen gehalten, dass die Zurechnungstatbestände des Ordnungswidrigkeitenrechts von der Verweisung des § 33 Abs. 3 GWB nicht umfasst seien und die Verbotsnormen, auf die § 33 Abs. 3 GWB verweist, die Unternehmenseigenschaft voraussetzten.[873] Nach letztgenannter Ansicht scheidet eine Haftung von natürlichen Personen nach § 33 Abs. 3 GWB generell aus. Allerdings kommt selbst in diesem Fall eine Haftung wegen Anstiftung oder Beihilfe in Betracht, § 830 Abs. 2 BGB.[874] Für Anstiftung zu oder Teilnahme an einem Sonderdelikt[875] ist nicht erforderlich, dass der Anstifter bzw. Teilnehmer die tatbestandlichen Voraussetzungen, die an die Person des Täters gestellt werden, erfüllt.

4. Haftung Mehrerer

450 Im Falle der Beteiligung Mehrerer ist nach § 830 Abs. 1 Satz 1 BGB jedes Unternehmen bzw. jede der handelnden natürlichen Personen für den Schaden verantwortlich. Die Beteiligten haften gemäß § 840 Abs. 1 BGB als **Gesamtschuldner**.[876] Auf das Innenverhältnis finden § 426 Abs. 1 und Abs. 2 BGB Anwendung. Dies entspricht grundsätzlich der Regelung in Art. 11 Abs. 1 der Schadensersatzrichtlinie, der allerdings Sonderregelungen zugunsten kleiner und mittlerer Unternehmen („KMU") (Art. 11 Abs. 2 und Abs. 3 der Richtlinie) und für Unternehmen vorsieht, die als Kronzeugen kooperiert haben (Art. 11 Abs. 4 der Richtlinie).[877]
Der Regierungsentwurf setzt die Vorgaben der Richtlinie in §§ 33d und 33e GWB-RegE um.

VII. Behandlung von Altfällen

1. Allgemeine Grundsätze

451 In seinem Urteil in Sachen ORWI[878] hat der BGH entschieden, dass die „neugefasste Vorschrift des § 33 GWB" auf Ansprüche, die vor Inkrafttreten der 7. GWB-Novelle (frühestens) am 13.7.2005 entstanden sind, **„mangels einer entsprechenden Übergangsvorschrift nicht anwendbar"** ist.[879] Für GWB-Verstöße vor dem 13.7.2005 kommt § 33 GWB aF bzw. § 35 GWB aF zur Anwendung. Schadensersatzansprüche auf Grund von Verstößen gegen das europäische Kartellrecht, die vor dem 13.7.2005 stattfanden, können lediglich auf Grundlage von § 823 Abs. 2 BGB geltend gemacht werden.

452 Auch wenn mit dem ORWI-Urteil im Grundsatz über den zeitlichen Anwendungsbereich von § 33 GWB entschieden und dessen Rückwirkung abgelehnt wurde, **verbleibt Streit** darüber, ob nicht einzelne der mit der 7. GWB-Novelle eingeführten Sonderregelungen rückwirkend Anwendung finden. Insbesondere stellt sich die Frage im Zusammenhang mit der Verjährungshemmung nach § 33 Abs. 5 Satz 1 GWB und mit der Regelung über die Verzinsung nach § 33 Abs. 3 Satz 4 GWB.

---

[872] *Dreher* WuW 2009, 133 (137 ff.); *Meeßen* Anspruch auf Schadensersatz, 369 ff.; Immenga/Mestmäcker/*Emmerich* GWB § 33 Rn. 31; FK/*Roth*, 49. EL 2001, § 33 Rn. 138; Loewenheim/Meessen/Riesenkampff/*Rehbinder* GWB § 33 Rn. 34.
[873] *Kling/Thomas* § 23 Rn. 72; *Görner*, Die Anspruchsberechtigung der Marktbeteiligten nach § 33 GWB, 2007, 122–130. Gegen eine Außenhaftung von Organen auf Schadensersatz entsprechend § 9 Abs. 1 OWiG, allerdings ohne nähere Begründung, nun auch Langen/Bunte/*Bornkamm* GWB § 33 Rn. 67 (aA noch in der Vorauflage, Rn. 90). Vgl. auch *Poelzig*, Normdurchsetzung durch Privatrecht, 464, der gemäß „*von einer straf- bzw. ordnungswidrigkeitenrechtlichen Verantwortlichkeit nicht ohne Weiteres auf eine privatrechtliche Verantwortlichkeit geschlossen werden*" könne. Die Organ-Außenhaftung ablehnend auch *Hack*, Vorstandsverantwortlichkeit bei Kartellrechtsverstößen, 92 ff. mit weiteren Argumenten; die Haftung von Mitarbeitern für Unternehmensgeldbußen aufgrund der Funktion der Buße, die das Unternehmen treffen soll, ablehnend: LAG Düsseldorf Urt. v. 20.01.2015 – 16 Sa 459/14 Rn. 155 ff. mwN.
[874] *Poelzig*, Normdurchsetzung durch Privatrecht, 464; Immenga/Mestmäcker/*Emmerich* GWB § 33 Rn. 31.
[875] Vgl. hierzu Praxiskommentar/*Mäsch* GWB § 81 Rn. 8.
[876] S. dazu im Einzelnen → Rn. 695 ff.
[877] S. dazu im Einzelnen → Rn. 697 ff.
[878] BGH Urt. v. 28.6.2011 – KZR 75/10, WuW/DE-R 3431 – ORWI.
[879] BGH Urt. v. 28.6.2011 – KZR 75/10, WuW/DE-R 3431 (3433) – ORWI.

2. Intertemporale Anwendung von § 33 Abs. 5 GWB

Ob die Regelung zur Verjährungshemmung nach § 33 Abs. 5 Satz 1 GWB auf Schadensersatzansprüche Anwendung findet, die bereits vor dem 13.7.2005 entstanden sind und diesbezüglich Rückwirkung entfaltet, ist umstritten. Der Gesetzgeber selbst hat den intertemporalen Anwendungsbereich der Vorschrift nicht ausdrücklich geregelt.[880] **453**

In der verfassungsrechtlichen Dogmatik wird mit Blick auf Art. 20 Abs. 3 GG zwischen „echter" und „unechter" Rückwirkung unterschieden. Eine **echte Rückwirkung** im Sinne einer Rückbewirkung von Rechtsfolgen liegt danach vor, wenn ein Gesetz nachträglich in einen bereits abgeschlossenen Sachverhalt eingreift, der vor der Geltung des Gesetzes liegt.[881] **Unechte Rückwirkung** liegt vor, wenn eine Regelung auf einen Sachverhalt im Sinne einer tatbestandlichen Rückanknüpfung für die Zukunft einwirkt, der zwar seinen Ausgangspunkt in der Vergangenheit findet, jedoch noch nicht abgeschlossen ist.[882] Eine echte Rückwirkung ist grundsätzlich unzulässig, während eine unechte Rückwirkung in bestimmten Grenzen zulässig sein kann.[883] **454**

Unzweifelhaft dürfte danach eine Verjährungshemmung nach § 33 Abs. 5 GWB ausscheiden, wenn ein **Anspruch bereits vor Inkrafttreten von § 33 Abs. 5 GWB verjährt** war.[884] In diesem Fall lässt sich nicht nachträglich der Hemmungszeitraum bei der Berechnung der Verjährung hinzurechnen und dadurch die bereits abgelaufene Verjährungsfrist nachträglich verlängern. Andernfalls würde im Sinne einer echten Rückwirkung in einen bereits abgeschlossenen Sachverhalt eingegriffen.[885] **455**

Nicht von vornherein ausschließen lässt sich eine Anwendung von § 33 Abs. 5 GWB auf Sachverhalte, in denen kartellrechtliche Schadensersatzansprüche im Zeitpunkt des Inkrafttretens der 7. GWB-Novelle noch nicht verjährt waren. Eine Anwendung der Vorschrift für **nach Inkrafttreten eingeleitete Behördenverfahren** oder eine Anwendung auf bereits eingeleitete Behördenverfahren (ab dem Zeitpunkt des Inkrafttretens) lässt sich als **unechte Rückwirkung** einordnen, die einer differenzierten Beurteilung zugänglich ist. Eine unechte Rückwirkung ist nicht grundsätzlich ausgeschlossen. **456**

Gegen eine rückwirkende Anwendung von § 33 Abs. 5 GWB spricht aber, dass eine solche **gesetzlich nicht angeordnet** ist.[886] Die Übergangsvorschrift des § 131 GWB zur 7. GWB-Novelle schweigt zu § 33 GWB. Wie eingangs dargestellt, hat der BGH in seinem Urteil in Sachen *ORWI* daraus gefolgert, dass die „neugefasste Vorschrift des § 33 GWB" auf Ansprüche, die vor Inkrafttreten der 7. GWB-Novelle am 13.7.2005 entstanden sind, „mangels einer entsprechenden Übergangsvorschrift nicht anwendbar" ist.[887] Der BGH verweist auf die Vorschrift des § 33 GWB als Ganzes, also auch auf § 33 Abs. 5 GWB.[888] **457**

Gegen eine Anwendung von § 33 Abs. 5 GWB auf vor dem 13.7.2005 entstandene Schadensersatzansprüche spricht auch der Wortlaut von § 33 Abs. 5 Satz 1 GWB, zumindest soweit es um Verfahren geht, die bereits vor Inkrafttreten der Norm eingeleitet wurden. Danach heißt es, die Verjährung „wird gehemmt", wenn ein Behördenverfahren „eingeleitet wird". Nach diesem Wortlaut sind **Verfahren, die in der Vergangenheit** **458**

---

[880] *Bürger/Aran* NZKart 2014, 423 (425).
[881] BVerfG Beschl. v. 22.3.1983 – 2 BvR 475/78, BVerfGE 63, 343.
[882] BVerfG Beschl. v. 7.7.2010 – 2 BvL 14/02 ua, NJW 2010, 3629 (3630).
[883] Vgl. BVerfG Beschl. v. 7.7.2010 – 2 BvL 14/02 ua, NJW 2010, 3629 (3630f.).
[884] Vgl. OLG Düsseldorf Urt. v. 18.2.2015 – VI-U (Kart) 3/14, Rn. 121ff. mwN; so schon OLG Düsseldorf Urt. v. 29.1.2014 – VI-U (Kart) 7/13 Rn. 153.
[885] Vgl. auch *Zimmer/Logemann* WuW 2006, 982 (989).
[886] Vgl. im Ergebnis wie hier Wiedemann/*Bumiller* HdB KartellR § 59 Rn. 4; Loewenheim/Meessen/Riesenkampff/*Rehbinder* GWB § 33 Rn. 31; *Kling/Thomas* § 23 Rn. 80; *Weitbrecht* NJW 2012, 881 (885); aA *Pohlmann* WuW 2013, 357ff.; *Wagner/von Olshausen* ZWeR 2013, 121ff.; OLG Düsseldorf Urt. v. 18.2.2015 – VI-U (Kart) 3/14, Rn. 123; LG Berlin Urt. v. 16.12.2014 – 16 O 384/13 Kart, Rn. 64; LG Erfurt Urt. v. 3.7.2015 – 3 O 1050/14, S. 11.
[887] BGH Urt. v. 28.6.2011 – KZR 75/10, WuW/DE-R 3431 (3433). – ORWI
[888] *Bien/Harke* ZWeR 2013, 312 (318ff.); aA *Pohlmann* WuW 2013, 357 (357f.); *Wagner/von Olshausen* ZWeR 2013, 121 (123).

eingeleitet *wurden,* **von der Vorschrift nicht umfasst.** Dass es sich bei der Formulierung nicht um eine reine Zufälligkeit handelt, zeigt der Vergleich zu der abweichenden Formulierung der §§ 34 und 34a GWB, die an den entscheidenden Stellen jeweils im Perfekt formuliert sind.[889]

459 Zudem verweist § 33 Abs. 5 Satz 1 GWB nach seinem Wortlaut auf Schadensersatzansprüche nach „Abs. 3". Der Verweis kann sich damit nur auf Schadensersatzansprüche nach Inkrafttreten der 7. GWB-Novelle beziehen, da die **Vorschrift des § 33 GWB zuvor gar keinen „Abs. 3" hatte.** Wäre ein Verweis auf die nur einen Absatz umfassende Norm des § 33 GWB aF beabsichtigt gewesen, hätte dies im Wortlaut entsprechend deutlich gemacht werden müssen.[890]

460 Hinzu kommt, dass die Verjährungshemmung auch für Verfahren gilt, die von der Europäischen Kommission eingeleitet wurden. In seiner bis zur 7. GWB-Novelle geltenden Fassung konnten indessen Ansprüche nach europäischem Kartellrecht gar nicht auf § 33 GWB, sondern allenfalls auf § 823 Abs. 2 BGB gestützt werden. Die Vorschrift würde also insofern **ins Leere laufen.** Dadurch würden Ansprüche, die auf einem Verstoß gegen nationales Kartellrecht beruhen, günstiger behandelt als Ansprüche wegen des Verstoßes gegen europäisches Kartellrecht. Diese Ungleichbehandlung würde einen Verstoß gegen das unionsrechtliche Äquivalenzgebot[891] bedeuten.

461 Auch teleologische Erwägungen können einer Anwendung von § 33 Abs. 5 GWB auf Altfälle entgegengehalten werden. Zutreffend weist das LG Düsseldorf in diesem Sinne in Sachen *CDC* darauf hin, dass die Einführung der Verjährungshemmung mit der Abschaffung des davor geltenden Systems der Administrativfreistellung einherging.[892] Der Gesetzgeber bezweckte damit eine **Stärkung der zivilrechtlichen Durchsetzungsmöglichkeiten,** um die reduzierte behördliche Kontrolldichte zu kompensieren.[893] Ein solches Bedürfnis besteht jedoch erst mit der Abschaffung der Administrativfreistellung im Zuge der 7. GWB-Novelle.

462 Sofern in der Literatur eine Anwendung von § 33 Abs. 5 GWB auf Altfälle vertreten wird, wird diese Auffassung zumeist in erster Linie auf einen **Analogieschluss aus Art. 169 Abs. 1 EGBGB** gestützt.[894] Die Regelung lautet:

463 „Die Vorschriften des Bürgerlichen Gesetzbuchs über die Verjährung finden auf die vor dem Inkrafttreten des Bürgerlichen Gesetzbuchs entstandenen, noch nicht verjährten Ansprüche Anwendung. Der Beginn sowie die Hemmung und Unterbrechung der Verjährung bestimmen sich jedoch für die Zeit vor dem Inkrafttreten des Bürgerlichen Gesetzbuchs nach den bisherigen Gesetzen."

464 Es wird vertreten, diese Regelung normiere ein **allgemeines Rechtsprinzip,** wonach Verjährungsregeln auch auf Zeiträume vor einer Gesetzesänderung Anwendung finden und Hemmungstatbestände ab Inkrafttreten des neuen Rechts gelten. Dieser Rechtsgedanke finde sich auch in den Übergangsvorschriften der Art. 229 § 6 Abs. 1 EGBGB und 231 § 6 EGBGB. Es handle sich um ein Grundprinzip, das auch gelte, wenn – wie hier – eine Überleitungsvorschrift fehle.[895] Danach müsse auch § 33

---

[889] *Bien/Harke* ZWeR 2013, 312 (322 f.).
[890] *Bien/Harke* ZWeR 2013, 312 (324 f.). Beispielsweise differenziert § 33 Abs. 4 S. 1 GWB für die mit der 7. GWB-Novelle eingeführte Bindungswirkung von Behördenentscheidungen nicht nach der Anspruchsgrundlage, sondern gilt allgemein, sofern *„wegen eines Verstoßes gegen eine Vorschrift dieses Gesetzes oder Artikel 81 oder 82 des Vertrags zur Gründung der Europäischen Gemeinschaft Schadensersatz begehrt"* wird. AA *Bürger/Aran* NZKart 2014, 423 (426).
[891] Vgl. statt vieler EuGH Urt. v. 13.7.2006 – C-295/04, Slg. 2006, I-06619 Rn. 62 – Manfredi mwN.
[892] LG Düsseldorf Urt. v. 17.12.2013 – 37 O 200/09 (Kart), NZKart 2014, 75 (80) – CDC.
[893] LG Düsseldorf Urt. v. 17.12.2013 – 37 O 200/09 (Kart), NZKart 2014, 75 (80) – CDC; vgl. auch *Bien/Harke* ZWeR 2013, 312 (326 ff.) mit weiteren teleologischen Erwägungen.
[894] *Wagner/von Olshausen* ZWeR 2013, 121 (130); *Pohlmann* WuW 2013, 357 (362 ff.); so auch OLG Düsseldorf Urt. v. 18.2.2015 – VI-U (Kart) 3/14, Rn. 126; OLG Düsseldorf Urt. v. 29.1.2014 – VI-U (Kart) 7/13, Rn. 153.
[895] *Wagner/von Olshausen* ZWeR 2013, 121 (128); *Bürger/Aran* NZKart 2014, 423 (426).

Abs. 5 GWB für die Zeit ab Inkrafttreten der 7. GWB-Novelle, also ab dem 13. 7. 2005 gelten.

Wie zuvor dargestellt, zeigt indessen der Wortlaut von § 33 Abs. 5 GWB, dass eine Anwendung der Verjährungshemmung nur für Ansprüche in Betracht kommt, die nach dem 13. 7. 2005 entstanden sind. Hierfür sprechen auch die dargestellten systematischen und teleologischen Erwägungen. Die Regelung ist somit eindeutig. Damit **fehlt es aber an einer planwidrigen Regelungslücke,** weshalb sich ein Analogieschluss verbietet. Im Übrigen weisen *Bien/Harke* zu Recht darauf hin, dass es sich bei Art. 169 EGBGB selbst um eine Ausnahmebestimmung zu dem in Art. 170 EGBGB normierten Grundsatz handelt.[896] Nach Art. 170 EGBGB sind Schuldverhältnisse nach dem bei ihrer Entstehung geltenden Recht zu beurteilen und gerade nicht nach dem später in Kraft getretenen Gesetz. Die Ausnahmeregelung des Art. 169 Abs. 1 EGBGB, die eine Anwendung von Hemmungstatbeständen auf noch nicht verjährte Ansprüche vorsieht, ist **nicht verallgemeinerungsfähig.** Es zeigt sich nämlich, dass Ausnahmebestimmungen zur Grundregel des Art. 170 EGBGB unterschiedlich gestaltet sein können und es eine Reihe von Vorschriften gibt, die in vielerlei Hinsicht von der Ausnahmevorschrift des Art. 169 Abs. 1 EGBGB abweichen.[897] Spätestens dieser Umstand steht der Annahme entgegen, die Ausnahmebestimmung des Art. 169 EGBGB stelle einen allgemeinen Rechtsgrundsatz dar. Fallpraxis, wonach Art. 169 EGBGB analog auf Hemmungstatbestände angewendet wurde, ist nicht ersichtlich.[898]

3. Intertemporale Anwendung der Verzinsungsregel nach § 33 Abs. 3 Satz 4 GWB und § 849 BGB

Ungeklärt ist bislang auch der intertemporale Anwendungsbereich der mit der 7. GWB-Novelle neu eingeführten **Verzinsungspflicht nach § 33 Abs. 3 Satz 4, 5 GWB.** Fraglich ist, ob die vorgesehene Verzinsung ab Schadenseintritt auch bei Verstößen vor Inkrafttreten der Gesetzesänderung am 13. 7. 2005 gilt.

Auszuschließen ist eine Anwendung der Regelung für Zeiträume, die vor der Neuregelung liegen.[899] Dies würde eine echte Rückwirkung im Sinne eines Eingreifens in bereits in der Vergangenheit liegende Sachverhalte bedeuten. Weniger eindeutig lässt sich die Frage beantworten, ob bei einer Schadensentstehung vor Inkrafttreten der 7. GWB-Novelle die Verzinsung zwar nicht auf die Zeiträume vor der Novelle angewendet wird, jedoch **ab deren Inkrafttreten.**[900] Auch hier handelt es sich jedenfalls insoweit um einen Fall der Rückwirkung, als der anspruchsbegründende Umstand – nämlich die Schadensentstehung – vor Inkrafttreten der Regelung liegt. Nach der zuvor dargelegten Grundregel, wonach Schuldverhältnisse nach dem im Zeitpunkt des Entstehens geltenden Recht zu beurteilen sind, ließe sich daher eine Anwendung der Vorschrift auf vor Inkrafttreten der 7. GWB-Novelle entstandene Ansprüche verneinen.

Zimmer/Logemann[901] gehen demgegenüber in Altfällen von einer Verzinsung ab dem Inkrafttreten der 7. GWB-Novelle aus. Dies begründen sie mit einem **überwiegenden Interesse des Geschädigten an einer angemessenen Kompensation.** Die erweiterte Verzinsungspflicht solle dem Geschädigten zudem ermöglichen, den Ausgang eines behördlichen Verfahrens abzuwarten. Diese Erwägung gelte auch in Altfällen. Die fehlende Verzinsung führe auch dazu, dass kartellbeteiligte Unternehmen von ihrem rechtswidrigen Verhalten profitierten, was nicht schutzwürdig sei.[902]

---

[896] *Bien/Harke* ZWeR 2013, 312 (340).
[897] *Bien/Harke* ZWeR 2013, 312 (340 ff.).
[898] S. hierzu ua OLG Düsseldorf, Urt. v. 29. 1. 2014 – VI-U (Kart) 7/13, WuW 2015, 55; LG Mannheim, Urt. v. 13. 3. 2015 – 7 O 110/13 Kart. und, 7 O 111/13 Kart. (bislang nicht veröffentlicht); sowie LG Mannheim, Urt. v. 3. 7. 2015 – 7 O 111/14 Kart. und 7 O 145/14 Kart. (bislang nicht veröffentlicht).
[899] LG Erfurt Urt. v. 3. 7. 2015 – 3 O 1050/14, S. 12.
[900] Verneinend und auf die Maßgeblichkeit der Verletzungshandlung abstellend, OLG Karlsruhe Urt. v. 27. 8. 2014 – 6 U 115/11 (Kart) Rn. 174 ff. und 6 U 116/11 (Kart).
[901] *Zimmer/Logemann* WuW 2006, 982 ff.
[902] *Zimmer/Logemann* WuW 2006, 982 (988 f.).

469 Diese Erwägungen mögen zwar zutreffen. Sie zwingen aber nicht dazu, die Neuregelung auch auf Altfälle anzuwenden. Dies liefe darauf hinaus, stets eine (vermeintlich) bessere Neuregelung rückwirkend auf vergangene Sachverhalte anzuwenden, unter Verweis auf die der Neuregelung zugrunde liegenden Erwägungen. Abgesehen davon liegt, wie soeben ausgeführt wurde, die **Schadensentstehung** als für die Entstehung des Zinsanspruchs konstitutives Ereignis in der **Vergangenheit**. Nach dem **Rückwirkungsverbot** und dem allgemein für Schuldverhältnisse geltenden Grundsatz einer Anwendung des bei Entstehen des Anspruchs geltenden Rechts scheidet eine Verzinsungspflicht nach der Neuregelung daher aus. Etwas anderes ließe sich nur vertreten, sofern man für die Entstehung des Zinsanspruchs aus § 33 Abs. 3 S. 4 GWB auch den Fortbestand des Schadens genügen ließe. Angesichts des klaren Wortlauts, der auf den „Eintritt des Schadens" abstellt, erscheint dies jedoch schwer vertretbar.[903]

470 Ob **für Altfälle eine Anwendung des § 849 BGB** in Betracht kommt, wonach Ansprüche jedenfalls in Höhe des gesetzlichen Zinssatzes von 4% (§ 246 BGB) zu verzinsen wären, ist in der Rechtsprechung bislang nicht abschließend geklärt.[904] Nach seinem Wortlaut sieht § 849 eine Verzinsung ab Anspruchsentstehung in Fällen vor, in denen Ansprüche wegen der „Entziehung" oder „Beschädigung einer Sache" geltend gemacht werden.[905] Die Vorschrift wird über den Wortlaut hinaus auf Fälle angewandt, in denen der Geschädigte durch eine unerlaubte Handlung dazu veranlasst wird, freiwillig Geld wegzugeben.[906] Hieraus folgert *Bueren* eine Anwendung auch auf kartellbedingte Schädigungen.[907]

471 Einen Kartellverstoß als Entziehung oder Beschädigung einer Sache zu betrachten, dürfte allerdings die **Wortlautgrenze des § 849 BGB sprengen.** Die von der Rechtsprechung in erweiternder Auslegung entschiedenen Fälle betreffen etwa Unterschlagungen,[908] die Nichtauskehrung eines Versteigerungserlöses,[909] die verspätete Auskehrung von Mandantengeldern[910] oder die Veranlassung einer Überweisung im Widerspruch zum Auslandsinvestmentgesetz.[911] Diese Fälle haben gemein, dass sie sich im weiteren Sinne noch als „Entziehung" von Geld verstehen lassen. In einem Kartellfall, etwa bei einem kartellbedingten Preisaufschlag, von einer „Entziehung" zu sprechen, ist hingegen fernliegend.

B. Nichtdeliktische Anspruchsgrundlagen

I. Vertragliche Ansprüche

1. Vertragsstraferegelungen und Schadenspauschalierungen

472 **a) Hintergrund.** Wegen der bei Kartellverstößen häufig auftretenden **Nachweisschwierigkeiten** sind vertragliche Klauseln weit verbreitet, die sich mit einer Haftung bei Kar-

---

[903] Dies räumen auch *Zimmer/Logemann* WuW 2006, 982 (988) ein.
[904] Bejahend OLG Karlsruhe Urt. v. 27.8.2014 – 6 U 115/11 (Kart) und 6 U 116/11 (Kart); ferner LG Hannover Urt. v. 31.5.2016 – 18 O 259/14 (bislang nicht veröffentlicht); dagegen verneinte das LG Frankfurt am Main Urt. v. 30.3.2016 – 2-06 O 464/14 (bislang nicht veröffentlicht) eine Anwendung des § 849 BGB in sogenannten „indirekten" Konstellationen. Ohne konkrete Bezugnahme auf § 849 BGB erkannten die folgenden Gerichte in „Altfällen" lediglich eine Verzinsung ab Rechtshängigkeit an: ua LG Erfurt Urt. v. 3.7.2015 – 3 O 1050/14; LG Mannheim Urt. v. 3.7.2015 – 7 O 111/14 Kart. und 7 O 145/14 Kart. sowie Urt. v. 13.3.2015 – 7 O 110/13 Kart. und 7 O 111/13 Kart. (bislang nicht veröffentlicht).
[905] So OLG Karlsruhe Urt. v. 27.8.2014 – 6 U 115/11 (Kart) und 6 U 116/11 (Kart) Rn. 178.
[906] BGH Urt. v. 26.11.2007 – II ZR 167/06, NJW 2008, 1084; in der Folge so auch OLG Düsseldorf Urt. v. 2.7.2009 – 6 U 49/08, BeckRS 2009, 24280.
[907] *Bueren* WuW 2012, 1056 (1059f.).
[908] BGH Urt. v. 14.1.1953 – VI ZR 9/52, NJW 1953, 499 (500f.).
[909] OLG Düsseldorf Urt. v. 11.7.1989 – 24 U 9/89, NJW-RR 1989, 1253f.
[910] OLG Düsseldorf Urt. v. 14.10.2003 – 24 U 79/03, NJOZ 2004, 3150 (3159f.).
[911] BGH Urt. v. 26.11.2007 – II ZR 167/06, NJW 2008, 1084; so schon *Bueren* WuW 2012, 1056 (1059f.).

tellverstößen befassen. Bei solchen Klauseln kann zwischen Vertragsstrafen und Schadenspauschalierungen unterschieden werden.[912] Bei **Vertragsstraferegelungen** wird ein eigener vertraglicher Haftungsgrund geschaffen, der selbständig oder akzessorisch zu einer Hauptverbindlichkeit sein kann.[913] Demgegenüber bewirkt eine **Schadenspauschalierung** eine Regelung allein zur Schadenshöhe, ohne einen eigenen Haftungsgrund zu schaffen. Sie setzt vielmehr das Bestehen eines vertraglichen oder gesetzlichen Schadensersatzanspruchs dem Grunde nach voraus.[914] Liegen die Anspruchsvoraussetzungen vor, bestimmt sich die Anspruchshöhe aus der Pauschale, ohne dass es eines dahingehenden Nachweises bedürfte.[915]

b) Zulässigkeit. Im Rahmen der allgemeinen gesetzlichen Grenzen sind Vertragsstrafen 473 und Schadenspauschalierungen **durch individualvertragliche Abreden grundsätzlich uneingeschränkt möglich**.[916] In den meisten Fällen stellen Vertragsstraferegelungen oder Schadenspauschalierungen indessen Allgemeine Geschäftsbedingungen dar und sind damit einer **AGB-Kontrolle** unterworfen.[917] Sie sind daher an den §§ 305 ff. BGB zu messen. Schadenspauschalierungen und Vertragsstraferegelungen sind Gegenstand von § 309 Nr. 5 bzw. Nr. 6 BGB. Bei allgemeinen Geschäftsbedingungen, die – wie im kartellrechtlichen Zusammenhang häufig der Fall – gegenüber einem Unternehmer verwendet werden, finden die Klauselverbote des § 309 BGB jedoch nicht unmittelbar Anwendung. Es findet allein eine **Inhaltskontrolle nach § 307 Abs. 1 und 2 BGB** statt. Prüfungsmaßstab ist, dass Allgemeine Geschäftsbedingungen nicht zu einer unangemessenen Benachteiligung zu Lasten des Klauselgegners führen dürfen (§ 310 Abs. 1 Sätze 1 und 2 BGB). Sofern hierbei Vereinbarungen die Voraussetzungen der in § 309 BGB vorgesehenen Klauselverbote erfüllen, stellt dies aber üblicherweise ein Indiz für die Unwirksamkeit der betreffenden Klausel dar.[918]

c) Beurteilung von Vertragsstraferegelungen nach § 309 Nr. 6 BGB. Nach § 309 Nr. 6 474 BGB sind Vertragsstraferegelungen in Allgemeinen Geschäftsbedingungen **generell als unzulässig** zu behandeln.[919] Die Vorschrift ist allerdings auf das Verhältnis zum Verbraucher zugeschnitten und lässt sich auf den B2B-Verkehr nicht ohne weiteres übertragen.[920] Im Verkehr zwischen Unternehmern können Vertragsstrafeklauseln damit wirksam sein.[921] Allerdings werden in der Rechtsprechung zu kartellrechtlichen Vertragsstraferegelungen äußerst strenge Maßstäbe angelegt. Soweit ersichtlich, wurde in den bislang entschiedenen Fällen bei Vorliegen eines Vertragsstrafeversprechens eine **unangemessene Benachteiligung nach § 307 Abs. 1 BGB** jeweils angenommen (→ Rn. 241 ff.).

---

[912] Neben Vertragsstraferegelungen und Schadenspauschalierungen auch Garantieversprechen als vertragliche Anspruchsgrundlage beleuchtend: *Schmidt* WuW 2015, 812 (815 ff.).
[913] Wolf/Lindacher/Pfeiffer/*Dammann* § 309 Nr. 5 Rn. 35; Erman/*Roloff* § 309 Rn. 42. Zu der Abgrenzung von selbständiger und akzessorischer Vertragsstrafe siehe BGH Urt. v. 23.6.1988 – VII ZR 117/87, NJW 1988, 2536.
[914] *„Eine Schadenspauschalabrede soll lediglich der einfacheren Durchsetzung eines als bestehend vorausgesetzten Schadensersatzanspruches dienen"*, BGH Urt. v. 30.6.1987 – KZR 7/86, NJW-RR 1988, 39 (41) (Hervorhebungen durch den Verf.). Siehe auch BGH Urt. v. 25.11.1982 – III ZR 92/81, NJW 1983, 1542 mwN; Erman/*Roloff* § 309 Rn. 44.
[915] Vgl. BGH Urt. v. 8.10.1969 – VIII ZR 20/68, NJW 1970, 29 (32); Palandt/*Grüneberg* § 276 Rn. 26.
[916] Zu Schadenspauschalierungen siehe BGH Urt. v. 16.9.1970 – VIII ZR 239/68, NJW 1970, 2017 (2018); Urt. v. 8.10.1969 – VIII ZR 20/68, NJW 1970, 29 (32). Die Zulässigkeit der Vertragsstrafe ergibt sich bereits aus den §§ 339 ff. BGB.
[917] Vgl. *von Criegern*/*Engelhoven* WRP 2013, 1441 (1443); *Inderst*/*Thomas*, S. 426 ff.
[918] BGH Urt. v. 19.9.2007 – VIII ZR 141/06, NJW 2007, 3774 (3775); Urt. v. 3.3.1988 – X ZR 54/86, NJW 1988, 1785 (1788); Urt. v. 8.3.1984 – VII ZR 349/82, NJW 1984, 1750 (1751); Ulmer/Brandner/Hensen/*Ulmer*/*Schäfer* § 310 Rn. 27.
[919] Ulmer/Brandner/Hensen/*Fuchs* § 309 Nr. 5 Rn. 11.
[920] BGH Urt. v. 12.3.2003 – XII ZR 18/00, NJW 2003, 2158 (2161); Palandt/*Grüneberg* § 309 Rn. 38.
[921] Prütting/Wegen/Weinreich/*Berger* § 309 Rn. 37 mwN.

475 **d) Beurteilung von Schadenspauschalen nach § 309 Nr. 5 BGB.** Für Schadenspauschalen geht § 309 Nr. 5 BGB – anders als Nr. 6 für Vertragsstraferegelungen – nicht von einer generellen Unwirksamkeit aus, sondern knüpft deren Zulässigkeit lediglich an bestimmte Voraussetzungen. Zum einen darf die Pauschale den nach dem gewöhnlichen Lauf der Dinge zu **erwartenden Schaden nicht übersteigen** (§ 309 Nr. 5a BGB).[922] Zum anderen muss dem Anspruchsgegner der **Nachweis** gestattet sein, dass ein Schaden nicht oder zumindest in geringerem Umfang eingetreten ist als in der Regelung vorgesehen (§ 309 Nr. 5b BGB). Bei Schadenspauschalierungen zeigt die Rechtsprechung in Kartellfällen bislang eine recht großzügige Tendenz.

476 **e) Abgrenzung.** Der BGH grenzt Vertragsstraferegelungen und Schadenspauschalierungen in erster Linie nach der **Funktion der getroffenen Vereinbarung** ab.[923] Die Vertragsstrafe sei durch eine doppelte Zielsetzung charakterisiert. Sie sei einerseits Druckmittel und andererseits Möglichkeit zur Schadloshaltung.[924] Demgegenüber diene die Schadenspauschalierung allein der vereinfachten Geltendmachung der Schadensersatzforderung.[925] Eine trennscharfe Unterscheidung erscheint indes nicht ohne weiteres möglich. Da der letztgenannte Zweck einer erleichterten Geltendmachung von Schadensersatzansprüchen beiden Instituten gemeinsam ist, liegt das Hauptdifferenzierungsmerkmal zum Zwecke der begrifflichen Einordnung in der Funktion einer Vertragsstrafe als Druckmittel. Ungeachtet der genauen Einordnung bestimmt sich die Behandlung aber vornehmlich danach, ob die Bestimmung im Sinne einer Vertragsstrafe oder durch eine vergleichbare Regelung einen **selbständigen Haftungsgrund** schafft oder als Pauschalierung **lediglich die Haftungshöhe betrifft.** Für die Beurteilung der Angemessenheit der Klausel kommt es aber ohnehin in erster Linie auf deren Wirkung an, nämlich ob sie den Klauselgegner übermäßig benachteiligt.

477 **f) Vertragsstraferegelungen und Schadenspauschalen in der Rechtsprechungspraxis.** Die **kritische Haltung** gegenüber Vertragsstrafen bzw. vergleichbaren Haftungsversprechen kommt in einer Entscheidung des BGH im Zusammenhang mit der öffentlichen Ausschreibung von Bauleistungen zum Ausdruck.[926] Die von der Klägerin vorformulierte Bietererklärung enthielt die Versicherung, dass sich der Bieter aus Anlass der Ausschreibung nicht an wettbewerbsbeschränkenden Verhaltensweisen beteiligt habe. Für den Fall, dass diese Versicherung unrichtig sein sollte, sah die Bietererklärung das Versprechen einer so bezeichneten „Vertragsstrafe" vor. Der BGH stufte die Klausel weder als Vertragsstraferegelung noch als Schadenspauschale ein, sondern als ein „Garantieversprechen oder ihm ähnliche Erklärung".[927] Insbesondere fehle es an der einer Vertragsstraferegelung eigenen Funktion als Druckmittel. Denn da „nur ein bestimmtes Wohlverhalten in der Vergangenheit" zugesichert werde, könne die Regelung „nicht mehr ein zukünftiges Verhalten des Wettbewerbers absichern und damit Druck auf ihn ausüben".[928] Im Ergebnis gründete der BGH sein Urteil aber unabhängig von der begrifflichen Zuordnung auf die **Wirkungen der Klausel.** Die Klausel sehe selbstständige Geldforderungen vor, die vom eigentlichen Sachinteresse losgelöst seien und im Ergebnis zu einer **unangemessenen Bereicherung** führten. Die Bestimmung könne Ansprüche gegen eine Vielzahl von Bietern begründen und führe in letzter Konsequenz sogar zu einer Geldforderung, wenn der Auf-

---

[922] Dies wird nach objektiven Kriterien und nicht nach den Umständen des Einzelfalls beurteilt, siehe LG Potsdam Urt. v. 22.10.2014 – 2 O 29/14 Rn. 15.
[923] Vgl. Ulmer/Brandner/Hensen/*Fuchs* § 309 Nr. 5 Rn. 11.
[924] BGH Urt. v. 23.6.1988 – VII ZR 117/87, NJW 1988, 2536; Urt. v. 18.11.1982 – VII ZR 305/81, NJW 1983, 385 (387) mwN.
[925] BGH Urt. v. 25.11.1982 – III ZR 92/81, NJW 1983, 1542 mwN; Urt. v. 8.10.1969 – VIII ZR 20/68 NJW 1970, 29 (32).
[926] BGH Urt. v. 23.6.1988 – VII ZR 117/87, NJW 1988, 2536.
[927] BGH Urt. v. 23.6.1988 – VII ZR 117/87, NJW 1988, 2536 (2537); so schon BGH Beschl. v. 26.3.1987 – VII ZR 70/86, BeckRS 1987, 6062.
[928] BGH Urt. v. 23.6.1988 – VII ZR 117/87, NJW 1988, 2536 (2537).

trag überhaupt nicht vergeben werde.[929] Nach Ansicht des BGH war diese Klausel daher unzulässig.

Eine ähnliche Tendenz vertrat in einer früheren Entscheidung aus dem Jahr 1985 auch das OLG Frankfurt.[930] Das Gericht hatte über eine Klausel der Deutschen Bundesbahn zu entscheiden, die eine Verpflichtung der Ausschreibungsteilnehmer vorsah, sich nicht an Preisabsprachen zu beteiligen. Im Falle der Zuwiderhandlung sah die Klausel eine Strafe in Höhe von 3% der Angebotsendsumme vor, die auch zu zahlen sei, wenn der jeweilige Bieter den Auftrag nicht erhielt. Das OLG Frankfurt stufte die Verpflichtung als selbstständiges Vertragsstrafeversprechen ein.[931] Im Ergebnis ging das Gericht von der Unangemessenheit der Klausel aus. Insbesondere könne der mögliche **Gesamtbetrag einer Vertragsstrafe außerhalb jeder Relation zum etwaigen Submissionsschaden stehen.** Grund dafür sei, dass die Vertragsstrafe gegenüber einer Vielzahl von Bietern geltend gemacht werden konnte und zudem auch dann eingriff, wenn ein Auftrag überhaupt nicht vergeben wurde. Bei der Gesamtbetrachtung sei zudem die Marktstärke der Deutschen Bundesbahn in Rechnung zu stellen.[932]

Anders als bei Haftungsversprechen ist die **Rechtsprechung bei bloßen Schadenspauschalierungen großzügig.** In einer Entscheidung aus dem Jahre 1995 hat der BGH eine Schadenspauschale für Kartellverstöße für zulässig erachtet.[933] Die Klausel stand wiederum im Zusammenhang mit einem Ausschreibungsverfahren. Sie knüpfte an den Nachweis einer unzulässigen Wettbewerbsbeschränkung an und setzte einen pauschalen Schadensersatz in Höhe von 3% fest. Der BGH führte in der Entscheidung aus: „Nach der Rechtsprechung des BGH begründet eine wettbewerbswidrige Submissionsabsprache innerhalb eines geschlossenen Submissionskartells **typischerweise ein hohes Schadensrisiko für den Auftraggeber** […] Die Höhe der Pauschale von 3% ist ebenfalls nicht unangemessen."[934] Mit vergleichbarer Begründung ging auch das OLG Karlsruhe in einer Entscheidung aus dem Jahr 2013 von der Zulässigkeit einer Schadenspauschale bei Kartellverstößen aus.[935]

Bei der Beurteilung der Zulässigkeit orientierten sich BGH und OLG Karlsruhe jeweils an den in **§ 309 Nr. 5 BGB niedergelegten Voraussetzungen.** Beide prüften zunächst jeweils nach § 309 Nr. 5a BGB, ob die Pauschale dem gewöhnlich zu erwartenden Schaden entsprach.[936] Die Pauschale, über die der BGH zu entscheiden hatte, betrug 3%. Es mag nicht überraschen, dass diese Prozentpauschale für zulässig erachtet wurde. Der BGH deutete aber an, dass er darüber hinaus wohl auch eine höhere Pauschale für vertretbar erachtet hätte und führte aus: „Das BKartA schätzt den Mehrerlös für Kartellmitglieder aufgrund statistischer Auswertungen bei einer wettbewerbswidrig beeinflussten Vergabe von Bauleistungen auf ca. 13%".[937]

Das OLG Karlsruhe hielt sogar eine Schadenspauschale iHv 15% für gerechtfertigt.[938] Das OLG stützte sich insbesondere darauf, die Absprache habe mutmaßlich dazu geführt, dass ein Rabatt in Höhe von 10% bis 12% weggefallen sei. Bemerkenswert ist, dass das OLG eine geringfügige Differenz der Schadenspauschale zu dem nach eigener Auffassung

---

[929] BGH Urt. v. 23.6.1988 – VII ZR 117/87, NJW 1988, 2536 (2537f.).
[930] OLG Frankfurt Urt. v. 21.11.1985 – 6 U 20/85, NJW-RR 1986, 895 (896).
[931] OLG Frankfurt Urt. v. 21.11.1985 – 6 U 20/85, NJW-RR 1986, 895 (896). In dem Nichtannahmebeschluss zu diesem Urteil äußerte der BGH jedoch Zweifel an dieser Einordnung, siehe BGH Beschl. v. 26.3.1987 – VII ZR 70/86, BeckRS 1987, 06062.
[932] OLG Frankfurt Urt. v. 21.11.1985 – 6 U 20/85, NJW-RR 1986, 895 (897).
[933] BGH Urt. v. 21.12.1995 – VII ZR 286/94, NJW 1996, 1209 (1210).
[934] BGH Urt. v. 21.12.1995 – VII ZR 286/94, NJW 1996, 1209 (1210).
[935] OLG Karlsruhe Urt. v. 31.7.2013 – 6 U 51/12 (Kart), BGWZ 2013, 1011 (1015f.).
[936] BGH Urt. v. 21.12.1995 – VII ZR 286/94, NJW 1996, 1209 (1210); OLG Karlsruhe Urt. v. 31.7.2013 – 6 U 51/12 (Kart), BGWZ 2013, 1011 (1016).
[937] BGH Urt. v. 21.12.1995 – VII ZR 286/94, NJW 1996, 1209 (1210).
[938] OLG Karlsruhe Urt. v. 31.7.2013 – 6 U 51/12 (Kart), BGWZ 2013, 1011 (1016); so schon LG Mannheim Urt. v. 4.5.2012 – 7 O 436/11 Kart, Rn. 29.

wahrscheinlichen Schaden nicht für beachtlich hielt.[939] Im Gegensatz dazu werden in der **Literatur** bisweilen schon **geringfügige Überschreitungen des anzunehmenden Durchschnittsschadens als Verstoß gegen das Klauselverbot** gewertet.[940] Auch das LG Potsdam ist dieser Ansicht entgegengetreten und erklärte eine Schadenspauschale in Höhe von 15 % für unwirksam.[941] Nach § 309 Nr. 5a BGB dürfe eine solche Schadenspauschale den in den geregelten Fällen nach dem gewöhnlichen Lauf der Dinge zu erwartenden Schaden nicht übersteigen. Dabei sei eine generalisierende Betrachtung vorzunehmen, auf den konkret zur Entscheidung stehenden Einzelfall allein dürfe nicht abgestellt werden. Die zuvor angesprochen Urteile des LG Mannheim und des OLG Karlsruhe hätten hingegen eine solche unzulässige Betrachtung des Einzelfalls vorgenommen.

482   Beide Gerichte widmeten sich sodann der nach § 309 Nr. 5b BGB vorgesehenen Möglichkeit, das Fehlen eines Schadens bzw. einen geringeren Schaden nachzuweisen. In diesem Punkt hob der BGH in seiner Entscheidung aus dem Jahr 1995 das Urteil des Berufungsgerichts in der Vorinstanz auf.[942] Das Berufungsgericht war davon ausgegangen, es stelle keine unangemessene Benachteiligung des Klauselgegners dar, wenn ihm der Nachweis eines niedrigeren Schadens verwehrt sei, und verwies auf den Umstand, dass an dem Vertragsverhältnis lediglich Unternehmer beteiligt waren. Der BGH stellte hingegen klar, **auch im kaufmännischen Verkehr müsse der Nachweis eines geringeren Schadens möglich sein.** Es sei insofern nicht erforderlich, dass der Wortlaut der Klausel ausdrücklich auf die Möglichkeit des Gegners hinweise, einen geringeren Schaden nachzuweisen. Es reiche aus, wenn die Klausel diese Möglichkeit zulasse.[943] Dementsprechend erachtete das OLG Karlsruhe eine Klausel für ausreichend, die einen Schadensnachweis in „anderer Höhe" zuließ.[944]

483   Umstritten ist, ob sich der **Verwender seinerseits den Nachweis eines höheren Schadens vorbehalten** darf.[945] Die Rechtsprechung[946] und der weit überwiegende Teil der Literatur[947] halten einen entsprechenden Vorbehalt für zulässig. Überwiegend wird jedoch verlangt, dass der **Vorbehalt „unzweideutig zum Ausdruck kommt"**.[948] *Fuchs* ist indessen der Auffassung, der Verwender dürfe nicht ohne weiteres die Wahl zwischen Pauschalierung und Nachweis im Einzelfall haben.[949] Der Grund hierfür liege darin, dass

---

[939] OLG Karlsruhe Urt. v. 31.7.2013 – 6 U 51/12 (Kart), BGWZ 2013, 1011 (1016); so auch *Inderst/Thomas*, S. 426 ff., der auch Pauschalierungen von bis zu 20% zulassen will, sofern sie aus ex-ante Sicht nicht offenkundig deutlich überhöht sind.
[940] Ulmer/Brandner/Hensen/*Fuchs* § 309 Nr. 5 Rn. 20; Wolf/Lindacher/Pfeiffer/*Dammann* § 309 Nr. 5 Rn. 68 f.; Erman/*Roloff* § 309 Rn. 46; HK-BGB/*Schulte-Nölke* § 309 Rn. 20; Jauernig/*Stadler* § 309 Rn. 6. So aber auch OLG Frankfurt Urt. v. 15.6.1982 – 11 U 1/82, NJW 1982, 2564.
[941] LG Potsdam Urt. v. 22.10.2014 – 2 O 29/14, NZKart 2015, 152; LG Potsdam Urt. v. 13.04.2016 – 2 O 23/15, NZKart 2016, 240.
[942] BGH Urt. v. 21.12.1995 – VII ZR 286/94, NJW 1996, 1209 (1210).
[943] BGH Urt. v. 21.12.1995 – VII ZR 286/94, NJW 1996, 1209 (1210).
[944] OLG Karlsruhe Urt. v. 31.7.2013 – 6 U 51/12 (Kart), BGWZ 2013, 1011 (1016).
[945] Ulmer/Brandner/Hensen/*Fuchs* § 309 Nr. 5 Rn. 31 mwN.
[946] BGH Urt. v. 16.6.1982 – VIII ZR 89/81, NJW 1982, 2316 (2317); OLG Koblenz Urt. v. 16.11.1999 – 3 U 45/99, NJW-RR 2000, 871 (872); OLG Köln Urt. v. 21.5.1999 – 6 U 122/98, NJW-RR 2001, 198 (201). So iE auch BGH Urt. v. 14.4.2010 – VIII ZR 123/09, NJW 2010, 2122. Vgl. ferner BGH Urt. v. 30.3.2000 – VII ZR 167/99, NJW 2000, 3498 (3500); Urt. v. 10.3.1983 – VII ZR 301/82, NJW 1983, 1491 (1492).
[947] Staudinger/*Coester-Waltjen* § 309 Nr. 5 Rn. 21; *von Criegern/Engelhoven* WRP 2013, 1441 (1445); Wolf/Lindacher/Pfeiffer/*Dammann* § 309 Nr. 5 Rn. 100; Palandt/*Grüneberg* § 309 Rn. 25; *Müller-Graff/Kainer* WM 2013, 2149 (2154); Graf von Westphalen/Thüsing/*Thüsing*, Schadenspauschalierungsklauseln Rn. 26; MüKoBGB/*Wurmnest* § 309 Nr. 5 Rn. 25.
[948] Staudinger/*Coester-Waltjen* § 309 Nr. 5 Rn. 21; Palandt/*Grüneberg* § 309 Rn. 25; *Müller-Graff/Kainer* WM 2013, 2149 (2154); Graf von Westphalen/Thüsing/*Thüsing*, Schadenspauschalierungsklauseln Rn. 27; MüKoBGB/*Wurmnest* § 309 Nr. 5 Rn. 25; Erman/*Roloff* § 309 Rn. 49; vgl. auch BGH Urt. v. 30.3.2000 – VII ZR 167/99, NJW 2000, 3498 (3500); OLG Koblenz Urt. v. 16.11.1999 – 3 U 45/99, NJW-RR 2000, 871. AA BeckOK BGB/*Becker* § 309 Nr. 5 Rn. 33.
[949] Ulmer/Brandner/Hensen/*Fuchs* § 309 Nr. 5 Rn. 31. Ähnlich BeckOK BGB/*Becker* § 309 Nr. 5 Rn. 33, demgemäß der Verwender nur einen wesentlich höheren Schaden geltend machen kann.

die Schadenspauschale bereits den Durchschnittsschaden und nicht lediglich einen Mindestschaden abbilde. Damit würde gleichsam der Durchschnittsschaden zum Mindestschaden gemacht. Der Verwender sei übermäßig privilegiert.[950]

Der Einwand von *Fuchs* trägt jedoch nicht. Die Tatsache, dass die Schadenspauschale sich am Durchschnittsschaden messen lassen muss, bedeutet nicht, dass der Kläger übermäßig privilegiert wird, wenn er einen höheren Schaden geltend machen kann. Der höhere Anspruch besteht ja nur, wenn der Kläger den **Schaden tatsächlich nachweisen** kann. In diesem Fall steht ihm auch ein höherer Schadensersatz zu. Das kann nicht als Privilegierung gelten. Umgekehrt muss dem Beklagten nach § 309 Nr. 5b BGB, wie dargelegt, der Nachweis eines niedrigeren Schadens möglich sein. Anders als *Fuchs* meint, wird der Durchschnittsschaden damit auch keineswegs zwangsläufig zum Mindestschaden. Dass der Kläger im Falle eines *non liquet* besser gestellt sein mag als ohne vertragliche Schadenspauschale, entspricht Sinn und Zweck einer entsprechenden Klausel, macht aber den Durchschnittsschaden nicht „automatisch" zum Mindestschaden.

484

g) Vertragsgestaltung. Bei der Gestaltung von Allgemeinen Geschäftsbedingungen zur Schadenspauschalierung stellt sich die Frage, inwieweit die von der Klausel erfassten **Kartellverstöße spezifiziert** werden müssen. Unter Berufung auf eine Entscheidung des LG Mannheim[951] sprechen sich *von Criegern/Engelhoven* dafür aus, die Wirksamkeit einer Klausel setze nicht voraus, dass zwischen verschiedenen Arten von Kartellverstößen differenziert werde.[952]

485

Der Verzicht auf jede Art der Differenzierung birgt allerdings Risiken für den Verwender.[953] Es mag für sich genommen keine zwingende Voraussetzung sein, zwischen unterschiedlichen Verstößen zu differenzieren. Es entspricht aber, wie dargelegt, nach § 309 Nr. 5b BGB generell den Anforderungen an Allgemeine Geschäftsbedingungen zur Schadenspauschalierung, dass diese der Höhe nach dem **branchentypischen Durchschnittsschaden entsprechen**.[954] Mangels Differenzierung kann indessen insbesondere eine vergleichsweise hoch angesetzte Schadenspauschale dazu führen, dass die Pauschale zwar in einigen, nicht aber in allen von der Klausel erfassten Fällen dem typischen Durchschnittsschaden entspricht.[955] Nach der Rechtsprechung des BGH kann es zur Unwirksamkeit einer Klausel führen, wenn die Höhe der Pauschale nicht für sämtliche erfassten Verstöße gerechtfertigt ist. In dem Urteil aus dem Jahr 1990 heißt es:

486

„In [der Klausel] ist zudem eine Einheitspauschale vereinbart, die nicht nach den verschiedenen Verstößen differenziert. Dies wäre nur wirksam, wenn die Pauschale den typischerweise geringsten Schaden nicht übersteigt. […]. Dies ist jedoch in Anbetracht der Vielzahl der in Betracht kommenden Vertragsverletzungen und deren unterschiedlicher Schadensfolgen nicht der Fall."[956]

487

Sofern im kartellrechtlichen Zusammenhang eine Klausel ohne jede Differenzierung auf Kartellverstöße abstellt, können hiervon auch leichteste Zuwiderhandlungen erfasst sein.[957] Einen „Kartellverstoß" kann etwa auch ein Informationsaustausch über Garantievereinbarungen oder Zahlungsziele darstellen. Auch wenn eine solche Verhaltensweise im Einzelfall kartellrechtlich unzulässig sein mag, ist das durchschnittliche Schadenspotential

488

---

[950] Ulmer/Brandner/Hensen/*Fuchs* § 309 Nr. 5 Rn. 31 mwN.
[951] LG Mannheim Urt. v. 4.5.2012 – 7 O 436/11 Kart., BeckRS 2012, 10462.
[952] *Von Criegern/Engelhoven* WRP 2013, 1441 (1445). Die „Antikorruptionsklauseln" in dem Vergabe- und Vertragshandbuch für die Baumaßnahmen des Bundes, Ausgabe 2008 Stand September 2013, differenzieren ebenfalls nicht zwischen verschiedenen Arten von Wettbewerbsbeschränkungen.
[953] So auch *Müller-Graff/Kainer* WM 2013, 2149 (2151 f.).
[954] Vgl. BGH Urt. v. 16.1.1984 – II ZR 100/83, NJW 1984, 2093 (2094).
[955] Vgl. *Müller-Graff/Kainer* WM 2013, 2149 (2151).
[956] BGH Urt. v. 21.3.1990 – VIII ZR 196/89, NJW-RR 1990, 1076 (1077); ähnlich schon OLG Koblenz Urt. v. 19.2.1993 – 2 U 527/91, NJW-RR 1993, 1078 (1081). Vgl. auch OLG München Urt. v. 29.7.2010 – 23 U 5643/09, BeckRS 2010, 20437.
[957] Siehe hierzu *Müller-Graff/Kainer* WM 2013, 2149 (2151 f.).

meist äußerst begrenzt. Um den Vorgaben des BGH zu genügen, muss der Verwender daher eine **Differenzierung nach Kartellverstößen** vornehmen, will er die Pauschale nicht im untersten Bereich der Skala ansetzen.[958] Denkbar ist auch eine gestufte Klausel, die nach unterschiedlichen Arten von Kartellverstößen differenziert und mit unterschiedlichen Pauschalen arbeitet.

2. Culpa in contrahendo

489 Nicht als rechtsgeschäftliche, sondern als **rechtsgeschäftsähnliche, durch Gesetz begründete Ersatzansprüche**[959] sind in Kartellfällen auch Forderungen aus *culpa in contrahendo* (c.i.c.) nach § 311 Abs. 2, 280 Abs. 1 BGB denkbar.[960] Ein Schadensersatzanspruch aus c.i.c. setzt ein gesetzliches Schuldverhältnis kraft vorvertraglichen Vertrauens nach § 311 Abs. 2 BGB, die Verletzung einer Rücksichtspflicht nach § 241 Abs. 2 sowie das Verschulden des Anspruchsgegners voraus, für dessen Fehlen der Anspruchsgegner nach § 280 Abs. 1 Satz 2 BGB die Beweislast trägt.

490 Von einem gesetzlichen Schuldverhältnis durch Aufnahme von Vertragsverhandlungen (§ 311 Abs. 2 Nr. 1 BGB), der Anbahnung eines Vertrags (§ 311 Abs. 2 Nr. 2 BGB) oder durch ähnliche geschäftliche Kontakte (§ 311 Abs. 2 Nr. 3 BGB) wird in Kartellfällen in aller Regel auszugehen sein. Fraglich ist indessen das **Vorliegen einer Rücksichtspflicht nach § 241 Abs. 2 BGB**. In Betracht kommt eine Rücksichtspflicht in Form einer **Aufklärungspflicht** über einen begangenen Kartellverstoß.[961] Mit der Frage des Bestehens einer solchen Aufklärungspflicht hat sich *Fikentscher* bereits 1956 in einem grundlegenden Aufsatz zum Bereich des Kartellschadensersatzes noch unter Geltung der Dekartellisierungsgesetze befasst.[962] Fikentscher stellt die Formel auf, vom Vorliegen einer Aufklärungspflicht sei auszugehen, wenn die an der Zuwiderhandlung beteiligte Vertragspartei erkennt oder erkennen muss, dass sein Vertragspartner es sich „anders überlegen würde, wenn er wüsste, dass die Vertragsbedingungen durch eine Wettbewerbsabsprache bestimmt werden".[963]

491 Die Rechtsprechung hat sich nicht im Einzelnen mit der Frage befasst, unter welchen Voraussetzungen von Aufklärungspflichten in Kartellfällen auszugehen ist. Die einschlägigen Urteile beschränken sich überwiegend darauf, die c.i.c. als mögliche Anspruchsgrundlage zu erwähnen.[964] Einen vorvertraglichen Pflichtenverstoß stellt es jedenfalls dar, wenn sich ein Unternehmen im Zusammenhang mit einer Ausschreibung in einer Bietererklärung dazu **verpflichtet, Preisabsprachen zu unterlassen und dieser Pflicht zuwiderhandelt**.[965] Denkbar ist es, einen Verstoß auch dann anzunehmen, wenn in der Praxis immer häufiger werdende **Compliance-Klauseln Vertragsbestandteil** sind, in denen das kartellbeteiligte Unternehmen bestätigt, dass die vertragsgegenständlichen Produkte nicht kartellbefangen sind.[966]

492 Insgesamt kommt der c.i.c. als Anspruchsgrundlage in Kartellfällen, jedenfalls seit der klägerfreundlichen Ausgestaltung des § 33 GWB durch die 7. GWB-Novelle, **in der**

---

[958] So auch *Müller-Graff/Kainer* WM 2013, 2149 (2151 f.).
[959] HK-BGB/*Schulze* § 311 Rn. 12.
[960] Siehe FK/*Roth*, 49. EL 2001, § 33 Rn. 213 f.; *Logemann*, Der kartellrechtliche Schadensersatz, 45 f.; *Dück/Schultes* NZKart 2013, 228; Gemeinschaftskommentar/*Benisch* GWB, 4. Aufl. 6. Lfg. 1982, § 35 Rn. 44; *Fikentscher* BB 1956, 793 (797).
[961] *Logemann*, Der kartellrechtliche Schadensersatz, 46.
[962] *Fikentscher* BB 1956, 793 (797).
[963] *Fikentscher* BB 1956, 793 (797); siehe auch Gemeinschaftskommentar/*Benisch* GWB, 4. Aufl. 6. Lfg. 1982, § 35 Rn. 44.
[964] BGH Urt. v. 8.1.1992 – 2 StR 102/91, WuW/E BGH 2849 (3854 f.) – Arbeitsgemeinschaft Rheinausbau; OLG Düsseldorf Urt. v. 29.10.2010 – I-22 U 135/08, BeckRS 2010, 29967 Rn. 80; LG Mannheim Urt. v. 11.7.2003 – 7 O 326/02, GRUR 2004, 182 (184) – Vitaminkartell; OLG Hamburg Urt. v. 4.8.1994 – 3 U 263/93, WuW/E OLG 5376 (5381) – Schlechte Verhandlungsposition.
[965] OLG Celle Urt. v. 15.2.1963 – 8 U 177/60, WuW/E OLG 559 (561) – Brückenbauwerk; FK/*Roth*, 49. EL 2001, § 33 Rn. 213, 212; Gemeinschaftskommentar/*Benisch* GWB, 4. Aufl. 6. Lfg. 1982, § 35 Rn. 44.
[966] Vgl. *Dück/Schultes* NZKart 2013, 228 (231).

Praxis keine nennenswerte Bedeutung zu. Die Rechtsfolgen von § 33 Abs. 3 Satz 1 GWB und c.i.c. bestimmen sich in beiden Fällen nach §§ 249 ff. BGB. Zwar sind aus der Praxis „c.i.c.-typische" Rechtsfolgen, wie die Vertragsauflösung und die Vertragsanpassung bekannt.[967] Diese sind jedoch kein Sonderrecht der c.i.c. Sie hängen vielmehr mit den Lebenssachverhalten zusammen, die üblicherweise zu einer Haftung nach den Grundsätzen der c.i.c. führen. Die Rechtsfolgen der § 249 ff. BGB sind indessen unabhängig davon, welche Anspruchsgrundlage auf einen bestimmten Sachverhalt angewendet wird.[968]

Bei den Anspruchsvoraussetzungen bietet die Haftung aus c.i.c. aus Klägersicht zwar **493** den Vorteil, dass die **Beweislast für das Verschulden des Schädigers** nach § 280 Abs. 1 Satz 2 BGB – anders als bei § 33 Abs. 3 Satz 1 GWB – **beim Anspruchsgegner** liegt. Wegen der hohen Anforderungen, die an einen möglichen Verbotsirrtum gestellt werden,[969] ist die Frage des Verschuldens aber ohnehin in den wenigsten follow-on-Fällen problematisch.

Ein bedeutender **Nachteil der c.i.c.** gegenüber Ansprüchen aus § 33 Abs. 3 Satz 1 **494** GWB liegt aus Klägersicht darin, dass im Rahmen der c.i.c. einige substantielle **Privilegierungen des Kartellschadensersatzrechts keine Anwendung** finden dürften. Eine Bindungswirkung kartellbehördlicher Entscheidungen nach § 33 Abs. 4 GWB lässt sich nach dem Wortlaut der Vorschrift, der nur die Geltendmachung von „Schadensersatz" voraussetzt, zwar noch vertreten. Noch weiter gefasst ist Art. 16 VO 1/2003, der nationalen Gerichten jeder Art ganz allgemein vorgibt, Entscheidungen der Europäischen Kommission zu beachten. Keine Anwendung finden dürfte allerdings die **Verjährungshemmung** nach § 33 Abs. 5 Satz 1 GWB im Falle kartellbehördlicher Ermittlungen. Gegen eine Anwendbarkeit der Vorschrift auf Ansprüche nach c.i.c. spricht der klare Wortlaut der Bestimmung. Dieser sieht lediglich eine Verjährungshemmung „eines Schadensersatzanspruchs nach Absatz 3" vor. Schadensersatzansprüche nach c.i.c. sind von der Hemmung damit nicht erfasst. Im Falle langwieriger Behördenverfahren besteht damit für Ansprüche aus c.i.c. ein hohes Verjährungsrisiko. Auch eine Anwendung der **privilegierten Verzinsung** ab Schadenseintritt nach § 33 Abs. 3 Satz 3 GWB auf Ansprüche aus c.i.c. scheidet aus. Die Regelung bezieht sich auf Geldschulden „nach Satz 1" des § 33 Abs. 3 GWB, nicht aber auf Schadensersatzansprüche aus anderen Rechtsgründen.[970] Darin liegt ein erheblicher Nachteil des c.i.c.-Anspruchs insbesondere in Fällen, in denen Kartelle lange Zeit unentdeckt bleiben. In diesem Fall können bei Geltendmachung von Ansprüchen aus § 33 Abs. 3 Satz 1 GWB bereits hohe Zinsforderungen entstanden sein, bevor der Verstoß überhaupt aufgedeckt wird. Demgegenüber entstehen bei Ansprüchen aus c.i.c. Zinsansprüche erst mit Verzug oder Klageerhebung (§§ 288 Abs. 1 Satz 1, 291 Satz 1 BGB).

II. Bereicherungsansprüche

Bereicherungsansprüche kommen in Kartellfällen in erster Linie als **Leistungskondiktion** **495** nach § 812 Abs. 1 Satz 1 1. Alt. BGB in Betracht (zum möglichen Anspruch nach § 852 BGB → Rn. 424).

Der Anspruch nach § 812 Abs. 1 Satz 1 1. Alt. BGB setzt eine **rechtsgrundlose Leis- 496 tung** voraus. An einem Rechtsgrund fehlt es nicht schon deshalb, weil die Bedingungen eines Vertrages durch eine Kartellabsprache beeinflusst sind. Die Kartellvereinbarung selbst ist zwar nach § 134 BGB nichtig. **Folgeverträge** mit Dritten, durch die eine Kartellver-

---

[967] Siehe hierzu MüKoBGB/*Emmerich* § 311 Rn. 209, 210.
[968] Vgl. MüKoBGB/*Emmerich* § 311 Rn. 199; vgl. auch Jauernig/*Stadler* § 311 Rn. 53: „*Der Schadensersatzanspruch richtet sich nie nach der Art des eingetretenen Schadens (§§ 249 ff.).*"
[969] Siehe hierzu Wiedemann/*Topel* HdB KartellR § 50 Rn. 124.
[970] Eine Anwendung von § 849 BGB auf Ansprüche aus c.i.c. ist in der Rechtsprechung nicht anerkannt, vgl. MüKoBGB/*Wagner* BGB § 849 Rn. 3; Palandt/*Sprau* BGB § 849 Rn. 1.

einbarung implementiert wird, sind hingegen **grundsätzlich wirksam**.[971] Während also beispielsweise eine Preisabsprache zwischen zwei Herstellern keinen wirksamen Vertrag darstellen kann, bleiben die Folgeverträge der Hersteller mit ihren Abnehmern, in denen die kartellierten Preise zugrunde gelegt wurden, von der Unwirksamkeit unberührt. In Betracht kommt jedoch eine **Anfechtung wegen arglistiger Täuschung** nach § 123 BGB.[972] Nach § 142 Abs. 1 BGB führt eine Anfechtung zur rückwirkenden Nichtigkeit des Folgevertrags und damit zum Fehlen eines Rechtsgrunds iSd § 812 Abs. 1 Satz 1 1. Alt. BGB von Anfang an.[973] Die Einzelheiten der Arglistanfechtung in kartellrechtlichen Kontext sollen im Folgenden dargestellt werden.

1. Anfechtbarkeit von Folgeverträgen nach § 123 BGB wegen arglistiger Täuschung

497 **a) Täuschungshandlung.** Eine Anfechtung nach § 123 BGB setzt zunächst eine Täuschungshandlung voraus. Eine solche liegt vor, wenn der **Anfechtungsgegner beim Getäuschten einen Irrtum hervorruft, aufrecht erhält oder bestärkt, indem er Tatsachen vorspiegelt, entstellt oder unterdrückt.**[974] Gegenstand der Täuschung kann im kartellrechtlichen Zusammenhang die Beteiligung an einem kartellrechtswidrigen Verhalten sein.[975] Eine Täuschung ist nach allgemeinen Grundsätzen durch positives Tun oder durch Unterlassen möglich.

498 **aa) Täuschung durch positives Tun.** Von einer Täuschung durch positives Tun ist auszugehen, wenn der Kartellbeteiligte dem Vertragspartner gegenüber **äußert, dass die geschuldete Leistung nicht Gegenstand einer Kartellabrede bzw. durch eine solche Abrede beeinflusst ist.** Eine solche Aussage wird das kartellbeteiligte Unternehmen üblicherweise nur dann tätigen, wenn der Vertragspartner nach einer Kartellbeteiligung ausdrücklich fragt. Der BGH geht davon aus, dass der Vertragspartner auf ausdrückliche Fragen im Zusammenhang mit einem Vertragsabschluss im Allgemeinen vollständig und richtig Auskunft erteilen muss.[976] Um den Vertragspartner zu einer entsprechenden Erklärung aufzufordern, werden immer häufiger vertragliche **Compliance-Erklärungen** gefordert, in denen der Vertragspartner das Fehlen eines Kartellverstoßes bestätigt.[977] In Ausschreibungsverfahren gehört es im Übrigen schon seit Jahrzehnten zur gängigen Praxis, teilnehmende Unternehmen in Bietererklärungen die Zusicherung abzuverlangen, sich im Verfahren nicht an Preisabsprachen oder sonstigen Kartellverstößen zu beteiligen.

499 Eine Täuschung durch positives Tun ist nicht nur durch eine explizite Äußerung, sondern auch durch **konkludentes Verhalten** möglich. In diesem Sinne ist der BGH in einer Entscheidung aus dem Jahr 2001 im Rahmen des § 263 StGB davon ausgegangen, auch dann, wenn eine Bietererklärung keine ausdrückliche Aussage zur „Kartellfreiheit" enthalte, liege allein in der Abgabe eines Angebots im Rahmen eines Ausschreibungsverfahrens die konkludente Aussage, der Bieter sei nicht an einem kartellrechtswidrigen Verhalten beteiligt.[978]

500 In der **Literatur** wird des Weiteren diskutiert, ob aus einer **Regelung zur Schadenspauschalierung** eine Täuschung über die Nicht-Teilnahme an einem Kartell hergeleitet werden kann.[979] Ob einer vertraglichen Bestimmung zur Pauschalierung zugleich gleichsam die Zusicherung entnommen werden kann, dass sich der Vertragspartner an einer

---

[971] Immenga/Mestmäcker/*Emmerich* GWB § 33 Rn. 115 mit zahlreichen Nachweisen aus Rspr. und Lit.
[972] Zur Anwendbarkeit von § 123 BGB neben § 33 GWB siehe *Inderst/Thomas*, S. 446 f.
[973] Teilweise wird auch vertreten, dass die Anfechtung im Bereicherungsrecht lediglich zum nachträglichen Wegfall des Rechtsgrundes führe und daher § 812 Abs. 1 S. 2 1. Alt. BGB einschlägig sei. Siehe zum Ganzen MüKoBGB/*Schwab* § 812 Rn. 351 mwN.
[974] BeckOK BGB/*Wendtland* § 123 Rn. 7.
[975] *Dreher* FS Canenbley 2012, 167 (168 f.).
[976] BGH Urt. v. 29.6.1977 – VIII ZR 43/76, NJW 1977, 1914 (1915); Urt. v. 20.3.1967 – VIII ZR 288/64, NJW 1967, 1222.
[977] Eine solche Klausel empfehlen auch *Dück/Schultes* NZKart 2013, 228 (230).
[978] BGH Urt. v. 11.7.2001 – 1 StR 576/00, NJW 2001, 3718 (3719).
[979] *Mayer* WuW 2010, 29 (32); *Dreher* FS Canenbley 2012, 167 (170).

Kartellabsprache nicht beteiligt, beurteilt sich nach dem objektiven Empfängerhorizont und hängt somit vom Einzelfall ab. In den allermeisten Fällen dürfte es aber fernliegen, aus einer Schadenspauschalierung eine solche Aussage abzuleiten. *Mayer* ist sogar im Gegenteil der Auffassung, eine entsprechende Regelung zur Schadenspauschalierung zeige, dass der Klauselbegünstigte erstens nicht auf die fehlende Kartellbefangenheit vertraut habe und zweitens die Parteien für den Fall eines Kartellverstoßes gerade nicht davon ausgingen, dass das Geschäft angefochten werden können solle.[980] Es ist zwar wiederum zweifelhaft, ob einer Pauschalierungsregelung derart weitreichende, gleichsam die Erwartung eines Kartellverstoßes wiederspiegelnde Aussagen entnommen werden können. Insgesamt dürfte aber festzuhalten sein, dass einer Regelung zur Schadenspauschalierung **im Allgemeinen überhaupt keine Aussage zum Vorliegen oder Nicht-Vorliegen einer Kartellbefangenheit zu entnehmen** sein dürfte.[981] Eine solche Klausel soll die Eventualität eines Kartellverstoßes abbilden. Darin erschöpft sich grundsätzlich ihr Inhalt. Eine konkludente Täuschung lässt sich in der Regel nicht erblicken.

bb) Täuschung durch Unterlassen. Weitreichende praktische Konsequenzen hat die Frage, 501 unter welchen Voraussetzungen bei kartellrechtlichen Sachverhalten eine Täuschung durch bloßes Unterlassen zur Anfechtung berechtigt. Voraussetzung ist eine **Aufklärungspflicht,** die sich nach der Rechtsprechung des BGH nach § 242 BGB aus Treu und Glauben ergeben kann.[982] Im Allgemeinen geht der BGH von einer Aufklärungspflicht aus, wenn der Vertragspartner eine Erklärung „unter Berücksichtigung der Verkehrsanschauung im Einzelfall"[983] erwarten darf. Dies sei insbesondere bei Umständen der Fall, „die nur dem Verkäufer bekannt sind und von denen er weiß oder wissen muss, dass sie für den Käufer **von wesentlicher Bedeutung** sind, etwa weil sie den Vertragszweck vereiteln können."[984]

Das OLG Düsseldorf ging in einer Entscheidung aus dem Jahr 2010 davon aus, dass der 502 **Vertragspartner grundsätzlich über eine bestehende Kartellbeteiligung aufzuklären** sei.[985] In der Literatur ist die Frage umstritten.[986] Gegen eine Aufklärungspflicht spricht, dass nach der Rechtsprechung des BGH eine Pflicht zur Aufklärung generell die Ausnahme darstellt und grundsätzlich jede Vertragspartei sich selbst zu vergewissern hat, ob ein bestimmter Vertrag für sie günstig oder ungünstig ist.[987] Andererseits lässt sich bei wertender Betrachtung kaum von der Hand weisen, dass es sich bei einer Kartellbeteiligung um einen Umstand handelt, der auch nach der Verkehrsauffassung als wesentlich eingestuft werden kann,[988] jedenfalls sofern die Kartellbeteiligung eine gewisse Beeinflussung des Angebots nach sich zieht.[989] Die Beurteilung wird letztlich maßgeblich davon abhängen, ob man für Kartellverstöße eine Art **„zivilrechtliches Selbstbelastungsverbot"** anerkennt.[990] Der BGH hat in einem Urteil aus dem Jahr 1954 entschieden, dass eine Offenbarungspflicht jedenfalls bei strafrechtlichen Verfehlungen ihre Grenze findet, wenn diese nicht in unmittelbarem Zusammenhang „zu dem vertraglich übernommenen

---

[980] *Mayer* WuW 2010, 29 (32).
[981] Vgl. auch *Dreher* FS Canenbley 2012, 167 (170); *Inderst/Thomas,* S. 448.
[982] BGH Urt. v. 13.7.1988 – VIII ZR 224/87, NJW 1989, 763 (764); Palandt/*Ellenberger* § 123 Rn. 5.
[983] BGH Urt. v. 4.3.1998 – VIII ZR 378–96, NJW-RR 1998, 1406.
[984] BGH Urt. v. 4.3.1998 – VIII ZR 378–96, NJW-RR 1998, 1406.
[985] OLG Düsseldorf Urt. v. 29.10.2010 – I-22 U 135/08, BeckRS 2010, 29967 Rn. 77. So iE auch OLG München Urt. v. 19.2.2002 – 9 U 3318/01, NJW-RR 2002, 886 (887), nach dem der Kartellabnehmer „zweifelsohne zur Anfechtung wegen arglistiger Täuschung nach § 123 BGB berechtigt ist". So auch schon OLG Celle Urt. v. 15.2.1963 – 8 U 177/60, NJW 1963, 2126 (2127).
[986] Dafür *Dreher* FS Canenbley 2012, 167 (172); jurisPK-BGB/*Moritz* § 123 Rn. 51; *Palzer/Preisendanz* EWS 2010, 215 (221). Dagegen *Dück/Schultes* NZKart 2013, 228 (230); *Mayer* WuW 2010, 29 (33); FK/*Roth,* 49. EL 2001, § 33 Rn. 212; Gemeinschaftskommentar/*Benisch* GWB, 4. Aufl. 6. Lfg. 1982, § 35 Rn. 43.
[987] BGH Urt. v. 11.8.2010 – XII ZR 192/08, NJW 2010, 3362 Rn. 21.
[988] Eingehend *Dreher* FS Canenbley 2012, 167 (171).
[989] OLG Düsseldorf Urt. v. 29.10.2010 – I-22 U 135/08, BeckRS 2010, 29967 Rn. 78; zustimmend *Dreher* FS Canenbley 2012, 167 (173).
[990] Dafür *Dück/Schultes* NZKart 2013, 228 (230, 231). Ablehnend *Dreher* FS Canenbley 2012, 167 (173).

Pflichtenkreis" stehen.⁹⁹¹ Ob auch eine Selbstbezichtigung außerhalb des Bereichs des Strafrechts eine Offenbarungspflicht allgemein begrenzt, hat der BGH allerdings offen gelassen.⁹⁹²

503 **b) Kausalität.** Eine Anfechtung wegen arglistiger Täuschung erfordert **doppelte Kausalität**. Zunächst muss die Täuschung ursächlich sein für den Irrtum. Des Weiteren setzt § 123 BGB voraus, dass der entstandene Irrtum für den Abschluss des Vertrages kausal war.⁹⁹³ Insofern genügt es, wenn der Getäuschte seine Erklärung mangels Irrtum mit anderem Inhalt abgegeben hätte. Eine solche Kausalität liegt in Kartellfällen auf den ersten Blick nahe: Sofern der Vertragspartner über die Kartellbefangenheit der gegenständlichen Leistung informiert gewesen wäre, hätte er wohl in den meisten Fällen zumindest niedrigere Preise verlangt. Allerdings liegt die Beweislast für die Kausalität beim Erklärenden. Bislang wurden Beweiserleichterungen, wie etwa die Annahme eines Anscheinsbeweises für eine Kausalität zwischen Irrtum und Erklärungsinhalt in Kartellfällen nicht angenommen. Ein entsprechender Nachweis kann den Anfechtenden durchaus vor Herausforderungen stellen. Dies zeigt die Entscheidung des OLG Düsseldorf zum Aufzugskartell. Das Gericht hat in der Entscheidung an den Nachweis der Kausalität hohe Anforderungen gestellt. Der Anfechtende habe demnach konkret nachzuweisen, dass andere, qualitativ vergleichbare Angebote bestanden hätten und dass der Preis das maßgebliche Kriterium für den Geschäftsabschluss gewesen sei.⁹⁹⁴ Die pauschale Aussage, dass bei Kenntnis des Kartells der Vertrag nicht zustande gekommen wäre, ließ das Gericht nicht gelten.⁹⁹⁵ Selbstverständlich handelt es sich insoweit um eine Einzelfallbetrachtung. Darüber hinaus lag dieser Fall, was den Kausalitätsnachweis anging, insofern ungünstig, als die Kartellabsprache Aufträge in der Größenordnung des Klägers zumindest nicht primär umfasste. Die Aussagekraft der Entscheidung ist daher begrenzt.

504 **c) Arglist.** Die Täuschung muss arglistig, dh **vorsätzlich** erfolgt sein. Der Vorsatz muss sich über die Täuschung hinaus auch auf die Erregung des Irrtums und die doppelte Kausalität beziehen.⁹⁹⁶

505 Arglist dürfte immer dann naheliegen, wenn der Verhandlungspartner im Rahmen des angefochtenen Vertrages und die an den Kartellabsprachen beteiligte Person identisch sind. Häufig fehlt es jedoch an einer solchen Identität. In diesem Fall mag es dem Anfechtenden helfen, dass anerkanntermaßen bedingter Vorsatz angenommen werden kann, wenn der Erklärende Angaben „ins Blaue hinein" macht.⁹⁹⁷ Hierfür ist aber zu fordern, dass der Erklärende die relevanten Umstände jedenfalls für möglich hält.⁹⁹⁸ Selbst bei grober Fahrlässigkeit ist Arglist im Allgemeinen auszuschließen.⁹⁹⁹ Sofern dem Erklärenden die Kartellbeteiligung indessen überhaupt nicht bekannt ist und er auch keine Angaben ins Blaue hinein macht, stellt sich die Frage, ob ihm die **Kenntnis des kartellbeteiligten Mitarbeiters nach § 166 BGB analog zugerechnet** werden kann. Im Zusammenhang mit § 463 Satz 2 BGB aF ist der BGH für ein arglistiges Verschweigen eines Fehlers von einer solchen Wissenszurechnung ausgegangen.¹⁰⁰⁰ Für die Zurechnung der **Wissenselemente** erscheint dies naheliegend und im Einklang mit den Grundsätzen, die sonst für

---

⁹⁹¹ BGH Urt. v. 17.3.1954 – II ZR 248/53, BeckRS 1954, 31205769 (unter 2.).
⁹⁹² BGH Urt. v. 17.3.1954 – II ZR 248/53, BeckRS 1954, 31205769 (unter 2.); *Dreher* FS Canenbley 2012, 167 (173).
⁹⁹³ Prütting/Wegen/Weinreich/*Ahrens* § 123 Rn. 24 mwN.
⁹⁹⁴ OLG Düsseldorf Urt. v. 29.10.2010 – I-22 U 135/08, BeckRS 2010, 29967 Rn. 71 ff.
⁹⁹⁵ OLG Düsseldorf Urt. v. 29.10.2010 – I-22 U 135/08, BeckRS 2010, 29967 Rn. 71 ff.
⁹⁹⁶ Prütting/Wegen/Weinreich/*Ahrens* § 123 Rn. 25 mwN.
⁹⁹⁷ BGH Urt. v. 6.11.2007 – XI ZR 322/03, NJW 2008, 644 (648); Urt. v. 26.9.1997 – V ZR 29/96, NJW 1998, 302 (303); Palandt/*Ellenberger* § 123 Rn. 11.
⁹⁹⁸ BGH Urt. v. 19.12.1980 – V ZR 185/79, NJW 1981, 864 (865) mwN.
⁹⁹⁹ BGH Urt. v. 16.3.1977 – VIII ZR 283/75, NJW 1977, 1055 mwN; MüKoBGB/*Armbrüster* § 123 Rn. 16.
¹⁰⁰⁰ BGH Urt. v. 8.12.1989 – V ZR 246/87, NJW 1990, 975.

eine Wissenszurechnung in Arbeitsteilungen in Organisationen gelten. Zweifelhaft erscheint allerdings, ob auch das **Wollenselement** des Arglistvorsatzes zugerechnet werden kann. In der genannten Entscheidung argumentierte der BGH mit dem Schutz des „privatrechtlich kontrahierenden Bürgers", der mit einer Gemeinde in Vertragsbeziehung trat und keinen Nachteil aus der „Eigenart der gemeindlichen Organisation" erfahren solle. Im Ergebnis stellte der BGH die Gemeinde in dem Fall so wie eine natürliche Person die Kenntnis von dem verschwiegenen Umstand hat, was angesichts der Wissenszurechnung nachvollziehbar ist. Unterstelle man aber die Kenntnis, könne nach allgemeinen Grundsätzen auf einen bedingten Vorsatz geschlossen werden.[1001]

d) Anfechtungsfrist. Die Anfechtung muss nach § 124 Abs. 1 BGB innerhalb eines Jahres erklärt werden. Die **Jahresfrist** beginnt nach § 124 Abs. 2 BGB im Falle einer arglistigen Täuschung mit dem Zeitpunkt, in dem der Berechtigte die Täuschung entdeckt.[1002] Erforderlich ist hierfür **„positive (...) Kenntnis des Irrtums und dessen arglistiger Herbeiführung"**.[1003] Ab welchem Zeitpunkt in Kartellfällen von einer hinreichenden Kenntnis ausgegangen werden kann, ist in der Praxis bislang nicht geklärt.[1004] In der Regel wird das Bekanntwerden eines bloßen Kartellverdachts für eine hinreichende Kenntnis nicht genügen.[1005] Ob von einer hinreichenden Kenntnis aber, wie teilweise vertreten,[1006] erst bei Vorliegen einer bestands- oder rechtskräftigen Entscheidung ausgegangen werden kann, ist unseres Erachtens äußerst zweifelhaft. Auch in Bereichen außerhalb des Kartellrechts hat der Anfechtende keinen Anspruch, den Abschluss behördlicher Ermittlung abzuwarten. Jedenfalls ist nicht erforderlich, dass der Anfechtende jede Einzelheit der Täuschung kennt.[1007] Sachgerechterweise wird man vielmehr auf die Umstände des Einzelfalles abstellen müssen. 506

§ 33 Abs. 5 Satz 1 GWB gilt in Anfechtungsfällen nicht entsprechend.[1008] Der Ablauf der Verjährungsfrist ist für die Dauer des kartellbehördlichen Verfahrens daher nicht gehemmt. 507

2. Bereicherungsrechtliche Rückabwicklung

Im Falle einer erfolgreichen Anfechtung ist das Rechtsgeschäft nach Bereicherungsrecht rückabzuwickeln. 508

Der Kartellabnehmer kann gemäß § 812 Abs. 1 Satz 1 1. Alt. BGB **Rückzahlung des Kaufpreises** verlangen. Sein Anspruch ist nicht wie sonst bei der Rückabwicklung gegenseitiger Verträge automatisch mit dem Gegenanspruch des Kartellanten zu saldieren.[1009] Die **Saldotheorie** findet im Falle arglistiger Täuschung keine Anwendung.[1010] 509

Dem Kartellbeteiligten steht der Entreicherungseinwand nach § 818 Abs. 3 BGB nicht zu. Da der Getäuschte in Kartellfällen in der Regel eine Geldleistung tätigt, ist der Vermögensvorteil in den meisten Fällen noch bei dem Kartellbeteiligten vorhanden und er ist 510

[1001] BGH Urt. v. 8.12.1989 – V ZR 246/87, NJW 1990, 975.
[1002] Ergänzend sieht § 124 Abs. 3 BGB eine Ausschlussfrist vor. Danach erlischt das Anfechtungsrecht spätestens zehn Jahre nach Abgabe der anzufechtenden Erklärung.
[1003] BGH Urt. v. 20.5.2009 – VIII ZR 247/06, NJW 2009, 2532 Rn. 19 mwN.
[1004] Offenlassend auch *Mayer* WuW 2010, 29 (33).
[1005] Vgl. BGH Beschl. v. 21.9.2011 – IV ZR 38/09, NJW 2012, 296 Rn. 46. JurisPK-BGB/*Moritz* § 124 Rn. 6, hält das erscheinen Pressemitteilung des BKartA in Bezug auf den Kartellverstoß nicht für ausreichend. Ebenso *Dreher* FS Canenbley 2012, 167 (174). AA OLG Düsseldorf Urt. v. 20.2.2009 – I-22 U 135/08, BeckRS 2010, 05731.
[1006] *Dreher* FS Canenbley 2012, 167 (174).
[1007] BGH Urt. v. 20.5.2009 – VIII ZR 247/06, NJW 2009, 2532 Rn. 19; Palandt/*Ellenberger* § 124 Rn. 2.
[1008] Vgl. BeckOK BGB/*Wendtland* § 124 Rn. 5.
[1009] Zum Vorgehen der Rspr. bei der Rückabwicklung gegenseitiger Verträge siehe MüKoBGB/*Schwab* § 818 Rn. 212 mwN.
[1010] Palandt/*Sprau* BGB § 818 Rn. 49. Macht dagegen nur der arglistig handelnde Kartellant seinen Anspruch aus § 812 Abs. 1 S. 1 1. Alt. BGB geltend, ist die Saldotheorie anzuwenden, vgl. BGH Urt. v. 6.8.2008 – XII ZR 67/06, NJW 2009, 1266 Rn. 48.

noch „bereichert".[1011] Abgesehen davon haftet der Anfechtungsgegner im Falle einer arglistigen Täuschung gemäß §§ 142 Abs. 2, 819 Abs. 1, 818 Abs. 4 BGB „verschärft".[1012] Danach ist ihm der **Entreicherungseinwand insgesamt abgeschnitten**.

511 Der Gegenanspruch des Kartellbeteiligten ergibt sich ebenfalls aus § 812 Abs. 1 Satz 1 1. Alt. BGB. Dieser ist grundsätzlich auf **Herausgabe der Vertragswaren** gerichtet. Hat der Kartellabnehmer – wie häufig – die Kartellware bereits weiterveräußert oder -verarbeitet, ist eine Herausgabe nicht mehr möglich. Der Anspruch des Kartellteilnehmers ist in diesen Fällen auf **Wertersatz** gerichtet, § 818 Abs. 2 BGB.[1013] Für den Wert der Leistung trägt allerdings der Kartellbeteiligte die Beweislast.[1014]

512 Trotz der arglistigen Täuschung ist der Anspruch des Kartellteilnehmers in aller Regel **nicht nach § 817 Satz 2 BGB gesperrt**. Die Vorschrift ist nach der Rechtsprechung des BGH eng auszulegen.[1015] Die Leistung muss für sich gesehen als sittenwidrig gelten.[1016] Dies ist in kartellrechtlichen Fällen meist auszuschließen.[1017]

513 Auch ein **Kondiktionsausschluss nach § 814 BGB** wegen vermeintlicher Kenntnis der Nichtschuld **scheidet üblicherweise aus**. Bei Rechtsgeschäften, die – wie im Falle der arglistigen Täuschung – nur durch den jeweiligen Anspruchsgegner angefochten werden können, ist die Vorschrift nicht einschlägig.[1018]

514 Der **Kartellabnehmer** kann jedoch gegenüber dem Anspruch des Kartellbeteiligten den **Einwand der Entreicherung** geltend machen.[1019]

3. Bereicherungsrechtliche Rückabwicklung und Kartellschadensersatz im Vergleich

515 a) **Anspruchsvoraussetzungen.** Stellt man die Möglichkeit der Anfechtung mit gleichzeitigem Bereicherungsausgleich nach § 812 Abs. 1 Satz 1 1. Alt. BGB dem Schadensersatzanspruch nach § 33 Abs. 3 Satz 1 GWB gegenüber, zeigen sich Unterschiede zunächst bei den Hürden, die die jeweilige **Beweislastverteilung** mit sich bringt. Für den Kondiktionsanspruch nach § 812 Abs. 1 Satz 1 1. Alt. BGB muss grundsätzlich der jeweilige Anspruchsteller das Fehlen eines Rechtsgrundes darlegen und beweisen.[1020] Der Getäuschte trägt die Darlegungs- und Beweislast für die Voraussetzungen der Anfechtung nach § 123 BGB.[1021] Das bedeutet, dass er den Kartellverstoß als Gegenstand der Täuschung nachzuweisen hat. Bei Entscheidungen der Kommission dürfte dem Anfechtenden hierbei die Bindungswirkung nach Art. 16 VO Nr. 1/2003 zugutekommen.[1022] Die Vorschrift ist weit gefasst und ordnet unabhängig vom geltend gemachten Anspruch an, dass nationale Gerichte Entscheidungen der Kommission zu beachten haben.[1023] § 33 Abs. 4 GBW hingegen ist enger formuliert und spricht ausdrücklich von Verfahren, in denen „Schadensersatz" gefordert wird. Bereicherungsansprüche lassen

---

[1011] *Dück/Schultes* NZKart 2013, 228 (231); *Dreher* FS Canenbley 2012, 167 (176).
[1012] *Dück/Schultes* NZKart 2013, 228 (231); *Dreher* FS Canenbley 2012, 167 (176); *Mayer* WuW 2010, 29 (35).
[1013] für die Berücksichtigung einer Schadensweiterwälzung als werterhöhender Faktor im Rahmen von § 812 BGB und damit einer sinngemäßen Anwendung der passing-on defence siehe *Inderst/Thomas*, S. 456 f.
[1014] Zum Ganzen *Dück/Schultes* NZKart 2013, 228 (231); *Dreher* FS Canenbley 2012, 167 (176); *Mayer* WuW 2010, 29 (35).
[1015] *Dück/Schultes* NZKart 2013, 228 (231); *Mayer* WuW 2010, 29 (36).
[1016] *Dück/Schultes* NZKart 2013, 228 (231); *Dreher* FS Canenbley 2012, 167 (177); MüKoBGB/*Schwab* § 817 Rn. 30.
[1017] *Dück/Schultes* NZKart 2013, 228 (231); *Dreher* FS Canenbley 2012, 167 (177); *Mayer* WuW 2010, 29 (36).
[1018] *Dreher* FS Canenbley 2012, 167 (177) mwN.
[1019] *Dück/Schultes* NZKart 2013, 228 (231); *Dreher* FS Canenbley 2012, 167 (177); *Mayer* WuW 2010, 29 (36 f.).
[1020] Palandt/*Sprau* BGB § 812 Rn. 76.
[1021] BGH Urt. v. 13.5.1957 – II ZR 56/56, NJW 1957, 988; Palandt/*Ellenberger* § 123 Rn. 30.
[1022] So wohl auch *Mayer* WuW 2010, 29 (35) (dort Fn. 27).
[1023] *Dreher* FS Canenbley 2012, 167 (178 f.).

sich unter die Vorschrift nicht subsumieren.[1024] Auch Art. 9 der Schadensersatzrichtlinie, der die Bindungswirkung von Behördenentscheidungen zum Gegenstand hat, bezieht sich allein auf Schadensersatzklagen.

Nachweisschwierigkeiten können sich auch bei der **Frage der Kausalität** ergeben. Der Getäuschte muss die Umstände nachweisen, die für seinen Willensentschluss von Bedeutung waren. Er muss auch nachweisen, dass die Täuschung Einfluss auf seine Entscheidung hatte.[1025] Wie bereits dargestellt, hat das OLG Düsseldorf im Schadensersatzverfahren zum Aufzugskartell vergleichsweise hohe Anforderungen an einen solchen Kausalitätsnachweis gestellt (→ Rn. 503). Die Arglist hat der Anfechtende ebenfalls darzulegen und zu beweisen, was auch bedeutet, dass der Anfechtende zu beweisen hat, dass dem Gegner die relevanten Tatsachen im Zeitpunkt des Vertragsschlusses überhaupt bewusst waren.[1026] Wie zuvor dargelegt, kann dem Anfechtenden hierbei möglicherweise eine Wissenszurechnung nach § 166 BGB analog helfen. 516

Die **Voraussetzungen des Anspruchsgrundes** nach § 33 Abs. 3 Satz 1 GWB lassen sich demgegenüber bei *follow-on*-Klagen einfacher nachweisen. Der Kartellverstoß ist in diesen Fällen nach § 33 Abs. 4 bzw. Art. 16 VO Nr. 1/2003 bindend festgestellt. Eine tatbestandliche Betroffenheit nach § 33 Abs. 3 Satz 1 iVm Abs. 1 Satz 1 und 3 GWB wird zudem in der Regel weit verstanden[1027] und stellt den Kläger nur selten vor Schwierigkeiten. Angesichts der hohen Voraussetzungen, die an einem möglichen Verbotsirrtum gestellt werden (→ Rn. 493), ist zumeist von einem Verschulden auszugehen. 517

b) Rechtsfolgen. Eine Anfechtung nach § 123 BGB in Verbindung mit dem Kondiktionsanspruch nach § 812 Abs. 1 Satz 1 1. Alt. BGB führt zur **Rückabwicklung**. Dies hat für den Kläger den Vorteil, dass er – anders als bei einer Geltendmachung des Schadensersatzanspruchs nach § 33 Abs. 3 Satz 1 GWB – einen **Schaden nicht nachweisen** muss.[1028] Grundsätzlich hat er auf Rechtsfolgenseite nur darzulegen und zu beweisen, was der kartellbeteiligte Klagegegner durch seine Leistung erlangt hat. Dies wird in den allermeisten Fällen eine konkret bezifferbare Geldzahlung sein. 518

Im Rahmen seines Gegenanspruchs trifft das kartellbeteiligte Unternehmen seinerseits die Darlegungs- und Beweislast. Damit muss das **kartellbeteiligte Unternehmen im Rahmen des Wertersatzes den Wert seiner Leistung darlegen und beweisen**.[1029] Einschlägig ist hierbei grundsätzlich der objektive Verkehrswert,[1030] der sich „durch Angebot und Nachfrage am Markt bildet".[1031] Will das kartellbeteiligte Unternehmen im Ergebnis einer Zahlungspflicht entgehen, muss es darlegen und beweisen, dass der objektive Verkehrswert den verlangten Preisen entsprach – und das, obwohl die Preise durch die Kartellabsprache beeinflusst waren. Wirtschaftlich gesehen wird damit im bereicherungsrechtlichen Zusammenhang die Beweislast für den fehlenden „Schadenseintritt" auf den Beklagten verlagert,[1032] während der Schadensersatzanspruch dem Kläger die Beweislast für den Schadenseintritt auferlegt. Hierin kann **aus Klägersicht ein Vorteil des Bereicherungsanspruchs gegenüber dem Schadensersatzanspruch** nach § 33 Abs. 3 Satz 1 GWB gesehen werden.[1033] Allerdings werden die Unterschiede durch die abgesenkte Darlegungslast und das reduzierte Beweismaß nach § 287 ZPO relativiert. 519

[1024] So iE auch *Dreher* FS Canenbley 2012, 167 (178 f.); *Mayer* WuW 2010, 29 (34 f.).
[1025] BGH Urt. v. 20.11.1995 – II ZR 209/94, NJW 1996, 1051; BeckOK BGB/*Wendtland* § 123 Rn. 41.
[1026] Vgl. BGH Urt. v. 11.5.2001 – V ZR 14/00, NJW 2001, 2326 (2327).
[1027] Siehe statt vieler Bechtold/*Bosch* GWB § 33 Rn. 10 ff.
[1028] *Dreher* FS Canenbley 2012, 167 (178); so auch *Mayer* WuW 2010, 29 (37).
[1029] *Dück/Schultes* NZKart 2013, 228 (231); *Dreher* FS Canenbley 2012, 167 (178); *Mayer* WuW 2010, 29 (36); vgl. auch Jauernig/*Stadler* § 818 Rn. 19.
[1030] So die hM, siehe MüKoBGB/*Schwab* § 818 Rn. 75 mit zahlreichen Nachweisen.
[1031] OLG Saarbrücken Urt. v. 9.6.1984 – 1 U 13/81, WuW/E OLG, 3243 (3246) – Zementimport.
[1032] *Dück/Schultes* NZKart 2013, 228 (231); *Mayer* WuW 2010, 29 (37).
[1033] *Mayer* WuW 2010, 29 (37).

520 Unklar ist, ob das kartellbeteiligte Unternehmen mit seiner Gegenforderung nach § 387 BGB aufrechnen kann. Gemäß § 393 BGB ist eine **Aufrechnung gegen eine deliktsrechtliche Forderung ausgeschlossen.** Nach der Rechtsprechung des BGH erfasst die Vorschrift auch Ansprüche aus nichtdeliktischen Anspruchsgrundlagen, sofern das anspruchsbegründende Verhalten gleichzeitig die Voraussetzungen eines Deliktstatbestands erfüllt.[1034] Erforderlich ist jedoch, dass deliktischer und nichtdeliktischer Anspruch **unmittelbar konkurrieren.**[1035] Dies ist hier nicht der Fall. Der Anspruch des Kartellabnehmers ist auf Rückzahlung des Kaufpreises gerichtet und beruht auf der rechtsgrundlosen Leistung an den Kartellbeteiligten. Er konkurriert nicht mit dem Anspruch aus § 33 Abs. 3 Satz 1 GWB, der auf Schadensersatz wegen des kartellbedingt zu hohen Preises gerichtet ist. Nicht maßgeblich ist insoweit, dass beide Ansprüche letztlich auf das kartellrechtswidrige Verhalten des Lieferanten zurückgehen.

521 Ein **offensichtlicher Nachteil des Kondiktionsanspruchs** liegt darin, dass dieser nicht die Möglichkeit gewährt, entgangene Gewinne zu verlangen.[1036] Soll ein reiner Preiserhöhungsschaden geltend gemacht werden, kann das Bereicherungsrecht angesichts der soeben dargestellten Unterschiede in der Beweislast aus Klägersicht attraktiv sein. Der **entgangene Gewinn,** etwa wegen eines Nachfragerückgangs, lässt sich indes **nur über den Weg des Schadensersatzrechts** realisieren. Hinzu kommt, dass sich der Bereicherungsanspruch grundsätzlich nur auf das Verhältnis zum jeweiligen Vertragspartner beschränkt. Auch eine **gesamtschuldnerische Geltendmachung** von Bereicherungsansprüchen **scheidet im Allgemeinen aus.**[1037] Das hat zur Folge, dass jeweils nur der direkte Abnehmer des kartellbeteiligten Unternehmens Ansprüche geltend machen kann.[1038]

522 **c) Fristen.** Bei den Fristen, innerhalb derer der Kläger reagieren muss, bestehen ebenfalls Unterschiede zwischen dem Weg über Anfechtungs- und Bereicherungsrecht einerseits und der Geltendmachung von Schadensersatzansprüchen andererseits. Während Schadensersatzansprüche nach § 33 Abs. 3 Satz 1 GWB grundsätzlich nach drei Jahren gemäß §§ 195, 199 BGB verjähren, muss die Anfechtung nach § 124 Abs. 1 BGB binnen Jahresfrist erklärt werden. Die Anfechtungsregelung ist insofern günstiger, als dass der **Fristbeginn positive Kenntnis von Irrtum und der arglistiger Täuschung voraussetzt.** Anders als im Verjährungsrecht (§ 199 Abs. 1 Nr. 2 BGB), genügt bloßes Kennenmüssen grundsätzlich nicht.
Allerdings ist die **Anfechtungsfrist nicht nur kürzer als die Verjährungsfrist.** Ein gewichtiger Nachteil ist auch, dass für die Anfechtungsfrist die Vorschrift des **§ 33 Abs. 5 Satz 1 GWB nicht eingreift** (→ Rn. 507) und damit eine Hemmung für die Dauer eines Kartellverfahrens nicht vorgesehen ist. Für den Lauf der Anfechtungsfrist kommt es für den Anspruchsteller damit ganz entscheidend darauf an, ob er sich bereits eine hinreichende Kenntnis entgegenhalten lassen muss. Angesichts der kurz bemessenen Frist führt dies zu **erheblichen Unsicherheiten,** da bislang ungeklärt ist, ab welchem Zeitpunkt in Kartellfällen typischerweise von Kenntnis iSv § 124 Abs. 2 BGB auszugehen ist (→ Rn. 506). Der Anfechtende kann sich nicht darauf verlassen, den Ausgang des Verfahrens abzuwarten, will er nicht riskieren, dass die Anfechtung als nicht fristgemäß eingestuft wird.

[1034] BGH Urt. v. 24.11.1998 – VI ZR 388–97, NJW 1999, 714; Urt. v. 12.10.1993 – XI ZR 155/92, NJW 1994, 252 (253); Urt. v. 24.11.1976 – IV ZR 232/74, NJW 1977, 529 (530); BeckOK BGB/Dennhardt § 393 Rn. 3.

[1035] So ausdrücklich BGH Urt. v. 12.10.1993 – XI ZR 155/92, NJW 1994, 252 (253). Siehe auch Palandt/Sprau BGB § 393 Rn. 3.

[1036] Vgl. *Dreher* FS Canenbley 2012, 167 (179).

[1037] BGH Urt. v. 19.1.2001 – V ZR 437/99, NJW 2001, 1127 (1130); Urt. v. 26.6.1979 – VI ZR 108/78 NJW 1979, 2205 (2206 f.); Palandt/*Sprau* BGB § 812 Rn. 75; MüKoBGB/*Schwab* § 812 Rn. 32 ff.

[1038] *Dreher* FS Canenbley 2012, 167 (179); BGH Urt. v. 22.2.2014 – KZR 27/13 Rn. 51, wonach infolge der Trennung zwischen den einzelnen Leistungsbeziehungen im Bereicherungsrecht auch eine Vorteilsanrechnung infolge des Schadensweiterwälzungseinwandes ausgeschlossen ist.

C. Prozessuale Fragen

Schadensersatzprozesse, in denen kartellrechtliche Fragestellungen eine Rolle spielen, können in **verschiedenen Ausgestaltungen** vorkommen. So können etwa monetäre Schäden aufgrund von missbräuchlich überhöhten oder auf Kartellabsprachen beruhenden Preisen, aber auch Naturalrestitution gerichtet auf Belieferung nach kartellrechtswidriger Liefersperre geltend gemacht werden. 523

Der Schwerpunkt der nachfolgenden Darstellung zu prozessualen Fragen liegt auf sog. **follow-on-Schadensersatzklagen,** die sich an die Feststellung eines sog. hardcore-Kartellverstoßes durch eine Kartellbehörde anschließen. Die Geltendmachung von Schäden, die durch derartige kartellrechtswidrige Absprachen zwischen Wettbewerbern entstanden sind, hat in den letzten Jahren durch die Stärkung des sog. private enforcement[1039] im Bereich des Kartellrechts immer mehr zugenommen. Entsprechende Klagen machen daher einen gewichtigen und an Bedeutung weiter zunehmenden Anteil an kartellrechtlichen Schadensersatzprozessen aus.[1040] Dazu beigetragen haben vor allem die letzten beiden **GWB-Novellen aus den Jahren 2005 und 2013** sowie die Bestrebungen auf europäischer Ebene, die mit den **EuGH-Entscheidungen in Sachen Courage/Crehan**[1041] **und Manfredi**[1042] ihren Ausgang genommen und mit der Verabschiedung der Schadensersatzrichtlinie 2014/104/EU[1043] im Dezember 2014 ihren vorläufigen „Höhepunkt" erreicht haben. 524

Trotz dieser Tendenzen in den letzten Jahren sind **viele Fragen rund um Kartellschadensersatzprozesse** an der Schnittstelle von Kartellrecht, allgemeinem Zivilrecht und Zivilprozessrecht **noch nicht geklärt** und werden auch durch die Schadensersatzrichtlinie nicht vollständig beantwortet. Es bleibt daher – auch in prozessualen Fragen – weiterhin Aufgabe der Rechtsprechung, bestehende Lücken zu schließen. 525

Die Zahl obergerichtlicher Entscheidungen, die sich mit Fragen des Kartellschadensersatzes befassen, ist bislang noch relativ überschaubar. Dies liegt sicher auch daran, dass viele Verfahren vor Erlass einer Entscheidung durch Vergleich beendet werden. Sowohl Kläger/Geschädigte als auch Beklagte/Kartellbeteiligte scheuen häufig sowohl die teilweise erhebliche Verfahrensdauer dieser Streitigkeiten als auch die übrigen Unwägbarkeiten, die mit einem Kartellschadensersatzprozess verbunden sind. So bereitet beispielsweise die substantiierte Darlegung des Volumens der potenziell vom Kartell betroffenen Einkaufsumsätze für den Kläger oftmals bereits erhebliche Schwierigkeiten. Ferner ist die aufwendige **Berechnung der Schadenshöhe,** bei der ökonomische Theorien zu den hypothetischen Marktverhältnissen ohne das Kartell (sog. counterfactual) angewendet werden müssen, erforderlich. Das Ergebnis dieser Berechnungen, die nur im Rahmen von ökonomischen Sachverständigengutachten geleistet werden können, ist für Kläger und Beklagte gleichermaßen unvorhersehbar. Insoweit hilft es nur bedingt, dass die deutschen 526

[1039] Der Begriff „*private enforcement*" kennzeichnet – im Gegensatz zum *public enforcement* durch die Kartellbehörden – die Durchsetzung des Kartellrechts im Wege der Geltendmachung kartellzivilrechtlicher Ansprüche. Ein gerichtliches Urteil, mit dem kartellrechtliche Unterlassungs- und/oder Schadensersatzansprüche tituliert werden, soll das betroffene Unternehmen, aber auch weitere Unternehmen davon abhalten, Kartellverstöße zu begehen. Damit dient also auch das *private enforcement* der Abschreckung und letztlich der effektiven Wirksamkeit der kartellrechtlichen Verbotsnormen. Zum Spannungsfeld zwischen *public* und *private enforcement* im Bereich der Einsicht in Kronzeugenerklärungen vgl. etwa *Seitz,* GRUR-RR 2012, 137; *Frenz,* EuZW 2013, 778; *Mestmäcker/Schweitzer,* Europäisches Wettbewerbsrecht, 3. Aufl. 2014, § 23 Rn. 59a ff.
[1040] Vgl. BKartA – TB 2013/2014, BT-Drs. 18/5210, 34: *„Ein sehr starkes Wachstum gab es dabei im Segment der Schadensersatzklagen nach vorangegangenen Kartellverstößen (follow-on-Klagen), wobei sowohl vom Bundeskartellamt als auch von der Europäischen Kommission geahndete Kartellverstöße solche Klagen nach sich zogen".*
[1041] EuGH Urt. v. 20.9.2001 – C-453/99, ECLI:EU:C:2001:465 – Courage/Crehan.
[1042] EuGH Urt. v. 13.7.2006 – C-295/04 bis C-298/04, ECLI:EU:C:2006:461 – Manfredi.
[1043] Im Folgenden: **„Schadensersatzrichtlinie";** die Mitgliedstaaten müssen die Richtlinie bis zum 27.12.2016 in nationales Recht umsetzen.

Gerichte grundsätzlich die Möglichkeit der **Schadensschätzung nach § 287 ZPO** haben. Auch das Ergebnis dieser Schätzung kann aus Perspektive beider Parteien durchaus „ernüchternd" ausfallen. Zudem werden sich die Gerichte zum Zwecke der Schätzung ebenfalls der Hilfe ökonomischer Sachverständiger bedienen.

527 Soweit sich bei anderen kartellrechtlichen Schadensersatzklagen – etwa aufgrund von missbräuchlich überhöhten Preisen oder gerichtet auf Belieferung als Naturalrestitution nach kartellrechtswidriger Liefersperre – Besonderheiten ergeben, werden diese in der Darstellung kurz aufgegriffen. Daneben gibt es im Vergleich zum allgemeinen Zivilprozess Abweichungen, die im Folgenden ebenfalls näher ausgeführt werden. Für die nachfolgende Darstellung wird die Anwendbarkeit deutschen Sachrechts zugrunde gelegt (zur Bestimmung des anwendbaren Rechts → § 33).[1044]

I. Rechtsweg

528 Ausgangspunkt für die Beurteilung des einschlägigen Rechtswegs ist **§ 13 GVG.** Danach gehören vor die ordentlichen Gerichte ua bürgerliche Rechtsstreitigkeiten, für die weder die Zuständigkeit von Verwaltungsbehörden oder -gerichten begründet ist noch aufgrund von Vorschriften des Bundesrechts besondere Gerichte bestellt oder zugelassen sind.

529 Der Terminus „bürgerliche Rechtsstreitigkeiten" findet sich auch in **§ 87 GWB.** Das Vorliegen einer bürgerlichen Rechtsstreitigkeit ist demnach zum einen gemäß § 13 GVG Voraussetzung für die Eröffnung des Zivilrechtsweges, zum anderen aber auch Voraussetzung für die Zuständigkeit der Kartell-Landgerichte nach § 87 GWB. Insoweit wird vertreten, dass sich aus § 87 GWB nicht nur die sachliche Zuständigkeit der Kartell-Landgerichte, sondern auch der Zivilrechtsweg ergeben soll.[1045]

530 Die Einordnung als **bürgerliche Rechtsstreitigkeit** hat wie üblich nach dem **Streitgegenstand** zu erfolgen. Nach ständiger Rechtsprechung liegt eine bürgerliche Rechtsstreitigkeit vor, wenn sich das Klagebegehren als Folge eines Sachverhalts darstellt, der nach bürgerlichem Recht zu beurteilen ist.[1046] Öffentlich-rechtliche Vorfragen, wie sie gerade bei kartellrechtlichen Prozessen gegen öffentliche Unternehmen immer wieder auftreten, machen insoweit aus einer bürgerlichen Rechtsstreitigkeit keine öffentlich-rechtliche.[1047] Auch die Rechtsform der Parteien ist für die Einordnung eines Sachverhalts als bürgerlich-rechtliche Streitigkeit unerheblich.

531 Bei **Leistungs- oder Feststellungsklagen** zwischen Privaten, mit denen Schäden etwa aufgrund von kartellbedingt überhöhten Preisen,[1048] rechtswidrigen Boykotten/Druck- oder Lockmitteln,[1049] missbräuchlichen Preisen[1050] oder unzulässiger Rabattgestaltung[1051] geltend gemacht werden, handelt es sich um bürgerliche Rechtsstreitigkeiten. Diese Selbstverständlichkeit gilt sowohl für **stand-alone-Klagen,** die ohne vorangehende behördliche Feststellung eines Kartellverstoßes erhoben werden, als auch für **follow-on-Klagen,** die sich an eine entsprechende Behördenentscheidung anschließen. Für sie ist gemäß § 13 GVG der Rechtsweg zu den ordentlichen Gerichten eröffnet. Insoweit ergeben sich keine Besonderheiten zu anderen zivilrechtlichen Schadensersatzklagen. Soweit die §§ 87 ff. GWB keine speziellen Bestimmungen vorsehen, richtet sich der kartellrechtliche Schadensersatzprozess also nach den **allgemeinen Grundsätzen des Zivilprozess- und Gerichtsverfassungsrechts.**

[1044] Dies ist in der Praxis alles andere als selbstverständlich.
[1045] MüKoZPO/*Zimmermann* GVG § 13 Rn. 102.
[1046] Vgl. für einen kartellrechtlichen Sachverhalt OLG Hamburg Beschl. v. 13.9.2011 – 3 W 50/11 Rn. 21, BeckRS 2011, 25910.
[1047] Immenga/Mestmäcker/*Schmidt* GWB § 87 Rn. 4.
[1048] Vgl. etwa OLG Düsseldorf Urt. v. 18.2.2015 – VI-U (Kart) 3/14 – Zementkartell, NZKart 2015, 201.
[1049] Vgl. etwa LG Düsseldorf Urt. v. 16.1.2014 – 14c O 226/12, BeckRS 2014, 08958; LG München I Urt. v. 27.5.2015 – 37 O 11843/14, BeckRS 2015, 09563.
[1050] Vgl. etwa OLG Düsseldorf Urt. v. 29.1.2014 – VI-U (Kart) 7/13, BeckRS 2014, 17537; OLG Frankfurt Urt. v. 21.12.2010 – 11 U 37/09 Kart, BeckRS 2011, 05114.
[1051] Vgl. etwa OLG Düsseldorf Urt. v. 13.11.2013 – VI-U (Kart) 11/13, BeckRS 2013, 21406.

Hieran ändert es auch nichts, wenn die **Schadensersatzklage gegen einen Hoheitsträger** gerichtet ist, der nicht ausschließlich hoheitlich gehandelt hat. Diese Streitigkeit ist ebenfalls als bürgerlich-rechtlich zu qualifizieren, da sich insoweit keine Besonderheiten zu Streitigkeiten zwischen zwei Privatrechtssubjekten ergeben. Das GWB geht hierbei von einem **funktionalen Unternehmensbegriff** aus, nach dem grundsätzlich jede Person und jeder Verband Unternehmen im kartellrechtlichen Sinne sein kann. Dementsprechend können, wie sich auch aus § 130 Abs. 1 S. 1 GWB ergibt, Körperschaften des öffentlichen Rechts Unternehmen im Sinne des Kartellrechts sein, wenn und soweit sie wirtschaftlich tätig sind und die Leistungsbeziehung zu ihren Abnehmern privatrechtlich ausgestaltet ist.[1052] In dieser Eigenschaft unterliegen auch sie den kartellrechtlichen Verbotsnormen. Dies betrifft zB im Energiesektor gemeindeeigene Stadtwerke, soweit sie ihre Leistungen privatwirtschaftlich erbringen. Ist die Leistungsbeziehung zum Abnehmer dagegen öffentlich-rechtlich ausgestaltet und wird der Hoheitsträger rein hoheitlich tätig, ist die Körperschaft dem Anwendungsbereich des GWB grundsätzlich entzogen.[1053]

532

II. Zuständigkeit für Kartellsachen

Bezüglich der **Gerichtszuständigkeit in Kartellsachen** existieren einige **Besonderheiten,** die im Folgenden näher dargestellt werden. Vor allem bei multinationalen Kartellen, an denen Unternehmen mit Sitz in EU- und Nicht-EU-Mitgliedstaaten beteiligt sind, stellen sich zudem – gerade im Hinblick auf die internationale und örtliche Zuständigkeit – weitergehende Fragen, die bislang durch die Rechtsprechung nur teilweise geklärt sind.

533

1. Sachliche Zuständigkeit

Gemäß § 87 S. 1 GWB sind für bürgerliche Rechtsstreitigkeiten, die die Anwendung des GWB, der Art. 101 oder 102 AEUV oder der Art. 53 oder 54 EWR-Abkommen betreffen, unabhängig vom Streitwert die **Landgerichte ausschließlich zuständig.** Dies gilt nach § 87 S. 2 GWB auch dann, wenn die Entscheidung eines Rechtsstreits ganz oder teilweise von einer Entscheidung, die nach dem GWB zu treffen ist, oder von der Anwendbarkeit der Art. 101 oder 102 AEUV bzw. der Art. 53 oder 54 EWR-Abkommen abhängt.

534

Schadensersatzklagen, die auf Verstöße gegen Art. 101 und/oder 102 AEUV bzw. Vorschriften des GWB gestützt werden, unterfallen **§ 87 GWB.** Die weit überwiegende Meinung[1054] in Rechtsprechung und Literatur ordnet sie zu Recht als bürgerliche Rechtsstreitigkeiten im Sinne des § 87 S. 1 GWB ein. Die teilweise schwierigen Abgrenzungsfragen im Anwendungsbereich des § 87 S. 2 GWB[1055] stellen sich daher für Kartellschadensersatzprozesse nicht. Für diese ist die ausschließliche **(§ 95 GWB)** sachliche Zuständigkeit der Landgerichte begründet.

535

2. Funktionelle Zuständigkeit

Rechtsstreitigkeiten, bei denen sich die Zuständigkeit der Landgerichte aus § 87 GWB ergibt, sind gemäß § 95 Abs. 2 Nr. 1 GVG Handelssachen. Für diese sind gemäß § 94 GVG die **Kammern für Handelssachen zuständig.**[1056] Diese sind – abweichend von

536

[1052] OLG Düsseldorf Beschl. v. 24.2.2014 – VI-2 Kart 4/12 (V), BeckRS 2014, 06802.
[1053] OLG Düsseldorf Beschl. v. 24.2.2014 – VI-2 Kart 4/12 (V), BeckRS 2014, 06802.
[1054] Vgl. nur LG Braunschweig Beschl. v. 19.6.2013 – 5 O 552/12, BeckRS 2013, 12034; OLG Hamburg Beschl. v. 13.9.2011 – 3 W 50/11, BeckRS 2011, 25910 Rn. 21; OLG Düsseldorf Urt. v. 23.12.2003 – VI-U (Kart) 22/02, BeckRS 2003, 17924 Rn. 52; Immenga/Mestmäcker/*Schmidt* GWB § 87 Rn. 16; Langen/Bunte/*Bornkamm* GWB § 87 Rn. 11; Loewenheim/Meessen/Riesenkampff/*Dicks* GWB § 87 Rn. 15; *Bechtold/Bosch* GWB § 87 Rn. 5.
[1055] Vgl. hierzu etwa KG Beschl. v. 22.12.2009 – 23 U 180/09, BeckRS 2010, 00890 Rn. 5; OLG Celle Beschl. v. 9.7.2014 – 4 AR 35/14, BeckRS 2014, 14565 Rn. 9; zum Ganzen auch Langen/Bunte/*Bornkamm* GWB § 87 Rn. 16 ff.
[1056] Sämtliche Bundesländer haben von der Ermächtigung aus § 93 GVG in Verbindung mit den entsprechenden landesrechtlichen Vorschriften betreffend die Bildung von Handelskammern Gebrauch gemacht, vgl. MüKoZPO/*Zimmermann* GVG § 93 Rn. 2.

den allgemeinen Zivilkammern – mit einem Vorsitzenden Richter und zwei (ehrenamtlichen) Handelsrichtern besetzt, § 105 Abs. 1 GVG, und nur in den gesetzlich vorgesehenen Fällen zur Entscheidung berufen, § 95 GVG.

537 Die Kammer für Handelssachen wird nur auf Antrag des Klägers, der bereits in der Klageschrift zu stellen ist (§ 96 GVG), oder des Beklagten (§ 98 GVG) zuständig. Zu einer Verweisung an die Kammer für Handelssachen von Amts wegen ist die allgemeine Zivilkammer nicht befugt, § 98 Abs. 3 GVG. Im umgekehrten Fall, wenn eine allgemeine Zivilsache vor der Kammer für Handelssachen anhängig gemacht wurde, kann diese gemäß §§ 97 Abs. 2, 99 Abs. 2 GVG den Rechtsstreit auch von Amts wegen an die allgemeine Zivilkammer verweisen.[1057]

538 Für Rechtsstreitigkeiten, in denen **kartellrechtliche Schadensersatzansprüche** geltend gemacht werden, besteht allerdings eine „**Rückausnahme**". Für diese sind gemäß § 95 Abs. 2 Nr. 1 GVG[1058] die allgemeinen Zivilkammern funktionell zuständig. Die Ausnahme wurde mit der 8. GWB-Novelle in das GVG eingefügt. Hintergrund war, dass kartellrechtliche Schadensersatzklagen, die regelmäßig komplexe sachliche, ökonomische und rechtliche Fragen aufwerfen, vor den mit drei Berufsrichtern besetzten allgemeinen Zivilkammern verhandelt werden sollen.[1059] Hiervon umfasst sind sämtliche Schadensersatzklagen, die auf § 33 Abs. 3 GWB (§ 33a Abs. 1 RegE-GWB) und/oder § 823 Abs. 2 BGB iVm Art. 101, 102 AEUV, §§ 1, 19 GWB gestützt werden. Sofern eine kartellrechtliche Schadensersatzklage bei der Kammer für Handelssachen eingereicht wurde, kann diese die Sache wie dargestellt von Amts wegen an die allgemeine Zivilkammer verweisen.

539 Auch **negative Feststellungsklagen,** mit denen die Entscheidung begehrt wird, für einen behaupteten Schaden aus einem Kartellverstoß nicht einstehen zu müssen, müssen unter Beachtung der Gesetzesbegründung bei den allgemeinen Zivilkammern anhängig gemacht werden. Bei der Verneinung eines kartellrechtlichen Schadensersatzanspruchs stellen sich dieselben, meist komplexen Fragen, wie bei einer Leistungsklage auf Schadensersatz. Zudem kann der potenziell Geschädigte Widerklage auf Schadensersatz erheben, so dass ggf. auch die Schadenshöhe im Zusammenhang mit dem Verfahren der negativen Feststellungsklage geprüft werden muss.

540 Bei den Landgerichten, die für Kartellsachen zuständig sind (→ Rn. 554), wird per Geschäftsverteilung die Zuständigkeit bestimmter allgemeiner Zivilkammern für Kartellschadensersatzklagen begründet. Diese Kartellkammern sind auch zur Entscheidung über Anspruchsgrundlagen bzw. Einreden und Einwendungen berufen, die nicht im Kartellrecht begründet sind. Sie prüfen den vorgelegten Sachverhalt unter allen in Betracht kommenden rechtlichen Gesichtspunkten.[1060]

3. Örtliche Zuständigkeit

541 Im Hinblick auf die örtliche Zuständigkeit ist zunächst zu prüfen, ob es sich um eine Streitigkeit handelt, die in den Anwendungsbereich der EuGVVO[1061] fällt. Ist dies der Fall, folgt die örtliche Zuständigkeit dem einschlägigen **internationalen Gerichtsstand** (→ § 31) aus der EuGVVO, wenn dieser denklogisch neben der internationalen auch die örtliche Zuständigkeit regelt. Dies ist bei den im kartellrechtlichen Schadens-

---

[1057] MüKoZPO/*Zimmermann* GVG § 96 Rn. 1.
[1058] „*§ 87 des Gesetzes gegen Wettbewerbsbeschränkungen, es sei denn, es handelt sich um kartellrechtliche Schadensersatzansprüche, [...]*" (Hervorhebung nicht im Original).
[1059] Vgl. Begründung der Bundesregierung zum Gesetzentwurf, BT-Drs. 17/9852, 38.
[1060] BGH Urt. v. 6.2.2013, I ZR 13/12, BeckRS 2013, 1069 Rn. 21; OLG Köln Beschl. v. 25.9.2012 – 7 U 89/11, BeckRS 2012, 20574 Rn. 26f.; Immenga/Mestmäcker/*Schmidt* GWB § 87 Rn. 48 mwN; Bechtold/*Bosch* GWB § 88 Rn. 2.
[1061] Verordnung (EU) Nr. 1215/2012 über die gerichtliche Zuständigkeit und die Anerkennung und Vollstreckung von Entscheidungen in Zivil- und Handelssachen, ABl. 2012 L 351, 1; nach Art. 66 VO 1215/2012 gilt die EuGVVO aF für alle Verfahren, die vor dem 10.1.2015 eingeleitet wurden. Ab diesem Zeitpunkt ist die „neue" VO 1215/2012 anzuwenden. Sofern nicht anders gekennzeichnet, richten sich die zitierten Vorschriften im Folgenden nach der Nummerierung der VO 1215/2012.

ersatzprozess besonders relevanten Gerichtsständen des **Deliktsortes** (Art. 7 Nr. 2 EuGVVO) und des **Sachzusammenhangs** (Art. 8 Nr. 1 EuGVVO) jeweils der Fall, so dass mit der Feststellung der internationalen Zuständigkeit der deutschen Gerichte gleichsam auch die örtliche Zuständigkeit bestimmt ist. In allen übrigen Fällen richtet sich die örtliche Zuständigkeit nach dem autonomen Recht des zur Entscheidung berufenen Gerichts.[1062]

a) Anwendbarkeit der EuGVVO. Die EuGVVO ist nach ihrem Art. 1 Abs. 1 in Zivil- und Handelssachen anzuwenden, ohne dass es auf die Gerichtsbarkeit ankommt. Kartellrechtliche **Schadensersatzklagen sind insoweit als Zivil- und Handelssache einzuordnen.**[1063] Allerdings setzt die Anwendung der EuGVVO einen grenzüberschreitenden Bezug voraus.[1064] Reine Inlandssachverhalte, bei denen die Parteien ihren Sitz in demselben Mitgliedstaat haben und der Sachverhalt keinen sonstigen grenzüberschreitenden Anknüpfungspunkt aufweist, fallen nicht unter die EuGVVO.[1065]

542

Art. 6 Abs. 1 EuGVVO legt zudem fest, dass sich für Beklagte mit (Wohn-)Sitz in einem Nicht-EU-Staat die Zuständigkeit der Gerichte eines jeden Mitgliedstaates nach dessen eigenem Recht bestimmt. Das mitgliedstaatliche Zuständigkeitsrecht tritt allerdings dann zugunsten der EuGVVO zurück, wenn eine **ausschließliche Zuständigkeit** nach Art. 24 EuGVVO vorliegt oder eine **Gerichtsstandsvereinbarung** iSd Art. 25 EuGVVO geschlossen wurde.

543

Außerhalb des Anwendungsbereichs der EuGVVO bestimmt sich die internationale Zuständigkeit deutscher Gerichte daher nach den §§ 12 ff. ZPO. Unerheblich ist insoweit, ob die EuGVVO mangels Auslandsbezug der Streitigkeit oder mangels Beklagtensitz in der EU nicht anwendbar ist.

544

Bei einem **rein innerdeutschen Sachverhalt,** bei dem sich Kläger und Beklagte(r) jeweils mit Sitz in Deutschland gegenüberstehen und der Kartellverstoß, aus dem Schadensersatz begehrt wird, keinen Zwischenstaatlichkeitsbezug aufweist, richtet sich die örtliche Zuständigkeit folglich nach den §§ 12 ff. ZPO. Für kartellrechtliche Schadensersatzklagen sind hierbei in erster Linie der **Sitz des Beklagten (§ 17 ZPO),** der **Ort der unerlaubten Handlung (§ 32 ZPO)** sowie der **Ort einer Niederlassung (§ 21 ZPO)** relevant. Beim allgemeinen Gerichtsstand des Beklagtensitzes ergeben sich keine Besonderheiten. Bei juristischen Personen ist insoweit grundsätzlich auf ihren satzungsmäßigen Sitz bzw. Verwaltungssitz abzustellen.

545

b) Deliktsgerichtsstand nach § 32 ZPO. Für Klagen aus unerlaubten Handlungen ist gemäß § 32 ZPO das Gericht zuständig, in dessen Bezirk die Handlung begangen ist. Dabei genügt es zur Begründung der Zuständigkeit, dass der Kläger schlüssig Tatsachen behauptet, aus denen sich das Vorliegen einer im Gerichtsbezirk begangenen unerlaubten Handlung ergibt, wobei Begehungsort iSd § 32 ZPO nicht nur der Ort ist, an dem die schädigende Handlung begangen ist, sondern auch der Erfolgsort, an dem das geschützte Rechtsgut beeinträchtigt wird.[1066] Kartellverstöße fallen hierbei als unerlaubte Handlungen in den Anwendungsbereich der Vorschrift.[1067]

546

Für den Ort der unerlaubten Handlung im Sinne des § 32 ZPO ist zu beachten, dass sich deutsche Gerichte in Zukunft bei der Auslegung dieser Vorschrift an der Entscheidung des **EuGH in Sachen CDC Hydrogen Peroxide**[1068] orientieren dürften. In dieser Entscheidung, der ein Vorlagebeschluss des Landgerichts Dortmund[1069] zugrunde lag, hat-

547

[1062] Musielak/Voit/*Stadler* ZPO EuGVVO Art. 2 Rn. 2.
[1063] EuGH Urt. v. 23. 10. 2014 – C-302/13, ECLI:EU:C:2014:2319 – FlyLAL-Lithuanian Airlines.
[1064] EuGH Urt. v. 14. 11. 2013 – C-478/12, ECLI:EU:C:2013:735 Rn. 26 – Maletic.
[1065] Musielak/Voit/*Stadler* ZPO EuGVVO Art. 2 Rn. 2 mwN.
[1066] LG Düsseldorf Zwischenurt. v. 21. 2. 2007 – 34 O (Kart) 147/05, BeckRS 2007, 06320 Rn. 57 f.
[1067] OLG Düsseldorf Urt. v. 18. 2. 2015 – VI-U (Kart) 3/14, BeckRS 2015, 05317 Rn. 155.
[1068] EUGH Urt. v. 21. 5. 2015 – C-352/13, ECLI:EU:C:2015:335 – CDC Hydrogen Peroxide.
[1069] LG Dortmund Beschl. v. 29. 4. 2013 – 13 O (Kart) 23/09, BeckRS 2013, 10006.

te sich der EuGH auch mit Fragen zum Deliktsgerichtsstand aus Art. 5 Nr. 3 EuGVVO aF zu befassen.

548 Das LG Dortmund hatte dem EuGH insoweit die Frage vorgelegt, ob diese Vorschrift so ausgelegt werden müsse, dass bei einer Schadensersatzklage wegen eines Kartellverstoßes gegen mehrere, EU-weit ansässige Kartellbeteiligte das schädigende Ereignis bezogen auf alle Schäden in dem Mitgliedsstaat als eingetreten gelte, in dem die Vereinbarung betroffen und umgesetzt worden sei. Insoweit bezweifelte das vorlegende Gericht, dass der Gerichtsstand aus Art. 5 Nr. 3 EuGVVO aF bei komplexen kartellrechtlichen Zuwiderhandlungen überhaupt Anwendung finde. Des Weiteren stellte sich die Frage, wo – selbst im Fall der grundsätzlichen Anwendbarkeit der Vorschrift – der entsprechende Deliktsgerichtsstand eröffnet ist.

549 Während Generalanwalt Jääskinen in seinen Schlussanträgen[1070] die Anwendbarkeit von Art. 5 Nr. 3 EuGVVO aF auf Fälle komplexer kartellrechtlicher Zuwiderhandlungen abgelehnt hatte, schlug der EuGH einen anderen Weg ein. Er entschied, dass der **Deliktsgerichtstand bei Kartellschadensersatzklagen anwendbar sei** und bestätigte seine ständige Rechtsprechung, wonach Klagen im Deliktsgerichtsstand nach Wahl des Klägers sowohl am Handlungs- als auch am Erfolgsort erhoben werden könnten.

550 Zum Handlungsort führt der EuGH aus, dass dieser zum einen am **Gründungsort des Kartells** belegen sei. Zum anderen eröffne auch der Ort, an dem die konkret schadensursächliche Absprache getroffen worden sei, eine Handlungsortzuständigkeit. Den Erfolgsort im Sinne des Ortes, an dem der Schaden eingetreten sei, sah der EuGH am Sitz des konkret Geschädigten belegen. An dieser Erfolgsortzuständigkeit ändere sich durch etwaige Abtretungen des ursprünglich Geschädigten an Dritte nichts, so dass es bei der alleinigen Erfolgsortzuständigkeit am Sitz des ursprünglichen Geschädigten verbleiben müsse.

551 **Ungeklärt** bleibt insoweit, wo etwa der **Ort der Kartellgründung belegen ist.** In Fällen komplexer Zuwiderhandlungen gibt es oftmals keinen bestimmbaren Gründungsort. Zudem bestehen für den potenziell Geschädigten erhebliche Nachweisprobleme, da er in aller Regel keine Einsicht in die Ermittlungsakten der Kartellbehörden, hier jedenfalls die vertraulichen Kronzeugen- und Settlementerklärungen der Kartellbeteiligen, erhält. Auch die öffentliche Fassung der Behördenentscheidungen dürfte nur selten Hinweise auf den (einen) Gründungsort des Kartells geben.

552 Auch der Ort der konkret schadensursächlichen Absprache dürfte aufgrund der Heimlichkeit der Kartellabsprachen und der faktischen Unmöglichkeit, Kenntnis über Inhalte einzelner Kartelltreffen zu erhalten, allenfalls sehr schwer darzulegen sein. Inwieweit die Rechtsprechung den potenziell Kartellgeschädigten hier mit den **Grundsätzen der sekundären Darlegungslast**[1071] entgegenkommt, bleibt abzuwarten. Demgegenüber dürfte die Erfolgsortzuständigkeit bei Klägern in Zukunft beliebter sein. Sie ist leichter darzutun, weil sie nach Ansicht des EuGH am Sitz des Geschädigten begründet ist. Hier können allerdings nur diejenigen Schäden geltend gemacht werden, die durch eigene Käufe des Klägers entstanden sind. Schadensersatzansprüche Dritter, die an den Kläger abgetreten wurden, begründen nach Auffassung des EuGH keine Erfolgsortzuständigkeit am Sitz des Klägers auch für diese Schäden.

553 Offen bleibt nach der Entscheidung des EuGH, ob der Gerichtshof diejenigen Orte, an denen der Deliktsgerichtsstand eröffnet sein kann, abschließend festlegen oder nur einen „**Mindest-Anwendungsbereich**" sicherstellen wollte. Deutsche Gerichte haben in der Vergangenheit verschiedentlich in Kartellsachen Ausführungen zur internationalen Zuständigkeit gemacht, die von der zitierten Entscheidung des EuGH abweichen.[1072] Es ist

---

[1070] GA *Jääshinen*, SchlA v. 11.12.2014 – C-352/13, ECLI:EU:C:2014:2443 – CDC Hydrogen Peroxide.
[1071] Vgl. hierzu etwa MüKoZPO/*Wagner* ZPO § 138 Rn. 20f.
[1072] Vgl. etwa BGH Urt. v. 29.1.2013 – KZR 8/10, BeckRS 2013, 03164 Rn. 16: „*Damit liegt der Erfolgsort des Verhaltens der Klägerinnen auch in Deutschland, weil die Parteien nach dem insoweit maßgeblichen Vorbringen der Klägerinnen* **auf dem deutschen Markt im Wettbewerb** *stehen und sich etwaige – von ihnen in Abrede gestellte – wettbewerbsbeschränkende Verhaltensweisen der Klägerinnen* **unmittelbar auf dem deutschen Markt auswir-**

jedoch davon auszugehen, dass die deutschen Gerichte in Zukunft auf die Linie des EuGH einschwenken, wenn sie über die Deliktsortzuständigkeit nach der EuGVVO zu entscheiden haben. Gleiches gilt für Verfahren, in denen sich der Kläger zur Zuständigkeitsbegründung auf § 32 ZPO beruft. Da § 32 ZPO und Art. 7 Nr. 2 EuGVVO den gleichen Regelungsgehalt haben und es durchaus vorkommen kann, dass in einem Schadensersatzprozess gegen mehrere Kartellbeteiligte mit Sitz in und außerhalb der EU beide Vorschriften nebeneinander angewendet werden müssen, ist eine identische Auslegung durch die deutschen Gerichte wahrscheinlich, wenngleich nicht rechtlich zwingend.

c) Zuständigkeitskonzentration nach § 89 Abs. 1 GWB. Hat man das international und örtlich zuständige deutsche Gericht bestimmt, kommt § 89 Abs. 1 GWB zum Tragen.[1073] Danach sind **nur bestimmte Landgerichte für kartellrechtliche Streitigkeiten zuständig**, wenn das jeweilige Bundesland von der entsprechenden Ermächtigung Gebrauch gemacht hat. Dies ist in sämtlichen Flächenbundesländern – mit Ausnahme des Saarlands und Thüringens – der Fall. Normzweck ist die Vereinheitlichung der Rechtsprechung in Kartellrechtssachen, die im Sinne der **Prozessökonomie** und **Sicherstellung einer qualifizierten Rechtspflege durch spezialisierte Spruchkörper** ausgeübt wird. An den Kartell-Landgerichten, die in den landesrechtlichen Regelungen bestimmt sind, werden zudem per Geschäftsverteilung die Kartellsachen wie dargestellt bestimmten Kammern zugewiesen. Auch dadurch wird eine weitere Konzentration von kartellrechtlichen Zivilprozessen erreicht.

554

Die Zuständigkeit der nach § 89 Abs. 1 GWB in Verbindung mit der entsprechenden landesrechtlichen Vorschrift bestimmten Landgerichte ist ebenfalls ausschließlich, § 95 GWB.

555

Beispiel:
Der an einem Kartell beteiligte Lieferant hat seinen Sitz in Essen. Eine Klage auf Schadensersatz, die sich auf Verstöße gegen kartellrechtliche Verbotsnormen stützt, wäre aufgrund der Zuständigkeitskonzentration in NRW nicht vor dem Landgericht Essen als allgemeinem Gerichtsstand des Lieferanten, sondern vor dem Landgericht Dortmund, dort bei der Zivilkammer, zu erheben.[1074]

556

Eine Klage vor dem Landgericht Essen wäre unzulässig; weder durch Gerichtsstandsvereinbarung[1075] (§ 40 Abs. 2 S. 1 Nr. 2 ZPO) noch durch rügelose Einlassung (§ 40 Abs. 2 S. 2 ZPO) könnte eine Zuständigkeit begründet werden. Stellt der Kläger keinen Verweisungsantrag zum Landgericht Dortmund nach § 281 Abs. 1 ZPO, ist die Klage als unzulässig abzuweisen. Der Verweisungsantrag kann auch bereits mit Klageerhebung als Eventualantrag gestellt werden, wenn erhebliche Unsicherheiten hinsichtlich der Einordnung als Kartellsache bestehen. Erforderlich ist dies jedoch nicht, so dass auch erst die Klageerwiderung und ggf. ein Hinweis des Gerichts abgewartet werden kann. Allerdings ist insoweit die Kostentragungspflicht des § 281 Abs. 3 S. 2 ZPO auch für den Obsiegensfall zu beachten.

Erhebt der Kläger in einer Streitigkeit, die er irrtümlich als Kartellsache einordnet, Klage zum nach § 89 GWB iVm der entsprechenden landesrechtlichen Vorschrift vorgesehenen Gericht, ist die örtliche Zuständigkeit nur dann zu bejahen, wenn das angerufene

557

---

ken." (Hervorhebung nicht im Original); LG Dortmund Urt. v. 1.4.2004 – 13 O 55/02 Kart, BeckRS 2010, 02135 Rn. 15; OLG Hamburg Urt. v. 19.4.2007 – 1 (Kart) U 5/06, BeckRS 2007, 14904 Rn. 33: Erfolgsort dort, wo sich Wettbewerbsbeschränkung auswirkt; wenn gemeinsamer Absatzmarkt in Deutschland, Erfolgsortzuständigkeit in D gegeben.
[1073] Zum Streit um die Frage, welche „Art" der Zuständigkeit § 89 GWB regelt, vgl. Immenga/Mestmäcker/*Schmidt* GWB § 89 Rn. 4.
[1074] Vorbehaltlich anderweitiger besonderer Gerichtsstände wie etwa des Deliktsortes nach § 32 ZPO, die neben den allgemeinen Gerichtsstand des Beklagtensitzes treten. Auch dabei ist jedoch – auch wenn der Deliktsort in einem Nicht-Kartellgerichtsbezirk belegen ist – das gemäß der landesrechtlichen Regelung vorgesehene Landgericht zuständig.
[1075] Immenga/Mestmäcker/*Schmidt* GWB § 89 Rn. 6 mwN; Loewenheim/Meessen/Riesenkampff/*Dicks* GWB § 87 Rn. 25; Langen/Bunte/*Bornkamm* GWB § 95 Rn. 2; Wiedemann/*Bumiller* HdB KartellR § 60 Rn. 12.

§ 26

Gericht zufällig auch nach den allgemeinen Vorschriften der ZPO zuständig ist. Anderenfalls kann sich eine Zuständigkeit des angerufenen Gerichts nur aus den §§ 38 ff. ZPO, also etwa aufgrund von rügeloser Einlassung ergeben.[1076] Auch insoweit verbleibt für den Kläger die **Möglichkeit eines Verweisungsantrags** nach § 281 Abs. 1 ZPO.

4. Gerichtsstandsklauseln

558 Bislang war umstritten, ob kartellrechtliche Schadensersatzansprüche von einer Gerichtsstandsklausel bspw. in Lieferverträgen erfasst sein können.[1077] Der **EuGH** hat in Sachen **CDC Hydrogen Peroxide** hier insoweit eine Klärung herbeigeführt, als dass Gerichtsstandsklauseln im Anwendungsbereich der EuGVVO, die sich in abstrakter Weise auf „Rechtsstreitigkeiten aus Vertragsverhältnissen" beziehen, nicht einen Rechtsstreit erfassen, in dem ein Vertragspartner aus deliktischer Haftung wegen eines Kartellverstoßes in Anspruch genommen wird.[1078] Ein solcher Rechtsstreit sei für den Geschädigten im Zeitpunkt seiner Zustimmung zu der **Gerichtsstandsklausel nicht hinreichend vorhersehbar,** weil dem Geschädigten eine Beteiligung seines Vertragspartners an dem rechtswidrigen Kartell zu diesem Zeitpunkt nicht bekannt war. Es könne daher nicht davon ausgegangen werden, dass der Rechtsstreit auf den Vertragsverhältnissen beruhe.[1079]

559 Da viele Gerichtsstandsklauseln die Wendung „sämtliche Streitigkeiten aus diesem Vertragsverhältnis" so oder ähnlich enthalten, werden sich Kläger und Beklagte in Zukunft wohl nicht mehr erfolgreich hierauf berufen können, wenn kartelldeliktische Schadensersatzansprüche geltend gemacht werden. Anders dürfte dies zu beurteilen sein, wenn Streitigkeiten wegen eines im Vertrag vorgesehenen **pauschalierten Schadensersatzes für Kartellverstöße** (→ Rn. 609 ff.) in Rede stehen. Dabei handelt es sich um Streitigkeiten aus Vertrag, weil ein im Vertrag vorgesehener – und kein deliktischer – Anspruch geltend gemacht wird. Der zugrundeliegende Kartellverstoß ist zwar deliktischer Natur, die Klausel zur Schadenspauschalierung ist jedoch von den Parteien bewusst in den Vertrag aufgenommen worden.

5. Schiedsvereinbarungen

560 Generalanwalt Jääskinen hat in Sachen CDC Hydrogen Peroxide die vorstehenden Überlegungen auch auf Schiedsklauseln angewandt. Er verneint in den Fällen, in denen der Vertragspartner – wie in aller Regel – keine Kenntnis vom Kartellverstoß hatte und daher nicht vorhersehen konnte, dass entsprechende deliktische Streitigkeiten von der Schiedsklausel erfasst sein könnten, eine Erstreckung solcher Klauseln auf kartellrechtliche Schadensersatzansprüche.[1080] Der EuGH hat dies nicht aufgegriffen, sondern sich allein mit der Anwendbarkeit von Gerichtsstandsklauseln auseinander gesetzt. Es bleibt also im **Einzelfall zu prüfen, ob Schiedsklauseln auch kartellrechtliche Schadensersatzansprüche erfassen,** wobei die von Generalanwalt Jääskinen vorgebrachten Bedenken nicht von der Hand zu weisen sind. Dies könnte freilich dazu führen, dass der Schiedsgerichtsbarkeit ein in der Praxis künftig immer wichtiger werdender Bereich kartellrechtlicher Streitigkeiten – jedenfalls zunächst – weitgehend entzogen ist.

III. Klage

561 Viele potenziell durch ein Kartell Geschädigte sind heute bereit – oder auch aufgrund der eigenen Corporate Compliance gezwungen – Schadenersatzansprüche geltend zu machen und die Kartellbeteiligten ggf. auch gerichtlich auf Schadensersatz in Anspruch zu neh-

---

[1076] Langen/Bunte/*Bornkamm* GWB § 89 Rn. 6.
[1077] Vgl. hierzu etwa OLG Stuttgart Urt. v. 9.11.1990 – 2 U 16/90, BeckRS 1990, 03364; *Wurmnest* EuZW 2012, 933 (935 f.).
[1078] EUGH Urt. v. 21.5.2015 – C-352/13, ECLI:EU:C:2015:335 Rn. 69 – CDC Hydrogen Peroxide.
[1079] EUGH Urt. v. 21.5.2015 – C-352/13, ECLI:EU:C:2015:335 Rn. 69 f. – CDC Hydrogen Peroxide.
[1080] GA *Jääshinen*, SchlA v. 11.12.2014 – C-352/13, ECLI:EU:C:2014:2443 Rn. 132 – CDC Hydrogen Peroxide.

men. Hierbei stellen sich auf beiden Seiten einige taktische Fragen und rechtliche Besonderheiten, auf die im Folgenden eingegangen werden soll.

Vorab bleibt festzuhalten, dass sich das **Prozessstatut bei Klagen auf Schadensersatz aus Kartellen nach der lex fori richtet,** in Deutschland also grundsätzlich das deutsche Prozessrecht Anwendung findet. Dieser Grundsatz ist auch in Verfahren anzuwenden, in denen das Gericht den ihm vorgelegten Sachverhalt nach ausländischem materiellen Recht zu beurteilen hat oder in denen die Parteien ihren Sitz im Ausland haben.[1081]

562

1. Vorüberlegungen

Vor Einreichung einer kartellrechtlichen Schadensersatzklage werden der potenziell Geschädigte (und meist auch der Kartellbeteiligte) überlegen, ob die Komplexität des Sachverhalts die frühzeitige Einbindung von Ökonomen erforderlich macht. Dies ist in der Praxis schon heute die Regel. Die **frühzeitige Einbeziehung von Ökonomen** dient aber nicht nur der Prozessvorbereitung. Sie liefert potenziell Geschädigten und Kartellbeteiligten bereits im Vorfeld eine erste Einschätzung dazu, ob und in welcher ungefähren Höhe überhaupt ein Schaden entstanden ist. Gerade im Fall horizontaler Preis- und/oder Quotenkartelle ist die Einbeziehung von Ökonomen, die sich auf die Berechnung von Kartellschäden spezialisiert haben, empfehlenswert. Dadurch kann zum einen die Substantiierung der Klageforderung signifikant erleichtert werden. Zum anderen kann dies dazu beitragen, dem potenziell Geschädigten einen Eindruck zu verschaffen, ob sich ein Vorgehen überhaupt „lohnen" könnte. Dies gilt spiegelbildlich für den potenziellen Schädiger. Er kann seine Verteidigungschancen besser einschätzen und ggf versuchen, auf eine frühzeitige außergerichtliche Einigung hinzuwirken. Die Beauftragung von ökonomischen Beratern ist zwar mit nicht unerheblichen Kosten verbunden, gibt jedoch für Vergleichsverhandlungen und für die weitere Strategie im Gerichtsverfahren wertvolle Hilfestellungen. Zudem sind erforderliche Gutachterkosten der Parteien als Schadensposition möglicherweise ersatzfähig.

563

Schwierigkeiten ergeben sich bei der Vorbereitung einer Klage häufig bereits bei der **Substantiierung des betroffenen Einkaufsvolumens.** Der Kläger muss darlegen, dass er von den Kartellbeteiligten im Kartellzeitraum das kartellierte Produkt abgenommen hat und welche Mengen zu welchem Preis bezogen wurden. Da Kartelle teilweise über Jahrzehnte praktiziert, regelmäßig erst Jahre nach ihrem Ende von den Kartellbehörden aufgedeckt bzw. geahndet und Abnehmer vor entsprechenden Ermittlungen bzw. Entscheidungen der Kartellbehörden meist keine Kenntnis von den geheimen Absprachen erlangen werden, liegen zwischen Käufen bei den Kartellbeteiligten und der Vorbereitung einer Schadensersatzklage oft viele Jahre. In dieser Zeit mag die Dokumentation über die Geschäftsbeziehungen vernichtet worden sein; möglicherweise ist auch aufgrund von Umstellungen der IT-Systeme eine zweifelsfreie Zuordnung von Einkäufen nicht mehr möglich. Zudem muss der Kläger, wenn die Beklagten die Höhe des betroffenen Einkaufsvolumens – wie regelmäßig – bestreiten, im Prozess theoretisch die gesamte Dokumentation, also Rechnungen, Bestellungen, Lieferscheine etc, Gericht und Gegenseite zur Verfügung stellen. Gegebenenfalls muss diese Dokumentation dann noch von einem Sachverständigen gesichtet und seinen Berechnungen zur Höhe des Schadens zugrunde gelegt werden. Es empfiehlt sich daher für potenziell geschädigte Unternehmen, bereits im Vorfeld der Klage mit den entsprechenden Fachabteilungen (bspw. Einkaufsabteilung, IT, Controlling) zu klären, wie die Dokumentationslage ist und diese den ggf. hinzuziehenden Ökonomen zur Verfügung zu stellen.

564

In diesem Zusammenhang ist aus Klägersicht auch zu prüfen, ob die vorliegenden Informationen ausreichen, um direkt eine Leistungsklage auf Schadensersatz zu erheben. Ist die Bezifferung des Schadens nicht möglich und sind weitere Informationen erforderlich,

565

[1081] Musielak/Voit/*Musielak* ZPO Einleitung Rn. 14.

die nur aus der Sphäre der Kartellbeteiligten kommen können, wird der Kläger regelmäßig eine Stufenklage nach § 254 ZPO, zunächst gerichtet auf Auskunft, erheben. Auch eine **Klage auf Feststellung der Haftung für kartellbedingte Schäden** ist zulässig, wenn eine Bezifferung der Schäden (noch) nicht möglich ist. Gemäß § 204 Abs. 1 Nr. 1 BGB wird auch durch die Zustellung einer Feststellungsklage die Verjährung etwaiger Schadensersatzansprüche (→ Rn. 421) gehemmt.

566 In einem nächsten Schritt ist vom potenziell Geschädigten zu überlegen, **gegen wen vorgegangen werden soll.** Adressaten von Bußgeldentscheidungen der Europäischen Kommission oder der nationalen Kartellbehörden haben insoweit aus Klägersicht den Vorteil, dass für diese gemäß Art. 16 Abs. 1 VO 1/2003 und § 33 Abs. 4 GWB bindend feststeht, dass ein Kartellverstoß begangen wurde. Dieser ansonsten vom Kläger zu beweisende Umstand kann also der Klage bereits zugrunde gelegt werden. Falls die Europäische Kommission eine Zuwiderhandlung festgestellt und hierfür auch die Muttergesellschaften der direkt am Kartell beteiligten Töchter bebußt hat, ist ferner ein Vorgehen auch gegen die Muttergesellschaften zu prüfen. Diese sind in aller Regel besser kapitalisiert, als die direkt am Kartell beteiligten Tochtergesellschaften.

567 Weder EuGH noch nationale Obergerichte haben sich bislang – soweit ersichtlich – mit der Frage beschäftigt, ob die **Muttergesellschaft,** die – wie häufig – von der Kommission nur als Teil der wirtschaftlichen Einheit bebußt wurde, am Kartell direkt aber nicht beteiligt war, auch zivilrechtlich für Verstöße der **Tochtergesellschaft** haftet.[1082] In der Literatur wird diese Frage unterschiedlich beantwortet.[1083] Sie soll an dieser Stelle nicht weiter vertieft werden (zur **Passivlegitimation** → Rn. 431 ff.); aus taktischer Sicht empfiehlt es sich jedoch für den Kläger, auch die Muttergesellschaft als Adressatin der kartellbehördlichen Entscheidung gesamtschuldnerisch in Anspruch zu nehmen, so lange diese Frage nicht höchstrichterlich entschieden ist. Dadurch kann unter anderem die Verjährung von möglichen Ansprüchen gegen die Muttergesellschaft verhindert, zusätzlicher Druck auf die gesamte Unternehmensgruppe aufgebaut und das Risiko einer Insolvenz der direkt beteiligten Tochtergesellschaft zunächst abgefedert werden. Zudem führt die Klageerhebung auch gegen die Muttergesellschaft – zumindest nach deutschem Recht – regelmäßig nur zu geringfügig höheren Kosten. Die Gerichtskosten erhöhen sich durch die Inanspruchnahme eines weiteren Gesamtschuldners nicht. Sofern Mutter- und Tochtergesellschaft durch denselben Prozessbevollmächtigten vertreten werden, erhöht sich zudem die Verfahrensgebühr nur von 1,3 auf 1,6, also um den Faktor 0,3.[1084]

568 Darüber hinaus empfiehlt es sich aus Klägersicht, mehrere Kartellbeteiligte gemeinsam als Gesamtschuldner in Anspruch zu nehmen, wenn für diese ein einheitlicher Gerichtsstand begründet ist.[1085] Im Falle eines obsiegenden Urteils kann dann gegen jeden der verurteilten Gesamtschuldner der gesamte zugesprochene Betrag vollstreckt werden. Dies ist auch in vielen anderen Jurisdiktionen, die das Institut der Gesamtschuld kennen, so vorgesehen.[1086] Die Schadensersatzrichtlinie gibt dies nunmehr in Art. 11 Abs. 1 ebenfalls ausdrücklich vor. Weiterer Vorteil ist, dass bei einem Verfahren gegen mehrere **Kartellbeteiligte als Gesamtschuldner** wie dargestellt die Gerichtsgebühren nur einmal anfallen.

569 Ist entschieden, ob und gegen wen vorgegangen werden soll, muss geprüft werden, **wo die Klage erhoben werden kann** (→ Rn. 541 ff. und § 31). Beliebte Foren für kartellrechtliche Schadensersatzklagen sind derzeit vor allem Großbritannien (→ § 36), die Nie-

---

[1082] Das LG Berlin (Urt. v. 6.8.2013 – 16 O 193/11 Kart, BeckRS 2013, 22659 Rn. 80 ff.) hat einen „Haftungsdurchgriff kraft Konzernverbundenheit zulasten der Muttergesellschaft abgelehnt."
[1083] Vgl. hierzu nur *Scheidtmann* WRP 2010, 499; *Bürger* WuW 2011, 130; *Kersting* Der Konzern 2011, 445; *Kersting* WuW 2014, 1156.
[1084] Zif. 1008 VV RVG.
[1085] Kartellmitglieder haften nach deutschem Recht gemäß §§ 830, 840 BGB als Gesamtschuldner, vgl. BGH Urt. v. 28.6.2011 – KZR 75/10, NJW 2012, 928 (935) – ORWI.
[1086] So etwa in den USA, Frankreich, den Niederlanden, Österreich, Großbritannien und Dänemark.

derlande (→ § 32, Rn. 32 ff.) und Deutschland, wobei jede Jurisdiktion jeweils Vor- und Nachteile für Kläger wie Beklagte hat.[1087] Bei einer Klage in Deutschland wird der Kläger – sofern möglich und wenn sich das überhaupt ermitteln lässt – unter mehreren örtlich zuständigen Landgerichten dasjenige auswählen, das als eher „klägerfreundlich" gilt.

Aus **Beklagtensicht** stellen sich die oben behandelten taktischen Fragen zunächst nicht immer in gleichem Maße. Wenn jedoch ein Anspruch geltend gemacht wurde – sei es gerichtlich oder vorprozessual – muss das Vorbringen des Anspruchstellers auch vom Beklagten unternehmensintern geprüft werden. Insbesondere bei der Prüfung der Schadenshöhe ist regelmäßig Unterstützung von Ökonomen erforderlich. Dies hilft dabei, das „maximale" Risiko für das Unternehmen zu bewerten und die „Verhandlungsmasse" für eine mögliche vergleichsweise Einigung zu bestimmen. Die Art und Weise der Verteidigung gegenüber geltend gemachten Ansprüchen hängt sicher auch davon ab, ob etwa in der öffentlichen Fassung der kartellbehördlichen Entscheidung Aussagen dazu getroffen werden, dass das Kartell tatsächlich zu überhöhten Preisen geführt hat, und wie das Risiko zu bewerten ist, dass Geschädigte Einsicht in die Akten der Kartellbehörde erhalten. Dies kann dazu beitragen, dass die potenziell Geschädigten ihre Ansprüche einfacher und ggf. besser substantiieren können. Zudem ist zu erwägen, durch eine vergleichsweise Regelung unternehmensinterne Ressourcen, Zeit und Geld zu sparen und das Unternehmen aus einem öffentlichen Zivilgerichtsprozess (und ggf. den Medien) herauszuhalten. 570

2. Informationsbeschaffung für die Substantiierung der Klage

Kartellgeschädigte Kläger sehen sich oft der Situation gegenüber, dass ihnen Informationen zur Funktionsweise, Durchführung und Effektivität des Kartells aufgrund der Heimlichkeit der Kartellabsprachen nicht zur Verfügung stehen. 571

Daher gibt es immer wieder Versuche von Geschädigten, **Einsicht in die Ermittlungsakten der Kartellbehörden** und hier insbesondere in Kronzeugenerklärungen zu erhalten. Die Kartellbehörden lehnen dies regelmäßig unter Verweis auf Ermittlungsinteressen und die notwendige Effektivität der Kronzeugenregelungen, die durch Einsicht in die Akten gefährdet werden kann, ab. Dies ist vom EuGH[1088] im Grundsatz für zulässig erachtet worden (wenn auch eine Abwägung im Einzelfall erforderlich sein soll) und auch die Schadensersatzrichtlinie sieht in Art. 6 Abs. 6 vor, dass Einsicht in Kronzeugen- sowie Settlementerklärungen nicht gewährt wird. Dies wird in § 33g Abs. 4 RegE-GWB in deutsches Recht umgesetzt. 572

Dies ist aus Sicht potenzieller Kläger ggf. misslich, weil Einblicke in diese Informationen möglicherweise zur Substantiierung der Klage und letztlich zum Ausgang des Rechtsstreits beitragen können. Die Relevanz von Kronzeugenanträgen für die Gelendmachung von Schadenersatzansprüchen ist aber keineswegs gesichert. Denn die **Zielrichtungen von Kartellbußgeldverfahren und Kartellschadensersatzverfahren sind nicht deckungsgleich.** Im Kartellbußgeldverfahren geht es um den Nachweis des Kartellverstoßes und nicht um den Nachweis, in welchem Umfang ein Kartell tatsächlich und „gewinnbringend" funktioniert hat. Es ist also keineswegs zwingend, dass Informationen aus den Kronzeugenregelungen Rückschlüsse auf den Kartellschaden zulassen. Darüber hinaus erscheint es im Ergebnis gerechtfertigt, einem Kläger gerade in diese sensiblen Informationen, die von den Kronzeugen unter Verzicht auf den nemo tenetur-Grundsatz und in Erwartung der Vertraulichkeit an die Kartellbehörden übermittelt wurden, kein Einsichtsrecht zu geben. 573

Geschädigte haben jedoch einen Anspruch auf **ermessensfehlerfreie Entscheidung über die Einsicht in Akten der Kartellbehörden** in einem Verwaltungsverfahren.[1089] Insoweit kann das Interesse zur Vorbereitung einer zivilrechtlichen Schadensersatzklage 574

[1087] *Kuijpers/Tuinenga/Wisking/Dietzel/Campbell/Fritzsche* JECLP 2015, 1.
[1088] EuGH Urt. v. 16.6.2011 – C-360/09, ECLI:EU:C:2011:389 – Pfleiderer; EuGH Urt. v. 6.6.2013 – C-536/11, ECLI:EU:C:2013:366 – Donau Chemie.
[1089] OLG Frankfurt Beschl. v. 4.9.2014 – 11 W 3/14 (Kart), BeckRS 2014, 21532 Rn. 35.

geeignet sein, ein berechtigtes Interesse für die Akteneinsicht zu begründen.[1090] Akteneinsichtsrechte können sich darüber hinaus aus § 29 VwVfG, § 1 IFG Bund bzw. den entsprechenden landesrechtlichen Regelungen, § 46 Abs. 1 OWiG iVm § 406e Abs. 1 StPO, § 475 Abs. 1 StPO bzw. – auf europäischer Ebene – aus der Transparenzverordnung[1091] ergeben.[1092] Nach § 89c Abs. 5 RegE-GWB finden allerdings die Akteneinsichtsrechte nach §§ 406e und 475 StPO neben der Sonderregelung in § 89c Abs. 1 bis 3 RegE-GWB keine Anwendung mehr, soweit es um die Geltendmachung eines kartellrechtlichen Schadensersatzanspruches geht.

575 Ist die Klage bereits eingereicht, gewährt die ZPO dem Kläger weitere Möglichkeiten, an Informationen der Kartellbeteiligten zu gelangen. So kann das Gericht gemäß **§ 142 ZPO** anordnen, dass eine Partei oder ein Dritter die in ihrem oder seinem Besitz befindlichen Urkunden und sonstigen Unterlagen, auf die sich eine Partei bezogen hat, vorlegt. Nicht abschließend geklärt ist allerdings, wie konkret die Urkunden in der Bezugnahme der Partei, die die Anordnung der Vorlage begehrt, bezeichnet sein müssen.[1093] Eine „Ausforschung" durch die allgemeine Bezugnahme auf nicht näher spezifizierte umfangreiche Akten **ist nicht zulässig**.[1094] Da der Geschädigte regelmäßig nicht weiß, in welchen Unterlagen sich für ihn möglicherweise günstige Informationen befinden, hat § 142 ZPO bislang im Kartellschadensersatzprozess nur eine eher untergeordnete Bedeutung erlangt.

576 Daneben kann bei Gericht angeregt werden, **die Akten des Bundeskartellamtes und/oder der Staatsanwaltschaft gemäß § 273 Abs. 2 Nr. 2 ZPO iVm § 474 Abs. 1 StPO beizuziehen bzw. um Übermittlung der Kommissionsakten nach Art. 15 Abs. 1 VO 1/2003 zu ersuchen.** Damit hat der Geschädigte zwar noch kein eigenes Einsichtsrecht, da § 474 Abs. 1 StPO und Art. 15 Abs. 1 VO 1/2003 nur für das ersuchende Gericht einschlägig sind und auch § 299 Abs. 1 ZPO kein Recht zur Einsicht in beigezogene Akten gewährt. Nur sofern diese Akten bei der Entscheidung Verwertung finden sollen, können die Parteien gemäß Art. 103 Abs. 1 GG verlangen, dass ihnen diese Akten zur Kenntnisnahme vorgelegt werden.[1095] Das Zivilgericht hat nach Übersendung der Akten in eigener Verantwortung und Zuständigkeit zu prüfen, inwieweit eine Verwendung der durch die Akteneinsicht erlangten Daten im Zivilprozess unter Berücksichtigung schützenswerter Interessen der dortigen Beklagten erfolgen kann.[1096] Dies kann dem Kläger im Einzelfall einen wichtigen Informationsgewinn bringen. Nach § 89c RegE-GWB kann das Gericht im Schadensersatzprozess Unterlagen und Informationen aus Behördenakten auf Antrag zum Gegenstand des zivilrechtlichen Schadensersatzprozesses und damit den Prozessparteien zugänglich machen. Bei der Regelung handelt es sich um eine Sonderregelung zu dem weiterhin möglichen gerichtlichen Ersuchen um Vorlage der Akte nach § 273 Abs. 2 ZPO und der Akteneinsichtsgewährung nach § 299 ZPO. § 89c RegE-GWB verlangt, dass der Antragsteller möglichst genau darlegt, welche Beweismittel er benötigt und warum sie benötigt werden. Die Entscheidung über den Antrag unterliegt einer Verhältnismäßigkeitsprüfung durch das erkennende Gericht.

[1090] OLG Frankfurt Beschl. v. 4.9.2014 – 11 W 3/14 (Kart), BeckRS 2014, 21532 Rn. 38.
[1091] Verordnung (EG) Nr. 1049/2001 über den Zugang der Öffentlichkeit zu Dokumenten des Europäischen Parlaments, des Rates und der Kommission, ABl. 2001 L 145, 43.
[1092] Zum Ganzen *Mestmäcker/Schweitzer* § 23 Rn. 59a ff.; zum österreichischen Recht vgl. OGH als KOG Beschl. v. 28.11.2014 – 16 Ok 9/14f, GRUR Int. 2015, 502.
[1093] Musielak/Voit/*Stadler* ZPO § 142 Rn. 4.
[1094] Saenger/*Wöstmann* ZPO § 142 Rn. 4.
[1095] OLG Hamm Beschl. v. 26.11.2013 – III-1 VAs 116–120/13 und 122/13, BeckRS 2014, 00949 Rn. 43; bestätigt durch BVerfG Beschl. v. 6.3.2014 – 1 BvR 3541/13 ua, BeckRS 2014, 49398 Rn. 29.
[1096] OLG Hamm Beschl. v. 26.11.2013 – III-1 VAs 116–120/13 und 122/13, BeckRS 2014, 49398 Rn. 43.

Weitere, bislang im Kartellschadensersatzprozess jedoch eher selten genutzte Instrumente finden sich in **§ 425 ZPO (Vorlegung von Urkunden durch die gegnerische Partei) und in § 445 ZPO (Antrag auf Vernehmung der gegnerischen Partei).**[1097] 577

Auch in der Schadensersatzrichtlinie ist die Offenlegung von Beweismitteln vorgesehen, vgl. Art. 5 Abs. 1. Allerdings gehen die darin enthaltenen Möglichkeiten nicht wesentlich über § 142 ZPO hinaus. Etwas anderes gilt für die geplante Umsetzung der Schadensersatzrichtlinie in das deutsche Recht. Nach § 33g Abs. 1 RegE-GWB erhalten potentiell Geschädigte einen selbständigen materiellen Anspruch auf Auskunft und Herausgabe von Beweismitteln unter den in § 33g RegE-GWB dargelegten Voraussetzungen. Dieser Anspruch kann prozessual unabhängig von einem Schadensersatzprozess, also zB auch zur Vorbereitung von Vergleichsverhandlungen, geltend gemacht werden. Nach § 33g Abs. 3 RegE-GWB hängen Inhalt und Reichweite des Herausgabe- und Auskunftsanspruchs von einer umfassenden Interessenabwägung im Rahmen einer Verhältnismäßigkeitsprüfung ab. 578

Nach § 33g Abs. 4 RegE-GWB sind **Kronzeugenerklärungen und Vergleichsausführungen vom Herausgabe- und Auskunftsanspruch ausgenommen.** Zur Überprüfung, ob bestimmte Informationen unter den Ausschlusstatbestand fallen, kann eine Herausgabe zur Überprüfung beim Gericht der Hauptsache nach § 89b Abs. 8 RegE-GWB erfolgen. Inwieweit diese Neuregelungen die Informationsbeschaffung zugunsten möglicher Geschädigter verbessern, muss die Praxis der kommenden Jahre zeigen. Es ist aber in jedem Fall klar erkennbar, dass der Gesetzgeber spezifische Möglichkeiten für die verbesserte Informationsbeschaffung von Schadenersatzklägern schaffen will – unter Wahrung der öffentlichen Interessen an einer wirksamen Kartellbekämpfung als auch der Grundsätze des deutschen Zivilprozessrechts. 578a

Eine andere Möglichkeit, an interne Informationen zum Kartell und möglicherweise zur Substantiierung einer Schadensersatzklage zu gelangen, besteht darin, eine entsprechende Vereinbarung im Rahmen eines **Vergleichs mit einzelnen Kartellbeteiligten** abzuschließen. In einem solchen Vergleich kann sich ein Kartellbeteiligter verpflichten, neben der Zahlung eines Kompensationsbetrages auch Informationen zu übermitteln. Hierzu wird am ehesten der Kronzeuge des Bußgeldverfahrens bereit sein, da dieser schon gegenüber den Behörden Dokumentation und Einblicke zur Verfügung gestellt hat. Erscheinen die in Aussicht gestellten Informationen hilfreich, kann ein Abschlag auf die Vergleichssumme gewährt werden. 579

3. Formulierung des Antrags

Bei der Stellung der Anträge gewährt das deutsche Recht dem Kläger gewisse Spielräume, denen auch und gerade in kartellrechtlichen Schadensersatzprozessen gesteigerte Bedeutung zukommt. Da die Höhe des potenziellen Schadens regelmäßig nur durch ökonomische Sachverständigengutachten und selbst dann nicht mit 100-prozentiger Sicherheit festgestellt werden kann, ist für die Gerichte die Möglichkeit der Schadensschätzung nach § 287 ZPO (→ Rn. 607 f.) eröffnet. 580

a) Bestimmtheit des Antrages – Mindestbetrag. Im Einklang mit § 253 Abs. 2 Nr. 2 ZPO kann der Kläger die Höhe des geforderten Schadensersatzes in das Ermessen des Gerichts stellen. Dies ist für Schadensersatzansprüche, deren Höhe von einer gerichtlichen Schätzung abhängt, anerkannt.[1098] Der Klageantrag ist in diesem Fall hinreichend bestimmt, wenn die **Berechnungs- oder Schätzgrundlagen** für den behaupteten Schaden umfassend dargelegt und die Größenordnung des geltend zu machenden Schadens – in der Regel durch die Angabe eines Mindestbetrags – beziffert werden.[1099] 581

[1097] Vgl. zum Ganzen *Jüntgen* Die prozessuale Durchsetzung privater Ansprüche im Kartellrecht, 108 ff.
[1098] MüKoZPO/*Becker-Eberhard* ZPO § 253 Rn. 122; Musielak/Voit/*Foerste* § 253 Rn. 35.
[1099] OLG Düsseldorf Urt. v. 14.5.2008 – VI-U (Kart) 14/07, BeckRS 2008, 10947 Rn. 42; bestätigt durch BGH Beschl. v. 7.4.2009 – KZR 42/08, BeckRS 2009, 10483.

582 Als **Mindestbetrag** können beispielsweise zehn Prozent der Einkaufsumsätze des Abnehmers hinsichtlich des kartellierten Produktes im Kartellzeitraum zugrunde gelegt werden. Dieser Prozentsatz entspricht dem vom Bundeskartellamt und dem amerikanischem Department of Justice für die Bußgeldbemessung anerkannten **Gewinnpotential eines Kartellverstoßes.**[1100] Derartige, durchaus sehr klägerfreundliche „Richtwerte" gelten auch im zivilrechtlichen Bereich. So wird etwa in Ungarn nach Artikel 88/C des Wettbewerbsgesetzes in kartellrechtlichen Schadensersatzprozessen vermutet, dass Preisabsprachen zu einer Preisüberhöhung von zehn Prozent geführt haben.[1101]

583 **b) Zinsantrag.** Bei der Stellung des Zinsbetrages ist zu beachten, dass seit der 7. GWB-Novelle in § 33 Abs. 3 S. 4 GWB (§ 33a Abs. 4 RegE-GWB) eine Verzinsungspflicht bereits ab Schadensentstehung vorgesehen ist. Dies ist auch für die Formulierung des entsprechenden Zinsantrages in der Klage bedeutsam.

584 Bei **Massenkäufen** des kartellierten Produkts während des Kartellzeitraums ist zu erwägen, für die Schadensentstehung – und damit den Zinslauf – nicht das Datum jedes Vertragsschlusses, jeder Bestellung oder jeder Zahlung, sondern die **Mitte einer Zinsperiode,** also die Mitte des Halbjahres[1102] heranzuziehen (sog. Mid-Year Convention). Diese Methode ist ökonomisch anerkannt. Denn werden während des gesamten Jahres in etwa umsatzmäßig gleichbleibende Einkäufe bei den Kartellbeteiligten getätigt, kann die Verteilung des Schadens hierdurch gut abgebildet werden. Da davon ausgegangen werden kann, dass die tatsächlich eingetretenen Schäden vor und nach diesem Zeitpunkt in etwa gleich hoch sind, wird damit fingiert, dass sämtliche Schäden in der Mitte des Halbjahres angefallen sind. Anders ist dies natürlich zu beurteilen, wenn nur zu bestimmten Zeitpunkten im Jahr erhebliche Einkäufe getätigt wurden. Dann sollte(n) diese(r) Zeitpunkt(e) für den Zinslauf und den entsprechenden Antrag herangezogen werden.

585 Im Zusammenhang mit dem Zinsantrag ist noch zu beachten, dass es sich bei Zinsen auf die Hauptforderung regelmäßig um nicht **streitwerterhöhende Nebenforderungen** iSd § 4 Abs. 1 S. 2 ZPO handelt. Sofern der Kläger mit dem Zinsantrag teilweise unterliegen sollte, dürfte dies – abhängig von der absoluten Höhe der nicht zuerkannten Zinsen im Verhältnis zur Hauptforderung – nicht zu einer teilweisen Kostentragungspflicht des Klägers führen, wenn die Zuvielforderung bei den Zinsen nur geringfügig war, § 92 Abs. 2 Nr. 1 ZPO.

586 Vor diesem Hintergrund hat der Kläger auch zu entscheiden, ob mit dem Zinsantrag fünf oder acht[1103] Prozentpunkte über dem jeweiligen Basiszinssatz geltend gemacht werden sollen. Richtigerweise sind Kartellschäden nur mit fünf Prozentpunkten über dem jeweiligen Basiszinssatz zu verzinsen, da es sich bei Schadensersatzansprüchen nicht um Entgeltforderungen im Sinne des § 288 Abs. 2 BGB handelt.[1104]

587 **Beispiel:**
Ein entsprechender Klageantrag mit Zinsantrag könnte bei einem Kartell, das zwischen Juli 2005 und Dezember 2007 bestand, wie folgt lauten:

[1100] Vgl. Bundeskartellamt, Leitlinien für die Bußgeldzumessung v. 25.6.2013 Rn. 10: „Das Bundeskartellamt geht dabei von einem Gewinn- und Schadenspotential in Höhe von 10% des während der Dauer des Kartellverstoßes erzielten tatbezogenen Umsatzes des Unternehmens aus."; DoJ, 2014 Sentencing Guidelines Manual, § 2R1.1., Commentary Rn. 3: „It is estimated that the average gain from price-fixing is **10 percent of the selling price.**(...) **Because the loss from price-fixing exceeds the gain, subsection (d)(1) provides that 20 percent of the volume of affected commerce is to be used in lieu of the pecuniary loss under §8C2.4(a)(3).** The purpose for specifying a percent of the volume of commerce is to avoid the time and expense that would be required for the court to determine the actual gain or loss." (Hervorhebung nicht im Original).

[1101] Vgl. die englische Fassung des Act LVII of 1996 (Ungarisches Wettbewerbsgesetz), abrufbar unter: http://www.gvh.hu/en//data/cms998626/jogihatter_magyarpiac_versenytorveny_2010_04_01_a.pdf, zuletzt aufgerufen am 29.12.2015.

[1102] Der Basiszinssatz verändert sich gemäß § 247 Abs. 1 S. 2 BGB zum 1.1. und 1.7. eines jeden Jahres.

[1103] Bzw. nach neuer, ab dem 29.7.2014 geltender Rechtslage neun Prozentpunkte.

[1104] LG Mannheim Urt. v. 4.5.2012 – 7 O 436/11 Kart, BeckRS 2012, 10462 Rn. 39.

Namens und in Vollmacht der Klägerin erheben wir Klage und werden beantragen,

die Beklagten als Gesamtschuldner zu verurteilen, an die Klägerin Schadensersatz in einer in das Ermessen des Gerichts gestellten Höhe, mindestens jedoch in Höhe von EUR ...... Mio., sowie Zinsen in Höhe von fünf Prozentpunkten über dem jeweiligen Basiszinssatz

aus EUR ...... seit dem 1.10.2005,

aus EUR ...... seit dem 1.4.2006,

aus EUR ...... seit dem 1.10.2006,

aus EUR ...... seit dem 1.4.2007,

aus EUR ...... seit dem 1.10.2007,

zu zahlen.

4. Zustellung der Klage und erforderliche Übersetzungen

Aus Klägersicht empfiehlt sich sodann die Prüfung, ob Übersetzungen der Klage (und ggf. **588** der Anlagen) erforderlich sind und nach welchen Vorschriften sich die Zustellung der Klage richtet. In **multinationalen Kartellfällen,** bei denen die Kartellbeteiligten ihren Sitz in EU- und Nicht-EU-Staaten haben, kann die Zustellung der Klage auch schon einmal mehr als ein Jahr in Anspruch nehmen. Zudem können selbst innerhalb der EU regelmäßig Übersetzungen der Klage angezeigt sein.[1105] Die Verantwortung für die ordnungsgemäße Zustellung liegt in Deutschland zwar bei den Gerichten. Sofern die Zustellung jedoch möglichst zügig erfolgen soll, empfiehlt es sich für den Kläger, bereits mit Klageeinreichung auch die erforderlichen Übersetzungen in beglaubigter Form vorzulegen. Dies kann den Vorgang der Zustellung erheblich beschleunigen. Die Kosten hierfür muss der Kläger zunächst in jedem Fall selbst tragen, weil auch das Gericht für die von ihm in Auftrag gegebenen Übersetzungen einen Vorschuss verlangt.

Sodann ist die Klage mitsamt Anlagen und erforderlichen Abschriften an das Gericht zu **589** übermitteln und der Gerichtskostenvorschuss in Höhe der dreifachen Gebühr[1106] zu entrichten. Die Zustellung der Klage durch das Gericht erfolgt erst nach Leistung des Gerichtskostenvorschusses, § 12 Abs. 1 S. 1 GKG.

5. Verfahrensgang

Nach Zustellung der Klage erhalten die Beklagten Frist zur Verteidigungsanzeige sowie **590** zur Klageerwiderung. Zudem können Beklagte mit Sitz im Ausland die Annahme des zuzustellenden Schriftstücks bei der Zustellung unter Umständen verweigern, wenn keine Übersetzungen beigefügt sind.[1107] Da bei Klagen gegen Kartellbeteiligte mit Sitz in und außerhalb der EU die Zustellung an die Beklagten unterschiedlich lange dauern kann, ist es nicht unwahrscheinlich, dass zunächst nur einzelne Beklagte auf die Klage erwidern, während anderen die Klage noch nicht zugestellt ist.

Die beklagten Kartellbeteiligten werden im Rahmen ihre Verteidigung regelmäßig die **591** örtliche und internationale Zuständigkeit des angerufenen Gerichts rügen. In diesem Zusammenhang kann von den Prozessparteien angeregt werden, das **Gericht möge zunächst über die Zulässigkeit der Klage abgesondert verhandeln** (und entscheiden), § 280 Abs. 1 ZPO. Die Entscheidung, ob abgesondert verhandelt wird, steht im nicht überprüfbaren Ermessen des Gerichts.[1108] Mit der Anordnung nach § 280 Abs. 1 ZPO tritt für das Hauptsacheverfahren ein tatsächlicher Stillstand ein.[1109] Ergeht ein Urteil, mit

---

[1105] Vgl. Art. 5 und Art. 8 EuZVO; für Nicht-EU-Staaten, die dem HZÜ beigetreten sind, gilt Art. 5 Abs. 3 HZÜ; für Drittstaaten kann sich das Übersetzungserfordernis aus bilateralen Abkommen oder nationalen Vorschriften des Staates, in dem zuzustellen ist, ergeben.
[1106] § 6 Abs. 1 S. 1 Nr. 1 iVm § 12 Abs. 1 S. 1 GKG.
[1107] Vgl. etwa – für Beklagte mit Sitz in der EU – Art. 8 Abs. 1 EuZVO; vgl. hierzu auch EuGH Urt. v. 8.5.2008 – C-14/07, ECLI:EU:C:2008:264 – Ingenieurbüro Weiss und Partner.
[1108] MüKoZPO/*Prütting* ZPO § 280 Rn. 2.
[1109] Musielak/Voit/*Foerste* ZPO § 280 Rn. 8.

dem die Klage als unzulässig abgewiesen oder für zulässig erklärt wird, so kann dieses wie ein Endurteil mit Rechtsmitteln angegriffen werden, § 280 Abs. 2 S. 1 ZPO. Auch der Zwischenstreit über die Zulässigkeit kann daher über drei Instanzen ausgefochten werden[1110] und den Fortgang des Rechtsstreits erheblich verzögern. Abgemildert wird dies aus Sicht des Klägers mit der Möglichkeit, einen Antrag auf Verhandlung zur Hauptsache – trotz des schwebenden Zwischenstreits über die Zulässigkeit – zu stellen. Das Gericht entscheidet hierüber nach pflichtgemäßem Ermessen mit Rücksicht auf die Dringlichkeit der Hauptsache und die Erfolgsaussichten eines etwaigen Rechtsmittels im Zwischenstreit.[1111]

6. Beweisfragen

592 Der **Nachweis des Kartellverstoßes, des Schadens, der Kausalität und der Schadenshöhe** kann im Kartellschadensersatzprozess für den Kläger im Einzelfall schwierig sein. Daher gibt es in den letzten Jahren Bestrebungen sowohl des Gesetzgebers als auch in der Rechtsprechung, Beweiserleichterungen für den potenziell Geschädigten zu etablieren.[1112] Hierauf soll im Folgenden näher eingegangen werden.

593 **a) Vom Kläger zu beweisende Tatsachen.** Die Beweislast für sämtliche anspruchsbegründenden Tatsachen des Schadensersatzanspruchs liegt beim potenziell Geschädigten. Er muss also grundsätzlich den **Kartellverstoß, die „Kartellbetroffenheit" der getätigten Käufe, das Verschulden, den Schaden und die Kausalität des Kartellverstoßes** für den Schaden darlegen und beweisen. Für Zuwiderhandlungen gegen Art. 101, 102 AEUV ist dieser Grundsatz in Art. 2 S. 1 VO 1/2003 niedergelegt und ergibt sich im Übrigen auch aus den allgemeinen Regeln zur Beweislastverteilung nach deutschem Zivilprozessrecht.

594 Besonderheiten bestehen in Fällen, in denen Schäden wegen eines Verstoßes gegen das **Verbot des Marktmachtmissbrauchs** geltend gemacht werden. Wenn der Kläger hier einen Marktanteil des Beklagten nachweist, der über den im GWB vorgesehenen Vermutungsschwellen liegt (vgl. § 18 Abs. 4 und Abs. 6 GWB), wird die marktbeherrschende Stellung des Beklagten vermutet und er muss diese widerlegen. Der Kläger ist also insoweit – bis zur Widerlegung durch den Beklagten – vom Beweis einer marktbeherrschenden Stellung entlastet. Gleiches gilt beispielsweise für das Vorliegen einer sachlichen Rechtfertigung im Sinne des § 19 Abs. 2 Nr. 3 GWB und § 20 Abs. 3 S. 2 GWB. Sämtliche weiteren anspruchsbegründenden Tatsachen sind jedoch auch hier vom Kläger darzulegen und ggf. zu beweisen.

595 **b) Vom Beklagten zu beweisende Tatsachen.** Die Beklagten tragen wie im Zivilprozess üblich die Darlegungs- und Beweislast für etwaige Einreden und Einwendungen. Im Kartellschadensersatzprozess spielen insoweit insbesondere die Einrede der Verjährung (→ 408 ff.) und die sog. passing-on defence (→ § 25 Rn. 80 ff.) eine große Rolle.

596 Hinsichtlich der Verjährung müssen die Beklagten etwa darlegen und ggf. beweisen, dass und wann der Kläger Kenntnis von den anspruchsbegründenden Umständen hatte oder ohne grobe Fahrlässigkeit hätte haben können, § 199 Abs. 1 Nr. 2 BGB.

597 Bezüglich **der passing-on defence** enthält insbesondere die **ORWI-Entscheidung**[1113] des BGH wegweisende Ausführungen zur Beweislast. In dieser Entscheidung

---

[1110] So geschehen im Verfahren der CDC gegen Mitglieder des Zementkartells vor dem LG Düsseldorf (34 O (Kart) 147/05): Klageerhebung im August 2005, Entscheidung des BGH, mit der die Beschwerde gegen die Nichtzulassung der Revision im Zwischenstreitverfahren zurückgewiesen wurde, im April 2009, erstinstanzliche Sachentscheidung des LG Düsseldorf im Dezember 2013.
[1111] Musielak/Voit/*Foerste* ZPO § 280 Rn. 9.
[1112] Von diesen Beweiserleichterungen sind die Möglichkeiten zur Beweisbeschaffung, wie sie zB der Herausgabe- und Auskunftsanspruch in § 33g RegE-GWB vorsieht, zu unterscheiden.
[1113] BGH Urt. v. 28.6.2011 – KZR 75/10, NJW 2012, 928 – ORWI; in diesem Verfahren machte der Kläger Schadensersatzansprüche eines mittelbar Geschädigten aus abgetretenem Recht gegen einen Kartellbeteiligten geltend.

hat der BGH zunächst die passing-on defence im Kartellschadensersatzprozess generell anerkannt.[1114] Die Kartellbeteiligten können sich also darauf berufen, dass der direkte Abnehmer den kartellbedingten Schaden auf seine eigenen Kunden abgewälzt hat. Im Ergebnis hat der BGH dem Einwand jedoch enge Grenzen gesetzt, da die Kartellmitglieder die volle Darlegungs- und Beweislast für die Voraussetzungen der passing-on defence tragen. Insbesondere müssen die Kartellbeteiligten substantiiert darlegen, dass und warum es den nachgelagerten Marktstufen gelungen ist, den kartellbedingten Mehrpreis an die eigenen Abnehmer ganz oder teilweise weiterzugeben. Ferner müssen die Kartellbeteiligten darlegen, dass der Weiterwälzung keine Nachteile des Abnehmers gegenüber stehen, insbesondere kein Nachfragerückgang, durch den die Preiserhöhung (ganz oder teilweise) kompensiert worden ist. Eine sekundäre Darlegungs- und Beweislast des potenziell Geschädigten ist nach Auffassung des BGH nur in Ausnahmefällen anzunehmen, um den Schädiger nicht unbillig zu entlasten und die Effizienz des Kartelldeliktsrechts nicht zu gefährden. Damit ist die ORWI-Entscheidung insoweit im Ergebnis klägerfreundlich.

Auch die **Schadensersatzrichtlinie** sieht in Art. 13 S. 1 die passing-on defence nunmehr explizit vor. Zwar trägt der Beklagte nach Art. 13 S. 2 der Schadensersatzrichtlinie die Beweislast für die Weitergabe des Preisaufschlages auf die nachgelagerten Marktstufen. Er kann jedoch zu dieser Frage in „angemessener Weise Offenlegung von dem Kläger oder Dritten verlangen". Diese Vorgabe dürfte dem Beklagten den Einwand der passing-on defence zumindest erleichtern und den BGH zur Überprüfung seiner eher zurückhaltenden Auffassung bzgl. der sekundären Darlegungslast des Geschädigten veranlassen. Dies gilt umso mehr, als § 33c Abs. 2 RegE-GWB eine Vermutung der Abwälzung des Preisaufschlags zugunsten des mittelbaren Abnehmers aufstellt. Dies kann sich im Prozess zwischen dem klagenden unmittelbarem Abnehmer und dem beklagten potentiellem Schädiger zugunsten des Beklagten auswirken.

c) Beweismittel und Beweismaß. Insoweit ergeben sich keine Besonderheiten zum allgemeinen Schadensersatzprozess. Die üblichen Beweismittel stehen auch dem Kartellgeschädigten zur Verfügung, wobei vor allem der Sachverständigen-, Urkunds- und Zeugenbeweis eine Rolle spielt.

Der Kläger hat für die von ihm zu beweisenden Tatsachen grundsätzlich den Vollbeweis zu erbringen. Das Gericht muss hierfür von der Richtigkeit der behaupteten Tatsachen überzeugt sein. Hierfür genügt ein für das praktische Leben brauchbarer Grad von Gewissheit, der etwaigen Zweifeln Schweigen gebietet, ohne sie völlig auszuschließen.[1115] Bei der Frage, ob und in welcher Höhe ein Schaden entstanden ist, ist das Beweismaß demgegenüber reduziert und eine überwiegende Wahrscheinlichkeit des Schadenseintritts ausreichend. Hierzu hat das OLG Düsseldorf[1116] ausgeführt:

„Ob der Klägerin [...] ein Schaden entstanden ist, richtet sich nach § 287 Abs. 1 ZPO (in Verbindung mit § 252 BGB). Diese Vorschrift enthält eine Beweismaßerleichterung dahingehend, dass es (nur) eine (deutlich) überwiegende, auf gesicherter Grundlage beruhende Wahrscheinlichkeit [...] ankommt. Dies gilt auch für die in § 287 Abs. 1 ZPO behandelten Fragen, ob und in welcher Höhe ein Schaden entstanden ist. Die Grundsätze des Vollbeweises (§ 286 ZPO) sind nicht einschlägig. Der strenge Beweismaßstab des § 286 ZPO gilt für die so genannte haftungsbegründende Kausalität. Zu ihr gehören alle Umstände, die – zusätzlich zum Eintritt eines Schadens – erforderlich sind, damit ein Ersatzanspruch entsteht [...]. Ob die Klägerin infolge des Verstoßes der D. gegen Art. 82 EG aF einen Schaden erlitten hat, berührt dagegen die Frage der so genannten haftungsausfüllenden Kausalität, auf die grundsätzlich die Beweiserleichterungen des § 287 ZPO Anwendung finden."

d) Bindungswirkung einer kartellbehördlichen Entscheidung. Die Bindungswirkung kartellbehördlicher Entscheidungen ist in Art. 16 Abs. 1 VO 1/2003 und § 33 Abs. 4 GWB (sowie jetzt auch in Art. 9 Abs. 1 der Schadensersatzrichtlinie und in deren Umsetzung in

---

[1114] BGH Urt. v. 28.6.2011 – KZR 75/10, BeckRS 2011, 2681 Rn. 61 ff. – ORWI.
[1115] BGH Urt. v. 18.6.1998 – IX ZR 311/95, NJW 1998, 2969 (2971).
[1116] OLG Düsseldorf Urt. v. 29.1.2014 – VI-U (Kart) 7/13, BeckRS 2014, 17537 Rn. 76 f.

§ 33b RegE-GWB) vorgesehen. Sie führt dazu, dass **Adressaten einer (bestandskräftigen)**[1117] **Entscheidung einer Kartellbehörde,** mit der ein Verstoß gegen kartellrechtliche Verbotsnormen festgestellt wurde, im Zivilprozess nicht (erfolgreich) bestreiten können, dass ein Kartellverstoß unter ihrer Beteiligung stattgefunden hat. Dies entlastet den potenziell Geschädigten von dem sonst nur schwer zu führenden Nachweis einer Zuwiderhandlung und der Beteiligung des Anspruchsgegners.

603 Umstritten ist in diesem Zusammenhang, ob mit der Verhängung einer Geldbuße durch die Kartellbehörde – die sowohl nach europäischem als auch nach deutschem Recht einen schuldhaften Verstoß voraussetzt – auch das **Verschulden der Kartellbeteiligten** für den Zivilprozess bindend feststeht.[1118] Die Frage ist soweit ersichtlich höchstrichterlich nicht entschieden und zu verneinen. Dies gilt jedenfalls für Muttergesellschaften, die „nur" als Teil einer wirtschaftlichen Einheit für Verstöße haften, die von Tochtergesellschaften begangen und der wirtschaftlichen Einheit zugerechnet wurden. Denn in diesem Fall liegt der Haftung der Muttergesellschaft, auf die es im Zivilprozess als juristische Person und nicht als Teil der wirtschaftlichen Einheit ankommt, kein im zivilrechtlichen Sinne vorwerfbares Verhalten zugrunde.[1119]

604 **e) Vermutung/Anscheinsbeweis der Kartellbetroffenheit.** Hat der Kläger im Kartellzeitraum bei den Kartellbeteiligten die kartellierten Produkte bezogen, kann er sich auf einen Anscheinsbeweis dafür stützen, dass die relevanten Beschaffungsvorgänge von den kartellrechtswidrigen Absprachen erfasst waren.[1120] Die Umsetzung der Absprachen soll dem üblichen Geschehensablauf entsprechen. Die Kartellbeteiligten müssen den Anscheinsbeweis erschüttern, indem sie die ernsthafte Möglichkeit eines abweichenden Geschehensablaufs substantiiert darlegen. Für den Fall der Kartellbetroffenheit wird man hierfür verlangen müssen, dass die Kartellbeteiligten konkret darlegen, dass und warum einzelne oder alle Käufe des Klägers im Kartellzeitraum gerade nicht vom Kartell erfasst waren, die Absprachen also insoweit nicht umgesetzt wurden. Dieser Vortrag ist ihnen ohne weiteres möglich, da es sich um Tatsachen handelt, die sich in ihrem Wahrnehmungsbereich verwirklicht haben.[1121] Die Kartellbeteiligten müssten damit zwar eine negative Tatsache darlegen, dies dürfte jedoch bei einer nachvollziehbaren wirtschaftlichen Entscheidung, die durch Unterlagen und/oder Zeugenaussagen – etwa auch zum Ablauf der Verhandlungen mit dem konkreten Abnehmer, der nunmehr Schadensersatz fordert – belegt werden kann, kein Problem darstellen.

605 **f) Schadensvermutung.** Nach der Rechtsprechung spricht im Falle von Preisabsprachen bereits die Lebenserfahrung dafür, dass ein im unverfälschten Wettbewerb gefundener Preis niedriger gewesen wäre als der kartellierte Preis.[1122] Ferner soll nach der Rechtsprechung davon auszugehen sein, dass die Kartellbeteiligten im Allgemeinen keine Kartellabsprache eingehen, ohne sich davon einen wirtschaftlichen Vorteil zu versprechen.[1123] In

---

[1117] Dies ist zwar nicht Voraussetzung für eine Klage auf Schadensersatz bzw. die Bindungswirkung der genannten Vorschriften. Allerdings können Gerichte Schadensersatzprozesse aussetzen, bis über etwaige Rechtsmittel der potenziell Kartellbeteiligten gegen die kartellbehördliche Entscheidung entschieden ist.
[1118] Vgl. hierzu *Scheffler* NZKart 2015, 223 (225) mwN.
[1119] Eine zivilrechtliche Haftung der Muttergesellschaft unter Verweis auf das gesellschaftsrechtliche Trennungsprinzip und den Verschuldensgrundsatz verneinend LG Berlin Urt. v. 6.8.2013 – 16 O 193/11 Kart, BeckRS 2013, 22659 Rn. 81; Ausführungen zur Frage der diesbezüglichen Bindungswirkung finden sich in der Entscheidung allerdings nicht.
[1120] Vgl. OLG Karlsruhe Urt. v. 31.7.2013 – 6 U 51/12 (Kart), BeckRS 2014, 03524 Rn. 56; LG Berlin Urt. v. 6.8.2013 – 16 O 193/11 Kart, BeckRS 2013, 22659 Rn. 50 (tatsächliche Vermutung).
[1121] Vgl. BGH Urt. v. 11.3.2010 – IX ZR 104/08, NJW 2010, 1357 (1358).
[1122] Vgl. BGH Beschl. v. 28.6.2005 – KRB 2/05, BeckRS 2005, 12145 Rn. 20; LG Dortmund Urt. v. 1.4.2004 – 13 O 55/02 Kart, BeckRS 2010, 02135 Rn. 19.
[1123] Vgl. OLG Düsseldorf Urt. v. 26.6.2009 – VI-2a Kart 2–6/08 OWi Rn. 422; ähnlich auch EuGH Urt. v. 7.1.2004 – verb. Rs. C-204/00 P, Slg. 2004 I-00123 Rn. 53 – Aalborg Portland ua/Kommission: „Die Teilnahme eines Unternehmens an wettbewerbswidrigen Verhaltensweisen und Vereinbarungen stellt ein Wirtschaftsdelikt dar, das darauf abzielt, die Gewinne des Unternehmens durch, im Allgemei-

diesem Zusammenhang soll also eine hohe Wahrscheinlichkeit dafür sprechen, dass ein Kartell gebildet und erhalten wird, weil es höhere als am Markt erzielbare Preise erbringt.[1124] Ob diese **Erfahrungssätze und Wahrscheinlichkeiten tatsächlich der „Kartellwirklichkeit" entsprechen, ist ungesichert.** Sie sind aber Grundlage der zivilprozessualen Auseinandersetzung um den Kartellschadenersatz.

Nach Art. 17 Abs. 2 der Schadensersatzrichtlinie sind die Mitgliedstaaten zudem verpflichtet, im Zuge der Umsetzung der Richtlinie auch Regelungen vorzusehen, nach denen vermutet wird, dass Zuwiderhandlungen in Form von Kartellen einen Schaden verursachen. Die Kartellbeteiligten können diese Vermutung widerlegen. Diese Regelung wird durch § 33a Abs. 2 RegE-GWB in deutsches Recht umgesetzt. Die Vermutung wird im Zusammenspiel mit der Schadensschätzungsbefugnis der deutschen Gerichte aus § 287 ZPO für Abnehmer von Kartellbeteiligten zu einer weiteren Erleichterung ihrer Anspruchsdurchsetzung führen. **606**

g) § 287 ZPO. Die Bezifferung des exakten Kartellschadens ist regelmäßig nur anhand ökonomischer Analysen möglich, weil die hypothetische Situation ohne Kartellverstoß nicht beobachtbar ist. Insoweit hilft nach dem erklärten Willen des Gesetzgebers bei der Bestimmung der Höhe des Schadensersatzes die Möglichkeit der Schadensschätzung nach § 287 ZPO. Dabei kann auch ein durch das Kartell verursachter Mindestschaden geschätzt werden.[1125] Damit das Gericht den Schaden schätzen kann, muss der Eintritt irgendeines Schadens feststehen. **Die Schätzungsgrundlagen hat der Geschädigte darzulegen** und ggf. zu beweisen. Er muss daher jedenfalls substantiiert vortragen und nötigenfalls beweisen, dass er im Kartellzeitraum[1126] das kartellierte Produkt bezogen hat und welche Umsätze auf die Kartellbeteiligten entfielen. Hinsichtlich der Grundlage für die Schätzung der Schadenshöhe genügt es, wenn der Geschädigte Sachverständigenbeweis anbietet. Als Schätzungsgrundlage wird das Gericht dann zum einen den vom Kläger substantiiert dargelegten Gesamtumsatz bei den Kartellbeteiligten hinsichtlich des kartellierten Produkts im Kartellzeitraum zugrunde legen. Zum anderen wird es regelmäßig auf ökonomische Sachverständigengutachten zurückgreifen, die die kartellbedingte Preisüberhöhung über Modelle ermitteln.[1127] Auf Grundlage dieser beiden Informationen ist der kartellbedingte Schaden sodann jedenfalls einer Schätzung zugänglich. **607**

Gemäß § 33 Abs. 3 S. 3 GWB (§ 33a Abs. 3 S. 2 RegE-GWB) kann bei der Entscheidung über den Umfang des Schadens nach § 287 ZPO auch der **anteilige Gewinn,** den das Unternehmen durch den Verstoß erlangt hat, berücksichtigt werden. Wenn eine Schätzung anhand des hypothetischen Preises, der sich unter normalen Wettbewerbsbedingungen gebildet hätte, nicht oder nur schwer möglich ist, so ist das Gericht gehalten, den Verletzergewinn als Anhaltspunkt heranzuziehen und ggf. diesen als Schadensersatz zuzusprechen.[1128] Zwecks Ermittlung des Verletzergewinns steht dem Geschädigten ein **608**

[1124] Vgl. BGH Beschl. v. 26.2.2013 – KRB 20/12, BeckRS 2013, 06316 Rn. 76; OLG Karlsruhe Urt. v. 31.7.2013 – 6 U 51/12 (Kart), BeckRS 2014, 03524 Rn. 54.
[1125] Vgl. OLG Düsseldorf Urt. v. 9.4.2014 – VI-U (Kart) 10/12, BeckRS 2014, 11817; Urt. v. 13.11.2013, VI-U (Kart) 11/13, BeckRS 2013, 21406 Rn. 101; Urt. v. 14.5.2008 – VI-U (Kart) 14/07, BeckRS 2008, 10947 Rn. 44.
[1126] Bzw. im Falle sog nachklingender Kartelleffekte auch noch danach, vgl. hierzu OLG Karlsruhe Urt. v. 11.6.2010 – 6 U 118/05, BeckRS 2011, 26582 Rn. 71 ff.; hierzu auch BGH Urt. v. 28.6.2011 – KZR 75/10, NJW 2012, 928, 935 – ORWI.
[1127] Vgl. zur Schadensermittlung auch den praktischen Leitfaden der Kommission zur Ermittlung des Schadensumfangs bei Schadensersatzklagen im Zusammenhang mit Zuwiderhandlungen gegen Artikel 101 oder 102 des Vertrages über die Arbeitsweise der Europäischen Union, abrufbar unter: http://ec.europa.eu/competition/antitrust/actionsdamages/quantification_guide_de.pdf, zuletzt aufgerufen am 23.12.2015.
[1128] Immenga/Mestmäcker/*Emmerich* GWB § 33 Rn. 68.

Auskunftsanspruch zur Verfügung, nach dem der Schädiger ggf. seine Umsatzerlöse und seine Kostenstruktur offenlegen muss.[1129]

7. Exkurs: Schadenspauschalierung

609 Immer mehr Unternehmen gehen als Abnehmer dazu über, in ihre Verträge mit Lieferanten Klauseln über die Schadenspauschalierung oder Vertragsstrafen für Kartellverstöße aufzunehmen. Damit wird der Abnehmer regelmäßig vom – wie dargestellt durchaus schwierigen – Nachweis des Schadenseintritts bzw. der Schadenshöhe entlastet.

610 Die **Klauseln müssen AGB-rechtlich wirksam** sein. Hierzu hat das **OLG Karlsruhe**[1130] entschieden, dass eine allgemeine Geschäftsbedingung, in der ein pauschaler Schadensersatzes in Höhe von 15 Prozent der Auftragssumme im Falle eines Kartellverstoßes vorgesehen ist, nicht gegen den Maßstab des in § 307 BGB „hineinzulesenden" § 309 Nr. 5 BGB verstößt. Dem zugrundeliegenden Sachverhalt ging ein Verfahren des Bundeskartellamtes gegen mehrere Produzenten voraus, in dem verschiedene Unternehmen bebußt wurden. Zur Vereinbarkeit der Schadenspauschale mit AGB-Recht führte das OLG aus, dass eine Unzulässigkeit nur dann gegeben sei, wenn die „pauschalierte Summe den in den geregelten Fällen nach dem gewöhnlichen Lauf der Dinge zu erwartenden Schaden oder die gewöhnlich eintretende Wertminderung übersteigt".[1131] Ebenfalls unwirksam sei eine Klausel, „wenn dem anderen Vertragsteil nicht ausdrücklich der Nachweis gestattet würde, ein Schaden oder eine Wertminderung sei überhaupt nicht entstanden oder wesentlich niedriger als die Pauschale".[1132] Im vom OLG zu entscheidenden Fall sah die Klausel jedoch ausdrücklich die Möglichkeit vor, einen Schaden in anderer Höhe nachzuweisen.

611 Demgegenüber hat das **LG Potsdam**[1133] ausgeführt, dass die Wirksamkeit solcher formularmäßiger Vereinbarungen nach den §§ 307, 309 Nr. 5 lit. a) BGB nicht nach den Umständen des Einzelfalls, sondern nach objektiven Kriterien zu beurteilen sei. Gegenstand des Rechtsstreits war ebenfalls die Frage, ob eine AGB-Klausel wirksam ist, nach der für „Abreden, die eine unzulässige Wettbewerbsbeschränkung darstellen", eine Schadenspauschale von 15 Prozent der Auftragssumme zu zahlen sei, sofern nicht ein Schaden in anderer Höhe nachgewiesen werde. Das Gericht vertrat die Auffassung, dass eine solche Klausel gegen §§ 307, 309 Nr. 5 BGB verstoße. Zur Begründung führte es aus, die Klägerin habe nicht dargelegt, dass bei wettbewerbsbeschränkenden Absprachen zwischen Lieferanten dem Auftraggeber regelmäßig ein Schaden in Höhe von 15 % des Auftragswertes entstehe. Das Gericht wies insbesondere darauf hin, dass die Klausel eine Vielzahl von wettbewerbsbeschränkenden Absprachen umfasse, bei denen jedoch nicht unterschiedslos davon ausgegangen werden könne, dass Schäden in dieser Größenordnung überhaupt entstehen könnten.

612 Das **Bundeskartellamt** hat die Verwendung von Klauseln zur Schadenspauschalierung ausdrücklich begrüßt und dafür votiert, die Vorschriften des AGB-Rechts im Lichte des Schutzzwecks der kartellrechtlichen Verbote und der besonderen Schwierigkeit eines konkreten Schadensnachweises in diesem Bereich großzügig anzuwenden.[1134] In Anbetracht der divergierenden Rechtsprechung besteht für den Klauselverwender derzeit jedoch bei Schadenspauschalierungen, die für sämtliche denkbaren Kartellverstöße ohne Differenzierung gelten sollen, das **Risiko der Unwirksamkeit der gesamten Klausel,** wenn die Pauschale zu hoch angesetzt wird. Eine geltungserhaltende Reduktion auf einen noch zulässigen Prozentsatz ist insoweit nicht zulässig. Es könnte sich daher für den Verwender der Klausel beispielsweise anbieten, die prozentuale Pauschale nach der Schwere

---

[1129] Langen/Bunte/*Bornkamm* GWB § 33 Rn. 157.
[1130] OLG Karlsruhe Urt. v. 31.7.2013 – 6 U 51/12 (Kart), BeckRS 2014, 03524.
[1131] OLG Karlsruhe Urt. v. 31.7.2013 – 6 U 51/12 (Kart), BeckRS 2014, 03524 Rn. 80.
[1132] OLG Karlsruhe Urt. v. 31.7.2013 – 6 U 51/12 (Kart), BeckRS 2014, 03524 Rn. 82.
[1133] LG Potsdam Urt. v. 22.10.2014 – 2 O 29/14, NZKart 2015, 152.
[1134] TB 2013/2014, BT-Drs. 18/5210, 35.

des jeweiligen Kartellverstoßes zu staffeln. Sofern eine allgemeine Pauschale vereinbart werden soll, empfiehlt es sich aus Sicht des Verwenders bis zu einer höchstrichterlichen Klärung, zumindest die prozentuale Pauschale statt auf 15 Prozent nur auf zehn Prozent festzulegen. Dies entspricht wie dargestellt dem von Kartellbehörden angenommenen Gewinnpotenzial einer Kartellabsprache. Eine zeitnahe Klärung durch den BGH wäre aufgrund der wirtschaftlich großen Bedeutung entsprechender Klauseln, insbesondere für die Abnehmer, in jedem Falle zu begrüßen.

8. Rechtsmittel

Hinsichtlich des Instanzenzuges ergeben sich zum allgemeinen Schadensersatzprozess **keine Abweichungen.** Die Entscheidung des Landgerichts kann mit der Berufung zum Oberlandesgericht überprüft werden. Hier sind die nach § 91 GWB zu bildenden Kartellsenate für die Kartellzivilstreitigkeiten ausschließlich zuständig. Auch insoweit gibt es nach den entsprechenden landesrechtlichen Vorschriften bestimmte Oberlandesgerichte, die für sämtliche Berufungen in Kartellsachen auf Landesebene zuständig sind, vgl. §§ 92 Abs. 1, 93 GWB iVm den landesrechtlichen Regelungen.[1135] Die Entscheidung des Oberlandesgerichts in der Berufung kann mit der Revision zum BGH, die auf die Prüfung von Rechtsfehlern beschränkt ist, angegriffen werden. Hierüber entscheidet beim BGH der Kartellsenat, vgl. § 94 Abs. 1 Nr. 3 GWB.

613

9. Verfahrensdauer

Die Dauer eines Kartellschadensersatzprozesses hängt von verschiedenen Faktoren ab und lässt sich schwer in „Richtwerte" fassen. Einfluss auf die Dauer haben beispielsweise Aspekte wie Zustellungen im Ausland, die Beteiligung mehrerer Beklagter und Streitverkündeter, die Komplexität des Falles im Übrigen, die Auslastung der zuständigen Kartellkammer sowie etwaige Zwischenstreitigkeiten über die Zulässigkeit. Werden, wie meist üblich, Sachverständigengutachten eingeholt, kann auch dies den Rechtsstreit erheblich in die Länge ziehen. Allein in erster Instanz ist daher selbst in weniger komplexen Fällen in aller Regel damit zu rechnen, dass ein Verfahren mindestens eineinhalb bis zwei Jahre dauert. Werden Rechtsmittel eingelegt, ist pro Instanz ebenfalls mit mindestens ein bis zwei weiteren Jahren zu rechnen.

614

IV. Streitverkündung

Hinsichtlich der Streitverkündung ergeben sich zum „üblichen" Zivilprozess keine Besonderheiten. Das Mittel der Streitverkündung wird insbesondere bei Schadensersatzklagen gegen Mitglieder eines Horizontalkartells von Beklagten gegenüber weiteren, nicht mitverklagten Kartellbeteiligten häufig genutzt, um die **Verjährung etwaiger Innenregressansprüche** aus § 426 BGB zu verhindern und die Interventionswirkung des § 68 ZPO auszulösen.

615

Die Kartellbeteiligten haften nach deutschem Recht grundsätzlich nach § 33d Abs. 1 RegE-GWB als Gesamtschuldner. Sonderregelungen gelten nach § 33d Abs. 3 RegE-GWB für kleine und mittlere Unternehmen, wenn besondere Voraussetzungen erfüllt sind sowie für Kronzeugen nach § 33d RegE-GWB. Diese haften nur für den Schaden, der ihren unmittelbaren oder mittelbaren Abnehmern aus dem Kartellverstoß entstanden ist. Auf diese Ersatzpflicht ist auch der Gesamtschuldnerausgleich beschränkt. Liegt Gesamtschuldnerschaft vor, führt die Streitverkündung dazu, dass die Verjährung etwaiger Regressansprüche der Gesamtschuldner untereinander, etwa nach § 426 Abs. 1 BGB, gehemmt ist, § 204 Abs. 1 Nr. 6 BGB. Zudem können die Streitverkündungsempfänger – unabhängig davon, ob sie dem Rechtsstreit beitreten oder nicht – im späteren Regressprozess nicht erfolgreich vortragen, dass der Vorprozess falsch entschieden worden sei, § 74 Abs. 3 ZPO iVm § 68 ZPO.

616

[1135] Hierzu Immenga/Mestmäcker/*Schmidt* GWB § 93 Rn. 2.

§ 26

1. Allgemeine Voraussetzungen

617 Die Voraussetzungen der Streitverkündung finden sich in den §§ 72, 73 ZPO. Nach § 72 Abs. 1 ZPO ist die Streitverkündung zulässig, wenn eine Partei glaubt, dass ihr für den Fall des ihr ungünstigen Ausgangs eines Rechtsstreits ein Anspruch auf Gewährleistung oder Schadloshaltung zusteht oder sie den Anspruch eines Dritten besorgt. Nicht vorausgesetzt ist, dass dem Streitverkünder ein solcher Anspruch gegen einen Dritten tatsächlich zusteht oder dass dieser Dritte einen Anspruch gegen den Streitverkünder hat. Ausschlaggebend ist vielmehr die berechtigte Annahme des Streitverkünders, dass ein Streitverkündungsgrund gegeben ist.[1136] Dies ist etwa der Fall, wenn der Beklagte des Vorprozesses (Streitverkünder) meint, gegen den Dritten (Streitverkündungsempfänger) aus im Zeitpunkt der Streitverkündung naheliegenden Gründen einen **Gesamtschuldnerausgleichsanspruch** erheben zu können.[1137] Eine unzulässige Streitverkündung liegt demgegenüber etwa vor, wenn der Kläger sie im Vorprozess wegen Ansprüchen vornimmt, die nach Lage der Dinge von vornherein gegenüber dem Beklagten des Vorprozesses als auch gegenüber Dritten geltend gemacht werden können, für die also aus der Sicht des Streitverkünders schon im Zeitpunkt der Streitverkündung eine gesamtschuldnerische Haftung des Beklagten und der Dritten in Betracht kommt.[1138]

618 Die Form der Streitverkündung ist in § 73 ZPO geregelt. Danach hat der Streitverkündende zum Zwecke der Streitverkündung einen Schriftsatz einzureichen, in dem der Grund der Streitverkündung und die Lage des Rechtsstreits anzugeben ist. Dieser Schriftsatz ist dem Streitverkündungsempfänger zuzustellen und dem Gegner des Streitverkünders in Abschrift mitzuteilen. § 73 S. 3 ZPO regelt sodann, dass die Streitverkündung erst mit Zustellung an den Dritten wirksam wird. Dies ist wichtig für die Verjährungshemmung. Insoweit gilt jedoch § 167 ZPO, so dass die Verjährung auch gehemmt wird, wenn die Zustellung des Streitverkündungsschriftsatzes demnächst erfolgt.[1139] Der Streitverkündungsempfänger ist nach § 72 Abs. 3 ZPO zur weiteren Streitverkündung berechtigt.

619 Für die Streitverkündung ist nicht erforderlich, dass der Rechtsstreit, in dem der Streit verkündet werden soll, bereits rechtshängig ist, es genügt vielmehr Anhängigkeit. Dies kommt vor allem bei Kartellschadensersatzprozessen gegen Beklagte mit Sitz in mehreren Ländern zum Tragen, in denen es bis zur Zustellung der Klage teilweise mehrere Monate oder sogar Jahre dauern kann. Da die **Verjährung des Innenregressanspruchs der Gesamtschuldner von der Verjährung der Hauptverbindlichkeit losgelöst** ist[1140] und bereits mit der Begründung des Gesamtschuldverhältnisses zu laufen beginnt,[1141] muss die Streitverkündung bereits zu einem frühen Zeitpunkt erklärt werden, um die Verjährungshemmung noch in unverjährter Zeit bewirken zu können. Die Streitverkündung ist Prozesshandlung, so dass die Prozesshandlungsvoraussetzungen erfüllt sein müssen. Die Prüfung der Voraussetzungen der Streitverkündung erfolgt allerdings nicht im Hauptverfahren, sondern im Folgeprozess.[1142]

620 Die **Wirkungen der Streitverkündungen** ergeben sich aus § 74 ZPO. Gemäß § 74 Abs. 1 ZPO bestimmt sich das Verhältnis zwischen dem Streitverkündungsempfänger zu den Parteien nach den Grundsätzen über die Nebenintervention, wenn der Dritte dem Streitverkündenden beitritt. Lehnt der Streitverkündungsempfänger den Beitritt ab oder erklärt er sich überhaupt nicht, wird der Rechtsstreit nach § 74 Abs. 2 ZPO ohne Rücksicht auf ihn fortgesetzt. § 74 Abs. 3 ZPO verweist sodann sowohl für den Fall des Bei-

---

[1136] Musielak/Voit/*Weth* ZPO § 72 Rn. 5.
[1137] Vgl. BGH Urt. v. 7.5.2015 – VII ZR 104/14, BeckRS 2015, 09448 Rn. 25.
[1138] BGH Urt. v. 7.5.2015 – VII ZR 104/14, BeckRS 2015, 09448 Rn. 24.
[1139] BGH Urt. v. 17.12.2009 – IX ZR 4/08, NJW 2010, 856 (857).
[1140] BGH Versäumnisurt. v. 18.6.2009 – VII ZR 167/08, NJW 2010, 60 (61); Urt. v. 9.7.2009 – VII ZR 109/08, NJW 2010, 62 (63).
[1141] Vgl. BGH Urt. v. 7.5.2015 – VII ZR 104/14, BeckRS 2015, 09448 Rn. 19 und 21.
[1142] MüKoZPO/*Schultes* ZPO § 72 Rn. 15 ff.

tritts als auch des Nichtbeitritts auf die Vorschrift des § 68 ZPO. Dieser Verweis auf die Nebeninterventionswirkung hat zur Folge, dass der Streitverkündungsempfänger im Verhältnis zum Streitverkünder in einem nachfolgenden Rechtsstreit, etwa über den Gesamtschuldner-Innenregress, nicht mit der Behauptung gehört wird, dass der Rechtsstreit im Vorprozess unrichtig entschieden worden ist. Der Streitverkündungsempfänger kann also nicht (erfolgreich) vortragen, entgegen den Feststellungen im Vorprozess liege kein Kartellverstoß vor, es sei gar kein Schaden entstanden oder der Schaden des ursprünglichen Klägers sei zu hoch bestimmt worden. Der Streitverkündungsempfänger wird ferner mit der Behauptung, dass der Streitverkündende den Rechtsstreit mangelhaft geführt habe, nur insoweit gehört, als er durch die Lage des Rechtsstreits zur Zeit seines Beitritts oder durch Erklärungen und Handlungen des Streitverkündenden verhindert worden ist, Angriffs- oder Verteidigungsmittel geltend zu machen.

Der mit den Regelungen über die Streitverkündung verfolgte Zweck besteht im Wesentlichen in der **Förderung der Prozessökonomie und der Gewährleistung einheitlicher Entscheidungen.** Es soll verhindert werden, dass ein und derselbe Sachverhalt durch verschiedene Gerichte unterschiedlich beurteilt und entschieden wird. Dadurch können überflüssige Prozesse vermieden werden. Die Streitverkündung dient hierbei vor allem den Interessen des Streitverkünders.[1143] Dieser wird durch die Interventionswirkung davor geschützt, dass er sowohl den Vor- als auch den Folgeprozess verliert, obwohl er nach der materiell-rechtlichen Rechtslage jedenfalls einen Prozess gewinnen müsste.[1144] Ohne Interventionswirkung könnte der Streitverkündende sowohl im Schadensersatzprozess des Kartellgeschädigten unterliegen als auch im anschließenden Regressverfahren gegen die anderen Kartellbeteiligten leer ausgehen. Die Regresspflicht könnte im Folgeprozess etwa verneint werden, weil eine Hauptverbindlichkeit des Streitverkünders gegenüber dem Geschädigten nach Ansicht des Zweitgerichts nicht bestand.

2. Kosten

Die Pflicht zur Tragung derjenigen Kosten, die durch eine Streitverkündung verursacht wurden, bestimmt sich nach § 101 Abs. 1 ZPO. Danach sind die Kosten dem Gegner der Hauptpartei – in der Konstellation, dass die beklagten Kartellbeteiligten weiteren Kartellbeteiligten den Streit verkünden also dem Kläger – aufzuerlegen, soweit er nach den Vorschriften der §§ 91 bis 98 ZPO die Kosten des Rechtsstreits zu tragen hat. Im Falle des vollständigen Unterliegens hat demnach der Kläger auch die Anwaltskosten der Streitverkündungsempfänger zu tragen, sofern sie dem Rechtsstreit auf Seiten der Beklagten beigetreten sind. Das dadurch erhöhte Kostenrisiko des Klägers wird durch die Neuregelung des § 89a Abs. 3 RegE-GWB begrenzt. Danach liegt das maximale Risiko des Klägers beim doppelten Wert des Streitgegenstandes der Hauptsache. Denn die Neuregelung begrenzt die Summe der Gegenstandswerte mehrerer Nebeninterventionen auf den Wert des Streitgegenstandes der Hauptsache. Soweit der Kläger obsiegt, sind die Kosten dem Streitverkündeten aufzuerlegen. Der Beklagte, der durch die Streitverkündung „Anlass" zur Beteiligung weiterer Dritter am Rechtsstreit gegeben hat, trägt die Kosten der Streitverkündeten also nie. Trägt der Gegner der Hauptpartei nach §§ 91a, 92 ZPO nur einen Teil der Kosten, etwa bei teilweisem Obsiegen, ist dieser Teil auch für die Verteilung der Streitverkündungskosten zu tenorieren.[1145] Auch bei Rücknahme der Klage durch den Gegner hat dieser die Kosten zu tragen (§ 269 Abs. 3 S. 2 ZPO).[1146] Der bisherige Streit, ob der Gegenstandswert für die Anwaltsgebühren der Nebenintervenienten sich nach dem Streitwert der Hauptsache bemisst, ist durch die Begrenzung des Gegenstandswerts

---

[1143] Musielak/Voit/*Weth* ZPO § 72 Rn. 1.
[1144] BGH Urt. v. 11.2.2009 – XII ZR 114/06, NJW 2009, 1488 (1490).
[1145] Musielak/Voit/*Lackmann* ZPO § 101 Rn. 3.
[1146] Musielak/Voit/*Lackmann* ZPO § 101 Rn. 3.

mehrerer Nebeninterventionen auf den Streitgegenstandswert der Hauptsache deutlich entschärft.[1147]

V. Beteiligung der Kartellbehörden

623 Die Beteiligung von Kartellbehörden in Kartellzivilprozessen ist in den §§ 90, 90a GWB geregelt. Während § 90 GWB für die nationalen Kartellbehörden weitgehende Beteiligungsrechte vorsieht, regelt § 90a GWB – in Umsetzung von Art. 15 VO 1/2003 – die Beteiligung der Europäischen Kommission.

1. Beteiligung der nationalen Kartellbehörden

624 § 90 GWB zielt in erster Linie auf die Beteiligung durch das Bundeskartellamt. Wenn die Bedeutung des Rechtsstreits allerdings nicht über das Gebiet eines Landes hinausreicht – was bei Kartellschadensersatzklagen nur in Ausnahmefällen wie etwa bei einem „lokalen" Kartell, zB bei der isolierten Absprache eines örtlichen Bauvorhaben, sein kann – sind die Landeskartellbehörden anstelle des Bundeskartellamtes mit den Befugnissen aus § 90 Abs. 1 S. 2 und Abs. 2 GWB ausgestattet.

625 Gemäß § 90 Abs. 1 Satz 1 GWB ist das **Bundeskartellamt über alle Rechtsstreitigkeiten nach § 87 Abs. 1 GWB**[1148] **durch das Prozessgericht zu unterrichten.** Die Neuregelung in § 90 Abs. 1 RegE-GWB erweitert den Anwendungsbereich der Informationspflicht auf alle deutschen Gerichte und alle Rechtsstreitigkeiten, deren Entscheidung ganz oder teilweise von der Anwendung deutscher oder europäischer Kartellvorschriften abhängt. Damit wird auch das Recht zur Stellungnahme ausgeweitet. Von der Informationspflicht sind auch Rechtsstreitigkeiten über den Anspruch auf die Herausgabe von Beweismitteln oder Auskunftserteilung nach § 33g und § 89b ff. RegE-GWB erfasst. Nach der Begründung des Referentenentwurfs dient die Neuregelung der Einführung des in Erwägungsgrund 30 der Schadensersatzrichtlinie vorgesehenen Informationssystems für Offenlegungen. Das Prozessgericht hat dem Bundeskartellamt auf Verlangen Abschriften von allen Schriftsätzen, Protokollen, Verfügungen und Entscheidungen zu übersenden. Die Gerichte kommen in der Regel ihrer Unterrichtungspflicht dadurch nach, dass sie unaufgefordert die von den Parteien eingereichten Abschriften für die Kartellbehörden oder, falls derartige Abschriften nicht beigefügt sind, die entsprechend angeforderten Mehrausfertigungen sowie Kopien von Verfügungen und Entscheidungen an die Kartellbehörden übersenden.[1149]

626 Noch weitergehende Rechte sieht § 90 Abs. 2 GWB vor. Danach kann das **Bundeskartellamt Vertreter bestellen,** die befugt sind, dem Prozessgericht schriftliche Erklärungen einzureichen, auf Tatsachen und Beweismittel hinzuweisen, an Verhandlungs- oder Beweisterminen teilzunehmen, hierbei Ausführungen zu machen und Fragen an Parteien, Zeugen und Sachverständige zu richten. Damit wird dem Bundeskartellamt eine umfassende Stellung als *„Amicus Curiae"* eingeräumt. Das Bundeskartellamt macht von diesen Befugnissen im erstinstanzlichen und im Berufungsverfahren selten, im Revisionsverfahren dagegen fast immer – jedenfalls in der mündlichen Verhandlung vor dem BGH – Gebrauch.[1150] Beteiligt sich das Bundeskartellamt an dem Prozess, kann es hierbei auch Erkenntnisse aus parallel laufenden Ermittlungsverfahren einfließen lassen. Es kann in Schadensersatzverfahren auch schon nach heutiger Rechtslage eine Stellungnahme zur Schadenshöhe abgeben. Zur Umsetzung der Schadensersatzrichtlinie wird in

---

[1147] Vgl. OLG Düsseldorf Beschl. v. 18.2.2015 – VI-W (Kart) 1/15, BeckRS 2015, 10630; abweichend OLG München Beschl. v. 3.4.2012 – W 416/12 Kart, BeckRS 2015, 10396.
[1148] Da § 87 GWB mittlerweile nur noch einen Absatz hat, ist davon auszugehen, dass hier die Sätze 1 und 2 des § 87 GWB gemeint sind.
[1149] Langen/Bunte/*Bornkamm* GWB § 90 Rn. 8.
[1150] *Bechtold/Bosch* GWB § 90 Rn. 2; vgl. auch BKartA, TB 2013/2014, 34: „*Auch im Berichtszeitraum hat das Bundeskartellamt in 17 Fällen von seinem Recht zur aktiven Teilnahme an einem Rechtsstreit als „amicus curiae" Gebrauch gemacht."* Dies macht bei insgesamt 322 Kartellzivilsachen, die dem Amt zur Kenntnis gelangt sind, einen Anteil von ca. fünf Prozent aus.

§ 90 Abs. 5 RegE-GWB eine Regelung eingeführt, nach der das erkennende Gericht beim Bundeskartellamt eine Stellungnahme zur Schadenshöhe beantragen kann. Die Entscheidung, ob eine solche Stellungnahme abgegeben werden soll, steht nach der Begründung des Referentenentwurfs im freien Ermessen des Bundeskartellamts. Rein praktisch wird sich das Bundeskartellamt aber einem entsprechenden Antrag des Gerichts kaum gänzlich verschließen können. Es bleibt abzuwarten, wie sich die Praxis dazu, insbesondere zwischen den erstinstanzlich zuständigen Landgerichten und dem Bundeskartellamt, entwickelt.

Das Bundeskartellamt hat nach § 90 GWB also die Möglichkeit, auch in bürgerlichen Rechtsstreitigkeiten, und nach § 90 Abs. 1 RegE-GWB in allen Rechtsstreitigkeiten, die öffentlichen Interessen an einer effektiven Kartellrechtsdurchsetzung wahrzunehmen. Dieses Interesse ist auch, aber nicht vorrangig darauf gerichtet, die Kartellgerichte durch eine sachkundige Stellungnahme zu unterstützen und damit Einfluss auf die Zivilverfahren zu nehmen.[1151] Die Stellungnahme des Bundeskartellamtes hat im **Revisionsverfahren vor dem BGH in der Praxis regelmäßig ganz erhebliches Gewicht.**[1152] Selbstverständlich ist das Gericht jedoch nicht an die Rechtsauffassung der Kartellbehörden gebunden. Soweit die Kartellbehörden Tatsachen vortragen und/oder Beweismittel benennen, bleibt es den Parteien überlassen, ob sie sich den Vortrag bzw. die Beweismittel zu eigen machen und damit der Entscheidung des Gerichts zugrunde legen.[1153] Hat eine der Parteien das Vorbringen der Kartellbehörden aufgegriffen, kann es von der Gegenseite bestritten werden. Hierüber ist ggf. Beweis zu erheben, wenn die Behauptung entscheidungserheblich ist.[1154]

627

2. Beteiligung der Europäischen Kommission

§ 90a GWB dient der **Umsetzung von Art. 15 VO 1/2003.**[1155] Gemäß § 90a Abs. 1 GWB übermittelt das zuständige Prozessgericht in sämtlichen gerichtlichen Verfahren, in denen die Art. 101 oder 102 des AEUV zur Anwendung kommen, der Europäischen Kommission über das Bundeskartellamt eine Abschrift jeder Entscheidung unverzüglich nach deren Zustellung an die Parteien. Auffällig ist hierbei der Unterschied des Wortlauts zwischen Art. 15 Abs. 2 VO 1/2003 und § 90a Abs. 1 GWB. Während § 90a Abs. 1 GWB den Begriff „Entscheidung" enthält, ist in Art. 15 Abs. 2 VO I/2003 von „Urteil" die Rede. Nach dem Wortlaut sind also nach deutschem Recht auch Beschlüsse, etwa nach § 91a ZPO, erfasst. Allerdings deutet eine Auslegung des § 90a GWB im Sinne der europarechtlichen Vorgabe in der VO 1/2003 darauf hin, dass mit Entscheidungen nur abschließende Entscheidungen und nicht etwa auch Zwischenentscheidungen wie Beweisbeschlüsse erfasst sind.[1156]

628

Nach § 90a Abs. 1 S. 2 GWB kann das Bundeskartellamt der Europäischen Kommission auch diejenigen Unterlagen übermitteln, die es selbst nach § 90 Abs. 1 S. 2 GWB (→ Rn. 625) erhalten hat. Neben diesem Unterrichtungsrecht kommt der Kommission nach § 90a Abs. 2 GWB ebenfalls die Stellung eines *„Amicus Curiae"* zu. Sie kann in sämtlichen Verfahren nach § 90a Abs. 1 GWB aus eigener Initiative dem Gericht schriftliche Stellungnahmen übermitteln. Zudem bekommt die Kommission vom Gericht sämtliche zur Beurteilung des Falles notwendigen Schriftstücke übermittelt, wenn sie hierum ersucht. Darüber hinaus kann die Europäische Kommission – ebenso wie das Bundeskartellamt – in der mündlichen Verhandlung Stellung nehmen, § 90a Abs. 2 S. 4 GWB. Sofern die Kommission beispielsweise in einer schriftlichen Stellungnahme erklärt, in dem zu entscheidenden Rechtsstreit auch in der mündlichen Verhandlung Stellung nehmen zu

629

[1151] Langen/Bunte/*Bornkamm* GWB § 90 Rn. 3.
[1152] Langen/Bunte/*Bornkamm* GWB § 90 Rn. 10.
[1153] Langen/Bunte/*Bornkamm* GWB § 90 Rn. 11.
[1154] Langen/Bunte/*Bornkamm* GWB § 90 Rn. 11.
[1155] Vgl. Begründung der Bundesregierung zur 7. GWB-Novelle, BT-Drs. 15/3640, 69.
[1156] *Bechtold/Bosch* GWB § 90a Rn. 2.

wollen, ist das Gericht zur Mitteilung des Verhandlungstermins an die Kommission verpflichtet.[1157]

630 § 90a Abs. 3 GWB sieht vor, dass das Gericht, das mit einer Kartellsache mit gemeinschaftsweiter Bedeutung befasst ist, die Kommission um die Übermittlung von Informationen oder Stellungnahmen bitten kann. Die Parteien werden vom Gericht über etwaige Antworten der Kommission unterrichtet. Die Stellungnahme der Kommission ist für die nationalen Gerichte im Rechtssinne nicht bindend.[1158] Eine Bindung tritt aber insofern ein, als eine Abweichung von der Auffassung der Kommission zu einer Kartellsache mit gemeinschaftsweiter Bedeutung eine Vorlagepflicht zum EuGH jedenfalls der letztinstanzlichen Gerichte nach Art. 267 AEUV begründen könnte.[1159] Außerdem ist die weitreichende Bindung des nationalen Gerichts an den **Vorrang des europäischen Kartellrechts** zu beachten.

VI. Streitwert

631 Insoweit ergeben sich **keine Besonderheiten zu anderen zivilrechtlichen Schadensersatzklagen.** Es gelten die allgemeinen Wertvorschriften. Bei Leistungsklagen auf Schadensersatz aufgrund von kartellbedingt überhöhten oder missbräuchlichen Preisen richtet sich der Wert nach der Höhe des geltend gemachten Betrages, sofern dieser beziffert ist.

632 Bei **Klagen auf Feststellung,** dass die Kartellbeteiligten schadensersatzpflichtig sind, richtet sich der Streitwert nach dem wirtschaftlichen Interesse des Klägers an der beantragten Feststellung. In der Regel ist ein Abschlag von 20 Prozent im Vergleich zu einer entsprechenden Leistungsklage vorzunehmen, weil ein Feststellungsurteil eine weniger weitreichende, nämlich in der Hauptsache nicht vollstreckungsfähige Wirkung, gegenüber dem Leistungsurteil hat.[1160] Bei einer negativen Feststellungsklage, mit der die Feststellung begehrt wird, nicht zum Schadensersatz verpflichtet zu sein, entspricht das Interesse des Klägers an der begehrten Feststellung dem Wert der bestrittenen Schadensersatzforderung.[1161]

633 Bei Klagen, **die auf Belieferung gerichtet sind,** soll es sich – nach allerdings umstrittener Meinung[1162] – um die Geltendmachung von Schadensersatz in Form der Naturalrestitution handeln. Der Streitwert bemisst sich hierbei nach dem Interesse des Klägers an der Belieferung durch die Beklagte.

634 Besonderheiten ergeben sich, wenn – wie in der Praxis häufig – der Schadensbetrag in das Ermessen des Gerichts gestellt und nur ein Mindestbetrag beantragt wird. Wird die Klage vollständig oder teilweise abgewiesen, richtet sich der Streitwert nach dem geltend gemachten Mindestbetrag.[1163] Ist die Klage – über den Mindestbetrag hinaus – erfolgreich, so ist der Streitwert mit dem zugesprochenen Betrag identisch.[1164]

1. Zuständigkeitsstreitwert

635 Der Zuständigkeitsstreitwert, der für die Abgrenzung der sachlichen Zuständigkeit maßgeblich ist,[1165] spielt bei kartellrechtlichen Schadensersatzklagen keine Rolle. § 87 GWB regelt wie dargestellt die streitwertunabhängige Zuständigkeit der Landgerichte.

[1157] *Bechtold/Bosch* GWB § 90a Rn. 5.
[1158] Langen/Bunte/*Bornkamm* GWB § 90a Rn. 24.
[1159] Immenga/Mestmäcker/*Schmidt* GWB § 90a Rn. 16.
[1160] BGH Beschl. v. 30.4.2008 – III ZR 202/07, NVwZ-RR 2008, 741 (742).
[1161] BGH Beschl. v. 18.8.2011 – III ZR 32/11, BeckRS 2011, 21919.
[1162] Vgl. zum Ganzen Wiedemann/*Bumiller* HdB KartellR § 59 Rn. 44ff.
[1163] BGH Urt. v. 30.4.1996 – VI ZR 55/95, NJW 1996, 2425 (2427); OLG Frankfurt Beschl. v. 16.7.2010 – 4 W 24/10, BeckRS 2010, 28922 Rn. 16.
[1164] MüKoZPO/*Becker-Eberhard* ZPO § 253 Rn. 131.
[1165] Musielak/Voit/*Heinrich* ZPO § 2 Rn. 2.

2. Gebührenstreitwert/Gegenstandswert

Der Gegenstandswert ist Grundlage für die Berechnung der Gerichts- und Rechtsanwaltsgebühren.[1166] Entscheidend ist auch insoweit der Wert des Streitgegenstands, § 3 Abs. 1 GKG und § 23 Abs. 1 S. 1 RVG. Hierfür kann wiederum auf die allgemeinen Vorschriften in §§ 3 ff. ZPO zurückgegriffen werden, § 48 Abs. 1 S. 1 GKG.

636

3. Rechtsmittelstreitwert

Der Rechtsmittelstreitwert wird durch den Wert des Beschwerdegegenstandes bzw. die Beschwer bestimmt und ist im Rahmen der Zulässigkeit eines Rechtsmittels maßgeblich.[1167] Besonderheiten ergeben sich auch hier im Falle eines – in der Praxis häufig vorkommenden – unbezifferten Klageantrags mit Angabe eines Mindestbetrages. Hierbei ist von einer Beschwer auszugehen, wenn vom Mindestbetrag nach unten abgewichen wird.[1168] Die Differenz zwischen Mindestbetrag und zuerkanntem Schadensersatz ist dann die Beschwer, die für die Zulässigkeit von Rechtsmitteln maßgeblich ist.

637

4. Streitwertanpassung nach § 89a GWB

Gemäß § 89a Abs. 1 Satz 1 GWB kann das Prozessgericht auf Antrag einer Partei, die in einer kartellrechtlichen Schadensersatzstreitigkeit glaubhaft macht, dass die Belastung mit den Prozesskosten nach dem vollen Streitwert ihre wirtschaftliche Lage erheblich gefährden würde, anordnen, dass die Verpflichtung dieser Partei zur Zahlung von Gerichtskosten sich nach einem ihrer Wirtschaftslage angepassten Teil des Streitwerts bemisst. Nach § 89a Abs. 1 S. 3 GWB führt eine derartige Anordnung durch das Gericht ferner dazu, dass die begünstigte Partei die Gebühren ihres Rechtsanwalts ebenfalls nur nach diesem Teil des Streitwerts zu entrichten hat. Auch die Anwaltskosten der Gegenseite sind im Falle eines vollständigen oder teilweisen Unterliegens nur nach dem **reduzierten Streitwert** zu entrichten, § 89a Abs. 1 S. 4 GWB. Insgesamt kann § 89a Abs. 1 GWB daher zu einer signifikanten Reduzierung des Kostenrisikos für die antragstellende Partei führen.

638

Die Streitwertanpassung ist auch dann möglich, wenn der Klageantrag – neben kartellrechtlichen Anspruchsgrundlagen – auch auf weitere Vorschriften gestützt wird, über die das Kartellgericht nach § 88 GWB befindet.[1169] Der Antrag auf Anpassung muss gemäß § 89a Abs. 2 S. 2 GWB vor Verhandlung zur Hauptsache gestellt werden. Der Gegner ist vor Entscheidung über den Antrag zu hören.

639

Die Vorschrift wurde mit der **siebten GWB-Novelle 2005** in das Gesetz aufgenommen. Zuvor gab es keine spezifische Möglichkeit, für Kartellzivilprozesse, bei denen das Kostenrisiko erheblich sein kann, den maßgeblichen Streitwert aus Billigkeitserwägungen oder mit dem Ziel, derartige Prozesse zu erleichtern, herabzusetzen.[1170] Die Streitwertanpassung soll daher das **Kostenrisiko für zivilrechtliche Schadensersatzprozesse gegen Kartellbeteiligte so vermindern,** dass sich daraus kein Hindernis für die Erhebung entsprechender Klagen ergibt. Zweck der Vorschrift ist also letztlich eine Stärkung des private enforcement. Eine mögliche Anwendung der Regelung zugunsten des Beklagten dürfte wohl praktisch kaum relevant werden.

640

Hauptanwendungsfälle ergeben sich, wenn ein potentieller Kläger nicht in der Lage ist, auf Basis des nicht angepassten Streitwerts den erforderlichen Gerichtskostenvorschuss in Höhe der dreifachen Gerichtsgebühr und/oder – im Unterliegensfalle – die Anwaltskosten der beklagten Kartellbeteiligten (und ggf. Streitverkündeten) zu entrichten.[1171] Da ohne die Einzahlung des Gerichtskostenvorschusses die Klage nicht zugestellt wird, könnte in diesem Fall ein Prozess überhaupt nicht geführt werden.

641

[1166] Musielak/Voit/*Heinrich* ZPO § 2 Rn. 2.
[1167] Musielak/Voit/*Heinrich* ZPO § 2 Rn. 2.
[1168] MüKoZPO/*Becker-Eberhard* ZPO § 3 Rn. 121.
[1169] *Bechtold/Bosch* GWB § 89a Rn. 3.
[1170] *Bechtold/Bosch* GWB § 89a Rn. 1.
[1171] *Bechtold/Bosch* GWB § 89a Rn. 4.

642 Der Antrag lautet darauf, den Streitwert so zu bemessen, dass er sich der wirtschaftlichen Lage der Antragstellerin anpasst.[1172] Die antragstellende Partei muss glaubhaft machen (vgl. § 294 ZPO), dass die Belastung mit den Prozesskosten aus dem normalen Streitwert ihre wirtschaftliche Lage erheblich gefährden würde. Hierfür kann die antragstellende Partei beispielsweise auch mit einer Versicherung an Eides statt zu ihren wirtschaftlichen Verhältnisse vortragen. Eine Prüfung der Erfolgsaussichten, wie sie bei einem Antrag auf Prozesskostenhilfe erforderlich ist, ist für die Streitwertanpassung nicht vorgesehen. Wird der Antrag nach Einreichung der Klage, aber vor Zahlung des Gebührenvorschusses gestellt, ist die Klage zwar mangels Kostenvorschusszahlung noch nicht zuzustellen. Dem Gegner ist jedoch formlos mitzuteilen, dass ein entsprechender Antrag gestellt wurde, damit dieser die Möglichkeit der Stellungnahme erhält.[1173]

643 Das Gericht entscheidet über die Streitwertanpassung durch Beschluss. Hierbei ist Gegenstand nur die Streitwertanpassung in dieser Instanz, für potenzielle weitere Instanzen ist ein erneuter Antrag erforderlich.[1174]

5. Kosten des Rechtsstreits

644 Hinsichtlich der Kostentragungspflicht ergeben sich keine Abweichungen zu den allgemeinen Regelungen in den §§ 91 ff. ZPO. Die Höhe der Prozesskosten, also der Gerichtskosten und Anwaltsgebühren, folgt aus GKG und RVG und richtet sich wie dargestellt nach dem Streitwert.

645 Da der Kläger im Falle des (teilweisen) Unterliegens seine (anteiligen) Anwaltskosten, die (anteiligen) Gerichtskosten, die (anteiligen) Anwaltskosten der Beklagten sowie die (anteiligen) Anwaltskosten potenzieller Streitverkündeter zu tragen hat, ist das Kostenrisiko in kartellrechtlichen Schadensersatzprozessen, bei denen der Streitwert bei Großabnehmern der kartellierten Produkte nicht selten zweistellige Millionenbeträge erreicht, erheblich.[1175] Vor diesem Hintergrund verwundert es nicht, dass es mittlerweile Prozessfinanzierer gibt, die sich unter anderem auf kartellrechtliche Schadensersatzklagen spezialisiert haben.

646 Zum Prozesskostenrisiko folgendes **Beispiel**:

> Ein direkter Abnehmer eines Preiskartells hat fünf Kartellbeteiligte gesamtschuldnerisch auf Schadensersatz in Höhe von mindestens 35 Mio. EUR in Anspruch genommen. Die Kartellbeteiligten verkünden weiteren fünf am Kartell beteiligten Gesellschaften den Streit, die auf Seiten der Kartellbeteiligten beitreten. Das Gericht weist die Klage in erster Instanz vollumfänglich ab. Jeder Beklagte und jeder Streitverkündete war von einem eigenen Rechtsbeistand vertreten.

647 a) Gerichtskosten. Die Gerichtskosten berechnen sich im Beispielsfall auf Grundlage eines Gebührenstreitwerts in Höhe von 30 Mio. EUR, § 39 Abs. 2 GKG. Eine Addition der Streitwerte für die Berechnung der Gerichtskosten findet bei Gesamtschuldnern gemäß § 45 Abs. 1 S. 1 und S. 3 GKG nicht statt.[1176] Die Gerichtskosten belaufen sich in erster Instanz auf 329.208 EUR (3,0-fache Gebühr in Höhe von 109.736 EUR).[1177]

[1172] *Bechtold/Bosch* GWB § 89a Rn. 5.
[1173] *Bechtold/Bosch* GWB § 89a Rn. 8.
[1174] *Bechtold/Bosch* GWB § 89a Rn. 9.
[1175] Vgl. hierzu auch die Stellungnahme von CDC zum Zementkartell-Schadensersatzprozess, abrufbar unter: http://www.carteldamageclaims.com/zementkartelle/, zuletzt aufgerufen am 28.12.2015: „CDC SA hat mehr als sechs Millionen Euro in das Verfahren investiert. Das schließt die vorgeleisteten Gerichtskosten in Höhe von über 713.000 Euro sowie die bereits erstatteten und noch zu erstattenden Prozesskosten der Beklagten ein. [...] Im Hinblick auf die unkalkulierbare Gefahr weiterer Streitbeitritte und die daraus resultierenden wirtschaftlichen Risiken hat CDC SA von der Einlegung einer Beschwerde beim Bundesgerichtshof abgesehen. Das Urteil des Oberlandesgerichts ist damit rechtskräftig geworden."
[1176] Vgl. Thomas/Putzo/*Hüßtege* ZPO § 5 Rn. 8; BGH Beschl. v. 25.11.2003 – VI ZR 418/02, NJW-RR 2004, 638 (639); Beschl. v. 9.3.2010 – IX ZR 164/09, BeckRS 2010, 07722; Beschl. v. 10.3.2011 – VII ZB 3/10, NJW-RR 2011, 933 (934).
[1177] KV GKG Nr. 1210.

b) Anwaltskosten. Bei den Anwaltskosten der Gegenseite sollte davon ausgegangen werden, dass die fünf Beklagten jeweils einen eigenen Anwalt beauftragen. Dies entspricht auf Beklagtenseite gängiger Praxis in kartellrechtlichen Schadensersatzklagen. Grundsätzlich kann jeder obsiegende Streitgenosse die Kosten eines eigenen Anwalts erstattet verlangen, § 91 Abs. 2 S. 1 ZPO.[1178]   648

Auch für die Anwaltskosten ist ein Gegenstandswert von 30 Mio. EUR zugrunde zu legen. Eine Addition der einzelnen Gegenstandswerte auf 150 Mio. EUR für jeden der Anwälte mit der Folge höherer Kosten scheidet aus, da es sich nicht um mehrere Gegenstände im Sinne des § 22 Abs. 1, Abs. 2 S. 2 RVG handelt.[1179] Der anwaltliche Gegenstandswert im gerichtlichen Verfahren richtet sich grundsätzlich nach den für die Gerichtsgebühren geltenden Wertvorschriften, soweit sich die Gerichtsgebühren nach dem Wert richten, § 23 Abs. 1 S. 1 RVG.[1180] Insoweit kann auf obige Ausführungen verwiesen werden. Der Gegenstandswert für die Anwaltskosten beträgt daher gemäß § 23 Abs. 1 S. 1 RVG iVm § 45 Abs. 1 S. 1 und S. 3 GKG 30 Mio. EUR.   649

Für jeden Anwalt fällt eine Gebühr von jeweils ca. 272.870 EUR an (1,3-fache Verfahrens- sowie 1,2-fache Termingsgebühr in Höhe von jeweils 91.713 EUR zzgl. Auslagen und USt), bei fünf Beklagten also insgesamt ca. 1.364.350 EUR.   650

Die Anwaltskosten für die fünf Streitverkündeten sind gemäß § 101 Abs. 1 ZPO ebenfalls dem Kläger aufzuerlegen. Der Gegenstandswert für die Anwaltsgebühren der Nebenintervenienten bemisst sich wie dargestellt nach neuerer Rechtsprechung des OLG Düsseldorf[1181] nach dem Streitwert der Hauptsache. Für jeden Anwalt beträgt die Gebühr demnach wiederum jeweils ca. 272.870 EUR, bei fünf Streitverkündeten also insgesamt ca. 1.364.350 EUR.   651

Das maximale Kostenrisiko für den Kläger beläuft sich im Beispielsfall also allein in erster Instanz auf ca. 3.057.908 EUR. Hierin sind die eigenen Anwaltskosten sowie etwaige Kosten für Sachverständige noch nicht enthalten. Wird das erstinstanzliche Urteil mit Rechtsmitteln angegriffen, können sich die Kosten schnell mehr als verdoppeln bzw. verdreifachen.   652

VII. Schutz von Geschäftsgeheimnissen

Geschäftsgeheimnisse spielen nicht nur in Kartellverwaltungs- und -ordnungswidrigkeitenverfahren eine große Rolle, sondern sind auch für die Geltendmachung von Schadensersatzansprüchen ebenso wie für die Verteidigung gegen solche Ansprüche in Zivilprozessen von erheblicher Bedeutung. Die Darlegungs- und Beweislast ist in Zivilprozessen aber nicht ohne Weiteres in Einklang mit dem Schutz von Geschäftsgeheimnissen oder anderen vertraulichen Informationen zu bringen. Kann der (primär oder sekundär) darlegungs- und beweispflichtige Kläger oder Beklagte seiner Pflicht zur Substantiierung und/oder zum Beweis der Voraussetzungen eines Kartellrechtsverstoßes (oder von Kausalität und Schaden) nur nachkommen, wenn er im Prozess Geschäftsgeheimnisse oder andere vertrauliche Informationen offenlegt, gibt es – vereinfacht ausgedrückt – folgende Möglichkeiten: Die darlegungs- und beweispflichtige Partei trägt nicht vor und verliert den Prozess; die darlegungs- und beweispflichtige Partei trägt umfassend vor, muss aber dafür zumindest eine Gefährdung ihrer Geschäftsgeheimnisse in Kauf nehmen; die darlegungs- und beweispflichtige Partei trägt umfassend vor, aber die gegnerische Partei erhält nur eingeschränkt Einblick in den Vortrag und kann sich daher auch nicht umfassend dazu äußern. Ein ähnliches Problem stellt sich, wenn die nicht zur Darlegung und zum Beweis verpflichtete Partei im Rahmen der Beweisführung Geschäftsgeheimnisse offenlegen   653

[1178] Vgl. Thomas/Putzo/*Hüßtege* ZPO § 91 Rn. 29.
[1179] BGH Beschl. v. 2.3.2010 – II ZR 62/06, NJW 2010, 1373.
[1180] Zudem ordnet § 32 Abs. 1 RVG an, dass die gerichtliche Festsetzung des Gebührenstreitwerts auch für die Festsetzung der Gebühren des Rechtsanwalts maßgeblich ist.
[1181] Beschl. v. 18.2.2015 – VI-W (Kart) 1/15, BeckRS 2015, 10630.

müsste, wie etwa dann, wenn ein Sachverständiger solche Informationen und/oder Daten als Anschlusstatsachen für ein Gutachten benötigt. Es stellt sich dann die Frage, ob (und unter welchen Umständen) die Verweigerung der Offenlegung dieser Informationen und/ oder Daten als Beweisvereitelung im Rahmen der Beweiswürdigung nach §§ 286, 287 ZPO anzusehen ist und zum Verlust des Prozesses führen kann. Berücksichtigt man einerseits die zentrale Bedeutung von Geschäftsgeheimnissen und anderen vertraulichen Informationen für die betreffenden Unternehmen (und die Bedeutung ihres Schutzes für den Wettbewerb als Institution) und andererseits die Dimensionen, die kartellrechtliche Schadensersatzprozesse oft haben, zeigt sich, dass die Wahl zwischen Geheimhaltung und Prozessverlust die Parteien vor große Probleme stellt. Mit diesem Dilemma haben sich Gerichte und Literatur in verschiedenen Konstellationen – auch außerhalb des Kartellrechts – befasst und bislang nicht zu einer einheitlichen Linie gefunden. Auch vor dem Hintergrund der nach der RL 2014/104/EU erforderlichen Ausweitung der Aufklärungspflichten im kartellrechtlichen Zivilprozess ist eine gesetzgeberische Lösung geboten.

1. Grundlagen

654 Aus **verfassungsrechtlicher Sicht** geht es bei der Suche nach einer angemessenen Lösung für dieses Dilemma um den Ausgleich zwischen dem über Art. 12 und 14 GG vermittelten grundrechtlichen Schutz von Geschäftsgeheimnissen,[1182] dem über Art. 103 GG verfassungsrechtlich garantierten Schutz des rechtlichen Gehörs und der aus dem Rechtsstaatsprinzip folgenden Pflicht zur Gewährleistung effektiven Rechtsschutzes (einschließlich des öffentlichen Interesses an der Wahrheitsfindung).[1183] Dabei ist keinem dieser Rechtsgüter grundsätzlich Vorrang vor dem anderen zu geben. Vielmehr ist ein Ausgleich zwischen ihnen zu schaffen, für den die jeweiligen Vor- und Nachteile der in Betracht kommenden Lösungen für die verschiedenen betroffenen Rechtsgüter in ihrer Gesamtheit abgewogen werden müssen.[1184] Soweit der Gesetzgeber selbst einen Lösungsweg und/ oder Mechanismen und Kriterien für die Abwägung vorzeichnet, ist sein Einschätzungs- und Gestaltungsspielraum zu berücksichtigen; die gesetzlichen Vorgaben sind von den Gerichten zu beachten und zu nutzen.[1185] Überlässt der Gesetzgeber die Entscheidung den Organen der Rechtsanwendung, müssen sowohl die von ihnen getroffenen Annahmen und Abwägungsregeln als auch ihre Abwägung im konkreten Fall den verfassungsrechtlichen Anforderungen genügen und insbesondere zur Herstellung praktischer Konkordanz im konkreten Streitfall führen.[1186] Dabei hat es das BVerfG grundsätzlich auch für möglich gehalten, dass einer Partei einzelne Aktenbestandteile vorenthalten werden, das Gericht seine Entscheidung aber dennoch auf diese Aktenbestandteile stützen kann („In-Camera-Verfahren"). Das gilt jedenfalls, soweit dieses Vorgehen ausschließlich zu einer Erhöhung des Rechtsschutzes für die Partei führt, deren rechtliches Gehör beeinträchtigt wird.[1187] Aber auch in komplexen Situationen, in denen sich aus der Durchführung eines „In-Camera-Verfahrens" nicht ausschließlich Vorteile für die in ihrem Recht auf rechtliches Gehör beeinträchtigte Partei ergeben, weil sie beispielsweise des Vorteils einer Beweislastentscheidung beraubt wird,[1188] können die mit einem „In-Camera-Verfahren"

[1182] Unstr., vgl. nur BVerfG Beschl. v. 14.3.2006 – 1 BvR 2087/03 ua, NVwZ 2006, 1041 (1042) – Telekom; BGH Urt. v. 19.11.2008 – VIII ZR 138/07, NJW 2009, 502 (507); BVerwG Beschl. v. 21.1.2014 – 6 B 43/13, NVwZ 2014, 790.
[1183] Umfassend zum Abwägungsprogramm BVerfG Beschl. v. 14.3.2006 – 1 BvR 2087/03 ua, NVwZ 2006, 1041 (1043 ff.) Vgl. auch BGH Urt. v. 19.11.2008 – VIII ZR 138/07, NJW 2009, 502, 507.
[1184] BVerfG Beschl. v. 14.3.2006 – 1 BvR 2087/03 ua, NVwZ 2006, 1041 (1043) – Telekom. Ausführlich auch *Stadler* NJW 1989, 1202 (1209).
[1185] BVerfG Beschl. v. 14.3.2006 – 1 BvR 2087/03 ua, NVwZ 2006, 1041 (1043) – Telekom.
[1186] BVerfG Beschl. v. 14.3.2006 – 1 BvR 2087/03 ua, NVwZ 2006, 1041 (1043) – Telekom.
[1187] BVerfG Beschl. v. 27.10.1999 – 1 BvR 385/90, NJW 2000, 1175 (1178). Vgl. zu diesem Gesichtspunkt im Rahmen der Abwägung auch *Müller-Stoy* GRUR-RR 2009, 161, 163; Stein/Jonas/*Berger* § 357 Rn. 18.
[1188] Vgl. die abw. Meinung des Richters Gaier zu BVerfG Beschl. v. 14.3.2006 – 1 BvR 2087/03 ua, NVwZ 2006, 1041 (1047 ff.) – Telekom.

zum Schutz von Geschäftsgeheimnissen verbundenen Einschränkungen des rechtlichen Gehörs nach Auffassung des BVerfG gerechtfertigt sein.[1189] Allerdings machte das BVerfG deutlich, dass es hierfür einer gesetzlichen Grundlage bedarf.[1190]

Gesetzliche Regelungen für ein echtes „In-Camera-Verfahren" oder andere Einschränkungen der Parteiöffentlichkeit gibt es allerdings bislang nur in **wenigen Ausnahmefällen.** So hat der Gesetzgeber im Zuge der Novellierung des TKG im Mai 2012 für das Telekommunikationsrecht in § 138 TKG einen Mechanismus zum Schutz von geheimhaltungsbedürftigen Informationen auch im verwaltungsgerichtlichen Hauptsacheverfahren geschaffen und damit erstmals ein echtes „In-Camera-Verfahren" im **Verwaltungsprozessrecht** verankert.[1191] Demgegenüber sieht § 99 Abs. 2 VwGO im allgemeinen Verwaltungsprozessrecht ein „In-Camera-Verfahren" nur für das Zwischenverfahren über die Verweigerung der Aktenvorlage oder Auskunft durch Behörden, nicht aber für das Hauptsacheverfahren vor.[1192] Auch im **gewerblichen Rechtsschutz** wurden Einschränkungen der Parteiöffentlichkeit zur Wahrung von Geschäftsgeheimnissen des vermeintlichen Verletzers gewerblicher Schutzrechte entwickelt, die sich aber auf das **selbständige Beweissicherungsverfahren** beschränken. Danach wird das Besichtigungsrecht des Inhabers der angeblich verletzten Rechte in einem dreistufigen Verfahren weitgehend unter Ausschluss des Inhabers selbst durchgesetzt; dieses Verfahren hat seine gesetzliche Grundlage jedenfalls nunmehr in § 140c Abs. 1 S. 3 und Abs. 3 S. 2 und 3 PatG sowie den entsprechenden Normen in § 101a UrhG, § 19a MarkenG, § 24c GebrMG, § 46a DesignG und § 37c SortSchG gefunden.[1193] In einem ersten Schritt wird die Besichtigung durchgeführt, aber auf den Sachverständigen, den Besichtigungsschuldner und die Prozessbevollmächtigten des Besichtigungsgläubigers beschränkt, die durch das Gericht zur Verschwiegenheit verpflichtet werden. In einem zweiten Schritt wird das Gutachten des Sachverständigen dem Besichtigungsschuldner und den Prozessbevollmächtigten des Besichtigungsgläubigers, nicht aber diesem selbst übermittelt. Kann der Besichtigungsschuldner darlegen und gegebenenfalls beweisen, dass das Gutachten Geschäftsgeheimnisse enthält, ist zu prüfen, ob es eine Möglichkeit zur Übermittlung des Gutachtens an den Besichtigungsgläubiger bei gleichzeitigem Schutz der Geschäftsgeheimnisse (etwa durch Schwärzung) gibt. Ist das nicht möglich, soll im Rahmen der Abwägung danach zu unterscheiden sein, ob das Gutachten die behauptete Verletzung des Schutzrechts bestätigt oder nicht. Wenn es das tut, ist es offenzulegen; die Prozessbevollmächtigten sind von der Schweigepflicht zu befreien; die Interessen des Besichtigungsschuldners an der Wahrung seiner Geschäftsgeheimnisse müssen dann zurücktreten. Wenn das Gutachten die behauptete Verletzung nicht bestätigt, bleibt es vertraulich und darf nur den

655

[1189] BVerfG Beschl. v. 14.3.2006 – 1 BvR 2087/03 ua, NVwZ 2006, 1041 (1044) – Telekom (wobei das Gericht die verfassungsrechtlichen Anforderungen an ein „In-Camera-Verfahren" im Einzelnen offengelassen hat). Wie das BVerfG auch *Prütting/Weth* DB 1989, 2273. Im Ergebnis ebenso die abw. Meinung des Richters *Gaier* NVwZ 2006, 1047.

[1190] BVerfG Beschl. v. 14.3.2006 – 1 BvR 2087/03 ua, NVwZ 2006, 1041 (1044) – Telekom. Vgl. ebenso die abw. Meinung Richters *Gaier* NVwZ 2006, 1047f., der es für eine Pflicht des Gesetzgebers hält, verfahrensrechtliche Vorkehrungen zum Schutz von Geschäftsgeheimnissen (wie insbesondere das „In-Camera-Verfahren") zu schaffen, um den Gerichten eine verfassungsgemäße Abwägung der betroffenen Rechtsgüter zu ermöglichen. Denn ohne eine solche gesetzliche Regelung seien die Gerichte dazu gezwungen, entweder dem Geheimnisschutz oder dem Rechtsschutz den Vorrang zu geben, ohne einen Ausgleich zwischen beiden schaffen zu können. Das BVerwG hat im Anschluss an diesen Beschluss des BVerfG die gesetzliche Grundlage für ein „In-Camera-Verfahren" bei der verwaltungsgerichtlichen Überprüfung von Regulierungsentscheidungen im Telekommunikationsbereich aus EU-Recht abgeleitet (vgl. BVerwG Beschl. v. 9.1.2007 – 20 F 1/06, BeckRS 2009, 36921). Die Verfassungsmäßigkeit von Geheimverfahren für den Zivilprozess generell ablehnend etwa *Lachmann*, NJW 1987, 2206 (2210).

[1191] Vgl. zu dessen Anwendung bereits BVerwG Beschl. v. 21.1.2014 – 6 B 43/13, NVwZ 2014, 790. Vgl. bereits zuvor BVerwG Beschl. v. 9.1.2007 – 20 F 1/06, BeckRS 2009, 36921.

[1192] Vgl. dazu BVerfG Beschl. v. 14.3.2006 – 1 BvR 2087/03 ua, NVwZ 2006, 1041 (1044) – Telekom; BVerwG Beschl. v. 9.1.2007 – 20 F 1/06 Rn. 14 bei juris.

[1193] Zuvor stützte sich die Rechtsprechung auf das allgemeine Besichtigungsrecht nach § 809 BGB, dessen Umfang eine Abwägung der Interessen von Besichtigungsschuldner und -gläubiger erforderlich gemacht hat (vgl. BGH Beschl. v. 16.11.2009 – X ZB 37/08, GRUR 2010, 318 (319) – Lichtbogenschnürung; BGH Urt. v. 2.5.2002 – I ZR 45/01, NJW-RR 2002, 1617 (1619) – Faxkarte). Vergleichbare Regelung bestehen auch zur Sicherung der Durchsetzung von Schadensersatzansprüchen in § 140d PatG, § 101 b UrhG, § 19b MarkenG, § 24d GebrMG, § 46b DesignG, § 37d SortSchG. Dabei geht es aber nicht um Erleichterungen bei der Geltendmachung von Anspruchsgrund und -höhe, sondern um die Sicherung von Schadensersatzansprüchen. Vgl. zu den Einzelheiten des Verfahrens im Patentrecht *Kühnen* GRUR 2005, 185.

Anwälten in vollem Umfang zur Kenntnis gelangen.[1194] Dieses Vorgehen setzt allerdings einen entsprechenden Antrag des Besichtigungsgläubigers voraus, der dadurch auf sein Recht zur Teilnahme an der Besichtigung und auf Einsichtnahme in das Gutachten verzichtet, um eine Abweisung seines Berichtigungsanspruchs zum Schutz der Geschäftsgeheimnisse des Besichtigungsschuldners zu verhindern. Demgegenüber dürften entsprechende Einschränkungen von Amts wegen ohne ausdrückliche gesetzliche Grundlage kaum zulässig sein.[1195] Zudem ist nach wie vor ungeklärt, wie der Schutz von Geschäftsgeheimnissen im Hauptsacheverfahren gewährleistet werden soll;[1196] für eine Erstreckung der Einschränkung der Parteiöffentlichkeit während des Beweissicherungsverfahrens auf das anschließende Hauptsacheverfahren gibt es keine Grundlage im Gesetz. Allerdings hat der BGH unter Berufung auf das Vorgehen im selbständigen Beweissicherungsverfahren auch im Hauptsacheverfahren jedenfalls insoweit eine Einschränkung der Parteiöffentlichkeit akzeptiert, als es um die Einsichtnahme des beweispflichtigen Klägers in ein Sachverständigengutachten zur Prüfung des Verletzungstatbestands und seine Anwesenheit bei der Erörterung des Gutachtens ging. Der BGH hielt es für zulässig, dass das Berufungsgericht nur den Prozessbevollmächtigten des Klägers und einen ihm beigeordneten Sachverständigen in die Beweisaufnahme einbezogen hat und die Beteiligung des Klägers selbst – offenbar von Amts wegen und ohne dessen Einwilligung[1197] – abgelehnt hat.[1198]

656 Für den allgemeinen **Zivilprozess** gibt es bislang **keine umfassenden und gesetzlich geregelten Mechanismen zum Schutz der Vertraulichkeit von Angaben** im Parteivortrag oder im Beweisverfahren.[1199] In gewissem Umfang können Geschäftsge-

---

[1194] Vgl. umfassend die Darstellung bei *Kühnen*, HdB Patentverletzung, Rn. 418 ff.; vgl. zu den Abwägungskriterien hinsichtlich der Offenlegung des Gutachtens OLG Düsseldorf Beschl. v. 14.1.2009 – I-2 W 56/08 Rn. 3 f. Die damit verbundene Einschränkung des Mandatsverhältnisses zwischen dem Patentinhaber und seinen Prozessbevollmächtigten ist zulässig, vgl. BGH Beschl. v. 16.11.2009 – X ZB 37/08, GRUR 2010, 318 (320 f.). – Lichtbogenschnürung. Ausführlich *Stadler* ZZP 2010, 261 (269 ff). Vgl. auch *Müller-Stoy* GRUR-RR 2009, 161 (164).
[1195] Vgl. hierzu die grundlegende Entscheidung des BGH Beschl. v. 16.11.2009 – X ZB 37/08, GRUR 2010, 318 (320 (Rn. 20 u. 24), 321 (Rn. 32) u. 322 (Rn. 34 f.)) – Lichtbogenschnürung.
[1196] So ausdrückl. BGH Beschl. v. 16.11.2009 – X ZB 37/08, GRUR 2010, 318 (321) – Lichtbogenschnürung.
[1197] Vgl. OLG Dresden Urt. v. 12.7.2011 – 14 U 1071/06, BeckRS 2013, 07592, unter II.1.e).
[1198] BGH Urt. v. 11.4.2013 – I ZR 152/11, MMR 2013, 522 (523) – Internet-Videorekorder II. Eine Begründung für diese Erstreckung der für das Besichtigungsrecht im selbständigen Beweissicherungsverfahren entwickelten Grundsätze auf das Hauptsacheverfahren fehlt, zumal der BGH selbst auf die Unterschiede zwischen Beweissicherungs- und Hauptsachverfahren hingewiesen hat (vgl. BGH Beschl. v. 16.11.2009 – X ZB 37/08, GRUR 2010, 318 (321) – Lichtbogenschnürung). Ebenso wenig überzeugt die (ebenfalls unbegründet gebliebene) Kehrtwende des BGH zu der Frage, ob die mit der Beschränkung der Teilnahme an der Beweisaufnahme auf die Prozessbevollmächtigten verbundenen Einschränkungen des rechtlichen Gehörs auch ohne gesetzliche Grundlage von Amts wegen angeordnet werden können (vgl. BGH Beschl. v. 16.11.2009 – X ZB 37/08, GRUR 2010, 318 (321 u. 322) – Lichtbogenschnürung, wonach der Antrag der betroffenen Partei ein ausschlaggebender Aspekt war).
[1199] Die nachfolgenden Ausführungen beziehen sich insbesondere auf den Schutz von Betriebs- und Geschäftsgeheimnissen der Parteien. Der Schutz von Betriebs- und Geschäftsgeheimnissen von Dritten im Zivilprozess ist wesentlich stärker ausgeprägt und klarer geregelt. Im Beweisverfahren gilt Folgendes: Zeugen können das Zeugnis nach § 383 Abs. 1 Nr. 6 ZPO verweigern, wenn sie aufgrund ihres Amtes, Standes oder Gewerbes Geheimnisträger sind. Nach § 384 Nr. 3 ZPO können sie das Zeugnis verweigern, wenn sie andernfalls ihre eigenen Geschäftsgeheimnisse oder Geschäftsgeheimnisse von Dritten, denen gegenüber sie zur Geheimhaltung verpflichtet sind, offenbaren müssten. § 383 Abs. 1 Nr. 6 und § 384 Nr. 3 ZPO gelten entsprechend auch bei der an Dritte gerichteten richterlichen Anordnung der Vorlage von Urkunden nach § 142 Abs. 1 und 2 S. 1 ZPO (gegebenenfalls iVm § 428 ff. ZPO) sowie der an Dritte gerichteten Anordnung der Einnahme des Augenscheins oder der Begutachtung durch Sachverständige nach § 144 Abs. 1 und 2 S. 1 ZPO (gegebenenfalls iVm § 371 Abs. 2 ZPO). Soweit das Gericht nach § 273 Abs. 2 Nr. 2 ZPO die Akten eines Bußgeld- oder Strafverfahrens beizieht, § 477 StPO, gegebenenfalls iVm § 49b OWiG, etwa die Akten des Bundeskartellamts, einer Staatsanwaltschaft oder einer Strafgerichts, muss die Behörde oder das Gericht die Akten grundsätzlich übermitteln, auch wenn sie Geschäftsgeheimnisse von Dritten enthält (§ 477 Abs. 4 StPO). Das Zivilgericht muss dann prüfen, ob und inwieweit es den Parteien Einsicht in die Akten gewähren kann; hierfür können die Maßstäbe des § 406e Abs. 2 und des § 475 Abs. 1 StPO herangezogen werden. Ein absoluter Schutz von Geschäftsgeheimnissen von Dritten besteht dann nicht, vgl. BVerfG Beschl. v. 6.3.2014 – 1 BvR 3541/13 ua, NJW 2014, 1581 (1582 f.). Ob und in welchem Umfang sich die Parteien in ihrem Vortrag auf Betriebs- und Geschäftsgeheimnisse von Dritten stützen können, denen gegenüber sie zur Geheimhal-

heimnisse im Zivilprozess insbesondere durch den **Ausschluss der Öffentlichkeit nach §§ 172 ff. GVG** geschützt werden.[1200] Nach § 172 Nr. 2 GVG kann die Öffentlichkeit ausgeschlossen werden, wenn durch die öffentliche Erörterung eines wichtigen Geschäftsgeheimnisses in der Verhandlung überwiegend schutzwürdige Interessen verletzt würden. Der Ausschluss kann sich nach § 173 Abs. 2 GVG auch auf die Verkündung der Entscheidungsgründe erstrecken. Wird die Öffentlichkeit mit Rücksicht auf Geschäftsgeheimnisse ausgeschlossen, kann das Gericht den anwesenden Parteien nach § 174 Abs. 3 GVG auch zur Pflicht machen, solche Tatsachen geheim zu halten, die ihnen durch die Verhandlung oder aufgrund der Prozessakte (einschließlich sämtlicher Schriftsätze, Sachverständigengutachten oder anderen, von Dritten zur Akte übermittelten Unterlagen[1201]) zur Kenntnis gelangen. Der Verstoß gegen die Pflicht zur Geheimhaltung ist nach § 353d StGB strafbar. Die Wirksamkeit des Ausschlusses der Öffentlichkeit setzt allerdings die sorgfältige Einhaltung der gesamten formalen Voraussetzungen voraus, also insbesondere die Anordnung in einem Verhandlungstermin durch Beschluss des Gerichts; wie sich aus dem Wortlaut von § 174 Abs. 3 S. 1 GVG ergibt, kann der Schutz auch erst ab diesem Zeitpunkt auf den Akteninhalt erstreckt werden.[1202] Das bedeutet, dass den Parteien der Inhalt der Schriftsätze erst nach Beginn der Verhandlung und nach einem entsprechenden Beschluss bekannt gemacht werden darf, soll er vom Schutz des § 174 Abs. 3 S. 1 GVG profitieren.[1203] Ob dies allerdings praktikabel ist, ist unklar. Verschiedentlich wird vertreten, dass mit der Zustellung von vorbereitenden Schriftsätzen an die Gegenseite nicht zugewartet werden darf, bis in einem Verhandlungstermin eine Anordnung nach § 174 Abs. 3 S. 1 GVG erfolgt ist. Dann wäre aber über § 174 Abs. 3 S. 1 GVG ein Schutz von Geschäftsgeheimnissen in vorbereitenden Schriftsätzen überhaupt nicht zu erreichen.[1204]

---

tung verpflichtet sind, hängt von den gesetzlichen oder vertraglichen Maßgaben ab, die für die Geheimhaltungspflicht gelten. Dabei kann auch die Natur der Geheimhaltungspflichten und das Maß der Gefährdung der Geheimnisse im Prozess eine Rolle spielen (vgl. hierzu *Stürner* JZ 1985, 453 (460)).

[1200] Darüber hinaus muss das Gericht bei der Ermessensentscheidung über die Anordnungen nach §§ 142 ff. ZPO berechtigte Belange des Geheimnisschutzes berücksichtigen (BGH Urt. v. 26.6.2007 – XI ZR 277/05, NJW 2007, 2989 (2992); BGH Urt. v. 1.8.2006 – X ZR 114/03, NJW-RR 2007, 106 (107)). Daher kann beispielsweise eine teilweise Schwärzung der Unterlagen zulässig sein (BGH Urt. v. 1.8.2006 – X ZR 114/03, NJW-RR 2007, 106 (107)). Soweit die Anordnung gegen die **nicht** zur Darlegung und zum Beweis verpflichtete Partei gerichtet ist, kann dem Interesse an der Bewahrung von Betriebs- und Geschäftsgeheimnissen gegebenenfalls dadurch Rechnung getragen werden, dass die darlegungs- und beweispflichtige Partei freiwillig auf ihr Recht auf Einsichtnahme in die Unterlagen verzichtet und die Einsichtnahme nur durch einen auch ihr gegenüber zur Verschwiegenheit verpflichteten Sachverständigen und/oder ihre Prozessbevollmächtigten vornehmen lässt (hierzu sogleich → Rn. 660 f.). Demgegenüber gilt das Zeugnisverweigerungsrecht nach § 384 Nr. 3 ZPO nach hM generell nicht für Geschäftsgeheimnisse der Parteien, vgl. nur MüKoZPO/*Damrau* § 384 Rn. 13; Prütting/Gehrlein/*Trautwein* § 384 Rn. 8; Zöller/*Greger* § 384 Rn. 7.

[1201] Str. Wie hier etwa Schönke/Schröder/*Perron* StGB § 353d Rn. 13; MüKoStGB/*Graf* § 353d Rn. 35.

[1202] So ausdr. OLG München Beschl. v. 2.7.2010 – 21 W 1347/10, BeckRS 2010, 16771 Rn. 4. Vgl. Schönke/Schröder/*Perron* StGB § 24 f.; MüKoStGB/*Graf* § 353d Rn. 46.

[1203] Vgl. zu dieser Problematik auch *Lachmann* NJW 1987, 2206 (2208). Hat eine Partei von einer Tatsache bereits vor Ausschluss der Öffentlichkeit (durch Kenntnisnahme von Schriftsätzen oder auf anderem Weg) Kenntnis erlangt, darf sie dieses Wissen anderen mitteilen, MüKoStGB/*Graf* § 353d Rn. 54.

[1204] So OLG Düsseldorf Beschl. v. 24.9.2008 – 2 W 57/08, BeckRS 2009, 09220. Demgegenüber soll dieses Problem nach OLG Düsseldorf Urt. v. 8.6.2011 – VI-U (Kart) 2/11, BeckRS 2012, 04895, dadurch gelöst werden können, dass der Inhaber des Geschäftsgeheimnisses gegenüber dem Gericht erklärt, mit der Weiterleitung des Schriftsatzes erst nach Sicherstellung der Vertraulichkeit durch Ausschluss der Öffentlichkeit einverstanden zu sein. Einen solchen Sperrvermerk, der nicht von einer eigenen Entscheidung des Gerichts über die Art und Weise der Wahrung der Interessen der Partei abhängt, hat das Gericht zwar zu beachten. Es darf den Schriftsatz(teil), der nicht an den Gegner übermittelt wird, dann aber auch nicht berücksichtigen, bevor er übermittelt wird und bevor die Gegenseite Gelegenheit zur Stellungnahme hatte (OLG München Beschl. v. 8.11.2004 – 29 W 2601/04, NJW 2005, 1130). So auch *Lachmann* NJW 1987, 2206 (2208); *Ahrens* GRUR 2005, 837 (839). Das bedeutet für die Praxis, dass dann vor der Durchführung des eigentlichen Verfahrens ein Verhandlungstermin nur zum Zwecke des Ausschlusses der Öffentlichkeit anberaumt werden muss.

657 An der Effektivität des Schutzes von Geschäftsgeheimnissen durch den Ausschluss der Öffentlichkeit wurden verschiedentlich Zweifel laut. Dabei wurde auf die Komplexität des Verfahrens und seine hohen formalen Hürden hingewiesen. Ferner sind Verstöße nur sehr schwer nachzuweisen; in aller Regel kann vor allem bei Prozessen mit zahlreichen Parteien und Streitgenossen (wie dies im kartellrechtlichen Schadensersatzprozess desöfteren der Fall ist) nicht nachvollzogen werden, von wem vertrauliche Informationen aus dem Prozess an Dritte gelangt sind.[1205] Vor allem lässt sich über §§ 172 ff. GVG aber kein Schutz von Geschäftsgeheimnissen vor der Kenntnisnahme durch den oder die anderen Prozessbeteiligten begründen,[1206] weil diese Bestimmungen **keine Grundlage für Einschränkungen der Parteiöffentlichkeit** von Verhandlung (vgl. hierzu § 128 und § 137 Abs. 4 ZPO) und Beweisaufnahme (§ 357 Abs. 1 ZPO) sind.[1207] Ebenso wenig kann auf der Grundlage der §§ 172 ff. GVG der Zugang der Parteien zu Schriftstücken verhindert oder eingeschränkt werden, in denen Geschäftsgeheimnisse enthalten sind. Eine dennoch auf der Grundlage der §§ 172 ff. GVG angeordnete Einschränkung der Parteiöffentlichkeit wäre deswegen auch nicht durch § 353d StGB strafbewehrt. Das gilt auch dann, wenn die Partei selbst bei der Verhandlung (bewusst oder unbewusst) nicht anwesend war und sich nur durch ihren Prozessbevollmächtigten vertreten ließ. Denn die Bestimmungen über den Ausschluss der Öffentlichkeit dienen nicht dazu, die Kommunikation zwischen Anwalt und Mandant einzuschränken.[1208] Vor diesem Hintergrund wurde in der höchstrichterlichen Rechtsprechung der Schutz von Geschäftsgeheimnissen durch den Ausschluss der Öffentlichkeit auch lediglich dann im Rahmen der Abwägung der widerstreitenden Interessen für ausreichend erachtet, wenn es um Prozesse zwischen Parteien ging, die nicht in einem Wettbewerbsverhältnis miteinander standen, so etwa bei Prozessen zwischen Lieferanten und Abnehmern von Energieversorgungsleistungen über die Festlegung von Entgelten nach § 315 BGB.[1209]

2. Lösungsmöglichkeiten für (kartellrechtliche) Zivilprozesse

658 In Ermangelung von umfassenden gesetzlichen Vorgaben für den Schutz von Geschäftsgeheimnissen der Parteien ist daher für die Festlegung der Anforderungen an die Darlegung und die Mitwirkung der Parteien im Beweisverfahren in Zivilprozessen jeweils eine Abwägung der betroffenen Rechtsgüter nach Maßgabe der eingangs skizzierten verfassungsgerichtlichen Rechtsprechung (→ Rn. 654) vorzunehmen (zum Schutz der Geschäftsgeheimnisse von Dritten → Rn. 656 m. Fn. 1198). In kartellrechtlichen Zivilprozessen ist dabei von Folgendem auszugehen: Beruft sich die (primär oder sekundär) darlegungs- und beweispflichtige Partei darauf, dass sie ihrer Pflicht nur nachkommen kann, wenn sie Geschäftsgeheimnisse oder andere vertrauliche Angaben offenbart, muss sie zunächst substantiiert **darlegen, dass es sich bei den betreffenden Angaben tatsächlich um Geschäftsgeheimnisse handelt.**[1210] Dabei dürfen die Anforderungen aber nicht überspannt werden;

[1205] Vgl. bspw. *Tüngler* RdE 2009, 81, 82.
[1206] OLG München Beschl. v. 8.11.2004 – 29 W 2601/04, NJW 2005, 1130 (1131); OLG Düsseldorf Beschl. v. 24.9.2008 – 2 W 57/08, BeckRS 2009, 09220. Vgl. auch BVerwG Beschl. v. 21.1.2014 – 6 B 43/13, NVwZ 2014, 790 (793). Aus der Literatur bspw. *Tüngler* RdE 2009, 81, 82; *Lachmann* NJW 1987, 2206 (2208); *Stadler* NJW 1989, 1202.
[1207] Vgl. allg. zur Unterscheidung von Öffentlichkeit im Sinne von §§ 169 ff. ZPO und Parteiöffentlichkeit MüKoZPO/*Zimmermann* GVG § 169 Rn. 71.
[1208] MüKoStGB/*Graf* § 353d Rn. 54 u. 58; NK-StGB *Kuhlen* StGB § 353d Rn. 21; Stein/Jonas/*Berger* § 357 Rn. 6. AA MüKoZPO/*Heinrich* § 357 Rn. 7 unter Hinweis darauf, dass das strafbewehrte Verbot zur Geheimhaltung nur für die Personen gilt, die bei der Verhandlung anwesend waren und deswegen die abwesende Partei nicht bindet. Vgl. zum Meinungsbild auch PG/*Lindner* § 357 Rn. 6.
[1209] Vgl. grundlegend BGH Urt. v. 19.11.2008 – VIII ZR 138/07, NJW 2009, 502 (507). Vgl. ebenso noch OLG Düsseldorf Urt. v. 4.3.2011 – VI-U (Kart) 3/10, BeckRS 2011, 15179; ohne Begründung anders dann jedoch OLG Düsseldorf Urt. v. 8.6.2011 – VI-U (Kart) 2/11, Beck 2012, 04895, wo die Parteien sowohl in einem Vertikal- als auch in einem Horizontalverhältnis zueinander standen. Das überzeugt nicht und entspricht nicht den Vorgaben des BGH.
[1210] BGH Urt. v. 20.7.2010 – EnZR 24/09, NVwZ-RR 2011, 58, 60; BGH Urt. v. 8.7.2009 – VIII ZR 314/07, NJW 2009, 2894; BGH Urt. v. 19.11.2008 – VIII ZR 138/07, NJW 2009, 502 (507); OLG

die Darlegung darf sich abstrakt auf die Art der betreffenden Daten beschränken, damit ihre Vertraulichkeit nicht bereits in diesem Verfahrensstadium gefährdet wird. Ein dem § 99 Abs. 2 VwGO entsprechendes Zwischenverfahren, das eine Erörterung der konkreten Angaben unter Ausschluss der anderen Partei(en) ermöglichen würde, gibt es im Zivilprozess nicht.[1211] Der Art nach Geschäftsgeheimnisse sind insbesondere Informationen zu Kosten, Erlösen und Kalkulationsmethoden und -grundlagen sowie Konditionen; aber auch vertrauliche technische Informationen zu Produktionsprozessen und -technologien sowie Entwicklungs- und Forschungsprojekten können ebenso wie Angaben zu Unternehmensstrategien, Kundenlisten und Bezugsquellen als Geschäftsgeheimnisse anzusehen sein.[1212] Darüber hinaus sind aber auch der Detaillierungsgrad dieser Angaben und ihr Alter von erheblicher Bedeutung. Je stärker aggregiert und je älter die Angaben sind, desto weniger wahrscheinlich ist es grundsätzlich, dass es sich um Geschäftsgeheimnisse handelt.[1213] Letztlich kann dies nur im Einzelfall beurteilt werden; daher ist es von zentraler Bedeutung, dass derjenige, der sich auf die Schutzbedürftigkeit des betreffenden Vortrags beruft, im Einzelnen konkret darlegt, dass und warum er welche Nachteile erleidet, wenn die – aus seiner Sicht – geheimhaltungsbedürftigen Bestandteile seines Vortrags dem Gegner und/oder Dritten bekannt werden.[1214]

Für die im nächsten Schritt erforderliche Abwägung kommt es darauf an, ob der Ausschluss der Öffentlichkeit nach den §§ 172ff. GVG zum Schutz der betreffenden Angaben sowohl im Parteivortrag als auch im Beweisverfahren genügt. Das ist grundsätzlich dann der Fall, wenn es sich bei den **Parteien nicht um Wettbewerber** handelt, weil die Offenlegung gegenüber der anderen Partei in diesem Fall in der Regel noch nicht zu einem unmittelbaren Nachteil des Inhabers des Geschäftsgeheimnisses führt.[1215] Anders mag dies zu beurteilen sein, wenn es sich bei der anderen Partei beispielsweise um einen bedeutenden Abnehmer (oder Lieferanten) des Inhabers der Geschäftsgeheimnisse handelt oder wenn die Informationen, die der Inhaber des Geschäftsgeheimnisses offenlegen müsste, das Wettbewerbsverhältnis zwischen der anderen Partei und deren Wettbewerbern auf der vor- oder nachgelagerten Ebene beeinträchtigen würde (wie etwa die Gestaltung von Preisen und Konditionen in Verträgen mit anderen Abnehmern, die mit der anderen Partei im Wettbewerb stehen).[1216] Kann der Inhaber des Geschäftsgeheimnisses daher darlegen, dass die Offenlegung dieses Geheimnisses ausnahmsweise nachteilige Auswirkungen auch in einem Prozess hat, in dem die Parteien nicht Wettbewerber sind, gilt das für die Offenlegung von Geschäftsgeheimnissen in Prozessen zwischen Wettbewerbern nachfolgend Gesagte entsprechend (→ Rn. 660ff.). In jedem Fall genügt der Ausschluss der Öffentlichkeit nur dann, wenn an der Wahrung der Vertraulichkeit durch die andere(n) Partei(en) und ihre Prozessbevollmächtigten keine Zweifel bestehen; solche Zweifel müssen konkret von dem Inhaber des Geschäftsgeheimnisses dargelegt und gegebenenfalls bewie- **659**

Düsseldorf Urt. v. 8.6.2011 – VI-U (Kart) 2/11, BeckRS 2011, 14934; OLG Düsseldorf Urt. v. 4.3. 2011 – VI-U (Kart) 3/10, BeckRS 2011, 15179. *Kürschner* NJW 1992, 1804.

[1211] Für eine Übertragung der Grundsätze des § 99 Abs. 2 VwGO auf das Hauptsacheverfahren im Zivilprozess aber *Stadler* ZZP 2010, 261 (276). Vgl. auch *Bornkamm* FS Ullmann, 906.

[1212] BVerfG Beschl. v. 14.3.2006 – 1 BvR 2087/03 ua, NVwZ 2006, 1041 (1042) – Telekom; vgl. auch BVerwG Beschl. v. 21.1.2014 – 6 B 43/13, NVwZ 2014, 790 (791), zu den typischerweise in telekommunikationsrechtlichen Streitigkeiten relevanten Geschäftsgeheimnissen.

[1213] Vgl. etwa OLG Düsseldorf Urt. v. 8.6.2011 – VI-U (Kart) 2/11, BeckRS 2011, 14934; OLG Düsseldorf Urt. v. 4.3.2011 – VI-U (Kart) 3/10, BeckRS 2011, 15179.

[1214] Sehr streng allerdings OLG Düsseldorf Urt. v. 8.6.2011 – VI-U (Kart) 2/11, BeckRS 2011, 14934; OLG Düsseldorf Urt. v. 4.3.2011 – VI-U (Kart) 3/10, BeckRS 2011, 15179.

[1215] Siehe etwa OLG Düsseldorf Urt. v. 4.3.2011 – VI-U (Kart) 3/10, BeckRS 2011, 15179 Rn. 50. Vgl. zu § 315 BGB BGH Urt. v. 19.11.2008 – VIII ZR 138/07, NJW 2009, 502 (507); vgl. auch BGH Urt. v. 20.7.2010 – EnZR 24/09, NVwZ-RR 2011, 58, 60. Vgl. auch *Stürner* JZ 1985, 453 (458).

[1216] Unzutr. daher die Annahme des OLG Düsseldorf Urt. v. 4.3.2011 – VI-U (Kart) 3/10, BeckRS 2011, 15179 Rn. 50, dass Geheimhaltungsinteressen nur bei einer Weitergabe der Angaben an Wettbewerber des Inhabers der Geschäftsgeheimnisse (oder an die Öffentlichkeit) berührt sein können. Auch wenn die Parteien in einem Vertikalverhältnis zueinander stehen, können Geheimhaltungsinteressen betroffen sein.

sen werden.[1217] Problematisch kann es beispielsweise sein, wenn die Erkenntnisse, die die andere(n) Partei(en) und ihre Prozessbevollmächtigten unter Ausschluss der Öffentlichkeit erlangt haben, in einem anderen Verfahren dieser Partei(en), in einem anderen Verfahren, das dieselben Prozessbevollmächtigten für andere Parteien führen oder in anderem Zusammenhang verwendet werden (können). Dabei ist auch zu berücksichtigen, dass es den betreffenden natürlichen Personen schwerfallen dürfte, die gewonnenen Erkenntnisse auszublenden, wenn sie beispielsweise als Prozessbevollmächtigte für andere Mandanten tätig werden.[1218] Daher ist jeweils im Einzelfall genau zu prüfen, ob der durch den Ausschluss der Öffentlichkeit gewährleistete Schutz tatsächlich genügt.

660 Sind die **Parteien dagegen Wettbewerber,** hilft der Ausschluss der Öffentlichkeit nach §§ 172 ff. GVG nicht weiter; dasselbe gilt in anderen Fällen, in denen die Offenlegung von Geschäftsgeheimnissen gegenüber der gegnerischen Partei(en) zu Nachteilen des Inhabers der Geheimnisse führen würde. Es ist dann zu unterscheiden: Geht es um **Geschäftsgeheimnisse der primär darlegungs- und beweispflichtigen (klägerischen) Partei,** muss diese selbst entscheiden, ob sie den betreffenden Sachverhalt vorträgt oder von der Rechtsverfolgung Abstand nimmt.[1219] Eine Einschränkung des rechtlichen Gehörs des (beklagten) Prozessgegners ohne sein Einvernehmen (an dessen Erteilung er für gewöhnlich kein Interesse haben wird) und/oder von Amts wegen ist in diesem Fall nach der Rechtsprechung des BVerfG jedenfalls ohne gesetzliche Grundlage nicht zu rechtfertigen, weil sich für den Prozessgegner in dieser Konstellation aus der Beschränkung keine Vorteile, sondern ausschließlich Nachteile ergeben.[1220] Trägt die primär darlegungs- und beweispflichtige (klägerische) Partei dagegen substantiiert einen Sachverhalt vor, der bestritten wird und dessen **Überprüfung im Beweisverfahren die Offenlegung von Geschäftsgeheimnissen der gegnerische(n) Partei(en)** erforderlich macht, kann ein Ausgleich zwischen den betroffenen Interessen auch ohne gesetzliche Grundlage in Anlehnung an die Praxis im Bereich des gewerblichen Rechtsschutzes dadurch geschaffen werden, dass die primär darlegungs- und beweispflichtige Partei von sich aus

---

[1217] Vgl. auch OLG Düsseldorf Urt. v. 8.6.2011 – VI-U (Kart) 2/11, BeckRS 2011, 14934; OLG Düsseldorf Urt. v. 4.3.2011 – VI-U (Kart) 3/10, BeckRS 2011, 15179.

[1218] Alles andere als überzeugend daher die Begründung in OLG Düsseldorf Urt. v. 8.6.2011 – VI-U (Kart) 2/11, BeckRS 2011, 14934; OLG Düsseldorf Urt. v. 4.3.2011 – VI-U (Kart) 3/10, BeckRS 2011, 15179.

[1219] Vgl. etwa PG/*Lindner* § 357 Rn. 7; Stein/Jonas/*Berger* § 357 Rn. 20. Vgl. aber auch Musielak/Voit/*Stadler* § 357 Rn. 4, die einen Ausschluss des nicht beweisbelasteten Gegners „zumindest in Betracht ziehen" will. So wohl auch *Stürmer* JZ 1985, 453 (457 (zum damaligen Stand der Rechtsprechung) und 459 (zu seiner Auffassung)) sowie Zöller/*Greger* § 402 Rn. 5b für Anschlusstatsachen als Grundlage eines Sachverständigengutachtens. Vgl. auch MüKoZPO/*Heinrich* § 357 Rn. 9, der Ausnahmen vom Teilnahmerecht der Parteien generell ablehnt.

[1220] Vgl. BVerfG Beschl. v. 27.10.1999 – 1 BvR 385/90, NJW 2000, 1175 (1178); BVerfG Beschl. v. 14.3.2006 – 1 BvR 2087/03 ua, NVwZ 2006, 1041 (1044) – Telekom. Insoweit ist die Lage der nicht primär darlegungs- und beweispflichtigen Partei der Situation vergleichbar, in der sich ein Angeklagter in einem Strafverfahren befindet: Werden die geheimhaltungsbedürftigen Informationen in den Prozess eingeführt, ohne dass die nicht beweispflichtige Partei von ihnen Kenntnis erhält, verliert sie den Vorteil der Beweislastentscheidung und kann ihr rechtliches Gehör nicht wahrnehmen (vgl. BVerfG Beschl. v. 27.10.1999 – 1 BvR 385/90, NJW 2000, 1175 (1178)). Anders mag dies allerdings dann zu beurteilen sein, wenn es um die primäre Darlegungs- und Beweislast des Beklagten geht, der sich auf Geschäftsgeheimnisse berufen müsste, wie etwa ein detaillierte Darlegung seiner Umsätze und Kosten, um sein Vorgehen – beispielsweise eine Diskriminierung – sachlich zu rechtfertigen. Denn in diesem Fall wurde dem Beklagten ein Prozess aufgenötigt; daher kann es bei angemessener Berücksichtigung der Interessen der Parteien geboten sein, den Beklagten nicht zur Offenlegung von Geschäftsgeheimnisse zu zwingen und von einer Darlegungs-/Beweislastentscheidung abzusehen, wenn der Kläger einem Verfahren zum Schutz der Geschäftsgeheimnisse etwa durch Beschränkung der Kenntnisnahme nur durch seine Prozessbevollmächtigten und einem von ihm bestimmten Sachverständigen nicht zustimmt (vgl. hierzu sogleich). Denn in diesem Fall hat es der Kläger in der Hand, von einer Verfolgung seiner Rechte abzusehen oder eine Einschränkung seines rechtlichen Gehörs zu akzeptieren (wobei angesichts der verfassungsrechtlichen Unsicherheiten eine gesetzliche Regelung dringend geboten erscheint, vgl. hierzu → Rn. 664).

- auf die Teilnahme an der Beweisaufnahme (insbesondere an der Erstellung und Prüfung eines Sachverständigengutachtens) und der Erörterung des Beweisergebnisses verzichtet und
- sich nur durch ihre Prozessbevollmächtigten und die von ihr benannten Sachverständigen vertreten lässt, wobei diese – durch § 203 StGB strafbewehrt[1221] – zur Verschwiegenheit auch gegenüber ihrem Mandaten unter Ausschluss des Weisungsrechts verpflichtet werden und diese Pflicht in der Beratung auch strikt beachten müssen.[1222]

Denn in dieser Konstellation kann der primär darlegungs- und beweispflichtigen Partei aus ihrer (freiwilligen) Beschränkung des rechtlichen Gehörs kein Nachteil entstehen: Bestätigt sich ihr Vortrag, gewinnt sie den Prozess; bestätigt er sich nicht, steht sie nicht schlechter als bei einer Beweislastentscheidung.[1223] Umgekehrt ist eine Verweigerung der Offenlegung der Geschäftsgeheimnisse durch den Gegner dann, wenn die primär darlegungs- und beweispflichtige Partei einem geeigneten Verfahren zum Schutz dieser Geheimnisse unter Einschränkung ihrer Rechte zustimmt, als Beweisvereitelung anzusehen und bei der Beweiswürdigung nach §§ 286, 287 ZPO zu berücksichtigen.[1224] Allerdings dürfte eine Anordnung des Ausschlusses der Partei von der Beweisaufnahme durch das Gericht von Amts wegen unzulässig sein, weil für einen solchen Eingriff in die durch Art. 103 GG garantierte Parteiöffentlichkeit eine Rechtsgrundlage fehlt.[1225] Weigert sich die primär darlegungs- und beweisbelastete Partei allerdings, einem geeigneten Verfahren zum Schutz von Geschäftsgeheimnissen des Gegners in der Beweisaufnahme zuzustimmen, darf dieser den Zugang zu diesen Informationen mit der Folge verweigern, dass eine Beweislastentscheidung zu Lasten der primär darlegungs- und beweisbelasteten Partei ergeht.[1226] Unabhängig davon, ob und unter welchen Voraussetzungen die Rechte der Parteien zur Teilnahme an der Beweisaufnahme und der Erörterung des Beweisergebnisses eingeschränkt werden können, muss aber jedenfalls das Gericht uneingeschränkt in die Beweisaufnahme eingebunden werden, also insbesondere ein Sachverständigengutachten und seine tatsächlichen Grundlagen in vollem Umfang einsehen und prüfen können.[1227]

Müsste die **sekundär darlegungspflichtige Partei im Prozess gegen einen Wettbewerber** Geschäftsgeheimnisse offenlegen, ist die Situation anders zu beurteilen:[1228] Die sekundäre Darlegungslast ist eine Modifikation der gesetzlichen Verteilung der Darlegungs- und Beweislast, greift aber in diese nicht ein. Sie folgt aus der Erklärungspflicht

---

[1221] BGH Beschl. v. 16.11.2009 – X ZB 37/08, GRUR 2010, 318 (321) – Lichtbogenschnürung.
[1222] So mittlerweile der BGH auch im allgemeinen Lauterkeitsrecht, vgl. BGH Urt. v. 19.2.2014 – I ZR 230/12, NJW 2014, 3033 (2034 f.). Vgl. zur Parallelsituation im gewerblichen Rechtsschutz BGH Beschl. v. 16.11.2009 – X ZB 37/08, GRUR 2010, 318 (321 f.) – Lichtbogenschnürung; BGH Urt. v. 11.4.2013 – I ZR 152/11, MMR 2013, 522 (523) – Internet-Videorekorder II. Vgl. auch BeckOK ZPO/*Bach* § 357 Rn. 11.2.; PG/*Lindner* § 357 Rn. 7.
[1223] Vgl. Stein/Jonas/*Berger* § 357 Rn. 18. Diese Situation entspricht der „bipolaren" Situation in BVerfG Beschl. v. 27.10.1999 – 1 BvR 385/90, NJW 2000, 1175 (1178).
[1224] Vgl. BGH Urt. v. 19.2.2014 – I ZR 230/12, NJW 2014, 3033 (3034 f.).
[1225] Vgl. BGH Urt. v. 12.11.1991 – KZR 18/90, NJW 1992, 1817 (1819) – Anzeigenblatt; OLG Köln Beschl. v. 3.5.1995 – 19 U 153/93, NJW-RR 1996, 1277. Ebenso für den gewerblichen Rechtsschutz BGH Beschl. v. 16.11.2009 – X ZB 37/08, GRUR 2010, 318 (321 f.) (Rn. 32 u. 34 f.) – Lichtbogenschnürung. Anders dagegen, allerdings ohne weitere Begründung BGH Urt. v. 11.4.2013 – I ZR 152/11, MMR 2013, 522 (523) – Internet-Videorekorder II. Zur Erforderlichkeit einer gesetzlichen Regelung auch in dieser Situation vgl. auch BVerfG Beschl. v. 27.10.1999 – 1 BvR 385/90, NJW 2000, 1175 (1178). Vgl. auch Musielak/*Foerste* ZPO § 284 Rn. 25 unter Hinweis auf die verfassungsgerichtliche Rechtsprechung. AA *Tüngler* RdE 2009, 81, (85 f.): Keine gesetzliche Grundlage erforderlich.
[1226] Unklar insoweit BGH Urt. v. 12.11.1991 – KZR 18/90, NJW 1992, 1817 (1819) – Anzeigenblatt: Der BGH lehnt eine sekundäre Darlegungslast bei Geschäftsgeheimnissen zu Recht ebenso ab wie eine Beweisaufnahme hinter verschlossenen Türen, zeigt aber nicht auf, wie der Ausgleich zwischen Geheimnisschutz und rechtlichem Gehör erfolgen soll.
[1227] Vgl. nur BGH Urt. v. 12.11.1991 – KZR 18/90, NJW 1992, 1817 (1819) – Anzeigenblatt. Vgl. auch MüKoZPO/*Prütting* § 285 Rn. 13.
[1228] Bei der sekundär darlegungspflichtigen Partei geht es nur um die Darlegung der eigenen Geschäftsgeheimnisse, weil die sekundäre Darlegungslast nur entsteht, wenn die primär darlegungspflichtige Partei nicht über die erforderlichen Informationen verfügt.

nach § 138 Abs. 2 ZPO und entsteht nur dann und nur insoweit, wie der primär darlegungs- und beweispflichtigen Partei die substantiierte Darlegung des betreffenden Sachverhalts unmöglich,[1229] der gegnerischen Partei aber ohne Weiteres möglich und zumutbar ist (→ Rn. 90 ff.). Könnte der Gegner seiner sekundären Darlegungslast nur durch Offenlegung von Geschäftsgeheimnissen nachkommen, ist bei der Abwägung der betroffenen Rechtsgüter zusätzlich auch die gesetzliche Beweislastverteilung zu berücksichtigen. Ohne eine ausdrückliche gesetzliche Grundlage dürfte sich aus der allgemeinen Prozessförderungspflicht eine Pflicht der nur sekundär darlegungs- und beweispflichtigen Partei zur Substantiierung ihres Vortrags durch Offenlegung jedenfalls von Geschäftsgeheimnissen von einigem Gewicht auch dann nicht ableiten lassen, wenn die primär darlegungs- und beweispflichtige Partei eine Einschränkung ihres rechtlichen Gehörs freiwillig in Kauf nimmt:[1230] Selbst ein geringes Risiko für die Vertraulichkeit von (gewichtigen) Geschäftsgeheimnissen im Falle der Offenlegung im Prozess gegen einen Wettbewerber ist bei Abwägung aller Interessen unter Berücksichtigung der gesetzlichen Anordnung der primären Darlegungs- und Beweislast nicht zu rechtfertigen; vielmehr geht die Unaufklärbarkeit des Sachverhalts in dieser Konstellation mit der primär darlegungs- und beweispflichtigen Partei heim.[1231]

663 **Beispiel:**
„Anzeigenblatt"-Fall. In dem „Anzeigenblatt"-Fall hatte die Klägerin, ein Zeitungsverlag, geltend gemacht, die Beklagte, ebenfalls ein Zeitungsverlag, verstoße gegen § 26 Abs. 2 GWB aF, weil sie ein Anzeigenblatt kostenlos vertreibe, ohne dass die Kosten durch Anzeigenerlöse oder andere Einnahmen gedeckt würden. Das OLG Karlsruhe lehnte eine sekundäre Darlegungslast der Beklagten ab; es sei ihr nicht zuzumuten, ihre Kosten und Erlöse in einem von einem Wettbewerber gegen sie angestrengten Prozess im Einzelnen offenzulegen. Allerdings müsse die Beklagte die Überprüfung ihrer Kosten und Erlöse durch einen Sachverständigen ermöglichen; zur Wahrung der Geschäftsgeheimnisse dürften aber weder der Klägerin noch dem Gericht die Grundlagen der Begutachtung zugänglich gemacht werden. Der BGH hat das Urteil des OLG Karlsruhe aufgehoben: Er bestätigte die Auffassung des Berufungsgerichts, dass die sekundäre Darlegungslast nicht zur Offenlegung von Geschäftsgeheimnissen in einem Prozess zwischen Wettbewerbern zwinge. Zugleich hielt der BGH aber auch das Vorgehen des OLG Karlsruhe für unzulässig, die entsprechenden Kosten und Erlöse einem Sachverständigengutachten zugrunde zu legen, das die Parteien und das Gericht nicht uneingeschränkt überprüfen können. Der Fall wurde zur erneuten Entscheidung an das OLG Karlsruhe zurückverwiesen.[1232] Das OLG Karlsruhe hat es daraufhin genügen lassen, dass die Beklagte den klägerischen Vortrag zu den angeblichen Kosten der Beklagten ohne Darlegung ihrer konkreten Kostensituation bestreitet.[1233] Unter Berufung auf das Urteil des BGH hat das OLG Karlsruhe daraufhin die

---

[1229] Hierin liegt auch der Unterschied zu der zuvor genannten Konstellation, in der die primär darlegungs- und beweispflichtige Partei selbst ausreichend substantiiert vorträgt, dieser Vortrag jedoch streitig wird oder bleibt und eine Überprüfung des Vortrags im Beweisverfahren (auch) anhand von Geschäftsgeheimnissen der gegnerischen Partei erfolgen muss.
[1230] Eine Anordnung von Amts wegen würde auch in diesem Falle mangels einer gesetzlichen Grundlage ausscheiden. Daher würde allenfalls eine verbindliche (vertragliche) Verpflichtung der primär darlegungspflichtigen Partei in Betracht kommen, mit der ihre Kenntnisnahme von den Teilen des gegnerischen Vortrags ausgeschlossen wird, der Geschäftsgeheimnisse enthält. Die Kenntnisnahme müsste auf ihre (namentlich benannten) Prozessbevollmächtigten und Sachverständigen unter Ausschluss des Weisungsrechts des Mandanten begrenzt werden.
[1231] Vgl. BGH Urt. v. 15.3.2012 – I ZR 52/10, GRUR 2012, 626 (629) – Converse; BGH Urt. v. 12.11. 1991 – KZR 18/90, NJW 1992, 1817 (1819) – Anzeigenblatt; OLG Stuttgart Urt. v. 29.11.2012 – 2 U 89/12 Rn. 129f.; OLG Stuttgart Urt. v. 24.10.1986 – 2 U 296/85, NJW-RR 1987, 677; OLG Frankfurt Urt. v. 30.1.2008 – 23 U 38/05, MMR 2008, 473; OLG Karlsruhe Urt. v. 13.4.1994 – 6 U 18/ 92 (Kart), WuW/E OLG 5395, 5400 (im Anschluss an BGH Urt. v. 12.11.1991 – KZR 18/90, NJW 1992, 1817 (1819) – Anzeigenblatt). Nicht nur in Prozessen zwischen Wettbewerbern, sondern generell gegen eine Pflicht zur Offenlegung von Geschäftsgeheimnissen im Rahmen der sekundären Darlegungslast OLG Naumburg Urt. v. 19.3.1999 – 6 U 13/98, NJW-RR 2000, 720 (721). AA allerdings offenbar OLG Düsseldorf Urt. v. 8.6.2011 – VI-U (Kart) 2/11, BeckRS 2011, 14934. Differenzierend *Stürner* JZ 1985, 453 (458).
[1232] BGH Urt. v. 12.11.1991 – KZR 18/90, NJW 1992, 1817 (1819f.) – Anzeigenblatt. Insgesamt dazu auch *Kürschner* NJW 1992, 1804.
[1233] OLG Karlsruhe Urt. v. 13.4.1994 – 6 U 18/92 (Kart), WuW/E OLG 5395 (5400).

Begutachtung durch den Sachverständigen auf die abstrakte Prüfung beschränkt, ob die der Klage zugrundeliegende Nachkalkulation der Kosten der Beklagten durch die Klägerin so überzeugend ist, dass die Annahme eines Kartellverstoßes zwingend ist. Hierfür konnte der Sachverständige allerdings nur fiktive Mindest- und Höchstwerte heranziehen.[1234] Dieses Gutachten hat nicht bestätigt, dass die Beklagte mit ihrem Angebot des Anzeigenblattes zwingend Verluste erleidet (auch wenn solche Verluste durchaus als möglich erschienen). Daher hatte das OLG Karlsruhe auf der Basis der gesetzlichen Verteilung der primären Darlegungs- und Beweislast die Klage abgewiesen.[1235] Der BGH hat die Revision nicht angenommen.[1236]

664 Aufgrund der Bedeutung des Schutzes von Geschäftsgeheimnissen in kartellrechtlichen Zivilprozessen einerseits und den verfassungsrechtlichen Anforderungen an die Einschränkung der Verfahrensrechte der Parteien andererseits ist eine **umfassende gesetzliche Regelung dringend geboten.** Die bisherige Problematik wird sich im Zuge der Umsetzung der Offenlegungsmechanismen der RL 2014/104/EU weiter verschärfen. Nach Art. 5 Abs. 3 **RL 2014/104/EU** ist bei der Prüfung der Verhältnismäßigkeit der von einer Partei beantragten Offenlegung zwar auch zu berücksichtigen, ob die offenzulegenden Beweismittel vertrauliche Informationen enthalten und welche Vorkehrungen zu ihrem Schutz bestehen (wobei der Richtlinie auch zu entnehmen ist, dass dabei insbesondere der Schutz von vertraulichen Informationen über oder von Dritten im Vordergrund steht). Art. 5 Abs. 4 RL 2014/104/EU stellt aber auch klar, dass die nationalen Gerichte auch die Offenlegung von Geschäftsgeheimnissen und anderen vertraulichen Informationen der Parteien und von Dritten anordnen können. Dementsprechend verpflichtet die Richtlinie die Mitgliedstaaten sicherzustellen, dass die „nationalen Gerichte bei der Anordnung der Offenlegung solcher Informationen über wirksame Maßnahmen für deren Schutz verfügen." Dies wird regelmäßig die Einschränkung des rechtlichen Gehörs einer, mehrerer oder – im Falle von Informationen von oder über Dritte – aller Parteien erforderlich machen. Dabei dürfte ein echtes, auf das Gericht und gegebenenfalls den gerichtlich bestellten Sachverständigen beschränktes „In-Camera-Verfahren" im Regelfall nicht erforderlich sein. Zumeist dürfte es genügen, wenn der Zugang zu den betreffenden Informationen auf zur Verschwiegenheit auch gegenüber ihren Mandanten verpflichtete Prozessbevollmächtigte und Sachverständige beschränkt wird. Soweit dies nicht ausschließlich mit Vorteilen für die betreffende(n) Partei(en) verbunden ist und die Anordnung von Amts wegen auch ohne Einverständnis der Parteien angeordnet werden können soll, ist hierfür nach dem bereits Gesagten eine gesetzliche Grundlage erforderlich (→ Rn. 654). Dabei ist wünschenswert, dass der Gesetzgeber das Verfahren zum Schutz der Informationen näher ausgestaltet und nicht den Gerichten überlässt, um von Anfang an eine einheitliche Anwendung und ein hohes Schutzniveau sicherzustellen und die bisherige Unsicherheit umfassend zu beseitigen. Der **RegE-GWB** versäumt allerdings die Gelegenheit für eine umfassende Regelung; er beschränkt sich auf eine allgemeine Ermächtigung des Gerichts, die zum Schutz von vertraulichen Informationen erforderlichen Maßnahmen zu treffen (§ 89b Abs. 7 RegE-GWB). Diese Ermächtigung gilt aber nur für Beweismittel und Auskünfte, die aufgrund von § 33g RegE-GWB offenbart wurden. Soweit die Begründung des RegE-GWB zudem in diesem Zusammenhang auf das Immaterialgüterrecht verweist, wurde bereits erörtert, dass dieser Schutz alles andere als umfassend ist (→ Rn. 655). Es darf daher bezweifelt werden, dass der neue § 89b Abs. 7 GWB (in der Fassung des RegE-GWB) eine ausreichend tragfähige Grundlage zum Schutz von Geschäftsgeheimnissen ist (und ob er, wenn ihn die Gerichte als Grundlage für ein „In-camera-Verfahren" nutzen, den verfassungsrechtlichen Anforderungen genügt.

[1234] OLG Karlsruhe Urt. v. 13.4.1994 – 6 U 18/92 (Kart), WuW/E OLG 5395 (5400).
[1235] OLG Karlsruhe Urt. v. 13.4.1994 – 6 U 18/92 (Kart), WuW/E OLG 5395 (5403) f.
[1236] Vgl. *Tüngler* RdE 2009, 81, (84 Fn. 33).

D. Probleme des Ausgleichs unter Gesamtschuldnern im Kartellschadensersatzprozess

I. Gesamtschuldnerische Haftung der Kartellbeteiligten im Außenverhältnis

1. Grundsatz der Gesamtschuld

665 Die Teilnehmer eines Kartells haften für die durch das Kartell verursachten Schäden als **Gesamtschuldner** nach §§ 830 Abs. 1 Satz 1, 840 Abs. 1, 421 ff. BGB.[1237] Der Geschädigte kann daher nach § 421 Satz 1 BGB den gesamten **Schadensersatz** nach seinem Belieben **von jedem der Kartellbeteiligten** fordern. Er kann dies jeweils ganz oder zu einem Teil tun. Bis zur vollständigen Bewirkung der Schadensersatzzahlung bleiben nach § 421 Satz 2 BGB alle Kartellbeteiligten verpflichtet. Die Leistung von Schadensersatz durch einen Kartellbeteiligten befreit im Außenverhältnis nach § 422 Abs. 1 Satz 1 BGB auch die übrigen Kartellbeteiligten.

666 Den **Grundsatz der gesamtschuldnerischen Haftung** aller Kartellbeteiligten hatte der BGH zuletzt im letzten Leitsatz seines **ORWI-Urteils** nochmals ausdrücklich hervorgehoben.[1238] Bei der Verabredung und Durchführung eines Kartells handele es sich um eine **gemeinschaftlich begangene unerlaubte Handlung**. Deshalb sei jeder Kartellteilnehmer für den gesamten entstandenen Schaden verantwortlich.[1239] Die Geltendmachung kartellrechtlicher Schadensersatzansprüche ist damit insbesondere nicht auf den unmittelbaren Vertragspartner, also idR den jeweiligen Lieferanten oder Abnehmer des Geschädigten beschränkt.[1240] Deshalb haften die Kartellbeteiligten insbesondere auch für Schäden, die daraus resultieren, dass ein nicht am Kartell beteiligtes Unternehmen in Anbetracht der Machenschaften des Kartells seine Preise höher festgesetzt hat als es dies ohne das Kartell getan hätte („umbrella pricing").[1241]

2. Nach derzeitiger Rechtslage keine Haftungsprivilegierung des Kronzeugen im Außenverhältnis

667 Kronzeugen sind Kartellbeteiligte, die im Rahmen eines Kronzeugenprogrammes der Europäischen Union oder der einzelstaatlichen Wettbewerbsbehörden für die Mitwirkung an der Aufdeckung des Kartells eine Reduktion oder sogar den vollständigen Erlass der Geldbuße erreichen konnten.[1242] Zwischen dem administrativen Interesse an einer effektiven Durchsetzung des Kartellrechtes über **Kronzeugenprogramme** und der privatrechtlichen Kompensation von Schäden besteht ein grundsätzlicher Konflikt.[1243] Dies gilt jedenfalls wenn man unterstellt, dass grundsätzlich kooperationsbereite Unternehmen durch drohende Schadensersatzzahlungen von der Stellung eines Kronzeugenantrages und der damit verbundenen Offenbarung bisher geheimen Wissens abgehalten werden könnten.[1244]

[1237] Vgl. BGH Urt. v. 28.6.2011 – KZR 75/10, WuW/E DE-R 3431 Rn. 80 – ORWI; Langen/Bunte/ Bornkamm GWB § 33 Rn. 66; Immenga/Mestmäcker/*Emmerich* GWB § 33 Rn. 33; *Zöttl/Schlepper* EuZW 2012, 573; *Krüger* Kartellregress, 24; Oberender/*Krüger*, 80; vgl. *Krüger* NZKart 2013, 483 mVa Gesetzentwurf der Bundesregierung zum 8. GWB-ÄndG, BT-Drs. 17/9852, 38.
[1238] BGH Urt. v. 28.6.2011 – KZR 75/10, WuW/E DE-R 3431 Rn. 80 – ORWI.
[1239] BGH Urt. v. 28.6.2011 – KZR 75/10, WuW/E DE-R 3431 Rn. 80 – ORWI.
[1240] Vgl. BGH Urt. v. 28.6.2011 – KZR 75/10, WuW/E DE-R 3431 Rn. 80 – ORWI; vgl. *Köhler* GRUR 2004, 101; *Weitbrecht* NJW 2012, 881 (883).
[1241] EuGH Urt. v. 5.6.2014 – C-557/12 Rn. 37 – Kone.
[1242] Vgl. Mitteilung der Kommission über den Erlass und die Ermäßigung von Geldbußen in Kartellsachen, ABl. 2006 C 298, 17 ff.; vgl. Bekanntmachung des BKartA Nr. 9/2006 über den Erlass und die Reduktion von Geldbußen in Kartellsachen – Bonusregelung – v. 7.3.2006.
[1243] *Dreher* FS Möschel 149 (162); vgl. *Vollrath* NZKart 2013, 434 (443); *Legner* WRP 2014, 1163 (1166); vgl. grundlegend im Zusammenhang mit Akteneinsichtsrechten: EuGH Urt. v. 14.6.2011 – C-360/09 Rn. 19 ff. – Pfleiderer; EuGH Urt. v. 27.2.2014 – C-365/12 P Rn. 60 ff. – EnBW.
[1244] *Dreher* FS Möschel 149 (162) mwN; kritisch zu dieser Prämisse ua *Krüger* NZKart 2013, 483 (485).

§ 26 Schadensersatzprozesse

Kronzeugen spielen in Kartellschadensersatzprozessen naturgemäß eine **exponierte Rolle**. Es ist nahezu auszuschließen, dass der Kronzeuge eine ihm gegenüber ergangene Feststellungsentscheidung der Kartellbehörde angreifen wird.[1245] Im Kartellschadensersatzprozess ist damit kaum zu erwarten, dass der Kronzeuge den Kartellverstoß (in prozessual zulässiger Weise) bestreiten wird. Dies gilt jedenfalls soweit, als die Entscheidung der Kartellbehörde und die dortigen tatsächlichen und rechtlichen Feststellungen zum Kartellverstoß **Bindungswirkung** nach Art. 16 Abs. 1 VO 1/2003 bzw. § 33 Abs. 4 GWB entfalten.[1246] Diese Bindungswirkung ergibt sich für Entscheidungen der Kartellbehörden gegen andere Kartellbeteiligte möglicherweise erst Jahre später. Es wird vielfach angenommen, aus der **frühzeitigen Bindungswirkung** folge ein **erhöhtes Risiko für Kronzeugen**, zum Hauptziel von Schadensersatzklagen zu werden.[1247] Allerdings ist dieser Effekt nicht unumstritten und gilt als empirisch nicht belegt.[1248] Ein besonderes Risiko für den Kronzeugen, wegen eines vom Kläger erwarteten Informationsvorsprunges aus dem Kronzeugenantrag überhaupt erst zivilrechtlich in Anspruch genommen zu werden, dürfte sich zumindest in Deutschland dagegen nicht begründen lassen.[1249] Dies gilt jedenfalls solange, als die Gerichte dem Geschädigten zwar **Akteneinsicht** in den Bußgeldbescheid gewähren, eine Akteneinsicht in den Kronzeugenantrag als solchen aber verwehren.[1250]

668

Nach der Einschätzung der Europäischen Kommission soll das Risiko einer früheren Inanspruchnahme geeignet sein, **die Attraktivität von Kronzeugenprogrammen zu beeinträchtigen.**[1251] Sie hat daher frühzeitig Vorschläge unterbreitet, die Haftung des Kronzeugen im Außenverhältnis einzuschränken bzw. auf Schadensersatzansprüche seiner direkten und indirekten Vertragspartner zu beschränken.[1252] An diesen Vorschlägen konnte kritisiert werden, dass sie den **Zielkonflikt** zwischen dem Funktionieren von Kronzeugenprogrammen und der effektiven Durchsetzung kartellrechtlicher Schadensersatzansprüche einseitig **zum Nachteil des Geschädigten auflösten.**[1253] Dieser Kritik versucht die neue Richtlinie über bestimmte Vorschriften für Schadensersatzklagen insoweit Rechnung zu tragen, als der Kronzeuge gegenüber seinen unmittelbaren und mittelbaren Abnehmern nach wie vor uneingeschränkt haften soll und – nur – gegenüber anderen Geschädigten nur noch nachrangig haften soll (→ Rn. 697).

669

Nach geltendem Recht gibt es in Deutschland für eine **Privilegierung des Kronzeugen** im Außenverhältnis **keine Rechtsgrundlage.**[1254] Bei dem Kronzeugenprogramm handelt es sich in Deutschland um allgemeine Verwaltungsvorschriften. Als solche können sie ohne gesetzliche Regelung Eingriffe in das durch Art. 14 GG verfassungsrechtlich ge-

670

[1245] Vgl. ua *Koch* JZ 2013, 390 (391); *Bien* EuZW 2011, 889 (890); *Dworschak/Maritzen* WuW 2013, 829 (841); *Ritter* WuW 2008, 762 (773).
[1246] *Bechtold* NJW 2009, 3699 (3705); *Kersting* JZ 2012, 41 (43); *Koch* JZ 2013, 390 (391); *Bien* EuZW 2011 889 (890); *Dworschak/Maritzen* WuW 2013, 829 (841); *Ritter* WuW 2008, 762 (773).
[1247] *Koch* JZ 2013, 390 (391); *Bien* EuZW 2011, 889 (890); *Dworschak/Maritzen* WuW 2013, 829 (841); *Ritter* WuW 2008, 762 (773).
[1248] *Krüger* NZKart 2013, 483 (485) mVa die „häufige Inanspruchnahme mehrerer Kartellbeteiligter" nach der Regierungsbegründung zur 8. GWB-Novelle, BT-Drs. 17/9852, 38; mit Zweifeln auch *Dreher* FS Möschel 149 (166).
[1249] Vgl. zu diesem Aspekt *Kersting* JZ 2012, 41 (43); *Dworschak/Maritzen* WuW 2013, 829 (841); *Koch* JZ 2013, 390 (391).
[1250] Vgl. zur Verweigerung der Akteneinsicht OLG Düsseldorf Beschl. v. 22.8.2012 – V-4 Kart 5/11 (OWi) Rn. 36 ff. – Kaffeeröster; grundlegend zu den erforderlichen Abwägungsentscheidungen: EuGH Urt. v. 14.6.2011 – C-360/09 Rn. 19 ff. – Pfleiderer; EuGH Urt. v. 27.2.2014 – C-365/12 P Rn. 60 ff. – EnBW.
[1251] zB Erwägungsgrund 38 der Richtlinie 2014/104/EG, Abl. 2014 L 349.
[1252] Vgl. Grünbuch „Schadensersatzklagen wegen Verletzung des EU-Wettbewerbsrechts" v. 19.12.2005 KOM (2005) 672, 11; Weissbuch „Schadensersatzklagen wegen Verletzung des EU-Wettbewerbsrechts" v. 2.4.2008 KOM (2008) 165, 12; vgl. auch *Dreher* FS Möschel 149 (163) mzwN.
[1253] *Koch* JZ 2013, 390 (393) mwN.
[1254] *Koch* JZ 2013, 390 (394); vgl. bereits *Kersting* ZWeR 2008, 252 (267); vgl. *Dreher* FS Möschel 149 (164); *Zöttl/Schlepper* EuZW 2012, 573; Immenga/Mestmäcker/*Emmerich* GWB § 33 Rn. 33.

währte Recht der Geschädigten auf Schadensersatz nicht rechtfertigen.[1255] Zur Rechtslage nach Umsetzung der neuen Schadensersatzrichtlinie (→ Rn. 697).

3. Praktische Konsequenzen für den Geschädigten

671 Die gesamtschuldnerische Haftung aller Kartellbeteiligten bringt für den Kläger in kartellrechtlichen Schadensersatzverfahren eine Reihe von Vorteilen mit sich. Der Kläger kann frei auswählen, gegen welchen der Kartellbeteiligten er vorgehen möchte, etwa weil er einzelne der Kartellbeteiligten für besonders solvent hält oder aus sonstigen Gründen ein Vorgehen gegen sie für besonders erfolgversprechend erachtet.[1256] Die Haftung der Kartellteilnehmer nach Maßgabe der §§ 830, 840 BGB hat für den Geschädigten außerdem den Vorteil, dass er den Kausalitätsnachweis hinsichtlich der jeweiligen Beiträge der Schädiger nicht führen muss.[1257] Anders als bei einer nur anteilsmäßigen Haftung wird der Kartellgeschädigte **von Insolvenzrisiken** weitgehend **freigestellt**.[1258] Weiter muss der Geschädigte insbesondere nicht gegen solche Unternehmen vorgehen, mit denen er in laufender Geschäftsbeziehung steht.[1259] Allerdings ist stets damit zu rechnen, dass der Beklagte weitere Kartellbeteiligte durch eine Streitverkündung in das Verfahren hineinzieht, schon um eine Hemmung der Verjährung eventueller Innenregressansprüche nach § 204 Abs. 1 Ziff. 6 BGB sicherzustellen. Dies kann zu einer deutlichen Erhöhung des Prozesskostenrisikos führen, insbesondere dann, wenn der Streitwert für jeden Nebenintervenienten mit dem vollen Streitwert der Klageforderung angesetzt wird.[1260]

672 **Prozesstaktisch** kann es trotz der gesamtschuldnerischen Haftung angezeigt sein, mehrere Kartellmitglieder zu verklagen. Das gilt – trotz des erhöhten Prozesskostenrisikos – zunächst, falls ein realistisches Risiko besteht, dass sich die finanziellen Verhältnisse des Beklagten während des möglicherweise langwierigen zivilprozessualen Verfahrens verschlechtern könnten. Zu beachten bleibt dann insbesondere § 425 Abs. 2 BGB. Danach wird die Verjährung nur gegen den tatsächlich verklagten Gesamtschuldner gehemmt (→ Rn. 691). Daher kann es zur **Reduzierung des Ausfallrisikos** sinnvoll sein, von vornherein mehrere Gesamtschuldner zu verklagen.[1261] Auch kann es ein Vorteil sein, dass die als Gesamtschuldner verklagten Streitgenossen nicht als Zeugen zu Tatsachen vernommen werden dürfen, die sie als Partei (auch) selbst betreffen.[1262] Schließlich kann insbesondere bei internationalen Kartellen das Verklagen mehrerer Gesamtschuldner Klagemöglichkeiten in mehreren Staaten eröffnen. Insbesondere können die Teilnehmer eines Kartells, das einen einheitlichen und fortgesetzten Verstoß gegen Art. 101 AEUV begründet, nach Art. 6 Abs. 1 Brüssel-I-VO am Sitz eines Beklagten **gemeinsam** verklagt werden. Das gilt selbst dann – von Fällen kollusiven Zusammenwirkens abgesehen –, wenn der Kläger seine Klage gegen den „Ankerbeklagten" zurückgenommen hat.[1263]

II. Innenausgleich zwischen Gesamtschuldnern: Kartellregress nach geltender Rechtslage

1. Grundsatz

673 Nach der allgemeinen Regel des Zivilrechtes in § 426 Abs. 1 Satz 1 BGB sind Gesamtschuldner im **Verhältnis zueinander zu gleichen Anteilen verpflichtet,** soweit nicht

---

[1255] *Dreher* FS Möschel 149 (165); vgl. *Koch* JZ 2013, 390 (393); vgl. *Bien* EuZW 2011, 889 (890).
[1256] *Kellerbauer/Weber* EuZW 2011, 666 (667) sprechen von einer „Paschastellung".
[1257] *Krüger* Kartellregress, 26; Oberender/*Krüger*, 82.
[1258] Oberender/*Krüger*, 82; *Krüger* Kartellregress, 182.
[1259] Oberender/*Krüger*, 82 mwN.
[1260] Vgl. *Weitbrecht* WuW 2015, 959 (970) zu OLG Düsseldorf Beschl. v. 18.2.2015 – VI-W (Kart) 1/15 – Zement.
[1261] Oberender/*Krüger*, 83 mwN.
[1262] Zöller/*Greger* § 373 Rn. 5a; Oberender/*Krüger*, 82.
[1263] EuGH Urt. v. 21.05.2015 – C-352/13 zu Art. 6 Nr. 1 Verordnung (EG) Nr. 44/2001 des Rates v. 22.12.2000 über gerichtliche Zuständigkeit und die Anerkennung und Vollstreckung von Entscheidungen in Zivil- und Handelssachen.

ein anderes bestimmt ist. Nach der cessio legis des § 426 Abs. 2 Satz 1 BGB geht, soweit ein Gesamtschuldner den Gläubiger befriedigt und von den übrigen Gesamtschuldnern Ausgleichung verlangen kann, die Forderung des Gläubigers gegen die übrigen Schuldner auf ihn über. Dieser Innenausgleich ist das notwendige Korrektiv für die Auswahlfreiheit, die dem Gläubiger bei der Inanspruchnahme eines oder einzelner Gesamtschuldner eingeräumt wird.[1264]

2. Kein genereller Ausschluss des Kartellregresses

674 Vereinzelt ist in der Literatur vorgeschlagen worden, den Gesamtschuldnerausgleich zwischen Kartellbeteiligten auszuschließen.[1265] Dies diene dem vom EuGH betonten Präventiv- bzw. Abschreckungszweck. Jedem Kartellanten drohe das Risiko, in voller Höhe in Anspruch genommen zu werden ohne Regress nehmen zu können. Auch solle mit dem aus § 817 Satz 2 BGB abzuleitenden Gedanken der Rechtsschutzverweigerung „etwas anderes" iSv § 426 Abs. 1 Satz 1 BGB bestimmt sein.[1266] Ähnlich ist die – allerdings umstrittene – Rechtslage im **No-Contribution System des U.S.-amerikanischen Rechts.** Dort hat der U.S. Supreme Court einen Kartellregress mangels gesetzlicher Rechtsgrundlage abgelehnt.[1267]

675 Allerdings gelten im Deutschen Recht andere Regelungen als im U.S.-amerikanischen Recht. Während es im U.S.-amerikanischen Recht keine Rechtsgrundlage für einen Kartellregress gibt, findet sich in § 426 Abs. 1 S. 1 BGB eine **gesetzliche Rechtsgrundlage für den Gesamtschuldnerausgleich,** die grundsätzlich auch den Kartellregress umfasst.[1268] Anders als im U.S.-amerikanischen Recht wäre im Deutschen Recht für den generellen Ausschluss des Kartellregresses eine Rechtsgrundlage erforderlich, die es im geltenden Recht aber nicht gibt.[1269] Eine erweiternde Auslegung von § 817 Satz 2 BGB über das Bereicherungsrecht hinaus überzeugt nicht.[1270] Sie führt insbesondere in Fällen der untergeordneten Verantwortlichkeit des vom Geschädigten in Anspruch genommenen Kartellanten zu unbilligen Ergebnissen.[1271] Ob dem generellen Ausschluss des Kartellregresses eine **Abschreckungswirkung** zukommt, ist überdies ungewiss.[1272] Die vermeintliche Angst des Kartellanten, in Anspruch genommen zu werden und keinen Regress nehmen zu können, ist nur eine von mehreren möglichen Sichtweisen. Genauso gut könnte ein Kartellant bei einem generellen Regressausschluss darauf spekulieren, gänzlich ohne Schadenersatzzahlung davon zu kommen, weil ein anderer Kartellant in Anspruch genommen wird. Er würde von dem Regressausschluss daher weniger abgeschreckt als sogar zur Teilnahme am Kartell ermutigt. Auch die EuGH Rechtsprechung, die Schadensersatzansprüche zwischen Kartellbeteiligten jedenfalls in Fällen struktureller Unterlegenheit grundsätzlich zulässt, spricht eher für als gegen die Zulassung von Regressansprüchen.[1273] Der Kartellregress weist aber einen engen Bezug zum Schadensersatzrecht auf. Hierfür spricht insbesondere, dass neben den Regressanspruch nach § 426 Abs. 1 Satz 1 BGB infolge der cessio legis nach § 426 Abs. 2 Satz 1 BGB der Schadensersatzanspruch des Geschädigten als eigenständige Anspruchsgrundlage tritt.[1274] Ein genereller Regressausschluss wird daher von der herrschenden Meinung zu Recht abgelehnt.[1275]

[1264] *Dreher* FS Möschel 149 (151); Oberender/*Krüger,* 86; vgl. *Krüger* Kartellregress, 193 mwN.
[1265] *Lettl* ZHR 2003, 473 (491); vgl. Oberender/*Krüger,* 86; vgl. *Krüger* Kartellregress, 163 ff. mzwN; vgl. *Gänswein* NZKart 2016, 50 (51).
[1266] *Lettl* ZHR 2003, 473 (492).
[1267] U.S. Supreme Court, 451 U.S. 630 ff. (1981) – Texas Industries, Inc.; *Krüger* Kartellregress, 163 ff., 174; *Dreher* FS Möschel 149 (151); Immenga/Mestmäcker/*Emmerich* GWB § 33 Rn. 34; *Petrasincu* NZKart 2014, 437.
[1268] *Gänswein* NZKart 2016, 50 (51).
[1269] Vgl. *Dreher* FS Möschel 149 (151 ff.).
[1270] *Dreher* FS Möschel 149 (153) mwN; *Krüger* Kartellregress, 61 mzwN.
[1271] *Dreher* FS Möschel 149 (153) mwN.
[1272] *Krüger* Kartellregress, 211 mzwN; vgl. *Dreher* FS Möschel 149 (153) mzwN.
[1273] EuGH Urt. v. 20. 9. 2001 – C-453/99 Rn. 24 ff. – Courage Ltd; vgl. *Dreher* FS Möschel 149 (154).
[1274] Inderst/Thomas, 401; Dreher FS Möschel 149 (154).

3. Kriterien des Innenausgleichs

676 **a) Grundregel der Haftung nach Kopfteilen.** Generell sind die für den Innenausgleich bei Kartellschadensersatzansprüchen maßgeblichen Kriterien in der Literatur umstritten und durch die Rechtsprechung weitgehend ungeklärt.[1276] Die grundsätzliche Struktur, innerhalb derer der Innenausgleich im Einzelfall stattzufinden hat, ergibt sich aus den allgemeinen zivilrechtlichen Regelungen. Dabei enthält zunächst § 426 Abs. 1 S. 1 BGB **die Grundregel für den Gesamtschuldnerausgleich,** wonach die Gesamtschuldner im Verhältnis zueinander **zu gleichen Anteilen** verpflichtet sind, soweit nicht ein anderes bestimmt ist. Eine abweichende Bestimmung zur **Haftung nach Kopfteilen** kann sich aus speziellen gesetzlichen Ausgleichsregelungen ergeben, aus einer (auch stillschweigenden) vertraglichen Vereinbarung, aus dem Inhalt und Zweck eines Rechtsverhältnisses oder aus der Natur der Sache und den Grundsätzen von Treu und Glauben – mithin aus der besonderen Gestaltung des tatsächlichen Geschehens.[1277] Derjenige, der sich auf eine Ausnahme von der Grundregel der Haftung nach Kopfteilen beruft, ist für die Tatsachen beweispflichtig, welche die abweichende Quotierung rechtfertigen sollen.[1278]

677 Eine Haftung der Kartellbeteiligten nach Kopfteilen wäre zwar eine praktikable Lösung. Sie würde der Komplexität von Kartellsachverhalten mit Blick auf den unterschiedlichen Grad von Verantwortlichkeiten sowie die unterschiedlichen Marktanteile und Umsätze der Beteiligten aber kaum gerecht werden. Die Haftung nach Kopfteilen wird daher nahezu einhellig abgelehnt.[1279]

678 **b) Haftung nach Verursachungsbeiträgen nach § 254 BGB (analog).** Bei der Haftung auf Schadensersatz im Allgemeinen und damit auch beim Innenausgleich von kartellrechtlichen Schadensersatzansprüchen ist § 254 BGB (analog) als gesetzliche Ausgleichsregelung, die insoweit „ein anderes" iSv § 426 Abs. 1 Satz 1 BGB bestimmt, weitgehend anerkannt.[1280] Die **Haftungsverteilung** richtet sich danach **primär nach dem Grad der Verursachung des Schadens** und **sekundär nach dem Verschulden.**[1281] Der Vorschlag einer Analogie zu § 840 Abs. 2 BGB, wonach im Innenverhältnis allein derjenige ausgleichspflichtig sein soll, der den Gläubiger mit kartellierter Ware beliefert hat, hat sich dagegen nicht durchgesetzt.[1282]

679 Bei der **Verursachung des Schadens** iSv § 254 BGB geht es um die **haftungsausfüllende Kausalität.**[1283] Einen Schaden hat derjenige vorwiegend verursacht, der dessen Eintritt nicht nur objektiv ermöglicht, sondern darüber hinaus in einem höheren Maße wahrscheinlich gemacht hat als der andere Beteiligte, wobei es auf die zeitliche Reihenfolge der Verursachungsbeiträge nicht ankommt.[1284] Die Bestimmung der Haftungsanteile

---

[1275] *Dreher* FS Möschel 149 (153) mwN; *Krüger* Kartellregress, 59 ff. mzwN.
[1276] Vgl. Oberender/*Krüger*, 87; *Krüger* WuW 2012, 6 (7); *Weitbrecht* NJW 2012, 881 (883).
[1277] BGH Urt. v. 18.11.2014 – KZR 15/12 Rn. 33 – Calciumcarbid-Kartell II; BGH Urt. v. 6.10.2010 – XII ZR 10/09, NJW-RR 2011, 73 Rn. 17 mwN – Zugewinnausgleich; OLG München Urt. v. 9.2.2012 – U 3283/11 Kart, WuW/E DE-R 3835 Rn. 22 – Calciumcarbid; vgl. *Dreher* FS Möschel 149 (151); *Krüger* WuW 2012, 6 (12).
[1278] Palandt/*Grüneberg* § 426 Rn. 8; vgl. BGH Urt. v. 30.9.1987 – IVb ZR 94/86, NJW 1988, 133 (134); vgl. MüKoBGB/*Bydlinski* § 426 Rn. 14; vgl. Staudinger/*Looschelders* § 426 Rn. 51.
[1279] *Krüger* WuW 2012, 6 (8) mwN; *Dreher* FS Möschel, 149 (160).
[1280] *Krüger* WuW 2012, 6 (9); Oberender/*Krüger*, 86; *Krüger* Kartellregress, 55 ff.; *Krüger* NZKart 2013, 483 (484); *Kersting* JZ 2012, 42 (45); *Kersting* ZWeR 2008, 252 (267); *Dworschak/Maritzns* WuW 2013, 829 (842); *Gussone/Schreiber* WuW 2013, 1040 (1054); *Dreher* FS Möschel 149 (156); Immenga/Mestmäcker/*Emmerich* GWB § 33 Rn. 33; *Legner* WRP 2014, 1163 (1164); *Schwenke* NZKart 2015, 383 (385); *Gänswein* NZKart 2016, 50 (51); allgemein zu Schadensersatzansprüchen Palandt/*Grüneberg* § 426 Rn. 14.
[1281] Vgl. BGH Urt. v. 18.11.2014 – KZR 15/12 Rn. 41 – Calciumcarbid-Kartell II; vgl. *Dreher* FS Möschel 149 (156); *Köhler* WRP 2011, 277 (281); Oberender/*Krüger*, 86; *Krüger* Kartellregress, 64 mzwN; *Petrasincu* NZKart 2014, 437 (438); *Legner* WRP 2014, 1163 (1164).
[1282] *Köhler* GRUR 2004, 99 ff.; dagegen *Krüger* Kartellregress, 56 ff. mwN; *Legner* WRP 2014, 1163 (1165 f.).
[1283] *Dreher* FS Möschel 149 (156); *Krüger* WuW 2012, 6 (8 f.).
[1284] *Krüger* Kartellregress, 64; BGH Urt. v. 30.9.1982 – III ZR 110/81, VersR 1982, 1196 (1197) Rn. 13 mwN.

erfordert damit eine **umfassende Abwägung** unter Berücksichtigung aller für den Verursachungsbeitrag relevanten „Umstände" iSv § 254 Abs. 1 BGB.[1285] Für den Verursachungsbeitrag kann es eine Rolle spielen, ob es sich um einen **Haupttäter** oder nur einen **Mitläufer des Kartells** handelt bzw. welchen **Beitrag zum Zusammenhalt** des Kartells der Einzelne geleistet hat.[1286] Auch der Marktanteil kann zumindest ein Indiz für den verursachten Schaden sein, wenngleich der Schluss von einem **hohen Marktanteil** auf einen hohen Verursachungsbeitrag beispielsweise dann, wenn es sich bei dem betreffenden Unternehmen nur um einen zögerlichen Mitläufer handelte, keinesfalls zwingend ist.[1287] Für den Verursachungsbeitrag kann es auch ein Indiz sein, wie hoch ein etwaiges von der Kartellbehörde **festgesetztes Bußgeld** ist, denn bei der Bußgeldfestsetzung wird insbesondere auch der Grad der Verantwortlichkeit berücksichtigt.[1288] Allerdings ist sehr genau darauf zu achten, inwieweit sich das Bußgeld tatsächlich aus verursachungs- und verantwortungsrelevanten Kriterien ergibt und inwieweit aus für die Schadensverursachung iSv § 254 Abs. 1 BGB irrelevanten Kriterien, wie zB einer Wiederholungstäterschaft.[1289] Streitig ist, ob ein Kronzeugenbeitrag nach § 254 Abs. 2 BGB haftungsmindernd berücksichtigt werden kann (→ Rn. 691).[1290]

c) Vertragliche Ausgleichsvereinbarungen. Die Kartellbeteiligten haben grundsätzlich die **680** Möglichkeit, **nach der Beendigung des Kartells** eine rechtsgeschäftliche Ausgleichsvereinbarung über die interne Haftungsverteilung zu treffen.[1291] Dabei sind Abweichungen von der in § 254 BGB vorgesehenen **Haftung nach Verursachungsbeiträgen möglich.** So kann beispielsweise eine Haftung nur nach Marktanteilen oder auch eine Begrenzung der Haftung auf die Schäden der eigenen Abnehmer wirksam vereinbart werden.[1292] Durch entsprechende Vereinbarungen kann auch das „Massenproblem" für die Kartellbeteiligten beseitigt werden, dass grundsätzlich zu jedem Schadensersatzgläubiger ein eigenständiges Gesamtschuldverhältnis besteht, welches anhand der jeweiligen Verursachungsbeiträge für den jeweils entstandenen Schaden anders zu beurteilen sein kann.[1293] In der Praxis wird solchen Vereinbarungen wegen der Notwendigkeit, sich auf eines oder mehrere geeignete Haftungskriterien festzulegen, dennoch eine eher untergeordnete Rolle beigemessen.[1294]

Rechtlich problematisch sind **Ausgleichsvereinbarungen während der Kartellzeit.** **681** Vereinbarungen, die vor oder während des Kartellzeitraums geschlossen werden, können geeignet sein, das Kartell zu stabilisieren.[1295] Durch sie wird die Unsicherheit über die zu erwartende zivilrechtliche Haftung beseitigt.[1296] Sie können daher als sogenannte Ausführungsverträge, die der Durchführung, dem Zustandekommen oder der Absicherung von getroffenen Kartellabsprachen dienen, nach § 1 GWB iVm § 134 BGB bzw. nach

---

[1285] *Krüger* WuW 2012, 6 (9) mwN.
[1286] *Krüger* Kartellregress, 80 ff.; vgl. *Dreher* FS Möschel 149 (156); *Schwenke* NZKart 2015, 383 (385); vgl. *Gänswein* NZKart 2016, 50 (52).
[1287] *Dreher* FS Möschel 149 (157); *Krüger* WuW 2012, 6 (8 f.); vgl. *Krüger* Kartellregress, 77 ff.; *Legner* WRP 2014, 1163 (1164); *Schwenke* NZKart 2015, 383 (385); kritisch: *Gänswein* NZKart 2016, 50 (52).
[1288] *Dreher* FS Möschel 149 (158); *Krüger* WuW 2012, 6 (8 f.); *Lenger* WRP 2014, 1163 (1165); *Schwenke* NZKart 2015, 383 (385).
[1289] *Dreher* FS Möschel 149 (159); vgl. Oberender/*Krüger*, 87; *Kersting* JZ 2012, 42 (45); *Legner* WRP 2014, 1163 (1165).
[1290] Vgl. *Krüger* WuW 2012, 6 (13) mwN. So *Böni* EWS 2014, 324 (329).
[1291] Zu Einzelheiten *Krüger* Kartellregress, 149 ff.; MüKoBGB/*Bydlinski* § 426 Rn. 15; *Dreher* FS Möschel, 149 (155); vgl. *Krüger* WuW 2012, 6 (12); *Gänswein* NZKart 2016, 50 (51).
[1292] *Dreher* FS Möschel, 149 (155); *Weidenbach/Saller* BB 2008, 1020 (1026).
[1293] *Krüger* WuW 2012, 6 (12).
[1294] *Krüger* Kartellregress, 151 f. mzwN.; Oberender/*Krüger*, 92; vgl. *Dreher* FS Möschel 149 (160).
[1295] Vgl. *Dreher* FS Möschel 149 (156); vgl. *Krüger* Kartellregress, 156.
[1296] Vgl. *Dreher* FS Möschel 149 (156); vgl. *Krüger* Kartellregress, 156.

Art. 101 Abs. 2 AEUV nichtig – und ggf. sogar Anknüpfungspunkt weiterer Schadensersatzansprüche – sein.[1297]

682 d) Vergleich mit „beschränkter" Gesamtwirkung. Kartellrechtliche Schadensersatzverfahren sind regelmäßig mit **erheblichem Zeit- und Kostenaufwand** verbunden. Oftmals stehen die Beteiligten in laufender Geschäftsbeziehung, die durch einen langdauernden Schadensersatzprozess belastet werden kann. Deshalb ist stets an eine gütliche außergerichtliche oder gerichtliche **Einigung** zu denken. Schließt ein Geschädigter mit einem Kartellanten einen Vergleich über den zu zahlenden Schadensersatz, so wird hierin regelmäßig ein **Teilerlass** liegen.[1298] Als Gegenleistung wird sich der Geschädigte unter Umständen und je nach Höhe des Teilerlasses eine weitgehende Kooperation des Kartellanten bei der Zur-Verfügung-Stellung von Beweismitteln zum Nachweis des genauen Ablaufs des Kartells und des dadurch verursachten Schadens einräumen lassen.[1299]

683 Der am Erlassvertrag beteiligte Gesamtschuldner kann dann im **Außenverhältnis** von dem Geschädigten nicht mehr in Anspruch genommen werden. Allerdings wirkt dieser Vergleich im Zweifel nur inter partes, dh der Erlass hat im Zweifel nur **Einzelwirkung.**[1300] Eine **Gesamtwirkung** kann nur ausnahmsweise angenommen werden, wenn sich nach einer Vertragsauslegung aus dem Vergleich oder aus den Umständen ergibt, dass der Gläubiger den Willen hatte, auch gegenüber den übrigen Schädigern auf weitergehende Ansprüche zu verzichten.[1301] Dies wird im Bereich des Kartellschadensersatzes aber selten der Fall sein und kommt nur dann in Betracht, wenn der festgelegte Vergleichsbetrag eine ausreichende Höhe erreicht.

684 Fehlt es an einer Gesamtwirkung, so läuft der am Vergleich beteiligte Gesamtschuldner Gefahr, die „erkauften" Vorteile des Vergleichs durch **Regressansprüche** der in voller Höhe in Anspruch genommenen Mitschuldner wieder einzubüßen.[1302] Dies wird seine Vergleichsbereitschaft naturgemäß erheblich verringern.[1303] Es versteht sich nahezu von selbst, dass die Regressansprüche der übrigen Gesamtschuldner nicht durch **einen Vertrag zu Lasten Dritter** ausgeschlossen werden können.[1304] Die Möglichkeit freier Vertragsgestaltung muss nämlich die Grenze dort finden, wo eine Abrede in die Interessen des an der Vereinbarung nicht beteiligten Schädigers eingreift, die das Gesetz durch die Ausgleichsvorschriften schützen will.[1305] Für vergleichsbereite Mitglieder eines Kartells stellt sich deshalb die dringende Frage, wie ein Vergleich „regressfest" gemacht werden kann.[1306]

685 Die wohl herrschende Auffassung befürwortet die Lösung über einen aus einer Vertragsauslegung herzuleitenden **Erlassvertrag mit „beschränkter" Gesamtwirkung.**[1307] Soweit Hinweise für eine entsprechende Vertragsauslegung vorliegen, beinhaltet der einzelwirkende Erlassvertrag demnach einen Teilgesamterlass als dinglichen Vertrag zuguns-

---

[1297] Vgl. Loewenheim/Meessen/Riesenkampff/*Nordemann* GWB § 1 Rn. 255; *Dreher* FS Möschel 149 (156); *Krüger*, Kartellregress, 156 ff.; *Gänswein* NZKart 2016, 50 (51); vgl. OLG Frankfurt Urt. v. 28.3.1968 – 6 U 75/67, WuW 1968, 69 (257).
[1298] Vgl. *Makatsch* CCZ 2015, 127 (131).
[1299] Vgl. Oberender/*Krüger*, 92.
[1300] Vgl. Staudinger/*Looschelders* § 423 Rn. 27; BGH Urt. v. 21.3.2000 – IX ZR 39/99, NJW 2000, 1942 (1943); BGH Urt. v. 22.12.2011 – VII ZR 7/11, NJW 2012, 1071 Rn. 21.
[1301] BGH Urt. v. 21.3.2000 – IX ZR 39/99, NJW 2000, 1942 (1943); BGH Urt. v. 22.12.2011 – VII ZR 7/11, NJW 2012, 1071 (1073) Rn. 21; *Krüger* NZKart 2013, 483 (487).
[1302] Vgl. Staudinger/*Looschelders* § 423 Rn. 27.
[1303] Vgl. auch Oberender/*Krüger*, 93.
[1304] Vgl. BGH Urt. v. 9.3.1972 – VII ZR 178/70, NJW 1972, 942 (943); Staudinger/*Looschelders* § 423 Rn. 20; Oberender/*Krüger*, 93.
[1305] BGH Urt. v. 9.3.1972 – VII ZR 178/70, NJW 1972, 942 (943).
[1306] Vgl. auch Oberender/*Krüger*, 94; *Rust* NZKart 2015, 502 (507).
[1307] Vgl. zu allem Staudinger/*Looschelders* § 423 Rn. 20; vgl. *Krüger* Kartellregress, 291 mzwN; kritisch *Krüger* NZKart 2013, 483 (487).

ten aller Schuldner.[1308] Durch den Teilgesamterlass wird die Gesamtschuld im Ganzen um den Betrag gekürzt, der von dem befreiten Gesamtschuldner im Innenverhältnis zu tragen wäre. Für den Restbetrag der Gesamtschuld kommt der kontrahierende Gesamtschuldner in den Genuss eines Teileinzelerlasses.[1309] Problematisch aus Sicht des Geschädigten ist, dass er die Quote des Innenausgleichs schätzen und von seiner Restforderung gegen die weiteren Kartellbeteiligten abziehen muss; die Unabhängigkeit des Anspruchs im Außenverhältnis vom Innenverhältnis zwischen den Gesamtschuldnern wird dadurch – zu Lasten des Geschädigten – in ihr Gegenteil verkehrt.[1310]

686 Die Annahme eines Erlassvertrages mit beschränkter Gesamtwirkung schließt nach richtiger Auffassung den **Innenregress** gegen den begünstigten Schuldner aus.[1311] Dies folgt aus einem Vergleich mit einer Befriedigung des Gläubigers durch einen Gesamtschuldner. Mit der Erfüllung der Gesamtschuld in Höhe der anteiligen Verpflichtung sind die Verpflichtungen des leistenden Gesamtschuldners aus dem Innenverhältnis erfüllt und ein weiterer Regress ist ausgeschlossen, wie sich aus § 426 Abs. 2 Satz 1 BGB ergibt. Etwas anderes gilt nur dann, wenn sich die Quote des begünstigten Gesamtschuldners wegen des Ausfalls eines Gesamtschuldners erhöht, vgl. § 426 Abs. 1 Satz 2 BGB.[1312]

e) Haftungsverteilung nach Gewinn bzw. Kartellrendite oder Umsatz? Als für den Verursa- **687** chungsbeitrag maßgeblicher „Umstand" iSv § 254 BGB kann grundsätzlich auch der individuelle Vorteil des jeweiligen Kartellbeteiligten eine Rolle spielen. Dies gilt in erster Linie für den jeweiligen durch die Absprache realisierten **Gewinn** bzw. für die jeweils erzielte Kartellrendite.[1313] Allerdings kann der jeweils erzielte Gewinn bzw. die Kartellrendite lediglich eine gewisse **Indizwirkung für den Verursachungsbeitrag** für den Schaden haben, der auf Seiten des Geschädigten entstanden ist. Überdies bleiben erhebliche **praktische Schwierigkeiten** bei der Darlegung des dem einzelnen Kartellanten jeweils entstandenen Gewinnes.[1314] Zur Abschätzung des jeweiligen Gewinns könnte es zumindest eine praktikable Lösung sein, auf eine von der Kartellbehörde oder dem Kartellsenat zum Zwecke der Bußgeldfestsetzung vorgenommene Mehrerlösschätzung zurückzugreifen, falls diese – wie regelmäßig nur in Altfällen – vorliegt. Leichter zu ermitteln als der Gewinn wäre jedenfalls der tatbezogene Umsatz. Auch diesem kommt aber allenfalls Indizwirkung für den Verursachungsbeitrag iSv § 254 BGB zu, denn keinesfalls trägt das Kartellmitglied mit dem größten tatbezogenen Umsatz stets auch die größte Verantwortung an dem entstandenen Schaden.[1315]

f) Vergleichbarkeit zur Innenhaftung für gesamtschuldnerisch festgesetzte Geldbußen. **688** Teilweise ist überlegt worden, ob sich aus den Maßstäben zur Verteilung einer von der Europäischen Kommission wegen eines Kartellverstoßes gesamtschuldnerisch festgesetzten Geldbuße zwischen mehreren Konzernunternehmen etwas für die Innenhaftung bei Kartellschadensersatzansprüchen ableiten lässt.[1316] Nach ständiger Rechtsprechung kann die Europäische Kommission Bußgeldentscheidungen wegen Verstößen gegen Europäisches Kartellrecht an sämtliche juristische Personen adressieren, die gemeinsam mit der juristi-

---

[1308] Staudinger/*Looschelders* § 423 Rn. 20; ähnlich bereits BGH Urt. v. 9.3.1972 – VII ZR 178/70, NJW 1972, 942 (943); vgl. BGH Urt. v. 21.3.2000 – IX ZR 39/99, NJW 2000, 1942 (1943); BGH Urt. v. 22.12.2011 – VII ZR 7/11, NJW 2012, 1071 (1073) Rn. 21; vgl. *Inderest/Thomas*, 414.
[1309] Vgl. Staudinger/*Looschelders* § 423 Rn. 20.
[1310] *Makatsch* CCZ 2015, 127 (131).
[1311] Vgl. Staudinger/*Looschelders* § 423 Rn. 21.
[1312] Vgl. zu allem Staudinger/*Looschelders* § 423 Rn. 21.
[1313] Vgl. zur Berücksichtigung des jeweiligen „Beuteanteils" OLG Hamm Beschl. v. 13.9.2001 6 W 31/01, NJW 2002, 1054 ff. – Unfallmanipulation; *Krüger* Kartellregress, 89 ff.; *Dreher* FS Möschel 149 (158); *Petrasincu* NZKart 2014, 437 (438); *Gänswein* NZKart 2016, 50 (52); vgl. *Schwenke* NZKart 2015, 383 (385).
[1314] *Dreher* FS Möschel 149 (158); *Legner* WRP 2014, 1163 (1165).
[1315] *Dreher* FS Möschel 149 (158); *Legner* WRP 2014, 1163 (1165).
[1316] Vgl. *Gussone/Schreiber* WuW 2013, 1040 (1053); für eine mögliche Übertragbarkeit „cum grano salis" *Kredel* BB 2013, 2639 (2644).

schen Person, deren Vertreter unmittelbar an dem Kartellverstoß beteiligt war, eine **„wirtschaftliche Einheit"** bilden. Die „wirtschaftliche Einheit" ist nach diesem Verständnis ein „Unternehmen" im Sinne des Wettbewerbsrechtes, das an dem bußgeldbewehrten Verstoß beteiligt ist und für diesen einzustehen hat.[1317] Nach Auffassung des EuGH ist es Sache der nationalen Gerichte, die Haftungsanteile unter Beachtung des Unionsrechts durch Anwendung des auf den Rechtsstreit anwendbaren nationalen Rechts zu bestimmen.[1318] Dabei geht der EuGH davon aus, dass jedenfalls das Unionsrecht einer Aufteilung der Geldbuße anhand einer nationalen Regel nicht entgegensteht, welche die Haftungsanteile nach Verantwortung oder relativer Schuld bestimmt und als Auffangregel eine Haftung nach gleichen Teilen vorsieht.[1319]

689 Das **OLG München** hatte in diesem Zusammenhang die Anwendbarkeit des zum Schadensersatzrecht gehörenden § 254 BGB und damit eine Innenhaftung nach Verursachungs- oder Verschuldensbeiträgen **abgelehnt**, weil weder die Kartellteilnahme noch die Belastung mit einer Geldbuße ein vom Schutzbereich der kartellrechtlichen Anspruchsgrundlagen erfasster Schaden sei.[1320] Da die Einbeziehung der betreffenden Unternehmen in die Gesamtschuld für die Geldbuße aus europäischer Sicht allein auf der Zugehörigkeit zu einer wirtschaftlichen Einheit beruhe und nicht auf einem Verursachungs- oder Verschuldensbeitrag, erscheine es auch in der Sache nicht gerechtfertigt, den Gesamtschuldnerinnenausgleich anhand des Maßstabes der Verursachungbeiträge vorzunehmen.[1321] In derartigen Fällen entspreche es der sich aus der Natur der Sache ergebenden Billigkeit, dass derjenige, der im Zusammenhang mit einem Kartell wirtschaftliche Vorteile erlangt habe, auch die sich daraus ergebenden wirtschaftlichen Nachteile zu tragen habe. Die an dem tatsächlichen Geschehen bei der Verhängung gesamtschuldnerischer Geldbußen orientierte Haftungszuweisung stelle eine abweichende Bestimmung iSv § 426 Abs. 1 Satz 1 BGB dar.[1322]

690 In der Revisionsinstanz hatte der BGH dem EuGH unter anderem die Fragen vorgelegt, ob die Europäische Kommission in ihrer Bußgeldentscheidung auch eine Entscheidung über die **interne Aufteilung der Geldbuße auf die einzelnen Gesamtschuldner** treffen muss und nach welchen Maßstäben diese Verteilung vorzunehmen ist, falls auch nationale Gerichte zur Entscheidung über die Verteilung im Innenverhältnis berufen seien,[1323] die Vorlage im Hinblick auf die in der Zwischenzeit ergangenen Rechtsprechung des Gerichtshofes aber wieder zurückgenommen. In der Sache hat der BGH sodann entschieden, dass **nicht die Stellung als Konzernobergesellschaft** entscheidend ist, sondern dass für die Höhe der von den einzelnen Gesamtschuldnern zu tragenden Anteile die **Umstände des Einzelfalls** maßgeblich sind, nämlich insbesondere **die individuellen Verursachungs- und Verschuldensbeiträge** sowie die für die **Bemessung**

[1317] Vgl. zuletzt EuGH Urt. v. 10. 4. 2014 – verb. Rs. C-231/11 P bis C-233/11 P Rn. 44 – Gasisolierte Schaltanlagen; vgl. EuG Urt. v. 3. 3. 2011 – verb. Rs. T-122/07 bis T-124/07 Rn. 149 – Siemens Österreich; *Ahrens* EuZW 2013, 899; vgl. *Bueren* ZWeR 2011, 285 (290); *Kellerbauer/Weber* EuZW 2011, 666. Mit der bußgeldrechtlichen Haftung ist freilich noch nicht gesagt, dass alle Unternehmen der wirtschaftlichen Einheit auch zivilrechtlich haften. Insoweit bleibt auch für die Konzernmutter die Möglichkeit den Nachweis zu führen, dass sie am Kartellverstoß ihrer Tochter nicht beteiligt war und daher keinen schuldhaften Kartellverstoß begangen hat; vgl. *Bürger* WuW 2011, 130 (137 ff.).
[1318] EuGH Urt. v. 10. 4. 2014 – verb. Rs. C-231/11 P bis C-233/11 P Rn. 62, 64 ff. – Gasisolierte Schaltanlagen.
[1319] EuGH Urt. v. 10. 4. 2014 – verb. Rs. C-231/11 P bis C-233/11 P Rn. 71 – Gasisolierte Schaltanlagen.
[1320] OLG München Urt. v. 9. 2. 2011 – U 3283/11 Kart Rn. 29 ff. – Calciumcarbid; vgl. *Bueren* ZWeR 2011, 285 (296); vgl. *Gussone/Schreiber* WuW 2013, 1040 (1053); kritisch *Mäsch* GRUR-Prax 2012, 628.
[1321] OLG München Urt. v. 9. 2. 2011 – U 3283/11 Kart Rn. 23 ff. – Calciumcarbid; vgl. auch LG München Urt. v. 16. 3. 2011 – 37 O 11927/10; vgl. *Bosch* NJW 2013, 1857 (1862).
[1322] OLG München Urt. v. 9. 2. 2011 – U 3283/11 Kart Rn. 29 ff. – Calciumcarbid; vgl. *Bueren* ZWeR 2011, 285 (296); vgl. *Gussone/Schreiber*, WuW 2013, 1040 (1053).
[1323] BGH Beschl. v. 9. 7. 2013 KZR 15/12, WM 2013, 1820 – Calciumcarbid; vgl. *Kredel* BB 2013, 2639 (2644); Vgl. BGH Urt. v. 18. 11. 2014, KZR 15/12 – Calciumcarbid-Kartell II; vgl. *Verse/Wiersch* ZWeR 2015, 21.

der Geldbuße maßgeblichen Tatsachen, wobei zu letzteren insbesondere der wirtschaftliche Erfolg, den die einzelnen Gesamtschuldner aus der Zuwiderhandlung erlangt haben, die wirtschaftliche Leistungsfähigkeit und die tatbefangenen Umsätze zählen. Insofern sind – jedenfalls was die Verursachungs- und Verschuldensbeiträge anbelangt – für das Innenverhältnis der Gesamtschuldner einer Geldbuße in der Tat dieselben Gesichtspunkte relevant, anhand derer sich die Ausgleichsansprüche im Innenverhältnis bei einer Schadensersatzhaftung bemessen.[1324]

g) Keine Privilegierung des Kronzeugen im Innenverhältnis. Da dem Kronzeugen bei der Aufdeckung von wettbewerbswidrigen Verhaltensweisen eine Schlüsselrolle zukommt, wird zum Teil vertreten, dies sei bei der Bestimmung der Haftungsquote im Innenverhältnis zwischen den Gesamtschuldnern zu berücksichtigen (§ 254 Abs. 2 BGB analog).[1325] Vorgeschlagen worden ist auch eine **Reduktion der zivilrechtlichen Haftung** um denselben Prozentsatz wie die erreichte Reduktion der Geldbuße.[1326] Wegen der sich nicht vollständig überdeckenden Maßstäbe zwischen Bußgeldfestsetzung einerseits und Bestimmung des Verursachungsbeitrages iSv § 254 BGB andererseits begegnet dies allerdings erheblichen praktischen Schwierigkeiten (→ Rn. 679). Teilweise wird eine Privilegierung des Kronzeugen im Innenverhältnis auch mit der Notwendigkeit einer Kompensation zur vollständigen **Gewährung von Akteneinsicht** in den Kronzeugenantrag begründet.[1327] Solange die Gerichte jedenfalls in Deutschland eine Akteneinsicht in den Kronzeugenantrag ablehnen, dürfte sich dieser Begründungsansatz allerdings relativieren (→ Rn. 668).[1328] 691

Die Anwendbarkeit von § 254 Abs. 2 BGB analog ist **umstritten** und durch die Rechtsprechung bislang nicht geklärt.[1329] Der Kronzeugenantrag ist ein **„Nachtatverhalten"**, das auf die bis zur Stellung des Kronzeugenantrages bereits entstandenen Schäden keinen Einfluss mehr hat, sondern schadensmindernd allenfalls in der Zukunft wirkt.[1330] Um nicht eingetretene Schäden geht es in einem Kartellschadensersatzverfahren aber gar nicht. Problematisch ist auch, dass die Anwachsung der Haftungsquote der übrigen Gesamtschuldner unabhängig von deren Verursachungsbeitrag stattfinden müsste. Dies alles spricht gegen die Anwendung von § 254 Abs. 2 BGB analog.[1331] Die Rechtslage wird nach Umsetzung der neuen Schadensersatzrichtlinie durch den Gesetzgeber geklärt werden (→ Rn. 702). 692

h) Einzelwirkung der Verjährung. Der Verjährung des Anspruches gegen einen der Gesamtschuldner kommt grundsätzlich nur **Einzelwirkung** zu (§ 425 Abs. 2 BGB).[1332] Im Innenverhältnis kann sich ein Gesamtschuldner, demgegenüber die Forderung verjährt ist, gegenüber den übrigen Gesamtschuldnern nicht auf die Verjährung berufen.[1333] Der Re- 693

[1324] BGH Urt. v. 18.11.2014 – KZR 15/12 Rn. 42 – Calciumcarbid-Kartell II; vgl. *Kersting* NZKart 2016, 147 (150).
[1325] *Krüger* NZKart 2013, 483 (484); *Krüger* WuW 2012, 6 (13); *Kersting* JZ 2012, 42 (45); *Kersting* ZWeR 2008, 252 (267); eingeschränkt auf den ersten Kronzeugen *Dworschak/Maritzen* WuW 2013, 829 (842); aA *Bien* EuZW 2011, 889 (890); Immenga/Mestmäcker/*Emmerich* GWB § 33 Rn. 35.
[1326] *Kersting* ZWeR 2008, 252 (266); *Koch* JZ 2013, 390 (393).
[1327] *Kersting* JZ 2012, 42 (45); *Kersting* ZWeR 2008, 252 (267); *Koch* JZ 2013, 390 (393); *Krüger* NZKart 2013, 483 (484); *Krüger* WuW 2012, 6 (13); eingeschränkt auf den ersten Kronzeugen *Dworschak/Maritzen* WuW 2013, 829 (842); aA *Bien* EuZW 2011, 889 (890).
[1328] Vgl. zur Verweigerung der Akteneinsicht OLG Düsseldorf Beschl. v. 22.8.2012 – V-4 Kart 5/11 (OWi) Rn. 36 ff. – Kaffeeröster; grundlegend zu den erforderlichen Abwägungsentscheidungen EuGH Urt. v. 14.6.2011 – C-360/09 Rn. 19 ff. – Pfleiderer; EuGH Urt. v. 27.2.2014 – C-365/12 P Rn. 60 ff. – EnBW.
[1329] *Kersting* JZ 2012, 41 (45); *Koch* JZ 2013, 390 (393); mit Zweifeln *Krüger* Kartellregress, 87.
[1330] Vgl. *Bien* EuZW 2011, 889 (890); aA *Dworschak/Maritzen* WuW 2013, 829 (841).
[1331] Vgl. auch *Inderst/Thomas*, 409.
[1332] Heidel/Hüßtege/Mansel/Noack/*Stürner* BGB § 195 Rn. 60.
[1333] BGH Urt. v. 9.3.1972 – VII ZR 178/70, NJW 1972, 942; BGH Urt. v. 9.7.2009 – VII ZR 109/08 Rn. 12, NJW 2010, 62; *Heß/Burmann* NJW-Spezial 2010, 393.

gressanspruch nach § 426 Abs. 1 BGB unterliegt einer **selbständigen Verjährung**.[1334] Es muss nach ständiger Rechtsprechung hingenommen werden, dass ein Gesamtschuldner im Innenausgleich zur Leistung herangezogen wird, obwohl er sich dem Gläubiger gegenüber auf die Verjährung des Anspruchs berufen kann.[1335] Die Entscheidung des Gläubigers, eine Forderung gegen einen Gesamtschuldner verjähren zu lassen, kann nicht im Innenverhältnis der Gesamtschuldner zum Nachteil der jeweils anderen Gesamtschuldner gelten.[1336] Die selbständige Verjährung kann umgekehrt auch dazu führen, dass ein Kartellant keinen Regress bei den übrigen Kartellanten nehmen kann und damit der Kartellregress faktisch ausgeschlossen ist.[1337] Der Beginn der Verjährung ist deshalb von maßgeblicher Bedeutung.[1338]

III. Streitverkündung zur Sicherung des Innenausgleiches

694 Wird einer der Kartellanten verklagt, so wird er regelmäßig eine Streitverkündung gegenüber den Mitkartellanten in Betracht ziehen müssen.[1339] Die Streitverkündung führt zur **Hemmung der Verjährung** im Verhältnis zwischen den Gesamtschuldnern (§ 204 Abs. 1 Nr. 6 BGB). Nach §§ 72 ff. ZPO wird außerdem eine Bindungswirkung bezüglich der wesentlichen rechtlichen und tatsächlichen Feststellungen des Verfahrens für den (Regress-) Folgeprozess herbeigeführt. Die Streitverkündung bewahrt den Beklagten vor einem doppelten Prozessverlust und materiell-rechtlich widersprüchlichen Entscheidungen. Der Streitverkündete hat die Möglichkeit, dem Prozess beizutreten und eigene Prozesshandlungen vorzunehmen, muss dies nach § 74 Abs. 2 ZPO aber nicht tun. Treten die Mitkartellanten dem Rechtsstreit bei, kann dies in der Praxis zu einem Parteiübergewicht auf Beklagtenseite führen und die Frage nach der **„Waffengleichheit"** im Prozess aufwerfen.[1340] Für den Kläger ist die Streitverkündung auch insoweit von Bedeutung, als das Kostenrisiko mit jedem beitretenden Streitverkündeten steigt.[1341]

IV. Neue Richtlinie über bestimmte Vorschriften für Schadensersatzklagen

1. Grundsatz der gesamtschuldnerischen Haftung im Außenverhältnis

695 Art. 11 Abs. 1 bis 4 der neuen Richtlinie über bestimmte Vorschriften für Schadensersatzklagen[1342] bestätigt die gesamtschuldnerischen Haftung der Kartellbeteiligten im Außenverhältnis. Dies entspricht der **in Deutschland geltenden Rechtslage** (→ Rn. 665).[1343] Neu sind die vorgesehenen Privilegierungen des Kronzeugen und von kleinen oder mittleren Unternehmen (→ Rn. 697). Diese Neuregelungen setzen § 33d Abs. 3 und § 33e RegE-GWB bzw. § 33d Abs. 3 und § 33e RegE-GWB um.

2. Haftung der Kartellmitglieder im Innenverhältnis

696 Art. 11 Abs. 4 der Richtlinie sieht vor, dass ein zuwiderhandelndes Unternehmen von den anderen zuwiderhandelnden Unternehmen einen Ausgleichsbetrag verlangen kann,

---

[1334] BGH Urt. v. 9.7.2009 – VII ZR 109/08 Rn. 11, NJW 2010, 62 (63).; vgl. auch *Krüger* WuW 2012, 6 (11); *Petrasincu* NZKart 2014, 437 (438).
[1335] Vgl. BGH Urt. v. 9.7.2009 – VII ZR 109/08 Rn. 18, NJW 2010, 62 (63); vgl. *Petrasincu,* NZKart 2014, 437 (438 ff.).
[1336] BGH Urt. v. 9.7.2009 – VII ZR 109/08 Rn. 14, NJW 2010, 62 (63).
[1337] Vgl. zu dem Problemkomplex im Einzelnen: *Petrasincu* NZKart 2014, 437 (438 ff.); *Gänswein* NZKart 2016, 50 (52).
[1338] Zur Verjährung und zum Verjährungsbeginn: *Gänswein* NZKart 2016, 50 (54 ff.).
[1339] Vgl. *Weitbrecht* NJW 2012, 881 (883).
[1340] Oberender/*Krüger,* 88.
[1341] Oberender/*Krüger,* 89.
[1342] Richtlinie 2014/104/EU des Europäischen Parlaments und des Rates v. 26.11.2014 über bestimmte Vorschriften für Schadensersatzklagen nach nationalem Recht wegen Zuwiderhandlungen gegen wettbewerbsrechtliche Bestimmungen der Mitgliedstaaten und der Europäischen Union, ABl. 2014 L 349/1.
[1343] Vgl. *Krüger* NZKart 2013, 483; vgl. *Vollrath* NZKart 2013, 434 (442); *Roth* GWR 2015, 73 (75); *Stauber/Schaper* NZKart 2014, 346 (350); *Rust* NZKart 2015, 502 (508); *Reichert/Walther* GPR 2015, 120 (126); *Lettl* WRP 2015, 537 (545).

dessen Höhe anhand der **„relativen Verantwortung"**[1344] für den durch die Zuwiderhandlung verursachten Schaden bestimmt wird. Nach Erwägungsgrund 37 der Richtlinie soll die Bestimmung das Haftungsanteils anhand der relativen Verantwortung Sache des geltenden einzelstaatlichen Rechts sein, wobei der Effektivitäts- und Äquivalenzgrundsatz zu beachten sein sollen. Als Kriterien für die Bemessung der jeweiligen „relativen Verantwortung" benennt Erwägungsgrund 37 der Richtlinie beispielhaft den **Umsatz, den Marktanteil oder die Rolle in dem Kartell.** Die Haftungsverteilung anhand des Maßstabes der relativen Verantwortung für den verursachten Schaden entspricht der Haftung nach Verursachungsbeiträgen, die sich in Deutschland nach geltendem Recht aus § 254 BGB (analog) ableiten lässt (→ Rn. 678).[1345] Auf das Maß der Verursachung stellt nunmehr auch § 33d Abs. 2 RegE-GWB ab. Die Begründung benennt als maßgebliche Kriterien in erster Linie das Maß der Verursachung und stellt in zweiter Linie auf ein etwaiges Verschulden ab. Weiter sollen der Marktanteil, der Umsatz mit den kartellbefangenen Waren oder Dienstleistungen und der durch den Verstoß erzielte Mehrerlös als Kriterien für den jeweiligen Haftungsanteil relevant sein.

3. Haftungsprivilegierungen

a) Ausfallhaftung des Kronzeugen. aa) Außenverhältnis. Art. 11 Abs. 4 der Richtlinie **privilegiert den Kronzeugen im Außenverhältnis.** Er haftet nur gegenüber seinen unmittelbaren oder mittelbaren Abnehmern uneingeschränkt als Gesamtschuldner. Gegenüber anderen Geschädigten soll er im Sinne einer **Ausfallhaftung** nur dann haften, wenn von den anderen Kartellbeteiligten **kein vollständiger Schadensersatz** erwirkt werden kann. Diese Privilegierung des Kronzeugen führt zu einer Abweichung von der in Deutschland zur Zeit der Drucklegung geltenden Rechtslage (→ Rn. 670).[1346] Grund der Privilegierung des Kronzeugen ist nach Erwägungsgrund 38 der Richtlinie die Annahme, dass die Entscheidung der Wettbewerbsbehörde regelmäßig früher bestandskräftig wird als Entscheidungen gegen andere Kartellbeteiligte, weshalb der Kronzeuge zum „bevorzugten Ziel" von Rechtsstreitigkeiten werden könnte.[1347]

697

Rechtstechnisch wird die Richtlinienvorgabe nach Vorschlägen der Literatur in das deutsche Recht im Sinne eine **nachrangigen Haftung** umzusetzen sein, vergleichbar der in § 771 BGB geregelten Einrede der Vorausklage.[1348] Die nachrangige Haftung des Kronzeugen führt zwar für den Geschädigten zu weiteren prozessualen Schwierigkeiten, weil er zunächst erfolglos gegen die anderen Kartellbeteiligten vorgehen muss. Materiell rechtlich wird durch die fortbestehende (Ausfall)haftung des Kronzeugen aber ausgeschlossen, dass seine Privilegierung letztlich zum **Nachteil des Geschädigten** ausgehen kann. Damit kann verfassungsrechtlichen Bedenken gegen eine Privilegierung des Kronzeugen Rechnung getragen werden (→ Rn. 670).[1349]

698

Nach dem Wortlaut der Richtlinie gilt das **Haftungsprivileg** nur für den Kronzeugen, dem der vollständige **Erlass der Geldbuße** zuerkannt wurde. Es gilt nicht für Unternehmen, die lediglich eine Ermäßigung ihrer Geldbuße erreichen konnten.[1350] Dem Wortlaut nach gilt die Privilegierung auch nur bei Follow-On-Klagen.[1351] Allerdings dürfte Art. 11

699

[1344] Zum Begriff und zur ökonomischen Schadensaufteilung: *Napel/Oldehaver* NZKart 2015, 135.
[1345] *Krüger* NZKart 2013, 483 (484); vgl. *Vollrath* NZKart 2013, 434 (442); vgl. *Gussone/Schreiber* WuW 2013, 1040 (1054); *Legner* WRP 2014, 1163 (1164ff.); *Napel/Oldehaver* NZKart 2015, 135; *Stauber/Schaper* NZKart 2014, 346 (350); *Rust* NZKart 2015, 502 (509); kritisch: *Schwenke* NZKart 2015, 383 (386); *Gänswein* NZKart 2016, 50 (51); *Lettl* WRP 2015, 537 (545).
[1346] *Krüger* NZKart 2013, 483 (484); *Fiedler* BB 2013, 2179 (2182ff.).
[1347] Zustimmend *Vollrath* NZKart 2013, 434 (443); *Fiedler* BB 2013, 2179 (2184); *Legner* WRP 2014, 1163 (1166); *Rust* NZKart 2015, 502 (509); *Gänswein* NZKart 2016, 50 (53); *Böni* EWS 2014, 324 (326); kritisch *Lettl* WRP 2015, 537 (544).
[1348] Vgl. bereits *Koch* JZ 2013, 390 (394).
[1349] Vgl. *Vollrath* NZKart 2013, 434 (443).
[1350] Vgl. *Krüger* NZKart 2013, 483 (486); *Legner* WRP 2014, 1163 (1166f.); *Kühne/Woitz* DB 2015, 1028 (1031); *Gänswein* NZKart 2016, 50 (53).
[1351] Vgl. *Reichert/Walther* GPR 2015, 120 (125).

Abs. 4 lit. a) der Richtlinie entgegen des zu eng gefassten Wortlautes so zu verstehen sein, dass der Kronzeuge **gegenüber seinen unmittelbaren oder mittelbaren Abnehmern** nur insoweit haften soll, als sie durch Lieferungen gerade von ihm geschädigt worden sind. Der Kronzeuge soll dagegen nur nachrangig für Schädigungen durch Lieferungen anderer Kartellbeteiligter haften, auch wenn der Anspruchsteller grundsätzlich einer seiner unmittelbaren oder mittelbaren Abnehmer ist (vgl. Art. 11 Abs. 4 lit. b)).[1352]

700 Art. 11 Abs. 4 der Richtlinie enthält keine ausdrücklichen **Beweisregeln.** Nach allgemeinen Grundsätzen ist für das Vorliegen der tatsächlichen Voraussetzungen des Haftungsprivilegs der Kronzeuge darlegungs- und beweispflichtig. Hierzu gehört der Erlass der Geldbuße und die Darlegung, dass es sich bei dem Anspruchsteller nicht um einen unmittelbaren oder mittelbaren Abnehmer handelt.[1353] Der (andere) Geschädigte hat darzulegen und zu beweisen, dass von den anderen Unternehmen, die an dem Kartell beteiligt waren – und von denen er unmittelbar oder mittelbar bezogen hat – kein vollständiger Schadensersatz „erlangt werden kann".[1354] Offen ist, wann dies der Fall ist. Denkbar sind Fälle der Insolvenz.[1355] Sinnvoller Weise wird man entsprechend der Regelung in § 771 Satz 2 BGB verlangen müssen, dass der Geschädigte auf der Grundlage eines Vollstreckungstitels iSd §§ 704, 794 ZPO einen erfolglosen Vollstreckungsversuch unternommen hat. Dabei ist ein Vollstreckungsversuch auch dann ausreichend, wenn der Mitkartellant danach wieder solvent wird.[1356] Nach dem Wortlaut der Richtlinie muss der Geschädigte im Übrigen gegen alle Kartellbeteiligten erfolglos vorgegangen sein. In Fällen einer großen Zahl von Kartellbeteiligten ist dies – auch in zeitlicher Hinsicht – eine extrem hohe Hürde,[1357] zudem der Geschädigte – anders als der Kartellant – nicht notwendigerweise wissen muss, welche Unternehmen an dem Kartell beteiligt waren. Zum Teil wird deshalb vorgeschlagen, eine prozessuale Lösung herbeizuführen (zB Vorbehaltsurteil oder teilweise vollstreckbare Ausfertigung des Urteils, etwa mit dem Vermerk der Vollstreckbarkeit, wenn eine Vollstreckung gegen die übrigen Kartellanten erfolglos war).[1358]

701 Nach Art. 11 Abs. 4 aE der Richtlinie haben die Mitgliedsstaaten zu gewährleisten, dass die **Verjährungsfrist** für eine **nachrangige Inanspruchnahmen** des Kronzeugen **angemessen** und ausreichend ist. Der Geschädigte hat auf die Dauer der gerichtlichen Verfahren gegen die anderen Kartellbeteiligten nur bedingt Einfluss. Die Regelung einer festen Verjährungsfrist wäre daher nicht sachgerecht. Den Interessen des Geschädigten muss dadurch Rechnung getragen werden, dass die Verjährung seiner Ansprüche ähnlich der Regelung in § 771 BGB mit Geltendmachung des Haftungsprivilegs durch den Kronzeugen gehemmt ist, bis er gegen alle anderen Kartellbeteiligten eine erfolglose Zwangsvollstreckung versucht hat. Es lässt sich kaum vermeiden, dass dies unter Umständen mit einer sehr langen Phase der Rechtsunsicherheit für den Kronzeugen einhergehen kann.

701a § 33e RegE-GWB setzt Art. 11 Abs. 4 der Richtlinie in weitgehender Übereinstimmung mit deren Vorgaben und den vorgenannten Erwägungen um. In § 33e Abs. 2 RegE-GWB wird zudem explizit klargestellt, dass der Kronzeuge im Rahmen seiner Ausfallhaftung nicht zum Schadensersatz verpflichtet ist, soweit gegen die übrigen Rechtsverletzer Verjährung eingetreten ist, § 33c Abs. 3 RegE-GWB setzt Art. 11 Abs. 5 und 6 der Richtlinie in Übereinstimmung mit den vorgenannten Erwägungen um.

702 bb) Innenverhältnis. Nach Art. 11 Abs. 5 Satz 2 der Richtlinie ist der Ausgleichsbetrag, der vom Kronzeugen im Innenverhältnis zu den anderen Kartellbeteiligten zu tragen ist, auf

---

[1352] Vgl. *Krüger* NZKart 2013, 483 (485) mVa Arbeitspapier zum Weißbuch über Schadensersatz für Verbraucher und Unternehmen, die Opfer von Wettbewerbsverstößen sind, SEC(2008) 404, 88 Fn. 160.
[1353] Vgl. *Krüger* NZKart 2013, 483 (485).
[1354] Für eine Beweislastumkehr *Kersting* WuW 2014, 564 (568). Kritisch: *Makatsch/Mir* EuZW 2015, 7 (11).
[1355] Vgl. *Krüger* NZKart 2013, 483 (484), und *Legner* WRP 2014, 1163 (1164), die jeweils allerdings auch den Fall der Verjährung mit einbeziehen möchten.
[1356] Dauner-Lieb/Langen/*Beckmann* BGB § 771 Rn. 4.
[1357] *Glöckner* WRP 2015, 410 (415).
[1358] *Reichert/Walther* GPR 2015, 120 (126).

den Schaden seiner unmittelbaren und mittelbaren Abnehmer oder Lieferanten **begrenzt.**[1359] Im Laufe des Richtliniengebungsprozesses ist um diese Haftungsbegrenzung des Kronzeugen im Innenverhältnis heftig gerungen worden.[1360] Damit wird die **Haftungsverteilung** nach der relativen Verantwortung **zugunsten des Kronzeugen durchbrochen.**[1361] Zugunsten des Kronzeugen ist diese Regelung als Haftungsobergrenze zu verstehen.[1362] Ergibt sich aus dem Grundsatz der Haftungsverteilung nach der relativen Verantwortung ein niedrigerer Haftungsanteil, etwa weil der Kronzeuge lediglich Mitläufer im Kartell war, jedoch den Geschädigten weitgehend alleine beliefert hat, so kann sein Haftungsanteil durchaus unterhalb seines Lieferanteiles liegen.[1363]

Die **Haftungsobergrenze** nach Art. 11 Abs. 5 Satz 2 der Richtlinie gilt nach Art. 11 Abs. 6 der Richtlinie nicht, wenn anderen Geschädigten als den unmittelbaren oder mittelbaren Abnehmern oder Lieferanten der zuwiderhandelnden Unternehmen ein Schaden entstanden ist. In diesen Fällen bleibt es im Innenverhältnis bei der Haftung nach relativer Verantwortung.[1364] Im Außenverhältnis gilt dagegen auch dann die „nur" nachrangige Haftung des Kronzeugen.[1365] Mit Art. 11 Abs. 6 der Richtlinie werden insbesondere Fallgestaltungen erfasst, in denen es keine mittelbaren oder unmittelbaren Geschädigten gibt, weil nicht kartellbeteiligte Lieferanten ihre Preise an die kartellierten Preise angepasst haben (**„Umbrella-Pricing"**).[1366] Art. 11 Abs. 6 dürfte dagegen nicht diejenigen Fallgestaltungen meinen, in denen unmittelbar oder mittelbar Geschädigte ihren Schaden im Rahmen einer **mehrstufigen Lieferkette** vollständig weitergegeben haben, denn dann gibt es auf einer weiter entfernten Lieferstufe einen mittelbar Geschädigten.[1367] Der Begriff des mittelbaren Abnehmers ist nach Art. 2 Ziff. 24 der Richtlinie nämlich nicht auf den Abnehmer beschränkt, der von dem unmittelbaren Abnehmer bezieht. Der Begriff erfasst stattdessen auch die nachfolgenden Abnehmer auf weiter entfernten Absatzstufen.

703

cc) **Auflösung der „gestörten" Gesamtschuld.** Nimmt ein Geschädigter aufgrund des Haftungsprivilegs des Kronzeugen im Außenverhältnis einen Mitkartellanten in Anspruch, kann sich die Frage stellen, zu wessen Lasten die Privilegierung des Kronzeugen letztlich aufzulösen ist. Nach den Grundsätzen über die **Gestörte Gesamtschuld** kommt im Prinzip eine **Auflösung zu Lasten des Kronzeugen,** zu Lasten des Geschädigten oder zu Lasten des Mitkartellanten in Betracht.[1368] Eine Auflösung zu Lasten des Kronzeugen dergestalt, dass er sich zwar im Außenverhältnis auf die Haftungsprivilegierung berufen kann, im Innenverhältnis zu seinen Mitkartellanten aber Regressansprüchen ausgesetzt ist, dürfte sich verbieten. Dies folgt unmittelbar aus der Haftungsobergrenze nach Art. 11 Abs. 5 Satz 2 der Richtlinie. Eine **Lösung zu Lasten des Geschädigten** durch Kürzung seines Schadensersatzanspruches um den von dem Kronzeugen zu verantwortenden Haftungsanteil verbietet sich erst recht. Dies wäre mit Art. 1 Abs. 1; Art. 3 der Richtlinie nicht vereinbar, wonach jeder den vollständigen Ersatz seines Schadens ersetzt verlangen und erwirken können muss. Damit bleibt möglicherweise nur eine **Auflösung zu Las-**

704

[1359] Vgl. zur Kritik: *Legner* WRP 2014, 1163 (1167).
[1360] Vgl. nur Interinstitutionelles Dossier 2013/0185 (COD) v. 2.12.2013, 3, wonach die Haftungsbegrenzung im Innenverhältnis wieder gestrichen werden sollte.
[1361] *Gussone/Schreiber* WuW 2013, 1040 (1054); *Glöckner* WRP 2015, 410 (414); *Kühne/Woitz* DB 2015, 1028 (1031); *Reichert/Walther* GPR 2015, 120 (126).
[1362] *Krüger* NZKart 2013, 483 (485).
[1363] *Krüger* NZKart 2013, 483 (485).
[1364] *Gussone/Schreiber* WuW 2013, 1040 (1054); *Krüger* NZKart 2013, 483 (485).
[1365] Vgl. *Krüger* NZKart 2013, 483 (485).
[1366] *Krüger* NZKart 2013, 483 (485); *Legner* WRP 2014, 1163 (1166); *Stauber/Scheper* NZKart 2014, 346 (351); *Rust* NZKart 2015, 502 (509); *Kühne/Woitz* DB 2015, 1028 (1031); *Gänswein* NZKart 2016, 50 (53).
[1367] AA zum Vorschlag für eine Richtlinie v. 11.6.2013, COM (2013) 404 final, 2013/0185 (COD) noch *Gussone/Schreiber* WuW 2013, 1040 (1054).
[1368] Dauner-Lieb/Langen/*Huber* § 253 Rn. 38; *Mollenhauer* NJ 2011, 1 (3ff.).

ten der Mitkartellanten.[1369] Diese haften dann ohne Innenregressanspruch gegen den Kronzeugen auf den vollen Schadensersatz. Zwar mag dies in bestimmten Konstellationen eine Missbrauchsgefahr begründen. Beispielsweise wäre bei einem Kartell von zwei Beteiligten vorstellbar, dass es dem Kronzeugen gelingt, den anderen Kartellanten gezielt „in die Insolvenz zu schicken", wenn er nicht nur mit der Geldbuße, sondern auch dem vollen privaten Schadensersatz belastet wird.[1370] Teilweise wird aber vertreten, ein solches hohes Risiko sei im Sinne einer Abschreckungswirkung rechtspolitisch sogar erwünscht.[1371]

705 **b) Haftungsfreistellung kleiner und mittlerer Unternehmen.** Nach Art. 11 Abs. 2 Satz 1 der Richtlinie werden kleine und mittlere Unternehmen („KMU") bei der Haftung privilegiert. KMUs sind nach der Empfehlung der Kommission Unternehmen mit weniger als 250 Beschäftigten und entweder einem Jahresumsatz von höchstens 50 Mio. EUR oder einer Jahresbilanzsumme von höchstens 43 Mio. EUR.[1372] Ein KMU soll dann nur gegenüber seinen unmittelbaren und mittelbaren Abnehmern haften, wenn sein Anteil am relevanten Markt in der Zeit der Zuwiderhandlung stets weniger als 5% betrug und die gesamtschuldnerische Haftung seine wirtschaftliche Leistungsfähigkeit unwiederbringlich gefährden und seine Aktiva jeglichen Werts berauben würde. Die Haftungsfreistellung soll nach Art. 11 Abs. 3 der Richtlinie dann nicht eingreifen, wenn das KMU die **Zuwiderhandlung organisiert** oder **andere Unternehmen** gezwungen hat, sich daran zu beteiligen, oder das Unternehmen bereits in der Vergangenheit gegen Wettbewerbsrecht verstoßen hat.

706 Die Privilegierung von KMUs ist **rechtspolitisch fragwürdig.**[1373] Auch kleine und mittlere Unternehmen trifft eine Verantwortung für die Beteiligung an einem Kartell und die daraus resultierenden Schäden. Auch auf Seiten der Geschädigten können sich KMUs befinden. Die Privilegierung der KMUs führt zudem zwingend dazu, dass der Haftungsanteil der übrigen kartellbeteiligten Unternehmen anwächst. Eine Auflösung der durch die Haftungsfreistellung entstehenden gestörten Gesamtschuld zum Nachteil des Geschädigten oder des betroffenen KMUs kommt nämlich nicht in Betracht (→ Rn. 704). Es ist daher zu erwarten, dass der nationale Gesetzgeber die Haftungsfreistellung dem Charakter als Ausnahmevorschrift[1374] entsprechend gemäß den Richtlinienvorgaben an enge Voraussetzungen knüpfen wird. Dies ist in § 33d Abs. 3 und 4 RegE-GWB geschehen, wobei in der Begründung zu § 33d Abs. 3 Nr. 1 RegE-GWB klargestellt wird, dass die Ersatzpflicht nicht schon dann entfällt, wenn die Schadensersatzforderung die Insolvenz des ersatzpflichtigen Unternehmens herbeiführen könnte, da diese nicht notwendigerweise zum Verschwinden des Unternehmens führen muss.

4. Vergleichsanreize

707 Nach Art. 19 Abs. 1 Satz 1 der Richtlinie haben die Mitgliedstaaten zu gewährleisten, dass sich bei einer einvernehmlichen Regelung der Anspruch des an der Regelung beteiligten Geschädigten um den Anteil des an der Regelung beteiligten Rechtsverletzers an dem Schaden, der dem Geschädigten durch die Zuwiderhandlung entstanden ist, verringert. Dies entspricht der **Lösung der „beschränkten" Gesamtwirkung,** die nach geltendem Recht aus einer Auslegung abzuleiten ist (→ Rn. 682).[1375] Art. 19 Abs. 2 Satz 2 der

---

[1369] Vgl. *Gänswein* NZKart 2016, 50 (54).
[1370] Mit Hinweis auf Missbrauchsgefahren vor Verabschiedung der Richtlinie bereits *Dreher* FS Möschel 149 (167); vgl. *Koch* JZ 2013, 390 (394).
[1371] Vgl. *Koch* JZ 2013, 390 (394).
[1372] Empfehlung der Kommission v. 6.5.2003 betreffend die Definition der Kleinstunternehmen sowie der kleinen und mittleren Unternehmen, bekannt gegeben unter Aktenzeichen K (2003) 1422, ABl. 2003 L 124, 36.
[1373] Kritisch *Kersting* WuW 2014, 564 (567); *Makatsch/Mir* EuZW 2015, 7 (11); *Lettl* WuW 2015, 692 (692 ff.); *Rust* NZKart 2015, 502 (510); *Böni* EWS 2014, 324 (326); *Lettl* WRP 2015, 537 (544).
[1374] *Lettl* WuW 2015, 692 (695); *Rust* NZKart 2015, 502 (510).
[1375] Vgl. *Krüger* NZKart 2013, 483 (487).

Richtlinie ordnet an, dass der verbleibende Anspruch des an der Regelung beteiligten Geschädigten nur gegenüber nicht an der Regelung beteiligten Rechtsverletzern geltend gemacht werden kann und die nicht an der Regelung beteiligten Gesamtschuldner von dem an der Regelung beteiligten Rechtsverletzer keinen Ausgleichsbetrag hierfür verlangen können. Auch dieser Regressausschluss ergibt sich bereits nach geltender Rechtslage aus dem Vergleich mit einer Erfüllung durch den vergleichsschließenden Gesamtschuldner (→ Rn. 686). § 33f RegE-GWB setzt dies nunmehr nochmals explizit um. Wenn nichts anderes vereinbart ist, wird der sich vergleichende Gesamtschuldner in Höhe seines Anteils an dem Schaden von seiner Haftung gegenüber dem Geschädigten frei und die übrigen Gesamtschuldner sind nur zum Ersatz des Schadens verpflichtet, der nach Abzug des Anteils des sich vergleichenden Gesamtschuldners verbleibt, vgl. § 33f Abs. 1 RegE-GWB. Mit § 33f Abs. 1 Satz 3 RegE-GWB soll sichergestellt werden, dass der sich vergleichende Schädiger nicht wegen des nach dem Vergleich verbleibenden Schadens von dem Geschädigten in Anspruch genommen werden kann, es sei denn der Geschädigte kann von den übrigen Gesamtschuldnern keinen vollständigen Ersatz erlangen. § 33 Abs. 2 RegE-GWB schließt Regressforderungen der übrigen Gesamtschuldner gegen den sich vergleichenden Gesamtschuldner an.[1376]

708 Für den Geschädigten bleibt allerdings auch nach Umsetzung der Richtlinie bei einem Vergleichsabschluss voraussichtlich die **Schwierigkeit,** dass er den internen Haftungsanteil des Vergleichspartners abschätzen muss, um einen angemessenen Vergleichsbetrag und insbesondere seine Restforderung gegenüber den Mitkartellanten bestimmen zu können. Am ehesten wird sich der Ausgleichsbetrag, um den sich die Gesamtforderung des Geschädigten verringert, bei einem Vergleichsabschluss mit dem Kronzeugen beziffern lassen, da dessen Haftungsanteil nach § 11 Abs. 5 Satz 2 der Richtlinie zumindest nach oben auf den bei den eigenen unmittelbaren oder mittelbaren Abnehmern verursachten Schaden begrenzt ist.[1377]

[1376] Vgl. *Petrasinca* WuW 2016, 330 (332).
[1377] Vgl. *Krüger* NZKart 2013, 483 (487).

§ 27 Unterlassungs- und Beseitigungsprozesse

Übersicht

	Rn.
A. Überblick	1
I. Abgrenzung	4
II. Kartellrechtlicher Kontrahierungszwang	10
B. Materiellrechtliche Voraussetzungen des Unterlassungs- und Beseitigungsanspruchs nach § 33 Abs. 1 GWB	13
I. Aktivlegitimation	13
II. Kartellrechtsverstoß gem. § 33 Abs. 1 GWB	15
1. Verstoß gegen Art. 101 AEUV, § 1 GWB	17
2. Verstoß gegen Art. 102 AEUV, §§ 19 ff. GWB	22
3. Begehungsgefahr und gegenwärtige Beeinträchtigung	24
4. Keine Tatbestandswirkung nach § 33 Abs. 4 GWB	30
5. Keine Verjährungshemmung nach § 33 Abs. 5 GWB	34
6. Relevanter Zeitpunkt	36a
III. Passivlegitimation	56
C. Prozessuale Besonderheiten von Unterlassungs- und Beseitigungsansprüchen	63
I. Außergerichtliches Vorgehen – vor allem Abmahnung vor Unterlassungsklage	63
II. Zuständigkeit	68
1. Richtiger Rechtsweg	69
2. Sachliche und funktionale Zuständigkeit	71
3. Örtliche und internationale Zuständigkeit	73
III. Klageanträge	85
1. Unterlassung	88
2. Beseitigung	95
3. Kontrahierungszwang – insbes. Belieferung	101
a) Positiver Leistungsantrag	103
b) Feststellungsantrag	119
c) Unterlassungsantrag	128
IV. Einstweiliger Rechtsschutz	132
1. Kontrahierungszwang dem Grunde nach festgestellt	135
2. Eigenständige einstweilige Verfügung auf Belieferung/Aufnahme	146

Schrifttum:

Ahrens, Der Wettbewerbsprozess, 7. Aufl. 2013; *Bechthold,* Zulassungsansprüche zu selektiven Vertriebssystemen unter besonderer Berücksichtigung der Kfz-Vertriebssysteme, NJW 2003, 3729; *Fritzsche, Jörg,* Unterlassungsanspruch und Unterlassungsklage, 1999; *Hempel,* Privater Rechtsschutz im Kartellrecht, 2002; *Kling/Thomas,* Kartellrecht, 2007; *Köhler,* Durchsetzung des kartellrechtlichen Durchleitungsanspruchs im Wege der einstweiligen Verfügung, BB 2002, 584; *Lahme,* Eignung des Zivilverfahrens zur Durchsetzung des Kartellrechts, 2009; *Lohse,* § 1004 BGB als Rechtsgrundlage für Zahlungsansprüche? AcP 201 (2001), 902; *Meesen,* Der Anspruch auf Schadensersatz bei Verstößen gegen EU-Kartellrecht, 2011; *Pöhlmann/Fandrich/Bloehs,* GenG, 4. Aufl. 2012; *Ohly/Sosnitza,* Gesetz gegen den unlauteren Wettbewerb, 6. Aufl. 2014; *Roth,* Der Beseitigungsanspruch im Kartellrecht, FS Harm Peter Westermann, 2008, 1357 ff.; *Schockenhoff,* Die gerichtliche Durchsetzung von Belieferungsansprüchen aus § 26 Abs. 2 GWB, NJW 1990, 152; *Weber,* Belieferungsansprüche aus § 26 Abs. 2 GWB und ihre Vollstreckung, GRUR 1982, 152; *Zöller,* Zivilprozessordnung, 31. Aufl. 2016.

A. Überblick

1 Beseitigungs- und Unterlassungsansprüche haben bislang in der bereits seit Bestehen des GWB geführten und spätestens seit der 7. GWB-Novelle intensivierten öffentlichen Diskussion über die private Kartellrechtsdurchsetzung nur eine Nebenrolle gespielt. Schwerpunkt der Diskussion ist seit jeher der pekuniäre Schadensersatzanspruch und die mit des-

sen Durchsetzung einhergehenden Schwierigkeiten. Auch die nun anstehende 9. GWB-Novelle behandelt im Bereich des Private Enforcement – zumindest in der Fassung des Regierungsentwurfs – in erster Linie den pekuniären Schadensersatzanspruch und bringt nur am Rande Änderungen für die kartellrechtlichen Abwehransprüche mit sich. Gemäß dem RegE-GWB wird die Anspruchsgrundlage für den Unterlassungs- und Beseitigungsanspruch in § 33 GWB bleiben und der Schadensersatzanspruch mit § 33a RegE-GWB eine eigene Norm erhalten.

Diese literarische Geringschätzung steht im groben Missverhältnis zur großen praktischen Bedeutung der kartellrechtlichen Unterlassungs- und Beseitigungsansprüche. **2**

Der Zielrichtung des Werkes entsprechend konzentrieren sich die Ausführungen vor allem auf prozessuale und taktische Aspekte. Materiellrechtliche Erwägungen werden nur thematisiert, soweit sie unmittelbare Auswirkungen auf die prozessuale oder taktische Ebene haben. **3**

I. Abgrenzung

§ 33 GWB sieht in Absatz 1 den Unterlassungs- und Beseitigungsanspruch als Grundfall der privaten Kartellrechtsdurchsetzung vor. Erst wenn den Verletzer darüber hinaus ein Verschulden trifft und dem Betroffenen ein kausaler Schaden entstanden ist, kann er einen Schadensersatzanspruch nach § 33 Abs. 3 GWB (§ 33a Abs. 1 RegE-GWB) geltend machen. Unterlassungs- und Beseitigungsansprüche sind damit die kleinen Geschwister des Schadensersatzanspruchs. Dies wird deutlich, wenn man die grundsätzlichen Anspruchsvoraussetzungen gegenüberstellt: **4**

- **Schadensersatzanspruch, § 33 Abs. 3, Abs. 1 GWB (§ 33a Abs. 1 RegE-GWB)**
  - Aktivlegitimation: Betroffener
  - Rechtswidriger Kartellrechtsverstoß gem. § 33 Abs. 1 GWB
  - Passivlegitimation: Täter oder Teilnehmer, vgl. § 830 BGB
  - Verschulden, § 33 Abs. 3 S. 1 GWB (§ 33a Abs. 1 RegE-GWB)
  - Kausaler Schaden
- **Unterlassungsanspruch, § 33 Abs. 1 GWB**
  - Aktivlegitimation: Betroffener
  - Rechtswidriger Kartellrechtsverstoß gem. § 33 Abs. 1 GWB
  - Passivlegitimation: Störer
  - Wiederholungs-/Erstbegehungsgefahr
- **Beseitigungsanspruch, § 33 Abs. 1 GWB**
  - Aktivlegitimation: Betroffener
  - Rechtswidriger Kartellrechtsverstoß gem. § 33 Abs. 1 GWB
  - Passivlegitimation: Störer
  - Gegenwärtige Beeinträchtigung

Der kartellrechtliche Unterlassungsanspruch war seit jeher in § 33 (bzw. § 35 aF) GWB normiert. Seit der 7. GWB-Novelle 2005 ist nun auch der kartellrechtliche Beseitigungsanspruch in § 33 GWB aufgenommen worden. Es wurde damit ein weitgehender Gleichklang zu § 8 Abs. 1 UWG hergestellt, weswegen die diesbezüglich veröffentlichte Literatur und ergangene Rechtsprechung ergänzend herangezogen werden können.[1] **5**

Bei beiden Ansprüchen handelt es sich um Abwehransprüche (sog negatorischer Rechtsschutz). Der Beseitigungsanspruch zielt darauf ab, eine rechtmäßige Lage wiederherzustellen, indem gegenwärtige, in die Zukunft fortwirkende Beeinträchtigungen abgestellt werden. Der Unterlassungsanspruch hingegen soll drohende, erst in der Zukunft liegende Verletzungshandlungen verhindern. Damit beinhaltet ein auf Beseitigung der gegenwärtigen Beeinträchtigung gerichteter Anspruch regelmäßig auch einen Anspruch auf **6**

---
[1] Ebenso Immenga/Mestmäcker/*Emmerich* GWB § 33 Rn. 91, 92.

Unterlassung künftiger Beeinträchtigungen. Dies ist jedoch unproblematisch, da die erstmalige Begehung die Wiederholungsgefahr indiziert. Die Rechtsprechung lässt die Abgrenzung bisweilen dahinstehen.

7 Wichtiger kann die Abgrenzung zwischen Beseitigungsanspruch und Schadensersatzanspruch werden, wenn Zweifel am Verschulden des Anspruchsgegners bestehen, etwa weil er sich in einem unverschuldeten Rechtsirrtum befindet. In einem solchen Fall würde ein Schadensersatzanspruch am Verschuldenserfordernis scheitern, während der Beseitigungsanspruch als verschuldensunabhängiger Anspruch erfolgreich wäre.

8 Aus **anwaltlicher Perspektive** empfiehlt sich daher in solchen Zweifelsfällen genau zu prüfen, ob das Rechtsschutzziel nicht auch durch einen Beseitigungsanspruch erreicht werden kann.

9 Dem Rechtsanwender kommt hier zugute, dass auch die Rechtsprechung[2] die theoretisch klare Abgrenzung zwischen der Abstellung der Störungsquelle für die Zukunft (Beseitigung) und der Herstellung der Situation, die ohne schädigendes Ereignis bestünde (Schadenersatz in Form der Naturalrestitution) nicht durchhält. So hat der Kartellsenat des Bundesgerichtshofs in den sog *Stromeinspeisungsfällen*[3] geurteilt, dass die Zahlung einer in der Vergangenheit kartellrechtswidrig vorenthaltenen Vergütung vom verschuldensunabhängigen Beseitigungsanspruch umfasst sei. Die Betreiber von Laufwasserkraftwerken und thermischen Kraftwerken hatten von Energieversorgern Nachzahlungen für den von ihnen in der Vergangenheit eingespeisten Strom verlangt und argumentierten mit einem Marktmachtverstoß. Der Bundesgerichtshof folgte der Argumentation und verpflichtete die Energieversorger nicht etwa, die Störungsquelle (zu niedrige Entgelte) für die Zukunft zu beseitigen und für die Vergangenheit Schadensersatz zu leisten. Vielmehr wurde auch der vergangenheitsbezogene Anspruch auf Nachzahlung als Beseitigungsanspruch verstanden. Der Bundesgerichtshof argumentierte, dass die kartellrechtswidrig unangemessene Vergütung eine fortwirkende Beeinträchtigung des Vermögens darstelle.[4] So besehen lässt sich vermutlich jeder Marktmachtmissbrauch, der sich vermögensschmälernd auswirkt, als fortwirkende Beeinträchtigung des Vermögens darstellen. Nach Ansicht des Bundesgerichtshofs soll der Beseitigungsanspruch selbst dann noch eingreifen, wenn das klagende Unternehmen zwischenzeitlich den Betrieb eingestellt hatte und eine fortwirkende Störung damit schwerlich denkbar war.[5] Der wahre Hintergrund dieser Entscheidungen dürfte darin liegen, dass es nach Auffassung des Bundesgerichtshofs mit „dem Gebot der Gerechtigkeit" nicht vereinbar sei, wenn eine angemessene Vergütung für die Vergangenheit nicht verlangt werden könne, da der Störer die Behinderung – wie in dem Fall – in einem unverschuldeten Rechtsirrtum begangen habe.[6] Auch die Rechtsprechung scheint zwischen Schadensersatz- und Beseitigungsanspruch vor allem nach Wertungsgesichtspunkten mit Blick auf das Verschuldenserfordernis zu wechseln.[7]

II. Kartellrechtlicher Kontrahierungszwang

10 Von besonderer Praxisrelevanz ist der kartellrechtliche Kontrahierungszwang. Hierbei handelt es sich um Fälle, in denen ein (zumindest marktstarkes) Unternehmen mit einem anderen Unternehmen nicht kontrahieren möchte und dieses sodann mithilfe des GWB

---

[2] Ausführlich hierzu *Lohse* AcP 201 (2001), 902 ff.
[3] BGH Urt. v. 6.10.1992 – KZR 10/91, WuW/E BGH 2805 (2806) – Stromeinspeisung; BGH Urt. v. 2.7.1996 – KZR 31/95, WuW/E BGH 3074 (3074) – Kraft-Wärme-Kopplung (I); BGH Urt. v. 22.10.1996 – KZR 19/95; WuW/E BGH 3079 (3079 f.) – Stromeinspeisung II; BGH Urt. v. 4.4.1995 – KZR 5/94, WuW/E BGH 2999 (2999 f.) – Einspeisungsvergütung; BGH Urt. v. 22.10.1996 – KZR 18/95, WuW/E BGH 3099 (3099 f.) – Stromveredelung; BGH Urt. v. 8.12.1998 – KZR 49/97, WuW/E DE-R 248 (248) – Kraft-Wärme-Kopplung II.
[4] BGH Urt. v. 2.7.1996 – KZR 31/95, WuW/E BGH 3074 (3077) – Kraft-Wärme-Kopplung.
[5] BGH Urt. v. 2.7.1996 – KZR 31/95, WuW/E BGH 3074 (3077) – Kraft-Wärme-Kopplung.
[6] BGH Urt. v. 6.10.1992 – KZR 10/91, WuW/E BGH 2805 (2812) – Stromeinspeisung.
[7] Ähnlich *Roth* FS Westermann 2008, 1357 (1360).

einen Vertragsschluss zu erzwingen sucht. Praktisch sind diese Verträge regelmäßig auf Belieferung oder auf Zulassung/Aufnahme in einen geschlossenen Kreis (zB Verein, Verband, Messe) gerichtet.

Die dogmatische Grundlage des kartellrechtlichen Kontrahierungszwanges ist umstritten. Der Bundesgerichtshof gewährt ihn als Schadensersatzanspruch unter den Voraussetzungen des § 33 Abs. 3 GWB (§ 33a Abs. 1 RegE-GWB) in Form der Naturalrestitution.[8] Andere Teile der Rechtsprechung[9] sowie die überwiegende Literatur[10] möchten den Kontrahierungszwang hingegen als Pflicht zum Unterlassen des Nicht-Kontrahierens oder als Anspruch auf Beseitigung der in der Abschlussverweigerung liegenden Störung[11] unter § 33 Abs. 1 GWB fassen. Den Anspruch auf Aufnahme in eine Wirtschaftsvereinigung nach § 20 Abs. 6 GWB qualifiziert auch der Bundesgerichtshof als Unterlassungsanspruch.[12] Der praktische Unterschied der Qualifikation war bislang eher gering. Zwar setzt die schadensersatzrechtliche Lösung ein Verschulden voraus, für das der Anspruchsteller nach allgemeinen Grundsätzen die Darlegungs- und Beweislast trägt. Der Unterlassungsanspruch ist hingegen verschuldensunabhängig. Allerdings wurde das Verschulden bei Vorliegen einer tatbestandlichen diskriminierenden und/oder missbräuchlichen Abschlussverweigerung regelmäßig vermutet. Zu einem unverhofften Bedeutungszuwachs dieser Unterscheidung könnte die mit der 8. GWB-Novelle eingeführte Ausnahmeregel des § 95 Abs. 2 Nr. 1 GVG führen (→ Rn. 72).

11

In diesem Werk wird der kartellrechtliche Kontrahierungszwang in diesem Kapitel behandelt, ohne dass damit eine materiellrechtliche Festlegung verbunden ist. Der kartellrechtliche Kontrahierungszwang ist von erheblicher Bedeutung, wie schon die folgende (nicht abschließende) Auswertung der jüngeren Rechtsprechung zeigt:

12

- **Belieferungsanspruch**
  - Den Belieferungsanspruch in der Sache **bejahende Urteile**
    - Weiterbelieferungsanspruch gegen marktstarken Hersteller von Funktionsrucksäcken, der ein selektives Vertriebssystem einführen wollte, das den Ausschluss des Vertriebs über eine Onlineplattform wie eBay vorsah sowie die Listung bei Preissuchmaschinen verbieten wollte, LG Frankfurt Urt. v. 18.6.2014 – 2–03 O 158/13, WuW/E DE-R 4409–4415.
    - Belieferungsanspruch eines Herstellers von Sattelzugmaschinen gegen Vertriebsgesellschaft, OLG Frankfurt Urt. v. 8.2.2005 – 11 U 60/103, BeckRS 2012, 17609.
    - Belieferungsanspruch einer Parfümerie gegen Herstellerin von Schönheitspflegeprodukten, LG Nürnberg-Fürth Beschl. v. 16.4.2010 – 4 HKO 2611/09, BeckRS 2010, 29293.
    - Belieferungsanspruch eines Buchhändlers gegen marktbeherrschenden Verlag, OLG Karlsruhe Urt. v. 14.11.2007 – 6 U57/06, GRUR-RR 2008, 103.
    - Durchleitungsanspruch einer Gashandels- gegen eine Ferngasgesellschaft, LG Dortmund Urt. v. 1.9.2000 – 13 O 134/00 (Kart), BB 2000, 2325.
  - Den Belieferungsanspruch **verneinende Urteile**
    - Belieferungsanspruch eines Handelsvertreters gegen Produzenten von Frankiermaschinen, inklusive prozessualer Besonderheiten, OLG Düsseldorf Urt. v. 23.10.2013 – VI-U (Kart) 36/13, BeckRS 2013, 20498.

---

[8] StRspr. seit BGH Urt. v. 26.10.1961 – KZR 1/61, BGHZ 36, 91 (100) = WuW/E BGH 442 (448) – Gummistrümpfe; BGH Urt. v. 9.11.1967 – KZR 7/66, BGHZ 49, 90 (98 f.) = WuW/E BGH 886 (892) – Jägermeister; BGH Urt. v. 26.10.1972 – KZR 54/71, WuW/E BGH 1238 (1245) – Registrierkassen; BGH Urt. v. 20.11.1975 – KZR 1/79, WuW/E BGH 1391 (1395) – Rossignol.
[9] OLG Karlsruhe Urt. v. 8.11.1978 – 6 U 192/77 Kart Wu W/E OLG 2085 (2091) – Multiplex; OLG Karlsruhe Urt. v. 12.3.1980 – 6 U 223/77 (Kart) Allkauf/Sana, WuW/E OLG 2217 (2223) – Allkauf/Saba.
[10] Langen/Bunter/*Bornkamm* GWB § 33 Rn. 95; Immenga/Mestmäcker/*Market* § 19 Rn. 228 mwN.
[11] Immenga/Mestmäcker/*Emmerich* § 33 Rn. 45 mwN.
[12] BGH Urt. v. 25.2.1959 – KZR 2/58, BGHZ 29, 344 (352) = WuW/E BGH 288 (291) – Großhändlerverband II.

– Belieferungsanspruch eines Pressegrossisten gegen Vertriebsgesellschaft, BGH Urt. v. 24.10.2011 – KZR 7/10, WuW/E DE-R 3446–3455 = NJW 2012, 773–777.
– Belieferungsanspruch eines Unternehmens für GSM-Wandler gegen ein Unternehmen für Telekommunikationsleistungen, BGH Urt. v. 29.6.2010 – KZR 31/08, MMR 2010, 786.
– Belieferungsanspruch in einem qualitativ selektierenden Vertriebssystem, LG Nürnberg-Fürth Urt. v. 21.5.2010 – 4HK O 3670/09. Bestätigt durch OLG Nürnberg Beschl. v. 15.9.2010 – 1 U 1228/10, WRP 2011, 117-R6 (Berufung darauf zurückgenommen).
– Belieferungsanspruch eines Fernwärmeversorgungsunternehmens gegen ein Energieleistungsunternehmen, BGH Beschl. v. 25.9.2007 – KZR 33/06, BeckRS 2007, 19881. Vorinstanz OLG München Urt. v. 19.10.2006 – U (K) 3090/06, BeckRS 2006, 13429.
– Belieferungsanspruch eines Fachgeschäfts für Uhren und Schmuck gegen Vertriebsgesellschaft eines Uhrenherstellers, OLG Düsseldorf v. 29.10.2003, BeckRS 2005, 07267 – U (Kart) 30/00.
– Belieferungsanspruch eines Möbeleinzelhandelsunternehmens gegen Möbelhersteller, inklusive prozessualer Besonderheiten, OLG Düsseldorf Urt. v. 29.12.2004 – VI-U (Kart) 41/04, BeckRS 2004, 30348352.
– Belieferungsanspruch eines Unternehmens gegen Stadtwerke auf Stromlieferung, OLG München Urt. v. 22.5.2003 – U (K) 4604/02, BeckRS 2003, 30319206 (insbesondere die Ausführungen am Schluss).
– Belieferungsanspruch zu günstigeren Konditionen, Thüringer OLG Urt. v. 10.12. 1997 – zu 1456/96, OLG-NL 1998, 38 (beck-online).

- **Zulassungsanspruch**
  – Den Zulassungsanspruch **bejahende Urteile**
    – Zulassungsanspruch einer Kfz-Werkstatt zum Servicenetz eines Fahrzeugherstellers, OLG Frankfurt Urt. v. 29.7.2014 – 11 U 6/14 (Kart).
    – Zulassungsanspruch zu regionalen Dentalmessen, OLG Düsseldorf Urt. v. 10.9. 2008 – VI-U (Kart) 11/08, BeckRS 2009, 06383.
    – Ebenso: Zulassungsanspruch zu regionalen Dentalmessen, OLG Düsseldorf v. 3.9. 2008 – VI-U (Kart) 9/08.
    – Zulassungsanspruch eines Galeristen zu Kunstmesse, mit prozessualen Besonderheiten, OLG Düsseldorf Urt. v. 15.11.2000 – U (Kart) 40/00, WuW/E DE-R 619– 623.
    – Zulassungsanspruch zu regionalen Dentalmessen, OLG Hamburg Urt. v. 6.8.1998 – 3 U 203/97, WuW/E DE-R 213–216.
    – Zulassungsanspruch eines Galeristen zu Kunstmesse, OLG Frankfurt Beschl. v. 17.3.1992 – 6 W (Kart) 31/92, WuW/E OLG 5027–5032 = NJW 1992, 2579– 2581.
    – Zulassungsanspruch eines Galeristen zu Kunstmesse, OLG Frankfurt Urt. v. 13.4. 1989 – 6 U (Kart) 40/89, BeckRS 1989, 07797.
  – Den Zulassungsanspruch **verneinende Urteile**
    – Nichterteilung einer Erlaubnis für einen maltesischen Sportwettenanbieter, OLG Düsseldorf Urt. v. 8.8.2007 – VI-U (Kart) 40/06.
    – Zulassungsanspruch einer Kunstgalerie zu einer Kunstmesse, OLG Düsseldorf Urt. v. 5.7.2002 – VI-U (Kart) 60/01, WuW/E DE-R 994–997.
    – Zulassung eines Bodenabfertigungsunternehmens zu Into-Plane-Services auf einem Flughafen, OLG München Urt. v. 20.5.1999 – U (K) 3915/98, WuW/E DE-R 372–374.

B. Materiellrechtliche Voraussetzungen des Unterlassungs- und Beseitigungsanspruchs nach § 33 Abs. 1 GWB

I. Aktivlegitimation

Der Unterlassungs- und Beseitigungsanspruch nach § 33 Abs. 1 GWB kann zunächst durch den Betroffenen geltend gemacht werden. Betroffen ist, wer als Mitbewerber oder sonstiger Marktbeteiligter durch den Verstoß beeinträchtigt ist, § 33 Abs. 1 S. 3 GWB. (§ 33a Abs. 3 RegE-GWB) Wegen der Einzelheiten wird auf die Ausführungen von *Uhlshöfer* im Kapitel 25 mit der Maßgabe verwiesen, dass für den Unterlassungs- und Beseitigungsanspruch ein besonders großzügiges Verständnis der Betroffenheit angezeigt ist. Denn anders als beim Schadensersatzanspruch droht keine Mehrfachkompensation mehrerer (vermeintlich) Geschädigter.[13] *Bechthold* schlägt unter Bezugnahme auf *Roth* vor, all diejenigen für den kartellrechtlichen Unterlassungs- und Beseitigungsanspruch zu legitimieren, für die vorstellbar sei, dass sie einen auf den Kartellverstoß zurückzuführenden Schaden erleiden könnten.[14]

13

Anders als Schadensersatzansprüche können Unterlassungs- und Beseitigungsansprüche gemäß § 33 Abs. 2 GWB (§ 33a Abs. 4 RegE-GWB) auch von Verbänden geltend gemacht werden, wozu seit der 8. GWB-Novelle 2012/2013 auch Verbraucherverbände gehören.

14

II. Kartellrechtsverstoß gem. § 33 Abs. 1 GWB

Anknüpfungspunkt für alle Ansprüche nach § 33 GWB ist ein widerrechtlicher Verstoß gegen kartellrechtliche Verbotsnormen oder – praktisch kaum bedeutsam – gegen eine kartellbehördliche Verfügung. Das vormals bestehende Schutzgesetzerfordernis, also die Frage, ob die verletzte Vorschrift den Schutz eines anderen bezweckt, ist mit der 7. GWB-Novelle 2005 ersatzlos gestrichen worden. Erfasst sind damit Verstöße gegen die materiellen Verbotstatbestände der §§ 1, 19–21 und 29 GWB sowie kraft ausdrücklicher Anordnung Verstöße gegen Artt. 101 und 102 AEUV. Ob auch ein Verstoß gegen das fusionskontrollrechtliche Vollzugsverbot nach § 41 GWB umfasst ist, ist streitig, praktisch aber wenig relevant.[15]

15

Nachstehend werden materiellrechtliche Besonderheiten betrachtet, soweit sie für Unterlassungs- und Beseitigungsansprüche von Bedeutung sind.

16

1. Verstoß gegen Art. 101 AEUV, § 1 GWB

Soweit ersichtlich wird bislang kaum gegen nach Art. 101 AEUV und § 1 GWB verbotene **horizontale** Absprachen mit Unterlassungs- und Beseitigungsansprüchen vorgegangen.[16] Das gilt jedenfalls für echte hardcore-Kartelle: Kaum ein Kläger käme auf die Idee, ein anderes Unternehmen auf „Unterlassen der Praktizierung" eines Kartells zu verklagen. Wenn der Betroffene als Nicht-Kartellant gesicherte Kenntnis von einem solchen Verstoß

17

---

[13] Bechthold/*Bechthold* § 33 Rn. 11.
[14] Bechthold/*Bechthold* § 33 Rn. 11.
[15] Langen/Bunte/*Bornkamm* GWB § 33 Rn. 81; Bechthold/*Bechthold* § 33 Rn. 5; aA Wiedemann/*Topel* HdB KartellR § 50 Rn. 104; Immenga/Mestmäcker/*Emmerich* GWB § 33 Rn. 38.
[16] Eine Ausnahme scheint indes das Urt. des OLG Düsseldorf v. 26.2.2014 – VI-U (Kart) 7/12, WuW/E DE-R 4242ff. – Presse-Grosso II zu sein. Der klagende Verlag hat von dem Bundesverband der Pressegrossisten verlangt, es ua zu unterlassen, einheitliche Grosso-Konditionen zu vereinbaren. Das OLG sah in dem zentralen Verhandlungsmandat des Bundesverbandes eine bezweckte horizontale Wettbewerbsbeschränkung, da es einen Rabatt- und Konditionenwettbewerb zwischen den Presse-Grossisten und den Verlagen bzw. Nationalvertrieben verhindert, und gab dem Unterlassungsantrag statt. Weitere Ausnahmen: OLG Celle Urt. v. 13.5.1998 – 13 U (Kart) 260/97, erfolgreiches Vorgehen per eV gegen Nachfragebündelung der nds. Städte und Gemeinden für Feuerwehrbedarfsartikel durch kommunales Einkaufsunternehmen; LG Hannover Urt. v. 15.6.2011 – 21 O 25/11, WRP 2012, 99: erfolgloses Vorgehen per eV gegen Bildung einer Einkaufsgemeinschaft der nds. Krankenkassen für die Versorgung mit Grippeschutzimpfstoffen.

§ 27   3. Teil 2. Abschnitt Kartellzivilprozesse im deutschen Recht

gegen das Kartellverbot hat, dürfte ein Anruf bei den Kartellanten oder der zuständigen Kartellbehörde deutlich effektiver sein, um das kartellrechtswidrige Verhalten zu beenden. Günstiger und risikoärmer ist es allemal. Und falls es sich bei dem Betroffenen um ein reuiges Mitglied des Kartells handelt, sollte es sich schlicht nicht mehr an die kartellrechtswidrige Vereinbarung halten und bei gerichtlicher Inanspruchnahme auf Nichtigkeit derselben berufen (§ 134 BGB bzw. Art. 101 Abs. 2 AEUV). Oftmals wird es sich in einer solchen Situation überdies empfehlen, sich nach fachkundiger Beratung schnellstmöglich (vgl. § 90 GWB) um einen Bonusantrag zu bemühen.

18   Aber auch für den (isolierten) Bereich der kartellrechtswidrigen **vertikalen** Vereinbarungen haben Unterlassungs- und Beseitigungsverfahren noch nicht die ganz große Bedeutung erlangt. Dies dürfte vor allem darin begründet liegen, dass der Bundesgerichtshof einen Kontrahierungszwang als Rechtsfolge eines Verstoßes zumindest gegen Art. 101 AEUV bislang ablehnt und den Betroffenen stattdessen auf einen Ersatzanspruch in Geld verweist. In der grundlegenden Entscheidung *Depotkosmetik*[17] aus dem Jahr 1998 ging es um einen Hersteller von Kosmetikartikeln, der einem Händler die Aufnahme in sein selektives Vertriebssystem versagte. Der Bundesgerichtshof führte auf die entsprechende Belieferungsklage hin aus:

19   „Werden sie [die Wiederverkäufer] vom Hersteller nicht beliefert, obwohl sie alle qualitativen Voraussetzungen für die Aufnahme in ein selektives Vertriebssystem erfüllen, und unterbindet der Hersteller etwa gleichzeitig den Warenbezug der Außenseiter durch lieferbereite Depositäre, könnte ihnen daher – bei Vorliegen der übrigen Voraussetzungen des Art. 85 EGV [Art. 101 AEUV] – für den daraus entstehenden Schaden aus § 823 Abs. 2 BGB iVm Art. 85 Abs. 1 EGV [Art. 101 Abs. 1 AEUV] als Schutzgesetz ein Ersatzanspruch in Geld zustehen. **Ein Anspruch auf Belieferung ist vom Schutzzweck des Art. 85 EGV [Art. 101 AEUV] hingegen nicht erfaßt. Die Norm verbietet einem Hersteller, seine Waren unter unzulässiger Beschränkung des Wettbewerbs in einem einzelne Händler diskriminierenden Vertriebssystem abzusetzen, gebietet ihm aber nicht, sämtliche Wiederverkäufer, die für den Absatz seiner Produkte fachlich geeignet sind, zu beliefern.**[18] (Klammerhinweise und **Fettdruck** diesseits).

20   Sodann erklärt der Bundesgerichtshof, dass es dem gegen das Kartellverbot verstoßenden Hersteller freistehe, wie er den Verstoß beende: durch Belieferung des zu Unrecht ausgeschlossenen Händlers oder etwa durch Aufgabe/Änderung seines gesamten Vertriebssystems. Eine Pflicht zur Belieferung aller geeigneten Händler bestehe jedenfalls nicht; die Freiheit, sich seine Vertragspartner auszusuchen, bestehe fort.[19] Diese Entscheidung ist verschiedentlich kritisiert,[20] aber auch verteidigt worden.[21] In der Tat kann man kritisch hinterfragen, ob der Bundesgerichtshof seiner Entscheidung nicht schlicht die Sachlage zum Zeitpunkt der letzten mündlichen Verhandlung des Oberlandesgerichts (als letzte Tatsacheninstanz) hätte zugrunde legen müssen. Und zu diesem Zeitpunkt hatte der in Anspruch genommene Hersteller sein Vertriebssystem eben nicht aufgegeben oder geändert. Andernfalls hätte die Klage abgewiesen werden müssen (siehe zum relevanten Zeitpunkt → Rn. 36a ff.). Spätere Änderungen der Sachlage, etwa durch Änderung/Aufgabe des Vertriebssystems, lassen sich ohne weiteres berücksichtigen. Sofern der Kläger – wie auch im vom BGH entschiedenen Fall[22] und wie im Regelfall (→ Rn. 101 ff.) – die Belieferung per Feststellungsantrag verfolgt, ist der Titel mit Ausnahme der Kosten ohnehin nicht vollstreckbar. Um eine Bindung des Gerichts im nachfolgenden Leistungsprozess an die Feststellung (Belieferungspflicht) zu verhindern, kann der Verpflichtete in (analoger) Anwendung des § 323 ZPO eine Abänderungsklage erheben[23] und geltend ma-

---

[17] BGH Urt. v. 12.5.1998 – KZR 23/96, NJW-RR 1999, 189.
[18] BGH Urt. v. 12.5.1998 – KZR 23/96, NJW-RR 1999, 189 (190).
[19] BGH Urt. v. 12.5.1998 – KZR 23/96, NJW-RR 1999, 189 (190).
[20] Zuletzt *Liesegang* NZKart 2013, 233 mwN.
[21] Pars pro toto *Bechthold* NJW 2003, 3729 (3732).
[22] Siehe Urt. der Vorinstanz OLG München v. 23.5.1996 – U (K) 1951/95, WUW/E OLG 5659 (5660).
[23] Vgl. Zöller/*Vollkommer* § 323 Rn. 24.

chen, dass die Voraussetzungen für eine Belieferung nicht mehr gegeben sind. Sollte der Kläger einen Leistungstitel auf Belieferung erwirkt haben, kann die neue Sachlage im Rahmen der Vollstreckungsgegenklage nach § 767 ZPO eingewendet werden (siehe zu Veränderungen der Rechtslage nach Urteil auch → Rn. 51 ff.).

Zwei Hintertüren hat der Bundesgerichtshof in der Entscheidung *Depotkosmetik* den 21 nichtbelieferten Wiederverkäufern indes offen gelassen:
1. Die Fortsetzung einer bestehenden vertraglichen Beziehung **(Weiterbelieferung)** soll nämlich – im Gegensatz zur Neubegründung einer Vertragsbeziehung (Kontrahierungszwang) – auf den Verstoß gegen Art. 101 AEUV gegründet werden können.[24] Diese Hintertür wurde zwischenzeitlich genutzt.[25]
2. Der Bundesgerichtshof hat einen Anspruch auf Unterlassen einer den Wiederverkäufer diskriminierenden Handhabung des selektiven Vertriebssystems nicht ausgeschlossen.[26] Dieser Anspruch ist nicht gleichbedeutend mit Belieferung, denn dem Hersteller stehen auch andere Möglichkeiten offen, die Diskriminierung zu beenden. Er muss ihnen indes auch nachkommen; tut er dies nicht, können die Ordnungsmittel des § 890 ZPO gegen ihn verhängt werden.

2. Verstoß gegen Art. 102 AEUV, §§ 19 ff. GWB

In aller Regel handelt es sich bei den Kartellrechtsverletzungen, wegen derer die Betrof- 22 fenen Unterlassung oder Beseitigung verlangen, um Marktmachtverstöße, dh um Verletzungen der §§ 19–21 GWB und Art. 102 AEUV. Insgesamt kommt der eigenständigen (dh nicht follow-on) privaten Kartellrechtsdurchsetzung, ua durch Unterlassungs- und Beseitigungsansprüche, im Bereich des Marktmachtmissbrauchs seit jeher eine deutlich größere Bedeutung zu als im Bereich des Kartellverbots.[27] Ein Grund dafür dürfte auch sein, dass bei missbräuchlichen Verhaltensweisen der tatsächliche Nachweis der vorgeworfenen Verhaltensweise weit weniger schwerfällt als bei Verstößen gegen das Kartellverbot nach § 1 GWB und Art. 101 AEUV. Denn die missbräuchlichen Verhaltensweisen treten zumeist recht offen zutage und sind keine im Geheimen getroffenen verbotenen Willensübereinkünfte.

Es ist nicht Aufgabe dieses Handbuches, eine Kommentierung der vielfältigen Erschei- 23 nungsformen des Marktmachtmissbrauchs vorzunehmen; insoweit wird auf die einschlägigen Kommentierungen verwiesen.

3. Begehungsgefahr und gegenwärtige Beeinträchtigung

Der Unterlassungsanspruch des § 33 Abs. 1 GWB ist darauf gerichtet, drohende (künftige) 24 Verstöße gegen das Kartellrecht vorbeugend abzuwenden. Voraussetzung des Unterlassungsanspruchs ist daher eine „Bedrohungslage", die sogenannte Begehungsgefahr. Die Begehungsgefahr kann entweder in Form eines erstmalig drohenden Kartellrechtsverstoßes oder als Gefahr der Wiederholung eines kartellrechtswidrigen Verhaltens erfüllt sein. Im ersteren Fall spricht man vom sog vorbeugenden Unterlassungsanspruch, im letzteren vom sog Verletzungsunterlassungsanspruch. Der Beseitigungsanspruch setzt demgegenüber eine bereits eingetretene tatsächliche Beeinträchtigung voraus.

Falls ein bereits begangener Kartellverstoß für die Zukunft unterbunden werden soll, 25 kann sich der Betroffene darauf berufen, dass eine Wiederholung des kartellrechtswidrigen Verhaltens droht (sog **Wiederholungsgefahr**). Voraussetzung ist lediglich die ernstliche Möglichkeit einer Wiederholung desselben oder eines gleichartigen Kartellrechtsverstoßes.[28] Diese Wiederholung wird jedoch nach ständiger Rechtsprechung bei Handeln zu

---

[24] BGH Urt. v. 12.5.1998 – KZR 23–96, NJW-RR 1999, 189 (190). (unter cc)
[25] LG Berlin Urt. v. 21.4.2009 – 16 O 729/07 Kart Rn. 53 = BB 2009, 1381; bestätigt durch KG Urt. v. 19.9.2013 – 2 U 8/09 Kart = WuW/E DR-R 4019 ff.
[26] *Meesen,* Schadensersatz bei Verstößen gegen EU-Kartellrecht, 412.
[27] *Lahme,* Durchsetzung des Kartellrechts, 41 ff. mit Zahlenmaterial.
[28] BGH Urt. v. 30.6.1981 – KZR 19/80, WuW/E BGH 1885 = GRUR 1981, 917 – adidas; OLG Koblenz Urt. v. 27.3.1980 – 6 U 121/79, WRP 1980, 435 (436).

Wettbewerbszwecken aufgrund einer aus der Lebenserfahrung gewonnenen tatsächlichen Vermutung unterstellt.[29] Diese tatsächliche Vermutung soll nicht nur identische Verletzungsformen umfassen, sondern sich auf alle im Kern gleichartigen Verletzungshandlungen erstrecken.[30] Im Kern gleichartig soll ein Verhalten sein, das von der Verletzungshandlung nur unbedeutend abweicht und in dem sich insbesondere das Charakteristische der Verletzungshandlung wiederfindet.[31] Der Begriff der „tatsächlichen Vermutung" ist misslich, denn es ist nicht klar, was genau hierunter zu verstehen ist.[32] Der Terminus ist gesetzlich nicht definiert, insbesondere darf die „tatsächliche" Vermutung nicht mit der gesetzlichen Vermutung nach § 292 ZPO verwechselt werden. Die Rechtsprechung versteht unter einer tatsächlichen Vermutung alternativ eine Erleichterung der Beweisführung[33] (Anscheins-[34] oder Indizienbeweis) oder eine Abänderung der gesetzlichen Beweislastverteilung[35] im Einzelfall. Damit bleibt für den Rechtsanwender unsicher, wie die jeweilige „tatsächliche Vermutung" widerlegt werden kann: durch den (Voll)Beweis des Gegenteils (Beweislastumkehr), durch einen qualifizierten Gegenbeweis (Anscheinsbeweis) oder durch einen einfachen Gegenbeweis (Indizienbeweis)? Für den Bereich der vermuteten Wiederholungsgefahr geht die Rechtsprechung offenbar von einer richterlichen Beweislastumkehr aus, denn sie stellt hohe Anforderungen an die Widerlegung der Wiederholungsgefahr durch den Verletzer. Ein – auch qualifiziertes – Zweifelhaftmachen der Wiederholungsgefahr reicht nicht aus – das Gericht muss von dem Wegfall der Wiederholungsgefahr überzeugt sein. Der Verletzer muss Tatsachen vortragen und beweisen können, nach denen jede Wahrscheinlichkeit für eine Wiederaufnahme des unzulässigen Verhaltens beseitigt ist.[36] Daher soll nach ständiger Rechtsprechung in Wettbewerbsprozessen weder der bloße Wegfall der Störung noch die reine Zusage des Verletzers, künftig von Störungen Abstand zu nehmen, ausreichen.[37] Auch das bloße Vorliegen einer Unterlassungsverfügung beseitigt die Wiederholungsgefahr noch nicht. Selbst die Aufgabe jeder Geschäftsbetätigung oder die Auflösung eines Unternehmens nach Ablehnung des Insolvenzantrags mangels Masse soll die Wiederholungsgefahr noch nicht entfallen lassen, zumindest wenn nicht auszuschließen ist, dass der Verletzer denselben oder einen ähnlichen Geschäftsbetrieb wieder aufnimmt.[38] Die Rechtsprechung hat sich – außerhalb der strafbewehrten Unterwerfung (dazu sogleich) – nur in seltenen Einzelfällen vom Wegfall der Wiederholungsgefahr überzeugen lassen. So hat der Bundesgerichtshof in einem Fall die Wiederholungsgefahr verneint, in dem es um eine (damals) unzulässige Preisauszeichnung anlässlich eines Jubiläumsverkaufs zum 75-jährigen Bestehen des Unternehmens ging, da der nächste Jubiläumsverkauf frühestens in 25 Jahren möglich gewesen wäre.[39] Der Bundesgerichtshof stellte insoweit auf die Singularität des Verstoßes ab. In einem anderen Fall erkannte der Bundesgerichtshof keine Wiederholungsgefahr, da sich der Verletzer bei unklarer Rechtslage in einem entschuldbaren Rechtsirrtum befunden habe und eine Wiederholung des Gesetzesverstoßes nach höchstrichterlicher Klärung nicht zu befürchten

---

[29] Speziell zum GWB: BGH Urt. v. 24.9.1979 – KZR 16/78, WuW/E BGH 1629 (1633) mwN – Modellbauartikel II; BGH Urt. v. 7.11.2006 – KZR 2/06, WuW/E DE-R 1951 (1953f.) – Bevorzugung einer Behindertenwerkstatt; Köhler/Bornkamm/*Bornkamm* UWG § 8 Rn. 1.33 mit zahlreichen Nachweisen aus der Rspr. zum Lauterkeitsrecht.
[30] Ahrens/*Achilles* Kap. 1 Rn. 11 mwN.
[31] Köhler/Bornkamm/*Bornkamm* UWG § 8 Rn. 1.37.
[32] Vgl. dazu *Lahme*, Durchsetzung des Kartellrechts, 185, 226f.
[33] Vgl. *Prütting*, Gegenwartsprobleme der Beweislast, 56 mwN insbes. aus der Rspr.
[34] So ausdrücklich bspw. BGH Urt. v. 30.9.1993 – IX ZR 73/93, NJW 1993, 3259.
[35] Vgl. *Prütting*, Gegenwartsprobleme der Beweislast, 53f. mwN insbes. aus der Rspr. sowie *Baumgärtel*, Beweislastpraxis im Privatrecht Rn. 354ff. mwN.
[36] BGH Urt. v. 2.7.1987 – I ZR 167/85; GRUR 1988, 38 (39) – Leichenaufbewahrung; BGH Urt. v. 10.12.1971 – I ZR 65/70, GRUR 1972, 550 (551) – Spezialsalz II mwN.
[37] Köhler/Bornkamm/*Bornkamm* UWG § 8 Rn. 1.39 mwN.
[38] Köhler/Bornkamm/*Bornkamm* UWG § 8 Rn. 1.39 mwN.
[39] BGH Urt. v. 16.1.1992 – I ZR 84/90, GRUR 1992, 318 – Jubiläumsverkauf.

sei.⁴⁰ Zu letzterer Einschätzung trug – neben der vermutlich stillschweigend unterstellten Rechtstreue von Angehörigen des öffentlichen Dienstes – bei, dass die Rechtsverstöße provoziert worden waren und der Dienstherr weitere Verstöße unterbinden werde.⁴¹

Abgesehen von diesen eng begrenzten Ausnahmen lässt sich die Rechtsprechung vom Wegfall der Wiederholungsgefahr nur durch Abgabe einer **strafbewehrten Unterwerfungserklärung** überzeugen.⁴² Hierbei handelt es sich um eine Verpflichtungserklärung des Verletzers, wonach das beanstandete Verhalten zukünftig bei Meidung einer pro Einzelverstoß anfallenden Vertragsstrafe unterlassen werde. Die Vertragsstrafe muss zur Beseitigung der Wiederholungsgefahr so bemessen sein, dass sie dem Schuldner den Anreiz nimmt, unter Inkaufnahme der Vertragsstrafe dem abgegebenen Unterlassungsversprechen zuwider zu handeln. Die konkrete Höhe der Vertragsstrafe unterliegt grundsätzlich der Disposition der Parteien. Berücksichtigung finden regelmäßig Art, Schwere, Ausmaß und Folgen der Zuwiderhandlung, das Verschulden des Verletzers, die Gefährlichkeit des Verstoßes für den Gläubiger, die Person des Schuldners sowie die Größe, Marktstärke und Wettbewerbsfähigkeit seines Unternehmens.⁴³ Bei einer erneuten Zuwiderhandlung kann die neue Wiederholungsgefahr grundsätzlich nur durch das Versprechen einer erheblich höheren Vertragsstrafe beseitigt werden als beim vorangegangenen Verstoß.⁴⁴ Die Bestimmung der Vertragsstrafe kann auch mit oder ohne Obergrenze dem Gläubiger überlassen werden, der nach billigem Ermessen die Höhe festlegen kann (§§ 315, 316 BGB). Im Streitfall über die Billigkeit entscheidet das Gericht nach Maßgabe des § 315 Abs. 3 S. 2 BGB (sog neuer Hamburger Brauch).⁴⁵

26

Der Betroffene muss den ersten Verstoß jedoch nicht abwarten, sondern kann auch **vorbeugend Unterlassung** begehren. Der Gesetzgeber hat diese Selbstverständlichkeit mit § 33 Abs. 1 S. 2 GWB (§ 33a Abs. 2 RegE-GWB) klargestellt. Voraussetzung hierfür ist die sog Erstbegehungsgefahr. Der Betroffene muss Tatsachen vortragen und ggf. auch beweisen, aus denen sich eine ernstzunehmende und greifbare Gefahr eines in naher Zukunft liegenden Kartellrechtsverstoßes ergibt.⁴⁶ Dabei reicht die pure Möglichkeit einer Rechtsverletzung nicht aus; vielmehr müssen die Tatsachen den zuverlässigen Schluss auf eine sich konkret abzeichnende Verletzungshandlung in allen ihren Tatbestandsmerkmalen zulassen.⁴⁷ Eine Erleichterung wie die tatsächliche Vermutung der Wiederholungsgefahr gibt es nicht und wäre auch nicht zu rechtfertigen, denn der Anspruchsgegner hat sich bislang noch nichts zu Schulden kommen lassen. Klassischerweise wird es sich um Vorbereitungshandlungen oder eindeutige Äußerungen (Berühmung) des potentiellen Störers handeln, wobei die reine Rechtsverteidigung richtigerweise nicht als Berühmung verstanden werden darf.⁴⁸ Auch an die Beseitigung einer Erstbegehungsgefahr sind weniger strenge Voraussetzungen zu knüpfen, insbesondere bedarf es keiner strafbewehrten Unterlassungserklärung. Regelmäßig wird ein Verhalten ausreichen, das dem die Erstbegehungsgefahr begründenden Verhalten entgegengesetzt ist (actus contrarius).⁴⁹ Beruht die Erstbegehungsgefahr etwa auf einer Äußerung, ist der Widerruf oder die Erklärung des Unterlassungswillens ausreichend, wenn diese Äußerungen unmissverständlich und ernst gemeint sind.⁵⁰

27

---

⁴⁰ BGH Urt. v. 10.2.1994 – I ZR 16/92, GRUR 1994, 443 – Versicherungsvermittlung im öffentlichen Dienst.
⁴¹ BGH Urt. v. 10.2.1994 – I ZR 16/92, GRUR 1994, 443 (445) – Versicherungsvermittlung im öffentlichen Dienst.
⁴² Köhler/Bornkamm/*Bornkamm* UWG § 8 Rn. 1.38.
⁴³ Ohly/Sosnitza/*Sosnitza* UWG § 12 Rn. 36.
⁴⁴ BGH Urt. v. 7.12.1989 – I ZR 237/87, GRUR 1990, 534 – Abruf-Coupon.
⁴⁵ Ahrens/*Achilles* Kap. 8 Rn. 33 f.
⁴⁶ BGH Urt. v. 18.3.2010 – I ZR 158/07, GRUR 2010, 536 (539) – Modulgerüst II für das Lauterkeitsrecht.
⁴⁷ Ahrens/*Achilles* Kap. 1 Rn. 6.
⁴⁸ Zutreffend Köhler/Bornkamm/*Bornkamm* UWG § 8 Rn. 1.19 mwN.
⁴⁹ Köhler/Bornkamm/*Bornkamm* UWG § 8 Rn. 1.26 mwN.
⁵⁰ BGH Urt. v. 31.5.2001 – I ZR 106/99, GRUR 2001, 1174 (1176) – Berühmungsaufgabe.

28 Für den Beseitigungsanspruch ist eine **gegenwärtige Beeinträchtigung** tatbestandliche Voraussetzung. Der Kartellrechtsverstoß muss sich als fortdauernde Störung negativ auf die Rechtsposition des Betroffenen auswirken, indem dieser etwa fortdauernd unbillig behindert[51] oder diskriminiert wird. Wie bereits angesprochen (→ Rn. 9) soll nach Auffassung des Bundesgerichtshofs bereits die fortdauernde Beeinträchtigung des *Vermögens* des betroffenen Unternehmens ausreichen.[52] Dies soll selbst dann noch geltend, wenn das klagende Unternehmen zwischenzeitlich den Betrieb eingestellt hat.[53] Der Bundesgerichtshof scheint damit von einem sehr weiten Verständnis der gegenwärtigen Beeinträchtigung auszugehen — eine negative Auswirkung auf die Vermögensposition des betroffenen Unternehmens wird sich in nahezu jeder Konstellation begründen lassen. Zumindest diese Form der gegenwärtigen Beeinträchtigung muss jedoch vorliegen — einen vorbeugenden Beseitigungsanspruch gibt es nicht.

29 Sowohl die Begehungsgefahr als auch die gegenwärtige Beeinträchtigung stellen **materielle Anspruchsvoraussetzungen** dar und sind nicht etwa als Rechtsschutzbedürfnis reine Prozessvoraussetzungen der (vorbeugenden) Unterlassungs- oder Beseitigungsklage.[54] Als anspruchsbegründende Voraussetzungen trägt der Anspruchsteller grundsätzlich die Beweislast für ihr Vorliegen; auf die erhebliche Erleichterung durch die tatsächliche Vermutung der Wiederholungsgefahr wurde bereits hingewiesen. Fehlt es an der Begehungsgefahr oder der gegenwärtigen Beeinträchtigung zum Zeitpunkt der letzten mündlichen Verhandlung der letzten Tatsacheninstanz (zu diesem Zeitpunkt → Rn. 36a ff.) kommt es zur Abweisung der Klage als unbegründet mit den daraus folgenden Implikationen für den Umfang der Rechtskraft des Urteils.

4. Keine Tatbestandswirkung nach § 33 Abs. 4 GWB

30 Die Feststellungswirkung kartellbehördlicher Entscheidungen nach § 33 Abs. 4 GWB (§ 33b RegE-GWB) bezieht sich dem Wortlaut nach nur auf Schadensersatzverfahren gemäß § 33 Abs. 3 GWB (§ 33a RegE-GWB). Der Regierungsentwurf zur 9. GWB-Novelle wird dies nicht ändern — auch der neue § 33b RegE-GWB, der § 33 Abs. 4 GWB ersetzt — bezieht sich ausdrücklich nur auf Schadensersatzansprüche. Unterlassungs- und Beseitigungsklagen sind danach ebenso wenig von der Bindungswirkung umfasst wie der Nichtigkeitseinwand bei Klagen, die auf Erfüllung einer Vereinbarung gerichtet sind, deren Kartellrechtswidrigkeit durch eine Kartellbehörde festgestellt wurde. Ob diese Beschränkung gegenüber Unterlassungs- und Beseitigungsklagen von der Rechtsprechung tatsächlich durchgehalten wird, erscheint fraglich. Warum sollte ein Betroffener zunächst den durch das kartellrechtswidrige Verhalten hervorgerufenen Schaden eintreten lassen müssen, um in den Genuss der Erleichterung des § 33 Abs. 4 GWB zu kommen? Gerade weil Unterlassungs- und Beseitigungsansprüche die kleinen Geschwister des Schadensersatzanspruchs sind, vermag dies nicht recht zu überzeugen. Wenn der weitergehende Anspruch erleichtert wird, dann sollte dies erst recht für den beschränkten Anspruch gelten. Praktisch dürfte diese Einschränkung aus folgenden Gründen aber ohnehin nicht sonderlich bedeutsam werden:

31 Zunächst ist gerade im Bereich des Kontrahierungszwangs (Belieferungsansprüche) der Übergang zwischen Schadensersatz- und Unterlassungs-/Beseitigungsansprüchen fließend (→ Rn. 10 ff.). Es kann sich daher aus **anwaltlicher Perspektive** auf Klägerseite durchaus empfehlen, den Belieferungs-/Aufnahmeanspruch als Schadenersatz zu qualifizieren, wenn im Anschluss an eine Behördenentscheidung geklagt wird. Das zusätzliche Verschuldenserfordernis macht regelmäßig keine größeren Probleme und ist zumindest nach Auffassung des Landgerichts Köln auch von der Bindungswirkung

---

[51] Vgl. BGH Urt. v. 6.10.1992 – KZR 10/91, BGHZ 119, 335 (345) = WuW/E BGH 2805 = NJW 1993, 396 – Stromeinspeisung.
[52] BGH Urt. v. 2.7.1996 – KZR 31/95, WuW/E BGH 3074 (3077) – Kraft-Wärme-Kopplung.
[53] BGH Urt. v. 2.7.1996 – KZR 31/95, WuW/E BGH 3074 (3077) – Kraft-Wärme-Kopplung.
[54] BGH Urt. v. 18.3.2010 – I ZR 158/07, GRUR 2010, 536 (539) – Modulgerüst II.

umfasst, jedenfalls soweit die behördliche Entscheidung entsprechende Feststellungen enthält.[55]

Soweit es um Entscheidungen der Kommission geht, lässt sich überdies mit guten Argumenten vertreten, dass die Bindungswirkung unabhängig von § 33 Abs. 4 GWB (§ 33b RegE-GWB) aus den bekannten *Masterfoods*[56] und *Delimitis*[57] Entscheidungen, jedenfalls aber aus Art. 16 VO 1/03 folgt.[58] Nach dieser dürfen mitgliedstaatliche Gerichte keine Entscheidung zu Art. 101, 102 AEUV (ex. Art. 81, 82 EG) erlassen, die entsprechenden Entscheidungen der Kommission zuwiderlaufen. Teilweise wird dem entgegengehalten, dass die Entscheidung eines nationalen Zivilgerichts, die bspw. davon ausgeht, dass der Schadensersatz beanspruchende Kläger den Kartellverstoß darlegen und ggf. beweisen muss, einer vorangegangenen oder bevorstehenden, diesen Verstoß feststellenden Entscheidung der Kommission nicht zuwiderlaufe.[59] Ob diese stark deutsch-dogmatische Argumentation – eine Abweisung aufgrund eines non-liquet besage inhaltlich nichts über die behördlich festgestellte Kartellrechtsverletzung – vor dem zur Auslegung der VO 1/03 berufenen Europäischen Gerichtshof Bestand hätte, erscheint zweifelhaft.

Schließlich betreffen die materiellrechtlichen Verstöße in aller Regel missbräuchliche Verhaltensweisen. Bei diesen ist die Beweisproblematik weniger drängend als bei den verbotenen Absprachen, so dass es der durchaus erheblichen Beweiserleichterung durch die Feststellungswirkung schon nicht bedarf.

5. Keine Verjährungshemmung nach § 33 Abs. 5 GWB

Nach dem Wortlaut des § 33 Abs. 5 GWB (§ 33h Abs. 6 RegE-GWB) ist die Verjährung von Unterlassungs- oder Beseitigungsansprüchen während kartellbehördlicher Verfahren nicht gehemmt („Schadensersatzanspruch nach Absatz 3"). Der Gesetzgeber war insofern konsequent: keine Bindungswirkung nach § 33 Abs. 4 GWB (§ 33b RegE-GWB), keine Verjährungshemmung nach § 33 Abs. 5 GWB (§ 33h Abs. 6 RegE-GWB). Die Nachricht an die Betroffenen ist klar: „Macht Euer Recht selbst und unabhängig von behördlichen Verfahren geltend".

Ob diese Unterscheidung tatsächlich überzeugend ist, erscheint auch für § 33 Abs. 5 GWB (§ 33h Abs. 6 RegE-GWB) zweifelhaft. Allerdings kann ein Anwalt diese Problematik zumindest für den Kontrahierungszwang durch die bereits mehrfach angesprochene Möglichkeit zu entschärfen versuchen, dasselbe Rechtsfolgebegehren als Schadensersatzanspruch zu qualifizieren.

Nach dem Regierungsentwurf zur 9. GWB-Novelle soll sich die Verjährungshemmung nunmehr auch auf Unterlassungs- und Beseitigungsansprüche beziehen, § 33h Abs. 6 RegE-GWB. Zudem wird die Regelverjährung auf 5 Jahre ausgedehnt und beginnt erst zu laufen, nachdem der Kartellverstoß beendet wurde, § 33h Abs. 2 RegE-GWB. Kartellverstöße werden damit als Dauerdelikte behandelt. Gleiches gilt für den Verjährungsbeginn der kenntnisunabhängigen 10jährigen Verjährung, § 33h Abs. 3 RegE-GWB.

6. Relevanter Zeitpunkt

Von großer praktischer und prozesstaktischer Bedeutung ist die Erkenntnis, dass es für die Beurteilung aller in die Zukunft gerichteter Ansprüche auf die **aktuelle und fortwährende** Erfüllung aller tatbestandlichen Voraussetzungen zum Zeitpunkt der letzten mündlichen Verhandlung (der letzten Tatsacheninstanz) ankommt. Entscheidend für den Erfolg dieser Klagen ist damit **nicht** die Sach- und Rechtslage[60] im Moment der Störung/Verlet-

---

[55] LG Köln Teilurt. v. 17.1.2013 – 88 O 5/1 Rn. 152ff.; zurückhaltender OLG München Urt. v. 21.10.2013 – U 5006/11 Kart, WUW/E DE-R 3913 (3915) – Fernsehwerbezeiten (umfasst sei allein die Feststellung des Verstoßes, nicht der weiteren Voraussetzungen eines Schadensersatzanspruchs).
[56] EuGH Urt. v. 14.12.2000 – C-344/98, Slg. 2000, I-11369 = WuW/E DE-R 389 – Masterfoods.
[57] EuGH Urt. v. 28.2.1991 – C-J023/89, Slg. 1991, I-935 (Rn. 45) – Delimitis.
[58] Vgl. dazu *Lahme*, Durchsetzung des Kartellrechts 77ff.
[59] Langen/Bunter/*Bornkamm* GWB § 33 Rn. 166f.
[60] Natürlich vorbehaltlich spezieller intertemporaler Vorschriften.

§ 27   3. Teil 2. Abschnitt Kartellzivilprozesse im deutschen Recht

zungshandlung oder der Klageerhebung, sondern einzig der Zeitpunkt der letzten mündlichen Verhandlung (für Tatsachen: der letzten Tatsacheninstanz).

37 So führte der Bundesgerichtshof in einem Schilderprägerfall, in dem das klagende Unternehmen der Schilderprägerbranche von der beklagten Stadt die Anbringung eines Werbungsschildes in der Zulassungsstelle begehrte, zum anwendbaren Recht aus:[61]

38 „Für die Beurteilung des in die Zukunft gerichteten Begehrens der Kl. ist auf das zum Zeitpunkt der Entscheidung geltende Recht abzustellen. Soweit sich durch die am 1.7.2005 in Kraft getretene 7. GWB-Novelle Änderungen ergeben haben, ist daher das neue Recht anzuwenden (BGH, Urt. v. 14.3.2000 – KZR 15/98, WuW/E DE-R 487 (489) – Zahnersatz aus Manila; Urt. v. 13.7.2004 – KZR 10/03, WuW/E DE-R 1335 (1338) – CITROËN. **Im Streitfall bedeutet dies, dass für die Begründung des geltend gemachten zivilrechtlichen Anspruchs § 33 GWB nF heranzuziehen ist.**" (Fettdruck diesseits).

39 Anderes gilt bei vergangenheitsbezogenen Ansprüchen wie gewöhnlichen Schadensersatzansprüchen (nichts indes für den Kontrahierungszwang, siehe dazu sogleich). In dem Grundsatzurteil ORWI ging es um einen Schadensersatzanspruch eines (indirekten) Abnehmers gegen ein Kartellmitglied (lt. Kommissionsentscheidung). Der Bundesgerichtshof führte zum anwendbaren Recht aus:

40 „Für den Schadensersatzanspruch ist das im Belieferungszeitraum Februar 1994 bis Februar 1996 geltende Recht maßgeblich (vgl. BGH, NJW-RR 2005, 684 = GRUR 2005, 442 = WRP 2005, 474 – Direkt ab Werk; NJW-RR 2010, 915 = GRUR 2010, 248 = WRP 2010, 370 Rn. 15 – Kamerakauf im Internet). Danach kommt als Anspruchsgrundlage für eine Schadensersatzanspruch wegen Verstoßes gegen das seinerzeit in Art. 85 EGV (jetzt Art. 101 AEUV) geregelte unionsrechtliche Kartellverbot § 823 II BGB in Betracht. Die durch das Siebente Gesetz zur Änderung des Gesetzes gegen Wettbewerbsbeschränkungen v. 7.7.2005 (BGBl.I, 1954) **neu gefasste Vorschrift des § 33 GWB, die nunmehr auch Verstöße gegen das unionsrechtliche Kartellverbot erfasst, ist auf den Streitfall mangels einer entsprechenden Übergangsvorschrift nicht anwendbar** (vgl. Immenga/Mestmäcker/*Fuchs* GWB § 131 Rn. 15 f.)." (Fettdruck diesseits).

41 Praktisch noch wichtiger ist, dass alle tatbestandlichen Voraussetzungen von Unterlassungs- und Beseitigungsansprüchen anhand der tatsächlichen Lage zum Zeitpunkt der letzten mündlichen Verhandlung des letzten Tatsachengerichts (typischerweise OLG) geprüft werden. Ein zunächst tatbestandlich erfüllter Anspruch kann damit während der Rechtshängigkeit ohne weiteres entfallen mit den daraus folgenden prozessualen Implikationen. Darin liegt ein entscheidender Unterschied zu vergangenheitsbezogenen Ansprüchen wie gewöhnlichen Schadensersatzansprüchen (nicht indes als Kontrahierungszwang, siehe sogleich), die nach Erfüllung aller tatbestandlichen Voraussetzungen bspw. im Moment der Verletzungshandlung nicht wieder ohne weiteres entfallen können.

42 So muss für den Unterlassungsanspruch zum Zeitpunkt der letzten mündlichen Verhandlung der letzten Tatsacheninstanz (ua) eine Erstbegehungs- oder Wiederholungsgefahr vorliegen;[62] für den Beseitigungsanspruch muss die gegenwärtige Beeinträchtigung andauern. Beseitigt der Beklagte die Erstbegehungsgefahr durch einen entsprechenden actus contrarius oder die Wiederholungsgefahr durch Abgabe einer strafbewehrten Unterwerfungserklärung, so wird die (vorbeugende) Unterlassungsklage als unbegründet abgewiesen. Gleiches gilt für die Beseitigungsklage: Entfällt der Störungszustand, erlischt die Beseitigungsklage und die Klage wird ebenfalls als unbegründet abgewiesen.[63]

43 Um in einer solchen Konstellation einem abweisenden Urteil mit den verbundenen Kostennachteilen zu entgehen, sollte der Kläger den Rechtsstreit für **erledigt erklären**. Schließt sich der Beklagte der Erledigung an, wird das Gericht dem Beklagten (sofern die

---

[61] BGH Urt. v. 8.11.2005 – KZR 21/04, GRUR 2006, 608 Rn. 10 – Hinweis auf konkurrierende Schilderpräger.
[62] Vgl. nur Köhler/Bornkamm/*Bornkamm* UWG § 8 Rn. 1.11 mwN.
[63] BGH Urt. v. 4.2.1993 – I ZR 319/90, NJW 1993, 1991 (1992).

Klage ursprünglich auch im übrigen zulässig und begründet war) nach § 91a ZPO die Kosten auferlegen. Verweigert der Beklagte die Zustimmung, wird ein Feststellungsurteil ergehen, wonach sich der Rechtsstreit in der Hauptsache erledigt hat und der Beklagte die Kosten des Verfahrens zu tragen hat. Ist die Erledigung nach Anhängigkeit, aber noch vor Rechtshängigkeit eingetreten, sind vorstehende Wege versperrt. Der Kläger sollte die Klage dann schnellstmöglich (vor der mündlichen Verhandlung – danach Zustimmungserfordernis des Beklagten) unter Berufung auf § 269 Abs. 3 S. 2 ZPO zurücknehmen.

Die vorstehenden Grundsätze wendet die Rechtsprechung auch auf den als Schadensersatz verstandenen kartellrechtlichen Kontrahierungszwang an.[64] Auch danach kommt es entscheidend darauf an, ob zum Zeitpunkt der letzten mündlichen Verhandlung (der letzten Tatsacheninstanz) die Voraussetzungen für einen kartellrechtlichen Kontrahierungszwang vorlagen. Ob die Voraussetzungen im Moment der Belieferungsverweigerung oder der Aufnahmeverweigerung vorlagen, ist hingegen nicht entscheidend und wird nur im Rahmen einer etwaigen Erledigung geprüft. Daraus folgt aus der Perspektive des Beklagten die Möglichkeit, auf den Verlauf einer Kontrahierungsklage **Einfluss zu nehmen.** Die Rechtsprechung prüft bei der Verweigerung des Abschlusses eines Vertrages durch ein (zumindest) marktstarkes Unternehmen regelmäßig das Bestehen und die konkrete Anwendung eines Kriterienkatalogs. So stellt die Rechtsprechung für die Zulassung zu Messen, Ausstellungen und Märkten beispielsweise darauf ab, ob objektive und nachvollziehbare Zulassungskriterien aufgestellt und willkürfrei gehandhabt wurden.[65] Dieser Maßstab entspricht im Wesentlichen demjenigen, der für qualitativ selektierende Vertriebssysteme gilt. Die qualitative Selektion ist dadurch gekennzeichnet, dass nur all diejenigen Abnehmer beliefert werden, die bestimmte Qualifikationen erfüllen. Sind die Qualifikationsanforderungen sachgerecht und angemessen, so steht § 20 Abs. 1 GWB einem solchen Absatzsystem nicht im Wege, vorausgesetzt, es wird seinerseits nicht diskriminierend angewandt.[66]

> **Praxistipp:**
> Der durch einen Außenseiter auf einen kartellrechtlichen Kontrahierungszwang in Anspruch genommene Beklagte sollte die eigenen Kriterien anhand dieser Maßgaben prüfen und ggf. vor der letzten mündlichen Verhandlung nachsteuern. Dazu kann die Erstellung eines neuen Kriterienkatalogs oder aber die konsequente Anwendung des bestehenden Katalogs gehören.

Das Oberlandesgericht Düsseldorf hat sich unlängst im Zusammenhang mit einem Aufnahmeanspruch nach § 20 Abs. 6 GWB einer solchen Vorgehensweise gewidmet und klargestellt, dass diese auch dann nicht zu beanstanden sei, wenn sie sich gezielt gegen den Aufnahmepetenten richte.[67] Der erste Leitsatz lautet:

„Wird gem. §§ 33 Abs. 1 und Abs. 3, 20 Abs. 6 GWB ein kartellgesetzlicher Anspruch auf Aufnahme in eine Wirtschaftsvereinigung geltend gemacht, kommt es für die rechtliche Beurteilung auf die Sach- und Rechtslage bei Schluss der mündlichen Verhandlung an, so dass es keine Rolle spielt, wenn die Wirtschaftsvereinigung nach der Stellung des Aufnahmeantrags die Aufnahmekriterien so geändert hat, dass sie sich nun gegen den Aufnahmebewerber richten."

---

[64] BGH Urt. v. 24.9.1979 – KZR 20/78, WuW/E BGH 1629 (1633) mwN – Modellbauartikel II; BGH Urt. v. 8.5.1979 – KZR 13/78, NJW 1979, 2515 (2516 f.) – Modellbauartikel I; Immenga/Mestmäcker/*Bornkamm* GWB § 33 Rn. 94.
[65] OLG Hamburg Urt. v. 11.4.1996 – 3 U 120/95, WuW/E OLG 5703 – fachdental nord; OLG Hamburg Urt. v. 6.8.1998 – 3 U 203/97, WuW/E DE-R 213 (214) – Dentalmesse; OLG Frankfurt Beschl. v. 17.3.1992 – 6 W (Kart) 31/92, WuW/E OLG 5027 (5030) – Art Frankfurt 1992; FK/*Rixen* § 20 Rn. 222 mwN.
[66] Loewenheim/Meessen/Riesenkampff/*Loewenheim* GWB § 20 Rn. 96; Langen/Bunte/*Nothdurft* GWB § 20 Rn. 167 mit jeweils weiteren Nachweisen aus nationaler und europäischer Rechtsprechung.
[67] OLG Düsseldorf Urt. v. 23.1.2013 – VI-U (Kart) 5/12, WuW/E DE-R 3841 – Haustechnik-Großhändler.

48 Das Oberlandesgericht stellt zutreffend klar, dass es allein auf die Aufnahmekriterien aus der zum Zeitpunkt der letzten mündlichen Verhandlung in Kraft befindlichen Satzung ankomme und dass eine gegen den Aufnahmepetenten gerichtete Modifikation der Aufnahmebedingungen zulässig sei:[68]

49 „66. Zutreffend hat das LG angenommen, dass das Aufnahmebegehren der Klägerin an den Aufnahmekriterien der aktuellen Satzung des Beklagten und nicht an den Satzungsbestimmungen zu messen ist, die bei Anbringung des Aufnahmegesuchs im Jahre 2008 oder im Zeitpunkt der Ablehnung des Aufnahmegesuchs durch den Vorstand des Beklagten im Dezember 2009 in Kraft waren. Denn zur gerichtlichen Prüfung steht nicht, ob das ursprüngliche Aufnahmegesuch der Klägerin begründet gewesen ist. Ebenso wenig ist über die Rechtmäßigkeit der Ablehnungsentscheidung des Beklagten aus Dezember 2009 zu befinden. Zur Beurteilung steht alleine die Frage, ob die Voraussetzungen des eingeklagten (kartell-)gesetzlichen Aufnahmeanspruchs aus §§ 33 Abs. 1 und 3, 20 Abs. 6 GWB vorliegen. Für die Beantwortung dieser Frage kann es nur auf die Sach- und Rechtslage im Zeitpunkt der gerichtlichen Entsch. – vorliegend also auf die Satzungslage bei Schluss der mündlichen Verhandlung vor dem Senat – ankommen.

67. Dass der Beklagte den Aufnahmeantrag der Klägerin zum Anlass für die Satzungsänderung genommen hat und sich die geänderten Aufnahmekriterien auch (und gerade) gegen die von der Klägerin begehrte Aufnahme richten, spielt in diesem Zusammenhang keine Rolle (Nachweis). Der Beklagte kann im Rahmen seiner durch Art. 9 Abs. 1 GG verfassungsrechtlich garantierten Satzungsautonomie grundsätzlich den Zweck seiner Vereinigung, den eigenen Tätigkeitsrahmen und die dadurch bedingten Aufnahmevoraussetzungen eigenverantwortlich bestimmen (Nachweis). Es besteht kein Grund, diese Satzungsautonomie einzuschränken und es einer Wirtschaftsvereinigung zu verwehren, ihre Statuten während eines laufenden Aufnahmeverfahrens in zulässiger Weise zu ändern. Der Aufnahmeinteressent besitzt deshalb auch kein berechtigtes und schutzwürdiges Vertrauen, dass die Satzungslage bis zum Abschluss seines Aufnahmeverfahrens unverändert bleibt und sie nicht in einem zulässigen Umfang zu seinem Nachteil verändert wird."

50 Das Oberlandesgericht Düsseldorf hat damit offenbar seine vormals vertretene gegenteilige Auffassung aufgeben, wonach eine spätere Satzungsänderung nichts mehr an dem bereits entstandenen und auf Aufnahme gerichteten Schadensersatzanspruch ändern könne.[69] Diese Abkehr ist zu begrüßen, denn das alte Urteil verkennt die Zukunftsbezogenheit des Aufnahmeanspruchs.

51 Auch nach der letzten mündlichen Verhandlung der letzten Tatsacheninstanz können sich selbstverständlich noch tatsächliche Änderungen ergeben/bewirkt werden. Diese werden im laufenden Verfahren nicht mehr berücksichtigt, können bei Verurteilung jedoch zu einer Abänderungsklage nach § 323 ZPO oder einer Vollstreckungsgegenklage nach § 767 ZPO berechtigen.

52 Praxistipp:
Für den Beklagten einer Belieferungs-/Aufnahmeklage – gleich aus welchem Rechtsgrund – empfiehlt es sich, eine möglichst weitgehende Beschränkung der Rechtskraft durch einen entsprechenden (ggf. hilfsweisen) Abweisungsantrag zu erwirken. Denn so wird die Verteidigung gegen eine künftige Inanspruchnahme bei geänderter Sachlage erleichtert.

53 Beispiel:
Kläger begehrte von einem marktbeherrschenden Markenartikler, der seine Produkte über ein (qualitativ) selektives Vertriebssystem vertreibt, per Feststellungsantrag Belieferung. Er meint, die quantitativen Selektionskriterien, die der Markenartikler in seinem Kriterienkatalog v. 10.12.2013 festgelegt hat, ebenfalls zu erfüllen.

---

[68] OLG Düsseldorf Urt. v. 23.1.2013 – VI-U (Kart) 5/12, WuW/E DE-R 3841 (3844) Rn. 66f. – Haustechnik-Großhändler.
[69] OLG Düsseldorf Urt. v. 25.7.1989 – U (Kart) 16/88, WuW/E OLG 4698 – Gütegemeinschaft Kachelöfen.

Kläger beantragt,
- festzustellen, dass der Beklagte verpflichtet ist, den Kläger entsprechend seinen Bestellungen mit den Erzeugnissen [...] zu den marktüblichen Konditionen zu beliefern.

Beklagter tritt dem entgegen und beantragt,
1. die Klage abzuweisen,
2. hilfsweise eine Belieferungspflicht nur auf Basis des Kriterienkatalogs v. 10.12.2013 zuzusprechen.

Gibt das Gericht in diesem Fall der Klage unter der Einschränkung des hilfsweisen Antrags zu 2 statt, so ist die materielle Rechtskraft (§ 322 ZPO) des Feststellungsurteils von vornherein beschränkt. Die Reichweite der Bindungswirkung eines Feststellungsurteils ist nämlich in erster Linie dem Tenor zu entnehmen.[70] Würde in einem solchen Fall der Beklagte einen neuen Kriterienkatalog aufstellen, dessen (qualitative) Kriterien der Kläger nicht erfüllt, könnte er relativ gefahrlos die weitere Belieferung des Klägers einstellen. Sollte der Kläger daraufhin in einem Leistungsprozess die Erfüllung der festgestellten Pflicht anstrengen, so wäre die Bindungswirkung der materiellen Rechtskraft des Feststellungsurteils auf den alten Kriterienkatalog beschränkt. Der Kläger würde den Leistungsprozess verlieren. Ein Bedürfnis für § 323 ZPO dürfte in einem solchen Fall nicht bestehen.

Vorstehendes gilt in gleicher Weise für einen etwaigen Leistungsantrag oder Unterlassungsantrag (va im Verfügungsverfahren). Auch hier sollte zumindest eine Beschränkung des Belieferungstenors auf die zum Zeitpunkt der letzten mündlichen Verhandlung gültigen Aufnahmekriterien angestrebt werden, um den Boden für eine spätere Vollstreckungsgegenklage bei veränderten Bedingungen zu bereiten.

III. Passivlegitimation

Wie jede Klage müssen sich auch Unterlassungs- und Beseitigungsklagen gegen den oder die richtigen Beklagten richten. Im Gegensatz zu kartellrechtlichen Schadensersatzklagen, die sich als deliktische Ansprüche gegen den oder die Täter (§§ 830, 840 BGB) richten, sind *Störer* die Schuldner von Unterlassungs- und Beseitigungsansprüchen. Inhaltlich ergeben sich daraus für den kartelldeliktischen Bereich keine größeren Verwerfungen.

Die maßgeblichen Verbotsnormen des GWB und des AEUV sind an Unternehmen gerichtet, so dass diese (genau: die Träger der Unternehmen) zunächst die richtigen Anspruchsgegner sind. In dem für die Unterlassungs- und Beseitigungsansprüche besonders wichtigen Bereich des Marktmachtmissbrauchs müssen diese Unternehmen überdies eine besondere Marktstellung aufweisen, um überhaupt in den Fokus der Normen zu geraten.

Bei den Unternehmensträgern wird es sich in der Praxis regelmäßig um Handelsgesellschaften oder juristische Personen handeln. Diese können die für eine deliktsrechtliche Haftung erforderliche Handlung einer natürlichen Person ersichtlich nicht selbst vornehmen. Ihnen wird daher das Verhalten von Organen nach § 31 BGB (analog) zugerechnet.[71]

Ob auch das Organ unmittelbar selbst im Außenverhältnis haftet, ist soweit ersichtlich noch nicht Gegenstand einer gerichtlichen Entscheidung gewesen. In der Literatur wird diese Frage kontrovers diskutiert. Teilweise wird eine Dritthaftung generell abgelehnt,[72] teilweise wird sie unter Bezugnahme auf die Rechtsprechung zur lauterkeitsrechtlichen Störerhaftung nur für Unterlassungs- und Beseitigungsansprüche angenommen,[73] wieder andere möchten die Dritthaftung auch für Schadensersatzansprüche[74] zulassen.

---

[70] St. Rspr., vgl. nur BGH Urt.v. 14.2.2008 – I ZR 135/05, NJW 2008, 2716 mwN.
[71] Langen/Bunte/*Bornkamm* GWB § 33 Rn. 106.
[72] *Kling/Thomas* § 21 Rn. 52.
[73] Wiedemann/*Topel* HdB KartellR § 50 Rn. 78.
[74] Loewenheim/Meessen/Riesenkampff/*Rehbinder* GWB § 33 Rn. 34; Immenga/Mestmäcker/*Emmerich* GWB § 33 Rn. 31. Widersprüchlich Langen/Bunte/*Bornkamm* GWB § 33 einerseits Rn. 67: zumindest für § 1 GWB/Art. 101 AEUV, andererseits Rn. 106.

60 Besonders sorgfältig ist die Frage der Passivlegitimation bei Klagen zu prüfen, die auf Aufnahme in Vermarktungsgemeinschaften, Messen, Verbände, Vereinigungen oder ähnliches gerichtet sind (Fälle des Kontrahierungszwangs). Hier muss zunächst gesellschaftsrechtlich geprüft werden, wer die gewünschte Aufnahme bewirken kann. Für die wichtigsten Gesellschaftsformen gilt:

61 Ist die Aufnahme in eine Gesellschaft bürgerlichen Rechts (GbR) erwünscht, ist die Klage gegen alle Gesellschafter und nicht nur etwa gegen die (rechtsfähige) GbR zu richten. Denn die Aufnahme eines neuen Gesellschafters erfolgt bei der GbR grundsätzlich durch Änderung des bisherigen Gesellschaftsvertrags bzw. durch Abschluss eines neuen Vertrages, woran **alle** bisherigen Gesellschafter mitzuwirken haben. Die Aufnahme eines neuen Gesellschafters hat Auswirkungen auf die Mitgliedschaftsrechte aller bisherigen Gesellschafter, weswegen alle zustimmen müssen.[75] Ein einzelner Gesellschafter oder die GbR selbst verfügen mit anderen Worten allein nicht über die Rechtsmacht, die begehrten Rechtsfolgen herbeizuführen. Sie sind allein nicht passivlegitimiert.

62 Geht es um die Aufnahme in einen Verein – auch Verbände sind regelmäßig Vereine – erfolgt die Aufnahme durch einen Vertrag zwischen dem Verein und dem Beitretenden.[76] Passivlegitimiert ist damit der Verein selbst. Gleiches gilt für die ebenfalls körperschaftlich organisierte Genossenschaft. Gemäß § 15 Abs. 1 GenG wird die Mitgliedschaft durch eine unbedingte und schriftliche Beitrittserklärung und eine Zulassungserklärung der Genossenschaft begründet.[77] Daraus folgt die Passivlegitimation der Genossenschaft.

C. Prozessuale Besonderheiten von Unterlassungs- und Beseitigungsansprüchen

I. Außergerichtliches Vorgehen – vor allem Abmahnung vor Unterlassungsklage

63 Der Gläubiger eines kartellrechtlichen Unterlassungsanspruchs ist gut beraten, den Schuldner vor Klageerhebung oder Einleitung des einstweiligen Rechtsschutzes abzumahnen. Eine Abmahnung ist die an den Schuldner gerichtete Aufforderung, eine bestimmte Zuwiderhandlung zu unterlassen und binnen einer bestimmten Frist eine entsprechende strafbewehrte Unterwerfungserklärung abzugeben. Zumeist wird die Abmahnung mit einem konkreten Angebot auf Abschluss eines strafbewehrten Unterwerfungsvertrages verbunden. Eine Abmahnung empfiehlt sich auch vor Geltendmachung eines vorbeugenden Unterlassungsanspruchs. Gerade dieser Schuldner kann erwarten, vor gerichtlichen Schritten auf die Rechtswidrigkeit seiner Pläne hingewiesen zu werden. Eine solche Abmahnung darf allerdings keine strafbewehrte Unterwerfung verlangen, da bereits ein einfacher actus contrarius die Erstbegehungsgefahr entfallen lässt (→ Rn. 27).

64 Mit einer Abmahnung erfüllt der Gläubiger eine Obliegenheit gegenüber sich selbst.[78] Sie ist zwar keine Prozessvoraussetzung, deren Nichtvorliegen die Klage oder den Antrag auf Erlass einer einstweiligen Verfügung unzulässig machen würde. Der Kläger läuft jedoch Gefahr, dass der Beklagte den Unterlassungsanspruch sofort anerkennt. Der Kläger erhält dann zwar den begehrten Unterlassungstitel; er wird aber regelmäßig die Kosten des Rechtsstreits nach § 93 ZPO zu tragen müssen. Denn der nicht abgemahnte Schuldner, der den Unterlassungsanspruch sofort anerkennt, hat regelmäßig noch keine Veranlassung zur Erhebung der Klage gegeben. Im Verfügungsverfahren entspricht es dem sofortigen Anerkenntnis, wenn der Schuldner den Widerspruch auf die Kosten beschränkt und damit zum Ausdruck bringt, dass er die Entscheidung in der Sache akzeptiert.[79] Ein abgemahnter Unterlassungsschuldner, der die strafbewehrte Unterwerfungserklärung verweigert, hat mit seinem Verhalten hingegen zur Erhebung der Klage Veranlassung gegeben,

---

[75] MüKOBGB/*Schäfer* 6. Aufl. 2013 § 709 Rn. 91.
[76] Palandt/*Ellenberger* 73. Aufl. 2014 § 38 Rn. 4; BGH Urt. v. 29.6.198 – II ZR 295/86, NJW 1987, 2503.
[77] *Pöhlmann/Fandrich/Bloehs* GenG § 15 Rn. 14.
[78] Köhler/Bornkamm/*Bornkamm* UWG § 12 Rn. 1.7 mwN.
[79] Köhler/Bornkamm/*Bornkamm* UWG § 12 Rn. 1.9 mwN.

so dass er sich nicht auf § 93 ZPO berufen kann. Auch der Widerspruch gegen die Kosten im einstweiligen Verfügungsverfahren bliebe erfolglos.

Das Institut der Abmahnung und Unterwerfungserklärung ist richterrechtlich vor allem **65** im Bereich des Lauterkeitsrechts entwickelt worden. Inzwischen ist mit § 12 Abs. 1 UWG eine gesetzliche Regelung für das Lauterkeitsrecht geschaffen worden. Für die Voraussetzungen einer wirksamen Abmahnung kann auf die umfangreiche Literatur hierzu verwiesen werden.[80] Lediglich die wichtigsten Punkte sollen in aller Kürze angesprochen werden:

- Die Aktiv- und Passivlegitimation für die Abmahnung folgt dem materiellen Unterlassungsanspruch. Der Abmahnende muss seine Sachbefugnis darlegen, das beanstandete Verhalten konkret benennen und den Schuldner unter Androhung gerichtlicher Schritte binnen einer angemessenen Frist zur Abgabe einer (strafbewehrten) Unterlassungserklärung auffordern.
- Angemessen ist regelmäßig eine Frist von etwa einer Woche bis zu 10 Tagen nach Zugang der Abmahnung. Bei besonderer Eilbedürftigkeit oder bei besonderer Komplexität kann die Frist entsprechend angepasst werden. Eine zu kurze Frist setzt eine angemessene Frist in Lauf; die Abmahnung bleibt wirksam.
- Die Abmahnung unterliegt keinem Formzwang und muss keine Beweismittel angeben. Sehr umstritten ist, ob die Abmahnung durch einen Bevollmächtigten (insbesondere Rechtsanwalt) unter Berufung auf § 174 BGB unverzüglich zurückgewiesen werden darf, wenn ihr keine Vollmachtsurkunde im Original beigefügt ist. Die neuere Rechtsprechung hält dies überwiegend für zulässig.[81]
- Die Abmahnung ist geschäftsähnliche Handlung und muss zugehen. Lange war umstritten, wer den Beweis des Zugangs zu führen hat. Der Bundesgerichtshof hat in einer Grundsatzentscheidung klargestellt, dass der Abgemahnte grundsätzlich die Beweislast für den Zugang trage, die Schwierigkeiten des Beweises einer negativen Tatsache (der Nichtzugang) indes durch eine sekundäre Darlegungslast des Klägers zu den tatsächlichen Umständen des Versands gemildert werden.[82] In der Praxis ist regelmäßig die Abmahnung – zumindest auch – per Telefax zu empfehlen.
- Eine Abmahnung vor Unterlassungsklagen ist nur in seltenen Ausnahmefällen entbehrlich, so etwa, wenn sie dem Gläubiger nicht zumutbar ist oder abzusehen ist, dass sie keinen Erfolg haben werde.

Die Kosten der berechtigten Abmahnung sind vom Abgemahnten zu tragen. Für das Lau- **66** terkeitsrecht bestimmt dies ausdrücklich § 12 Abs. 1 S. 2 UWG. Eine analoge Anwendung auf die kartellrechtliche Abmahnung erscheint gut vertretbar.[83] Bislang spricht die Rechtsprechung die Abmahnkosten in kartellrechtlichen Fällen indes weiter nach den Grundsätzen der Geschäftsführung ohne Auftrag aus §§ 677, 683, 670 BGB zu.[84] Die durch eine Verletzungshandlung veranlasste Abmahnung diene nämlich im Regelfall dem wohlverstandenen Interesse beider Parteien, da sie das Streitverhältnis auf einfache, kostengünstige Weise vorprozessual beenden und einen Rechtsstreit vermeiden solle.[85] Danach kann der Abmahnende den Betrag verlangen, den er zur zweckentsprechenden Rechtsverfolgung den Umständen nach für erforderlich halten durfte. Die Verjährung des Anspruchs richtet sich nach der desjenigen Anspruchs, dessen Einhaltung/Erfüllung abgemahnt wurde.[86] es sich bei kartellrechtlichen Sachverhalten regelmäßig um schwierige

---

[80] Köhler/Bornkamm/*Bornkamm* UWG § 12 Rn. 1.3 ff.; *Ahrens* Wettbewerbsprozess Kap. 1–13.
[81] Köhler/Bornkamm/*Bornkamm* UWG § 12 Rn. 1.25 mit zahlreichen Nachweisen.
[82] BGH Beschl. v. 21.12.2006 – I ZB 17/06, GRUR 2007, 629 – Zugang des Abmahnschreibens.
[83] Dafür Köhler/Bornkamm/*Bornkamm* UWG § 812 Rn. 1.79.
[84] OLG Schleswig Urt. v. 5.6.2014 – 16 U Kart 154/13 Rn. 93 = WuW/E DE-R 4293 ff.; LG Kiel Urt. v. 8.11.2013 – 14 O 44/13 Kart Rn. 35; KG Urt. v. 19.9.2013 – 2 U 8/09 Kart Rn. 95 = WuW/E DR-R 4019 ff.; LG Berlin Urt. v. 21.4.2009 – 16 O 729/07 Kart Rn. 53 = BB 2009, 1381.
[85] KG Berlin Urt. v. 19.9.2013 – 2 U 8/09 Kart Rn. 96 = WuW/E DR-R 4019 ff.
[86] LG Kiel Urt. v. 8.11.2013 – 14 O 44/13 Kart Rn. 36.

Fälle handelt, ist eine Erhöhung der Geschäftsgebühr über 1,3 Gebühren (vgl. RVG-VV Nr. 2300) vertretbar. Das Landgericht Berlin hat in einem kartellrechtlichen Sachverhalt eine 1,5 Gebühr[87] für angemessen erachtet, das Kammergericht hat auf die Berufung hin auf 2,0 Gebühren erkannt.[88]

67 Eine Abmahnung vor Geltendmachung eines Beseitigungsanspruchs oder eines als Schadensersatzanspruch verstandenen Kontrahierungszwanges ist nicht erforderlich. Allerdings besteht auch in diesen Konstellationen die Gefahr des § 93 ZPO, weswegen zumindest ein vorheriges Anspruchsschreiben zu empfehlen ist. Für den Kontrahierungszwang empfiehlt sich im Zweifel sogar eine Abmahnung, da im Vorfeld unklar sein kann, welche Rechtsnatur das berufene Gericht dem Anspruch zubilligen wird.

II. Zuständigkeit

68 Die erste prozessuale Frage, die sich sowohl die klagende als auch die beklagte Partei einer Unterlassungs-/Beseitigungsklage regelmäßig stellen wird, ist die Frage nach der Zuständigkeit des angerufenen Gerichts. Diese Frage hat mehrere Dimensionen: Handelt es sich um den richtigen Rechtsweg, ist das Gericht sachlich/funktional sowie örtlich/international zuständig? Diese Fragen wurden für den zivilen Kartellprozess an anderer Stelle bereits ausführlich beleuchtet (→ § 26 Rn. 528 ff., § 31). Nachfolgend werden nur die Besonderheiten für die Unterlassungs-/Beseitigungsklage beleuchtet.

1. Richtiger Rechtsweg

69 Die Wahl des richtigen Rechtsweges ist eine im Hauptsache- und Verfügungsverfahren von Amts wegen zu prüfende Sachurteilsvoraussetzung. Eine bürgerliche Rechtsstreitigkeit liegt nach st. Rspr. vor, wenn sich das Klagebegehren als Folge eines Sachverhalts darstellt, der nach bürgerlichem Recht zu beurteilen ist.[89] Dies gilt auch dann, wenn die Klage gegen einen Hoheitsträger gerichtet ist.[90] Seit der Einführung des § 17a GVG hat diese Frage indes an Schrecken verloren, da die Wahl des falschen Rechtsweges nicht mehr zur Abweisung der Klage als unzulässig, sondern nur zur Verweisung des Rechtsstreits an das zuständige Gericht führt. Die Verweisung ändert nichts an der durch die Klage vor dem „falschen" Gericht begründeten Rechtshängigkeit (§ 17b Abs. 1 S. 2 GVG), so dass insbesondere die Verjährung gehemmt bleibt (§ 204 Abs. 1 Nr. 1 BGB). Allerdings muss der Kläger die durch Klage vor dem Gericht des falschen Rechtsweges entstandenen Mehrkosten tragen, § 17b Abs. 2 GVG.

70 Gerade für Unterlassungsansprüche[91] war das Verhältnis der ordentlichen Gerichtsbarkeit zur Sozialgerichtsbarkeit bei Kartellrechtsverstößen der gesetzlichen Krankenkassen lange Zeit umstritten:[92] Der Bundesgerichtshof trat für die ordentliche Gerichtsbarkeit ein, das Bundessozialgericht sah sich selbst als zuständig an. Der gemeinsame Senat der obersten Gerichtshöfe des Bundes stimmte dem Bundesgerichtshof zu, der Gesetzgeber änderte daraufhin zunächst § 51 Abs. 2 SGG und führte sodann § 87 S. 3 GWB (aF) ein, der diese Rechtsstreitigkeiten positiv der Sozialgerichtsbarkeit unterstellte. Seit 2010 ist diese heimliche „Bereichsausnahme"[93] wieder gestrichen worden. Damit sind (Unterlassungs-)Streitigkeiten zwischen gesetzlichen Krankenkassen und privaten Leistungserbringern wieder Kartell-Zivilprozesse.

---

[87] Vgl. LG Berlin Urt. v. 21.4.2009 – 16 O 729/07 Kart Rn. 53 = BB 2009, 1381.
[88] KG Urt. v. 19.9.2013 – 2 U 8/09 Kart Rn. 96 = WuW/E DR-R 4019 ff.
[89] BGH Urt. v. 10.4.1986 – 1 StR 241/85, BGHZ 97 (312); Gms-OG Beschl. v. 10.4.1986 – GmsOGB 1/85, BGHZ 97, 312–317 = NJW 1986, 2359; Immenga/Mestmäcker/*Schmidt* GWB § 87 Rn. 4 mwN.
[90] Immenga/Mestmäcker/*Schmidt* GWB § 87 Rn. 5.
[91] Vgl. bspw. BGH Beschl. v. 11.12.2001 – KZB 12/01, GRUR 2002, 464.
[92] Vgl. hierzu Immenga/Mestmäcker/*Schmidt* GWB § 87 Rn. 7 ff.
[93] Ahrens/*Bornkamm* Kap. 15 Rn. 32.

2. Sachliche und funktionale Zuständigkeit

Zur sachlichen Zuständigkeit gibt es für kartellrechtliche Unterlassungs- und Beseitigungsklagen keine Besonderheiten. Es gilt unabhängig vom Streitwert die ausschließliche erstinstanzliche Zuständigkeit der Landgerichte, wobei viele Bundesländer von der Konzentrationsermächtigung des § 89 GWB Gebrauch gemacht haben und per Landesverordnung ein Kartell-Landgericht für mehrere Gerichtsbezirke benannt haben (§ 26 Rn. 554). **71**

Für kartellrechtliche Kontrahierungsklagen ist seit der 8. GWB-Novelle darauf zu achten, dass sie *nicht* vor einer Kammer für Handelssachen verhandelt werden. Zwar handelt es sich bei zivilrechtlichen Kartellrechtsstreitigkeiten nach § 95 Abs. 2 Nr. 1 GVG grundsätzlich um Handelssachen, so dass bei entsprechendem Antrag (§ 96 Abs. 1 bzw. § 98 Abs. 1 GVG) die Kammer für Handelssachen als Spruchkörper funktional zuständig ist. Jedoch ist seit der 8. GWB-Novelle 2012/2013 eine Ausnahme in § 95 Abs. 2 Nr. 1 GVG eingefügt worden: Danach ist die Kammer für Handelssachen für Kartellsachen nicht zuständig, soweit es sich um kartellrechtliche Schadensersatzansprüche handelt. Telos ist die rechtliche Komplexität dieser Verfahren, die besser vor einer vollbesetzen Kammer als vor einem Berufsrichter verhandelt werden kann.[94] Bei kartellrechtlichen Kontrahierungsklagen könnte sich daher eine Unzuständigkeit der Kammer für Handelssachen ergeben, falls das Gericht den Anspruch (mit der herrschenden Meinung) als Schadensersatzanspruch qualifiziert. In jedem Fall ergibt sich eine zumindest teilweise Unzuständigkeit, wenn mit einer Kontrahierungsklage vergangenheitsbezogene Schadensersatzansprüche (entgangener Gewinn usw.) geltend gemacht werden. Hat der Kläger in einem solchen Fall in seiner Klageschrift die Verhandlung vor einer Kartellkammer nach § 96 Abs. 1 GVG beantragt, kann der Beklagte die zumindest teilweise Verweisung nach § 97 Abs. 1 GVG erreichen. Die Kammer für Handelssachen kann unter den zusätzlichen Voraussetzungen des § 97 Abs. 2 GVG den Rechtsstreit auch selbst an die Zivilkammer verweisen. **72**

3. Örtliche und internationale Zuständigkeit

Für die örtliche und internationale Zuständigkeit wird bei Unterlassungs- und Beseitigungsklagen neben dem allgemeinen Gerichtsstand (§§ 12, 13, 17 ZPO, Art. 2 Abs. 1, 60 Abs. 1 EuGVVO aF, Art. 4 Abs. 1, 63 Abs. 1 EUGVVO nF) regelmäßig der Gerichtsstand der unerlaubten Handlung (§ 32 ZPO, Art. 5 Nr. 3 EuGVVO aF, Art. 7 Nr. 2 EUGVVO nF) in Betracht kommen (→ Kap. 31 § 31). Nach Klärung durch den Bundesgerichtshof umfasst die örtliche Zuständigkeit nach § 32 ZPO im Rahmen des Streitgegenstands auch konkurrierende Ansprüche, so dass das Gericht den Rechtsstreit unter allen in Betracht kommenden rechtlichen Gesichtspunkten zu entscheiden hat.[95] **73**

Der Gerichtsstand der unerlaubten Handlung ist bei dem Gericht begründet, in dessen Bezirk die Handlung begangen worden ist. Als Begehungsort ist nicht nur auf den Ort abzustellen, an dem der Täter gehandelt hat (bzw. bei Unterlassen hätte handeln müssen), sondern auch auf den Ort, an dem der Erfolg der Handlung eingetreten ist; bei Unterlassungsklagen zusätzlich auf den Ort, an dem das bedrohte Rechtsgut belegen ist.[96] Vom Erfolgsort nicht umfasst sind Orte, an denen nur mittelbare Vermögensfolgeschäden eingetreten sind.[97] **74**

Anknüpfungspunkt ist der verfolgte Kartellverstoß, es ist zu ermitteln, wo in den Rechtskreis des Betroffenen eingegriffen wurde. Bei der auf Wiederholungsgefahr gestützten Unterlassungsklage wird ein Tatort regelmäßig an dem Ort liegen, an dem der Wettbewerbsverstoß schon einmal begangen wurde.[98] Bei der vorbeugenden Unterlassungsklage wird der Tatort regelmäßig der Ort sein, an dem das Kartelldelikt droht.[99] **75**

---

[94] Zöller/*Lückmann* GVG § 95 Rn. 16.
[95] BGH Urt. v. 10.12.2002 – X ARZ 208/02, BGHZ 153 (173) = NJW 2003, 828; Zöller/*Vollkommer* § 32 Rn. 20.
[96] BGH Urt. v. 17.3.1994 – I ZR 304/91, MDR 1995, 282; OLG Hamm Urt. v. 29.6.1987 – 11 W 90/86, NJW-RR 1987, 1337; KG Beschl. v. 17.3.2000 – 28 AR 168/99, BeckRS 2000, 03661.
[97] Zöller/*Vollkommer* § 32 Rn. 3.
[98] Ahrens/*Bär* Kap. 17 Rn. 16.
[99] Ahrens/*Bär* Kap. 17 Rn. 16.

76 Ansonsten ist das kartellrechtswidrige Handeln nach Tathandlung und Tatererfolg zu lokalisieren.[100] Bei **Belieferungsklagen** wird sich der deliktische Gerichtsstand des Handlungsortes regelmäßig mit dem allgemeinen Gerichtsstand am (Wohn)Sitz des Beklagten decken, weil er für den (angeblich geschuldeten) Abschluss der Lieferverträge zunächst dort hätte handeln müssen. Der Beklagte hätte nach dem normalen geschäftlichen Ablauf an seinem (Wohn)Sitz das Angebot des Klägers auf Abschluss von Lieferverträgen annehmen müssen. Daneben – und praktisch deutlich attraktiver! – wird sich oftmals ein **Heimatgerichtstand des Klägers** an dem für ihn zuständigen Kartell-Landgericht konstruieren lassen, da der Tatererfolg (Nichtbelieferung) an dessen Sitz eintritt. In den Worten des Oberlandesgerichts Stuttgart:[101]

77 „1. Klagt ein nicht beliefertes Unternehmen [...] auf Belieferung, so kann es auch nach § 32 ZPO vor dem für seinen Sitz zuständigen Gericht Klage erheben, wenn die durch die behauptete Behinderung oder Diskriminierung beeinträchtigte Stellung des Klägers im Wettbewerb an seinem Sitz als Mittelpunkt seiner geschäftlichen Betätigung zu lokalisieren ist und dieser geographisch innerhalb des Marktes liegt, auf dem es sich betätigt und auf den sich die Wettbewerbsbeschränkung auswirkt."

78 Sollen mehrere Beklagte gemeinsam vor einem Gericht auf Unterlassung/Beseitigung eines Kartelldelikts in Anspruch genommen werden, können ihre jeweiligen Handlungen bzw. Unterlassungen als Störer wechselseitig **zugerechnet** werden, so dass sich ein gemeinsamer Gerichtsstand für alle Störer ergibt.[102] Für Täter und Teilnehmer eines als Schadensersatzanspruch verstandenen Kontrahierungszwangs folgt das gleiche Ergebnis aus § 830 Abs. 1 BGB, der sowohl auf § 33 GWB wie auch auf § 32 ZPO anwendbar ist.[103]

79 Fraglich ist, ob in Anbetracht der Rechtsprechung des EuGH in Sachen CDC Hydrogen Peroxide[104] (→ § 26 Rn. 558) an der bisherigen Rechtsprechung zur Zulässigkeit von Gerichtsstandsklausel (Prorogation, § 38 ZPO, Art. 23 Abs. 5 EuGVVO a.F. bzw. Art. 25 EuGVVO n.F.) für kartelldeliktische Klagen festgehalten werden kann. Jedenfalls für den Anwendungsbereich der EuGVVO erscheint dies zweifelhaft. Der EuGH hat festgestellt, dass eine Klausel, die sich in abstrakter Weise auf Rechtsstreitigkeiten aus Vertragsverhältnissen bezieht, kartelldeliktische Rechtsstreitigkeiten nicht erfasse.[105] Auch wenn die Auslegung der konkreten Gerichtsstandsvereinbarung Sache des nationalen Gerichts bleibt,[106] dürfte die Standard-Gerichtsstandsklausel „alle Rechtsstreitigkeiten aus und im Zusammenhang mit diesem Vertrag" damit nicht mehr zur Derogation des nach EuGVVO zuständigen Gerichts führen. Anders hatte dies noch das OLG Stuttgart gesehen, das die folgende Gerichtsstandsklausel auch auf kartellrechtliche Schadensersatzansprüche erstreckte mit der Folge der internationalen Unzuständigkeit des angerufenen Landgerichts Stuttgart:[107]

80 „Der Gerichtsstand Modena ist allein zur Entscheidung zuständig im Falle irgendwelcher Streitigkeiten, die dennoch in Verbindung mit dem vorliegenden Vertrag entstehen können."

81 Noch ungeklärt ist die Auswirkung dieser Rechtsprechung auf Fragen der internationalen Zuständigkeit außerhalb des Anwendungsbereichs der EuGVVO sowie auf Fragen der örtlichen Zuständigkeit. Bislang waren Gerichtsstandsvereinbarungen für kartelldeliktische Klagen anerkannt, in den allgemeingültigen Grenzen auch durch allgemeine Ge-

---

[100] Für das Lauterkeitsrecht Ahrens/*Bär* Kap. 17 Rn. 16.
[101] OLG Stuttgart Urt. v. 13.10.1978 – 2 U (Kart) 77/78, BB 1978, 390; so auch Immenga/Mestmäcker/*Schmidt* GWB § 87 Rn. 39.
[102] Zöller/*Vollkommer* § 32 Rn. 13 mwN.
[103] KG Beschl. v. 17.3.2000 – 28 AR 168/99 Rn. 6.
[104] EUGH Urt. v. 21.5.2015 – C-352/13, ECLI:EU:C:2015:335 – CDC Hydrogen Peroxide.
[105] EUGH Urt. v. 21.5.2015 – C-352/13, ECLI:EU:C:2015:335 Rn. 69 – CDC Hydrogen Peroxide.
[106] EUGH Urt. v. 21.5.2015 – C-352/13, ECLI:EU:C:2015:335 Rn. 67 – CDC Hydrogen Peroxide mwN.
[107] OLG Stuttgart v. 09.11.1990 – 2 U 16/90, WuW/E OLG 4716.

schäftsbedingungen. Die örtliche Zuständigkeit für Unterlassungs- und Beseitigungsklagen, die aus laufenden Geschäftsbeziehungen erhoben werden (bspw. bei Abbruch der Belieferung), konnte daher von Gerichtsstandsvereinbarungen beeinflusst werden, denn nach bisheriger Auffassung umfassen Gerichtsstandsvereinbarung im Zweifel konkurrierende, insbesondere auch deliktische Anspruchsgrundlagen.

Das Kammergericht hielt einen kartelldeliktischen Anspruch auf Weiterbelieferung 82 nach den bisherigen Bedingungen von einer Gerichtsstandsklausel mit dem folgenden Wortlaut umfasst und versagte deshalb einen Gerichtsstand in Berlin:[108]

„Erfüllungsort und Gerichtsstand für alle vertraglichen und außervertraglichen Ansprüche aus der Geschäftsverbindung ist Hamburg."

Zur Begründung führt das Kammergericht aus: 83

„Das Feststellungsbegehren betreffend die Schadensersatzpflicht wird wegen des rechtlichen Zusam- 84 menhangs mit dem Weiterbelieferungsanspruch von der Gerichtsstandsvereinbarung mitergriffen. […] Wegen seiner kartellrechtlichen Natur von den Gerichtsstandsvereinbarungen ausgenommen, weil von daher solchen überhaupt unzugänglich, ist der erhobene Weiterbelieferungsanspruch entgegen der Ansicht der Klägerin nicht. Eine solche Ausnahme hätte im Gesetz ihren Ausdruck finden müssen. Der ordre public, mit dem die Klägerin argumentiert, gibt sie nicht her. Die heraufbeschworene Gefahr, die Bekämpfung kartellrechtlicher Verstöße könne übermäßig erschwert werden, ist zu vage."

III. Klageanträge

Die Klageschrift muss gemäß § 253 Abs. 2 Nr. 2 ZPO die bestimmte Angabe des Gegen- 85 standes und des Grundes des erhobenen Anspruchs sowie einen bestimmten Antrag enthalten. Gerade die Abfassung eines hinreichend bestimmten Klageantrags kann für kartellrechtliche Unterlassungs-/Beseitigungs- und Kontrahierungsklagen Schwierigkeiten bereiten, da regelmäßig ein Zukunftselement umfasst ist (bspw. genaue Bezeichnung der künftig zu liefernden Ware oder des zu zahlenden Preises).

Die Formulierung des Antrags ist von großer Bedeutung. Zwar kann und muss der 86 Antrag nach § 133 BGB ausgelegt werden.[109] Inhaltlich kann das Gericht jedoch nicht über den Antrag hinausgehen, § 308 Abs. 1 ZPO. Ein nicht hinreichend bestimmter Antrag führt zur Abweisung der Klage als unzulässig. Etwas entschärft wurde die Situation für den Rechtsanwalt durch die Erweiterung der gerichtlichen Hinweispflichten nach § 139 ZPO.

Insgesamt kann auf die umfangreiche Rechtsprechung vor allem aus dem Bereich des 87 Lauterkeitsrechts verwiesen werden.[110] Nachstehend werden die Grundlinien sowie die Besonderheiten für kartellrechtliche Sachverhalte hervorgehoben.

1. Unterlassung

Grundsätzlich muss ein Unterlassungsantrag möglichst konkret gefasst sein, damit für 88 Rechtsverteidigung und Vollstreckung geklärt ist, worauf sich das Verbot genau erstreckt.[111] Ausgangspunkt ist zunächst die konkrete Verletzungshandlung, deren Wiederholung oder Erstbegehung verhindert werden soll.[112] Die Bestimmtheit eines derartig gefassten Unterlassungsantrags ist unproblematisch. Zugleich ist die Schutzwirkung aber auch begrenzt, denn der entsprechende Tenor kann nur Grundlage für Vollstreckungsmaßnahmen gegen die konkret bezeichnete Verletzungshandlung sein. Der Unterlassungsschuldner könnte damit durch eine geringfügige Änderung seines Verhaltens eine Vollstreckung aus dem Unterlassungstitel vermeiden. Es ist daher anerkannt, dass eine

---
[108] KG Berlin v. 18.12.1996 Kart U 6781/95, AfP 1998, 74.
[109] Zöller/*Greger* § 253 Rn. 13 mwN.
[110] Vgl. nur Ahrens/*Jestaedt* Kap. 22; *Fritzsche*, Unterlassungsklage, 562 ff.
[111] Zöller/*Greger* § 253 Rn. 13b mwN.
[112] Vgl. Ahrens/*Jestaedt* Kap. 22 Rn. 5 ff.

gewisse Abstrahierung und Verallgemeinerung der zu unterlassenden Verletzungshandlung zulässig sein muss.[113] Die Rechtsprechung lässt solche Verallgemeinerungen zu, wenn über den Sinngehalt im konkreten Einzelfall keine Zweifel bestehen und die Entscheidung darüber, was dem Beklagten verboten ist, nicht in das Vollstreckungsverfahren verlagert wird.[114]

89 Damit ist mit dem Bestimmtheitsgebot die Verwendung von unklaren, auslegungsbedürftigen und mehrdeutigen Begriffen regelmäßig unvereinbar. Zur Unbestimmtheit der Anträge haben Formulierungen geführt wie:[115] „ähnliche Handlungen", „entsprechend", „Eindruck zu erwecken, als ob" „sinngemäß", „planmäßig", „ähnliche Ausführung", „in sonstiger Weise", „ein Preis, der regelmäßig gefordert und regelmäßig gezahlt worden ist", „marktübliche Verkaufspreise", „marktgerechter Gegenwert", „regulärer Preis", „angemessener preislicher Abstand". Das Kammergericht hielt einen kartellrechtlichen Unterlassungsanspruch für nicht hinreichend bestimmt, mit dem der Kläger nicht nur begehrte, es der Beklagten zu untersagen, seine weitere Belieferung davon abhängig zu machen, dass er die Ware nicht über die Internetplattform „eBay" vertreibe, sondern ein entsprechendes Verbot auch für die Untersagung eines Vertriebs über „gleichartige Auktionsplattformen" verlangte, ohne dass sich ergab, anhand welcher Kriterien diese Gleichartigkeit beurteilt werden sollte.[116] Auf entsprechenden Hinweis des Kammergerichts hin hatte der Kläger seinen Antrag sodann bestimmter formuliert.

90 Ebenfalls grundsätzlich unbestimmt und unzulässig ist ein Klageantrag, der lediglich den Gesetzeswortlaut wiederholt, ohne die konkrete Verletzungshandlung anzusprechen.[117] So hielt das Landgericht Düsseldorf die Formulierung „ohne sachliche Rechtfertigung" für nicht hinreichend bestimmt.[118]

91 Ausdrücklich als hinreichend bestimmt angesehen wurden Begriffe wie:[119] „Markenwaren, Sportartikeln, „Waren schlechthin", Geräte der Unterhaltungselektronik", „im geschäftlichen Verkehr", „beispielhaft". Speziell bei einem kartellrechtlich begründeten Unterlassungsanspruch wurde die Formulierung der „kostendeckenden Kalkulation" als hinreichend bestimmt angesehen.[120]

92 Neben der prozessualen Bestimmtheit ist als zweite Ebene zu beachten, dass eine überschießende Abstrahierung des Unterlassungsantrags zur (teilweisen) Unbegründetheit führen kann, wenn nämlich das begehrte Unterlassen so umfassend ist, dass es vom materiellen Unterlassungsanspruch nicht mehr gedeckt ist. So etwa, wenn die marktstarke Beklagte zeitlich unbefristet zur Unterlassung einer Verhaltensweise verpflichtet werden soll, selbst wenn er die für die Passivlegitimation erforderliche Marktposition nicht mehr innehat.[121] Besonders schwierig sind die Fälle, in denen die Unterlassung einer Unterlassung, mithin eine Handlung verlangt wird. Regelmäßig handelt es sich dabei um Kontrahierungs-/Belieferungsklagen, weswegen dieser Punkt gesondert erörtert wird (siehe sogleich unter → 3.).

93 Ein Unterlassungsurteil wird nach § 890 ZPO vollstreckt, indem der Schuldner bei Zuwiderhandlung auf Antrag des Gläubigers zu einem Ordnungsgeld, hilfs- und ersatzweise Ordnungshaft (durch das Vollstreckungsgericht) verurteilt wird. Da der Verurteilung zu einem dieser Ordnungsmittel gem. § 890 Abs. 2 ZPO eine entsprechende Androhung vorausgehen muss und diese bereits in dem Unterlassungsurteil enthalten sein kann, empfiehlt es sich, den Antrag auf Androhung von Ordnungsmitteln mit dem Unterlassungsan-

---

[113] *Fritzsche*, Unterlassungsklage, 562 ff.
[114] BGH Urt. v. 11.10.1990 – I ZR 35/89, GRUR 1991, 254 (256) – Unbestimmter Unterlassungsantrag.
[115] Nach Ahrens/*Jestaedt* Kap. 22 Rn. 19 mit Nachweisen.
[116] KG Urt. v. 19.9.2013 – 2 U 8/09 Kart Rn. 36 = WuW/E DR-R 4019 ff.
[117] Ahrens/*Jestaedt* Kap. 22 Rn. 22 f.
[118] Urteil nicht veröffentlicht. Nachweis über OLG Düsseldorf Urt. v. 16.4.2008 – VI-2 U (Kart) 8/06, 2 U (Kart) 8/06 Rn. 14.
[119] Nach Ahrens/*Jestaedt* Kap. 22 Rn. 17 mit Nachweisen.
[120] OLG Hamburg Urt. v. 31.7.2014 – 3 U 8/12 Rn. 58.
[121] Beispiel nach OLG Frankfurt Urt. v. 1.4.2008 – 11 U 14/07 (Kart), MMR 2008, 679.

trag zu verbinden. Bei juristischen Personen und Handelsgesellschaften empfiehlt es sich, die Androhung der Ordnungsmittel auf die Organe der Gesellschaft zu erweitern, da andernfalls die Haft nicht festgesetzt werden kann.

Als **Grundmuster eines Unterlassungsantrags** kann etwa folgender Antrag genutzt werden: 94

Die Beklagte unter Androhung eines in jedem Fall der Zuwiderhandlung vom Gericht festzusetzenden Ordnungsgeldes von bis zu 250.000 EUR, ersatzweise Ordnungshaft von bis zu 6 Monaten, oder einer in jedem Fall der Zuwiderhandlung vom Gericht festzusetzenden Ordnungshaft von bis zu 2 Jahren, letztere zu vollziehen an einem ihrer Geschäftsführer, zu verurteilen, es zu unterlassen,

1. [...]

2. [...]

2. Beseitigung

Der Beseitigungsantrag unterliegt aufgrund seines Zukunftselements – Beseitigung der 95 fortwährenden Störung – grundsätzlich denselben Schwierigkeiten wie der Unterlassungsantrag. Allerdings steht die Störungsquelle hier fest, so dass die bestimmte Formulierung des Antrags etwas einfacher sein sollte. Dabei ist die Art und Weise der Beseitigungsmaßnahme offen zu lassen, denn es steht dem Verletzer grundsätzlich frei, wie er die Störung beseitigen möchte.[122] Allerdings kann die Beschreibung des wiederherzustellenden Zustandes erforderlich sein.[123]

Einzig wenn die Beeinträchtigung nur durch eine bestimmte Maßnahme beseitigt 96 werden kann, ist der Beseitigungsanspruch (ebenso wie ein Unterlassungsanspruch) auf die Vornahme eben dieser Handlung gerichtet. Dem Antrag ist dann nicht mehr zu entnehmen, dass es sich um einen Beseitigungsantrag handelt, vielmehr handelt es sich dann um einen gewöhnlichen Leistungs- oder Feststellungsantrag. Eine Androhung der Zwangsmittel des § 888 ZPO im Antrag ist **nicht** erforderlich, da diese anders als bei § 890 ZPO nicht Voraussetzung für die Festsetzung ist, vgl. § 888 Abs. 2 ZPO. Eine solche Androhung sollte auch unterbleiben, weil mit ihr unklar wird, ob eine Vollstreckungsmaßnahme nach § 888 ZPO begehrt oder ein normaler Antrag im Erkenntnisverfahren gestellt wird; nicht jedes Gericht wird bei der Auslegung des Antrages so großzügig sein wie es das OLG Düsseldorf war.[124] Ob der Beseitigungsanspruch die konkret begehrte Leistung/Feststellung umfasst, ist dann eine Frage der Begründetheit.

In der kartellrechtlichen Praxis wird der Beseitigungsanspruch weit überwiegend derart 97 konkretisiert geltend gemacht. Beispielhaft ist der Beseitigungsantrag aus einem Verfahren vor dem Hanseatischen Oberlandesgericht Hamburg, wo es um die Beseitigung der Beeinträchtigung der wettbewerblichen Handlungsfreiheit wegen der Einräumung eines ausschließlichen Rechts zur Werbung auf Staatsgrund durch eine Gebietskörperschaft ging. Der (abstrahierte) Antrag lautete:[125]

Die Beklagte nach Maßgabe der nachfolgenden Ziffern a) und b) zu verpflichten, die Beeinträchti- 98 gung der wettbewerblichen Handlungsfreiheit der Klägerin zu beseitigen, welche (i) aus [...] (ii) aus [...] resultiert, indem

a) die Beklagte [...] und

b) die Beklagte [...].

---

[122] FK/*Roth* § 33 Rn. 180 mwN.
[123] Palandt/*Bassenge*, 75. Aufl. 2016, § 1004 Rn. 51.
[124] Vgl. OLG Düsseldorf Urt. v. 30.11.2011 – VI-U (Kart) 14/11 Rn. 31.
[125] OLG Hamburg Beschl. v. 13.9.2011 – 3 W 50/11 Rn. 5 ff.

99 Überhaupt nicht mehr als „Beseitigungsanspruch" erkennbar, aber doch so begründet war der Antrag, mit dem eine Kfz-Werkstatt Zulassung zum Servicenetz eines Fahrzeugherstellers begehrte:[126]

100 [F]estzustellen, dass die Beklagte verpflichtet ist, die Klägerin als A-Vertragswerkstatt zuzulassen.

3. Kontrahierungszwang – insbes. Belieferung

101 Wie bereits angesprochen, kann bei unzulässiger Liefersperre (§ 21 GWB) und diskriminierender Abschluss-/Aufnahmeverweigerung (§§ 19 Abs. 2 Nr. 1, Abs. 4 und §§ 20 Abs. 1, 2 GWB) ein Kontrahierungszwang entstehen, wenn es sich um den einzigen Weg zur Wiederherstellung eines rechtmäßigen Zustandes handelt oder auszuschließen ist, dass der Verletzer die zur Behebung des Verstoßes denkbaren Alternativen in Betracht zieht.[127] (Erst)Belieferungsansprüche wegen der diskriminierenden Praktizierung eines selektiven Vertriebssystems durch einen nicht zumindest marktstarken Hersteller hat der Bundesgerichtshof in der Entscheidung „Depotkosmetik" hingegen abgelehnt (→ Rn. 17 ff.).

102 Die Antragstellung der in die Zukunft gerichteten Kontrahierungsansprüche bereitet besondere Schwierigkeiten, und zwar unabhängig davon, ob man diese Ansprüche materiell als Schadensersatz-, Beseitigungs- oder Unterlassungsansprüche auffasst. Die ehemals von verschiedenen Oberlandesgerichten für zulässig erachteten Leistungsanträge sind nach der Rechtsprechung des Bundesgerichtshofs kaum noch gangbar (vgl. dazu unter a)). Regelmäßig wird daher ein Feststellungsantrag das richtige Begehren sein (vgl. dazu unter b). In jüngerer Zeit gibt es bei Weiterbelieferungsanträgen eine Tendenz hin zu Unterlassungsanträgen (vgl. dazu unter c)).

103 **a) Positiver Leistungsantrag.** Erste und wichtigste Erkenntnis ist, dass die Aufnahme und Fortsetzung einer Vertragsbeziehung (insbesondere Lieferbeziehung) **kaum** erfolgreich mit einem positiven Leistungsantrag verfolgt werden kann. Die von dem Bundesgerichtshof an die Bestimmtheit eines solchen Antrags gestellten Forderungen sind nämlich nur in Ausnahmefällen erfüllbar. Der Bundesgerichtshof verlangt seit der Entscheidung „adidas" v. 30. 6. 1981,[128] dass mit dem Leistungsantrag die Annahme eines **konkreten Kaufangebots,** in dem die zu liefernden **Waren nach Gegenstand und Zahl genau bestimmt** sind, beantragt wird. Hieran fehle es bei den Leistungsanträgen, mit denen nur allgemein die Belieferung „auf Bestellungen der Klägerin" begehrt werde, ohne dass die zu liefernden Gegenstände konkretisiert sind. Der BGH verwarf daher in „adidas" den folgenden Leistungsantrag als zu unbestimmt im Sinne des § 253 Abs. 2 Nr. 2 ZPO:

104 „[...] die Beklagte zu verurteilen,

auf Bestellungen der Klägerin diese mit den Sportschuhen aus der Fertigung der Beklagten in handelsüblichen Mengen zu den Preisen und Konditionen zu beliefern, die die Beklagte bei gleichen Mengenabnahmen üblicherweise anwendet."

105 In der Entscheidung „Technics"[129] hatte die Klägerin beantragt,

106 „[...] die Beklagte zu verurteilen, auf jeweiligen Abruf die Klägerin mit allen von ihr Einzelhändlern angebotenen Hi-Fi-Geräten nebst Zubehör und Ersatzteilen in handelsüblichen Mengen zu denjenigen Preisen und Konditionen zu beliefern, die die Beklagte bei gleichen Mengenabnahmen üblicherweise anwendet."

---

[126] OLG Frankfurt Urt. v. 29. 7. 2014 – 11 U 6/14 (Kart) Rn. 26.
[127] BGH Urt. v. 8. 11. 2005 – KZR 21/04, NJW 2006, 1979 Rn. 15 mwN; Loewenheim/Meessen/Riesenkampff/*Rehbinder* GWB § 33 Rn. 52 mwN.
[128] BGH Urt. v. 30. 6. 1981 – KZR 19/80 Rn. 9 = WuW/E BGH 1885.
[129] BGH Urt. v. 22. 1. 1985 – KZR 35/83 = NJW 1985, 2135.

Der Bundesgerichtshof verwarf den Antrag als zu unbestimmt, da damit die Belieferung ohne weitere Konkretisierung der zu liefernden Gegenstände und der Voraussetzungen für die Lieferung verlangt werde.[130]

Hintergrund der strengen Rechtsprechung des Bundesgerichtshofs ist, dass bei Verurteilung auf Abschluss eines (Lieferung)Vertrages nach § 894 ZPO ein Vertrag mit dem Inhalt des im Antrag formulierten Vertragsangebots des jeweiligen Klägers entsteht. Ergänzungen des damit geschlossenen Vertrags sind kaum noch möglich. Soweit ersichtlich, wird von der Rechtsprechung auch keine Umdeutung des unbestimmten Leistungsantrags in einen Feststellungsantrag vorgenommen.

Die Instanzrechtsprechung folgt der BGH-Rechtsprechung uneingeschränkt.[131] Das Kammergericht hat etwa den folgenden (Haupt)Antrag wegen fehlender Bestimmtheit als unzulässig zurückgewiesen:[132]

„[...] die Bekl. zu verurteilen, die Kl. mit Original-Eintrittskarten von ihr durchgeführter kultureller Veranstaltungen zu beliefern, wobei alle Preiskategorien angemessen vertreten sein müssen und eine Beschränkung der Kartenanzahl nur dann statthaft ist, wenn eine Belieferung von Eintrittskarten in dem Umfang, wie ihn die Kl. für eine bestimmte Veranstaltung wünscht, mit einer Benachteiligung anderer Theaterkassen verbunden wäre."

Zur Begründung verweist das Kammergericht auf die angesprochene Rechtsprechung des Bundesgerichts („Adidas" und „Technics"):

„Ein Leistungsantrag, der auf Belieferung mit bestimmten Waren gerichtet ist, setzt voraus, dass die Annahme eines konkreten Kaufangebots verlangt wird, in dem die zu liefernden Waren nach Gegenstand und Zahl genau bestimmt sind (BGH WuW/E 1885, 1886 „adidas"; 2125, 2126 „Technics"). Diese Einzelheiten weist der Hauptantrag nicht auf. Er verlangt nur allgemein die Belieferung mit Original-Eintrittskarten für von der Bekl. durchgeführte kulturelle Veranstaltungen. Soweit die Forderung enthalten ist, alle Preiskategorien müssten angemessen vertreten sein, wird damit dem Erfordernis der genauen Bestimmung von Gegenstand und Anzahl der zu liefernden Waren nicht entsprochen. Der weitere Zusatz des Hauptantrages, der eine mögliche Beschränkung der Anzahl der zu liefernden Karten vorsieht, stellt nicht die erforderliche Zahlenangabe dar."

> Damit bleibt festzuhalten: Ein Leistungsantrag auf Abschluss eines Vertrages kommt nur dann in Betracht, wenn der Kläger schon alle Parameter des/der in der Zukunft zu schließenden Vertrags/Verträge kennt. Er muss die zu liefernde Ware genau bezeichnen, die künftig zu liefernde Menge genau benennen und im Zweifel auch schon seine – regelmäßig Zug-um-Zug geschuldete Gegenleistung – angeben. Das wird nur in wenigen Ausnahmefällen möglich sein (s. sogleich).

Diese doch sehr klare Rechtsprechung hielt die Klägerin eines Verfahrens vor dem LG/OLG Düsseldorf nicht ab, folgenden Leistungsantrag zu stellen, der dann auch direkt als unzulässig zurückgewiesen wurde:[133]

„[...] die Beklagte zu verurteilen, sie zu ihren Schwerpunkthändlerkonditionen weiter mit [...] zu beliefern."

Ein Leistungsantrag auf Vertragsabschluss kommt damit nur in **Ausnahmesituationen** in Betracht. So mag ein solcher Antrag bei einer diskriminierenden Nichtzulassung zu einer Vereinigung nach § 20 Abs. 5 GWB denkbar sein.[134] In einem jüngeren Urteil hat

---

[130] BGH Urt. v. 22.1.1985 – KZR 35/83 Rn. 12 = NJW 1985, 2135.
[131] OLG Düsseldorf Urt. v. 29.10.1985 – U (Kart) 20/85, WuW/E OLG 3787; OLG München Urt. v. 23.5.1996 – U (K) 1951/95, WuW/E OLG 5659 (5661 f.) – Depotkosmetik; OLG Hamburg Urt. v. 15.5.1997 – 3 U 90/96, NJWE-WettbR 1997, 214 – Programmvorschau; LG Berlin Urt. v. 18.7.2000 – 102 O 133/00 Kart = NJWE-WettbR 2000, 251.
[132] KG Urt. v. 25.10.1989 – Kart U 1824/89, WuW/E OLG 4524 – Rock- und Popkonzerte.
[133] OLG Düsseldorf Urt. v. 28.2.2007 – VI-U (Kart) 11/06.
[134] Vgl. BGH Beschl. v. 15.11.1994 – KVR 14/94, WuW/E BGH 2951 – Weigerungsverbot zu einer kartellbehördlichen Verfügung.

das Oberlandesgericht Düsseldorf[135] einen Leistungsantrag auf die Erbringung von (elektronischen) Dienstleistungen als hinreichend bestimmt im Sinne des § 253 Abs. 2 Nr. 2 ZPO angesehen, da sich der Umfang der begehrten Leistung erkennen lasse („sämtliche") und sich die beiderseitigen Rechte und Pflichten bereits aus dem zwischen den Parteien geschlossenen Rahmenvertrag ergäben. Der Antrag lautete:

117 „[D]er Beklagten [...] zu gebieten, sämtliche [...] Dienstleistungen[...] auf der Basis des zwischen den Parteien am 4.7.2007 geschlossenen Rahmenvertrages mit der EKP-Nr. [...] zu erbringen."

118 Das Oberlandesgericht stellte zudem klar, dass die Klage ferner nicht den besonderen Zulässigkeitsanforderungen des § 259 ZPO unterliege. Denn Gegenstand seien keine künftigen Leistungen der Beklagten, für die künftig eine Leistungsverweigerung der Beklagten zu befürchten wäre. Vielmehr werde unter Geltendmachung einer aktuellen Behinderung der wettbewerblichen Entfaltungsmöglichkeiten ein schon jetzt bestehender Schadensersatzanspruch auf Abschluss der begehrten Verträge verfolgt.

119 **b) Feststellungsantrag.** Die zweite wichtige Erkenntnis zum Belieferungsanspruch ist, dass die Rechtsprechung sehr großzügig ist, was die Bestimmtheit des Feststellungsantrages angeht. Ein Feststellungsantrag gerichtet auf den Abschluss eines entsprechenden Vertrages oder auf die begehrte Belieferung ist ohne weiteres zulässig.[136] Das Feststellungsinteresse folgt – so die stets wiederkehrende Formulierung der Rechtsprechung – „aus dem berechtigten Interesse an der Feststellung des geltend gemachten (Liefer)Anspruchs." Da der Kläger die Leistung im Rahmen eines Leistungsantrags noch nicht bestimmen könne, sei er auf die Feststellung angewiesen.[137]

120 Auch das Bestimmtheitserfordernis des Feststellungsantrags kann weniger streng gehandhabt werden, da aus dem Titel ohnehin nicht vollstreckt werden kann. Wie sich aus der *Technics*-Entscheidung des Bundesgerichtshofs ergibt, sind Formulierungen wie „in handelsüblichen Mengen" und „üblicherweise" zulässig.[138] Das OLG München hat ergänzt, dies habe auch für die Formulierungen „jeweils gültigen Preislisten" und „üblichen Konditionen" zu gelten.[139] Das OLG Karlsruhe hält auch „ortsübliche Vergütung" für hinreichend bestimmt bzw. bestimmbar.[140] Auch müsse das Feststellungsbegehren zeitlich nicht begrenzt werden, da prozessuale Mittel bei Änderungen der tatsächlichen Umstände zur Verfügung stünden.[141]

121 Die dem *adidas*-Urteil entnommene Grundformulierung des Feststellungsantrags lautet:

122 „Es wird festgestellt, dass die Beklagte verpflichtet ist, die Klägerin mit .... in handelsüblichen Mengen zu ihren bei gleicher Mengenabnahme üblichen Preisen und Konditionen zu beliefern.[142]

123 Weitere, für zulässig befundene Anträge lauteten:

124 „[...] festzustellen, dass die Beklagte verpflichtet ist, die Klägerin als A-Vertragswerkstatt zuzulassen"[143]

„Es wird festgestellt, daß die Beklagten verpflichtet sind, mit der Klägerin jeweils einen Vertrag über die ortsübliche Vergütung von Krankentransporten und Notfalleinsätzen, die die Klägerin für Versicherte der jeweiligen Beklagten durchführt, abzuschließen."[144]

---

[135] OLG Düsseldorf Urt. v. 30.11.2011 – VI-U (Kart) 14/11 Rn. 31.
[136] BGH Urt. v. 30.6.1981 – KZR 19/80 Rn. 9, WuW/E BGH 1885; BGH Urt. v. 22.1.1985 – KZR 35/83, NJW 1985, 2135; BGH Urt. v. 1.12.1981 – KZR 37/80, BGHZ 82 (238)–245 mwN.
[137] KG Urt. v. 25.10.1989 – Kart U 1824/89, WuW/E OLG 4524 – Rock- und Popkonzerte.
[138] BGH Urt. v. 22.1.1985 – KZR 35/83, NJW 1985, 2135.
[139] OLG München Urt. v. 23.5.1996 – U (K) 1951/95, WuW/E OLG 5659 (5661f.) – Depotkosmetik.
[140] OLG Karlsruhe Urt. v. 10.2.1993 – 6 U 79/92 (Kart), WuW/E OLG 5066 (5068).
[141] KG Urt. v. 22.9.1982 – Kart U 641/82, WuW/E OLG 2822 (2825).
[142] BGH Urt. v. 30.6.1981 – KZR 19/80 Rn. 9, WuW/E BGH 1885.
[143] OLG Frankfurt Urt. v. 29.7.2014 – 11 U 6/14 (Kart).
[144] OLG Karlsruhe Urt. v. 10.2.1993 – 6 U 79/92 (Kart), WuW/E OLG 5066 (5068).

„Es wird festgestellt, dass die Beklagte verpflichtet ist, die von der Klägerin in eigenem Namen und auf eigene Rechnung aufgegebenen Insertionsbestellungen zu den jeweils geltenden Vertragsbedingungen anzunehmen und zum Druck aufzunehmen und zwar in die von ihr herausgegebenen und verlegten Örtlichen Telefonbücher und Telefonbücher wie aus der nachfolgenden Aufstellung ersichtlich:"[145]

„[...] festzustellen, dass die Beklagte verpflichtet ist, ihr Versorgungsnetz der Klägerin für die Durchleitung von Strom nach Maßgabe des Netznutzungsantrages v. 16.11.1999 [...] ab 11.05.2000 zu Bedingungen zur Verfügung zu stellen, die nicht ungünstiger sind, als sie von ihr in vergleichbaren Fällen für Leistungen innerhalb ihres Unternehmens oder gegenüber verbundenen oder assoziierten Unternehmen tatsächlich oder kalkulatorisch in Rechnung gestellt werden."[146]

„Es wird festgestellt, dass die Beklagte verpflichtet ist, die Klägerin entsprechend deren Bestellungen für ihre Geschäftsstellen Parfümerie P in ... T galerie, L, N und Ka mit Erzeugnissen der Marke „BPI" wie sie in den jeweils gültigen Preislisten enthalten sind, zu den üblichen Konditionen zu beliefern."[147]

Das Unternehmen, das liefern soll, kann auch proaktiv gegen eine vermutete Inanspruchnahme vorgehen und negative Feststellungsklage erheben: **125**

„Es wird festgestellt, dass die Kl. zur Annahme des Auftrages vom [...] und etwaiger künftiger Aufträge der Bekl. nicht verpflichtet ist."[148] **126**

Wenn der materiellrechtliche Anspruch auf Vertragsschluss/Aufnahme/Belieferung besteht, hat der Kläger damit gute Chancen, einen entsprechenden Feststellungstitel zu erlangen. Fügt sich der Verurteilte dem Feststellungsurteil indes nicht, muss der Kläger für jede einzelne Leistung/Lieferung einen neuen gerichtlichen Titel erwirken, denn der Feststellungstitel ist nicht vollstreckbar.[149] Regelmäßig wird der Kläger hierzu den einstweiligen Rechtsschutz bemühen (→ Rn. 132 ff.). **127**

c) Unterlassungsantrag. In jüngerer Zeit zeichnet sich eine Tendenz ab, Belieferungsansprüche per Unterlassungsantrag durchzusetzen. Es handelt sich dabei durchgängig um Ansprüche aus bestehenden Lieferverhältnissen, also um Ansprüche auf Weiterbelieferung. Der Unterlassungsantrag/Unterlassungstenor ist dabei nicht darauf gerichtet, die Nichtbelieferung zu unterlassen. Vielmehr wird dem Lieferanten/Hersteller untersagt, die Belieferung von weiteren Voraussetzungen (insbesondere Verbot des Internetvertriebs) abhängig zu machen; der Belieferungsanspruch wird damit mittelbar gesichert. Hintergrund dürfte zum einen sein, dass ein Unterlassungstitel deutlich besser durchzusetzen ist als ein Feststellungstitel (vgl. § 890 ZPO). Es dürfte aber auch eine Rolle gespielt haben, dass es sich in den Fällen durchgängig um selektive Vertriebssysteme gehandelt hat und dass nicht immer eindeutig eine für Art. 102 AEUV, §§ 19, 20 GWB hinreichende Marktmacht vorlag. Offenbar wollten die Kläger nicht in Konflikt mit der BGH-Entscheidung in Sachen „Depotkosmetik" geraten, wonach ein Belieferungsanspruch bei reinem Verstoß gegen Art. 101 AEUV/§ 1 GWB ausscheidet. **128**

Interessanterweise wurden bei diesen Anträgen, obwohl Unterlassungsanträge Leistungsanträge sind, Formulierungen zugelassen, die ansonsten nur im Rahmen der Feststellungsanträge zulässig sind. Dies könnte seine Begründung darin finden, dass die Vollstreckung nach § 890 ZPO in den Händen des Prozessgerichts und nicht in denen eines Gerichtsvollziehers liegt. Dieses kann den Vollstreckungstitel fachkundig auslegen und dabei flexibel Menge, Art und Preise der zu liefernden Gegenstände berücksichtigen.[150] **129**

---
[145] OLG Stuttgart Urt. v. 16.6.2003 – 2 U 144/02, WuW/E DE-R 1191–1196.
[146] LG Berlin Urt. v. 25.7.2000 – 16 O 750/99 mit ausführlichen Erwägungen zur Bestimmtheit des Antrags.
[147] LG Nürnberg-Fürth Urt. v. 21.5.2010 – 4 HK O 2611/09, WuW/E DE-R 3078–3085.
[148] BGH Urt. v. 20.11.1975 – KZR 1/75, NJW 1976, 801 – Rossignol.
[149] Vgl. dazu *Schockenhoff* NJW 1990, 152 (153).
[150] Wiedemann/*Bumiller* HdB KartellR § 59 Rn. 55.

130 Die durchgängig für zulässig erachteten (und teilweise auch begründeten) Anträge bzw. Tenöre lauteten wie folgt:

131 „Die Beklagte wird verurteilt, es unter Androhung eines vom Gericht für jeden Fall der Zuwiderhandlung festzusetzenden Ordnungsgeldes bis zu EUR 250.000 und für den Fall, dass dieses nicht beigetrieben werden kann, der Ordnungshaft, oder der Ordnungshaft bis zu sechs Monaten, zu vollstrecken am Geschäftsführer ihrer persönlich haftenden Gesellschafterin, für jeden Fall der Zuwiderhandlung, zu unterlassen,

– die Belieferung entsprechend den Bestellungen der Klägerin – von handelsüblichen Mengen zu den Preisen und Konditionen, die die Beklagte bei gleichen Mengenabnahmen üblicherweise anwendet – mit von der Beklagten hergestellten Funktionsrucksäcken für die Aktivitäten Radfahren, Wandern, Trekking, Klettern und Hochtouren der Marke „ABC" davon abhängig zu machen, dass die Klägerin
1. diese Waren nicht über die Onlineplattform „XYZ" (XYZ.de) anbietet oder verkauft;
2. sich gegenüber der Beklagten vertraglich wie folgt verpfichtet: „Die Teilnahme des ADF an Software oder anderen Programmen von Preissuchmaschinen und ähnlichen Initiativen, bei denen der ADF etwa dem Betreiber dieser Suchmaschinen spezifische Preisinformationen aktiv zur Verfügung stellt, die den seitens des ADF aktuell geforderten Endverbraucherabgabepreis für ABC Markenprodukte betreffen, ist ohne vorherige schriftliche Zustimmung seitens ABC nicht zulässig."."[151]

„Die Beklagte wird verurteilt, es bei Vermeidung eines für jeden Fall der Zuwiderhandlung vom Gericht festzusetzenden Ordnungsgeldes bis zu 250.000 EUR, ersatzweise Ordnungshaft, oder Ordnungshaft bis zu 6 Monaten, letztere zu vollziehen an den jeweiligen Geschäftsführern ihrer Komplementärin, zu unterlassen,

die Belieferung entsprechend den Bestellungen des Klägers mit von der Beklagten hergestellten Produkten, insbesondere solchen der Marken „..." und „...", davon abhängig zu machen, dass der Kläger die Ware nicht über „eBay" oder andere Internetportale Dritter (wie Amazon), die in gleicher Weise wie „eBay" die Ausgestaltung von Angeboten ermöglichen, anbietet und verkauft."[152]

„Die Klägerin beantragt,

die Beklagte unter Androhung eines in jedem Fall der Zuwiderhandlung vom Gericht festzusetzenden Ordnungsgeldes von bis zu 250.000 EUR, ersatzweise Ordnungshaft von bis zu 6 Monaten, oder einer in jedem Fall der Zuwiderhandlung vom Gericht festzusetzenden Ordnungshaft von bis zu 2 Jahren, letztere zu vollziehen an einem der Geschäftsführer ihrer Komplementärin, zu verurteilen, es zu unterlassen,

die Belieferung entsprechend den Bestellungen der Klägerin mit von der Beklagten hergestellten Produkten, insbesondere solchen der Marken A. und B., davon abhängig zu machen, dass die Klägerin die Ware nicht über …… oder gleichartige Auktionsplattformen anbietet und verkauft."[153]

IV. Einstweiliger Rechtsschutz

132 Für den einstweiligen Rechtsschutz gelten die allgemeinen Grundsätze:[154] Erforderlich ist ein materiellrechtlicher Anspruch (Verfügungsanspruch) und eine besondere Eilbedürftigkeit (Verfügungsgrund). Sowohl der Anspruch als auch der Verfügungsgrund sind lediglich glaubhaft zu machen, es gilt also ein reduziertes Beweismaß und es steht neben den fünf im Hauptsacheverfahren vorgesehenen Beweismitteln – allerdings beschränkt auf präsente Beweismittel – zusätzlich die Versicherung an Eides statt zur Verfügung (§§ 920 Abs. 2, 294 ZPO).[155] Eine einstweilige Verfügung kann mit (als Urteil) oder ohne vorherige mündliche Verhandlung (als Beschluss, sog ex parte Verfügung) ergehen. Im letzteren Fall ist ein Widerspruch (§ 924) statthaft, gegen ein (dann) ergangenes Urteil die Berufung. Der Antragsgegner kann den Fortbestand der im einstweiligen Rechtsschutz getroffenen Entscheidung von der Durchführung des Hauptsacheverfahrens abhängig machen, § 926

---

[151] LG Frankfurt Urt. v. 18.6.2014 – 2-03 O 158/13 ua, WuW/E DE-R 4409–4415.
[152] KG Urt. v. 19.11.2013 – 2 U 8/09 Kart, WuW/E DE-R 4019–4031.
[153] LG Mannheim Urt. v. 14.3.2008 – 7 O 263/07 Kart, GRUR-RR 2008, 253–257.
[154] Vgl. ausführlich *Ahrens* Wettbewerbsprozess 813 ff.
[155] Vgl. Zöller/*Geimer*/*Greger* § 294 Rn. 1 ff.

ZPO. Erweist sich die Anordnung einer einstweiligen Verfügung als von Anfang an ungerechtfertigt, macht sich der Antragsteller schadensersatzpflichtig, § 945 ZPO.

Muss eine Partei befürchten, dass ein Antrag auf Erlass einer einstweiligen Verfügung gegen sie eingereicht wird, kann sich die Hinterlegung einer **Schutzschrift** anbieten. Hierbei handelt es sich um ein vorbeugendes Verteidigungsmittel, um den Verteidigungsvortrag auch im Falle der ex parte Verfügung zu Gehör zu bringen. Dieses inzwischen in § 945a ZPO gesetzlich geregelte Instrument ist auf die Abweisung der einstweiligen Verfügung gerichtet, hilfsweise auf die Durchführung einer mündlichen Verhandlung. Besondere Schwierigkeiten entstehen, wenn – wie hier (→ Rn. 73 ff.) – eine Mehrzahl von Gerichten potentiell zuständig ist. Denn dann muss bei jedem dieser Gerichte eine Schutzschrift hinterlegt werden. Eine gewisse Erleichterung schafft das sog „Zentrale Schutzschriftenregister (ZSR)",[156] bei dem Schutzschriften nach Registrierung digital hinterlegt werden können. Seit dem 1.1.2016 muss jedes Gericht nach § 945a ZPO die im Register hinterlegten Schutzschriften berücksichtigen. **133**

Besondere praktische Bedeutung haben einstweilige Verfügungen im Bereich des Kontrahierungszwangs. Sie sind eher unproblematisch, wenn sie nach einem die Kontrahierungspflicht feststellenden Urteil ergehen und insbesondere auf Belieferung gerichtet sind (→ Rn. 135 ff.). Hochproblematisch und umstritten sind sie hingegen, wenn mit ihnen der Kontrahierungszwang originär festgestellt werden soll (→ Rn. 146 ff.). Denn mit einer solchen Verfügung wird regelmäßig die Hauptsache vorweggenommen. **134**

1. Kontrahierungszwang dem Grunde nach festgestellt

Wenn im Hauptsacheverfahren die grundsätzliche Pflicht zum Vertragsabschluss festgestellt worden ist, können einzelne Erfüllungshandlungen (insbesondere Belieferung) im Verfügungsverfahren schnell durchgesetzt werden. Das Verfügungsverfahren dient insoweit als Ergänzung des Hauptsacheverfahrens, man könnte das Verfügungsverfahren als eine Art „Klauselverfahren" zur Ermöglichung der Zwangsvollstreckung aus dem eigentlich nicht vollstreckbaren Feststellungsurteil bezeichnen.[157] Auf Basis der einstweiligen Verfügung kann sodann die Herausgabevollstreckung nach §§ 883, 884 ZPO betrieben werden. **135**

Der **Verfügungsantrag** muss auf Belieferung gerichtet sein und die begehrten Waren exakt nach Menge und Art (Typenbezeichnung, Artikelnummer) bezeichnen. Sicher nicht hinreichend bestimmt ist die Formulierung „zu verpflichten, das Vertragsverhältnis fortzusetzen und zu erfüllen."[158] Nicht erforderlich und auch nicht zielführend wäre es, nur den Abschluss eines entsprechenden Kaufvertrages zu beantragen.[159] Dies würde im Fall des Obsiegens nämlich nur einen schuldrechtlichen Titel verschaffen, aus dem der Gläubiger nicht direkt vollstrecken kann. Da die Lieferung in aller Regel nur Zug-um-Zug gegen Erbringung der Gegenleistung zu erfolgen hat (insbes. Zahlung des Kaufpreises, §§ 433 Abs. 2, 320 BGB) sollte – wenn irgend möglich – in den Antrag die Zug-um-Zug Gegenleistung bereits mit aufgenommen werden, um den Einwand des § 756 ZPO durch Zahlung der Gegenleistung entkräften und direkt vollstrecken zu können. Streitig ist, wie konkret das Entgelt benannt werden muss. Die Oberlandesgerichte Düsseldorf und München hielten die Formulierung „Zug-um-Zug gegen ein angemessenes Entgelt" für nicht hinreichend bestimmt, und zwar auch dann nicht, wenn dem Antragsteller ein Leistungsbestimmungsrecht nach § 315 BGB zusteht[160] oder ein maximaler monatlicher Zahlungsbetrag in den Antrag aufgenommen wurde.[161] Das HansOLG Hamburg hingegen hielt die Formulierung „Zug um Zug gegen Zahlung des von ihnen üblicherweise für einen solchen [Messe]Stand verlangten Entgelts" für hinreichend bestimmt.[162] Proble- **136**

---

[156] https://www.schutzschriftenregister.de/ (Stand 1.1.2016).
[157] *Schockenhoff* NJW 1990, 152 (154).
[158] OLG Düsseldorf Urt. v. 29.10.1985 – U (Kart) 20/85, WuW/E OLG 3787 (3788f.).
[159] AA *Köhler* BB 2002, 584 zu Durchleitungsansprüchen.
[160] OLG Düsseldorf Urt. v. 5.12.2001 – U (Kart) 34/01, WuW/E DE-R 847 – Linzer Gaslieferant.
[161] OLG München, Urt. v. 15.11.2001 – U (K) 3825/01, WuW/E DE-R 906.
[162] OLG Hamburg Urt. v. 22.5.1997 – 3 U 188/96, NJWE-WettbR 1997, 286 – Dentalmesse.

matisch wird es, wenn die Preise nicht öffentlich bekannt sind oder von unbekannten Rabattstaffeln abhängen. Dann empfiehlt es sich, zunächst außergerichtlich unter Berufung auf das Feststellungsurteil Auskunft zu begehren. Wird diese verweigert, kann Leistung „zu den Preisen und Konditionen" begehrt werden, „die die Antragsgegnerin bei gleichen Mengenabnahmen üblicherweise anwendet." Dieser Antrag sollte dann mit einem Auskunftsantrag verbunden werden, um die üblichen Preise und Konditionen mit einer Zahl zu versehen. Alternativ kann auch versucht werden, unbedingte Lieferung zu beantragen.[163]

137 Ein Beispiel eines Antrags auf Belieferung aus der jüngeren Rechtsprechung sieht wie folgt aus:

138 „[D]en Verfügungsbeklagten wird im Wege der einstweiligen Verfügung aufgegeben, sie, die Verfügungsklägerin, auf ihre Einzelbestellungen mit den Vertriebsprodukten der Verfügungsbeklagten dergestalt zu beliefern, dass auf mündliche oder schriftliche Bestellungen unter umgehender Abbuchung des Bestellungsbetrages in Höhe der jeweils für alle Kunden der Verfügungsbeklagten geltenden allgemeinen Preisliste vom Konto der Verfügungsklägerin unter Anrechnung von 4 % Skonto die bestellten Waren umgehend an die Verfügungsklägerin ausgeliefert werden.

139 Ein Grundbeispiel für einen Zulassungsanspruch kann wie folgt formuliert werden. Das Oberlandesgericht München hielt den (nachfolgend eingeklammerten) Rückforderungsvorbehalt dabei für nicht tunlich.[164] Das OLG Düsseldorf hält einen Rückforderungsvorbehalt hingegen für unschädlich.[165]

140 „[D]er Ast. Zugang zu dem Versorgungsnetz der Ag. Zug um Zug gegen Zahlung eines angemessenen Entgelts iHv der [...] von der Ag. veröffentlichten Entgelte (www.[...]) zu gewähren, (wobei die Zahlungen unter dem Vorbehalt der Rückforderung erfolgen können)."

141 Gerade im einstweiligen Verfügungsverfahren werden Belieferungsanträge häufig auch als Unterlassungsbegehren gefasst. Diese haben vor allem den Vorteil, dass sie nicht so präzise wie positive Leistungsanträge gefasst werden müssen und dank der Ordnungsmittel des § 890 ZPO dennoch effektiv durchgesetzt werden können. Beispiele für solche Anträge sind:

142 „[...] beantragt, im Wege der einstweiligen Verfügung der Antragsg. zu untersagen, die Antragst. hinsichtlich der von der Antragsg. generell angebotenen und von der Antragst. bei der Antragsg. bestellten oder zu bestellenden Erzeugnisse der Bosch-Gruppe, also der Marken Bosch und Blaupunkt, einer Liefersperre zu unterwerfen."[166]

„[...] der Antragsgegnerin unter Androhung der gesetzlichen Ordnungsmittel zu untersagen, ihr gegenüber die Lieferung mit ihren Verlagserzeugnissen an „L. D. GmbH, H. Straße 29, S.", zu verweigern oder einzustellen."[167]

143 Aus Sicht des Antragstellers empfiehlt sich, eine ex-parte Verfügung **ohne mündliche Verhandlung** zu beantragen. Es kann darauf verwiesen werden, dass dem Antragsgegner rechtliches Gehör bereits in der mündlichen Verhandlung des Hauptsacheverfahrens, auf die das Feststellungsurteil hin ergangen ist, gewährt wurde. Neue Einwände – bspw. Lieferengpässe – können dann im Widerspruchsverfahren geklärt werden.[168]

144 Der **Verfügungsanspruch** selbst ergibt sich unmittelbar aus dem Feststellungsurteil. Es empfiehlt sich daher dringend, dem Antrag auf Erlass einer einstweiligen Verfügung das Feststellungsurteil beizufügen, wenn möglich mit Rechtskraftnachweis. Problematisch sind die

---

[163] So *Schockenhoff* NJW 1990, 152 (156).
[164] OLG München Urt. v. 15.11.2001 – U (K) 3825/01, WuW/E DE-R 906.
[165] OLG Düsseldorf Urt. v. 5.12.2001 – U (Kart) 34/01, OLGR Düsseldorf 2002, 189 (191).
[166] OLG Düsseldorf Urt. v. 25.5.1982 – U (Kart) 27/81, WuW/E OLG 2732.
[167] LG Berlin Urt. v. 18.7.2000 – 102 O 133/00 Kart, LSK 2000, 420130.
[168] So *Schockenhoff* NJW 1990, 152 (157).

Fälle, in denen das Feststellungsurteil noch nicht in Rechtskraft erwachsen ist. Hier wird sich in beide Richtungen argumentieren lassen. Tendenziell ist ein solcher Fall aber eher wie der Fall der isolierten Verfügung zu behandeln (siehe sogleich).

Als **Verfügungsgrund** muss der Antragsteller vortragen können, dass er dringend der sofortigen Erfüllung seines Anspruchs bedarf und der Antragsgegner sich trotz des Feststellungsurteils weigert, zu leisten. An den Verfügungsgrund sind keine hohen Anforderungen zu stellen, denn die Gefahr, dass der Antragsgegner leistet und im späteren Hauptsacheverfahren geklärt wird, dass er hierzu nicht verpflichtet war, besteht angesichts der entgegenstehenden Rechtskraft des Feststellungsurteils nicht. 145

2. Eigenständige einstweilige Verfügung auf Belieferung/Aufnahme

Deutlich schwieriger gestalten sich die Fälle, in denen noch kein Hauptsacheverfahren durchgeführt wurde und der Gläubiger direkt Belieferung/Zugang/Aufnahme per einstweiliger Verfügung verfolgt. Hierbei handelt es sich um eine so genannte Leistungsverfügung (auch: Befriedigungsverfügung), die sich dadurch auszeichnet, dass sie nicht der Sicherung eines Anspruchs dient, sondern der Durchsetzung des geltend gemachten Leistungsanspruchs (Vorwegnahme der Hauptsache). Eine solche Leistungsverfügung ist in richterlicher Rechtsfortbildung des § 940 ZPO anerkannt, wird aber von strengen Voraussetzungen abhängig gemacht, weswegen sowohl an die Prüfung des Verfügungsanspruchs als auch an die des Verfügungsgrundes besonders hohe Anforderungen zu stellen sind.[169] 146

Die herrschende Meinung in der Rechtsprechung verlangt als Verfügungsgrund für eine kartellrechtliche Leistungsverfügung das Vorliegen einer **wirtschaftlichen Notlage**, die ein weiteres Zuwarten unzumutbar macht und stellt zusätzlich noch eine Nachteilsabwägung unter Berücksichtigung der Erfolgsaussichten an. Diese Rechtsprechung wird von dem Oberlandesgericht Düsseldorf in einem aktuellen Urteil konzis wie folgt zusammengefasst:[170] 147

„Nach st. Rspr. des Senats[171] und anderer Oberlandesgerichte[172] genügt es nicht, dass ohne den Erlass der einstweiligen Verfügung die Verwirklichung eines Anspruchs des Antragstellers vereitelt oder wesentlich erschwert werden könnte (§ 935 ZPO) oder der nachgesuchte einstweilige Rechtsschutz erforderlich ist, um wesentliche Nachteile abzuwenden (§ 940 ZPO). Eine Leistungsverfügung kommt nur **bei bestehender oder zumindest drohender Notlage des Antragstellers** in Betracht. Dieser muss so dringend auf die Erfüllung des geltend gemachten Anspruchs angewiesen sein oder ihm müssen so erhebliche wirtschaftliche Nachteile drohen, dass ihm ein Zuwarten bei der Durchsetzung seines Anspruchs oder eine Verweisung auf die spätere Geltendmachung von Schadensersatzansprüchen nicht zuzumuten ist. Dem Interesse der antragstellenden Partei an einer Gewährung effektiven Rechtsschutzes durch Erlass der Leistungsverfügung ist dabei das schutzwürdige Interesse der verfügungsbeklagten Partei gegenüberzustellen, in einem mit nur eingeschränkten Erkenntnismöglichkeiten ausgestatteten summarischen Verfahren nicht zur Erfüllung des geltend gemachten Anspruchs angehalten zu werden. 148

Hierbei trägt der Antragsteller eines Verfügungsverfahrens für das Vorliegen der die Annahme eines Verfügungsgrundes tragenden Tatsachen die Last der Darlegung und Glaubhaftmachung." (Hervorhebung diesseits).

---

[169] Vgl. nur Zöller/*Vollkommer* § 940 Rn. 6 mwN.
[170] OLG Düsseldorf Urt. v. 22.6.2010 – VI-U(Kart) 9/10, WuW/E DE-R 2947 – TNT Post/First Mail.
[171] OLG Düsseldorf Urt. v. 15.11.2000 – U(Kart) 40/00, WuW/E DE-R 619 – Fetting; OLG Düsseldorf Urt. v. 8.8.2001 – U(Kart) 20/01, WuW/E DE-R 774 – Kramer Progetha; OLG Düsseldorf Urt. v. 5.12.2001 – U(Kart) 34/01, WuW/E DE-R 847 – Linzer Gaslieferant; OLG Düsseldorf Urt. v. 25.4.2003 – U(Kart) 1/03; OLG Düsseldorf Urt. v. 29.12.2004 – U(Kart) 41/04; OLG Düsseldorf Urt. v. 26.1.2005 – VI-U(Kart) 32/04, BauRS 2005, 30349722; OLG Düsseldorf Urt. v. 27.3.2006 – VI-W (Kart) 2/06, IX.
[172] OLG Karlsruhe Urt. v. 7.5.1980 – 6 U 230/79 (Kart), WuW/E OLG 2319 – Lesezirkel; OLG Saarbrücken Urt. v. 1.4.1981 – 1 U 27/81, WuW/E OLG 2573 – Metro-Irisette; OLG Koblenz Urt. v. 3.7.1986 – U(Kart) 425/86, WuW/E OLG 3893 – reproreife Anzeige; KG Urt. v. 12.9.1990 – Kart. U 3919/90, WuW/E OLG 4628 – Berlin – Ausgabe des Gong; OLG Köln Urt. v. 27.8.1993 – 2 U 122/93, NJW 1994 56ff.

149 Umstritten ist, ob der Erlass einer kartellrechtlichen Leistungsverfügung schon dann gerechtfertigt ist, wenn die geschuldete Leistung nur innerhalb eines bestimmten Zeitraums vorgenommen werden kann und die rechtzeitige Erwirkung eines (Hauptsache-)Titels im Klageverfahren für diesen bestimmten Zeitraum nicht möglich ist. Die Oberlandesgerichte Düsseldorf[173] und Köln[174] lassen dieses Argument nicht ausreichen. Die Oberlandesgericht Frankfurt aM[175] und Koblenz,[176] das Kammergericht („ausnahmsweise")[177] und das Hanseatische Oberlandesgericht Hamburg[178] haben hingegen eine Leistungsverfügung bei drohender Erledigung durch **Zeitablauf** gewährt.

150 Falls ein Antragsteller Schwierigkeiten bei der Glaubhaftmachung seines Verfügungsgrundes haben sollte, könnte er vorsorglich **Sicherheitsleistung** nach §§ 936, 921 S. 1 ZPO anbieten. Diesen Weg ist das Kammergericht gegangen. Der Senat hielt den Verfügungsgrund „nur für wahrscheinlich, aber nicht mit der erforderlichen, deutlich überwiegenden Wahrscheinlichkeit" für glaubhaft gemacht.[179] Dennoch erließ der Senat die einstweilige Verfügung, machte ihren Vollzug jedoch von einer Sicherheitsleistung abhängig, die „für den Zeitraum bis zur Erledigung des Hauptsacheverfahrens die Nachteile abdecken [soll], also die Umsatznachteile, welche die Antragsgegnerinnen dadurch erleiden können, dass die mit ihnen konkurrierende Antragstellerin höhere Umsätze, teilweise zu ihren Lasten, erzielt." Bei der Bemessung der Sicherheitsleistung sei aber Zurückhaltung geboten – der Senat hielt konkret 200.000 EUR für angemessen.

151 Für die Antragsstellung kann auf vorstehende Ausführungen (→ Rn. 136 ff.) mit der folgenden Besonderheiten verwiesen werden. Es sprechen gute Argumente dafür, dass die aus einer einstweiligen Verfügung stammende Verpflichtung (insbesondere Lieferung) zunächst nur zeitlich begrenzt besteht. Denn der Inhalt der einstweiligen Verfügung ist beschränkt durch den Verfügungsgrund; sobald dieser behoben ist, besteht zunächst kein weiterer Anspruch.[180] Eine solche Einschränkung ließe sich bereits im Antrag berücksichtigen durch eine Formulierung wie:

152 „Die Leistungspflicht erlischt nach XY-Zeiteinheiten oder nach XY-Lieferungen."

---

[173] OLG Düsseldorf Urt. v. 8.8.2001 – U(Kart) 20/01, WuW/E DE-R 774 – Kramer Progetha; OLG Düsseldorf. Urt. v. 15.11.2000 – U(Kart) 40/00, WuW/E DE-R 619 – Fetting.
[174] OLG Köln Beschl. v. 11.1.1995 – 16 W 73/94, NJW-RR 1995, 1088 (mietrechtliche Streitigkeit).
[175] OLG Frankfurt a.M. Urt. v. 7.6.1974 – 14 U 111/74, NJW 1975, 392 (393) (gesellschaftsrechtliche Streitigkeit).
[176] OLG Koblenz Urt. v. 3.7.1986 – U 425/86 (Kart), WuW/E OLG 3893 – reproreife Anzeige.
[177] KG Urt. v. 12.9.1990 – Kart U 3919/90, WuW/E OLG 4628 (4630) (kartellrechtlicher Anspruch auf Aufnahme einer Anzeige in Zeitung).
[178] OLG Hamburg Urt. v. 22.5.1997 – 3 U 188/96, NJWE-WettbR 1997, 286/287 – Dentalmesse (kartellrechtlicher Zulassungsanspruch).
[179] KG Urt. v. 26.6.2003 – 2 U 20/02 Kart, KGR Berlin 2003, 284 (288).
[180] *Schockenhoff* NJW 1990, 152 (157).

§ 28 Vorteilsabschöpfung durch Verbände

Übersicht

	Rn.
A. Zweck der Regelung und Entstehungsgeschichte	1
B. Materielle Grundlagen	5
I. Anspruchsberechtigung	6
II. Vorsätzlicher Verstoß	10
III. Vorteil zu Lasten einer Vielzahl von Geschädigten	13
IV. Subsidiarität	17
V. Anspruchsinhalt und Verjährung	19
C. Prozessuale Aspekte und Verfahren	21
D. Praktische Bedeutung der Vorteilsabschöpfung und Zukunft der kollektiven Rechtsdurchsetzung im Kartellzivilrecht	25

A. Zweck der Regelung und Entstehungsgeschichte

Die **Vorteilsabschöpfung durch Verbände** ist in § 34a GWB geregelt. Die Regelung steht unmittelbar neben der in § 34 GWB geregelten Möglichkeit der **Vorteilsabschöpfung durch die Kartellbehörde** (→ § 18 Rn. 175 ff.). Nach § 34a GWB können bestimmte, in § 33 Abs. 2 GWB (§ 33 Abs. 4 RegE-GWB) genannte Verbände oder Verbraucherschutzeinrichtungen die Herausgabe des „Kartellvorteils" vom Täter eines Kartellverstoßes verlangen. Allerdings erfolgt die Herausgabe nicht an die Anspruchsteller, sondern an den Bundeshaushalt. Die Vorteilsabschöpfung durch Verbände sollte die private Durchsetzung des Kartellrechts stärken und so zusätzliche Abschreckungswirkung entfalten, insbesondere wenn die Kartellbehörden nicht tätig werden.[1]

§ 34a GWB muss daher im **Gesamtzusammenhang aller Instrumente zur Abschöpfung des Kartellvorteils** gesehen werden. Die Vorschrift ergänzt erstens die Abschöpfungsmöglichkeiten des sog „Public Enforcement", also zum einen eine Abschöpfung durch Bußgeldverhängung nach § 81 Abs. 5 GWB iVm § 17 Abs. 4 OWiG, wonach ein Bußgeld nicht nur ahnenden Charakter haben muss (→ § 18 Rn. 133 f.) sowie zum anderen die unmittelbare Vorteilsabschöpfung durch die Kartellbehörde nach § 34 GWB. Zweitens ergänzt § 34a GWB die Individualklage auf Schadensersatz nach § 33 Abs. 3 GWB (§ 33a RegE-GWB) insbesondere bei Streuschäden, deren Geltendmachung für die Betroffenen unwirtschaftlich erscheint. Kurz gesagt: Nach der Vorstellung des Gesetzgebers soll § 34a GWB immer dann eingreifen, wenn weder Schadenersatzansprüche geltend gemacht werden noch die Kartellbehörde eine eventuellen „Gewinn" aus dem Kartellverstoß herausverlangt. § 34a GWB will so offenbar zum Ausdruck bringen, dass der Kartelltäter den Kartellgewinn in keinem Fall behalten können soll. Ob dieses gesetzgeberische Ziel praktisch umgesetzt wird, hängt ganz wesentlich davon ab, ob und in welchem Umfang die Anspruchsberechtigten des § 34a GWB von ihren Rechten Gebrauch machen. Bisher fristet die Vorschrift in der kartellzivilrechtlichen **Praxis eher ein Schattendasein**.

§ 34a GWB wurde durch die 7. Novelle im Jahr 2005 neu in das GWB eingefügt. Vorher war eine Vorteilsabschöpfung nur durch die Kartellbehörden nach § 34 GWB aF möglich.[2] Eine Ausdehnung der Anspruchsberechtigung auf Verbraucherverbände wurde im Gesetzgebungsverfahren zur 7. GWB-Novelle in den Beratungen des Ver-

---

[1] BT-Drs. 15/3640, 36; Loewenheim/Meessen/Riesenkampff/*Rehbinder* GWB § 34a Rn. 1; *Bechtold/Bosch* § 34a Rn. 1.
[2] Vgl. Langen/Bunte/*Bornkamm* GWB § 34 Rn. 1 f. Auch die Regelung in § 34 GWB wurde im Zuge der 7. GWB-Novelle erweitert.

mittlungsausschusses gestrichen.³ Die Vorschrift wurde dem 2004 eingeführten § 10 UWG nachgebildet und ist mit diesem weitgehend wortgleich.⁴ Auch diese Norm soll die private Durchsetzung des Lauterkeitsrechts stärken und sicherstellen, dass rechtswidrige Gewinne nicht bei den Tätern verbleiben.⁵ Im Gegensatz zum kartellrechtlichen Anspruch sind im Lauterkeitsrecht Verbraucherverbände anspruchsberechtigt.⁶ Insoweit erfolgte eine Annäherung im Rahmen der 8. GWB-Novelle im Jahr 2013. Durch eine entsprechende Änderung des § 33 Abs. 2 GWB wurde die Anspruchsberechtigung auch für § 34a GWB auf **qualifizierte Verbraucherschutzeinrichtungen** erweitert.

4 Im Rahmen der 8. GWB-Novelle gab es zudem einen Vorstoß des Bundesrates zur **Stärkung des Instruments der Vorteilsabschöpfung**.⁷ Die wichtigsten Reformvorschläge des Bundesrates bezogen sich auf folgende Punkte: Das Verschuldenserfordernis sollte im Rahmen des § 34a GWB gestrichen werden. Außerdem sollten die Zahlungen aus der Vorteilsabschöpfung nicht mehr generell an den Bundeshaushalt erfolgen, sondern einem Sondervermögen des Bundes zugeführt werden, das die Einnahmen zweckgebunden zur Stärkung der Klagemöglichkeit der Verbände und Verbraucherschutzeinrichtungen, insbesondere zur Senkung des Prozesskostenrisikos verwenden sollte. Schließlich hätten die klagebefugten Verbände und Verbraucherschutzeinrichtungen auch die Möglichkeit der Vorteilsschätzung erhalten sollen, wie sie der Kartellbehörde im Rahmen ihrer Vorteilsabschöpfung nach § 34 Abs. 4 GWB zukommt. Im Ergebnis wurden die **Änderungsvorschläge von der Bundesregierung abgelehnt** und **nicht im Rahmen der 8. GWB-Novelle umgesetzt.** Der Gesetzgebungsprozess unterstreicht aber nochmals, wie schwer sich der Gesetzgeber mit den Instrumenten der kollektiven kartellzivilrechtlichen Durchsetzung tut.

4a Auch im Rahmen der **9. GWB-Novelle** ist nach dem Referentenentwurf keine Erweiterung der Vorschriften zur Vorteilsabschöpfung vorgesehen. Bei der Vorteilsabschöpfung durch die Kartellbehörden werden lediglich das Verjährungsregime und der Zeitraum erweitert, innerhalb dessen die Kartellbehörde eine Vorteilsabschöpfung anordnen kann. Bei der Vorteilsabschöpfung durch Verbände nach § 34a RegE-GWB ergeben sich Folgeänderungen der Verweisungen auf andere GWB-Vorschriften aufgrund der Änderung des § 33 RegE-GWB und der Einführung der §§ 33a ff RegE-GWB. **Die Begründung des Referentenentwurfs setzt** sich sehr intensiv mit Sinn und Zweck der – kartellbehördlichen – Vorteilsabschöpfung auseinander, ordnet diese in das Gesamtgefüge der möglichen Sanktionen von Kartellverstößen ein und verteidigt den Fortbestand einer im wesentlichen unveränderten Regelung. Demgegenüber wird die Vorteilsabschöpfung durch Verbände und ihre künftige Bedeutung nicht thematisiert.

B. Materielle Grundlagen

5 Ein Anspruch nach § 34a GWB setzt zunächst die Berechtigung des Anspruchsstellers im Sinn der Vorschrift voraus. Der Anspruchsgegner muss einen **Kartellverstoß** gem. § 34 Abs. 1 GWB vorsätzlich begangen haben. Dadurch muss er einen **Vorteil zu Lasten einer Vielzahl von Abnehmern oder Anbietern** erlangt haben. Zudem ist die **Subsidiarität** der Vorteilsabschöpfung durch Verbände gegen anderen Abschöpfungs- und Kompensationsmechanismen zu beachten.

---

³ BT-Drs. 15/5735, 3; *Bechtold/Buntscheck* NJW 2005, 2966 (2969); Immenga/Mestmäcker/*Emmerich* GWB § 34a Rn. 4.
⁴ Langen/Bunte/*Bornkamm* GWB § 34a Rn. 2; MüKoGWB/*Lübbig* GWB § 34a Rn. 6.
⁵ Immenga/Mestmäcker/*Emmerich* GWB § 34a Rn. 3.
⁶ § 8 Abs. 3 Nr. 3 UWG; vgl. Langen/Bunte/*Bornkamm* GWB § 34a Rn. 2.
⁷ Vgl. WuW-Sonderheft 2013, 175.

I. Anspruchsberechtigung

§ 34a Abs. 1 GWB verweist zur Definition der Anspruchsberechtigung auf § 33 Abs. 2 GWB (§ 33 Abs. 4 RegE-GWB). Danach können nur **Verbände und qualifizierte Verbraucherschutzeinrichtungen** den Anspruch auf Herausgabe des wirtschaftlichen Vorteils geltend machen. Die Ausweitung der Anspruchsberechtigung auf qualifizierte Verbraucherschutzeinrichtungen erfolgte im Rahmen der 8. GWB-Novelle, nachdem bei Einführung des § 34a GWB in der 7. GWB-Novelle eine Anspruchsberechtigung von Verbraucherverbänden noch keinen Eingang ins Gesetz gefunden hatte.

Anspruchsberechtigte nach § 33 Abs. 2 Nr. 1 GWB (§ 33 Abs. 4 Nr. 1 RegE-GWB) sind solche rechtsfähigen Verbände, die die Förderung gewerblicher oder selbständiger beruflicher Interessen zum Gegenstand haben. Außerdem muss ihnen eine erhebliche Zahl von Unternehmen angehören, die vom Kartellverstoß betroffen sind. Schließlich müssen die Verbände finanziell und personell so aufgestellt sein, dass sie die ihnen von ihrer jeweiligen Satzung zugewiesenen Aufgaben tatsächlich wahrnehmen zu können. Praktisch bedeutet dies, dass jedenfalls solche Berufs- oder Branchenverbände zur Vorteilsabschöpfung anspruchsberechtigt sind, denen eine Vielzahl der potentiell durch ein bestimmtes Kartell geschädigten Unternehmen angehören und die über eine ausreichende eigenständige Verbandsorganisation und eine entsprechende finanzielle Mittelausstattung verfügen. Dies ist eine in der Praxis ohne Weiteres vorzufindende Konstellation.

Anspruchsberechtigte qualifizierte Verbraucherschutzeinrichtungen müssen entweder in die **Liste qualifizierter Einrichtungen nach § 4 des Unterlassungsklagengesetzes oder in das Verzeichnis der Europäischen Kommission nach Art. 4 Abs. 3 der RL 2009/22/EG** über Unterlassungsklagen eingetragen sein. In der Liste der qualifizierten Verbraucherschutzeinrichtungen nach § 4 des Unterlassungsklagengesetzes waren zum Stand 1. Januar 2015 77 in Deutschland ansässige Verbände registriert.[8] Die Zahl ist durchaus beachtlich. Die zahlenmäßig größte Gruppe bilden Mieterschutzvereinigungen. Insgesamt handelt es sich aber vor allem um Verbände, die wohl in erster Linie lauterkeitsrechtliche Ansprüche geltend machen. Die Kommission hat 2013 eine Mitteilung zu Art. 4 Abs. 3 RL 2009/22/EG veröffentlicht,[9] in der die klageberechtigten qualifizierten Einrichtungen in der EU aufgelistet sind. Die Eintragungen für Deutschland stimmen im Wesentlichen mit den Eintragungen nach dem Unterlassungsklagengesetz überein. Die Bedeutung des EU-Verzeichnisses für die Anwendung der Vorteilsabschöpfung nach § 34a GWB besteht darin, dass auch qualifizierte Verbraucherschutzeinrichtungen aus anderen EU-Mitgliedstaaten nach deutschem Recht anspruchsberechtigt sind und auf Herausgabe des Kartellvorteils an den Bundeshaushalt klagen können. Ob diese Fallkonstellation auch praktisch relevant wird, bleibt abzuwarten.

Sofern mehrere Verbände den Anspruch auf Vorteilsabschöpfung geltend machen, verweist § 34a Abs. 3 auf die entsprechende Anwendung der Regelungen der Gesamtgläubigerschaft, §§ 428 bis 430 BGB. Danach muss der verurteilte Anspruchsgegner die **Summe des abzuschöpfenden Vorteils nur einmal an den Fiskus zahlen,** auch wenn mehrere Verbände geklagt haben. Die Ansprüche der übrigen Verbände erlöschen durch die Zahlung, sodass andere anhängige Klagen unbegründet werden.[10] Darüber hinaus haben die Regelungen über die Gesamtgläubigerschaft, insbesondere auch die Regelung über den Innausgleich unter den Gesamtgläubigern nach § 430 BGB, wohl keine praktische Bedeutung. Da der Vorteil nur an den Bundeshaushalt herauszugeben ist, gibt es keinen Binnenausgleich zwischen mehreren klagenden Verbänden.[11]

---

[8] Der aktuelle Stand der Eintragungen ist abrufbar unter www.bundesjustizamt.de.
[9] ABl. 2006 C 323, 4.
[10] Immenga/Mestmäcker/*Emmerich* GWB § 34a Rn. 25 f.
[11] *Bechtold/Bosch* GWB § 34a Rn. 8.

II. Vorsätzlicher Verstoß

10 Bei der Voraussetzung des Kartellverstoßes knüpft § 34a GWB an § 34 Abs. 1 GWB an. Gem. §§ 34a Abs. 1, 34 Abs. 1 GWB führen Verstöße gegen Bestimmungen des ersten Teils des GWB, gegen Art. 101, 102 AEUV und gegen Verfügungen der Kartellbehörden zu einem Anspruch auf Vorteilsabschöpfung. Im Fall eines Verstoßes gegen kartellbehördliche Verfügungen wird die Vorteilsabschöpfung im Zweifel durch die Behörde selbst betrieben, sodass dieser Variante für die private Vorteilsabschöpfung keine praktische Bedeutung zukommt.[12]

11 In Verschärfung gegenüber § 34 Abs. 1 GWB ist bei § 34a GWB nicht lediglich ein schuldhafter, sondern ein vorsätzlicher Kartellverstoß erforderlich. Nach der im Zivilrecht herrschenden Vorsatztheorie scheidet eine schuldhafte Begehung bei jedem Tatsachen- oder Rechtsirrtum aus.[13] Fehlt einem marktbeherrschenden Unternehmen die Kenntnis über die relevanten Marktanteile und seine beherrschende Stellung, so liegt ein Tatsachenirrtum vor, der einen Anspruch nach § 34a Abs. 1 GWB ausschließt.[14] Dies gilt auch, wenn diese Unkenntnis auf grober Fahrlässigkeit beruht.[15] Denkbar ist auch, dass der Inhaber eines Schutzrechts oder der Betreiber einer wesentlichen Einrichtung[16] keine Kenntnis über dessen bzw. deren Wesentlichkeit für den Zugang zu nachgelagerten Marktstufen hat. Die vorsätzliche Begehung der Tat erfordert auch die Kenntnis der Rechtswidrigkeit.[17] Diese entfällt, wenn das betroffene Unternehmen in der Parallelwertung der Laiensphäre sein Verhalten als erlaubt ansieht.[18]

12 Für den **Regelanwendungsfall einer Vorteilsabschöpfung** führt das Vorsatzerfordernis nicht zu einer relevanten Einschränkung des Anwendungsbereichs. Denn bei den meisten Wettbewerbsverstößen ist ein vorsätzliches Vorgehen anzunehmen.[19] Dies gilt insbesondere, wenn es um die **Abschöpfung wirtschaftlicher Vorteile aus horizontalen Hardcore-Verstößen** geht, die immer vorsätzlich begangen werden. Solche Kartellverstöße und deren vorsätzliche Begehung werden regelmäßig in kartellbehördlichen Entscheidungen festgestellt. Darauf kann sich der auf Vorteilsabschöpfung klagende Verband im Rahmen seiner „Follow on"-Klage nicht nur praktisch, sondern auch rechtlich stützen. Denn über den Verweis in § 34a Abs. 5 GWB auf § 33 Abs. 4 GWB (§ 33b RegE-GWB) gilt auch beim Anspruch auf Vorteilsabschöpfung durch Verbände die **rechtliche Bindungswirkung** der über die Vorteilsabschöpfung urteilenden Gerichte an die Entscheidung der Kartellbehörde. Der Anspruchsgegner kann also im Verfahren der Vorteilsabschöpfung nicht mehr geltend machen, dass er den Kartellverstoß, auf den sich der klagende Verband stützt, überhaupt nicht oder nicht vorsätzlich begangen habe. Gegen den in einer bestandskräftigen Entscheidung festgestellten vorsätzlichen Kartellverstoß kann sich der Anspruchsgegner nicht mehr zur Wehr setzen.[20] Der Fall einer „Stand alone"-Klage ist aktuell weder im Rahmen der Geltendmachung von Schadenersatzansprüchen noch im Rahmen der Vorteilsabschöpfung relevant.

---

[12] Langen/Bunte/*Bornkamm* GWB § 34a Rn. 10.
[13] Langen/Bunte/*Bornkamm* GWB § 34a Rn. 14; MüKoGWB/*Lübbig* GWB § 34a Rn. 8.
[14] Vgl. zu diesem Beispiel Langen/Bunte/*Bornkamm* GWB § 34a Rn. 14. Allgemein dazu in Immenga/Mestmäcker/*Emmerich* GWB § 34a Rn. 9.
[15] Langen/Bunte *Bornkamm* GWB § 34a Rn. 14.
[16] Vgl. zur „essential facilities-doctrine" im deutschen Recht Immenga/Mestmäcker/*Möschel* GWB § 19 Rn. 179.
[17] Immenga/Mestmäcker/*Emmerich* GWB § 34a Rn. 14; *Bechtold* GWB § 34a Rn. 3.
[18] Langen/Bunte/*Bornkamm* GWB § 34a Rn. 14.
[19] Immenga/Mestmäcker/*Emmerich* GWB § 34a Rn. 9; Wiedemann/*Klose* HdB KartellR § 34a Rn. 64. Vgl. auch die Gesetzesbegründung, die vorsätzliches Handeln bei Kernbeschränkungen regelmäßig annimmt, BT-Drs. 15/3640, 55.
[20] Langen/Bunte/*Bornkamm* GWB § 34a Rn. 11.

III. Vorteil zu Lasten einer Vielzahl von Geschädigten

Anders als beim Schadensersatzanspruch nach § 33 Abs. 3 GWB (§ 33a RegE-GWB) geht 13 es bei der kartellrechtlichen Vorteilsabschöpfung **nicht um den Ausgleich von Verlusten einzelner.** Vielmehr wird die umgekehrte Perspektive eingenommen. Es geht darum, dem Kartelltäter jeglichen Vorteil aus dem Kartellverstoß zu entziehen. Mit dem Begriff des Vorteils knüpft das Gesetz an die Formulierung der §§ 34 Abs. 1, 81 Abs. 5 GWB, 17 Abs. 4 OWiG an.[21] Dieser Begriff umfasst sogar mehr als den Gewinn des Unternehmens; es werden auch Verbesserungen der Marktposition erfasst.[22]

Der wirtschaftliche Vorteil ist durch den **Vergleich der gegenwärtigen und der hy-** 14 **pothetischen Vermögenslage** des betroffenen Unternehmens wie sie ohne den Kartellverstoß bestanden hätte zu ermitteln.[23] Dazu sind die Grundsätze heranzuziehen, die zu § 17 Abs. 4 OWiG (→ § 18 Rn. 134) entwickelt wurden.[24] Der erlangte Vorteil muss kausal auf den Wettbewerbsverstoß zurückzuführen sein.[25] Ist er durch andere Ereignisse, wie eine günstige Konjunktur oder die Verbesserung der Kostenstruktur begründbar, so scheidet ein Abschöpfungsanspruch jedenfalls insoweit aus. Von den durch den Kartellverstoß erlangten Vorteilen sind alle Nachteile für das beklagte Unternehmen sowie die aufgewendeten Kosten abzuziehen **(Nettoprinzip).**[26] Im Gegensatz zur kartellbehördlichen Vorteilsabschöpfung nach § 34 Abs. 4 GWB enthält § 34a GWB selbst keine explizite Regelung für die Schätzung des wirtschaftlichen Vorteils.[27]

Der wirtschaftliche Vorteil muss **zu Lasten einer Vielzahl von Abnehmern oder** 15 **Anbietern** erlangt worden sein. Ausweislich der Gesetzesbegründung soll der Anwendungsbereich des § 34a Abs. 1 GWB auf Wettbewerbsverstöße beschränkt sein, die bei einer Vielzahl von Marktteilnehmern auf einer vor- oder nachgelagerten Stufe **Streuschäden** verursachen.[28] Dies gilt unabhängig davon, ob es sich um mittelbare oder unmittelbare Abnehmer bzw. Anbieter handelt.[29] Daher scheidet ein Abschöpfungsanspruch aus, wenn ausschließlich Schäden bei Mitbewerbern entstehen oder wenn einzelne Marktteilnehmer gezielt benachteiligt werden.[30] Dies kann insbesondere in Fällen des Missbrauchs einer marktbeherrschenden Stellung wie zB bei der Diskriminierung einzelner Abnehmer oder Anbieter der Fall sein.[31] In diesem Fall scheidet eine Vorteilsabschöpfung mangels eines abschöpfungsfähigen Vorteils aus. Streuschäden mit Breitenwirkung, die der Vorteilsabschöpfung unterliegen, treten typischerweise dann auf, wenn zumindest auch eine Vielzahl von Abnehmern oder Anbietern so geringe Schäden erlitten haben, dass eine Durchsetzung von individuellen Schadensersatzansprüchen von den Geschädigten nicht zu erwarten ist.[32]

Auch wenn es bei § 34a GWB nicht um die Ermittlung von Schäden geht, erfordert 16 das Merkmal „zu Lasten" in § 34a Abs. 1 GWB, dass ein entsprechender Nachteil bei den Anbietern oder Abnehmern des Anspruchsgegners entsteht.[33] Dieser **Nachteil** kann in je-

---

[21] Langen/Bunte/*Bornkamm* GWB § 34a Rn. 15; Immenga/Mestmäcker/*Emmerich* GWB § 34a Rn. 10.
[22] MüKoGWB/*Lübbig* GWB § 34a Rn. 10; Loewenheim/Meessen/Riesenkampff/*Rehbinder* GWB § 34 Rn. 3.
[23] BT-Drs. 15/3640, 55; Immenga/Mestmäcker/*Emmerich* GWB § 34a Rn. 10, § 34 Rn. 23.
[24] BT-Drs. 15/3640, 55; MüKoGWB/*Lübbig* GWB § 34a Rn. 11.
[25] Immenga/Mestmäcker/*Emmerich* GWB § 34a Rn. 16.
[26] Immenga/Mestmäcker/*Emmerich* GWB § 34 Rn. 20; Loewenheim/Meessen/Riesenkampff/*Rehbinder* GWB § 34 Rn. 3.
[27] MüKoGWB/*Lübbig* GWB § 34a Rn. 12.
[28] BT-Drs. 15/3640, 55f.; Wiedemann/*Klose* HdB KartellR § 34a Rn. 64; Loewenheim/Meessen/Riesenkampff/*Rehbinder* GWB § 34a Rn. 2.
[29] BT-Drs. 15/3640, 56; Wiedemann/*Klose* HdB KartellR § 34a Rn. 64.
[30] Langen/Bunte *Bornkamm* HdB KartellR § 34a Rn. 12.
[31] Langen/Bunte *Bornkamm* HdB KartellR § 34a Rn. 12; vgl. auch in Immenga/Mestmäcker/*Emmerich* GWB § 34a Rn. 13.
[32] *Bechtold/Bosch* GWB § 34a Rn. 4.
[33] Immenga/Mestmäcker/*Emmerich* GWB § 34a Rn. 14f.; MüKoGWB/*Lübbig* GWB § 34a Rn. 17.

der wirtschaftlichen Schlechterstellung gesehen werden.[34] Es ist auch unerheblich ob er bei den **direkten oder indirekten Abnehmern** eintritt. Die Ermittlung des konkret erlittenen Schadens der Marktteilnehmer ist aber nicht nötig.[35] Eine Schlechterstellung ist nur eingetreten, wenn sich durch den Wettbewerbsverstoß der Marktpreis nachteilig für die Marktgegenseite entwickelt hat und diese Entwicklung kausal auf den Wettbewerbsverstoß zurückzuführen ist.[36] Dies ist durch den klagenden Verband nachzuweisen.

IV. Subsidiarität

17 Nach § 34a Abs. 1 2. Hs. GWB ist der Abschöpfungsanspruch nach § 34a Abs. 1 GWB in doppelter Hinsicht subsidiär. Die Subsidiarität besteht zur **Vorteilsabschöpfung durch die Kartellbehörde.** Diese kann durch eine Vorteilsabschöpfung im Wege des Bußgeldverfahrens nach § 81 Abs. 5 GWB oder durch die Abschöpfung nach § 34 Abs. 1 GWB vorgehen. Der Abschöpfungsanspruch der Verbände geht mit der Bekanntgabe eines entsprechenden Bescheides der Kartellbehörde unter.[37]

18 Die Vorteilsabschöpfung nach § 34a Abs. 1 GWB ist darüber hinaus **subsidiär zu individuellen Schadensersatzleistungen und sonstigen Ersatzleistungen.**[38] Aus diesem Grund ordnet § 34a Abs. 2 S. 1 GWB an, dass auf den abzuschöpfenden Vorteil Leistungen anzurechnen sind, die das Unternehmen auf Grund des Verstoßes erbracht hat. Im Hinblick auf die Gesetzessystematik sind damit Leistungen gegenüber den Geschädigten und nicht gegenüber der Behörde gemeint. Leistungen an die Kartellbehörden sind bereits nach § 34a Abs. 1 2. Hs. GWB subsidiär.[39] Werden Schadensersatzzahlungen oder andere Leistungen erst nach der Vorteilsabschöpfung geleistet, so ist der nach § 34a Abs. 1 GWB abgeschöpfte Vorteil in dieser Höhe zurückzuerstatten. Dies ist § 34a Abs. 2 S. 2 iVm § 34 Abs. 2 S. 2 GWB geregelt.

V. Anspruchsinhalt und Verjährung

19 Nach § 34a Abs. 1 GWB kann der klageberechtigte Verband nur die **Zahlung des erlangten Vorteils an den Bundeshaushalt** verlangen.[40] Durch diese Ausgestaltung sollte jeder Anreiz der klagenden Verbände zum Missbrauch der Vorteilsabschöpfung ausgeschlossen werden.[41]

20 § 34a GWB enthält **keine besonderen Verjährungsvorschriften.** Der Anspruch auf Vorteilsabschöpfung ist ein zivilrechtlicher Anspruch und verjährt nach der regelmäßigen Verjährungsfrist des § 195 BGB in drei Jahren. Während die Verjährungsfristen für den kartellrechtlichen Unterlassungs- und Beseitigungsanspruch sowie für den Schadensersatzanspruch nach § 33h Abs. 1 RegE-GWB auf fünf Jahre verlängert wurden, fehlt es für die Vorteilsabschöpfung durch Verbände nach § 34a RegE-GWB an einer entsprechenden Regelung. Da § 34a Abs. 5 GWB (§ 33h Abs. 6 RegE-GWB) auf § 33 Abs. 5 GWB verweist, gelten auch für die Verjährung des Anspruchs auf Vorteilsabschöpfung die dort genannten Hemmungsvorschriften, also insbesondere die Hemmung der Verjährung durch Einleitung eines Kartellverfahrens durch die Kartellbehörden eines EU-Mitgliedstaats oder durch die Europäische Kommission.

---

[34] Immenga/Mestmäcker/*Emmerich* GWB KartellR § 34a Rn. 14 f.; MüKoGWB/*Lübbig* GWB § 34a Rn. 17. Vgl. auch die Gesetzesbegründung zum gleichlautenden § 10 UWG: BT-Drs. 15/2795, 21. In der lauterkeitsrechtlichen Literatur wird zT das Bestehen eines zivilrechtlichen Schadensersatzanspruches gefordert, siehe *Sieme* WRP 2009, 914 (919).
[35] MüKoGWB/*Lübbig* GWB § 34a Rn. 17; Loewenheim/Meessen/Riesenkampff/*Rehbinder* GWB § 34a Rn. 2.
[36] Immenga/Mestmäcker/*Emmerich* GWB § 34a Rn. 15.
[37] BT-Drs. 15/3640, 55; MüKoGWB/*Lübbig* GWB § 34a Rn. 25.
[38] *Bechtold/Bosch* GWB § 34a Rn. 5 f.; Loewenheim/Meessen/Riesenkampff/*Rehbinder* GWB § 34 Rn. 5.
[39] BT-Drs. 15/3640, 56; *Bechtold/Bosch* GWB § 34a Rn. 10; MüKoGWB/*Lübbig* GWB § 34a Rn. 27.
[40] MüKoGWB/*Lübbig* GWB § 34a Rn. 18; *Bechtold/Bosch* GWB § 34a Rn. 2.
[41] BT-Drs. 15/3640, 36.

C. Prozessuale Aspekte und Verfahren

Prozessual ist die Vorteilsabschöpfung durch Verbände eine **bürgerlich-rechtliche** 21 **Rechtsstreitigkeit** im Sinne der §§ 87 ff. GWB. Dies bedeutet, dass ausschließlich die Landgerichte sachlich zuständig sind. Für die örtliche Zuständigkeit gelten die allgemeinen Vorschriften (→ § 26 Rn. 528 ff.). Wegen des sachlichen Zusammenhangs der Vorteilsabschöpfung mit dem Kartellverstoß als unerlaubte Handlung kommt nach richtiger Ansicht die entsprechende Anwendung des § 32 ZPO (Gerichtsstand der unerlaubten Handlung) in Frage.[42] Da der Anspruch in der Sache auf die Herausgabe an den Bundeshaushalt gerichtet ist, muss auch der Klageantrag auf Zahlung an den Bundeshaushalt lauten.[43] Auch für die Beweislastverteilung ergeben sich keine Besonderheiten. Der klagende Verband ist für die Voraussetzungen der Vorteilsabschöpfung darlegungs- und beweispflichtig. Im Regelfall der „Follow-on" Vorteilsabschöpfung kann er sich für den vorsätzlichen Kartellverstoß auf eine entsprechende Behördenentscheidung stützen.

In der Praxis stellt sich regelmäßig das Problem, dass die klagenden Verbände praktisch 22 kaum in der Lage sind, den abzuschöpfenden Kartellvorteil bei Klageerhebung zu beziffern. Sie werden daher regelmäßig im Wege der **Stufenklage** vorgehen, in dem sie zunächst einen akzessorischen Auskunftsanspruch (→ § 29 Rn. 1 ff.) über die Tatsachengrundlage für die Bemessung des Herausgabeanspruchs geltend machen und dann erst in einem zweiten Schritt den herauszugebenden Vorteil beziffern. In diesem Zusammenhang sind auch mögliche Erleichterungen zugunsten der Anspruchsteller in Erwägung zu ziehen. Eine Vorteilsschätzung durch die Verbände scheidet zwar aus (→ Rn. 14). Allerdings bleibt eine **Schätzung nach § 287 ZPO** durch das angerufene Gericht möglich. Dies gilt, obwohl das Gesetz insoweit keinen ausdrücklichen Verweis auf § 33 Abs. 3 Satz 3 GWB (§ 33a Abs. 3 RegE-GWB) enthält. Zwar handelt es sich bei § 34a GWB nicht um einen Schadensersatzanspruch. § 287 ZPO gilt aber unabhängig von einer GWB-Verweisung. Zudem sind die Erwägungen, die § 33 Abs. 3 Satz 3 GWB (§ 33a Abs. 3 RefE-GWB) zugrunde liegen, durchaus auf § 34a GWB übertragbar.[44]

Nach § 34a Abs. 4 S. 1 GWB muss der Verband dem **Bundeskartellamt über die** 23 **Geltendmachung des Abschöpfungsanspruches Auskunft erteilen.** Die Auskunftspflicht ist wohl dahin zu verstehen, dass das Bundeskartellamt von vornherein zu informieren ist und nicht nur dann, wenn das Bundeskartellamt eine Auskunftserteilung verlangt.[45] Die Informationspflicht besteht ab Geltendmachung und erfasst daher auch das vor- und außerprozessuale Vorgehen des Anspruchstellers. Zwar ist der Umfang der Auskunftspflicht nicht klar geregelt, es dürfte sich aber in der Praxis empfehlen, dem Bundeskartellamt zumindest eine Kopie des Anspruchsschreibens ggf. mit einer ergänzenden Erläuterung des geplanten Vorgehens zu übersenden. Für das gerichtliche Verfahren und die dortige Beteiligung des Bundeskartellamts gelten die allgemeinen Regeln des § 90 GWB (→ § 26 Rn. 624 ff.). Nach dem Wortlaut des § 90 Abs. 5 RegE-GWB ist – anders als in Schadensersatzprozessen – nicht vorgesehen, dass das Bundeskartellamt in Gerichtsverfahren zur Vorteilsabschöpfung eine Stellungnahme zu Höhe eines möglichen Anspruchs abgeben kann.

Dem klagenden Verband steht zudem ein **Aufwendungsersatzanspruch gegen das** 24 **Bundeskartellamt** gem. § 34a Abs. 4 S. 2 GWB zu, sofern er keinen Ausgleich für seine Aufwendungen vom beklagten Unternehmen erlangen kann. Dieser Anspruch ist auf die Höhe des an den Bundeshaushalt abgeführten Vorteils beschränkt (§ 34a Abs. 4 S. 3 GWB). Dies setzt jedoch voraus, dass der Abschöpfungsanspruch begründet ist und er-

---

[42] Vgl. dazu *Bechtold/Bosch* GWB § 34a Rn. 10.
[43] Immenga/Mestmäcker/*Emmerich* GWB § 34a Rn. 28.
[44] Vgl. BT-Drs. 15/3640, 56; Langen/Bunte/*Bornkamm* GWB § 34a Rn. 13.
[45] *Bechtold/Bosch* § 34a Rn. 12; Langen/Bunte/*Bornkamm*, GWB § 34a Rn. 15; Loewenheim/Meessen/Riesenkampff GWB *Rehbinder* § 34 Rn. 7.

folgreich vollstreckt werden konnte.[46] Bei den anspruchsberechtigten Verbänden verbleibt also ein nicht unerhebliches **eigenes Prozessrisiko**.

D. Praktische Bedeutung der Vorteilsabschöpfung und Zukunft der kollektiven Rechtsdurchsetzung im Kartellzivilrecht

25 Seit dem Inkrafttreten der Vorschrift am 1.7.2005 wurde – soweit ersichtlich – **noch kein Anspruch** nach § 34a Abs. 1 GWB durch einen Verband **geltend gemacht**.[47] Bereits im Gesetzgebungsverfahren wurde die **Praktikabilität der Regelung** angezweifelt.[48] Der geringe Anreiz der Verbände zur Geltendmachung des Anspruches wird zum einen damit begründet, dass der abgeschöpfte Vorteil an den Bundeshaushalt abgeführt werden muss. Dadurch kann der klagende Verband keinen Gewinn erwarten, der die aufgenommenen Risiken aufwiegen könnte.[49] Nur im Falle des Obsiegens kann er seine Kosten nach § 34a Abs. 4 Sätze 2 und 3 GWB ersetzt bekommen.[50] Die **lauterkeitsrechtliche Praxis** zeigt allerdings, dass einige Verbände sehr wohl das Prozesskostenrisiko auf sich nehmen, um einen Anspruch auf Vorteilsabschöpfung durchzusetzen.[51] Dennoch steht das Instrument der Vorteilsabschöpfung in § 10 UWG in seiner praktischen Anwendung deutlich hinter den Unterlassungsklagen von Verbraucherschutzverbänden zurück.

26 Im Kartellrecht bleibt es zweifelhaft, dass Verbände und qualifizierte Verbraucherschutzeinrichtungen künftig zum Instrument der Vorteilsabschöpfung greifen. Eine „Klagekultur" zur Geltendmachung kartellrechtlicher Ansprüche durch darauf spezialisierte Verbände gibt es jedenfalls gegenwärtig nicht. Da es sich praktisch um die Geltendmachung von **Streuschäden** handelt, die typischerweise bei Verbrauchern entstehen, wäre zu erwarten, dass die **Verbraucherverbände** sich entsprechend organisieren und hier aktiv werden.

27 Im Ergebnis zeigt sich bei der Vorteilsabschöpfung das **Dilemma der kollektiven privaten Kartellrechtsdurchsetzung**. Außerhalb der ungeliebten US-amerikanischen Class Action scheint es kaum möglich zu sein, ein angemessenes und allseits akzeptables Verfahren zur kollektiven Durchsetzung von kartellrechtlichen Wiedergutmachungsansprüchen zu etablieren. Insbesondere die Kommission arbeitete zwar seit längerem Vorschläge zur Ausgestaltung eines kollektiven Rechtsschutzsystems im Rahmen der von ihr angestrebten Stärkung der privaten Kartellrechtsdurchsetzung aus.[52] Dieser Vorstöße wurden und werden von einer regen Diskussion in der Literatur begleitet.[53] In diesem Zusammenhang forderte die Kommission auch die Einführung von Verbandsklagen qualifizierter Einrichtungen wie Verbraucherverbänden, staatlicher Institutionen oder Berufsver-

---

[46] Langen/Bunte GWB *Bornkamm* GWB § 34a Rn. 15; Immenga/Mestmäcker/*Emmerich* GWB § 34a Rn. 29.
[47] *Alexander* WRP 2012, 1190 (1191).
[48] Vgl. die Stellungnahme des Bundesrates BR-Drs. 441/04 (Beschluss), 13 f.
[49] Langen/Bunte/*Bornkamm* GWB § 34a Rn. 2; Immenga/Mestmäcker/*Emmerich* GWB § 34a Rn. 6; Loewenheim/Meessen/Riesenkampff/*Rehbinder* GWB § 34 Rn. 1; *Fuchs* WRP 2005, 1384 (1391).
[50] Immenga/Mestmäcker/*Emmerich* GWB § 34a Rn. 29.
[51] Vgl. die Verweise auf einige Urteile in Langen/Bunte/*Bornkamm* GWB § 34a Rn. 2 und *Sieme* WRP 2009, 914 (915 f.). Vgl. auch aktuell OLG Frankfurt Urt. v. 20.5.2010 – 6 U 33/09, GRUR-RR 2010, 482. Der bis 12.4.2011 abgeschöpfte Gewinn beträgt allerdings nur ca. 47.000 EUR, vgl. *van Raay*, Gewinnabschöpfung als Präventionsinstrument im Lauterkeitsrecht – Möglichkeiten und Grenzen effektiver Verhaltenssteuerung durch den Verbandsanspruch nach § 10 UWG, 2012, 181.
[52] Grünbuch v. 19.12.2005, „Schadenersatzklagen wegen Verletzung des EU-Wettbewerbsrechts", KOM (2005) 672 endgültig; Weißbuch v. 2.4.2008, „Schadenersatzklagen wegen Verletzung des EG-Wettbewerbsrechts", KOM(2008) 165 endgültig.
[53] Vgl. dazu nur *Bernhard*, Kartellrechtlicher Individualschutz durch Sammelklagen, 2010; *Bien* FS Möschel 2011, 131 ff.; *Fiedler*, Class Actions zur Durchsetzung des europäischen Kartellrechts, 2010; *Hess* WuW 2010, 493; *Kapp* FS Möschel 2011, 319; *Meeßen*, Der Anspruch auf Schadensersatz bei Verstößen gegen EU-Kartellrecht, 2011; *Weidenbach/Saller* BB 2008, 1020. Zu einem Vorschlag auf europäischer Ebene *Ruggeberg/Schinkel* W.Comp 2006, 395.

bänden.⁵⁴ Sie sollten Schadensersatzforderungen einer fest definierten Gruppe einheitlich geltend machen können. Diese **„Opt-out-Gruppenklagen"** stellen ein funktionales Äquivalent zu der Vorteilsabschöpfung durch Verbände nach der gegenwärtigen Rechtslage dar.⁵⁵ Im Gegensatz zur Vorteilsabschöpfung richtete sich die **vorgeschlagene Verbandsklage** jedoch auf den **Ersatz des Schadens,** der den Mitgliedern der vertretenen Gruppe entstanden ist. Die beklagten Unternehmen müssten diesen Betrag an den Verband zahlen, der ihn möglichst vollständig an die Betroffenen auskehrt.

Nachdem der erste unveröffentlichte Verordnungsvorschlag aus dem Jahre 2009 aufgrund des großen Widerstandes nicht weiter verfolgt wurde,⁵⁶ möchte die Kommission mit Unterstützung des Europäischen Parlamentes den kollektiven Rechtsschutz rechtsgebietsübergreifend stärken.⁵⁷ Am 11.6.2013 hat sie einen nicht verbindlichen Vorschlag veröffentlicht, nach dem die Mitgliedsstaaten **nationale Vorschriften zur Einführung kollektiver Rechtsschutzinstrumente** erlassen sollen⁵⁸ (→ § 25 Rn. 110). Im Gegensatz zu den oben genannten **„Opt-out-Verbandsklagen"** sind nach diesen Vorschlägen vorrangig Gruppenklagen zulässig, bei denen jeder Kläger seinen Beitritt zu der Gruppenklage ausdrücklich erklärt **(„Opt-in-Mechanismus").**⁵⁹ Dieses System ist allerdings nicht mehr mit der derzeit geltenden Vorteilsabschöpfung vergleichbar, da in einer solchen Klage nur die **Ersatzansprüche der Beigetretenen** verhandelt werden.

28

---

⁵⁴ Weißbuch, KOM(2008) 165 endgültig, 4.
⁵⁵ *Bien* NZKart 2013, 12 (15).
⁵⁶ *Wagner-von Papp* EWS 2009, 445.
⁵⁷ Vgl. dazu die Dokumente auf der Internetseite http://ec.europa.eu/competition/antitrust/actionsdamages/collective_redress_en.html.
⁵⁸ Vgl. IP/13/524 und IP/13/525.
⁵⁹ IP/13/524. Allgemein zu „Opt-in-Klagen" *Bien* NZKart 2013, 12 (13).

§ 29 Ansprüche und Klagen auf Auskunft

Übersicht

	Rn.
A. Akzessorischer Auskunftsanspruch nach § 242 BGB	1
I. Anspruchsvoraussetzungen	1
1. Sonderrechtsbeziehung und zugrunde liegender Anspruch	2
2. Entschuldbare Ungewissheit	4
3. Zumutbarkeit der Auskunftserteilung	5
4. Umfang des Auskunftsanspruchs	8
II. Prozessuale Durchsetzung	9
B. Weitere Möglichkeiten des Zugangs zu Beweismitteln über die Zivilgerichte	12
I. Anordnung der Offenlegung von Beweismitteln	13
1. Vorlageanordnungen nach §§ 142 ff. ZPO	13
2. Offenlegungsanordnungen nach Art. 5 der Schadensersatzrichtlinie	15
a) Allgemeines	15
b) Voraussetzungen und Grenzen von Offenlegungsanordnungen	16
c) Durch Akteneinsicht/-zugang bei der Behörde erlangte Informationen	25
d) Sanktionsmechanismen	29
e) Prozessuale Mechanismen	32
f) Intertemporale Anwendung	35
II. Beiziehung von Akten durch Zivilgerichte	37
1. Ersuchen an die Europäische Kommission	38
2. Ersuchen an nationale Behörden	41

Schrifttum:

Harms/Petrasincu, Die Beziehung von Ermittlungsakten im Kartellzivilprozess – Möglichkeit zur Umgehung des Schutzes von Kronzeugenanträgen?, NZKart 2014, 304; *Harte-Bavendamm/Henning-Bodewig,* Gesetz gegen den unlauteren Wettbewerb, 3. Aufl. 2013; *Heinichen,* Akteneinsicht durch Zivilgerichte in Kartellschadensersatzverfahren, NZKart 2014, 83; *Inderst/Thomas,* Schadensersatz bei Kartellverstößen, 1. Aufl. 2014; *Kamann/Schwedler,* Akteneinsicht „auf dem kleinen Dienstweg" im Kartellschadensersatzprozess?, EWS 2014, 121; *Kersting,* Die neue Richtlinie zur privaten Rechtsdurchsetzung im Kartellrecht, WuW 2014, 564; *Keßler,* Die europäische Richtlinie über Schadnesersatz im Wettbewerbsrecht – Cui bono?, VuR 2015, 83; *Krüger/Rauscher,* Münchener Kommentar zur ZPO, 4. Aufl. 2012–2013; *Löwe/Rosenberg,* Strafprozessordnung, 26. Aufl. 2006–2011; *Lübbig/le Bell,* Die Reform des Zivilprozesses in Kartellsachen, WRP 2006, 1209; *Makatsch/Mir,* Die neue EU-Richtlinie zu Kartellschadensersatzklagen – Angst vor der eigenen „Courage"?, EuZW 2015, 7; *Meyer-Goßner/Schmitt,* Strafprozessordnung, 59. Aufl. 2016; *Müller-Graff,* Kartellrechtlicher Schadensersatz in neuer Versuchsanordnung, ZHR 2015, 691; *Ohly/Sosnitza,* Gesetz gegen den unlauteren Wettbewerb, 6. Aufl. 2014; *Palandt,* Bürgerliches Gesetzbuch, 75. Aufl. 2016; *Prütting/Gehrlein,* Zivilprozessordnung, 8. Aufl. 2016; *Prütting/Wegen/Weinreich,* Bürgerliches Gesetzbuch, 10. Aufl. 2015; *Reichert/Walther,* Die besonderen Regelungen für Kronzeugen im Rahmen der Richtlinie 2014/104/EU, GPR 2015, 120; *Säcker/Rixecker,* Münchener Kommentar zum Bürgerlichen Gesetzbuch, 6. Aufl. 2012–2013; *Steger,* Zugang durch die Hintertüre? – zur Akteneinsicht in Kronzeugenanträge von Kartellanten, BB 2014, 963; *Teplitzky,* Wettbewerbsrechtliche Ansprüche und Verfahren, 10. Aufl. 2011; *Vorwerk/Wolf,* Beck'scher Online-Kommentar ZPO, 19. Ed. 2015; *Weitbrecht,* Die Umsetzung der EU-Schadensersatzrichtlinie – Eine Chance für den Rechtsstandort Deutschland, WuW 2015, 959; *Willems,* Kein Durchgang durch die „Doppeltür"? Möglichkeiten und Grenzen der Abmilderung von Informationsasymmetrien im Kartellzivilrecht nach der RL 2014/104/EU zum Kartellschadensersatz, WRP 2015, 818; *Zöller,* Zivilprozessordnung, 31. Aufl. 2016.

A. Akzessorischer Auskunftsanspruch nach § 242 BGB

I. Anspruchsvoraussetzungen

1 Große praktische Bedeutung hat im Zusammenhang mit kartellrechtlichen Schadensersatzklagen – auf der Basis des geltenden Rechts – der **allgemeine akzessorische Auskunftsanspruch**, den die Rechtsprechung aus dem Grundsatz von Treu und Glauben nach § 242 BGB herleitet. Der Anspruch setzt zunächst eine Sonderrechtsbeziehung zwischen den Parteien voraus.[1] Der Anspruchsteller muss des Weiteren in entschuldbarer Weise über das Bestehen oder den Umfang seines Anspruchs im Ungewissen sein.[2] Schließlich muss die Erteilung der Auskunft dem Verpflichteten unschwer möglich sein.[3]

1. Sonderrechtsbeziehung und zugrunde liegender Anspruch

Die für den Auskunftsanspruch nach § 242 BGB erforderliche Sonderverbindung kann sich aus einem **Vertrag** oder aus einem **gesetzlichen Schuldverhältnis** ergeben.[4] Zu letzteren zählen deliktische Schadensersatzansprüche[5] wie § 33 Abs. 3 Satz 1 GWB. In der Rechtsprechung ist anerkannt, dass der Auskunftsanspruch im Falle gesetzlicher Ansprüche das Bestehen des zugrundeliegenden Anspruchs dem Grunde nach voraussetzt.[6] Hierbei kommt dem Kläger der weit gefasste Tatbestand des § 33 Abs. 3 Satz 1 GWB zugute. Da die meisten Schadensersatzklagen *follow-on* Klagen sind, steht der tatbestandlich vorausgesetzte Kartellverstoß nach § 33 Abs. 4 Satz 1 meist bindend fest. Wegen der hohen Anforderungen an Tatsachen- und Rechtsirrtümer[7] wird von einem Verschulden in vielen Fällen auszugehen sein. Der Tatbestand setzt im Übrigen nur eine Betroffenheit im Sinne von § 33 Abs. 1 Satz 1 und 3 GWB voraus. Das Merkmal erfordert zwar in gewissem Umfang den Nachweis möglicher Nachteile des Klägers, stellt aber nur eine grobe Eingrenzung des Kreises der Berechtigten dar.[8]

2

Anders als der Anspruchsgrund muss die **Entstehung eines Schadens,** also der haftungsausfüllende Tatbestand, nicht feststehen, sondern **lediglich wahrscheinlich** sein.[9] Dies lässt sich aus der Rechtsprechung des BGH ableiten, wonach die Anforderungen an den Auskunftsanspruch zur Durchsetzung einer Schadensersatzforderung nicht strenger sein dürfen als die Anforderungen an den Nachweis der Schadensentstehung im Rahmen des Schadensersatzanspruchs selbst.[10] Für den haftungsausfüllenden Tatbestand folgt indes aus § 287 ZPO, dass eine volle richterliche Überzeugung nicht erforderlich ist, sondern eine überwiegende Wahrscheinlichkeit ausreicht.[11] Soweit sich kartellrechtliche Schadensersatzansprüche auf entgangenen Gewinn richten, kommt hinzu, dass nach § 252 Satz 2 BGB derjenige Gewinn als entgangen gilt, der „mit Wahrscheinlichkeit" erwartet werden konnte.[12] Die Schadenswahrscheinlichkeit fehlt jedoch, wenn keine Anhaltspunkte dafür vorliegen, dass sich der Kartellrechtsverstoß überhaupt auf den Anspruchsteller ausgewirkt hat.[13]

3

2. Entschuldbare Ungewissheit

Von einer entschuldbaren Ungewissheit des Anspruchstellers über den Umfang seines Rechts ist auszugehen, wenn dieser die **erforderlichen Informationen** sich **nicht selbst auf zumutbare Weise beschaffen kann.**[14] Er muss daher vorrangig alle ihm zu-

4

---

[1] BGH Urt. v. 5.6.1985 – I ZR 53/83, NJW 1986, 1244 (1245) – GEMA-Vermutung I; MüKoBGB/*Krüger* § 260 Rn. 13.
[2] Palandt/*Grüneberg* § 260 Rn. 7.
[3] BGH Urt. v. 6.2.2007 – X ZR 117/04, NJW 2007, 1806 (1808) – Meistbegünstigungsvereinbarung; BGH Urt. v. 17.5.1994 – X ZR 82/92, NJW 1995, 386 (387); Urt. v. 13.6.1985 – I ZR 35/83, NJW 1986, 1247 – GEMA-Vermutung II mwN.
[4] BGH Urt. v. 18.1.1978 – VIII ZR 262/76, NJW 1978, 1002.
[5] Vgl. BGH Urt. v. 5.6.1985 – I ZR 53/83, NJW 1986, 1244 (1245) – GEMA-Vermutung I.
[6] BGH Urt. v. 14.7.1987 – IX ZR 57/86, NJW-RR 1987, 1296; Urt. v. 6.6.1979 – VIII ZR 255/78, NJW 1979, 1832; Palandt/*Grüneberg* § 260 Rn. 6.
[7] Wiedemann/*Topel* HdB KartellR § 50 Rn. 124; vgl. auch Prütting/Wegen/Weinreich/*Schmidt-Kessel* § 276 Rn. 11.
[8] Vgl. *Bechtold* § 33 Rn. 10 ff. mwN.
[9] MüKoBGB/*Krüger* § 260 Rn. 15; vgl. auch BGH Urt. v. 6.2.2007 – X ZR 117/04, NJW 2007, 1806 (1808) – Meistbegünstigungsvereinbarung; BGH Urt. v. 6.3.2001 – KZR 32/98, GRUR 2001, 849 (851) – Remailing-Angebot.
[10] Vgl. BGH Urt. v. 6.2.2007 – X ZR 117/04, NJW 2007, 1806 (1808) – Meistbegünstigungsvereinbarung; Urt. v. 13.6.1985 – I ZR 35/83, NJW 1986, 1247 (1249).
[11] BGH Urt. v. 22.9.1992 – VI ZR 293/91, NJW 1992, 3298 (3299); BeckOK ZPO/*Bacher* § 287 Rn. 17.
[12] Vgl. BGH Urt. v. 6.2.2007 – X ZR 117/04, NJW 2007, 1806 (1808) – Meistbegünstigungsvereinbarung.
[13] OLG München Urt. v. 21.2.2013 – U 5006/11 Kart, NZKart 2013, 162 (163) – Fernsehvermarktung.
[14] MüKoBGB/*Krüger* § 260 Rn. 18.

gänglichen Erkenntnisquellen in zumutbarer Weise ausschöpfen.[15] Dies kann auch bedeuteten, dass Auskünfte von Dritten einzuholen sind.[16]

3. Zumutbarkeit der Auskunftserteilung

5 Ob der Verpflichtete unschwer in der Lage ist, die Auskunft zu erteilen und ihm die Auskunftserteilung also zumutbar ist, beurteilt die Rechtsprechung auf Grund einer **umfassenden Abwägung** aller Umstände des **Einzelfalls,** die in besonderem Maße dem Ursprung des Anspruchs im Grundsatz von Treu und Glauben Rechnung trägt.[17] Bei der Abwägung berücksichtigen die Gerichte Art und Schwere der Rechtsverletzung[18] und die beiderseitigen Interessen[19] von Anspruchssteller und Anspruchsgegner.[20] Bisweilen werden auch Interessen der Allgemeinheit in die Abwägung eingestellt.[21]

6 Die Berücksichtigung von **Art und Schwere** der Rechtsverletzung bei der Beurteilung der Zumutbarkeit stellt eine zusätzliche an den Hauptanspruch gekoppelte Hürde dar. Der Kläger muss nicht nur einen Anspruch dem Grunde nach und eine Schadenswahrscheinlichkeit im Sinne der ersten Anspruchsvoraussetzung des Auskunftsanspruchs darlegen. Er muss darüber hinaus zeigen, dass bei Abwägung der jeweiligen Interessen der wahrscheinlich zu erwartende Schadensersatzanspruch nach seinem Umfang die begehrten Auskünfte **rechtfertigt.** Daran kann es etwa fehlen, wenn es dem Kläger nicht gelingt, die Wahrscheinlichkeit eines vergleichsweise hohen Anspruchs darzulegen, gleichzeitig aber umfangreiche Auskünfte geltend gemacht werden.[22]

7 Eine bedeutende Rolle spielen seitens des Anspruchsgegners zudem **Geheimhaltungsinteressen** aufgrund von Geschäfts- oder Betriebsgeheimnissen. Ob in kartellrechtlichen Fällen eine Auskunftserteilung unter Wirtschaftsprüfervorbehalt ein taugliches Mittel ist, um solchen Geheimhaltungsinteressen Rechnung zu tragen,[23] ist zweifelhaft. Bei einer solchen Lösung wird die Auskunft nicht an den Verletzten, sondern an einen zur Verschwiegenheit verpflichteten Wirtschaftsprüfer erteilt. Dieser wird vom Auskunftspflichtigen ermächtigt, dem Verletzten auf Grundlage der erteilten Auskünfte bestimmte stichprobenartige Einsichten zu geben.[24] Bei Kartellrechtsverstößen dürfte eine solche punktuelle Auskunftserteilung allerdings in den allerwenigsten Fällen für die Anspruchsdarlegung ausreichend sein, die typischerweise nur auf breiter Tatsachengrundlage möglich ist.

4. Umfang des Auskunftsanspruchs

8 Auch der Umfang der Auskunftserteilung ist in besonderem Maße durch die Abwägung der beiderseitigen Interessen geprägt.[25] Maßstab für den Umfang der Auskunft ist grundsätzlich das für die Darlegung des Anspruchs **Erforderliche.**[26] Ist das Vorgehen des Anspruchsstellers beispielsweise darauf gerichtet, seinen Schaden genau zu beziffern, sind deutlich detailliertere Angaben erforderlich, als im Falle einer Schätzung nach § 287

---

[15] Köhler/Bornkamm/*Köhler* § 9 Rn. 4.9; Harte-Bavendamm/Henning-Bodewig/*Bergmann/Goldmann* Vorbem. zu §§ 8 ff. Rn. 18.
[16] BGH Urt. v. 7.5.1980 – VIII ZR 120/79, NJW 1980, 2463 (2464).
[17] BGH Urt. v. 6.2.2007 – X ZR 117/04, NJW 2007, 1806 (1808) – Meistbegünstigungsvereinbarung; BGH Urt. v. 24.3.1994 – I ZR 42/93, GRUR 1994, 630 (633) – Cartier Armreif.
[18] BGH Urt. v. 13.2.1976 – I ZR 1/75, GRUR 1978, 52 (53) – Fernschreibverzeichnisse.
[19] BGH Urt. v. 4.7.1975 – I ZR 115/73, GRUR 1976, 367 (369) – Ausschreibungsunterlagen.
[20] BGH Urt. v. 24.3.1994 – I ZR 42/93, GRUR 1994, 630 (633) – Cartier Armreif; Harte-Bavendamm/Henning-Bodewig/*Bergmann/Goldmann* Vorbem. zu §§ 8 ff. Rn. 24.
[21] BGH Urt. v. 17.5.2001 – I ZR 291/98, GRUR 2001, 841 (843) – Entfernung der Herstellungsnummer II; Köhler/Bornkamm/*Köhler* § 9 Rn. 4.18.
[22] Vgl. *Teplitzky* Kap. 38 Rn. 21.
[23] So wohl *Lübbig/le Bell* WRP 2006, 1209 (1215).
[24] Köhler/Bornkamm/*Köhler* § 9 Rn. 4.22.
[25] BGH Urt. v. 7.12.1979 – I ZR 157/77, GRUR 1980, 227 (232) – MonumentaGermamae Historica; *Teplitzky* Kap. 38 Rn. 9 mwN.
[26] BGH Urt. v. 2.2.1995 – I ZR 16/93, GRUR 1995, 349 (352) – Objektive Schadensberechnung, mwN; Ohly/Sosnitza/*Ohly* § 9 Rn. 39.

ZPO.[27] Legt der Kläger Anhaltspunkte für eine Schätzung des Schadens nach dem Verletzergewinn gemäß § 33 Abs. 3 Satz 3 GWB iVm § 287 ZPO dar, können Auskünfte zu entsprechenden Gewinnen des Anspruchsgegners erforderlich sein.[28] Generell handelt es sich beim erforderlichen Umfang der Auskünfte um eine **Frage des Einzelfalls,** die nicht pauschal beantwortet werden kann.[29]

II. Prozessuale Durchsetzung

Auskunftsansprüche werden in den meisten Fällen als erste Stufe einer **Stufenklage nach § 254 ZPO** geltend gemacht. Die Stufenklage erlaubt es, Auskunftsanspruch und unbezifferten Leistungsanspruch in einer Klage zu verbinden. Mit Klagezustellung werden sämtliche mit der Stufenklage geltend gemachten Ansprüche rechtshängig.[30] Damit ist auch die Verjährung des Leistungsanspruchs nach § 204 Abs. 1 Nr. 1 BGB gehemmt.

Trotz Verbindung gemäß § 254 ZPO sind die Klage auf Auskunft und die Leistungsklage **prozessual selbständige Verfahrensteile.**[31] Über die einzelnen Stufen wird grundsätzlich sukzessive verhandelt. Gibt das Gericht dem Auskunftsanspruch auf der ersten Stufe statt, ergeht ein **Teilurteil.** Diese Entscheidung enthält keine Feststellung zum Grund des Hauptanspruchs. Der Rechtsstreit wird nach dem Teilurteil auf Antrag einer Partei fortgesetzt. Auch bei einer Zurückweisung des Auskunftsanspruchs wird grundsätzlich nur über die erste Stufe der Klage entschieden. Ein **klageabweisendes Endurteil** in Bezug auf die Stufenklage insgesamt ergeht aber dann, wenn die Klage unzulässig ist oder wenn dem Hauptanspruch die materiell-rechtliche Grundlage fehlt und aufgrund dessen bereits der Auskunftsanspruch abzuweisen ist.[32] Bei Schadensersatzansprüchen wegen Kartellrechtsverstoßes droht daher eine Abweisung der gesamten Stufenklage, wenn die Tatbestandsvoraussetzungen des § 33 Abs. 3 Satz 1, Abs. 1 BGB nicht vorliegen oder das Vorliegen eines Schadens nicht hinreichend wahrscheinlich ist.

Ungeklärt ist, ob bei Kartellschadensersatzansprüchen anstelle der Stufenklage die Klage auf Auskunft mit einem **Antrag auf Feststellung der Schadensersatzverpflichtung** dem Grunde nach verbunden werden kann. Hierfür ist ein hinreichendes Feststellungsinteresse nach § 256 Abs. 1 ZPO erforderlich. Das Interesse an der Feststellung fehlt, wenn der Kläger die Möglichkeit hat, eine endgültige Klärung der Sache im Wege der Leistungsklage herbeizuführen.[33] Das erforderliche Feststellungsinteresse könnte sich damit begründen lassen, dass zum Zeitpunkt der Klageerhebung eine Bezifferung des Anspruchs noch nicht möglich ist. Dagegen lässt sich allerdings die dargestellte Möglichkeit der Stufenklage einwenden, denn auch hierbei handelt es sich um eine Leistungsklage.[34] Dementsprechend geht der BGH grundsätzlich davon aus, dass die **Möglichkeit einer Stufenklage das Feststellungsinteresse entfallen** lässt.[35] Hiervon werden aber **Ausnahmen** für den Bereich des **gewerblichen Rechtsschutzes** und des **Urheberrechts** gemacht.[36] Dort sei die Zulässigkeit der Feststellungsklage erforderlich, um den Geschädigten wirksam vor der Verjährung sei-

---

[27] Vgl. *Teplitzky* Kap. 38 Rn. 12.
[28] Siehe hierzu Langen/Bunte/*Bornkamm* GWB § 33 Rn. 157, dem gemäß die Kartellbeteiligten Auskunft über Umsatzerlöse weitgehend einschränkungsfrei zu erteilen haben.
[29] Zum Umfang des Auskunftsanspruchs siehe *Inderst/Thomas*, S. 392 f.
[30] Zöller/*Greger* § 254 Rn. 1.
[31] BGH Urt. v. 20.11.1979 – VI ZR 248/77, NJW 1980, 1106 (1107); MüKoZPO/*Becker-Eberhard* § 254 Rn. 2.
[32] BGH Urt. v. 28.11.2001 – VIII ZR 37/01, NJW 2002, 1042 (1044); Zöller/*Greger* § 254 Rn. 9.
[33] Zöller/*Greger* § 256 Rn. 7a; aA etwa LG Erfurt Urt. v. 19.3.2015 – 3 O 1050/14 (bislang nicht veröffentlicht), das trotz Vorliegens eines klägerischen Gutachtens zur Schadenshöhe ein Feststellungsinteresse bejahte.
[34] BGH Urt. v. 8.6.1994 – VIII ZR 178/93, NJW 1994, 2896 (2897).
[35] BGH Urt. v. 3.4.1996 – VIII ZR 3/95, NJW 1996, 2097 (2098).
[36] BGH Urt. v. 15.5.2003 – I ZR 277/00, NJW 2003, 3274 (3275) – *Feststellungsinteresse III*; BGH Urt. v. 17.5.2001 – I ZR 189/99, GRUR 2001, 1177 (1178) – *Feststellungsinteresse II*.

ner Ansprüche zu schützen.[37] Denn „[d]er Verletzte muss [...], wenn die zugesprochene Auskunft erteilt [...] wurde, den Prozess fortsetzen".[38] Anderenfalls endet die Verjährungshemmung nach Maßgabe des § 204 Abs. 1 Nr. 1, Abs. 2 BGB, dh sechs Monate nach der rechtskräftigen Entscheidung. Dies ist dem Kläger jedoch häufig nicht möglich, denn „[i]m Bereich des gewerblichen Rechtsschutzes und im Urheberrecht bereitet die Begründung des Schadensersatzanspruchs häufig auch nach erteilter Auskunft Schwierigkeiten und erfordert eine eingehende sachliche Prüfung zur Berechnungsmethode des Schadens."[39] Darüber hinaus sei häufig streitig, ob die Auskunft vollständig erteilt wurde.[40] Abgesehen davon, sei die Zulässigkeit einer Feststellungsklage in diesen Fällen auch aus prozessökonomischen Gründen geboten: „denn [n]ach erfolgter Auskunft und Rechnungslegung [fänden die Parteien] in den meisten Fällen auf Grund des Feststellungsurteils zu einer Regulierung des Schadens [...], ohne gerichtliche Hilfe in Anspruch zu nehmen."[41] Ähnlich ist die Situation im Kartellrecht. Ob diese Grundsätze dort entsprechend gelten, ist aber bislang ungeklärt.[42]

B. Weitere Möglichkeiten des Zugangs zu Beweismitteln über die Zivilgerichte

12 Bei den weiteren Möglichkeiten eines Zugangs zu Beweismitteln kann zwischen Wegen unterschieden werden, **Informationen über das Zivilgericht** zu erlangen und Möglichkeiten, **außerhalb eines Zivilverfahrens** an Informationen zu gelangen, etwa durch Anträge auf Akteneinsicht beim Bundeskartellamt nach § 406e StPO und Zugangsanträge bei der Europäischen Kommission nach Art. 2 Abs. I VO (EG) Nr. 1049/2001. Letztere werden jeweils an anderer Stelle dieses Werkes dargestellt.[43] Bei den Möglichkeiten über das Zivilgericht an Beweismittel zu gelangen, lassen sich Möglichkeiten der Offenlegung von Informationen, die durch das Gericht angeordnet werden, von Mechanismen unterscheiden, bei denen ein Zivilgericht selbst Zugriff nimmt auf Informationen aus einem Behördenverfahren, indem es die Verfahrensakte bezieht.

I. Anordnung der Offenlegung von Beweismitteln

1. Vorlageanordnungen nach §§ 142 ff. ZPO

13 Nach §§ 142 ff. ZPO besteht die Möglichkeit, dass Zivilgerichte die Offenlegung bestimmter Beweismittel anordnen. So kann ein Gericht etwa die Vorlage von Urkunden, die Einnahme eines Augenscheins sowie die Begutachtung durch Sachverständige verfügen. Die Anforderungen sind allerdings hoch. Begehrt eine Partei die gerichtliche Anordnung der Urkundenvorlage gemäß § 142 ZPO, muss sie **hinreichend konkret auf die Urkunde Bezug genommen** haben.[44] Ferner ist ein „schlüssige[r], auf konkrete Tatsachen bezogene[r] Vortrag[...]"[45] der bezugnehmenden Partei erforderlich.[46] Ein Vorlageersuchen **„zum bloßen Zwecke der Informationsgewinnung"** ist dagegen **unzulässig**.[47] Ziel ist es, ein der deutschen Zivilprozessordnung fremdes Ausforschen des Prozess-

---

[37] BGH Urt. v. 15.5.2003 – I ZR 277/00, NJW 2003, 3274 (3275) – *Feststellungsinteresse III*.
[38] BGH Urt. v. 15.5.2003 – I ZR 277/00, NJW 2003, 3274 (3275) – *Feststellungsinteresse III*.
[39] BGH Urt. v. 15.5.2003 – I ZR 277/00, NJW 2003, 3274 (3275) – *Feststellungsinteresse III*.
[40] BGH Urt. v. 15.5.2003 – I ZR 277/00, NJW 2003, 3274 (3275) – *Feststellungsinteresse III*.
[41] BGH Urt. v. 15.5.2003 – I ZR 277/00, NJW 2003, 3274 (3275) – *Feststellungsinteresse III*.
[42] Bejahend: LG Mannheim Urt. v. 13.3.2015 – 7 O 110/13 Kart. und, 7 O 111/13 Kart. (bislang nicht veröffentlicht); sowie LG Mannheim Urt. v. 3.7.2015 – 7 O 111/14 Kart. und 7 O 145/14 Kart. (bislang nicht veröffentlicht).
[43] → § 10 Rn. 100 ff.
[44] Prütting/Gehrlein/*Prütting* § 142 Rn. 6.
[45] BGH Urt. v. 26.6.2007 – XI ZR 277/05, NJW 2007, 2989 (2992); BT-Drs. 14/6036, 121.
[46] BGH Urt. v. 26.6.2007 – XI ZR 277/05, NJW 2007, 2989 (2992); siehe auch BGH Beschl. v. 25.2.2008 – II ZB 9/07, NJW-RR 2008, 865 (868).
[47] BGH Urt. v. 26.6.2007 – XI ZR 277/05, NJW 2007, 2989 (2992); BT-Drs. 14/6036, 121.

gegners zu verhindern.[48] Darüber hinaus liegt die Anordnung im **Ermessen** des Gerichts.[49] Ein Vorlageanspruch besteht nicht.

Die Vorschriften der §§ 142 ff. ZPO haben in kartellrechtlichen Schadensersatzprozessen bislang keine nennenswerte praktische Bedeutung gehabt. Generell sind Gerichte äußerst zurückhaltend, von der Anordnungsmöglichkeit Gebrauch zu machen.[50] 14

2. Offenlegungsanordnungen nach Art. 5 der Schadensersatzrichtlinie

a) Allgemeines. Eine der Vorlageanordnung nach § 142 ZPO im Grundsatz vergleichbare Möglichkeit sehen nun Artt. 5 ff. der Schadensersatzrichtlinie[51] vor. Der in Art. 4 Satz 1 der Schadensersatzrichtlinie festgeschriebene (und in der Rechtsprechung des EuGH seit Jahrzehnten anerkannte[52]) **Effektivitätsgrundsatz** verpflichtet die Mitgliedstaaten darauf, den in der Richtlinie vorgesehenen Regeln zur praktischen Wirksamkeit zu verhelfen. Offenlegungsanordnungen nach Art. 5 der Schadensersatzrichtlinie dürfen damit nicht das „stumpfe Schwert" bleiben, das § 142 ZPO bislang darstellt. Die Vorschriften der Schadensersatzrichtlinie zu Offenlegungsanordnungen enthalten ihrerseits zwar unterschiedliche unbestimmte Rechtsbegriffe und sehen Abwägungsentscheidungen vor, so dass für die befassten Gerichte **Beurteilungsspielräume** bleiben. Anders als § 142 ZPO stellen sie die Entscheidung über eine Offenlegungsanordnung aber nicht ins Ermessen des Gerichts. 15

Im Regierungsentwurf[53] sind zur Umsetzung der Richtlinienvorgaben in materiellrechtlicher Hinsicht § 33g GWB-RegE und in verfahrensrechtlicher Hinsicht §§ 89b und 89c GWB-RegE vorgesehen.

b) Voraussetzungen und Grenzen von Offenlegungsanordnungen. Der Wortlaut von Art. 5 Abs. 1 der Schadensersatzrichtlinie setzt für eine Offenlegungsanordnung durch die nationalen Gerichte einen Antrag einer der Parteien im Rahmen eines bereits laufenden Schadensersatzverfahrens voraus. § 33g des Regierungsentwurfs geht insoweit über die Vorgaben der Richtlinie hinaus und schafft mit seinem Abs. 1 „für potentielle Geschädigte einen selbstständigen, materiellen Rechtsanspruch auf Auskunft und Herausgabe von Beweismitteln".[54] Der Anspruch soll bereits im Vorfeld eines gerichtlichen Schadensersatzverfahrens oder von Vergleichsverhandlungen geltend gemacht werden können und so eine außergerichtliche Einigung über Schadensersatzansprüche erleichtern.[55] Der auf Verteidigung zielende Anspruch eines potentiellen Schädigers soll demgegenüber nach § 33g Abs. 2 des Regierungsentwurfs erst mit Rechtshängigkeit einer Klage auf Herausgabe von Beweismitteln oder Erteilung von Auskünften oder einer Klage auf Schadensersatz zur Entstehung gelangen. Ausweislich des Art. 5 Abs. 8 der Schadensersatzrichtlinie sind die Mitgliedstaaten grundsätzlich nicht daran gehindert, über die Richtlinie hinausgehende nationale Vorschriften beizubehalten oder einzuführen, die zu einer umfassenderen Offenlegung von Beweismitteln führen würden.[56] Nach Art. 5 Abs. 1 der Richtlinie kann die Offenlegung sowohl den Parteien als auch gegenüber einem Dritten angeordnet wer- 16

---

[48] BGH Urt. v. 26.6.2007 – XI ZR 277/05, NJW 2007, 2989 (2992); BT-Drs. 14/6036, 121.
[49] Zöller/*Greger* § 142 Rn. 8.
[50] *Lübbig/le Bell* WRP 2006, 1209 (1215).
[51] Richtlinie 2014/104/EU des Europäischen Parlaments und des Rates vom 26. November 2014 über bestimmte Vorschriften für Schadensersatzklagen nach nationalem Recht wegen Zuwiderhandlungen gegen wettbewerbsrechtliche Bestimmungen der Mitgliedstaaten und der Europäischen Union, Abl. EU v. 5.12.2014, L 349/1.
[52] Zum Kartellschadensersatz siehe EuGH Urt. v. 6.6.2013 – C-536/11 Rn. 27 – Bundeswettbewerbsbehörde/Donau Chemie AG ua; Urt. v. 13.7.2006 – C-295/04 bis C-298/04, Slg. 2006, I-6619 Rn. 62 – Manfredi ua/Lloyd Adriatico; Urt. v. 20.9.2001 – C-453/99, Slg. 2001, I-6297 Rn. 29 – Courage/Crehan. Siehe ferner GHN/*v. Bogdandy/Schill* 57. EL 2015, Art. 4 EUV Rn. 85ff.
[53] Gesetzentwurf der Bundesregierung, Entwurf eines Neunten Gesetzes zur Änderung des Gesetzes gegen Wettbewerbsbeschränkungen.
[54] Begründung zum Referentenentwurf, S. 62.
[55] Begründung zum Referentenentwurf, S. 62.
[56] Die Befugnis der Mitgliedstaaten gilt allerdings nur unbeschadet der Art. 5 Abs. 4 und Abs. 7 sowie des Art. 6 der Richtlinie.

den. „Dritter" in diesem Sinne soll nach Erwägungsgrund (15) der Richtlinie auch eine Behörde sein. Allerdings bestimmt Art. 6 Abs. 10 der Schadensersatzrichtlinie insofern, dass eine Anordnung gegenüber einer Wettbewerbsbehörde nur subsidiär möglich ist. Sie kommt demnach nur in Betracht, „wenn die Beweismittel nicht mit zumutbarem Aufwand von einer anderen Partei oder von Dritten erlangt werden können".
Der Regierungsentwurf sieht keine ausdrückliche Regelung zum Anspruchsgegner vor, sondern wählt die denkbar weite Formulierung „Wer im Besitz von Beweismitteln ist".[57] Die Subsidiarität einer gerichtlichen Anordnung gegenüber einer Wettbewerbsbehörde setzt der Regierungsentwurf in § 89c Abs. 1 Nr. 2 um und schließt in § 89c Abs. 5 Satz 3 zudem die direkte Anwendbarkeit von § 33g Abs. 1 und Abs. 2 GWB-RegE auf Wettbewerbsbehörden aus.

17 Nach Art. 5 Abs. 1 Satz 1 der Schadensersatzrichtlinie ist der Offenlegungsantrag des Klägers **substantiiert zu begründen.** Insbesondere hat der Kläger die ihm in zumutbarer Weise zugänglichen Tatsachen und Beweise vorzutragen bzw. vorzulegen, die seinen Schadensanspruch hinreichend plausibilisieren. Für die Begründung des Offenlegungsantrags des Beklagten enthält Art. 5 Abs. 1 Satz 2 keine nähere Regelung.

18 Nach Art. 5 Abs. 2 der Schadensersatzrichtlinie sind die offenzulegenden Beweismittel vom Antragsteller auf Grundlage der ihm zugänglichen Tatsachen **möglichst genau zu bezeichnen.** Der Antrag kann sich nicht nur auf die Vorlage bestimmter einzelner Beweisstücke, sondern auch auf **relevante Kategorien** von Beweismitteln beziehen. § 33g Abs. 1 und Abs. 2 des Regierungsentwurfs sprechen in diesem Zusammenhang ganz allgemein von Beweismitteln, ohne zwischen einzelnen Beweisstücken und Kategorien von Beweismitteln zu differenzieren.

19 Soweit erforderlich, kann auch die Vorlage von Beweismitteln angeordnet werden, die vertrauliche Informationen enthalten (Art. 5 Abs. 4 Satz 1 Schadensersatzrichtlinie). Gemäß Art. 5 Abs. 4 Satz 2 haben die Mitliedstaaten jedoch dafür Sorge zu tragen, dass in diesen Fällen den Gerichten wirksame Maßnahmen zur **Wahrung der Vertraulichkeit** zur Verfügung stehen. Die Vertraulichkeit von Anwaltskorrespondenz, wie sie sich nach Unionsrecht („legal privilege") oder nationalem Recht ergibt, ist uneingeschränkt zu gewährleisten (Art. 5 Abs. 6 Schadensersatzrichtlinie).
Der Regierungsentwurf setzt die vorstehenden Regelungen in § 33g Abs. 6 und § 89b Abs. 6 um und verzahnt sie darüber hinaus mit den einschlägigen Vorschriften der ZPO zur Zeugnisverweigerung.

20 Bei der Entscheidung über die Offenlegung hat das Gericht nach Art. 5 Abs. 3 der Schadensersatzrichtlinie den **Grundsatz der Verhältnismäßigkeit** zu beachten. Hierbei hat es alle berechtigten Interessen der Parteien und Dritter gegeneinander abzuwägen. Die Richtlinie zählt Gesichtspunkte auf, die bei der Abwägung insbesondere Berücksichtigung zu finden haben. Das sind:
- der Umfang, in dem der Schadensersatzanspruch durch Tatsachen und Beweismittel gestützt werden kann (Art. 5 Abs. 3 Satz 3 lit. a) Schadensersatzrichtlinie);
- der Umfang und die Kosten der Offenlegung, wobei hierbei insbesondere zu berücksichtigen ist, ob Drittinteressen betroffen sind und ob es sich um eine zu verhindernde „fishing expedition" handelt (Art. 5 Abs. 3 Satz 3 lit. b) Schadensersatzrichtlinie);
- die Vertraulichkeit der betreffenden Informationen, insbesondere wenn Dritte betroffen sind, und die verfügbaren Mechanismen zum Schutz der Vertraulichkeit (Art. 5 Abs. 3 Satz 3 lit. c) Schadensersatzrichtlinie).

Der Regierungsentwurf setzt die vorstehenden Regelungen in § 33g Abs. 3 Satz 2 Nr. 1 bis 3 und Nr. 6 um und ergänzt den nicht abschließenden Katalog der Richtlinie um weitere Gesichtspunkte wie die Bindungswirkung von Entscheidungen nach § 33b GWB-RegE (§ 33g Abs. 3 Satz 2 Nr. 4) und die Wirksamkeit der öffentlichen Durchsetzung des Kartellrechts (§ 33g Abs. 3 Satz 2 Nr. 5). Nicht schutzwürdig und deshalb nicht

---

[57] Siehe § 33g Abs. 1 und Abs. 2 GWB-RegE.

zu berücksichtigen ist hingegen das Interesse von Unternehmen, Schadensersatzklagen aufgrund von Zuwiderhandlungen gegen das Wettbewerbsrecht zu vermeiden; Art. 5 Abs. 5 der Richtlinie und § 33g Abs. 3 Satz 3 GWB-RegE.

Sofern die Informationen, deren Offenlegung begehrt wird, **Bestandteil einer Behördenakte** sind, sieht Art. 6 der Schadensersatzrichtlinie **ergänzende Voraussetzungen** vor.[58] Art. 6 Abs. 4 Schadensersatzrichtlinie ergänzt zunächst die zuvor aufgezählten Kriterien, die bei der Verhältnismäßigkeitsprüfung zu berücksichtigen sind. Von Bedeutung ist danach zusätzlich: **21**

- ob der Antrag nach Art, Gegenstand oder Inhalt konkret in Bezug auf in den Behördenakten befindliche Dokumente formuliert wurde oder sich vielmehr allgemein auf Unterlagen der Wettbewerbsbehörde bezieht (Art. 6 Abs. 4 lit. a) Schadensersatzrichtlinie);
- ob der Antrag im Rahmen einer Schadensersatzklage vor einem nationalen Gericht gestellt wurde (Art. 6 Abs. 4 lit. b) Schadensersatzrichtlinie);[59]
- die Notwendigkeit, die Wirksamkeit der öffentlichen Durchsetzung des Wettbewerbsrechts zu wahren (Art. 6 Abs. 4 lit. c) Schadensersatzrichtlinie).

Der Regierungsentwurf vollzieht die Richtlinie insoweit in § 89c Abs. 3 Satz 2 Nr. 1 bis 3 maßstabsgetreu nach. Jedoch verengt der Entwurf den Kreis der Antragsberechtigten in seinem Abs. 1 auf potentiell Geschädigte. Nur der Geschädigte ist in der Lage, glaubhaft zu machen, dass er einen Anspruch auf Schadensersatz nach § 33a Abs. 1 GWB-RegE hat, wie von § 89c Abs. 1 Nr. 1 GWB-RegE vorausgesetzt wird. Hierbei mag es sich zwar um den praktisch mit Abstand relevantesten Fall handeln. Es ist jedoch nicht ausgeschlossen, dass auch ein potentieller Schädiger Offenlegung aus der Behördenakte verlangt. Davon geht nicht zuletzt auch der Regierungsentwurf selbst aus, wenn er in § 89c Abs. 2 Nr. 2 als Prüfungskriterium für das Gericht aufführt, dass „die Tatsachen oder Beweismittel zur Erhebung eines Anspruchs nach § 33a Absatz 1 oder zur Verteidigung gegen diesen Anspruch erforderlich sind".

Eine vollständige **Ausnahme** von der Offenlegung sieht die Richtlinie in Art. 6 Abs. 6 für **Kronzeugenerklärungen und Vergleichsausführungen** vor. Danach haben die Mitgliedstaaten zu gewährleisten, dass die nationalen Gerichte zu keinem Zeitpunkt die Offenlegung der genannten Beweismittelarten anordnen können. Kronzeugenregelungen und Vergleichsausführungen werden in Art. 2 Nr. 16 bzw. in Nr. 18 der Schadensersatzrichtlinie legaldefiniert. Der kategorische Ausschluss mag auf den ersten Blick verwundern, hat der EuGH doch in den Entscheidungen *Pfleiderer* und *Donau Chemie* entschieden, es müsse grundsätzlich eine Einzelfallabwägung für jede Art von Dokumenten möglich sein.[60] Eine mögliche Erklärung könnte darin liegen, dass eine solche Abwägung nach dem Verständnis der Kommission nach wie vor möglich bleiben soll, allerdings nur im Rahmen von parivaten Akteneinsichts- bzw. Aktenzugangsgesuchen bei der Kartellbehörde,[61] nicht bei Vorlageanordnungen durch das Zivilgericht.[62] **22**

---

[58] Nach deren Sinn und Zweck dürften sich die Regelungen auch auf Kopien solcher Dokumente beziehen.
[59] Dieses Kriterium ist insofern überraschend, als sich der gesamte Abschnitt zur Offenlegung in der Richtlinie auf Schadensersatzklagen bezieht, kann aber möglicherweise damit erklärt werden, dass die Einschränkungen des Art. 6 Schadensersatzrichtlinie auch auf etwaige weitergehende Zugangsmöglichkeiten nach nationalem Recht Anwendung finden sollen, wenngleich dies der Wortlaut der Richtlinie nicht unbedingt nahe legt.
[60] Im Schrifttum wird daher vertreten, Art. 6 Abs. 6 Schadensersatzrichtlinie verstoße gegen europäisches Primärrecht, siehe etwa *Kersting* WuW 2014, 564 (566 f.); *Willems* WRP 2015, 818 (821); *Keßler* VuR 2015, 83 (88f.); *Makatsch/Mir* EuZW 2015, 7 (9f.) mwN; *Inderst/Thomas* S. 384, die insoweit so darauf verweisen, dass der EuGH in Donau Chemie das Postulat der Einzelfallabwägung aus dem effet utile Grundsatz und damit aus dem Primärrecht abgeleitet hat, welches durch eine Richtlinie nicht aufgehoben werden könne.
[61] Dies kann im Sinne von Art. 35 Abs. 1 S. 3 VO 1/2003 auch ein Kartellgericht sein, wie in dem der Entscheidung *Donau Chemie* zugrunde liegenden Sachverhalt. Für die Europäische Kommission ist eine Einzelfallentscheidung nicht ausgeschlossen, wenngleich bei Anträgen nach der VO (EG) 1049/2001 von einer Vermutung auszugehen ist, dass deren Ausnahmebestimmungen eingreifen (EuGH Urt. v. 27.2. 2014 – C-365/12 P Rn. 78ff., insbes. 92f. – EnBW).
[62] *Reichert/Walther* GPR 2015, 120 (123) erklären den Grund für die abweichende Richtlinienvorschrift damit, dass der EuGH den europäischen Richtliniengeber mit der Donau-Chemie-Entscheidung lediglich

Der Regierungsentwurf sieht hingegen in § 89c Abs. 4 vor, dass die Wettbewerbsbehörde die Vorlegung von Kronzeugenerklärungen und Vergleichsausführungen, die nicht zurückgenommen wurden, ablehnen kann, was auf ein Ermessen der Behörde hindeutet. Gleiches soll auch für interne Vermerke der Behörden sowie für Kommunikation der Wettbewerbsbehörden untereinander (eischließlich der Europäischen Kommission und anderer mitgliedstaatlicher Wettbewerbsbehörden[63]) oder mit den zuständigen Generalstaatsanwaltschaften gelten.

23 Eine Ausnahme von der Offenlegung sieht die Richtlinie nach Art. 6 Abs. 5 auch für weitere Kategorien von Dokumenten vor, die allerdings nur **bis zum Abschluss des Behördenverfahrens** gilt. Von dieser Ausnahme umfasst sind Dokumente,
- die von einer natürlichen oder juristischen Person speziell für das Behördenverfahren erstellt wurden (Art. 6 Abs. 5 lit. a Schadensersatzrichtlinie);
- die von den Behörden im Laufe des Verfahrens erstellt und den Parteien übermittelt wurden (Art. 6 Abs. 5 lit. b Schadensersatzrichtlinie); und
- Vergleichsausführungen, die später zurückgezogen wurden (Art. 6 Abs. 5 lit. c Schadensersatzrichtlinie).

Der Regierungsentwurf setzt die Regelung in § 89c Abs. 4 Satz 2 GWB-RegE um, der insoweit § 33g Abs. 5 GWB-RegE für entsprechend anwendbar erklärt.

24 Nach Art. 6 Abs. 9 Schadensersatzrichtlinie sind die **Ausnahmen und Einschränkungen** der Offenlegung von Beweismitteln aus den Akten der Kartellbehörde **in Art. 6 abschließend definiert.** Art. 6 Abs. 8 der Richtlinie stellt klar, dass Dokumente nach Abs. 6 nur insoweit von der Offenlegung ausgenommen sind, wie die Voraussetzungen der Ausnahmeregelung tatsächlich vorliegen. Es kommt daher ggf. eine teilweise Offenlegung in Betracht.

25 **c) Durch Akteneinsicht/-zugang bei der Behörde erlangte Informationen.** Die Richtlinie schließt nicht die Möglichkeit der Parteien aus, Informationen **unmittelbar bei der Behörde** zu beantragen. Für Zugangsanträge nach der VO (EG) Nr. 1049/2001 enthält Art. 6 Abs. 2 der Schadensersatzrichtlinie die (deklaratorische) Feststellung, dass diese möglich bleiben. Allerdings unterliegt die Einführung von solchen Informationen in ein Verfahren über Schadensersatzklagen nach Art. 7 der Schadensersatzrichtlinie Grenzen.

26 Nach Art. 7 Abs. 1 Schadensersatzrichtlinie haben die Mitgliedstaaten zu gewährleisten, dass **Beweismittel nach Art. 6 Abs. 6 Schadensersatzrichtlinie** (also Kronzeugenerklärungen oder Vergleichsausführungen) in Schadensersatzverfahren **unzulässig** sind, oder dass auf anderem Wege die volle Wirksamkeit der Ausnahmeregel nach Art. 6 Abs. 6 Schadensersatzrichtlinie sichergestellt ist. Der Regierungsentwurf setzt die Richtlinie insofern in § 89d Abs. 2 um.

27 Gleiches gilt gemäß Art. 7 Abs. 2 Schadensersatzrichtlinie für Informationen nach Art. 6 Abs. 5 Schadensersatzrichtlinie für die Dauer bis zur Beendigung des Verfahrens. Damit wird ein **zeitlicher Gleichlauf** mit Art. 6 Abs. 5 Schadensersatzrichtlinie angeordnet, wonach eine Offenlegungsanordnung bei den darin aufgeführten Dokumentenkategorien erst nach Verfahrensabschluss in Betracht kommt. Der Regierungsentwurf setzt die Richtlinie insofern in § 89d Abs. 3 um.

28 Art. 7 Abs. 3 der Richtlinie sieht vor, dass eine Partei Dokumente, die im Wege des Aktenzugangs bei einer Behörde erlangt wurden, die aber nicht unter Art. 7 Abs. 1 und 2 der Schadensersatzrichtlinie fallen, nur dann einführen darf, wenn der **Partei selbst** Aktenzugang gewährt wurde. Dasselbe Recht soll auch der Rechtsnachfolger dieser Partei haben. Hierunter soll auch derjenige fallen, dem ein Schadensersatzanspruch übertragen wurde. Auch § 89d Abs. 1 des Regierungsentwurfs begrenzt die Möglichkeit, behördliche Dokumente als Beweismittel in einen Rechtsstreit über einen Anspruch auf Schadenser-

---

zur Schaffung einer einheitlichen Regelung auffordern wollte, weil nationale Regelungen zur Beschränkung des Europarechts nicht ausreichen. So auch *Müller-Graff* ZHR 2015, 691 (704f) mwN.
[63] Siehe § 89e Abs. 1 GWB-RegE.

satz einzuführen, wenn derjenige, dem Einsicht gewährt worden ist, oder dessen Rechtsnachfolger Partei in dem Rechtsstreit ist.

d) Sanktionsmechanismen. Nach Art. 8 Abs. 1 Schadensersatzrichtlinie ist vorgesehen, 29 dass das nationale Recht für **Verstöße** gegen Offenlegungsanordnungen wirksame Sanktionen vorsehen muss (lit. a). Diese sollen nicht nur gegenüber den Parteien selbst, sondern auch gegenüber Dritten und rechtlichen Vertretern verhängt werden können. Gleiches gilt für den Fall einer **Zerstörung** von Beweismitteln (lit. b). Hierbei wird allerdings nicht näher spezifiziert, ob die Sanktionsanordnung nur im Falle einer Zerstörung im Zusammenhang mit einer Offenlegungsanordnung gelten soll, oder ob entsprechende Sanktionen auch unabhängig davon vorzusehen sind.[64] Auch für Zuwiderhandlungen des Berechtigten sieht die Vorschrift Sanktionen vor, für den Fall, dass dieser gegen Verpflichtungen zum Schutz vertraulicher Informationen verstößt (lit. c) oder die Grenzen der nach der Richtlinie geltenden Verwendungsbeschränkungen überschreitet (lit. d).

Die Richtlinie verlangt nur, dass die zu verhängenden Sanktionen **wirksam, verhält-** 30 **nismäßig und abschreckend** sein müssen (Art. 8 Abs. 2 Satz 1). Die Wahl der konkreten Mittel überlässt die Richtlinie im Grundsatz den Mitgliedstaaten.[65] Ausdrücklich erwähnt ist allerdings, dass es im Falle einer Zuwiderhandlungen iSd Art. 8 Abs. 1 durch eine am Schadensersatzverfahren beteiligte Partei möglich sein soll, im Rahmen der Beweiswürdigung nachteilige Schlussfolgerungen zu ziehen (Art. 8 Abs. 2 Satz 2). Es sollen etwa Vermutungen zulasten der zuwiderhandelnden Partei möglich sein, nach denen die darzulegenden Tatsachen als erwiesen gelten. Auch soll die vollständige oder teilweise Zurückweisung der Angriffs- und Verteidigungsmittel möglich sein. Die Sanktion kann ferner in der Auferlegung der Kosten bestehen.

Der Regierungsentwurf sieht bislang lediglich in § 33g Abs. 8 vor, dass der Verpflichte- 31 te, wenn er die Auskunft vorsätzlich oder grob fahrlässig falsch, unvollständig oder gar nicht erteilt oder er Beweismittel vorsätzlich oder grob fahrlässig fehlerhaft, unvollständig oder gar nicht herausgibt, dem Anspruchsteller zum Ersatz des daraus entstehenden Schadens verpflichtet ist. Es erscheint allerdings zweifelhaft, ob die Regelung selbst im Zusammenspiel mit den Vorschriften des deutschen Zivilprozess- und des Strafrechts, zu denken ist hier etwa an §§ 427 und 444 ZPO sowie § 203 StGB, den Anforderungen der Richtlinie gerecht wird, oder ob hier weiterer gesetzgeberischer Handlungsbedarf besteht.[66]

e) Prozessuale Mechanismen. Art. 5 Abs. 7 Schadensersatzrichtlinie sieht vor, dass diejeni- 32 gen, von denen die Offenlegung verlangt wird, vor der Entscheidung über die Anordnung Gelegenheit zur **Anhörung** erhalten. Der Regierungsentwurf setzt das Anhörungserfordernis in § 89b Abs. 5 Satz 2 und Abs. 6 um.

Nach Art. 6 Abs. 7 der Schadensersatzrichtlinie kann das Zivilgericht auf begründeten 33 Antrag des Klägers Zugang auch zu Kronzeugenerklärungen und Vergleichsausführungen verlangen, allerdings nur um zu **überprüfen,** ob und inwieweit es sich tatsächlich um **schützenswerte Unterlagen** iSd Art. 6 Abs. 6 Schadensersatzrichtlinie handelt. In diesem Zusammenhang kann die Behörde um ihre Einschätzung ersucht werden. Zudem können auch die betroffenen Parteien gehört werden. Den Parteien oder Dritten dürfen die betreffenden Dokumente jedoch nicht zu Kenntnis gegeben werden. Art. 6 Abs. 7 der Richtlinie wird im Regierungsentwurf in § 89b Abs. 8 und § 89c Abs. 4 Satz 2 umgesetzt.

Unabhängig davon sieht Art. 6 Abs. 11 Schadensersatzrichtlinie die Möglichkeit vor, 34 dass sich eine Behörde zur Verhältnismäßigkeit einer Offenlegung auf **eigene Initiative** äußern kann.

f) Intertemporale Anwendung. Art. 22 Abs. 1 der Schadensersatzrichtlinie verpflichtet die 35 Mitgliedstaaten sicherzustellen, dass nationale Vorschriften, die erlassen werden, um den

---

[64] Auch Erwägungsgrund 33 ist insofern nicht eindeutig.
[65] Wiedemann/*Topel* § 50 HdB KartellR Rn. 162.
[66] So in Bezug auf den Referentenentwurf (§ 33g Abs. 9) Wiedemann/*Topel* § 50 HdB KartellR Rn. 163 f.

materiellrechtlichen Vorschriften der Richtlinie zu entsprechen, nicht rückwirkend gelten. Darüber hinaus verlangt Art. 22 Abs. 2 der Richtlinie lediglich, dass alle übrigen die Richtlinie umsetzenden Vorschriften nicht für Schadensersatzklagen gelten, die vor dem 26. Dezember 2014 bei einem nationalen Gericht erhoben wurden.

Sollte der Anspruch nach Art. 5 Abs. 1 nach dem Willen des Richtliniengebers nicht bereits als materiellrechtliche, sondern als verfahrensrechtliche Richtlinienvorschrift zu qualifizieren sein,[67] würde dieser lediglich der zeitlichen Begrenzung des Art. 22 Abs. 2, nicht aber dem Rückwirkungsverbot des Art. 22 Abs. 1 unterfallen.

Dass der Regierungsentwurf den Anspruch auf Herausgabe von Beweismitteln und Erteilung von Auskünften (§ 33g GWB-RegE) – und dem folgend auch der wortgleiche Regierungsentwurf – ausweislich seiner Begründung als echten materiellrechtlichen Anspruch ausgestaltet,[68] ist für die Unterscheidung zwischen Art. 22 Abs. 1 und Abs. 2 der Richtlinie unbeachtlich. Das Rückwirkungsverbot des Art. 22 Abs. 1 ist nach seinem klaren Wortlaut nur auf nationale Vorschriften anwendbar, die erlassen werden, um den *materiellrechtlichen Vorschriften der Richtlinie* zu entsprechen.

Weitergehenden Einschränkungen des zeitlichen Anwendungsbereichs, die sich aus Vorgaben des mitgliedstaatlichen (Verfassungs-) Rechts ergeben, dürfte Art. 22 Abs. 2 der Richtlinie allerdings nicht entgegenstehen. Die Vorschrift begrenzt den zeitlichen Anwendungsbereich, ordnet darüber hinaus aber gerade keine rückwirkende Geltung an. Damit verbleibt hinreichend Raum für eine mitgliedstaatliche Regelung.

36 Der Regierungsentwurf selbst sieht gegenwärtig noch keine Regelung zur zeitlichen Geltung von § 33g GWB-RegE vor, weshalb die Frage nur unter Rückgriff auf verfassungsrechtliche Vorgaben beantwortet werden kann. Nach dem Willen der Verfasser des Regierungsentwurfes soll es sich bei dem Anspruch nach § 33g um einen materiellen Rechtsanspruch auf Auskunft und Herausgabe von Beweismitteln handeln,[69] der deshalb dem Rückwirkungsverbot des Art. 20 Abs. 3 GG unterfällt.[70] Bestätigt wird dies durch eine Entscheidung des Bundesgerichtshofs in einem ähnlich gelagerten markenrechtlichen Fall. Der Bundesgerichtshof führte dort zur Begründung aus, dass die Frage, ob der – ebenfalls auf einer europäischen Richtlinie beruhende – neu geschaffene Auskunftsanspruch des § 19a MarkenG auch für Rechtsverletzungen gilt, die vor Inkrafttreten des Gesetzes begangen worden sind, nach den allgemeinen Vorschriften zu beantworten sei. Zu diesen zählte der BGH auch den allgemeinen Grundsatz, dass Schuldverhältnisse dem Recht unterstehen, das zur Zeit der Verwirklichung ihres Entstehungstatbestandes gegolten hat.[71] Übertragen auf die vorliegende Frage würde § 33g GWB-RegE damit nur auf Sachverhalte Anwendung finden, die nach seinem Inkrafttreten abgeschlossen wurden.[72]

II. Beiziehung von Akten durch Zivilgerichte

37 Eine weitere Möglichkeit, über das Zivilgericht an Informationen zu gelangen, besteht in der Beiziehung von Akten aus dem kartellbehördlichen Verfahren. Eine Beiziehung ist nach § 273 Abs. 2 Nr. 2 ZPO **zur Terminvorbereitung** möglich, steht aber im Ermessen des Gerichts.[73] Zur Wahrung des Beibringungsgrundsatzes ist allerdings erforderlich,

---

[67] So *Kersting/Preuß*, Umsetzung der Kartellschadensersatzrichtlinie (2014/104/EU), Ein Gesetzgebungsvorschlag aus der Wissenschaft, S. 99.
[68] Begründung zum RegErentenentwurf, S. 62. Der auf Verteidigung gerichtete Anspruch des Schädigers entsteht hingegen erst mit Rechtshängigkeit einer Klage auf Schadensersatz oder auf Herausgabe von Beweismitteln oder Erteilung von Auskünften.
[69] Begründung zum Referentenentwurf, S. 62.
[70] Siehe hierzu bereits ausführlich § 26 Rn. 453 ff.
[71] BGH Urt. v. 18.12.2008 – I ZR 63/06; *Motorradreiniger* GRUR 2009, 515, 517.
[72] So zu § 140c PatG Benkard/*Grabinski/Zülch*, Patentgesetz Rn. 3.
[73] MüKoZPO/*Prütting* § 273 Rn. 12. Hinsichtlich einzelner Urkunden ist auch ein Beweisantritt gemäß § 432 Abs. 1 ZPO denkbar. Die Beiziehung ganzer Akten ist hierüber indes nicht möglich, näher *Steger* BB 2014, 963 (965) mwN.

dass sich mindestens eine der Parteien auf die Verfahrensakte bezogen hat.[74] Nach dem sog **„Doppeltürmodell"**[75] ist neben der für das Zivilgericht geltenden Norm des § 273 Abs. 2 Nr. 2 ZPO eine weitere Rechtsgrundlage für die aktenführende Stelle erforderlich, die ihr die Übermittlung von Informationen erlaubt.

1. Ersuchen an die Europäische Kommission

Für Informationen im Besitz der Europäischen Kommission sieht Art. 15 Abs. 1 VO 1/2003 die Möglichkeit einer **Übermittlung** an nationale Gerichte vor. Nach der Bekanntmachung der Kommission über die Zusammenarbeit mit den Gerichten ist ggf. von einer Pflicht der Kommission zur Übermittlung auszugehen.[76] 38

Nach der Bekanntmachung gilt diese Pflicht allerdings nicht uneingeschränkt. Sie lässt vielmehr **Ausnahmen** zu. Die Kommission wird danach jedenfalls „keine von einem Antragsteller auf Kronzeugenbehandlung freiwillig bereit gestellten Informationen" ohne dessen Einverständnis übermitteln.[77] Sofern die Informationen Berufsgeheimnisse enthalten, setzt deren Übermittlung zudem voraus, dass nationale Gerichte sicherstellen, dass die Vertraulichkeit gewahrt bleibt.[78] 39

Soweit ersichtlich, haben deutsche Gericht von der Möglichkeit, die Kommission gemäß Art. 15 Abs. 1 VO 1/2003 um die Übermittlung von Unterlagen zu ersuchen, bislang nicht Gebrauch gemacht.[79] 40

2. Ersuchen an nationale Behörden

Für Akten der Staatsanwaltschaften und Kartellbehörden sieht § 474 Abs. 1 StPO (bei letzteren iVm §§ 46 Abs. 1 und 2, 49b OWiG) gegenwärtig vor, dass ein Zivilgericht **Akteneinsicht bei der Behörde** beantragen kann. 41

Voraussetzung ist, dass eine Akteneinsicht „für Zwecke der Rechtspflege erforderlich ist", § 474 Abs. 1 StPO. Die Beurteilung der **Erforderlichkeit** setzt eine Verhältnismäßigkeitsprüfung voraus. Diese ist allerdings nicht durch die aktenführende Stelle vorzunehmen, sondern durch das ersuchende Gericht.[80] Die ersuchte Stelle nimmt eine bloße abstrakte Zuständigkeitsprüfung vor.[81] Nach § 477 Abs. 4 Satz 2 StPO prüft sie lediglich, ob das „Übermittlungsersuchen im Rahmen der Aufgaben des Empfängers liegt". 42

Von der grundsätzlichen Pflicht der Behörde zur Übermittlung gibt es unterschiedliche **Ausnahmen.** Die für den kartellrechtlichen Zusammenhang relevantesten Ausnahmebestimmungen waren Gegenstand einer **Entscheidung des OLG Hamm** aus dem Jahr 2013.[82] Die Entscheidung stand im Zusammenhang mit Schadensersatzklagen vor dem 43

---

[74] BGH Urt. v. 9.6.1994 – IX ZR 125/93, NJW 1994, 3295 (3296); Zöller/*Greger* § 273 Rn. 7a.
[75] Vgl. BVerfG Beschl. v. 6.3.2014 – 1 BvR 3541/13, 1 BvR 3600/13, NZKart 2014, 191 (192) – Aufzugskartell; BVerfG Beschl. v. 24.1.2012, BVerfGE 130, 151 (184); zu Alternativen neben dem „Doppeltürmodell", welches durch Art. 6 Abs. 6 der Richtlinie beschränkt wird, siehe *Willems* WRP 2015, 818 (822f.).
[76] Bekanntmachung der Kommission über die Zusammenarbeit zwischen der Kommission und den Gerichten der EU-Mitgliedstaaten bei der Anwendung der Artikel 81 und 82 des Vertrags, ABl. 2004 C 101/54 Rn. 21 ff.
[77] Bekanntmachung der Kommission über die Zusammenarbeit zwischen der Kommission und den Gerichten der EU-Mitgliedstaaten bei der Anwendung der Artikel 81 und 82 des Vertrags, ABl. 2004 C 101/54 Rn. 26.
[78] Bekanntmachung der Kommission über die Zusammenarbeit zwischen der Kommission und den Gerichten der EU-Mitgliedstaaten bei der Anwendung der Artikel 81 und 82 des Vertrags, ABl. 2004 C 101/54 Rn. 23 ff.
[79] Die Gerichte anderer Mitgliedstaaten sind indes weniger zurückhaltend. Im Jahr 2013 erhielt die Kommission zB fünf Auskunftsverlangen von Gerichten aus Spanien, UK und Belgien, siehe Kom., Arbeitsunterlage der Kommissionsdienststellen, Begleitunterlage zum Bericht der Kommission über die Wettbewerbspolitik 2013 v. 6.5.2014, SWD(2014) 148, 24.
[80] Meyer-Goßner/Schmitt/*Schmitt* § 474 Rn. 4 mwN; Löwe-Rosenberg/*Hilger* StPO § 474 Rn. 6.
[81] OLG Hamm Beschl. v. 26.11.2013 – verb. Rs. III-1 VAs 116/13–120/13 und 122/13, NZKart 2014, 107 (108) – Akteneinsicht in Kronzeugenanträge; vgl. auch Löwe-Rosenberg/*Hilger* StPO § 477 Rn. 16.
[82] OLG Hamm Beschl. v. 26.11.2013 – verb. Rs. III-1 VAs 116/13–120/13 und 122/13, NZKart 2014, 107 – Akteneinsicht in Kronzeugenanträge.

LG Berlin im Nachgang zur Kommissionsentscheidung zum Aufzugs- und Fahrtreppenkartell.

44 Im Zusammenhang mit diesem Kartell wurden **im Jahr 2004 Kronzeugen- bzw. Bonusanträge** ua bei der Europäischen Kommission und beim Bundeskartellamt gestellt. Daraufhin leitete die **Europäische Kommission** im Jahr 2004 **Ermittlungen** ein,[83] so dass die Zuständigkeit des Bundeskartellamts entfiel. Gegen die beteiligten natürlichen Personen bestand allerdings zugleich der Verdacht wettbewerbsbeschränkender Absprachen bei Ausschreibungen nach § 298 StGB. Das Bundeskartellamt gab das Verfahren daher insofern gemäß § 41 Abs. 1 OWiG an die Staatsanwaltschaft Düsseldorf ab, die ein **Strafverfahren** einleitete. In diesem Zusammenhang **übermittelte das Amt die Verfahrensakte,** in der sich unter anderem der Bonusantrag eines kartellbeteiligten Unternehmens befand, an die Staatsanwaltschaft Düsseldorf. Die Hauptakte enthielt außerdem die vertrauliche Fassung der Bußgeldentscheidung der Europäischen Kommission.

45 Im Schadensersatzverfahren vor dem LG Berlin stellten die Kläger Beweisantrag und bezogen sich ua auf die in der staatsanwaltlichen Akte befindlichen Dokumente. Das **LG Berlin beantragte** daraufhin bei der Staatsanwaltschaft nach § 474 Abs. 1 StPO **Akteneinsicht.** Die Staatsanwaltschaft kündigte an, dem Gesuch stattgeben zu wollen. Hierüber beantragten die Beklagten des Zivilverfahrens beim OLG Hamm gerichtliche Entscheidung nach § 23 EGGVG. Das **Bundeskartellamt** nahm in dem Verfahren vor dem OLG Hamm Stellung und **widersprach** der Herausgabe der Kronzeugendokumente. Das **OLG Hamm** erklärte die Übermittlung der Akten an das LG Berlin indessen für **rechtmäßig.** Die Rechtsbeschwerde ließ es nicht zu. Zur Begründung verwies das OLG Hamm zunächst auf den zuvor dargelegten Ausgangspunkt, wonach die Gewährung von Akteneinsicht dem gesetzlichen Regelfall entspreche[84] und die Voraussetzungen der Akteneinsicht durch die ersuchende Stelle und nicht durch die ersuchte Behörde zu prüfen sei.[85] Sodann widmete sich das OLG Hamm den unterschiedlichen **Ausnahmebestimmungen.**

46 In diesem Sinne erörterte das OLG zunächst, ob ausnahmsweise im Sinne von **§ 477 Abs. 4 Satz 2 StPO** Anlass für eine eingehendere Prüfung bestand, die sich nicht auf den Regelfall einer bloßen abstrakten Zuständigkeitsprüfung beschränkte. Dies ist anerkanntermaßen ua dann der Fall, wenn **besondere Arten von Daten** betroffen sind.[86] Im Ergebnis verneinte das OLG Hamm das Vorliegen eines solchen Sonderfalls. Weder beim Bonusantrag noch bei der vertraulichen Fassung der Kommissionsentscheidung handle es sich um besondere Daten, die Anlass für eine Einzelfallprüfung gäben.[87] Was den Bonusantrag angehe, führe die von der Behörde zugesicherte Vertraulichkeit und die damit einhergehende Selbstbindung nicht dazu, dass es sich um ungewöhnliche Daten handle. **Kronzeugen verzichteten freiwillig auf ihr Recht auf Selbstbelastungsfreiheit.** Bei den in den Bonusanträgen preisgegebenen Informationen handle es sich um nichts anderes als sonstige selbstbelastende Einlassungen der Beklagten, die keinen besonderen Schutz genössen. Sie seien nicht anders zu behandeln als sonstige Erklärungen, die in Ordnungswidrigkeiten- oder Strafverfahren unter Verzicht auf die Selbstbelastungsfreiheit abgegeben würden.[88] Auch bei der vertraulichen Fassung der Kommissionsentscheidung handle es sich nicht um ungewöhnliche Daten, sondern schlicht um die detaillierte Darstellung

---

[83] Kom., Pressemitteilung v. 21.2.2007, IP/07/209.
[84] OLG Hamm Beschl. v. 26.11.2013 – verb. Rs. III-1 VAs 116/13–120/13 und 122/13, NZKart 2014, 107 – Akteneinsicht in Kronzeugenanträge.
[85] OLG Hamm Beschl. v. 26.11.2013 – verb. Rs. III-1 VAs 116/13–120/13 und 122/13, NZKart 2014, 107 (108) – Akteneinsicht in Kronzeugenanträge.
[86] OLG Hamm Beschl. v. 26.11.2013 – verb. Rs. III-1 VAs 116/13–120/13 und 122/13, NZKart 2014, 107 (108) – Akteneinsicht in Kronzeugenanträge.
[87] OLG Hamm Beschl. v. 26.11.2013 – verb. Rs. III-1 VAs 116/13–120/13 und 122/13, NZKart 2014, 107 (109) – Akteneinsicht in Kronzeugenanträge.
[88] OLG Hamm Beschl. v. 26.11.2013 – verb. Rs. III-1 VAs 116/13–120/13 und 122/13, NZKart 2014, 107 (109) – Akteneinsicht in Kronzeugenanträge.

einer Ordnungswidrigkeit.[89] Genauso wenig rechtfertige es das Recht der Kartellbeteiligten auf Schutz der Geschäfts- und Betriebsgeheimnisse sowie ihr Recht auf informationelle Selbstbestimmung nach Art. 12, 14 und Art. 2 Abs. 1 iVm Art. 1 Abs. 1 GG, dem LG Berlin die Akteneinsicht zu versagen.[90]

Das OLG prüfte weiterhin, ob **§ 477 Abs. 2 Satz 1 StPO** einer Übermittlung der Informationen entgegenstehen könnte.[91] Danach ist Akteneinsicht zu verwehren, wenn anderenfalls der Untersuchungszweck des betreffenden Strafverfahrens oder eines anderen Strafverfahrens gefährdet würde. Das OLG kam zu dem Ergebnis, eine Gefährdung des Untersuchungszweckes sei nicht festzustellen. Erforderlich sei die **konkrete Gefährdung eines Verfahrens.** Die rein abstrakte Gefahr, dass durch die Übermittlung von Bonusantrag und vertraulicher Fassung der Kommissionsentscheidung kartellbeteiligte Unternehmen in Zukunft weniger kooperationsbereit seien könnten und hierunter die Effektivität der Ermittlungstätigkeit leide, sei in diesem Zusammenhang nicht berücksichtigungsfähig.[92] **47**

Das OLG Hamm tritt an dieser Stelle ausdrücklich der Rechtsprechung des AG Bonn in Sachen *Pfleiderer II*[93] entgegen. Nach Ansicht des AG Bonn ist eine **Preisgabe von Kronzeugeninformationen geeignet, den Untersuchungszweck** in einem anderen Verfahren iSv § 406e Abs. 2 Satz 2 StPO **zu gefährden:** es sei davon auszugehen, dass sich im Falle einer Preisgabe von Kronzeugendokumenten Unternehmen künftig von einer Zusammenarbeit mit dem Bundeskartellamt abhalten ließen.[94] Der Annahme einer Gefährdung des Untersuchungszwecks könne nicht entgegen gehalten werden, dass „unter Umständen noch gar kein anderes Verfahren eingeleitet worden ist".[95] **48**

Das OLG Hamm kam schließlich zu dem Ergebnis, auch **§ 478 Abs. 2 StPO** stehe der Akteneinsicht nicht entgegen.[96] Danach dürfen Auskünfte aus beigezogenen Akten nur erteilt werden, wenn der Antragsteller die Zustimmung der aktenführenden Stelle nachweist. Für den in Rede stehenden Bonusantrag und die vertrauliche Fassung der Kommissionsentscheidung vertrat das OLG Hamm allerdings die Auffassung, diese seien **Bestandteil der Verfahrensakte der Staatsanwaltschaft** geworden.[97] Eine Zustimmung des Bundeskartellamts gemäß § 478 Abs. 2 StPO sei daher nicht erforderlich.[98] **49**

Im Ergebnis beließ es das OLG Hamm somit bei dem Grundsatz, dass abgesehen von einer abstrakten Zuständigkeitsprüfung **keine eigene Kontrolle durch die ersuchte Stelle** vorzunehmen ist. Daraufhin übermittelte die Staatsanwaltschaft Düsseldorf die gesamte Ermittlungsakte an das LG Berlin. Ob sich das Bundeskartellamt mit entsprechen- **50**

---

[89] OLG Hamm Beschl. v. 26.11.2013 – verb. Rs. III-1 VAs 116/13–120/13 und 122/13 Rn. 53 (insoweit nicht in NZKart 2014, 107).
[90] OLG Hamm Beschl. v. 26.11.2013 – verb. Rs. III-1 VAs 116/13–120/13 und 122/13, NZKart 2014, 107 (109) – Akteneinsicht in Kronzeugenanträge.
[91] OLG Hamm Beschl. v. 26.11.2013 – verb. Rs. III-1 VAs 116/13–120/13 und 122/13, NZKart 2014, 107 (110) – Akteneinsicht in Kronzeugenanträge.
[92] OLG Hamm Beschl. v. 26.11.2013 – verb. Rs. III-1 VAs 116/13–120/13 und 122/13, NZKart 2014, 107 (110) – Akteneinsicht in Kronzeugenanträge.
[93] AG Bonn Beschl. v. 18.1.2012 – 51 Gs 53/09, WuW/E DE-R 3499 – Pfleiderer II.
[94] AG Bonn Beschl. v. 18.1.2012 – 51 Gs 53/09, WuW/E DE-R 3499 (3502) – Pfleiderer II.
[95] AG Bonn Beschl. v. 18.1.2012 – 51 Gs 53/09, WuW/E DE-R 3499 (3502) – Pfleiderer II. Das OLG Hamm verweist im Übrigen ua darauf, dass sich die Verfahrenssituationen ohnehin unterscheiden. Während das AG Bonn selbst eine Interessenabwägung vorzunehmen gehabt habe, obliege die Abwägung in dem vom OLG Hamm zu entscheidenden Fall ohnehin nicht der aktenführenden Staatsanwaltschaft, sondern dem ersuchenden LG Berlin, s. OLG Hamm Beschl. v. 26.11.2013 – verb. Rs. III-1 VAs 116/13–120/13 und 122/13, NZKart 2014, 107 (110) – Akteneinsicht in Kronzeugenanträge.
[96] OLG Hamm Beschl. v. 26.11.2013 – verb. Rs. III-1 VAs 116/13–120/13 und 122/13, NZKart 2014, 107 (111 f.) – Akteneinsicht in Kronzeugenanträge.
[97] OLG Hamm Beschl. v. 26.11.2013 – verb. Rs. III-1 VAs 116/13–120/13 und 122/13, NZKart 2014, 107 (112) – Akteneinsicht in Kronzeugenanträge.
[98] OLG Hamm Beschl. v. 26.11.2013 – verb. Rs. III-1 VAs 116/13–120/13 und 122/13, NZKart 2014, 107 (112) – Akteneinsicht in Kronzeugenanträge.

den Akteneinsichtsanträgen der großzügigen Haltung der Staatsanwaltschaft Düsseldorf und des OLG Hamm anschließen würde, ist indes zweifelhaft. Jedenfalls erscheint es angesichts der bisherigen Praxis bei Akteneinsichtsanträgen nach § 406e StPO naheliegend, insbesondere im Falle von Bonusanträgen, von besonderen Daten iSd Ausnahmevorschrift des § 477 Abs. 4 Satz 2 StPO auszugehen und wie im Rahmen von § 406e Abs. 2 Satz 2 StPO die Gefährdung des Untersuchungszwecks von anderen Ermittlungsverfahren anzunehmen.[99]

51   Sofern die aktenführende Stelle, wie die Staatsanwaltschaft Düsseldorf, die Ermittlungsakte an das ersuchende Gericht übermittelt, haben die Parteien des dort anhängigen Verfahrens aber nicht automatisch Zugriff hierauf. **Beigezogene Akten werden nicht Bestandteil der Prozessakten.**[100] Sie unterliegen damit nicht der uneingeschränkten Akteneinsicht durch die Parteien des Schadensersatzprozesses nach § 299 Abs. 1 ZPO.[101] Vielmehr muss das Zivilgericht hinsichtlich der Gewährung der Akteneinsicht eine **umfassende Interessenabwägung** vornehmen.[102] In deren Rahmen wird es auch die in den Rs. *Pfleiderer* und *Donau Chemie* aufgestellten Kriterien des EuGH zu beachten haben.[103] Darüber hinaus ist das Zivilgericht an etwaige Verwendungsbeschränkungen der aktenführenden Behörde gebunden.[104]

52   Die Frage der Vereinbarkeit der §§ 474 StPO in ihrer Auslegung durch das OLG Hamm mit Primärrecht sowie den Vorgaben der Schadensersatzrichtlinie ist zweifelhaft.[105] Während der Regierungsentwurf die Anwendung von § 406e StPO und § 475 StPO in seinem § 89c Abs. 5 Satz 1 weitgehend ausschließt,[106] soweit die Einsicht in die kartellbehördliche Akte oder die Auskunft der Erhebung eines Anspruchs nach § 33a Abs. 1 oder der Vorbereitung dieser Erhebung dienen soll,[107] bezieht der Regierungsentwurf zur Frage eines zivilgerichtlichen Auskunftsersuchens nach § 474 StPO iVm §§ 46 Abs. 1 und 2, 49b OWiG bedauerlicherweise nicht ausdrücklich Stellung. Es liegt jedoch nahe, dass die Verfasser des Referentenentwurfs sowie des Regierungsentwurfs davon ausgingen, dass der bisherige Weg durch die Regelungen des § 89c Abs. 1 bis 4 GWB-RegE überformt werden sollte; eine entsprechende Klarstellung im weiteren Gesetzgebungsverfahren wäre aus Gründen der Rechtssicherheit gleichwohl wünschenswert. Zwar sind die Mitgliedstaaten – wie bereits gesehen – ausweislich des Art. 5 Abs. 8 der Schadensersatzrichtlinie grundsätzlich nicht daran gehindert, über die Richtlinie hinausgehende nationale Vorschriften beizubehalten oder einzuführen, die zu einer umfassenderen Offenlegung von Beweismitteln führen würden. Art. 5 Abs. 8 der Richtlinie nimmt Art. 6 jedoch hiervon aus. Art. 6 Abs. 6 verpflichtet die Mitgliedstaaten aber gerade zu gewährleisten, dass „*die nationalen Gerichte für die Zwecke von Schadensersatzklagen zu keinem Zeitpunkt die Offenlegung [von Kronzeugenerklärungen und Vergleichsausführungen] verlangen können*". Nur schwerlich wird man insofern zwischen einer gerichtlichen Anordnung und einem (vermeintlich) schlichten gerichtlichen Auskunftsersuchen differenzieren können. Dies gilt umso mehr, als die Auskunft erteilenden Stelle im Rahmen von § 474 StPO nicht zur Prüfung der

---

[99] Vgl. *Harms/Petrasincu* NZKart 2014, 304 (308).
[100] MüKoZPO/*Prütting* § 299 Rn. 6; BeckOK ZPO/*Bacher* § 299 Rn. 11.
[101] BGH Urt. v. 18.10.1951 – IV ZR 152/50, NJW 1952, 305 (306). So auch OLG Hamm Beschl. v. 26. 11.2013 – verb. Rs. III-1 VAs 116/13–120/13 und 122/13, NZKart 2014, 107 (108) – Akteneinsicht in Kronzeugenanträge; Zöller/*Geimer* § 432 Rn. 3.
[102] So BVerfG Beschl. v. 6.3.2014–verb. Rs. 1 BvR 3541/13, 1 BvR 3543/13 und 1 BvR 3600/13, NZKart 2014, 191 (192) – Aufzugskartell.
[103] Vgl. *Kamann/Schwedler* EWS 2014, 121 (127).
[104] BGH Urt. v. 18.10.1951 – IV ZR 152/50, NJW 1952, 305 (306); Zöller/*Greger* § 299 Rn. 3, § 432 Rn. 3. Zu dem Problem der Verwendungsbeschränkung durch das BKartA siehe *Steger* BB 2014, 963 (965); *Heinichen* NZKart 2014, 83 (91f.).
[105] Siehe etwa Wiedemann/*Topel* § 50 HdB KartellR Rn. 157.
[106] Das Recht, aufgrund dieser Vorschriften Einsicht in Bußgeldbescheide zu begehren, die eine Kartellbehörde erlassen hat, bleibt hingegen unberührt; § 89c Abs. 5 Satz 2 GWB-RegE.
[107] Darüber hinaus stellt § 89c Abs. 5 Satz 3 des Regierungsentwurfs klar, dass § 33g Abs. 1 und 2 keine Anwendung auf Wettbewerbsbehörden findet.

Verhältnismäßigkeit, sondern lediglich zu einer abstrakten Zuständigkeitsprüfung berufen ist.
In jedem Fall wird man daher annehmen müssen, dass die Wettbewerbsbehörde auch einem gerichtlichen Auskunftsersuchen nach § 474 StPO gegenüber gem. § 89c Abs. 4 GWB-RegE zur Ablehnung der Auskunftserteilung berechtigt ist.[108]

---

[108] So im Ergebnis auch *Wiedemann/Topel* § 50 HdB KartellR Rn. 155.

§ 30 Kartellrecht als Einwendung

Übersicht

	Rn.
A. Klagen aus unwirksamem Vertrag	1
B. Kartellrecht in Prozessen über Schutzrechtsverletzungen	17
I. Einleitung	17
II. Der Orange-Book-Standard und seine Reichweite	19
III. Europarechtliche Vorgaben nach Huawei/ZTE	29

A. Klagen aus unwirksamem Vertrag

1 Die politisch gewollte, konsequente Geltendmachung von Kartellschäden im Nachgang zu Kartellbußgeldverfahren und die deutliche Zunahme entsprechender gerichtlicher und außergerichtlicher Schadensersatzverfahren ist in der Rechtsanwendungspraxis ein eher neues Phänomen (→ § 23 Rn. 5 f.). Demgegenüber gehört die **Erhebung von kartellrechtlichen Einwänden** im Zivilprozess – zusammen mit der Geltendmachung von kartellrechtlichen Belieferungs- und Unterlassungsansprüchen – eher zu den „Klassikern" kartellzivilprozessualer Verfahrenskonstellationen. Nach der häufig gebrauchten verfahrensrechtlichen Unterscheidung zwischen „offensiven" und „defensiven" Kartellprozessen[1] (→ § 23 Rn. 4) gehört die Erhebung kartellrechtlicher Einwendungen zur Kategorie des defensiven Kartellprozesses. Regelmäßig geht es darum, dass das Bestehen vertraglicher Ansprüche unter Hinweis auf kartellrechtswidrige Vertragsklauseln verneint wird.

2 Die denkbaren **Fallkonstellationen** sind vielfältig und können hier nicht erschöpfend dargestellt werden. Häufig geht es um **Wettbewerbsverbote**[2], die grundsätzlich in allen Vertragsarten denkbar sind und regelmäßig in Unternehmenskaufverträgen, in Gesellschafts-, Liefer-, Franchise- und Outsourcing-Verträgen[3] vereinbart werden. Ein Unterfall des Wettbewerbsverbots sind sog „Gesamtbedarfsdeckungsklauseln", also die Verpflichtung eines Abnehmers seinen gesamten oder einen wesentlichen Teil seines Bedarfs bei einem bestimmten Lieferanten zu decken[4]. Bei einem Verstoß gegen ein wirksam vereinbartes Wettbewerbsverbot kann die anspruchsberechtigte Partei in der Regel Auskunft über die getätigten Geschäftshandlungen, die unter Verletzung des Verbotes getätigt wurden, verlangen und Schadensersatzansprüche für die Verletzung des Wettbewerbsverbots geltend machen[5]. Der Adressat des Wettbewerbsverbots kann sich dagegen zur Wehr setzen, indem er das Wettbewerbsverbot insgesamt oder dessen inhaltliche, zeitliche oder räumliche Ausprägung kartellrechtlich angreift. Ähnliches gilt für **Kunden- und/oder Gebietszuweisungen** sowie für **Verwendungsverbote** wie sie sich regelmäßig in Vertriebs-, FuE- oder Lizenzverträgen finden.

3 Regelmäßig werden kartellrechtliche Einwendungen auf einen **Verstoß gegen das Kartellverbot nach Art. 101 AEUV/§1 GWB** gestützt. Auf dieser Basis kann grundsätzlich jede wettbewerbsbeschränkende Vertragsklausel angegriffen werden. Kartellrechtliche Einwendungen können aber ebenso wegen des **Missbrauchs einer marktbeherrschenden Stellung bzw. wegen des Missbrauchs relativer Marktmacht (Art. 102 AEUV/§§19, 20 GWB)** erhoben werden[6]. Anwendungsfälle sind missbräuchliche Preis-

---

[1] Vgl. dazu ausführlich *Schmidt* ZWeR 2007, 394 (398 ff.).
[2] Vgl. *Bernhard* NJW 2013, 2785.
[3] Vgl. *Klett* WRP 2011, 1536; *Bechtold/Bosch* § 1 Rn. 54 ff. *Thomas* WuW 2010, 177; Langen/Bunte/*Krauß* GWB § 1 Rn. 263 ff.
[4] Vgl. die Definition in Art. 1 Abs. 1 lit. d) Vertikal-GVO.
[5] BGH Urt. v. 10.12.2008 – KZR 54/08, NJW 2009, 1751 – Subunternehmervertrag II.
[6] Immenga/Mestmäcker/*Fuchs/Möschel* GWB § 19 Rn. 246 ff.

oder Rabattgestaltungen, so dass der Schuldner eines vertraglichen Zahlungsanspruchs einwenden kann, der Anspruch sei nicht oder jedenfalls nicht in dieser Höhe entstanden. Freilich sind die Feststellung und normative Bewertung von Missbrauchsfällen, insbesondere beim Preishöhenmissbrauch in Kartellzivilverfahren noch schwieriger als schon in kartellbehördlichen Verfahren.[7] Zum Teil wird der Kartellrechtseinwand auch kumuliert auf das Kartell- und Missbrauchsverbot gestützt, wie dies zB in den kartellzivilrechtlichen Auseinandersetzungen über Gesamtbedarfsdeckungsklauseln mit marktbeherrschenden Lieferanten der Fall ist[8].

Für die **Darlegungs- und Beweislast** beim Vorbringen kartellrechtlicher Einwendungen gelten die allgemeinen Regeln der Zivilprozessordnung, wonach derjenige in der Beweispflicht ist, der die für sich günstigen Tatsachen vorbringt. Soweit der Einwand auf europäisches Kartellrecht gestützt wird, gilt zudem Art. 2 VO 1/2003. Der Einwendende muss zu den Voraussetzungen des Kartellverstoßes vortragen und diese beweisen, sein Prozessgegner trägt die Darlegungs- und Beweislast einer eventuellen Freistellung nach Art. 101 Abs. 3 AEUV oder einer Rechtfertigung.[9] Damit gelten im Anwendungsbereich des GWB die gleichen Grundsätze wie im europäischen Recht nach Art. 2 VO 1/2003.[10] In der Praxis kann diese Beweislastverteilung regelmäßig für diejenige Partei, die die Freistellung oder Rechtfertigung des Kartellverstoßes vorträgt, besonders schwierig sein. Denn gerade der Nachweis der Freistellungsvoraussetzungen ist an komplexe ökonomische Fragestellungen geknüpft und kann umfangreiche Marktanalysen erforderlich machen.[11] Das praktische, prozessuale Risiko des Kartellrechteinwands liegt daher nicht selten beim Kläger.   **4**

Die **Rechtsfolge** einer erfolgreich erhobenen kartellrechtlichen Einwendung (→ § 3 Rn. 15 und § 23 Rn. 4) hängt vom Einzelfall ab. Generell gilt: **Verstöße gegen das Kartellverbot** nach Art. 101 AEUV/§ 1 GWB führen zur Nichtigkeit der kartellrechtswidrigen Vertragsklausel. Dies ergibt sich für das europäische Kartellverbot unmittelbar aus Art. 101 Abs. 2 AEUV. Die Nichtigkeitsfolge bedeutet Nichtigkeit der Vereinbarung „*in all ihren vergangenen und zukünftigen Wirkungen*".[12] Als unmittelbare Folge des Kartellverstoßes ordnet § 1 GWB ein Verbot an. Die **Nichtigkeitsfolge** für vertragliche Vereinbarungen ergibt sich über den **„Umweg" des § 134 BGB**.[13] Danach ist ein Rechtsgeschäft, das gegen ein gesetzliches Verbot, verstößt, ebenfalls ex tunc nichtig.[14] Liegt gleichzeitig ein Verstoß gegen das europäische und das deutsche Kartellverbot vor, ist wegen der höherrangigen, **spezialgesetzlichen Rechtsfolgenanordnung aus Art. 101 Abs. 2 AEUV** ein Rückgriff auf § 134 BGB überflüssig.[15]   **5**

Beim **Missbrauchsverbot** des Art. 102 AEUV ergibt sich die Rechtsfolge eines Verstoßes für vertragliche Vereinbarungen nicht so eindeutig aus dem europäischen Kartellrecht, wie dies in Art. 101 Abs. 2 AEUV der Fall ist. Art. 102 AEUV statuiert lediglich Verbot. Mangels ausdrücklicher europarechtlicher Regelung greift somit **§ 134 BGB**.[16] Dem Sinn und Zweck des Marktmachtmissbrauchsverbots entsprechend, wird ein Verstoß gegen Art. 102 AEUV häufig zur Nichtigkeit einer missbräuchlichen Vertragsregelung führen. Gleiches gilt für Verstöße gegen §§ 19, 20 GWB. Im Zuge der 7. GWB-Novelle   **6**

---

[7] Für einen Überblick Immenga/Mestmäcker/*Fuchs/Möschel* GWB § 19 Rn. 248–251.
[8] Vgl. zu den Auseinandersetzungen im Energiesektor OLG Stuttgart Urt. v. 21.3.2002 – 2 U 136/01, ZNER 2001, 232 – GVS/Schwäbisch Hall und OLG Düsseldorf Urt. v. 7.11.2001 – U (Kart) 31/00, ZNER 2001, 255 – Thyssengas/STAWAG.
[9] Ausführlich Langen/Bunte/*Sura* Bd. 2 VO 1/2003 Art. 2 Rn. 9 ff.
[10] Bechtold/Bosch § 2 Rn. 6.
[11] Zur Problematik der Beweislastverteilung *Kirchhoff* WuW 2004, 745 (748 ff.).
[12] EuGH Urt. v. 20.9.2001 – C-453/99, Slg. 2001, I-6297 Rn. 22 – Courage; Urt. v. 13.7.2006 – C-295/04, Slg. 2006, I-6619 Rn. 57 – Manfredi.
[13] Vgl. dazu *Wolf* BetriebsBerater 2011, 648 (650).
[14] Langen/Bunte/*Krauß* GWB § 1 Rn. 318; Immenga/Mestmäcker/*Zimmer* GWB § 1 Rn. 385.
[15] Immenga/Mestmäcker/*Schmidt* EuWettbR AEUV Art. 101 Abs. 2 Rn. 2 mN.
[16] Bechtold/Bosch/Brinker AUEV Art. 102 Rn. 70.

wurde auch die Sanktionierung des Marktmachtmissbrauchs im deutschen Recht als Verbotsgesetz ausgestaltet, so dass sich die Nichtigkeit missbräuchlicher Klauseln über §§19, 20 GWB iVm § 134 BGB ergibt.

7 **Kartellrechtliche Einwendungen** können zu jeder Zeit und von beiden Vertragspartnern vorgebracht werden.[17] Die prozessuale Geltendmachung des Kartellverstoßes verstößt auch nicht gegen die **Grundsätze von Treu und Glauben** nach § 242 BGB. Die Durchsetzung und effektive Wirksamkeit des Kartellrechts steht im öffentlichen Interesse.[18] Es geht nicht allein um die Vertragsparteien einer kartellrechtswidrigen Vereinbarung, sondern um den Schutz der Handlungsfreiheit Dritter, die beispielsweise an Vertragsabschlüssen mit dem durch die Kartellabrede gebundenen Vertragspartner gehindert werden. Daher kann gegenüber demjenigen, der sich im Zivilprozess auf die Nichtigkeit wegen eines Kartellverstoßes beruft, nicht der Einwand der Arglist nach § 242 BGB erhoben werden.[19]

8 Mit der Nichtigkeitsfolge für die kartellrechtswidrige Vereinbarung ist die **Reichweite des Kartellrechteinwandes** aber noch nicht hinreichend bestimmt. Die kartellrechtlich bedingte Nichtigkeitswirkung erstreckt sich nur auf die gegen das Kartell- und/oder Missbrauchsverbot verstoßende einzelne **Vertragsklausel** oder auch nur ein **Klauselelement**. Die kartellrechtliche Nichtigkeitsfolge reicht also nur so weit, wie es erforderlich ist, dem Kartell- und/oder Missbrauchsverbot zu seiner vollen Durchsetzung zu verhelfen.[20] Dies reicht für einen effektiven Schutz des Wettbewerbs aus. Eine Vereinbarung ist nur dann bereits aus kartellrechtlichen Gründen als vollumfänglich nichtig anzusehen, wenn sich die wettbewerbswidrigen Teile nicht von den übrigen Vertragsbestandteilen abtrennen lassen.[21] Im Übrigen gilt für die Bestimmung der Teil- oder **Gesamtnichtigkeit** im deutschen Recht § 139 BGB. Danach ist nur dann Gesamtnichtigkeit anzunehmen, wenn nicht davon auszugehen ist, dass die Parteien nach ihrem Willen das Rechtsgeschäft **auch ohne den nichtigen Teil vorgenommen hätten**. Vereinfacht geht es darum, ob die wettbewerbsbeschränkenden Klauseln aus dem Vertrag herausgestrichen werden können, ohne dass der Hauptzweck des Vertrags berührt ist.[22] Dafür ist der tatsächliche oder mutmaßliche Wille der Parteien durch tatrichterliche Feststellung im Zivilprozess zu ermitteln.[23]

9 In diesem Zusammenhang spielt die Vereinbarung **salvatorischer Klauseln** eine entscheidende Rolle. Salvatorische Klauseln bestehen meist aus einer Ersetzungs- und einer Restgültigkeitsregel.[24] Dementsprechend soll die unwirksame Vertragsregelung durch eine ihr möglichst nahekommende, wirksame Regelung ersetzt werden und der Vertrag im Übrigen fortbestehen. Der BGH hat die Bedeutung salvatorischer Klauseln bei Kartellverstößen in der Vergangenheit differenziert beurteilt. Zum Teil ging er davon aus, dass schon das Vorhandensein einer salvatorischen Klausel auf den Parteiwillen schließen lässt, den Vertrag ohne die kartellrechtswidrigen Teile aufrecht zu erhalten.[25] Zuletzt hielt er „standardmäßig verwendete" salvatorische Klauseln nur bei der Beweislastverteilung für

---

[17] Vgl. EuGH Urt. v. 20.9.2001 – C-453/99, Slg. 2001, I-6297 Rn. 22 – Courage; Urt. v. 13.7.2006 – C-295/04, Slg. 2006, I-6619 Rn. 57 – Manfredi.
[18] Immenga/Mestmäcker/*Zimmer* GWB § 1 Rn. 186.
[19] Langen/Bunte/*Hengst* AEUV Art. 101 Rn. 456.
[20] Bechtold/Bosch/Brinker AEUV Art. 101 Rn. 139; Loewenheim/Meessen/Riesenkampff/*Nordemann* GWB § 1 Rn. 248. Vgl. auch *Emde* WRP 2005, 1492.
[21] EuGH Urt. v. 30.6.1966 – C-56/65, Slg. 1966, 282, 304 – Maschinenbau Ulm; Urt. v. 28.2.1991 – C-234/89, Slg. 1991, I-935, 990 – Delmitis/Henninger Bräu; BGH Urt. v. 8.2.1994, WuW/E BGH 2909, 2913 – Pronuptia II. Am Beispiel eines Händlervertrages, vgl. BGH Urt. v. 8.5.2007, WuW/E DE-R 2045, 2048, Rn. 15 – Kfz-Vertragshändler III.
[22] BGH Urt. v. 7.7.1992, WuW/E BGH 2777, 2781 ff. – Freistellungsende bei Wegenutzungsrecht; Immenga/Mestmäcker GWB/*Zimmer* § 1 Rn. 191.
[23] BGH Urt. v. 14.1.1997, WuW/E BGH 3115 – Druckgussteile.
[24] Dazu *Bunte* GRUR 2004, 301; Immenga/Mestmäcker/*Zimmer* GWB § 1, Rn. 191.
[25] BGH Urt. v. 30.5.1978 WuW/E BGH 1525, 1526 – Fertighäuser; Urt. v. 8.2.1994 WuW/E BGH 2909, 2913 ff. – Pronuptia II.

relevant. Danach trägt bei Vereinbarung einer salvatorischen Klausel derjenige, der sich auf die Gesamtnichtigkeit beruft, dafür die Beweis- und Darlegungslast.[26]

Im Einzelfall kann die kartellrechtliche Nichtigkeitsfolge auch durch eine **geltungserhaltende Reduktion** der kartellrechtswidrigen Vertragsklausel auf ihren kartellrechtskonformen Inhalt erreicht werden. Die Rechtsprechung zu dieser Frage ist uneinheitlich. Bei Wettbewerbsverboten soll eine geltungserhaltende Reduktion nur dann in Betracht kommt kommen, wenn sich die Wettbewerbswidrigkeit nur auf die zeitliche Ausgestaltung bezieht.[27] Sofern die sachliche oder räumliche Ausgestaltung gegen das Kartellrecht verstößt, wird eine Reduktion in aller Regel ausgeschlossen.[28] So hat der BGH überlange Wettbewerbsverbote nicht für nichtig erklärt, sondern auf ein zeitlich angemessenes Maß verkürzt.[29] Ob die gleichen Grundsätze auch bei zeitlich überschießenden Gesamtbedarfsdeckungsklauseln anzuwenden sind, ist zweifelhaft. Zum Teil wird auch hier eine geltungserhaltende Reduktion auf das kartellrechtlich zulässige Maß für möglich gehalten.[30] Zum Teil wird dies aber, vor allem zur Sanktionierung der Vertragsparteien abgelehnt.[31] 10

Besonders naheliegend ist die **geltungserhaltende Reduktion** gerade **in Missbrauchsfällen**, insbesondere bei Diskriminierungen oder beim Preishöhenmissbrauch. Dort ist es weder zur Durchsetzung des Kartellrechts erforderlich noch interessengerecht, wenn die Preisregelung nichtig ist. Denn die Nichtigkeit der Preisregelung hätte zwingend die Nichtigkeit des Gesamtvertrages zur Folge, was wohl eher im Interesse des Marktbeherrschers als im Interesse seines Vertragspartners liegen dürfte. Beim Preishöhenmissbrauch reicht es daher kartellrechtlich regelmäßig aus, den vereinbarten, missbräuchlich überhöhten Preis auf ein kartellrechtlich zulässiges Maß zu reduzieren.[32] 11

Das Vorbringen kartellrechtlicher Einwendungen ist auch für die **Bestimmung des zuständigen Gerichts** relevant. Nach § 87 GWB, der eine Vereinheitlichung der Kartellrechtspflege durch die Konzentration auf bestimmte Gerichte bezweckt,[33] sind ausschließlich die Landgerichte zuständig. Nach § 87 S.1 GWB besteht die ausschließliche Zuständigkeit der Landgerichte für alle Rechtsstreitigkeiten, die die Anwendung des GWB, der Art. 101 und 102 AEUV sowie der Art. 53 und 54 EWR zum Gegenstand haben. Sofern es sich um „offensive" Kartellprozesse handelt, die konkret auf die Durchsetzung kartellrechtlicher Verbote oder Verbotssanktionen abzielen, ist die Anwendung des § 87 S.1 GWB regelmäßig unproblematisch. In aller Regel ergibt sich die Zuständigkeit aus der Anspruchsgrundlage, ggf im Zusammenhang mit ihrer Begründung.[34] 12

Wird Kartellrecht als Einwendung erhoben, ergibt sich die **ausschließliche Zuständigkeit** des Landgerichts regelmäßig aus § 87 S.2 GWB. Die Zuständigkeitsvorschrift greift ein, wenn die Entscheidung eines Rechtsstreits ganz oder teilweise von einer Entscheidung über die Anwendbarkeit kartellrechtlicher Vorschriften abhängt – mithin von einer kartellrechtlichen Vorfrage.[35] Die **kartellrechtliche Vorfrage** muss für das Verfahren entscheidungserheblich sein.[36] Dies ist beispielsweise dann nicht der Fall, wenn feststeht, dass der geltend gemachte vertragliche Anspruch bereits deshalb nicht besteht, weil gar kein Vertrag zustande gekommen ist. Umgekehrt kann auch trotz kartellrechtlicher 13

---

[26] BGH Urt. v. 24.9.2002, WuW/E DE-R 1031, 1032 – Tennishallenpacht.
[27] So BGH Urt. v. 10.12.2008 – KZR 54/08, NJW 2009, 1751, 1753 – Subunternehmervertrag II.
[28] OLG Naumburg Urt. v. 20.12.2012 – 2 U 144/12; *Bernhard* NJW 2013, 2785 (2787).
[29] BGH Urt. v. 29.5.1984, WuW/E BGH, 2090, 2095 – Stadler-Kessler; Urt. v. 19.10.1993, DB 1994, 34, 36 – Ausscheidender Gesellschafter.
[30] BGH Urt. v. 3.11.1981, WuW/E BGH 1898, 1900 – Holzpaneele; offen gelassen von BGH Urt. v. 10.2.2004, WuW/E DE-R 1305 – Restkaufpreis; vgl. hierzu auch Langen/Bunte/*Bahr* GWB Nach § 2 Rn. 233.
[31] OLG Düsseldorf Urt. v. 7.11.2001 – U (Kart) 31/00, ZNER 2001, 255, 260 – Thyssengas/STAWAG.
[32] Immenga/Mestmäcker/*Fuchs/Möschel* EuWettbR AEUV Art. 102 Rn. 420.
[33] Langen/Bunte/*Bornkamm* GWB Vor § 87 Rn. 1; Loewenheim/Meesen/Riesenkampff/*Dicks* GWB § 87 Rn. 1.
[34] Bechtold/Bosch § 87 Rn. 5.
[35] LG München, WuW/E DE-R 3247, 3252f. – Gesamtschuldnerausgleich.
[36] Bechtold/Bosch § 87, Rn. 7.

Unwirksamkeit einer Vertragsklausel die Entscheidungserheblichkeit fehlen und die Zuständigkeit der Nicht-Kartellgerichte gegeben sein, wenn sich der Anspruch aus dem gem. § 139 wirksamen Restvertrag ergibt.[37] Die Frage der Rechtsfolge für den Gesamtvertrag ist nämlich keine originär kartellrechtliche Frage und die Entscheidung über das Bestehen oder Nichtbestehen eines Anspruches hängt dann nicht von der Beantwortung nach dem GWB oder AEUV ab.[38] An der Entscheidungserheblichkeit fehlt es auch, wenn sich der Anspruch aufgrund einer anderen Anspruchsgrundlage ergibt, bei der sich die kartellrechtliche Relevanz nicht stellt.

14 Die besondere Zuständigkeit der Landgerichte ergibt sich oft erst aus dem Beklagtenvortrag[39]. Zum Teil werden kartellrechtliche Einwendungen auch erst ganz spät im Verfahren, manchmal auch aufgrund der Änderung der Prozesstaktik, erhoben. Sehr instruktiv ist in diesem Zusammenhang eines der **Gerichtsverfahren im Nachgang der gescheiterten „Übernahmeschlacht" zwischen den Autobauern Volkswagen und Porsche.** Diese beschäftigt die deutschen Gerichte seit über fünf Jahren in mittlerweile mehr als 30 Verfahren.[40]

15 In einer ursprünglich beim LG Stuttgart erhobenen Klage verlangten die Kläger Schadensersatz von Porsche, weil die Porsche SE bei dem Versuch die Volkswagen AG im Jahre 2008 zu übernehmen unrichtige Presseerklärungen abgegeben und den Kapitalmarkt absichtlich in die Irre geführt habe. Hierdurch seien den Klägern erhebliche Schäden entstanden, da sie als Investmentfonds in der Erwartung sinkender Kurse zuvor Leerverkäufe getätigt hätten. Das LG Stuttgart erklärte sich mit Beschluss vom 29. 2. 2012 für örtlicher unzuständig nach § 32b Abs. 1 Nr. 1 ZPO und verwies den Rechtsstreit an das LG Braunschweig.[41] Die Klage stützte sich zu diesem Zeitpunkt rein auf kapitalmarktrechtrechtliche Argumente. Kartellrechtliche Einwendungen wurden nicht erhoben.

16 Nach der Verweisung stützten die Kläger ihre Schadensersatzansprüche zusätzlich auf Kartellrecht, indem sie den kapitalmarktrechtlichen Sachverhalt auch unter das kartellrechtliche Missbrauchsverbot subsumierten. Daraufhin erklärte sich das LG Braunschweig auf der Grundlage der nun besonderen Zuständigkeitsvorschriften der §§ 87 ff. GWB für unzuständig und verwies mit Beschluss vom 19. 6. 2013 den Rechtsstreit gemäß § 89 GWB iVm. § 7 NZustVO-Justiz für Kartellsachen an das für Kartellrecht zuständige LG Hannover.[42] Da die kartellrechtliche Argumentation eher wie hergeholt erschien und erkennbar der drohenden Klageabweisung hinsichtlich der kapitalmarktrechtlichen Argumentation geschuldet war, lehnte das LG Hannover die Übernahme der Sache ab, erklärte sich mit Beschluss vom 27. 9. 2013 für unzuständig und legte dem OLG Braunschweig den Fall zwecks endgültiger Bestimmung der Zuständigkeit vor.[43] Mit Beschluss vom 29. 10. 2013 beendete das OLG Braunschweig die „Zuständigkeitsodyssee" und verwies den Rechtsstreit endgültig an das LG Hannover.[44] Das Beispiel zeigt, welche prozessuale und prozesstaktische „Sprengkraft" das Vorbringen kartellrechtlicher Einwendungen haben kann. Selbst wenn der Einwendende am Ende nicht durchdringt, verschafft er sich eine weitere Chance auf einen Prozesserfolg und kann damit den Prozess zumindest ganz erheblich in die Länge ziehen. Die Hürde für die Bejahung der kartellrechtlichen Spezialzuständigkeit ist nicht hoch. Andere Spezialzuständigkeiten, wie hier diejenige für Kapitalmarktrecht, treten hinter die kartellrechtliche Sonderzuständigkeit zurück.

---

[37] Langen/Bunte/*Bornkamm* GWB § 87 Rn. 14.
[38] Loewenheim/Meesen/Riesenkampff/*Dicks* GWB § 87 Rn. 1.
[39] Vgl. auch *Klein* NJW 2003, 16.
[40] Vgl. zum Ganzen *Möller,* NZG 2014, 361.
[41] LG Stuttgart Beschl. v. 29.2.2012, nicht veröffentlicht.
[42] LG Braunschweig Beschl. v. 19. 6. 2013 – 5 O 552/12, NZKart 2013, 380.
[43] LG Hannover Beschl. v. 27. 9. 2013 – 18 O 159/13, BeckRS 2013, 04062 – Elliott Associates.
[44] OLG Braunschweig Beschl. v. 29. 10. 2013 – 1 W 42/13, BeckRS 2013, 20360 – Elliott Associates.

B. Kartellrecht in Prozessen über Schutzrechtsverletzungen

I. Einleitung

Besonders praxisrelevant, aber rechtlich und praktisch besonders schwierig, sind kartellrechtliche Einwendungen im Bereich von Prozessen über Schutzrechtsverletzungen. Kartellrechtlich geht es hier regelmäßig um den **Vorwurf des Missbrauchs einer marktbeherrschenden Stellung** nach Art. 102 AEUV/§ 19 GWB **durch den Schutzrechtsinhaber.** Verfahrensmäßig stellt sich die Situation regelmäßig so dar, dass der Schutzrechtsinhaber das Schutzrecht gegen einen möglichen Verletzer im Zivilprozess durchzusetzen versucht und sich der Beklagte und angebliche Verletzer dagegen durch Erhebung des Einwands marktmissbräuchlichen Verhaltens zur Wehr setzt. Der Sache nach zielt der Einwand des Verletzers regelmäßig nicht auf die Untersagung einer Nutzung des Schutzrechts. Vielmehr ist der kartellrechtliche Einwand gegen das Schutzrecht regelmäßig eine **besondere Ausprägung des kartellrechtlichen Zugangs- bzw. Belieferungsanspruches.** Dem Beklagten geht es regelmäßig um die Erteilung einer Lizenz, um das im Streit befindliche Schutzrecht zu für ihn angemessenen kommerziellen Konditionen nutzen zu können.

Zu dieser Frage hat es in den letzten Jahren eine Reihe gerichtlicher Entscheidungen gegeben, mit denen die Voraussetzungen für die Geltendmachung des Kartellrechtseinwands gegen Schutzrechte präzisiert wurden. Im Mittelpunkt der Diskussion stehen die Orange-Book-Standard Entscheidung des BGH[45] und die EuGH-Entscheidung Huawei Technologies/ZTE.[46]

II. Der Orange-Book-Standard und seine Reichweite

Der Entscheidung Orange-Book-Standard lag folgender **Sachverhalt** zugrunde. Die Klägerin war Inhaberin eines europäischen Patents, dessen Wirksamkeit nach Abweisung einer Patentnichtigkeitsklage durch den BGH im Jahr 2007 rechtskräftig feststand. Das Patent betraf dabei eine spezielle Form der Herstellung von CD Datenträgern. In diesem Zusammenhang musste jeder Hersteller handelsüblicher CD Datenträger bei deren Produktion die im sog „Orange-Book" aufgeführten Spezifikationen einhalten, die einem verbreiteten Industriestandard entsprachen. Zur Einhaltung dieser Spezifikationen waren die Hersteller jedoch auf die Nutzung des Patents der Klägerin angewiesen. Die Patentinhaberin klagte gegen mehrere Unternehmen, die Datenträger unter Nutzung des Patents, aber ohne eine entsprechende Lizenz der Klägerin hergestellt und vertrieben hatten, auf Unterlassung gem. § 139 PatG.

Nach der BGH-Rechtsprechung kann der aus einem Patent in Anspruch genommene Beklagte dem Unterlassungsbegehren des Patentinhabers den kartellrechtlichen Missbrauchseinwand bzw. den Einwand der unbilligen Behinderung/Diskriminierung entgegenhalten, weil der Kläger sich weigert mit ihm einen Patentlizenzvertrag abzuschließen.[47] Der Patentverletzer kann also grundsätzlich der Unterlassungsklage des Patentinhabers die Einwendung seines kartellrechtlichen Anspruchs auf Abschluss eines entsprechenden Lizenzvertrages entgegenhalten.

Dieser „**kartellrechtliche Zwangslizenzeinwand**" wird dabei maßgeblich auf die Erwägung gestützt, dass der Patentverletzer zwar rechtswidrig handelt, der Patentinhaber jedoch mit seinem Unterlassungsanspruch etwas verlangt, was er aufgrund des Anspruchs des Patentverletzers auf Zwangslizenzierung sogleich wieder in Form der Lizenzerteilung „zurückzugewähren" hat. Der Unterlassungsanspruch verstößt so gegen den dolo agit-Grundsatz nach § 242 BGB.[48]

---

[45] BGH Urt. v. 6.5.2009 – KZR 39/06, GRUR 2009 (694) – Orange-Book-Standard.
[46] EuGH Urt. v. 16.7.2015 – C-170/13, GRUR 2015 (764) – Huawei Technologies/ZTE.
[47] BGH Urt. v. 6.5.2009 – KZR 39/06, GRUR 2009, 694 (695) Rn. 22– Orange-Book-Standard.
[48] BGH Urt. v. 6.5.2009 – KZR 39/06, GRUR 2009, 694 (696) Rn. 24– Orange-Book-Standard.

22 Nach Auffassung des BGH „*[...] missbraucht jedoch [der Patentinhaber] nur dann seine marktbeherrschende Stellung und handelt nur dann treuwidrig, wenn zwei Voraussetzungen erfüllt sind: Zum einen muss der Lizenzsucher ihm **ein unbedingtes Angebot auf Abschluss eines Lizenzvertrags** gemacht haben, das der Patentinhaber nicht ablehnen darf, ohne den Lizenzsucher unbillig zu behindern oder gegen das Diskriminierungsverbot zu verstoßen, und sich an dieses Angebot gebunden halten. Zum anderen muss der Lizenzsucher, wenn er den Gegenstand des Patents bereits benutzt, bevor der Patentinhaber sein Angebot angenommen hat, diejenigen **Verpflichtungen einhalten, die der abzuschließende Lizenzvertrag an die Benutzung des lizenzierten Gegenstands knüpft.** Dies bedeutet insbesondere, dass der Lizenzsucher die sich aus dem Vertrag ergebenden Lizenzgebühren zahlen oder die Zahlung sicherstellen muss [...]*."[49]

23 Der BGH knüpfte den kartellrechtlichen Zwangslizenzeinwand damit an zwei Voraussetzungen, und zwar an[50]
- das Angebot des Lizenzsuchers gegenüber dem Patentinhaber (**unbedingtes Vertragsangebot**), und
- den „Vorgriff" des Lizenzsuchers auf dessen Pflichten aus dem abzuschließenden Lizenzvertrag (**vorgreifliche Erfüllung**).

24 Der BGH sieht damit den Patentverletzer bzw. Lizenzsucher in einer Initiativobliegenheit[51] gegenüber dem Patentinhaber, sodass der Patentverletzer den kartellrechtlichen Zwangslizenzeinwand iSd § 242 BGB nur dann geltend machen kann, wenn er ein annahmefähiges unbedingtes Vertragsangebot gegenüber dem Patentinhaber abgegeben hat und sich bereits vor der tatsächlichen Annahme des Angebots durch den Patentinhaber so verhält, als wenn der Patentinhaber das Angebot bereits angenommen hätte[52]. Zu den vor der tatsächlichen Annahme durch den Lizenzsucher zu erfüllenden Pflichten gehört dabei insbesondere die **Zahlung einer Lizenzgebühr,** die sich aus den Bedingungen eines kartellrechtlich unbedenklichen Vertrages ergibt[53]. Welche Anforderungen an das unbedingte Vertragsangebot zu stellen sind und wie die vorgreifliche Erfüllung abzuwickeln ist blieb in der Praxis weiter schwierig[54].

25 Die Entscheidung des BGH bezog sich ebenso wie dessen vorausgegangene Standard-Spundfass Entscheidung[55], nur auf die **Nutzung rechtskräftig als wirksam erachteter Patente,** die lediglich Teil eines **technischen de-facto Industriestandards** waren und für die bereits ein **Standard-Lizenzvertrag** existierte[56]. Ein de-facto Industriestandard ist dann gegeben, wenn sich eine technische Lösung faktisch am Markt durchsetzt, ohne dass sie in irgendeiner Form als Standard festgelegt worden wäre[57].

26 Davon zu unterscheiden sind **Standardessenzielle Patente (SEP),** die dadurch entstehen, dass Unternehmen sich auf eine bestimmte technische Lösung im Rahmen einer Standardisierungsorganisation und einem entsprechenden Verfahren einigen und ihre etwaigen Patente in diesen Standard einbringen. Als Folge dessen müssen Unternehmen, die auf dem betroffenen Markt tätig werden wollen, ihre Produkte standardkonform produzieren um die Funktion und Interoperabilität der jeweiligen Produkte sicherzustellen[58]. Bei SEP handelt es sich um einen de-jure-Standard, der **an vier grundlegende Voraussetzungen** geknüpft ist:
- das Patent muss Bestandteil eines unter Beteiligung einer Organisation herausgearbeiteten Standards sein

---

[49] BGH, Urt. v. 6.5.2009 – KZR 39/06, GRUR 2009, 694 (696) Rn. 29– Orange-Book-Standard.
[50] *Körber* NZKart 2013, 87 (88 ff.).
[51] *Körber* NZKart 2013, 87 (88).
[52] BGH Urt. v. 6.5.2009 – KZR 39/06, GRUR 2009, 694 (696) Rn. 33– Orange-Book-Standard.
[53] BGH Urt. v. 6.5.2009 – KZR 39/06, GRUR 2009, 694 (696) Rn. 37– Orange-Book-Standard.
[54] Vgl. zu den im Nachgang entschiedenen instanzgerichtlichen Fällen *Deichfuß* WuW, 1156; dazu auch *Körber* NZKart 2013, 88.
[55] BGH Urt. v. 13.7.2004 – KZR 40/02, GRUR 2004, 966 – Standard-Spundfass.
[56] *Körber* NZKart 2013, 87.
[57] *Hauck* NJW 2015, 2767 (2768).
[58] Vgl. dazu *Hauck* NJW 2015, 2767 (2768).

- dieser Standard muss beachtet werden um auf Markt tätig werden zu können
- der jeweilige Patentinhaber muss das betroffene Patent freiwillig für standardessentiell erklärt haben
- der Patentinhaber muss eine sog FRAND-Erklärung[59] abgegeben haben, durch die er sich verpflichtet, anderen Lizenzen zu fairen, angemessenen und nicht diskriminierenden Bedingungen anzubieten[60].

Ein maßgeblicher **Unterschied zwischen nicht standardessentiellen Patenten und SEP** besteht damit darin, dass Dritte ein nicht standardessentielles Patent zur Herstellung konkurrierender Produkte verwenden und von diesem Patent abweichen können, ohne die grundlegenden Funktionen des fraglichen Produkts zu gefährden. Bei der Nutzung von SEP ist dies aufgrund der essentiellen Bedeutung des Patents für die Funktion und Interoperabilität des hergestellten Produkts nicht möglich. Ein weiterer bedeutender Unterschied liegt darin, dass der Inhaber eines SEP das Patent nur gegen eine unwiderrufliche **FRAND-Erklärung** erlangt und damit bereits seine Kontrahierungsbereitschaft (bzw. -pflicht) gegenüber potenziellen Lizenznehmern offenlegt. 27

Der SEP-Inhaber verfügt damit über beherrschende Marktmacht auf dem Markt der (standardessentiell) patentieren technischen Lösung[61]. Durch die Ausübung seiner gewerblichen Schutzrechte und deren gerichtliche Durchsetzung kann er sodann den Zutritt eines Wettbewerbers zu einem bestimmten Produktmarkt verhindern[62]. Die FRAND-Erklärung, mit denen sich die SEP-Inhaber verpflichten, mit Dritten Lizenzverträge bzgl. des SEP zu fairen und nicht-diskriminierenden Bedingungen abzuschließen, verleihen dritten SEP-Nutzern einen Anspruch auf Eingehung eines Lizenzvertrages mit dem SEP-Inhaber[63] und „entschärfen" damit die Festlegung von de-jure-Standards durch die jeweiligen Standarisierungsorganisationen in kartellrechtlicher Hinsicht[64]. Aufgrund der Unterschiede zwischen SEP und nicht-SEP bzw. faktischen Industriestandards war sowohl in Literatur als auch Rechtsprechung lange Zeit unklar, ob die Rechtsprechung des BGH auch auf SEP Anwendung finden sollte[65]. 28

III. Europarechtliche Vorgaben nach Huawei/ZTE

Der EuGH befasste sich mit der Frage, wann eine eingereichte Verletzungsklage des SEP-Inhabers einen Missbrauch seiner marktbeherrschenden Stellung nach Art. 102 AEUV darstellen kann. Dabei ging es um folgenden **Sachverhalt:** Huawei ist Inhaber eines eingetragenen europäischen Patents im Bereich LTE-Standards. Huawei meldete das Patent im März 2009 beim Europäischen Institut für Telekommunikationsnormen (ETSI) als Standarisierungsorganisation an. Huawei gab gegenüber ETSI eine FRAND-Verpflichtungserklärung ab. 29

Die ZTE Corp., die in Deutschland Produkte mit einer Software vertreibt, die den genannten LTE-Standard nutzt, befand sich von November 2010 bis März 2011 in Verhandlungen mit Huawei über die Verletzung des Klagepatents und die Möglichkeit einer Lizenzierung der Nutzung unter FRAND-Bedingungen. Eine Einigung konnte zwischen den Parteien nicht erzielt werden. Lizenzvertragsangebote wurden nicht gemacht. Im April 2011 erhob Huawei beim Landgericht Düsseldorf eine Patentverletzungsklage gegen 30

---

[59] FRAND steht für fair, reasonable and non-discriminatory. Die FRAND-Erklärung ist eine Erklärung des Patentinhabers gegenüber einer Standardisierungsorganisation wie zB. dem Europäischen Institut für Telekommunikationsnormen, ETSI, jedem Interessenten zu fairen, angemessenen und nicht diskriminierenden Bedingungen eine Lizenz zu erteilen.
[60] *Körber* NZKart 2013, 87.
[61] *Hauck* NJW 2015, 2767 (2768).
[62] EuGH Urt. v. 16.7.2015 – C-170/13, GRUR 2015, 764 (766) Rn. 52 – Huawei Technologies/ZTE.
[63] *Mes*, Patentgsetz und Gebrauchsmustergesetz, 4. Aufl. 2015, § 9 PatG, Rn. 114.
[64] Die Festlegung der de-jure-Standards iRd Standarisierungsorganisationen unterliegt selbst einer kartellrechtlichen Kontrolle im Hinblick auf Art. 101 AEUV, vgl. *Hauck*, NJW 2015, 2767 (2768).
[65] Bejahend: LG Mannheim Urt. v. 18.2.2011, Az. 7 O 100/10; LG Düsseldorf Urt. v. 24.4.2012, Az. 4b 273/10.

ZTE auf Grundlage von Art. 64 EPÜ und § 139 PatG die auf Unterlassung, Rechnungslegung, Rückruf und Schadensersatz wegen Verletzung des streitgegenständlichen Patents durch den Vertrieb von Produkten, die mit dem LTE-Standard und damit dem Patent selbst arbeiten, gerichtet war.

31 Das Landgericht Düsseldorf setzte das Verfahren aus und legte es dem **EuGH zur Vorabentscheidung mit folgenden Fragen vor:**
- Ist von einem Missbrauch der marktbeherrschenden Stellung des Inhabers eines SEP (der eine FRAND-Erklärung abgegeben hat) nach Art. 102 AEUV bereits dann auszugehen, wenn er einen Unterlassungsanspruch gerichtlich geltend macht obwohl der Patentverletzer seine Bereitschaft zu Verhandlungen über eine solche Lizenz zum Ausdruck gebracht hat, oder ist ein Missbrauch erst dann anzunehmen, wenn der Patentverletzer dem Inhaber des SEP vor Erhebung der Unterlassungsklage ein annahmefähiges unbedingtes Lizenzvertragsangebot unterbreitet hat, dessen Ablehnung eine unbillige Behinderung oder Diskriminierung des Patentverletzers darstellen würde?
- Knüpft Art. 102 AEUV an den jeweiligen Umstand der Verhandlungsbereitschaft oder der Angebotsunterbreitung seitens des Patentverletzers weitere qualitative/zeitliche Anforderungen für das Vorliegen eines Marktmissbrauchs an?
- Falls Art. 102 AEUV eine vorgreifliche Erfüllung seitens des Patentverletzers voraussetzt, werden an die jeweiligen Erfüllungshandlungen weitere Anforderungen gestellt?
- Gelten die Bedingungen, unter denen ein Machtmissbrauch durch den Inhaber eines SEP anzunehmen ist, auch für die klageweise Geltendmachung der sonstigen aus einer Patentverletzung herzuleitenden Ansprüche auf Rechnungslegung und Schadensersatz?

32 In der **rechtlichen Bewertung** dieser Fragen unterschied der EuGH im Grundsatz nach **zwei Fallgruppen:** der klageweisen Geltendmachung von Unterlassungs- und Rückrufansprüchen, sowie der klageweisen Geltendmachung von Rechnungslegung und Schadensersatz.

33 Der EuGH verwies zunächst auf seine bisherige Rechtsprechung zu Verletzungsklagen im Bereich des Rechts des geistigen Eigentums[66]. Der EuGH stellte klar, dass die Ausübung des Rechts eine Verletzungsklage zu erheben als solche keinen Missbrauch einer beherrschenden Stellung darstellen kann, selbst wenn sie von einem Unternehmen geltend gemacht wird, das eine solche Stellung auf dem relevanten Markt hat. Kommen jedoch **außergewöhnliche Umstände** hinzu, so kann die Erhebung einer Verletzungsklage als missbräuchliches Verhalten nach Art. 102 AEUV gewertet werden[67].

34 Solche besonderen Umstände bejaht der EuGH im vorliegenden Fall. Zum einen sei die Bedeutung eines SEP für die Funktion eines Produkts und der damit zusammenhängenden Abhängigkeit der auf dem relevanten Markt tätigen Produzenten von der Nutzung des SEP zu berücksichtigen, die es Inhabern von SEP ermöglichen durch eine Geltendmachung von Unterlassungs- und Rückrufansprüchen zu verhindern, dass von dem SEP abhängige Konkurrenzprodukte auf den Markt gelangen. Zum anderen muss berücksichtigt werden, dass die FRAND-Zusage des SEP Inhabers bei Dritten die berechtigte Erwartung wecke, dass der Inhaber ihnen tatsächlich Lizenzen zu diesen Bedingungen gewähren wird.[68]

35 Eine Verletzungsklage des SEP-Inhabers ist jedoch nach Auffassung des EuGH dann nicht als missbräuchlich anzusehen, wenn der SEP-Inhaber zusätzliche Bedingungen erfüllt, durch die ein gerechter Ausgleich seiner Interessen mit den Interessen des Patentverletzers bzw. Dritten erfolgt, wobei diese Bedingungen von den rechtlichen und tatsächlichen Umständen des konkreten Einzelfalls abhängig sind.[69]

---

[66] EuGH Urt. v. 16.7.2015 – C-170/13, GRUR 2015, 764 (766) Rn. 45 f. – Huawei Technologies/ZTE.
[67] EuGH Urt. v. 16.7.2015 – C-170/13, GRUR 2015, 764 (766) Rn. 47 – Huawei Technologies/ZTE.
[68] EuGH Urt. v. 16.7.2015 – C-170/13, GRUR 2015, 764 (766) Rn. 51 ff. – Huawei Technologies/ZTE.
[69] EuGH Urt. v. 16.7.2015 – C-170/13, GRUR 2015, 764 (766) Rn. 55 f. – Huawei Technologies/ZTE.

Zu beachten ist zunächst, dass die FRAND-Erklärung des SEP-Inhabers (und ein damit zusammenhängender Anspruch des Patentverletzers auf Erteilung einer entsprechenden Lizenz) nicht zu einer Aushöhlung seiner durch Art. 17 Abs. 2 und Art. 47 der Charta der Grundrechte der Europäischen Union gewährleisteten Rechte führen kann, sodass ein SEP-Inhaber grundsätzlich die Möglichkeit hat gerichtliche Schritte zur Verteidigung seiner Rechte zu beschreiten. Er muss jedoch hierbei besondere Anforderungen beachten, damit das gerichtliche Vorgehen nicht gegen Art. 102 AEUV verstößt. Der SEP-Inhaber muss zum einen den **Patentverletzer auf die Verletzung seiner Rechte hinweisen,** wobei er das verletzte SEP und die Art seiner Verletzung bezeichnen muss[70]. 36

Zum anderen muss der SEP-Inhaber, nachdem der Patentverletzer seine **Verhandlungsbereitschaft** hinsichtlich eines Lizenzvertrages nach FRAND-Bedingungen geäußert hat, diesem gegenüber ein konkretes schriftliches Lizenzangebot zu FRAND-Bedingungen unterbreiten und insbesondere die Lizenzgebühr sowie die Art und Weise ihrer Berechnung angeben[71]. Dem Patentverletzer obliegt es sodann auf dieses **Angebot mit Sorgfalt,** gemäß den in dem Bereich anerkannten geschäftlichen Gepflogenheiten und **nach Treu und Glauben zu reagieren.** Nimmt er das unterbreitete Angebot nicht an, muss er, um sich auf den missbräuchlichen Charakter einer Verletzungsklage berufen zu können, innerhalb einer kurzen Frist dem SEP-Inhaber ein **konkretes Gegenangebot** unter FRAND-Bedingungen unterbreiten[72]. 37

Weiterhin muss der Patentverletzer, um den kartellrechtlichen Missbrauchseinwand geltend machen zu können, ab dem Zeitpunkt, zu dem sein Gegenangebot abgelehnt worden ist, eine angemessene Sicherheit bspw. in Form einer Bankgarantie oder durch Hinterlegung leisten[73]. Ab diesem Zeitpunkt haben die Parteien ebenfalls die Möglichkeit im gegenseitigen Einvernehmen zu beantragen, dass die Lizenzgebühr durch einen unabhängigen Dritten innerhalb einer kurzen Frist festgelegt wird[74]. 38

Diese Voraussetzungen müssen nach Auffassung des EuGH jedoch nicht in den Fällen erfüllt sein, in denen der **SEP-Inhaber eine Verletzungsklage auf Rechnungslegung und Schadensersatz** bzgl. vergangener Benutzungshandlungen im Hinblick auf das SEP erhebt. Denn diese seien in Konstellationen wie der vorliegenden nicht unmittelbar dazu geeignet zu verhindern, dass von Wettbewerbern unter Nutzung des SEP hergestellte Produkte, die dem betreffenden Standard entsprechen, auf den Markt gelangen oder auf dem Markt bleiben[75]. 39

Fünf Jahre nach Orange-Book hat sich zum ersten Mal der EuGH mit den Voraussetzungen des kartellrechtlichen Zwangslizenzeinwands befasst und diese, jedenfalls teilweise, nachvollziehbar konkretisiert. Der kartellrechtliche Zwangslizenzeinwand gegen eine Klage auf Unterlassung bzw. Rückruf ist damit nach Art. 102 AEUV **möglich,** wenn: 40
- der SEP-Inhaber den angeblichen Patentverletzer nicht auf die Verletzung seines SEP hinweist,
- oder, wenn ein Hinweis erfolgt ist, der Patentverletzer, der das SEP nutzt, seinen Willen zum Ausdruck bringt, einen Lizenzvertrag zu FRAND-Bedingungen abzuschließen,
- der SEP-Inhaber aber dem Patentverletzer kein den FRAND-Bedingungen entsprechendes Vertragsangebot unterbreitet,
- der Patentverletzer, falls er ein ausreichend konkretisiertes Angebot zu FRAND-Bedingungen erhält und das Angebot ablehnt, dem Patentverletzer ein Gegenangebot unterbreitet

---

[70] EuGH Urt. v. 16.7.2015 – C-170/13, GRUR 2015, 764 (766) Rn. 61 – Huawei Technologies/ZTE.
[71] EuGH Urt. v. 16.7.2015 – C-170/13, GRUR 2015, 764 (766) Rn. 63 f. – Huawei Technologies/ZTE.
[72] EuGH Urt. v. 16.7.2015 – C-170/13, GRUR 2015, 764 (766) Rn. 65 f. – Huawei Technologies/ZTE.
[73] EuGH Urt. v. 16.7.2015 – C-170/13, GRUR 2015, 764 (766) Rn. 67. – Huawei Technologies/ZTE.
[74] EuGH Urt. v. 16.7.2015 – C-170/13, GRUR 2015, 764 (766) Rn. 68. – Huawei Technologies/ZTE.
[75] EuGH Urt. v. 16.7.2015 – C-170/13, GRUR 2015, 764 (766) Rn. 72 ff. – Huawei Technologies/ZTE.

- oder, falls der SEP-Inhaber das Gegenangebot ablehnt, der Patentverletzer ab diesem Zeitpunkt eine Sicherheit leistet.

41 Die Unterlassungs- bzw. Rückrufklage des SEP-Inhabers ist damit **nicht nach Art. 102 AEUV missbräuchlich,** wenn der Patentverletzer
- den Abschluss eines Lizenzvertrages grundsätzlich verweigert, oder
- ein Angebot des SEP-Inhabers ablehnt und nicht innerhalb einer kurzen Frist ein ausreichend konkretes Gegenangebot unterbreitet, oder
- ab Zeitpunkt der Ablehnung seines Gegenangebots keine Sicherheitsleistung für die Nutzung des SEP leistet.

42 Auch wenn der EuGH wichtige Konkretisierungen vorgenommen hat, sind längst noch nicht alle Detailfragen geklärt. In der Anwendungspraxis herrscht noch viel Unsicherheit, wie die von der Rechtsprechung aufgestellten Voraussetzungen genau zu erfüllen sind.

3. Abschnitt Internationales Privat- und Prozessrecht

§ 31 Internationale Zuständigkeit

Übersicht

	Rn.
A. Begriff, Funktion, Rechtsgrundlagen	1
B. Sachverhalte mit Bezug zur EU oder zu einem LugÜ-Staat	6
I. Allgemeines, insbes. Sonderstellung Dänemarks	6
II. Allgemeiner Anwendungsbereich von Brüssel I-VO und LugÜ II	9
1. Sachlicher Anwendungsbereich	9
a) Zivil- und Handelssachen	9
b) Ausgeklammerte Materien	11
2. Räumlicher Anwendungsbereich iwS	12
a) Brüssel I-VO/Brüssel Ia-VO	12
b) LugÜ II	14
3. Zeitlicher Anwendungsbereich	15
a) Brüssel I-VO/Brüssel Ia-VO	15
b) LugÜ II	18
III. Allgemeiner Gerichtsstand (Art. 2 Abs. 1 Brüssel I-VO/LugÜ II/Art. 4 Abs. 1 Brüssel Ia-VO)	19
IV. Besondere Gerichtsstände	21
1. Einführung	21
2. Gerichtsstand des Erfüllungsorts (Art. 5 Nr. 1 Brüssel I-VO/LugÜ II/ Art. 7 Nr. 1 Brüssel Ia-VO)	22
a) Allgemeines	22
b) Vertragliche Streitigkeit	25
c) Erfüllungsort und maßgebliche Obligation	28
d) Annexzuständigkeit für deliktische Ansprüche	41
3. Tatortgerichtsstand (Art. 5 Nr. 3 Brüssel I-VO/LugÜ II/Art. 7 Nr. 2 Brüssel Ia-VO)	42
a) Allgemeines/unerlaubte Handlung	42
b) Ubiquitätsgrundsatz, Beschränkung der Kognitionsbefugnis, örtliche Zuständigkeit	46
c) Handlungsort	48
d) Erfolgsort	59
4. Gerichtsstand der Niederlassung (Art. 5 Nr. 5 Brüssel I-VO/LugÜ II/ Art. 7 Nr. 5 Brüssel Ia-VO)	68
a) Anwendbarkeit	69
b) Zweigniederlassung, Agentur oder sonstige Niederlassung	70
c) Betriebsbezogenheit der Streitigkeit	73
5. Gerichtsstand der Streitgenossenschaft (Art. 6 Nr. 1 Brüssel I-VO/LugÜ II/Art. 8 Nr. 1 Brüssel Ia-VO)	74
a) Grundlagen	74
b) Allgemeine Schranken der Anwendbarkeit	77
c) Wohnsitz des Anker- und des Annexbeklagten	78
d) Konnexität	82
V. Gerichtsstandsvereinbarungen und rügelose Einlassung	98
1. Vereinbarungen über den Gerichtsstand (Art. 23 Brüssel I-VO/LugÜ II/ Art. 25 Brüssel Ia-VO)	98
a) Grundlagen	98
b) Zustandekommen und materielle Wirksamkeit	105
c) Formerfordernisse	111
d) Wirkungen	113

	Rn.
e) Verhältnis zum Haager Übereinkommen über Gerichtsstandsvereinbarungen	
2. Rügelose Einlassung (Art. 24 Brüssel I-VO/LugÜ II/Art. 26 Brüssel Ia-VO)	125
a) Grundlagen	125
b) Zuständigkeitsbegründung durch rügelose Einlassung	127
c) Ausschluss der Zuständigkeitsbegründung	131
C. Sachverhalte mit Bezug zu Drittstaaten	135
I. Einführung	135
II. Gerichtsstand der Niederlassung (§ 21 ZPO)	136
1. Anwendbarkeit	137
2. Niederlassung	138
3. Selbständigkeit	139
4. Betriebsbezogene Streitigkeit	141
III. Erfüllungsortsgerichtsstand (§ 29 ZPO)	143
1. Anwendbarkeit	144
2. Vertragliche Streitigkeiten	146
3. Erfüllungsort	149
4. Annexzuständigkeit	154
IV. Tatortgerichtsstand (§ 32 ZPO)	155
1. Anwendbarkeit	156
2. Unerlaubte Handlung	157
3. Begehungsort	159
4. Annexzuständigkeit	162
V. Gerichtsstand des Vermögens (§ 23 ZPO)	163
1. Anwendbarkeit	164
2. Einzelheiten	165
VI. Gerichtsstandsvereinbarungen und rügeloses Einlassen	169
1. Vereinbarungen über den Gerichtsstand (§§ 38, 40 ZPO)	169
2. Rügelose Einlassung (§§ 39, 40 ZPO)	171

Schrifttum:

Adolphsen, Europäisches Zivilverfahrensrecht, 2. Aufl. 2015; *Althammer*, Die Anforderungen an die „Ankerklage" am forum connexitatis (Art. 6 Nr. 1 EuGVVO), IPRax 2006, 558; *ders.*, Die Auslegung der Europäischen Streitgenossenzuständigkeit durch den EuGH – Quelle nationaler Fehlinterpretation?, IPRax 2008, 228; *Ashton/Vollrath*, Choice of court and applicable law in tortious actions for breach of Community competition law, ZWeR 2006, 1; *Basedow*, Der Handlungsort im internationalen Kartellrecht – Ein juristisches Chamäleon auf dem Weg vom Völkerrecht zum internationalen Zivilprozessrecht, in: FIW (Hrsg.), Wettbewerbspolitik und Kartellrecht in der Marktwirtschaft: Festschrift 50 Jahre FIW: 1960–2010, 2011, 129; *ders.*, Jurisdiction and the Choice of Law in the Private Enforcement of EC Competition Law, in: ders. (Hrsg.), Private Enforcement of EC Competition Law, 2007, 229; *ders.*, Entwicklungslinien des internationalen Kartellrechts: Ausbau und Differenzierung des Auswirkungsprinzips, NJW 1989, 627; *ders./Heinze*, Kartellrechtliche Schadensersatzklagen im europäischen Gerichtsstand der Streitgenossenschaft (Art. 6 Nr. 1 EuGVO), in: Bechthold/Jickeli/Rohe (Hrsg.), Recht, Ordnung und Wettbewerb – Festschrift zum 70. Geburtstag von Wernhard Möschel, 2011, 63; *ders./Hopt/Zimmermann*, Handwörterbuch des Europäischen Privatrechts, 2009, Bd. II; *Becker*, Kartelldeliktsrecht: § 826 BGB als „Zuständigkeitshebel" im Anwendungsbereich der EuGVO?, EWS 2008, 228; *Börger*, Internationale Zuständigkeit für kartellprivatrechtliche Schadensersatzklagen nach Art. 6 Nr. 1 EuGVO in: Nietsch/Weller (Hrsg.), Private Enforcement – Brennpunkte kartellrechtlicher Schadensersatzklagen, 2014, 51; *R. Brand*, Jurisdictional Common Ground: In Search of a Global Convention, in: Nafziger/Symeonides (Hrsg.), Law and Justice in a Multistate World: Essays in Honor of Arthur T. v. Mehren (= FS v. Mehren), 2002, 11; *Brandes*, Der gemeinsame Gerichtsstand: die Zuständigkeit im europäischen Mehrparteienprozeß nach Art. 6 Nr. 1 EuGVÜ/LU, 1998 (zit.: Der gemeinsame Gerichtsstand); *Briggs/Rees*, Civil Jurisdiction and Judgments, 5. Aufl. 2009; *Brinkmann*, Der Vertragsgerichtsstand bei Klagen aus Lizenzverträgen unter der EuGVVO, IPRax 2009, 487; *Bulst*, The *Provimi* Decision of the High Court: Beginnings of Private Antitrust Litigation in Europe, EBOR 4 (2003), 623; *ders.*, Internationale Zuständigkeit, anwendbares Recht und Schadensberechnung im Kartelldeliktsrecht, EWS 2004, 403; *Coester-Waltjen*, Konnexität und Rechtsmissbrauch – zu Art. 6 Nr. 1 EuGVO, in: Baetge/v. Hein/v. Hinden (Hrsg.), Die richtige Ordnung: Festschrift für Jan Kropholler, 2008, 747; *Cuniberti/Rueda*, Abolition of Exequatur: Addressing the Commission's Concerns, RabelsZ 75 (2011), 286; *Danov*, Jurisdiction and Judgments in Relation to EU Competition Law

Claims, 2011 (zit.: Jurisdiction and Judgements); *Dasser/Oberhammer* (Hrsg.), Lugano-Übereinkommen (LugÜ), 2. Aufl. 2011; *Dicey/Morris/Collins*, The Conflict of Laws, Vol I., 15. Aufl. 2012; *Domej*, EuGVVO-Reform: Die angekündigte Revolution, ecolex 2011, 124; *dies.*, Negative Feststellungsklagen im Deliktsgerichtsstand, IPRax 2008, 550; *Fawcett/Torremans*, Intellectual Property and Private International Law, 2. Aufl. 2011; *Fleischhauer*, Inlandszustellung an Ausländer, 1996; *Francq/Wurmnest*, International Antitrust Claims under the Rome II Regulation, in: Basedow/Francq/Idot (Hrsg.), International Antitrust Litigation, 2012, 91; *Garzaniti/Vanhulst/Oeyen*, Private Antitrust Enforcement – Status Quo in Belgium, EuZW 2012, 691; *Gaudemet-Tallon*, De quelques Raisons de la Difficulté d'une Entente au Niveau Mondial sur les Règles de Compétence Judiciaire Internationale Directe, in: Nafziger/Symeonides (Hrsg.), Law and Justice in a Multistate World: Essays in Honor of Arthur T. v. Mehren (= FS v. Mehren), 2002, 55; *Gebauer/Wiedmann* (Hrsg.), Zivilrecht unter europäischem Einfluss, 2. Aufl. 2010 (zit.: Gebauer/Wiedmann/*Bearbeiter*); *R. Geimer*, Internationales Zivilprozessrecht, 7. Aufl. 2015 (zit.: *Geimer* IZVR); *ders.*, Forum Condefensoris, in: Baetge/v. Hein/v. Hinden (Hrsg.), Die richtige Ordnung: Festschrift für Jan Kropholler, 2008, 777; *ders./Schütze* (Hrsg.), Europäisches Zivilverfahrensrecht, 3. Aufl. 2010 (zit.: Geimer/Schütze/*Bearbeiter*); *Grolimund*, Drittstaatenproblematik des europäischen Zivilverfahrensrechts, 2000 (zit.: Drittstaatenproblematik); *Hau*, Positive Kompetenzkonflikte im Internationalen Zivilprozeßrecht, 1996; *v. Hein*, Die Neufassung der Europäischen Gerichtsstands- und Vollstreckungsverordnung (EuGVVO), RIW 2013, 97; *ders.*, Deliktischer Kapitalanlegerschutz im europäischen Zuständigkeitsrecht, IPRax 2005, 17; *ders.*, Das Günstigkeitsprinzip im internationalen Deliktsrecht, 1999 (zit.: Günstigkeitsprinzip); *Heinig*, Grenzen von Gerichtsstandsvereinbarungen im europäischen Zivilprozessrecht, 2010 (zit.: Grenzen von Gerichtsstandsvereinbarungen); *C. Heinze*, Der Deliktsgerichtsstand als Klägergerichtsstand? – Zum Einfluss materiellrechtlicher Wertungen auf die Auslegung des Art. 7 Nr. 2 EuGVO, in: Büscher ua (Hrsg.), Rechtsdurchsetzung – Rechtsverwirklichung durch materielles Recht und Verfahrensrecht: Festschrift für Hans-Jürgen Ahrens zum 70. Geburtstag, 2016, 521; *ders.*, Einstweiliger Rechtsschutz im europäischen Immaterialgüterrecht, 2007 (zit.: Einstweiliger Rechtsschutz); *ders./Dutta*, Ungeschriebene Grenzen für europäische Zuständigkeiten bei Streitigkeiten mit Drittstaatenbezug, IPRax 2005, 224; *Heldrich/Kono* (Hrsg.), Herausforderungen des Internationalen Zivilverfahrensrechts, 1994; *Hess*, Die intertemporale Anwendung des europäischen Zivilprozessrechts in den EU-Beitrittsstaaten, IPRax 2004, 374; *ders.*, Die Reform der EuGVVO und die Zukunft des Europäischen Zivilprozessrechts, IPRax 2011, 125; *ders.*, Europäisches Zivilprozessrecht, 2010; *ders./Pfeiffer/Schlosser*, The Brussels I Regulation (EC) no. 44/2001, 2008; *v. Hoffmann/Thorn*, Internationales Privatrecht, 9. Aufl. 2007; *Holm-Hadulla*, Private Kartellrechtsdurchsetzung unter der VO Nr. 1/2003: Einheitliche Anwendung des europäischen Wettbewerbsrechts durch nationale Zivilgerichte, 2009 (zit.: Kartellrechtsdurchsetzung); *Illmer*, Brussels I and Arbitration Revisited – The European Commission's Proposal COM (2010) 748 final, RabelsZ 75 (2011), 645; *Immenga*, Das Auswirkungsprinzip des internationalen Wettbewerbsrechts als Gegenstand einer gemeinschaftlichen Verordnung, in: Baur/Sandrock/Scholtka/Shapira (Hrsg.), Festschrift für Gunther Kühne zum 70. Geburtstag, 2009, 725; *Jayme/Hausmann*, Internationales Privat- und Verfahrensrecht, 17. Aufl. 2014 (Textsammlung); *Junker*, Internationales Zivilprozessrecht, 2. Aufl. 2015; *Kersting*, Wettbewerbsrechtliche Haftung im Konzern, Der Konzern 2011, 445; *Kokott/Dittert*, Die Verantwortlichkeit von Muttergesellschaften für Kartellvergehen ihrer Tochtergesellschaften im Lichte der Rechtsprechung der Unionsgerichte, WuW 2012, 670; *Knöfel*, Gerichtsstand der prozessübergreifenden Streitgenossenschaft gemäß Art. 6 Nr. 1 EuGVVO?, IPRax 2006, 503; *ders.*, Internationale Beweishilfe für Schiedsverfahren, RIW 2007, 832; *Kröll*, Gerichtsstandsvereinbarungen aufgrund Handelsbrauchs im Rahmen des GVÜ, ZZP 113 (2000), 135; *Kropholler*, in: Handbuch des Internationalen Zivilverfahrensrechts I, 1982 (zit.: Handbuch IZVR I); *ders./v. Hein*, Europäisches Zivilprozessrecht, 9. Aufl. 2011 (zit.: Kropholler/*v. Hein*); *Laufkötter*, Parteiautonomie im internationalen Wettbewerbs- und Kartellrecht, 2001 (zit.: Parteiautonomie); *Layton/Mercer*, European Civil Practice, 2. Aufl. 2004; *Leible*, Gerichtsstandsklauseln und EG-Klauselrichtlinie, RIW 2001, 422; *ders./Freitag*, Forderungsbeitreibung in der EU, 2008; *ders./M. Lehmann*, Die neue EG-Verordnung über das auf außervertragliche Schuldverhältnisse anzuwendende Recht („Rom II"), RIW 2007, 721; *Lein* (Hrsg.), The Brussels I Review Proposal Uncovered, 2012; *Leipold*, Lex fori, Souveränität, Discovery, 1989; *Lindacher*, Europäisches Zustellungsrecht, ZZP 114 (2001), 179; *Linke/Hau*, Internationales Zivilverfahrensrecht, 6. Aufl. 2015 (zit.: IZVR); *Looschelders*, Internationale Zuständigkeit für Ansprüche aus Darlehen nach dem EuGVÜ: Ausweitung der besonderen Gerichtsstände kraft Sachzusammenhangs?, IPRax 2006, 14; *Lund*, Der Gerichtsstand der Streitgenossenschaft im europäischen Zivilprozessrecht, Allgemeine Lehren, Anwendung im Patent- und Kartelldeliktsrecht, 2014 (zit.: Streitgenossenschaft); *ders.*, Der Rückgriff auf das nationale Recht zur europäisch-autonomen Auslegung normativer Tatbestandsmerkmale in der EuGVVO, IPRax 2014, 140; *ders.*, Verschwommene Konturen: Das Luxemburger Porträt der Konnexität des Art. 6 Nr. 1 EuGVVO, Anmerkung zum Urteil des EuGH vom 1.12.2011 (Painer), RIW 2012, 377; *Mäsch*, Vitamine für Kartellopfer – Forum shopping im europäischen Kartelldeliktsrecht, IPRax 2005, 509; *Magnus*, Choice of Court Agreements in the Review Proposal for the Brussel I Regulation, in: Lein (Hrsg.), The Brussels I Review Proposal Uncovered, 2012, 83; *ders.*, Anmerkungen zum sachlichen Anwendungsbereich der Rom I-Verordnung, in: Baur/Sandrock/Scholtka/Shapira (Hrsg.), Festschrift für Gunther Kühne zum 70. Geburtstag, 2009, 779; *ders./Mankowski* (Hrsg.), European Commentaries on Private International Law, Brussels Ibis Regulation, 2016; *dies.*, The Proposal for the Reform of Brussels I – Brussels Ibis ante portas, ZVglRWiss 110 (2011), 252; *Maier*, Marktortanknüpfung im internationalen Kartelldeliktsrecht, 2011 (zit.: Marktortanknüpfung); *Mankowski*, Das neue Internationale Kartellrecht des

Art. 6 Abs. 3 der Rom II-Verordnung, RIW 2008, 177; *ders.*, Der europäische Gerichtsstand des Tatortes aus Art. 5 Nr. 3 EuGVVO bei Schadensersatzklagen bei Kartelldelikten, WuW 2012, 797; *ders.*, Der europäische Gerichtsstand der Streitgenossenschaft aus Art 6 Nr. 1 EuGVVO bei Schadensersatzklagen bei Kartelldelikten, WuW 2012, 947; *Martiny*, Internationale Zuständigkeit für „vertragliche Streitigkeiten", in: Rolf A. Schütze (Hrsg.), Einheit und Vielfalt des Rechts: Festschrift für Reinhold Geimer zum 65. Geburtstag, 2002, 641; *McGuire*, Der Gerichtsstand des Erfüllungsorts nach Art. 5 Nr. 1 EuGVO bei Lizenzverträgen, GPR 2010, 97; *dies.*, Jurisdiction in Cases Related to a Licence Contract under Art. 5 (1) Brussels Regulation, Yb PIL 2009, 453; *dies.*, Verfahrenskoordination und Verjährungsunterbrechung im Europäischen Prozessrecht, 2004 (zit.: Verfahrenskoordination und Verjährungsunterbrechung); *Merrett*, Article 23 of the Brussels I Regulation: A Comprehensive Code for Jurisdiction Agreements?, ICLQ 58 (2009), 545; *Mestmäcker/Schweitzer*, Europäisches Wettbewerbsrecht, 3. Aufl. 2014; *Moersdorf-Schulte*, Funktion und Dogmatik US-amerikanischer punitive damages, 1999; *Musielak/Voit* (Hrsg.), Kommentar zur Zivilprozessordnung, 12. Aufl. 2015; *Nagel/Gottwald*, Internationales Zivilprozessrecht, 7. Aufl. 2013; *Nieroba*, Europäische Rechtshängigkeit nach der EuGVVO (Verordnung (EG) Nr. 44/2001) an der Schnittstelle zum nationalen Zivilprozessrecht, 2006 (zit.: Europäische Rechtshängigkeit); *Nietsch/Weller* (Hrsg.), Private Enforcement – Brennpunkte kartellprivatrechtlicher Schadensersatzklagen, 2014 (zit.: Private Enforcement); *Nygh*, Arthur's Baby: The Hague Negotiations for a World-Wide Judgements Convention, in: Nafziger/Symeonides (Hrsg.), Law and Justice in a Multistate World: Essays in Honor of Arthur T. v. Mehren (= FS v. Mehren), 2002, 151; *Oberhammer*, Deutsche Grundrechte und die Zustellung US-amerikanischer Klagen im Rechtshilfeweg, IPRax 2004, 40; *Otto*, Der prozessuale Durchgriff, 1992; *Pfeiffer*, German Jurisdiction Clauses in Anti-cartel Cases before English Courts – And Some Remarks Relating to the Interpretation of Foreign Laws, in: Hestermeyer ua (Hrsg.), Coexistence, Cooperation and Solidarity – Liber Amicorum Rüdiger Wolfrum, Bd. 2, 2012, 2057; *Pohl*, Die Neufassung der EuGVVO – im Spannungsfeld zwischen Vertrauen und Kontrolle, IPRax 2013, 109; *Prütting*, Ein neues Kapitel im Justizkonflikt USA-Deutschland, in: Mansel (Hrsg.), Festschrift für Erik Jayme, Band 1, 2003, 709; *Rauscher* (Hrsg.), Europäisches Zivilprozess- und Kollisionsrecht (EuZPR/EuIPR), Bd. I, 4. Aufl. 2016; *ders.* (Hrsg.), Europäisches Zivilprozess- und Kollisionsrecht (EuZPR/EuIPR), Bd. II, 4. Aufl. 2015; *ders./Wax* (Hrsg.), Münchener Kommentar zur Zivilprozessordnung, Bd. 1, §§ 1–354, 4. Aufl. 2013; Bd. 3, §§ 1025–1109, 4. Aufl. 2013 (zit.: MüKoZPO); *H. Roth*, Das Konnexitätserfordernis im Mehrparteiengerichtsstand des Art. 6 Nr. 1 EuGVO, in: Baetge/v. Hein/v. Hinden (Hrsg.), Die richtige Ordnung: Festschrift für Jan Kropholler, 2008, 885; *W.-H. Roth*, Internationales Kartelldeliktsrecht in der Rom II-Verordnung, in: Baetge/v. Hein/v. Hinden (Hrsg.), Die richtige Ordnung: Festschrift für Jan Kropholler, 2008, 623; *ders.*, Internationale Zuständigkeit bei Kartelldeliktsklagen, IPRax 2016, 318; *Säcker/Rixecker* (Hrsg.), Münchener Kommentar zum Bürgerlichen Gesetzbuch, Bd. 11, IPR, IntWR, Art. 25–248 EGBGB, 6. Aufl. 2015; *Säcker/Rixecker/Oetker* (Hrsg.), Münchener Kommentar zum Bürgerlichen Gesetzbuch, Bd. 2, §§ 241–432, 7. Aufl. 2016; *Saenger* (Hrsg.), Handkommentar Zivilprozessordnung, 6. Aufl. 2015; *Schack*, Ein unötiger transatlantischer Justizkonflikt: die internationale Zustellung und das BVerfG, Die Aktiengesellschaft 51 (2006), 823; *ders.*, Internationales Zivilverfahrensrecht, 6. Aufl. 2014 (zit.: Zivilverfahrensrecht); *ders.*, Der Erfüllungsort im deutschen, ausländischen und internationalen Privat- und Zivilprozeßrecht, 1985 (zit.: Der Erfüllungsort); *Schlosser*, Der Justizkonflikt zwischen den USA und Europa, 1985 (zit.: Justizkonflikt); *ders./Hess*, EU-Zivilprozessrecht, 4. Aufl. 2015; *U. Schmidt*, Europäisches Zivilprozessrecht in der Praxis, 2004; *Schnyder* (Hrsg.), Lugano-Übereinkommen zum internationalen Zivilverfahrensrecht, 2011; *ders.*, Wirtschaftskollisionsrecht, 1990; *Schütze*, Deutsches Internationales Zivilprozessrecht unter Einschluss des Europäischen Zivilprozessrechts, 2. Aufl. 2005 (zit.: Deutsches Internationales Zivilprozessrecht); *ders.*, Die Allzuständigkeit amerikanischer Gerichte, 2003 (zit.: Allzuständigkeit); *ders.*, Zum Stand des deutsch-amerikanischen Justizkonfliktes, RIW 2004, 162; *Schwartz/Basedow*, Restrictions on Competition, in: Lipstein (Hrsg.), International Encyclopedia of Comparative Law, Vol. III/2, Nachdruck 2011 (zit.: Lipstein/Bearbeiter, International Encyclopedia of Comparative Law); *Siehr*, Grundfragen der internationalen Rechtshilfe in Zivilsachen, RIW 2007, 321; *Silberman/Lowenfeld*, The Hague Judgements Convention – and Perhaps Beyond, in: Nafziger/Symeonides (Hrsg.), Law and Justice in a Multistate World: Essays in Honor of Arthur T. v. Mehren (= FS v. Mehren), 2002, 121; *Stadler*, Grenzüberschreitender kollektiver Rechtsschutz in Europa, JZ 2009, 121; *dies.*, Neues Europäisches Zustellungsrecht, IPRax 2001, 514; *dies.*, Schadensersatzklagen im Kartellrecht – Forum shopping welcome!, JZ 2015, 1138; *dies.*, Vertraglicher und deliktischer Gerichtsstand im europäischen Zivilprozessrecht, in: Heinrich (Hrsg.), Festschrift für Hans-Joachim Musielak zum 70. Geburtstag, 2009, 569; *Stein/Jonas*, Kommentar zur Zivilprozessordnung, Bd. 1, 23. Aufl. 2014; Bd. 2, 23. Aufl. 2015; Bd. 3, 22. Aufl. 2005; Bd. 4, 22. Aufl. 2008; Bd. 5, 23. Aufl. 2015; *Sujecki*, Torpedoklagen im europäischen Binnenmarkt, GRUR Int. 2012, 18; *Tang*, Multiple defendants in the European jurisdiction regulation, E.L.Rev. 34 (2009), 80; *Terhechte* (Hrsg.), Internationales Kartell- und Fusionskontrollverfahrensrecht, 2008; *Thole*, Missbrauchskontrolle im Europäischen Zivilverfahrensrecht: Zur Problematik der sog Zuständigkeitserschleichung, ZZP 122, (2009), 423; *Tzakas*, Die Haftung für Kartellrechtsverstöße im internationalen Rechtsverkehr, 2011; *Vilà Costa*, How to Apply Articles 5(1) and 5(3) Brussels I Regulation to Private Enforcement of Competition Law: a Coherent Approach, in: Basedow/Francq/Idot (Hrsg.), International Antitrust Litigation, 2012, 17; *Vischer*, Der Einbezug deliktischer Ansprüche in die Gerichtsstandsvereinbarung für den Vertrag, in: Mansel/Pfeiffer/Kronke (Hrsg.), Festschrift für Erik Jayme, Band 1, 2004, 993; *Vogenauer*, Zur Begründung des Mehrparteiengerichtsstands aus Art. 6 Nr. 1 LugÜ in England und Schottland, IPRax 2001, 253; *Weber*, Universal Jurisdiction and Third States in the Reform of the Brussels I Regulation, RabelsZ 75 (2011), 619; *Weller,* Der Kommissionsentwurf zur Reform der Brüssel I-VO, GPR 2012, 34; *ders.,* Der Ratsentwurf und der Parlamentsentwurf zur Reform der Brüssel I-VO, GPR 2012, 328; *ders.,* Ordre-public-Kontrolle internationaler Gerichtsstandsvereinbarungen im autonomen Zuständigkeitsrecht, 2005; *ders.,* Kartellprivatrechtliche Klagen im Europäischen Prozessrecht: „Private Enforcement" und die Brüssel I-VO, ZVglRWiss 112 (2013), 89; *Winkler,* Kartellrechtliche Belieferungsklagen im Gerichtsstand der unerlaubten Handlung, BB 1979, 402; *Withers,* Jurisdiction and Applicable Law in Antitrust Tort Claims, JBL 2002, 250; *C. Wolf,* Rechtshängigkeit und Verfahrenskonnexität nach EuGVÜ, EuZW 1995, 365; *Würdinger,* Anmerkung zu Gerichtshof der Europäischen Gemeinschaften, Zweite Kammer, Urteil vom 13.7.2006 in der Rechtssache Reisch Montage AG gegen Kiesel Baumaschinen Handels GmbH, Rs. C-103/05, ZZPInt 11 (2006), 180; *ders.,* Anmerkung zu Gerichtshof der Europäischen Gemeinschaften, Dritte Kammer, Urteil vom 11.10.2007 in der Rechtssache Freeport plc gegen Olle Arnoldsson, Rs. C-98/06, ZZPInt 12 (2007), 221; *ders.* (Hrsg.), juris Praxiskommentar BGB, Bd. 6, 7. Aufl. 2015 (zit.: JurisPK-BGB/*Bearbeiter*); *Wurmnest,* Die Einbeziehung kartellrechtlicher Ansprüche in Gerichtsstandsvereinbarungen, in: Mankowski/Wurmnest (Hrsg.), Festschrift für Ulrich Magnus zum 70. Geburtstag, 2014, 567; *ders.,* Gerichtsstandsvereinbarungen im Kartellprozess, in: Nietsch/Weller (Hrsg.), Private Enforcement – Brennpunkte kartellrechtlicher Schadensersatzklagen, 2014, 64; *ders.,* Internationale Zuständigkeit und anwendbares Recht bei grenzüberschreitenden Kartelldelikten, EuZW 2012, 933; *Zimmer,* Konkretisierung des Auswirkungsprinzips bei Hard-core-Kartellrechtsverstößen, 2013; *Zöller* (Begr.), Zivilprozessordnung, 31. Aufl. 2016 (zit.: Zöller/*Bearbeiter*).

A. Begriff, Funktion, Rechtsgrundlagen

Die internationale Zuständigkeit bezeichnet die Kompetenz eines nationalen Gerichts, **1** über einen Sachverhalt mit Auslandsbezug judizieren zu dürfen. Eine solche Zuständigkeit wird angenommen, wenn ein Rechtsstreit einen hinreichend starken Inlandsbezug aufweist, so dass es sachgerecht ist, ein innerstaatliches Gericht mit der Entscheidung zu betrauen.[1] Regeln über die internationale Zuständigkeit grenzen somit die Jurisdiktionsbefugnis zwischen verschiedenen Staaten ab.[2] Da allerdings jeder Staat – innerhalb der Grenzen des Völkerrechts[3] – frei ist, die Befugnisse seiner Justiz festzulegen, und die Vorstellungen darüber, unter welchen Voraussetzungen Gerichte über internationale Sachverhalte entscheiden dürfen, weit auseinandergehen, ist es häufig der Fall, dass verschiedene Staaten die internationale Zuständigkeit zur Entscheidung von Sachverhalten für sich in Anspruch nehmen. Bisweilen beschuldigen sich die Staaten dann gegenseitig, „exorbitante Gerichtsstände" in ihren Rechten verankert zu haben.[4] Ein Kläger hat freilich auch in diesen Fällen die Wahl, in welchem Staat er seine Klage erhebt. Bei der Auswahl des Forums sollte er berücksichtigen, welches Recht das angerufene Gericht auf den Rechtsstreit anwenden wird und inwieweit er ein für ihn günstiges Urteil in einem anderen Staat als dem Forumstaat vollstrecken können wird.

Um eine bessere Koordination der gerichtlichen Zuständigkeiten im europäischen **2** Rechtsraum zu erreichen, hat der Unionsgesetzgeber die VO Nr. 44/2001 (sog **„Brüssel I-VO"**, „EuGVVO" oder „EuGVO")[5] erlassen, die das (völkerrechtliche) Brüsseler Übereinkommen über die gerichtliche Zuständigkeit und die Vollstreckung gerichtlicher Entscheidungen[6] (das sog **„EuGVÜ"** bzw. „Brüssel-Übereinkommen") abgelöst hat. Die Brüssel I-VO galt in allen EU-Mitgliedstaaten, mit Ausnahme Dänemarks, für das die Regelungen der Verordnung allerdings über ein Parallelabkommen Anwendung fanden

---

[1] *V. Hoffmann/Thorn* § 3 Rn. 1.
[2] *V. Hoffmann/Thorn* § 3 Rn. 1.
[3] Allg. zu den völkerrechtlichen Grenzen der Gerichtsbarkeit: *Nagel/Gottwald* Internationales Zivilprozessrecht § 2; *Schack* Zivilverfahrensrecht Rn. 154 ff.
[4] Differenzen ergeben sich oftmals im Verhältnis Europa-USA. Diesbezüglich ist häufig von einem transatlantischen „Justizkonflikt" die Rede, der allerdings verschiedene prozessuale Facetten hat. Siehe allg. *Prütting* FS Jayme Bd. 1, 709; *Schütze* Allzuständigkeit Rn. 21; *ders.* RIW 2004, 162; *Schlosser* Justizkonflikt 1 ff.
[5] Verordnung (EG) Nr. 44/2001 des Rates v. 22.12.2000 über die gerichtliche Zuständigkeit und die Anerkennung und Vollstreckung von Entscheidungen in Zivil- und Handelssachen, ABl. 2001 L 12, 1; Berichtigung in ABl. 2001 L 307, 28.
[6] Das EuGVÜ wurde mehrfach revidiert. Die letzte Fassung (ABl. 1997 C 15, 1) stammt aus dem Jahre 1996. Zur Entwicklung des EuGVÜ siehe *Kropholler/v. Hein* Einl. EuGVO Rn. 13 ff.

§ 31

(→ Rn. 6). Ende 2012 wurde nach Einholung diverser Studien[7] auf Vorschlag der Kommission[8] eine Neufassung der Brüssel I-VO verabschiedet (sog **„Brüssel Ia-VO"** oder „EuGVO II"),[9] die über das erwähnte Abkommen auch für Dänemark gilt.

3 Darüber hinaus existieren Abkommen mit Mitgliedstaaten der Europäischen Freihandelsorganisation (EFTA). Im Jahre 1988 haben die EG-Staaten mit den Mitgliedern der EFTA – mit Ausnahme Liechtensteins – das Übereinkommen von Lugano (sog **„LugÜ I"** oder „LugÜ 1988") geschlossen, das als Parallabkommen zum EuGVÜ (idF von 1989) ausgestaltet ist.[10] Es gilt im Verhältnis zu Norwegen, der Schweiz und Island. Im Jahre 2007 wurde dieses Übereinkommen neu gefasst. Das revidierte Übereinkommen von Lugano (sog **„LugÜ II"** oder „LugÜ 2007")[11] wurde von der EU und Dänemark mit den EFTA-Staaten (ohne Liechtenstein) gezeichnet. Es gilt für die EU, Dänemark, die Schweiz, Norwegen und mittlerweile auch für Island, das eine Zeitlang mit einem EU-Beitritt geliebäugelt hatte, dann aber Anfang 2015 seinen Antrag zurückzog. Eine noch offene Frage ist, ob die LugÜ II-Staaten in den nächsten Jahren ein **„LugÜ III"** erarbeiten und ratifizieren werden, um das Brüssel Ia-Regime auf den EFTA-Raum zu erstrecken. Das Europäische Zivilverfahrensrecht wurde in den letzten Jahren nämlich immer stärker verdichtet und wächst zu einer systematischen Einheit heran, in der es Wechselwirkungen zwischen den veschiedenen Rechtsinstrumenten gibt. Je vertiefter der EU-Justizraum ausgestaltet wird und je stärker spezifisch unionsrechtliche Gedanken die Herausbildung und Auslegung des Rechts prägen, desto schwieriger wird es, einzelne Teilgebiete auf Drittstaaten zu übertragen, die nicht an die gleichen Prinzipien gebunden sind wie die EU-Staaten.[12]

4 Eine Vereinheitlichung über Europa hinaus durch Abschluss einer internationalen Konvention im Rahmen der Haager Konferenz scheiterte bisher vor allem an den Differenzen zwischen den EU-Staaten und den USA über die Ausgestaltung der Zuständigkeitsregeln.[13] Der Haager Konferenz gelang bislang lediglich die Verabschiedung eines **Haager Abkommens über Gerichtsstandsvereinbarungen**[14], das am 1.10.2015 in Kraft getreten ist.[15] Derzeit wird ferner sondiert, ob sich außereuropäische Handelspartner der EU, etwa Japan oder Kanada, dem LugÜ II anschließen wollen.[16] Auch ist die Idee eines internationalen Abkommens über die Zuständigkeit und die Anerkennung und Vollstreckung von Urteilen noch nicht ganz gestorben. Seit 2011 wird im Rahmen der Haager Konferenz wieder beraten, ob und in welcher Form ein solches Übereinkommen realisiert werden könnte.

---

[7] *Hess/Pfeiffer/Schlosser* (Hrsg.) The Brussels I Regulation (EC) No. 44/2001, 2008; *Nuyts,* Study on Residual Jurisdiction, 2007 (JLS/C4/2005/07), abrufbar unter http://ec.europa.eu/civiljustice/news/docs/stu dy_residualjurisdiction_en.pdf.
[8] KOM (2010) 748 endg. v. 14.12.2010. Zu den vorgeschlagenen Neuerungen s. *Hess* IPRax 2011, 125 ff.; *Cuniberti/Rueda* RabelsZ 75 (2011), 286 ff.; *Heinze* RabelsZ 75 (2011), 581 ff.; *Illmer* RabelsZ 75 (2011), 645 ff.; *Weber* RabelsZ 75 (2011), 619 ff.; *Weller* GPR 2012, 34 ff. sowie die Beiträge in *Bonomi/Schmidt* (Hrsg.) La Révision du Règlement 44/2001 (Bruxelles I), 2011 und *Lein* (Hrsg.) The Brussels I Review Proposal Uncovered 2012. Zum späteren Rats- und Parlamentsentwurf siehe *Weller* GPR 2012, 328 ff.
[9] VO (EU) Nr. 1215/2012 des Europäischen Parlaments und des Rates v. 12.12.2012 über die gerichtliche Zuständigkeit und die Anerkennung und Vollstreckung von Entscheidungen in Zivil- und Handelssachen, ABl. 2012 L 351, 1.
[10] Übereinkommen über die gerichtliche Zuständigkeit und die Vollstreckung gerichtlicher Entscheidungen in Zivil- und Handelssachen – Geschlossen in Lugano am 16. September 1988, ABl. 1988 L 319, 9.
[11] Übereinkommen über die gerichtliche Zuständigkeit und die Anerkennung und Vollstreckung von Entscheidungen in Zivil- und Handelssachen – Geschlossen in Lugano am 30. Oktober 2007, ABl. 2007 L 339, 3.
[12] *Hess* Europäisches Zivilprozessrecht § 6 Rn. 32 ff.
[13] Zum Scheitern der Verhandlungen siehe nur die Beiträge von *R. Brand, Gaudemet-Tallon, Silberman/Lowenfeld* und *Nygh* FS v. Mehren 2002, 11 ff., 55 ff., 121 ff., 151 ff.
[14] Haager Übereinkommen über Gerichtsstandsvereinbarungen v. 30.6.2005. Das Abkommen kann in seinen authentischen Sprachen (englisch und französisch) abgerufen werden unter: http://www.hcch.net.
[15] Der Ratifikationsstand kann abgerufen werden unter: http://www.hcch.net/.
[16] Dazu *Kropholler/v. Hein* Einl. EuGVO Rn. 83.

Somit kann sich die internationale Zuständigkeit von Zivilgerichten für Kartellstrei- 5
tigkeiten in Europa aus sehr unterschiedlichen Regelwerken ergeben. Ein Anwalt, der
überlegt, in welchen europäischen Staaten er eine Klage erheben kann, muss daher
zunächst klären, ob ein internationales Abkommen oder die Brüssel I-VO/Brüssel Ia-
VO bzw. das LugÜ II einschlägig ist (dazu unter B.). Ist Letzteres der Fall, so ist die
internationale Zuständigkeit der Gerichte in der EU bzw. in denjenigen EFTA-Staaten, die dem LugÜ II beigetreten sind, ausschließlich den Regeln dieser Abkommen
zu entnehmen. Sind diese Rechtsregeln nicht einschlägig, weil etwa der Kläger keinen
Sitz in einem Brüssel- bzw. einem LugÜ-Staat hat und auch keine Gerichtsstandsvereinbarung zugunsten eines Gerichts in diesen Staaten getroffen wurde, so muss ein
Anwalt auf Grundlage des nationalen Prozessrechts prüfen, inwieweit eine kartellrechtliche Streitigkeit vor den Gerichten eines Staats erhoben werden kann. Die internationale Zuständigkeit deutscher Gerichte ergibt sich in einem solchen Fall aus
den Regeln der ZPO (→ Rn. 135 ff.).

B. Sachverhalte mit Bezug zur EU oder zu einem LugÜ-Staat
I. Allgemeines, insbes. Sonderstellung Dänemarks

Die Regeln über die internationale Zuständigkeit der Brüssel I-VO/Brüssel Ia-VO ver- 6
drängen im Anwendungsbereich dieser Verordnung die Vorschriften des nationalen
Rechts der EU-Mitgliedstaaten. Allerdings werden nicht alle Staaten der EU durch diese
Verordnung gebunden, da das Königreich Dänemark aufgrund eines allgemeinen Vorbehalts zu den EU-Verträgen generell nicht an Maßnahmen der justiziellen Zusammenarbeit
teilnimmt.[17] Dänemark ist daher zwar ein EU-Staat, wird aber nicht unmittelbar durch
die Brüssel I-VO/Brüssel Ia-VO gebunden.[18] Dänemark hat aber mit der EU ein Parallelabkommen abgeschlossen (sog „Dänemark-Parallelabkommen"), welches die Regelungen
der Brüssel I-VO auf Dänemark erstreckt.[19] Dieses Abkommen sieht auch einen Mechanismus vor, nach dem Änderungen der Brüssel I-VO für Dänemark gelten können.[20] Auf
diese Weise muss nicht bei jeder Änderung der Verordnung ein neues Abkommen mit
Dänemark ausgehandelt und ratifiziert werden. Dänemark hat der Kommission mitgeteilt,
dass es die Änderungen annehmen wird, die mit der Brüssel Ia-VO einhergehen, so dass
die Neufassung daher auch im Verhältnis zu Dänemark gilt.

Da das LugÜ II den gleichen Grundsätzen folgt wie die Brüssel I-VO, verdrängen die 7
Regeln des LugÜ II innerhalb des Anwendungsbereichs dieses Übereinkommens das nationale Verfahrensrecht derjenigen EFTA-Staaten, die dem LugÜ II beigetreten sind
(Schweiz, Norwegen, Island), sowie aller EU-Staaten (einschließlich Dänemarks, da Dänemark das LugÜ II ratifiziert hat). In der Sache entsprechen die Regeln des LugÜ II
weitgehend denen der Brüssel I-VO. Allerdings hat der EuGH nicht die Kompetenz, das
LugÜ II auszulegen.[21] Um den Gleichklang zwischen dem LugÜ II und der Brüssel I-VO
zu wahren,[22] müssen die nationalen Gerichte bei der Auslegung des Übereinkommens
allerdings die Rechtsprechung des EuGH zu identischen Vorschriften des „Brüssel-Re-

---

[17] Vgl. Art. 1, 2 Protokoll über die Position Dänemarks, ABl. 1997 C 340, 101 (zum Vertrag von Amsterdam); Art. 1, 2 Protokoll (Nr. 22) über die Position Dänemarks, ABl. 2010 C 83, 299 (zum Vertrag von
Lissabon).
[18] Klarstellend Art. 1 Abs. 3 Brüssel I-VO; Erwägungsgrund 8 Brüssel Ia-VO.
[19] Abkommen zwischen der Europäischen Gemeinschaft und dem Königreich Dänemark über die gerichtliche Zuständigkeit und die Anerkennung und Vollstreckung von Entscheidungen in Zivil- und Handelssachen, ABl. 2005 L 299, 62 (nachfolgend: Dänemark-Parallelabkommen).
[20] Vgl. Art. 3 Dänemark-Parallelabkommen.
[21] EuGH Gutachten 1/03 v. 7.2.2006, Slg. 2006, I-1145 Rn. 19 – Zuständigkeit der Gemeinschaft für den
Abschluss des neuen Übereinkommens von Lugano über die gerichtliche Zuständigkeit und die Anerkennung und Vollstreckung von Entscheidungen in Zivil- und Handelssachen; siehe auch BGH Urt. v. 27.5.
2008 – VI ZR 69/07, BGHZ 176, 342 Rn. 9 = NJW 2008, 2344.
[22] Vgl. Präambel LugÜ II.

gimes" beachten.²³ Bei der Auslegung der Brüssel I-VO/Brüssel Ia-VO²⁴ und des LugÜ²⁵ ist ferner zu beachten, dass die Begriffe grundsätzlich europäisch-autonom zu konkretisieren sind, sofern nicht ausnahmsweise ein Rückgriff auf nationales Recht gestattet wird.

8   Die allgemeine Abgrenzung zwischen dem europäischen Zuständigkeitsrecht und dem nationalen Zivilprozessrecht folgt in Bezug auf kartellrechtliche Zivilverfahren mit grenzüberschreitendem Bezug im Grundsatz einer relativ einfachen Regel:
– Die internationale Zuständigkeit eines Gerichts bestimmt sich nach der Brüssel I-VO, wenn entweder der Beklagte in einem EU-Staat (ohne Dänemark) ansässig ist²⁶ oder eine Gerichtsstandsvereinbarung zugunsten eines Gerichts in der EU (ohne Dänemark) getroffen wurde, sofern mindestens eine der Parteien dieser Vereinbarung ihren Wohnsitz in einem Mitgliedstaat der Brüssel I-VO hat.²⁷ Unter Geltung der Brüssel Ia-VO beurteilt sich eine Gerichtsstandsabrede, die die Zuständigkeit eines Gerichts bzw. der Gerichte eines Verordnungsstaats prorogiert, auch dann nach Unionsrecht, wenn deren Parteien keinen Sitz in der EU haben.²⁸ Ansonsten gelten die alten Regeln fort.²⁹ Über das Dänemark-Parallelabkommen gelten diese Regeln entsprechend für Dänemark.
– Einzelheiten des Verhältnisses von LugÜ II und dem Brüssel-Regime ergeben sich aus Art. 64 LugÜ II. Die internationale Zuständigkeit eines Gerichts bestimmt sich nach dem LugÜ II, wenn der Beklagte seinen Sitz in einem „Nur-Lugano-Staat" hat, also einem Staat, der nicht an die Brüssel I/Ia-VO gebunden ist.³⁰ „Nur-Lugano-Staaten" sind Island, Norwegen und die Schweiz. Ferner beurteilt sich die internationale Zuständigkeit eines Gerichts nach dem LugÜ II, wenn eine Gerichtsstandsvereinbarung zugunsten eines Gerichts in einem „Nur-Lugano-Staat" abgeschlossen wurde, sofern mindestens eine der Parteien dieser Vereinbarung ihren Wohnsitz in einem Vertragsstaat des LugÜ II hat, also in der EU einschließlich Dänemarks oder einem „Nur-Lugano-Staat".³¹ Schließlich findet das LugÜ II Anwendung, wenn ein ausschließlicher Gerichtsstand nach Art. 22 LugÜ II in einem „Nur-Lugano-Staat" belegen ist.

Diese Grundsätze stellen nur ein Grundgerüst für die Prüfung der internationalen Zuständigkeit dar. Für die Anwendbarkeit der jeweiligen Regelwerke müssen ferner auch die allgemeinen Voraussetzungen erfüllt sein, die nachfolgend beschrieben werden.

---

[23] Vgl. Art. 1 Protokoll Nr. 2 über die einheitliche Auslegung des Übereinkommens und den ständigen Ausschuss, abgedr. in *Jayme/Hausmann* Internationales Privat- und Verfahrensrecht Nr. 152.
[24] EuGH Urt. v. 2.10.2008 – C-372/07, Slg. 2008, I-7403 Rn. 17 – Hassett und Doherty/South Eastern und North Western Health Board = NJW-RR 2009, 405; EuGH Urt. v. 23.4.2009 – C-167/08, Slg. 2009, I-3477 Rn. 19 – Draka NK Cables/Omnipol = NJW 2009, 1937; EuGH Urt. v. 16.7.2009 – C-189/08, Slg. 2009, I-6917 Rn. 17 – Zuid-Chemie/Philippo's Mineralenfabriek = NJW 2009, 3501; *Adolphsen* Europäisches Zivilverfahrensrecht 33 ff.; *Hess* Europäisches Zivilprozessrecht § 4 Rn. 44 ff.; *Layton/Mercer* European Civil Practice Rn. 11.022 f.
[25] BGH Urt. v. 27.5.2008 – VI ZR 69/07, BGHZ 176, 342 Rn. 11 = NJW 2008, 2344; *Dasser/Oberhammer/Domej* Präambel Protokoll 2 Rn. 13; *Schnyder/Grolimund* Allgemeine Einleitung Rn. 16.
[26] Siehe nur Art. 2 Abs. 1, Art 5, 6 Brüssel I-VO. Eine Ausnahme von dieser Regel gilt für die ausschließlichen Gerichtsstände, die unabhängig vom Wohnsitz des Beklagten anwendbar sind. Diese ausschließlichen Gerichtsstände betreffen Streitigkeiten über dingliche Rechte an unbeweglichen Sachen sowie über Miete und Pacht an unbeweglichen Sachen (Art. 22 Nr. 1 Brüssel I-VO), gesellschaftsverfassungsrechtliche Fragen (Art. 22 Nr. 2 Brüssel I-VO), registerrechtliche Fragen (Art. 22 Nr. 3 Brüssel I-VO), die Eintragung oder Gültigkeit von gewerblichen Schutzrechten (Art. 22 Nr. 4 Brüssel I-VO) sowie Verfahren über die Zwangsvollstreckung (Art. 22 Nr. 5 Brüssel I-VO). Für die meisten Kartellstreitigkeiten sind diese Gerichtsstände nicht von besonderer Relevanz, so dass in diesem Handbuch aus Platzgründen nicht auf sie eingegangen wird.
[27] Siehe Art. 23 Brüssel I-VO.
[28] Siehe Art. 25 Brüssel Ia-VO.
[29] Siehe etwa Art. 4, 5, 7, 8, 11 Brüssel Ia-VO. Wiederum ist zu beachten, dass die ausschließlichen Zuständigkeiten (Art. 24 Brüssel Ia-VO) dieses Abkommens unabhängig vom Wohnsitz der Parteien gelten.
[30] Siehe nur Art. 2 5, 6 iVm Art. 64 Abs. 2 lit. a LugÜ II.
[31] Siehe Art. 23 LugÜ II iVm Art. 64 Abs. 2 lit. a LugÜ II.

II. Allgemeiner Anwendungsbereich von Brüssel I-VO und LugÜ II

1. Sachlicher Anwendungsbereich

a) Zivil- und Handelssachen. In sachlicher Hinsicht erfasst die Brüssel I-VO/Brüssel Ia-VO bzw. das LugÜ II allein Streitigkeiten in „Zivil- und Handelssachen" (Art. 1 Abs. 1 Brüssel I-VO/Brüssel Ia-VO/LugÜ II). Dieses Tatbestandsmerkmal, welches nach unionsrechtlichen Maßstäben auszulegen ist,[32] dient der Ausscheidung von Streitigkeiten, die der Sphäre des öffentlichen Rechts zugeordnet werden. Keine Zivilsachen sind demnach originär hoheitliche Streitigkeiten, bei denen die öffentliche Hand andere oder weitergehende Rechte als eine Privatperson geltend machen kann.[33]

Die Brüssel I-VO/Brüssel Ia-VO/das LugÜ II gilt daher nicht für Streitigkeiten in Zusammenhang mit der behördlichen Durchsetzung des Kartellrechts.[34] Ist ein staatliches Organ, eine staatliche Organisation oder ein staatliches Unternehmen durch eine Wettbewerbsbeschränkung geschädigt worden, weil es etwa Waren oder Dienstleistungen zu überhöhten Preisen bezogen hat, so ist eine auf privatrechtlichen Grundlagen fußende Schadensersatzklage dieser Organe als zivilrechtliche Streitigkeit einzuordnen.[35] Gleiches gilt für entsprechende Klagen der Europäischen Kommission oder einer anderen EU-Institution.[36] Auch Gewinnabschöpfungsansprüche eines Verbandes oder einer Organisation sind Streitigkeiten zivilrechtlicher Natur, selbst wenn der Erlös an den Staat auszukehren ist, wie es § 34a WGB vorschreibt.[37] Klagen Privater auf Schadensersatz oder Unterlassung wegen der Verletzung von Kartellverbotsnormen sind auch dann Zivil- und Handelssachen, wenn der Anspruchsgegner, der eine wirtschaftliche Tätigkeit ausübt, (zT) in staatlicher Hand ist.[38]

b) Ausgeklammerte Materien. Art. 1 Abs. 2 Brüssel I-VO/Brüssel Ia-VO/LugÜ II nimmt bestimmte Zivil- und Handelssachen vom Anwendungsbereich aus. Es handelt sich dabei um Rechtsgebiete, für die speziellere Regeln verabschiedet wurden oder für die das Brüssel- bzw. das Lugano-Regime nicht sachgerecht ist. Bei kartellrechtlichen Streitigkeiten kann der Ausschluss für außergerichtliche Vergleiche bzw. Konkurse (Art. 1 Abs. 2 lit. b Brüssel I-VO/Brüssel Ia-VO/LugÜ II) sowie für Schiedsverfahren (Art. 1 Abs. 2 lit. d Brüssel I-VO/Brüssel Ia-VO/LugÜ II) Relevanz entfalten. Zu kartellrechtlichen Schiedsverfahren → Rn. 38.

2. Räumlicher Anwendungsbereich iwS

a) Brüssel I-VO/Brüssel Ia-VO. Die Brüssel-Verordnungen gelten unmittelbar in allen EU-Mitgliedstaaten.[39] Eine Ausnahme gilt für Dänemark. Dänische Gerichte wenden al-

---

[32] Siehe nur EuGH Urt. v. 15.2.2007 – C-292/05, Slg. 2007, I-1519 Rn. 29 – Lechouritou/BR Deutschland = EuZW 2007, 252.

[33] EuGH Urt. v. 21.4.1993 – C-172/91, Slg. 1993, I-1963 Rn. 22 – Sonntag/Waidmann = NJW 1993, 2091; EuGH Urt. v. 15.2.2007 – C-292/05, Slg. 2007, I-1519 Rn. 34 – Lechouritou/BR Deutschland = EuZW 2007, 252 (jeweils zum EuGVÜ); Basedow/Hopt/Zimmerman/*Dutta* Handwörterbuch des Europäischen Privatrechts, Bd. II, 1807 (1808).

[34] Basedow/Francq/Idot/*Francq*/*Wurmnest* International Antitrust Litigation 91 (98); *Immenga* FS Kühne 2009, 725 (727); *Mankowski* RIW 2008, 177 (180); *Tzakas* Kartellrechtsverstöße 323 (jeweils bezogen auf den gleichlautenden Rechtsbegriff in der Rom II-VO).

[35] *Wurmnest* EuZW 2012, 933; auch allg. *Garzaniti/Vanhulst/Oeyen* EuZW 2012, 691 f.

[36] *Garzaniti/Vanhulst/Oeyen* EuZW 2012, 691 f., die allg. darauf verweisen, dass die EU-Kommission in zulässiger Weise eine Klage vor nationalen Gerichten gegen Mitglieder des Aufzugskartells führen kann.

[37] *Stadler* JZ 2009, 121 (124 f.); Rauscher/*Mankowski* Brüssel Ia-VO Art. 1 Rn. 31 (bezogen auf Verbandsklagen privater Verbände allgemein); siehe auch Basedow/Francq/Idot/*Francq*/*Wurmnest* International Antitrust Litigation 91 (98) (bezogen auf den Rom II-VO); aA *Piekenbrock* IPRax 2006, 4 (8).

[38] EuGH Urt. v. 23.10.2014 – C-302/13, ECLI:EU:C:2014:2319 Rn. 33 f. – flyLAL-Lithuanian Airlines AS/Starptautiskā lidosta Rīga VAS = NZKart 2015, 52.

[39] Im Nordteil Zyperns ist die Anwendung des Unionsrechts allerdings generell ausgesetzt (s. Art. 1 Protokoll Nr. 10 zu Zypern zur Beitrittsakte, ABl. 2003 L 236, 955). Der EuGH hat jedoch entschieden, dass ein Urteil, welches ein Gericht des griechischen Teils Zyperns erlassen hat, aber das Vorgänge im Nordteil Zyperns betrifft, nach der Brüssel I-VO vollstreckt werden kann, siehe EuGH Urt. v. 28.4.2009 –

lerdings das Dänemark-Parallelabkommen (→ Rn. 6) an, das die Vorschriften der Brüssel I-VO/Brüssel Ia-VO auf Dänemark erstreckt.

13 Sind die allgemeinen und besonderen sachlichen Anwendungsvoraussetzungen der Brüssel-Verordnungen erfüllt, bestimmt sich die internationale Zuständigkeit der Gerichte in der EU nach deren Vorschriften, und zwar auch dann, wenn der Kläger aus einem Drittstaat stammt.[40]

14 **b) LugÜ II.** Das LugÜ II wurde von den EFTA-Staaten Schweiz, Norwegen und Island ratifiziert und zudem von der EU sowie – aufgrund seiner Sonderrolle – Dänemark.[41] Liechtenstein, das ebenfalls Mitglied in der EFTA ist, hat kein großes Interesse an einer Freizügigkeit von Urteilen in Europa und daher weder das LugÜ I noch das LugÜ II gezeichnet.

3. Zeitlicher Anwendungsbereich

15 **a) Brüssel I-VO/Brüssel Ia-VO.** Die Brüssel I-VO ist am 1. März 2002 für alle damaligen EU-Mitgliedstaaten in Kraft getreten (vgl. Art. 76 Brüssel I-VO), von Dänemark einmal abgesehen. Am 1.5.2004 ist die Verordnung auch für die zehn osteuropäischen Staaten in Kraft getreten, die der EU zu diesem Zeitpunkt beigetreten sind.[42] Entsprechend gilt die Brüssel I-VO für Bulgarien und Rumänien seit dem 1.1.2007[43] und für Kroatien seit dem 1.7.2013. Für Dänemark gilt seit dem 1.7.2007 das völkerrechtliche „Dänemark-Parallelabkommen".[44]

16 Einzelheiten der Anwendung der **Brüssel I-VO** ergeben sich aus Art. 66 Brüssel I-VO/Art. 9 Dänemark-Parallelabkommen. Gem. Art. 66 Abs. 1 Brüssel I-VO/Art. 9 Abs. 1 Dänemark-Parallelabkommen findet die Brüssel I-VO im **Erkenntnisverfahren** Anwendung auf Klagen, die nach den oben genannten Stichtagen (Inkrafttreten) erhoben wurden.

17 Die zeitliche Geltung der **Brüssel Ia-VO,** die die Brüssel I-VO ablöst,[45] ist in Art. 66 Abs. 1 Brüssel Ia-VO geregelt. Im Erkenntnisverfahren findet die Neufassung auf Prozesse Anwendung, die am 10.1.2015 oder später eingeleitet wurden.[46]

18 **b) LugÜ II.** Das LugÜ II ist für die EU, Dänemark und Norwegen am 1.1.2010 in Kraft getreten.[47] Die Schweiz und Island haben das Abkommen etwas später ratifiziert. Im Verhältnis zur Schweiz gilt es daher seit dem 1.1.2011[48] und im Verhältnis zu Island seit dem

---

C-420/07, Slg. 2009, I-3571 Rn. 39 – Apostolides/Orams = BeckRS 2009, 70441 (Streitigkeit über den Erwerb eines Grundstücks im Nordteil Zyperns). Der genaue räumliche Anwendungsbereich in Bezug auf die Staaten, die Mitgliedstaaten iSd Brüssel I-VO sind, ergibt sich aus Art. 52 EUV iVm Art. 355 AEUV, so dass die Verodnung nicht für die Kanalinseln (Guernsey, Jersey, Alderney und Sark) sowie die Isle of Man gilt, da diese Gebiete nicht als Teil der Union angesehen werden. Zu Einzelheiten des räumlichen Anwendungsbereichs des „Brüssel-Regimes" siehe Geimer/Schütze/*Geimer* Einl. EuGVVO Rn. 212 ff.; *Layton/Mercer* European Civil Practice Rn. 11.061 ff.; Magnus/Mankowski/*Magnus* Introduction Rn. 42 ff.

[40] EuGH Urt. v. 13.7.2000 – C-412/98, Slg. 2000, I-5925 Rn. 42 – Group Josi/UGIC = NJW 2000, 3121.

[41] Der Ratifikationsstand ist abrufbar unter http://www.dfae.admin.ch/etc/medialib/downloads/edazen/topics/intla/intrea/depch/misc/conlug2.Par.0007.File.tmp/mt_110114_lug2part_f.pdf.

[42] Dies ergibt sich aus Art. 3 des Beitrittsabkommens v. 16.4.2003, ABl. 2003 L 236, 33; dazu *Hess* IPRax 2004, 374 (375).

[43] *Kropholler/v. Hein* EuGVO Art. 66 Rn. 1.

[44] Art. 2 Abs. 2 lit. e iVm Art. 12 Dänemark-Parallelabkommen; zum Inkrafttreten siehe ABl. 2007 L 94, 70; allg. auch *Kropholler/v. Hein* EuGVO Einl Rn. 42, EuGVO Art. 76 Rn. 3.

[45] Siehe Art. 80 Brüssel Ia-VO.

[46] Zu Einzelheiten vgl. Rauscher/*Staudinger* Brüssel Ia-VO Art. 66 Rn. 2.

[47] ABl. 2010 L 140, 1.

[48] Bundesbeschluss über die Genehmigung und die Umsetzung des Übereinkommens über die gerichtliche Zuständigkeit und die Anerkennung und Vollstreckung von Entscheidungen in Zivil- und Handelssachen (Lugano-Übereinkommen) v. 11.12.2009, Schweizer Bundesblatt 2009, 8809; siehe auch Schweizer Bundesblatt 2009, 1777 (Botschaft).

1.5.2011.[49] Gem. Art. 63 Abs. 1 LugÜ II findet dieses Abkommen in zeitlicher Hinsicht im Erkenntnisverfahren Anwendung, wenn die Klage nach dem jeweiligen Stichtag erhoben wurde.[50]

III. Allgemeiner Gerichtsstand (Art. 2 Abs. 1 Brüssel I-VO/LugÜ II/Art. 4 Abs. 1 Brüssel Ia-VO)

Der allgemeine Gerichtsstand für Personen, die ihren Wohnsitz im Hoheitsgebiet eines Brüssel/LugÜ-Staats haben, ist am Sitz des Beklagten belegen (Art. 2 Abs. 1 Brüssel I-VO/LugÜ II/Art. 4 Abs. 1 Brüssel I-VO). Der Wohnsitz bestimmt sich nach Art. 59 f. Brüssel I-VO/LugÜ II/Art. 62 f. Brüssel Ia-VO. Wird die Klage gegen eine juristische Person gerichtet, ist sie an deren satzungsmäßigem Sitz, effektivem Hauptverwaltungssitz bzw. ihrer Hauptniederlassung zu erheben (Art. 60 Abs. 1 Brüssel I-VO/LugÜ II/Art. 63 Brüssel Ia-VO). Nach ständiger Rechtsprechung des EuGH haben die Gerichte am Beklagtenwohnsitz unbeschränkte Kognitionsbefugnis, so dass Opfer von Kartellrechtsverletzungen vor diesen Gerichten ihren gesamten Schaden einklagen können, selbst wenn er nicht im Gerichtsstaat entstanden ist.[51] 19

Bei der Prüfung, ob eine Klage am Wohnsitz des Beklagten sinnvoll ist, muss auch berücksichtigt werden, dass der EuGH im Fall *Akzo Nobel* die bußgeldrechtliche Verantwortlichkeit der Muttergesellschaften in Konzernsachverhalten unter Rückgriff auf den Grundsatz der „wirtschaftlichen Einheit" ausgedehnt hat. Nach dieser Rechtsprechung wird (widerlegbar) vermutet, dass eine Mutter, die eine 100-%-Beteiligung an der Tochter hält, einen „bestimmenden Einfluss" auf das Verhalten der Tochter am Markt nimmt und daher auch für ihr Fehlverhalten bußgeldrechtlich einzustehen hat.[52] Will man diese Rechtsprechung auf die zivilrechtliche Haftung übertragen, was streitig ist,[53] könnte auch eine Konzernmutter, die nicht unmittelbar am Kartell beteiligt war, wegen eines Verstoßes gegen die EU-Wettbewerbsregeln an ihrem Sitz verklagt werden. 20

IV. Besondere Gerichtsstände

1. Einführung

Neben dem allgemeinen Gerichtsstand normiert das europäische Zuständigkeitsrecht eine Reihe besonderer Gerichtsstände. Diese treten neben den allgemeinen Gerichtsstand sofern sie in einem anderen Staat belegen sind. Der Kläger hat insofern die Wahl, vor welchem Gericht er seine Ansprüche einklagt *(forum shopping)* und ein Anwalt hat ihn entsprechend zu beraten.[54] Um die Gerichtspflichtigkeit des Beklagten nicht ausufern zu lassen, sind die besonderen Gerichtsstände im europäischen Zivilprozessrecht allerdings eng auszulegen, da sie zu Lasten des Beklagten von dem in Art. 2 Abs. 1 Brüssel I-VO/LugÜ II/Art. 4 Abs. 1 Brüssel Ia-VO normierten Grundsatz *actor sequitur forum rei* abweichen.[55] 21

---

[49] Siehe die Auflistung unter http://www.dfae.admin.ch/etc/medialib/downloads/edazen/topics/intla/intrea/depch/misc/conlug2.Par.0007.File.tmp/mt_110114_lug2part_f.pdf.

[50] Der zeitliche Anwendungsbereich des LugÜ I ergibt sich aus dessen Art. 54, zum Ganzen Schnyder/*Siehr* Art. 63 LugÜ II Rn. 1, 4 ff.

[51] Dies folgt aus EuGH Urt. v. 7.3.1995 – C-68/93, Slg. 1995, I-415 Rn. 32 – Shevill/Presse Alliance = NJW 1995, 1881.

[52] EuGH Urt. v. 10.9.2009 – C-97/08 P, Slg. 2009, I-8237 Rn. 60 – Akzo Nobel/Kommission = BeckRS 2009, 70987; EuGH Urt. v. 8.5.2013 – C-508/11 P, EuZW 2013, 547 Rn. 46 ff. – ENI/Kommission (mAnm *Nehl*) = BeckRS 2013, 80930. Siehe allg. zur Rechtsfigur der wirtschaftlichen Einheit *Kersting* Der Konzern 2011, 445 ff.; *Kokott/Dittert* WuW 2012, 670 ff.

[53] Hierfür etwa *Kersting/Preuß* WuW 2016, 394 (395); Cooper Tire & Rubber Co. Ltd v. Dow Deutschland [2010] EWCA Civ 864 [34] und [45]; aA LG Berlin Urt. v. 6.8.2013 – 16 O 193/11, BeckRS 22659; *Thomas/Legener* NZKart 2016, 155 ff.

[54] *Mäsch* IPRax 2005, 509 (511).

[55] Der EuGH spricht in diesem Zusammenhang von einer „strikten Auslegung", siehe EuGH Urt. v. 10.6.2004 – C-168/02, Slg. 2004, I-6009 Rn. 13 f. – Kronhofer/Maier = NJW 2004, 2441; EuGH Urt. v.

2. Gerichtsstand des Erfüllungsorts (Art. 5 Nr. 1 Brüssel I-VO/LugÜ II/Art. 7 Nr. 1 Brüssel Ia-VO)

22 **a) Allgemeines.** Art. 5 Nr. 1 Brüssel I-VO/LugÜ II/Art. 7 Nr. 1 Brüssel Ia-VO normiert einen besonderen Gerichtsstand für vertragsrechtliche Streitigkeiten, der auch für kartellvertragsrechtliche Zivilprozesse genutzt werden kann (sog „Gerichtsstand des Erfüllungsorts", „Vertragsgerichtsstand"). Dieser Gerichtsstand wurde mit der Überführung des EuGVÜ in die Brüssel I-VO in Teilen neu geregelt. Im Zuge der Neufassung der Brüssel I-VO Ende 2012 wurde die reformierte Fassung beibehalten und nur mit einer neuen Zählung versehen.

23 Gem. Art. 5 Nr. 1 lit. a Brüssel I-VO/LugÜ II/Art. 7 Nr. 1 lit. a Brüssel Ia-VO sind für den Fall, dass ein „Vertrag oder Ansprüche aus einem Vertrag den Gegenstand des Verfahrens bilden", die Gerichte des Orts **international und örtlich**[56] zuständig, „an dem die Verpflichtung erfüllt worden ist oder zu erfüllen wäre", sofern nicht die spezielleren Regeln für besondere Vertragstypen greifen.[57] Art. 5 Nr. 1 lit. b Brüssel I-VO/LugÜ II/Art. 7 Nr. 1 lit. b Brüssel Ia-VO definiert den Erfüllungsort für Kauf- und Dienstleistungsverträge und nach lit. c soll für den Fall, dass die Anwendung von lit. b zur Zuständigkeit eines drittstaatlichen Gerichts führt, wiederum lit. a anwendbar sein. Der Gerichtsstand des Erfüllungsorts findet nach der Rechtsprechung des EuGH seinen Grund in der im Regelfall bestehenden engen räumlichen Nähe eines vertraglichen Rechtsstreits zu den Gerichten am Erfüllungsort.[58]

24 Der Vertragsgerichtsstand gilt für alle **Klagearten bzw. Rechtsschutzbegehren.** Erfasst sind daher Leistungs-, Gestaltungs- und Feststellungsklagen, mit denen vertragliche Ansprüche geltend gemacht werden.[59] Dementsprechend greift Art. 5 Nr. 1 Brüssel I-VO/LugÜ II/Art. 7 Nr. 1 Brüssel I-VO auch für Klagen, mit denen der Kläger beantragt, **die Nichtigkeit eines Vertrages festzustellen,** der gegen Art. 101, 102 AEUV bzw. §§ 19, 20 GWB verstößt.[60]

25 **b) Vertragliche Streitigkeit.** Ob eine Streitigkeit vertraglicher Natur ist und somit Art. 5 Nr. 1 Brüssel I-VO/LugÜ II/Art. 7 Nr. 1 Brüssel Ia-VO unterfällt, ist nach **autonomen Grundsätzen** zu bestimmen.[61] Der EuGH legt das Begriffspaar „Vertrag oder Ansprüche aus einem Vertrag" recht weit aus,[62] um keine Lücken zwischen dem Vertragsgerichts-

---

[56] 16.7.2009 – C-189/08, Slg. 2009, I-6917 Rn. 22 – Zuid-Chemie/Philippo's Mineralenfabriek = NJW 2009, 3501 (bezogen auf Art. 5 Nr. 3 EuGVÜ/Brüssel I-VO); EuGH Urt. v. 22.5.2008 – C-462/06, Slg. 2008, I-3965 Rn. 28 – Glaxosmithkline/Rouard = NJW-RR 2008, 1658 (bezogen auf Art. 6 Nr. 1 Brüssel I-VO).

Dass Art. 5 Nr. 1 Brüssel I-VO/LugÜ II auch die örtliche Zuständigkeit abschließend regelt, folgt aus der Wendung „[…] vor dem Gericht des Ortes […]"; siehe allg. auch EuGH Urt. v. 3.5.2007 – C-386/05, Slg. 2007, I-3699 Rn. 30 – Color Drack/Lexx International Vertriebs GmbH = NJW 2007, 1799.

[57] Besondere Regeln gelten für Versicherungs-, Verbraucher- oder Arbeitssachen (Art. 8ff., 15ff., 18ff. Brüssel I-VO/LugÜ II bzw. Art. 10ff., 17ff., 20ff. Brüssel Ia-VO). Ferner legen internationale Übereinkommen etwa im Transportrecht besondere Gerichtsstände für Vertragsklagen fest. Art. 5 Nr. 1 Brüssel I-VO/LugÜ II/Art. 7 Nr. 1 Brüssel Ia-VO ist insoweit subsidiär. Zum Ganzen Rauscher/*Leible* Brüssel Ia-VO Art. 7 Rn. 12.

[58] EuGH Urt. v. 3.5.2007 – C-386/05, Slg. 2007, I-3699 Rn. 22 – Color Drack/Lexx International Vertriebs GmbH = NJW 2007, 1799; EuGH Urt. v. 9.7.2009 – C-204/08, Slg. 2009, I-6073 Rn. 32 – Rehder/Air Baltic = NJW 2009, 2801; EuGH Urt. v. 25.2.2010 – C-381/08, Slg. 2010, I-1255 Rn. 48 – Car Trim/KeySafety Systems = NJW 2010, 1059.

[59] Rauscher/*Leible* Brüssel Ia-VO Art. 7 Rn. 37.

[60] *Danov* Jurisdiction and Judgments 29f.

[61] EuGH Urt. v. 17.6.1992 – C-26/91, Slg. 1992, I-3967 Rn. 10 – Handte/TMCS = BeckRS 2004, 75771; EuGH Urt. v. 27.10.1998 – C-51/97, Slg. 1998, I-6511 Rn. 15 – Réunion européenne/Spliethoff's Bevrachtingskantoor = EuZW 1999, 59 (jeweils zum EuGVÜ); EuGH Urt. v. 7.2.2013 – C-543/10, ECLI:EU:C:2013:62 Rn. 21, 40 – Refcomp/Axa = EuZW 2013, 316 (zur Brüssel I-VO). Siehe auch *Kropholler/v. Hein* EuGVO Art. 5 Rn. 5.

[62] EuGH Urt. v. 20.1.2005 – C-27/02, Slg. 2005, I-481 Rn. 48 – Engler/Janus Versand = NJW 2005, 811: Der „Begriff ,Vertrag oder Ansprüche aus einem Vertrag' [… wird] vom Gerichtshof nicht eng ausgelegt".

stand und dem Tatortgerichtsstand (Art. 5 Nr. 3 Brüssel I-VO/LugÜ II/Art. 7 Nr. 2 Brüssel Ia-VO) entstehen zu lassen.[63] Daher sind solche Streitigkeiten vertragsrechtlich zu qualifizieren, die auf einer von einer Person gegenüber einer anderen Person **„freiwillig eingegangen Verpflichtung"** beruhen,[64] wobei es nicht notwendigerweise zu einem Vertragsschluss gekommen sein muss.[65] Auch vorvertragliche Ansprüche können daher uU vom Vertragsgerichtsstand erfasst werden.[66] Der Gerichtsstand des Erfüllungsorts ist ferner eröffnet, wenn darüber gestritten wird, ob ein **Vertrag gegen eine Kartellverbotsnorm verstößt** und daher nichtig ist[67] oder die Sonderverbindung zB durch eine wirksame **Kündigung** beendet wurde.[68] Auch bereicherungsrechtliche Rückabwicklungsansprüche, die aus nichtigen Verträgen resultieren, sollten als vertragliche Streitigkeiten eingeordnet werden, da solche Ansprüche eine enge Verbindung mit dem Erfüllungsort aufweisen.[69]

Der geltend gemachte Anspruch muss seine Grundlage in dem Vertrag haben, an dessen Erfüllungsort die Klage erhoben wird.[70] Der Erfüllungsortsgerichtsstand steht allerdings auch dem **Zessionar** offen. Art. 5 Nr. 1 Brüssel I-VO/LugÜ II/Art. 7 Nr. 1 Brüssel Ia-VO gilt daher sowohl für Klagen der ursprünglichen Vertragspartei, als auch für Klagen, die von ihren Rechtsnachfolgern erhoben werden.[71] **26**

Das **Kriterium der Freiwilligkeit** der eingegangenen Pflicht ist allerdings nur im Ausgangspunkt gut geeignet, vertragliche und deliktische Streitigkeiten voneinander abzugrenzen, da es nicht in allen Fällen das Kernelement der vertraglichen Bindung zu umschreiben vermag.[72] Ein Vertrag zeichnet sich nämlich in erster Linie dadurch aus, dass eine Partei eine Pflicht übernimmt, die ansonsten nicht besteht; er schafft also eine Sonderverbindung zwischen den Parteien.[73] Einschränkend formuliert der EuGH daher mittlerweile, dass eine vertragliche Haftung nur dann angenommen werden könne, wenn das vorgeworfene Verhalten als Verstoß gegen die aus dem Vertragsverhältnis resultierenden Pflichten eingestuft werden kann.[74] Streitigkeiten in Zusammenhang mit einer Verletzung präexistierender Pflichten allgemeiner Natur sind hingegen deliktisch zu qualifizieren.[75] Vor diesem Hintergrund wird vertreten, dass sämtliche Ansprüche in **27**

---

[63] *Kropholler/v. Hein* EuGVO Art. 5 Rn. 6.
[64] EuGH Urt. v. 17.6.1992 – C-26/91, Slg. 1992, I-3967 Rn. 15 – Handte/TMCS = BeckRS 2004, 75771; EuGH Urt. v. 27.10.1998 – C-51/97, Slg. 1998, I-6511 Rn. 17 – Réunion européenne/Spliethoff's Bevrachtingskantoor = BeckRS 2004, 77522; EuGH Urt. v. 5.2.2004 – C-265/02, Slg. 2004, I-1543 Rn. 24 – Frahuil/Assitalia = EuZW 2004, 351; EuGH Urt. v. 20.1.2005 – C-27/02, Slg. 2005, I-481 Rn. 50 – Engler/Janus Versand = NJW 2005, 811.
[65] EuGH Urt. v. 17.9.2002 – C-334/00, Slg. 2002, I-7357 Rn. 22 – Tacconi/HWS = NJW 2002, 3159; EuGH Urt. v. 20.1.2005 – C-27/02, Slg. 2005, I-481 Rn. 45 – Engler/Janus Versand = NJW 2005, 811 (zum EuGVÜ bezogen auf Gewinnzusagen).
[66] EuGH Urt. v. 14.5.2009 – C-180/06, Slg. 2009, I-3961 Rn. 57 – Ilsinger/Dreschers = EuZW 2009, 489 (Gewinnzusage). Unter welchen Umständen Ansprüche aus culpa in contrahendo dem Erfüllungsortsgerichtsstand unterfallen, ist streitig. Eingehend dazu Rauscher/*Leible* Brüssel Ia-VO Art. 7 Rn. 30.
[67] *Danov* Jurisdiction and Judgments 29 f.
[68] Rauscher/*Leible* Brüssel Ia-VO Art. 7 Rn. 37.
[69] OLG Naumburg Urt. v. 12.12.1996 – 9 U 106/06, BeckRS 2007, 03119 (unter II.); Magnus/Mankowski/*Mankowski* Brussels Ibis Regulation Art. 7 Rn. 60; Rauscher/*Leible* Brüssel Ia-VO Art. 7 Rn. 34; iE auch *Kropholler/v. Hein* EuGVO Art. 5 Rn. 15, die aber Zweifel daran hegen, ob der EuGH diese Lösung übernehmen würde. Aa Kleinwort Benson v. Glasgow City Council [1999] 1 AC 153, 167 ff. (HL); MüKoZPO/*Gottwald* EuGVVO Art. 5 Rn. 11.
[70] EuGH Urt. v. 20.1.2005, C-27/02, Slg. 2005, I-481 Rn. 57 – Engler/Janus Versand (zum EuGVÜ) = NJW 2005, 811.
[71] BGH Urt. v. 22.4.2009 – VIII ZR 156/07, NJW 2009, 2606 Rn. 14 (zur Brüssel I-VO); *Kropholler/v. Hein* EuGVO Art. 5 Rn. 9.
[72] *Martiny* FS Geimer 2002, 641 (649 f.) („Die Betonung der Freiwilligkeit ist irreführend."); *Stadler* FS Musielak 2004, 569 (580) (Kriterium der Freiwilligkeit als Vertragsdefinition „zu ungenau").
[73] *Magnus* FS Kühne 2009, 779 (785) (bezogen auf das Kollisionsrecht); ähnlich *Stadler* FS Musielak 2004, 569 (579).
[74] EuGH Urt. v. 13.3.2014 – C-548/12, ECLI:EU:C:2014:148 Rn. 24 – Brogsitter/Fabrication de Montres Normandes = NJW 2014, 1648.
[75] *Magnus* FS Kühne 2009, 779 (785) (bezogen auf das Kollisionsrecht).

Zusammenhang mit einem **Kontrahierungszwang** am Vertragsgerichtsstand geltend gemacht werden können.[76] Für Streitigkeiten auf Grundlage eines Vertrages, der aufgrund eines Kontrahierungszwangs abgeschlossen wurde, ist dies gut begründbar, da solche Ansprüche ganz eindeutig aus einer Sonderverbindung herrühren. Dass die durch den Kontrahierungszwang verpflichtete Partei den Vertrag nicht freiwillig eingegangen ist, vermag daran nichts zu ändern.[77] Darüber hinaus wird im Schrifttum sogar vertreten, dass auch Ansprüche auf Abschluss eines Vertrages durch richterlichen Spruch Art. 5 Nr. 1 Brüssel I-VO/LugÜ II/Art. 7 Nr. 1 Brüssel Ia-VO unterfielen, da das Wesen eines solchen Anspruchs ebenfalls auf eine vertragliche Bindung gerichtet sei.[78] Ob der EuGH dieser Ansicht folgen wird, ist allerdings nicht ausgemacht, da in diesen Fällen noch keine Sonderverbindung existiert, die den Grund der Klage bildet.[79] Auch die deutsche Rechtsprechung tendiert vor dem Hintergrund der Auslegung von § 32 ZPO dazu, Klagen gegen marktbeherrschende Unternehmen auf Abschluss eines Vertrages deliktisch zu qualifizieren. So hat das LG Leipzig seine Zuständigkeit bei einer Klage auf Erteilung einer **Zwangslizenz** (Abschluss eines Lizenzvertrages) wegen eines behaupteten Verstoßes gegen Art. 102 AEUV, §§ 19, 20 GWB auf den Deliktsgerichtsstand gestützt[80] und angedeutet, dass dieser Gerichtsstand auch für Klagen aufgrund kartellrechtswidriger **Diskriminierungen** einschlägig sei.[81]

28 **c) Erfüllungsort und maßgebliche Obligation.** Vertragliche Streitigkeiten können gem. Art. 5 Nr. 1 Brüssel I-VO/LugÜ II/Art. 7 Nr. 1 Brüssel Ia-VO am Gericht des Orts anhängig gemacht werden, an dem die Verpflichtung zu erfüllen ist. Die Bestimmung des Erfüllungsorts wirft im Kern zwei Fragen auf: Zum einen ist zu klären, ob der Erfüllungsort anhand autonomer zivilprozessualer Kriterien oder auf Grundlage des anwendbaren Rechts lokalisiert werden soll. Zum anderen ist zu entscheiden, welche Leistung maßgeblich sein soll: die Leistung, die dem Vertrag sein charakteristisches Gepräge gibt, oder die Leistung, die im Prozess eingeklagt wird.[82]

29 Unter Geltung des **EuGVÜ** hat der EuGH in Bezug auf die erste Frage geurteilt, dass sich der Erfüllungsort nicht nach verfahrensrechtlich autonomen Kriterien bestimme, sondern nach der lex causae, also den Rechtsregeln derjenigen Rechtsordnung, die nach dem IPR des Forums auf den Vertrag Anwendung findet[83] (sog „*Tessili*-Regel"). Die zweite Frage beantwortete der Gerichtshof dahingehend, dass nicht die charakteristische Leistung eines Vertrages für die Bestimmung des Erfüllungsorts maßgeblich sei, sondern diejenige Verpflichtung, „die dem vertraglichen Anspruch entspricht, auf den der Kläger seine Klage stützt"[84] (sog „*De Bloos*-Rechtsprechung"). Diese Grundregeln führen aus prozessualer Sicht zu einer Reihe von Ungereimtheiten. So kann das Abstellen auf die konkrete Verpflichtung zu sachfernen Gerichtsständen führen. Ordnet etwa das anwendbare Recht eine Geldschuld als Bringschuld ein, wie es etwa beim UN-Kaufrecht der Fall ist (Art. 57 Abs. 1 lit. a CiSG), wird dem Verkäufer ein Klägergerichtsstand eingeräumt.[85]

---

[76] Hierfür Magnus/Mankowski/*Mankowski* Brussels Ibis Regulation Art. 7 Rn. 58; *Magnus* FS Kühne 2009, 779 (785) (Letzterer bezogen auf das Kollisionsrecht).

[77] Für eine vertragliche Einordnung solcher Ansprüche daher neben den in Fn. 76 genannten Autoren auch *Martiny* FS Geimer 2002, 641 (657); Rauscher/*Leible* Brüssel Ia-VO Art. 7 Rn. 32.

[78] *Magnus* FS Kühne 2009, 779 (785) (bezogen auf das Kollisionsrecht).

[79] Gegen eine vertragliche Einordnung solcher Ansprüche daher Rauscher/*Leible* Brüssel Ia-VO Art. 7 Rn. 32.

[80] LG Leipzig Urt. v. 27.5.2008 – SO 757/06, IPRspr 2008 Nr. 96 (unter II. 1) unter Verweis auf KG Beschl. v. 17.3.2000 – 28 AR 168/99, KGR Berlin 2000, 181 zu § 32 ZPO (Anspruch aus nunmehr §§ 19 Abs. 2 Nr. 4, 33 GWB auf Zugang zu einer wesentlichen Einrichtung ist deliktischer Natur).

[81] LG Leipzig Urt. v. 27.5.2008 – SO 757/06, IPRspr 2008 Nr. 69 (unter II. 2.2).

[82] *Kropholler/v. Hein* EuGVO Art. 5 Rn. 21 (zum Ganzen).

[83] EuGH Urt. v. 6.10.1976 – 12/76, Slg. 1976, 1473 Rn. 13 – Tessili/Dunlop = BeckRS 2004, 71363.

[84] EuGH Urt. v. 6.10.1976 – 14/76, Slg. 1976, 1497 Rn. 13/14 – De Bloos/Bouyer = BeckRS 2004, 71612.

[85] *Brinkmann* IPRax 2009, 487 (491); *Kropholler/v. Hein* EuGVO Art. 5 Rn. 23.

Bei der Überführung des EuGVÜ in die **Brüssel I-VO** hat der europäische Gesetzgeber 30
diese Kritik zum Teil berücksichtigt und zumindest für die in der Praxis besonders wichtigen Kauf- und Dienstleistungsverträge die *Tessili*-Regel und die *De Bloos*-Rechtsprechung
aufgegeben. Seither ist der Erfüllungsort bei diesen beiden Vertragstypen anhand verfahrensrechtlich autonomer Kriterien zu ermitteln.[86] Ferner kommt es nicht mehr auf den
Erfüllungsort der konkret streitgegenständlichen Verpflichtung an, sondern auf den rechtlichen bzw. faktischen Ort der Warenlieferung bzw. der Dienstleistungserbringung, sofern
dieser in einem Brüssel/LugÜ II-Staat belegen ist (Art. 5 Nr. 1 lit. b Brüssel I-VO/LugÜ
II). Ist diese Sonderregel nicht einschlägig, gilt die Rechtsprechung des EuGH zum EuGVÜ fort (Art. 5 Nr. 1 lit. a, lit. c Brüssel I-VO/LugÜ II).[87] Diese Zweiteilung wurde bei
der Verabschiedung der **Brüssel Ia-VO** unverändert beibehalten (Art. 7 Nr. 1 lit. a bzw.
b Brüssel Ia-VO).

aa) Allgemeiner Grundsatz (lit. a). Der allgemeine Grundsatz der Bestimmung des Erfüllungs- 31
orts ergibt sich aus Art. 5 Nr. 1 lit. a Brüssel I-VO/LugÜ II/Art. 7 Nr. 1 lit. a Brüssel Ia-VO.
Diese Regel ist einschlägig, sofern die Voraussetzungen der spezielleren Vorschrift für Kauf-
und Dienstleitungsverträge (lit. b) nicht greifen.[88] Der allgemeine Grundsatz gilt für klassische
Technologietransfer-Vereinbarungen, etwa Patentlizenzvereinbarungen, Know-how-Vereinbarungen, Softwarelizenzen[89] sowie für sonstige Lizenzverträge, mit denen eine Partei der anderen die Nutzung eines geistigen Eigentumsrechts gestattet.[90]

Maßgeblich für die Bestimmung der internationalen Zuständigkeit gem. Art. 5 Nr. 1 32
lit. a Brüssel I-VO/LugÜ II/Art. 7 Nr. 1 lit. a Brüssel Ia-VO ist der Erfüllungsort der
streitigen Verpflichtung.[91] Es kommt also auf diejenige Verpflichtung an, „die dem
vertraglichen Anspruch entspricht, auf den der Kläger seine Klage stützt".[92] Dies ist die
primäre Leistungspflicht (zB Sachleistung oder Geldzahlung), deren Nichterfüllung geltend gemacht wird.[93]

Sind aus einem Vertrag mehrere Leistungen geschuldet, so ist auf die **Hauptleistungs-** 33
pflicht abzustellen.[94] Enthält der Vertrag mehrere gleichrangige Hauptleistungspflichten,
so ist ein Gericht nur für solche Streitigkeiten international zuständig, die eine Pflicht
betreffen, die in seinem Sprengel zu erfüllen ist.[95] Der Erfüllungsort ist also für jede
gleichrangige Hauptleistungspflicht gesondert festzustellen. Will der Kläger nicht an unterschiedlichen Erfüllungsorten gegen den Beklagten vorgehen, kann er seine gesamten
Ansprüche am Sitz des Beklagten einklagen (Art. 2 Abs. 1 Brüssel I-VO/LugÜ II/Art. 4
Abs. 1 Brüssel Ia-VO).[96]

---

[86] EuGH Urt. v. 3.5.2007 – C-386/05, Slg. 2007, I-3699 Rn. 24 – Color Drack/Lexx International Vertriebs GmbH = NJW 2007, 1799; EuGH Urt. v. 9.7.2009 – C-204/08, Slg. 2009, I-6073 Rn. 33, 36 – Rehder/Air Baltic = NJW 2009, 2801; EuGH Urt. v. 25.2.2010 – C-381/08, Slg. 2010, I-1255 Rn. 49, 53 – Car Trim/KeySafety Systems = NJW 2010, 1059.
[87] EuGH Urt. v. 23.4.2009 – C-533/07, Slg. 2009, I-3327 Rn. 55 – Falco Privatstiftung/Weller-Lindhorst = NJW 2009, 1865; dazu *Brinkmann* IPRax 2009, 487 (491 f.); *Mankowski* JZ 2009, 958 (960 f.); *McGuire* Yb PIL 2009, 453 (463 ff.).
[88] *Kropholler/v. Hein* EuGVO Art. 5 Rn. 28; *Rauscher/Leible* Brüssel Ia-VO Art. 7 Rn. 41.
[89] *Danov* Jurisdiction and Judgments 38.
[90] EuGH Urt. v. 23.4.2009 – C-533/07, Slg. 2009, I-3327 Rn. 31 – Falco Privatstiftung/Weller-Lindhorst = NJW 2009, 1865.
[91] EuGH Urt. v. 23.4.2009 – C-533/07, Slg. 2009, I-3327 Rn. 46 ff. – Falco Privatstiftung/Weller-Lindhorst = NJW 2009, 1865.
[92] EuGH Urt. v. 6.10.1976 – 14/76, Slg. 1976, 1497 Rn. 13/14 – De Bloos/Bouyer = BeckRS 2004, 71612 (zum EuGVÜ).
[93] BGH Urt. v. 11.12.1996 – VIII ZR 154/95, BGHZ 134, 201 (205) = NJW 1997, 870 (zum EuGVÜ); *Rauscher/Leible* Brüssel Ia-VO Art. 7 Rn. 45.
[94] EuGH Urt. v. 15.1.1987 – 266/85 Slg. 1987, 239 Rn. 11 – Shenavai/Kreischer = NJW 1987, 1131 (zum EuGVÜ); *Kropholler/v. Hein* EuGVO Art. 5 Rn. 32.
[95] EuGH Urt. v. 5.10.1999 – C-420/97, Slg. 1999, I-6747 Rn. 42 – Leathertex/Bodetex = NJW 2000, 721 (zum EuGVÜ); *Kropholler/v. Hein* EuGVO Art. 5 Rn. 32.
[96] EuGH Urt. v. 5.10.1999 – C-420/97, Slg. 1999, I-6747 Rn. 41 – Leathertex/Bodetex = NJW 2000, 721 (zum EuGVÜ); *Rauscher/Leible* Brüssel Ia-VO Art. 7 Rn. 47.

34 Ist die maßgebliche Pflicht ermittelt, muss ihr **Erfüllungsort auf Grundlage der lex causae** bestimmt werden.[97] Bereits im Rahmen der Zuständigkeitsprüfung muss ein Richter somit anhand der einschlägigen Bestimmungen des Internationalen Privatrechts das auf den Vertrag anwendbare Recht ermitteln (zB anhand der Rom I-VO) und auf Grundlage dieses Rechts den Erfüllungsort der maßgeblichen Verpflichtung lokalisieren. Richtet sich ein Vertrag nach **Einheitsrecht,** sind diesbezüglich die einheitsrechtlichen Regeln maßgeblich.[98] Haben die Parteien nach den Regeln des anwendbaren Rechts eine wirksame Erfüllungsortvereinbarung getroffen, so ist der parteiautonom vereinbarte Erfüllungsort für die Bestimmung der internationalen Zuständigkeit maßgeblich.[99] Den Formerfordernissen, die für Gerichtsstandsklauseln gelten (Art. 23 Brüssel I-VO/LugÜ II/ Art. 25 Brüssel Ia-VO), müssen solche Vereinbarungen nicht genügen.[100]

35 **bb) Kauf- und Dienstleistungsverträge (lit. b).** Art. 5 Nr. 1 lit. b Brüssel I-VO/LugÜ II/Art. 7 Nr. 1 lit. b Brüssel Ia-VO normiert für Kaufverträge über Waren und Dienstleistungsverträge eine Sonderregel zur Bestimmung der Erfüllungsortszuständigkeit. Sie ist anwendbar, wenn der Liefer- bzw. Dienstleistungsort in einem Brüssel/LugÜ II-Staat belegen ist.[101]

36 **Kaufverträge** lassen sich auch im Unionsrecht als Austauschverträge definieren, die eine Seite zur Übergabe und Übereignung einer beweglichen Sache verpflichten und die andere Seite zur Zahlung des vereinbarten Kaufpreises.[102] Die Sonderregel erfasst alle Varianten von Kaufverträgen,[103] auch Verträge über die Lieferung herzustellender oder zu erzeugender Gegenstände, die nach bestimmten Weisungen des Auftraggebers zu fertigen sind.[104]

37 Unter **Dienstleistungsverträgen,** die ebenfalls europäisch-autonom auszulegen sind,[105] insbes. mit Blick auf Art. 4 Abs. 1 lit. b Rom I-VO,[106] versteht der EuGH Absprachen, bei denen der Dienstleistungserbringer „eine bestimmte Tätigkeit gegen Entgelt durchführt."[107] Unentgeltliche Tätigkeiten können daher genauso wenig als Dienstleistungsvertrag charakterisiert werden,[108] wie Vereinbarungen, die keine tatsächliche Leistungserbringung vorsehen, wie es bei Lizenzverträgen der Fall ist.[109] Für diese Verträge greift lit. a. Ein gemischter Vertrag kann als Kauf- bzw. Dienstleistungsvertrag charakterisiert werden, sofern die Kauf- bzw. die Dienstleistungselemente überwiegen.[110] Typische Dienstleistungsverträge sind Verträge über die Erstellung eines Werks, Transportverträge (soweit sie nicht vorrangigen internationalen Übereinkommen unterliegen), Geschäftsbe-

---

[97] EuGH Urt. v. 23.4.2009 – C-533/07, Slg. 2009, I-3327 Rn. 47 ff. – Falco Privatstiftung/Weller-Lindhorst = NJW 2009, 1865; siehe zum EuGVÜ auch EuGH Urt. v. 6.10.1976 – 12/76, Slg. 1976, 1473 Rn. 13 – Tessili/Dunlop = BeckRS 2004, 71363; EuGH Urt. v. 29.6.1994 – C-288/92, Slg. 1994, I-2913 Rn. 26 – Custom Made Commercial/Stawa Metallbau = NJW 1995, 183; EuGH Urt. v. 5.10.1999 – C-420/97, Slg. 1999, I-6747 Rn. 33 – Leathertex/Bodetex = NJW 2000, 721.
[98] EuGH Urt. v. 29.6.1994 – C-288/92, Slg. 1994, I-2913 Rn. 26 f. – Custom Made Commercial Ltd/ Stawa Metallbau GmbH = NJW 1995, 183 (zum EuGVÜ).
[99] Dies ergibt sich aus dem Zusatz des Art. 5 Nr. 1 lit. b Brüssel I-VO/LugÜ II/Art. 7 Nr. 1 lit. b Brüssel Ia-VO („sofern nichts anderes vereinbart worden ist"), der auch für lit. a Geltung beansprucht, siehe BGH Urt. v. 22.4.2009 – VIII ZR 156/07, NJW 2009, 2606 Rn. 23.
[100] EuGH Urt. v. 17.1.1980 – 56/79, Slg. 1980, 89 Rn. 4–6 – Zelger/Salinitri = GRUR Int. 1980, 228 (zu den Vorgängernormen des EuGVÜ); *Kropholler/v. Hein* EuGVO Art. 5 Rn. 35.
[101] *Kropholler/v. Hein* EuGVO Art. 5 Rn. 37.
[102] Stein/Jonas/*Wagner* EuGVVO Art. 5 Rn. 52.
[103] *Kropholler/v. Hein* EuGVO Art. 5 Rn. 39 f.
[104] OLG Hamm Urt. v. 9.9.2011 – 19 U 88/11, ZfBR 2012, 222 Rn. 26 = BeckRS 2012, 01173.
[105] BGH Urt. v. 2.3.2006 – IX ZR 15/05, NJW 2006, 1806 Rn. 12.
[106] *Mankowski* JZ 2009, 958 (959); *Kropholler/v. Hein* EuGVO Art. 5 Rn. 43; siehe auch *McGuire* GPR 2010, 97 (102).
[107] EuGH Urt. v. 23.4.2009 – C-533/07, Slg. 2009, I-3327 Rn. 29 – Falco Privatstiftung/Weller-Lindhorst = NJW 2009, 1865.
[108] *Kropholler/v. Hein* EuGVO Art. 5 Rn. 43.
[109] EuGH Urt. v. 23.4.2009 – C-533/07, Slg. 2009, I-3327 Rn. 31 – Falco Privatstiftung/Weller-Lindhorst = NJW 2009, 1865.
[110] OGH Urt. v. 20.2.2006 – 2 Ob 211/04z, Europ. Legal Forum 2006, I-31; Stein/Jonas/*Wagner* EuGVVO Art. 5 Rn. 52, 56; ähnlich Geimer/Schütze/*Geimer* EuGVVO Art. 5 Rn. 91.

sorgungsverträge oder Verträge mit Freiberuflern über die Erbringung bestimmter Dienste.[111] Die Einordnung von Vertriebsvereinbarungen, mit denen etwa ein Hersteller einen Weiterverkäufer mit dem Alleinvertrieb seiner Güter zur Erschließung eines neuen Marktes beauftragt, ist streitig. Vor dem Hintergrund, dass solche Vereinbarungen im Regelfall auf die Förderung des Absatzes ausgelegt sind und kollisionsrechtlich als Unterfälle des Dienstvertrags eingestuft werden (Erwägungsgrund 17 Rom I-VO), sollten sie im Wege der rechtsaktübergreifenden Auslegung auch zuständigkeitsrechtlich im Regelfall als Dienstleistungsverträge angesehen werden, deren Erfüllungsort gem. Art. 5 Nr. 1 lit. b Brüssel I-VO/LugÜ II zu bestimmen ist.[112]

Der **Erfüllungsort** für Verträge, die von Art. 5 Nr. 1 lit. b Brüssel I-VO/LugÜ II/ Art. 7 Nr. 1 lit. b Brüssel Ia-VO erfasst sind, ist **verfahrensrechtlich autonom** zu bestimmen.[113] Bei Kaufverträgen ist der Erfüllungsort der Verpflichtung dort zu lokalisieren, wohin die Kaufsachen nach dem Vertrag tatsächlich geliefert worden sind oder sie – für den Fall, dass der Vertrag noch nicht erfüllt wurde – hätten geliefert werden müssen, sofern dieser Ort in einem Brüssel/LugÜ II-Staat belegen ist und die Parteien nichts anderes vereinbart haben (1. Spiegelstr.).[114] Bei Dienstleistungsverträgen ist entsprechend derjenige Ort in einem Brüssel I-VO/LugÜ II-Staat maßgeblich, an dem die geschuldeten Leistungen „nach dem Vertrag erbracht worden sind oder hätten erbracht werden müssen", sofern nichts anderes vereinbart worden ist (2. Spiegelstr). Wirksame **Erfüllungsortvereinbarungen** zwischen den Parteien sind bei der Bestimmung der internationalen Zuständigkeit somit zu berücksichtigen.[115] Fehlt es an einer solchen Vereinbarung, ist der Erfüllungsort auf Grundlage des rechtlichen bzw. tatsächlichen Liefer- bzw. Erbringungsorts zu bestimmen und zwar unabhängig davon, welche Pflichtverletzung der Kläger geltend macht.[116] Diese Regeln gelten für sämtliche Klagearten und Rechtsschutzformen.[117] **Kaufverträge** werden dort erfüllt, wohin die Ware nach dem Vertrag geliefert wurde oder hätte geliefert werden müssen. In der Praxis kommt dabei den von den Parteien gewählten Incoterms besondere Bedeutung zu, die den Erfüllungsort festlegen. Liefert der Verkäufer „FOB", ist der Verschiffungshafen der relevante Erfüllungsort, bei „ex works" ist der Sitz des Verkäufers maßgeblich.[118] **Vertriebsverträge** mit lokalen Händlern über den Vertrieb von Waren in ihrem Sitzstaat werden typischerweise am Sitz des Händlers erfüllt.[119] Beispiel: Ein deutscher Produzent schließt mit einem Händler in Brüssel einen Alleinvertriebsvertrag über bestimmte Produkte ab, die der Händler in Belgien zu be-

---

[111] Eingehend zu Verträgen, die von lit. b erfasst sind *Kropholler/v. Hein* EuGVO Art. 5 Rn. 44; siehe auch *Mankowski* JZ 2009, 958 (959).
[112] Der OGH hat den Dienstleistungscharakter eines Vertragshändlervertrags im Grundsatz bejaht, siehe OGH Urt. v. 20.2.2006 – 2 Ob 211/04z, Europ. Legal Forum 2006, I-31 f. (im konkreten Fall wurde die Einstufung als Dienstleistungsvertrag jedoch verneint, da der Vertrag atypisch ausgestaltet war); wie hier auch Geimer/Schütze/*Geimer* EuGVVO Art. 5 Rn. 91; *Danov* Jurisdiction and Judgments 42 f.; *Kropholler/v. Hein* EuGVO Art. 5 Rn. 44; *Wurmnest* IHR 2005, 107 (113). Für die Anwendung von lit. a hingegen Cour Cass Urt. v. 9.7.2008-09-17295, Revue critique de droit international privé 2008, 863 mAnm *Sindes* (mwN der französischen Rechtsprechung); *Briggs/Rees* Civil Jurisdiction and Judgements Rn. 2.162. Die italienische Corte di cassazione (Beschl. v. 1.7.2004, IHR 2005, 115) hat dagegen einen Rahmenvertriebsvertrag als Kaufvertrag eingestuft.
[113] EuGH Urt. v. 25.2.2010 – C-381/08, Slg. 2010, I-1255 Rn. 49 f. – Car Trim/KeySafety Systems = NJW 2010, 1059 Rn. 49; EuGH Urt. v. 11.3.2010 – C-19/09, Slg. 2010, I-2121 Rn. 23 – Wood Floor Solutions/Silva Trade = EuZW 2010, 378.
[114] Der Kläger hat nach hM kein Wahlrecht zwischen dem tatsächlichen und dem rechtlichen Erfüllungsort, siehe *Kropholler/v. Hein* EuGVO Art. 5 Rn. 47; Rauscher/*Leible* Brüssel Ia-VO Art. 7 Rn. 51; aA Geimer/Schütze/*Geimer* EuGVVO Art. 5 Rn. 142 f.
[115] EuGH Urt. v. 25.2.2010 – C-381/08, Slg. 2010, I-1255 Rn. 46 – Car Trim/KeySafety Systems = NJW 2010, 1059; EuGH Urt. v. 11.3.2010 – C-19/09, Slg. 2010, I-2121 Rn. 38 ff. – Wood Floor Solutions/Silva Trade = EuZW 2010, 378.
[116] OGH Beschl. v. 2.9.2003 – 1 Ob 123/03z, IPRax 2004, 349 (350); *Kropholler/v. Hein* EuGVO Art. 5 Rn. 45.
[117] BGH Urt. v. 23.6.2010 – VIII ZR 135/08, BGHZ 186, 81 Rn. 19 = NJW 2010, 3452.
[118] *Kropholler/v. Hein* EuGVO Art. 5 Rn. 48.
[119] Ähnlich *Kropholler/v. Hein* EuGVO Art. 5 Rn. 44.

§ 31

stimmten kartellrechtswidrigen Konditionen vertreiben soll. In diesem Fall sind belgische Gerichte international zuständig, um eine Nichtigkeit des Vertrags nach Art. 101 Abs. 1 AEUV festzustellen.[120]

39   Art. 5 Nr. 1 lit. b Brüssel I-VO/LugÜ II/Art. 7 Nr. 1 lit. b Brüssel Ia-VO erfasst nach der Rechtsprechung des EuGH auch Fälle, in denen **eine Leistung an mehreren Orten in einem Mitgliedstaat** zu erbringen ist.[121] In einem solchen Fall ist auf den Hauptleistungsort abzustellen, der auf Grundlage wirtschaftlicher Kriterien zu ermitteln ist.[122] Da Art. 5 Nr. 1 lit. b Brüssel I-VO/LugÜ II/Art. 7 Nr. 1 lit. b Brüssel Ia-VO auch die örtliche Zuständigkeit bestimmt,[123] kann der Kläger dann am Ort der Hauptlieferung bzw. Hauptdienstleistung Klage erheben. Die gleichen Grundsätze gelten nach der Rechtsprechung auch, wenn eine Leistung in **verschiedenen Mitgliedstaaten** zu erbringen ist.[124] Zuständig ist dann das Gericht am Hauptleistungsort.[125] Ein Händler mit Sitz in Paris, der im Alleinvertrieb Waren in Frankreich und Luxemburg vertreibt und in Luxemburg nur sehr wenige Waren absetzt, kann daher an seinem Geschäftssitz die Kartellrechtswidrigkeit der Vereinbarung feststellen lassen.[126] Noch nicht vom EuGH entschieden ist die Frage, wie die Erbringung von gleichwertigen Leistungen an unterschiedlichen Teilleistungsorten zu behandeln ist. Richtigerweise wird man die Kognitionsbefugnis der Gerichte auf denjenigen Teil der Leistung beschränken müssen, der im Gerichtsbezirk erbracht wurde oder hätte erbracht werden sollen.[127]

40   **cc) Verweisungsregel (lit. c).** Die in Art. 5 Nr. 1 lit. c Brüssel I-VO/LugÜ II/Art. 7 Nr. 1 lit. c Brüssel Ia-VO normierte Verweisungsregel macht deutlich, dass sich die internationale Zuständigkeit für alle Verträge, für die die Sonderregel der lit. b nicht greift, auf Grundlage von Art. 5 Nr. 1 lit. a Brüssel I-VO/LugÜ II/Art. 7 Nr. 1 lit. a Brüssel Ia-VO bestimmt. Lit. a gilt daher nicht nur für Verträge, die keine Kauf- oder Dienstleistungsverträge sind, sondern etwa auch für Kauf- und Dienstleistungsverträge, deren Erfüllungsort in einem Drittstaat belegen ist.[128]

41   **d) Annexzuständigkeit für deliktische Ansprüche.** Oftmals kann der Kläger aus Vertrag oder aus Delikt gegen den Beklagten vorgehen. Es stellt sich dann die Frage, ob die Gerichte am Erfüllungsort eine Annexzuständigkeit für Klagen besitzen, die auf außervertragliche Ansprüche gestützt werden. Bezogen auf die Erhebung vertraglicher Ansprüche am Tatortgerichtsstand (→ Rn. 42 ff.) hat der EuGH eine solche Annexzuständigkeit verneint, da die besonderen Zuständigkeiten zum Schutz des Beklagten eng auszulegen seien.[129] Es liegt daher nahe, dass der EuGH für den umgekehrten Fall einer Annexzuständigkeit für deliktische Klagen am Erfüllungsortsgerichtsstand ähnlich entscheiden wird,[130] wenngleich sich gewichtige Gründe für die Bejahung einer solchen Annexzuständigkeit

---

[120] Beispiel in Anlehnung an *Danov* Jurisdiction and Judgments 43.
[121] EuGH Urt. v. 3. 5. 2007 – C-386/05, Slg. 2007, I-3699 Rn. 31 – Color Drack/Lexx International Vertriebs GmbH = NJW 2007, 1799.
[122] EuGH Urt. v. 3. 5. 2007 – C-386/05, Slg. 2007, I-3699 Rn. 40 – Color Drack/Lexx International Vertriebs GmbH = NJW 2007, 1799.
[123] EuGH Urt. v. 3. 5. 2007 – C-386/05, Slg. 2007, I-3699 Rn. 30 – Color Drack/Lexx International Vertriebs GmbH = NJW 2007, 1799.
[124] EuGH Urt. v. 9. 7. 2009 – C-204/08, Slg. 2009, I-6073 Rn. 36 – Rehder/Air Baltic = NJW 2009, 2801; EuGH Urt. v. 11. 3. 2010 – C-19/09, Slg. 2010, I-2121 Rn. 25 – Wood Floor Solutions/Silva Trade = EuZW 2010, 378.
[125] EuGH Urt. v. 9. 7. 2009 – C-204/08, Slg. 2009, I-6073 Rn. 38 – Rehder/Air Baltic = NJW 2009, 2801; *Kropholler/v. Hein* EuGVO Art. 5 Rn. 50.
[126] Beispiel in Anlehnung an *Danov* Jurisdiction and Judgments 43.
[127] So *Kropholler/v. Hein* EuGVO Art. 5 Rn. 50b (auch mit Nachw. der Gegenauffassungen).
[128] Zur Einordnung von Sachverhalten, bei denen es mehrere Erfüllungsorte gibt, von denen zumindest einer in einem EuGVO/LugÜ II-Staat belegen ist, siehe *Kropholler/v. Hein* EuGVO Art. 5 Rn. 53a.
[129] EuGH Urt. v. 27. 9. 1988 – 189/87, Slg. 1988, 5565 Rn. 19 – Kalfelis/Schröder = NJW 1988, 3088.
[130] So die Einschätzung von *Looschelders* IPRax 2006, 14 (16); gegen eine Annexzuständigkeit auch Magnus/Mankowski/*Mankowski* Brussels Ibis Regulation Art. 7 Rn. 35 mwN.

ins Feld führen lassen, etwa Gründe der Prozessökonomie und des effektiven Rechtsschutzes.[131] Daher sollte das Gericht des Erfüllungsorts ausnahmsweise auch über kartelldeliktische Schadensersatzansprüche entscheiden dürfen, sofern die **Kartellrechtswidrigkeit in engem Zusammenhang mit dem Vertrag** steht. Dies würde einem Kläger ermöglichen, eine Klage auf Feststellung der Nichtigkeit eines kartellrechtswidrigen Vertrags mit einer Schadensersatzklage wegen der Verletzung des Wettbewerbsrechts zu verbinden. Wird hingegen auf Erfüllung des vermeintlich kartellrechtswidrigen Vertrags am Gerichtsstand des Erfüllungsorts geklagt, so kann der Beklagte einen solchen Schadensersatzanspruch im Wege der **Widerklage** (Art. 6 Nr. 3 Brüssel I-VO/LugÜ II/Art. 8 Nr. 3 Brüssel Ia-VO) vor diesem Gericht geltend machen.[132]

3. Tatortgerichtsstand (Art. 5 Nr. 3 Brüssel I-VO/LugÜ II/Art. 7 Nr. 2 Brüssel Ia-VO)

a) Allgemeines/unerlaubte Handlung. Nach Art. 5 Nr. 3 Brüssel I-VO/LugÜ II/Art. 7 Nr. 2 Brüssel Ia-VO kann eine Person mit Wohnsitz (→ Rn. 19) in einem Brüssel/LugÜ-Staat wegen einer unerlaubten Handlung bzw. einer gleichgestellten Handlung in dem Staat verklagt werden, in dem „das schädigende Ereignis eingetreten ist oder einzutreten droht". Die **Auslegung** der Begriffe „unerlaubte Handlung" und „Handlung, die einer unerlaubten Handlung gleichgestellt ist", erfolgt nach europäisch-autonomen Maßstäben.[133] Nach der Rechtsprechung bezieht sich der Begriff der „unerlaubten Handlung" auf alle Klagen, „mit denen eine Schadenshaftung des Beklagten geltend gemacht wird und die nicht an einen Vertrag im Sinne von Art. 5 Nr. 1 [Brüssel I-VO/LugÜ II/Art. 7 Nr. 1 Brüssel Ia-VO] anknüpfen".[134] Die **Abgrenzung** zwischen vertraglichen und deliktischen Streitigkeiten sollte im Zuständigkeitsrecht auf Grundlage der gleichen Kriterien erfolgen, wie sie bei der Abgrenzung des jeweiligen sachlichen Anwendungsbereichs der Rom I- und der Rom II-VO zum Einsatz kommen, sofern nicht spezifisch prozessuale bzw. international-privatrechtliche Gründe für eine unterschiedliche Auslegung sprechen.[135] Eine solche Ausnahme besteht für das Einfordern bereicherungsrechtlicher Ansprüche, die zuständigkeitsrechtlich als vertragliche Streitigkeiten einzustufen sind,[136] international-privatrechtlich jedoch der Rom II-VO unterfallen. **Kartelldelikte** sind als unerlaubte Handlungen einzuordnen.[137]

42

Der Gerichtsstand des Tatorts ist einschlägig für Streitigkeiten auf **Geldersatz, Freistellung, Beseitigung und Unterlassung**,[138] sofern der geltend gemachte Anspruch nicht vertraglicher Natur ist. Mit anderen Worten sind solche haftungsrechtlichen Streitigkeiten dem Tatortgerichtsstand zuzuordnen, die keine vertraglichen Streitigkeiten iSv

43

---

[131] Eingehend dazu Rauscher/*Leible* Brüssel Ia-VO Art. 7 Rn. 101, der nicht ausschließen will, dass der EuGH eine Annexkompetenz für deliktische Ansprüche anerkennen wird. Hierfür auch Zöller/*Geimer* EuGVVO Art. 7 Rn. 34.
[132] *Danov* Jurisdiction and Judgments 35.
[133] EuGH Urt. v. 27.9.1988 – 189/87, Slg. 1988, 5565 Rn. 18 – Kalfelis/Schröder = NJW 1988, 3088; EuGH Urt. v. 17.9.2002 – C-334/00, Slg. 2002, I-7357 Rn. 19 – Tacconi/HWS = NJW 2002, 3159 (jeweils zum EuGVÜ); EuGH Urt. v. 16.7.2009 – C-189/08, Slg. 2009, I-6917 Rn. 22 – Zuid-Chemie/Philippo's Mineralenfabriek = NJW 2009, 3501 (allg. zur Brüssel I-VO); BGH Urt. v. 27.5.2008 – VI ZR 69/07, BGHZ 176, 342 Rn. 11 = NJW 2008, 2344 (zum LugÜ I).
[134] EuGH Urt. v. 27.9.1988 – 189/87 Slg. 1988, 5565 Rn. 18 – Kalfelis/Schröder = NJW 1988, 3088; in der Sache ebenso EuGH Urt. v. 26.3.1992 – C-261/90, Slg. 1992, I-2149 Rn. 16 – Reichert und Kockler/Dresdner Bank = EuZW 1992, 447; EuGH Urt. v. 1.10.2002 – C-167/00, Slg. 2002, I-8111 Rn. 36 – Henkel = NJW 2002, 3617; EuGH Urt. v. 20.1.2005 – C-27/02, Slg. 2005, I-481 Rn. 29 – Engler/Janus Versand = NJW 2005, 811 (jeweils zum EuGVÜ); Schnyder/*Acocella* LugÜ Art. 5 – Nr. 1–3 Rn. 208 (zum LugÜ II).
[135] Kropholler/v. *Hein* EuGVO Art. 5 Rn. 72.
[136] OGH Urt. v. 27.1.1998 – 7 Ob 375/97s, JBl 1998, 515 (516) (zum LugÜ I); Geimer/Schütze/*Geimer* EuGVVO Art. 5 Rn. 64 und 224; Magnus/Mankowski/*Mankowski* Brussels Ibis Regulation Art. 7 Rn. 61; Rauscher/*Leible* Brüssel I-VO Art. 5 Rn. 81.
[137] BGH Urt. v. 29.1.2013 – KZR 8/10, NZKart 2013, 202 (203) – Trägermaterial für Kartenformulare = GRUR-RR 2013, 228.
[138] Schnyder/*Acocella* LugÜ Art. 5 – Nr. 1–3 Rn. 222.

Art. 5 Nr. 1 Brüssel I-VO/LugÜ II/Art. 7 Nr. 1 Brüssel Ia-VO (→ Rn. 25 ff.) darstellen,[139] zB weil sie nicht auf einer freiwillig eingegangenen Verpflichtung beruhen.[140] Der Tatortgerichtsstand gilt auch für **vorbeugende Unterlassungsklagen,**[141] sofern konkrete Anhaltspunkte für die Gefahr eines Schadenseintritts vorliegen.[142] Ebenfalls am Tatortgerichtsstand erhoben werden können **Feststellungsklagen**[143], und zwar auch in Form einer **negativen Feststellungsklage,** wie der EuGH auf Vorlage des BGH[144] entschieden hat.[145] Die ältere Rechtsprechung einiger nationaler Gerichte, die die Anwendbarkeit von Art. 5 Nr. 3 Brüssel I-VO/LugÜ II auf negative Feststellungsklagen verneint hat,[146] ist damit hinfällig. Die Entscheidung des EuGH ist zu begrüßen, da eine negative Feststellungsklage, die auf Feststellung der Nichthaftung gerichtet ist, und eine Klage auf Schadensersatz wegen einer Rechtsverletzung den gleichen Streitgegenstand betreffen, da es in beiden Konstellationen um die Rechtmäßigkeit einer bestimmten Handlung geht.[147] Beide Klagearten sollten daher zuständigkeitsrechtlich gleich behandelt werden.[148]

44 Im Kontext von Kartellabsprachen unterfallen Ansprüche natürlicher oder juristischer Personen dem Tatortgerichtsstand, mit denen Schäden aus einer **wettbewerbsbeschränkenden Vereinbarung** eingefordert werden. Dies gilt unabhängig davon, ob die Kläger die Ware oder Dienstleistung direkt von den Kartellanten erworben haben *(direct purchasers)*[149] oder auf einer nachgelagerten Wirtschaftsstufe *(indirect purchasers)*.[150] Der Gerichtsstand ist ferner für Klagen eröffnet, mit denen festgestellt werden soll, dass bestimmte Verkaufspraktiken kartellrechtlich nicht zu beanstanden sind.[151]

45 Am Tatortgerichtsstand können ferner Klagen von Konkurrenten gegen **Behinderungsmissbräuche** von Unternehmen mit Marktmacht oder gegen kartellrechtswidrige **Liefersperren** anhängig gemacht werden.[152] Gleiches gilt nach der Rechtsprechung für Klagen auf Erteilung einer Zwangslizenz.[153] Ansprüche von Händlern gegen marktstarke bzw. marktbeherrschende Unternehmen auf Abschluss von Verträgen **(Kontrahierungs-**

---

[139] EuGH Urt. v. 27. 9. 1988 – 189/87, Slg. 1988, 5565 Rn. 18 – Kalfelis/Schröder = NJW 1988, 3088; EuGH Urt. v. 26. 3. 1992 – C-261/90, Slg. 1992, I-2149 Rn. 16 – Reichert und Kockler/Dresdner Bank = EuZW 1992, 447; EuGH Urt. v. 27. 10. 1998 – C-51/97, Slg. 1998, I-6511 Rn. 22 – Réunion européenne/Spliethoff's Bevrachtingskantoor = EuZW 1999, 59; EuGH Urt. v. 17. 9. 2002 – C-334/00, Slg. 2002, I-7357 Rn. 21 – Tacconi/HWS = NJW 2002, 3159.

[140] EuGH Urt. v. 26. 3. 1992 – C-261/90, Slg. 1992, I-2149 Rn. 16 – Reichert und Kockler/Dresdner Bank = EuZW 1992, 447; EuGH Urt. v. 27. 10. 1998 – C-51/97, Slg. 1998, I-6511 Rn. 17 – Réunion européenne/Spliethoff's Bevrachtingskantoor = EuZW 1999, 59; EuGH Urt. v. 17. 9. 2002 – C-334/00, Slg. 2002, I-7357 Rn. 23 – Tacconi/HWS = NJW 2002, 3159.

[141] *Danov* Jurisdiction and Judgments 89.

[142] *Kropholler/v. Hein* EuGVO Art. 5 Rn. 76.

[143] *Danov* Jurisdiction and Judgments 91; *Hess* Europäisches Zivilprozessrecht § 6 Rn. 66.

[144] BGH Beschl. v. 1. 2. 2011 – KZR 8/10, GRUR 2011, 554 – Trägermaterial für Kartenformulare mAnm *Sujecki* GRUR Int. 2012, 18 und *Weller* LMK 2011, 318709.

[145] EuGH Urt. v. 25. 12. 2012 – C-133/11, ECLI:EU:C:2012:66 Rn. 55 – Folien Fischer/Ritrama = NJW 2013, 287.

[146] Siehe insbes. Corte di cassazione Entsch. v. 19. 12. 2003 – Nr. 19550, GRUR Int. 2005, 264 ff.; weitere Nachw. bei *Sujecki* GRUR Int. 2012, 18 (19 f.).

[147] Dass die negative Feststellungsklage und Leistungsklage im europäischen Zivilprozessrecht den gleichen Streitgegenstand betreffen, wurde bejaht in EuGH Urt. v. 6. 12. 1994 – C-406/92, Slg. 1994, I-5439 Rn. 45 – Tatry/Maciej Rataj = EuZW 1995, 309.

[148] Für eine Anwendbarkeit von Art. 5 Nr. 3 Brüssel I-VO/LugÜ auf negative Feststellungsklagen daher auch *Wurmnest* GRUR Int. 2005, 265 (267 f.); *Heinze* Einstweiliger Rechtsschutz 215 f.; *Domej* IPRax 2008, 550 ff. (zum LugÜ I); *Hess* Europäisches Zivilprozessrecht § 6 Rn. 66; *Weller* LMK 2011, 318709.

[149] Provimi Ltd v Roche Products Ltd and other actions, [2003] 2 All ER (Comm) 863, 731; *Danov* Jurisdiction and Judgments 88 f.

[150] *Danov* Jurisdiction and Judgments 88; Basedow/Francq/Idot/*Francq/Wurmnest* International Antitrust Litigation 91 (97) (Letztere bezogen auf deliktische Ansprüche, die von der Rom II-VO erfasst werden).

[151] BGH Urt. v. 29. 1. 2013 – KZR 8/10, NZKart 2013, 202 (203) – Trägermaterial für Kartenformulare = GRUR-RR 2013, 228.

[152] OLG Hamburg Urt. v. 19. 4. 2007 – 1 Kart U 5/06, GRUR-RR 2008, 31 f. – Exklusivitätsklausel für Hotelbetten = BeckRS 2007, 14904.

[153] LG Leipzig Urt. v. 27. 5. 2008 – 5 O 757/06, IPRspr 2008 Nr. 96 (unter II. 1).

zwang) sollen dagegen nach verbreiteter Ansicht Art. 5 Nr. 1 Brüssel I-VO/LugÜ II (→ Rn. 27) unterfallen und nicht dem Tatortgerichtsstand. Ob der EuGH dem auch für den Fall folgen wird, dass es zwischen den Parteien bis dato keine vertragliche Verbindung gab, ist allerdings zweifelhaft.

b) Ubiquitätsgrundsatz, Beschränkung der Kognitionsbefugnis, örtliche Zuständigkeit. 46
Nach ständiger Rechtsprechung des EuGH umfasst der Ort des schädigenden Ereignisses sowohl den „Ort des ursächlichen Geschehens" (sog „Handlungs-" oder „Begehungsort") als auch den „Ort, an dem der Schaden entstanden ist" (sog „Erfolgsort").[154] Es gilt somit der **Ubiquitätsgrundsatz,** nach dem eine unerlaubte Handlung nicht nur am Handlungsort, sondern auch am Erfolgsort verwirklicht wird.[155] Liegen der Handlungs- und der Erfolgsort in unterschiedlichen Staaten („Distanzdelikt"), kann der Kläger auswählen, in welchem der beiden Staaten er seine Klage erhebt, da die Gerichte in beiden Staaten international zuständig sind.[156] Da Art. 5 Nr. 3 Brüssel I-VO/LugÜ II/Art. 7 Nr. 2 Brüssel Ia-VO die Gerichte am „Ort des schädigenden Ereignisses" für zuständig erklärt, bestimmt sich nach dieser Norm auch die **örtliche Zuständigkeit**.[157]

Bei der Auswahl des Gerichtsstands sollte der Kläger bzw. sein Anwalt berücksichtigen, 47 dass die **Kognitionsbefugnis** der Tatortgerichte bisweilen beschränkt ist. Bei einer Klage am Handlungsort sind die Gerichte nur für dasjenige Delikt bzw. denjenigen Schaden international zuständig, das bzw. der durch die im Forumstaat begangene Handlung verwirklicht wurde.[158] Bei Klagen am Erfolgsort hat der EuGH in der *Shevill*-Entscheidung für Pressedelikte geurteilt, dass das Erfolgsortsgericht nur über den Schaden judizieren darf, der im Gerichtsstaat eingetreten ist („Mosaikbetrachtung"). Diese Restriktion betrifft vor allem sog „Streuschäden" (eine Handlung verursacht Schäden in verschiedenen Jurisdiktionen) betrifft.[159] Will der Kläger sich aufgrund dieser Beschränkungen nicht auf eine Vielzahl von Prozessen einlassen, ist es ihm unbenommen, seinen gesamten Schaden am allgemeinen Gerichtsstand (→ Rn. 19 f.) einzufordern.[160] Die neuere Rechtsprechung des EuGH macht von diesem Grundsatz aber mit Blick auf die Vorhersehbarkeit von Gerichtsständen und die Sachnähe des Erfolgsortsgerichts Ausnahmen, die im Ergebnis zu einer Verbesserung des Rechtsschutzes von Deliktsopfern führen.[161] Eine solche Ausnahme greift für Follow-on-Schadensersatzklagen gegen **horizontale Kartelle** wegen Verstößen gegen das **EU-Kartellrecht**. Bei solchen Klagen sind die Gerichte am Erfolgsort daher „für die Entscheidung über den **gesamten Schaden** zuständig, der dem mutmaßlich geschädigten Unternehmen aufgrund der Mehrkosten für den Bezug der von dem Kartell betroffenen Produkte entstanden ist."[162] Ob diese weite Kognitionsbefugnis auch

---

[154] Siehe nur EuGH Urt. v. 30.11.1976 – 21/76, Slg. 1976, 1735 Rn. 15/19 – Bier/Mines de Potasse d'Alsace = BeckRS 2004, 72306; EuGH Urt. v. 11.1.1990 – C-220/88, Slg. 1990, I-49 Rn. 6 – Dumez France/Hessische Landesbank = NJW 1991, 631; EuGH Urt. v. 19.9.1995 – C-364/93, Slg. 1995, I-2719 Rn. 11 – Marinari/Lloyds Bank = EuZW 1995, 765.
[155] Eingehend zu diesem Grundsatz *v. Hein* Günstigkeitsprinzip, 6 ff.
[156] EuGH Urt. v. 30.11.1976 – 24/76, Slg. 1976, 1735 Rn. 24/25 – Bier/Mines de Potasse d'Alsace = BeckRS 2004, 72306; EuGH Urt. v. 5.2.2004 – C-18/02, Slg. 2004, I-1417 Rn. 40 – DFDS Torline/SEKO = BeckRS 2004, 74722 (jeweils zum EuGVÜ); EuGH Urt. v. 16.7.2009 – C-189/08, Slg. 2009, I-6917 Rn. 23 – Zuid-Chemie/Philippo's Mineralenfabriek = NJW 2009, 3501 (zur Brüssel I-VO).
[157] *Basedow* FS 50 Jahre FIW 2011, 129 (134); Geimer/Schütze/*Geimer* EuGVVO Art. 5 Rn. 268.
[158] *Wurmnest* EuZW 2012, 933 (934). Im Ergebnis ebenso *Basedow* FS 50 Jahre FIW 2011, 129 (135).
[159] EuGH Urt. v. 7.3.1995 – C-68/93, Slg. 1995, I-415 Rn. 30 – Shevill/Presse Alliance = NJW 1995, 1881.
[160] EuGH Urt. v. 7.3.1995 – C-68/93, Slg. 1995, I-415 Rn. 32 – Shevill/Presse Alliance = NJW 1995, 1881.
[161] EuGH Urt. v. 25.10.2011 – C-509/09 und C-161/10, ECLI:EU:C:2011:685 Rn. 48 ff. – eDate Advertising/X und Martinez/MGM = NJW 2012, 137 (für Persönlichkeitsrechtsverletzungen über das Internet).
[162] EuGH Urt. v. 21.5.2015 – C-352/13, ECLI:EU:C:2015:335 Rn. 54 – CDC Hydrogen Peroxide/Akzo Nobel = BeckRS 2015, 80660. Damit greift das Mosaikprinzip nicht, vgl. *Stadler* JZ 2015, 1138 (1140); anders noch *Wurmnest* EuZW 2012, 933 (934); krit. *Mäsch* WuW 2016, 285 (289).

bei Klagen wegen der Verletzung **nationalen Kartellrechts** gilt, ist noch nicht höchstrichterlich geklärt. Bedenkt man, dass nationales Kartellrecht nur einen territorial begrenzten Anwendungsanspruch erhebt und der EuGH bei der Verletzung von Rechten des geistigen Eigentums mit Blick auf den territorialen Schutzbereich dieser Rechte die Kognitionsbefugnis des Gerichts am Erfolgsort auf den im Gerichtsstaat eintretenden Schaden beschränkt hat,[163] spricht viel dafür, diesen Gerichten bei Verstößen gegen nationales Kartellrecht ebenfalls eine eingeschränkte Kognitionsbefugnis zuzusprechen.[164]

48 **c) Handlungsort. aa) Grundlagen.** Der „Ort des ursächlichen Geschehens" liegt dort, wo das Schadensereignis durch ein Tun oder Unterlassen des Beklagten „seinen Ausgang nahm", also vom Deliktstäter verursacht wurde.[165] Der oder die relevanten Handlungsorte müssen stets mit Blick auf die Besonderheiten des verwirklichten Delikts bestimmt werden. Nach der Rechtsprechung des EuGH ist die internationale Zuständigkeit am Handlungsort nämlich nur dann gerechtfertigt, wenn dieser Ort „eine kennzeichnende Verknüpfung begründen [… und] für die Beweiserhebung und für die Gestaltung des Prozesses in eine besonders sachgerechte Richtung weisen kann".[166] Ist dies nicht der Fall, so ist der Handlungsortsgerichtsstand nicht eröffnet, selbst wenn ein Teil der deliktischen Handlung im Gerichtsstaat verwirklicht wurde. Der EuGH hat bislang drei allgemeine Einschränkungen des Handlungsortsgerichtsstands anerkannt:

49 Erstens wird das Bestehen eines solchen besonderen Gerichtsstands abgelehnt, wenn es faktisch unmöglich ist, den Ort der deliktischen Handlung zu lokalisieren. So hat der EuGH in einem transportrechtlichen Fall den Kläger auf den Erfolgsortsgerichtsstand verwiesen, da unklar war, in welchem Staat der Schaden an der beförderten Ware verursacht wurde.[167]

50 Zweitens möchte der Gerichtshof eine aus zivilverfahrensrechtlicher Perspektive unsachgerechte Multiplikation von Gerichtsständen vermeiden, die zu einer Ausuferung der Gerichtspflichtigkeit des Beklagten führt. Ist ein Delikt so ausgestaltet, dass einzelne Handlungsorte keine sachgerechte Verknüpfung mit den in diesen Staaten ansässigen Gerichten begründen, lokalisiert der EuGH den Handlungsort an einer zentralen Stelle, etwa dort, wo der Schwerpunkt des Handlungsunrechts angesiedelt war (sog „zentralisiertes Handlungsortverständnis").[168]

51 Drittens hat der EuGH eine wechselseitige Handlungsortzurechnung bislang abgelehnt. Handeln etwa zwei (oder mehrere) Deliktstäter, die gemeinsame Sache machen, an verschiedenen Orten, so eröffnet der Handlungsortsgerichtsstand dem Geschädigten lediglich die Möglichkeit, die jeweiligen Täter dort zu verklagen, wo sie gehandelt haben. Eine

---

[163] EuGH Urt. v. 19.4.2012 – C-523/10, ECLI:EU:C:2012:220 Rn. 25, 28 – Wintersteiger/Products 4U = GRUR 2012, 654 (zum Markenrecht); EuGH Urt. v. 3.10.2013 – C-170/12, ECLI:EU:C:2013:635 Rn. 37, 45 ff. – Pinckney/Mediatech (zum Urheberrecht) = EuZW 2013, 863.

[164] Hierfür *Roth* FS Schilken 2015, 427 (442).

[165] EuGH Urt. v. 7.3.1995 – C-68/93, Slg. 1995, I-415 Rn. 24 – Shevill/Presse Alliance = NJW 1995, 1881; EuGH Urt. v. 5.2.2004 – C-18/02, Slg. 2004, I-1417 Rn. 41 – DFDS Torline/SEKO = BeckRS 2004, 74722.

[166] EuGH Urt. v. 7.3.1995 – C-68/93, Slg. 1995, I-415 Rn. 21 – Shevill/Presse Alliance = NJW 1995, 1881; ähnlich EuGH Urt. v. 16.7.2009 – C-189/08, Slg. 2009, I-6917 Rn. 24 – Zuid-Chemie/Philippo's Mineralenfabriek = NJW 2009, 3501; EuGH Urt. v. 21.5.2015 – C-352/13, ECLI:EU:C:2015:335 Rn. 39 – CDC Hydrogen Peroxide/Akzo Nobel = BeckRS 2015, 80360.

[167] EuGH Urt. v. 27.10.1998 – C-51/97, Slg. 1998, I-6511 Rn. 33 ff. – Réunion européenne/Spliethoff's Bevrachtingskantoor = EuZW 1999, 59.

[168] EuGH Urt. v. 19.4.2012 – C-523/10, ECLI:EU:C:2012:220 Rn. 36 f. – Wintersteiger/Products 4U = GRUR 2012, 654 (nicht Standort eines Servers, mittels dessen ein Werbetreibender Markenverletzungshandlungen im Internet begangen hat, ist Handlungsort, sondern Ort der Niederlassung des Werbetreibenden). Angedeutet wird das zentralisierte Handlungsortverständnis auch im Fall *Shevill/Presse Alliance*, in dem es um Persönlichkeitsrechtsverletzungen durch die Presse ging. Der EuGH stellte zur Lokalisierung des Handlungsorts nicht auf einzelne Handlungen der Herstellung oder des Vertriebs der Zeitung, die einen ehrverletzenden Artikel enthielt, ab, sondern hielt den Sitz der Hauptniederlassung des Zeitungsverlags für den relevanten Handlungsort, siehe EuGH Urt. v. 7.3.1995 – C-68/93, Slg. 1995, I-415 Rn. 24 – Shevill/Presse Alliance = NJW 1995, 1881.

Klage gegen alle Täter vor dem Gericht des Bezirks, in dem nur einer von ihnen gehandelt hat, ist dagegen nach der älteren Rechtsprechung des EuGH ausgeschlossen.[169]

Überträgt man die vorgenannten Grundsätze, von denen der EuGH in seiner neueren Rechtsprechung teilweise abgewichen ist, auf kartellrechtliche Streitigkeiten, so ist eine differenzierte Betrachtung geboten: **52**

bb) Kartellabsprachen (Horizontalvereinbarungen). (1) Ort der Kartellabsprache. Bei bestimmten wettbewerbsschädlichen Vereinbarungen liegt der Handlungsort dort, wo die Kartellabrede getroffen wurde,[170] nämlich dann, wenn das Kartell so strukturiert ist, dass es einen besonders engen Bezug zu diesem Ort aufweist.[171] Dies ist etwa der Fall, wenn das Kartell im Rahmen eines einzigen Treffens seiner Mitglieder gegründet wurde.[172] Gleiches gilt, wenn die Mitglieder des Kartells regelmäßig an einem einzigen Ort zusammenkommen, um Absprachen zu treffen bzw. zu modifizieren, etwa anlässlich einer Messe, die jährlich in der gleichen Stadt stattfindet.[173] In diesen Beispielsfällen verfügt das Kartell über eine Organisationsstruktur, bei der die Absprache eindeutig einem bestimmten Ort zugeordnet werden kann,[174] so dass sämtliche Kartellbrüder am Absprachort auf Ersatz derjenigen Schäden verklagt werden können, die durch das Kartell verursacht wurden.[175] **53**

Inwieweit der Absprachort auch bei komplexeren Kartellvereinbarungen zuständigkeitsbegründend sein kann, ist Gegenstand einer lebhaften Kontroverse, die insbesondere mit Blick auf Absprachen geführt wird, die über lange Zeit hinweg an wechselnden Orten vereinbart wurden. Bei solchen Kartellen wollen viele Stimmen eine Zuständigkeit am Handlungsort stets verneinen.[176] Eine solch pauschale Ablehnung eines Handlungsortsgerichtsstands bei länger anhaltenden Kartellen vermag jedoch nicht zu überzeugen. Nach der Rechtsprechung des EuGH (→ Rn. 48) muss Richtschnur der Prüfung stets sein, ob die Umstände der Absprache eine sachgerechte Verknüpfung mit den Gerichten des Absprachorts begründen. Ist dies der Fall, so sind die Gerichte an diesem Ort international zuständig. Die Kognitionsbefugnis des Handlungsortsgerichts unterliegt allerdings den allgemeinen Schranken. Bezogen auf Kartellabsprachen, die sukzessiv an verschiedenen Orten getroffen wurden, bedeutet dies, dass die Kognitionsbefugnis der Gerichte am Absprachort auf denjenigen Schaden beschränkt ist, der durch die im Forumstaat getroffene Abrede eingetreten ist.[177] Daher hat der EuGH im Fall *CDC* mit Recht eine Zuständigkeit am Handlungsort für möglich erachtet, wenn die Absprache der Kartellmit- **54**

---

[169] EuGH Urt. v. 16.5.2013 – C-228/11, ECLI:EU:C:2013:305 Rn. 40f. – Melzer/MF Global UK (zum Kapitalmarktdeliktsrecht) = EuZW 2013, 544; EuGH Urt. v. 3.10.2013 – C-170/12, ECLI:EU:C:2013: 635 Rn. 22ff. – Pinckney/Mediatech = EuZW 2013, 863; EuGH Urt. v. 3.4.2014 – C-387/12, ECLI: EU:C:2014:215 Rn. 32 – Hi Hotel/Spoering = NJW 2013, 3627 (jeweils zum Immaterialgüterrecht).
[170] So allg. *Asthon/Vollrath* ZWeR 2006, 1 (8); Basedow/*ders.* Private Enforcement of EC Competition Law, 229 (250).
[171] Die nachfolgenden Ausführungen zum Handlungsort basieren auf *Wurmnest* EuZW 2012, 933 (934f.).
[172] *Basedow* FS 50 Jahre FIW 2011, 129 (139).
[173] *Wurmnest* EuZW 2012, 933 (934); s. auch *Basedow* FS 50 Jahre FIW 2011, 129 (138) (bzgl. Absprachen am Sitz eines Verbands oder eines Konsortiums); enger *Roth* FS Schilken 2015, 427 (432f.).
[174] *Basedow* FS 50 Jahre FIW 2011, 129 (138), nennt diese Fallgruppe plastisch „organisatorisch verfestigte Kartelle".
[175] *Wurmnest* EuZW 2012, 933 (934).
[176] Cooper Tire & Rubber Co. and others v. Shell Chemicals UK Ltd. and others [2009] EWHC 2609 (Comm) [65], per Teare J. (Kläger ist auf den Erfolgsortsgerichtsstand beschränkt); SchlA GA *Jääskinen* zu EuGH Urt. v. 21.5.2015 – C-352/13, ECLI:EU:C:2014:2443 Rn. 49ff. – CDC Hydrogen Peroxide/ Akzo Nobel = BeckRS 2014, 82613 (bei komplexen Kartellen besteht weder ein Gerichtsstand am Handlungs- noch am Erfolgsort); im Ergebnis auch *Bulst* EWS 2004, 403 (405); Terhechte/*Gebauer/Staudinger* Internationales Kartell- und Fusionskontrollverfahrensrecht Rn. 7.44; Rauscher/*Leible* Brüssel Ia-VO Art. 7 Rn. 141 (Handlungsorte seien daher allein die jeweilige Niederlassung der Kartellbeteiligten); *Tzakas* Kartellrechtsverstöße 110. Dagegen sieht *Mankowski* WuW 2012, 797 (801) die Gerichte jeden Orts als international zuständig an, an dem die Kartellanten zusammengekommen sind, um Absprachen zu treffen.
[177] *Basedow* FS 50 Jahre FIW 2011, 129 (135); *Wurmnest* EuZW 2012, 933 (934).

glieder im Gerichtsbezirk[178] getroffen wurde (Absprachen per Telekommunikation von Personen außerhalb des Gerichtsbezirks reichen somit nicht)[179] und „für sich allein das ursächliche Geschehen für den einem Käufer angeblich verursachten Schaden bildet [ ]".[180] Weitergehende Verbindungen des Kartells zum Abspracheort, etwa eine besondere Organisationsstruktur, hat der EuGH im *CDC*-Fall nicht gefordert.[181] Den Konnex zwischen rechtswidriger Absprache und dem eingetretenen Schaden (zB Käufe zu erhöhten Preisen) hat der Kläger darzulegen.[182] Bauen einzelne Vereinbarungen aufeinander auf, gilt es dabei die Effekte älterer Vereinbarungen zu berücksichtigen.[183] Da bei solchen Abreden entsprechende Kausalzusammenhänge schwer zu beweisen sind, kann in der Tat oftmals kein Handlungsortsgerichtsstand am Abspracheort angenommen werden. Es ist aber immer auf den Einzelfall zu schauen. Haben die Kartellanten etwa über Jahre hinweg an ganz unterschiedlichen Orten die Preise für die Staaten A und B abgestimmt und beschließen sie nun bei einer Zusammenkunft im Staat D, die Preise für eine gewisse Zeitspanne für den Staat C zu koordinieren, so ist ein Gerichtsstand am Handlungsort im Staat D für Klagen wegen derjenigen Schäden eröffnet, die auf dem Markt in C eingetreten sind. Denn in diesem Fall wurde auf dem Treffen in D die Absprache erstmalig und zeitlich beschränkt für einen gesonderten Markt getroffen.[184]

55 **(2) Ort der Implementierung des Kartells.** Die Kartellanten handeln nicht nur am Abspracheort, sondern auch dort, wo sie ihre wettbewerbswidrige Absprache implementieren.[185] Diesen Ort sollte man nicht von vornherein als Gerichtsstand ausschließen. Ein Gerichtsstand am Ort der Durchführung (der sich vom „Gründungsort" des Kartells unterscheiden kann) ist etwa begründet, wenn eine zentrale Stelle für die Koordination sorgt, wie es etwa bei einem kartellrechtswidrigen Informationsaustausch unter Einbeziehung einer Branchenvereinigung oftmals der Fall ist. Der Sitz dieser Stelle ist dann der Handlungsort iSv Art. 5 Nr. 3 Brüssel I-VO/LugÜ II/Art. 7 Nr. 2 Brüssel Ia-VO, an dem alle Kartellmitglieder verklagt werden können.[186] Bei komplexeren Kartellformen (zum Begriff → Rn. 54) führen die einzelnen Kartellanten ihre Absprache in denjenigen Staaten durch, in denen sie die Vereinbarung in die Tat umsetzen, etwa durch den Absatz von Produkten zu überhöhten Preisen.[187] Dieser Ort wäre oftmals identisch mit dem Erfolgsort des Kartells, wenn man diesen am Marktort lokalisieren würde. Da der EuGH den Erfolgsort aber – wenig überzeugend – am Sitz des geschädigten Abnehmers verortet (→ Rn. 60), kann der Implementierungsort durchaus einen vom Erfolgsort abweichenden Gerichtsstand begründen.

---

[178] Da Art. 5 Nr. 3 Brüssel I-VO/LugÜ II/Art. 7 Nr. 2 Brüssel Ia-VO auch die örtliche Zuständigkeit regelt, reicht es zur Annahme der Zuständigkeit nicht, dass die Vereinbarung im Gerichtsstaat geschlossen wurde, vgl. *Wurmnest* Common Market Law Review 53 (2016), 225 (240).
[179] *Roth* IPRax 2016, 318 (324).
[180] EuGH Urt. v. 21.5.2015 – C-352/13, ECLI:EU:C:2015:335 Rn. 46 – CDC Hydrogen Peroxide SA/Akzo Nobel = BeckRS 2015, 80660.
[181] Für diese Einschränkung aber *Roth* FS Schilken 2015, 427 (432 f.).
[182] *Basedow* FS 50 Jahre FIW 2011, 129 (140).
[183] *Basedow* FS 50 Jahre FIW 2011, 129 (140).
[184] Beispiel nach *Wurmnest* EuZW 2012, 933 (935).
[185] Dies kann aus der Rechtsprechung des EuGH zur Anwendbarkeit der EU-Wettbewerbsregeln auf Sachverhalte mit Auslandsbezug abgeleitet werden. Nach Ansicht des EuGH muss der Ort der Durchführung der Kartellabsprache in der Union belegen sein, damit Art. 101 AEUV Anwendung finden kann, siehe EuGH Urt. v. 27.9.1988 – 89/85 ua, Slg. 1988, 5193 Rn. 16 f. – Ahlström Osakeyhtiö/Kommission = NJW 1988, 3086; siehe auch *Basedow/ders.* Private Enforcement of EC Competition Law 229 (250); *Withers* JBL 2002, 250 (261). Krit. *Ashton/Vollrath* ZWeR 2006, 1 (8), die betonen, dass das Kartellverbot unabhängig von der Implementierung der wettbewerbsschädlichen Abrede eingreife, so dass es näher liege, den Abspracheort als Handlungsort anzusehen.
[186] Beispiel nach *Basedow* FS 50 Jahre FIW 2011, 129 (141).
[187] So allg. EuGH Urt. v. 27.9.1988 – 89/85 ua, Slg. 1988, 5193 Rn. 16 f. – Ahlström Osakeyhtiö/Kommission = NJW 1988, 3086; vgl. auch *Danov* Jurisdiction and Judgments 94; *Mankowski* WuW 2012, 797 (801 f.); gegen die Einstufung des Durchführungsorts als Handlungsort dagegen *Roth* FS Schilken 2015, 427 (433).

§ 31 Internationale Zuständigkeit

(3) Sitze einzelner Kartellanten. Schließlich wurde ein Handlungsort auch in dem Staat angenommen, in dem die einzelnen Kartellbrüder ihre Entscheidungen zur Implementierung der Kartellabrede treffen.[188] Solche Entscheidungen werden regelmäßig am Sitz der am Kartell unmittelbar beteiligten Unternehmen getroffen. Ob diese Anknüpfung nach der *CDC*-Entscheidung des EuGH (→ Rn. 54) noch möglich ist, erscheint fraglich.[189] Andernfalls würde der besondere Gerichtsstand des Handlungsorts bei Kartellabsprachen ohne sachlichen Grund faktisch aufgegeben werden, da am jeweiligen Sitz der Kartellanten schon der allgemeine Gerichtsstand belegen ist.[190]

cc) Sonstige wettbewerbsbeschränkende Vereinbarungen. Bei wettbewerbsbeschränkenden Vertikalvereinbarungen kann der Handlungsortgerichtsstand ebenfalls nach den dargelegten Grundsätzen (→ Rn. 53 ff.) lokalisiert werden.

dd) Missbrauch von Marktmacht. Bei missbräuchlichen Verhaltensweisen von Unternehmen mit Marktmacht ist ein Handlungsortgerichtsstand in den Staaten eröffnet, in denen der Deliktstäter seine Waren oder Dienstleistungen zu missbräuchlichen Konditionen absetzt und auf diese Weise Dritte vom Marktzugang ausschließt[191] bzw. seine Abnehmer ausbeutet.

d) Erfolgsort. aa) Grundlagen. Nach der Rechtsprechung des EuGH ist der Erfolgsort einer unerlaubten Handlung gem. Art. 5 Nr. 3 Brüssel I-VO dort belegen, wo „die schädigenden Auswirkungen des haftungsauslösenden Ereignisses zu Lasten des Betroffenen eintreten",[192] sich also der „Schaden konkret zeigt".[193] Erfolgsort ist dabei allein der Ort, an dem der Betroffene „direkt geschädigt" wird,[194] nicht aber der Ort, an dem die direkte Schädigung vermögensrechtliche Folgeschäden nach sich zieht.[195]

Der Erfolgsort muss deliktspezifisch konkretisiert werden.[196] Bei Kartelldelikten ist hierbei zu berücksichtigen, dass Kartellverbotsnormen dem Schutz bzw. der Ordnung spezifischer Märkte dienen.[197] Kartelldelikte sind somit keine klassischen Vermögensdelikte, sondern „Marktdelikte".[198] Entsprechend muss der Erfolgsort „marktbezogen" lokalisiert werden.[199] Daher verbietet es sich, die allgemeine EuGH-Rechtsprechung zur Lokalisierung

---

[188] *Bulst* EWS 2004, 403 (405); Terhechte/*Gebauer*/*A. Staudinger* Internationales Kartell- und Fusionskontrollverfahrensrecht Rn. 7.44; *Mankowski* WuW 2012, 797 (802); *Wurmnest* EuZW 2012, 933 (935).

[189] Im Schrifttum wurde vertreten, dass dies der ausschließliche Handlungsort sei; vgl. *Bulst* EWS 2004, 403 (405); Terhechte/*Gebauer*/*Staudinger* Internationales Kartell- und Fusionskontrollverfahrensrecht Rn. 7.44; *Mäsch* IPRax 2005, 509 (515); *Maier* Marktortanknüpfung, 138 ff.; Rauscher/*Leible* Brüssel Ia-VO Art. 7 Rn. 141. Diese Lösung ist durch die *CDC*-Entscheidung überholt. Denkbar wäre nur eine zusätzliche Anknüpfung.

[190] *Mankowski* WuW 2012, 797 (802 f.); *Wurmnest* EuZW 2012, 933 (935).

[191] OLG Hamburg Urt. v. 19.4.2007 – 1 Kart U 5/06, GRUR-RR 2008, 31 (32) – Exklusivitätsklausel für Hotelbetten = BeckRS 2007, 14904; *Fawcett*/*Torremans* Intellectual Property and Private International Law, Rn. 9.200; *Mankowski* WuW 2012, 797 (802); ähnlich *Danov* Jurisdiction and Judgments 93 (Gerichtsstand am Ort der Implementierung der missbräuchlichen Praxis).

[192] EuGH Urt. v. 7.3.1995 – C-68/93, Slg. 1995, I-415 Rn. 28 – Shevill/Presse Alliance = NJW 1995, 1881.

[193] EuGH Urt. v. 16.7.2009 – C-189/08, Slg. 2009, I-6917 Rn. 27 – Zuid-Chemie/Philippo's Mineralenfabriek = NJW 2009, 3501.

[194] EuGH Urt. v. 11.1.1990 – C-220/88, Slg. 1990, I-49 Rn. 20 – Dumez France/Hessische Landesbank = NJW 1991, 631: „Ort […], an dem das haftungsauslösende Ereignis den unmittelbar Betroffenen direkt geschädigt hat".

[195] EuGH Urt. v. 19.9.1995 – C-364/93, Slg. 1995, I-2719 Rn. 14 f. – Marinari/Lloyds Bank = EuZW 1995, 765; EuGH Urt. v. 10.6.2004 – C-168/02, Slg. 2004, I-6009 Rn. 19 – Kronhofer/Maier = NJW 2004, 2441.

[196] Die nachfolgenden Ausführungen zum Erfolgsort basieren zum Großteil auf *Wurmnest* EuZW 2012, 933 (935 ff.).

[197] *Schnyder* Wirtschaftskollisionsrecht 7 ff. (allg. zum Wirtschaftsrecht); Basedow/Francq/Idot/*Vilà Costa* (Hrsg.) International Antitrust Litigation 17 (26).

[198] *Mankowski* WuW 2012, 797 (804).

[199] *Bulst* EWS 2004, 403 (406); *Mankowski* WuW 2012, 797 (804); *Tzakas* Kartellrechtsverstöße 118; Stein/Jonas/*Wagner* EuGVVO Art. 5 Rn. 166.

des Erfolgsorts bei klassischen Vermögensdelikten unmodifiziert auf Kartelldelikte zu übertragen.[200] Um einen weitgehenden Gleichklang von internationaler Erfolgsortszuständigkeit und anwendbarem Recht sicherzustellen, sollte die Lokalisierung des „Ort[s], an dem der Schaden entstanden ist" vielmehr im Kern nach dem **Auswirkungsgrundsatz** erfolgen, den der Unionsgesetzgeber auch zur Bestimmung des anwendbaren Kartelldeliktsrechts (vgl. Art. 6 Abs. 3 lit. a Rom II-VO[201]) niedergelegt hat (str.).[202] Nach dem Auswirkungsgrundsatz wirken sich Wettbewerbsbeschränkungen auf denjenigen Märkten aus, auf denen das Zusammenspiel von Angebot und Nachfrage (wahrscheinlich) verfälscht wird, etwa durch den Bezug von Waren oder Dienstleistungen zu überhöhten Preisen.[203] Im zuständigkeitsrechtlichen Schrifttum wird dieser Ort bisweilen auch als „Marktort" bezeichnet.[204] Welche Jurisdiktionen durch die Wettbewerbsbeschränkungen betroffen sind, muss dabei unter Berücksichtigung des Schutzzwecks der jeweils verletzten Kartellverbotsnorm ermittelt werden.[205] Sehr zu bedauern ist, dass sich der **EuGH** nicht zum Auswirkungsprinzip bekannt hat. In der bislang einzigen Entscheidung zum Kartellzuständigkeitsrecht hat er bei Follow-on-Klagen gegen horizontale Kartelle stattdessen den **Sitz des Geschädigten** für maßgeblich gehalten (→ Rn. 64).

61 bb) Horizontalvereinbarungen. Horizontale Wettbewerbsbeschränkungen wirken sich in den Jurisdiktionen aus, deren Wettbewerbsbedingungen durch die Verhaltenskoordination verfälscht werden sollen.[206] Bei europa- oder gar weltweit agierenden Kartellen muss eine Unteranknüpfung erfolgen, um auf Grundlage des Auswirkungsansatzes die Erfolgsortszuständigkeit nationaler Gerichte ermitteln zu können. Diesbezüglich kommt es maßgeblich auf den Fluss der Waren oder Dienstleistungen an.[207]

62 Der Rekurs auf das Auswirkungsprinzip schafft vorhersehbare Gerichtsstände[208] und gewährleistet zugleich die Sach- und Beweisnähe der international zuständigen Gerichte, da sich Wettbewerbsbeschränkungen auf denjenigen Märkten auswirken, auf denen sich Anbieter und Nachfrager begegnen.[209] Die Gegenansicht, die den Erfolgsort bei Schädigungen durch Kartelle am Ort der konkreten Vermögenseinbuße lokalisiert und diesbezüglich entweder auf den Sitz der kontoführenden Bank des Geschädigten (bzw. den Lageort seiner Kasse)[210] oder auf die Vermögenszentrale des Geschädigten, also den Ort, von dem aus das Kartellopfer den überhöhten Preis bezahlt hat,[211] abstellt, verkennt den marktordnenden Charakter von Kartelldelikten (→ Rn. 60) und ist daher abzulehnen.

---

[200] Die Notwendigkeit der deliktstypenspezifischen Konkretisierung des Erfolgsorts betont *v. Hein* IPRax 2005, 17 (22).

[201] Verordnung (EG) Nr. 864/2007 des Europäischen Parlaments und des Rates v. 11.7.2007 über das auf außervertragliche Schuldverhältnisse anzuwendende Recht, ABl. 2007. L 199, 40.

[202] BGH Urt. v. 29.1.2013 – KZR 8/10, NZKart 2013, 202 (203) – Trägermaterial für Kartenformulare = GRUR-RR 2013, 228; *Bulst* EWS 2004, 403 (406); *v. Hein* IPRax 2005, 17 (22); *Mankowski* WuW 2012, 797 (805); *Maier* Marktortanknüpfung, 146 ff.; *Tzakas* Kartellrechtsverstöße, 118 ff.; *Wurmnest* EuZW 2012, 933 (934); im Grundsatz wohl auch *Basedow/Francq/Idot/Vilà Costa* International Antitrust Litigation 17 (27); aA bezogen auf Preiskartelle *Mäsch* IPRax 2005, 509 (516); *Becker* EWS 2008, 228 (233).

[203] *Basedow/Francq/Idot/Francq/Wurmnest* International Antitrust Litigation 91 (121); Lipstein/*Schwartz/Basedow* Chapter 35 Rn. 11.

[204] *Bulst* EWS 2004, 403 (406); Terhechte/*Gebauer/A. Staudinger* Rn. 7.44.

[205] *Basedow* NJW 1989, 627 (628); *Mestmäcker/Schweitzer* Europäisches Wettbewerbsrecht § 7 Rn. 9.

[206] *Roth* FS Kropholler 2008, 623 (640 und 642).

[207] *Basedow/Francq/Idot/Francq/Wurmnest* International Antitrust Litigation 91 (120 f.) mwN.

[208] *Maier* Marktortanknüpfung 155.

[209] *Maier* Marktortanknüpfung 152.

[210] Hierfür *Mäsch* IPRax 2005, 509 (516); wohl auch *Holm-Hadulla*, Kartellrechtsdurchsetzung 139: Der Erfolgsort muss „am Lageort des konkret und primär geschützten Vermögens" verortet werden.

[211] Hierfür *Becker* EWS 2008, 228 (233); wohl auch *Ashton/Vollrath* ZWeR 2006, 1 (8) („place where [the claimant] paid the higher price"); ähnlich LG Dortmund Urt. v. 1.4.2004 – 13 O 55/02 Kart, EWS 2004, 434 (435).

Unter Zugrundelegung des Auswirkungsgrundsatzes wirken sich Kartellabsprachen von **63** Produzenten im Ausland, von denen inländische Abnehmer Waren oder Dienstleistungen beziehen, auf den inländischen Markt aus.[212]

Die oben genannten Vorzüge einer marktortbezogenen Anknüpfung haben den **EuGH** **64** aber nicht überzeugen können. In der neueren *CDC*-Entscheidung hat er – ohne auch nur auf den Auswirkungsgrundsatz einzugehen – den Erfolgsort bei Kartellabsprachen grundsätzlich am **Sitz der (unmittelbar) geschädigten Abnehmer** lokalisiert.[213] Die dortigen Gerichte können nach Ansicht des EuGH bei Verstößen gegen das EU-Kartellrecht sogar über den **gesamten Schaden** entscheiden, der aufgrund des Bezugs von Kartellware zu überhöhten Preisen entstanden ist.[214] Treten die unmittelbar geschädigten Abnehmer ihre Ersatzansprüche an einen Dritten ab, ändert sich dadurch der Erfolgsort nicht. Der Anspruchserwerber muss daher ebenfalls am **Sitz des (jeweiligen) Zedenten** klagen.[215] Diese Konkretisierung hält der EuGH zumindest bei Follow-on-Klagen für sachgerecht, da die Gerichte am jeweiligen Sitz der Abnehmer über eine **große Beweisnähe** verfügten. In einem solchen Fall hänge die Prüfung von Schadensersatzansprüchen nämlich „im Wesentlichen von den spezifischen Gegebenheiten der Situation [der einzelnen Abnehmer] ab".[216] Diese Überlegung, die faktisch einen Klägergerichtsstand etabliert, vermag **nicht zu überzeugen.** Zwar kann nicht geleugnet werden, dass sich ein Teil der Beweise sicherlich am Abnehmersitz finden werden. Dort befinden sich etwa Informationen über die Menge und den Preis der abgenommenen Kartellprodukte. Informationen über den Absatz der kartellierten Ware finden sich indes auch am Sitz des Verkäufers.[217] Darüber hinaus sind diese Informationen für den Prozess nicht so „wesentlich", wie es der EuGH darstellt, da in Schadensersatzprozessen vor allem über den hypothetischen Marktpreis, also den Preis ohne die Kartellvereinbarung, gestritten wird, auf dessen Grundlage sich der Schaden des Abnehmers berechnet. Die Ermittlung des hypothetischen Marktpreises basiert jedoch nicht vornehmlich auf Informationen, die am Sitz des Abnehmers zu finden sind, da dieser Preis regelmäßig unter Heranziehung allgemeiner wirtschaftlicher Daten zu ermitteln ist.[218] Für Stand-alone-Klagen lässt sich ebenfalls nicht sagen, dass die Beweismittel im Wesentlichen am Sitz des Klägers liegen. Sie liegen vielmehr am Sitz des Kartellanten. Daher hat der Unionsgesetzgeber in der Kartellschadensersatzrichtlinie eine Offenlegung von bestimmten Beweismitteln durch den vermeintlichen Rechtsverletzter festgeschrieben.[219] Vor diesem Hintergrund kann die Beweisnähe nicht als Legitimation dafür dienen, den Erfolgsort am Sitz des geschädigten Abnehmers zu lokalisieren.[220] Daher sollte die Rechtsprechung des EuGH nicht pauschal auf andere Fallkonstellationen übertragen werden.

cc) Sonstige wettbewerbsbeschränkende Vereinbarungen. Bei Vertikalvereinbarungen kann **65** der Erfolgsort – nach hier vertretener Auffassung – dort lokalisiert werden, wo sich die Vereinbarung auf die Position der in einem Markt agierenden Unternehmen aus-

---

[212] *Maier* Marktortanknüpfung 149.
[213] EuGH Urt. v. 21.5.2015 – C-352/13, ECLI:EU:C:2015:335 Rn. 52 – CDC Hydrogen Peroxide/Akzo Nobel = BeckRS 2015, 80660.
[214] EuGH Urt. v. 21.5.2015 – C-352/13, ECLI:EU:C:2015:335 Rn. 54 – CDC Hydrogen Peroxide/Akzo Nobel = BeckRS 2015, 80660.
[215] EuGH Urt. v. 21.5.2015 – C-352/13, ECLI:EU:C:2015:335 Rn. 55 – CDC Hydrogen Peroxide/Akzo Nobel = BeckRS 2015, 80660.
[216] EuGH Urt. v. 21.5.2015 – C-352/13, ECLI:EU:C:2015:335 Rn. 53 – CDC Hydrogen Peroxide/Akzo Nobel = BeckRS 2015, 80660.
[217] *Heinze* FS Ahrens 2016, 521 (528).
[218] *Heinze* FS Ahrens 2016, 521 (527); *Wurmnest* Common Market Law Review 53 (2016), 225 (243).
[219] Art. 5 RL 2014/104/EU über bestimmte Vorschriften für Schadensersatzklagen nach nationalem Recht wegen Zuwiderhandlungen gegen wettbewerbsrechtliche Bestimmungen der Mitgliedstaaten und der Europäischen Union, ABl. 2014 L 349, 1. Zu diesem Argument *Heinze* FS Ahrens 2016, 521 (527).
[220] Ablehnend etwa *Heinze* FS Ahrens 2016, 521 (527 f.); *Mäsch* WuW 2016, 285 (289); *Wurmnest* Common Market Law Review 53 (2016), 225 (243).

wirkt.[221] Vereinbart etwa ein Hersteller aus dem Vereinigten Königreich mit seinen Vertriebshändlern, dass diese den deutschen Markt nicht bedienen dürfen, so wirkt sich diese Vereinbarung auf Deutschland aus.[222] Klagen auf Belieferung können daher vor deutschen Gerichten erhoben werden. Noch offen ist, wie der EuGH diese Fälle entscheiden wird. Vor dem Hintergrund der *CDC*-Rechtsprechung (→ Rn. 64) liegt es aber nahe, dass er den Erfolgsort am Sitz des geschädigten Unternehmens lokalisieren wird.

66 Bei Klagen zwischen zwei Unternehmen, die auf Feststellung gerichtet sind, dass bestimmte Verkaufspraktiken nicht gegen das Kartellrecht verstoßen, ist eine internationale Zuständigkeit deutscher Gerichte zu bejahen, wenn sich die Praktiken (auch) im Inland auswirken, weil sich die Streitparteien (nach dem maßgeblichen Vortrag der Klägerin) im Inland als Wettbewerber gegenüberstehen und sich die Verkaufspraktiken (Rabattsystem, Verweigerung der Lizenzerteilung) dort unmittelbar auswirken.[223]

67 **dd) Missbrauch von Marktmacht.** Ein beherrschendes oder marktstarkes Unternehmen, das durch missbräuchliche Praktiken Konkurrenten aus einem Markt drängt oder Abnehmer ausbeutet, ist in dem Marktstaat gerichtspflichtig.[224] Hat das Verhalten des Marktbeherrschers auch Auswirkungen auf Drittmärkte, so kann auch dort ein Erfolgsortsgerichtsstand belegen sein. Über solche Konstellationen hatte der EuGH noch nicht zu entscheiden. Es ist aber nicht ausgeschlossen, dass er auf Grundlage der Analyse der „Beweissituation" (→ Rn. 64) zum gleichen Ergebnis kommt.

4. Gerichtsstand der Niederlassung (Art. 5 Nr. 5 Brüssel I-VO/LugÜ II/Art. 7 Nr. 5 Brüssel Ia-VO)

68 Gem. Art. 5 Nr. 5 Brüssel I-VO/LugÜ II/Art. 7 Nr. 5 Brüssel Ia-VO kann eine Person mit Sitz in einem Brüssel I-VO-Staat in einem anderen Mitgliedstaat verklagt werden, „wenn es sich um Streitigkeiten aus dem Betrieb einer Zweigniederlassung, einer Agentur oder einer sonstigen Niederlassung handelt." Die Klage ist dann vor dem Gericht des Orts zu erheben, an dem sich die Niederlassung befindet. Dieser Gerichtsstand konkurriert mit dem allgemeinen Gerichtsstand (→ Rn. 19 f.) sowie den besonderen Gerichtsständen des Erfüllungs- und des Tatorts (→ Rn. 22, 42).[225] Die Zuständigkeit der Gerichte der Niederlassung basiert auf dem Gedanken, dass Unternehmen, die unter Einschaltung einer Zweigstelle, Agentur oder einer sonstigen Niederlassung in einem Staat tätig werden, auch dort gerichtspflichtig sein müssen, selbst wenn das Stammhaus seinen Sitz im Ausland hat.[226] Klägern, die allein Kontakt mit der inländischen Niederlassung (und nicht mit dem ausländischen Stammhaus) hatten, bleibt daher ein Prozess im Ausland erspart.[227] Dieser Gerichtsstand erfasst allerdings nur Klagen gegen den Inhaber der Niederlassung (Gesellschaft oder natürliche Person), nicht gegen die Niederlassung als solche.[228]

69 **a) Anwendbarkeit.** Der Gerichtsstand der Niederlassung ist nur dann eröffnet, wenn der Beklagte seinen Wohnsitz bzw. Sitz in einem Brüssel/LugÜ-Staat hat. Ist dies nicht der Fall, ergibt sich die internationale Zuständigkeit nach autonomem Recht (Art. 4 Abs. 1

---

[221] *Basedow* NJW 1989, 627 (629), unter Verweis auf *Rehbinder* Extraterritoriale Wirkungen des deutschen Kartellrechts 191 ff. (jeweils zum anwendbaren Recht).
[222] Beispiel nach *Wurmnest* EuZW 2012, 933 (937) (bezogen auf das anwendbare Recht).
[223] BGH Urt. v. 29.1.2013 – KZR 8/10, NZKart 2013, 202 (203) – Trägermaterial für Kartenformulare = GRUR-RR 2013, 228.
[224] *Tzakas* Kartellrechtsverstöße, 119. Siehe allg. auch Immenga/Mestmäcker/*Rehbinder* EuWettbR IntWbR Rn. 51 (bezogen auf die Anwendung von Art. 102 AEUV).
[225] Rauscher/*Leible* Brüssel Ia-VO Art. 7 Rn. 152.
[226] OLG Rostock Beschl. v. 18.3.2009 – 1 U 232/08, IPRspr 2009, Nr. 173, 452 Rn. 5 (zum LugÜ I).
[227] Rauscher/*Leible* Brüssel Ia-VO Art. 7 Rn. 152.
[228] Für Klagen gegen die Niederlassung selbst (ihre Parteifähigkeit vorausgesetzt) ist Art. 2 Abs. 1 Brüssel I-VO/LugÜ/Art. 4 Abs. 1 Brüssel Ia-VO einschlägig, siehe zum Ganzen Rauscher/*Leible* Brüssel Ia-VO Art. 7 Rn. 153.

Brüssel I-VO/LugÜ II/Art. 6 Abs. 1 Brüssel Ia-VO).[229] In Deutschland ist diesbezüglich § 21 ZPO einschlägig (→ Rn. 136).

b) Zweigniederlassung, Agentur oder sonstige Niederlassung. Die Begriffe „Zweigniederlassung, Agentur oder sonstige Niederlassung" sind Untergliederungen des Oberbegriffs „Niederlassung" und nach autonomen Maßstäben auszulegen.[230] Zwischen den einzelnen Begriffen wird nicht differenziert.[231] Unter einer Niederlassung versteht der EuGH einen „Mittelpunkt geschäftlicher Tätigkeit [....], der **auf Dauer als Außenstelle** eines Stammhauses hervortritt, eine Geschäftsführung hat und sachlich so ausgestattet ist, dass er in der Weise Geschäfte mit Dritten betreiben kann, dass diese, obgleich sie wissen, dass möglicherweise ein Rechtsverhältnis mit dem im Ausland ansässigen Stammhaus begründet wird, sich nicht unmittelbar an dieses zu wenden brauchen, sondern Geschäfte an dem Mittelpunkt geschäftlicher Tätigkeit abschließen können, der dessen Außenstelle ist."[232] Diese Geschäftsstelle muss darüber hinaus „der Aufsicht und Leitung des Stammhauses unterliegen",[233] wobei eine gewisse „räumliche Selbständigkeit" von Geschäftsstelle und Stammhaus erkennbar sein muss.[234] Anhaltspunkte für diese Eigenständigkeit sind Angaben eigener Adressen auf Briefbögen bzw. Internetseiten oder das Unterhalten eines Büros für den Kundenverkehr.[235] Die Niederlassung muss zum Zeitpunkt des Entstehens des Anspruchs bestanden haben[236] und darf auch zum Zeitpunkt der Klageerhebung nicht in einer nach außen erkennbaren Weise aufgegeben worden sein.[237] Andernfalls ist der Anwendungsbereich von Art. 5 Nr. 5 Brüssel I-VO/LugÜ II/Art. 7 Nr. 5 Brüssel Ia-VO nicht eröffnet. 70

Das Bestehen einer Niederlassung ist im Prinzip anhand objektiver Kriterien zu ermitteln.[238] Erweckt ein ausländisches Stammhaus jedoch in zurechenbarer Weise den Anschein, dass es eine bestimmte Geschäftsstelle im Gerichtsstand unterhalte, so reicht dieser **Rechtsschein** aus, um eine Gerichtpflichtigkeit gem. Art. 5 Nr. 5 Brüssel I-VO/LugÜ II/Art. 7 Nr. 5 Brüssel Ia-VO im Inland zu begründen, selbst wenn objektiv einige Merkmale einer Niederlassung im Sinne des Gesetzes nicht gegeben sind.[239] Diese Auslegung des Gerichtsstands der Niederlassung basiert auf dem Gedanken, dass Außenstehende die internen Rechtsbeziehungen zwischen zwei Unternehmen oftmals nicht im Detail durchschauen können.[240] 71

Von einer **Niederlassung kann ausgegangen** werden, wenn die Gründung einer Tochtergesellschaft beschlossen und eine Geschäftsführung bestellt wurde, die zudem Verträge mit Kunden geschlossen hat.[241] **Keine Niederlassungen** sind dagegen (man- 72

---

[229] Rauscher/*Leible* Brüssel Ia-VO Art. 7 Rn. 153.
[230] OLG Rostock Beschl. v. 18.3.2009 – 1 U 232/08, IPRspr 2009, Nr. 173, 452 Rn. 5 (zum LugÜ I); Geimer/Schütze/*Geimer* EuGVVO Art. 5 Rn. 304; Rauscher/*Leible* Brüssel Ia-VO Art. 7 Rn. 155.
[231] OLG Rostock Beschl. v. 18.3.2009 – 1 U 232/08, IPRspr 2009, Nr. 173, 452 Rn. 5 (zum LugÜ I); Rauscher/*Leible* Brüssel Ia-VO Art. 7 Rn. 155.
[232] EuGH Urt. v. 22.11.1978 – 33/78, Slg. 1978, 2183 Rn. 12 – Somafer/Saar-Ferngas = RIW 1979, 56; EuGH Urt. v. 18.3.1981 – 139/80, Slg. 1981, 819 Rn. 11 – Blanckaert & Willems/Trost = BeckRS 2004, 71596 (zum EuGVÜ).
[233] EuGH Urt. v. 18.3.1981 – 139/80, Slg. 1981, 819 Rn. 9 – Blanckaert & Willems/Trost = BeckRS 2004, 71596 (zum EuGVÜ).
[234] Geimer/Schütze/*Geimer* EuGVVO Art. 5 Rn. 305.
[235] OLG Rostock Beschl. v. 18.3.2009 – 1 U 232/08, IPRspr 2009, Nr. 173, 452 Rn. 6 (zum LugÜ I); Geimer/Schütze/*Geimer* EuGVVO Art. 5 Rn. 305.
[236] Rauscher/*Leible* Brüssel Ia-VO Art. 7 Rn. 162.
[237] OLG Köln Urt. v. 1.9.2006 – 19 U 65/06, OLGR Köln 2007, 224 Rn. 31; Geimer/Schütze/*Geimer* EuGVVO Art. 5 Rn. 312.
[238] EuGH Urt. v. 22.11.1978 – 33/78, Slg. 1978, 2183 Rn. 11 – Somafer/Saar-Ferngas = BeckRS 2004, 70835 („… in erster Linie [sind] die äußeren Merkmale [zu untersuchen]").
[239] EuGH Urt. v. 9.12.1987 – 218/86, Slg. 1987, 4905 Rn. 14f. – SAR Schotte/Parfums Rothschild = NJW 1988, 625.
[240] Geimer/Schütze/*Geimer* EuGVVO Art. 5 Rn. 314.
[241] OLG Düsseldorf Urt. v. 2.3.2004 – 4 U 141/03, I-4 U 141/03, OLGR Düsseldorf 2005, 69 Rn. 33 = NJW-RR 2004, 1720 (zum EuGVÜ); Rauscher/*Leible* Brüssel Ia-VO Art. 7 Rn. 158.

gels dauerhafter Aktivität) kurzfristig unterhaltene Geschäftsstellen oder Betriebsstätten.[242] Auch Geschäftsstellen für interne Belange oder bloße Kontakt- und Anlaufadressen begründen keinen von außen erkennbaren Mittelpunkt geschäftlicher Tätigkeit.[243] **Alleinvertriebshändler,**[244] selbständige **Handelsvertreter** (§ 84 HGB)[245] oder **Handelsmakler** (§§ 93 ff. HGB)[246] können nicht als Niederlassungen eingestuft werden, da diese Personen selbständig handeln und nicht der Aufsicht und Leitung eines Stammhauses unterliegen. **Tochtergesellschaften** agieren ebenfalls regelmäßig eigenständig und sind daher keine Niederlassungen iSd Art. 5 Nr. 5 Brüssel I-VO/LugÜ II/Art. 7 Nr. 5 Brüssel Ia-VO.[247] Etwas anderes gilt, wenn durch das Zusammenwirken zwischen Mutter und Tochter der Anschein einer Außenstelle erweckt wird, etwa weil die eine Gesellschaft in die Abwicklung des Vertrages eingeschaltet wird, der mit der anderen Gesellschaft geschlossen wurde.[248] Dieser Gedanke greift auch bei Schwestergesellschaften.[249]

73 **c) Betriebsbezogenheit der Streitigkeit.** Schließlich macht Art. 5 Nr. 5 Brüssel I-VO/LugÜ II/Art. 7 Nr. 5 Brüssel Ia-VO die internationale Zuständigkeit davon abhängig, dass die anhängige Streitigkeit „aus dem Betrieb" der Niederlassung im Gerichtsstaat stammt, also eine hinreichende Verbindung von Klage und Niederlassung besteht. Bei vertragsbezogenen Streitigkeiten ist dies etwa der Fall, wenn diese aus der Führung der Niederlassung resultieren oder Verträge betreffen, die im Rahmen des Geschäftsbetriebs der Niederlassung im Namen des Stammhauses geschlossen wurden.[250] Nicht erforderlich ist allerdings, dass der Erfüllungsort der streitigen vertraglichen Verpflichtung ebenfalls im Gerichtsstaat liegt. Andernfalls würde der Gerichtsstand der Niederlassung „beinahe völlig seiner praktischen Wirksamkeit" beraubt, da eine Klage am Erfüllungsort bereits nach Art. 5 Nr. 1 Brüssel I-VO/LugÜ II/Art. 7 Nr. 1 Brüssel Ia-VO möglich ist.[251] Bei außervertraglichen Streitigkeiten kommt es darauf an, ob der deliktische Anspruch seine Wurzel im Handeln der Niederlassung für das Stammhaus hat.[252]

5. Gerichtsstand der Streitgenossenschaft (Art. 6 Nr. 1 Brüssel I-VO/LugÜ II/Art. 8 Nr. 1 Brüssel Ia-VO)

74 **a) Grundlagen.** Der Gerichtsstand der (passiven) Streitgenossenschaft (Art. 6 Nr. 1 Brüssel I-VO/LugÜ II/Art. 8 Nr. 1 Brüssel Ia-VO) ermöglicht es dem Kläger, mehrere Personen aus verschiedenen Staaten zusammen am Sitz eines Prozessgegners zu verklagen. Voraussetzung für eine solche Bündelung von Klagen ist zum einen, dass die Klage vor dem Gericht erhoben wird, bei dem einer der Beklagten (der sog **Ankerbeklagte**) seinen Wohnsitz hat. Zum anderen muss zwischen den Klageansprüchen der Ankerklage und den Annexklagen jeweils ein so enger Sachzusammenhang bestehen, dass eine gemeinsame Verhandlung und Entscheidung sinnvoll ist, um widersprechende Entscheidungen zu vermeiden (sog **Konnexität**). Der Gerichtsstand der Streitgenossenschaft bezweckt somit

---

[242] Rauscher/*Leible* Brüssel Ia-VO Art. 7 Rn. 158.
[243] Geimer/Schütze/*Geimer* EuGVVO Art. 5 Rn. 306.
[244] EuGH Urt. v. 6.10.1976 – 14/76, Slg. 1976, 1497 Rn. 20/22 – De Bloos/Bouyer = BeckRS 2004, 71612 (zum EuGVÜ).
[245] EuGH Urt. v. 18.3.1981 – 139/80, Slg. 1981, 819 Rn. 13 – Blanckaert & Willems/Trost = BeckRS 2004, 71596 (zum EuGVÜ); Geimer/Schütze/*Geimer* EuGVVO Art. 5 Rn. 310.
[246] Stein/Jonas/*Roth* § 21 Rn. 17 (bezogen auf § 21 ZPO).
[247] Rauscher/*Leible* Brüssel Ia-VO Art. 7 Rn. 160.
[248] EuGH Urt. v. 9.12.1987 – 218/86, Slg. 1987, 4905 Rn. 14 f. – SAR Schotte/Parfums Rothschild = NJW 1988, 625; Geimer/Schütze/*Geimer* EuGVVO Art. 5 Rn. 309.
[249] Rauscher/*Leible* Brüssel Ia-VO Art. 7 Rn. 160.
[250] EuGH Urt. v. 22.11.1978 – 33/78, Slg. 1978, 2183 Rn. 13 – Somafer/Saar-Ferngas = BeckRS 2004, 70835.
[251] EuGH Urt. v. 6.4.1995 – C-439/93, Slg. 1995, I-961 Rn. 17 – Lloyd's Register of Shipping/Société Campenon Bernard = BeckRS 2004, 77258.
[252] EuGH Urt. v. 22.11.1978 – 33/78, Slg. 1978, 2183 Rn. 13 – Somafer/Saar-Ferngas = BeckRS 2004, 70835.

in erster Linie die Verhinderung von Parallelverfahren und daraus (möglicherweise) resultierenden widersprechenden Entscheidungen.[253]

Der Gerichtsstand der Streitgenossenschaft, der dem romanischen Rechtskreis entlehnt ist,[254] regelt sowohl die **internationale wie auch die örtliche Zuständigkeit**[255] und gilt für **alle Klagearten**.[256] Er greift ein, wenn mehrere Parteien zusammen verklagt werden (Parteimehrheit auf der Beklagtenseite), dh im Rahmen eines Verfahrens.[257] Ob eine Mehrheit von Klägern zusammen prozessieren kann, richtet sich dagegen nicht nach Art. 6 Nr. 1 Brüssel I-VO/LugÜ II/Art. 8 Nr. 1 Brüssel Ia-VO, sondern nach nationalem Recht.[258]   75

Als Ausnahme zum allgemeinen Gerichtsstand ist das *forum connexitatis* eng („strikt") auszulegen.[259] Insbesondere darf aus materiell-rechtlichen Zweckerwägungen (zB Stärkung der privaten Rechtsdurchsetzung) nicht vorschnell die Gerichtspflichtigkeit von Beklagten außerhalb ihres Sitzstaats abgeleitet werden.[260] Jedoch eröffnet der Gerichtsstand der Streitgenossenschaft selbst bei enger Auslegung häufig erhebliche Möglichkeiten zum **forum shopping**. Der Kläger kann den Ankerbeklagten nämlich im Grundsatz frei auswählen und an dessen Wohnsitz seine parallelen Klagen gegen eine Vielzahl weiterer Beklagter anhängig machen, ohne dass es eines besonderen Bezugs des Streitgegenstands oder der Beklagten zum gewählten Forum bedarf.[261] Aus diesem Grund kommt dem Gerichtsstand der Streitgenossenschaft in der kartellrechtlichen Praxis eine sehr große Bedeutung zu.   76

b) Allgemeine Schranken der Anwendbarkeit. Die allgemeinen Schranken der Anwendbarkeit von Art. 6 Nr. 1 Brüssel I-VO/LugÜ II/Art. 8 Nr. 1 Brüssel Ia-VO ergeben sich aus der Systematik des europäischen Zuständigkeitsrechts. Zum einen gilt der Gerichtsstand der Streitgenossenschaft nicht für **Versicherungs- und Verbrauchersachen** (Art. 8, 15 Brüssel I-VO/LugÜ II/Art. 10, 17 Brüssel Ia-VO), da diese Zuständigkeitsregeln keinen Vorbehalt erklären.[262] Zum anderen können die Parteien den Gerichtsstand   77

---

[253] EuGH Urt. v. 27.9.1988 – 189/87, Slg. 1988, 5565 Rn. 11 f. – Kalfelis/Schröder = NJW 1988, 3088 (zum EuGVÜ); EuGH Urt. v. 1.12.2011 – C-145/10, ECLI:EU:C:2011:798 Rn. 77 – Painer/Standard Verlags GmbH = EuZW 2012,182; EuGH Urt. v. 21.5.2015 – C-352/13, ECLI:EU:C:2015:335 Rn. 19 – CDC Hydrogen Peroxide/Akzo Nobel = BeckRS 2015, 80660; siehe auch *Althammer* IPRax 2006, 558 (560); *Basedow/Heinze* FS Möschel 2011, 63 (65). Daneben dient die Konzentration zusammenhängender Klagen prozessökonomischen Zielsetzungen, siehe SchlA GAin *Trstenjak* zu EuGH Urt. v. 1.12.2011 – C-145/10, BeckEuRS 2011, 570115 Rn. 57 m. Fn. 14 – Painer/Standard Verlags GmbH; SchlA GA *Mengozzi* zu EuGH Urt. v. 11.10.2007 – C-98/06, Slg. 2007, I-8319 Rn. 44 – Freeport/Arnoldsson; *Tang* E.L.Rev. 34 (2009), 80 (84).
[254] *Kropholler/v. Hein* EuGVO Art. 6 Rn. 4.
[255] *Geimer* FS Kropholler 2008, 777 (784); *Junker* Internationales Zivilprozessrecht § 12 Rn. 5.
[256] MüKoZPO/*Gottwald* EuGVVO Art. 6 Rn. 2; *Kropholler/v. Hein* EuGVO Art. 6 Rn. 5; *Schlosser/Hess* EuGVVO Art. 8 Rn. 3.
[257] *Kropholler/v. Hein* EuGVO Art. 6 Rn. 5. Für eine Ausweitung auf in verschiedenen Verfahren erhobene Klagen Masri v. Consolidated Constructors International [2005] EWHC 944 (Comm), krit. dazu *Knöfel* IPRax 2006, 503 (504 ff.). Der Court of Appeal hat die Entscheidung bestätigt, siehe Masri v Consolidated Contractors Group SAL [2005] EWCA Civ 1436 [34]. In der später ergangenen Entscheidung des House of Lords war die Frage dann nicht mehr entscheidungserheblich, siehe Masri v Consolidated Contractors International Co SAL [2009] UKHL 43 [39]).
[258] *Geimer* FS Kropholler 2008, 777 (784); Musielak/Voit/*Stadler* EuGVVO Art. 6 Rn. 2.
[259] EuGH Urt. v. 13.7.2006 – C-103/05, Slg. 2006, I-6827 Rn. 22 f. – Reisch Montage/Kiesel Baumaschinen Handels GmbH = NJW 2006, 3550; EuGH Urt. v. 11.10.2007 – C-98/06, Slg. 2007, I-8319 Rn. 35 – Freeport/Arnoldsson = NJW 2007, 3702.
[260] *Weller* ZVglRWiss 112 (2013), 89 (93).
[261] *Hess* Europäisches Zivilprozessrecht § 6 Rn. 85; allg. auch *Mankowski* WuW 2012, 947.
[262] KG Beschl. v. 11.9.2006 – 28 AR 34/06, NJOZ 2007, 1975 (zu Versicherungssachen); BGH Beschl. v. 6.5.2013 – X ARZ 65/13, RIW 2013, 792 = NJW-RR 2013, 1399 (zu Verbrauchersachen); *Hess* Europäisches Zivilprozessrecht § 6 Rn. 83; *Kropholler/v. Hein* EuGVO Art. 6 Rn. 3. In Arbeitssachen ist der Gerichtsstand der Streitgenossenschaft unter der Brüssel I-VO ebenfalls ausgeschlossen, EuGH Urt. v. 22.5.2008 – C-462/06, Slg. 2008, I-3965 – Glaxosmithkline/Rouard = EuZW 2008, 369. Art. 20 Abs. 1 Brüssel Ia-VO erlaubt zumindest die Konzentration von Klagen des Arbeitnehmers gegen mehrere Arbeitgeber.

der Streitgenossenschaft abbedingen.²⁶³ Hat der Kläger mit einem Streitgenossen eine **Gerichtsstandsvereinbarung** geschlossen, die die ausschließliche Zuständigkeit eines anderen Gerichts als des Wohnsitzgerichts des Ankerbeklagten vorsieht und die den kartellrechtlichen Streit erfasst, so ist dieser Streitgenosse nicht auf Grundlage von Art. 6 Nr. 1 Brüssel I-VO/LugÜ II/Art. 8 Nr. 1 Brüssel Ia-VO am Wohnsitz des Ankerbeklagten gerichtspflichtig, sofern er sich nicht rügelos auf das Verfahren einlässt (→ Rn. 125 f.). Diejenigen Streitgenossen, die nicht durch eine solche Gerichtsstandsabrede gebunden werden, können jedoch am Gerichtsstand der Streitgenossenschaft verklagt werden.²⁶⁴

78 **c) Wohnsitz des Anker- und des Annexbeklagten. aa) Sitz des Ankerbeklagten im Forumstaat.** Die Möglichkeit, verschiedene Parteien vor einem Gericht zu verklagen, setzt voraus, dass der Ankerbeklagte zum Zeitpunkt der Klageerhebung²⁶⁵ seinen **Wohnsitz** iSd Art. 59, 60 Brüssel I-VO/LugÜ II/Art. 62, 63 Brüssel Ia-VO **im Gerichtsbezirk** hat. Der Gerichtsstand der Streitgenossenschaft ist nicht eröffnet, wenn dort lediglich ein besonderer Gerichtsstand besteht, etwa der Deliktsgerichtstand,²⁶⁶ oder wenn die Parteien ein Gericht in diesem Staat im Wege einer Vereinbarung für zuständig erklärt haben (Art. 23 Brüssel I-VO/LugÜ II/Art. 25 Brüssel Ia-VO).²⁶⁷

79 Das angerufene Gericht muss im Rahmen seiner Zuständigkeitsprüfung feststellen, dass der Wohnsitz eines der Beklagten im Gerichtsbezirk liegt. Zur Bejahung der Zuständigkeit genügt es nicht, dass der Kläger einen **solchen Sitz lediglich behauptet,** da es sich nicht um eine doppelrelevante Tatsache handelt.²⁶⁸ Ein deutsches Gericht ist somit für Klagen gegen mehrere Personen international und örtlich nur zuständig, wenn der Ankerbeklagte seinen Sitz tatsächlich im Gerichtsbezirk hat. Für die Klage gegen den Ankerbeklagten ergibt sich dies aus Art. 2 Brüssel I-VO/LugÜ II/Art. 4 Brüssel Ia-VO und § 13 ZPO. Die internationale und örtliche Zuständigkeit für Klageansprüche gegenüber Annexbeklagten folgt aus Art. 6 Nr. 1 Brüssel I-VO/LugÜ II/Art. 8 Nr. 1 Brüssel Ia-VO.²⁶⁹

80 **bb) Wohnsitzdivergenz.** Haben alle Beklagten ihren Sitz in ein und demselben Staat, greift der Gerichtsstand der Streitgenossenschaft nicht, da keine internationale Wohnsitzdivergenz von Anker- und Annexbeklagtem vorliegt. Die internationale Zuständigkeit ergibt sich vielmehr bereits gem. Art. 2 Abs. 1 Brüssel I-VO/LugÜ II/Art. 4 Abs. 1 Brüssel Ia-VO.²⁷⁰ Die vollständige internationale Wohnsitzdivergenz der Beklagten ist allerdings keine Voraussetzung des Gerichtsstands der Streitgenossenschaft, so dass bei mehr als einem Annexbeklagten einzelne Paarungen der Streitgenossen durchaus in ein und demselben Mitgliedstaaten ansässig sein können.²⁷¹ Deshalb ist bei einer Klage gegen drei Kartellmitglieder mit Sitz in London, Manchester und Berlin ein Gerichtsstand in London auch für die Klage gegen den in Manchester ansässigen Kartellanten eröffnet. Zwar spricht nach einer in Literatur und Rechtsprechung vertretenen Auffassung dagegen, dass die besonderen Gerichtsstände der Verordnung an und für sich nur gegenüber Personen aus einem

---

²⁶³ BGH Beschl. v. 19.3.1987 – I ARZ 903/86, NJW 1988, 646 (zum EuGVÜ); MüKoZPO/*Gottwald* EuGVVO Art. 6 Rn. 14; *Mankowski* WuW 2012, 947 (951); *Tang* E.L.Rev. 34 (2009), 80 (98f.); Nietsch/Weller/*Wurmnest* Private Enforcement 64 (69).
²⁶⁴ Eingehend zu den Auswirkungen von Gerichtsstandsvereinbarungen auf den Gerichtsstand der Streitgenossenschaft *Tang* E.L.Rev. 34 (2009), 80 (98 ff.).
²⁶⁵ Zu Ausnahmen von diesem Zeitpunkt siehe Rauscher/*Leible* Brüssel Ia-VO Art. 8 Rn. 19.
²⁶⁶ EuGH Urt. v. 27.10.1998 – C-51/97, Slg. 1998, I-6511 Rn. 46 – Réunion européenne/Spliethoff's Bevrachtingskantoor = EuZW 1999, 59 (zum EuGVÜ); MüKoZPO/*Gottwald* EuGVVO Art. 6 Rn. 13.
²⁶⁷ Rauscher/*Leible* Brüssel Ia-VO Art. 8 Rn. 3; Stein/Jonas/*Wagner* EuGVVO Art. 6 Rn. 7.
²⁶⁸ Stein/Jonas/*Wagner* EuGVVO Art. 6 Rn. 16.
²⁶⁹ Kropholler/v. Hein EuGVO Art. 6 Rn. 2.
²⁷⁰ Zöller/*Geimer* EuGVVO Art. 8 Rn. 1; Stein/Jonas/*Wagner* EuGVVO Art. 6 Rn. 17. Bei einer innerstaatlichen Wohnsitzdivergenz der Streitgenossen ist gem. § 36 Abs. 1 Nr. 3 ZPO das nächsthöhere Gericht zur Bestimmung der Zuständigkeit anzurufen.
²⁷¹ MüKoZPO/*Gottwald* EuGVVO Art. 6 Rn. 5; *Schlosser/Hess* EuGVVO Art. 8 Rn. 2; Stein/Jonas/*Wagner* EuGVVO Art. 6 Rn. 18.

„anderen Mitgliedstaat" zur Anwendung gelangen (siehe Art. 3 Abs. 1, Art. 5 Brüssel I-VO/LugÜ II/Art. 5 Abs. 1, Art. 7 Brüssel Ia-VO).[272] Da sich das in Manchester beheimatete Kartellmitglied jedoch sogar in Berlin auf den Streit hätte einlassen müssen, ist es ihm auch zuzumuten, sich in London zu verteidigen.[273]

cc) Sitz des Annexbeklagten; Ausschluss von Drittstaatensachverhalten. Der Gerichtsstand der Streitgenossenschaft greift nach dem Wortlaut der Norm ein, wenn der Annexbeklagte seinen Wohnsitz in einem anderen EU-Mitgliedstaat bzw. LugÜ-Vertragsstaat hat. Folglich können nur **Personen mit Sitz in der EU bzw. in den Vertragsstaaten des LugÜ als Annexbeklagte** am Wohnort des Ankerbeklagten **gerichtspflichtig** gemacht werden. Personen in sonstigen Staaten (Drittstaaten) sind hingegen nicht gem. Art. 6 Nr. 1 Brüssel I-VO/LugÜ II/Art. 8 Nr. 1 Brüssel Ia-VO im europäischen Rechtsraum als Annexbeklagte justizpflichtig (sondern allenfalls nach nationalem Recht), wie der EuGH[274] unlängst entgegen anderslautender Stimmen[275] entschieden hat. Da der Unionsgesetzgeber Forderungen, den Gerichtsstand auch auf Annexbeklagte in Drittstaaten zu erweitern, bei der Ausarbeitung der Brüssel Ia-VO bewusst nicht aufgenommen hat, fehlt es unter Geltung des neuen Rechts auch an einer planwidrigen Regelungslücke, um Art. 8 Nr. 1 Brüssel Ia-VO analog anzuwenden.[276]

d) Konnexität. aa) Hinreichend enge Beziehung zwischen den Klageansprüchen. (1) Allgemeines. Die Begründung des Gerichtsstands der Streitgenossenschaft setzt einen Sachzusammenhang **(Konnexität)** zwischen den Klageansprüchen voraus. Es muss eine so enge Nähebeziehung zwischen Ankerklage und Annexklagen bestehen, dass „eine gemeinsame Verhandlung und Entscheidung geboten erscheint, um zu vermeiden, dass in getrennten Verfahren widersprechende Entscheidungen ergehen könnten". Das Erfordernis der Konnexität ist nach **europäisch-autonomen Grundsätzen** zu konkretisieren.[277] Bei der Auslegung kann sich an Art. 28 Abs. 3 Brüssel I-VO/LugÜ II/Art. 30 Abs. 3 Brüssel Ia-VO orientiert werden, der eine wortgleiche Definition des Sachzusammenhangs wie Art. 6 Nr. 1 Brüssel I-VO/LugÜ II/Art. 8 Nr. 1 Brüssel Ia-VO enthält. Allerdings sollte die Auslegung nur insoweit gleich sein, wie sich nichts anderes aus spezifischen Beklagtenschutzerwägungen ergibt. Im Unterschied zu Art. 28 Abs. 3 Brüssel I-VO/LugÜ II/Art. 30 Abs. 3 Brüssel Ia-VO geht es bei der Eröffnung des Gerichtsstands der Streitgenossenschaft nämlich nicht bloß um die Aussetzung eines Verfahrens; vielmehr verliert der Annexbeklagte den Schutz seines Wohnsitzgerichtsstands. Daher kann eine engere Auslegung des Sachzusammenhangs gem. Art. 6 Nr. 1 Brüssel I-VO/LugÜ II/Art. 8 Nr. 1 Brüssel Ia-VO geboten sein.[278]

Ganz allgemein gesprochen kann von einem hinreichenden Sachzusammenhang ausgegangen werden, wenn die Entscheidung über einen Anspruch von der Entscheidung über einen anderen Anspruch abhängt oder die Entscheidung über beide Ansprüche von der

---

[272] BayObLG Beschl. v. 25.3.1997 – 1Z AR 2/97, RIW 1997, 596 = BeckRS 1997, 3159; *Kropholler/v. Hein* EuGVO vor Art. 5 Rn. 4; *Lund* Streitgenossenschaft 147ff.
[273] Bezogen auf ein ähnliches Beispiel Stein/Jonas/*Wagner* EuGVVO Art. 6 Rn. 18.
[274] EuGH Urt. v. 11.4.2013 – C-645/11, ECLI:EU:C:2013:228 Rn. 56 – Land Berlin/Sapir = EuZW 2013, 503; zustimmend *Lund* IPRax 2014, 140 (145); für diese Lösung schon *Brandes* Der gemeinsame Gerichtsstand 95; *Grolimund* Drittstaatenproblematik Rn. 459f.; *Vogenauer* IPRax 2001, 253 (256).
[275] Für eine Erstreckung auf Personen mit Sitz in einem Drittstaat etwa OLG Stuttgart Urt. v. 31.7.2012 – 5 U 150/11, NJW 2013, 83 (85); *Geimer* FS Kropholler 2008, 777 (783f.); *Mankowski* WuW 2012, 947 (951); Stein/Jonas/*G. Wagner* EuGVVO Art. 6 Rn. 22.
[276] *Stadler* JZ 2015, 1138 (1140); ähnlich Rauscher/*Leible* Brüssel Ia-VO Art. 8 Rn. 9.
[277] EuGH Urt. v. 13.7.2006 – C-103/05, Slg. 2006, I-6827 Rn. 29 – Reisch Montage/Kiesel Baumaschinen Handels GmbH = NJW 2006, 3550; OGH Beschl. v. 14.2.2012 – 5 Ob 39/11p, WuW/E KRInt 393 (400); *Geimer* FS Kropholler 2008, 777 (786).
[278] SchlA GAin *Trstenjak* zu EuGH v. 1.12.2011 – C-145/10, BeckEuRS 2011, 570115 Rn. 71 – Painer/Standard Verlags GmbH; Rauscher/*Leible* Brüssel Ia-VO Art. 8 Rn. 10; *Weller* ZVglRWiss 112 (2013), 89 (92); aA *Kropholler/v. Hein* EuGVO Art. 6 Rn. 9 (einheitliche Maßstäbe im Interesse der Rechtssicherheit).

Beurteilung einer gemeinsamen Vorfrage abhängt.[279] Auf welche Fallgruppen diese Grundsätze angewendet werden können, ist allerdings alles andere als klar. Dies ist vornehmlich dem Umstand geschuldet, dass die **Rechtsprechung des EuGH** aufgrund sich reibender Ausführungen „**wenig kohärent**" ist[280] und daher das „Luxemburger Portrait der Konnexität" lediglich „verschwommene Konturen" aufweist.[281] An diesem Zustand ist allerdings die nationale Rechtsprechung nicht ganz unschuldig. Die Gerichte in den Mitgliedstaaten haben nur sehr zurückhaltend vom Vorlageverfahren Gebrauch gemacht und den Gerichtsstand der Streitgenossenschaft häufig ohne vertiefte Auseinandersetzung mit der EuGH-Rechtsprechung ausgelegt.[282] Erst im Jahre 2015 konnte der EuGH sich auf Vorlage des LG Dortmund[283] zur Anwendung des Gerichtsstands der Streitgenossenschaft auf die Bündelung von Klagen gegen verschiedene Kartellmitglieder äußern.[284]

84 **(2) Widersprechende Entscheidungen bei derselben Sach- und Rechtslage.** Nach dem Wortlaut des Art. 6 Nr. 1 Brüssel I-VO/LugÜ II/Art. 8 Nr. 1 Brüssel Ia-VO kann ein hinreichender Sachzusammenhang zwischen verschiedenen Klageansprüchen angenommen werden, wenn aufgrund der engen Beziehungen der unterschiedlichen Klagen „widersprechende Entscheidungen" zu befürchten stehen. Nach der kritisierten[285] Rechtsprechung des EuGH reicht es hierfür nicht aus, dass ein Streit von verschiedenen mitgliedstaatlichen Gerichten unterschiedlich entschieden werden kann. Vielmehr muss diese Abweichung auch bei „derselben Sach- und Rechtslage" auftreten.[286] Ein hinreichender Sachzusammenhang kann ferner nur angenommen werden, sofern es für die Beklagten vorhersehbar war, dass sie am Wohnsitz des Ankerbeklagten verklagt werden könnten.[287]

85 Das Vorliegen **derselben Rechtslage** setzt nicht zwingend voraus, dass sich die Klageansprüche nach den gleichen Rechtsnormen beurteilen. Die **Rechtsgrundlagen** der Klagen sind nämlich nur ein **Element des Abwägungsprozesses** bei der Bestimmung der Einheitlichkeit der zugrundeliegenden Rechtslage.[288] Je stärker sich die Rechtsgrundlagen der Klagen ähneln (Stichwort: Harmonisierung der Haftungsvoraussetzungen und der Haftungsfolgen durch EU-Recht), desto eher wird man von der gleichen Rechtslage auszugehen haben. So hat der EuGH im Fall *Roche Nederland* einen Zusammenhang von Klagen wegen der gemeinsamen Verletzung eines europäischen Bündelpatents in verschiedenen Staaten mangels einheitlicher Rechtslage abgelehnt, weil das (nicht harmoni-

---

[279] *Hess* Europäisches Zivilprozessrecht § 6 Rn. 84; *Schack* Zivilverfahrensrecht Rn. 409; ähnlich SchlA GAin *Trstenjak* zu EuGH v. 1.12.2011 – C-145/10, BeckEuRS 2011, 570115 Rn. 97 – Painer/Standard Verlags GmbH.
[280] *Hess* Europäisches Zivilprozessrecht § 6 Rn. 85.
[281] *Lund* RIW 2012, 377. Pointiert auch SchlA GAin *Trstenjak* zu EuGH v. 1.12.2011 – C-145/10, BeckEuRS 2011, 570115 Rn. 85 – Painer/Standard Verlags GmbH („Gesamtkonzept des Gerichtshofs [bleibt] unklar."); *Althammer* IPRax 2008, 228 (230) („keine ausreichende Präzisierung" des Merkmals der Konnexität); *Roth* FS Kropholler 2008, 885 („rätselhafte Norm").
[282] Mit der EuGH-Rechtsprechung zu Art. 6 Nr. 1 EuGVVO setzten sich zB nicht auseinander Cooper Tire & Rubber Co. Europe Ltd. v. Dow Deutschland Inc. [2010] EWCA Civ 864; Toshiba Carrier UK Ltd. v. KME Yorkshire Ltd. [2012] EWCA Civ 1190; OGH Beschl. v. 14.2.2012 – 5 Ob 39/11p, WuW/E KRInt 393.
[283] LG Dortmund Vorlagebeschl. v. 29.4.2013 – 13 O (Kart) 23/09, GRUR Int. 2013, 842.
[284] EuGH Urt. v. 21.5.2015 – C-352/13, ECLI:EU:C:2015:335 Rn. 52f. – CDC Hydrogen Peroxide/ Akzo Nobel = BeckRS 2015, 80660.
[285] SchlA GAin *Trstenjak* zu EuGH v. 1.12.2011 – C-145/10, BeckEuRS 2011, 570115 Rn. 78 – Painer/ Standard Verlags GmbH.
[286] EuGH Urt. v. 11.10.2007 – C-98/06, Slg. 2007, I-8319 Rn. 40 – Freeport/Arnoldsson = NJW 2007, 3702; EuGH Urt. v. 13.7.2006 – C-539/03, Slg. 2006, I-6535 Rn. 26 – Roche Nederland/Primus = NJW 2007, 2240; EuGH Urt. v. 1.12.2011 – C-145/10, EuZW 2012, 182 Rn. 79 – Painer/Standard Verlags GmbH.
[287] EuGH Urt. v. 1.12.2011 – C-145/10, EuZW 2012, 182 Rn. 81 – Painer/Standard Verlags GmbH. Die Anerkennung des „ungeschriebenen Tatbestandsmerkmals" eines „streitgenössischen Kontakts zum Ankerbeklagten" fordert daher *Lund* Streitgenossenschaft 75ff.
[288] EuGH Urt. v. 1.12.2011 – C-145/10, ECLI:EU:C:2011:798 Rn. 76ff. – Painer/Standard Verlags GmbH = EuZW 2012, 182.

sierte) nationale Recht des Erteilungsstaats über die Beurteilung der Verletzung der jeweiligen nationalen Teile des Bündelpatents zu entscheiden hat.[289] Dagegen wurde in der Rechtssache *Painer* die Bündelung von Klageansprüchen auf Grundlage verschiedener nationaler Urheberrechte bejaht, weil das Urheberrecht durch eine europäische Richtlinie weitgehend harmonisiert ist.[290]

An **derselben Sachlage** mangelt es nach Ansicht des EuGH, wenn verschiedene juristische Personen in verschiedenen Staaten Verletzungshandlungen vornehmen. Etwas anderes gilt für den Fall, dass die **Konzernmutter ihren Töchtern das rechtsverletzende Verhalten vorgibt,** wie obiter im Fall *Roche Nederland* ausgeführt wurde.[291] In der neueren Entscheidung *Painer* hat der EuGH dann sehr allgemein geurteilt, dass die nationalen Gerichte die Einheitlichkeit der Sachlage festzustellen haben und dabei auch zu berücksichtigen haben, ob die Beklagten die (vermeintliche) Rechtsverletzung **unabhängig voneinander oder gemeinschaftlich begangen** haben.[292] 86

(3) Schadensersatzklagen gegen Kartelle. Welche Folgerungen man aus den vorgenannten Grundsätzen für Schadensersatzklagen gegen Mitglieder eines grenzüberschreitenden Kartells zu ziehen hat, war Gegenstand einer lebhaften Kontroverse, die maßgeblich durch die wenig kohärente Entscheidungspraxis des EuGH befeuert wurde.[293] Vereinfacht ausgedrückt sprach die Entscheidung *Roche Nederland* eher gegen die Eröffnung des Gerichtsstands der Streitgenossenschaft für Schadensersatzklagen gegen verschiedene Kartellmitglieder, während die in der Rechtssache *Painer* genannten Kriterien die Bejahung eines Sachzusammenhangs nahelegten. 87

Im Fall *CDC*[294] hat der EuGH dann wenig überraschend vor allem unter Verweis auf die Rechtssache *Painer* geurteilt, dass die Anwendung des Gerichtsstands der Streitgenossenschaft auf Follow-on-Schadensersatzklagen gegen Mitglieder grenzüberschreitender Kartelle zulässig sei und damit die von vielen nationalen Gerichten[295] vertretene Auslegung bestätigt. Nach dem EuGH beruhen Klagen gegen Kartellanten auf derselben Sach- und Rechtslage, sofern die beklagten Unternehmen an einer einheitlichen und fortgesetzten Zuwiderhandlung gegen Art. 101 AEUV beteiligt waren. In einem solchen Fall drohten in Follow-on-Schadensersatzprozessen widersprechende Entscheidungen, wenn ein Kartellopfer vor Gerichten verschiedener Mitgliedstaaten Klage erhebe. 88

Die **einheitliche Sachlage** ergibt sich daraus, dass die Kartellbeteiligten durch ihr fortgesetztes Zusammenwirken die Wettbewerbsbedingungen im Markt verfälscht haben. Die **einheitliche Rechtslage** wird vom Gerichtshof mehr behauptet, denn begründet.[296] Der 89

---

[289] EuGH Urt. v. 13.7.2006 – C-539/03, Slg. 2006, I-6535 Rn. 27 ff. – Roche Nederland/Primus = NJW 2007, 2240. Verletzen hingegen verschiedene Täter bestimmte nationale Teile eines Bündelpatents durch eigenständige Handlungen, kann ein Sachzusammenhang einfach bejaht werden, da sich die Haftung der Rechtsverletzer nach demselben nationalen Patentrecht richtet, siehe EuGH Urt. v. 12.7.2012 – C-616/10, ECLI:EU:C:2012:445 Rn. 28 – Solvay/Honeywell Fluorine Products Europe EuZW 2013, 837.

[290] EuGH Urt. v. 1.12.2011 – C-145/10, ECLI:EU:C:2011:798 Rn. 84 – Painer/Standard Verlags GmbH = EuZW 2012, 182.

[291] EuGH Urt. v. 13.7.2006 – C-539/03, Slg. 2006, I-6535 Rn. 34 – Roche Nederland/Primus = NJW 2007, 2240.

[292] EuGH Urt. v. 1.12.2011 – C-145/10, EuZW 2012, 182 Rn. 83 – Painer/Standard Verlags GmbH.

[293] Gegen die Anwendung des Gerichtsstands der Streitgenossenschaft auf Schadensersatzklagen gegen Kartelle haben sich etwa ausgesprochen *Basedow/Heinze* FS Möschel 2011, 63 (71 ff.) (für Fälle vor Inkrafttreten der Rom II-VO); *Nietsch/Weller/Börger* Private Enforcement 51 (59 f.). Für die Anwendung dieses Gerichtsstands plädierten etwa *Hess* WuW 2010, 493 (500); *Mäsch* IPRax 2005, 509 (512 f.); *Mankowski* WuW 2012, 947 (949 f.); *Tzakas* Kartellrechtsverstöße 130; *Weller* ZVglRWiss 112 (2013), 89 (101).

[294] EuGH Urt. v. 21.5.2015 – C-352/13, ECLI:EU:C:2015:335 Rn. 33 – CDC Hydrogen Peroxide/Akzo Nobel = BeckRS 2015, 80660.

[295] Vgl. nur OGH Beschl. v. 14.2.102–5 Ob 39/11p,WuW/E KRIn 393; Rechtbank Midden-Nederland, Beschl. v. 27.11.2013, ECLI:NL:RBMNE:2013:5978 Rn. 2.12.; Cooper Tire & Rubber Company v. Shell Chemicals UK Ltd. [2009] EWHC 2609 [34 ff.].

[296] Vgl. nur die Kritik von *Stadler* JZ 2015, 1138 (1142), die iE die Konnexität aus dem Vorliegen einer Gesamtschuld der Streitgenossen ableiten möchte, die durch die Behördenentscheidung in der Sache feststehe.

EuGH stellt zum einen darauf ab, dass der Rechtsverstoß der Kartellanten unionsrechtlich determiniert wird.[297] Dass sich entscheidende Voraussetzungen des Schadensersatzanspruchs (Gesamtschuld, Schadensberechnung, Zinsen, Verjährung etc) nach nationalem Recht richten, welches derzeit nicht harmonisiert ist[298] und durch die Rechtsprechung des EuGH zum Effektivitäts- und Äquivalenzgebot[299] lediglich marginal europäisch überformt wird, schließt nach Ansicht des EuGH die Anwendung des Gerichtsstands der Streitgenossenschaft nicht aus, „sofern für die Beklagten **vorhersehbar** war, dass sie in dem Mitgliedstaat, in dem mindestens einer von ihnen seinen Wohnsitz hatte, verklagt werden könnten".[300] Dies bejaht der EuGH, wenn eine **Entscheidung der Kommission** vorliegt, die die Beteiligung der Streitgenossen am Kartell verbindlich feststellt. In einem solchen Fall sei es nämlich für alle in der Entscheidung genannten Unternehmen vorhersehbar, dass sie am Sitz eines Kartellbruders verklagt werden könnten.[301] Der Verweis auf die Kommissionsentscheidung vermag allerdings nur bedingt zu überzeugen, da eine solche Entscheidung unter Umständen erst Jahre nach Ende des Kartells ergehen kann. Der Grundsatz der Rechtssicherheit verlangt allerdings, dass die Deliktstäter schon bei der Tatausführung vorhersehen konnten, in welchen Staaten sie gerichtspflichtig sind.[302] Da die beklagten Kartellanten aber im Fall *CDC* alle unmittelbar an der Vereinbarung des Kartells beteiligt waren und daher ihre Mittäter kennen konnten,[303] ist dem EuGH im Ergebnis zuzugeben, dass das Kriterium der Vorhersehbarkeit in einer solchen Konstellation bejaht werden kann.[304] Auch kann der Gerichtsstand der Streitgenossenschaft einschlägig sein, wenn in einem solchen Fall eine **nationale Behörde** den Verstoß gegen das EU-Kartellverbot feststellt oder es an einer Entscheidung mangelt.[305] Aus der Rechtsprechung des EuGH wird allerdings nicht ganz klar, ob es unerheblich ist, ob die in der Entscheidung der Kommission (oder der nationalen Behörde) adressierten Unternehmen unmittelbar oder mittelbar über das Konzept der wirtschaftlichen Einheit (→ Rn. 90) am Kartellverstoß beteiligt waren.[306]

90 Ebenfalls nicht durch den EuGH geklärt ist die Frage, ob Art. 6 Nr. 1 Brüssel I-VO/LugÜ II/Art. 8 Nr. 1 Brüssel Ia-VO auf Unternehmen angewendet werden kann, die nach dem Grundsatz der **wirtschaftlichen Einheit** haften, aber nicht selbst Adressaten einer Entscheidung der Kommission (oder einer nationalen Kartellbehörde) sind (→ Rn. 20). Diese Problematik ist lebhaft umstritten. Nach dem Grundsatz der wirtschaftlichen Einheit, wie ihn der EuGH maßgeblich im Fall *Akzo Nobel*[307] konkretisiert

---

[297] EuGH Urt. v. 21.5.2015 – C-352/13, ECLI:EU:C:2015:335 Rn. 21 – CDC Hydrogen Peroxide/Akzo Nobel = BeckRS 2015, 80660.
[298] Auch nach der Umsetzung der RL 2014/104/EU über bestimmte Vorschriften für Schadensersatzklagen nach nationalem Recht wegen Zuwiderhandlungen gegen wettbewerbsrechtliche Bestimmungen der Mitgliedstaaten und der Europäischen Union, ABl. 2014 L 349, 1, wird das nationale Haftungsrecht nur punktuell vereinheitlicht sein.
[299] Vgl. dazu EuGH Urt. v. 20.9.2001 – C-453/99, Slg. 2001, I-6297 – Courage/Crehan = EuZW 2001, 715; EuGH Urt. v. 13.7.2006 – C-295/04 bis 298/04, Slg. 2006, I-6619 – Manfredi/Lloyd Adriatico Assicurazioni = EuZW 2006, 529. *Weller* ZVglRWiss 112 (2013), 89 (97) erkennt daher eine gewisse Grundharmonisierung.
[300] EuGH Urt. v. 21.5.2015 – C-352/13, ECLI:EU:C:2015:335 Rn. 23 – CDC Hydrogen Peroxide/Akzo Nobel = BeckRS 2015, 80660 (Hervorhebung hinzugefügt) unter Verweis auf EuGH Urt. v. 1.12.2011 – C-145/10, ECLI:EU:C:2011:798 Rn. 84 – Painer/Standard Verlags GmbH = EuZW 2012, 182.
[301] EuGH Urt. v. 21.5.2015 – C-352/13, ECLI:EU:C:2015:335 Rn. 24 – CDC Hydrogen Peroxide/Akzo Nobel = BeckRS 2015, 80660.
[302] *Wurmnest* Common Market Law Review 53 (2016), 225 (236).
[303] Allg. zu diesem Kriterium *Mankowski* WuW 2012, 947 (949).
[304] Im Schrifttum wird auch der Aspekt der Gesamtschuld für maßgeblich gehalten, vgl. *Stadler* JZ 2015, 1138 (1142).
[305] *Wiegandt* EWS 2015, 158 (159).
[306] Für eine Übertragung schon *Lund* Streitgenossenschaft 241 ff., 257 ff.
[307] EuGH Urt. v. 10.9.2009 – C-97/08 P, Slg. 2009, I-8237 Rn. 60 – Akzo Nobel/Kommission = BeckRS 2009, 70987; siehe auch EuGH Urt. v. 8.5.2013 – C-508/11 P, ECLI:EU:C:2013:289 Rn. 46 ff. – ENI/Kommission (mAnm *Nehl*) = BeckRS 2013, 80930.

hat, können auch Konzerngesellschaften (Muttergesellschaften etc) für Kartellunrecht haften, das andere Glieder des Unternehmensverbunds begangen haben.[308] Nach dieser Lehre bilden unterschiedliche Unternehmen innerhalb eines Unternehmensverbunds eine wirtschaftliche Einheit, so dass der Verstoß eines Unternehmens bußgeldrechtlich auch anderen Unternehmen dieser Einheit zuzurechnen ist. Dies setzt voraus, dass die Konzernspitze Einfluss auf das Marktverhalten der Tochterunternehmen ausüben kann. Dass ein solcher Einfluss besteht, wird bei 100%igen Tochtergesellschaften (widerlegbar) vermutet. Verstößt in einem solchen Unternehmensverbund ein Unternehmen gegen das europäische Kartellrecht, kann sich die Bußgeldentscheidung an alle Träger der wirtschaftlichen Einheit richten. Im Ergebnis ist somit eine Muttergesellschaft für einen Kartellrechtsverstoß, den ihre Tochter geplant und ausgeführt hat, bußgeldpflichtig. Dieser Ansatz wird bisweilen auf das Zivil- bzw. Zivilprozessrecht übertragen. Vor diesem Hintergrund können auch **Klagen gegen eine Muttergesellschaft** einer unmittelbar am Kartellverstoß beteiligten Tochter auf Grundlage des Gerichtsstands der Streitgenossenschaft konzentriert werden, selbst wenn die Muttergesellschaft nicht Adressatin der Kommissionsentscheidung war.[309] So gründete etwa der österreichische OGH seine Zuständigkeit bei einer Klage gegen das Aufzugskartell auf Art. 6 Nr. 1 Brüssel I-VO/LugÜ II/Art. 8 Nr. 1 Brüssel Ia-VO.[310] In diesem Fall waren eine Reihe österreichischer Unternehmen verklagt, die die Preise für den österreichischen Markt abgesprochen hatten. Als Annexbeklagte wurde auch eine ausländische Partei, nämlich die „Großmuttergesellschaft" der österreichischen Ankerbeklagten, in Anspruch genommen. Der OGH leitete seine Zuständigkeit für Ansprüche gegen die Annexbeklagte maßgeblich aus dem Grundsatz der wirtschaftlichen Einheit und dessen zivilrechtlichen Haftungsfolgen ab. Die gesellschaftsrechtliche Verflechtung der Ankerbeklagten und der ausländischen Annexbeklagten, die maßgeblichen Einfluss auf die Geschäftsführung der unmittelbar an der Kartellabsprache beteiligten Ankerbeklagten hatte, sowie die daraus (möglicherweise) resultierende gesamtschuldnerische Haftung der Beklagten mit den anderen Beteiligten des Aufzugskartells reichten dem OGH aus, um einen hinreichend engen Zusammenhang zu bejahen.[311] Diese Auslegung ist – wenn man die Figur der wirtschaftlichen Einheit auf das Haftungsrecht übertragen möchte – in der Sache nachvollziehbar und mit dem Grundsatz der Vorhersehbarkeit vereinbar.

Problematisch sind dagegen Fälle, in denen **Tochterunternehmen als Ankerbeklagte** ausgewählt werden, die die Kartellabsprache (auf Weisung der Mutter) implementiert haben. In diesem Zusammenhang wird teilweise vertreten, dass die Tochter ebenfalls für den Verstoß einzustehen habe.[312] Folgt man diesem Ansatz, könnte sehr häufig die Tochtergesellschaft eines Kartellanten als Ankerbeklagte ausgewählt werden. Da Unternehmen oftmals lokale Tochtergesellschaften besitzen, über die sie ihre Waren in einzelnen EU-/LugÜ-Staaten vertreiben, kann es zu einer erheblichen Vervielfachung von Gerichtsständen und in der Sache zu einem fliegenden Wahlgerichtstand für

91

---

[308] Eingehend zu dieser Rechtsfigur *Kersting* Der Konzern 2011, 445 ff.; *Kokott/Dittert* WuW 2012, 670 ff.
[309] *Lund* Streitgenossenschaft 241 ff., 268 ff. mwN; aA LG Berlin Urt. v. 6.8.2013 – 16 O 193/11, BeckRS 22659; *Thomas/Legener* NZKart 2016, 153 ff. (zum mat. Recht).
[310] OGH Beschl. v. 14.2.2012 – 5 Ob 39/11p, WuW/E KRInt 393.
[311] OGH Beschl. v. 14.2.2012 – 5 Ob 39/11p, WuW/E KRInt 393 (401).
[312] Hierfür *Bulst* EBOR 4 (2003), 623 (640 ff.); *Zimmer* Auswirkungsprinzip 307. Der High Court hat die kartelldeliktische Verantwortlichkeit von Tochtergesellschaften unter Anwendung des Konzepts der wirtschaftlichen Einheit bereits bejaht; vgl. Provimi Ltd. v. Roche Products Ltd. and other actions [2003] EWHC 961 [31 ff.] (Comm); Cooper Tire & Rubber Company v. Shell Chemicals UK Ltd. [2009] EWHC 2609 [48 ff.] (Comm). Der Court of Appeal hat das Vorgehen des High Court akzeptiert, wobei als Alternative zur Begründung der kartelldeliktischen Verantwortlichkeit von Tochtergesellschaften die Erleichterung der Darlegung eines *eigenständigen* Kartellverstoßes aufgezeigt wurde, vgl. Cooper Tire & Rubber Co. Europe Ltd. v. Dow Deutschland Inc. [2010] EWCA Civ 864 [45 f.]. AA Toshiba Carrier UK Ltd. v. KME Yorkshire Ltd. [2012] EWCA Civ 1190 [37 f.]) (Konzept der wirtschaftlichen Einheit kann nicht fruchtbar gemacht werden, um gutgläubige Tochter für Verstoß der Mutter haften zu lassen. Kläger muss vortragen, dass Tochtergesellschaft die Kartellabsprache wissentlich implementiert hat).

Kartellgeschädigte kommen, der dem Kläger erhebliche Möglichkeiten zum forum shopping verschafft.[313] Wenn man eine solche Inflationierung von Gerichtsständen aufgrund der Funktionsweise europäischer Kartelle für sachgerecht hält,[314] wird man auch argumentieren können, dass es für Personen, die sich an einem europaweit agierenden Kartell beteiligen, vorhersehbar ist, dass sie durch ihre Beteiligung an der wettbewerbsbeschränkenden Absprache überall dort verklagt werden können, wo ihre Kartellbrüder oder Tochtergesellschaften sitzen, die die Ware zu Kartellkonditionen veräußert haben. Dabei gilt es indes zu bedenken, dass bloße Vertriebsgesellschaften – anders als die an der Kartellvereinbarung beteiligten Muttergesellschaften – oftmals keine Kenntnis darüber haben werden, auf welchen anderen mitgliedstaatlichen Märkten die Kartellkonditionen ebenfalls zu implementieren sind.[315]

Vor diesem Hintergrund gilt es, einschränkende Kriterien zu entwickeln, um die Gerichtspflichtigkeit von Tochterunternehmen nicht über Gebühr ausufern zu lassen. Im Schrifttum werden verschiedene Eingrenzungen debattiert. So wird in Bezug auf Klagen gegen europaweit agierende Kartelle vorgeschlagen, dass zumindest ein erheblicher Teil des Schadens des Klägers durch Absatzgeschäfte des Ankerbeklagten verursacht worden sein muss.[316] Ein anderer Ansatz macht sich dafür stark, bei der Wahl einer gutgläubigen Tochtergesellschaft als Ankerbeklagten die Gefahr widersprechender Entscheidungen lediglich in Bezug auf die durch die Absatzaktivitäten dieser Tochtergesellschaft verursachten Schäden zu bejahen.[317] Nach der Entscheidung des EuGH im *CDC*-Fall dürfte allerdings dem Kriterium der Vorhersehbarkeit eine Schlüsselrolle zur Eingrenzung der sachlichen Reichweite des Gerichtsstands der Streitgenossenschaft zukommen, sofern der EuGH nicht andere Einschränkungskriterien entwickelt. Um diesbezüglich schnell Rechtsklarheit zu erreichen, sollten nationale Gerichte entsprechende Vorlageverfahren einleiten.

92 **bb) Grenzen (Missbrauchskontrolle/Zweckentfremdung).** Anders als in Art. 6 Nr. 2 Brüssel I-VO/LugÜ II/Art. 8 Nr. 2 Brüssel Ia-VO ist in Art. 6 Nr. 1 Brüssel I-VO/LugÜ II/Art. 8 Nr. 1 Brüssel Ia-VO kein allgemeiner Missbrauchseinwand normiert. Der EuGH hat in einer älteren Entscheidung in einem obiter dictum angedeutet, dass der in Nr. 2 normierte prozessuale Missbrauchseinwand allgemeiner Natur sei und daher auch bei Nr. 1 berücksichtigt werden könne.[318] In seiner neueren Rechtsprechung lehnt der EuGH die analoge Anwendung auf Nr. 1 jedoch ab, da das Erfordernis der engen Beziehung zwischen den Klagen etwaigen Missbräuchen hinreichend vorbeuge.[319] Somit muss nach der Rechtsprechung eine etwaige **Zweckentfremdung bei der Bestimmung der Konnexität der Klagen berücksichtigt** werden.[320] Allgemein gesprochen kann eine Klage nicht auf den Gerichtsstand der Streitgenossenschaft gestützt werden, wenn „beweiskräftige Indizien" dafür vorliegen, dass der Kläger die Tatbestandsvoraussetzungen für die Anwendung dieses Gerichtsstands „künstlich herbeigeführt oder aufrechterhalten hat".[321] Diesbezüglich gilt es Fallgruppen herauszuarbeiten. Eine **Klage am allgemeinen Ge-**

---

[313] Gegen die Annahme eines Sachzusammenhangs daher Stein/Jonas/*Wagner* EuGVVO Art. 6 Rn. 36 f.
[314] So *Mankowski* WuW 2012, 947 (950).
[315] *Lund* Streitgenossenschaft 305.
[316] *Basedow/Heinze* FS Möschel 2011, 63 (79 ff.).
[317] *Lund* Streitgenossenschaft 299 ff., der seine Ansicht auf eine Einschränkung der gesamtschuldnerischen Haftung gutgläubiger Tochtergesellschaften stützt.
[318] EuGH Urt. v. 13.7.2006 – C-103/05, Slg. 2006, I-6827 Rn. 32 – Reisch Montage/Kiesel Baumaschinen Handels GmbH = NJW 2006, 3550.
[319] EuGH Urt. v. 11.10.2007 – C-98/06, Slg. 2007, I-8319 Rn. 52 – Freeport/Arnoldsson = NJW 2007, 3702.
[320] Krit. zu dieser Verquickung von Konnexitätserfordernis und Missbrauchskontrolle *Kropholler/v. Hein* EuGVO Art. 6 Rn. 15. AA Zöller/*Geimer* EuGVVO Art. 8 Rn. 5, der in der richtigen Handhabung der Konnexität ein ausreichendes Korrektiv erblickt.
[321] EuGH Urt. v. 21.5.2015 – C-352/13, ECLI:EU:C:2015:335 Rn. 29 – CDC Hydrogen Peroxide/Akzo Nobel = BeckRS 2015, 80660.

richtsstand des Hauptbeklagten[322] kann allerdings nicht Voraussetzung dafür sein, den Gerichtsstand der Streitgenossenschaft zu eröffnen, weil die einzelnen Wohnsitzgerichtsstände für die Bestimmung des Gerichtsstands der Streitgenossenschaft nicht gewichtet werden können.[323]

(1) Unzulässigkeit der Ankerklage. Nach der Rechtsprechung des EuGH im Fall *Reisch Montage* ist es für die Begründung des Gerichtsstands grundsätzlich unbeachtlich, ob die Ankerklage nach der lex fori unzulässig ist, da nationales Recht (konkret ging es um die Eröffnung eines Insolvenzverfahrens) nicht die Reichweite einer EU-Verordnung bestimmen kann.[324] Die Erhebung einer **unzulässigen Ankerklage ist somit nicht rechtsmissbräuchlich**. Eine **Ausnahme** von diesem Grundsatz muss aber für Fälle gelten, in denen die Klage gegen den Ankerbeklagten **in Kenntnis von deren Unzulässigkeit** angestrengt wird.[325] Dies ergibt sich aus dem Hinweis des EuGH, dass der Gerichtsstand der Streitgenossenschaft nicht so ausgelegt werden darf, dass es „einem Kläger erlaubt wäre, eine Klage gegen mehrere Beklagte allein zu dem Zweck zu erheben, einen von diesen der Zuständigkeit der Gerichte seines Wohnsitzstaats zu entziehen".[326] Eine unzulässige Ankerklage kann ferner auch dann nicht die Zuständigkeit des angegangenen Gerichts für eine Annexklage begründen, wenn das **angerufene Gericht entweder international oder örtlich unzuständig** ist.[327] Diese Ausnahme ist aber bereits dem Tatbestand von Art. 6 Nr. 1 Brüssel I-VO/LugÜ II/Art. 8 Nr. 1 Brüssel Ia-VO inhärent (es mangelt an einem Beklagtenwohnsitz im Gerichtsbezirk → Rn. 78), so dass es eines Rückgriffs auf eine Missbrauchskontrolle nicht bedarf.[328]

(2) Unbegründetheit der Ankerklage. Inwieweit die Begründetheit der Ankerklage bei der Bestimmung der Konnexität berücksichtigt werden darf, ist Gegenstand einer regen Debatte. Einigkeit besteht lediglich im Ausgangspunkt: Erweist sich die Klage gegen den Ankerbeklagten nachträglich als unbegründet, so entfällt die Zuständigkeit des Wohnsitzgerichts des Ankerbeklagten nicht.[329] Umgekehrt begründet eine unschlüssige Ankerklage, die auch nicht schlüssig gemacht werden kann, keinen Gerichtsstand der Streitgenossenschaft.[330]

Umstritten ist dagegen, ob die Erfolgsaussichten der Klage im Rahmen der Zuständigkeitsprüfung berücksichtigt werden dürfen. Der EuGH hat sich zu dieser Frage noch nicht explizit geäußert.[331] Die Entscheidung im Fall *Reisch Montage* zu den Folgen der Unzulässigkeit einer Klage nach nationalem Recht legt auf den ersten Blick allerdings nahe, dass der Gerichtshof ein Zuständigkeitshindernis, das sich nicht aus dem Wortlaut der Verordnung ergibt, kaum gutheißen wird.[332] Zwingend ist dies aber nicht, da die Berücksichtigung der Erfolgsaussichten einer Klage eher mit der europäisch-autonomen

---

[322] So *Brandes* Der gemeinsame Gerichtsstand 136 f.
[323] *Lund* Streitgenossenschaft 132 f.
[324] EuGH Urt. v. 13.7.2006 – C-103/05, Slg. 2006, I-6827 Rn. 33 – Reisch Montage/Kiesel Baumaschinen Handels GmbH = NJW 2006, 3550; *Geimer* FS Kropholler 2008, 777 (785); *Kropholler/v. Hein* EuGVO Art. 6 Rn. 16; krit. dazu *Althammer* IPRax 2006, 558 (560 ff.); *Thole* ZZP 122 (2009), 423 (440 f.); *Würdinger* ZZPInt 11 (2006), 180 (188).
[325] Stein/Jonas/*Wagner* EuGVVO Art. 6 Rn. 39.
[326] EuGH Urt. v. 13.7.2006 – C-103/05, Slg. 2006, I-6827 Rn. 32. – Reisch Montage/Kiesel Baumaschinen Handels GmbH = NJW 2006, 3550.
[327] *Kropholler/v. Hein* EuGVO Art. 6 Rn. 16; *Roth* FS Kropholler 2008, 885 (899).
[328] *Kropholler/v. Hein* EuGVO Art. 6 Rn. 16.
[329] *Althammer* IPRax 2008, 228 (231 m. Fn. 58); MüKoZPO/*Gottwald* EuGVVO Art. 6 Rn. 6; Rauscher/ *Leible* Brüssel Ia-VO Art. 8 Rn. 22.
[330] Musielak/Voit/*Stadler* EuGVVO Art. 6 Rn. 3; Stein/Jonas/*Wagner* EuGVVO Art. 6 Rn. 45; aA *Roth* FS Kropholler 2008, 885 (900).
[331] Eine entsprechende Vorlagefrage des Högsta domstol konnte der EuGH unbeantwortet lassen, siehe EuGH Urt. v. 11.10.2007 – C-98/06, Slg. 2007, I-8319 Rn. 55 – Freeport/Arnoldsson = NJW 2007, 3702.
[332] *Coester-Waltjen* FS Kropholler 2008, 747 (758).

§ 31　　　　　3. Teil 3. Abschnitt Internationales Privat- und Prozessrecht

Konkretisierung der Konnexität zu vereinbaren ist, als die Berücksichtigung nationaler Zulässigkeitsschranken.[333]

96　Gegen die Berücksichtigung der Erfolgsaussichten der Ankerklage im Rahmen der Prüfung der internationalen Zuständigkeit wird zudem vorgebacht, dass eine „kopflastige" Zuständigkeitsprüfung die praktische Wirksamkeit des Gerichtsstands der Streitgenossenschaft signifikant beschränken würde.[334] Dieser Einwand ist jedoch wenig überzeugend. In der Sache ist eine **Plausibilitätskontrolle** der **Erfolgsaussichten der Klage,** die über eine reine Schlüssigkeitsprüfung der Klageschrift hinausgeht, mE **dringend erforderlich, um evidente Zuständigkeitserschleichungen untersagen** zu können. Gefordert wird beispielsweise, den Gerichtsstand der Streitgenossenschaft nur zu eröffnen, wenn eine solche Prüfung ergibt, dass die Ankerklage nicht offensichtlich unbegründet ist.[335] Andere Stimmen sind sogar noch strenger und verlangen, dass der Erfolg der Ankerklage nach einer summarischen Prüfung der Sach- und Rechtslage noch möglich erscheint.[336] Dieser Ansatz findet auch teilweise in der nationalen Entscheidungspraxis Zuspruch. Die englische Rechtsprechung hat – allerdings allein auf Grundlage des nationalen Prozessrechts – einen im Grunde sinnvollen Prüfungsansatz entwickelt, der der Sache nach auf die europäische Ebene übertragen werden sollte. Englische Gerichte machen ihre Zuständigkeit davon abhängig, dass ein „real issue" zwischen Kläger und Ankerbeklagtem dargetan wird, „which cannot be struck out".[337] Bei Schadensersatzklagen gegen Kartelle muss etwa dargetan werden, dass der Ankerbeklagte Adressat einer entsprechenden Bußgeldentscheidung der Kommission war. Wird eine Konzerngesellschaft eines Adressaten als Ankerbeklagte ausgewählt, die selbst nicht Adressatin der Bußgeldentscheidung war, muss dargetan werden, dass diese Gesellschaft etwa nach den Grundsätzen der wirtschaftlichen Einheit (→ Rn. 90) am Kartell beteiligt war, wobei die in jüngeren Entscheidungen gestellten Anforderungen an den Klägervortrag dem „real issue"-Kriterium nicht immer hinreichend Rechnung tragen.[338] Diese Plausibilitätskontrolle ermöglicht es, evidente Zuständigkeitserschleichungen zu verhindern, ohne die Zuständigkeitsprüfung zu überfrachten.

97　**(3) Erledigung der Ankerklage.** Wird die Klage gegen den im Gerichtsbezirk ansässigen Ankerbeklagten später zurückgenommen oder erledigt sie sich auf eine andere Weise, etwa durch einen **Vergleich,** lässt dies die Klage gegen die Annexbeklagten nach dem allgemeinen Grundsatz der *perpetuatio fori* nicht unzulässig werden.[339] Etwas anderes gilt, wenn die Erhebung der Ankerklage rechtsmissbräuchlich war. Nach hier vertretener Ansicht entfällt der Gerichtsstand der Streitgenossenschaft aus diesem Grund nur dann, wenn die Klage gegen den Ankerbeklagten allein zu dem Zweck erhoben wurde, den Annexbeklagten ihren Wohnsitzgerichtsstand zu entziehen. Ähnlich formuliert es der EuGH, wenn er verlangt, dass das Verhalten des Klägers die Voraussetzungen des Gerichtsstands der Streitgenossen-

---

[333] Eingehend dazu *Lund* Streitgenossenschaft 97 ff.
[334] *Kropholler/v. Hein* EuGVO Art. 6 Rn. 16; zustimmend *Junker* Internationales Zivilprozessrecht § 12 Rn. 12. Im Ergebnis auch *Roth* FS Kropholler 2008, 885 (900); *Hess* Europäisches Zivilprozessrecht § 6 Rn. 86 m. Fn. 414; *Würdinger* ZZPInt 11 (2006), 180 (189); siehe auch *Coester-Waltjen* FS Kropholler 2008, 747 (757 f.), die dieses auf Grundlage der EuGH-Rechtsprechung gefundene Ergebnis aber scharf kritisiert.
[335] *Thole* ZZP 122 (2009), 423 (442); Stein/Jonas/*Wagner* EuGVVO Art. 6 Rn. 45; *Würdinger* ZZP Int 12 (2007), 221 (227); siehe auch BAG Urt. v. 23.1.2008 – 5 AZR 60/07, NZA 2008, 1374.
[336] *Althammer* IPRax 2008, 228 (231 f.); *Mäsch* IPRax 2005, 509 (512 f.); noch restriktiver *Lund* Streitgenossenschaft 115 („realistische Chance auf Begründetheit der Ankerklage").
[337] Grundlegend The Rewia [1991] 2 Lloyds' Rep 325, 336; siehe auch Canada Trust Co. v. Stolzenberg (No. 2) [1998] 1 All ER 318, 325 (C.A.); Provimi Ltd v Roche Products Ltd and other actions [2003] EWHC 961 (Comm) [31]; Cooper Tire & Rubber Company Europe Ltd And Others v Dow Deutschland Inc And Others [2010] EWCA Civ 864 [45 f.].
[338] Siehe etwa Toshiba Carrier UK Ltd. v. KME Yorkshire Ltd. [2012] EWCA Civ 1190. Eingehend zu dieser Entwicklung in der englischen Rechtsprechung *Lund* Streitgenossenschaft 120 f.
[339] *Roth* FS Kropholler 2008, 885 (901); aA *Schlosser/Hess* EuGVVO Art. 8 Rn. 3 (allg. zur Klagerücknahme).

schaft „künstlich herbeigeführt oder aufrechterhalten hat".³⁴⁰ Dies ist nicht der Fall, wenn mit der Klage die Verjährung eines Anspruchs verhindert werden soll, weil das anwendbare Verjährungsrecht Vergleichsverhandlungen für eine Hemmung der Verjährungsfrist nicht genügen lässt. Auch ist es nicht rechtsmissbräuchlich, eine Klage zu erheben, wenn Kläger und Ankerbeklagter bereits in Vergleichsverhandlungen eingetreten sind, wenn zu diesem Zeitpunkt unsicher ist, ob ein annehmbarer Vergleich gefunden werden kann.³⁴¹ Anders liegen die Dinge, wenn ein Vergleich im Grunde bereits getroffen wurde, aber dessen förmliche Annahme durch kollusives Zusammenwirken der Parteien auf einen Zeitpunkt nach der Klageerhebung verschoben wird, um vom Gerichtsstand der Streitgenossenschaft profitieren zu können.³⁴² Im *CDC*-Fall wird das LG Dortmund demnächst darüber zu entscheiden haben, ob zwischen dem Kläger und dem Ankerbeklagten ein solches missbräuchliches Zusammenwirken vorlag. Die **Beweislast** für einen Missbrauch liegt nach den allgemeinen Regeln bei der Partei, die sich auf den Missbrauch beruft.³⁴³

V. Gerichtsstandsvereinbarungen und rügelose Einlassung

1. Vereinbarungen über den Gerichtsstand (Art. 23 Brüssel I-VO/LugÜ II/Art. 25 Brüssel Ia-VO)

a) Grundlagen. aa) Funktion und Bedeutung. Die Parteien können gem. Art. 23 Brüssel I-VO/LugÜ II/Art. 25 Brüssel Ia-VO festlegen, welche Gerichte für ihre entstandene oder künftige Streitigkeit ausschließlich oder parallel zuständig sein sollen **(prozessuale Parteiautonomie).** Durch solche Vereinbarungen können die Parteien Rechtssicherheit schaffen.³⁴⁴ Gerichtsstandsvereinbarungen sind auch bei kartellrechtlichen Streitigkeiten zulässig.³⁴⁵ Nicht derogationsfeste Gerichtsstände, zB Art. 2 Abs. 1, Art. 5, 6 Brüssel I-VO/LugÜ II/Art. 4 Abs. 1 Art. 7, 8 Brüssel Ia-VO, können somit abbedungen werden.³⁴⁶ 98

Wird vor einem Gericht Klage erhoben, welches nach der Gerichtsstandsvereinbarung unzuständig ist, so muss der Richter die Klage abweisen, sofern der Beklagte die Unzuständigkeit des Gerichts rechtzeitig rügt (zu den Konsequenzen einer unterlassenen bzw. verspätet erhobenen Unzuständigkeitsrüge → Rn. 125 ff.). Mit der Brüssel Ia-VO wurde die Durchsetzbarkeit ausschließlicher Gerichtsstandsvereinbarungen durch die Beschränkung sog Torpedo-Klagen (allg. zu diesem Problem → § 32 Rn. 56) gestärkt. Während unter Geltung der Brüssel I-VO/des LugÜ II das prorogierte Forum abwarten musste, bis ein zuerst angerufenes (aber in der Sache unzuständiges) Gericht seine fehlende Zuständigkeit proklamiert hatte, schränkt Art. 31 Abs. 2 Brüssel Ia-VO das Prioritätsprinzip für ausschließliche Gerichtsstandsvereinbarungen ein. Nach dieser Vorschrift hat das zeitlich zuerst angerufene Gericht das Verfahren auszusetzen, bis das in der Vereinbarung bezeichnete ausschließlich zuständige Forum über seine Zuständigkeit entschieden hat (für Einzelheiten → § 32 Rn. 57).³⁴⁷ 99

---

³⁴⁰ EuGH Urt. v. 21.5.2015 – C-352/13, ECLI:EU:C:2015:335 Rn. 29 – CDC Hydrogen Peroxide/Akzo Nobel = BeckRS 2015, 80660.
³⁴¹ Ähnlich EuGH Urt. v. 21.5.2015 – C-352/13, ECLI:EU:C:2015:335 Rn. 30 – CDC Hydrogen Peroxide/Akzo Nobel = BeckRS 2015, 80660 (Vergleichsverhandlungen allein reichen nicht aus, um kollusives Zusammenwirken anzunehmen).
³⁴² Ebenso *Roth* IPRax 2016, 318 (323).
³⁴³ *Stadler* JZ 2015, 1138 (1143), die allerdings auch einen Anscheinsbeweis für möglich hält.
³⁴⁴ *Schack* Zivilverfahrensrecht Rn. 494.
³⁴⁵ OLG Stuttgart Urt. v. 9.11.1990 – 2 U 16/90, IPRax 1992, 86 (88) = BeckRS 1990, 03364 (zum EuGVÜ); *Basedow/Heinze* FS Möschel 2011, 63 (81); *Danov* Jurisdiction and Judgments 62 ff.; *Mankowski* WuW 2012, 797 (798); *Wurmnest* EuZW 2012, 933 (935); siehe auch allg. *Maier* Marktortanknüpfung 160 ff.; *Tzakas* Kartellrechtsverstöße 140 f.; aA Wiedemann/*Bumiller* HdB KartellR, 2. Aufl. 2008, § 60 Rn. 48.
³⁴⁶ *Mankowski* WuW 2012, 797 (798).
³⁴⁷ Für die in Art. 24 Brüssel Ia-VO genannten Zuständigkeiten findet diese Regel keine Anwendung. Insofern verbleibt es beim Prioritätsprinzip, s. *Pohl* IPRax 2013, 109 (112 m. Fn. 43).

100 bb) Anwendungsvoraussetzungen. Die Anwendung von **Art. 23 Abs. 1 Brüssel I-VO/ LugÜ II** setzt voraus, dass eine der Parteien der Vereinbarung (also nicht notwendigerweise die beklagte Partei[348]) ihren Sitz in einem Mitgliedstaat der EU (zu Dänemark → Rn. 6) bzw. einem Vertragsstaat des LugÜ II hat. Bei Mehrparteienabreden genügt es, wenn eine Partei der Absprache in einem dieser Staaten beheimatet ist.[349] Mit dem Inkrafttreten der Brüssel Ia-VO ist das Sitzerfordernis entfallen. **Art. 25 Brüssel** Ia-VO erfasst daher auch Prorogationsverträge von Parteien mit Wohnsitz in Drittstaaten, mittels derer Gerichte in der EU für einen Rechtsstreit für international zuständig erklärt werden. Unter Geltung der Brüssel I-VO wurden solche Abreden gem. Art. 23 Abs. 3 Brüssel I-VO vorwiegend nach nationalem Recht beurteilt.

101 Ferner ist die Anwendbarkeit von Art. 23 Brüssel I-VO/LugÜ II/Art. 25 Brüssel Ia-VO davon abhängig, dass die Parteien ein Gericht in einem Brüssel/LugÜ II-Staat für international (und nicht nur örtlich)[350] zuständig erklärt haben.[351] Ist dies der Fall, so bestimmt sich sowohl die Prorogationswirkung der Vereinbarung (also die Frage, ob das ausgewählte Gericht international zuständig ist), als auch die Derogationswirkung (also die Frage, ob andere Gerichte ihre internationale Zuständigkeit durch die Vereinbarung verloren haben) nach Art. 23 Brüssel I-VO/LugÜ II/Art. 25 Brüssel Ia-VO. Bei Gerichtsstandsvereinbarungen zugunsten drittstaatlicher Gerichte ist dagegen zu differenzieren: Die Prorogationswirkung muss das drittstaatliche Gericht nach seinem nationalen Verfahrensrecht beurteilen. Soweit die Vereinbarung allerdings die Zuständigkeit europäischer Gerichte abbedingen will, sollte die Derogationswirkung der Vereinbarung nach Maßgabe von Art. 23 Brüssel I-VO/LugÜ II/Art. 25 Brüssel Ia-VO beurteilt werden und nicht auf Grundlage des nationalen Rechts. Nur durch eine solche Auslegung kann einheitlich für ganz Europa die Umgehung von Schutzvorschriften verhindert werden.[352]

102 Schließlich ist zu beachten, dass Art. 23 Brüssel I-VO/LugÜ II/Art. 25 Brüssel Ia-VO nicht für reine Inlandsfälle gilt.[353] Ein solcher Fall liegt vor, wenn kein ausländischer Gerichtsstand derogiert bzw. keine Abrede zugunsten eines ausländischen Gerichts getroffen wird.[354]

103 cc) Abschließende Regelung. Im Interesse der Rechtssicherheit[355] entscheidet Art. 23 Brüssel I-VO/LugÜ II/Art. 25 Brüssel Ia-VO in seinem Anwendungsbereich „ausschließlich

---

[348] EuGH Urt. v. 13.7.2000 – C-412/98, Slg. 2000, I-5925 Rn. 42 – Group Josi/UGIC = NJW 2000, 3121.
[349] Rauscher/*Mankowski* Brüssel Ia-VO Art. 25 Rn. 4.
[350] Eine Vereinbarung über die internationale Zuständigkeit liegt vor, wenn die Parteien ein Gericht für zuständig erklären und hierdurch die Zuständigkeit eines Gerichts im Ausland tangiert wird, siehe *Kropholler/v. Hein* EuGVO Art. 6 Rn. 2 ff.
[351] Die Vereinbarung der Zuständigkeit eines Gerichts in einem Drittstaat unterfällt daher nicht der Brüssel Ia-VO, sondern beurteilt sich nach nationalem Recht. Eine Ausnahme besteht für die Derogation von Schutzzuständigkeiten gem. Art. 23 Abs. 5 Brüssel I-VO/LugÜ II/Art. 25 Abs. 4 Brüssel Ia-VO, siehe EuGH Urt. v. 19.7.2012 – C-154/11, ECLI:EU:C:2012:491 Rn. 65 – Mahamdia/Algerien = NZA 2012, 935; *v. Hein* RIW 2013, 97 (104).
[352] *Dutta/Heinze* IPRax 2005, 224 (228); *Weller* Ordre-public-Kontrolle 57 ff.; Rauscher/*Mankowski* Brüssel Ia-VO Art. 25 Rn. 14; aA noch *Schlosser* Bericht zum EuGVÜ, ABl. 1979 C 59, 71 Rn. 176; siehe auch EuGH Urt. v. 9.11.2000 – C-387/98, Slg. 2000, I-9337 Rn. 19 – Coreck Maritime/Handelsveem BV = NJW 2001, 501 (zum EuGVÜ); anders zu Schutzgerichtsständen jetzt aber EuGH Urt. v. 19.7.2012 – C-154/11 Rn. 65 – Mahamdia/Algerien, NZA 2012, 935 (Beurteilung nach Unionsrecht).
[353] So die ganz hM, siehe nur Magnus/Mankowski/*Magnus* Brussels Ibis Regulation Art. 25 Rn. 40; *Schack* Zivilverfahrensrecht Rn. 527 (je mwN); aA Geimer/Schütze/*Geimer* EuGVVO Art. 6 Rn. 36.
[354] Magnus/Mankowski/*Magnus* Brussels Ibis Regulation Art. 25 Rn. 40; Rauscher/*Mankowski* Brüssel Ia-VO Art. 25 Rn. 21; *Schack* Zivilverfahrensrecht Rn. 527 ff. Eine Vereinbarung, die zwei Parteien bindet, welche zum Zeitpunkt der Klageerhebung ihren Sitz in Deutschland haben, und die die Zuständigkeit eines Gerichts in Österreich vorsieht, ist kein reiner Inlandsfall, siehe OGH Urt. v. 5.6.2007 – 10 Ob 40/07s, IHR 2008, 40 (41).
[355] EuGH Urt. v. 3.7.1997 – C-269/95, Slg. 1997, I-3767 Rn. 28 – Benincasa/Dentalkit; EuGH Urt. v. 16.3.1999 – C-159/97, Slg. 1999, I-1597 Rn. 48 – Trasporti Castelletti/Trumpy = EuZW 1999, 441.

über Zulässigkeit, Form und Wirkungen" von Gerichtsstandsabreden.[356] Die Kontrolle von Zuständigkeitsvereinbarungen ist daher auf Erwägungen beschränkt, „die im Zusammenhang mit den Erfordernissen des [Art. 23 Brüssel I-VO/LugÜ II/Art. 25 Brüssel Ia-VO] stehen".[357] **Prorogationsbeschränkungen** des **nationalen Rechts** sind daher genauso unbeachtlich wie nationale **Derogationsverbote** (etwa aus § 185 Abs. 2 GWB).[358] Art. 23 Abs. 5 Brüssel I-VO/LugÜ II/Art. 25 Abs. 4 Brüssel Ia-VO legt allerdings selbst einige Derogationsverbote fest. So ist in Versicherungs-, Verbraucher- und Arbeitssachen eine Derogation nur eingeschränkt möglich (vgl. Art. 13, 17, 21 Brüssel I-VO/LugÜ II/Art. 15, 19, 23 Brüssel Ia-VO). Ferner hat eine Vereinbarung keine rechtliche Wirkung, die die in Art. 22 Brüssel I-VO/LugÜ II/Art. 24 Brüssel Ia-VO genannten ausschließlichen Gerichtsstände abbedingt.

Gerichtsstandsvereinbarungen werden in der Praxis oftmals in AGB vereinbart. Da Art. 23 Brüssel I-VO/LugÜ II/Art. 25 Brüssel I-VO die Wirksamkeit von Gerichtsstandsvereinbarungen abschließend regeln soll, scheidet eine Kontrolle am Maßstab des **nationalen AGB-Rechts** aus.[359] Auch eine Kontrolle am Maßstab der **EU-Klauselrichtlinie**,[360] die für Verbraucherverträge gilt, ist nach richtiger Ansicht für die Frage der internationalen Zuständigkeit (anders als für die örtliche und/oder sachliche Zuständigkeit)[361] nicht eröffnet, da die Fairnesskontrolle der Richtlinie durch das speziellere Schutzregime der Brüssel I-VO/Brüssel Ia-VO bzw. des LugÜ II verdrängt wird.[362] Die fehlende Klauselkontrolle führt nicht zu einer Benachteiligung des Verbrauchers, da die Brüssel I/Ia-VO bzw. das LugÜ II weitreichende Einschränkungen der Gerichtswahlfreiheit im Verbraucherverkehr vorsehen.[363] 104

b) Zustandekommen und materielle Wirksamkeit. aa) Willenseinigung. Das Zustandekommen einer Gerichtsstandsvereinbarung setzt den Konsens der beteiligten Parteien voraus, eine entsprechende Abrede zu treffen.[364] Ob ein solcher Konsens besteht, ist im Ausgangspunkt nach **europäischen Maßstäben** zu bestimmen.[365] Insofern werden die nationalen Regeln über das Zustandekommen von Vereinbarungen verdrängt. Dies gilt etwa für nationale Vorschriften über die Einbeziehungskontrolle.[366] Dem Richter ist es allerdings auch nach europäischen Wertungen erlaubt, etwa die Einbeziehung unleserlicher 105

---

[356] Kropholler/v. Hein EuGVO Art. 23 Rn. 17.
[357] EuGH Urt. v. 16.3.1999 – C-159/97, Slg. 1999, I-1597 Rn. 49 – Trasporti Castelletti/Trumpy = EuZW 1999, 441.
[358] Rauscher/Mankowski Brüssel Ia-VO Art. 25 Rn. 63; allg. auch Kropholler/v. Hein EuGVO Art. 23 Rn. 22.
[359] OLG Hamburg Urt. v. 14.4.2004 – 13 U 76/03, NJW 2004, 3126 (3128); Linke/Hau IZVR § 5 Rn. 232; Schack Zivilverfahrensrecht Rn. 539; MüKoBGB/Wurmnest § 307 Rn. 256 f.
[360] Richtlinie 93/13/EWG des Rates v. 5.4.1993 über missbräuchliche Klauseln in Verbraucherverträgen, ABl. 1993 L 95, 29.
[361] Im Anwendungsbereich der Klauselrichtlinie hat der EuGH vorformulierte Vereinbarungen verworfen, mit denen die örtliche Zuständigkeit von Gerichten am Sitz des Unternehmers festgelegt wurde, siehe EuGH Urt. v. 27.6.2000 – C-240/98 bis C-244/98, Slg. 2000, I-4941 Rn. 15 f., 25 ff. – Océano Grupo Editorial/Quintero = NJW 2000, 2571; EuGH Urt. v. 4.6.2009 – C-243/08, Slg. 2009, I-4713 Rn. 22 ff. – Pannon/Győrfi = NJW 2009, 2367. Gleiches gilt für Schiedsgerichtsklauseln in Verträgen mit Verbrauchern, siehe EuGH Urt. v. 26.10.2006 – C-168/05, Slg. 2006, I-10421 Rn. 24 ff. – Mostaza Claro/Centro Móvil Milenium = NJW 2007, 135. Diese Wertungen lassen sich nach richtiger Ansicht auf Vereinbarungen über die internationale Zuständigkeit nicht übertragen, da das europäische Zuständigkeitsrecht bereits besondere Schutzvorschriften zugunsten von Verbraucherverträgen vorsieht.
[362] Kropholler/v. Hein EuGVO Art. 23 Rn. 19 f.; Stein/Jonas/Wagner EuGVVO Art. 23 Rn. 39; MüKoBGB/Wurmnest § 307 Rn. 256; siehe auch Geimer/Schütze/Geimer EuGVVO Art. 23 Rn. 72; aA Leible RIW 2001, 422 (429 f.); Rauscher/Mankowski Brüssel Ia-VO Art. 25 Rn. 62 (unter Verweis auf den Vorrang der Wertungen der Klauselrichtlinie); siehe auch Heinig Grenzen von Gerichtsstandsvereinbarungen, 334 ff.
[363] Kropholler/v. Hein EuGVO Art. 23 Rn. 20; Stein/Jonas/Wagner EuGVVO Art. 23 Rn. 39; aA Heinig Grenzen von Gerichtsstandsvereinbarungen 334 ff.
[364] EuGH Urt. v. 7.2.2013 – C-543/10, ECLI:EU:C:2013:62 Rn. 26 – Refcomp/Axa = EuZW 2013, 316.
[365] Kropholler/v. Hein EuGVO Art. 23 Rn. 23; Layton/Mercer European Civil Practice Rn. 10.028; Magnus/Mankowski/Magnus Brussels Ibis Regulation Art. 25 Rn. 76.
[366] Geimer/Schütze/Geimer EuGVVO Art. 23 Rn. 72; Rauscher/Mankowski Brüssel Ia-VO Art. 25 Rn. 137; Schack Zivilverfahrensrecht Rn. 536.

Klauseln abzulehnen.[367] Das EU-Recht gibt aber nur bestimmte **Mindestanforderungen** für die Annahme eines Konsenses gem. Art. 23 Brüssel I-VO/LugÜ II/Art. 25 Brüssel Ia-VO vor, da es bislang noch kein in sich geschlossenes europäisches Konzept der Willenseinigung gibt.[368] So verlangt der EuGH, dass die beteiligten Parteien tatsächlich mit der Abrede einverstanden waren[369] und dies „klar und deutlich zum Ausdruck gekommen ist".[370] Eine ausdrückliche Vereinbarung ist dafür jedoch nicht erforderlich. Vielmehr kann die Einigung auch konkludent erklärt werden.[371]

106 Eine **Willenseinigung** kann etwa angenommen werden, wenn die Gegenseite auf eine Gerichtsstandsklausel in den auf der Rückseite des Vertrages abgedruckten AGB ausdrücklich hingewiesen wurde.[372] Dagegen begründet der bloße Hinweis auf die Geltung der AGB auf einer Rechnung oder Auftragsbestätigung verbunden mit der Möglichkeit der Einsichtnahme des Klauselwerks im Internet oder in den Geschäftsräumen mangels Zustimmung der anderen Vertragspartei keine Vereinbarung, da die AGB der anderen Seite nicht zur Verfügung gestellt wurden.[373] Nach Ansicht der Cour de Cassation kann eine Willenseinigung auch nicht allein aus dem Umstand abgeleitet werden, dass die eine Seite der anderen die auf der Rückseite einer Bestellung bzw. Auftragsbestätigung abgedruckten AGB überlässt und der Vertrag in der Folge abgewickelt wird.[374] Ist die Form des Art. 23 Brüssel I-VO/LugÜ II/Art. 25 Brüssel Ia-VO gewahrt, so wird der Nachweis eines fehlenden Konsenses nur selten gelingen,[375] da die Form als Indiz für das Bestehen einer Willenseinigung dient.[376]

107 **bb) Bestimmtheitserfordernis.** Eine Gerichtsstandsabrede ist nur wirksam gehalten worden, wenn sie dem Bestimmtheitsgebot des Art. 23 Abs. 1 Brüssel I-VO/LugÜ II/Art. 25 Abs. 1 Brüssel Ia-VO genügt. Ob dies der Fall ist, ist nach unionsrechtlichen Maßstäben zu bestimmen.[377] Die Parteien müssen sowohl die Streitigkeit als auch das prorogierte Gericht bzw. die prorogierten Gerichte mit hinreichender Genauigkeit bezeichnen. Einen Bezug zum streitigen Rechtsverhältnis muss das gewählte Gericht nicht aufweisen.[378]

108 **cc) Anwendbarkeit nationaler Maßstäbe, insbes. materielle Wirksamkeit.** Soweit das europäische Recht keine Vorgaben bezüglich einer Rechtsfrage macht, kann auf nationales Recht zurückgegriffen werden. Ein solcher Rückgriff ist notwendig, um komplexere zivilrechtliche Fragestellungen zu lösen, etwa die Auswirkung von Willensmängeln auf die Einigung, Fragen der Geschäftsfähigkeit oder der Wirksamkeit der Stellvertretung.[379] Welche Parteien von der Gerichtsstandsvereinbarung gebunden werden, bestimmt sich hingegen

---

[367] Magnus/Mankowski/*Magnus* Brussels Ibis Regulation Art. 25 Rn. 87; siehe allg. auch *Schack* Zivilverfahrensrecht Rn. 536 (Einbeziehung von AGB in den Vertrag bestimmt sich nach europäischen Maßstäben).
[368] *Kropholler/v. Hein* EuGVO Art. 23 Rn. 25.
[369] EuGH Urt. v. 20.2.1997 – C-106/95, Slg. 1997, I-911 Rn. 17 – MSG/Les Gravières Rhénanes SARL = NJW 1997, 1431; EuGH Urt. v. 7.2.2013 – C-543/10, ECLI:EU:C:2013:62 Rn. 28 – Refcomp/Axa = EuZW 2013, 316.
[370] EuGH Urt. v. 14.12.1976 – 24/76, Slg. 1976, 1831 Rn. 7 – Salotti/Rüwa Polstereimaschinen = BeckRS 2004, 72548. Zur Erstreckung von Gerichtsstandsvereinbarungen auf Dritte EuGH Urt. v. 7.2.2013 – C-543/10, ECLI:EU:C:2013:62 Rn. 36 ff. – Refcomp/Axa = EuZW 2013, 316.
[371] *Kropholler/v. Hein* EuGVO Art. 23 Rn. 25.
[372] EuGH Urt. v. 14.12.1976 – 24/76, Slg. 1976, 1831 Rn. 9 – Salotti/Rüwa Polstereimaschinen = BeckRS 2004, 72548.
[373] OLG Celle Beschl. v. 24.7.2009 – 13 W 48/09, OLGR Celle 2009, 787 Rn. 14 = NJW-RR 2010, 136.
[374] Cour de Cassation Urt. v. 18.1.2011 – N 10–11885, ZEuP 2012, 351 mAnm *Stürner* ZEuP 2012, 353.
[375] *Kröll* ZZP 113 (2000), 135 (146); Rauscher/*Mankowski* Brüssel Ia-VO Art. 25 Rn. 135.
[376] Rauscher/*Mankowski* Brüssel Ia-VO Art. 25 Rn. 134.
[377] EuGH Urt. v. 7.2.2013 – C-543/10, ECLI:EU:C:2013:62 Rn. 26 – Refcomp/Axa = EuZW 2013, 316.
[378] EuGH Urt. v. 16.3.1999 – C-159/97, Slg. 1999, I-1597 Rn. 50 – Trasporti Castelletti/Trumpy = EuZW 1999, 441.
[379] *Kropholler/v. Hein* EuGVO Art. 23 Rn. 28. Für die stärkere Entwicklung unionsrechtlicher Maßstäbe plädiert dagegen *Merrett* ICLQ 58 (2009), 545 (549 ff.).

Internationale Zuständigkeit § 31

im Ausgangspunkt nach europäischen Maßstäben (→ Rn. 115).[380] Komplexere Fragen der wirksamen Rechtsnachfolge in Verträge (zB durch Abtretung, Schuldübernahme oder Umwandlung) sind hingegen wiederum dem nationalen Recht überlassen.[381]

Welches nationale Recht zur Beantwortung solcher komplexeren Rechtsfragen heranzuziehen ist, bestimmt sich grundsätzlich nach dem **IPR des Forums**.[382] Etwas anderes gilt nunmehr nach der **Brüssel Ia-VO** für die Beurteilung der **materiellen Wirksamkeit** einer Gerichtsstandsvereinbarung, also etwa für Fragen der Geschäftsfähigkeit oder dem Einfluss von Willensmängeln. In Ergänzung zu Art. 25 Abs. 1 S. 1 Brüssel Ia-VO präzisiert Erwägungsgrund 20, dass die Prüfung der Frage der materiellen Wirksamkeit einer Gerichtsstandsvereinbarung zugunsten eines Gerichts oder der Gerichte eines Mitgliedstaats nach demjenigen Recht zu erfolgen hat, das nach dem Kollisionsrecht dieses Mitgliedstaats berufen wird. Hintergrund dieser Klarstellung[383] ist die Angleichung der Brüssel Ia-VO an das Haager Übereinkommen über Gerichtsstandsvereinbarungen.[384] 109

dd) Unabhängigkeit der Gerichtsstandsvereinbarung vom Hauptvertrag. Die Wirksamkeit einer Gerichtsstandsvereinbarung ist unabhängig vom Hauptvertrag zu beurteilen, in dem eine solche Abrede oftmals niedergelegt wird. Dieser seit jeher geltende Grundsatz[385] wird in Art. 25 Abs. 5 Brüssel Ia-VO nunmehr auch ausdrücklich im Normtext erwähnt. Ist der Hauptvertrag etwa wegen eines Verstoßes gegen das Kartellverbot nichtig, folgt daraus keineswegs auch die Nichtigkeit der Gerichtsstandsvereinbarung.[386] Ob eine Gerichtsstandsvereinbarung wirksam abgeschlossen wurde, ist daher nach Maßgabe des Art. 23 Brüssel I-VO/LugÜ II/Art. 25 Brüssel Ia-VO bzw. – soweit von dieser Norm gestattet – anhand des nationalen Rechts zu bestimmen (→ Rn. 108 f.). 110

c) Formerfordernisse. aa) Abschluss. Wirksam sind nur solche Gerichtsstandsvereinbarungen, die die Form des Art. 23 Abs. 1 S. 3 Brüssel I-VO/LugÜ II/Art. 25 Abs. 1 S. 3 Brüssel Ia-VO wahren. Diese Formerfordernisse sind abschließend, so dass Formregeln des nationalen Rechts keine Anwendung finden.[387] Die europäische Regelung ist allerdings recht großzügig. Gem. Art. 23 Abs. 1 S. 3 Brüssel I-VO/LugÜ II/Art. 25 Abs. 1 S. 3 Brüssel Ia-VO ist eine Vereinbarung formwirksam, wenn sie entweder schriftlich (oder mündlich mit schriftlicher Bestätigung) geschlossen wurde (lit. a), oder die Form wahrt, die den Parteigepflogenheiten (lit. b) bzw. dem internationalen Handelsbrauch (lit. c) entspricht.[388] Ferner wird die elektronische Form der Schriftform gleichgestellt (Abs. 2), so- 111

---

[380] EuGH Urt. v. 7.2.2013 – C-543/10, ECLI:EU:C:2013:62 Rn. 34 ff. – Refcomp/Axa = EuZW 2013, 316.
[381] EuGH Urt. v. 19.6.1984 – 71/83, Slg. 1984, 2417 Rn. 26 – Russ/NV Haven- & Vervoerbedrijf Nova und NV Goeminne Hout = BeckRS 2004, 73589; EuGH Urt. v. 9.11.2000 – C-387/98, Slg. 2000, I-9337 Rn. 23 – Coreck Maritime/Handelsveem BV = NJW 2001, 501.
[382] Gebauer/Wiedmann/*Gebauer* Kap. 27 (EuGVVO) Rn. 114; Rauscher/*Mankowski* Brüssel Ia-VO Art. 25 Rn. 146.
[383] Siehe dazu Vorschlag für eine Verordnung des Europäischen Parlaments und des Rates über die gerichtliche Zuständigkeit und die Anerkennung und Vollstreckung von Entscheidungen in Zivil- und Handelssachen (Neufassung), KOM (2010), 748 endg. v. 14.12.2010, 9 f.; *Weller* GPR 2010 39 (41).
[384] Abrufbar unter: http://www.hcch.net.
[385] EuGH Urt. v. 3.7.1997 – C-269/95, Slg. 1997, I-3767 Rn. 32 – Benincasa/Dentalkit (zum EuGVÜ); *Vischer* FS Jayme Bd. 1 2004, 993 (995).
[386] *Mankowski* WuW 2012, 797 (798).
[387] EuGH Urt. v. 24.6.1981 – 150/80, Slg. 1981, 1671 Rn. 25 f. – Elefanten Schuh/Jacqmain = BeckRS 2004, 71745; EuGH Urt. v. 16.3.1999 – C-159/97, Slg. 1999, I-1597 Rn. 37 f. – Trasporti Castelletti/Trumpy = EuZW 1999, 441; Lein/*Magnus* The Brussels I Review Proposal Uncovered 83 (86).
[388] Für Einzelheiten siehe Geimer/Schütze/*Geimer* EuGVVO Art. 23 Rn. 104 ff.; Magnus/Mankowski/*Magnus* Brussels Ibis Regulation Art. 25 Rn. 88 ff. Strengere Anforderungen gelten gem. Art. 63 Abs. 2 Brüssel I-VO für den Fall, dass der Bestimmungsort für die Lieferung einer beweglichen Sache oder die Erbringung einer Dienstleistung gem. Art. 5 Nr. 1 Brüssel I-VO in Luxemburg belegen ist. Eine derogierende Gerichtsstandsvereinbarung ist dann nur wirksam, wenn sie schriftlich oder mündlich mit schriftlicher Bestätigung abgeschlossen wird (Art. 23 Abs. 1 S. 3 lit. a Brüssel I-VO). Die anderen Formen des Art. 23 Abs. 1 S. 3 Brüssel I-VO genügen nicht. Die Brüssel Ia-VO hat diese Sonderregel für Luxemburg nicht übernommen.

fern eine dauerhafte Aufzeichnung möglich ist.[389] Dies ist etwa bei der Übermittlung von Willenserklärungen im Wege von Emails oder des Click-Wrapping-Verfahrens[390] (Anklicken von Symbolen auf Webseiten, nachdem ein bestimmter Text angesehen und aufgezeichnet werden konnte) der Fall.

112 bb) Aufhebung oder Abänderung. Die prozessuale Parteiautonomie gestattet es den Parteien einer Gerichtsstandsvereinbarung diese jederzeit abzuändern oder aufzuheben.[391] Die Aufhebung oder Änderung bedarf der Form des Art. 23 Brüssel I-VO/LugÜ II/Art. 25 Brüssel Ia-VO, wobei nicht unbedingt die gleiche Form gewählt werden muss, wie beim Abschluss der Ursprungsvereinbarung.[392] Eine formlose Änderung ist möglich, wenn an einem eigentlich unzuständigen Gericht geklagt wird und sich die beklagte Partei rügelos auf den Prozess einlässt (→ Rn. 127).

113 d) Wirkungen. aa) Ausschließlicher Gerichtsstand und alternative Vereinbarungen. Die prozessuale Parteiautonomie gestattet es den Parteien nicht nur, Gerichte zu prorogieren, die ihnen genehm sind. Vielmehr können die Parteien auch festlegen, ob das prorogierte Gericht ausschließlich zuständig sein oder lediglich als alternatives Forum dienen soll. Die gewollte **Wirkung** der Gerichtsstandsabrede ist durch **Auslegung** zu ermitteln. Art. 23 Abs. 1 S. 2 Brüssel I-VO/LugÜ II/Art. 25 Abs. 1 S. 2 Brüssel Ia-VO legt allerdings als Grundregel fest, dass ein gewillkürter Gerichtsstand als ausschließlicher Gerichtsstand angesehen werden soll, „sofern die Parteien nichts anderes vereinbart haben". Aus dieser widerleglichen Vermutung zugunsten einer Exklusivität[393] folgt, dass das Wort „ausschließlich" nicht in der Abrede genannt werden muss, um eine exklusive Zuständigkeit zu begründen.[394] Ferner ist Art. 23 Abs. 1 S. 2 Brüssel I-VO/LugÜ II/Art. 25 Abs. 1 S. 2 Brüssel Ia-VO zu entnehmen, dass die Parteien auch zusätzliche, fakultative oder optionale Gerichtsstände vereinbaren können.[395] Wird allein ein Gericht (zB „Gerichtsstand ist München") prorogiert, so kann diese Vereinbarung, sofern nicht besondere Gründe dagegen sprechen, als ausschließlicher Gerichtsstand ausgelegt werden.[396] Reziproke Gerichtsstände (zB „Zuständig sind die Gerichte im jeweiligen Land des Klägers") sollen dagegen zusätzliche Gerichtsstände begründen, da die Parteien durch solche Absprachen ihre Wahlmöglichkeiten in der Regel erweitern wollen.[397] Die Parteien können auch ausdrücklich vereinbaren, dass lediglich eine Partei an den ausschließlichen Gerichtsstand gebunden ist, während die begünstigte Partei das Recht hat, alternative Gerichtsstände anzurufen.[398] Ein solches „Zuständigkeitsungleichgewicht"[399] kann auch konkludent vereinbart werden. Vor dem Hintergrund, dass die mit einer ausschließlichen Zuständigkeitsvereinbarung erzielte Rechtssicherheit beiden Parteien dienen soll, ist hierfür aber Voraussetzung, dass ein entsprechender Wille beider Seiten klar zum Ausdruck gekommen ist.[400]

---

[389] Für Einzelheiten siehe Geimer/Schütze/*Geimer* EuGVVO Art. 23 Rn. 105; Magnus/Mankowski/*Magnus* Brussels Ibis Regulation Art. 25 Rn. 129 ff.
[390] EuGH Urt. v. 21.5.2015 – C-322/14, ECLI:EU:C:2015:334 – El Majdoub/CarsOnTheWeb.Deutschland GmbH = EuZW 2015, 565.
[391] Geimer/Schütze/*Geimer* EuGVVO Art. 23 Rn. 127; Magnus/Mankowski/*Magnus* Brussels Ibis Regulation Art. 25 Rn. 154.
[392] Rauscher/*Mankowski* Brüssel Ia-VO Art. 23 Rn. 196; allg. auch Magnus/Mankowski/*Magnus* Brussels Ibis Regulation Art. 25 Rn. 154.
[393] Geimer/Schütze/*Geimer* EuGVVO Art. 23 Rn. 166; siehe auch Layton/*Mercer* European Civil Practice Rn. 20.060.
[394] Magnus/Mankowski/*Magnus* Brussels Ibis Regulation Art. 25 Rn. 144; Rauscher/*Mankowski* Brüssel Ia-VO Art. 25 Rn. 198.
[395] Rauscher/*Mankowski* Brüssel Ia-VO Art. 25 Rn. 158.
[396] Allg. dazu Kropholler/v. *Hein* EuGVO Art. 23 Rn. 90 f., 95.
[397] *Schack* Zivilverfahrensrecht Rn. 521 (zum autonomen dt. Recht); Rauscher/*Mankowski* Brüssel Ia-VO Art. 25 Rn. 206.
[398] Kropholler/v. *Hein* EuGVO Art. 23 Rn. 93; *Schack* Zivilverfahrensrecht Rn. 540.
[399] Kropholler/v. *Hein* EuGVO Art. 23 Rn. 94.
[400] *Schack* Zivilverfahrensrecht Rn. 540.

Haben die Parteien einen ausschließlichen Gerichtsstand vereinbart, müssen alle anderen Gerichte ihre Zuständigkeit für solche Streitigkeiten verneinen, die von der Gerichtsstandsvereinbarung abgedeckt werden. Zu prüfen ist also stets, ob die Vereinbarung für und gegen die Parteien des Rechtsstreits gilt (persönliche Reichweite) und auch den geltend gemachten Anspruch erfasst (sachliche Reichweite).

bb) Persönliche Reichweite. Gerichtsstandsvereinbarungen binden die **Parteien**, die sie abgeschlossen haben. Welche Parteien der Vereinbarung zugestimmt haben, muss im Wege der Auslegung geklärt werden. Mangels unionsrechtlich vereinheitlichter Maßstäbe ist die persönliche Reichweite der Vereinbarung lediglich im Ausgangspunkt nach unionsrechtlich-autonomen Maßstäben zu bestimmen. Nach der Rechtsprechung des EuGH werden im Grundsatz allein diejenigen Personen Partei der Prorogationsabrede, die dieser **tatsächlich zugestimmt** haben.[401] Einzelheiten der Willenseinigung sind dem nationalen Recht zu entnehmen.[402] Anwendbar ist insoweit das Recht, welches nach dem IPR des Forums auf das Zustandekommen von Prorogationsverträgen anzuwenden ist.[403] Sofern die Parteien diesbezüglich keine Rechtswahl getroffen haben, sollten Gerichte in der EU das Recht anwenden, das auch für den Hauptvertrag maßgeblich ist, in den die Vereinbarung eingebettet ist, sofern nicht eine engere Verbindung zu einer anderen Rechtsordnung besteht.[404] Aufgrund des Zustimmungserfordernisses bindet eine Vereinbarung lediglich in besonders gelagerten Ausnahmefällen nicht beteiligte Dritte, etwa im Fall eines Vertrages zugunsten Dritter, wobei mangels unionsrechtlicher Maßstäbe eine solche Bindungswirkung nach Maßgabe des auf die Drittbeziehung anwendbaren Rechts zu ermitteln ist.[405]

Ferner können die **Rechtsnachfolger** der ursprünglichen Parteien durch die Prorogationsabrede gebunden werden, etwa wenn Ansprüche aus dem Vertragsverhältnis, in das die Gerichtsstandsabrede aufgenommen wurde, etwa durch **Abtretung**,[406] **Schuldübernahme**[407] oder **Erbfolge** auf sie übergegangen sind. Aus der Rechtsprechung des EuGH lässt sich ableiten, dass Gerichtsstandsvereinbarungen, die zwei Parteien wirksam abgeschlossen haben, auch gegenüber ihren Rechtsnachfolgern gelten, vorausgesetzt, dass der Rechtsübergang wirksam war.[408] Ob ein Übergang von Rechten und Pflichten auf eine an der ursprünglichen Vereinbarung unbeteiligte Person wirksam zustande gekommen ist, muss – mangels vereinheitlichter europäischer Maßstäbe – nach demjenigen nationalen Recht[409] beurteilt werden, welches das internationale Privatrecht des Forums zur Anwendung beruft.[410] Darüber hinaus hat der EuGH klargestellt, dass Gerichtsstandsvereinbarungen bei einfachen **Vertragsketten** nur gegen solche Personen wirken, die der Vereinbarung ausdrücklich oder konkludent zugestimmt haben.[411] Haben die Parteien **ausgeschlossen**, dass die Prorogationsabrede für ihre Rechtsnachfolger gelten soll, sind diese nicht an die Vereinbarung gebunden.[412]

---

[401] EuGH Urt. v. 7.2.2013 – C-543/10, ECLI:EU:C:2013:62 Rn. 29 – Refcomp/Axa = EuZW 2013, 316.
[402] OLG Saarbrücken Urt. v. 2.10.1991 – 5 U 21/91, NJW 1999, 987, 988; Rauscher/*Mankowski* Brüssel Ia-VO Art. 25 Rn. 146.
[403] Rauscher/*Mankowski* Brüssel Ia-VO Art. 25 Rn. 140; Nietsch/Weller/*Wurmnest* Private Enforcement 64 (88).
[404] Nietsch/Weller/*Wurmnest* Private Enforcement 64 (88).
[405] Rauscher/*Mankowski* Brüssel Ia-VO Art. 25 Rn. 157.
[406] OGH Urt. v. 5.6.2007 – 10 Ob 40/07s, IHR 2008, 40 (44).
[407] OGH Urt. v. 5.6.2007 – 10 Ob 40/07s, IHR 2008, 40 (44).
[408] Eingehend dazu Magnus/Mankowski/*Magnus* Brussels Ibis Regulation Art. 25 Rn. 161.
[409] Dass das nationale Recht diese Frage zu beantworten hat, ergibt sich etwa aus EuGH Urt. v. 19.6.1984 – 71/83, Slg. 1984, 2417 Rn. 26 – Russ/NV Haven- & Vervoerbedrijf Nova und NV Goeminne Hout = BeckRS 2004, 73589; EuGH Urt. v. 9.11.2000 – C-387/98, Slg. 2000, I-9337 Rn. 23 – Coreck Maritime/Handelsveem BV= NJW 2001, 501.
[410] Geimer/Schütze/*Geimer* EuGVVO Art. 23 Rn. 200; Magnus/Mankowski/*Magnus* Brussels Ibis Regulation Art. 25 Rn. 161; Nietsch/Weller/*Wurmnest* Private Enforcement 64 (88).
[411] EuGH Urt. v. 7.2.2013 – C-543/10, ECLI:EU:C:2013:62 Rn. 29 – Refcomp/Axa = EuZW 2013, 316.
[412] Geimer/Schütze/*Geimer* EuGVVO Art. 23 Rn. 203.

117 Im Handelsverkehr werden ausschließliche Gerichtsstände häufig zwischen einem Lieferanten und seinen Abnehmern vereinbart. Ist der **Lieferant** an einem Kartell beteiligt, so bindet diese Vereinbarung grundsätzlich nur seine **unmittelbaren Abnehmer**. **Folgeabnehmer** (mittelbare Abnehmer) werden von dieser Klausel nicht erfasst, da die Weiterveräußerung der kartellbefangenen Ware keine Rechtsnachfolge in den Vertrag zwischen dem Lieferant und seinen unmittelbaren Abnehmern begründet. Die Folgeabnehmer werden nur dann von dieser Klausel gebunden, wenn sie ihr zugestimmt haben.[413] Ferner wirkt eine Gerichtsstandsabrede, die ein Kartellmitglied mit seinen Abnehmern geschlossen hat, **nicht für und gegen seine Kartellbrüder**.[414] Haben die **Abnehmer** ihre Ersatzansprüche gegen ein Kartellmitglied, mit dem sie eine Gerichtsstandsvereinbarung getroffen hatten, nach dem anwendbaren nationalen Recht wirksam **abgetreten,** so ist auch der neue Gläubiger (Zessionar) an die zwischen den Ursprungsparteien getroffene Zuständigkeitsvereinbarung gebunden, sofern er von der Vereinbarung Kenntnis hatte oder hätte haben können.[415]

118 In der Praxis werden Kartellabsprachen oftmals zwischen bestimmten **Konzerngesellschaften** getroffen, die dann ihre Tochtergesellschaften anweisen, die Vereinbarung beim Absatz der von der Absprache betroffenen Waren oder Dienstleistungen umzusetzen. Schließen die Töchter eine Gerichtsstandsvereinbarung mit den Erwerbern der kartellbefangenen Ware ab, die auch kartelldeliktische Ansprüche erfassen soll, so bindet diese Vereinbarung allein die Töchter und nicht ihre Mütter oder andere Konzerngesellschaften, sofern eine solche Erstreckung nicht in der Vereinbarung festgehalten wird bzw. aus den Umständen des Vertragsschlusses abgeleitet werden kann oder die anderen Gesellschaften der Klausel zugestimmt haben.[416]

119 Gerichtsstandsabreden können **mittelbar Effekte auf andere Streitigkeiten** ausüben. Ist etwa aufgrund einer ausschließlichen Gerichtsstandsvereinbarung die Klage gegen einen „Ankerbeklagten" vor einem bestimmten Gericht unzulässig, können vor diesem Gericht nicht weitere Parteien auf Grundlage von Art. 6 Nr. 1 Brüssel I-VO/LugÜ II/Art. 8 Nr. 1 Brüssel Ia-VO verklagt werden.[417]

120 **cc) Sachliche Reichweite.** Welche Streitigkeiten eine Zuständigkeitsvereinbarung erfassen soll, muss im Wege der Auslegung geklärt werden. Nach der Rechtsprechung des EuGH zum EuGVÜ ist die Bestimmung der sachlichen Reichweite einer solchen Vereinbarung grundsätzlich „Sache des nationalen Gerichts, vor dem sie geltend gemacht wird".[418] Diese Rechtsprechung gilt auch für die Brüssel I-VO/Brüssel Ia-VO bzw. das LugÜ II.[419] Damit folgt die Auslegung von Gerichtsstandsvereinbarungen nach dem derzeit geltenden Recht nicht für alle Fragen einheitlichen europäischen Maßstäben, sofern der EuGH keine Vorgaben gemacht hat. Solche europäischen Vorgaben werden immer stärker zunehmen. Einen Grundsatz der **engen Auslegung** von Zuständigkeitsvereinbarungen hat der **EuGH** entgegen anderslautender Interpretationsversuche im Schrifttum[420] bislang aber **nicht postuliert**.[421] Auch folgt aus dem

---

[413] Dies folgt aus EuGH Urt. v. 7.2.2013 – C-543/10, ECLI:EU:C:2013:62 Rn. 29 – Refcomp/Axa = EuZW 2013, 316.
[414] *Wurmnest* EuZW 2012, 933 (936).
[415] Magnus/Mankowski/*Magnus* Brussels Ibis Regulation Art. 25 Rn. 161.
[416] Nietsch/Weller/*Wurmnest* Private Enforcement 64 (89).
[417] *Wurmnest* EuZW 2012, 933 (936 m. Fn. 45); allg. auch *Kropholler/v. Hein* EuGVO Art. 23 Rn. 16.
[418] EuGH Urt. v. 3.7.1997 – C-269/95, Slg. 1997, I-3767 Rn. 31 – Benincasa/Dentalkit; ähnlich schon EuGH Urt. v. 10.3.1992 – C-214/89, Slg. 1992, I-1745 Rn. 36 – Powell Duffryn/Petereit = NJW 1992, 1671.
[419] *Wurmnest* FS Magnus 2014, 567 (571 f.).
[420] Siehe *Vischer* FS Jayme Bd. 1 2004, 993 (995).
[421] Eingehend dazu Magnus/Mankowski/*Magnus* Brussels Ibis Regulation Art. 25 Rn. 142; *Wurmnest* FS Magnus 2014, 567 (572 f.). Der Grundsatz der engen Auslegung bezieht sich lediglich auf die Tatbestandsvoraussetzungen von Art. 23 Brüssel I-VO LugÜ II/Art. 25 Brüssel Ia-VO, also etwa die Formererfordernisse, siehe British Sugar plc v Fratelli Babbini di Lionello Babbini & CSAS 1 (2005) All ER 55, 72 (Comm).

unionsrechtlichen **Effektivitätsgrundsatz** keine enge Auslegung von Gerichtsstandsvereinbarungen in Kartellrechtssachen.[422]

Umstritten ist, nach welchen Regeln das auf die Auslegung der Vereinbarung anwendbare Recht zu ermitteln ist, wenn es keine unionsrechtlichen Vorgaben gibt.[423] Richtigerweise sollte die Bestimmung der sachlichen Reichweite einer Zuständigkeitsabrede im Ausgangspunkt nach demjenigen Recht vorgenommen werden, das nach den Regeln des Schuldvertrags-IPR des Forums auf die Streitfrage Anwendung findet.[424] Für den praktisch bedeutenden Fall, dass die Abrede in einen Vertrag eingebettet wurde, ist dies oftmals das Recht, das auch auf den Vertrag anwendbar ist, sofern die Parteien nicht das für die Auslegung der Prorogationsabrede maßgebliche Recht gewählt haben oder ein anderes Recht eine engere Verbindung zur Abrede aufweist.[425] Die Bestimmung der Rechtsnatur des geltend gemachten Anspruchs (also etwa die Frage, ob ein Anspruch vertraglicher oder deliktischer Natur ist) sollte ebenfalls dem Recht unterfallen, das auf die Gerichtsstandsklausel anwendbar ist. Auf diese Weise ist es möglich, einen Sachverhalt umfassend nach einer Rechtsordnung abzuurteilen.[426]

121

Wenngleich Einzelheiten der Bestimmung der Reichweite von Gerichtsstandsvereinbarungen in Bezug auf Kartellrechtsstreitigkeiten schon aufgrund des relativ dürftigen Fallmaterials in allen Staaten noch im Fluss sind, besteht im Ausgangspunkt Einigkeit darüber, dass der (objektivierte) Parteiwille bestimmt, welche Ansprüche von einer Zuständigkeitsvereinbarung abgedeckt werden sollen. Kartellrechtliche Ansprüche werden in der Praxis aber nur in den seltensten Fällen explizit in einer Zuständigkeitsvereinbarung erwähnt. Vielmehr sind allgemein gehaltene Gerichtsstandsabreden gebräuchlich („Für alle Streitigkeiten aus diesem Vertrag sind ausschließlich die Gerichte in München zuständig"; „For the purposes of the resolution of disputes under this Agreement, each party submits itself to the exclusive jurisdiction of the courts of England."). Bei solchen Klauseln muss der hypothetische Parteiwille nach objektiven Maßstäben ermittelt und dabei ergründet werden, was vernünftige Partner vereinbart hätten.[427] Im Fall *CDC* hat der **EuGH** darauf hingewiesen, dass Gerichtsstandsvereinbarungen stets auf Streitigkeiten bezogen sein müssen, die ihren Ursprung in demjenigen Rechtsverhältnis haben, anlässlich dessen die Vereinbarung geschlossen wurde. Diese Voraussetzung solle verhindern, „dass eine Partei dadurch überrascht wird, dass die Zuständigkeit eines bestimmten Gerichts für sämtliche Rechtsstreitigkeiten begründet wird, die sich eventuell aus den Beziehungen mit ihrem Vertragspartner ergeben und ihren Ursprung in einer anderen Beziehung als derjenigen haben, anlässlich deren die Begründung des Gerichtsstands vorgenommen wurde".[428] Mangels Vorhersehbarkeit eines solchen Rechtsstreits für den geschädigten Abnehmer ist der EuGH skeptisch, „dass eine Klausel, die sich in abstrakter Weise auf Rechtsstreitigkeiten aus Vertragsverhältnissen bezieht, […] einen Rechtsstreit [erfassen kann], in dem ein Vertragspartner aus deliktischer Haftung wegen seines einem rechtswidrigen Kartell ent-

122

---

[422] Eingehend zur Reichweite des Effektivitätsgrundsatzes Nietsch/Weller/*Wurmnest* Private Enforcement, 64 (83 ff.).
[423] Eingehend dazu *Wurmnest* FS Magnus 2014, 567 (573 f.) (auch zum Folgenden).
[424] *Heinze* RabelsZ 75 (2011), 581 (586); *Wurmnest* FS Magnus 2014, 567 (574) (auch zum Folgenden); ähnlich *Bulst* EBOR 4 (2003), 623 (644); Rauscher/*Mankowski* Brüssel Ia-VO Art. 25 Rn. 208; aA *Schack* Zivilverfahrensrecht Rn. 519 (Auslegung soll sich nach dem Recht des Prozessgerichts richten); siehe auch *Mäsch* IPRax 2005, 509 (514), der andenkt, das Recht des prorogierten Gerichts für maßgeblich zu erklären.
[425] *Briggs/Rees* Civil Jurisdiction and Judgments Rn. 4.40; *Wurmnest* FS Magnus 2014, 567 (574).
[426] *Maier* Marktortanknüpfung, 243 f.; *Wurmnest* FS Magnus 2014, 567 (574).
[427] *Vischer* FS Jayme Bd. 1 2004, 993 (996); Continental Bank N.A. v Aeakos Compania Naviera S.A., [1994] 1 Lloyd's Rep. 505, 508 (CA) per Steyn, L.J.: „The answer [to the question which disputes shall be covered by a jurisdiction clause] is not to be found in the niceties of the language of [a clause]. It is to be found in a common sense view of the purpose of the clause."
[428] EuGH Urt. v. 21.5.2015 – C-352/13, ECLI:EU:C:2015:335 Rn. 68 – CDC Hydrogen Peroxide/Akzo Nobel = BeckRS 2015, 80360.

sprechenden Verhaltens belangt wird".[429] **Allgemeine Klauseln** erfassen daher nach Ansicht des EuGH **kartelldeliktische Ansprüche von Abnehmern in Zusammenhang mit horizontalen Kartellen nicht,** sofern sich aus den Umständen nichts anderes ergibt.

123   Ein Blick auf die nationale Rechtsprechung bestätigt, dass die Gerichte eher zurückhaltend sind, allgemeine Klauseln weit auszulegen. Allerdings zeichnete sich im **englischen Recht** die Tendenz ab, solche Gerichtsstandsabreden im Interesse der Rechtssicherheit weit auszulegen, sofern eine ausschließliche Zuständigkeit vereinbart wurde.[430] Diese Auslegung gründet auf der Vermutung, dass vernünftige Kaufleute Gerichtsstandsvereinbarungen zu dem Zweck schließen, dass sämtliche Ansprüche in Zusammenhang mit der Eingehung bzw. der Durchführung des Vertrags von ein und demselben Gericht beurteilt werden sollen.[431] Dementsprechend hat *Gross J.* in der Rechtssache *ET Plus SA et al.* entschieden, dass Ansprüche aus Art. 101, 102 AEUV wegen einer behaupteten kartellrechtswidrigen Vertragsaufkündigung von einer Klausel erfasst werden, die sämtliche Ansprüche in Zusammenhang mit der Erfüllung oder der Auslegung des Vertrags der Jurisdiktionsgewalt eines Schiedsgerichts unterwirft.[432] Im Fall *Provimi* hat *Aikens J.* ferner in einem *obiter dictum* angedeutet, dass allgemeine Gerichtsstandsklauseln nach englischem Recht auch Schadensersatzansprüche eines Abnehmers gegen seinen Lieferanten erfassten, der an einer Kartellabsprache beteiligt war und deshalb Ware zu überhöhten Preisen verkauft hat.[433] Der Court of Appeal hat dann allerdings in der Rechtssache *Ryanair* (bezogen auf die Vereinbarung einer zusätzlichen Zuständigkeit) geurteilt, dass Opfer eines Kartells nicht durch eine allgemein gehaltene (vertragsbezogene) Gerichtsstandsabrede gebunden würden, sofern die Streitigkeit nicht zumindest auch vertraglicher Natur sei. Schadensersatzansprüche von Käufern, die kartellierte Ware zu überhöhten Preisen bezogen haben, weil der Verkäufer mit Dritten kartellrechtswidrige Absprachen getroffen hat, seien nach englischem Recht keine vertragsrechtliche Streitigkeit und damit im Regelfall nicht von einer allgemeinen Gerichtsstandsabrede erfasst.[434] Diese Auslegung mag für die Vereinbarung eines zusätzlichen Gerichtsstands Sinn ergeben, um *forum shopping* einzudämmen. Für eine ausschließliche Gerichtsstandsabrede überzeugt die Argumentation des Court of Appeal in dieser Pauschalität jedoch nicht.

124   Im **deutschen Recht** ist anerkannt, dass allgemein gehaltene Zuständigkeitsabreden, die die ausschließliche Zuständigkeit eines Gerichts oder der Gerichte eines Staats vorsehen, kartellrechtliche Ansprüche in Zusammenhang mit der Durchführung des Vertrags erfassen können, etwa Ansprüche in Zusammenhang mit einer kartellrechtswidrigen Beendigung des Vertrags bzw. der Geschäftsbeziehung.[435] Dagegen sollen Schadensersatzklagen von unmittelbaren Abnehmern gegen ein Kartellmitglied wegen des Bezugs von Waren oder Dienstleistungen zu überhöhten Preisen nach Ansicht eines Teils des Schrifttums nicht von allgemeinen Gerichtsstandsabreden erfasst sein.[436] Zu diesem Ergebnis kam auch *Aikens J.* in der bereits erwähnten Rechtssache *Provimi,* in der die sachliche Reichweite einiger Klauseln nach deutschem Recht zu bestimmen war.[437] Der EuGH folgert dieses

---

[429] EuGH Urt. v. 21.5.2015 – C-352/13, ECLI:EU:C:2015:335 Rn. 69 f. – CDC Hydrogen Peroxide/Akzo Nobel = BeckRS 2015, 80660; krit. *Mäsch* WuW 2016, 285 (291) (⁴ultra vires).
[430] Siehe allg. Fiona Trust & Holding Corporation v Privalov, [2008] 1 Loyd's Rep. 254, 259 per Lord Hope of Craighead (bezogen auf eine Schiedsgerichtsabrede).
[431] Siehe allg. *Briggs/Rees* Civil Jurisdiction and Judgments Rn. 4.39.
[432] ET Plus SA & Ors v Welter & Ors [2005] EWHC 2115 [51] (Comm).
[433] Provimi Ltd v Roche Products Ltd and other actions [2003] 2 All ER 683, 730.
[434] Ryanair Ltd v. Esso Italiana Srl [2013] EWCA Civ 1450 [42 ff., 46].
[435] OLG Stuttgart Urt. v. 9.11.1990 – 2 U 16/90, IPRax 1992, 86 (88) = BeckRS 1990, 03364; KG Urt. v. 18.12.1996 – Kart U 6781/95, AfP 1998, 74 (76); *Vischer* FS Jayme Bd. 1 2004, 993 (996); *Basedow/Heinze* FS Möschel 2011, 63 (81 f.).
[436] *Maier* Marktortanknüpfung 225 ff.; *Vischer* FS Jayme Bd. 1 2004, 993 (998).
[437] Provimi Ltd v Roche Products Ltd and other actions [2003] 2 All ER 683, 724 f. Eine der streitgegenständlichen Klauseln lautete in englischer Übersetzung: „The place of jurisdiction for all disputes arising out of the legal relationship between us and the buyer is the Local Court of Lörrach and the District Court of Freiburg".

Ergebnis schon aus dem Unionsrecht (→ Rn. 122). Diese enge Auslegung verkennt, dass Parteien mit der Gerichtsstandsvereinbarung größtmögliche Rechtssicherheit erzielen möchten.[438] Daher wird aus Sicht eines objektiven Dritten der Wille der Parteien normalerweise dahin auszulegen sein, dass neben vertraglichen Ansprüchen auch (kartell)deliktische Ansprüche mit Vertragsbezug, der auch bei Kartellabsprachen gegeben ist, dem Gerichtsstand unterfallen sollen, den die Parteien als ausschließliches Forum für ihre Streitigkeiten aus einer Rechtsbeziehung bzw. aus einem Vertrag bestimmt haben.[439]

e) Verhältnis zum Haager Übereinkommen über Gerichtsstandsvereinbarungen. Um die Durchsetzbarkeit von Gerichtsstandsvereinbarungen im internationalen Wirtschaftsverkehr zu stärken, wurde das Haager Übereinkommen über Gerichtsstandsvereinbarungen v. 30.6.2005 (HGÜ) aufgelegt,[440] welches für internationale Sachverhalte in bestimmten Zivil- und Handelssachen (Art. 1, 2 HGÜ) ua die internationale Zuständigkeit der Gerichte auf Grundlage ausschließlicher Gerichtsstandsvereinbarungen (Art. 3 HGÜ) regelt. Das HGÜ ist am 1.10.2015 im Verhältnis zwischen den EU-Staaten und Mexiko in Kraft getreten.[441] Auf **kartellprivatrechtliche Schadensersatzansprüche** findet dieses Übereinkommen keine Anwendung (Art. 2 Abs. 2 lit. h HGÜ).[442] Bezieht sich der Streit auf die **Nichtigkeit eines Vertrages** wegen der Verletzung einer Kartellverbotsnorm, so ist das Kartellrecht lediglich als Vorfrage betroffen. Daher soll der Anwendungsbereich des HGÜ eröffnet sein.[443] Die Vorschriften des Übereinkommens verdrängen das Brüssel-Regime gemäß Art. 26 Abs. 6 HGÜ aber nur in ausgewählten Fällen. Das HGÜ gilt, wenn eine Partei ihren Sitz in der EU hat und die andere in einem HGÜ-Vertragsstaat ansässig ist, der nicht zugleich ein EU-Mitgliedstaat ist (zB Mexiko). Ferner gilt das HGÜ, wenn zwar alle Parteien in der EU ansässig sind, aber die Zuständigkeit eines Gerichts in einem Nicht-EU-Staat vereinbart worden ist, der HGÜ-Vertragsstaat ist. Haben dagegen alle Parteien der Vereinbarung ihren Sitz in der EU und wird ein Gericht in der Union als Gerichtsstand vereinbart, bleibt Art. 25 Brüssel Ia-VO maßgeblich. Gleiches gilt für den Fall, dass die eine Partei der Gerichtsstandsabrede in der EU ansässig ist und die andere Partei in einem Drittstaat, der nicht dem HGÜ beigetreten ist.[444]

2. Rügelose Einlassung (Art. 24 Brüssel I-VO/LugÜ II/Art. 26 Brüssel Ia-VO)

a) Grundlagen. Ein an sich unzuständiges Gericht wird international und – wenn europäisches Recht auch die örtliche Zuständigkeit regelt – auch örtlich zuständig, wenn der Beklagte sich auf das Verfahren einlässt, ohne den Mangel der Zuständigkeit zu rügen (Art. 24 S. 1 Brüssel I-VO/LugÜ II/Art. 26 Abs. 1 S. 1 Brüssel Ia-VO). Der EuGH stuft ein solches Verhalten als konkludente Vereinbarung über die Zuständigkeit ein.[445] Richtigerweise wird man aber den verfahrensrechtlichen Grundsatz der Präklusion als Rechtsgrund anzusehen haben, da weder ein entsprechender Wille des Beklagten noch die Annahme des Angebots durch den Kläger festgestellt werden muss.[446] Diese Regel greift nicht, sofern ausschließliche Zuständigkeiten derogiert werden oder lediglich eine hilfsweise Einlassung vorliegt (Art. 24 S. 2 Brüssel I-VO/LugÜ II/Art. 26 Abs. 1 S. 2 Brüssel Ia-VO).

---

[438] Eingehend dazu *Wurmnest* FS Magnus 2014, 567 (580 ff.); *Lund* Streitgenossenschaft 323 ff. (beide auch zum Folgenden).
[439] Im Ergebnis ebenso *Basedow/Heinze* FS Möschel 2011, 63 (82); *Pfeiffer* Liber Amicorum Wolfrum Bd. 2, 2057 (2061 f.); aA *Stadler* JZ 2015, 1138 (1148 f.).
[440] Der Text des Abkommens ist abrufbar unter https://www.hcch.net.
[441] Der Ratifikationsstand ist abrufbar unter https://www.hcch.net/de/instruments/conventions/status-table/?cid=98.
[442] Rauscher/*Weller* Einf HProrogÜbk 2005 Rn. 17.
[443] Rauscher/*Weller* Einf HProrogÜbk 2005 Rn. 17 m. Fn. 65.
[444] Eingehend zum Ganzen Rauscher/*Mankowski* Brüssel Ia-VO Art. 25 Rn. 273 ff.
[445] EuGH Urt. v. 20.5.2010 – C-111/09, Slg. 2010, I-4545 Rn. 21 – Česká podnikatelská pojišťovna as/Bilas = EuZW 2010, 679; *Hess* Europäisches Zivilprozessrecht § 6 Rn. 148.
[446] MüKoZPO/*Gottwald* EuGVO Art. 24 Rn. 1 (mwN).

126 Unter Geltung der Brüssel I-VO/des LugÜ II war umstritten,[447] ob die Anwendbarkeit des Art. 24 Brüssel I-VO/LugÜ II in räumlicher Hinsicht eingeschränkt werden musste, um einen Gleichklang mit Art. 23 Brüssel I-VO/LugÜ II herzustellen. Art. 24 Brüssel I-VO/LugÜ II selbst nennt keine einschränkenden Kriterien, so dass nach dem Wortlaut der Norm eine Zuständigkeit kraft rügeloser Einlassung auch in einem Streit zwischen zwei Parteien begründet werden könnte, von denen keine ihren Sitz in einem Brüssel I-VO/LugÜ II-Staat hat.[448] Hiergegen wurde vorgebracht, dass aus systematischen Gründen die spezielleren Voraussetzungen des Art. 23 Brüssel I-VO/LugÜ II auf Art. 24 Brüssel I-VO/LugÜ II übertragen werden müssten, da beide Normen unter der Überschrift „Vereinbarungen über die Zuständigkeit" stünden.[449] Letzterer Ansicht ist zu folgen, da auf diese Weise ein Gleichlauf zwischen Art. 23 Brüssel I-VO/LugÜ II und Art. 24 Brüssel I-VO/LugÜ II erzielt werden kann.[450] Unter Geltung der Brüssel Ia-VO fällt diese Einschränkung weg, da Art. 25 Brüssel Ia-VO nunmehr auch Gerichtsstandsvereinbarungen von Parteien erfasst, die in Drittstaaten beheimatet sind (→ Rn. 100).

127 b) Zuständigkeitsbegründung durch rügelose Einlassung. Ein nach den Vorschriften des europäischen Zuständigkeitsrechts an sich unzuständiges Gericht wird gem. Art. 24 S. 1 Brüssel I-VO/LugÜ II/Art. 26 Abs. 1 S. 1 Brüssel Ia-VO zuständig, wenn sich die beklagte Partei „vor ihm auf das Verfahren einlässt". Die Wendung **„Einlassung auf das Verfahren"** ist europäisch-autonom auszulegen.[451] Von einer den Mangel der Zuständigkeit heilenden Einlassung ist auszugehen, wenn der Beklagte, ohne eine Rüge der Zuständigkeit zu erheben, seine Verteidigung mit dem Ziel der Klageabweisung betreibt. Handlungen, die der eigentlichen Verteidigung vorgelagert sind, etwa eine Anzeige der Verteidigungsbereitschaft (§ 276 Abs. 1 ZPO) oder Anträge auf Fristverlängerung oder Aussetzung des Verfahrens, können daher nicht als zuständigkeitsbegründende Einlassung angesehen werden.[452] Die in der Verteidigungsanzeige enthaltene Ankündigung, dass Klageabweisung beantragt werden wird, ist ebenfalls nicht als Einlassung einzustufen, da diese allein der Vorbereitung der Unzuständigkeitsrüge dient. Auch wer untätig bleibt, lässt sich nicht auf das Verfahren ein.[453]

128 Ist eine Einlassung zu verneinen, so hat das angerufene Gericht gem. Art. 26 Abs. 1 Brüssel I-VO/LugÜ II/Art. 28 Abs. 1 Brüssel Ia-VO seine Zuständigkeit **von Amts wegen zu prüfen** und ggf. die Klage abzuweisen. Auf diese Weise wird sichergestellt, dass ein Beklagter nicht vor einem ausländischen Gericht aktiv werden muss, um die fehlende Zuständigkeit zu rügen.[454]

129 Die Begründung der Zuständigkeit gem. Art. 24 S. 1 Brüssel I-VO/LugÜ II/Art. 26 Abs. 1 S. 1 Brüssel Ia-VO setzt sich nicht nur gegenüber dem allgemeinen Gerichtsstand durch, sondern auch gegenüber den **Schutzgerichtsständen.** Das europäische Zuständigkeitsrecht will den Schutz der tendenziell schwächeren Partei nicht gegen deren Willen gewährleisten.[455] Nach Art. 24 Brüssel I-VO/LugÜ II trat die Rechtsfolge der rügelo-

---

[447] Ausf. zu diesem Streit *Kropholler/v. Hein* EuGVO Art. 24 Rn. 3 f.
[448] Für die Anwendung von Art. 24 EuGVO/LugÜ auf Streitigkeiten zwischen zwei Parteien aus Drittstaaten *Hess* Europäisches Zivilprozessrecht § 6 Rn. 148.
[449] *Kropholler/v. Hein* EuGVO Art. 24 Rn. 3; Rauscher/*Staudinger* Brüssel Ia-VO Art. 26 Rn. 2.
[450] Im Ergebnis ebenso Gebauer/Wiedmann/*Gebauer* Kap. 27 (EuGVVO) Rn. 130.
[451] Siehe nur OGH v. 24.11.1999 – 3 Ob 117/99y, ZfRV 2000, 197 (198) (mwN); *Kropholler/v. Hein* EuGVO Art. 24 Rn. 7.
[452] Rauscher/*Staudinger* Brüssel Ia-VO Art. 26 Rn. 4.
[453] Geimer/Schütze/*Geimer* EuGVVO Art. 24 Rn. 28.
[454] Rauscher/*Staudinger* Brüssel Ia-VO Art. 26 Rn. 1.
[455] EuGH Urt. v. 20.5.2010 – C-111/09, Slg. 2010, I-4545 Rn. 30 – Česká podnikatelská pojišťovna as/Bilas = EuZW 2010, 679. Für eine Einschränkung auf Aktivprozesse derjenigen Parteien, zu deren Gunsten die Schutzgerichtsstände geschaffen wurden Gebauer/Wiedmann/*Gebauer* Kap. 27 (EuGVVO) Rn. 131.

sen Einlassung zudem unabhängig von einer Belehrung durch den Richter ein.[456] Unter Geltung der Brüssel Ia-VO muss dagegen in Streitigkeiten nach den Abschnitten 3 bis 5 der Verordnung eine beklagte Partei, die Versicherungsnehmer, Begünstigter eines Versicherungsvertrages, Geschädigter, Verbraucher oder Arbeitnehmer ist, vom Richter sowohl über ihr Recht, die Unzuständigkeit des angerufenen Gerichts zu rügen, als auch über die Rechtsfolgen des Einlassens bzw. Nichteinlassens aufgeklärt werden (Art. 26 Abs. 2 Brüssel Ia-VO). Noch offen ist allerdings, ob aufgrund eines Verstoßes gegen diese Aufklärungspflicht die Vollstreckung des Urteils versagt werden kann.[457]

Eine Zuständigkeit kraft rügeloser Einlassung greift auch bei **Gerichtsstandsabreden.** 130 Der EuGH begründet dies damit, dass die Parteien durch das Anrufen eines an sich unzuständigen Gerichts und die rügelose Einlassung auf das Verfahren ihre ursprüngliche Vereinbarung zugunsten des angerufenen Gerichts abändern.[458]

c) Ausschluss der Zuständigkeitsbegründung. Art. 24 S. 2 Brüssel I-VO/LugÜ II/Art. 26 131 Abs. 1 S. 2 Brüssel Ia-VO normiert zwei Ausnahmen von dem in S. 1 aufgestellten allgemeinen Grundsatz der Zuständigkeitsbegründung: Zum einen kommt es nicht zu einer Heilung des Mangels der Zuständigkeit, wenn der Beklagte sich nur auf das Verfahren „einlässt, um den Mangel der Zuständigkeit geltend zu machen", zum anderen ist eine solche Wirkung ausgeschlossen, soweit hierdurch ein ausschließlicher Gerichtsstand ausgeschlossen werden würde.

Eine Zuständigkeitsbegründung ist ausgeschlossen, wenn der Beklagte die internationale 132 Zuständigkeit des Gerichts **bestreitet,** wobei das Bestreiten ausdrücklich oder konkludent erfolgen kann.[459] Wird lediglich der Mangel der örtlichen Zuständigkeit gerügt, ist im Einzelfall zu prüfen, ob diese Rüge sich auch auf die internationale Zuständigkeit erstrecken soll. Die Grundregel lautet diesbezüglich, dass eine Rüge der örtlichen Zuständigkeit im Zweifel auch die fehlende internationale Zuständigkeit monieren soll.[460] Verhandelt der Beklagte nach der Rüge **hilfsweise zur Hauptsache,** so wird das angerufene Gericht nicht gem. Art. 24 Brüssel I-VO/LugÜ II/Art. 26 Brüssel Ia-VO zuständig.[461]

Der **Zeitpunkt,** bis zu dem der Beklagte die Rüge der Unzuständigkeit erheben kann, 133 ist dem nationalen Verfahrensrecht zu entnehmen. Grundsätzlich ist eine Unzuständigkeitsrüge verspätet, wenn sie nach derjenigen Stellungnahme erhoben wird, welche „nach dem innerstaatlichen Prozeßrecht als das erste Verteidigungsvorbringen vor dem angerufenen Gericht anzusehen ist".[462] Ist ein früher erster Termin angesetzt oder das schriftliche Vorverfahren angeordnet worden, stellt der erste Schriftsatz, in dem sich der Beklagte zur Sache äußert, das erste Verteidigungsvorbringen dar.[463] Somit kann die Rüge der Unzuständigkeit nicht immer noch in der mündlichen Verhandlung erhoben werden.

---

[456] OLG Rostock Urt. v. 14.10.2005 – 8 U 84/04, OLGR Rostock 2006, 271 Rn. 18 = NJW-RR 2006, 209; Geimer/Schütze/*Geimer* EuGVVO Art. 24 Rn. 16. Im Falle einer Abweichung von Schutzvorschriften steht es dem nationalen Richter aber frei, sich zu „vergewissern, dass die unter diesen Umständen vor ihm verklagte Partei umfassende Kenntnis von den Folgen ihrer Einlassung auf das Verfahren hat", siehe EuGH Urt. v. 20.5.2010 – C-111/09, Slg 2010, I-4545 Rn. 32 – Česká podnikatelská pojišťovna as/Bilas = EuZW 2010, 678.
[457] Für Ablehnung der Vollstreckung *v. Hein* RIW 2012, 97 (109); vorsichtig dagegen *Pohl* IPRax 2013, 109 (111m. Fn. 29) (Verstoß „dürfte ohne Konsequenz bleiben").
[458] EuGH Urt. v. 24.6.1981 – 150/80, Slg. 1981, 1671 Rn. 10f. – Elefanten Schuh/Jacqmain = BeckRS 2004, 71745; EuGH Urt. v. 7.3.1985 – 48/84, Slg. 1985, 787 Rn. 25f. – Spitzley/Sommer = Beck-EuRS 1985, 119392 (jeweils zum EuGVÜ).
[459] Rauscher/*Staudinger* Brüssel Ia-VO Art. 26 Rn. 13.
[460] BGH Urt. v. 1.6.2005 – VIII ZR 256/04, NJW-RR 2005, 1518 (1519f.); Geimer/Schütze/*Geimer* EuGVVO Art. 24 Rn. 6; zurückhaltender Rauscher/*A. Staudinger* Brüssel Ia-VO Art. 26 Rn. 13.
[461] BGH Urt. v. 1.6.2005 – VIII ZR 256/04, NJW-RR 2005, 1518 (1520); BGH Urt. v. 16.10.2008 – III ZR 253/07, NJW 2009, 148 (149); Kropholler/*v. Hein* EuGVO Art. 24 Rn. 10.
[462] EuGH Urt. v. 24.6.1981 – 150/80, Slg. 1981, 1671 Rn. 16 – Elefanten Schuh/Jacqmain = BeckRS 2004, 71745 (zum EuGVÜ).
[463] OLG Frankfurt a.M. Urt. v. 9.9.1999 – 4 U 13/99, IPRax 2000, 525 (Leitsatz 2) = BeckRS 1999, 14517; OLG Celle Urt. v. 26.3.2008 – 3 U 238/07, IPRspr 2008, Nr. 127, 431 (432); OLG Düsseldorf

134 Weiterhin hat die Einlassung auf das Verfahren ohne Rüge der fehlenden Zuständigkeit keine zuständigkeitsbegründende Wirkung, wenn gem. Art. 22 Brüssel I-VO/LugÜ II/ Art. 24 Brüssel Ia-VO ein anderes Gericht im Geltungsbereich der Brüssel I-VO/des LugÜ II/der Brüssel Ia-VO **ausschließlich zuständig** ist.

C. Sachverhalte mit Bezug zu Drittstaaten

I. Einführung

135 Sofern nicht vorrangiges Unionsrecht bzw. Staatsverträge einschlägig sind, bestimmt sich die internationale Zuständigkeit deutscher Gerichte bei grenzüberschreitenden Kartellzivilprozessen auf Grundlage der allgemeinen Regeln.[464] Nach deutschem Zivilverfahrensrecht sind inländische Gerichte im Grundsatz immer dann international zuständig, wenn für sie eine **örtliche innerstaatliche Zuständigkeit** besteht.[465] Bei grenzüberschreitenden Kartellzivilprozessen, bei denen sich die internationale Zuständigkeit der deutschen Gerichte nach der ZPO bestimmt, sind somit die **besonderen Gerichtsstände** der §§ 21 ff. ZPO zu prüfen, da sich die Zuständigkeit für Klagen am allgemeinen Gerichtsstand (§§ 13, 17 ZPO) gegen Parteien mit Sitz in Deutschland bereits aus der Brüssel I-VO bzw. dem LugÜ ergibt. In Bezug auf die sachliche Zuständigkeit sind die §§ 87, 89 GWB zu beachten.

II. Gerichtsstand der Niederlassung (§ 21 ZPO)

136 § 21 ZPO eröffnet einen besonderen Gerichtsstand am Ort der Niederlassung des Beklagten. Dieser Gerichtsstand gilt für sämtliche **vermögensrechtliche Ansprüche**[466] und konkurriert mit den anderen besonderen Gerichtsständen der ZPO. Der Gerichtsstand der Niederlassung gründet auf der Erwägung, dass eine Partei, die von einem inländischen Stützpunkt aus gewerblichen Aktivitäten nachgeht, auch für die damit zusammenhängenden Klagen in Deutschland gerichtspflichtig sein muss.[467] So kann etwa ein ausländisches Unternehmen in Deutschland verklagt werden, wenn dessen inländische Niederlassung ein Kartelldelikt begangen hat.[468]

1. Anwendbarkeit

137 Hat ein Unternehmen seinen Hauptsitz in einem Drittstaat, aber eine Niederlassung in Deutschland, kann das Stammhaus nicht gem. Art. 5 Nr. 5 Brüssel I-VO/LugÜ II/Art. 7 Nr. 5 Brüssel Ia-VO am Sitz der Niederlassung verklagt werden (→ Rn. 69). In einem solchen Fall bestimmt sich die internationale Zuständigkeit der Gerichte gem. Art. 4 Abs. 1 Brüssel I-VO/LugÜ II/Art. 6 Brüssel Ia-VO nach nationalem Recht, in Deutschland also nach § 21 ZPO.[469]

Urt. v. 3.5.2011 – 24 U 183/10, NJOZ 2012, 813 (Leitsatz 2); *Kropholler/v. Hein* EuGVO Art. 24 Rn. 15; Stein/Jonas/*Wagner* EuGVO Art. 24 Rn. 23; ungenau dagegen BGH Urt. v. 21.11.1996 – IX ZR 264/95, NJW 1997, 397 (398 f.).

[464] OLG Düsseldorf Urt. v. 10.11.2010 – VI-U (Kart) 19/10, IPRspr 2010, Nr. 238, 592 (593); sowie allg. BGH Urt. v. 18.1.2011 – X ZR 71/10, BGHZ 188, 85 Rn. 13 = NJW 2011, 2056; siehe ferner Immenga/Mestmäcker/*Rehbinder* GWB § 130 Rn. 330; Langen/Bunte/*Stadler* GWB § 130 Rn. 229; MüKoBGB/*Immenga* IntWettbR/IntKartellR Rn. 59.

[465] BGH Urt. v. 18.1.2011 – X ZR 71/10, BGHZ 188, 85 Rn. 13 = NJW 2011, 2056; OLG Düsseldorf Urt. v. 10.11.2010 – VI-U (Kart) 19/10, IPRspr 2010, Nr. 238, 592 (593); Immenga/Mestmäcker/*Rehbinder* GWB § 130 Rn. 330.

[466] *Kropholler* Handbuch IZVR I, Kap. III Rn. 288; Stein/Jonas/*Roth* § 21 Rn. 1.

[467] BGH Urt. v. 18.1.2011 – X ZR 71/10, BGHZ 188, 85 Rn. 20 = NJW 2011, 2056; *Kropholler* Handbuch. IZVR I, Kap. III Rn. 288; *Schack* Zivilverfahrensrecht Rn. 361; Stein/Jonas/*Roth* § 21 Rn. 1.

[468] Immenga/Mestmäcker/*Rehbinder* GWB § 130 Rn. 333.

[469] Stein/Jonas/*Roth* § 21 Rn. 4.

§ 31 Internationale Zuständigkeit

2. Niederlassung

Als Niederlassung iSv § 21 ZPO, deren Bestehen lege fori zu bestimmen ist,[470] kann eine vom Beklagten im Inland errichtete Geschäftsstelle angesehen werden, die in nicht nur vorübergehender Weise selbständig gewerblich am Markt auftritt.[471] Für die Annahme einer Niederlassung ist die Eintragung ins Handelsregister nicht zwingend erforderlich; eine erfolgte Eintragung wirkt aber gegen den Eingetragenen.[472] Anders als im europäischen Zivilverfahrensrecht kann nicht nur eine Zweigniederlassung oder eine Nebenstelle zuständigkeitsbegründend iSv § 21 ZPO wirken, sondern ggf. auch die Hauptniederlassung eines Unternehmens, da der allgemeine Gerichtsstand für juristische Personen (§ 17 Abs. 1 ZPO) auf den Satzungssitz abstellt.[473] Die Niederlassung muss – aus Sicht eines Außenstehenden (→ Rn. 140) – sowohl zum Zeitpunkt der Begründung des streitgegenständlichen Anspruchs als auch noch zum Zeitpunkt der Klageerhebung bestehen, damit die Klage auf § 21 ZPO gestützt werden kann.[474]

138

3. Selbständigkeit

Eine internationale Zuständigkeit deutscher Gerichte am Sitz der Niederlassung nach § 21 ZPO setzt voraus, dass die Niederlassung „unmittelbar Geschäfte" tätigt, also in gewissem Umfang selbständig agieren kann.[475] Dies ist der Fall, wenn das Stammhaus der Leitung der Niederlassung das Recht übertragen hat, aus eigener Entscheidung heraus geschäftlich tätig zu werden.[476] Auch rechtlich **selbständige Tochtergesellschaften** können Niederlassungen iSd § 21 ZPO sein, wenn sie im Namen und für Rechnung ihrer Muttergesellschaft handeln.[477] Eine Niederlassungszuständigkeit soll ferner dann begründet sein, wenn eine Muttergesellschaft eine selbständige inländische Tochtergesellschaft als eine Art „verlängerten Arm" einsetzt, etwa durch die Weisung zum Abschluss einer wettbewerbsbeschränkenden Vereinbarung.[478]

139

Agenturen, die lediglich Vertragsofferten vermitteln,[479] **Alleinvertriebshändler,** die auf eigene Rechnung und in eigenem Namen handeln, **Handelsvertreter** oder **selbständige Handelsmakler** iSd HGB erfüllen nicht die Anforderungen an eine Niederlassung.[480] Gleiches gilt für Produktionsanlagen ohne Verkaufsabteilungen oder einfache Kundendienstbüros.[481] Erweckt ein Stammhaus jedoch in zurechenbarer Weise, etwa durch Werbung oder durch eine bestimmte Bezeichnung der Filiale, den Anschein, dass es „eine auf Dauer angelegte, selbständige Außenstelle [im Inland unterhalte], die aus eigener Entscheidung Geschäfte abzuschließen berechtigt sei", so reicht dieser **Rechtsschein** für die Annahme einer Zuständigkeit deutscher Gerichte aus.[482]

140

4. Betriebsbezogene Streitigkeit

Schließlich macht § 21 ZPO die internationale Zuständigkeit deutscher Gerichte davon abhängig, dass die erhobene Klage einen hinreichenden Bezug zum „Geschäftsbetrieb der Niederlassung" aufweist. Bei vertragsbezogenen Streitigkeiten ist dies etwa der Fall, wenn die streitgegenständliche kartellrechtswidrige Vereinbarung im Rahmen des Geschäftsbe-

141

---

[470] Stein/Jonas/*Roth* § 21 Rn. 4.
[471] OLG Sachsen-Anhalt Urt. v. 15.12.2011 – 2 U 35/11 (Kart) Rn. 54 (zitiert nach juris); Langen/Bunte/Stadler § 130 GWB Rn. 230. Einzelheiten bei MüKoZPO/*Patzina* § 21 Rn. 4ff.; Stein/Jonas/*Roth* § 21 Rn. 11ff.
[472] *Kropholler* Handbuch IZVR I, Kap. III Rn. 292.
[473] *Kropholler* Handbuch IZVR I, Kap. III Rn. 292.
[474] BGH Urt. v. 12.6.2007 – XI ZR 290/06, NJW-RR 2007, 1570 Rn. 25.
[475] *Kropholler* Handbuch IZVR I, Kap. III Rn. 292; *Schack* Zivilverfahrensrecht Rn. 361.
[476] BGH Urt. v. 13.7.1987 – II ZR 188/86, NJW 1987, 3081 (3082).
[477] OLG Düsseldorf Urt. v. 10.11.2010 – VI-U (Kart) 19/10, IPRspr 2010, Nr. 238, 592 (594); Immenga/Mestmäcker/*Rehbinder* GWB § 130 Rn. 331.
[478] Immenga/Mestmäcker/*Rehbinder* GWB § 130 Rn. 331.
[479] BGH Urt. v. 13.7.1987 – II ZR 188/86, NJW 1987, 3081 (3082).
[480] Stein/Jonas/*Roth* § 21 Rn. 17.
[481] *Kropholler* Handbuch IZVR I, Kap. III Rn. 293.
[482] BGH Urt. v. 18.1.2011 – X ZR 71/10, BGHZ 188, 85 Rn. 20 = NJW 2011, 2056.

triebs der inländischen Niederlassung geschlossen wurde[483] oder von dieser Geschäftsstelle zu erfüllen ist.[484] Der Gerichtsstand der Niederlassung beschränkt sich aber nicht auf eine unmittelbare Betriebsbezogenheit.[485] Ausreichend ist vielmehr „ein (hinreichend gewichtiger) **Sachzusammenhang** der streitgegenständlichen Angelegenheit mit dem Geschäftsbetrieb der Niederlassung, aufgrund dessen im Einzelfall die Befassung der für den Niederlassungsort zuständigen Gerichte mit der Angelegenheit sachlich gerechtfertigt ist".[486] Ein solcher kann zB bejaht werden, wenn die Niederlassung einen wesentlichen Beitrag zu den vertraglich vereinbarten Leistungen des Stammhauses erbringt[487] oder für die Abwicklung eines Vertragsverhältnisses zuständig ist.[488] § 21 ZPO greift ferner ein, wenn die Niederlassung an der Durchführung eines Kartellverstoßes beteiligt war.[489]

142 Der hinreichende Bezug des eingeklagten Anspruchs und der geschäftlichen Aktivität der Niederlassung muss konkret dargelegt und ggf. bewiesen werden. Wird die Betriebsbezogenheit auf eine allgemeine Werbekampagne der Niederlassung gestützt, besteht eine Zuständigkeit deutscher Gerichte daher nur dann, wenn der Vertragspartner, der mit der Muttergesellschaft kontrahiert hat, Kenntnis von der werbenden Tätigkeit der Niederlassung hatte.[490]

III. Erfüllungsortsgerichtsstand (§ 29 ZPO)

143 § 29 ZPO eröffnet für Klagen aus Verpflichtungsverträgen einen besonderen Gerichtsstand am Erfüllungsort, der mit den anderen besonderen Gerichtsständen der ZPO konkurriert. Der Gerichtsstand des Erfüllungsorts, der an den Streitgegenstand anknüpft, soll die Privilegierung des Beklagten ausgleichen, die dieser durch den allgemeinen Gerichtsstand an seinem Wohnsitz erhält[491] und auf diese Weise dem Kläger die Rechtsverfolgung erleichtern.[492] Kartellrechtliche Bedeutung hat dieser Gerichtsstand etwa bei Klagen auf Erfüllung von wettbewerbsbeschränkenden Verträgen bzw. auf von Feststellung deren Nichtigkeit.[493]

1. Anwendbarkeit

144 Haben sowohl der Kläger als auch der Beklagte ihren Sitz in Deutschland, regelt § 29 ZPO allein die örtliche Zuständigkeit.[494] Die internationale Zuständigkeit deutscher Gerichte bestimmt sich ebenfalls nach dieser Vorschrift, wenn die Klage gegen eine Person gerichtet ist, die ihren Sitz nicht in der EU bzw. einem Vertragsstaat des LugÜ II hat, also etwa in den USA ansässig ist. In einem solchen Fall indiziert die örtliche Zuständigkeit auch die internationale Zuständigkeit der deutschen Gerichte.[495] Hat der Beklagte dagegen seinen Sitz in einem Brüssel I-VO/LugÜ-Staat bzw. Dänemark, so ergibt sich die örtliche und internationale Zuständigkeit deutscher Gerichte für Klagen am Erfüllungsort nicht aus der ZPO, sondern aus Art. 5 Nr. 1 Brüssel I-VO/LugÜ II bzw. dem Parallelabkommen mit Dänemark (→ Rn. 6 f.).

145 § 29 ZPO kann durch ausschließliche Gerichtsstände verdrängt werden, die etwa zum Schutz der schwächeren Vertragspartei normiert wurden (vgl. etwa § 29c ZPO für Haus-

---

[483] So allg. BGH Urt. v. 18. 1. 2011 – X ZR 71/10, BGHZ 188, 85 Rn. 21 = NJW 2011, 2056.
[484] Staudinger/*Fezer*/*Koos* IntWirtR Rn. 368; Stein/Jonas/*Roth* § 21 Rn. 20; Immenga/Mestmäcker/*Rehbinder* GWB § 130 Rn. 332.
[485] OLG Düsseldorf Urt. v. 10. 11. 2010 – VI-U (Kart) 19/10, IPRspr 2010, Nr. 238, 592 (594).
[486] OLG Düsseldorf Urt. v. 10. 11. 2010 – VI-U (Kart) 19/10, IPRspr 2010, Nr. 238, 592 (594).
[487] OLG Düsseldorf Beschl. v. 8. 1. 2009 – I-20 W 130/08, MMR 2009, 186 (188) = ZUM 2009, 229 (331).
[488] OLG Düsseldorf Urt. v. 10. 11. 2010 – VI-U (Kart) 19/10, IPRspr 2010, Nr. 238, 592 (595).
[489] Immenga/Mestmäcker/*Rehbinder* GWB § 130 Rn. 333.
[490] BGH Urt. v. 18. 1. 2011 – X ZR 71/10, BGHZ 188, 85 Rn. 23 = NJW 2011, 2056.
[491] Stein/Jonas/*Roth* § 29 Rn. 1.
[492] MüKoZPO/*Patzina* § 29 Rn. 1.
[493] Immenga/Mestmäcker/*Rehbinder* GWB § 130 Rn. 332.
[494] Stein/Jonas/*Roth* § 29 Rn. 2.
[495] Stein/Jonas/*Roth* § 29 Rn. 2.

2. Vertragliche Streitigkeiten

Der Gerichtsstand des Erfüllungsorts erfasst „Streitigkeiten aus einem Vertragsverhältnis 146
und über dessen Bestehen". Hierunter „versteht das Gesetz alle schuldrechtlichen, auf
eine Verpflichtung gerichteten Vereinbarungen, während dingliche Verträge und gesetzliche Schuldverhältnisse […] nicht darunter fallen".[497] Mit Hilfe welcher Klageform (Leistungs-, Gestaltungs-, Feststellungs- oder Schadensersatzklage) bzw. welchem Rechtsschutzantrags der vertragliche Anspruch durchgesetzt werden soll, ist irrelevant. § 29 ZPO
gilt für alle Vertragsklagen.[498] Ein in kartellrechtswidrigerweise verpflichteter Vertragspartner kann daher am Gerichtsstand des Erfüllungsorts feststellen lassen, dass der Vertrag wegen Verstoßes gegen eine Kartellverbotsnorm unwirksam ist. Eine solche Feststellungsklage ist dort anhängig zu machen, wo der behauptete Anspruch zu erfüllen wäre.[499]

Der geltend gemachte Anspruch muss seinen Ursprung in der Vertragspflicht haben, an 147
deren Erfüllungsort die Klage erhoben wird.[500] Irrelevant ist hingegen, ob die Klage vom
ursprünglichen Vertragspartner oder seinem Rechtsnachfolger erhoben wird, da der Erfüllungsgerichtsstand auch dem **Zessionar** offensteht.[501]

Die Einordnung einer Streitigkeit als „vertraglich" setzt nicht voraus, dass ein wirksa- 148
mer Vertrag zwischen den Parteien besteht. Vielmehr können aufgrund möglicher Wirkungen vertraglicher Wertungen auch **bereicherungsrechtliche Rückabwicklungsansprüche** wegen nichtigen bzw. angefochtenen Verträgen am Gerichtsstand des Erfüllungsorts geltend gemacht werden.[502] Nicht von § 29 ZPO erfasst werden dagegen
eigenständige Bereicherungsansprüche.[503]

3. Erfüllungsort

Bei der Bestimmung des Erfüllungsorts stellen sich zwei Fragen: Zunächst ist zu bestim- 149
men, welche vertragliche Verpflichtung zuständigkeitseröffnend wirken soll (→ Rn. 150).
Anschließend ist zu klären, nach welchen Kriterien der Erfüllungsort dieser Pflicht zu ermitteln ist (→ Rn. 151).

Nach herrschender Ansicht ist zur Beantwortung der ersten Frage auf die konkrete 150
Leistungspflicht abzustellen, deren Nicht- bzw. Schlechterfüllung im Prozess geltend
gemacht wird (**„konkret streitige Verpflichtung"**), da § 29 ZPO eine Zuständigkeit am Ort, „an dem die streitige Verpflichtung zu erfüllen ist", begründet, und nicht
am Ort, an dem der Vertrag zu erfüllen ist.[504] Mit der konkret streitigen Verpflichtung
ist allerdings nicht die streitgegenständliche Verpflichtung gemeint, da die Bestimmung der Erfüllungsortszuständigkeit an die verletzte primäre **Leistungspflicht** anknüpft.[505] Somit gibt es bei gegenseitigen Verträgen nicht notwendigerweise einen

---

[496] MüKoZPO/*Patzina* § 29 Rn. 104 (auch mit weiteren Beispielen).
[497] BGH Urt. v. 28.2.1996 – XII ZR 181/93, BGHZ 132, 105 (109) = NJW 1996, 1411. Einzelheiten bei Stein/Jonas/*Roth* § 29 Rn. 5 ff.
[498] MüKoZPO/*Patzina* § 29 Rn. 2; Zöller/*Vollkommer* § 29 Rn. 16.
[499] MüKoZPO/*Patzina* § 29 Rn. 4.
[500] MüKoZPO/*Patzina* § 29 Rn. 11.
[501] BGH Urt. v. 22.4.2009 – VIII ZR 156/07, NJW 2009, 2606 Rn. 14 (zu Art. 5 Nr. 1 Brüssel I-VO).
[502] *Schack* Der Erfüllungsort Rn. 155; MüKoZPO/*Patzina* § 29 Rn. 5; Stein/Jonas/*Roth* § 29 Rn. 6; Zöller/
Vollkommer § 29 Rn. 6; differenzierend jetzt wohl auch BGH Urt. v. 28.2.1996 – XII ZR 181/93,
BGHZ 132, 105 (109 f.) = NJW 1996, 1411; aA noch LG Arnsberg Beschl. v. 30.8.1984 – 4 O 180/84,
NJW 1985, 1172.
[503] BGH Urt. v. 28.2.1996 – XII ZR 181/93, BGHZ 132, 105 (109) = NJW 1996, 1411.
[504] Siehe etwa BGH Urt. v. 8.12.2011 – III ZR 114/11, NJW 2012, 860 Rn. 8 (bezogen auf deutsches Recht); Stein/Jonas/*Roth* § 29 Rn. 19.
[505] OLG Zweibrücken Beschl. v. 1.12.2011 – 2 AR 29/11, NJW-RR 2012, 831; OLG Frankfurt a.M. Beschl. v. 30.7.2012 – 11 AR 142/12, NJW-RR 2013, 59 (bezogen auf örtliche Zuständigkeit); Stein/Jonas/*Roth* § 29 Rn. 19; Zöller/*Vollkommer* § 29 Rn. 25.

einheitlichen Erfüllungsort,⁵⁰⁶ sondern zum einen den Ort, an dem die Leistung erbracht werden muss, und zum anderen den Ort, an dem die Gegenleistung zu erbringen ist, mit der Konsequenz, dass – je nachdem, um welche Leistung gestritten wird – unterschiedliche Gerichte international zuständig sein können. Allerdings kann sich aus den Umständen des Vertragsschlusses oder der Verkehrssitte ergeben, dass, in Abweichung von der genannten Grundregel, alle Leistungen des Vertrages an einem einzigen Ort erbracht werden müssen, etwa am Ort der charakteristischen Leistung (sog **einheitlicher Erfüllungsort der vertragscharakteristischen Leistung**).⁵⁰⁷ In einem solchen Fall gibt es für alle Leistungen aus dem Vertrag nur einen einzigen zuständigkeitsbegründenden Erfüllungsort.

151 Die zweite Frage ist nach (noch) herrschender Ansicht dahingehend zu beantworten, dass sich der Erfüllungsort im Grundsatz nach der **lex causae** bestimmt, also nach dem materiellen Recht, dass nach den Regeln des internationalen Privatrechts (zB nach der Rom I-VO) auf die streitige Verpflichtung Anwendung findet.⁵⁰⁸ Beurteilt sich der Vertrag nach Einheitsrecht (zB dem CISG), so ist der Erfüllungsort den einheitsrechtlichen Regeln zu entnehmen.⁵⁰⁹ Liegt der lege causae bzw. einheitsrechtlich bestimmte Erfüllungsort nicht in Deutschland, so besteht keine internationale Zuständigkeit der deutschen Gerichte nach § 29 ZPO.⁵¹⁰ Im Schrifttum finden sich allerdings gewichtige Stimmen, die mit guten Gründen die gespaltene Lösung (→ Rn. 29f.), die der europäische Gesetzgeber in Art. 5 Nr. 1 Brüssel I-VO/LugÜ II/Art. 7 Nr. 1 Brüssel Ia-VO festgeschrieben hat (autonom-zivilprozessuale Bestimmung des Erfüllungsorts für Kauf- und Dienstleistungsverträge, deren Erfüllungsort in einem EU-Staat belegen ist, und Bestimmung des Erfüllungsorts lege causae für alle sonstigen Verträge), zur Ermittlung der internationalen Zuständigkeit der deutschen Gerichte nach § 29 ZPO im Wege der Rechtsfortbildung übertragen wollen.⁵¹¹

152 Sofern die Parteien ausdrücklich oder konkludent eine (nach dem anwendbaren Recht) wirksame (materiell-rechtliche) Erfüllungsortsvereinbarung getroffen haben, ist der gewählte Erfüllungsort – sofern in Deutschland belegen – im Prinzip zuständigkeitseröffnend. Bei isolierten Vereinbarungen des Erfüllungsorts für prozessrechtliche Zwecke, die in materiell-rechtlicher Hinsicht keine Wirkungen entfalten sollen, ist nach richtiger Ansicht zu differenzieren: Wird eine solche Vereinbarung von Kaufleuten, juristischen Personen der öffentlichen Hand oder öffentlich-rechtlichen Sondervermögen geholfen, so ist sie gem. § 29 Abs. 2 ZPO auch für die Bestimmung der internationalen Zuständigkeit maßgeblich.⁵¹² Dagegen begründet eine solche Abrede bei nicht gem. § 29 Abs. 2 ZPO prorogationsbefugten Personen nur dann einen Gerichtsstand, wenn zugleich die Voraussetzungen des § 38 Abs. 2 ZPO vorliegen.⁵¹³

153 Wurde der Erfüllungsort nicht per Rechtsgeschäft bestimmt, ist er dem Gesetz zu entnehmen. Unter Geltung des deutschen Rechts sind diesbezüglich §§ 269, 270 BGB einschlägig, sofern keine spezielleren Regeln greifen.⁵¹⁴

---

⁵⁰⁶ BGH Urt. v. 9.3.1995 – IX ZR 134/94, NJW 1995, 1546; BGH. Urt. v. 4.3.2004 – IX ZR 101/03, NJW-RR 2004, 932.
⁵⁰⁷ Siehe etwa BGH Urt. v. 8.12.2011 – III ZR 114/11, NJW 2012, 860 Rn. 9ff. (für einen Krankenhausvertrag); Stein/Jonas/*Roth* § 29 Rn. 19, 44.
⁵⁰⁸ *Geimer* IZVR Rn. 1482; *Kropholler* Handbuch IZVR I, Kap. III Rn. 355f.; Stein/Jonas/*Roth* § 29 Rn. 52; aA *Schack* Zivilverfahrensrecht Rn. 299ff. (autonom prozessuale Bestimmung des Erfüllungsorts).
⁵⁰⁹ BGH Urt. v. 7.11.2012 – VIII ZR 108/12, BB 2013, 271 Rn. 6.
⁵¹⁰ *Geimer* IZVR Rn. 1483; Stein/Jonas/*Roth* § 29 Rn. 52.
⁵¹¹ Hierfür insbes. Stein/Jonas/*Roth* § 29 Rn. 54.
⁵¹² Dies ist allgemein anerkannt, siehe nur Zöller/*Vollkommer* § 29 Rn. 27, 30.
⁵¹³ Str., wie hier Stein/Jonas/*Roth* § 29 Rn. 35, 55 (mwN, auch zur Gegenauffassung).
⁵¹⁴ MüKoZPO/*Patzina* § 29 Rn. 20; Stein/Jonas/*Roth* § 29 Rn. 31, 41ff.

4. Annexzuständigkeit
Soweit ein Gericht nach § 29 ZPO international zuständig ist, sollte sich die Zuständigkeit auch auf Ansprüche erstrecken, die mit dem vertraglichen Anspruch konkurrieren („Gerichtsstand des Sachzusammenhangs") (str.).[515]

IV. Tatortgerichtsstand (§ 32 ZPO)
Im Interesse der Sach- und Beweisnähe eröffnet § 32 ZPO für Klagen aus unerlaubter Handlung einen Gerichtsstand des Tatorts, der mit den anderen allgemeinen und besonderen Gerichtsständen konkurriert. Nach § 32 ZPO ist dasjenige Gericht örtlich zuständig, in dessen Bezirk die unerlaubte Handlung begangen wurde. Bei Fällen mit Auslandsberührung indiziert die örtliche Zuständigkeit deutscher Gerichte deren internationale Entscheidungszuständigkeit.[516]

1. Anwendbarkeit
Voraussetzung für die Bestimmung der internationalen Zuständigkeit deutscher Gerichte nach § 32 ZPO ist, dass die beklagte Partei keinen Wohnsitz in einem Mitgliedstaat in der EU bzw. einem Vertragsstaat des LugÜ II hat, da nur in einem solchen Fall die europäischen Regelwerke die Determinierung der Entscheidungszuständigkeit nach autonomem Recht gestatten (vgl. Art. 4 Abs. 1 Brüssel I-VO/LugÜ II bzw. Art. 6 Abs. 1 Brüssel Ia-VO). § 32 ZPO erfasst also die Fallkonstellation, dass ein Opfer eines in Deutschland begangenen Kartelldelikts den Schädiger, der in einem Drittstaat (zB Japan oder Russland) seinen Sitz hat, vor deutschen Gerichten verklagen möchte.

2. Unerlaubte Handlung
§ 32 ZPO gilt für Klagen aus unerlaubter Handlung. Was unter einer „unerlaubten Handlung" zu verstehen ist, bestimmt sich im Grundsatz nach der deutschen lex fori,[517] unabhängig davon, ob das ggf. anwendbare ausländische Deliktsrecht den Anspruch ebenfalls als deliktisch qualifiziert.[518] Bei der Zuordnung von Klagen zu § 32 ZPO sind ferner prozessuale Wertungen zu berücksichtigen, die zu einer anderen Klassifizierung von Ansprüchen führen können, als sie im materiellen Recht gebräuchlich ist.[519] Der Tatortgerichtsstand erfasst daher sämtliche Klagen aus Verschuldens- oder Gefährdungshaftung auf Schadensersatz, sofern sie sich nicht als vertragliche oder vertragsähnliche Klagen einordnen lassen.[520] Im Kartellrecht sind dies insbesondere Klagen, die (heute) auf § 33 GWB iVm einer Kartellverbotsnorm gestützt werden.[521] Beispiele sind Klagen direkter oder indirekter Abnehmer gegen Kartellmitglieder auf Ersatz der Schäden durch den Erwerb von Produkten oder Dienstleistungen zu Kartellkonditionen. Die Rechtsprechung hat auch Ansprüche wegen Behinderungen bzw. Diskriminierungen (§§ 19, 20 GWB), etwa in Form von Bezugs- oder Liefersperren[522] oder Klagen auf Zugang zu einer wesentlichen Einrichtung[523], als Klagen aus unerlaubter Handlung qualifiziert. Gleiches gilt für Klagen wegen eines Verstoßes gegen das Druckverbot (§ 21

---
[515] Wie hier Stein/Jonas/*Roth* § 29 Rn. 9; im Ergebnis auch Zöller/*Vollkommer* § 29 Rn. 22; aA MüKoZPO/*Patzina* § 29 Rn. 22.
[516] Zum Ganzen MüKoZPO/*Patzina* § 32 Rn. 40 f.; Stein/Jonas/*Roth* § 32 Rn. 1–3.
[517] BGH Urt. v. 25.11.1993 – IX ZR 32/93, BGHZ 124, 237 (245) = NJW 1994, 1413; OLG Frankfurt a.M. Urt. v. 12.9.2012 – 9 U 36/11, BeckRS 2012, 21368.
[518] OLG Frankfurt a.M. Urt. v. 12.9.2012 – 9 U 36/11, BeckRS 2012, 21368; Stein/Jonas/*Roth* § 32 Rn. 17.
[519] KG Beschl. v. 17.3.2000 – 28 AR 168/99, BeckRS 2000, 03661 sub II.
[520] Stein/Jonas/*Roth* § 32 Rn. 18.
[521] BGH Urt. v. 23.10.1979 – KZR 21/78, NJW 1980, 1224 (1225); Immenga/Mestmäcker/*Rehbinder* GWB § 87 Rn. 39.
[522] BGH Urt. v. 23.10.1979 – KZR 21/78, NJW 1980, 1224 (1225); OLG Stuttgart Urt. v. 13.10.1978 – 2 U (Kart) 77/78, BB 1979, 390 (391); OLG München Urt. v. 28.3.1996 – U (K) 3424/95, NJWE-VHR 1996, 96 (102) (jeweils zu § 26 II GWB aF).
[523] KG Beschl. v. 17.3.2000 – 28 AR 168/99, BeckRS 2000, 03661 sub II. (Zugang zum Stromnetz).

Abs. 2 GWB).[524] Schließlich ist die Tendenz zu erkennen, bei Klagen in Zusammenhang mit dem Abschluss bzw. dem kartellrechtswidrigen Abbruch von Verträgen den Tatortgerichtsstand zu eröffnen.[525]

158 § 32 ZPO erfasst alle Klageformen, mit denen der Anspruch aus unerlaubter Handlung geltend gemacht wird, unabhängig von der gewählten Klageart oder dem verfolgten Rechtsschutzinteresse.[526] Der Tatortgerichtsstand ist daher nicht nur bei Schadensersatzklagen begründet, sondern auch bei positiven oder negativen Feststellungsklagen[527] sowie bei Klagen auf Unterlassung.[528] Auch vorbeugende Unterlassungsklagen sind erfasst, sofern der Eintritt einer Rechtsgutverletzung droht.[529]

3. Begehungsort

159 § 32 ZPO eröffnet an demjenigen Ort einen Gerichtsstand, an dem die unerlaubte Handlung „begangen" wurde („Tatort"). Nach dem **Ubiquitätsprinzip** umfasst der Tatort zunächst den **Handlungsort,** also den Ort, an dem der Täter das schadensbegründende Ereignis durch ein Tun oder Unterlassen veranlasst hat,[530] wobei reine Vorbereitungshandlungen nicht ausreichend sind, um einen Tatortgerichtsstand zu begründen.[531] Darüber hinaus kann eine Klage am **Erfolgsort** erhoben werden, also dort, wo „in das betroffene Rechtsgut eingegriffen wurde".[532] Der **Schadensort** im engeren Sinne, also etwa der Ort, an dem sich die Folgeschäden des Deliktes manifestieren, begründet dagegen keinen Gerichtsstand, sofern er nicht mit dem Begehungsort zusammenfällt.[533]

160 Fallen Handlungs- und Erfolgsort auseinander, hat der Geschädigte gem. § 35 ZPO die Wahl, an welchem der beiden Orte er Klage erhebt. Deutsche Gerichte sind demnach international zuständig, wenn eine der relevanten Verletzungshandlungen oder der Verletzungserfolg in Deutschland verortet werden kann. Hierzu genügt es, dass der Kläger in schlüssiger Art und Weise Tatsachen behauptet, aus denen sich ergibt, dass im Gerichtsbezirk eine unerlaubte Handlung begangen wurde.[534]

161 Die Konkretisierung des Begehungsorts in Kartellverfahren sollte sich im Kern nach den gleichen Grundsätzen richten, wie die Auslegung von Art. 5 Nr. 3 Brüssel I-VO/ Art. 7 Nr. 2 Brüssel Ia-VO. Insofern kann auf die obigen Ausführungen verwiesen werden (→ Rn. 48 ff., 59 ff.).

4. Annexzuständigkeit

162 Kann die unerlaubte Handlung zugleich als Vertragsverletzung eingeordnet werden, so ist die internationale Entscheidungsbefugnis der deutschen Gerichte am Tatort nach der Rechtsprechung des BGH auf die deliktsrechtlichen Anspruchsgrundlagen beschränkt.[535]

V. Gerichtsstand des Vermögens (§ 23 ZPO)

163 Für vermögensrechtliche Ansprüche eröffnet § 23 ZPO einen besonderen Gerichtsstand am Belegenheitsort des Vermögens. Dieser Gerichtsstand, der sowohl die internationale als

---

[524] OLG Stuttgart Urt. v. 13.10.1978 – 2 U (Kart) 77/78, BB 1979, 390 (391) (zu § 26 II GWB aF).
[525] Siehe etwa *Winkler* BB 1979, 402 (402 f.).
[526] Stein/Jonas/*Roth* § 32 Rn. 22.
[527] OLG Köln Urt. v. 7.4.1978 – 6 U 179/77, GRUR 1978, 658; Stein/Jonas/*Roth* § 32 Rn. 22.
[528] BGH Urt. v. 29.3.2011 – VI ZR 111/10, NJW 2011, 2059 Rn. 7.
[529] BGH Urt. v. 29.3.2011 – VI ZR 111/10, NJW 2011, 2059 Rn. 7; Zöller/*Vollkommer* § 32 Rn. 14, 16.
[530] BGH Urt. v. 25.11.1993 – IX ZR 32/93, BGHZ 124, 237 (245) = NJW 1994, 1413; BGH Urt. v. 28.2.1996 – XII ZR 181/93, BGHZ 132, 105 (117 f.) = NJW 1996, 1411; BGH Urt. v. 2.3.2010 – VI ZR 23/09, BGHZ 184, 313 Rn. 8 = NJW 2010, 1752.
[531] Stein/Jonas/*Roth* § 32 Rn. 28; Zöller/*Vollkommer* § 32 Rn. 16.
[532] BGH Urt. v. 25.11.1993 – IX ZR 32/93, BGHZ 124, 237 (245) = NJW 1994, 1413; ähnlich BGH Urt. v. 2.3.2010 – VI ZR 23/09, BGHZ 184, 313 Rn. 8 = NJW 2010, 1752.
[533] OLG Köln Urt. v. 16.6.2008 – 5 U 238/07, NJW-RR 2009, 569.
[534] BGH Urt. v. 29.6.2010 – VI ZR 122/09, NJW-RR 2010, 1554 Rn. 8; BGH Urt. v. 29.3.2011 – VI ZR 111/10, NJW 2011, 2059 Rn. 7.
[535] BGH Beschl. v. 10.12.2002 – X ARZ 208/02, BGHZ 153, 173 (180) = NJW 2003, 828 (mwN).

auch die örtliche Zuständigkeit bestimmt,[536] soll Klagen gegen Personen mit Wohnsitz im Ausland erleichtern, deren Vermögen zumindest teilweise in Deutschland belegen ist.[537]

1. Anwendbarkeit

Voraussetzung für die Bestimmung der internationalen Zuständigkeit deutscher Gerichte nach § 23 ZPO ist, dass die beklagte Partei keinen Wohnsitz in einem Mitgliedstaat der Brüssel I-VO/Brüssel Ia-VO bzw. in einem Vertragsstaat des LugÜ II hat, da die europäischen Regelwerke dann die Determinierung der Entscheidungszuständigkeit nach autonomem Recht gestatten (vgl. Art. 4 Abs. 1 Brüssel I-VO/LugÜ II bzw. Art. 6 Abs. 1 Brüssel Ia-VO). Sitz und Staatsangehörigkeit des Klägers sind dagegen ohne Relevanz. § 23 ZPO bestimmt daher auch bei Streitigkeiten zwischen zwei ausländischen Parteien die internationale Zuständigkeit deutscher Gerichte.[538] Sitzt die Beklagte hingegen in der EU bzw. Island, Norwegen oder der Schweiz, verdrängt das europäische Zuständigkeitsrecht, das keinen Vermögensgerichtsstand kennt, § 23 ZPO für Hauptsacheverfahren.[539] Im Verhältnis zu Norwegen ist der Vermögensgerichtsstand unter bestimmten Voraussetzungen aufgrund eines Staatsvertrags ausgeschlossen.[540]

164

2. Einzelheiten

Der Gerichtsstand des Vermögens war lange der Kritik ausgesetzt, da er eine Klage vor deutschen Gerichten selbst dann ermöglicht, wenn das in Deutschland vorhandene Vermögen sehr gering ist und die Klage ansonsten keinen Bezug zu Deutschland hat.[541] Zur Einschränkung der Gerichtspflichtigkeit ausländischer Beklagter ist nach der neueren Rechtsprechung der Gerichtsstand des Vermögens nur dann eröffnet, wenn der **Rechtsstreit einen hinreichenden Inlandsbezug** aufweist.[542] Dieser kann aus verschiedenen Indizien abgeleitet werden, etwa aus einem Wohnsitz des Klägers in Deutschland sowie eines Bezugs des Streitgegenstandes zum Inland.[543]

165

Unter **Vermögen** versteht die ältere Rechtsprechung des BGH jede Position mit einem Geldwert, „wobei nicht erforderlich ist, daß das Vermögensstück zur Befriedigung des Klägers ausreicht oder in angemessener Relation zum Streitwert des Prozesses steht".[544] In der unterinstanzlichen Rechtsprechung wird bisweilen jedoch eine internationale Zuständigkeit verneint, wenn das Vermögen lediglich aus geringwertigen Gegenständen besteht.[545]

166

Das Vermögen muss zum Zeitpunkt der Klageerhebung in Deutschland belegen sein.[546] Bei Forderungen kommt es diesbezüglich gem. § 23 S. 2 ZPO auf den Wohnsitz des

167

---

[536] MüKoZPO/*Patzina* § 23 Rn. 1.
[537] Zöller/*Vollkommer* § 29 Rn. 1.
[538] BGH Urt. v. 30.6.1964 – VI ZR 88/63, WM 1964, 879, 880 = BeckRS 1964, 31187513 sub 1. (Streit zwischen zwei türkischen Staatsbürgern mit Wohnsitz in der Türkei); *Kropholler* Handbuch IZVR I, Kap. III Rn. 303; MüKoZPO/*Patzina* § 23 Rn. 10.
[539] Stein/Jonas/*Roth* § 23 Rn. 2, mit dem Hinweis, dass der Vermögensgerichtsstand für Sicherungsverfahren, wie etwa dem Arrest, anwendbar bleibt.
[540] Art. 20 II deutsch-norwegischer Vollstreckungsvertrag v. 17.6.1977, BGBl. II 1981, 341; siehe dazu *Kropholler* Handbuch IZVR I, Kap. III Rn. 332.
[541] Siehe dazu *Schack* Zivilverfahrensrecht Rn. 367 ff.
[542] BGH Urt. v. 2.7.1991 – XI ZR 206/90, BGHZ 115, 90 (94) = NJW 1991, 3092; BGH Urt. v. 18.3.1997 – XI ZR 34/96, NJW 1997, 2885 (2886); BGH Urt. v. 17.12.1998 – IX ZR 196/97, NJW 1999, 1395 (1396).
[543] BGH Urt. v. 18.3.1997 – XI ZR 34/96, NJW 1997, 2885 (2886).
[544] BGH Urt. v. 2.7.1991 – XI ZR 206/90, BGHZ 115, 90 (93) = NJW 1991, 3092; siehe auch OLG Frankfurt a.M. Urt. v. 27.9.1995 – 17 U 165/94, NJW-RR 1996, 186 (187); sowie *Schack* Zivilverfahrensrecht Rn. 371, der sich de lege ferenda allerdings für eine Begrenzung der Vollstreckbarkeit auf den Wert des inländischen Vermögens ausspricht.
[545] OLG Celle Beschl. v. 29.10.1998 – 13 W 106/98, NJW 1999, 3722; etwas weitergehender Immenga/Mestmäcker/*Rehbinder* GWB § 130 Rn. 331; Zöller/*Vollkommer* § 23 Rn. 7 (keine Entscheidungszuständigkeit bei geringwertigem und unpfändbarem Vermögen); ähnlich Langen/Bunte/*Stadler* GWB § 130 Rn. 233. Offen gelassen von BGH Beschl. v. 28.10.1996 – X ARZ 1071/96, NJW 1997, 325 (326).
[546] BGH Urt. v. 18.3.1997 – XI ZR 34/96, NJW 1997, 2885 (2886).

Schuldners (dh des Drittschuldners, nicht des Beklagten) in Deutschland an. Gesellschaftsanteile sind Vermögensgegenstände. Beteiligungen an **Handelsgesellschaften** (GmbH, OHG, KG) begründen einen Gerichtsstand am Sitz der Gesellschaft wie am Wohnsitz des Gesellschafters.[547] Bei **Aktien** soll dagegen aufgrund der Nähe zu körperlichen Sachen der Lageort der Aktien in Deutschland für die Eröffnung des Gerichtsstands maßgeblich sein.[548]

168 Ob im Inland belegenes **Vermögen dem Beklagten zusteht,** bestimmt sich nach den Regeln des IPR. Die sachenrechtliche Zuordnung ergibt sich aus dem Grundsatz der lex rei sitae, bei Forderungen ist das Schuldstatut maßgeblich.[549]

VI. Gerichtsstandsvereinbarungen und rügeloses Einlassen

1. Vereinbarungen über den Gerichtsstand (§§ 38, 40 ZPO)

169 Nach allgemeinem Zivilverfahrensrecht können die Parteien eines Rechtsstreits gem. § 38 ZPO die an sich bestehende internationale Zuständigkeit der deutschen Gerichte durch Vereinbarung ausschließen (Derogation) und die Gerichte eines anderen Staats für zuständig erklären (Prorogation).[550] Voraussetzung ist, dass die Gerichtsstandsvereinbarung den in § 40 ZPO aufgeführten Anforderungen entspricht und den Formerfordernissen der § 38 Abs. 2, 3 ZPO genügt. Für Kartellverfahren wird die prozessuale Parteiautonomie allerdings eingeschränkt. Um sicherzustellen, dass die Parteien nicht im Wege der Vereinbarung gem. § 185 Abs. 2 GWB zwingend anwendbares Kartellrecht abbedingen können, hält die herrschende Meinung im kartellrechtlichen Schrifttum den Ausschluss der nach den Gerichtsständen der ZPO eröffneten internationalen Zuständigkeit deutscher Gerichte grundsätzlich für unzulässig,[551] zumindest soweit es um Klagen auf Erfüllung und Feststellung des Bestehens von Kartellverträgen geht.[552] Möglich soll allerdings die Begründung der Zuständigkeit deutscher Gerichte sein, ggf. durch rügeloses Einlassen.[553]

170 Im Zuge der immer weiter fortschreitenden Europäisierung des internationalen Zivilverfahrensrechts wird die in Deutschland herrschende Ablehnung von Gerichtsstandsvereinbarungen für Kartellzivilverfahren jedoch immer weiter zurückgedrängt. Im Rahmen des Geltungsbereichs der **Brüssel I-VO** sowie des **LugÜ II,** deren Regeln die der ZPO verdrängen, sind Gerichtsstandsvereinbarungen auch in Kartellsachen grundsätzlich erlaubt (→ Rn. 103).[554] Das deutsche Verbot der Derogation gilt dementsprechend vor allem für Vereinbarungen, bei denen keine Partei der Gerichtsstandsabrede in einem EU- bzw. LugÜ-Staat ansässig ist. Unter Geltung der **Brüssel Ia-VO** ist es hingegen nicht mehr erforderlich, dass eine der Parteien der Vereinbarung ihren Sitz in einem Verordnungsstaat hat, damit sich die Vereinbarung zugunsten eines Gerichts eines Brüssel Ia-Staats nach dieser Verordnung richtet.

---

[547] OLG Frankfurt a.M. Urt. v. 2.7.1957 – 5 U 10/57, MDR 1958, 108 (zur GmbH); *Kropholler* Handbuch IZVR I, Kap. III Rn. 325; Stein/Jonas/*Roth* § 23 Rn. 29.

[548] OLG Frankfurt a.M. Urt. v. 27.9.1995 – 17 U 165/94, NJW-RR 1996, 186 (187); *Kropholler* Handbuch IZVR I, Kap. III Rn. 325; *Schack* Zivilverfahrensrecht Rn. 369; Stein/Jonas/*Roth* § 23 Rn. 29; aA Immenga/Mestmäcker/*Rehbinder* GWB § 130 Rn. 336 (Sitz der Gesellschaft maßgeblich).

[549] Zum Ganzen *Kropholler* Handbuch IZVR I, Kap. III Rn. 319.

[550] Stein/Jonas/*Bork* § 38 Rn. 1.

[551] Langen/Bunte/*Stadler* GWB § 130 Rn. 240; Staudinger/*Fezer*/*Koos* IntWirtR Rn. 375; aA *Geimer* IZVR Rn. 1059.

[552] Diese Einschränkung erwägt Immenga/Mestmäcker/*Rehbinder* GWB § 130 Rn. 341, unter Verweis auf *Laufkötter* Parteiautonomie 148 ff.

[553] OLG Karlsruhe Urt. v. 14.11.1979 – 6 U 161/78 (Kart), RIW 1981, 124 f.; Immenga/Mestmäcker/ *Rehbinder* GWB § 130 Rn. 341.

[554] Statt vieler OLG Stuttgart Urt. v. 9.11.1990 – 2 U 16/90, IPRax 1992, 86 (88) = BeckRS 1990, 03364; *Mankowski* WuW 2012, 797 (797); *Basedow*/*Heinze* FS Möschel 2011, 63 (81); *Danov* Jurisdiction and Judgments 63 ff.; *Wurmnest* FS Magnus 2014, 567 (569 ff.); aA Wiedemann/*Bumiller* HdB KartellR, 2. Aufl. 2008, § 60 Rn. 48.

2. Rügelose Einlassung (§§ 39, 40 ZPO)

171 Verhandelt der Beklagte im ersten Rechtszug vor einem an sich unzuständigen Gericht mündlich zur Hauptsache, ohne die fehlende Zuständigkeit zu rügen, kann dies die Zuständigkeit des angerufenen Gerichts begründen (§ 39 ZPO). Diese Vorschrift gilt nicht nur für die örtliche Zuständigkeit, sondern auch für die internationale Zuständigkeit deutscher Gerichte.[555] Ausgeschlossen wird die Zuständigkeitsbegründung kraft rügeloser Einlassung, sofern der Rechtsstreit keine vermögensrechtlichen Ansprüche betrifft oder für die Klage ein ausschließlicher Gerichtsstand begründet ist (Art. 40 Abs. 2 ZPO). Zur sachlichen Zuständigkeit der Kartell-Landgerichte (§§ 87, 89, 95 GWB), die nicht durch rügeloses Einlassen überwunden werden kann → § 26 Rn. 554 ff.

172 Ein **rügeloses Verhandeln zur Hauptsache** liegt vor, wenn der Beklagte in der mündlichen Verhandlung Ausführungen zu tatsächlichen oder rechtlichen Aspekten des Streitgegenstands vorträgt.[556] In einem solchen Fall wird das angerufene Gericht international zuständig. Mit einer späteren Zuständigkeitsrüge wird der Beklagte nicht gehört. Die Rüge der Unzuständigkeit sollte im Prinzip ausdrücklich erhoben werden, allerdings kann im Einzelfall auch ein konkludentes Bestreiten der internationalen Zuständigkeit genügen, damit sich das Gericht für unzuständig erklären kann.[557] Rügt der Beklagte nur die örtliche Zuständigkeit des angerufenen Gerichts, ist im Wege der Auslegung zu ermitteln, ob die Rüge sich auch auf die internationale Zuständigkeit beziehen soll. Dies ist im Zweifel anzunehmen.[558] Lässt sich der Beklagte nach der Zuständigkeitsrüge hilfsweise zur Hauptsache ein, so wird hierdurch die Zuständigkeit des angerufenen Gerichts nicht begründet.[559]

173 In **zeitlicher Hinsicht** muss die Rüge der Unzuständigkeit bis zum Beginn der mündlichen Verhandlung zur Hauptsache erhoben werden, um einer Präklusion zu entgehen, also in der Regel bis zum Stellen der Sachanträge (§ 137 ZPO) oder im Zusammenhang mit anderweitigen Erörterungen zum Streitgegenstand.[560] Im Fall des schriftlichen Verfahrens gem. § 128 Abs. 2, 3 ZPO ist die Rüge zu dem Zeitpunkt zu erheben, in dem die letzte Erklärung des Einverständnisses mit dem schriftlichen Verfahren abgegeben wird.[561] Etwas anderes gilt, wenn sich der Beklagte die Zuständigkeitsrüge in seinem Antrag auf schriftliches Verfahren ausdrücklich vorbehalten hat und sie dann im Schriftsatz erhebt. Nach Ansicht des BGH wird nämlich durch dieses Verhalten deutlich, dass „der Beklagte seine Ausführungen zur Hauptsache nur hilfsweise und nur für den Fall berücksichtigt haben will, [dass] er nicht noch die vorbehaltene Einrede der […] Unzuständigkeit rechtzeitig erhebt".[562]

174 Grundsätzlich tritt die Rechtsfolge des § 39 ZPO **unabhängig von einer Belehrung** durch den Richter ein.[563] Etwas anderes gilt in Verfahren vor Amtsgerichten (§§ 39 S. 2, 504 ZPO); diese Sonderregeln haben aber wegen § 87 GWB für Kartellzivilprozesse praktisch keine Bedeutung.

---

[555] BGH Urt. v. 26.1.1979 – V ZR 75/76, NJW 1979, 1104.
[556] MüKoZPO/*Patzina* § 39 Rn. 6.
[557] Zöller/*Vollkommer* § 39 Rn. 5; enger MüKoZPO/*Patzina* § 39 Rn. 6.
[558] BGH Urt. v. 1.6.2005 – VIII ZR 256/04, NJW-RR 2005, 1518 (1519f.) (bezogen auf die Brüssel I-VO).
[559] BGH Urt. v. 1.6.2005 – VIII ZR 256/04, NJW-RR 2005, 1518 (1520) (bezogen auf die Brüssel I-VO); Zöller/*Vollkommer* § 39 Rn. 5.
[560] MüKoZPO/*Patzina* § 39 Rn. 6.
[561] BGH Urt. v. 10.11.1969 – VIII ZR 251/67, NJW 1970, 198 (199) (bezogen auf die örtliche Zuständigkeit).
[562] BGH Urt. v. 10.11.1969 – VIII ZR 251/67, NJW 1970, 198 (199) (bezogen auf die örtliche Zuständigkeit).
[563] Stein/Jonas/*Bork* § 39 Rn. 3.

§ 32 Durchführung des Verfahrens bei internationalen Sachverhalten

Übersicht

	Rn.
A. Zustellung	1
I. Einführung und Bedeutung des autonomen Prozessrechts	1
II. Europäische Zustellungsverordnung (EuZVO)	8
1. Anwendungsbereich	8
2. Übermittlungswege	13
3. Annahmeverweigerungsrecht	19
4. Heilung von Zustellungsmängeln	23
III. Haager Zustellungsübereinkommen (HZÜ)	24
1. Anwendungsbereich	24
2. Übermittlungswege	26
a) Uneingeschränkt geltende Übermittlungswege	27
b) Durch Vorbehalt einschränkbare Übermittlungswege	31
3. Ordre-public-Vorbehalt	35
4. Heilung von Zustellungsmängeln	40
IV. Vertragslose Rechtshilfe	44
B. Die Koordinierung von Parallelverfahren im Ausland	47
I. Einführung	47
II. Parallele Verfahren in EU/LugÜ-Staaten	49
1. Konkurrierende Verfahren: Prioritätsprinzip und Ausnahmen	49
a) Grundlagen	49
b) Klagen zwischen denselben Parteien	52
c) Klagen wegen desselben Anspruchs	55
d) Sonderfall: ausschließliche Gerichtsstandsvereinbarung	57
2. Bestimmung des Zeitpunkts der Rechtshängigkeit	59
3. Konnexe Verfahren: Verfahrensaussetzung oder Klageabweisung	61
III. Parallele Verfahren in Drittstaaten	65
1. Ausländische Rechtshängigkeit nach deutschem Verfahrensrecht	65
2. Verfahren in Drittstaaten nach der Brüssel Ia-VO	75
a) Konkurrierende Verfahren	75
b) Konnexe Verfahren	80
C. Internationales Beweis- und Beweisverfahrensrecht	83
I. Einführung	83
II. Grundzüge des internationalen Beweisrechts	84
III. Die Reichweite der deutschen Gerichtsgewalt zur Beweiserhebung	86
1. Grundlagen	86
2. Einzelheiten	87
IV. Die Europäische Beweisverordnung (EuBVO)	92
1. Allgemeines	92
2. Beweisaufnahme durch das ersuchte ausländische Gericht (aktive Rechtshilfe)	97
3. Beweisaufnahme durch das ersuchende Gericht im Ausland (passive Rechtshilfe)	101
V. Das Haager Beweisaufnahmeübereinkommen (HBÜ)	105
1. Anwendungsbereich	105
2. Beweisaufnahme durch ausländische Stellen	113
3. Ablehnungsgründe	117
4. Sonstige Wege der Beweisaufnahme	120
5. Erklärung gegen Verfahren der pre-trial discovery of documents	121
VI. Vertragsloser Rechtshilfeverkehr	125

Verfahren bei internationalen Sachverhalten § 32

Schrifttum:

Adolphsen, Die EG-Verordnung über die Zusammenarbeit auf dem Gebiet der Beweisaufnahme in Zivil- und Handelssachen, in: Marauhn (Hrsg.), Bausteine eines europäischen Beweisrechts, 2007, 1; *Bajons,* Internationale Zustellung und Recht auf Verteidigung, in: Geimer (Hrsg.), Wege zur Globalisierung des Rechts: Festschrift für Rolf A. Schütze zum 65. Geburtstag, 1999, 52; *Berger,* Die EG-Verordnung über die Zusammenarbeit der Gerichte auf dem Gebiet der Beweisaufnahme in Zivil- und Handelssachen (EuBVO), IPRax 2001, 522; *Böhmer,* Spannungen im deutsch-amerikanischen Rechtsverkehr in Zivilsachen, NJW 1990, 3048; *P. Brand,* US-Sammelklagen und kollektiver Rechtsschutz in der EU, NJW 2012, 1116; *Daoudi,* Extraterritoriale Beweisbeschaffung im deutschen Zivilprozess, 2000 (zit.: Extraterritoriale Beweisbeschaffung); *Fleischhauer,* Inlandszustellung an Ausländer, 1996; *E. Geimer,* Internationale Beweisaufnahme, 1998; *Gsell,* Direkte Postzustellung an Adressaten im EU-Ausland nach neuem Zustellungsrecht, EWS 2002, 115; *Bülow/Böckstiegel/Geimer/Schütze* (Hrsg.), Internationaler Rechtsverkehr in Zivil- und Handelssachen, Loseblatt-Handbuch, Stand: November 2015 (zit.: BBGS/*Bearbeiter* IntRV); *Ghassabeh,* Die Zustellung einer punitive damages-Sammelklage an beklagte deutsche Unternehmen: Zugleich ein Beitrag zum „unnötigen" transatlantischen Justizkonflikt, 2009; *Hau,* Europäische Rechtshilfe, endgültige Rechtshängigkeit, effektiver Rechtsschutz, IPRax 1998, 456; *ders.,* Gerichtssachverständige in Fällen mit Auslandsbezug, RIW 2003, 822; *v. Hein,* BVerfG gestattet Zustellung einer US-amerikanischen Klage auf Punitive Damages, RIW 2007, 249; *C. Heinze,* Keine Zustellung durch Aufgabe zur Post im Anwendungsbereich der Europäischen Zustellungsverordnung, IPRax 2013, 132; *ders.,* Choice of Court Agreements, Coordination of Proceedings and Provisional Measures in the Reform of the Brussels I Regulation, RabelsZ 75 (2011), 581; *ders.,* Beweissicherung im europäischen Zivilprozessrecht, IPRax 2008, 480; *Hess,* Die Zustellung von Schriftstücken im europäischen Justizraum, NJW 2001, 15; *ders.,* Neues deutsches und europäisches Zustellungsrecht, NJW 2002, 2417; *ders.,* Noch einmal: Direktzustellungen nach Art. 14 EuZVO, NJW 2004, 3301; *ders.,* Rechtspolitische Überlegungen zur Umsetzung von Art. 15 der Europäischen Zustellungsverordnung – VO (EG) Nr. 1393/2007, IPRax 2008, 477; *Hopt/Kulms/v. Hein,* Rechtshilfe und Rechtsstaat, 2006; *Jacoby,* Öffentliche Zustellung statt Auslandszustellung?, in: Baetge/v. Hein/v. Hinden (Hrsg.), Die richtige Ordnung: Festschrift für Jan Kropholler, 2008, 819; *Junker,* Der deutsch-amerikanische Rechtsverkehr in Zivilsachen – Zustellungen und Beweisaufnahmen, JZ 1989, 121; *ders.,* Discovery im deutsch-amerikanischen Rechtsverkehr, 1987; *Knöfel,* Internationale Beweishilfe für Schiedsverfahren, RIW 2007, 832; *Kondring,* Die Heilung von Zustellungsfehlern im internationalen Zivilrechtsverkehr, 1995 (zit.: Heilung von Zustellungsfehlern); *ders.,* Die „konsularische Zustellung durch die Post", RIW 1996, 722; *Leipold,* Lex fori, Souveränität, Discovery, 1989; *Merkt,* Von Monstern und kosmischen Vögeln: Kritische Anmerkungen zur Zustellung US-amerikanischer punitive damages-Klagen in Deutschland, in: Stürner/Matsumoto/Lüke/Deguchi (Hrsg.), Festschrift für Dieter Leipold zum 70. Geburtstag, 2009, 265; *Moersdorf-Schulte,* Funktion und Dogmatik US-amerikanischer punitive damages, 1999; *Nieroba,* Europäische Rechtshängigkeit nach der EuGVVO (Verordnung (EG) Nr. 44/2001) an der Schnittstelle zum nationalen Zivilprozessrecht, 2006 (zit.: Europäische Rechtshängigkeit); *Oberhammer,* Deutsche Grundrechte und die Zustellung US-amerikanischer Klagen im Rechtshilfeweg, IPRax 2004, 40; *Otto,* Der prozessuale Durchgriff, 1992; *Pfeil-Kammerer,* Deutsch-amerikanischer Rechtshilfeverkehr in Zivilsachen, 1987; *Piekenbrock,* Zur Zustellung kartellrechtlicher treble damages-Klagen in Deutschland, IPRax 2006, 4; *Prütting,* Ein neues Kapitel im Justizkonflikt USA-Deutschland, in: Mansel/Pfeiffer/Kronke (Hrsg.), Festschrift für Erik Jayme, Band 1, 2003, 709; *Rauscher,* Heilung von Zustellungsmangels bei Auslandszustellung nach Haager Zustellungsübereinkommen, NJW 2011, 3581; *Rösler/Siepmann,* Die geplante Reform der europäischen Zustellungsverordnung, RIW 2006, 512; *Schack,* Ein unnötiger transatlantischer Justizkonflikt: die internationale Zustellung und das BVerfG, Die Aktiengesellschaft 2006, 823; *Schütze,* Die Allzuständigkeit amerikanischer Gerichte, 2003 (zit.: Allzuständigkeit); *ders.,* Übersetzungen im europäischen und internationalen Zivilprozessrecht – Probleme der Zustellung, RIW 2006, 352; *ders.,* Zum Stand des deutsch-amerikanischen Justizkonfliktes, RIW 2004, 162; *ders.,* Dialogische Beweisaufnahmen im internationalen Rechtshilfeverkehr – Beweisaufnahmen im Ausland durch und im Beisein des Prozessgerichts, IPRax 2001, 527; *Siehr,* Grundfragen der internationalen Rechtshilfe in Zivilsachen, RIW 2007, 321; *Schlosser,* Der Justizkonflikt zwischen den USA und Europa, 1985 (zit.: Justizkonflikt); *R. Stürner,* Die verweigerte Zustellungshilfe für U.S.-Klagen oder der „Schuss übers Grab", JZ 2006, 60; *ders.,* Rechtshilfe nach dem Haager Beweisübereinkommen für Common Law-Länder, JZ 1981, 521; *Sujecki,* Torpedoklagen im europäischen Binnenmarkt, GRUR Int. 2012, 18; *ders.,* Das Annahmeverweigerungsrecht im Europäischen Zustellungsrecht, EuZW 2007, 363; *Wiehe,* Zustellungen, Zustellungsmängel und Urteilsanerkennung am Beispiel fiktiver Inlandszustellungen in Deutschland, Frankreich und den USA, 1993, 131 f. (zit. Zustellungen, Zustellungsmängel und Urteilsanerkennung); *C. Wolf,* Rechtshängigkeit und Verfahrenskonnexität nach EuGVÜ, EuZW 1995, 365; *Zekoll,* Neue Maßstäbe für Zustellungen nach dem Haager Zustellungsübereinkommen?, NJW 2003, 2885; weitere Literatur bei → § 31.

A. Zustellung

I. Einführung und Bedeutung des autonomen Prozessrechts

1 Die Zustellung ist die „Bekanntgabe eines Dokuments" an eine Person im Wege eines bestimmten Verfahrens (§ 166 ZPO). Diese Form der Übermittlung von Schriftstücken steht ganz allgemein in einem Spannungsfeld von Prozessökonomie, Justizgewährungsanspruch und Beklagtenschutz.[1] Der Veranlasser der Zustellung soll einen schnellen Nachweis der Zustellung erhalten, um das Verfahren betreiben zu können, und der Adressat soll Gelegenheit erhalten, das Schriftstück effektiv zur Kenntnis zu nehmen, um ggf. Maßnahmen der Verteidigung organisieren zu können.[2] Gleichzeitig muss das Zustellungsverfahren so geregelt werden, dass eine prozessökonomische Verfahrensführung möglich bleibt.[3] Bei Verfahren unter Beteiligung ausländischer Prozessgegner sind die verschiedenen Interessen schwer auszutarieren, da unterschiedliche Prozessmodelle aufeinanderprallen,[4] Zustellungen ins Ausland oftmals viel Zeit in Anspruch nehmen[5] und zudem Sprach- und Übersetzungsprobleme auftreten können.[6]

2 Zugestellt werden müssen Schriftstücke, die besonders bedeutende Handlungen dokumentieren, darunter das verfahrenseinleitende Schriftstück.[7] Grundsätzlich entscheidet das Verfahrensrecht des angerufenen Gerichts, **ob und wem ein Dokument zugestellt werden muss** und **innerhalb welcher Frist** dies zu geschehen hat. Das autonome Prozessrecht bestimmt aber nicht alle Details der Zustellung. Die **Art und Weise der Zustellung ins Ausland** wird maßgeblich durch das Unionsrecht (Europäische Zustellungsverordnung, EuZVO → Rn. 8) bzw. durch völkerrechtliche Abkommen (insb. Haager Zustellungsübereinkommen, HZÜ → Rn. 24) geregelt (sog vertraglicher Rechtshilfeverkehr[8]).[9] Außerhalb des vertraglichen Rechtshilfeverkehrs ist eine Zustellung im Rahmen der Völkercourtoisie möglich (sog vertragloser Rechtshilfeverkehr[10]) (→ Rn. 44).

3 In der Praxis ist die Frage von großer Bedeutung, ob zur Übermittlung eines Schriftstücks an einen ausländischen Prozessgegner eine **In- oder eine Auslandszustellung** gewählt werden muss. Diese Frage ist im vertragslosen Rechtshilfeverkehr sowie unter Geltung des HZÜ nach dem autonomen Prozessrecht des angerufenen Gerichts zu beantworten.[11] Unter Geltung des europäischen Rechts können die Mitgliedstaaten dagegen nicht mehr ganz frei entscheiden, ob eine fiktive Inlandszustellung anstelle einer Auslandszustellung nach der EuZVO statthaft ist (→ Rn. 12).

4 Nach deutschem Recht ist eine **Inlandszustellung** an einen ausländischen Prozessgegner möglich, wenn dieser im Inland eine Niederlassung besitzt. Wird die Klage auf § 21 ZPO gestützt, wirkt die Zustellung an den Leiter der Niederlassung gegen das ausländische Unternehmen (§ 170 Abs. 2 ZPO).[12] Hält sich ein gesetzlicher Vertreter der ausländischen Gesellschaft (ggf. kurzfristig) in Deutschland auf, kann ihm ebenfalls im Inland

---

[1] SchlA GA *Stix-Hackl* zu EuGH Urt. v. 8.11.2005 – C-443/03, Slg. 2005, I-9611 Rn. 20 – Leffler/Berlin Chemie = BeckEuRS 2005, 412512; *Hess* Europäisches Zivilprozessrecht § 8 Rn. 2.
[2] *Kondring* Die Heilung von Zustellungsfehlern 43; *Lindacher* ZZP 114 (2001), 179 (180). Siehe auch *Piekenbrock* IPRax 2006, 4 (10) (zum Anspruch auf rechtliches Gehör).
[3] *Heinze* IPRax 2013, 132; *Stadler* IPRax 2001, 514 (515).
[4] *Hess* Europäisches Zivilprozessrecht § 8 Rn. 3; *Bajons* FS Schütze 1999, 49 f.
[5] *Stadler* IPRax 2001, 514 (515); *Lindacher* ZZP 114 (2001), 179 (180).
[6] *Hess* Europäisches Zivilprozessrecht § 8 Rn. 3; *Lindacher* ZZP 114 (2001), 179 (180); allg. auch *Bajons* FS Schütze 1999, 49 (67 ff.).
[7] Einzelheiten bei *Schack* Zivilverfahrensrecht Rn. 658.
[8] Vgl. § 3 Abs. 1 Nr. 2 ZRHO.
[9] Für eine umfassende Darstellung der Rechtsquellen des Internationalen Zustellungsrechts siehe *Geimer* IZPR Rn. 2071 ff.; *Nagel/Gottwald* Internationales Zivilprozessrecht § 7 Rn. 6 ff.
[10] Vgl. § 3 Abs. 1 Nr. 3 ZRHO.
[11] Statt vieler *Geimer* IZPR Rn. 2108.
[12] *Langen/Bunte/Stadler* GWB § 130 Rn. 247; *Geimer* IZPR Rn. 2110.

zugestellt werden (§ 177 ZPO).[13] Voraussetzung ist allerdings, dass der Vertreter namentlich benannt wird, damit ihn das Zustellungsorgan identifizieren kann.[14] Inländischen Zustellungsbevollmächtigten ausländischer Prozessbeteiligter darf das Gericht ebenfalls Dokumente (zB das Urteil) per Post zustellen (§ 184 ZPO),[15] allerdings nicht das verfahrenseinleitende Schriftstück.[16] Im Geltungsbereich der EuZVO gilt zudem die Anordnungsbefugnis des § 184 ZPO nebst Zustellungsfiktion durch Aufgabe zur Post nicht.[17] Möglich bleibt jedoch die Zustellung an einen inländischen Bevollmächtigten des Prozessgegners, sofern ein solcher von der Gegenpartei benannt wurde (vgl. Erwägungsgrund 8 EuZVO). Ist das Verfahren anhängig, erfolgt die Zustellung von Schriftstücken gem. § 172 ZPO im Inland an die jeweiligen Prozessbevollmächtigten der Parteien. Außerhalb der genannten Konstellationen sowie einiger spezieller Sonderfälle[18] wirkt die Zustellung einer Klage gegen die ausländische Muttergesellschaft an eine selbstständige Tochtergesellschaft im Inland nicht gegen die Muttergesellschaft, selbst wenn die Tochtergesellschaft die Klage sofort an sie weiterleitet.[19] Anders als in den USA[20] gibt es im deutschen Recht keinen sog „Zustellungsdurchgriff" (Klage gegen ausländische Mutter kann abhängiger inländischer Tochter zugestellt werden).[21]

Ist eine Inlandszustellung nicht möglich, muss das Schriftstück **im Ausland zugestellt** 5 werden. Sieht man in der Zustellung einen staatlichen Hoheitsakt, ist eine Zustellung auf fremdes Territorium nur mit Zustimmung des ausländischen Staats möglich.[22] EuZVO und HZÜ legen daher bestimmte Übermittlungswege fest, die den Regeln des autonomen Rechts vorgehen. Das autonome Recht kann aber die Durchführungsmodalitäten zum Teil konkretisieren.

Die ZPO bestimmt diesbezüglich, dass Schriftstücke primär mittels **Einschreiben mit** 6 **Rückschein** ins Ausland zuzustellen sind, sofern dies völkerrechtlich (§ 183 Abs. 1 ZPO) bzw. unionsrechtlich (vgl. den Verweis in § 183 Abs. 5 ZPO) zulässig ist. Nach der EuZVO ist eine Zustellung per Einschreiben mit Rückschein durch die Übermittlungsstellen in andere EU-Staaten statthaft (Art. 14 EuZVO), eine postalische Direktzustellung im Parteiverkehr ist dagegen nur unter einschränkenden Voraussetzungen möglich (Art. 15 EuZVO). Zu Einzelheiten → Rn. 16. Unter Geltung des HZÜ sind postalische Zustellungen von Deutschland ins Ausland nach richtiger Ansicht möglich, sofern der Empfangsstaat keinen Vorbehalt gegen diese Art der Zustellung eingelegt hat (str.). Zu Einzelheiten → Rn. 33 f. Ist eine postalische Zustellung nicht möglich, hat die Zustellung durch Einrichtungen des Empfängerstaats oder die akkreditierten diplomatischen bzw. konsularischen Vertreter Deutschlands im Ausland zu erfolgen (§ 183 Abs. 2 ZPO).

Eine **Zustellung im Ausland** ist oftmals mit einigem Aufwand verbunden und bis- 7 weilen sogar **überhaupt nicht möglich**. Unter bestimmten Voraussetzungen erlauben die nationalen Prozessrechte dem Antragsteller daher, Schriftstücke dem ausländischen Prozessgegner im Inland zuzustellen. In Deutschland kann gem. § 185 Nr. 1 ZPO

---

[13] *Geimer* IZPR Rn. 2109; *Stürner* JZ 2006, 60 (62).
[14] *Fleischhauer* Inlandszustellung an Ausländer 290.
[15] Langen/Bunte/*Stadler* GWB § 130 Rn. 250; Immenga/Mestmäcker/*Rehbinder* GWB § 130 Rn. 357.
[16] BGH Urt. v. 10.11.1998 – VI ZR 243/97, IPRax 2000, 23 (24) = NJW 1999, 1187.
[17] BGH Urt. v. 2.2.2011 – VIII ZR 190/10, IPRax 2013, 160 (162 f.) = EuZW 2011, 276.
[18] Zu diesen Möglichkeiten des deutschen Prozessrechts, einer ausländischen Gesellschaft eine Klage über die inländische Tochter zuzustellen *Otto* Der prozessuale Durchgriff 135 ff.
[19] Immenga/Mestmäcker/*Rehbinder* GWB § 130 Rn. 351.
[20] Volkswagenwerk AG v. Schlunk, 486 U.S. 694 (1988) (Klage gegen die Volkwagen AG in Wolfsburg kann einer 100%-Tochter des Konzerns zugestellt werden, die in den USA ansässig ist). Eingehend zur Inlandszustellung in den USA (bzw. dem Recht von New York) *Hopt/Kulms/v. Hein* Rechtshilfe und Rechtsstaat, 103 ff.; *Fleischhauer* Inlandszustellung an Ausländer 143 ff.
[21] *Geimer* IZPR Rn. 2111; *Kondring* Die Heilung von Zustellungsfehlern 175; aA Immenga/Mestmäcker/*Rehbinder* GWB § 130 Rn. 351. Fleischhauer (Inlandszustellung an Ausländer 306 f. will diese Art der Zustellung ebenfalls im deutschen Recht verankern.
[22] *Geimer* IZPR Rn. 2075; vgl. allg. auch *Nagel/Gottwald* Internationales Zivilprozessrecht § 8 Rn. 2 (bezogen auf Zustellungen nach Deutschland).

durch öffentliche Bekanntmachung (**öffentliche Zustellung**) zugestellt werden, wenn der Aufenthaltsort des Zustellungsempfängers unbekannt ist und auch eine Zustellung an einen Vertreter oder Zustellungsbevollmächtigten nicht möglich ist. Darüber hinaus ist eine öffentliche Bekanntmachung gem. § 185 Nr. 3 ZPO statthaft, wenn „eine Zustellung im Ausland nicht möglich ist oder keinen Erfolg verspricht". Zum Schutze des Prozessgegners sind an das Vorliegen der Tatbestandsvoraussetzungen des § 185 Nr. 1, 3 ZPO strenge Voraussetzungen zu stellen (öffentliche Zustellung als ultima ratio).[23] Von einer „Unmöglichkeit" der Auslandszustellung darf daher nicht schon deshalb ausgegangen werden, weil die Zustellung im Wege der Amtshilfe einen sehr langen Zeitraum in Anspruch nimmt.[24] Ist eine fiktive Inlandszustellung statt einer Auslandszustellung statthaft, obgleich die tatsächliche Adresse des Empfängers im Ausland bekannt ist, und scheitert die Zustellung auch nicht an Gründen, die in der Sphäre des Prozessgegners liegen, sollte das Gericht zum Schutz der Interessen des Prozessgegners dem Veranlasser aufgeben, das Schriftstück zusätzlich per Post, Fax oder Email ins Ausland zu übermitteln.[25] Bei Zustellung von Schriftstücken an **ausländische juristische Personen,** die zur Anmeldung einer inländischen Geschäftsanschrift verpflichtet sind, erleichtert § 185 Nr. 2 ZPO die öffentliche Zustellung. Einer solchen Gesellschaft kann ein Schriftstück im Wege der öffentlichen Zustellung übermittelt werden, wenn die Zustellung weder unter der im Register eingetragenen Anschrift, noch unter der Anschrift einer dort eingetragenen Zustellungsbevollmächtigten, noch unter einer ohne Ermittlungen bekannten inländischen Anschrift möglich ist. Eine Inlandszustellung ist daher auch dann möglich, wenn die ausländische Anschrift des Prozessgegners dem Veranlasser der Zustellung bekannt ist.[26] Selbst die Übermittlung einer Anzeige über die öffentliche Zustellung ist nicht notwendig.[27]

II. Europäische Zustellungsverordnung (EuZVO)

1. Anwendungsbereich

8 Die EuZVO,[28] die mit Wirkung zum 13.11.2008[29] neu gefasst wurde, regelt die grenzüberschreitende Zustellung von gerichtlichen und außergerichtlichen Schriftstücken in Zivil- und Handelssachen im innereuropäischen Verkehr (Art. 1 Abs. 1 EuZVO).

9 Das Begriffspaar **„Zivil- und Handelssache"** (Art. 1 Abs. 1 EuZVO) ist unionsrechtlich-autonom zu konkretisieren[30] und dabei die Rechtsprechung des EuGH zum gleichlautenden Begriff in der Brüssel I-VO (→ § 31 Rn. 9) zu berücksichtigen (rechtsaktüber-

---

[23] MüKoZPO/*Häublein* § 185 Rn. 7; allg. zu Nr. 1 auch SaengerZPO/*Eichele* § 185 Rn. 1; Zöller/*Stöber* § 185 Rn. 2.
[24] BGH Beschl. v. 20.1.2009 – VIII ZB 47/08 (KG), NJW-RR 2009, 855 (856) (sechs bis neun Monate müssen hingenommen werden); AG Bad Säckingen Urt. v. 23.10.1995 – 2 F 112/91, FamRZ 1997, 611 (612) (Verfahrensdauer von zwei Jahren rechtfertigt keine öffentliche Zustellung, sofern keine Eilbedürftigkeit gegeben ist).
[25] OLG Köln Beschl. v. 30.10.1985 – 4 WF 141/85, FamRZ 1985, 1278 (1279) (Einstellung des Rechtshilfeverkehrs durch ausländischen Staat hindert deutsche Gerichte nicht, den Prozessgegner mittels Brief über öffentliche Zustellung zu informieren); *Schack* Zivilverfahrensrecht Rn. 670. Die private Benachrichtigung ist allerdings keine Zulässigkeitsvoraussetzung des § 185 Nr. 3 ZPO im eigentlichen Sinne, da sie nur in geeigneten Fällen zur Wahrung des Grundsatzes auf rechtliches Gehör geboten ist, siehe *Fleischhauer* Inlandszustellung an Ausländer 329 m. Fn. 615.
[26] Kritisch zu dieser Lockerung *Jacoby* FS Kropholler 2008, 819 ff.
[27] Zum Hintergrund der Regelung MüKoZPO/*Häublein* § 185 Rn. 13.
[28] Verordnung (EG) Nr. 1393/2007 des Europäischen Parlaments und des Rates v. 13.11.2007 über die Zustellung gerichtlicher und außergerichtlicher Schriftstücke in Zivil- oder Handelssachen in den Mitgliedstaaten (Zustellung von Schriftstücken) und zur Aufhebung der Verordnung (EG) Nr. 1348/2000 des Rates, ABl. 2007 L 324, 79.
[29] Vgl. Art. 26 EuZVO.
[30] Rauscher/*Heiderhoff* EG-ZustVO 2007 Art. 1 Rn. 1; Gebauer/Wiedmann/*Sujecki* Kap. 30 (EuZVO) Rn. 26 je mwN; aA Langen/Bunte/*Stadler* GWB § 130 Rn. 249 (der das Recht des ersuchten Staats für maßgeblich erachtet).

greifende Auslegung).³¹ Kartellzivilprozesse sind Zivil- und Handelssachen,³² selbst wenn treble damages oder punitive damages gefordert werden.

Die EuZVO gilt allein für Schriftstücke, die von einem EU-Staat in einen anderen EU-Staat übermittelt werden sollen (**innereuropäische Zustellungen**) (Art. 1 Abs. 1 S. 1 EuZVO). Die Zustellung von Dokumenten von einem EU-Staat in **Drittstaaten** (bzw. aus einem Drittstaat in einen EU-Staat) wird von der EuZVO nicht erfasst. Das Königreich **Dänemark** ist zwar laut Art. 1 Abs. 3 EuZVO ein Drittstaat, doch gilt die Verordnung mittlerweile über ein völkerrechtliches Erstreckungsabkommen auch im Verhältnis zu Dänemark.³³ 10

Ist die **Anschrift des Empfängers unbekannt,** ist die EuZVO nicht anwendbar (Art. 1 Abs. 2 EuZVO). In einem solchen Fall ist auf nationales Prozessrecht zurückzugreifen, in Deutschland etwa auf § 185 Nr. 1 ZPO.³⁴ 11

Die EuZVO verdrängt nur innerhalb ihres Anwendungsbereichs das nationale Zustellungsrecht.³⁵ Das nationale Recht entscheidet daher über das „ob" der Zustellung und darüber, welcher Person das Schriftstück zugestellt werden muss. Die Frage, unter welchen Voraussetzungen eine **Inlands- oder eine Auslandszustellung** vorgenommen werden muss, wird hingegen unionsrechtlich überlagert.³⁶ Ist die Adresse des Empfängers des Schriftstücks im Ausland bekannt und hat dieser keinen Zustellungsbevollmächtigten im Inland benannt, so muss die Zustellung, wie der EuGH klargestellt hat, nach der EuZVO erfolgen.³⁷ In diesen Fällen ist eine fiktive Zustellung im Inland (etwa nach § 184 ZPO³⁸) ausgeschlossen.³⁹ Die tatsächliche Zustellung im Inland – etwa durch Übergabe des Schriftstücks an einen Vertreter, der sich im Inland aufhält (§ 177 ZPO) – in Fällen, in denen die Adresse des ausländischen Prozessgegners bekannt ist und dieser keinen inländischen Vertreter bestellt hat, dürfte der EuGH aber nicht verworfen haben.⁴⁰ 12

2. Übermittlungswege

Die EuZVO normiert verschiedene Arten der Zustellung von Schriftstücken ins EU-Ausland. Eine Rangordnung zwischen den verschiedenen Übermittlungswegen legt die Verordnung nicht fest. Die verschiedenen Wege können daher alternativ oder sogar kumulativ beschritten werden.⁴¹ 13

Für die Übermittlung gerichtlicher Schriftstücke etabliert die EuZVO in erster Linie ein System der Zustellung über von den Mitgliedstaaten bestimmte „**Übermittlungs-** 14

---

³¹ Geimer/Schütze/*Geimer* EuZVO Art. 1 Rn. 24; *Nagel/Gottwald* Internationales Zivilprozessrecht § 8 Rn. 61; Gebauer/Wiedmann/*Sujecki* Kap. 30 (EuZVO) Rn. 26; allg. zur rechtsaktübergreifenden Auslegung jurisPK/*Wurmnest* Rom II-VO Art. 1 Rn. 12 f.
³² Immenga/Mestmäcker/*Rehbinder* GWB § 130 Rn. 354; Langen/Bunte/*Stadler* GWB § 130 Rn. 249; Loewenheim/Meessen/Riesenkampff/*Meessen*/*Stockmann* § 130 GWB Rn. 96 (jeweils zu Art. 1 HZÜ).
³³ Abkommen zwischen der Europäischen Gemeinschaft und dem Königreich Dänemark über die Zustellung gerichtlicher und außergerichtlicher Schriftstücke in Zivil- oder Handelssachen, ABl. 2005 L 300, 55. Der Rat der EU hat das Abkommen am 27.4.2006 genehmigt, siehe Beschl. des Rates v. 27.4.2006 über den Abschluss des Abkommens zwischen der Europäischen Gemeinschaft und dem Königreich Dänemark über die Zustellung gerichtlicher und außergerichtlicher Schriftstücke in Zivil- der Handelssachen, ABl. 2006 L 120, 23.
³⁴ Rauscher/*Heiderhoff* EG-ZustVO 2007 Art. 1 Rn. 21; Schlosser/*Hess* EuZVO Art. 1 Rn. 8.
³⁵ Rauscher/*Heiderhoff* Einl EG-ZustVO 2007 Rn. 27.
³⁶ Anders noch *Bajons* FS Schütze 1999, 49 (52 ff.); kritisch zur fehlenden Rechtsvereinheitlichung des nationalen Zustellungsrechts *Hess* NJW 2001, 15 (22).
³⁷ Dies ist die Konsequenz aus EuGH Urt. v. 19.12.2012 – C-325/11, IPRax 2013, 157 Rn. 24 ff. – Alder/Orłowska = EuZW 2013, 187; sehr klar *Nagel/Gottwald* Internationales Zivilprozessrecht § 8 Rn. 57. Allg. auch *Heinze* IPRax 2013, 132 (134) („autonomes Verständnis der grenzüberschreitenden Zustellung").
³⁸ BGH Urt. v. 2.2.2011 – VIII ZR 190/10, IPRax 2013, 160 (162 f.) = EuZW 2011, 276.
³⁹ *Nagel/Gottwald* Internationales Zivilprozessrecht § 8 Rn. 57.
⁴⁰ So auch Schlosser/*Hess* EuZVO Art. 1 Rn. 4, 6; bedenklich weit allerdings EuGH Urt. v. 19.12.2012 – C-325/11, IPRax 2013, 157 Rn. 24 – Alder/Orłowska = EuZW 2013, 187.
⁴¹ EuGH Urt. v. 9.2.2006 – C-473/04, Slg. 2006, I-1417 Rn. 20 ff. – Plumex/Young Sports = NJW 2006, 975.

und Empfangsstellen" (Art. 2 EuZVO).⁴² Für Zustellungen gerichtlicher Schriftstücke von Deutschland ins EU-Ausland sind diejenigen Gerichte Übermittlungsbehörden iSd EuZVO, vor denen das Verfahren betrieben wird (§ 1069 Abs. 1 Nr. 1 ZPO). Für Zustellungen nach Deutschland sind diejenigen Amtsgerichte Empfangsstellen iSd EuZVO, in deren Bezirk die Dokumente zugestellt werden sollen (§ 1069 Abs. 2 ZPO), sofern die Landesregierungen nicht die Zuständigkeit einzelner Amtsgerichte auf mehrere Bezirke ausgeweitet haben.⁴³ Neben den vorgenannten Stellen gibt es in jedem Land auch mindestens eine **Zentralstelle**. Diese kann Übermittlungsstellen Auskünfte erteilen und ggf. bei der Zustellung assistieren (Art. 3 EuZVO). In Deutschland besitzt jedes Bundesland eine Zentralstelle (§ 1069 Abs. 3 ZPO). Eine Liste sämtlicher Zentralstellen in der EU ist auf der Webseite der Europäischen Kommission abrufbar.⁴⁴

15   Die **Übermittlungsstelle** sendet das zuzustellende Schriftstück nebst bestimmter Formblätter auf einem geeigneten Übermittlungsweg direkt an die Empfangsstelle des EU-Staats, in dem das Dokument zugestellt werden soll. Eine Beglaubigung des zuzustellenden Dokuments ist nicht erforderlich (Art. 4 Abs. 4 EuZVO). Die **Empfangsstelle**, die den Erhalt des Zustellungsersuchens bestätigt, prüft lediglich, ob das Begehren in den Anwendungsbereich der EuZVO (→ Rn. 8 ff.) fällt und auch den formellen Voraussetzungen der Verordnung entspricht. Ist dies der Fall, stellt sie das Schriftstück dem Adressaten auf Grundlage des im Empfangsmitgliedstaat geltenden Prozessrechts zu, sofern die Übermittlungsstelle nicht ein besonderes Verfahren gewünscht hat und dieses Verfahren auch mit dem Recht des Empfangsmitgliedstaats vereinbar ist (Art. 7 Abs. 1 EuZVO). Stellt die Empfangsstelle fest, dass einzelne Angaben fehlen, die zur Zustellung erforderlich sind, so hält sie mit der Übermittlungsstelle Rücksprache; ist der Antrag nicht vom Anwendungsbereich der EuZVO erfasst oder aufgrund von Formmängeln (Ersuchen vollkommen unverständlich oder unleserlich)⁴⁵ nicht zustellbar, hat die Empfangsbehörde den Zustellungsantrag nebst Dokumenten an die Übermittlungsstelle zurückzuschicken (Art. 6 Abs. 3 EuZVO). Eine Rücksendung ist auch möglich, wenn das Ersuchen von einer Stelle übermittelt wird, die offensichtlich keine Übermittlungsstelle iSd EuZVO ist.⁴⁶ Dagegen ist eine Zurückweisung des Antrags durch die Empfangsstelle wegen eines Verstoßes gegen den nationalen **ordre public** im Unterschied zum HZÜ (→ Rn. 35 ff.) nicht möglich.⁴⁷

16   Anstelle der Zustellung des Dokuments durch die Empfangsstelle im Ausland besteht nach der EuZVO auch die Möglichkeit, Schriftstücke **per Post** (Einschreiben mit Rückschein) im Ausland zuzustellen (Art. 14 EuZVO). Für Verfahren in Deutschland kann der Rückschein oder ein gleichartiger Beleg das Zustellungszeugnis ersetzen (§ 1068 Abs. 1 ZPO). Vorbehalte gegen diesen Übermittlungsweg sind nicht vorgesehen, so dass kein EU-Staat die Übermittlung per Post gem. Art. 14 EuZVO untersagen kann. Art. 14 EuZVO gilt nach wohl herrschender Ansicht allerdings nur für die Übermittlung von Dokumenten im Postweg durch die **Übermittlungsstellen** (Art. 2 EuZVO) an im Ausland ansässige Personen, nicht aber für Zustellungen durch die Verfahrensbeteiligten selbst.⁴⁸

---

⁴² Die von den Mitgliedstaaten benannten Stellen sind im Europäischen Gerichtsatlas für Zivilsachen veröffentlicht: http://ec.europa.eu/justice_home/judicialatlascivil/html/ds_information_de.htm.
⁴³ Davon haben Hamburg und Nordrhein-Westfalen Gebrauch gemacht, siehe die Nachweise bei Mü-KoZPO/*Rauscher* § 1069 Rn. 18.
⁴⁴ http://ec.europa.eu/justice_home/judicialatlascivil/html/ds_centralbody_de.htm.
⁴⁵ Rauscher/*Heiderhoff* EG-ZustVO 2007 Art. 6 Rn. 2; Gebauer/Wiedmann/*Sujecki* Kap. 30 (EuZVO) Rn. 91.
⁴⁶ Rauscher/*Heiderhoff* EG-ZustVO 2007 Art. 6 Rn. 2.
⁴⁷ *Lindacher* ZZP 114 (2001), 179 (184); Immenga/Mestmäcker/*Rehbinder* GWB § 130 Rn. 352; *Stadler* IPRax 2001, 514 (515).
⁴⁸ Rauscher/*Heiderhoff* EG-ZustVO 2007 Art. 14 Rn. 4; Schlosser/*Hess* Art. 14 EuZVO Rn. 1 f.; Gebauer/Wiedmann/*Sujecki* Kap. 30 (EuZVO) Rn. 140; aA OLG Köln Beschl. v. 8.9.2003 – 16 U 110/02, IPRax 2004, 521 (523) = BeckRS 2003, 30327495 (zur Vorgängerverordnung); differenzierend *Hess* NJW 2004, 3301 (3302) (Art. 14 EuZVO erfasst Zustellung durch Parteien, soweit das Prozessrecht des ersuchenden Mitgliedstaats diese Form der Zustellung gestattet).

Die postalische Zustellung von Schriftstücken **im Parteibetrieb** (Verfahrensbeteiligter kontaktiert direkt ausländische Amtsperson bzw. sonst zuständige Personen, um Zustellung im Ausland zu veranlassen), ist in Art. 15 EuZVO geregelt. Diese Art der Zustellung ist lediglich dann statthaft, wenn sie sowohl nach dem Recht des Mitgliedstaats, aus dem die Zustellung erfolgt, als auch nach dem Recht des Empfangsmitgliedstaats erlaubt ist.[49] Da Deutschland im Grundsatz der Amtszustellung folgt, ist eine Zustellung im Parteibetrieb vom Ausland nach Deutschland nur möglich, soweit es um die Zustellung von Schriftstücken geht, die – bei einer funktional-vergleichenden Würdigung[50] – nach deutschem Recht im Wege der Parteizustellung übermittelt werden dürften,[51] also etwa Schriftstücke, die Arrestbeschlüssen oder einstweiligen Verfügungen (§§ 922 Abs. 2, 936 ZPO) entsprechen,[52] nicht aber das verfahrenseinleitende Schriftstück. Diese Grundsätze gelten auch für die Parteizustellung von Deutschland in einen anderen Staat.[53]

Neben den vorgenannten Übermittlungswegen können Mitgliedstaaten den Empfangsstellen Dokumente zum Zweck der Zustellung auf dem **konsularischen oder diplomatischen Weg** übermitteln (Art. 12 EuZVO). Diese Art der Zustellung ist so schwerfällig, dass sie heute praktisch nicht mehr gewählt wird.[54] Ferner ist konsularischen oder diplomatischen Vertretern des Übermittlungsstaats, die im Zustellungsstaat akkreditiert sind, gestattet, Schriftstücke ohne Anwendung von Zwang unmittelbar an die Adressaten zuzustellen (Art. 13 Abs. 1 EuGVO). Aufgrund eines Vorbehalts gilt dieser traditionelle Übermittlungsweg in Deutschland aber nur, soweit der Adressat des zuzustellenden Schriftstücks Staatsangehöriger des Übermittlungsstaats ist (Art. 13 Abs. 2 EuZVO, § 1067 ZPO).[55] 17

Das **Datum der Zustellung** ist nicht unionsrechtlich vereinheitlicht, sondern bestimmt sich nach derjenigen nationalen Rechtsordnung, die Art. 9 EuZVO festlegt. Wird das Schriftstück auf mehreren Wegen zugestellt, so ist für den Beginn der Berechnung einer Verfahrensfrist, die an eine bewirkte Zustellung anknüpft, der Zeitpunkt der ersten wirksam erfolgten Zustellung maßgeblich.[56] 18

3. Annahmeverweigerungsrecht

Der Empfänger kann die **Annahme des zuzustellenden Schriftstücks verweigern** bzw. es binnen einer Woche der Empfangsstelle zurückgeben, wenn das zuzustellende Schriftstück weder in einer Sprache abgefasst bzw. übersetzt ist, die er versteht (Art. 8 Abs. 1 lit. a EuZVO) noch in der Amtssprache des Empfangsmitgliedstaats abgefasst bzw. übersetzt wurde (Art. 8 Abs. 1 lit. b EuZVO). Das Annahmeverweigerungsrecht gilt unabhängig vom gewählten Übermittlungsweg (Art. 8 Abs. 4 EuZVO). Die übermittelnde Stelle bzw. Person muss den Empfänger auf das Zustellungsverweigerungsrecht hinweisen (Art. 8 Abs. 1, 4, 5 EuZVO). Ohne Belehrung ist die Zustellung unwirksam.[57] Verweigert der Empfänger die Annahme des Schriftstücks in berechtigter Weise, ist die Zustellung unwirksam und muss mit Übersetzung erneut vorgenommen werden.[58] Schriftstücke müssen somit ggf. übersetzt werden, um wirksam zugestellt werden zu können (zum „Nachreichen der Übersetzung" → Rn. 22). 19

Der **Umfang der Übersetzung** hängt von dem Dokument ab, das zuzustellen ist. Bei einem verfahrenseinleitenden Schriftstück muss nur derjenige Teil übersetzt werden, der 20

---

[49] Rauscher/*Heiderhoff* EG-ZustVO 2007 Art. 15 Rn. 2.
[50] *Vollkommer/Huber* NJW 2009, 1105 (1109).
[51] Rauscher/*Heiderhoff* EG-ZustVO 2007 Art. 15 Rn. 6; *Hess* Europäisches Zivilprozessrecht § 8 Rn. 23.
[52] *Vollkommer/Huber* NJW 2009, 1105 (1109).
[53] Rauscher/*Heiderhoff* EG-ZustVO 2007 Art. 15 Rn. 5; *Hess* IPRax 2008, 477 (478).
[54] *Schlosser/Hess* EuZVO Art. 12 EuZVO Rn. 1 („Vorschrift wird toter Buchstabe bleiben").
[55] Zu Vorbehalten weiterer Mitgliedstaaten siehe Rauscher/*Heiderhoff* EG-ZustVO 2007 Art. 13 Rn. 4.
[56] EuGH Urt. v. 9.2.2006 – C-473/04, Slg. 2006, I-1417 Rn. 33 – Plumex/Young Sports = NJW 2006, 975.
[57] *Schlosser/Hess* EuZVO Art. 8 Rn. 6; ähnlich Gebauer/Wiedmann/*Sujecki* Kap. 30 (EuZVO) Rn. 104.
[58] *Nagel/Gottwald* Internationales Zivilprozessrecht § 8 Rn. 65; *Rösler/Siepmann* RIW 2006, 512 (514).

§ 32

„für das Verständnis von Gegenstand und Grund des Antrags [unerlässlich ist]", nicht aber Anlagen, „die lediglich eine Beweisfunktion haben".[59] Bezüglich der **Qualität der Übersetzung** ist Fehlerfreiheit nicht zu verlangen. Sprachliche Mängel und orthographische Fehler in einem gewissen Umfang sind daher unschädlich.[60] Es genügt, wenn der Empfänger den zentralen Inhalt des Schriftstücks ohne große Mühe erschließen kann.[61] Eine ungenügende Übersetzung – also eine völlig unverständliche Übersetzung – ist wie eine fehlende Übersetzung (→ Rn. 19, 22) zu behandeln.[62]

21 Bei der Prüfung, ob der Empfänger die Zustellung mit Recht aufgrund **mangelnder Kenntnisse der Sprache** des Übermittlungsstaats ablehnen durfte, darf nicht allein auf die subjektive Sicht des Adressaten abgestellt werden, da die Effektivität der Zustellung von Schriftstücken nicht vom Willen des Empfängers abhängen kann.[63] Die Gerichte haben vielmehr „sämtliche Anhaltspunkte zu prüfen", die ihnen der Antragsteller unterbreitet.[64] Besonders schwierig gestaltet sich die Prüfung der Sprachkenntnisse größerer juristischer Personen. Im Schrifttum werden mehrheitlich generalisierende Kriterien favorisiert. So hat der Adressat etwa die Sprache seines tatsächlichen oder statuarischen Sitzes zu beherrschen.[65] Mittlerweile hat auch der EuGH einige allgemeine Kriterien vorgegeben: Haben die Prozessparteien im unternehmerischen Verkehr vereinbart, dass ihr gesamter Schriftverkehr in einer bestimmten Sprache geführt werden soll, so begründet diese Vereinbarung nach Ansicht des EuGH zwar keine juristische „Vermutung" dafür, dass der Empfänger diese Sprache iSd Zustellungsrechts beherrscht, aber immerhin einen „Anhaltspunkt", den der nationale Richter bei der Prüfung, ob der Empfänger die Sprache des Schriftstücks versteht, berücksichtigen kann.[66] Sprachklauseln haben im unternehmerischen Verkehr somit eine erhebliche Indizfunktion für eine bestehende Sprachkompetenz.[67]

22 War der Empfänger berechtigt, die Annahme des Schriftstücks zu verweigern, da es nicht in einer der von Art. 8 Abs. 1 EuZVO vorgeschriebenen Sprachen abgefasst war, wird dieser **Zustellungsmangel überwunden,** wenn dem Empfänger auch die Übersetzung des Schriftstücks in einer Art und Weise übermittelt wird, die die Verordnung vorschreibt (Art. 8 Abs. 3, 4 EuZVO). Nach der Rechtsprechung des EuGH zur EuZVO aF hat die Übersendung der Übersetzung „so schnell wie möglich" zu erfolgen, damit die Zustellung nicht unwirksam wird.[68] Die Literatur nennt als Frist unter Geltung der EuZVO nF einen Zeitraum von maximal drei Monaten.[69] Der EuGH hat zur EuZVO aF zudem angedeutet, dass die Frist – je nach Länge der zu übersetzenden Texte – auch kürzer sein kann (Monatsfrist).[70] Wird die Übersetzung alsbald nachgereicht, ist das Dokument mit Übermittlung der Übersetzung wirksam zugestellt. Für **Fristen,** die mit der

---

[59] EuGH Urt. v. 8.5.2008 – C-14/07, Slg. 2008, I-3367 Rn. 73 – Ingenieurbüro Weiss/IHK Berlin = NJW 2008, 1721.
[60] *Schütze* RIW 2006, 352 (353f.).
[61] Rauscher/*Heiderhoff* EG-ZustVO 2007 Art. 8 Rn. 6; zurückhaltender *Schütze* RIW 2006, 352 (353f.).
[62] *Schlosser/Hess* EuZVO Art. 8 Rn. 5.
[63] EuGH Urt. v. 8.5.2008 – C-14/07, Slg. 2008, I-3367 Rn. 84 – Ingenieurbüro Weiss/IHK Berlin = NJW 2008, 1721.
[64] EuGH Urt. v. 8.5.2008 – C-14/07, Slg. 2008, I-3367 Rn. 80 – Ingenieurbüro Weiss/IHK Berlin = NJW 2008, 1721.
[65] *Lindacher* ZZP 114 (2001), 179 (187); *Sujecki* EuZW 2007, 363 (364). Darüber hinaus ist aber vieles streitig, siehe den Überblick bei Rauscher/*Heiderhoff* EG-ZustVO 2007 Art. 8 Rn. 10f. Gegen eine generalisierende Betrachtung *Schütze* RIW 2006, 352 (353), der die individuellen Sprachkenntnisse derjenigen Person für maßgeblich erachtet, die im Unternehmen für die Bearbeitung des Schriftstücks zuständig ist.
[66] EuGH Urt. v. 8.5.2008 – C-14/07, Slg. 2008, I-3367 Rn. 88 – Ingenieurbüro Weiss/IHK Berlin = NJW 2008, 1721.
[67] *Hess* IPRax 2008, 400 (403).
[68] EuGH Urt. v. 8.11.2005 – C-443/03, Slg. 2005, I-9611 Rn. 64 – Leffler/Berlin Chemie = NJW 2006, 491.
[69] Rauscher/*Heiderhoff* EG-ZustVO 2007 Art. 8 Rn. 25.
[70] EuGH Urt. v. 8.11.2005 – C-443/03, Slg. 2005, I-9611 Rn. 64 – Leffler/Berlin Chemie = NJW 2006, 491.

Zustellung verbunden sind, wird das Zustellungsdatum allerdings modifiziert: Fristen, die der Absender einzuhalten hat, laufen ab dem Datum der Zustellung (Art. 9 Abs. 2 EuZVO) des Schriftstücks ohne Übersetzung (Art. 8 Abs. 3 S. 3 EuZVO). Fristen, die der Empfänger des zuzustellenden Schriftstücks einzuhalten hat, fangen dagegen erst mit Erhalt der Übersetzung an zu laufen (Art. 8 Abs. 3 S. 2 EuZVO).[71]

4. Heilung von Zustellungsmängeln

Neben der Modifikation des Zustellungsdatums durch die Übersendung der Übersetzung (→ Rn. 22) legt Art. 19 EuZVO fest, dass das Verfahren betrieben werden darf, obgleich bestimmte Voraussetzungen der Zustellung des verfahrenseinleitenden Schriftstücks nicht eingehalten wurden. Besondere Vorschriften über die Heilung von Zustellungsmängeln enthält die EuZVO nicht. Der EuGH hat allerdings geurteilt, dass nationale Heilungsregeln auch auf Fehler bei der Zustellung nach der EuZVO angewendet werden müssen.[72] Wenngleich sich diese Aussage auf eine fehlende Übersetzung bezog, kann sie verallgemeinert werden, so dass Zustellungsfehler etwa gem. §§ 189, 295 ZPO geheilt werden können.[73]

23

III. Haager Zustellungsübereinkommen (HZÜ)

1. Anwendungsbereich

Das HZÜ von 1965[74] gilt für die Übermittlung gerichtlicher und außergerichtlicher Schriftstücke in Zivil- und Handelssachen, die im Ausland zuzustellen sind (Art. 1 Abs. 1 HZÜ). Das Übereinkommen, welches die Regeln über die Zustellung des Haager Zivilprozessübereinkommens von 1954 ablöst, findet Anwendung, wenn sowohl der Ursprungsstaat als auch der Empfangsstaat dem Übereinkommen beigetreten ist (räumlicher Anwendungsbereich) und die Anschrift des Empfängers bekannt ist (Art. 1 Abs. 2 HZÜ). **Vertragsstaaten** des HZÜ sind über 60 Staaten, darunter Deutschland, China, Japan, Korea, Russland, die Schweiz und die USA.[75] Ergänzt wird das HZÜ durch Zusatzabkommen, die den Geschäftsverkehr erleichtern.[76] Bei Zustellung von einem EU-Mitgliedstaat in einen anderen EU-Mitgliedstaat, der zugleich HZÜ-Vertragsstaat ist, geht allerdings die EuZVO dem HZÜ nebst Zusatzabkommen vor (Art. 20 EuZVO, Art. 25 HZÜ). Das Begriffspaar **„Zivil- und Handelssache"** ist nach richtiger Ansicht konventionsautonom auszulegen[77] und weit zu verstehen.[78] Das HZÜ erfasst zivilrechtliche Kartellprozesse und gilt auch für die Zustellung von Klagen auf **punitive**[79] bzw. **treble da-**

24

---

[71] Zum Ganzen Rauscher/*Heiderhoff* EG-ZustVO 2007 Art. 8 Rn. 23 f.
[72] EuGH Urt. v. 8.11.2005 – C-443/03, Slg. 2005, I-9611 Rn. 51, 69 – Leffler/Berlin Chemie = NJW 2006, 491.
[73] Rauscher/*Heiderhoff* EG-ZustVO 2007 Art. 19 Rn. 23 f.; *Schlosser/Hess* EuZVO Art. 19 Rn. 3 (bezogen auf § 189 ZPO).
[74] Haager Übereinkommen über die Zustellung gerichtlicher und außergerichtlicher Schriftstücke im Ausland in Zivil- oder Handelssachen v. 15.11.1965, BGBl. 1977 II 1453; 658 UNTS 163.
[75] Überblick über Mitgliedstaaten unter: http://www.hcch.net/index_en.php?act=conventions.status&cid=17.
[76] Übersicht bei *Nagel/Gottwald* Internationales Zivilprozessrecht § 7 Rn. 9.
[77] OLG Koblenz Beschl. v. 27.6.2005 – 12 VA 2/04, IPRax 2006, 25 (31) = NJOZ 2005, 3122; Abschlusserklärung der Sonderkommission der Haager Konferenz für internationales Privatrecht, RabelsZ 54 (1990) 370 (Punkt Ia); *Piekenbrock* IPRax 2006, 4 (7); *Schack* Zivilverfahrensrecht Rn. 679. Die Gegenansichten bevorzugen eine Qualifikation nach dem Recht des ersuchenden (BGH Beschl. v. 26.11.1975 – VIII ZB 26/75, NJW 1976, 478 [480] zum Haager Übereinkommen über den Zivilprozess) bzw. des ersuchten (Immenga/Mestmäcker/*Rehbinder* GWB § 130 Rn. 354) Staats oder eine alternative bzw. kumulative Qualifikation. Zum Streitstand *Ghassabeh* Die Zustellung einer punitive damages-Sammelklage an beklagte deutsche Unternehmen 171 ff. mwN.
[78] Abschlusserklärung der Sonderkommission der Haager Konferenz für internationales Privatrecht, RabelsZ 54 (1990) 370 (Punkt Ia) („liberal interpretation"); *Ghassabeh* Die Zustellung einer punitive damages-Sammelklage an beklagte deutsche Unternehmen 189 („weit und liberal"); *Schack* Zivilverfahrensrecht Rn. 679.
[79] BVerfG Beschl. v. 14.6.2007 – 2 BvR 2247/06, NJW 2007, 3709; OLG München Beschl. v. 9.5.1989 – 9 VA 3/89, NJW 1989, 3102; OLG Düsseldorf Beschl. v. 22.7.2009 – 3 VA 9/03, NJW-RR 2010, 573

§ 32　　3. Teil 3. Abschnitt Internationales Privat- und Prozessrecht

mages.[80] Ansprüche, die im Wege von **class actions** eingeklagt werden, sind ebenfalls Zivil- und Handelssachen iSd HZÜ.[81]

25　　Das HZÜ ist auf Fälle anzuwenden, in denen ein „Schriftstück zum Zweck der Zustellung in das Ausland [übermittelt werden muss]" (Art. 1 Abs. 1 HZÜ). Im Unterschied zur Rechtslage unter Geltung der EuZVO (→ Rn. 12) hat das nationale Prozessrecht des angerufenen Gerichts darüber zu entscheiden, ob das zuzustellende Schriftstück im Wege einer (ggf. fiktiven) Inlandszustellung zugestellt werden kann, oder ob der Weg einer **Auslandszustellung** beschritten werden muss.[82] Ist nach autonomem Recht eine Zustellung ins Ausland erforderlich, richtet sich das „Wie" der Übermittlung ausschließlich nach dem HZÜ.[83] Sofern das autonome Recht eine (fiktive) Inlandszustellung gestattet (zu Inlandszustellungen nach der ZPO → Rn. 4, 7), kommt das HZÜ nicht zur Anwendung. Das nationale Zustellungsrecht kann den Anwendungsbereich des Übereinkommens somit stark einengen.[84]

2. Übermittlungswege

26　　Das HZÜ legt verschiedene Übermittlungswege fest, aus denen der Antragsteller auswählen kann. Bestimmte Übermittlungswege sind für alle Vertragsstaaten bindend, andere können durch das Einlegen eines Vorbehalts eingeschränkt werden.

27　　**a) Uneingeschränkt geltende Übermittlungswege.** Im Zentrum der Konvention steht die Übermittlung von Schriftstücken über ein **System zentraler Stellen** (Art. 2ff. HZÜ). Diese „Zentralen Behörden" nehmen Zustellungsanträge aus den ersuchenden Staaten entgegen und veranlassen die Zustellung im ersuchten Staat. Die Anschriften der Zentralbehörden aller Vertragsstaaten finden sich auf der Internetseite der Haager Konferenz.[85] In Deutschland gibt es je Bundesland eine Zentrale Behörde iSd Art. 2 HZÜ. Das Zustellungsersuchen ist unter Verwendung bestimmter Formblätter einzureichen (Art. 3 Abs. 1, Art. 7 HZÜ).

28　　Hat der Veranlasser der Zustellung auf dem Formblatt, das seinem Ersuchen beizulegen ist, eine **förmliche Zustellung** gewählt, so stellt die Zentrale Behörde des ersuchten Staats das Schriftstück auf Grundlage des heimischen Prozessrechts zu (Art. 5 Abs. 1 lit. a HZÜ), sofern nicht eine Zustellung nach dem Recht des ersuchenden Staats gewünscht wurde. Eine Zustellung aufgrund des Rechts des ersuchenden Staats ist allerdings nur möglich, sofern die gewünschte Zustellungsart mit dem Recht des ersuchten Staats vereinbar ist (Art. 5 Abs. 1 lit. b HZÜ). Bei einer förmlichen Zustellung kann das Schrift-

---

(574) mwN; *Geimer* IZPR Rn. 2157; *Schlosser/Hess* HZÜ Art. 1 Rn. 3; *Ghassabeh* Die Zustellung einer punitive damages-Sammelklage an beklagte deutsche Unternehmen 189; enger *Merkt* FS Leipold 2009, 265 (281); aA OLG Koblenz Beschl. v. 27.6.2005 – 12 VA 2/04, IPRax 2006, 25 (31 ff.) = NJOZ 2005, 3122; *Moersdorf-Schulte* Funktion und Dogmatik US-amerikanischer punitive damages 296 f. (bezogen auf punitive damages nach US-amerikanischem Recht).

[80] Bezogen auf die Zustellung US-amerikanischer Klagen wegen Verletzung des Kartellrechts OLG Celle Beschl. v. 20.7.2006 – 16 VA 4/05, BeckRS 2006, 9152 (sub II. 1.); OLG Frankfurt/a.M. Beschl. v. 15.3.2006 – 20 VA 7/05, NJOZ 2006, 3575 (3579); OLG Düsseldorf Beschl. v. 22.9.2008 – 3 VA 6/08, NJW-RR 2009, 500; siehe allg. auch OLG München Beschl. v. 7.6.2006 – 9 VA 3/04, BeckRS 2006, 07453 (sub II. 1.); *Geimer* IZPR Rn. 2157; aA OLG Koblenz Beschl. v. 27.6.2005 – 12 VA 2/04, IPRax 2006, 25 (34) = NJOZ 2005, 3122.

[81] Bezogen auf die Zustellung US-amerikanischer Sammelklagen im Kartellrecht OLG Frankfurt/a.M. Beschl. v. 15.3.2006 – 20 VA 7/05, NJOZ 2006, 3575 (3579); allg. auch OLG Düsseldorf Beschl. v. 22.7.2009 – 3 VA 9/03, NJW-RR 2010, 573 (574); *Hopt/Kulms/v. Hein* Rechtshilfe und Rechtsstaat 94 f.; *Piekenbrock* IPRax 2006, 4 (7); Immenga/Mestmäcker/*Rehbinder* GWB § 130 Rn. 354.

[82] Volkswagenwerk AG v. Schlunk, 486 U.S. 694 (700) (1988); BGH Urt. v. 10.11.1998 – VI ZR 243/97, NJW 1999, 1187 (1188 f.); *Junker* JZ 1989, 121 (122); *Geimer* IZPR Rn. 2080; *Hopt/Kulms/v. Hein* Rechtshilfe und Rechtsstaat 97; Nagel/Gottwald Internationales Zivilprozessrecht § 8 Rn. 87; *Otto* Der prozessuale Durchgriff 112 f.; aA *Schlosser/Hess* HZÜ Art. 1 Rn. 7.

[83] Volkswagenwerk AG v. Schlunk, 486 U.S. 694 (699) (1988); *Hopt/Kulms/v. Hein* Rechtshilfe und Rechtsstaat 98; *Junker* JZ 1989, 121 (122).

[84] *Junker* JZ 1989, 121 (122); *Schack* Zivilverfahrensrecht Rn. 686.

[85] http://www.hcch.net/index_en.php?act=conventions.authorities&cid=17.

stück dem Adressaten auch gegen seinen Willen zugestellt werden. Der ersuchte Staat darf allerdings festlegen, dass seine Zentralstellen nur dann förmlich zustellen dürfen, wenn das Schriftstück entweder in der **Amtssprache des ersuchten Staats abgefasst** ist oder ihm eine **Übersetzung** in diese Sprache beigefügt wird (Art. 5 Abs. 3 HZÜ). Von dieser Option hat Deutschland Gebrauch gemacht. Eine förmliche Zustellung in Deutschland ist daher nur möglich, wenn das Schriftstück in deutscher Sprache abgefasst bzw. das fremdsprachige Dokument mit einer deutschen Übersetzung versehen ist (§ 3 HZÜ-AusfG). Eine Übersetzung ist selbst dann beizufügen, wenn der Empfänger des Schriftstücks der fremden Sprache mächtig ist.[86] Das Übersetzungserfordernis gilt auch für Zustellungen, die in einer besonderen Zustellungsform gem. Art. 5 Abs. 1 lit. b HZÜ in Deutschland ausgeführt werden sollen.[87] Die Qualität der Übersetzung muss so beschaffen sein, dass sie den Empfänger in ausreichender Weise über den Inhalt des Schriftstücks informiert. Dazu muss sie Grund und Inhalt des Anspruchs wiedergeben; sprachliche Unzulänglichkeiten und kleinere Übersetzungsfehler, die den wesentlichen Inhalt des Schriftstücks nicht verschleiern, sind dagegen unschädlich.[88] Sind die sprachlichen Mängel bzw. Übersetzungsfehler allerdings so gravierend, dass der Sinn des Schriftstücks verkannt werden kann, ist die Zustellung unwirksam.[89]

Hat der Veranlasser eine **formlose Zustellung** gewählt, ist eine wirksame Zustellung 29 nur mit dem Einverständnis des Empfängers möglich (Art. 5 Abs. 2 HZÜ). Anders als bei der förmlichen Zustellung muss der Empfänger bei der formlosen Zustellung das Schriftstück freiwillig annehmen, damit die Zustellung wirksam ist. Über sein Ablehnungsrecht ist er aufzuklären. Verweigert er nach Belehrung die Annahme (ggf. nach Einsichtnahme in das Dokument), ist die Zustellung unwirksam.[90] Gründe für die Ablehnung muss der Empfänger nicht nennen.[91] Schriftstücke, die im Wege der formlosen Zustellung übermittelt werden, müssen **nicht übersetzt werden** (Art. 5 Abs. 2 HZÜ). Der Empfänger handelt jedoch nicht ohne weiteres rechtsmissbräuchlich, wenn er die Annahme des Schriftstücks verweigert, obwohl er die Sprache des Dokuments beherrscht.[92]

Neben der förmlichen und der formlosen Zustellung durch die Zentrale Behörde des 30 ersuchten Staats lässt das HZÜ auch die (praktisch wenig bedeutsame) **konsularische Zustellung** zu, bei der ein Konsul das zuzustellende Schriftstück einer vom ersuchten Staat benannten Behörde übergibt, die dann die Zustellung ausführt (Art. 9 Abs. 1 HZÜ). Zugestellt werden kann auch auf dem **diplomatischen Weg** (Art. 9 Abs. 2 HZÜ).

b) Durch Vorbehalt einschränkbare Übermittlungswege. Die vorgenannten Übermitt- 31 lungswege gelten für Zustellungen in alle HZÜ-Vertragsstaaten. Gegen die anderen im HZÜ normierten Wege dürfen Staaten dagegen einen **Vorbehalt** einlegen.[93] Deutschland hat von dieser Möglichkeit Gebrauch gemacht.

So ist die direkte Zustellung durch ausländische **konsularische Vertreter** in Deutsch- 32 land nur möglich, sofern es um Schriftstücke geht, die der ersuchende Staat seinen eigenen Angehörigen zustellt (Art. 8 Abs. 1, 2 HZÜ, § 6 S. 1 HZÜ-AusfG).

Ferner hat Deutschland einen **Vorbehalt gegen Art. 10 HZÜ** erklärt (§ 6 S. 2 HZÜ- 33 AusfG), der Zustellungswege eröffnet, die im französischen Rechtskreis bzw. im US-amerikanischen Recht gebräuchlich sind. Dieser Widerspruch gilt für die unmittelbare Zustel-

---

[86] In diese Richtung BGH Beschl. v. 2.12.1992 – XII ZB 64/91, NJW 1993, 598 (599); krit. zum Übersetzungserfordernis *Nagel/Gottwald* Internationales Zivilprozessrecht § 8 Rn. 95.
[87] *Schlosser/Hess* HZÜ Art. 5 Rn. 5.
[88] OLG Nürnberg Beschl. v. 15.2.2005 – 4 VA 72/05, IPRax 2006, 38 (40) = BeckRS 2011, 18315; *Schack* Zivilverfahrensrecht Rn. 681. Strenge Maßstäbe für die Qualität von Übersetzungen werden hingegen angemahnt von *Schütze* RIW 2006, 352 (354).
[89] *Schütze* RIW 2006, 352 (354).
[90] *Schack* Zivilverfahrensrecht Rn. 681.
[91] *Nagel/Gottwald* Internationales Zivilprozessrecht § 8 Rn. 106.
[92] *Hau* IPRax 1998, 456 (457); *Schack* Zivilverfahrensrecht Rn. 681; enger *Schlosser/Hess* HZÜ Art. 5 Rn. 7.
[93] Eine Übersicht der Staaten, die von den Vorbehaltsmöglichkeiten Gebrauch gemacht haben, ist abrufbar unter: http://www.hcch.net/upload/applicability14e.pdf.

lung von Schriftstücken an ausländische Personen durch die **Post** (Art. 10 lit. a HZÜ), für den **direkten Zustellungsverkehr zwischen Justizbeamten** oder sonstigen zuständigen Personen, etwa von Gerichtsvollzieher zu Gerichtsvollzieher (Art. 10 lit. b HZÜ), und auch für das **Veranlassen der Zustellung** durch ausländische Organe durch die **Prozessparteien** (Art. 10 lit. c HZÜ). Art. 10 lit. a, c HZÜ wurde widersprochen, da Zustellungen nach tradierter deutscher Sichtweise Hoheitsakte sind.[94] Zum Schutze deutscher Souveränitätsinteressen dürfen daher ausländische Zustellungsbegehren auf deutschem Territorium nur unter der Kontrolle deutscher Hoheitsträger ausgeführt werden.[95] Der Vorbehalt gegen Art. 10 lit. b HZÜ wurde damit begründet, dass Direktzustellungen zwischen Amtsträgern mit dem deutschen Zustellungssystem nicht kompatibel seien.[96] Diese Vorbehalte haben zur Folge, dass die in Art. 10 HZÜ genannten Übermittlungswege nicht genutzt werden können, um Schriftstücke in Deutschland zuzustellen. Stellt ein ausländischer Kläger einem deutschen Beklagten etwa das verfahrenseinleitende Schriftstück **per Post** zu, so ist die Zustellung unwirksam.[97] Nichts anderes gilt, wenn der deutsche Beklagte sich zuvor in einer privatrechtlichen Vereinbarung mit der direkten Postzustellung einverstanden erklärt hat. Da die Zustellung nach tradierter Auffassung ein Hoheitsakt ist und Deutschland durch die Erklärung von Vorbehalten die Zustellung über die zentralen Behörden (abgesehen von der Zustellung durch konsularische Vertreter → Rn. 30, 32) für verpflichtend erklärt hat, können die Prozessparteien durch privatautonome Vereinbarung keine anderen förmlichen Übermittlungswege kreieren.[98]

34   Der deutsche Vorbehalt gegen Art. 10 HZÜ wirkt allerdings nicht allseitig. Entgegen einer verbreiteten Ansicht[99] kann man aus dem deutschen Vorbehalt und dem völkerrechtlichen Reziprozitätserfordernis (Art. 21 Abs. 1 Wiener Vertragsrechtskonvention) nicht ableiten, dass die **Übermittlung von Dokumenten** nach Art. 10 HZÜ **von Deutschland in andere HZÜ-Vertragsstaaten,** die keinen Vorbehalt eingelegt haben, grundsätzlich unzulässig sei. Staaten, die Art. 10 HZÜ nicht widersprochen haben, sehen in den dort genannten Zustellungsarten keinen Eingriff in ihre Souveränität. Daher können diejenigen Verfahren, die nach deutschem Recht zulässig sind (Art. 10 lit. a, c HZÜ), auch zur Übermittlung von Schriftstücken in HZÜ-Vertragsstaaten genutzt werden, die – wie etwa die USA – der Postzustellung nicht widersprochen haben.[100] Entsprechendes gilt für Zustellungen über ein deutsches Konsulat im Ausland, das das Schriftstück per Post zustellt.[101]

3. Ordre-public-Vorbehalt

35   Nachdem der ersuchende Staat das Schriftstück nebst Zustellungsantrag an den ersuchten Staat übermittelt hat, prüft dessen Zentrale Behörde den Antrag. Entspricht das Zustellungsbegehren den formalen Voraussetzungen, so kann es nur abgelehnt werden, wenn der ersuchte Staat es „für geeignet hält, seine Hoheitsrechte oder seine Sicherheit zu gefährden" (Art. 13 HZÜ). Der Ordre-public-Vorbehalt des HZÜ ist **eng auszule-**

---

[94] BVerfGE Beschl. v. 7.12.1994 – 1BvR 1279/94, BVerfGE 91, 335 (339) = NJW 1995, 649; MüKoZPO/*Häublein* § 183 Rn. 6; krit. *Schack* Zivilverfahrensrecht Rn. 663ff.
[95] Denkschrift zu dem Haager Übereinkommen v. 15. November 1965 über die Zustellung gerichtlicher und außergerichtlicher Schriftstücke im Ausland in Zivil- und Handelssachen, BT-Drs. 8/217, 38 (46f.).
[96] Denkschrift zu dem Haager Übereinkommen v. 15. November 1965 über die Zustellung gerichtlicher und außergerichtlicher Schriftstücke im Ausland in Zivil- und Handelssachen, BT-Drs. 8/217, 38 (46).
[97] BGH Beschl. v. 2.12.1992 – XII ZB 64/91, NJW 1993, 598 (600).
[98] *Fleischhauer* Inlandszustellung an Ausländer 254; ähnlich *Wiehe* Zustellungen, Zustellungsmängel und Urteilsanerkennung 131f.
[99] OLG Düsseldorf Beschl. v. 8.2.1999 – 3 W 429/98, IPRspr. 1999 Nr. 140, 334 (335) = Rpfleger 1999, 287; *Gsell* EWS 2002, 115 (119); *Heß* NJW 2002, 2417 (2424); *Kondring* RIW 1996, 722 (723).
[100] LG Hamburg Urt. v. 7.2.2013 – 327 O 426/12, GRUR-RR 2013, 230 (232) (zu Art. 10 lit. c HZÜ); *Geimer* IZPR Rn. 418; *Nagel/Gottwald* Internationales Zivilprozessrecht § 8 Rn. 118; Stein/Jonas/*Roth* § 183 Rn. 11 (jeweils zur Zustellung per Post gem. Art. 10 lit. a HZÜ). Einschränkend in Bezug auf Staaten, die keinen Vorbehalt gegen Art. 10 HZÜ eingelegt haben und auch in der Zustellung keinen Hoheitsakt sehen MüKoZPO/*Häublein* § 183 Rn. 6 mwN.
[101] *Nagel/Gottwald* Internationales Zivilprozessrecht § 8 Rn. 118.

gen.[102] Sein Tatbestand ist bewusst enger gefasst, als sein Pendant im Rahmen der Urteilsanerkennung (etwa § 328 I Nr. 4 ZPO).[103] Somit muss eine ausländische Klage selbst dann zugestellt werden, wenn sie in ein Urteil münden kann, das wegen eines Verstoßes gegen den materiellrechtlichen ordre public in Deutschland (teilweise) nicht vollstreckt werden könnte. Die Zustellung darf nach Art. 13 HZÜ lediglich dann abgelehnt werden, wenn das mit der ausländischen Klage verfolgte Ziel „offensichtlich gegen unverzichtbare Grundsätze eines freiheitlichen Rechtsstaats" verstößt.[104] Nachdem das BVerfG im Jahre 2003 in einer einstweiligen Anordnung die Zustellung einer Klage auf punitive damages nach US-amerikanischem Recht vorläufig unterbunden hatte,[105] verfolgt die neuere Rechtsprechung des BVerfG eine zustellungsfreundlichere Haltung,[106] die von der deutlichen Mehrheit der Fachgerichte schon seit jeher vertreten wurde.[107]

Eine Klage auf **punitive damages** (in den bisherigen Verfahren ging es ausschließlich um Strafschäden nach US-amerikanischem Recht) ist zuzustellen, sofern es der eingeklagten Forderung nicht offenkundig an einer substantiellen Grundlage mangelt oder das ausländische Verfahren „in einer offenkundig mißbräuchlichen Art und Weise genutzt [wird], um mit publizistischem Druck und dem Risiko einer Verurteilung einen Marktteilnehmer gefügig zu machen".[108] Die Praxis wendet diese Kriterien in einer Art und Weise an, dass die Zustellung von Punitive-damages-Klagen regelmäßig nicht an Art. 13 HZÜ scheitert, soweit die Klageschrift den Grund der Haftung allgemein umschreibt.[109] Die Höhe der Schadensersatzsumme – soweit sie überhaupt in der Klageschrift beziffert wird[110] – steht der Zustellung nicht entgegen, da es nicht Aufgabe der ersuchten Hoheitsträger ist, „selbstständig eine mögliche Schadenssumme zu ermitteln und diese ins Verhältnis zu dem schädigenden Ereignis oder gar der wirtschaftlichen Leistungsfähigkeit des Zustellungsempfängers zu setzen".[111] Selbst Klagen, die aus deutscher Sicht exorbitant hohe Schadensersatzforderungen enthalten, sind daher zuzustellen.[112] Etwas anderes gilt nach der Rechtsprechung, wenn das ausländische Verfahren in missbräuchlicher Weise erhoben wird, um Druck auf den Prozessgegner auszuüben. Solche Umstände werden zwar oftmals behauptet, doch haben Gerichte wegen einer Medienberichterstattung oä – soweit ersichtlich – bislang die Zustellung noch niemals endgültig verweigert.[113] Diese zustel-

---

[102] OLG Frankfurt/a.M. Beschl. v. 15.3.2006 – 20 VA 7/05, NJOZ 2006, 3575 (3583); OLG Düsseldorf Beschl. v. 22.9.2008 – 3 VA 6/08, NJW-RR 2009, 500 (501); OLG Düsseldorf Beschl. v. 22.7.2009 – 3 VA 9/03, NJW-RR 2010, 573 (575); *Oberhammer* IPRax 2004, 40 (45); Immenga/Mestmäcker/*Rehbinder* GWB § 130 Rn. 355; aA *Merkt* FS Leipold 2009, 265 (272) (bloße Gefährdung des ordre public genügt).
[103] *Schack* Zivilverfahrensrecht Rn. 680; ähnlich *Hopt/Kulms/v. Hein* Rechtshilfe und Rechtsstaat 167.
[104] BVerfG Beschl. v. 14.6.2007 – 2 BvR 2247/06, NJW 2007, 3709 (3710) mwN.
[105] BVerfG Beschl. v. 25.7.2003 – 2 BvR 1198/03, NJW 2003, 2598 (2599) – Napster (Die einstweilige Anordnung wurde später durch die Rücknahme der Verfassungsbeschwerde aufgehoben). Zu dem Verfahren *Schack* Die Aktiengesellschaft 2006, 823 ff.; *Stürner* JZ 2006, 60 ff.
[106] BVerfG Beschl. v. 14.6.2007 – 2 BvR 2247/06, NJW 2007, 3709; BVerfG Beschl. v. 4.9.2008 – 2 BvR 1739, 1811/06, IPRax 2009, 253; BVerfG Beschl. v. 9.1.2013 – 2 BvR 2805/12, NJW 2013, 990.
[107] Überblick bei *Hopt/Kulms/v. Hein* Rechtshilfe und Rechtsstaat 140 ff. mwN.
[108] BVerfG Beschl. v. 25.7.2003 – 2 BvR 1198/03, NJW 2003, 2598 (2599); BVerfG Beschl. v. 9.1.2013 – 2 BvR 2805/12, NJW 2013, 990 f. Für einen generellen Ausschluss der Zustellung von Punitive-damages-Klagen wegen eines Verstoßes gegen Art. 13 HZÜ hingegen *Merkt* FS Leipold 2009, 265 (272 ff., 281); *Moersdorf-Schulte* Funktion und Dogmatik US-amerikanischer punitive damages 298 f.; *Schütze* Deutsches Internationales Zivilprozessrecht Rn. 210.
[109] OLG Düsseldorf Beschl. v. 21.4.2006 – 3 VA 12/05, NJW-RR 2007, 640 (642).
[110] Im US-amerikanischen Prozessrecht soll die Klageschrift den Prozessgegner lediglich über das Verfahren im Allgemeinen informieren. Einer Schlüssigkeitskontrolle unterliegen solche Klagen nicht. Die Klageschrift ist daher regelmäßig sehr knapp gehalten und häufig wird die geforderte Schadensersatzsumme nicht beziffert; siehe allg. *Stürner* JZ 2006, 60 (62). Gleichwohl sind derartige Klageschriften nach dem HZÜ zuzustellen, siehe OLG Celle Beschl. v. 20.7.2006 – 16 VA 4/05, BeckRS 2006, 9152 (sub II. 2.); OLG Düsseldorf Beschl. v. 22.9.2008 – 3 VA 6/08, NJW-RR 2009, 500 (502).
[111] BVerfG Beschl. v. 9.1.2013 – 2 BvR 2805/12, NJW 2013, 990 (991).
[112] *Hopt/Kulms/v. Hein* Rechtshilfe und Rechtsstaat 141; *Zekoll* NJW 2003, 2885 (2886).
[113] Vgl. etwa OLG Düsseldorf Beschl. v. 21.4.2006 – 3 VA 12/05, NJW-RR 2007, 640 (642).

lungsfreundliche Haltung ist richtig. Im Zustellungsverfahren kann nicht in jedem Einzelfall vertieft geprüft werden, ob eine Klage missbräuchlichen Zwecken dient, und eine generelle Missbräuchlichkeit kann man Klagen auf Strafschadensersatz nicht unterstellen.[114]

37 Die vorgenannten Grundsätze gelten auch für Klagen auf **treble damages,** etwa wegen eines Verstoßes gegen das US-amerikanische Antitrustrecht.[115] Zugestellt werden müssen auch **class actions.**[116] Einzelne Instrumente des ausländischen Zivilprozesses (zB klägerfreundliche **Kostentragungsregeln**[117] oder das Verfahren der **pre-trial discovery**[118]) rechtfertigen für sich genommen oder in der Gesamtschau ebenfalls keine Zustellungsverweigerung.

38 Bei kartellrechtlichen Streitigkeiten mit Auslandsbezug wird oftmals über die **Reichweite der internationalen Zuständigkeit** von Gerichten gestritten. In diesem Zusammenhang wird ausländischen Klägern leicht unterstellt, ihre Klage auf exorbitante Gerichtsstände zu stützen, um fremdes Kartellrecht unter Verdrängung des (aus inländischer Sicht stattdessen anwendbaren) inländischen Kartellrechts zur Anwendung gelangen zu lassen. Selbst wenn aus Sicht des deutschen Rechts das ausländische Gericht für die Klage offensichtlich nicht international zuständig ist oder die Klage auf einer zu weitgehenden extraterritorialen Anwendung ausländischen Kartellrechts fußt, folgt daraus keine Ablehnung der Zustellung der Klage wegen eines Verstoßes gegen den ordre public. Eine Verletzung unverzichtbarer Grundsätze des freiheitlichen Rechtsstaats liegt in diesen Fällen nicht vor,[119] da der inländische Beklagte ausreichend durch das Vollstreckungsrecht geschützt wird (→ § 34 Rn. 22).

39 Wird ein Schriftstück über die Zentralen Behörden entgegen Art. 13 HZÜ zugestellt, kann der Empfänger die Entscheidung, das Schriftstück zuzustellen, auch noch nach Erhalt des Dokuments anfechten (§ 23 EGGVG).[120] In einem solchen Fall ist der Antragsgegner die Zentrale Behörde.[121] Wird die Zustellung unter Verweis auf Art. 13 HZÜ abgelehnt, kann der Veranlasser die Ablehnung des Zustellungsgesuchs in gleicher Weise anfechten.[122]

4. Heilung von Zustellungsmängeln

40 Das HZÜ enthält keine Regelungen zur Heilung von Zustellungsmängeln. Art. 15 HZÜ legt (wie Art. 19 EuZVO) lediglich fest, dass das angerufene Gericht das Verfahren betreiben darf, obgleich bestimmte Förmlichkeiten der Zustellung des verfahrenseinleitenden Schriftstücks nicht eingehalten wurden. Die ältere Rechtsprechung hat daher angenommen, dass das HZÜ insoweit abschließend sei, so dass kein Rückgriff auf nationale Heilungsvorschriften (zB § 189 ZPO) erfolgen dürfe.[123] Von dieser

---

[114] BVerfG Beschl. v. 7.12.1994 – 1 BvR 1279/94, NJW 1995, 649 (650); OLG Düsseldorf Beschl. v. 22.7.2009 – 3 VA 9/03, NJW-RR 2010, 573 (575); *Hopt/Kulms/v. Hein* Rechtshilfe und Rechtsstaat 144; aA OLG Koblenz Beschl. v. 27.6.2005 – 12 VA 2/04, IPRax 2006, 25 (34 ff.) = NJOZ 2005, 3122.
[115] BVerfG Beschl. v. 14.6.2007 – 2 BvR 2247/06, NJW 2007, 3709 (3710); OLG Celle Beschl. v. 20.7.2006 – 16 VA 4/05, BeckRS 2006, 9152 (sub II. 3.); OLG Frankfurt/a.M. Beschl. v. 15.3.2006 – 20 VA 7/05, NJOZ 2006, 3575 (3584 f.); *Piekenbrock* IPRax 2006, 4 (5 ff.); *Hopt/Kulms/v. Hein* Rechtshilfe und Rechtsstaat 141; wohl auch *Oberhammer* IPRax 2004, 40 (45).
[116] OLG Düsseldorf Beschl. v. 22.7.2009 – 3 VA 9/03, NJW-RR 2010, 573 (575); *Hopt/Kulms/v. Hein* Rechtshilfe und Rechtsstaat 142; aA *Schütze* Deutsches Internationales Zivilprozessrecht Rn. 211 (für missbräuchliche Sammelklagen).
[117] BVerfG Beschl. v. 9.1.2013 – 2 BvR 2805/12, NJW 2013, 990 (991); OLG Celle Beschl. v. 20.7.2006 – 16 VA 4/05, BeckRS 2006, 9152 (sub II. 3.).
[118] OLG Frankfurt/a.M. Beschl. v. 15.3.2006 – 20 VA 7/05, NJOZ 2006, 3575 (3584); OLG Düsseldorf Beschl. v. 22.7.2009 – 3 VA 9/03, NJW-RR 2010, 573 (575).
[119] Ebenso Immenga/Mestmäcker/*Rehbinder* GWB § 130 Rn. 355 mwN (auch zur Gegenauffassung).
[120] OLG Frankfurt/a.M. Beschl. v. 15.3.2006 – 20 VA 7/05, NJOZ 2006, 3575 (3577).
[121] *Schlosser/Hess* HZÜ Art. 13 Rn. 8.
[122] *Schlosser/Hess* HZÜ Art. 13 Rn. 11.
[123] BGH Beschl. v. 2.12.1992 – XII ZB 64/91, NJW 1993, 598 (600).

strengen Linie ist der BGH aber mittlerweile abgerückt. Zu unterscheiden sind zwei Konstellationen:[124]

Bestätigt wurde die ältere Rechtsprechung, soweit bei der Zustellung die **Anforderungen des HZÜ** verletzt wurden. In einem solchen Fall ist die Anwendung nationaler Heilungsvorschriften nach Ansicht des BGH ausgeschlossen, da andernfalls „die Beachtung der in dem Abkommen festgelegten Zustellungsvoraussetzungen zur Disposition des nationalen Rechts gestellt würde".[125] Daher heilt der tatsächliche Zugang des Schriftstücks den Zustellungsmangel nicht, wenn das Zustellungsersuchen einer unzuständigen Empfangsstelle übermittelt wurde,[126] ein Schriftstück im direkten Postweg an einen deutschen Prozessgegner (→ Rn. 33)[127] oder ohne die notwendige Übersetzung (→ Rn. 28)[128] zugestellt wurde. Für eine wirksame Zustellung muss der Kläger daher das Schriftstück erneut unter Beachtung der Anforderungen des HZÜ übermitteln. 41

Werden dagegen die Anforderungen des HZÜ eingehalten, aber bei der Zustellung **Formvorschriften des ersuchten Staats** verletzt, ist nach Ansicht des BGH ein Rückgriff auf nationale Heilungsvorschriften möglich. Zum einen können die Heilungsvorschriften des ersuchten Staats herangezogen werden. Sei nach diesem Recht eine Heilung nicht möglich, könne auf das Prozessrecht des ersuchenden Staats zurückgegriffen werden.[129] Bei Zustellungen von Deutschland ins Ausland nach Art. 5 Abs. 1 lit. a HZÜ kann daher auf § 189 ZPO zurückgegriffen werden, um Fehler bei der Anwendung des ausländischen Zustellungsrechts zu heilen. Dieser Rückgriff auf das Recht des ersuchenden Staats überzeugt nicht. Wenn man eine Heilung zulassen will, muss diesbezüglich ausschließlich das nationale Recht des Staats anwendbar sein, auf das das HZÜ verweist, da das Prozessrecht des angerufenen Gerichts durch das HZÜ verdrängt wird.[130] Bei einer Zustellung nach Art. 5 Abs. 1 lit. a HZÜ bestimmt sich die Heilung daher nach dem Recht des ersuchten Staats. 42

Zu den Auswirkungen einer fehlerhaften Zustellung auf die Vollstreckung → § 34 Rn. 22. 43

IV. Vertragslose Rechtshilfe

Zustellungen aus bzw. in Drittstaaten, mit denen Deutschland keine bi- oder multilateralen Abkommen über die Zustellung geschlossen hat, sind nur im Wege der sog vertragslosen Rechtshilfe möglich (§ 3 Abs. 1 Nr. 3 ZRHO). Eine völkerrechtliche Pflicht zur Rechtshilfe besteht nicht, vielmehr wird diese auf Grundlage der courtoisie internationale geleistet,[131] zumindest sofern der ersuchende Staat seinerseits die Rechtshilfe nicht vollständig verweigert. Eine Verbürgung der Gegenseitigkeit ist diesbezüglich aber nicht erforderlich.[132] 44

Zustellungen im deutschen Rechtsverkehr werden in Deutschland auf Grundlage eines Ersuchens des Vorsitzenden des Prozessgerichts eingeleitet (§ 183 Abs. 1 ZPO). Ist diese Zustellung nicht möglich, ist durch die im Ausland akkreditierten diplomatischen oder konsularischen Vertreter der Bundesrepublik Deutschland oder eine sonstige zuständige Behörde zuzustellen (§ 183 Abs. 2 ZPO). 45

---

[124] Grundlegend BGH Urt. v. 14.9.2011 – XII ZR 168/09, FamRZ 2011, 1860 m. Anm. *Kondring* = NJW 2011, 3581 m. Anm. *Rauscher*.
[125] BGH Urt. v. 14.9.2011 – XII ZR 168/09, FamRZ 2011, 1860 (1862) = NJW 2011, 3581.
[126] OLG Jena Beschl. v. 2.5.2001 – 6 W 184/01, IPRax 2002, 298 (299).
[127] BGH Urt. v. 2.12.1992 – XII ZB 64/91, NJW 1993, 598 (600); OLG Jena Beschl. v. 2.5.2001 – 6 W 184/01, IPRax 2002, 298 (299).
[128] BGH Urt. v. 2.12.1992 – XII ZB 64/91, NJW 1993, 598 (600); *Kondring* FamRZ 2011, 1863 (1864).
[129] BGH Urt. v. 14.9.2011 – XII ZR 168/09, FamRZ 2011, 1860 (1862 f.) = NJW 2011, 3581.
[130] Ebenso *Rauscher* NJW 2011, 3584 mwN.
[131] *Geimer* Internationale Beweisaufnahme 50 ff.; *Nagel/Gottwald* Internationales Zivilprozessrecht § 7 Rn. 18; *Schack* Zivilverfahrensrecht Rn. 675 mwN.
[132] *Schack* Zivilverfahrensrecht Rn. 562; *Schütze* Deutsches Internationales Zivilprozessrecht Rn. 562.

46 Nach deutschem Recht kann eine Auslandszustellung (→ Rn. 5 ff.) im vertragslosen Rechtshilfeverkehr nur **formlos** erfolgen (§ 114 Abs. 2 ZRHO), dh durch einfache Übergabe des Schriftstücks an den annahmebereiten Adressaten.[133] Da das ausländische Zustellungsrecht auf diese Art der Zustellung keine Anwendung findet, kann eine Zustellung nicht bewirkt werden, wenn der Adressat die Annahme des Schriftstücks ablehnt. Die Anwendung von Zwang oder einer Ersatzzustellung sind unzulässig, selbst wenn die Zustellung über den deutschen Konsul im Ausland erfolgt.[134]

B. Die Koordinierung von Parallelverfahren im Ausland

I. Einführung

47 Im Streitfall steht es jeder Partei frei, zu einem ihr genehmen Zeitpunkt und in einem ihr genehmen Staat Klage zu erheben. Rufen dieselben Parteien Gerichte in verschiedenen Staaten an, ist zu klären, welche Rechtsfolgen das ausländische Verfahren für den Prozess im Inland hat. Zu unterscheiden sind konkurrierende und konnexe Verfahren. **Konkurrierende Verfahren** sind Verfahren zwischen denselben Parteien über den gleichen Streitgegenstand. Bei solchen Streitigkeiten gilt es – zumindest aus kontinentaleuropäischer Sicht – im Interesse der geordneten Rechtspflege Doppelprozesse zu vermeiden und im Interesse der Rechtssicherheit den Erlass widersprechender Entscheidungen zu minimieren.[135] **Konnexe Verfahren** sind Verfahren, die miteinander in enger Verbindung stehen, ohne gleiche Streitgegenstände zu betreffen.[136] Auch bei solchen Verfahren kann es im Interesse der geordneten Rechtspflege geboten sein, eine gemeinsame Verhandlung zu ermöglichen.

48 Nach welchem Recht sich die Verfahrenskoordinierung beurteilt, hängt maßgeblich davon ab, vor welchen Foren geklagt wird. Werden beide Prozesse in verschiedenen EU-/LugÜ-Staaten einschließlich Dänemarks geführt, so ist die ausländische Rechtshängigkeit nach den Regeln der Brüssel I-/Brüssel Ia-VO bzw. des LugÜ II zu beurteilen (zum allg. Anwendungsbereich dieser Rechtstexte → § 31 Rn. 9 ff.). Wird ein Verfahren vor einem Gericht in einem EU-/LugÜ II-Staat anhängig gemacht und ein anderes in einem Drittstaat, so muss jedes Gericht die Wirkungen der ausländischen Rechtshängigkeit nach seiner lex fori bzw. auf Grundlage eines Staatsvertrags mit dem Drittstaat beurteilen. Seit Inkrafttreten der Brüssel Ia-VO ist diese Zweiteilung zum Teil aufgehoben, da diese Verordnung auch Verfahren in Drittstaaten erfasst, sofern kein Staatsvertrag mit dem Drittstaat besteht.

II. Parallele Verfahren in EU/LugÜ-Staaten

1. Konkurrierende Verfahren: Prioritätsprinzip und Ausnahmen

49 **a) Grundlagen.** Nach Art. 27 Brüssel I-VO/LugÜ II/Art. 29 Brüssel Ia-VO sperrt eine Klage in einem EU-/LugÜ II-Staat (zu Dänemark → § 31 Rn. 6) eine zweite Klage in einem anderen EU-/LugÜ-Staat „wegen desselben Anspruchs zwischen denselben Parteien". Bei Identität der Parteien und des Streitgegenstands greift somit das **Prioritätsprinzip**.[137] Das später angerufene Gericht (Zweitgericht) hat das Verfahren auszusetzen, bis das zuerst befasste Gericht (Erstgericht) über seine Zuständigkeit entschieden hat. Bejaht das Erstgericht seine Zuständigkeit, muss das Zweitgericht die Klage abweisen (Art. 27

---

[133] *Nagel/Gottwald* Internationales Zivilprozessrecht § 8 Rn. 151.
[134] *Nagel/Gottwald* Internationales Zivilprozessrecht § 8 Rn. 151; *Schack* Zivilverfahrensrecht Rn. 675. Zu Einzelheiten der Zustellung siehe *Schütze* Deutsches Internationales Zivilprozessrecht Rn. 563 ff.
[135] Eingehend dazu *Hau* Positive Kompetenzkonflikte im Internationalen Zivilprozeßrecht 114 (zum deutschen Recht), 122 ff. (zum EuGVÜ); *McGuire* Verfahrenskoordination und Verjährungsunterbrechung 32 ff.
[136] *Adolphsen* Europäisches Zivilverfahrensrecht 163; *Schack* Zivilverfahrensrecht Rn. 856.
[137] *Geimer/Schütze/Geimer* A. 1 EuGVVO Art. 27 Rn. 7; *Hess* Europäisches Zivilprozessrecht § 6 Rn. 161; *Nagel/Gottwald* Internationales Zivilprozessrecht § 6 Rn. 201.

Abs. 2 Brüssel I-VO/LugÜ II/Art. 29 Abs. 3 Brüssel Ia-VO). Verneint das Erstgericht seine Zuständigkeit, kann das Zweitgericht das ausgesetzte Verfahren wieder aufnehmen und fortführen.

Eine **Überprüfung der Zuständigkeit** des erstbefassten Gerichts durch das Zweitgericht findet grundsätzlich nicht statt.[138] Das strikte Prioritätsprinzip ist auch dann zu beachten, wenn das Erstgericht offensichtlich unzuständig ist,[139] eine Gerichtsstandsvereinbarung zugunsten des Zweitgerichts vorliegt (zu Änderungen unter Geltung der Brüssel Ia-VO → Rn. 57),[140] oder das Erstgericht für die Zuständigkeitsprüfung eine unvertretbar lange Zeitspanne benötigt.[141] Durch dieses starre System sollen insbesondere Kompetenzkonflikte zwischen den Gerichten in Europa[142] und widersprüchliche Urteile über den gleichen Streitgegenstand verhindert werden.[143] Eine **Ausnahme** vom Prioritätsprinzip gilt nach der neueren Rechtsprechung des EuGH für den Fall, dass das Zweitgericht gem. Art. 22 Brüssel I-VO/LugÜ II/Art. 24 Brüssel Ia-VO **ausschließlich zuständig** ist. Da in diesem Fall ein Urteil des zuerst angerufenen Gerichts im Zweitstaat (oder einem anderen EU-Mitgliedstaat) nicht vollstreckt werden könnte (Art. 35 Abs. 1 Brüssel I-VO/LugÜ II/Art. 45 Abs. 1 lit. e Brüssel Ia-VO), darf das Zweitgericht das Verfahren weiterbetreiben und eine Entscheidung in der Sache treffen.[144] 50

Das vorbeschriebene System gilt nur für die Erhebung zweier „Klagen", sprich für *gerichtliche* Verfahren.[145] Ob ein Gericht ein früher anhängig gemachtes **Schiedsverfahren** zu beachten hat, bestimmt sich daher nach der lex fori des Gerichtsstaats; ferner sind Schiedsgerichte nicht an die Verordnung bzw. das Übereinkommen gebunden (Art. 1 Abs. 2 lit. d Brüssel I(a)-VO/LugÜ II).[146] Die Prioritätsregel gilt ferner nicht für das Verhältnis von Hauptsacheverfahren und **einstweiligem Rechtsschutz.**[147] 51

b) Klagen zwischen denselben Parteien. Ob der Streit zwischen denselben Parteien geführt wird, bestimmt sich nach europäisch-autonomen Grundsätzen, dh ohne Rückgriff auf das nationale Recht.[148] Parteiidentität liegt vor, wenn der Streit zwischen den gleichen Verfahrensbeteiligten geführt wird,[149] unabhängig davon, welche Parteirolle diese Personen innehaben.[150] Eine vollständige Parteiidentität verlangt Art. 27 Brüssel I-VO/LugÜ II/Art. 29 Brüssel Ia-VO nicht. Sind im Zweitverfahren neben den Parteien des Erstverfahrens noch weitere Parteien beteiligt (teilweise Parteiidentität), so muss sich das Zweitgericht für den Streit zwischen den Parteien, die auch am Erstverfahren beteiligt sind, für 52

---

[138] EuGH Urt. v. 9.12.2003 – C-116/02, Slg. 2003, I-14693 Rn. 47ff. – Gasser/MISAT = EuZW 2004, 188. Eingehend zum rechtspolitischen Hintergrund dieses Kriteriums Magnus/Mankowski/*Fentiman* Brussels Ibis Regulation Introduction to Arts. 29–32 Rn. 14.
[139] LG Düsseldorf Beschl. v. 17.3.2009 – 4b O 218/08, GRUR-RR 2009, 402 (403); Rauscher/*Leible* Brüssel Ia-VO Art. 29 Rn. 29 mwN.
[140] JP Morgan Europe Limited v. Primacom AG [2005] EWHC 508 [36f.] (Comm); Kropholler/*v. Hein* EuGVO Art. 27 Rn. 19.
[141] EuGH Urt. v. 9.12.2003 – C-116/02, Slg. 2003, I-14693 Rn. 73 – Gasser/MISAT = EuZW 2004, 188.
[142] *Hess* Europäisches Zivilprozessrecht § 6 Rn. 154.
[143] EuGH Urt. v. 9.12.2003 – C-116/02, Slg. 2003, I-14693 Rn. 41 – Gasser/MISAT = EuZW 2004, 188; EuGH Urt. v. 19.5.1998 – C-351/96, Slg. 1998, I-3075 Rn. 17 – Drouot/CMI = EuZW 1998, 443.
[144] EuGH Urt. v. 3.4.2014 – C-438/12, ECLI:EU:C:2014:212 Rn. 53ff. – Weber/Weber = NJW 2014, 1871.
[145] Geimer/Schütze/*Geimer* A. 1 EuGVVO Art. 27 Rn. 19.
[146] Geimer/Schütze/*Geimer* A. 1 EuGVVO Art. 27 Rn. 21.
[147] *Adolphsen* Europäisches Zivilverfahrensrecht 166.
[148] EuGH Urt. v. 6.12.1994 – C-406/92, Slg. 1994, I-5439 Rn. 30 – Tatry/Maciej Rataj = BeckRS 2004, 77078; EuGH Urt. v. 19.5.1998 – C-351/96, Slg. 1998, I-3075 Rn. 16 – Drouot/CMI = EuZW 1998, 443.
[149] EuGH Urt. v. 6.12.1994 – C-406/92, Slg. 1994, I-5439 Rn. 36 – Tatry/Maciej Rataj = BeckRS 2004, 77078.
[150] OLG München Urt. v. 3.12.1999 – 23 U 4446/99, RIW 2000, 712 (714) = BeckRS 1999, 30085441; Kropholler/*v. Hein* EuGVO Art. 27 Rn. 4; Rauscher/*Leible* Brüssel Ia-VO Art. 29 Rn. 10.

unzuständig erklären und darf nur das Verfahren zwischen den weiteren Parteien fortsetzen.[151] Um die Nachteile der Trennung des Zweitverfahrens auszugleichen, sieht Art. 28 Abs. 2 Brüssel I-VO/LugÜ II/Art. 30 Abs. 2 Brüssel Ia-VO die Möglichkeit der Klageabweisung des Verfahrens der verbliebenen Parteien vor, sofern eine Verbindung dieser Klage mit dem am Erstgericht anhängigen Verfahren vor dem Erstgericht möglich ist.[152]

53 In Ausnahmefällen kann Art. 27 Abs. 1 Brüssel I-VO/LugÜ II/Art. 29 Abs. 1 Brüssel Ia-VO auch dann einschlägig sein, wenn die anhängigen Verfahren zwar nicht zwischen identischen Parteien geführt werden, aber die Interessen der Verfahrensbeteiligten „hinsichtlich des Gegenstands [der] Rechtsstreitigkeiten so weit übereinstimmen, daß ein Urteil, das gegen den einen ergeht, Rechtskraft gegenüber dem anderen entfalten würde".[153] Der EuGH bezog diese **Erweiterung der Parteiidentität** auf den Fall, dass „statt des Versicherungsnehmers der Versicherer kraft übergegangenen Rechts klagt oder verklagt wird, ohne daß der Versicherungsnehmer in der Lage wäre, auf den Ablauf des Verfahrens Einfluß zu nehmen".[154] Dieses Diktum des EuGH hat Teile von Rechtsprechung und Lehre beflügelt, den Parteibegriff durch Rückgriff auf eine Interessenübereinstimmung zu erweitern.[155] Vor einer zu weiten Ausdehnung des Begriffs der Parteiidentität ist allerdings zu warnen. Die Gefahr von Kompetenzkonflikten und widersprechenden Entscheidungen kann nämlich in vielen Fällen unter Rückgriff auf Art. 28 Brüssel I-VO/LugÜ II/Art. 30 Brüssel Ia-VO beseitigt werden.[156] Somit ist die Annahme identischer Parteien auf Grundlage gleicher Interessen auf Fälle der **Rechtskrafterstreckung** zu begrenzen.[157]

54 Richtig ist es daher, eine Interessengleichheit zwischen zwei selbständigen Unternehmen, die in unterschiedlicher Stärke an einem **Preiskartell** beteiligt waren, zu verneinen. Die Klage eines Kartellbruders gegen seine Abnehmer auf Feststellung, dass diesen durch die wettbewerbswidrige Absprache kein Schaden entstanden sei, sperrt daher allein eine Schadensersatzklage der Abnehmer gegen diesen Kartellanten. Haben die Abnehmer auch von anderen Kartellanten Waren oder Dienstleistungen zu erhöhten Preisen bezogen, so steht es ihnen frei, die anderen Kartellmitglieder in einem anderen Staat auf Schadensersatz zu verklagen. Diese Kartellmitglieder sind eigenständige Unternehmen und somit andere Parteien. Dass die Kartellanten gesamtschuldnerisch wegen ihrer Beteiligung an der wettbewerbsverzerrenden Absprache haften, begründet keine hinreichende Interessensgleichheit.[158] Auch kann eine Interessenübereinstimmung nicht daraus abgeleitet werden, dass Kartellanten im Regelfall ähnliche Verteidigungsstrategien wählen, die beweisen sollen, dass ihren Abnehmern kein Schaden entstanden ist.[159]

55 **c) Klagen wegen desselben Anspruchs.** Der Streitgegenstandsbegriff („derselbe Anspruch") ist ohne Rückgriff auf nationales Recht nach europäischen Maßstäben zu bestimmen.[160] Zwei Verfahren haben denselben Anspruch zum Gegenstand, wenn sie „auf

---

[151] EuGH Urt. v. 6.12.1994 – C-406/92, Slg. 1994, I-5439 Rn. 34 – Tatry/Maciej Rataj = BeckRS 2004, 77078; Rauscher/*Leible* Brüssel Ia-VO Art. 29 Rn. 12a.
[152] EuGH Urt. v. 6.12.1994 – C-406/92, Slg. 1994, I-5439 Rn. 35 – Tatry/Maciej Rataj = BeckRS 2004, 77078.
[153] EuGH Urt. v. 19.5.1998 – C-351/96, Slg. 1998, I-3075 Rn. 19 – Drouot/CMI = EuZW 1998, 443.
[154] EuGH Urt. v. 19.5.1998 – C-351/96, Slg. 1998, I-3075 Rn. 19 – Drouot/CMI = EuZW 1998, 443.
[155] Nachweise b. Kropholler/*v. Hein* EuGVO Art. 27 Rn. 4, die sich gegen eine Erweiterung aussprechen.
[156] Kropholler/*v. Hein* EuGVO Art. 27 Rn. 4; Rauscher/*Leible* Brüssel Ia-VO Art. 29 Rn. 12.
[157] *Hess* Europäisches Zivilprozessrecht § 6 Rn. 158.
[158] Cooper Tire & Rubber Company v. Shell Chemicals UK Limited [2009] EWHC 2609 [70–87] (Comm).
[159] Cooper Tire & Rubber Company v. Shell Chemicals UK Limited [2009] EWHC 2609 [88] (Comm). Im Rechtsmittelverfahren wurde die Frage der mangelnden Parteiidentität nicht angegriffen, siehe Cooper Tire & Rubber Company v. Dow Deutschland Inc. [2010] EWCA Civ 864 [48].
[160] EuGH Urt. v. 8.12.1987 – 144/86, Slg. 1987, 4861 Rn. 11 – Gubisch Maschinenfabrik/Palumbo = NJW 1989, 665 (allg. zum Begriff der Rechtshängigkeit); EuGH Urt. v. 6.12.1994 – C-406/92, Slg. 1994, I-5439 Rn. 30 – Tatry/Maciej Rataj = BeckRS 2004, 77078; EuGH Urt. v. 19.5.1998 – C-351/96, Slg. 1998, I-3075 Rn. 16 – Drouot/CMI = EuZW 1998, 443.

derselben Grundlage" basieren und „denselben Gegenstand" betreffen.[161] Dieselbe Grundlage kann sich nach der Rechtsprechung des EuGH sowohl aus dem Lebenssachverhalt als auch aus den Rechtsvorschriften ergeben, auf die die Klage gestützt wird.[162] Von einem gleichen Gegenstand ist auszugehen, wenn die Klagen dem gleichen Zweck dienen.[163] Entscheidend ist somit für den EuGH, dass es bei natürlicher Betrachtung in beiden Verfahren um die gleiche Sache geht, wozu ausreichend ist, dass beide Verfahren die gleichen Kernpunkte betreffen (sog **Kernpunkttheorie**).[164] Anders als im deutschen Zivilverfahren kommt es somit nicht auf eine Identität der Klageanträge an.[165] Maßgeblich für die Beurteilung, ob beide Klagen im Kern denselben Streit betreffen, ist der Zeitpunkt der Verfahrenseinleitung.[166]

Im Vergleich zu seinem deutschen Pendant ist der europäische Streitgegenstand relativ weit gefasst: Denselben Anspruch betreffen nicht nur Klagen auf Erfüllung eines Vertrages und auf Feststellung seiner Unwirksamkeit[167] sowie Klagen auf Aufhebung eines Vertrages und auf Schadensersatz aus diesem Vertrag.[168] Anders als im deutschen Verfahrensrecht basieren auch eine negative Feststellungsklage und eine Klage auf Leistung (trotz unterschiedlich gefasster Anträge) auf demselben Anspruch.[169] Diese weite Fassung des Streitgegenstandsbegriffs eröffnet die Möglichkeit, eine sog **Torpedoklage**[170] zu erheben: Droht einer Partei eine Klage auf Schadensersatz, kann der potenziell Beklagte durch schnelles Erheben einer Klage auf Feststellung seiner „Nicht-Haftung" dafür Sorge tragen, dass die später vor ausländischen Gerichten erhobene Klage auf Schadensersatz auszusetzen oder gar abzuweisen ist. Gelingt es, die negative Feststellungsklage in zeitlicher Hinsicht vor der Schadensersatzklage anhängig zu machen, muss sich der Schadensersatzberechtigte entweder vor diesem Forum einlassen (wenn das angerufene Gericht international zuständig ist, über die Feststellungsklage zu entscheiden) bzw. im Interesse einer Verjährungsunterbrechung dort Widerklage erheben, oder (wenn das Gericht für die Entscheidung über den Feststellungsantrag nicht international zuständig ist) Klageabweisung beantragen. Arbeitet das Gericht sehr langsam und benötigt schon eine sehr lange Zeit, um überhaupt eine Entscheidung über die Zuständigkeit zu fällen, so kann die Erhebung einer solchen Feststellungsklage dazu beitragen, dass der Schadensersatzberechtigte im Interesse einer zeitnahen Kompensation in einem Vergleich auf Teile seines Anspruchs verzichtet. Darüber hinaus kann der Feststellungskläger eine drohende Leistungsklage vor einem aus seiner Sicht ungünstigen Forum lange herauszögern oder sogar verhindern. Diese Tor-

---

[161] EuGH Urt. v. 8.12.1987 – 144/86, Slg. 1987, 4861 Rn. 15 – Gubisch Maschinenfabrik/Palumbo = NJW 1989, 665; EuGH Urt. v. 14.10.2004 – C-39/02, Slg. 2004, I-9686 Rn. 34 – Mærsk/de Haan = BeckRS 2004, 78089.
[162] EuGH Urt. v. 6.12.1994 – C-406/92, Slg. 1994, I-5439 Rn. 39 – Tatry/Maciej Rataj = BeckRS 2004, 77078.
[163] EuGH Urt. v. 6.12.1994 – C-406/92, Slg. 1994, I-5439 Rn. 41 – Tatry/Maciej Rataj = BeckRS 2004, 77078.
[164] EuGH Urt. v. 8.12.1987 – 144/86, Slg. 1987, 4861 Rn. 16f. – Gubisch Maschinenfabrik/Palumbo = NJW 1989, 665; *Adolphsen* Europäisches Zivilverfahrensrecht 161; Geimer/Schütze/*Geimer* A. 1 EuGVVO Art. 27 Rn. 30; *Kropholler/v. Hein* EuGVO Art. 27 Rn. 7; Rauscher/*Leible* Brüssel Ia-VO Art. 29 Rn. 15.
[165] *Adolphsen* Europäisches Zivilverfahrensrecht 162; Geimer/Schütze/*Geimer* A. 1 EuGVVO Art. 27 Rn. 30.
[166] EuGH Urt. v. 8.5.2003 – C-111/01, Slg. 2003, I-4207 Rn. 30 – Gantner Electronic/Basch Exploitatie Maatschappij = EuZW 2003, 542.
[167] EuGH Urt. v. 8.12.1987 – 144/86, Slg. 1987, 4861 Rn. 19 – Gubisch Maschinenfabrik/Palumbo = NJW 1989, 665.
[168] OLG München Urt. v. 3.12.1999 – 23 U 4446/99, RIW 2000, 712 (714) = BeckRS 1999, 30085441.
[169] EuGH Urt. v. 6.12.1994 – C-406/92, Slg. 1994, I-5439 Rn. 45 – Tatry/Maciej Rataj = BeckRS 2004, 77078; dazu *Wolf* EuZW 1995, 365 (365f.).
[170] *Hess* Europäisches Zivilprozessrecht § 6 Rn. 161; *Pohl* IPRax 2013, 109 (111). Allg. zu den Möglichkeiten der „tactical litigation" Magnus/Mankowski/*Fentiman* Brussels Ibis Regulation Introduction to Arts. 29–32 Rn. 17 ff.

pedoklagen haben zu vehementer Kritik am strikten Prioritätsprinzip geführt,[171] da der EuGH selbst bei einer unvertretbar langen Verfahrensdauer vor einem offensichtlich unzuständigen Gericht die Prioritätsregel nicht aufgeben wollte.[172]

57 d) Sonderfall: ausschließliche Gerichtsstandsvereinbarung. Vor diesem Hintergrund ist der europäische Gesetzgeber tätig geworden und hat im Zuge der **Neufassung der Brüssel I-VO** die Regelung über die Verfahrenskoordination – in Anlehnung an die Regelungen des Haager Übereinkommens über Gerichtsstandsvereinbarungen vom 30. 6. 2005[173] – leicht reformiert. Der Verschleppungseffekt von Torpedoklagen wird durch diese Reform nicht grundsätzlich ausgeschlossen, aber für den praktisch bedeutenden Fall von ausschließlichen Gerichtsstandsvereinbarungen zugunsten von Gerichten in EU-Mitgliedstaaten (nicht: Drittstaaten) eingeschränkt.[174] Unter Geltung der Brüssel Ia-VO besitzt das prorogierte Gericht – sofern es in der EU belegen ist – nämlich die „Kompetenz-Kompetenz",[175] über seine Zuständigkeit zu entscheiden. Wird ein anderes Gericht zuerst angerufen, muss es bei einer Identität von Parteien und Streitgegenstand (→ Rn. 52 ff.) das Verfahren aussetzen, sobald Klage vor dem prorogierten Gericht erhoben wird (Art. 31 Abs. 2 Brüssel Ia-VO). Bejaht das prorogierte Gericht seine Zuständigkeit, muss das zuerst angerufene Gericht sich für unzuständig erklären und die Klage abweisen (Art. 31 Abs. 3 Brüssel Ia-VO). Nur wenn sich das prorogierte Gericht für unzuständig erklärt, etwa weil die Vereinbarung unwirksam ist,[176] kann das zuerst angerufene Gericht das Verfahren wieder aufnehmen.

58 Die **vorrangige Prüfungsbefugnis** des prorogierten EU-Gerichts **besteht nicht,** wenn die Parteien „widersprüchliche ausschließliche Gerichtsstandsvereinbarungen geschlossen haben" (gemeint ist, dass aufgrund der Fallumstände die Vereinbarung unterschiedlicher Gerichtsstände in Betracht kommt)[177] oder das vereinbarte Gericht zuerst angerufen wurde (Erwägungsgrund 22 aE Brüssel Ia-VO). In diesen Fällen verbleibt es bei dem klassischen Prioritätsgrundsatz, genauso wie in der Konstellation, dass die Klagen unterschiedliche Streitgegenstände (→ Rn. 55) betreffen.[178] Das prorogierte Gericht darf auch dann nicht vorrangig über seine Zuständigkeit entscheiden, wenn der Kläger eine **schwächere Partei** iSd 3., 4. oder 5. Abschnitts der Brüssel Ia-VO ist und die Vereinbarung nach den in diesen Abschnitten enthaltenen Vorschriften keine Wirkung entfaltet (Art. 31 Abs. 4 Brüssel Ia-VO). Auch kann das (nicht prorogierte) Erstgericht durch rügeloses Einlassen des Beklagten zuständig werden (Art. 26 Abs. 1 Brüssel Ia-VO).[179]

2. Bestimmung des Zeitpunkts der Rechtshängigkeit

59 Damit eine Verfahrenskoordination nach dem Prioritätsprinzip erfolgen kann, muss festgestellt werden, welches Gericht zuerst angerufen wurde. Diese Prüfung hat unter Geltung des „alten Rechts" nach Art. 30 Brüssel I-VO/LugÜ II zu erfolgen. Diese Norm legt den Zeitpunkt der Rechtshängigkeit (Anhängigkeit)[180] von Klagen einheitlich fest. Maßgeb-

---

[171] Überblick bei *McGuire* Verfahrenskoordination und Verjährungsunterbrechung 134 ff.; *Nieroba* Europäische Rechtshängigkeit 123 ff.; Hess/Pfeiffer/Schlosser/*Weller* The Brussels I Regulation 44/2001 Rn. 376 f.
[172] EuGH Urt. v. 9.12.2003 – C-116/02, Slg. 2003, I-14693 Rn. 73 – Gasser/MISAT = EuZW 2004, 188.
[173] In der authentischen englischen und französischen Fassung abrufbar unter: http://www.hcch.net; zur Parallele siehe *v. Hein* RIW 2013, 97 (104); *Heinze* RabelsZ 75 (2011), 581 (584).
[174] Zum Hintergrund der Neuregelung siehe *Weller* GPR 2012, 34 (39 f.).
[175] *Nagel/Gottwald* Internationales Zivilprozessrecht § 6 Rn. 212.
[176] *V. Hein* RIW 2013, 97 (104).
[177] So *Nagel/Gottwald* Internationales Zivilprozessrecht § 6 Rn. 213; wohl auch *v. Hein* RIW 2013, 97 (104 f.).
[178] *Pohl* IPRax 2013, 109 (111).
[179] *V. Hein* RIW 2013, 97 (104).
[180] Anders als das deutsche Zivilprozessrecht differenziert das europäische Verfahrensrecht nicht streng zwischen der „Anhängigkeit" und der „Rechtshängigkeit" von Verfahren. Beide Begriffe können daher synonym gebraucht werden. Siehe Kropholler/*v. Hein* EuGVO Art. 30 Rn. 1.

lich ist der Zeitpunkt der Übergabe des Schriftstücks an das erste nach nationalem Recht zu beteiligende Rechtspflegeorgan; wann der Beklagte das Schriftstück erhält, ist hingegen irrelevant.[181] Da es in Europa **zwei** unterschiedliche **Grundkonzeptionen** der Zustellung gibt, differenziert Art. 30 Brüssel I-VO/LugÜ II wie folgt: In denjenigen Staaten, in denen wie in Deutschland und Österreich das zuzustellende Schriftstück dem Gericht übergeben werden muss, welches es dann an den Beklagten übermittelt, gilt ein Gericht zu dem Zeitpunkt als angerufen, in dem die Klage dort eingereicht wird (Nr. 1). Ist die Klage nach der lex fori des angerufenen Gerichts dagegen erst nach Zustellung an den Beklagten dort einzureichen, wird das Verfahren rechtshängig, wenn die Klageschrift der für die Zustellung zuständigen Stelle übergeben wird (Nr. 2). In beiden Fällen führt die Übergabe an das zuständige Rechtspflegeorgan aber nur dann zur Rechtshängigkeit der Klage, wenn der Kläger anschließend auch die ihm obliegenden Maßnahmen trifft, damit das verfahrenseinleitende Schriftstück dem Beklagten zugestellt bzw. die Klageschrift bei Gericht eingereicht wird (Art. 30 Brüssel I-VO/LugÜ II aE). Was der Kläger diesbezüglich zu veranlassen hat, bestimmt die lex fori.[182] Kommt er seiner Obliegenheit nicht nach, tritt keine Rechtshängigkeit ein. Die Konsequenz ist, dass sein Antrag durch Klageerhebung in einem anderen Staat „überholt" werden kann,[183] sofern sich der Beklagte nicht auf das Verfahren vor dem Erstgericht eingelassen hat.[184]

Die **Brüssel Ia-VO** hält an diesen Grundsätzen zur Bestimmung des Zeitpunkts der Rechtshängigkeit fest. Um Rechtsanwendungsprobleme zu beseitigen[185] stellt Art. 32 Abs. 1 Brüssel Ia-VO aE allerdings klar, dass die für die Zustellung verantwortliche Stelle iSv lit. b der Vorschrift diejenige Stelle ist, die das zuzustellende Dokument zuerst erhält. Zudem sollen die zuerst befassten Organe der Rechtspflege das Datum der Einreichung der Klageschrift vermerken, um einen Nachweis über den Zeitpunkt der Rechtshängigkeit zu erhalten (Art. 32 Abs. 2 Brüssel Ia-VO). **60**

3. Konnexe Verfahren: Verfahrensaussetzung oder Klageabweisung

Neben dem strikten Prioritätsprinzip, das für Verfahren zwischen den gleichen Parteien wegen desselben Anspruchs gilt, enthält das europäische Zivilprozessrecht Regelungen zur Koordination von Verfahren in verschiedenen EU-/LugÜ-Mitgliedstaaten, die in einem **Sachzusammenhang** stehen (sog **konnexe Verfahren**). Zwei Verfahren sind konnex, „wenn zwischen ihnen eine so enge Beziehung gegeben ist, dass eine gemeinsame Verhandlung und Entscheidung geboten erscheint, um zu vermeiden, dass in getrennten Verfahren widersprechende Entscheidungen ergehen könnten" (Art. 28 Abs. 3 Brüssel I-VO/ LugÜ II/Art. 30 Abs. 3 Brüssel Ia-VO). Der Begriff des Sachzusammenhangs wird weit ausgelegt.[186] Ein solcher Zusammenhang ist nicht nur gegeben, wenn die im Erst- und Zweitverfahren zu erwartenden Entscheidungen **unvereinbar** iSv Art. 34 Nr. 3 Brüssel I-VO/LugÜ II/Art. 45 Abs. 1 lit. c Brüssel Ia-VO sind,[187] sondern auch, wenn die Richter in beiden Verfahren über **dieselben Rechtsfragen oder Tatsachenfeststellungen** zu befinden haben.[188] **61**

Bei solchen Verfahren kann das Zweitgericht **das Verfahren aussetzen** bis das Erstgericht entschieden hat (Art. 28 Abs. 1 Brüssel I-VO/LugÜ II/Art. 30 Abs. 1 Brüssel Ia-VO). Ob diese Möglichkeit besteht, hat das Gericht von Amts wegen zu prüfen, ohne **62**

---

[181] Kropholler/v. Hein EuGVO Art. 30 Rn. 2.
[182] Geimer/Schütze/*Geimer* A. 1 EuGVVO Art. 30 Rn. 11 f.; Kropholler/v. Hein EuGVO Art. 30 Rn. 3; Rauscher/*Leible* Brüssel Ia-VO Art. 32 Rn. 7.
[183] Geimer/Schütze/*Geimer* A. 1 EuGVVO Art. 30 Rn. 15.
[184] Rauscher/*Leible* Brüssel Ia-VO Art. 32 Rn. 8.
[185] Zum Hintergrund Hess/Pfeiffer/Schlosser/*Weller* The Brussels I Regulation 44/2001, 2008, Rn. 422.
[186] EuGH Urt. v. 6.12.1994 – C-406/92, Slg. 1994, I-5439 Rn. 53 – Tatry/Maciej Rataj = BeckRS 2004, 77078 (zum EuGVÜ).
[187] EuGH Urt. v. 6.12.1994 – C-406/92, Slg. 1994, I-5439 Rn. 57 – Tatry/Maciej Rataj = BeckRS 2004, 77078 (zum EuGVÜ).
[188] Stein/Jonas/*Wagner* EuGVVO Art. 28 Rn. 11.

§ 32   3. Teil 3. Abschnitt Internationales Privat- und Prozessrecht

dass es allerdings ermitteln müsste, ob konnexe Verfahren in anderen Mitgliedstaaten anhängig sind.[189] Sofern zumindest das Erstverfahren noch in erster Instanz anhängig ist, kann das Zweitgericht **die Klage auf Antrag einer Partei auch abweisen,** falls das Erstgericht zuständig ist und die betreffenden Verfahren nach seinem Recht zusammenführen kann (Art. 28 Abs. 2 Brüssel I-VO/LugÜ II/Art. 30 Abs. 2 Brüssel Ia-VO).[190] Wiederum ergibt sich aus Art. 30 Brüssel I-VO/LugÜ II/Art. 32 Brüssel Ia-VO, welches Gericht in zeitlicher Hinsicht „zuerst" (→ Rn. 59 f.) angerufen wurde.

63   Die Entscheidung über die Aussetzung des Verfahrens bzw. die Klageabweisung (auf Antrag einer Partei) liegt im **Ermessen** des zweitbefassten Gerichts.[191] Dieses hat sein Ermessen pflichtgemäß auszuüben und seine Entscheidung zu begründen.[192] Bei der Entscheidung über die Aussetzung können ua der Stand des Erstverfahrens und dessen (voraussichtliche) Länge, die Stärke des Zusammenhangs beider Verfahren, die Sach- und Beweisnähe der angerufenen Gerichte, die Anerkennungsfähigkeit der ausländischen Entscheidung, aber auch Parteiinteressen einfließen.[193]

64   Bezogen auf **Kartellprozesse** ist eine Aussetzung bzw. Klageabweisung denkbar, um etwa Schadensersatzbegehren gegen verschiedene Kartellmitglieder zu konzentrieren. Diesbezüglich sollten die angerufenen Gerichte allerdings sehr vorsichtig agieren, um nicht sachgerechte Gründe, die den Kläger bewogen haben, seine Klage in einem bestimmten Mitgliedstaat zu erheben, ohne Not zu durchkreuzen. Zu Recht hat *Teare J.* im Fall *Cooper Tire* das Verfahren, in dem Teilnehmer eines Kautschuk-Kartells von ihren Abnehmern auf Schadensersatz verklagt wurden – trotz offensichtlich enger Verbindung der beiden Klagen – nicht ausgesetzt, weil ein (in England nicht mitverklagtes) Kartellmitglied in Italien zuvor Klage auf Feststellung erhoben hatte, dass den Abnehmern durch die gesamte Kartellaktivität kein Schaden entstanden sei. Maßgeblich für die Ablehnung der Aussetzung war zum einen die Erwägung, dass sich die italienische Klage nach erstinstanzlicher Abweisung mit zweifelhaften Erfolgsaussichten im Rechtsmittelverfahren befand, das erst in einigen Jahren verhandelt werden sollte, so dass wahrscheinlich das englische Gericht zuerst in der Sache entscheiden würde.[194] Zum zweiten wurde keine besonders starke Verbindung des Falls zu Italien erkannt, da ein europaweit agierendes Preiskartell keinen besonderen Schwerpunkt habe.[195] Zum dritten ging es im italienischen Verfahren nicht um die Schadenshöhe. Würde das italienische Gericht entscheiden, dass ein Schaden entstanden sei, hätte das englische Gericht auf jeden Fall über die Höhe des Schadens zu urteilen.[196] Hervorhebung verdient, dass der Court of Appeal im Rechtsmittelverfahren die Berücksichtigung der Verfahrensdauer des ausländischen Verfahrens als legitimes Kriterium bei der Ermessensabwägung anerkannte: „The fact that it may take different periods of time for similar proceedings to come to a conclusion in different jurisdictions, for whatever reasons, is […] a fact of life to which a judge cannot be expected to close his eyes."[197]

---

[189] Rauscher/*Leible* Brüssel Ia-VO Art. 30 Rn. 12.
[190] Ob eine Klageabweisung möglich ist, wenn das Zweitverfahren bereits in der Rechtsmittelinstanz anhängig ist, war unter Geltung der Brüssel I-VO bzw. des LugÜ II umstritten. Der Gesetzgeber hat daraufhin in Art. 30 Abs. 2 Brüssel Ia-VO klargestellt, dass eine Klageabweisung möglich ist, sofern nur das Erstverfahren noch im ersten Rechtszug anhängig ist.
[191] Cooper Tire & Rubber Co. Europe Ltd. v. Dow Deutschland Inc. [2010] EWCA Civ 864 [57] (zur Klageaussetzung).
[192] *Kropholler/v. Hein* EuGVO Art. 28 Rn. 10.
[193] *Kropholler/v. Hein* EuGVO Art. 28 Rn. 10; Rauscher/*Leible* Brüssel Ia-VO Art. 30 Rn. 13.
[194] Cooper Tire & Rubber Company v. Shell Chemicals UK Limited [2009] EWHC 2609 [107, 114] (Comm).
[195] Cooper Tire & Rubber Company v. Shell Chemicals UK Limited [2009] EWHC 2609 [115] (Comm).
[196] Cooper Tire & Rubber Company v. Shell Chemicals UK Limited [2009] EWHC 2609 [110] (Comm).
[197] Cooper Tire & Rubber Co. Europe Ltd. v. Dow Deutschland Inc. [2010] EWCA Civ 864 [55] per Lord Justice Longmore.

III. Parallele Verfahren in Drittstaaten

1. Ausländische Rechtshängigkeit nach deutschem Verfahrensrecht

Die Behandlung von Parallelverfahren in Zivil- und Handelssachen, die in Deutschland 65 und einem Drittstaat rechtshängig sind, richtet sich (für Verfahren, für die die Brüssel Ia-VO nicht gilt, → § 31 Rn. 15) nach der lex fori der jeweils angerufenen Gerichte, ggf. unter Einschluss völkerrechtlicher Verträge, auf die hier aus Platzgründen nicht eingegangen werden kann.[198]

Nach deutschem Verfahrensrecht wird ein Streit mit der Erhebung der Klage (nicht: 66 Anrufung eines privaten Schiedsgerichts)[199] rechtshängig (§ 261 Abs. 1 ZPO). Solange die Rechtshängigkeit andauert, kann diese Streitsache von keiner der Parteien anderweitig im Inland anhängig gemacht werden (§ 261 Abs. 3 ZPO). Das Zweitgericht hat die anderweitige Rechtshängigkeit von Amts wegen zu beachten[200] und sich für unzuständig zu erklären. Für konkurrierende Verfahren gilt in Deutschland somit das strikte Prioritätsprinzip. Eine Art. 28 Brüssel I-VO/LugÜ II/Art. 30 Brüssel Ia-VO vergleichbare Regelung für konnexe Verfahren, also Verfahren, die lediglich einen Zusammenhang mit dem inländischen Rechtsstreit aufweisen, ohne dass eine Identität von Partei- und Streitgegenstand besteht, gibt es im deutschen Zivilprozessrecht nicht.

Der Rechtsgedanke des § 261 Abs. 3 Nr. 1 ZPO findet auch auf **konkurrierende** 67 **Verfahren in Drittstaaten** Anwendung, also auf Verfahren, die zwischen denselben Parteien über den gleichen Streitgegenstand geführt werden.[201] Damit in einem solchen Fall die frühere Klageerhebung im Ausland eine später in Deutschland erhobene Klage sperrt, muss die Entscheidung, die im ausländischen Verfahren ergehen wird, in Deutschland aber auch anerkannt werden können. Kann das ausländische Urteil nämlich nicht im Inland vollstreckt werden, müsste der Kläger den Prozess ggf. in Deutschland erneut führen, so dass eine Sperrung der konkurrierenden Klage im Inland nicht angezeigt erscheint. Zu prüfen ist daher, ob eine auf § 328 ZPO (bzw. auf vorrangige staatsvertragliche Regeln) gestützte Anerkennungsprognose positiv ausfällt.[202] Vor diesem Hintergrund ist die Rechtshängigkeit vor einem ausländischen Gericht erheblich, wenn folgende **Voraussetzungen** erfüllt sind:[203]

(i.) Die Klage im Drittstaat wird zwischen **denselben Personen** über den **gleichen** 68 **Streitgegenstand** geführt (analog § 261 Abs. 3 Nr. 1 ZPO). Parteiidentität liegt vor, wenn der Streit zwischen denselben Personen geführt wird, unabhängig von ihrer jeweiligen Parteirolle.[204] Eine Identität des Streitgegenstands ist nach herrschender Ansicht gegeben, wenn derselbe prozessuale Anspruch betroffen ist, der durch Klageantrag und Lebenssachverhalt (Klagegrund) umschrieben wird.[205] Eine Leistungsklage und eine negative Feststellungsklage betreffen zumindest dann nicht den gleichen Streitgegenstand, wenn die Feststellungsklage im Ausland erhoben wurde.[206]

(ii.) Das ausländische Verfahren ist zu einem **früheren Zeitpunkt rechtshängig** ge- 69 worden als das inländische Verfahren (analog § 261 Abs. 3 Nr. 1 ZPO). Ob und zu welchem Zeitpunkt ein Verfahren rechtshängig geworden ist, beurteilt sich jeweils nach der

---

[198] Eingehend dazu *Nagel/Gottwald* Internationales Zivilprozessrecht § 6 Rn. 259 ff.
[199] BGH Urt. v. 11.4.1958 – VIII ZR 190/57, NJW 1958, 950; MüKoZPO/*Becker-Eberhard* § 261 Rn. 15.
[200] BGH Urt. v. 24.10.2000 – XI ZR 300/99, NJW 2001, 524 (525).
[201] Statt Vieler *Schack* Zivilverfahrensrecht Rn. 833 f.; siehe auch BGH Urt. v. 7.3.2002 – III ZR 73/01, NJW 2002, 1503 (zu einem innerstaatlichen Fall).
[202] BGH Urt. v. 10.10.1985 – I ZR 1/83, NJW 1986, 2195; BGH Urt. v. 24.10.2000 – XI ZR 300/99, NJW 2001, 524 (525).
[203] Aufzählung bei *Nagel/Gottwald* Internationales Zivilprozessrecht § 6 Rn. 233 ff.
[204] Zu Einzelheiten siehe MüKoZPO/*Becker-Eberhard* § 261 Rn. 50 ff.; Stein/Jonas/*Roth* § 261 Rn. 25.
[205] BGH Urt. v. 17.5.2001 – IX ZR 256/99, NJW 2001, 3713; BGH Urt. v. 7.3.2002 – III ZR 73/01, NJW 2002, 1503. Einzelheiten bei MüKoZPO/*Becker-Eberhard* § 261 Rn. 55 ff.; Stein/Jonas/*Roth* § 261 Rn. 26 f.
[206] OLG Köln Urt. v. 4.4.1973 – 2 U 173/72, OLGZ 1974, 48 (49). Der umgekehrte Fall ist streitig, dazu Stein/Jonas/*Roth* § 261 Rn. 57; *Schack* Zivilverfahrensrecht Rn. 839.

lex fori des angerufenen Gerichts.[207] Zu welchem Zeitpunkt Klagen rechtshängig werden, kann von Staat zu Staat sehr unterschiedlich sein.[208]

70 (iii.) Das **ausländische Gericht** muss nach der sog Spiegelbildlehre (sprich aus Sicht des deutschen Zuständigkeitsrechts) zur Streitentscheidung **international zuständig** sein (§ 328 Abs. 1 Nr. 1 ZPO).[209]

71 (iv.) Dem Beklagten des ausländischen Verfahrens ist das **verfahrenseinleitende Schriftstück ordnungsgemäß und rechtzeitig zugestellt** worden (§ 328 Abs. 1 Nr. 2 ZPO).[210] Ist die Klageschrift nicht ordnungsgemäß zugestellt worden, ist die ausländische Rechtshängigkeit unbeachtlich.[211]

72 (v.) Die **Gegenseitigkeit** mit dem ausländischen Staat ist verbürgt (§ 328 Abs. 1 Nr. 5 ZPO). Zu prüfen ist dabei, ob der ausländische Staat auch in Deutschland erlassene Urteile anerkennen und vollstrecken würde.[212]

73 (vi.) Sind die vorgenannten Voraussetzungen gegeben, muss schließlich geprüft werden, ob die Berücksichtigung der ausländischen Rechtshängigkeit nicht daran scheitert, dass das Urteil wegen eines Verstoßes gegen den **ordre public** in Deutschland nicht anerkannt werden würde (§ 328 Abs. 1 Nr. 4 ZPO).[213] Klagen auf punitive bzw. treble damages sind nur insoweit anzuerkennen, als sie den tatsächlich erlittenen Schaden ausgleichen.[214]

74 (vii.) Ist das Verfahren im Ausland rechtshängig gemacht und wäre eine Entscheidung des drittstaatlichen Gerichts auch in Deutschland anerkennungsfähig, kann das Verfahren ausnahmsweise gleichwohl im Inland geführt werden, wenn die Beachtung der ausländischen Rechtshängigkeit „als eine **unzumutbare Beeinträchtigung des Rechtsschutzes**" erscheint.[215] Die Rechtsprechung legt diesbezüglich strenge Maßstäbe an. Die ausländische Rechtshängigkeit ist nicht allein wegen einer langen Verfahrensdauer unbeachtlich. Es müssen weitere Umstände hinzukommen, etwa ein Stillstand der Rechtspflege oder eine extreme Verzögerung aus Gründen, die in der Person des ausländischen Klägers liegen.[216]

2. Verfahren in Drittstaaten nach der Brüssel Ia-VO

75 **a) Konkurrierende Verfahren.** Mit der Reform der Brüssel I-VO wurden die Kriterien, nach denen eine ausländische Rechtshängigkeit von einem Gericht in einem EU-Staat zu berücksichtigen ist, zum Teil europäisch vereinheitlicht. Für Streitigkeiten zwischen den gleichen Parteien wegen desselben Anspruchs, die vor einem Gericht in einem EU-Mitgliedstaat (zu Dänemark → § 31 Rn. 6) und einem Gericht in einem Drittstaat anhängig sind, wurde in Art. 33 Brüssel Ia-VO eine Rechtshängigkeitsregel eingeführt, die greift, wenn die Verordnung Anwendung findet (→ § 31 Rn. 9 ff.). Die Begriffe der Parteiidentität und des Streitgegenstands müssen auch für Drittstaatssachverhalte europäisch autonom ausgelegt werden (dazu → Rn. 52 ff.).[217] Art. 33 Brüssel Ia-VO verdrängt insoweit aber nur das autonome Prozessrecht der Mitgliedstaaten, nicht aber Staatsverträge, die diese vor dem Inkrafttreten der Brüssel I-VO mit Drittstaaten abgeschlossen haben (Art. 73 Abs. 3 Brüssel Ia-VO). Bei der Prüfung der ausländischen Rechtshängigkeit hat der nationale Richter somit zunächst zu prüfen, ob diese Frage durch ein solches völker-

---

[207] *Nagel/Gottwald* Internationales Zivilprozessrecht § 6 Rn. 252 mwN.
[208] *Nagel/Gottwald* Internationales Zivilprozessrecht § 6 Rn. 250 mit rechtsvergleichender Umschau.
[209] Zu Einzelheiten siehe MüKoZPO/*Gottwald* § 328 Rn. 80 ff.; Stein/Jonas/*Roth* § 328 Rn. 73 ff.
[210] Zu Einzelheiten siehe MüKoZPO/*Gottwald* § 328 Rn. 98 ff.; Stein/Jonas/*Roth* § 328 Rn. 92 f.
[211] *Nagel/Gottwald* Internationales Zivilprozessrecht § 6 Rn. 235.
[212] Zu Einzelheiten siehe MüKoZPO/*Gottwald* § 328 Rn. 129 ff.; Stein/Jonas/*Roth* § 328 Rn. 120 ff.
[213] Zu Einzelheiten siehe MüKoZPO/*Gottwald* § 328 Rn. 116 ff.; Stein/Jonas/*Roth* § 328 Rn. 100 ff.
[214] BGH Urt. v. 4. 6. 1992 – IX ZR 149/91, NJW 1992, 3096 (3100 ff.).
[215] BGH Urt. v. 10. 10. 1985 – I ZR 1/83, NJW 1986, 2195 (2196) (Hervorhebung hinzugefügt).
[216] BGH Urt. v. 10. 10. 1985 – I ZR 1/83, NJW 1986, 2195 (2196) mwN.
[217] *V. Hein* RIW 2013, 97 (106 m Fn. 174); aA *Weber* RabelsZ 75 (2011), 619 (634) (zum Kommissionsentwurf).

vertragsrechtliches Abkommen mit dem Drittstaat geregelt ist. Wenn dies nicht der Fall ist, ist die Regelung der Brüssel Ia-VO anzuwenden.

Anders als im innereuropäischen Bereich (→ Rn. 49) legt die Brüssel Ia-VO für konkurrierende Verfahren in Drittstaaten kein striktes Prioritätsprinzip fest. Wird ein Verfahren zwischen den gleichen Personen wegen desselben Anspruchs zuerst vor einem drittstaatlichen Gericht anhängig gemacht und anschließend vor einem Gericht in einem EU-Mitgliedstaat, so kann Letzteres das **Verfahren aussetzen,** sofern es seine Zuständigkeit auf den allgemeinen Gerichtsstand (Art. 4 Brüssel Ia-VO) oder die besonderen Zuständigkeiten nach Art. 7, 8 oder 9 Brüssel Ia-VO stützt. Die Aussetzung des Verfahrens ist aber nicht zwingend vorgegeben, sondern Ermessensfrage (Art. 33 Abs. 1 Brüssel Ia-VO).[218] Das Zweitgericht muss sein **Ermessen** pflichtgemäß ausüben und seine Entscheidung auch begründen. Die Brüssel Ia-VO gibt dem Richter einige Kriterien an die Hand, die dieser bei der Entscheidungsfindung zu berücksichtigen hat. Danach ist eine Aussetzung lediglich möglich, wenn zu erwarten steht, dass die ausländische Entscheidung nach dem nationalen Prozessrecht (zB § 328 Abs. 1 ZPO) im Inland **anerkannt und vollstreckt** werden kann (Art. 33 Abs. 1 lit. a Brüssel Ia-VO). Darüber hinaus muss die Aussetzung „im **Interesse einer geordneten Rechtspflege erforderlich**" sein (Art. 33 Abs. 1 lit. b Brüssel Ia-VO). Das Kriterium der „geordneten Rechtspflege" ist ein „Sicherheitsventil", um Parallelverfahren in Staaten mit bedenklichen rechtsstaatlichen Standards unberücksichtigt lassen zu können.[219] Bei der Prüfung, ob die Aussetzung im Interesse der geordneten Rechtspflege erforderlich ist, haben die Gerichte alle Umstände des Falls zu berücksichtigen, darunter die Verbindungen des Streitgegenstands und der Parteien zum Drittstaat, den Stand des ausländischen Verfahrens und dessen voraussichtliche Verfahrensdauer.[220] Wird etwa die ausländische Entscheidung voraussichtlich deutlich später ergehen als eine Entscheidung im Inland, spricht dies gegen eine Aussetzung.[221] Zu berücksichtigen ist auch, ob das ausländische Gericht aus Sicht des europäischen Rechts (Spiegelbildprinzip) ausschließlich für die Entscheidung zuständig ist,[222] etwa weil eine ausschließliche Gerichtsstandsvereinbarung zugunsten des ausländischen Gerichts geschlossen wurde.[223] In einem solchen Fall kommt – selbst wenn das ausländische Verfahren in einem HGÜ-Vertragsstaat stattfindet, dessen Gerichte nach der Vereinbarung ausschließlich zuständig sind – das **Haager Übereinkommen über Gerichtsstandsvereinbarungen** (→ § 31 Rn. 124a) nicht zur Anwendung, da dieses Übereinkommen die Anwendung von Art. 33 Brüssel Ia-VO (wie auch von Art. 34 Brüssel Ia-VO) nicht sperrt.[224]

Nach Aussetzung des Verfahrens kann das Gericht jederzeit die **Wiederaufnahme des Verfahrens** beschließen, wenn das Verfahren im Drittstaat ausgesetzt oder eingestellt wurde, nicht zu erkennen ist, dass das ausländische Verfahren innerhalb einer angemessenen Frist beendet wird oder dass das Verfahren im Inland aufgrund von Interessen der geordneten Rechtspflege erforderlich ist (Art. 33 Abs. 2 Brüssel Ia-VO).

Ob die Aussetzung bzw. Wiederaufnahme des Verfahrens von Amts wegen oder auf Antrag einer Partei erfolgen darf, richtet sich nach der lex fori (Art. 33 Abs. 4 Brüssel Ia-VO). Deutsche Gerichte haben eine ausländische Rechtshängigkeit **von Amts wegen** zu prüfen.[225]

---

[218] *V. Hein* RIW 2013, 97 (106) (auch zum Folgenden).
[219] *V. Hein* RIW 2013, 97 (106); krit. *Weber* RabelsZ 75 (2011), 619 (634f.). Für eine enge Auslegung *Magnus/Mankowski* ZVglRWiss 110 (2011), 252 (288), die eine Aussetzung befürworten, wenn das drittstaatliche Gericht in „due time" entscheiden wird und seine Entscheidung im Inland anerkannt werden kann.
[220] Erwägungsgrund 24 Brüssel Ia-VO.
[221] *Magnus/Mankowski* ZVglRWiss 110 (2011), 252 (288) (zum Kommissionsentwurf).
[222] Erwägungsgrund 24 Brüssel Ia-VO.
[223] *Pohl* IPRax 2013, 109 (112).
[224] *Rauscher/Mankowski* Brüssel Ia-VO Art. 25 Rn. 279.
[225] *V. Hein* RIW 2013, 97 (106).

79 Hat das drittstaatliche Gericht das Verfahren durch eine anerkennungsfähige Entscheidung abgeschlossen, so muss das Gericht in der EU das Verfahren beenden (Art. 33 Abs. 3 Brüssel Ia-VO).

80 **b) Konnexe Verfahren.** Das für konnexe Verfahren in Drittstaaten vorgesehene Regelungssystem in Art. 34 Brüssel Ia-VO ist der Rechtshängigkeitsregel (Art. 33 Brüssel Ia-VO) nachgebildet. Das zeitlich später angerufene Gericht in der EU kann das **Verfahren aussetzen,** wenn es mit einem Verfahren in einem Drittstaat im Zusammenhang steht (→ Rn. 61 ff.), sofern eine gemeinsame Verhandlung und Entscheidung der beiden Verfahren geboten erscheint, um widersprechende Entscheidungen zu vermeiden, die Entscheidung des ausländischen Gerichts im Inland voraussichtlich anerkannt werden kann und die Aussetzung „im Interesse einer geordneten Rechtspflege erforderlich ist" (→ Rn. 76) (Art. 34 Abs. 1 lit. a-c Brüssel Ia-VO).

81 Das zweitbefasste Gericht in der EU kann ein einmal ausgesetztes Verfahren jederzeit **wieder aufnehmen,** wenn es wahrscheinlich ist, dass die Gefahr widersprechender Entscheidungen nicht mehr gegeben ist, das drittstaatliche Verfahren ausgesetzt bzw. eingestellt wurde, nicht innerhalb angemessener Frist abgeschlossen werden wird oder aus sonstigen Gründen eine Fortsetzung des Verfahrens für die geordnete Rechtspflege notwendig ist (Art. 34 Abs. 2 lit. a-d Brüssel Ia-VO).

82 Eine **Verfahrenseinstellung** kann geboten sein, wenn das drittstaatliche Gericht das Verfahren mit einer im Inland anerkennungsfähigen Entscheidung abgeschlossen hat (Art. 34 Abs. 3 Brüssel Ia-VO). Wiederum überlässt die Verordnung der lex fori, ob Gerichte auf Antrag oder von Amts wegen tätig werden können. In Deutschland sollte dies von Amts wegen geschehen.

C. Internationales Beweis- und Beweisverfahrensrecht

I. Einführung

83 Beweisfragen stehen oftmals im Mittelpunkt von Kartellprozessen. Bei Streitigkeiten mit grenzüberschreitendem Bezug muss deshalb vorab geprüft werden, ob die jeweilige Beweisfrage der lex fori oder der lex causae unterliegt (→ Rn. 84). Zudem ist zu klären, inwieweit im Ausland belegene Beweismittel für den Prozess fruchtbar gemacht werden können. Grundsätzlich bestimmen die nationalen Rechtsordnungen selbst, ob, in welcher Art und Weise und an welchem Ort (Inland/Ausland) eine Beweisaufnahme zu erfolgen hat. Innerhalb der allgemeinen Grenzen des Völkerrechts, die allerdings zT sehr unterschiedlich bestimmt werden,[226] kann das nationale Verfahrensrecht daher auch Anreize setzen, im Ausland belegene Beweismittel (zB Zeugen, Dokumente) ins Inland zu verbringen, so dass eine Beweisaufnahme im Inland möglich wird (→ Rn. 86 ff.). Ein hoheitliches Tätigwerden eines Gerichts auf dem Territorium eines ausländischen Staats verletzt hingegen dessen Souveränität und muss daher grundsätzlich im Wege der internationalen Rechtshilfe erfolgen.[227] Diese regelt nicht, „ob" die Beweisaufnahme im Ausland notwendig ist, sondern allein „wie" diese zu erfolgen hat. Im vertraglichen Rechtshilfeverkehr sind die wichtigsten Übereinkommen die Europäische Beweisverordnung (→ Rn. 92 ff.) und das Haager Beweisaufnahmeübereinkommen (→ Rn. 105 ff.). Die Verordnung erfasst grenzüberschreitende Beweiserhebungen innerhalb des Europäischen Justizraums (alle EU-Staaten außer Dänemark), während das Haager Beweisaufnahmeübereinkommen im Verhältnis zu vielen Drittstaaten anzuwenden ist. Daneben gibt es noch eine Reihe von bilateralen Abkommen,

---

[226] Zum „Justizkonflikt" zwischen Europa und den USA über die Behandlung extraterritorialer Maßnahmen in Zusammenhang mit US-amerikanischen Verfahren der „pre-trial discovery" siehe Herausforderungen des Internationalen Zivilverfahrensrechts 103 ff.; *Schack* Zivilverfahrensrecht Rn. 817 ff.; *Leipold* Lex fori, Souveränität, Discovery 9 ff.

[227] *Junker* Discovery im deutsch-amerikanischen Rechtsverkehr 228.

auf die hier nicht eingegangen werden kann.[228] Der vertragslose Rechtshilfeverkehr richtet sich jeweils nach dem Recht der beteiligten Staaten (→ Rn. 125).

II. Grundzüge des internationalen Beweisrechts

Im Grundsatz legt jede Rechtsordnung selbst fest, ob sich Fragen des Beweisrechts nach der lex fori oder der lex causae richten, sofern die Antwort auf diese Fragen nicht unionsrechtlich bzw. durch einen völkerrechtlichen Vertrag vorgegeben wird. Die Einordnung wird in den verschiedenen Jurisdiktionen dieser Welt sehr unterschiedlich vorgenommen. Der deutsche Rechtsanwender hat folgendermaßen zu differenzieren: Der **lex fori** unterliegen das Beweisverfahren,[229] die Zulässigkeit von Beweismitteln,[230] die Art des Verfahrens (zB Freibeweis),[231] die Notwendigkeit einer Beweisaufnahme sowie Beweisbeschränkungen prozessualer Natur.[232] Die **lex causae** bestimmt dagegen das Beweisthema, also die Frage, welche Tatsachen überhaupt zu beweisen sind,[233] und ist auch auf gesetzliche Vermutungen sowie im Kern auch auf die Beweislast anzuwenden.[234]

84

Im Anwendungsbereich des **europäischen Kollisionsrechts** gibt es allerdings spezielle Kollisionsnormen für den Beweis, die dem nationalen Recht vorgehen. So unterwirft Art. 18 Rom I-VO gesetzliche Vermutungen und die Beweislastverteilung für vertragliche Schuldverhältnisse der lex causae und erklärt für den Beweis eines Rechtsgeschäfts alle Beweisarten des angerufenen Gerichts und ggf. sogar eines ausländischen Rechts für zulässig, sofern der Beweis in dieser Art vor dem angerufenen Gericht erbracht werden kann. Entsprechendes ergibt sich für außervertragliche Schuldverhältnisse aus Art. 22 Rom II-VO.

85

III. Die Reichweite der deutschen Gerichtsgewalt zur Beweiserhebung

1. Grundlagen

Die Gerichtsgewalt ist als Teil der deutschen Staatsgewalt territorial beschränkt. Ohne Zustimmung des ausländischen Staats darf ein Gericht keine Rechtshandlungen auf ausländischem Boden durchführen, andernfalls verletzt es die Souveränität des ausländischen Staats.[235] Sind Beweismittel im Ausland belegen, ist daher zu klären, ob und in welcher Art und Weise sie in den Prozess vor einem deutschen Zivilgericht eingeführt werden können. Hierbei ist zu berücksichtigen, dass nicht alle Handlungen eines Gerichts mit Auslandsbezug das Völkerrecht verletzen. Vielmehr ist in einem bestimmten Umfang eine sog extraterritoriale Beweismittelbeschaffung (Beweismittelanordnung) statthaft. Hierunter werden Maßnahmen des Prozessgerichts verstanden, die auf eine Verlagerung der im Ausland belegenen Beweismittel in den Prozessstaat hinwirken, damit die Beweisaufnahme im Inland stattfinden kann.[236] Innerhalb der allgemeinen Schranken des Völkerrechts ist jedes Gericht in seiner Entscheidung frei, in welcher Form es Beweise aus dem Ausland herbeischaffen lässt. Ob hierzu eine Beweisaufnahme im Ausland erfolgen muss oder ob eine (durch extraterritoriale Beweismittelbeschaffung ermöglichte) Beweisaufnahme im Inland zulässig ist, bestimmt somit grundsätzlich die lex fori. Dieser Grundsatz wird auch weder durch das HBÜ noch die EuBVO eingeschränkt.[237]

86

---

[228] Dazu *Nagel/Gottwald* Internationales Zivilprozessrecht § 9 Rn. 147.
[229] *Geimer* IZPR Rn. 2268 ff.; *Nagel/Gottwald* Internationales Zivilprozessrecht § 10 Rn. 5.
[230] *Schütze* Deutsches Internationales Zivilprozessrecht Rn. 224.
[231] *Schack* Zivilverfahrensrecht Rn. 757.
[232] *Nagel/Gottwald* Internationales Zivilprozessrecht § 10 Rn. 37 ff.
[233] *Schütze* Deutsches Internationales Zivilprozessrecht Rn. 222.
[234] *Geimer* IZPR Rn. 2284, 2340 ff.; *Nagel/Gottwald* Internationales Zivilprozessrecht § 9 Rn. 2 f.
[235] Statt vieler *Coester-Waltjen* FS Schlosser 2005, 147 (155); *Daoudi* Extraterritoriale Beweisbeschaffung im deutschen Zivilprozeß 55 ff.; *Geimer* Internationale Beweisaufnahme 11.
[236] Statt Vieler *Daoudi* Extraterritoriale Beweisbeschaffung 55; *Geimer* IZPR Rn. 2380; *Hess* Europäisches Zivilprozessrecht § 8 Rn. 36.
[237] *Geimer* IZPR Rn. 2380 (zum HBÜ); Gebauer/Wiedmann/*Huber* Kap. 31 (EuBVO) Rn. 35; MüKoZPO/*Rauscher* Vor §§ 1072 ff. Rn. 7 (zur EuBVO).

2. Einzelheiten

87 Völkerrechtlich unbedenklich ist es, (ausländischen) **Parteien des Rechtstreits** aufzugeben, vor Gericht zu erscheinen (§ 141 Abs. 1 ZPO) oder in ihrem Besitz befindliche **Dokumente** vorzulegen, auch wenn diese sich im Ausland befinden (§ 142 Abs. 1 S. 1 ZPO).[238]

88 Kraft Personalhoheit sind die Bürger eines Staats unabhängig von ihrem Wohnsitz in ihrem Heimatstaat gerichtspflichtig. Ein Gericht in ihrem Heimatstaat kann sie daher (mit einfachem Postbrief) als **Zeuge** laden, ohne den Rechtshilfeweg einzuhalten.[239] Ihnen kann Zwang angedroht werden (§ 390 ZPO), der allerdings im Ausland nicht exekutiert werden darf.[240] Ausländische Staatsangehörige, die sich auf dem Territorium der Bundesrepublik aufhalten, unterliegen der deutschen Gerichtsbarkeit und können als Zeuge geladen werden. Halten sie sich im Ausland auf, unterliegen sie nicht der deutschen Gerichtsgewalt. Allerdings kann das Gericht die Parteien bitten, den Auslandszeugen freiwillig zur mündlichen Verhandlung mitzubringen und den Zeugen dann vernehmen. Eine Ladung des ausländischen Zeugen ist ebenfalls möglich, allerdings ohne Androhung von Zwang.[241]

89 Eine im Ausland ansässige Person, die nicht der deutschen Jurisdiktionsgewalt unterfällt, etwa kraft Personalhoheit oder kraft Prozessrechtsverhältnis, kann nicht gezwungen werden, **Urkunden** vorzulegen, die sich in ihrem Besitz befinden.[242] Ein Beweismittelimport von im Ausland belegenen Urkunden ist aber bei vorlagebereiten Personen möglich.[243]

90 Gerichtlich bestellte **inländische Sachverständige,** die ohne Anwendung von Zwang im Ausland einen Sachverhalt ermitteln, verletzen nach richtiger Ansicht nicht die Souveränität des ausländischen Staats und bedürfen deshalb für ihre Tätigkeit keiner Genehmigung des fremden Staats.[244] Dies gilt auch im Geltungsbereich der EuBVO (→ Rn. 92 ff.).[245] Ein deutsches Gericht kann auch einen im **Ausland ansässigen Sachverständigen,** der zur Mitarbeit bereit ist, bitten, auf freiwilliger Basis ein Sachverständigengutachten für das Gericht auszuarbeiten.[246]

91 Will ein Gericht über die genannten Möglichkeiten der Sachverhaltsermittlung hinausgehen und hoheitliche Handlungen im Ausland vornehmen bzw. Zwang gegen im Ausland ansässige Dritte anwenden, so muss es den Rechtshilfeweg einhalten. Die Beweisaufnahme im Ausland ist in §§ 363, 364 ZPO sowie der ZRHO geregelt. Vorrangig zu beachten sind die EuBVO (→ Rn. 92 ff.) sowie Staatsverträge wie das praktisch bedeutende HBÜ (→ Rn. 105 ff.).

IV. Die Europäische Beweisverordnung (EuBVO)

1. Allgemeines

92 Die europäische Beweisverordnung,[247] die seit dem 1.1.2004[248] für Beweisaufnahmen von mitgliedstaatlichen Gerichten im europäischen Ausland (nicht: Drittstaaten) gilt, er-

---

[238] *Nagel/Gottwald* Internationales Zivilprozessrecht § 9 Rn. 6; *Schack* Internationales Zivilverfahrensrecht Rn. 791 mwN.
[239] *Geimer* IZPR Rn. 2388; *Nagel/Gottwald* Internationales Zivilprozessrecht § 9 Rn. 138.
[240] *Schack* Zivilverfahrensrecht Rn. 795.
[241] *Nagel/Gottwald* Internationales Zivilprozessrecht § 9 Rn. 138.
[242] *Schack* Zivilverfahrensrecht Rn. 796.
[243] MüKoZPO/*Rauscher* Vor §§ 1072 ff. Rn. 9.
[244] *Hau* RIW 2003, 822 (823 f.); *Nagel/Gottwald* Internationales Zivilprozessrecht § 9 Rn. 141; *Schack* Internationales Zivilverfahrensrecht Rn. 790.
[245] EuGH Urt. v. 21.2.2013 – C-332/11, ECLI:EU:C:2013:87 Rn. 41 ff. – ProRail/Xpedys = EuZW 2013, 313; OLG Oldenburg Beschl. v. 29.11.2012 – 8 W 102/12, BeckRS 2012, 25081 = MDR 2013, 547 (Leitsatz).
[246] *Geimer* IZPR Rn. 441, 2387; *Nagel/Gottwald* Internationales Zivilprozessrecht § 9 Rn. 141.
[247] Verordnung (EG) Nr. 1206/2001 des Rates v. 28.5.2001 über die Zusammenarbeit zwischen den Gerichten der Mitgliedstaaten auf dem Gebiet der Beweisaufnahme in Zivil- oder Handelssachen, ABl. 2001 L 174, 1.
[248] Vgl. Art. 24 Abs. 2 EuBVO. Die Art. 19, 21 und 22 EuBVO traten schon vorher in Kraft.

fasst alle EU Staaten mit Ausnahme von Dänemark (Art. 1 Abs. 3 EuBVO). Innerhalb ihres Anwendungsbereichs geht die Verordnung dem HBÜ (→ Rn. 105 ff.) vor (Art. 21 Abs. 1 EuBVO). Die EuBVO ist aber nicht abschließend. Die Mitgliedstaaten können daher untereinander weitere Abkommen zur Vereinfachung der Beweisaufnahme abschließen oder beibehalten (Art. 21 Abs. 2 EuBVO). Diese Abkommen hat die europäische Kommission in einem Informationshandbuch zusammengestellt.[249] Die deutschen Ausführungsvorschriften zur Verordnung sind in §§ 1072 ff. ZPO geregelt; im Übrigen sind für ausgehende Gesuche die §§ 55 ff. ZHRO und für eingehende Gesuche die §§ 127 ff. ZHRO zu beachten.[250]

Die Verordnung erfasst Beweisaufnahmen für Zivil- und Handelssachen, bei denen ein **Prozessgericht eines EuBVO-Staats** eine Beweisaufnahme auf dem Gebiet eines **anderen Mitgliedstaats der EuBVO** durchführen möchte (Art. 1 EuBVO), und regelt die Modalitäten einer solchen Beweisaufnahme über die Grenze. Diesbezüglich stellt sie zwei Arten der Beweisaufnahme zur Wahl: zum einen die Beweisaufnahme durch das ersuchte Gericht („aktive Rechtshilfe") und zum anderen die unmittelbare Beweisaufnahme durch das ersuchende Gericht („passive Rechtshilfe"). Die Verordnung kommt zur Anwendung, wenn ein Mitgliedstaat nach seinem innerstaatlichen Verfahrensrecht um eine Beweisaufnahme in einem anderen Mitgliedstaat ersucht.[251] „Ob" überhaupt eine Beweisaufnahme im Ausland notwendig ist, oder stattdessen eine Beweisaufnahme im Inland, uU nach einer extraterritorialen Beweisbeschaffung (→ Rn. 87 ff.) durchgeführt werden kann, bestimmt sich allein nach der lex fori des angerufenen Gerichts.[252] 93

Das Begriffspaar der **Zivil- und Handelssache** ist europäisch-autonom zu bestimmen (zu Einzelheiten → § 31 Rn. 9 f.).[253] Gleiches gilt für den Begriff der Beweisaufnahme, der zudem weit auszulegen ist.[254] Die EuBVO erfasst Maßnahmen zur Beschaffung von Informationen, die der richterlichen Wahrheitsfindung oder Überzeugungsbildung dienen.[255] Hierzu zählen auch Ersuchen in selbstständigen Beweisverfahren (§§ 485 ff. ZPO).[256] 94

Eine Beweisaufnahme über die Grenze ist nur statthaft, wenn die Beweise zur Verwendung in einem **bereits eingeleiteten oder zu eröffnenden Gerichtsverfahren** bestimmt sind (Art. 1 Abs. 2 EuBVO). Damit wird die Beweiserhebung im Ausland in einem sehr frühen Prozessstadium ermöglicht. Damit die Rechtshilfe nicht zur Ausforschung des Prozessgegners missbraucht werden kann, hat der Rat zusammen mit der Verordnung eine Protokollerklärung (54/01) verabschiedet. Diese stellt klar, dass das Verfahren der „Pre-trial discovery" sowie Ausforschungen (so genannte „fishing expeditions") vom Anwendungsbereich der EuBVO ausgenommen sind.[257] Auch wenn die Reichweite dieser Erklärung noch nicht vollständig geklärt ist,[258] wird man aus ihr folgern können, dass Rechtshilfe nach der Verordnung nur dann erlaubt ist, wenn sie keinen Ausforschungsbeweis ermöglicht. Die Verordnung erfasst demnach nur Fälle, in denen „die 95

---

[249] Abrufbar unter: http://ec.europa.eu/justice_home/judicialatlascivil/html/te_documents_de.htm.
[250] MüKoZPO/*Rauscher* Vor §§ 1072 ff. Rn. 11.
[251] EuGH Urt. v. 6.9.2012 – C-170/11, ECLI:EU:C:2012:540 Rn. 28 – Lippens/Kortekaas = NJW 2012, 3771; EuGH Urt. v. 21.2.2013 – C-332/11, ECLI:EU:C:2013:87 Rn. 42 – ProRail/Xpedys = EuZW 2013, 313; Rauscher/*v. Hein* EG-BewVO Art. 1 Rn. 18.
[252] EuGH Urt. v. 6.9.2012 – C-170/11, ECLI:EU:C:2012:540 Rn. 30, 37 – Lippens/Kortekaas = NJW 2012, 3771 (bezogen auf die Vorladung von Zeugen); Rauscher/*v. Hein* EG-BewVO Art. 1 Rn. 18; *Hess* Europäisches Zivilprozessrecht § 8 Rn. 36; BBGS/*Knöfel* IntRV Beweisaufnahme-VO Einl. Rn. 12 f.; *Nagel*/*Gottwald* Internationales Zivilprozessrecht § 9 Rn. 10; MüKoZPO/*Rauscher* Vor §§ 1072 ff. Rn. 9.
[253] Statt vieler *Berger* IPRax 2001, 522; Rauscher/*v. Hein* EG-BewVO Art. 1 Rn. 1; Gebauer/Wiedmann/*Huber* Kap. 31 (EuBVO) Rn. 17; BBGS/*Knöfel* IntRV Beweisaufnahme-VO Art. 1 Rn. 3.
[254] Statt Vieler Marauhn/*Adolphsen* Bausteine eines europäischen Beweisrechts 1 (9).
[255] Rauscher/*v. Hein* EG-BewVO Art. 1 Rn. 14; *Heinze* IPRax 2008, 480 (481).
[256] Marauhn/*Adolphsen* Bausteine eines europäischen Beweisrechts 1 (9).
[257] Dokument des Rates Nr. 10571/01 v. 4.7.2001, S. 16. Abrufbar unter: http://register.consilium.europa.eu/pdf/de/01/st10/st10571.de01.pdf.
[258] Eingehend dazu Rauscher/*v. Hein* EG-BewVO Art. 1 Rn. 41 ff.

Beweismittel so genau bestimmt sind, dass der Zusammenhang zu dem eingeleiteten oder zu eröffnenden Verfahren ersichtlich ist" und sich die Rechtshilfe darüber hinaus lediglich auf diese Beweismittel selbst bezieht und nicht auf Umstände, „die nur mittelbar im Zusammenhang mit dem gerichtlichen Verfahren stehen".[259] Bezogen auf die in den europäischen Common Law Staaten bestehende **disclosure** (vormals: discovery) ist nach richtiger Ansicht somit zu differenzieren:[260] Eine standard disclosure des englischen Rechts bezieht sich konkret auf Beweismittel, so dass die EuBVO auf diese Art der Informationsbeschaffung anwendbar ist, auch wenn es sich um eine pre-action disclosure handelt.[261] Anders liegen die Dinge bei einer specific disclosure, soweit mit ihr die Vorlage von Dokumenten angeordnet wird, die lediglich dem Aufspüren von Beweismitteln dient.[262]

96 Da die EuBVO nur Regelungen für „Gerichte" enthält, ist sie auf **private Schiedsgerichte** nicht unmittelbar anzuwenden. Ein deutsches Schiedsgericht kann jedoch nach § 1050 ZPO bei einem deutschen staatlichen Gericht einen Antrag auf Unterstützung des Schiedsverfahrens stellen, auf dessen Grundlage das staatliche Gericht eine Beweisaufnahme nach der EuBVO in die Wege leiten kann.[263] Ein ausländisches Schiedsgericht kann Hilfe deutscher staatlicher Gerichte bei der Beweisaufnahme gem. § 1025 Abs. 2 ZPO erwirken.[264]

2. Beweisaufnahme durch das ersuchte ausländische Gericht (aktive Rechtshilfe)

97 Das Prozessgericht kann ein Gericht in einem EuBVO-Staat ersuchen, die Beweisaufnahme zu übernehmen und die Ergebnisse an das ersuchende Gericht zu übermitteln. Die Beweisaufnahme wird dann vom ersuchten Gericht durchgeführt. Für diese Art der Beweisaufnahme muss nicht der zeitaufwendige Weg über eine ausländische Zentralstelle beschritten werden. Vielmehr kann das Prozessgericht sein Ersuchen unmittelbar an ein (zuständiges) ausländisches Gericht richten (Art. 2 EuBVO) (sog **unmittelbarer Verkehr zwischen Gerichten**). Welche Gerichte für eingehende Ersuchen zuständig sind, legen die EuBVO-Staaten jeweils für ihr Gebiet fest. In Deutschland sind diesbezüglich diejenigen Amtsgerichte zuständig, in deren Bezirk die Beweisaufnahme durchgeführt werden soll, sofern die Bundesländer die Zuständigkeiten nicht konzentriert haben (§ 1074 ZPO). Von der Konzentrationsmöglichkeit haben Berlin (AG Schöneberg), Hamburg (AG Hamburg), Nordrhein-Westfalen (AG Duisburg, Essen, Gelsenkirchen, Herne, Mönchengladbach) und Rheinland-Pfalz (AG am Sitz des LG) Gebrauch gemacht.[265] Die in den anderen Mitgliedstaaten zuständigen Gerichte hat die Kommission (wie auch die Zuständigkeitsverteilung in Deutschland) in einem Handbuch zusammengestellt.[266]

98 Das **Verfahren** wird in Art. 4–16 EuBVO geregelt. Um die Dauer der Rechtshilfe in einem erträglichen Maß zu halten, setzt die Verordnung dem ersuchten Gericht eine Reihe von Fristen. Die Form und der erforderliche Inhalt des Ersuchens sind Art. 4 EuBVO zu entnehmen. Das Ersuchen ist unter Verwendung des im Anhang der EuBVO enthaltenen Formblatts A in der bzw. einer Amtssprache des ersuchten Gerichts abzufassen, sofern keine andere Sprache zugelassen ist (Art. 5 EuBVO). In Deutschland werden Ersuchen nur bearbeitet, wenn Sie in deutscher Sprache abgefasst bzw. übersetzt sind (§ 1075 ZPO). Das ersuchende Gericht kann seinen Antrag auf einem geeigneten Weg an das aus-

---

[259] SchlA GA *Kokott* zu EuGH Urt. v. 27.9.2007 – C-175/06, Slg. 2007, I-7929 Rn. 70 – Tedesco/Tomasoni Fittings.
[260] Rauscher/*v. Hein* EG-BewVO Art. 1 Rn. 45; *Heinze* IPRax 2008, 480 (482); aA Maruhn/*Adolphsen* Bausteine eines europäischen Beweisrechts 1 (8 f.); Gebauer/Wiedmann/*Huber* Kap. 31 (EuBVO) Rn. 33 (alle Formen der disclosure fallen unter die Verordnung).
[261] Rauscher/*v. Hein* EG-BewVO Art. 1 Rn. 47, 50; Gebauer/Wiedmann/*Huber* Kap. 31 (EuBVO) Rn. 32.
[262] Rauscher/*v. Hein* EG-BewVO Art. 1 Rn. 48 f.; *Heinze* IPRax 2008, 480 (482); aA Gebauer/Wiedmann/*Huber* Kap. 31 (EuBVO) Rn. 33.
[263] *Berger* IPRax 2001, 522 (523); Rauscher/*v. Hein* EG-BewVO Art. 1 Rn. 9; Gebauer/Wiedmann/*Huber* Kap. 31 (EuBVO) Rn. 25; aA *Schmidt* Europäisches Zivilprozessrecht in der Praxis Rn. 375.
[264] Rauscher/*v. Hein* EG-BewVO Art. 1 Rn. 9; Gebauer/Wiedmann/*Huber* Kap. 31 (EuBVO) Rn. 25.
[265] Aufzählung nach MüKoZPO/*Rauscher* § 1074 Rn. 6 mN.
[266] Abrufbar unter: http://ec.europa.eu/justice_home/judicialatlascivil/html/te_documents_de.htm.

ländische Gericht übermitteln (Art. 6 EuBVO). Die Übermittlung kann auf dem Postwege erfolgen. Viele Staaten erlauben auch die Übermittlung von Ersuchen per Fax oder Email. Welcher Übermittlungsweg für die einzelnen Staaten gewählt werden kann, ergibt sich aus dem Informationshandbuch.[267] Der Eingang des Ersuchens ist binnen sieben Tagen zu bestätigen (Art. 7 EuBVO). Ist ein Ersuchen nicht in der richtigen Sprache abgefasst, unleserlich oder unvollständig, so hat das ersuchte Gericht das ersuchende Gericht innerhalb bestimmter Fristen zu informieren, damit das Ersuchen nachgebessert werden kann (Art. 8, 9 EuBVO). Die Kostentragung für die Erledigung der Beweisaufnahme regelt Art. 18 EuBVO.

Das ersuchte Gericht hat vollständige Ersuchen unverzüglich, spätestens jedoch innerhalb von 90 Tagen nach Erhalt abzuarbeiten (Art. 10 Abs. 1 EuBVO). Verzögerungen über diesen Zeitraum hinaus hat das ersuchte Gericht dem ersuchenden Gericht unter Angabe von Gründen mitzuteilen, die über reine Floskeln („allgemeine Arbeitsüberlastung" etc) hinausgehen (Art. 15 EuBVO).[268] Die **Beweisaufnahme** erfolgt nach dem Recht des ersuchten Gerichts, sofern der ersuchende Mitgliedstaat nicht eine andere Form beantragt hat, die mit dem Recht des ersuchten Staats vereinbar ist (Art. 10 Abs. 2, 3 EuBVO). Inwieweit ein Ersuchen zwangsweise durchgesetzt werden kann, richtet sich dagegen allein nach dem Recht des ersuchten Gerichts (Art. 13 EuBVO).[269] Parteien und Beauftragte des ersuchenden Gerichts können bei der Beweisaufnahme zugegen sein (Art. 11, 12 EuBVO). 99

Das ersuchte Gericht kann die **Erledigung eines Ersuchens** nur unter ganz engen Voraussetzungen **ablehnen:** Die Vernehmung einer Person ist nicht durchzuführen, wenn diese durch ein Aussageverweigerungsrecht bzw. Aussageverbot nach dem Recht des Mitgliedstaats des ersuchten Gerichts oder nach dem Recht des ersuchenden Staats geschützt wird („Meistbegünstigungsgrundsatz") und sich der Zeuge auch auf dieses Recht beruft (Art. 14 Abs. 1 EuBVO). Nach wohl herrschender Ansicht ist dieser Ablehnungsgrund entsprechend auf Dokumentenvorlageverweigerungsrechte (zB aus §§ 142 Abs. 2, 144 Abs. 2 ZPO) anzuwenden.[270] Darüber hinaus kann die Erledigung abgelehnt werden, wenn das Ersuchen nicht in den Anwendungsbereich der Verordnung fällt, die Erledigung nach dem Recht des Mitgliedstaats des ersuchten Gerichts nicht in den Bereich der Gerichtsgewalt fällt, das ersuchte Gericht einen unvollständigen bzw. unleserlichen Antrag nicht innerhalb von 30 Tagen nach Aufforderung durch das ersuchte Gericht nachbessert oder eine zu leistende Kaution oder ein Vorschuss gem. Art. 18 Abs. 3 EuBVO nicht innerhalb von 60 Tagen nach entsprechendem Verlangen des ersuchten Gerichts hinterlegt wurde (Art. 14 Abs. 2 EuBVO). Die in Art. 14 EuBVO genannten **Verweigerungsgründe sind abschließend**.[271] 100

3. Beweisaufnahme durch das ersuchende Gericht im Ausland (passive Rechtshilfe)

Alternativ zu einer Beweisaufnahme durch das ausländische Gericht kann das Prozessgericht auch unmittelbar im Ausland tätig werden. Bei dieser Art der Beweisaufnahme leistet der ausländische Staat **passive Rechtshilfe,** da er das Tätigwerden ausländischer Hoheitsträger lediglich gestatten muss. Im Unterschied zur aktiven Rechtshilfe darf bei der passiven Rechtshilfe die Beweisaufnahme nur auf **freiwilliger Basis und ohne Zwangsmaßnahmen** durchgeführt werden (Art. 17 Abs. 2 EuBVO). Das Prozessgericht kann im Ausland etwa durch einen beauftragten Richter oder einen Sachverständigen tätig werden 101

---

[267] Abrufbar unter: http://ec.europa.eu/justice_home/judicialatlascivil/html/te_documents_de.htm; siehe auch Rauscher/*v. Hein* EG-BewVO Art. 6 Rn. 2.
[268] *Schlosser/Hess* EuBVO Art. 15 Rn. 1.
[269] OLG Bremen Beschl. v. 20. 1. 2009 – 4 UF 99/08, NJW-RR 2009, 876 (877).
[270] *Nagel/Gottwald* Internationales Zivilprozessrecht § 9 Rn. 27; Gebauer/Wiedmann/*Huber* Kap. 31 (EuBVO) Rn. 185; *Schmidt* Europäisches Zivilprozessrecht in der Praxis Rn. 346; siehe allg. auch *Hess* Europäisches Zivilprozessrecht § 8 Rn. 47; für unmittelbare Anwendung BBGS/*Knöfel* IntRV Beweisaufnahme-VO Art. 14 Rn. 3; aA (keine Analogie möglich) Rauscher/*v. Hein* EG-BewVO Art. 14 Rn. 8.
[271] Gebauer/Wiedmann/*Huber* Kap. 31 (EuBVO) Rn. 176.

(Art. 17 Abs. 3 EuBVO). Die Erwähnung des Sachverständigen in Art. 17 Abs. 3 EuBVO bedeutet aber nicht, dass gerichtliche Sachverständige im Ausland nur dann tätig werden dürfen, wenn das Verfahren nach Art. 17 EuBVO eingehalten wurde. Vielmehr kann ein nach nationalem Recht bestellter Gerichtssachverständiger ohne Anwendung von Zwang im Ausland Fakten für sein Gutachten ermitteln. Das Verfahren nach Art. 17 EuBVO muss nur dann eingehalten werden, wenn der Sachverständige „an Orten handelt, die mit der Ausübung hoheitlicher Gewalt verbunden sind oder zu denen der Zutritt oder andere Maßnahmen nach dem Recht des Mitgliedstaats, in dem die Untersuchung durchgeführt wird, verboten oder nur dazu befugten Personen erlaubt sind" und ein solches Vorgehen auch nicht nach einem vorrangigen völkerrechtlichen Vertrag zwischen den Staaten gestattet wird.[272]

102 Eine Beweisaufnahme nach Art. 17 EuBVO setzt voraus, dass das Prozessgericht unter Verwendung eines Formblatts ein Ersuchen an die für solche Gesuche zuständige **Zentralstelle** (Art. 3 Abs. 3 EuBVO) des Staats richtet, in dem die Beweisaufnahme stattfinden soll (Art. 17 Abs. 1 EuBVO). In Deutschland gibt es pro Bundesland eine solche Stelle, die – wie auch die ausländischen Zentralstellen – dem Informationshandbuch entnommen werden können.[273] Das Ersuchen muss die notwendigen Informationen nach Art. 4 EuBVO enthalten und die Spracherfordernisse des Art. 5 EuBVO (→ Rn. 98) erfüllen. Der Eingang des Ersuchens ist von der Behörde des ersuchten Staats zu bestätigen, bei Sprach- und Lesbarkeitsmängeln greift Art. 7 EuBVO analog.[274]

103 Die Zentralstelle des ersuchten Mitgliedstaats hat dem ersuchenden Gericht innerhalb von 30 Tagen nach Eingang des Ersuchens unter Verwendung des Formblatts J der Verordnung mitzuteilen, ob und unter welchen **Bedingungen die Beweisaufnahme** durchgeführt werden kann. Als „Bedingungen" festgelegt werden können zB der Ort der Vernehmung, das Recht des Zeugen, einen Anwalt hinzuzuziehen, oder die Anwesenheit von Dolmetschern.[275] Angeordnet werden darf auch, dass ein inländisches Gericht der Beweisaufnahme beiwohnt, um deren Modalitäten zu überwachen (Art. 17 Abs. 4 S. 2 EuBVO). Die Beweisaufnahme im Ausland erfolgt nach dem Recht des ersuchenden Staats, soweit dies mit den „Bedingungen" nach Abs. 4 vereinbar ist (Art. 17 Abs. 6 EuBVO).

104 Unter ganz engen Voraussetzungen **kann der ersuchte Staat eine unmittelbare Beweisaufnahme durch das Prozessgericht ablehnen.** Die Ablehnungsgründe ergeben sich abschließend aus Art. 17 Abs. 5 EuBVO. Eine Ablehnung ist statthaft, wenn das Ersuchen nicht in den Anwendungsbereich der Verordnung (→ Rn. 94 f.) fällt (lit. a), das Ersuchen nicht alle nach Art. 4 EuBVO notwendigen Informationen enthält (lit. b) oder die beantragte Beweisaufnahme wesentlichen Rechtsgrundsätzen (ordre public) des ersuchten Mitgliedstaats zuwiderläuft (lit. c). Da die unmittelbare Beweisaufnahme nur auf Grundlage der Freiwilligkeit durchgeführt werden darf, ist der Anwendungsbereich des Ordre-public-Vorbehalts von vornherein sehr eng.[276] Denkbar erscheint eine Berufung auf den ordre public, sofern zwingende Beweiserhebungsverbote aufgrund von Berufsgeheimnissen betroffen sind, die nicht zur Disposition des Einzelnen stehen.[277] Soweit möglich muss der ersuchte Staat versuchen, den Rahmen für die Durchführung der Beweisaufnahme durch „Bedingungen" (→ Rn. 103) so zu gestalten, dass eine Ablehnung des Ersuchens aufgrund eines Verstoßes gegen den ordre public vermieden wird.[278]

---

[272] EuGH Urt. v. 21.2.2013 – C-332/11, ECLI:EU:C:2013:87 Rn. 47 f. – ProRail/Xpedys = EuZW 2013, 313. Vor diesem Urteil war umstritten, ob die Tätigkeit eines Sachverständigen der Genehmigung des ausländischen Staats bedurfte, siehe zum Streitstand *Schack* Zivilverfahrensrecht Rn. 790 mwN.
[273] Abrufbar unter: http://ec.europa.eu/justice_home/judicialatlascivil/html/te_documents_de.htm.
[274] Gebauer/Wiedmann/*Huber* Kap. 31 (EuBVO) Rn. 204; *Schlosser/Hess* EuBVO Art. 17 Rn. 4.
[275] *Berger* IPRax 2001, 522 (526).
[276] Gebauer/Wiedmann/*Huber* Kap. 31 (EuBVO) Rn. 205; BBGS/*Knöfel* IntRV Art. 17 Beweisaufnahme-VO Rn. 10 f.
[277] Beispiel nach Rauscher/*v. Hein* EG-BewVO Art. 17 Rn. 8.
[278] Rauscher/*v. Hein* EG-BewVO Art. 17 Rn. 9; *Schlosser/Hess* EuBVO Art. 17 Rn. 4; allg. auch *Schulze* IPRax 2001, 527 (530).

V. Das Haager Beweisaufnahmeübereinkommen (HBÜ)

1. Anwendungsbereich

Das HBÜ von 1970[279] löst die Regeln über die Beweisaufnahme des Haager Zivilprozessübereinkommens von 1954[280] ab, welches wiederum aus dem Haager Abkommen über den Zivilprozeß von 1905[281] hervorgegangen ist. Das Beweisaufnahmeübereinkommen zielt auf eine Vereinfachung und Beschleunigung der Beweishilfe.[282] Mittlerweile sind über 40 Staaten dem HBÜ beigetreten, darunter China, Dänemark, Deutschland, Frankreich, Indien, Italien, die Niederlande, die Schweiz, Südafrika, die USA und das Vereinigte Königreich.[283] Die Zusatzabkommen, die unter den Vorläuferabkommen von 1905 bzw. 1954 abgeschlossen wurden,[284] sind auch auf das HBÜ anwendbar, sofern nicht etwas anderes vereinbart wurde (Art. 31 HBÜ). Sofern diese Zusatzabkommen den unmittelbaren Behördenweg vorsehen, bleibt dieser bestehen.[285] 105

In räumlicher Hinsicht ist das Übereinkommen anwendbar auf Rechtshilfefälle, in denen sowohl der ersuchende als auch der ersuchte Staat dem HBÜ beigetreten sind. Bei einer grenzüberschreitenden Beweisaufnahme im europäischen Justizraum (alle EU-Staaten mit Ausnahme von Dänemark) geht die EuBVO (→ Rn. 92) dem HBÜ vor (Art. 21 Abs. 1 EuBVO). Haben die betroffenen Staaten der EU allerdings bilateral ein besonderes Abkommen zur Erleichterung der Beweisaufnahme im Ausland geschlossen, so ist dieses Abkommen anzuwenden (Art. 21 Abs. 2 EuBVO). Im europäischen Justizraum hat das HBÜ daher nur noch für Rechtshilfeersuchen Bedeutung, die von der EuBVO nicht erfasst werden. Dazu zählen etwa Ersuchen auf Behördenauskünfte oder Aktenübersendung.[286] 106

Der sachliche Anwendungsbereich des HBÜ umfasst Beweisaufnahmen gerichtlicher Behörden sowie andere gerichtliche Handlungen in Zivil- und Handelssachen, die in einem anderen Vertragsstaat durchzuführen sind (Art. 1 HBÜ). 107

Das Begriffspaar **„Zivil- und Handelssache"**, das den sachlichen Anwendungsbereich der Verordnung maßgeblich bestimmt, ist nach richtiger Ansicht konventionsautonom und weit auszulegen.[287] Es gilt insoweit das zu Art. 1 HZÜ Ausgeführte (→ Rn. 24). Das HBÜ erfasst zivilrechtliche Kartellprozesse[288] und gilt auch für die Beweiserhebung in Prozessen, in denen punitive[289] oder treble damages[290] zugesprochen werden können. Auch class actions werden vom Übereinkommen nicht ausgeklammert.[291] 108

Unter Rechtshilfeersuchen **gerichtlicher Behörden** sind Ersuchen staatlicher Stellen zu verstehen, die nach dem Recht ihres Sitzstaats gerichtliche Befugnisse wahrnehmen 109

---

[279] Haager Übereinkommen über die Beweisaufnahme im Ausland in Zivil- und Handelssachen v. 18.3.1970, BGBl. 1977 II 1472.
[280] Haager Übereinkommen über den Zivilprozeß v. 1.3.1954, BGBl. 1958 II 577.
[281] Haager Abkommen über den Zivilprozeß v. 17.7.1905, RGBl. 1909, 409; Ausführungsgesetz zum Haager Abkommen über den Zivilprozeß v. 17.7.1905, RGBl. 1909, 430. Das Haager Übereinkommen von 1905 regelte die Beweishilfe in Art. 8–16.
[282] BBGS/*Knöfel* IntRV HBÜ Einl. Rn. 1; *Nagel/Gottwald* Internationales Zivilprozessrecht § 9 Rn. 42.
[283] Überblick unter: http://www.hcch.net/index_en.php?act=conventions.status&cid=82.
[284] Übersicht und Texte der Abkommen bei BBGS IntRV A I 1 c.
[285] *Nagel/Gottwald* Internationales Zivilprozessrecht § 9 Rn. 37.
[286] Einzelheiten bei MüKoZPO/*Pabst* HBewÜ Art. 1 Rn. 17f.
[287] Abschlusserklärung der Sonderkommission der Haager Konferenz für internationales Privatrecht, RabelsZ 54 (1990) 370 (Punkt I a); BBGS/*Knöfel* IntRV HBÜ Art. 1 Rn. 2; *Nagel/Gottwald* Internationales Zivilprozessrecht § 9 Rn. 41; aA etwa Stein/Jonas/*Berger* Anhang zu § 363 Rn. 18 (kumulative Qualifikation nach dem Recht des ersuchenden und des ersuchten Staats); MüKoZPO/*Pabst* HBewÜ Art. 1 Rn. 5 (alternatives Abstellen auf das Recht des ersuchten bzw. ersuchenden Staats), dort auch umfassende Nachweise zum Streitstand und zu weiteren Ansichten.
[288] Rio Tinto Zinc Corporation and others v. Westinghouse Electric Corporation [1978] 1 All ER 434 (441ff.). (HL); OLG München Beschl. v. 27.11.1980 – 9 VA 4/80, RIW 1981, 555 (556).
[289] OLG Celle Beschl. v. 6.7.2007 – 16 VA 5/07, NJW-RR 2008, 78 (79); Stein/Jonas/*Berger* Anhang zu § 363 Rn. 20.
[290] OLG München Beschl. v. 27.11.1980 – 9 VA 4/80, RIW 1981, 555 (556).
[291] BBGS/*Knöfel* IntRV HBÜ Art. 1 Rn. 4.

(Gerichte, Amtsträger der Justiz etc).[292] Private Schiedsgerichte sind nach herrschender Ansicht keine gerichtlichen Behörden iSd HBÜ, so dass sie keine Anträge auf Rechtshilfe stellen können.[293] Ihnen bleibt die Möglichkeit, sich auf Grundlage von § 1050 ZPO an staatliche Gerichte zu wenden, die dann zur Unterstützung des Schiedsverfahrens Rechtshilfe nach dem HBÜ ersuchen können.[294]

110 Ein Ersuchen um Beweisaufnahme ist nur statthaft, sofern die Beweismittel „in einem bereits **anhängigen oder künftigen gerichtlichen Verfahren**" verwendet werden sollen (Art. 1 Abs. 2 HBÜ). Damit kann Rechtshilfe auch in einem sehr frühen Verfahrensstadium erbeten werden, nämlich bereits dann, wenn ein Sachverhalt als Streit thematisiert ist.[295] Grundsätzlich gilt das Übereinkommen auch für Verfahren der US-amerikanischen pre-trial discovery[296] bzw. der diclosure nach englischem Recht. Viele Staaten, darunter auch Deutschland, haben allerdings eine Erklärung gegen die Erledigung von Ersuchen eingelegt, die eine pre-trial discovery of documents zum Gegenstand haben (→ Rn. 121). Das HBÜ erfasst ferner Rechtshilfeersuchen für selbstständige Beweisverfahren sowie Verfahren des einstweiligen Rechtsschutzes.[297]

111 Neben der Beweisaufnahme will das HBÜ auch die Vornahme **„anderer gerichtlicher Handlungen"** im Ausland erleichtern. Unter solchen anderen Maßnahmen sind etwa die Anhörung ausländischer Parteien oder „die öffentliche Bekanntgabe einer gerichtlichen Aufforderung oder Mitteilung" zu verstehen,[298] nicht aber die Zustellung oder Maßnahmen der Sicherung und Vollstreckung (Art. 1 Abs. 3 HBÜ).

112 Das HBÜ regelt nach der international herrschenden Ansicht allein das **„wie" einer Beweisaufnahme** bzw. einer anderen Handlung im Ausland, nicht aber die vorgelagerte Frage, ob ein Tätigwerden im Ausland überhaupt notwendig ist.[299] **„Ob" eine Beweiserhebung im Ausland stattfinden muss** ist also eine Frage, die das autonome Verfahrensrecht innerhalb der allgemeinen Schranken des Völkerrechts (→ Rn. 86f.) festlegen kann. Möglich bleiben somit (völkerrechtskonforme) extraterritoriale Beweisanordnungen, die darauf abzielen, im Ausland belegene Beweismittel ins Inland zu verlegen.[300] Kommt es zu einem Beweismittelimport (Zeuge reist ins Inland, Dokumente werden vorgelegt), muss der Rechtshilfeweg nicht beschritten werden.

2. Beweisaufnahme durch ausländische Stellen

113 Das HBÜ stellt verschiedene Wege zur Inanspruchnahme internationaler Rechtshilfe zur Wahl. Der traditionelle Weg sieht die Einschaltung von **Zentralen Behörden** vor, die jeder Vertragsstaat zu errichten hat (Art. 2 HBÜ). In Deutschland wurden diese Behörden auf Länderebene eingerichtet,[301] andere Vertragsstaaten haben oftmals nur eine

---

[292] Für Einzelheiten siehe BBGS/*Knöfel* IntRV HBÜ Art. 1 Rn. 12ff.; MüKoZPO/*Pabst* HBewÜ Art. 1 Rn. 9f.
[293] Stein/Jonas/*Berger* Anhang zu § 363 Rn. 21; *Pfeil-Kammerer* Deutsch-amerikanischer Rechtshilfeverkehr in Zivilsachen 196; *Schlosser/Hess* HBÜ Art. 1 Rn. 2; für eine Öffnung des HBÜ für Schiedsverfahren dagegen *Knöfel* RIW 2007, 832 (835f.).
[294] Denkschrift zu den Übereinkommen (HZÜ/HBÜ), BT-Drs. 8/217, 53; Stein/Jonas/*Berger* Anhang zu § 363 Rn. 21; *Schlosser/Hess* HBÜ Art. 1 Rn. 2.
[295] BBGS/*Knöfel* IntRV HBÜ Art. 1 Rn. 36 mit Einzelheiten.
[296] OLG München Beschl. v. 27.11.1980 – 9 VA 4/80, RIW 1981, 555 (557); OLG Düsseldorf Beschl. v. 14.6.2006 – 3 VA 2/06, NJOZ 2007, 685 (688); *Siehr* RIW 2007, 321 (327).
[297] MüKoZPO/*Pabst* HBewÜ Art. 1 Rn. 15; *Schlosser* HBÜ Art. 1 Rn. 2.
[298] Denkschrift zu den Übereinkommen (HZÜ/HBÜ), BT-Drs. 8/217, 52; weitere Beispiele bei *Schlosser/Hess* HBÜ Art. 1 Rn. 3.
[299] Société Nationale Industrielle Aérospatiale v. US District Court for the Southern District of Iowa 482 U.S. 522 (540f.) (1987) = JZ 1987, 984 mAnm *Stürner*. Umfassende Nachweise bei BBGS/*Knöfel* IntRV HBÜ Einl. Rn. 28f.
[300] *Daoudi* Extraterritoriale Beweisbeschaffung 80; *Geimer* IZPR Rn. 2380; *Junker* Discovery im deutsch-amerikanischen Rechtsverkehr 433ff.
[301] Die Adressen der einzelnen Behörden sind abrufbar unter: http://www.hcch.net/upload/auth20de.pdf.

zentrale Behörde.³⁰² Die ersuchende gerichtliche Behörde, also etwa das Prozessgericht, hat das Ersuchen an die zuständige Zentralstelle des ausländischen Staats zu richten. Diese prüft das Ersuchen auf **formale Mängel** (Art. 5 HBÜ). Werden solche Mängel (unvollständiges bzw. unleserliches Ersuchen, fehlende Übersetzung etc) entdeckt, ist Gelegenheit zur Nachbesserung zu geben.³⁰³ Zu inhaltlichen Ablehnungsgründen (→ Rn. 117 ff.). Ersuchen, welche gem. Art. 3 HBÜ genaue Angaben über den Inhalt der ersuchten Rechtshilfe enthalten sollen,³⁰⁴ werden an die zuständige gerichtliche Behörde des ersuchten Staats weitergeleitet. Auf dem gleichen Weg gelangen die Früchte der Rechtshilfe nach Erledigung des Ersuchens durch den ersuchten Staat zum Prozessgericht (Art. 13 HBÜ).

Art. 4 Abs. 1 HBÜ legt fest, dass das Rechtshilfeersuchen in der **Sprache** der ersuchten **114** Behörde abgefasst oder von einer Übersetzung in diese Sprache begleitet sein muss. Zwar können die Vertragsstaaten vorsehen, Rechtshilfeersuche auch in englischer oder französischer Sprache anzunehmen (Art. 4 Abs. 2 HBÜ), doch haben die meisten Vertragsstaaten,³⁰⁵ darunter Deutschland (§ 9 AusfG), gem. Art. 33 Abs 1 HBÜ einen Vorbehalt gegen die Einführung solcher Arbeitssprachen erklärt.

Die **Beweisaufnahme** wird nach dem Recht des ersuchten Staats durchgeführt (Art. 9 **115** Abs. 1 HBÜ), ggf. unter Anwendung von Zwang (Art. 10 HBÜ). Auf Antrag kann die Beweisaufnahme aber auch in einer anderen Form (nämlich in einer Form, wie sie im ersuchenden Staat gebräuchlich ist) durchgeführt werden. Auf diese Weise wird die Möglichkeit geschaffen, die Verwertbarkeit der Beweisaufnahme im ersuchenden Staat sicherzustellen.³⁰⁶ Der ersuchte Staat muss die fremde Form aber nur dann einhalten, wenn dies mit seinem Recht vereinbar und die Durchführung nicht unmöglich ist (Art. 9 Abs. 2 HBÜ). Auf Antrag des ersuchenden Staats müssen in Deutschland etwa Wortlautprotokolle angefertigt werden.³⁰⁷ Nach überwiegender Auffassung soll auch die Durchführung eines Kreuzverhörs mit gewissen Einschränkungen grundsätzlich zulässig sein.³⁰⁸ Einen umfassenden Schutz des Zeugen gewährleistet Art. 11 HBÜ, der für Aussageverweigerungsrechte und Aussageverbote ein Wahlrecht eröffnet: Ein Zeuge kann sich auf solche Rechte bzw. Verbote berufen, die ihm entweder nach dem Recht des ersuchten Staats nach dem Recht des ersuchenden Staats gewährt werden und die im Rechtshilfeersuchen bezeichnet sind („Grundsatz der Meistbegünstigung").³⁰⁹

Die Parteien (Art. 7 HBÜ) können bei der Beweisaufnahme anwesend sein. Gleiches **116** gilt für ein Mitglied des Prozessgerichts (Art. 8 HBÜ). Der beiwohnende Richter darf die Beweisaufnahme aber nicht selbst durchführen, zudem muss er in den meisten Staaten zuvor eine Genehmigung des ersuchten Staats einholen. In Deutschland ergibt sich die Genehmigungspflicht aus § 10 AusfG. Wird die Genehmigung erteilt, sollte damit der beiwohnende Richter zugleich die Möglichkeit erhalten, Fragen vorzuschlagen, die der zu vernehmenden Person zu stellen sind.³¹⁰

---

³⁰² Eine Übersichtsseite, über die man zu den Kontaktinformationen der Behörden der einzelnen Länder gelangt, ist abrufbar unter: http://www.hcch.net/index_en.php?act=conventions.authorities&cid=82.
³⁰³ *Schlosser/Hess* HBÜ Art. 5 Rn. 3.
³⁰⁴ Einzelheiten bei BBGS/*Knöfel* IntRV HBÜ Art. 3 Rn. 3 ff.; MüKoZPO/*Pabst* HBewÜ Art. 3 Rn. 2 ff.
³⁰⁵ Die Staaten, die einen Vorbehalt eingelegt haben, sowie die Texte der abgegebenen Erklärungen sind abrufbar unter: http://www.hcch.net/index_en.php?act=conventions.status&cid=82; siehe auch die Aufzählung bei *Nagel/Gottwald* Internationales Zivilprozessrecht § 9 Rn. 51.
³⁰⁶ *Schack* Internationales Zivilverfahrensrecht Rn. 812.
³⁰⁷ *Stürner* JZ 1981, 521 (524).
³⁰⁸ Eine Zulässigkeit (zT mit Einschränkungen) befürworten etwa Stein/Jonas/*Berger* Anhang zu § 363 Rn. 55; *Junker* Discovery im deutsch-amerikanischen Rechtsverkehr 338 ff.; *Nagel/Gottwald* Internationales Zivilprozessrecht § 9 Rn. 53, 56; *Siehr* RIW 2007, 321 (327); vorsichtig bejahend auch *Stürner* JZ 1981, 521 (524); aA BBGS/*Knöfel* IntRV HBÜ Art. 9 Rn. 13; MüKoZPO/*Pabst* HBewÜ Art. 9 Rn. 5 f.
³⁰⁹ *Nagel/Gottwald* Internationales Zivilprozessrecht § 9 Rn. 59.
³¹⁰ *Nagel/Gottwald* Internationales Zivilprozessrecht § 9 Rn. 63; ähnlich *Pfeil-Kammerer* Deutsch-amerikanischer Rechtshilfeverkehr in Zivilsachen 275.

3. Ablehnungsgründe

117 Die Erledigung eines Rechtshilfeersuchens darf gem. Art. 12 HBÜ nur abgelehnt werden, wenn sie nicht in den Bereich der Gerichtsgewalt fällt (Abs. 1 lit. a) oder der ersuchte Staat die Erledigung für geeignet hält, seine Hoheitsrechte oder seine Sicherheit zu gefährden (Abs. 1 lit. b).

118 An **Gerichtsgewalt** iSd Art. 12 Abs. 1 lit. a HBÜ mangelt es dem ersuchten Staat etwa, wenn sich das Beweishilfeersuchen auf Personen bezieht, die Immunität genießen, oder Beweismittel zwar im ersuchten Staat belegen sind, aber der Gewalt eines ausländischen Staats unterstehen.[311]

119 Art. 12 Abs. 1 lit. b HBÜ wird gemeinhin als beweishilferechtlicher **Ordre-public-Vorbehalt** verstanden,[312] dessen Anwendungsbereich sehr eng begrenzt ist („Notfilterfunktion").[313] Es gilt insoweit das zu Art. 13 HZÜ Ausgeführte (→ Rn. 35 ff.). Beweishilfe in Verfahren, in denen punitive damages oder treble damages gefordert werden, kann nach herrschender und richtiger Ansicht regelmäßig nicht abgelehnt werden. Gleiches gilt nach der Rechtsprechung für Ersuchen zur Zeugenvernehmung in Verfahren der pre-trial discovery (→ Rn. 123), die aus deutscher Sicht häufig „Ausforschungscharakter" haben.[314]

4. Sonstige Wege der Beweisaufnahme

120 Neben dem traditionellen Rechtshilfeweg über Zentrale Behörden im Ausland sieht das HBÜ eine Beweisaufnahme durch **konsularische oder diplomatische Vertreter** des Staats des Prozessgerichts (Art. 15, 16 HBÜ) und **Beauftragte** (Art. 17 HBÜ) vor. Der Einsatz von Beauftragten, also Personen, die vom Prozessgericht zur Beweiserhebung ernannt sind, ist vor allem im anglo-amerikanischen Rechtskreis gebräuchlich.[315] Beweisaufnahmen unter Umgehung der Zentralen Behörde des ersuchten Staats können mitunter schneller durchgeführt werden, und zwar dann, wenn die Zentrale Behörde sehr langsam arbeitet und keine Zwangsmaßnahmen erforderlich sind.[316] Die **Anwendung von Zwang** setzt nämlich die Einschaltung staatlicher Stellen des ersuchten Staats voraus und ist zudem nur möglich, wenn der ersuchte Staat eine Erklärung gem. Art. 18 HBÜ abgegeben hat.[317] Deutschland hat dies nicht getan, so dass Personen, die sich auf deutschem Boden aufhalten, nur auf Grundlage der Freiwilligkeit befragt werden können. Weiterhin schränken weitere Vorbehalte die Tätigkeit konsularischer und diplomatischer Vertreter sowie von Beauftragten in vielen Staaten zusätzlich ein.[318]

5. Erklärung gegen Verfahren der pre-trial discovery of documents

121 Ziel des HBÜ war die Schaffung eines Rechtshilfesystems, das eine Brücke baut zwischen den Civil Law Staaten, deren Prozessrechte den Gerichten eine zentrale Funktion bei der Entscheidung über den Beweis einräumen, und den Common Law Staaten, deren Prozessrechte den Parteien eine führende Rolle bei der Beweisbeschaffung zuweisen.[319] Damit sollte vor allem der **transatlantische Rechtsverkehr** auf ein festes Fundament gestellt werden. Diese hohen Ansprüche konnte das Übereinkommen allerdings nicht einlösen, da kein vernünftiger Kompromiss gefunden werden konnte, wie mit Verfahren der pre-trial discovery umzugehen ist. Die europäischen Vertreter bei der Haager Konferenz

---

[311] BBGS/*Knöfel* IntRV HBÜ Art. 12 Rn. 6.
[312] BBGS/*Knöfel* IntRV HBÜ Art. 12 Rn. 11; MüKoZPO/*Pabst* HBewÜ Art. 12 Rn. 5.
[313] Statt Vieler *Pfeil-Kammerer* Deutsch-amerikanischer Rechtshilfeverkehr in Zivilsachen 217 mwN.
[314] OLG Celle Beschl. v. 6.7.2007 – 16 VA 5/07, NJW-RR 2008, 78 (80).
[315] Siehe etwa *Junker* Discovery im deutsch-amerikanischen Rechtsverkehr 343 f. (zum US-amerikanischen Recht).
[316] *Schack* Zivilverfahrensrecht Rn. 814.
[317] Die Staaten, die einen Vorbehalt eingelegt haben, sowie die Texte der abgegebenen Erklärungen sind abrufbar unter: http://www.hcch.net/index_en.php?act=conventions.status&cid=82; siehe auch die Aufzählung bei *E. Geimer* Internationale Beweisaufnahme 135 f.
[318] Eingehend dazu *Junker* Discovery im deutsch-amerikanischen Rechtsverkehr 347 ff.; *Nagel/Gottwald* Internationales Zivilprozessrecht § 9 Rn. 66 ff.
[319] *Junker* JZ 1989, 121 (125).

haben die Aufnahme von Art. 23 HBÜ in das Übereinkommen durchgesetzt.[320] Danach kann jeder Vertragsstaat erklären, Ersuchen abzulehnen, die ein Verfahren zum Gegenstand haben, das in den Ländern des Common Law unter der Bezeichnung **„pre-trial discovery of documents"** bekannt ist. Mit Ausnahme von Barbados, Israel, Lettland, der Tschechischen Republik, der Slowakei, Slowenien, den USA und Weißrussland haben sämtliche Vertragsstaaten eine entsprechende Erklärung abgegeben. Teilweise legen diese Erklärungen den vollständigen Ausschluss der Rechtshilfe fest, teilweise wird die Erledigung der Ersuchen von bestimmten Bedingungen abhängig gemacht.[321]

Deutschland zählt zur ersten Gruppe von Staaten. Entsprechend legt § 14 Abs. 1 AusfG fest, dass Rechtshilfeersuchen, die ein Verfahren nach Art. 23 HBÜ zum Gegenstand haben, nicht erledigt werden. An der Wirksamkeit des Nichterledigungsbefehls hat die Stärkung der Dokumentenvorlagepflicht (§§ 142, 144 ZPO) durch die ZPO-Reform von 2002 nichts geändert.[322] Auch konnten sich Bund und Länder bislang nicht dazu entschließen,[323] eine Rechtsverordnung zu verabschieden, nach der Ersuchen „unter Berücksichtigung der schutzwürdigen Interessen der Betroffenen" erledigt werden können, sofern dem „tragende Grundsätze des deutschen Verfahrensrechts nicht entgegenstehen" (§ 14 Abs. 2 AusfG). Somit dürfen die deutschen Behörden Ersuchen, die unter Art. 23 HBÜ fallen, nicht ausführen.[324] **122**

Entgegen Stimmen in der Literatur, die sämtliche Verfahren der pre-trial discovery US-amerikanischer Prägung dem Nichtanwendungsgebot unterwerfen wollen,[325] beschränkt die deutsche Rechtsprechung die Erklärung mit Blick auf den Wortlaut des Übereinkommens allein auf **Urkunden** und lässt **Zeugenbefragungen** in Verfahren der pre-trial discovery zu.[326] Zum Schutz vor Ausforschungen ist bei der Zeugenbefragung aber Art. 11 HBÜ zu beachten, der nach deutschem Recht einem Zeugen ein Aussageverweigerungsrecht zur Wahrung von Geschäftsgeheimnissen gibt (§§ 383 Abs. 1 Nr. 6, 384 Nr. 3 ZPO).[327] Zudem ist zu prüfen, ob das Ersuchen den Erfordernissen des Art. 3 HBÜ entspricht.[328] **123**

Die deutsche Debatte über die Reichweite von Art. 23 HBÜ darf aber nicht darüber hinwegtäuschen, dass das Ziel der Bunderepublik Deutschland, im Inland ansässige Personen möglichst umfassend vor einer Dokumentenvorlage zu schützen, nicht erreicht wird. US-amerikanische Gerichte sind nämlich mit Blick auf die fehlende Exklusivität des HBÜ[329] dazu übergegangen, ausländischen Parteien auf Grundlage des heimischen Rechts **Mitwirkungspflichten im Verfahren der pre-trial discovery** aufzuerlegen, ohne den Rechtshilfeweg zu beschreiten.[330] Um prozessuale Nachteile zu vermeiden, die bei einer Weigerung der Dokumentenvorlage in US-amerikanischen Verfahren drohen, kommen **124**

---

[320] Zur Gesetzgebungsgeschichte dieser Norm siehe *Junker* Discovery im deutsch-amerikanischen Rechtsverkehr 287 ff.
[321] Übersicht und Nachweise bei BBGS/*Knöfel* IntRV HBÜ Art. 23 Rn. 5 ff.; MüKoZPO/*Pabst* HBewÜ Art. 23 Rn. 9 ff.
[322] OLG Frankfurt/a.M. Beschl. v. 16.5.2013 – 20 VA 4/13, BeckRS 2013, 12264 (sub II.).
[323] Zum Hintergrund *Böhmer* NJW 1990, 3049 (3053).
[324] OLG Frankfurt/a.M. Beschl. v. 16.5.2013 – 20 VA 4/13, BeckRS 2013, 12264 (sub II.); *Siehr* RIW 2007, 321 (327); *v. Hein* RIW 2007, 249 (253). Für eine einschränkende Auslegung des Nichtanwendungsgebots unter Zugrundelegung der Kriterien des Art. 14 Abs. 2 HBÜ plädiert dagegen BBGS/*Knöfel* IntRV HBÜ Art. 23 Rn. 14 f.
[325] *Junker* Discovery im deutsch-amerikanischen Rechtsverkehr 297 ff.
[326] Sehr klar OLG Celle Beschl. v. 6.7.2007 – 16 VA 5/07, NJW-RR 2008, 78 (79 f.); siehe auch OLG München Beschl. v. 31.10.1980 – 9 VA 3/80, RIW 1981, 554 (555); OLG München Beschl. v. 27.11.1980 – 9 VA 4/80, RIW 1981, 555 (556 f.). Im Ergebnis ebenso *Nagel/Gottwald* Internationales Zivilprozessrecht § 9 Rn. 85; MüKoZPO/*Pabst* HBewÜ Art. 23 Rn. 7.
[327] OLG Düsseldorf Beschl. v. 14.6.2006 – 3 VA 2/06, NJOZ 2007, 685 (688).
[328] OLG Celle Beschl. v. 6.7.2007 – 16 VA 5/07, NJW-RR 2008, 78 (80).
[329] Grundlegend Société Nationale Industrielle Aérospatiale v. US District Court for the Southern District of Iowa 482 U.S. 522 (540 f.) (1987) = JZ 1987, 984.
[330] *Nagel/Gottwald* Internationales Zivilprozessrecht § 9 Rn. 89.

viele Beklagte entsprechenden Anordnungen nach, die sich auf Beweismittel im Ausland beziehen.[331]

VI. Vertragsloser Rechtshilfeverkehr

125 Im Verhältnis zu Staaten, mit denen keine völkerrechtlichen Abkommen geschlossen wurden und die auch nicht durch EU-Recht gebunden werden, muss die Beweiserhebung im vertragslosen Rechtshilfeverkehr durchgeführt werden (§ 55 Abs. 1 S. 2 ZRHO). Der Länderteil zur ZRHO legt fest, in welcher Art und Weise ein Ersuchen zu übermitteln ist.[332]

---

[331] *Brand* NJW 2012, 1116 (1119); *Nagel/Gottwald* Internationales Zivilprozessrecht § 9 Rn. 89.
[332] MüKoZPO/*Rauscher* Vor §§ 1072 Rn. 6.

§ 33 Bestimmung des anwendbaren Rechts

Übersicht

	Rn.
A. Einführung	1
B. Rechtsgrundlagen zur Bestimmung des anwendbaren Kartellrechts	3
C. Das anwendbare Kartellrecht bei außervertraglichen Schuldverhältnissen	6
I. Überblick	7
1. Differenzierung von Lauterkeits- und Kartellrecht in Art. 6 Rom II-VO	7
2. Das Internationale Kartellprivatrecht des Art. 6 Abs. 3 Rom II-VO im Überblick	8
II. Allseitige Kollisionsnorm des Art. 6 Abs. 3 lit. a Rom II-VO	12
III. Anwendungsbereich	15
1. Gegenstand der Anknüpfung	15
2. Ausschluss behördlicher Kartellsachen	22
3. Bestimmung der Anwendbarkeit von EU-Kartellrecht	25
IV. Bestimmung des anwendbaren Rechts	28
1. Auswirkungsprinzip	28
a) Begriff der Auswirkung	29
b) Begriff des Marktes	30
c) Wahrscheinliche Auswirkung	32
d) Keine einschränkenden Merkmale	33
2. Lex fori bei Streudelikten	34
a) Einführung	34
b) Mosaikbetrachtung und internationale Zuständigkeit	37
c) Anreiz zum forum shopping	39
d) Unmittelbare und wesentliche Marktbeeinträchtigung	42
e) Ausübung des Wahlrechts	46
f) Keine Einschränkung des Rechtsanwendungsbefehls auf Deliktsrecht des Forumstaates	49
3. Keine Rechtswahl	51
V. Versagung der Anwendung aufgrund des ordre public	53
VI. Zwingende Anwendung nationaler Eingriffsnormen (Art. 16 Rom II-VO)	56
VII. Vorrangige Regelungen	58
D. Das anwendbare Kartellrecht bei vertraglichen Schuldverhältnissen	59
I. Abgrenzung von Art. 6 Abs. 3 Rom II-VO und § 130 Abs. 2 GWB	60
II. Einseitige Kollisionsnorm des § 130 Abs. 2 GWB und Anwendung ausländischen Kartellrechts	61
1. Tatbestand des Art. 9 Abs. 3 Rom I-VO	62
2. Rechtsfolge des Art. 9 Abs. 3 Rom I-VO	64
III. Tatbestand des § 130 Abs. 2 GWB	65
1. Wettbewerbsbeschränkung	66
2. Auswirkungsprinzip	67
IV. Möglichkeit der Rechtswahl in wettbewerbsbeschränkenden Abreden	68

Schrifttum:

Adolphsen, The conflict of laws in cartel matters in a globalised world: alternatives to the effects doctrine, JPrIL 2005, 151; *Basedow,* Entwicklungslinien des internationalen Kartellrechts – Ausbau und Differenzierung des Auswirkungsprinzips, NJW 1989, 627; *Becker/Kammin,* Die Durchsetzung von kartellrechtlichen Schadensersatzansprüchen: Rahmenbedingungen und Reformansätze, EuZW 2011, 503; *Buchner,* Rom II und das Internationale Immaterialgüter- und Wettbewerbsrecht, GRUR Int. 2005, 1004; *Esseiva,* Die Anwendung des EG-Kartellrechts durch den schweizerischen Richter aufgrund des Artikels 137 IPRG, ZVglRWiss 94 (1995), 80; *v. Hein,* Europäisches Internationales Deliktsrecht nach der Rom II-Verordnung, ZEuP 2009, 6; *Heiss/Loacker,* Die Vergemeinschaftung des Kollisionsrechts der außervertraglichen Schuldverhältnisse durch Rom II, JBl. 2007, 613; *Immenga,* Das Auswirkungsprinzip des internationalen Wettbewerbsrechts als Gegenstand einer gemeinschaftsrechtlichen Verordnung, FS Kühne 2009, 725; *Junker,* Die Rom II-Verordnung: Neues Internationales Deliktsrecht auf europäischer Grundlage, NJW 2007, 3675; *Lei-*

§ 33   3. Teil 3. Abschnitt Internationales Privat- und Prozessrecht

ble/Lehmann, Die neue EG-Verordnung über das auf außervertragliche Schuldverhältnisse anzuwendende Recht, RIW 2007, 721; *Mestmacher/Schweitzer,* Europäisches Wettbewerbsrecht, 2. Aufl. 2004 (Zit: EuWettbR); *Mankowski,* Das neue Internationale Kartellrecht des Art. 6 Abs. 3 der Rom II-Verordnung, RIW 2008, 177; *ders.*, Ausgewählte Einzelfragen zur Rom II-VO: Internationales Umwelthaftungsrecht, internationales Kartellrecht, renvoi, Parteiautonomie IPRax 2010, 389; *ders.*, Was soll der Anknüpfungsgegenstand des (europäischen) Internationalen Wettbewerbsrechts sein?, GRUR Int. 2005, 634; *Pfeiffer,* Neues Internationales Vertragsrecht – Zur Rom I-Verordnung, EuZW 2008, 622; *Roth,* Internationales Kartelldeliktsrecht in der Rom II-Verordnung, FS Kropholler 2008, 623; *Scholz/Rixen,* Die neue europäische Kollisionsnorm außervertragliche Schuldverhältnisse aus wettbewerbsbeschränkendem Verhalten, EuZW 2008, 327; *Tietje,* Internationales Wirtschaftsrecht, 2009; *Wagner,* Die neue Rom II-Verordnung, IPRax 2008, 1; *Wurmnest,* Internationale Zuständigkeit und anwendbares Recht bei grenzüberschreitenden Kartelldelikten, EuZW 2012, 933; *Zekoll/Rahlf,* US-amerikanische Antitrust-Treble-Damages-Urteile und deutscher ordre public, JZ 1999, 384.

A. Einführung

1 Im privaten Kartellrecht können Sachverhalte mit Auslandsbezug vorliegen. So können zB ein französisches und ein chinesisches Unternehmen eine Vereinbarung über die Aufteilung des deutschen Marktes treffen und ein in Deutschland ansässiger Kunde verlangt deswegen Schadenersatz vor einem deutschen Gericht. Bei solchen Sachverhalten mit Auslandsbezug wird nicht zwingend das Recht des angerufenen Gerichts *(lex fori)* angewendet, sondern es ist zunächst die auf den jeweiligen Sachverhalt anwendbare Rechtsordnung zu bestimmen. In dem oben genannten Beispiel kommen sowohl die deutsche, die französische als auch die chinesische Rechtsordnung in Betracht. Das auf den jeweiligen Sachverhalt anwendbare Recht wird durch das internationale Kartellprivatrecht bestimmt, das ein Teilbereich des sog Kollisionsrechts, des internationalen Privatrechts (IPR) ist. Die Normen des internationalen Kartellprivatrechts enthalten tatbestandlich bestimmte Anknüpfungspunkte, als Rechtsfolge wird hinsichtlich einer bestimmten Rechtsordnung ein Rechtsanwendungsbefehl ausgesprochen.[1] Das internationale Kartellprivatrecht entscheidet also einen Sachverhalt nicht in der Sache selbst. Erst das durch das internationale Kartellprivatrecht für anwendbar bestimmte nationale Kartellrecht wird für die Sachentscheidung herangezogen.

2 Das internationale Kartellprivatrecht ist kein internationales, sondern in Europa supranationales, ansonsten rein nationales Recht,[2] das sich von Nationalstaat zu Nationalstaat unterscheiden kann. Das jeweils angerufene nationale Gericht wendet stets sein für ihn verbindliches (supranationales oder nationales) Kollisionsrecht an. Dies kann zur Folge haben, dass der Kläger in dem Staat ein Gericht anruft, dessen internationales Kartellprivatrecht das ihm günstigere Sachrecht zur Anwendung beruft (sog *forum shopping*). Durch die europäische Vereinheitlichung des Kollisionsrechts, insbesondere durch die Rom-Verordnungen, ist die Wirkung des *forum shoppings* eingeschränkt, da sämtliche mitgliedstaatlichen Gerichte nun zumindest im Anwendungsbereich der Rom-Verordnungen ein einheitliches (supranationales) Kollisionsrecht anwenden und damit idealiter zum identischen Sachrecht gelangen.[3] Darüber hinaus ist das *forum shopping* primär eine Frage der internationalen Zuständigkeit von Gerichten (→ § 31). Ist das angerufene Gericht international nicht zuständig, kann es auch nicht das nach seinem nationalen Kollisionsrecht für den Kläger günstigere Sachrecht zur Anwendung berufen.

B. Rechtsgrundlagen zur Bestimmung des anwendbaren Kartellrechts

3 In Deutschland bestimmt sich je nach Sachverhalt das anwendbare nationale Kartellrecht nach einer anderen Kollisionsnorm. Für außervertragliche Schuldverhältnisse richtet sich die Anknüpfung allein nach der gemäß Art. 288 Abs. 2 AEUV unmittelbar in den Mit-

---

[1] BeckOK BGB/*Lorenz* Einl. IPR Rn. 1.
[2] BeckOK BGB/*Lorenz* Einl. IPR Rn. 3.
[3] Gemäß Art. 1 Abs. 4 Rom II-VO gilt dies nicht für die Gerichte Dänemarks.

gliedstaaten geltenden und der in ihrem Anwendungsbereich das nationale Kollisionsrecht verdrängenden Norm des Art. 6 Abs. 3 Rom II-VO.[4] Hierbei handelt es sich um eine allseitige Kollisionsregel, die nicht nur nationales, sondern auch ausländisches Recht zur Anwendung beruft. Mit der Schaffung des Art. 6 Abs. 3 Rom II-VO erfuhr das internationale Kartellprivatrecht im Hinblick auf die bis dahin in den Mitgliedstaaten üblichen einseitigen Kollisionsregeln eine grundlegende Neuerung.[5]

Für die Frage der zivilrechtlichen Wirksamkeit wettbewerbsbeschränkender Absprachen ist hingegen nicht der in seinem Anwendungsbereich auf außervertragliche Schuldverhältnisse beschränkte Art. 6 Abs. 3 Rom II-VO, sondern weiterhin § 130 Abs. 2 GWB anzuwenden (→ Rn. 56 ff.). Insoweit verdrängt § 130 Abs. 2 GWB als lex specialis sowohl die nationalen als auch die gemeinschaftsrechtlichen Vertragskollisionsregeln der Rom I-VO.[6] Bei § 130 Abs. 2 GWB handelt es sich um eine einseitige Kollisionsnorm, die nur deutsches Recht zur Anwendung beruft.[7] In diesem Zusammenhang stellt sich daher die Frage, ob und inwieweit durch eine Sonderanknüpfung ausländisches Kartellrecht angewendet werden kann (→ Rn. 59 ff.). Die Kollisionsnormen des internationalen Kartellprivatrechts sind lex specialis und verdrängen die Regeln des allgemeinen Internationalen Privatrechts.[8]

Für das hier nicht relevante Kartellverwaltungsrecht und Kartellstrafrecht bleibt § 130 Abs. 2 GWB einschlägig (→ Rn. 59).

C. Das anwendbare Kartellrecht bei außervertraglichen Schuldverhältnissen

Bei außervertraglichen Schuldverhältnissen bestimmt Art. 6 Abs. 3 Rom II-VO das anwendbare Recht. Diese Kollisionsnorm verdrängt in ihrem Anwendungsbereich die nationale Kollisionsnorm des § 130 Abs. 2 GWB. Dies ergibt sich aus dem Anwendungsvorrang des Gemeinschaftsrechts, Art. 288 Abs. 2 AEUV (→ Rn. 3).[9]

I. Überblick

1. Differenzierung von Lauterkeits- und Kartellrecht in Art. 6 Rom II-VO

Art. 6 Rom II-VO normiert in seinen Abs. 1 und 2 Anknüpfungsregeln für den unlauteren Wettbewerb und in Abs. 3 für den freien Wettbewerb einschränkendes Verhalten. Die Begriffe des unlauteren Wettbewerbs und des den freien Wettbewerb einschränkenden Verhaltens sind zur Ermittlung der einschlägigen Kollisionsnorm voneinander abzugrenzen. Dabei sind die Begriffe verordnungsautonom auszulegen, ein Rückgriff auf die nationale Grenzziehung zwischen den Begriffen scheidet aus.[10] Von Art. 6 Abs. 1 und 2 Rom II-VO ist sachlich als Sonderdeliktsrecht die Regulierung des Verhaltens der Marktakteure auf einem Wettbewerbsmarkt, von Art. 6 Abs. 3 Rom II-VO hingegen die Herstellung bzw. die Erhaltung eines Wettbewerbsmarktes selbst erfasst.[11] Grundlage der verordnungsautonomen Auslegung sind hierbei der Erwägungsgrund 21 Satz 2 für den Begriff des un-

---

[4] Vgl. EuGH Urt. v. 15. 7. 1964 – 6/64, Slg. 1964, 1269 (1270) – Costa/ENEL; Urt. v. 30. 11. 1978 – 31/78, Slg. 1980, 2429 (2444) – Bussone; *Becker/Kammin* EuZW 2011, 503 (506).
[5] Vgl. *Scholz/Rixen* EuZW 2008, 327 (329). Eine einseitige Kollisionsnorm sieht zB das internationale Kartellprivatrecht in Deutschland vor, § 130 Abs. 2 GWB. Das internationale Kartellprivatrecht der Schweiz ist hingegen als allseitige Kollisionsnorm ausgestaltet, vgl. § 137 Abs. 1 schweizerisches IPRG. Zur Notwendigkeit der Allseitigkeit bereits *Adolphsen* JPrIL 2005, 151 (171).
[6] Staudinger/*Fezer/Koos* Int. WirtschaftsR Rn. 65.
[7] *Scholz/Rixen* EuZW 2008, 327 (329).
[8] Staudinger/*Fezer/Koos* Int. WirtschaftsR Rn. 65.
[9] Vgl. EuGH Urt. v. 15. 7. 1964 – 6/64, Slg. 1964, 1269 (1270) – Costa/ENEL; Urt. v. 30. 11. 1978 – 31/78, Slg. 1980, 2429 (2444) – Bussone; Staudinger/*Hausmann* EGBGB Art. 3 Rn. 15; Palandt/*Thorn* EGBGB Art. 3 Rn. 6.
[10] *Mankowski* GRUR Int. 2005, 634 (636); PWW/*Schaub* Rom II-VO Art. 6 Rn. 2.
[11] *Adolphsen* JPrIL 2005, 151 (176); *Mankowski* GRUR Int. 2005, 634 (636); Rauscher/*Unberath/Cziupka* Rom II-VO Art. 6 Rn. 1.

lauteren Wettbewerbs und die Erwägungsgründe 22 und 23 für den Begriff des den freien Wettbewerb einschränkenden Verhaltens (→ Rn. 15 ff.).[12]

2. Das Internationale Kartellprivatrecht des Art. 6 Abs. 3 Rom II-VO im Überblick

8   Gem. Art. 6 Abs. 3 lit. a Rom II-VO ist auf außervertragliche Schuldverhältnisse aus einem den Wettbewerb einschränkenden Verhalten das Recht des Staates anzuwenden, dessen Markt beeinträchtigt ist oder wahrscheinlich beeinträchtigt wird. Hierbei handelt es sich um eine allseitige Kollisionsnorm, die dem Auswirkungsprinzip folgt. Satz 1 des Erwägungsgrundes 22 der Rom II-VO stellt darüber hinaus klar, dass von ihr Verstöße gegen nationales und europäisches Kartellrecht erfasst sind (→ Rn. 12 ff.).

9   Wird der Markt in mehr als einem Staat beeinträchtigt, eröffnet Art. 6 Abs. 3 lit. b Hs. 1 Rom II-VO dem Geschädigten die Möglichkeit, bezüglich aller beeinträchtigter nationaler Märkte das Recht des angerufenen Gerichts *(lex fori)* zur Anwendung zu bringen, sofern der Geschädigte vor einem Gericht in dem Mitgliedstaat des Wohnsitzes des Beklagten klagt und der Markt in diesem Mitgliedstaat zu den Märkten gehört, die unmittelbar und wesentlich durch das den Wettbewerb einschränkende Verhalten beeinträchtigt sind (→ Rn. 34 ff.). Art. 6 Abs. 3 lit. b Rom II-VO enthält keine Regelung der internationalen Zuständigkeit. Diese ist im Vorfeld stets unabhängig von der Frage des anwendbaren Rechts zu klären und ergibt sich für die von Art. 6 Abs. 3 lit. b Hs. 1 Rom II-VO erfasste Klage in dem Mitgliedstaat des Beklagtenwohnsitzes aus Art. 4 Abs. 1 EuGVVO.

10 Klagt der Geschädigte vor einem Gericht, das nach Art. 6 Abs. 3 lit. b Hs. 1 Rom II-VO zur Anwendung des Rechts des angerufenen Gerichts berechtigt, gegen mehr als einen Beklagten, kann er gegenüber sämtlichen Beklagten das Recht des angerufenen Gerichts zur Anwendung bringen, Art. 6 Abs. 3 lit. b Hs. 2 Rom II-VO. Dies gilt jedoch nur, soweit das den Wettbewerb einschränkende Verhalten des jeweiligen Beklagten den Markt des Gerichtsstandes unmittelbar und wesentlich beeinträchtigt (→ Rn. 42 ff.). Auch Art. 6 Abs. 3 lit. b Hs. 2 Rom II-VO enthält keine Regelung zur internationalen Zuständigkeit. Diese ergibt sich für diejenigen Beklagten, die ihren Wohnsitz in dem Mitgliedstaat des angerufenen Gerichts haben, wiederum aus Art. 4 Abs. 1 EuGVVO. Für die übrigen Beklagten kann sich die internationale Zuständigkeit des angerufenen Gerichts aus dem Gerichtsstand der Streitgenossenschaft des Art. 8 Nr. 1 EuGVVO ergeben (→ § 31 Rn. 74 ff.).

11 Bei außervertraglichen Schuldverhältnissen ist eine Rechtswahl unter den Voraussetzungen des Art. 14 Rom II-VO grundsätzlich möglich. Bei solchen, die unter Art. 6 Rom II-VO fallen, ist jedoch gemäß Art. 6 Abs. 4 Rom II-VO eine Rechtswahl ausdrücklich ausgeschlossen (→ Rn. 51 ff.).[13]

II. Allseitige Kollisionsnorm des Art. 6 Abs. 3 lit. a Rom II-VO

12 Eine allseitige Kollisionsnorm liegt vor, wenn sie so formuliert ist, dass je nach Sachverhalt in- oder ausländisches bzw. – wie im Fall des Art. 6 Abs. 3 lit. a Rom II-VO – innergemeinschaftliches oder drittstaatliches Recht zur Anwendung berufen wird.[14] Dies kann dazu führen, dass ein mitgliedstaatliches Gericht einen Schadensersatzanspruch aus wettbewerbsbeschränkendem Verhalten aufgrund der Verletzung drittstaatlicher Verbotsnormen zusprechen muss.[15] Eine einseitige Kollisionsnorm regelt hingegen nur die Anwendung inländischen Rechts. So bestimmt der als einseitige Kollisionsnorm ausgestaltete § 130

---

[12] PWW/*Schaub* Rom II-VO Art. 6 Rn. 2 f.; vgl. außerdem *Junker* NJW 2007, 3675 (3679). Ausführlich zum Begriff des unlauteren Wettbewerbs im Sinne von Art. 6 Abs. 1 und 2 Rom II-VO Rauscher/*Unberath/Cziupka* Rom II-VO Art. 6 Rn. 20 ff.
[13] *Wurmnest* EuZW 2012, 933 (939); *Heiss/Loacker* JBl. 2007, 613 (624); *Wagner* IPRax 2008, 1 (8); MüKoBGB/*Immenga* IntWettbR/IntKartellR Rn. 82.
[14] *Leible/Lehmann* RIW 2007, 721 (730).
[15] Rauscher/*Unberath/Cziupka* Rom II-VO Art. 6 Rn. 53.

Abs. 2 GWB nicht, unter welchen Voraussetzungen ausländisches Kartellrecht Anwendung findet.

Mit der Schaffung des Art. 6 Abs. 3 Rom II-VO erfuhr das internationale Kartellprivatrecht im Hinblick auf die bis dahin in den Mitgliedstaaten üblichen einseitigen Kollisionsregeln eine grundlegende Neuerung.[16] So war bisher zB das internationale Kartellprivatrecht in Deutschland mit § 130 Abs. 2 GWB durch eine einseitige Kollisionsnorm geprägt. Soweit § 130 Abs. 2 GWB nicht durch die Kollisionsregel des Art. 6 Abs. 3 Rom II-VO verdrängt wird, wird durch sie weiterhin nur einseitig deutsches Recht zur Anwendung berufen (zum verbliebenen Anwendungsbereich des § 130 Abs. 2 GWB → Rn. 4 f.). **13**

Teilweise wird Art. 6 Abs. 3 lit. b Rom II-VO nicht als eine echte allseitige Kollisionsnorm, sondern als eine gemeinschaftsweite Binnenmarktkollisionsnorm gesehen.[17] Danach soll die Reichweite der Allseitigkeit auf die Mitgliedstaaten der EU beschränkt sein und drittstaatliches Recht nicht zur Anwendung gebracht werden können. Begründet wird dies im wesentlichen mit Erwägungsgrund 23 Rom II-VO, der lediglich Bezüge zu Mitgliedstaaten oder den Binnenmarkt,[18] aber eben nicht zu Drittstaaten herstellt.[19] Eine solche Einschränkung der Allseitigkeit von Art. 6 Abs. 3 lit. a Rom II-VO ist jedoch abzulehnen.[20] Dies ergibt sich aus dem klaren Wortlaut des Art. 6 Abs. 3 lit. a Rom II-VO, der von Staaten und eben nicht – wie es Erwägungsgrund 23 tut – von Mitgliedstaaten spricht, sowie daraus, dass nach Art. 3 Rom II-VO die Rom II-VO universalen Charakter hat und deshalb auch das durch die VO zur Anwendung berufenen Recht anzuwenden ist, wenn es nicht das Recht eines Mitgliedstaates, sondern drittstaatliches Recht ist.[21] Ein anders lautender Erwägungsgrund kann daran nichts ändern, denn Erwägungsgründe sind lediglich Erläuterungen ohne normativen Charakter, die eine eindeutige verbindliche Norm nicht zu ändern vermag.[22] **14**

III. Anwendungsbereich

1. Gegenstand der Anknüpfung

Gegenstand der Anknüpfung von Art. 6 Abs. 3 Rom II-VO ist ein außervertragliches Schuldverhältnis, dass aus einem den Wettbewerb einschränkenden Verhalten erwächst. Erfasst ist also das Kartellrecht. In Abgrenzung dazu ist bei Art. 6 Abs. 1 und 2 Rom II-VO das unlautere Wettbewerbsverhalten, also das Lauterkeitsrecht Gegenstand der Anknüpfung. Um die richtige Kollisionsnorm zu ermitteln, sind der Begriff des unlauteren Wettbewerbs und der des den freien Wettbewerb einschränkenden Verhaltens voneinander abzugrenzen. Dabei sind die Begriffe verordnungsautonom auszulegen, ein Rückgriff auf die nationale Grenzziehung zwischen den entsprechenden Begriffen scheidet aus.[23] Allerdings stellt die Rom II-VO für die Abgrenzung keine präzise Definitionen bereit. Es bietet sich an, den unlauteren Wettbewerb und das den freien Wettbewerb einschränkende Verhalten funktionell anhand des jeweiligen Schutzzwecks voneinander abzugrenzen.[24] **15**

Das vom Anwendungsbereich des Art. 6 Abs. 1 und 2 Rom II-VO erfasste Lauterkeitsrecht reguliert das Verhalten der Marktteilnehmer auf einem Wettbewerbsmarkt. Schutz- **16**

---

[16] Vgl. *Scholz/Rixen* EuZW 2008, 327 (329); PWW/*Schaub* Rom II-VO Art. 6 Rn. 7; vgl. zur Notwendigkeit der Allseitigkeit *Adolphsen* JPrIL 2005, 151 (171).
[17] So die Wortwahl bei *Mankowski* IPRax 2010, 389 (396); *ders*. RIW 2008, 177 (187 f.); wohl auch *Immenga* FS Kühne 2009, 725 (730 f.).
[18] ZB „[...] *Verhaltensweisen, die eine Verhinderung, Einschränkung oder Verfälschung des Wettbewerbs in einem Mitgliedstaat oder innerhalb des Binnenmarktes bezwecken oder bewirken, [...]*".
[19] *Mankowski* RIW 2008, 177 (187 f.); *Immenga* FS Kühne 2009, 725 (730 f.).
[20] *Roth* FS Kropholler 2008, 623 (637 ff.); Rauscher/*Unberath/Cziupka* Rom II-VO Art. 6 Rn. 53 ff.
[21] Rauscher/*Unberath/Cziupka* Rom II-VO Art. 6 Rn. 54.
[22] *Roth* FS Kropholler 2008, 623 (637); *Mankowski* IPRax 2010, 389 (396).
[23] *Mankowski* GRUR Int. 2005, 634 (636); PWW/*Schaub* Rom II-VO Art. 6 Rn. 2.
[24] *Roth* FS Kropholler 2008, 623 (644); Rauscher/*Unberath/Cziupka* Rom II-VO Art. 6 Rn. 56; *Mankowski* RIW 2008, 177 (179).

gut sind insoweit die Konkurrenten, die Marktgegenseite und der Wettbewerb als Institution (Schutzzwecktrias).[25]

17 Das Kartellrecht soll dagegen einen Wettbewerbsmarkt herstellen bzw. erhalten. Schutzgut ist in diesem Fall eine funktionierende Marktwirtschaft.[26] Gemeinsame Schnittbereiche von Lauterkeits- und Kartellrecht sind jedoch unvermeidlich und können anhand des Schutzzwecks nicht immer trennscharf auseinandergehalten werden.[27]

18 Bei der Abgrenzung helfen Erwägungsgrund 21 Satz 2 für den Begriff des unlauteren Wettbewerbs und die Erwägungsgründe 22 und 23 für den Begriff des den freien Wettbewerb einschränkenden Verhaltens.[28] So enthält Erwägungsgrund 23 einen nicht abschließenden Katalog,[29] der die von Art. 6 Abs. 3 Rom II-VO erfassten Fälle auflistet:

19 [...] der Begriff der Einschränkung des Wettbewerbs [sollte] Verbote von Vereinbarungen zwischen Unternehmen, Beschlüssen von Unternehmensvereinigungen und abgestimmten Verhaltensweisen, die eine Verhinderung, Einschränkung oder Verfälschung des Wettbewerbs in einem Mitgliedstaat oder innerhalb des Binnenmarktes bezwecken oder bewirken, sowie das Verbot der missbräuchlichen Ausnutzung einer beherrschenden Stellung in einem Mitgliedstaat oder innerhalb des Binnenmarktes erfassen, sofern solche Vereinbarungen, Beschlüsse, abgestimmte Verhaltensweisen oder Missbräuche nach den Artikeln 81 und 82 des Vertrags oder dem Recht eines Mitgliedstaats verboten sind.

20 Hierbei handelt es ich im Wesentlichen um die Wiedergabe der in Art. 101 AEUV aufgelisteten Kartellformen und um den in Art. 102 AEUV geregelten Missbrauch einer marktbeherrschenden Stellung.[30] Da der Katalog des Erwägungsgrundes 23 nicht abschließend ist, sondern der Anwendungsbereich des Art. 6 Abs. 3 lit. a Rom II-VO anhand des Schutzzweckes zu bestimmen ist (→ Rn. 15), werden auch solche nationalen Normen zur Anwendung berufen, wenn sie sich nicht ausdrücklich mit dem sachlichen Anwendungsbereich der Art. 101 f. AUEV decken.[31] So fallen zB auch nationale Normen, die bloß einseitige Verhaltensweisen marktbeherrschender Unternehmen verbieten, in den Anwendungsbereich des Art. 6 Abs. 3 lit. a Rom II-VO.[32] Wäre dies nicht so, bestünde ein Widerspruch zu der in Art. 3 Abs. 2 S. 2 VO (EG) Nr. 1/2003 getroffenen Wertung, wonach die Mitgliedstaaten strengere, über Art. 101 f. AEUV hinausgehende innerstaatliche Vorschriften erlassen können.[33] Im Hinblick auf den Anwendungsbereich von Art. 6 Abs. 3 Rom II-VO kann jedenfalls auf die Entscheidungen des EuG bzw. des EuGH zur Auslegung der Art. 81 f. EGV zurückgegriffen werden, weil der Katalog des Erwägungsgrundes 23 an die Art. 81 f. EGV angelehnt ist[34]

21 Art. 6 Abs. 3 lit. a Rom II-VO bringt als echte allseitige Kollisionsregel nicht nur mitgliedstaatliches, sondern auch drittstaatliches Recht zur Anwendung (→ Rn. 12 ff.). Durch die in Erwägungsgrund 23 aufgeführte Bedingung, dass die aufgelisteten Verhaltensweisen „nach den Artikeln 81 und 82 des Vertrags oder dem Recht eines Mitgliedstaats verboten" sein müssen, wird der Anwendungsbereich von Art. 6 Abs. 3 lit. a Rom II-VO im Hinblick auf drittstaatliches Kartellnormen allerdings nicht eingeschränkt. Durch Art. 6 Abs. 3 lit. a Rom II-VO können auch solche drittstaatlichen Normen zur Anwendung

---

[25] *Adolphsen* JPrIL 2005, 151 (176); *Mankowski* GRUR Int. 2005, 634 (636); Rauscher/*Unberath/Cziupka* Rom II-VO Art. 6 Rn. 56.
[26] *Adolphsen* JPrIL 2005, 151 (176); *Mankowski* GRUR Int. 2005, 634 (636); Rauscher/*Unberath/Cziupka* Rom II-VO Art. 6 Rn. 56.
[27] Palandt/*Thorn* Rom II-VO Art. 6 Rn. 5.
[28] PWW/*Schaub* Rom II-VO Art. 6 Rn. 2 f.; vgl. außerdem *Junker* NJW 2007, 3675 (3679). Ausführlich zum Begriff des unlauteren Wettbewerbs im Sinne von Art. 6 Abs. 1 und 2 Rom II-VO Rauscher/*Unberath/Cziupka* Rom II-VO Art. 6 Rn. 20 ff.
[29] *Mankowski* RIW 2008, 177 (179).
[30] *Mankowski* RIW 2008, 177 (179); *Immenga* FS Kühne 2009, 725 (728); *Roth* FS Kropholler 2008, 623 (643).
[31] *Roth* FS Kropholler 2008, 623 (643).
[32] *Roth* FS Kropholler 2008, 623 (643).
[33] Rauscher/*Unberath/Cziupka* Rom II-VO Art. 6 Rn. 59; *Roth* FS Kropholler 2008, 623 (644).
[34] *Mankowski* RIW 2008, 177 (179); Rauscher/*Unberath/Cziupka* Rom II-VO Art. 6 Rn. 58.

berufen werden, die ein Verhalten verbieten, das nicht durch europäisches oder mitgliedsstaatliches Kartellrecht verboten ist.[35] Darüber hinaus ist die Unerlaubtheit der in Frage stehenden Handlung im Hinblick auf die jeweiligen in Erwägungsgrund 23 der Rom II-VO aufgelisteten Verhaltensweise keine Vorbedingung für die Anknüpfung. Ob und inwieweit eine Handlung verboten ist, ist nicht durch das Kollisionsrecht, sondern durch das jeweilige Sachrecht zu entscheiden.[36]

2. Ausschluss behördlicher Kartellsachen

Art. 1 Abs. 1 Rom II-VO beschränkt den Anwendungsbereich der Verordnung und somit auch den des Art. 6 Abs. 3 lit. a Rom II-VO auf „*außervertragliche Schuldverhältnisse in Zivil- und Handelssachen*". Damit gilt die Kollisionsnorm des Art. 6 Abs. 3 lit. a Rom II-VO nur für das private Kartellrecht. Das Kartellverwaltungsrecht und Kartellstrafrecht, also das gesamte behördliche Kartellrecht, sind von ihr nicht erfasst. Die ehemals – vor Geltung der Rom II-VO – einheitliche Anknüpfung für sämtliche kartellrechtlichen Sachverhalte ist durch den auf Zivil- und Handelssachen beschränkten Anwendungsbereich der Rom II-VO aufgespalten worden.[37] Die nationalen Kollisionsnormen, wie in Deutschland § 130 Abs. 2 GWB, bleiben im Hinblick auf behördliche Kartellsachen anwendbar und werden durch das Gemeinschaftsrecht nicht verdrängt. **22**

Der Begriff der „Zivil und Handelssachen" ist ein autonomer Begriff des Gemeinschaftsrechts und deckt sich mit dem aller europäischen Verordnungen zum Internationalen Privat- und Zivilverfahrensrecht (zB Art. 1 Abs. 1 EuGVVO).[38] Es ist möglich, dass unter den Begriff auch solche Maßnahmen fallen, die nach nationalem Recht als öffentlichrechtlich einzuordnen wären.[39] Jedenfalls ist rein staatliche Rechtsdurchsetzung in einem Subordinationsverhältnis mit Sonderrechten des Staates nicht mehr vom Begriff der „Zivil- und Handelssache" umfasst.[40] **23**

Auch wenn die in Erwägungsgrund 23 der Rom II-VO genannten Art. 81 und 82 EGV (jetzt Art. 101 und 102 AEUV) nicht zwischen Kartellverwaltungsrecht und Kartellstrafrecht auf der einen und privatem Kartellrecht auf der anderen Seite unterscheiden, stellt Art. 6 Abs. 3 lit. a Rom II-VO keine Ausnahme zur generellen Einschränkung des Anwendungsbereichs der VO dar. Dies ergibt sich bereits aus Art. 81 AEUV, der Ermächtigungsgrundlage der Rom II-VO, der lediglich die justizielle Zusammenarbeit in Zivilsachen erfasst.[41] **24**

3. Bestimmung der Anwendbarkeit von EU-Kartellrecht

Erwägungsgrund 22 Rom II-VO spricht davon, dass Art. 6 Abs. 3 Rom II-VO sowohl für die Anknüpfung nationalen als auch gemeinschaftlichen Kartellrechts gelten soll. Dies verleitet zu der Annahme, dass die primärrechtlichen Regelungen der Art. 101 f. AEUV durch die sekundärrechtliche Regelung des Art. 6 Abs. 3 Rom II-VO zur Anwendung berufen würde. Dem ist aber nicht so, da sekundärrechtliche Normen keinen Rechtsanwendungsbefehl für das EU-Primärrecht geben können.[42] Der Anwendungsbereich des EU-Kartellrechts (Art. 101 f. AEUV) bestimmt sich vielmehr eigenständig nach den vom EuGH entwickelten Grundsätzen,[43] die vom im Art. 6 Abs. 3 lit. a Rom II-VO geregelten Auswirkungsprinzip (→ Rn. 28 ff.) – wenn auch nur geringfügig – abweichen.[44] Inso- **25**

---

[35] Rauscher/*Unberath*/*Cziupka* Rom II-VO Art. 6 Rn. 59; *Roth* FS Kropholler 2008, 623 (644).
[36] *Mankowski* RIW 2008, 177 (182); Rauscher/*Unberath*/*Cziupka* Rom II-VO Art. 6 Rn. 60.
[37] *Immenga* FS Kropholler 2008, 725 (727).
[38] EuGH Urt. v. 15.2.2007 – C-292/05, Slg. I 2007, 1540 Rn. 29; *Mankowski* RIW 2008, 177 (180); *Immenga* FS Kropholler 2008, 725 (727).
[39] EuGH Urt. v. 27.11.2007 – C-435/06, BeckRS 2007, 70959 Rn. 51.
[40] EuGH Urt. v. 1.10.2002 – C-167/00, Slg. 2002 I-8111 Rn. 26 – Verein für Konsumenteninformation/Karl Heinz Henkel; *Adolphsen* EZVR 3. Kap. Rn. 8; *Mankowski* RIW 2008, 177 (180).
[41] Rauscher/*Unberath*/*Cziupka* Rom II-VO Art. 6 Rn. 65.
[42] *Wurmnest* EuZW 2012, 933 (936 f.); *Mankowski* IPRax 2010, 389 (395); *ders.* RIW 2008, 177 (179).
[43] *Mankowski* IPRax 2010, 389 (397).
[44] *Immenga* FS Kühne 2009, 725 (728).

weit fällt die Bestimmung des anwendbaren Rechts bei der Geltendmachung eines Schadensersatzanspruches wegen Verstoß gegen eine EU-kartellrechtliche Verbotsnorm auseinander. Dies beruht darauf, dass das EU-Kartellrecht – abgesehen von der Nichtigkeitsfolge in Art. 101 Abs. 2 AEUV – keine privatrechtlichen Rechtsfolgen enthält.[45] Die privatrechtlichen Rechtsfolgen eines Verstoßes gegen EU-Kartellrecht, wie zB einen Schadensersatzanspruch, regelt das nationale Recht (zB § 33 GWB). Dessen Anwendbarkeit richtet sich nach Art. 6 Abs. 3 Rom II-VO, wohingegen die Anwendbarkeit der EU-kartellrechtlichen Verbotsnorm – aus dem eben dargestellten Grund – davon unabhängig zu bestimmen ist.

26 Die Anwendung der EU-kartellrechtlichen Verbotsnormen (Art. 101 f. AEUV) wird gemäß der EuGH-Rechtsprechung nach dem Durchführungsprinzip und dem Grundsatz der wirtschaftlichen Einheit bestimmt.[46] Die Art. 101 f. AEUV finden danach nur dann Anwendung, wenn die Wettbewerbsbeschränkung durch eine Aktivität auf dem Gebiet der EU ausgelöst wird (Durchführungsprinzip) oder ein Unternehmen eines Drittstaates außergemeinschaftliche Aktivitäten über ein in der EU ansässiges Tochterunternehmen steuert (Grundsatz der wirtschaftlichen Einheit). Durch die in der Vergangenheit immer weitere Auslegung des Durchführungsprinzips hat sich der EuGH vom Ergebnis her stetig dem Auswirkungsprinzip angenähert. Es bleibt abzuwarten, ob der EuGH in zukünftigen Entscheidungen gänzlich von dem Durchführungsprinzip Abstand nimmt und das Auswirkungsprinzip anerkennt. Dies wäre begrüßenswert, um eine einheitliche Anknüpfung von Primär- und Sekundärrecht sicherzustellen und um kartellrechtliche Schutzlücken des Binnenmarktes zu schließen, die – wenn auch nur nach umstrittener Literaturmeinung[47] – nämlich dann bestehen, wenn man ein Unterlassen nicht als Durchführung der Handlung ansieht, zB im Fall einer Gebietsaufteilung von in Drittstaaten ansässigen Unternehmen, die über keine Tochtergesellschaften in der EU verfügen.[48]

27 Teilweise wird aufgrund der eben dargestellten gesonderten Anknüpfung des EU-Kartellrechts vertreten, dass generell – also auch in Bezug auf nationale Rechtsnormen – die Anknüpfung des Art. 6 Abs. 3 Rom II-VO auf das Kartelldeliktsrecht zu beschränken und die Frage nach der einer Haftung zugrunde liegenden (insbesondere als öffentlich-rechtlich zu beurteilenden) Verbotsnorm selbstständig anzuknüpfen ist.[49] Dagegen spricht jedoch Art. 15 lit. a Rom II-VO, wonach das nach der Rom II-VO auf außervertragliche Schuldverhältnisse anzuwendende Recht ua für den Grund der Haftung maßgebend ist. Allerdings ist stets der Anwendungswille der als Haftungsgrund in Betracht kommenden nationalen Verbotsnorm zu berücksichtigen, die durch Art. 6 Abs. 3 Rom II-VO zur Anwendung berufen wird.[50] Ob der Anwendungswille einer Verbotsnorm dadurch Berücksichtigung findet, dass dieser im konkreten Einzelfall das Auswirkungsprinzip des Art. 6 Abs. 3 Rom II-VO konkretisiert[51] oder der Anwendungswille nach einem sich zunächst aus Art. 6 Abs. 3 Rom II-VO ergebenden Rechtsanwendungsbefehl hinsichtlich der Verbotsnorm erst auf einer zweiten Prüfungsstufe (zweistufige Anknüpfung) berücksichtigt wird,[52] dürfte im Ergebnis keine Rolle spielen.[53] Um den Begriff der Auswirkung jedoch

---

[45] ABl. 1973 C 67, 55; vgl. auch *Mankowski* RIW 2008, 177 (180).
[46] ZB EuGH Urt. v. 14. 7. 1972 – 48/69, Slg. 1972, 619 Rn. 125 ff. – ICI; Urt. v. 6. 3. 1974 – C-J/73, Slg. 1974, 223 Rn. 15, 23 ff. – Zoja; EuGH Urt. v. 15. 6. 1976 – C-86/75, Slg. 1976, 811 – EMI/CBS.
[47] *Mestmäcker/Schweitzer* EuWettbR § 6 Rn. 42 (dagegen); Tietje/*Wagner v. Papp* § 11 Rn. 28 (dafür).
[48] *Wurmnest* EuZW 2012, 933, 936 f.
[49] Hüßtege/Mansel/*Weller* Rom II-VO Art. 6 Rn. 35.
[50] *Roth* FS Kropholler 2008, 623 (641); *Scholz/Rixen* EuZW 2008, 327 (330); vgl. auch Staudinger/*Fezer/Koos* Int. WirtschaftsR Rn. 118.
[51] So wohl *Scholz/Rixen* EuZW 2008, 327 (330); *Wurmnest* EuZW 2012, 933 (937); vgl. außerdem *Basedow* NJW 1989, 627 (628).
[52] *Roth* FS Kropholler 2008, 623 (636); Staudinger/*Fezer/Koos* Int. WirtschaftsR Rn. 118.
[53] Theoretisch besteht im Ergebnis ein Unterschied, wenn der sachrechtliche Anwendungswille weiter ist als der, der durch die Kollisionsnorm des Art. 6 Abs. 3 lit. a Rom II-VO auf einer ersten Prüfungsstufe zugelassen wird.

überhaupt handhabbar zu machen, wird man die jeweils verletzte Kartellverbotsnorm zur Konkretisierung des Auswirkungsprinzips heranziehen müssen (→ Rn. 29).

IV. Bestimmung des anwendbaren Rechts

1. Auswirkungsprinzip

Auch wenn der Wortlaut von der Beeinträchtigung eines Marktes spricht, ist für die Anknüpfung nach Art. 6 Abs. 3 lit. a Rom II-VO wie bei der Anknüpfung nach der deutschen Kollisionsnorm des § 130 Abs. 2 GWB das Auswirkungsprinzip (engl. *effects doctrine*) maßgebend. Erwägungsgrund 22 der Rom II-VO stellt dies klar, denn danach soll „*das Recht des Staates anzuwenden sein, in dessen Gebiet sich die Einschränkung auswirkt oder auszuwirken droht.*" Das Auswirkungsprinzip wird nicht als Ausnahme, sondern als eine Konkretisierung der Erfolgsortanknüpfung des Art. 4 Abs. 1 Rom II-VO verstanden.[54] Durch die Sonderregelung des internationalen Kartellprivatrechts in Art. 6 Abs. 3 Rom II-VO wird zugleich vermieden, dass die für das internationale Kartellprivatrecht ohnehin nicht passenden Lockerungen des allgemeinen internationalen Deliktsrechts aus Art. 4 Abs. 2 und 3 Rom II-VO angewendet werden.[55]

a) Begriff der Auswirkung. Was genau unter einer Auswirkung zu verstehen ist, lässt Art. 6 Abs. 3 lit. a Rom II-VO offen.[56] Man wird darunter jedoch jede Veränderung der Wettbewerbssituation fassen müssen, unabhängig davon, ob eine dies verursachende Handlung im Inland erfolgt ist.[57] Mit anderen Worten wirkt sich ein den Wettbewerb einschränkendes Verhalten dort aus, wo es den Mechanismus von Angebot und Nachfrage beeinträchtigt.[58] Dabei können auf einem Markt erzielte Umsätze ein Indiz dafür sein, dass eine Auswirkung auf diesen Markt vorliegt (zum Marktbegriff → Rn. 30).[59] Ob eine Veränderung der Wettbewerbssituation bzw. eine Beeinträchtigung von Angebot und Nachfrage vorliegt, also das Funktionieren der Marktwirtschaft betroffen ist, richtet sich nach den Normen, die das Ziel haben, einen Wettbewerbsmarkt zu erhalten, bzw. herzustellen, sprich nach den kartellrechtlichen Verbotsnormen. Daraus folgt, dass die Konkretisierung des Auswirkungsprinzip stets mit dem Blick auf die jeweils verletzte kartellrechtliche Verbotsnorm erfolgt.[60] Je nach Art der Wettbewerbsbeschränkung und je nach der betroffenen kartellrechtlichen Verbotsnorm fächert sich das Auswirkungsprinzip in zahlreiche detaillierte Anknüpfungsregeln auf.[61] So kommt es zB bei horizontalen Absprachen im Sinne von sog Anbieterkartellen zur Bestimmung des Marktes, dessen Wettbewerbssituation durch die Absprache verändert wird, auf den Warenfluss und den Sitz der Nachfrager an. Sitzen die Teilnehmer eines Anbieterkartells etwa in den USA und deren Abnehmer in Deutschland und Frankreich, wirkt sich das Anbieterkartell auf dem deutschen und französischen Markt aus, da die Ware in diese Staaten gelangt.[62]

b) Begriff des Marktes. Anders als Art. 6 Abs. 1 Rom II-VO, der das Recht des Staates zur Anwendung beruft, „*in dessen Gebiet die Wettbewerbsbeziehungen oder die kollektiven Interessen der Verbraucher*" beeinträchtigt werden, knüpft Art. 6 Abs. 3 lit. a Rom II-VO an den

---

[54] Erwägungsgrund 21 Rom II-VO; *Becker/Kammin* EuZW 2011, 503 (506); *Mankowski* RIW 2008, 177 (184).
[55] *Mankowski* RIW 2008, 177 (184).
[56] Rauscher/*Unberath/Cziupka* Rom II-VO Art. 6 Rn. 68.
[57] Rauscher/*Unberath/Cziupka* Rom II-VO Art. 6 Rn. 68.
[58] *Wurmnest* EuZW 2012, 933 (937).
[59] *Mankowski* RIW 2008, 177 (185); Rauscher/*Unberath/Cziupka* Rom II-VO Art. 6 Rn. 68.
[60] *Wurmnest* EuZW 2012, 933 (937); *Basedow* NJW1989, 627 (628); *Mankowski* RIW 2008, 177 (185); vgl. außerdem *Esseiva* ZVglRWiss 94 (1995), 80 (87).
[61] *Wurmnest* EuZW 2012, 933 (937); *Basedow* NJW1989, 627 (628).
[62] Diese und weitere Arten der Wettbewerbsbeschränkung sind dargestellt bei *Wurmnest* EuZW 2012, 933 (937 f.); *Basedow* NJW1989, 627 (628 ff.).

Begriff des Marktes an.[63] Eine nähere Definition des Marktbegriffes erfolg auch in den Erwägungsgründen nicht. Jedenfalls ist er ein kollisionsrechtlicher, der sich nicht kartellrechtlich-ökonomisch bestimmt, sondern räumlich auf das Gebiet eines Staates bezieht.[64] Ein Hinweis darauf gibt der sich auf Art. 6 Abs. 3 Rom II-VO beziehende Erwägungsgrund 22, in dem es heißt, dass das Recht des Staates anzuwenden sein sollte, *„in dessen Gebiet sich die Einschränkung auswirkt oder auszuwirken droht."* Demnach sind Märkte im Grunde zu nationalisieren und bestimmten Staaten zuzuordnen, auch wenn das staatliche Territorium und die sachliche Wirtschaftszone nicht übereinstimmen.[65]

31 Zur Konkretisierung des Marktbegriffs ist wie beim Begriff der Auswirkung die jeweils verletzte nationale kartellrechtliche Verbotsnorm heranzuziehen (→ Rn. 29). Die Konkretisierung durch die nationale Norm findet freilich dort ihre Grenze, wo Auswirkungen erfasst sind, die außerhalb des staatlichen Territoriums liegen, die nationale Norm durch einen weiten Marktbegriff also extraterritoriale Geltung beansprucht.[66] Andere bestimmen den Marktbegriff gemeinschaftsautonom und überlassen dies nicht den jeweils einschlägigen kartellrechtlichen Sachnorm, die Art. 6 Abs. 3 Rom II-VO schließlich zur Anwendung beruft.[67] Erst auf einer zweiten Stufe ist anhand des bereits durch das internationale Kartellprivatrecht zur Anwendung berufene nationale Sachrecht dessen Anwendungswilligkeit zu ermitteln (→ Rn. 27).[68] So kann zB die Anwendung des an sich aufgrund von Art. 6 Abs. 3 Rom II-VO anwendbaren nationalen Sachrechts ausgeschlossen sein, wenn die betroffene Norm von einem gegenüber dem kollisionsrechtlichen engeren Marktbegriff ausgeht. Praktisch dürften beide Ansichten auch hier zum gleichen Ergebnis führen.

32 **c) Wahrscheinliche Auswirkung.** Im Einklang mit Art. 2 Abs. 2 Rom II-VO sind nach dem Wortlaut von Art. 6 Abs. 3 lit. a Rom II-VO neben tatsächlichen Auswirkungen auch wahrscheinliche Auswirkungen erfasst.[69] Dies gilt – auch wenn der Wortlaut nicht ganz eindeutig ist – auch für Art. 6 Abs. 3 lit. b Rom II-VO.[70] Damit nimmt die Norm Rücksicht darauf, dass kartellrechtliche Normen auch als Gefährdungstatbestände ausgestaltet sein können, die eine konkrete Marktbeeinträchtigung nicht voraussetzen.[71] Welcher Grad der Wahrscheinlichkeit gegeben sein muss, ergibt sich aus der Rom II-VO nicht. In Anlehnung an die für Art. 7 Nr. 2 Var. 2 EuGVVO (zuvor Art. 5 Abs. 3 Var. 2 EuGVVO aF) entwickelten Grundsätze ist eine ernst zu nehmende Gefahr zu verlangen, sodass eine bloß theoretische Möglichkeit eines Verstoßes nicht ausreichend ist.[72] Erfasst sind zum einen drohende Wiederholungs- und zum anderen drohende Erstbegehungen.[73]

33 **d) Keine einschränkenden Merkmale.** Dem Wortlaut nach kommt es allein auf die Auswirkung an. Weitere Merkmale, wie zB die Spürbarkeit oder Unmittelbarkeit spielen – im Gegensatz zu Art. 6 Abs. 3 lit. b Rom II-VO – demnach keine Rolle.[74] Teilweise wird eine Wesentlichkeitsschwelle im Sinne einer Bagatellgrenze als dem Auswirkungsprinzip immanent angesehen.[75] Andere Kriterien, wie zB Vorhersehbarkeit, Spürbarkeit,

---

[63] Ob zwischen den Formulierungen von Abs. 1 und Abs. 3 tatsächlich ein Unterschied besteht, ist bereits zu bezweifeln; *Roth* FS Kropholler 2008, 623 (642), 83 mwN.
[64] Mit gleichem Ergebnis *Wurmnest* EuZW 2012, 933, 937.
[65] Vgl. *Adolphsen* JPrIL 2005, 151 (161 f.); *Mankowski* RIW 2008, 177 (185).
[66] In diesem Fall wäre die Souveränität eines anderen Staates betroffen, in die aufgrund des Völkerrechts durch eine extraterritoriale Geltung einer nationalen Norm eines anderen Staates nicht eingegriffen werden darf. Vgl. *Adolphsen* JPrIL 2005, 151 (162).
[67] *Roth* FS Kropholler 2008, 623 (642).
[68] *Roth* FS Kropholler 2008, 623 (642).
[69] Rauscher/*Unberath*/*Cziupka* Rom II-VO Art. 6 Rn. 61; *Mankowski* RIW 2008, 177 (182 f.).
[70] *Mankowski* RIW 2008, 177 (182).
[71] *Roth* FS Kropholler 2008, 623 (641).
[72] Rauscher/*Unberath*/*Cziupka* Rom II-VO Art. 6 Rn. 61; *Mankowski* RIW 2008, 177 (183).
[73] *Adolphsen* EZVR 3. Kap. Rn. 97; *Mankowski* RIW 2008, 177 (183 f.).
[74] Rauscher/*Unberath*/*Cziupka* Rom II-VO Art. 6 Rn. 69; BeckOK BGB/*Spickhoff* Rom II-VO Art. 6 VO Rn. 7; PWW/*Schaub* Rn. 7.
[75] *Mankowski* RIW 2008, 177 (186).

Unmittelbarkeit usw. werden ebenfalls diskutiert.[76] Diese Ansichten sind jedoch aufgrund des Wortlauts von Art. 6 Abs. 3 lit. b Rom II-VO abzulehnen, denn dieser verlangt ausdrücklich eine unmittelbare und wesentliche Beeinträchtigung eines Marktes. Im Umkehrschluss kann dies deshalb nicht für Art. 6 Abs. 3 lit. a Rom II-VO gelten.[77]

2. Lex fori bei Streudelikten

a) Einführung. Ein erheblicher Nachteil des Auswirkungsprinzips nach Art. 6 Abs. 3 lit. a 34 Rom II-VO ist die Anwendung von Rechten mehrerer betroffener Staaten auf ein und denselben (staatenübergreifenden) Sachverhalt (sog Streu- oder Multi-State-Delikte), wobei von dem jeweils anzuwendenden nationalen Recht nur der die Inlandswirkung betreffende Teilsachverhalt erfasst ist.[78] Dies führt zu einer Mosaikbetrachtung des Gesamtsachverhalts, mit der praktischen Folge, dass jeweils nur der im Inland eingetretene Schaden aus wettbewerbsbeschränkendem Verhalten nach inländischem Recht geltend gemacht werden kann.[79] Dadurch ist ein erhöhter tatsächlicher und finanzieller Aufwand zur Geltendmachung des Gesamtschadens erforderlich.[80]

Um die aus dem Auswirkungsprinzip folgende Mosaikbetrachtung einzudämmen,[81] be- 35 steht gemäß Art. 6 Abs. 3 lit. b Hs. 1 Rom II-VO für den Geschädigten die Wahlmöglichkeit, alleine das Recht des Forumstaates zur Anwendung zu bringen. Voraussetzung dafür ist, dass der Geschädigte vor einem Gericht im Mitgliedstaat (nicht: Drittstaat) des Wohnsitzes des Beklagten bzw. vor Gerichten des Mitgliedstaates, in dem der satzungsmäßige Sitz, die effektive Hauptverwaltung oder die Hauptniederlassung der beklagten juristischen Person liegt (Art. 4, 63 Abs. 1 EuGVVO), klagt und dieser Markt zu den unmittelbar und wesentlich beeinträchtigten Märkten gehört. Art. 6 Abs. 3 lit. b Hs. 2 Rom II-VO geht sogar noch einen Schritt weiter: Klagt der Geschädigte gegen mehr als einen Beklagten, so besteht für den Geschädigten die Wahlmöglichkeit, das Recht des Forumstaates bezüglich aller Beklagten zur Anwendung zu bringen, wenn zumindest einer der Beklagten vor einem Gericht im Mitgliedstaat seines Wohnsitzes entsprechend Hs. 1 verklagt wird und das wettbewerbsbeschränkende Verhalten der übrigen Beklagten den Markt des Forumstaates unmittelbar und wesentlich beeinträchtigt. Sofern der Geschädigte seine Wahlmöglichkeit nach Art. 6 Abs. 3 lit. b Hs. 1 bzw. Hs. 2 Rom II-VO nicht ausübt oder mangels Vorliegens der Voraussetzungen nicht ausüben kann, bleibt es bei der Anwendung des Auswirkungsprinzips des Art. 6 Abs. 3 lit. a Rom II-VO und der daraus folgenden Mosaikbetrachtung des Gesamtsachverhalts.

Die Wahlmöglichkeit des Geschädigten, das Recht des Forumstaates auf den Gesamt- 36 sachverhalt zur Anwendung zu bringen, um die Nachteile des Auswirkungsprinzips durch Art. 6 Abs. 3 lit. a Rom II-VO einzuschränken, ist ein absolutes Novum.[82] Die bisher im Internationalen Privatrecht üblichen Instrumente – wie zB Kriterien der Spürbarkeit und Unmittelbarkeit zur Einschränkung des Auswirkungsprinzips, eine Schwerpunktbetrachtung zur Eingrenzung des anwendbaren Kartelldeliktsrechts oder die Anwendung der *lex fori*[83] – wurden vom Verordnungsgeber nicht gewählt.

b) Mosaikbetrachtung und internationale Zuständigkeit. Die aus dem Auswirkungsprinzip 37 des Art. 6 Abs. 3 lit. a Rom II-VO herrührende Mosaikbetrachtung wirkt sich auch pro-

---

[76] Für eine ausführliche Darstellung des Streitstandes zur Einschränkung des Auswirkungsprinzips siehe Immenga/Mestmäcker/*Rehbinder* EuWettbR, Abschnitt II. A Rn. 13 ff.
[77] Rauscher/*Unberath*/*Cziupka* Rom II-VO Art. 6 Rn. 69.
[78] *Roth* FS Kropholler 2008, 623 (644 f.); *Adolphsen* JPrIL 2005, 151 (161); *Wurmnest* EuZW 2012, 933 (938); *Mankowski* RIW 2008, 177 (188).
[79] *Mankowski* RIW 2008, 177 (188); *Wurmnest* EuZW 2012, 933 (938); *Roth* FS Kropholler 2008, 623 (644 f.).
[80] *Mankowski* RIW 2008, 177 (188); Rauscher/*Unberath*/*Cziupka* Rom II-VO Art. 6 Rn. 70.
[81] *Mankowski* RIW 2008, 177 (189); *Roth* FS Kropholler 2008, 623 (645).
[82] *Scholz*/*Rixen* EuZW 2008, 327 (327); im Anschluss daran Rauscher/*Unberath*/*Cziupka* Rom II-VO Art. 6 Rn. 71.
[83] Aufzählung bei *Roth* FS Kropholler 2008, 623 (645) m. w N.

zessrechtlich aus. Nach der *Shevill*-Doktrin[84] werden die materiell-rechtlichen Auswirkungen des Mosaikprinzips auf die Bestimmung der internationalen Zuständigkeit von Gerichten übertragen, soweit sich diese gemäß Art. 7 Nr. 2 EuGVVO aus dem Erfolgsort ergibt (allgemein zur internationalen Zuständigkeit → § 31 Rn. 42 ff.). Danach wird die internationale Zuständigkeit eines Gerichts am Erfolgsort nur für die Schäden begründet, die auf dem nationalen Territorium des Staates des angerufenen Gerichts eingetreten sind (begrenzte Kognitionsbefugnis der Gerichte).[85] Sowohl der Umfang der internationalen Zuständigkeit nach Art. 7 Nr. 2 EuGVVO als auch der des anwendbaren Rechts gemäß Art. 6 Abs. 3 lit. a Rom II-VO bilden insoweit einen Gleichlauf.[86]

38 Werden – so wie dies Art. 6 Abs. 3 lit. b Rom II-VO macht – die Folgen des Auswirkungsprinzips materiell-rechtlich eingeschränkt, ändert dies nichts an den prozessrechtlichen Wirkungen der Mosaikbetrachtung in Bezug auf die internationale Zuständigkeit. So enthält Art. 6 Abs. 3 lit. b Rom II-VO auch keine Regelung zur internationalen Zuständigkeit. Daraus folgt, dass – würde allein der Gerichtsstand des Erfolgsortes gemäß Art. 7 Nr. 2 EuGVVO berücksichtigt – die von Art. 6 Abs. 3 lit. b Rom II-VO vorgesehene Möglichkeit der Anwendung des Rechts des Forumstaates bezüglich des Gesamtsachverhalts und der Geltendmachung des Gesamtschadens ins Leere liefe, da das Gericht des Forumstaates ohnehin nur für den auf dessen Territorium eingetretenen Schaden international zuständig wäre.[87] Am Gerichtsstand des Erfolgsortes kann folglich nur der auf den Forumstaat entfallende Schadensteil eingeklagt werden. Deshalb setzt Art. 6 Abs. 3 lit. b Rom II-VO eine Klage am Wohnsitz des Beklagten voraus.[88] Der EuGH hat bisher lediglich dem Opfer einer im Internet begangenen Verletzung des Persönlichkeitsrechts die Möglichkeit eingeräumt, am Mittelpunkt seiner Interessen einen Gerichtsstand für den gesamten Schaden in Anspruch zu nehmen. Insofern gilt das Mosaikprinzip nicht.[89] Die internationale Zuständigkeit eines Gerichts am Beklagtenwohnsitz, an dem der gesamte Schaden unabhängig vom Handlungs- und Erfolgsort eingeklagt werden kann, ergibt sich dabei aus Art. 4 Abs. 1 EuGVO; wird gegen mehr als einen Beklagten geklagt (vgl. Art. 6 Abs. 3 lit. b Hs. 2 Rom II-VO), ergibt sich die internationale Zuständigkeit für die Beklagten, die ihren Wohnsitz nicht im Forumstaat haben, aus Art. 8 Nr. 1 EuGVVO (Gerichtsstand der Streitgenossenschaft). Übt der Kläger sein Wahlrecht nach Art. 6 Abs. 3 lit. b Rom II-VO bei einer Klage am Beklagtenwohnsitz aus, kann er den Gesamtschaden nach dem Recht des Forumstaates geltend machen, ohne dass die internationale Zuständigkeit dem entgegenstünde. Klagt der Geschädigte in dem Mitgliedstaat des Handlungsortes (ebenfalls Art. 7 Nr. 2 EuGVVO), kann er zwar den Gesamtschaden gelten machen; insoweit gilt die *Shevill*-Doktrin nicht. Allerdings kann er – da Art. 6 Abs. 3 lit. b Rom II-VO nicht greift, weil dieser eine Klage am Beklagtenwohnsitz voraussetzt – seinen Schaden nur entsprechend einer Mosaikbetrachtung, also – so wie von Art. 6 Abs. 3 lit. a Rom II-VO vorgesehen – nur jeweils den auf den jeweiligen Mitgliedstaat entfallenden Schadensanteil nach dem Recht des jeweils betroffenen Mitgliedstaates einklagen.[90]

39 c) Anreiz zum forum shopping. Wird wegen wettbewerbseinschränkendem Verhalten gegen mehrere Beklagte geklagt, die ihren Wohnsitz in verschiedenen Mitgliedstaaten haben, sind mehrere Gerichtsstände eröffnet, da in dem Mitgliedstaat des Wohnsitzes eines jeden Beklagten (Art. 4 Abs. 1 EuGVVO) auch die übrigen Beklagten, die ihren Wohnsitz nicht in diesem Mitgliedstaat haben, verklagt werden können, sofern die Vorausset-

---

[84] Vgl. EuGH Urt. v. 7. 3. 1995 – C-68/93, NJW 1995, 1881.
[85] *Wurmnest* EuZW 2012, 933 (934); *Adolphsen* EZVR 3. Kap. Rn. 291.
[86] *Wagner* IPRax 2008, 1 (8).
[87] *Scholz/Rixen* EuZW 327 (332).
[88] Rauscher/*Unberath/Cziupka* Rom II-VO Art. 6 Rn. 73.
[89] EuGH Urt. v. 25.10.2011 – verb. Rs. C-509/09 und C-161/10 Rn. 45 – eDateAdvertisingGmbH/X und Martinez/MGN Limited.
[90] *Leible/Lehmann* RIW 2007, 721 (730).

zungen des Art. 8 Nr. 1 EuGVVO vorliegen.[91] Aufgrund dieser konkurrierenden internationalen Zuständigkeit verschiedener Gerichte wird dem Kläger die Möglichkeit des sog *forum shoppings* eröffnet. Der Kläger kann ein Gericht in dem Mitgliedstaat auswählen, das für ihn ein im Vergleich zu Gerichten in anderen Mitgliedstaaten günstigeres Verfahrens- oder materielles Recht anwendet.

Durch Art. 6 Abs. 3 lit. b Hs. 2 Rom II-VO, der das anwendbare Recht bestimmt, **40** wenn mehrere Beklagte mit Wohnsitzen in verschiedenen Mitgliedstaaten verklagt werden, wird das *forum shopping* begünstigt.[92] Im Unterschied zur Regelung des Art. 6 Abs. 3 lit. a Rom II-VO werden nämlich nicht in jedem Forumstaat gleichermaßen die Rechte der Mitgliedstaaten zur Anwendung berufen, soweit sich das wettbewerbsbeschränkende Verhalten auf die jeweiligen Märkte der Mitgliedstaaten auswirkt (Mosaikbetrachtung), sondern für den Gesamtsachverhalt das Recht des jeweiligen Forumstaates zur Anwendung gebracht. Im Fall des Art. 6 Abs. 3 lit. a Rom II-VO würde in jedem Forum also immer das gleiche und im Fall des Art. 6 Abs. 3 lit. b Hs. 2 Rom II-VO in jedem Forum ein anderes Sachrecht zur Anwendung berufen. In letzterem Fall kann der Kläger durch Wahl des Forums das für ihn günstigste Sachrecht wählen.

Um den Anreiz zum *forum shopping* wiederum einzudämmen, wird die Anwendung des **41** Rechts des Forumstaates davon abhängig gemacht, dass hinsichtlich aller Beklagten der Markt des Forumstaates durch das wettbewerbseinschränkende Verhalten unmittelbar und wesentlich beeinträchtigt ist (→ Rn. 42).[93] Dadurch werden faktisch all die Foren dem *forum shopping* entzogen, deren Märkte weder unmittelbar noch wesentlich beeinträchtigt sind.

d) Unmittelbare und wesentliche Marktbeeinträchtigung. In beiden Fällen des Art. 6 **42** Abs. 3 lit. b Rom II-VO wird für die Anwendung des Rechts des Forumstaates einschränkend vorausgesetzt, dass eine unmittelbare und wesentliche Wettbewerbsbeeinträchtigung auf dem Markt des Staates des angerufenen Gerichts gegeben oder wahrscheinlich ist. Mit den Kriterien der Unmittelbarkeit und Wesentlichkeit soll einem zu weitgehenden *forum shopping* entgegengewirkt werden (→ Rn. 39 ff.).[94] Trotz dieser klaren Funktion der Kriterien ergeben sich deren inhaltlichen Anforderungen weder aus dem Wortlaut des Art. 6 Abs. 3 lit. b Rom II-VO noch aus den Erwägungsgründen.[95] Bei der Auslegung besteht lediglich Einigkeit hinsichtlich der Randbereiche der beiden Kriterien.

Am unteren Rand erfordert das Kriterium der Wesentlichkeit zumindest das Über- **43** schreiten einer Spürbarkeitsschwelle, sodass eine Wettbewerbsbeeinträchtigung eine gewisse Mindestintensität erfordert.[96] Damit schließen bagatellhafte Auswirkungen auf einen Markt das Wahlrecht des Art. 6 Abs. 3 lit. b Rom II-VO aus. Durch die Voraussetzung der unmittelbaren Beeinträchtigung soll die für den Kläger geschaffene erleichterte Geltendmachung von Schäden aus Kartellrechtsverletzungen auf solche Rechtsordnungen beschränkt werden, deren Markt primär vom wettbewerbsbeschränkenden Verhalten des Beklagten betroffen ist. Bloße Folgewirkungen sind hingegen nicht ausreichend.[97] Am oberen Rand ist weder eine unmittelbare und wesentliche Marktbeeinträchtigung im Sinne einer Exklusivität für die Ausübung des Wahlrechts notwendig noch muss der Schwer-

---

[91] Die internationale Zuständigkeit hinsichtlich der übrigen Beklagten muss sich nicht zwingend aus Art. 8 Nr. 1 EuGVVO ergeben. Eine subjektive Klagehäufung am selben Gerichtsstand kann auch Art. 7 Nr. 2 EuGVVO bewirken; vgl. dazu *Mankowski* RIW 2008, 177 (191); *Adolphsen* EZVR 3. Kap. Rn. 132.
[92] *Mankowski* RIW 2008, 177 (191); *Roth* FS Kropholler 2008, 623 (646); PWW/*Schaub* Rom II-VO Art. 6 Rn. 8; Rauscher/*Unberath*/*Cziupka* Rom II-VO Art. 6 Rn. 74.
[93] *Wurmnest* EuZW 2012, 933 (939); *Roth* FS Kropholler 2008, 623 (646); vgl. Rauscher/*Unberath*/*Cziupka* Rom II-VO Art. 6 Rn. 75.
[94] *Roth* FS Kropholler 2008, 623 (646).
[95] *Scholz*/*Rixen* EuZW 2008, 327 (331).
[96] Rauscher/*Unberath*/*Cziupka* Rom II-VO Art. 6 Rn. 75; *Mankowski* RIW 2008, 177 (189); *Wurmnest* EuZW 2012, 933 (939).
[97] *Roth* FS Kropholler 2008, 623 (646); *Mankowski* RIW 2008, 177 (190) grenzt durch das Kriterium der Unmittelbarkeit zumindest „bloße Reflexwirkungen" aus.

punkt der Auswirkung des wettbewerbsbeschränkenden Verhaltens den Markt des Beklagtenwohnsitzes betreffen.[98] So können mehrere Märke unmittelbar und wesentlich beeinträchtigt sein.[99]

44 Die Einzelheiten, wann die Kriterien der Unmittelbarkeit und Wesentlichkeit erfüllt sind, werden vom jeweiligen Einzelfall abhängig sein und durch die zukünftige Rechtsprechung definiert werden.[100] Richtigerweise sollte eine Gesamtbetrachtung durchgeführt werden, bei der der Umfang der Warenströme von zentraler Bedeutung ist.[101] So wird man zB bei einem Kartell, das Preise für den europäischen Markt abspricht und in Deutschland 100000 und in Luxemburg lediglich 5000 Einheiten zu kartellierten Preisen absetzt, nur den deutschen Markt als unmittelbar und wesentlich betroffen betrachten können.[102]

45 Teilweise werden weitere ungeschriebene Kriterien zur Einschränkung des Wahlrechts des Art. 6 Abs. 3 lit. b Rom II-VO aufgrund dessen Sinn und Zwecks für nötig gehalten. Es wird beispielsweise gefordert, dass der Kläger mindestens in zwei Staaten einen Schaden erlitten haben muss, denn anderenfalls gäbe es keinen Grund, den Kläger zu privilegieren, da die Schadensabwicklung nicht komplexer ist als bei anderen Fällen mit grenzüberschreitendem Bezug.[103] Andere wollen den Rechtsanwendungsbefehl des Art. 6 Abs. 3 lit. b Rom II-VO lediglich auf die zivilrechtlichen Folgen, also das Deliktsrecht des Forumstaates beschränken und die Anwendung der jeweiligen kartellrechtlichen Verbotsnorm weiterhin nach Art. 6 Abs. 3 lit. a Rom II-VO bestimmen, um zu verhindern, dass eine Rechtsnorm des Forumstaates entgegen ihres Anwendungswillens auch im Ausland gilt (vertiefend → Rn. 49 f.).[104]

46 **e) Ausübung des Wahlrechts.** Wie der Geschädigte sein durch Art. 6 Abs. 3 lit. b Rom II-VO eingeräumtes Wahlrecht auszuüben hat, wird in der Rom II-VO nicht geregelt.[105]

47 Insbesondere ist nicht geregelt, innerhalb welcher Frist die Wahl zu erfolgen hat. In diesem Zusammenhang wird auf das jeweils mitgliedstaatliche Recht des angerufenen Gerichts zurückgegriffen werden müssen.[106] Mangels einer Norm deutschen Rechts, die die Ausübung des Wahlrechts gemäß Art. 6 Abs. 3 lit. b Rom II-VO ausdrücklich regelt, wird man hier jedoch Art. 46a EGBGB entsprechend anwenden können.[107] Danach kann das Wahlrecht nur bis zum Ende des frühen ersten Termins oder bis zum Ende des schriftlichen Vorverfahrens ausgeübt werden.[108] Bei konkurrierender internationaler Zuständigkeit kann der Rückgriff auf das Recht des Forumstaates dazu führen, dass die Ausübung des Wahlrechts je nach Forum zeitlich unterschiedlich limitiert ist.[109] Im übrigen erfasst das sich nach dem jeweiligen Recht des Forumstaates richtende Wahlrecht einen Sachverhalt nur insoweit er im Forumstaat auch rechtshängig ist.[110] Macht der Kläger bei einem Multi-State-Delikt zB in Deutschland einen auf Deutschland, Frankreich und Luxemburg entfallenden Teilschaden und in Spanien den auf Spanien und Portugal entfallenden Teilschaden geltend, hat die Ausübung des Wahlrechts (Art. 6 Abs. 3 lit. b Rom II-VO) in Deutschland keine Auswirkungen auf das Verfahren in Spanien. Eine im Rah-

---

[98] Rauscher/*Unberath*/*Cziupka* Rom II-VO Art. 6 Rn. 75; *Mankowski* RIW 2008, 177 (189).
[99] *Roth* FS Kropholler 2008, 623 (646); *Wurmnest* EuZW 2012, 933 (939).
[100] *Roth* FS Kropholler 2008, 623 (646); Rauscher/*Unberath*/*Cziupka* Rom II-VO Art. 6 Rn. 77.
[101] *Wurmnest* EuZW 2012, 933 (939).
[102] Beispiel nach *Wurmnest* EuZW 2012, 933 (939).
[103] *Wurmnest* EuZW 2012, 933 (939).
[104] PWW/*Schaub* Rom II-VO Art. 6 Rn. 8; *Roth* FS Kropholler 2008, 623 (647 f.); Rauscher/*Unberath*/*Cziupka* Rom II-VO Art. 6 Rn. 81.
[105] *Roth* FS Kropholler 2008, 623 (647); *Wurmnest* EuZW 2012, 933 (939); Rauscher/*Unberath*/*Cziupka* Rom II-VO Art. 6 Rn. 78.
[106] *Roth* FS Kropholler 2008, 623 (647); *Wurmnest* EuZW 2012, 933 (939).
[107] Rauscher/*Unberath*/*Cziupka* Rom II-VO Art. 6 Rn. 78.
[108] MüKoBGB/*Junker* EGBGB Art. 46a Rn. 8.
[109] BeckOK/*Spickhoff* EGBGB Art. 46a Rn. 3.
[110] Vgl. MüKoBGB/*Junker* EGBGB Art. 46a Rn. 10.

men des Art. 46a EGBGB in Bezug auf Art. 7 Rom II-VO diskutierte Einheitlichkeit des Wahlrechts zur Vermeidung eines Vorgehens nach der sog Rosinentheorie, wonach das Wahlrecht für sämtliche, also sowohl für das inländische als auch für die ausländischen Verfahren Wirkung entfaltet,[111] macht für das Wahlrecht des Art. 6 Abs. 3 lit. b Rom II-VO keinen Sinn. Dies liegt darin begründet, dass bei Art. 7 Rom II-VO zwischen dem Recht des Erfolgs- oder Handlungsortes gewählt werden kann, das von dem jeweiligen Forum unabhängig ist, wohingegen Art. 6 Abs. 3 lit. b Rom II-VO dem Kläger die Möglichkeit eröffnet, das jeweilige Recht des Forumstaates zur Anwendung zu bringen. Ein Vorgehen nach der Rosinentheorie könnte so nicht verhindert werden, da bei der Anwendung des Rechts des Forumstaates durch die Klageerhebung in verschiedenen Mitgliedsstaaten bereits unterschiedliche Rechte auf die jeweiligen Teilsachverhalte angewendet werden und nicht – wie im Falle des Art. 7 Rom II-VO – lediglich das (eine) Recht des Handlungsortes. Weiterhin ist in der Rom II-VO nicht geregelt, unter welchen Bedingungen die Ausübung des Wahlrechts wirksam ist. Auch hier ist ein Rückgriff auf das Recht des Forumstaates erforderlich, vor deutschen Gerichten wiederum durch entsprechende Anwendung von Art. 46a EGBGB. Danach kann das Wahlrecht sowohl ausdrücklich als auch konkludent ausgeübt werden.[112]

Wird das Wahlrecht nicht oder nicht wirksam ausgeübt, wird das anwendbare Recht **48** über Art. 6 Abs. 3 lit. a Rom II-VO bestimmt, sodass es bei einer Mosaikbetrachtung hinsichtlich der Geltendmachung des Gesamtschadens bleibt (→ Rn. 34 ff.).[113]

f) Keine Einschränkung des Rechtsanwendungsbefehls auf Deliktsrecht des Forumstaates. 49
Eine Folge des Art. 6 Abs. 3 lit. b Rom II-VO ist, dass das Gericht des Forumsstaates einen nationalen Schadensersatzanspruch nicht aufgrund der Verletzung ausländischer, sondern aufgrund nationaler Kartellrechtsvorschriften zuerkennt, wobei sich ein Verstoß gegen die nationalen Kartellrechtsvorschriften möglicherweise überhaupt nicht in deren Geltungsbereich auswirkt, die nationale Norm also überhaupt nicht angewendet werden will.[114] So ist es zB denkbar, dass eine deutsche Norm, die ein bestimmtes Verhalten verbietet, dass aber zB in den anderen Staaten, deren Märkte ebenfalls durch dieses Verhalten beeinträchtigt sind, nicht verboten ist, durch die Anwendung der *lex fori* faktisch nicht nur in Deutschland, sondern auch in allen anderen Staaten Geltung beansprucht. Deshalb wird teilweise vertreten, den Rechtsanwendungsbefehl des Art. 6 Abs. 3 lit. b Rom II-VO dahingehend einzuschränken, dass er sich nicht auf das dem deliktischen Anspruch zugrundeliegende Kartellrecht, sondern lediglich auf das Deliktsrecht an sich beziehen soll.[115] Demnach soll die Anwendbarkeit einer kartellrechtlichen Verbotsnorm, aus der die Rechtswidrigkeit eines Verhaltens resultiert, nach Art. 6 Abs. 3 lib. a Rom II-VO ermittelt werden.[116]

Richtigerweise muss sich die Anknüpfung jedoch sowohl auf das Delikts- als auch auf **50** das dem deliktischen Anspruch zugrundeliegende Kartellrecht erstrecken.[117] Dies ergibt sich aus dem Sinn und Zweck der Vorschrift des Art. 6 Abs. 3 lit. b Rom II-VO. Sie hat das Ziel, die von dem Auswirkungsprinzip herrührende Mosaikbetrachtung einzudämmen, die eine Parzellierung des Schadens und der Schadensersatzansprüche aufgrund der Anwendung einer Vielzahl von Rechten nach sich zieht (→ Rn. 34 ff.).[118] Würde der Rechtsanwendungsbefehl lediglich auf das Deliktsrecht an sich beschränkt, bliebe eine Mosaikbetrachtung auf der zweiten Ebene kartellrechtlicher Verbotsnormen erhalten. Die

---

[111] MüKoBGB/*Junker* EGBGB Art. 46a Rn. 10; vgl. auch BeckOK BGB/*Spickhoff* EGBGB Art. 46a Rn. 3.
[112] MüKoBGB/*Junker* EGBGB Art. 46a Rn. 4.
[113] Rauscher/*Unberath*/*Cziupka* Rom II-VO Art. 6 Rn. 78; *Roth* FS Kropholler 2008, 623 (647).
[114] *Scholz*/*Rixen* EuZW 2008, 327 (331); *Wurmnest* EuZW 2012, 933 (939).
[115] PWW/*Schaub* Rom II-VO Art. 6 Rn. 8; *Roth* FS Kropholler 2008, 623 (647f.); Rauscher/*Unberath*/*Cziupka* Rom II-VO Art. 6 Rn. 81.
[116] *Wurmnest* EuZW 2012, 933 (939); Rauscher/*Unberath*/*Cziupka* Rom II-VO Art. 6 Rn. 81.
[117] So auch Staudinger/*Fezer*/*Koos* Int. WirtschaftsR Rn. 360; *Wagner* IPRax 2008, 1 (8).
[118] *Mankowski* RIW 2008, 177 (189); *Roth* FS Kropholler 2008, 623 (645).

sich daraus ergebende Konsequenz wäre eine Parzellierung der Schadensfeststellung, die ja gerade von Art. 6 Abs. 3 lit. b Rom II-VO vermieden werden soll. Der Schaden, der auf die Staaten entfällt, in denen das in Frage stehende Verhalten erlaubt ist, ist nämlich von dem Schaden zu trennen, der in den Staaten entstanden ist, in denen das den Schaden begründende Verhalten verboten ist.

3. Keine Rechtswahl

51 Eine Vereinbarung über das anzuwendende Recht wird ausdrücklich durch Art. 6 Abs. 4 Rom II-VO ausgeschlossen.[119] Hintergrund des Verbots ist die doppelte Schutzrichtung des Kartellrechts. Neben dem Schutz von Individualinteressen verfolgt das Kartellrecht die im öffentlichen Interesse liegende Aufgabe, das reibungslose Funktionieren der Marktwirtschaft sicherzustellen. Die im öffentlichen Interesse liegende Aufgabe und deren jeweils unterschiedliche Umsetzung im mitgliedstaatlichen Recht soll nicht durch eine Rechtswahlmöglichkeit zur Disposition von Schädiger und Geschädigtem gestellt werden.[120]

52 Teilweise wird für außervertragliche Schuldverhältnisse, die sich aus unlauterem Wettbewerb (kollisionsrechtlich erfasst von Art. 6 Abs. 1 und 2 Rom II-VO) ergeben, diskutiert, ob entgegen dem Wortlaut von Art. 6 Abs. 4 Rom II-VO aufgrund von Sinn und Zweck der Norm eine Rechtswahl möglich sein soll, wenn ausnahmsweise nur Individualinteressen, wie zB bei bilateralen, konkurrentenbezogenen Wettbewerbsverstößen im Sinne des Art. 6 Abs. 2 Rom II-VO, betroffen sind.[121] Für die von Art. 6 Abs. 3 Rom II-VO kollisionsrechtlich erfassten Kartellrechtsverstöße ist dies freilich nicht denkbar, da das Kartellrecht die stets (auch) im Allgemeininteresse stehende Funktion hat, überhaupt erst einen Wettbewerbsmarkt herzustellen bzw. aufrecht zu erhalten (→ Rn. 7).

V. Versagung der Anwendung aufgrund des ordre public

53 Wird durch Art. 6 Abs. 3 Rom II-VO nicht die lex fori, sondern – wenn auch nur in Teilen – das Recht eines anderen Mitgliedstaates oder eines Drittstaates zur Anwendung berufen, kann dessen Anwendung nur noch durch Art. 26 Rom II-VO versagt werden.[122] Diese Vorschrift greift jedoch nur unter der äußerst strengen Voraussetzung, dass die zur Anwendung berufene Vorschrift „*mit der öffentlichen Ordnung (‚ordre public')* des *Staates des angerufenen Gerichts offensichtlich unvereinbar ist.*" Die Norm ist nicht nur aufgrund ihres Wortlautes sehr zurückhaltend anzuwenden, auch der Erwägungsgrund 32 Rom II-VO spricht davon, dass eine Anwendung der ordre public-Klausel nur „*unter außergewöhnlichen Umständen"* in Betracht kommt.[123]

54 Der ordre public-Vorbehalt des Art. 26 Rom II-VO ist von dem des Art. 6 EGBGB zu unterscheiden. Grund der Unterscheidung ist nicht der divergierende Wortlaut (Art. 6 EGBGB: „*wesentliche Grundsätze des deutschen Rechts"*; Art. 26 Rom II-VO: „*öffentliche Ordnung (ordre public)"*), sondern die Rechtsquelle. Anders als bei Art. 6 EGBGB, der als nationale Rechtsnorm allein von der deutschen Rechtsprechung umrissen wird, ist bei der Auslegung des gemeinschaftsrechtlichen Art. 26 Rom II-VO die Rechtsprechung des EuGH zu beachten.[124] Der EuGH nimmt sich bei der Auslegung jedoch deutlich zurück. Nach seiner Rechtsprechung ist es nicht seine Aufgabe, den Begriff der öffentlichen Ordnung eines Mitgliedstaates zu definieren. Er wacht lediglich über die Grenzen, innerhalb derer die Mitgliedstaaten den Inhalt der öffentlichen Ordnung festlegen und ausländischen

---

[119] *Wurmnest* EuZW 2012, 933 (939); *Heiss/Loacker* JBl. 2007, 613 (624); *Wagner* IPRax 2008, 1 (8); *Mankowski* RIW 2008, 177 (192).
[120] *Mankowski* RIW 2008, 177 (192); *Wagner* IPRax 2008, 1 (8); Rauscher/*Unberath*/*Cziupka* Rom II-VO Art. 6 Rn. 52.
[121] *Wagner* IPRax 2008, 1 (8); *Leible* RIW 2008, 257 (259); aA v. *Hein* RabelsZ 2009, 461 (500).
[122] PWW/*Schaub* Rom II-VO Art. 6 Rn. 7; *Scholz/Rixen* EuZW 2008, 327 (331).
[123] Vgl. außerdem KOM(2003) 427 endg., 31; *Heiss/Loacker* JBl. 2007, 613 (645).
[124] MüKoBGB/*Junker* Rom II-VO Art. 26 Rn. 17.

Rechtsnormen unter Berufung auf den *ordre public* die Anwendung versagen können.[125] Nach dem vom EuGH vorgegebenen Rahmen sind unter dem Begriff des *ordre public* „*nationale Vorschriften zu verstehen, deren Einhaltung als so entscheidend für die Wahrung der politischen, sozialen oder wirtschaftlichen Organisation des betreffenden Mitgliedstaats angesehen wird, dass ihre Beachtung für alle Personen, die sich im nationalen Hoheitsgebiet dieses Mitgliedstaats befinden, und für jedes dort lokalisierte Rechtsverhältnis vorgeschrieben ist.*"[126] Aufgrund des in Deutschland geltenden Ausgleichsprinzips im Schadensersatzrecht kann entsprechend dieser Definition insbesondere der nach dem US-amerikanischen Kartellrecht mögliche dreifache Schadensersatz („*treble damages*") als unvereinbar mit dem *ordre public* angesehen werden.[127]

Wird nach dem oben Gesagten eine offensichtliche Unvereinbarkeit einer Norm mit **55** dem *ordre public* des Forumstaates festgestellt, ist dies durch die Nichtanwendung der betreffenden Vorschrift zu korrigieren, wenn dadurch auf der Grundlage des ansonsten anzuwendenden ausländischen Rechts ein *ordre public*-konformes Ergebnis erreicht werden kann.[128] Ist dies nicht möglich und muss an die Stelle der *ordre public*-widrigen Rechtsnorm eine andere Bestimmung treten, weil ansonsten eine Regelungslücke bestünde, ist zu prüfen, ob eine modifizierte Anwendung des ausländischen Rechts die offensichtliche Unvereinbarkeit mit dem *ordre public* beseitigt. Ist auch das nicht möglich, muss ersatzweise das Recht des Forumstaates angewendet werden, um die Regelungslücke zu schließen.[129] Im Falle von zB *treble damages* bei der Anwendung von US-amerikanischem Recht kommt es durch Art. 26 Rom II-VO demnach nicht zur substituierenden Anwendung deutschen Schadensersatzrechts, sondern zu einer Begrenzung der Anspruchshöhe auf Grundlage des US-amerikanischen Rechts.[130] Da der Vorbehalt des Art. 26 Rom II-VO nur bei offensichtlicher Unvereinbarkeit greift, erfolgt auch keine strikte Begrenzung auf die Höhe, die sich nach deutschem Schadensersatzrecht ergeben würde.[131] Je nach Sinn und Zweck des ausländischen Schadensersatzrechts bestimmt sich die Höhe des Schadensersatzes also im Einzelfall. Bei der Festlegung der Höchstgrenze sind nämlich – auch wenn sie das inländische Schadensersatzrecht nicht kennt – sämtliche Funktionen und Positionen des ausländischen Schadensersatzes zu beachten, soweit nicht der *ordre public*-Vorbehalt greift.

VI. Zwingende Anwendung nationaler Eingriffsnormen (Art. 16 Rom II-VO)

Anders als dies bei vertraglichen Schuldverhältnissen gemäß Art. 9 Abs. 3 Rom I-VO **56** möglich ist, werden durch Art. 16 Rom II-VO nicht die Eingriffsnormen ausländischer Staaten, sondern nur die des Forumstaates durchgesetzt, unabhängig davon, welches Recht eines Staates nach der Rom II-VO zur Anwendung berufen wurde.[132] In Bezug auf ein außervertragliches Schuldverhältnis aus einem den Wettbewerb einschränkenden Verhalten spielt die zwingende Anwendung nationaler Eingriffsnormen nur bei der kollisionsrechtlichen Grundanknüpfung des Art. 6 Abs. 3 lit. a eine Rolle, da im Fall der An-

---

[125] EuGH Urt. v. 11.5.2000 – C-38/98, Slg. 2000, I-2973 Rn. 28 – Renault/Maxicar; KOM(2003) 427 endg., 31.
[126] EuGH Urt. v. 23.11.1999 – C-369/96, Slg. 1999, I-8430 Rn. 30 – Arblade & Leloup.
[127] *Adolphsen* JPrIL 2005, 151 (182f.); *Heiss/Loacker* JBl. 2007, 613 (645); vgl. auch Erwägungsgrund 32 Rom II-VO; *Zekoll/Rahlf* JZ 1999, 384 (387ff.).
[128] MüKoBGB/*Junker* Rom II-VO Art. 26 Rn. 26; *v. Hein* ZEuP 2009, 6 (24).
[129] MüKoBGB/*Junker* Rom II-VO Art. 26 Rn. 26; vgl. auch *Heiss/Loacker* JBl. 2007, 613 (645), die nicht die Notwendigkeit benennen, zuvor eine modifizierte Anwendung des ausländischen Rechts zu prüfen.
[130] Vgl. MüKoBGB/*Junker* Rom II-VO Art. 26 Rn. 27; BGH *Urt.* v. 28.10.1965 – VII ZR 171/63, NJW 1966, 296 (299f.).
[131] MüKoBGB/*Junker* Rom II-VO Art. 26 Rn. 27; anders nach Art. 137 Abs. 2 des schweizerischen IPRG und so bereits von *Adolphsen* JPrIL2005, 151 (183) als Beschränkungsmöglichkeit im Rahmen der Rom II-VO vorgeschlagen.
[132] *Heiss/Loacker* JBl. 2007, 613 (644); MüKoBGB/*Junker* Rom II-VO Art. 16 Rn. 23; Hüßtege/Mansel/ *Knöfel* Rom II-VO Art. 16 Rn. 6.

knüpfung gemäß Art. 6 Abs. 3 lit. b Rom II-VO ohnehin das Recht des Forumstaates anzuwenden ist (→ Rn. 49). Umstritten ist allerdings, ob sich aus Art. 16 Rom II-VO eine allgemeine Sperrwirkung gegenüber einer Sonderanknüpfung aller ausländischen Eingriffsnormen ableiten lässt.[133]

57 Der Begriff der Eingriffsnorm im Sinne des Art. 16 Rom II-VO deckt sich mit dem in Art. 9 Abs. 1 Rom I-VO definierten Begriff.[134] Danach ist eine Eingriffsnorm „*eine zwingende Vorschrift, deren Einhaltung von einem Staat als so entscheidend für die Wahrung seines öffentlichen Interesses, insbesondere seiner politischen, sozialen oder wirtschaftlichen Organisation, angesehen wird, dass sie ungeachtet des nach Maßgabe dieser Verordnung auf den Vertrag anzuwendenden Rechts auf alle Sachverhalte anzuwenden ist, die in ihren Anwendungsbereich fallen.*" Kartellrechtliche Verbotsnormen fallen grundsätzlich in den Anwendungsbereich des Art. 16 Rom II-VO, da sie stets auch dem öffentlichen Interesse dienen (→ Rn. 51).[135] In der Regel dürfte der ausländische Sachverhalt, für den Art. 6 Abs. 3 lit. a Rom II-VO ausländisches Recht zur Anwendung beruft, nicht in den Anwendungsbereich der inländischen kartellrechtlichen Verbotsnorm fallen, sodass auch keine Eingriffsnorm im Sinne des Art. 16 Rom II-VO gegeben ist.[136]

VII. Vorrangige Regelungen

58 Gemäß Art. 28 Abs. 1 Rom II-VO gehen Regelungen internationaler Staatsverträge den Regelungen der Rom II-VO vor, sofern die Staatsverträge nicht ausschließlich zwischen zwei oder mehreren Mitgliedstaaten geschlossen wurden. In letzterem Fall werden die Staatsverträge durch die Rom II-VO verdrängt, soweit sie den Anwendungsbereich der Rom II-VO betreffen (Art. 28 Abs. 2 Rom II-VO). Im Anwendungsbereich des Art. 6 Abs. 3 Rom II-VO spielen internationale Staatsverträge und somit ein möglicher Vorrang gemäß Art. 28 Abs. 1 Rom II-VO jedoch keine Rolle.[137]

D. Das anwendbare Kartellrecht bei vertraglichen Schuldverhältnissen

59 Bei vertraglichen Schuldverhältnissen richtet sich in Deutschland die Bestimmung des anwendbaren Rechts nach der nationalen Kollisionsnorm des § 130 Abs. 2 GWB. Neben der Bestimmung des anwendbaren Rechts bei Sachverhalten, die das Kartellverwaltungsrecht und Kartellstrafrecht betreffen, verbleibt § 130 Abs. 2 GWB also auch im Zusammenhang mit dem internationalen Kartellprivatrecht weiterhin ein Anwendungsbereich neben Art. 6 Abs. 3 Rom II-VO (→ Rn. 4 f.). § 130 Abs. 2 GWB ist gegenüber dem (gemeinschaftsrechtlichen) Vertragskollisionsrecht spezieller und geht diesem vor.[138] Dem steht auch nicht das normenhierarchische Rangverhältnis zwischen gemeinschaftsrechtlichem Vertragskollisionsrecht (Rom I-VO) und dem autonom nationalem Kartellkollisionsrecht (§ 130 Abs. 2 GWB) entgegen, da sich der Regelungsbereich des (gemeinschaftsrechtlichen) Vertragskollisionsrecht nicht auf Verstöße gegen Kartellrecht erstreckt.[139] Soweit es um die Bestimmung der Anwendbarkeit von EU-Kartellrecht geht, richtet sich auch im Rahmen des § 130 Abs. 2 GWB der Anwendungsbereich der Art. 101 f. AEUV eigenständig nach den Grundsätzen der Rechtsprechung des EuGH, da das nationale Recht eines Mitgliedstaates keinen Rechtsanwendungsbefehl für EU-Primärrecht aussprechen kann (→ Rn. 25 ff.).

---

[133] Zum Streitstand siehe MüKoBGB/*Junker* Rom II-VO Art. 16 Rn. 24.
[134] MüKoBGB/*Junker* Rom II-VO Art. 16 Rn. 13 mit einer analogen Anwendung von Art. 9 Abs. 1 Rom I-VO; Hüßtege/Mansel/*Knöfel* Rom II-VO Art. 16 Rn. 8.
[135] *Adolphsen* EZVR 2. Kap. Rn. 87; *Heiss/Loacker* JBl. 2007, 613 (644).
[136] Vgl. *Heiss/Loacker* JBl. 2007, 613 (630).
[137] Siehe dazu das Verzeichnis der Übereinkommen im Sinne des Art. 28 Abs. 1 Rom II-VO in ABl. 2010 C 343, 7.
[138] Staudinger/*Fezer/Koos* Int. WirtschaftsR Rn. 65.
[139] Staudinger/*Fezer/Koos* Int. WirtschaftsR Rn. 65.

I. Abgrenzung von Art. 6 Abs. 3 Rom II-VO und § 130 Abs. 2 GWB

Art. 6 Abs. 3 Rom II-VO ist nicht anwendbar, wenn es um die Ansprüche aus einem **60** Vertrag mit Kartellrechtsbezug sowie um die Nichtigkeit bzw. Wirksamkeit eines solchen geht, da die Rom II-VO ausdrücklich – in Abgrenzung zur Rom I-VO – nur für außervertragliche Schuldverhältnisse anzuwenden ist (Art. 1 Abs. 1 Rom II-VO). Es ist jedoch zu beachten, dass nicht jeder Anspruch, der irgendwie auf einen Vertrag zurückzuführen ist, vom Vertragsstatut erfasst wird. So wird das anwendbare Recht nach Art. 6 Abs. 3 Rom II-VO bestimmt, wenn ein Käufer Waren zu einem Preis erwirbt, der auf einem kartellrechtswidrigen Vertrag eines Verkäuferkartells beruht, und den ihm daraus entstandenen Schaden gelten macht. Durch den schadensverursachenden Vertrag des Verkäuferkartells wird wegen Verletzung kartellrechtlicher Verbotsnormen ein außervertragliches Schuldverhältnis zwischen den Mitgliedern des Verkäuferkartells und dem Käufer begründet.

II. Einseitige Kollisionsnorm des § 130 Abs. 2 GWB und Anwendung ausländischen Kartellrechts

Anders als Art. 6 Abs. 3 Rom II-VO ist § 130 Abs. 2 GWB als einseitige Kollisionsnorm **61** ausgestaltet, die nur deutsches Recht zur Anwendung beruft.[140] Genauer gesagt beruft § 130 Abs. 2 GWB nur „dieses Gesetz", also das GWB selbst zur Anwendung. Neben den Sachnormen des GWB sind davon auch außerhalb des GWB geregelte materielle Folgeregelungen, wie zB Formvorschriften erfasst.[141] In diesem Zusammenhang ist daher fraglich, ob und wie ausländisches Kartellrecht vor einem deutschen Gericht angewendet werden kann. Maßgeblich dafür ist Art. 9 Rom I-VO.[142]

1. Tatbestand des Art. 9 Abs. 3 Rom I-VO

Regelungen des Kartellrechts zählen grundsätzlich zu den Eingriffsnormen im Sinne des **62** Art. 9 Abs. 1 Rom I-VO (zum Begriff der Eingriffsnorm → Rn. 57).[143] In Betracht kommt eine Sonderanknüpfung bzw. die Berücksichtigung (zu diesem Unterschied → Rn. 64) von inländischem (Art. 9 Abs. 2 Rom I-VO) und die von ausländischem Kartellrecht (Art. 9 Abs. 3 Rom I-VO). Eine Sonderanknüpfung von inländischem Kartellrecht hat jedoch praktisch keine Bedeutung, da § 130 Abs. 2 GWB die inländischen Kartellnormen bereits zur Anwendung beruft. Art. 9 Abs. 2 und 3 Rom I-VO enthalten keine unmittelbaren kollisionsrechtlichen Anwendungsbefehle[144] und verdrängen die eigentlichen Kollisionsnormen nicht, auch nicht als in ihrer Anwendung höherrangiges EU-Recht gegenüber einer nationalen Kollisionsnorm, wie zB § 130 Abs. 2 GWB. Sie stehen insoweit außerhalb der internationalprivatrechtlichen Anknüpfung.[145] Praktisch relevant ist daher nur die Sonderanknüpfung bzw. Berücksichtigung ausländischen Kartellrechts.

Durch Art. 9 Abs. 3 Rom I-VO *kann* ausländischen Eingriffsnormen Wirkung verliehen **63** werden. Insoweit besteht ein gerichtliches Ermessen (zur Rechtsfolge → Rn. 64). Es kann jedoch nicht den Eingriffsnormen eines jeden Staates Wirkung verliehen werden. Art. 9 Abs. 3 Rom I-VO ist ausdrücklich auf die Eingriffnormen des Staates des Erfüllungsortes beschränkt.[146] Der Begriff des Erfüllungsortes ist verordnungsautonom auszule-

---

[140] Rauscher/*Unberath*/*Cziupka* Rom II-VO Art. 6 Rn. 53; Staudinger/*Fezer*/*Koos* Int. WirtschaftsR Rn. 342. Teilweise wird vorgeschlagen, durch eine analoge Anwendung § 130 Abs. 2 GWB im Hinblick auf die privatrechtliche Wirksamkeit und die privatrechtlichen Folgen zu einer allseitigen Kollisionsnorm weiterzuentwickeln; *Martinek* Das internationale Kartellprivatrecht, 94.
[141] Immenga/Mestmäcker/*Emmerich*/*Rehbinder*/*Markert* GWB § 130 Rn. 129; *Loewenheim*/*Meessen*/*Riesenkampff*/*Stockmann* GWB § 130 Rn. 41.
[142] Staudinger/*Fezer*/*Koos* Int. WirtschaftsR Rn. 338; MüKoBGB/*Martiny* Rom I-VO Art. 9 Rn. 72.
[143] Staudinger/*Fezer*/*Koos* Int. WirtschaftsR Rn. 343.
[144] Vgl. BeckOK BGB/*Spickhoff* Rom I-VO Art. 9 Rn. 27.
[145] Staudinger/*Fezer*/*Koos* Int. WirtschaftsR Rn. 67.
[146] Staudinger/*Fezer*/*Koos* Int. WirtschaftsR Rn. 345.

gen.[147] Unstreitig dürfte sein, dass insbesondere Art. 7 Nr. 1 EuGVVO nicht zur Bestimmung des Begriffs des Erfüllungsortes herangezogen werden kann, da der dort verwendete Begriff offensichtlich anderen Zwecken dient.[148] Mit dem Erfüllungsort in Art. 9 Abs. 3 S. 1 Alt. 1 Rom I-VO (Staat, *„in dem die […] Verpflichtungen erfüllt werden sollen"*) dürfte der Erfüllungsort des Vertragsstatuts (Art. 3 ff. Rom I-VO) gemeint sein.[149] Einige äußern dagegen Bedenken, weil im Rahmen der Privatautonomie bei der Vereinbarung des Erfüllungsortes den Parteien zugleich die Möglichkeit eröffnet wird, über die Anwendbarkeit von ausländischen Eingriffsnormen zu disponieren.[150] Alternativ kann auch auf den Erfüllungsort abgestellt werden, an dem die vertraglichen Verpflichtungen tatsächlich erfüllt worden sind (Art. 9 Abs. 3 S. 1 Alt. 2 Rom I-VO). Das Verhältnis zwischen den beiden Alternativen ist ebenfalls unklar. Einige wollen den tatsächlichen Erfüllungsort dem rechtlichen Erfüllungsort vorziehen.[151] Andere vertreten wiederum genau Gegenteiliges.[152] Je nach den vertraglichen Leistungspflichten können jedenfalls mehrere Erfüllungsorte in Betracht kommen, sodass Eingriffsnormen verschiedener Staaten Wirkung verliehen werden kann.[153] Darüber hinaus kann ausländischen Eingriffsnormen nur Wirkung verliehen werden, wenn sie die *Unwirksamkeit* des Vertrages oder seiner Erfüllung anordnen. Von Art. 9 Abs. 3 Rom I-VO sind damit nur solche Eingriffsnormen erfasst, die die Erfüllung eines Vertrages faktisch vereiteln.[154]

2. Rechtsfolge des Art. 9 Abs. 3 Rom I-VO

64 Wenn die Voraussetzungen des Art. 9 Abs. 3 Rom I-VO vorliegen, besteht ein zweifaches Ermessen des angerufenen Gerichts. Zum einen wird dem angerufenen Gericht dahin gehend Ermessen eingeräumt, ob der ausländischen Eingriffsnorm Wirkung zu verleihen ist (vgl. Wortlaut *„kann Wirkung verliehen werden"*) und zum anderen erstreckt sich das Ermessen auch darauf, in welcher Weise das angerufene Gericht der ausländischen Eingriffsnorm Wirkung verleiht.[155] Soweit es um das „Ob" der Berücksichtigung ausländischer Eingriffsnormen geht, sind gemäß Art. 9 Abs. 3 S. 2 Rom I-VO Art und Zweck der betreffenden Norm sowie deren Folgen zu berücksichtigen, die sich aus ihrer Anwendung oder Nichtanwendung ergeben würden. Gemeint ist damit, dass zumindest solchen ausländischen Eingriffsnormen Wirkung zu verleihen ist, die mit den gesetzlichen Wertungen des Forumstaates oder Grundsätzen der internationalen Rechtsgemeinschaft im Sinne eines internationalen Konsenses übereinstimmen.[156] Hinsichtlich des „Wie" der Berücksichtigung sind grundsätzlich zwei Möglichkeiten denkbar. Zum einen kann das ausländische Recht durch eine kollisionsrechtliche Sonderanknüpfung berücksichtigt werden. Zum anderen – so auch der Weg der deutschen Gerichte – kann auch eine materiellrechtliche Berücksichtigung der ausländischen Eingriffsnorm im Rahmen des auf den Vertrag anwendbaren Rechts erfolgen.[157] Zuletzt ist noch zu beachten, dass in einem Konfliktfall sich die gemäß Art. 9 Abs. 2 Rom I-VO berufenen inländischen gegenüber den ausländischen Eingriffsnormen durchsetzen.[158]

III. Tatbestand des § 130 Abs. 2 GWB

65 Damit § 130 Abs. 2 GWB „dieses Gesetz" zur Anwendung beruft, muss eine Wettbewerbsbeschränkung vorliegen, die sich im Inland auswirkt.

---

[147] MüKoBGB/*Martiny* Rom I-VO Art. 9 Rn. 116.
[148] MüKoBGB/*Martiny* Rom I-VO Art. 9 Rn. 116; BeckOK BGB/*Spickhoff* Rom I-VO Art. 9 Rn. 29.
[149] BeckOK BGB/*Spickhoff* Rom I-VO Art. 9 Rn. 29; *Freitag* IPRax 2009, 109 (113f.).
[150] MüKoBGB/*Martiny* Rom I-VO Art. 9 Rn. 116.
[151] *Freitag* IPRax 2009, 109 (113f.); Palandt/*Thorn* Rom I-VO Art. 9 Rn. 12.
[152] BeckOK BGB/*Spickhoff* Rom I-VO Art. 9 Rn. 29.
[153] BeckOK BGB/*Spickhoff* Rom I-VO Art. 9 Rn. 29; MüKoBGB/*Martiny* Rom I-VO Art. 9 Rn. 116.
[154] BeckOK BGB/*Spickhoff* Rom I-VO Art. 9 Rn. 29.
[155] Palandt/*Thorn* Rom I-VO Art. 9 Rn. 13; Hüßtege/Mansel/*Doehner* Rom I-VO Art. 9 Rn. 49.
[156] Hüßtege/Mansel/*Doehner* Rom I-VO Art. 9 Rn. 50; *Pfeiffer* EuZW 2008, 622 (628).
[157] Vgl. Palandt/*Thorn* Rom I-VO Art. 9 Rn. 13.
[158] Palandt/*Thorn* Rom I-VO Art. 9 Rn. 16.

1. Wettbewerbsbeschränkung

Der Begriff der Wettbewerbsbeschränkung deckt sich nicht mit dem verordnungsautonomen Begriff des den Wettbewerbe einschränkenden Verhaltens nach Art. 6 Abs. 3 Rom II-VO (→ Rn. 15 ff.). Der Begriff der Wettbewerbsbeschränkung in § 130 Abs. 2 GWB ist nicht materiell selbstständig, sondern als Oberbegriff zu verstehen, der sämtliche Tatbestände des GWB umfasst.[159] Wo und wie, ob durch In- oder Ausländer eine Wettbewerbsbeschränkung veranlasst wird, spielt dabei keine Rolle. Ausschlaggebend ist lediglich, dass sich die Wettbewerbsbeschränkung im Inland auswirkt (→ Rn. 67). 66

2. Auswirkungsprinzip

Auch der Begriff der Auswirkung entspricht nicht dem des Art. 6 Abs. 3 Rom II-VO (→ Rn. 28). Maßgeblich für die Feststellung, ob sich eine Wettbewerbsbeschränkung im Inland auswirkt, ist der Schutzzweck der jeweils betroffenen kartellrechtlichen Sachnorm – die Tatbestandsmäßigkeit der Sachnorm begrenzt dabei das Auswirkungsprinzip.[160] In Rechtsprechung und Literatur sind verschiedene Kriterien, wie zB Spürbarkeit, Vorhersehbarkeit, Tatsächlichkeit und Unmittelbarkeit verbreitet, die das Auswirkungsprinzip beschränken sollen.[161] Abgesehen vom Kammergericht Berlin geht die deutsche Kartellrechtsprechung nicht von einem Abwägungsgebot im Hinblick auf Berührungen mit ausländischem Kartellrecht aus, das zu einer Einschränkung des Anwendungsbereichs des GWB führen könnte.[162] 67

IV. Möglichkeit der Rechtswahl in wettbewerbsbeschränkenden Abreden

Überwiegend wird die Rechtswahlmöglichkeit der unter § 130 Abs. 2 GWB fallenden vertraglichen Schuldverhältnisse generell ausgeschlossen, da § 130 Abs. 2 GWB als zwingend anzusehen ist und insbesondere die allgemeinen Regeln der Rom I-VO verdrängt.[163] So können Vertragsparteien ihre Absprache – entgegen dem allgemeinen internationalprivatrechtlichen Grundsatz der Parteiautonomie (vgl. Art. 3 Rom I-VO) – nicht der Anwendung des GWB entziehen, indem sie ein fremdes Recht wählen. Anders herum führt eine entsprechende Vereinbarung auch nicht dazu, dass das GWB angewendet wird, wenn nicht die Voraussetzungen des § 130 Abs. 2 GWB – sprich eine Auswirkung einer Wettbewerbsbeschränkung im Inland – vorliegen.[164] 68

Vereinzelt wird vertreten, dass bei der Geltendmachung von Schadensersatzansprüchen aus einem den Wettbewerb beschränkenden Vertrag eine Rechtswahl zugelassen werden müsse.[165] Zwar würde durch das Kartellrecht stets auch ein öffentliches Interesse verfolgt, das nicht zur Disposition des Einzelnen gestellt werden darf. Allerdings unterläge die Geltendmachung eines Anspruches bereits der Disposition des Klägers, sodass er bereits auf die auch im öffentlichen Interesse liegende Geltendmachung verzichten könne.[166] Darüber hinaus existiere für vertragliche Schuldverhältnisse keine dem Art. 6 Abs. 4 Rom II-VO entsprechende Regelung, die die Rechtswahl ausdrücklich ausschließt. 69

---

[159] BGH Beschl. v. 29.5.1979 – KVR 2/78, NJW 1979, 2613 (2613) – Organische Pigmente; Immenga/Mestmäcker/*Emmerich/Rehbinder/Markert* GWB § 130 Rn. 304.
[160] Immenga/Mestmäcker/*Emmerich/Rehbinder/Markert* GWB § 130 Rn. 306; Loewenheim/Meessen/Riesenkampff/*Stockmann* GWB § 130 Rn. 46.
[161] Ausführlich und jeweils mit Nachweisen zu den einzelnen Kriterien Immenga/Mestmäcker/*Emmerich/Rehbinder/Markert* GWB § 130 Rn. 162 ff.
[162] Loewenheim/Meessen/Riesenkampff/*Stockmann* GWB § 130 Rn. 47.
[163] OLG Frankfurt Beschl v. 5.12.1991 – 6 U (Kart) 109/91, GRUR Int 1992, 461 (462) – Piper Heidsieck; MüKoBGB/*Immenga* IntWettbR/IntKartellR Rn. 3; Loewenheim/Meessen/Riesenkampff/*Stockmann* GWB § 130 Rn. 40.
[164] Immenga/Mestmäcker/*Emmerich/Rehbinder/Markert* GWB § 130 Rn. 305. Loewenheim/Meessen/Riesenkampff/*Stockmann* GWB § 130 Rn. 40.
[165] Immenga/Mestmäcker/*Emmerich/Rehbinder/Markert* GWB § 130 Rn. 310.
[166] Immenga/Mestmäcker/*Emmerich/Rehbinder/Markert* GWB § 130 Rn. 310.

§ 34 Anerkennung und Vollstreckung

Übersicht

	Rn.
A. Einführung	1
I. Rechtsquellen	2
II. Unterscheidung von Anerkennung, Vollstreckung und Vollstreckbarerklärung	5
III. Anerkennung als Wirkungserstreckung	6
B. Die Anerkennung nach der EuGVVO	7
I. Anerkennungsfähige Entscheidungen und Entscheidungswirkungen	7
II. Anerkennungsversagungsgründe	14
C. Die Anerkennung nach deutschem Internationalem Zivilprozessrecht	18
I. Anerkennungsfähige Entscheidungen und Entscheidungswirkungen	19
II. Voraussetzung der Anerkennung	21
D. Vollstreckbarkeit ausländischer Titel	23
I. Vollstreckbarkeit nach der EuGVVO	25
II. Vollstreckbarkeit nach der EuVTVO	30
III. Vollstreckung des EuVTVO	34
IV. Vollstreckbarerklärung nach autonomem deutschen Recht	37
V. Das Verhältnis der Möglichkeiten der Vollstreckbarkeit bzw. Vollstreckbarerklärung zueinander	39
VI. Weitere Möglichkeiten der Vollstreckbarkeit	40
E. Anerkennung und Vollstreckung deutscher Urteile im Ausland	41
F. Abwehrgesetze	42

Schrifttum:

Ablasser, Medienmarkt und Fusionskontrolle. Die Anwendbarkeit der Europäischen Fusionskontrollverordnung auf den Mediensektor, 1997; *Adolphsen,* Die Anerkennung im Internationalen Zivilprozessrecht – Europäisches Vollstreckungsrecht. Perspektive der Europäischen Union, in: Hess (Hrsg.), 2014, 1; *Ahlborn/Turner,* Expanding Success? Reform of the E.C. Merger Regulation, ECLR 1998, 249; *Bacchiega/Dionnet/Macewen/Todino,* Johnson & Johnson/Guidant: potential competition and unilateral effects in innovative markets, Competition Policy Newsletter 3/2005, 87; *Freitag,* Anerkennung und Rechtskraft europäischer Titel nach EuVTVO, EuMahnVO und EuBagatellVO, FS Kropholler 2008, 759; *Funken,* Das Anerkennungsprinzip im internationalen Privatrecht, 2009; *Mansel,* Anerkennung als Grundprinzip des Europäischen Rechtsraums, RabelsZ 70 (2006), 651; *Matscher,* Grundfragen der Anerkennung und Vollstreckung ausländischer Entscheidungen in Zivilsachen, ZZP 103 (1990), 294; *Rechberger,* Über wiederkehrende Paradigmenwechsel im Europäischen Zivilprozessrecht, FS Gottwald 2014, 537.

A. Einführung

1 Entscheidungen eines Gerichts sind als Akte hoheitlicher Gewalt in ihrer Wirkung auf das Territorium des Urteilsstaates (in Europa ist der Begriff des Ursprungsmitgliedstaates inzwischen Terminus Technicus) begrenzt. Ausländische Entscheidungen müssen von einem anderen Staat bzw. dessen Organen anerkannt werden, damit sie in diesem ebenfalls Wirkung entfalten.[1] Obwohl eine völkerrechtliche Pflicht zur Anerkennung originär nicht besteht,[2] ist durch Staatsverträge international die gegenseitige Anerkennung von Gerichtsentscheidungen weit verbreitet (→ Rn. 7 ff.). Insbesondere innerhalb des Gemeinsamen Rechtsraums Europas[3] sollen Gerichtsentscheidungen möglichst ohne Hindernisse frei zirkulieren und ihre Wirkung entfalten können.

---

[1] *Adolphsen* EZVR 5. Kap. Rn. 2.
[2] *Adolphsen* EZVR 5. Kap. Rn. 1; *Schack* IZVR Rn. 865.
[3] *Adolphsen* Europäisches Zivilprozessrecht im einheitlichen europäischen Rechtsraum, in: Gropp ua (Hrsg.), Rechtswissenschaft im Wandel 2007, S. 87.

I. Rechtsquellen

Aus deutscher Sicht spielen für die Anerkennung und Vollstreckung von Gerichtsentscheidungen in der Regel vor allem die EuGVVO, teilweise das LugÜ,[4] die EuVTVO,[5] die Europäische Mahnverordnung,[6] die Europäische Bagatellverordnung[7] und einige bilaterale Abkommen[8] eine Rolle. Wobei die bilateralen Abkommen insoweit keine Anwendung mehr finden, als deren Vertragsstaaten beide Mitglieder der EU oder des LugÜ sind und der Anwendungsbereich der EuGVVO bzw. der LugÜ betroffen ist (Art. 69, 70 Abs. 1 EuGVVO bzw. Art. 55, 56 Abs. 1 LugÜ). Neben den europäischen Sekundärrechtsakten und den Staatsverträgen regeln die §§ 328 und 722 f. ZPO im deutschen Recht autonom die Anerkennung und Vollstreckbarerklärung ausländischer Gerichtsentscheidungen.[9]

Relevant sind außerdem die Ausführungsgesetze zur EuGVVO bzw. zu den Staatsverträgen. In Deutschland regeln die §§ 1110 ff. die „Umsetzung" der EuGVO (→ Rn. 17).

Bei der Anerkennung von Gerichtsentscheidungen haben im Verhältnis zwischen autonomem deutschem Recht und den Staatsverträgen – anders als es grundsätzlich der Fall wäre – nicht zwingend die Staatsverträge Vorrang. Es gilt vielmehr das Günstigkeitsprinzip. Für den Fall, dass die Anerkennungsvoraussetzungen zwar nicht nach dem einschlägigen, sondern nur nach autonomen Recht vorliegen, wird die Gerichtsentscheidung trotzdem anerkannt.[10] Gegenüber der LugÜ und der EuGVVO gilt das Günstigkeitsprinzip hingegen nicht.[11] Sie finden gegenüber autonomem Recht und den bilateralen Staatsverträgen vorrangig Anwendung (Art. 288 AEUV). Das Verhältnis der ohnehin im Wesentlichen übereinstimmenden LugÜ und EuGVVO regelt Art. 64 LugÜ zugunsten der EuGVVO.

II. Unterscheidung von Anerkennung, Vollstreckung und Vollstreckbarerklärung

Die **Anerkennung** ist sowohl von der Vollstreckung als auch von der Vollstreckbarerklärung zu unterscheiden, auch wenn die Anerkennungsversagungsgründe zum Prüfungsmaßstab bei der Vollstreckbarerklärung erhoben werden.[12] Zunächst sind nicht alle Gerichtsentscheidungen der Vollstreckung fähig. So können feststellende und gestaltende Entscheidungen nicht vollstreckt werden, da sich diese in ihrer Feststellungs- bzw. Gestaltungswirkung erschöpfen.[13] Von einem anderen Staat bzw. dessen Gerichten kann daher nur verlangt werden, die Wirkungen dieser Entscheidungen (Rechtskraft- und Gestaltungswirkung) auf seinem Territorium anzuerkennen. Bei Entscheidungen, die den Beklagten zu einer Leistung verpflichten, ist hingegen die bloße Anerkennung in einem anderen Staat nicht ausreichend. Kommt der Beklagte dem Leistungsbefehl des Gerichts des Ursprungsmitgliedstaats nicht nach, kann es notwendig sein, auf einem anderen als dem Territorium des Ursprungsmitgliedstaats zu vollstrecken.[14] Die **Zwangsvollstreckung** ist

---

[4] Lugano-Übereinkommen über die gerichtliche Zuständigkeit und Vollstreckung gerichtlicher Entscheidungen in Zivil- und Handelssachen v. 30.10.2007.
[5] ABl. 2004 L 143, 15 ff.
[6] VO (EG) Nr. 1896/2006 des Europäischen Parlaments und des Rates v. 12.12.2006 zur Einführung eines Europäischen Mahnverfahrens, ABl. 2006 L 399, 1–32.
[7] VO (EG) Nr. 861/2007 des Europäischen Parlaments und des Rates v. 11.7.2007 zur Einführung eines europäischen Verfahrens für geringfügige Forderungen, ABl. 2007 L 199,1; Ausführungsbestimmungen im 11. Buch der ZPO durch das Gesetz zur Verbesserung der grenzüberschreitenden Forderungsdurchsetzung und Zustellung, das gleichzeitig mit der Verordnung in Kraft treten soll.
[8] In Deutschland gelten zur Zeit 11 bilaterale Anerkennungs- und Vollstreckungsverträge. Geschlossen wurden sie mit der Schweiz, Italien, Belgien, Österreich, dem Vereinigten Königreich, Griechenland, Niederlande, Tunesien, Norwegen, Israel und Spanien. Einzelnachweise finden sich bei *Schack* IZVR Rn. 61.
[9] *Adolphsen* EZPR 5. Kap. Rn. 70.
[10] *Schack* IZPR Rn. 897.
[11] BGH Beschl. v. 18.2.1993 – IX ZB 87/90, WM 1993, 1352 (1354f.); *Schack* IZPR Rn. 898f.
[12] *Adolphsen* EZPR, 5. Kap. Rn. 7.
[13] *Geimer* FS Georgiades, 489 (495).
[14] *Adolphsen* EuZVR Kap. 5 Rn. 9.

in Europa nicht vereinheitlicht, sie erfolgt nach nationalem Verfahrensrecht.[15] **Vollstreckbarerklärung** bezeichnet die Zulassung der ausländischen Entscheidung zum staatlichen Zwangsvollstreckungsverfahren. Der Begriff des Exequaturverfahrens kennzeichnet ebenfalls dieses prozessuale Verfahrensstadium. Die Vollstreckbarerklärung erfolgt nur, wenn der Entscheidung keine Anerkennungsversagungsgründe entgegenstehen. Hier findet sich in den Prozessordnungen die angesprochene Verzahnung beider Begriffe.

III. Anerkennung als Wirkungserstreckung

6 Nach überwiegender Ansicht[16] und der Rechtsprechung des EuGH[17] bedeutet die Anerkennung einer Entscheidung, dass die Wirkungen, die der Urteilsstaat der Entscheidung verleiht, sich auf das Territorium des anerkennenden Staates erstreckt. Diese Theorie ist durch Art. 17 EuInsVO[18] mittelbar anerkannt worden. Andere stellen die Entscheidung des Urteilsstaates hinsichtlich ihrer Wirkungen einer Entscheidung des Anerkennungsstaates gleich (sog Gleichstellungstheorie).[19] Wiederum andere entnehmen die Wirkung der Entscheidung dem ausländischen Recht, erstrecken diese aber nur insoweit auf den Anerkennungsstaat, als die Wirkung nicht über die nach dem Recht des anerkennenden Staates hinausgeht.[20] Die beiden letztgenannten Ansichten sind abzulehnen, weil sie letztlich versuchen, über das Kriterium der „dem deutschen Recht bekannten Entscheidungswirkung" einen Filter einzubauen, um – zum Schutz des durch ein Urteil Betroffenen – einen ungebremsten Import unbekannter ausländischer Entscheidungswirkungen zu verhindern. Das gleiche Ergebnis lässt sich aber durch eine großzügige Wirkungserstreckung erreichen, sofern dem Betroffenen die Möglichkeit eingeräumt wird, zB durch den *ordre public*-Vorbehalt eine Anerkennung zu verhindern. Es ist daher unnötig, die dem deutschen Recht bekannten Entscheidungswirkungen im Regelfall zum Maßstab zu machen.

B. Die Anerkennung nach der EuGVVO

I. Anerkennungsfähige Entscheidungen und Entscheidungswirkungen

7 Gemäß Art. 36 EuGVVO sind in einem Mitgliedstaat ergangene Entscheidungen ohne ein besonderes Verfahren anzuerkennen. Allerdings muss es sich hierbei um eine Entscheidung handeln, die eine **Zivil- und Handelssache** zum Gegenstand hat (vgl. Art. 1 Abs. 1 EuGVVO). Der Begriff ist verordnungsautonom, also ohne unmittelbaren Rückgriff auf das Recht eines der beteiligten Mitgliedstaaten, auszulegen.[21] Das Kartellrecht enthält zum Beispiel in Form von Schadensersatzansprüchen zivilrechtliche Ansprüche in diesem Sinne. Eine Zivil- und Handelssache liegt zB vor, wenn eine Zwangslizenz nicht auf Grundlage öffentlichen Rechts (Art. 8 Abs. 2, 30 f. TRIPS, § 24 PatG) gewährt wird,

---

[15] Zum Vorschlag für eine Verordnung des Europäischen Parlaments und des Rates zur Einführung eines Europäischen Beschlusses zur vorläufigen Kontenpfändung im Hinblick auf die Erleichterung der grenzüberschreitenden Eintreibung von Forderungen in Zivil- und Handelssachen, KOM(2011) 445, der einen ersten Ansatz zur Vereinheitlichung von Zwangsvollstreckungsrecht enthält.
[16] *Adolphsen* EZPR 5. Kap. Rn. 10; *Rechberger* FS Gottwald, 537 (538); *Gottwald* ZZP 103 (1990), 257 (261 ff.); deutlich Stein/Jonas/Oberhammer EuGVVO Art. 33 Rn. 10, der davon ausgeht, dass andere Theorien als die der Wirkungserstreckung kaum noch vertretbar sind und letztlich zu einer partiellen Anerkennungsversagung führten.
[17] EuGH Urt. v. 4.2.1988 – 145/86, Slg. 1988, 645 Rn. 10 – Hoffmann/Krieg.
[18] Vgl. Art. 17 Abs. 1 EuInsVO: *„Die Eröffnung eines Verfahrens nach Artikel 3 Absatz 1 entfaltet in jedem anderen Mitgliedstaat, ohne dass es hierfür irgendwelcher Förmlichkeiten bedürfte, die Wirkungen, die das Recht des Staates der Verfahrenseröffnung dem Verfahren beilegt, [...]"*.
[19] BGH Urt. v. 6.10.1982 – IVb ZR 729/80, NJW 1983, 514 (515); *Geimer* FS Georgiades, 489 (495).
[20] *Schack* IZVR Rn. 886; *Schütze* Das internationale Zivilprozessrecht in der ZPO § 328 ZPO Rn. 1 f.
[21] EuGH Urt. v. 14.10.1976 – 29/76, Slg. 1976, 1551 – LTU/Eurocontrol; EuGH Urt. v. 21.4.1993 – 172/91, Slg. 1993, I-1963 – Volker Sonntag/Hans Weidmann; *Soltész* Der Begriff der Zivilsache im europäischen Zivilprozessrecht, 1998; *Schlosser* EU-Zivilprozessrecht Art. 1 Rn. 7 ff.

sondern aufgrund Kartellrechts. Eine kartellrechtliche Zwangslizenz[22] kann im Wege einer Schadensersatz- oder Unterlassungsklage gegen den eine marktbeherrschende Stellung ausnutzenden Patentinhaber (Art. 102 AEUV) durchgesetzt werden.[23] Den **Begriff der Entscheidung** definiert Art. 2 lit. a EuGVVO als jede von einem Gericht eines Mitgliedstaats erlassene Entscheidung ohne Rücksicht auf ihre Bezeichnung wie Urteil, Beschluss, Zahlungsbefehl oder Vollstreckungsbescheid, einschließlich des Kostenfestsetzungsbeschlusses eines Gerichtsbediensteten. Erfasst sind auch vorläufig vollstreckbare Entscheidungen,[24] Versäumnis- und Anerkenntnisurteile. Entscheidendes Kriterium ist dabei, dass das Gericht dem Bürger etwas zu- oder aberkennt. Auch Prozessurteile sind Entscheidungen in diesem Sinne.[25] In der Sache binden sie aber kein Gericht eines anderen Mitgliedstaates. Auch einstweilige Maßnahmen fallen unter Art. 2 lit. a EuGVVO. Dieses wurde in der EuGVVO 2015 ausdrücklich normiert: Danach erfasst der Begriff der Entscheidung auch einstweilige Maßnahmen einschließlich Sicherungsmaßnahmen, die von einem nach der EuGVVO in der Hauptsache zuständigen Gericht angeordnet wurden. Hierzu gehören keine einstweiligen Maßnahmen einschließlich Sicherungsmaßnahmen, die von einem solchen Gericht angeordnet wurden, ohne dass der Beklagte vorgeladen wurde, es sei denn, die Entscheidung, welche die Maßnahme enthält, wird ihm vor der Vollstreckung zugestellt.[26] Der EuGH hatte bis dahin gefordert, dass die Entscheidung nach der Gewährung rechtlichen Gehörs in einem kontradiktorischen Verfahren erlassen wurde.[27]

Zwischenentscheidungen, die nicht Rechtsverhältnisse gegenüber den Parteien regeln, wie zB Beweisbeschlüsse oder selbstständige Beweisverfahren sind dagegen nicht anerkennungsfähig. Auch Schiedssprüche sind keine Entscheidungen im Sinne des Art. 36 EuGVVO, selbst wenn sie für vollstreckbar erklärt wurden (zB nach dem UNÜ oder gem. § 1060 ZPO).[28] Auch wenn sie nach der *doctrine of merger* in einem staatlichen Urteil aufgehen, ist dieses Urteil nicht anzuerkennen.[29]   **8**

Art. 36 EuGVVO spricht zwar von der Anerkennung von Entscheidungen, meint aber die Anerkennung von *Entscheidungswirkungen*. Die Wirkungen der Entscheidung werden aus dem Ursprungsmitgliedstaat (→ Rn. 6) erstreckt. Die Wirkung der betroffenen Entscheidung wird immer durch das Prozessrecht des Ursprungsmitgliedstaates bestimmt, sodass mangels europäischer bzw. internationaler Vereinheitlichung je nach Herkunft der Entscheidung andere Wirkungen anerkannt werden.[30]   **9**

Die wichtigste Urteilswirkung ist die materielle Rechtskraft der Entscheidung, da diese dauerhaft festlegt, was zwischen den Parteien Recht ist. Die formelle Rechtskraft ist dagegen keine anerkennungsfähige Entscheidungswirkung, sondern eine Urteilseigenschaft, die nach deutschem Recht notwendige Voraussetzung des Eintritts materieller Rechtskraft   **10**

---

[22] BGH Urt. v. 13.7.2004 – KZR 40/02, BGHZ 160, 67 (82); *Kübel*, Zwangslizenzen im Immaterialgüter- und Wettbewerbsrecht, 2004 passim; *Meinberg* Zwangslizenzen im Patent- und Urheberrecht als Instrument der kartellrechtlichen Missbrauchsaufsicht im deutschen und europäischen Recht, 2006 passim.
[23] *Wirtz/Holzhäuser* WRP 2004, 683.
[24] Jedoch nur dann, wenn das Verfahrensrecht des Urteilsstaat dieser bereits Urteilswirkung zuerkennt; Zöller/*Geimer* ZPO Art. 32 Rn. 6; Art. 33 Rn. 3.
[25] EuGH Urt. v. 15.11.2012 – C-456/11, IPRax 2014, 163 Rn. 32 – Gothaer Allgemeine Versicherung AG ua/Samskip GmbH (*Roth* 136); MüKoZPO/*Gottwald* EuGVVO Art. 33 Rn. 9; Kropholler/*von Hein* EZPR vor Art. 33 Rn. 13; aA Geimer/Schütze/*Geimer* Art. 33 Rn. 35; Linke/*Hau* IZVR Rn. 439; Stein/Jonas/*Oberhammer* EuGVVO Art. 32 Rn. 2 (nur Verbindlichkeit negativer Zuständigkeitsentscheidung).
[26] *Kropholler/von Hein* EZPR Art. 32 Rn. 22.
[27] EuGH Urt. v. 21.5.1980 – 125/79, Slg. 1980, 1553 = RIW 1980, 510 Denilauler/Couchet Frères; Kropholler/*von Hein* EZPR Art. 32 Rn. 22; Nagel/*Gottwald* IZPR Art. 8. S. auch zum damaligen Recht BGH Beschl. v. 21.12.2006 – IX ZB 150/05 Rn. 15, NJW-RR 2007, 1573 = EWiR 2007, 329 (*Mankowski*); MüKoZPO/*Gottwald* EuGVVO Art. 32 Rn. 16; zweifelnd *Geimer* Anmerkung zu BGH Beschl. v. 21.12.2006 – IX ZB 150/05, LMK 2007, 212640.
[28] Kropholler/*von Hein* EZPR Art. 32 Rn. 12; Nagel/*Gottwald* IZPR § 12 Rn. 13.
[29] *Hess* JZ 2014 538 (541) zu einem *declaratory relief* auf der Grundlage des Art. 66 Abs. 2 Arbitration Act.
[30] *Wolf* FS Schwab, 561 (570); *Adolphsen* EZPR 5. Kap. Rn. 26.

ist. Sie ist an das nationale Verfahrensorganisationsrecht gebunden, andere Länder entscheiden selbst, ob Entscheidungen noch mit Rechtsbehelfen anfechtbar sind.[31]

11 Zu beachten ist, dass es sich nach dem Prozessrecht des Ursprungsmitgliedstaates richtet, unter welchen Voraussetzungen und in welchem Umfang die materielle Rechtskraft eintritt. Dieser variiert international aber auch schon innerhalb der europäischen Mitgliedstaaten erheblich.[32] Ob und inwieweit sich die materielle Rechtskraft auf einen zweiten Prozess im Anerkennungsstaat auswirkt (zB Präjudizwirkung), bestimmt sich jedoch autonom nach dem für diesen maßgebenden Prozessrecht.[33] 2012 hat der EuGH allerdings die Frage entschieden, ob das Gericht eines Mitgliedstaates an die Entscheidung, mit der das Gericht des Ursprungsmitgliedstats seine Zuständigkeit wegen einer Gerichtsstandsvereinbarung verneint hat, auch durch die in den Gründen des rechtskräftigen Urteils enthaltene Feststellung zur Wirksamkeit dieser Vereinbarung gebunden ist.[34] Der EuGH hat diese Frage im Anschluss an den Generalanwalt[35] bejaht. Dieses Urteil etabliert erstmals ein *europäisches autonomes Rechtskraftkonzept bei Zuständigkeitsentscheidungen,* das sich von dem System der Anerkennung nationaler Rechtskraftwirkungen (Wirkungserstreckung) unterscheidet.

12 Neben der Rechtskraft werden aber auch sämtliche andere Wirkungen einer Entscheidung anerkannt. So erstreckt sich bei rechtsgestaltenden Urteilen die Wirkung der Anerkennung auch auf die Gestaltungswirkung. Im Falle der Nebenintervention oder Streitverkündung wird auch diese über die Parteien des Rechtsstreits hinausgehende Drittwirkung anerkannt.[36]

13 Bisher entsprach es hM, dass die Vollstreckbarkeit, obwohl Entscheidungswirkung, nicht anerkannt wird, sondern im Vollstreckbarerklärungsverfahren durch den Vollstreckungsmitgliedstaat verliehen wird.[37] Nach der weitgehenden Abschaffung des Vollstreckbarerklärungsverfahrens im Europäischen Rechtsraum kann daran nicht mehr festgehalten werden. Die ausländische Vollstreckbarkeit ist damit anzuerkennende Entscheidungswirkung, soweit kein Vollstreckbarerklärungsverfahren erfolgt.

II. Anerkennungsversagungsgründe

14 Auf Antrag des Berechtigten wird bei Vorliegen eines der Gründe des Art. 45 Abs. 1 EuGVVO die Anerkennung einer Entscheidung versagt. Gemäß Art. 45 Abs. 4 EuGVVO richtet sich das Verfahren dafür nach dem für die Vollstreckungsversagung (Art. 46 ff., 52 ff. EuGVVO).

15 Die neue EuGVVO hat zwar das Vollstreckbarerklärungsverfahren abgeschafft (Art. 39 EuGVVO), aber die Versagungsgründe in Art. 45 EuGVVO beibehalten.

16 Art. 45 Abs. 1 EuGVVO enthält einen abschließenden Katalog von Anerkennungsversagungsgründen. Art. 45 Abs. 1 lit. a EuGVVO enthält den schon aus der bisherigen EuGVVO bekannten (Art. 34 Nr. 1 EuGVVO aF) *ordre public*-Vorbehalt, der eine Ausnahmevorschrift im Sinne einer Notbremse darstellt, die nicht bereits dann gezogen werden kann, um falschen oder dem Inland unbekannten oder unangemessenen Entscheidungen die Anerkennung zu versagen.[38] Danach ist die Anerkennung zu versagen, wenn sie der öffentlichen Ordnung des Mitgliedstaates, in dem sie geltend gemacht wird, offensichtlich widersprechen würde. Der Vorbehalt betrifft entgegen der Reformbestrebungen den ver-

---

[31] *Schack* IZVR Rn. 886.
[32] *Schack* IZVR Rn. 1007 ff.; *Germelmann* Die Rechtskraft von Gerichtsentscheidungen in der Europäischen Union, 2009.
[33] *Adolphsen* EZPR 5. Kap. Rn. 31.
[34] EuGH Urt. v. 15.11.2012 – C-456/11, IPRax 2014, 163 – Gothaer Allgemeine Versicherung AG u.a./Samskip GmbH (*Roth* 136); s. auch *Hau* LMK 2013, 341521.
[35] GA *Bd* SchlA v. 6.9.2012 – C. 456/11.
[36] Ausführlich *Adolphsen* EZPR 5. Kap. Rn. 37.
[37] *Kropholler/von Hein* EZPR vor Art. 33 EuGVVO Rn. 18; *Schack* IZVR Rn. 868.
[38] EuGH Urt. v 28.3.2000 – C-7/98, Slg. 2000, 1956 Rn. 21 – Krombach/Bamberski; *Adolphsen* EZPR 5. Kap. Rn. 55.

fahrens- und den materiellrechtlichen *ordre public*. Der Begriff der öffentlichen Ordnung wird hier nicht mehr rein national, sondern gemeineuropäisch im Sinne eines *ordre public europeane* verstanden.[39] Zu dem *ordre public europeane* zählen die EMRK, die gemeinsamen Verfassungstraditionen der Mitgliedstaaten und die europäischen Grundrechte der Grundrechtecharta.[40] Art. 52 EuGVVO ordnet eindeutig an, dass eine Nachprüfung der anzuerkennenden Entscheidung in sachlicher Hinsicht ausgeschlossen ist. Eine Prüfung der internationalen Zuständigkeit darf nie, auch nicht bei offensichtlicher Fehlanwendung der Zuständigkeitsvorschriften der EuGVVO, erfolgen, auch nicht mit dem Mittel des *ordre public*-Vorbehalts (Art. 45 Abs. 3 EuGVVO).

Nach Art. 45 Abs. 1 lit. b EuGVVO wird die Anerkennung einer Entscheidung auf Antrag eines Berechtigten versagt, wenn dem Beklagten, der sich auf das Verfahren nicht eingelassen hat, das verfahrenseinleitende Schriftstück oder ein gleichwertiges Schriftstück nicht so rechtzeitig und in einer Weise zugestellt worden ist, dass er sich verteidigen konnte, es sei denn, der Beklagte hat gegen die Entscheidung keinen Rechtsbehelf eingelegt, obwohl er die Möglichkeit dazu hatte. Darauf, ob die Zustellung – abgesehen von der Rechtzeitigkeit – ordnungsgemäß erfolgt ist, kommt es nicht an.[41] Gemäß Art. 45 Abs. 1 lit. c EuGVVO wird die Anerkennung einer Entscheidung versagt, wenn diese mit einer Entscheidung unvereinbar ist, die zwischen denselben Parteien in dem Anerkennungsstaat ergangen ist. Die inländische Entscheidung genießt sogar dann Vorrang vor der ausländischen, wenn die inländische erst nach der ausländischen rechtshängig wurde, weil das inländische Gericht unter Missachtung der Rechtshängigkeitssperre entschieden hat.[42] Dagegen greift Art. 45 Abs. 1 lit. d EuGVVO nur bei einer früheren Entscheidung ein, die in einem anderen Mitgliedstaat oder einem Drittstaat ergangen ist, denselben Anspruch zwischen denselben Parteien betrifft und die Voraussetzungen für eine Anerkennung der früheren Entscheidung gegeben sind. Letztlich sieht Art. 45 Abs. 1 lit. e EuGVVO bei Verstoß gegen bestimmte, die schwächere Partei schützende Bestimmungen der internationalen Zuständigkeit die Versagung der Anerkennung einer Entscheidung vor. **17**

C. Die Anerkennung nach deutschem Internationalem Zivilprozessrecht

Die Anerkennung einer Entscheidung richtet sich nur dann nach dem deutschen IZPR, namentlich nach § 328 ZPO, wenn die Anerkennung nicht bereits in einer vorrangigen Rechtsnorm, wie der EuGVVO oder bilateralen Staatsverträgen, geregelt ist oder die Anerkennung gemäß § 328 ZPO über die der vorrangigen Rechtsnorm hinausgeht (Günstigkeitsprinzip → Rn. 4). **18**

I. Anerkennungsfähige Entscheidungen und Entscheidungswirkungen

§ 328 ZPO regelt die Anerkennung ausländischer Urteile. Wie nach der EuGVVO (→ Rn. 7) erfolgt die Anerkennung ausländischer Urteile ohne gesondertes Verfahren.[43] Unabhängig von der Bezeichnung „*Urteil*" sind alle endgültigen Entscheidungen in einer Sache gemeint, die einer deutschen zivilrechtlichen Streitigkeit entsprechen.[44] Der Begriff der zivilrechtlichen Streitigkeit deckt sich dabei nicht mit dem der „Zivil- und Handelssachen" des Art. 1 Abs. 1 EuGVVO. Es ist vielmehr der Maßstab des § 13 GVG anzulegen.[45] Trotzdem gilt auch hier, unterschiedliche Ausgestaltungen ausländischen Rechts angemessen zu berücksichtigen und nicht nationale Vorstellun- **19**

---
[39] *Nagel/Gottwald* IZPR § 12 Rn. 32.
[40] *Adolphsen* EZPR 5. Kap. Rn. 52.
[41] Anders noch Art. 27 Nr. 2 EuGVÜ.
[42] *Adolphsen* EZPR 5. Kap. Rn. 64; kritisch *Geimer* IZPR Rn. 2891.
[43] *Schack* IZVR Rn. 971; *Geimer* IZPR Rn. 2797.
[44] *Schütze* Das internationale Zivilprozessrecht in der ZPO, 89.
[45] Stein/Jonas/*Roth* § 328 ZPO Rn. 60; *Adolphsen* EZVR, 5. Kap. Rn. 71.

gen zum alleinigen internationalen Maßstab zu erheben. So sind auch **Entscheidungen in Kartellsachen,** soweit sie Ansprüche unter Privaten regeln, zivilrechtlich einzuordnen, selbst wenn auf Grundlage des US-amerikanischen Rechts eine Verurteilung zu dreifachem Schadensersatz (*„treble damages"*) erfolgt.[46] Der *ordre public*-Vorbehalt (§ 328 Abs. 1 Nr. 4 ZPO) wirkt jedoch insoweit korrigierend, als für einen den Kompensationsgedanken überschreitenden Teil die Anerkennung versagt wird.[47] Es muss sich in jedem Fall um eine Sachentscheidung handeln; Zwischenentscheidungen und Prozessurteile sind nicht anerkennungsfähig.[48] Die Wirkung einer Exequaturentscheidung beschränkt sich auf das Inland, im Ausland kann sie nicht anerkannt werden.[49] Ebenfalls nicht anerkennungsfähig sind Entscheidungen, die im Ausland noch nicht bestandskräftig sind, also noch mit Rechtsbehelfen anfechtbar sind. Dies wird aus § 723 Abs. 2 S. 1 ZPO hergeleitet.[50] Darunter fallen im Ausland für vorläufig vollstreckbar erklärte Entscheidungen. Ob Entscheidungen, die im Verfahren des vorläufigen Rechtsschutzes ergehen, anerkennungsfähig sind, wird unterschiedlich beurteilt. Von einigen wird ihnen die Anerkennungsfähigkeit versagt, da sie rechtlich eben nicht endgültig sind.[51] Andere stellen darauf ab, ob eine vorläufige Entscheidung faktisch eine endgültige Regelung trifft.[52]

20 Auch nach dem deutschen IZPR ergeben sich – der Theorie der Wirkungserstreckung folgend (→ Rn. 6) – die anzuerkennenden Entscheidungswirkungen aus dem Recht des Urteilsstaates. Eine Korrektur erfolgt lediglich durch den *ordre public*-Vorbehalt des § 328 Abs. 1 Nr. 4 ZPO. Welche Folgen die anerkannten Wirkungen auf das deutsche Prozessrecht haben, wird aber wiederum durch dieses selbst bestimmt.[53] Es gilt insoweit das gleiche wie bei der Anerkennung nach der EuGVVO (→ Rn. 9ff.).

II. Voraussetzung der Anerkennung

21 § 328 Abs. 1 ZPO enthält einen Katalog von Anerkennungsversagungsgründen. Diese sind – abgesehen von § 328 Abs. 1 Nr. 2 ZPO – anders als die des 45 Abs. 1 EuGVVO von Amts wegen zu prüfen.[54] Neben den Gründen des §328 Abs. 1 ZPO ist eine Anerkennung ausgeschlossen, wenn überhaupt keine anerkennungsfähige Entscheidung vorliegt, weil diese nichtig oder unwirksam ist.[55] Weitere Grundvoraussetzung ist, dass die Parteien und der Streitgegenstand der Gerichtsbarkeit des ausländischen Staates unterliegen. Eine Entscheidung, die völkerrechtswidrig eine Befreiung von der Gerichtsbarkeit eines Urteilsstaates missachtet, wird nicht anerkannt.[56]

22 Im Unterschied zur Anerkennung nach der EuGVVO, bei der die internationale Zuständigkeit grundsätzlich nicht nachgeprüft wird (Art. 45 Abs. 3 EuGVVO), kann eine Entscheidung gemäß § 328 Abs. 1 Nr. 1 ZPO nur anerkannt werden, wenn das ausländische Gericht bei spiegelbildlicher Anwendung deutscher Gesetze international zuständig, also zu einer Sachentscheidung berufen war.[57] Diese sog Anerkennungszuständigkeit ist grundsätzlich ohne Bindung an die Feststellungen des ausländischen Gerichts zu überprü-

---

[46] *Geimer* IZPR Rn. 2868; Stein/Jonas/*Roth* § 328 ZPO Rn. 60; *Adolphsen* EZPR 5. Kap. Rn. 72.
[47] OLG Koblenz Beschl. v. 27.6.2005 – 12 VA 2/04, NJOZ 2005, 3122 (3144); Stein/Jonas/*Roth* § 328 ZPO Rn. 108.
[48] *Schütze* Das internationale Zivilprozessrecht in der ZPO, 86.
[49] MüKoZPO/*Gottwald* § 328 Rn. 58.
[50] *Adolphsen* EZPR 5. Kap. Rn. 75.
[51] Nachweise bei Staudinger/*Spellenberg* § 328 ZPO Rn. 223.
[52] *Geimer* IZPR Rn. 2857; *Matscher* ZZP 95 (1982), 170.
[53] *Adolphsen* EZPR 5. Kap. Rn. 79.
[54] Thomas/Putzo/*Hüßtege* § 328 Rn. 7; MüKoZPO/*Gottwald* § 328 Rn. 76.
[55] BGH Urt. v. 4.6.1992 – IX ZR 149/91, NJW 1992, 3096 (3098); *Adolphsen* EZPR 5. Kap. Rn. 82.
[56] MüKoZPO/*Gottwald* § 328 Rn. 79 (analoge Anwendung des § 328 Abs. 1 Nr. 1 ZPO); *Adolphsen* EZPR 5. Kap. Rn. 82; *Schack* IZPR Rn. 919.
[57] BGH Urt. v. 26.3.1969 – VIII ZR 194/68, NJW 1969, 1536; MüKoZPO/*Gottwald* § 328 ZPO Rn. 80; kritisch zum Spiegelbildprinzip *Adolphsen* EZPR 5. Kap. Rn. 84.

fen.⁵⁸ Nach § 328 Abs. 1 Nr. 2 ZPO ist die Anerkennung ausgeschlossen, wenn dem Beklagten, der sich auf das Verfahren nicht eingelassen hat und sich hierauf beruft, das verfahrenseinleitende Schriftstück nicht ordnungsgemäß oder nicht so rechtzeitig zugestellt worden ist, dass er sich verteidigen konnte. Dieser Ausschlussgrund entspricht im Grundsatz dem des Art. 45 Abs. 1 lit. b EuGVVO, geht aber in einem Punkt über diesen hinaus, denn auch der Verstoß gegen Zustellungsregeln hindert die Anerkennung.⁵⁹ Außerdem kann der Beklagte – anders als in Art. 45 Abs. 1 lit. b EuGVVO – im Urteilsverfahren passiv bleiben, ist also nicht gezwungen im Urteilsstaat Rechtsmittel einzulegen, um eine Anerkennung zu erreichen.⁶⁰ Ähnlich wie Art. 45 Abs. 1 lit. c EuGVVO regelt § 328 Abs. 1 Nr. 3 ZPO die Anerkennungsversagung im Falle der Unvereinbarkeit mit einem anderen in- oder ausländischen Urteil. Dabei kommt dem inländischen Urteil immer und dem ausländischen nur dann Vorrang zu, wenn dieses früher rechtskräftig wurde. Eine ausländische Entscheidung ist auch dann nicht anzuerkennen, wenn dieses Verfahren mit einem früher in Deutschland rechtshängig gewordenen unvereinbar ist. § 328 Abs. 1 Nr. 4 ZPO enthält einen *ordre public*-Vorbehalt für die Anerkennung ausländischer Entscheidungen, der jedoch nicht dazu berechtigt, die Richtigkeit einer ausländischen Entscheidung zu überprüfen.⁶¹ Hierbei handelt es sich um einen deutschen *ordre public,* der sich nicht mit dem der EuGVVO deckt (→ Rn. 16). Eine für die Anerkennungsversagung notwenige Unvereinbarkeit mit wesentlichen Grundsätzen der deutschen Rechtsordnung soll gegeben sein, wenn durch das konkrete Ergebnis der Anerkennung die tragenden Grundlagen des deutschen staatlichen, wirtschaftlichen oder sozialen Lebens angegriffen werden.⁶² Dabei ist darauf zu achten, dass deutsches Recht nicht zum internationalen Maßstab erhoben wird und der Vorbehalt letztlich dazu dient, um dem deutschen Recht Unbekanntes abzuwehren. Zu beachten ist außerdem, dass bei Sachverhalten mit Auslandsberührung ein verminderter Anwendungswille des Grundgesetzes besteht. Für das private Kartellrecht relevant, werden Urteile, die *treble damages* zusprechen, als *ordre public*-widrig angesehen.⁶³ Schließlich wird nach § 328 Abs. 1 Nr. 5 ZPO einer ausländischen Entscheidung die Anerkennung versagt, wenn der Urteilsstaat deutsche Entscheidungen nicht unter im Wesentlichen gleichen Bedingungen anerkennt.⁶⁴ § 328 Abs. 2 ZPO nimmt nichtvermögensrechtliche Streitigkeiten ohne inländischen Gerichtsstand von dem Gegenseitigkeitserfordernis aus.

D. Vollstreckbarkeit ausländischer Titel

Die Wirkung der Vollstreckbarkeit einer ausländischen Entscheidung – obwohl an sich Entscheidungswirkung – wird nicht automatisch anerkannt.⁶⁵ Grundsätzlich – so war es jedenfalls in der Vergangenheit nach der EuGVVO und nach autonomen deutschem Recht ist dies auch weiterhin der Fall – bedarf es zur Titelschaffung eines besonderen Verfahrens, da die inländischen Vollstreckungsorgane nur von inländischen Gerichten Verhaltensanweisungen annehmen.⁶⁶ Dieses Verfahren wird als Vollstreckbarerklärungsverfahren oder Exequaturverfahren bezeichnet und ist von der Zwangsvollstreckung selbst zu unterscheiden, die ihrerseits einen vollstreckbaren Titel voraussetzt. Letztere richtet sich

23

---

⁵⁸ MüKoZPO/*Gottwald* § 328 ZPO Rn. 91. Gemäß Art. 45 Abs. 2 EuGVVO jedoch anders bei der Anerkennung nach der EuGVVO.
⁵⁹ MüKoZPO/*Gottwald* § 328 ZPO Rn. 95 ff.; *Adolphsen* EZVR 5. Kap. Rn. 87.
⁶⁰ BGH Beschl. v. 2.12.1992 – XII ZB 64/91, NJW 1993, 598 (600); *Schütze* Das internationale Zivilprozessrecht in der ZPO § 328 Rn. 48.
⁶¹ MüKoZPO/*Gottwald* § 328 ZPO Rn. 116.
⁶² BGH Urt. v. 21.11.1958 – IV ZR 107/58, NJW 1959, 529 (531).
⁶³ MüKoZPO/*Gottwald* § 328 ZPO Rn. 123; *Zekoll/Rahlf* JZ 1999, 384 (388 ff.).
⁶⁴ Detailliert MüKoZPO/*Gottwald* § 328 ZPO Rn. 129 ff.
⁶⁵ *Geimer* IZPR Rn. 3100.
⁶⁶ *Schack* IZVR Rn. 1024.

grundsätzlich nach dem jeweils nationalen Recht und ist auf das jeweilige Hoheitsgebiet des Vollstreckungsstaates und staatsfreie Gebiete beschränkt.[67]

24 Für das private Kartellrecht sind hinsichtlich der Vollstreckbarkeit bzw. Vollstreckbarerklärung ausländischer Titel neben den einzelnen Staatsverträgen, die EuGVVO, der Europäische Vollstreckungstitel (EuVTVO) und das jeweils autonome nationale IZPR von Bedeutung.

I. Vollstreckbarkeit nach der EuGVVO

25 Die EuGVVO aF sah bisher in den Art. 38 ff. EuGVVO aF ein Verfahren zur Vollstreckbarerklärung vor. Zur weiteren Verwirklichung des Binnenmarktes (Art. 26 AEUV) wurde dieses in der seit dem 10.1.2015 geltenden EuGVVO abgeschafft. Gemäß Art. 39 EuGVVO ist eine in einem Mitgliedstaat ergangene Entscheidung, die in diesem Mitgliedstaat vollstreckbar ist, in den anderen Mitgliedstaaten vollstreckbar, *ohne* dass es einer Vollstreckbarerklärung bedarf. Der Schuldner kann sich – da es keine Vollstreckbarerklärung mehr gibt – nur gegen die Vollstreckung an sich wenden. Art. 46 EuGVVO enthält dafür die Möglichkeit der Prüfung von den Versagungsgründen des Art. 45 Abs. 1 EuGVVO (→ Rn. 14 ff.) im Vollstreckungsmitgliedstaat. Insoweit handelt es sich hier um eine europaweite Titelfreizügigkeit mit eingebauter Notbremse.[68] Es ist also zu einer Entkoppelung von Vollstreckbarerklärungsverfahren und Prüfung von Versagungsgründen gekommen. Daher können Versagungsgründe erst geprüft werden, wenn sich der Schuldner im Vollstreckungsmitgliedstaat gegen die Vollstreckung wendet (Art. 46, 47 EuGVVO). Je nach Ausgang des Verfahrens der Vollstreckungsversagung kann jede Partei gegen die Entscheidung ebenfalls im Vollstreckungsmitgliedstaat einen Rechtsbehelf einlegen (Art. 49 EuGVVO), dagegen gibt es einen weiteren Rechtsbehelf (Art. 50 EuGVVO). Fristen sieht die EuGVVO nicht vor. Der Beschleunigung des Verfahrens dient Art. 48 EuGVVO, der eine unverzügliche Entscheidung über den Antrag auf Versagung der Vollstreckung vorsieht.

26 Im 11. Buch der ZPO ist ein Abschnitt 7 eingefügt worden, der die Anerkennung und Vollstreckung nach der neuen EuGVVO regelt.

27 Für die Vollstreckung muss die Entscheidung im Ursprungsmitgliedstaat vollstreckbar sein (Art. 42 Abs. 1 lit. b EuGVVO). Wie bisher reicht hierfür auch die vorläufige Vollstreckbarkeit, Rechtskraft ist nicht gefordert.[69] Die Vollstreckbarkeit wird rein formal (abstrakt) geprüft: das Vorliegen konkreter Vollstreckungshindernisse ist nicht Gegenstand dieser Prüfung.[70] Das Erfordernis der abstrakten oder formellen Vollstreckbarkeit im Ursprungsmitgliedstaat ist grundsätzlich als ein Verweis auf das jeweilige nationale Recht zu verstehen.[71]

28 Durch das Gericht im Ursprungsmitgliedstaat ist eine Bescheinigung auszustellen, die die Grundlage der weiteren Vollstreckung bildet. Diese findet sich in Anhang I der EuGVVO. Das Gericht hat vor Ausstellung zu prüfen, ob der sachliche Anwendungsbereich der EuGVVO überhaupt eröffnet war.[72] Zu bestätigen ist, dass die Entscheidung im Ursprungsmitgliedstaat vollstreckbar ist, ohne dass weitere Bedingungen erfüllt sein müssen.

---

[67] BGH Beschl. v. 4.10.2005 – VII ZB 9/05, NJW-RR 2006, 198 (199); *Geimer* IZPR Rn. 405.
[68] *Adolphsen* FS Gottwald, 1 (8).
[69] Statt Vieler Stein/Jonas/*Oberhammer* EuGVVO Art. 38 Rn. 30 (auch zu den Problemen, die die Regelung aufgrund der Unterschiede der Aufgabenverteilung von Titel- und Vollstreckungsgericht in den Mitgliedstaaten mit sich bringt).
[70] EuGH Urt. v. 29.4.1999 – C-267/97, Slg 1999 I 2543. Rn. 29 lautet: „*Somit ergibt sich aus der allgemeinen Systematik des Brüsseler Übereinkommens, dass der Begriff ‚vollstreckbar' in Artikel 31 des Übereinkommens lediglich die Vollstreckbarkeit der ausländischen Entscheidungen in formeller Hinsicht betrifft, nicht aber die Voraussetzungen, unter denen diese Entscheidungen im Urteilsstaat vollstreckt werden können.*"
[71] Rauscher/*Pabst* EuZPR/EuIPR Art. 6 Rn. 14 EG-VollstrTitelVO; *Schlosser* EUZPR Art. 6 Rn. 2 EuVTVO.
[72] *Pohl* IPRax 2013, 109 (113).

Soll eine Bescheinigung für ein deutsches Urteil ausgestellt werden, sind gem. § 1110 **29**
ZPO die Gerichte oder Notare zuständig, denen die Erteilung einer vollstreckbaren Ausfertigung des Titels obliegt.

II. Vollstreckbarkeit nach der EuVTVO

Mit der EuVTVO wurde 2005 der Europäische Vollstreckungstitel eingeführt. Der Gläu- **30**
biger hat die freie Wahl, ob er eine unbestrittene Forderung nach dem Vollstreckungssystem der EuVTVO durchsetzt oder ob er das Vollstreckungssystem der EuGVVO nutzt (Art. 27 EuVTVO). An der Parallelität der beiden Verfahren hat auch die Abschaffung des Exequaturverfahrens in der neugefassten EuGVVO nichts geändert: Während der Kommissionsvorschlag zur Reform der Verordnung vom 14.12.2010 in Art. 92 Abs. 2 EuGVVO-E noch vorsah, dass die neugefasste EuGVVO die EuVTVO weitgehend verdrängt, fehlt der revidierten Verordnung eine solche Vorschrift. Gegenüber der EuGVVO 2015 besteht damit für das Vollstreckungssystem der EuVTVO der klare Vorteil, dass im Vollstreckungsmitgliedstaat keine Versagungsgründe gegen die Anerkennung und Vollstreckung geltend gemacht werden können.

Der Europäische Vollstreckungstitel genießt Freizügigkeit in allen Mitgliedstaaten, für **31**
die die EuVTVO gilt.[73] Mit der Einführung des Vollstreckungstitels im Oktober 2005 wurde das bisher geltende Prinzip der Anerkennung und Vollsteckbarerklärung in der EU revolutioniert.[74] Anders als nach der EuGVVO aF, den bi- und multilateralen Übereinkommen sowie dem autonomen mitgliedstaatlichen Recht, wurde die Prüfung der Anerkennung aus dem Anerkennungs- bzw. Vollstreckungsmitgliedstaat in den Urteilsmitgliedstaat verlagert und mit dem Verbot verbunden, die Entscheidung des Urteilsmitgliedstaates im Anerkennungs- und Vollstreckungsmitgliedstaat zu überprüfen. Damit entscheidet ausschließlich der Urteilsstaat über die europaweite Anerkennung und Vollstreckung einer Entscheidung. Insbesondere kann im Anerkennungs- und Vollstreckungsmitgliedstaat kein *ordre public*-Vorbehalt geltend gemacht werden.[75]

Art. 2 f. EuVTVO beschränkt den Anwendungsbereich der Verordnung auf **Zivil-** **32**
und Handelssachen (zu diesem Begriff → § 33 Rn. 23) sowie Entscheidungen, gerichtliche Vergleiche und öffentliche Urkunden über unbestrittene Forderungen. Der **Begriff der Forderung** ist in Art. 4 Nr. 2 EuVTVO als Forderung auf Zahlung einer bestimmten Geldsumme legal definiert. Ob diese Forderung **unbestritten** ist, ergibt sich aus Art. 3 Abs. 1 S. 2 lit. a-d EuVTVO. Dabei ist zwischen aktiv (lit. a und lit. d) und passiv unbestrittenen Forderungen zu unterscheiden.[76] Nur für die passiv unbestrittene Forderungen gilt im Bestätigungsverfahren der Maßstab der Mindestvorschriften (Art. 12 ff. EuVTVO).[77] Der Schuldner kann durch seine Teilnahme am ursprünglichen Verfahren und Bestreiten der Forderung die Entscheidung dem Anwendungsbereich der EuVTVO entziehen. Ansonsten kann auf jederzeitigen Antrag an das Ursprungsgericht (Art. 4 Nr. 6 EuVTVO) eine in einem Mitgliedstaat über eine unbestrittene Forderung ergangene Entscheidung unter den in Art. 6 EuVTVO genannten Voraussetzungen als Europäischer Vollstreckungstitel bestätigt werden. Dem Schuldner steht gegen die Bestätigung der Entscheidung als Europäische Vollstreckungstitel kein Rechtsbehelf zur Seite (Art. 10 Abs. 4 EuVTVO), er kann lediglich auf die äußerst beschränkte Möglichkeit der Berichtigung und des Widerrufs zurückgreifen (Art. 10 Abs. 1 EuVTVO, § 1081 Abs. 2 iVm § 319 Abs. 2, 3 ZPO), wobei hierfür das Recht des Ursprungsmitgliedstaates maßgebend ist.

Durch das deutsche EG-VTDG wurden Regelungen zur Durchführung der EuVTVO **33**
in die ZPO eingeführt. Die wichtigsten sind die §§ 1079–1081 ZPO, die die Bestätigung

---

[73] Dies sind mit Ausnahme von Dänemark alle Mitgliedstaaten der EU, Art. 2 Abs. 3 EuVTVO.
[74] *Geimer* IZPR Rn. 3179.
[75] *Geimer* IZPR Rn. 3176.
[76] MüKoZPO/*Adolphsen* Anh. §§ 1079 ff., EuVTVO Art. 3 Rn. 2.
[77] MüKoZPO/*Adolphsen* Anh. §§ 1079 ff., EuVTVO Art. 3 Rn. 15.

§ 34   3. Teil 3. Abschnitt Internationales Privat- und Prozessrecht

inländischer Titel als Europäischen Vollstreckungstitel und die Ausgestaltung von Widerruf und Berichtigung normieren, und die §§ 1082–1086 ZPO, die die Vollstreckung von im Ausland als Europäische Vollstreckungstitel bestätigte Entscheidungen regeln.[78]

III. Vollstreckung des EuVTVO

34 Art. 20–23 EuVTVO enthalten die Regelungen der Vollstreckung. In Art. 20 Abs. 1 EuVTVO wird dazu zunächst die Maßgeblichkeit des Rechts des Vollstreckungsmitgliedstaats statuiert. Kernaussage ist letztlich der Art. 20 Abs. 1 S. 2 EuVTVO: Eine als Europäischer Vollstreckungstitel bestätigte Entscheidung wird unter den gleichen Bedingungen wie eine im Vollstreckungsmitgliedstaat ergangene Entscheidung vollstreckt.[79] Einer Vollstreckbarerklärung bedarf es in Deutschland nicht (Art. 5, 24 Abs. 2 (gerichtliche Vergleiche), 25 Abs. 2 (öffentliche Urkunden) EuVTVO). Gem. § 1082 ZPO bedarf es keiner Vollstreckungsklausel; diese wird durch die Bestätigung als Europäischer Vollstreckungstitel ersetzt.

35 Für die **Zwangsvollstreckung aus Europäischen Vollstreckungstiteln in Deutschland** gelten, soweit die EuVTVO keine Vorgaben enthält, die allgemeinen Vorschriften (§§ 704 ff. ZPO). Es gelten die Regeln über Voraussetzungen und Durchführung der Zwangsvollstreckung, einschließlich der Bestimmungen zum Schuldnerschutz (§§ 811, 811c, 812, 850 ff. ZPO). Rechtsbehelfe, die sich gegen die Vollstreckung selbst, insbesondere gegen die Art und Weise der Zwangsvollstreckung richten, sind aufgrund der Maßgeblichkeit nationalen Vollstreckungsrechts in vollem Umfang zulässig.[80] Daher ist die Erinnerung (§ 766 ZPO) statthaft,[81] sowie ein Antrag nach § 765a ZPO [82] und § 775 Nr. 5 ZPO. [83] Ein Dritter kann Vorzugs- (§ 805 ZPO) oder Drittwiderspruchsklage (§ 771 ZPO) erheben. Die Vollstreckungsabwehrklage (§ 767 ZPO) ist nach dem Willen des Gesetzgebers und der überwiegenden Ansicht in der Literatur [84] statthaft (§ 1086 ZPO), weil damit keine unzulässige Überprüfung der Entscheidung in der Sache selbst zu sehen ist, da diese Einwendungen vom Richter im Ursprungsmitgliedstaat noch nicht berücksichtigt werden konnten.

36 Art. 21 EuVTVO enthält den einzigen **Anerkennungs- und Versagungsgrund**, wenn die als Europäischer Vollstreckungstitel bestätigte Entscheidung mit einer früheren Entscheidung unvereinbar ist. Dies ist kein Systembruch, weil es nicht darum geht, die ausländische nachzuprüfen, sondern darum, den Vorrang einer anderen Entscheidung durchzusetzen.[85]

IV. Vollstreckbarerklärung nach autonomem deutschen Recht

37 Etwa 95 % der Vollstreckungsverfahren erfolgen auf der Grundlage der nationalem Recht vorgehenden EuGVVO und völkerrechtlicher Verträge.[86] Die Vollstreckbarerklärung nach deutschem Recht, namentlich nach § 722 ZPO hat – abgesehen im Verhältnis zu den USA[87] – nur geringe Bedeutung. In Deutschland erfolgt die Vollstreckbarerklärung einer ausländischen Entscheidung nicht automatisch, sondern durch Vollstreckungs*urteil*. Das Vollstreckungsurteil stellt nicht die Vollstreckbarkeit einer ausländischen Entscheidung fest, da diese für deutsches Hoheitsgebiet gerade nicht besteht. Es handelt sich vielmehr um ein rechtsgestaltendes Urteil, dass die Vollstreckbarkeit der ausländischen Entschei-

---

[78] Kommentierung bei MüKoZPO/*Adolphsen* §§ 1079 ff.
[79] KOM(2004) 90 endg.,11 zu Artikel 21.
[80] KOM(2002) 159 endg. 15 zu Art. 22 Abs. 2; *McGuire* ecolex 2006, 83 (84).
[81] *Kropholler/v. Hein* EZPR Art. 20 EuVTVO Rn. 12; *R. Wagner* IPRax 2005, 401 (405); *Coester-Waltjen* JURA 2005, 394 (397).
[82] *Coester-Waltjen* JURA 2005, 394 (397).
[83] *Kropholler/v. Hein* EZPR Art. 20 EuVTVO Rn. 12.
[84] *Coester-Waltjen* JURA 2005, 394 (397); *Kropholler/v. Hein* EZPR Art. 20 EuVTVO Rn. 12; Thomas/Putzo/*Hüßtege* ZPO § 1086 Rn. 1.
[85] *Stein* EuZW 2004, 679 (682).
[86] *Schack* IZVR Rn. 1025.
[87] Mit weiteren Beispielen für einen eröffneten Anwendungsbereich MüKoZPO/*Gottwald* § 722 Rn. 7.

dung für das Inland schafft und in nichtrechtskraftfähiger Weise die ausländische Entscheidung anerkennt (§ 328 ZPO → Rn. 8 ff.).[88] Dies hat zur Folge, dass eine Entscheidung im Urteilstaat, die die dortige Vollsteckbarkeit beseitigt, keinen Einfluss auf die Vollstreckbarkeit im Inland hat.

Für eine Vollstreckungsklage ist das Gericht örtlich ausschließlich zuständig, bei dem der Schuldner seinen allgemein Gerichtsstand hat oder das Gericht, in dessen Bezirk sich Schuldnervermögen befindet (§§ 722 Abs. 2, 802, 13 ff., 23 ZPO). Die sachliche Zuständigkeit des Amtsgerichts oder Landgerichts ergibt sich aus dem Streitgegenstand des ausländischen Verfahrens.[89] Für die übrigen Prozessvoraussetzungen gilt nichts Besonderes.[90] Die Klage ist mit dem Antrag zu erheben, „*das Urteil des Gerichts ... vom ... (Az ...), durch das der Beklagte zu ... verurteilt wurde, für vollstreckbar zu erklären*".[91] Eine Teilvollstreckbarerklärung ist bei entsprechendem Antrag ebenfalls möglich.[92] Vollstreckbarerklärungsfähig sind nur ausländische Leistungsurteile; bei Feststellungs- und Gestaltungsurteilen kommt es lediglich zur Anerkennung (→ Rn. 5). Die ausländischen Entscheidung muss außerdem formell rechtskräftig sein (§ 723 Abs. 2 S. 1 ZPO). Im Rahmen der Vollstreckungsklage werden die Anerkennungsversagungsgründe geprüft, allerdings findet eine Überprüfung der Richtigkeit der ausländischen Entscheidung nicht statt (§ 723 Abs. 1 ZPO). Der Schuldner kann nach ständiger Rechtsprechung und hM in der Literatur solche materiellrechtlichen Einwendungen im Verfahren gem. §§ 722 f. ZPO gelten machen, die erst nach dem ursprünglichen Verfahren entstanden sind; mit Einwendungen, die der Schuldner bereits im ursprünglichen Verfahren hätte gelten machen können ist er präkludiert.[93] Richtigerweise dürfte für die harte Folge der Präklusion jedoch eine ausdrückliche Anordnung des Gesetzgebers erforderlich sein (so in § 14 AVAG für die Vollstreckbarerklärung im Anwendungsbereich einiger bilateraler Abkommen und der EuGVVO aF ausdrücklich angeordnet).[94]

V. Das Verhältnis der Möglichkeiten der Vollstreckbarkeit bzw. Vollstreckbarerklärung zueinander

Die beiden og Möglichkeiten der Vollstreckung nach der EuGVVO und der EuVTVO stehen – soweit sie sich in ihrem Anwendungsbereich überschneiden – in einem Alternativverhältnis zueinander.[95] Der Vollstreckungsgläubiger hat die Wahl, ob sich mit den Wirkungen der automatischen Vollstreckbarkeit (Art. 39 EuGVVO) und der damit verbundenen Möglichkeit der nachträglichen Vollstreckungsversagung (Art. 46 EuGVVO) begnügt oder eine Entscheidung durch das Verfahren nach der EuVTVO – abgesehen von der eingeschränkten Berichtigungs- und Widerrufsmöglichkeit des Art. 10 EuVTVO – unanfechtbar als Europäischen Vollstreckungstitel bestätigen zu lassen. Das autonome deutsche IZPR zur Vollstreckbarerklärung ausländischer Entscheidungen wird durch die vereinfachten Verfahren in den europäischen Verordnungen und den Staatsverträgen verdrängt. Dies hat aufgrund fehlenden Rechtsschutzbedürfnisses die Unzulässigkeit der Vollstreckungsklage gemäß § 722 Abs. 1 ZPO zur Folge, wenn ein solch vereinfachtes Verfahren zur Verfügung steht.[96]

---

[88] BGH Urt. v. 26.11.1986 – IV b ZR 90/85, NJW 1987, 1146; MüKoZPO/*Gottwald* § 722 Rn. 30; *Adolphsen* EZVR 5. Kap. Rn. 115.
[89] *Adolphsen* EZVR, 5. Kap. Rn. 119.
[90] Stein/Jonas/*Münzenberg* § 722 Rn. 15.
[91] MüKoZPO/*Gottwald* § 722 Rn. 30.
[92] MüKoZPO/*Gottwald* § 722 Rn. 41.
[93] BGH Urt. v. 15.10.1992 – IX ZR 231/91, NJW 1993, 1270 (1271); im Einzelnen umstritten, ausführlich Stein/Jonas/*Münzberg* § 723 Rn. 6 ff.; MüKoZPO/*Gottwald* § 722 Rn. 52.
[94] Entgegen der Rspr. und hM *Adolphsen* EZVR 5. Kap. Rn. 121.
[95] *Adolphsen* EZVR 6. Kap. Rn. 13.
[96] MüKoZPO/*Gottwald* § 722 Rn. 7; *Nagel*/*Gottwald* IZPR § 15 Rn. 217.

VI. Weitere Möglichkeiten der Vollstreckbarkeit

40 Ebenso wurden in der Brüssel IIa-VO,[97] der EuUnthVO,[98] der EuMahnVO[99] und der BagatellVO[100] der EuVTVO vergleichbare Regelungen getroffen.[101] Diese Verordnungen sind aber für die Vollstreckung von Entscheidungen, die private Kartellrechtsstreitigkeiten zum Gegenstand haben, entweder nicht anwendbar oder praktisch nicht relevant. So findet die Brüssel IIa-VO und die EuUnthVO lediglich Anwendung auf Ehe-, Kindschafts- bzw. Unterhaltssachen. Der Anwendungsbereich der BagatellVO ist nach der Neufassung auf Streitwerte bis zu einer Bagatellgrenze von 5000 EUR beschränkt.[102] Bisher gilt die Bagatellgrenze von 2000 EUR. Allerdings kann die das europäische Mahnverfahren regelnde EuMahnVO für private Kartellsachen Anwendung finden.[103] Weiterhin findet die Rom IV-VO,[104] die ein Vollstreckbarkeitserklärungsverfahren nach dem System der EuGVVO aF enthält, im Bereich des privaten Kartellrechts keine Anwendung, da sie lediglich für Erbfälle nach dem 16.8.2015 gilt.

E. Anerkennung und Vollstreckung deutscher Urteile im Ausland

41 Ob, inwieweit und in welchem Verfahren deutsche Entscheidungen im Ausland anerkannt und vollstreckt werden, beantwortet das jeweilige ausländische Verfahrensrecht. Im Hinblick auf solche Entscheidungen, die in den Anwendungsbereich europäischer Verordnungen oder bi- bzw. multilateraler Staatsverträge fallen, gibt es keine wesentlichen Unterschiede bei der Anerkennung und Vollstreckung deutscher Urteile im Ausland zu der ausländischer Urteile in Deutschland. Im Übrigen regelt das jeweilige nationale Recht autonom die Anerkennung deutscher (und sonstiger ausländischer) Entscheidungen.[105]

F. Abwehrgesetze

42 Einige Abwehrgesetze sehen die Nichtanerkennung ausländischer auf Kartellrecht beruhender Entscheidungen vor. Mit solchen Gesetzen soll in erster Linie die extraterritoriale Wirkung und damit verbundene Möglichkeit von *treble damages* des US-amerikanischen Kartellrechts eingedämmt werden.[106] Exemplarisch sei der britische *Protection of Trading Interests Act 1980* genannt, der die Möglichkeit ministerieller Anordnungen eröffnet, die ua die Anerkennung ausländischer Urteile verhindern.[107] Allerdings dürften die Abwehrgesetze von Mitgliedstaaten der EU in ihrem Verhältnis zueinander keine Anwendung finden.[108]

---

[97] VO (EG) Nr. 2201/2003 des Rates v. 27.11.2003 über die Zuständigkeit und die Anerkennung und Vollstreckung von Entscheidungen in Ehesachen und in Verfahren betreffend die elterliche Verantwortung und zur Aufhebung der VO (EG) 1347/2000.

[98] VO (EG) Nr. 4/2009 des Rates v. 18.12.2008 über die Zuständigkeit, das anwendbare Recht, die Anerkennung und Vollstreckung von Entscheidungen in Unterhaltssachen, ABl. 2009 L 7, 1.

[99] VO (EG) Nr. 1896/2006 des Europäischen Parlaments und des Rates v. 12.12.2006 zur Einführung eines Europäischen Mahnverfahrens, ABl. 2006 L 3991, 1–32.

[100] VO (EG) Nr. 861/2007 des Europäischen Parlaments und des Rates v. 11.7.2007 zur Einführung eines europäischen Verfahrens für geringfügige Forderungen, ABl. 2007 L 199, 1. Ausführungsbestimmungen im 11. Buch der ZPO durch das Gesetz zur Verbesserung der grenzüberschreitenden Forderungsdurchsetzung und Zustellung, das gleichzeitig mit der Verordnung in Kraft treten soll.

[101] Dazu im Einzelnen Hess/*Adolphsen*, 1, 20 ff.

[102] Beachte Neufassung v. 16.12.2015 ABl. 341/1, die ab 14.7.2017 gilt.

[103] ABl. 2015 L 341/1, die ab dem 1.7.2017 gilt.

[104] Verordnung (EU) Nr. 650/2012 des Europäischen Parlaments und des Rates v. 4.7.2012 über die Zuständigkeit, das anzuwendende Recht, die Anerkennung und die Vollstreckung von Entscheidungen und öffentlichen Urkunden in Erbsachen sowie zur Einführung eines Europäischen Nachlasszeugnisses, ABl. 2012 L 201, 107.

[105] Eine Länderübersicht mit weiterführenden Literaturhinweisen bei MüKoZPO/*Gottwald* Anhang zu § 723 Rn. 4 ff.

[106] Wiedemann/*Wiedemann* HdB KartellR § 5 Rn. 73.

[107] *Mestmäcker/Schweitzer* EuWettbR § 6 Rn. 29.

[108] *Mestmäcker/Schweitzer* EuWettbR § 6 Rn. 32.

4. Abschnitt Ausländische Rechtsordnungen und Schiedsgerichtsbarkeit

§ 35 USA

Übersicht

	Rn.
A. Grundlagen	1
I. Rechtsgrundlagen	1
II. Grundlagen der Rechtsdurchsetzung	6
III. Rechtsfolgen und Sanktionierung von Kartellrechtsverstößen	10
B. Zivilprozesse	13
I. Rechtsdurchsetzung durch das Department of Justice	14
II. Rechtsdurchsetzung durch die FTC	20
III. Rechtsdurchsetzung durch Private	27
1. Schadensersatzklagen	28
2. Einstweilige Verfügungen	34
C. Strafprozesse	35
I. Grundlagen	36
II. Ermittlungsverfahren	37
III. Gerichtsverfahren	40

Schrifttum:

American Bar Association, Section of Antitrust Law, Antitrust Law Developments, 7. Aufl. 2012; *American Bar Association, Section of Antitrust Law*, Antitrust Class Action Handbook, 1. Aufl. 2010; *Baer*, Public and Private Antitrust Enforcement in the United States, Remark as Prepared for Delivery to European Competition Forum 2014 (11.2.2014) (Zit: Antitrust Enforcement); *ders.*, Reflections on Antitrust Enforcement in the Obama Administration, Remarks as Prepared for Delivery to the New York State Bar Association (30.1. 2014); *Barnett*, Seven Steps to Better Cartel Enforcement, Presentation to the 11th Annual Competition Law & Policy Workshop, European Union Institute (2.6.2006); *Hammond*, The U.S. Model of Negotiated Plea Agreements: A Good Deal With Benefits for All, Presented to the OECD Competition Committee Working Party No. 3 (17.10.2006); *Kovacic/Winerman*, Competition Policy and the Application of Section 5 of the Federal Trade Commission Act, Antitrust Law Journal 2010, 929; *Salop*, What Consensus? Why Ideology and Elections Still Matter to Antitrust, Antitrust Law Journal 2014, 601.

A. Grundlagen

I. Rechtsgrundlagen

Das Kartellrecht der USA ist auf Bundesebene primär in **drei Gesetzen** geregelt, die auch im Kartellprozess durchgesetzt werden können: dem Sherman Act, dem Clayton Act und dem Federal Trade Commisson („FTC") Act. **1**

Dem **Sherman Act** von 1890 kommt bis heute die größte Bedeutung unter den US-Kartellgesetzen zu. §§ 1 und 2 Sherman Act[1] verbieten wettbewerbswidrige Absprachen (§ 1) und bestimmte Verhaltensweisen marktbeherrschender Unternehmen (§ 2), sind in ihrem Anwendungsbereich also Art. 101 und 102 AEUV vergleichbar. Der Wortlaut des Sherman Acts verbietet alle vertraglichen Absprachen „in restraint of trade" und jede Form der Monopolisierung, was bei wortgetreuer Auslegung viele wettbewerbsneutrale oder gar wettbewerbsfördernde Verhaltensweisen erfassen würde. Der Supreme Court der Vereinigten Staaten hat daher früh entschieden, dass der Sherman Act (und insbesondere sein § 1) nur Verhalten erfasst, das zu nicht zu rechtfertigenden („unreasonable") Wettbewerbsbeschränkungen führt.[2] Wettbewerbsbeschränkendes Verhalten muss nach der **2**

---

[1] 15 Unites States Code (U.S.C.) § 1 und § 2.
[2] Standard Oil v. United States, 221 U.S. 1, 60 (1911).

§ 35 3. Teil 4. Abschnitt Ausländische Rechtsordnungen und Schiedsgerichtsbarkeit

„**Rule of Reason**" daraufhin untersucht werden, ob die nachteiligen Folgen des Verhaltens durch eventuelle wettbewerbsfördernde Folgen aufgewogen werden. In der Praxis ähnelt diese Analyse der Prüfung von Wettbewerbsbeschränkungen nach Art. 101 Abs. 1 AEUV und möglicher Freistellung nach Art. 101 Abs. 3 AEUV. Bestimmte Verhaltensweisen sind allerdings so eindeutig wettbewerbsbeschränkend, dass eine nähere Analyse wettbewerbsfördernder Folgen entbehrlich ist. Dieses „*per se*" **rechtswidrige** Verhalten kann daher nicht gerechtfertigt werden.[3] Die wichtigsten Beispiele von *per se* Verstößen sind horizontale Preisabsprachen, Submissionsabsprachen und Marktaufteilungen.[4]

3   Der **Clayton Act** von 1914 erfasst bestimmte kartellrechtlich relevante Verhaltensformen, die der Sherman Act nicht ausdrücklich untersagt. Von großer praktischer Bedeutung sind die in §§ 7 und 7A niedergelegten Vorschriften zur **Fusionskontrolle**.[5] § 7 Clayton Act kodifiziert den materiellen Fusionskontrollstandard und untersagt den Erwerb von Anteilen oder Vermögensgegenständen an Unternehmen, welche die Gefahr einer erheblichen Wettbewerbsschwächung begründen.[6] Der 1976 durch den Hart-Scott-Rodino Antitrust Improvements Act eingeführte § 7A Clayton Act begründet die Anmeldepflicht von Transaktionen, deren Wert bestimmte Schwellenwerte überschreitet.[7] Der Clayton Act enthält darüber hinaus Vorschriften zur Vertretung in Aufsichtsgremien von Wettbewerbern (,,**Interlocking Directorates**")[8] und zur **Preisdiskriminierung** zwischen miteinander im Wettbewerb stehenden Käufern.[9]

4   Das dritte grundlegende Kartellgesetz der USA, der 1914 erlassene **FTC Act,** regelt den Zuständigkeitsbereich und die Befugnisse der Federal Trade Commission. Die Zentralvorschrift des § 5 FTC Act verbietet wettbewerbswidriges Verhalten (,,unfair methods of competition") und bestimmte unfaire Handelspraktiken (,,unfair or deceptive acts or practices").[10] Der erste dieser beiden Tatbestände wird so ausgelegt, dass alle Verstöße gegen den Sherman Act und den Clayton Act zugleich auch § 5 FTC Act verletzen.[11] Obwohl die FTC keine direkte Befugnis zur Durchsetzung dieser Gesetze hat, kann sie nach § 5 FTC Act daher gegen dieselben Verhaltensweisen vorgehen. § 5 FTC Act soll darüber hinaus bestimmte Formen wettbewerbswidrigen Verhaltens erfassen, das Sherman Act oder Clayton Act nicht verbieten. Die Grenzen dieser Befugnis sind auch mehr als ein Jahrhundert nach Erlass des FTC Acts nicht vollständig geklärt.[12] Zwar ist anerkannt, dass die FTC nach § 5 FTC Act zB versuchte Preisabsprachen verfolgen kann, die wegen des Fehlens einer Vereinbarung nicht von § 1 Sherman Act erfasst werden.[13] Die FTC möchte sich darauf aber nicht beschränken und hat § 5 auch auf anderes Verhalten angewendet, dessen Verfolgung nach allgemeinem Kartellrecht zumindest umstritten ist.[14]

---

[3] Vgl. zB Arizona v. Maricopa County Medical Soc., 457 U.S. 332, 343–344 (1982).
[4] Ebd. Vgl. zB auch United States v. Trenton Potteries Co., 273 U.S. 392, 398 (1927).
[5] 15 U.S.C. § 18, 18A.
[6] Vgl. 15 U.S.C. § 18 („No person [...] shall acquire, directly or indirectly, the whole or any part of the stock or other share capital and no person [...] shall acquire the whole or any part of the assets of another person [...] where [...] the effect of such acquisition may be substantially to lessen competition, or to tend to create a monopoly.").
[7] Vgl. näher die auf der Internetseite der Federal Trade Commission unter „Premerger Notification Program" abrufbaren Informationen (http://www.ftc.gov/enforcement/premerger-notification-program).
[8] 15 U.S.C. § 19.
[9] 15 U.S.C. § 13.
[10] 15 U.S.C. § 45.
[11] FTC v. Indiana Federation of Dentists, 476 U.S. 447, 454 (1986); s.a. American News Co. v. FTC, 300 F2d 104, 108 (2d Cir. 1962).
[12] Vgl. aus der umfangreichen Literatur zB *Kovacic/Winerman* Antitrust Law Journal 2010, 929.
[13] Vgl. zB die Klageschrift In the Matter of Precision Moulding Co., Docket No. C-3682 (1996), verfügbar unter http://www.ftc.gov/sites/default/files/documents/cases/1996/09/c3682cmp.pdf.
[14] ZB gegen Inhaber von standardessentiellen Patenten, die Hersteller standardisierter Produkte gerichtlich auf Unterlassung in Anspruch nehmen. Vgl. In the Matter of Robert Bosch GmbH, File No. 121–0081, Analysis of Agreement Containing Consent Orders to Aid Public Comment, 4 ff. (verfügbar unter http://www.ftc.gov/sites/default/files/documents/cases/2013/04/121126boschanalysis.pdf); In the Matter of Motorola Mobility LLC and Google, Inc., File No. 121–0120, Analysis of Proposed Consent Order to Aid

Neben dem Bundeskartellrecht existieren zahlreiche **einzelstaatliche Kartellgesetze**, 5
die von den Kartellbehörden der Bundesstaaten und von Privatklägern durchgesetzt werden können. Diese Gesetze sind in Struktur und Anwendungsbereich den Bundeskartellgesetzen vergleichbar und verweisen vielfach ausdrücklich auf die Rechtsfortbildung auf Bundesebene.[15]

II. Grundlagen der Rechtsdurchsetzung

Die Durchsetzung des Kartellrechts in den USA **unterscheidet** sich in mehrfacher Hin- 6
sicht von der Durchsetzung des Kartellrechts in Europa. Die Unterschiede betreffen sowohl die staatliche Rechtsdurchsetzung als auch die Verfolgung von Kartellverstößen durch Private.

Auf bundestaatlicher Ebene wird das Kartellrecht durch **zwei Behörden** durchgesetzt: 7
die FTC und die Kartellrechtsabteilung des Bundesjustizministeriums (Antitrust Division, U.S. Department of Justice – nachfolgend „Antitrust Division" oder „DOJ"). Die **Zuständigkeitsverteilung** zwischen FTC und DOJ ist nur unvollständig geregelt. Klarheit besteht insoweit, als das DOJ ausschließliche Zuständigkeit für die **strafrechtliche Verfolgung** von Kartellverstößen hat. Außerhalb der strafrechtlichen Durchsetzung des Kartellrechts – dh im Bereich des **„civil enforcement"** – bestehen **Kompetenzüberschneidungen** zwischen DOJ und FTC. Eine Vereinbarung zwischen FTC und DOJ aus dem Jahre 2002 weist bestimmte Branchen einer der beiden Behörden zu (zB „Computer Hardware" der FTC und „Computer Software" dem DOJ) und stellt Grundregeln für die Behandlung von Zuständigkeitskonflikten auf.[16] Trotzdem sind Zuständigkeitsfragen offen geblieben.

Neben FTC und DOJ sind auf staatlicher Seite die Justizministerien der **Bundesstaa-** 8
ten an der Durchsetzung des Kartellrechts beteiligt. Sie vollziehen vornehmlich einzelstaatliches Kartellrecht (→ Rn. 5). Die Tätigkeit der einzelstaatlichen Behörden beschränkt sich jedoch nicht auf innerstaatliche Kartellverstöße. Die Bundesstaaten beteiligen sich zB oft auch an großen Fusionskontrollverfahren, in denen FTC oder DOJ federführend tätig sind.[17]

Neben der staatlichen Durchsetzung des Kartellrechts ist die **private Durchsetzung** des 9
Kartellrechts traditionell von großer Bedeutung. Eine spezialisierte Anwaltschaft sucht aktiv nach Opfern möglicher Kartellverstöße und erhebt oft bereits während anhängiger behördlicher Untersuchungen Privatklage gegen die beteiligten Personen. In großen Kartellverfahren gehören diese privaten „follow-on"-Klagen seit langem zum Alltag der Kartellrechtspraxis und werden als eine von mehreren Säulen der Kartellrechtsverfolgung ausdrücklich anerkannt.[18]

Public Comment (verfügbar unter http://www.ftc.gov/sites/default/files/documents/cases/2013/01/130103googlemotorolaanalysis.pdf). Die FTC sah einen Verstoß gegen § 5 auch in der Weigerung des Erwerbers von Patentrechten, die erworbenen Patente zu Bedingungen zu lizensieren, zu denen sich der vorige Inhaber gegenüber einer Normungsorganisation verpflichtet hatte. Vgl. In the Matter of Negotiated Data Solutions LLC, File No. 051–0094, Analysis of Proposed Consent Order to Aid Public Comment, 4 (verfügbar unter http://www.ftc.gov/sites/default/files/documents/cases/2008/01/080122analysis.pdf).

[15] Vgl. zB Delaware Code Annotated, Title 6, § 2113 (kartellrechtliche Bestimmungen des Staates Delaware „shall be construed in harmony with ruling judicial interpretations of comparable federal antitrust statutes").

[16] Memorandum of Agreement between the Federal Trade Commission and the Antitrust Division of the United States Department of Justice Concerning Clearance Procedures for Investigations v. 5.3.2002 (verfügbar unter http://www.justice.gov/atr/public/10170.pdf).

[17] In diesen Verfahren können sich die Bundesstaaten direkt auf § 7 Clayton Act berufen, vgl. California v. American Stores Co., 495 U.S. 271 (1990). Zu jüngeren Beispielen gemeinsamer Untersagungsklagen gegen Zusammenschlussvorhaben vgl. etwa United States and Plaintiff States v. US Airways Group, Inc. (Klageschrift verfügbar unter http://www.justice.gov/atr/cases/f299900/299968.pdf) und United States and Plaintiff States v. AT&T Inc. (Pressemitteilung verfügbar unter http://www.justice.gov/atr/public/press_releases/2011/274615.htm).

[18] Vgl. Mitsubishi Motors Corp. v. Soler Chrysler-Plymouth, Inc., 472 U.S. 614, 635 (1985) („The trebledamages provision wielded by the private litigant is a chief tool in the antitrust enforcement scheme, posing a crucial deterrent to potential violators."); Hawaii v. Standard Oil Co., 405 U.S. 251, 262 (1972)

III. Rechtsfolgen und Sanktionierung von Kartellrechtsverstößen

10 Verstöße gegen US Kartellrecht können für die Beteiligten gravierende Rechtsfolgen auslösen. Die größte Abschreckungswirkung geht von **Strafsanktionen** für schwerwiegende Kartellrechtsverstöße (zB Preisabsprachen unter Wettbewerbern) und privaten **Schadensersatzansprüchen** aus.

11 Nach § 1 und § 2 Sherman Act können die an Kartellverstößen beteiligten natürlichen Personen mit **Gefängnisstrafen** von bis zu zehn Jahren sowie mit **Geldbußen** bis zu 1 Million USD belangt werden. Für die betroffenen Unternehmen sieht der Sherman Act Geldbußen bis zu 100 Millionen USD vor; darüber hinaus kann die Antitrust Division Geldbußen bis zum Doppelten des durch den Kartellverstoß entstandenen Schadens oder des daraus resultierenden Vorteils verlangen (→ Rn. 43).[19] Ihrem Wortlaut nach sind diese Strafvorschriften auf alle Verstöße gegen den Sherman Act anwendbar, das DOJ leitet kartellrechtliche Strafverfahren nach ständiger Praxis jedoch nur bei horizontalen Preisabsprachen, Marktaufteilungen und ähnlichen schwerwiegenden Rechtsverstößen ein.[20]

12 Die Voraussetzungen der **privaten** Durchsetzung des Kartellrechts sind im Clayton Act geregelt. Nach § 4 Clayton Act steht Opfern von Kartellverstößen das Dreifache des tatsächlich erlittenen Schadens zu (**„treble damages"**); § 16 Clayton Act gibt Privatklägern darüber hinaus die Möglichkeit, drohenden Schaden im Verfügungswege abzuwenden (**„injunctive relief"**).[21] Schadensersatzansprüche können bei Vorliegen der in § 23 Bundeszivilprozessordnung[22] genannten Voraussetzungen als **„Class Actions"** im Namen aller von einem Kartellverstoß geschädigter Personen verfolgt werden, was bei großen Kartellen zu massiven Schadensersatzforderungen führen kann.

B. Zivilprozesse

13 Die Verfahrensregeln des Kartellprozesses unterscheiden sich nach den Beteiligten sowie danach, ob der Kartellverstoß strafrechtlich oder zivilrechtlich geahndet wird. In Zivilprozessen vor den Bundesgerichten stehen auf Klägerseite entweder **Privatpersonen** oder die **Kartellbehörden**.[23] Verfahrensrechtlich gelten grundsätzlich die Vorschriften der Bundeszivilprozessordnung („Federal Rules of Civil Procedure"). Der FTC steht darüber hinaus ein behördeninterner Verwaltungsprozess zur Verfügung.

I. Rechtsdurchsetzung durch das Department of Justice

14 Bei Verdacht auf Vorliegen eines nicht-strafrechtlichen Kartellverstoßes beginnt das Verfahren beim DOJ durch Einleitung einer vorläufigen Untersuchung (**„preliminary investigation"**). Vorläufige Untersuchungen können ihren Ursprung in Beschwerden gegen wettbewerbswidriges Verhalten durch Abnehmer oder Wettbewerber, Hinweise von anderen Behörden oder Informationen aus anderen Kartellverfahren haben. Oft resultieren Kartellverfahren auch aus Zeitungsberichten oder der Lektüre öffentlich zugänglicher Unternehmensinformationen durch die Beamten der Antitrust Division.

(„By offering potential litigants the prospect of a recovery in three times the amount of their damages, Congress encouraged these persons to serve as ,private attorneys general.'"). Vgl. speziell zur Kartellverfolgung auch *Baer* Antitrust Enforcement, 3 („In the United States, private treble damages actions against cartels promote both deterrence and compensation.").

[19] Vgl. a. 18 U.S.C. § 3571(d).

[20] Vgl. *Barnett*, Seven Steps to Better Cartel Enforcement, Presentation to the 11th Annual Competition Law & Policy Workshop, European Union Institute (2.6.2006), 3 (verfügbar unter http://www.justice.gov/atr/public/speeches/216453.htm) („[T]he Division carefully delimits its criminal enforcement to focus only on hard core violations.").

[21] Vgl. 15 U.S.C. §§ 15, 26.

[22] Rule 23 Federal Rules of Civil Procedure.

[23] Vor einzelstaatlichen Gerichten richtet sich das Verfahren nach den Prozessvorschriften des betroffenen Bundesstaates. Vgl. hierzu etwa *American Bar Association*, Antitrust Law Developments, 740–750.

Das wichtigste Untersuchungsmittel der Antitrust Division sind **Civil Investigative Demands** („CIDs").[24] CIDs sind Auskunftsersuchen, mit denen die Antitrust Division die Vorlage von Dokumenten, Zeugenvernehmungen und schriftliche Auskünfte erzwingen kann. CIDs sind vor allem in frühen Stadien des Verfahrens oft weit gefasst. Adressaten streben daher in der Regel zunächst eine Konkretisierung des Umfangs des Auskunftsersuchens an. Die Beamten der Antitrust Division sind dazu nahezu immer bereit. Kommt es nicht zur Einigung, kann der Adressat die CID vor Gericht anfechten. Anfechtungsklagen können Verfahrensverletzungen, fehlende Zuständigkeit oder Verstöße gegen materielle Rechtsvorschriften rügen,[25] sind in der Praxis aber selten erfolgreich. Scheitert die Anfechtung und verweigert der Adressat dennoch die Auskunft kann das DOJ die Auskunft gerichtlich erzwingen.[26] Anders als Schwesterbehörden in vielen europäischen Rechtsordnungen kann das DOJ Zwangsmittel **nicht durch Verwaltungsakt** auferlegen.

15

Kommt das DOJ nach Abschluss der Untersuchung zu dem Ergebnis, dass ein Kartellverstoß vorliegt, hat es **keine Befugnis zur Sanktion durch Verwaltungsakt**. Stattdessen muss es bei einem zuständigen Bundesgericht Klage erheben, wo es grundsätzlich wie ein Privatkläger behandelt wird.[27] Das DOJ erhebt im Namen der Vereinigten Staaten Zivilklage stets vor **ordentlichen Bundesgerichten**. Dabei beruft es sich typischerweise auf die in § 4 Sherman Act[28] und § 15 Clayton Act[29] geregelte Zuständigkeit der Bundesgerichte, Kartellrechtsverletzungen durch **Verfügungen** zu verhindern oder abzustellen. Das DOJ kann darüber hinaus nach § 4A Clayton Act[30] Klage auf **Ersatz des Schadens** erheben, den die Vereinigten Staaten durch Kartellrechtsverletzungen erleiden. Ebenso wie Privatkläger auch kann es dabei grundsätzlich dreifachen Schadensersatz einfordern.

16

Klagen des DOJ richten sich grundsätzlich nach den **allgemeinen Vorschriften der Bundeszivilprozessordnung,** dh der Beklagte muss zunächst innerhalb gewisser Fristen auf die Klage erwidern. Die Klageerwiderung erfolgt entweder durch einen Schriftsatz, in dem der Beklagte dem Sachverhaltsvortrag des DOJ widerspricht („Answer"),[31] oder durch Antrag auf Klageabweisung aus Rechtsgründen, zB weil der Beklagte meint, dass der vorgetragene Sachverhalt keinen Rechtsverstoß begründet („Motion to Dismiss for Failure to State a Claim").[32] Weist das Gericht den Antrag ab, oder wird ein solcher Antrag nie gestellt, beginnt die **„Pre-trial Discovery",** in der beide Verfahrensseiten durch Auskunftsersuchen und Zeugenvernehmungen Einblick in die der anderen Seite vorliegenden Beweise erhalten. Der Pre-trial Discovery können Anträge auf **„Summary Judgment"** folgen, mit denen Kläger und Beklagter geltend machen, dass bestimmte Rechtsfragen auf Basis unbestrittener Tatsachen entschieden werden können. Bleiben danach Fragen offen, kommt es zur förmlichen Gerichtsverhandlung **(„Trial").**

17

In der Praxis dient die Klageerhebung durch das DOJ oft nicht der Einleitung eines streitigen Verfahrens, sondern der Beendigung eines Untersuchungsverfahrens im Wege des **Vergleichs.** Kommt die Antitrust Division beispielsweise nach der Analyse eines fusionskontrollrechtlich angemeldeten Zusammenschlusses zu dem Ergebnis, dass das Vorhaben zu einer wesentlichen Schwächung des Wettbewerbs auf betroffenen Märkten führen würde, versucht es in der Regel zunächst, eine einvernehmliche Lösung mit den Beteiligten zu erreichen. Einigen sich die Beteiligten dabei zB auf eine Veräußerung bestimmter Unternehmensteile, erhebt die Antitrust Division in der Regel Klage und reicht gleichzeitig den Entwurf eines Vergleichsbeschlusses **(„Consent Decree")** ein, der der gericht-

18

---

[24] Vgl. 15 U.S.C. §§ 1312.
[25] 15 U.S.C. § 1314(b).
[26] 15 U.S.C. § 1314(a).
[27] Eine Übersicht der vom DOJ in den Jahren 1993–2012 erhobenen Zivilklagen findet sich bei *Salop*, Antitrust Law Journal 2014, 601 (639 ff.).
[28] 15 U.S.C. § 4.
[29] 15 U.S.C. § 25.
[30] 15 U.S.C. § 15a.
[31] Vgl. Rule 12(a)(1)(A) Federal Rules of Civil Procedure.
[32] Vgl. Rule 12(b)(6) Federal Rules of Civil Procedure.

lichen Zustimmung bedarf. Diese Vorgehensweise ist erforderlich, weil das DOJ wie erwähnt (→ Rn. 16) keine verfahrensbeendenden Verwaltungsakte erlassen kann, mit denen Verfahrensbeteiligten Pflichten auferlegt werden. Das DOJ ist daher **stets auf gerichtlichen Rechtsschutz angewiesen.**

19   Das **Verfahren für den Erlass von Consent Decrees** ist in einem Bundesgesetz aus dem Jahre 1974 geregelt (sog „Tunney Act").[33] Danach muss das DOJ zusammen mit dem Consent Decree einen Schriftsatz vorlegen, der die wettbewerbsrechtliche Bewertung zusammenfasst und den Vergleichsvorschlag erläutert (**„Competitive Impact Statement"**). Das Consent Decree und Competitive Impact Statement werden im Bundesgesetzblatt bekannt gemacht. Sobald der Vergleichsentwurf außerdem in zumindest einer Tageszeitung veröffentlicht wurde, beginnt eine 60-tägige Stellungnahmefrist, nach deren Ablauf das DOJ schriftlich auf eingegangene Stellungnahmen antwortet. Das Gericht prüft daraufhin, ob der Vergleich im öffentlichen Interesse liegt. Ist dies zu bejahen – was in der Praxis nahezu immer der Fall ist – erlässt das Gericht den Vergleich in Form eines Urteils.[34]

II. Rechtsdurchsetzung durch die FTC

20   Die Federal Trade Commission wurde 1914 als **unabhängige Verwaltungsbehörde** unter parlamentarischer Aufsicht gegründet. Sie wird von fünf Kommissaren geleitet, die vom Präsidenten der Vereinigten Staaten unter Mitwirkung des Senats benannt werden. Höchstens drei Kommissare dürfen der gleichen politischen Partei angehören.[35] Kommissionsentscheidungen bedürfen der einfachen Mehrheit der Kommissare.

21   Unterhalb der Kommissarsebene ist die FTC in drei Hauptabteilungen gegliedert. Das Wettbewerbsbüro (**„Bureau of Competition"**) ist die Schwesterabteilung der Antitrust Division und für die Durchsetzung des Kartellrechts zuständig. Das Verbraucherschutzbüro (**„Bureau of Consumer Protection"**) ist für die Durchsetzung verschiedener Gesetze zuständig, die irreführende Werbung und andere Formen des unlauteren Wettbewerbs untersagen. Das **Bureau of Economics** unterstützt die Kommission durch ökonomische Expertise. Jede der drei Hauptabteilungen wird durch einen Direktor geleitet.[36] Die folgende Übersicht konzentriert sich auf die Tätigkeit des Bureau of Competition.

22   Liegen den Beamten der FTC Hinweise auf mögliche Kartellrechtsverletzungen vor, können sie mit Zustimmung der Leitung des Bureau of Competition vorläufige Untersuchungen einleiten.[37] Sie sind dabei auf öffentlich verfügbare Informationen und freiwillige Kooperation der betroffenen Unternehmen sowie eventueller Dritter beschränkt. Förmliche Auskunftsersuchen, die ggf. im Zwangswege durchgesetzt werden können,[38] bedürfen der Zustimmung der Kommission.[39] Der FTC Act regelt verschiedene Formen von Auskunftsersuchen, von denen in der Praxis vor allem **Civil Investigative Demands** („CIDs") und **Subpoenas** Bedeutung haben. Mit CIDs können Dokumente, schriftliche Auskünfte, Zeugenvernehmungen und die Vorlage von Gegenständen erzwungen werden.[40] Subpoenas erlauben die zwangsweise Vorlage von Dokumenten sowie Zeugenver-

---

[33] Antitrust Procedures and Penalties Act, 15 U.S.C. § 16(b)-(h).
[34] Beispiele von Consent Decrees sind auf der Internetseite des DOJ verfügbar, s. zB United States of America v. Google Inc. and ITA Software, Inc., 11-cv-00688 (D.D.C. 5.10.2011), http://www.justice.gov/atr/cases/f275800/275897.pdf.
[35] 15 U.S.C. § 41. Im Zweiparteiensystem der USA hat dies zur Folge, dass sich Mehrheiten von Republikanern und Demokraten abwechseln.
[36] Nähere Informationen zur Organisation der FTC sind unter http://www.ftc.gov/about-ftc/bureaus-offices verfügbar.
[37] Vgl. 16 C.F.R § 2.1.
[38] Die FTC kann allerdings selbst keine Zwangsmittel auferlegen, sondern bedarf hierfür eines Beschlusses eines Bundesgerichts. Vgl. 15 U.S.C. § 57b-1(c)(7).
[39] 15 U.S.C. § 57b-1(i); 16 C.F.R. § 2.7.
[40] 16 C.F.R. § 2.7(b).

nehmungen.⁴¹ Da CIDs und Subpoenas oft weit gefasst sind, ist es in der Praxis üblich, den Umfang der vorzulegenden Informationen zunächst mit den Beamten der FTC zu verhandeln. Kommt es nicht zur Einigung, können Subpoenas und CIDs bei der Kommission angefochten werden; ähnlich wie die Anfechtung von CIDs der Antitrust Division hat dieses Rechtsmittel in der Praxis jedoch nur selten Erfolg.⁴²

Liegt nach Abschluss der Untersuchung „Grund zur Annahme" eines Kartellrechtsverstoßes vor,⁴³ muss die FTC den betroffenen Personen nach § 5(b) FTC Act eine Klageschrift zustellen, aus der sich die wesentlichen Gründe der behaupteten Rechtsverletzung ergeben. Die Klageerhebung leitet den **internen Verwaltungsprozess** der FTC ein, dessen Grundlagen sich neben § 5(b) FTC Act aus dem Administrative Procedure Act⁴⁴ und hierzu erlassenen Verfahrensvorschriften richten.⁴⁵ Alternativ kann die FTC vor den ordentlichen Bundesgerichten nach § 13(b) FTC Act Unterlassungsklage erheben,⁴⁶ wobei sich das Verfahren nach den allgemeinen Vorschriften der Bundeszivilprozessordnung richtet.⁴⁷ 23

Der Verwaltungsprozess der FTC wird vor einem Verwaltungsrichter (**„Administrative Law Judge" – „ALJ"**) geführt, der bei der FTC angestellt ist. Das Verfahren ähnelt dem Bundeszivilprozess, ist aber insgesamt weniger förmlich ausgestaltet. Verschiedene Verfahrensregeln dienen dazu, die Unabhägigkeit des Verwaltungsrichters gegenüber dem Verfolgungsarm der FTC sicherzustellen. Beispielsweise darf der Verwaltungsrichter nicht ohne Kenntnis der anderen Verfahrensbeteiligten mit FTC Beamten über das Verfahren sprehen.⁴⁸ Darüber hinaus sind Disziplinarmaßnahmen und Kündigung nur unter engen Voraussetzungen möglich.⁴⁹ 24

Die Parteien können gegen Entscheidungen des ALJ **Berufung zur Kommission** einlegen.⁵⁰ Das bedeutet in der Praxis, dass dieselben Kommissare, die zuvor der Klageerhebung zugestimmt haben, nun beurteilen, ob die Entscheidung des ALJ sachlich und rechtlich zutreffend ist. Im Lichte dieser Rollenverteilung mag es nicht überraschen, dass Beklagte im Berufungsverfahren der FTC nahezu immer unterliegen.⁵¹ Mit der Berufungsentscheidung der FTC ist der Rechtsweg allerdings noch nicht erschöpft. Unterlegene Beklagte können die Kommissionsentscheidung vor jedem **Bundesgericht der zweiten Instanz („Federal Court of Appeals") anfechten**, in dessen räumlicher Zuständigkeit sie ansässig oder geschäftstätig sind oder wo das beanstandete Verhalten stattfand.⁵² 25

---

⁴¹ 16 C.F.R. § 2.7(c).
⁴² Anfechtungen und darauf erlassene Entscheidungen werden auf der Internetseite der FTC veröffentlicht, vgl. http://www.ftc.gov/enforcement/cases-proceedings/petitions-quash.
⁴³ „Reason to believe", vgl. 15 U.S.C. § 45(b).
⁴⁴ 5 U.S.C. § 554.
⁴⁵ Vgl. 16 C.F.R. Part 3.
⁴⁶ 15 U.S.C. § 53(b). In Fusionskontrollverfahren geht die FTC oft beide Wege, indem sie über § 13(b) FTC Act bei einem Bundesgericht beantragt, den betroffenen Unternehmen einstweilig – nämlich während des parallel schwebenden Verwaltungsprozesses – den Vollzug des Zusammenschlusses zu untersagen. Vgl. zB die Verfahrensunterlagen In the Matter of CCC Holdings Inc., and Aurora Equity Partners III L.P., verfügbar unter http://www.ftc.gov/enforcement/cases-proceedings/081-0155/ccc-holdings-inc-au rora-equity-partners-iii-lp-matter.
⁴⁷ Eine Übersicht der von der FTC in den Jahren 1993–2012 erhobenen Klagen findet sich bei *Salop*, Antitrust Law Journal 2014, 601 (643 ff.).
⁴⁸ 5 U.S.C. § 554(d).
⁴⁹ Vgl. 5 U.S.C. § 7521.
⁵⁰ Wenn die FTC parallel zum Verwaltungsprozess bei einem Bundesgericht einstweilige Verfügungen beantragt, prüft die Kommission die Entscheidung des ALJ auch ohne Berufung durch die Beteiligten. Vgl. 16 C.F.R. § 3.52(a). Darüber hinaus kann die Kommission in ihrem Ermessen eine Überprüfung der ALJ Entscheidung einleiten. Vgl. 16 C.F.R. § 3.53.
⁵¹ Die Entscheidung der FTC In the Matter of McWane, Inc. and Star Pipe Products, Ltd. v. 30.1.2014 ist eines der wenigen Gegenbeispiele aus jüngerer Zeit. Dort wies die FTC im Berufungsverfahren sechs der sieben usprünglichen Klageanträge ab. Vgl. http://www.ftc.gov/system/files/documents/cases/140206mcwa neopinion_0.pdf.
⁵² 15 U.S.C. § 45(c). Landesweit tätige Beklagte können sich nach Abschluss des FTC Verfahrens daher den Gerichtsbezirk aussuchen, dessen Rechtsprechung die größte Aussicht auf Erfolg verspricht. In Verfahren

Die Bundesgerichte sind an Tatsachenfeststellungen der FTC gebunden, soweit sie auf vorgebrachten Beweisen beruhen,[53] können Rechtsfragen aber selbständig würdigen.[54]

26 Die Verfahrensregeln der FTC erlauben die **vergleichsweise Streitbeilegung** in jedem Stadium des Verfahrens. Von großer praktischer Bedeutung ist der Vergleich vor Klageerhebung im Wege des „**Consent Orders**". Dabei einigen sich die Parteien mit den verfahrensleitenden FTC Beamten auf einen Vergleichsentwurf (in dem in der Fusionskontrolle zB geregelt sein kann, dass die Zusammenschlussbeteiligten bestimmte Vermögensgegenstände zu veräußern haben), der sodann der Kommission vorgelegt wird. Die Kommission kann den Vergleichsentwurf annehmen, ablehnen, oder sonstige sachgemäße Schritte unternehmen.[55] Wird der Vergleich akzeptiert, muss ihn die Kommission veröffentlichen und interessierten Personen eine zumindest 30-tägige Frist zur Stellungnahme einräumen. Nach Würdigung etwaiger Stellungnahmen kann die Kommission den Vergleichsentwurf danach im Wege der engültigen Entscheidung („Final Decision and Order") erlassen.[56]

III. Rechtsdurchsetzung durch Private

27 Die private Durchsetzung des Kartellrechts blickt in den Vereinigten Staaten auf eine **lange Tradition** zurück. § 4 Clayton Act[57] räumt jeder durch kartellrechtswidriges Verhalten geschädigten Person das Recht ein, vom Schädiger dreifachen Schadensersatz („treble damages"), angemessene Anwaltskosten und sonstige Kosten der Rechtsverfolung zu verlangen. § 16 Clayton Act[58] ermöglicht darüber hinaus einstweilige Verfügungen gegen kartellrechtswidriges Verhalten.

1. Schadensersatzklagen

28 Schadensersatzklagen nach § 4 Clayton Act stehen allen natürlichen und juristischen Personen offen. Zum Tatbestand gehört zunächst die Verletzung einer Vorschrift des Sherman Acts oder des Clayton Acts[59] und ein daraus resultierender Schaden des Klägers.[60] Der Kläger muss außerdem darlegen, dass der entstandene Schaden im Schutzbereich des Kartellrechts liegt. Das Erfordernis dieses sog „**Antitrust Injury**" spielt insbesondere bei Wettbewerberklagen eine Rolle. So hatte der Supreme Court beispielsweise zu entscheiden, ob Betreiber kleinerer Bowling Anlagen in New York und New Jersey über § 4 Clayton Act Schadensersatz für entgangene Gewinne verlangen konnten, die daraus resultierten, dass ein größerer Wettbewerber insolvente kleinere Anlagen aufgekauft hatte.[61] Die Kläger brachten vor, dass der Aufkauf gegen § 7 Clayton Act verstoße, der wesentliche Schwächungen des Wettbewerbs durch den Erwerb von Anteilen oder Vermögensgegenständen untersagt. Im Verfahren vor dem Supreme

---

mit ungeklärter Rechtslage zieht es die FTC daher bisweilen vor, auf den Verwaltungsprozess zu verzichten und direkt vor den Bundesgerichten Klage zu erheben.

[53] 15 U.S.C. 45(c) („The findings of the Commission as to the facts, if supported by evidence, shall be conclusive.").
[54] Vgl. zB Schering-Plough Corp. v. FTC, 402 F.3d 1056, 1063 (11th Cir. 2005) („While we afford the FTC some deference as to its informed judgment that a particular commercial practice violates the FTC Act, we review issues of law de novo.").
[55] 16 C.F.R § 2.34.
[56] Ebd.
[57] 15 U.S.C. § 15.
[58] 15 U.S.C. § 26.
[59] 15 U.S.C. § 12(a). Aus der gesetzlichen Definition des Kartellrechts in dieser Vorschrift ergibt sich, dass Verletzungen des FTC Acts nicht im Wege der Privatklage durchsetzbar sind.
[60] Sog „fact of damage." Vgl. zB Zenith Radio Corp. v. Halzeltine Research, Inc., 395 U.S. 100, 114 Fn. 9 (1969) („[The] burden of proving the fact of damage under § 4 of the Clayton Act is satisfied by … proof of *some* damage flowing from the unlawful conspiracy; inquiry beyond this minimum goes only to the amount and not the fact of damage. It is enough that the illegality is shown to be a material cause of the injury; a plaintiff need not exhaust all possible alternative sources of injury in fulfilling his burden of proving compensable injury under § 4" (Hervorhebung im Original).
[61] Brunswick Corp. v. Pueblo Bowl-O-Mat, Inc., 429 US 477 (1977).

Court war nicht in Frage gestellt worden, dass die Übernahme der kleineren Bowling Anlagen materiell möglicherweise § 7 Clayton Act verletzte.[62] Der Supreme Court wies die Schadensersatzklage dennoch mit der Erwägung ab, dass der geltend gemachte Schaden außerhalb des Schutzbereichs von § 4 Clayton Act lag.[63] Er begründete dies maßgeblich damit, dass der Kläger denselben Gewinnverlust erlitten hätte, wenn die streitgegenständlichen Anlagen auf andere Weise (zB Übernahme durch kleinere Wettbewerber oder Restrukturierung) auf dem Markt tätig geblieben wären. Der geltend gemachte Schaden beruhte daher nicht auf einer Schwächung des Wettbewerbs durch Konsolidierung von Bowling Anlagen in der Hand des Beklagten, sondern darauf, dass die Kläger wegen des forbestehenden Wettbewerbs durch diese Anlagen niedrigere Preise hinnehmen mussten. Dieser Schaden war kartellrechtlich nicht schutzwürdig und daher nicht ersatzfähig.

Folgen private Schadensersatzklagen auf Klagen der Vereinigten Staaten, kann das Urteil in dem durch die staatlichen Verfolgungsbehörden eingeleiteten Gerichtsverfahren unter bestimmten Voraussetzungen **Beweiswirkungen im Privatverfahren** entfalten. Nach § 5(a) Clayton Act[64] gilt dies inbesondere für endgültige Urteil auf Zivil- oder Strafklagen der Vereinigten Staaten. Feststellungen zu Fragen, die in solchen Verfahren „konkret streitgegenständlich" waren und „zwangsläufig entschieden" wurden, begründen in privaten Folgeverfahren den Anscheinsbeweis (prima facie evidence) ihrer Richtigkeit.[65] Die Beweiswirkungen von § 5(a) Clayton Act gelten nicht für in Beschluss- oder Urteilsform erlassene Vergleiche,[66] denen keine Zeugenvernehmung vorausgegangen ist. Darüber hinaus sind Beschlüsse der Federal Trade Commission nach § 5 FTC Act (→ Rn. 25) nicht dem Anscheinsbeweis nach § 5(a) Clayton Act zugänglich.[67] **29**

Im Rahmen von § 4 Clayton Act stellte sich früh die Frage, ob mittelbare Abnehmer Anspruch auf Schadensersatz geltend machen können (sog **„pass-on"** oder **„indirect purchaser"**-Einwand). In einer Grundsatzentscheidung aus dem Jahre 1968 entschied der Supreme Court, dass sich *Beklagte* gegenüber Direktabnehmern in der Regel nicht mit dem Argument verteidigen können, dass kartellrechtswidrige höhere Preise ganz oder zum Teil an Dritte weitergegeben wurden.[68] Das Gericht begründete dies unter anderem damit, dass Kläger sich andernfalls Beweisschwierigkeiten ausgesetzt sähen, da sich in der Praxis oft schwer ermitteln lässt, ob und in welchem Umfang erhöhte Preise an mittelbare Käufer weitergegeben wurden.[69] Neun Jahre später entschied der Supreme Court, dass auch *Kläger* sich nicht auf „pass-on"-Gedanken berufen können und die Schadensersatzklage nach § 4 Clayton Act mittelbaren Abnehmern daher verwehrt ist.[70] **30**

---

[62] Ebd., 484.
[63] Ebd., 488 („But the antitrust laws are not merely indifferent to the injury claimed here. At base, respondents complain that by acquiring the failing centers petitioner preserved competition, thereby depriving respondents of the benefits of increased concentration. The damages respondents obtained are designed to provide them with the profits they would have realized had competition been reduced. The antitrust laws, however, were enacted for ‚the protection of *competition*, not *competitors*'.") (Hervorhebung und Zitat im Original).
[64] 15 U.S.C. § 16(a).
[65] Emich Motors Corp. v. General Motors Corp., 340 U.S. 558, 569 (1951) („directly put in issue" und „necessarily decided"). Darüber hinaus können sich vergleichbare Beweiswirkungen aus allgemeinen Regeln des sog „collateral estoppel" ergeben, vgl. *American Bar Association, Section of Antitrust Law*, Antitrust Law Developments, 931.
[66] „Consent judgment or decrees", vgl. 15 U.S.C. § 16(a).
[67] Vgl. hierzu und zum Geltungsbereich von § 5(a) Clayton Act näher *American Bar Association, Section of Antitrust Law*, Antitrust Law Developments, 933–935 mwN.
[68] Hanover Shoe, Inc. v. United Shoe Machinery Corp, 392 U.S. 481, 492–494 (1968).
[69] Ebd.
[70] Illinois Brick Co. v. Illinois, 431 U.S. 720, 735 (1977) („[T]he antitrust laws will be more effectively enforced by concentrating the full recovery for the overcharge in the direct purchasers rather than by allowing every plaintiff potentially affected by the overcharge to sue only for the amount it could show was absorbed by it.").

31 Obwohl damit nach Bundesrecht feststeht, dass mittelbare Abnehmer in der Regel[71] keinen Anspruch auf Schadensersatz haben, treten mittelbare Abnehmer in der Praxis dennoch oft als Kläger in kartellrechtlichen Schadensersatzfällen auf. Sie berufen sich dabei auf **einzelstaatliche Vorschriften,** die solche Schadensersatzansprüche ausdrücklich zulassen.[72] Nach der Rechtsprechung des Supreme Courts steht der allgemeine Vorrang von Bundesgesetzen diesen Regelungen nicht entgegen.[73]

32 Sind die Tatbestandsvoraussetzungen von § 4 Clayton Act gegeben, steht dem Kläger neben den Kosten der Rechtsverfolgung und angemessenen Anwaltsgebühren gesetzlich das Dreifache des tatsächlich erlittenen Schadens zu (**„treble damages")**.[74] Mehrere Schädiger haften als Gesamtschuldner.[75] **Ausnahmen** vom Prinzip des dreifachen Schadensersatzes finden sich in gesetzlichen Sonderregelungen. So bestimmt der Antitrust Criminal Penalty Enhancement and Enforcement Act („ACPERA"), dass **Kronzeugen** in Kartellstrafverfahren unter bestimmten Voraussetzungen nur für den einfachen durch sie verursachten Schaden verantwortlich sind. Hierzu gehört maßgeblich, dass sie den Kläger bei der Rechtsverfolgung unterstützen und das Gericht zu dem Ergebnis gelangt, dass die Zusammenarbeit mit dem Kläger insgesamt „zufriedenstellend" ist.[76] Eine weitere Ausnahme vom Prinzip des dreifachen Schadensersatzes findet sich im National Cooperative Research and Production Act („NCRPA"). Danach ist die kartellrechtliche Haftung bestimmter **Forschungs- und Produktionsgemeinschaftsunternehmen** sowie von **Normungsorganisationen** („Standards Development Organizations") auf den einfachen Schaden beschränkt, wenn die Gründung dieser Unternehmen bei den Kartellbehörden angezeigt wird.[77]

33 Die praktische Bedeutung der privaten Rechtsdurchsetzung des Kartellrechts in den USA erklärt sich nicht nur aus der gesetzlichen Anordnung des dreifachen Schadensersatzes, die für Kläger und ihre Anwälte erhebliche Anreize zur Klageerhebung schafft. Ein wichtiger Baustein der privaten Kartellrechtsdurchsetzung ist darüber hinaus die Möglichkeit, Sammelklage im Namen aller vergleichbar situierter Personen zu erheben. Die Voraussetzungen dieser **„Class Actions"** sind im allgemeinen Zivilprozessrecht geregelt.[78] Die Rechtsdurchsetzung im Wege der Class Action ist möglich, wenn ua die folgenden vier Grundvoraussetzungen gegeben sind: (a) die Zahl der klageberechtigten Einzelpersonen ist so groß, dass eine Verbindung von Einzelklagen nicht praktikabel wäre („Numerosity"), (b) es bestehen Rechts- oder Tatsachenfragen, die allen Mitgliedern der Klasse gemein sind („Commonality"), (c) der namentlich benannte Kläger ist ein typisches Mit-

---

[71] Die Bundesgerichte haben enge Ausnahmen von der allgemeinen Regel zugelassen, dass nur unmittelbare Abnehmer Anspruch auf Schadensersatz haben. So können mittelbare Abnehmer aktivlegitimiert sein, wenn sie die betroffenen Waren auf Grundlage sog „cost-plus"-Verträge erworben haben, aus denen sich eindeutig ergibt, dass der kartellrechtswidrig erhöhte Preis an sie weitergegeben wurde. Vgl. Illinois Brick Co., 431 U.S. 736; zurückhaltend hierzu aber zB Kansas v. UtiliCorp United Inc., 497 U.S. 199, 218 (1990). Darüber hinaus sind mittelbare Abnehmer klagebefugt, wenn der unmittelbare Käufer selbst am Kartellrechtsverstoß beteiligt war oder von dem kartellrechtswidrig handelnden ursprünglichen Verkäufer kontrolliert wird. Vgl. zB In re Mercedes-Benz Antitrust Litig., 157 F.Supp.2d 355, 366 (D.N.J. 2001); In re Brand Name Prescription Drugs Antitrust Litig., 123 F.3d 599, 605 (7th Cir. 1997).
[72] Vgl. zB 740 Ill. Comp. Stat. § 10/7 Abs. 2 („No provision of this Act shall deny any person who is an indirect purchaser the right to sue for damages.").
[73] California v. ARC America Corp., 490 U.S. 93, 101 (1989).
[74] 15 U.S.C. § 15(a). Darüber hinaus kann das Gericht für die Dauer der Zuwiderhandlung Zinsen auf den einfachen Schadensbetrag zusprechen (sog „prejudgment interest").
[75] Vgl. zB Paper Systems Inc. v. Nippon Paper Industries Co., 281 F.3d 629, 632 (7th Cir. 2002).
[76] Antitrust Criminal Penalty Enhancement and Reform Act, Pub. L. No. 108–237, § 213(b), 118 Stat. 665, 666. ACPERA wurde als Fußnote zu § 1 Sherman Act kodifiziert, vgl. 15 U.S.C. § 1. Zur praktischen Bedeutung von ACPERA vgl. etwa *United States Government Accountability Office*, Criminal Cartel Enforcement – Stakeholder Views on Impact of 2004 Antitrust Reform Are Mixed, but Support Whistleblower Protection (7/2011), verfügbar unter www.gao.gov/assets/330/321794.pdf.
[77] Vgl. Department of Justice, Antitrust Division – Filing a Notification under the NCPRA, verfügbar unter http://www.justice.gov/atr/public/guidelines/ncrpa.html.
[78] Vgl. Rule 23, Federal Rules of Civil Procedure.

glied der Klasse („Typicality") und (d) der namentlich benannte Kläger vertritt die Interessen der Klasse in angemesser Weise („Adequacy").[79]

2. Einstweilige Verfügungen

Nach § 16 Clayton Act[80] können natürliche und juristische Personen zur Abwehr drohender Schäden aus Verletzungen des Kartellrechts den Erlass **einstweiliger**[81] oder **dauernder**[82] gerichtlicher **Verfügungen** beantragen. Dies kommt in der Praxis etwa bei drohenden Zusammenschlüssen in Betracht.[83]

34

C. Strafprozesse

Die strafrechtliche Durchsetzung des U.S. Kartellrechts obliegt auf Bundesebene der **Antitrust Division** des Department of Justice, die diese Aufgabe durch spezialisierte Beamte in Washington sowie in den Regionalbüros der Antitrust Division in Chicago, New York und San Francisco erfüllt.[84]

35

I. Grundlagen

Nach §§ 1 und 2 Sherman Act können wettbewerbswidrige Absprachen und bestimmte Formen des Missbrauchs marktbeherrschender Stellungen mit Geldbußen oder Gefängnisstrafen geahndet werden. Das Gesetz gibt keinen Hinweis darauf, ob Strafsanktionen nur bei bestimmten, besonders schwerwiegenden Kartellrechtsverstößen in Betracht kommen. In der Praxis ist jedoch seit langem geklärt, dass die Strafverfolgung nur für eindeutige Verstöße gegen das Kartellrecht in Betracht kommt, die nach amerikanischem Recht der „*per se* rule" unterliegen (→ Rn. 11). Kartellrechtliche Strafverfahren betreffen daher horizontale Preisabsprachen, Marktaufteilungen und ähnlich schwerwiegende Rechtsverstöße.

36

II. Ermittlungsverfahren

Die Antitrust Division kann auf verschiedene Weise Kenntnis von strafrechtlichen Verstößen gegen das Kartellrecht erhalten.[85] Das wesentliche Untersuchungsmittel der Antitrust Division in Strafkartellverfahren ist die **Grand Jury Subpoena,** mit der die Vorlage von Dokumenten oder Gegenständen sowie Zeugenvernehmungen erzwungen werden können.[86] Grand Jury Subpoenas können überall in den Vereinigten Staaten zugestellt werden. Sie können darüber hinaus auf im Ausland befindliche amerikanische Staatsangehörige ausgestellt werden, wobei sich ihre Zustellung dann nach den Regeln über die Zustellung gerichtlicher Dokumente im Ausland richtet.[87] Nicht in den Vereinigten Staaten lebende Ausländer können per Grand Jury Subpoena nicht zur Vorlage von Informationen oder zum Erscheinen verpflichtet werden. Ausländer, die im Verdacht eines strafrechtlichen Verstoßes gegen U.S. Kartellrecht stehen, werden aber oft auf die „Border

37

---

[79] Zu Class Actions im Kartellrecht vgl. ausführlich *American Bar Association, Section of Antitrust Law*, Antitrust Class Action Handbook.
[80] 16 U.S.C. § 26.
[81] Vgl. zB National Hockey League v. Plymouth Whalers Hockey, 325 F.3d 712, 717 (6th Cir. 2003).
[82] Vgl. zB Cargill, Inc. v. Monfort of Colorado, Inc., 479 U.S. 104 (1986).
[83] Vgl. ebd. § 16 Clayton Act erlaubt unter anderem auch Veräußerungsverfügungen, vgl. California v. American Stores Co., 495 U.S. 271, 284 (1990).
[84] Nähere Informationen zur Organisation der Antitrust Division sind unter http://www.justice.gov/atr/about/daag.html verfügbar.
[85] Wie in anderen Kartellrechtsordnungen auch ist die Selbstanzeige im Rahmen der sog „Leniency Programs" von besonderer Bedeutung. Vgl. hierzu http://www.justice.gov/atr/public/guidelines/0091.htm.
[86] Vgl. Rule 17 Federal Rules of Criminal Procedure. Grand Juries bestehen aus 16 bis 23 Mitgliedern, die in bundesrechtlichen Strafverfahren über die Anklageerhebung entscheiden. Ihre Verfahrensgrundlagen sind in Rule 6 der Bundesstrafprozessordnung geregelt.
[87] Vgl. 28 U.S.C. § 1783.

Watch List" der Grenzpolizei gesetzt, so dass sie ggf. bei Einreise in die USA festgenommen werden können.

38 **Zeugenvernehmungen** auf Grund von Grand Jury Subpoenas erfolgen vor der Grand Jury und nicht in den Räumen der Antitrust Division. Nach § 6(d) der Bundesstrafprozessordnung darf dabei der Anwalt des Zeugen nicht präsent sein. Dem Zeugen steht grundsätzlich das Recht zu, die Aussage zu verweigern um sich nicht selbst zu belasten. Alle Beteiligten des Verfahrens mit Ausnahme des Zeugen sind zur Verschwiegenheit über die Zeugenvernehmung und sonstige Verfahrensschritte der Grand Jury verpflichtet.[88]

39 Neben Grand Jury Subpoenas stehen den Beamten der Antitrust Division in Strafverfahren eine Reihe **anderer Untersuchungsmittel** zur Verfügung. Neben der Befragung möglicher Zeugen außerhalb des Grand Jury Verfahrens gehören dazu zB richterliche Durchsuchungsbefehle[89] und Abhörungsermächtigungen.[90]

III. Gerichtsverfahren

40 Am Ende des strafrechtlichen Ermittlungsverfahrens steht die Anklage (**„Indictment"**) durch die Grand Jury, die zu diesem Zweck der Zustimmung von mindestens sechs Geschworenen bedarf.[91] Nach Anklagerhebung kann Haftbefehl erlassen oder der Angeklagte per „summons" zum Erscheinen vor Gericht geladen werden.[92] Im sog **„Arraignment"** wird dem Beklagten daraufhin in öffentlicher Verhandlung die Anklageschrift vorgelesen,[93] und der Beklagte wird aufgefordert, sich förmlich zur Anklage zu äußern (**„Plea"**). Das kann er tun, in dem er sich für unschuldig oder schuldig erklärt, der Anklage ohne Schuldanerkenntnis nicht widerspricht („nolo contendere") oder ein bedingtes Schuldanerkenntnis bzw. bedingtes „plea nolo contendere" abgibt.[94]

41 Die Strafverfolgungsbehörde kann mit Beklagten sog **„Plea Agreements"** eingehen. Das sind Vereinbarungen über bestimmte Anklagegegenstände oder das geforderte Strafmaß. Das Gericht darf an Verhandlungen über Plea Agreements nicht teilnehmen, sondern kann der Vereinbarung nur zustimmen oder ihr widersprechen.[95] Plea Agreements sind in Kartellstrafverfahren von großer praktischer Bedeutung und werden meistens schon vor Anklageerhebung ausgehandelt.[96] Die Antitrust Division ist zu Plea Agreements allerdings nur bereit, wenn das vorgeworfene Verhalten zugegeben wird.[97]

42 Das **weitere Gerichtsverfahren** in kartellrechtlichen Strafprozessen richtet sich nach den allgemeinen Vorschriften der Strafprozessordnung. Dort ist unter anderem geregelt, dass der Beklagte im Wege der **„Pretrial Motion"** Einwände gegen die Strafverfolgung geltend machen kann, die nicht der Hauptverhandlung bedürfen.[98] Dazu gehören etwa Verfahrensverstöße der Grand Jury, die Gefahr der Doppelbestrafung („double jeopardy") sowie Anträge auf Nichtzulassung bestimmter Beweismittel. Vor der Hauptverhandlung steht dem Beklagten darüber hinaus das Recht zu, im Wege der **„Discovery"** Einsicht in die Akten der Verfolgungsbehörde zu erlangen.[99] Rechtsprechung des Supreme Courts

---

[88] Vgl. Rule 6(e)(2) Federal Rules of Criminal Procedure. Weitere Einzelheiten zum Grand Jury Verfahren finden sich zB bei *American Bar Association*, Antitrust Law Developments, 969–973.
[89] Vgl. Rule 41 Federal Rules of Criminal Procedure.
[90] Vgl. 18 U.S.C. § 2516(r).
[91] Rule 6(f) Federal Rules of Criminal Procedure.
[92] Rule 4 Federal Rules of Criminal Procedure.
[93] Rule 10(a) Federal Rules of Criminal Procedure.
[94] Vgl. Rule 11 Federal Rules of Criminal Procedure.
[95] Rule 11(c)(1) Federal Rules of Criminal Procedure.
[96] Vgl. *Hammond* The U.S. Model of Negotiated Plea Agreements: A Good Deal With Benefits for All, Presented to OECD Competition Committee Working Party No. 3 (17.10.2006), 6 (verfügbar unter http://www.justice.gov/atr/public/speeches/219332.pdf).
[97] Ebd.
[98] Vgl. Rule 12(b) Federal Rules of Criminal Procedure.
[99] Vgl. Rule 16 Federal Rules of Criminal Procedure.

verpflichtet die Verfolgungsbehörde zudem dazu, dem Angeklagten alle wesentlichen entlastenden Beweismittel mitzuteilen und ihn über Beweismittel zu informieren, die die Glaubwürdigkeit von Zeugen in Zweifel stellen könnten („impeachment evidence").[100] In der Hauptverhandlung kann der Beklagte in Kartellstrafverfahren nicht dazu gezwungen werden, sich selbst zu belasten, es sei denn, das Gericht gewährt ihm hinsichtlich der in seiner Aussage enthaltenen Informationen Verfolungsfreiheit.[101]

Wird der Angeklagte eines strafrechtlich relevanten Kartellrechtsverstoßes für schuldig befunden, drohen ihm gravierende Rechtsfolgen (→ Rn. 11, sowie zu eventuellen Beweiswirkungen des Strafurteils in privaten Schadensersatzklagen → Rn. 25). Nach §§ 1 und 2 Sherman Act können die an Kartellverstößen beteiligten natürlichen Personen mit **Gefängnisstrafen** von bis zu zehn Jahren sowie mit **Geldbußen** bis zu 1 Million USD belangt werden. Für die betroffenen Unternehmen sieht der Sherman Act Geldbußen bis zu 100 Millionen USD vor; in der Praxis macht das DOJ jedoch oft von der gesetzlichen Möglichkeit Gebrauch, Geldbußen bis zum Doppelten des durch die Kartellabsprache entstandenen Schadens oder des daraus resultierenden Vorteils einzufordern.[102] Die Antitrust Division wendet diese Vorschriften äußert aggressiv an. Zwischen 2010 bis 2015 erhob sie in mehr als 350 Fällen Strafklage und erlangte Geldbußen in Höhe von 8.1 Mrd. USD.[103] Sie ging dabei sowohl gegen Unternehmen als auch gegen Privatpersonen vor.[104] Für Privatpersonen betrug die durchschnittliche Gefängnisstrafe für Kartellverstöße zum Zeitpunkt der Drucklegung etwa 24 Monate.[105]

---

[100] Vgl. Brady v. Maryland, 373 U.S. 83, 87 (1963); Giglio v. United States, 405 U.S. 150 (1972).
[101] Vgl. 18 U.S.C. § 6002 ff.
[102] Vgl. 18 U.S.C. § 3571(d).
[103] Vgl. https://www.justice.gov/atr/criminal-enforcement-fine-and-jail-charts.
[104] Eine Liste der Unternehmen, die mit strafrechtlichen Geldbußen von mehr als 10 Millionen USD belangt wurden ist unter http://www.justice.gov/atr/public/criminal/sherman10.html verfügbar. Im April 2016 umfasste diese Liste 129 Unternehmen. Das höchste Einzelbußgeld betrug 500 Millionen USD.
[105] Vgl. die unter http://www.justice.gov/atr/criminal-enforcement-fine-and-jail-charts verfügbare Informationen. In einem vielbeachteten jüngeren Prozess gegen Beteiligte des LCD Kartells beantragte die Antitrust Division eine Geldbuße in Höhe von 1 Milliarde USD gegen AU Optronics Corporation sowie jeweils zehn Jahre Gefängnis und Geldbußen in Höhe von 1 Million USD für zwei hochrangige Angestellte des Unternehmens. Vgl. United States' Sentencing Memorandum, United States v. AU Optronics Corp. et al, CR-09-0110 (11.9.2012), verfügbar unter http://www.justice.gov/atr/cases/f286900/286934_1.pdf. Das Gericht bestimmte die Geldbuße für das Unternehmen auf 500 Millionen USD und verurteilte die angeklagten Manager zu je drei Jahren Gefängnis und zu einer Geldbuße von 200.000 USD.

§ 36 Großbritannien

Übersicht

	Rn.
A. Rechtsgrundlagen	1
B. Zuständigkeit	5
I. Zuständigkeit des High Court	7
II. Zuständigkeit des CAT	8
III. Internationale Zuständigkeit	9
C. Disclosure	12
I. High Court	12
1. Standard Disclosure	13
2. Specific Disclosure	15
3. Pre-Disclosure	16
4. Exkurs: Leniency Disclosure	18
II. CAT	19
D. Bindungswirkung	20
E. Verjährung	21
I. High Court	21
II. CAT	22
F. Schaden	23
I. Schadensberechnung	24
II. Strafschadensersatz	25
G. Beweisfragen	27
H. Verfahrensdauer	30
I. High Court	31
II. CAT	32
III. Kosten des Verfahrens	34

Schrifttum:
Juristisches Schrifttum: *Ackermann,* Prävention als Paradigma: Zur Verteidigung eines effektiven kartellrechtlichen Sanktionssystems, ZWeR 2010, 329; *Ahrens,* Gemeinschaftsunternehmen als wirtschaftliche Einheit, EuZW 2013, 899; *Bechtold,* Die Entwicklung des deutschen Kartellrechts, NJW 2009, 3699; *Alexander,* Die zivilrechtlichen Ansprüche im Kartellrecht nach der 7. GWB-Novelle – Ein Überblick, JuS 2007, 109; *Alexander,* Gemeinschaftsrechtliche Perspektiven der kollektiven Rechtsdurchsetzung, WRP 2009, 683; *Alexander,* Schadensersatz und Abschöpfung im Lauterkeits- und Kartellrecht: Privatrechtliche Sanktionsinstrumente zum Schutz individueller und überindividueller Interessen im Wettbewerb, 2010; *Axster/Weber,* Anmerkung zu BGH Urt. v. 23.3.1982 KZR 28/80 – Meierei-Zentrale, GRUR 1982, 579; *Bamberger/Roth,* Beck'scher Online Kommentar BGB, 31. Auf. 2014; *Baron,* Die Rechtsnatur der Gruppenfreistellungsverordnungen im System der Legalausnahme – ein Scheinproblem, WuW 2006, 358; *Basedow,* Die Durchsetzung des Kartellrechts in Zivilverfahren, in Baudenbacher, Neueste Entwicklungen im Kartellrecht, 2000, S. 353; *Basedow,* Who will Protect Competition in Europe? – From central enforcement to authority networks and private litigation, EBOR 2001, 2; *Basedow,* Private Enforcement of EC Competition Law, 2007; *Basedow,* Perspektiven des Kartelldeliktsrechts, in: FIW, Wettbewerb in einem größeren Europa, FIW-Schriftenreihe Band 215, 2007, S. 45; *Baur,* Jürgen Schadensersatz- und Unterlassungsansprüche bei Verstößen gegen die Kartellrechtsvorschriften des EWG-Vertrags, EuR 1988, 257; *Bechtold,* Die Durchsetzung europäischen Kartellrechts durch die Zivilgerichte ZHR 1996, 160; *Bechtold,* Grundlegende Umgestaltung des Kartellrechts: Zum Referentenentwurf der 7. GWB-Novelle, DB 2004, 235; *Bechtold,* Der Referentenentwurf der 8. GWB-Novelle im Überblick, BB 2011, 3075; *Bechtold/Bosch,* Der Zweck heiligt nicht alle Mittel – Eine Erwiderung auf Ackermann, ZWeR 2010, 329, ZWeR 2011, 160; *Becker/Kammin,* Die Durchsetzung von kartellrechtlichen Schadensersatzansprüchen: Rahmenbedingungen und Reformansätze EuZW 2011, 503; *Behr,* Internationale Tatortzuständigkeit für vorbeugende Unterlassungsklagen bei Wettbewerbsverstößen, GRUR Int. 1992, 604; *Behr/Gorn,* Schadensersatzklagen wegen Verletzung sektorspezifischen Wettbewerbsrechts N&R 2009, 2; *Behrens/Hartmann-Rüppel/Herrlinger,* Schadensersatzklagen gegen Kartellmitglieder, 2010; *Beninca,* Schadensersatzansprüche von Kunden eines Kartells? Besprechung der Entscheidung des OLG Karlsruhe v. 28.1.2004, WuW 2004, 604; *Bergmann/Fiedler,* Anspruchsberechtigung indirekter Abnehmer und passing-on defense: Private Kartellrechtsdurchsetzung in Deutschland, BB 2012, 206; *Bernhard,* Schadensberechnung im Kartellzivilrecht vor und nach dem „Praktischen Leitfaden" der Europäischen Kommission, NZKart 2013, 488; *Bernhard/Holterhus,* Kartellrechtliche Schadensersatzansprüche in mehrstufigen Ab-

satzverhältnissen: ein europäischer Kontrapunkt zum U.S. -Antitrust-Recht, RIW 2012, 470; *Berrisch/Burianski*, Kartellrechtliche Schadensersatzansprüche nach der 7. GWB-Novelle, WuW 2005, 878; *Bien*, Perspektiven für eine europäische Gruppenklage bei Kartellverstößen? Die opt-out Class Actions als Äquivalent der Vorteilsabschöpfung, NZKart 2013, 12; *Bien*, Überlegungen zu einer haftungsrechtlichen Privilegierung des Kartellkronzeugen, EuZW 2011, 889; *Bien/Harke*, Neues Recht für alte Fälle? – Der intertemporale Anwendungsbereich der Verjährungshemmung gemäß § 33 Abs. 5 GWB 2005, ZWeR 2013, 312; *Böge/Ost*, Up and Running, or is it? Private Enforcement – the Situation in Germany and Policy Perspectives, ECLR 2006, 197; *Böhner*, Zivilrechtliche und kartellrechtliche Ansprüche wegen Vorenthaltung von Einkaufsvorteilen in Franchiseverträgen, WRP 2006, 1089; *Böni*, Europäische Richtlinie zur privaten Kartellrechtsdurchsetzung – Maß aller Dinge für Privatgeschädigte?, EWS 2014, 324; *Boos*, Die Beteiligung von Verbraucherschutzverbänden im Kartellverfahren, VuR 2003, 333; *Bornkamm*, Der Schutz vertraulicher Informationen im Gesetz zur Durchsetzung von Rechten des geistigen Eigentums – In-camera-Verfahren im Zivilprozess?, FS Eike Ullmann 2006, 893; *Bornkamm*, Cui malo? Wem schaden Kartelle?, GRUR 2010, 501; *Bornkamm/Becker*, Die privatrechtliche Durchsetzung des Kartellverbots nach der Modernisierung des EG-Kartellrechts, ZWeR 2005, 213; *Bosch*, Die Entwicklung des deutschen Kartellrechts, NJW 2013, 1857; *Brettel/Thomas*, Der Verbotsirrtum im europäischen und nationalen Kartellbußgeldrecht – Zugleich Besprechung des Schenker-Urteils des EuGH, ZWeR 2013, 272; *Brinker*, Die Zukunft des Kartellrechts, NZKart 2013, 3; *Brkan*, Procedural Apects of Private Enforcement of EC Antitrust Law: Heading toward New Reforms, W.Comp. 2005 28, 479; *Bueren*, Einer für alle, alle für einen? – Gesamtschuldnerische Bußgeldhaftung im europäischen Kartellrecht: Grundlage, Ausgestaltung und Konsequenzen, ZWeR 2011, 285; *Bueren*, Zinsen ab Schadenseintritt schon vor der 7. GWB-Novelle!, WuW 2012, 1056; *Bulow/Klemperer*, Prices and the Winner's Curse, The RAND Journal of Economics Vol. 33, No. 1, 2002, 1; *Bulst*, Private Kartellrechtsdurchsetzung nach der 7. GWB-Novelle: Unbeabsichtige Rechtsschutzbeschränkungen durch die Hintertür? EWS 2004, 62; *Bulst*, Private Kartellrechtsdurchsetzung durch die Marktgegenseite – deutsche Gerichte auf Kollisionskurs zum EuGH, NJW 2004, 2201; *Bulst*, Schadensersatzansprüche der Marktgegenseite im Kartellrecht: zur Schadensabwälzung nach deutschem, europäischem und US-amerikanischem Recht, 2006; *Bulst*, Schadensersatz wegen Kartellrechtsverletzungen – Herausforderungen und Lösungsansätze, in Remien, Schadensersatz im europäischen Privat- und Wirtschaftsrecht – Würzburger Tagung vom 11. und 12. 6. 2010, 2012; *Bulst*, Das ORWI-Urteil des Bundesgerichtshofs im Lichte des Unionsrechts, ZWeR 2012, 70; *Buntscheck*, „Private Enforcement" in Deutschland: Einen Schritt vor und zwei Schritte zurück, WuW 2013, 947; *Bürger*, Die Haftung der Konzernmutter für Kartellrechtsverstöße ihrer Tochter nach deutschem Recht, WuW 2011, 130; *Burrichter*, Ökonomische Gutachten in Kartellschadensersatzprozessen, in: Studienvereinigung Kartellrecht e.V. (Hrsg.), Festschrift für Canenbley zum 70. Geburtstag, 2012, S. 111; *Burrichter/Paul*, Economic Evidence in Competition Litigation in Germany, in: Hüschelrath/Schweitzer, Public and Private Enforcement of Competition Law in Europe, Legal and Economic Perspectives, S. 193, 2014; *Canenbley/Steinvorth*, Kartellbußgeldverfahren, Kronzeugenregelungen und Schadensersatz – Liegt die Lösung des Konflikts delege ferenda in einem einheitlichen Verfahren?, Wettbewerbspolitik und Kartellrecht in der Marktwirtschaft, FS 50 Jahre FIW, 143; *v. Criegern/Engelhoven*, Absicherung von Kartellschäden in AGB-Einkaufsverträgen, WRP 2013, 1441; *Daniel/Padialla/Svy*, Practical Issues with Competition Damages, GCLR 2010, 75; *Dauner-Lieb/Langen*, BGB, Schuldrecht, 2. Aufl. 2012; *Diehl*, Schadensersatzansprüche und deren Nachweis bei Submissionsabsprachen, ZfBR 1994, 105; *Dittrich*, Der passing-on Einwand und die Anspruchsberechtigung indirekter Abnehmer eines Kartells, GRUR 2009, 123; *Dohm*, Die Bindungswirkungf kartellrechtlicher Entscheidungen der Kommission sowie deutscher und mitgliedstaatlicher Kartellbehörden und Gerichte im deutschen Zivilprozess, 2010; *Dölling*, Die Voraussetzungen der Beweiserhebung im Zivilprozess, NJW 2013, 3121; *Dreher*, Der Zugang zu Entscheidungen mit Bindungswirkung für den kartellrechtlichen Schadensersatzprozess ZWeR 2008, 325; *Dreher*, Die persönliche Außenhaftung von Geschäftsleitern auf Schadensersatz bei Kartellrechtsverstößen, WuW 2009, 133; *Dreher*, Die Haftungsverteilung bei der gesamtschuldnerischen kartellrechtlichen Schadensersatzhaftung, Festschrift zum 70. Geburtstag von Wernhard Möschel 2011, 149; *Dreher*, Die Anfechtung und Abwicklung kartellbefangener Verträge nach §§ 123, 812 ff. BGB – Bereicherungsrecht als Alternative zum kartellrechtlichen Schadensersatz, in: Studienvereinigung Kartellrecht e.V. (Hrsg.), Festschrift für Canenbley zum 70. Geburtstag, 2012, 167; *Dück/Eufinger*, Anspruchsberechtigung mittelbar Betroffener und „passing-on defence" im Lichte der BGH-Rechtsprechung zu § 33 GWB, WRP 2011, 1530; *Dück/Schultes*, Kartellbedingte Arglistanfechtung und c. i. c.-Haftung – Mögliche Alternativen zum kartellrechtlichen Schadensersatzanspruch aus § 33 GWB?, NZKart 2013, 228; *Drexl*, Zur Schadensberechtigung unmittelbarer und mittelbarer Abnehmer im europäischen Kartelldeliktsrecht, Festschrift Canaris zum 70. Geburtstag, 2007, 1339; *Eden*, Haften Geschäftsführer persönlich gegenüber Kartellgeschädigten auf Schadensersatz?, WuW 2014, 792; *Dworschak/Maritzen*, Einsicht – der erste Schritt zur Besserung? Zur Akteneinsicht in Kronzeugendokumente nach dem Donau Chemie-Urteil des EuGH, WuW 2013, 829; *Ellger*, Kartellschaden und Verletzergewinn, Festschrift zum 70. Geburtstag von Wernhard Möschel 2011, 191; *Emde*, Anspruch von Vertriebsmittlern auf Zugang zum Vertriebssystem eines Unternehmens – Kontrahierungsanspruch, Belieferungsanspruch und ihr Verhältnis zum Schadensersatzanspruch, NZKart 2013, 355; *Emmerich*, Schadensersatzansprüche der mittelbar geschädigten Abnehmer eines Kartells – Anmerkung zur ORWI Entscheidung des BGH, JuS 2012, 847; *Erman/Westermann/Grunewald/Maier-Reimer*, Bürgerliches Gesetzbuch, 14. Aufl., 2014; *Fabisch*, Managerhaftung für Kartellrechtsverstöße, ZWeR 2013, 91; *Fiedler*, Der aktuelle Richtlinienvorschlag der Kommission – der große Wurf für den kartellrechtlichen Schadensersatz?, BB 2013, 2179; *Fikentscher*, Horizontale Wettbewerbsbeschränkungen und Verträge mit Dritten,

BB 1956, 793; *Fleischer,* Kartellrechtsverstöße und Vorstandsrecht, BB 2008, 1070; *Franck,* Weitergabe von Kartellschaden und Vorteilsausgleich, WRP 2011, 843; *Fritzsche,* 8. GWB-Novelle – Überblick über den Regierungsentwurf, DB 2012, 845; *Fuchs,* Die 7.GWB Novelle – Grundkonzeption und praktische Konsequenzen, WRP 2005, 1384; *Fuchs,* Ausschluss oder Zulassung des Einwands der Schadensabwälzung ? Plädoyer für eine differenzierte Beurteilung der passing-on defense bei Schadensersatzklagen wegen Kartellverstößen, ZWeR 2011, 192; *Fuchs,* Anspruchsberechtigte, Schadensabwälzung und Schadensbemessung bei Kartellverstößen, in: Remien, Schadensersatz im europäischen Privat- und Wirtschaftsrecht – Würzburger Tagung vom 11. und 12.6.2010, 2012, S. 55; *Glöckner,* Individualschutz und Funktionenschutz in der privaten Durchsetzung des Kartellrechts – Der Zweck heiligt die Mittel nicht; er bestimmt sie!, WRP 2007, 490; *Göhler,* Ordnungswidrigkeitengesetz, 16. Aufl. 2012; *Görner,* Die Anspruchsberechtigung der Marktbeteiligten nach § 33 GWB, 2007; *Gronemeyer/Slobodenjuk,* Referentenentwurf zur 8. GWB-Novelle: Risiken und Nebenwirkungen, WRP 2012, 290; *Guski,* Kartellgeschädigte als Gesamtgläubiger? Zur Systemkompatibilität von Wettbewerbs- und allgemeinem Privatrecht am Beispiel von Kartelldelikten, ZWeR 2010, 278; *Gussone/Schreiber,* Private Kartellrechtsdurchsetzung, WuW 2013, 1040; *Hartmann-Rüppel/Ludewig,* Entscheidung für die Passing-On-Defence im deutschen Recht – Zur ORWI-Entscheidung des Bundesgerichtshofs, ZWeR 2011, 90; *Hartmann-Rüppel/Schrader,* Es regnet Preiserhöhungen – Wie Preisschirme auch Unbeteiligte schädigen können – Zugleich Besprechung der „Preisschirmeffekte"-Entscheidung des EuGH v. 5.6.2014 – Rs C-557/12, ZWeR 2014, 300; *Haas/Dittrich,* Urteilsanmerkung zu BGH Urt. v. 28.6.2011 – KZR 75/10 – ORWI, LMK 2012, 327348; *Hack,* Vorstandsverantwortlichkeit bei Kartellrechtsverstößen, 2012; *Haslinger,* „Belieferungsanspruch des Außenseiters eines selektiven Vertriebsbindungssystems, das gegen Art. 85 I EGV verstößt"?; *Hauke/Brettel,* Aktuelle Rechtsprechung zur Bebußung von Kartellordnungswidrigkeiten – Zugleich Besprechung von OLG Düsseldorf, Urt. v. 29.10.2012 – V-1 Kart 1–6/12 (OWi) una sowie BGH v. 26.2.2013 – KRB 20/12, ZWeR 2013, 285; *Hauser,* Kartellschadensersatz wegen Preiserhöhung durch Kartellaußenseiter?, GWR 2013, 146; *Heidel/Hüßtege/Mansel/Noack,* BGB, Allgemeiner Teil, 2. Auf. 2011; *Heinichen,* Akteneinsicht durch Zivilgerichte im Kartellschadensersatzverfahren, NZKart 2014, 83; *Hempel,* Privater Rechtsschutz im deutschen Kartellrecht: Eine rechtsvergleichende Analyse, 2002; *Hempel,* Privater Rechtsschutz im deutschen Kartellrecht nach der 7. GWB-Novelle, WuW 2004, 362; *Hempel,* War da nicht noch etwas? – Zum kollektiven Rechtsschutz im Kartellrecht, NZKart 2013, 494; *Herberger/Martinek/Rüßmann/Weth,* jurisPraxisKommentar BGB, 6. Aufl. 2012; *Hess,* Kartellrechtliche Kollektivklagen in der Europäischen Union – Aktuelle Perspektiven, WuW 2010, 493; *Heß/Burmann,* Gesamtschuldnerausgleich und Verjährung, NJW-Spezial 2010, 393; v. *Hoyningen-Huene,* Beweisfragen bei Berufsfortkommensschäden (§ BGB § 252 S. 2 BGB, § ZPO § 287 ZPO § 287 Absatz 1 ZPO), NJW 1994, 1757; *Inderst/Thomas,* Schadensersatz bei Kartellverstößen, 2015; *Jaschke,* Der kartellrechtliche Schadensersatzanspruch, 2012; *Jauernig/Stürner,* Bürgerliches Gesetzbuch, 15. Aufl. 2014; *Jüchser,* Gesamtschuldnerausgleich zwischen Mutter- und Tochtergesellschaft im Fall des Schadensersatzes nach deutschem und europäischen Kartellrecht, WuW 2012, 1048; *Jungermann,* US-Discovery zur Unterstützung deutscher Kartellschadensersatzklagen, WuW 2014, 4; *Jüntgen,* Die prozessuale Durchsetzung privater Ansprüche im Kartellrecht, FIW-Schriftenreihe 2007 212; *Jüntgen,* Zur Verwertung von Kronzeugenerklärungen in Zivilprozessen, WuW 2007, 128; *Kahlenberg/Neuhaus,* Die Achte GWB-Novelle: Reform des deutschen Kartellrechts, BB 2012, 131; *Kahlenberg/Haellmigk,* Neues Deutsches Kartellgesetz, BB 2005, 1509; *Kamann/Ohlhoff,* Gesamtgläubigerschaft als Lösung des Passing-On-Problems? – Entscheidungsbesprechung, ZWeR 2010, 303; *Kapp,* Abschaffung des Private Enforcement bei Hardcore Kartellen, Festschrift zum 70. Geburtstag von Wernhard Möschel, 2011, 319; *Kapp/Gärtner,* Die Haftung von Vorstand und Aufsichtsrat bei Verstößen gegen das Kartellrecht, CCZ 2009, 168; *Karst,* Kartellrechtscompliance im Konzern, WuW 2012, 150; *Kaufmann,* Rechtsschutz im deutschen und europäischen Kartellrecht: Konzeption einer effektiven Schadensersatzklage, 2007; *Kellerbauer/Weber,* Die gesamtschuldnerische Haftung für Kartellgeldbußen und ihre Grenzen: Das Urteil Siemens VA Tech, EuZW 2011, 666; *Kern,* Zivilrechtliche Schadensersatzansprüche der öffentlichen Hand bei Kartellverstößen, BWGZ 2011, 446; *Kersting,* Perspektiven der privaten Rechtsdurchsetzung im Kartellrecht, ZWeR 2008, 252; 845; *Kersting,* Wettbewerbsrechtliche Haftung im Konzern, Der Konzern 2011, 445; *Kersting,* Urteilsanmerkung zu EuGH v. 14.6.2011 – C-360/09 – Pfleiderer, JZ 2012, 43; *Kersting,* Behandlung des unvermeidbaren Verbotsirrtums im europäischen Kartellrecht, WuW 2013, *Kersting,* Die Rechtsprechung des EuGH zur Bußgeldhaftung in der wirtschaftlichen Einheit, WuW 2014, 1156; *Kersting,* Die neue Richtlinie zur privaten Rechtsdurchsetzung im Kartellrecht, WuW 2014, 564; *Keßler,* Schadensersatzansprüche von Kartellabnehmern de lege data und de lege ferenda, BB 2005, 1125; *Kiebisch,* Outsourcing eines Kartellrechtsverstoßes – Nachhaftung für ausgegliederte Verstöße gegen das europäische Kartellrecht unter besonderer Berücksichtigung des Gemeinschaftsunternehmens, WRP 2012, 295; *Kießling,* Neues zur Schadensabwälzung, GRUR 2009 734; *Kirchhoff,* Das ORWI-Urteil des Bundesgerichtshofs, WuW 2012, 927; *Kirchhoff,* Ökonomie und Kartellrecht aus der Sicht des deutschen Richters, Festschrift für Klaus Tolksdorf zum 65. Geburtstag, 2014, 521; *Kleinlein/Schubert,* Die Auslobung als Möglichkeit zur Ausschaltung der Passing-on-defence, WuW 2012, 345; *Kling,* Die Haftung der Konzernmutter für Kartellverstöße ihrer Tochterunternehmen, WRP 2010, 506; *Kling,* Wirtschaftliche Einheit und Gemeinschaftsunternehmen – Konzernprivileg und Haftungszurechnung, ZWeR 2011, 169; *Kling/Thomas,* Kartellrecht, 2007; *Koch,* Der kartellrechtliche Sanktionsdurchgriff im Unternehmensverband, ZHR 171 2007, 554; *Koch,* Compliance-Pflichten im Unternehmensverbund?, WM 2009, 1013; *Koch,* Rechtsdurchsetzung im Kartellrecht: Public vs. private enforcement, JZ 2013, 390; *Köhler,* Kartellverbot und Schadensersatz, GRUR 2004, 99; *Köhler,* EU-Kartellbußen gegen Mutter- und Tochtergesellschaft: Gesamtschuldnerische Haftung und Ausgleich im Innenverhältnis, WRP 2011,

277; *Komninos,* New Prospects for Private Enforcement of EC Competition Law: Courage v. Crehan and the Community Right to Damages, CML. Rev. 2002, 447; *Komninos,* Effect of Commission Decisions on Private Antitrust Litigation: Setting the Story Straight, CML Rev. 2007 44, 1387; *Köster,* Schadensersatzklagen wegen Verletzung von Art. 81 EG: Gelingt die Mobilisierung privater Kläger in der EU?, Festschrift für Peter Hay, 2005, S. 233; *Kredel,* Der EuGH ist aufgerufen, die Rechtsunsicherheiten in Bezug auf den Innenausgleich zwischen gesamtschuldnerisch haftenden Kartellanten zu beseitigen, BB 2013, 2644; *Krieger/ Schneider,* Handbuch Managerhaftung; 2. Aufl. 2010; *Krüger,* Die haftungsrechtliche Privilegierung des Kronzeugen im Außen- und Innenverhältnis gemäß dem Richtlinienvorschlag der Kommission, NZKart 2013, 483; *Krüger,* Kartellregress: Der Gesamtschuldnerausgleich als Instrument der privaten Kartellrechtsdurchsetzung, 2010; *Krüger,* Der Gesamtschuldnerausgleich im System der privaten Kartellrechtsdurchsetzung, WuW 2012, 6; *Knuß,* Kartellschaden und Verbraucherschutz: rechtliche und faktische Rechtsdurchsetzungshürden für die Kompensation kartellbedingter Streuschäden unter Berücksichtigung gemeinschaftsrechtlicher Vorgaben, 2010; *Kühnen,/Kizil,* Vollzugsverbot und Zivilrechtsschutz, ZWeR 3/2010, 268; *Lackner/Kühl,* Strafgesetzbuch, 28. Aufl. 2014; *Legner,* Schadensberechnung bei Hardcore-Kartellen, KSzW 2012, 218; *Lehmann,* Juristisch-ökonomische Kriterien zur Berechnung des Verletzergewinns bzw. des entgangenen Gewinns, BB 1988, 1680; *Lettl,* Der Schadensersatzanspruch gemäß § 823 Abs. 2 BGB i.V. mit Art. 81 Abs. 1 EG, ZHR 167 (2003) 473; *Liesegang,* Kontrahierungszwang als Schadensersatz bei kartellverbotswidriger Lieferverweigerung, NZKart 2013, 233; *Lindner,* Privatklage und Schadensersatz im Kartellrecht – Eine vergleichende Untersuchung zum deutschen und amerikanischen Recht, 1980; *Logemann,* Der kartellrechtliche Schadensersatz: die zivilrechtliche Haftung bei Verstößen gegen das deutsche und europäische Kartellrecht nach Ergehen der VO (EG) Nr. 1/2003 und der 7. GWB-Novelle, 2009; *Lübbig,* Die zivilprozessuale Durchsetzung etwaiger Schadensersatzansprüche durch die Abnehmer eines kartellbefangenen Produkts, WRP 2004, 1254; *Lübbig/ Bell,* Die Reform des Zivilprozesses in Kartellsachen, WRP 2006, 1209; *Lübbig/Mallmann,* Zivilprozessuale Folgen des ORWI-Urteils des BGH zur kartellrechtlichen „Passing-on-Defence", WRP 2012, 166; *Maier-Reimer,* Schutzgesetze – Verhaltensnormen, Sanktionen und ihr Adressat, NJW 2007, 3157; *Makatsch/Abele,* Das Ende kollektiver Kartellschadensersatzklagen in Deutschland?, WuW 2014, 164; *Makatsch/Mir,* Die neue EU-Richtlinie zu Kartellschadensersatzklagen – Angst vor der eigenen „Courage"?, EuZW 2015, 7; *Mansdörfer/Timmerbeil,* Zurechnung und Haftungsdurchgriff im Konzern, WM 2004, 362; *Mäsch,* Praxiskommentar zum deutschen und europäischen Kartellrecht, 2011; *Mäsch,* Private Ansprüche bei Verstößen gegen das europäische Kartellverbot – Courage und die Folgen, EuR 2003, 825; *Mäsch,* Vitamine für Kartellopfer – Forumshopping im europäischen Kartelldeliktsrecht, IPRax 2005, 509; *Mäsch,* Innenausgleich bei gesamtschuldnerisch festgesetzter Kartellbuße der EU-Kommission – „Calciumcarbid", GRUR-Prax 2012, 268; *Mayer,* Vertragsanfechtung durch Kartellgeschädigte – Eine praxistaugliche Alternative zur Geltendmachung von Schadensersatz?, WuW 2010, 29; *Medicus,* Deliktische Außenhaftung der Vorstandsmitglieder und Geschäftsführer, ZGR 1998, 570; *K. M. Meessen,* Schadensersatz bei weltweiten Kartellen, WuW 2005, 1115; *K. M. Meessen,* Antitrust Jurisdiction under Customary International Law, Am.J.Int.L. 1984, 783; *G. Meessen,* Der Anspruch auf Schadensersatz bei Verstößen gegen EU-Kartellrecht: Konturen eines Europäischen Kartelldeliktsrechts?, 2011; *Mehra,* Deterrence: The Private Remedy and International Antitrust Cases, Col. J. Transnat'l L. 2002, 275; *Mederer,* Richtlinienvorschlag über Schadensersatzklagen im Bereich des Wettbewerbsrechts, EuZW 2013, 847; *Meyer,* Die Bindung der Zivilgerichte an Entscheidungen im Kartellverwaltungsrechtsweg – der neue § 33 IV GWB auf dem Prüfstand, GRUR 2006, 27; *Meyer-Lindemann,* Durchsetzung des Kartellverbots durch Bußgeld und Schadensersatz, WuW 2011, 1235; *Moch,* Private Kartellrechtsdurchsetzung – Stand, Probleme, Perspektiven, WuW 2006, 39; *Möllers/Pregler,* Zivilrechtliche Rechtsdurchsetzung und kollektiver Rechtsschutz im Wirtschaftsrecht – Ein Vergleich der kollektiven Rechtsdurchsetzung im Wettbewerbs-, Kartell-, Gesellschafts-, und Kapitalmarktrecht, ZHR 2012 144; *Montag,* Kollektiver Rechtsschutz in Europa und der Gesetzesentwurf zur Einführung von Gruppenklagen, ZRP 2013, 172; *Morell,* Kartellschadensersatz nach „ORWI", WuW 2013, 959; *Möschel,* Behördliche oder privatrechtliche Durchsetzung des Kartellrechts?, WuW 2007, 483; *Möschel/Bien,* Kartellrechtsdurchsetzung durch private Schadensersatzklagen, 2010; *Müller,* Punitive Damages und deutsches Schadensersatzrecht, 2000; *Müller-Graff/Kainer,* Die Pauschalierung von Schadensersatzansprüchen gegen Kartellabsprachen in Vergabeverträgen, WM 2013, 2149; *Müller-Henneberg/Schwartz/Benisch/Hootz,* Gemeinschaftskommentar Gesetz gegen Wettbewerbsbeschränkungen und Europäisches Kartellrecht, 4. Aufl. 1980–1997; *Nothdurft,* „The Trade Follows the Flag" – Reichweite der Bindungswirkung der öffentlichen für die private Kartellrechtsdurchsetzung nach § 33 Abs. 4 GWB, Festschrift für Klaus Tolksdorf zum 65. Geburtstag, 2014, 533; *Oberender,* Private und öffentliche Kartellrechtsdurchsetzung – Überlegungen zur Gesamtschuld von Kartellmitgliedern im System der privaten Kartellrechtsdurchsetzung, 2012; *Pajunk,* Konsumentenschutz im Rahmen privater Kartellrechtsdurchsetzung – Bestandsaufnahme und Entwicklung von Lösungsansätzen zur Gewährleistung subjektiver Befugnisse für mittelbare Kartellopfer unter besonderer Berücksichtigung deutscher und europarechtlicher Initiativen, 2011; *Palandt/Bassenge ua,* Bürgerliches Gesetzbuch, 73. Aufl. 2014; *Palzer/Preisendanz,* Frischer Wind in der privaten Durchsetzung des Kartellrechts?, EWS 2010, 215; *Pauer,* Schadensersatzansprüche aufgrund von „Preisschirmeffekten" bei Kartellverstößen, WuW 2015, 14; *Pfeiffer,* Zivilrechtliche Ausgleichansprüche bei kartellrechtswidrigen Verträgen?, Festschrift für Benisch, 313; *Poelzig,* Normdurchsetzung durch Privatrecht, 2012; *Pohlmann,* Intertemporales Verjährungsrecht beim Kartellschadensersatz, WuW 2013, 357; *Prütting/Wegen/Weinreich,* Bürgerliches Gesetzbuch, 9. Aufl. 2014; *Radziwill,* Privater Schadensersatz bei Kartellverstößen, in: Europa- Status Quo, Würzburger Arbeiten zum Wirtschaftsrecht, Band 1, 2012; *Rauh,* Vom Kartellantengewinn zum ersatzfähigen Schaden – Neue Lösungsansätze für die private Rechtsdurchsetzung,

NZKart 2013, 222; *Rauh/Zuchandke/Reddemann,* Die Ermittlung der Schadenshöhe im Kartelldeliktsrecht, WRP 2012, 173; *Reher,* Kartellrechtliche Schadensersatzansprüche nach der 7. GWB Novelle für Altfälle am Beispiel des Vitaminkartells, Festschrift für Alexander Riesenkampff, 2006, 113; *Reich,* Die Passing-On Defense im Spannungsfeld zwischen Weißbuch und kritischen Literaturstimmen, WuW 2008, 1046; *Reich,* The „Courage" Doctrine: Encouraging or Discouraging Compensation for Antitrust Injuries?, CML. Rev. 2005 42, 35; *Ritter,* Private Durchsetzung des Kartellrechts – Vorschläge des Weißbuchs der Europäischen Kommission, WuW 2008, 762; *Rizzuto,* Francesco The Private Enforcement of EU Competition Law – What next?, GCLR 2010, 57; *Roth,* Das Kartelldeliktsrecht in der 7. GWB-Novelle, Festschrift für Ulrich Huber zum 70. Geburtstag, 2006, S. 1133; *Ruf,* Feuerwehrbeschaffungskartell – Schadensersatzrechtliche und vergaberechtliche Aspekte, BWGZ 2011, 436; *Saam,* Kollektive Rechtsbehelfe zur Durchsetzung von Schadensersatzansprüchen im europäischen Wettbewerbs- und Verbraucherrecht, 2011; *Säcker/Rixecker,* Münchener Kommentar zum Bürgerlichen Gesetzbuch, 6. Aufl. 2012–2013; *Scheidtmann,* Schadensersatzansprüche gegen eine Muttergesellschaft wegen Verstößen einer Tochtergesellschaft gegen Europäisches Kartellrecht?, WRP 2010, 499; *Schmidt, K.,* Kartellprivatrecht – Zivilrechtswissenschaft und Kartellrechtswissenschaft: Herrin und Magd? Magd und Herrin?, ZWeR 2010, 15; *Schnelle,* Kommentar zu BGH Urteil vom 28.6.2011 – ORWI – Den Geschädigten trifft für den Weiterwälzungseinwand nur in Ausnahmefällen eine sekundäre Darlegungslast, BB 2012, 75; *Schreiber,* Nach der ORWI-Entscheidung des BGH: Was müssen indirekte Abnehmer bei der Geltendmachung von Schadensersatz beachten?, GRUR-Prax 2012, 78; *Schulte/Just,* Kartellrecht, 2012; *Schulze ua,* Bürgerliches Gesetzbuch, Handkommentar, 8. Aufl. 2014; *Schürmann,* Die Weitergabe des Kartellschadens, 2011; *Schütt,* Individualrechtsschutz nach der 7. GWB-Novelle, WuW 2004, 1124; *Schweitzer,* Die neue Richtlinie für wettbewerbsrechtliche Schadensersatzklagen, NZKart 2014, 335; *Soergel,* Bürgerliches Gesetzbuch, Allgemeiner Teil 1 (§§ 1–103), 13. Aufl. 2000; *Soyez,* Aufzugs- und Fahrtreppenkartell – Schadensersatzansprüche der Öffentlichen Hand, KommJur 2010, 41; *Soyez,* Die Verjährung des Schadensersatzanspruchs gem. § 33 Abs. 3 Satz 1 GWB, ZWeR 2011, 407; *Soyez,* Schadensersatz des indirekten Abnehmers von Kartellteilnehmern, EuZW 2012, 100; *Stauber/Schaper,* Die Kartellschadensersatzrichtlinie – Handlungsbedarf für den deutschen Gesetzgeber?, NZKart 2014, 346; *Staudinger,* Kommentar zum Bürgerlichen Gesetzbuch 2012, Buch 1: Allgemeiner Teil 5 (§§ 164–240), Neubearb. 2014 und Buch 2: Recht der Schuldverhältnisse (§§ 305–310), 15. Aufl. 2013; *Steinle/Hattas,* The tide has turned: private enforcement of competition law in Germany, GCLR 2008, 57; *Stöber,* Schadensersatzhaftung für Preisschirmeffekte bei Verstößen gegen deutsches und europäisches Kartellrecht, EuZW 2014, 257; *Thomas,* Anmerkung zu LG Mannheim v. 29.4.2005 – 22 O 74/04 Kart – Selbstdurchschreibepapier ORWI, EWiR 2007, 659; *Thomas,* Die verfahrensrechtliche Bedeutung der Marktbeherrschungsvermutungen des § 19 Abs. 3 GWB, WuW 2002, 470; *Thonig,* Die Anspruchsberechtigung von Marktbeteiligten und die Geltendmachung von Schadensersatz im Fall des Ausbeutungsmissbrauchs, WRP 2014, 526; *Traugott,* Anspruch auf Belieferung aus Art. 85 Abs. 1 EGV in Verbindung mit § 823 Abs. 2 BGB und § 249 Satz 1 BGB?, WuW 1997, 486; *Ulmer/Brandner/Hensen,* AGB-Recht, 11. Aufl. 2011; *Verse,* Organwalterhaftung und Gesetzesverstoß, ZHR 170 (2006), 398; *Volhard,* Schadensbezifferung und Schadensbeweis bei Submissionskartellen, Festschrift für Walter Oppenhoff zum 80. Geburtstag, 1985, S. 509; *Vollrath,* Das Maßnahmenpaket der Kommission zum wettbewerbsrechtlichen Schadensersatzrecht, NZKart 2013, 434; *von Criegern/Engelhoven,* Absicherung von Kartellschäden in AGB-Einkaufsverträgen, WRP 2013, 1441; *Vykydal,* Der kartellrechtliche Kontrahierungszwang, 1996; *Wagner/Kleine/Liebenbach,* Kartellrechtliche Schadensersatzklagen – Bewertung der Vorschläge der Europäischen Kommission im Weißbuch, EWS 2008, 305; *Wagner,* Schadensersatz bei Kartelldelikten, in Eger/Schäfer, Ökonomische Analyse der europäischen Zivilrechtsentwicklung, 2007, 605; *Wagner/von Olshausen,* Die Geltung der kartellrechtlichen Verjährungshemmung für Altfälle – Zum intertemporalen Anwendungsbereich des § 33 Abs. 5 GWB, ZWeR 2013, 121; *Wagner-v. Papp,* Der Richtlinienentwurf zu kartellrechtlichen Schadensersatzklagen, EWS 2009, 445; *Weidenbach/Saller,* Das Weißbuch der Europäischen Kommission zu kartellrechtlichen Schadensersatzklagen, BB 2008, 1020; *Weitbrecht,* Schadensersatzansprüche der Unternehmer und Verbraucher wegen Kartellverstößen, NJW 2012, 881; *Westermann, K.,* Das privatrechtliche Sanktionssystem bei Kartellverstößen, Festschrift für Harm Peter Westermann, 2008, 1605; *Westhoff,* Der Zugang zu Beweismitteln bei Schadensersatzklagen im Kartellrecht: eine rechtsvergleichende Untersuchung, 2010; *Graf von Westphalen/Thüsing,* Vertragsrecht und AGB-Klauselwerke, 35. EL 2014 (Stand Gesamtwerk); *Wils,* Should Private Antitrust Enforcement be Encouraged in Europe?, World Competition 2003 26, 473; *Wils,* The judgment of the EU General Court in Intel and the so-called ‚more economic approach' to abuse of dominance, World Competition: Law and Economics Review, 2014; *Wissenbach,* Schadenersatzklagen gegen Kartellmitglieder – Offene Fragen nach der 7. Novellierung des GWB, 2006; *Wolf/Lindacher/Pfeiffer,* AGB-Recht, 6. Aufl. 2013; *Wurmnest,* Zivilrechtliche Ausgleichsansprüche von Kartellbeteiligten bei Verstößen gegen das EG-Kartellverbot, RIW 2003, 896; *Wurmnest,* Private Durchsetzung des EG-Kartellrechts nach der Reform der VO Nr. 17, in: Behrens/Braun/Nowak, Europäisches Wettbewerbsrecht im Umbruch, 2004, 213; *Wurmnest,* Schadensersatz wegen Verletzung des EU-Kartellrechts, in: Remien, Schadensersatz im europäischen Privat- und Wirtschaftsrecht – Würzburger Tagung vom 11. und 12.6.2010, 2012, 27; *Zimmer/Logemann,* Unterliegen „Altfälle" der verschärften Schadensersatzhaftung nach § 33 GWB?-Die versteckte Rückwirkung im Kartellprivatrecht, WuW 2006, 982; *Zöller,* ZPO, 30. Aufl. 2014; *Zöttl/Schlepper,* Die private Durchsetzung von kartellrechtlichen Schadensersatzansprüchen – Status Quo in Deutschland, EuZW 2012, 573.

Ökonomisches Schrifttum: *Baker/Rubinfeld,* Empirical Methods in Antitrust Litigation: Review and Critique, American Law and Economics Review 1999, 386; *Beth/Pinter,* Preisschirmeffekte: Wettbewerbsökonomische Implikationen für kartellrechtliche Bußgeld- und Schadensersatzverfahren, WuW 2013, 228; *Boyer/Kotchoni,* How Much do Cartels Overcharge?, Toulouse School of Economics, Working Paper TSR-462, Januar 2014; *Bulow/Klemperer,* Prices and the Winner's Curse, The RAND Journal of Economics 2002, 1; *Connor,* Price-Fixing Overcharges: Revised 3rd Edition, 24. Februar 2014, abrufbar unter: http://ssrn.com/abstract=2400780 oder http://dx.doi.org/10.2139/ssrn.2400780 (zuletzt abgerufen am 11.11.2015); *Clark/Hughes/Wirth,* Study on the Conditions of Claims for Damages in Case of Infringement of EC Competition Rules: Analysis of economic models for the calculation of damages, 2004; *Davis,* „Facts" and the Estimation of Damages in Competition Cases, E.C.L.R. 2012, 339; *Davis/Garcès,* Quantitative Techniques for Competition and Anti-trust analysis, Princeton University Press, 2010; *Friederiszick/Röller,* Quantification of Harm in Damages Actions for Antitrust Infringements: Insights from German Cartel Cases, Journal of Competition Law & Economics, 2010, 595; *Haucap/Stühmeier,* Wie hoch sind durch Kartelle verursachte Schäden: Antworten aus Sicht der Wirtschaftstheorie, WuW 2008, 413; *Hickman/Hubbard/Saglam,* Structural Econometric Methods in Auctions: A Guide to the Literature, Journal of Econometric Methods, 2012, 67; *Hüschelrath,* Competition Policy Analysis, ZEW Economic Studies, 2008; *Hüschelrath/Leheyda/Müller/Veith,* Schadensermittlung und Schadensersatz bei Hardcore-Kartellen – Ökonomische Methoden und rechtlicher Rahmen, 2012; *Hüschelrath/Müller/Veith,* Concrete Shoes for Competition: the Effect of the German Cement Cartel on Market Price, Journal of Competition Law and Economics, 2012, 97; *Hüschelrath/Müller/Veith,* Estimating Damages from Price-Fixing: the Value of Transactions Data, European Journal of Law and Economics, 2012, 1; *Hüschelrath/Veith,* The Impact of Cartelization on Pricing Dynamics – Evidence from the German Cement Industry, ZEW Discussion Paper No. 11–067, 2011; *Inderst/Jakubovic,* Nachwirkungen von Kartellen, WuW 2013, 5; *Inderst/Maier-Rigaud/Schwalbe,* Preisschirmeffekte, WuW 2014, 1043; *Inderst/Maier-Rigaud/Schwalbe,* Quantifizierung von Schäden durch Wettbewerbsverstöße, in: Fuchs/Weitbrecht, Handbuch der Privaten Kartellrechtsdurchsetzung, in Vorbereitung; *Inderst/Maier-Rigaud/Schwalbe,* Umbrella Effects, Journal of Competition Law and Economics, 2013, 739; *Inderst/Schwalbe,* Das kontrafaktorische Szenario bei der Berechnung von Kartellschäden, WuW 2012, 122; *Inderst/Thomas,* Schadensersatz bei Kartellverstößen, 2015; *Mankiw,* The Macroeconomist as Scientist and Engineer, 2006; *Maskin/Riley,* Asymmetric Auctions, The Review of Economic Studies, 2000, 413; *Niels/Noble,* Quantifying Antitrust Damages – Economics and the Law, in: Hüschelrath/Schweitzer, Public and Private Enforcement of Competition Law in Europe, Legal and Economic Perspectives, 2014; *Oxera,* Quantifying Antitrust Damages Towards Non-Binding Guidance for Courts, 2009; *Paarsch/Hong,* An Introduction to the Structural Econometrics of Auction Data, 2006; *Pesendorfer,* A Study of Collusion in First-Price Auctions, Review of Economic Studies, 2000, 381; *Smuda,* Cartel Overcharges and the Deterrent Effect of EU Competition Law, ZEW Discussion Paper No. 12–050, 2012; *UK Office of Fair Traiding,* Cost pass-through: theory, measurement, and potential policy implications, RBB Economics Publications, Dec. 2014 oder **https://www.gov.uk/government/publications/cost-pass-through-theory-measurement-and-policy-implications** (zuletzt abgerufen am 11.11.2015); *Van Dijk/Verboven,* Quantification of Damages, in Waller, Issues in Competition Law and Policy, ABA Section of Antitrust Law, 2008; *Van Dijk/Verboven,* Cartel Damages Claims and the Passing-on Defense, The Journal of Industrial Economics, 2009, 457; *Van Dijk/Verboven,* Implementing the passing-on defence in cartel damages actions, Global Competition Litigation Review, 2010, 98; *Wooldridge,* Econometric Analysis of Cross Section and Panel Data, Second Edition, 2010.

A. Rechtsgrundlagen

Die private Kartellrechtsdurchsetzung vor englischen Gerichten ist seit der *Garden Cottage Food*-Entscheidung[1] anerkannt. Neben Deutschland und den Niederlanden zählt Großbritannien zu den beliebtesten Foren für die private Durchsetzung kartellrechtlicher Ansprüche. Als Ursache hierfür werden häufig niedrige Gerichtskosten, weitreichende *Disclosure*-Möglichkeiten, eine weite Auslegung der internationalen Zuständigkeitsregelungen, eine gewachsene Settlement-Kultur sowie „klägerfreundliche" und auf Kartellprozesse spezialisierte Gerichte angeführt.

Die wichtigsten kartellrechtlich relevanten Vorschriften finden sich im Competition Act 1998,[2] in dem sowohl das Kartellverbot als auch das Verbot des Missbrauchs einer marktbeherrschenden Stellung normiert ist, in Sec. 2 Abs. 1 European Communities Act 1972,[3] der die direkte Anwendbarkeit der Art. 101 und 102 AEUV im nationalen Recht anerkennt (dies könnte sich beim Vollzug des Brexit ändern), sowie im Enterprise Act

---

[1] House of Lords Urt. v. 23.6.1983, [1984] AC 130 (HL) – Garden Cottage Foods Ltd v Milk Marketing Board.
[2] Im Folgenden „CA98".
[3] Im Folgenden „ECA72".

2002.⁴ Darin werden ua besondere Regelungen über die Zuständigkeit der Gerichte in Kartellzivilprozessen getroffen.

3   Das englische Kartellzivilrecht kennt für Schadensersatzklagen keine eigenständige Anspruchsgrundlage wie bspw. § 33 GWB. Ansprüche können sich vielmehr aus der Verletzung einer gesetzlich statuierten Pflicht *("breach of statutory duty")* sowie den Grundsätzen des Deliktsrechts ergeben,⁵ das sich aus einer Vielzahl von *leading-cases* und über richterliche Rechtsfortbildung entwickelt hat. Die deliktische Zuwiderhandlung kann insb. in einem Verstoß gegen Sec. 2 Abs. 1 ECA72 iVm Art. 101, Art. 102 AEUV und/oder gegen Chapter I oder II des CA98 liegen. Sofern das britische Recht anwendbar ist, kann jede natürliche oder juristische Person auf Grundlage der vorgenannten Regeln Schadensersatzansprüche geltend machen.

4   Zusätzlich kann der Anspruchssteller etwaige Ansprüche auf eine unlautere Beeinträchtigung des Handels *("unlawful interferance with trade")* oder die Verabredung rechtswidriger Verhaltensweisen *("conspiracy to use unlawful means")* stützen. Eine besondere Schwierigkeit besteht für den Kläger hierbei allerdings im Nachweis, dass der Kartellbeteiligte ihn bewusst und absichtlich schädigen wollte. Die bloße Tatsache, dass kartellbedingt preiserhöhte Waren an den Kläger geliefert wurden, reicht für einen etwaigen Schadensersatzanspruch insoweit nicht aus.⁶

B. Zuständigkeit

5   Für alle Klagen, die sich auf einen Verstoß gegen die kartellrechtlichen Verbotsvorschriften stützen, besteht eine Zuständigkeit sowohl des High Court of Justice⁷ als auch des Competition Appeal Tribunal.⁸ Hintergrund für die Schaffung des CAT war die Bestrebung, ein für Kartellschadensersatzklagen spezialisiertes Gericht neben dem High Court zu etablieren.

6   Regeln über allgemeine Fragen der Zuständigkeit sind sowohl in der *Competition Practice Direction*,⁹ in den *Civil Procedure Rules*¹⁰ sowie in den *Competition Appeal Tribunal Rules 2003*¹¹ enthalten. Die CPR finden für Verfahren vor dem High Court und die CATR03 für Verfahren vor dem CAT Anwendung.

I. Zuständigkeit des High Court

7   Der High Court ist sowohl für follow-on- als auch für stand-alone-Schadensersatzklagen zuständig. Am High Court befassen sich die beiden Kammern *Chancery Division* und *Commercial Court* mit Schadensersatzklagen wegen Kartellverstößen. Nach Sec. 2.1.b) CPD besteht bei kartellrechtlichen Schadensersatzklagen eine Erstzuständigkeit der *Chancery Division*. Hiervon werden jedoch gemäß Rule 58.1 und 58.2 CPR weitreichende Ausnahmen gemacht, wonach die Zuständigkeit des Commercial Courts für alle *„commercial claims"* begründet ist. Erfasst sind hiervon solche Ansprüche, die ihren Ursprung in einer gewerblichen Tätigkeit haben.¹² Sofern eine kartellrechtliche Schadensersatzklage bei einer anderen Kammer bzw. einem anderen Gericht anhängig gemacht wird, oder sich kartellrechtliche Fragen erst im Laufe des Prozesses ergeben, muss das Verfahren ge-

---

⁴ Im Folgenden „EA02".
⁵ House of Lords Urt. v. 23.6.1983, [1984] AC 130 (HL) – Garden Cottage Foods Limited v Milk Marketing Board; Court of Appeal Urt. v. 21.5.2004, [2004] EWCA Civ 637 – Crehan v Inntrepreneur Pub Company.
⁶ Court of Appeal Urt. v. 12.11.2013, [2013] EWCA Civ 1377 – WH Newson Holding Ltd v IMI plc.
⁷ Im Folgenden „High Court".
⁸ Im Folgenden „CAT".
⁹ Richtlinie des Justizministeriums zu Zuständigkeitsfragen, im Folgenden „CPD".
¹⁰ Im Folgenden „CPR".
¹¹ Im Folgenden „CATR03".
¹² Eine Auflistung enthält Rule 58.1 Abs. 2 CPR, wobei der Geschädigte selbst einschätzen muss, ob seine Klage hierunter fällt.

mäß Rule 30.8 CPR an eine der beiden zuständigen Kammern des High Court verwiesen werden. Hierbei ist wiederum Rule 58.1 Abs. 2 CPR zu beachten.

II. Zuständigkeit des CAT

Die Zuständigkeit des CAT für Schadensersatzklagen richtet sich nach Sec. 47A CA98. Hiernach ist das Gericht bislang nur für monetäre follow-on-Schadensersatzklagen wegen Kartellverstößen zuständig.[13] Darüber hinaus regelt Sec. 47B CA98 die Zuständigkeit des CAT für *„opt-in collective damages"*. Durch die Reformen des *Consumer Rights Acts*[14] können nunmehr sowohl follow-on- als auch stand-alone-Klagen auf Kartellschadensersatz vor dem CAT verhandelt werden.

III. Internationale Zuständigkeit

Die internationale Zuständigkeit der englischen Gerichte bestimmt sich – sofern anwendbar – nach den allgemeinen Regeln der Verordnung über die gerichtliche Zuständigkeit in Zivil- und Handelssachen (im Folgenden: „EuGVVO").[15] In den letzten Jahren haben die englischen Gerichte die Vorschriften zur internationalen Zuständigkeit in Kartellsachen teilweise sehr großzügig ausgelegt.

So begründete der High Court in Sachen *Provimi*[16] die Zuständigkeit der englischen Gerichte gestützt auf Art. 6 Nr. 1 EuGVVO aF damit, dass eine Tochtergesellschaft eines Kartellbeteiligten als Ankerbeklagte ihren Sitz in Großbritannien hatte. Die Tochtergesellschaft war zwar nicht selbst Adressatin der vorangegangenen Bußgeldentscheidung; die Möglichkeit, dass sie kartellbefangene Produkte an den Kläger verkauft haben könnte, war jedoch nach Ansicht des High Courts ausreichend, um den besonderen Gerichtsstand des Sachzusammenhangs zu begründen. In einem gleich gelagerten Fall[17] entschied der High Court, dass die Muttergesellschaft über die Tochtergesellschaft als Ankerbeklagte in Großbritannien verklagt werden könne, wenn nach dem Klägervortrag zumindest die Möglichkeit bestehe, dass die beklagte Tochtergesellschaft durch den Verkauf von kartellbefangenen Produkten den Kartellverstoß mit umgesetzt habe. Ob die Tochtergesellschaft von den Kartellabsprachen gewusst habe, sei irrelevant.

Im Fall *Emerson-Electric*[18] aus dem Jahr 2011 hat das CAT dieses weite Verständnis des „Ankergerichtsstands" nicht übernommen. Der Court of Appeal[19] bestätigte diese engere Auslegung und verneinte eine Zuständigkeit der englischen Gerichte, obwohl die ebenfalls verklagte Tochtergesellschaft eines der Kartellbeteiligten ihren Sitz in Großbritannien hatte. Zur Begründung führte das Gericht an, dass die beklagte Tochtergesellschaft in der Kommissionsentscheidung gegen die Muttergesellschaft nicht genannt und ihr kein Wettbewerbsverstoß nachgewiesen worden sei. Die bloße Eigenschaft als 100%ige Tochtergesellschaft reiche für die Begründung eines Ankergerichtsstandes im Rahmen der internationalen Zuständigkeit nicht aus.

---

[13] Daher sind stand-alone-Klagen am High Court anhängig zu machen.
[14] Im Folgenden „CRA".
[15] VO 1215/2012 des Europäischen Parlaments und des Rates v. 12.12.2012 über die gerichtliche Zuständigkeit und die Anerkennung und Vollstreckung von Entscheidungen in Zivil- und Handelssachen, ABl. 2012 L 351, 1.
[16] High Court Urt. v. 2.5.2003, [2003] EWHC 961 – Provimi Ltd v. Aventis Animal Nutrition SA.
[17] Court of Appeal Urt. v. 23.7.2010, [2010] EWCA Civ 864 – Cooper Tire v. Dow Deutschland Inc.
[18] Competition Appeal Tribunal Urt. v. 21.3.2011, [2011] CAT 4 – Emerson Electric Co v. Morgan Crucible.
[19] Court of Appeal Urt. v. 28.11.2012, [2012] EWCA Civ 1559 – Emerson Electric Co v Mersen UK Portslade Ltd.

C. Disclosure

I. High Court

12 Die weitreichenden Offenlegungspflichten in Schadensersatzprozessen vor dem High Court können nach der Rule 31 CPR seit April 2013 in drei Kategorien unterteilt werden, und zwar *„Standard-Disclosure"*, *„Specific-Disclosure"* und *„Pre-Disclosure"*. Zusätzlich müssen die Parteien vor einem Gerichtsverfahren *„Disclosure Questionnaires"* ausfüllen und alle für das Verfahren relevanten Dokumente benennen. Hierdurch soll sowohl dem Gericht als auch der Gegenseite die Möglichkeit gegeben werden, sich einen Überblick über den Sachverhalt zu verschaffen sowie ggf. weitere relevante Dokumente anzufordern.

1. Standard Disclosure

13 Grundsätzlich wird von den Parteien die Offenlegung der Dokumente nach Ende des „schriftlichen Vorverfahrens" und vor der Zugänglichmachung von Zeugenaussagen und Gutachten verlangt. Das Gericht legt die konkrete Reichweite der Offenlegung fest, die von Fall zu Fall unterschiedlich ausfallen kann. Der gängige Ansatz verfolgt jedoch das Ziel, dass beide Parteien alle Dokumente offenlegen, die für ihren Vortrag positiv und für den Vortrag der Gegenseite negativ und die für ihren eigenen Vortrag negativ und für den Vortrag der Gegenseite positiv sind.

14 Besonders sensitive Dokumente, die als vertraulich eingestuft werden (bspw. Unterlagen, die dem *„legal advice"* und *„litigation privilege"* unterfallen), müssen ebenfalls benannt werden. Die Vertraulichkeit einzelner Dokumente hindert die Pflicht zur Offenlegung nicht zwangsläufig. Vielmehr können solche Dokumente im Wege des sog *„confidentiality ring"* etwa nur einer bestimmten Personengruppe zugänglich gemacht werden, damit der Schutz der vertraulichen Daten gewährleistet wird (bspw. externe Experten, externe rechtliche Berater oder in-house Anwälte).

2. Specific Disclosure

15 Jede der Parteien kann über die Standard Disclosure hinaus gem. Rule 31.12 CPR die Offenlegung spezifischer Dokumente verlangen, sofern diese genau benannt werden. Hiervon erfasst ist auch die Möglichkeit der Parteien, die Offenlegung von Dokumenten Dritter zu verlangen. Eine solche Offenlegung kann auch durch eine Anordnung des Gerichts erfolgen, wenn die in Rede stehenden Dokumente von Relevanz für das Verfahren sind (vgl. Rule 31.17 CPR).

3. Pre-Disclosure

16 Für den Anspruchsteller ist es nach Rule 31.16 CPR auch möglich, die Offenlegung von Dokumenten von lediglich potentiell bzw. zukünftig Beklagten einzufordern. Hierfür muss gemäß Rule 31.16 Abs. 3 CPR eine gewisse Wahrscheinlichkeit in zweierlei Hinsicht bestehen: Erstens muss die anfordernde Partei als Anspruchssteller in einem Schadensersatzverfahren in Betracht kommen; zweitens muss die Partei, von der die Dokumente gefordert werden, mit einer gewissen Wahrscheinlichkeit die spätere Beklagte (bzw. eine der Beklagten) in eben jenem Gerichtsprozess werden. Über die Wahrscheinlichkeit dieser beiden Aspekte entscheidet das Gericht nach eigenem Ermessen. Kommt es im Anschluss zu einem Prozess, so fallen diese Dokumente unter die *„Standard-Disclosure"*.

17 Durch die Möglichkeit der *„Pre-Disclosure"* soll den potentiellen Parteien eines Rechtsstreits im Vorfeld die Chance eingeräumt werden, sich entweder auf den Prozess hinreichend vorzubereiten oder in Vergleichsverhandlungen zu treten, bzw. über die Erhebung einer Klage zunächst überhaupt zu entscheiden.

4. Exkurs: Leniency Disclosure

18 Die besondere *„Leniency Disclosure"*, die die Frage betrifft, inwieweit die Parteien eines kartellrechtlichen Schadensersatzprozesses auf Kronzeugendokumente zugreifen dürfen, war

stets umstritten. Im Anschluss an die Pfleiderer-Entscheidung des EuGH,[20] in der dieser feststellte, dass eine Offenlegung unter Abwägung der widerstreitenden Interessen in bestimmten Fällen in Betracht kommen könne, befasste sich der High Court in der vielbeachteten National Grid Electricity-Entscheidung[21] mit dieser Problematik. Zwar ging es hier um einen Zugangsanspruch zu Kronzeugendokumenten zwischen Privaten, jedoch übertrug der High Court die Grundsätze des EuGH-Urteils zur Offenlegung durch die Kartellbehörden auf den ihm vorliegenden Fall. Richter Roth unterzog das Auskunftsverlangen des Klägers einer Einzelfallbewertung und nahm hierbei eine Verhältnismäßigkeitsprüfung zwischen dem Interesse des Kronzeugen am Schutz seiner freiwillig übermittelten Informationen sowie dem Informationsinteresse der Klägerin National Grid vor. Im Rahmen dessen sichtete er jedes einzelne Dokument auf Relevanz für den Schadenersatzprozess und gab einen Großteil der Dokumente zur Einsicht für National Grid frei.

II. CAT

Vor dem CAT gelten der Sache nach ähnliche Regeln. Gemäß Rule 19 Abs. 2 lit. k CATR03 hat das CAT vollumfängliches Ermessen bezüglich der Frage, welche Dokumente vom wem und in welchem Umfang offengelegt werden müssen. In der Regel wird die Entscheidung über die Offenlegung durch das Gericht entsprechend dem Vorbringen der Parteien getroffen. Hierbei gelten die gleichen Maßstäbe für den Schutz privilegierter Dokumente wie in Verfahren vor dem High Court. Darüber hinaus ist es den Parteien auch möglich, die „Specific-Disclosure" zu beantragen. Eine diesbezügliche Offenlegung ist nur unter der Voraussetzung zugelassen, dass der Antragsteller das bzw. die offenzulegende(n) Dokument(e) exakt benennt. Das CAT hat insoweit die Maßstäbe der Disclosure-Regelungen der CPR übernommen.[22]

19

D. Bindungswirkung

Die Bindungswirkung der Gerichte an die Tatsachenfeststellung der Kartellbehörden ergibt sich aus Sec. 58A Abs. 2 CA98. Im Übrigen gilt natürlich auch für die englischen Gerichte (jedenfalls bis zum Vollzug des Brexit) Art. 16 Abs. 1 VO 1/2003. Zur Reichweite der Bindungswirkung entschied der Court of Appeal, dass beiläufige („peripheral or incidental") Tatsachenfeststellungen die Gerichte nicht binden würden, sondern nur diejenigen Umstände, die unmittelbare Relevanz für den Kartellverstoß hatten.[23]

20

E. Verjährung

I. High Court

Für Schadensersatzansprüche aus Kartellverstößen gilt eine Verjährungsfrist von sechs Jahren (vgl. Sec. 2 des Limitation Act 1980).[24] Für den Geschädigten eines Kartellverstoßes schreibt Sec. 32 LA80 vor, dass die Verjährungsfrist mit dem Zeitpunkt beginnt, ab dem dieser Kenntnis von dem anspruchsauslösenden Ereignis, also der Verletzungshandlung, erlangt hat oder hätte erlangen müssen. In der Praxis wird diese Frist zumeist erst dann zu laufen beginnen, wenn das Bestehen eines Kartells öffentlich gemacht wurde, etwa durch eine Pressemitteilung der *Competition and Markets Authority*.[25] Für follow-on-Klagen be-

21

---

[20] EuGH Urt. v. 14.6.2011 – C-360/09, ECLI:EU:C:2011:389 – Pfleiderer AG v Bundeskartellamt.
[21] High Court Urt. v. 4.4.2012, [2012] EWHC 869 – National Grid Electricity Transmission PLC v ABB Ltd and Others.
[22] Vgl. hierzu Competition Appeal Tribunal Urt. v. 21.3.2003, [2003] CAT 4 – Aqua Vitae (UK) Limited v DGWS.
[23] Court of Appeal Urt. v. 19.1.2011, [2011] EWCA Civ 2 – Enron Coal Services Limited (in liquidation) v English Welsh & Scottish Railway Limited.
[24] Im Folgenden: „LA80".
[25] Im Folgenden „CMA".

deutet dies, dass die sechsjährige Frist ab dem Tag der behördlichen Entscheidung oder schon mit Veröffentlichung der Pressemitteilung zu laufen beginnt, wenn diese alle für die Kenntnisnahme vom Kartellverstoß relevanten Informationen enthält. Sofern es keine zugrunde liegende Behördenentscheidung gibt, beginnt die sechsjährige Frist ab dem Tag der anderweitigen Kenntniserlangung zu laufen.

II. CAT

22 Mit Inkrafttreten von Sec. 81 CA98 iVm Schedule 8 CRA, der insoweit relevante Änderung zu den kartellrechtlichen Vorschriften enthält, ist die Verjährungsfrist für vor dem CAT geltend gemachte Ansprüche an die des High Court angeglichen und auf sechs Jahre erhöht worden. Sec. 47E CA98 nF erklärt in Abs. 2 lit. a den LA90 für anwendbar. Somit gelten die Ausführungen zur Verjährung vor dem High Court (→ Rn. 21) entsprechend. Diese Änderung steht im Einklang mit den Anforderungen der Schadensersatzrichtlinie 2014/104/EU,[26] die eine Mindestdauer der Verjährungsfrist von fünf Jahren vorsieht.

F. Schaden

23 Im kartellrechtlichen Schadensersatzprozess werden auch für die Schadensermittlung die Grundsätze des Deliktsrechts angewandt. Hiernach ist der Geschädigte so zu stellen, wie er ohne das schädigende Ereignis stünde. Im Mittelpunkt steht, wie in anderen Rechtsordnungen auch, das *counterfactual,* also die hypothetischen Marktverhältnisse ohne Kartell. Die Kartellbeteiligten haften für die dem Kläger entstandenen Schäden gesamtschuldnerisch.

I. Schadensberechnung

24 In der Vergangenheit haben die englischen Gerichte den ersatzfähigen Schaden auf verschiedene Weise berechnet. Dabei gab es unterschiedliche Auffassungen über die Ersatzfähigkeit einzelner Positionen.[27] Einigkeit besteht jedoch darüber, dass der tatsächlich entstandene Schaden plus Zinsen ersatzfähig ist. Hingegen wurde der Ersatz für entgangenen Gewinn durch den Court of Appeal als zu spekulativ zurückgewiesen.[28] Zu beachten ist ferner, dass die englischen Gerichte einen besonderen Fokus auf die Art des Kartellverstoßes richten und das jeweilige Schadenspotenzial differenziert beurteilen. Die *passing-on defence* ist grundsätzlich zulässig, wurde jedoch bislang in Schadensersatzprozessen eher selten thematisiert.

II. Strafschadensersatz

25 Grundsätzlich besteht in England und Wales die Möglichkeit, unter engen Voraussetzungen auch einen Strafschadensersatz zu verhängen. Das Gericht muss hierfür zu der Überzeugung gelangen, dass der Schädiger absichtlich und besonders rücksichtslos gehandelt hat.

---

[26] Im Folgenden: **„Schadensersatzrichtlinie"**; die Mitgliedstaaten müssen die Richtlinie bis zum 27.12.2016 in nationales Recht umsetzen.
[27] Vgl. Court of Appeal Urt. v. 21.5.2004, [2004] EWCA Civ 637 – Crehan v Inntrepreneur Pub Company, für einen ersatzfähigen Schaden, der sich aus dem tatsächlichen Schaden, dem entgangenen Gewinn sowie Zinsen zusammensetzte; vgl. Court of Appeal Urt. v. 10.4.2003, [2003] EWHC 687 – Arkin v Borchard Lines Limited (No.4), für eine Schadensberechnung nach dem Vergleichsmarktkonzept; vgl. ferner Competition Appeal Tribunal Urt. v. 21.12.2009, [2009] CAT 36 – Enron Coal Services Limited (in liquidation) v English Welsh & Scottish Railway Limited, in der der Schadensersatz gänzlich mit der Begründung versagt wurde, dass schon kein Verlust (bzw. Schaden) an sich vorlag, da der Kläger selbst bei Gewährung von Schadensersatz kontrafaktisch nicht anders gestanden hätte.
[28] Court of Appeal Urt. v. 14.10.2008, [2008] EWCA Civ 1086 – Devenish Nutrition Ltd v Sanofi-Aventis SA.

Im Devenish-Verfahren[29] lehnte der High Court einen zusätzlichen Strafschaden für einen **26** Kartellverstoß ab und verwies darauf, dass der Kartellbeteiligte bereits eine Geldbuße durch die Kartellbehörde für das gleiche Vergehen auferlegt bekommen habe. Im 2Travel-Verfahren[30] gewährte das CAT demgegenüber einen Strafschadensersatz, da der Kartellbeteiligte von der CMA (damals Office of Fair Trading) Immunität aufgrund seiner nur geringfügigen Beteiligung am Kartell erhielt und ihm keine Geldbuße auferlegt worden war. In dieser Konstellation zeigt sich das Spannungsverhältnis zwischen Kronzeugenregelung und privater Kartellrechtsdurchsetzung besonders deutlich. Die Verhängung eines Strafschadenersatzes gegen den Kronzeugen führt faktisch zu einer teilweisen Entwertung der Anreize der Kronzeugenregelung.

G. Beweisfragen

Im kartellrechtlichen Schadensersatzprozess gelten die allgemeinen Beweisregeln des **27** Zivilprozesses, wonach der Anspruchsteller die Darlegungs- und Beweislast für den Kartellverstoß, den Eintritt eines Schadens sowie die Kausalität trägt. Praktisch besteht die volle Beweislast nur bei *stand-alone*-Klagen. Bei *follow-on*-Klagen bezieht sich die Beweislast wegen der Bindungswirkung der Gerichte an die behördliche Feststellung des Kartellverstoßes lediglich auf die Darlegung des Schadens sowie der Kausalität zwischen dem Verstoß und dem Schaden. Die Beweislast für die *passing-on defence* liegt grds. beim Beklagten.

Die zulässigen Beweismittel sind im Wesentlichen in Rules 32–35 CPR niedergelegt. **28** Dokumente sind in schriftlicher sowie elektronischer Form zulässig (vgl. Rule 32 CPR). Die Ladung von Zeugen und deren schriftliche Einlassungen regeln Rule 32 und 34 CPR. Die Einholung von Gutachten und die Ladung von Gutachtern ist in Rule 35 CPR vorgesehen, wobei der Gutachterbeweis von einer oder beiden Partei(en) beantragt und vom Gericht angeordnet werden muss (vgl. Rule 35.4 CPR).

Die Beweisanforderung richtet sich ebenfalls nach den allgemeinen Regeln. Es gilt der **29** Grundsatz des Ausgleichs der Wahrscheinlichkeiten (*„balance of probabilities"*), wonach das Bestehen eines Anspruchs wahrscheinlicher sein muss als sein Nicht-Bestehen. Diesbezüglich entschied der High Court, dass aufgrund der Ernsthaftigkeit eines Wettbewerbsverstoßes und den hiermit verbundenen anderweitigen Folgen für den Kartellbeteiligten der Nachweis entsprechend überzeugend und stichhaltig sein müsse (*„commensurately recogent and convincing"*).[31] Man spricht in diesem Zusammenhang auch vom gehobenen zivilrechtlichen Standard (*„heightened civil standard"*). Vor dem Hintergrund der Schadensersatzrichtlinie bleibt abzuwarten, ob und wie sich die englische Rechtsprechung in dieser Hinsicht entwickelt, da Art. 17 der Richtlinie die Beweislast insoweit modifiziert. Danach wird vermutet, dass ein festgestellter Kartellverstoß zu einem Schaden geführt hat. Es obliegt den Kartellbeteiligten, diese Vermutung zu widerlegen.

H. Verfahrensdauer

Die Dauer eines Verfahrens hängt stark von der Komplexität des zugrundeliegenden **30** Sachverhalts ab. Die Besonderheit der weitreichenden Offenlegungspflichten führt zudem nicht selten dazu, dass sich der eigentliche Prozessbeginn mehrere Jahre hinausschiebt.

---

[29] Court of Appeal Urt. v. 14.10.2008, [2008] EWCA Civ 1086 – Devenish Nutrition Ltd v Sanofi-Aventis SA.
[30] Competition Appeal Tribunal Urt. v. 5.7.2012, [2012] CAT 19–2 Travel Group PLC (in liquidation) v Cardiff City Transport Services Limited.
[31] High Court Urt. v. 21.12.2005, [2005] EWHC 3015 – Attheraces v British Horseracing Board.

I. High Court

31 Häufig werden Verfahren mit hohen Streitwerten nach der sog „*multi-track-procedure*" verhandelt, (vgl. Rule 29 CPR). Nach diesem Modell wird nach Einreichung der Schriftsätze eine „*case management conference*" angesetzt, bei der ein Zeitplan zwischen den Parteien vereinbart bzw. vom Gericht festgelegt wird. Hierbei werden Fristen und Termine, ua im Hinblick auf den Austausch von Dokumenten und Schriftsätzen, vereinbart.

II. CAT

32 Bis heute sind nur wenige follow-on-Klagen mit einem Urteil des CAT entschieden worden.[32] Im Enron-Verfahren wurde die Klage im November 2008 eingereicht und das Urteil im Dezember 2009 gefällt.[33] Die Klageeinreichung im 2Travel-Verfahren erfolgte im Januar 2011, das Urteil erging im Juli 2012.[34] Im Albion-Verfahren kam es zur Klageerhebung im Juni 2010 und im März 2011 zur Urteilsverkündung.[35] Dies zeigt jedenfalls, dass die Verfahren sämtlich in weniger als eineinhalb Jahren abgeschlossen waren.

33 Für die Verfahren vor dem CAT ist durch den CRA eine „*fast-track procedure*" eingeführt worden. Hierdurch sollen Verfahren vor dem CAT einerseits beschleunigt und andererseits Anreize für kleine und mittlere Unternehmen geschaffen werden, von der Möglichkeit der privaten Kartellrechtsdurchsetzung auch tatsächlich Gebrauch zu machen.

III. Kosten des Verfahrens

34 Bei Verfahren vor dem High Court trägt die unterliegende Partei grundsätzlich die volle Kostenlast, insbesondere die angemessenen Kosten der Gegenseite (vgl. Rule 44.2 CPR). Hierunter fallen Kosten für die Rechtsberatung und das Einholen von Gutachten, Gerichtskosten[36] sowie weitere Ausgaben. Allerdings haben die Gerichte ein weitreichendes Ermessen in der Frage, wem und in welcher Höhe die Kosten aufzuerlegen sind (vgl. Rule 44.4 CPR). Die Praxis zeigt, dass die erstatteten Kosten nicht immer auch die real entstandenen Kosten decken.

35 Anders als bei Verfahren vor dem High Court besteht beim CAT keine allgemeinverbindliche Regel, dass die unterliegende Partei die Kosten zu tragen hat. Vielmehr steht die Frage der Kostentragung vollumfänglich im Ermessen des CAT (vgl. Rule 55 CATR03 iVm Section 8-CAT-Guide (neue Guidelines seit Sept. 2015).

36 In der Regel werden in Großbritannien bei der Vergütung des Rechtsbeistandes, insbesondere in kartellrechtlichen Schadensersatzverfahren, zwei Modelle angewendet: Das sog „*damage-based agreement*" und das „*conditional fee agreement*".

37 Bei *damage-based agreements* wird dem Rechtsbeistand eine prozentuale Quote an dem zugesprochenen Schadensersatz zugesichert, welche maximal 50% betragen darf. Bei *conditional fee agreements* wird eine erfolgsbezogene Vergütung vereinbart. Im Falle einer Niederlage erhält der Rechtsbeistand in der Regel keine oder eine sehr geringe Vergütung. Für den Fall des Obsiegens ist im Rahmen des *conditional fee agreement* eine Anhebung des Rechtsanwaltshonorars von zusätzlich bis zu 100% zulässig.

---

[32] Va Competition Appeal Tribunal Urt. v. 21.12.2009, [2009] CAT 36 – Enron Coal Services Limited (in liquidation) v English Welsh & Scottish Railway Limited; Competition Appeal Tribunal Urt. v. 5.7.2012, [2012] CAT 19–2 Travel Group PLC (in liquidation) v Cardiff City Transport Services Limited.; Competition Appeal Tribunal Urt. v. 28.3.2013, [2013] CAT 6 – Albion Water Limited v Dwr Cymru Cyfyngedig.

[33] Competition Appeal Tribunal Urt. v. 21.12.2009, [2009] CAT 36 – Enron Coal Services Limited (in liquidation) v English Welsh & Scottish Railway Limited.

[34] Competition Appeal Tribunal Urt. v. 5.7.2012, [2012] CAT 19–2 Travel Group PLC (in liquidation) v Cardiff City Transport Services Limited.

[35] Competition Appeal Tribunal Urt. v. 28.3.2013, [2013] CAT 6 – Albion Water Limited v Dwr Cymru Cyfyngedig.

[36] Vgl. hierzu http://hmctsformfinder.justice.gov.uk/courtfinder/forms/ex050-eng.pdf.

§ 37 Andere Mitgliedstaaten der Europäischen Union

Übersicht

	Rn.
A. Frankreich	1
I. Allgemeines	1
1. Entwicklung zivilrechtlicher Kartellprozesse in Frankreich	2
2. Gerichtsbarkeit und Zuständigkeit	3
3. Französische Kartellbehörde	5
II. Kartellrechtliche Schadensersatzprozesse	6
1. Rechtsgrundlagen	6
2. Keine gesetzliche Bindungswirkung kartellbehördlicher Entscheidungen	8
3. Aktivlegitimation	9
4. Verjährung	10
5. Verfahrensverlauf	12
6. Schadensersatz und Zinsen	15
7. Auskunftsansprüche und Offenlegung von Dokumenten	18
8. Passing-on-Defense	22
III. Sammelklagen *(actions de groupe)*	27
B. Niederlande	32
I. Allgemeines	32
1. Entwicklung zivilrechtlicher Kartellprozesse in den Niederlanden	35
2. Gerichtsbarkeit und Zuständigkeit	36
3. Niederländische Kartellbehörde	38
II. Kartellrechtliche Schadensersatzprozesse	40
1. Rechtsgrundlagen	40
2. Bindungswirkung kartellbehördlicher Entscheidungen	41
3. Aktivlegitimation	42
4. Verjährung	43
5. Verfahrensverlauf	45
6. Auskunftsansprüche und Offenlegung von Dokumenten (Pretrial Discovery)	46
7. Passing-on-Defense	50a
III. Weitere kartellrechtliche Zivilprozesse: Unterlassungs- und Beseitigungsprozesse	51
IV. Einstweiliger Rechtsschutz – *Kort Geding*	54
V. Kollektivverfahren und -vergleiche	58
1. Massenvergleiche	58
a) Anforderungen an Massenvergleiche	60
b) Verteilung der Vergleichssumme	62
c) Verbindlicherklärung des Massenvergleichs	64
d) Umfang der Bindungswirkung	67
e) Sachlicher Bezug zu den Niederlanden nicht erforderlich: *Converium*-Vergleich	68
f) Anerkennung eines Massenvergleichs nach dem WCAM durch deutsche Gerichte	85
2. Reformvorhaben: Ergänzung des WCAM	99
3. Kollektivklagen	101

Schrifttum:

Bien, Die neue französische Action de groupe der Verbraucherschutzverbände, NZKart 2014, 507; *Bosch/Cornelissen/Dempsey/Knigge/VerLoren van Themaat,* in: Knable Gotts (Hrsg.), The Private Competition Enforcement Review, 9. Aufl. 2016; *Brinkhof,* Das einstweilige Verfügungsverfahren und andere vorläufige Maßnahmen im Zusammenhang mit Patentverletzungen, GRUR Int 1993, 387; *Buhart/Lesur/Aberg,* France, in: Getting the deal through – Private Antitrust Litigation, 2016; *Cumming/Freudenthal,* Civil Procedure in EU Competition Cases before the English and Dutch Courts, 2010; *Drijber/Heemserk,* Netherlands Chapter – Competition Litigation 2014, in: ICLG – International Comparative Legal Guides, 2014; *Greiner,* Die Class

Action im amerikanischen Recht und deutscher *Ordre Public*, 1997; *Halfmeier,* Recognition of a WCAM settlement in Germany, NIPR 2012, 176; *ders./Wimalasena,* Rechtsstaatliche Anforderungen an Opt-out-Sammelverfahren: Anerkennung ausländischer Titel und rechtspolitischer Gestaltungsspielraum, JZ 2012, 649; *Hermans/de Bie Leuveling Tjeenk,* International Class Action Settlements in the Netherlands since Converium – Class and Group Actions 2015, 2015; *Korsten/Gilliam,* Netherlands – Competition Litigation, 2016, in: ICLG – International Comparative Legal Guides, 2016; *Kroes/Lutje Beerenbroek,* The Netherlands, in: Global Guide to Competition Litigation, 2012; *Lenoir/Plankensteiner/Truffier,* France: Private Antitrust Litigation, GCR, The European Antitrust Review 2016, 2016; *Levy/Tardif,* France – Competition Litigation, 2015, in: ICLG – International Comparative Legal Guides, 2015; *Lustin-Le Core,* France, in Feldman/Anderson (Hrsg.), Getting the deal through – Class Actions, 2016; *Mann,* Die Anerkennungsfähigkeit von US-amerikanischen „Class-Action"-Urteilen, NJW 1994, 1187; *Mark,* Amerikanische Class Action und Deutsches Zivilprozessrecht, EuZW 1994, 238; *Mom,* Kollektiver Rechtsschutz in den Niederlanden, 2011; *Nagel/Gottwald,* Internationales Zivilprozessrecht, 7. Aufl., 2013; *Smeets/van Empel/Brekhof,* Netherlands, in: Mobley (Hrsg.), Private Antitrust Litigation, 2015; *Stadler,* Grenzüberschreitender kollektiver Rechtsschutz in Europa, JZ 2009, 121; *U.S. Chamber* – Institute for Legal Reform, Response to Consultation on Draft Dutch Bill for Redress of Mass Damages in a Collective Action, 2014; *van Boom,* Collective Settlement of Mass Claims in The Netherlands, in: Casper/Janssen/Pohlmann/Schulze (Hrsg.), Auf dem Weg zu einer europäischen Sammelklage?, 2009; *van Lith,* The Dutch Collective Settlements Act and Private International Law, 2010.

A. Frankreich

I. Allgemeines

1 Im Vergleich zu anderen europäischen Rechtsordnungen erschien Frankreich als Gerichtsstand aus Klägersicht bislang nicht attraktiv, jedenfalls nicht für Direktabnehmer von Kartellanten, die Schadensersatzansprüche durchsetzen wollen. Die Umsetzung der Kartellschadensersatz-RL wird die Unterschiede zu den bereits jetzt klägerfreundlichen Jurisdiktionen deutlich verringern.

1. Entwicklung zivilrechtlicher Kartellprozesse in Frankreich

2 In der Vergangenheit war zentrales Thema der Kartellzivilverfahren in Frankreich der als „grob vereinfachend"[1] bezeichnete Umgang mit der Passing-on-Defense. Aus verschiedenen Gründen wurden in diesem Zusammenhang Schadensersatzklagen von Direktabnehmern aufgrund von Wettbewerbsrechtsverstößen abgewiesen (siehe ausführlich sogleich → Rn. 22). Als Beleg für eine Entwicklung hin zu geschädigtenfreundlicheren Entscheidungen wird das erstinstanzliche Urteil des *Tribunal de Commerce de Paris* v. 26.4.2013 in Sachen *Switch v. SNCF* angeführt, in dem SNCF wegen einer wettbewerbswidrigen Absprache mit Expedia zur Zahlung von 6,9 Mio. EUR Schadensersatz verurteilt wurde.[2] Unabhängig davon, für wie repräsentativ (und geschädigtenfreundlich) man diese Entscheidung hält, wird für die Bewertung von Frankreich als Jurisdiktion zur Durchsetzung kartellrechtlicher Schadensersatzansprüche vermutlich relevanter sein, inwieweit Endabnehmer die seit Ende 2014 möglichen Sammelklagen annehmen und wie die französischen Gerichte damit umgehen. Darüber hinaus wird die Umsetzung der Kartellschadensersatz-RL erhebliche Änderungen mit sich bringen, insbesondere hinsichtlich der Verjährung sowie der Passing-on-Verteidigung.

2. Gerichtsbarkeit und Zuständigkeit

3 In Frankreich sind in erster Instanz sechzehn Gerichte speziell zuständig für Kartellzivilklagen.[3] Acht davon sind *Tribunaux de Commerce,* ähnlich den deutschen Kammern für Handelssachen, die anderen acht sind Zivilgerichte, *Tribunaux de Grande Instance.* Sie befinden sich jeweils in denselben Städten.[4] In zweiter Instanz ist der *Cour d'Appel* in Paris zuständig,[5] Rechtsmittel gegen dessen Entscheidungen können – allerdings nur noch zu rechtlichen Fragen – beim *Cour de Cassation* eingelegt werden.

---

[1] „Simplistic", *Thill-Tayara/Gines Asins* 169.
[2] *Thill-Tayara/Giner Asins* 169.
[3] Art. L420–7 *Code de commerce* iVm *Décret* n°2005–1756 v. 30.12.2005.
[4] Diese Städte sind Paris, Lyon, Marseille, Bordeaux, Lille, Nancy, Rennes und Fort-de-France, vgl. Annexe Tableau XI bis, ter des *Code de l'organisation judiciaire* (Gerichtsorganisationsgesetz, „COJ").
[5] Art. L420–7 *Code de commerce* iVm *Décret* n°2005–1756 v. 30.12.2005.

Schadensersatzansprüche können nach Art. 420-6 *Code de Commerce* grundsätzlich auch vor Strafgerichten geltend gemacht werden, indem der Geschädigte beantragt, als Zivilpartei zum Verfahren zugelassen zu werden – *constitution de partie civile* – Art. 418 ff. *Code de procédure pénal* (Strafprozessgesetz). Soweit öffentliche Körperschaften beteiligt sind, müssen Schadensersatzansprüche auch vor Verwaltungsgerichten geltend gemacht werden.[6] In beiden Fällen sind die örtlich zuständigen Gerichte zuständig; es gibt keine Spezialzuständigkeit.[7]

3. Französische Kartellbehörde

Die *Autorité de la concurrence* ging 2008 als Behörde mit deutlich erweiterten Kompetenzen aus dem *Conseil de la concurrence* hervor.[8] Während die Aufgaben zuvor von mehreren Behörden wahrgenommen wurden (der DGCCRF und dem *Conseil de la concurrence*), wurden sie 2008 gebündelt auf die *Autorité de la concurrence* übertragen.

II. Kartellrechtliche Schadensersatzprozesse

1. Rechtsgrundlagen

Schadensersatzansprüche aufgrund von Wettbewerbsverstößen werden nach der allgemeinen deliktsrechtlichen Vorschrift Art. 1382 *Code civil* (Zivilgesetzbuch, im Folgenden „Cc") in Verbindung mit wettbewerbsrechtlichen Vorschriften geltend gemacht: Art. L420−1 und L420−2 *Code de commerce* bzw. Art. 101 und 102 AEUV. Nach Art. 1382 Cc muss der Anspruchsteller darlegen, dass ein Vergehen – *la faute* – eines anderen den Schaden des Anspruchstellers kausal verursacht hat.

Der Verstoß gegen die wettbewerbsrechtlichen Regeln ist „*faute*" im Sinne des französischen Deliktsrechts.[9] Allerdings genügt es im Gerichtsverfahren nicht, lediglich auf eine Entscheidung zu verweisen, die einen entsprechenden Verstoß feststellt. Der konkrete Verstoß ist für den Zivilprozess substantiiert darzulegen.[10]

2. Keine gesetzliche Bindungswirkung kartellbehördlicher Entscheidungen

Entscheidungen der *Autorité de la concurrence* haben keine gesetzlich vorgesehene Bindungswirkung für französische Gerichte. Allerdings stützten französische Gerichte[11] ihre Urteile häufig auf Feststellungen der *Autorité de la concurrence*. In einem Urteil vom 25. 3. 2014 erinnerte der *Cour de cassation* allerdings ausdrücklich daran, dass es nach wie vor Aufgabe der Zivilgerichte sei, im jeweiligen Einzelfall den deliktsrechtlichen Verstoß zu identifizieren und festzustellen.[12] Kam die *Autorité de la concurrence* zu dem Ergebnis, dass ein Kartellrechtsverstoß begangen wurde, gehen die Gerichte üblicherweise davon aus, dass „*faute*" vorliegt. In der Literatur wird vereinzelt sogar angenommen, dass auch die Entscheidungen ausländischer Kartellbehörden ähnliche faktische Bindungswirkung entfalten würden. Entsprechende Follow-on-Fälle gab es bislang aber offenbar nicht.[13]

3. Aktivlegitimation

Schadensersatzklagen aufgrund von Wettbewerbsrechtsverstößen können von allen potentiell Betroffenen eingereicht werden: von Wettbewerbern, unmittelbaren und mittelbaren Abnehmern und Vertragspartnern.[14]

---

[6] *Thill-Tayara/Giner Asins* 170; *Lenoir/Plankensteiner/Truffier*, 9.8 mwN.
[7] *Levy/Tardif*, 1.4.
[8] Loi de modernisation de l'économie No. 2008−776 v. 4.8.2008.
[9] *Thill-Tayara/Giner Asins* 170.
[10] Cour de Cassation (im Folgenden Cass.). Urt. v. 25.3.2014, No. 13−13839 – *Subiteo v. France Télécom*.
[11] Vgl. *Cass.* Urt. v. 23.3.2010, No. 08−20427 sowie 08−21768 – *Lectiel v. France Télécom*.
[12] *Cass* Urt. v. 25.3.2014, N° 13−13831 – *France Télécom (Orange) v. Cowes*.
[13] *Thill-Tayara/Giner Asins* 178; *Levy/Tardif*, 4.6.
[14] *Buhart/Lesur/Aberg* 72.

4. Verjährung

10 Nach Art. 2224 Cc[15] verjähren deliktische Schadensersatzansprüche fünf Jahre nachdem der Anspruchsinhaber von den anspruchsbegründenden Tatsachen Anspruch Kenntnis erlangt oder hätte erlangen können. Kenntnis wird jedenfalls ab dem Zeitpunkt angenommen, in dem die Kartellbehörde ein Bußgeld verhängt.[16]

11 Kenntnisunabhängig verjähren kartellrechtliche Schadensersatzansprüche zwanzig Jahre nach Anspruchsentstehung (Art. 2232 Cc). Kartellbehördliche Verfahren hemmen den Lauf der Verjährungsfrist nicht, wie französische Gerichte verschiedentlich bestätigten.[17] Auch insoweit wird die Umsetzung der Richtlinie Schadensersatzklagen erheblich vereinfachen. Eine Sonderstellung nehmen seit Inkrafttreten des *Loi Hamon* die *Actions de groupe* ein; für diese Klagen geschädigter Verbraucher gilt, dass die Verjährung mit Eröffnung des kartellbehördlichen Verfahrens gehemmt ist, Art. 420-6 *Code de commerce*.

5. Verfahrensverlauf

12 Zivilverfahren über kartellrechtliche Schadensersatzansprüche dauern in erster Instanz üblicherweise zwei bis drei Jahre; in zweiter Instanz zwischen einem halben und einem Jahr. Rechtsmittelverfahren vor dem *Cour de Cassation,* die nur noch Rechtsfragen betreffen, dauern im Durchschnitt zwischen einem und eineinhalb Jahren.[18]

13 Während des Verfahrens sind diverse vorläufige Maßnahmen möglich. Beispielsweise kann der Richter nach Art. 771 Nr. 3 *Code de procédure civile* anordnen, dass der Beklagte eine vorläufige Zahlung – ggf. gegen Sicherheitsleistung des Klägers – leistet. Voraussetzung dafür ist, dass die Schuld nicht ernsthaft bestreitbar („*sérieusement contestable"*) ist.

14 Liegt der Klage nicht ohnehin bereits eine kartellbehördliche Entscheidung zugrunde, kann das Gericht die *Autorité de la concurrence* zu wettbewerbsrechtlichen Aspekten befragen. So gab damals noch der *Conseil de la concurrence* 2005 beispielsweise ein *avis* im Fall *Luk Lamellen v. Valeo*[19] ab und erklärte sich dazu, ob er die Patentpraxis der Klägerin für wettbewerbsrechtswidrig halte.[20]

6. Schadensersatz und Zinsen

15 Art. 1382 f. Cc zielt auf den Ersatz des vollständigen Schadens ab, also des erlittenen Verlusts *(perte subie)* und des entgangenen Gewinns *(gain manqué)*. Im französischen Recht gibt es keinen Strafschadensersatz. In Ausnahmefällen wird Schadensersatz für entgangene Chancen gewährt.[21] In diesem Fall ist zwar die nach der Rechtsprechung erforderliche „Gewissheit" des Schadens nicht gegeben. Der *Cour de Cassation* geht aber davon aus, dass die vereitelte Chance ein eigener Schadensposten ist,[22] solange sie hinreichend reell und ernsthaft ist.

16 Die Schädiger haften grundsätzlich gesamtschuldnerisch; jeder Schädiger kann von dem oder den Geschädigten auf die volle Schadenssumme in Anspruch genommen werden[23] und wird wegen des Gesamtschuldnerausgleichs auf das Innenverhältnis zwischen den Schädigern verwiesen.

17 Spricht ein französisches Gericht dem Geschädigten einen Anspruch auf Zahlung von Schadensersatz zu, wird dieser nach Art. 1153–1 Cc grundsätzlich erst ab Verkündung des Urteils mit dem gesetzlichen Zinssatz verzinst. Der Richter kann allerdings von dieser Regel abweichen und einen früheren Zeitpunkt als Beginn des Zinslaufes festlegen.

---

[15] In dieser Form in Kraft seit dem 19.6.2008. Vorher entstandene Ansprüche unterlagen einer zehnjährigen Verjährungsfrist ab Manifestation des Schadens. Diese Frist wird nach den Übergangsvorschriften in Art. 26 loi No. 2008–561 *portant réforme de la prescription en matière civile* angepasst, aber nicht auf weniger als die in Art. 2224 CC vorgesehenen fünf Jahre verkürzt.
[16] *Buhart/Lesur/Aberg* 75.
[17] *Lenoir/Plankensteiner/Truffier,* S. 7.
[18] *Buhart/Lesur/Aberg* 75; *Levy/Tardif,* 6.2.
[19] *Tribunal de grande instance de Paris* Urt. v. 26.1.2005, No. 00/16758.
[20] *Conseil de la concurrence, Avis* n° 05-A-20 v. 9.11.2005.
[21] *Thill-Tayara/Giner Asins* 175.
[22] *Cass.* Urt. v. 27.1.1970, No. 68–12782.
[23] *Cass.* Urt. v. 11.7.1892.

7. Auskunftsansprüche und Offenlegung von Dokumenten

Im französischen Zivilprozess gilt nach Art. 9 *Code de procédure civile* der Beibringungsgrundsatz. Allerdings ordnet das Gericht von Amts wegen Beweisaufnahmen an, soweit sie zulässig und aus Sicht des Gerichts erforderlich sind, Art. 10 *Code de procédure civile*. Darüber hinaus können die Parteien nach Art. 11 *Code de procédure civile* beantragen, dass das Gericht die Offenlegung von Beweismitteln anordnet, über die die gegnerische Partei oder am Prozess unbeteiligte Dritte verfügen. Dritte können die Offenlegung verweigern, wenn sie einen legitimen Hinderungsgrund haben. Beispielsweise kann die Offenlegung von Geschäftsgeheimnissen verweigert werden oder höhere Gewalt entgegenstehen. Alle Dokumente und Informationen im Zusammenhang mit externer anwaltlicher Beratung und Vertretung unterliegen dem Anwaltsgeheimnis; ihre Offenlegung darf verweigert werden.[24] Zunehmend wird verlangt, dass – ähnlich dem US-amerikanischen Attorney-Client-Privilege – auch die interne anwaltliche Beratung privilegiert wird.[25] 18

Soweit es für die Beilegung des Rechtsstreits erforderlich ist, kann eine Partei beantragen, dass das Gericht die Offenlegung eines konkreten Beweismittels anordnet (Art. 138 ff. *Code de procédure civile*). Die Entscheidung über den Antrag liegt im Ermessen des Gerichts. 19

Nach Art. 462–3 Abs. 2 *Code de commerce* ist die *Autorité de la concurrence* berechtigt, sämtliche im Rahmen eines Kartellermittlungsverfahrens erlangten Informationen auf Antrag einem Gericht gegenüber offenzulegen bzw. zu übersenden. Das gilt ausdrücklich nicht für vom Kronzeugen erlangte Informationen und Unterlagen. Da es nach Art. 463-6 *Code de commerce* unter Verweis auf Art. 226-13 *Code penal* strafbar ist, Informationen über andere offenzulegen, die eine Partei nur aus dem kartellbehördlichen Verfahren wissen konnte, beantragten Parteien in der Vergangenheit häufiger, die Offenlegung solcher Informationen durch die *Autorité de la concurrence* anzuordnen. Der *Cour d'Appel de Paris* entschied, dass es für eine solche Anordnung der Offenlegung kein berechtigtes Interesse gebe, wenn der Antragsteller die Information bereits selbst hat.[26] In einer weiteren Entscheidung erklärte das Gericht ausdrücklich, dass es Sache der jeweiligen Partei sei, zu ermitteln, ob sie die Information rechtmäßigerweise offenlegen könne oder nicht.[27] 20

Zusätzlich zu den Auskunfts- und Offenlegungsansprüchen, die im Prozess geltend gemacht werden können, gibt es ein vorprozessuales Beweissicherungsverfahren nach Art. 145 *Code de procédure civile*. Damit kann der Kläger beispielsweise eine Beweisaufnahme bzw. -sicherung von technischen Daten, Geschäftsbüchern oder allgemeinen buchhalterischen Informationen erreichen, allerdings zunehmend eingeschränkt wegen der verstärkt angenommenen Schutzwürdigkeit von Geschäftsgeheimnissen.[28] 21

8. Passing-on-Defense

Der bisherige Umgang französischer Gerichte mit der Passing-on-Defense ist eine der größten Hürden für Direktabnehmer bei der Durchsetzung ihrer Schadensersatzansprüche: 22

Im *Vitaminkartell* beispielsweise stützte sich das *Tribunal de Commerce de Nanterre* maßgeblich auf die Feststellungen der Europäischen Kommission dazu, dass es sich um ein weltweites Kartell gehandelt habe und dass das Kartell letztlich zum Nachteil der allgemeinen Öffentlichkeit aufrechterhalten worden sei. Daraus folgerte das Gericht, dass es der Klägerin möglich gewesen wäre, die kartellbedingte Preisüberhöhung an die eigenen Abnehmer weiterzugeben. Es sei allein die freie Entscheidung der Klägerin gewesen, das nicht zu tun. Diese Entscheidung könne der Beklagten aber nicht zur Last gelegt werden. 23

---

[24] Art. 66–5 Loi No 71–1130 du 31 décembre 1971 portant réforme de certaines professions judiciaires et juridiques.
[25] Buhart/Lesur/Aberg 73.
[26] Cour d'Appel de Paris Urt. v. 20.11.2013, N° 12–05813 – Mr. le Président de l'Autorité de la concurrence v. SAS Ma Liste de Courses.
[27] Cour d'Appel de Paris Urt. v. 24.9.2014, N° 12–06864 – SA Eco-Emballages et al.
[28] Buhart/Lesur/Aberg 73; Lenoir/Plankensteiner/Truffier 5.

Damit fehle der Kausalzusammenhang zwischen dem Kartellrechtsverstoß und dem Schaden der Klägerin.[29]

24–25 In zwei weiteren Fällen bestätigte der *Cour de Cassation,* dass der Kläger darlegen und beweisen müsse, dass kein Fall des passing-on vorliege.[30] In einem der Fälle gelang dem Kläger dieser Beweis offenbar, denn der *Cour d'Appel de Paris* sprach dem Kläger Schadensersatz in Höhe von 1,66 Mio. EUR zu.[31]

26 Diese widerlegbare Vermutung für Passing-on in Verbindung damit, dass jeder Abnehmer verpflichtet ist, seinen Schaden schon in der Entstehung so weit wie möglich weiterzureichen, erschwert jedenfalls für Direktabnehmer die Durchsetzung kartellrechtlicher Schadensersatzansprüche massiv. Um in diesem Kontext die privatrechtliche Durchsetzung von Schadensersatzansprüchen als Instrument in der Verfolgung von Wettbewerbsrechtsverstößen effektiv zu nutzen, müssen Sammelklagen der Endabnehmer ermöglicht werden. Das ist seit Ende letzten Jahres der Fall (siehe sogleich). Im Übrigen wird zumindest hinsichtlich der Beweislast die Umsetzung der Kartellschadensersatz-RL eine deutliche Erleichterung für Geschädigte mit sich bringen.

III. Sammelklagen *(actions de groupe)*

27 Nach mehreren gescheiterten Anläufen sind in Frankreich seit dem 1.10.2014 Sammelklagen zugunsten von Verbrauchern zulässig, unter anderem zur Geltendmachung von Schadensersatzansprüchen aufgrund von Wettbewerbsrechtsverletzungen (vgl. Art. L423–1 ff. *Code de la consommation).*[32] Diese können durch staatlich zugelassene Verbraucherschutzvereinigungen gegen *„professionnels"* (Art. L423–1 *Code de la consommation)* eingereicht werden. Im Erfolgsfall wird das zugunsten einiger geschädigter Verbraucher erstrittene Urteil veröffentlicht und weitere Betroffene können sich der Sammelklage anschließen. Es gab zwar bereits vor Inkrafttreten des *Loi Hamon* Sammelklagen in Form der *action en représentation conjointe* nach Art. L422–1 *Code de la consommation.* Diese Klagen durften aber in der Vorbereitungsphase nicht öffentlich beworben werden, um weitere Verbraucher zur Mitwirkung zu gewinnen, und ermöglichten keinen nachträglichen Beitritt.[33] Insofern stellt das *Loi Hamon* eine substantielle Neuerung im französischen Recht dar.

28 Am 1.10.2014 legte die größte französische Verbraucherschutzvereinigung *UFC-Que choisir* die erste Sammelklage gegen einen Immobilienkonzern ein und klagte auf Schadensersatz von 2,30 EUR pro Person für Mieter von Immobilien des Konzerns. Stand September 2015 waren insgesamt fünf Sammelklagen anhängig.[34]

29 In einem Sammelklageverfahren urteilt der Richter zunächst über die Haftung des *„professionnel"* auf Grundlage der dem Gericht vorgelegten individuellen Sachverhalte. Ist die Klage begründet, legt das Gericht ggf. die Kriterien fest, nach denen betroffene Verbraucher identifiziert werden, und definiert Bedingungen (beispielsweise eine Befristung von zwei bis sechs Monaten ab Veröffentlichung des Urteils, Art. L423–5 *Code de la consommation)* für deren Anschluss an die Sammelklage, denn es handelt sich um eine Klage mit Opt-in-Mechanismus (vgl. Art. L423–3 *Code de la consommation).* In jedem Fall entscheidet das Gericht über die Höhe des jedem einzelnen Verbraucher zu ersetzenden Schadens. Schließlich legt das Gericht auch fest, wie das rechtskräftige Urteil – auf Kosten

---

[29] *Tribunal de Commerce de Nanterre* Urt. v. 11.5.2006, Aff. 2004 F02643 – *Arkopharma v. Hoffmann LaRoche.*
[30] *Cass.* Urt. v. 15.5.2012, No. 11–18495; *Cour d'Appel de Paris* Urt. v. 27.2.2014, N° 10–18285 – *SNC Doux Aliments Bretagne et al. v. Société Ajinomoto Eurolysine.*
[31] *Buhart/Lesur/Aberg* 77.
[32] In den *Code de la consommation* aufgenommen durch das so genannten *loi Hamon,* No. 2014–344 v. 17.3. 2014. Zu weiteren Rechtsquellen im Anschluss daran, vgl. *Bien* NZKart 2014, 507.
[33] Art. L422–1 Abs. 2 Code de la consommation untersagte bereits die Werbung weiterer Verbraucher über Fernsehen, Radio, Plakate, Flugblätter und personalisierte Briefe. Mit Urt. v. 26.5.2011, Nr 10–15676, konkretisierte der *Cass.* die Auslegung der Norm dahingehend, dass diese Regelung sämtliche Arten der öffentlichen Verbreitung ausschließe.
[34] Vgl. *Lustin-LeCore* 41.

des Schädigers – zu veröffentlichen ist, um Verbraucher über die Möglichkeit eines Anschlusses an die Sammelklage zu informieren, Art. L423–4 *Code de la consommation*.

Darüber hinaus gibt es die Möglichkeit einer „vereinfachten Sammelklage" nach Art. L423–10 *Code de la consommation*: Wenn die betroffenen Verbraucher namentlich bekannt sind und jedem dieselbe Schadensersatzsumme (pro Zeitraum oder bezogener Einheit) zusteht, kann das Gericht dem Schädiger aufgeben, jeden Verbraucher direkt zu entschädigen, der auf vorherige individuelle Mitteilung hin von seiner Opt-in-Möglichkeit Gebrauch gemacht hat. Für Sammelklagen im Bereich des Kartellrechts sehen die Art. 423-17 bis -19 *Code de la consommation* einige Sonderregeln vor: So sind Stand-alone-Klagen ausgeschlossen, da nach Art. 423-17 *Code de la consommation* eine bestandskräftige Entscheidung einer mitgliedsstaatlichen Kartellbehörde oder eines für Kartellsachen zuständigen Gerichts bzw. der Europäischen Kommission voraussetzung für eine Sammelklage wegen eines kartellrechtlichen Verhaltens ist. Dafür sind die behördlichen oder gerichtlichen Feststellungen für das über die Sammelklage entscheidende Gericht als unwiderleglich vermutet zugrunde zu legen und damit letztlich bindend.

Für Unternehmen gibt es weiterhin keine Möglichkeit der Sammelklage.

B. Niederlande

I. Allgemeines

Unter den europäischen Jurisdiktionen gelten die Niederlande als eine der attraktivsten für die Durchsetzung von Kartellschadensersatzansprüchen. Derzeit sind vor niederländischen Gerichten mehrere Follow-on-Klagen anhängig, denen Entscheidungen der Europäischen Kommission zugrunde liegen. Ein großer Anteil dieser Prozesse wird von Sammelklageunternehmen wie Cartel Damage Claims betrieben, bei denen sich die niederländischen Gerichte derzeit großer Beliebtheit erfreuen.[35]

Dafür gibt es mehrere Gründe, darunter die überschaubare Verfahrensdauer und die geringen Kosten: Die Dauer von Zivilverfahren liegt durchschnittlich bei zwei Jahren pro Instanz. Allerdings zeichnen sich Kartellsachen meist durch besondere Komplexität aus, so dass mit längeren Verfahren zu rechnen ist.[36] Die gerichtlichen und außergerichtlichen Kosten werden anteilig nach der Obsiegensquote von den Parteien getragen bzw. erstattet. Das Kostenrisiko eines Prozesses in den Niederlanden ist verhältnismäßig gering, da die Gerichtskosten zu vernachlässigen sind[37] und von den außergerichtlichen Kosten nur ein geringer Teil zu erstatten ist. Selbst bei Prozessen über erhebliche Streitwerte werden außergerichtliche Kosten allenfalls in Höhe von fünfstelligen Beträgen festgesetzt.[38] Darüber hinaus werden die tatsächlichen Verfahrenskosten dadurch reduziert, dass beispielsweise auch englischsprachige Dokumente und Dokumente in digitaler Form eingereicht werden dürfen.[39]

Trotz des regen Interesses an den Niederlanden als internationaler Gerichtsstand für Kartellschadensersatzprozesse gibt es bislang erst wenige rechtskräftige Verfahrensabschlüsse; die meisten bis jetzt ergangenen Urteile beschäftigen sich ausschließlich mit prozessualen Vorfragen wie der Zuständigkeit der niederländischen Gerichte, der Notwendigkeit, nationale Gerichtsverfahren bis zum Abschluss der unionsrechtlichen Verfahren auszusetzen etc.

1. Entwicklung zivilrechtlicher Kartellprozesse in den Niederlanden

Zivilrechtliche Kartellverfahren erlangten ab Inkrafttreten des niederländischen Wettbewerbsgesetzes im Jahr 1998 Bedeutung. Seitdem ergingen etwa dreißig Urteile pro Jahr,

---

[35] *Elkerbout/Smit/Janssen* 117; *Korsten/Gilliam* 1.1.
[36] *Elkerbout/Smit/Janssen* 119.
[37] Die Kosten für die erste Instanz lagen 2015 bei maximal 3.529 EUR, *Bosch/Cornelissen/Dempsey* ua 267.
[38] *Smeets/van Empel/Brekhof* 109.
[39] *Korsten/Gilliam* 1.7.

die Hälfte davon in Verfahren des einstweiligen Rechtsschutzes.[40] Die meisten der Urteile betreffen aber keine Follow-on-Klagen auf Grundlage von Entscheidungen der ACM. Diese gewinnen zwar an Bekanntheit und Akzeptanz, waren aber in der Vergangenheit unüblich. In den Niederlanden zielte die privatrechtliche Durchsetzung des Kartellrechts traditionell auf nichtige Vertragsklauseln ab; in diesem Zusammenhang wurden auch Schadensersatzansprüche geltend gemacht.[41]

2. Gerichtsbarkeit und Zuständigkeit

36 Das niederländische Gerichtssystem umfasst elf Bezirke mit jeweils einem eigenen Bezirksgericht, der *Rechtbank,* die für erstinstanzliche Streitigkeiten mit einem Wert von mehr als 25.000 EUR zuständig ist.[42] Eine zweite Tatsacheninstanz bilden die vier Gerichtshöfe *(Gerechtshof).* In der dritten Instanz befasst sich der *Hoge Raad* nur noch mit Rechtsfragen.[43] In den Niederlanden gibt es keine auf Kartellsachen spezialisierten Gerichte oder Kammern.[44] Sämtliche zivilrechtlichen Fragestellungen aus dem Bereich des Kartellrechts fallen in die Zuständigkeit der allgemeinen Zivilgerichte.

37 Niederländische Gerichte sind nach Art. 2 *Wetboek van Burgerlijke Rechtsvordering* („Rv", niederländische Zivilprozessordnung) zuständig, wenn ein Beklagter seinen Sitz in den Niederlanden hat. Allgemein wird die Tendenz festgestellt, dass niederländische Gerichte ihre internationale Zuständigkeit relativ bereitwillig annehmen. Im Paraffinwachs-Fall bejahte die *Rechtbank* Den Haag beispielsweise ihre Zuständigkeit, da eine der Beklagten ihren Sitz in den Niederlanden hatte. Diese Gesellschaft war allerdings laut Kommissionsentscheidung nicht an dem Kartell beteiligt gewesen, sondern bildete lediglich eine Haftungseinheit, da sie Muttergesellschaft eines der kartellbeteiligten Unternehmen war.[45]

3. Niederländische Kartellbehörde

38 Zuständige Kartellbehörde in den Niederlanden ist die 2013 neu gegründete *Autoriteit Consument & Markt* („ACM"). Die ACM ist aus drei bis dahin eigenständigen Aufsichts- und Regulierungsbehörden – der Wettbewerbsaufsicht *(Nederlandse Mededingingsautoriteit* – NMa), der Behörde für Post und Telekommunikation *(Onafhankelijke Post en Telecommunicatie Autoriteit* – OPTA) und der Verbraucherschutzbehörde *(Consumentenautoriteit)* hervorgegangen. Damit haben die Niederlande als einziges Land in Europa eine einzige Aufsichts- und Regulierungsbehörde, die für sektorspezifische Regulierung, Verbraucherschutz und Wettbewerbsaufsicht gleichzeitig zuständig ist.

39 Alle Entscheidungen der ACM müssen vom Vorstand der ACM abschließend freigegeben werden. Dieser Vorstand besteht aus drei Personen: derzeit einem Ökonomen und zwei Juristen, die zuvor unter anderem als Anwälte tätig waren.

II. Kartellrechtliche Schadensersatzprozesse

1. Rechtsgrundlagen

40 Grundlage für kartellrechtliche Schadensersatzprozesse in den Niederlanden ist das *Burgerlijk Wetboek* („BW", Bürgerliche Gesetzbuch). Verstöße gegen Wettbewerbsrecht sind Delikte im Sinne des Art. 6:162 BW. Weitere mögliche Anspruchsgrundlagen sind die Rückforderung rechtsgrundloser Leistung nach Art. 6:203 BW, ungerechtfertigte Bereicherung nach Art. 6:212 BW sowie Vertragsverletzung nach Art. 6:74 BW. Spezialgesetzliche Anspruchsgrundlagen gibt es bislang nicht.

---

[40] *Cumming/Freudenthal* 181.
[41] *Smeets/van Empel/Brekhof* 105; *Elkerbout/Smit/Janssen* 117.
[42] Darüber hinaus gibt es in jedem Bezirk mehrere *Kantongerecht,* die für Streitigkeiten mit einem Wert von weniger als 25.000 EUR zuständig sind.
[43] *Elkerbout/Smit/Janssen* 119.
[44] *Korsten/Gilliam* 1.4.
[45] *Rechtbank* Den Haag Urt. v. 1.5.2013, ECLI:NL:RBDHA:2013:CA1870, *CDC vs. Shell et al.,* 4.3ff.

2. Bindungswirkung kartellbehördlicher Entscheidungen

Bis zur Umsetzung der Richtlinie zu kartellrechtlichen Schadensersatzprozessen binden kartellbehördliche Entscheidungen der nationalen Behörden die niederländischen Gerichte nicht, werden aber berücksichtigt; Bindungswirkung haben allein Entscheidungen der Europäischen Kommission nach Art. 16 der VO 1/2003.[46] **41**

3. Aktivlegitimation

Aktivlegitimiert sind alle natürlichen und juristischen Personen, die einen Schaden aufgrund des wettbewerbsrechtlichen Verstoßes erlitten haben (Art. 6:162 BW). Allgemein wird angenommen, dass darunter auch mittelbare Abnehmer fallen.[47] Voraussetzung für die Aktivlegitimation ist nach Art. 3:303 WBRv ein eigenes Interesse an dem Rechtsstreit. Mehrere Anspruchsinhaber können gemeinsam im eigenen Namen klagen, ihre Ansprüche abtreten oder einen Vertreter mit der Geltendmachung beauftragen.[48] **42**

4. Verjährung

Deliktische Schadensersatzansprüche unterliegen nach 3:310(1) BW einer kenntnisabhängigen Verjährungsfrist von fünf Jahren. Verjährungsauslösende Kenntnis liegt vor, wenn der Geschädigte weiß, dass ihm ein Schaden entstanden ist und wer sein Anspruchsgegner ist; grob fahrlässige Unkenntnis genügt nicht.[49] Die Kenntnis des Geschädigten muss einigermaßen konkret sein: Eine Presseerklärung der Europäischen Kommission und des betroffenen Unternehmens zu eingeleiteten Ermittlungen und den Ergebnissen unternehmensinterner Untersuchungen wurden von der *Rechtbank Oost-Nederland* nicht als kenntnisauslösend erachtet, da der Geschädigte daraus nicht habe schließen können, dass ihm ein Schaden entstanden sei.[50] Die *Rechtbank* Rotterdam nahm aber 2007 an, dass verjährungsauslösende Kenntnis von Anspruch und Schuldner gegeben war, als der Geschädigte eine Beschwerde bei der Europäischen Kommission einreichte.[51] **43**

In jedem Fall verjähren Ansprüche – kenntnisunabhängig – nach Art. 3:310 BW spätestens 20 Jahre nach dem schadensauslösenden Ereignis. Der Ablauf der Verjährungsfrist kann unter Einhaltung geringer formaler Anforderungen gehemmt werden. Bereits ein Mahnschreiben oder ein unmissverständlicher schriftlicher Vorbehalt, die Ansprüche geltend zu machen, kann genügen, Art. 3:317 BW. Allerdings kann die kenntnisabhängige Verjährung nicht über die 20-Jahre-Frist der kenntnisunabhängigen Verjährung hinaus gehemmt werden. **44**

5. Verfahrensverlauf

Üblicherweise werden Schadensersatzprozesse zunächst durch ein Grundurteil beendet und die Höhe des zu ersetzenden Schadens an ein Betragsverfahren verwiesen.[52] Grundsätzlich ist der Geschädigte vollständig zu entschädigen, Art. 6:95 BW. Das schließt entgangenen Gewinn mit ein. Kann die Schadenshöhe nicht anhand der üblichen Analyse der Vermögenssituation vor und nach dem schädigenden Ereignis ermittelt werden,[53] dürfen die Gerichte das Ausmaß des Schadens schätzen (Art. 6.97 BW). **45**

6. Auskunftsansprüche und Offenlegung von Dokumenten (Pretrial Discovery)

In den Niederlanden gibt es keine allgemeine Offenlegungspflicht von Dokumenten. Das Gericht kann jedoch nach eigenem Ermessen nach Art. 22 Rv anordnen, dass Informationen offengelegt werden. Das bezieht sich sowohl auf Unterlagen als auch auf Erläuterungen bestimmter Aussagen. Verweigert die betroffene Partei die Offenlegung ohne wichtigen Grund, **46**

---

[46] *Korsten/Gilliam* 4.7.
[47] *Bosch/Cornelissen/Dempsey/Knigge/VerLoren van Themaat* 262.
[48] *Korsten/Gilliam* 1.5.
[49] *Bosch/Cornelissen/Dempsey/Knigge/VerLoren van Themaat* 256.
[50] *Rechtbank Oost-Nederland* Urt. v. 16.1.2013, ECLI:NL:RBONE:2013:BZ0403.
[51] *Rechtbank* Rotterdam Urt. v. 7.3.2007, ECLI:NL:RBROT:2007:BA0926.
[52] *Smeets/van Empel/Brekhof* 107; *Korsten/Gilliam* 1.7.
[53] *Smeets/van Empel/Brekhof* 108.

wird das entsprechend gewürdigt.[54] Eine Partei kann berechtigt sein, die Dokumente oder Informationen zurückzuhalten, wenn es sich dabei um Geschäftsgeheimnisse handelt.[55] Allerdings kann das Gericht nach Art. 162 WBRv anordnen, dass Geschäftsbücher, zu deren Führung die Partei gesetzlich verpflichtet ist, vorgelegt werden.

47   Auf Grundlage des *Wet Openbaarheid van Bestuur* („WOB", Informationsfreiheitsgesetz) ist es in begrenztem Umfang grundsätzlich möglich, **Einsicht in die Akten der ACM** zu erhalten. Diese wird von der ACM nicht ohne weiteres gewährt. Insbesondere in Bezug auf Kronzeugenanträge hat die ACM bereits erklärt, die Unterlagen nicht herausgeben zu wollen. Dafür bietet Art. 10 Abs. 2 d WOB eine Grundlage, denn danach können Dokumente verweigert werden, wenn das Interesse an der Offenlegung das Interesse an der effektiven öffentlichen Verfolgung und damit der Nicht-Offenlegung nicht überwiegt. Darüber hinaus entschied die *Rechtbank* Rotterdam, dass das Gesetz zur Gründung der ACM als Spezialgesetz Vorrang vor dem WOB hat. Das deutet darauf hin, dass sich die ACM auf weitere Gründe zur Verweigerung der Offenlegung berufen kann, die über die im WOB genannten hinausgehen.[56]

48   Im Vorfeld des Hauptverfahrens können auf Antrag einer Partei **Zeugen oder Sachverständige gehört** werden (Art. 186 bis 193 bzw. 202 bis 207 Rv), vorausgesetzt der Antragsteller legt ein berechtigtes Interesse dar. Dabei ist zulässig, dass solche Anhörungen durchgeführt werden, um die Erfolgsaussichten des Rechtsstreits einschätzen zu können. Nur in Ausnahmefällen lehnt das Gericht solche Anträge ab, beispielsweise wenn ein klarer Fall des Verfahrensmissbrauchs vorliegt.[57] Einen solchen Fall sah die *Rechtbank* Amsterdam offenbar in dem Antrag des „Klage-Vehikels" *Stichting Cartel Compensation,* acht leitende Mitarbeiter von KLM und Martinair zu Bestehen, Umfang und Dauer des Luftfrachtkartells im Rahmen eines Beweissicherungsverfahrens zu befragen. Das Gericht lehnte den Antrag unter Verweis auf die Bindungswirkung der Entscheidung der Europäischen Kommission ab. Zwar seien Rechtsmittel gegen die Entscheidung eingelegt, aber es seien keine stichhaltigen Argumente gegen die Wirksamkeit der (damals noch nicht aufgehobenen) Entscheidung vorgetragen worden. Soweit der Antrag sich auf Zeiträume bezog, zu denen die Kommission keine Feststellungen getroffen hatte, habe die Antragstellerin ihren Anspruch nicht hinreichend substantiiert.

49   Die wichtigste Anspruchsgrundlage für Auskünfte von der gegnerischen Partei ist aber Art. 843(a) Rv. Danach können Einsichtnahme, Kopien oder Auszüge von bestimmten Dokumenten sowohl vom Gegner als auch von Dritten verlangt werden. Voraussetzungen sind, dass das Dokument bereits existiert, der Antragsteller ein berechtigtes Interesse an der Auskunft hat und sich das Dokument auf ein Rechtsverhältnis zwischen Antragsteller und Inhaber des Dokuments bezieht. Diese Voraussetzungen werden durchaus ernst genommen und unterliegen einem strengen Maßstab.[58] Der Antragsteller muss das Dokument konkret bezeichnen; Anträge ins Blaue hinein sind unzulässig. So lehnte die *Rechtbank* Arnhem einen Antrag auf Offenlegung „aller Dokumente mit Bezug zu den Ermittlungen der Europäischen Kommission" als zu unbestimmt ab.[59]

50   Das Gericht hat den Antrag abzulehnen, wenn das Dokument für ein faires Verfahren nicht erforderlich ist (beispielsweise, weil andere Beweismittel zur Verfügung stehen) oder wichtige Interessen des Inhabers entgegenstehen. Solche wichtigen Interessen können in dem Dokument enthaltene Geschäftsgeheimnisse sein. Allerdings wurde in der Vergan-

---

[54] *Bosch/Cornelissen/Dempsey/Knigge/VerLoren van Themaat* 262.
[55] *Cumming/Freudenthal* 202.
[56] *Rechtbank* Rotterdam Urt. v. 13.5.2015, ECLI:NL:RBROT:2015:3381, 5.2; *Bosch/Cornelissen/Dempsey/Knigge/Verloven van Themaat* 263f.
[57] *Elkerbout/Smit/Janssen* 118; *Kroes/Beerenbroek* 4.
[58] In zwei Prozessen gegen Mitglieder des Luftfrachtkartells beispielsweise lehnte die *Rechtbank* Amsterdam entsprechende Anträge beider Seiten ab, da jedenfalls in diesem Verfahrensstadium kein berechtigtes Interesse an der Offenlegung bestehe, *Rechtbank* Amsterdam Urt.v. 25.3.2015, ECLI:NL:RBAMS:2015:1780 und ECLI:NL:RBAMS:2015:1778.
[59] *Rechtbank* Arnhem Urt.v. 16.5.2012, ECLI:NL:RBARN:2012:BW7445 – *TenneT vs. ABB*.

genheit auch die Offenlegung wettbewerblich relevanter Geschäftsgeheimnisse angeordnet, solange sie nur das Gericht zur Kenntnis nahm.[60] Darüber hinaus sind Anträge auf Offenlegung von **Dokumenten eines Anwalts** (oder eines anderen Mitglieds einer zur Verschwiegenheit verpflichteten Berufsgruppe) abzulehnen.[61] Dieser Auskunftsanspruch kann im laufenden Gerichtsverfahren, ansonsten im Rahmen des einstweiligen Rechtsschutzes durchgesetzt werden.

7. Passing-on-Defense

50a Vor kurzem entschied erstmals ein niederländisches Gericht über die Passing-on-Defense[62]: In einem Follow-on-Prozess gegen Mitglieder des Kartells über gasisolierte Schaltanlagen entschied die *Rechtbank* Gelderland, dass im Fall der Weitergabe des Schadens an eigene Abnehmer grundsätzlich ein „Kollateral-Vorteil" im Sinne des Art. 6:100 BW gegeben sein könne. Obwohl das Gericht also grundsätzlich die Passing-on-Defense als zulässig erachtete, verwarf es sie im vorliegenden Fall, denn nach Art. 6:100 BW sind etwaige Vorteile aus dem schadensauslösenden Ereignis nur insoweit vom zu ersetzenden Schaden abzuziehen, als ein Abzug angemessen ist. Die Beweislast dafür sah das Gericht beim Schädiger. Wegen der Gefahr einer doppelten Inanspruchnahme des Schädigers bei weitergegebenen Schäden müssten diese Vorteile zwar üblicherweise schadensmindernd berücksichtigt werden. Im vorliegenden Fall hielt das Gericht aber eine doppelte Inanspruchnahme für sehr unwahrscheinlich, da der Schaden ggf. vorrangig an Verbraucher weitergegeben worden wäre. Darüber hinaus ist die Klägerin, TenneT TSO B.V., ein hundertprozentiges Staatsunternehmen. Vor diesem Hintergrund ging das Gericht davon aus, dass eine etwaige Überkompensation des Schadens letztlich den mitgeschädigten Verbrauchern ohnehin zugutekommen werde – entweder über günstigere Strompreise oder niedrigere Steuern. Insofern erachtete das Gericht eine Minderung des Schadens.

III. Weitere kartellrechtliche Zivilprozesse: Unterlassungs- und Beseitigungsprozesse

51 Verstoßen vertragliche Regelungen gegen Wettbewerbsrecht, ist es Aufgabe der Gerichte, diese für unwirksam zu erklären. Grundlage dafür sind – neben Art. 101 Abs. 1 AEUV – einerseits Art. 6 Abs. 2 *Mededingingswet* („MW", niederländisches Wettbewerbsgesetz), wonach wettbewerbsbeschränkende Vereinbarungen „null und nichtig" sind, und darauf aufbauend Art. 3:40 Abs. 2 BW. Nach Art. 3:40 BW sind vertragliche Regelungen, die gegen zwingende gesetzliche Regeln verstoßen, nichtig, und zwar gemäß Art. 3:53 BW mit Wirkung ex tunc.

52 Nach Art. 3:41 BW bedingt eine nichtige vertragliche Regelung jedoch nicht automatisch die Nichtigkeit des gesamten Vertrags, soweit die nichtige Klausel abtrennbar ist. In engen Grenzen kann eine nichtige vertragliche Regelung sogar geltungserhaltend angepasst werden, Art. 3:42 BW.

53 Ein Großteil der Unterlassungs- und Beseitigungsansprüche wird im Rahmen von einstweiligem Rechtsschutz geltend gemacht. Üblicherweise werden Beseitigungsansprüche als Verteidigung in Rechtsstreitigkeiten eingeführt, deren Gegenstand es ursprünglich war, die entsprechenden vertraglichen Regelungen durchzusetzen.[63]

IV. Einstweiliger Rechtsschutz – *Kort Geding*

54 Für Eilverfahren nach niederländischem Recht – sogenannte kurze Prozesse, *kort geding* – ist die *Rechtbank* und dort der *voorzieningenrechter,* ein Eilrichter, zuständig. Eilrichter sind üblicherweise besonders erfahrene Richter; das ist angesichts der fehlenden prozessualen Regelungen (einschließlich der Regeln zur Erhebung und Würdigung von Beweisen)

---

[60] *Cumming/Freudenthal* 204.
[61] *Bosch/Cornelissen/Dempsey/Knigge/VerLoren van Themaat* 263, 271.
[62] *Rechtbank* Gelderland Urt.v. 10.6.2015, ECLI:NL:RBGEL:2015:3713.
[63] *Smeets/van Empel/Brekhof* 2014, 109.

zwingend.⁶⁴ In *kort geding* werden üblicherweise keine Schriftsätze ausgetauscht, sondern der Prozessstoff ausschließlich mündlich dargelegt und erörtert. Da kein Wortprotokoll erstellt wird, werden die Vortragsnotizen der Parteien Teil der Gerichtsakte.⁶⁵

55 Der Eilrichter kann befinden, dass sich der Sachverhalt nicht für ein *kort geding* eignet und die Sache an ein ordentliches Verfahren verweisen. Das ist beispielsweise der Fall, wenn Beweise im formalen Verfahren erhoben werden müssten. Im Rahmen des *kort geding* kann der Eilrichter Handlungen und Unterlassungen anordnen.⁶⁶ Zur Durchsetzung können Strafzahlungen vorgesehen werden, die direkt an den Antragsteller fließen. Geldforderungen werden üblicherweise nicht zugesprochen, da grundsätzlich nur einstweilige Maßnahmen angeordnet werden sollen, die lediglich sicherstellen sollen, dass eine Entscheidung im ordentlichen Verfahren durchgesetzt werden kann.⁶⁷ Entscheidungsgrundlage für die Ablehnung oder den Erlass einer einstweiligen Anordnung etc ist eine umfassende Abwägung der Interessen der Parteien.

56 Für das daraufolgende ordentliche Verfahren hat das *kort geding* keine Bindungswirkung. Die in Eilverfahren getroffenen Entscheidungen erfreuen sich aber hoher Akzeptanz in den Niederlanden. In etwa 95 % der Fälle wird die Entscheidung im Eilverfahren als abschließend akzeptiert.⁶⁸ Ein erfolgreicher Antragsteller ist nicht verpflichtet, innerhalb einer bestimmten Frist Klage zu erheben.

57 „Kurze Prozesse" dauern maximal zwei Monate, je nach Dringlichkeit entscheiden die Richter auch deutlich schneller und beraumen mündliche Verhandlungen schon innerhalb von ein bis zwei Tagen an.

V. Kollektivverfahren und -vergleiche

1. Massenvergleiche

58 Nach niederländischem Recht gibt es seit Inkrafttreten des *Wet collectieve afwikkeling massaschade* („WCAM", Gesetz zur kollektiven Abwicklung von Massenschäden) im Jahr 2005 die Möglichkeit, Vergleiche zu schließen, die nicht nur die Parteien des Rechtsstreits, sondern auch daran unbeteiligte Dritte binden, die – wenn sie nicht schriftlich innerhalb einer Frist widersprechen – als Vertragspartei angesehen werden (Art. 7:908 Abs. 1 BW). Bislang wurde diese Möglichkeit aber nicht für kartellrechtliche Schadensersatzprozesse genutzt, sondern lediglich für Gesundheitsschäden und Schadensersatzansprüche von Kapitalanlegern. Grundsätzlich ließe sich das Modell aber ohne weiteres übertragen.⁶⁹

59 Kern eines solchen WCAM- oder Massenvergleichs ist ein **privatrechtlicher Vergleich mit „richterlichem Siegel".**⁷⁰ Parteien des Vergleichs sind einer oder mehrere Schadensersatzpflichtige auf der einen Seite und eine rechtsfähige Stiftung/ein Verein, jeweils handelnd im gemeinschaftlichen Interesse der Verletzten, auf der anderen Seite. Nach Art. 7:907 BW kann ein solcher Vergleich, in dem sich die Schuldner zur Zahlung von Schadensersatz verpflichten, auf gemeinsamen Antrag aller Parteien vom *Gerechtshof Amsterdam*⁷¹ für allgemeinverbindlich erklärt werden. Voraussetzung ist, dass die Geltendmachung der dem Rechtsstreit zugrunde liegenden Ansprüche zum satzungsmäßigen Zweck der Stiftung bzw. des Vereins gehört.

60 **a) Anforderungen an Massenvergleiche.** Der Vergleich muss (a) das schadensbegründende Ereignis beschreiben, (b) die Personengruppe beschreiben, zu deren Gunsten der Vergleich geschlossen wurde, (c) möglichst genau benennen, wie viele Personen betroffen sind, (d) den

---

⁶⁴ *Cumming/Freudenthal* 181.
⁶⁵ *Drijber/Heemskerk* 2.2.
⁶⁶ *Korsten/Gilliam* 2.2.
⁶⁷ *Cumming/Freudenthal* 180.
⁶⁸ *Brinkhof* GRUR Int 1993, 387, 389.
⁶⁹ *Bosch/Cornelissen/Dempsey/Knigge/VerLoren van Themaat* 272.
⁷⁰ *van Boom* 178.
⁷¹ Nach Art. 1013 Abs. 3 Rv ist der Gerichtshof Amsterdam für solche Anträge ausschließlich zuständig.

diesen Personen versprochenen Schadensersatz nennen, (e) die Voraussetzungen für eine Inanspruchnahme des Schadensersatzes bezeichnen, (f) ein Verfahren für die Inanspruchnahme beschreiben und (g) den/die Adressaten für „Opt-out"-Erklärungen benennen, falls Geschädigte nicht an den Vergleich gebunden sein wollen. Geschädigte können in einem Opt-out-Mechanismus innerhalb einer vom Gericht gesetzten Frist der Bindungswirkung des Vergleichs für ihren Anspruch widersprechen. Haben sie zum Zeitpunkt der Veröffentlichung des Vergleichsschlusses noch keine Kenntnis von ihrem Anspruch, können sie widersprechen, nachdem sie Kenntnis erlangt haben (Art. 7:908 Abs. 3 BW).

Weder die konkrete Berechnung und Aufteilung des den Geschädigten im Einzelnen zu leistenden Schadensersatzes noch die Anforderungen, die Geschädigte erfüllen müssen, sind gesetzlich geregelt. Diese Regelungen werden den Parteien des Vergleichs überlassen. Üblicherweise einigen sich die Parteien auf eine begrenzte Geldsumme, um den finanziellen Umfang des Vergleichs festzulegen, und setzen einen unabhängigen Verwalter über diese Summe ein. Idealerweise regelt der Vergleich auch, wie Entscheidungen des Verwalters überprüft werden können, die nach Art. 7:909 Abs. 1 BW grundsätzlich bindend sind. **61**

b) Verteilung der Vergleichssumme. Der Vergleich enthält üblicherweise eine maximale Summe, die den Schaden für alle nach dem Vergleich zu Entschädigenden ersetzt. Reicht diese Summe nicht aus, um den jeweils vorgesehenen Schadensersatzbetrag an alle nach Verbindlicherklärung auftretenden Anspruchsteller auszuschütten, reduziert sich der an den einzelnen zu zahlende Schadensersatz anteilig (Art. 7:909 Abs. 5 BW). Damit besteht das Risiko, dass zu den mit den ursprünglich vorgesehenen – und für angemessen beurteilten – Beträgen abgefundenen Geschädigten eine Vielzahl weiterer Geschädigter hinzukommt, die umso geringere Beträge erhält. Insofern ist es von größter Bedeutung, dass die Parteien und das Gericht die Anzahl potentieller Anspruchsteller realistisch schätzen. Um extreme Auswirkungen einer Fehleinschätzung für einzelne Geschädigte zu vermeiden, bietet sich eine Wartefrist nach Veröffentlichung des Massenvergleichs an, um zunächst Anspruchsteller zu sammeln.[72] **62**

Der Massenvergleich kann eine Ausschlussfrist für die Inanspruchnahme des Schadensersatzes auf Grundlage des Vergleichs vorsehen, die mindestens ein Jahr ab Kenntnis von einem fälligen, durchsetzbaren Anspruch betragen muss (Art. 7:907 Abs. 6 BW). **63**

c) Verbindlicherklärung des Massenvergleichs. Um allgemeinverbindlich zu werden, muss ein Massenvergleich vom *Gerechtshof* Amsterdam für verbindlich erklärt werden. Dabei prüft das Gericht im Interesse der am Vergleichsschluss nicht beteiligten Geschädigten, ob der Vergleich allgemein angemessen ist. Das ist jedenfalls dann nicht der Fall, wenn die oben beschriebenen inhaltlichen Anforderungen nach Art. 7:907BW nicht erfüllt sind. Darüber hinaus ist ein Vergleich nach Art. 7:907 Abs. 3 BW nicht für verbindlich zu erklären, wenn beispielsweise **64**
- der danach zu gewährende Schadensersatz nicht angemessen ist im Verhältnis zum Ausmaß und möglichen Ursachen des Schadens sowie dazu, wie einfach Schadensersatz ansonsten zu erlangen wäre;
- nicht ausreichend sichergestellt ist, dass die Anspruchsteller tatsächlich Schadensersatz erhalten werden;
- keine unabhängigen Streitbeilegungsmechanismen für Streitigkeiten aus und im Zusammenhang mit dem Vergleich vorgesehen sind;
- die Anzahl der am Vergleichsschluss beteiligten Geschädigten zu gering ist, um den Vergleich für allgemeinverbindlich zu erklären.

Der *Gerechtshof* Amsterdam hört die Parteien und andere potentiell Betroffene vor seiner Entscheidung an. Dabei kann er auch Sachverständige heranziehen. Soweit vor anderen Gerichten bereits Schadensersatzklagen aus dem gleichen Schadensgrund anhängig sind, **65**

---
[72] *van Boom* 188.

können diese auf Antrag ausgesetzt werden. Unabhängig von der Entscheidung bleibt der Vergleich zwischen den ursprünglichen Parteien bestehen, soweit keine anderweitigen Vorbehalte vereinbart wurden.

66 Gegen die Entscheidung des *Gerechtshof* Amsterdam, den Vergleich für verbindlich zu erklären oder nicht, ist das Rechtsmittel zum *Hoge Rad* zugelassen. Einzelne, von dem Vergleich betroffene Geschädigte können gegen die Entscheidung nicht vorgehen; sie werden auf das „opt-out"-Verfahren verwiesen.

67 **d) Umfang der Bindungswirkung.** Nach Rechtsprechung der niederländischen Gerichte sind Massenvergleiche auch für Geschädigte mit Wohnsitz im Ausland verbindlich, so lange zumindest einige Geschädigte mit Wohnsitz in den Niederlanden betroffen sind.[73] Insbesondere aufgrund dieser Reichweite könnten Massenvergleiche auch in kartellrechtlichen Schadensersatzfällen attraktiv sein, va vor dem Hintergrund, dass derzeit mehrere Klagen von Sammelklageunternehmen in den Niederlanden anhängig sind. Offen ist aber noch, inwieweit die Gerichte anderer Staaten die Massenvergleiche (bzw. die Entscheidung, mit der der jeweilige Vergleich für allgemeinerverbindlich erklärt wurde) anerkennen werden (vgl. ausführlich dazu → Rn. 65 ff.).

68 **e) Sachlicher Bezug zu den Niederlanden nicht erforderlich: *Converium*-Vergleich.** Nach derzeitigem Stand der Rechtsprechung sollten Massenvergleiche nach niederländischem Recht auch für Parteien zugänglich sein, deren Rechtsstreit im Ergebnis sachlich keinerlei Bezug zu den Niederlanden hat. Das ergibt sich aus der Entscheidung des *Gerechtshof* Amsterdam im *Converium*-Fall. Hintergrund des dort für verbindlich erklärten Vergleichs war ein Rechtsstreit zwischen zwei Schweizer Rückversicherern und ihren Anteilsinhabern, der zu einer *Class Action* in den USA führte. Die US-amerikanischen Anteilsinhaber legten diesen Rechtsstreit in den USA durch einen Vergleich bei, dem sich aber die etwa 12.000 nicht in den USA ansässigen Anteilsinhaber nicht anschließen konnten.[74]

69 Von diesen nicht-amerikanischen Anteilsinhabern waren etwa 200 in den Niederlanden und die überwiegende Mehrheit in der Schweiz oder in Großbritannien ansässig. Da sie nicht Partei des in den USA geschlossenen Vergleichs werden konnten, verhandelten die Vertreter dieser nicht-amerikanischen Anteilsinhaber einen eigenen Vergleich mit den Schweizer Rückversicherern, der unter der aufschiebenden Bedingung der Allgemeinverbindlicherklärung nach dem WCAM stand. Sie bildeten eine Interessengemeinschaft nach niederländischem Recht und beantragten die Verbindlicherklärung des ausgehandelten Vergleichs.

70 **aa) Vorläufige Entscheidung über die Zuständigkeit des *Gerechtshof* Amsterdam.** Daraufhin entschied der *Gerechtshof* Amsterdam in einer vorläufigen Entscheidung[75] zunächst über seine Zuständigkeit für die Verbindlicherklärung des Vergleichs und bejahte diese für sämtliche Beteiligte in einer mehrstufigen Begründung. Dabei erläuterte der *Gerechtshof* ausdrücklich, dass er seine Entscheidung vor dem Hintergrund sehe, dass der Bedarf nach einem zuständigen Gericht bestehe, das für die von dem U.S.-class action settlement ausgeschlossenen Personen einen Vergleich für allgemeinverbindlich erklären könne. Diese Lücke wollte der *Gerechtshof* Amsterdam für alle nicht in den USA ansässigen Geschädigten ausfüllen.

71 Unter Verweis auf Art. 26 Abs. 2 EuGVVO stellte der *Gerechtshof* Amsterdam klar, dass seine Entscheidung dazu, dass er zuständig sei, lediglich vorläufig sei, denn die Betroffenen hätten noch keine Gelegenheit gehabt, sich dazu zu äußern.[76]

---

[73] *Gerechtshof* Amsterdam Urt.v. 29. 5. 2009, ECLI:NL:GHAMS:2009:BI5744 – *Shell*.
[74] Grund dafür ist die Rechtsprechung des U.S.-*Supreme Court* in Sachen *Morrison v. National Australian Bank* v. 24. 6. 2010 (No. 08/1191). Danach haben U.S.-Gerichte keine Zuständigkeit für Streitigkeiten über etwaige Ansprüche aus Verstößen gegen U.S.-Wertpapierrecht, wenn die Investoren außerhalb der USA ansässig sind und die Anteile an einer Börse außerhalb der USA erworben oder verkauft wurden.
[75] *Gerechtshof* Amsterdam Urt. v. 12. 11. 2010, ECLI:NL:GHAMS:2010:BO3908.
[76] *Gerechtshof* Amsterdam Urt. v. 12. 11. 2010, ECLI:NL:GHAMS:2010:BO3908, Ziffer 2.9.

(1) In Mitgliedsstaaten der EU oder Vertragsstaaten des Luganer Übereinkommens ansässige **72**
Beteiligte. Für die Frage der Zuständigkeit differenzierte der *Gerechtshof* zunächst danach, ob die Beteiligten zum Stichtag der Antragseinreichung in einem Mitgliedstaat der EU, einem Vertragsstaat des Luganer Übereinkommens oder einem Drittstaat ansässig waren.[77]

Der *Gerechtshof* begründete seine **Zuständigkeit** in erster Linie mit **Art. 5 Nr. 1a)** **73**
EuGVVO, da der Vertrag – soweit er durch die Verbindlicherklärung wirksam würde – in den Niederlanden zu erfüllen wäre.

Dabei verwies der *Gerechtshof* ua auf die Entscheidung des EuGH v. 1.10.2002 (C- **74**
167/00, Slg. 2002, I-8111 – *Henkel*), in der der EuGH entschieden hatte, dass auch vorbeugende Klagen wegen befürchteter unerlaubter Handlungen auf die Zuständigkeitsregeln der EuGVÜ gestützt werden können. Ebenso wie bei – noch bevorstehenden – schädigenden Ereignissen die Zuständigkeit der Gerichte des Ortes aus Art. 5 Nr. 3 EuGVÜ folge, folge im Fall des Antrags auf Verbindlicherklärung des Vergleichs die Zuständigkeit aus dem Ort, an dem die zukünftigen Verpflichtungen zu erfüllen sein werden.

Die Argumentation zur vertraglichen Verpflichtung an sich mag noch überzeugen; der **75**
Verweis auf die *Henkel*-Entscheidung des EuGH und Art. 5 Nr. 3 EuGVÜ geht aber fehl. Anders als im EuGVÜ sieht die EuGVVO – die inzwischen zur Begründung der Zuständigkeit heranzuziehen ist – in Art. 5 Nr. 3 EuGVVO vor, dass zuständig die Gerichte des Ortes sind, „an dem das schädigende Ereignis eingetreten ist oder einzutreten droht". Darauf nahm bereits der EuGH in seiner Entscheidung in Sachen *Henkel* Bezug. Eine solche zukunftsgerichtete Regelung sieht der Wortlaut des Art. 5 Nr. 1 EuGVVO aber gerade nicht vor. Dort ist schlicht von einem Vertrag die Rede.

Im Ergebnis ist dem *Gerechtshof* Amsterdam trotzdem zuzustimmen. Es lässt sich durch- **76**
aus argumentieren, dass – wenn ein **Vertrag Gegenstand eines Verfahrens** ist – stets auch die Wirksamkeit des Vertrags Gegenstand des Verfahrens ist und auch Gestaltungsklagen unter Art. 5 Nr. 1 EuGVVO fallen.[78] Vorliegend führt – jedenfalls für die nicht am Vergleichsschluss Beteiligten – erst die Entscheidung des zuständigen Gerichts zu einem wirksamen Vertrag. Das ändert aber nichts daran, dass dieser Vertrag Gegenstand des Verfahrens ist.

Die **Stiftung,** die die von den Schweizer Rückversicherern bereitzustellenden Gelder **77**
an die nach dem Massenvergleich berechtigten Anspruchsteller ausschütten sollte, war **nach niederländischem Recht** gegründet und hatte ihren Sitz in Den Haag. Die Gelder sollten über ein niederländisches Konto fließen. Vor diesem Hintergrund nahm der *Gerechtshof* Amsterdam die internationale Zuständigkeit der niederländischen Gerichte für alle Beteiligten mit Sitz in einem Mitgliedstaat der EU bzw. des Luganer Übereinkommens an. Örtlich zuständig ist für sämtliche Anträge auf Verbindlicherklärung eines Massenvergleichs nach Art. 1013 Abs. 3 WBRv ausschließlich der *Gerechtshof* Amsterdam.

Darüber hinaus erklärte der *Gerechtshof* Amsterdam, dass er für die Entscheidung, so- **78**
weit sie die 200 bekannten, **in den Niederlanden ansässigen Geschädigten** betreffe, ohnehin nach Art. 2 Abs. 1 EuGVVO iVm Art. 1013 Abs. 3 Rv zuständig sei.[79] Darauf aufbauend argumentierte der *Gerechtshof* Amsterdam, dass diese Geschädigten wegen des engen Zusammenhangs der Streitigkeiten nach Art. 6 EuGVVO *Anchor Defendants* für die übrigen Geschädigten seien.[80]

Diesen engen Zusammenhang begründete der *Gerechtshof* damit, dass diejenigen Ge- **79**
schädigten, die nicht vom Opt-out-Mechanismus Gebrauch machen, grundsätzlich keinen Anspruch mehr auf einen höheren Schadensersatz haben als im Vergleich festgeschrieben.

---

[77] Im Folgenden wird auf die Regelungen des Luganer Übereinkommens lediglich insoweit explizit eingegangen, soweit sie inhaltlich nicht denen der EuGVVO entsprechen bzw. es sich um eine alte Fassung des Luganer Übereinkommens mit abweichendem Wortlaut handelt.
[78] So das OLG Stuttgart zu Art. 5 Nr. 1 Luganer Übereinkommen Urt. v. 7.8.1998 – 5 W 26/98, IPRax 1999, 103.
[79] *Gerechtshof* Amsterdam Urt. v. 12.11.2010, ECLI:NL:GHAMS:2010:BO3908.
[80] *Gerechtshof* Amsterdam Urt. v. 12.11.2010, ECLI:NL:GHAMS:2010:BO3908.

Ein ebenso enger Zusammenhang bestünde zu potentiellen Feststellungsklagen der Schädiger darauf, dass Geschädigte keinen Anspruch auf höheren Schadensersatz als im Vergleich vorgesehen haben.

80 **(2) Nicht in der EU oder Vertragsstaaten des Luganer Übereinkommens ansässige Beteiligte.** Für Beteiligte, die zum Stichtag nicht in einem Mitgliedsstaat der EU oder des Luganer Übereinkommens ansässig waren, nahm der *Gerechtshof* Amsterdam seine Zuständigkeit nach Art. 3 lit. a iVm Art. 1013 Abs. 3 WBRv an. Danach genügt es, wenn einer von mehreren Antragstellern seinen Sitz in den Niederlanden hat.[81] Das galt im *Converium*-Fall für die zwei zum Zwecke des Vergleichsschlusses gegründeten Antragsteller, die beide ihren Sitz in den Niederlanden hatten.

81 **bb) Bekanntmachungen im Rahmen des Verfahrens.** Im Rahmen der Verbindlicherklärung des Vergleichs erhielten die bekannten Beteiligten mehrere Benachrichtigungen; für die unbekannten Betroffenen wurden mehrere Ankündigungen bzw. Benachrichtigungen in internationalen Zeitungen und/oder im Internet veröffentlicht. Gegenstand der ersten Benachrichtigung war, dass (a) ein Antrag auf Verbindlicherklärung eines Vergleichs gestellt war, (b) das Gericht in einer vorläufigen Entscheidung von seiner Zuständigkeit ausging, (c) eine grobe inhaltliche Zusammenfassung des eingereichten Vergleichsvertrags und dass (d) über diese Punkte am 3.10.2011 mündlich verhandelt werden würde.[82] Im Anschluss an den Erlass des Urteils, mit dem der Vergleich für allgemeinverbindlich erklärt wurde, mussten die Betroffenen dann darüber informiert werden.

82 Die Art der Benachrichtigung ordnete der *Gerechtshof* Amsterdam konkret an. Dementsprechend wurden mehr als 2.400 Beteiligte über die mündliche Verhandlung nach den Vorschriften der EU-Zustellungsverordnung benachrichtigt, knapp 9.000 Beteiligte nach den Vorschriften eines der Haager Zustellungsübereinkommen und eine Vielzahl weiterer Beteiligter per Einschreiben. Alle diese Benachrichtigungen wurden in der jeweiligen Landessprache vorgenommen.[83] Für die unbekannten Beteiligten wurde die mündliche Verhandlung in insgesamt 19 Zeitungen in Deutschland, Frankreich, Italien, Luxemburg, den Niederlanden, Großbritannien und der Schweiz sowie im Wall Street Journal Europe, der europäischen Ausgabe des Economist und über die Presseagenturen PR Newswire und Bloomberg LP angekündigt. Darüber hinaus wurde die Ankündigung einschließlich der relevanten Dokumente wie beispielsweise der vorläufigen Entscheidung des *Gerechtshof* Amsterdam über seine Zuständigkeit auf fünf Webseiten veröffentlicht.[84]

83 Über das rechtskräftige Urteil wurden die bekannten Beteiligten, die nicht in der Schweiz ansässig waren, per einfachem Schreiben oder E-Mail benachrichtigt. Die in der Schweiz ansässigen Beteiligten wurden nach den Vorschriften des Haager Zustellungsübereinkommens von 1965 benachrichtigt. Für die nicht namentlich bekannten Betroffenen wurde das Urteil wiederum über die bereits benannten Zeitungen und Webseiten bekannt gemacht.[85]

84 **cc) Konsequenzen für kartellrechtliche Schadensersatzansprüche.** Es spricht nach derzeitigem Stand nichts dagegen, auch kartellrechtliche Schadensersatzansprüche durch solche nach dem WCAM für verbindlich erklärten Massenvergleiche beizulegen. Die Ausgangslage wäre aus Sicht des *Gerechtshof* Amsterdam ähnlich, denn für etwaige Schadensersatzansprüche wegen Verstößen gegen U.S.-Kartellrecht entschied der *U.S.-Supreme Court,* dass U.S.-Gerichte unzuständig sind, über etwaige Ansprüche von Personen zu entscheiden, die nicht in den USA

---

[81] *Gerechtshof* Amsterdam Urt. v. 12.11.2010, ECLI:NL:GHAMS:2010:BO3908.
[82] Vgl. dazu die auf der Website http://www.converiumsettlements.com/GE/docs.php veröffentlichten Dokumente.
[83] Vgl. dazu im Detail *Gerechtshof* Amsterdam Urt. v. 17.1.2012, ECLI:NL:GHAMS:2012:BV1026, Ziffern 4.2.1 f.
[84] *Gerechtshof* Amsterdam Urt. v. 17.1.2012, ECLI:NL:GHAMS:2012:BV1026, Ziffern 4.2.3 f.
[85] *Gerechtshof* Amsterdam Urt. v. 17.1.2012, ECLI:NL:GHAMS:2012:BV1026, Ziffer 15.

ansässig sind – unabhängig von Schäden, die in den USA verursacht wurden.[86] Insofern ist davon auszugehen, dass sich der *Gerechtshof* Amsterdam auch in einem solchen Fall für zuständig erklären würde.

f) Anerkennung eines Massenvergleichs nach dem WCAM durch deutsche Gerichte. Fraglich ist allerdings, ob und inwieweit sich die Gerichte anderer Staaten an die Entscheidung des *Gerechtshof* Amsterdam gebunden sehen würden. 85

Wird die Verbindlicherklärung anerkannt, müssten die Gerichte etwaige Klagen in der durch den Vergleich beigelegten Streitigkeit – soweit nicht von der Opt-Out-Möglichkeit Gebrauch gemacht wurde – wegen anderweitiger Rechtskraft abweisen. 86

Für deutsche Gerichte (sowie die der anderen Mitgliedstaaten der EU) ist für diese Frage entscheidend, ob die Verbindlicherklärung eine „Entscheidung" im Sinne des Art. 32 EuGVVO ist und ob der Anerkennung einer der in den Art. 34, 35 EuGVVO genannten Gründe entgegensteht. 87

aa) „Entscheidung" im Sinne des Art. 32 EuGVVO. Grundsätzlich unterscheidet die EuGVVO zwischen „Entscheidungen" und „Vergleichen". (Prozess-)Vergleiche sind nach Art. 58 EuGVVO wie öffentliche Urkunden zu behandeln. In Sachen *Solo Kleinmotoren* entschied der EuGH, dass Voraussetzung für eine „Entscheidung" ist, dass ein Rechtsprechungsorgan „kraft seines Auftrags selbst über zwischen den Parteien bestehende Streitpunkte entscheidet".[87] Ein gerichtlich festgestellter, zwischen den Parteien autonom ausgehandelter Prozessvergleich erfülle diese Anforderungen nicht. 88

Im Verfahren nach dem WCAM wird dem *Gerechtshof* Amsterdam zwar ein zwischen den Antragstellern ausgehandelter Vergleich vorgelegt. Diesen Vergleich prüft der *Gerechtshof* aber darauf, ob er die Anforderungen des WCAM formal erfüllt und inhaltlich angemessen ist. Erklärt er den Vergleich anschließend in einem Urteil für allgemeinverbindlich, bindet diese Entscheidung nicht nur die Antragsteller, sondern auch sämtliche unbekannten Geschädigten. Soweit sie nicht von der Opt-Out-Möglichkeit Gebrauch machen, beendet das Urteil den Rechtsstreit auch zwischen den unbekannten Geschädigten und den Schädigern – das ist Sinn und Zweck der Verbindlicherklärung nach dem WCAM. Insofern ist die Entscheidung über die Verbindlicherklärung eine „Entscheidung" im Sinne des Art. 32 EuGVVO.[88] 89

bb) Verweigerung der Anerkennung nach Art. 34 EuGVVO, da Opt-out-Mechanismus möglicher Widerspruch zu deutschem *ordre public*? Denkbar ist, dass deutsche Gerichte einer Entscheidung des *Gerechtshof* im Rahmen des WCAM-Verfahrens die Anerkennung nach Art. 34 Nr. 1 oder 2 EuGVVO verweigern. Dabei ist die zentrale Frage, ob das Recht auf rechtliches Gehör der unbekannten Betroffenen gewahrt wurde. Wie beschrieben findet im WCAM-Verfahren eine doppelte Bekanntmachung statt: Zunächst von der Verfahrenseinleitung und dann ggf. von der Entscheidung über die Allgemeinverbindlichkeit des Vergleichs und die Opt-out-Möglichkeit. 90

Wenn unbekannte Betroffene keine Kenntnis von dem Verfahren erlangen, kann das sowohl ein Anerkennungshindernis nach Art. 34 Nr. 2 EuGVVO sein, da das verfahrenseinleitende Schriftstück nicht so zugestellt wurde, dass der Betroffene sich verteidigen konnte, und nach Art. 34 Nr. 1 EuGVVO sein, wenn es im Widerspruch zum deutschen *ordre public* steht. Darüber hinaus kann das Opt-out-Verfahren auch die Dispositionsmaxime verletzen und deshalb im Widerspruch zum *ordre public* stehen. 91

Unabhängig davon, wo man ein mögliches Anerkennungshindernis konkret verortet, ist die zentrale Frage, **ob der Opt-out-Mechanismus das Recht auf rechtliches Gehör verletzt.** 92

---

[86] U.S.-*Supreme Court* Urt.v. 14.6.2004, *F. Hoffman-La Roche Ltd v. Empagran S.A.*, 542 U.S. (2004).
[87] EuGH Urt. v. 2.6.1994 – Rs C-414/92 Rn. 17, zu Art. 25 EuGVÜ, der nahezu wortgleich mit Art. 32 EuGVVO ist.
[88] Ebenso *Mom* 387; *Halfmeier* NIPR 2012, 176 (178), wobei letzterer vom Ergebnis her argumentiert.

93 Diese Frage wird bereits seit Jahren – vorrangig in der Literatur – in Bezug auf die Anerkennung von im Rahmen US-amerikanischer *class actions* ergangener Urteile bzw. Vergleiche diskutiert.[89] Auch dort erstreckt sich die bindende Wirkung auf alle Mitglieder der *class*, die nicht von der Opt-Out-Möglichkeit Gebrauch machen (vgl. dazu ausführlicher → § 36). Rechtsprechung gibt es vor allem dazu, ob bei Klageschriften in *class actions* die Zustellung nach Art. 13 HZÜ verweigert werden kann.[90] Dabei ist allerdings zu beachten, dass der Standard für die Benachrichtigung der Betroffenen bei *class actions* niedriger sein kann als der vom *Gerechtshof* Amsterdam im *Converium*-Verfahren gesetzte. Grundsätzlich ist als Maßstab vorgeschrieben: „best notice that is practicable under the circumstances, including individual notice to all members who can be identified through reasonable effort".[91] Auf dieser Grundlage darf per einfachem Brief zugestellt werden. Das Benachrichtigungsverfahren nach dem WCAM ist deutlich aufwendiger. Allerdings wird auch im WCAM-Verfahren in Kauf genommen, dass ein gewisser Prozentsatz an Betroffenen nicht individuell benachrichtigt wird.[92]

94 In der Diskussion wird angeführt, dass es auch im deutschen Recht eine Abwägung zwischen dem Recht auf rechtliches Gehör und der Effizienz des Verfahrens gebe und ein **funktionales Verständnis des Rechts auf rechtliches Gehör** bestünde.[93] Dabei wird auf Instrumente wie die öffentliche Zustellung oder Benachrichtigungen in Insolvenzverfahren verwiesen. Dagegen ist einzuwenden, dass Voraussetzung der öffentlichen Zustellung ist, dass der Aufenthaltsort des Zustellungsadressaten allgemein unbekannt ist. Das ist ein Extremfall, in dem der Rechtsuchende befürchten muss, nie rechtliches Gehör zu erlangen. Das wiegt deutlich schwerer als ein allgemeines wirtschaftliches Bedürfnis nach prozessualer Effizienz bei Opt-out-Verfahren. Insolvenzverfahren behandeln zwar ebenfalls eine (lediglich) wirtschaftliche Extremsituation und begegnen dieser damit, dass die Insolvenzmasse nicht noch weiter geschmälert werden soll durch aufwendige Benachrichtigungs- und Rechercheverfahren. Das widerspräche aber den (rationalen) wirtschaftlichen Interessen aller Beteiligten.

95 Zwar kennt das deutsche Recht grundsätzlich die Möglichkeit der Benachrichtigung durch Veröffentlichung in Zeitungen oä, wenn das aus berechtigten Erwägungen sinnvoll und angemessen erscheint. Der Opt-out-Mechanismus und die öffentliche Benachrichtigung darüber steht aber in einem Kontext, der grundsätzlich über das Individualverhältnis lösbar ist. Gründe dafür, das Recht einzelner Betroffener auf rechtliches Gehör (und ggf. ihre Dispositionsfreiheit) zu beschneiden, könnten in der effektiven privaten Durchsetzung des Kartellrechts gesehen werden. Es bleibt abzuwarten, wie deutsche Gerichte das bewerten, wenn tatsächlich ein Betroffener einwendet, dass die WCAM-Entscheidung nicht anerkennungsfähig ist.

96 Die Wahrscheinlichkeit, dass jemand diesen Einwand geltend macht und ein Schädiger deshalb ein wirtschaftliches Risiko hätte, ist nicht sehr hoch, wenn man sich die **konkrete Konstellation im Kontext des deutschen Rechts** vor Augen führt, in der ein solcher Vergleich nur geschlossen würde. Im Fall von Kartellschadensersatzansprüchen gibt es zunächst ein schadensauslösendes Ereignis. Das wird – im Zweifel Jahre später – von einer nationalen Kartellbehörde oder der Europäischen Kommission festgestellt und der Öffentlichkeit bekanntgemacht. Spätestens jetzt beginnt nach Ablauf weiterer sechs Monate die kenntnisabhängige Verjährungsfrist von drei Jahren zu laufen.

---

[89] Siehe dazu beispielsweise (mit unterschiedlichen Ergebnissen) *Nagel/Gottwald* § 12 Rn. 177; *Mann* NJW 1994, 1187 ff.; *Musielak* ZPO § 328 Rn. 27; *Greiner* 164 ff.; *Mark* EuZW 1994, 238 (241); *Stadler* JZ 2009, 121 (132).
[90] Vgl. beispielsweise OLG Düsseldorf Beschl. v. 11.7.2003 – I-3 VA 6/03, WM 2003, 1587. Der Zivilsenat hielt es für unzulässig, die Zustellung zu verweigern.
[91] Rule 23(c)(2)(b) Federal Rules of Civil Procedure, ausführlich dazu *Halfmeier/Wimalasena* JZ 2012, 649 (652 f.).
[92] *Van Lith*, 78.
[93] Ausführlich dazu *Halfmeier/Wimalasena* JZ 2012, 649 (654 ff.).

Innerhalb dieser Frist werden einige der Geschädigten Maßnahmen ergreifen, um ihre Schadensersatzansprüche durchzusetzen. Diese Geschädigten sind den Schädigern namentlich bekannt; ihnen werden die relevanten verfahrenseinleitenden und weiteren Schriftstücke im Rahmen eines WCAM-Verfahrens zugestellt. Insoweit gibt es keinen Zweifel daran, dass ihnen rechtliches Gehör gewährt wird. Sie sind auch nicht in ihrer Dispositionsfreiheit beeinträchtigt, da sie jederzeit die Gelegenheit zum „Opt-out" haben.

Problematisch sind wie beschrieben mögliche Rechtsverletzungen gegenüber den anderen Geschädigten, die nichts zur Durchsetzung ihrer Ansprüche unternehmen und nicht namentlich bekannt sind. Es ist höchst unwahrscheinlich, dass ein Unternehmen einen aus Sicht des *Gerechtshof* Amsterdam angemessenen Vergleich zugunsten aller potentiell Geschädigten schließt, ohne zunächst von einzelnen Geschädigten verklagt worden zu sein und ein ernsthaftes Prozessrisiko im Rahmen dieser Klage zu sehen. Aufgrund der Komplexität von Follow-on-Prozessen ist davon auszugehen, dass ein entsprechendes Stadium der Vergleichsbereitschaft im Zweifel erst nach Ablauf der kenntnisabhängigen Verjährungsfrist erreicht ist. Zu diesem Zeitpunkt haben die untätigen Geschädigten aufgrund ihres Desinteresses ihre Rechtsposition im Ergebnis aufgegeben. Sollten sie tatsächlich in einem Individualprozess ihre Ansprüche geltend machen, könnte der Schädiger sich auf die Einrede der Verjährung berufen. Nach niederländischem Recht unterbricht der Antrag auf Verbindlicherklärung eines Vergleichs die Verjährung (Art. 7:907 Abs. 5 S. 1 BW).[94] Interessant ist, wie ein deutsches Gericht damit umginge, wenn der Geschädigte dann die Verhandlungen zwischen dem Schädiger und Dritten über einen potentiell auch ihm als unbekannten Geschädigten zugute kommenden Vergleich als verjährungshemmend anführen würde. 97

Zusammenfassend ist jedenfalls nicht auszuschließen, dass ein deutsches Gericht einer Entscheidung, mit der ein Massenvergleich für allgemeinverbindlich erklärt wird, und dem Vergleich selbst die Anerkennung verweigert. 98

2. Reformvorhaben: Ergänzung des WCAM

Derzeit ist eine Ergänzung des WCAM-Verfahrens in Arbeit; im Juli 2014 wurde der Gesetzesentwurf zur allgemeinen Anhörung veröffentlicht. Der Entwurf sieht ein weiteres Instrument zur kollektiven Durchsetzung von Schadensersatzansprüchen vor, allerdings mit einem Opt-in-Mechanismus für ggf. am Ende des Verfahrens stehende Vergleiche. Niederländische Gerichte sollen nur dann für solche Klagen zuständig sein, wenn entweder der Beklagte seinen Sitz in den Niederlanden hat, die Mehrheit der Anspruchsteller ihren gewöhnlichen Aufenthalt in den Niederlanden hat oder das schadensauslösende Ereignis in den Niederlanden geschah. 99

Bislang schienen die Reaktionen auf den Entwurf sehr kritisch.[95] Es ist daher ungewiss, ob und ggf. in welcher Form das WCAM letztlich ergänzt werden wird. 100

3. Kollektivklagen

Darüber hinaus können Vereine oder Stiftungen, deren satzungsmäßiger Zweck die Vertretung bestimmter Interessen ist, gerichtlich vorgehen, um ähnliche Interessen anderer Personen zu schützen (Art. 3:305a Abs. 1 BW). Die Geschädigten können der Geltendmachung ihrer Ansprüche durch den Verein/die Stiftung widersprechen. Die sie betreffenden Sachverhalte dürfen der jeweiligen Kollektiv-Klage dann nicht zugrunde gelegt werden (Art. 3:305a Abs. 4 BW). 101

Solche Kollektivklagen dürfen ausdrücklich nicht auf Schadensersatz gerichtet sein (Art. 3:305a Abs. 3 BW). Da diese Beschränkung nach höchstrichterlicher Rechtsprechung auch Klagen auf Feststellung der Kausalität und Maßgaben für die Ermittlung eines 102

---

[94] Siehe *Mom* 361 f.
[95] So *Hermans/de Bie Leuveling Tjeenk* Rn. 3; zu einzelnen Kritikpunkten vgl. beispielsweise *U.S. Chamber – Institute for Legal Reform*.

Schadensersatzes einschließt,[96] können solche Kollektivklagen im Ergebnis nur die Feststellung des Rechtsverstoßes erreichen. Selbst die grundsätzliche Feststellung einer Schadensersatzpflicht ist unzulässig.[97]

103 Auf solche Kollektivklagen hin ergehende Feststellungsurteile entfalten nach dem Gesetz keine Bindungswirkung zugunsten des einzelnen Geschädigten. Der *Hoge Raad* entschied aber, dass solche Feststellungsurteile für die folgenden individuellen Leistungsklagen als Ausgangspunkt zugrunde gelegt werden müssen.[98] Für Schäden aufgrund von wettbewerbsrechtlichen Verstößen wurden bislang noch keine Kollektivklagen eingereicht.[99]

---

[96] *Hoge Raad* Urt. v. 13.10.2006, ECLI:NL:HR:2006:AW2080 – *Vie d'Or*.
[97] *van Boom* 176.
[98] *Hoge Raad* Urt.v. 27.11.2009, ECLI:NL:HR:2009:BH2162 – *VEB* c.a. ./. *World Online c.s.*
[99] *Bosch/Cornelissen/Dempsey/Knigge/VerLoren van Themaat* 265.

§ 38 Kartellrechtliche Aspekte in Schiedsverfahren

Übersicht

	Rn.
A. Übersicht	1
B. Schiedsfähigkeit des Kartellrechts	4
I. Allgemeine Grundsätze zur Schiedsfähigkeit des Kartellrechts	5
II. Ungültigkeit einer Schiedsklausel wegen eines Kartellverstoßes	7
III. Schiedsklauseln mit Kartellrechtsbezug unter dem Regime der EuGVVO	9
IV. Behördliche Paralleluntersuchungen in Bezug auf den Schiedsgegenstand	15
C. Bindungswirkung und Vollstreckbarkeit von Schiedssprüchen zu kartellrechtlichen Fragen	17
I. Gerichtliche Überprüfbarkeit von Schiedssprüchen mit kartellrechtlichem Bezug	17
1. Allgemeine Grundsätze – *ordre public*-Vorbehalt	18
2. Überprüfung der schiedsgerichtlichen Anwendung des Unionskartellrechts	20
a) EuGH-Rechtsprechung	21
b) Kritische Würdigung der EuGH Rechtsprechung	26
3. Prüfungsintensität deutscher Gerichte	29
II. Faktische Abänderung von Schiedssprüchen durch kartellbehördliche Entscheidungen	33
D. Schiedsverfahren und die RL 2014/104/EU	36
I. Pflicht von Schiedsgerichten zur Anwendung der Regelungen der RL 2014/104/EU	38
1. Keine Direktwirkung der RL 2014/104/EU im Falle einer defizitären Umsetzung durch anwendbares mitgliedstaatliches Recht	40
2. Anwendbarkeit der Richtlinie als Bestandteil eines unionsrechtlich begründeten *ordre public*	44
a) Unmittelbar dem *ordre public* zuzurechnende Regelungen der RL 2014/104/EU	47
b) Nicht dem *ordre public* zuzurechnende Regelungen der RL 2014/104/EU	52
II. Generelle Eignung von Schiedsgerichten zur Entscheidung von Kartellschadensersatzklagen	56
III. Stärkung von Schiedsverfahren als Mechanismen der „einvernehmlichen Streitbeilegung"	62

Schrifttum:

Blanke/Landolt, EU and US Antitrust Arbitration: A Handbook for Practitioners, 2011; *Born,* International Commercial Arbitration (Second Edition, 2014); *di Brozolo,* Arbitration and Competition Law: The Position of the Courts and of Arbitrators, Arbitration International 2011, 1; *Duve/Rösch,* Der Fall Pechstein: Kein Startschuss für eine Neugestaltung der Sportschiedsgerichtsbarkeit, SchiedsVZ 2014, 216; *Eilmansberger,* Die Bedeutung der Art. 81 und 82 EG für Schiedsverfahren, SchiedsVZ 2006, 5; *Elsing,* Schiedsgerichtsbarkeit und Kartellrecht, 2005; *Harbst,* Korruption und andere ordre public-Verstöße als Einwände im Schiedsverfahren – Inwieweit sind staatliche Gerichte an Sachverhaltsfeststellung des Schiedsgerichts gebunden?, SchiedsVZ 2007, 22; *Harler/Weinzierl,* The ECJ's Judgement on Jurisdiction in Cartel Damages Cases: Repercussions for International Arbitration, EWS 2015, 121; *Horn,* Zwingendes Recht in der internationalen Schiedsgerichtsbarkeit, SchiedsVZ 2008, 209; *Komninos/Burianski,* Arbitration and Damages Actions Post-White Paper: four common misconceptions, GCLR 2009, 16; *Lachmann,* Handbuch für die Schiedsgerichtspraxis, 3. Aufl. 2008; *Makatsch/Mir,* Die neue EU-Richtlinie zu Kartellschadensersatzklagen – Angst vor der eigenen „Courage"?, EuZW 2015, 7; *Mistelis/Brekoulakis,* Arbitrability: International and Comparative Perspectives, 2009; *Niggemann,* Europäisches Wettbewerbsrecht und Schiedsgerichtsbarkeit: Eco Swiss und europäischer Ordre Public in der praktischen Anwendung in Frankreich, SchiedsVZ 2005, 265; *de Pfeifle,* Der Ordre-Public-Vorbehalt als Versagungsgrund der Anerkennung und Vollstreckbarerklärung internationaler Schiedssprüche, 2009; *K. Schmidt,* Kartellrecht im Schiedsverfahren – Neuorientierung durch VO 1/2003 und 7. GWB-Novelle?, BB 2006, 1397; *Schmidt-Ahrendts/Höttler,* Anwendbares Recht bei Schiedsverfahren mit Sitz in Deutschland, SchiedsVZ 2011, 267; *Schwab/Walter,* Schiedsgerichtsbarkeit, 7. Aufl. 2005; *Seelmann-Eggebert,* Lost at sea? Anti-suit injunctions after West Tankers, SchiedsVZ 2009, 139; *Spiegel,* EuGH:

§ 38 3. Teil 4. Abschnitt Ausländische Rechtsordnungen und Schiedsgerichtsbarkeit

Schiedssprüche und EG-Kartellrecht, Anm. zu EuGH Urt. v. 1.6.1999 – C-126/97 – Eco Swiss, EuZW 1999, 565; *Wagner,* Schiedsgerichtsbarkeit in Kartellsachen, ZvglRWiss, 2015, 494; *Weitbrecht,* Schadensersatzansprüche der Unternehmer und Verbraucher wegen Kartellverstößen, NJW 2012, 881; *Weyer,* Gemeinschaftsrechtliche Vorgaben für das nationale Zivilverfahren – Verpflichtung der nationalen Zivilgerichte zur Anwendung der Art. 81, 82 EGV –, EuR 2000, 145; *Wighardt,* Verfahrensfragen bei der Zurückverweisung der Sache an das Schiedsgericht, SchiedsVZ 2010, 252; *v. Zumbusch,* Die Schiedsfähigkeit privatrechtlicher Kartellrechtsstreitigkeiten nach US-, deutschem und EG-Recht, GRUR Int 1988, 541.

A. Übersicht

1 Schiedsrecht und Kartellrecht stehen in einem vielfältigen Zusammenhang: Internationale handelsrechtliche Streitigkeiten, die Schiedsvereinbarungen unterworfen sind, werfen oftmals kartellrechtliche Fragen auf. In besonderen Fällen kann bereits die Verwendung einer Schiedsvereinbarung selbst einen Verstoß gegen zwingende kartellrechtliche Bestimmungen darstellen (→ Rn. 8). Umgekehrt können originär kartellrechtliche Streitigkeiten wie solche über Schadensersatzforderungen infolge eines Kartellverstoßes (sog kartellrechtliche Follow-on-Klagen) außer auf gerichtlichem Wege auch durch Schiedsverfahren verfolgt werden.

2 Während Schiedsverfahren in den USA seit der historischen Entscheidung *Mitsubishi*[1] als fester Bestandteil der privaten Kartellrechtsdurchsetzung etabliert sind,[2] herrscht in Deutschland und vor allem in der Europäischen Union noch immer eine gewisse Skepsis gegenüber der Durchsetzung von Kartellrecht durch Schiedsgerichte. Tatsächlich betrifft das Verhältnis von Schiedsrecht und Kartellrecht **wichtige Prinzipien beider Rechtskreise.** Ein in den verschiedenen nationalen Rechtsordnungen verbürgter Anspruch eines Schiedsverfahrens, Rechtsstreitigkeiten unabhängig und bindend gemäß Parteiauftrag zu entscheiden,[3] trifft auf den Geltungsanspruch kartellrechtlicher Bestimmungen, der auch in Schiedsverfahren greift.

3 Daraus ergeben sich mehrere für Wissenschaft und Praxis gleichermaßen **wichtige Grundfragen.** Können Sachverhalte mit Kartellrechtsbezug überhaupt Gegenstand von Schiedsverfahren sein und wenn ja, welche Pflichten ergeben sich daraus für die Schiedsrichter (hierzu unter B.)? Wann und unter welchen Voraussetzungen sind Schiedssprüche, in denen kartellrechtliche Sachverhalte fehlerhaft beurteilt wurden, aufhebbar oder für nichtvollstreckbar zu erklären (hierzu unter C.)? Welche Auswirkungen haben kartellrechtliche Neuregelungen – insbesondere die sekundärrechtliche RL 2014/104/EU zu kartellrechtlichen Schadensersatzklagen – auf prozessuale und materielle Bestimmungen in Schiedsverfahren und die Streitbeilegung durch Schiedsgerichte (hierzu unter D.)?

B. Schiedsfähigkeit des Kartellrechts

4 Mittlerweile ist weitgehend anerkannt, dass kartellrechtliche Streitigkeiten schiedsfähig sind.[4] Angelegenheiten mit Kartellrechtsbezug, die Gegenstand einer wirksamen Schiedsvereinbarung sind, sind daher von einem deutschen Zivilgericht auf Rüge der beklagten Partei als unzulässig abzuweisen (hierzu unter I.). Etwas anderes gilt nur in Sonderfällen, in denen bereits die Verwendung einer Schiedsvereinbarung selbst einen Verstoß gegen zwingende kartellrechtliche Bestimmungen darstellt (hierzu unter II.). Offen ist gegenwärtig, welche Wirkungen Schiedsvereinbarungen im Anwendungsbereich der EuGVVO haben (hierzu unter III.). Wie auch bei gerichtlichen Verfahren sind Wettbewerbsbehörden nicht daran gehindert, den streitgegenständlichen Sachverhalt trotz wirksamer

---

[1] Mitsubishi Motors v. Soler Chrysler-Plymouth, 473 U.S 614; vgl. Mistelis/Brekoulakis/*Lew* Arbitrability: International and Comparative Perspectives, Chapter 12, 5.1. Part II Substantive Rules on Arbitrability.
[2] Vgl. *v. Zumbusch* GRUR Int 1988, 541.
[3] Etwa §§ 1029, 1055 ZPO; dazu MüKoZPO/*Münch* vor §§ 1025 ff. Rn. 1 ff.
[4] Vgl. nur *Elsing* Schiedsgerichtsbarkeit und Kartellrecht, 52 f. mwN; so mittlerweile auch *Schwab/Walter* Schiedsgerichtsbarkeit 4. Kap. Rn. 6; für die gesamte EU siehe *Eilmansberger* SchiedsVZ 2006, 5.

I. Allgemeine Grundsätze zur Schiedsfähigkeit des Kartellrechts

Es entspricht dem von deutschen Gerichten und der Lehre mittlerweile nahezu ausnahmslos vertretenen Verständnis, dass eine **schiedsgerichtliche Beurteilung kartellrechtlicher Fragen zulässig** ist,[5] so dass deutsche Gerichte auf eine entsprechende Rüge grds. Klagen nach § 1032 Abs. 1 Hs. 1 ZPO als unzulässig abweisen müssen, wenn die Angelegenheit Gegenstand einer Schiedsvereinbarung ist.

Schiedsrecht und Kartellrecht befinden sich nicht zwingend in einem Spannungsfeld. Vielmehr kann das Schiedsrecht prozessual dazu beitragen, dem Kartellrecht effektiv Geltung zu verschaffen. Folgerichtig sind Schiedssprüche zu Sachverhalten mit kartellrechtlichen Fragestellungen **in der Praxis keine Seltenheit** mehr.[6] Dieser Umstand ist Ausdruck eines mit der Zeit gewachsenen Vertrauens zwischen Schiedsrechtlern und Wettbewerbshütern.[7] Lange wurde die Frage der Schiedsfähigkeit des Kartellrechts durchaus kontrovers diskutiert. Gerade in Deutschland war wegen der alten, bis zur 6. GWB-Novelle geltenden Fassung des § 91 GWB[8] umstritten, ob kartellrechtliche Sachverhalte überhaupt tauglicher Gegenstand einer Schiedsvereinbarung sein können.[9] § 91 GWB aF forderte, dass den Parteien in kartellrechtlichen Streitigkeiten der Weg zu den staatlichen Gerichten immer offenstehen muss, so dass jede dem nicht entsprechende Schiedsvereinbarung unwirksam war.[10] Inzwischen hat der deutsche Gesetzgeber, indem er § 91 GWB aF änderte, den Nutzen der Schiedsgerichtsbarkeit für die Beilegung kartellrechtlicher Streitigkeiten anerkannt, womit sich die Diskussion auf die Ebene der nachprüfenden Kontrolle von Schiedssprüchen durch staatliche Gerichte im Aufhebungs- und Vollstreckungsverfahren verlagert hat (→ Rn. 18 ff.).[11]

II. Ungültigkeit einer Schiedsklausel wegen eines Kartellverstoßes

Nach § 1032 Abs. 1 Hs. 2 ZPO führen Schiedsvereinbarungen nicht zur Unzulässigkeit einer Klage vor deutschen Zivilgerichten, wenn sie nichtig, unwirksam oder undurchführbar sind. Dies ist zB dann der Fall, wenn die Schiedsvereinbarung selbst gegen kartellrechtliche Vorschriften verstößt.

Bereits eine Schiedsvereinbarung selbst kann gegen kartellrechtliche Vorschriften verstoßen. Zum Beispiel hat das Oberlandesgericht München[12] im Januar 2015 zu einer Schiedsvereinbarung zwischen der Eisschnellläuferin Claudia Pechstein und dem Interna-

---

[5] BGHZ 37, 194 (198); 46, 365; *di Brozolo* Arbitration International 2011, 1 (2); *Eilmansberger* SchiedsVZ 2006, 5 (6); *Komninos/Burianski* GCLR 2009, 16; *Blanke/Landolt/Landolt* EU and US Antitrust Arbitration: A Handbook for Practitioners, 626 (642).
[6] Vgl. zur Auswertung der ICC Statistiken von 1964 bis 2009 *Blanke/Landolt* Annex III, EU and US Antitrust Arbitration: A Handbook for Practitioners, 2063.
[7] Siehe *Blanke/Landolt/Mourre* EU and US Antitrust Arbitration: A Handbook for Practitioners, 5 (45).
[8] Der Streit entzündete sich also schon zu dieser Zeit nicht am damals geltenden § 1025 ZPO (heute § 1030 ZPO), aus dem nicht zwingend die Schiedsunfähigkeit kartellrechtlicher Streitigkeiten folgte, siehe *v. Zumbusch* GRUR Int 1988, 541 (546).
[9] Zu dieser objektiven Schiedsfähigkeit und der subjektiven Komponente, welche Parteien Schiedsverträge schließen dürfen, siehe MüKoZPO/*Münch* § 1030 Rn. 11.
[10] Historisch wurden im 19. Jahrhundert kartellrechtliche Streitigkeiten nahezu ausnahmslos vor Schiedsgerichten verhandelt. Diese Tatsache führte zu Bedenken des GWB-Gesetzgebers, der befürchtete, dass die Schiedsverfahren von den Kartellanten gezielt eingesetzt werden könnten, um sich einer Kontrolle in staatlichen Gerichtsverfahren zu entziehen und bestehende Kartellstrukturen zu festigen, *K. Schmidt* BB 2006, 1397 (1397f.); dazu auch *v. Zumbusch* GRUR Int 1988, 541 (547f.) *Elsing* Schiedsgerichtsbarkeit und Kartellrecht, 47f.
[11] Vgl. *Eilmansberger* SchiedsVZ 2006, 5 (6); zur historischen Entwicklung in Deutschland *v. Zumbusch* GRUR Int 1988, 541 (548f.). Damit wurden die Schiedsgerichte von Sanktionsobjekten zu Vollzugsorganen des Kartellrechts, so *K. Schmidt* BB 2006, 1397 (1398).
[12] Siehe OLG München Zwischenurt. v. 15.1.2015 – U 1110/14 Kart, NZKart 2015, 198.

tionalen Dachverband für Eisschnelllauf (ISU) entschieden, dass **die Schiedsvereinbarung selbst gegen das Missbrauchsverbot nach Art. 102 AEUV verstieß** und daher unwirksam war. Der ISU hatte nach Auffassung des OLG München eine Monopolstellung inne, die er dadurch missbräuchlich ausnutzte, dass eine Zustimmung der Athletin zur Schiedsvereinbarung, die bei etwaigen Streitigkeiten ausschließlich den Rechtsweg zum Court of Arbitration for Sports in Lausanne (CAS) eröffnete, zwingend für eine Wettkampfteilnahme erforderlich war und dass der ISU bei der Besetzung des CAS-Tribunals bestimmenden Einfluss ausüben konnte.[13] Das OLG entschied gegen die in der Vorinstanz vom LG München[14] vertretene Auffassung und hielt die Klage wegen § 1032 Abs. 1 Hs. 2 ZPO für zulässig. Die Entscheidung des OLG München wurde am 7.6.2016 aber wiederrum von dem BGH kassiert, der in diesem Fall keinen Missbrauch einer marktbeherrschenden Stellung in der Verwendung der Schiedsabrede durch den ISU erkennen konnte. Entsprechend hat der BGH entschieden, dass die Klage unzulässig ist, weil ihr die Einrede der (wirksamen) Schiedsvereinbarung entgegensteht.[15]

III. Schiedsklauseln mit Kartellrechtsbezug unter dem Regime der EuGVVO

9   Gegenwärtig ist noch offen, ob eine Schiedsklausel auch die gerichtliche Zuständigkeit derogieren kann, die sich infolge der Anwendbarkeit der Europäischen Gerichtsstands- und Vollstreckungsverordnung („EuGVVO") ergibt. Bis ins Jahr 2015 war dies die Verordnung (EG) Nr. 44/2001 v. 22.12.2000 („EuGVVO aF").[16] Diese wurde jedoch mit Wirkung zum 10.1.2015 von der neu gefassten Verordnung (EU) Nr. 1215/2012 v. 12.12.2012 abgelöst („EuGVVO nF").[17]

10   Die schiedsgerichtliche Zuständigkeit ist grundsätzlich nicht Gegenstand der EuGVVO (Art. 1 Abs. 2 lit. d EuGVVO aF und nF).[18] Gleichwohl stellen sich Zuständigkeitsfragen in Zusammenhang mit Schiedsvereinbarungen und Gerichtsständen unter der EuGVVO. Diesbezüglich hatte der EuGH im Jahr 2015 im Rahmen eines **Vorabentscheidungsersuchens des LG Dortmund** zur Frage der Auswirkungen einer Schiedsklausel auf die gerichtliche Zuständigkeit für bestimmte Gerichtsstände unter der EuGVVO Stellung zu nehmen. Das LG Dortmund legte dem EuGH unter anderem die Frage vor, ob es das unionsrechtliche Gebot zur effektiven Durchsetzung des Kartellverbots zulässt, eine in Lieferverträgen enthaltene Schieds- und Gerichtsstandsklausel zu berücksichtigen, die zur

---

[13] Zum genauen Verfahren bei der Besetzung des Tribunals und vor allem der Zusammensetzung der Liste mit möglichen Richtern OLG München Zwischenurt. v. 15.1.2015 – U 1110/14 Kart, NZKart 2015, 198, Rn. 77 ff.
[14] Siehe LG München I Urt. v. 26.2.2014 – 37 O 28331/12, SchiedsVZ 2015, 40.
[15] BGH Urt. v. 7.6.2016 – KZR 6/15.
[16] Verordnung (EG) Nr. 44/2001 des Rates über die gerichtliche Zuständigkeit und die Anerkennung und Vollstreckung von Entscheidungen in Zivil- und Handelssachen v. 22.12.2000, ABl. L 12, 1.
[17] Verordnung (EU) Nr. 1215/2012 des Europäischen Parlaments und des Rates über die gerichtliche Zuständigkeit und die Anerkennung und Vollstreckung von Entscheidungen in Zivil- und Handelssachen (Neufassung) v. 12.12.2012, ABl. L 351, 1.
[18] Die EuGVVO aF wurde bislang vor allem in Zusammenhang mit sog. anti-suit injunctions zum Schutz bestehender Schiedsvereinbarungen diskutiert. Anti-suit injunctions zielten in der Vergangenheit darauf ab, zu verhindern, dass die Anrufung eines Schiedsgerichts durch die vorherige Erhebung einer sog. Torpedoklage vor dem Gericht eines Mitgliedstaats unmöglich gemacht wurde. In der Vergangenheit durfte in die Jurisdiktion eines zuerst angerufenen mitgliedstaatlichen Gerichts in einem anderen Mitgliedstaat nicht mehr zu Gunsten eines Schiedsgerichts eingegriffen werden (EuGH Urt. v. 10.2.2009 – C-185/07, NJW 2009, 2215 – Allianz; siehe dazu *Seelmann-Eggebert* SchiedsVZ 2009, 139). Nach der jüngsten Rechtsprechung des Gerichtshofs ist die anti-suit injunction eines Schiedsgerichts mit der an eine Partei gerichteten Anordnung, ein mitgliedstaatliches Gerichtsverfahren nicht weiter zu betreiben, jedoch mit der EuGVVO aF vereinbar, da die Frage der Wirksamkeit einer anti-suit injunction außerhalb des Anwendungsbereichs der EuGVVO liege (siehe EuGH Urt. v. 13.5.2015 – C-536/13, GRUR Int. 2015, 766 – Gazprom/Litauen). Erwägungsgrund 12 der EuGVVO nF entzieht Torpedoklagen gegen die Anrufung eines Schiedsgerichts zukünftig zusätzlich Nährboden, indem angerufene nationale Gerichte die Möglichkeit erhalten, ungeachtet anhängiger Torpedoklagen vor den Gerichten anderer Mitgliedstaaten über die Wirksamkeit von Schiedsvereinbarungen zu entscheiden.

Derogation eines nach Art. 5 Nr. 3, Art. 6 Nr. 1 EuGVVO aF[19] international zuständigen Gerichts führt.[20]

Nach Art. 23 Abs. 1 EuGVVO aF haben die Parteien die Möglichkeit, für bereits entstandene Rechtsstreitigkeiten oder in Bezug auf ein bestimmtes Rechtsverhältnis die internationale Zuständigkeit eines Gerichts oder der Gerichte eines Mitgliedstaates zu vereinbaren. **Generalanwalt *Jääskinen*** plädierte in seinen Schlussanträgen in dem Vorabentscheidungsverfahren des LG Dortmund dafür, zwischen von Art. 23 EuGVVO aF erfassten Gerichtsstandsklauseln auf der einen und Schiedsklauseln auf der anderen Seite zu unterscheiden **und eine Derogation durch Schiedsklauseln von den Gerichtsständen nach der EuGVVO nicht zuzulassen.** Während aufgrund einer Gerichtsstandsklausel nach Art. 23 Abs. 1 EuGVVO schon dem Wortlaut nach derogiert werden könne, sei diese Bestimmung auf Schiedsklauseln nicht anwendbar. Gemäß des Prinzips der begrenzten Einzelermächtigung sei eine Derogation aufgrund bestehender Schiedsklauseln daher grundsätzlich allein eine Frage des nationalen Rechts. Der Generalanwalt äußerte jedoch Bedenken, ob eine Derogation aufgrund einer Schiedsklausel nach nationalem Recht mit Unionsrecht vereinbar sei. Nach seiner Auffassung würde eine Derogation an Schiedsgerichte durch die Mitgliedstaaten bei kartellrechtlichen Follow-on-Klagen, für die Gerichtsstände nach der EuGVVO bestehen, im Regelfall[21] die effektive Durchsetzung der durch das Kartell entstandenen Ansprüche beeinträchtigen. Dies sei mit Art. 101 AEUV unvereinbar.[22]

Der EuGH hat in einer Derogation von den Gerichtsständen der EuGVVO aufgrund von Gerichtsstandsvereinbarungen keinen Verstoß gegen das Effektivitätsprinzip gesehen.[23] In Bezug auf Schiedsklauseln bestätigte er lediglich, dass diese nicht von der EuGVVO aF erfasst seien. Zu dem entscheidenden Gesichtspunkt, ob und wenn ja, unter welchen Voraussetzungen eine Derogation aufgrund einer Schiedsklausel nach dem nationalen Recht der Mitgliedstaaten mit Unionsrecht vereinbar ist, äußerte sich der EuGH aufgrund unzureichender Sachverhaltsangaben nicht.[24] Diese für kartellrechtliche Follow-on-Klagen praktisch relevante Frage ist daher **nach wie vor unbeantwortet.**[25]

Die Entscheidung des EuGH enthält jedoch eine weitere für die Praxis wichtige Klarstellung: Nach Ansicht des EuGH erfasst eine typische Gerichtsstandsklausel, die sich auf Rechtsstreitigkeiten aus Vertragsverhältnissen bezieht, keine kartellrechtlichen Follow-on-Klagen.[26] Es ist davon auszugehen, dass der EuGH diese Auslegung entsprechend auf Schiedsklauseln anwenden würde.[27] Für die Beratungspraxis bedeutet das, dass **Musterschiedsklauseln um kartellrechtliche Follow-on-Klagen zu ergänzen** sind, sofern die Parteien eine schiedsgerichtliche Entscheidung hierüber wünschen.[28]

---

[19] Art. 5 Nr. 3 EuGVVO: Gerichtsstand der unerlaubten Handlung; Art. 6 Nr. 1 EuGVVO: Gerichtsstand kraft Sachzusammenhang.
[20] EuGH Urt. v. 21.5.2015 – C-352/13, ECLI:EU:C:2015:335, Vorlagefrage 3 – CDC.
[21] Der Generalanwalt knüpft seine Rechtsansicht an die tatsächliche Bedingung, dass die Partei, gegenüber der die Derogation aufgrund der Schiedsklausel begehrt wird, bei Vereinbarung der Schiedsklausel keine Kenntnis vom Kartell und seiner Rechtswidrigkeit hatte; GA *Jääskinen* SchlA v. 11.12.2014 – C-352/13 Rn. 132 – CDC.
[22] GA *Jääskinen* SchlA v. 11.12.2014 – C-352/13 Rn. 118 ff., 132 – CDC.
[23] EuGH Urt. v. 21.5.2015 – C-352/13, ECLI:EU:C:2015:335 Rn. 62 – CDC.
[24] Siehe EuGH Urt. v. 21.5.2015 – C-352/13, ECLI:EU:C:2015:335 Rn. 58 – CDC.
[25] *Wagner* ZVglRWiss 2015, 494 (507), der sich für eine Gleichbehandlung von Schiedsklauseln und Gerichtsstandsklauseln ausspricht und diese Meinung mit der entsprechenden Vereinbarkeit einer Derogation aufgrund von Schiedsklauseln mit dem Effektivitätsprinzip begründet.
[26] EuGH Urt. v. 21.5.2015 – C-352/13, ECLI:EU:C:2015:335 Rn. 69 – CDC.
[27] Siehe *Harler/Weinzierl* EWS 2015, 121 (122)
[28] *Wagner* ZVglRWiss 2015, 494 (507, 513), der zurecht darauf hinweist, dass die Möglichkeit einer entsprechenden Ergänzung der Schiedsklausel in der Praxis nicht oft genutzt werden dürfte, würde sie doch verlangen, dass bereits zu Zeiten des Vertragsschlusses eine mögliche Kartellzugehörigkeit des Vertragspartners thematisiert werden müsste.

14 Die EuGVVO nF enthält im Gegensatz zur EuGVVO aF in Erwägungsgrund 12 eine Passage, die klarstellt, dass nationale Gerichte nicht daran gehindert sein sollen, die Parteien nach nationalem Recht an die Schiedsgerichtsbarkeit zu verweisen.[29] Dabei könnte auch eine Rolle spielen, dass der europäische Gesetzgeber im Rahmen der RL 2014/104/EU offenbar eine Aufwertung von Schiedsverfahren als Forum zur Verhandlung von Kartellschadensersatzverfahren herbeiführen wollte (→ Rn. 65 ff.); eine Intention, die konterkariert würde, wäre die Derogation von den Zuständigkeitsregelungen der EuGVVO durch eine Schiedsklausel in Zukunft generell ausgeschlossen.

IV. Behördliche Paralleluntersuchungen in Bezug auf den Schiedsgegenstand

15 Die wirksame Vereinbarung einer Schiedsklausel in Angelegenheiten mit Kartellrechtsbezug oder die Einleitung eines entsprechenden Schiedsverfahrens führen nicht dazu, dass die Kommission oder Wettbewerbsbehörden der Mitgliedstaaten zu dem jeweiligen Sachverhalt keine eigenen Ermittlungsverfahren einleiten und diese ggf. parallel zu dem Schiedsverfahren durchführen können. Vielmehr bleibt es Kartellbehörden unbenommen, den im Schiedsverfahren streitigen Sachverhalt, beispielsweise die Wirksamkeit und Reichweite eines vereinbarten Wettbewerbsverbots nach Art. 101 AEUV, eigenständig zu prüfen und eine an die betreffenden Unternehmen adressierte Entscheidung zu erlassen.[30]

16 Die Bindungswirkung von Schiedsklauseln dürfte auch nicht so weit gehen, dass es Schiedsparteien untersagt ist, vor oder während des Schiedsverfahrens mit einer entsprechenden Beschwerde oder Selbstanzeige ein Untersuchungsverfahren einer Kartellbehörde anzustoßen. Zum Beispiel hat Siemens in dem viel beachteten Fall **Siemens/Areva** parallel zu einem wegen der Verletzung eines Wettbewerbsverbots von Areva eingeleiteten ICC-Schiedsverfahren eine Beschwerde bei der Kommission über Umfang und Dauer des Wettbewerbsverbots eingereicht (→ Rn. 34 f.).[31]

C. Bindungswirkung und Vollstreckbarkeit von Schiedssprüchen zu kartellrechtlichen Fragen

I. Gerichtliche Überprüfbarkeit von Schiedssprüchen mit kartellrechtlichem Bezug

17 Die wichtigste Einschränkung der Bindungswirkung und Vollstreckbarkeit von Schiedssprüchen nach deutschem Recht ist der sog *ordre public*-Vorbehalt nach § 1059 Abs. 2 Nr. 2 lit. b ZPO, nach dem Schiedssprüche nicht vollstreckt werden, wenn sie mit elementaren Rechtsgrundsätzen und den in ihnen enthaltenen Gerechtigkeitsvorstellungen von vornherein nicht vereinbar sind (hierzu unter 1.). Gemäß der Rechtsprechung des EuGH ist das Unionskartellrecht dem *ordre public* zuzuordnen. In Bezug auf das Unionskartellrecht sind Schiedssprüche daher im gleichen Maße überprüfbar, wie in Bezug auf nationale Bestimmungen des *ordre public* (hierzu unter 2.). Die Überprüfung von Schiedssprüchen mit kartellrechtlichem Bezug durch deutsche Gerichte war in der Vergangenheit in weiten Teilen uneinheitlich, könnte jedoch auf Grundlage eines aktuellen Beschlusses des BGH in Zukunft stärker vereinheitlicht und eher zurückhaltender erfolgen (hierzu unter 3.).

1. Allgemeine Grundsätze – *ordre public*-Vorbehalt

18 Im Unterschied zu Gerichtsurteilen gibt es bei Schiedssprüchen grundsätzlich **keine Berufungsinstanz**.[32] Dies wird oftmals als Vorteil der Schiedsgerichtsbarkeit gesehen, da ein struktureller Zeitvorteil gegenüber staatlichen Gerichten besteht und schneller Rechtssi-

---

[29] Im deutschen Verfahrensrecht ist § 1032 ZPO die entsprechende Bestimmung.
[30] So im Fall Siemens/Areva: Kom. v. 18.6.2012 – COMP/39.736 ABl. 2012 C 280, 5 – Areva SA, Siemens AG.
[31] Kom. v. 18.6.2012 – COMP/39.736 – Areva SA, Siemens AG, Kom(2012), 4028 final.
[32] Einziger Rechtsbehelf ist vielmehr der Aufhebungsantrag nach § 1059 ZPO, siehe dazu *Wolff* JuS 2008, 108 (113); zur Praxis, dennoch eine Berufungsinstanz vorzusehen, vertieft *Schwab/Walter* Schiedsgerichtsbarkeit 22. Kap. Rn. 1 mwN.

cherheit erlangt werden kann.³³ Gleichwohl unterliegen die Entscheidungen von Schiedsgerichten im Rahmen innerstaatlicher Aufhebungs- und Vollstreckungsverfahren einer **eingeschränkten gerichtlichen Kontrolle.** Dogmatischer Anknüpfungspunkt hierfür ist in den meisten Verfahren der *ordre public*-Vorbehalt (siehe § 1059 Abs. 2 Nr. 2 lit. b ZPO).³⁴

Der *ordre public*-**Vorbehalt** hindert die Vollstreckung eines Schiedsspruchs, wenn dieser mit Grundsätzen des deutschen sowie mittlerweile auch des europäischen Rechts und den in ihnen enthaltenen Gerechtigkeitsvorstellungen von vornherein nicht vereinbar ist.³⁵ Der Vorbehalt ist als Generalklausel ausgestaltet und sehr eng auszulegen, so dass er nur in Ausnahmefällen greift. Darüber hinaus schränkt ein weiterer Grundsatz die Überprüfbarkeit von Schiedssprüchen ein: das **Verbot der *révision au fond*.** Nach diesem Grundsatz dürfen Aufhebungs- und Vollstreckungsverfahren kein Rechtsmittel zur Überprüfung der sachlichen Richtigkeit eines Schiedsspruches sein,³⁶ sondern nur der Missbrauchskontrolle dienen.³⁷ 19

2. Überprüfung der schiedsgerichtlichen Anwendung des Unionskartellrechts

Der EuGH hat in der Vergangenheit entschieden, dass die schiedsgerichtliche Anwendung des (primärrechtlichen) Unionskartellrechts voll nach dem jeweiligen nationalen *ordre public*-Vorbehalt überprüfbar ist (hierzu unter a)). Diese Rechtsprechung ist nicht in allen Aspekten überzeugend (hierzu unter b)). 20

a) EuGH-Rechtsprechung. Gemäß der Rechtsprechung des EuGH sind die Vorschriften des primärrechtlichen Unionskartellrechts für die Erfüllung der Aufgaben der Union unerlässlich. Mitgliedstaatliche Rechtsordnungen, die die Aufhebung von Schiedssprüchen wegen Verletzung nationaler Bestimmungen, die zum *ordre public* gehören, vorsehen, müssen Schiedssprüche daher ebenfalls aufheben, wenn Sie auf Verletzungen des Unionskartellrechts gestützt sind. 21

Nach gefestigter Rechtsprechung des EuGH ist ein privates **Schiedsgericht kein „Gericht eines Mitgliedsstaates"** im Sinne von Art. 267 AEUV und damit **gegenüber dem Gerichtshof nicht vorlageberechtigt.**³⁸ Die Anwendung des Unionskartellrechts durch Schiedsgerichte erfolgt daher grundsätzlich ohne Möglichkeit des EuGH, in Vorabentscheidungsverfahren eine einheitliche Anwendung des Unionsrechts sicherzustellen.³⁹ Werden nationale Gerichte mit einem Schiedsspruch befasst, sei es im Rahmen einer Aufhebungsklage oder zwecks Vollstreckbarerklärung, kann es daher diesen zufallen, im Rahmen der je nach Lage des Falles mehr oder weniger weitgehenden Überprüfung des Schiedsspruches die Anwendung der Vorschriften des Unionskartellrechts zu prüfen und ggf. offene Fragen dem EuGH vorzulegen.⁴⁰ 22

In seiner grundlegenden Entscheidung in der **Rechtssache *Eco Swiss*** hat der EuGH vor diesem Hintergrund festgestellt, dass mitgliedstaatliche Gerichte einen Schiedsspruch 23

---

[33] Eingehend dazu *Lachmann* Rn. 155 ff.; skeptisch gegenüber diesem Aspekt MüKoZPO/*Münch* vor §§ 1025 ff. Rn. 64–78.
[34] Die deutsche Fassung der Norm wurde von Art. V New York Übereinkommen übernommen; siehe zum *ordre public* eingehend *Harbst* SchiedsVZ 2007, 22, der trotz des scheinbar engen Anwendungsbereichs konstatiert, dass der *ordre public*-Aufhebungsgrund in der Praxis zunehmend häufig vorgebracht wird. Umfassend dazu *de Pfeifle*, Der Ordre-Public-Vorbehalt als Versagungsgrund der Anerkennung und Vollstreckbarerklärung internationaler Schiedssprüche, 2009.
[35] Vgl. SaengerZPO/*Saenger* § 1059 Rn. 23; Beispiele bei SaengerZPO/*Saenger* – § 1059 Rn. 24 ff, zum Einfluss des europäischen Kartellrechts auf den *ordre public* siehe *Weyer* EuR 2000, 145 (161 ff.).
[36] Siehe Zöller/*Geimer* § 1059 Rn. 47.
[37] Siehe Zöller/*Geimer* § 1059 Rn. 74.
[38] EuGH Urt. v. 23. 3. 1982 – 102/81 Rn. 10–13 – Nordsee.
[39] EuGH Urt. v. 1. 6. 1999 – C-126/97 Rn. 40 – Eco Swiss.
[40] EuGH Urt. v. 1. 6. 1999 – C-126/97 Rn. 31–35 – Eco Swiss. Vgl. zur grundlegenden Skepsis des europäischen Gesetzgebers gegenüber dem Schiedsrecht als Instrument zur Aushöhlung und Umgehung des EU-Rechts: *di Brozolo* Arbitration International 2011, 1; zu diesem Komplex im Rahmen von Freihandelsabkommen siehe http://www.verfassungsblog.de/ships-pass-night-die-debatte-ueber-ttip-und-die-schiedsgerichtsbarkeit.

jedenfalls dann wegen einer Verletzung von Art. 81 EGV (nun Art. 101 AEUV) aufheben müssen, wenn sie nach den nationalen Verfahrensregeln wegen Verletzungen nationaler Bestimmungen, die zum *ordre public* gehören, zur Aufhebung des Schiedsspruches verpflichtet wären.[41] Als Begründung führte der EuGH aus, dass **Art. 81 EGV (Art. 101 AEUV) eine grundlegende Bestimmung des Unionsrechts** darstelle, die für die Erfüllung der Aufgaben der Gemeinschaft und insbesondere für das Funktionieren des Binnenmarktes unerlässlich sei.[42] Der EuGH zählte damit Art. 81 EGV zu einem unionsrechtlich begründeten *ordre public*,[43] der nach dem **Äquivalenzgrundsatz** durch das nationale Verfahrensrecht wenigstens ebenso effektiv zu schützen ist wie Bestimmungen des nationalen Rechts, die dem *ordre public* zuzuordnen sind.[44]

24   Im späteren **Urteil *Manfredi***[45] stellte der EuGH fest, dass auch Art. 102 AEUV dem *ordre public* zuzuordnen sei, wobei die Prüfung beider Bestimmungen, also Art. 101 und 102 AEUV, von Amts wegen zu erfolgen habe.[46] In den Fällen ***Mostaza Claro*** und ***Asturcom***[47] befand der EuGH außerdem, dass missbräuchliche Klauseln zu Lasten von Verbrauchern durch Unionsrecht verboten (Richtlinie 93/13/EWG) sind, die entsprechenden Verbotsnormen zwingend und deshalb dem *ordre public* zuzurechnen seien.[48] Ein nationales Gericht habe sie bei der Beurteilung einer Aufhebungsklage eines Schiedsspruches von Amts wegen zu berücksichtigen. Zudem habe ein staatliches Gericht diese **zwingenden unionsrechtlichen Verbraucherschutzvorschriften** auch dann anzuwenden, wenn der Schiedsspruch rechtskräftig sei. Voraussetzung sei allerdings, dass das Gericht nach den Bestimmungen des nationalen Verfahrensrechts von Amts wegen einen Verstoß gegen zwingende nationale Vorschriften prüfen müsste oder könnte.[49]

25   Infolge dieser Entscheidungen ist es heute die ganz vorherrschende Auffassung, dass zwingende unionsrechtliche Normen wie das Unionskartellrecht dem *ordre public* der Mitgliedstaaten zuzurechnen sind und zur Aufhebung von Schiedssprüchen führen können.[50] Staatliche Gerichte haben sie von Amts wegen bei der Kontrolle von Schiedssprüchen anzuwenden, unabhängig davon, ob diese Fragen bereits Gegenstand eines vorgelagerten Schiedsverfahrens waren.[51] Damit korrespondiert eine **Pflicht von Schiedsgerichten, zwingende Normen des Unionsrechts stets anzuwenden**.[52]

---

[41] EuGH Urt. v. 1.6.1999 – C-126/97 Rn. 37 – Eco Swiss.
[42] EuGH Urt. v. 1.6.1999 – C-126/97 Rn. 36 – Eco Swiss.
[43] EuGH Urt. v. 1.6.1999 – C-126/97 Rn. 39 – Eco Swiss.
[44] Im Vorabentscheidungsverfahren C-567/14 hat Generalanwalt *Wathelet* in seiner Stellungnahme vom 17.3.2016 unter Berufung auf das Effektivitätsprinzip (Rn. 58) den EuGH aufgefordert, den nationalen Gerichten hinsichtlich des unionsrechtlichen *ordre public* eine über die Maßgabe des Äquivalenzgrundsatzes hinausgehende Kontrolle von Schiedssprüchen vorzuschreiben. Wenn nationale Bestimmungen (in diesem Fall solche französischen Rechts), eine Kontrolle hinsichtlich nationaler zum *ordre public* zählender Bestimmungen nur im Falle der krassen oder offensichtlichen Verletzung erlauben würden, solle eine gerichtliche Aufhebung von Schiedssprüchen bzw. die Verweigerung ihrer Vollstreckung bei möglichen Verletzungen des unionsrechtlichen *ordre publics* unabhängig von diesen Kriterien erfolgen können (Rn. 64–72). In seiner Entscheidung (EuGH Urt. v. 7.7.2016 – 567/14) ist der EuGH nicht explizit auf die Aufforderung des Generalanwalts eingegangen, im Rahmen dieses Vorabentscheidungsverfahrens den Umfang gerichtlicher Kontrolle von Schiedssprüchen hinsichtlich des *ordre public* Vorbehalts auszuweiten. Es ist nicht anzunehmen, dass der EuGH sich implizit die Meinung des Generalanwalts zu Eigen gemacht hat, so dass die in *Eco Swiss* entwickelten Kriterien weiterhin maßgeblich sind.
[45] EuGH Urt. v. 13.7.2006 – C-295/04 bis C-298/04, EWS 2006, 410 – Manfredi.
[46] EuGH Urt. v. 13.7.2006 – C-295/04 bis C-298/04 Rn. 31 – Manfredi.
[47] EuGH Urt. v. 26.10.2006 – C-168/05, SchiedsVZ 2007, 46 – Mostaza Claro; EuGH Urt. v. 6.10.2009 – C-40/08, SchiedsVZ 2010, 1348 – Asturcom Telecomunicaciones.
[48] EuGH Urt. v. 26.10.2006 – C-168/05 Rn. 35–37 – Mostaza Claro.
[49] EuGH Urt. v. 6.10.2009 – C-40/08 Rn. 54 – Asturcom Telecomunicaciones.
[50] Siehe etwa *di Brozolo* Arbitration International 2011, 1 (3); siehe auch *Horn* SchiedsVZ 2008, 209 (216f.).
[51] Siehe *Spiegel* EuZW 1999, 565 (569).
[52] In aller Regel können Schiedsgerichte zwingende gemeinschaftsrechtliche Bestimmungen unabhängig davon anwenden, ob eine Partei sich auf diese Bestimmung berufen hat, ohne dabei ihren Schiedsauftrag zu überschreiten. Nur in Ausnahmefällen, in denen die Parteien bewusst auf die Nichtanwendung drängen, um einen offenkundigen Kartellrechtsverstoß ohne Folgen zu lassen, kann ein Schiedsgericht diese Be-

b) Kritische Würdigung der EuGH Rechtsprechung. Das Verhältnis von Schiedsrecht und europäischem Kartellrecht zueinander hat durch die Rechtsprechung des EuGH zweifelsohne an Kontur gewonnen. Jedoch bietet diese Rechtsprechung auch Anlass zur Kritik. 26

Zunächst stellt es einen weit verbreiteten Kritikpunkt dar, dass der EuGH sich nicht mit den **Implikationen des Effektivitätsgrundsatzes** auseinander setzt, sondern die kartellrechtliche Überprüfbarkeit von Schiedssprüchen ausschließlich auf den Äquivalenzgrundsatz stützt und damit nicht originär unionsrechtlich begründet.[53] Die EuGH-Rechtsprechung enthält jedoch keine Hinweise auf eine unionsrechtliche Grundlage für einen *ordre public*-Vorbehalt. Die Frage, ob ein *ordre public*-Vorbehalt besteht (der dann nach Maßgabe des Äquivalenzgrundsatzes auch für Verletzungen des Unionskartellrechts anwendbar ist), bleibt vielmehr den nationalen Verfahrensordnungen überlassen, was die Gefahr eines uneinheitlichen Schutzniveaus begründet.[54] Entsprechend gibt es auch in der Literatur im Wesentlichen zwei Strömungen, wobei entweder eine möglichst zurückhaltende gerichtliche Überprüfung gefordert wird oder für eine weitgehende gerichtliche Überprüfung von Schiedssprüchen plädiert wird.[55] 27

Darüber hinaus zeugt die Rechtsprechung des EuGH nach wie vor von einer gewissen Skepsis gegenüber dem Schiedsverfahren als Form der Streitentscheidung. Insbesondere berücksichtigt die Rechtsprechung des EuGH nicht die durch Schiedsverfahren gewährleisteten ausgewogenen Rechtsschutzmöglichkeiten für die beteiligten Parteien. Eine Auseinandersetzung mit den **in Schiedsverfahren umfangreich abgesicherten Möglichkeiten der Parteien, mit ihrem Vortrag gehört zu werden,**[56] erfolgt nicht. Parteien eines Schiedsverfahrens können sich jederzeit auf diejenigen Bestimmungen berufen, die ihrem Interesse dienen. Vor diesem Hintergrund ist es nicht angemessen, dass eine nachträgliche Überprüfung zwingender Vorschriften des Unionsrechts auch dann immer möglich sein soll, wenn sie während des Schiedsverfahrens tatsächlich nicht von der durch sie geschützten Partei zum Gegenstand des Verfahrens gemacht wurden. Insofern ist die in dem EuGH-Urteil *van Schijndel* für Gerichtsverfahren gewählte, das Gebot der richterlichen Passivität und die Dispositionsbefugnis der Parteien respektierende Lösung, gerade auch für Schiedsverfahren sachgerechter als die uneingeschränkte Überprüfungspflicht nach *Eco Swiss*.[57] 28

3. Prüfungsintensität deutscher Gerichte

Die deutsche obergerichtliche Rechtsprechung hat in der Vergangenheit Schiedssprüche mit Kartellrechtsbezug in sehr unterschiedlichem Maße überprüft. Ein Beschluss des BGH aus dem Jahr 2014 legt jedoch nahe, dass nach deutschem Recht zukünftig eine eher zurückhaltende Überprüfung kartellrechtlicher Schiedssprüche auf Grundlage des *ordre public*-Vorbehalts erfolgen dürfte. 29

In Deutschland haben sich in jüngerer Vergangenheit mehrere **Obergerichte** – insbesondere die für die Überprüfung gem. § 1062 ZPO zuständigen Oberlandesgerichte – mit dem Umfang der Prüfungskompetenz bei möglichen *ordre public*-Verstößen von Schiedssprüchen auseinandergesetzt.[58] Dabei sind sie zum Teil von sehr unterschiedlichen Prü- 30

---

stimmungen kaum in einem Schiedsverfahren zwischen eben diesen Parteien anwenden. In diesem Fall ist jedoch der Rücktritt als Schiedsrichter die gebotene Konsequenz, siehe Blanke/Landolt/*Derains* EU and US Antitrust Arbitration: A Handbook for Practitioners, 490 (514).

[53] Blanke/Landolt/*de Groot* EU and US Antitrust Arbitration 568 (585); vgl. auch GA *Maduro* SchlA v. 1.3. 2007 – C-222/05 bis C-225/05 Rn. 28.
[54] Siehe hierzu *Niggemann* SchiedsVZ 2005, 265 ff.
[55] Für einen Überblick zum Meinungsstand siehe Blanke/Landolt/*di Brozolo* EU and US Antitrust Arbitration, 755 (759), der die beiden Lager holzschnittartig mit „Maximalist" und „Minimalist" View beschreibt.
[56] Eingehend dazu Musielak/*Voit* ZPO § 1024 Rn. 2 ff.
[57] In der (nicht in Bezug auf Schiedsgerichte ergangenen) Rechtssache *van Schijndel* hatte der EuGH entschieden, dass die Pflicht, bestimmte Verstöße *ex officio* zu prüfen, hinter dem Gebot richterlicher Passivität zurücktreten kann. Siehe EuGH Urt. v. 14.12.1995 – C-43/93 – van Schijndel.
[58] Für eine länderübergreifende Analyse siehe Blanke/Landolt/*di Brozolo* EU and US Antitrust Arbitration, 2011, S. 755 (765).

fungskompetenzen ausgegangen.⁵⁹ Beispielsweise maß das **OLG Jena** in einer Entscheidung aus dem Jahr 2007 dem Verbot der *révision au fond* große Bedeutung zu und nahm lediglich eine Plausibilitätskontrolle der Erwägungen des Schiedsgerichts vor.⁶⁰ Demgegenüber entschied das **OLG Düsseldorf** im Jahr 2004 – gestützt auf die damalige Rechtsprechung des BGH⁶¹ – bei einem Sachverhalt mit kartellrechtlichem Bezug, dass es trotz des Verbots der *révision au fond* weder an die tatbestandlichen Feststellungen des Schiedsgerichts noch an seine rechtliche Würdigung gebunden sei.⁶²

31 Ein Beschluss des **BGH aus dem Jahr 2014** könnte die Rechtsprechung in Deutschland zukünftig stärker vereinheitlichen. Der BGH entschied in Abkehr von seiner vorherigen Entscheidungspraxis⁶³ – maßgeblich gestützt auf das Verbot der *révision au fond* –, dass die Anerkennung oder Vollstreckung eines Schiedsspruches nur dann gegen den *ordre public*-Vorbehalt verstoße, wenn sie zu einem Ergebnis führt, das **mit wesentlichen Grundsätzen des deutschen Rechts offensichtlich unvereinbar ist.**⁶⁴ Der Beschluss betrifft zwar materiell keine kartellrechtlichen Fragen, statuiert aber allgemeine Anforderungen an die Kontrolle von Schiedssprüchen durch nationale Gerichte im Vollstreckungsverfahren. Diese Anforderungen sind nicht nur in Bezug auf nationale Bestimmungen relevant, die zum *ordre public* gehören, sondern auch für die Überprüfung von Vorschriften zwingenden Unionsrechts. Da der unionsrechtliche *ordre public* als Teil des deutschen *ordre public* geschützt ist,⁶⁵ gilt auch nicht der *ordre public* international, dessen Anforderungen weniger streng sein können.⁶⁶

32 Diese sehr eingeschränkte Kontrolle ist insbesondere angemessen, wenn der Schiedsspruch eine inhaltliche Auseinandersetzung mit den zugrundeliegenden kartellrechtlichen Fragestellungen enthält. Für den Fall, dass in einem Schiedsspruch keine Sachverhaltsfeststellungen enthalten sind, die für die rechtliche Würdigung eines behaupteten Kartellrechtsverstoßes erforderlich wären, ist zudem an die Möglichkeit der **Rückverweisung auf Parteiantrag an das Schiedsgericht gemäß § 1059 Abs. 4 ZPO** zu denken. Kartellrechtliche Fragestellungen erfordern regelmäßig komplexe Marktanalysen, die oftmals von Industrie- bzw. Wirtschaftsexperten zu erbringen sind und regelmäßig nur auf der Grundlage einer zuvor erfolgten umfangreichen Sachverhaltsaufklärung durchgeführt werden können.⁶⁷ Ein Schiedsverfahren bietet hierfür im Gegensatz zu der Aufhebungsinstanz einen geeigneten Rahmen.⁶⁸

II. Faktische Abänderung von Schiedssprüchen durch kartellbehördliche Entscheidungen

33 Neben der rechtlichen Möglichkeit zur (eingeschränkten) Überprüfung von Schiedssprüchen durch nationale Gerichte besteht in Bezug auf Schiedssprüche mit kartellrechtlichen Bezügen auch die Möglichkeit, dass ein Schiedsspruch durch die Entscheidung in einem parallel laufenden kartellbehördlichen Verfahren **faktisch** abgeändert oder aufgehoben wird. Die Einschaltung der Kommission (oder einer anderen Kartellbehörde) bietet damit in der Praxis eine zusätzliche Möglichkeit, einen Schiedsspruch anzugreifen, beziehungsweise ein davon eventuell divergierendes Ergebnis zu erhalten, wenn der Schiedsspruch

---

⁵⁹ In einer Schiedsvereinbarung kann auch die Zuständigkeit eines bestimmten OLGs für Aufhebungsverfahren vorgesehen werden (§ 1062 Abs. 1 S. 1 ZPO), wobei typischerweise die vorherige Entscheidungspraxis eine entscheidende Rolle spielt.
⁶⁰ OLG Jena Beschl. v. 8.8.2007 – 4 Sch 03/06, SchiedsVZ 2008, 44.
⁶¹ BGHZ 46, 365 (367 ff.) mwN.
⁶² OLG Düsseldorf Beschl. v. 21.7.2004 – VI-Sch (Kart) 1/02, Sch (Kart) 1/02, WuW 2006, 281 Rn. 30.
⁶³ Vgl. BGHZ 46, 365 (367 ff.).
⁶⁴ BGH Beschl. v. 28.1.2014 – III ZB 40/13, SchiedsVZ 2014, 98.
⁶⁵ Siehe OLG Düsseldorf Beschl. v. 21.7.2004 – VI-Sch (Kart) 1/02, Sch (Kart) 1/02, WuW 2006, 281 Rn. 24.
⁶⁶ Siehe Zöller/*Geimer* § 1061 Rn. 42; BGH NJW 1990, 2199.
⁶⁷ Siehe auch Calliess/Ruffert/*Weiß* Art. 101 AEUV Rn. 68 mwN.; *Weitbrecht* NJW 2012, 881 (883).
⁶⁸ Allgemein zu der Problematik der erstmaligen Prüfung kartellrechtlicher Fragen unter Hervorhebung der notwendigen Beibringung von Fakten in der Revisionsinstanz, Blanke/Landolt/*de Groot* EU and US Antitrust Arbitration, 568 (597); zum beschränkten Prüfungsmaßstab der Aufhebungsinstanz: MüKoZPO/*Münch* § 1059 Rn. 70; *Wighardt* SchiedsVZ 2010, 252 (257).

nach Auffassung einer der beiden Schiedsparteien gegen zwingendes Unionskartellrecht verstößt.

Diese Möglichkeit wird durch den Beschluss der Kommission in der Sache **Siemens/ Areva**[69] vom Juni 2012 beispielhaft veranschaulicht. Ohne dies explizit zu adressieren, änderte dieser Beschluss de facto den Inhalt eines zuvor ergangenen Schiedsspruchs ab. Siemens und Areva hatten im Rahmen eines Joint Ventures ein Wettbewerbsverbot vereinbart, das bis zu elf Jahre nach Ausscheiden von Siemens gelten sollte. In einem ICC-Schiedsverfahren hatte Areva beantragt, Siemens wegen verschiedener Vertragsverletzungen, unter anderem einer Verletzung des vereinbarten Wettbewerbsverbotes, zur Zahlung von Schadensersatz zu verpflichten. Parallel zur Verteidigung vor dem ICC hatte Siemens Beschwerde bei der Kommission wegen der Dauer des vereinbarten Wettbewerbsverbots eingereicht. Die Kommission leitete daraufhin ein Ermittlungsverfahren nach der VO 1/2003 ein.

Im April 2011 verkürzte das Schiedsgericht das Wettbewerbsverbot zunächst auf vier Jahre, befand jedoch im Übrigen, dass das Wettbewerbsverbot seinem sachlichen Umfang nach mit dem Unionskartellrecht vereinbar sei.[70] Die Kommission befand das Wettbewerbsverbot jedoch später entgegen diesem Schiedsspruch bezüglich bestimmter Bereiche für unverhältnismäßig und hielt einen Verstoß gegen Art. 101 AEUV für möglich.[71] Zudem sah die Kommission nur eine Dauer des Wettbewerbsverbotes von drei Jahren nach Ausscheiden von Siemens als gerechtfertigt an. Das Kartellverfahren wurde in der Folge aufgrund entsprechender Verpflichtungszusagen von Areva und Siemens zur Beschränkung des Wettbewerbsverbots eingestellt.[72] Wie dieses Verfahren deutlich zeigt, ist ein Schiedsspruch nicht davor geschützt, durch eine **divergierende Entscheidung der Kommission** (oder anderer Wettbewerbsbehörden) faktisch seine Durchsetzbarkeit einzubüßen.[73]

D. Schiedsverfahren und die RL 2014/104/EU

Die private Durchsetzung des Unionskartellrechts durch Schadensersatzklagen hat sich in den letzten Jahren rasant entwickelt. Das primärrechtliche Unionskartellrecht enthält in Art. 101 und 102 AEUV lediglich materielle Verbotsnormen. Die zivilrechtlichen Rechtsfolgen von Zuwiderhandlungen gegen diese Normen richten sich daher grundsätzlich nach dem nationalen Recht. Dennoch wurde die Entwicklung der privaten Kartellrechtsdurchsetzung in der Vergangenheit zunächst zentral durch den EuGH vorangetrieben, der in seinen richtungsweisenden Entscheidungen *Courage*, *Manfredi* und *Kone* wesentliche Eckpfeiler für die private Kartellrechtsdurchsetzung nach nationalem Recht unmittelbar aus dem primärrechtlichen Unionskartellrecht entwickelte. Über diese primärrechtlichen Vorgaben hinaus hat der Unionsgesetzgeber nun mit der RL 2014/104/EU private kartellrechtliche **Schadensersatzklagen erstmals umfassend sekundärrechtlich geregelt.** Mit der RL 2014/104/EU sollen die Vorschriften der Mitgliedstaaten für Kartellschadensersatzklagen unionsweit harmonisiert werden, um einen wirksamen Rechtsschutz zu gewährleisten und vor allem, um im Sinne der effektiven Durchsetzung des Unionsrechts eine einheitliche Anwendung kartellrechtlicher Sanktionsmechanismen sicherzustellen (→ § 24 Rn. 35).[74]

---

[69] Zusammenfassung des Beschlusses der Kommission v. 18.6.2012 in einem Verfahren nach Art. 101 AEUV und Art. 53 des EWR-Abkommens (Siemens/Areva), ABl. 2012 C 280, 5.
[70] Der Schiedsspruch selbst ist nicht öffentlich, dies ergibt sich jedoch aus der Entscheidung der Kommission, ABl. 2012 C 280, 5 Rn. 7.
[71] Vgl. dazu und auch zum Folgenden Europäische Kommission, Pressemitteilung v. 13.7.2012, abrufbar unter http://europa.eu/rapid/press-release_IP-12-618_de.htm.
[72] ABl. 2012 C 280, 5 Rn. 4.
[73] Dies gilt gleichermaßen für staatliche Gerichtsverfahren, wobei hier gemäß Art. 16 Abs. 1 der VO 1/2003 durch eine Aussetzungsbefugnis betreffend des Gerichtsverfahrens und die Pflicht des Gerichts, keine einer intendierten Kommissionsentscheidung zuwiderlaufenden Entscheidungen zu erlassen, der Gefahr divergierender Entscheidungen vorgebeugt wird.
[74] Siehe Erwägungsgründe 1, 4, 11 RL 2014/104/EU.

37 Die RL 2014/104/EU verpflichtet unmittelbar nur die Mitgliedstaaten und enthält in weiten Teilen Regelungen, die für Verfahren vor „nationalen Gerichten" umzusetzen sind. Nach Art. 2 Nr. 9 RL 2014/104/EU umfasst der Begriff „nationale Gerichte" nur Gerichte eines Mitgliedstaats im Sinne des Art. 267 AEUV, wovon Schiedsgerichte nicht umfasst sind (→ Rn. 22). Dennoch spricht viel dafür, dass auch Schiedsgerichte die materiellen Vorschriften der RL 2014/104/EU (teilweise) anwenden müssen, um die Vollstreckbarkeit eines Schiedsspruches in den Mitgliedstaaten zu gewährleisten; für die prozessualen Regelungen der RL 2014/104/EU gilt dies nicht (hierzu unter I.). Es sprechen gute Argumente dafür, dass eine unvollständige Anwendung der RL 2014/104/EU durch Schiedsgerichte nicht generell dazu führt, dass Schiedsverfahren für die Verhandlung von Kartellschadensersatzverfahren kein geeignetes Forum sind (hierzu unter II.). Einige der Regelungen der RL 2014/104/EU betreffen sogar direkt die Möglichkeit einer privaten Kartellrechtsdurchsetzung im Wege einvernehmlicher Streitbeilegungen. Hiervon dürften auch (streitige) Schiedsverfahren erfasst sein, deren Bedeutung im Rahmen der privaten Kartellrechtsdurchsetzung auf diese Weise erheblich aufgewertet werden könnte (hierzu unter III.).

I. Pflicht von Schiedsgerichten zur Anwendung der Regelungen der RL 2014/104/EU

38 Die Mitgliedstaaten sind verpflichtet, die RL 2014/104/EU bis zum Ablauf der Umsetzungsfrist am 27.12.2016 in nationales Recht umzusetzen. Die Vorschriften der RL 2014/104/EU sind von Schiedsgerichten daher jedenfalls sobald und soweit anzuwenden, als die Richtlinie in den materiellen Regelungen eines Mitgliedstaates umgesetzt ist, dessen nationales Recht von den Parteien eines Schiedsverfahrens zum anwendbaren Sachrecht gewählt wurde.

39 Es ist jedoch nicht ausgeschlossen, dass Schiedsgerichte die Regelungen der RL 2014/104/EU auch in weiteren Konstellationen, anwenden müssen, obwohl ihre Regelungen nicht im anwendbaren Sachrecht umgesetzt sind. Es dürfte zwar weitgehend ausgeschlossen sein, dass Schiedsgerichte im Wege der sog Direktwirkung von Richtlinien zur Anwendung der RL 2014/104/EU verpflichtet sein könnten (hierzu unter 1.). Schiedsgerichte müssen die RL 2014/104/EU – wie Art. 101 und 102 AEUV – jedoch insoweit zwingend beachten, als diese einem unionsrechtlich begründeten *ordre public* zuzurechnen ist, was jedenfalls für einige Regelungen der RL 2014/104/EU der Fall ist (hierzu unter 2.).

1. Keine Direktwirkung der RL 2014/104/EU im Falle einer defizitären Umsetzung durch anwendbares mitgliedstaatliches Recht

40 Es ist nicht ersichtlich, dass Schiedsgerichte über den Umweg der Direktwirkung von EU-Richtlinien zur (teilweise) Anwendung der RL 2014/104/EU verpflichtet sind. Soweit die RL 2014/104/EU in einem als anwendbares Sachrecht gewählten mitgliedstaatlichen Recht nicht umgesetzt ist, ist sie daher nicht über die Grenze der richtlinienkonformen Auslegung des anwendbaren Rechts hinaus anwendbar.

41 Eine Direktwirkung der RL 2014/104/EU käme zwar grundsätzlich in Betracht, wenn die Parteien eines Schiedsverfahrens das Recht eines Mitgliedstaates als anwendbares Sachrecht wählen, in dem die RL 2014/104/EU nicht oder nicht vollständig fristgemäß umgesetzt wurde. Kommen Mitgliedstaaten ihrer Pflicht zur fristgerechten Umsetzung einer Richtlinie nicht oder nicht vollständig nach, können sich Bürger gegenüber dem Mitgliedstaat (vertikal) insoweit auf die Richtlinie berufen, als diese inhaltlich unbedingt und bestimmt ist sowie dem Einzelnen Rechte verleiht (mit der Folge einer Unanwendbarkeit des entgegenstehenden nationalen Rechts) (sog Direktwirkung).[75]

---

[75] St. Rspr. seit EuGH Urt. v. 4.12.1974 – C-41/74 Rn. 12 – van Duyn; EuGH Urt. v. 5.4.1979 – C-148/78 Rn. 18 ff. – Ratti; guter Überblick bei Schwarze EU-Komm./*Biervert* Art. 288 AEUV Rn. 29.

Aufgrund ihres Regelungsgegenstands dürfte eine Direktwirkung der RL 2014/104/EU **42** jedoch ausgeschlossen sein. Nach ständiger Rechtsprechung des EuGH gilt, dass eine Richtlinie, die Verpflichtungen für Einzelne begründet, **keine Horizontalwirkung** entfalten kann.[76] Da die RL 2014/104/EU die materiellen und prozessualen Aspekte horizontaler Kartellschadensersatzklagen regelt, ist davon auszugehen, dass ihr vor einem nationalen Gericht grundsätzlich keine Direktwirkung zukommen würde (→ § 24 Rn. 58). Wenn aber bereits vor den nationalen Gerichten kein Raum für eine Direktwirkung der RL 2014/104/EU besteht, kann dies erst recht nicht für Schiedsgerichte gelten, die keiner unmittelbaren unionsrechtlichen Loyalitätspflicht unterliegen.

Von der Frage der Direktwirkung ist die **richtlinienkonforme Auslegung** der Vor- **43** schriften eines gewählten mitgliedstaatlichen Rechts zu unterscheiden. Mitgliedstaaten sind dazu verpflichtet – ungeachtet einer möglichen Umsetzung – die Auslegung des nationalen Rechts so weit wie möglich am Wortlaut und Zweck der RL 2014/104/EU auszurichten, um das in ihr festgelegte Ergebnis zu erreichen (sog **Grundsatz der richtlinienkonformen Auslegung**) (→ § 24 Rn. 59).[77] Schiedsgerichte hätten wohl die gleichen Auslegungsmaßstäbe anzulegen. Auch für Schiedsgerichte findet die richtlinienkonforme Auslegung jedoch dort eine Grenze, wo sie zu einer Auslegung *contra legem* des nationalen Rechts führt.[78]

2. Anwendbarkeit der Richtlinie als Bestandteil eines unionsrechtlich begründeten *ordre public*

Die Frage der Zuordnung der Bestimmungen der RL 2014/104/EU zum *ordre public* **44** kann in unterschiedlichen Situationen relevant werden. Beispielsweise könnten deutsche Gerichte eine Kartellschadensersatzklage auf Rüge eines Beklagten unter Hinweis auf eine wirksame Schiedsvereinbarung **nach § 1032 Abs. 1 Hs. 1 ZPO als unzulässig abweisen** oder, im umgekehrten Fall, die Schiedsvereinbarung in **richtlinienkonformer Auslegung** des § 1032 Abs. 1 Hs. 2 ZPO als in Bezug auf Kartellschadensersatzverfahren unanwendbar erachten. Nachgelagert könnten sie einen Schiedsspruch entweder bestätigen oder auf Grundlage der Bestimmungen der RL 2014/104/EU seine **Vollstreckung verweigern bzw. ihn aufheben** (siehe § 1059 ZPO).

Der Anwendungsbereich des Unionskartellrechts richtet sich nach dem sog **Auswir-** **45** **kungsprinzip.** Danach beansprucht das Unionskartellrecht Geltung für weltweit alle Sachverhalte, soweit sich diese auf den zwischenstaatlichen Handel im europäischen Markt auswirken (→ § 4 Rn. 1 ff., 6 ff.). Die Anwendbarkeit des Unionskartellrechts ist folglich auch in Schiedsverfahren unabhängig von dem auf einen Sachverhalt anwendbaren gewählten Sachrecht zu bestimmen.[79] Anderenfalls bestünde mit der Wahl des Sachrechts eines Drittstaates in Schiedsverfahren eine aus unionsrechtlicher Sicht unzulässige Möglichkeit zur Umgehung der zwingenden Kartellrechtsvorschriften.[80] Das Unionskartellrecht kann daher in Schiedsverfahren anwendbar sein, an denen ausschließlich Parteien mit Sitz außerhalb der EU beteiligt sind und in denen das Sachrecht eines Nicht-EU-Staates anwendbar ist, dessen Regelungen für Kartellschadensersatzklagen von denen der RL 2014/104/EU abweichen.[81] Wird der Schiedsort zudem in einen Drittstaat verlegt, in dem zwingende Bestimmungen des Unionskartellrechts nicht zum *ordre public* gehören, dürfte ein mitgliedstaatliches Gericht eine Klage nicht auf der Grundlage der Schiedseinrede abweisen (vorausgesetzt das Verfahren betrifft zwingende kartellrechtliche Bestimmungen), ohne hierdurch gegen das unionsrechtliche Effektivitätsprinzip zu verstoßen.[82]

---

[76] EuGH Urt. v. 14.7.1994 – C-91/92 Rn. 20 – Faccini Dori.
[77] EuGH Urt. v. 10.4.1984 – C-14/83 Rn. 26 – v. Colson u. Kamann.
[78] EuGH Urt. v. 15.4.2008 – C-268/06 Rn. 100 – Impact.
[79] *Schmidt-Ahrendts/Höttler* SchiedsVZ 2011, 267 (270).
[80] So für die bewusste Abweichung vom Recht des Schiedsortes ausdrücklich auch *Elsing* Schiedsgerichtsbarkeit und Kartellrecht, 57.
[81] Vgl. zB EuG Urt. v. 25.3.1999 – T-102/96 Rn. 90 – Gencor/Kommission.
[82] Siehe *Wagner*, ZVglRWiss 2015, 494 (508).

46 Vor diesem Hintergrund stellt sich die Frage, ob ein Schiedsgericht im Anwendungsbereich des Unionskartellrechts lediglich die primärrechtlichen Vorschriften der Art. 101 und 102 AEUV anwenden muss, oder ob und wenn ja, inwieweit auch eine Anwendung der sekundärrechtlichen RL 2014/104/EU notwendig ist, um die Anerkennung und Vollstreckbarkeit eines Schiedsspruches in den Mitgliedstaaten sicherzustellen. Es sprechen gute Argumente dafür, dass Schiedsgerichte neben den materiellen Kernvorschriften der Art. 101 und 102 AEUV auch diejenigen Regelungen der sekundärrechtlichen RL 2014/104/EU beachten müssen, die insbesondere nach der Rechtsprechung des EuGH notwendig sind, um die volle Wirksamkeit des Unionskartellrechts zu gewährleisten (hierzu unter a). Es gibt ebenfalls gute Argumente dafür, dass dies nicht für die weiteren, insbesondere prozessualen Regelungen der RL 2014/104/EU gilt (hierzu unter b)).

47 a) Unmittelbar dem *ordre public* zuzurechnende Regelungen der RL 2014/104/EU. Um die Vollstreckbarkeit eines Schiedsspruchs in den Mitgliedstaaten zu gewährleisten, muss ein Schiedsgericht jedenfalls die Regelungen der RL 2014/104/EU anwenden, die notwendig sind, um die volle Wirksamkeit des Unionskartellrechts zu gewährleisten. Für einige zentrale, nun in der Richtlinie geregelte Bereiche, hat der EuGH dies in der Vergangenheit explizit festgestellt. Es ist derzeit offen, ob und wenn ja, welche weiteren Regelungen der Richtlinie für die Wirksamkeit des Unionskartellrechts die gleiche Bedeutung haben. Für Schiedsgerichte könnte es ratsam sein, jedenfalls die weiteren materiellen Regelungen der RL 2014/104/EU zum Schadensersatzanspruch selbst zu beachten.

48 Gemäß der Rechtsprechung des EuGH gründet das subjektive Recht auf Schadensersatz wegen eines Kartellverstoßes auf den Art. 101 und 102 AEUV, die auch in den Beziehungen zwischen Einzelpersonen unmittelbare Wirkungen erzeugen (→ § 24 Rn. 11). Vor diesem Hintergrund hat der EuGH in einer Reihe von Urteilen aus dem Ziel der **effektiven Durchsetzung** und **vollen Wirksamkeit** des Unionskartellrechts einige **zentrale Vorgaben für private Kartellschadensersatzklagen** abgeleitet. Gemäß der Rechtsprechung des EuGH hat jedermann ein Recht, Ersatz seiner infolge eines Kartellverstoßes erlittenen Schäden zu verlangen.[83] Dieses Recht besteht immer dann, wenn zwischen einem Kartellverstoß und einem Schaden ein ursächlicher Zusammenhang besteht (Kausalitätserfordernis).[84] Der Anspruch auf Schadensersatz umfasst wenigstens den Ersatz des Vermögensschadens und des entgangenen Gewinns sowie Zinsen.[85] Unter bestimmten Voraussetzungen können auch sog *umbrella damages* geltend gemacht werden[86] (→ § 24 Rn. 15).

49 Diese Vorgaben sind zentral in **Art. 3 Abs. 1 und 2, 12 Abs. 1 RL 2014/104/EU** umgesetzt. Insofern begründet die RL 2014/104/EU also nicht konstitutiv Rechte, sondern gibt lediglich deklaratorisch den allgemeinen unmittelbar im primärrechtlichen Unionskartellrecht verankerten und für die volle Wirksamkeit des Unionskartellrechts notwendigen Anspruch im Einklang mit der Rechtsprechung des EuGH wieder. Ein Schiedsspruch, der diese zentralen Vorgaben für einen Kartellschadensersatzanspruch missachtet, verletzt damit das dem unionsrechtlich begründeten *ordre public* zuzurechnende Unionskartellrecht der Art. 101 und 102 AEUV und gefährdet die Durchsetzbarkeit des Schiedsspruchs in den Mitgliedstaaten.

50 Es ist gegenwärtig offen, inwieweit der EuGH weitere materielle Regelungen der RL 2014/104/EU als so essentiell für die Durchsetzung des Unionskartellrechts durch private Schadensersatzklagen erachten würde, dass ihre Existenz im Lichte der Art. 101 und 102 AEUV notwendig, ihre Nichtbeachtung daher ein Verstoß gegen einen unionsrechtlich begründeten *ordre public* ist.

---

[83] EuGH Urt. v. 20.9.2001 – C-453/99 Rn. 26 – Courage u. Crehan.
[84] EuGH Urt. v. 13.7.2006 – C-295/04 bis C-298/04 Rn. 61 – Manfredi.
[85] EuGH Urt. v. 13.7.2006 – C-295/04 bis C-298/04 Rn. 95 – Manfredi.
[86] EuGH Urt. v. 5.6.2014 – C-557/12 Rn. 32 ff. – Kone.

Ein Schiedsgericht, das Schwierigkeiten bei der Vollstreckung eines Schiedsspruches aus- **51** schließen möchte, sollte aber wohl zumindest die weiteren **materiellen Vorgaben für den Schadensersatzanspruch** beachten. Auch über die zentralen Regelungen der Art. 3 Abs. 1 und 2, 12 Abs. 1 hinaus dient die RL 2014/104/EU der effektiven Durchsetzung des Rechts auf Schadensersatz und soll gewährleisten, dass jeder (Einzelpersonen wie Unternehmen) den Schaden ersetzt bekommt, den er durch Verstöße gegen die Art. 101 und 102 AEUV erlitten hat.[87] Eine Reihe von Vorschriften konkretisiert den unionskartellrechtlich zu gewährleistenden Schadensersatzanspruch unmittelbar und richtet sich nicht speziell an nationale Gerichte, auch wenn sie keine unmittelbare Stütze in der Rechtsprechung des EuGH finden. Dies sind insbesondere die Regelungen zur Verjährung (Art. 10) und zur gesamtschuldnerischen Haftung der Kartellteilnehmer (Art. 11) sowie das ausdifferenzierte Konzept zur Beweislastverteilung beim Umgang mit der „passing-on-defence" (Art. 12–14) (→ § 24 Rn. 49, 50, 53).[88]

b) Nicht dem *ordre public* zuzurechnende Regelungen der RL 2014/104/EU. Die RL **52** 2014/104/EU enthält zudem eine Reihe von Regelungen, die nicht den Schadensersatzanspruch selbst, sondern seine **prozessuale Durchsetzung vor nationalen Gerichten** betreffen. Dies sind insbesondere die Regelungen zur Offenlegung von Beweismitteln (Art. 5–8), die Bindung nationaler Gerichte an bestandskräftige Entscheidungen nationaler Wettbewerbsbehörden (Art. 9), die Pflicht nationaler Gerichte zur Berücksichtigung von Klagen Geschädigter auf verschiedenen Marktstufen (Art. 15–16) sowie prozessuale Erleichterungen bei der Ermittlung des Schadensumfangs (Art. 17) (→ § 24 Rn. 42, 43ff., 48, 54). Diese Regelungen konkretisieren nicht den primärrechtlich verankerten Anspruch selbst und sind bereits ausweislich ihres Wortlauts nur an nationale Gerichte gerichtet. Schiedsgerichte sind daher nicht verpflichtet, sie anzuwenden.

Zwar dienen auch die in der RL 2014/104/EU enthaltenen prozessualen Regelungen **53** der effektiven Durchsetzung des Unionskartellrechts.[89] Jedoch konkretisieren sie nicht die Konturen des primärrechtlich verankerten Anspruchs, sondern regeln **Modalitäten zu seiner Durchsetzung.** Diese Regelungen dürften nicht derart zentral sein, dass eine Nichtanwendung notwendigerweise die volle Wirksamkeit des Unionskartellrechts gefährden würde. Ihre Nichtbeachtung ist daher wohl nicht als Verstoß gegen den *ordre public* anzusehen. Dies wird auch dadurch bestätigt, dass die Zivilprozessordnungen fast aller Mitgliedstaaten die prozessualen Vorgaben der RL 2014/104/EU bislang nicht oder nur unvollständig umsetzen und zB keine Möglichkeit einer Offenlegung von Beweismitteln vorsehen. Auch die Bindung von Gerichten an die Entscheidung von Wettbewerbsbehörden besteht nicht flächendeckend wie von der Richtlinie gefordert. Es würde den in der Regel auf Extremfälle gemünzten *ordre public*-Vorbehalt überstrapazieren, davon auszugehen, dass gegenwärtig die Zivilprozessordnungen der Mitgliedstaaten insoweit mit dem *ordre public* unvereinbar sind.

Darüber hinaus sind die prozessualen Regelungen der RL 2014/104/EU bereits **ihrem** **54** **Wortlaut nach nur an nationale Gerichte gerichtet** (vgl. Art. 2 Nr. 9 RL 2014/104/EU). Selbst wenn die Richtlinie im Rahmen von Schiedsverfahren vollständig anwendbar wäre, würden die enthaltenen prozessualen Regelungen die Situation eines Schiedsverfahrens somit nicht betreffen.

Schließlich hätten Schiedsgerichte teilweise gar keine Kompetenz, die prozessualen Re- **55** gelungen der RL 2014/104/EU umzusetzen. Dies gilt insbesondere für die Anordnung der Offenlegung von Beweismitteln. Derartig weitreichende **prozessuale Befugnisse** gehören zu den genuin hoheitlichen Befugnissen der staatlichen Gewalt der Judikative. Schiedsgerichte verfügen mangels Eingliederung in die staatliche Gerichtsbarkeit nicht

---

[87] Siehe Erwägungsgrund 3 RL 2014/104/EU.
[88] Siehe zu diesen Bestimmungen im Einzelnen und zur Richtlinie generell *Makatsch/Mir* EuZW 2015, 7.
[89] Siehe Erwägungsgründe 4, 15ff. u. Art. 5ff. RL 2014/104/EU.

über entsprechende Befugnisse, könnten und dürften die RL 2014/104/EU insoweit also gar nicht umsetzen.[90]

II. Generelle Eignung von Schiedsgerichten zur Entscheidung von Kartellschadensersatzklagen

56 Die unvollständige Anwendbarkeit der prozessualen Regelungen der RL 2014/104/EU in Schiedsverfahren führt zu der Frage, ob Schiedsverfahren für die Verhandlung unionskartellrechtlicher Schadensersatzklagen das geeignete Forum sind. Aufgrund der Charakteristika von Schiedsverfahren sprechen gute Gründe dafür, Schiedsverfahren auch ohne direkte Verfügbarkeit dieser prozessualen Möglichkeiten als geeignetes Forum zur effektiven Entscheidung von Kartellschadensersatzklagen anzusehen.

57 Zunächst dürfte es dem **Willen der Parteien einer Schiedsvereinbarung** entsprechen, dass Schiedsgerichte auch zur Entscheidung über Kartellschadensersatzklagen berufen sein sollen. Schiedsvereinbarungen umfassen regelmäßig neben vertraglichen auch deliktische Ansprüche.[91] Allerdings ist zu beachten, dass der EuGH in seinem *CDC* Urteil im Jahr 2015 befunden hat, dass Standard-Gerichtsstandsklauseln keine Kartellschadensersatzansprüche mitumfassen.[92] Es ist sehr wahrscheinlich, dass der Gerichtshof diese Auslegung auch auf Schiedsvereinbarungen anwenden würde.[93]

58 Zudem ist zu beachten, dass die Beweisaufnahme in Schiedsverfahren typischerweise **wechselseitige Vorlageanträge der Parteien** hinsichtlich im Besitz der anderen Partei befindlicher Dokumente umfasst. So nehmen etwa die **IBA-Regeln** zur Beweisaufnahme in der internationalen Schiedsgerichtsbarkeit bezüglich der Dokumentenvorlage ähnlich eng umschriebene Kategorien von vorzulegenden Dokumenten in Bezug wie die RL 2014/104/EU.[94] Die wechselseitige Beantragung einer Dokumentenvorlage durch die Parteien ist regelmäßig Bestandteil von Schiedsverfahren und ermöglicht grundsätzlich eine weitergehende Vorlage von Dokumenten der jeweils anderen Partei als dies für Gerichtsverfahren in den meisten Zivilprozessordnungen der Mitgliedstaaten vorgesehen ist.[95] In der 9. GWB-Novelle werden gegenseitige Ansprüche auf Dokumentenvorlage in überschießender Umsetzung der RL 2014/104/EU als materiellrechtliche Ansprüche ausgestaltet.[96] Dies bedeutet, dass die Dokumentenvorlage bereits vorprozessual relevant wird. Die Erfahrung von Schiedsrechtlern in der Beratung zu Dokumentenvorlageansprüchen kann hier in der strategischen Beratung von Mandanten sehr wertvoll sein.

59 Die Möglichkeiten zur Anordnung einer Dokumentenvorlage in Schiedsverfahren liegen im **Ermessen des Schiedsgerichts,** zumindest wenn die Parteien die Dokumentenvorlage nicht einvernehmlich ausschließen.[97] Die Parteien können sich zudem auf bestimmte Regeln zur Dokumentenvorlage, wie zB die IBA-Regeln einigen. Lediglich die Dokumentenanforderung von nicht am Verfahren beteiligten Dritten oder von Wettbe-

---

[90] So generell für Vorschriften über das Erkenntnisverfahren *Elsing* Schiedsgerichtsbarkeit und Kartellrecht, 62.
[91] Siehe *Wagner,* Schiedsgerichtsbarkeit in Kartellsachen, Zeitschrift für vergleichende Rechtswissenschaft 2015, 494 (507), mwN; vgl. auch *Lachmann* Rn. 480ff., mit dem Argument, dass der potentielle Kläger nicht durch Wahl einer deliktischen Anspruchsgrundlage die Vereinbarung umgehen können soll.
[92] Siehe EuGH Urt. v. 21.5.2015 – C-352/13, ECLI:EU:C:2015:335 Rn. 69 – CDC
[93] Siehe *Harler/Weinzierl,* EWS 2015, 121 (122); siehe auch *Steinle/Wilske/Eckardt,* SchiedsVZ 2015, 165 (169), welche die Entscheidung des EuGH trotz fehlender Auseinandersetzung mit Schiedsklauseln als Türöffner für zukünftige Schiedsverfahren als Forum für Kartellschadensersatzansprüche ansehen, weil der EuGH eben nicht postuliert habe, dass eine Schiedsvereinbarung für solche Ansprüche nicht wirksam nachträglich vereinbart werden könne.
[94] Siehe IBA-Regeln zur Beweisaufnahme in der internationalen Schiedsgerichtsbarkeit, Art. 3; siehe auch Erwägungsgrund 16 RL 2014/104/EU.
[95] Zu den Details siehe *Lachmann* Rn. 1568ff.
[96] Siehe RegE-GWB Art. 33g, Abs. 1 u. 7.
[97] Siehe *Born,* International Commercial Arbitration (Second Edition, 2014), S. 2322; siehe beispielsweise auch die entsprechende Befugnis für das Schiedsgericht in Art. 27 Abs. 1 der DIS Schiedsgerichtsordnung.

werbsbehörden kann unter Umständen eine Unterstützung durch die staatlichen Gerichte bei der Beweisaufnahme (siehe § 1050 ZPO) erforderlich machen.

Diese möglichen prozessualen Einschränkungen wiegen im Ergebnis nicht so schwer wie die tatsächlichen Verfahrensvorteile von Schiedsverfahren. Ein eindeutiger Vorteil der Schiedsgerichtsbarkeit liegt zB in der **kürzeren Verfahrensdauer**. Aufgrund ihres strukturellen Zeitvorteils gegenüber Gerichtsverfahren (→ Rn. 18) können Schiedsverfahren entscheidend dazu beitragen, private kartellrechtliche Schadensersatzklagen effizienter abzuschließen. 60

Dieses Ergebnis wird auch durch die RL 2014/104/EU bestätigt. Diese möchte die schiedsgerichtliche Streitbeilegung in Bezug auf Kartellschadensersatzansprüche fördern (Erwägungsgründe 5, 48 RL 2014/104/EU; →Rn. 63 ff.). Diesem **gesetzgeberischen Willen** würde es nicht gerecht, würden Schiedsverfahren *per se* als ungeeignetes Forum betrachtet. Es erscheint vielmehr geboten, im Einzelfall über Lösungen nachzudenken, die Aufklärungsmöglichkeiten in Schiedsverfahren zu verbessern, sollten sie sich im konkreten Verfahren als unzureichend herausstellen. Eine Möglichkeit nach deutschem Recht könnte hier zB **§ 1050 ZPO** bieten, mittels dem Schiedsgerichte bei den staatlichen Gerichten eine Unterstützung bei der Beweisaufnahme beantragen können. 61

III. Stärkung von Schiedsverfahren als Mechanismen der „einvernehmlichen Streitbeilegung"

Die RL 2014/104/EU könnte die Bedeutung von Schiedsverfahren im Bereich der Kartellschadensersatzverfahren erheblich vergrößern. Eine Vielzahl komplexer kartellrechtlicher Streitigkeiten bringt nationale Gerichte schnell an die Grenzen ihrer Leistungsfähigkeit. Mit ihrem flexibleren verfahrensrechtlichen Instrumentarium und ihrer Ausrichtung auf komplexe handelsrechtliche Streitigkeiten sind Schiedsverfahren prädestiniert, Abhilfe zu schaffen. 62

Die RL 2014/104 EU ordnet Schiedsverfahren dem Bereich der einvernehmlichen Streitbeilegung zu, der durch die RL 2014/104/EU eine deutliche Aufwertung erfahren könnte. Eine Eignung von Schiedsverfahren als Forum für multilaterale Verfahren zwischen mehreren Verletzern und/oder Geschädigten ist jedoch noch nicht erwiesen. 63

Die RL 2014/104/EU sieht insbesondere in ihrem Kapitel VI verschiedene Regelungen vor, mit denen die Wirksamkeit von außergerichtlichen Einigungen in komplexen Kartellstreitigkeiten erhöht werden soll, zB eine Verjährungshemmung für die Dauer der Streitbeilegung (Art. 18 Abs. 1), die Möglichkeit der Aussetzung des gerichtlichen Verfahrens bis zu zwei Jahren (Art. 18 Abs. 2) sowie verbindliche Wirkungen eines Vergleichs auf die gesamtschuldnerische Haftung und den Gesamtschuldnerinnenausgleich nach dem **Konzept der sog beschränkten Gesamtwirkung** (Art. 11) (→ § 24 Rn. 56). Die RL 2014/104/EU stellt dabei klar, dass die Aussetzungsbefugnis „unbeschadet der nationalen Rechtsvorschriften zu Schiedsverfahren" gilt.[98] In Bezug auf das deutsche Recht bedeutet das, dass deutsche Gerichte weiterhin Klagen auf Rüge als unzulässig abweisen müssen, wenn die Angelegenheit Gegenstand einer Schiedsvereinbarung ist (→ Rn. 5). Verfahren der einvernehmlichen Streitbeilegung, die bislang aufgrund ihrer zum Teil unklaren Wirkungen auf gerichtliche Verfahren sowie die gesamtschuldnerische Haftung bzw. den Gesamtschuldnerinnenausgleich der Kartellteilnehmer mit erheblichen praktischen Schwierigkeiten verbunden waren, könnten auf diese Weise potentiell stark vereinfacht und damit in ihrer Bedeutung aufgewertet werden. 64

Von diesen Maßnahmen dürften auch (streitige) Schiedsverfahren profitieren. Zwar sprechen Art. 18 und 19 RL 2014/104/EU nur von der „einvernehmlichen Streitbeilegung" bzw. dem „Vergleich". Dieser Wortlaut scheint auf streitig geführte Schiedsverfahren bzw. den Schiedsspruch als Ergebnis dieser Verfahren nicht wirklich zu passen. Die 65

---

[98] RL 2014/104/EU, Art. 18 Abs. 2.

folgenden Gründe sprechen jedoch dafür, dass Kapitel VI der RL 2014/104/EU **auch streitige Schiedsverfahren und Schiedssprüche erfasst:**

66 – Zunächst erfasst der Begriff **„einvernehmliche Streitbeilegung"** nach Art. 2 Nr. 21 RL 2014/104/EU allgemein Mechanismen, die es den Parteien ermöglichen, „eine Streitigkeit über Schadensersatz außergerichtlich beizulegen". Genau dies leisten Schiedsverfahren, in dem sie die Auseinandersetzung zwischen zwei Parteien außergerichtlich einer endgültigen Lösung zuführen. Darüber hinaus beruht die Verbindlichkeit eines Schiedsspruchs ganz entscheidend auf dem „Einvernehmen" der Parteien, die durch Vereinbarung einer Schiedsklausel bewusst eine Alternative zur staatlichen Gerichtsbarkeit gewählt haben, auch wenn das Ergebnis dieses Schiedsspruchs für sie nachteilig ausfallen kann. Schließlich scheint auch der europäische Gesetzgeber (streitige) Schiedsverfahren als Mechanismus der einvernehmlichen Streitbeilegung anzusehen. In Erwägungsgrund 48 der RL 2014/104/EU sind neben Vergleichen und den Verfahren der Mediation und der Schlichtung als echte konsensuale Mechanismen auch typischerweise streitige Schiedsverfahren ausdrücklich als Beispiel für einvernehmliche Streitbeilegungsverfahren genannt.

67 – Der Begriff des **„Vergleichs"** erfasst nach Art. 2 Nr. 22 RL 2014/104/EU die als Ergebnis einer einvernehmlichen Streitbeilegung erzielte Einigung. Hierzu dürften auch Schiedssprüche zählen. Zwar sind Schiedssprüche nicht das Ergebnis einer „Einigung", sondern eine Streitentscheidung, mit der typischerweise nicht beide Parteien einverstanden sind. Jedoch ist die Verbindlichkeit des Schiedsspruchs zumindest das mittelbare Ergebnis der Einigung der Parteien, sich dem Schiedsspruch zu unterwerfen. Darüber hinaus deutet nichts darauf hin, dass die RL 2014/104/EU zwischen den Anwendungsbereichen ihrer Art. 18 zu den Wirkungen von einvernehmlichen Streitbeilegungsverfahren und Art. 19 zu den Wirkungen von Vergleichen eine grundlegende Unterscheidung treffen wollte. Es spricht daher viel dafür, dass der Begriff der Einigung in Bezug auf Vergleiche iSd Art. 19 RL 2014/104/EU untechnisch verwendet wurde und allgemein das Ergebnis einer einvernehmlichen Streitbeilegung beschreibt. Hiervon dürften auch Schiedssprüche erfasst sein.

68 Die RL 2014/104/EU fasst insbesondere auch die Möglichkeit ins Auge, in multilateralen Verfahren „so viele Geschädigte und Rechtsverletzer" wie möglich zu erfassen.[99] Ob dies derzeit im Rahmen von Schiedsverfahren gelingen kann, ist jedoch fraglich. Eine bereits bestehende Schiedsvereinbarung bindet nur die Vertragspartner selbst und bietet daher keine Grundlage, weitere Parteien in ein Schiedsverfahren einzubeziehen. Dies müsste daher auf Grundlage von nachträglich getroffenen Schiedsabreden erfolgen. Es ist nur schwer vorstellbar, dass insbesondere die Beklagten eines Kartellschadensersatzanspruchs zum Abschluss einer solchen Abrede bereit wären. Sie würden damit unter anderem auf die Möglichkeit verzichten, im Rahmen von zivilgerichtlichen Verfahren bereits die Zulässigkeit einer Klage zu attackieren.[100] Hier müssen neue Ansätze und Schiedsregeln entwickelt werden, die allen Beteiligten im Streitfall ausgewogene Rechtsschutzmöglichkeiten bieten, und zudem auch eine effektive Durchführung multilateraler Schiedsverfahren ermöglichen.

---

[99] Erwägungsgrund 48 RL 2014/104/EU.
[100] Siehe auch *Wagner*, Schiedsgerichtsbarkeit in Kartellsachen, Zeitschrift für vergleichende Rechtswissenschaft 2015, 494 (515), der eine asymmetrische *ordre public*-Kontrolle zu Lasten potentieller Beklagte von Kartellschadensersatzklagen befürchtet. Diese sei darin begründet, dass einem Kläger bei Abweisung seiner Schadensersatzklage eine *ordre public* Kontrolle des Schiedsspruches möglich sei, die einem potentiellen Beklagten bei Verurteilung zu Schadensersatz wegen Kartellverstoßes verwehrt bliebe.

4. Teil Unternehmenspraxis

§ 39 Kartellrechtliche Compliance

Übersicht

	Rn.
A. Kartellrechtliche Compliance-Strukturen und Programme	1
I. Einleitung	1
II. Rechtliche und praktische Anforderungen	6
1. Gesetzliche Vorgaben	6
2. Leitlinien und Standards	10
3. Kartellrecht als Compliance-Materie	12
III. Elemente eines Compliance Management Systems im Kartellrecht	18
1. Compliance-Kultur	21
2. Reichweite und Organisation	25
3. Risikoanalyse	31
4. Regelwerk	40
a) Formate	41
b) Inhalte	42
c) Darstellung	45
d) Richtlinienmanagement	47
5. Schulungen	51
a) Formate und Inhalte	52
b) Gestaltung von Schulungen	56
c) Schulungsmanagement	63
6. Kartellrechtliche Beratung	65
7. Risikospezifische Prozesse	69
a) Marktbeherrschung	70
b) Unternehmenstransaktionen	72
c) Behördliche Durchsuchungen	77
8. Hinweismanagement	79
9. Berichterstattung	81
10. Überwachung	83
11. Kontinuierliche Verbesserung	86
B. Berücksichtigung von Compliance-Programmen bei der Sanktionierung von Kartellrechtsverstößen	88
I. Haftung des Unternehmens für einen Kartellverstoß	90
1. Haftung des Unternehmens nach deutschem Recht	91
2. Haftung des Unternehmens nach EU-Recht	96
3. Konzernweite Compliance-Programme – Risikofaktor oder Enthaftungsmöglichkeit für Konzernobergesellschaften?	98
a) Nationale Sachverhalte	99
b) Europäische Sachverhalte	100
II. Bemessung des Bußgeldes	108
1. Bemessung von Bußgeldern nach deutschem Recht	109
2. Bemessung von Bußgeldern nach europäischem Recht	113
III. Wettbewerbspolitische Diskussion	118
1. Keine Berücksichtigung der Präventionswirkung	119
2. Kronzeugenprogramme als Allheilmittel?	126

Schrifttum:

Armbrüster, Kartellrechtsschulungen – Pflichten und Chancen für Unternehmen, CB 2013, 28; *Autorité de la Concurrence*, Document-cadre sur les programmes de conformité aux règles de concurrence, 2012; *Bergmoser*, Integration von Compliance-Management-Systemen, BB-Beil. Special 4 Heft 50/2010, 27; *Baron/Trebing*,

Umgang mit Kartellrechtsrisiken in M&A-Transaktionen – aktuelle Fragestellungen und Entwicklungen, BB 2016, 131; *Besen/Gronemeyer*, Informationsaustausch im Rahmen von Unternehmenskäufen – Kartellrechtliche Entwicklungen und Best Practice, CCZ 2013, 137; *Bicker*, Compliance – organisatorische Umsetzung im Konzern, AG 2012, 542; *Bosch/Colbus/Harbusch*, Berücksichtigung von Compliance Programmen in Kartellbußgeldverfahren, WuW 2009, 740; *Böttcher*, Compliance: Der IDW PS 980 – Keine Lösung für alle (Haftungs-) Fälle!, NZG 2011, 1054; *Bürger*, Die Haftung der Konzernmutter für Kartellrechtsverstöße ihrer Tochter nach deutschem Recht, WuW 2011, 130; *von Busekist/Schlitt*, Der IDW PS 980 und die allgemeinen rechtlichen Mindestanforderungen an ein wirksames Compliance Management System (2) – Risikoermittlungspflicht, CCZ 2012, 86; *Dann*, Durchsuchung und Beschlagnahme in der Anwaltskanzlei, NJW 2015, 2609; *Dittrich*, Kartellrecht: Spezialgebiet der Compliance-Arbeit, CCZ 2015, 209; *Dreher*, Kartellrechtscompliance, ZWeR 2004, 75; *Dück/Eufinger*, Dezentrale Antitrust-Compliance und europäische Entscheidungspraxis zur kartellrechtlichen Haftungszurechnung im Konzern, CCZ 2012, 131; *Ebersoll/Stork*, Smart Risk Assessment: Mehr Effizienz durch Screening, CCZ 2013, 129; *Europäische Kommission*, Wettbewerbsrechtliche Compliance, 2012; *Fleischer*, Kartellrechtsverstöße und Vorstandsrecht, BB 2008, 1070; *Gehring/Kasten/Mäger*, Unternehmensrisiko Compliance? – Fehlanreize für Kartellprävention durch EU-wettbewerbsrechtliche Haftungsprinzipien für Konzerngesellschaften, CCZ 2013, 1; *Geradin*, Antitrust Compliance Programmes & Optimal Antitrust Enforcement, Journal of Antitrust Enforcement 2013, 325; *Gößwein/Hohmann*, Modelle der Compliance-Organisation in Unternehmen – Wider den Chief Compliance Officer als „Überoberverantwortungsnehmer", BB 2011, 963; *Hauschka/Moosmayer/Lösler*, Corporate Compliance, 3. Aufl. 2016; *Inderst/Bannenberg/Poppe*, Compliance Aufbau – Management – Risikobereiche, 2. Aufl. 2013; *International Chamber of Commerce*, The ICC Antitrust Compliance Toolkit, 2013; *Hahn/Neumann*, Organhaftung trotz sachverständiger Beratung, CCZ 2013, 156; *Kapp/Gärtner*, Die Haftung von Vorstand und Aufsichtsrat bei Verstößen gegen das Kartellrecht, CCZ 2009, 168; *Knierim/Rübenstahl/Tsambikakis*, Internal Investigations, 2013; *Kokott/Dittert*, Die Verantwortlichkeit von Muttergesellschaften für Kartellvergehen ihrer Tochtergesellschaften im Lichte der Rechtsprechung der Unionsgerichte, WuW 2012, 670; *Krieger/Schneider*, Handbuch Managerhaftung, 2. Aufl. 2010; *Krauß*, Die aktuelle Rechtsprechung zum Anwalts- und Verteidigungsprivileg im deutschen Kartellbußgeldverfahren, WuW 2013, 24; *Liese*, Compliance in Due Diligence-Fragelisten, 5/2012, Paper No. 67; *Linsmeier/Dittrich*, Compliance-Defence im Kartellrecht, NZKart 2014, 485; *Mäger*, Europäisches Kartellrecht, 2. Aufl. 2011; *Meyer/Fredrich*, Rechtsgrundlagen einer Pflicht zur Einrichtung einer Compliance-Organisation, Working Papers of the Institute of Management Berlin at the Berlin School of Economics and Law (HWR); *Moosmayer*, Compliance, Praxisleitfaden für Unternehmen, 2. Aufl. 2015 (zit.: Praxisleitfaden); *Moosmayer*, Compliance-Risikoanalyse, 2015; *Moosmayer/Hartwig*, Interne Untersuchungen, 2012; *Mössner/Reus*, Richtlinienmanagement als wichtige Aufgabe der Compliance, CCZ 2013, 54; *Nothelfer/Bacher*, Herausforderungen fuer das Compliance-Management in Start-up-Unternehmen, CCZ 2016, 64; *OECD*, Policy Roundtable – Promoting Compliance with Competition Law, DAF/COMP(2011)20/2012; *Office of Fair Trading*, How your business can achieve compliance with competition law, 2011; *Pampel*, Die Bedeutung von Compliance Programmen im Kartellordnungswidrigkeitenrecht, BB 2007, 1636; *Petry*, Kartellrechtliches Risikomanagement im System der Legalausnahme, 2008 (zit.: Risikomanagement); *Raum*, Strafrechtliche Pflichten von Compliance-Beauftragten, CCZ 2012, 197; *Riley/Bloom*, Antitrust Compliance Programmes – can companies and antitrust agencies do more?, Company Lawyer 2011, 21; *Schemmel/Minkhoff*, Die Bedeutung des Wirtschaftsstrafrechts für Compliance Management Systeme und Prüfungen nach dem IDW PS 980, CCZ 2012, 49; *Schneider*, Konzern-Compliance als Aufgabe der Konzernleitung, ZIP 2007, 2061; *Schreiter*, Die kartellordnungswidrigkeitenrechtliche Haftung nach § 130 OWiG – ein Risiko fuer Konzernobergesellschaften?, NZKart 2016, 253; *Schultze*, Compliance-Handbuch Kartellrecht, 2014; *Stein/Friton/Huttenlauch*, Kartellrechtsverstöße als Ausschlussgründe im Vergabeverfahren, WuW 2012, 38; *Storck*, Step-by-step: Die Einführung von Richtlinien im Unternehmen, CB 2013, 89; *Umnuß*, Corporate Compliance Checklisten, 2. Aufl. 2012; *Synnott*, The public competition enforcememt review, 2015; *van Vormizeele*, Kartellrechtliche Compliance Programme im Rahmen der Bußgeldbemessung de lege lata und de lege ferenda, CCZ 2009, 41; *Wecker/Ohl*, Compliance in der Unternehmenspraxis, 3. Aufl. 2013; *Wils*, Antitrust compliance programmes and optimal antitrust enforcement, Journal of Antitrust Enforcement 2013, 52.

A. Kartellrechtliche Compliance-Strukturen und Programme

I. Einleitung

1 Studien zeigen, dass das Kartellrecht mittlerweile zum Standardrepertoire von Compliance Programmen sehr vieler Unternehmen gehört.[1] Die Gründe dafür sind vielschichtig.

---

[1] *KPMG*, Compliance Benchmarkstudie 2013, Analyse des aktuellen Stands der Ausgestaltung von Compliance Management-Systemen in deutschen Unternehmen, 20; *A.T. Kearney* Compliance in Industrieunternehmen – Eine sehr persönliche Angelegenheit, 3; *Alvarez & Marsal* Compliance Studie zur Strategie & Organisation, 20.

Der Hauptgrund für Unternehmen, das Kartellrecht in ihre Compliance Programme einzubeziehen, sind die mit Kartellverstößen verbundenen hohen **finanziellen Risiken.** Die **Bußgelder,** die die Kartellbehörden weltweit verhängen, belaufen sich in der Regel auf mehrstellige Millionenbeträge und können zum Teil existenzbedrohend sein[2] (→ § 13 Rn. 65 ff. und → § 18 Rn. 87). Während Ende des 20. Jahrhunderts im Wesentlichen nur die US-amerikanischen Kartellbehörden, die Europäische Kommission sowie einzelne nationale Kartellbehörden Kartellverstöße verfolgt und geahndet haben, werden heute immer mehr Kartellbehörden weltweit aktiv, zunehmend auch in den Schwellenländern.[3] Dabei gibt es kaum eine Branche, die nicht schon Gegenstand von kartellrechtlichen Untersuchungen gewesen ist. Besonders anfällig für Kartellabsprachen sind Branchen mit homogenen Produkten sowie oligopolistischen Strukturen.[4] Sie stehen daher in besonderem Fokus von Kartellbehörden. Allerdings bleiben auch die Hightech-Branchen und die Dienstleistungssektoren nicht von Kartelluntersuchungen verschont.[5] Die finanziellen Risiken für Unternehmen ergeben sich jedoch nicht nur aus den Bußgeldern der weltweit agierenden Kartellbehörden, sondern auch aus möglichen **zivilrechtlichen Schadensersatzansprüchen Dritter,** die durch diese Kartellverstöße geschädigt worden sind (→ §§ 23 ff.). Die rechtliche Geltendmachung und Durchsetzbarkeit von Schadensersatzklagen ist in den letzten Jahren weltweit in vielen Jurisdiktionen deutlich erleichtert worden, so dass Kartellanten neben dem Bußgeld auch verstärkt zivilrechtlichen Schadensersatzklagen – zum Teil auch in Form von Sammelklagen[6] – ausgesetzt sind.[7] Beispiele für diese Erleichterungen sind gesamtschuldnerische Haftung der Kartellanten, die Erweiterung der Klagebefugnis auf indirekte Abnehmer sowie rechtsfähige Verbände, Beweiserleichterungen, einfacherer Zugang zu Beweismitteln (zB Einräumung eines Herausgabeanspruchs gegenüber dem Schädiger), Bindungswirkung der Entscheidungen der nationalen Kartellbehörden, Verjährungshemmung, etc (vgl. § 23).[8]

2

Aus Kartellverstößen ergeben sich außerdem erhebliche **Reputationsrisiken,** die mittelbar auch finanzielle Risiken nach sich ziehen können. Kartellverstöße werden mittlerweile in der Öffentlichkeit nicht mehr nur als Kavaliersdelikte wahrgenommen, sondern als kriminelle Akte. Medien berichten ausführlich über Kartellfälle. Nicht nur die Verhängung einer kartellrechtlichen Geldbuße ist Gegenstand von Medienberichten, sondern auch der alleinige Verdacht auf einen möglichen Kartellverstoß, insbesondere wenn er sich aus einer Durchsuchung eines oder mehrerer Unternehmen durch Kartellbehörden ergibt. Bei börsengelisteten Unternehmen können derartige Meldungen unmittelbare Auswirkungen auf den Aktienkurs haben. Ein rechtskräftiger Bußgeldbescheid in Kartellverfahren kann einen negativen **Eintrag im Gewerbezentralregister** zur Folge haben.[9] Außerdem führen Kartellverstöße zu kritischen Nachfragen von Investoren und Geschäftspartnern. Investoren stellen sich die Frage, ob ein Investment in das betroffene Unternehmen noch nachhaltig ist. Spezielle Nachhaltigkeitsindizes berücksichtigen bei der Bewertung von Unternehmen

3

---

[2] Europäische Kommission, http://ec.europa.eu/competition/cartels/statistics/statistics.pdf (zuletzt abgerufen am 5.1.2016); *BKartA,* Tätigkeitsbericht 2013/2014, BT-Drs. 18/5210, 46; International Competition Network Setting of Fines for Cartels in ICN Jurisdictions, 2008, 35 ff.
[3] So verfügen beispielsweise alle BRIC Länder mittlerweile über Kartellgesetze und Kartellbehörden, die verstärkt Bußgelder gegen Kartellanten verhängen; *Synnott,* 62 ff., 73 ff., 240 ff.
[4] ZB Kartellverfahren in den Bereichen Vitamine, Zement, Kaffee, Bier, Glas, Gase, Paraffinwachs, Industriechemikalien, Kautschuk.
[5] ZB Kartellverfahren im Banken- und Versicherungssektor sowie in den Bereichen Flachbildschirme, DRAM, gasisolierte Schaltanlagen, Luftfracht, Aufzüge und Rolltreppen.
[6] Kom., Empf. 2013/396/EU 11.6.2013 – ABl. 2013 L 201, 60 – gemeinsame Grundsätze für kollektive Unterlassungs- und Schadensersatzverfahren in den Mitgliedstaaten bei Verletzung von durch Unionsrecht garantierten Rechten.
[7] Beitragsreihe zur privaten Durchsetzung des Kartellrechts in ausgewählten EU Mitgliedstaaten in EuZW 2012, 573 ff. (Deutschland), 617 ff. (England & Wales), 650 ff. (Österreich), 691 ff. (Belgien), 730 ff. (Italien), 770 ff. (Niederlanden), 817 ff. (Polen), 897 ff. (Frankreich).
[8] Im deutschen Kartellrecht sind einige dieser Erleichterungen in § 33 GWB wiederzufinden.
[9] § 149 GewO.

kartellrechtliche Aspekte, in negativer Hinsicht insbesondere verhängte Geldbußen aber auch laufende Kartelluntersuchungen.[10] Seitens öffentlicher Auftraggeber drohen aufgrund der Kartellverstöße **Vergabesperren**,[11] aber auch private Kunden beurteilen Kartellverstöße kritisch (→ § 43 Rn. 42 ff.). Unternehmen können nur dann das Vertrauen der Kunden wiedergewinnen, wenn sie darlegen können, dass sie aus einem Fehlverhalten ihre Lehren gezogen haben. Dies erfordert eine „**Selbstreinigung**" in Form von personellen und organisatorischen Maßnahmen, wie insbesondere der Einführung eines effektiven Compliance Programms.[12] Vermehrt verlangen institutionelle Kunden von ihren Lieferanten, dass sie sich Verhaltenskodizes verpflichten, die auch kartellrechtliche Aspekte beinhalten. Bei Verdacht auf Nichteinhaltung dieser Kodizes können Sonderprüfungen sowie Aufkündigung der Geschäftsbeziehung durch den Kunden drohen.[13]

4   Ein weiterer Grund für die Berücksichtigung des Kartellrechts in Compliance Programmen ist die mit Kartellverstößen verbundene mögliche **Haftung der Organe** (→ § 42 Rn. 35 ff.). Aufgrund gesellschaftsrechtlicher Vorgaben, sind die Gesellschaftsorgane, in erster Linie der Vorstand bzw. die Geschäftsführungen, dazu verpflichtet, Vorkehrungen zu treffen, um Gesetzesverstöße zu verhindern. Dies gilt nicht nur für Verstöße gegen Strafgesetze, sondern auch für Ordnungswidrigkeiten, also auch für Kartellverstöße im Sinne des § 81 Abs. 1–3 GWB. Dies gilt umso mehr vor dem Hintergrund der beschriebenen hohen finanziellen Risiken, die sich aus Kartellverstößen ergeben. Wenn es zu Kartellverstößen kommt, stellt sich regelmäßig die Frage, ob der Vorstand bzw. die Geschäftsführung seinen/ihren Pflichten ausreichend nachgekommen ist, für präventive Maßnahmen zu sorgen, um solche Verstöße zu verhindern, und im Fall von aufkommenden Verstößen, diese unverzüglich abzustellen und angemessen zu sanktionieren. Ist der Vorstand oder die Geschäftsführung diesen Pflichten nicht ausreichend nachgekommen, kann dies von staatlichen Behörden im Rahmen von **Ordnungswidrigkeiten- oder Strafverfahren** verfolgt und mit empfindlichen Sanktionen (Haft-, Bewährungs- oder Geldstrafen bzw. Geldbußen) belegt werden.[14] Darüber hinaus sind Vorstand oder Geschäftsführung gegenüber dem Unternehmen sowie Dritten ggf. auch **Schadensersatzansprüchen** ausgesetzt.[15] Zwar können sich Vorstand oder Geschäftsführung gegen solche Ansprüche durch eine Directors and Officers (D&O) Versicherung absichern (→ § 42 Rn. 47 ff.), allerdings gelten diese Versicherungen nicht für vorsätzliches und grob fahrlässiges Handeln und schließen Bußgelder regelmäßig vom Versicherungsschutz aus. Ferner sehen diese Versicherungen meist auch einen nicht zu vernachlässigenden Selbstbehalt vor.

5   Schließlich ist die verstärkte Berücksichtigung von Kartellrecht im Rahmen von Compliance Programmen darauf zurückzuführen, dass einzelne Kartellbehörden sowie diverse Interessensvertretungen **Leitlinien zu kartellrechtlichen Compliance-Programmen** herausgegeben haben.[16] Die Leitlinien der Kartellbehörden haben grundsätzlich kei-

---

[10] Bekanntester Nachhaltigkeitsindex ist der Dow Jones Sustainability Index (DJSI), der in seinem Fragebogen an die Unternehmen einen Abschnitt der „Antitrust Compliance" widmet.
[11] *Stein/Friton/Huttenlauch* WuW 2012, 38 ff.
[12] Zur Selbstreinigung siehe insb. OLG Brandenburg Beschl. v. 14.12.2007 – Verg W 21/07, NZBau 2008, 277 (279 f.); *Stein/Friton/Huttenlauch* WuW 2012, 38, (47 ff.).
[13] Bundesverband der Materialwirtschaft, Standard BME C 1200, Anforderungen an einen Compliance/CSR-Prozess im Lieferantenmanagement: Compliance-Risiko: Kartellrechtsverstöße Rn. 4.
[14] Das europäische Kartellrecht sieht keine Sanktionierung von natürlichen Personen vor. Eine Sanktionierung ist aber nach deutschem Ordnungswidrigkeitenrecht gemäß § 9 OWiG (bei unmittelbar handelnden natürlichen Personen) bzw. § 130 OWiG (bei Verletzung einer Aufsichtspflicht) und nach deutschem Strafrecht gemäß § 298 StGB (Submissionsbetrug) denkbar.
[15] Anspruchsgrundlagen sind bei Vorständen von Aktiengesellschaften § 93 Abs. 2 S. 1 AktG, bei Geschäftsführern von Gesellschaften mit beschränkter Haftung § 43 Abs. 2 GmbHG sowie bei Aufsichtsräten §§ 116 iVm 93 Abs. 2 AktG bzw. 52 Abs. 1 GmbHG. Zu der Haftung von Organen bei Kartellverstößen siehe *Fleischer* BB 2008, 1070 ff.; *Kapp/Gärtner* CCZ 2009, 168 ff.
[16] ZB Europäische Kommission, Wettbewerbsrechtliche Compliance; US Sentencing Commission, US Sentencing Guideline 2015 § 8 B.2; Office of Fair Trading, How your business can achieve compliance with competition law; Autorité de la Concurrence, Document-cadre sur les programmes de conformité aux règles de concurrence; International Chamber of Commerce, The ICC Antitrust Compliance Toolkit;

nen rechtsverbindlichen Charakter, so dass keine Rechtspflicht seitens der Unternehmen besteht, diese Leitlinien umzusetzen. In einigen Jurisdiktionen berücksichtigen jedoch die Kartellbehörden die Einführung von Compliance Programmen nach diesen Leitlinien bei der Bemessung der Geldbußen (→ Rn. 88 ff.).[17] Selbst wenn die zuständige Kartellbehörde die Einführung von Compliance Programmen bei der Bemessung der Geldbuße nicht berücksichtigt, so kann die Befolgung der Leitlinie bei der Frage der beschriebenen Organhaftung im Zusammenhang mit Aufsichtspflichtverletzungen relevant werden (→ Rn. 93). Daher ist es Unternehmen zu empfehlen, sich bei der Konzeption und Implementierung ihrer kartellrechtlichen Compliance Programme auch an diesen Leitlinien zu orientieren.

II. Rechtliche und praktische Anforderungen

1. Gesetzliche Vorgaben

Es gibt in Deutschland keine detaillierten branchenunabhängigen[18] **gesetzlichen Vorgaben** dazu, wie ein Unternehmen rechtskonformes Verhalten generell oder speziell im Kartellrecht sicherzustellen hat. Aus der unternehmerischen Aufsichtspflicht gemäß **§ 130 OWiG** folgen allgemeine – und von der Rechtsprechung in Ansätzen konkretisierte[19] (→ Rn. 9) – Vorgaben für Compliance. Diese betreffen gleichermaßen die Haftung des Unternehmens (§§ 30, 130, 9 OWiG) wie der Aufsichtspflichtigen im Unternehmen (§§ 130, 9 OWiG). Im **Aktienrecht** stellen §§ 93 Abs. 1 iVm § 76 Abs. 1 AktG[20] klar, dass der Vorstand die das Unternehmen betreffenden Rechtsvorschriften einhalten (**Legalitätspflicht**)[21] und diejenigen Aufsichtsmaßnahmen durchführen muss, die erforderlich sind, um (Kartell-)Rechtsverstöße zu verhindern (**Legalitätskontrollpflicht**).[22] Ziffer 4.1.3 des Deutschen Corporate Governance Kodex **(DCGK),** nach der der Vorstand eines börsennotierten Unternehmens für die Einhaltung der gesetzlichen Bestimmungen und der unternehmensinternen Richtlinien zu sorgen und auf deren Beachtung durch die Konzernunternehmen hinzuwirken hat, gibt damit nur die Gesetzeslage wieder.[23] Die Verantwortung des Geschäftsführers einer **GmbH** nach § 43 GmbHG entspricht der Verantwortlichkeit eines Vorstandsmitglieds einer Aktiengesellschaft,[24] so dass insoweit von § 93 Abs. 1 AktG entsprechenden (Compliance-)Anforderungen ausgegangen werden kann.

2013 hat das LG München I im Fall *Siemens/Neubürger* sehr deutlich die Einrichtung einer „auf Schadensprävention und Risikokontrolle angelegte[n] **Compliance-Organisation**" durch den Vorstand[25] einer AG verlangt.[26] Nach der Gegenmeinung würde eine Ver-

---

Business Europe, Business Compliance with Competition Rules. Das BKartA hat bislang noch keine entsprechende Leitlinie herausgegeben.
[17] US Sentencing Commission, US Sentencing Guideline 2015 § 8 C.2.5 (f); Office of Fair Trading, Guidance as to the appropriate amount of penalty, 2012 (OFT 423), 12 Rn. 26.; Autorité de la Concurrence, Document-cadre sur les programmes de conformité aux règles de concurrence, 8 Rn. 23 ff.
[18] Im Finanz- und Versicherungssektor gibt es konkrete spezialgesetzliche Vorgaben für bestimmte Compliance-Maßnahmen.
[19] Ein umfassender Überblick zur Rechtsprechung zu § 130 OWiG findet sich bei FK/*Seeliger/Mross,* Allg. Teil E, Rn. 141 ff.
[20] § 91 Abs. 2 AktG wird in diesem Zusammenhang auch häufig genannt. Die Vorschrift zielt jedoch nur auf die Abwehr bestandsgefährdender Entwicklungen und damit nur auf einen Bruchteil der Kontroll- und Überwachungsverantwortung des Vorstands im Hinblick auf Gesetzeskonformität; vgl. auch FK/*Seeliger/Mross,* Allg. Teil E, Rn. 14.
[21] Vgl. *Bicker* AG 2012, 542 (543). Dort auch zu dem (von der ganz hL) abgelehnten Ansatz, das unternehmerische Ermessen der Vorstandsmitglieder gem. § 93 Abs. 1 S. 2 AktG erstrecke sich auf „nützliche", finanziell im Saldo möglicherweise vorteilhafte Gesetzesverstöße.
[22] Vgl. *Bicker* AG 2012, 542 (543); *Schneider/Schneider* ZIP 2007, 2061 (2061 f.).
[23] Vgl. *Schneider/Schneider* ZIP 2007, 2061 (2062).
[24] Vgl. *Scholz/Schneider* § 43 Rn. 1.
[25] Diese Verpflichtung trifft auch die einzelnen Vorstandsmitglieder, s. LG München I Urt. v. 10.12.2013 – 5 HK O 1387/10, NZG 2014, 345; zur Compliance-Verantwortung als Leitungsaufgabe des Gesamtvorstands vgl. auch *Bicker* AG 2012, 542 (544).

§ 39   4. Teil Unternehmenspraxis

pflichtung, eine Compliance-Organisation einzurichten, das Ermessen des Vorstands bei der Erfüllung seiner Legalitäts(kontroll)pflicht zu sehr einschränken.[27] Jedenfalls führt in der Praxis wohl kein Weg daran vorbei, ein – sinnvoll in der Unternehmensorganisation verankertes – **Compliance-System** einzurichten, das die **Identifikation** und **Prävention** kartellrechtlicher Risiken sowie die **Aufdeckung** von und **Reaktion** auf Verstöße(n) gewährleistet. Denn wie in den folgenden Abschnitten im Einzelnen (→ Rn. 18 ff.) gezeigt werden soll, folgen diese Anforderungen aus einer Übersetzung der gesetzlichen Verhaltens- und Organisationspflichten in die unternehmerische Praxis. Dass Compliance im Rahmen zunehmend elaborierter Strukturen gelebt wird, ist nicht zuletzt Konsequenz der verständlichen Befürchtungen der Organe, unmittelbar straf- oder ordnungswidrigkeitenrechtlich zu haften oder wie im *Siemens/Neubürger*-Fall[28] in Regress genommen zu werden, und der Compliance-Beauftragten, ihrerseits zivil-, ordnungswidrigkeiten-[29] oder wie im *BSR*-Fall[30] auch strafrechtlich zur Verantwortung gezogen zu werden. Daher werden die Verantwortlichen die Anforderungen im Zweifel nicht zu eng ziehen wollen.

8   Mit Blick auf die **Compliance-Verantwortung im Konzern** hat das OLG Muenchen entschieden, dass § 130 OWiG im Konzern gilt und sich die Aufsichtspflicht der Leitungsorgane der Konzernobergesellschaft auch auf Zuwiderhandlungen von Tochtergesellschaften erstrecken kann; im Einzelnen haengt dies von der tatsaechlichen Einflussnahme der Konzernmutter ab.[31] Der Vorstand der Konzernobergesellschaft muss im Rahmen eines breiten unternehmerischen Ermessens bei den beherrschten Konzernunternehmen für Compliance zuständige Organmitglieder bestellen, ein konzernweites Informationssystem zur Aufdeckung und Ahndung von Compliance-Verstößen einrichten und wenigstens Mindestanforderungen an Compliance-System und -Organisation der Tochter- und Enkelgesellschaften festlegen und nachhalten, ohne dass die Konzerngesellschaften damit aus ihrer Compliance-Verantwortung entlassen werden.[32]

9   **Welche konkreten Compliance-Maßnahmen zu treffen sind,** um rechtskonformes Verhalten sicherzustellen, hat auch die Rechtsprechung nur teilweise präzisiert.[33] Das LG München I lässt hinsichtlich § 93 Abs. 1 AktG, ähnlich wie die Rechtsprechung zu § 130 OWiG,[34] die Anforderungen an die Umsetzung von Compliance im Unternehmen weitgehend offen mit der Aussage: „Entscheidend für den Umfang im Einzelnen sind dabei Art, Größe und Organisation des Unternehmens, die zu beachtenden Vorschriften, die geografische Präsenz wie auch Verdachtsfälle aus der Vergangenheit." Für das jeweilige Unternehmen wirksame Compliance-Instrumente zu definieren, zu entwickeln und auszugestalten bleibt Aufgabe der Unternehmensleitung.[35] Dabei ist mit der Rechtsprechung zu § 130 OWiG (lediglich) zu verlangen, dass die ergriffenen Maßnahmen eine

---

[26] LG München I Urt. v. 10.12.2013 – 5 HK O 1387/10, NZG 2014, 345 (die Berufung ist unter Az. 7 U 113/14 beim OLG Muenchen anhaengig). In diesem Sinne auch *Dreher* WuW 2009, 133 (134); *Moosmayer* Praxisleitfaden, 4; *Schneider/Schneider* AG 2005, 57 (59); *Schneider* ZIP 2003, 645 (647).
[27] *Fleischer* CCZ 2008, 1 (3); HML/*Sieg/Zeidler* § 3 Rn. 40; HML/*Hauschka* § 1 Rn. 31. Teilweise wird auch nach größeren Unternehmen einerseits und kleineren Unternehmen mit geringerem Risikoprofil andererseits unterschieden, *Bicker* AG 2012, 542 (544) mwN.
[28] LG München I Urt. v. 10.12.2013 – 5 HK O 1387/10, NZG 2014, 345.
[29] Zur Verantwortlichkeit des Compliance-Beauftragten nach § 130 OWiG vgl. *Raum* CCZ 2012, 197 (198).
[30] BGH Urt. v. 17.7.2009 – StR 394/08, NJW 2009, 3173.
[31] OLG Muenchen Beschl. v. 23.9.2014 – 3 Ws 599/14 und 3 Ws 600/14, BB 2015, 2004.
[32] Vgl. dazu im Einzelnen *Schneider/Schneider* ZIP 2007, 2061 (2062 ff.); *Bicker* AG 2012, 542 (548 ff.). S. aber auch die aktuelle Diskussion zur Frage, ob die Implementierung eines konzernweiten Compliance-Systems ein Haftungsrisiko in Konzernstrukturen darstellt → Rn. 98 ff.
[33] So auch *Böttcher* NZG 2011, 1054 (1055); *Schemmel/Minkhoff* CCZ 2012, 49 (ebd.). Vgl. FK/*Seeliger/Mross,* Allg. Teil E, Rn. 141 ff. mit einem umfassenden Überblick zur Rechtsprechung zu § 130 OWiG.
[34] OLG Düsseldorf Urt. v. 5.4.2006 – VI-2 Kart 5 + 6/05 OWi, WuW/E DE-R 1893 (1896 ff.) – Transportbeton.
[35] In diesem Sinn auch *Moosmayer* Praxisleitfaden, 4.

hohe Wahrscheinlichkeit für die Verhinderung von Rechtsverstößen bieten müssen.[36] Ein Compliance-System kann keinen Risikoausschluss leisten, Ziel muss vielmehr die **Risikominimierung** sein (→ Rn. 123).[37]

2. Leitlinien und Standards

Nicht oder (im Fall der U.S. Federal Sentencing Guidelines) nur eingeschränkt rechtlich bindend, aber für den Praxisgebrauch hilfreich sind **Veröffentlichungen von Kartellbehörden**[38] **sowie von Kammern und Verbänden,**[39] wie kartellrechtliche Compliance-Programme aussehen sollten. Außerdem gibt es mit ISO 19600 nun einen internationalen Standard, der Empfehlungen fuer Compliance Management Systeme gibt.[40] Zur Konkretisierung der rechtlichen Vorgaben für die Compliance-Arbeit wird in Deutschland teilweise der Pruefungsstandard 980 vom Institut der Wirtschaftspruefer (**IDW PS 980**) herangezogen. Wie der Name schon sagt, beschreibt er nur die Anforderungen an die Überprüfung von Compliance-Programmen. Dennoch lässt sich dem IDW PS 980 ein relativ detailliertes Anforderungsprofil für Compliance-Programme entnehmen. Eine enthaftende Wirkung haben die von Wirtschaftsprüfungsgesellschaften angebotenen Zertifizierungen von Compliance-Systemen nicht.[41]

Die genannten rechtlich unverbindlichen Empfehlungen und Standards haben zur zunehmenden Durchsetzung bestimmter (Mindest-)Anforderungen für kartellrechtliche Compliance beigetragen. Sie enthalten viele Gemeinsamkeiten und lassen deutlich erkennen, welche **Grundstrukturen** ein kartellrechtliches Compliance-Programm aufweisen sollte. Dazu zählen jedenfalls folgende Elemente, an denen sich auch die weitere Gliederung dieses Abschnitts orientiert: Compliance-Kultur, Compliance-Organisation, Risikoanalyse, Regelwerk, Schulungen, Beratung, Berichterstattung, Untersuchungen und kontinuierliche Weiterentwicklung (→ Rn. 18 ff.). Im Einzelnen haben sich für die Umsetzung dieser Anforderungen mehr oder weniger etablierte **best practices** entwickelt. Die konkrete Ausgestaltung und die Qualität eines kartellrechtlichen Compliance-Programms hängt letztlich aber wesentlich vom **Können und vom Einfallsreichtum der Compliance-Verantwortlichen** in den Unternehmen und ihrer externen Berater ab.

3. Kartellrecht als Compliance-Materie

Bei Kartellverstößen kommt es in der Regel nicht zu einer (direkten) persönlichen Bereicherung der handelnden Personen. Mitarbeitern, die Kartellverstöße begangen haben, fehlt daher oftmals das **Unrechtsbewusstsein.** Angesichts des **großen Abschreckungspotenzials der Sanktionen** bei Kartellrechtsverstößen und der **starken Verfolgungsaktivität der Behörden** lassen sich die meisten Mitarbeiter allerdings durchaus für kartellrechtliche Risiken sensibilisieren. Bewusstsein etwa für das (noch) mit vergleichsweise geringen Bußgeldern sanktionierte Datenschutzrecht oder für die noch relativ selten verfolgten Verstöße gegen FCPA oder UK Bribery Act zu schaffen, ist insofern anspruchsvoller. Der Hinweis auf das Sanktionsrisiko im Kartellrecht – gerade auch für den einzelnen Mitarbeiter – ist für sich bereits eine nützliche Präventionsmaßnahme.

Für die Mitarbeiter ist es anders als in vielen anderen Bereichen, zB bei der Korruptionsbekämpfung, häufig sehr schwer, die **Grenzen zwischen kartellrechtlich erlaub-**

---

[36] OLG Düsseldorf Urt. v. 5.4.2006 – VI-2 Kart 5+6/05 OWi, WuW/E DE-R 1893 (1896) – Transportbeton.
[37] So auch FK/*Seeliger/Mross*, Allg. Teil E, Rn. 10.
[38] Europäische Kommission, Wettbewerbsrechtliche Compliance; Office of Fair Trading, How your business can achieve compliance with competition law; Autorité de la Concurrence, Document-cadre sur les programmes de conformité aux règles de concurrence; US Sentencing Commission, US Sentencing Guideline 2015 § 8 B.2. Das BKartA hat bislang noch keine entsprechende Leitlinie herausgegeben.
[39] Erwähnenswert sind vor allem International Chamber of Commerce, The ICC Antitrust Compliance Toolkit; Business Europe, Business Compliance with Competition Rules.
[40] Vgl. ISO 19600: 2014 zu Compliance Management-Systemen sowie ISO 37001:2016 zu Anti-bribery Management-Systemen.
[41] Vgl. auch FK/*Seeliger/Mross*, Allg. Teil E, Rn. 194 ff.

tem und verbotenem Verhalten zu erfassen. Was ein Schmiergeld ist und wann ein Vorgang als Bestechung angesehen werden kann, ist leichter nachzuvollziehen als die Abgrenzung unzulässigen abgestimmten Verhaltens vom legalen Parallelverhalten oder zulässigen von unzulässigem Informationsaustausch zwischen Wettbewerbern. Besonders anspruchsvoll ist die Anwendung der Regeln über vertikale Beschränkungen oder den Missbrauch marktbeherrschender Stellungen; schon die Bestimmung der relevanten Märkte ist selbst für Experten immer wieder eine Herausforderung.

14 Soweit sich kartellrechtliche Risiken auf die Gefahr horizontaler „Hardcore"-Absprachen beschränken, ist mit einem eindeutigen und konsequent va durch Schulungen kommunizierten Regelwerk schon viel erreicht. Meist kann jedoch nur ein ergänzendes **Beratungsangebot** für Einzelfälle den Mitarbeitern die nötige Handlungssicherheit geben. Fachkundige interne und/oder externe Berater sollten daher laufend erreichbar sein. In praxi ist der Beratungsanteil der kartellrechtlichen Compliance häufig deutlich höher als in anderen Compliance-Gebieten.

15 Ein brauchbares kartellrechtliches Compliance-Programm richtet sich nach den **Besonderheiten der Branche(n), in denen das jeweilige Unternehmen tätig ist.** Kartellrechtskonformes Verhalten erfordert ein vertieftes Verständnis der betroffenen Produkte und der Wettbewerbssituation auf den entsprechenden Märkten. Der spezifischen Risikosituationen eines Unternehmens bzw. bestimmter Unternehmensbereiche sollte mit darauf jeweils zugeschnittenen Instrumenten begegnet werden. Diese Anforderung besteht im Prinzip auch bei der Gestaltung von Compliance-Programmen für andere Rechtsgebiete, allerdings ist der damit verbundene Aufwand in der Regel überschaubarer.

16 Mit Blick auf **investigative Compliance-Maßnahmen** (dazu eingehend → § 40) ist zu berücksichtigen, dass Kartellverstöße meist nicht einfach aufzudecken sind. Häufig sind Absprachen oder abgestimmte Verhaltensweisen – bewusst – nicht oder nur spärlich dokumentiert, sondern kommen mündlich zustande. Sollten sie ausnahmsweise schriftlich erfolgt sein, so passiert dies heutzutage meist per E-Mail. Eine systematische Analyse von E-Mails zur Aufdeckung von Kartellverstößen stößt jedoch auf datenschutzrechtliche Grenzen und ist nur in Ausnahmefällen zulässig.

17 Die beschriebenen Besonderheiten sollten bei der Verzahnung mit anderen Compliance-Aufgaben berücksichtigt werden. Die **Integration des Kartellrechts in ein Compliance-System,** das auch die übrigen für das Unternehmen relevanten Compliance-Materien umfasst, ist zur Sicherstellung eines konsistenten und effizienten unternehmerischen Risikomanagements gleichwohl sinnvoll.[42] Wenig Resonanz in der kartellrechtlichen Compliance-Praxis hat bislang das Thema **Geschäftspartner-Compliance** erfahren. Hier gibt es, etwa im Vergleich zu den Compliance-Gebieten Korruption oder Geldwäsche Nachholbedarf. Die Sicherstellung kartellrechtskonformen Verhaltens von Lieferanten (Kartellschadensprävention) wird an anderer Stelle näher erläutert (→ § 43 Rn. 98 ff.).

III. Elemente eines Compliance Management Systems im Kartellrecht

18 Noch vor einigen Jahren hat sich die kartellrechtliche Compliance in Unternehmen weitgehend darauf beschränkt, „Dawn Raid" Leitlinien zu erlassen, dh Verhaltensregeln für die Mitarbeiter für den Fall einer Durchsuchung der Büroräume des Unternehmens durch Kartellbehörden. Mittlerweile haben die meisten Unternehmen erkannt, dass dies viel zu kurz greift, da diese Maßnahme erst dann ansetzt, wenn „das Kind bereits in den Brunnen gefallen ist".

19 Im Wesentlichen gilt für ein kartellrechtliches Compliance Management System das gleiche wie für jedes andere Compliance Management System: Es muss Elemente umfassen, die geeignet sind, Verstöße im Vorfeld zu verhindern (**Prävention**), Risikofelder zu identifizieren und konkrete Verstöße aufzudecken (**Aufdeckung**) und angemessen auf

---

[42] Dazu auch FK/*Seeliger/Mross,* Allg. Teil E, Rn. 8 mwN.

Verstöße zu reagieren (**Reaktion**). Diese grundlegenden Elemente müssen auf die oben genannten Besonderheiten des Kartellrechts ausgerichtet werden.

Welche Elemente ein nachhaltiges Compliance Programm zur Prävention, Aufdeckung und Reaktion umfassen sollte, ergibt sich aus den **allgemeinen Standards zur Einrichtung von Compliance Programmen**.[43] Hilfestellung bei der Frage, wie diese Elemente auf die Besonderheiten des Kartellrechts ausgerichtet werden sollten, bieten die verschiedenen **Leitlinien der Kartellbehörden**[44] und Interessensvertretungen[45] Sowohl die allgemeinen Standards als auch die Leitlinien enthalten viele Gemeinsamkeiten und lassen sehr deutlich erkennen, dass ein kartellrechtliches Compliance Programm die folgenden Elemente aufweisen sollte.[46]

1. Compliance-Kultur

In nahezu allen Standards und Leitlinien zu Compliance Programmen wird die **Compliance-Kultur** als das zentrale Element für ein funktionierendes Compliance Management System aufgeführt. Compliance muss integraler Bestandteil der Unternehmenskultur sein. Unter dem Begriff der Unternehmenskultur versteht man die „Grundgesamtheit gemeinsamer Werte, Normen und Einstellungen, welche die Entscheidungen, die Handlungen und das Verhalten der Organisationsmitglieder prägen".[47] Compliance ist dann ein integraler Bestandteil der Unternehmenskultur, wenn die Mitarbeiter gesetzestreues und integres Verhalten als einen gemeinsamen Wert des Unternehmens anerkennen und sich bei ihren geschäftlichen Handlungen und Entscheidungen von diesem Wert leiten lassen.

Unerlässliche Grundvoraussetzung für das Entstehen und Beibehalten einer solchen Compliance Kultur ist, dass die Geschäftsführung ein unmissverständliches Compliance Committment abgibt, den sogenannten **„Tone from the Top"**. Dieser beinhaltet ein klares, uneingeschränktes Bekenntnis der Geschäftsführung zu regelkonformen Verhalten (bei kartellrechtlichen Compliance Programmen bedeutet dies zwangsläufig die Einhaltung der Kartellgesetze), auch wenn dies in Einzelfällen zum Verlust von Geschäftsoptionen führt, sowie eine deutliche Ansage, dass regelwidriges Verhalten nicht toleriert wird und Personalmaßnahmen zur Folge hat. Dieser „Tone from the Top" darf nicht nur auf dem Papier stehen und als Feigenblatt dienen. Er muss durch konkrete Handlungen der Geschäftsführung belegt werden. Dazu zählen neben regelmäßiger Berücksichtigung im Rahmen von Kommunikation an die Mitarbeiter, regelmäßige Diskussion von Compliance Themen in Sitzungen der Geschäftsführung, aktive Teilnahme der Geschäftsführung an Compliance Veranstaltungen sowie klare Entscheidung zugunsten von Compliance bei Konfliktfällen.

Ebenso wichtig wie der „Tone from the Top" ist der **„Tone from the Middle"**. Es reicht nicht aus, wenn sich nur die oberste Führungsriege eines Unternehmens uneingeschränkt gegen regelwidriges Verhalten ausspricht. Für die meisten Mitarbeiter ist das Topmanagement nur wenig visibel und oftmals für die tägliche Arbeit nicht relevant. Die meisten Mitarbeiter orientieren sich an dem Verhalten ihrer unmittelbaren Vorgesetzten sowie an gleichrangigen Kollegen. Jeder dieser Vorgesetzten und Kollegen muss daher hinsichtlich Compliance vorbildlich handeln. Diesen „Tone from the Middle" zu erwirken ist eine viel größere Herausforderung als die Etablierung eines „Tone from the Top",

---

[43] *IDW*, Prüfungsstandard: Grundsätze ordnungsmäßiger Prüfung von Compliance Management Systemen (IDW PS 980), 2011; Standards Australia, AS 3806–2006, Compliance programs, 2006; ISO 19600: 2014 zu Compliance Management-Systemen.
[44] Europäische Kommission, Wettbewerbsrechtliche Compliance; US Sentencing Commission, US Sentencing Guideline 2015 § 8 B.2, Office of Fair Trading, How your business can achieve compliance with competition law; Autorité de la Concurrence, Document-cadre sur les programmes de conformité aux règles de concurrence.
[45] International Chamber of Commerce, The ICC Antitrust Compliance Toolkit; Business Europe, Business Compliance with Competition Rules.
[46] HML/*Dittrich*/*Matthey* § 26 Rn. 48.
[47] Gablers Wirtschaftslexikon, http://wirtschaftslexikon.gabler.de (zuletzt abgerufen am 5. 1. 2016).

da viel mehr Mitarbeiter mit ganz unterschiedlichen Hintergründen (Arbeitsfelder, Nationalität, Kultur, Bildungsniveau) überzeugt werden müssen, in Sachen Compliance „die gleiche Sprache zu sprechen."

24 Zu einer Compliance Kultur gehört weiterhin, sicherzustellen, dass Mitarbeiter offen Missstände aufzeigen können, ohne deswegen Nachteile befürchten zu müssen. Fehlverhalten muss unmissverständlich sanktioniert und Mitarbeiter, die ein solches Fehlverhalten aufdecken, vor Benachteiligung in Form von Vergeltung oder anderen Maßnahmen geschützt werden. Voraussetzung hierfür ist die Einrichtung einer Anlaufstelle für die Meldung von möglichen Compliance Verstößen sowie die Etablierung eines klar geregelten **Fallermittlungs- und Sanktionierungsprozesses,** in dem die Verfahrensrechte aller Beteiligten (Hinweisgeber, Beschuldigter, Zeugen, Prüfer) garantiert werden (→ § 40 sowie zur Bedeutung von Amnestieprogrammen bei kartellrechtlichen internen Untersuchungen → § 42 Rn. 21 ff.).

2. Reichweite und Organisation

25 Der **Begriff Compliance** hat eine sehr große Weitreiche. Wörtlich übersetzt bedeutet Compliance „Einhaltung", „Befolgung" oder „Übereinstimmung". Im Deutschen Corporate Governance Kodex wird Compliance definiert als Einhaltung der gesetzlichen Bestimmungen und der unternehmensinternen Richtlinien.[48] Der Begriff lässt sich aber auch ausdehnen auf die Einhaltung ethischer Mindeststandards. In der Regel ist dieses weitreichende Verständnis des Begriffs Compliance bei der Bestimmung der Reichweite des Compliance Programms eines Unternehmens nicht maßgebend. Vielmehr bestimmen die Unternehmen die Reichweite ihres jeweiligen Compliance Programms auf der Basis eines **risikoorientierten Ansatzes.** Wie bereits dargelegt gehört das Kartellrecht fast regelmäßig zum Anwendungsbereich von Compliance Programmen (→ Rn. 1 ff.). Innerhalb des Kartellrechts kann nach Themengebieten unterschieden werden und der Anwendungsbereich je nach Geschäftsmodell des Unternehmens auf einzelne Teile des Kartellrechts beschränkt werden, wobei das Thema horizontale Kartellabsprachen grundsätzlich den Schwerpunkt des kartellrechtlichen Compliance Programms bilden wird. Unternehmen mit hohen Marktanteilen, werden im Rahmen ihres Compliance Programmes einen Fokus auf die Vermeidung eines Missbrauchs einer marktbeherrschenden Stellung legen müssen.

26 Für die Umsetzung des Compliance Programms bedarf es der Etablierung einer **Compliance Organisation.** Es gibt keine rechtlichen Vorgaben, schon gar nicht spezielle kartellrechtliche Vorgaben, wie eine Compliance Organisation für den Bereich des Kartellrechts ausgestaltet werden müsste. Auch die Leitlinien der Kartellbehörden und der Interessengruppen zu Compliance Programmen enthalten hierzu nur rudimentäre Ausführungen. Dies ist auch nachvollziehbar, da eine Compliance Organisation auf die Bedürfnisse des jeweiligen Unternehmens zugeschnitten sein muss.[49]

27 Zunächst stellt sich die Frage, wo die Compliance Organisation innerhalb des Unternehmens angesiedelt werden sollte. Dabei sind unterschiedlichste Modelle denkbar (unabhängiger Bereich oder integriert in bestehende Bereichen, zentral oder dezentral, etc). Letztlich ist entscheidend, dass es eine Organisation gibt, die eine gewisse Unabhängigkeit und Durchsetzungskraft besitzt und an den allgemeinen Bedürfnissen und Strukturen des Unternehmens ausgerichtet ist. Die **Durchsetzungskraft** der Compliance-Organisation kann dadurch gewährleistet werden, dass als Leiter der Organisation ein hochrangiger Mitarbeiter benannt wird, der unmittelbar an die Geschäftsführung berichtet, oder ggf. sogar ein Mitglied der Geschäftsführung ist. Die **Unabhängigkeit** der Compliance-Orga-

---

[48] Regierungskommission, Deutscher Corporate Governance Kodex, 2013, 4.1.3.
[49] International Chamber of Commerce, The ICC Antitrust Compliance Toolkit, 11. Zu unterschiedlichen Modellen einer Compliance Organisation siehe: *Bergmoser* BB Special 4 Heft 50/2010, 2 ff.; *Gößwein/Hohmann* BB 2011, 963; IBP/*Inderst* 107 Rn. 1 ff.; *Moosmayer* Praxisleitfaden, 31 ff.; Umnuß/*Unger* Kapitel 5 Rn. 106 ff.; Wecker/Ohl/*Wecker/Galla,* 37 f.

nisation kann durch eine unmittelbare Berichtslinie des Leiters an das Aufsichtsorgan gewährleistet werden, ggf. verknüpft mit einem Kündigungsvorbehalt seitens des Aufsichtsorgans. Nicht nur der Leiter der Compliance-Organisation sollte eine gewisse Unabhängigkeit genießen, sondern auch die dezentral agierenden Compliance-Verantwortlichen (sofern die Größe und Struktur des Unternehmens dezentrale Compliance-Verantwortliche erfordert). Dies lässt sich zB dadurch sicherstellen, dass diese nur informatorisch an die Geschäftsführung der dezentralen Einheit berichten und sowohl fachlich als auch disziplinarisch dem Leiter der gesamten Compliance-Organisation untergeordnet sind. Die Unabhängigkeit der dezentralen Compliance-Verantwortlichen kann noch weiter gestärkt werden, indem ihr Budget nicht der dezentralen Geschäftsführung zugeordnet ist, sondern ein Gesamtbudget für den Compliance-Bereich aufgestellt wird, für das der Leiter der Compliance-Organisation verantwortlich ist.

Die nächste Frage, die sich stellt, ist, wie groß eine Compliance-Organisation sein sollte. Auch dies lässt sich nicht einheitlich beantworten und hängt letztlich insbesondere von dem Risikoprofil und der **Größe** des Unternehmens ab. Dementsprechend vermeidet auch die Europäische Kommission in ihren Leitlinien zu kartellrechtlichen Compliance-Programmen weitere Vorgaben, und beschränkt sich auf den Hinweis, dass entsprechend der Größe und dem Risiko genügend Ressourcen vorzusehen sind, da nur so ein glaubwürdiges Compliance-Programm aufgelegt werden kann.[50] Vor diesem Hintergrund wäre das Compliance-Programm bei größeren Unternehmen mit verschiedenen Standorten wenig glaubwürdig, wenn Compliance-Mitarbeiter nur in der Unternehmenszentrale angesiedelt wären, ohne dass es zusätzlich noch Mitarbeiter in den dezentralen Einheiten gäbe, die eine Compliance-Verantwortung wahrnehmen. 28

Bei der erstmaligen Etablierung einer Compliance-Organisation kann die Zuständigkeitsabgrenzung zu anderen Unternehmensbereichen Schwierigkeiten bereiten, insbesondere zu den anderen Risikofunktionen wie zB Recht, Revision, Risikomanagement und Internes Kontrollsystem. Die **Schnittstellen** zwischen diesen Funktionen sollten möglichst frühzeitig definiert werden. Die Zusammenarbeit zwischen den Funktionen, insbesondere an den Schnittstellen, kann dadurch erleichtert werden, dass **Compliance-Komitees** gebildet werden, in denen der Informationsfluss sichergestellt wird und in Zweifelsfragen Zuständigkeiten klar definiert werden. Im Bereich des Kartellrechts ist die Abgrenzung zwischen Compliance und Recht von besonderer Bedeutung. In der Praxis gibt es eine Vielzahl möglicher und praktizierter Schnittstellenabgrenzungen. Entscheidend ist letztlich, dass die Compliance-Aufgaben wirksam wahrgenommen werden und die Einbindung in ein andere Compliance-Materien umfassendes Compliance-System gewährleistet ist. 29

Bei der Bestimmung der Ziele sowie der Etablierung der Compliance-Organisation ist wichtig festzuhalten, dass damit nicht die Verantwortung für regelkonformes Compliance-Verhalten vollständig auf diese Organisation verlagert werden kann. Letztlich liegt die Verantwortung hierfür bei jedem einzelnen Mitarbeiter. Die Compliance-Organisation kann dabei nur unterstützen, dieser Verantwortung ausreichend gerecht zu werden. 30

3. Risikoanalyse

Da die Ausrichtung des Compliance-Programms entscheidend von den Risiken abhängt, denen ein Unternehmen ausgesetzt ist, müssen die Risiken zunächst genau analysiert werden.[51] Dies sollte nicht nur einmalig, sondern regelmäßig erfolgen, um bei der Weiterentwicklung des Compliance-Programms den sich kontinuierlich verändernden oder neuen Risiken gerecht zu werden. Die **Compliance-Risikoanalyse** kann nicht allein durch die Compliance-Verantwortlichen, sondern nur gemeinsam mit den operativ tätigen Mitarbeitern durchgeführt werden. 31

---

[50] Europäische Kommission, Wettbewerbsrechtliche Compliance, 15.
[51] Allgemein zur Compliance-Risikoanalyse *Ebersoll/Stork* CCZ 2013, 129 ff.; IBP/*Inderst* 127 Rn. 1 ff.; *Moosmayer* Praxisleitfaden, 23 ff.; *von Busekist/Schlitt* CCZ 2012, 86 (88 ff.).

32 Die Compliance-Risikoanalyse (insbesondere die kartellrechtliche Compliance-Risikoanalyse) unterscheidet sich von Risikoanalysen, die in anderen Fachabteilungen vorgenommen werden, insbesondere von der Risikobeurteilung der Revision bei ihrer Rahmenplanung und von dem allgemeinen Risikomanagement. Diese beiden Risikoanalysen haben in der Regel eine viel größere Reichweite, da sie alle potentiellen Risiken eines Unternehmens abdecken, gehen aber in der Analyse meist nicht in eine vergleichbare Tiefe. Außerdem beschränkt sich das Risikomanagement sehr oft nicht nur auf Risiken, sondern umfasst auch die Analyse von möglichen Chancen. Die Compliance-Risikoanalyse beschränkt sich hingegen auf wenige **Fokusthemen** und versucht die damit verbundenen Risiken möglichst umfassend zu analysieren. Trotz dieser Unterschiede können sich die verschiedenen Risikoanalysen ergänzen. Daher sollte sichergestellt werden, dass die Fachabteilungen die Ergebnisse ihrer Risikoanalysen untereinander austauschen.

33 Der erste Schritt für eine Compliance-Risikoanalyse ist das **Scoping,** dh die Bestimmung welche Risikofelder die Compliance-Risikoanalyse umfassen sollte. Das deutsche und europäische Kartellrecht enthalten keine derartige ausdrückliche Vorgabe. Allerdings beinhalten die diversen Leitfäden zum Kartellrecht alle die Empfehlung, eine Risikoanalyse für den Bereich des Kartellrechts durchzuführen.[52]

34 Der zweite Schritt der Risikoanalyse ist die Bestimmung des **Anwendungsbereiches,** dh welche Einheiten des Unternehmens von der Risikoanalyse umfasst sein sollten. Bei einer kartellrechtlichen Risikoanalyse sollten zumindest alle Vertriebseinheiten des Unternehmens analysiert werden. Eine Ausgrenzung von Einheiten, die nur geringen Umsatz erwirtschaften, sollte vermieden werden. Kartellverstöße auch in kleinen Einheiten können zu erheblichen Geldbußen führen, da sich die Bußgeldbemessung nach den meisten Kartellgesetzen nicht nach dem Umsatz der Einheit richtet, in dem der Verstoß stattfindet, sondern nach dem gesamten Konzernumsatz. Neben den Vertriebseinheiten sollten regelmäßig auch die Bereiche Einkauf (bzgl. der Analyse von Einkaufskooperationen und ggf. besonderer Einkaufsmacht) sowie Forschung- und Entwicklung (bzgl. der Analyse von Forschungs- und Entwicklungskooperationen) und Marktbeobachtungsabteilungen (bzgl. möglichem Informationsaustausch mit Wettbewerbern oder über Verbände) einbezogen werden.

35 Organisatorisch bietet sich folgender Ablauf an. Um die Risiken genauer bestimmen zu können, sollte Mitarbeitern, die das operative Geschäft des jeweiligen Bereiches kennen, ein **Fragenkatalog** zur Beantwortung vorgelegt werden. Dieser Katalog sollte zum einen darauf abzielen, Informationen abzufragen, die geeignet sind, das kartellrechtliche Risiko objektiv näher zu bestimmen; er sollte aber auch Fragen beinhalten, die auf eine subjektive Einschätzung des kartellrechtlichen Risikos durch den Mitarbeiter abzielt. Gerade der Vergleich einer objektiven Risikobewertung mit einer subjektiven Einschätzung, kann Aufschluss darüber geben, ob der Bereich über ausreichendes Risikobewusstsein verfügt. Die Risikoanalyse darf sich grundsätzlich nicht nur auf das Ausfüllen eines Fragebogens beschränken, sondern sollte zusätzlich noch durch ein **Interview** mit dem jeweiligen Mitarbeiter flankiert werden. Solch ein Interview hat mehrere Vorteile. Zum einen können durch ein Interview mögliche Missverständnisse oder Unklarheiten, die bei der Beantwortung des Fragebogens aufgetreten sind, beseitigt werden. Außerdem können gewisse Aspekte vertiefter besprochen und somit Risikofelder genauer definiert werden. Schließlich trägt ein derartiges Gespräch zwischen einem Compliance Mitarbeiter und einem Mitarbeiter aus den operativen Bereichen ganz erheblich zur Stärkung des Risikobewusstseins bei und hat eine ähnliche oder sogar stärkere Wirkung als eine Compliance Schulung.

---

[52] Europäische Kommission, Wettbewerbsrechtliche Compliance, 14; US Sentencing Commission, US Sentencing Guideline 2015 § 8 B.2.1 (c); International Chamber of Commerce, The ICC Antitrust Compliance Toolkit, 16 ff.; Office of Fair Trading, How your business can achieve compliance with competition law, 14 ff.; Heckenberger/Schulz/*Moosmayer,* Compliance-Risikoanalyse, § 9.

Um das kartellrechtliche Risiko einschätzen zu können, sind folgende **Risikoaspekte** relevant: Kontakt zu Wettbewerbern, Verbandsaktivitäten, Marktstellung, wesentliche Liefer- und Vertriebsbeziehungen, wesentliche Kooperationen, Durchsuchungen und Verfahren von Kartellbehörden (in der Vergangenheit oder laufend sowohl im betroffenen Marktsegment als auch in benachbarten Bereichen), Ablauf von Vertragsverhandlungen (Ausschreibungen oder Einzelverhandlungen, etc. Die Europäische Kommission nennt ausdrücklich folgende Risikofaktoren: ob und wie oft im betroffenen Wirtschaftszweig schon Kartellverstöße vorgekommen sind, die Häufigkeit und Intensität der Zusammenarbeit mit Wettbewerbern sowie die Stellung des Unternehmens und seiner Wettbewerber im betroffenen Markt.[53] 36

Der Beantwortung der Fragebögen sowie der Durchführung der Interviews folgt die **Auswertung.** Um die Ergebnisse transparent und vergleichbar zu gestalten, bietet sich ein Scoring Modell an, bei dem einzelne Aspekte mit Punkten belegt werden, so dass sich durch Aufaddieren der Punkte ein Gesamtrisikowert ergibt. Nachteil eines solchen Scoring Modells kann sein, dass Risiken pauschalisiert werden, ohne die Besonderheiten des Einzelfalles zu berücksichtigen. Dem kann aber dadurch begegnet werden, dass in der Risikobewertung neben dem Risikoscore zusätzlich auf diese Besonderheiten hingewiesen wird. 37

Die Compliance-Risikoanalyse ist **kein Selbstzweck.** Es müssen sich konkrete Maßnahmen an die Risikoanalyse anschließen. Zunächst sollten die Ergebnisse der Risikoanalyse kommuniziert werden, zum einen an diejenigen, die die Information für die Risikobewertung abgegeben haben, zum anderen an das Management, so dass diese ein klares Bild der Risikolage im Bereich des Kartellrechts bekommen. Ferner sollte das Ergebnis, wie oben beschrieben (→ Rn. 32), an die anderen Fachabteilungen gegeben werden, die mit Risikoeinschätzungen befasst sind. Schließlich bildet die Compliance-Risikoanalyse den Ausgangspunkt für konkrete Compliance-Maßnahmen, zB Schulungsaktivitäten, bei Aufdecken konkreter Compliance-Risiken vertieftere Compliance-Untersuchungen (ggf. verbunden mit einem Amnestieprogramm), verstärktere Kommunikation von existierenden Compliance-Tools (zB Compliance-Helpdesk, Whistleblower Hotline), etc. Je höher das identifizierte Risiko, desto weitreichender die Compliance-Maßnahmen, die im Nachgang der Risikoanalyse festgelegt und umgesetzt werden sollten. 38

Compliance-Risikoanalysen müssen regelmäßig erfolgen. Die genannten Leitlinien enthalten keine Vorgabe oder Empfehlung, wie oft dies erfolgen sollte. Um dem fortlaufend sich verändernden Geschäftsumfeld gerecht zu werden empfiehlt sich aber eine Wiederholung alle zwei bis drei Jahren. 39

4. Regelwerk

Ein eindeutiges und verständliches Regelwerk sollte die Mitarbeiter auf Risiken hinweisen und Handlungsanweisungen geben, wie diese Risiken vermieden bzw. reduziert werden können.[54] 40

a) **Formate.** Jedes Unternehmen sollte einen **Verhaltenskodex** besitzen, der die wesentlichen Anforderungen an rechtlich und ethisch korrektes Verhaltens verbindlich festlegt.[55] Darin sollte sich auch ein eindeutiges Bekenntnis zu wettbewerbskonformem Verhalten finden. Die – für das Unternehmen – wichtigsten kartellrechtlichen Regeln sollten darüber hinaus in einer **Richtlinie** zum Verhalten im Wettbewerb fixiert werden. Außerdem gehören zum Standardrepertoire Anweisungen zum richtigen **Verhalten bei Durchsu-** 41

---

[53] EU Kommission, Wettbewerbsrechtliche Compliance, 14. Zur besonderen kartellrechtlichen Risikoanalyse siehe auch: *Mäger/Kasten* Rn. 45 ff.; *Moosmayer* Praxisleitfaden, 29 ff.; *FK/Seeliger/Mross*, Allg. Teil E, Rn. 244 ff.

[54] Zur Einführung von Compliance-Richtlinien in Unternehmen umfassend *Storck*, CB 2013, 89 ff.; *Mössner/Reus* CCZ 2013, 54 ff.

[55] Dazu eingehend *Moosmayer* Praxisleitfaden, 45 ff.

chungen von Kartellbehörden, die sich ggf. in eine einheitliche Richtlinie zu behördlichen (dh insbesondere auch staatsanwaltschaftlichen) Durchsuchungen integrieren lassen. Darüber hinaus können sich für Unternehmensbereiche, bei denen Spezifika des Geschäftsmodells oder des regulatorischen Umfelds zu substantiellen Besonderheiten führen, ergänzende Richtlinien empfehlen.

42 **b) Inhalte.** Hardcore-Beschränkungen, vor allem Preis-, Konditionen- und Gebietsabsprachen oder Kundenaufteilungen, sollten als in den meisten Unternehmen wichtigste **kartellrechtliche Risiken** in Richtlinien zum wettbewerbskonformen Verhalten immer adressiert werden. Daneben sollten – entsprechend den Ergebnissen der Risikoanalyse – (weitere) unternehmensspezifische Risiken angemessen gewichtet werden. Dh zum Beispiel, dass etwa bei Handelsunternehmen regelmäßig dem Thema Vertikalbeschränkungen im Regelwerk ein größerer Raum eingeräumt werden sollte. Wo Marktbeherrschung nicht von vornherein ausgeschlossen werden kann, sollte ihre kartellrechtliche Problematik ebenfalls im Regelwerk angesprochen werden.

43 Selbst für global tätige Unternehmen empfiehlt sich jedenfalls zum Thema Horizontalbeschränkungen eine **international einheitliche Richtlinie** zum Kartellrecht. Zum einen stimmen die Regeln zu Hardcore-Kartellen ohnehin in den meisten Ländern weitgehend überein. Außerdem muss wegen des Auswirkungsgrundsatzes (→ § 4 Rn. 3 ff.) damit gerechnet werden, dass es nicht nur auf die Rechtsordnung vor Ort ankommt. Sich hier an den europäischen Anforderungen zu orientieren ist sinnvoll. Zwar unterfallen zum Beispiel abgestimmte Verhaltensweisen außerhalb der EU nicht immer kategorisch dem Kartellverbot.[56] Dafür nehmen die Behörden etwa in den USA eher eine wettbewerbsbeschränkende Absprache an. Wenn wie hier die materiellen Unterschiede verschwimmen, ist die Anwendung des tendenziell strengeren Art. 101 AEUV als Standard ratsam. Im Bereich vertikaler Beschränkungen und des Missbrauchsverbots empfiehlt sich grundsätzlich ebenfalls eine einheitliche Regelung nach EU-Standard, wobei im Einzelfall, soweit für das Unternehmen relevant, signifikante nationale Besonderheiten berücksichtigt werden sollten, um nicht ohne Not Compliance-Anforderungen zu überspannen.

44 Das Regelwerk sollte **regelmäßig überprüft und ggf. aktualisiert** werden. Ein Turnus von zwei Jahren ist empfehlenswert, sofern nicht zwischenzeitlich eine Anpassung aus aktuellem Anlass erforderlich wird. Auslöser dafür dürfte häufiger als Gesetzesänderungen eine Ausdehnung der Geschäftstätigkeit des Unternehmens sein, die mit entsprechend erweiterten kartellrechtlichen Anforderungen einhergeht, oder die Identifikation neuer Risiken im bestehenden Geschäft.

45 **c) Darstellung.** Gute Richtlinien zeichnen sich neben der richtigen inhaltlichen Gewichtung durch eine einfache und möglichst unjuristische Sprache aus; auf die Angabe gesetzlicher Bestimmungen kann verzichtet werden. Dabei ist Zweck des Regelwerks nicht (nur) die umgangssprachliche Wiedergabe gesetzlicher Anforderungen. Es sollte vielmehr aus den kartellrechtlichen Vorgaben abgeleitete, klare **Verhaltensregeln** im Sinne von Handlungsanweisungen geben.[57] Auf diesem Weg lassen sich auch einfache Prozesse etablieren – für Kontakte mit Wettbewerbern vor allem: Welche operativen Kontakte sind grundsätzlich unproblematisch? Vor (!) welchen Treffen sollte der Compliance-/Rechtsbereich einbezogen werden? Worauf ist bei Agenda und Protokoll zu achten?[58] Wie soll-

---

[56] ZB erfasst Section 1 Sherman Act seinem Wortlaut nach nicht „concerted practices".
[57] S. zum Thema Horizontalbeschränkungen beispielsweise das kostenlos im Internet abrufbare Muster des Bundesverbands Materialwirtschaft, Logistik und Einkauf (BME), http://www.bme.de/fileadmin/bilder/recht/Compliance/BME_Regeln_fuer_das_Verhalten_gegenueber_Wettbewerbern_Dos_Donts.pdf (zuletzt abgerufen am 5.1.2016).
[58] ZB: „Bei Treffen mit Wettbewerbern sind Agenda und Protokoll anzufertigen. Die Agenda hat sich auf kartellrechtskonforme Themen zu beschränken; ein Tagesordnungspunkt ‚Sonstiges' wird nicht aufgenommen."; „Die Gespräche sind auf die in der Agenda enthaltenen Punkte zu beschränken."

ten sich Unternehmensvertreter bei Wettbewerbertreffen verhalten?[59] Was ist zu tun, wenn bei Wettbewerbertreffen kartellrechtlich kritische Themen zur Sprache kommen?[60]

Außerhalb des Bereichs der Hardcore-Beschränkungen stößt die für einfache und unzweideutige Regeln nötige Komplexitätsreduktion recht schnell an ihre Grenzen. Die teils sehr differenzierten Anforderungen des Missbrauchsverbots, der Regeln für Vertikalbeschränkungen und horizontale Kooperationen oder auch die Eigenarten nationaler Rechtsordnungen erschweren die Übertragung rechtlicher Vorgaben in die „Laiensphäre". Als klare Handlungsanweisung allerdings sehr praktikabel und wirkungsvoll ist hier der schlichte **Hinweis, dass bestimmte Geschäftspraktiken mit Rechts-/Compliance-Bereich abzustimmen sind.** 46

d) Richtlinienmanagement. Nach dem Inkraftsetzen einer Richtlinie entsprechend den gesellschaftsrechtlichen bzw. unternehmensorganisatorischen Vorgaben[61] muss sie **kommuniziert,** also „an die Leute gebracht werden". Mit der Einstellung in eine Regelwerksdatenbank allein ist es nicht getan, da dort wohl kaum ein Mitarbeiter ohne Anlass bzw. Aufforderung reinschauen wird. 47

Beim Verhaltenskodex als „Compliance-Grundgesetz" des Unternehmens empfiehlt es sich, die Kenntnisnahme und besser noch die Bereitschaft, die Regeln zu beachten, jedenfalls von Führungskräften mit ihrer Unterschrift **schriftlich bestätigen zu lassen.**[62] 48

Zur **Verbreitung einer Richtlinie** bietet sich ein Schreiben bzw. eine E-Mail an die Führungskräfte der betroffenen Bereiche an mit der Aufforderung, die Richtlinie an alle Mitarbeiter gem. Zielgruppendefinition aus der Risikoanalyse weiterzuleiten und sie zur Beachtung anzuhalten. Wichtig ist der Hinweis, auch die Information der entsprechenden neu eintretenden Mitarbeiter sicherzustellen. Absender sollte am besten („tone from the top" (→ Rn. 22)) die Unternehmensleitung sein, alternativ der Chief Complaince Officer oder die Unternehmenskommunikation. Bei größeren Unternehmen ist ergänzend eine dezentrale Kommunikation sinnvoll, indem etwa auf Tochterunternehmens- bzw. Geschäftsfeldebene die dortigen Compliance-Verantwortlichen zum Beispiel in Informationsveranstaltungen das Regelwerk vorstellen. Außerdem sollten die wichtigsten Richtlinien (üblicherweise im Intranet) einfach und schnell zugänglich sein. Die beschriebenen Kommunikationsformen empfehlen sich grundsätzlich auch nach einer **Aktualisierung des Regelwerks.** 49

Zum Zweck der **Dokumentation** sollte festgehalten werden, an welche Zielgruppe die Richtlinie wann und in welcher Form kommuniziert worden ist. Der Regelwerksverantwortliche (regelmäßig der Compliance- oder Rechtsbereich) sollte auf diese Dokumentation Zugriff haben. 50

5. Schulungen

Für die erfolgreiche Vermittlung des Regelwerks, aber auch für die **Akzeptanz des Themas (kartellrechtliche) Compliance** und für die Bereitschaft der Mitarbeiter, das Beratungsangebot oder das Hinweismanagement in Anspruch zu nehmen, sind Schulungen ganz entscheidend.[63] Für das Schulungskonzept und dessen Implementierung sollte man sich von vornherein die **Unterstützung des Top-Managements** sichern (→ Rn. 22). Die Teilnahme der Führungsspitze an Präsenzschulungen ist Ausdruck des „tone from the top". Ein Vertreter der, je nach Zielgruppe, Unternehmens-, Bereichs- 51

---

[59] ZB: „Unterbrechen Sie bei jedem Zweifel an der Rechtskonformität das Gespräch und veranlassen Sie eine Prüfung durch den Rechts-/Compliancebereich."
[60] ZB: „Verlassen Sie die Sitzung, wenn von Ihnen geäußerte Bedenken nicht ausgeräumt werden und lassen Sie den Grund protokollieren. Informieren Sie sogleich den Rechts-/Compliancebereich."
[61] Im Konzern durch Beschlussfassung der Obergesellschaft und ggf. ferner Beschlussfassung auf Ebene der Tochtergesellschaft bzw. Weisung durch die Obergesellschaft; vgl. im Einzelnen *Mössner/Reus* CCZ 2013, 54 (58).
[62] Vgl. *Armbrüster* CB 2013, 28 (ebd.).
[63] Umfassend zu Schulungen auch Schultze/*Weinert* Rn. 30ff.

oder Abteilungsleitung sollte zu Beginn einer Präsenzschulung einige Sätze dazu sagen, wie viel Wert das Unternehmen auf (kartell-)rechtskonformes Verhalten legt; für E-Learnings bietet sich eine einleitende Videobotschaft eines Vertreters der Unternehmensspitze an.

52 **a) Formate und Inhalte. Präsenzschulungen** ermöglichen es, Rückfragen der Teilnehmer unmittelbar zu beantworten und konkrete Problemstellungen der Mitarbeiter zu besprechen. Während der Schulung können die Referenten auf die im Dialog mit den Mitarbeitern deutlich gewordenen Risiken durch eine entsprechende Schwerpunktsetzung reagieren. Im Geschäft beabsichtigte oder bereits umgesetzte Verhaltensweisen können identifiziert und damit unter Umständen frühzeitig drohendes oder schon vorgefallenes Fehlverhalten verhindert bzw. abgestellt werden.

53 Dagegen können webbasierte **E-Learnings** den Mitarbeitern in aller Regel nur einen groben Überblick über die Regeln geben.[64] Allerdings lässt sich damit, wenn eine Mindestteilnehmerzahl gewährleistet ist – Faustregel: 500 Personen – einfacher und kostengünstiger eine große Anzahl von Mitarbeitern erreichen. E-Learnings sind jedoch didaktisch wenig geeignet, wenn es um die Erläuterung der Bestimmung von Marktpositionen geht, also vor allem im Bereich des Missbrauchsverbots und der Vertikalbeschränkungen.

54 Es kann eine Aufteilung in dem Sinn sinnvoll sein, dass Führungskräfte und (andere) Mitarbeiter in hervorgehobenen Risikofunktionen Präsenzschulungen besuchen und weitere Mitarbeiter nur ein E-Learning absolvieren müssen.[65] Je nach Risikoprofil bzw. Zielgruppe mag auch eine kurze Sensibilisierung zu den wesentlichen Regeln des Kartellverbots genügen, verbunden mit dem Hinweis auf das Beratungsangebot von Rechts-/Complianceabteilung für Zweifelsfälle. In diesem Fall sollten kartellrechtliche Inhalte in **„allgemeine" Compliance-Schulungen** (live oder web-basiert), die auch Themen wie Antikorruption oder Datenschutz abdecken, integriert werden.

55 Hauptthema kartellrechtlicher Schulungen ist meist der **Umgang mit Wettberbern**. Besonders betont werden sollten immer die – marktanteilsunabhängig – verbotenen Hardcore-Verstöße, also Preis-, Gebiets- und Kundenaufteilungen. Die Teilnehmer sollten ferner eine Orientierung bekommen, unter welchen Voraussetzungen Kooperationen mit Wettbewerbern zulässig sind in den Bereichen Standardisierung, Forschung- und Entwicklung, Einkauf, Produktion, Vertrieb. Außerdem sollte die Abgrenzung abgestimmter Verhaltensweisen von legalem Parallelverhalten, die Grenzen des Informationsaustausches und der einseitigen Übermittlung von Informationen an/durch Wettbewerber sowie Regeln und Vorsichtsmaßnahmen für **Verbandsaktivitäten** thematisiert werden. Abhängig von Geschäftsmodell und Risikoprofil sollten auch **vertikale Vertragsbeziehungen** zu Lieferanten und Vertriebshändlern sowie das Risiko des **Missbrauchs einer marktbeherrschenden Stellung** behandelt werden.

56 **b) Gestaltung von Schulungen.** Von Präsenzschulungen[66] haben die Mitarbeiter am meisten, wenn überschaubare[67] und homogene Gruppen gebildet werden, in denen die Schwerpunkte zielgruppenspezifisch gesetzt werden. Dafür sollte im Vorfeld, als Ausfluss der Risikoanalyse (→ Rn. 31 ff.), der **Teilnehmerkreis** abhängig von Funktions- bzw. Aufgabenbeschreibung festgelegt werden. Risikofunktionen können nur unternehmens- oder bereichsindividuell bestimmt werden; als Faustregel kann man aber immer die oberen Führungsebenen und (sonstige) Mitarbeiter mit Wettbewerberkontakten dazu zählen.

---

[64] So auch *Armbrüster* CB 2013, 28 (30); HML/*Dittrich/Matthey* § 26 Rn. 78; *Moosmayer* Praxisleitfaden, 51.
[65] So auch *Riley/Bloom* Company Lawyer 2011, 21 (30); *Mäger/Kasten* Rn. 98; FK/*Seeliger/Mross,* Allg. Teil E, Rn. 293.
[66] Zu Präsenzschulungen umfassend auch FK/*Seeliger/Mross,* Allg. Teil E, Rn. 277 ff.
[67] Als Faustregel ist eine Größe von 20 bis 30 Teilnehmern angemessen, vgl. auch FK/*Seeliger/Mross,* Allg. Teil E, Rn. 282.

Die Teilnahme sollte für alle Risikofunktionen verpflichtend sein, was bei der Planung die Einbindung des Betriebsrats notwendig machen kann.[68]

Durch die Schulung führen die Referenten – Vertreter des Rechts-/Compliance-Bereichs oder externe Rechtsanwälte. Sie sollten den Teilnehmern ausreichend Gelegenheit zu Fragen, Kommentaren und zur Vorstellung (kurzer) Fälle aus dem eigenen Arbeitsalltag geben. Zu einer regen Beteiligung trägt fast immer die Präsentation von **Fallbeispielen** bei, die sich auf das Geschäft des Unternehmens bzw. des betreffenden Unternehmensteils beziehen sollten. Die Teilnehmer sollten aufgefordert werden, die Lösungen selbst zu entwickeln. 57

Zur Einleitung bieten sich beispielhafte Fälle aus der Behördenpraxis an, die die Mitarbeiter in ihrer Eigenschaft als Verbraucher (zB Kaffee-, Bierkartell) kennen, oder die die jeweilige Branche oder ggf. das konkrete Unternehmen betreffen. Das lässt sich mit einer möglichst lebhaften **Darstellung der bei Kartellverstößen drohenden Konsequenzen** verbinden. Sanktionen für Mitarbeiter sollten dabei ebenfalls erörtert werden, vor allem die Kartellstrafbarkeit im Ausland (soweit für das Unternehmen potentiell relevant) und auch gemäß dem – nachdrücklich von den Staatsanwaltschaften verfolgten[69] – § 298 StGB. In Präsenztrainings sollte auch der mögliche ausgesprochene oder unausgesprochene Einwand adressiert werden, man müsse Kartellabsprachen einfach nur geheim halten, dann bekomme auch niemand etwas davon mit. Hilfreicher als der (richtige) Verweis auf das unbedingte Bekenntnis des Unternehmens zu rechtskonformem Verhalten ist meist eine Schilderung der Wirksamkeit von **Kronzeugenprogrammen.** Zu einem Compliance-Training gehört auch die Klarstellung, dass Non-Compliance arbeitsrechtlich konsequent geahndet wird (→ § 42 Rn. 14). 58

Die **Darstellung der kartellrechtlichen Regeln** sollte sich auf (1) Handlungsanweisungen in eindeutigen Fällen konzentrieren und auf (2) eine (bloße) Sensibilisierung für Graubereiche.[70] In praxi bedeutet dies einerseits widerspruchsfreie Aussagen etwa zu Preis- und Gebietsabsprachen und zum Verhalten in Verbandssitzungen. Andererseits sollte, wann immer eine komplexere Einzelfallbewertung erforderlich wird, das grundsätzliche Thema (Marktmachtmissbrauch, Vertikalbeschränkungen, Wettbewerberkooperationen) skizziert und darauf aufmerksam gemacht werden, wann sich eine Einbindung der Rechts-/Compliance-Verantwortlichen empfiehlt. Zur Akzeptanz kartellrechtlicher Compliance trägt es immer bei, auf **zulässiges Verhalten** einzugehen. So hilft der Hinweis, dass die autonome, unabgestimmte Anpassung an das Verhalten von Wettbewerbern bis hin zur Übernahme von Preisstrategien nicht verboten ist. 59

Eine begleitende **Folienpräsentation** veranschaulicht die Inhalte einer Präsenzschulung. Außerdem verleiht sie dem interaktiven Format eine Struktur, die die Teilnehmer nach dem – in Grenzen durchaus wünschenswerten Abschweifen in Einzelfalldiskussionen – immer wieder zu den Grundregeln zurückführt. Der Text der Unterlage sollte sich auf die prägnante, in der Regel stichwortartige Wiedergabe von Kernaussagen beschränken und durch Graphiken ergänzt werden. Als Faustregel sollte die Unterlage im Fall einer zweistündigen Schulung nicht mehr als 35 Folien mit jeweils geringem Textumfang umfassen. Außerdem dient die Folienpräsentation der Dokumentation der Schulungsinhalte. 60

Zur Dauer von Präsenzschulungen: In weniger als einer Stunde können nur sehr allgemeine Regeln vermittelt werden. Bei Risikofunktionen sollten eine Schulung wenigstens anderthalb Stunden dauern. Mehr als zwei- bis zweieinhalbstündige Veranstaltungen soll- 61

---

[68] S. näher bei FK/*Seeliger/Mross,* Allg. Teil E, Rn. 206.
[69] Vgl. *Wagner von Papp* WuW 2009, 1236 (1243 ff.). Kartellrechtswidrige Absprachen im Zusammenhang mit Ausschreibungen werden vom BKartA automatisch an die zuständigen Staatsanwaltschaften gemeldet.
[70] Nach dem OLG Düsseldorf (Urt. v. 5.4.2006 – VI-2 Kart 5 + 6/05 OWi, WuW/E DE-R 1893 (1896 f.) – Transportbeton) müssen „Führungskräfte mit der komplexen Rechtsmaterie soweit vertraut sein, dass sie Zweifelsfälle selbständig beurteilen oder die Erforderlichkeit, Rechtsrat einzuholen, erkennen können."

ten auf die Zielgruppen beschränkt werden, in denen eine Vielzahl anspruchsvoller Sonderfragen etwa im Zusammenhang mit Marktbeherrschung adressiert werden müssen.

62 Mit Blick auf die **didaktische Aufbereitung von E-Learnings** helfen weitgehend ähnliche Überlegungen wie bei Präsenzschulungen, dh nach einem „abschreckenden" Teil mit der Vorstellung der drohenden Sanktionen von Kartellrechtsverstößen sollten die wesentlichen Regeln mit Hilfe von fiktiven Beispielsfällen aus der/der Branchen des Unternehmens veranschaulicht werden. Zum Abschluss sollte es einen **Test** geben, der ggf. so lange zu wiederholen ist, bis er bestanden wurde.

63 **c) Schulungsmanagement.** Gerade in Großunternehmen ist das Schulungsmanagement ausgesprochen aufwändig. Zu den Aufgaben gehört die regelmäßige Abfrage der Schulungsbedarfe in den Gliederungen des Unternehmens auf Basis einer vorher (von der Compliance-/Rechtsabteilung) festgelegten Zielgruppendefinition, die Terminabstimmung, -organisation und -einladung sowie abschließend ggf. das Verschicken von Teilnehmerunterlagen. Sollten eingeladene Mitarbeiter nicht dabei sein (können), sollte sichergestellt werden, dass sie an einem Folgetermin teilnehmen. Bei Präsenztrainings und bei web-basierten Trainings ist sicherzustellen, dass neue Mitarbeiter zeitnah nach ihrem Eintritt in das Unternehmen bzw. den jeweiligen Bereich an Präsenz- bzw. web-basierten Trainings teilnehmen.

64 Präsenzschulungen wie E-Learnings sollten **regelmäßig wiederholt** werden. Ein Turnus von zwei bis drei Jahren ist sinnvoll. Eine höhere Frequenz ist insofern problematisch, als die Bereitschaft der Mitarbeiter zur Auseinandersetzung mit Compliance-Regeln mit kürzeren Abständen zwischen den Schulungen sinkt. Allerdings kann es zweckmäßig sein, auf eine Präsenzschulung zwischendurch eine Auffrischung per E-Learning folgen zu lassen. Die Inhalte und vor allem die Präsentationsmaterialien sollten vor jedem neuen Schulungsturnus **aktualisiert** und von Zeit zu Zeit verändert werden, sowohl mit Blick auf geänderte Risikoeinschätzungen als auch auf die Fallbeispiele.

6. Kartellrechtliche Beratung

65 Compliance-Regelwerk und Schulungen müssen für **komplexere Rechtsfragen,** etwa bei der Bewertung vertikaler Beschränkungen oder potenziellen Marktmachtmissbrauchs, aber auch im Bereich der horizontalen Zusammenarbeit, durch ein kartellrechtliches Beratungsangebot ergänzt werden. Nur so erhalten die Mitarbeiter Handlungssicherheit in Zweifelsfällen. Speziell die organschaftlichen Vertreter von AG und GmbH sind außerdem im Rahmen ihrer Legalitätspflicht aus § 76 iVm § 93 AktG bzw. § 43 GmbHG verpflichtet, qualifizierten Rechtsrat einzuholen.[71] Noch darüber hinaus gehen die besonderen Compliance-Anforderungen des europäischen Kartellrechts. Seit Inkrafttreten der **EU-Verordnung 1/2003** sind die Unternehmen gezwungen, die Konformität ihres Handelns mit den Anforderungen des (heutigen) Art. 101 AEUV im Wege der Selbsteinschätzung zu gewährleisten, da die Möglichkeit der behördlichen Einzelfreistellung entfallen ist.[72] Dieser Paradigmenwechsel hat in der Praxis dazu geführt, dass horizontale und vertikale Kooperationsvorhaben frühzeitig kartellrechtlich begleitet werden und die Einbindung in die entsprechende Projektarbeit Tagesgeschäft von Rechts- bzw. Compliance-Abteilungen geworden ist.

66 Die Mitarbeiter sollten also die Möglichkeit haben, fallweise auf kompetente Berater zuzugreifen. Eine gewisse **In-house-Expertise** kann nicht nur dazu beitragen, Beratungskosten signifikant zu reduzieren. Sie ist auch insofern hilfreich, als der EuGH mit der *Schenker*-Entscheidung 2013 klargestellt hat, dass falscher Rechtsrat auch einer spezialisierten Kartellrechtskanzlei nicht vor einem Kartellbußgeld schützt.[73] Interne Juristen

---

[71] BGH Urt. v. 20.9.2011 – II ZR 234/09, CCZ 2012, 76 – Ision; BGH Urt. v. 27.3.2012 – II ZR 171/10, CCZ 2013, 34.
[72] S. dazu *Petry* Risikomanagement.
[73] EuGH Urt. v. 18.6.2013 – C-681/11, NJW 2013, 3083 – Schenker.

können von daher wenigstens eine qualifizierte Plausibilitätskontrolle sicherstellen. Im Übrigen setzt die vom BGH verlangte Unabhängigkeit des Rechtsrats auch nach der *Ision*-Rechtsprechung[74] nicht voraus, dass die Beratung durch externe Juristen erfolgt.[75]

Mit Blick auf das Risiko behördlicher Ermittlungen kann die Einschaltung externer **67** Anwälte grundsätzlich schon in der präventiven Beratung vorteilhaft sein. Denn das sog **Anwaltsprivileg,** also der Schutz der Korrespondenz zwischen Anwalt und Mandant vor behördlichem Zugriff (siehe § 9, → § 18 Rn. 79 ff.), gilt in Verfahren der Europäischen Kommission nach der *Akzo Nobel*-Entscheidung des EuGH[76] nur für externe Rechtsanwälte, nicht für Syndizi. Bei Nachprüfungen des BKartA beschränkt sich das Anwaltsprivileg – das hier ebenfalls nur für externe Anwälte gilt – jedoch auf die Verteidigerkorrespondenz im Bußgeldverfahren ab dem Zeitpunkt der Verfahrenseröffnung.[77] Externe anwaltliche Stellungnahmen, die im Rahmen der präventiven Beratung oder einer internen Ermittlung außerhalb eines Bußgeldverfahrens entstanden sind, genießen dagegen allenfalls[78] im Gewahrsam *der Anwaltskanzlei* den Schutz des Anwaltsprivilegs.[79] Vor allem präventiver Rechtsrat nutzt in der Praxis jedoch wenig, wenn er nicht – in dokumentierter, dh schriftlicher Form – die Entscheidungsträger im Unternehmen erreicht. Und da neben der Europäischen Kommission ja auch das Bundeskartellamt Art. 101 und 102 AEUV durchsetzen kann, ist im Ergebnis auch das umfassendere unionsrechtliche Legal Privilege bei Sachverhalten mit Auswirkungen in Deutschland ein dürftiges Schutzschild,[80] das die Mandatierung externer Rechtsanwälte allein in der Regel nicht rechtfertigt.

Die kartellrechtliche Beratung der Mitarbeiter trägt nicht zuletzt dazu bei, **Fehlverhal- 68 ten aufzudecken.**[81] Wird der Rechts-/Compliance-Bereich konsultiert, lässt sich die Bewertung geplanter Vorhaben (Kooperationen, Liefervereinbarungen etc) häufig nicht von der Einschätzung vorangegangenen Verhaltens trennen. Auf Rechtsverstöße in der Vergangenheit kann dann womöglich noch frühzeitig reagiert werden. Praktisch wichtig ist dies insoweit, als eine laufende Beratungsbeziehung das Vertrauen zwischen (internem) Mandanten und Rechts-/Complianceansprechpartner fördert, an den sich Mitarbeiter dann in heiklen Fällen mitunter eher wenden werden als an eine anonyme Hinweisgeber-Hotline.

7. Risikospezifische Prozesse

Je nach Risikoprofil des Unternehmens sind neben der fallweisen Rechtsberatung **maß- 69 geschneiderte Prozesse** und sonstige Maßnahmen zur Risikominimierung empfehlenswert. In praxi hilft häufig bereits die Sicherstellung der Einbindung von Rechts-/Compliance-Bereich durch entsprechende unternehmensorganisatorische Vorkehrungen wie Richtlinien, Organisationsanweisungen oder einen Katalog zustimmungspflichtiger Maßnahmen.[82]

a) Marktbeherrschung. Risikospezifische Prozesse bieten sich im Bereich des Missbrauchs- **70** verbots (und uU auch der Vertikalbeschränkungen) an. Soweit ein Unternehmen wegen Marktbeherrschung nur in den Grenzen des Missbrauchsverbots zum Beispiel Rabatte gewähren, Exklusivvereinbarungen abschließen oder verschiedene Leistungen miteinander

---

[74] BGH Urt. v. 20. 9. 2011 – II ZR 234/09, CCZ 2012, 76 – Ision.
[75] So die überzeugende hM, vgl. *Hahn/Neumann* CCZ 2013, 156 (160 f.) mwN.
[76] EuGH Urt. v. 14. 9. 2010 – C-550/07 P, Slg. 2010, I-8301 – Akzo Nobel.
[77] Umfassend zum Legal Privilege bzw. Anwaltsprivileg nach europäischem und deutschen Recht Schultze/Peter Rn. 113 ff.
[78] Vgl. *Dann* NJW 2015, 2609 ff.
[79] LG Mannheim Beschl. v. 3. 7. 2012 – 24 Qs 1, 2/12,NStZ 2012, 713. Anders noch LG Hamburg Beschl. v. 15. 10. 2010 – 608 Qs 18/10, NJW 2011, 942, auf Grundlage der Rechtslage vor der Neufassung des § 160a Abs. 1 StPO.
[80] Vgl. dazu auch die Einschätzung der Leiterin der Sonderkommission Kartellbekämpfung des BKartA *Krauß* WuW 2013, 24 (32 f.); aA Schultze/*Peter* Rn. 119.
[81] So auch FK/*Seeliger/Mross,* Allg. Teil E, Rn. 122.
[82] Vgl. auch FK/*Seeliger/Mross,* Allg. Teil E, Rn. 315 ff.

koppeln darf, sollten die Compliance-Verantwortlichen und die Vertriebsabteilung dafür jeweils gemeinsam Regeln bestimmen. Konkret sollten **Handlungsanweisungen** die mit Blick auf das Missbrauchsverbot problematischen Marktsegmente klar definieren, festlegen, ob in diesen Bereichen vom Missbrauchsverbot erfasste Verhaltensweisen überhaupt bzw. unter welchen Voraussetzungen und in welchem Umfang möglich sind, und in welchen Fällen **Genehmigungen** (durch Vertriebsleitung oder Compliance-/Rechtsbereich) einzuholen sind. Die Vertriebseinheiten sollten verpflichtet werden, ihre Praxis zu **dokumentieren** und Rechts-/Compliance-Bereich wiederum sollten nachhalten, ob die Handlungsanweisungen befolgt werden. Mit Blick auf das für Marktbeherrscher praktisch sehr relevante Diskriminierungsverbot sollte definiert und durch Handlungsanweisungen kommuniziert werden, unter welchen Voraussetzungen nach Abnehmern differenziert werden darf (va weil es dafür einen sachlichen Grund iSd Missbrauchsregeln gibt). Die Praxis ist wiederum zu dokumentieren und nachzuhalten.

71 Generell gilt, dass Marktbeherrscher wegen des **Diskriminierungsverbots** einer gewissen „Selbstbindung" an ihre Geschäftspraktiken unterliegen. Um die damit verbundenen Risiken unter Kontrolle zu behalten, ist ein **konsistenter Marktauftritt** wichtig, der ebenfalls durch Handlungsanweisungen (und die obligatorische Einbindung von Compliance-/Rechts-Bereich bei Abweichungen davon) sowie Dokumentationspflichten abgesichert werden sollte.

72 **b) Unternehmenstransaktionen.** Mit Blick auf Unternehmenstransaktionen[83] ist die offensichtlichste und zugleich wichtigste kartellrechtliche Compliance-Maßnahme, sicherzustellen, dass in jeden Akquisitionsvorgang die **Rechts- bzw. Compliance-Abteilung eingebunden** wird. Das lässt sich meistens mit einer (M&A-)Richtlinie bzw. einer entsprechenden Organisationsweisung umsetzen. Die Regelungen sind so weit zu fassen, dass auch Gemeinschaftsunternehmen bzw. Kooperationen ohne ausdifferenzierte Governance-Struktur erfasst werden, sofern sie fusionskontrollrechtlich als Zusammenschluss anzusehen sein könnten.

73 In M&A-Prozessen kann das Kartellrecht schon bei frühen Gedankenspielen von Strategie- bzw. M&A-Abteilung beim „Wie" (Fusionskontrollerfordernisse, Verfahrensaufwand und -dauer), womöglich auch beim „Ob" der Transaktion (Untersagungsrisiko) ins Gewicht fallen. Später müssen Rechts-/Compliance-Abteilung und deren externe Berater gewährleisten, dass (1) **fusionskontrollrechtliche Anmeldepflichten** und das **Vollzugsverbot** beachtet werden, und dass (2) beim Erwerb eines aktuellen oder potenziellen Wettbewerbers die **Grenzen des Kartellverbots** eingehalten werden. Das Kartellverbot ist insofern strenger als das Vollzugsverbot, als es bereits den **Austausch sensibler Geschäftsinformationen** beschränkt, und zwar in allen Phasen der Transaktion von ersten Vorgesprächen und Verhandlungen bis zum Closing. Abgesichert durch Vertraulichkeitsvereinbarungen sollte der Austausch von Informationen daher auf strikter Need-to-Know-Basis für die erlaubten Zwecke der Vertragsverhandlungen erfolgen. Das gleiche Prinzip kann auf Ebene der einzubindenden Mitarbeiter mit der **Einrichtung sog Clean Teams** berücksichtigt werden, also der Begrenzung der Mitarbeiter des Erwerbers, die Zugang zu sensiblen Geschäftsinformationen bekommen.[84]

74 Sehr praxisrelevant und häufig unterschätzt ist die **Gefahr, unwissentlich „Kartellhaftungsfälle einzukaufen",** also ein Unternehmen zu erwerben, das an – noch nicht aufgedeckten – Wettbewerbsverstößen beteiligt war oder noch ist.[85] Das Haftungsrisiko des Käufers erstreckt sich dabei zum einen auf das Zielunternehmen. Zum anderen kann aber auch der Erwerber selbst Adressat einer Bußgeldentscheidung werden. Für Großkon-

---

[83] Zur Kartellrechts-Compliance im Zusammenhang mit Transaktionen eingehend Schultze/Peter Rn. 268 ff.; Baron/Trebing BB 2016, 131 ff.
[84] Zu Vorsichtsmaßnahmen bei Transaktionen umfassend Besen/Gronemeyer CCZ 2013, 137 (142 ff.).
[85] Entsprechendes gilt für das Risiko, dass frühere Transaktionen des Unternehmens nicht ordnungsgemäß durch Kartellbehörden im Rahmen von Fusionskontrollverfahren genehmigt wurden.

zerne ist das besonders problematisch. Denn als Folge der *Grauzement*-Entscheidung des BGH[86] (→ § 18 Rn. 113 ff.) muss der – umsatzstärkere – neue Eigentümer mit einem deutlich höheren Bußgeld rechnen, als es der Verkäufer zu erwarten gehabt hätte.[87] Darüber hinaus kann sich die Haftung des Erwerbers auf alle Unternehmen erstrecken, die mit dem Zielunternehmen bis zum Erwerb eine wirtschaftliche Einheit gebildet haben – und zwar ohne dass das erworbene Unternehmen an einem Verstoß der anderen Konzerntochter beteiligt gewesen sein müsste.[88]

Zur Risikoreduktion sollte der Erwerber auf **Gewährleistungs- und Haftungszusagen des Verkäufers** für noch nicht verjährte bzw. noch nicht abgeschlossene Kartellverstöße des Zielunternehmens drängen. Diese werden aber wohl nie uneingeschränkt abgegeben werden und das Reputationsrisiko bleibt ohnehin beim Erwerber. Einen gewissen zusätzlichen Schutz bietet eine Bewertung des Targets auf konkrete Kartellrechtsrisiken bei der **Due Diligence**.[89] In der Regel werden sich so allerdings nur bereits „manifeste", der Unternehmensleitung (va aufgrund laufender Verfahren) bekannte Verstöße bzw. in Verträgen oder anderen Dokumenten fixierte Wettbewerbsbeschränkungen (zB Exklusivliefervereinbarungen) erfassen lassen. Den typischerweise geheimen Hardcore-Absprachen wird man im Übrigen kaum auf die Schliche kommen. Und auch eine substanzielle Analyse des generellen Risikoprofils wird während der Due Diligence aus Mangel an Zeit und häufig auch Kooperationsbereitschaft des Verkäufers nicht in Frage kommen; beim Kauf von der Börse oder bei Bieterverfahren scheidet sie ohnehin aus. Wenn ein Zielunternehmen allerdings schon mehrfach durch gravierende Kartellrechtsverstöße in Erscheinung getreten ist, sollte sich der Erwerber wegen eines realistischerweise unkalkulierbaren Risikos fragen, ob er von der Akquisition nicht lieber Abstand nimmt. 75

Eine **fundierte kartellrechtliche Risikobewertung** des Targets kann und sollte bald nach Abschluss der Transaktion stattfinden (zur Risikoanalyse → Rn. 31 ff.). Idealerweise wird sie flankiert durch kaufvertragliche Regeln, die dem Verkäufer für die Aufdeckung von Verstößen innerhalb einer gewissen Frist das Bußgeld- und Kostenrisiko auferlegen. Im Übrigen sollten sich die vom Erwerber auch sonst eingesetzten Maßnahmen der Risikoabwehr anschließen. Die Implementierung des Compliance-Programms des Erwerbers sollte Teil des allgemeinen Post Merger Integration-Prozesses sein. Falls sich der Erwerber entscheiden sollte, beim erworbenen Unternehmen das vorhandene Compliance-System zu belassen, sollte er dieses wiederum auf seine Eignung überprüfen. 76

c) Behördliche Durchsuchungen. Zum kartellrechtlichen Compliance-Programm gehört nicht zuletzt ein **Notfallmanagement für kartellbehördliche Durchsuchungen** (zu den behördlichen Kompetenzen → § 8 Rn. 2 ff., → § 17 Rn. 94 ff.). Es dient dazu sicherzustellen, dass die Rechts-/Complianceabteilung bzw. externe Anwälte umgehend im Falle einer Durchsuchung eingebunden werden, die Untersuchungen nicht behindert werden, dh dass vor allem keine Dokumente vernichtet werden, und dass der Ablauf der Durchsuchungen und die sichergestellten/beschlagnahmten bzw. von der Behörde kopierten Unterlagen zur Vorbereitung der Kooperations- bzw. Verteidigungsstrategie (→ § 41) dokumentiert werden.[90] 77

In Unternehmen mit mehreren Standorten ist es sinnvoll, für das lokale Notfallmanagement **dezentrale Ansprechpartner** mit in die Verantwortung einzubeziehen. Dazu eignen sich jeweils Vertreter des höheren Managements, bei denen vor Ort die Fäden zu- 78

---

[86] BGH Beschl. v. 26. 2. 2013 – KRB 20/12, NJW 2013, 1972 Rn. 81 ff. – Grauzementkartell.
[87] EuGH Urt. v. 5. 3. 2015 – verb. Rs. C-93/13 P – Versalis und Eni. Umfassend zur Haftung des Erwerbers für Kartellverstöße des Zielunternehmens vor Erwerb *Baron/Trebing* BB 2016, 131 (133 ff.).
[88] EuGH Urt. v. 5. 3. 2015 – verb. Rs. C-93/13 P und C-123/13 P – Versalis und Eni/Kommission. Umfassend zur Haftung des Erwerbers für Kartellverstöße des Zielunternehmen vor Erwerb *Baron/Trebing* BB 2016, 131 (133 ff.).
[89] S. dazu *Liese* BB-Special 4 Heft 50/2010, 27 ff. mwN; *Mäger/Kasten* Rn. 55.
[90] Ausführlich zum Verhalten bei kartellbehördlichen Durchsuchungen *Schultze/Peter* Rn. 46 ff.; s. *Mäger/Kasten* Rn. 90 ff.

sammenlaufen. Während alle unmittelbar rechtlich relevanten Entscheidungen von der zentralen Rechts-/Complianceabteilung getroffen werden sollten, kann ein designierter lokaler Ansprechpartner wichtige praktische Unterstützung leisten (zB das Abstellen von Sicherungspersonal vor versiegelten Räumen[91]). Entsprechende lokale Ansprechpartner sollten jedenfalls an den größeren Standorten unabhängig von einer Durchsuchung (also vorher) benannt und unterwiesen werden. Die wichtigsten Regeln sollten in einem Leitfaden festgehalten werden. Häufig wird es zweckmäßig sein, eine einheitliche Notfallplanung für kartellbehördliche und andere, vor allem staatsanwaltschaftliche Durchsuchungen zu entwickeln.[92]

8. Hinweismanagement

79 Als Teil eines Compliance-Systems sollte allen Mitarbeitern eine Stelle offen stehen, bei der sie Hinweise auf Gesetzes- bzw. Regelverstöße melden können. Diese Stelle sollte dann wiederum in einem geregelten Prozess die nächsten Schritte initiieren, dh eine erste Überprüfung des Hinweises und ggf. die Weiterleitung an den für weitere Sachverhaltsaufklärung/Ermittlungen zuständigen Bereich. Ergänzend empfiehlt es sich, einen Ombudsman einzusetzen.[93]

80 Häufig nehmen Mitarbeiter erst einmal mit den sie regelmäßig beratenden Ansprechpartnern im Rechts-/Compliancebereich Kontakt auf, wenn ihnen Unregelmäßigkeiten auffallen. Im Einzelfall sollten dann Rechts-/Compliance-Mitarbeiter zur Inanspruchnahme des Hinweismanagements raten bzw. sie müssten, falls dies unterbleibt, ggf. selbst einen Hinweis einreichen.

9. Berichterstattung

81 Um ihre Legalitätskontrollpflicht (→ Rn. 6) erfüllen zu können, muss die **Unternehmensleitung sicherstellen, dass sie regelmäßig über die Wirksamkeit des Compliance-Systems informiert wird.** Nur so kann sie sich ein Bild davon machen, ob es Risiken gibt, die nicht ausreichend berücksichtigt sind und durch weiterreichende Maßnahmen adressiert werden müssten. Der Vorstand einer AG – und über § 52 Abs. 1 GmbHG gegebenenfalls auch die Geschäftsführung einer GmbH – muss wiederum dem Aufsichtsrat die Möglichkeit geben, seiner Überwachungspflicht nachzukommen (§ 111 Abs. 1 AktG). Innerhalb großer Konzerne sollte die Berichterstattung auch die **dezentralen Geschäftsleitungen** erfassen. Die praktische Herausforderung besteht darin, funktionierende Berichtsstrukturen einzurichten, damit in regelmäßigen Abständen alle relevanten Informationen letztlich Unternehmensleitung(en) und Aufsichtsrat erreichen.

82 Die Berichterstattung muss neben **konkreten Compliance-Vorfällen,** dem Stand der internen Ermittlungen und gegebenenfalls personeller Konsequenzen[94] einen Überblick über den **Status der präventiven Maßnahmen** umfassen.[95] Im Bereich des Kartellrechts ist eine schnelle **ad-hoc Berichterstattung** zu konkreten Verstößen besonders wichtig. Bei Kartellverstößen stellt sich regelmäßig, häufig unter großem Zeitdruck, die Frage, ob von Kronzeugenregelungen Gebrauch gemacht werden sollte (→ § 41 Rn. 13 ff.).

10. Überwachung

83 Alle der genannten Leitlinien der Kartellbehörden und Interessengruppen (→ Rn. 10 f.) empfehlen neben den rein präventiven Maßnahmen auch **investigative Maßnahmen,** um zu überprüfen, ob die Vorgaben durch die kartellrechtlichen Regelwerke und Schu-

---

[91] EuG Urt. v. 15.12.2010 – T-141/08, EuZW 2011, 230 – E.ON Energie AG/Kommission. In diesem Fall wurde ein Bußgeld in Höhe von 38 Mio EUR für die fahrlässige Beschädigung eines Siegels verhängt.
[92] Das BKartA kann im Bußgeldverfahren mit wenigen Ausnahmen (zB Verhaftungen) auf dieselben Befugnisse und Ermittlungsmaßnahmen zurückgreifen wie die Staatsanwaltschaft, § 46 OWiG iVm § 81 GWB.
[93] Zu Hinweisgebersystemen umfassend *Moosmayer* Praxisleitfaden, 56 ff.; Schultze/*Wagener* Rn. 253 ff.; FK/*Seeliger*/*Mross,* Allg. Teil E, Rn. 325 ff.
[94] LG München I Urt. v. 10.12.2013 – 5 HK O 1387/10, NZG 2014, 345.
[95] Vgl. *Bicker* AG 2012, 542 (545 ff.).

lungen auch tatsächlich eingehalten werden.[96] Dies sei wichtig, um die Glaubwürdigkeit der Compliance Strategie zu untermauern.[97]

Dabei können die investigativen Maßnahmen unterschiedlich ausgerichtet sein. Zwingend ist, konkreten Verdachtsmomenten durch **anlassbezogene Prüfungen** nachzugehen und aufgedeckte Kartellverstöße unverzüglich abzustellen. Daneben empfiehlt es sich auch, **nicht anlassbezogene, präventive Prüfungen** vorzunehmen. Der Fokus solcher Untersuchungen liegt dabei weniger in der Aufdeckung von konkreten Kartellverstößen, sondern mehr darauf, inwiefern die präventiven Compliance-Maßnahmen zur Vermeidung von Kartellverstößen tatsächlich in der zu prüfenden Einheit des Unternehmens ausreichend umgesetzt werden. Inhaltlich sollten solche Prüfungen risikoorientiert ausgerichtet sein und sich beispielsweise mit Verbandsaktivitäten oder Ausschreibungsverfahren befassen. 84

Sowohl bei den anlassbezogenen als auch bei den nicht anlassbezogenen, präventiven Untersuchungen stellen sich eine Vielzahl von Detailfragen: Wer ist für solche Untersuchungen zuständig? Wie laufen Untersuchungen ab? Wer wird über die Untersuchung informiert? Welche Rechte und Pflichten hat ein betroffener Mitarbeiter im Rahmen solcher Untersuchungen? Welche datenschutzrechtlichen und arbeitsrechtlichen Vorgaben müssen beachtet werden? Wie ist der Betriebsrat einzubinden? Wie werden Kartellverstöße sanktioniert? Bei der Beantwortung all dieser Fragen sind zwei Besonderheiten des Kartellrechts zu berücksichtigen: Zum einen sind Kartellrechtsverstöße in der Regel nur sehr **schwer aufzudecken.** Zum anderen ist aufgrund der Beteiligung mehrerer Unternehmen und der Möglichkeit, durch einen frühzeitigen Kronzeugenantrag einer Geldbuße zu entgehen, **Vertraulichkeit und Schnelligkeit** im Rahmen der Untersuchung besonders wichtig. Diese Detailfragen werden an anderer Stelle unter Berücksichtigung dieser Besonderheiten ausführlich erörtert (→ 40 Rn. 1 ff.). 85

11. Kontinuierliche Verbesserung

Kartellrechtliche Compliance-Programme müssen **kontinuierlich weiterentwickelt** und an die sich fortlaufend verändernden Gegebenheiten angepasst werden. Veränderungen können sich unter anderem aus dem Risikoprofil der Geschäftstätigkeiten des Unternehmens, neuen Compliance-Standards oder gesetzlichen Regelungen ergeben. So können sich kartellrechtliche Risiken deutlich erhöhen, wenn es zu einer Konsolidierung innerhalb des Marktes kommt oder Verbandsaktivitäten zunehmen (erhöhtes Risiko für Absprachen und abgestimmte Verhaltensweisen), Vertriebsstrukturen verändert werden (erhöhtes Risiko im Hinblick auf Kartellverstöße im vertikalen Verhältnis) oder das Unternehmen seine Marktposition weiter ausbaut (erhöhtes Risiko des Missbrauchs einer marktbeherrschenden Stellung). Die sich in den letzten Jahren verändernden Compliance-Standards verdeutlichen, dass es nicht mehr nur ausreicht – wie früher üblich – Richtlinien zum Kartellrecht zu erlassen und Mitarbeiter zu schulen, sondern dass weitere Maßnahmen, wie die beschriebenen, mittlerweile zum „State of the Art" zählen. Diese Entwicklung ist sicherlich noch nicht am Ende, so dass Unternehmen im Rahmen von **Benchmarking und Best-Practice-Sharing** fortlaufend werden prüfen müssen, ob sie mit ihren kartellrechtlichen Compliance Aktivitäten auf dem letzten Stand sind. 86

Diese kontinuierliche Weiterentwicklung muss sich in den Strukturen des Compliance-Programms wiederfinden. So sollte die regelmäßige kartellrechtliche Compliance-Risikoanalyse einen Schwerpunkt auf mögliche Änderungen der geschäftlichen oder regulatorischen Rahmenbedingungen setzen. Weitere denkbare Maßnahmen, um relevante Veränderungen zu identifizieren, wären eine regelmäßige Auswertung der Compliance-Fragestellungen von Mitarbeitern sowie der konkreten Compliance-Vorfälle. Noch wesentlicher als 87

---

[96] Zu internen Untersuchungen im Bereich des Kartellrechts KTG/*Wollschläger*, 865 ff.; Mäger/*Kasten* Rn. 106 ff., *Moosmayer* Praxisleitfaden, 85 ff.; Moosmayer/Hartwig/*Heckenberger* Interne Untersuchungen, 139 ff., FK/*Seeliger/Mross,* Allg. Teil E, Rn. 342 ff.
[97] So die Europäische Kommission, Wettbewerbsrechtliche Compliance, 14.

die Identifizierung der Veränderungen ist die Reaktion auf diese. Im Bereich der kartellrechtlichen Compliance wird ein Schwerpunkt immer wieder sein, das Bewusstsein für die schwierigen kartellrechtlichen Fragestellungen bei den Mitarbeitern nachhaltig aufrechtzuerhalten, so dass bei der Weiterentwicklung regelmäßig die Themen Kommunikation und Schulung im Mittelpunkt stehen werden.

B. Berücksichtigung von Compliance-Programmen bei der Sanktionierung von Kartellrechtsverstößen

88 Die Frage, ob Compliance-Programme im Rahmen der behördlichen Sanktionierung von Kartellrechtsverstößen berücksichtigt werden, wird insbesondere von der Europäischen Kommission[98] mit einem kategorischen Nein beantwortet. EuG[99] und EuGH[100] tragen in konkreten Einzelfällen die ablehnende Haltung der Kommission bisher mit. Auch das Bundeskartellamt ist bislang nur sehr zögerlich bereit, Compliance-Programme im Rahmen von Bußgeldverfahren zumindest teilweise zu berücksichtigen.[101] Aus Sicht von Unternehmen, die mit erheblichem finanziellen und personellen Aufwand ein **nachhaltiges Compliance-Programm** nach vorstehend beschriebenen Maßgaben (→ Rn. 18 ff.) implementieren, ist diese pauschale Außerachtlassung der Compliance-Bemühungen bei der Sanktionierung eines trotz aller Anstrengungen eingetretenen Kartellverstoßes nur schwer nachzuvollziehen. Es wird teilweise sogar die Frage aufgeworfen, ob Compliance-Maßnahmen ein Unternehmensrisiko darstellen – zumindest im Hinblick auf die Haftung von Muttergesellschaften bei Kartellverstößen, die bei Tochtergesellschaften aufgetreten sind (→ Rn. 98 ff.).[102]

89 Im Rahmen der behördlichen Sanktionierung von Kartellverstößen könnten nachhaltige Compliance-Programme von Unternehmen an zwei verschiedenen Stellen de lege lata berücksichtigt werden: Zum einen bereits bei der Frage der **Haftung des Unternehmens** für einen Kartellverstoß (→ Rn. 90 ff.), zum anderen bei der **Festsetzung eines Bußgeldes** (→ Rn. 108 ff.). In der **wettbewerbspolitischen Debatte** werden unterschiedliche Aspekte für und wider eine solche Berücksichtigung diskutiert (→ Rn. 118 ff.).

I. Haftung des Unternehmens für einen Kartellverstoß

90 Der von natürlichen Personen begangene Kartellverstoß muss einem „Unternehmen" iSd § 1 GWB bzw. Art. 101 Abs.1, 102 AEUV zugerechnet werden, damit die Verhängung einer unternehmensbezogenen Sanktion überhaupt in Betracht kommt. Hat ein Unternehmen ein nachhaltiges Compliance-Programm implementiert und den für das Unternehmen tätigen natürlichen Personen jedwedes kartellrechtswidrige Handeln nachweisbar glaubhaft und sanktionsbewehrt untersagt, stellt sich die Frage, ob eine Zurechnung des Täterverhaltens zum Unternehmen und damit eine Haftung des Unternehmens noch in Betracht kommen kann.[103]

---

[98] S. Europäische Kommission, Wettbewerbsrechtliche Compliance, 19; früherer EU-Wettbewerbskommissar *Almunia* beispielsweise in Vorträgen am 25.10.2010 auf der Business Europe& US Chamber of Commerce Competition Conference in Brüssel (Speech/10/586) und am 14.4.2011 auf der 15th International Conference on Competiton in Berlin (Speech/11/268).

[99] S. EuG Urt. v. 13.7.2011 – T-138/07, Slg. 2011, II-04819 Rn. 88 und 282 – Schindler. Weitere Nachweise bei *Gehring/Kasten/Mäger* CCZ 2013, 1, 2 (Fn. 9). Einen weltweiten Überblick bieten *Linsmeier/Dittrich* NZKart 2014, 485.

[100] S. jüngst EuGH Urt. v. 18.7.2013 – C-501/11 P Rn. 144 – Schindler.

[101] Vgl. BKartA, Tätigkeitsbericht 2013/2014, BT-Drs. 18/5210, 50.

[102] Vgl. *Gehring/Kasten/Mäger* CCZ 2013, 1.

[103] Der Ausschluss der Zurechnung kann unter diesem Gesichtspunkt freilich nur bei Bestehen eines nachhaltigen Compliance Programms *vor* Begehung des Kartellverstoßes überhaupt in Erwägung gezogen werden.

1. Haftung des Unternehmens nach deutschem Recht

Sanktionen des **deutschen Kartellrechts** richten sich nach den Vorgaben des **Ord-** 91 **nungswidrigkeitenrechts** (OWiG). Eine Haftung einer juristischen Person kommt gem. § 30 Abs. 1 OWiG grundsätzlich in zwei Fällen in Betracht: Entweder eine natürliche Person hat als Organ, Organteil oder sonstiger Vertretungsberechtigter den Kartellverstoß unmittelbar selbst begangen; oder eine natürliche Person hat in ihrer Eigenschaft als gesetzlicher Vertreter des Unternehmens (oder gem. § 9 OWiG gleichgestellte Aufsichtsperson) eine Ordnungswidrigkeit dadurch begangen, dass sie ihre gem. § 130 OWiG obliegende Aufsichtspflicht verletzt hat.[104]

Sind **Organe** (oder gleichgestellte natürliche Personen) an dem Kartellverstoß unmit- 92 telbar beteiligt, kann auch ein nachhaltiges Compliance-Programm an der grundsätzlichen Haftung des Unternehmens für einen durch einen vertretungsberechtigten Mitarbeiter begangenen Kartellverstoß wohl nichts ändern.[105] Ein solcher Verstoß kann gem. § 30 OWiG zu einer Geldbuße gegen das Unternehmen selbst führen.[106] Da § 30 Abs. 1 Nr. 5 OWiG auch **„sonstige Leitungspersonen"** und damit zB Leiter der organisatorischen Einheiten Einkauf oder Vertrieb erfasst,[107] ist unter diese Fallgruppe eine große Zahl von Kartellverstößen zu subsumieren. (Davon zu trennen ist die Frage, ob in diesen Fällen eine Bußgeldreduktion aufgrund der Implementierung eines nachhaltigen Compliance-Programms zwingend auszuschließen ist (→ Rn. 108 ff.).)

Allerdings sind Organ- oder vergleichbare Unternehmensvertreter nicht an allen Kar- 93 tellverstößen beteiligt. Gerade bei größeren Unternehmen sind sehr viele markt- und damit kartellrechtsrelevante Aufgaben **dezentral** beim **mittleren und unteren Management** angesiedelt; höherrangige Leitungspersonen sind nicht zwangsläufig in alle kartellrechtswidrige Sachverhalte eingebunden. Bei **vertikalen Sachverhalten** (zB faktische Preisbindung der zweiten Hand) ist das höhere Management oftmals nicht involviert. Auch im Bereich des Missbrauchs einer **marktbeherrschenden Stellung** (zB Kopplungsgeschäften; Diskriminierung, Treueboni etc) können Mitarbeiter des unteren und mittleren Managements alleinverantwortlich Kartellverstöße begehen. Vor allem aber der immer mehr in den Vordergrund rückende **horizontale Informationsaustausch**[108] findet nicht nur zwischen Leitungspersonen statt. Hier können auch Mitarbeiter auf Sachbearbeiter-Ebene wettbewerbsrelevante Informationen weisungswidrig systematisch mit Wettbewerbern austauschen und in die unternehmensinternen Wissensdatenbanken als „aus dem Markt bekannt" oder „von Kunden mitgeteilt" einspeisen, ohne dass Vorgesetzte positiv wissen (oder überprüfen könnten), welche Quellen im Einzelnen genutzt wurden. In diesen oder ähnlichen Fällen von weisungswidrig handelnden Mitarbeitern (*„rogue employees"*[109]) kommt eine Haftung des Unternehmens nur bei Vorliegen einer **Aufsichtspflichtverletzung** gem. dem grundsätzlich subsidiär anzuwendenden § 130 OWiG in Betracht. Demnach haftet ein Unternehmen, wenn die Unternehmensleitung es versäumt, Aufsichtsmaßnahmen zu ergreifen, die erforderlich sind, um im Unternehmen Zuwiderhandlungen gegen unternehmensbezogene Pflichten zu verhindern, deren Verletzung mit Strafe oder Geldbuße (hier: Verstöße gegen kartellrechtliche Verbotsnormen) bedroht ist. Zuwiderhandlungen müssen verhindert oder wesentlich erschwert werden.[110] Ein nachhaltiges Compliance Programm nach den vorstehenden Maßgaben (→ Rn. 6 ff.) ist daher erforderlich aber auch ausreichend, um diesen Aufsichtspflichten zu genügen und eine Haftung des Unternehmens auszuschließen.

---

[104] Vgl. hierzu ausführlich Wiedemann/*Klusmann* HdB KartellR § 55 Rn. 31 ff.
[105] Ähnlich *Pampel* BB 2007, 1636 (1637 ff.).
[106] Vgl. Bechtold/*Bechtold* § 81 Rn. 67 ff.
[107] Vgl. HML/*Pelz* § 5 Rn. 7 ff. mwN.
[108] Auch als „Kartelle 2.0" bezeichnet.
[109] Zum „rogue employee": *Office of Fair Trading,* Drivers of Compliance and Non-compliance with Competition Law, 2010, 38 f.
[110] *Mäger*/*Kasten* Kap. 2 Rn. 11, 37, 138 mwN.

94 Diese Enthaftungsmöglichkeit erkannten in der Vergangenheit sowohl die Literatur[111] als auch die Rechtsprechung und das Bundeskartellamt an und prüften in diesem Zusammenhang die Wirksamkeit von Aufsichtsmaßnahmen und damit auch von Compliance-Maßnahmen.[112] Zuletzt hat das Bundeskartellamt in seinem Tätigkeitsbericht für den Berichtszeitraum 2011/2012 ausgeführt:

95 „[…] Compliance [kann] – je nach Ausgestaltung und praktischer Durchführung – die Haftung der Konzern- bzw. Unternehmensleitung wegen Aufsichtspflichtverletzung nach § 130 OWiG vermeiden."[113]

2. Haftung des Unternehmens nach EU-Recht

96 Anders als nach dem deutschen Ordnungswidrigkeitenrecht haftet nach **europäischer Praxis** das Unternehmen gem. Art. 23 Abs. 2 lit. a VO 1/2003 für Kartellverstöße seiner Mitarbeiter grundsätzlich unabhängig davon, ob diese vertretungsbefugt waren oder im Auftrag von Unternehmensorganen handelten. Es wird weder eine Handlung noch Kenntnis des Inhabers oder Geschäftsführers des Unternehmens bzw. der Leitungsorgane vorausgesetzt. Vielmehr genügt die Handlung einer Person, die berechtigt ist, für das Unternehmen tätig zu werden.[114] Da die Europäische Kommission demnach mit Billigung des EuGH den Kreis möglicher, dem Unternehmen zuzurechnender Täter sehr weit zieht,[115] ist die Frage, ob eine Aufsichtspflichtverletzung eines Organs des Unternehmens vorliegt, nach europäischem Recht regelmäßig irrelevant. Dies bedeutet aber zugleich, dass eine **Enthaftung** des Unternehmens mangels Aufsichtspflichtverletzung aufgrund des Betreibens eines nachhaltigen Compliance Programms grundsätzlich **nicht** in Betracht kommt.

97 Allerdings ist eine andere, ganz entscheidende Frage weiterhin unbeantwortet:[116] Kann ein Handeln eines Mitarbeiters noch dem Unternehmen zugerechnet werden, wenn es außerhalb des ihm übertragenen Aufgabenbereichs liegt oder weisungswidrig ist? Eine Zurechnung sollte jedenfalls so, wie oben zum deutschen Recht dargestellt, dann unterbleiben, wenn ein Mitarbeiter eindeutig weisungswidrig, entgegen klarer Compliance-Vorgaben gehandelt hat und darüber hinaus sorgfältig ausgewählt und, soweit es dem Unternehmen möglich ist, auch überwacht worden ist (zur wettbewerbspolitischen Diskussion → Rn. 118 ff.).[117]

3. Konzernweite Compliance-Programme – Risikofaktor oder Enthaftungsmöglichkeit für Konzernobergesellschaften?

98 Bei Konzernverhältnissen stellt sich die folgende Frage: Kann das kartellrechtliche Fehlverhalten einer Tochtergesellschaft bzw. deren Mitarbeiter auch dann zu einer **Haftung der Konzernobergesellschaft** führen, wenn von der Konzernleitung ein nachhaltiges Compliance-Programm konzernweit implementiert worden ist?

99 **a) Nationale Sachverhalte.** Bei **deutschen Sachverhalten** kann sich de lege lata ein nachhaltiges Compliance-Programm auch und gerade bei Konzernsachverhalten aus folgendem Grund **enthaftend** auswirken. Sofern kein Organ oder gleichgestellter Vertreter der Konzernobergesellschaft an dem Kartellverstoß unmittelbar selbst beteiligt ist, kommt eine

---

[111] S. Mäger/Kasten Kap. 2 Rn. 138; Bechtold/Bechtold, § 81 Rn. 67; van Vormizeele, CCZ 2009, 41 (45); Bosch/Colbus/Harbusch, WuW 2009, 740 (742 f., 748); Pampel BB 2007, 1636 (1637 ff.).
[112] S. dazu ausführlich mwN Linsmeier/Dittrich NZKart, 2014, 485 (486).
[113] Vgl. BKartA, Tätigkeitsbericht 2013/2014, BT-Drs. 18/5210, 50. Eine weitergehende Berücksichtigung von Compliance Programmen wird dagegen weiterhin strikt abgelehnt.
[114] Grundlegend EuGH Urt. v. 7.6.1983 – C-100–103/80, Slg. 1983, 1825 Rn. 97 – Musique diffusion française. S. auch EuGH Urt. v. 18.9.2003 – C-338/00 P, Slg. 2003, I-09189 Rn. 98 – Volkswagen.
[115] S. hierzu ausführlich Immenga/Mestmäcker/Dannecker/Biermann EuWettbR Vor Art 23 VO 1/2003 Rn. 125 ff. mwN.
[116] Vgl. Mäger/Kasten Kap. 2 Rn. 135, 137 mwN. Bedauerlicherweise wegen Unzulässigkeit des Vorbringens nicht beantwortet in EuGH Urt. v. 18.7.2013 – C-501/11 P Rn. 82 f. – Schindler.
[117] So auch Mäger/Kasten Kap. 2 Rn. 137 mwN.

Haftung der Konzernobergesellschaft nur wegen Verstoßes gegen Aufsichtspflichten gem. § 130 OWiG in Betracht. Es gibt im deutschen Ordnungswidrigkeitenrecht gerade keine allgemeine Haftung der Konzernmutter für Kartellrechtsverstöße ihrer Tochtergesellschaften (*„parental liability"*).[118] Wie bei der Frage der Aufsichtspflichtverletzung der Unternehmensleitung ist im Falle eines Verstoßes durch eigene Mitarbeiter – erst recht – der Vorwurf einer Aufsichtspflichtverletzung der Konzernleitung entkräftet, wenn ein konzernweites, nachhaltiges Compliance-Programm seitens der Konzernleitung implementiert worden ist.[119] Den der Konzernleitung obliegenden Aufsichtspflichten wird durch die Implementierung eines solchen Programms vollständig genügt, für den Vorwurf der Aufsichtspflichtverletzung verbleibt kein Raum. Diese Enthaftungsmöglichkeit der Konzernleitung und damit der Konzernobergesellschaft wird auch vom Bundeskartellamt ausdrücklich anerkannt (→ Rn. 94). *De lege ferenda* wäre eine Enthaftung der Konzernmutter nur zu erreichen, wenn auch und insbesondere den Leitungspersonen der in einen Kartellverstoß involvierten Tochtergesellschaft kein Kartellverstoß vorgeworfen werden kann. § 81 Abs. 3a RegE-GWB sieht ua folgende Regelung zur Bußgeldhaftung der Konzernmutter vor:

Hat jemand als Leitungsperson im Sinne des § 30 Absatz 1 Nummer 1 bis 5 des Gesetzes über Ordnungswidrigkeiten eine Ordnungswidrigkeit nach den Absätzen 1 bis 3 begangen, durch die Pflichten, welche das Unternehmen treffen, verletzt worden sind oder das Unternehmen bereichert worden ist oder werden sollte, so kann auch gegen weitere juristische Personen oder Personenvereinigungen, die das Unternehmen zum Zeitpunkt der Begehung der Ordnungswidrigkeit gebildet haben und die auf die juristische Person oder Personenvereinigung, deren Leitungsperson die Ordnungswidrigkeit begangen hat, unmittelbar oder mittelbar einen bestimmenden Einfluss ausgeübt haben, eine Geldbuße festgesetzt werden.

Im Ergebnis ändert sich die Haftungslage für die Konzernmutter damit *de lege ferenda* für den Fall, dass eine Leitungsperson der Tochtergesellschaft an einem Kartellverstoß beteiligt ist. Anders als *de lege lata* käme es *de lege ferenda* für eine Haftung der Konzernmutter nicht mehr auf eine Aufsichtspflichtverletzung ihrer Leitungspersonen an. *De lege lata* käme eine Enthaftung dagegen in genau diesem Fall durchaus in Betracht, wenn die Konzernmutter den Nachweis führen könnte, dass sie trotz eines nachhaltigen Compliance Programms vom Verstoß der Leitungsperson der Tochtergesellschaft keine Kenntnis erlangen konnte und beispielsweise eine Leitungsperson vorsätzlich und weisungswidrig gehandelt hat.
§ 81 Abs. 3a RegE-GWB beschränkt die Haftung der Konzernmutter ausdrücklich auf Ordnungswidrigkeiten der Leitungsperson der Tochtergesellschaft nach § 81 Abs. 1 bis 3 GWB. Nicht geregelt wird folglich die Haftung der Konzernmutter für eine Ordnungswidrigkeit in Form einer Verletzung der Aufsichtspflicht auf Ebene der Tochtergesellschaft. Sofern der Leitungsperson der Tochtergesellschaft eine Verletzung der Aufsichtspflicht aufgrund eines unzureichenden Compliance Programms nachgewiesen werden würde, wäre allerdings sowohl *de lege lata* als auch *de lege ferenda* größerer Aufwand seitens der Konzernmutter erforderlich, um nachzuweisen, dass sie selbst ihrer Aufsichtspflicht vollumfänglich genügt hat.

b) Europäische Sachverhalte. Anders dagegen die Situation im **europäischen** Recht:[120] **100**
Hier wird im Hinblick auf die Haftung der Konzernobergesellschaft von der Rechtsprechung und der Europäischen Kommission auf das Vorliegen einer wirtschaftlichen Einheit

---

[118] S. instruktiv *Bürger* WuW 2011, 130 (133 ff.). AA offenbar *Kokott/Dittert* WuW 2012, 670 (683) unter Rekurs auf eine andere Betrachtung von Konzernverhältnissen im europäischen Recht. Zur Situation *de lege ferenda* → § 18.
[119] S. hierzu auch *Pampel* BB 2007, 1636 (1637), der hier den Hauptanwendungsfall des § 130 OWiG (und der Bedeutung von Compliance-Programmen) sieht.
[120] Die vielschichtige Frage der Haftung von Konzernobergesellschaften für Kartellverstöße einer Tochtergesellschaft ist im europäischen Recht seit langem stark umstritten. Vgl., wenn auch nicht in jedem Detail zwingend, *Kokott/Dittert* WuW 2012, 670.

abgestellt (ausführlich → § 13 Rn. 44). Ausschlaggebend ist, ob die Muttergesellschaft nicht nur die Möglichkeit hat, Einfluss auf die strategischen Entscheidungen der Tochtergesellschaft zu nehmen, sondern diesen Einfluss auch tatsächlich ausübt.[121] Dieser bestimmende Einfluss muss sich nicht unbedingt auf die konkrete Kartellteilnahme als solche beziehen. Es genügt, dass die Muttergesellschaft das Marktverhalten ihrer Tochter im Allgemeinen in maßgeblicher Weise bestimmt. Entscheidend ist, dass „die Tochtergesellschaft trotz eigener Rechtspersönlichkeit ihr Marktverhalten nicht autonom bestimmt, sondern im Wesentlichen die Weisungen der Muttergesellschaft befolgt, und zwar vor allem wegen der wirtschaftlichen, organisatorischen und rechtlichen Bindungen, die die beiden Rechtssubjekte verbinden".[122] Befindet sich die Tochtergesellschaft zu (annähernd) 100% im Eigentum der Muttergesellschaft, so wird widerleglich vermutet, dass die Muttergesellschaft ihren Einfluss auch tatsächlich ausgeübt hat.[123]

101 Auf der einen Seite kommt daher eine der deutschen Rechtslage vergleichbare **Enthaftung** der Konzernobergesellschaft durch Implementierung eines konzernweiten nachhaltigen Compliance-Programms rechtssystematisch nicht in Betracht. Es kommt anders selbst nach § 81 Abs. 3a RegE-GWB für eine Haftung nicht auf die Verletzung einer Aufsichtspflicht durch die Konzernobergesellschaft an.[124] Auf der anderen Seite haben neuere Entscheidungen des EuG und des EuGH[125] zu der Frage geführt, ob die Einführung eines konzernweiten Compliance-Programms im europäischen Kontext sogar das Haftungsrisiko für Konzernobergesellschaften erhöhe und daher ein **Unternehmensrisiko** darstelle.[126]

102 aa) „Unternehmensrisiko Compliance" bei 100%-iger Beteiligung? Das **EuG** hatte 2011 in einer Konstellation, bei der Mitarbeiter einer 100%-igen Tochtergesellschaft einen Kartellverstoß begangen hatten, das Vorliegen einer wirtschaftlichen Einheit und damit die Verantwortlichkeit der Muttergesellschaft unter Verweis auf den von dieser bei der Tochtergesellschaft eingeführten Code of Conduct und regelmäßiger, von der Mutter- bei der Tochtergesellschaft durchgeführter Compliance-Prüfungen bejaht.[127] Der **EuGH** hat diese Herleitung und Annahme einer wirtschaftlichen Einheit und damit eine Haftung der Muttergesellschaft 2013 bestätigt:

103 „[Es] genügt die Feststellung, dass das Gericht keinen Rechtsfehler begangen hat, als es [...] entschied, dass der Erlass eines Code of Conduct [...], mit dem Verstöße der Tochtergesellschaften gegen das Wettbewerbsrecht verhindert werden sollten, und der Erlass entsprechender Leitlinien zum einen nichts am Bestehen der im gegenüber festgestellten Zuwiderhandlung ändere und zum anderen nicht den Nachweis ermögliche, dass die genannten Tochtergesellschaften ihre Geschäftspolitik eigenständig bestimmt hätten. Wie das Gericht [...] zutreffend und im Übrigen auch widerspruchsfrei ausgeführt hat, legt dieser Code of Conduct vielmehr eine tatsächliche Kontrolle der Geschäftspolitik der Tochtergesellschaften durch die Muttergesellschaft nahe. Dass einige Mitarbeiter ihrer Tochtergesellschaften den Code of Conduct nicht befolgt haben, reicht als Nachweis für eine Eigenständigkeit der Geschäftspolitik der fraglichen Tochtergesellschaften nicht aus.[128]

---

[121] Grundlegend EuGH Urt. v. 14.7.1972 – C-48/69, Slg. 1972, 619 Rn. 132/135 – ICI und EuGH Urt. v. 25.10.1983 – C-107/82, Slg. 1983, 3151 Rn. 50 – AEG.

[122] S. EuGH Urt. v. 10.9.2009 – C-97/08 P, Slg. 2009, I-08237 Rn. 58f. – Akzo Nobel; EuGH Urt. v. 20.1.2011 – C-90/09 P, Slg. 2011, I-00001 Rn. 37f. – General Química SA; EuGH Urt. v. 29.9.2011 – C-521/09 P, Slg. 2011, I-08947 Rn. 54f. – Elf Aquitaine. Vgl. zu den Kriterien, die bei einer einfachen Mehrheitsbeteiligung seitens der Rechtsprechung für die Bewertung herangezogen wurden *Dück/Eufinger* CCZ 2012, 131 (132f.).

[123] Vgl. EuGH Urt. v. 10.9.2009 – C-97/08 P, Slg. 2009, I-08237 Rn. 62 – Akzo Nobel; EuGH Urt. v. 18.7.2013 – C-501/11 P Rn. 107ff. – Schindler; EuGH Urt. v. 26.9.2013 – C-172/12 P Rn. 45 – EI du Pont de Nemours.

[124] Vgl. *Kokott/Dittert* WuW 2012, 670 (672).

[125] EuG Urt. v. 13.7.2011 – T-138/07, Slg. 2011, II-04819 Rn. 88 – Schindler; (bestätigt durch EuGH Urt. v. 18.7.2013 – C-501/11 P – Schindler); EuG Urt. v. 2.2.2012 – T-76/08 Rn. 73 – EI du Pont de Nemours.

[126] Ausführlich dazu *Gehring/Kasten/Mäger* CCZ 2013, 1.

[127] EuG Urt. v. 13.7.2011 – T-138/07, Slg. 2011, II-04819 Rn. 88 – Schindler.

[128] EuGH Urt. v. 18.7.2013 – C-501/11 P Rn. 114 – Schindler.

Losgelöst von der sowohl aus Unternehmenssicht als auch aus allgemeiner wettbewerbs- **104** politischer Sicht wohl zu verneinenden Frage, ob eine solche Verwendung der Compliance Anstrengungen gegen ein Unternehmen – wettbewerbspolitisch wirklich hilfreich ist (zur wettbewerbspolitischen Diskussion → Rn. 118 ff.), ist diese Entscheidung formaljuristisch als konsequent zu bezeichnen: Da schon die 100%-Vermutung eingreift, wäre hier von der Muttergesellschaft nachzuweisen, dass auf die Tochtergesellschaft tatsächlich gerade nicht entscheidend Einfluss genommen worden ist. Es ist bereits zweifelhaft, ob ein solcher Nachweis überhaupt je gelingen kann.[129] Da die Implementierung eines konzernweiten Compliance-Programms jedoch letztlich nichts anderes als eine tatsächliche Einflussnahme auf das Tochterunternehmen darstellt, gelingt dieser Nachweis jedenfalls nicht durch Verweis auf die Implementierung eines Compliance-Programms. Vielmehr ist dies nur (weiteres) Indiz für das Bestehen einer wirtschaftlichen Einheit. Die Implementierung eines nachhaltigen Compliance-Programms bei einer 100%-igen Tochtergesellschaft führt folglich zwar nicht zu einer Enthaftung, aber auch nicht zu einer Erhöhung des ohnehin bestehenden, hohen Haftungsrisikos der Konzernobergesellschaft.

bb) „Unternehmensrisiko Compliance" bei Beteiligungen unter 100 % bzw. an Gemeinschafts- **105** unternehmen? Fraglich ist, ob aus einer Entscheidung des EuG 2012[130] (bestätigt durch den EuGH[131]) eine Erhöhung des Haftungsrisikos bei Beteiligungen unter 100% bzw. an Gemeinschaftsunternehmen abzuleiten ist. In diesem Kontext hatte das EuG das Vorliegen einer wirtschaftlichen Einheit im Verhältnis der jeweiligen **50%-Gesellschafter** zu einem Gemeinschaftsunternehmen auch deshalb bejaht, weil die Muttergesellschaften eine kartellrechtliche Untersuchung beim Gemeinschaftsunternehmen angeordnet hatten und zudem ein früherer Unternehmensjurist einer Muttergesellschaft als neuer Chefjurist des Gemeinschaftsunternehmens ein Compliance-Programm nach dem Vorbild einer Muttergesellschaft implementiert hatte.[132] Allerdings belegten im konkreten Fall mehrere weitere Umstände den bestimmenden, gemeinsamen Einfluss beider Gesellschafter.[133] Auch diese Entscheidung reiht sich letztlich ein in die seit längerem von Kommission und Rechtsprechung vorgenommenen Bewertungen. Angesichts der im konkreten Fall vorgetragenen weiteren Indizien für eine Einflussnahme auf das Marktverhalten des Gemeinschaftsunternehmens fallen die von der Gesellschafterin initiierten Compliance-Bemühungen nicht weiter ins Gewicht.[134] Hieraus allein lässt sich noch keine Erhöhung des Haftungsrisikos der Gesellschafter ableiten.

Sollten allerdings Compliance-Bemühungen für sich alleine bereits ausreichender **106** Nachweis für eine wirtschaftliche Einheit bei Beteiligungen unter 100% bzw. an Gemeinschaftsunternehmen sein, so wäre tatsächlich von einem nicht gerechtfertigten „Unternehmensrisiko Compliance" in diesen Fällen zu sprechen. Drängen Gesellschafter ausschließlich darauf, dass ein Unternehmen, an dem sie beteiligt sind, Compliance-Anstrengungen unternimmt, belassen sie aber ansonsten der Tochtergesellschaft alle Freiheiten, so

---

[129] Vgl. *Karst* WuW 2012, 150 (155) mwN.; *Dück/Eufinger* CCZ 2012, 131 (134); *Kling* WRP 2010, 506; (511); *Kling* ZWeR 2011, 169 (182 f.). S. dazu auch *Kokott/Dittert* WuW 2012, 670 (676 ff.) mwN.; ferner EuGH Urt. v. 29.9.2011 – C-521/09 P, Slg. 2011, I-08947 Rn. 64 – Elf Aquitaine.
[130] EuG Urt. v. 2.2.2012 – T-76/08 Rn. 73 – EI du Pont de Nemours. Im selben Sachverhalt verwies der EuG gegenüber der zweiten Muttergesellschaft darauf hin, dass unterlassene Compliance-Maßnahmen der Muttergesellschaft, nicht umgekehrt zu einer Haftungsbefreiung führen kann, EuG Urt. v. 2.2.12 – T-77/08, 101 – The Dow Chemical Company.
[131] EuGH Urt. v. 26.9.2013 – C-172/12 P Rn. 50 ff. – EI du Pont de Nemours, und EuGH Urt. v. 26.9.2013 – C-179/12 P Rn. 65 ff. – The Dow Chemical Company, wobei sich der EuGH hier jeweils nicht explizit mit dem Thema Compliance befasst.
[132] EuG Urt. v. 2.2.2012 – T-76/08 Rn. 73 – EI du Pont de Nemours.
[133] Vgl. EuG Urt. v. 2.2.2012 – T-76/08 Rn. 70 ff. – EI du Pont de Nemours: vertraglich abgesicherter Einfluss beider Muttergesellschaften auf Besetzung von Führungspositionen, Schließung von Produktionsstandorten.
[134] Die Compliance-Bemühungen hätten daher auch in der Entscheidung „neutral" gewertet werden können, um den Eindruck zu vermeiden, Compliance-Maßnahmen erhöhten das Unternehmensrisiko.

kann dies nicht die Annahme rechtfertigen, die Tochtergesellschaft würde „im Wesentlichen die Weisungen der Muttergesellschaft" befolgen und nicht mehr autonom handeln.

107 **cc) Eigenständige Compliance Programme der Tochtergesellschaften?** Es besteht jedenfalls aus Haftungsgesichtspunkten keine Notwendigkeit dafür, dass die Tochtergesellschaften jeweils eigene, **dezentrale Compliance Programme** entwickeln.[135] Zum einen werden in der absoluten Mehrzahl der Fälle, in denen ein Compliance Programm von einem Gesellschafter konzernweit auch bei den Tochtergesellschaften implementiert werden könnte, genügend andere Indizien (100%-Vermutung; faktische Einflussnahme auf strategische Entscheidungen/Marktverhalten in anderem Kontext etc) vorliegen, die eine maßgebliche Einflussnahme auf die jeweilige Tochtergesellschaft belegen, auch ohne dass hier noch die Implementierung eines Compliance-Programms erschwerend ins Gewicht fallen würde. Eine Haftungsverschärfung ist daher kaum zu befürchten. Zum anderen würden sich die Konzernobergesellschaften der vorstehend skizzierten Möglichkeit einer Enthaftung nach deutschem Recht bei rein nationalen Sachverhalten begeben, würden sie die Einführung eines Compliance-Programms allein den Tochtergesellschaften überlassen.

II. Bemessung des Bußgeldes

108 Haftet das Unternehmen für einen Kartellverstoß dem Grunde nach, bleibt zu klären, ob die Implementierung eines nachhaltigen Compliance-Programms bei der Bemessung eines Bußgeldes Berücksichtigung finden kann.

1. Bemessung von Bußgeldern nach deutschem Recht

109 Bislang erteilt das **Bundeskartellamt** einer Berücksichtigung eines nachhaltigen Compliance-Programms bei der **Bußgeldbemessung,** anders als bei der oben erörterten Frage nach einer Aufsichtspflichtverletzung nach § 130 OWiG, eine Absage, da dies

110 „nicht geboten [sei] und [...] zudem durch die Gefahr der Belohnung ineffektiver und materiell nicht wirksamer Programme falsche Anreize setzen [würde]."[136]

111 Dabei bestünde *de lege lata* durchaus die Möglichkeit zur Berücksichtigung: Die aktuellen **Bußgeldleitlinien des Bundeskartellamtes (2013)** gehen auf das Thema Compliance nicht ausdrücklich ein.[137] Das Bundeskartellamt betont darin jedoch unter Verweis auf § 81 Abs. 3 S. 6 GWB und § 17 Abs. 3 OWiG, dass bei der Bemessung eines Bußgeldes ua „die Schwere der Zuwiderhandlung und [...] der Vorwurf, der den Täter trifft" zu berücksichtigen sind.[138] Als täterbezogenes Kriterium, das strafschärfend oder aber auch -mildernd[139] in Betracht kommt, nennen die Leitlinien beispielhaft „die Rolle des Unternehmens im Kartell, die Stellung des Unternehmens auf dem betroffenen Markt, Besonderheiten bei der Wertschöpfungstiefe, den Grad des Vorsatzes/der Fahrlässigkeit und vorangegangene Verstöße"[140]

112 Vor diesem Hintergrund und losgelöst von der bereits diskutierten Frage nach der Haftung des Unternehmens dem Grunde nach (→ Rn. 91 ff.) sind daher nachhaltige Compliance-Programme bei der Bemessung von Geldbußen zu berücksichtigen:[141] Bei der Be-

---

[135] So auch *Gehring/Kasten/Mäger* CCZ 2013, 1 (8); aA *Karst* WuW 2012, 150 (155); *Dück/Eufinger* CCZ 2012, 131 (135 ff.).
[136] BKartA, Tätigkeitsbericht 2011/2012, BT-Drs. 17/13675, 32. Zu dieser wettbewerbspolitischen Frage su.
[137] BKartA, Leitlinie für die Bußgeldzumessung in Kartellordnungswidrigkeitenverfahren v. 25.6.2013.
[138] BKartA, Leitlinie für die Bußgeldzumessung in Kartellordnungswidrigkeitenverfahren v. 25.6.2013 Rn. 2.
[139] Die Bußgeldleitlinien des BKartA 2006 sahen dagegen eine Berücksichtigung des Vorsatzgrades nur als strafschärfenden Umstand vor (Rn. 16).
[140] Als positives Nachttatverhalten wird – anders als noch in den Leitlinien 2006 – dagegen nur die Stellung eines Kronzeugenantrages (Bonusantrag) genannt.
[141] Zur Frage der dogmatischen Ablehnung bzw. Rechtfertigung einer Berücksichtigung von Compliance Programmen noch zu den Bußgeldleitlinien 2006 vgl. *Pampel* BB 2007, 1636 (1639 f.) einerseits und *Bosch/Colbus/Harbusch* WuW 2009, 740 (748) andererseits.

messung des Bußgeldes wird unter dem Aspekt „täterbezogener Kriterien" nicht auf die natürliche Person als Täter, sondern auf das Unternehmen selbst abgestellt.[142] Hat das Unternehmen, das hier folglich als Täter sanktioniert wird, ein nachhaltiges Compliance-Programm implementiert, so ist der Vorwurf, der dem Unternehmen gemacht werden kann, abzuschwächen und das Compliance-Programm bußgeldreduzierend zu berücksichtigen.

2. Bemessung von Bußgeldern nach europäischem Recht

Bei der Bemessung von Bußgeldern hat die **Europäische Kommission** einen erheblichen **Ermessensspielraum** (→ § 13 Rn. 28). Der rechtliche Rahmen ist weit, da nach ständiger Rechtsprechung die in Art. 23 Abs. 3 VO 1/2003 genannten, bei der Bußgeldhöhe zu berücksichtigenden Kriterien „Schwere" und „Dauer" der Zuwiderhandlung nicht abschließend und nur beispielhaft sind. Dies zeigt im Umkehrschluss, dass Compliance Bemühungen der Unternehmen von der Europäischen Kommission *de lege lata* berücksichtigt werden können.[143]

Bei der konkreten Ermittlung des Bußgeldes legt die Kommission zunächst einen Grundbetrag fest, indem sie einen bestimmten Anteil am befangenen Umsatz, der sich nach der **Schwere** des Verstoßes richtet, mit der Anzahl der Jahre der Zuwiderhandlung multipliziert.[144] Die Schwere der Zuwiderhandlung wird in jedem Einzelfall unter Berücksichtigung aller relevanten Umstände beurteilt. Anschließend wird dieser Betrag, abhängig davon, ob **erschwerende oder mildernde Umstände** hinzukommen, nach oben oder unten angepasst.

Die **Schwere der Zuwiderhandlung** wird ausweislich Rn. 20 der EU-Bußgeldleitlinien (2006) in jedem Einzelfall unter Berücksichtigung aller relevanten Umstände beurteilt.[145] Einzelne Umstände (zB etwaige Umsetzung der Zuwiderhandlung in der Praxis) werden in den EU-Bußgeldleitlinien beispielhaft und nicht abschließend genannt. Compliance-Programme bleiben unerwähnt. Wenn – ebenso wie zum deutschen Recht bereits dargestellt – aber das Unternehmen, dass hier als Täter sanktioniert wird, ein nachhaltiges Compliance-Programm implementiert hat, so ist der Vorwurf, der ihm gemacht werden kann, abzuschwächen. Es handelt sich, betrachtet man das zu sanktionierende Unternehmen und nicht die handelnde, und gegen die Compliance-Vorgaben verstoßende, natürliche Person, dann um einen minder schweren Fall.[146] Auch mit Blick auf die Berücksichtigung von erschwerenden oder mildernden Umständen betont die Europäische Kommission, „in einer Gesamtperspektive sämtliche einschlägigen Umstände" zu bewerten. Hier bestünde die Möglichkeit, ein nachhaltiges Compliance-Programm als mildernden Umstand zu berücksichtigen.[147]

Ebenso wie das Bundeskartellamt lehnt die Europäische Kommission jedoch eine Berücksichtigung von Compliance-Programmen bei der Bußgeldbemessung ab – unabhängig davon, ob sie vor oder nach einem Kartellverstoß implementiert wurden.[148] Dies wird von der europäischen Rechtsprechung bisher mitgetragen.[149] Diese Gerichtsentscheidun-

---

[142] „Rolle des Unternehmens im Kartell, die Stellung des Unternehmens auf dem betroffenen Markt, Besonderheiten bei der Wertschöpfungstiefe" und eben nicht „Rolle des Täters".
[143] S. auch Mäger/*Kasten* Kap. 2 Rn. 139.
[144] Europäische Kommission, Mitteilung der Kommission über den Erlass und die Ermäßigung von Geldbußen in Kartellsachen, ABl. C 298/17 ff. v. 8.12.2006 Rn. 19.
[145] Europäische Kommission, Mitteilung der Kommission über den Erlass und die Ermäßigung von Geldbußen in Kartellsachen, ABl. C 298/17 ff. v. 8.12.2006 Rn. 20.
[146] So auch Mäger/*Kasten* Kap. 2 Rn. 141.
[147] So auch Mäger/*Kasten* Kap. 2 Rn. 142; *van Vormizeele* CCZ 2009, 41 (47 f.); *Bosch/Colbus/Harbusch* WuW 2009, 740 (749).
[148] Vgl. Nachweise bei Mäger/*Kasten* Kap. 2 Rn. 143 ff. auch mit Hinweisen auf insoweit abweichende frühere Entscheidungen der Europäischen Kommission.
[149] Vgl. EuGH Urt. v. 28.6.2005 – C-189/02, Slg. 2005, I-05425 Rn. 373 – Dansk Rørindustri; EuG Urt. v. 17.12.1991 – T-7/89, Slg. 1991, II-1711 Rn. 357 – Hercules Chemicals; EuG Urt. v. 9.7.2003 – T-224/00, Slg. 2003, II-02597 Rn. 280 f. – Archer Daniels Midland; EuG Urt. v. 5.4.2006 – T-279/02,

gen sind allerdings wohl nur als einzelfallbezogen und nicht als generelle Absage an eine Berücksichtigung von Compliance-Programmen im konkreten Einzelfall zu verstehen. In einem jüngeren Beitrag hat GA *Kokott* ausgeführt:

117 „Abschließende Stellungnahmen zu dieser und ähnlichen Fragen wären allerdings verfrüht, insbesondere erscheint es derzeit völlig offen, wie sich der Gerichtshof hierzu positionieren wird. Auch wir behalten uns eine Neubewertung der Problematik im Lichte der Fall für Fall vorgebrachten Argumente vor."[150]

III. Wettbewerbspolitische Diskussion

118 Die wettbewerbspolitische Diskussion ist vielschichtig.[151] Die derzeitige Praxis der Behörden und Gerichte wird teilweise scharf kritisiert. Zwei der wichtigsten **Kritikpunkte:** Die wettbewerbspolitisch zu fördernde **Präventionswirkung** von Compliance-Programmen bleibt zu Unrecht unberücksichtigt. Zudem kann ein **Wertungswiderspruch** zwischen der Bevorzugung von – sogar vorsätzlich – handelnden, späteren Kronzeugen im Rahmen entsprechender **Kronzeugenprogramme** einerseits und der Außerachtlassung der präventiven Bemühungen von Unternehmen andererseits nicht geleugnet werden.

1. Keine Berücksichtigung der Präventionswirkung

119 Das am häufigsten vorgetragene Argument gegen eine Berücksichtigung von Compliance-Programmen – ein Compliance-Programm, das einen Verstoß nicht verhindere, sei offensichtlich unwirksam und damit nicht zu berücksichtigen[152] – greift zu kurz. Der **präventive Wert** von Compliance-Programmen bleibt hier zu Unrecht und entgegen grundsätzlicher wettbewerbspolitischer Zielsetzungen unberücksichtigt. Gleichzeitig werden die faktischen Möglichkeiten von Unternehmen, trotz aller Anstrengungen alle und sämtliche Kartellverstöße ihrer Mitarbeiter zu verhindern oder aber zumindest aufzudecken, überschätzt.[153] Zudem bleibt unklar, was zB bei vertikalen Verstößen nach einer unternehmensinternen Aufdeckung unternommen werden soll.

120 Die Europäische Kommission verfolgt mit ihrer Sanktionspolitik primär das Ziel, zukünftige Kartellverstöße zu verhindern, möchte also präventiv wirken.[154] Gleiches strebt das Bundeskartellamt an, das mit Blick auf die Höhe einer Bußgeldsanktion gegen Unternehmen in den Bußgeldleitlinien ausführt:

121 „Neben der Berücksichtigung der Ahndungsempfindlichkeit des Unternehmens muss die Sanktion [...] auch unter spezial- und generalpräventiven Gesichtspunkten zu rechtfertigen sein."[155]

Slg. 2006, II-00897 Rn. 350f. – Degussa; EuG Urt. v. 26.4.2007 – T-109/02, Slg. 2007, II-00947 Rn. 653 – Bolloré; EuG Urt. v. 12.12.2007 – T-101/05, Slg. 2007, II-4949 Rn. 52 – BASF u UCB; EuG Urt. v. 13.7.2011 – T-138/07, Slg. 2011, II-04819 Rn. 282 – Schindler.

150 *Kokott/Dittert* WuW 2012, 670 (678).
151 Vgl. *Mäger/Kasten* Kap. 2 Rn. 148ff. mwN und einem Rechtsvergleich zu inner- und außereuropäischen Jurisdiktionen; *Gehring/Kasten/Mäger* CCZ 2013, 1 (3 ff.); *van Vormizeele* CCZ 2009, 41; *Bosch/Colbus/Harbusch* WuW 2009, 740; *Linsmeier/Dittrich*, NZKart 2014, 485. Instruktiv insbesondere *Wils* Journal of Antitrust Enforcement 2013, 52 einerseits und *Geradin* Journal of Antitrust Enforcement 2013, 325 andererseits.
152 Vgl. insbesondere früherer EU-Wettbewerbskommissar *Almunia* beispielsweise in Vorträgen am 25.10. 2010 auf der Business Europe& US Chamber of Commerce Competition Conference in Brüssel (Speech/10/586) und am 14.4.2011 auf der 15th International Conference on Competition in Berlin (Speech/11/268).
153 So fordert zB die Generalanwältin am Gerichtshof *Kokott*: „Es mag sein, dass ein Compliance Programm vernünftigerweise nicht jeden noch so kleinen Rechtsverstoß verhindern kann. Aber ein Compliance Programm, das „funktioniert", muss in der Lage sein, schwerwiegende und lang dauernde Kartellvergehen wirksam zu unterbinden sowie etwa begangene Gesetzesverstöße aufzudecken und sie umgehend abzustellen." (GA *Kokott* SchlA in C-501/11 P – Schindler am 18.4.2012 Rn. 99)
154 Früherer EU-Wettbewerbskommissar *Almunia* am 14.4.2011 auf der 15th International Conference on Competiton in Berlin (Speech/11/268): „In the last few years, we have been refining our fining guidelines to achieve optimal deterrence – which is our ultimate goal".
155 BKartA, Leitlinie für die Bußgeldzumessung in Kartellordnungswidrigkeitenverfahren v. 25.6.2013 Rn. 4.

Wenn es aber bei der Sanktionierung von Unternehmen folglich nicht primär um „Strafe" geht,[156] sondern um **Verhinderung zukünftiger Kartellverstöße,** so sollten alle unternehmensseitigen Maßnahmen, die ebenfalls diesem gemeinsamen Ziel der Prävention dienen, sanktionsmindernd berücksichtigt werden. Das, was die behördliche Sanktionierung bezwecken möchte, wird von den Unternehmen mit nachhaltigen Compliance Programmen nachweisbar gerade auch angestrebt und in unzähligen Einzelfällen auch erreicht. 122

Zu berücksichtigen ist dabei, was **Präventionsprogramme** – behördliche ebenso wie private – realistischer Weise stets nur zum Ziel haben können: Eine weitest mögliche Reduzierung von Kartellverstößen, nicht aber die Verhinderung jedes denkbaren Verstoßes.[157] Ein nachhaltiges Compliance-Programm kann realistischer Weise nur dafür sorgen, dass die Handlungsspielräume für Kartellrechtsverstöße weitest möglich eingeengt werden und Fehlentwicklungen abgestellt werden können.[158] Durch ein entsprechendes Compliance-Programm macht das Unternehmen deutlich, dass es nicht Unternehmensgewinne um jeden Preis, also gerade nicht unter Inkaufnahme von Kartellrechtsverstößen, erzielen möchte. 123

Eine solche kartellrechtskonforme Unternehmenspolitik ist auch, anders als dies häufig pauschal behauptet wird, durchaus **überprüfbar.**[159] Ein Unternehmen mit einem entsprechenden Compliance-Programm kann zB anhand von schriftlichen Anweisungen und Antworten auf kartellrechtliche Anfragen der Mitarbeiter in konkreten Einzelfällen, anhand von individuell auf bestimmte Fachbereiche zugeschnittenen Schulungsunterlagen, durch Kartellrechtsaudits, durch konsequente Ermittlungen zu jedem kartellrechtlichen Hinweis etc in vielfältiger Weise dokumentieren, dass es eine kartellrechtliche „Zero-Tolerance"-Politik verfolgt und sich auch in den vielen Zweifelsfällen des täglichen Geschäftsbetriebes in den „Graubereichen" nicht für den Profit unter Inkaufnahme kartellrechtlicher Risiken, sondern für strenge Kartellrechts-Compliance entscheidet. Zwar mag auch in diesem Umfeld ein Kartellrechtsverstoß durch Mitarbeiter begangen werden. Der Vorwurf, den man dem Unternehmen machen kann, ist aber in solchen Fällen angesichts der aktiven Präventionsbemühungen deutlich zu reduzieren. 124

Ergreift ein Unternehmen bereits alles in seiner Macht stehende, um Kartellverstöße zu verhindern, kommt es aber gleichwohl zu einem Kartellverstoß, so kann es auch durch höhere Bußgelder nicht zu noch mehr Präventionsanstrengungen (welche sollten das sein?) angehalten werden. Daher sollte bei der Sanktionierung die Implementierung eines nachhaltigen Compliance-Programmes vielmehr bußgeldreduzierend als positives „Täterverhalten" berücksichtigt werden.[160] Nur dies führt dazu, dass auch andere Unternehmen ein nachhaltiges Compliance-Programm implementieren und damit ganz im wettbewerbspolitischen Sinne der Kartellbehörden präventiv tätig werden. 125

2. Kronzeugenprogramme als Allheilmittel?

Sowohl Bundeskartellamt als auch Europäische Kommission gewähren eine vollständige bzw. teilweise **Bußgeldreduktion** im Rahmen ihrer Kronzeugenprogramme (→ § 7 Rn. 5 ff. und → § 41 Rn. 13 ff.). Entscheidend hierfür ist letztlich nur, dass ein Unternehmen schnellstmöglich die Behörden substantiell über einen Kartellverstoß informiert. Eine (vollständige) Bußgeldreduktion wird auch dann gewährt, wenn sich das Unternehmen vorsätzlich mit Billigung aller Unternehmensorgane über lange Zeiträume an einem Hardcore-Kartellverstoß beteiligt hat. Hier wird seitens der Behörden die interne Ermittlungsarbeit durch entsprechende Bußgeldreduktion belohnt; aber ebenso wie bei einem 126

---

[156] Klargestellt zB in Art. 23 Abs. 5 VO 1/2003.
[157] Vgl. Mäger/Kasten Kap. 2 Rn. 6, 37, 156 mwN und GA Kokott SchlA in C-501/11 P – Schindler am 18.4.2013 Tz. 99, letztere allerdings mit sehr strengen Erwartungen. Vgl. auch Geradin Journal of Antitrust Enforcement 2013, 325 (335) mit einem passenden Vergleich zu Drogenpräventionsprogrammen.
[158] S. hierzu ausführlich Bosch/Colbus/Harbusch WuW 2009, 740 (745).
[159] Vgl. Geradin Journal of Antitrust Enforcement 2013, 325 (336).
[160] Vgl. Mäger/Kasten Kap. 2 Rn. 150 mwN.

(vermeintlich) fehlgeschlagenen Compliance-Programm wurde auch hier ein Kartellverstoß begangen, der durch den Kronzeugenantrag nicht mehr rückgängig gemacht werden kann.

127 Konsequent umgesetzt würde dies zu der Empfehlung führen, Compliance-Programme ausschließlich auf die **Aufdeckung von Kartellverstößen** zu fokussieren, sämtliche präventive Maßnahmen dagegen nur noch sekundär zu betreiben. Ein Unternehmen, das letztlich vom Vertrauen zu seinen Mitarbeitern lebt, kann sich eine solche absolute Überwachung allerdings nicht erlauben – ganz abgesehen von rechtlichen Grenzen, beispielsweise des Datenschutz- und Arbeitsrechtes. Es wäre daher wettbewerbspolitisch wünschenswert, wenn die behördliche und gerichtliche Praxis stärker auch die präventiven Maßnahmen der gerade nicht vorsätzlich handelnden, vielmehr möglichst kartellrechtskonform handelnden Unternehmen honorieren würde und nachhaltige Compliance-Programme zu einer Bußgeldreduktion führen würden.

128 Häufig wird in diesem Kontext auch darauf verwiesen, dass bei einem funktionierenden Compliance-Programm die Aufdeckung von Kartellverstößen leichter gelänge, die Unternehmen mit Compliance-Programmen daher schneller und umfassender als andere Unternehmen Nutznießer eines Kronzeugenprogramms sein könnten und folglich indirekt entsprechende Compliance-Programme doch honoriert werden würden. Diese Sicht lässt nicht nur unberücksichtigt, dass ein nachhaltiges Compliance-Programm auch in Bereichen **vertikaler Praktiken** und **Marktbeherrschungsfragen** präventiv wirkt und Verstöße verhindert, in denen – bis auf einzelne länderspezifische Ausnahmen[161] – **keine Kronzeugenprogramme** bestehen. Vor allem aber wird übersehen, dass Unternehmen mit nachhaltigen Compliance-Programmen ganz im Gegenteil mitunter vor erheblichen Schwierigkeiten bei der Aufdeckung von Verstößen stehen: Die Unternehmen müssen, soll ihr Compliance-Programm ernst genommen werden, Verbote auch mit Sanktionsandrohungen kombinieren (→ Rn. 24 und → § 42 Rn. 41 ff.). Dies darf dem Unternehmen dann nicht zum Nachteil gereichen.[162] Wie sonst sollte es sein Compliance-Programm durchsetzen? Mitarbeiter, die Kartellverstöße vorsätzlich begehen wollen, werden dies dann nur noch unter Umgehung sämtlicher Überwachungsmaßnahmen im Geheimen tun können, es aber auch weiterhin tun. Eine Aufdeckung wird dadurch im Einzelfall womöglich erschwert.[163] Unternehmen, die sich kartellrechtskonform verhalten wollen, werden folglich gerade nicht so schnell in den Vorzug einer Kronzeugenregelung gelangen. Nur durch eine Honorierung in Form einer Bußgeldreduktion würde dieser Wertungswiderspruch vermieden werden.

---

[161] Vgl. zB das Kronzeugenprogramm in Österreich.
[162] So aber GA *Kokott* SchlA in C-501/11 P – Schindler am 18. 4. 2013 Tz. 185, mitgetragen von EuGH Urt. v. 18. 7. 2013 – C-501/11 P, Tz. 144 – Schindler.
[163] Vgl. Mäger/*Kasten* Kap. 2 Rn. 149.

§ 40 Unternehmensinterne Untersuchungen

Übersicht

	Rn.
A. Allgemeines	1
I. Erfordernis für unternehmensinterne Untersuchungen	1
II. Besondere Herausforderungen von Compliance-Untersuchungen im Kartellrecht	2
III. Anlassbezogene Untersuchungen	8
1. Systematisches Hinweismanagement	9
2. Hinweisgebersystem/Whistleblower-Hotline	13
3. Grundprinzipien der Untersuchung	17
4. Abschluss der Untersuchung	21
IV. Präventive, nicht anlassbezogene Untersuchungen	26
1. Auswahl des Untersuchungsgegenstandes	27
2. Vorbereitung	28
3. Untersuchungsablauf	29
4. Abschluss und Nachverfolgung	32
B. Datenschutz- und weitere spezialrechtliche Aspekte	34
I. Überblick über das Datenschutzrecht	35
1. Grundlagen	35
2. Erlaubnistatbestände im Rahmen kartellrechtlicher Untersuchungen	42
a) Umgang mit Beschäftigtendaten (§ 32 BDSG)	43
b) Umgang mit Daten Dritter (§ 28 BDSG)	49
c) Einwilligung	50
d) Betriebsvereinbarung	54
3. Benachrichtigungspflicht gegenüber Betroffenen	55
II. Datenschutz- und weitere spezialrechtliche Fragen zu ausgewählten Untersuchungsmaßnahmen	56
1. Generell: Auswertung elektronisch gespeicherter Dokumente und Dateien	57
2. Auswertung von Email-Korrespondenz	63
a) Private Nutzung des E-Mail-Systems erlaubt	64
b) Private Nutzung des E-Mail-Systems verboten	70
3. Auswertung von Chatprotokollen/Instant Messaging Programmen	72
4. Auswertung von Unterlagen in Papierform	74
5. Auswertung telefonischer Verbindungsnachweise	78
III. Einbindung externer Berater bei der Auswertung	81
IV. Datenschutzrechtliche Aspekte konzernweiter Untersuchungen	82
1. Informationsfluss innerhalb eines Konzerns	83
2. Grenzüberschreitende Untersuchungen	85
C. Arbeitsrechtliche Aspekte	88
I. Befragung von Mitarbeitern	89
II. Stellung des Betriebsrats	98
1. Pflicht zur Unterrichtung des Betriebsrates (§ 80 Abs. 2 BetrVG)	99
2. Kollektive Maßnahme zur Durchsetzung der Ordnung im Betrieb (§ 87 Abs. 1 Nr. 1 BetrVG)	101
3. Kontrolle mittels technischer Einrichtungen (§ 87 Abs. 1 Nr. 6 BetrVG)	103
4. Mitbestimmung bei standardisierten Fragebögen (§ 94 Abs. 1 BetrVG)	104

Schrifttum:

de Crozals/Jürgens, Dawn Raids durch die Kartellbehörden – Ablauf, Grenzen und Handlungsoptionen, CCZ 2009, 92; *Dann/Schmidt,* Im Würgegriff der SEC? – Mitarbeiterbefragungen und die Selbstbelastungsfreiheit, NJW 2009, 1851; FK/*Seeliger/Mross,* Allgemeiner Teil E, Kartellrechts-Compliance, 2013; *Fritz/Nolden,* Unterrichtungspflichten und Einsichtsrechte des Arbeitnehmers im Rahmen von unternehmensinternen Untersuchungen, CCZ 2010, 170; *Gerst,* Unternehmensinteresse und Beschuldigtenrechte bei Internal Investigations – Problemskizze und praktische Lösungswege –, CCZ 2012, 1; *Gildhoff/Zumdick,* Strafrechtliche Risiken für Unternehmen und deren Rechtsanwälte bei Mock Dawn Raids, BB 2012, 1178; *Gola/Schomerus*, BDSG, 12. Aufl. 2015; *Göpfert/Merten/Siegrist*, Mitarbeiter als „Wissensträger" – Ein Beitrag zur aktuellen Compliance-Diskussion, NJW 2008, 1703; *Hauschka/Moosmayer/Lösler*, Corporate Compliance, 3. Aufl. 2016; *Helbing*, Datenschutz bei Compliance Programmen – Checkliste mit Erläuterungen und Best Practices, ZFRC 2013, 170; *Knierim/Tsambikakis/Rübenstahl*, Internal Investigations, 2013; *Krauß*, Die aktuelle Rechtsprechung zum Anwalts- und Verteidigungsprivileg im deutschen Kartellbußgeldverfahren, WuW 2013, 24; *Lützeler/Müller-Sartori*, Die Befragung des Arbeitnehmers – Auskunftspflicht oder Zeugnisverweigerungsrecht?, CCZ 2011, 19; *Mäger*, Europäisches Kartellrecht, 2. Aufl. 2011; *Mengel*, Kontrolle der Telefonkommunikation am Arbeitsplatz – Wege durch einen juristischen Irrgarten?, BB 2004, 1445; *Mengel/Ullrich*, Arbeitsrechtliche Aspekte unternehmensinterner Investigations, NZA 2006, 240; *Moosmayer/Hartwig*, Interne Untersuchungen, 2012; *Rudkowski*, Die Aufklärung von Compliance-Verstößen durch „Interviews", NZA 2011, 612; *Schemmel/Ruhmannseder/Witzigmann*, Hinweisgebersysteme, 2012; *Schürrle/Olbers*, Praktische Hinweise zu Rechtsfragen bei eigenen Untersuchungen im Unternehmen, CCZ 2010, 178; *Simitis*, BDSG, 8. Aufl. 2014; *Sassenberg/Mantz*, Die (private) E-Mail-Nutzung im Unternehmen, BB 2013, 889; *Spehl/Momsen/Grützner*, Unternehmensinterne Ermittlungen – Ein internationaler Überblick – Teil I: Einleitung unternehmensinterner Ermittlungen, CCZ 2014, 260; *Spehl/Momsen/Grützner*, Unternehmensinterne Ermittlungen – Ein internationaler Überblick – Teil II: Zulässigkeit und rechtliche Anforderungen verschiedener Ermittlungsmaßnahmen in ausgewählten Ländern, CCZ 2014, 2; *Taeger/Gabel*, BDSG, 2. Aufl. 2013; *Thüsing*, Datenschutz im Arbeitsverhältnis – Kritische Gedanken zum neuen § 32 BDSG, NZA 2009, 865; *ders.*, Arbeitnehmerdatenschutz und Compliance, 2. Aufl. 2014; *Vogt*, Compliance und Investigations – Zehn Fragen aus Sicht der arbeitsrechtlichen Praxis, NJOZ 2009, 4206. *Wybitul*, Handbuch Datenschutz im Unternehmen, 2011.

A. Allgemeines

I. Erfordernis für unternehmensinterne Untersuchungen

1 Effektive Compliance-Programme dürfen sich nicht nur auf präventive Maßnahmen beschränken, sondern müssen sich auch auf investigative Maßnahmen erstrecken, um mögliche Compliance-Verstöße aufzudecken. Nach deutschem Recht ergibt sich dies für die Unternehmensleitung aus den einschlägigen gesellschaftsrechtlichen Regelungen[1] sowie der ordnungswidrigkeitenrechtlichen Aufsichtspflicht gemäß § 130 OWiG.[2] Aber auch die diversen Leitlinien der Kartellbehörden und Interessenvertretungen[3] sowie allgemeinen Standards zu Compliance-Programmen[4] fordern neben den präventiven Maßnahmen auch investigative Maßnahmen. Dies gilt für alle Compliance-Bereiche und damit auch für den Bereich des Kartellrechts, auch wenn es in diesem Bereich besonders schwierig ist, Verstöße aufzudecken. Ohne investigative Maßnahmen, aus deren Ergebnisse auch konkrete Konsequenzen gezogen werden, bleibt ein Compliance-Programm ein Feigenblatt.

II. Besondere Herausforderungen von Compliance-Untersuchungen im Kartellrecht

2 Im Vergleich zu anderen Compliance-Bereichen stellen sich bei Compliance-Untersuchungen im Kartellrecht aus verschiedenen Gründen besondere Herausforderungen.[5]

3 Zum einen lassen sich Kartellverstöße grundsätzlich nur sehr **schwer aufdecken**,[6] jedenfalls wenn es sich um Hardcore-Kartellverstöße in Form von Kartellabsprachen handelt. Solche Verstöße sind in der Regel nicht dokumentiert. Nur noch in Ausnahmefällen gibt es schriftliche Vereinbarungen zwischen den Kartellanten. Grundsätzlich erfolgen solche Absprachen heutzutage nur mündlich, so dass sich die Beweismittel auf Aussagen von

---

[1] Für die AG §§ 76 Abs. 1, 93 Abs. 1, 91 Abs. 2 AktG; für die GmbH § 43 Abs. 1 GmbHG sowie § 91 Abs. 2 AktG analog; ausführlich KTR/*Potinecke/Block* Kap. 2 Rn. 4 ff.
[2] Zu § 130 OWiG sowie der Rechtslage in anderen Ländern *Spehl/Momsen/Grützner* CCZ 2013, 260 ff.
[3] Europäische Kommission, Wettbewerbsrechtliche Compliance, 17; Autorité de la Concurrence, Document-cadre sur les programmes de conformité aux règles de concurrence Rn. 22; International Chamber of Commerce, The ICC Antitrust Compliance Toolkit, 32 ff.
[4] IDW, Prüfungsstandard PS 980 Rn. 23 (Compliance Überwachung als ein Element eines angemessenen Compliance Management Systems), 2011; *US Sentencing Commission*, US Sentencing Guideline 2015, § 8 B.2.1 (b)(5); Standards Australia, AS 3806—2006, Section 5.1.
[5] HML/*Dittrich/Matthey* § 26 Rn. 81 f.
[6] Moosmayer/Hartwig/*Moosmayer* 5.

Zeugen oder beteiligten Personen beschränken. Hier trifft man allerdings sehr häufig auf eine „Mauer des Schweigens".[7] Die beteiligten Personen wissen meist genau, dass ihr Verhalten illegal und zugleich nur schwer zu beweisen ist und sind daher selten gewillt, sich zu offenbaren. Im Einzelfall können sich Indizien für Hardcore Kartellverstöße aus Marktstudien zu parallelem Verhalten der Wettbewerber (zB vergleichbare Preispolitik) ergeben. Allerdings sind diese Indizien meist nicht ausreichend, um kartellrechtswidrige Absprachen tatsächlich zu beweisen, da es sehr oft auch andere nachvollziehbare und legitime Gründe für das parallele Verhalten der Wettbewerber gibt. Anders als zB im Korruptionsbereich sind forensische Prüfungen nur bedingt hilfreich. Sie beschränken sich auf die Auswertung von E-Mail Kommunikation und Dokumenten und können ohne konkrete Anhaltspunkte nur schwer zielgerichtet ausgeführt werden. Der Aufwand solcher forensischen Prüfungen kann je nach zu durchsuchender Datenmenge ganz erheblich sein. Ohne spezielle Suchsoftware sind sie wenig erfolgversprechend. Zu berücksichtigen ist, dass für die forensische Prüfung von E-Mail Kommunikation in vielen Ländern strenge datenschutzrechtliche Restriktionen gelten,[8] die es weiter erschweren, konkrete Kartellverstöße aufzudecken (→ Rn. 35 ff.). Insgesamt steht deshalb der Aufwand und Nutzen von forensischen Prüfungen im Bereich des Kartellrechts jedenfalls dann in keinem angemessenen Verhältnis, wenn es keine konkreten Verdachtsmomente gibt, die eine zielgerichtete Prüfung ermöglichen.

Eine weitere Besonderheit bei Compliance-Untersuchungen im Kartellrecht besteht darin, dass bei Kartellverstößen in der Regel mehrere Unternehmen involviert sind und die Kronzeugenregelungen, die mittlerweile weltweit von den meisten Kartellbehörden eingeführt worden sind,[9] die Unternehmen nur streng nach Reihenfolge der Antragstellung belohnen. Dies bedeutet, dass bei internen Compliance-Untersuchungen besonders hohe Anforderungen an **Vertraulichkeit** und **Geschwindigkeit** zu stellen sind. **4**

Erlangt ein Wettbewerber, der an der Kartellabsprache beteiligt war, Kenntnis von der internen kartellrechtlichen Compliance-Untersuchung eines anderen Unternehmens, besteht die Gefahr, dass dieser selbst intern ermittelt und einen (schnelleren) **Kronzeugenantrag** bei der Kartellbehörde stellt. Um dies zu verhindern, müssen im Rahmen der internen Untersuchung besonders strikte Vertraulichkeitsanforderungen gestellt werden. Grundsätzlich sollte der Kreis derjenigen, die Kenntnis vom Untersuchungsgegenstand haben, so klein wie möglich gehalten werden. Bei der Planung der Untersuchung ist daher besonders genau zu prüfen, welcher Mitarbeiter wirklich einen Beitrag zur Sachverhaltsaufklärung liefern kann und involviert werden sollte. Bei Befragungen bietet es sich an, die Mitarbeiter ausdrücklich zur Vertraulichkeit zu verpflichten und zwar nicht nur gegenüber Dritten, sondern auch innerhalb des Unternehmens. Um die „Mauer des Schweigens" zu brechen, können **Amnestieprogramme** in Betracht gezogen werden, mit denen das Unternehmen denjenigen Mitarbeitern, die Kartellverstöße offenbaren, zusichert, keine Personalmaßnahmen vorzunehmen oder Schadensersatzansprüche geltend zu machen (→ § 42 Rn. 21 ff.).[10] Diese Amnestieprogramme sind allerdings nur schwer mit den besonderen Vertraulichkeitsanforderungen zu vereinbaren, da sie normalerweise innerhalb des Unternehmens breit kommuniziert werden müssen, um ihre Wirksamkeit entfalten zu können. Die Gefahr ist sehr groß, dass diese Information nach außen zu einem Wettbewerber dringt, so dass solche Amnestieprogramme vor allem dann in Betracht **5**

---

[7] *Göpfert/Merten/Siegrist* NJW 2008, 1703, (1704).
[8] *Spehl/Momsen/Grützner* CCZ 2014, 2 ff.
[9] Europäische Kommission, Mitteilung der Kommission über den Erlass und die Ermäßigung von Geldbußen in Kartellsachen, ABl. 2006 C 298, 17 ff.; Bundeskartellamt, Bekanntmachung Nr. 9/2006 über den Erlass und die Reduktion von Geldbußen in Kartellsachen – Bonusregelung –, 2006; zu Kronzeugenregelungen in anderen Ländern siehe die Website des International Competition Networks zum Thema „Leniency Promotion", http://www.internationalcompetitionnetwork.org/working-groups/current/cartel/awareness/leniency.aspx; (→ § 41 Rn. 13 ff.).
[10] Ausführlich zu Amnestieprogrammen zB: *Annuß/Pelz* BB Special 4, Heft 50/2010, 14 ff.; Moosmayer/Hartwig/*Weiße* 59 ff.; KTR/*Leisner*, 243 Rn. 1 ff.; FK/*Seeliger/Mross* Allg. Teil E, Rn. 379 ff.

kommen, wenn ohnehin in der Öffentlichkeit bekannt ist, dass das Unternehmen Kartellvorwürfen ausgesetzt ist (beispielsweise weil bereits Kartellverfahren anhängig sind). Auch bei der Frage, wie mit einem aufgedeckten Kartellverstoß umzugehen ist, sind die besonderen Vertraulichkeitsanforderungen zu berücksichtigen.[11] Nicht selten steht dabei das Unternehmen vor dem Dilemma, auf der einen Seite den aufgedeckten Kartellverstoß möglichst unverzüglich abstellen zu wollen, auf der anderen Seite aber damit keinen Verdacht bei den Wettbewerbern zu erregen, dass eine interne Untersuchung läuft.[12] Dieses Dilemma lässt sich nur dann vollständig auflösen, wenn sich das Unternehmen für einen Kronzeugenantrag entscheidet und dann mit der zuständigen Kartellbehörde abstimmt, ob und wie der Kartellverstoß abgestellt werden soll. Meist hat die Kartellbehörde kein Interesse daran, dass die Wettbewerber frühzeitig von der internen Untersuchung einer der beteiligten Kartellanten Kenntnis erlangen, um im Rahmen der späteren behördlichen Untersuchung die Wettbewerber weiterhin auf „frischer Tat" ertappen zu können. Daher gestatten die Kartellbehörden in Einzelfällen dem Kronzeugen, vorübergehend weiterhin an Treffen mit Wettbewerbern teilzunehmen.

6   Da in der Regel nur dem ersten Kronzeugen volle Immunität gewährt wird,[13] ist bei kartellrechtlichen Untersuchungen im Vergleich zu anderen internen Untersuchungen deutlich wichtiger, möglichst schnell einen Überblick über den Sachverhalt zu bekommen. Im Einzelfall können Sekunden darüber entscheiden, ob das Unternehmen ein Millionen Bußgeld zahlen muss oder sanktionslos bleibt. Dieses Problem ist dadurch etwas entschärft worden, dass einige Kartellbehörden ein **Markersystem** eingeführt haben, bei dem ein Unternehmen schon frühzeitig einen möglichen Kartellverstoß bei der Kartellbehörde melden kann, auch wenn es noch nicht den gesamten Sachverhalt in allen Einzelheiten kennt. Grundsätzlich reicht es für das „Setzen eines Markers" aus, wenn das Unternehmen den betroffenen Markt, die Art des Verstoßes, den Zeitraum und die beteiligten Unternehmen benennt.[14] Das Unternehmen bekommt dann eine Frist gesetzt, um diesen Marker mit Detailinformationen auszufüllen. Auch wenn durch das Setzen eines Markers zunächst die Position für die Kronzeugenstellung gesichert ist, ist es trotzdem eine Herausforderung für das Unternehmen, alle relevanten Informationen zu dem Kartellverstoß innerhalb der gesetzten Frist zur Verfügung zu stellen (→ § 7 R. 5 ff. und § 41 Rn. 13 ff.).

7   Eine weitere Herausforderung bei kartellrechtlichen Untersuchungen ergibt sich aus der **Komplexität** der Rechtsmaterie. Im horizontalen Bereich bereitet insbesondere der Begriff der abgestimmten Verhaltensweise Probleme bei der Abgrenzung von legalem Parallelverhalten und illegaler Kollusion zwischen Wettbewerbern. Im Vertikalverhältnis ist eine genaue Kenntnis der verschiedenen Gruppenfreistellungsverordnungen erforderlich. Der Bereich des Missbrauchs einer marktbeherrschenden Stellung kann mittlerweile als eigenständige Rechtsmaterie angesehen werden, die detaillierte Kenntnisse der Behördenpraxis und Rechtsprechung sowie eine eingehende wirtschaftswissenschaftliche Analyse erfordert, um beurteilen zu können, ob ein Verhalten als missbräuchlich einzustufen ist. Dies bedeutet, dass kartellrechtliche Untersuchungen nur von Personen durchgeführt werden können, die über profunde Kartellrechtskenntnisse verfügen. Unternehmen, die aufgrund ihres Geschäftsmodells einem höheren kartellrechtlichen Risiko ausgesetzt sind, werden über interne Kartellrechtsspezialisten verfügen. Aber auch diese Unternehmen

---

[11] Dabei muss zwischen Kartellverstößen im vertikalen und im horizontalen Bereich unterschieden werden. Bei Kartellverstößen im vertikalen Bereich ist ein Kronzeugenantrag ohne Kenntnis des Vertragspartners faktisch nicht möglich.
[12] Zu dem Dilemma auch FK/*Seeliger*/*Mross* Allg. Teil E, Rn. 395 ff.
[13] Europäische Kommission, Mitteilung der Kommission über den Erlass und die Ermäßigung von Geldbußen in Kartellsachen, ABl. 2006 C 298, 17 ff. Rn. 8; Bundeskartellamt, Bekanntmachung Nr. 9/2006 über den Erlass und die Reduktion von Geldbußen in Kartellsachen – Bonusregelung – Rn. 3.1.
[14] Europäische Kommission, Mitteilung der Kommission über den Erlass und die Ermäßigung von Geldbußen in Kartellsachen, ABl. 2006 C 298, 17 ff. Rn. 15; Bundeskartellamt, Bekanntmachung Nr. 9/2006 über den Erlass und die Reduktion von Geldbußen in Kartellsachen – Bonusregelung –, 2006, Rn. 11 ff.

werden bei größeren kartellrechtlichen Untersuchungen nicht umhin kommen, externe Kartellrechtsspezialisten einzubinden,[15] unter anderem auch deshalb, um sich das Anwaltsprivileg zu sichern (→ Rn. 21).[16]

III. Anlassbezogene Untersuchungen

Zwingend für jedes nachhaltige kartellrechtliche Compliance-Programm ist es, dass konkreten Hinweisen auf Kartellverstöße unverzüglich nachgegangen wird, und falls sich die Hinweise bestätigen, die Verstöße unverzüglich abgestellt werden. Hinweise auf Kartellrechtsverstöße können sich ergeben aus konkreten Meldungen von Mitarbeitern oder Dritten, aus Fragestellungen von Mitarbeitern im Rahmen kartellrechtlicher Beratung oder Schulungsveranstaltungen, Indizien aus der Compliance-Risikoanalyse oder aus konkreten Aktivitäten der Kartellbehörden (insbesondere Durchsuchungen oder Informationsersuchen).[17]

1. Systematisches Hinweismanagement

Es sollte nicht erst im Ernstfall entschieden werden, wie ein Kartellverdacht konkret untersucht wird. Für mögliche Kartellverstöße – wie auch für alle anderen Compliance-Verstöße – sollte im Unternehmen ein strukturiertes **Hinweismanagementsystem** aufgesetzt werden, dass die einzelnen Schritte vom Eingang eines Hinweises auf einen möglichen Compliance-Verstoß über die Sachverhaltsermittlung bis hin zum Abschluss der Untersuchung bestimmt. Aus verschiedenen Gründen bietet es sich an, diese einzelnen Schritte in einer Unternehmensrichtlinie verbindlich zu regeln.[18]

Zum einen können Hinweise nicht durch eine Abteilung innerhalb des Unternehmens alleine abgearbeitet werden. Hierzu bedarf es den Beitrag ganz unterschiedlicher Bereiche. Regelmäßig sind die folgenden Bereiche eines Unternehmens im Rahmen des Hinweismanagements involviert: Compliance, Revision, Recht und Personal. Da die Entgegennahme und Aufklärung von Hinweisen sich grundlegend von den klassischen Arbeitsfeldern der (rein präventiven) Compliance, Revision, Rechts- und Personalabteilung unterscheidet,[19] bietet es sich an, eine spezielle (Unter-)Abteilung für das Hinweismanagement zu etablieren und mit dem entsprechenden Know-how auszustatten. Für Unternehmen, die einem erhöhten Kartellrechtsrisiko ausgesetzt sind, bedeutet dies, dass innerhalb dieser Abteilung kartellrechtliches Know-how vorhanden sein muss. Neben den genannten Bereichen müssen im Einzelfall aber auch andere Bereiche mit einbezogen werden: zB die Kommunikationsabteilung bei öffentlichkeitswirksamen Vorfällen; die Finanz- und Steuerabteilungen, wenn Vorfälle aufgrund drohender Geldbußen oder Schadensersatzansprüche besondere finanzielle Auswirkungen haben könnten; oder die Versicherungsabteilungen, wenn sich die Frage stellt, ob für den Vorfall Versicherungsdeckung besteht. Die **Zuständigkeiten** dieser unterschiedlichen Bereiche müssen klar und verbindlich voneinander abgegrenzt werden, um widersprüchliche Aktivitäten und/oder Doppelarbeiten zu vermeiden.

Compliance-Untersuchungen stellen Sondersituationen dar, bei denen die beteiligten Akteure zum Teil **diametral entgegengesetzte Interessen** haben.[20] Der Arbeitgeber

---

[15] KTR/*Wollschläger* Kap. 24 Rn. 41 f.; Moosmayer/Hartwig/*Heckenberger* 142 f.; FK/*Seeliger*/*Mross* Allg. Teil E, Rn. 373.
[16] EuGH Urt. v. 14.9.2010 – C-550/07, Slg. 2010, I-8301 Rn. 69 ff. – Akzo Nobel; zur Rechtslage in Deutschland *Krauß* WuW 2013, 24 ff.
[17] Moosmayer/Hartwig/*Heckenberger* 140; FK/*Seeliger*/*Mross* Allg. Teil E, Rn. 323 ff.
[18] Moosmayer/Hartwig/*Bührer* 109 ff.; Moosmayer/Hartwig/*Burgrad* 157 ff. Sofern es keine derartige Richtlinie im Unternehmen gibt, sollte für die konkrete Prüfung zumindest vorab ein Ablaufplan erstellt werden KTR/*Wollschläger* Kap. 24 Rn. 21 f.; Mäger/*Kasten* Kap. 2 Rn. 118 ff.; FK/*Seeliger*/*Mross* Allg. Teil E, Rn. 349.
[19] Zur Unterscheidung Revision und Ermittlungseinheit Moosmayer/*Bührer* 106; zustimmend KTR/*Buchert*/*Jacob-Hofbauer* Kap. 8 Rn. 76.
[20] Zu diesen Interessenkonflikten *Gerst* CCZ 2012, 1 ff.

und die untersuchende Einheit möchten den Sachverhalt möglichst schnell und umfassend aufdecken. Ein Hinweisgeber möchte keine Nachteile aufgrund seines Hinweises erleiden und deswegen oft anonym bleiben. Ein Beschuldigter kann unterschiedliche Interessen haben. Ist er zu Unrecht beschuldigt, möchte er seine Unschuld beweisen; ist er zu Recht beschuldigt, wird er möglicherweise versuchen, seine Schuld zu vertuschen. Neben diesen unmittelbar Beteiligten gibt es noch weitere Betroffene, die zumindest über die Compliance-Untersuchung informiert werden möchten, zB der Betriebsrat oder der Vorgesetzte des Beschuldigten. Um diesen unterschiedlichen Interessen soweit wie möglich gerecht zu werden, ist es essentiell, dass Compliance-Untersuchungen nicht willkürlich verlaufen, sondern nach einem schriftlich fixierten Standardprozess, der die **Rechte und Pflichten der Beteiligten** klar und verbindlich regelt. Dabei sollten selbstverständlich **rechtsstaatliche Prinzipien** wie beispielsweise Unschuldsvermutung, Verhältnismäßigkeit, Recht auf rechtlichen Beistand, rechtliches Gehör, Vertraulichkeit, Akkusationsprinzip, etc berücksichtigt werden (→ Rn. 17 ff.).[21] Dieser Prozess sollte im Vorfeld mit dem Betriebsrat abgestimmt sein, um auch dessen Unterstützung bei Compliance-Untersuchungen sicherzustellen.[22]

12   Schließlich bietet es sich auch deshalb an, das Hinweismanagementsystem umfassend in einer Unternehmensrichtlinie zu regeln, um gegenüber externen Prüfern oder Behörden darlegen zu können, dass das Unternehmen Hinweisen ernsthaft und systematisch nachgeht.[23] Allerdings muss dieser schriftlich niedergelegte Prozess selbstverständlich tatsächlich auch so gelebt und eingehalten werden.

2. Hinweisgebersystem/Whistleblower-Hotline

13   Innerhalb des Unternehmens sollte es eine zentrale Stelle geben, bei der Hinweise auf Compliance-Verstöße eingehen und verwaltet werden.[24] Bei der Einführung eines Compliance-Programms stellt sich regelmäßig die Frage, ob ein spezielles **Hinweisgebersystem,** auch Whistleblower-Hotline genannt, eingeführt werden sollte. Eine Rechtspflicht zur Einführung eines solchen Hinweisgebersystems gibt es nach deutschem Recht nicht.[25] Allerdings bietet sich die Einführung eines solchen Systems aus den folgenden Gründen an, wobei bei der weltweiten Implementierung lokale (datenschutz-)rechtliche Grenzen zu prüfen sind.[26]

14   Es ist grundsätzlich nicht wünschenswert, dass Vorwürfe innerhalb des Unternehmens kursieren, bevor sie an die zentrale Stelle gelangen, die für die Bearbeitung zuständig ist. Durch ein Hinweisgebersystem können Hinweise zielgerichteter **kanalisiert** werden.[27] Mitarbeiter oder auch Dritte[28] können Hinweise unmittelbar an einer Stelle abgeben, die für die Bearbeitung zuständig ist und über die notwendige Sachkenntnis verfügt. Die Hinweise können so vertraulicher und auch viel schneller bearbeitet werden. Gerade für den Bereich des Kartellrechts ist es wichtig, dass die Mitarbeiter eine Möglichkeit haben, Hinweise auf Kartellverstöße innerhalb des Unternehmens abzugeben, damit sie sich

---

[21] Dies ist deshalb so wichtig, weil ansonsten die interne Untersuchung selbst zu einem Compliance Fall wird. Zu „illegalen Internal Investigations": KTR/*Brockhaus* Kap. 26 Rn. 1 ff.
[22] Dies gilt unabhängig davon, ob es tatsächlich ein Mitbestimmungsrecht des Betriebsrates in diesem Zusammenhang gibt. Zu möglichen Mitbestimmungsrechten Moosmayer/Hartwig/*Weiße* 42 ff.; *Schürrle/Olbers* CCZ 2010, 178.
[23] So ist beispielsweise Ausgangspunkt der Prüfung nach dem IDW PS980 die Beschreibung des Compliance Management Systems IDW, Prüfungsstandard PS 980 Rn. 12. Dazu zählen auch Richtlinien, die bestimmte Compliance Prozesse regeln.
[24] Ausführlich zu Hinweisgebersystemen *Schemmel/Ruhmanseder/Witzigmann*.
[25] *Schemmel/Ruhmanseder/Witzigmann* 73 Rn. 12 mwN.
[26] So stehen beispielsweise die französische, portugiesische und spanische Datenschutzbehörde Whistleblower-Hotlines sehr kritisch gegenüber.
[27] *Schemmel/Ruhmanseder/Witzigmann* 76 Rn. 20 ff.
[28] Für die Wirksamkeit eines Hinweisgebersystems ist wesentlich, dieses nicht nur auf Hinweise von Mitarbeitern zu beschränken, sondern auch für Dritte wie Kunden, Lieferanten oder auch Wettbewerber zu öffnen, um alle erdenklichen Informationsquellen auszuschöpfen.

nicht an externe Stellen wenden,[29] bevor das Unternehmen in der Lage ist, von dem Verstoß Kenntnis zu erlangen, diesen abzustellen und gegebenenfalls von einer Kronzeugenregelung einer Kartellbehörde Gebrauch zu machen.

Mit einem Hinweisgebersystem kann außerdem die **Anonymität** des Hinweisgebers sichergestellt werden. Auch wenn es grundsätzlich wünschenswert wäre, dass der Hinweisgeber seine Identität preisgibt (insbesondere weil es die Bearbeitung des Vorwurfes deutlich erleichtert), kann es Situationen geben, in denen der Hinweisgeber ein berechtigtes Interesse hat, anonym zu bleiben. Um in solchen Situationen zu gewährleisten, dass das Unternehmen von einem möglichen Compliance-Verstoß Kenntnis erlangt, muss sichergestellt sein, dass der Hinweis auch anonym erfolgen kann. Dies kann entweder dadurch sichergestellt werden, dass das Hinweisgebersystem bei einer externen Stelle (zB einem Ombudsmann)[30] angesiedelt ist. Es ist aber auch bei einem unternehmensinternen Hinweisgebersystem möglich, Anonymität zu sichern, in dem durch entsprechende IT-Lösungen gewährleistet wird, dass die Meldung nicht zurückverfolgt werden kann. Trotz fehlender Möglichkeit der Nachverfolgung der Meldung, kann man auch bei solchen Systemen in einen Dialog mit dem Hinweisgeber treten, um Rückfragen zu stellen.

Gegen die Einführung von Hinweisgebersystemen wird oft das Argument hervorgebracht, dass dies Mobbing und **Denunzierung** fördern würde.[31] Die Praxis zeigt jedoch, dass dies nicht der Fall ist. Funktionierende Hinweisgebersysteme, die in ein systematisches Hinweisgebermanagementsystem eingebettet sind, sind gerade nicht zur Denunzierung geeignet, da sie die Hinweise kanalisieren und vertraulich behandeln.[32] Stellt sich im Rahmen einer Untersuchung heraus, dass der Vorwurf unbegründet war, wird bis auf den Beschuldigten und der untersuchenden Einheit keiner von dem Vorwurf Kenntnis erlangen. Dem Mobbing und der Denunzierung kann auch dadurch vorgebeugt werden, dass der Anwendungsbereich des Hinweisgebersystems beschränkt wird. Aufgrund rechtlicher Vorgaben, kann sich das Hinweisgebersystem ohnehin nur auf das Beschäftigtenverhältnis erstrecken.[33] Darüber hinaus empfiehlt es sich, das Hinweisgebersystem nicht auf alle erdenklichen Regelverstöße innerhalb des Unternehmens zu erstrecken, sondern auf wesentliche Themengebiete, die ein besonders hohes Risiko für das Unternehmen darstellen – wie beispielsweise das Kartellrecht – zu beschränken.

3. Grundprinzipien der Untersuchung

Um den gesetzlichen Anforderungen nachzukommen und auch die Ernsthaftigkeit des Compliance-Programms zu belegen, sollte für die Compliance-Untersuchungen das **Legalitätsprinzip** gelten, dh die Verpflichtung der untersuchenden Einheit, konkreten Hinweisen nachzugehen. Damit wird auch dem obiter dictum des BGH Rechnung getragen, wonach sich ein Compliance-Officer als Gehilfe eines strafrechtlich handelnden Unternehmensangehörigen strafbar machen kann, wenn er es unterlässt, Rechtsverstöße aufzudecken und zu verhindern.[34]

Zum Schutz der Persönlichkeitsrechte der betroffenen Personen (Hinweisgeber und Beschuldigte) sowie zur Gewährleistung einer – gerade im Kartellrecht notwendigen – vertraulichen und effizienten Compliance-Untersuchung sollte das **Need-to-Know-Prinzip** eingehalten werden.[35] Danach muss der Personenkreis, der über die Untersu-

---

[29] Insbesondere nicht an die Kartellbehörden, bevor das Unternehmen selbst einen Kronzeugenantrag stellt. Das Bundeskartellamt hat 2012 selbst ein Hinweisgebersystem eingerichtet, bei dem anonyme Hinweise gemeldet werden können.
[30] Zum Ombudsmann KTR/*Buchert/Jacob-Hofbauer* Kap. 8 Rn. 29 ff.
[31] Ausführlich zu dieser Diskussion *Schemmel/Ruhmanseder/Witzigmann* 20 Rn. 62 ff.
[32] Moosmayer/Hartwig/*Gropp-Stadler/Wolfgramm* 17.
[33] Dies ergibt sich jedenfalls für nicht anonymisierte Meldungen mittelbar aus dem Datenschutz gem. § 32 Abs. 1 S. 2 BDSG.
[34] BGH Urt. v. 17.7.2009 – 5 StR 394/08, NJW 2009, 3173 (3175) Rn. 27.
[35] KTR/*Beckers* Kap. 10 Rn. 67; Moosmayer/Hartwig/*Gropp-Stadler/Wolfgramm* 24; Moosmayer/Hartwig/ *Bührer* 109 f.; Moosmayer/Hartwig/*Burgard* 161 f.

chung informiert wird, so klein wie möglich gehalten werden. Zu dem Personenkreis, der in der Regel zu informieren ist, gehören neben den beschuldigte Personen, die Geschäftsführung, ggf. ein Vertreter des Betriebsrat sowie die Personen, die einen Beitrag zur Aufklärung des Sachverhaltes leisten können. Dabei sollten diese Personen nicht schon unmittelbar nach Eingang des Hinweises informiert werden, sondern erst dann, wenn sich nach einer ersten Plausibilisierung der Verdacht so verdichtet hat, dass eine vertieftere Untersuchung eingeleitet wird. Bei besonders sensiblen Vorgängen, wie beispielsweise möglichen Kartellverstößen, kann es sich anbieten, die informierten Personen ausdrücklich zur Vertraulichkeit zu verpflichten.[36]

19   Für die Untersuchungsmaßnahmen sollte das allgemeine **Vehältnismäßigkeitsprinzip** gelten, dh jede Untersuchungsmaßnahme muss geeignet, erforderlich und angemessen sein. Dies wird im Wesentlichen bei zwei Untersuchungsmaßnahmen relevant. Bei der **Mitarbeiterbefragung** stellt sich beispielsweise die Frage, inwiefern der Mitarbeiter zur Aussage verpflichtet ist und vorab belehrt werden muss, um dem Verhältnismäßigkeitsgrundsatz gerecht zu werden (→ Rn. 88 ff.). Bei der **Auswertung von E-Mail Korrespondenz** stehen diesbezüglich datenschutzrechtliche Fragen im Mittelpunkt (→ Rn. 63 ff.).

20   Eine Unternehmensrichtlinie zu internen Untersuchungen sollte dem Beschuldigten grundlegende Verteidigungsrechte einräumen. Dazu gehört zum einen die **Unschuldsvermutung.** Es darf insbesondere keine Vorverurteilung in Form von voreiliger Kündigung, Versetzung, Abmahnung oder sonstiger Personalmaßnahmen erfolgen, bis der Vorgang abschließend untersucht wurde. Zum anderen sollte der Beschuldigte vor einem Gespräch darüber informiert werden, dass er einen **Rechtsbeistand** oder aber einen Vertreter des Betriebsrates hinzuziehen kann (→ Rn. 98). Bedenken, dass dadurch die Untersuchungen behindert werden können, sind jedenfalls dann unbegründet wenn ein sachkundiger Rechtsbeistand oder Betriebsratsvertreter hinzugezogen wird. Schließlich sollte dem Beschuldigten ausreichend **rechtliches Gehör** gewährt werden, dh er sollte ausreichend Gelegenheit haben, vor Abschluss der Untersuchung zu allen im Raum stehenden Vorwürfen abschließend Stellung zu nehmen.

4. Abschluss der Untersuchung

21   Die Untersuchung endet mit einem **Abschlussbericht,** in dem der Gang der Untersuchung sowie deren wesentlichen Erkenntnisse beschrieben werden und Handlungsempfehlungen zu Personalmaßnahmen, ggf. Schadensersatzforderungen und Benachrichtigung/Kooperation mit den Behörden enthalten sein sollten. Dem Abschlussbericht kommt eine besondere Bedeutung zu, da darin dokumentiert wird, wie eingehend sich das Unternehmen mit einem Verdacht eines Compliance-Verstoßes befasst hat. Insofern kann er zu einem späteren Zeitpunkt bedeutsam werden, um zu belegen, dass die Geschäftsführung seiner Aufsichtspflicht gemäß § 130 OWiG nachgekommen ist. Für den Fall, dass sich das Unternehmen nach Abschluss der Untersuchung entscheidet, einen Kronzeugenantrag bei einer Kartellbehörde zu stellen, bildet der Abschlussbericht die Grundlage für den Antrag. Allerdings ist zu Beginn der Untersuchung meist noch nicht klar, ob das Unternehmen tatsächlich einen Kronzeugenantrag stellen wird. Möglicherweise entscheidet es sich dazu, den Kartellverstoß zu beenden, jedoch nicht bei der Kartellbehörde zu melden. In solch einem Fall unterliegt der Abschlussbericht besonderen Vertraulichkeitsanforderungen. Aufgrund des fehlenden **Anwaltsprivilegs** von Syndikusanwälten, empfiehlt es sich, den Bericht von externen Rechtsanwälten verfassen und bei diesen aufbewahren zu lassen, bei denen das Anwaltsprivileg sichergestellt ist.[37]

22   Über die **Personalmaßnahmen** sollte nicht die untersuchende Einheit, schon gar nicht externe Rechtsanwälte entscheiden. Insofern sollte, ähnlich wie bei Gerichtsverfahren, Gewaltenteilung garantiert sein und der Abschlussbericht der untersuchenden Ein-

---

[36] Moosmayer/Hartwig/*Heckenberger* 146.
[37] KTR/*Wollschläger* Kap 24. Rn. 40 ff.

heit, ähnlich wie eine Anklageschrift der Staatsanwaltschaft, lediglich eine Empfehlung für Personalmaßnahmen enthalten, über die ein anderes Gremium befindet. Einige Unternehmen haben zu diesem Zweck besondere **Sanktionierungsgremien** eingesetzt mit Vertretern aus unterschiedlichen Bereichen, die eine unabhängige und sachgerechte Entscheidung über die Personalmaßnahmen gewährleisten können.[38]

Im Bereich des Kartellrechts ist bei der Verhängung von Personalmaßnahmen die Besonderheit zu beachten, dass der Mitarbeiter, der an einem Kartell mitgewirkt hat, oftmals die einzige **Informationsquelle** zu dem gesamten Vorgang ist. Wenn sich das Unternehmen dazu entscheidet, einen Kronzeugenantrag zu stellen oder aber mit der jeweiligen Kartellbehörde zu kooperieren, ist es auf die Mitwirkung dieses Mitarbeiters angewiesen. Eine Trennung von diesem Mitarbeiter kann daher bedeuten, dass die einzige Informationsquelle versiegt. Es empfiehlt sich daher im Falle eines Kronzeugenantrages oder einer Kooperation mit der Kartellbehörde eine mögliche Trennung von einem oder mehreren Mitarbeitern abzustimmen.[39] Wenn man sich – aus nachvollziehbaren Gründen – von einem an einem Kartell beteiligten Mitarbeiter trennt, sollte der Kartellbehörde bewusst sein, dass dies die Kooperationsmöglichkeit des Unternehmens einschränken kann. Wenn sich das Unternehmen dazu entscheidet, den Verstoß nicht bei einer Kartellbehörde zu melden, steht es bei der Frage einer möglichen Trennung von dem Mitarbeiter vor dem Dilemma, dass auf der einen Seite eine Trennung von dem Mitarbeiter das Risiko der Aufdeckung des Kartells bei einer Kartellbehörde deutlich erhöht, auf der anderen Seite der Verzicht auf eine Trennung den notwendigen „Tone from the Top" vermissen lässt (→ § 42 Rn. 21 f.). 23

Spätestens mit dem Abschluss der internen Untersuchung muss das Unternehmen eine Entscheidung darüber treffen, ob es die zuständige Kartellbehörde über den Kartellverstoß informiert, um so von der **Kronzeugenregelung** profitieren zu können (→ § 41 Rn. 13 ff.). Eine Pflicht zur Meldung von Kartellverstößen gibt es nicht. Es gibt lediglich die Pflicht, aufgedeckte Kartellverstöße abzustellen. Ob die Kronzeugenregelung in Anspruch genommen werden soll, muss im Einzelfall entschieden werden. Dies hängt unter anderem davon ob, wie hoch die Wahrscheinlichkeit ist, dass das Unternehmen der erste Kronzeuge ist und sich damit die volle Immunität sichern kann. Außerdem sind mögliche Schadensersatzansprüche von potentiell geschädigten Kunden zu berücksichtigen. Die Initiativen der verschiedenen Gesetzgeber, das „private Enforcement", dh die Geltendmachung von zivilrechtlichen Schadensersatzansprüchen gegen Kartellanten, zu erleichtern, führt dazu, dass Kronzeugenregelungen seltener in Anspruch genommen werden.[40] Besonders schwierig fällt die Entscheidung bezüglich eines Kornzeugenantrages, wenn die Untersuchung kein eindeutiges Ergebnis ergeben hat, ob die Kartellverstöße vollständig aufgedeckt wurden. Ergibt sich nach Stellung eines Kronzeugenantrages, dass der Kartellverstoß deutlich umfangreicher war (zB weil er sich auf weitere Produktmärkte oder Länder erstreckt), besteht die Gefahr, dass nicht volle Immunität gewährt wird, bzw. der Kronzeugenstatus sogar komplett entfällt. 24

Ein wesentlicher Aspekt, der oftmals vernachlässigt wird, ist der der internen und externen **Kommunikation** der Ergebnisse der Untersuchung. Aufgrund der oben beschriebenen Vertraulichkeitsanforderungen wird bei kartellrechtlichen Untersuchungen sowohl die interne als auch die externe Kommunikation zu dem Vorgang eher gering ausfallen bzw. komplett entfallen. Dies sollte allen Beteiligten innerhalb des Unternehmens bekannt sein. Insbesondere im Hinblick auf die externe Kommunikation bietet es sich an, einen **„Gatekeeper"** im Unternehmen zu bestimmen, der darüber entscheidet, ob und was kommuniziert wird. Sofern das Unternehmen den Fall bei der zuständigen Kartellbe- 25

---

[38] Moosmayer/Hartwig/*Wauschkuhn* 68 ff.
[39] Siehe auch: FK/*Seeliger*/*Mross* Allg. Teil E, Rn. 411.
[40] Das Bundeskartellamt weist ausdrücklich darauf hin, dass der Kronzeugenantrag mögliche zivilrechtliche Ansprüche unberührt lässt: Bundeskartellamt, Bekanntmachung Nr. 9/2006 über den Erlass und die Reduktion von Geldbußen in Kartellsachen – Bonusregelung – Rn. 24.

hörde gemeldet hat und mit dieser kooperiert, sollten einzelne Kommunikationsschritte sowohl intern als auch extern vorab mit der Behörde abgestimmt werden. Dies gilt insbesondere für den Kronzeugenstatus. Das Unternehmen wird ein Interesse daran haben, extern zu kommunizieren, dass es den Kartellverstoß als erster aufgedeckt und gemeldet hat. Die Kartellbehörde hingegen, wird ein Interesse daran haben, die Wettbewerber im Unklaren zu lassen, ob und wer einen Kronzeugenantrag gestellt hat, damit diese weiterhin einen Anreiz haben, der Behörde ebenfalls Informationen zu dem Kartellverstoß zu geben.

IV. Präventive, nicht anlassbezogene Untersuchungen

26 Neben den anlassbezogenen Untersuchungen, bei denen konkreten Verdachtsmomenten nachgegangen wird, bieten sich auch nicht anlassbezogene präventive Untersuchungen an. Sinn und Zweck dieser Untersuchungen ist in erster Linie die Prüfung, inwiefern die präventiven Compliance-Maßnahmen zur Vermeidung von Kartellverstößen tatsächlich in der zu untersuchenden Einheit des Unternehmens ausreichend umgesetzt werden. Darüber hinaus können stichprobenartige Prüfungen erfolgen, ob sich kartellrechtliche Risiken tatsächlich verwirklicht haben.

1. Auswahl des Untersuchungsgegenstandes

27 Der erste Schritt bei einer nicht anlassbezogenen kartellrechtlichen Compliance-Untersuchung ist die Auswahl des Untersuchungsgegenstandes. Diese Auswahl erfolgt **risikoorientiert**. Anders als bei den anlassbezogenen Untersuchungen liegt kein konkreter Verdacht vor, jedoch gibt es Bereiche innerhalb des Unternehmens, die einem höheren kartellrechtlichen Risiko ausgesetzt sind und sich daher besonders für eine präventive Compliance-Untersuchung anbieten. Insofern lässt sich auf die Ergebnisse der regelmäßig durchgeführten Risikoanalyse zurückgreifen (→ § 39 Rn. 31). Daneben können weitere Kriterien Berücksichtigung finden, sofern sie noch nicht mit der Risikoanalyse abgedeckt worden sind, wie beispielsweise: Bedeutung der Einheit innerhalb des Unternehmens (Umsatzvolumen, Anzahl der Mitarbeiter), Anzahl der Fragen zum Kartellrecht von Mitarbeitern der betroffenen Einheit, Untersuchungen von Kartellbehörden in benachbarten Bereichen (vergleichbare Branche, andere Länder), aktuelle Fälle bei vergleichbaren Bereichen innerhalb des Unternehmens, etc.

2. Vorbereitung

28 Ganz wesentlich für den Erfolg einer präventiven Untersuchung ist die Vorbereitung. Die Personen, die die Untersuchung durchführen, müssen ein genaues Verständnis von den Geschäftsabläufen der zu untersuchenden Einheit haben und deren kartellrechtliche Risikofelder kennen. Sie sollten daher vor der Untersuchung vor Ort soweit möglich folgende Informationen über die betroffene Einheit einholen und vorab auswerten: Organigramme, Einkaufs- und Vertriebsstrukturen, wesentliche Einkaufs- und Vertriebsverträge, Marktstudien zu Marktanteilen und Preisentwicklungen, Verbandsaktivitäten, etc. Die vorherige Auswertung dieser Informationen ermöglicht eine deutlich zielgerichtetere Durchführung der Untersuchung.

3. Untersuchungsablauf

29 Eine Zeit lang waren sogenannte **„Mock Dawn Raids"** in Mode. Dabei handelt es sich um unangekündigte Untersuchungen, bei denen sich unternehmensinterne oder vom Unternehmen beauftragte Personen als Beamte einer Kartellbehörde ausgeben und wie bei einer behördlichen Durchsuchung vorgehen. Ziel der Mock Dawn Raids ist es insbesondere, zu prüfen, wie sich Mitarbeiter in einer Durchsuchungssituation verhalten. Im Einzelfall führt das auch zu Zufallsfunden für kartellrechtlich problematisches Verhalten. Mittlerweile werden die Mock Dawn Raids aus verschieden Gründen kritisch beurteilt. Zum einen stellt sich die Frage, ob sie rechtlich überhaupt zu-

lässig sind.[41] Je nach Auftreten der vermeintlichen Beamten kann es sich um strafrechtlich relevante Amtsanmaßung handeln. Zum anderen ist diese Art der Untersuchung für die Mitarbeiter sehr befremdlich und trägt nicht zu einer positiven Arbeitsatmosphäre bei. Außerdem besteht bei einem tatsächlich vorliegenden Kartellverstoß das Risiko, dass dieser unkontrolliert nach außen kommuniziert wird. So soll es im Rahmen eines Mock Dawn Raids vorgekommen sein, dass ein betroffener Mitarbeiter bei einem Wettbewerber anrufen und fragen wollte, ob bei ihm auch gerade eine Durchsuchung durch die Kartellbehörde stattfindet. Schließlich handelt es sich bei einem Mock Dawn Raid nicht um eine Untersuchung, mit der verschiedene Risikofelder systematisch abgeprüft werden können. Eine systematische Untersuchung erfordert ein behutsameres Vorgehen, dass sich aus verschiedenen Prüfungsschritten zusammensetzen sollte.

Wie bei anlassbezogenen Untersuchungen sind auch bei präventiven Untersuchungen die **Mitarbeitergespräche** die wichtigste Informationsquelle. Gegenstand der Gespräche sollte zum einen sein, inwiefern die präventiven kartellrechtlichen Compliance-Maßnahmen tatsächlich in der betroffenen Einheit umgesetzt worden sind (zB Trainingsstatus, Implementierung der relevanten Richtlinie zum Kartellrecht, Kommunikation des Managements und der Führungskräfte zum Kartellrecht, Vertragsmanagement bei kartellrechtlich relevanten Verträgen, Dokumentation der Verbandsaktivitäten, etc). Zum anderen sollten Fragen zu den bereichsspezifischen Risikobereichen gestellt werden, um mögliche Kartellverstöße zu identifizieren. Im Mittelpunkt stehen hierbei regelmäßig Verbandsaktivitäten und sonstige Wettbewerberkontakte, Preisentwicklungen aber auch Marktinformationssysteme sowie bei Bereichen, bei denen eine marktbeherrschende Stellung denkbar ist, Geschäftspraktiken gegenüber Kunden und Lieferanten. Anders als bei anlassbezogenen Untersuchungen, bei denen die ersten Gespräche mit den Mitarbeitern geführt werden sollten, die den engsten Bezug zu dem möglichen Kartellverstoß haben (was in der Regel einen „Bottom-Up" Ansatz bedeutet), bietet sich bei der Planung der Mitarbeitergespräche für präventive Untersuchungen grundsätzliche ein „Top-Down" Ansatz an, dh die ersten Gespräche erfolgen mit dem Management, danach folgen Gespräche mit den sonstigen Führungskräften und den Sachbearbeitern. Im Übrigen gelten für die Mitarbeitergespräche die gleichen Grundsätze wie bei anlassbezogenen Untersuchungen (→ Rn. 17 ff.). 30

Die Mitarbeitergespräche sollten ergänzt werden durch eine **Dokumentenanalyse.** Insbesondere bei der Frage, inwiefern die präventiven kartellrechtlichen Compliance-Maßnahmen tatsächlich in der betroffenen Einheit umgesetzt worden sind, sollte dies durch entsprechende Dokumentation belegt und nicht nur durch mündliche Aussagen bestätigt werden. Im Rahmen von präventiven Compliance-Untersuchungen sind forensische Prüfungen von elektronischen Daten, insbesondere E-Mails Accounts grundsätzlich nicht angezeigt, da Aufwand und Nutzen in keinem angemessenen Verhältnis stehen. Dies kann sich allerdings während einer Untersuchung ändern, wenn sich aufgrund der Mitarbeitergespräche oder Dokumentenanalyse konkrete Verdachtsmomente ergeben, die eine zielgerichtete forensische Prüfung ermöglichen. 31

4. Abschluss und Nachverfolgung

Wie die anlassbezogene Untersuchung endet auch die präventive nicht anlassbezogene Untersuchung mit einem **Abschlussbericht,** der die wesentlichen Erkenntnisse der Untersuchung zusammenfasst. Aufgrund der Tatsache, dass bei den präventiven Untersuchungen in der Regel Kartellverstöße nicht im Mittelpunkt stehen, gelten für den Abschlussbericht allerdings ein paar Besonderheiten. Der Fokus des Berichtes ist darauf gerichtet, wie die präventiven kartellrechtlichen Maßnahmen für die Zukunft weiter optimiert werden können. Diese Optimierungsmöglichkeiten sollten so genau wie möglich beschrieben werden, damit die verantwortlichen Personen genau wissen, wie diese 32

---

[41] Kritisch *Gildhoff/Zumdick* BB 2012, 1178 ff.; grds. zu Mock Dawn Raids *de Crozals/Jürgens* CCZ 2009, 92 ff.

Optimierungen umgesetzt werden können. Sofern im Rahmen der Untersuchung keine Kartellverstöße aufgedeckt werden, wird der Bericht keine Empfehlungen zu Personalmaßnahmen enthalten. Außerdem wird er keinen besonderen Vertraulichkeitsanforderungen unterliegen, so dass es daher auch nicht erforderlich ist, dass ein externer Rechtsanwalt den Bericht verfasst und aufbewahrt, um das Anwaltsprivileg zu wahren. Dies wäre nur dann anders, wenn durch die Untersuchung konkrete Kartellverstöße aufgedeckt werden. Insofern würden für die Berichterstellung die oben beschriebenen Grundsätze für den Abschlussbericht von anlassbezogenen Untersuchungen gelten (→ Rn. 21).

33 Genauso wichtig wie die Berichterstellung ist die spätere **Nachverfolgung der Umsetzung** der beschriebenen Optimierungsmöglichkeiten. Nur so kann eine dauerhafte und nachhaltige Implementierung von präventiven kartellrechtlichen Compliance-Maßnahmen sichergestellt werden.

B. Datenschutz- und weitere spezialrechtliche Aspekte

34 Sowohl im Rahmen der **fortlaufenden Überwachung** der Einhaltung der kartellrechtlichen Vorgaben als auch bei **anlassbezogenen Untersuchungen** aufgrund konkreter Verdachtsmomente ist es unausweichlich, eine – mitunter sehr große – Anzahl an Dokumenten und Informationen verschiedenster Herkunft, mit unterschiedlichsten Inhalten und in unterschiedlichsten Formaten an zahlreichen Ablageorten und bei diversen Besitzern innerhalb des Unternehmens aufzufinden und auszuwerten. Um Bußgelder im Rahmen von Kronzeugenprogrammen zu vermeiden oder wenigstens durch fortlaufende Kooperation mit den Behörden möglichst zu reduzieren, müssen die Unternehmen möglichst alle Fakten aufdecken und an die Behörden umgehend weiterreichen.[42] Dies führt im Ergebnis unweigerlich zu einem **Spannungsverhältnis** zwischen kartellrechtlichen Zwängen und datenschutzrechtlichen Anforderungen.[43]

I. Überblick über das Datenschutzrecht

1. Grundlagen

35 Die im Vordergrund stehenden rechtlichen Regelungen finden sich vor allem im Bundesdatenschutzgesetz. Allerdings wird die Rechtslage zukünftig maßgeblich durch die Vorgaben der voraussichtlich im Mai 2018 in Kraft tretenden EU-Datenschutz-Grundverordnung (VO (EU) 2016/679, ABl. 2016 L 119, 1 ff.), bestimmt werden. Ein im September 2016 vom Bundesinnenministerium veröffentlichter Referentenentwurf zur Umsetzung der VO wurde im Oktober 2016 wieder zurückgezogen. Die VO wird voraussichtlich einige Aspekte insbesondere der Rechtfertigung des Datenumgangs neu regeln. Das Bundesdatenschutzgesetz verfolgt den **Zweck,** natürliche Personen davor zu schützen, dass sie durch den Umgang mit ihren personenbezogenen Daten in ihrem Persönlichkeitsrecht beeinträchtigt werden.[44] Unternehmen ist es daher gem. § 4 Abs. 1 BDSG grundsätzlich untersagt, personenbezogene Daten zu erheben, zu verarbeiten oder zu nutzen, sofern nicht ein Erlaubnistatbestand den Datenumgang gestattet oder die Einwilligung der Betroffenen vorliegt **(Verbot mit Erlaubnisvorbehalt).**

36 Zwar beschränkt § 1 Abs. 2 Nr. 3 BDSG den **Anwendungsbereich** des BDSG für Unternehmen der Privatwirtschaft wie folgt:

37 „Dieses Gesetz gilt für die Erhebung, Verarbeitung und Nutzung personenbezogener Daten durch nicht-öffentliche Stellen, sofern sie die Daten unter Einsatz von Datenverarbeitungsanlagen verarbeiten, nutzen oder dafür erheben oder die Daten in oder aus nicht automatisierten Dateien verarbeiten, nutzen oder dafür erheben."

---

[42] Vgl. Europäische Kommission, Mitteilung der Kommission über den Erlass und die Ermäßigung von Geldbußen in Kartellsachen, ABl. 2006 C 298, 17 ff. Rn. 12.
[43] S. Mäger/*Kasten* Kap. 2 Rn. 41, 116; KTR/*Wollschläger* Kap. 24 Rn. 37.
[44] § 1 Abs. 1 BDSG.

Dies bedeutet zunächst, dass primär nur **Daten** geschützt sind, die entweder **elektronisch** erfasst sind (oder für eine spätere elektronische Erfassung erhoben wurden) oder in einer Datei, also einer „strukturierten Sammlung personenbezogener Daten"[45] enthalten sind. Für personenbezogene Daten von Beschäftigten – auf die gerade im Rahmen von kartellrechtlichen Untersuchungen zugegriffen werden muss – erweitert § 32 Abs. 2 BDSG allerdings den Schutz auch auf solche Daten, die nicht elektronisch erfasst sind. Ferner erfolgt im heutigen Geschäftsalltag nahezu jeder Umgang mit personenbezogenen Daten zumindest mit dem Ziel, die Daten später in einem EDV-System zu erfassen.[46] Daher ist auch beim Umgang mit reinen **Papierunterlagen** in Unternehmen regelmäßig der Anwendungsbereich des BDSG eröffnet (→ Rn. 74 ff.) 38

Personenbezogene Daten sind Einzelangaben über persönliche oder sachliche Verhältnisse einer bestimmten oder bestimmbaren natürlichen Person.[47] Es muss sich um Informationen über eine natürliche Person selbst oder einen auf sie bezogenen Sachverhalt handeln.[48] Abzugrenzen davon sind reine **Sachdaten,** die keine Rückschlüsse auf eine natürliche Person zulassen, wie zB rein technische Angaben zu Produkten, Marktdaten iwS, oder reine Unternehmensdaten. Da diese Unterscheidung im Einzelfall schwierig sein dürfte, sollte vorsorglich im Rahmen kartellrechtlicher Untersuchungen regelmäßig unterstellt werden, dass es sich um personenbezogene Daten handelt.[49] 39

Beispiel: 40
Werden im Rahmen kartellrechtlicher Untersuchungen beispielsweise Dokumente gefunden, die wettbewerbssensible Unternehmensdaten von Wettbewerbern enthalten, so handelt es sich um personenbezogene Daten, wenn der Urheber des Dokuments identifizierbar ist. Auch E-Mails und sonstige Kommunikationsdaten (SMS, Chatprotokolle) oder Daten in ERP-Systemen, etwa wer wann welche Buchungen vorgenommen hat, fallen in den Anwendungsbereich des BDSG.

Ist ein bestimmter Umgang (zB Erhebung und Verarbeitung von Reisedaten) mit personenbezogenen Daten zu einem bestimmten Zweck (zB Abrechnung von Reisekosten) aufgrund Vorliegens eines Erlaubnistatbestandes (zB § 32 Abs. 1 S. 1 BDSG „Zwecke des Beschäftigtenverhältnisses") datenschutzrechtlich zulässig, so gilt dies immer nur für diesen jeweils konkret vorliegenden Zweck. Möchte das Unternehmen die Daten (zB Reisedaten) für einen anderen Zweck (zB Ermittlung von Treffen mit Wettbewerbern) nutzen, so muss gem. § 28 Abs. 2 BDSG für diese Zweckänderung ein eigener Erlaubnistatbestand erfüllt sein **(Zweckbindungsgrundsatz).**[50] In jedem Fall sollten interne Untersuchungshandlungen mit datenschutzrechtlicher Relevanz (ggf. abstrakt und vor konkreten Untersuchungen) mit dem im Unternehmen zuständigen Datenschutzbeauftragten abgestimmt werden. 41

2. Erlaubnistatbestände im Rahmen kartellrechtlicher Untersuchungen

Der Umgang mit personenbezogenen Daten ist grundsätzlich verboten, solange nicht ein Erlaubnistatbestand erfüllt ist (§ 4 Abs. 1 BDSG). Im Rahmen kartellrechtlicher Untersuchungen sind daher stets die einschlägigen Erlaubnistatbestände im konkreten Einzelfall zu prüfen. 42

a) **Umgang mit Beschäftigtendaten (§ 32 BDSG).** Besteht der Verdacht auf kartellrechtswidriges Verhalten, wird im Rahmen der internen Untersuchungen zunächst zu prüfen sein, ob **Mitarbeiter** (ggf. im Zusammenwirken mit unternehmensfremden Dritten, zB Mitarbeitern von Wettbewerbern (horizontaler Bereich) oder von Kunden (vertikaler Be- 43

---

[45] § 3 Abs. 2 S. 2 BDSG.
[46] Vgl. *Wybitul* Hdb. Datenschutz Rn. 60.
[47] § 3 Abs. 1 BDSG.
[48] Vgl. *Gola/Schomerus* § 3 Rn. 5.
[49] KTR/*Wybitul* Kap. 11 Rn. 34.
[50] S. KTR/*Wybitul* Kap. 11 Rn. 21; *Gola/Schomerus* § 28 Rn. 36 ff.; *Simitis/Simitis* § 28 Rn. 167 ff.

reich)) gegen kartellrechtliche Vorgaben verstoßen haben.[51] Es bedarf daher der Auswertung von Beschäftigtendaten. Beim Umgang mit Beschäftigtendaten sind zwei verschiedene Erlaubnistatbestände zu unterscheiden, die beide in § 32 BDSG verankert sind.

44 aa) Zur Aufdeckung von Straftaten (§ 32 Abs. 1 S. 2 BDSG)? Im Rahmen einer anlassbezogenen Untersuchung könnte zunächst § 32 Abs. 1 S. 2 BDSG einschlägig sein, der einen Umgang mit Beschäftigtendaten **„zur Aufdeckung von Straftaten"** unter engeren Voraussetzungen als derjenigen des Grundtatbestands des § 32 Abs. 1 S. 1 BDSG gestattet:[52] Zunächst muss – wie bei Kartellverstößen oftmals unproblematisch – ein hinreichender **Bezug zum Beschäftigungsverhältnis** bestehen.[53] Sodann muss der Datenumgang geeignet und erforderlich für die Aufdeckung der Straftat sein. Es dürfen also **keine milderen Mittel** für den konkret aufzuklärenden Aspekt zur Verfügung stehen. Schließlich muss das schutzwürdige Interesse des Arbeitgebers am Datenumgang zur Aufdeckung der Straftat die schutzwürdigen Interessen des Arbeitnehmers überwiegen. Hier ist die **Verhältnismäßigkeit** der konkreten Untersuchungsmaßnahme zu prüfen.[54] Angesichts der gravierenden Konsequenzen eines Kartellverstoßes für das Unternehmen (extrem hohe Bußgelder, hohes Risiko von Schadensersatzklagen, Blacklisting, negative Presse etc (→ § 42 Rn. 2 ff.)) dürfte allerdings die Verhältnismäßigkeitsgrenze häufig erst bei Eingriffen in den Kernbereich der privaten Lebensgestaltung (zB Kommunikation mit Familienangehörigen, Tagebucheinträge etc.) erreicht sein – stets vorausgesetzt, es liegt ein hinreichend konkreter Tatverdacht, gestützt auf zu dokumentierende Verdachtsmomente, vor.[55] Sofern es im konkreten Fall gangbar erscheint, könnte bei Massendatenanalysen auch eine abgestufte Vorgehensweise bei Massendatenanalysen angedacht werden: Zunächst anonymisierten Daten werden schrittweise, bei weiterer Konkretisierung von Verdachtsmomenten der Personenbezug, zunächst nur pseudonymisiert. Sollten sich weitere Hinweise ergeben, wird in der letzten Stufe die Identität offengelegt.

45 Die entscheidende Frage jedoch ist, ob § 32 Abs. 1 S. 2 BDSG im Rahmen kartellrechtlicher Untersuchungen überhaupt einschlägig ist. Bei **Kartellverstößen** handelt es sich trotz der erheblichen Bedeutung für die Wirtschaftsverfassung und der sehr hohen Bußgeldsanktionen prinzipiell nämlich um **Ordnungswidrigkeiten** und nicht um Straftaten (Ausnahmen insbesondere Betrugsdelikte nach §§ 263 f., 298 StGB). Nach überwiegender Meinung müssen sich datenbezogene Untersuchungsmaßnahmen, die sich auf Ordnungswidrigkeiten beziehen, nicht am § 32 Abs. 1 S. 2 BDSG, sondern nur am § 32 Abs. 1 S. 1 BDSG messen lassen.[56] Daher sind bei kartellrechtlichen Untersuchungen regelmäßig die etwas weniger strengen Voraussetzungen des § 32 Abs. 1 S. 1 BDSG (dazu sogleich) zu prüfen. Sofern es sich bei dem Kartellverstoß dagegen (auch) um eine Straftat (insbesondere Betrugsdelikte nach §§ 263 f., 298 StGB) handelt, so wird dieser gem. § 21 Abs. 1 S. 1 OWiG grundsätzlich nur als Straftat geahndet.[57] Demnach ist in diesen Fällen § 32 Abs. 1 S. 2 BDSG einschlägiger Erlaubnistatbestand.

---

[51] Umstritten ist bislang, ob das BDSG die personenbezogenen Daten von Organmitgliedern einer juristischen Person in gleichem Maße wie sonstige Beschäftigtendaten schützt und deshalb die Voraussetzungen des § 32 Abs. 1 BDSG erfüllt sein müssen, oder ob nur § 28 BDSG als Erlaubnistatbestand einschlägig ist. Insofern die Beschäftigteneigenschaft bejahend Simitis/*Seifert* § 3 Rn. 284; verneinend dagegen Taeger/Gabel/*Zöll* § 32 Rn. 14; *Wybitul* BB 2009, 1582 (Fn. 9).

[52] Vgl. hierzu Simitis/*Seifert* § 32 Rn. 101 ff.; *Wybitul* Hdb. Datenschutz Rn. 199 ff.; Taeger/Gabel/*Zöll* § 32 Rn. 47 ff.; *Gola/Schomerus* § 32 Rn. 39 ff.

[53] S. *Wybitul* Hdb. Datenschutz Rn. 201.

[54] Vgl. zur Verhältnismäßigkeitsprüfung *Wybitul* Hdb. Datenschutz Rn. 207 ff.; KTR/*Wybitul* Kap. 11 Rn. 83; Taeger/Gabel/*Zöll* § 32 Rn. 53; Simitis/*Seifert* § 32 Rn. 106; s. auch *Thüsing* § 3 Rn. 36.

[55] S. Simitis/*Seifert* § 32 Rn. 104: „Die Schwere des Verdachts ist ein Abwägungskriterium im Rahmen der Verhältnismäßigkeitsprüfung.".

[56] S. KTR/*Wybitul* Kap. 11 Rn. 69; *Wybitul* Hdb. Datenschutz Rn. 199 ff.; ErfKo/*Franzen* ArbR § 32 Rn. 31 (anders noch *Wank* in der Vorauflage); Taeger/Gabel/*Zöll* § 32 Rn. 48; Simitis/*Seifert* § 32 Rn. 102; vgl. auch die Gesetzesbegründung (BT-Drs. 16/13657, 36), die „sonstige Rechtsverstöße" § 32 Abs. 1 S. 1 BDSG unterstellt. AA dagegen *Gola/Schomerus* § 32 Rn. 39 ff.; *Thüsing* NZA 2009, 865 (867).

[57] Vgl. hierzu *Bechtold* § 82 Rn. 2.

bb) Zu Zwecken des Beschäftigungsverhältnisses (§ 32 Abs. 1 S. 1 BDSG). Wie aufgezeigt, sind **46** **repressive** anlassbezogene kartellrechtliche Untersuchungsmaßnahmen primär an § 32 Abs. 1 S. 1 BDSG zu messen. Dies gilt mangels Tatverdacht erst recht bei nicht anlassbezogenen **präventiven** kartellrechtlichen Untersuchungen.[58] Gleiches gilt, wenn sich die Untersuchungen (egal, ob straf- oder ordnungswidrigkeitsrechtliche Themen im Vordergrund stehen) noch im Anfangsstadium befinden und noch keine konkreten Verdachtsmomente gegen einzelne Beschäftigte oder Gruppen von Beschäftigten vorliegen.[59] In all diesen Fällen handelt es sich unproblematisch um einen Datenumgang zu „Zwecken des Beschäftigungsverhältnisses".[60] Der Gesetzgeber hat Kontrollen der Leistung oder des Verhaltens grundsätzlich dem Anwendungsbereich des § 32 Abs. 1 S. 1 BDSG unterstellt.[61]

Im Vergleich zu § 32 Abs. 1 S. 2 BDSG sind die Anforderungen insofern geringer, als **47** es keiner tatsächlichen Anhaltspunkte für einen konkreten Tatverdacht bedarf. Allerdings ist auch hier ein Datenumgang nur zulässig, wenn er für die **„Durchführung oder Beendigung des Beschäftigungsverhältnisses erforderlich"** ist, also kein anderes, gleich wirksames und die Persönlichkeitsrechte der Betroffenen weniger einschränkendes Mittel zur Verfügung steht. Zudem muss, auch wenn der Wortlaut des § 32 Abs. 1 S. 1 BDSG (anders als S. 2) dies nicht voraussetzt, die Angemessenheit der Maßnahme im Rahmen einer Verhältnismäßigkeitsprüfung bejaht werden.[62] Auch hier sind angesichts der og schweren Konsequenzen eines Kartellverstoßes für das Unternehmen und des daraus resultierenden hohen Schadenspotenzials jedenfalls Eingriffe, die nicht den Kernbereich der privaten Lebensgestaltung (zB Kommunikation mit Familienangehörigen, Tagebucheinträge etc) berühren, regelmäßig zulässig. Verlangt im Rahmen eines bereits laufenden Kartellverfahrens die **Kartellbehörde** selbst bestimmte Unterlagen, Dokumente oder Nachweise, so ist der Zugriff häufig zu rechtfertigen: Aufgrund einer konkreten Anfrage der Behörde ist von einem konkreten Verdacht auszugehen; der Kreis der betroffenen Personen, der Zeitrahmen und der Untersuchungsgegenstand sind von der Behörde bereits vorgegeben. Wenn nur mit einer internen Untersuchung einer andernfalls drohenden Beschlagnahme durch die Kartellbehörden und damit einer Weitergabe und ggf. deutlich weiterreichenden Datensichtung und Auswertung vorgebeugt werden kann, dürfte dies auch datenschutzrechtlich als starkes Zulässigkeitsindiz zu werten sein. Dennoch sollten Unternehmen stets im Einzelfall sorgfältig den datenschutzrechtlichen Verhältnismäßigkeitsgrundsatz im Auge behalten: Der Umfang der Daten ist im Hinblick auf die Anzahl der Betroffenen, den Zeitraum und die relevanten Sachverhalte einzugrenzen. So kann es zum Beispiel ausreichen, nur E-Mail mit bestimmten Schlagwörtern oder Empfängernamen auszuwerten. Zudem sind Vorkehrungen zu treffen, um offenkundig rein private Daten von Mitarbeitern auszusortieren.

Es empfiehlt sich, alle Abwägungskriterien, den Zweck der Ermittlungen, die Erforderlichkeit der **48** konkreten Maßnahme und auch – losgelöst, ob eine Ordnungswidrigkeit oder eine Straftat im Raum steht – sämtliche Anhaltspunkte, die einen Anfangsverdacht begründen, ausführlich zu dokumentieren.

---

[58] Vgl. Gesetzesbegründung BT 16/13657, 36: „Nach [§ 32 Abs. 1] S. 1 ist auch die Zulässigkeit solcher Maßnahmen zu beurteilen, die zur Verhinderung von Straftaten oder sonstigen Rechtsverstößen, die im Zusammenhang mit dem Beschäftigungsverhältnis stehen, erforderlich sind."; s. Simitis/*Seifert* § 32 Rn. 103; Taeger/Gabel/*Zöll* § 32 Rn. 48 ff.; *Wybitul* Hdb. Datenschutz Rn. 176.
[59] S. *Wybitul* Hdb. Datenschutz Rn. 203.
[60] Da bei kartellrechtlichen Untersuchungen oftmals auch lange zurückliegende Sachverhalte untersucht werden müssen, muss häufig auch auf personenbezogene Daten bereits ausgeschiedener Mitarbeiter zugegriffen werden, sofern diese ausnahmsweise nicht gemäß § 35 Abs. 2 Nr. 3 BDSG gelöscht wurden. In diesem Fall geht es nicht um einen Datenumgang „nach Begründung des Beschäftigungsverhältnisses für dessen Beendigung". Daher ist in diesen Fällen § 28 Abs. 1 S. 1 Nr. 2 BDSG einschlägiger Erlaubnistatbestand. AA Simitis/*Seifert* § 3 Rn. 290; Gola/*Schomerus* § 3 Rn. 59a.
[61] BT-Drs. 16/13657, 21.
[62] S. *Wybitul* Hdb. Datenschutz Rn. 182 ff.; Taeger/Gabel/*Zöll* § 32 Rn. 18.

49 b) Umgang mit Daten Dritter (§ 28 BDSG). Im Rahmen kartellrechtlicher Untersuchungen ist die Frage, ob Dritte ihrerseits ebenfalls rechtswidrig gehandelt haben, oftmals von untergeordnetem Interesse. Daher stehen – anders als bei Korruptionsdelikten, wo es durchaus auch für die Bewertung entscheidend sein kann, ob sich ein Dritter rechtswidrig verhalten hat – im Bereich von Kartellverstößen primär personenbezogene Daten von Beschäftigten und erst in zweiter Linie **Daten unternehmensfremder Dritter** im Fokus der internen Untersuchungen. Andererseits werden bei den Untersuchungen häufig auch Daten von Dritten (mit-) ausgewertet. Daher sind neben den Voraussetzungen des § 32 Abs. 1 BDSG für Beschäftigtendaten regelmäßig auch die **Voraussetzungen des § 28 Abs. 1 BDSG** zu prüfen, der als Erlaubnistatbestand für den Umgang mit Daten von Unternehmensfremden einschlägig ist. Primär wird im Rahmen kartellrechtlicher Untersuchungen § 28 Abs. 1 S. 1 Nr. 2 BDSG zu prüfen sein, der einen Datenumgang erlaubt, soweit es zur **Wahrung berechtigter Interessen des Unternehmens** erforderlich ist und kein Grund zur Annahme besteht, dass dem schutzwürdige Interessen des Dateninhabers entgegenstehen (Interessenabwägung).[63] Die bei der Interessenabwägung zu berücksichtigenden Aspekte sind im Ergebnis aber ähnlich wie die bei der Erforderlichkeitsprüfung im Rahmen des § 32 BDSG.

50 c) Einwilligung. Da das BDSG dem Schutz des Persönlichkeitsrechtes dient, muss es den geschützten Personen auch möglich sein, in den Datenumgang einzuwilligen.[64] § 4a BDSG und die Praxis stellen allerdings **hohe Anforderungen** an eine solche schriftliche Einwilligung, so dass sie für kartellrechtliche Untersuchungen häufig nur als punktuell ergänzende, manchmal eher unternehmenspolitische, nicht aber als flächendeckend nutzbare Erlaubnis in Betracht kommt:

51 aa) Informierte Einwilligung. Der Dateninhaber kann nur dann wirksam einwilligen, wenn er über den Zweck des Datenumgangs **informiert** wird (§ 4a Abs. 1 S. 2 BDSG). Nach wohl herrschender Meinung muss er darüber hinaus auch erfahren, welche Daten betroffen sind und wer mit den Daten umgehen wird.[65] Jedenfalls zu Beginn der Untersuchungen dürfte es oftmals den Ermittlungszweck gefährden, die betroffenen Personen im Vorfeld ausführlich zu informieren. Daher kann es sich anbieten – wenn nicht überhaupt ausschließlich auf die vorstehend beschriebenen Erlaubnistatbestände (§§ 28, 32 BDSG) abgestellt werden kann –, zunächst die **Daten zu sichern,** ohne sie tatsächlich auszuwerten, und erst dann eine informierte Einwilligung einzuholen. Anders kann sich dagegen die Situation wiederum darstellen, wenn ein umfassendes Amnestieprogramm bereits implementiert wurde und die Kooperationsbereitschaft der potentiellen Kartelltäter gesichert erscheint.

52 bb) Freiwillige Einwilligung. Im Rahmen der Untersuchungen führt die weitere Anforderung, die die Praxis unter Rekurs auf § 4a Abs. 1 S. 1 BDSG an eine wirksame Einwilligung stellt, zu weiteren rechtlichen Risiken: Die Einwilligung ist nur wirksam, wenn sie auf der **freien Entscheidung** des Betroffenen beruht. So selbstverständlich dies sein dürfte, so schwierig ist es in der Praxis für ein Unternehmen, die Freiwilligkeit der Einwilligung bei einem in einem Abhängigkeitsverhältnis stehenden Mitarbeiter zu beweisen.[66] Der Arbeitnehmer muss eine echte Wahl haben und darf keine Nachteile durch die Verweigerung der Einwilligung befürchten müssen. Datenschutzaufsichtsbehörden sehen Einwilligungen im Beschäftigtenverhältnis bis auf wenige Fälle regelmäßig als unwirksam

---

[63] Vgl. im Einzelnen *Gola/Schomerus* § 28 Rn. 1ff., 8ff.; *Taeger/Gabel/Taeger* § 28 Rn. 54ff.; *Simitis/Simitis* § 28 Rn. 98ff.; KTR/*Wybitul* Kap. 11 Rn. 84ff.
[64] Muster für Einwilligungen in den Umgang mit elektronischen Beschäftigtendaten, die allerdings um kartellrechtliche Untersuchungszwecke ergänzt und entsprechend angepasst werden müssten, finden sich bei *Thüsing/Traut* § 5 Rn. 37ff.
[65] S. KTR/*Wybitul* Kap. 11 Rn. 61; *Gola/Schomerus* § 4a Rn. 26f.; *Simitis/Simitis* § 4a Rn. 72; ablehnend dagegen *Thüsing/Traut* § 5 Rn. 3.
[66] Vgl. ausführlich *Thüsing/Traut* § 5 Rn. 10ff.

an.⁶⁷ Dem ist allerdings das Bundesarbeitsgericht entgegengetreten und hat festgestellt, dass auch bei Arbeitnehmern trotz der besonderen Prägung des Arbeitsverhältnisses, eine freiwillige Einwilligung möglich sei, solange der Arbeitnehmer die Einwilligung verweigern oder später widerrufen kann.⁶⁸ Die datenschutzrechtlichen Aspekte sind folglich auch hier weiterhin umstritten und vor einer Analyse von Mitarbeiterdaten genau zu prüfen.

cc) Sonstige rechtliche Aspekte. Auch der Umstand, dass die Einwilligung **jederzeit widerrufen** werden kann, macht sie zu einem im konkreten Einzelfall nur bedingt nutzbaren Mittel.⁶⁹ Auch hier stellt sich die Situation allerdings anders dar, wenn ein Amnestieprogramm in Kraft und der Anreiz zum Widerruf reduziert sind. Schließlich kann auch der Anwendungsbereich der AGB-Kontrolle (§§ 305 ff. BGB) eröffnet sein. Dies ist im konkreten Einzelfall genau zu prüfen.⁷⁰   53

d) Betriebsvereinbarung. Eine Möglichkeit, die datenschutzrechtlichen Risiken bereits im Vorfeld einer anlassbezogenen, kartellrechtlichen Untersuchung möglichst einzudämmen, bietet eine Betriebsvereinbarung, die das Thema unternehmensinterne Untersuchungen umfassend regelt. Zwar ist umstritten, ob und wenn ja, in welchem Umfang im Rahmen einer Betriebsvereinbarung von den Vorgaben des BDSG tatsächlich abgewichen werden kann.⁷¹ Dies sollte bezogen auf den gewünschten Regelungsgehalt genau geprüft werden. Durch eine zwischen Arbeitgeber und Betriebsrat erfolgte **Abstimmung von Detailfragen** kartellrechtlicher Untersuchungsmaßnahmen werden aber die Weichen für einen möglichst reibungslosen Ablauf einer Untersuchung im konkreten Fall, beispielsweise durch Regelungen zu unbestimmten Rechtsbegriffen des BDSG, zu Zuständigkeiten und Informationsfluss etc gestellt.⁷²   54

3. Benachrichtigungspflicht gegenüber Betroffenen

Bei kartellrechtlichen Untersuchungen steht das Interesse des Unternehmens an einer möglichst **vertraulichen Untersuchung** (→ Rn. 4 f.) in einem Spannungsfeld mit dem datenschutzrechtlichen **Transparenzgebot**.⁷³ Werden erstmalig personenbezogene Daten ohne Kenntnis des Betroffenen gespeichert, so ist der Betroffene darüber gem. § 33 Abs. 1 S. 1 BDSG grundsätzlich zu informieren. Da dies allerdings den Untersuchungszweck und damit die Geschäftszwecke des Unternehmens häufig erheblich gefährden würde, entfällt regelmäßig zunächst die Informationspflicht gem. § 33 Abs. 2 Nr. 7b) BDSG. Die Information ist nachzuholen, sobald der Untersuchungszweck nicht mehr gefährdet wird. Sofern dagegen bereits vom Unternehmen gespeicherte Daten, zB E-Mail oder Buchungsdaten, für die Untersuchung verarbeitet und genutzt werden, löst dies nach überwiegender Meinung keine Benachrichtigungspflicht iSd § 33 BDSG aus, da „nur" eine Zweckänderung bei der Datennutzung erfolgt, aber keine erstmalige Datenerhebung.   55

II. Datenschutz- und weitere spezialrechtliche Fragen zu ausgewählten Untersuchungsmaßnahmen

Die nachfolgend näher betrachteten Untersuchungsmaßnahmen sind im Rahmen kartellrechtlicher Ermittlungen regelmäßig unvermeidlich, jedoch gleichzeitig aus datenschutz-, telekommunikations- und strafrechtlicher Perspektive besonders kritisch zu bewerten.   56

---

67 Vgl. „Artikel-29-Datenschutzgruppe", Stellungnahme 15/2011 zur Definition von Einwilligung, 15 (WP187), abrufbar unter http://www.cnpd.public.lu/de/publications/groupe-art29/wp187_de.pdf (zuletzt abgerufen am 30.10.2016).
68 BAG Urt. v. 11.12.2014 – 8 AZR 1010/13, NZA 2015, 604.
69 S. dazu *Thüsing/Traut* § 5 Rn. 32 ff.
70 Vgl. ausführlich dazu *Thüsing/Traut* § 5 Rn. 25 ff.
71 Vgl. *Thüsing/Traut* § 4 Rn. 1 ff.
72 S. KTR/*Wybitul* Kap. 11 Rn. 88 ff.
73 Vgl. KTR/*Wybitul* Kap. 11 Rn. 28.

1. Generell: Auswertung elektronisch gespeicherter Dokumente und Dateien

57 Der Trend geht zum **papierlosen Büro**. Bei kartellrechtlichen Untersuchungen müssen daher regelmäßig große Mengen elektronisch gespeicherter Dokumente und Dateien (zB Präsentationen, Excel-Dokumente, Preisschemata, Vereinbarungen, Vertragsentwürfe, Marktinformationen, sonstige wettbewerbssensible Informationen) jenseits der reinen E-Mail-Korrespondenz (→ Rn. 63 ff.) auf Festplatten und Servern ausgewertet und gesichert werden.[74] Bei **geschäftlichen Unterlagen** ist ein Zugriff zulässig, da die entsprechenden Erlaubnistatbestände des § 32 Abs. 1 BDSG regelmäßig erfüllt sind.

58 Eine Auswertung von **rein privaten Dokumenten** und Dateien scheidet dagegen meist aus, da dies einen (zu) starken Eingriff in das verfassungsrechtlich geschützte Persönlichkeitsrecht und dem daraus abzuleitenden Schutz der Privatsphäre des Arbeitnehmers darstellen würde.[75] Zudem handelt es sich bei den privaten Dokumenten in den seltensten Fällen um Unterlagen, die für Zwecke des Beschäftigungsverhältnisses ausgewertet werden müssen, weshalb die Voraussetzungen jedenfalls des Erlaubnistatbestandes des § 32 Abs. 1 S. 1 BDSG nicht erfüllt sein dürften. Bei gemischt privaten Inhalten, beispielsweise einer Email die private und geschäftliche Informationen enthalten, ist eine sehr umsichtige Verhältnismäßigkeitsprüfung angezeigt.

59 Abhängig von der konkreten Verdachtslage kann es geboten sein, zunächst nur die schon vorhandenen Back-up-Daten, auf die ein Mitarbeiter keinen Zugriff hat, durch die IT-Abteilung sichern zu lassen, ohne sie sogleich auszuwerten (**„Freeze"**). Damit kann verhindert werden, dass die Daten noch im Laufe der Ermittlungen manipuliert oder beseitigt werden. Erhärtet sich der Verdacht oder wird beispielsweise ein in der konkreten Situation erforderliches oder zumindest empfehlenswertes Einverständnis des Mitarbeiters eingeholt, kann dann in einem zweiten Schritt auf die Daten zugegriffen werden.

60 Sollen die Unterlagen mit Hilfe einer **Analysesoftware** ausgewertet werden, so besteht – anders als bei der Auswertung von Papierakten – ein **Mitbestimmungsrecht des Betriebsrates** gem. § 87 Abs. 1 Nr. 6 BetrVG („technische Überwachungseinrichtung").[76] Es empfiehlt sich daher, klare Kompetenzen und Verantwortlichkeiten für einen entsprechenden Zugriff grundsätzlich und nicht erst bei Vorliegen eines konkreten Untersuchungsanlasses im Rahmen von Betriebsvereinbarungen oder mitbestimmungspflichtigen IT-Richtlinien oÄ zu regeln. Der genaue Ablauf (inklusive Benennung von Ansprechpartnern) ist ebenfalls, zB im Rahmen abteilungsübergreifender Arbeitsanweisungen, festzulegen.

61 Befinden sich auf einer unternehmenseigenen Festplatte oder einem Server erlaubterweise **auch private Dokumente,** so ist bei der Durchsuchung der Festplatte durch entsprechende Filter oder durch Suchbegriffe zu vermeiden, private Dokumente aufzufinden. Das gilt insbesondere für die gerade bei kartellrechtlichen Untersuchungen durchaus relevante **Auswertung elektronisch gespeicherter Kalender:** Hier werden häufig auch private Termine (ggf. sogar mit detaillierteren Angaben zu Dritten) notiert. Bei der Auswertung dieser Kalender sollte daher durch entsprechende Maßnahmen vermieden werden, private Termine aufzufinden. Es sollte zudem im Rahmen der konkreten Untersuchungen geprüft werden, ob vorsorglich eine Einverständniserklärung der Mitarbeiter eingeholt werden soll. Ferner empfiehlt es sich, die Erlaubnis der Speicherung von privaten Dokumenten an die Bedingung zu knüpfen, private Daten in entsprechend gekennzeichneten Ordnern abzulegen.[77]

62 Sofern die elektronisch gespeicherten Unterlagen auch personenbezogene Daten unternehmensfremder Dritter enthalten (zB Sitzungsprotokolle eines Verbandes mit Wortbei-

---

[74] S. zu Fragen der Sicherung von elektronischen Unterlagen KTR/*Strecker/Reutter* Kap. 6 Rn. 22 ff. Zum Vorgehen des Bundeskartellamtes bei der Sicherstellung von IT-Asservaten vgl. instruktiv *Saller* CCZ 2012, 189.
[75] Vgl. *Mengel/Ullrich* NZA 2006, 240 (241).
[76] Vgl. KTR/*Mengel* Kap. 13 Rn. 16.
[77] Vgl. dazu KTR/*Mengel* Kap. 13 Rn. 17 ff.

trägen einzelner Teilnehmer), wären die Voraussetzungen des § 28 BDSG zu prüfen und (wie wohl regelmäßig) zu bejahen, bevor eine Auswertung erfolgt.

2. Auswertung von Email-Korrespondenz

Die Auswertung von nur in elektronischer Form auf unternehmenseigenen IT-Systemen vorhandener E-Mail-Korrespondenz ist gerade in kartellrechtlichen Untersuchungen, in denen anders als bei Korruptionssachverhalten keine Zahlungsströme oder ähnliches nachverfolgt werden können, häufig entscheidend für die Aufdeckung von Kartellverstößen.[78] Die dabei zu beachtenden datenschutz- und weiteren **spezialrechtlichen Vorgaben** sind äußerst unterschiedlich, je nachdem, ob die Nutzung unternehmenseigener IT-Systeme und Programme für die **private E-Mail-Kommunikation** durch die Mitarbeiter zugelassen ist oder nicht. Viele Aspekte sind umstritten und nicht abschließend geklärt.[79]

a) Private Nutzung des E-Mail-Systems erlaubt. Eine Vielzahl von datenschutz- und weiteren spezialrechtlichen Vorgaben ist zu beachten, wenn die Nutzung unternehmenseigener IT-Systeme und Programme für die private E-Mail-Kommunikation der Mitarbeiter erlaubt ist (oder wenn ein entsprechendes Verbot nicht konsequent durchgesetzt wird). Anstelle der datenschutzrechtlichen Vorgaben des insoweit subsidiären BDSG[80] sind dann – nach stark umstrittener, aber wohl (noch) herrschender Ansicht – **telekommunikations- und strafrechtliche Vorgaben** bei internen Untersuchungen zu berücksichtigen, die einen Zugriff auf die E-Mail-Korrespondenz der Mitarbeiter im Ergebnis ausschließen. Eine höchstrichterliche Entscheidung zu diesem Themenkomplex steht aus.

Nach derzeit wohl **noch herrschender Ansicht** ist bei einer Zulassung der privaten Nutzung des E-Mail-Systems der Arbeitgeber **Anbieter von Telekommunikationsdiensten iSd § 3 Nr. 10, 6 TKG**.[81] Begründet wird dies überwiegend damit, dass zwischen dem vom TKG eindeutig erfassten, unternehmensfremden E-Mail-Provider und dem unternehmenseigenen E-Mail-System kein Unterschied bestünde und auch die Gesetzesbegründung zum TKG nicht ausschließlich auf kommerzielle E-Mail-Provider abstellt.[82]

Nicht leicht zu beantworten ist, ob die rechtliche Situation anders zu beurteilen und eine Auswertung der E-Mail-Korrespondenz zulässig ist, weil der **Übertragungsvorgang abgeschlossen** ist, der Mitarbeiter die Möglichkeit zur Kenntnisnahme hatte und es sich folglich um „ruhende" E-Mails handelt und das TKG nicht mehr einschlägig ist.[83] Die Frage nach dem Abschluss des Übermittlungsvorgangs muss dabei je nach eingesetztem IT-System sehr differenziert betrachtet werden. Wie das **BVerfG**[84] im Zusammenhang mit Art. 10 GG ausgeführt hat, ist entscheidender Gesichtspunkt für die Anwendbarkeit des Fernmeldegeheimnisses die faktische Möglichkeit des Nutzers, den Zugriff, die Vervielfältigung und die Weiterleitung der E-Mail zu kontrollieren. Hat der Nutzer diese Kontrolle nicht, weil etwa der Provider noch Zugriff hat, so ist der Übermittlungsvorgang nicht beendet. Ob der Nutzer die E-Mail hätte löschen oder sichern können, ist nicht maßgeblich. Auch wird der Übermittlungsvorgang nicht durch das Lesen der E-Mail durch den Empfänger abgeschlossen. Damit dürfte der Anwendungsbereich der „ruhenden E-Mails" sehr eng gefasst sein.

---

[78] Vgl. KTR/*Wollschläger* Kap. 24 Rn. 25.
[79] Instruktiv zum aktuellen Stand *Sassenberg/Mantz* BB 2013, 889; KTR/*Mengel* Kap. 13 Rn. 20ff.
[80] Vgl. § 1 Abs. 3 BDSG.
[81] S. Simitis/*Seifert* § 32 Rn. 90ff.; ErfKo/*Franzen* ArbR § 32 BDSG Rn. 25f.; KTR/*Schuster* Kap 11 Rn. 133; *Sassenberg/Mantz* BB 2013, 889; *Fischer* ZD 2012, 265.
[82] KTR/*Schuster* Kap. 11 Rn. 133; *Sassenberg/Mantz* BB 2013, 889; *Fischer* ZD 2012, 265 (266).
[83] So VGH Kassel Beschl. v. 19.5.2009 – 6A 2672/08.Z, NJW 2009, 2470; LAG Hamm Urt. v. 10.7.2012 – 14 Sa 1711/10, ZD 2013, 135 (139); KTR/*Mengel* Kap. 13 Rn. 28; *Rübenstahl/Debus* NZWiSt 2012, 129 (134); *Sassenberg/Mantz* BB 2013, 889 (890). Ablehnend KTR/*Schuster* Kap. 11 Rn. 136; *Hoppe/Braun* MMR 2010, 80 (82).
[84] BVerfG Beschl. v. 16.6.2009 – 2 BvR 902/06, MMR 2009, 673.

§ 40

67 Diese Sichtweise führt dazu, dass die Prüfung von E-Mails (= Telekommunikationsdaten) gem. § 88 TKG verboten sein kann und ein Verstoß gegen dieses Verbot den Straftatbestand des § 206 StGB regelmäßig erfüllt.[85] Gleichzeitig können auch Vorgaben des Telemediengesetzes (TMG) einschlägig sein.[86] Im Ergebnis scheidet dann bei Zulassung der privaten E-Mail-Kommunikation eine Überprüfung auch der geschäftlichen E-Mail-Korrespondenz aus, jedenfalls dann, wenn sich diese nicht von der privaten Kommunikation trennen lässt.[87] Ferner kommt eine E-Mail-Kontrolle selbst bei konkretem Verdacht auf eine Straftat nicht in Betracht, möchte das Unternehmen Haftungsrisiken angesichts der unklaren Rechtslage vermeiden.[88]

68 Folgt man dieser wohl noch herrschenden Meinung, so bietet die Einholung einer individuellen, schriftlichen und möglichst konkret ausgestalteten, **telekommunikationsrechtlichen Einwilligung** jedes einzelnen Arbeitnehmers die einzige – allerdings ebenfalls umstrittene – Möglichkeit, den Inhalt von E-Mails bei Gestattung der Privatnutzung in einer Art und Weise zu kontrollieren, die den telekommunikationsrechtlichen[89] Anforderungen genügen.[90] Diese Einwilligung kann bereits im Rahmen der generellen Regelungen zur E-Mail-Nutzung im Unternehmen eingeholt werden.[91] Zudem empfiehlt es sich, die Mitarbeiter zu verpflichten, private E-Mails getrennt von geschäftlichen E-Mails in einem anderen Ordner aufzubewahren; ferner sollten private E-Mails entsprechend gekennzeichnet werden.[92] Schließlich ist der Mitarbeiter vorsorglich darauf hinzuweisen, dass bei privater Nutzung keine Vertraulichkeit der Kommunikation besteht und der Arbeitgeber die Kommunikation überprüfen kann.

69 Die im Vordringen begriffene **Gegenansicht** sieht im Arbeitgeber keinen Dienstanbieter iSd TKG, eine Strafbarkeit wegen Verletzung des Fernmeldegeheimnisses gem. § 206 StGB scheidet demnach aus. Die Begründungen variieren: So wird zum einen auf die fehlende Entgeltlichkeit der Nutzung der unternehmenseigenen E-Mail-Systeme abgestellt, zum anderen wird verneint, dass der Arbeitnehmer Dritter iSd § 3 Nr. 10 TKG ist, weshalb auch kein Dienstangebot an Dritte vorläge.[93] Folgt man dieser vorzugswürdigen Ansicht, so sind zwar nicht die Vorgaben des TKG (und StGB), aber die datenschutzrechtlichen Vorgaben des BDSG (insbesondere § 32 BDSG) zu beachten. Es ist im konkreten Einzelfall eine sorgsame und umfassende Abwägung zwischen den Interessen des Arbeitgebers und des Arbeitnehmers erforderlich.[94]

70 b) Private Nutzung des E-Mail-Systems verboten. Anders stellt sich die Rechtslage dar, wenn die Nutzung unternehmenseigener IT-Systeme und Programme für die private E-Mail-Kommunikation verboten ist und dieses Verbot nicht beispielsweise durch eine Duldung über längere Zeit konkludent wieder aufgehoben wird. Hier kommt eine Verletzung des Fernmeldegeheimnisses iSd § 206 StGB nicht in Betracht; auch die Vorgaben des TKG und TMG sind nicht einschlägig.[95] Dagegen sind auch in diesen Fällen die Vor-

---

[85] Instruktiv zu strafrechtlichen Fragen KTR/*Schuster* Kap 11 Rn. 135 ff.
[86] Ausführlich hierzu *Sassenberg/Mantz* BB 2013, 889.
[87] S. KTR/*Mengel* Kap. 13 Rn. 24; vgl. weitere Nachw. bei *Wybitul* ZD 2011, 69 (Fn. 7).
[88] S. *Wybitul* ZD 2011, 69 (71); KTR/*Schuster* Kap. 11 Rn. 138 f.; KTR/*Mengel* Kap. 13 Rn. 27, jeweils mwN zur Gegenansicht.
[89] Zu den datenschutzrechtlichen Anforderungen an eine Einwilligung → Rn. 50 ff.
[90] Vgl. KTR/*Mengel* Kap. 13 Rn. 25 f. Kritisch dazu KTR/*Schuster* Kap. 11 Rn. 137, auch zur Frage nach einem Zustimmungserfordernis des Kommunikationspartners.
[91] S. KTR/*Mengel* Kap. 13 Rn. 25; *Helbing* ZFRC 2013, 170 (171).
[92] S. KTR/*Mengel* Kap. 13 Rn. 24.
[93] Vgl. *Wybitul* ZD 2011, 69 (71); *Deiters* ZD 2012, 109 (110 f.); *Thüsing/Traut* § 9 Rn. 17 ff., 79 ff.; *Scheben/Klos* CCZ 2013, 88 (90). S. auch LAG Niedersachsen Urt. v. 31.5.2010 – 12 Sa 875/09, MMR 2010, 639; LAG Berlin-Brandenburg Urt. v. 16.2.2011 – 4 Sa 2132/10, ZD 2011, 43; s. ferner *Wybitul* ZD 2011, 69 (73).
[94] Vgl. LAG Niedersachsen Urt. v. 31.5.2010 – 12 Sa 875/09, MMR 2010, 639 (640); LAG Berlin-Brandenburg Urt. v. 16.2.2011 – 4 Sa 2132/10, ZD 2011, 43 (45); *Thüsing/Traut* § 9 Rn. 39 ff.
[95] Vgl. Schönke/Schröder/*Lenckner/Eisele* § 206 Rn. 8; KTR/*Schuster* Kap 11 Rn. 132; *Sassenberg/Mantz* BB 2013, 889.

schriften des BDSG zu beachten; insbesondere ist das Vorliegen eines Erlaubnistatbestandes (primär § 32 BDSG) (→ Rn. 42 ff.) zu prüfen. Sind diese Vorgaben jedoch – wie regelmäßig[96] – erfüllt, dann dürfen sowohl die Verbindungs-/Nutzungsdaten (Datenumfang, Adressaten, Uhrzeit) als auch die Inhalte der E-Mails nebst Anhängen im gebotenen Umfang kontrolliert werden.[97]

Vor diesem Hintergrund ist zur Reduzierung der telekommunikations- und strafrechtlichen Risiken bei internen Untersuchungen anzuraten, die Nutzung unternehmenseigener IT-Systeme und Programme für die private E-Mail-Kommunikation durch unternehmenseigene E-Mail-Programme[98] ausdrücklich zu untersagen und dieses Verbot auch durchzusetzen.[99] Hierfür sind **klare Regelungen** in Arbeitsverträgen, eine deutliche unternehmensinterne Kommunikation der Nutzungsbedingungen, eine stichprobenmäßige **Prüfung** der Einhaltung der Vorgaben sowie eine **Sanktionierung** von Verstößen erforderlich.[100] Ergänzt werden können diese Maßnahmen auch durch eine automatische, IT-gesteuerte Einordnung von E-Mails von üblicherweise privat genutzten E-Mail-Providern in einen „Quarantäne-Ordner".[101] Möchte der Mitarbeiter diese E-Mails gleichwohl erhalten, so muss er einen entsprechenden Warnhinweis bzgl. der rein geschäftlichen Nutzung der IT-Infrastruktur akzeptieren. Der in Unternehmen um sich greifende Trend zu „Bring your own device", bei dem die Mitarbeiter ihre privaten IT-Geräte (Smartphone, Tablets etc.) für geschäftliche Zwecke nutzen, ist daher nicht nur aus Datensicherheitsgründen, sondern vor allem auch aus ermittlungstaktischer Sicht kritisch zu sehen.[102] **71**

3. Auswertung von Chatprotokollen/Instant Messaging Programmen

Instant Messaging Programme (Chat-Programme) gewinnen in der privaten, aber auch der geschäftlichen Kommunikation zunehmend an Bedeutung. Solche Programme bieten die Möglichkeit in Echtzeit mit anderen Personen zu kommunizieren und Daten auszutauschen.[103] Für kartellrechtswidrige Absprachen mit Wettbewerbern sind sie ein durchaus geeignetes Kommunikationsmittel.[104] Im Rahmen interner Kartellermittlungen ist daher auch daran zu denken, die Chatprotokolle, die beispielsweise auf unternehmenseigenen Servern oder aber auch auf den Speichermedien der Kommunikationsmittel (PC, Smartphone, Blackberry) gespeichert werden, auszuwerten. **72**

Während bislang offen war, ob Chatprotokolle angesichts der hier möglichen, kurzen Reaktionszeiten wie Telefongespräche zu behandeln und damit nicht kontrolliert werden dürfen, hat nunmehr das LAG Hamm erstmals ausdrücklich festgestellt, dass Chatprotokolle, die lediglich die gespeicherten Inhalte und Umstände einer abgeschlossenen Kommunikation darstellen, **rechtlich wie E-Mails** zu behandeln sind.[105] Im Weiteren stellt **73**

---

[96] Vgl. KTR/*Wollschläger* Kap. 24 Rn. 37.
[97] Vgl. KTR/*Mengel* Kap. 13 Rn. 22 mwN; KTR/*Schuster* Kap. 11 Rn. 132; Simitis/*Seifert* § 32 Rn. 91 mwN auch zu aA.
[98] Nicht erforderlich ist es dagegen, auch die Nutzung von webbasierten E-Mail-Services ausschließlich über das Internet zu untersagen.
[99] Vgl. *Wybitul* ZD 2011, 69 (73); KTR/*Wollschläger* Kap. 24 Rn. 37; *Mäger/Kasten* Kap. 2 Rn. 116; HML/*Dittrich/Matthey* § 26 Rn. 86; KTR/*Mengel* Kap 13 Rn. 22; *Sassenberg/Mantz* BB 2013, 889 (893); *Helbing* ZFRC 2013, 170 (171).
[100] Vgl. *Helbing* ZFRC 2013, 170 (171).
[101] Dies ist bei einem strikten Verbot der privaten Nutzung zulässig, § 206 StGB ist mangels Eröffnung des Anwendungsbereiches des Fernmeldegesetzes nicht einschlägig; vgl. *Sassenberg/Mantz* BB 2013, 889 (892).
[102] Instruktiv zu den rechtlichen Problemen bei „Bring your own device" *Göpfert/Wilke* NZA 2012, 765.
[103] Häufig genutzte Programme sind Skype, Windows Live Messenger, Blackberry Messenger.
[104] Vgl. zur Nutzung von Instant Messaging Programmen für Absprachen im Rahmen des „Libor-Kartells" *Tan/Finch/Vaughan,* Bloomberg RBS Instant Messages Show Libor Rates Skewed for Traders, 26.9. 2012, abrufbar unter http://www.bloomberg.com/news/articles/2012-09-25/rbs-instant-messages-show-libor-rates-skewed-for-traders.html, Stand 21.12.2015.
[105] LAG Hamm Urt. v. 10.7.2012 – 14 Sa 1711/10, ZD 2013, 135 (139 f.); zustimmend *Scheben/Klos* CCZ 2013, 88 (91 f.).

das LAG Hamm darauf ab, dass es sich um „ruhende" Kommunikation handelt, die dem TKG nicht unterliege.[106] Da es allerdings noch nicht abschließend geklärt ist, ab wann es sich um „ruhende" Kommunikation handelt und ob diese dann tatsächlich nicht dem TKG unterfällt, sollte aus Unternehmensperspektive dieser Aspekt unter Heranziehung der oben für die Auswertung der E-Mail-Kommunikation dargestellten Grundsätze geprüft werden (→ Rn. 63 ff.). Im Ergebnis sollte auch hier, um rechtliche Risiken möglichst zu minimieren, eine private Nutzung der Instant Messaging Programme auf unternehmenseigenen IT-Geräten und Systemen untersagt werden.

4. Auswertung von Unterlagen in Papierform

74 Im Rahmen kartellrechtlicher Untersuchungen spielen neben elektronischen Dokumenten Unterlagen in **Papierform** durchaus noch eine Rolle, gerade wenn weiter zurückliegende Zeiträume untersucht werden müssen. Der Schutz der personenbezogenen Daten von Beschäftigten gem. § 32 Abs. 2 BDSG erstreckt sich auch auf Daten in solchen Papierdokumenten.[107] Der Zugriff auf und die Auswertung von rein geschäftlichen Unterlagen (zB Vereinbarungen mit Dritten, wettbewerbssensible Informationen) ist – ebenso wie bei elektronisch gespeicherten Dokumenten – ohne weiteres zulässig, die entsprechenden Erlaubnistatbestände des § 32 Abs. 1 BDSG sind regelmäßig erfüllt. Der Zugriff ist zudem auch durch das Eigentumsrecht des Arbeitgebers gedeckt.[108] Zu den geschäftlichen Unterlagen, auf die der Arbeitgeber volles Zugriffsrecht hat, zählen insbesondere auch die gerade in kartellrechtlichen Ermittlungen besonders wichtigen **Sitzungs- und Gesprächsprotokolle,** da hierin geschäftsbezogene Vorgänge dokumentiert werden, die vom Arbeitgeber vollständig überprüft werden dürfen. Hierzu zählen insbesondere auch **handschriftliche Notizen** zu geschäftlichen Vorgängen oder sonstige Unterlagen, die nicht in den Geschäftsakten, sondern in anderen Unterlagen des Mitarbeiters zB als **Handakte** abgelegt sind.[109]

75 Im Einzelfall zu klären ist, ob für die Auswertung von schriftlichen (nicht elektronisch abgelegten) Unterlagen, die personenbezogene Daten **unternehmensfremder Dritter** enthalten (zB **Sitzungsprotokolle eines Verbandes** mit Wortbeiträgen einzelner Teilnehmer) die Voraussetzungen des § 28 BDSG zu prüfen und (wie wohl regelmäßig) zu bejahen sind. Anders als Beschäftigtendaten sind diese Daten in Papierunterlagen gem. § 1 Abs. 2 Nr. 3 BDSG grundsätzlich nur geschützt, wenn mit ihnen entweder unter Einsatz von EDV-Systemen umgegangen werden soll, oder sie – sofern ein manueller Umgang erfolgt – einen Dateibezug iSd § 3 Abs. 2 S. 2 BDSG haben.[110] Beispiele für solche nicht-automatisierte Dateien sind zB Kundenkarteien oder Sammlungen von Kundenformularen, die jeweils anhand von personenbezogenen Daten sortiert werden, nicht dagegen Teilnehmerlisten.[111] Auch ein Ordner, in dem Informationen von Wettbewerbern nach Namen der Informanten gesammelt werden, kann eine nicht-automatisierte Datei darstellen, wohingegen der Zugriff auf Sitzungsprotokolle, die in einem „Verbands"-Ordner ohne Zuordnung zu Personen abgelegt sind, ohne weiteres zulässig ist.

76 Ein Zugriff auf **private Papierdokumente** ist dagegen – wie bei elektronischen Dokumenten auch – grundsätzlich unzulässig. Sogar strafrechtliche Relevanz hätte das Öffnen von verschlossener Privatpost oder von geöffneter Privatpost in einem verschlossenen Behältnis, da dies eine Verletzung des **Briefgeheimnisses** nach § 202 StGB darstellen würde.

---

[106] LAG Hamm Urt. v. 10.7.2012 – 14 Sa 1711/10, ZD 2013, 135 (139 f.), dort auch zu einem (abgelehnten) Beweisverwertungsverbot.
[107] „Nicht automatisiert verarbeitete Daten"; vgl. Simitis/*Seifert* § 32 Rn. 14; KTR/*Mengel* Kap. 13 Rn. 7.
[108] Vgl. KTR/*Mengel* Kap. 13 Rn. 8 f.
[109] Vgl. KTR/*Mengel* Kap. 13 Rn. 13.
[110] S. Simitis/*Dammann* § 1 Rn. 137; Simitis/*Simitis* § 27 Rn. 27.
[111] Ausführlich Simitis/*Dammann* § 3 Rn. 85 ff., 99.

Ähnlich wie bei elektronisch geführten Kalendern sind die datenschutzrechtlichen Vorgaben für eine **Auswertung von Papier-Kalendern** genau zu prüfen, sofern darin sowohl private als auch geschäftliche Termine (zB Treffen mit Wettbewerbern) aufgelistet sind. Anders als bei elektronischen Kalendern können hier im Vorfeld der eigentlichen Auswertung private Termine nicht ausgefiltert werden. Daher sollten im konkreten Einzelfall die datenschutzrechtlichen Vorgaben genau geprüft und vorsorglich das schriftliche Einverständnis des Mitarbeiters mit einer Auswertung des Kalenders eingeholt werden. Ein generelles Verbot, in Geschäftskalendern auch private Termine zu notieren, erscheint dagegen in keiner Weise praktikabel und vermittelbar. **77**

5. Auswertung telefonischer Verbindungsnachweise

Die **heimliche Überwachung** von privaten oder dienstlichen Telefonaten ist wegen Verstoßes gegen das Recht am eigenen Wort **unzulässig**.[112] Im Rahmen kartellrechtlicher, jedenfalls anlassbezogener Untersuchungen ist es jedoch häufig sehr wichtig, zu analysieren, ob bestimmte Mitarbeiter in einem bestimmten Zeitraum beispielsweise mit Wettbewerbern telefoniert haben. Die soweit noch vorhandenen Telefonverbindungsdaten, bei denen es sich um personenbezogene Daten des Arbeitnehmers handelt, müssen dann gesichtet werden. Während es grundsätzlich zulässig ist, **Verbindungsdaten** zu erheben, zu speichern und zu nutzen, gehen die Ansichten, ob die – gerade für Untersuchungen entscheidenden – Daten über den Fremdanschluss vollständig gespeichert werden dürfen, auseinander.[113] Im Anwendungsbereich des TKG, also wenn der Arbeitgeber als Telekommunikationsanbieter angesehen wird, weil er die private Telefonnutzung nicht untersagt hat, sind jedenfalls die datenschutzrechtlichen Spezialvorschriften der §§ 91 ff. TKG zu beachten. Diensteanbieter dürfen etwa gemäß § 96 ff. TKG Verbindungsdaten nur zu ganz bestimmten Zwecken verwenden. Die Aufklärung von Kartellrechts-Sachverhalten fällt nicht darunter. **78**

Vor diesem Hintergrund empfiehlt es sich – ebenso wie bei der privaten Nutzung von geschäftlichen E-Mail-Systemen – die **private Nutzung** der unternehmenseigenen Telefone grundsätzlich zu **untersagen**. Die in der Literatur gegebene Empfehlung,[114] nur die ersten Stellen der Telefonnummern zu speichern, sollte dagegen nur nach sorgfältiger Abwägung und nach ausführlicher datenschutzrechtlicher Analyse gefolgt werden: Einerseits können so zwar datenschutzrechtliche Risiken weiter reduziert werden; andererseits ist es vor allem nach längerem Zeitablauf kaum mehr möglich, den jeweiligen Gesprächspartner des Mitarbeiters auch mit Hilfe des eigenen Mitarbeiters zu identifizieren. Damit fehlt möglicherweise ein wichtiger Mosaikstein bei der Untersuchung eines kartellrechtlich relevanten Sachverhalts. Dabei ist § 99 Abs. 1 Satz 3 TKG zu beachten: Bei Anschlüssen in Betrieben und Behörden ist der Einzelverbindungsnachweis nur zulässig, wenn das Unternehmen erklärt hat – und natürlich sicherstellt –, dass die Mitarbeiter informiert worden sind und künftige Mitarbeiter unverzüglich informiert werden und dass der Betriebsrat oder die Personalvertretung entsprechend den gesetzlichen Vorschriften beteiligt worden ist oder eine solche Beteiligung nicht erforderlich ist. **79**

Zu beachten ist ferner, dass es sich regelmäßig um eine Änderung des Datennutzungszwecks (→ Rn. 41) handelt, wenn die ursprünglich beispielsweise nur zu Kosten- und Missbrauchskontrolle erhobenen Verbindungsdaten möglicherweise später zur Ermittlung von Wettbewerberkontakten ausgewertet werden. Hierfür muss – wie regelmäßig mit § 32 BDSG – ein eigener Erlaubnistatbestand erfüllt sein. **80**

III. Einbindung externer Berater bei der Auswertung

Um insbesondere bei anlassbezogenen kartellrechtlichen Untersuchungen die Masse der E-Mails effizient und vor allem zügig auswerten zu können, muss häufig auf spezielle IT- **81**

---

[112] S. BVerfG Beschl. v. 19.12.1991 – 1 BvR 382/85, NJW 1992, 815; BAG Urt. v. 29.10.1997 – 5 AZR 508/96, NZA 1998, 307 (308); Simitis/*Seifert* § 32 Rn. 88.
[113] Bejahend *Thüsing/Traut* § 10 Rn. 2 ff.; kritisch dagegen Simitis/*Seifert* § 32 Rn. 88 mwN.
[114] Vgl. *Mengel* BB 2004, 1445 (1449); ErfKo/*Franzen* ArbR § 32 Rn. 25.

Lösungen zurückgegriffen werden.[115] Die unternehmensinternen personellen Ressourcen sind aufgrund weiterer, parallel erforderlicher Ermittlungsmaßnahmen häufig schon überbeansprucht. In diesen oder ähnlichen Situationen kann die Auslagerung des Screenings auf einen **externen Berater** (Anwälte, Wirtschaftsprüfer, IT-Dienstleister) angezeigt sein.[116] Zudem unterliegen die bei externen Anwälten lagernden Auswertungsergebnisse nebst entsprechender rechtlicher Bewertungen auch im europäischen Kartellrecht, anders als bei einer Lagerung in der Compliance- oder Rechtsabteilung, dem **Anwaltsprivileg** und sind damit beschlagnahmefrei.[117] Dadurch kann im Übrigen auch gegenüber Mitarbeitern dokumentiert werden, dass sich die Auswertung nicht auf sonstige Themen (zB Überprüfung auf eine private Nutzung) erstreckt. Aus datenschutzrechtlicher Sicht führt dies jedoch dazu, dass entweder (a) eine **Auftragsdatenvereinbarung** mit dem externen Berater abgeschlossen werden muss, sofern dieser nur reine Hilfstätigkeiten (zB Auswertung nach vom Unternehmen vorgegebenen Kriterien durch IT-Dienstleister) ausübt oder (b) das Vorliegen eines **Erlaubnistatbestandes** für die Übermittlung der Daten an den Berater geprüft und bejaht werden muss, sofern dieser – wie häufig bei der Mandatierung von Anwälten und Wirtschaftsprüfern – selbst Entscheidungen darüber trifft, wie der Sachverhalt weiter aufgeklärt werden soll (zB eigenständige Auswahl von Suchbegriffen).[118] In letzterem Fall muss im Rahmen einer einzelfallbezogenen Interessenabwägung (primär orientiert am § 32 BDSG) ermittelt werden, ob die Datenübermittlung an den Berater datenschutzrechtlich zulässig ist. Hier greifen regelmäßig die gleichen Überlegungen wie im Falle der Datenerhebung und -nutzung durch das Unternehmen selbst.

IV. Datenschutzrechtliche Aspekte konzernweiter Untersuchungen

82 Kartellrechtliche Untersuchungen innerhalb eines Konzerns erstrecken sich regelmäßig auf mehrere rechtlich **selbständige juristische Personen,** die zum Konzernverbund gehören. Ferner sind auch Ermittlungen bei Tochtergesellschaften im **Ausland** häufig unvermeidlich. Dies erfordert eine (länderübergreifende) Datenweitergabe von einer Konzerngesellschaft zu einer anderen, die dann die Daten ihrerseits nutzt, verarbeitet und ggf. an externe Stellen (Berater, Behörden) übermittelt. Hier sind mehrere datenschutzrechtliche Aspekte zu berücksichtigen.

1. Informationsfluss innerhalb eines Konzerns

83 Ein Pendant zu dem gerade dem Kartellrecht bekannten Institut des „**Konzernprivilegs**", aufgrund dessen konzerninterne Sachverhalte regelmäßig vom Kartellverbot ausgenommen werden,[119] kennt das Datenschutzrecht nicht.[120] Es gilt ausschließlich die juristische Betrachtungsweise mit der Folge, dass innerhalb verbundener Unternehmen personen- und ggf. auch kundenbezogene Daten nur nach Maßgabe des BDSG übermittelt werden dürfen.[121] Im Rahmen einer kartellrechtlichen Untersuchung werden personen- und ggf. auch kundenbezogene Daten von Konzerngesellschaften an dasjenige Unternehmen im Konzern übermittelt, das die Untersuchung leitet und die Daten auswertet. Dieses Unternehmen ist also nicht nur mit der technischen Durchführung der Datenvereinbarung im Sinne einer

---

[115] Ausführlich zu technischen Aspekten KTR/*Strecker/Reutter* Kap. 6.
[116] Vgl. Moosmayer/Hartwig/*Rabl/Hartwig* 117 ff.
[117] Zur Diskussion über das Anwaltsprivileg von Syndikusanwälten im europäischen Kartellrecht s. EuGH Urt. v. 10.9.2009 – C-97/08 P, Slg. 2009, I-08237 – Akzo Nobel; sowie kritisch *Moosmayer* NJW 2010, 3548. S. ferner zum Anwaltsprivileg im deutschen Kartellrecht LG Bonn Beschl. v. 21.6.2012 – 27 Qs 2/12, NZKart 2013, 204. Ausführlich dazu *Mehle/Mehle* NJW 2011, 1639; *Krauß* WuW 2013, 24.
[118] Es handelt sich dann um eine Funktionsübertragung und nicht um eine bloße Auftragsdatenverarbeitung, vgl. KTR/*Wybitul* Kap. 11 Rn. 40 f.; *Gola/Schomerus* § 11 Rn. 9.
[119] Vgl. instruktiv Mäger/*Mäger* Kap. 7.
[120] S. *Helbing* ZFRC 2013, 170 (174); *Thüsing/Forst* § 17 Rn. 3 mwN; *Schulz* BB 2011, 2552, der aus der Grundentscheidung des Gesetzgebers gegen ein Konzernprivileg darauf schließt, dass ein berechtigtes Interesse an der Datenübermittlung im Konzern regelmäßig ausscheide. So auch Simitis/*Simitis* § 2 Rn. 156 ff.
[121] *Gola/Schomerus* § 27 Rn. 4.

Auftragsdatenverarbeitung tätig. Vielmehr handelt es sich um eine **Funktionsübertragung**. Für die Datenübermittlung muss ein Erlaubnistatbestand erfüllt sein.

Im konkreten Einzelfall kommt hier zum einen § 28 Abs. 1 S. 1 Nr. 2 BDSG in Betracht, da die Übermittlung von personenbezogenen Daten (zB Kundendaten) der Wahrung berechtigter Interessen der Konzernunternehmen dienen kann: Das Bekämpfen von Wirtschaftskriminalität, die zulasten einzelner Unternehmen eines Konzerns geht, ist – anders als etwa rein wirtschaftliche Konzerninteressen – ein solches berechtigtes Interesse aller Konzernunternehmen.[122] Die hier erfolgte Datenübermittlung an die die Untersuchung leitende Konzerngesellschaft ist aufgrund der zwingend erforderlichen verbundenen Vernetzung der Ermittlungstätigkeit im berechtigten Interesse der Konzernunternehmen. Allerdings müssen die schutzwürdigen Interessen des Betroffenen angemessen berücksichtigt werden. Zum anderen dürfte mit gleicher Argumentation im Hinblick auf die Weitergabe von Beschäftigtendaten auch der Erlaubnistatbestand des insoweit spezielleren § 32 BDSG regelmäßig erfüllt sein (→ Rn. 42 ff.). Zur weiteren Sicherstellung der rechtlichen Zulässigkeit der konzerninternen Datenübermittlung bietet sich neben einer individuellen, aber gerade im Rahmen einer anlassbezogenen Untersuchung nicht immer zu erlangenden, ausdrücklichen Einwilligung des Mitarbeiters in die konzerninterne Datenübermittlung eine Betriebsvereinbarung als rechtliche Grundlage an. Daneben können auch konzerninterne Datenübermittlungsvereinbarungen und Datenschutzrichtlinien bei der Sicherung der Rechtsgrundlage für konzerninterne Datenflüsse helfen.[123]

2. Grenzüberschreitende Untersuchungen

Wird die Kartelluntersuchung von einer Konzerngesellschaft mit **Sitz in Deutschland** geleitet, dann müssen personenbezogene Daten aus dem Ausland grenzüberschreitend nach Deutschland übermittelt werden.[124] Dabei ist zu beachten, dass Datenschutzrecht nationales Recht ist und hier unterschiedliche nationale Vorgaben Anwendung finden. Zwar fußen die nationalen Datenschutzbestimmungen innerhalb der EU auch auf den Vorgaben der Europäischen Datenschutzrichtlinie, womit eine gewisse Harmonisierung erreicht werden wird (→ Rn. 35). Trotz dieses einheitlichen europarechtlichen Hintergrundes sind jedoch die datenschutzrechtlichen Anforderungen auch innerhalb der Mitgliedstaaten der EU durchaus unterschiedlich und bei länderübergreifenden Untersuchungen vorab zu prüfen.[125] Dies gilt erst recht für weltweite Untersuchungen.

Werden die kartellrechtlichen Untersuchungen dagegen durch eine Konzerngesellschaft mit **Sitz außerhalb Deutschlands** durchgeführt und wird eine Datenübermittlung an ein Unternehmen im Ausland erforderlich, so wird die datenschutzrechtliche Thematik noch schwieriger:[126] Zunächst ist die Zulässigkeit der Übermittlung an einen Dritten (= andere Konzerngesellschaft) an sich nach den vorstehend skizzierten Standardvorgaben zu prüfen. In einem zweiten Schritt ist dann am Prüfungsmaßstab der §§ 4b, 4c BDSG zu kontrollieren, ob die Übermittlung ins Ausland zulässig ist. Sofern es sich um eine Übermittlung in einen anderen Mitgliedstaat der EU bzw. des EWR oder einen Staat mit angemessenem Schutzniveau[127] handelt, ist dies der Fall. Handelt es sich dagegen um eine Datenübermittlung in einen Drittstaat ohne angemessenes Datenschutzniveau, so ist die Übermittlung grundsätzlich verboten, sofern nicht die Voraussetzungen der Ausnahmeregelungen des § 4c BDSG erfüllt sind.[128]

---

[122] *Wybitul* Hdb. Datenschutz Rn. 153.
[123] S. *Helbing* ZFRC 2013, 170 (174).
[124] Vgl. instruktiv zu grenzüberschreitenden unternehmensinternen Untersuchungen KTR/*Beckers* Kap. 10.
[125] S. *Helbing* ZFRC 2013, 170 (174). So ist zB der Zugriff auf E-Mail-Daten in Frankreich gegenüber der Verwaltungsbehörde anzeigepflichtig.
[126] Vgl. *Wybitul* Hdb. Datenschutz Rn. 269 ff.; Simitis/*Seifert* § 32 Rn. 119 ff.; *Thüsing/Forst* § 17 Rn. 1 ff. S. auch *v. Rosen* BB 2009, 230.
[127] Ua Schweiz, Australien, Israel, Kanada; vgl. die Auflistung der EU-Kommission unter http://ec.europa.eu/justice/data-protection/international-transfers/adequacy/index_en.htm (Stand: 21.12.2015).
[128] Ausführlich *Wybitul* Hdb. Datenschutz Rn. 272 ff.

87 Um im Rahmen anlassbezogener kartellrechtlicher Untersuchungen keine Zeit zu verlieren, sollte bereits bei der Implementierung eines Compliance Management Systems und damit weit im **Vorfeld** solcher Untersuchungen für die wichtigsten Jurisdiktionen, in denen ein Konzern tätig ist, geklärt werden, welche datenschutzrechtlichen (und sonstige spezialgesetzlichen) Anforderungen jeweils gelten.[129] Ergänzend empfiehlt es sich bereits zu diesem Zeitpunkt in den aus Unternehmenssicht wichtigsten Regionen nicht nur **lokale rechtliche Berater** mit Kartellrechtsexpertise, sondern auch solche mit Datenschutzexpertise zu kontaktieren und in ein Anwaltspanel aufzunehmen, um im Fall der Fälle umgehend rechtlichen Rat auch in diesem Bereich einholen zu können.

C. Arbeitsrechtliche Aspekte

88 Bei internen Untersuchungen sind zumindest zwei arbeitsrechtliche Themenkomplexe stets genau zu analysieren: Was ist bei der **Befragung von Mitarbeitern** zu beachten und in welchem Umfang sind diese zur Auskunftserteilung und Kooperation verpflichtet? Was ist mit Blick auf den **Betriebsrat** zu beachten?

I. Befragung von Mitarbeitern

89 Gerade bei kartellrechtlichen Untersuchungen sind Auskünfte von Mitarbeitern die wichtigste Informationsquelle, da häufig – jedenfalls zu Beginn der Untersuchungen – keine Dokumente oÄ vorliegen, aus denen sich kartellrechtswidrige Praktiken ergeben; vielmehr bilden häufig mündliche Absprachen oder ein wettbewerbsrelevanter Informationsaustausch etc. den Kern der kartellrechtlichen Untersuchung.[130]

90 Grundsätzlich ist der Mitarbeiter verpflichtet, aufgrund entsprechender arbeitsrechtlicher Weisung bei Untersuchungen des Arbeitgebers zu kooperieren, an entsprechenden Befragungen teilzunehmen und alle seinen Arbeitsbereich und seine Rolle im fraglichen Sachverhalt betreffenden Fragen uneingeschränkt und wahrheitsgemäß zu beantworten (arbeitsvertragliche Nebenpflicht gem. § 242 BGB und Unterrichtungspflichten nach §§ 666, 667, 675 BGB).[131] Dies gilt nach herrschender Meinung selbst dann, wenn es sich um Fragen handelt, deren wahrheitsgemäße Beantwortung einen schweren arbeitsrechtlichen Verstoß beweisen könnte.[132] **Führungskräfte** haben im Übrigen aufgrund ihrer Führungs- und Überwachungsfunktionen und der besonderen Vertrauensstellung gesteigerte Auskunftspflichten.[133] Ob **ausgeschiedene Mitarbeiter** eine Aussagepflicht trifft, ist umstritten.[134] Jedenfalls dann, wenn ein Kronzeugenantrag gestellt wurde, sollte gleichwohl – sofern es auf eine Auskunft dieser Mitarbeiter entscheidend ankommt – nichts unversucht gelassen werden, um eine freiwillige Aussage zu erlangen, um der von der Kommission geforderten Kooperationspflicht zu genügen.[135]

91 Ebenfalls umstritten und nicht abschließend geklärt ist, ob auch im Arbeitsverhältnis der **Nemo-tenetur-Grundsatz** (§ 55 StPO) greift und der Mitarbeiter die Antwort auf Fragen verweigern darf, deren Beantwortung ihn selbst strafrechtlich (oder ordnungswidrigkeitsrechtlich) belasten könnte.[136] Dieses Risiko besteht im Rahmen kartellrechtlicher Untersuchungen allerdings nur im Anwendungsbereich des **deutschen Kartellrechts**

---

[129] Vgl. KTR/*Wollschläger* Kap. 24 Rn. 37.
[130] S. HML/*Dittrich*/*Matthey* § 26 Rn. 85.
[131] Vgl. *Fritz*/*Nolden* CCZ 2010, 170; auch Moosmayer/Hartwig/*Weiße* 50.
[132] Vgl. BAG Urt. v. 18.1.1996 – 6 AZR 314/95, NZA 1997, 41; Moosmayer/Hartwig/*Weiße* 50f.; *Fritz*/*Nolden* CCZ 2010, 170.
[133] S. *Lützeler*/*Müller-Sartori* CCZ 2011, 19; *Mengel*/*Ullrich* NZA 2006, 240 (243).
[134] Vgl. KTR/*Mengel* Kap. 13 Rn. 46 mwN.
[135] Europäische Kommission, Mitteilung der Kommission über den Erlass und die Ermäßigung von Geldbußen in Kartellsachen, ABl. 2006 C 298 Rn. 12 lit. a dritter Gedankenstrich.
[136] Der Nemo-tenetur-Grundsatz gilt auch bezüglich Ordnungswidrigkeiten (§ 55 StPO) und ist im deutschen Kartellverwaltungsrecht in § 59 Abs. 5 GWB festgeschrieben (vgl. dazu Immenga/Mestmäcker/ *Klaue* GWB § 59 Rn. 36 ff.).

(und Strafrechts), da die **Europäische Kommission** bei Verstößen gegen Art. 101, 102 AEUV nur gegen „Unternehmen", nicht aber gegen natürliche Personen verwaltungs- oder bußgeldrechtliche Sanktionen verhängen kann.[137] Die im Folgenden skizzierte Diskussion hat daher jedenfalls bei einem bereits bei der Europäischen Kommission anhängigen Verfahren keine Relevanz, insbesondere da die Kommission gem. Art. 12 Abs. 3 VO 1/2003 an sie von Unternehmen gelieferte Informationen grundsätzlich nur an eine nationale Wettbewerbsbehörde weitergeben darf, wenn nicht gegen eine natürliche Person ermittelt wird.[138]

Nach **einer Ansicht** besteht ein **Auskunftsverweigerungsrecht** bei Gefahr der Selbstbezichtigung auch im Rahmen von internen Untersuchungen im Rahmen eines privatrechtlichen Arbeitsverhältnisses.[139] Das Recht des Arbeitnehmers auf Selbstdarstellung und Selbstbewahrung gem. Art. 2 Abs. 1 GG überwiege bei der Abwägung mit dem Aufklärungsinteresse des Arbeitgebers, insbesondere da Letzterem andere Aufklärungsmöglichkeiten offen stünden.[140] Allerdings darf auch nach dieser Ansicht der Mitarbeiter nicht die vollständige Kooperation verweigern, sondern nur die Beantwortung einzelner konkreter Fragen.[141] 92

Nach vorzugswürdiger **Gegenauffassung** gibt es ein solches Auskunftsverweigerungsrecht dagegen nicht, da der Nemo-tenetur-Grundsatz keine Anwendung auf private Rechtsverhältnisse findet.[142] Es besteht bei einer internen Befragung kein Schutzbedürfnis wie bei staatlichen Ermittlungen. Auch die Regelung in § 59 Abs. 5 GWB führt zu keiner anderen Bewertung, da das dort postulierte Auskunftsverweigerungsrecht nur den Grundsatz festschreibt, dass es kein verwaltungsrechtliches Verlangen auf Selbstbezichtigung geben darf.[143] Folgt man dieser Ansicht, so sollte gleichwohl vorsorglich das Interesse des Unternehmens an der Aufklärung eines konkret bezeichneten Sachverhalts sorgfältig mit dem allgemeinen Persönlichkeitsrecht des Arbeitnehmers abgewogen und diese Abwägung dokumentiert werden. Hier kann entscheidend sein, dass das Unternehmen im konkreten Einzelfall keine andere Möglichkeit hat, ein drohendes Bußgeld wegen eines Kartellverstoßes abzuwenden oder wenigstens zu reduzieren, als den Behörden im Rahmen von Kronzeugenprogrammen umfassende Aussagen der Mitarbeiter zu präsentieren. 93

Davon zu trennen ist die Frage, ob die im Rahmen des Arbeitsverhältnisses gemachten Aussagen der **Mitarbeiter** in einem **gegen sie gerichteten Straf- oder Zivilprozess** gegen sie verwertet und entsprechende Interviewprotokolle beschlagnahmt werden dürfen. Das **LG Hamburg** hat 2010 in einer vielbeachteten Entscheidung ein Verwertungsverbot verneint: 94

> „Eher fernliegend erscheint [...] die Auffassung, aus dem bei den befragten Interviewpartnern potenziell bestehenden Konflikt zwischen arbeitsvertraglicher Auskunftspflicht gegenüber der von der H beauftragten Sozietät X und dem Grundsatz „nemo tenetur se ipsum accusare" könne sich [...] ein Verwertungsverbot und im Vorgriff auf dieses ein Beschlagnahmeverbot hinsichtlich der Dokumentation der entsprechenden Auskünfte ergeben. Der Gedanke, dass die Staatsgewalt den Gesetzesunterworfenen nicht durch sanktionsbewehrte Mitwirkungs- und Auskunftspflichten zur Selbstbelastung zwingen und deren Inhalt anschließend strafrechtlich gegen ihn verwenden darf, ist auf den vorliegenden Fall, in dem sich Privatpersonen in (arbeits-)vertragliche Bindungen begeben haben, die sie zur Offenbarung möglicherweise auch strafbaren Verhaltens verpflichten, ersichtlich nicht anwendbar. Dabei kommt es nicht entscheidend darauf an, dass auch der Einhaltung arbeitsvertraglicher 95

---

[137] Vgl. *Mäger/Johanns* Kap. 12 Rn. 70, 184.
[138] Vgl. dazu *Bechtold/Bosch/Brinker* VO 1/2003 Art. 12 Rn. 6.
[139] S. *Rudkowski* NZA 2011, 612 (613); *Wastl/Litzka/Pusch* NStZ 2009, 68; *Göpfert/Merten/Siegrist* NJW 2008, 1703 (1705); *Gerst* CCZ 2012, 1; kritisch auch *Dann/Schmidt* NJW 2009, 1851 (1852 ff.).
[140] *Rudkowski* NZA 2011, 612 (613).
[141] Vgl. *Göpfert/Merten/Siegrist* NJW 2008, 1703 (1706); KTR/*Mengel* Kap. 13 Rn. 38; Moosmayer/Hartwig/*Burgard* 164.
[142] Vgl. *Lützeler/Müller-Sartori* CCZ 2011, 19 (20); *Fritz/Nolden* CCZ 2010, 170 (173 ff.); *Mengel/Ullrich* NZA 2006, 240 (243).
[143] Vgl. hierzu Immenga/Mestmäcker/*Klaue* GWB § 59 Rn. 36.

Pflichten für den Betroffenen durchaus erhebliche, mitunter existenzielle Bedeutung zukommen kann, sondern vielmehr darauf, dass die entstehende Konfliktlage in diesen Fällen nicht von einer im Widerspruch zum Nemo-tenetur-Grundsatz stehenden gesetzlichen Auskunftsverpflichtung, sondern von einer vom Betroffenen freiwillig eingegangenen vertraglichen Verpflichtung zur möglichen Selbstbelastung ausgeht."[144]

96 Auch wenn der Entscheidung des LG Hamburg darin zuzustimmen ist, dass der Nemo-tenetur-Grundsatz im Arbeitsverhältnis nicht gilt, so erscheint es doch nicht unproblematisch, wenn diese im Rahmen des Arbeitsverhältnisses gemachten Aussagen in einem gegen den Mitarbeiter gerichteten Strafprozess (nicht also im Verfahren gegen das Unternehmen selbst) durch die staatlichen Behörden genutzt wird. Dies gilt umso mehr angesichts des Trends zur faktischen Übertragung von staatlichen Ermittlungen auf unternehmensinterne Ermittler.[145] Angesichts der og Entscheidungen des LG Hamburg und auch des LG Mannheim ist in der Praxis davon auszugehen, dass sich Mitarbeiter nicht auf ein Beschlagnahme- und Verwertungsverbot bezüglich im Rahmen interner Untersuchungen gemachter Aussagen berufen können. Die arbeitsvertragliche Pflicht zur Aussage bleibt davon unberührt.

97 Ein Recht des Arbeitnehmers zur **Hinzuziehung eines Betriebsratsmitgliedes** zu einem Interview besteht nur, wenn es um Beratungs- oder Führungsgespräche geht, in welchen die Leistung und die Möglichkeiten der weiteren beruflichen Entwicklung des Mitarbeiters besprochen werden (§ 82 Absatz 2 S. 2 BetrVG). Im Rahmen einer internen Untersuchung geht es jedoch um die Ermittlung eines kartell- und möglicherweise strafrechtlich relevanten Sachverhaltes und nicht um die Bewertung der individuellen Leistung des Mitarbeiters.[146] Auch die Frage, ob Mitarbeiter die **Hinzuziehung eines Rechtsanwaltes** (auf eigene Kosten) verlangen können, hängt von den Umständen des Einzelfalls ab.[147] In der Praxis empfiehlt es sich jedoch häufig, dem Mitarbeiter zumindest auf Verlangen zu gestatten, einen Anwalt oder ein Betriebsratsmitglied hinzuzuziehen.

II. Stellung des Betriebsrats

98 Im Rahmen interner Untersuchungen ist stets zu prüfen, ob **Informations- und Mitbestimmungsrechte** des Betriebsrates bestehen. Es empfiehlt sich oftmals, bereits bei der Implementierung eines Compliance Management Systems eine Betriebsvereinbarung abzuschließen bzw. eine konzernweite Richtlinie mit dem Betriebsrat abzustimmen, in der die Rahmenbedingungen für interne Untersuchungen, insbesondere Kompetenzen und Beteiligungsrechte sowie Informationsrechte abhängig von einzelnen Ermittlungsstadien festgeschrieben werden. Dies reduziert den Abstimmungsaufwand im Falle anlassbezogener Untersuchungen deutlich.[148]

1. Pflicht zur Unterrichtung des Betriebsrates (§ 80 Abs. 2 BetrVG)

99 Gem. § 80 Abs. 2 BetrVG ist der Betriebsrat vom Arbeitgeber umfassend und rechtzeitig so über Themen zu **informieren,** dass er seinen Aufgaben und Verpflichtungen aus dem BetrVG angemessen nachkommen kann. Die Informationen des Arbeitgebers sollen den Betriebsrat in die Lage versetzen, in eigener Verantwortung zu prüfen, ob sich für ihn

---

[144] LG Hamburg Beschl. v. 15.10.2010 – 608 Qs 18/10, ZIP 2011, 1025; s. auch LG Mannheim Beschl. v. 3.7.2012 – 24 Qs 1/12, CCZ 2013, 78 mit ausführlicher Auseinandersetzung mit dem neugefassten § 160a StPO. Dazu instruktiv *Ballo,* NZWiSt 2013, 46.
[145] So auch von *v. Gelen* NJW 2009, 945; Moosmayer/Hartwig/Gropp-Stadler/Wolfgramm 25. S. auch *Gerst* CCZ 2012, 1 (4), der das Problem durch die Schaffung einer Mandatsbeziehung zwischen Arbeitnehmer und interviewendem externen Anwalt lösen möchte.
[146] Vgl. dazu Moosmayer/Hartwig/*Weiße* 47 auch mit Nachweisen zu aA; *Rudkowski* NZA 2011, 612 (615); *Lützeler/Müller-Sartori* CCZ 2011, 19 (21 f.).
[147] Vgl. Moosmayer/Hartwig/*Burgard* 162; *Mengel/Ullrich* NZA 2006, 240 (244 f.); *Vogt* NJOZ 2009, 4206 (4213); *Göpfert/Merten/Siegrist* NJW 2008, 1703 (1708); *Lützeler/Müller-Sartori* CCZ 2011, 19 (21 f.).
[148] Vgl. auch Moosmayer/Hartwig/*Weiße* 46; *Wybitul/Böhm* RdA 2011, 362 (366); *Mengel/Ullrich* NZA 2006, 240 (245).

Aufgaben ergeben und ob er zur Wahrnehmung dieser Aufgaben tätig werden muss.[149] Im Rahmen interner Untersuchungen wird es für den Betriebsrat primär darum gehen, darüber zu wachen, dass die zugunsten der Arbeitnehmer geltenden Gesetze, Verordnungen und Betriebsvereinbarungen beachtet werden (§ 80 Abs. 1 Nr. 1 BetrVG). Allerdings folgt aus dem Überwachungsrecht kein Unterlassungsanspruch des Betriebsrates für beanstandete Maßnahmen (zB bei Zweifeln an der datenschutzrechtlichen Zulässigkeit einer Maßnahme).[150]

Im Rahmen anlassbezogener kartellrechtlicher Untersuchungen ist eine möglichst **vertrauliche Durchführung** der Untersuchungen von ganz entscheidender Bedeutung, damit keine Beweismittel vernichtet werden können, vor allem aber, damit das Unternehmen beim „Windhundrennen" der Kartelltäter als erstes einen Kronzeugenantrag bei den Behörden platzieren kann und möglichst kein Dritter von den entsprechenden Vorbereitungen erfährt (→ Rn. 5). Auch nach Antragsstellung verpflichten die Kartellbehörden zudem die Kronzeugen nicht selten zu absoluter Verschwiegenheit über den Kronzeugenstatus – in der Praxis sogar gegenüber den eigenen Aktionären und Gesellschaftern.[151] Daher ist bei der Information des Betriebsrates stets im konkreten Einzelfall genau zu prüfen, in welchem Umfang eine Unterrichtung erforderlich ist, um den Betriebsrat in die Lage zu versetzen, in eigener Verantwortung zu prüfen, ob sich für ihn Aufgaben ergeben und ob er zur Wahrnehmung dieser Aufgaben tätig werden muss.[152] Daher kann es uU und je nach Ermittlungsstadium auch ausreichend sein, nur darüber zu informieren, dass das Unternehmen bestimmte Ermittlungsmaßnahmen (Auswertung von Mitarbeiterdaten; Interviews etc) ergreifen wird und wie viele Mitarbeiter in welchen Bereichen hiervon betroffen sein werden, während der Gegenstand der Untersuchung nur allgemein umschrieben wird.

100

2. Kollektive Maßnahme zur Durchsetzung der Ordnung im Betrieb (§ 87 Abs. 1 Nr. 1 BetrVG)

Kollektive Maßnahmen, mit deren Hilfe die Ordnung im Betrieb durchgesetzt werden sollen, können vom Unternehmen nur mit Zustimmung des Betriebsrates ergriffen werden (Mitbestimmungspflicht gem. § 87 Abs. 1 Nr. 1 BetrVG). Von diesem mitbestimmungspflichtigen Ordnungsverhalten, bei dem es um allgemeingültige verbindliche Verhaltensregelungen geht, die dazu dienen, das sonstige Verhalten der Arbeitnehmer zu beeinflussen und zu koordinieren, sind mitbestimmungsfreie Maßnahmen zu unterscheiden, die das Arbeitsverhalten an sich betreffen.[153] Im Rahmen interner Untersuchungen ist genau zu prüfen, ob sich die konkrete Ermittlungsmaßnahme auf das Arbeits- oder das Ordnungsverhalten bezieht. Die Abgrenzung ist schwierig und stark einzelfallabhängig.

101

Der **Zugriff auf dienstliche Unterlagen** löst grundsätzlich noch kein Mitbestimmungsrecht aus.[154] Mitbestimmungspflichtig werden solche Ermittlungsmaßnahmen aber zum einen, wenn angeordnet wird, private Unterlagen auszusortieren, zum anderen, wenn ein **E-Mail-Screening** erfolgt (= Kontrolle mittels technischer Einrichtungen, § 87 Abs. 1 Nr. 6 BetrVG (→ Rn. 103). Bei der Aufforderung zur Teilnahme an einer Befragung, die sich an eine Vielzahl von Mitarbeitern richtet,[155] kommt es wiederum darauf an, ob der Mitarbeiter nur über seine Arbeitsaufgabe oder doch auch über andere

102

---

[149] *Fitting* § 80 Rn. 51 mwN; Moosmayer/Hartwig/*Weiße* 46.
[150] S. *Fitting* § 80 Rn. 14 ff.; Schaub/*Koch* Arbeitsrechts-Handbuch § 233 Rn. 5.
[151] Vgl. Europäische Kommission, Mitteilung der Kommission über den Erlass und die Ermäßigung von Geldbußen in Kartellsachen, ABl. 2006 C 298, 17 ff. Rn. 12 lit a; Bundeskartellamt, Bekanntmachung Nr. 9/2006 über den Erlass und die Reduktion von Geldbußen in Kartellsachen – Bonusregelung –, 2006 Rn. 9.
[152] *Fitting* § 80 Rn. 51 mwN; Moosmayer/Hartwig/*Weiße* 46 f.
[153] Vgl. *Fitting* § 87 Rn. 64 f.
[154] Vgl. *Wybitul/Böhm* RdA 2011, 362 (365); *Vogt* NJOZ 2009, 4206 (4219); *Mengel/Ullrich* NZA 2006, 240 (244); *Göpfert/Merten/Siegrist* NJW 2008, 1703 (1708).
[155] Bei einer punktuellen Befragung einzelner Mitarbeiter fehlt es an einem kollektiven Bezug, vgl. *Wybitul/Böhm* RdA 2011, 362 (364).

dienstliche Belange oder sein Verhalten Auskunft zu erteilen hat oder ob weitere Maßgaben für die Beantwortung gegenüber externen Dritten erteilt werden.[156]

3. Kontrolle mittels technischer Einrichtungen (§ 87 Abs. 1 Nr. 6 BetrVG)

103 Werden wie regelmäßig im Rahmen kartellrechtlicher Untersuchungen mittels **Such-Software** Mitarbeiterdaten (E-Mails etc) ausgewertet oder Informationen über kartellrechtlich relevante Sachverhalte in Datenbanken zusammengetragen, so sind diese technischen Maßnahmen regelmäßig dazu bestimmt (zumindest aber dazu geeignet), das Verhalten oder die Leistung der Arbeitnehmer zu kontrollieren. Dies löst in der Regel ein Mitbestimmungsrecht des Betriebsrates im Hinblick auf den Schutz der Persönlichkeitsrechte der Arbeitnehmer im Rahmen dieser Ermittlungsmaßnahme aus.[157]

4. Mitbestimmung bei standardisierten Fragebögen (§ 94 Abs. 1 BetrVG)

104 Sollen Mitarbeiter im Rahmen von Interviews anhand eines vorher festgelegten Fragenkatalogs auch zu persönlichen Verhältnissen befragt werden, so ist grundsätzlich der Anwendungsbereich des § 94 Abs. 1 BetrVG eröffnet.[158] Im Rahmen kartellrechtlicher Untersuchungen ist insbesondere bei standardisierten Fragen zu möglichen privaten Wettbewerberkontakten (zB zu früheren Arbeitskollegen, die nun beim Wettbewerber arbeiten oder Wettbewerbertreffen bei privaten Anlässen) an ein Mitbestimmungsrecht gem. § 94 Abs. 1 BetrVG zu denken.

---

[156] Vgl. *Wybitul/Böhm* RdA 2011, 362 (364f.); *Vogt* NJOZ 2009, 4206 (4218); *Mengel/Ullrich* NZA 2006, 240 (244f.); *Göpfert/Merten/Siegrist* NJW 2008, 1703 (1708). S. dazu auch weniger restriktiv Moosmayer/Hartwig/*Weiße* 44f.

[157] S. dazu Moosmayer/Hartwig/*Weiße* 45; KTR/*Mengel* Kap. 13 Rn. 57ff. mwN; *Wybitul/Böhm* RdA 2011, 362 (365); ausführlich Fitting § 87 Rn. 214ff.

[158] Vgl. nur KTR/*Mengel* Kap. 13 Rn. 60 mwN.

§ 41 Strategien zur Reaktion auf Kartellverstöße

Übersicht

	Rn.
A. Aufdeckung von Kartellverstößen	2
I. Aufdeckung von Kartellverstößen *außerhalb* behördlicher Verfahren	3
II. Aufdeckung von Kartellverstößen *während* behördlicher Verfahren	5
1. Reaktionsmöglichkeiten bei Durchsuchungen	6
2. Aufnahme der internen Untersuchungen	10
III. Prüfung der Verjährung von Kartellverstößen	11
B. Kronzeugenanträge als Handlungsoption	13
I. Möglichkeit zur Inanspruchnahme von Kronzeugenprogrammen	14
II. Erwägungen nach Aufdeckung von Kartellverstößen *außerhalb* behördlicher Verfahren	18
III. Erwägungen nach Aufdeckung von Kartellverstößen *während* behördlicher Verfahren	23
IV. Internationale Koordinierung	29
V. Unternehmensinterne Prozesse	41
1. Die Entscheidung über die Nutzung eines Kronzeugenprogramms	42
2. Document Retention	47
3. Interne und externe Kommunikation	51
C. Wiederherstellung rechtmäßiger Zustände	59
I. Sicherung der Kronzeugenstellung und Wiederherstellung rechtmäßiger Zustände	60
II. Maßnahmen zur Wiederherstellung rechtmäßiger Zustände	62
III. Anpassung des Compliance-Systems	70

Schrifttum:

Dreher, Kartellrechtliche Kronzeugenprogramme und Gesellschaftsrecht, ZWeR 2009, 397; *ders.*, Leniency-Anträge und Kapitalmarktrecht, WuW 2010, 731; *Hauschka* [Hrsg.], Corporate Compliance, 2. Aufl. 2010; *Immenga/Mestmäcker* [Hrsg.], Kommentar zum Europäischen Kartellrecht, Teil 2, 5. Aufl. 2012; *International Chamber of Commerce*, The ICC Antitrust Compliance Toolkit, 2013; *Jüngling*, Internationale Untersuchung – Vorsicht, Rutschgefahr!, BUJ Sonderedition Compliance 2013, 88; *Krauß*, Die aktuelle Rechtsprechung zum Anwalts- und Verteidigungsprivileg im deutschen Kartellbußgeldverfahren, WuW 2013, 24; *Mäger* [Hrsg.], Europäisches Kartellrecht, 2. Aufl. 2011; *Montag/Colgan*, The Complexity of Cartel Enforcement in Times of Globalization of Competition Law, CPI Antitrust Chronicle Okt. 2011, 1; *Moosmayer*, Compliance, Praxisleitfaden für Unternehmen, 2. Aufl. 2012; *Moosmayer/Hartwig* [Hrsg.], Interne Untersuchungen, 2012; *Säcker*, Gesellschafts- und dienstvertragsrechtliche Fragen bei Inanspruchnahme der Kronzeugenregelung, WuW 2009, 362; *Schultze* [Hrsg.], Compliance-Handbuch Kartellrecht, 2014; *Victor*, Defending against an international cartel investigation – factors to consider in determining whether to seek immunity or otherwise cooperate with affected jurisdictions, Festschrift für Cornelis Canenbley 2012, 491; *Wagner-von Papp*, Kartellstrafrecht in den USA, dem Vereinigten Königreich und Deutschland, WuW 2009, 1236; *Wiedemann* [Hrsg.], Handbuch des Kartellrechts, 3. Aufl. 2016.

Nach einem einleitenden Abschnitt zu den **Handlungsoptionen bei der Aufdeckung von Kartellverstößen** (→ Rn. 2 ff.) gibt dieser Beitrag Empfehlungen zu der Frage, ob und ggf. in welcher Weise von **Kronzeugenprogrammen**[1] Gebrauch gemacht werden sollte (→ Rn. 13 ff.)[2] und was bei der **internationalen Koordinierung von Kartellverfahren** zu beachten ist (→ Rn. 29 ff.). Der Beitrag geht anschließend auf die notwendigen unternehmensinternen Prozesse (→ Rn. 41 ff.) und schließlich darauf ein, wann und wie Unterneh- 1

---

[1] Als *Kronzeuge* wird bezeichnet, wer volle Bußgeldfreiheit (Immunität/Amnestie) oder eine Bußgeldermäßigung in Anspruch nehmen kann. Das BKartA spricht von *Bonusprogramm*. Hier wird im Folgenden einheitlich der Begriff *Kronzeugenprogramm* verwendet.

[2] Umfassend dazu auch Schultze/*Schultze*, Teil B, Rn. 319 ff.; Schultze/*Wagener*, Teil C, Rn. 1 ff.; FK/*Seeliger/Mross*, Allg. Teil E, Rn. 390 ff.; Hauschka/*Lampert/Matthey* § 26 Rn. 86 ff.

men nach der Aufdeckung von Verstößen gegen das Kartellrecht **rechtmäßige Zustände (wieder-)herstellen** sollten (→ Rn. 59 ff.).

A. Aufdeckung von Kartellverstößen

2 Die **Reaktionsmöglichkeiten auf Kartellverstöße hängen wesentlich davon ab, ob wettbewerbswidriges Verhalten einem Unternehmen außerhalb eines behördlichen Verfahrens oder währenddessen** – vor allem durch eine behördliche Durchsuchung bzw. Nachprüfung – **bekannt wird.** Die Umstände der Aufdeckung von Verstößen sind mit ausschlaggebend für die Beantwortung der zentralen strategischen Frage, ob **Kronzeugenprogramme** genutzt und damit eine vollständige Bußgeldverschonung (auch „Immunität", „Amnestie") oder Bußgeldermäßigung angestrebt werden sollte.

I. Aufdeckung von Kartellverstößen *außerhalb* behördlicher Verfahren

3 Außerhalb behördlicher Verfahren werden Unternehmen auf verschiedenen Wegen auf Kartellrechtsverstöße aufmerksam. In einem funktionierenden Compliance-System ermöglichen ein **Hinweisgebersystem,** die **rechtliche Beratung** der Mitarbeiter oder auch **Schulungen,** dass wettbewerbswidriges Verhalten dem Rechts-/Compliancebereich bekannt wird (→ § 39 Rn. 79 f.). Auch **Risikoanalysen, präventive Audits** (→ § 39 Rn. 83 f.) oder **Hinweise Dritter** können zur Aufdeckung von Verstößen beitragen. Soweit nach Einschätzung der Compliance-/Rechtsverantwortlichen ein „Anfangsverdacht" vorliegt, wird sich daran eine nähere Überprüfung, häufig im Rahmen einer **internen Untersuchung** (→ § 40), anschließen.

4 Anders als bei einer unangekündigten Durchsuchung in einem Kartellverfahren kann ein Unternehmen außerhalb einer Verfahrenssituation meist davon ausgehen, dass die Wettbewerber nicht zeitgleich ebenfalls auf den Verstoß aufmerksam geworden sind. Das Unternehmen muss dann nicht im Wettlauf mit seinen Wettbewerbern kurzfristig entscheiden, ob es auf Kartellverstöße mit einem Kronzeugenantrag reagiert. In praxi ist das insofern ein erheblicher Vorteil, als zunächst der **relevante Sachverhalt gründlich ermittelt und bewertet werden kann.** So kann das Unternehmen das Risiko überstürzter Entscheidungen auf dürftiger Grundlage vermeiden. Denn weder die Tragweite eines Kartellverstoßes und erst recht nicht die womöglich weitreichenden Implikationen eines Kronzeugenantrags (→ Rn. 13 ff.) sind auf die Schnelle leicht einzuschätzen.

II. Aufdeckung von Kartellverstößen *während* behördlicher Verfahren

5 Unter erheblichem Zeitdruck muss gehandelt werden, wenn ein Unternehmen erst durch ein gegen das Unternehmen gerichtetes kartellbehördliches Verfahren – meist durch eine **unangekündigte Durchsuchung,** seltener durch ein Auskunftsersuchen – auf einen möglichen Kartellrechtsverstoß aufmerksam wird. Die Wettbewerber – sofern nicht selbst als Kronzeugen Auslöser des Verfahrens – sind auf einmal alle mit dem Verdacht eines womöglich schwerwiegenden Kartellverstoßes konfrontiert und müssen sich mit der potenziellen Möglichkeit, Kronzeugenschutz zu beantragen, auseinandersetzen. Ist das Verfahren nicht gegen das Unternehmen gerichtet – etwa, wenn es nur als Kunde oder Lieferant befragt wird und quasi bei Gelegenheit der Beantwortung Unregelmäßigkeiten im eigenen Unternehmen deutlich werden – ist die Situation grundsätzlich wie bei der Aufdeckung eines Verstoßes außerhalb behördlicher Verfahren (→ Rn. 3 f.), es sei denn es erscheint wahrscheinlich, dass die Wettbewerber nun ebenfalls auf den Verstoß aufmerksam werden.

1. Reaktionsmöglichkeiten bei Durchsuchungen

6 Bevor weiterführende strategischen Entscheidungen zur Reaktion auf Kartellverstöße getroffen werden können, müssen häufig erst einmal plötzlich in den Unternehmensalltag

einbrechende Durchsuchungen[3] begleitet werden – ein anspruchsvoller Prozess, für den sich eine entsprechende „Notfallplanung" empfiehlt (→ § 39 Rn. 77 f.). Die (passive) **Kooperation mit den Behörden** ist in aller Regel alternativlos: Durchsuchungen des BKartA müssen Unternehmen dulden, der EU-Kommission müssen sie Zugang zu allen für die Kartelluntersuchung erforderlichen Unterlagen verschaffen.[4] Nur bei offensichtlich fehlerhaftem oder unzureichendem Durchsuchungs- bzw. Nachprüfungsbeschluss ist es zweckmäßig, den Behördenbediensteten die Unrechtmäßigkeit der Durchsuchung vorzuhalten; Verstöße gegen Mitwirkungspflichten kann die EU-Kommission mit Bußgeldern von bis zu 1 % des Konzernjahresumsatzes ahnden.[5]

Um spätere Entscheidungen zur Verfahrensstrategie optimal vorzubereiten, ist es essentiell, den **Ablauf der Durchsuchung und die mitgenommenen Asservate bzw. kopierten Dokumente genau zu dokumentieren.** Insofern liegt ein wesentlicher Unterschied zwischen Durchsuchungen des BKartA und der EU-Kommission darin, dass das BKartA aufgrund seiner quasi-staatsanwaltschaftlichen Ermittlungsbefugnisse[6] IT-Hardware bzw. Ordner auf Grundlage des § 46 Abs. 1 OWiG iVm § 94 StPO bzw. § 58 GWB (vorläufig) sicherstellen bzw. beschlagnahmen darf, während die EU-Kommission nur Kopien von Unterlagen mitnehmen kann.[7] Nach Absprache mit den Kommissionsmitarbeitern sollte für das Unternehmen ein kompletter Satz aller kopierten Unterlagen angefertigt werden. Von Fall zu Fall sollte entschieden werden, ob gegen die (vorläufige) Sicherstellung bzw. Beschlagnahme durch das BKartA im Durchsuchungsprotokoll der Widerspruch des Unternehmens vermerkt wird, um sich alle Verteidigungsmöglichkeiten offenzuhalten,[8] oder ob darauf als Ausdruck der Kooperationsbereitschaft des Unternehmens besser verzichtet wird.

Je genauer während der Durchsuchungen erfasst wird, für welche Büros und Unterlagen sich die Behörden interessieren, desto besser kann der mutmaßliche Tatvorwurf eingeschätzt und desto zielgerichteter können interne Ermittlungen auf den Weg gebracht werden. Auch zu diesem Zweck hat sich das sog **Shadowing** bewährt, dh dass alle Behördenvertreter laufend von einem (möglichst juristisch ausgebildeten) Mitarbeiter oder einem externen Rechtsanwalt – als „Shadow" – begleitet werden, der das Vorgehen der Bediensteten im Einzelnen dokumentiert. Soweit die Behörden – das ist meist bei Nachprüfungen der EU-Kommission der Fall – vor Ort Festplatten und Server auf Dokumente durchsuchen, ist es für die spätere interne Untersuchung ausgesprochen hilfreich, die dabei verwendeten **Suchbegriffe** zu kennen.

Die Shadows sollten darauf hinwirken, dass sich die Behördenvertreter im Rahmen des Durchsuchungsbeschlusses bewegen. Konkret sollte bei Unterlagen, die erkennbar nichts mit dem Ermittlungsgegenstand zu tun haben, darauf hingewiesen werden, um die Durchsicht möglichst zu verhindern. Das dient dazu, das Risiko von **„Zufallsfunden"** zu reduzieren, die zur Einleitung eines neuen Verfahrens wegen Verstößen außerhalb des ursprünglichen Untersuchungsgegenstands führen können.[9] EU-Kommission und BKartA haben relativ weitgehende **Auslegungsspielräume bei der Bestimmung des Unter-**

---

[3] Das EU-Recht spricht von *Nachprüfungen;* im Folgenden wird einheitlich der Begriff *Durchsuchungen* verwendet und ggf. auf unterschiedliche Befugnisse von EU-Kommission und BKartA hingewiesen.
[4] Art. 20 Abs. 4, Art. 23 Abs. 1 lit c) VO 1/2003. Allerdings empfiehlt es sich, der Nachprüfung der EU-Kommission förmlich zu widersprechen, um sich die Möglichkeit des (nachträglichen) Rechtsschutzes gegen die Kommissionsentscheidung offenzuhalten; vgl. dazu EuG Urt. v. 6.9.2013 – verb. Rs. T-289/11, T-290/11 und T-521/11, WuW 2013, 1127 – Deutsche Bahn.
[5] Art. 23 Abs. 1 lit. c VO 1/2003. Vgl. dazu EuG Urt. v. 15.12.2010 – T-141/08, EuZW 2011, 230 – E.ON Energie AG/Kommission; Kom. v. 20.11.2007 – WuW/E EU-V 1255 – Videobänder.
[6] Das BKartA kann im Bußgeldverfahren mit wenigen Ausnahmen (zB Verhaftungen) auf dieselben Befugnisse und Ermittlungsmaßnahmen zurückgreifen wie die Staatsanwaltschaft, § 46 OWiG iVm § 81 GWB. Im Verwaltungsverfahren folgen die Eingriffsbefugnisse aus §§ 57 ff. GWB.
[7] Art. 20 Abs. 2 lit. b) VO 1/2003.
[8] Vgl. Schultze/*Peter*, Teil C, Rn. 100.
[9] Wiedemann/*Dieckmann* HdB KartellR § 42 Rn. 12; Wiedemann/*Klusmann* HdB KartellR § 57 Rn. 28.

suchungsgegenstands. Allerdings gilt dies erst einmal nur für eine kursorische „Einsichtnahme" in Unterlagen auf ihre potenzielle Relevanz für die Ermittlungen – sobald klar ist, dass es daran fehlt oder Unterlagen dem Legal Privilege unterfallen, müssen die Behördenvertreter die weitere Durchsicht einstellen.[10] Bei Zweifeln über die **Geltung des Anwaltsprivilegs** für einzelne Unterlagen empfiehlt es sich, diese bis zur Klärung in einem versiegelten Umschlag aufzubewahren; im EU-Recht entscheidet schließlich der Anhörungsbeauftragte der EU-Kommission über die Geltung des Anwaltsprivilegs.[11]

2. Aufnahme der internen Untersuchungen

10 Sobald die Kommissions-/BKartA-Bediensteten das Unternehmen verlassen haben, bzw. bei den häufig mehrtägigen Durchsuchungen der EU-Kommission noch währenddessen, sollte die **Auswertung der Kopien der von den Behördenvertretern mitgenommenen Unterlagen** beginnen. In einem weiteren Schritt sollten die für die Sachverhaltsaufklärung relevanten **Schlüsselmitarbeiter** zügig identifiziert werden, um sie rasch zum Sachverhalt befragen zu können. Daran sollten sich vertiefte **interne Untersuchungen** (→ § 40) anschließen. Während es im EU-Recht ein umfassendes Legal Privilege für externe Rechtsanwälte (nicht für Syndikusanwälte) gibt, gilt das **Anwaltsprivileg** im deutschen Recht nur im Bußgeld-, nicht aber im Verwaltungsverfahren[12] und auch im Bußgeldverfahren nur für die nach Verfahrenseröffnung zum Zweck der Verteidigung erstellten Anwaltsdokumente (→ § 39 Rn. 67).

III. Prüfung der Verjährung von Kartellverstößen

11 Gerade bei der Identifikation von Kartellverstößen außerhalb behördlicher Verfahren stellt sich die Frage, ob Verjährung eingetreten ist, wenn die Verstöße in der Vergangenheit liegen und bereits beendet sind. In diesem Fall kann und sollte sich das Unternehmen darauf beschränken, die Wirksamkeit seines Compliance-Systems in dem betroffenen Bereich zu überprüfen und, soweit das nach wie vor erforderlich ist, zu verbessern (→ Rn. 70 f.).

12 Verjährung tritt, sofern nicht behördliche Untersuchungshandlungen dazwischen kommen, in Deutschland und auf EU-Ebene **fünf Jahre nach Beendigung des Verstoßes** ein.[13] Diese Voraussetzung ist erst dann erfüllt, wenn der Verstoß endgültig und vollständig abgestellt ist.[14] Daran fehlt es im Fall der fortgesetzten Tat, wofür **sporadische Ausführungshandlungen genügen**.[15] Auf Verjährung zu vertrauen ist daher umso riskanter, je weniger gründlich die interne Untersuchung des Verstoßes und seiner möglichen Fortwirkungen ausgefallen ist.

B. Kronzeugenanträge als Handlungsoption

13 Die meist anspruchsvollste Herausforderung bei der Reaktion auf (nicht verjährte (→ Rn. 11 f.)) Kartellverstöße ist die Entscheidung, ob von Kronzeugenprogrammen Gebrauch gemacht werden sollte oder nicht. Dafür spricht neben der **Aussicht auf Bußgelderlass** oder wenigstens -reduzierung in einigen Rechtsordnungen die mit dem Kronzeugenstatus verbundene **strafrechtliche Immunität für Mitarbeiter**[16] und eine teils **eingeschränkte Schadensersatzhaftung** (→ Rn. 20). Manchmal kann

---

[10] Vgl. auch FK/*Jaeger* Art. 20 VO 1/2003 Rn. 41.
[11] Entscheidung der Kommission über das Mandat des Anhörungsbeauftragten, ABl. 2001 L 162, 21 ff.
[12] Vgl. *Krauß* WuW 2013, 24 (28) mit einem Verweis auf eine unveröffentlichte Entscheidung des LG Bonn v. 14. 9. 2010 – 27 Os-B7–34/10-U2.
[13] Siehe Art. 25 Abs. 1 lit. b VO 1/2003 für das europäische Recht, sowie § 81 Abs. 8 S. 2 GWB für das deutsche Recht.
[14] Vgl. *Dreher* ZWeR 2009, 397 ff.; *Säcker* WuW 2009, 362 (363 ff.).
[15] Siehe Immenga/Mestmäcker/*Dannecker/Biermann* Art. 25 VO 1/2003 Rn. 13.
[16] Das gilt ua für die USA, das Vereinigte Königreich, Kanada, Mexiko, Brasilien und Australien. In Japan verzichtet die Wettbewerbsbehörde, wenn die Leniency-Voraussetzungen erfüllt werden, auf eine Strafanzeige gegen die Mitarbeiter des Kronzeugen-Unternehmens.

es allerdings trotzdem klüger sein, sich auf die **Beseitigung rechtswidrigen Verhaltens** und **präventive Maßnahmen** zu beschränken (→ Rn. 59 ff.) bzw., sofern der vermeintliche Verstoß bereits Gegenstand eines Verfahrens ist, sich **gegen den Vorwurf rechtswidrigen Verhaltens zu verteidigen.** Die Ausgangsposition unterscheidet sich bei **Aufdeckung von Verstößen außerhalb bzw. während behördlicher Verfahren** erheblich, sodass die jeweiligen Handlungsoptionen unter → Rn. 18 ff. und → Rn. 23 ff. separat dargestellt werden.

I. Möglichkeit zur Inanspruchnahme von Kronzeugenprogrammen

Ein **kronzeugentauglicher Wettbewerbsverstoß** liegt nach den entsprechenden Bekanntmachungen von EU-Kommission und BKartA bei „Kartellen" vor. Der Schwerpunkt liegt auf **Kernbeschränkungen,**[17] also vor allem Preis-, Marktaufteilungs- und Kapazitätsabsprachen, und mitunter Fällen systematischen Informationsaustausches. Im Übrigen werden andere als Hardcore-Verstöße vom BKartA meistens im Kartellverwaltungsverfahren aufgegriffen, das nicht auf Verhängung eines Bußgelds ausgerichtet ist. Ein Kronzeugenantrag ist für diese Fälle entsprechend nicht geeignet. 14

Die Möglichkeit, eine Kronzeugenposition zu erhalten, scheidet nach den EU-Regeln aus für **Unternehmen, die eine Kartellbeteiligung anderer Unternehmen erzwingen,** und nach deutschem Recht darüber hinaus auch für **alleinige Anführer eines Kartells.**[18] Zu den Anforderungen der Kronzeugenregelungen im europäischen und deutschen Recht s. umfassend unter → § 7 Rn. 5 ff., § 18 Rn. 28 ff. 15

Bei Verstößen gegen das **Verbot des Missbrauchs einer marktbeherrschenden Stellung** steht Kronzeugenschutz nicht zur Verfügung. Nach den Regelungen des europäischen und des deutschen Rechts kommt er – anders als in Großbritannien, wo dies bei vertikalen Preisbeschränkungen möglich ist[19]– auch nicht bei **vertikalen Wettbewerbsbeschränkungen** in Betracht. Das BKartA sieht in solchen Fällen (lediglich) die Möglichkeit, die Kooperation von Unternehmen bußgeldmindernd zu berücksichtigen.[20] 16

In Deutschland und auf EU-Ebene[21] gibt es **keine Rechtspflicht, Kartellrechtsverstöße Behörden zu melden.** Aus Compliance-Sicht ist es (lediglich) zwingend, rechtmäßige Zustände (wieder-)herzustellen (→ Rn. 59 ff.). 17

II. Erwägungen nach Aufdeckung von Kartellverstößen *außerhalb* behördlicher Verfahren

Wird ein Kartellrechtsverstoß *außerhalb* **eines behördlichen Verfahrens,** also vor allem im Rahmen einer unternehmensinternen Untersuchung identifiziert (→ Rn. 3 f.), sind die **Aussichten auf den vollen, 100 %igen Kronzeugenschutz meistens gut.** Denn gibt es keine Anzeichen, dass der Verstoß etwa durch Hinweise Dritter auch einem Wettbewerber oder Kartellbehörden bekannt geworden sein könnte, dann ist die Wahrscheinlichkeit, dass sie in nächster Zeit (zufällig) ebenfalls den Verstoß aufdecken und darauf reagieren, in der Regel nicht sehr hoch. 18

---

[17] Dazu näher FK/*Seeliger/Mross,* Allg. Teil E, Rn. 402.
[18] Siehe Tz. 13 der „Mitteilung der Kommission über den Erlass und die Ermäßigung von Geldbußen in Kartellsachen", ABl. 2006 C 298, 17 (im Folgenden *Leniency-Mitteilung* genannt) sowie Rn. 3 der „Bekanntmachung Nr. 9/2006 über den Erlass und die Reduktion von Geldbußen in Kartellsachen – Bonusregelung" des BKartA (im Folgenden *Bonusregelung* genannt). Laut Schultze/*Wagener,* Teil C, Rn. 31, sind Fälle der alleinigen Anführerschaft nicht bekannt.
[19] Siehe dazu die „Applications for leniency and no-action in cartel cases" des Office of Fair Trading, Seite 14 unter Punkt 2.3; abrufbar unter: http://www.oft.gov.uk/shared_oft/reports/comp_policy/OFT1495.pdf, zuletzt abgerufen am 19.6.2016.
[20] Vgl. das auf der Website des BKartA veröffentlichte Interview mit dem Präsidenten des BKartA v. 12.8.2010; abrufbar unter: http://www.bundeskartellamt.de/SharedDocs/Interviews/DE/w&vLicht_ins_Dunkel.html, zuletzt abgerufen am 19.6.2016.
[21] Und auch nicht in den für international tätige Unternehmen häufig wichtigen Rechtsordnungen der übrigen EU-Länder, der USA, Kanadas, Brasiliens, Chinas, Japans, Südkoreas und Australiens.

19 Andererseits könnte sich das Unternehmen nun darauf beschränken, rechtmäßige Zustände (wieder-)herzustellen (→ Rn. 59 ff.). Entscheidet sich das Unternehmen für einen Kronzeugenantrag, hat es zum einen angesichts der **strengen Kooperationsanforderungen**[22] keine Garantie auf Immunität. Zum anderen liefert es sich speziell **mit der Offenlegung von Kartellverstößen verbundenen Risiken** aus, mit denen die Aussicht auf Bußgeldersparnis abgewogen werden muss:

- Der Kronzeuge hat es nicht in der Hand, ob das von ihm ausgelöste Verfahren auf weitere Sachverhalte oder Rechtsordnungen ausgedehnt wird, für die bzw. in denen er keinen Kronzeugenschutz genießt. So wird die Kartellbehörde ihre Ermittlungen – etwa als Folge der Auswertung von Durchsuchungsergebnissen, insbesondere Zufallsfunden – möglicherweise **auf andere Sachverhalte erweitern.** Ferner werden voraussichtlich auch die **übrigen Kartellanten als Reaktion auf das vom Kronzeugen ausgelöste Verfahren interne Ermittlungen aufnehmen,** die wiederum Kartellrechtsverstöße hinsichtlich weiterer Sachverhalte zu Tage fördern können. In mehreren Rechtsordnungen wird das durch entsprechende, sog **Amnesty-Plus-Programme** besonders incentiviert.[23] Sind die betroffenen Wettbewerber international tätige Unternehmen, mag sich infolge einer Kettenreaktion nach dem beschriebenen Muster schließlich die gesamte Branche mit diversen Kartellverfahren konfrontiert sehen. In den vergangenen Jahren ist es angesichts der steigenden Verfolgungsaktivität von Kartellbehörden in immer mehr Ländern und der zugenommenen Compliance-Awareness und -Aktivität in den Unternehmen vermehrt zu entsprechend **„kaskadierenden" Verfahren in einer größeren Zahl von Rechtsordnungen** gekommen.[24] Abgesehen von der erheblichen Komplexität der internationalen Verfahrenskoordinierung (→ Rn. 29 ff.) muss in diesen Fällen auch der Kronzeuge des Ausgangsverfahrens damit rechnen, letztlich (womöglich wegen ganz anderer Vorgänge) zur Kasse gebeten zu werden.[25]

- Der Kronzeugenstatus schützt nach geltender Rechtslage in Deutschland (wie in den meisten anderen Rechtsordnungen) nicht vor der zivilrechtlichen Inanspruchnahme durch Kunden, die **Schadensersatzansprüche** geltend machen. Die Verteidigung dagegen ist wegen der Feststellungswirkung behördlicher Entscheidungen im Zivilprozess gem. § 33 Abs. 4 S. 1 GWB nur eingeschränkt möglich. Außerdem haftet bislang jeder Kartellbeteiligte gegenüber allen Geschädigten als Gesamtschuldner.[26]

20 Davon abweichend sollen Kartellbeteiligte, denen als Kronzeugen ein (vollständiger) Bußgelderlass gewährt wurde, nach Art. 11 Abs. 4 Kartellschadensersatz-RL nur gegenüber ihren eigenen unmittelbaren und mittelbaren Abnehmern auf Schadensersatz haften. Gegenüber anderen Geschädigten haftet der Kronzeuge nur subsidiär für den Fall, dass sie von den anderen Kartellbeteiligten keinen vollständigen Schadensersatz verlangen können. Insofern nähert sich die europäische Regelung in ihrer Tendenz an die Rechtslage in den USA an. Dort muss der Kronzeuge anders als die übrigen Kartellanten nur einfachen (statt dreifachem) Schadensersatz leisten; andererseits muss er als Teil seiner Kooperationspflichten zu einem Schadensausgleich aktiv beitragen, um seine Immunität nicht zu gefährden.[27]

---

[22] Dh die ununterbrochene und uneingeschränkte Zusammenarbeit, Geheimhaltung, das Verbot der Beweisvernichtung (EU-Kommission) bzw. sogar eine Beweisverschaffungspflicht (BKartA) und die Beendigung der Tatbeteiligung unmittelbar nach Antragstellung (Kommission) bzw. unverzüglich nach Aufforderung durch das BKartA; vgl. Tz. 12 lit. b) der Leniency-Mitteilung sowie Rn. 6 der Bonusregelung.

[23] Dh es wird eine zusätzliche Bußgeldreduktion gewährt, wenn das Unternehmen auch Informationen über andere Kartellverstöße beibringt, die nicht im Zusammenhang stehen mit dem Kartellverstoß, wegen dem derzeit das Kartellverfahren betrieben wird. Diese Programme gibt es ua in den USA, Kanada und Brasilien.

[24] Beispielsweise sind gegen das sog. Luftfracht-Kartell Bußgelder in der EU, den USA, Südkorea, Australien und Kanada verhängt worden.

[25] So sind gegen die Beteiligten des sog. LCD-Kartells Geldbußen in den USA, der EU, China, Japan und Südkorea verhängt worden. Gegen den EU-Kronzeugen Samsung wurden in China eine Geldbuße sowie eine Vorteilsabschöpfungsanordnung verhängt.

[26] Siehe Immenga/Mestmäcker/*Emmerich* GWB § 33 Rn. 43.

[27] Siehe hierzu Departement of Justice „Corporate Leniency Policy" v. 10. 8. 1993 unter A.5. und B.6. Im Internet abrufbar unter: http://www.justice.gov/atr/public/guidelines/0091.htm, zuletzt abgerufen am 19. 6. 2016.

- Die **Aufwendungen für externe Berater** – Rechtsanwälte, Wettbewerbsökonomen, IT-Dienstleister[28] – können bei großen Kartellverfahren astronomische Dimensionen erreichen.
- Auch ein Kronzeuge muss mit **Ausschluss von öffentlichen Ausschreibungen** rechnen, sofern er keine ausreichende vergaberechtliche Selbstreinigung nachweist (→ § 43 Rn. 116 f.).
- Im Gegensatz zu anderen Rechtsordnungen,[29] schließt der Kronzeugenantrag eines Unternehmens in Deutschland die **Strafbarkeit der Mitarbeiter** nicht aus. Wegen der geringen praktischen Relevanz des § 263 StGB für Kartellverstöße betrifft diese Problematik vor allem Teilnehmer an Ausschreibungen, die unter den Tatbestand des **§ 298 StGB** fallen. Die Vorschrift wird infolge der zunehmenden Einrichtung entsprechender Schwerpunktstaatsanwaltschaften und der standardmäßigen Information der Staatsanwaltschaften über Submissionskartellfälle durch das BKartA immer häufiger angewandt.[30] Ihr Anwendungsbereich erfasst neben öffentlichen Vergaben gemäß §§ 97 ff. GWB auch private Ausschreibungen, wenn sie ihrem Inhalt nach den Vorschriften der §§ 97 ff. GWB oder den Vergabevorschriften der VOB/A oder VOL/A entsprechen.[31] Für die an einem Submissionsbetrug Beteiligten gibt es (lediglich) die Möglichkeit einer **Strafmilderung nach § 46b StGB** bei Preisgabe von Informationen, die im Zusammenhang mit dem konkreten Kartellverstoß bei der Auftragsvergabe stehen.[32]
- Der Erfolg eines Kronzeugenantrags hängt von der Qualität des Beweismaterials und damit der **Kooperationsbereitschaft der an den Kartellrechtsverstößen beteiligten Mitarbeiter** ab. Darauf lässt sich angesichts der grundsätzlich divergierenden Interessen von Unternehmen einerseits und Organen bzw. Mitarbeitern andererseits (→ § 42 Rn. 1 ff.) nicht ohne weiteres zählen.
- Infolge der Verpflichtung zur Kooperation mit der Kartellbehörde werden in großem Umfang und dauerhaft **interne Ressourcen beansprucht**. Behördliche und interne Ermittlungen können ferner zu **Unruhe** und Befürchtungen vor allem bei den unmittelbar betroffenen, aber auch bei vielen anderen Mitarbeitern führen.
- Da Kartellverstöße in der Öffentlichkeit immer weniger als Kavaliersdelikte wahrgenommen werden, muss das Unternehmen mit gravierenden **Reputationsschäden** rechnen.
- Als Teil ihrer **Geschäftspartner-Compliance,** ggf. verankert in entsprechenden AGB, werden (gewerbliche) Kunden Auskünfte zu den Verstößen und zu den daraufhin ergriffenen Compliance-Aktivitäten einfordern bzw. zusätzliche Compliance-Aktivitäten verlangen (→ § 43 Rn. 118 ff.).
- Zu allem Überfluss muss der Kronzeuge mit der **Vergeltung durch Mitkartellanten** rechnen, beispielsweise durch Lieferverweigerungen im Rahmen vertikaler Geschäftsbeziehungen.[33]

Im Rahmen der **Abwägung der beschriebenen Risiken mit den Aussichten auf Bußgelderlass oder -reduzierung** sollte Folgendes in Rechnung gestellt werden: 21
- Wie **wahrscheinlich ist die Aufdeckung** der Verstöße durch Kartellbehörden? Dh wie groß ist das Risiko, dass sie auf den Verstoß aufmerksam werden – sei es durch

---

[28] Zur Einschaltung externer Dienstleister bei Compliance-Untersuchungen umfassend Moosmayer/Hartwig/*Rabl/Hartwig,* 117 ff.
[29] Etwa den USA, dem Vereinigte Königreich, Kanada, Mexiko, Brasilien, Australien und Japan. Zur Rechtslage in den USA vgl. die „Leniency Policy for individuals" des Departement of Justice unter B. Abrufbar unter http://www.justice.gov/atr/public/guidelines/0092.pdf, zuletzt abgerufen am 19.6.2016.
[30] Vgl. *Wagner-von Papp* WuW 2009, 1236 (1243 ff.).
[31] NK-StGB/*Dannecker* § 298 Rn. 29.
[32] Vgl. BGH Beschl. v. 19.5.2010 – 5 StR 182/10, BGHSt 55, 153 (154 f.).
[33] So haben taiwanesische Mitkartellanten im sog. LCD-Kartell offenbar davon Abstand genommen, vom (Haupt-)Kronzeugen Samsung Komponenten zu beziehen; vgl. http://www.channelpartner.de/a/taiwans-lcd-hersteller-meiden-nun-samsung-komponenten,298853, zuletzt abgerufen am 19.6.2016.

einen Kronzeugenantrag eines Mitkartellanten, eine Sektoruntersuchung oder einen Hinweis eines Kunden oder eines (ehemaligen) Mitarbeiters zum Beispiel über die Whistleblower-Hotline des BKartA?
- Wie **wahrscheinlich ist die Verfolgung der Verstöße** angesichts ihrer wirtschaftlichen Relevanz, des Aufklärungsaufwands und der (sonstigen) Verfolgungsprioritäten der Kartellbehörden?
- Wie **schwerwiegend** sind die Verstöße? Lässt sich, etwa angesichts der betroffenen Umsätze, eine erste Aussage zum Bußgeldrisiko treffen?
- Wie gut sind die **Verteidigungsargumente?** Ist es aussichtsreich, die Beteiligung an dem Verstoß abzustreiten, Verjährung vorzubringen oder den vermeintlichen Kartellsachverhalt als rechtlich zulässige Kooperation bzw. Verhaltensweise zu rechtfertigen?
- Wie aussichtsreich ist es, die **Verjährung** abzuwarten? Falls der Verstoß noch fortdauert (→ Rn. 12), muss das Unternehmen zunächst einmal rechtmäßige Zustände (wieder-)herstellen, um die Verjährung einsetzen zu lassen. Gerade dadurch könnten Wettbewerber allerdings auf den Verstoß aufmerksam werden und ihrerseits Kronzeugenanträge stellen.

22 Sollte sich das Unternehmen schließlich entscheiden, einen Kronzeugenantrag zu stellen, kann es zur Sicherung der Rangfolge bei EU-Kommission oder BKartA und ggf. bei weiteren Kartellbehörden einen sog **Marker** (→ Rn. 28, → § 7 Rn. 84 ff., → § 18 Rn. 61 f.) setzen, bis die Zusammenstellung des Antrags abgeschlossen ist. Diese Möglichkeit sollte umso eher in Betracht gezogen werden, je größer die Wahrscheinlichkeit ist, dass Wettbewerber oder Kartellbehörden den Verstoß aufdecken. Je unwahrscheinlicher das ist, desto gewichtiger ist wiederum das Risiko, dass die Kartellbehörde einen einmal gesetzten, aber nicht ausgefüllten Marker zum Anlass eigenständiger Ermittlungen nimmt.

III. Erwägungen nach Aufdeckung von Kartellverstößen *während* behördlicher Verfahren

23 Im Fall der Identifikation eines Kartellverstoßes *während* eines bereits laufenden behördlichen Verfahrens ist **Bußgeldimmunität** – also ein 100%iger Bußgelderlass – möglich, wenn das Unternehmen der erste Antragsteller ist und seine Informationen und Beweismittel eine (1) Durchsuchung durch die Behörden *oder* (2) den Nachweis der Tatvorwürfe ermöglichen.[34] In der Praxis sind die Aussichten auf Immunität in dieser Situation statistisch eher schlecht, weil mittlerweile die weitaus meisten Kartellverfahren durch Kronzeugenanträge ausgelöst werden. Dh es ist in dieser Verfahrenssituation ziemlich wahrscheinlich, dass sich bereits ein Mitkartellant die Immunitätsposition gesichert hat.

24 Trotzdem entscheiden sich auch in diesem Fall viele Unternehmen – mit guten Gründen –, Kronzeugenanträge zu stellen. Denn ihnen bleibt jedenfalls die Aussicht auf eine **bis zu 50%ige Bußgeldreduktion,** wenn sie zur ununterbrochenen und uneingeschränkten Kooperation bereit sind und ferner – beim BKartA – Informationen und Beweismittel zur Verfügung stellen, die wesentlich zum Tatnachweis beitragen,[35] bzw. – in EU-Verfahren – einen erheblichen Mehrwert zu den der Kommission bereits vorliegenden Beweismitteln liefern.[36] In der Praxis sind die Anforderungen der EU-Kommission deutlich höher als die des BKartA.[37]

25 Wird der Verstoß in einem laufenden Verfahren aufgedeckt, haben die Unternehmen mit einem Kronzeugenantrag grundsätzlich weniger zu verlieren als bei Aufdeckung außerhalb eines Verfahrens (→ Rn. 18 ff.), da der Verstoß nun einmal bereits den Behörden bekannt ist.[38] Gründe gegen einen Kronzeugenantrag können allerdings gute Verteidigungsmöglichkeiten sein und/oder dass das Unternehmen nicht damit rechnen kann, er-

---

[34] Rn. 3 der Bonusregelung sowie Tz. 8 der Leniency-Mitteilung.
[35] Vgl. Rn. 5 der Bonusregelung.
[36] Tz. 24 f. der Leniency-Mitteilung.
[37] Vgl. Schultze/*Wagener,* Teil C, Rn. 28 ff.
[38] Vgl. auch Moosmayer/Hartwig/*Heckenberger,* 152.

gänzende bzw. zusätzliche Beweise liefern zu können. In der **Abwägungsentscheidung** für oder gegen einen Kronzeugenantrag weiter zu berücksichtigen ist der mit der Kooperationsverpflichtung des Kronzeugen verbundene Aufwand. Teilweise ist dieser allerdings, im Gegensatz zur Situation bei Identifikation von Kartellverstößen außerhalb behördlicher Verfahren, auch bei einer Entscheidung gegen einen Kronzeugenantrag unvermeidbar – sei es, um eine wirksame Rechtsverteidigung zu gewährleisten, sei es, um behördlichen Anordnungen nachzukommen (Bsp. Auskunftsersuchen oder die für Unternehmen häufig mit deutlich mehr Aufwand verbundenen subpoenas von US-Behörden[39]). Das gilt vor allem für Beraterkosten, die Bindung interner Ressourcen bzw. das Angewiesensein auf die Kooperationsbereitschaft von Mitarbeitern.

Das Problem besteht in der Verfahrenssituation nun darin, dass die Entscheidung für oder gegen einen Kronzeugenantrag auf **dürftiger Informationsgrundlage** und unter Zeitdruck getroffen werden muss. Die Ergebnisse einer gründlichen internen Untersuchung abzuwarten empfiehlt sich hier in den meisten Fällen nicht. Allerdings ist insofern zu differenzieren, als sich das Unternehmen bei Verfahren der EU-Kommission dank der beim Unternehmen verbleibenden Kopien der von den Kommissionsbediensteten mitgenommenen (elektronischen und Papier-)Dokumente häufig ein gutes Bild des Sachverhalts machen kann. Nach Durchsuchungen des BKartA kann allenfalls auf die Kopien von aus Aktenordnern entnommenen Papierdokumenten zugegriffen werden, da das BKartA üblicherweise die potenziell relevante IT-Hardware beschlagnahmt (→ Rn. 7). 26

Wird das Unternehmen auf mögliche **andere Verstöße** aufmerksam, kann es sinnvoll sein, (auch) mit Blick auf diese Sachverhalte einen Kronzeugenantrag zu stellen. Sind andere Produkte, andere Länder oder ein anderer Zeitraum als im Ursprungssachverhalt betroffen, kommt insoweit eine **volle Immunität** in Betracht. 27

Ein Unternehmen, das sich die Aussicht auf Kronzeugenschutz offen halten möchte, ist in der Situation unmittelbar nach Aufdeckung des Verstoßes häufig gut beraten, einen sog **Marker** (→ § 7 Rn. 84 ff., → § 18 Rn. 61 f.) zu setzen. Diese Möglichkeit besteht inzwischen in vielen Rechtsordnungen,[40] ua in Deutschland und in der EU auch in mündlicher Form.[41] Der Marker hat zugunsten des Antragstellers eine rangwahrende Wirkung bei der Bestimmung des Kronzeugenstatus, wenn darauf fristgemäß ein vollständiger Kronzeugenantrag folgt.[42] Die Frist beträgt meist vier bis acht Wochen.[43] Bei Verfahren beim BKartA reicht es für einen Marker aus, wenn das Unternehmen den betroffenen Markt, die Art des Verstoßes, den Zeitraum und die beteiligten Unternehmen benennt und mitteilt, bei welchen anderen Wettbewerbsbehörden Kronzeugenanträge gestellt worden sind oder ob dies beabsichtigt ist.[44] Anders als bei Verfahren beim BKartA lässt die EU-Kommission Marker nur bei Aussicht auf Bußgeldimmunität zu[45] und stellt höhere Beweisanforderungen.[46] Wird ein einmal gesetzter Marker nicht ausgefüllt bzw. zurückgenommen, gibt es grundsätzlich die Möglichkeit, dass die Kartellbehörde dies zum Anlass eigenständiger Ermittlungen nimmt. Dieses Risiko einzugehen ist in einer bestehenden Verfahrenssituation aber eher vertretbar als außerhalb, da das Unternehmen ohnehin damit rechnen muss, dass die Behörde oder ein Mitkartellant den vom Marker umfassten Sachverhalt zum Gegenstand des laufenden bzw. eines parallelen Verfahrens macht. 28

---

[39] Auch damit werden, allerdings häufig in noch viel größerem Umfang, Auskünfte bzw. Dokumente verlangt. Vgl. Sec. 9 Federal Trade Commission Act.
[40] Neben Deutschland und der EU beispielsweise auch in Frankreich, der Schweiz, den USA, Kanada, Brasilien, Japan und Australien.
[41] Tz. 32 der Leniency-Mitteilung und Rn. 11, 15 der Bonusregelung.
[42] Tz. 15 der Leniency-Mitteilung und Rn. 12 der Bonusregelung.
[43] Vgl. Rn. 12 der Bonusregelung – maximal acht Wochen. Die EU-Kommission hat dazu keine Regelung erlassen. Vgl. dazu auch Schultze/*Wagener,* Teil C, Rn. 23.
[44] Rn. 11 der Bonusregelung.
[45] Tz. 15 der Leniency-Mitteilung.
[46] Vgl. FK/*Kindhäuser/Meyer* Art. 23 VO 1/2003 Rn. 141.

IV. Internationale Koordinierung

29 Wenn nicht von vornherein klar ersichtlich ist, dass der mutmaßliche Kartellverstoß keine grenzüberschreitende Dimension hat, ist schon in einem frühen Stadium an die internationale Koordinierung zu denken. Das gilt auch, wenn **ausschließlich EU-Mitgliedstaaten** betroffen sind. Denn dann kann zwar die EU-Kommission nach Art. 11 Abs. 6 VO 1/2003 den Fall mit der Folge aufgreifen, dass die Zuständigkeit der Kartellbehörden der Mitgliedstaaten entfällt. Dennoch kann die EU-Kommission entscheiden, nicht selbst tätig zu werden und stattdessen den Fall (ggf. auch teilweise) im Rahmen der Fallverteilung innerhalb des European Competition Network (ECN) einer oder mehreren Kartellbehörden der Mitgliedstaaten überlassen, wenn diese im konkreten Fall besser geeignet sind, die Ermittlungen zu führen.[47]

30 Wird der Fall im Ergebnis nicht von der EU-Kommission, sondern von einer nationalen Kartellbehörde aufgegriffen, ist zu beachten, dass ein bei der EU-Kommission gestellter Kronzeugenantrag keine Wirkung für Verfahren vor nationalen Kartellbehörden entfaltet.[48] Das kann dazu führen, dass ein Kartellbeteiligter zwar als erster einen Kronzeugenantrag bei der EU-Kommission stellt, jedenfalls bestimmte Aspekte des Kartellverstoßes aber nicht von der EU-Kommission, sondern auf nationaler Ebene verfolgt werden und dort ein anderer Kartellbeteiligter zuerst einen Antrag auf Bußgelderlass gestellt hat.

31 **Beispiel:**

Im Jahr 2007 stellte das Unternehmen DHL bei der EU-Kommission einen Antrag auf Bußgelderlass wegen angeblicher Kartellabsprachen im Bereich der Luftfrachtspedition. In der Folge ermittelte die italienische Kartellbehörde gegen verschiedene Speditionsunternehmen wegen des Verdachts kartellrechtswidriger Absprachen auch im Bereich der Landfracht. Bei der italienischen Kartellbehörde hatten bereits zwei andere Unternehmen Anträge auf Bußgelderlass bzw. -ermäßigung eingereicht, bevor DHL seinerseits einen Antrag auch bei der italienischen Kartellbehörde stellte. Das von der Behörde gegen DHL verhängte Bußgeld wurde vom Berufungsgericht bestätigt, das klarstellte, dass der bei der EU-Kommission eingereichte Kronzeugenantrag keine Wirkung für das italienische Verfahren entfaltete. Der EuGH entschied auf Vorlage, dass nationale Kronzeugenprogramm unabhängig vom EU-Kronzeugenprogramm sind[49] und dass nicht nur der im EU-Verfahren bußgeldbefreite Kronzeuge auf nationaler Ebene einen Antrag auf vollständige Bußgeldbefreiung stellen kann.[50]

32 Außerdem hindert Art. 11 Abs. 6 VO 1/2003 die Kartellbehörden der Mitgliedstaaten nicht daran, auch dann, wenn die EU-Kommission den Fall aufgegriffen hat, ein Bußgeld zu verhängen, das zwar denselben Kartellverstoß, aber den Zeitraum vor dem EU-Beitritt des betreffenden Mitgliedstaates betrifft.[51] Um sich größtmögliche Chancen auf einen Bußgelderlass zu sichern, sollte der mögliche Kronzeuge deshalb erwägen, **zusätzlich** zu einem Kronzeugenantrag bei der EU-Kommission sog „**summary applications**" bei den Kartellbehörden der in Frage kommenden Mitgliedstaaten bzw. – soweit es um mögliche Verstöße im Zeitraum vor dem EU-Beitritt des betreffenden Mitgliedstaats geht – **parallele Kronzeugenanträge** bei der EU-Kommission und Kartellbehörden der Mitgliedstaaten zu stellen.[52]

---

[47] Tz. 6 ff. der Bekanntmachung der Kommission über die Zusammenarbeit innerhalb des Netzes der Wettbewerbsbehörden (ECN-Mitteilung), ABl. 2004 C 101, 43.
[48] Tz. 38 der ECN-Mitteilung.
[49] EuGH Urt. v. 20.1.2016 – C-428/14, ECLI:EU:C:2016:27 Rn. 67 – DHL Express (Italy) Srl, DHL Global Forwarding (Italy) SpA/Autorità Garante della Concorrenza e del Mercato.
[50] EuGH Urt. v. 20.1.2016 – C-428/14, ECLI:EU:C:2016:27 Rn. 84 – DHL Express (Italy) Srl, DHL Global Forwarding (Italy) SpA/Autorità Garante della Concorrenza e del Mercato.
[51] EuGH Urt. v. 14.2.2012 – C-17/10, WuW 2012, 528 – Toshiba ua/Úřad pro ochranu hospodářské soutěže, Rn. 92. In diesem Fall hatten sowohl die EU-Kommission (für den Zeitraum nach dem EU-Beitritt der Tschechischen Republik) als auch die tschechische Kartellbehörde (für den Zeitraum vor dem EU-Beitritt) Bußgelder wegen Kartellabsprachen zwischen Herstellern gasisolierter Schaltanlagen verhängt.
[52] Ebenso Tz. 38 der ECN-Mitteilung.

Auf jeden Fall erforderlich ist eine internationale Koordinierung in allen Fällen, in denen die mutmaßlichen Kartellabsprachen auch Länder außerhalb der EU tangieren. Hier gilt erst recht, dass **Kronzeugenanträge bei einer Kartellbehörde keinerlei Wirkung für andere Jurisdiktionen** haben. Wenn also Hinweise für einen Kartellverstoß von internationalen Dimensionen vorliegen und das Unternehmen sich grundsätzlich für eine Kooperation mit den Kartellbehörden entscheidet, ist es essentiell, so kurzfristig wie möglich Kronzeugenanträge in allen potenziell betroffenen Jurisdiktionen einzureichen. Zu berücksichtigen sind dabei nicht nur Länder, in denen tatsächlich Kartellabsprachen stattgefunden haben, sondern alle Länder, in denen die Kartellbeteiligten die vom Kartell betroffenen Produkte vertrieben haben.[53] Wichtige Jurisdiktionen, in denen auch seit Längerem Kronzeugenprogramme etabliert sind, sind insbesondere die USA, Kanada, Brasilien, Japan, Korea, Australien, Neuseeland, Südafrika und Singapur. 33

In solchen internationalen Fällen sind eine Reihe **praktischer Aspekte** zu berücksichtigen. Zunächst ist zur Vertretung gegenüber den verschiedenen nationalen Kartellbehörden in aller Regel die Einschaltung **lokaler Rechtsanwälte** in der jeweiligen Jurisdiktion unumgänglich. Dies gilt nicht nur wegen der erforderlichen Kenntnis insbesondere des jeweiligen Verfahrensrechts, sondern auch angesichts kultureller Besonderheiten der jeweiligen Rechtsordnung.[54] Bei der Auswahl der Berater sollte nicht nur ihre Fachkenntnis, sondern auch die Qualität ihrer Kontakte zur jeweiligen Kartellbehörde berücksichtigt werden. 34

Gleichzeitig ist erfahrungsgemäß eine **zentrale Steuerung** des weltweiten Vorgehens entscheidend. Nur so kann ein konsistentes Vorgehen in allen betroffenen Rechtsordnungen gewährleistet werden.[55] In der Praxis wird dabei oft eine grundlegende Sachverhaltsdarstellung mit den dazugehörigen Dokumenten erstellt, die für die verschiedenen Jurisdiktionen um nur lokal relevante Dokumente bzw. Erläuterungen ergänzt wird.[56] Die Steuerung kann in größeren Unternehmen, deren Rechtsabteilung über die erforderlichen Ressourcen verfügt, zwar zum Teil durch die Rechtsabteilung selbst erfolgen. 35

Zumindest ergänzend ist eine Koordinierung durch einen externen „**lead counsel**" aber kaum verzichtbar. Dies liegt insbesondere deshalb nahe, weil bei einer rein unternehmensinternen Steuerung die Gefahr besteht, dass im Unternehmen für die Verfahrenssteuerung erstellte Dokumente wiederum dem Zugriff der Kartellbehörden unterliegen. Dieses Risiko ist bei einer Steuerung durch externe Anwälte wegen des in den meisten Jurisdiktionen geltenden **legal privilege** begrenzt.[57] 36

Allerdings ist zu beachten, dass in anderen Rechtsordnungen die Verschwiegenheitspflichten von Rechtsanwälten unterschiedlich ausgeprägt sind. Dies sollte im Rahmen der zentralen Steuerung zB bei der Entscheidung darüber berücksichtigt werden, wem welche Dokumente zugänglich gemacht werden. Ähnliche Überlegungen gelten im Hinblick auf die zum Teil rechtlich, aber auch faktisch weitergehenden **Mitwirkungspflichten** gegenüber den Kartellbehörden in außereuropäischen Ländern, wie zB im Rahmen von subpoenas in US-amerikanischen Kartellverfahren oder gegenüber den chinesischen Kartell- und Strafverfolgungsbehörden. Schließlich ist in Fällen mit US-Bezug auch zu bedenken, dass Dokumente, die den Kartellbehörden anderer Länder zugänglich gemacht werden, der **Discovery** im US-Zivilprozess unterliegen können. Daher bemühen sich Kartellbeteiligte in solchen Fällen, wenn möglich schriftliche Stellungnahmen gegenüber anderen Kartellbehörden so weit wie möglich zu vermeiden und beispielsweise durch mündliche Erklärungen zu ersetzen.[58] 37

---

[53] So auch *Victor* FS Canenbley 2012, 491 (494 f.).
[54] Vgl. *Jüngling* BUJ Sonderedition Compliance 2013, 88 (89 f.).
[55] *Victor* FS Canenbley 2012, 491 (496).
[56] *Montag/Colgan* CPI Antitrust Chronicle Okt. 2011, 1 (6).
[57] *Montag/Colgan* CPI Antitrust Chronicle Okt. 2011, 1 (6).
[58] *Victor* FS Canenbley 2012, 491 (496).

38 Nicht zu unterschätzen sind die praktischen Schwierigkeiten, die sich hinsichtlich der **zeitlichen Koordinierung von Kronzeugenanträgen in mehreren Ländern** ergeben können. Zwar sind durch die Einführung von Markern in vielen Rechtsordnungen zunächst nur begrenzte inhaltliche Ausführungen zum Kartellverstoß erforderlich, um sich den Kronzeugenstatus zu sichern. Dafür sind aber auch schon für das Setzen des Markers oft sehr zeitaufwändige Formalitäten einzuhalten (zB notariell beglaubigte und mit Apostille versehene Erklärungen des Unternehmens mit vollständigem Nachweis der Handlungsvollmacht der handelnden Personen).

39 Wichtig ist die zeitliche Koordinierung aber vor allem vor dem Hintergrund des **Informationsaustauschs zwischen den Kartellbehörden** im Rahmen des International Competition Network. Diesem Informationsaustausch sind zwar vielfach durch nationale Rechtsvorschriften Grenzen gesetzt, die eine Weitergabe von Informationen über laufende Ermittlungen an Behörden anderer Länder untersagen. In der Praxis fordern viele Kartellbehörden aber sog Waiver, mit denen der Kronzeuge eine Unterrichtung anderer Kartellbehörden erlaubt.[59] Ist ein solcher Waiver einmal erteilt, besteht ein erhebliches Risiko, dass eine andere im Rahmen des ICN informierte Kartellbehörde den Fall ebenfalls aufgreift, bevor das Unternehmen dort einen Kronzeugenantrag gestellt hat.

40 Von Bedeutung insbesondere im Hinblick auf die zeitliche Koordinierung sind schließlich auch rechtliche Vorgaben in verschiedenen Rechtsordnungen, die sich auf die **Dauer** der vor einem Kronzeugenantrag erforderlichen **internen Untersuchungen** (→ § 40) auswirken. So besteht zB in verschiedenen EU-Mitgliedstaaten eine Verpflichtung, interne Untersuchungen bei der nationalen Datenschutzbehörde anzuzeigen. Je nach Ausgestaltung der Untersuchung kann dies eine vorherige Anzeige oder im Einzelfall sogar eine vorherige Genehmigung durch die Datenschutzbehörde erfordern. Solche datenschutzrechtlichen Vorgaben, aber auch arbeitsrechtliche oder gesellschaftsrechtliche Besonderheiten können sich ganz erheblich auf den Gesamt-Zeitplan für die internen Untersuchungen und in der Folge auch für die Stellung von Kronzeugenanträgen auswirken.

V. Unternehmensinterne Prozesse

41 Die Entscheidung für oder gegen einen Kronzeugenantrag und ihre Umsetzung sind auch wegen der damit verbundenen unternehmensinternen Koordinierung anspruchsvoll. Diese Aufgabe fällt üblicher- und sinnvollerweise der Rechts- bzw. ggf. der Complianceabteilung zu. Die wesentlichen Anforderungen werden im Folgenden skizziert. Die rechtlichen und praktischen **Fragen im Verhältnis zu kartellbeteiligten Organen und Mitarbeitern**[60] nach Aufdeckung eines Kartellverstoßes werden unter → § 42 ausführlich behandelt.

1. Die Entscheidung über die Nutzung eines Kronzeugenprogramms

42 Die Frage, ob von einer Kronzeugenregelung Gebrauch gemacht wird oder nicht, ist eine **unternehmerische Entscheidung des Vorstands bzw. der Geschäftsführung** des jeweils betroffenen Unternehmens[61] (und ggf. der Konzernobergesellschaft (→ Rn. 45)). Die beträchtliche Höhe der gegen das Unternehmen im Raum stehenden Geldbuße sowie die möglichen straf- und zivilrechtlichen Folgen für die Geschäftsführungsorgane (zB Regressansprüche der Gesellschaft/Kündigung des Anstellungsvertrages) machen eine Einbindung der Unternehmensleitung in der Regel zwingend erforderlich.

---

[59] Vgl. ICN, Anti-Cartel Enforcement Manual, Chapter 9: International Cooperation and Information Sharing, 2013, 6, verfügbar unter: http://www.internationalcompetitionnetwork.org/uploads/cartel%20wg/icn_chapter_on_international_cooperation_and_information_sharing.pdf, zuletzt abgerufen am 11.8.2016.
[60] V.a. Sicherstellen der Kooperationsbereitschaft versus angemessene Sanktionierung von Verstößen, Prüfen etwaiger Regressansprüche und Kündigungsrechte, Übernahme bzw. Freistellung von Verteidigungskosten, Geldbußen und Schadensersatzansprüchen.
[61] Vgl. *Dreher* ZWeR 2009, 397 (400).

Das Legalitätsprinzip erfordert nach der Aufdeckung eines Kartellverstoßes die Wiederherstellung rechtmäßiger Verhältnisse (→ Rn. 59 ff.). Es verlangt aber nicht, dass ein Kronzeugenantrag gestellt wird.[62] Vielmehr hat die Geschäftsleitung das Risiko der Offenlegung gegen die mit diesem Vorgehen verbundenen Chancen, ein Bußgeld zu vermeiden bzw. zu vermindern, **abzuwägen**. Die insofern bei Aufdeckung eines Verstoßes innerhalb bzw. außerhalb eines behördlichen Verfahrens tragenden Erwägungen sind unter → Rn. 23 ff. bzw. → Rn. 18 ff. im Einzelnen dargestellt. 43

Sofern nicht in Satzung oder Geschäftsordnung anderweitig geregelt, ist die Entscheidung über die Nutzung einer Kronzeugenregelung durch den **Gesamtvorstand** (bzw. durch die Gesamtgeschäftsführung) zu treffen. Die Frage, ob ein Kartellverstoß offenbart werden soll, kann nicht von einem einzelnen Vorstandsmitglied gegen den Gesamtvorstand entschieden werden. Dies folgt aus dem Prinzip der Gesamtverantwortung des Geschäftsführungsorgans bei allen wichtigen und grundsätzlichen Fragen.[63] Ist eine sofortige Anzeige erforderlich (etwa um der Kartellbehörde oder anderen Kartellmitgliedern zuvorzukommen), kann bei entsprechender Regelung in der Geschäftsordnung eine **telefonische bzw. elektronische Beschlussfassung** erfolgen. Ausnahmsweise kann auch **Notgeschäftsführung** durch ein Vorstandsmitglied wegen Gefahr im Verzug in Betracht kommen.[64] 44

Wurde das Kartelldelikt von einer Konzerngesellschaft begangen, so ist für die Entscheidung über den Kronzeugenantrag die **Zustimmung des Vorstands der Konzernobergesellschaft** einzuholen, sofern in den Geschäftsordnungen für Vorstand/Geschäftsführung der Konzerngesellschaften ein entsprechender Zustimmungsvorbehalt vorgesehen ist.[65] Ob darüber hinaus **im Konzern** für die Konzernobergesellschaft auch eine **eigene Antragsberechtigung** im Fall eines Kartellverstoßes durch ein Konzernunternehmen besteht, ist **umstritten**. Teilweise wird dies mit Hinblick auf die kartellrechtliche Figur der wirtschaftlichen Einheit vertreten.[66] Der Konzernvorstand soll sich dabei mit seinem eigenen Antrag auch über den entgegenstehenden Willen der Konzerngesellschaft, in der das Kartelldelikt begangen wurde, hinwegsetzen können. Nach anderer Ansicht besteht keine eigene Antragsberechtigung der Konzernobergesellschaft; diese kann jedoch im **Vertragskonzern** und im **faktischen GmbH-Konzern** über ihr Weisungsrecht dafür Sorge tragen, dass ein Kronzeugenantrag gestellt wird bzw. dass dies unterlassen wird.[67] Im **faktischen Aktienkonzern** entfällt eine solche Einflussnahme mangels entsprechenden Weisungsrechts.[68] Um der – offenbar höchstrichterlich noch ungeklärten – Streitfrage über ein eigenes Antragsrecht der Konzernobergesellschaft zu entgehen, bietet es sich an, dass der Konzernobergesellschaft (bereits vorbeugend) entsprechende Vollmachten durch die Konzerngesellschaften erteilt werden.[69] 45

Sofern nicht gem. § 111 Abs. 4 S. 2 AktG in Satzung oder Geschäftsordnung ausdrücklich vorgesehen, besteht kein **Zustimmungsvorbehalt des Aufsichtsrats**.[70] Auch eine **Unterrichtung des Aufsichtsrats** insgesamt darüber, ob ein Kronzeugenantrag gestellt wird oder nicht, ist gesetzlich nicht geboten.[71] Wegen der gravierenden Auswirkungen hat der Vorstandsvorsitzende jedoch den Aufsichtsratsvorsitzenden gem. § 90 Abs. 1 S. 3 AktG, ggf. mündlich, zu unterrichten.[72] 46

---

[62] Vgl. *Dreher* ZWeR 2009, 397 (401); *Säcker* WuW 2009, 362 (367).
[63] Vgl. *Dreher* ZWeR 2009, 397 (400).
[64] Vgl. *Dreher* ZWeR 2009, 397 (400 f.).
[65] Sofern nicht explizit geregelt, dürfte der gebräuchliche Vorbehalt für „alle Angelegenheiten von grundsätzlicher und wesentlicher Bedeutung" einschlägig sein.
[66] Vgl. *Säcker* WuW 362 (364).
[67] Vgl. *Dreher* ZWeR 2009, 397 (407 f.).
[68] Vgl. *Dreher* ZWeR 2009, 397 (405 ff.).
[69] Vgl. *Dreher* ZWeR 2009, 397 (410).
[70] Vgl. *Dreher* ZWeR 2009, 397 (414).
[71] Vgl. *Dreher* ZWeR 2009, 397 (411 f.).
[72] Vgl. *Dreher* ZWeR 2009, 397 (412 ff.).

2. Document Retention

47 Maßgebliche Grundlage für die interne Sachverhaltsaufklärung, vor allem aber für jegliche Kooperation mit den Kartellbehörden sind Dokumente, die den Kartellverstoß belegen. Es ist daher entscheidend, zu einem möglichst frühen Zeitpunkt sicherzustellen, dass solche **Unterlagen nicht vernichtet oder beiseite geschafft** werden. Gelingt dies nicht, droht der Verlust des ansonsten möglicherweise gesicherten Kronzeugenstatus: Nach der Leniency-Mitteilung der EU-Kommission **schließt die Vernichtung von Dokumenten jede Form der Bußgeldreduktion aus.**[73] Die Bonusregelung des BKartA enthält zwar keine vergleichbar spezifische Aussage; sie verlangt aber, dass das Unternehmen dem BKartA „alle ihm zugänglichen Informationen und Beweismittel" übermittelt.[74] Jedenfalls nach Stellung eines Kronzeugenantrags würde die Vernichtung von Dokumenten auch der Pflicht zur ununterbrochenen und uneingeschränkten Kooperation mit dem Bundeskartellamt[75] widersprechen.

48 Entscheidet sich ein Unternehmen, einen Kronzeugenantrag zu stellen, empfiehlt es sich daher zunächst, durch die IT-Abteilung einen **„Snapshot"** aller auf den Servern des Unternehmens gespeicherten, für den Kartellvorwurf mutmaßlich relevanten **Daten** erstellen zu lassen. Weil Kartellverstöße oft längere Zeiträume umfassen, ist dabei auch an die Sicherung bereits archivierter Daten zu denken. Sofern dies nicht bereits im Rahmen einer Durchsuchung erfolgt ist, sind außerdem auch die mutmaßlich relevanten Papierdokumente sicherzustellen. Ergänzend sollte ein **Vernichtungsverbot** angeordnet werden, das auch die – möglicherweise ausgelagerten – Archive des Unternehmens erfasst, damit nicht versehentlich verfahrensrelevante Unterlagen nach Ablauf der handelsrechtlichen Aufbewahrungspflichten routinemäßig vernichtet werden.

49 Weil diese Maßnahmen praktisch immer personenbezogene Daten von Mitarbeitern betreffen, sind die einschlägigen **datenschutzrechtlichen Vorgaben** zu beachten (eingehend dazu → § 40 Rn. 35 ff.). Gleichzeitig ist auch bei allen Maßnahmen zur Dokumentensicherung darauf zu achten, dass der Kronzeugenstatus nicht durch eine Verletzung der Vertraulichkeitsverpflichtung gefährdet wird.[76]

50 Ganz unabhängig von negativen Auswirkungen für einen beabsichtigten Kronzeugenantrag kann die Vernichtung von Beweismitteln während eines Verfahrens der EU-Kommission außerdem zu einer substanziellen Bußgelderhöhung wegen Behinderung der Ermittlungen führen.[77] Es empfiehlt sich daher, Mitarbeiter präventiv für den Fall möglicher Durchsuchungen in geeigneter Form (zB in einem **Merkblatt**) anzuweisen, keinerlei Unterlagen zu vernichten.

3. Interne und externe Kommunikation

51 Die (mutmaßliche) Beteiligung an einem Kartell kann die Reputation eines Unternehmens ganz erheblich beeinträchtigen. Ein wesentlicher Aspekt bei der Reaktion auf Kartellverstöße ist daher ein angemessenes **Kommunikationskonzept.** Dabei sind eine Reihe rechtlicher wie faktischer Besonderheiten zu beachten, auf die im Folgenden eingegangen wird.

52 Öffentliche Stellungnahmen des Unternehmens zu einem mutmaßlichen Kartellverstoß können vielfache, teils ungewollte Implikationen, unter anderem auf den Verlauf des Verfahrens haben. Gleiches gilt für die Kommunikation gegenüber Mitarbeitern, bei der, wenn es sich nicht um einen sehr kleinen Personenkreis handelt, kaum davon ausgegan-

---

[73] Rn. 12 lit. a) 4. Spiegelstrich sowie lit. c) der Leniency-Mitteilung. Weder die deutsche noch die englische Fassung der Mitteilung geben eindeutigen Aufschluss darüber, ab welchem Zeitpunkt dieses Risiko besteht. Der Wortlaut spricht indes dafür, dass eine Vernichtung von Dokumenten schon **vor** dem Zeitpunkt, zu dem das Unternehmen erwägt, einen Antrag zu stellen, die Bußgeldermäßigung oder -befreiung ausschließt.
[74] Rn. 8 der Bonusregelung.
[75] Rn. 6 der Bonusregelung.
[76] Vgl. Rn. 12 lit. a), 6. Spiegelstrich der Leniency-Mitteilung sowie Rn. 9 der Bonusregelung.
[77] Rn. 28, 2. Spiegelstrich der Bußgeldleitlinien.

gen werden kann, dass sie im Unternehmen verbleibt. Daher bietet es sich zu Beginn eines Kartellverfahrens nahezu zwingend an, im Unternehmen einen **„Gatekeeper"** zu bestimmen, der entscheidet, ob und was kommuniziert wird. Jegliche Kommunikation, die direkt oder indirekt das Verfahren betrifft, sollte außerdem mit der Rechtsabteilung und ggf. den mandatierten externen Anwälten abgestimmt werden.

Hat das Unternehmen einen **Kronzeugenantrag** gestellt oder beabsichtigt dies noch, schränken die Leniency-Mitteilung der Kommission bzw. die Bonusregelung des BKartA den Spielraum für die Unternehmenskommunikation hinsichtlich des mutmaßlichen Kartellverstoßes ganz erheblich ein. Beide Regelungen verpflichten das Unternehmen, seine Zusammenarbeit mit der Kartellbehörde **vertraulich** zu behandeln.[78] In Verfahren der EU-Kommission gilt die Verpflichtung zur Vertraulichkeit vorbehaltlich einer abweichenden Vereinbarung bis zur Mitteilung der Beschwerdepunkte, in Verfahren des BKartA bis zu einer Entbindung von der Vertraulichkeit durch das BKartA, die in der Regel nach Beendigung der Durchsuchungen erteilt wird. Das BKartA selbst behandelt die Identität des Antragstellers bis zum Versand von Beschuldigungsschreiben vertraulich.[79] Angesichts dessen und der allgemeinen Pflicht zur ständigen Kooperation mit der Kartellbehörde sollten Unternehmen, die mit der Kartellbehörde kooperieren, die einzelnen geplanten **Kommunikationsschritte** mit dieser **abstimmen,** um nicht die Bußgeldbefreiung oder -ermäßigung zu gefährden. 53

Besondere Herausforderungen ergeben sich für **börsennotierte Unternehmen.** Diese trifft nach § 15 Abs. 1 WpHG eine ad-hoc-Publizitätspflicht für Insiderinformationen. Zwar sind kartellbehördliche Entscheidungen gegen ein börsennotiertes Unternehmen selbst wohl nicht ad-hoc-pflichtig.[80] Allerdings spricht vieles dafür, einen **Kronzeugenantrag** und die damit verbundenen wirtschaftlichen Folgen als unmittelbar das Unternehmen betreffende und damit **ad-hoc-pflichtige Insiderinformation nach § 13 Abs. 1 WpHG** anzusehen. Denn das Bekanntwerden des Kronzeugenantrags dürfte angesichts des trotzdem bestehenden Bußgeldrisikos, aber auch der sonstigen wirtschaftlichen Folgen den Börsen- oder Marktpreis der Aktien des Unternehmens oft erheblich beeinflussen.[81] In diesem Fall besteht ein **Spannungsverhältnis** zwischen der Vertraulichkeitsverpflichtung gegenüber der Kartellbehörde einerseits und der aktienrechtlichen Publizitätspflicht andererseits. Aufzulösen ist dieses Spannungsverhältnis über eine **Befreiung** des Kronzeugen von der möglichen ad-hoc-Publizitätspflicht gem. **§ 15 Abs. 3 WpHG, § 6 WpAIV** jedenfalls bis zum Abschluss von Durchsuchungen der Kartellbehörde.[82] 54

Ungeachtet der oben dargestellten Besonderheiten ist **während des kartellbehördlichen Verfahrens** nach innen wie nach außen grundsätzlich eine **zurückhaltende Kommunikation** zu empfehlen. In den meisten Fällen bestehen während des Verfahrens noch ganz erhebliche Unsicherheiten über Gegenstand und Reichweite möglicher Kartellverstöße. Ergeben sich dann neue Tatsachen, so sind verfrühte Festlegungen in der Kommunikation kaum mehr zu korrigieren. 55

---

[78] Rn. 9 der Bonusregelung; Rn. 12 lit. a) 5. Spiegelstrich der Leniency-Mitteilung. Nach Rn. 12 lit. c) der Leniency-Mitteilung schließt auch schon die Offenlegung der beabsichtigten Antragstellung und des Inhalts des Antrags vor Antragstellung eine Bußgeldreduktion aus.
[79] Rn. 21 der Bonusregelung.
[80] Emittentenleitfaden der Bundesanstalt für Finanzdienstleistungsaufsicht, 4. Aufl. 2013, 51. Danach betreffen nach Auffassung der BaFin „Entscheidungen der Wettbewerbs- und Marktüberwachungsbehörden hinsichtlich börsennotierter Unternehmen" den Emittenten nur mittelbar und sind daher nicht ad-hocpflichtig.
[81] Eingehend hierzu *Dreher* WuW 2010, 731 (733 f.).
[82] *Dreher* WuW 2010, 731 (740 f.), nach dem ein längerer Aufschub der ansonsten erforderlichen ad-hoc-Mitteilung zB bis zur Mitteilung der Beschwerdepunkte rechtswidrig wäre. Börsennotierte Unternehmen, die einen Kronzeugenantrag bei der EU-Kommission stellen, müssten demnach auf eine Vereinbarung mit der EU-Kommission iSv Rn. 12 der Leniency-Mitteilung drängen, um bereits vor Mitteilung der Beschwerdepunkte von der Vertraulichkeitsverpflichtung befreit zu werden. Ansonsten drohten dem Unternehmen Schadensersatzansprüche seiner Kapitalgeber gem. § 37b Abs. 1 WpHG.

56 Besondere Vorsicht ist während des Verfahrens geboten hinsichtlich der öffentlichen Benennung anderer (vermeintlicher) Kartellbeteiligter. Hier besteht das Risiko einer strafbaren Verleumdung (§ 187 StGB) oder falschen Verdächtigung (§ 164 Abs. 2 StGB), falls die Kartellbehörde im Ergebnis keine ausreichenden Beweise für eine Kartellbeteiligung sieht.

57 Wenn allerdings schon während des Verfahrens der Kartellverstoß hinreichend deutlich zutage tritt, kann es sich für das Unternehmen anbieten, dies nach innen wie nach außen klar zu kommunizieren. Eine frühzeitige **klare Distanzierung** von Kartellrechtsverstößen und die Erklärung, entstandene **Schäden kompensieren** zu wollen, kann maßgeblich zur Wiederherstellung der Reputation des Unternehmens nach einem Kartellverstoß beitragen.

58 Deutlich größer ist der Spielraum für die Unternehmenskommunikation naturgemäß **nach Abschluss des Kartellverfahrens.** Dann bleibt es dem Unternehmen überlassen, wie defensiv oder offensiv es mit den Feststellungen der Kartellbehörde umgeht. Von strategischer Relevanz ist dann häufig vor allem die Frage, wie das Unternehmen mit zu erwartenden Schadensersatzforderungen seiner Kunden umgeht. Während hier in der Vergangenheit fast ausnahmslos eine sehr defensive Haltung von Kartellbeteiligten zu beobachten war, haben jüngst einige an Kartellen beteiligte Unternehmen einen zügigen **Schadensausgleich** gesucht und dies auch **offensiv kommuniziert.**[83]

C. Wiederherstellung rechtmäßiger Zustände

59 Als Reaktion auf Kartellrechtsverstöße muss jedes Unternehmen neben seiner strategischen Entscheidung für oder gegen einen Kronzeugenantrag (→ Rn. 13 ff.) zügig rechtmäßige Zustände (wieder-) herstellen. Diese Anforderung folgt aus den kartellrechtlichen Verbotsbestimmungen und ferner aus § 130 OWiG sowie der **Legalitätspflicht** der Unternehmensleitung (§§ 76 Abs 1 iVm 93 AktG) (→ § 39 Rn. 6). In praxi geht es darum, die Bußgeldverantwortlichkeit und die zivilrechtliche Haftung für den Rechtsverstoß zu beenden und die Verjährung in Gang zu setzen. In jedem Fall kommt es darauf an, die „Beendigungshandlungen" zu **dokumentieren.**

I. Sicherung der Kronzeugenstellung und Wiederherstellung rechtmäßiger Zustände

60 Einen rechtmäßigen Zustand (wieder-)herzustellen ist in vielen Fällen angesichts einer komplexen Sach- und Rechtslage erst im Laufe und vollständig möglicherweise erst nach Abschluss interner Untersuchungen möglich. **Die Entscheidung, ob ein Kronzeugenantrag gestellt wird, wird in aller Regel bereits gefallen und ggf. auch umgesetzt sein müssen.** Denn zum einen wird das Unternehmen bei Identifikation eines Verstoßes schon in einem frühen Stadium der internen Ermittlungen, ggf. über einen Marker (→ Rn. 22), den Kontakt zu den Kartellbehörden suchen, um sich die Aussicht auf Immunität oder wenigstens eine möglichst hohe Bußgeldreduzierung zu sichern. Zum anderen lässt sich ein Kartellverstoß kaum ohne die Mitwirkung oder wenigstens die Information von Mitkartellanten beseitigen, die dadurch verleitet werden könnten, ihrerseits – womöglich vorrangige – Kronzeugenanträge zu stellen.

61 Ausnahmsweise kann auch die **Fortsetzung eines Kartellverstoßes als Teil der Kronzeugenkooperation** erforderlich sein. Grundsätzlich erwarten zwar auch die Kartellbehörden von Kronzeugen die sofortige Wiederherstellung rechtmäßiger Zu-

---

[83] Vgl. zB Pressemitteilung der voestalpine AG v. 29.4.2013 (http://www.voestalpine.com/group/de/presse/presseaussendungen/2013-04-29-reaktion-der-voestalpine-ag-auf-die-presseaussendung-der-deutschen-bahn-zum-deutschen-schienenkartell.html) zur Zahlung von Schadensersatz an den Deutsche Bahn-Konzern wegen des Schienenkartells sowie Pressemitteilung der Rosenbauer International AG v. 13.5.2013 (http://www.rosenbauer.com/de/de/group/presse/wirtschaftspresse/wirtschaftspresse-detail/news/detail/News/aussergerichtliche-regulierungsvereinbarung.html) zum Löschfahrzeugkartell, beide zuletzt abgerufen am 11.8.2016.

stände.[84] Um Ermittlungen bei anderen Unternehmen aber nicht zu gefährden sieht die Leniency-Bekanntmachung der EU-Kommission ausdrücklich vor, dass „jene notwendigen Kartellaktivitäten, die nach Auffassung der Kommission im Interesse des Erfolgs der Nachprüfungen noch nicht beendet werden sollten",[85] fortzuführen sind. Nach der Bonusregelung des BKartA ist das auch im deutschen Kartellrecht denkbar.[86] Praktisch haben die Kartellbehörden von dieser umstrittenen[87] Möglichkeit noch kaum Gebrauch gemacht.

II. Maßnahmen zur Wiederherstellung rechtmäßiger Zustände

Die Mitwirkung an **„geheimen Zirkeln"** von Wettbewerbern, die allein der Koordinierung des Marktverhaltens dienen, sollte den beteiligten Mitarbeitern umgehend schriftlich untersagt werden. Auch gegenüber den beteiligten Wettbewerbern muss unmissverständlich schriftlich kommuniziert werden, dass das Unternehmen an Treffen dieser Kreise nicht mehr teilnimmt. 62

Häufig reagieren Unternehmen auf die Aufdeckung von Kartellen damit, dass sie auch **Verbandsaktivitäten** sofort beenden. Das ist indes nicht zwingend. Auch wenn Verbände nicht selten als Plattformen für die wettbewerbswidrige Koordinierung der Mitglieder missbraucht werden, verfolgen die meisten Verbände legitime Zwecke. Kartellrechtlich problematische Verbandsaktivitäten dahin zurückzuführen sollte als „mildestes Mittel" im Vordergrund der „post-violation Compliance" stehen. Dazu muss die **Verbandssatzung** um etwaige problematische Inhalte bereinigt werden – ein geradezu klassisches (Negativ-) Beispiel sind Regelungen, die die Aufnahme neuer wettbewerblicher Aktivitäten unter Zustimmungsvorbehalt stellen. Weiter sollte sichergestellt werden, dass sich der Verband angemessene **Compliance-Regelungen** gibt, die Verbands-Geschäftsführung ausdrücklich mit der Compliance-Verantwortung betraut und die kartellrechtliche Betreuung, ggf. durch externe Berater, sicherstellt. In Hochrisikosituationen, wie im Anschluss an die Aufdeckung von Kartellverstößen, kann es sinnvoll sein, externe Anwälte als „Aufpasser" an Verbandssitzungen teilnehmen zu lassen. Im Übrigen sollten die Unternehmensvertreter im Verband und die Verbandsgeschäftsführung gemeinsam an einer kartellrechtlichen (Präsenz-)Schulung teilnehmen, die regelmäßig wiederholt werden sollte. 63

Mit Blick auf Verbandssitzungen und andere Wettbewerbertreffen sollten im Anschluss an die Identifikation eines Kartellrechtsverstoßes sämtliche **Tagesordnungen und Besprechungsprotokolle** der vergangenen (fünf, besser zehn) Jahre durchgesehen werden. Rechtswidrige Beschlüsse sollten, auch wenn sie wegen des Kartellrechtsverstoßes ohnehin nichtig sind, schon zur Klarstellung aufgehoben werden. 64

Soweit es im Rahmen der Verbandsarbeit oder auch bei **informellen Wettbewerbertreffen** zu wettbewerbswidrigem Verhalten gekommen ist, muss es ausgeräumt werden. Das Unternehmen sollte hier ein **bereinigendes Schreiben** an die beteiligten Wettbewerber schicken, das klarstellt, dass die Parteien an die Regeln des Kartellrechts gebunden sind, unabhängig am Markt agieren und ihre Geschäftsstrategie eigenständig festlegen. In der Regel sollte das durch einen „insbesondere"-Zusatz präzisiert werden, der hinsichtlich des in der Vergangenheit wettbewerbswidrigen Verhaltens betont, dass die Parteien von gegenseitiger Einflussnahme absehen. 65

Wenn **Verträge** kartellrechtswidrige Inhalte enthalten – zB Marktaufteilungsvereinbarungen – sollten nicht nur die problematischen Inhalte entfernt, sondern der Vertrag **neu abgeschlossen** werden. Damit wird ein klarer Schlussstrich unter das verbotene Verhal- 66

---

[84] Tz. 12 lit. b) der Leniency-Mitteilung und Rn. 7 der Bonusregelung.
[85] Tz. 12 lit. b) der Leniency-Mitteilung.
[86] Rn. 7 der Bonusregelung: Der Antragsteller muss „seine Teilnahme an dem Kartell *nach Aufforderung durch das Bundeskartellamt* unverzüglich beenden." [Hervorhebung durch die Verfasser].
[87] Vgl. *Dreher* ZWeR 2009, 397 (415 ff.), nach dem eine Fortsetzung rechtswidrigen Verhaltens als Teil der Kronzeugenkooperation mangels Rechtsgrundlage und wegen des Legalitätsprinzip unzulässig ist.

ten gezogen, der Anreiz zur Bezugnahme auf die frühere Regelung ist schwächer und eine vormals rechtswidrige Absprache ist nicht länger dokumentiert.

67 Bei **vertikalen Beschränkungen** und Verstößen gegen das **Missbrauchsverbot** wird häufig eine **Änderung von Verträgen** ebenfalls durch Neuabschluss erforderlich werden – sei es, weil die Verträge unzulässige Exklusivitäts-, Preisbindungs- oder Territorialbeschränkungen vorsehen, sei es, weil sie verbotene Rabattierungs- oder Koppelungsvereinbarungen enthalten. Soweit das Unternehmen mit einer Bußgeld- oder Schadensersatzhaftung rechnen muss, mag es geschickter sein, den Verstoß nicht unbedingt als solchen zu benennen und darauf aufmerksam zu machen. Hier kann es hilfreich sein, die Änderung der entsprechenden Passagen des Vertrages allgemeiner als von der Vertrags- oder Rechtsabteilung generell initiierte Neustrukturierung oder Compliance-Anpassung von Verträgen zu erläutern.

68 Zur Beseitigung eines Missbrauchs einer marktbeherrschenden Stellung kann es ferner nötig sein, **Geschäftspraktiken anzupassen.** Erweist sich etwa die Ungleichbehandlung von Geschäftspartnern als Diskriminierung, ist dafür zu sorgen, dass sich Preis- oder Konditionendifferenzierungen nach sachlichen Kriterien richten. Um die für die Diskriminierungsfreiheit erforderliche Konsistenz des Marktauftritts sicherzustellen, kann eine von der Rechtsabteilung und dem zuständigen operativen Bereich gemeinsam entwickelte interne Guidance für die betroffenen Mitarbeiter nützlich sein (→ § 39 Rn. 70f.).

69 Um die vergaberechtliche Zulässigkeit für die Teilnahme an öffentlichen Ausschreibungen wiederzuerlangen, ist nach Kartellverstößen eine sog **Selbstreinigung** erforderlich, die neben der Distanzierung von dem Verstoß arbeitsrechtliche Maßnahmen gegenüber den am Verstoß beteiligten Mitarbeitern, die Verbesserung des Compliance-Systems und die Bereitschaft zu Schadensersatz gegenüber dem öffentlichen Auftraggeber umfasst (→ § 43 Rn. 114f.).

III. Anpassung des Compliance-Systems

70 Über die Beseitigung konkreter Kartellrechtsverstöße hinaus sollte das Compliance-System nach Aufdeckung der Verstöße auf trukturelle Mängel überprüft und diese ggf. beseitigt werden (**„Remediation"**). Konkret sollte die Risikoanalyse aktualisiert und die daraus abgeleiteten Maßnahmen angepasst werden (→ § 39 Rn. 31ff.). Es mag – zum Beispiel – sein, dass der von den Verstößen betroffene Bereich bislang nicht als besonders risikogeneigt eingeschätzt worden war und die Mitarbeiter nur recht oberflächlich mit einem allgemeinen E-Learning-Programm zu verschiedenen Compliance-Risiken sensibilisiert worden sind. In diesem Fall empfehlen sich Präsenzschulungen speziell zum Kartellrecht, die regelmäßig wiederholt werden sollten (→ § 39 Rn. 51ff.).

71 Auch die Rechtsprechung zu § 130 OWiG hat klargestellt, dass Unternehmen in den Bereichen **verschärften Compliance-Anforderungen** unterliegen, in denen es in der Vergangenheit kartellrechtlich zu „Unregelmäßigkeiten" gekommen ist.[88] Konkret wird man daraus vor allem ableiten können, dass sie mit **stichprobenartigen Untersuchungen** die Rechtskonformität in den betroffenen Unternehmenteilen nachhalten sollten. Zur Ausgestaltung kann auf die Ausführungen zu präventiven internen Untersuchungen (→ § 40 Rn. 26ff.) verwiesen werden. Außerdem können **interne organisatorische Maßnahmen** geboten sein, etwa strengere Berichtspflichten, die Einführung eines Vier-Augen-Prinzips für bestimmte Geschäftsbeziehungen oder einer Aufgaben-/Ämterrotation.[89]

---

[88] OLG Düsseldorf Urt. v. 5.4.2006 – VI-2 Kart 5 + 6/05, BeckRS 2007, 00379.
[89] Vgl. auch FK/*Seeliger*/Mross, Allg. Teil E Rn. 393f.

§ 42 Unternehmen, Organe und Mitarbeiter als Betroffene von Kartellverfahren und Kartellprozessen

Übersicht

	Rn.
A. Ausgangslage	1
I. Unternehmen	2
1. Mögliche Konsequenzen für das Unternehmen	2
2. Interessenlage des Unternehmens	6
II. Organe	7
1. Mögliche Konsequenzen für Organe	7
2. Interessenlage der Organe	11
III. Mitarbeiter	14
1. Mögliche Konsequenzen für Mitarbeiter	14
2. Interessenlage der Mitarbeiter	15
B. Einzelfragen	16
I. Koordinierung der Verteidigung für Unternehmen, Organe und Mitarbeiter	16
II. Amnestieprogramme/Freistellung	21
1. Dilemma aus Unternehmenssicht	21
2. Ausgestaltung	23
a) Rahmenbedingungen	24
b) Leistung des Mitarbeiters	27
c) Gegenleistungen des Unternehmens (Amnestie)	28
d) Freistellungen	30
e) Steuerliche Aspekte	33
f) Betriebsratsbeteiligung	34
III. Regressansprüche gegen Organe/Mitarbeiter	35
IV. Sanktionierung	41
V. Reputation/Blacklisting	43
VI. Versicherungsschutz	46
1. Directors & Officers-Versicherung	47
2. Sonstige Versicherungen	53
a) Vertrauensschadenversicherung	53
b) Allgemeine Rechtsschutzversicherung	54
c) Spezial-Strafrechtsschutzversicherung	55
3. Betriebshaftpflichtversicherung	56

Schrifttum:

Annuß/Pelz, Amnestieprogramme – Fluch oder Segen?, BB-Beil. Heft 4/2010, 14; *Breßler/Kuhnke/Schulz/Stein,* Inhalte und Grenzen von Amnestien bei Internal Investigations, NZG 2009, 721; *Fleischer,* Kartellrechtsverstöße und Vorstandsrecht, BB 2008, 1070; *Dreher,* Die persönliche Außenhaftung von Geschäftsleitern auf Schadenersatz bei Kartellrechtsverstößen, WuW 2009, 133; *Göpfert/Merten/Siegrist,* Mitarbeiter als „Wissensträger" – Ein Beitrag zur aktuellen Compliance-Diskussion, NJW 2008, 1703; *Fleischer,* Kartellrechtsverstöße und Vorstandsrecht, BB 2008, 1070; *Hauschka/Moosmayer/Lösler,* Corporate Compliance, 3. Aufl. 2016; *Ihlas,* D&O Directors & Officers Liability, 2. Aufl 2007; *Kahlenberg/Schwinn,* Amnestieprogramme bei Compliance-Untersuchungen im Unternehmen, CCZ 2012, 81; *Kapp/Gärtner,* Die Haftung von Vorstand und Aufsichtsrat bei Verstößen gegen das Kartellrecht, CCZ 2009, 168; *Knierim/Tsambikakis/Rübenstahl,* Internal Investigations, 2013; *Krieger/Schneider,* Handbuch Managerhaftung, 2. Aufl. 2010; *Mäger,* Europäisches Kartellrecht, 2. Aufl. 2011; *Mäger/Zimmer/Milde,* Konflikt zwischen öffentlicher und privater Kartellrechtsdurchsetzung, WuW 2009, 885; *Melot de Beauregard/Gleich,* Aktuelle Problemfelder der D&O-Versicherung, NJW 2013, 824; *Moosmayer/Hartwig,* Interne Untersuchungen, 2012; *Prieß,* Selbstreinigung: Vergaberechtliche „Medizin" als Compliance-Maßnahme, CCZ 2008, 67; *Polley/Heinz,* Settlements bei der Europäischen Kommission und beim Bundeskartellamt – ein Praxisvergleich, WuW 2012, 14; *Stein/Fritton/Huttenlauch,* Kartellrechtsverstöße als Ausschlussgründe im Vergabeverfahren, WuW 2012, 38; *Thümmel,* Persönliche Haftung von Managern und Aufsichtsräten, 4. Aufl. 2008.

A. Ausgangslage

1 Kartellverfahren und Kartellprozesse können eine ganze Reihe von **Konsequenzen** für die betroffenen Unternehmen sowie deren Organe und Mitarbeiter haben. Auch wenn der Auslöser für die Konsequenzen für diese drei Gruppen in Form des Kartellverstoßes derselbe ist, so besteht doch aufgrund der unterschiedlichen Konsequenzen für diese Gruppen kein Einklang der jeweiligen Interessen (→ Rn. 2 ff.). Diese **unterschiedlichen Interessen** bereiten bei der Behandlung von diversen Einzelfragen im Rahmen oder im Nachgang von Kartellverfahren oder -prozessen zum Teil erhebliche Schwierigkeiten (→ Rn. 16 ff.).

I. Unternehmen
1. Mögliche Konsequenzen für das Unternehmen

2 Die für das Unternehmen gravierendste Konsequenz stellt das **Bußgeld** dar. Die von der Europäischen Kommission verhängten Bußgelder sind in den letzten Jahren stetig angestiegen und betragen mittlerweile regelmäßig dreistellige Euro-Millionenbeträge[1] (→ § 13 Rn. 65 ff.). Auch die Bußgelder der nationalen Kartellbehörden innerhalb der EU, allen voran des Bundeskartellamtes, erreichen stattliche Beträge.[2] Gemäß § 81 Abs. 4 S. 2 GWB kann gegen ein Unternehmen oder eine Unternehmensvereinigung eine Geldbuße von bis zu 10 % des konzernweiten Jahresumsatzes verhängt werden[3] (→ § 18 Rn. 87 ff.). Auch außerhalb der EU verhängen Kartellbehörden mittlerweile signifikante Bußgelder gegen Unternehmen.[4]

3 Für das Unternehmen ergeben sich weitere finanzielle Konsequenzen aus dem Kartellverstoß aus drohenden **Schadensersatzansprüchen** von Kunden und ggf. auch Wettbewerbern (→ § 43). Mit der Einführung des § 33 GWB wurde die Geltendmachung von Schadensersatzansprüchen bei Kartellverstößen wesentlich erleichtert. Um in Zukunft die Geltendmachung solcher Schadensersatzansprüche innerhalb der gesamten EU zu ermöglichen, wurde auf europäischer Ebene im November 2014 eine „Schadensersatzrichtlinie"[5] erlassen, die wesentliche Aspekte der Durchsetzung von Schadensersatzansprüchen regelt (→ § 24 Rn. 32 ff.). Im Zuge der geplanten 9. GWB-Novelle werden die Vorgaben der Schadensersatzrichtlinie auch in direkt anwendbares, deutsches Recht überführt (→ § 25 Rn. 109 ff.). Auch in einigen Jurisdiktionen außerhalb der EU gibt es Bestrebungen, die zivilrechtliche Durchsetzung von kartellrechtlichen Schadensersatzansprüchen zu erleichtern.[6]

4 Neben den drohenden Geldbußen und Schadensersatzansprüchen sind weitere finanzielle Belastungen nicht zu vernachlässigen, die sich aus der Aufklärung des Kartellverstoßes und der Betreuung des Kartellverfahrens ergeben. Die **Kosten für eine interne Untersuchung** können ganz erheblich sein, insbesondere wenn diese sich auf mehrere Länder erstreckt und einen längeren Zeitraum in der Vergangenheit abdeckt. Auch wenn die interne Untersuchung weitgehend abgeschlossen ist, ergeben sich **Kosten aus der Betreuung des Kartellverfahrens** sowie möglicherweise nachgelagerter Rechtsmittelverfahren und zivilrechtlicher Schadensersatzprozesse. Diese Verfahren erstrecken sich zum Teil über Jahrzehnte. Die Unternehmen sind dabei auf externen Rechtsbeistand angewiesen.

---

[1] Europäische Kommission, http://ec.europa.eu/competition/cartels/statistics/statistics.pdf (Stand: 5.1.206).
[2] Bundeskartellamt, Tätigkeitsbericht 2013/2014, BT-Drs. 18/5210, 46.
[3] Es handelt sich dabei nicht um eine Kappungsgrenze, sondern um den Maximalbetrag des Bußgeldrahmens, siehe BGH Beschl. v. 26.2.2013 – KRB 20/12, WuW/E DE-R 3861 Rn. 55; sowie Bundeskartellamt, Leitlinie für die Bußgeldzumessung in Kartellordnungswidrigkeitenverfahren v. 25.6.2013 Rn. 8.
[4] International Competition Network, Setting of Fines for Cartels in ICN Jurisdictions, 2008, 35 ff.
[5] RL 2014/104/EU, ABl. 2014 L 349, 1.
[6] Beitragsreihe zur privaten Durchsetzung des Kartellrechts in ausgewählten EU-Mitgliedstaaten in EuZW 2012, 573 ff. (Deutschland), 617 ff. (England & Wales), 650 ff. (Österreich), 691 ff. (Belgien), 730 ff. (Italien), 770 ff. (Niederlanden), 817 ff. (Polen), 897 ff. (Frankreich).

Schließlich können Kartellverstöße in der Vergangenheit Auswirkungen auf künftige Geschäftsbeziehungen haben. Grundsätzlich schädigen Kartellverstöße die **Reputation** eines Unternehmens im Allgemeinen und lassen Kunden, Lieferanten und Investoren an dessen Zuverlässigkeit zweifeln. Kartellverstöße können zu einem negativen Eintrag im Gewerbezentralregister („blacklisting"), einem Ausschluss von öffentlichen aber auch privaten Aufträgen sowie einem schlechteren Ranking in Nachhaltigkeitsindizes führen (→ § 39 Rn. 3).

2. Interessenlage des Unternehmens

Maßgebliches Interesse des Unternehmens ist es, die finanziellen Belastungen eines Kartellverstoßes so gering wie möglich zu halten. Hauptziel des Unternehmens ist es daher, einem Bußgeld komplett zu entgehen oder aber, wenn ein Bußgeld aufgrund der Sachlage unvermeidlich ist, dieses Bußgeld so gering wie möglich zu halten. Kann der Kartellverstoß nicht geleugnet werden, sind die wesentlichen Instrumente des Unternehmens zur Minimierung des Bußgeldes die Inanspruchnahme einer **Kronzeugenregelung** bzw. die vollumfängliche **Kooperation** mit der zuständigen Kartellbehörde (→ § 7 Rn. 22 ff.).[7] Sollte zweifelhaft sein, ob ein Kartellverstoß überhaupt vorlag, wird das Unternehmen sich **verteidigen,** in dem es versucht, die zuständige Kartellbehörde davon zu überzeugen, dass der Vorwurf nicht haltbar ist. Um die finanziellen Belastungen aus einer internen Untersuchung und der Betreuung eines Kartellverfahrens möglichst gering zu halten, wird das Unternehmen an einer schnellen Beendigung der internen Untersuchung und des Kartellverfahrens interessiert sein. Ein möglicher Weg hierzu kann eine Beendigung des Kartellverfahrens im Einvernehmen mit der Kartellbehörde darstellen (das. sog **Settlement Verfahren** (→ § 10 Rn. 14 ff. und § 18 Rn. 177 ff.)).[8] Bei alledem wird das Unternehmen berücksichtigen müssen, welche Auswirkungen die jeweilige Strategie auf mögliche Schadensersatzansprüche von Kunden haben könnte.[9] Das Unternehmen wird ein Interesse haben, dass das Thema möglichst **vertraulich** behandelt wird und keine oder nur geringe Erwähnung in den Medien findet. Wenn der Kartellverstoß trotzdem öffentlich wird, muss es Ziel des Unternehmens sein, das Vertrauen der Kunden, Lieferanten und Investoren zurückzugewinnen, in dem es darlegen kann, dass es aus dem Fehlverhalten seine Lehren gezogen hat. Bei öffentlichen Aufträgen wird das Unternehmen nachweisen müssen, dass es eine **„Selbstreinigung"** zur Wiederherstellung der Zuverlässigkeit vorgenommen hat, dh Maßnahmen ergriffen hat, um das Fehlverhalten aufzuarbeiten und für die Zukunft soweit wie möglich zu verhindern. Dazu zählen personelle und organisatorische Konsequenzen, insbesondere die Einführung und Weiterentwicklung eines funktionierenden Compliance-Managementsystems (→ § 39 Rn. 3). Wenn das Unternehmen mit einem Bußgeld belegt wird oder aber zu Schadensersatzzahlungen an Kunden verurteilt wird, muss es sich die Frage stellen, ob es die daraus resultierende finanzielle Belastung dadurch reduzieren kann, indem es gegen Organe oder Mitarbeiter **Regressansprüche** geltend macht (→ Rn. 35 ff.) oder aber eine **Versicherung in Anspruch** nimmt (→ Rn. 46 ff.).

---

[7] Europäische Kommission, Mitteilung der Kommission über den Erlass und die Ermäßigung von Geldbußen in Kartellsachen, ABl. 2006 C 298, 17 ff.; Bundeskartellamt, Bekanntmachung Nr. 9/2006 über den Erlass und die Reduktion von Geldbußen in Kartellsachen – Bonusregelung –, 2006; zu Kronzeugenregelungen in anderen Ländern siehe die Website des International Competition Networks zum Thema „Leniency Promotion", http://www.internationalcompetitionnetwork.org/working-groups/current/cartel/awareness/leniency.aspx.

[8] Europäische Kommission, Mitteilung über die Durchführung von Vergleichsverfahren bei dem Erlass von Entscheidungen nach Artikel 7 und Artikel 23 der Verordnung (EG) Nr. 1/2003 des Rates in Kartellfällen v. 2.7.2008, ABl. 2008 C 167, 1; *Polley/Heinz* WuW 2012, 14.

[9] Zum Konflikt zwischen Kronzeugenantrag und möglichen Schadensersatzansprüchen vgl. *Mäger/Zimmer/Milde* WuW 2009, 885.

II. Organe

1. Mögliche Konsequenzen für Organe

7 Organen von Unternehmen drohen nach europäischem Kartellrecht keine Sanktionen, da danach nur Unternehmen oder Unternehmensvereinigungen Adressaten von Bußgeldentscheidungen sein können.[10] Dies ist nach einzelnen nationalen Rechtsordnungen anders. Nach deutschem Recht kann gegen das Organ ein **Bußgeld gemäß § 81 GWB iVm § 9 Abs. 1 OWiG** verhängt werden, wenn das Organ an dem Kartellverstoß selbst beteiligt war oder dieses geduldet oder angeordnet hat. In der Praxis wesentlich relevanter ist die Verhängung eines **Bußgeldes** gegen ein Organ **wegen Verletzung der Aufsichtspflicht gemäß § 130 Abs. 1 OWiG.** Dabei sind die Anforderungen an die Aufsichtspflichten der Organe in den letzten Jahren deutlich gestiegen (→ § 18 Rn. 17 ff.). Im Bereich des Kartellrecht bedeutet die Aufsichtpflicht des Organs, Maßnahmen sicherzustellen, die Kartellverstöße verhindern oder zumindest wesentlich erschweren (→ Rn. 35 ff.).

8 Neben dem Bußgeld können Organen, sofern sie an dem Kartellverstoß selbst beteiligt waren, auch **strafrechtliche Sanktionen** drohen. Nach deutschem Recht handelt es sich bei den im GWB aufgeführten Kartellverstößen um Ordnungswidrigkeiten. Eine besondere Form der Kartellabsprache, die Submissionsabsprache (Absprachen bei Ausschreibungen), ist jedoch gemäß § 298 StGB eine Straftat, die mit bis zu 5 Jahren Freiheitsstrafe geahndet werden kann.[11] Nach dem amerikanischen U.S. Sherman Antitrust Act gelten nicht nur Submissionsabsprachen, sondern alle Kartellabsprachen als Verbrechen, die mit Haftstrafen von bis zu 10 Jahren geahndet werden. Auch in anderen Ländern können strafrechtliche Sanktionen drohen.[12]

9 Es ist umstritten, ob Geschädigte von Kartellverstößen gemäß § 33 GWB Schadensersatz auch von natürlichen Personen verlangen können.[13] Es handelt sich dabei um eine eher theoretische Frage, da die Geschädigten sich mit Schadensersatzansprüchen in der Regel an die am Kartellverstoß beteiligten, solventeren Unternehmen und nicht an deren Organe oder Mitarbeiter wenden. Praxisrelevanter sind **Regressansprüche** des Unternehmens gegen die Organe (→ Rn. 35 ff.). Der Schaden, der dabei vom Unternehmen geltend gemacht wird, umfasst insbesondere Unternehmensbußgelder, Schadensersatzzahlungen sowie Kosten für die interne Aufarbeitung des Kartellverstoßes. Nach deutschem Recht besteht bei einer Aktiengesellschaft die Pflicht des Aufsichtsrates zu prüfen, ob Schadensersatzansprüche der Gesellschaft gegenüber Vorstandsmitgliedern aus ihrer organschaftlichen Tätigkeit bestehen, und, soweit die gesetzlichen Voraussetzungen dafür vorliegen, solche zu verfolgen.[14] Eine pflichtwidrige Nichtverfolgung solcher Regressansprüche kann eine Pflichtverletzung bzw. sogar eine strafbare Untreue gem. § 266 StGB des Aufsichtsrates darstellen.

10 Darüber hinaus droht den Organen seitens der Unternehmen auch eine **Sanktionierung.** Für den Fall, dass das Organ selbst unmittelbar an dem Kartellverstoß beteiligt war, kann dies nur eine Trennung zur Folge haben.[15] Bei Aufsichtspflichtverletzungen ist eine Kündigung nicht zwingend, es kommen aber andere Sanktionen in Frage, insbesondere der Einbehalt von variablen Vergütungsbestandteilen. In Großbritannien hat die Kartell-

---

[10] Art. 23 Abs. 1 VO 1/2003.
[11] In Ausnahmefällen kommen auch die Straftatbestände des Betruges § 263 StGB oder der Untreue § 266 StGB in Betracht.
[12] ZB Australien, Brasilien, Griechenland, Irland, Israel, Japan, Kanada, Kasachstan, Mexico, Norwegen, Russland, Sambia, Slowakei, Slowenien, Südkorea, Tschechien, UK. Nur Submissionsabsprache strafbar zB Kolumbien, Österreich, Polen, Türkei, Ungarn.
[13] *Dreher* WuW 2009, 133 (136 ff.) *Kapp/Gärtner* CCZ 2009 168, (169 f.).
[14] BGH Urt. v. 21.4.1997 – II ZR 175/95, NJW 1997, 1926, 1927 – ARAG/Garmenbeck.
[15] Grds. muss das Unternehmen abwägen, ob es eine Trennung von einem Mitarbeiter vollzieht, wenn dieser die einzige Informationsquelle für den Kartellverstoß ist und daher eigentlich zwingend für einen Kronzeugenantrag oder aber die Kooperation mit der Kartellbehörde benötigt wird (→ § 40 Rn. 23). Wenn allerdings ein Organ den Kartellverstoß selbst unmittelbar begangen hat, ist eine Trennung unausweichlich, um den erforderlichen Selbstreinigungsprozess darzulegen.

behörde die Möglichkeit, für ein Organ, das an einem Kartellverstoß beteiligt war, bei Gericht eine sog „Directors Disqualification Order", dh ein **Berufsverbot** in Form eines Ausschlusses von Geschäftsführungstätigkeiten von bis zu 15 Jahren, zu beantragen.[16]

2. Interessenlage der Organe

Das Organ hat im Vergleich zum Mitarbeiter ein **Zwitterstellung.** Auf der einen Seite hat das Organ innerhalb des Unternehmens eine herausragende Stellung und damit auch besondere Pflichten gegenüber dem Unternehmen und dessen Eigentümern. Auf der anderen Seite treffen die oben beschriebenen Konsequenzen das Organ persönlich. Diese Pflichten und die persönlichen Interessen stehen nicht immer in Einklang. 11

Zu den **Pflichten des Organs** gehört es, die erforderlichen Maßnahmen einzuleiten, um das mögliche Fehlverhalten im Unternehmen vollumfänglich aufzudecken, abzustellen und für die Zukunft zu vermeiden. Außerdem müssen Maßnahmen ergriffen werden, um möglichen Schaden für das Unternehmen abzuwenden. Insofern steht das Interesse des Organs im Einklang mit dem oben beschriebenen Interesse des Unternehmens, die finanziellen Belastungen für das Unternehmen so gering wie möglich zu halten. 12

Das **persönliche Interesse** besteht darin, die Stellung als Organ zu behalten und keine finanziellen Einschränkungen zu erleiden. Insofern wird ein wesentliches Ziel des Organs sein, ein Bußgeld zu vermeiden. Dies gilt in erster Linie für ein persönliches Bußgeld, aber auch für ein Bußgeld gegen das Unternehmen, da mit einem Bußgeld gegen das Unternehmen die Wahrscheinlichkeit von Regressansprüchen gegen das Organ steigt (→ Rn. 35 ff.). Auch Schadensersatzansprüche von Dritten gegen das Unternehmen erhöhen die Wahrscheinlichkeit von Regressansprüchen. Um Regressansprüche seitens des Unternehmens zu vermeiden, wird das Organ versuchen darzulegen, dass es nicht an einem Kartellverstoß beteiligt war und seiner Aufsichtspflicht ausreichend Rechnung getragen hat. Sollte sich das Unternehmen für eine Trennung entscheiden, so wird das Organ diese Trennung möglichst ohne Reputationsschaden und Gesichtsverlust sowie ohne finanzielle Einschränkungen vollziehen wollen. 13

III. Mitarbeiter

1. Mögliche Konsequenzen für Mitarbeiter

Einzelnen Mitarbeitern, die an einem Kartellverstoß beteiligt waren, drohen zum Teil ähnliche Konsequenzen wie den Organen des Unternehmens. Auch sie können je nach Rechtsordnung mit einem **Bußgeld** belegt oder **strafrechtlich** verfolgt werden. Anders als bei Organen kommt bei Mitarbeitern, die nicht an dem Kartellverstoß selbst beteiligt waren, in der Regel kein Bußgeld wegen Verletzung einer Aufsichtspflicht in Betracht. Dies ist nur in Ausnahmefällen denkbar, wenn der betroffene Mitarbeiter eine besondere Stellung im Unternehmen hat, die ihn dazu verpflichtet, Gesetzesverstöße zu verhindern (zB als Compliance Officer oder Revisionsleiter).[17] Schadensersatzansprüche Dritter sowie Regressansprüche des Unternehmens gegen einzelne Mitarbeiter sind theoretisch denkbar, kommen aber in der Praxis selten vor, da sich die Geschädigten mit ihren Ansprüche eher an die finanzstärkeren Unternehmen oder Organe wenden, bzw. der Aufwand und der mögliche Erfolg zur Geltendmachung von Regressansprüchen gegen Mitarbeiter in keinem angemessenen Verhältnis zueinander stehen. Die gravierendste Konsequenz für Mitarbeiter, die an einem Kartellverstoß beteiligt waren, ist die **arbeitsrechtliche Sanktion,** die von einer Abmahnung bis hin zur Kündigung reichen kann. 14

2. Interessenlage der Mitarbeiter

Anders als die Organe haben die Mitarbeiter keine Zwitterstellung. Bei ihnen steht das **persönliche Interesse** im Mittelpunkt, den Arbeitsplatz ohne finanzielle Einschränkungen zu behalten. Es kommt auf die Umstände des Einzelfalles an, ob ein Mitarbeiter, der 15

---

[16] Office of Fair Trading, Director disqualification orders in competition cases, 2010.
[17] BGH Urt. v. 17.7.2009 – 5 StR 394/08, NJW 2009, 3173 (3175) Rn. 27.

an einem Kartellverstoß beteiligt war, ein Interesse daran hat, bei der Aufklärung des Sachverhaltes mitzuwirken. Dies hängt unter anderem davon ab, ob ihm seitens der Kartell- oder Strafbehörden Sanktionen drohen und ob das Unternehmen ihm für den Fall der Mitwirkung zusichert, keine arbeitsrechtlichen Sanktionen zu verhängen (→ Rn. 21 ff.). Wenn sich das Unternehmen dazu entscheidet, sich von dem Mitarbeiter zu trennen, wird der Mitarbeiter diese Trennung möglichst ohne Reputationsschaden und Gesichtsverlust sowie ohne finanzielle Einschränkungen vollziehen wollen. Nach einer Trennung wird der Mitarbeiter keinen Anreiz mehr haben, an der Sachverhaltsaufklärung mitzuwirken.

B. Einzelfragen

I. Koordinierung der Verteidigung für Unternehmen, Organe und Mitarbeiter

16 Da die Konsequenzen von Kartellverstößen wie oben beschrieben für das Unternehmen, die Organe und die Mitarbeiter ganz erheblich sein können, stellt sich die Frage, wie sich diese drei Gruppen am besten gegen diese Konsequenzen absichern und verteidigen können. Vom Grundsatz her wäre es wünschenswert, wenn sich diese drei Gruppen in gleicher Weise verteidigen, um gemeinsam „am gleichen Strang" zu ziehen. Denkbar wäre dies zB in Form einer **gemeinsamen Verteidigung** durch die Rechts- oder die Compliance-Abteilung des Unternehmens oder aber durch eine gemeinsam beauftragte Anwaltskanzlei. Aufgrund der beschriebenen unterschiedlichen Interessenlagen ist dies aber nicht möglich. Bei einer gemeinsamen Verteidigung würde es unweigerlich zu **Konfliktsituationen** kommen, die externe Rechtsberater schon aus standesrechtlichen Gründen nicht bewältigen könnten. Aber auch interne Abteilungen könnten diese Konflikte nicht sachgerecht lösen, wie folgendes Beispiel verdeutlicht: Ein Kunde erfährt von dem Kartellverstoß und möchte einen Nachweis des Unternehmens von der „Selbstreinigung" bevor er das Unternehmen zum Vergabeverfahren zulässt. Aus Kundensicht zählt zur Selbstreinigung auch die Entlassung der Mitarbeiter, die an dem Kartellverstoß beteiligt waren. In einer derartigen Situation kann die Rechts- oder Compliance-Abteilung nicht gleichzeitig die Interessen des Unternehmens an einer lückenlosen Selbstreinigung und die Interessen der betroffenen Mitarbeiter, weiterhin bei dem Unternehmen beschäftigt zu bleiben, vertreten.

17 Eine interne Unternehmensabteilung wie die Compliance- oder Rechtsabteilung hat einzig und allein die Aufgabe, die oben beschriebenen Unternehmensinteressen zu vertreten (→ Rn. 6), dh in erster Linie die Minimierung der durch den Kartellverstoß verursachten finanziellen Belastungen für das Unternehmen, die Sicherstellung der Selbstreinigung nach dem Kartellverstoß sowie die Implementierung von geeigneten Maßnahmen zur Verhinderung von künftigen Kartellverstößen. Lediglich in Bezug auf die Minimierung der finanziellen Belastungen sind die Interessen des Unternehmens, der Organe und Mitarbeiter weitgehend ähnlich gelagert, so dass es für eine interne Unternehmensabteilung denkbar wäre, sich diesbezüglich mit den Organen und involvierten Mitarbeitern bzw. deren Rechtsbeiständen soweit wie möglich und rechtlich zulässig abzustimmen.

18 Zu Beginn einer internen Untersuchung oder spätestens mit Einleitung eines behördlichen Verfahrens kann es sich anbieten, seitens der Compliance- oder Rechtsabteilung den betroffenen Organen oder Mitarbeitern zu empfehlen, sich einen **persönlichen Rechtsbeistand** zu nehmen, und bei der Auswahl des Rechtsbeistandes behilflich zu sein. Dabei geht es nicht darum, die Auswahl dahingehend zu beeinflussen, dass der Rechtsbeistand vornehmlich die Unternehmensinteressen wahrt. Dies wäre rechtlich unzulässig. Vielmehr soll damit sichergestellt werden, dass der Rechtsbeistand – im Fall von Kartellverstößen – fundiertes Wissen im Bereich des Kartellrechts hat. Oftmals werden von Organen oder Mitarbeitern reine Arbeitsrechtsspezialisten oder Rechtsanwälte aus dem Bekanntenkreis eingeschaltet, die über dieses Wissen nicht verfügen. Dabei besteht die Gefahr, dass der Rechtsbeistand die gleichgelagerten Interessen seines Mandanten und des Unternehmens, die sich aus den Besonderheiten des Kartellrechts ergeben, nicht erkennt und daher falschen Rechtsrat erteilt, der sowohl dem Mandanten als auch dem Unternehmen schadet.

Während des laufenden Kartellverfahrens und sich möglicherweise anschließender Gerichtsprozesse sollte das Unternehmen (am besten über Rechtsanwälte, die das Unternehmen vertreten) regelmäßig mit den Rechtsbeiständen der Organe oder Mitarbeiter zusammenkommen, um sich über den Stand der Untersuchungen auszutauschen und ggf. weitere Schritte **gemeinsam abzustimmen.** Dies ist beispielsweise wichtig, wenn ein **Kronzeugenantrag** gestellt oder aber der Kartellbehörde zumindest volle Kooperation zugesichert wurde. Über die Rechtsbeistände der Organe bzw. Mitarbeiter sollte sichergestellt werden, dass diese nichts unternehmen, was den Kronzeugenstatus oder die Kooperation gefährden könnte. Ein weiterer Bereich, in dem eine Abstimmung angezeigt sein kann, ist bei der Geltendmachung von Ansprüchen gegenüber Versicherungen (→ Rn. 46 ff.), um sicherzustellen, dass der Versicherungsschutz nicht gefährdet wird. 19

Die Koordinierung der Verteidigung zwischen Unternehmen, Organen und Mitarbeitern hat seine Grenzen, wenn seitens des Unternehmens arbeitsrechtliche Sanktionen vorgenommen oder Regressansprüche geltend gemacht werden. Aber auch hier ist es sachdienlich, wenn die Organe bzw. Mitarbeiter von kompetenten Rechtsanwälten vertreten werden, damit die Trennungs- bzw. Schadensersatzverhandlungen möglichst professional und sachlich ablaufen. 20

II. Amnestieprogramme/Freistellung

1. Dilemma aus Unternehmenssicht

Einerseits verlangt ein effektives Compliance-Programm entsprechende **Sanktionen** und Maßnahmen, sollte ein Compliance-Verstoß festgestellt werden (→ § 40 Rn. 22). Compliance-Regelungen müssen mit der Androhung von angemessenen Sanktionen im Falle eines Verstoßes verknüpft werden, da anderenfalls eine proklamierte **„Zero-Tolerance"** Politik nicht glaubwürdig erscheint.[18] Andererseits ist das Unternehmen im Rahmen anlassbezogener interner Ermittlungen gerade im Bereich des Kartellrechts häufig auf die **Kooperation der Mitarbeiter** (insbesondere der Haupttäter) zwingend angewiesen, um den Sachverhalt umfassend aufklären, diesen anschließend der Behörde im Rahmen eines Kronzeugenantrages präsentieren und im weiteren Verlauf des behördlichen Verfahrens den Kooperationspflichten genügen zu können. Angesichts der strengen Vorgaben der Kronzeugenprogramme im Hinblick auf die Kooperationspflichten der Unternehmen und des hohen Bußgeldrahmens einerseits und nur selten ausreichend dokumentierter Kartellverstöße andererseits, sind – anders als häufig im Korruptionsbereich, in dem wenigsten konkrete Zahlungsströme überprüft werden können – im Bereich von Kartellverstößen umfassende Aussagen von Mitarbeitern regelmäßig unverzichtbar. Trotz grundsätzlich bestehender, arbeitsrechtlicher Auskunftspflichten (→ § 40 Rn. 89 ff.), werden manche (insbesondere sehr stark in Kartellverstöße verwickelte) Mitarbeiter gleichwohl nur sehr eingeschränkt an der Aufklärung des Sachverhaltes mitarbeiten, sollte ihnen nicht zumindest ein Verzicht auf (bestimmte) arbeitsrechtliche Sanktionen im Rahmen eines Amnestie- oder Kronzeugenprogramms in Aussicht gestellt werden. 21

Das **Dilemma** aus Unternehmenssicht: Entweder das Unternehmen bleibt seiner „Zero-Tolerance" Politik treu, verhängt angemessene Sanktionen gegen Teilnehmer an 22

---

[18] Aus Unternehmenssicht ist daher der Vorwurf von GA *Kokott,* SchlA v. 18.4.2013 – C-501/11 P s. EuGH Urt. v. 18.7.2013 – C-501/11 P, Tz. 144 – Schindler Rn. 185, kaum nachzuvollziehen, wonach ein Compliance Programm offensichtlich untauglich sei, wenn aufgrund hoher Sanktionsdrohungen die Mitarbeiter ihr kartellrechtswidriges Verhalten in besonderem Maße zu verheimlichen versuchen. Mit gleicher Argumentation wäre auch die behördliche Bußgeldpraxis gegen Unternehmen, vor allem aber eine behördliche Sanktionsdrohung gegen natürliche Personen (zB nach dem OWiR in Deutschland oder auch strafrechtliche Sanktionen wie in zB in UK) zu hinterfragen (→ § 39 Rn. 128).

Kartellpraktiken und versucht so, Nachahmungstäter abzuschrecken. Dies kann jedoch einen (potentiellen) Kronzeugenstatus im Rahmen eines Kartellverfahrens erheblich gefährden. Oder aber das Unternehmen weicht die „Zero-Tolerance" Politik im Falle eines konkreten Verstoßes durch ein Amnestieprogramm wieder auf, um möglichst umfassende Aussagen zu erhalten, um damit einen Kronzeugenstatus bei der Kartellbehörde zu erlangen oder zu sichern. Dies kann jedoch Zweifel an der Ernsthaftigkeit des gesamten Compliance-Programms wecken und Nachahmungstaten sogar provozieren.[19] Daher muss im Rahmen kartellrechtlicher Ermittlungen eine **bewusste Entscheidung** darüber erfolgen, ob ein Amnestieprogramm aufgelegt wird oder aber gegen die Teilnehmer an Kartellverstößen konsequente arbeitsrechtliche und ggf. weitere Maßnahmen ergriffen werden.[20]

2. Ausgestaltung

23 Entscheidet sich das Unternehmen für die Implementierung eines Amnestieprogramms, so sind verschiedene Einzelfragen zu klären. Die konkrete Ausgestaltung eines Amnestieprogramms hängt stark von den Umständen des Einzelfalls ab (Wie viele Mitarbeiter sind betroffen? Welcher Zeitraum ist abzudecken? Gibt es neben den Aussagen der Mitarbeiter noch andere – wie viele? – Beweismittel?). Im Bereich kartellrechtlicher Ermittlungen kommt hinzu, dass häufig hoher Zeitdruck besteht, um erster Kronzeuge zu werden. Gleichzeitig ist es vor Stellung eines Kronzeugenantrages nicht möglich, mit den Kartellbehörden ein Amnestieprogramm abzustimmen.[21] Das kann dazu führen, dass die nach Stellung eines Kronzeugenantrags dem Unternehmen bekanntwerdende Sichtweise der Kartellbehörde dazu zwingt, andere Mitarbeiter zu befragen und andere Themen (auch) zu untersuchen. Diese Aspekte sind zum Zeitpunkt der Implementierung eines Amnestieprogramms nur begrenzt vorherzusehen und abzudecken.

24 **a) Rahmenbedingungen.** Zunächst ist über die Reichweite des Amnestieprogrammes zu entscheiden. Soll allen involvierten Mitarbeitern unabhängig von weiteren Voraussetzungen (**Generalamnestie** – in der Regel nicht empfehlenswert) oder nur denjenigen involvierten Mitarbeitern, die bestimmte Voraussetzungen erfüllen (**Spezialamnestie** – Regelfall), Amnestie angeboten werden?[22] Ferner müssen als Rahmenbedingungen Stichtage für die Teilnahmeentscheidung festgelegt sowie der vom Amnestieprogramm erfasste Sachverhalt und der personelle Anwendungsbereich konkret, unbedingt und verbindlich beschrieben werden.[23] Sämtliche Regelungen sollten unbedingt und rechtsverbindlich ausgestaltet werden.[24]

25 Ob **Vorsatztäter** von Amnestieprogrammen ausgeschlossen werden sollen, ist im Einzelfall zu entscheiden.[25] Gerade in Fällen schwerer und vorsätzlicher Kartellverstöße kommt es (leider) regelmäßig auf die Aussagen genau dieser Täter an; zudem müssen gerade diese Täter ggf. auch zu einer Kooperation mit den Kartellbehörden im Rahmen von Kronzeugenprogrammen motiviert werden. Gleiches gilt für **Organmitglieder** als Kartelltäter. Hier ist ebenfalls, anders als bei Verstößen zB im Korruptionsbereich, die Mitarbeit der Organmitglieder an der Aufklärung – auch mit Blick auf die

---

[19] So auch Mäger/Kasten Kap. 2 Rn. 123f.
[20] Vgl. zu Abwägungskriterien Moosmayer/Hartwig/Weiße, 58ff.; KTR/Leisner Kap. 9 Rn. 5ff. Zur möglichen Organhaftung bei unzureichender Vorbereitung Annuß/Pelz BB-Beil. Heft 4/2010, 14 (17f.); s. zu den gesellschaftsrechtlichen Vorgaben auch KTR/Potinecke/Block Kap. 2 Rn. 174ff.; Göpfert/Merten/Siegrist NJW 2008, 1703 (1704); Kahlenberg/Schwinn CCZ 2012, 81 (82).
[21] Vgl. zur Abstimmung mit Ermittlungsbehörden grundsätzlich KTR/Leisner Kap. 9 Rn. 70.
[22] Ausschließlich für Spezialamnestie Kahlenberg/Schwinn CCZ 2012, 81 (82); Annuß/Pelz BB-Beil. Heft 4/2010, 14 (15); offener dagegen Breßler/Kuhnke/Schulz/Stein NZG 2009, 721 (722, 727); KTR/Mengel Kap. 13 Rn. 66.
[23] S. Kahlenberg/Schwinn CCZ 2012, 81 (84); KTR/Mengel Kap. 13 Rn. 66; Moosmayer/Hartwig/Weiße, 60f. und 64; Annuß/Pelz BB-Beil. Heft 4/2010, 14 (15); KTR/Leisner Kap. 9 Rn. 39f.
[24] S. Breßler/Kuhnke/Schulz/Stein NZG 2009, 721 (722); KTR/Mengel Kap. 13 Rn. 67.
[25] Vgl. Kahlenberg/Schwinn CCZ 2012, 81 (84).

Pflicht, der Kartellbehörde von Mitarbeitern und Geschäftsführern zu ermöglichen[26] – mitunter essentiell.[27]

Hinzu kommen **Vertraulichkeitsabreden,** wobei es hier nicht nur um die Zusicherung einer vertraulichen Behandlung der vom Mitarbeiter gemachten Angaben gehen kann, sondern auch der Mitarbeiter zur absoluten Vertraulichkeit über die laufende Ermittlung zu verpflichten ist.[28] Letzteres ist gerade mit Blick auf die im Rahmen von Kronzeugenprogrammen bestehende Pflicht zur Vertraulichkeit zwingend.[29] Schließlich sollten die Gegenleistungen des Unternehmens davon abhängig gemacht werden, dass der Mitarbeiter vollumfänglich und fortlaufend kooperiert; anderenfalls (und falls sich die Aussagen als vorsätzlich falsch erweisen sollten) sollten die Gegenleistungen des Unternehmens widerrufen werden können.[30] 26

b) Leistung des Mitarbeiters. Die vom Mitarbeiter (im Falle einer Spezialamnestie) zu erbringende Leistung besteht in der **freiwilligen, vollumfänglichen Mitwirkung** an der Aufklärung der zu untersuchenden Sachverhalte. Soweit möglich, sollten die wichtigsten Mitwirkungspflichten (Aussagen, ggf. auch vor Behörden; Bereitstellung von sämtlichen Unterlagen, die mit dem Sachverhalt in Verbindung stehen könnten; Zugang zu elektronisch und nicht elektronisch abgelegten Unterlagen) beispielhaft und nicht abschließend in der Amnestievereinbarung aufgeführt werden.[31] 27

c) Gegenleistungen des Unternehmens (Amnestie). Als Gegenleistung für eine umfassende Kooperation des Mitarbeiters wird insbesondere ein **Verzicht** des Unternehmens auf bestimmte **ausgewählte arbeitsrechtliche Sanktionen** (mindestens: Kündigungsverzicht) gewährt werden.[32] Ob auch auf andere arbeitsrechtliche Maßnahmen verzichtet werden soll, hängt vom konkreten Einzelfall ab und bedarf ebenfalls einer klaren Regelung in der Amnestievereinbarung. Im Regelfall sollten allerdings nicht auf sonstige arbeitsrechtliche Maßnahmen verzichtet werden, allein schon um den vorstehend beschriebenen Eindruck, „Zero-Tolerance" werde im Ernstfall nicht gelebt, zu vermeiden.[33] 28

Weiterhin wird typischerweise seitens des Unternehmens auf die Geltendmachung von Schadensersatzansprüchen verzichtet oder – was zB im Hinblick auf den sonst gefährdeten Ausgleichsanspruch gegenüber anderen Mitarbeitern, die nicht an der Amnestie teilnehmen, ratsam ist – zugesichert, Ansprüche nicht durchzusetzen (pactum de non petendo).[34] Schwierig gestaltet sich dies angesichts § 93 Abs. 1 AktG bei **Vorständen als Kartelltäter.** Hier ist eine sorgfältige gesellschaftsrechtliche Prüfung angezeigt.[35] Weniger relevant für kartellrechtliche Ermittlungen ist die sonst regelmäßig vorzusehende Zusage, keinen Strafantrag zu stellen: Die einschlägigen Straftatbestände sind keine Strafantragsdelikte und werden von den Staatsanwaltschaften also ohne Zutun des Unternehmens (Strafantrag) strafrechtlich verfolgt. Relevant ist dagegen – da gerade die Honorare von kartellrechtlich 29

---

[26] S. Europäische Kommission, Mitteilung der Kommission über den Erlass und die Ermäßigung von Geldbußen in Kartellsachen, ABl. 2006 C 298/17 ff. Rn. 12 lit. a dritter Gedankenstrich.
[27] So auch *Kahlenberg/Schwinn* CCZ 2012, 81 (82).
[28] Zu erforderlichen Einschränkungen der Vertraulichkeitsabrede, insbesondere unter Berücksichtigung der Entscheidung LG Hamburg Beschl. v. 15.10.2010 – 608 Qs 18/10, NJW 2011, 942; s. *Kahlenberg/Schwinn* CCZ 2012, 81 (83).
[29] S. Europäische Kommission, Mitteilung der Kommission über den Erlass und die Ermäßigung von Geldbußen in Kartellsachen, ABl. 2006 C 298/17 ff. Rn. 12 lit. a fünfter Gedankenstrich.
[30] Ausführlich Moosmayer/Hartwig/*Weiße*, 63 f.
[31] KTR/*Leisner* Kap. 9 Rn. 64.
[32] Ausführlich zur umstrittenen Frage, ob auch auf eine außerordentliche Kündigung verzichtet werden kann KTR/*Leisner* Kap. 9 Rn. 43; *Annuß/Pelz* BB-Beil. Heft 4/2010, 14 (15 f.); *Breßler/Kuhnke/Schulz/Stein* NZG 2009, 721 (724).
[33] S. KTR/*Leisner* Kap. 9 Rn. 46.
[34] S. KTR/*Leisner* Kap. 9 Rn. 47 ff., dort auch zu Fragen des Gesamtschuldnerausgleichs im Verhältnis zu anderen Mitarbeitern; KTR/*Mengel* Kap. 13 Rn. 78 mwN; *Annuß/Pelz* BB-Beil. Heft 4/2010, 14 (16).
[35] S. instruktiv KTR/*Mengel* Kap. 13 Rn. 77 mwN.

erfahrenen Anwälten oftmals über dem durchschnittlichen Anwaltshonorar liegen – die Zusage, Anwaltskosten zu übernehmen.[36]

30 **d) Freistellungen.** Bei der Implementierung eines Amnestieprogramms kann sich auch die Frage stellen, ob das Unternehmen **Mitarbeiter von Bußgeldern** oder ähnlichen behördlichen oder gerichtlichen monetären Sanktionen **freistellen** soll.[37] Dies wäre grundsätzlich rechtlich zulässig, da die Übernahme von Geldstrafen (und damit erst recht von Bußgeldern nach dem OWiG) keine Vollstreckungsvereitelung iSd § 258 Abs. 2 StGB darstellt.[38]

31 Ferner ist zu klären, ob eine solche Freistellung im **überwiegenden Interesse des Unternehmens** liegt und durch eine solche Freistellung des Mitarbeiters mit erheblichen Vorteilen für das Unternehmen zu rechnen ist. Anderenfalls kann sich die Unternehmensleitung mit der Zusage einer Freistellung einer Untreue zu Lasten des Unternehmens schuldig machen bzw. auch zivilrechtlich gegen die gesellschaftsrechtlichen Verpflichtung zur ordnungsgemäßen Geschäftsführung (§§ 93 Abs. 1 AktG, 43 Abs. 1 GmbHG) verstoßen. In Kartellfällen ist zwischen dem finanziellen Nachteil des Unternehmens durch eine entsprechende Freistellung und der finanziellen Belastung einerseits und dem durch die bestmögliche Sicherstellung der Kooperationsbereitschaft des Mitarbeiters zu erreichenden Vorteil einer möglichen Bußgeldreduktion als Kronzeuge andererseits **abzuwägen.** Die Situation ist hier ua angesichts der bestehenden Möglichkeit der Vermeidung eines hohen Bußgeldes bei frühzeitiger und vollständiger Aufdeckung von Verstößen anders zu beurteilen, als zB bei Korruptionsfällen. Bei Letzteren sind die Aussichten auf eine signifikante Bußgeldreduktion bei vollständiger Kooperation des Mitarbeiters (und damit des Unternehmens) noch deutlich ungewisser als im Falle eines Kartellverstoßes. Zudem ist das Unternehmen bei Korruptionsdelikten regelmäßig nicht in gleichem Maße zwingend auf die vollständige Kooperation einzelner Mitarbeiter angewiesen, da sich Korruptionsdelikte meist auch mit anderen Untersuchungsmaßnahmen (zB Verfolgung von Zahlungsströmen) weiter aufklären lassen.

32 Gleichwohl sollte auch in Kartellfällen **kein „Blanko-Scheck"** – gar pauschal für alle Mitarbeiter – ausgestellt werden, da sonst auch in diesen Fällen ein Untreue-Verdacht entstehen kann. Vielmehr sollte zunächst nach entsprechend sorgfältiger Abwägung nur eine Amnestie (→ Rn. 28 f.) angeboten werden. Erst wenn sich im Laufe der weiteren internen Untersuchung herausstellt, dass die Kooperation einzelner Mitarbeiter essentiell für die weitere Aufklärung des Sachverhaltes ist, kommt eine Freistellungszusage in Betracht. Zudem ist die Kostenübernahme nur unter der Bedingung vollständiger Kooperation bis zum Abschluss der behördlichen Ermittlungen (oder ggf. auch bis zum Abschluss sich anschließender Schadensersatzklagen) zuzusagen.

33 **e) Steuerliche Aspekte.** Bei der Ausgestaltung eines Amnestieprogramms sind bei einzelnen der vorstehend beschriebenen Elemente (→ Rn. 28 ff.) steuerliche Aspekte zu berücksichtigen. Es empfiehlt sich, sämtliche Aspekte vor Auflage eines Amnestieprogramms steuerrechtlich zu prüfen. So kann der Verzicht auf Schadensersatzforderungen des Unternehmens bereits einen dem Lohnsteuerabzug unterfallenden geldwerten Vorteil darstellen.[39] Auch eine Übernahme der Rechtsbeistandskosten kann als geldwerter Vorteil anzusehen sein. Gleichzeitig ist die Frage zu klären, ob die Aufwendungen für den Rechtsbeistand als Betriebsausgaben abzugsfähig sind. Hier ist entscheidend, ob die Ausgaben aus ganz überwiegend eigenbetrieblichem Interesse des Unternehmens erfolgten. Dafür spricht, dass die Übernahme der Rechtsanwaltskosten die vom Unternehmen damit ver-

---

[36] Dazu KTR/*Leisner* Kap. 9 Rn. 51 ff.; *Annuß/Pelz* BB-Beil. Heft 4/2010, 14 (16).
[37] Vgl. instruktiv KTR/*Leisner* Kap. 9 Rn. 58 ff.
[38] BGH Urt. v. 7.11.1990 – 2 StR 439/90, NJW 1991, 990 f.; KTR/*Leisner* Kap. 9 Rn. 58; *Annuß/Pelz* BB-Beil. Heft 4/2010, 14 (17); *Kahlenberg/Schwinn* CCZ 2012, 81 (85).
[39] *Kahlenberg/Schwinn* CCZ 2012, 81 (85); *Annuß/Pelz* BB-Beil. Heft 4/2010, 14 (16).

folgte, volle Kooperationsbereitschaft des Mitarbeiters sicherstellen soll.[40] Schließlich kann auch die Übernahme von Bußgeldern etc einen zu versteuernden, geldwerten Vorteil darstellen. Der Abzug entsprechender Kosten als Betriebsausgabe auf Seiten des Unternehmens scheitert an § 4 Abs. 5 S. 1 Nr. 8 EStG.[41]

f) Betriebsratsbeteiligung. Die Einführung eines Amnestieprogramms („Ob") unterfällt nicht der **Mitbestimmung**.[42] Dagegen ist bislang umstritten, ob ein Mitbestimmungsrecht gem. § 87 Abs. 1 Nr. 1 BetrVG hinsichtlich der konkreten Ausgestaltung des Amnestieprogramms („Wie") besteht.[43] Um die unternehmensseitig gewünschte Akzeptanz des Amnestieprogramms möglichst hoch zu halten, empfiehlt es sich, den Betriebsrat möglichst frühzeitig einzubinden (zu den bei Kartellfällen besonders zu beachtenden Vertraulichkeitsaspekten (→ § 40 Rn. 4). In jedem Fall besteht eine Informationspflicht gem. § 80 Abs. 2 S. 1 BetrVG (→ § 40 Rn. 98 ff.). 34

III. Regressansprüche gegen Organe/Mitarbeiter

Klare Interessenskonflikte ergeben sich im Zusammenhang mit möglichen Regressansprüchen des Unternehmens gegen Organe oder Mitarbeiter. Grundlage für derartige Ansprüche sind bei Organen gesellschaftsrechtliche,[44] vertragliche sowie deliktische Regelungen. Bei Mitarbeitern entfallen mangels Organstellung die gesellschaftsrechtlichen Anspruchsgrundlagen. 35

Grundvoraussetzung derartiger Regressansprüche ist eine **Pflichtverletzung**, die regelmäßig vorliegt, wenn das Organ oder der Mitarbeiter Kartellverstöße selbst begeht oder fördert. Für Organe gilt aufgrund des Gesellschaftsrechts die Legalitätspflicht,[45] die auch nicht durch die „business judgement rule" aufgehoben werden kann.[46] Durch diese wird Organen bei unternehmerischen Entscheidungen ein nicht nachprüfbarer, unternehmerischer Spielraum eingeräumt. Sie findet jedoch keine Anwendung bei Gesetzesverstößen weil diese schon nicht als „unternehmerische Entscheidung" gelten.[47] Ein selbst begangener Kartellverstoß wird regelmäßig auch eine Verletzung des Arbeitsvertrages darstellen. Bei Organen liegt darüber hinaus eine Pflichtverletzung auch dann vor, wenn sie den Kartellverstoß nicht selber begangen, geduldet oder gefördert haben, sondern lediglich Mitarbeiter, diese aber nicht ausreichend beaufsichtigt waren. Die Anforderungen an die Aufsicht der Mitarbeiter durch die Organe sind in den letzten Jahren deutlich gestiegen. In diesem Zusammenhang ist ein Urteil des Landgerichts München vom 10.12.2013 bemerkenswert, in dem ein ehemaliges Vorstandsmitglied eines Großkonzerns wegen einer Aufsichtspflichtverletzung zu einer Schadensersatzzahlung in Höhe von 15 Mio. EUR nebst Zinsen verurteilt wurde.[48] Das Gericht stellte klar, dass ein Vorstand dafür Sorge tragen muss, dass das Unternehmen so organisiert und beaufsichtigt wird, dass keine Gesetzesverletzungen stattfinden. Diese **Überwachungspflicht** werde namentlich durch § 91 Abs. 2 AktG dadurch konkretisiert, dass ein Überwachungssystem installiert werde, 36

---

[40] Instruktiv KTR/*Leisner* Kap. 9 Rn. 53; *Kahlenberg/Schwinn* CCZ 2012, 81 (84f.); *Annuß/Pelz* BB-Beil. Heft 4/2010, 14 (16).
[41] KTR/*Leisner* Kap. 9 Rn. 63; *Annuß/Pelz* BB-Beil. Heft 4/2010, 14 (17).
[42] KTR/*Mengel* Kap. 13 Rn. 79; *Breßler/Kuhnke/Schulz/Stein* NZG 2009, 721 (725); *Göpfert/Merten/Siegrist* NJW 2008, 1703 (1708); Moosmayer/Hartwig/*Weiße* 65; KTR/*Leisner* Kap. 9 Rn. 70.
[43] Ablehnend KTR/*Mengel* Kap. 13 Rn. 79; *Breßler/Kuhnke/Schulz/Stein* NZG 2009, 721 (725); für ein Mitbestimmungsrecht dagegen *Göpfert/Merten/Siegrist* NJW 2008, 1703 (1708).
[44] Bei Vorständen von Aktiengesellschaften § 93 II S. 1 AktG und bei Geschäftsführern von GmbHs § 43 II GmbHG. Denkbar sind auch Ansprüche gegen Aufsichtsräte gemäß §§ 116 iVm 93 II AktG bzw. 52 Abs. I GmbHG, die in der Praxis bislang jedoch selten relevant sind.
[45] Dies ergibt sich aus den Sorgfaltspflichten gemäß § 93 Abs. 1 S. 1 AktG bzw. § 43 Abs. 2 GmbHG.
[46] Für Aktiengesellschaften ist die „business judgement rule" ausdrücklich in § 93 Abs. 1 S. 2 AktG geregelt, ausführlich zur „business judgement rule" Haunschka/*Vieg/Zeidler* § 3.
[47] *Kapp/Gärtner* CCZ 2009, 168 (170).
[48] LG München Urt. v. 10.12.2013 – 5 HK O 1387/10, BeckRS 2014, 01998, Entscheidungsgründe I.1.a.(1).

das geeignet sei, bestandsgefährdende Entwicklungen frühzeitig zu erkennen, wovon auch Verstöße gegen gesetzliche Vorschriften umfasst seien. Einer derartigen Organisationsflicht genüge der Vorstand bei entsprechender Gefährdungslage nur dann, wenn er eine auf Schadensprävention und Risikokontrolle angelegte Compliance-Organisation einrichtet. Für den Bereich des Kartellrechts ist die Aufsichtspflicht durch die Rechtsprechung wie folgt konkretisiert worden: Mitarbeiter müssen konkret und verständlich zu kartellrechtlichen Risiken belehrt werden,[49] es müssen Maßnahmen zur rechtzeitigen Aufdeckung und Verhinderung von Kartellverstößen getroffen werden,[50] zB in Form von stichprobenartigen, überraschenden Prüfungen oder – sofern dies nicht ausreicht – durch umfassende Geschäftsprüfungen.[51] Letztlich kann eine Aufsichtspflicht immer dann vorliegen, wenn es an einer der oben beschriebenen Elemente eines Compliance-Programms zur Verhinderung bzw. Erschwerung von Kartellverstößen fehlt. (→ § 39 Rn. 18 ff.).

37 Unstreitig können von dem Unternehmen im Rahmen der Regressansprüche die Kosten für die interne Aufklärung sowie geleisteter Schadensersatz an Dritte als **Schaden** geltend gemacht werden. Die wohl hM geht davon aus, dass auch Unternehmensbußgelder als Schaden geltend gemacht werden können.[52] Zum Teil wird vertreten, dass das Organ bzw. der Mitarbeiter gegen den Schadensersatzanspruch einwenden könnte, dass das Unternehmen aufgrund des Kartellverstoßes nicht nur wirtschaftliche Nachteile, sondern auch Vorteile hatte, die im Rahmen der Schadensberechnung zu berücksichtigen sind.[53] Der Rechtsstreit ist aber eher von theoretischer Natur, da der Vorteil in der Regel durch das Bußgeld abgeschöpft sein dürfte.

38 Die **Darlegungs- und Beweislast** trägt bei Regressansprüchen gegen Organe weitgehend das Organ. Das Unternehmen muss lediglich darlegen und beweisen, dass es aufgrund eines Verhaltens des Organs zu einem Schaden gekommen ist. Das Organ muss demgegenüber darlegen und beweisen, dass es nicht pflichtwidrig oder nicht schuldhaft gehandelt hat bzw. dass bei einem rechtmäßigen Alternativverhalten ebenfalls der fraglichen Schaden eingetreten wäre.[54] Dies wird insbesondere dann schwierig für das Organ, wenn in einem Bußgeldbescheid bereits eine Pflichtverletzung des Organs festgestellt wurde.[55] Bei Regressansprüchen gegen Arbeitnehmer trifft die Darlegungs- und Beweislast für die Pflichtverletzung und das Verschulden hingegen den Arbeitgeber.[56]

39 Der Interessenkonflikt, den das Unternehmen und die Organe bei Regressansprüchen haben, ergibt sich insbesondere daraus, dass das Unternehmen grds. **zur Prüfung und Geltendmachung von Schadensersatzansprüchen verpflichtet** ist. Nach der ARAG/Garmenbeck-Rechstprechung[57] des BGH trifft den Aufsichtsrat einer Aktiengesellschaft die Pflicht, eigenverantwortlich das Bestehen von Schadensersatzansprüchen gegenüber Vorstandsmitgliedern aus ihrer organschaftlichen Tätigkeit zu prüfen und, soweit die gesetzlichen Voraussetzungen dafür vorliegen, solche unter Beobachtung des Gesetzes- und Satzungsrechts und der von ihm vorgegebenen Maßstäbe zu verfolgen. Kommt der Aufsichtsrat nach einer sorgfältig und sachgerecht vorgenommenen Prozessanalyse zu dem Ergebnis, dass dem Unternehmen voraussichtlich Schadensersatzansprüche gegen den Vorstand zustehen, müssen diese Ansprüche grds. geltend gemacht werden. Nur ausnahmsweise kann der Aufsichtsrat von der Geltendmachung absehen, wenn gewichtige Interessen und Belange

---

[49] OLG Düsseldorf WuW/E DE-R 1893, 1897 – Transportbeton.
[50] KG WuW/E OLG 2330, 2332 – Revisionsabteilung.
[51] BGH WuW/E BGH 1799 – Revisionsabteilung; WuW/E BGH 2202, 2203 – Brückenbau Hopener Mühlenbach.
[52] Vgl. *Fleischer* BB 2008, 1073 mwN.
[53] Vgl. *Fleischer* BB 2008, 1073.
[54] § 93 Abs. 2 S. 2 AktG, bei GmbH siehe BGH NJW 2008, 3361 Rn. 11.
[55] Solche Bescheide haben zwar bei Regressansprüchen (anders als bei § 33 GWB) keine gesetzliche Bindungswirkung. Sie entfalten aber eine erhebliche faktische Wirkung: Krieger/Schneider/*Wilsing* § 25 Rn. 50.
[56] §§ 280 iVm 619 a BGB.
[57] BGH Urt. v. 21.4.1997 – II ZR 175/95, NJW 1997, 1926 (1927) – ARAG/Garmenbeck.

der Gesellschaft dafür sprechen, den ihr entstandenen Schaden ersatzlos hinzunehmen. Dabei können beispielsweise negative Auswirkungen auf Geschäftstätigkeit und Ansehen der Gesellschaft in der Öffentlichkeit, Behinderung der Vorstandsarbeit oder Beeinträchtigung des Betriebsklimas Berücksichtigung finden. Hingegen wären die Schonung eines verdienten Vorstandsmitglieds oder das Ausmaß der mit der Beitreibung für das Vorstandsmitglied und seiner Familie verbundenen sozialen Konsequenzen nur in Ausnahmefällen berücksichtigungsfähig.

In der Praxis haben Unternehmen und Organe grundsätzlich kein Interesse an einem **40** Rechtsstreit über die Regressansprüche. Daher kommt es in der Regel zu **Vergleichen** (so auch in dem *Siemens/Neubürger*-Verfahren). Bei Aktiengesellschaften ist ein derartiger Vergleich gemäß § 93 Abs. 4 S. 3 AktG nur mit Zustimmung der Hauptversammlung und ohne Widerspruch einer Minderheit drei Jahre nach Entstehung des Ersatzanspruches wirksam.

IV. Sanktionierung

Der Katalog möglicher unternehmensinterner Reaktionen auf festgestellte Kartellverstöße **41** ist vielschichtig, auch wenn es manchmal schwer fallen kann, die Sanktionsmaßnahmen je nach Schwere der jeweiligen Tatbeiträge angemessen abzustufen und sich das Unternehmen uU mehr Abstufungsmöglichkeiten wünschen würde: Ermahnung, Abmahnung, ordentliche oder außerordentliche Kündigung kommen ebenso in Betracht wie Versetzung, Sperre bei Beförderungen und Verlust von variablen Einkommensbestandteilen. Hinzu kommt die Verpflichtung zur Teilnahme an gezielten Schulungsmaßnahmen.[58] Strafanzeigen gegen Mitarbeiter dürften in kartellrechtlichen Fällen dagegen nur selten relevant werden – einerseits handelt es sich nur in bestimmten Fällen um Straftaten, andererseits ist es aus Unternehmenssicht häufig nicht zu empfehlen, Details eines Kartellverstoßes vor Strafgerichten zu erörtern.

Es empfiehlt sich, den Sanktionierungsprozess möglichst im Vorfeld zB im Rahmen einer Ermittlungs-Richtlinie festzulegen.[59] In Betracht kann hier ein abgestuftes Verfahren kommen, bei dem zunächst die Rechts-, Revisions- oder Compliance-Abteilung nach Abschluss ihrer Ermittlungen eine Empfehlung zu arbeitsrechtlichen und sonstigen Sanktionen ausspricht, die anschließend von einem möglichst hochrangig zu besetzendem Gremium ggf. angenommen und als eigene Weisung an die zuständigen Personalverantwortlichen weitergegeben wird. **42**

V. Reputation/Blacklisting

Auch bei der Frage wie bei einem Kartellverstoß die Reputation gesichert bzw. ein Ausschluss von öffentlichen oder privaten Aufträgen verhindert werden kann, stimmt die Interessenlage des Unternehmens, der Organe sowie der Mitarbeiter nicht immer überein. Dies ergibt sich daraus, dass sowohl die Öffentlichkeit als auch die Kunden regelmäßig erwarten, dass das Unternehmen aus dem Kartellverstoß Konsequenzen zieht, insbesondere in Form von personellen Maßnahmen. Der Öffentlichkeit ist es bei schwerwiegenden Compliance-Verstößen schwer zu vermitteln, wenn das Unternehmen an in den Verstoß involvierte Organe oder Mitarbeiter festhält. In Einzelfällen führt dies dazu, dass die Medien solange auf die Unternehmensführung Druck ausüben, bis diese sich von den betroffenen Personen trennen. **43**

Aus rechtlicher Sicht ergibt sich die Notwendigkeit, bei Compliance-Verstößen personelle Konsequenzen zu ziehen, unter anderem aus dem Vergaberecht. Im Rahmen von Vergabeverfahren muss der Auftraggeber die Zuverlässigkeit des Bieters überprüfen.[60] An der Zuverlässigkeit können Zweifel bestehen, wenn der Bieter in der Vergangenheit in Compliance-Verstöße verwickelt war. Kartellverstöße sind als schwere Verfehlungen im **44**

---

[58] Vgl. Moosmayer/Hartwig/*Wauschkuhn* 76 mwN.
[59] Vgl. ausführlich Moosmayer/Hartwig/*Wauschkuhn* 67 mwN.
[60] § 97 Abs. 4 GWB sowie den einschlägigen Vorschriften der VOB/A, VOL/A und VOF.

Sinne der Vedingungsordnungen einzustufen[61] und stellen daher zumindest einen fakultativen Grund zum Ausschluss vom Vergabeverfahren dar.[62] Ein zwingender Ausschlussgrund liegt dann vor, wenn sich Bieter im Hinblick auf die konkrete Ausschreibung abgesprochen haben.[63] Ein Bieter kann jedoch die fehlende Zuverlässigkeit wegen eines Compliance-Verstoßes wiederherstellen, wenn er ausreichende **Selbstreinigungsmaßnahmen** ergriffen hat. Zu den Selbstreinigungsmaßnahmen zählen neben der umfassenden Aufklärung des Compliance-Verstoßes, der Wiedergutmachung des verursachten Schadens,[64] der Einführung von präventiven Maßnahmen, um entsprechende Verstöße in Zukunft zu verhindern, auch die angemessene Sanktionierung der involvierten Personen.[65]

45   Eine in Deutschland wichtige Instanz für die Frage von Ausschlüssen von Vergabeverfahren ist die **Oberfinanzdirektion Frankfurt,** die regelmäßig ein Verfahren zur Verhängung von Vergabesperren gegen Unternehmen einleitet, bei denen signifikante Compliance-Verstöße (auch Kartellverstöße) bekannt werden.[66] Diese Verfahren werden nur dann eingestellt, wenn das Unternehmen eine Selbstreinigung nachweisen kann und dazu eine entsprechende Integritätserklärung abgibt.

VI. Versicherungsschutz

46   Wenn durch ein Kartellverstoß ein Schaden entsteht, stellt sich die Frage, ob für diesen Schaden Versicherungsdeckung besteht. Dabei ist zu unterscheiden, welcher Personenkreis gegenüber der Versicherung als Anspruchsteller auftritt und welcher Schaden geltend gemacht werden soll. Folgende Versicherungen können dabei relevant sein.

1. Directors & Officers-Versicherung

47   Bei Compliance-Verstößen hat von allen denkbaren Versicherungen aus verschiedenen Gründen die „Directors & Officers Liability Insurance", kurz **D&O-Versicherung,** die größte Bedeutung. Diese Versicherung trägt dem Umstand Rechnung, dass Aufsichtsräte, Vorstände, Geschäftsführer sowie höherrangige Mitarbeiter aufgrund der stetig steigenden Komplexität des Berufslebens sowie der dafür einschlägigen gesetzlichen Regelungen einem ständig wachsenden Haftungsrisiko ausgesetzt sind.[67]

48   Die D&O-Versicherung ist gesetzlich nicht ausdrücklich geregelt. Es gelten aber die allgemeinen Vorschriften des Versicherungsvertragsgesetzes (VVG). Bei der D&O-Versicherung handelt es sich um eine **Vermögensschaden-Haftpflichtversicherung für fremde Rechnung,**[68] wobei es anders als bei einigen Berufshaftpflichtversicherungen keine Verpflichtung zum Abschluss einer D&O-Versicherung gibt. Versicherungsnehmer ist das Unternehmen, versicherte Personen sind hingegen in erster Linie für das Unternehmen handelnde Organmitglieder. Oftmals werden aber auch Organmitglieder von Tochtergesellschaften sowie leitende Angestellte mitversichert. Als Versicherungsnehmer ist das Unternehmen zur Zahlung der Versicherungsprämie verpflichtet, kann dafür aber auch vollständig über den Versicherungsvertrag im Einvernehmen mit dem Versicherer verfügen (insbesondere Änderung und Beendigung). Demgegenüber stehen dem Versicherten die Rechte aus dem Versicherungsvertrag zu. Der Geschädigte kann die Ansprü-

---

[61] § 16 Abs. 1 Nr. 2.c. VOB/A; § 6 Abs. 5 c VOL/A; § 6 Abs. 9 c VOF/A.
[62] Vergabekammer Niedersachsen Beschl. v. 24.3.2011 – VgK-4/2011, NZBau 2011, 574 (575); siehe dazu auch ausführlich *Stein/Fritton/Huttenlauch* WuW 2012, 38 ff.
[63] § 16 Abs. 1 Nr. 1.d. VOB/A; § 6 Abs. 5 c VOL/A; § 16 Abs. 3f. VOF.
[64] Vgl. zum Rechtsstreit, ob und inwieweit Schadenswiedergutmachung zur Selbstreinigung gehört *Prieß* NZBau 2012, 425 und *Dreher* NZBau 2012, 265.
[65] Allgemein zur Selbstreinigung: OLG Brandenburg Beschl. v. 14.12.2007 – VergW 21/07, NZBau 2008, 277 (279) ff.; siehe auch *Prieß* CCZ 2008, 67; *Stein/Fritton/Huttenlauch* WuW 2012, 38 (47 ff.).
[66] Hessische Staatskanzlei sowie Hessische Ministerien, Staatsanzeiger für das Land Hessen v. 27.10.2010, 2831 ff., Gemeinsamer Runderlass zum Ausschluss von Bewerbern und Bietern.
[67] Zur Ausgestaltung der D&O-Versicherung vgl. die Allgemeinen Versicherungsbedingungen für D&O-Versicherungen des Gesamtverbandes der deutschen Versicherungen, wobei es sich dabei nur um Musterbedingungen ohne verbindlichen Charakter handelt, ausführlich auch HML/*Pant/Briegen/Beller* § 8.
[68] §§ 43 ff. VVG.

che nicht direkt gegen die Versicherung geltend machen, es sei denn, der Versicherte hat seine Ansprüche gegen die Versicherung an den Geschädigten abgetreten.

Der Versicherungsschutz umfasst die Abwehr von unberechtigten sowie die Freistellung von berechtigten Ansprüchen auf Ersatz des Vermögensschaden gegen Organmitglieder oder leitende Angestellte wegen einer bei Ausübung dieser Tätigkeit begangenen Pflichtverletzung im Rahmen und Umfang der jeweiligen Police. Reine Sachschäden oder Vermögensschäden, die sich aus Sachschäden herleiten, sind nicht versichert (unechte Vermögensschäden).[69] Für das Unternehmen ist die D&O-Versicherung insbesondere deshalb von besonderem Interesse, da die Versicherung nicht nur Ansprüche Dritter gegen die versicherten Personen umfasst **(Außenhaftung)**, sondern auch Ansprüche des Unternehmens gegen die versicherten Personen **(Innenhaftung)**. Dies wird insbesondere im Zusammenhang mit den oben beschriebenen Regressansprüchen des Unternehmens gegen Organe wegen Aufsichtspflichtverletzungen relevant (→ Rn. 35 ff.). Der Versicherungsschutz entfällt bei Vorsatz, der in der Regel sowohl die Pflichtverletzung als auch den Schaden umfassen muss, oder aber bei wissentlicher Pflichtverletzung. In der Regel wird ein Selbstbehalt des Versicherungsnehmers vereinbart. Bei Aktiengesellschaften ist dieser Selbstbehalt gemäß § 93 Abs. 2 S. 3 AktG zwingend, wobei die Organmitglieder diesen Selbstbehalt nochmals gesondert versichern können. **49**

Für die D&O-Versicherung gilt das sogenannte **„Claims-Made-Prinzip"**, dh der Versicherungsfall tritt erst dann ein, wenn der Schadensersatzanspruch erstmalig während des versicherten Zeitraums geltend gemacht wird. Grundsätzlich kommt es also nicht auf den Zeitpunkt an, wann die fragliche Pflichtverletzung begangen wurde, sondern wann der Anspruch erhoben wurde. Daher besteht Versicherungsschutz in der Regel nur, wenn die D&O-Versicherung zum Zeitpunkt der Geltendmachung des Anspruches gilt. Aufgrund dieser Besonderheit kann es zu Deckungslücken kommen, insbesondere wenn eine Anspruch nach Beendigung der D&O-Versicherung erhoben wurde. Diese Deckungslücken werden vermehrt durch Nachhaftungsklauseln geschlossen.[70] **50**

Im Zusammenhang mit Kartellverstößen gilt für die D&O-Versicherung Folgendes. Wenn Organmitglieder oder leitende Angestellte unmittelbar an Kartellverstößen beteiligt waren, weil sie die Verstöße selbst begangen, gefördert oder geduldet haben, ist davon auszugehen, dass dies zumindest wissentlich erfolgte. Somit entfällt bei diesen Fallkonstellation der Versicherungsschutz regelmäßig. Der D&O-Versicherungsschutz kommt daher in der Regel nur bei **fahrlässigen Pflichtverletzungen** in Frage, insbesondere bei nicht ausreichender Sicherstellung von Maßnahmen zur Prävention von Kartellverstößen. Der Versicherungsschutz für geleistete Strafzahlungen oder Bußgelder ist regelmäßig in den Versicherungsbedingungen ausgeschlossen bzw. gilt als nicht versicherbar. Der Versicherungsschutz deckt aber **Schadensersatzansprüche** Dritter entweder gegen das Unternehmen (über die Innenhaftung) oder unmittelbar gegen die versicherte Person (über die Außenhaftung) sowie **Kosten des Unternehmens zur Aufdeckung und Verteidigung.** Dazu zählen insbesondere auch Anwaltskosten. **51**

Grundsätzlich haben das Unternehmen und die versicherten Personen bei der Geltendmachung des Versicherungsschutzes aus der D&O-Versicherung ein gleichgelagertes Interesse. Sowohl dem Unternehmen als auch den versicherten Personen geht es darum, der Versicherung gegenüber die Voraussetzungen für das Vorliegen des Versicherungsschutzes darzulegen. Sind jedoch bestimmte Klauseln im Versicherungsvertrag geregelt, können die Interessen von Unternehmen und versicherter Person auseinanderfallen. Dies gilt beispielsweise bei einer **Trennungsklausel,** wenn Versicherungsschutz nur gewährt wird, wenn das Unternehmen sich von der versicherten Person trennt, oder einer **Gerichtsklausel,** wenn der Versicherungsschutz nur gewährt wird, wenn das Unternehmen den Regressanspruch gegen die versicherte Person gerichtlich geltend macht. **52**

---

[69] Zur Abgrenzung von echten und unechten Vermögensschäden *Gruber/Mitterlechner/Wax* 45 ff.
[70] Vgl. dazu *Melot de Beauregard/Gleich* NJW 2013, 824.

2. Sonstige Versicherungen

53 a) Vertrauensschadenversicherung. Die **Vertrauensschadenversicherung** ist anders als die D&O-Versicherung eine Versicherung auf eigene Rechnung. Versicherungsnehmer und Versicherter ist das Unternehmen bzw. dessen Mitarbeiter. Die Vertrauensschadenversicherung bietet Deckungsschutz für Vermögensschäden des Unternehmens, die durch vorsätzlich begangene unerlaubte Handlung einer Vertrauensperson des Unternehmens verursacht werden. Damit schließt diese Versicherung die Lücke der D&O-Versicherung, die durch den Ausschluss von Vorsatztaten entsteht. Allerdings ist diese Versicherung aus verschiedenen Gründen **bei Kartellverstößen in der Regel nicht anwendbar.** Zum einen schließen Vertrauensschadenversicherungen, wie auch die D&O-Versicherung, regelmäßig Bußgelder aus. Ferner besteht bei älteren Vertrauensschadenversicherungen nur Deckungsschutz für Schäden, die unmittelbar beim Unternehmen entstanden sind. Schäden, die bei Dritten entstehen, und Ansprüche gegen das Unternehmen auslösen, sind erst neuerdings Gegenstand von Vertrauensschadensversicherungen. Ferner beschränken viele Vertrauensschadenversicherungen den Deckungsschutz auf vorsätzlich begangene Straftaten, so dass Kartellverstöße, die lediglich als Ordnungswidrigkeiten einzustufen sind, nicht erfasst sind. Fahrlässige Aufsichtspflichtverletzungen von Organen sind mangels Vorsatz regelmäßig nicht gedeckt. Aber auch vorsätzliche Pflichtverletzungen von Organen werden regelmäßig von Vertrauensschadenversicherungen nicht erfasst, da bei dieser Gruppe von Vertrauenspersonen zusätzliche Deckungsvoraussetzung ist, dass bei ihnen eine Bereicherungsabsicht vorliegt. Dabei reicht die Absicht, eine erhöhte Vergütung (Bezüge, Gehälter, Tantiemen, Boni, Gewinnbeteiligungen usw) zu erlangen, grundsätzlich nicht aus. Bei Kartellverstößen wird es regelmäßig an einer Bereicherungsabsicht fehlen.

54 b) Allgemeine Rechtsschutzversicherung. Bei der allgemeinen Rechtsschutzversicherung ist in der Regel mit einer Einzelperson der Versicherungsnehmer und der Versicherte identisch. Abgesichert werden die gerichtlichen und außergerichtlichen Kosten der Abwehr von Ansprüchen, entweder des Arbeitgebers (Innenhaftung) oder aber auch Dritter (Außenhaftung). Der wesentliche Unterschied zur D&O-Versicherung besteht darin, dass der eigentlich geltend gemachte Schadensersatzanspruch nicht unter den Versicherungsschutz fällt. Je nach vertraglicher Ausgestaltung kann die Rechtsschutzversicherung insofern weiter reichen als eine D&O-Versicherung, insoweit dass auch Kosten für die Verteidigung im Rahmen von Straf- oder Ordnungswidrigkeitenverfahren abgedeckt sind.

55 c) Spezial-Strafrechtsschutzversicherung. Die Spezial-Strafrechtsschutzversicherung ist eine Sonderform der Rechtsschutzversicherung. Wie andere Rechtsschutzversicherungen deckt sie die Verteidigungskosten, allerdings nur im Zusammenhang mit strafrechtlichen oder ordnungswidrigkeitsrechtlichen Vorwürfen. Wie die D&O-Versicherung ist sie eine Versicherung für fremde Rechnung, dh Versicherungsnehmer ist das Unternehmen, Versicherter ist das Organmitglied oder der Mitarbeiter. Im Bereich des Kartellrechts ist diese Versicherung in der Regel nicht relevant, da Kartellverfahren grundsätzlich vom Deckungsschutz ausgeschlossen sind. Nur einzelne Versicherungen bieten Deckungsschutz auch für Kartellverfahren, allerdings dann meist mit einer Deckelung.[71]

3. Betriebshaftpflichtversicherung

56 Die allgemeine Betriebshaftpflichtversicherung ist bei Schäden aus Kartellverstößen grundsätzlich nicht einschlägig, da Deckungsschutz in der Regel nur für Sach- und Personenschäden besteht.

---

[71] *Gruber/Mitterlechner/Wax* 57.

§ 43 Unternehmen als Geschädigte von Kartellen

Übersicht

Rn.

A. Verpflichtung zur Geltendmachung von Schadensersatzansprüchen 1
   I. Einführung 1
   II. Rechtlich gebundene oder unternehmerische Entscheidung? 4
   III. Anforderungen an die Entscheidung 6
      1. Angemessene Informationsgrundlage 6
         a) Ermittlung von Schädiger(n) und Einschätzung der Schadenshöhe 7
         b) Bewertung der Erfolgsaussichten und Kosten der Rechtsverfolgung ... 10
      2. Abwägungskriterien 11
      3. Dokumentation 12
B. Strategische Überlegungen 13
   I. Forderungsverkauf 14
      1. Gründe für einen möglichen Forderungsverkauf 14
      2. Praxis 18
         a) Überblick 18
         b) Bisherige Praxis in Deutschland 21
         c) Sonderfall: Mittelbare Schäden 23
      3. Herausforderungen 27
         a) Praktische Erwägungen 27
         b) Rechtliche Anforderungen 29
      4. Alternativen 34
   II. Vergleichsweise oder gerichtliche Beilegung 38
      1. Einführung 38
      2. Vergleich mit einem oder mehreren Kartellbeteiligten? 40
      3. Geeigneter Zeitpunkt für Vergleichsverhandlungen und Verhältnis zur gerichtlichen Geltendmachung 45
      4. Reichweite und Inhalt von Vergleichen 49
         a) Grundsätzliche Erwägungen 49
         b) Abgeltung von Schadensersatzansprüchen 51
         c) Mögliche weitere Regelungen 52
         d) Regelungen zur Gesamtschuld uä 54
   III. Ausgestaltung des Prozesses 57
      1. Klage in Deutschland oder im Ausland 57
      2. Auswahl der Beklagten 60
      3. Klageart 62
      4. Güterichter und außergerichtliche Streitbeilegung nach Klageerhebung ... 63
C. Praktische Aspekte 64
   I. Absicherung gegen Forderungsausfall (insbes. Verjährung/Insolvenz) 64
      1. Absicherung gegen Verjährung 64
         a) Ausgangslage 64
         b) Mögliche verjährungshemmende Maßnahmen 67
         c) Konsequenzen der Änderungen durch die Kartellschadensersatz-RL .. 71
      2. Absicherung gegen Insolvenzrisiken 78
         a) Berücksichtigung von Insolvenzrisiken bei Vergleichen 79
         b) Konzernverbindungen der Kartellbeteiligten 81
         c) Laufendes Monitoring 83
   II. Erfassung von Sachverhalten und Beweismitteln 84
      1. Nachweis der kartellrechtswidrigen Absprachen 84
      2. Schadensnachweis 88
   III. Beauftragung von ökonomischen Gutachten 94
D. Identifikation und Prävention von Kartellschadensrisiken in der Beschaffung 98
   I. Kartellschadensprävention – Chance und Herausforderung 98
   II. Identifikation von Kartellschadensrisiken 100

	Rn.
1. Konkrete Kartellauffälligkeiten im Beschaffungsprozess	101
2. Marktverhaltens-Screening	106
3. Marktstrukturanalyse der Beschaffungsmärkte	108
4. Monitoring und Auswertung kartellbehördlicher Aktivitäten	109
5. Amnestieangebote für kooperierende Kartellanten	110
III. Abwehr von Kartellschadensrisiken	112
1. Reaktion auf konkrete Kartellanzeichen	113
a) Kartellbeschwerde und Strafanzeige	114
b) Konfrontation der Lieferanten mit dem Kartellverdacht	115
c) Selbstreinigung in- und außerhalb des Vergaberechts	116
2. Allgemeine Prävention von Kartellschadensrisiken	118
a) Präventions- und Schadensersatzpflichten in AGB	118
b) Compliance-Pflichten für Lieferanten in Risikomärkten	119

Schrifttum:

Abrantes-Metz, Why and How to use Empirical Screens in Antitrust Compliance, CPI Antitrust Chronicle 1/2012; *Abrantes-Metz/Bajari/Murphy,* Making compliance programs robust, 2010; *Abrantes-Metz/Villas-Boas/Judge,* Tracking the Libor Rate, Applied Economic Letters, 2011; *Baumbach/Hopt,* Handelsgesetzbuch, 36. Aufl. 2014; *Baumbach/Hueck,* GmbHG, 20. Aufl. 2013; *Blankenburg/Geist/Kholodilin,* The Influence of Collusion on Price Changes, DIW Discussion papers 1004, 2010; *Combe/Monnier/Legal,* Cartels: The Probability of Getting Caught in the European Union, Bruges European Economic Reasearch Papers No. 12 2008; *Dreher/Hoffmann,* Die erfolgreiche Selbstreinigung zur Wiedererlangung der kartellvergaberechtlichen Zuverlässigkeit und die vergaberechtliche Compliance, NZBau 2014, 67 und 150; *Emmerich/Habersack,* Aktien- und GmbH-Konzernrecht, 7. Aufl. 2013; *Ernst/Jüntgen,* Doing nothing is not an option: What the management needs to know when their company falls victim to a cartel, GCLR 2011, 5; *Fleischer,* Handbuch des Vorstandsrechts, 1. Aufl. 2006; *Franz/Jüntgen,* Die Pflicht von Managern zur Geltendmachung von Schadensersatzansprüchen aus Kartellverstößen, BB 2007, 1681; *Friederiszick/Maier-Rigaud,* Triggering inspections ex officio: Moving beyond a passive EU cartel policy, Journal of Competition Law and Economics 2008, 89; *Goette/Habersack/Kalss,* Münchener Kommentar zum Aktiengesetz, 4. Aufl. 2014; *Gussone/Schreiber,* Private Kartellrechtsdurchsetzung – Rückenwind aus Europa? Zum Richtlinienentwurf der Kommission für kartellrechtliche Schadensersatzklagen, WuW 2013, 1040; *Haßmann,* Preiskartelle im Fadenkreuz, BIP – Best in Procurement 2013, Heft 5, 14; *Heijnen/Haany/Soeteventz,* Screening for Collusion: A Spatial Statistics Approach, Tinberger Institute Discussion Papers, 2012; *Henssler/Strohn,* Gesellschaftsrecht, 2. Aufl. 2014; *Hölters,* Aktiengesetz, 2. Aufl. 2014; *Hüffer,* Aktiengesetz, 11. Aufl. 2014; *Hüschelrath,* Economic Approaches to Fight Bid Rigging, Journal of European Competition Law and Practice 2013, 185; *ders.,* How Are Cartels Detected? The Increasing Use of Proactive Methods to Establish Antitrust Infringements, Journal of European Competition Law and Practice 2010, 1; *ders./Veith,* Cartel Detection in Public Procurement Markets, ZEW Discussion Paper No. 11–066 2011; *Kersting,* Die neue Richtlinie zur privaten Rechtsdurchsetzung im Kartellrecht, WuW 2014, 564; *Laitenberger/Hüschelrath,* The Adoption of Screening Tools by Competition Authorities, CPI Antitrust Chronicle, September 2011 (2); *Lang/Balzer,* Handeln auf angemessener Informationsgrundlage – zum Haftungsregime von Vorstand und Aufsichtsrat von Kreditinstituten, WM 2012, 1167; *Lettl,* Privilegierung von kleinen und mittleren Unternehmen beim Gesamtschuldnerischen Kartellschadensersatz (Art. 11 Abs. 2 Richtlinie 2014/104/EU), WuW 2015, 692; *Makatsch/Abele,* Das Ende kollektiver Kartellschadensersatzklagen in Deutschland?, WuW 2014, 164; *Makatsch/Mir,* Die neue EU-Richtlinie zu Kartellschadensersatzklagen – Angst vor der eigenen „Courage"?, EuZW 2015, 7; *Mankowski,* Der europäische Gerichtsstand des Tatortes aus Art. 5 Nr. 3 EuGVVO bei Schadensersatzklagen bei Kartelldelikten, WuW 2012, 797; *Mena-Labarthe,* CPI Antitrust Chronicle, March 2012 (1); *Mertens/Cahn,* Kölner Kommentar zum Aktiengesetz, 3. Aufl. 2010; *Moosmayer,* Compliance, Praxisleitfaden für Unternehmen, 2. Aufl. 2012; *Musielak,* ZPO, 11. Aufl. 2014; *Nothelfer,* Empirische Screenings als innovative Methode im Rahmen der Antitrust Compliance, CCZ 2012, 186; *OECD,* Background note of the Secretariat, Roundtable on ex officio cartel investigations and the use of screens to detect cartels, 4.11.2013, abrufbar unter: http://www.oecd.org/officialdocuments/publicdisplaydocumentpdf/?cote=DAF/COMP (2013)14&docLanguage=En (aufgerufen am 6.8.2014); *Oxera,* Quantifying antitrust damages – Towards non-binding guidance for courts, Dezember 2009, abrufbar unter http://ec.europa.eu/competition/antitrust/actionsdamages/quantification_study.pdf (aufgerufen am 30.8.2014); *Petrasincu,* Kartellschadensersatz nach dem Referentenentwurf der 9. GWB-Novelle, WuW 2016, 330; *Plancich/Augustson/Magoronga,* Consumer Class Action Settlements: 2010–2013, Settlements Increasing, With a Focus on Privacy, 22.7.2014, abrufbar unter http://www.nera.com/nera-files/PUB_Consumer_Class_Action_Settlements_0614.pdf (aufgerufen am 30.8.2014); *Pohlmann,* Intertemporales Verjährungsrecht beim Kartellschadensersatz, WuW 2013, 357; *Rauscher/Wax/Wenzel,* Münchener Kommentar zur Zivilprozessordnung, 4. Aufl. 2013; *Reimers/Bruch/Schmidt,* Kartellschadensprävention als Bestandteil der kartellrechtlichen Compliance, CCZ 2016, 83; *Säcker/Rixecker,* Münchener Kommentar zum Bürgerlichen Gesetzbuch, 6. Auf. 2012; *Schönke/Schröder,* Strafgesetzbuch, 29. Aufl. 2014; *Spindler/Stilz*, Aktiengesetz, 2. Aufl. 2010; *Stancke*, Zu den Pflichten und Abwägungskriterien hinsichtlich der Durchsetzung kartellrechtlicher Schadensersatzansprüche, WuW 2015, 822; *Stein/Friton/Huttenlauch*, Kartellrechtsverstöße als Ausschlussgründe im Vergabeverfahren, WuW 2012, 38; *Suchsland/Rossmann*, Verpflichtet die Kartellschadensersatzrichtlinie zur Übernahme des europäischen Unternehmensbegriffs in das deutsche Recht?, WuW 2015, 973; *Thomas/Legner*, Die wirtschaftliche Einheit im Kartellzivilrecht, NZKart 2016, 155; *Waelbroeck/Slater/Even-Shoshan*, Study on the conditions of claims for damages in case of infringement of EC competition rules, 2004; *Weitbrecht*, Die Umsetzung der EU-Schadensersatzrichtlinie, WuW 2015, 959; *Yomere/Kresken*, Die Entscheidung des OLG Hamm zum Akteneinsichtsrecht von Zivilgerichten in Bonusanträge und vertrauliche Kommissionsentscheidungen, WuW 2014, 481; *Zimmer/Logemann*, Unterliegen „Altfälle" der verschärften Schadensersatzhaftung nach § 33 GWB? – Die versteckte Rückwirkung im Kartellprivatrecht, WuW 2006, 982; *Zöttl/Schlepper*, Die private Durchsetzung von kartellrechtlichen Schadensersatzansprüchen – Status Quo in Deutschland, EuZW 2013, 573.

A. Verpflichtung zur Geltendmachung von Schadensersatzansprüchen

I. Einführung

Mögliche **Verpflichtungen zur Geltendmachung** von Schadensersatzansprüchen im Allgemeinen und kartellrechtlichen Schadensersatzansprüchen im Besonderen treffen grundsätzlich nicht die geschädigten Unternehmen als juristische Personen, sondern ihre **Organe**. Deren Verpflichtungen ergeben sich aus dem Gesellschaftsrecht und sind abhängig von der Rechtsform der Gesellschaft. Das AktG enthält keine spezifischen Regelungen zu möglichen Pflichten des Vorstands hinsichtlich der Geltendmachung von Ansprüchen der Gesellschaft. Daher ist die Generalklausel in § 93 Abs. 1 S. 1 AktG einschlägig, wonach Vorstandsmitglieder 1

„[…] *bei ihrer Geschäftsführung die Sorgfalt eines ordentlichen und gewissenhaften Geschäftsleiters anzuwenden [haben].*" 2

Für den GmbH-Geschäftsführer gilt eine entsprechende Verpflichtung aus § 43 Abs. 1 GmbHG. Bei Personenhandelsgesellschaften obliegt die Geschäftsführung im Regelfall den Gesellschaftern selbst (§ 114 Abs. 1 HGB), die im Verhältnis zu ihren Mitgesellschaftern ähnlichen Treue- und Sorgfaltspflichten unterliegen.[1] Im Folgenden wird deshalb exemplarisch auf die Anforderungen an AG-Vorstände näher eingegangen. 3

II. Rechtlich gebundene oder unternehmerische Entscheidung?

Hinsichtlich der Pflichten des Vorstands ist zu unterscheiden zwischen aufgrund der Legalitätspflicht des Vorstands **rechtlich gebundenen Entscheidungen** einerseits und **unternehmerischen Entscheidungen** andererseits. Für letztere sieht § 93 Abs. 1 AktG einen weiten Ermessensspielraum vor. So genügt nach § 93 Abs. 1 S. 2 AktG ein Vorstandsmitglied seinen Pflichten, wenn es „[…] *bei einer unternehmerischen Entscheidung vernünftigerweise annehmen durfte, auf der Grundlage angemessener Information zum Wohle der Gesellschaft zu handeln.*" (Business Judgment Rule). 4

Nach zutreffender Auffassung sind Entscheidungen über die **Geltendmachung von** (kartellrechtlichen oder anderen) **Schadensersatzansprüchen** als **unternehmerische Entscheidungen** einzuordnen.[2] Dafür spricht insbesondere, dass jedenfalls die gerichtliche Anspruchsdurchsetzung regelmäßig mit erheblichen rechtlichen und tatsächlichen **Unsicherheiten und Risiken** verbunden ist. Außerdem sind bei der Identifikation des Unternehmensinteresses hinsichtlich der möglichen Geltendmachung kartellrechtlicher Schadensersatzansprüche gegen unternehmensexterne Dritte neben den Erfolgsaussichten noch **weitere Faktoren** wie insbesondere die Belastung einer bestehenden Kunden- 5

---

[1] Baumbach/Hopt/*Roth* § 114 Rn. 12 mit Verweis auf die Rechtsprechung zu § 93 AktG und § 43 GmbHG.
[2] Kölner Komm. AktG/*Mertens/Cahn* § 93 Rn. 20; *Stancke* WuW 2015, 822 (824); ebenso wohl Fleischer § 7 Rn. 69.

bzw. Lieferantenbeziehung mit dem Schädiger zu berücksichtigen. Denn auch wenn gute Erfolgsaussichten für die Geltendmachung solcher Ansprüche bestehen mögen, kann es im konkreten Fall – zB in einer Abhängigkeitssituation gegenüber dem betreffenden Lieferanten oder wegen unabhängig davon bestehender anderer Konflikte mit einem Lieferanten – im Unternehmensinteresse liegen, von der Geltendmachung der Ansprüche abzusehen (→ Rn. 11).

III. Anforderungen an die Entscheidung

1. Angemessene Informationsgrundlage

6 Geht man davon aus, dass sich die Pflichten der Vorstandsmitglieder bezüglich einer Geltendmachung kartellrechtlicher Schadensersatzansprüche nach der Business Judgment Rule bestimmen, so erfordert diese eine Entscheidung „auf der Grundlage angemessener Information". Der Vorstand muss daher **alle wirtschaftlichen, juristischen und strategischen Aspekte** erfassen, die für die Entscheidung von Bedeutung sind.

7 **a) Ermittlung von Schädiger(n) und Einschätzung der Schadenshöhe.** In einem ersten Schritt ist festzustellen, welche Unternehmen an dem Kartellverstoß beteiligt waren und daher als **Anspruchsgegner** in Frage kommen. Dies ergibt sich in der Regel aus einer kartellbehördlichen Bußgeldentscheidung bzw., soweit diese noch nicht veröffentlicht ist, oft auch aus der entsprechenden Pressemitteilung der Kartellbehörde. Mit Einschränkungen gilt dies auch für den **Zeitraum**, über den sich die wettbewerbsbeschränkenden Absprachen erstreckt haben, und deren **Reichweite**, wobei bei komplexeren Absprachen mit vielen Beteiligten über eine Vielzahl von Produkten oft noch Unsicherheiten bestehen bleiben. Will der Geschädigte hingegen Schadensersatzansprüche geltend machen, ohne dass eine Kartellbehörde den Kartellverstoß festgestellt hat (sog „stand alone"-Klage), so muss er diese Informationen selbst ermitteln und ist hierfür meist auf Hinweise Dritter angewiesen.

8 Auf der Grundlage dieser Informationen ist dann eine Einschätzung zu treffen, in welchem **Umfang** im Kartellzeitraum **von dem Kartell betroffene Produkte eingekauft** wurden. Im Idealfall – dh wenn der Geschädigte unmittelbarer Abnehmer ist und ausreichend genaue Informationen zur Reichweite der Kartellabsprachen vorliegen – lässt sich dies noch relativ leicht ermitteln. Deutlich schwieriger gestaltet sich die Aufklärung, wenn es sich um einen mittelbaren Schaden handelt und/oder wenn unklar ist, welche konkreten Beschaffungsvorgänge von den Kartellabsprachen betroffen waren.[3]

9 Schließlich ist für die Entscheidung, ob Schadensersatzansprüche geltend gemacht werden sollen, eine **Einschätzung der Schadenshöhe** erforderlich. Verlässlich lässt sich diese meist erst durch ein wettbewerbsökonomisches Gutachten ermitteln. Da dessen Einholung selbst regelmäßig mit erheblichem finanziellem Aufwand verbunden ist (→ Rn. 94 ff.), dürfen an die Einschätzung der Schadenshöhe für die Entscheidung über die Anspruchsdurchsetzung aber keine überhöhten Anforderungen gestellt werden.[4] Stattdessen dürfte es in vielen Fällen gerechtfertigt sein, dafür zunächst auf statistische Erfahrungswerte zurückzugreifen.[5]

---

[3] Nach LG Berlin Urt. v. 6.8.2013 – 16 O 193/11 Kart, BeckRS 2013, 22659, besteht ein Anscheinsbeweis dafür, dass alle Lieferungen, die sich „nahtlos in den sachlichen, zeitlichen und räumlichen Bereich der Absprachen einfügen", auch von diesen betroffen sind. Vgl. auch OLG Karlsruhe Urt. v. 31.7.2013 – 6 U 51/12 (Kart), BeckRS 2014, 03524. Noch nicht abschließend geklärt erscheint allerdings, inwieweit dieser Anscheinsbeweises auch in Fällen eingreift, in denen die Kartellabsprachen sich zB auf konkrete, einzelne Ausschreibungen bezogen und nicht annähernd flächendeckend waren.
[4] Vgl. *Lang/Balzer* WM 2012, 1167 (1169) mwN, wonach die Schaffung einer angemessenen Informationsgrundlage wiederum eine unternehmerische Entscheidung über die Kosten und Zweckdienlichkeit weiterer Informationsbeschaffung darstellt; ebenso MüKoAktG/*Spindler* § 93 Rn. 50 mwN.
[5] In einer von der Europäischen Kommission in Auftrag gegebenen Studie wurden über 100 Kartellfälle auf den durch das jeweilige Kartell verursachten Schaden untersucht. Demnach lag die Preisüberhöhung in den untersuchten Fällen im Median bei 18%, der statistische Mittelwert lag bei 20%. *Oxera*, 90.

b) Bewertung der Erfolgsaussichten und Kosten der Rechtsverfolgung. Maßgeblich für die 10 Entscheidung, ob Schadensersatzansprüche geltend gemacht werden sollen, ist die Bewertung der Erfolgsaussichten im Verhältnis zu den voraussichtlichen Kosten der Rechtsverfolgung. Dabei sind vor allem folgende Aspekte zu berücksichtigen:

- Ob der **Nachweis des Kartellverstoßes** voraussichtlich gelingen wird, hängt wesentlich davon ab, ob (bereits) eine **bestandskräftige kartellbehördliche Entscheidung** vorliegt.[6] Ist dies der Fall, kommt der Feststellung des Verstoßes eine **Tatbestandswirkung** zu, die für die Zivilgerichte gem. § 33 Abs. 4 GWB bindend ist. Ein Nachweis des Verstoßes durch den Kläger ist nicht mehr erforderlich. Wesentlich schwierig stellt sich die Situation für den Geschädigten dar, wenn der mutmaßliche Kartellrechtsverstoß (noch) nicht von einer Kartellbehörde festgestellt wurde. In diesem Fall trifft den Kläger die volle Darlegungs- und Beweislast für den Kartellrechtsverstoß.
- Dafür, dass durch die festgestellten Kartellabsprachen ein **Schaden** eingetreten ist, besteht nach der (instanzgerichtlichen) Rechtsprechung ein **Anscheinsbeweis**,[7] auf den sich jedenfalls unmittelbare Abnehmer der kartellbetroffenen Produkte berufen können.
- Zu prüfen ist ferner, ob hinsichtlich der mutmaßlichen Ansprüche bereits ganz oder teilweise **Verjährung** eingetreten ist. Dabei bestehen Unsicherheiten insbesondere hinsichtlich des Beginns der kenntnisabhängigen Verjährung (→ Rn. 65).
- Maßgeblich für die Entscheidung über die Geltendmachung von Ansprüchen sind schließlich die voraussichtlichen **Kosten der Rechtsverfolgung.** Dabei sind nicht nur die Gerichtskosten zu berücksichtigen, sondern insbesondere auch Beraterhonorare, die oft über das von der Gegenseite im Erfolgsfall zu erstattende Maß hinausgehen (→ Rn. 15). Abhängig von den Umständen des Einzelfalls kann auch schon die detaillierte Ermittlung der kartellbetroffenen Beschaffungsvorgänge und ihre Dokumentation, die für eine klageweise Durchsetzung erforderlich sind, mit erheblichen Kosten verbunden sein (→ Rn. 92 f.).

2. Abwägungskriterien

Wenn der Vorstand auf der Grundlage angemessener Informationen die Geltendmachung 11 von Schadensersatzansprüchen für grundsätzlich erfolgversprechend und wirtschaftlich sinnvoll erachtet, darf er von der Anspruchsdurchsetzung nur ausnahmsweise absehen.[8] Hierfür können verschiedene Gründe in Frage kommen:

- Es können ernsthafte **Zweifel an der Durchsetzbarkeit** des Anspruchs bestehen, insbesondere weil die **Zahlungsfähigkeit** des Schuldners fraglich ist.[9] Zu berücksichtigen ist dabei allerdings, dass die Kartellbeteiligten gesamtschuldnerisch haften. Der Vorstand darf daher nicht ohne weiteres von der Anspruchsdurchsetzung absehen, wenn zwar nicht alle, aber mindestens ein Kartellbeteiligter ausreichend solvent erscheint, um die Schadensersatzansprüche und die Ansprüche auf Erstattung der Kosten der Rechtsverfolgung im Erfolgsfall zu befriedigen.
- Grundsätzlich kommt ein Absehen von der Anspruchsdurchsetzung auch bei drohendem **Imageverlust** für den Kläger oder bei einer „Verunsicherung des Marktes" in Frage.[10] Allerdings wird bei einer zunehmenden Verbreitung kartellrechtlicher Schadensersatzklagen kritisch zu hinterfragen sein, inwieweit eine Durchsetzung kartellrechtlicher Schadensersatzansprüche tatsächlich mit dem Risiko von Imageschäden verbunden ist. In Frage kommen dabei wohl evtl. vor allem zu erwartende Medienkampagnen der Anspruchsgegner.

---

[6] Anders als Bußgeldbescheide des Bundeskartellamts sind Entscheidungen der EU-Kommission bereits mit ihrem Erlass bestandskräftig im Sinne des § 33 Abs. 4 GWB, auch wenn sie im Wege der Nichtigkeitsklage angefochten werden; vgl. MüKoGWB/*Lübbig* § 33 Rn. 114 mwN.
[7] LG Dortmund Urt. v. 1.4.2004 – 13 O 55/02 Kart, BeckRS 2010, 02135; KG Urt. v. 1.10.2009 – 2 U 17/03 Kart, 2 U 17/03, BeckRS 2009, 88782.
[8] *Franz/Jüntgen* BB 2007, 1681 (1686); ähnlich Spindler/Stilz/*Fleischer* § 93 Rn. 88 mwN.
[9] Spindler/Stilz/*Fleischer* § 93 Rn. 88.
[10] Hölters/*Hölters* AktG § 93 Rn. 165 mwN.

- Gegen eine ansonsten erfolgversprechende und wirtschaftlich sinnvolle Geltendmachung von Ansprüchen kann im Einzelfall die **wirtschaftliche Abhängigkeit** des Geschädigten von dem Kartellbeteiligten und eine daraus resultierende Befürchtung von Sanktionen sprechen. Dabei ist aber im Rahmen einer Abwägung sowohl zu berücksichtigen, wie schwerwiegend die wirtschaftliche Abhängigkeit und die befürchteten Konsequenzen sind, als auch andererseits, in welchem Umfang das Unternehmen auf Ansprüche verzichten würde. Ggf. sind auch weniger konfrontative Varianten als eine eigenständige Anspruchsdurchsetzung zu erwägen (→ Rn. 17).[11]
- **Nicht berücksichtigungsfähig** sind im Rahmen der Abwägungsentscheidung dagegen sachfremde Erwägungen wie zB **persönliche Beziehungen** des Vorstands oder ein „kollegialer **Verhaltenskodex**", der gegen die Geltendmachung bestehender Ansprüche sprechen würde.[12]

3. Dokumentation

12 Die **wesentlichen Tatsachen,** die der Entscheidung des Vorstandes über die mögliche Geltendmachung von Schadensersatzansprüchen zugrunde liegen, sollten umfassend **schriftlich dokumentiert** werden. Grundsätzlich müssen aus der Dokumentation die der Entscheidung zugrunde liegenden Überlegungen nachvollziehbar sein.[13] Das gilt insbesondere dann, wenn der Vorstand entscheidet, von der Geltendmachung von Ansprüchen abzusehen. Konkret betrifft dies die Identität der Schädiger, die mutmaßliche Schadenshöhe, die Bewertung der Erfolgsaussichten, die voraussichtlichen Kosten der Rechtsverfolgung sowie ggf. Erwägungen, die gegen eine ansonsten erfolgversprechende Anspruchsdurchsetzung sprechen.

B. Strategische Überlegungen

13 Geschädigte, die Schadensersatzansprüche gegen die Kartellbeteiligten geltend machen wollen, sind mit einer Reihe von **strategischen Fragen** konfrontiert. Dies betrifft zum einen die Entscheidung, ob sie ihre Schadensersatzansprüche **selbst geltend machen** oder sie zur Durchsetzung an einen Dritten **abtreten** oder in sonstiger Weise Dritte in die Anspruchsdurchsetzung einbeziehen wollen (→ Rn. 14 ff.). Bei einer eigenständigen Geltendmachung der Ansprüche ergeben sich weitere strategische Fragestellungen, insbesondere, ob die Ansprüche **gerichtlich und/oder außergerichtlich** geltend gemacht werden sollen (→ Rn. 38 ff.) sowie, im Falle einer gerichtlichen Geltendmachung, verschiedene **prozesstaktische Fragen** (→ Rn. 57 ff.).

I. Forderungsverkauf

1. Gründe für einen möglichen Forderungsverkauf

14 Die Durchsetzung kartellrechtlicher Schadensersatzansprüche ist für Geschädigte mit erheblichen **Kosten und Risiken** verbunden. Insbesondere fallen meist hohe Beraterhonorare für Rechtsanwälte und oft auch für wettbewerbsökonomische Sachverständige (vgl. unten → Rn. 94 ff.) an. Das gilt selbst für große Unternehmen mit eigener (Kartell-) Rechtsabteilung spätestens dann, wenn sie kartellrechtliche Schadensersatzansprüche in Deutschland gerichtlich durchsetzen wollen. Außer in besonders einfach gelagerten Fällen wird dies nur mit Hilfe entsprechend **spezialisierter Rechtsanwälte** möglich sein, die in aller Regel Honorare nach Zeitaufwand berechnen. Häufig führt dies im Ergebnis dazu, dass die tatsächlich entstandenen Beraterkosten selbst bei vollständigem Obsiegen den Anspruch des Geschädigten auf Erstattung der eigenen Verfahrenskosten deutlich übersteigen. Das gilt insbesondere in Fällen, in denen sich der Schaden auf eine Vielzahl von

---

[11] *Franz/Jüntgen* BB 2007, 1681 (1686); wohl weitergehend *Stancke* WuW 2015, 822 (825), wonach „nachteilige Folgewirkungen" einer Schadensersatzklage es rechtfertigen könnten, von der Geltendmachung von Ansprüchen abzusehen.
[12] *Franz/Jüntgen* BB 2007, 1681 (1686), ähnlich *Hölters/Hölters* AktG § 93 Rn. 165.
[13] *Hölters/Hölters* § 93 Rn. 36.

Geschädigten verteilt und der Streitwert – und damit der Anspruch auf Erstattung der Prozesskosten – für den einzelnen Geschädigten überschaubar bleibt.

Hinzu kommt eine spezifische Problematik in Kartellschadensfällen, die das Prozesskostenrisiko für Kartellgeschädigte oft noch deutlich erhöht: Jedenfalls bei Verstößen gegen § 1 GWB oder Art. 101 AEUV gibt es per Definition mehrere Schädiger. Nimmt der Geschädigte alle Schädiger (gesamtschuldnerisch) in Anspruch, so hat er im Unterliegensfall auch die Prozesskosten mehrerer Beklagter zu tragen, während die Beklagten im Falle ihres Unterliegens nur jeweils anteilig die Prozesskosten des Klägers zu tragen haben. Im Ergebnis besteht dieses **asymmetrische Kostenrisiko für den Geschädigten** aber selbst dann, wenn er nur einen der Kartellbeteiligten auf Zahlung von Schadensersatz verklagt. Denn der Beklagte wird erfahrungsgemäß allen weiteren Kartellbeteiligten den **Streit verkünden;** in aller Regel werden diese dem Rechtsstreit auch **beitreten.** Nur so lässt sich verhindern, dass der Kartellbeteiligte selbst gesamtschuldnerisch zur Zahlung von Schadensersatz auch für die anteilig durch die anderen Kartellbeteiligten verursachten Schäden verurteilt wird. Zwar kann er anschließend im Wege des Innenausgleichs die übrigen Gesamtschuldner anteilig in Anspruch nehmen. Es besteht für ihn aber das Risiko, dass das Gericht in einem darauf gerichteten gesonderten Rechtsstreit das Bestehen der gesamtschuldnerischen Haftung der übrigen Kartellbeteiligten verneint. Jedenfalls für den einzelnen Kläger bleibt es deshalb wegen der vom unterliegenden Kläger zu tragenden **Kosten der Nebenintervention** auf Beklagtenseite (§ 101 Abs. ZPO) in aller Regel dabei, dass der Kläger im Unterliegensfall ein deutlich höheres Prozesskostenrisiko als die Beklagten trägt. Gerade für kleinere von Kartellen geschädigte Unternehmen stellt dies eine nicht zu unterschätzende Hürde für die Anspruchsdurchsetzung dar.

§ 89a Abs. 3 GWB-RegE soll diesem Problem entgegenwirken, indem er über eine Begrenzung des Gegenstandswerts der Nebenintervention den Anspruch der Nebenintervenienten auf Erstattung der Rechtsanwaltskosten begrenzt. Demnach soll die Summe der Gegenstandswerte aller Nebeninterventionen den Gegenstandswert der Hauptsache nicht übersteigen.

Darüber hinaus verfügen einzelne Geschädigte – jedenfalls in Kartellschadensfällen mit einer Vielzahl von Geschädigten und vergleichsweise niedrigen einzelnen Schadensbeträgen – häufig nicht über die erforderliche **„kritische Masse",** um einen Kartellbeteiligten zu einer außergerichtlichen Einigung zu bewegen. Auch hat für die Kartellbeteiligten eine vergleichsweise Einigung mit einem einzelnen Geschädigten in der Regel dann mehr Nach- als Vorteile, wenn dadurch nur eine Einigung hinsichtlich eines geringen Teils des gesamten Schadensvolumens erzielt wird, gleichzeitig aber von der Einigung eine Signalwirkung für die streitig bleibenden Schadensersatzansprüche anderer Geschädigter ausgeht. Eine **Bündelung von Schadensersatzansprüchen** mehrerer Geschädigter kann dem jedenfalls teilweise abhelfen.

Schließlich können auch weitere **strategische Erwägungen** aus Sicht des Geschädigten dagegen sprechen, kartellrechtliche Schadensersatzansprüche selbst geltend zu machen. Insbesondere dann, wenn es sich bei einem Kartellbeteiligten um einen **wichtigen Lieferanten** handelt, auf dessen Lieferungen der Geschädigte weiterhin angewiesen ist, kann ein Forderungsverkauf als Alternative in Frage kommen, die die bestehende Geschäftsbeziehung weniger stark belastet als eine eigene Klage gegen den betreffenden Lieferanten und die damit verbundene direkte Konfrontation vor Gericht.[14]

---

[14] AA OLG Düsseldorf Urt. v. 18.2.2015 – VI-U (Kart) 3/14, Rn. 88, BeckRS 2015, 05520, wonach „[…]es auch nach der Abtretung der Klageansprüche im Prozess wirtschaftlich um die Schadensersatzansprüche der Zedenten [gehe]", so dass eine Abtretung nichts an einer möglichen Belastung der Geschäftsbeziehungen ändere. Dies verkennt freilich, dass es – gerade bei zahlreichen kleineren Forderungen – aus Sicht des Lieferanten sehr wohl einen Unterschied machen dürfte, ob er von seinem Abnehmer verklagt wird, oder ob dessen Schadensersatzanspruch als einer von vielen gebündelt von einem Zessionar geltend gemacht wird.

2. Praxis

18 **a) Überblick.** In den vergangenen Jahren haben sich im In- und Ausland **unterschiedliche Modelle** zur Geltendmachung von Kartellschadensersatzansprüchen unter **Einbeziehung Dritter** entwickelt.

19 So sind kartellrechtliche Sammelklagen (**„class actions"**) seit Jahrzehnten ein fester Bestandteil des US-Rechtssystems. Dabei sind unterschiedliche Ausprägungen zu beobachten: Bei sog „opt out"-Klagen wird, anders als zB beim Forderungsverkauf, gerade nicht jeder einzelne Geschädigte initiativ tätig und verfügt über seine Ansprüche zugunsten einer Geltendmachung durch Dritte. Vielmehr sind es einzelne Kläger, die im Namen aller Geschädigten („class") umfassend Schadensersatzansprüche geltend machen. Zum überwiegenden Teil werden solche class actions letztlich durch (gerichtlich bestätigten) Vergleich abgeschlossen.[15]

20 Bei diesen Modellen handelt es sich allerdings nur zum Teil um Forderungsverkäufe.[16] In anderen Konstellationen bleiben die Geschädigten hingegen **Anspruchsinhaber** und treten auch als Kläger auf, haben aber das mit der Anspruchsdurchsetzung verbundene wirtschaftliche Risiko zumindest teilweise auf Dritte verlagert (→ Rn. 37).

21 **b) Bisherige Praxis in Deutschland.** In Deutschland sind **Erfolgshonorare** für Rechtsanwälte dagegen nach wie vor gem. § 49b Abs. 2 S. 1 BRAO, § 4a Abs. 1 RVG nur im Einzelfall und nur unter **sehr engen Voraussetzungen** zulässig. Zwar mag auch in einzelnen Kartellschadensfällen zu begründen sein, dass der Geschädigte ohne das Erfolgshonorar „aufgrund seiner wirtschaftlichen Verhältnisse von der Rechtsverfolgung abgehalten würde" (so die Voraussetzung in § 4a Abs. 1 S. 1 RVG). Wohl auch aufgrund der sehr restriktiven Rechtsprechung zur Zulässigkeit von Erfolgshonoraren kommt ihnen aber bislang im Zusammenhang mit der Durchsetzung von Kartellschadensersatzansprüchen, soweit ersichtlich, **keine praktische Bedeutung** zu. Deshalb hat sich für Konstellationen, in denen Kartellgeschädigte Schadensersatzansprüche vor deutschen Gerichten geltend machen wollen, die damit verbundenen Kosten und Risiken aber nicht vollständig selbst tragen können oder wollen, ein gesteigerter Bedarf für andere Lösungen ergeben.

22 Indessen ist der **Verkauf von Forderungen** zum Zwecke der Geltendmachung außerhalb des Kartellrechts auch in Deutschland seit Langem gängige Praxis. Im Rahmen des (echten oder unechten) **Factoring** treten Unternehmen häufig ihre ausstehenden Forderungen gegen Entgelt an Dritte ab, die diese im eigenen Namen geltend machen.[17] Zwar unterscheiden sich die „klassischen" Factoring-Fälle insofern von der hier diskutierten Situation, als zB Handelsunternehmen in der Regel nicht einzelne, sehr hochwertige Ansprüche gegen einige wenige Schuldner abtreten, sondern mit dem Factoring-Dienstleister häufig Globalzessionen für eine Vielzahl (künftiger) Forderungen vereinbaren.[18] Im Grundsatz sind die Vorgehensweisen aber dennoch **vergleichbar.** Bislang ist nur eine begrenzte Anzahl von Fällen öffentlich bekannt, in denen Geschädigte ihre Ansprüche im Wege des Forderungsverkaufs mit anschließender Geltendmachung vor deutschen Gerichten abgetreten haben. Insbesondere betrifft dies Ansprüche aus dem Zementkartell[19] und dem Bleichmittelkartell.[20]

---

[15] Vgl. *Plancich/Augustson/Magoronga*, 7.
[16] So zB die in den Niederlanden anhängig gemachte Klage des Klagevehikels Equilib Netherlands gegen Beteiligte des Luftfrachtkartells; vgl. Gerechtshof Amsterdam Urt. v. 24.9.2013 – ECLI:NL:GHAMS:2013:3013 – Equilib/KLM ua, abrufbar unter http://uitspraken.rechtspraak.nl/inziendocument?id=ECLI:NL:GHAMS:2013:3013 (zuletzt aufgerufen am 30.8.2014).
[17] Vgl. zusammenfassend MüKoBGB/*Roth* § 398 Rn. 164 ff.
[18] MüKoBGB/*Roth* § 398 Rn. 167.
[19] LG Düsseldorf Urt. v. 17.12.2013 – 37 O 200/09 (Kart) U, BeckRS 2013, 22380.
[20] LG Dortmund Beschl. v. 29.4.2013 – 13 O (Kart) 23/09, BeckRS 2013, 10006.

c) **Sonderfall: Mittelbare Schäden.** Ein besonderes Bedürfnis für einen Forderungsverkauf oder eine anderweitige Bündelung von Schadensersatzansprüchen kann sich im **Verhältnis zwischen unmittelbar und mittelbar Geschädigten** eines Kartells ergeben.

Nach der ORWI-Entscheidung des Bundesgerichtshofs[21] haben sowohl **unmittelbar** als auch **mittelbar** durch Kartellrechtsverstöße **Geschädigte** einen **eigenen Anspruch** gegen die Kartellbeteiligten auf Ersatz des ihnen jeweils entstandenen Schadens. Dabei hat der Bundesgerichtshof den Einwand der Weiterwälzung des Schadens auf nachfolgende Marktstufen (**„Passing On-Defense"**) im Wege der Vorteilsausgleichung ausdrücklich zugelassen. Die Darlegungs- und Beweislast für die Schadensweiterwälzung soll demnach der Beklagte tragen. In der Praxis ist allerdings noch weitgehend ungeklärt, welche Anforderungen die Rechtsprechung an den Nachweis der Weiterwälzung des Schadens stellen wird.

Auch die **Kartellschadensersatz-RL** erkennt die Passing On-Defense an und geht dabei noch weiter als die Rechtsprechung des Bundesgerichtshofs. Nach Art. 13 Kartellschadensersatz-RL soll zwar die Darlegungs- und Beweislast für die Weiterwälzung des Schadens durch den (insbesondere unmittelbar geschädigten) Kläger beim Beklagten liegen. Gleichzeitig gilt aber nach Art. 14 Abs. 2 Kartellschadensersatz-RL zugunsten eines indirekt geschädigten Klägers eine **widerlegbare Vermutung** für die **Weiterwälzung** des Schadens auf ihn, wenn er darlegen kann, dass (i) der Beklagte einen Kartellrechtsverstoß begangen hat, (ii) dadurch beim unmittelbaren Abnehmer der kartellbetroffenen Produkte ein Schaden entstanden ist und (iii) der Kläger entweder kartellbetroffene Produkte oder von diesen abgeleitete Produkte erworben hat.

Zwar sieht Abs. 1a) Kartellschadensersatz-RL vor, dass die Zivilgerichte bei der Prüfung einer möglichen Schadensweiterwälzung bzw. möglicher mittelbarer Schadensersatzansprüche auch Klagen hinsichtlich desselben Kartellrechtsverstoßes von Klägern anderer Vertriebsstufen berücksichtigen können. Im Rahmen des GWB-RegE wurde hierfür keine gesonderte Regelung vorgesehen. Ungeachtet der Frage, wie dies in den zivilprozessualen Regelungen umgesetzt werden kann, ist aber zu befürchten, dass bei einer getrennten Geltendmachung von Schadensersatzansprüchen durch mittelbare und unmittelbare Abnehmer derselben Produkte ein Risiko einander **widersprechender Urteile** verbleibt.

In allen Fällen, in denen die Passing On-Defense eine praktische Rolle spielt (insbesondere bei der bloßen Weiterveräußerung kartellbetroffener Produkte), besteht deshalb für Geschädigte auf den verschiedenen Marktstufen eine **erhebliche Unsicherheit** über die Erfolgsaussichten bei der Durchsetzung ihrer jeweiligen Ansprüche.

Eine **Bündelung** der Ansprüche von Geschädigten auf **verschiedenen Marktstufen** kann demgegenüber in solchen Fällen die Erfolgsaussichten deutlich erhöhen, weil dadurch der Einwand der Weiterwälzung des Schadens für alle von der Bündelung erfassten Marktstufen faktisch ausgeschlossen wird. Weitere Vorteile einer solchen Bündelung können sich insbesondere für mittelbar Geschädigte daraus ergeben, dass die **direkten Abnehmer** kartellbetroffener Produkte in aller Regel über eine deutlich **bessere Datenbasis** für die Schadensberechnung verfügen. Voraussetzung für eine Bündelung dürfte allerdings sein, dass sich die Geschädigten vorab darüber einigen, welche Teile des möglichen Schadensersatzes auf die verschiedenen Marktstufen entfallen sollen.

3. Herausforderungen

a) **Praktische Erwägungen.** Entscheidet sich ein Geschädigter für einen Forderungsverkauf, stellt sich zunächst das Problem der **Identifikation eines geeigneten Erwerbers.** Zwar ist zu beobachten, dass im Nachgang zu größeren kartellbehördlichen Entscheidungen meist mehrere Unternehmen, die sich auf den Erwerb und die Durchsetzung kartellrechtlicher Schadensersatzansprüche spezialisiert haben, auf potenziell Geschädigte aktiv zugehen. Diese müssen aber die Eignung solcher Anbieter **kritisch prüfen.** Entscheidend ist dabei zum einen, ob der Anbieter über das erforderliche **Know-how** zur erfolgreichen Durchsetzung der Ansprüche verfügt. Dies

---

[21] BGH Urt. v. 28.6.2011 – KZR 75/10, NJW 2012, 928 – ORWI.

lässt sich noch am ehesten anhand seiner bisherigen Referenzen überprüfen. Schon deutlich schwierig zu beurteilen ist die Frage, ob das mögliche Klagevehikel auf **ausreichende Finanzmittel** zur Durchsetzung des Anspruchs ggf. über mehrere Instanzen zurückgreifen kann (→ Rn. 31).

28 Ebenso wichtig für die Entscheidung über einen Forderungsverkauf bzw. eine Abtretung von Schadensersatzansprüchen sind die **wirtschaftlichen Konditionen** der Abtretung, also insbesondere die Höhe der in solchen Fällen üblichen Erfolgsbeteiligung. Daneben sind jedoch auch die **sonstigen Rahmenbedingungen** zu beachten, so zB die Frage, welche Möglichkeiten dem Zedenten zur **Einflussnahme auf die Anspruchsdurchsetzung** durch den Zessionar verbleiben. Dies gilt insbesondere für die Zustimmung zu möglichen Vergleichen, um sicherzustellen, dass mögliche Vergleiche nur zu Konditionen erfolgen, die auch aus Sicht des Zedenten angemessen sind. Dabei werden sich diese Faktoren in der Regel gegenseitig beeinflussen. So wird die Erfolgsbeteiligung des Zessionars bei steigenden Möglichkeiten des Zedenten zur Einflussnahme auf die Anspruchsdurchsetzung ebenfalls höher ausfallen.

29 **b) Rechtliche Anforderungen.** Für die gerichtliche Durchsetzung kartellrechtlicher Schadensersatzansprüche in Deutschland kann inzwischen davon ausgegangen werden, dass Dritte solche Ansprüche als im Wege der Inkassozession abgetretene Forderungen gerichtlich geltend machen können.[22]

30 Beabsichtigt der Zessionar, die abgetretenen Schadensersatzansprüche (auch) in Deutschland geltend zu machen, so muss der Geschädigte zwingend darauf achten, dass der Zessionar zum Zeitpunkt der Abtretung über eine **Registrierung** nach § 10 Abs. 1 Nr. 1 RDG zur Erbringung von **Inkassodienstleistungen** verfügt. Denn in aller Regel wird die Geltendmachung abgetretener Schadensersatzansprüche eine Inkassodienstleistung iSv § 2 Abs. 2 RDG darstellen, die nur bei einer entsprechenden Registrierung des Zessionars zulässig ist. Dies mag in Einzelfällen anders zu beurteilen sein. So erscheint es zB fraglich, ob ein unmittelbar Geschädigter, der sich die **Schadensersatzansprüche seiner mittelbar geschädigten Abnehmer** abtreten lässt, die Forderungseinziehung als „eigenständiges Geschäft" – so die Voraussetzung in § 2 Abs. 2 RDG – betreibt.[23] Wenn es sich bei dem Forderungskauf um eine Inkassodienstleistung nach dem RDG handelt, der Zessionar aber zum Zeitpunkt der Abtretung nicht über die erforderliche Registrierung verfügt, so ist die Abtretung gem. § 134 BGB nichtig.[24]

31 Erhebliche Unsicherheit besteht hinsichtlich der Frage, über welche **finanziellen Ressourcen** der Zessionar verfügen muss, um eine Unwirksamkeit der Abtretung nach § 138 BGB zu vermeiden. So hat das LG Düsseldorf hinsichtlich des Zementkartells entschieden, dass

32 „[d]ie Abtretungen [...] im Sinne des § 138 Abs. 1 BGB sittenwidrig [sind], weil davon auszugehen ist, dass die Klägerin objektiv [...] nicht über eine finanzielle Ausstattung verfügte, die die im Falle des Prozessverlustes von ihr zu tragenden Prozesskosten, insbesondere die Kostenerstattungsansprüche der Beklagten, vollständig deckten [...]."[25]

---

[22] OLG Düsseldorf Urt. v. 14.5.2008 – VI-U (Kart) 14/07, WuW 2008, 845. Die Nichtzulassungsbeschwerde gegen die Entscheidung hat der BGH mit Beschl. v. 7.4.2009 (– KZR 42/08, GRUR-RR 2009, 319) zurückgewiesen.

[23] Vgl. BGH Urt. v. 10.5.2012 – IX ZR 125/10, NJW 2012, 2435 (2438) zur alten Rechtslage nach dem RBerG, wonach die Einziehung von Forderungen jedenfalls dann „geschäftsmäßig" iSv § 1 Abs. 1 S. 1 RBerG aF war, wenn „[...] der Inkassozessionar sich nicht auf die einmalige Bündelung der Forderungen mehrerer Gläubiger aus einem einheitlichen Lebenssachverhalt beschränken will, sondern beabsichtigt, dieses Inkassomodell auch bei anderen geeigneten Anlässen einzusetzen."

[24] LG Düsseldorf Urt. v. 17.12.2013 – 37 O 200/09 (Kart) U, BeckRS 2013, 22380, bestätigt durch OLG Düsseldorf Urt. v. 18.2.2015 – VI-U (Kart) 3/14, BeckRS 2015, 05520 Rn. 37.

[25] LG Düsseldorf Urt. v. 17.12.2013 – 37 O 200/09 (Kart) U, BeckRS 2013, 22380, auch insoweit bestätigt durch OLG Düsseldorf Urt. v. 18.2.2015 – VI-U (Kart) 3/14, BeckRS 2015, 05520, Rn. 64 ff.

Die Entscheidung wirft eine Vielzahl von Fragen auf, deren Beantwortung sich wesentlich 33
auf die künftigen Möglichkeiten zur gebündelten Geltendmachung kartellrechtlicher Schadensersatzansprüche auswirken wird. So bleibt unklar, zu welchem **Zeitpunkt** der Zessionar über eine ausreichende Haftungsmasse verfügen muss – ausschließlich zum Zeitpunkt der Abtretung[26] oder über die gesamte Dauer des Rechtsstreits? Ferner wird zu klären sein, ob das Risiko der Sittenwidrigkeit auch dann droht, wenn die finanziellen Ressourcen des Zessionars zwar ausreichen, um im Unterliegensfall die Kostenerstattungsansprüche des/der Beklagten zu befriedigen, nicht aber, um auch das Prozesskostenrisiko hinsichtlich möglicher **Nebenintervenienten** zu decken.[27] Bis zu einer höchstrichterlichen Entscheidung dieser Fragen sollten Geschädigte, die eine Abtretung ihrer Schadensersatzansprüche erwägen, jedenfalls auf eine ausreichende Kapitalisierung des Zessionars zu jedem möglicherweise relevanten Zeitpunkt achten und dies ggf. auch vertraglich festschreiben.

4. Alternativen

Angesichts der oben dargestellten Herausforderungen ist jedenfalls derzeit eine Geltend- 34
machung kartellrechtlicher Schadensersatzansprüche durch Forderungsverkauf in Deutschland mit einigen **Unsicherheiten** belastet. Je nach den Umständen des konkreten Falles sind deshalb auch Alternativen in Betracht zu ziehen

Mehrere Geschädigte desselben Kartells können ihre Ansprüche gegen einen oder 35
mehrere Kartellbeteiligte **in einfacher Streitgenossenschaft** gem. §§ 59, 60 ZPO geltend machen. Jedenfalls die Voraussetzungen von § 60 ZPO (gleichartige Ansprüche, die auf einem im Wesentlichen gleichartigen rechtlichen und tatsächlichen Grund beruhen) werden bei der Geltendmachung kartellrechtlicher Schadensersatzansprüche durch mehrere Geschädigte in aller Regel vorliegen. Allerdings ist zu beachten, dass das Prozessgericht für alle Klagen gleichermaßen zuständig sein muss.[28]

Vorteile gegenüber einer Einzelklage ergeben sich für die Geschädigten dabei in erster 36
Linie durch die Möglichkeit, dass mehrere Geschädigte einen **gemeinsamen Prozessbevollmächtigten** benennen und dadurch das eigene Kostenrisiko reduzieren können. Auch kann es die Schadensberechnung erheblich erleichtern, wenn hierfür ein **gemeinsamer wettbewerbsökonomischer Sachverständiger** (→ Rn. 94 ff.) beauftragt und auf die Daten mehrerer Geschädigter zurückgegriffen werden kann. Allerdings erfordert die Bündelung von Ansprüchen im Rahmen der einfachen Streitgenossenschaft insbesondere gegenüber dem Forderungsverkauf einen deutlich höheren Koordinierungsaufwand im Prozessverlauf. Vor der Bildung einer solchen Streitgenossenschaft ist deshalb kritisch zu prüfen, ob im weiteren Prozessverlauf möglicherweise mit divergierenden Interessen der einzelnen Geschädigten zu rechnen ist, die eine Koordinierung des Vorgehens im Prozess erschweren.

In Jurisdiktionen, in denen anwaltliche Erfolgshonorare zulässig sind, sind daneben auch 37
Mischformen zu beobachten, die wirtschaftlich zwischen einem Forderungsverkauf und einer einfachen Streitgenossenschaft anzusiedeln sind. Dabei bleiben die Geschädigten zwar formal **Anspruchsinhaber** und damit auch Kläger, haben die **Steuerung des Verfahrens** aber im Wesentlichen den – meist auf Erfolgshonorarbasis tätigen – **Verfahrensbevollmächtigten** überlassen. Dies kommt natürlich nur in Betracht, wenn im konkreten Fall insbesondere ein ausreichender Auslandsbezug besteht, um einen ausländischen Gerichtsstand zu begründen (→ Rn. 57 ff.). Auch in dieser Konstellation ist zu beachten, dass die **Gestaltungsmöglichkeiten** des einzelnen Geschädigten nach Klageerhebung **eingeschränkt** sein können und er zB außergerichtliche Vergleiche mit einzelnen Schädigern möglicherweise nur noch mit Zustimmung der Prozessbevollmächtigten eingehen kann.

---

[26] So wohl OLG Düsseldorf Urt. v. 18. 2. 2015 – VI-U (Kart) 3/14, BeckRS 2015, 05520 Rn. 63, 70.
[27] Ablehnend zu letzterem *Makatsch/Abele* WuW 2014, 164 (167); OLG Düsseldorf, Urt. v. 18. 2. 2015 – VI-U (Kart) 3/14, BeckRS 2015, 05520, Rn. 65 scheint insoweit nur auf die Kostenerstattungsansprüche der Beklagten abzustellen.
[28] MüKoZPO/*Schultes* § 59 Rn. 10; MüKoZPO/*Becker-Eberhard* § 260 Rn. 39.

II. Vergleichsweise oder gerichtliche Beilegung

1. Einführung

38 Wie bereits dargestellt, ist die gerichtliche Durchsetzung kartellrechtlicher Schadensersatzansprüche mit erheblichen **Unsicherheiten und Risiken** verbunden. Vor allem aber hat sich bei den bislang in Deutschland anhängig gemachten Klagen gezeigt, dass die gerichtliche Verfahren in aller Regel sehr **langwierig** sind und bis zur tatsächlichen Zahlung von Schadensersatz aufgrund eines letztinstanzlichen Urteils ohne Weiteres fünf bis zehn Jahre vergehen können.[29] Eine **vergleichsweise Beilegung** kann deshalb vor allem aus **kaufmännischer Sicht** oft **vorzugswürdig** sein.

39 Insbesondere bei Kartellen mit einer **Vielzahl von Geschädigten,** auf die jeweils relativ geringe Schadenssummen entfallen, sollten Geschädigte zunächst erwägen, ob sie ihre Ansprüche **bündeln** bzw. **gemeinsam** mit anderen Geschädigten versuchen, in **Vergleichsgespräche** mit einem oder mehreren Kartellbeteiligten einzutreten. Denn für die Kartellbeteiligten sind individuelle, voneinander unabhängige Verhandlungen mit einer Vielzahl von Geschädigten schon aufgrund der dadurch gebundenen Ressourcen kaum darstellbar.

2. Vergleich mit einem oder mehreren Kartellbeteiligten?

40 Eine wesentliche Schwierigkeit, die sich bei einer vergleichsweisen Beilegung ergibt, besteht darin, dass der Geschädigte in der Regel **mehreren Kartellbeteiligten** als Anspruchsgegnern gegenübersteht, die gesamtschuldnerisch zum Schadensersatz verpflichtet sind. Praktisch relevant wird dies insbesondere dann, wenn der Geschädigte – was häufig der Fall ist – das kartellbetroffene Produkt von mehreren Kartellbeteiligten bezogen hat. Erfahrungsgemäß sind **multilaterale Verhandlungen** mit mehreren oder gar allen Kartellbeteiligten schon aufgrund deren oft unterschiedlich ausgeprägter Vergleichsbereitschaft **selten erfolgversprechend;** zudem erhöhen sie die **Komplexität** eines möglichen Vergleichs ganz erheblich. Aussichtsreicher ist es daher oft, zunächst Vergleichsgespräche mit einem Kartellbeteiligten zu suchen, zumal, wenn es sich hierbei nach wie vor um einen wichtigen Lieferanten des Geschädigten handelt.

41 Lediglich in **Einzelfällen** erscheint es erfolgversprechend, von Anfang an **multilaterale Verhandlungen** mit mehreren Kartellbeteiligten über einen Schadensausgleich zu führen. So haben sich beispielsweise die Beteiligten des **Löschfahrzeug-Kartells** frühzeitig mit einer Reihe geschädigter Kommunen auf die gemeinsame Beauftragung eines ökonomischen Gutachters zur Ermittlung des eingetretenen Schadens geeinigt. In der Folge wurde ein Fonds eingerichtet, aus dem die geschädigten Kommunen Schadensersatzzahlungen erhalten haben.[30]

42 Als Gesamtschuldner haften die Kartellbeteiligten gegenüber dem Geschädigten grundsätzlich jeweils einzeln auf den vollständigen Ersatz des gesamten Schadens, einschließlich der Schäden, die der Abnehmer hinsichtlich der Lieferungen der anderen Kartellbeteiligten erlitten hat. Damit kann der Geschädigte seine Ersatzansprüche auch gegenüber einem einzelnen Kartellbeteiligten geltend machen, von dem er selbst gar keine kartellbetroffenen Produkte erworben hat.

43 Art. 11 Abs. 1 Kartellschadensersatz-RL und § 33e RegE-GWB sehen ebenso wie das geltende deutsche Recht grundsätzliche eine gesamtschuldnerische Haftung aller Kartellbeteiligten vor, machen hiervon aber einige wesentliche Ausnahmen:

---

[29] Hinsichtlich der Schadensersatzklage gegen Beteiligte des Zementkartells vor dem LG Düsseldorf erging die erstinstanzliche Entscheidung in der Hauptsache mehr als acht Jahre nach Klageerhebung; s. LG Düsseldorf Urt. v. 17.12.2013 – 37 O 200/09 (Kart) U, BeckRS 2013, 22380.
[30] Vgl. Pressemitteilung des Deutschen Städtetages v. 13.5.2013 – Feuerwehrbeschaffungskartell: Kommunale Spitzenverbände und Unternehmen vereinbaren außergerichtliche Schadensregulierung, abrufbar unter http://www.staedtetag.de/dst/inter/presse/mitteilungen/065646/index.html (zuletzt aufgerufen am 10.8.2016).

- Um eine **Privilegierung von Kronzeugen** auch hinsichtlich der Durchsetzung von Schadensersatzansprüchen zu erreichen, sollen Kartellbeteiligte, denen aufgrund eines Kronzeugenantrags **vollständige Bußgeldbefreiung** gewährt wurde, vorrangig nur gegenüber ihren **eigenen direkten und indirekten Abnehmern** haften (Art. 11 Abs. 4 Kartellschadensersatz-RL, § 33e Abs. 1 S. 1 RegE-GWB). Auch im Innenausgleich gegenüber den anderen Kartellbeteiligten sieht Art. 11 Abs. 5 S. 2 Kartellschadensersatz-RL (und entsprechend § 33e Abs. 3 RegE-GWB) eine Haftungsbeschränkung des bußgeldbefreiten Kronzeugen auf den Schadensanteil vor, der hinsichtlich seiner eigenen direkten und indirekten Abnehmer entstanden ist.
- Zum Schutz **kleiner und mittlerer an Kartellen beteiligter Unternehmen** sollen diese ebenfalls nur gegenüber ihren eigenen direkten und indirekten Abnehmern haften, wenn ihr **Anteil am relevanten Markt** über den gesamten Zeitraum des Kartellrechtsverstoßes unter 5 % lag und die volle gesamtschuldnerische Haftung „[ihre] wirtschaftliche Lebensfähigkeit unwiederbringlich gefährden und [ihre] Aktiva jeglichen Werts berauben würde" (Art. 11 Abs. 2 Kartellschadensersatz-RL, § 33d Abs. 3 S. 1 RegE-GWB). Die Privilegierung entfällt, wenn das betreffende Unternehmen Rädelsführer des Kartells oder Wiederholungstäter war (Art. 11 Abs. 3 Kartellschadensersatz-RL, § 33d Abs. 5 RegE-GWB).[31]

Die gesamtschuldnerische Haftung kann insbesondere dann von Vorteil sein, wenn Zweifel an der Solvenz der anderen Kartellbeteiligten bestehen. Allerdings sind einzelne Kartellbeteiligte erfahrungsgemäß in den meisten Fällen nur bereit, über einen **Schadensausgleich hinsichtlich ihrer jeweils eigenen Lieferungen** an den Geschädigten zu verhandeln. Die Risiken, die mit einer vergleichsweisen Übernahme der gesamtschuldnerischen Haftung für die Schadensbeiträge auch der anderen Kartellbeteiligten verbunden sind, werden sie in aller Regel nicht eingehen. Ähnliches gilt für Kartellbeteiligte, die zu dem betreffenden Geschädigten selbst **gar keine Lieferbeziehung** unterhalten haben. Hier wird im Zweifelsfall nur eine gerichtliche Geltendmachung der Ansprüche in Frage kommen.

3. Geeigneter Zeitpunkt für Vergleichsverhandlungen und Verhältnis zur gerichtlichen Geltendmachung

Ob und ggf. wann die Kartellbeteiligten zu Vergleichsverhandlungen bereit sind, hängt von einer Vielzahl von Faktoren ab. In vielen Fällen werden sowohl die Geschädigten als auch die Kartellbeteiligten jedenfalls den **Abschluss des kartellbehördlichen Verfahrens** abwarten wollen, um eine gesicherte faktische Grundlage für Vergleichsverhandlungen zu haben. Davon abweichend kann es sich in bestimmten Fallkonstellationen aber für alle Beteiligten anbieten, Vergleichsverhandlungen bereits vor Abschluss des Kartellverfahrens aufzunehmen. Dies kann zB dann der Fall sein, wenn Dauer und Reichweite der Kartellabsprachen schon vor Abschluss des Verfahrens hinreichend klar sind und insbesondere die Kartellbeteiligten ein ausgeprägtes Interesse daran haben, die weiter bestehende Lieferbeziehung zu dem geschädigten Unternehmen möglichst rasch wieder zu bereinigen.

Nach Art. 18 Abs. 3 Kartellschadensersatz-RL kann die zuständige Kartellbehörde außerdem bei der Bußgeldbemessung den Umstand, dass bereits vor Abschluss des Kartellverfahrens ein Vergleich abgeschlossen und Schadensersatz geleistet wurde, als **mildernden Umstand** bei der Bußgeldbemessung berücksichtigen. Es bleibt abzuwarten und wird von den Einzelheiten der Umsetzung in den Mitgliedstaaten abhängen, ob diese Möglichkeit einen wesentlichen zusätzlichen Anreiz für Kartellbeteiligte schaffen wird, schon sehr frühzeitig Vergleichsgespräche zu suchen. Der RegE-GWB enthält keine Regelungen zur Umsetzung dieser Vorschrift.

Für öffentliche Auftraggeber, die durch Kartellabsprachen geschädigt wurden, dürften in diesem Zusammenhang die Regelungen der neuen **EU-Vergaberichtlinie**[32] und ihre Umsetzung durch das VergaberechtsmodifizierungsG wohl größere praktische Relevanz haben: Nach Art. 56 Abs. 4 a) Vergabe-RL bzw. § 124 Abs. 1 Nr. 4 GWB können öffentliche Auftraggeber Bieter von Vergabeverfah-

---

[31] Kritisch hierzu *Lettl* WuW 2015, 692.
[32] RL 2014/24/EU.

ren ausschließen, wenn sie über „hinreichend plausible Anhaltspunkte" für kartellrechtswidrige Vereinbarungen verfügen. Abweichend von der bisherigen Rechtslage, nach der ein Ausschluss erst bei einer nachweislichen schweren Verfehlung des Bieters möglich war,[33] verfügt der öffentliche Auftraggeber damit schon in einem frühen Stadium über ein nicht zu unterschätzendes Druckmittel.

Nach Art. 56 Abs. 6 UA 1 Vergabe-RL kann der Bieter zwar seine **Zuverlässigkeit nachweisen.** Dies erfordert aber nach Art. 56 Abs. 6 UA 2 Vergabe-RL bzw. § 125 Abs. 1 Nr. 1 GWB unter anderem den Nachweis, dass der Bieter „einen **Ausgleich** für [den] durch eine Straftat oder Fehlverhalten verursachten Schaden **gezahlt oder sich zur Zahlung eines Ausgleichs verpflichtet hat.**" Entsprechende Regelungen gelten nach Art. 80 Abs. 1 UA 3 der ebenfalls neugefassten Sektoren-RL[34] und nach § 142 GWB auch für Vergaben durch Sektoren-Auftraggeber. Auch hier bleibt zwar insbesondere abzuwarten, welche Anforderungen im Einzelnen an eine „Verpflichtung" zur Zahlung von Schadensersatz zu stellen sind. Es ist jedoch absehbar, dass der Druck auf Kartellgeschädigte, mit geschädigten öffentlichen Auftraggebern Vergleichsverhandlungen aufzunehmen, jedenfalls deutlich erhöht wird.

47 Dagegen dürfte es in der Regel wenig sinnvoll sein, mit der Aufnahme von Vergleichsverhandlungen bis zur Rechts- bzw. Bestandskraft der kartellbehördlichen Entscheidung abzuwarten, falls diese angefochten wird. Hiergegen spricht vor allem, dass ein wesentlicher Vorteil eines Vergleichs, nämlich die – im Vergleich zur gerichtlichen Geltendmachung der Ansprüche – zügige Beilegung des Konflikts, angesichts eines meist Jahre dauernden Rechtsmittelverfahrens kaum zu erreichen wäre. Häufig wird sich diese Frage jedoch ohnedies nicht stellen. Denn zum einen legen die Kartellbeteiligten im Zuge der immer häufiger werdenden kartellbehördlichen **Settlements** meist ohnehin **keine Rechtsmittel** gegen die Bußgeldentscheidung ein. Zum anderen sind die eingelegten **Rechtsmittel** vielfach darauf **beschränkt,** nur die Bußgeldbemessung, nicht aber die Feststellung des Kartellverstoßes anzugreifen.

48 Kommt eine vergleichsweise Beilegung grundsätzlich in Frage, ist es oft vorzugswürdig, eine gerichtliche Auseinandersetzung und die damit verbundenen erheblichen zusätzlichen Kosten vollständig zu vermeiden. Das ist jedoch bei weitem nicht in allen Fällen möglich. So kann eine **Klageerhebung** – oder zumindest die glaubhafte Versicherung, kurzfristig eine Klage einzureichen – erforderlich sein, um überhaupt die erforderliche **Vergleichsbereitschaft** seitens der Kartellbeteiligten herzustellen. Dann kann es sich für die Geschädigten anbieten, zunächst – soweit zulässig – zumindest eine Feststellungsklage zu erheben (→ Rn. 62). Ebenso wird es oft zunächst nur gelingen, mit **einem** am Kartell beteiligten **Lieferanten in Vergleichsverhandlungen** einzutreten. Kommt in der Folge ein Vergleich zustande, so mag dies durchaus auch die Vergleichsbereitschaft der weiteren Kartellbeteiligten erhöhen. Je nach Lage des Falles kann es aber durchaus sein, dass Verjährungsrisiken (→ Rn. 64 ff.) es nicht zulassen, erst mit einem Kartellbeteiligten die Vergleichsverhandlungen zu Ende zu führen, um anschließend mit weiteren Kartellbeteiligten in Vergleichsgespräche einzutreten. Dann ist eine Klage zumindest gegen die übrigen Kartellbeteiligten zunächst unvermeidbar.

4. Reichweite und Inhalt von Vergleichen

49 a) Grundsätzliche Erwägungen. Wie in allen anderen Rechtsgebieten bedingt auch bei der Durchsetzung kartellrechtlicher Schadensersatzansprüche eine vergleichsweise Beilegung regelmäßig ein **Nachgeben beider Seiten.** Häufig wird dies die **Höhe der kartellbedingten Preisüberhöhung** betreffen, die in einem Vergleich oft niedriger angesetzt werden wird als bei einer klageweisen Geltendmachung. Ähnliches kann auch für die Frage gelten, **welche Beschaffungsvorgänge** im Einzelnen von den Kartellabsprachen **betroffen** waren, soweit hier – was häufig der Fall ist – die kartellbehördliche Entscheidung und weitere dem Geschädigten vorliegende Informationen keine abschließende Klarheit

---

[33] Art. 45 Abs. 2 d) RL 2004/18/EG; Art. 54 Abs. 4 RL 2004/17/EG.
[34] RL 2014/25/EU.

bringen. Abschläge gegenüber der – möglichen oder bereits anhängig gemachten – Klageforderung rechtfertigen sich vor allem dadurch, dass durch den Vergleich die oft erheblichen **prozessualen Unsicherheiten beseitigt** und der **Konflikt deutlich rascher beigelegt** wird.

Ob ein Vergleich akzeptabel ist, beurteilt sich für den Geschädigten in erster Linie nach **kommerziellen Erwägungen.** Konsequenterweise ist die Entscheidung über eine vergleichsweise Beilegung ebenso wie die Entscheidung, ob überhaupt Schadensersatzansprüche geltend gemacht werden sollen, im Rahmen der **Business Judgment Rule** zu treffen (→ Rn. 4). Auch insofern verfügen die Organe des geschädigten Unternehmens über einen weiten Ermessensspielraum. 50

b) Abgeltung von Schadensersatzansprüchen. Wie oben (→ Rn. 44) erläutert, beschränken sich Vergleiche mit einzelnen (oder ggf. multilaterale Vergleiche mit mehreren) Kartellbeteiligten erfahrungsgemäß meist auf den Ersatz des **von ihnen jeweils verursachten Schadensanteils.** Dies wird wohl zukünftig erst recht gelten, soweit § 33e bzw. § 33d Abs. 3 RegE-GWB die gesamtschuldnerische Haftung jedenfalls für bußgeldbefreite Kronzeugen und unter bestimmten Voraussetzungen auch für KMU dahingehend beschränken werden (→ Rn. 43). 51

c) Mögliche weitere Regelungen. Insbesondere in Fällen, in denen zunächst nur ein einzelner Kartellbeteiligter zu Vergleichsverhandlungen bereit ist, gegen weitere Schädiger aber voraussichtlich eine gerichtliche Anspruchsdurchsetzung erforderlich sein wird, kann es für den Geschädigten nützlich sein, über die Zahlung von Schadensersatz hinaus in den Vergleich weitere Verpflichtungen aufzunehmen, die die gerichtliche Durchsetzung gegenüber den anderen Kartellbeteiligten erleichtern. Dies gilt vor allem angesichts der faktisch für Kartellgeschädigte nur sehr eingeschränkt oder gar nicht verfügbaren Einsicht in die Akten der Kartellbehörden. Zu denken ist dabei insbesondere an die **Offenlegung von Informationen** durch den vergleichsbereiten Kartellbeteiligten. Dabei kann es sich um detaillierte Angaben zu Umfang und Funktionsweise der Kartellabsprachen ebenso handeln wie um Daten, die dem Geschädigten eine solide Schadensberechnung ermöglichen. Darüber hinaus kann ein Vergleich zB eine **generelle Verpflichtung** des am Vergleich beteiligten Kartellbeteiligten zur **Unterstützung** des Geschädigten in einem Rechtsstreit gegen weitere Kartellbeteiligte vorsehen. 52

Art. 7 Abs. 1 und 2 Kartellschadensersatz-RL (umgesetzt in § 89d Abs. 2 und 3 RegE-GWB) regeln **Beweisverwertungsverbote** für Beweismittel, die „allein durch Einsicht in die Akten einer Wettbewerbsbehörde erlangt wurden" (insbesondere Kronzeugenanträge und Settlement-Erklärungen (Art. 7 Abs. 1, § 89d Abs. 3 RegE-GWB) sowie, bis zum Abschluss des kartellbehördlichen Verfahrens, für Dokumente, die von den Kartellbeteiligten oder der Kartellbehörde eigens für das Verfahren erstellt wurden (Art. 7 Abs. 2, § 89d Abs. 1 RegE-GWB). 53

Alle anderen Dokumente, die **ausschließlich im Rahmen einer Akteneinsicht** erlangt wurden, dürfen nach Art. 7 Abs. 3 Kartellschadensersatz-RL, § 89d Abs. 1 RegE-GWB nur von der Person (oder ihrem Rechtsnachfolger) im Schadensersatzprozess verwendet werden, die sie im Rahmen der Akteneinsicht erlangt hat. Damit soll vermieden werden, dass „Beweismittel, die bei einer Wettbewerbsbehörde erlangt wurden, […] Gegenstand des Handels werden".[35]

Überließe ein Kartellbeteiligter dem Geschädigten im Rahmen eines Vergleichs **Informationen,** die **von anderen Kartellbeteiligten** stammen und die der betreffende Kartellbeteiligte allein im Rahmen seiner eigenen **Akteneinsicht als Beschuldigter** erlangt hat, wäre deren Verwertung durch den Geschädigten im Prozess gegen andere Kartellbeteiligte damit nach Art. 7 Abs. 3 Kartellschadensersatz-RL, § 89d Abs. 1 RegE-GWB wohl **unzulässig.** Uneingeschränkt zulässig ist aber die Offenlegung aller eigenen Informationen und Daten des Kartellbeteiligten.

---

[35] Erwägungsgrund 32 Kartellschadensersatz-RL.

54 d) Regelungen zur Gesamtschuld uä. Regelmäßig stellt sich das Problem, dass in einem Vergleich nicht alle Schadensersatzansprüche des Geschädigten aus einem Kartell erledigt werden, sondern ein Teil der Ansprüche noch gegen andere Kartellbeteiligte geltend gemacht werden soll. Ein wesentliches Interesse des vergleichsbereiten Kartellbeteiligten ist es aber, im Verhältnis zu dem konkreten Geschädigten durch den Vergleich eine **möglichst abschließende Regelung** zu treffen. Für solche Fälle sind deshalb Regelungen erforderlich, um zu vermeiden, dass der vergleichsbereite Kartellbeteiligte bereits Schadensersatz geleistet hat, hinsichtlich desselben Schadensbeitrags aber erneut im Wege des Gesamtschuldnerausgleichs von den anderen Kartellbeteiligten in Anspruch genommen wird.

55 Praktisch ist dies meist zu erreichen, indem in der Vergleichsvereinbarung alle Schadensersatzansprüche des Geschädigten hinsichtlich der vom Vergleich erfassten Lieferungen für **materiell erledigt** erklärt werden. Häufig verpflichtet sich der Geschädigte zusätzlich in einem *pactum de non petendo,* Ansprüche hinsichtlich dieser Lieferungen nicht (mehr) gegenüber den anderen Kartellbeteiligten geltend zu machen bzw. seine Anspruchsdurchsetzung diesen gegenüber entsprechend zu beschränken.

56 Besondere Herausforderungen für Vergleiche ergeben sich aus den grundsätzlich **parallel bestehenden Schadensersatzansprüchen unmittelbarer und mittelbarer Abnehmer** (→ Rn. 23 ff.). Schließt ein Kartellbeteiligter einen Vergleich mit einem unmittelbaren Abnehmer über dessen Schadensersatzansprüche, so wird er vermeiden wollen, wegen derselben Lieferungen erneut von indirekten Abnehmern in Anspruch genommen zu werden. Diese Gefahr besteht nicht, wenn der direkte Abnehmer sich zuvor die eigenen Schadensersatzansprüche seiner eigenen Abnehmer hat abtreten lassen und diese im Vergleich mit erledigt werden. Soweit dies nicht in Frage kommt, ist zB eine **Freistellung** des Kartellbeteiligten durch den unmittelbaren Abnehmer **von künftigen Schadensersatzansprüchen mittelbarer Abnehmer** hinsichtlich der durch den Vergleich erledigten Lieferungen denkbar. Alternativ ist daran zu denken, eine Schadensweiterwälzung an mittelbare Abnehmer bereits bei der Höhe des Vergleichsbetrages zu berücksichtigen, der dann nur den beim unmittelbaren Abnehmer letztlich verbleibenden Schaden kompensieren soll. So lässt sich zwar eine doppelte Inanspruchnahme des Kartellbeteiligten hinsichtlich derselben kartellbetroffenen Lieferungen weitgehend vermeiden. Dem Interesse des Kartellbeteiligten, eine möglichst abschließende Regelung zu treffen, trägt eine solche Lösung aber nur sehr bedingt Rechnung.

III. Ausgestaltung des Prozesses

1. Klage in Deutschland oder im Ausland

57 Die nationalen Rechtsordnungen innerhalb der EU weisen derzeit noch **erhebliche Unterschiede** hinsichtlich der Geltendmachung kartellrechtlicher Schadensersatzansprüche aus. Zwar ist nach Ablauf der Umsetzungsfrist der Kartellschadensersatz-RL ein deutlich höherer Harmonisierungsgrad zu erwarten. Angesichts der vielfach bestehenden Spielräume der Mitgliedstaaten für die Umsetzung ist aber davon auszugehen, dass sich die Rahmenbedingungen in den verschiedenen Mitgliedstaaten auch mittelfristig noch erheblich unterscheiden werden. In Deutschland ansässige Kartellgeschädigte, die ihre Ansprüche gerichtlich durchsetzen wollen, sollten daher zunächst prüfen, ob und ggf. welche **internationalen Zuständigkeiten** bestehen und die **Vor- und Nachteile einer möglichen Klage im In- oder Ausland** abwägen.

58 Anknüpfungspunkt für einen möglichen ausländischen Gerichtsstand sind die Regelungen der **VO 44/2001 (EuGVVO).** In Kartellschadensfällen kann sich für deutsche Geschädigte ein ausländischer Gerichtsstand insbesondere in folgenden Fällen ergeben (Einzelheiten zu den rechtlichen Voraussetzungen der internationalen Zuständigkeit nach der EuGVVO → § 31):

- Der **beklagte Kartellbeteiligte** hat seinen **Sitz im Ausland** (Art. 2 Abs. 1 EuGVVO iVm Art. 60 Abs. 1 EuGVVO). In diesem Fall kann der Geschädigte den Kartellbeteiligten – ggf. als Gesamtschulder für den vollständigen Schaden – in dessen Mitgliedstaat verklagen. Gleiches kann auch gelten, wenn zwar nicht der Kartellbeteiligte selbst, aber dessen Muttergesellschaft ihren Sitz im Ausland hat (→ Rn. 61).
- Der **Handlungs- oder Erfolgsort** der Kartellabsprachen liegt im Ausland (Art. 5 Nr. 3 EuGVVO). Hinsichtlich der Frage, wie Handlungs- und Erfolgsort bei Schäden aus kartellrechtswidrigen Ansprachen zu bestimmen sind, besteht einige Unsicherheit.[36] In der Praxis kommt jedenfalls bei Kartellabsprachen, die sich über mehrere Mitgliedstaaten erstreckt haben, eine Vielzahl von Gerichtsständen in Betracht.[37]
- Wenn für die Klage gegen einen Kartellbeteiligten (den sog Ankerbeklagten) eine internationale Zuständigkeit gegeben ist, können nach Art. 6 Nr. 1 EuGVVO auch die **übrigen Kartellbeteiligten** an dessen ausländischem Gerichtsstand mitverklagt werden.[38]

Besteht ein hinreichender Auslandsbezug, um eine internationale Zuständigkeit zu begründen, ist die strategische Entscheidung zu treffen, wo die Klage erhoben werden soll. Abhängig vom Einzelfall sind dabei verschiedene Aspekte zu berücksichtigen. Unter anderem ist zu prüfen, mit welchem **Kostenrisiko** die Klage im jeweiligen Land verbunden wäre. Dies ist abhängig von den verschiedenen Regelungen zu **Gerichtskosten** und von den lokal üblichen – und durchaus unterschiedlichen – **Honoraren** für die Prozessbevollmächtigten. Jedenfalls bis zu einer Harmonisierung nach Umsetzung der Kartellschadensersatz-RL unterscheiden sich die nationalen Rechtsordnungen auch im Hinblick auf den **Zugang zu Beweismitteln.** So haben Kläger zB in Großbritannien durch das Institut der *disclosure* (ähnlich der US-amerikanischen *discovery*) im Prozess Zugang zu Dokumenten, die sich im Besitz der Beklagten befinden.[39] Insbesondere mit Blick auf lang andauernde Kartelle sind außerdem die unterschiedlichen Vorschriften zur **Verjährung** zu berücksichtigen, die dazu führen können, dass in einem Mitgliedstaat noch erfolgreich Schadensersatzansprüche durchgesetzt werden können, die nach dem Recht eines anderen Mitgliedstaats bereits verjährt wären.[40] Auch die **Verfahrensdauer** kann je nach Mitgliedstaat sehr unterschiedlich sein.[41]

2. Auswahl der Beklagten

Eine weitere wesentliche strategische Entscheidung stellt die Auswahl der Beklagten dar. Grundsätzlich kann der Geschädigte alle am Kartell beteiligten Unternehmen gesamtschuldnerisch jeweils in Höhe des vollen ihm entstandenen Schadens in Anspruch nehmen, unabhängig davon, ob zu dem konkreten betreffenden Kartellbeteiligten eine Lieferbeziehung bestand. Allerdings ist aus Sicht des Geschädigten zu überlegen, ob er davon abweichend nur einzelne, und wenn ja, welche Kartellbeteiligte er in Anspruch nimmt. In diese Entscheidung sind insbesondere folgende Aspekte einzubeziehen:

---

[36] Ausführlich hierzu *Mankowski* WuW 2012, 797 (800 ff.).
[37] Vgl. auch LG Dortmund Beschl. v. 29.4.2013 – 13 O (Kart) 23/09, BeckRS 2013, 10006.
[38] Hieran ändert sich auch durch einen Wegfall des Ankerbeklagten zB durch Abschluss eines Vergleichs nach Klageerhebung selbst dann grundsätzlich nichts, wenn für die übrigen Beklagten keine originäre internationale Zuständigkeit am Klageort besteht. Eine Ausnahme hiervon gilt nur, wenn der Ankerbeklagte und der Kläger kollusiv zusammenwirken, um die Zuständigkeit künstlich herbeizuführen oder aufrechtzuerhalten (EuGH Urt. v. 21.5.2015 – C-352/13, ECLI:EU:C:2015:335 Rn. 33 – CDC / Akzo Nobel ua).
[39] Vgl. *Ernst/Jüntgen* GCLR 2011, 5 (10).; zur *disclosure* in kartellrechtlichen Schadensersatzprozessen auch High Court of Justice (England and Wales) Entsch. v. 4.4.2012 – [2012] EWHC 869 (Ch), WuW 2013, 83 – National Grid Electricity/ABB and others.
[40] So kann zB die Verjährungsfrist für kartellrechtliche Schadensersatzansprüche in Großbritannien bis zu sechs Jahre nach Kennen oder Kennenmüssen der beendeten und zunächst geheim praktizierten Kartellabsprachen betragen (Section 32 Limitation Act 1980); die Verjährungsfrist in den Niederlanden beträgt fünf Jahre nach Kenntnis des Schadens und der Identität des Schädigers (Artikel 3:310(1) BW).
[41] Vgl. *Waelbroeck/Slater/Even-Shoshan*, 8, abrufbar unter http://ec.europa.eu/competition/antitrust/actions damages/comparative_report_clean_en.pdf (zuletzt aufgerufen am 10.8.2016).

- Eine Klage nur gegen einen einzelnen oder ausgewählte Kartellbeteiligte reduziert zwar zunächst das **Prozesskostenrisiko** im Unterliegensfall und – insbesondere bei einem Kartell mit zahlreichen Beteiligten – auch die Komplexität und damit die Dauer des Verfahrens. Zumindest bei einem einigermaßen hohen Streitwert ist aber eine Streitverkündung seitens des/der Beklagten gegenüber den nicht verklagten Kartellbeteiligten sehr wahrscheinlich (→ Rn. 15). Treten diese Kartellbeteiligten dem Rechtsstreit auf Seiten des/der Beklagten bei, sind sowohl die Reduzierung des Kostenrisikos als auch die Verringerung der Komplexität wieder hinfällig.
- Insbesondere sehr hohe Schadensersatzforderungen bei lang andauernden Kartellverstößen können die finanzielle Leistungsfähigkeit einzelner Kartellbeteiligter durchaus überschreiten. Mögliche daraus entstehende **Insolvenzrisiken** lassen sich durch eine Klage gegen mehrere Kartellbeteiligte zumindest verringern. Praktisch relevant wird dies insbesondere dann, wenn einzelne solvente Kartellbeteiligte nach Abschluss eines Vergleiches nicht mehr als Gesamtschuldner zur Verfügung stehen.
- Grundsätzlich kann der Geschädigte auch nur gegen einen Kartellbeteiligten vorgehen, von dem er selbst keine kartellbetroffenen Produkte erworben hat. Da diesem die **Lieferbeziehungen** zwischen dem Geschädigten und anderen Kartellbeteiligten in aller Regel nicht im Einzelnen bekannt sein werden, kann er – anders als Kartellbeteiligte, die den Geschädigten selbst beliefert haben – mit Nichtwissen bestreiten, dass der Geschädigte überhaupt kartellbetroffene Produkte bezogen hat. Hierdurch kann sich für den Geschädigten ein deutlich höherer Aufwand ergeben, um seiner Darlegungs- und Beweislast nachzukommen. Einen bußgeldbefreiten Kronzeugen können gem. Art. 11 Abs. 4 Kartellschadensersatz-RL, § 33e Abs. 1 RegE-GWB primär ohnehin nur seine eigenen unmittelbaren oder mittelbaren Abnehmer auf Schadensersatz in Anspruch nehmen (Näheres hierzu → Rn. 43).
- Zu erwägen ist – insbesondere zur Vermeidung von Insolvenzrisiken – auch, ob nur die direkt am Kartell beteiligten Gesellschaften oder ggf. auch deren **Muttergesellschaften** verklagt werden sollten. Unproblematisch möglich ist dies dann, wenn die kartellbehördliche Entscheidung auch einen (eigenen oder zugerechneten[42]) Verstoß der betreffenden Muttergesellschaft gegen Art. 101 AEUV feststellt. Diese Feststellung ist gem. § 33 Abs. 4 S. 1 GWB für das Zivilgericht bindend.

61 Aber auch wenn die Kartellbehörde nicht selbst einen Verstoß der Muttergesellschaft festgestellt hat, kann der Geschädigte im Zivilverfahren argumentieren, dass die am Kartell unmittelbar beteiligte Gesellschaft und die sie **beherrschende Muttergesellschaft** eine **wirtschaftliche Einheit** und damit ein Unternehmen im Sinne der *Akzo*-Rechtsprechung darstellen und dass deshalb auch die Muttergesellschaft gem. § 33 Abs. 1 GWB für den Schaden haftet, der durch ihren (eigenen) Kartellrechtsverstoß verursacht wurde.[43] Höchstrichterliche Rechtsprechung zu der Frage der Anwendbarkeit der *Akzo*-Rechtsprechung auf die zivilrechtliche Haftung und zum Verhältnis zum gesellschaftsrechtlichen Trennungsprinzip ist allerdings bislang nicht ersichtlich.[44]

Etwas mehr Klarheit bringt insofern Art. 1 Abs. 1 Kartellschadensersatz-RL, wonach Geschädigten ein Schadensersatzanspruch gegen „**Unternehmen oder Unternehmensvereinigungen**" zusteht, die eine Zuwiderhandlung gegen kartellrechtliche Vorschriften begangen haben. Damit stellt die Kartellschadensersatz-RL auf den **unionsrechtlichen Unternehmensbegriff** ab, so dass Geschädigte auch Schadensersatzansprüche gegen die Muttergesellschaft eines Kartellbeteiligten geltend machen

---

[42] Vgl. ua EuGH Urt. v. 10.9.2009 – C-97/08 P, Slg. 2009, I-8237 Rn. 58 und 72 – Akzo Nobel ua/Kommission.
[43] So *Kersting* WuW 2014, 564 (564) mwN; im Ergebnis ebenso *Weitbrecht* WuW 2015, 959 (966).
[44] Der BGH hat zwar die Möglichkeit einer zivilrechtlichen Inanspruchnahme der Muttergesellschaft wegen eines Kartellrechtsverstoßes der Tochtergesellschaft verneint (BGH Urt. v. 23.6.2009 – KZR 21/08, NJW-RR 2010, 618 (619) – Entega). Der Entscheidung zugrundeliegende Klage richtete sich jedoch nicht gegen einen Verstoß gegen Vorschriften des europäischen Rechts. Gegen eine Anwendung der unionsrechtlichen Konzernhaftung auf zivilrechtliche Schadensersatzansprüche LG Berlin Urt. v. 6.8.2013 – 16 O 193/11 Kart Rn. 78 (zit. nach juris).

können, soweit diese derselben wirtschaftlichen Einheit angehören.[45] Der RegE-GWB enthält entgegen vielfach geäußerter Erwartungen keine explizite Regelung zur Frage des Unternehmensbegriffs. Vielmehr verpflichtet § 33a Abs. 1 RegE-GWB wie schon bisher § 33 Abs. 3 GWB denjenigen zum Schadensersatz, „[d]er einen Verstoß gegen § 33 Abs. 1 vorsätzlich oder fahrlässig begeht".[46]

3. Klageart

Ferner muss der Geschädigte entscheiden, welche Klageart er verfolgen will. In Frage kommen dabei bei einer Klage vor deutschen Gerichten Leistungsklage, Stufenklage oder Feststellungsklage. Jedenfalls wenn sich der durch die Kartellabsprachen eingetretene **Schaden** zum Zeitpunkt der Klageerhebung bereits **hinreichend beziffern** lässt, ist die unmittelbare Erhebung einer **bezifferten Leistungsklage** schon aus prozessökonomischen und Kostengründen vorzuziehen. Kann die Schadenshöhe noch nicht abschließend festgestellt werden, kommen mehrere Optionen in Betracht: 62

- Grundsätzlich kann eine **Leistungsklage** bei Schadensersatzklagen auch mit einem (noch) **unbezifferten Zahlungsantrag** erhoben werden, wobei jedenfalls eine Größenordnung anzugeben ist.[47] Erforderlich ist allerdings außerdem die Angabe der tatsächlichen Berechnungs- und Schätzungsgrundlagen,[48] so dass eine Leistungsklage auch mit unbeziffertem Zahlungsantrag in der Praxis nur dann erhoben werden sollte, wenn jedenfalls die **Ermittlung der kartellbetroffenen Umsätze weitestgehend abgeschlossen** ist.
- Verfügt der Geschädigte nicht über alle erforderlichen Informationen zur Erhebung einer Leistungsklage, kann er vom Beklagten im Wege einer **Stufenklage** (§ 254 ZPO) zunächst die Auskünfte verlangen, die zur Bezifferung des Zahlungsantrags erforderlich sind. In der Praxis kann eine Stufenklage zB sinnvoll sein, wenn der Geschädigte als Schaden den **Verletzergewinn** des Kartellbeteiligten (§ 33 Abs. 3 S. 3 GWB) geltend macht, da er in aller Regel nicht über die notwendigen Daten zu dessen Berechnung verfügt. Auch für **mittelbar Geschädigte,** die naturgemäß über keine Informationen über die Geschäftsbeziehungen der Kartellbeteiligten zu ihren unmittelbaren Abnehmern verfügen, kann sich die Erhebung einer Stufenklage anbieten.

Deutlich weitergehende Möglichkeiten zur Beschaffung der für eine Anspruchsdurchsetzung erforderlichen Informationen eröffnet Kartellgeschädigten § 33g Abs. 1 RegE-GWB. Dieser enthält – insoweit über die Anforderungen der Kartellschadensersatz-RL hinausgehend – einen eigenständigen materiellrechtlichen Anspruch des Geschädigten auf Auskunft und Herausgabe von Beweismitteln (Näheres hierzu → § 26 Rn. 206 ff.).

- Bei weit in die Vergangenheit zurückreichenden Verstößen können bereits Schadensersatzansprüche zu verjähren drohen (→ Rn. 64 ff.), bevor der Geschädigte in der Lage ist, die für eine Leistungsklage erforderlichen Grundlagen zu ermitteln. Insbesondere in diesen Fällen kann auf eine **Feststellungsklage** (§ 256 ZPO) zurückgegriffen werden.

4. Güterichter und außergerichtliche Streitbeilegung nach Klageerhebung

Auch **nach Klageerhebung** kann eine **konsensuale Streitbeilegung** noch allen Beteiligten erheblichen Aufwand und Kosten gegenüber einer streitigen Entscheidung – möglicherweise durch den gesamten Instanzenzug – ersparen. Neben jederzeit möglichen außergerichtlichen Vergleichsverhandlungen kann dies auch innerhalb des gerichtlichen Verfahrens erfolgen. Zum einen kann das Gericht gem. § 278 Abs. 5 ZPO die Parteien für die nach § 278 Abs. 2 ZPO vorgesehene Güteverhandlung sowie für weitere Güteversuche vor einen – demselben Gericht, aber einer anderen Kammer angehörenden[49] – **Güte-** 63

---

[45] So auch *Kersting* WuW 2014, 564 (565); *Makatsch/Mir* EuZW 2015, 7 (8); aA *Suchsland/Rossmann* WuW 2015, 973 (979); *Thomas/Legner* EuZW 2016, 155 (156).
[46] Kritisch hierzu *Petrasincu* WuW 2016, 330 (331).
[47] MüKoZPO/*Becker-Eberhard* § 253 Rn. 11.
[48] MüKoZPO/*Becker-Eberhard* § 253 Rn. 11.
[49] Musielak/*Foerste* § 278 Rn. 14 mwN.

§ 43

richter verweisen. Dieser kann gem. § 278 Abs. 5 S. 2 ZPO „alle Methoden der Konfliktbeilegung einschließlich der Mediation einsetzen". Allerdings erscheint fraglich, inwieweit insbesondere eine ggf. gegen den Willen der Parteien angeordnete Mediation erfolgversprechend ist. Alternativ kann das Gericht nach § 278a Abs. 1 ZPO den Parteien **vorschlagen,** den Rechtsstreit im Wege der **außergerichtlichen Streitbeilegung** (zB durch eine außergerichtliche Mediation) beizulegen. Sind die Parteien hiermit einverstanden, ordnet das Gericht gem. § 278a Abs. 2 ZPO das Ruhen des Verfahrens an.

C. Praktische Aspekte

I. Absicherung gegen Forderungsausfall (insbes. Verjährung/Insolvenz)

1. Absicherung gegen Verjährung

64 **a) Ausgangslage.** Waren bis zur 7. GWB-Novelle im Jahr 2005 in Deutschland kaum kartellrechtliche Schadensersatzklagen zu beobachten, so lag dies zu einem wesentlichen Teil auch an der bis dahin besonders akuten **Verjährungsproblematik.** Angesichts oft Jahre dauernder Verfahren wären Geschädigte mangels einer Verjährungshemmung während des Kartellverfahrens in manchen Fällen gezwungen gewesen, noch vor Abschluss des behördlichen Verfahrens eine Klage mit höchst unsicheren Erfolgsaussichten zu erheben, um die Verjährung ihrer Schadensersatzansprüche zu verhindern. Seit Inkrafttreten des § 33 Ab. 5 GWB zum 1.7.2005 ist die Verjährung kartellrechtlicher Schadensersatzansprüche gem. § 33 Abs. 5 GWB, § 204 Abs. 2 BGB bis zum Ablauf von sechs Monaten nach bestands- bzw. rechtskräftigem Abschluss des kartellbehördlichen Verfahrens **gehemmt.**

65 Kartellrechtliche Schadensersatzansprüche unterliegen der **allgemeinen dreijährigen kenntnisabhängigen Verjährung** gem. § 199 Abs. 1 BGB. Allerdings besteht erhebliche Unsicherheit hinsichtlich der Frage, ab welchem **Zeitpunkt** von Kenntnis oder grob fahrlässiger Unkenntnis der anspruchsbegründenden Umstände gem. § 199 Abs. 1 Nr. 2 BGB auszugehen ist (Einzelheiten → § 26 Rn. 411 ff.).[50] Richtigerweise sollte dies nicht vor der Veröffentlichung der kartellbehördlichen Entscheidung (bzw. deren Offenlegung im Wege der Akteneinsicht) der Fall sein.[51] Ginge man mit Teilen der Rechtsprechung davon aus, dass bereits eine kartellbehördliche Pressemitteilung über die Verhängung von Bußgeldern die grob fahrlässige Unkenntnis des Geschädigten begründet,[52] so würde dies den Geschädigten in der Praxis vor erhebliche Schwierigkeiten stellen. Denn die Pressemitteilungen von Europäischer Kommission und Bundeskartellamt enthalten in der Regel zwar Angaben zu den Kartellbeteiligten, zu den kartellbetroffenen Produkten und zum Zeitraum der Absprachen. Ob die **konkreten Beschaffungsvorgänge** eines einzelnen potenziell Geschädigten aber tatsächlich von den Absprachen betroffen waren, lässt sich auf dieser Basis oft genug nicht verlässlich beurteilen. Das mit der Erhebung einer Klage verbundene Risiko wollen vielen potenziell Geschädigte angesichts der zu diesem Zeitpunkt noch völlig offenen Erfolgsaussichten nicht in Kauf nehmen.[53]

---

[50] Vgl. *Pohlmann* WuW 2013, 357 (360f.).
[51] KG Urt. v. 1.10.2009 – 2 U 17/03 Kart, NJOZ 2010, 536 (537f.), hat eine grob fahrlässige Unkenntnis mit Blick auf Presseberichte über ein kartellbehördliches Verfahren mit dem Hinweis verneint, „[...] niemand [sei] von Rechts wegen gehalten, die Presse zu verfolgen. Das [gelte] auch für Kaufleute und organschaftliche Vertreter von Handelsgesellschaften in Bezug auf unternehmensbezogene Nachrichten des Wirtschaftsteils."
[52] So LG Düsseldorf Urt. v. 17.12.2013 – 37 O 200/09 (Kart) U, BeckRS 2013, 22380, bestätigt durch OLG Düsseldorf, Urt. v. 18.2.2015 – VI-U (Kart) 3/14, BeckRS 2015, 05520 Rn. 27ff.
[53] In Verfahren der Europäischen Kommission ließen sich konkretere Informationen zwar grundsätzlich der nicht-vertraulichen Fassung der Bußgeldentscheidung entnehmen. Deren Veröffentlichung erfolgt aber teils erst Jahre, nachdem die Entscheidung ergangen ist. So hatte die Europäische Kommission zu der im November 2010 ergangenen Bußgeldentscheidung gegen die Beteiligten des Luftfrachtkartells (Fall COMP/39258 erst im August 2014 eine vorläufige nicht-vertrauliche Fassung der Entscheidung veröffentlicht.

Praktische Probleme für Geschädigte wirft auch die **kenntnisunabhängige Verjährung** 66
von Schadensersatzansprüchen nach 10 Jahren gem. § 199 Abs. 3 Nr. 1 BGB auf. Dadurch jede Zahlung für jede kartellbedingt überteuerte Lieferung ein gesonderter Schaden entsteht, unterliegt der betreffende Schadensersatzanspruch auch jeweils gesondert der Verjährung ab Schadenseintritt. Bei Kartellen von sehr langer Dauer kann dies dazu führen, dass mit Einleitung des kartellbehördlichen Ermittlungsverfahrens bereits die ersten Schadensersatzansprüche verjährt sind.

b) Mögliche verjährungshemmende Maßnahmen. Angesichts der oben beschriebenen 67
Verjährungsrisiken sollten Geschädigte möglichst frühzeitig geeignete Maßnahmen zur Hemmung der Verjährung treffen. Während die Verjährung der Schadensersatzansprüche selbstverständlich durch fristgerechte **Klageerhebung** gehemmt werden kann (§ 204 Abs. 1 Nr. 1 BGB), ist diese für den Geschädigten zu einem frühen Zeitpunkt oft nicht zu empfehlen, weil noch zu große Unsicherheiten bestehen, die eine belastbare Einschätzung der Erfolgsaussichten erschweren.

Soll (noch) keine Klage erhoben werden, kann eine Verjährungshemmung zum einen 68
durch den Abschluss von **Verjährungsverzichts- oder Verjährungshemmungsvereinbarungen** mit den Kartellbeteiligten erreicht werden, sofern letztere hierzu bereit sind. Jedenfalls im Zusammenhang mit förmlichen Vergabeverfahren dürften die Regelungen in der neuen Vergabe-RL, wonach Kartellbeteiligte ihre Zuverlässigkeit nachweisen können, indem sie Schadensersatz leisten oder sich hierzu verpflichten (→ Rn. 46), die Bereitschaft zum Abschluss solcher Vereinbarungen spürbar erhöhen.

Gem. § 203 BGB ist die Verjährungsfrist auch für die Dauer von **Verhandlungen** zwi- 69
schen dem Geschädigten und dem Anspruchsgegner über den Schadensersatzanspruch gehemmt; die Hemmung endet drei Monate nach Abbruch der Verhandlungen (§ 203 S. 1 BGB). Dabei ist der Begriff der „Verhandlungen" **weit auszulegen;** ausreichend ist ein Meinungsaustausch über den Anspruch oder die anspruchsbegründenden Umstände.[54] Insbesondere muss die Gegenseite nicht ausdrücklich Vergleichsbereitschaft oder Bereitschaft zum Entgegenkommen signalisieren.[55] Der Geschädigte sollte aber die diesbezügliche Kommunikation ausführlich schriftlich dokumentieren, um sich im Falle des Bestreitens wirksam auf die Hemmung der Verjährung berufen zu können.

Lehnt der Kartellbeteiligte außergerichtliche Vergleichsgespräche ab, während der Ge- 70
schädigte jedoch (noch) nicht Klage erheben will oder kann, ist eine Hemmung der Verjährung auch durch die Stellung eines **Güteantrags** möglich (§ 204 Abs. 1 Nr. 4 BGB). Grundsätzlich tritt die Hemmung erst mit Bekanntgabe der Stellung des Güteantrags durch die Gütestelle ein; ähnlich wie im Falle einer Klage wirkt die Hemmung aber bereits wie bei § 167 ZPO ab Einreichung des Antrags, wenn diese „demnächst" nach der Einreichung bekanntgegeben wird. Die Hemmung endet gem. § 204 Abs. 2 S. 1 BGB sechs Monate nach rechtskräftiger Entscheidung oder anderweitiger Beendigung des Verfahrens.

c) Konsequenzen der Änderungen durch die Kartellschadensersatz-RL. Während die Ver- 71
jährungsregeln für kartellrechtliche Schadensersatzklagen bislang in den Mitgliedstaaten individuell geregelt waren, sieht Art. 10 Kartellschadensersatz-RL eine weitgehende Harmonisierung dieser Regelungen vor. Nach Art. 10 Abs. 2 Kartellschadensersatz-RL beginnt die Verjährungsfrist frühestens, nachdem der **Kartellrechtsverstoß beendet** wurde und ein Geschädigter **Kenntnis** (i) von dem kartellrechtswidrigen Verhalten, (ii) von der Einstufung des Verhaltens als Kartellrechtsverstoß, (iii) von der Tatsache, dass ihm dadurch ein Schaden entstanden ist, und (iv) von der Identität des Schädigers **erlangt hat oder hätte erlangen müssen.**

---

[54] BGH Urt. v. 26.10.2006 – VII ZR 194/05, NJW 2007, 587 Rn. 10 mwN.
[55] BGH Urt. v. 26.10.2006 – VII ZR 194/05, NJW 2007, 587 Rn. 10 mwN.

72 Abweichend von der bisherigen deutschen Rechtslage, die eine Verjährung nach drei Jahren mit einem Verjährungsbeginn jeweils am Jahresende vorsah, verlängert sich die Verjährungsfrist nach Art. 10 Abs. 3 Kartellschadensersatz-RL auf **fünf Jahre**. Darüber hinaus soll die schon nach bisheriger deutscher Rechtslage vorgesehene **Hemmung** aufgrund eines kartellbehördlichen Verfahrens nicht wie bislang gemäß § 33 Abs. 5 GWB, § 204 Abs. 2 BGB sechs Monate, sondern frühestens **ein Jahr nach bestandskräftigem Abschluss des Verfahrens** enden (Art. 10 Abs. 4 Kartellschadensersatz-RL. Darüber hinaus lässt Art. 10 Abs. 4 Kartellschadensersatz-RL nicht nur eine Hemmung, sondern auch eine Unterbrechung der Verjährung zu.

73 Nach § 33h Abs. 2 RegE-GWB beginnt die **fünfjährige kenntnisabhängige Verjährungsfrist** mit dem Schluss des Jahres, in dem der Anspruch entstanden ist, Kenntnis oder grob fahrlässige Unkenntnis der anspruchsbegründenden Tatsachen vorlag und der Verstoß beendet wurde. Daneben soll gem. § 33h Abs. 3 GWB weiterhin auch eine **zehnjährige kenntnisunabhängige Verjährungsfrist** gelten, die allerdings erst **nach Beendigung des Verstoßes** zu laufen beginnt. § 33h Abs. 6 RegE-GWB regelt die Hemmung der Verjährung bis nach Ablauf eines Jahres nach rechts- oder bestandskräftiger Entscheidung oder anderweitiger Erledigung des Verfahrens; von der Möglichkeit einer Verjährungsunterbrechung macht der deutsche Gesetzgeber damit keinen Gebrauch.

74 Im Ergebnis führen die Regelungen der Kartellschadensersatz-RL für Geschädigte zu spürbaren **Verbesserungen,** insbesondere gegenüber der bisherigen deutschen Rechtslage. Dies gilt insbesondere hinsichtlich der auf fünf Jahre verlängerten kenntnisabhängigen Verjährungsfrist und der Tatsache, dass die Verjährungsfrist erst nach Beendigung des Kartellrechtsverstoßes zu laufen beginnt, während derzeit jedenfalls die kenntnisunabhängige Verjährung nach § 199 Abs. 3 BGB mit jedem (Einzel-) Schadenseintritt zu laufen beginnt, unabhängig davon, ob eine dauernde oder fortgesetzte Zuwiderhandlung beendet wurde.[56]

75 *(nicht belegt)*
76 *(nicht belegt)*
77 Zu der nach wie vor entscheidenden Frage, ab wann von **Kenntnis oder grob fahrlässiger Unkenntnis** der anspruchsbegründenden Umstände auszugehen ist, schafft weder die Kartellschadensersatz-RL noch der RegE-GWB Klarheit. Unternehmen können hieraus nur die Konsequenz ziehen, die Entscheidungspraxis der EU-Kommission und der nationalen Kartellbehörden in Kartellfällen **laufend zu beobachten** und zum frühestmöglichen Zeitpunkt verjährungshemmende Maßnahmen zu ergreifen.

2. Absicherung gegen Insolvenzrisiken

78 Gerade lang andauernde Kartelle verursachen oft enorm hohe Schäden. Die daraus resultierenden Schadensersatzforderungen können insbesondere kleinere am Kartell beteiligte Unternehmen mit begrenzter Kapitaldecke in Insolvenzgefahr bringen. Dabei sind die Möglichkeiten von Geschädigten, sich gegen eine mögliche Insolvenz eines oder mehrerer Kartellbeteiligter abzusichern, naturgemäß begrenzt. Immerhin bestehen aber einige Möglichkeiten, das Risiko eines Forderungsausfalls aufgrund Insolvenz zumindest zu verringern.

79 **a) Berücksichtigung von Insolvenzrisiken bei Vergleichen.** Im Rahmen der strategischen Entscheidung, ob – und ggf. gegen wen – Schadensersatzansprüche gerichtlich oder außergerichtlich geltend gemacht werden, kann auch die (voraussichtliche) Liquidität der jeweiligen Kartellbeteiligten eine wesentliche Rolle spielen. So kann es im Einzelfall ratsam sein, vom Abschluss eines ansonsten sinnvollen **Vergleichs** mit einem solventen Kartellbeteiligten abzusehen, wenn andernfalls der **verbleibende Teil** der Schadensersatzansprüche gerichtlich nur noch gegen einen Kartellbeteiligten durchgesetzt werden könnte, der möglicherweise **insolvenzgefährdet** ist.

---

[56] Vgl. *Gussone/Schreiber* WuW 2013, 1040 (1051 f.).

Beispiel: 80
Der Geschädigte G hat die Kartellbeteiligten A AG („A"), B GmbH („B") und C GmbH & Co. KG („C") gesamtschuldnerisch auf Zahlung von Schadensersatz in Höhe von insgesamt 100 Mio. EUR verklagt. Davon entfallen auf kartellbetroffene Lieferungen von A 30 Mio. EUR, auf Lieferungen von B ebenfalls 30 Mio. EUR und auf Lieferungen von C 40 Mio. EUR. Bei A handelt es sich um eine produzierende Gesellschaft mit einem Anlagevermögen von mehreren hundert Millionen EUR. B ist eine GmbH mit einem Stammkapital von 500.000 EUR. Sie ist jedoch eine 100 %ige Tochtergesellschaft der B AG, mit der ein Ergebnisabführungsvertrag besteht und die über erhebliche Vermögenswerte verfügt. C ist eine reine Handelsgesellschaft ohne nennenswertes Anlagevermögen mit einem Stammkapital von 50.000 EUR. Mit ihrer ausländischen Muttergesellschaft besteht kein Ergebnisabführungsvertrag.

Mit A hat G bereits einen außergerichtlichen Vergleich über 20 Mio. EUR geschlossen, durch den alle Ansprüche hinsichtlich der kartellbetroffenen Lieferungen von A materiell erledigt sind. B und C hat G gesamtschuldnerisch auf Schadensersatz verklagt. In dem gegen B und C anhängigen Rechtsstreit ist B ebenfalls zu einem Vergleich über 20 Mio. EUR bereit, wenn G die Klage gegen B zurücknimmt. C lehnt Vergleichsgespräche hingegen ab.

Schließt G auch mit B einen Vergleich und nimmt die Klage gegen B zurück, so wäre die nur noch gegen C geltend gemachte Forderung von 40 Mio. EUR im Obsiegensfall möglicherweise nicht durchsetzbar. Verbleibt B dagegen ebenfalls als Beklagte im Prozess, so könnte G ein Urteil auch vollständig gegen B vollstrecken, die dann zunächst das Insolvenzrisiko von C trägt.

b) Konzernverbindungen der Kartellbeteiligten. Von wesentlicher Bedeutung für die 81 Durchsetzbarkeit von Schadensersatzansprüchen sind auch mögliche **Konzernverbindungen** zwischen den unmittelbar am Kartell beteiligten Unternehmen und ihren **mittelbaren oder unmittelbaren Muttergesellschaften.** Sofern die Muttergesellschaft des Kartellbeteiligten nicht schon aufgrund unionsrechtlicher Grundsätze selbst zivilrechtlich haftet (→ Rn. 61), können solche Verbindungen die Haftungsmasse für den Geschädigten jedenfalls im Ergebnis erheblich vergrößern. Besteht zwischen dem Kartellbeteiligten und einer anderen Gesellschaft ein **Beherrschungs- oder Gewinnabführungsvertrag** und übersteigt der geltend gemachte Schadensersatzanspruch die eigene finanzielle Leistungsfähigkeit des Kartellbeteiligten, so hat der Kartellbeteiligte gegen die andere Gesellschaft gem. § 302 AktG (ggf. analog, wenn es sich bei dem Kartellbeteiligten um eine GmbH handelt[57]) einen Anspruch auf **Ausgleich des Jahresfehlbetrages.** Auf diesen Anspruch kann der Geschädigte gem. §§ 829, 835 ZPO zugreifen,[58] wenn er über einen vollstreckbaren Titel gegen den Kartellbeteiligten verfügt.

Für den Fall einer Aufhebung eines bestehenden Beherrschungs- oder Gewinnabführungsvertrages 82 sieht § 303 AktG einen **Gläubigerschutzmechanismus** vor. Meldet der Kartellgeschädigte seine Ansprüche gegen den bisher beherrschten Kartellbeteiligten binnen sechs Monaten nach Bekanntmachung der Eintragung der Aufhebung gegenüber der bisher herrschenden Gesellschaft an, ist diese gem. § 303 Abs. 1 S. 1 AktG verpflichtet, hierfür Sicherheit zu leisten oder – gem. § 303 Abs. 3 S. 1 BGB – eine Bürgschaft zu stellen.

Alternativ kommen auch **andere Lösungen** in Betracht, durch die der Anspruch des Geschädigten ebenso effektiv gesichert wird wie durch den bisherigen Beherrschungs- oder Gewinnabführungsvertrag, so zB ein **Schuldbetritt** der bisher herrschenden Gesellschaft. Dieser muss nicht mit einem Anerkenntnis des Anspruchs verbunden sein.

c) Laufendes Monitoring. Zeichnet sich ab, dass ein Kartellbeteiligter insolvenzgefährdet 83 sein könnte, sollte der Geschädigte jedenfalls kontinuierlich das **Insolvenzregister** auf diesbezügliche Veröffentlichungen prüfen, um kurzfristig reagieren zu können. Ferner sollten Kartellgeschädigte, sobald die Identität der Kartellbeteiligten feststeht, im Handelsregister prüfen, ob **Unternehmensverträge** gem. §§ 291 ff. AktG mit anderen Unternehmen bestehen. Ist dies der Fall, sollte regelmäßig geprüft werden, ob diese Verträge im

---

[57] BGH NJW 2002, 822 (823); vgl. *Emmerich/Habersack* § 302 AktG Rn. 25 mwN.
[58] Hüffer/*Koch* AktG § 302 Rn. 16.

weiteren Verlauf möglicherweise beendet werden, um ggf. rechtzeitig den Gläubigerschutz nach § 303 AktG in Anspruch nehmen zu können.

II. Erfassung von Sachverhalten und Beweismitteln

1. Nachweis der kartellrechtswidrigen Absprachen

84 Geschädigte sind grundsätzlich darlegungs- und beweispflichtig für alle anspruchsbegründenden Tatsachen. Ein wesentlicher Teil dieser Tatsachen – nämlich die kartellrechtswidrigen Absprachen selbst und ihre zeitliche, räumliche und sachliche Reichweite – entzieht sich aber naturgemäß zunächst ihrer Kenntnis. Faktisch sind die Geschädigten daher in aller Regel weitgehend auf die **Bindungswirkung** kartellbehördlicher Entscheidungen nach § 33 Abs. 4 S. 1 GWB bzw. Art. 16 Abs. 1 VO Nr. 1/2003 angewiesen. Diese soll sich jedoch nach hM nur auf die Feststellung des Kartellrechtsverstoßes, nicht aber auf mögliche Ausführungen (zB zum tatbezogenen Umsatz) in den Entscheidungsgründen beziehen, die auf einen kausal durch den Verstoß verursachten Schaden schließen lassen.[59]

85 Davon unabhängig besteht für Geschädigte ein weiteres, eher praktisches Problem darin, dass es erklärtes Ziel des Bundeskartellamts ebenso wie der Europäischen Kommission ist, Kartellverfahren zunehmend im Rahmen sogenannter **Settlements** einvernehmlich zu beenden. Eine solche einvernehmliche Verfahrensbeendigung erfolgt, gerade bei Verfahren des Bundeskartellamts, häufig durch **sehr kurze Bußgeldbescheide,** die nur knappe Angaben zu Einzelheiten der kartellrechtswidrigen Absprachen enthalten. Unter verfahrensökonomischen Aspekten mag dies begrüßenswert sein: Ein erheblicher Vorteil von Settlements für die Kartellbehörden liegt gerade darin, dass auf eine vollständige Ausermittlung des Sachverhalts teilweise verzichtet wird. Dies erschwert allerdings die Geltendmachung von Schadensersatzansprüchen, soweit deshalb in der Entscheidung keine hinreichend genauen und umfassenden Angaben zu den kartellrechtswidrigen Absprachen enthalten sind.

86 Zusätzliche, über die Feststellungen in kartellbehördlichen Entscheidungen hinausgehende Erkenntnisse zu den kartellrechtswidrigen Absprachen können Geschädigte grundsätzlich auch im Wege der **Akteneinsicht** erhalten (Einzelheiten → § 10 Rn. 130 ff.). Aus praktischer Sicht ist allerdings zu konstatieren, dass die Kartellbehörden das Akteneinsichtsrecht des Geschädigten **sehr restriktiv** handhaben. Das Bundeskartellamt beschränkt die Akteneinsicht des Geschädigten in der Regel auf – um persönliche Daten und Geschäftsgeheimnisse bereinigte – Fassungen der Bußgeldbescheide und lehnt weitergehende Anträge auf Akteneinsicht meist ab. Die Europäische Kommission gewährt nur solchen Geschädigten Akteneinsicht, die bereits als Beschwerdeführer Beteiligte des kartellbehördlichen Verfahrens waren. Jedenfalls bei Verfahren, die auf Kronzeugenanträge zurückgehen, wird dies in aller Regel aber nicht der Fall sein. Jedenfalls bei Kartellverstößen, die gleichzeitig den Straftatbestand des § 298 StGB erfüllen, kommt ggf. auch eine Akteneinsicht durch das Zivilgericht gem. § 474 StPO in Betracht.[60]

87 Dem Problem, dass Geschädigten bislang nur sehr eingeschränkt Zugang zu Informationen über den Kartellverstoß erlangen konnten, sollen die Regelungen in **Art. 5 und 6 Kartellschadensersatz-RL** begegnen. Diese sehen im Kern vor, dass die nationalen Gerichte in Kartellschadensersatzprozessen die **Offenlegung von Beweismitteln** anordnen können (Näheres hierzu → § 24 Rn. 43 ff.). Die in § 33g RegE-GWB vorgesehene Regelung geht über diese Anforderungen deutlich hinaus. Sie enthält **eigenständige materiellrechtliche Ansprüche** sowohl des **Geschädigten (Abs. 1)** als auch des **Beklagten (Abs. 2)** auf Herausgabe von Beweismitteln und Auskunft. Auch wenn diese Ansprüche bestimmten Beschränkungen unterliegen (insbesondere keine Verpflichtung zur Herausgabe bei Unverhältnismäßigkeit, § 33g Abs. 3, sowie absoluter Schutz von Kronzeugenerklärungen und Vergleichsausführungen, § 33g Abs. 4), so ist doch zu erwarten, dass sie bei der Durchsetzung kartell-

---

[59] MüKoGWB/*Lübbig* § 33 Rn. 116; Wiedemann/*Topel* HdB KartellR § 50 Rn. 140 f.
[60] OLG Hamm Beschl. v. 26.11.2013 – verb. Rs. 1 VAs 116/13, 120/13 und 122/13, BB 2014, 526; ausführlich hierzu *Yomere/Kresken* WuW 2014, 481.

rechtlicher Schadensersatzansprüche **erhebliche praktische Bedeutung** erlangen werden. Dies gilt insbesondere, weil Geschädigte derartige Ansprüche sehr frühzeitig – also auch **im Vorfeld von Vergleichsverhandlungen** – und außerdem nicht nur gegenüber den Kartellbeteiligten, sondern **auch gegenüber Dritten** geltend machen können. Dabei ist insbesondere an Auskunftsansprüche mittelbar Geschädigter gegenüber unmittelbaren Abnehmern zu denken.

2. Schadensnachweis

Da die Informationen zum Kartellverstoß selbst in aller Regel außerhalb der Sphäre des Geschädigten liegen, ist für die Geltendmachung von Schadensersatzansprüchen vor allem die Erfassung von Daten und Dokumenten zum Schadensnachweis praktisch relevant. Erfahrungsgemäß nimmt die Zusammenstellung und prozesstaugliche Aufarbeitung der hierfür erforderlichen Daten und Unterlagen **erhebliche Zeit und Aufwand** in Anspruch. Daher sollte möglichst frühzeitig mit der Identifikation aller möglicherweise von dem Kartell betroffenen Einkaufsvorgänge begonnen werden. 88

Grundsätzlich ist der Geschädigte beweis- und darlegungspflichtig für **alle anspruchsbegründenden Umstände.** Da der Schaden regelmäßig in der Bezahlung kartellbedingt überhöhter Preise für von den Kartellabsprachen erfasste Produkte liegt, sollten daher alle (möglicherweise) betroffenen einzelnen Beschaffungsvorgänge möglichst lückenlos belegt werden. Dies ist schon deshalb zu empfehlen, weil in kartellrechtlichen Schadensersatzprozessen erfahrungsgemäß oft auch grundlegende Tatsachen wie der Bezug kartellbetroffener Produkte durch die Beklagten bestritten werden. 89

Idealerweise sollten für alle relevanten Beschaffungsvorgänge das zugrundeliegende **Angebot,** die **Bestellung,** die **Lieferung,** die **Rechnung** und die **Bezahlung** dokumentiert werden. Zwar werden Beklagte, die die kartellbetroffenen Produkte direkt an den Geschädigten geliefert haben, diese Tatsachen kaum mit Nichtwissen bestreiten können. Anders stellt sich die Situation aber dar, wenn die Klage sich (auch) gegen Kartellbeteiligte als Gesamtschuldner richtet, zu denen der Geschädigte keine Geschäftsbeziehung unterhalten hat (→ Rn. 60). 90

Abhängig von den Umständen des Einzelfalles kann es außerdem geboten sein, **weitere Daten bzw. Unterlagen** zusammenzustellen. So kann es sinnvoll sein, bei Kartellabsprachen in Bieter- oder **Vergabeverfahren** zusätzlich den Ablauf des Verfahrens einschließlich aller eingegangenen Angebote zu dokumentieren. Dies bietet sich insbesondere dann an, wenn im kartellbehördlichen Verfahren keine eindeutigen Feststellungen dazu getroffen wurden, welche Ausschreibungen im Einzelnen von den Absprachen erfasst waren. Hat ein Unternehmen die kartellbetroffenen Produkte nicht selbst bezogen, sondern wurde es **mittelbar geschädigt,** so ist es für einen lückenlosen Schadensnachweis zumindest zum Teil auf die Mitwirkung seiner unmittelbaren Zulieferer angewiesen. Soweit in solchen Fällen keine Bündelung der Ansprüche der verschiedenen Marktstufen (→ Rn. 26) in Betracht kommt, sollte das mittelbar geschädigte Unternehmen jedenfalls möglichst frühzeitig seine Vertragspartner um Zulieferung der erforderlichen Daten ersuchen. 91

Insbesondere bei lang andauernden und weit in die Vergangenheit zurückreichenden Kartellabsprachen ist die lückenlose **Dokumentation** aller betroffenen Beschaffungsvorgänge häufig nur unter **Schwierigkeiten** oder gar nicht mehr möglich. Das gilt vor allem, wenn das geschädigte Unternehmen seine Beschaffungsvorgänge zwar grundsätzlich über IT-Systeme abwickelt, der vom Kartell betroffene Zeitraum aber zumindest teilweise vor deren Einführung oder vor einem größeren Systemwechsel lag, so dass die betreffenden Daten nicht (mehr) elektronisch verfügbar sind. Zudem besteht insbesondere in größeren Unternehmen die Gefahr, dass elektronisch vorhandene Daten als auch archivierte Papierdokumente nach Ablauf der gesetzlichen Aufbewahrungsfristen (meist zehn Jahre gem. § 257 Abs. 4 HGB) **automatisch vernichtet** werden. Zeichnet sich ab, dass ein Unternehmen möglicherweise durch Kartellabsprachen geschädigt wurde, ist daher zu empfehlen, unverzüglich ein **unternehmensinternes Vernichtungsverbot** für alle möglicherweise relevanten Unterlagen auszusprechen. 92

93 Haben die Kartellabsprachen eine **Vielzahl einzelner Beschaffungsvorgänge** betroffen, kann der Aufwand extreme Ausmaße annehmen. So kann die vollständige Dokumentation im Fall eines Kartells über zehn Jahre mit vielen einzelnen betroffenen Beschaffungsvorgängen ohne Weiteres mehrere hunderttausend Seiten umfassen. Um die Beweisführung im Schadensersatzprozess in solchen Fällen überhaupt noch handhabbar zu gestalten, kann es sich anbieten, eine **elektronische Datenbank** zu erstellen, in der alle relevanten Dokumente erfasst werden. Entsprechende Software-Lösungen sind aber, soweit ersichtlich, kaum „fertig" am Markt verfügbar und müssen eigens erstellt oder zumindest auf den konkreten Fall angepasst werden, was wiederum erhebliche Kosten verursachen kann.

III. Beauftragung von ökonomischen Gutachten

94 Nach der Differenzhypothese besteht der durch Kartellabsprachen verursachte Schaden grundsätzlich in der **Differenz** zwischen dem **tatsächlich gezahlten Preis** und dem **hypothetischen Wettbewerbspreis** (Einzelheiten → § 26 Rn. 168 ff.).[61] Dabei kann die Höhe des Schadens gem. § 287 Abs. 1 ZPO geschätzt werden;[62] für eine Schätzung muss der Kläger aber die geeigneten Anknüpfungstatsachen darlegen.[63] Grundsätzlich ist in der deutschen Rechtsprechung anerkannt, dass sich der hypothetische Wettbewerbspreis insbesondere über das sog **Vergleichsmarktkonzept** bestimmen lässt.[64] Dabei kommen verschiedene Ansätze (zeitlicher Vergleich mit Preisen vor und nach der Kartellperiode, sachlicher Vergleich mit ähnlichen, nicht kartellbetroffenen Produkten und räumlicher Vergleich mit Preisen für das gleiche Produkt auf anderen räumlichen, nicht kartellbetroffenen Märkten) in Betracht, wobei diese Ansätze auch kombiniert werden können. Im Rahmen komplexerer ökonometrischer Modelle können die Ergebnisse solcher einfacher Vergleiche um eine Vielzahl von Faktoren korrigiert werden, um eine Verfälschung von Ergebnissen bei nicht vollständig vergleichbaren Märkten zu vermeiden.[65]

95 Unabhängig von der möglichen Bestellung eines Gutachters durch das Gericht ist die Beauftragung wettbewerbsökonomischer Gutachten zur Schadensermittlung durch die Geschädigten, oft schon in einem frühen Stadium, weit verbreitet. Dies gilt jedenfalls, wenn es sich nicht um einen besonders einfach gelagerten Fall (zB um eine einmalige Absprache über eine konkrete Preiserhöhung) oder um ein nur geringfügiges Schadensvolumen handelt. Insbesondere erfordern Vergleichsmarktanalysen, die über einen einfachen zeitlichen Vergleich hinausgehen, und komplexere Ansätze eine **ausgeprägte wettbewerbsökonomische Expertise.** Gerade in Kartellschadensfällen größeren Ausmaßes ist dabei auch schon für die **Vorbereitung und Begleitung von Vergleichsverhandlungen** vor einer möglichen Klageerhebung an die Beauftragung geeigneter wettbewerbsökonomischer Berater zu denken, nicht zuletzt, um die Entscheidung für einen möglichen Vergleich auf einer angemessenen Informationsgrundlage im Sinne der Business Judgment Rule (→ Rn. 4 ff.) treffen zu können.

96 Für die Erstellung eines entsprechenden Gutachtens kommt aufgrund der erforderlichen Fachkenntnisse nur ein **begrenzter Kreis spezialisierter Berater** in Betracht, wobei in jüngerer Zeit zu beobachten ist, dass neben (wenigen) meist international tätigen spezialisierten Beratungsunternehmen zB auch WP-Gesellschaften wettbewerbsökonomische Beratung anbieten. Alternativ (oder in besonders komplexen Fällen auch zusätzlich) kann auch die Beauftragung von Hochschullehrern bzw. -instituten eine Option sein. Für Geschädigte, die erstmals mit einem Kartellschadensfall konfrontiert sind, kann die Aus-

---

[61] *Zöttl/Schlepper* EuZW 2013, 573 (575).
[62] BGH Urt. v. 28. 6. 2011 – KZR 75/10, NJW 2012, 928 – ORWI.
[63] BGH Urt. v. 15. 3. 1988 – VI ZR 81/87, NJW 1988, 3016 (3017).
[64] Vgl. KG Urt. v. 1. 10. 2009 – 2 U 10/03, BeckRS 2009, 88509 – Transportbeton.
[65] Einen Überblick über die Methoden zur Schadensberechnung bietet der Entwurf eines Praktischen Leitfadens der Europäischen Kommission zur Ermittlung des Schadensumfangs bei kartellrechtlichen Schadensersatzklagen; abrufbar unter http://ec.europa.eu/competition/antitrust/actionsdamages/quantification_guide_de.pdf (zuletzt abgerufen am 27. 10. 2016).

wahl geeigneter Berater mangels Marktkenntnis durchaus schwierig sein. In solchen Fällen bietet sich eine Unterstützung durch die meist mandatierten kartellrechtlich spezialisierten Rechtsanwälte an; auch eine (Unter-) Beauftragung der wettbewerbsökonomischen Berater durch die mandatierten Rechtsanwälte ist nicht unüblich.

Die Beauftragung spezialisierter Wettbewerbsökonomen ist meist mit **erheblichen Kosten** verbunden. Diese lassen sich im Verlauf des Beratungsmandats zum einen im Rahmen halten, indem das geschädigte Unternehmen selbst die erforderlichen **Daten** so weit wie möglich selbst in geeigneter Form **zusammenstellt und aufarbeitet**. Zum anderen kann die **gemeinsame Beauftragung** eines Wettbewerbsökonomen durch **mehrere Geschädigte** die Kosten erheblich senken. Dabei ist allerdings darauf zu achten, dass es nicht zu einem Austausch wettbewerblich sensibler Daten zwischen den Geschädigten kommen darf, wenn diese untereinander in einem Wettbewerbsverhältnis stehen. Oft wird diese Gefahr schon deshalb nicht bestehen, weil der Kartellverstoß relativ lange zurückliegt und die entsprechenden Daten daher keine Geschäftsgeheimnisse mehr sind. Geht es hingegen um relativ aktuelle Daten, lässt sich das Risiko eines eigenen Kartellrechtsverstoßes vermeiden, indem die desaggregierten Daten nur dem gemeinsam beauftragten Wettbewerbsökonomen zugänglich gemacht werden und sichergestellt wird, dass diese gegenüber den jeweils anderen Geschädigten nicht offengelegt werden.

97

D. Identifikation und Prävention von Kartellschadensrisiken in der Beschaffung

I. Kartellschadensprävention – Chance und Herausforderung

So aktiv und erfolgreich die Kartellbehörden zweifellos sind – letztlich können sie trotz ihrer weitgehenden Befugnisse und der viel genutzten Kronzeugenprogramme nur einen Teil der Kartellaktivitäten (und häufig auch erst in einem späten Stadium der Kartelllebensdauer[66]) aufdecken.[67] Umso schwieriger ist es für Unternehmen als tatsächliche und potenzielle Opfer von Kartellen, selber verbotene Absprachen ihrer Geschäftspartner zu identifizieren oder sie gar zu verhindern. Trotzdem gibt es zwar begrenzte, aber durchaus brauchbare und vielseitige **Ansätze, in der Unternehmenspraxis gegen Kartelle von Geschäftspartnern – vor allem von Lieferanten**[68] – **präventiv vorzugehen** und Kartellschadensrisiken zu begegnen. Die Identifikation und Prävention von Lieferantenkartellen hat die juristische Theorie und Praxis allerdings, anders als die ökonomische Diskussion,[69] noch nicht besonders beschäftigt.[70] Die nachfolgend skizzierten Ansätze sind von

98

---

[66] Laut *Friederiszick/Maier-Rigaud* Journal of Competition Law and Economics 2008, 89 (97 f.), werden Kronzeugenanträge häufig erst gestellt, wenn Kartelle instabil und ohnehin kurz vor ihrem Zusammenbruch sind.

[67] Gemäß der Studie von *Combe/Monnier/Legal,* 17, liegt die Wahrscheinlichkeit, dass ein Kartell in der EU in einem beliebigen Jahr aufgedeckt wird, bei gerade einmal 12,9 bis 13,2%; vgl. auch *Hüschelrath/Voith,* 1.

[68] Im Folgenden wird auf den praktisch wichtigsten Fall der Lieferanten und Lieferantenkartelle Bezug genommen und zu diesem Zweck auf die Einkaufsprozesse im Unternehmen eingegangen. Die Ausführungen lassen sich allerdings grundsätzlich auch auf andere Geschäftspartner übertragen.

[69] Vgl. aus den vergangenen Jahren die Beiträge von *Abrantes-Metz* bzw. *Abrantes-Metz/Bajari/Murphy* (Making compliance programs robust – abrufbar unter: http://papers.ssrn.com/sol3/papers.cfm?abstract_id=1648948 (zuletzt abgerufen am 19.6.2016)), *Abrantes-Metz/Villas-Boas/Judge, Blankenburg/Geist/Kholodilin, Heijnen/Haany/Soeteventz, Hüschelrath* sowie *Hüschelrath/Veith, Laitenberg/Hüschelrath* und von *Nothelfer* (s. im Schrifttumsverzeichnis zu weiteren bibliographischen Angaben) oder auch die Beiträge in The Economist v. 15.12.2012 – abrufbar unter: http://www.economist.com/news/finance-and-economics/21568364-how-antitrust-economists-are-getting-better-spotting-cartels-scam-busters (aufgerufen am 6.8.2014) und von *Haucap/Schultz,* Forensische Kartellforschung, FAZ v. 19.8.2011 – abrufbar unter: http://www.faz.net/aktuell/wirtschaft/unternehmen/wettbewerbsoekonomie-forensische-kartellforschung-11108550-p2.html (zuletzt abgerufen am 19.6.2016); weitere Nachweise bei *Nothelfer* CCZ 2012, 186 (186 ff.).

[70] *Reimers/Brack/Schmidt* CCZ 2016 (83); zu den Aktivitäten der Kartellbehörden vgl. *Laitenberger/Hüschelrath* CPI Antitrust Chronicle September 2011 (2); *Mena-Labarthe* CPI Antitrust Chronicle March 2012 (1). S. auch die Publikationen der Kartellbehörden in Deutschland – abrufbar unter http://www.bundes

daher als Anregungen für interessierte Praktiker, nicht aber als Darstellung etablierter Methoden zu verstehen.

99 Der Bedarf für Lösungen zur Kartellidentifikation und -prävention durch Unternehmen nimmt zu. Das liegt auch daran, dass die häufigere Geltendmachung von Schadensersatzansprüchen durch Kartellopfer und, im Bereich öffentlicher Aufträge, die erheblich intensivierte Verfolgung des § 298 StGB die Attraktivität von Kronzeugenanträgen und damit die Wirksamkeit der darauf beruhenden Kartellbekämpfung schmälern.

II. Identifikation von Kartellschadensrisiken

100 Im Folgenden werden unterschiedliche Herangehensweisen bei der Identifikation von Kartell(schadens-)risiken beschrieben. Unter III. wird darauf eingegangen, was zur Abwehr dieser Risiken unternommen werden kann.

1. Konkrete Kartellauffälligkeiten im Beschaffungsprozess

101 Bestimmte Auffälligkeiten im Beschaffungsprozess weisen auf mögliche Kartellabsprachen von Lieferanten hin. Solche Indikatoren reichen aber nur selten als alleiniger Nachweis wettbewerbsbeschränkenden Verhaltens aus. Denn fast immer gibt es **alternative Erklärungen;** sehr häufig kann eine vermeintliche Kollusion etwa auch mit unabgestimmtem Parallelverhalten erklärt werden.[71] Damit hängt die Risikoeinschätzung im konkreten Fall davon ab, **wie *wahrscheinlich* kollusives Zusammenwirken von Wettbewerbern ist.**[72] Insofern lassen sich zwei Fallgruppen unterscheiden:

102 In einigen Konstellationen drängt sich die Annahme einer Kartellabsprache zu Lasten des einkaufenden Unternehmens geradezu auf, weil **alternative Erklärungen kaum in Betracht kommen (hohe Kartellwahrscheinlichkeit):**
- Mehrere Angebote in einer Ausschreibung enthalten denselben Rechen- oder Schreibfehler;
- Angebote nehmen auf (unzulässige) Verbandsempfehlungen Bezug;
- Unternehmen haben sich zu einer deutlich überdimensionierten Bietergemeinschaft[73] zusammengeschlossen.

103 In den übrigen Fällen spricht einiges für eine Kartellabsprache, es gibt aber auch **plausible Alternativerklärungen ((nur) gesteigerte Kartellwahrscheinlichkeit).** Das gilt vor allem in den folgenden Fällen:[74]
- Die an einer Ausschreibung beteiligten Bieter kennen ihre Angebotspreise untereinander;
- die Wettbewerber treffen sich vor der Angebotsabgabe;
- die Wettbewerber scheinen der Reihe nach Ausschreibungen zu gewinnen bzw. es fallen andere wiederkehrende Muster auf;
- es beteiligen sich auffällig weniger Unternehmen an Ausschreibungen als üblich;
- die Gebote fallen deutlich, wenn Newcomer in den Markt eintreten;
- Preise für Zusatzleistungen von Wettbewerbern sind sehr ähnlich;

---

kartellamt.de/SharedDocs/Publikation/DE/Broschueren/Submissionsabsprachen.pdf?__blob=publicationFile (zuletzt abgerufen am 19.6.2016); in Schweden – abrufbar unter: http://ec.europa.eu/competition/ecn/brief/05_2013/aucti_se.pdf (zuletzt abgerufen am 19.6.2016), Finnland – abrufbar unter: http://www.kilpailuvirasto.fi/tiedostot/Vinkkeja-tarjouskartellien-havaitsemiseen-2012-EN.pdf (zuletzt abgerufen am 19.6.2016), den USA – abrufbar unter: http://www.justice.gov/atr/public/guidelines/211578.pdf (zuletzt abgerufen am 19.6.2016) oder Kanada – abrufbar unter: http://www.competitionbureau.gc.ca/eic/site/cb-bc.nsf/eng/02601.html (zuletzt abgerufen am 19.6.2016).

[71] Vgl. auch OECD, Background Note, 5.
[72] Vgl. auch *Friederiszick/Maier-Rigaud* Journal of Competition Law and Economics 2008, 89 (92f.).
[73] Zu den hohen Anforderungen der neueren Rechtsprechung an Bietergemeinschaften s. KG Beschl. v. 24.10.2013 – Verg 11/13, BeckRS 2013, 19525; OLG Düsseldorf Beschl. v. 9.11.2011 – Verg 35/11, BeckRS 2011, 29679.
[74] Vgl. auch die Beispiele bei OECD, Background Note, 25 ff.; US Department of Justice, Antitrust Primer, 1 ff. – abrufbar unter: http://www.justice.gov/atr/public/guidelines/211578.pdf (zuletzt abgerufen am 19.6.2016); *Hüschelrath* Journal of European Competition Law and Practice 2010, 1 (6).

- Unternehmen setzen Wettbewerber als Subunternehmer ein;
- das Preisniveau ist in einer Region deutlich höher als in benachbarten Regionen;
- die Anbieter weigern sich kategorisch, Rabatte zu geben;
- trotz Nachfrageschwund und/oder Kapazitätsüberhang kommt es zu deutlichen Preissprüngen;
- die Preise steigen ohne ersichtlichen kostenseitigen Grund einheitlich an;
- Schwankungen von Roh-/Grundstoffpreisen, Vorleistungspreisen oder andere Veränderungen der Marktbedingungen spiegeln sich nicht in der Preisentwicklung wider.

In beiden Fallgruppen ist die Auswahl der geeigneten Reaktion sehr einzelfallabhängig (→ Rn. 112 ff.). 104

Um potenzielle Kartellverdachtsfälle zu bemerken, müssen die **Mitarbeiter der Einkaufsabteilung für wettbewerbliche Auffälligkeiten im Beschaffungsprozess sensibilisiert werden.** Dafür sollten ihnen entsprechende **Leitfäden** als Arbeitshilfen an die Hand gegeben werden und vor allem sollten sie durch **Schulungen** auf typische Kartellauffälligkeiten aufmerksam gemacht werden und darauf, wie in diesen Fällen weiter zu verfahren ist (üblicherweise Einschaltung des Rechts-/Compliancebereichs).[75] 105

2. Marktverhaltens-Screening

Der unter 1. beschriebene, eher bodenständige allgemeine Ansatz, auf wettbewerbliche Auffälligkeiten bei der Beschaffung zu achten, wird beim **empirischen Marktverhaltens-Screening** *(behavioural screening)*[76] weitergeführt und verfeinert. Dabei werden Marktdaten über die Zeit betrachtet, um ungewöhnliche Trends oder Ereignisse überhaupt offenzulegen bzw. – vor allem als Reaktion auf Hinweise von Einkaufsmitarbeitern – näher zu bewerten. Man denke etwa an die unter → Rn. 103 zuletzt genannten, auffälligen Entwicklungen des Preis-Kosten-Verhältnisses, die Beobachtung geringer Preisvarianzen[77] oder überraschender Preissprünge.[78] 106

Methodisch werden die ermittelten Daten im Rahmen einer Regressionsanalyse zu einer oder mehreren Benchmarks im Sinne des Vergleichsmarktkonzepts – andere Zeiträume, andere sachliche oder geographische Märkte – ins Verhältnis gesetzt.[79] **Je signifikanter die Abweichungen auf dem untersuchten Markt und je abwegiger Alternativerklärungen sind, desto höher ist die Wahrscheinlichkeit einer Kartellabsprache.** Die Belastbarkeit der Ergebnisse eines Marktverhaltens-Screenings kann gesteigert werden, wenn mehrere geeignete Kartellindikatoren im Rahmen eines Scoring-Modells kumulativ berücksichtigt werden.[80] Der sichere Nachweis eines Kartells allein durch die Ergebnisse eines Screenings ist bis dato allerdings nicht möglich. 107

3. Marktstrukturanalyse der Beschaffungsmärkte

Neben der Identifikation konkreter Anzeichen für wettbewerbswidriges Verhalten von Lieferanten in einzelnen Beschaffungsvorgängen können Unternehmen die **„Kartellneigung" auf den Beschaffungsmärkten** untersuchen, also das abstrakte Risiko von Lieferantenkartellen.[81] Gegenstand eines entsprechenden **Marktstruktur-Screenings** *(structural screening)*[82] sind die Merkmale eines Marktes, die das Wettbewerbsverhalten der Marktteilnehmer beeinflussen, etwa Marktkonzentration, Produkthomogenität, Produktkomplexität, Symmetrie der Marktteilnehmer, Markteintrittsbarrieren, Transaktionshäufigkeit, Nachfragekontinuität, 108

---

[75] Vgl. *Reimers/Brack/Schmidt* CCZ 2016, 83 (85).
[76] Vgl. näher OECD, Background Note, 21 ff.
[77] Dh die Preise verschiedener Marktteilnehmer pendeln sich auf einem bestimmten Niveau ein und weichen nur noch geringfügig voneinander ab, nachdem sie sich zuvor stärker unterschieden haben.
[78] Vgl. näher *Hüschelrath* Journal of European Competition Law and Practice 2013, 185 (188); OECD, Background Note, 19 f.
[79] Vgl. *OECD,* Background Note, 31 f.
[80] Vgl. *Friederiszick/Maier-Rigaud* Journal of Competition Law and Economics 2008, 89 (99 f.).
[81] Vgl. *Reimers/Brack/Schmidt* CCZ 2016, 83 (85 ff.).
[82] Vgl. näher *OECD,* Background Note, 16 ff.

Markttransparenz oder Marktkapazitäten.[83] Je mehr Merkmale eines Marktes ein kollusives Verhalten der Marktteilnehmer fördern, desto höher ist die Kartellneigung des jeweiligen Marktes. Mangels konkreter Verdachtsanzeichen kommt bei abstrakter Kartellneigung nur wenige Instrumente zur Risikoabwehr in Betracht, vor allem das Einfordern erhöhter Compliance-Standards von den betroffenen Lieferanten (→ Rn. 118 f.).

4. Monitoring und Auswertung kartellbehördlicher Aktivitäten

109 Eine laufende Beobachtung kartellbehördlicher Aktivitäten[84] empfiehlt sich allein schon, um auf mögliche **Kartellschadensersatzansprüche gegen Lieferanten** aufmerksam zu werden. Daneben können so **kartellauffällige Märkte identifiziert** werden, auf denen das Unternehmen beschafft und gegebenenfalls Compliance-Standards sicherstellen bzw. einfordern will (→ Rn. 118 f.).

5. Amnestieangebote für kooperierende Kartellanten

110 Wie die behördlichen Kronzeugenprogramme zeigen, sind Kartelle am einfachsten aufzudecken, wenn die Kartellanten sie selbst anzeigen. Auch die potenziell Geschädigten können Kartellanten dazu bewegen, wenn sie den teilweisen oder vollständigen Verzicht auf die Geltendmachung von Schadensersatzansprüchen in Aussicht stellen („Amnestie"). Im Gegenzug muss das schädigende Unternehmen (a) die **Beendigung der Kartellbeteiligung** zusagen (sofern im Rahmen einer behördlichen Kronzeugenposition nicht bereits geschehen) und (b) vollständig kooperieren im Sinne einer **Überlassung von Nachweisen, die die Geltendmachung und Durchsetzung von Schadensersatzansprüchen gegenüber anderen Kartellbeteiligten erleichtern** bzw. – angesichts des nur sehr restriktiv gewährten Zugangs zu den Verfahrensakten im Kartellbußgeldverfahren durch die Kartellbehörden (→ Rn. 86) – überhaupt erst ermöglichen.

111 **Gesellschafts- und strafrechtlich** (Untreue) ist der Verzicht auf einen Vermögenswert zulässig, wenn er an eine wenigstens äquivalente Erwerbsaussicht geknüpft ist.[85] Von daher dürfte es grundsätzlich möglich sein, im Wege der Amnestie auf Ansprüche gegen Kartellanten zu verzichten, sofern damit die realistische Aussicht auf die Vermeidung weiterer Kartellschäden bzw. einen im Saldo höheren Ertrag aus durchgesetzten Kartellschadensersatzforderungen gegen andere Kartellanten verbunden ist. Allerdings sind **abstrakte Zusagen im Rahmen privater „Amnestieprogramme" problematisch:** So könnte etwa die dem größten Schädiger gewährte Amnestie dazu führen, dass sich das geschädigte Unternehmen mit dürftigen Ansprüchen gegen seine womöglich auch noch insolvenzgefährdeten Mitkartellanten zufriedengeben müsste. „Amnestie"-Zusagen sollten daher Vereinbarungen mit Kartellschädigern im Einzelfall vorbehalten bleiben.

III. Abwehr von Kartellschadensrisiken

112 Im Folgenden werden Ansätze dargestellt, (einmal identifizierten) Kartellschadensrisiken nachhaltig zu begegnen und ferner die Geltendmachung etwaiger Schadensersatzansprüche zu ermöglichen bzw. zu erleichtern.

1. Reaktion auf konkrete Kartellanzeichen

113 Die Entscheidung, *ob* und ggf. *wie* auf konkrete Anzeichen für mögliche Kartellabsprachen von Lieferanten reagiert werden sollte, ist im höchsten Grade **einzelfallabhängig.** Sie hängt ab von der angenommenen Wahrscheinlichkeit eines Kartellverstoßes, den Nachweismöglichkeiten, ggf. von der erwarteten Bereitschaft von Kartellbehörden bzw. Staatsanwaltschaften, den Sachverhalt zu ermitteln, und nicht zuletzt vom potenziellen wirtschaftlichen Schaden. Neben den sogleich beschriebenen stehen die hier nicht näher

---

[83] Vgl. näher *Nothhelfer* CCZ 2012, 186 (187).
[84] Vgl. *Reimers/Brack/Schmidt* CCZ 2016, 83 (87).
[85] Henssler/Strohn/*Dauner-Lieb* AktG § 93 Rn. 17–25; Baumbach/Hueck/*Zöllner/Noack* § 43 Rn. 22; Schönke/Schröder/*Perron* § 266 Rn. 41.

erläuterten unmittelbaren Reaktionsmöglichkeiten bei Hinweisen auf kartellrechtswidriges Verhalten im konkreten Beschaffungsvorgang (zB Aufhebung der Ausschreibung bzw. Ausschluss von Bietern).

a) Kartellbeschwerde und Strafanzeige. Sofern der konkrete Verdacht eines Kartellverstoßes – auf Grundlage im Beschaffungsprozess identifizierter Auffälligkeiten und/oder eines Marktverhaltens-Screenings (→ Rn. 106 f.) – im Raum steht, kommt eine Beschwerde zu den Kartellbehörden bzw. eine Strafanzeige in Betracht. In Deutschland gibt es mehrere Möglichkeiten: Das **BKartA** ist trotz der großen Zahl der Kronzeugenanträge, die ihm zugehen, daran interessiert, Kartellverfahren auf Grundlage von Kundenbeschwerden einzuleiten. Auch einige **Landeskartellbehörden** nehmen Beschwerden gern zum Anlass von Kartelluntersuchungen. Und nicht zuletzt sind die mittlerweile teils sehr gut ausgestatteten **(Schwerpunkt-)Staatsanwaltschaften** für Wirtschaftskriminalität bei Verdacht auf Submissionsbetrug gemäß § 298 StGB immer häufiger bereit, zu ermitteln. So hat die Deutsche Bahn AG über eine Beschwerde bei der Landeskartellbehörde Bayern und eine Strafanzeige Durchsuchungen bundesweit bei 16 Unternehmen ausgelöst, die sich zu einer auffällig großen Bietergemeinschaft bei Ausschreibungen der Deutschen Bahn zusammengeschlossen hatten.[86]

114

b) Konfrontation der Lieferanten mit dem Kartellverdacht. Reichen die Anhaltspunkte für einen Kartellverstoß (noch) nicht aus, um eine Beschwerde bzw. Strafanzeige zu tragen, bleibt dem Unternehmen die Möglichkeit, die betreffenden Lieferanten mit dem Kartellverdacht zu konfrontieren. Es liegt auf der Hand, dass Lieferanten ohne klare Nachweise nicht bereit sein werden, einen Verstoß einzuräumen. Wird Unternehmen aber ein ernstzunehmender Kartellverdacht – idealerweise in einem persönlichen Gespräch – nachdrücklich vorgehalten, kann dies durchaus eine wesentliche **Destabilisierung des Kartells** auslösen.[87] Dieser Effekt wird verstärkt, wenn mit den Lieferanten (auf freiwilliger Grundlage bzw. durch mehr oder weniger sanften Druck) die Umsetzung von Compliance-Maßnahmen vereinbart wird (→ Rn. 118).

115

c) Selbstreinigung in- und außerhalb des Vergaberechts. Unternehmen, die **öffentliche Auftraggeber** sind, können schließlich auf die Mittel des Vergaberechts zurückgreifen, um kartellrechtskonformes Verhalten ihrer Lieferanten sicherzustellen; **private Auftraggeber** können sich (bis zur Grenze des Missbrauchsverbots) entsprechende Befugnisse vertraglich (ggf. durch AGB (→ Rn. 118)) zusagen lassen.

116

Öffentliche Auftraggeber dürfen nur im Sinne des § 97 Abs. 4 Satz 1 GWB zuverlässige Bieter zu ihren Ausschreibungen zulassen. Ein nachgewiesener **Kartellverstoß** beseitigt **als „schwere Verfehlung"** die Zuverlässigkeit, es sei denn der Bieter weist eine sog **Selbstreinigung** nach. Diese setzt vor allem die Aufklärung des Verstoßes, Kooperation mit den Behörden, personelle Konsequenzen, Schadenswiedergutmachung und die Umsetzung von Compliance-Maßnahmen voraus.[88] Bei der Prüfung der Selbstreinigung haben öffentliche Auftraggeber einen Ermessensspielraum,[89] den sie im Sinne einer effektiven Kartellschadensprävention ausnutzen sollten. Im Übrigen erweitern die neuen EU-Vergaberichtlinien die Möglichkeiten, gestützt auf Selbstreinigungsanforderungen **Kartellschadensersatz** von Lieferanten einzutreiben, erheblich.

117

---

[86] Vgl. *Völklein* Verdacht auf illegale Absprachen – Staatsanwaltschaft ermittelt gegen Bahn-Kartell, Süddeutsche Zeitung v. 24.4.2013 – abrufbar unter: http://www.sueddeutsche.de/muenchen/verdacht-auf-illegale-absprachen-staatsanwaltschaft-ermittelt-gegen-bahn-kartell-1.1657744 (zuletzt abgerufen am 19.6.2016).
[87] Vgl. BME-Praxisleitfaden Kartellrecht 2011, 18 – abrufbar unter: http://www.bme.de/fileadmin/bilder/recht/BME-Leitfaden-Kartellrecht_2011.pdf (aufgerufen am 6.8.2014).
[88] Zur Selbstreinigung s. die Aufsätze von *Dreher/Hoffmann* NZBau 2014, 67 und NZBau 2014, 150.
[89] OLG Düsseldorf Beschl. v. 9.6.2010 – Verg 14/10, BeckRS 2010, 19463 – Sicherheitsdienstleistungen.

2. Allgemeine Prävention von Kartellschadensrisiken

118 **a) Präventions- und Schadensersatzpflichten in AGB.** Unabhängig vom spezifischen Risiko lassen sich Kartellschadensersatzrisiken sehr effektiv in den Einkaufsbedingungen (AGB) von Unternehmen adressieren.[90] Auf diesem Weg können Lieferanten zur Gewährleistung von **Compliance-Standards,** zur **Kooperation im Fall von Verstößen** (dh vor allem Sachverhaltsaufklärung und Information darüber) und nicht zuletzt zum **pauschalierten Schadensersatz** verpflichtet werden. So hat das OLG Karlsruhe pauschalierten Schadensersatz für Kartellverstöße in Höhe von 15% der Nettoauftragssumme akzeptiert.[91]

119 **b) Compliance-Pflichten für Lieferanten in Risikomärkten.** Über etwaige allgemeine Compliance-Pflichten in AGB (→ Rn. 118) oder in einem Verhaltenskodex für Geschäftspartner hinaus kann es sich empfehlen, mit Lieferanten individuell konkrete Compliance-Maßnahmen zu vereinbaren.[92] Das bietet sich besonders bei kleineren Lieferanten an, die über keine eigene Compliance-Organisation verfügen. Sehr wirkungsvoll sind beispielsweise **Präsenzschulungen der für den Kunden zuständigen Vertriebsmitarbeiter,** in denen die Teilnehmer – etwa durch einen externen Rechtsanwalt – auf ihre individuellen Risiken besonders aufmerksam gemacht werden. Ob die Compliance-Pflichten erfüllt werden, sollte **stichprobenartig überprüft** werden. Die Vereinbarung besonderer Compliance-Pflichten bietet sich an in Märkten mit hoher „Kartellneigung" (→ Rn. 108) oder als Reaktion auf Verdachtsfälle (→ Rn. 101 ff.).

---

[90] Vgl. beispielhaft die entsprechende Klausel der Deutsche Bahn AG – abrufbar unter http://www.deutschebahn.com/file/de/3885746/Tm0uwjcQibiELvzeuNWn0qnSbVA/7913994/data/Ergaenzende_Vertragsbedingungen_EVB__Kartellpraevention.pdf (zuletzt abgerufen am 19.6.2016)

[91] OLG Karlsruhe Urt. v. 31.7.2013–6 U 51/12 (Kart), NZKart 2014, 366; vgl. LG Mannheim Urt. v. 4.5.2012 – 7 O 436/11 Kart, BeckRS 2012, 10462 – Feuerwehrfahrzeuge; anders LG Potsdam Urt. v. 22.10.2014–2 O 29/14, NZKart 2015, 152.

[92] Vgl. *Reimers/Brack/Schmidt* CCZ 2016, 83 (86 ff.).

Sachregister

Fette Zahlen = Paragrafen, magere Zahlen = Randnummern

Abänderungsklage **27** 20, 51
Abgabe von Stellungnahmen **15** 91
Abgabepflicht
– ~ der Kartellbehörde an die Staatsanwaltschaft **19** 109
abgestimmte Verhaltensweisen **19** 26
abgestufte Befugnisse
– System ~ **10** 182
Abhängigkeitsvermutung **26** 87
Abhilfemaßnahme **11** 6; **15** 19
– strukturelle ~ **10** 95
– verhaltensorientierte ~ **10** 95
Abkommen
– internationale bilaterale ~ **4** 11
Ablehnung der Aufnahme in Wirtschafts- und Berufsvereinigungen sowie Gütezeichengemeinschaften **26** 88
Ablehnung einer Verfügung
– ~ durch die Kartellbehörde **17** 176
Abmahnung **17** 120
– Kosten **27** 66
– ~ vor Geltendmachung eines Beseitigungsanspruchs **27** 67
– ~ vor Unterlassungsklage **27** 63 ff.
Absatzrückgang **23** 6
abschließende Verfügung **17** 36
Abschlussbericht **40** 32
– ~ von Untersuchungen **40** 21
Abschöpfung
– ~ des wirtschaftlichen Vorteils **25** 72
Abschöpfung des Gewinns **13** 69, 122
Abschöpfung des wirtschaftlichen Vorteils **18** 175 f.
Abschöpfungsrecht
– ~ von Verbänden **2** 18
Abschottung **16** 55
– ~eignung **16** 67
Abschottungseignung **16** 67
Abschreckung **24** 19
Abschreckungsaufschlag **10** 37
Abschreckungsmultiplikator **13** 69, 120
Abschreckungswirkung
– ~ des Kartellrechts **2** 18
Absehen von Strafe **19** 122
Absehen von Verfolgung unter Auflagen und Weisungen, § 153a StPO **19** 147 ff.
Absehen von Verfolgung wegen Geringfügigkeit, § 153 StPO **19** 142 ff.
Abspaltung **18** 16, 107
Absprache **19** 24 f.
– Finalität der ~ **19** 56
– horizontale ~ **19** 32, 37

– Rechtswidrigkeit **19** 31 ff., 57
– Strafbarkeit vertikaler ~ **19** 32 ff.
– vertikale ~ **19** 32 ff.
– Zusammenhang zwischen ~ und Angebot **19** 53
Abstandszahlung **19** 170
Abstellung einer Zuwiderhandlung
– Nichtigkeitsklage **14** 9
Abstellung von Zuwiderhandlungen **15** 30, 45, 60, 64
Abstellungsanordnung **11** 8
Abstellungsentscheidung **11** 92
– ~ der Kommission **25** 68
Abstellungsverfügung **3** 15; **6** 34; **11** 3 ff., 95; **15** 19; **17** 146
– Abstellungsanordnung **11** 8
– Bestimmtheit **11** 15
– einstweilige Anordnung **11** 20
– Entscheidungsinhalt **11** 6 ff.
– Erlass einer ~ **16** 44
– Sperrwirkung **11** 22
– strukturelle Abhilfemaßnahmen **11** 12
– Überwachungstreuhänder **11** 13
– Verhältnismäßigkeit **11** 17
– verhaltensorientierte Abhilfemaßnahmen **11** 11
– vollstreckbarer Titel **11** 20
– Voraussetzungen **11** 4
– vorsorgliche ~ **11** 5
– Wirkung **11** 20 ff.
– zivilrechtlicher Vertrag **11** 23
– Zwangsgeld **11** 15, 21
Abstellverfügung **16** 55
Abstimmung
– horizontale ~ **7** 14
Abstimmung mit den Mitgliedsstaaten **15** 63
Abwälzung des Preisaufschlags **23** 9; **26** 5, 143
Abwälzungsbetrag **24** 52
Abwehranspruch **1** 7; **24** 4
Abwehrgesetze **34** 42
Abwehrrechte
– zivilrechtliche ~ **23** 2
Abweisung einer Beschwerde **15** 74
Achtung der Verteidigungsrechte **14** 45
ACM **37** 38, 47
ACPERA **35** 32
Acquis **24** 40
acquis communautaire **24** 28
Acquis der Union **24** 32
action en représentation **37** 27

1401

Actions de groupe **37** 11, 26 ff.
actor sequitur forum rei **31** 21
actus contrarius **27** 27, 42, 63
ad-hoc-pflichtige Insiderinformationen **41** 54
ad-hoc-Publizitätspflicht **41** 54
Adäquanzkausalität **26** 136
Adäquanztheorie **26** 132
adäquate Kausalität **25** 29
Adequacy **35** 36
Administrative Law Judge **35** 24; vgl. auch ALJ
ähnlich geartete Sanktionen **15** 57
Ämterrotation **41** 71
Äquivalenz
– funktionale ~ **3** 16
Äquivalenzgebot **24** 7, 38; **26** 460
Äquivalenzgrundsatz **3** 24; **24** 2, 11, 13 f., 15 f., 23 f., 30, 36 f., 40; **25** 10; **26** 696; **31** 89; **38** 23, 27
Äquivalenzkontrolle **24** 17
Äquivalenzprinzip **12** 18; **17** 160
AGB **26** 241 ff.
AGB-Kontrolle **40** 53
Agentur **31** 140
Akkusationsprinzip **40** 11
Akteneinsicht **10** 6, 8, 10, 13, 100 ff.; **14** 33, 40; **17** 118, 250; **18** 37, 65; **26** 74, 161, 201, 570, 572; **29** 45; **35** 42; **37** 47; **43** 53, 86
– Alternative Verfahren **10** 125
– Anhörung der Betroffenen **18** 297 ff.
– Anspruchsberechtigung **18** 244 ff.
– Antrag **10** 102
– Antrag auf ~ **18** 291; **29** 12
– Art und Weise **18** 70
– Begründung des Antrags **18** 281 ff.
– ~ bei der Behörde **29** 41
– belastende Beweismittel **10** 117
– Berechtigter **18** 68 f.
– berechtigtes Interesse **18** 249 ff.; **19** 127
– berechtigtes Interesse an ~ **26** 574
– Berechtigung **10** 102
– Beschluss zur ~ **18** 297 ff.
– Beurteilung einzelner Bestandteile **18** 269
– Datenraumverfahren **10** 125 f.
– ~ des Rechtsanwalts in weitere Dokumente **18** 286
– ~ des Verletzten **26** 206e
– Dokumente zur Kommunikation mit den Behörden **10** 108
– Dritter **18** 61; **10** 130 f.
– ~ durch Verteidiger **18** 68; **19** 130
– einvernehmliche Einsichtnahme **10** 125 ff.
– ~ für Justizbehörden **19** 129
– ~ für Private **26** 206e
– Geschäftsgeheimnisse **10** 109
– Gewährung **18** 300
– ~ im Kartellprozess **1** 9
– ~ in Akten abgetrennter Verfahren **18** 68

– ~ in Akten der Kartellbehörden **43** 52
– ~ in Anhörungsschreiben **18** 287
– ~ in Asservate **18** 288
– ~ in Asservatenliste **18** 288
– ~ in Bonusanträge **18** 274; **19** 126 ff.
– ~ in Bußgeldbescheide **18** 271; **19** 128; **26** 668
– ~ in Kronzeugenantrag **26** 668, 691
– ~ in die Akten zu Bußgeldverfahren **17** 258
– ~ in Parallelverfahren **18** 209
– ~ in Settlementerklärungen **18** 279
– ~ in sonstige Aktenbestandteile **18** 280 ff.; **19** 128
– ~ in Vergleichsausführungen **18** 279
– ~ in Vernehmungsprotokolle **18** 276
– interne Dokumente **10** 105
– keine ~ bei Betriebsgeheimnissen **18** 259
– keine ~ bei Gefährdung des Untersuchungszwecks **18** 265
– keine ~ bei Geschäftsgeheimnissen **18** 259
– keine ~ bei Schutz personenbezogener Daten **18** 263
– keine ~ bei Verzögerung des Verfahrens **18** 266
– keine Pflicht zur Benennung konkreter Dokumente **18** 253
– keine ~ wegen des Rechts auf informationelle Selbstbestimmung **18** 263
– Kosten für Kopien **17** 130
– Kronzeugenerklärung **10** 117, 119
– Leistungsbeschwerde auf ~ **17** 131
– Mitteilung der Kommission zur ~ **10** 101
– Möglichkeit der Stellungnahme **10** 113
– mündliche Anhörung **10** 115
– nicht in Handakten **18** 68
– Pflicht des Antragstellers zur Benennung konkreter Dokumente **18** 281 ff.
– Protokolle über Gespräche **10** 106
– Rechtsmittel **18** 301 ff.
– Rechtsschutz **10** 119 ff.
– Rechtsschutz durch Antrag auf gerichtliche Entscheidung **18** 301, 304
– Rechtsschutz durch Verfassungsbeschwerde **18** 302
– Rechtsschutz durch Vorlage an den EuGH **18** 303
– sonstigen vertrauliche Informationen **10** 110
– Stellungnahme anderer Parteien **10** 114
– Studien **10** 107
– Umfang **10** 103 ff.; **18** 248 f.
– Unschuldsvermutung **18** 262
– Verfahren **10** 119 ff.; **18** 291 ff.
– Verletzteneigenschaft **18** 246 ff.
– Vermutung der Zugangsverweigerung **10** 140 ff.
– versagte ~ **17** 131
– Versagung **18** 72
– Versagungsgründe **18** 255 ff.
– vertrauliche Informationen **10** 120

- Verwendungsbeschränkung **10** 119
- Verzeichnis über den Akteninhalt **10** 103
- Verzicht auf ~ **10** 128
- von ~ ausgenommen **10** 104
- ~ von Geschädigten **19** 127
- vorbeugende Unterlassungsbeschwerde **17** 131
- Wiederaufnahme **18** 71a
- Zeitpunkt **17** 129; **18** 71
- Zugang zur Akte **10** 132 ff.
- Zugangsverweigerungsgrund **10** 139
- Zuständigkeit **18** 291
- Zweckbindung **18** 300

Akteneinsichtsanspruch
- Ende **18** 71a

Akteneinsichtsantrag 18 291 ff.
- ~ durch den Verletzten **18** 294
- ~ durch einen Rechtsanwalt **18** 293
- Inhalt **18** 295

Akteneinsichtsrecht 10 134 ff.; **17** 3 f., 7, 18, 127 ff.; **43** 86
- außergesetzliches ~ **17** 129
- ~ der Beigeladenen **17** 38
- ~ des Verteidigers **18** 209
- uneingeschränktes ~ **17** 128

Aktenzugang
- unvollständiger ~ **10** 29, 61
- vollständiger ~ **10** 81

Aktienrecht 39 6
aktive Rechtshilfe 24 71
Aktivlegitimation
- Anknüpfung an des Schutzgesetzprinzip **25** 2
- ~ bei Verstößen gegen Verfügungen einer Kartellbehörde **25** 67 ff.
- Betroffener **25** 9
- ~ der bindenden Vertragspartei **25** 43
- ~ der gebundenen Vertragspartei **25** 41 ff.
- einzelne Fallkonstellationen **25** 16 ff.
- jedermann **25** 77 ff.
- ~ kartellfremder Wettbewerber **25** 35
- ~ mittelbarer Abnehmer **25** 22, 44 ff., 66
- ~ sonstiger mittelbarer Betroffener **25** 66
- ~ unmittelbarer Abnehmer **25** 19
- ~ von Kartellmitgliedern **25** 36 ff.
- ~ von Mitbewerbern der Kartellbeteiligten **25** 35 ff., 49 ff.
- ~ von sonstigen Marktbeteiligten **25** 19 ff., 41 ff.
- ~ von Verbänden **25** 72 ff.

Akzo-Vermutung 12 22
ALJ 35 24
- Berufung zur Kommission gegen Entscheidungen des ~ **35** 25

Alleinbezug 25 41
Alleinvertriebshändler 31 72, 140
Alleinvertriebsrecht
- kartellrechtswidriges ~ **25** 50

allgemeine Feststellungsklage 14 4
allgemeine Geschäftsbedingungen 26 241 ff.
- Schadenspauschalierung **26** 473

- Vertragsstrafe **26** 473

allgemeine Kohärenz 24 18
allgemeine Leistungsbeschwerde 17 178; **22** 12

Allokation 16 40 ff.
- ~verfahren **16** 56 ff.
- Verfahrenseinleitung nach ~ **16** 61

Allokationsverfahren 16 56 ff.
American rule 2 3
amicable fine decision 18 178
amicus curiae 3 25; **15** 17, 101, 105; **17** 48; **26** 626, 629
amicus curiae-Intervention 15 102
Amnestie 42 28, 32; **43** 110 f.
Amnestieprogramm 39 24, 38; **40** 5, 51, 53; **42** 21 ff., 30
- Ausgestaltung **42** 23 ff.
- Beteiligung des Betriebsrates **42** 34
- Betriebsratsbeteiligung **42** 34
- privates ~ **43** 111
- Rahmenbedingungen **42** 24 f.
- steuerliche Aspekte **42** 33

Amnestievereinbarung 42 28
Amnesty-Plus-Programm 41 19
Amtsanmaßung 40 29
Amtsermittlungsgrundsatz 2 12; **3** 21; **12** 4; **18** 213, 227
- Ausnahmen vom ~ **12** 4

Amtshaftungsanspruch 14 34
Amtshaftungsansprüche 26 67
Amtshaftungsklage 17 210
Amtshilfe 8 61 f.; **15** 7; **17** 116; **20** 7
- ~ bei Nachprüfung **8** 67
- Ermittlungsergebnisse **8** 69
- Ersuchen der Kommission auf ~ **8** 66 ff.
- vertikale ~ **15** 8
- Weigerung der Behörde **8** 70
- zwischen nationalen Wettbewerbsbehörden **8** 62 ff.

Amtsverfahren 17 4 ff.
Analyse
- ~ von Einkaufskooperationen **39** 34
- ~ von Forschungs- und Entwicklungskooperationen **39** 34

Anbieter von Telekommunikationsdiensten
- Arbeitgeber als ~ **40** 65, 78

Anbieterkartelle 33 29
Anchor Defendants 37 78
Anerkenntnisurteil 34 7
Anerkennung 34 , 5
- ~ als Wirkungserstreckung **34** 6
- ~ ausländischer Gerichtsentscheidungen **34** 2
- ~ deutscher Urteile im Ausland **34** 41
- ~ nach der EuGVVO **34** 7 ff.
- ~ nach deutschem Internationalen Zivilprozessrecht **34** 18 ff.
- Versagungsgründe **34** 14 ff.
- Verstoß gegen die Zustellungsregeln **34** 22
- ~ von Entscheidungswirkungen **34** 9

1403

– ~ von Gerichtsentscheidungen **34** 1
– Voraussetzung **34** 21 ff.
Anerkennung von Wettbewerbsregeln 17 6
Anerkennungsgrund 34 36
Anerkennungshindernis 37 91 f.
Anerkennungsmitgliedsstaat 34 31
Anerkennungsprognose 32 67
Anerkennungsversagung 34 22 f.
Anerkennungsversagungsgründe 34 5, 14 ff., 38
– Katalog **34** 16, 21
Anerkennungszuständigkeit 34 22
Anfangsverdacht 15 47; **17** 54; **19** 109 f., 116, 126, 167
– ~ bei einfacher Nachprüfung **8** 21
– ~ bei Nachprüfung **8** 6
– Eingriffsmaßnahmen **19** 116
– Zwangsmaßnahmen **19** 116
Anfechtung
– Arglist **26** 504
– bereicherungsrechtliche Rückabwicklung **26** 508
– doppelte Kausalität **26** 503
– Frist **26** 506
– Kausalität **26** 503
– ~ von Folgeverträgen wegen arglistiger Täuschung **26** 497 ff.
– Vorsatz **26** 504
Anfechtungsbeschwerde 17 29, 80, 93, 168 ff.; **22** 11; **26** 103
– Beschwer **17** 175
– Beschwerdebefugnis **17** 174
– Ziel **17** 170
Anfechtungsklage 10 76, 153; **15** 67; **35** 15
Anfragen
– informelle ~ **15** 62
Anführerschaft
– ~ in einem Kartell **10** 93
Angebot 19 45
– Abgabe eines ~ **19** 48
– ~ durch Unterlassen **19** 49
– nachträgliche Manipulation **19** 84
– Schein~ **19** 46
– Schutz~ **19** 46
– Zugang des ~ **19** 48
– Zusammenhang wischen Absprache und ~ **19** 53
Angebotsbeschränkung 25 25
Angebotselastizität 26 135, 375
angeordnete Nachprüfung 8 2
– Voraussetzungen und Verfahren **8** 5 ff.
Angriffsmittel
– neue ~ **14** 177
Anhängigkeit
– parallele Verfahren in EU/LugÜ-Staaten **32** 59
Anhörung 10 7; **24** 44; **29** 32
– abschließende Bemerkungen **10** 171
– Absehen von ~ **17** 122

– Antrag auf ~ **10** 163
– Aufzeichnung **10** 172
– Belehrung über Schweigerecht **18** 65
– ~ des beratenden Ausschusses **10** 184
– ~ Dritter **17** 125
– Durchführung **10** 168
– ergänzende Mitteilung der Beschwerdepunkte **10** 176
– Form **17** 123; **18** 65
– Fragerecht des Anhörungsbeauftragten **10** 171
– Fragerunde **10** 171
– Frist für schriftliche Stellungnahme **10** 160 f.
– Gefahr im Verzug **17** 122
– Heilung **17** 126
– ~ im Verwaltungsverfahren **10** 159 ff.
– Leitung **10** 169
– mündliche ~ **6** 10; **10** 163 ff.
– nicht öffentliche Sitzung **10** 169
– Recht auf ~ **10** 164
– schriftliche Stellungnahme **10** 159 f.; **17** 124
– Stellungnahmefrist **17** 123
– Termin **10** 167
– Umfang **18** 65
– unterbliebene ~ **17** 126
– Vertretung durch Bevollmächtigten **10** 165
– Verzicht **17** 122
– ~ vor dem Anhörungsbeauftragten **2** 13
– ~ vor einstweiliger Anordnung **17** 138
– weitere Mitteilungen **10** 175
– Zeitpunkt der ~ **17** 120
– ~ zu Auflagenpapieren **17** 122
– Zwischenbericht des Anhörungsbeauftragten **10** 173
Anhörung der Verfahrensbeteiligten 14 33, 40
Anhörung der Wettbewerbsbehörde
– ~ im Nachprüfungsverfahren **8** 16
Anhörung Dritter 14 33
Anhörung von Sachverständigen 14 176
Anhörung von Zeugen 14 176
Anhörungsbeauftragter 6 10, 25; **10** 3, 5, 11 f., 28, 88, 122, 124, 126, 161, 167 f., 182, 193; **11** 60, 70
– Abschlussbericht **10** 13, 186
– Akteneinsicht **10** 13
– ~ als Berater des zuständigen Kommissionsmitglieds **10** 13
– Anhörung vor dem ~ **2** 13
– ~ der Europäischen Kommission **41** 9
– Entscheidungsbefugnisse **10** 12
– mündliche Anhörung **10** 13
– Nichtigkeitsklage bei Entscheidungen des ~ **14** 9
– Unabhängigkeit **10** 12
– Wahrung von Geschäftsgeheimnissen **10** 13
– Zwischenbericht **10** 13, 173
Anhörungsberechtigte 17 9
Anhörungsermächtigung 35 39

Magere Zahlen = Randnummern Sachregister

Anhörungsrecht 17 7, 18; 24 44
– formales ~ bei Zusagenentscheidung nach Art. 9 VO 1/2003 11 70
Ankerbeklagter 26 672; 31 74, 78; 36 10; 43 58
Ankergerichtsstand 36 11
Ankerklage 31 74
– Erledigung 31 97
– Nähebeziehung zur Annexklage 31 82
– Unbegründetheit 31 94
– Unzulässigkeit 31 93
Anklageerhebung 35 40
Anknüpfungstat 19 139f.
Anknüpfungstatsachen 26 75
Anlasstat 19 120, 121, 123, 141
Anmeldesystem 3 18
Anmeldeverfahren 6 4
Anmeldungssystem 2 6
Annahme des Beschlusses 10 185
Annahmeverweigerungsrecht 24 70; 32 19
Annexbeklagter 31 78, 81
Annexklage 31 74
– Nähebeziehung zur Ankerklage 31 82
Annexzuständigkeit 31 154, 162
– ~ für deliktische Ansprüche 31 41
anonyme Hinweisgeber 19 132
Anordnung
– ~ einstweiliger Maßnahmen 15 20
– Verstoß gegen eine ~ 18 6
Anordnung der Herausgabe 26 161
– ~ von Unterlagen 26 205
Anordnung des persönlichen Erscheinens 26 161
Anordnung des Verfalls 18 135
Anordnung durch den Richter 18 32
Anordnung einer Urkundenvorlegung 24 47
Anordnung eines Verfalls 18 108
Anordnungsbefugnis 32 4
Anordnungsverfahren 17 10
Anregung einer Verfahrenseinleitung 17 4, 12
Anregung zum Erlass von Entscheidungen 17 12
Anscheinsbeweis 12 23; 24 36, 48; 25 19f., 30, 33, 82f., 100; 26 96, 100, 109f., 129ff., 144, 153, 155, 167, 189, 201, 207, 220, 223, 503; 27 25; 35 29; 43 10
– ~ der Schadensweitergabe 26 145
Anschlussauskunftsverlangen 8 93
Anschlussmarkt 25 82, 100
Anschlussrechtsmittel 14 138
– Akzessorietät 14 140
Anspruch auf Abschluss eines Lizenzvertrags 30 20
Anspruch auf angemessene Verfahrensdauer 13 177
Anspruch auf Aufnahme in eine Wirtschaftsvereinigung 27 11

Anspruch auf Auskunft 26 94a, 109, 578
Anspruch auf Beseitigung vgl. Beseitigungsanspruch
Anspruch auf Herausgabe von Beweismitteln 26 74a, 94a, 201a, 206a; 43 62, 87
Anspruch auf Informationszugang vgl. IFG-Anspruch
Anspruch auf Naturalrestitution 24 29
Anspruch auf Rechnungslegung 30 32
Anspruch auf rechtliches Gehör 18 65
– Verstoß gegen 18 65
Anspruch auf Schadensersatz vgl. Schadensersatzanspruch
Anspruch auf Unterlassung 17 31; vgl. Unterlassungsanspruch
Anspruch auf Verzinsung des Schadens 26 393ff.
Anspruch auf Vorteilsabschöpfung 25 115
Anspruch auf Weiterbelieferung 27 12, 128
Anspruch wegen Behinderung 31 157
Anspruch wegen Diskriminierung 31 157
Anspruchsberechtigung
– ~ der unmittelbar Betroffenen 25 54ff.
Anspruchsidentität 32 55
Anstiftung 26 50
Answer 35 17
Anteilserwerb 17 16
Anti-Cartel-Enforcement Manual 21 5, 9
antikompetitive Effekte 26 383
Antikorruption 39 54
Antitrust Criminal Penalty Enhancement and Enforcement Act 35 32
Antitrust Division 35 7, 11, 14f., 18, 35, 41, 43
Antitrust Injury 35 28
Antitrust Manual of Procedures 7 11, 69, 76; 10 5; 11 52
Antrag
– ~ auf Beiladung 17 16
– ~ auf Erlass der Geldbuße 7 18
– ~ auf Ermäßigung der Geldbuße 7 18
Antrag auf gerichtliche Entscheidung 18 72
Antragsteller
– ~ im Verwaltungsverfahren 17 12
Antragsverfahren 17 12
– ~ bei Verwaltungsverfahren 17 6ff.
– Schriftformerfordernis 17 6
anwaltliches Berufsgeheimnis 17 244
Anwaltsdokumente 37 50
Anwaltsgeheimnis 17 90, 105; 37 18
Anwaltskorrespondenz 17 98, 105, 244
– Einsichts- und Prüfungsrecht bzgl. ~ 17 90
– Vertraulichkeit von ~ 29 19
Anwaltskosten
– ~ bei Schadensersatzklage 26 648
Anwaltsprivileg 7 79; 8 38, 44, 55, 98; 9 12 31; 18 79; 39 67; 40 7, 21, 32, 81; 41 9f.
– Ablehnung 9 16
– Adressat 9 27f.

1405

- Bedeutung im Wettbewerbsrecht **9** 8 ff.
- Beweislast **9** 29
- Durchsuchungen **9** 35
- Eigenbeteiligung **9** 18
- Ermittlungshandlungen **9** 9
- europäisches **9** 28
- Fusionskontrolle **9** 10
- Geltendmachung im Kommissionsverfahren **9** 29
- Grundrechtscharakter **9** 3
- Herleitung **9** 2 ff.
- inhaltlich-materieller Zusammenhang **9** 24
- Korrespondenz zwischen externen Anwälten **9** 19
- nationales **9** 28
- persönlicher Schutzbereich **9** 4, 13 ff.
- rechtlich privilegierte Dokumente **9** 33
- richterliche Rechtsfortbildung **9** 29
- sachlicher Schutzbereich **9** 6, 20 ff.
- summarische Prüfung **9** 31
- Umfang des Schutzes **9** 12 ff.
- unternehmensinterne Korrespondenz **9** 21
- Verfahren des versiegelten Umschlags **9** 31
- Verteidigungsrechte **9** 8
- Vertraulichkeit des Schriftverkehrs **9** 12
- Vertraulichkeitsantrag **9** 32
- Verwertungsverbot **9** 26
- Verzicht auf ~ **9** 25 f.
- vorbereitende Maßnahmen **9** 34
- vorläufiger Rechtsschutz **9** 32
- zeitlicher Schutzbereich **9** 24

Anwaltszwang **14** 169
Anwartschaft **19** 92
Anwendbarkeit des GWB
- Energiebereich **16** 28
- Postbereich **16** 27
- Schienenverkehr **16** 25
- Telekommunikation **16** 26

Anwender
- ~ iSd. Art. 12 VO 1/2003 **15** 52

Anwendung unmittelbaren Zwang **15** 7
Anwendungsbefehle
- kollisionsrechtliche ~ **33** 62

Anwendungserlasse
- ~ des BKartA **16** 71

Anwendungsmonopol
- ~ der Kommission **24** 10

Anwendungsvorrang **3** 22
- ~ des Kartellrechts **4** 9

Anwendungswille **33** 27
- verminderter ~ des Grundgesetzes **34** 22

Anwesenheitsrecht
- ~ des Verteidigers **18** 66

Anzapfverbot **26** 85, 87
Arbeitgeber
- ~ als Anbieter von Telekommunikationsdiensten **40** 65, 78

Arbeitsgemeinschaft **19** 44
Arbeitssprache **14** 168

Arglistanfechtung **26** 412
Arraignment **35** 40
Arrest **19** 167
- dinglicher ~ **18** 108
- ~grund **18** 108

Art. 101 und 102 AEUV
- Einzelentscheidungen nach ~ **15** 64
- Pflicht zur Anwendung **15** 28 ff.
- Sicherstellung der kohärenten Anwendung **15** 60 ff.

Ashurst-Studie **23** 5; **24** 33, 39; **26** 257
Asset-Deal **18** 16, 107b, 121a
Assistant Attorney **21** 2 f.
astonishing diversity and total underdevelopment **24** 33
Attorney-Client-Privilege **37** 18
Aufbewahrungspflicht
- handelsrechtliche ~ **41** 48

Aufdeckung **39** 19
- ~ von Kartellverstößen **10** 113, 121

Aufgabenrotation **41** 71
Aufgliederung **18** 16
Aufgreifbefugnis **15** 64
- ~ der Kommission **15** 64 ff.

Aufgreifermessen
- ~ der Europäischen Kommission **6** 27
- ~ der Kartellbehörden **17** 4

Aufhebung von Verlagspreisbindung **17** 6
Aufhebungsklage **38** 22, 24
Aufhebungsverfahren **38** 6, 18 f.
Aufklärungshilfe **19** 123 f., 150 f.
Aufklärungspflicht **26** 490 f., 501 f.
Auflagen **17** 31
Aufrechnung **26** 520
aufschiebende Wirkung
- ~ der Nichtigkeitsklage **8** 54

Aufsicht
- mangelnde ~ **18** 3

Aufsichtspflicht **40** 1, 21; **42** 7, 13, 36
Aufsichtspflichtverletzung **18** 109 f.; **26** 23, 53, 111, 435; **39** 93, 96, 99, 109; **42** 7, 10, 14, 36, 49, 53
- Bußgeldbemessung **18** 138
- fahrlässige **18** 111
- Verjährung **18** 94

Aufsichtsrat
- Unterrichtung **41** 46
- Zustimmungsvorbehalt **41** 46

Aufspaltung **18** 107
Aufspaltung der Verfahren **19** 112 f., 119
Auftragsdatenvereinbarung **40** 81
Auftragsnachprüfung **8** 61 ff.
Augenscheinsbeweis **17** 44, 110
Auktionstheorie **26** 368
Ausbeutung
- ~ von Abnehmern bzw. Lieferanten **3** 12

Ausbeutungsmissbrauch **25** 58, 66; **26** 76, 85, 155, 387, 427
ausdrückliches Eingeständnis **12** 30

Ausfallhaftung im Übergangszeitraum 18 107c
Ausfallrisiko
– Reduzierung des ~ 26 672
Ausforschungsbeweis 32 95
Ausführungsverordnung 773/2004 6 25
ausgelassene Variable 26 336
Ausgleichsfunktion 24 19
– ~ des Kartellrechts 2 18
Ausgleichsprinzip 33 54
Ausgleichszahlungen 19 94, 97, 170
Ausgliederung 18 107
Auskunft
– Form 17 63
– ~ über eigene Verhältnisse 17 71
– ~ über wirtschaftliche Verhältnisse 17 68 ff.
Auskunftsanspruch 26 74 f., 94a, 109, 201 f., 206a, 578; 29; 37 21; 43 62, 87
– akzessorischer 29 1 ff.
– Auskünfte von Dritten 29 4
– entschuldbare Ungewissheit 29 4
– Frankreich 37 18 ff.
– Niederlande 37 46
– prozessuale Durchsetzung 29 9 ff.
– Sonderrechtsbeziehung 29 2
– Teilurteil 29 10
– Umfang 29 8
– Voraussetzungen 29 1 ff.
– Zumutbarkeit der Auskunftserteilung 29 5
Auskunftsbeschluss 10 1; 13 57; 17 68, 78, 146, 207
Auskunftseinholung
– ~ über Eintragungen im Gewerbezentralregister 18 173 f.
Auskunftsentscheidung 13 57
– förmliche ~ 6 32
Auskunftsersuchen 18 56; 35 15, 17; 41 5, 25
– ~ an Dritte 16 43
– ~ der Kommission 15 92; 20 5
– formliches ~ 35 22
– formlose ~ 17 74 ff.
– gerichtliche Entscheidung 18 54
– Verwertung von Angaben aus ~ 17 1
Auskunftserteilung
– ~ an Dritte 18 61
– angemessene Frist zur ~ 17 78
Auskunftserteilung unter Wirtschaftsprüfervorbehalt 29 7
Auskunftsklage 26 201
Auskunftspflicht 15 5; 17 7, 47; 18 121; 40 90
– arbeitsrechtliche ~ 42 21
– ~ bzgl. Geschäftsgeheimnisse 17 81 ff.
– Einschränkung der ~ 17 81 ff.
– erweiterte ~ 17 72
– ~ juristischer Personen 18 54
– Reichweite 18 55
– Verstoß gegen ~ 18 57
– ~ von Kartellbeteiligten 9 11

– ~ zur Unternehmensstruktur 18 121a
Auskunftsrecht
– allgemeine Voraussetzungen 17 54 ff.
– Anfangsverdacht 17 54
– ~ der Kartellbehörden 17 44, 47 ff.
– Ende des ~ 17 50
– ~ im Ordnungswidrigkeitsverfahren 17 48
Auskunftsverfahren 17 10, 39
Auskunftsverlangen 6 32; 8 71 ff.; 13 57; 15 47; 17 43 f.; 18 54 ff.; 30 2; 36 18
– Abgabe der geforderten Auskünfte 8 81
– Adressat 8 73; 17 64 ff.
– Androhung eines Zwangsgeldes 17 79
– angemessene Frist zur Auskunftserteilung 17 78
– Antwort auf ~ 8 77
– Aufwand 8 92
– Auskunftsverpflichtete 17 64 ff.
– Belehrung 17 79
– Beschluss 17 76
– Beschwerderecht gegen ~ 17 10
– Bestimmung einer Frist 8 82
– ~ der Kartellbehörden 17 44
– ~ der Kommission 12 26; 15 5
– Durchsetzung 18 57
– einfaches ~ 8 71
– Erforderlichkeit 17 55
– Erforderlichkeit der Informationen 8 89
– förmliches ~ 8 71; 17 47, 76
– formloses ~ 17 47
– Geldbuße 8 83
– Geschäftsgeheimnisse 8 99
– Gleichbehandlung 8 101
– Hinweis auf Rechtsschutz 8 87
– Informationsermittlungspflicht 8 94 f.
– Inhalt 8 80 ff.
– irreführende Auskunft 8 84
– Nichtbeantwortung 8 83
– Rechtsgrundlage 8 80
– Sanktionen bei falscher Auskunft 8 83 ff.
– schriftliche Einzelverfügung 17 76
– Sprache 8 76
– Umfang 17 68 ff.
– Umfang der Auskunftspflicht 8 88 ff.
– unzulässigen Fragen 8 96 f.
– Verbot der Selbstbezichtigung 8 96
– Verfahren 8 71 ff.
– Verfügung 17 76
– Verhältnismäßigkeit 17 60
– Verschwiegenheitspflicht 8 99
– Versendung 8 74 f.
– Voraussetzungen 8 79 ff.; 18 56
– weiteres ~ 8 93
– Zwangsgeld 8 86
– Zweck 8 80
Auskunftsverpflichtete 17 64 ff.
Auskunftsverweigerungsrecht 17 83; 18 35, 50, 54, 64, 121; 40 92 f.
– Belehrung 17 51, 83

ausländische Rechtsordnungen 35 ff.
Auslandszustellung 32 1 ff., 3, 7, 25, 46
- Art und Weise 32 2
- Einschreiben mit Rückschein 32 6
- ~ per Post 32 16
Aussageverbot 32 100, 115
Aussageverweigerungsrecht 18 193; 32 100, 115; 35 38
- ~ des Organs einer juristischen Person 18 47
Ausschließlichkeitsbindung 19 33
Ausschluss der Öffentlichkeit 26 90, 656 f.
Ausschluss von öffentlichen Ausschreibungen 41 20; 42 5, 43
Ausschluss von privaten Ausschreibungen 42 5, 43
Ausschluss von Vergabeverfahren 18 174
Ausschreibung 19 15 ff., 21, 83, 101, 109
- beschränkte ~ 19 16
- ~ der öffentlichen Hand 19 19, 40
- formale ~ 19 22
- öffentliche ~ 41 69
- offene ~ 19 16
- private ~ 19 20
- Verzicht auf ~ 19 22
Ausschreibungsbetrug 19 87, 93
Ausschreibungsdaten 26 278
Ausschreibungsmanipulation 19 1
Ausschreibungsverfahren 39 84
- Fehler im ~ 19 21
Außenhaftung 26 43
- keine ~ 26 53
Außenseiter 19 53 ff.
Außenwirkung 22 11
außergerichtlicher Vergleich 24 55; 31 11
außervertragliche Schuldverhältnisse 33 3
- anwendbares Kartellrecht bei ~ 33 6 ff.
- ~ in Zivil- und Handelssachen 33 22 f.
Aussetzung der Vollstreckung 13 188
Aussetzung der Vollziehung 18 74
Aussetzung des Beschwerdeverfahrens 15 78
Aussetzung des gerichtlichen Verfahrens 38 64
Aussetzung des Verfahrens 15 74; 32 76, 80
- ~ auf Antrag einer Partei 32 78
- ~ von Amts wegen 32 78
Aussteiger 19 52 ff.
Austausch sensibler Geschäftsinformationen 39 73
Auswertung
- Einbindung externer Berater 40 81
- ~ elektronisch gespeicherter Dokumente und Daten 40 57 ff.
- ~ telefonischer Verbindungsnachweise 40 78 f.
- ~ von Chatprotokollen 40 72 f.
- ~ von Email-Korrespondenz 40 63 ff.
- ~ von Instant Messaging Programmen 40 72 f.
- ~ von Unterlagen in Papierform 40 74 f.

Auswirkung
- Begriff 33 29
- tatsächliche ~ 33 32
- wahrscheinliche ~ 33 32
Auswirkungsgrundsatz 31 60, 62 ff.; 39 43
Auswirkungsprinzip 4 1 f., 6; 15 33; 20 5; 24 62, 65; 33 8, 25 ff., 33, 49, 67; 38 45
Autorité de la concurrence 37 5, 8, 14, 20
Autoriteit Consument Markt 37 38

Bagatellgrenze 33 33
BagatellVO 34 40
balance of probabitities 36 29
Bananenmarkt 13 117
Bandbreite
- Geldbuße 10 60
BDSG 40 35 ff., 64, 69 f., 83
- Erlaubnistatbestände 40 42 ff.
Beeinträchtigung
- Eignung der ~ 12 8
- Erheblichkeit der ~ 25 53
- Spürbarkeit der ~ 12 8
Beendigung
- ~ des Strafverfahrens 19 147
Befragung 15 47; *vgl. auch mündliche Befragung*
- ~ bei der Nachprüfung 8 51
Befragungsrecht
- Beschränkung des ~ 8 53
Befreiung von der Schweigepflicht 26 655
Befriedigungsverfügung 27 146
Befristung
- ~ von einstweiligen Maßnahmen nach Art. 8 VO 1/2003 11 42
Befugnis zu unbegrenzten Ermessensnachprüfung 14 58 ff.
Befugnisse zur Durchsetzung des europäischen Kartellrechts 15 28 ff.
Begehungsort 31 46, 159
Begründungspflicht der Kommission 14 36 ff.
Begünstigte
- durch das Verfahren ~ 17 13
Begutachtung durch Sachverständige 29 13
Behauptungslast
- sekundäre ~ 12 6
behavioural screening 43 106
Beherrschungsvertrag 43 81
Behinderung einer Nachprüfung
- Verfolgungsverjährung 13 164
Behinderungsmissbrauch 25 52, 66; 26 48, 76, 85, 87, 92, 126, 156, 185, 193, 235, 384; 31 45
Behinderungspraktiken 3 12
Behinderungsverbot 25 55; 26 87
Behörde für Post und Telekommunikation
- Niederlande 37 38
Beibringungsgrundsatz 2 12; 29 37; 37 18
Beigeladene
- Beschwerdebefugnis 17 38

Magere Zahlen = Randnummern Sachregister

– Recht auf Akteneinsicht **17** 38
– Wahrung von Geschäfts- und Betriebsgeheimnissen **17** 38
Beihilfe **26** 50
Beihilfeverfahren **10** 136
Beiladung **17** 13
– Antrag **17** 19, 35 f.
– Dauer **17** 38 ff.
– Dauerwirkung **17** 40
– einfache ~ **17** 25 ff.
– Erhebliche Interessenberührung **17** 20 ff.
– notwendige ~ **17** 30 ff.
– Rechtzeitigkeit **17** 35 f.
– Umfang **17** 38 ff.
– Verpflichtung zur ~ **17** 25
– Wirkung **17** 38 ff.
– Zeitpunkt der ~ **17** 34
– Zweck der ~ **17** 25
Beiladungsantrag **17** 6, 12, 16, 19
– Ablehnung **17** 26
– Gelegenheit zur Stellungnahme **17** 19
– Rechtzeitigkeit **17** 37
Beiladungsbeschluss **17** 146
Beiladungsentscheidung **17** 19, 37
Beiladungsverfahren **17** 10
– Akzessorietät **17** 19
Beiladungsverfügung **17** 29
– Aufhebung **17** 41
Beistand durch Verteidiger **18** 66 f.
Beiziehung der Akten **26** 576; **29** 37 ff.
Beiziehung von Behördenakten **26** 161
Bekämpfen von Wirtschaftskriminalität **40** 84
Bekanntgabe der Entscheidung
– ~ im Verwaltungsverfahren **10** 186
Bekanntmachung der Kommission über Beratungsschreiben **11** 113
Beklagtenschutzerwägungen **31** 82
Belieferungsanspruch **27** 12, 31, 119; **30** 1, 17
Belieferungsklagen
– zuständiges Gericht **27** 76
Belieferungspflicht **27** 20
Belohnung
– ~ als Funktion des Kartellrechts **2** 18
Benachrichtigung
– öffentliche ~ **37** 95
Benachrichtigungsverfahren **37** 93
Benchmarking **39** 86
Beratender Ausschuss **10** 72; **11** 107; **13** 156; **14** 35; **15** 63, 89; **16** 45
– Anhörung des ~ **10** 184
– Anhörung des ~ bei Zusagenentscheidung nach Art. 9 VO 1/2003 **11** 66
– ~ bei einstweiligen Maßnahmen nach Art. 8 VO 1/2003 **11** 37
– ~ für Kartell- und Monopolfragen **6** 21
– Stellungnahme **10** 186; **15** 89

– Verlangen zur Einberufung einer Sitzung **15** 65; **16** 62
Beratung
– kartellrechtliche ~ **39** 65 ff.
Beratungsdienstleister
– ökonomischer ~ **1** 5
Beratungsergebnis **17** 240
Beratungsgegenstand **17** 240
Beratungsgespräch **17** 3
Beratungsschreiben **6** 6
Bereicherungsabsicht **42** 53
bereicherungsrechtliche Rückabwicklung
– ~ nach Anfechtung **26** 508
– Unterschied zum Kartellschadensersatz **26** 515 ff.
Bereicherungsverbot **25** 86
Bereichsausnahme
– ~ für die Landwirtschaft **19** 42
Berichterstatter
– Entscheidungsvotum des ~ **17** 240
Berichterstattung **39** 81
Berichterstattungsfunktion **16** 74
Berichtigung **34** 32
Berufsgeheimnis **10** 110, 190 f.; **15** 98
– anwaltliches ~ **17** 244
Berufsverbot **42** 10
Berufsvereinigungen **17** 65
Beschaffungsdaten
– Richtigkeit der ~ **26** 211
Beschlagnahme **17** 98, 102 ff.
– Anhörung Betroffener **17** 106
– Anordnung durch den Richter **18** 42
– Befugnis zur ~ **17** 102
– Belehrung **17** 107
– Beschwerde **17** 107
– ~ elektronischer Datenträger **17** 103
– formelle Voraussetzungen **17** 106 ff.
– Gefahr im Verzug **17** 106
– Gegenstand **17** 103
– Grenzen **17** 104 f.
– Kollegialentscheidung **17** 106
– Pflicht zur Aufhebung **18** 42a
– Rückgabe **18** 42a
– Verfahren **17** 106 ff.
– Vernichtung von Surrogaten **18** 42a
– ~ von Sachgesamtheiten **17** 103
– vorläufige Sicherstellung **17** 103
– Wegnahme **17** 108
– Widerspruch gegen die ~ **17** 107
– Wirkung **17** 108
– Zufallsfunde **17** 103
Beschlagnahmeanordnung **17** 98
– Gefahr im Verzug **18** 42a
Beschlagnahmebefugnis **17** 102
Beschlagnahmebeschluss
– Umfang der Begründung des ~ **18** 42a
Beschlagnahmerecht
– ~ bei Nachprüfung **8** 44
– ~ der Kartellbehörden **17** 44

1409

Beschlagnahmeverbot **17** 105; **40** 96
– Anwaltskorrespondenz **18** 79
beschleunigtes Verfahren **14** 178
Beschlüsse der Kommission
– Kollegialitätsprinzip **10** 181
Beschluss **34** 7
Beschluss-Anfechtungsklage **23** 3
Beschlussabteilungen des BKartA **16** 70 ff., 73 ff.
– Weisungsfreiheit **16** 71 f.
Beschlussfassung
– ~ der Europäischen Kommission **6** 17 ff.
– Verfahren der ~ **6** 17
beschränkte Gesamtwirkung **38** 64
Beschwerde **15** 45
– Anordnung der aufschiebenden Wirkung **17** 188, 190
– Anordnung der sofortigen Vollziehung **17** 189
– aufschiebende Wirkung **17** 187 ff.
– Aussetzung der sofortigen Vollziehung **17** 189
– Befugnis **7** 106
– Begründungspflicht bei Zurückweisung **7** 118
– Bekanntmachung über ~ **7** 103
– berechtigtes Interesse an ~ **7** 106
– Beschwerdeführer **7** 103
– Beteiligte **17** 181 f.
– Einreichung der ~ **7** 105 ff.
– Form **7** 108; **17** 185 f.
– Formblatt C **7** 103, 105
– formelle ~ **7** 102 f.
– Frist **17** 183
– Frist zur Bearbeitung **7** 115
– ~ gegen Vorabentscheidung über Zuständigkeit **16** 34
– ~ gem. § 304 StPO iVm. § 46 I OWiG **18** 73
– informelle ~ **7** 102
– Inhalt der ~ **7** 105
– Möglichkeit zur ~ **17** 27
– Prüfung der ~ **7** 110 ff.
– Recht auf Unterlageneinsicht **7** 121
– Rechtsschutz gegen abweisenden Beschluss **7** 124
– Verbotsverfahren **7** 123
– Verfahren **7** 119 ff.; **17** 195 ff.
– ~verfahren **17** 195 ff.
– Verpflichtungszusagenverfahren **7** 123
– weitere Ermittlungen **7** 116
– Wiederherstellung der aufschiebenden Wirkung **17** 190
– Zulässigkeit **17** 168 ff.
– Zurücknahme **7** 122
– Zurückweisung **7** 116 f.
– Zurückweisungsbeschluss **7** 122
– Zuständigkeit **17** 166 f.
Beschwerdebefugnis **7** 106
– ~ der Beigeladenen **17** 38
Beschwerdeentscheidung
– Aufhebung der Verfügung **17** 206
– Beschwerde unbegründet **17** 206

– Beschwerde unzulässig **17** 206
– Entflechtungsanordnung **17** 210
– Erledigterklärung **17** 208
– Erledigung der Verfügung **17** 207
– Erledigung von Abstellungsverfügungen **17** 212
– Ermessensnachprüfung **17** 213
– Form **17** 204
– Inhalt **17** 205
– Verbot der Schlechterstellung **17** 205
Beschwerdemöglichkeit **17** 7, 27
Beschwerdepunkte
– Mitteilung der ~ **6** 3
Beschwerderecht **17** 18, 27
– ~ gegen Auskunftsverlangen **17** 10
Beschwerdeverfahren **7** 101 ff.; **17** 195 ff.
– Amtsermittlungsgrundsatz **17** 197
– Anwaltszwang **17** 203
– Aufklärungspflicht **17** 197
– Aussetzung des ~ **15** 78
– Beweisantrag **17** 201
– Beweiserhebung im ~ **17** 201
– Einstellung des ~ **15** 78
– Erörterungspflicht **17** 199
– fremde Geschäftsgeheimnisse **17** 201
– ~ gegen Verwaltungs- und Bußgeldbeschlüsse des BKartA **1** 5
– gerichtliches ~ **17** 39
– Grundsatz rechtlichen Gehörs **17** 202
– Hinweispflicht **17** 198
– Kosten **17** 224 ff.
– Kostenverteilung **17** 224
– Mitwirkungspflicht **17** 197 f.
– Mündlichkeitsgrundsatz **17** 199
– Öffentlichkeitsgrundsatz **17** 200
– Offenlegung von Geheimnissen **17** 200
– richterliches Fragerecht **17** 199
– Untersuchungsgrundsatz **17** 201
– Zeugnisverweigerung **17** 201
Beseitigung von Hindernissen für einen reibungslosen Binnenmarkt **24** 35
Beseitigungs- und Unterlassungsanspruch
– einstweiliger Rechtsschutz **27** 132 ff.
Beseitigungsanspruch **3** 15; **24** 1, 7, 29; **25** 1; **26** 6, 163
– Tatortgerichtsstand **31** 43
– ~ von Verbänden **25** 73
Beseitigungsantrag **27** 95 ff.
Beseitigungsprozess
– Niederlande **37** 51
Beseitigungsrecht **23** 2
besondere Einkaufsmacht **39** 34
besondere Verfahrensarten **14** 163 ff.
best place **16** 47
Best Practice Sharing **39** 86
Best Practices **9** 29; **39** 11
Best Practises and Standards **21** 1
Bestandskraft von Entscheidungen **26** 99
Bestechungsdelikte **19** 71, 85

Bestimmtheitsgebot 18 132; 27 89
Bestimmtheitsgrundsatz 14 45; 18 114f.; 19 13
– strafrechtlicher ~ 6 14
Bestimmtheitsmaß R² 26 328ff.
Bestpreisklausel 15 42; 26 380ff.
Bestreiten
– ~ der Zuständigkeit 31 131
Bestreiten mit Nichtwissen 26 78, 195, 210; 43 60
Beteiligte
– ~ am Verwaltungsverfahren 17 7ff.
– Antragsteller 17 12
– Betroffener 17 13ff.
– BKartA 17 17
– geborene ~ 17 9, 11
– gekorene ~ 17 9
– ~ kraft Beiladung 17 18ff.
– Mitwirkungsobliegenheit 17 43
– Veräußerer 17 16
Beteiligtenfähigkeit 17 8, 19
Beteiligung
– faktische ~ am Verwaltungsverfahren 17 33
– ~ kraft Gesetzes 17 11
Beteiligung der nationalen Wettbewerbsbehörden 15 104
Betretungsrecht
– ~ der Kartellbehörden 17 52
Betriebsausgaben 42 33
Betriebsbezogenheit der Streitigkeit 31 73
Betriebsgeheimnisse 29 7
Betriebshaftpflichtversicherung 42 56
Betriebsrat 40 88, 98ff.
– Beteiligung bei Amnestieprogrammen 42 34
– Informationsrechte 40 98
– Mitbestimmungspflicht 40 101f.
– Mitbestimmungsrecht 40 60, 98, 103f.
– Pflicht zur Unterrichtung des ~ 40 99f.
– Richtlinie mit dem ~ 40 98
– Überwachungsrecht 40 99
– Unterlassungsanspruch 40 99
– Zustimmung des ~ 40 101
Betriebsvereinbarung 40 54, 60, 98f.
Betroffener
– ~ im Verwaltungsverfahren 17 13ff.
– Kartell als ~ 17 14
Betroffenheit *vgl. Aktivlegitimation*
– ~ eines Marktteilnehmers 25 9ff.
– ~ iS. Einer Beeinträchtigung der wirtschaftlichen Interessen 25 35
– unmittelbare ~ 17 13
Betrug 19 64, 138
– Ausschreibungs~ 19 87, 93
– Bedeutung im Kartellrecht 19 77f.
– Beendigung 19 105
– Bereicherungsabsicht 19 101
– Beschränkung der Strafverfolgung 19 79
– besonders schwerer Fall 19 100, 131
– Dreiecks~ 19 87, 91f.
– Eingehungs~ 19 88
– Erfüllungs~ 19 89f.
– Gewerbsmäßigkeit 19 100
– Irrtum 19 85
– Konkurrenzen 19 107
– Mindestschaden 19 97
– Qualifikation 19 100, 131
– Rechtswidrigkeit der Bereicherung 19 102f.
– Schaden 19 78, 93ff.
– Stoffgleichheit 19 90, 99
– Strafmaß 19 156ff.
– Strafzumessung 19 105
– Submissions~ 18 47; 19 93, 97, 100
– Täuschung 19 80ff.
– Tatbestand 19 80ff.
– Verbotsirrtum 19 104
– Verfall 19 174
– Verjährung 19 105
– Vermögensminderung 19 88
– Vermögensschaden 19 88
– Vermögensverfügung 19 87ff.
– Vorsatz 19 101
– ~ zum Nachteil des Veranstalters einer Ausschreibung 19 77f., 81, 88f., 99
– ~ zum Nachteil eines Auftraggebers 19 77, 82
– ~ zum Nachteil eines Mitbewerbers 19 77, 84, 91f., 99
Betrug, § 263 StGB 19 77ff.
Beurteilungsfehler der Kommission
– Nichtigkeitsklage wegen ~ 14 52ff.
Beurteilungsspielraum
– ~ der Kommission 12 16
bewährte Vorgehensweise
– ~ der Kommission 10 5
Bewährungsstrafe 39 4
Beweis
– Anscheinsbeweis 12 23
– ~ der Dauer des Wettbewerbsverstoßes 12 15
– ~ der Freistellungsvoraussetzungen 3 7
– ~ des Kartells 7 46
– ~ durch Augenschein 17 44
– ~ durch Zeugen 17 44
– Prima-facie 3 25
Beweisaufnahme 32 115
– Ablehnung der ~ 32 104
– Anordnung von Amts wegen 37 18
– Bedingungen 32 103
– Begriff 32 94
– ~ durch ausländische Stellen 32 113
– ~ durch Beauftragte 32 120
– ~ durch konsularische oder diplomatische Vertreter 32 120
– förmliche ~ 17 128
– IBA-Regeln 38 58
– Kreuzverhör 32 115
– Rechtsmittel 17 113
– Schiedsverfahren 38 58
– sonstige Wege der ~ 32 120
– Wortlautprotokoll 32 115

Beweisausnahme
– Notwendigkeit der ~ **32** 84
Beweisbeschluss 34 8
Beweisbeschränkungen 32 84
Beweiserhebung 26 158 ff.
– ~ im Ordnungswidrigkeitsverfahren **17** 48
– Reichweite der deutschen Gerichtsbarkeit **32** 86 ff.
Beweiserhebungsverbot 32 104
Beweiserleichterung 12 15, 18, 21; **24** 53
– ~ bzgl. der Auswirkungen von Kartellen auf die Preise **26** 130
– ~ iRd. Haftungsbegründenden Kausalität **26** 129
Beweisführung 26 158 ff.
Beweislast 12 1; **32** 84
– ~ im Kartellverfahren **3** 20
– materielle ~ **17** 42
Beweislastentscheidung 26 661
Beweislastgrundsätze 24 53
Beweislastumkehr 27 25
Beweislastverteilung 38 51
– ~ im Kartellbußgeldverfahren **12** 13
Beweismaß 12 1
– ~ im Verwaltungsverfahren **12** 14 ff.
Beweismittel 12 1, 24 ff.; **14** 112; **15** 54 ff.
– Antrag auf Nichtzulassung von ~ **35** 42
– belastende ~ **10** 115, 117
– Herausgabepflicht **18** 45
– Nützlichkeit von ~ **7** 44
– Unternehmenserklärung als ~ **7** 58, 74; **12** 26
– Verweigerung der Herausgabe **18** 64
– Verwertung von Informationen als ~ **22**
– Vorlagepflicht **18** 45
– Zerstörung von ~ **29** 29
– Zulässigkeit von ~ **32** 84
Beweismittelanordnung 32 86
Beweismittelbeschaffung
– exterritoriale **38** 86
Beweisnot
– ~ der Kommission **12** 20
Beweispflicht
– ~ der Kommission **13** 86
– ~ der Unternehmen für mildernde Umstände **13** 106
– ~ des Unternehmens **12** 11
– ne bis in idem **13** 17
Beweisrecht
– internationales ~ **32** 84
Beweisregeln 7 45; **12** 19
– abstrakte ~ **6** 12
beweisrelevante Daten
– endgültige Sicherstellung **18** 37
Beweissicherungsverfahren
– selbständiges ~ **26** 655
– vorprozessuales ~ **37** 21
Beweisthema 32 84
Beweisvereitelung 26 159, 661

Beweisverfahren 32 84
– selbständiges ~ **32** 95, 110; **34** 8
Beweisverwertung 10 133
Beweisverwertungsverbot 10 158; **12** 2, 31; **18** 37, 43, 279; **22** 7, 15, 17; **43** 53
– absolutes ~ **24** 46
– befristetes ~ **24** 46
– gesetzliches ~ **10** 147; **18** 275
Beweiswert
– ~ eines Dokuments **12** 24
– ~ von Erklärungen Dritte **12** 27
Beweiswürdigung 12 1, 19 ff.; **14** 156; **18** 239
– freie ~ **6** 12; **12** 19, 23
Bezugssperre 31 157
Bierkartell 39 58
Bietergemeinschaft 19 44, 59
Bieterverfahren 43 91
Bindungswirkung 15 17 ff.; **36** 20
– Beschränkung der ~ einer Verfügung **26** 106
– ~ der wesentlichen rechtlichen und tatsächlichen Feststellungen des Verfahrens **26** 694
– ~ einer kartellbehördlichen Entscheidung **28** 12
– ~ eines Feststellungsurteils **27** 54
– ~ eines Massenvergleichs **37** 60
– Einschränkung der ~ **26** 126
– ~ gerichtlicher Entscheidungen **26** 95 ff.
– ~ kartellbehördlicher Entscheidungen **26** 95 ff., 668; **43** 10, 84
– ~ kartellbehördlicher Entscheidungen in den Niederlanden **37** 41
– keine ~ durch Entscheidungen **27** 30
– Reichweite der ~ **15** 23
– Schiedsvereinbarung **38** 68
– ~ von Bußgeldbescheiden **26** 107
– ~ von Entscheidungen **26** 201
– ~ von Entscheidungen der Kommission **12** 23; **26** 96, 107
– ~ von Entscheidungen nationaler Wettbewerbsbehörden **38** 52 f.; **39** 2
– ~ von kartellbehördlichen Entscheidungen iRe. Schadensersatzklage **26** 602
– ~ von Schiedsklauseln **38** 16
– ~ von Schiedssprüchen **38** 17 ff.
– ~ wettbewerbsbehördlicher Entscheidungen **24** 39, 48; **26** 5
Binnenhaftung 26 29, 61
Binnenmarkt 3 1
Binnenmarktkollisionsnorm
– gemeinschaftsweite ~ **33** 14
BKartA 16 2, 6; **17** 11; **18** 108, 133; **25** 67; **26** 10; **29** 45; **39** 67, 88, 109, 120; **41** 14; **43** 65, 85, 114; vgl. *Bundeskartellamt*
– allgemeine Weisungen **16** 71
– ~ als Beteiligter am Verwaltungsverfahren **17** 17
– ~ als Vollstreckungsbehörde **18** 165
– Anordnungen des ~ **17** 114
– Anwendungserlasse **16** 71

Magere Zahlen = Randnummern   Sachregister

- Arbeitsweise **16** 69 ff.
- Aufbau **16** 69 ff.
- Beschlussabteilungen des ~ **16** 70 ff., 73 ff.
- Bußgeldleitlinien **18** 148 ff.
- Einzelanweisungen **16** 71
- Grundsatzabteilung **16** 75
- Informationsaustausch **22** 3 ff.
- Informationsweitergabe **22** 11 f.
- interne Geschäftsordnung **16** 70
- Justizförmigkeit **16** 70 ff.
- Kartellverfolgungsabteilung **16** 72
- Merkblatt des ~ **18** 180
- Merkblatt zum Settlement-Verfahren **18** 185, 191
- Ministerschreiben **16** 71
- Nichtanwendungserlasse **16** 71
- Prozessabteilung **16** 75
- Richtlinien **16** 71
- selbständige Oberbehörde **16** 69
- Selbstbindung **18** 150
- Spezialzuständigkeiten **16** 9 ff.
- "Tandem" **16** 72
- "Tridem" **16** 72
- Vergabekammern **16** 70
- Verwendung erlangter Informationen **22** 15
- Zuständigkeit bei überregionaler Wirkung **16** 10
- Zuständigkeit für Sektoruntersuchungen **16** 14
- Zuständigkeit kraft einvernehmlicher Abgabe **16** 15 ff.
- Zuständigkeit kraft Sachzusammenhangs **16** 21

Black List **7** 82; **10** 83
blacklisting **42** 5, **43** ff.
Blankettgesetz **19** 38
Blankettnorm **19** 13
BM für Wirtschaft und Technologie **16** 2
BM Wirtschaft **25** 67; **26** 10
- Anordnungen des ~ **17** 114

Börsenpreis **19** 94
bona fide **9** 15
Bonusantrag **18** 59, 157, 162; **19** 117, 123 f., 126, 128 f., 132, 145, 148; **27** 17; **29** 44, 46 f.
- Antragsberechtigter **18** 61
- Bekanntgabe **19** 129
- Form **18** 60
- Frist **18** 60
- Offenlegung **10** 145

Bonusantragsteller **18** 184; **19** 148, 151
Bonusregelung **18** 1, 28, 81, 90, 142, 150, 159; **19** 63, 109, 115, 118, 121; **22** 4 f.; **26** 110; **41** 61
- ~ des BKartA **41** 47, 53

Border Watch List **35** 37
Bottem-Up-Ansatz **21** 4; **40** 30
Boykottaufruf **18** 6, 13, 95
Boykottverbot **3** 14; **25** 52, 63; **26** 7, 88, 156, 235
breach of statutory duty **36** 3
Brexit **36** 2

Briefgeheimnis **40** 76
Bruch eines Siegels **13** 62, 64
- Verfolgungsverjährung **13** 164

Brüssel I-VO **31** 2, 170; **32** 75
- räumlicher Anwendungsbereich **31** 12
- sachlicher Anwendungsbereich **31** 9 ff.
- zeitlicher Anwendungsbereich **31** 15
- Zivil- und Handelssachen **31** 9

Brüssel Ia-VO **24** 72; **31** 2 ff., 109, 170; **32** 57, 60, 75 f.
- Verfahren in Drittstaaten **32** 75 ff.

Brüssel IIa-VO **34** 40
Brüssel-Regime **31** 7
Brüssel-Übereinkommen **31** 2
Bruttoprinzip **18** 176
Bündelpatent **31** 85
Bündeltheorie **25** 38
buissnes judgement rule **42** 36; **43** 4, 6, 50, 95
Bundesarbeitsgericht **40** 52
Bundesdatenschutzgesetz **40** 35 ff.; *vgl. auch* BDSG
Bundeskartellamt **1** 5; **3** 15, 28; **4** 6; *vgl. auch* BKartA
Bundesnetzagentur **26** 66
- sektorspezifische Regulierung der ~ **16** 24 ff.

Bureau of Competition **35** 21
Bureau of Consumer Protection **35** 21
Bureau of Economics **35** 21
Burgerlijk Wetboek **37** 40
Bußgeld **1** 5; **11** 6; **23** 7, 9; **25** 39; **26** 24; **39** 2; **40** 34; **42** 2
- Abschöpfung **18** 171
- Abschöpfung des wirtschaftlichen Vorteils **18** 133
- Ahndungscharakter **18** 170
- Aufsichtspflichtverletzung **18** 109 f.
- ~ bei Zusageentscheidung nach Art. 9 VO 1/2003 **11** 52
- Bemessung **18** 112; **39** 108, 113 ff.
- Bewertungseinheit **18** 112
- dinglicher Arrest **18** 108
- Doppelfunktion **18** 91
- ~ einstweiligen Maßnahmen nach Art. 8 VO 1/2003 **11** 46
- Erlass oder Ermäßigung des ~ **7** 5 ff.
- Festlegung des Bußgeldrahmens **18** 100 ff.
- ~ für natürliche Personen **18** 88
- ~ gegen Eigenproduktunternehmen **18** 154
- ~ gegen Mehrproduktunternehmen **18** 154
- Günstigerprinzip **18** 130 ff.
- Höchstbetrag **18** 100
- Höchstmaß **18** 89
- individuelle Zumessung **18** 136 ff.
- intertemporaler Anwendungsbereich **18** 124 ff.
- Kappungsgrenze **18** 149
- keine Gesamtstrafe **18** 112
- Kontokorrentkredit **18** 165
- Kumulationsprinzip bei Tatmehrheit **18** 112

1413

- mehrerlösbezogener Bußgeldrahmen **18** 126
- Mehrerlösgeldbuße **18** 125 ff.
- Mindestbetrag **18** 100
- natürliche Handlungseinheit **18** 112
- Obergrenze **18** 132 f., 137, 149
- Ratenzahlung **18** 146, 165
- Rechtsbehelf gegen Zinszahlungsanordnung **18** 169
- Reduktion **18** 110
- Reduktion wegen Kooperation **18** 159
- Schonfrist **18** 166
- Sicherung **18** 108
- steuerrechtliche Behandlung **18** 170 ff.
- Streitigkeiten zur Höhe des ~ **1** 5
- Stundung **18** 146, 165
- Verhängung von ~ **3** 15
- Verjährung **18** 112
- Verjährung der Verzinsung **18** 166
- Verzinsung **18** 166 ff.
- Zahlungserleichterungen **18** 146, 157, 165 ff.
- Zumessung **18** 89
- Zumessungskriterien **18** 139
- zusätzliches ~ **11** 95
- Zusagenentscheidung nach Art. 9 VO 1/2003 **11** 89

Bußgeldandrohung **13** 54
Bußgeldbandbreite **10** 81
Bußgeldbemessung **10** 59; **18** 239; **26** 130
- ~ bei Nachprüfung **8** 13
- Kriterien der ~ **6** 14
- Leitlinien zur ~ **6** 14
Bußgeldberechnung **10** 123
Bußgeldbescheid **18** 81; **26** 98; **39** 3
- Einspruch gegen den ~ **18** 194 ff.
- verkürzter ~ **18** 182
- Zustellung **18** 82
Bußgeldbeschluss **2** 13
- ~ im Vergleichsverfahren **10** 72
Bußgeldentscheidung **6** 35; **43** 7
Bußgelderlass **18** 28, 81, 142, 160; *vgl. auch Geldbußerlass*
- besondere Voraussetzungen des ~ **7** 30 ff.
- Besonderheiten beim Antrag auf ~ **7** 84 ff.
- erster Antragsteller **7** 30
- Feststellung der Zuwiderhandlung **7** 32
- gezielte Nachprüfung **7** 32
Bußgeldermäßigung **10** 19, 35 ff., 54; *vgl. auch Geldbußenermäßigung*
- Antrag **7** 41
- besondere Voraussetzungen des ~ **7** 41 ff.
- Kurzantrag **7** 95
Bußgeldhaftung
- ~ für fremde Ressourcen **18** 118
Bußgeldimmunität **41** 23
Bußgeldleitlinie **13** 28, 159
- Abweichung von ~ **13** 67
- Ermessensbindung durch ~ **13** 65
Bußgeldleitlinien **6** 28; **8** 13; **18** 90, 136
- ~ der EU **39** 115

- ~ des BKartA **18** 148 ff.; **39** 111
Bußgeldminderung **18** 28
Bußgeldobergrenze **18** 1, 54, 132
- Berechnung **18** 122
Bußgeldreduktion **13** 133; **18** 142, 160, 182
- ~ bei fahrlässiger Aufsichtspflichtverletzung **18** 111
- ~ bei fahrlässiger Begehung **18** 110
Bußgeldsanktionen **3** 15
Bußgeldtatbestand **13** 54, 57 ff.
Bußgeldverfahren **1** 4
- ~ der Kommission **2** 13
- Informationsweitergabe **22** 14
Bußgeldzumessung **18** 54, 99 ff., 114
- Ahndungsempfindlichkeit **18** 150
- Aufsichtspflichtverletzung **18** 138
- Bemessungsspielraum **18** 151
- Berücksichtigung der Eintragungen im Gewerbezentralregister **18** 173
- den Täter betreffender Vorwurf **18** 141
- Geständnis **18** 142
- Gewinn- und Schadenspotential **18** 150
- Grundsätze **18** 136
- ~ in engerem Sinne **18** 136
- individuelle ~ **18** 136 ff., 155 ff.
- Kriterien **18** 139
- Multiplikationsfaktor **18** 151 ff.
- Nachtatverhalten **18** 142
- rechtsstaatswidrige Verfahrensverzögerung **18** 147
- schwere der Bezugstat **18** 140
- spezifische unternehmensbezogene Umstände **18** 143
- vom Betroffenen zu vertretende Verfahrensdauer **18** 147
- wirtschaftliche Leistungsfähigkeit **18** 144 f.
- wirtschaftliche Verhältnisse **18** 144
- Zumessungskriterien **18** 155 ff.

Cartel Damage Claims **37** 32
Cartels Working Group **21** 5
case management conference **36** 31
Case Manager **10** 166
Case of Monopolies **2** 2
Case Team **2** 13; **10** 166; **11** 56
CAT **36** 11, 19
- Kosten des Verfahrens **36** 35
- Verfahrensdauer **36** 32
- Verjährung **36** 22
- Zuständigkeit **36** 8
Chancery Division **36** 7
Chefökonom **6** 22; **10** 166
- Einschaltung des ~ **2** 13
Chicagoer Schule **3** 4; **5** 2
Chief Compliance Officer **39** 49
cic **26** 489 ff.
- Beweislast **26** 493
- Nachteil **26** 494
- Verjährungsrisiko **26** 494

Magere Zahlen = Randnummern   Sachregister

CISG **31** 150
civil enforcement **35** 7
Civil Investigative Demands **35** 15, 22
Civil Law Staaten **32** 121
Civil Procedure Rules **36** 6
Claims-Made-Prinzip **42** 50
class action **2** 3; **5** 3; **28** 27; **32** 24, 37; **35** 12, 36; **37** 68, 93; **43** 19
Clayton Act **35** 1, 3, 12, 28
Clean Team **39** 73
closed sessions **10** 170
CMA **36** 26
Code civil **37** 6
Code de Commerce **37** 4
Code de prodédure pénal **37** 4
Code of Conduct **39** 102
comity **9** 15
commensurately recogent and convincing **36** 29
commercial claims **36** 7
Commercial Cort **36** 7
Common Law **2** 2; **23** 3; **24** 4
Common Law Staaten **32** 121
Commonality **35** 36
Compatition Appeal Tribunal **36** 5; *vgl. auch* CAT
Competition Act 1998 **36** 2
Competition and Markets Authority **36** 21
Competition Appeal Tribunal Rules 2003 **36** 6
Competition Practice Direction **36** 6
competitive fringe **26** 362, 364f.
Compliance **2** 18; **18** 1, 18, 142, 157; **19** 49; **20** 2f.; **24** 19
– Begriff **39** 25
– kartellrechtliche ~ **39** , 11
– rechtliche und praktische Anforderungen **39** 6ff.
– Regelwerk **39** 40ff.
– Reichweite und Organisation **39** 25ff.
Compliance-Abteilungen **39** 65, 73; **42** 16ff., 42
Compliance-Aktivitäten **39** 86; **41** 19, 20
Compliance-Anforderungen **39** 43, 65; **41** 71
Compliance-Anpassung **41** 67
Compliance-Arbeit **39** 10
Compliance-Aufgaben **39** 17, 29
Compliance-Awareness **41** 19
Compliance-Bemühungen **39** 105f.
Compliance-Bereich **39** 27, 68f., 70; **40** 1
Compliance-Committment **39** 22
Compliance-Erklärung **26** 498
Compliance-Fragestellungen **39** 87
Compliance-Gebiet **39** 14, 17
Compliance-Grundgesetz **39** 48
Compliance-Helpdesk **39** 38
Compliance-Instrumente **39** 9
Compliance-Klausel **26** 491

Compliance-Komitee **39** 29
Compliance-Kultur **39** 11, 21, 24
Compliance-Management **39** 21
Compliance-Management-System **39** 10, 19; **40** 87, 98; **42** 6
Compliance-Maßnahme **39** 9, 38, 72, 84, 88, 94; **40** 26, 30, 31, 33; **43** 115, 117, 119
– investigative ~ **39** 16
Compliance-Materie **39** 17, 29
– Kartellrecht als ~ **39** 12
Compliance-Mitarbeiter **39** 28, 35, 80
Compliance-Officer **26** 52; **40** 17; **42** 14
Compliance-Organisation **26** 21f.; **39** 8, 11, 26ff., 29; **42** 36; **43** 119
– Durchsetzungskraft der ~ **39** 27
– Unabhängigkeit der ~ **39** 27
Compliance-Pflichten
– ~ für Lieferanten in Risikomärkten **43** 119
Compliance-Praxis **39** 17
Compliance-Programm **13** 36; **26** 18, 61, 438; **39** 1ff., 3, 10ff., 15, 25f., 76f., 86ff., 88f., 101, 104f., 112, 115, 126ff.; **40** 1, 8, 13, 17; **42** 21
– Berücksichtigung bei der Sanktionierung von Kartellrechtsverstößen **39** 88ff.
– Enthaftungsmöglichkeit **39** 98ff.
– Präventionswirkung **39** 118f.
– ~ von Tochtergesellschaften **39** 107
Compliance-Prüfung **39** 102
Compliance-Regeln **39** 64
Compliance-Regelung **41** 63; **42** 21
Compliance-Regelwerk **39** 65
Compliance-Risiken **39** 38; **41** 70
Compliance-Risikoanalyse **39** 31ff., 87; **40** 8
Compliance-Schulung **39** 35
Compliance-Sicht **41** 17
Compliance-Standards **39** 86; **43** 108, 118
Compliance-Strategie **39** 83
Compliance-Struktur **39** 1ff.
Compliance-System **39** 7ff., 17, 29, 76, 79, 81; **41** 3, 11, 69
– Anpassung **41** 70ff.
Compliance-Thema **39** 22
Compliance-Tools **39** 38
Compliance-Training **39** 58
Compliance-Untersuchung **39** 38; **40** 2ff., 11, 18, 27, 31
Compliance-Veranstaltung **39** 22
Compliance-Verantwortliche **39** 11, 27, 31, 49, 59, 70
Compliance-Verantwortung **39** 8; **41** 63
Compliance-Verhalten **39** 30
Compliance-Verstoß **39** 24; **40** 1, 9, 13, 15, 21; **42** 21, 43, 44f.
Compliance-Vorfälle **39** 81, 87
Compliance-Vorgaben **39** 97, 115
condicio sine qua non **19** 54
conditional agreement **36** 36f.
confidentiality ring **36** 14

1415

Conseil de la concurrence 37 5, 14
Consent Decree 35 18f.
Consent Orders 35 26
conspiracy to use unlawful means 36 4
constitution de partie civile 37 4
Consumentenautoriteit 37 38
Consumer Rights Act 36 8
contingency fees 5 3
Converium Vergleich 37 68
Corporate Compliance 26 561
Corporate Governance Kodex 39 25
cost-plus-Verträge 25 32
counterfactual 26 526; 36 23
Cour d'Appel 37 3, 20, 24
Cour de Cassation 37 3, 8, 12, 15, 24
Court of Arbitration for Sports 38 8
courtoisie internationale 32 44
CRA 36 32
criminal enforcement 1 1, 9; 2 16, 17
culpa in contrahendo 26 489ff.; vgl. auch cic

Dänemark-Parallelabkommen 31 6, 8, 12, 16
damage-based agreement 36 36f.
damnum emergens 14 98; 24 13, 30, 40; 25 78
Darlegungslast 12 4ff.
Data and Document Freeze 26 209
data generating process 26 270, 306
Datennutzungszweck 40 41
– Änderung des ~ 40 80
Datenraumverfahren 10 125f.
Datenschutz 39 54; 40 56ff.
– ~ bei Untersuchungen 40 34
– geschäftliche Unterlagen 40 57
– private Dokumente 40 58
Datenschutzaufsichtsbehörde 40 52
Datenschutzexpertise 40 87
Datenschutzrecht 39 12; 40 35ff.
Datenschutzrichtlinie 40 84
Datenübermittlungsvereinbarung 40 84
Dauer des Wettbewerbsverstoßes
– Beweis der ~ 12 15
Dauerdelikt 27 36
Dauerhandlung 26 410
dauernde Verfügungen 35 36
Dauerstraftat 19 148
dawn raid 6 32; 8 2
Dawn Raid Leitlinien 39 18
DCGK 39 6
de-facto Industriestandard 30 25
de-minimus-Bekanntmachung 6 29
Deckelung
– ~ der Geldbuße 13 125
dedicated agreements 4 11
defensiver Kartellprozess 30 1
Dekartellisierungsgesetz 2 8; 26 490
Delegation von Entscheidungsbefugnissen 14 29

Delegationsverfahren 6 17
Deliktsgerichtsstand 26 541, 546; 27 73f.; 28 21; 31 78
Demokratieprinzip 10 132
Denunzierung 40 16
Derogation 31 169; 38 10ff., 14
– Verbot der ~ 31 170
Derogationsverbote 31 103
Derogationswirkung 31 101
Destabilisierung
– ~ von Kartellen 7 5
Determinationskoeffizient 26 317, 328ff.
Deutscher
– ~ im statusrechtlichen Sinne 19 76
Deutscher Corporate Governance Kodex 39 6
Devolutiveffekt 14 116
dezentralisierter Entlastungsbeweis 26 438
DGCCRF 37 5
dicovery 10 157; 32 95
Dicovery Orders 7 81
Differenz-der-Differenzen-Methode 26 173, 262, 286ff., 296ff.
– Kontrollfaktoren 26 342ff.
Differenzhypothese 26 186, 230; 43 94
Differenzmethode 19 169; 26 234
direct purchasers 31 44
Directors Officers Versicherung 39 4; 42 47ff.
Directors Disqualification Order 42 10
Direktbelieferung
– Ausschluss 25 50
Direktion 6 23
Direktwirkung
– horizontale ~ 25 83
disclosure 32 95, 110; 36 1; 43 59
Disclosure Questionaires 36 12
Discovery 24 43; 35 42; 41 37; 43 59
Diskriminierung 1 5; 39 93; 41 68
Diskriminierungsfreiheit 41 68
Diskriminierungsverbot 25 8, 52ff., 55; 26 85, 87; 39 70f.
– Verstoß gegen ~ 25 17
Dispositionsbefugnis der Parteien 38 28
Dispositionsmaxime 17 2
Distanzdelikt 31 46
Distanzierung eines Unternehmens
– ~ vom Kartellverstoß 12 22
diversion ratio 26 390
D&O-Versicherung 39 4; 42 47ff.
doctrine of merger 34 8
Document Retention 41 47
DOJ 35 7, 11, 43
Dokumente
– unternehmensinterne ~ 12 25
Dokumentenanalyse 40 31
Dokumentenvorlage 32 124; 38 58
– Anordnung der ~ im Schiedsverfahren 38 58
– Anspruch auf ~ 38 58

Dokumentenvorlagepflicht **32** 122
Dokumentenvorlageverweigerungsrecht **32** 100
DokumentenzugangsVO **7** 83
dolo agit-Grundsatz **30** 21
Doppelbestrafung
– Gefahr der ~ **35** 42
Doppelbestrafungsverbot **4** 9; **6** 40; **10** 9; **11** 85; **13** 13 f., 15, 19, 176; **14** 45; **15** 17, 80 ff., 83, 88; **16** 39, 55; **18** 20, 22, 24; **19** 113
Doppelkontrolle **26** 72
Doppelorganschaft **26** 41
doppelte Marginalisierung **26** 381
doppeltrelevante Tatsache **31** 78
Doppeltürmodell **29** 37
Doppelverwertungsverbot **18** 136, 156
double jeopardy **35** 42
Dreiecksbetrug **19** 87, 91 f.
Dreiergremium
– Entscheidung in einem ~ **18** 81
Dreiertreffen **10** 178; **11** 63
dreistufiger Vertrieb **25** 45
Dringlichkeit
– ~ bei einstweiligen Maßnahmen nach Art. 8 VO 1/2003 **11** 32
Drittmarktbehinderung **25** 56
Drittstaaten
– Verhältnis zum Kartellrechts von ~ **4** 8 ff.
Drittverfall **19** 159 f.
Drittwiderspruch **14** 163
Drittwiderspruchsklage **34** 35
Drittwirkung **34** 12
– ~ von Richtlinien **38** 39
Druckverbot **31** 157
dualistischer Ansatz **24** 4
Due Diligence **39** 75
Duldung
– Durchsetzung **17** 115
– ~ fremder Hoheitsakte **20** 7
Duldungspflicht **13** 1, 54, 60; **17** 7
– ~ der unternehmen bei Nachprüfung **8** 11
Durchführungs-VO (EG) Nr. 773/2004 **3** 15
Durchführungs-VO (EWG) Nr. 17/62 **2** 4
Durchführungsprinzip **33** 26
Durchgriffshaftung **26** 445
Durchschnittsschaden **26** 483 ff.
Durchsetzung des Kartellrechts
– adversorische Durchsetzung **2** 12
– allgemeine Grundsätze **3** 17 ff.
– behördliche ~ **2** 11
– effektive ~ **3** 23 f.
– Einheitlichkeit der ~ **3** 25
– Funktionen der ~ **2** 18 f.
– geschichtlicher Überblick **2** 1 ff.
– Grundlagen **3** 15 ff.
– grundrechtliche Vorgaben der ~ **3** 26 f.
– ~ im System des europäischen und deutschen Kartellrechts **3** 1 ff.
– inquisitorische Durchsetzung **2** 12
– Instrumente der ~ **2** 11 ff.
– Kohärenz der ~ **3** 25
– kontradiktorische Durchsetzung **2** 12
– materiellrechtliche Grundlagen **3** 5 ff.
– öffentlich-rechtliche ~ **2** 11
– öffentliche ~ **2** 11, 12 f.; **3** 15, 16
– ökonomische Analyse **5** 2
– politische und ökonomische Theorie **5** 1 ff.
– private ~ **2** 11, 15; **3** 15; **5** 1
– privatrechtliche ~ **2** 11
– strafrechtliche ~ **2** 16 f.
– systematische und begriffliche Grundlagen **2** 9 ff.
– verbraucherschützende Zielrichtung **3** 4
– verfassungspolitische Grundlagen **3** 1
Durchsuchung **17** 94 ff.; **18** 31; **19** 134; **41** 4, 48, 53
– Adressat **17** 96
– Amtshilfe **18** 38
– Anordnung eines Amtsrichters **17** 99
– Asservatenverzeichnis **18** 36
– Beendigung **18** 36
– behördliche ~ **39** 77; **40** 29
– ~ der Europäischen Kommission **41** 6 f.
– ~ des BKartA **41** 6 f., 26
– Duldung **18** 35
– Durchführung **17** 99
– elektronische Speichermedien **18** 37
– formelle Voraussetzungen **17** 99 ff.
– Gefahr im Verzug **17** 99
– Grenzen **17** 98; **18** 33
– kein Anwesenheitsrecht **18** 37
– keine Mitwirkungspflichten **18** 35
– Niederschrift **17** 100; **18** 36
– Reaktionsmöglichkeiten **41** 6 ff.
– Sicherstellen von Beweisen **18** 39 ff.
– Umfang **17** 97
– unangekündigte ~ **41** 5
– unmittelbarer Zwang **18** 34
– Unrechtmäßigkeit **41** 6
– Unterbrechung **18** 36
– Verstöße gegen Mitwirkungspflichten **41** 6
– vorläufige Sicherstellung **18** 43
– vorläufige Sicherstellung von IT-Daten **18** 37
– Zufallsfunde **17** 97
Durchsuchung von Unternehmen **14** 1
Durchsuchungsanordnung **17** 97; **18** 32
– Anfechtung **17** 101
– Beschwerde **17** 101
– ergänzende ~ **17** 97
– Form **18** 32a
Durchsuchungsbefehl **35** 39
Durchsuchungsbefugnis **17** 98
Durchsuchungsbeschluss **14** 37, 112; **17** 87
– Nichtigkeitsklage **14** 9
Durchsuchungsniederschrift **18** 36
Durchsuchungsprotokoll **41** 7

Sachregister   Fette Zahlen = Paragrafen

Durchsuchungsrecht **17** 97
– ~ der Kartellbehörden **17** 44, 52
Durchsuchungszeugen **18** 34

E-Learnings **39** 51, 53, 62
EBITDA **26** 385
Echtheit des Kommissionsbeschlusses **8** 57
ECN **2** 6; **15** 11, 33, 37 ff.; **16** 36 ff., 40 ff., 51 ff.; **22** 1, 5, 17; **41** 29
– Aufgaben **15** 39
– Aufgreifbefugnis durch die Kommission **15** 64 ff.
– Aussetzung und Einstellung des Verfahrens bei Bearbeitung durch eine andere Behörde **15** 73 ff.
– Beratender Ausschuss **15** 89
– Besonderheiten bei Kronzeugenanträgen **15** 69 ff.
– Eigenmechanismus **16** 4
– Einzelheiten der Fall- und Aufgabenverteilung **15** 44 ff.
– Grundsätze der Fall- und Aufgabenverteilung **15** 40 ff.
– Informationsaustausch **15** 45 f.
– ne bis in idem-Grundsatz **15** 80 ff.
– Prinzipien **15** 38
– Rechtsschutz **15** 67 f.
– Sicherstellung der kohärenten Anwendung der Art. 101 und 102 AEUV **15** 60 ff.
– Standardformblatt **15** 47
– Ziele **15** 38
ECN Model Leniency Programme **7** 11, 11 f., 17, 94 f.
effects doctrine **33** 28
effektiver Nachteilsschutz **24** 29
effektiver Rechtsschutz **14** 155
Effektivitätsgebot **18** 4; **24** 7, 38; **25** 89
Effektivitätsgrundsatz **3** 24; **12** 3, 6; **18** 257; **24** 3, 11, 13 f., 15 f., 23 f., 30, 36, 40, 42; **25** 10, 27 f.; **26** 440, 696; **29** 15; **31** 89, 120
– Implikation des ~ **38** 27
Effektivitätskontrolle **24** 17
Effektivitätsprinzip **12** 3, 18; **38** 12, 45
effet utile **1** 3; **2** 9; **3** 23 f.; **8** 62; **24** 5; **25** 10, 68; **26** 137
efficiency defence **3** 13; **26** 370
Effizienz
– ~ der Rechtsdurchsetzung **5** 5
– ~ des Verfahrens **37** 94
Effizienzeffekte
– positive ~ **26** 382
Effizienzvorteile **12** 17
EFTA-Überwachungsbehörde **6** 42
eidesstattliche Versicherung **12** 28
eigene Sachkunde des Gerichts **26** 160, 198
Eigenhaftung natürlicher Personen **26** 43 ff.
Eignung der Beeinträchtigung **12** 8
Eilrichter
– Niederlande **37** 54

Eilverfahren
– Niederlande **37** 54
einfache Nachprüfung **8** 2
– Anfangsverdacht **8** 21
– Hinweis auf Sanktionsmöglichkeiten **8** 23
– schriftlicher Auftrag **8** 22
– Verfahren **8** 24
– Voraussetzungen und Verfahren **8** 21 ff.
– Zustimmung des Unternehmens **8** 26
Eingehungsbetrug **19** 88
Eingeständnis **12** 30
Eingriff
– existenzvernichtender ~ **26** 29
– ~ in den eingerichteten und ausgeübten Gewerbebetrieb **26** 48
Eingriffsmaßnahmen **19** 116
Eingriffsnormen **33** 56 f., 62
Einheitstäterschaft **26** 50
Einkaufskartelle **26** 152, 221a
Einkaufskooperationen
– Analyse von ~ **39** 34
Einkaufsmacht
– besondere ~ **39** 34
Einkaufsvolumen **26** 207, 564
– Schätzung **26** 208
Einleitung des Verfahrens **15** 89
Einleitung des Verwaltungsverfahrens **17** 1 ff.
Einleitungsverfügung **17** 2
Einmischungsverbot **4** 2
Einnahme des Augenscheins **26** 205; **29** 13
Einrede **23** 4
Einrede der Unzulässigkeit **14** 180
Einrede der Unzuständigkeit **14** 180
Einrede der Verjährung **12** 15; **37** 97
Einrede der Vorausklage **26** 698
Einschränkung des Wettbewerbs **19** 32
Einsicht in Akten **26** 74
Einsicht in Strafakten **26** 74, 201
Einsichtsbeschluss **17** 88
Einsichtsrecht
– Adressat **17** 88
– ~ der Kartellbehörden **17** 44
– formelle Voraussetzungen **17** 92 f.
– Grenzen **17** 89
– Mitwirkungspflicht **17** 88
– Umfang **17** 89
Einspruch
– Begründung **18** 198
– ~ gegen den Bußgeldbescheid **18** 194 ff.
– Rücknahme des ~ **18** 207
– Rücknahme durch Verteidiger **18** 66
– Teilrücknahme **18** 207
Einspruchsverfahren **18** 194 ff.
– Ablehnung eines Beweisantrags **18** 227
– Akteneinsicht **18** 209 ff.
– Amtsermittlungsgrundsatz **18** 213
– Anspruch auf öffentliche Verhandlung **18** 216

1418

Magere Zahlen = Randnummern Sachregister

- Anwesenheitspflicht während der Hauptverhandlung **18** 219 ff.
- Befreiung von der Anwesenheitspflicht **18** 219
- Belehrung **18** 218
- Beschränkung des Einspruchs **18** 199
- Beteiligung der Kartellbehörde **18** 221
- Beweisantrag **18** 226
- Beweisaufnahme **18** 218, 223
- Beweisermittlungsantrag **18** 226
- Beweismittel **18** 225
- Durchführung der Beweiserhebung **18** 224
- Einstellung **18** 213
- Frist und Form **18** 197
- ~ gegen Verwaltungs- und Bußgeldbeschlüsse des BKartA **1** 5
- gerichtliches Verfahren **18** 210
- Geständnis des Betroffenen **18** 228
- Hauptverhandlung **18** 218
- Hauptverhandlungsprotokoll **18** 230
- horizontale Beschränkung **18** 199
- Mitwirkung eines Verteidigers **18** 222
- Mündlichkeitsprinzip **18** 214
- notwendiger Verteidiger **18** 222
- Protokoll **18** 215 f.
- prozessuale Fürsorgepflicht **18** 229
- Punktstrafe **18** 229
- Reichweite der Aufklärungspflicht **18** 223
- Sachverständige **18** 218
- Selbstleseverfahren **18** 216
- Urteil **18** 218
- vereinfachte Art der Beweisaufnahme **18** 215
- Verfahrensrüge **18** 227
- verkürzte Hauptverhandlung **18** 230
- Verlesung von Niederschriften **18** 215
- Verlesung von Urkunden **18** 215
- Verständigung nach § 257c StPO **18** 228
- vertikale Beschränkbarkeit **18** 199
- Vertretung durch einen Verteidiger **18** 219
- wesentliche Verfahrensgrundsätze **18** 213 ff.
- Wiedereinsetzung in den vorherigen Stand **18** 197
- Zeugen **18** 218
- Zeugenvernehmung **18** 215
- Zuständigkeit **18** 1195

Einstandspreis **25** 62

Einstellung
- ~ durch förmliche Entscheidung **6** 34

Einstellung des Beschwerdeverfahrens **15** 78

Einstellung des Verfahrens **18** 85; **19** 122, 125, 142 ff., 152; **32** 82
- kein Strafklageverbrauch durch ~ **18** 85
- ~ nach Einspruch des Betroffenen gegen den Bußgeldbescheid **18** 85

Einstellung des Verwaltungsverfahrens **17** 36

einstweilige Anordnung **11** 28; **17** 122, 146
- Anhörung vor ~ **17** 138
- Anordnungsgrund **17** 140 f.
- Anregung **11** 33

- Beschwerde **17** 144
- Dringlichkeit **17** 142
- formelle Voraussetzungen **17** 137 f.
- ~ im Entflechtungsverfahren **17** 137
- ~ im Fusionskontrollverfahren **17** 137
- ~ im Ministererlaubnisverfahren **17** 137
- ~ im Untersagungsverfahren **17** 137
- ~ im Verfahren über die Anerkennung von Wettbewerbsregeln **17** 137
- ~ im Verfahren zur Vorteilsabschöpfung **17** 137
- Inhalt **17** 142
- materielle Voraussetzungen **17** 140 ff.
- Rechtsmittel **17** 144

einstweilige Maßnahme **13** 5; **15** 25, 30, 45, 64; **26** 12; **34** 7; *vgl. auch einstweilige Anordnung*
- Anordnung ~ **15** 20
- Erlass ~ **6** 34
- Nichtigkeitsklage **14** 9

einstweilige Maßnahmen nach Art. 8 VO 1/2003 **11** 28 ff.
- Befristung **11** 42
- beratender Ausschuss **11** 37
- Bußgeld **11** 46
- Dringlichkeit **11** 32
- Eilrechtsschutz **11** 28
- Grundsatz der Verhältnismäßigkeit **11** 40
- Inhalt **11** 39 ff.
- Interessenabwägung **11** 41
- Mitteilung der Beschwerdepunkte **11** 36
- Recht auf Akteneinsicht **11** 36
- Schutz des öffentlichen Interesses an funktionierendem Wettbewerb **11** 31
- Stellungnahme **11** 36
- Verfahren **11** 33 ff.
- Verlängerung der Geltungsdauer **11** 43
- Veröffentlichung der Entscheidung **11** 38
- Voraussetzungen **11** 30 ff.
- Wirkung **11** 45 f.
- Zwangsgeld **11** 45

einstweilige Verfügung **26** 206c; **35** 27, 34
- eigenständige ~ auf Belieferung/Aufnahme **27** 146 ff.
- Kontrahierungszwang dem Grunde nach **27** 135 ff.

einstweiligen Anordnung **10** 194

einstweiliger Rechtsschutz **14** 179; **24** 29; **32** 51, 110
- Akzessorietät **14** 106
- Aussetzung der Vollziehung **14** 105 f., 111
- ~ bei Beseitigungs- und Unterlassungsansprüchen **27** 132 ff.
- beschleunigtes Verfahren **14** 107
- Dringlichkeit **14** 109
- einstweiligen Anordnungen **14** 105 f.
- Erfolgsaussichten der Hauptsache **14** 109
- ~ gegen Abhilfemaßnahmen **14** 114
- ~ gegen einstweilige Maßnahmen der Kommission **14** 114

– Interessenabwägung **14** 109
– kumulative Voraussetzungen **14** 109
– Niederlande **37** 53 f.
– Unterlassen einer Handlung **14** 110
– vorbeugender ~ **14** 106
– Vornahme einer Handlung **14** 110
– ~ wegen Geheimhaltungsfragen **14** 113
– ~ wegen Gewährung von Akteneinsicht **14** 113
– ~ wegen Veröffentlichungen von Entscheidungen **14** 113
– ~ wegen Vertraulichkeitsfragen **14** 113
– ~ wegen Zugangs zu Dokumenten **14** 113
Eintrag im Gewebezentralregister **18** 173; **39** 3
Eintrittsgebühr **13** 89
einvernehmliche Einsichtnahme **10** 125 ff.
einvernehmliche Streitbeilegung **24** 39, 55; **26** 5
einvernehmliche Verfahrensbeendigung **10** 14 ff.; *vgl. auch Vergleichsverfahren*
Einwand der Schadensabwälzung **25** 109
Einwendung **23** 4; **24** 53
Einwilligung
– telekommunikationsrechtliche ~ **40** 68
Einzelentscheidungen
– ~ gem. Art. 101 und 102 AEUV **15** 64
Einzelfreistellung
– ~ vom Kartellverbot **3** 5
– Voraussetzungen für ~ **3** 9
Einzelmarktbeherrschungsvermutung **26** 84, 87, 92
Einzelrechtsnachfolge **18** 107
elektronisches Hinweisgebersystem **18** 30
Empfehlung über Grundsätze für kollektive Unterlassungs- und Schadensersatzverfahren **24** 33
EMRK **3** 26; **6** 2, 8, 11; **13** 9 ff.; **14** 48; **15** 82; **34** 16
EnBW **10** 133, 145, 151
endogene Variable **26** 336
Endverbraucher **25** 16, 19
Enquête-Befugnis **8** 120
Entdeckung
– ~ des Kartells **7** 8
Enterprise Act 2002 **36** 2
Entfernungszuschlag **14** 74, 86
Entflechtungsanordnung **17** 210
Entflechtungsverfahren **17** 1, 137
entgangener Gewinn **23** 6; **24** 13, 30, 40; **25** 28, 63, 78, 102; **26** 122, 185, 191, 193, 195, 223 f., 226, 230, 521; **27** 72; **29** 3; **36** 24; **37** 15, 45; **38** 48
– Schätzung **26** 235
Enthaftung **39** 101
– ~ des Unternehmens **39** 96
Enthaftungsmöglichkeit **39** 94, 98 ff.
Entlastungsfunktion
– ~ von Schadensersatzklagen **2** 19

Entreicherungseinwand **26** 510
Entschädigung
– ~ des Betroffenen für Verfolgungsmaßnahmen **18** 86 f.
Entschädigungsanspruch **18** 86 f.
Entscheidung
– anerkennungsfähige ~ **34** 19
– Begriff **34** 7
– ~ iSd. EuGVVO **37** 88
Entscheidung des Amtsgerichts **18** 73
Entscheidungen
– anerkennungsfähige ~ **34** 7
Entscheidungsarten **11**
Entscheidungsbefugnisse
– ~ im Kartellverfahren **6** 32 ff.
– ~ nationaler Wettbewerbsbehörden **15** 29 ff.
– Übertragung von ~ **10** 181 f.
Entscheidungsentwurf
– Übermittlung eines ~ **16** 44
Entscheidungsvotum
– ~ des Berichterstatters **17** 240
Entscheidungswirkung **34** 6, 19
Entzug des Rechtvorteils **15** 45, 60; **16** 44
Entzug einer Freistellung **26** 98
Erfahrungssätze **18** 78, 126
Erfolgsaussichten
– ~ einer Klage **31** 96
Erfolgsdelikt **3** 4; **26** 19
Erfolgshonorar **5** 3
Erfolgsort **31** 46, 59 ff.
– Tatortgerichtsstand **31** 159 f.
Erfolgsortsgerichtsstand **31** 49, 67; **33** 38
Erfolgsortszuständigkeit **31** 61
Erfordernis einer guten Verwaltung **14** 52, 95, 154
Erfüllungsbetrug **19** 89 f.
Erfüllungsort **31** 38
– Begriff **33** 63
– Bestimmung des ~ **31** 28 ff.
Erfüllungsortsgerichtsstand **31** 22 ff., 143 ff.
– Annexzuständigkeit **31** 154
– Anwendbarkeit **31** 144
– bereicherungsrechtliche Rückabwicklungsansprüche **31** 148
– Erfüllungsort **31** 149
– Erfüllungsortsvereinbarung **31** 152
– Gericht des Sachzusammenhangs **31** 154
– konkret streitige Verpflichtung **31** 150
– lex causae **31** 150
– verletzte primäre Leistungspflicht **31** 150
– vertragliche Streitigkeiten **31** 146
– vertragscharakteristische Leistung **31** 150
Erfüllungsortvereinbarung **31** 38, 152
– Verweisungsregel **31** 40
erga omnes-Wirkung **13** 176, 187; **14** 67
Erhebung allgemeiner Auskünfte **17** 56
Erinnerung **34** 35
erklärende Variable **26** 308

Erklärungen Dritter
- Beweiswert von ~ **12** 27
erläuternde Notiz
- ~ der Kommission **8** 4
Erlass
- ~ des Bußgeldes **7** 5 ff.
Erlass einer Abstellungsverfügung 16 44
Erlass einer Zusagenentscheidung 16 44
**Erlass mit "beschränkter" Gesamtwirkung
26** 685 f.
Erlaubnistatbestände 40 81, 83 f.
- BDSG **40** 42 ff.
Erledigterklärung 27 43
Erledigung
- ~ des Rechtsstreits bei Untätigkeitsklage **14** 80
- drohende ~ durch Zeitablauf **27** 150
- sonstige ~ **17** 36
Ermächtigungsverfahren 6 17
Ermäßigung
- ~ der Geldbuße **13** 141
- ~ des Bußgeldes **7** 5 ff.
Ermessensbindung
- ~ durch Bußgeldleitlinien **13** 65
Ermessensmissbrauch
- Nichtigkeitsklage wegen ~ **14** 63
Ermessensnachprüfung
- unbeschränkte ~ **14** 158
Ermittlungsbefugnisse 17 2
- ~ der Kartellbehörden **17** 42 ff.
- ~ im Kartellverfahren **6** 32 ff.
- ~ von Kartellbehörden **5** 3
Ermittlungsgrundsatz 18 76
Ermittlungshandlungen 9 9
Ermittlungsmaßnahmen
- sofortige Vollziehbarkeit **17** 114
Ermittlungsphase 6 3
Ermittlungsrichtlinie 42 42
Ermittlungstätigkeit 22 21
error correction models 26 352
Ersatz des Vermögensschadens 38 48
Ersatzvornahme 17 115
Ersatzzustellung 32 46
Erstbegehungsgefahr 27 27, 42
Ersuchen auf Aktenübersendung 32 106
Ersuchen auf Behördenauskünfte 32 106
Ersuchen um Stellungnahme 15 100
- informelles ~ **16** 43
Erwiderung
- ~ im Vergleichsverfahren **10** 69
EU-Bußgeldleitlinien 39 115
EU-Datenschutz-Grundverordnung 40 35
EU-Fusionskontrollverordnung 21 3
EU-Gesetzgebungsverfahren
- Initiativrecht im ~ **6** 16
EU-Vergaberichtlinie 43 46, 117
EuBVO 24 71; **32** 83, 86, 92 ff.
- Ablehnung der Beweisaufnahme **32** 104
- Ablehnung des Ersuchens **32** 100
- Ablehnungsgründe **32** 104

- aktive Rechtshilfe **32** 97 ff.
- Anwesenheit von Dolmetschern **32** 103
- Bearbeitungszeit **32** 99
- Bedingungen der Beweisaufnahme **32** 103
- Beweiserhebungsverbot **32** 104
- Eingang des Ersuchens **32** 98
- Erledigung des Ersuchens **32** 100
- Formblätter **32** 98, 102
- Kostentragung **32** 98
- Ort der Vernehmung **32** 103
- passive Rechtshilfe **32** 101 ff.
- Recht auf einen Anwalt **32** 103
- Sachverständige **32** 101
- Sprache **32** 98
- Übermittlung an das Gericht **32** 98
- Übersetzung **32** 98
- Verfahren **32** 98
- Verweigerungsgründe **32** 100
- Zentrale Behörde **32** 102
- Zivil- und Handelssachen **32** 93 f.
- zwangsweise Durchsetzung des Ersuchens **32** 99
EuBVO/VO 24 72
EuGH 2 5
- Rechtsmittelinstanz **14** 3, 115
EuGVO 24 69; **31** 2
EuGVO II 31 2
EuGVÜ 31 2
EuGVVO 31 2; **34** 2, 15, 22, 24, 37; **36** 9; **43** 58
- Schiedsgerichtsklauseln **38** 9 ff.
- Schiedsgerichtsvereinbarungen **38** 4
EuMahnVO 34 40
Europäische Bagatellverordnung 34 2
Europäische Beweisverordnung 24 71; **32** 83; vgl. auch EuBVO
Europäische Datenschutzrichtlinie 40 85
Europäische Freihandelsorganisation 31 3
Europäische Freihandelszone 24 69
Europäische Gerichtsstands-, Anerkennungs- und Vollstreckungsverordnung 24 69
Europäische Mahnverordnung 24 2
Europäische Zustellungsverordnung 24 70; **32** 2; vgl. auch EuZVO
Europäischer Bürgerbeauftragter 10 11
Europäischer Vollstreckungstitel 34 24, 30 f.
- Freizügigkeit **34** 31
europäisches Mahnverfahren 24 72
European Competition Network 15 4; vgl. auch ECN
EuUnthVO 34 40
EuVTVO 34 2, 24, 40
- Zivil- und Handelssachen **34** 32
EuZustellungsVO 24 70
EuZVO 32 2, 4 ff., 8 ff.
- Annahmeverweigerungsrecht **32** 19
- Anwendungsbereich **32** 8 ff.
- Datum der Zustellung **32** 18
- diplomatischer Weg **32** 17

1421

- Empfangsstellen **32** 14 f.
- Fristen **32** 22
- Grundsatz der Amtszustellung **32** 16
- Heilung von Zustellungsmängeln **32** 22
- innereuropäische Zustellung **32** 10
- konsularischer Weg **32** 17
- Qualität der Übersetzung **32** 20
- Rücksendung **32** 15
- Übermittlungsstellen **32** 14 ff.
- Übermittlungswege **32** 13
- Übersetzung **32** 20
- Umfang der Übersetzung **32** 20
- unbekannte Anschrift des Empfängers **32** 11
- Zentralstelle **32** 14
- Zivil- und Handelssachen **32** 8
- Zurückweisung des Antrags **32** 15
- Zustellung im Parteibetrieb **32** 16
- Zustellung in Drittstaaten **32** 10
- Zustellungsmängel **32** 22
- Zustellungsverweigerungsrecht **32** 19

Evokation **15** 2, 65 ff.
Evokationsrecht **14** 161; **15** 64; **16** 37, 40 f.
- ultima ratio **15** 66

EWG-Vertrag **1** 1; **2** 4
ex parte Verfügung **27** 132, 143
Exequaturentscheidung **34** 19
Exequaturverfahren **34** 23, 30
Exklusivitätsbeschränkung **41** 67
Exklusivliefervereinbarung **39** 75
Exklusivverbindung
- kartellrechtswidrige ~ **25** 47, 49

Exklusivvertrieb **25** 47
exorbitante Gerichtsstände **31** 1
Explantory Note **8** 37
Exportverbot **25** 44

F-Statistik **26** 328, 331
Fachhandelsvereinbarung **25** 45
Factoring **43** 22
faktische Bindung
- ~ von Stellungnahmen **15** 100

Fallallokation **16** 40 ff.
- Grundsätze **16** 42 ff.

falsche Verdächtigung **41** 56
fast track procedure **36** 32
faute **37** 6, 8
FCPA **39** 12
Federal Court of Appeals **35** 25
Federal Trade Commission Act **35** 1; vgl. auch FTC Act
Fehlen einer sachlichen Rechtfertigung von missbräuchlichen Entgelten **26** 92
Fehler 1. Art **26** 325
Fehler 2. Art **26** 325
Fehler in den Entscheidungen der Kommission
- Nichtigkeitsklage wegen ~ **14** 36 f.

Fehlerkorrekturmodell **26** 352
Fernmeldegeheimnis **40** 66, 69 f.

Feststellung
- kein Anlass zum Tätigwerden **17** 146

Feststellung der Nichtanwendbarkeit **15** 31, 45, 64
- Nichtigkeitsklage **14** 9

Feststellung der Nichtanwendbarkeit gem. Art. 10 VO 1/2003
- Anregung **11** 104
- Beratungsschreiben **11** 113 ff.
- Beratungsschreiben der Kommission **11** 101
- Einstellung des Verfahrens **11** 108
- Ermessen der Kommission **11** 104
- Ersuchen um Beratungsschreiben **11** 118 ff.
- Feststellungsinteresse **11** 100
- förmliches Verfahren **11** 99
- informelle Gespräche **11** 115
- keine Anfechtung **11** 112
- keine rechtliche Bindungswirkung **11** 120
- mündliche Orientierungshilfen **11** 115
- öffentliches Unionsinteresse **11** 100
- Positiventscheidung **11** 104 ff.
- rechtliche Bindungswirkung **11** 109
- Stellungnahme **11** 106
- strukturelle Auflagen **11** 108
- Verfahren **11** 104 ff.
- verhaltensorientierte Auflagen **11** 108
- Veröffentlichung der Entscheidung **11** 107
- Voraussetzungen **11** 99 ff.

Feststellung einer beendeten Zuwiderhandlung **15** 19
Feststellung von Zuwiderhandlungen **7** 1; **15** 45, 64
- Nichtigkeitsklage **14** 9

Feststellungsbeschwerde **17** 180
Feststellungsentscheidung **11** 24 ff.
- beendete Zuwiderhandlung **11** 24
- Feststellungsinteresse der Kommission **11** 26

Feststellungsinteresse **27** 119
Feststellungsklage **23** 3; **26** 412, 531, 565; **31** 43, 146; **32** 56; **43** 48, 62
- allgemeine ~ **14** 4
- negative ~ **26** 539; **27** 125
- Tatortgerichtsstand **31** 158

Feststellungsurteil **14** 77; **37** 103
Feststellungsverfügung
- nachträgliche ~ **17** 146

Feststellungswirkung
- ~ der kartellbehördlichen Entscheidung **26** 101

Final Decisions and Orders **35** 26
fishing expeditions **8** 81, 89; **24** 44; **29** 20; **32** 95
fixer Effekt **26** 347
FKVO **6** 24 f.
Förderung des unverfälschten Wettbewerbs **24** 35
förmliche Verfahrenseinleitung
- ~ durch die Kommission **16** 39

Folgenbeseitigungsanspruch **24** 29

Folgeverfahren **17** 39
follow on-Klage **11** 24, 87; **18** 134, 182; **23** 5, 9; **26** 95, 97, 201a, 517, 524 f., 531, 699; **28** 12, 21; **29** 2; **31** 47, 60, 64, 88 f.; **35** 9; **36** 7 f., 21, 27, 32; **37** 8, 32, 50a, 97; **38** 1, 11 ff.
– ~ zu Bußgeldbeschlüssen **1** 5
Forderung
– Begriff **34** 32
Forderungskauf **43** 14 ff.
Forderungsverkauf **43** 22 ff.
Foreign Trade Antitrust Improvements Act **4** 7
Formblatt C **7** 105
– ~ für Beschwerde **7** 103
Formblatt CO **9** 10
formelle Beweislast **12** 1, 4 ff.
Formfehler **17** 118
formloses Auskunftsersuchen **17** 3
fortgesetzte Handlung **26** 410
Fortsetzungsfeststellungsbeschwerde **17** 180
forum connexitatis **31** 76
forum shopping **31** 21, 76, 91, 123; **33** 2, 39 ff.
FRAND **11** 76
FRAND-Erklärung **30** 26 ff.
Frankreich **37** 1 ff.
– Aktivlegitimation **37** 9
– Auskunftsansprüche und Offenlegung von Dokumenten **37** 18 ff.
– Gerichtsbarkeit und Zuständigkeit **37** 3 f.
– Kartellbehörde **37** 5
– kartellrechtliche Schadensersatzprozesse **37** 6 ff.
– keine Bindungswirkung kartellbehördlicher Entscheidungen **37** 8
– passing-on defense **37** 22
– Sammelklage **37** 26 ff.
– Schadensersatz und Zinsen **37** 15 f.
– Verfahrensverlauf **37** 12
– Verjährung **37** 10
free-riding **26** 381
Freeze **40** 59
Freiburger Schule **3** 2 f.
freie Beweiswürdigung **12** 23
freier Wettbewerb **33** 7
– Begriff **33** 15
Freigabeverfügung **17** 5
freihändige Vergabe **19** 15 ff., 17, 22, 82 f., 101
Freihandelsabkommen GATT **20** 2
Freiheitsvermutung **4** 2
Freistellung **9** 19; **12** 17; **19** 42; **35** 2; **42** 21 ff., 30 ff.
– Beweis der Voraussetzungen **3** 7
– ~ vom Kartellverbot **3** 5, 7
Freistellung von Mitkartellanten **26** 83
Freistellungsanspruch
– Tatortgerichtsstand **31** 43
Freistellungskriterien
– ~ nach Art. 101 Abs. 3 VO 1/2003 **12** 17

Freistellungsmonopol **3** 18; **6** 4
– ~ der Kommission **2** 4
Freistellungsverordnung **15** 2
Freistellungsvoraussetzungen **1** 1
– Nachweis der ~ **30** 4
Freistellungszusage **42** 32
freiwillige Selbstbezichtigung **7** 79
FTC
– Beschlüsse **35** 29
– interner Verwaltungsprozess **35** 23
– Unterlassungsklage **35** 23
– vergleichsweise Streitbeilegung **35** 26
– Verwaltungsrichter **35** 24
FTC Act **35** 1, 4, 7
fumus boni iuris **14** 109
fumus non mali iuris **14** 109
funktionale Äquivalenz **3** 15; **23** 7
funktionale Subjektivierung **3** 4
funktionelle Trennung der Wirkungsbereiche von Bund und Ländern **16** 6 f.
Funktionsübertragung **40** 83
Fusionsfälle **16** 74
Fusionskontrollanmeldung **17** 15, 40, 43, 160
Fusionskontrolle **9** 10; **11** 77; **12** 16; **15** 40; **16** 1, 2, 21; **18** 27, 117; **22** 3; **26** 12, 33, 370; **35** 3
– Parallelanmeldungen in der ~ **21** 2
– präventive ~ **25** 71
– Spezialzuständigkeit des BKartA **16** 9
Fusionskontrollerfordernis **39** 73
Fusionskontrollfälle **17** 207
fusionskontrollrechtliche Anmeldepflichten **39** 73
fusionskontrollrechtliche Untersagungsverfügung **17** 184
fusionskontrollrechtliches Vollzugsverbot **26** 8; **27** 15
Fusionskontrollstandard
– materieller ~ **35** 3
Fusionskontrollverfahren **10** 136 f.; **11** 82; **14** 57; **15** 54; **17** 5 f., 11 f., 15, 31, 40, 56, 63, 122 f., 137, 143, 160, 171, 224, 258; **26** 8; **35** 8
– Freigabe **17** 146
– fristgebundenes ~ **17** 25
– Untersagungen **17** 146
Fusionskontrollverordnung **4** 5; **11** 76
Fusionskontrollverstöße **18** 149
fusionsrechtliches Vollzugsverbot
– Verstoß gegen ~ **18** 95
– Verstoß gegen das ~ **18** 178

GA Jääskinen **26** 549, 560; **38** 11
GA Kokott **24** 14; **39** 116
GA van Gerven **24** 10 f.
gain manqué **37** 15
Garantenpflicht **26** 20 ff.
– ~ der Geschäftsführung **26** 51
– ~ des Vorstands **26** 51 f.

Gatekeeper 40 25; 41 52
Gaussche Glockenkurve 26 319
Gebietsabsprachen 18 110, 158; 20 3; 26 49, 130, 134, 171; 39 42, 55, 59
Gebietszuweisung 30 2
Gebot der effektiven Abschreckung 23 9
Gebot der Gerechtigkeit 27 9
Gebot der richterlichen Passivität 38 28
Gebot der vollständigen Kompensation 23 9
Gebot des vollständigen Vortrags 18 239
Gebührenordnung 14 183
Gebührenstreitwert
– ~ bei Schadensersatzklage 26 636
Geeignetheit einer Behörde 15 41 ff.; 16 46 ff.
– Kommission 16 47
Gefährdungsdelikt
– abstraktes ~ 26 19
Gefährdungsdelikte
– ~ zur Verhinderung von Marktmacht 3 4
Gefährdungshaftung
– verschuldensunabhängige ~ 26 65
Gefährdungsschaden 19 96
Gefährdungstatbestand 33 32
Gefängnisstrafe 35 11, 43
Gefahr im Verzug 18 32; 41 44
Gegenbeweis 27 25
Gegenstandswert
– ~ bei Schadensersatzklage 26 636
gegenwärtige Beeinträchtigung 27 28, 42
geheime Kartelle
– Zusagenentscheidung nach Art. 9 VO 1/2003 11 54
Geheimhaltungsinteressen 17 28
– objektive ~ 17 249
Geheimhaltungspflicht 17 28; 26 656
– ~ der Kommission 15 98
Geheimhaltungsvereinbarung 17 81
Geheimnisschutz 17 118
Geldbuße 10 1; 13 5 ff.; 14 1; 15 22, 30; 35 11, 43; 39 4
– Abschöpfung des Gewinns 13 69, 122
– Abschreckungsmultiplikator 13 69, 120
– abweichende Bestimmungen im Einzelfall 13 140 ff.
– Adressaten 13 30 ff.
– Anführer oder Anstifter 13 103 ff.
– Bandbreite 10 60
– Behinderung der Untersuchung 13 99 f.
– ~ bei Bruch eines Siegels 13 62
– ~ bei falscher Auskunft 8 83
– ~ bei Fehlverhalten bei Auskunftsersuchen 13 57 f.
– ~ bei Fehlverhalten bei Nachprüfungen 13 59 ff.
– ~ bei Nichtduldung der Nachprüfung 8 12
– ~ bei unrichtiger, irreführender oder unvollständiger Antworten 13 61

– ~ bei verfahrens- und materiellrechtlichen Verstößen 13 5 ff.
– ~ bei Verstößen gegen Verpflichtungszusagen 13 144 ff.
– Bemessung 13 63; 26 24
– Berechnungsmethode 13 6, 69
– Bestimmtheit der Höhe 13 12
– Bußgeldreduktion wegen Kooperation 13 133
– Deckelung der ~ 13 125
– Erhöhung der ~ 13 91
– Erlass 13 139; 18 59
– Ermäßigung der ~ 13 141
– Ermessen 13 28
– Ermessensbindung 13 28
– erschwerende Umstände 13 69, 91 f.
– Festsetzung der Höhe 13 6
– Folgen gemeinschaftlicher Haftung 13 51
– Fortsetzung der Zuwiderhandlung 13 98
– Gesamtschuldnerausgleich 13 53
– gesamtschuldnerische Haftung 13 51
– Gewinnabschöpfung 13 69, 122
– Grundbetrag 13 69 ff.
– Haftung der Tochtergesellschaften 13 34 ff.
– Haftung der unmittelbar beteiligten Gesellschaft 13 33
– Haftung für gemeinsam kontrollierte Gesellschaften 13 41 f.
– Haftung für Schwestergesellschaften 13 44 f.
– Haftungsaufteilung 13 47
– Höhe 13 28, 63
– Immunität wegen Kooperation 13 133
– ITP 13 135 ff.
– 10%-Kappungsgrenze 13 69, 123
– Leistungsfähigkeit des Unternehmens 13 69
– mildernde Umstände 13 69, 106 ff.
– Minderung bei Ermutigung zu wettbewerbswidrigem Verhalten durch Behörden 13 117
– Minderung bei Genehmigung durch Behörden 13 117
– Minderung bei geringfügiger Beteiligung 13 110
– Minderung bei nachgewiesener Fahrlässigkeit 13 109
– Minderung bei Nichtbestreiten des Sachverhalts 13 116
– Minderung bei sofortiger Beendung des Verstoßes 13 108
– Minderung bei wettbewerbsorientiertem Verhalten 13 110
– Minderung bei Zusammenarbeit 13 114
– Nachfolgehaftung 13 46 ff.
– Nichtigkeitsklage 14 9
– Rechtsnatur 13 7 ff.
– Reduktion 18 59
– Referenzzeitraum 13 78
– Sinn und Zweck 13 1 ff.
– sonstige mildernde Umstände 13 118 f.
– Teilzahlungsplan 13 139
– variabler Betrag 13 69

– Vergleichsverfahren **13** 134
– Verjährung vorausgegangener Zuwiderhandlungen **13** 97
– Verschuldenserfordernis **13** 21 ff.
– Verweigerung der Zusammenarbeit **13** 99
– Verzicht auf finanzielle Absicherung **13** 139
– Wiederholungstäterschaft **13** 93 ff.
– Zahlungsunfähigkeit **13** 135 ff.
– Zusatzbetrag **13** 69, 89
– Zuwiderhandlung als Gesamtheit **13** 71
Geldbußen-Leitlinien **2** 4
Geldbußenbandbreite **10** 60, 81
Geldbußenbeschluss **7** 55; **8** 115
Geldbußenerhöhung **8** 115
Geldbußenermäßigung *vgl. auch Bußgeldermäßigung*
– Antrag **7** 18, 72
– Antragsverfahren **7** 69 ff.
– Bandbreite **7** 54 ff.
– Beschluss **7** 55
– Höhe **7** 54 ff.
– ~ im Vergleichsverfahren **7** 55
– Umfang **7** 54 ff.
Geldbußerlass *vgl. auch Bußgelderlass*
– Antrag **7** 18, 72
– Antragsverfahren **7** 69 ff.
– bedingter ~ **7** 33, 51
– endgültiger **7** 51
– hypothetischer Antrag auf ~ **7** 91
– keine Zwangsausübung **7** 39
– Rechtsfolgen **7** 49 ff.
– teilweiser ~ **7** 63 ff.
– teilweiser ~, Rechtsfolgen **7** 68
– teilweiser ~, Voraussetzungen **7** 66 f.
– vorläufiger ~ **13** 15
Geldstrafe **39** 4
Geldwäsche **39** 17
geldwerter Vorteil **42** 33
Gelegenheit zur Stellungnahme **10** 96; **15** 78; **18** 65
geltungserhaltende Reduktion
– ~ bei Diskriminierung **30** 11
– ~ bei Preishöhenmissbrauch **30** 11
– ~ eines Kartellrechtseinwands **30** 10 f.
Geltungsvorrang **15** 12
Gemeinsame Erklärung **15** 76
Gemeinschaftsunternehmen **13** 41
Genehmigungssystem **2** 6
Generalamnestie **42** 24
Generalanwalt **34** 11
Generaldirektion Wettbewerb **2** 13; **6** 20 ff., 42; **7** 70; **10** 124, 166, 183; **11** 52, 62; **15** 61
– Generaldirektor **8** 17
Generaldirektor **10** 174, 182
– ~ der Generaldirektion Wettbewerb **6** 20 f.
– ~ für Wettbewerb **10** 88
Generalprävention **24** 19
– ~ als Funktion des Kartellrechts **2** 18
– negative **2** 18
– positive **2** 18
Generalsekretariat **10** 183
geordnete Rechtspflege **32** 76, 80
Gerechtshof **37** 36
Gerechtshof Amsterdam **37** 59, 64 f., 70 ff., 85, 89, 93, 97
Gericht des Sachzusammenhangs **31** 154
gerichtliche Hinweispflichten **27** 86
gerichtliche Kontrolle **8** 54 ff.
gerichtliche Vergleiche **34** 32, 34
gerichtliches Modell **2** 12
Gerichtsklausel **42** 52
Gerichtskosten **14** 181
– ~ bei Schadensersatzklage **26** 646
Gerichtsstand
– allgemeiner ~ **31** 19, 47
– ausschließlicher ~ **31** 103, 113, 145
– besondere ~ **31** 21 ff., 135 ff.
– ~ der Niederlassung **31** 68 ff.
– ~ der Streitgenossenschaft **31** 74 ff.; **33** 10, 38
– ~ des Erfolgsorts **33** 38
– ~ des Erfüllungsortes **31** 22 ff., 143 ff.; *vgl. auch Erfüllungsortsgerichtsstand*
– ~ des Sachzusammenhangs **36** 10
– exorbitanter ~ **32** 38
– reziproker ~ **31** 113
Gerichtsstand am Belegenheitsort des Vermögens **31** 163 ff.; *vgl. auch Gerichtsstand des Vermögens*
Gerichtsstand der Niederlassung **31** 136 ff.
– Anwendbarkeit **31** 137
– betriebsbezogene Streitigkeit **31** 141
– Selbständigkeit **31** 139
Gerichtsstand der unerlaubten Handlung **24** 69; **27** 73 f.; **28** 21; **31** 155 ff.; *vgl. auch Tatortgerichtsstand*
Gerichtsstand des Deliktsortes **26** 541
Gerichtsstand des Erfüllungsorts **31** 143 ff.; *vgl. auch Erfüllungsortsgerichtsstand*
Gerichtsstand des Sachzusammenhangs **26** 541
Gerichtsstand des Vermögens **31** 163 ff.
– Aktien **31** 167
– Anwendbarkeit **31** 164
– Gesellschaftsanteile **31** 167
– hinreichender Inlandsbezug **31** 165
– Vermögen **31** 166 f.
Gerichtsstandsklausel **26** 558 f.; **27** 79; **31** 34; **38** 11
– ~ für pauschalierten Schadensersatz **26** 558
– Standard-~ **38** 57
Gerichtsstandsvereinbarung **26** 543; **31** 8, 77, 98 ff., 169 ff.; **32** 50; **34** 11
– abschließende **31** 123
– abschließende Regelung **31** 103
– Änderung **31** 112
– AGB **31** 104
– Anwendbarkeit nationaler Maßstäbe **31** 108
– Anwendungsvoraussetzungen **31** 100

- Aufhebung **31** 112
- Auslegung **31** 112, 115, 120
- ausschließliche ~ **32** 57
- Bestimmtheitserfordernis **31** 107
- Form **31** 111
- Funktion und Bedeutung **31** 98
- materielle Wirksamkeit **31** 105 ff.
- persönliche Reichweite **31** 115
- sachliche Reichweite **31** 120
- Unabhängigkeit vom Hauptvertrag **31** 110
- Verhältnis zum Haager Übereinkommen **31** 124a
- Willenseinigung **31** 105 f.
- Wirkung **31** 112
- Zustandekommen **31** 105 ff.

Gerichtsstandswahl **31** 21
Gesamtbedarfsdeckungsklausel **30** 2
Gesamtgläubigerschaft **26** 216
- ~ bei Vorteilsabschöpfung durch Verbände **28** 9

Gesamtrechtsnachfolge **18** 92
Gesamtrechtsnachfolgehaftung **18** 107, 107c
Gesamtrisikowert **39** 37
Gesamtschuldner **26** 568, 665 ff.; **35** 32
- Innenausgleich **26** 673 ff.

Gesamtschuldnerausgleich **24** 50; **26** 673 ff.; **37** 16
- Ausfallhaftung des Kronzeugen **26** 697
- beschränkte Gesamtwirkung **26** 707
- Einzelwirkung der Verjährung **26** 693
- Haftungsfreistellung KMU **26** 705 f.
- Haftungsprivilegierung **26** 697
- keine Privilegierung des Kronzeugen **26** 691 f.
- ~ nach Gewinn **26** 678
- ~ nach Kartellrendite **26** 678
- ~ nach Umsatz **26** 678
- ~ nach Verursachungsbeiträgen **26** 678 ff.
- Streitverkündung zur Sicherung des ~ **26** 694
- Vergleich mit "beschränkter" Gesamtwirkung **26** 682 ff.
- Vergleichbarkeit zur Innenhaftung für gesamtschuldnerisch festgesetzte Geldbußen **26** 688 ff.
- Vergleichsanreize **26** 707 f.
- vertragliche Ausgleichsvereinbarungen **26** 680

Gesamtschuldnerinnenausgleich **38** 64
gesamtschuldnerische Haftung **24** 36, 39, 50; **26** 5; **38** 51; **39** 2
- Beschränkung **23** 9
- ~ der Kartellbeteiligten **43** 11
- ~ im Außenverhältnis **26** 665 ff.

Gesamtumsatz **18** 120 f.
Gesamtwirkung
- beschränkte ~ **38** 64

geschäftliche Unterlagen **17** 89, 97
- Datenschutz **40** 57

Geschäftsführung ohne Auftrag
- Abmahnung **27** 66

Geschäftsgeheimnisse **10** 13, 109, 155, 190 f.; **17** 82, 128; **26** 194, 204; **29** 7; **37** 18, 50
- ~ bei der Nachprüfung **8** 46
- informeller Leitfaden **8** 100
- Schutz von ~ **10** 10
- Veröffentlichung von ~ **10** 194

Geschäftspartner-Compliance **39** 17; **41** 20
Geschäftsverweigerung **23** 5
Gesetz gegen Wettbewerbsbeschränkungen **2** 8
Gesetzesvorbehalt **10** 3
gesetzlicher Richter **16** 72
Gestaltungsklage **31** 146; **37** 76
gestörte Gesamtschuld **26** 704, 706
Gesundheitsschäden
- ~ von Kapitalanlegern **37** 58

Gewährleistung effektiven Rechtsschutzes **26** 654
Gewährleistungszusage
- ~ des Verkäufers **39** 75

Gewährung der Anhörung Dritter
- Nichtigkeitsklage **14** 9

Gewerbefreiheit **2** 2
Gewerbezentralregister **18** 82; **42** 5
Gewerbsmäßigkeit **19** 121
Gewinnabführungsvertrag **43** 81
Gewinnabschöpfung **13** 69, 122
Gewinnabschöpfungsanspruch **31** 10
Gewinnerzielungsabsicht **19** 27
Gewinnspanne
- Schätzung der ~ **26** 177

Gläubigermehrheit **25** 112 ff.
Glaubhaftigkeit
- ~ iRd. Beweiswürdigung **12** 19

Glaubhaftmachung **25** 82 f.
Gleichbehandlungsgrundsatz **10** 9, 27, 81; **13** 13, 29, 67, 85, 123, 126, 139, 141, 145; **14** 47, 158; **16** 75; **17** 160; **19** 92

Gleichbehandlungsverpflichtung
- ~ bei der Vergabe **19** 92

Gleichheit im Unrecht **14** 47
Gleichheitsgrundsatz **10** 76; **18** 114, 152, 158, 167
Gleichklang der Kausalitätsprüfung **25** 88, 97
Gleichstellungstheorie **34** 6
Gleichwertigkeit von Tun und Unterlassen **26** 19
Global Competition Initiative **21** 3
Globalzession **43** 22
Good Practises **21** 10
GR-Charta **3** 1, 26; **6** 2, 8, 11; **9** 27; **10** 3; **12** 13; **13** 9 ff.; **14** 48, 152; **15** 81; **18** 243, 303; **34** 16
Grand Jury Subpoena **35** 37 f.
Graue Klauseln **3** 8
graue Liste **24** 45
grob fahrlässige Unkenntnis **26** 411

Großbritannien 36
- Beweisfragen 36 27
- Disclosure 36 12ff.
- internationale Zuständigkeit 36 9ff.
- Kosten des Verfahrens 36 34ff.
- Rechtsgrundlagen 36 1ff.
- Schaden 36 22
- Schadensberechnung 36 24
- Schadensersatz 36 25
- Verfahrensdauer 36 30
- Verjährung 36 21
- Zuständigkeit 36 5ff., 7ff.
- Zuständigkeit des CAT 36 8

Grünbuch 2 7; 24 33, 39; 26 257

Grundrechte
- europäische ~ 3 29

Grundrechtsbindung
- ~ der Kommission 10 3

Grundsätze der außervertraglichen Haftung der Union 24 5

Grundsätze der sekundären Darlegungslast 26 552

Grundsätze der Vorteilsausgleichung 25 85

Grundsätze des intertemporalen Rechts 26 2

Grundsätze über die Nebenintervention 26 620

Grundsatz angemessener Verfahrensdauer 14 34, 95f., 101, 144, 149

Grundsatz der Akzessorietät im Kartellrecht 19 41, 44

Grundsatz der Amtszustellung 32 16

Grundsatz der Bindungswirkung 3 25

Grundsatz der engen Zusammenarbeit 3 25

Grundsatz der freien Beweiswürdigung 18 76

Grundsatz der Gewaltenteilung 15 91

Grundsatz der Gleichbehandlung 13 13, 29, 67, 85, 123, 126, 139, 141, 145; 14 47, 158; 16 75; 17 160; 18 114, 152, 158, 167; 19 92

Grundsatz der guten Verwaltung 14 2, 31, 78f.

Grundsatz der Klammerwirkung 19 139

Grundsatz der loyalen Zusammenarbeit 11 85; 15 91, 94, 97, 101

Grundsatz der Parteiautonomie 33 68

Grundsatz der persönlichen Verantwortlichkeit 13 13, 46ff.; 26 37

Grundsatz der Präklusion 31 125

Grundsatz der richtlinienkonformen Auslegung 24 59; 38 43

Grundsatz der Subsidiarität 16 40

Grundsatz der Verfahrensbeschleunigung 18 147

Grundsatz der Verhältnismäßigkeit 3 8; 11 11; 13 13, 63, 67, 85, 123, 126, 139, 141, 145, 159; 14 50, 152, 158; 17 46, 52, 67, 95, 104, 143; 18 35, 41, 108, 114, 152, 174; 24 44; 26 221; 29 20
- ~ bei einstweiligen Maßnahmen nach Art. 8 VO 1/2003 11 40
- ~ für Zusagen 11 80

Grundsatz der Verhältnismäßigkeit des Strafmaßes 14 45

Grundsatz der Vertragsfreiheit 11 11

Grundsatz der Waffengleichheit 10 100f.; 14 144, 146; 17 50; 24 43; 26 694

Grundsatz der wirtschaftlichen Einheit 33 26

Grundsatz des Ausgleichs der Wahrscheinlichkeiten 36 29

Grundsatz des effektiven gerichtlichen Rechtsschutzes 14 19, 42, 144

Grundsatz des fairen Verfahrens 14 144; 18 209

Grundsatz des institutionellen Gleichgewichts 14 77

Grundsatz des Mitverschuldens 24 11

Grundsatz des Verbots der ungerechtfertigten Bereicherung 24 11

Grundsatz des Vertrauensschutzes 14 152; 15 30; 17 119

Grundsatz des Vorrangs des Unionsrechts 15 28

Grundsatz des Vorteilsausgleichs 26 128

Grundsatz rechtlichen Gehörs 17 199

Grundsatz von Treu und Glauben 29 5; 30 7, 37

Grundsatzabteilung
- ~ im BKartA 16 75

Gruppenfreistellung
- Nichtigkeitsklage 14 9
- ~ vom Kartellverbot 3 5

Gruppenfreistellungsverordnung 3 8; 6 25; 9 19; 12 12; 14 17, 44, 152; 15 22, 30, 60, 89; 19 33; 26 83; 40 7
- Nichtigkeitsklage 14 7

Günstigerprinzip 18 120, 125, 130ff., 132

Günstigerprüfung 18 122

Günstigkeitsprinzip 34 4

Güteantrag 43 70

Güteverhandlung 43 63

Gütezeichengemeinschaft 26 88

GWB 1 1

6. GWB-Novelle 1998 2 8

8. GWB-Novelle 18 92

Haager Beweisaufnahmeübereinkommen 32 83; *vgl. auch HBÜ*

Haager Konferenz 31 4; 32 27

Haager Übereinkommen 31 4, 124a; 32 76

Haager Zustellungsübereinkommen 32 2f.; 37 82f.; *vgl. auch HZÜ*

Habilitationsverfahren 6 17

Haftbefehl 35 40

Haftstrafe 15 57, 59; 22 19; 39 4

Haftung
- ~ des Unternehmens für einen Kartellverstoß **39** 90 ff.
- ~ des Unternehmens nach deutschem Recht **39** 91 ff.
- ~ des Unternehmens nach EU-Recht **39** 96
- kartellrechtliche ~ von Forschungs- und Produktionsgemeinschaftsunternehmen **35** 32
- kartellrechtliche ~ von Normungsorganisationen **35** 32
- ~ wegen eines unionsrechtlichen Kartellverstoßes **24** 1 ff.

Haftung der Union
- außervertragliche ~ **24** 18

Haftung des Teilnehmers **26** 50
Haftung für Organverhalten **26** 4, 14
Haftung für vermutetes Auswahl- und Überwachungsverschulden **26** 20
Haftung für Verrichtungsgehilfen **26** 4, 18
Haftungsaufteilung **13** 47
haftungsausfüllende Kausalität **26** 163 ff.
haftungsbegründende Kausalität
- ~ bei direkten Abnehmern von Kartellaußenseitern **26** 134 f.
- ~ bei Einkaufskartellen **26** 152
- ~ bei mittelbaren Abnehmern **26** 144
- ~ bei Wettbewerbern der Kartellbeteiligten **26** 150
- ~ beim Schadensersatzanspruch **26** 119 ff.
- Beweiserleichterungen **26** 129
- Umbrella-Effekt **26** 134

Haftungsdurchgriff **26** 25 f.
Haftungsgrundsätze
- allgemein unionale ~ **24** 18

Haftungsobergrenze **26** 702 ff.
Haftungszurechnung
- keine ~ **26** 442

Haftungszusage
- ~ des Verkäufers **39** 75

Handelsbeeinträchtigungen **3** 6
Handelsmakler **31** 72, 140
Handelsvertreter **31** 72, 140
Handlungsanweisungen **39** 45, 70
Handlungsort **31** 46, 48 ff., 53
- Tatortgerichtsstand **31** 159 f.

Handlungsortsgerichtsstand **31** 57 f.
Handlungsortverständnis
- zentralisiertes ~ **31** 50

Handlungsortzurechnung
- wechselseitige ~ **31** 51

Hardcore-Absprache **39** 75
Hardcore-Beschränkungen **39** 42 f., 46, 55
Hardcore-Kartelle **13** 27; **18** 6, 27, 110, 178; **20** 3; **23** 5, 9 f.; **24** 37, 42; **26** 49, 71, 76, 147, 165 f., 234 f., 250 f., 524; **27** 17; **39** 14
- Darlegung und Beweis des Schadensumfangs **26** 207
- horizontale **5** 3

Hardcore-Kartellverstoß **39** 126; **40** 3

Hardcore-Verstöße **13** 83
Harmonisierung der Haftungsvoraussetzungen und -folgen **31** 85
Hart-Scott-Rodino Antitrust Improvements Act **35** 3
Haustürgeschäfte **31** 145
Havanna-Charta **20** 2
HBÜ **32** 83, 86, 92, 105 ff.
- Ablehnungsgründe **32** 117
- andere gerichtliche Handlungen **32** 111
- Anwendung von Zwang **32** 120
- Anwendungsbereich **32** 105
- Beweisaufnahme **32** 115
- Beweisaufnahme durch ausländische Stelle **32** 113
- Beweisaufnahme durch Beauftragte **32** 120
- Beweisaufnahme durch konsularische oder diplomatische Vertreter **32** 120
- einstweiliger Rechtsschutz **32** 110
- Erklärung gegen Verfahren der pre-trial-discovery of documents **32** 121
- Ersuchen auf Aktenübersendung **32** 106
- Ersuchen auf Behördenauskünfte **32** 106
- Ersuchen um Beweisaufnahme **32** 110
- Gerichtsgewalt **32** 118
- Inhalt **32** 112
- Kreuzverhör **32** 115
- Ordre-public-Vorbehalt **32** 119
- räumliche Anwendbarkeit **32** 106
- Rechtshilfeersuchen gerichtlicher Behörden **32** 109
- sachlicher Anwendungsbereich **32** 107
- selbständiges Beweisverfahren **32** 110
- sonstige Wege der Beweisaufnahme **32** 120
- Sprache des Rechtshilfeersuchens **32** 114
- Übersetzung **32** 114
- Wortlautprotokoll **32** 115
- Zentrale Behörde **32** 113
- Zivil- und Handelssachen **32** 107 f.
- Zusatzabkommen **32** 105

heightned civil standard **36** 29
Herausgabe des Kartellvorteils **28** 1
Herausgabe elektronischer Dokumente **26** 205
Herausgabeanspruch
- § 852 S.1 BGB **26** 424 ff.

Herausgabepflicht **17** 47
- ~ bzgl. Unterlagen **17** 73

HGÜ vgl. *Haager Übereinkommen*
High Court **36** 12 ff., 18, 29
- Kosten des Verfahrens **36** 34
- Verfahrensdauer **36** 31
- Verjährung **36** 21
- Zuständigkeit **36** 7

Hinterlegung einer Schutzschrift **27** 133
Hinweisfunktion
- ~ von Schadensersatzklagen **2** 19

Hinweisgebermanagementsystem **40** 16
Hinweisgebersystem **40** 13 ff.; **41** 3

Hinweismanagement 39 79
Hinweismanagementsystem 40 9 ff.
höhere Gewalt 37 18
Hoge Raad 37 36, 66, 103
Homo Oeconomicus 5 2
Homogenitätsprinzip 15 82
Horizontal-Leitlinien 6 27
Horizontalabsprachen 26 7, 235
– keine Hardcor-Kartelle 26 359
Horizontalbeschränkungen 39 43
horizontale Abstimmung 7 14
horizontale Kooperationen 39 46
horizontale Preisabsprachen 35 2, 11, 36
horizontale Preiskartelle 26 563
horizontale Wettbewerbsbeschränkung 3 6; 16 10; 25 17 ff.
horizontale Zusammenarbeit 39 65
Horizontalvereinbarung 31 53, 61
Hub-and-Spoke 18 159
Hüls-Vermutung 12 22
hybride Settlements 18 178, 193, 271
Hybridverfahren 11 50, 59, 94
hypothetic tests 26 316
hypothetische Marktverhältnisse 36 23
hypothetischer Marktpreis 26 234; 31 64
hypothetischer Wettbewerbspreis 26 168 ff., 181, 185; 43 94
– Ermittlung des ~ 26 173
– Vergleichsmarktmethoden zu Bestimmung des ~ 26 173
– weitere Methoden zur Ermittlung des ~ 26 176
HZÜ 32 2 f., 5, 24 ff.
– Ablehnung der Zustellung 32 35
– Ablehnungsrecht 32 29
– Amtssprache des ersuchten Staates 32 28
– Anwendungsbereich 32 24
– Belehrung über Ablehnungsrecht 32 29
– direkte Zustellung zwischen Justizbeamten 32 33
– durch Vorbehalt einschränkbare Übermittlungswege 32 31
– förmliche Zustellung 32 28
– Formblätter 32 27
– formlose Zustellung 32 29
– Heilung von Zustellungsmängeln 32 40
– konsularische Zustellung 32 30
– Ordre-public-Vorbehalt 32 35
– Qualität der Übersetzung 32 28
– System zentraler Stellen 32 26 ff.
– Übermittlungswege 32 26
– Übersetzung 32 28
– Veranlassung der Zustellung durch die Prozessparteien 32 33
– Vertragsstaaten 32 24
– Zentrale Behörde 32 35
– Zivil- und Handelssachen 32 24
– Zustellung auf diplomatischem Weg 32 30

– Zustellung durch ausländischen konsularischen Vertreter 32 32
– Zustellung durch die Post 32 33

ICN 22 2; 41 39
– Arbeit des ~ 21 6 ff.
– Konferenz 21 3
Identität
– ~ der Zuwiderhandlung 16 55
– ~ des geschützten Rechtsguts 15 82 f.; 16 55
– ~ des Sachverhalts 15 82, 84 ff.
– ~ des Untersuchungsgegenstandes 15 75
– ~ des Zuwiderhandelns 15 82, 84 ff.
Identität des Streitgegenstands 32 68, 75
Identitätserfordernis 15 54
IDW PS 980 39 10
IFG-Anspruch 17 227 ff.
– Ausschluss 17 232 ff.
– Inhalt 17 229
– kein ~ bei dem Berufs- oder Amtsgeheimnis unterfallenden Informationen, § 3 Nr. 4 IFG 17 242 ff.
– kein ~ bei Schutz der behördeninternen Willensbildung, § 3 Nr. 3 lit. B) IFG 17 238 ff.
– kein ~ bei Schutz personenbezogener Daten, § 5 IFG 17 251 ff.
– kein ~ bei Schutz von Betriebs- und Geschäftsgeheimnissen, § 6 S. 2 IFG 17 253 ff.
– kein ~ bei Schutz von Kotroll- und Aufsichtsaufgaben des BKartA, § 3 Nr. 1 lit. d) IFG 17 234 ff.
– kein ~ bei vertraulich erhobenen oder übermittelten Informationen, § 3 Nr. 7 IFG 17 245 ff.
– kritische Einordnung 17 258 ff.
– Rechtsschutz 17 255 ff.
– Verfahren 17 255 ff.
– Verpflichtungsklage bei Ablehnung 17 275
– Widerspruch bei Ablehnung 17 257
– Ziel der Transparenz 17 258
– Zugang zu amtlichen Informationen 17 229
ifo-Indikator 26 355
Immunität
– strafrechtliche ~ 41 13
– ~ wegen Kooperation 13 133
Impact Assessment Report zur RL 2014/104/EU 23 5
impeachment evidence 35 42
Implementierungsort 31 55
in camera-Einsichtnahme 24 44
in camera-Verfahren 17 257; 26 654 f., 664
in dubio pro reo 3 21; 13 109; 14 45; 18 76, 126, 129
In-house-Expertise 39 66
in restraint of trade 35 2
inaudita altera parte 14 108
Indictment 35 40
Indikationsvariable 26 342
indirect purchaser-Einwand 35 30
indirect purchasers 31 44

Sachregister | Fette Zahlen = Paragrafen

Individualschutz
– Theorie des ~ **3** 3
Indizien
– ~ für einen Kartellverstoß **12** 20
Indizienbeweis **12** 15; **26** 142, 145, 155, 201, 211; **27** 25
Indizienbündel **12** 20
Indizwirkung **26** 109 f.
informationelle Selbstbestimmung **17** 258
Informationen
– Verwertung von ~ **22**
Informationsaustausch **8** 65; **15** 10; **22**
– außerhalb vertraulicher Informationen **22** 28
– Beschränkung der Verwertung **22** 7
– Beschränkung der Weitergabe **22** 5 f.
– BKartA **22** 3 ff.
– ECN **15** 45 f.
– Kommission **22** 17 ff.
– Rechtshilfeabkommen **22** 8
– Rechtsschutz **22** 9 ff., 29
– systematischer ~ **41** 14
– Vereinbarungen zum ~ **22** 24
Informationsbeschaffung **26** 200 ff.
Informationsersuchen **15** 96
Informationsgespräch **17** 3
Informationshandbuch der Kommission **32** 97 f., 102
Informationspflichten
– ~ nationaler Wettbewerbsbehörden **15** 46
Informationsrecht
– ~ der Kommission **15** 60
Informationsweitergabe
– ~ durch das BKartA **22** 11 ff.
informelle Anfragen **15** 62
informelle Hinweise zur Vertraulichkeit **7** 109
informelle Zusammenkünfte **14** 176 f.
informelles Beratungsschreiben **3** 19
informelles Ersuchen um Stellungnahme **16** 43
Ingenieursansatz **26** 269
Initiativobliegenheit **30** 24
Initiativrecht
– ~ im EU-Gesetzgebungsverfahren **6** 16
injunctive relief **35** 12
Inkassozession **25** 117
Inlandszustellung **32** 3 f., 5, 25
– fiktive ~ **32** 3, 7, 12
Inputkosten **26** 145, 333
inquisitorisches System **2** 13
Insolvenz **18** 145
Insolvenzregister **43** 83
Insolvenzrisiken
– Absicherung gegen ~ **43** 78 ff.
Insolvenzverfahren **37** 94
Institutionenschutz
– Theorie des ~ **3** 3
Integritätserklärung **42** 45
inter partes Verfahren **6** 3

inter-service-consultation **6** 21; **10** 183
Interessenabwägung
– ~ bei einstweiligen Maßnahmen nach Art. 8 VO 1/2003 **11** 41
Interlocking Directorates **35** 3
International Competition Network **21** 1 ff.; *vgl. auch ICN*
International Competition Policy Advisoring Committee **21** 2
internationale bilaterale Abkommen **4** 11
internationale Zuständigkeit **31**
internationales Beweis- und Beweisverfahrensrecht **32** 83 ff.
internationales Kartellprivatrecht **33** 1
– außervertragliche Schuldverhältnisse **24** 65 f.
– materiell-rechtliche Vorgaben **24** 62 ff.
– räumlicher Anwendungsbereich **24** 62
– vertragliche Schuldverhältnisse **24** 63 f.
internationales Kartellprozessrecht
– Anerkennung und Vollstreckung **24** 72
– Beweis- und Verfahrensrecht **24** 71
– internationale Zuständigkeit **24** 69
– verfahrensrechtliche Vorgaben **24** 68 ff.
– Zustellung von Schriftstücken **24** 70
Internationales Privatrecht **24** 62; **31** ff.; **33** 1
Internationales Prozessrecht **31** ff.
interne Guidance **41** 68
investigatory phase **21** 6
Investitionsschutz **26** 381
Inzidentkontrolle **8** 70
IPR *vgl. internationales Privatrecht*
– ~ des Forums **31** 109, 115, 121
IRG **22** 8
ISO 19600 **39** 10
ITP-Mitteilung **13** 135
IZPR **34** 18, 20, 24, 39

Jedermannsrecht **10** 133
Joint Defense Agreement **9** 19, 25
Joint-Venture **7** 21
jurisdiction letters **17** 159
Juristischer Dienst **6** 20 f.; **10** 166, 174, 183; **11** 60; **15** 61
Justizförmigkeit
– ~ des Verwaltungsverfahrens **17** 118

Kammer für Handelssachen **26** 536 f.; **27** 72
Kampfpreise **26** 150
Kapazitätsabsprachen **41** 14
Kapazitätswettbewerb **26** 365
10 %-Kappungsgrenze **13** 13, 69, 123
– Bestimmung des maßgeblichen Umsatzes **13** 127
– Bezugspunkt **13** 126
– einheitliche Zuwiderhandlung **13** 131
– gesonderte Zuwiderhandlung **13** 131
– Obergrenze **13** 126
– Zweck und Gegenstand der ~ **13** 123 ff.
Karenzklage **14** 68; *vgl. Untätigkeitsklage*

Kartell
- als Betroffener **17** 14
- Aufdeckung **19** 62
- Beendigung des ~ **7** 29
- Beginn und Ende **26** 273
- Beweis des ~ **7** 46
- Entdeckung des ~ **7** 8
- Nachweis des ~ **7** 9

Kartellabsprachen 18 95; **42** 8
- Inhalt und Zielrichtung **26** 271

Kartellaufschlag 26 168, 207, 226, 308
- Bestimmung **26** 212
- Schätzung **26** 172, 212
- Unterschätzung des ~ **26** 318

kartellbefangene Produkte 18 247
Kartellbefangenheit 25 20
Kartellbehörde
- Ablehnung einer Verfügung durch die ~ **17** 176
- Auskunftsrecht der ~ **17** 44, 47 ff.
- Auskunftsverlangen der ~ **17** 44
- Beschlagnahmerecht der ~ **17** 44
- Betretungsrecht der ~ **17** 52
- Durchsuchungsrecht der ~ **17** 44, 52
- Einsichtsrecht der ~ **17** 44
- Ermittlungsbefugnisse **5** 3; **17** 42 ff.
- Nachprüfungsbefugnisse **17** 52
- Prüfungsrecht der Kartellbehörden **17** 44
- Sachaufklärungspflicht der ~ **17** 42
- streitige Zuständigkeit der ~ **16** 29 ff.
- Untätigkeit der ~ **17** 176
- Unzuständigkeit **17** 134
- Vorermittlungen durch die ~ **17** 49
- Zuständigkeit **16** 4 ff.; **17** 134; **19** 111 ff.

Kartellbehörden
- Kooperationsvereinbarungen von ~ **6** 41
- Netzwerk der ~ **6** 38
- Zusammenarbeit der ~ **6** 38 ff.

Kartellbeschluss
- Adressat **7** 49

Kartellbeschwerde 43 114
Kartellbeschwerdeverfahren 17 162 ff.
- Rechtsnatur **17** 164

Kartellbußgeldrecht 2 17
Kartellbußgeldverfahren 1 5; **16** 1; **17** 1, 165; vgl. auch Kartellordnungswidrigkeitenverfahren, vgl. auch Ordnungswidrigkeitenverfahren
- Beweislastverteilung im ~ **12** 13

Kartellbußverfahren 11 1
Kartelldelikte 31 42, 60
Kartelle
- geheime ~ **11** 54

Karteleffekt 26 300
Kartellindikator 26 308, 315, 327
Kartellkollisionsrecht 33 59
Kartellordnungswidrigkeitenverfahren 16 1, 70; vgl. auch Kartellbußgeldverfahren
Kartellpreis 26 168

Kartellpreisaufschlag 26 254
- Schätzung **26** 255

Kartellpreiseffekt 26 313
Kartellprimärrecht 2 9
Kartellprivatrecht
- internationales ~ **33** 1

Kartellprozess 1 8; **23** ff.; **30** 1
- Akteneinsicht im ~ **1** 9
- Betroffene von ~ **42**
- EU-rechtliche Grundlagen **24**

Kartellrecht
- Bestimmung des anwendbaren ~ **33**
- doppelte Schutzrichtung **3** 3
- Durchsetzung des ~ im geschichtlichen Überblick **2** 1
- materielles ~ **1** 1
- Natur des ~ **1** 6
- öffentliche Durchsetzung des ~ **1** 8
- private Durchsetzung des ~ **1** 8
- Rechtsgrundlagen zur Bestimmung des anwendbaren ~ **33** 3 ff.

kartellrechtliche Beratung 39 65 ff.
kartellrechtliche Einwendung 30; vgl. auch Kartellrechtseinwand
kartellrechtlicher Kontrahierungszwang 27 10 ff.

Kartellrechtsakzessorietät 19 11
Kartellrechtsdurchsetzung
- defensive ~ **23** 4
- offensive ~ **23** 3

Kartellrechtseinwand 30
- Darlegungs- und Beweislast **30** 4
- geltungserhaltende Reduktion **30** 10 f.
- Nichtigkeit **30** 8
- Rechtsfolge **30** 5
- Reichweite **30** 8
- salvatorische Klausel **30** 9
- Zeit des Vorbringens **30** 7
- zuständiges Gericht **30** 12 ff.

Kartellrechtsjurisdiktionen 2 18
Kartellrechtsverstoß 27 15 ff.
- bußgeldbewährter ~ **18** 4 ff.

Kartellrechtsvollzug 1 5
kartellrechtswidriges Verhalten 26 13 ff.
Kartellsanktionsrecht 2 9
Kartellschadensersatzanspruch
- Aktivlegitimation **24** 25
- Anspruchsberechtigung **24** 14
- Anspruchsgegner **24** 26
- Anspruchsteller **24** 25
- Ermittlung des Schadensumfangs **24** 42
- Funktionen **24** 19 ff.
- Haftungstatbestand **24** 22
- harmonisierter Haftungstatbestand **24** 24
- Inhalt **24** 40 f.
- Offenlegung von Beweismitteln **24** 43 ff.
- Passivlegitimation **24** 25
- Rechtsfolgen **24** 28
- Rechtsnatur **24** 12

1431

– Schätzung der Schadenshöhe 24 42
– Umfang 24 13 f., 30
– unionsrechtliche Grenzen 24 18
– unionsrechtlicher ~ 24 1 ff.
– Verschuldenserfordernis 24 24
– Voraussetzungen 24 13, 22
– widerlegliche Schadensvermutung 24 42
Kartellschadensersatzklage
– private ~ 24 33
Kartellschadensprävention 39 17; **43** 98 ff.
Kartellschadensrisiken
– Abwehr von ~ 43 112 ff.
– Identifikation 43 100 ff.
Kartellsenat 18 195, 233
Kartellstrafrecht 2 16, 18; **19**; **33** 22
– Akteneinsicht 19 126 ff.
– Einsicht in den Bonusantrag 19 126 ff.
– Rechtsfolgen 19 142 ff.
– Strafen 19 153 ff.
– Strafverfahren 19 115 ff.
– Überwachung der Telekommunikation, § 100a StPO 19 131 ff.
– Vermögensabschöpfung 19 158 ff.
– Zuständigkeiten 19 108 ff.
Kartellstrafverfahren 16 1
Kartellverbot 1 1; 2 9; 3 5; **16** 1; **18** 6; **19** 7, 11; **23** 2; **26** 7, 83; **27** 22; **36** 2; **39** 43, 54
– Ausnahmen vom ~ 19 42
– Durchsetzung 1 1
– Freistellung vom ~ 3 7
– Gebot der Effektiven Durchsetzung des ~ 38 10
– Grenzen 39 73
– Normadressaten 3 6
– unionsrechtliches ~ 1 2
Kartellverfahren 1 8; 10; *vgl. auch Verwaltungsverfahren*
– Beendigung im Einvernehmen mit der Kartellbehörde 42 6
– Betroffene von ~ 42
– Einleitung 17 1 ff.
– Entscheidungsbefugnisse 6 32 ff.
– Ermittlungsbefugnisse 6 32 ff.; **8**
– Grundlagen 6 1 ff.
– internationale Koordinierung 41 1
– internationale Zusammenarbeit der Kartellbehörden 21
– internationale Zusammenhänge 20 ff.
– internationales Netzwerk der Kartellbehörden 21
– Kronzeugenschutz im ~ 1 9
– Rechtsnatur 6 1
– Rechtsstaatlichkeit des ~ 6 8 ff.
– Verfahrensstrategien im ~ 6 8 f.
– völkerrechtliche Grundlagen 20
– zivilrechtliche Streitigkeiten 17 1
Kartellverfahren in Deutschland 16 ff.
kartellverfahrensführende Stelle 16 3

Kartellverfahrensrecht
– Rechtsquellen des ~ 6 24 ff.
Kartellverfahrensreform 3 7
Kartellverfolgung 8 61
Kartellverfolgungsabteilung
– ~ im BKartA 16 72
Kartellverordnung 2 8
Kartellverstöße
– Verdacht von ~ 17 56
Kartellverstoß 1 9; **10** 1; **26** 488; **42** 31
– ~ als Verteidigungsmittel 23 4
– Aufdeckung 41 2 ff.
– Aufdeckung außerhalb behördlicher Verfahren 41 3 f., 18 ff.
– Aufdeckung während behördlicher Verfahren 41 5 ff., 23 ff.
– ausnahmsweise Fortsetzung 41 61
– Darlegungs- und Beweislast 43 10
– Distanzierung eines Unternehmens vom ~ 12 22
– Feststellung 24 48
– Handlungsoptionen 41 1
– ~ in Form vertikaler Wettbewerbsbeschränkungen 25 40 ff.
– Indizien für ~ 12 20
– Nachweis des ~ 23 6
– prima facie 11 30
– Reaktion auf ~ 41
– Sanktionen 42 41
– Sanktionierung 1 1, 7
– Verjährung 41 11, 21
– Wiederherstellung rechtmäßiger Zustände 41 59 ff.
Kartellverwaltungsverfahren 1 5; **16** 1; **18** 242
Kartellzivilprozess 9 11; **25** ff.
– Aktivlegitimation 25
Kartellzivilverfahren 17 48
KartkostV 17 161
Katalogtat 19 121
kaufmännisch vernünftiges Verhalten 26 189
Kausalitätsmaßstab
– harmonisierter ~ 24 16
Kausalitätsvermutung 12 3, 22
Kernbeschränkung 3 6, 8
Kernpunkttheorie 32 55
Kernstrafrecht 6 11; **13** 8; **14** 42
Klägergerichtsstand 31 64
Klage
– ~ auf Einhaltung einer Vertriebsbindung 23 4
– ~ auf Einhaltung einer Wettbewerbsverbotsklausel 23 4
– ~ auf Rechnungslegung 30 39
– ~ auf Zugang zu einer wesentlichen Einrichtung 31 157
– ~ aus unwirksamen Vertrag 30 1 ff.
– ~ gegen Kronzeugen 18 284
– ~ gegen Offenlegung 10 122

Magere Zahlen = Randnummern

Klageabweisung
– konnexe Verfahren **32** 61 ff.
Klageantrag
– Unterlassungs- und Beseitigungsklage **27** 85 ff.
Klagebefugnis
– Erweiterung der ~ auf indirekte Abnehmer **39** 2
Klageerwiderung **35** 17
Klagegründe
– Nichtigkeitsklage **14** 25
Klagehäufung **25** 117
kleine und mittlere Unternehmen **24** 51; vgl. auch KMU
KMU **25** 62; **26** 450; **43** 43, 51
– Haftungsfreistellung **26** 705 f.
– Haftungsprivilegierung **26** 695
Know-how-Vereinbarung **31** 31
Koeffizient **26** 315
Kognitionsbefugnis **31** 19, 47, 54
– Beschränkung der ~ **31** 46
Kohärenz
– ~ der Durchsetzung des Kartellrechts **3** 25
Kohärenz der Rechtsanwendung **16** 62
Kohärenzgebot **26** 117 f.
Kollegialitätsprinzip **10** 181
Kollegialprinzip **6** 17; **14** 29; **17** 240
Kollegium der Kommissare **2** 13
kollektive Anspruchsdurchsetzung **25** 112
kollektive Rechtsdurchsetzung
– Grundsätze **24** 73
kollektive Schadensersatzverfahren **25** 114
kollektive Unterlassungsverfahren **25** 114
Kollektivklage **24** 73; **37** 101
Kollektivverfahren
– Niederlande **37** 58 ff.
Kollektivvergleich
– Niederlande **37** 58 ff.
Kollisionsnorm
– allseitige ~ **33** 12, 21
– einseitige ~ **33** 4, 12, 61 ff.
Kollisionsrecht **33** 1 f.
– nationales ~ **33** 2
– supranationales ~ **33** 2
Kollisionsvorschrift **15** 12
Kommissar für Wettbewerbsfragen **8** 17
Kommission **25** 68; **26** 10; **38** 33; **39** 2, 28, 67, 88, 113, 120; **40** 91; **41** 14; **43** 65, 85
– ~ als geeignete Behörde **16** 47
– ~ als sachverständiger Beistand **15** 101
– Anwendungsmonopol **24** 10
– Aufgaben und Beschlussfassung der ~ **6** 16 ff.
– Aufgreifbefugnis der ~ **15** 64 ff.
– Aufgreifermessen der ~ **6** 27
– Auskunftsersuchen der ~ **13** 57; **15** 92
– Auskunftsverlangen der ~ **12** 26; **15** 5
– Beschlussfassung der ~ **6** 17 ff.
– Beurteilungsspielraum der ~ **12** 16
– bewährte Vorgehensweise **10** 5
– Beweispflicht der ~ **13** 86

– erläuternde Notiz der ~ **8** 4
– Ermittlungsbefugnisse **8**
– förmliche Verfahrenseinleitung durch ~ **16** 39
– Geheimhaltungspflicht der ~ **15** 98
– Grundrechtsbindung der ~ **10** 3
– Informationsaustausch **22** 17 ff.
– Informationsrecht der ~ **15** 60
– Leitlinien der ~ **6** 26 ff.
– Nachprüfbefugnisse der ~ **15** 6
– Nachprüfung der ~ **16** 68
– Selbstbindung der ~ **10** 5
– Selbstorganisationsrecht der ~ **6** 18
– Stellungnahme der ~ aus eigener Initiative **15** 101 f.
– Stellungnahmen der ~ **15** 100
– Überwachungsaufgaben **2** 4
– Unterrichtungspflicht der ~ **10** 7
– Unterstützungspflicht der nationalen Behörden **15** 4 ff.
– Verfahrenseinleitung durch die ~ **16** 58
– Veröffentlichen von Beschlüssen **10** 10
– Vollzugskompetenzen **15** 1
– Vorrang der Zuständigkeit der ~ **15** 1 ff.
– Zuständigkeit der ~ **16** 35
– Zuständigkeit der ~ für Vergleichsverfahren **10** 49
Kommissionsakte
– Inhaltsverzeichnis **10** 142
Kommissionsakten
– Einsicht in ~ **10** 5
Kommissionsbeschluss
– ~ über das Mandat des Anhörungsbeauftragten **6** 25
Kommissionsdokument
– Unternehmenserklärung als ~ **7** 76
Kommissionsentscheidung
– Nichtigkeit der ~ **13** 179
Kommissionsnotiz
– ~ zur Nachprüfung **8** 32
Kompensation **24** 19
– ~ als Funktion des Kartellrechts **2** 18
Kompetenz-Kompetenz **32** 57
Kompetenzabgrenzung
– vertikale ~ **3** 25
Kompetenzüberschreitung
– Nichtigkeitsklage bei ~ **14** 28
Komplementarität **3** 16; **23** 7
Komplexitätsreduktion **39** 46
Konditionenabsprachen **39** 42
Konditionenbindung **19** 33
Konditionenkartell **25** 13
Konditionenspaltung **26** 85
Konfidenzintervall **26** 327
konkurrierende Verfahren **32** 47
– Anspruchsidentität **32** 55
– Ausnahme vom Prioritätsprinzip **32** 50
– ausschließliche Gerichtsstandsvereinbarung **32** 57
– Erweiterung der Parteiidentität **32** 53

1433

– ~ in Drittstaaten **32** 67
– Klage wegen desselben Anspruchs **32** 55
– Klagen zwischen denselben Parteien **32** 52
– Parteiidentität **32** 52
– Prioritätsprinzip **32** 49 ff.
– Rechtskraftserstreckung **32** 52
Konkurs 31 11
konnexe Verfahren 32 47, 80
– Klageabweisung **32** 61 ff.
– Prioritätsprinzip **32** 61
– Verfahrensvoraussetzungen **32** 61 ff.
Konnexität 31 74, 82
konsensuale Rechtsdurchsetzung 2 14
konsistenter Marktauftritt 39 71
Konsultationsmöglichkeit 15 62
Konsultationsprozess 10 183
Konsultationsverfahren 8 62
Kontokorrentkredit 18 165
kontradiktorische Phase 6 3; **7** 2
kontradiktorisches System 3 15
kontradiktorisches Verfahren
– Anspruch auf ein ~ **14** 144
kontrafaktische Wettbewerbssituation 26 269
kontrafaktischer Preis 26 168, 390
Kontrafaktum 26 390
Kontrahierungsklage
– zuständiges Gericht **27** 72
Kontrahierungszwang 27 10 ff., 18, 21, 31, 35, 44; **31** 45
– Belieferung **27** 101 ff.
– Feststellungsantrag **27** 119
– Leistungsantrag **27** 103 ff.
– Passivlegitimation **27** 60
– Unterlassungsantrag **27** 128
Kontrollerwerb 17 16
Kontrollvariable 26 308
Konvergenzregel 15 3
Konvergenzverpflichtung 6 7
Konzentrationsermächtigung 27 71
Konzentrationsmöglichkeit 32 97
Konzept der beschränkten Gesamtwirkung 24 56
Konzernhaftung 18 118
Konzernobergesellschaft 26 690
Konzernprivileg 40 83
Konzernumsatzberechnung 18 120
Konzernverbindungen 43 81
Konzernverbund 18 117; **40** 82
Kooperation
– Immunität wegen ~ **13** 133
– ~ mit der Kartellbehörde **42** 6
Kooperationsleistung 7 58
Kooperationspflicht 8 115; **15** 5
– ~ der Kronzeugen **7** 22 ff.
Kooperationsvereinbarungen
– regionale ~ **21** 6
– ~ von Kartellbehörden **6** 41
Koordinierungselemente 4 10

Koppelungsvereinbarung 41 67
Kopplungsgeschäfte 39 93
Korrelationsanalyse 26 338
Korrelationskoeffizient 26 329
Korruption 39 17
Korruptionsbekämpfung 39 13
Korruptionsdelikte 40 49; **42** 31
Kort Geding 37 54
Kosten
– ~ des Rechtsstreits bei Schadensersatzklage **26** 644
– Nachforderung **18** 83
Kostenansatz 18 83
Kostenfestsetzungsbeschluss 34 7
Kostenfestsetzungsverfahren 14 183
Kostengrundentscheidung 18 83
Kostenmethode 26 177
Kostentragungspflicht 18 83
Kovariate 26 308
Kreuzpreiselatizität 26 390
kritische Werte 26 323
Kronzeuge 7 3; **10** 54; **19** 128; **24** 51; **26** 93, 110, 202, 450, 579; **36** 18; **39** 118; **40** 5 f., 24, 100; **41** 5, 19 f.; **42** 23, 31; **43** 43, 60
– Ausfallhaftung **24** 51; **26** 697
– Befragung durch die Kommission **7** 24
– Beteiligung am Kartell **7** 29
– Haftung **26** 202
– Haftungsprivilegierung **26** 695, 699
– Immunität **23** 9
– keine gesamtschuldnerische Haftung **7** 50
– keine Haftungsprivilegierung **26** 667
– keine Privilegierung beim Gesamtschuldnerausgleich **26** 691 f.
– Klage gegen ~ **18** 284
– Kooperationspflicht der ~ **7** 22 ff.
– Rückgriffsansprüche gegen ~ **24** 51
– Vergleichsabschluss **26** 708
Kronzeugenantrag 7 3 ff.; **8** 28; **9** 26; **10** 55, 145 ff; **11** 119; **15** 47, 69 ff., 99; **18** 278; **21** 6; **23** 9; **25** 39; **26** 573, 692; **29** 44; **37** 47; **39** 85, 126; **40** 5, 21, 23, 25, 90, 100; **41** 4, 13 ff.; **42** 19, 21, 23; **43** 43, 53, 86, 99, 114
– Antragsteller **7** 20 f.
– Austausch von Informationen **7** 96
– ~ bei internationalen Kartellen **7** 99 ff.
– besonderer Schutz **7** 83
– Empfehlung zur Stellung eines ~ **41**
– Form und Inhalt **7** 18 f.
– ~ im EWR **7** 92 ff.
– ~ in der EU **7** 92 ff.
– Kurzform **6** 43
– paralleler ~ **41** 32
– summarische Kurzanträge **7** 93, 95
– Voraussetzungen für ~ **7** 12 ff.
– Wahl der Behörde **7** 93
– Weiterleitung von Informationen aus ~ **15** 70
Kronzeugenbeitrag 26 679
Kronzeugendokumente 36 18

Kronzeugenerklärung 10 155; 18 275, 279; 24 45; 26 551; 29 22, 26, 33
– Einsicht in ~ 26 572
Kronzeugenermäßigung 8 115; 10 35
Kronzeugenmitteilung 2 4; 7 6, 11, 19, 24, 40, 43, 58, 63, 69, 72, 76, 80, 86; 10 54 f., 145; 13 69, 115, 124
Kronzeugenposition 41 15
Kronzeugenprogramm 5 3; 6 43; 10 145; 18 257; 21 6; 23 9; 26 76, 667, 670; 39 58, 118, 126, 128; 40 34, 94; 41 1, 13 ff.; 42 26; 43 98, 110
– Entscheidung über die Nutzung 41 42 ff.
– Schneeballeffekt 7 34
Kronzeugenregelung 6 28; 9 11; 11 54; 12 20, 26, 29; 13 54; 18 28, 161; 19 115, 120, 151; 26 248; 36 26; 39 128; 40 4, 14, 24; 41 15; 42 6
– Abgrenzung zum Vergleichsverfahren 10 16
– Effektivität der ~ 26 572
– Rechtmäßigkeit der ~ 7 7
– Rechtsgrundlage der ~ 7 7
Kronzeugenschutz 1 9; 41 5, 18 f.
Kronzeugenstatus 40 100; 41 13, 28; 42 22
Kronzeugenunterlagen 37 20
Kündigungsverzicht 42 28
Kundenabsprachen 18 110, 158; 20 3
Kundenaufteilungen 39 42, 55
Kundenschutzabsprachen 26 49, 130, 134, 171
Kundenzuweisung 30 2
Kurzantrag
– Inhalt 7 95
– Standardformular 7 95
– summarischer ~ 7 93, 95
Kurzbußgeldbescheid 18 189
– Einspruch gegen den ~ 18 192

Ladung
– ~ zur mündlichen Verhandlung 17 133
Landeskartellamt 3 15
Landeskartellbehörde 16 2; 25 67; 26 10; 43 114
– Zuständigkeit 16 14 ff.
language waiver 10 53; 11 62
lead counsel 41 36
leading cases 36 3
legal advice 36 14
legal privilege 8 98; 17 90, 105; 18 80; 29 19; 41 9 f., 36
Legalitätsgrundsatz 18 181; 19 116, 118
Legalitätskontrollpflicht 39 6, 81
Legalitätspflicht 39 6, 65; 41 59; 42 36; 43 4
Legalitätsprinzip 2 13; 18 23; 40 17; 41 43
Lehre vom Organisationsmangel 26 15
Leistung des Veranstalters 19 48, 60 f.
Leistungsbeschwerde
– ~ auf Akteneinsicht 17 131

Leistungsklage 26 531, 565; 31 146; 37 103; 43 62
Leistungskondiktion 26 495
Leistungsverfügung 27 146
Leitlinie zur Berechnung von Geldbußen 13 6
Leitlinien
– ~ der Europäischen Kommission 6 26 ff.
– ~ der Kartellbehörden 39 20, 26, 83; 40 1
– ~ zu kartellrechtlichen Compliance-Programmen 39 5, 28
Leniency Disclosure 36 18
Leniency-Mitteilung 41 61
– ~ der Europäischen Kommission 41 47, 53
Leniency Notice 18 161
Leniency Race 7 9
letter of facts 10 96
Letztentscheidungsbefugnis
– ~ der Verwaltung 26 102
lex causae 31 29, 34
lex fori 24 63, 66; 26 562; 31 93
Lex Julia de annona 2 1
Lieferkette 23 6
Liefersperre 24 29; 31 45, 157
Lieferverweigerung 23 5; 25 55; 41 20
Ligator 1 5
Liste qualifizierter Einrichtungen 28 8
litigation privilege 36 14
Living Document 21 9
Lizenzerteilung 23 4
Lizenzverträge 19 33
– sonstige ~ 31 31
local loop, leased lines & roaming 8 119
Loi Hamon 37 11, 27
Loyalitätspflicht 3 25
lucrum cessans 14 98; 24 13, 30, 40; 25 78
Luganer Abkommen 24 69
LugÜ 34 2
LugÜ 1988 31 3
LugÜ 2007 31 3 ff.
LugÜ I 31 3
LugÜ II 31 3 ff., 170
– räumlicher Anwendungsbereich 31 14
– sachlicher Anwendungsbereich 31 9 ff.
– zeitlicher Anwendungsbereich 31 18
– Zivil- und Handelssachen 31 9
Luxemburger Portrait der Konnexität 31 83

M&A-Abteilung 39 73
M&A-Prozess 39 73
M&A-Richtlinie 39 72
M&A-Transaktion 18 107b
Machtmissbrauch 27 57
Marginalisierung
– doppelte ~ 26 381
Marker 7 84 ff.; 18 60 f.; 41 22, 28, 60
– Antrag 7 86
– BKartA 41 28
– Ermessen bzgl. des Zeitraums 7 85

Sachregister — Fette Zahlen = Paragrafen

– Europäische Kommission **41** 28
– Frist **7** 88
– Rechtsfolgen **7** 89 f.
– Verfahren **7** 86
Markersystem 40 6
Markt
– Begriff **33** 30
Marktabschottungseffekt 26 150, 185
Marktanalyse 38 32
Marktaufteilung 16 55; **24** 42; **25** 18, 25; **35** 2, 11, 36
Marktaufteilungsabsprachen 41 14, 66
Marktauftritt
– konsistenter ~ **39** 71
Marktbeeinträchtigung
– unmittelbare und wesentliche ~ **33** 42 ff.
marktbeherrschende Stellung 3 11
Marktbeherrschung 39 42, 70
Marktbeherrschungsdefinition 25 52
Marktbeobachtungsabteilung 39 34
Markteintrittsbarrieren 43 108
Marktkapazität 43 108
Marktkonzentration 43 108
Marktmachtmissbrauch 27 9, 22; **39** 59
– potentieller ~ **39** 65
Marktmachtverstoß 27 9, 22
Marktmissbrauch 1 5
Marktpreis 19 94
Markttransparenzstelle für Kraftstoffe
– Spezialzuständigkeit des BKartA **16** 9
Marktsimulationsmethode 26 263
Marktstruktur-Screening 43 108
Marktstrukturanalyse 43 108
Marktstudien 17 59
Markttest
– Zusagenentscheidung nach Art. 9 VO 1/2003 **11** 62
Markttransparenz 43 108
Marktverhaltens-Screening 43 106
Marktwirtschaft
– Grundsatz der offenen ~ **3** 1
– soziale **3** 1
Marktzutrittsschranken 26 383
Massendatenanalyse 40 44
Massenschäden 25 74
Massenvergleich 37 98
– Anerkennung nach dem WCAM durch deutsche Gerichte **37** 85
– Anforderungen **37** 60
– Bindungswirkung **37** 60
– Niederlande **37** 58 ff.
– sachlicher Bezug zu den Niederlanden **37** 68
– Umfang der Bindungswirkung **37** 67
– Verbindlicherklärung **37** 64
– Verteilung der Vergleichssumme **37** 62
materielle Beweislast 12 1, 4, 7 ff.; **17** 42
Median 26 166, 266
Mediation 43 63
Mediationsverfahren 24 55

Mehrerlös 18 156; **19** 97; **25** 19; **26** 130, 172
– durch Preisabsprache erzielter ~ **19** 94
Mehrerlösberechnung 18 120
Mehrerlösgeldbuße 18 125 ff., 132, 171; **19** 97
Mehrerlösschätzung 26 678
Mehrfachentschädigung 24 31
Mehrfachinanspruchnahme 26 215 ff., 220, 225
Mehrfachverteidigungsverbot 18 61, 67
Mehrheit von Gläubigern 25 112 ff.
Mehrheit von Klägern 31 75
Mehrlieferantenstrategie 26 277
Mehrwert 10 55; **18** 182
– Beweismittel von erheblichem ~ **7** 42
– erheblicher **18** 161; **41** 24
– Umfang **7** 58
Meistbegünstigungsgrundsatz 32 100, 115
Memoranda of Understanding 6 42; **22** 17, 26
Mengenabsprachen 26 134
Mengeneffekte 18 127; **26** 222, 226, 255
– Schadensschätzung **26** 377 ff.
Mengenwettbewerb 26 365
Merchant Taylors' Case 2 2
Messfehler 26 336
Meta-Studien
– ~ über Kartellaufschläge **26** 266
Methode der kleinsten Quadrate 26 312
Mid-Year Convention 26 584
mildernde Umstände 23 9
– Beweispflicht der Unternehmen für ~ **13** 106
– sonstige ~ **13** 118 f.
Minderheitsbeteiligung 13 42
Minderung
– ~ der Geldbuße bei Ermutigung zu wettbewerbswidrigem Verhalten durch Behörden **13** 117
– ~ der Geldbuße bei Genehmigung durch die Behörden **13** 117
– ~ der Geldbuße bei geringfügiger Beteiligung **13** 110
– ~ der Geldbuße bei nachgewiesener Fahrlässigkeit **13** 109
– ~ der Geldbuße bei Nichtbestreiten des Sachverhalts **13** 116
– ~ der Geldbuße bei sofortiger Beendigung des Verstoßes **13** 108
– ~ der Geldbuße bei wettbewerbsorientiertem Verhalten **13** 110
– ~ der Geldbuße bei Zusammenarbeit **13** 114
Mindestpreisbindung 25 46, 51
Mindestschaden 19 97; **26** 190, 204, 395, 483, 582, 607
– Schätzung **26** 208
Mindestverjährungsfrist 24 36
Ministererlaubnis 17 6, 173, 184
– Spezialzuständigkeit des BKartA **16** 9
Ministererlaubnisverfahren 17 132 f., 137, 194

Magere Zahlen = Randnummern · Sachregister

Ministerschreiben
– ~ des BKartA **16** 71
missbräuchliche Diskriminierung 26 165
missbräuchliche Rechtsgeschäfte 3 15
missbräuchliche Verhaltensweisen 5 4
Missbrauch 3 12
Missbrauch einer marktbeherrschenden Stellung 26 60, 92, 255; **28** 15; **30** 3, 17; **33** 20; **36** 2; **39** 13, 55, 86, 93; **40** 7; **41** 16, 68
Missbrauch relativer Marktmacht 30 3
Missbrauch von Marktmacht 26 114; **31** 58, 67
Missbrauch von Nachfragemacht 25 60
Missbrauchsaufsicht 16 24; **17** 56
– ~ über Preisbindungen **17** 56
Missbrauchsaufsicht bei Zeitungen
– Spezialzuständigkeit des BKartA **16** 9
Missbrauchseinwand
– prozessualer ~ **31** 92
Missbrauchsfälle
– Schadensschätzung **26** 384 ff.
Missbrauchskontrolle 12 16; **38** 19
Missbrauchsregeln 39 70
Missbrauchstatbestand 15 3; **26** 9, 85
Missbrauchsverbot 1 1; **2** 9; **3** 10 f.; **16** 1; **23** 2; **25** 8, 52 ff.; **26** 84, 86, 112; **38** 8; **39** 43, 53, 70; **41** 67; **43** 116
– Durchsetzung **1** 1
– Rechtsfolge eines Verstoßes **30** 6
– Sinn und Zweck **30** 6
– Verstoß gegen ~ **25** 17
– völkerrechtliches ~ **4** 2
Missbrauchsverfahren 6 34
– parallele ~ **16** 24
– ~ über Preisbindung bei Presseerzeugnissen **17** 137
Mitarbeiter
– kartellrechtliche Konsequenzen für ~ **42** 14 ff.
Mitarbeiterbefragung 40 19
Mitbewerber 25 16
Mitteilung
– ~ der Beschwerdepunkte **6** 3
Mitteilung der Beschwerdepunkte 10 85 ff.; **12** 30; **13** 156; **14** 33; **15** 45; **16** 58
– Abhilfemaßnahmen **10** 92
– Akteneinsicht **10** 100 ff.
– Ankündigung von Geldbußen **10** 92
– Antrag auf mündliche Anhörung **10** 163
– ~ bei einstweiligen Maßnahmen nach Art. 8 VO 1/2003 **11** 36
– Beweismittel **10** 90
– ergänzende ~ **10** 96, 176
– Formalien **10** 87 ff.
– Inhalt **10** 90 f.
– Rechtsfolgen **10** 98 f.
– Sprache **10** 89
– Stellungnahme **10** 170
– Verletzung des Anhörungsrechts **10** 98 f.
– vorgeworfene Zuwiderhandlung **10** 90

– Wechsel des Verfahrens **11** 50
– Zusagenentscheidung nach Art. 9 VO 1/2003 **11** 59
Mittelungspflicht 16 43
– Beschränkung **15** 71 f.
Mitverschulden 24 11; **25** 38, 42, 48; **26** 246 ff.
– ~ bei der Schadensentstehung **26** 248
– Darlegungs- und Beweislast **26** 252
– Kausalzusammenhang zum Schaden **26** 250
– ~ wegen Unterlassens von Maßnahmen zur Schadensabwendung oder -verminderung **26** 249
– Zurechnung von Organverhalten **26** 247
Mitwirkungsobliegenheit
– ~ der Beteiligten **17** 43
Mitwirkungspflichten 13 1, 54
– ~ im pre-trial-dicovery **32** 124
Mobbing 40 16
Mock Dawn Raids 40 29
Modernisierungsverordnung 11 28
Möglichkeit zur Beschwerde 17 7
monistisches Modell 2 12
monistisches System 2 13
Monitoring 43 83
Monitoring Trustee 11 13, 82 f.
Monopolbildung
– Gefahr der ~ **2** 2
Monopolisierung
– Verbot von ~ **2** 3
Monopolpatent 2 2
more economic appoach 3 4; **12** 16; **26** 387
Mosaikbetrachtung 31 47; **33** 34 ff., 49
Mosaikprinzip 24 66
Motionto Dismiss for Failure to State a Claim 35 17
mündliche Befragung
– Adressat **8** 104
– Befugnis zur ~ **8** 102 ff.
– Beteiligung nationaler Wettbewerbsbehörden **8** 116
– Durchführung **8** 110 f.
– Einverständnis **8** 105
– Ermessen der Kommission **8** 108
– fehlender Aussagezwang **8** 111
– Protokolle **8** 109
– Sanktionsmöglichkeiten **8** 115
– Untersuchungsgegenstand **8** 107
– Verwertung **8** 113
– Voraussetzungen **8** 104
mündliche Verfahren 14 174 f.
mündliche Verhandlung
– Ausschluss der Öffentlichkeit **17** 133
– Ladung zur ~ **17** 133
mündliches Verfahren 6 17
Multi-State-Delikte 24 66; **33** 34, 47
multi-track-procedure 36 31
Multiplikationsfaktor 18 151 ff.
Musterschiedsklausel 38 13

1437

Nachfrageelastizität **25** 90, 98; **26** 183, 375
Nachfragefaktor **26** 355
Nachfragekontinuität **43** 108
**Nachfragetätigkeit der öffentlichen Hand
19** 28
Nachhaftungsklausel 42 50
Nachkartellpreis 26 308
Nachlaufeffekte 26 169 f., 173, 180 f.
– ~ von Kartellabsprachen **26** 132
Nachprüfbefugnisse
– ~ der Kommission **15** 6
Nachprüfung 6 32; **15** 47
– Amtshilfe **8** 67
– Anfangsverdacht **8** 6
– angeordnete **8** 2
– Anordnung durch Beschluss **8** 28
– Auftrag **8** 17
– Befragung **8** 51
– Befugnisse der Kommission **8** 27 ff.
– Beschlagnahmerecht **8** 44
– Bußgeldbemessung bei ~ **8** 13
– ~ der Kommission **16** 68
– Duldungspflicht der Unternehmen **8** 11
– ~ durch die Kommission **8** 2 ff.
– einfache ~ **8** 2
– Gegenstand **8** 8
– Geldbuße bei Nichtduldung der ~ **8** 12
– Genehmigung eines Gerichts **8** 29
– Geschäftsgeheimnisse **8** 42, 46
– Hinweis auf Klagemöglichkeit **8** 15
– Hinweise auf Sanktionsmöglichkeiten **8** 12
– Kommissionsnotiz zur ~ **8** 33
– Kopien von Unterlagen **8** 44 ff.
– private Unterlagen **8** 42
– privilegierte Unterlagen **8** 38
– Prüfung der Geschäftsunterlagen **8** 30 ff.
– Rechtsfolgen **8** 19
– Rekonstruktionspflicht **8** 36
– Sanktionen **8** 12
– Siegelbruch **8** 12, 49
– Verfahren der ~ **8** 16
– Versiegelung **8** 48
– Voraussetzungen **8** 59
– Zeitpunkt der ~ **8** 11
– Zufallsfund **8** 32
– Zugriff auf elektronische Daten **8** 37
– Zwangsgeld **8** 12, 14
– Zweck **8** 8
Nachprüfungsauftrag 8 17; **15** 9
Nachprüfungsbefugnis
– ~ der Kartellbehörden **17** 52
– ~ der Kommission **8** 2 ff.
Nachprüfungsbeschluss 8 6 f.
– Begründungspflicht **8** 8
– Bekanntgabe des ~ **8** 18
– Inhalt **8** 7 f.
– Rechtmäßigkeit des ~ **8** 54
– Verteidigungsrechte **8** 8
– vorgelagerte Kontrolle des ~ **8** 56

Nachprüfungsentscheidung 10 1; **15** 9
Nachteilsabwägung 27 147
Nachteilszufügung 26 88
nachträglicher Rechtsschutz 18 75
Nachweis
– ~ des Kartells **7** 9
National Cooperative Research an Production Act 35 32
nationale Gerichte
– Zuständigkeit **15** 35 f.
nationale Sektorenuntersuchung 15 53
nationale Wettbewerbsbehörden
– Entscheidungsbefugnisse **15** 29 ff.
– Informationspflicht ~ **15** 46
– Zuständigkeit **15** 29 ff.
Naturalrestitution 24 40; **26** 163, 185, 523, 527; **27** 9, 11
– Anspruch auf ~ **24** 29
NCRPA 35 32
ne bis in idem 4 9; **6** 40; **10** 9; **11** 85; **13** 13 f., 176; **14** 45; **15** 17, 80 ff., 83; **16** 39, 55; **18** 20, 24; **19** 113
– Beweispflicht **13** 17
– ~ im Verhältnis zu Drittstaaten **13** 19; **15** 88
ne ultra petita 14 147
Nebenintervention 14 184; **34** 12; **43** 15
– Grundsätze **26** 620
Nebenklageberechtigung
– ~ des Verletzten **19** 127
Nebenverfahren
– Akzessorietät **17** 34
Nederlandse Mededingingsautoriteit 37 38
Need-to-Know-Basis 39 73
Need-to-Know-Prinzip 40 18
negative comity 4 11
negatorischer Rechtsschutz 27 6
nemo tenetur 17 83, 85; **18** 45, 64, 121 f.; **26** 573; **40** 91, 93, 96
nemo tenetur se ibsum accusare 14 45
Nettoprinzip 18 127, 134, 170 f., 175; **28** 14
Netzwerkbekanntmachung 6 38; **15** 38, 76
neuer Hamburger Brauch 27 26
Nichtanwendungserlasse
– ~ des BKartA **16** 71
Nichtbeiladung
– ~ eines notwendig Beizuladenden **17** 31
nichtbeobachtbare Heterogenität 26 336
Nichterledigungsbefugnis 32 122
Nichtigerklärung 13 15
– ~ der Kommissionsentscheidung **13** 179
Nichtigkeit
– ~ der Entscheidung **10** 98
– Folgen **3** 15
– ~ von verbotenen Vereinbarungen **3** 5
– ~ von Vereinbarungen und Beschlüssen **3** 15
– ~ wettbewerbsbeschränkender Vereinbarungen **2** 4
Nichtigkeitsfolgen 3 15
Nichtigkeitsgründe 14 25

Nichtigkeitsklage 7 124; **8** 5, 15, 54, 87; **9** 32; **10** 124, 162; **13** 183; **14** 5 ff.; **15** 25, 79, 98; **22** 29; **26** 99
- Abstellung einer Zuwiderhandlung **14** 9
- Achtung der Verteidigungsrechte **14** 45
- anfechtbare Rechtsakte **14** 7
- Anordnung einstweiliger Maßnahmen **14** 9
- aufschiebende Wirkung **8** 54
- Befugnis zur unbegrenzten Ermessensnachprüfung **14** 41, 58 ff.
- Begründetheit **14** 25 ff.
- begünstigende Entscheidungen **14** 21
- ~ bei Fehlern im Ablauf des Verwaltungsverfahrens **14** 32 ff.
- ~ bei Kompetenzüberschreitung **14** 28
- Beschlüsse der Kommission **14** 7
- Beschwer **14** 8
- Bestimmtheitsgrundsatz **14** 45
- Beurteilungsfehler der Kommission **14** 52 ff.
- Darlegungs- und Beweislast **14** 44
- Entfernungszuschlag **14** 22
- Entscheidung des Anhörungsbeauftragten **14** 9
- Entscheidung, Dokumente zu den Akten zu nehmen **14** 9
- Entscheidung über die Weitergabe von Informationen **14** 9
- Entscheidung unter Auflage **14** 21
- Entscheidung unter Bedingung **14** 21
- Entscheidungen der Kommission **14** 7
- Fehler der Kommission bei der Ermittlung und Beurteilung des Sachverhalts **14** 41
- Feststellung der Nichtanwendbarkeit **14** 9
- Feststellung einer Zuwiderhandlung **14** 9
- formloses Verwaltungsschreiben **14** 7
- ~ gegen Kartell- und Bußgeldbeschlüsse der Kommission **1** 5
- Gewährung der Anhörung Dritter **14** 9
- Gewährung von Zugang zu Dokumenten **14** 9
- Grundsatz der Gesetzmäßigkeit der Strafen **14** 45
- Grundsatz der Verhältnismäßigkeit des Strafmaßes **14** 45
- Gruppenfreistellung **14** 9
- Gruppenfreistellungsverordnung **14** 7
- Handlungen der Kommission **14** 7
- hinreichend konkrete Wiederholungsgefahr **14** 20
- individuelle Betroffenheit Dritter **14** 15, 45
- inhaltliche Abänderung der angefochtenen Entscheidung **14** 58
- keine ~ bei Absichtserklärungen **14** 10
- keine ~ bei Androhung eines Zwangsgelds **14** 10
- keine ~ bei Anhörung der Parteien **14** 10
- keine ~ bei Auskünften über den Verfahrensstand **14** 10
- keine ~ bei Bestimmungen des soft law **14** 10
- keine ~ bei einfachem Auskunftsverlangen **14** 10
- keine ~ bei einfacher Nachprüfungsanordnung **14** 10
- keine ~ bei Einleitung des Verfahrens **14** 10
- keine ~ bei Gewährung von Akteneinsicht **14** 10
- keine ~ bei Gewährung von Anhörungsrechten **14** 10
- keine ~ bei Gewährung von Bußgeldimmunität **14** 10
- keine ~ bei Meinungsäußerungen **14** 10
- keine ~ bei Mitteilung der Beschwerdepunkte **14** 10
- keine ~ bei Realakten **14** 11
- keine ~ bei Verweigerung von Akteneinsicht **14** 10
- keine ~ bei Verweigerung von Anhörungsrechten **14** 10
- keine ~ bei Verweigerung von Bußgeldimmunität **14** 10
- keine isolierte Anfechtung der Entscheidungsgründe **14** 11
- keine Präklusion **14** 43
- Klageberechtigung **14** 13
- Klagefrist **14** 22 f.
- Klagegründe **14** 25
- Klagegrund Ermessensmissbrauch **14** 63
- Klagegrund Verletzung der Verträge **14** 27 f., 41 ff.
- Klagegrund Verletzung wesentlicher Formvorschriften **14** 31 ff.
- Klagegrund Unzuständigkeit **14** 26 ff.
- Nichtigerklärung ex tunc **14** 64
- Nichtigkeitsgründe **14** 25
- Presseerklärung **14** 7
- Prognoseentscheidung **14** 57
- Rechtsfehler bzgl. unionsrechtlicher Bestimmungen **14** 44
- Rechtsfolge von Verfahrensfehlern **14** 40
- Rechtsschutzbedürfnis **14** 18 ff.
- Rückwirkungsverbot **14** 45
- Schuldprinzip **14** 45
- Schutz vor Selbstbelastung **14** 45
- teilweise Nichtigerklärung **14** 64
- Umsetzung des Nichtigkeitsurteils **14** 65
- unmittelbare Betroffenheit Dritter **14** 15
- Unschuldsvermutung **14** 45
- Urteil **14** 64 ff.
- Verbindlicherklärung von Verpflichtungszusagen **14** 9
- Verbot der Doppelbestrafung **14** 45
- Verbot der Verwertung rechtswidrig erlangter Beweismitteln **14** 45
- Verfolgungsverjährung **14** 45
- Verhängung einer Geldbuße **14** 9
- Verhängung eines Zwangsgelds **14** 9
- Verletzung der Verträge **14** 41 ff.
- verpflichtende Nachprüfung **14** 9

– verpflichtender Durchsuchungsbeschluss **14** 8
– verpflichtendes Auskunftsersuchen **14** 8
– Vertrauensschutz **14** 45
– Verweigerung der Anhörung Dritter **14** 9
– Verweigerung von Zugang zu Dokumenten **14** 9
– Vollstreckungsverjährung **14** 45
– ~ wegen Ermessensmissbrauchs **14** 63
– ~ wegen fehlender Organkompetenz **14** 26
– ~ wegen fehlender Zeichnungsbefugnis **14** 26
– ~ wegen Formfehlern in der Entscheidung der Kommission **14** 36 f.
– ~ wegen Unzuständigkeit **14** 26 ff.
– ~ wegen Verletzung der Verträge **14** 27 f., 38
– ~ wegen Verletzung wesentlicher Formvorschriften **14** 31 ff.
– Zulässigkeit der ~ **14** 6 ff.
– Zurückweisung einer Beschwerde **14** 9
Nichtigkeitsklage vor dem EuGH **14** 4
Nichtigkeitssanktion **2** 2
– privatrechtliche ~ **3** 16
nichtunitäre Entscheidungsstruktur **2** 13
Nichtverfolgungszusage **18** 50
Nichtzulassungsbeschwerde **17** 222 f.
Niederlande **37** 31 ff.
– Aktivlegitimation **37** 42
– Auskunftsansprüche **37** 46
– Beseitigungsprozess **37** 51
– Bindungswirkung kartellbehördlicher Entscheidungen **37** 41
– Eilrichter **37** 54
– Eilverfahren **37** 54
– einstweiliger Rechtsschutz **37** 53 f.
– Gerichtsbarkeit **37** 36
– Kartellbehörde **37** 38
– kartellrechtliche Schadensersatzprozesse **37** 40 ff.
– Kollektivverfahren und -vergleiche **37** 58 ff.
– Massenvergleich **37** 58 ff.
– Offenlegung von Dokumenten **37** 46
– passing-on defense **37** 50a
– Sachverständige **37** 48
– Unterlassungsprozess **37** 51
– Verfahrenslauf **37** 45
– Verjährung **37** 43
– Zeugen **37** 48
– Zuständigkeit **37** 36
Niederlassung **31** 73, 138
Niederlassungszuständigkeit **31** 139
No-Contribution System **26** 674
nolo contendere **35** 40
Non-Compliance **18** 174; **39** 58
non liquet **12** 9
Normenrecht **2** 9
Notgeschäftsführung **41** 44
nulla poena sine lege certa **18** 114 f.
Nullpreis **19** 56
nullum crimen, nulla poena sine lege **14** 45
Numerosity **35** 36

numerus clausus von Verfahrensarten **14** 4
Nur-Lugano-Staat **31** 8

obiter dicta **9** 16; **14** 160, 165
objektive Rechtfertigung **12** 4
objektive Rechtfertigungsgründe **12** 9
OECD-Arbeitspapier **18** 180
öffentliche Hand **19** 146
öffentliche Ordnung
– Begriff **33** 54
öffentliche Urkunden **34** 32, 34
öffentliche Vergabe **41** 20
öffentliches Interesse
– ~ an Aufdeckung von Kartellverstößen **10** 113, 121
Ökonometrie **26** 281
ökonometrische Regressanalyse **26** 183
ökonomische Berater **26** 563; **43** 95
ökonomische Theorie **26** 377
Offenbarung von Geschäftsgeheimnissen **26** 159
offene Marktwirtschaft **3** 1
Offenlegung **36** 12
– Anordnung des Gerichts **36** 15
– ~ aus der Behördenakte **26** 206e
– Beantragung **37** 18
– Entscheidung über ~ **36** 19
– ~ fordern **25** 81
– Klage gegen ~ **10** 122
– Reichweite **36** 13
– Verweigerung **37** 18
– vorläufiger Rechtsschutz **10** 122
Offenlegung vertraulicher Informationen **24** 44
Offenlegung von Betriebsgeheimnissen **26** 206d
– Unzumutbarkeit **26** 90
Offenlegung von Beweismitteln **24** 36, 39, 43 ff.; **26** 5, 146, 206, 227; **38** 52 ff.
– Anordnung der ~ **26** 161; **29** 13 ff.; **43** 87
– Ausnahme **29** 22 f.
– Offenlegungsanordnung **29** 15
– teilweise ~ **29** 24
– Voraussetzungen und Grenzen der Offenlegungsanordnung **29** 16 ff.
– Vorlageanordnung **29** 13
Offenlegung von Dokumenten **10** 133; **36** 15
– Frankreich **37** 18 ff.
– Niederlande **37** 46
Offenlegung von Geschäftsgeheimnissen **26** 205, 206d
– Unzumutbarkeit **26** 90
– Verweigerung **26** 661
Offenlegungsanordnung **24** 47; **29** 16 ff.
– Verstöße gegen ~ **29** 29
– Voraussetzungen und Grenzen **29** 16 ff.
Offenlegungsanspruch **37** 21

Offenlegungspflicht
– Ausnahme **23** 9
– Erweiterung der ~ **26** 221
– vorprozessuale ~ **26** 201
Offenlegungsverbot **7** 26f.; **18** 275
– unbeschränktes **24** 45
– zeitlich eingeschränktes ~ **24** 45
offensive Kartellrechtsdurchsetzung **23** 3
offensiver Kartellprozess **30** 1
Office of Fair Trading **36** 26
Offizialprinzip **17** 2
Oligopolvermutung **26** 84
OLS-Methode **26** 312
Ombudsman **39** 79; **40** 15
Onafhankelijke Post en Telecommunicaite Autoriteit **37** 38
one size fits all Lösung **6** 44
one-stop-shop **16** 39
one-way fee shifting **2** 3
Operational Framework **21** 3
Opportunitätskosten **23** 6
Opportunitätsprinzip **2** 13; **6** 3; **10** 2; **17** 2, 4; **18** 23, 62, 76, 213; **19** 115, 125
opt-in collective damages **36** 8
Opt-in-Gruppenklage **25** 113
Opt-in-Mechanismus **28** 28; **37** 29, 99
Opt-in-Prinzip **24** 73
Opt-out-Gruppenklagen **28** 27
Opt-out-Klage **43** 19
Opt-out-Mechanismus **37** 60, 95
– Recht auf rechtliches Gehör **37** 92
– Verweigerung der Anerkennung **37** 90
Opt-out-Möglichkeit **37** 86, 89f., 93
Opt-out-Verbandsklagen **28** 28
Opt-out-Verfahren **37** 66, 91
ordere public **33** 53f.
– Begriff **33** 54
ordinary least squares **26** 312
ordnungsgemäße Begründung der streitigen Entscheidung **14** 154
Ordnungswidrigkeiten
– absolute Verjährung **18** 98
– Anstiftung **18** 8
– Art und Weise der Begehung **18** 8ff.
– Aufsichtsmaßnahmen **18** 11f.
– Aufsichtspflichtverletzung **18** 10, 18
– Begehen durch Unterlassen **18** 9
– Beteiligung **18** 8
– "doppelte" Bebußung **18** 24
– Fahrlässigkeit **18** 13f.
– Garantenpflicht **18** 9
– Haftung bei Rechtsnachfolge **18** 16
– Haftung juristischer Personen **18** 15ff.
– Haftung natürlicher Personen **18** 17
– Haftungssubjekt
– Kausalität **18** 9
– leichte **18** 104, 109f., 125
– leichte Verstöße **18** 5
– mittelbare Begehung **18** 8

– Möglichkeit einer zumutbaren Abwendungshandlung **18** 9
– parallele Verfahren **18** 22
– Rechtskraft **18** 20
– schwere **18** 101, 109f., 125
– schwere Verstöße **18** 5
– Täterschaft und Teilnahme **18** 8ff.
– Tat im verfahrensrechtlichen Sinne **18** 20
– Tatbestandsirrtum **18** 13
– Unternehmensinhaber **18** 10
– Verbotsirrtum **18** 14
– Verfolgungsverjährung **18** 93ff.
– Verjährungsunterbrechung **18** 96
– Vorsatz **18** 8, 13f.
– zugleich eine Straftat **18** 105
Ordnungswidrigkeitenverfahren **3** 15; **18**; **26** 252; **39** 4
– Akteneinsicht für Verletzte **18** 242ff.
– Auskunftsrecht im ~ **17** 48
– Auskunftsverlangen **18** 54ff.
– Betroffene **18** 27
– Beweiserhebung im ~ **17** 48
– Beweismittel **18** 41
– Beweisrecht **18** 76ff.
– Durchsuchungen **18** 32ff.
– Einleitung **18** 27
– Einspruchsverfahren **18** 194ff.
– Ermittlungsbefugnisse **18** 31ff.
– Ermittlungsgrundsatz **18** 31
– freiwillige Kooperationsbeiträge der Bonusantragsteller **18** 59ff.
– kein Legalitätsprinzip **18** 47
– Opportunitätsgrundsatz **18** 25
– Opportunitätsprinzip **18** 31
– Recht zu Schweigen **18** 27
– Rechtsbehelfe **18** 72ff.
– Rechtsbeschwerde **18** 231ff.
– Rechtsschutz gegen Entscheidungen im ~ **18** 194ff.
– Sachverständige **18** 58
– Sanktionen **18** 87ff.
– sonstigen Sanktionen **18** 172ff.
– Verfahrensabschluss **18** 81ff.
– Verfahrenseröffnung **18** 25ff.
– Verfahrensrechte **18** 63ff.
– Vernehmungen **18** 47ff.
– Verteidigungsrechte **18** 27
ordre public **15** 16; **26** 100; **32** 73; **38** 39
– RL 2014/104/EU **38** 44ff.
ordre public europeane **34** 16
ordre-public-Vorbehalt **34** 6, 16, 19f., 22; **38** 17f., 27, 29ff.
Organe
– kartellrechtliche Konsequenzen für ~ **42** 7ff.
Organhaftung **26** 4, 14, 41; **39** 4
Organisationsmängel **26** 437
Organisationspflichtverletzung **26** 53
Oxera Studie **26** 257, 266

pactum de non petendo 42 29; 43 55
Panelanalyse 26 347 f.
Parallelanmeldungen
– ~ in der Fusionskontrolle 21 2
parallele Verfahren in Drittstaaten 32 65 ff.
parallele Verfahren in EU/LugÜ-Staaten 32 49 ff.
– Anhängigkeit 32 59
– Zeitpunkt der Rechtshängigkeit 32 59
parallele Zuständigkeit 6 1
Parallelverfahren
– Koordinierung von ~ 21 6
Parallelverfahren im Ausland 32 47 ff.
parental liability 39 99
Parteiidentität 32 52, 68, 75
– Erweiterung der ~ 32 53
Parteimehrheit
– ~ auf Beklagtenseite 31 75
Parteivernehmung 26 161, 197
Parteizustellung 32 16
partielles Schweigerecht 17 85
pass-on-Einwand 35 30
passing-on defense 23 6, 9; 24 52; 25 34, 84 ff., 91, 109; 26 182, 199a, 206b, 216, 254 f., 377, 595; 36 24, 27; 37 2, 22; 38 51; 43 24 ff.
– ~ als Einwand der Kartellbeteiligten 26 222 ff.
– ~ als Grundlage von Ansprüchen mittelbarer Abnehmer 26 218 ff.
– Darlegung und Beweis der Höhe 26 214
– Niederlande 37 50a
– Schadensschätzung 26 370 ff.
– widerlegbare Vermutung 37 26
passive Rechtshilfe 24 71
Passivlegitimation
– Begrenzung 26 448
– Schadensersatzanspruch 26 432 ff.
Patentanwalt 9 17
Patentklage 23 4
Patentlizenzvereinbarung 31 31
Patentnichtigkeitsklage 30 19
Patentverletzungsklage 30 30
pauschalierter Schadensersatz 26 241 ff.
Peer Review Panels 2 13
per se rule 35 36
periculum in mora 14 109
perpetuatio fori 31 97
personenbezogene Daten 40 38 f.
persuasive authority 11 120
perte subie 37 15
Pflicht der nationalen Behörden
– ~ zur Unterstützung der Kommission 15 4 ff.
Pflicht zur Anmeldung eines Zusammenschlussvorhabens 26 8
Pflicht zur Anwendung von Art. 101 und 102 AEUV 15 28 ff.
Pflicht zur Informationsbeschaffung 15 98
Pflicht zur Informationsmitteilung 15 97
Pflicht zur Kostenerstattung 17 7
Pflicht zur loyalen Zusammenarbeit 15 50

Pflicht zur sorgfältigen und unparteiischen Sachverhaltsermittlung 14 95
Pflicht zur Veröffentlichung 10 188
Pflicht zur Wahrheitserforschung
– Grenzen 18 79
Pflicht zur Zahlung von Gebühren 17 7
Pflichten
– fusionskontrollrechtliche ~ 18 6
Plausibilitätskontrolle 31 96
Plea 35 40
Plea Agreements 35 41
plea nolo contendere 35 40
Portal E-Curia 14 171
positive comity 4 11; 6 41
Positiventscheidung 11 98; 14 79; 15 21
post-investigatory phase 21 6
Post Merger Integration-Prozess 39 76
post-violation Compliance 41 63
Postulationsfähigkeit 14 169
Prädiktionsmodell 26 346
Präjudizwirkung 34 11
Präklusion 10 162; 14 177; 17 123; 31 173; 34 38
Präsenzschulungen 39 51 ff.
Prävention 24 19; 39 19
– ~ als Funktion des Kartellrechts 2 18
Präventionspflichten
– ~ in AGB 43 118
Präventionsprogramme 39 123
Präventionszuschlag 26 232
präventive Audits 41 3
Präzedenzfall 11 2, 26, 55
Praktische Anweisungen der Unionsgerichte 14 172
praktische Konkordanz 10 10; 17 259
Praktischer Leitfaden Schadensumfang 26 172, 257, 284, 372, 392
Praktischer Leitfaden zur Schadensermittlung der Kommissionsdienststellen 24 33
Pre Disclosure 36 16 f.
pre-investigatory phase 21 6
pre-trial discovery 2 3; 5 3; 32 37, 95, 110, 119, 121, 123; 35 17; 37 46
pre-trial motion 35 42
Preis-Kosten-Schere 26 87
Preisabsprachen 18 110, 158; 20 3; 24 42; 25 3, 18; 26 49, 60, 130; 39 42, 55, 59; 41 14
– Treffen zu ~ 10 146
– versuchte ~ 35 4
Preisanhebung 25 25
Preisaufschlag 25 87
– Abwälzung des ~ 23 9; 26 5
Preisaufschlagseffekt 26 378
Preisbildung 19 94
Preisbindung 19 33; 25 44, 46; 26 12
– faktische ~ der zweiten Hand 39 93
– ~ im Vertikalverhältnis 25 51
– vertikale ~ 26 155
Preisbindungsbeschränkung 41 67

Preisdiskriminierung 26 381; 35 3
Preisentwicklung 25 90, 98
Preiserhöhung 23 6; 25 87
– Weitergabe 26 199a
Preiserhöhungsschaden 26 521
Preishöhenmissbrauch 26 92, 109, 155, 165, 172, 235; 30 3, 11
Preiskartell 25 13; 32 53
Preismissbrauchsnovelle 18 89, 117, 120, 122, 132
Preisschirmeffekt 18 128, 247, 274; 25 19; 26 272
– ~ bei der Schadensschätzung 26 360 ff.
– Schätzung 26 361
Preissetzungsspielraum 25 31
Preisspaltung 26 85
Preisüberhöhungsschäden 26 201
Preisuntergrenze 19 56
Preisvergleich 19 97
preliminary investigation 35 14
Presseerklärung
– Nichtigkeitsklage 14 7
Pressemitteilung 10 187; 18 82, 189
prima facie 11 86
prima facie Beweis 3 25; 15 34
prima facie evidence 35 29
prima facie Kartellverstoß 11 30
prima facie Wirkung 24 71
Prinzip der begrenzten Einzelermächtigung 38 11
Prinzip der funktionalen Integration 24 17
Prinzip der funktionellen Subjektivierung 24 2
Prinzip der Gebietshoheit 20 4 ff.
Prinzip der Gesamtsaldierung 19 93
Prinzip der Gesamtverantwortung des Geschäftsführungsorgans 41 44
Prinzip der materiellen Wahrheit 18 76
Prinzip der Organzurechnung 26 34, 41
Prinzip der wirtschaftlichen Nachfolge 13 48
Prinzip des Gesetzesvorbehalts 6 2
prinzipielles Zugangsrecht 10 134
prioritäre Behandlung 14 179
Prioritätsgrundsatz 17 26
Prioritätsmitteilung
– ~ zu Art. 102 AEUV 6 27
Prioritätsprinzip 31 99; 32 49 ff., 56, 58 f., 66, 76
– Ausnahme vom ~ 32 50
– konkurrierende Verfahren 32 49 ff.
– konnexe Verfahren 32 61
private attorney generals 2 3
private Ausschreibung 41 20
private Dokumente
– Datenschutz 40 58, 61
private enforcement 1 1, 9; 2 11; 26 524; 40 24
Privatgutachten 26 81, 124, 160, 192, 212

Privatrecht
– internationales ~ 33 1
Privileg Log 9 10
privilegierte Unterlagen 8 88
– ~ bei der Nachprüfung 8 38
Produkteigenschaften 25 98
Produktionshomogenität 43 108
Produktionsmengenabsprache 25 18
Produktkomplexität 43 108
profit sacrifice Strategie 26 387
Prognose zukünftigen Marktverhaltens 12 16
Prognoseentscheidung 14 57
prokompetitive Effekte 26 383
proof beyond reasonable doubt 12 14
Prorogation 31 169
Prorogationsbeschränkung 31 103
Prorogationswirkung 31 101
prorogiertes Gericht 32 57 f.
Protection of Trading Interests Act 1980 34 42
Protokollerklärung 12 13
Prozessabteilung
– ~ im BKartA 16 75
Prozesse über Schutzrechtsverletzungen 30 17 ff.
Prozessförderungspflicht 26 662
Prozessführungsbefugnis 25 117
Prozesskostenrisiko 26 671
– ~ bei Schadensersatzklage 26 646
Prozessstandschaft
– gewillkürte ~ 25 117
Prozesstaktik 26 672
prozessuale Parteiautonomie 31 98, 169
prozessuale Tat 19 148
Prozessurteil 34 7
Prüfungen
– forensische ~ 40 3
Prüfungsbefugnis
– vorrangige ~ 32 58
Prüfungsbeschluss 17 88
Prüfungsrecht
– ~ der Kartellbehörden 17 44
Prüfungsstandard 980 vom Institut der Wirtschaftsprüfer 39 10
public enforcement 1 1, 9; 2 11; 28 2
Publizitätspflicht
– aktienrechtliche ~ 41 54
punitive damages 32 36, 73, 108, 119
– Klage auf ~ 32 24
Punkt 12-Fragen 7 23
Punktstrafe 18 229

Qualifikation
– strafrechtliche ~ 19 100, 121
qualifizierte Nachteilszufügung 26 28
qualifizierte Verbraucherschutzeinrichtungen 28 3
Querschnittsanalyse 26 347 f.

Quotenabsprachen **18** 110, 158
Quotenkartell **26** 109, 130, 563
Quotenvereinbarungen **24** 42; **25** 18, 39

Rabattierungsvereinbarung 41 67
Rabattvorgaben 25 45
Rahmen der Zusammenarbeit der Kartellbehörden 21 5
Reaktion 39 19
real issue-Kriterium 31 96
Reallokation 16 59
Recht am eigenen Wort 40 78
Recht auf Akteneinsicht 10 88, 100 f.; **17** 127 ff.; *vgl. auch Akteneinsichtsrecht*
– ~ bei einstweiligen Maßnahmen nach Art. 8 VO 1/2003 **11** 36
– Ende **10** 102
– kein formelles ~ bei Zusagenentscheidung nach Art. 9 VO 1/2003 **11** 68
Recht auf Anhörung 10 164; **17** 7, 18; **24** 44
– Verletzung des ~ **10** 98 f.
Recht auf Anhörung und Befragung von Zeugen 14 33
Recht auf anwaltliche Vertretung 8 20; **10** 9
Recht auf Begründung 10 9
Recht auf effektive Verteidigung 18 79
Recht auf effektiven Rechtsschutz 8 5; **14** 36, 173; **24** 19; **26** 102
Recht auf ein faires Verfahren 6 2; **13** 10; **18** 79, 121 f.
Recht auf Geltendmachung eines Schadensersatzes 24 11
Recht auf informationelle Selbstbestimmung 18 263
Recht auf rechtlichen Beistand 40 11, 97
Recht auf rechtliches Gehör 10 86, 91 f., 92, 102; **37** 90, 94 f.; **40** 11, 20
– Opt-Out-Mechanismus **37** 92
Recht auf Verteidigung
– Beeinträchtigung **10** 124
– Gewährleistung des ~ **10** 113
– Verletzung des ~ **10** 98, 129
– Wahrung des ~ **10** 115
Recht auf Wahrung von Berufsgeheimnissen 18 257
Recht auf Wahrung von Geschäftsgeheimnissen 18 257
Recht auf Zugang zu Akten 10 135
– Anfechtungsklage **10** 153
– Antrag **10** 150 f.
– Beschluss der Kommission **10** 153
– Darlegungs- und Beweislast **10** 143
– Entscheidung **10** 153
– überwiegendes öffentliches Interesse **10** 143
– Verfahren **10** 150 ff.
– Widerlegung der allgemeinen Vermutung **10** 142
Recht auf Zugang zu Dokumenten 10 134

Recht des Arbeitnehmers
– ~ auf Selbstdarstellung und -bewahrung **40** 92
Recht zur Stellungnahme 10 7
Rechtbank 37 36
Rechtbank Amsterdam 37 48
Rechtbank Arnhem 37 49
Rechtbank Gelderland 37 50a
Rechtbank Oost Nederland 37 43
Rechtbank Rotterdam 37 43, 47
Rechtfertigung 3 13
– objektive ~ **12** 4
Rechtfertigungsgründe
– objektive ~ **12** 9
Rechtfertigungstatbestände 3 5 ff.
rechtliches Gehör
– ~ bei Zusagenentscheidung nach Art. 9 VO 1/2003 **11** 70 f.
Rechtmäßigkeitserfordernis 15 61
Rechtsmittel 14 115 ff.
– Anschluss~ **14** 138
– Antrag **14** 134
– Begründetheit **14** 141 ff.
– Berechtigung **14** 120
– Beschränkung auf erstinstanzlichen Streitgegenstand **14** 129
– Beschränkung auf Rechtsfragen des Unionsrechts **14** 126
– Ersetzung von Urteilsgründen **14** 134
– formelle Beschwer **14** 122
– Frist **14** 136
– ~ gegen Beschlüsse über Einreden der Unzuständigkeit oder Unzulässigkeit **14** 118
– ~ gegen Endentscheidungen **14** 118
– ~ gegen Teilentscheidungen **14** 118
– ~ gegen Zwischenstreitentscheidung **14** 118
– Gegenstand **14** 118
– materielle Beschwer **14** 122
– neue Angriffs- und Verteidigungsmittel **14** 129
– privilegierte Rechtsmittelführer **14** 123
– Rechtsmittelschrift **14** 133
– Rechtsmittelgründe **14** 135
– Rechtsschutzbedürfnis **14** 124
– Schlussanträge des Generalanwalts **14** 159
– Unzuständigkeit des EuG **14** 142
– Verfahrensfehler des EuG **14** 143 ff.
– Verfahrenskosten **14** 162
– Vorfragen des nationalen Rechts **14** 129
– ~ wegen falscher rechtlicher Folgerungen **14** 127
– ~ wegen falscher Subsumtion **14** 127
– ~ wegen unvollständiger Beweiswürdigung **14** 127
– ~ wegen Verkennung der Beweisregeln oder der Beweislast **14** 127
– Zulässigkeit **14** 117 ff.
Rechtsmittelverfahren 15 27
Rechtsanwendungsbefehl 33 1, 25, 27, 59

Magere Zahlen = Randnummern   Sachregister

Rechtsanwendungsbefugnis
- keine ~ auf Deliktrecht des Forumstaates **33** 49 f.

Rechtsbehelf
- Antrag auf ~ **18** 74
- ~ gegen Ermittlungsmaßnahmen **18** 72
- wirksamer ~ **13** 10
- Zeitpunkt **18** 75

Rechtsbehelfsbeschwerde **17** 214 ff.
- Anwaltszwang **17** 218
- Beschwerdebefugnis **17** 215
- Beschwerdegründe **17** 216
- Beteiligtenfähigkeit **17** 219
- Eilverfahren **17** 221
- Form und Frist **17** 218
- Prüfungsmaßstab **17** 221
- Umfang **17** 218
- Umfang der Nachprüfung **17** 220
- Zulässigkeit **17** 215 ff.

Rechtsbeistand **40** 20

Rechtsbeschwerde **17** 162; **18** 231 ff.
- Begründetheit **18** 239
- Beschränkung **18** 240
- Beschwerdeberechtigung **18** 234
- Betroffene **18** 234
- Entscheidung durch Beschluss **18** 238
- Form **18** 236
- formelle Voraussetzungen **18** 234 f.
- Frist **18** 235
- Sachrügen **18** 239
- Staatsanwaltschaft **18** 234
- Verfahren **18** 231
- Verfahrensgang **18** 237 f.
- Verfahrensrügen **18** 239
- Verteidiger **18** 234
- Zulässigkeit **18** 237
- Zulässigkeitsvoraussetzungen **18** 231
- Zurücknahme **18** 240
- Zurückverweisung an das OLG **18** 233
- Zuständigkeit **18** 233

Rechtsbeschwerdeverfahren **17** 39

Rechtsschutz
- ~ bei Auskunftsverlagen **8** 87

Rechtsdurchsetzung
- defensive ~ **2** 15
- Effizienz der ~ **5** 5
- konsensuale **2** 14
- Koordinierung von ~ **23** 8
- offensive ~ **2** 15
- private ~ **23**
- Verhältnis öffentlicher und privater ~ **23** 7 ff.

Rechtsfolgen
- ~ der Nachprüfung **8** 19
- ~ im Kartellstrafrecht **19** 142 ff.

Rechtsfolgenverweisung
- § 33 III 5 GWB **26** 398 f.

Rechtsformwechsel **13** 46

Rechtsfortbildungsfunktion
- ~ von Schadensersatzklagen **2** 19

Rechtsgrundverweisung
- § 33 III 5 GWB **26** 398 ff.

Rechtsgut des freien Wettbewerbs **19** 47

Rechtshängigkeit
- ausländische ~ nach deutschem Verfahrensrecht **32** 65 ff.
- parallele Verfahren in EU/LugÜ-Staaten **32** 59

Rechtshilfe **24** 71; **32** 91, 93
- internationale ~ **32** 83
- Pflicht zur ~ **32** 44
- vertragslose **32** 44 ff.

Rechtshilfeabkommen **21** 6; **22** 8

Rechtshilfeverkehr **32** 2
- vertraglicher ~ **32** 83
- vertragsloser ~ **32** 83, 125

Rechtsirrtum **26** 55, 57, 62 f., 66 f.; **28** 11
- ~ des Haupttäters **26** 60
- ~ des Teilnehmers **26** 60
- Prüfung **26** 70

Rechtskraft
- materielle ~ **34** 10

Rechtslage
- einheitliche ~ **31** 89

Rechtsmittel
- Aufhebung des Urteils oder Beschlusses **14** 161
- Beschluss **14** 159
- Entscheidung **14** 159 ff.
- Folge **14** 161
- ~ gegen Entscheidungen der Kommission **6** 36 f.
- Urteil **14** 159
- Verletzung des Unionsrechts durch das EuG **14** 150 ff.

Rechtsmittel zum EuGH **14** 4

Rechtsmittelinstanz **14** 115
- EuGH **14** 3

Rechtsmittelstreitwert
- ~ bei Schadensersatzklage **26** 636

Rechtsnachfolge
- bußgeldbefreiende ~ **18** 3
- Haftung bei ~ **18** 16
- wirtschaftliche Nachfolge **18** 16a

Rechtsnachteilsverbot **24** 59

Rechtspflege
- geordnete ~ **32** 76, 80

Rechtssache
- A-TEC/Norddeutsche Affinerie **17** 210
- AC-Treuhand **13** 143
- Adidas **27** 111, 121
- Åklagare/Åkerberg Franson **3** 27
- Akteneinsichtsgesuch **18** 209
- Akzo Nobel **8** 38; **9** 12, 14; **10** 122 f.; **12** 22; **31** 20, 90; **39** 67; **43** 61
- Albion **36** 32
- Alrosa **11** 91
- AM&S **8** 38; **9** 12, 14, 16
- Anzeigenblatt **26** 663

1445

Sachregister

Fette Zahlen = Paragrafen

- ARAG/Garmenbeck **42** 39
- Asturcon **38** 24
- Aufzugskartell **26** 503; **31** 90
- Badeamaturen **26** 50
- Banks **24** 10
- Berliner Transportbeton I **18** 126
- Bleichmittelkartell **43** 22
- Bolloré **13** 178
- Briefumschläge **10** 76
- BRT I **24** 9
- BSR **39** 7
- CDC **26** 461; **31** 54, 56, 64f., 88, 91, 97, 122; **38** 57
- CDC Hydrogen Peroxide **26** 547, 558, 560; **27** 79
- CDC/Kommission **10** 151
- CISAC **11** 9
- Clearstream **13** 26
- Converium **37** 68, 80, 93
- Cooper Tire **32** 64
- Costa/ENEL **3** 22; **24** 2
- Courage **1** 2, 5; **2** 5, 6, 8, 18; **3** 4, 15; **24** 11, 17ff., 28, 31, 33, 38; **25** 10f., 22, 36, 38, 41, 43; **26** 524; **38** 36
- De Bloos **31** 29f.
- Delimitis **15** 12f.; **27** 32
- Delimitis/Masterfoods **3** 25
- Depotkosmetik **27** 18, 21, 101, 128
- Devenish **36** 26
- DFB **11** 88
- Distrigaz **11** 88
- Donau Chemie **10** 157; **24** 19, 28; **29** 22, 51
- DRAM **10** 15
- E.On Ruhrgas/GDF Suez/Kommission **16** 62
- Eco Swiss **38** 23, 28
- EDF Long Term Contracts **11** 88
- Emerson-Electric **36** 11
- EnBW **18** 253
- Enron **36** 32
- Entega **26** 441
- EPH **8** 35
- ET Plus SA et al. **31** 123
- Euribor **10** 76
- Expedia **6** 26f., 28
- FA Premier League **11** 88
- Factortame I **24** 3
- Fahrtreppenkartell **25** 14; **26** 435, 440
- Farbstoff **4** 4
- Fesh Del Monte **13** 43
- Feuerwehrfahrzeugkartell **26** 244
- Feuerwehrkartell **25** 14
- FLSmidth **13** 181
- Flüssiggas I **18** 113, 122, 127f.
- Flüssiggaskartell **18** 125, 129
- Francovich **24** 5ff., 10f., 28
- garantovaná **13** 128
- Garden Cottage Food **36** 1
- Gascogne **14** 149
- Gencor **4** 5

- Google **11** 29, 71
- Graphitelektroden **4** 10
- Grauzement **18** 132;
- Grauzementkartell **18** 113, 119, 122, 125, 128, 132, 147f., 239; **39** 74
- Grid Electricity **36** 18
- Henkel **37** 75
- Hoffmann/LaRoche **4** 7
- Huawei Technologies/ZTE **30** 18, 29ff.
- IMI **13** 87
- IMS Health **11** 32
- Industrieversicherer **18** 128
- Innolux **13** 73
- Intel **8** 7
- Intel Rabatt **26** 386
- Ision **39** 66
- Italienischer Rohtabak **7** 26
- Kaffeekartell **39** 58
- Kaffeerösterkartell **18** 180
- Kautschuk-Kartell **32** 64
- Kone **7** 36; **24** 14f, 24; **26** 137, 143, 255; **38** 36
- Koninklijke Wegenbouw Stevin **13** 101
- Löschfahrzeugkartell **43** 41
- Lotus **4** 2
- Luk Lamellen v. Valeo **37** 14
- Magnettoband **26** 67
- Manfredi **24** 13f., 17f., 31; **26** 524; **38** 24, 36
- MasterCard **11** 9
- Masterfoods **15** 12f.; **27** 32
- Meierei-Zentrale **26** 441, 444
- Menarini **2** 12, 17, 18; **6** 12f.
- Microsoft **11** 9, 90; **13** 148
- Mitsubishi **38** 2
- Mostaza Claro **38** 24
- Nexan **8** 10
- Orange-Book-Standard **30** 18ff.
- ORWI **25** 13f., 19, 23, 66, 80ff., 107, 109f., 116; **26** 144, 147, 370, 451f., 457, 597, 666; **27** 39; **43** 24
- Otis **26** 112
- Painer **31** 85ff.
- Papiergroßhandel I **18** 128
- Paraffinwachs **37** 37
- Pfleiderer **17** 237; **18** 278; **24** 45; **29** 22, 48, 51; **36** 18
- Phonak/ReSound **4** 6
- Pilkington **10** 194
- Post-Danmark **12** 9
- Provimi **31** 123f.; **36** 10
- Puttgarden **16** 66
- Rambus **11** 53, 81, 91
- Reisch Montage **31** 93, 95
- Rheinausbau I **19** 1, 90, 94
- Roche Nederland **31** 85ff.
- Ryanair **31** 123
- Sächsisches Holzstoffkartell **2** 8
- Samsung **11** 81, 86, 94
- Sanitärkartell **7** 59

1446

Magere Zahlen = Randnummern

- Schenker **13** 25; **39** 66
- Schienenkartell **25** 14
- Schilderpräger **27** 37
- Shevill **31** 47
- Siemens/Areva **38** 16, 34
- Siemens/Neubürger **39** 7; **42** 40
- Silostellgebühren I **18** 120, 139, 147
- Silostellgebühren II **15** 32
- Simmenthal **24** 3
- Solo Kleinmotoren **37** 88
- Span-/OSB-Platten **18** 10
- Standard-Spundfass **30** 25
- Stromeinspeisung **27** 9
- Switch v. SNCF **37** 2
- T-Mobile **12** 3
- TAGA **4** 10
- Technics **27** 105, 111, 120
- Timab **10** 15, 80
- Tondachziegel **18** 10
- Toshiba **15** 82
- Transportbeton **2** 8
- 2Travel **36** 26, 32
- Trihotel **26** 28
- Van Gend & Loos **24** 2
- van Schijndel **38** 28
- VBL-Gegenwert **26** 397, 401
- Versicherungsfusion **18** 92, 107
- Vitaminkartell **11** 27; **37** 23
- Volkswagen/Porsche **30** 14 ff.
- Walt Wilhelm **15** 83
- Zellstoff **4** 4, 10
- Zementkartell **8** 72; **12** 20; **18** 127 f., 163; **26** 259, 264, 274, 284; **43** 22, 31
- Ziegler **13** 82

Rechtsscheinshaftung **26** 26
Rechtsschutz **14**
- administratives Verfahren **14** 1
- ~ bei Sektoruntersuchungen **8** 125
- ~ betroffener Unternehmen **1** 4
- vorläufiger **6** 37
- vorläufiger ~ **34** 19
Rechtsschutzbedürfnis **22** 12
Rechtsschutzgarantie **15** 23
Rechtsschutzversicherung **42** 54
Rechtsstaatsprinzip **18** 121
Rechtsstaatsprinzipien
- ~ im Kartellverfahren **6** 9
Rechtsträgerprinzip **18** 118, 120
Rechtstreue
- ~ von Angehörigen des öffentlichen Dienstes **27** 25
Rechtswahl **33** 11
- ~ bei wettbewerbsbeschränkenden Abreden **33** 68 ff.
Rechtsweggarantie **18** 168
rechtswidrig erlangte Beweismittel
- Verwertungsverbot **14** 45
Rechtswidrigkeitszusammenhang **25** 66
Referat **6** 23

Reference Tool **21** 9
Referenzpreise **13** 75
Referenzzeitraum **13** 78
reformatio in peius **14** 60; **17** 205; **18** 194, 211
3+-Regel **16** 51
Regelungsgehalt **22** 11
Regierungsentwurf für die 9. GWB-Novelle **18** 92a; **26** 94a, 96, 133, 143, 153, 194, 199 f., 201a, 202, 206 f., 209, 217, 221a, 226, 228, 664; **27** 1, 30, 36; **28** 4a; **43** 46, 61, 77
Registrierung zur Erbringung von Inkassodienstleistungen **43** 30
Regressansprüche
- Darlegungs- und Beweislast **42** 38
- ~ des Unternehmens gegen Organe **42** 9
- ~ gegen Organe und Mitglieder **42** 35 ff.
- Interessenkonflikt **42** 39
Regressionsanalyse **26** 338; **43** 107
- Verteilung der Fehler der ~ **26** 319
Regressionsmodell **26** 338
- lineares ~ **26** 319
Regressmodell **26** 311
Regressoren **26** 308
Regularisierung **14** 172
Regulierungsrahmen **16** 52
Reichweite der Bindungswirkung **15** 23
Rekonstruktionspflicht
- ~ bei Nachprüfung **8** 36
Remediation **41** 70
Repression
- ~ als Funktion des Kartellrechts **2** 18
Reputation **42** 43 ff.
Reputationsrisiko **39** 75
Reputationsschaden **41** 20; **42** 5
Reputationsverlust **26** 52
Review Clause **11** 93
Revisionsleiter **42** 14
Reziprozitätserfordernis **32** 34
richterliche Unabhängigkeit **15** 91
richterlicher Hinweis **26** 80
Richtervorbehalt **8** 3
Richtlinie
- ~ für Schadensersatzklagen **2** 7
- keine Horizontalwirkung **38** 42
- M&A-~ **39** 72
- ~ mit dem Betriebsrat **40** 98
- ~ zum Verhalten im Wettbewerb **39** 41
Richtlinien
- ~ des BKartA **16** 71
Richtlinien für das Straf- und Bußgeldverfahren **19** 109
Richtlinienmanagement **39** 47
Richtlinienvorschlag **24** 33
ring leader **7** 40
Ringansprache **19** 79
Ringkartell **19** 100
Risiko
- kartellrechtliches ~ **39** 36

1447

Risiko der Strafverfolgung 19 118
Risiko der Unterkompensation 26 199
Risikoanalyse 39 11, 31 ff., 49; **40** 21; **41** 3, 70
Risikobewertung
– kartellrechtliche ~ **39** 76
Risikogeschäfte 19 96
RL 2014/104/EU **1** 2; **2** 7; **3** 15 f.; **10** 133, 154 ff.; **18** 275, 278 f.; **23** 5, 7 f., 9; **24** 8, 19, 26, 31 ff.; **25** 109 f.; **26** 5, 42, 56, 74a, 96, 117 f., 123, 133, 143, 153, 161, 194, 199 f., 201a, 202, 206, 209, 217, 220, 226, 228, 279, 524, 664, 695 ff.; **36** 22; **38** 3, 14, 36 ff.; **52** ff., 62 ff.
– Bindungswirkung kartellbehördlicher Entscheidungen **24** 48
– Darlegungs- und Beweislast **26** 146
– Direktwirkung **38** 40 ff.
– doppelte Zielrichtung **24** 34
– einvernehmliche Streitbeilegung **24** 55
– Entstehungsgeschichte **24** 33
– gesamtschuldnerische Haftung **24** 50
– Regelungsinhalt **24** 39 ff.
– sachlicher Anwendungsbereich **24** 37
– Schadensabwälzung **24** 52, 53
– Schiedsverfahren **38** 36 ff.
– Umsetzung **24** 57
– Verjährungsfristen **24** 49
– Verortung des Schadens in der Lieferkette **24** 52
– Weitergabe von Preisaufschlägen **26** 155
– Wirkung im mitgliedstaatlichen Recht **24** 57
– zeitlicher Anwendungsbereich **24** 38
– Ziele und Regelungstechnik **24** 34 ff.
robuste Standardfehler 26 351
rogue employees 39 93
Rom I-VO 24 63; **31** 34, 42, 150; **33** 4, 60
Rom II-VO 24 65; **31** 42; **33** 15, 22, 47, 60
Rom IV-VO 34 40
Rosinentheorie 33 47
Ross-und-Reiter-Problematik 17 4
Rückforderungsklage 23 3
Rückgewinnungshilfe 19 165 ff.
– Arrest **19** 167
– Erlangtes iSd. § 73 StGB **19** 169 f.
– Sicherung von Schadensersatzansprüchen Dritter **19** 166
– Verhältnis zur Verbandsgeldbuße **19** 166
Rückrufanspruch 30 32
Rücksichtnahmepflicht 26 490
Rückwirkung
– ~ von Schadensersatzansprüchen **26** 454 f.
Rückwirkungsverbot 13 68; **14** 45, 152; **18** 107c, 132; **24** 38; **26** 469; **29** 35 f.
Rüge der Unzuständigkeit 31 131, 172 f.
rügelose Einlassung 31 125 ff., 169, 171 f.; **32** 58
– Auslegung **31** 127
– Ausschluss der Zuständigkeitsbegründung **31** 131

– Belehrung durch den Richter **31** 129, 174
– Bestreiten der Zuständigkeit **31** 131
– früher erster Termin **31** 131
– Rüge der Unzuständigkeit **31** 172 f.
– schriftliches Verfahren **31** 173
– schriftliches Vorverfahren **31** 131
– Verhandeln zur Hauptsache **31** 131, 172
– Zuständigkeitsbegründung durch ~ **31** 127
– Zuständigkeitsrüge **31** 172 f.
rule of reason 3 6; **35** 2

Sachaufklärungspflicht
– ~ der Kartellbehörden **17** 42
Sachdaten 40 39
Sachlage
– einheitliche ~ **31** 89
Sachverständige 32 90, 101
– Anhörung von ~ **14** 176
– Niederlande **37** 48
– wettbewerbsökonomische ~ **26** 212; **43** 14, 36, 95
Sachverständigenbeweis 17 44, 112; **26** 607
Sachverständigengutachten 26 160
Sachverständiger
– Beweis durch ~ **17** 44
sachverständiger Beistand 3 25
– Kommission als ~ **15** 101
Sachzusammenhang 31 74, 84, 90; **32** 61
safe harbor 3 8
Saldotheorie 26 509
Sammelklage 2 3; **5** 3; **24** 73; **25** 112 ff., 115; **35** 36; **37** 2, 26 ff.; **39** 2; **43** 19
– vereinfachte ~ **37** 30
Sammelklageunternehmen 37 32, 67
Sanktionen 13; **15** 2, 60
– ähnlich geartete ~ **15** 57
– ~ bei Nachprüfung **8** 12
– ~ bei Verstößen gegen Art. 101, 102 AEUV **13** 65 ff.
– ~ bei Verstößen gegen Verpflichtungszusagen **13** 144 ff.
– Kumulativeffekt **13** 3
– sonstige **18** 172 ff.
– Verjährung **13** 161 ff.
– Verstöße gegen verfahrensrechtliche Vorschriften **13** 54 ff.
– Zwangsgeld **13** 149 ff.
Sanktionierung
– ~ von Kartellverstößen **1** 1, 7
Sanktionierungsgremium 40 22
Sanktionsentscheidung 15 22
Sanktionslücke 18 132
Sanktionsmöglichkeiten
– Hinweise auf ~ bei Nachprüfung **8** 12
Sanktionsnormen 2 9
Sanktionsrecht 2 9
Schaden
– Darlegung und Beweis **26** 187 ff.
– ~ des unmittelbaren Abnehmers **26** 168, 182

Magere Zahlen = Randnummern

– Großbritannien **36** 23
– Mindest~ **26** 190
– ~ wegen kartellbedingter Preisüberhöhung **26** 165
Schaden innerhalb einer Lieferkette **24** 39
Schadensabwälzung **2** 18; **25** 30, 33; **26** 153, 221
– Vermutung der ~ **26** 147
Schadensabwendungspflicht **26** 249
Schadensberechnung
– dreifache ~ **26** 230
– Großbritannien **36** 24
– ökonomische Grundlagen **26** 253 ff.
Schadensersatz
– dreifacher ~ **4** 7
– Frankreich **37** 15 f.
– ~ für entgangene Chancen **37** 15
– Gefährdungshaftung **31** 157
– Großbritannien **36** 25
– Höchstgrenze **33** 55
– ~ in dreifacher Höhe **2** 3
– kein Recht auf Überkompensation **2** 18
– pauschalierter ~ **26** 241 ff.; **43** 118
– Verschuldenshaftung **31** 157
Schadensersatzanspruch **2** 2; **3** 15; **17** 31, 252; **19** 7; **24** 1, 4, 7, 29; **25** 36, 46; **26** , 163; **30** 2, 32; **33** 12; **35** 10; **36** 4 f.; **38** 48, 51; **39** 4; **42** 3, 36, 50 f.; **43** 7 ff.
– Anspruchsgrund **26** 1 ff.
– Anspruchsgrundlagen **26** 1 ff.
– anwendbares Recht **33** 25
– ~ aus culpa in contrahendo **26** 489 ff.
– Behandlung von Altfällen **26** 451 ff.
– Bereicherungsansprüche **26** 495 ff.
– Beurteilungsfehler der Kommission **14** 95
– Beweisführung **26** 158 ff.
– Beweislast bei cic **26** 493
– Bündelung von ~ **43** 16
– Darlegungs- und Beweislast **26** 73 ff., 82 ff.
– Darlegungs- und Beweislast für das Verschulden **26** 113 ff.
– ~ Dritter **19** 166
– entgangener Gewinn **14** 98
– Fahrlässigkeit **26** 55, 61
– ~ gegen den Vorstand **42** 39
– gerichtliche Durchsetzung in Deutschland **43** 29 f.
– Gesamtschuldner **26** 450
– gravierender Verfahrensfehler **14** 92
– Haftung der Konzernobergesellschaft **26** 23 ff.
– Haftung der Muttergesellschaft **26** 23 ff.
– Haftung des Teilnehmers **26** 60 ff.
– Haftung für Verrichtungsgehilfen **26** 18
– Haftung Mehrerer **26** 450
– Haftung natürlicher Personen **26** 449
– haftungsausfüllende Kausalität **26** 163 ff., 187 ff.
– haftungsbegründende Kausalität **26** 119 ff.
– hinreichend qualifizierter Rechtsverstoß **14** 91

– Höhe des Schadens **26** 163 ff.
– kartellbedingter ~ **18** 134
– kartellrechtliche Verbotstatbestände **26** 6 ff.
– kartellrechtswidriges Verhalten **26** 13 f.
– Kausalität **14** 98
– Kausalzusammenhang **14** 103
– keine Rückerstattung von Geldbußen **14** 99
– Missachtung der Pflichten aus dem Berufsgeheimnis **14** 93
– Mitverschulden **14** 102
– nichtdeliktische Anspruchsgrundlagen **26** 472 ff.
– Nichtvermögensschäden **14** 101
– offenkundiger erheblicher Rechtsfehler **14** 94
– Passivlegitimation **26** 432 ff.
– persönliche Haftung von Organen **26** 449
– Personenschäden **14** 100
– Preisgabe vertraulicher Informationen **14** 93
– privater ~ **18** 250 ff.; **31** 124
– ~ privater Kläger **11** 26
– prozessuale Fragen **26** 523 ff.
– Rechtswidrigkeit und Verschulden **26** 54 ff.
– Rückwirkung **26** 454 f.
– Sachschäden **14** 100
– Schaden **14** 98
– Schadenshöhe **26** 163 ff.
– Schadensminderungsobliegenheit **14** 102
– Schadenspauschalierung **26** 472 ff.
– Tatbestandsverwirklichung durch Tun oder Unterlasen **26** 19 ff.
– Tatbestandsvoraussetzungen **26** 6 ff.
– Tatortgerichtsstand **31** 43
– Umfang **26** 1 ff.
– unionsrechtlicher ~ **1** 2; **2** 5, 18
– Verjährung **26** 408 ff.
– Verjährungsbeginn und -ende **26** 409 ff.
– Verjährungshemmung **26** 415 ff., 453 ff.
– Verjährungshöchstfristen **26** 414
– Vermögensschäden **14** 98
– Verpflichtung zur Geltendmachung von ~ **43** 1 ff.
– Verschulden **26** 113 ff.
– vertragliche Ansprüche **26** 472 ff.
– Vertragsstrafe **26** 472 ff.
– Verzinsungspflicht **26** 466
– ~ von Kapitalanlegern **37** 58
– Voraussetzungen **26** 1 ff.
– Vorsatz **26** 55, 57
– ~ wegen horizontaler Kartellabsprachen **26** 128 ff.
– ~ wegen Unterlassen **26** 51
– Zeitpunkt der Entstehung **26** 3
– zivilrechtliche Haftung im Konzern **26** 439 ff.
– zivilrechtlicher ~ **18** 61, 242, 246; **39** 2; **40** 24; **41** 19
– Zurechnung des Handelns natürlicher Personen **26** 433 ff.
Schadensersatzforderung
– private ~ **7** 49

Schadensersatzhaftung
- eingeschränkte ~ **41** 13

Schadensersatzkläger
- privater ~ **23** 9

Schadensersatzklage **1** 2, 4; **10** 133, 154 f.; **12** 26 f.; **14** 3 f., 11, 81 ff.; **17** 210; **23** 4 f.; **26** 561 ff.; **30** 39; **31** 124, 146; **32** 56; **34** 7; **35** 28; **36** 7; **38** 36, 56; **39** 2
- Anscheinsbeweis **26** 604
- Anspruch auf Schadensersatz **14** 88 ff.
- Antrag **26** 580
- Anwaltskosten **26** 648
- Begründetheit **14** 88 ff.
- Beteiligung der Europäischen Kommission **26** 628 f.
- Beteiligung der nationalen Kartellbehörde **26** 624 ff.
- Beweisfragen **26** 592
- Beweismittel und Beweismaß **26** 599
- Bindungswirkung einer kartellbehördlichen Entscheidung **26** 602
- Einrede der Verjährung **14** 86
- Entlastungsfunktion **2** 19
- funktionelle Zuständigkeit **26** 536 ff.
- Gebührenstreitwert **26** 636
- ~ gegen Hardcore-Kartelle **1** 5
- ~ gegen Kartelle **31** 87
- Gegenstandswert **26** 636
- Gerichtskosten **26** 646
- Gerichtsstandsklausel **26** 558 f.
- Hinweisfunktion **2** 19
- kein Vorverfahren **14** 87
- Klagebefugnis **14** 83
- Klageschrift **14** 85
- Kosten des Rechtsstreits **26** 644
- örtliche Zuständigkeit **26** 541 ff.
- private ~ **10** 38, 143 ff.; **11** 26; **15** 94; **19** 126
- Prozesskostenrisiko **26** 646
- Rechtsfortbildungsfunktion **2** 19
- Rechtsmittel **26** 613
- Rechtsmittelstreitwert **26** 636
- Rechtsschutzbedürfnis **14** 84
- Rechtsschutzziel **14** 84
- Rechtsweg **26** 528 ff.
- Richtlinie für ~ **2** 7
- sachliche Zuständigkeit **26** 533 f.
- Sachverständigenbeweis **26** 607
- Schadensschätzung **26** 607
- Schadensvermutung **26** 605
- Schiedsvereinbarungen **26** 560
- Schutz von Geschäftsgeheimnissen **26** 653 ff.
- Sekundärfunktionen **2** 19
- Streitverkündung **26** 615 ff.
- Streitwert **26** 631 ff.
- Streitwertanpassung **26** 636
- Tatortgerichtsstand **31** 158
- Übersetzung **26** 588
- Unterbrechung der Verjährung **14** 87
- Verfahrensdauer **26** 614

- Verfahrensgang **26** 590
- Verjährungsfrist **14** 86
- Vermutung der Kartellbetroffenheit **26** 604
- Zinsantrag **26** 583
- zivilrechtliche ~ **11** 47, 87
- Zulässigkeit **14** 83 ff.
- Zuständigkeit **26** 529, 533 ff.
- Zuständigkeitsstreitwert **26** 635
- Zustellung **26** 588

Schadensersatzpflicht
- ~ in AGB **43** 118
- private ~ **23** 7
- Wegfall der ~ **24** 31

Schadensersatzprozess **12** 32
- Frankreich **37** 6 ff.
- Niederlande **37** 40 ff.

Schadensersatzrecht **23** 2

Schadensersatzrichtlinie **7** 50, 82; **10** 83, 131; **12** 2, 23, 32; **15** 34, 99; **25** 29; **26** 407, 445, 568, 572, 578, 598; **31** 64; **36** 22, 29; **37** 11; **42** 3; **43** 24, 57, 59, 61, 71, 74 f.; *vgl. auch* RL 2014/104/EU
- neue ~ **25** 77 ff.
- Verjährung **26** 429 f.

Schadensersatzverfahren
- private ~ **10** 83
- zivilrechtliches ~ **10** 117

Schadenshöhe **26** 163 ff., 187 ff., 199

Schadensminderungspflicht **26** 249

Schadensmitteilung **24** 39

Schadensort
- Tatortgerichtsstand **31** 159

Schadenspauschalierung **26** 241 ff., 472 ff., 473, 609 ff.
- Abgrenzung zur Vertragsstrafe **26** 476
- AGB-Prüfung **26** 475
- Angemessenheit **26** 244
- Gerichtsstandsklausel **26** 558
- gestufte ~ **26** 243
- ~ in allgemeinen Geschäftsbedingungen **26** 473
- Rechtspraxis **26** 477 ff.
- Vertragsgestaltung **26** 485

Schadensschätzung **26** 75, 129, 167, 181, 188, 192, 199, 204, 212, 255, 526; **37** 45; **43** 94
- Differenz-der Differenz Methode **26** 296 ff.
- einfacher Durchschnittsvergleich **26** 288 ff.
- empirische ~ **26** 270
- empirische Methode **26** 281 ff., 286 ff.
- F-Test **26** 328 ff.
- Hypothesentests **26** 316 ff., 320
- ~ in Missbrauchsfällen **26** 384 ff.
- ~ iRe. Schadensersatzklage **26** 607
- Klageantrag **26** 580 ff.
- Marktsimulationsmethode **26** 263
- Mengeneffekte **26** 377 ff.
- ökonometrische Analyse mit monatlichen Daten **26** 303 ff.

- passing-on 26 370 ff.
- Preisschirmeffekte 26 360 ff.
- statistische Tests 26 316 ff.
- t-Test für Koeffizienten 26 318
- Umbrella-Effekt 26 360 ff.
- verfügbare Daten 26 275
- Vergleichsmethoden 26 261 ff.
- Verletzergewinn 26 233 ff.
- Vertikalabsprachen 26 380 ff.
- vertikale Wettbewerbsbeschränkungen 26 380 ff.
- Vorher-Nachher-Vergleich mit Kontrollfaktoren 26 332 ff.
- Vorteilsausgleich 26 370 ff.
- Zeitkomponente 26 335

Schadensumfang
- Ermittlung des ~ 26 5

Schadensvermutung 10 157; 26 123
- ~ iRe. Schadensersatzklage 26 605

Schadenswahrscheinlichkeit 29 3

Schadensweitergabe 26 203

Schadensweiterwälzung 25 82, 84; 26 197, 597; 43 24 ff., 56

Schädigungsabsicht 26 58

Schädigungsvorsatz 26 58

Scheinangebot 19 46

Schiedsabrede
- nachträgliche ~ 38 68

Schiedsgegenstand
- behördliche Paralleluntersuchungen 38 15

Schiedsgericht 15 95; 31 123; 32 65, 95, 109; 38 22
- Pflicht zur Anwendung der RL 2014/104/E 38 38 ff.
- Rückverweisung auf Parteiantrag 38 32

Schiedsgerichtsbarkeit 35 ff.; 38 14

Schiedsklausel
- Bindungswirkung von ~ 38 16
- ~ mit Kartellrechtsbezug 38 9 ff.
- Muster~ 38 13
- Ungültigkeit einer ~ 38 7 f.

Schiedsort 38 45

Schiedsspruch 34 8
- Aufhebungsklage 38 24
- Bindungswirkung von ~ 38 17 ff.
- faktische Abänderung durch kartellbehördliche Entscheidungen 38 33
- gerichtliche Überprüfbarkeit 38 17 f.
- keine Berufungsinstanz 38 18
- Kontrolle durch nationale Gerichte 38 31
- Vollstreckbarkeit 38 17 ff., 47
- Vollstreckung 38 44, 51

Schiedsspruch-Aufhebungsklage 23 3

Schiedsvereinbarung 26 560; 38 4 ff., 57
- Bindungswirkung 38 68
- Einrede der ~ 38 8
- tauglicher Gegenstand 38 6

Schiedsverfahren 24 55; 31 11; 32 51; 38
- Anordnung der Dokumentenvorlage 38 58

- Beweisaufnahme 38 58
- einvernehmliche Streitbeilegung 38 62 ff.
- RL 2014/104/EU 38 36 ff.
- streitiges ~ 38 66
- Zeitvorteil 38 60

Schild-und-Schwert-Prinzip 2 15

Schlussantrag des Generalanwalts 14 159

Schmiergeldzahlungen 19 94, 97

Schriftformerfordernis
- ~ im Antragsverfahren 17 6

schriftliche Auskünfte 35 15

schriftliche Protokolle 12 29

schriftliches Verfahren 6 17

Schriftsätze
- Seitenzahlbegrenzung 14 172 f.
- Zahl der ~ 14 170 ff.

Schuldanerkenntnis 35 40

Schuldbeitritt 43 82

Schuldprinzip 18 114

Schuldtheorie 26 59 f.

Schulungsmanagement 39 63

Schutz der Handlungsfreiheit Dritter 30 7

Schutz des rechtlichen Gehörs 26 654

Schutz personenbezogener Daten 18 263

Schutz vertraulicher Informationen 10 88, 155; 22 5

Schutz von Geschäftsgeheimnissen 10 91; 18 210, 243; 26 653 ff.

Schutzangebot 19 46

Schutzgerichtsstand 31 129

Schutzgesetzerfordernis 26 1; 27 15

Schutzgesetzkriterium
- Auslegung 25 25

Schutzgesetzprinzip 25 2 ff., 35

Schutzrechtsverletzungen 30 17 ff.

Schutzschrift
- Hinterlegung einer ~ 27 133

Schutzzweckgedanke 26 6, 132

Schutzzwecktrias 33 16

Schwarze Klauseln 3 8

schwarze Liste 24 45

Schweigepflicht
- besondere ~ des Verteidigers 18 66

Schweigerecht 18 31, 54
- ~ des Organs einer juristischen Person 18 47
- einfachgesetzliches ~ 18 64
- partielles ~ 17 85

Schwellenland 39 2

Schwerpunktstaatsanwaltschaft für Wirtschaftskriminalität 43 114

Scoping 39 33

Scoring-Modell 39 37; 43 107

Sealed Envelope Procedure 9 32

Second Request 9 10

Seitenzahlbegrenzungen 14 172 f.

SektorenRL 43 46

sektorspezifische Regulierung der Bundesnetzagentur 16 24 ff.

Sachregister Fette Zahlen = Paragrafen

Sektoruntersuchung 6 32; 8 117 ff.; 13 57 f.; 15 55, 89; 17 44, 56; 41 21
– Abschlussbericht 8 124
– einfaches Auskunftsverlangen 8 122
– Eingriffsschwelle 8 120
– Ermittlungsbefugnisse 8 121
– nationale ~ 15 53
– Rechtsschutz 8 125
– Verwertung der Informationen 8 123
– Zuständigkeit des BKartA 16 14
Sektoruntersuchung "Arzneimittel" 8 122
sekundäre Behauptungslast 12 6
sekundäre Beweislast 26 89
Sekundärfunktion
– ~ von Schadensersatzklagen 2 19
Sekundärrecht 2 9
Selbstanzeige 38 16
Selbstbelastung 10 9
Selbstbelastungsfreiheit 18 64, 121a; 29 46; 35 38, 42
Selbstbelastungsverbot
– zivilrechtliches ~ 26 502
Selbstbestimmung
– informationelle ~ 17 258
Selbstbezichtigung 40 93
– freiwillige ~ 7 79
– Verbot der ~ 8 96
Selbstbindung
– ~ der Kommission 10 5
– ~ der Verwaltung 6 26; 14 51; 18 148
Selbsteinschätzung 6 6; 11 105
Selbstkostenpreis 19 90, 94
Selbstleseverfahren 18 216
Selbstorganisationsrecht
– ~ der Europäischen Kommission 6 18
Selbstreinigung 18 174; 39 3; 41 69; 42 6, 16 f., 45; 43 116 f.
Selbstreinigungsmaßnahmen 42 44
Selbstveranlagung 3 7, 19
selektive Vertriebssysteme 25 49
self-assessments 9 23
Sensitivitätsanalyse 26 357
SEP 30 26 ff.
serielle Korrelation 26 351
sérieusement contestable 37 13
Settlement 2 14; 10 14 ff.; 13 69, 124, 134; 18 , 81 f., 149 f., 157, 159, 164, 177 ff., 287; 26 127; 43 47, 85; *vgl. auch Vergleichsverfahren*
– hybride ~ 18 178
Settlement-Angebot 18 185
Settlement-Erklärung 18 185; 26 551, 572; 43 53
– Inhalt 18 187 ff.
Settlement-Leitlinien 18 178
Settlement-Verhandlungen 18 65
Shadowing 41 8 f.
Sherman Act 2 3, 4; 35 1 f., 28; 42 8
Shevill-Doktrin 33 37 f.
Sicherheitsleistung 27 150

Sicherheitsleistung im Falle der Beendigung von Beherrschungsverhältnissen 26 27
Sicherstellung 18 31
– einstweilige ~ 18 39
– förmliche Beschlagnahme 18 42
– formlose ~ 18 42
– freiwillige Herausgabe 18 42
– potentielle Beweisbedeutung 18 41
– ~ von Beweisen 18 39 ff.
– vorläufige ~ 18 39, 43
Sicherungsmaßnahme 34 7
Siegelbruch 13 62, 64
– ~ bei der Nachprüfung 8 12, 49
– Verfolgungsverjährung 13 164
Signifikanzniveau 26 323 ff.
Simulationsmethode 26 176
Simultanität 26 336
Sittenwidrigkeit 26 59
Snapshot 41 48
sofortige Vollziehbarkeit 10 1
sofortiges Anerkenntnis 27 64
soft law 6 26; 14 51; 21 5
Softwarelizenz 31 31
Sonderanknüpfung 33 62
Sonderdelikteigenschaft 18 17
Sondermissbrauchstatbestände
– deutsche ~ 3 14
sonstiger Marktteilnehmer 25 16
Sorgfaltspflichtverletzung 26 246
soziale Marktwirtschaft 3 1
Specific Disclosure 32 95; 36 12, 15, 19
Sperrwirkung
– ~ der Verfahrenseinleitung 15 2
– ~ des Art. 11 abs. 6 VO 1/2003 7 17
Spezialamnestie 42 24, 27
Spezialprävention 24 19
– ~ als Funktion des Kartellrechts 2 18
Spezialzuständigkeiten des BKartA 16 9 ff.
Sphäre des Beklagten 12 6
Sphärenvermischung 26 26
Spiegelbildlehre 32 70, 76
Spielkarten 2 2
Sprachklauseln 32 21
Spürbarkeit der Beeinträchtigung 12 8
Staatsanwaltschaft 16 3
– Zusage der ~ 19 122
– Zuständigkeit 19 108 ff.
Staatshaftungsanspruch 15 27; 24 1, 5, 18, 28
– Rechtsfolgen 24 7
– Voraussetzungen 24 7
stand alone-Klage 26 531; 27 22; 28 12; 31 64; 36 27; 37 30; 43 7
standard Disclosure 32 95; 36 12 f., 16
standard error 26 320
Standard Essentielle Patente 26 386; 30 26 ff.
Standard Gerichtsstandsklausel 38 57
Standards Development Organizations 35 32

Standardfehler 26 320
State of Play Gespräche 16 62
State of Play Meetings 10 178 ff.; 11 60, 64, 70
State of the Art 39 86
Statute of Monopolies 2 2, 3
Stellungnahme
– Abgabe von ~ 15 91
– amicus curiae-Intervention 15 102
– ~ bei einstweiligen Maßnahmen nach Art. 8 VO 1/2003 11 36
– ~ der Kommission 15 100
– ~ der Kommission aus eigener Initiative 15 101 f.
– ~ des beratenden Ausschusses 10 186
– faktische Bindung von ~ 15 100
– Gelegenheit zur ~ 17 120
– schriftliche ~ 10 7
Stellungsnahmeersuchen 15 100
Stichting Cartel Compensation 37 48
stillschweigendes Eingeständnis 12 30
Störungsbeseitigung 22 12
Stoffgleichheit 19 90, 99
Strafantrag 42 29
Strafanzeige 19 116; 43 114
strafbewehrte Unterwerfungserklärung 27 26 f., 42
Strafen
– ~ im Kartellstrafrecht 19 153 ff.
Straffreiheit 19 60 ff.
Strafklagenverbrauch 18 20, 204 f.; 19 113, 142, 148
– beschränkter ~ 19 142
– Reichweite 19 152
Strafmilderung 19 124
strafrechtliche Qualifikation 19 100, 121
Strafrechtsschutzversicherung 42 55
Strafschadensersatz 24 31; 25 85; 37 15
Strafschärfung
– ~ wegen eines besonders schweren Falles 19 100
Straftatbestände 19 1 ff.
Strafvereitelung 19 109
Strafverfahren 39 4
Strafverfolgung
– Einwände gegen ~ 35 42
Strafzumessungskriterien 19 145
strategische Komplemente 26 365
Streitbeilegung
– außergerichtliche ~ 43 63
– einvernehmliche ~ 38 66
– konsensuale ~ 43 63
Streitbeilegungsverfahren
– einvernehmliches ~ 38 67
Streitgegenstand
– europäischer ~ 32 56
Streitgenossen
– einfache ~ 26 210

Streitgenossenschaft
– einfache ~ 43 35
– Gerichtsstand 31 74 ff.; 33 10, 38
Streithelfer 14 120, 122, 125, 162, 182
– privilegierter ~ 14 184
– Recht der schriftlichen und mündlichen Verfahrensbeteiligung 14 189
– Rechtsmittel bei Nichtzulassung 14 186
– Rechtsstellung 14 187
– Zulassung 14 186
– ~ "zweiter Klasse" 14 185
Streithilfe 14 184 ff.
– Akteneinsicht 14 188
– Akzessorietät 14 187
– eingeschränkte Verfahrensrechte 14 187
– ~ersuchen 14 185
– Glaubhaftmachung eines berechtigten Interesses 14 184
– repräsentative Vereinigung 14 184
Streithilfeersuchen 14 185
Streitigkeit
– zivilrechtliche ~ 34 19
Streitverkündung 25 93 f., 104 ff., 111; 26 216 f., 225, 615 ff., 671; 34 12; 43 15, 60
– Form 26 618
– Kosten 26 622
– Voraussetzungen 26 617 ff.
– Wirkung 26 620
– ~ zur Sicherung des Gesamtschuldnerausgleichs 26 694
– Zweck 26 621
Streitwert
– ~ bei Feststellungsklage 26 632
– ~ bei Leistungsklage 26 631
– ~ bei Schadensersatzklage 26 631 ff.
Streitwertanpassung
– ~ bei Schadensersatzklage 26 636
Stresemannsches Wirtschaftsprogramm 2 8
Streudelikte 24 66
– lex fori bei ~ 33 34
Streuschäden 25 74, 113, 116; 28 2, 15, 26; 31 47
structural screening 43 108
Strukturmissbrauch 25 58
Studienvereinigung Kartellrecht e.V. 1 5
Stufenklage 26 201 f., 565; 29 9; 43 62
– Vorteilsabschöpfung durch Verbände 28 22
subject matter waiver 9 15
Submissionsabsprache 3 15; 18 21, 24, 61, 87, 242; 19 77 f., 89, 121; 25 18, 20; 26 171; 35 2; 42 8
– Verjährung 18 95
Submissionsbetrug 18 47; 19 93, 97, 100, 121; 43 114
Submissionskartell 19 94 f., 121; 26 263; 41 20
Submissionsstraftat 19 120
Subpoenas 35 22; 41 25, 37
Subsidiaritätsgrundsatz 16 40

Sachregister Fette Zahlen = Paragrafen

Substantiierung des Vortrags 26 79
Substantiierungspflicht
– gesteigerte ~ 26 109
Summary Applications 7 17, 95; 41 32
Summary Judgment 35 17
Suspensiveffekt 14 116; 17 173
Symmetrie der Marktteilnehmer 43 108
Syndikusanwalt 1 5; 8 38; 9 4, 14; 14 169; 17 105; 18 79; 39 67; 40 21; 41 10
System abgestufter Befugnisse 10 182
System der Legalausnahme 2 6; 3 7, 18; 6 5; 11 105

tätige Reue 19 123
Tätigkeiten
– vorbereitende ~ 15 47
Täuschung 19 80 ff.; 26 497 ff.
Täuschungsverbot 8 23
Target 39 75 f.
Task Force 6 23
Tatbestandsirrtum 19 58
Tatbestandsschreiben 10 96, 176
Tateinheit 19 121
Tatmehrheit 19 121
Tatortgerichtsstand 31 25, 42, 155 ff.
– Annexzuständigkeit 31 162
– Anwendbarkeit 31 156
– Begehungsort 31 159
– Erfolgsort 31 159 f.
– Feststellungsklage 31 158
– Gefährdungshaftung auf Schadensersatz 31 157
– Handlungsort 31 159 f.
– Schadensersatzklage 31 158
– Schadensort 31 159
– unerlaubte Handlung 31 157
– Unterlassungsklage 31 158
– Verschuldenshaftung auf Schadensersatz 31 157
Tatsachenfeststellung 14 156
Tatsachenirrtum 28 11
Tatsachenkenntnis 26 411
tatsächliche Vermutung 25 87; 26 129 f., 133; 27 25, 27 f.
Tatverdacht
– hinreichender ~ 19 147
Technologietransfer-Vereinbarung 31 31
Teilerlass 26 682
Teilnahmewettbewerb 19 22
Teilvollstreckbarerklärung 34 38
Teilzahlungsplan 13 139
Telefonsperre 18 35
Telekommunikationsdaten 40 67
telekommunikationsrechtliche Einwilligung 40 68
Telekommunikationsüberwachung 19 131 ff.
– Adressat 19 135
– Festsetzung der Verbandsgeldbuße 19 138 ff.

– formelle Voraussetzungen 19 137
– Subsidiarität 19 134
– Tatverdacht 19 132
– Unzulässigkeit 19 136
– Verwertung im Verfahren zur Festsetzung einer Verbandsgeldbuße 19 138 ff.
Territorialbeschränkung 41 67
territoriale Souveränität 20 5 f.
Territorialitätsprinzip 4 1, 4; 15 34, 87; 20 5
Tessili-Regel 31 29 f.
Tetra-Formel 14 57 f.
Theorie der Wirkungserstreckung 34 20
Theorie des Individualschutzes 3 3
Theorie des Institutionenschutzes 3 3
time series analysis 26 351
Titelfreizügigkeit 34 25
TKG 26 66, 655
Tone from the Middle 39 22
Tone from the Top 39 22, 49, 51; 40 23
Top-Down Ansatz 40 30
Torpedo-Klage 31 99; 32 56 f.
Transaktionsdaten 26 277
Transaktionshäufigkeit 43 108
Transparenzgebot
– datenschutzrechtliches ~ 40 55
TransparenzVO 10 10, 132 ff.
treble damages 2 2; 5 3; 24 21, 41; 32 37, 73, 108, 119; 33 54 f.; 34 19, 22, 42; 35 12, 27, 32
– Ausnahmen 35 32
– Klage auf ~ 32 24
Treffen zum Verfahrensstand 10 86, 178
– Zusagenentscheidung nach Art. 9 VO 1/2003 11 60
Trennung
– funktionelle ~ der Wirkungsbereiche von Bund und Ländern 16 6 f.
Trennungsklausel 42 52
Trennungsprinzip 26 25, 31 f., 34, 40, 440, 448
– Aufweichung des ~ 26 22
– gesellschaftsrechtliches ~ 43 61
Treueboni 39 93
Treuepflichten
– gesellschaftsrechtliche ~ 17 72
Trial 35 17
triangular meetings 11 63
Trias der Unionsrechte 23 2; 24 29
Tribulaux de Commerce 37 3
Tribunal da Commerce de Nanterre 37 23
Tribunal da Commerce de Paris 37 2
Tribunaux de Grande Instance 37 3
Tunney Act 35 19
Typicality 35 36

U.S. Federal Sentencing Guidelines 39 10
Ubiquitätsgrundsatz 31 46, 159
Übereinkommen von Lugano 31 3

Magere Zahlen = Randnummern Sachregister

Überkompensation **24** 21, 41, 52; **26** 190, 199, 220, 232, 234, 237, 243
– kein Recht auf ~ **2** 18
Überkompensationsverbot **24** 31
Übermittlung eines Entscheidungsentwurfs **16** 44
Übermittlung von Gerichtsurteilen **15** 91
Übermittlung von Informationen **15** 91
– ~ durch die Kommission **15** 97 ff.
Übermittlung von Schriftstücken **16** 45
Übermittlung von Urteilen nationaler Gerichte **15** 103
Übertragung von Entscheidungsbefugnissen **10** 181 f.
Überwachung **39** 83 ff.
Überwachung der Telekommunikation **18** 31
Überwachung der Telekommunikation, § 100a StPO **19** 131 ff.; vgl. auch Telekommunikationsüberwachung
Überwachungspflicht **39** 81; **42** 36
Überwachungstreuhänder **11** 82 f.
– ~ bei Zusagenentscheidung nach Art. 9 VO 1/2003 **11** 79
UK Bribery Act **39** 12
ultima ratio **16** 62, 76; **17** 115
– Evokationsrecht **15** 66
Ultimo-Regel **26** 408
umbrella damages **24** 14, 51; **38** 48
Umbrella-Effekt **18** 128, 247, 274; **26** 134 ff., 151, 173, 180 f., 197
– Adäquanzkausalität **26** 136
– Anscheinsbeweis **26** 140, 142
– ~ bei der Schadensschätzung **26** 360 ff.
– Beweiserleichterungen **26** 140
– grundsätzliche Ersatzfähigkeit von Schäden wegen ~ **26** 136
– Indizienbeweis **26** 142
– Kausalverlauf **26** 136
– objektive Vorhersehbarkeit **26** 139
– Schätzung **26** 361
– Schutzweck **26** 136
– Wahrscheinlichkeit **26** 135
umbrella pricing **24** 15; **26** 666, 703
Umbrella-Schaden **26** 201, 213
Umdeutung von Verfügungen **17** 118
Umgehungstatbestände **25** 65
Umlaufverfahren **6** 17
unabhängige Variable **26** 308
Unabhängigkeit
– richterliche ~ **15** 91
unbegrenzte Ermessensnachprüfung **14** 41
unbeschränkte Ermessensnachprüfung **14** 158
unbestrittene Forderungen **34** 32
unbezifferter Zahlungsantrag **26** 204
unerlaubte Handlung **31** 157; **42** 53
unfair methods of competition **35** 4
unfair or deceptive acts or practices **35** 4

ungerechtfertigte Bereicherung **24** 11
Unionsinteresse **7** 111
Unionskartellrecht
– Durchsetzung des objektiven ~ **2** 5
– effektive Durchsetzung **24** 18
unitäres System **2** 13
unlautere Beeinträchtigung des Handels **36** 4
unlauterer Wettbewerb **33** 7
– Begriff **33** 15
unlawful interferances with trade **36** 4
unmittelbare Anwendbarkeit
– ~ europäischen Kartellrechts **3** 18
unmittelbarer Verkehr zwischen den Gerichten **32** 97
unmittelbarer Zwang **8** 57
Unmittelbarkeitsgrundsatz **12** 24
Unschuldsvermutung **3** 21; **10** 9, 192; **12** 13, 15, 21; **18** 76, 264; **40** 11, 20
Untätigkeit
– ~ der Kartellbehörde **17** 176
Untätigkeitsklage **7** 107; **14** 4, 68 ff.
– Aufforderungsschreiben **14** 73
– Beendigung der Untätigkeit **14** 75
– Begründetheit **14** 77 ff.
– echte Untätigkeit **14** 69
– Erledigung des Rechtsstreits **14** 80
– Feststellungsurteil **14** 77
– Frist zum Erlass des Beschlusses **14** 74
– Gegenstand **14** 71
– Handlungsfrist **14** 74
– Handlungspflicht **14** 77
– Karenzklage **14** 68
– Klageandrohung **14** 74
– Klageberechtigung **14** 71
– Klagefrist **14** 74
– Positiventscheidung **14** 79
– privilegierte Klageberechtigte **14** 71
– Streitgegenstand **14** 74
– Urteil **14** 77 ff.
– Vorverfahren **14** 73
– Zulässigkeit **14** 71 ff.
– Zusagenentscheidung nach Art. 9 VO 1/2003 **14** 79
Unterkompensation
– Risiko der ~ **26** 199
Unterlagen
– Anordnung der Vorlage **26** 575
Unterlassen
– Durchsetzung **17** 115
Unterlassungs- und Beseitigungsanspruch **27** 1 ff.
– Aktivlegitimation **27** 13
– Anspruchsgegner **27** 56 ff.
– Anspruchsteller **27** 13
– außergerichtliches Vorgehen **27** 63 ff.
– Beklagter **27** 56 ff.
– Betroffener **27** 13
– horizontale Absprachen **27** 17

1455

- keine Verjährungshemmung **27** 34
- Passivlegitimation **27** 56 ff.
- prozessuale Besonderheiten **27** 63 ff.
- relevanter Zeitpunkt **27** 36aff.
- vertikale Absprachen **27** 18
- Voraussetzungen **27** 13 ff.

Unterlassungs- und Beseitigungsklage
- Klageantrag **27** 85 ff.
- örtliche und internationale Zuständigkeit **27** 73 ff.
- Rechtsweg **27** 69
- sachliche und funktionale Zuständigkeit **27** 71 f.
- Zuständigkeit **27** 68 ff.

Unterlassungs- und Beseitigungsprozesse 27

Unterlassungsanspruch 3 15; **17** 31; **24** 1, 29; **25** 1, 36, 46; **26** 6, 163; **30** 1, 32
- Bedrohungslage **27** 24
- Begehungsgefahr **27** 24
- Tatortgerichtsstand **31** 43
- Verletzungs~ **27** 24
- ~ von Verbänden **25** 73
- vorbeugender ~ **22** 12; **27** 24
- vorbeugendes Unterlassungsbegehren **27** 27
- Wiederholungsgefahr **27** 25 f.

Unterlassungsantrag 27 88 ff.
- Muster **27** 94

Unterlassungsbeschwerde 22 12 f.

Unterlassungsklage 34 7
- Abmahnung vor ~ **27** 63 ff.
- Tatortgerichtsstand **31** 158
- vorbeugende ~ **31** 43

Unterlassungsklagengesetz 25 73

Unterlassungsprozess
- Niederlande **37** 51

Unterlassungsrecht 23 2

Unterlassungsurteil
- Vollstreckung **27** 93

Unterlassungsverfügung 27 25

Unternehmen 19 27 ff.
- ~ als Geschädigte von Kartellen **43**
- ~ als Kronzeugen **7** 15
- Begriff **13** 30; **19** 39 ff.
- kartellrechtliche Konsequenzen für ~ **42** 2 ff.

Unternehmensaktion 39 72

Unternehmensbegriff 24 27
- funktionaler ~ **26** 532

Unternehmenserklärung 7 19, 45, 72; **8** 6; **10** 82, 83
- ~ als Beweismittel **7** 58, 74; **12** 26
- ~ als Kommissionsdokument **7** 76
- Einsicht in ~ **7** 79
- mündliche ~ **7** 76, 81; **8** 103
- Rechtsgrundlage der ~ **7** 77
- schriftliche ~ **7** 75
- Schutz der ~ **7** 79 ff.

Unternehmensgeldbuße 18 113 ff.
- Höchstbetrag **18** 116 ff.

- Kappungsgrenze **18** 115
- Obergrenze **18** 115
- Verfassungsmäßigkeit **18** 113 ff.

unternehmensinterne Dokumente 12 25

unternehmensinterne Untersuchungen 40
- Erfordernis für ~ **40** 1

Unternehmenskommunikation 39 49

Unternehmenskultur 39 21

Unternehmenspraxis 1 8; **39** ff.

Unternehmensrichtlinie 40 10, 12
- ~ zu internen Untersuchungen **40** 20

Unternehmensstrafrecht 18 3

Unternehmensverbund 26 33

Unternehmensvereinigung 13 130; **18** 123
- Begriff **13** 31

Unternehmereigenschaft
- kartellrechtliche ~ **19** 27

Unterrichtungspflicht
- ~ der Kommission **10** 7

Untersagungsrisiko 39 73

Untersagungsverfahren 17 137

Untersagungsverfügung 2 16; **11** 17; **25** 71; **26** 12, 93
- fusionskontrollrechtliche ~ **17** 184

Unterstützung der Kommission
- ~ durch nationale Behörden **15** 4 ff.

Untersuchungen 41 3
- Abschlussbericht **40** 21
- anlassbezogene ~ **40** 8 ff.
- arbeitsrechtliche Aspekte **40** 88 ff.
- Datenschutz **40** 34
- datenschutzrechtliche Aspekte **40** 82 ff.
- interne ~ **41** 10
- Kosten für interne ~ **42** 4
- präventive **40** 26 ff.
- präventive interne ~ **41** 71
- unternehmensinterne ~ **40**
- vorläufige ~ **35** 22

Untersuchungsgrundsatz 2 12; **3** 21; **17** 42 ff.

Untreue 19 22, 70, 85, 96, 138; **42** 9, 31 f.; **43** 111

Unzulässigkeit
- Einrede der ~ **14** 180

Unzuständigkeit
- Einrede der ~ **14** 180
- Nichtigkeitsklage wegen ~ **14** 26 ff.

Unzuständigkeit des EuG
- Rechtsmittel **14** 142

Unzuständigkeitsrüge 31 99, 131

Urkunden 32 123
- Anordnung der Vorlage **26** 575
- Vorlage von ~ **32** 89

Urkundsbeweis 14 176; **26** 161

Urkundsdelikt 17 88

Ursachenzusammenhang 25 27, 29

Urteil 34 7
- ~ bei Nichtigkeitsklage **14** 64 ff.

Urteilsauslegung 14 1165

Urteilsberichtigung 14 165

Urteilsergänzung **14** 165
USA **35**
- Beweiswirkungen im Privatverfahren **35** 29
- Ermittlungsverfahren **35** 37
- Gerichtsverfahren **35** 40 ff.
- Grundlagen der Rechtsdurchsetzung **35** 6 ff.
- Rechtsdurchsetzung durch das Department of Justice **35** 14
- Rechtsdurchsetzung durch die FTC **35** 20 ff.
- Rechtsdurchsetzung durch Private **35** 27 ff.
- Rechtsfolgen und Sanktionierung von Kartellrechtsverstößen **35** 10 f.
- Rechtsgrundlagen **35** 1 ff.
- Strafprozesse **35** 35 ff.
- Zivilprozesse **35** 13 ff.

van Gend & Loos **2** 5
Variable **26** 308, 336
Verabredung rechtswidriger Verhaltensweisen **36** 4
Veränderung
- ~ der vorzulegenden Unterlagen **17** 88
Veräußerer
- ~ als Beteiligter am Verwaltungsverfahren **17** 16
Veräußerungstreuhänder **11** 82
Veranlassung zu unerlaubtem Verhalten **18** 95
Verbandaktivität **39** 84
Verbandsgeldbuße **19** 72, 111, 114, 119 f., 124, 138 ff.
- Verhältnis zur Rückgewinnungshilfe **19** 166
Verbandsbuße **18** 88, 92, 105 ff.
Verbandsklage **25** 113
Verbandsklagebefugnis **25** 72
Verbandsklagen **28** 27
Verbindlicherklärung von Verpflichtungszusagen **14** 57
- Nichtigkeitsklage **14** 9
Verbindung der Verfahren **24** 54
Verböserung
- drohende ~ **18** 207
Verböserungsverbot **18** 238
Verbot
- ~ der Monopolisierung **2** 3
- ~ wettbewerbsbeschränkender Absprachen **2** 3
Verbot der Ausnutzung einer Marktmacht **26** 87
Verbot der Doppelbestrafung **4** 9; **6** 40; **10** 9; **11** 85; **13** 13 f., 19, 176; **14** 45; **15** 17, 80 ff., 83, 88; **16** 39, 55; **18** 20, 22, 24; **19** 113
Verbot der Horizontalwirkung **24** 58
Verbot der Mehrfachsanktion **13** 13
Verbot der Mehrfachverteidigung **18** 222
Verbot der révision au fond **38** 19, 30 f.
Verbot der Selbstbezichtigung **17** 85
Verbot der Überkompensation **24** 31
Verbot des Machtmissbrauchs **26** 594

Verbot des Missbrauchs einer marktbeherrschenden Stellung **26** 7, 186
Verbot missbräuchlicher Preisspaltung **26** 442
Verbot mit Erlaubnisvorbehalt **40** 35
Verbot zuwiderlaufender Entscheidungen **15** 13
Verbotsirrtum **26** 72
- schuldloser ~ **26** 113
- unvermeidbarer ~ **26** 66
Verbotstatbestände **3** 5 ff.; **26** 6 ff.
- Auslegung materieller ~ **3** 4
Verbotsverfahren
- ~ bei Beschwerde **7** 122
verbotswidriges unilaterales Verhalten **25** 17, 52 ff.
Verbrauchersachen **31** 77
Verbraucherschutzbehörde
- Niederlande **37** 38
Verbraucherschutzbüro **35** 21
Verbraucherschutzvorschriften **38** 24
verbundene Unternehmen **18** 117
Verbundklausel **26** 33, 443
Verdacht
- ~ von Kartellverstößen **17** 56
Verdächtige **18** 32
Verdingungsordnungen **42** 44
Verdrängungseffekt **26** 263
Vereidigung des Zeugen **18** 52
Vereinbarungen zwischen Unternehmen **19** 25
vereinfachtes Verfahren **34** 39
Verfälschung des Wettbewerbs **19** 32
Verfahren bei der vereinfachten Nachprüfung **8** 24
Verfahren bei internationalen Sachverhalten **32**
Verfahren der Kartellaufsicht **17** 14
Verfahren der Kommission und der EU-Gerichte **15** 1 ff.
Verfahren der Nachprüfung **8** 16
Verfahren der Wettbewerbsbehörden und Gerichte der Mitgliedsstaaten **15** 28 ff.
Verfahren des versiegelten Umschlags **9** 31 f.
Verfahren für den Erlass von Consent Decress **35** 19
Verfahren in Drittstaaten nach der Brüssel Ia-VO **32** 75 ff.
Verfahren zur Abgabe von Aufträgen **19** 109
Verfahren zur Anerkennung von Wettbewerbsregeln **17** 56, 137
Verfahren zur Vorteilsabschöpfung **17** 137
Verfahrensablauf **14** 166 ff.
Verfahrensarten
- numerus clausus **14** 4
Verfahrensaufspaltung **19** 112 f.
Verfahrensaufwand **39** 73
Verfahrensaussetzung **26** 99

Verfahrensbeendigung 19 147
Verfahrensbeteiligte 17 7ff.
– Pflichten 17 7
– Rechte der ~ 17 7
Verfahrensbeteiligung
– faktische ~ 17 33
Verfahrensdauer 39 73
Verfahrenseinleitung 7 1ff.
– Anregung einer ~ 17 4
– ~ durch die Kommission 16 58
– Einleitungsverfügung 17 2
– formelle ~ 7 1
– ~ im Verwaltungsverfahren 17 1ff.
– ~ nach Allokation 16 61
– Sperrwirkung der ~ 15 2
– ~ von Amts wegen 7 1f, 15
Verfahrenseinstellung 18 81; 19 152; 32 82
Verfahrenserledigung
– vereinfachte ~ 19 125
Verfahrensfehler 17 118
– Nichtigkeitsklage wegen ~ 14 40
Verfahrensfehler des EuG
– Anspruch auf ein kontradiktorisches Verfahren 14 144
– Begründungsmängel 14 145
– Begründungspflicht 14 145
– Fehler in der Beweisaufnahme 14 146
– Grundsatz angemessener Verfahrensdauer 14 144
– Grundsatz der Waffengleichheit 14 144
– Grundsatz des fairen Verfahrens 14 144
– Grundsatz effektiven gerichtlichen Rechtsschutzes 14 144
– Rechtsmittel 14 143ff.
– Widersprüche in der Urteilsbegründung 14 145
Verfahrensgarantien 14 33
– ~ im Kartellverfahren 6 8f.
Verfahrensgegenstand 17 5
Verfahrenshindernis
– Verjährung 18 86
Verfahrenskoordinierung 32 47ff.
Verfahrenskosten 14 182
– steuerrechtliche Behandlung 18 170ff.
Verfahrensmangel 17 31
Verfahrensmissbrauch 14 84
Verfahrensmöglichkeiten der nationalen Gerichte 15 24ff.
Verfahrensökonomie 17 25
verfahrensrechtliche Position 17 7
Verfahrenssprache 14 168
Verfahrensverlauf
– Frankreich 37 12
Verfahrensvorrang
– ~ des Art. 16 VO 1/2003 15 11ff.
Verfall 18 160f.; 19 158ff.
– Anordnung des ~ 18 135, 176
– Ausschluss des ~ 19 160
– ~ gegen einen Dritten 19 159f.

– in den Fällen des § 236 StGB 19 164
– in den Fällen des § 298 StGB 19 159ff.
– Verletzter 19 160
Verfolgungsfreiheit 35 42
Verfolgungsverjährung 13 162ff.; 14 45; 18 93ff.
– Beginn der ~ 13 164f.
– Behinderung einer Nachprüfung 13 164
– Bruch eines Siegels 13 164
– Mitteilung der Beschwerdepunkte 13 171
– Ruhen der ~ 13 162, 175f.
– schriftliche Nachprüfungsaufträge 13 169
– schriftliches Auskunftsverlangen 13 168
– Siegelbruch 13 164
– Unterbrechung der ~ 13 162, 167ff.
Verfügung
– abschließende ~ 17 36
Verfügungsanspruch 27 144
Verfügungsantrag 27 136
Verfügungsgrund 27 145
Verfügungsverfahren 27 54
Vergabe-RL 43 68
Vergabekammern
– ~ des BKartA 16 70
Vergabemodernisierungsgesetz 18 174
vergaberechtliches Gleichbehandlungsgebot 19 21
VergaberechtsmodifizierungsG 43 46
Vergabesperre 26 52; 39 3; 42 45
Vergabeverfahren 42 44; 43 46, 68, 91
Vergleich 35 18; 43 40ff.
– Begriff 38 67
– frühzeitiger ~ 26 202
– ~ iSd. EuGVVO 37 88
– Reichweite 43 49
– verbindliche Wirkung eines ~ 38 64
Vergleichsausführungen 10 145, 155; 29 22, 26, 33
Vergleichsbeschluss
– gerichtliche Kontrolle 10 75f.
Vergleichsermäßigung 10 35
Vergleichsmarktanalyse 26 130; 43 95
Vergleichsmarktbetrachtung 18 128
Vergleichsmarktkonzept 43 94, 107
Vergleichsmarktmethoden 26 178f.
– ~ zur Bestimmung des hypothetischen Wettbewerbspreises 26 173
Vergleichsverfahren 7 2; 10 14ff.; 13 69, 124, 134; 18 177ff.; vgl. auch Settlement
– Abbruch 10 22ff.
– Abgrenzung zum Zusagenbeschluss 10 17
– Abgrenzung zur Kronzeugenregelung 10 16
– Ablauf 10 48ff.; 18 184ff.
– Abschreckungsaufschlag 10 37
– Akteneinsicht des Verteidigers 18 186
– Anregung durch Betroffenen 18 184
– Anzahl der Parteien 10 40
– Auswahl geeigneter Fälle 10 39ff.
– Begrenzung de Vorwurfzeitraums 18 182

Magere Zahlen = Randnummern Sachregister

- Beschluss im ~ **10** 72 ff.
- besondere Vollmacht von Anwälten **10** 52
- besonderes ~ **11** 54
- Beweislage **10** 42
- bilaterale Vergleichsgespräche **10** 26
- Bindungswirkung **18** 191
- drittes formelles Treffen **10** 60
- eingeschränktes Akteneinsichtsrecht **18** 182
- einheitliche Sprache **10** 53
- Einigung über Reichweite des Tatvorwurfs **18** 182
- Einleitung **10** 49
- Einleitungsbeschluss **10** 51
- entlastende Umstände **18** 186
- Entwicklung **18** 178 f.
- Ermäßigungsantrag im ~ **7** 41
- Ermessen der Kommission **10** 22
- Ermittlung anderer Behörden **10** 46
- Ermittlungsphase **10** 18
- erschwerende Umstände **10** 44
- erstes formelles Treffen **10** 58
- Erwiderung **10** 69
- formelle Treffen **10** 57 ff.
- Freiwilligkeit **10** 124
- Geldbußenermäßigung im ~ **7** 55
- gemeinsamer Vertreter **10** 51
- Gesamtabwägung **10** 47
- Gleichbehandlung **10** 27
- Grundsätze **10** 18 ff.
- Haftungszurechnung **10** 43
- "hybride" Fälle **10** 79 f.
- informeller Austausch **10** 65
- Interesse der Parteien **10** 41
- kein Anspruch auf ~ **10** 22
- kein voller Aktenzugang **10** 20
- keine Vertraulichkeitsverpflichtung **18** 186
- kontradiktorische Phase **10** 19
- Kronzeugenantrag **10** 55
- Kronzeugenermäßigung **10** 35
- Kronzeugenmitteilung **10** 54 f.
- Mitteilung der Bandbreite **7** 61
- Mitteilung der Beschwerdepunkte **10** 69
- Nachteil **18** 182
- pflichtgemäßes Ermessen der Behörde **18** 181
- Präzedenzfall **10** 45
- Rechtsfolgen **18** 191
- Rechtsgrundlage **18** 180
- Rechtsmittel **18** 191
- rechtsstaatliche Anforderungen **18** 191
- Schutz von Vergleichsdokumenten **10** 82 f.
- Stellungnahme der Parteien **10** 28
- Übergang in normales Verfahren **10** 71
- Unternehmenserklärung als Beweismittel **7** 74
- Unterschiede im Sachverhalt **18** 186
- unvollständiger Aktenzugang **10** 29, 61
- Verfahrenseröffnung **10** 49
- Verfahrensstand in anderen Verfahren **10** 46
- Vergleichsausführungen **10** 66
- Vergleichsermäßigung **10** 35

- Vergleichsgespräche **10** 56 ff.
- Verpflichtung, die Fakten zuzugeben **18** 184
- Verteidigungsrechte **10** 28
- Vertraulichkeit **10** 30, 58
- Vertraulichkeitsverpflichtung **10** 32
- Vorteile **10** 35 ff.; **18** 182
- Zeitgleichheit **10** 25
- zweites formelles Treffen **10** 59

Vergleichsverfahrensmittlung **6** 28
Vergleichsverhandlungen **36** 17
Verhältnismäßigkeit **40** 11, 44
– ~ der Abstellungsverfügung **11** 17
Verhältnismäßigkeitsgrenze **40** 44
Verhältnismäßigkeitsgrundsatz **11** 11; **13** 13, 63, 67, 85, 123, 126, 139, 141, 145, 159; **14** 50, 152, 158; **17** 46, 52, 67, 95, 104, 143; **18** 35, 41, 108, 114, 152, 174; **24** 44; **26** 221; **29** 20
Verhältnismäßigkeitsprinzip **40** 19
Verhältnismäßigkeitsprüfung **8** 57; **26** 567; **36** 18; **40** 47, 58
Verhalten bei Durchsuchungen
– Anweisungen zum richtigen ~ **39** 41
Verhaltensanweisung **34** 23
Verhaltenskodex
– ~ von Unternehmen **39** 41
Verhandlungsgrundsatz **2** 12
Verhandlungsverfahren, § 101 V GWB **19** 17
Verhinderung des Wettbewerbs **19** 32
Verjährung **13** 161 ff.; **18** 93 ff., 112; **19** 142; **24** 39, 49; **26** 5; **38** 51; **43** 10, 59
– Absicherung gegen ~ **43** 64 ff.
– Beginn der ~ **13** 164 f.
– Beginn und Ende **26** 409 ff.
– ~ des Schadensersatzanspruchs **26** 408 ff.
– Einrede der ~ **12** 15; **37** 97
– Frankreich **37** 10
– Großbritannien **36** 21
– Hemmung **39** 2; **24** 36; **43** 67 ff.
– Hemmung für die Dauer der Streitbeilegung **38** 64
– Hemmung mit einvernehmlicher Streitbeilegung **26** 431
– Hemmung mit Klageerhebung **26** 422
– Hemmung mit Streitverkündung **26** 422
– Niederlande **37** 43
– Schadensersatzrichtlinie **26** 429 f.
– Unterbrechung **13** 167 ff.; **18** 96
– Verfolgungs~ **13** 162 ff.; **14** 45
– Vollstreckungs~ **13** 182 ff.; **14** 45
– ~ von Wettbewerbsbeschränkende Absprachen bei Ausschreibungen, § 298 StGB **19** 65
– ~ vorausgegangener Zuwiderhandlungen **13** 97
Verjährungsfristen **26** 5
Verjährungshemmung **24** 55; **43** 67 ff.
Verjährungshemmungsvereinbarung **43** 68
Verjährungsverzichtserklärung **26** 423

Verjährungsverzichtsvereinbarung 43 68
Verjährungsvorschriften 26 5
Verkauf unter Einstandspreis 25 62; 26 87
Verlangen von Vorteilen 26 85, 87
Verletzergewinn 26 229 ff.
– ~ als Schaden 43 62
– Anspruch auf Herausgabe 26 230
– Darlegungs- und Beweislast 26 240
– Schadensschätzung 26 233 ff.
Verletzung der Verträge
– Nichtigkeitsklage wegen ~ 14 27 f., 38, 41 ff.
Verletzung des Anhörungsrechts 10 98 f.
Verletzung des Unionsrechts durch das EuG
– Rechtsmittel 14 150 ff.
Verletzung von Geheimhaltungspflichten 14 96
Verletzung wesentlicher Formvorschriften
– Nichtigkeitsklage wegen ~ 14 31 ff.
Verletzungshandlung
– einheitliche und fortgesetzte ~ 7 16
Verletzungsunterlassungsanspruch 27 24
Verleumdung 41 56
Verlustausgleich im faktischen Konzern 26 28
Verlustausgleich im Vertragskonzern 26 27
Vermögen 31 166 f.
Vermögensabschöpfung 19 158 ff.
Vermögensbegriff
– juristisch-ökonomischer ~ 19 93
Vermögensbetreuungspflicht
– Verletzung einer ~ 19 70
Vermögenserwerb 17 16
Vermögensminderung 19 88
Vermögensschaden 19 88; 24 13, 30, 40; 25 78
– Ersatz des ~ 38 48
Vermögensschadens-Haftpflichtversicherung 42 48
Vermögensvermischung 26 26
Vermutung
– widerlegbare ~ 12 22
– widerlegliche ~ 12 21; 25 82 f.
Vermutung des Schadenseintritts 26 151, 153
Vermutung für das Vorliegen eines Kartellverstoßes 26 100
Vermutung für Weitergabe von Schäden 26 5
Vermutung relativer Marktmacht 26 92
Vernehmung 18 47 ff.
– Belehrung 18 51
– eidliche ~ 18 52
– ~ in engerem Sinne 18 51
– Ladung 18 48
– Protokollierung 18 51
– richterliche ~ 18 52
– schriftliche ~ 18 48
– Schweigerecht des Betroffenen 18 49
– Verpflichtung zum Erscheinen 18 48

– ~ von Betroffenen 18 31
– ~ von Zeugen 18 31
– Wahrheitspflicht der Zeugen 18 48
– zwangsweise Vorführung von Zeugen 18 48
Vernehmung der gegnerischen Partei
– Antrag auf ~ 26 577
Vernichtungsverbot 41 48
– unternehmensinternes ~ 43 92
Veröffentlichung der Entscheidung
– ausgenommene Angaben 10 190 ff.
– ~ im Verwaltungsverfahren 10 187
verpflichtende Nachprüfung
– Nichtigkeitsklage 14 9
verpflichtendes Auskunftsersuchen 14 112
– Nichtigkeitsklage 14 9
Verpflichtung mit Doppelwirkung 24 58
Verpflichtungsbeschwerde 17 172, 176
Verpflichtungserklärung 14 14; 27 26
Verpflichtungsklage 14 4, 69
Verpflichtungszusage 6 34; 13 5; 15 20, 30, 45, 60, 64; 17 31; 26 12
– Entscheidung über die Entgegennahme von ~ 17 146
– Verstöße gegen ~ 13 144 ff.
Verpflichtungszusagenverfahren
– ~ bei Beschwerde 7 123
Verrichtungsgehilfe 26 61
Verrufene 25 63
Verrufer 25 63
Versäumnisurteil 34 7
Versagungsgegenklage 14 69
Versagungsgrund 34 36
Verschlechterungsverbot 18 211
Verschleppungseffekt 32 57
Verschuldensprinzip 26 33, 41
Verschwiegenheitsverpflichtung 26 655; 35 38
– ~ von Anwälten 41 37
Versicherung an Eides statt 26 642; 27 132
Versicherungssachen 31 77
Versiegelung
– ~ bei der Nachprüfung 8 48
Verstoß gegen Verfügungen der Kartellbehörden 26 10
Verteidigungsmittel
– neue ~ 14 177
Verteidigungsprivileg 18 43
Verteidigungsrechte 10 3 ff., 176; 13 102; 14 2, 31 f.
– ~ im Nachprüfungsbeschluss 8 8
Vertikal-GVO 26 380
Vertikalabsprachen 26 7
– Schadensschätzung 26 380 ff.
vertikale Amtshilfe 15 8
vertikale Beschränkungen 39 13, 42 f., 46, 53, 59, 65, 70; 41 16, 67
vertikale Kompetenzabgrenzung 3 25
vertikale Vertragsbeziehungen 39 55

vertikale Wettbewerbsbeschränkungen 3 6; 16 10; 25 17, 40 ff.; 26 76, 235
– Schadensschätzung 26 380 ff.
Vertikalvereinbarung mit Abschottungswirkung 26 156
Vertikalverstoß 5 4
Vertikalzusammenschlüsse 26 370
Verträge der Wasserwirtschaft 26 12
Vertrag von Lissabon 3 4
Vertrag zu Lasten Dritter 26 684
Vertrag zugunsten Dritter 31 115
vertragliche Schuldverhältnisse
– anwendbares Kartellrecht bei ~ 33 59 ff.
vertragliche Streitigkeit 31 25
vertraglicher Rechtshilfeverkehr 32 2
Vertragsgerichtsstand 31 22, 25
Vertragsklage 31 146
– private ~ 15 94
Vertragskollisionsrecht 33 59
vertragsloser Rechtshilfeverkehr 32 2
Vertragsstrafe 26 241, 472 ff., 609; 27 26
– Abgrenzung zur Schadenspauschalierung 26 476
– AGB-Prüfung 26 474
– doppelte Zinssetzung 26 476
– Durchsetzung 26 245
– ~ in allgemeinen Geschäftsbedingungen 26 473
– Rechtspraxis 26 477 ff.
– Zulässigkeit 26 473
Vertragsverletzungsverfahren 15 7, 27
Vertrauensschadenversicherung 42 53
Vertrauensschutz 14 45
vertrauliche Informationen 10 91, 190 f.; 15 98
– nur auf Antrag 10 111
– Offenlegung von ~ 10 122; 24 44
– sonstige ~ 10 110
– Weitergabe von ~ 22 22, 25
Vertraulichkeit 40 11
Vertraulichkeit von Dokumenten 36 14
Vertraulichkeitsabrede 17 75, 249; 18 210, 286
Vertraulichkeitsantrag 10 111, 122
– Ablehnung des ~ 10 112 f.
– Abweisung des ~ 9 32
Vertraulichkeitspflicht 42 26
Vertraulichkeitsschutz 10 111
Vertraulichkeitsvereinbarung 10 126, 155; 39 73
Vertraulichkeitsverpflichtung 10 32, 58; 17 75; 40 5; 41 49, 54
– Verstöße gegen ~ 29 29
Vertrieb
– dreistufiger ~ 25 45
Vertriebsbeschränkung 25 44
Vertriebsbindung 19 33
Vertriebssysteme
– selektive ~ 25 49

Vertriebsvereinbarung 31 37
Vertriebsvertrag 31 38
Verwaltungsaufsichtsmaßnahmen 3 15
Verwaltungssachen 17 1
Verwaltungsverfahren 10; 17; *vgl. auch Kartellverfahren*
– Abschluss 17 36
– Abschlussverfügung 17 146 ff.
– Akteneinsicht 10 6, 10
– Akteneinsichtsrecht 17 127 ff.
– Anhörung 10 7, 159 ff.
– Anhörungsbeauftragter 10 3, 11 f.
– Anspruch auf Informationszugang nach dem Informationsfreiheitsgesetz 17 227 ff.
– Anspruch auf rechtliches Gehör 17 120 ff.
– ~ auf Antrag 17 6 ff.
– Ausgestaltung 10 3
– Auskunftsbeschluss 10 1
– Auslagenerstattungsanspruch der Kartellbehörde 17 161
– Bekanntgabe der Entscheidung 10 186
– Beschlagnahme 17 102 ff.
– Beschwerde 17 162 ff.
– Beteiligtenfähigkeit 17 7
– Beteiligung kraft Beiladung 17 18 ff.
– Beteiligung kraft Gesetzes 17 11
– Beweise im ~ 17 109 ff.
– Beweismaß 12 14 ff.
– Beweisrecht 12
– Durchsuchungen 17 94 ff.
– Einleitung von Amts wegen 17 4 ff.
– Einsichtsrechte 17 86 ff.
– Einstellung des ~ 17 36
– einstweilige Anordnungen 17 136 ff.
– einvernehmliche Beendigung 10 14 ff.
– Entscheidung 10 181 ff.
– Feststellung der Nichtanwendbarkeit gem. Art. 10 VO 1/2003 11 98 ff.
– förmliches ~ 17 2
– Förmlichkeit des ~ 17 118 ff.
– formloses Vorverfahren 17 3
– Gebührenanspruch der Kartellbehörde 17 161
– Gebührenhöhe 17 160
– Gebührenpflichtigkeit 17 159 ff.
– Gegenstand des ~ 10 86
– Gleichbehandlung 10 9
– IFG-Anspruch 17 227 ff.
– Kostenbescheid 17 161
– Mitteilung der Beschwerdepunkte 10 85 ff.
– Nachprüfungsentscheidung 10 1
– öffentliche mündliche Verhandlung 17 132
– Opportunitätsprinzip 10 2
– Prüfungsrechte 17 86 ff.
– Recht auf Akteneinsicht 10 8; 17 127 ff.
– Recht auf Anhörung 10 6
– Recht auf anwaltliche Vertretung 10 9
– Recht auf Begründung 10 9
– Recht zur Stellungnahme 10 7
– rechtliches Gehör 10 6

1461

- Rechtsschutz **17** 162 ff.
- Sanktionen **13**
- schriftlich erteilte Zusage **17** 119
- schriftliche Stellungnahme **10** 7
- schriftlicher Antrag **17** 6
- Schutz von Geschäftsgeheimnissen **10** 10
- Unschuldsvermutung **10** 9
- Unterrichtungspflicht der Kommission **10** 7
- Verbot der Doppelbestrafung **10** 9
- Verfahrensablauf **17** 118 ff.
- Verfahrensabschluss **17** 145 ff.
- Verfahrensbeteiligte **17** 7 ff.
- Verfahrenseinstellung **17** 158
- Verfahrensgrundsätze **10** 1 ff.
- Verfahrensregeln **17** 118 ff.
- Verfügung zum Verfahrensabschluss **17** 146 ff.
- Veröffentlichung der Entscheidung **10** 187
- Verteidigungsrechte **10** 3 ff.
- Vorabentscheidung über Zuständigkeit **17** 134
- Vorermittlungen **17** 3
- Zustellung der Entscheidung **10** 186
- Zwangsmittel **17** 114 ff.

Verwaltungsverfahrensverfügung 17 146 ff.
- Begründungspflicht **17** 149
- Bekanntmachung **17** 152 ff., 156
- Bestimmtheitsgebot **17** 148
- Form **17** 147
- formelle Anforderungen **17** 147 ff.
- Nachschieben von Gründen **17** 150
- Rechtsmittelbelehrung **17** 151
- Verstoß gegen die Begründungspflicht **17** 150
- Vollstreckung **17** 157
- Zustellung **17** 152
- Zustellung an Bevollmächtigten **17** 154
- Zustellungsmängel **17** 155

Verwaltungsvollstreckung 17 11
Verweigerung der Anhörung Dritter
- Nichtigkeitsklage **14** 9

Verweisung
- ~ an zuständiges Gericht **27** 72

Verweisungsantrag 26 557
Verwendungsbeschränkung 19 33; **25** 41; **29** 29
Verwendungsverbote 30 2
Verwertung von Angaben aus Auskunftsersuchen 17 1
Verwertungsverbot 9 26; **14** 112; **17** 51; **18** 33, 62; **40** 96
- ~ rechtswidrig erlangter Beweismittel **14** 45
- ~ von Verteidigerunterlagen **18** 66

Verzeichnis der Europäischen Kommission 28 8
Verzicht auf finanzielle Absicherung 13 139
Verzichtserklärung 7 100
Verzinsung des Schadens 26 393 ff.
Verzinsungspflicht
- ~ von Schadensersatzansprüchen **26** 466
- Zeitpunkt **26** 394

Vier-Augen-Prinzip 41 71

Vitaminkartellfall 2 8
VO 1/2003 **1** 2; **2** 6; **3** 15; **6** 1, 4 ff., 7, 24 f., 32, 38; **7** 1; **8** 1, 118; **9** 2, 9, 23; **10** 5, 35, 109, 135; **11** 75; **15** 40, 83; **16** 36 f., 40 f.; **18** 14, 22; **24** 8; **26** 39; **38** 34; **39** 65
VO 17/1962 **6** 4, 34
VO 44/2001 **31** 2
VO 773/2004 **10** 5, 30, 48, 135
VO 1049/2001 **10** 82, 131
VO (EG) Nr. 662/2008 **2** 14
VO (EWG) Nr. 17/62 **2** 6
Völkercourtoisie 32 2
völkerrechtliche Verträge 22 23
Vollbeweis 27 25
vollständiger Aktenzugang 10 81
Vollstreckbarerklärung 34 5, 24, 25, 34; **38** 22
- ~ ausländischer Gerichtsentscheidungen **34** 2
- ~ durch Vollstreckungsurteil **34** 37
- ~ nach autonom deutschem Recht **34** 37
- Verfahren zur ~ **24** 25

Vollstreckbarerklärungsfähigkeit 34 38
Vollstreckbarerklärungsverfahren 34 23
Vollstreckbarkeit 34 23
- ~ ausländischer Titel **34** 23 ff.
- ~ im Ursprungsmitgliedstaat **34** 27
- ~ nach der EuGVVO **34** 25 ff.
- ~ nach der EuVTVO **34** 30 ff.
- ~ von Schiedssprüchen **38** 17 ff.
- vorläufige ~ **34** 27
- weiter Möglichkeiten der ~ **34** 40

Vollstreckbarkeitserklärungsverfahren 34 40
Vollstreckung 34
- ~ des EuVTVO **34** 34 f.
- ~ deutscher Urteile im Ausland **34** 41
- Einstellung **17** 117
- Entscheidung über den Antrag auf Versagung der ~ **34** 25
- Versagung **34** 25
- ~ von Verwaltungsmaßnahmen **17** 114

Vollstreckungsabwehrklage 34 35
Vollstreckungsbescheid 34 7
Vollstreckungserklärungsverfahren 34 13
Vollstreckungsgegenklage 27 20, 51
Vollstreckungsgläubiger
- Wahl des ~ **34** 39

Vollstreckungshindernisse 34 27
Vollstreckungsklage
- Antrag **34** 38
- Prozessvoraussetzungen **34** 38
- Unzulässigkeit **34** 39
- zuständiges Gericht **34** 38

Vollstreckungsklausel 34 34
Vollstreckungsmitgliedsstaat 34 31
Vollstreckungsurteil 34 37
Vollstreckungsverfahren 17 117; **34** 37; **38** 6, 18 f.
Vollstreckungsverjährung 13 182 ff.; **14** 45
- Beginn der ~ **13** 184

Magere Zahlen = Randnummern Sachregister

– Ruhen der ~ **13** 188
– Unterbrechung der ~ **13** 185
Vollstreckungsversagung 34 14
Vollziehbarkeit
– sofortige ~ **10** 1
Vollzugkompetenzen
– ~ der Kommission **15** 1
Vollzugsverbot 17 1, 5, 6; **26** 8, 12; **39** 73
– Verstoß gegen ~ **25** 71
Volumeneffekt 23 6
Vorabentscheidung 15 92, 95
– Beschwerde gegen ~ über Zuständigkeit **16** 34
Vorabentscheidung über Zuständigkeit 17 134
Vorabentscheidungsbefugnis 17 134
Vorabentscheidungsersuchen 14 3
Vorabentscheidungsverfahren 15 25, 92, 100
Vorbehaltsurteil 26 700
vorbereitenden Tätigkeiten 15 47
vorbeugende Unterlassungsbeschwerde 17 179
– ~ gegen Akteneinsicht **17** 131
vorbeugendes Unterlassungsbegehren 27 27
Vorermittlungen 19 116
– ~ durch die Kartellbehörden **17** 49
– ~ im Verwaltungsverfahren **17** 3
Vorhersehbarkeitskriterium 24 24
vorläufiger Rechtsschutz 6 37; **9** 32; **34** 19; *vgl. einstweiliger Rechtsschutz*
– ~ gegen Entscheidungen der Kommission **14** 104 ff.
– ~ gegen Offenlegung **10** 122
Vorlage von Dokumenten 35 15, 37
Vorlage von Urkunden 29 13
– ~ durch die gegnerische Partei **26** 577
Vorlageanspruch 29 13
Vorlagepflicht 17 89
– ~ von Anwaltskorrespondenz **17** 73
Vorlageverweigerungsrecht 17 91
Vorrang der Straftat vor der Ordnungswidrigkeit 19 108, 119
Vorrang der Zuständigkeit der Kommission 15 1 ff.
Vorrang des Unionsrechts 15 28
Vorrangregelung mit faktischer Verdrängungswirkung 15 28
Vorrangsprinzip 15 23
– ~ des Art. 16 VO 1/2003 **15** 11 ff.
Vorrangsregelung
– ~ des Art. 16 VO 1/2003 **15** 11 ff.
Vorratsinformationen
– Ermitteln von ~ **17** 56
vorsätzliche sittenwidrige Schädigung 26 4, 49, 58, 115
Vorsatztheorie 26 57, 60; **28** 11
Vorteilsausgleichung 25 26

Vorteilsabschöpfung 3 15; **18** 160 f.; **19** 116; **23** 7; **25** 72, 74
– Anspruch auf ~ **25** 115
Vorteilsabschöpfung durch die Kartellbehörde 28 1 f.
Vorteilsabschöpfung durch Verbände 28
– akzessorischer Auskunftsanspruch **28** 22
– Anspruchsberechtigung **28** 6 ff.
– Anspruchsinhalt **28** 19
– Auskunftspflicht **28** 23
– Gerichtsstand **28** 21
– Gesamtgläubigerschaft **28** 9
– Hardcore-Verstöße **28** 12
– materielle Grundlagen **28** 5 ff.
– Nachteil **28** 16
– praktische Bedeutung **28** 25 ff.
– Prozessrisiko **28** 24
– prozessuale Aspekte und Verfahren **28** 21 ff.
– Regelanwendungsfall **28** 12
– Stufenklage **28** 22
– Subsidiarität **28** 5, 17 f.
– Verjährung **28** 20
– vorsätzlicher Verstoß **28** 10 ff.
– Vorteil zu Lasten einer Vielzahl Geschädigter **28** 13 ff.
– Vorteilsschätzung **28** 14, 22
– Zweck **28** 1 ff.
Vorteilsausgleichung
– Darlegungs- und Beweislast **25** 89
– Gesamtgläubigerschaft **25** 107 f.
– Grundsätze **25** 85
– kein eigener Wertschöpfungsvorteil **25** 103
– kein entgangener Gewinn **25** 102
– Konsequenzen für die Praxis **25** 96 ff.
– Nachweis der Kausalität **25** 97
– plausibler Vortrag **25** 98 f.
– Schadensschätzung **26** 370 ff.
– Umkehr der Darlegungs- und Beweislast **25** 91
– Voraussetzungen **25** 86 f.
Vorteilsrückerstattung 3 15
Vorteilsschätzung 28 14, 22
Vortragsrecht 17 18
Voruntersuchungsphase 10 179
Vorverfahren
– formloses ~ im Verwaltungsverfahren **17** 3
– Untätigkeitsklage **14** 73
Vorwegnahme der Hauptsache 27 146
Vorzugsklage 34 35

Wahlgerichtsstand
– fliegender ~ **31** 91
Wahlrecht des anwendbaren Rechts
– Ausübung des ~ **33** 46
Wahrheitsgrundsatz 26 79, 109 f.
Wahrheitspflicht
– prozessuale ~ **26** 93
Wahrscheinlichkeitsmaßstab 12 17

Wahrung der Verteidigungsrechte **14** 154; **15** 57, 59
Wahrung von Betriebsgeheimnissen
– ~ der Beigeladenen **17** 38
Wahrung von Geschäftsgeheimnissen
– ~ der Beigeladenen **17** 38
Waiver **7** 100; **21** 6; **41** 39
– Modelltext für ~ **7** 100
– weitergehende ~ **7** 100
Warnströme **33** 44
WCAM **37** 89
– Ergänzung des ~ **37** 99
WCAM-Entscheidung **37** 95
WCAM-Verfahren **37** 90, 93, 96
– doppelte Bekanntmachung **37** 90
Wechsel der Firma **13** 46
Wechsel der Verfahrensart **17** 1, 51
Wechsel des Verfahrens
– Mitteilung der Beschwerdepunkte **11** 50
Wechselquote **26** 390
Weißbuch **2** 7; **24** 33, 39; **25** 113; **26** 257
Weisungsfreiheit
– ~ der Beschlussabteilungen des BKartA **16** 71 f.
Weiterbelieferung **27** 21
Weiterbelieferungsanspruch **27** 12, 128
weiteres Auskunftsverlangen **8** 93
Weitergabe des Preisaufschlags **26** 226
Weitergabe von Informationen an nationale Behörden
– Nichtigkeitsklage **14** 9
Weiterleitung von Informationen
– ~ aus Kronzeugenanträgen **15** 70
Weiterverkaufsbeschränkung **25** 41
Welthandelsorganisation **20** 2
Weltklimakonferenz **20** 2
Wertschöpfungskette **23** 6
Wertschöpfungstiefe **18** 156
Wertschöpfungsvorteil **25** 103
Wesentlichkeitsschwelle **33** 33
Wet collectieve afwikkeling massaschade **37** 58
Wet Openbaarheid van Bestuur **37** 47
Wettbewerb
– freier ~ **33** 7
– unlauterer ~ **33** 7
Wettbewerberklage **35** 28
wettbewerbliche Handlungsfreiheit **27** 97
wettbewerblicher Dialog **19** 18
wettbewerblicher Rand **26** 362, 364 f.
Wettbewerbsaufsicht **16** 5; **37** 38
wettbewerbsbeschränkende Absprachen
– Verbot von ~ **2** 3
Wettbewerbsbeschränkende Absprachen bei Ausschreibungen, § 298 StGB **19** 1 ff.
– Abgabe eines Angebots **19** 48
– Abgrenzung zu Vermögens- und Korruptionsdelikten **19** 36
– abstraktes Gefährdungsdelikt **19** 8 f.
– Angebot **19** 45
– Angebot durch Unterlassen **19** 49
– Ausschreibung **19** 15 ff.
– Ausschreibungen der Mitgliedsstaaten **19** 73
– Ausschreibungen in Drittstaaten **19** 74
– Außenseiter **19** 53 ff.
– Aussteiger **19** 52 ff.
– Beendigung **19** 48
– Beendigung der Tat **19** 65
– Bewertungseinheit **19** 68
– Deliktsnatur **19** 8 ff.
– Entstehung/Bedeutung **19** 1 ff.
– Erfolgsdelikt **19** 8 f.
– Finalität der Absprache **19** 56
– freihändige Vergabe eines Auftrags **19** 15 ff.
– Individualrechtsschutz **19** 6
– internationale Sachverhalte **19** 73 ff.
– Kartellakzessorietät **19** 11
– Kausalität **19** 53
– Konkurrenzen **19** 67 ff.
– natürliche Handlungseinheit **19** 67
– Parallelwertung in der Laiensphäre **19** 57
– Rechtsgut **19** 3
– Rechtswidrigkeit der Absprache **19** 57
– reine Auslandstaten **19** 76
– Schwerpunkt der Vorwerfbarkeit **19** 49
– Straffreiheit **19** 60 ff.
– Strafmaß **19** 153 ff.
– subjektiver Tatbestand **19** 57 ff.
– Täterschaft und Teilnahme **19** 50 ff.
– tätige Reue **19** 60 ff.
– Tatbestand **19** 14 ff.
– Tatbestandsirrtum **19** 58
– Tateinheit **19** 68 ff.
– Tateinheit zu Betrug **19** 64
– Tathandlung **19** 45 ff.
– Tatmehrheit **19** 68
– unechte Blankettnorm **19** 12
– Verfall **19** 159 ff.
– Verhältnis zu Bestechungsdelikten **19** 71
– Verjährung **19** 48, 65
– Verletzungsdelikt **19** 8 f.
– Vorsatz **19** 57
– Wiederholungstendenz **19** 5
– Zugang des Angebots **19** 48
– Zusammenhang zwischen Absprache und Angebot **19** 53
wettbewerbsbeschränkende Vereinbarung **3** 15; **31** 57, 65
– Nichtigkeit ~ **2** 4
– Rechtswahl bei ~ **33** 68 ff.
wettbewerbsbeschränkende Wirkung
– Spürbarkeit **3** 6
wettbewerbsbeschränkendes Verhalten **3** 6
Wettbewerbsbeschränkung **3** 6; **26** 88; **33** 65 f.; **35** 2; **39** 75
– bezweckte ~ **12** 16
– horizontale ~ **25** 17 ff.
– horizontale und vertikale ~ **16** 10

Magere Zahlen = Randnummern

– vertikale ~ **25** 17
Wettbewerbsbüro 35 21
Wettbewerbsfreiheit 25 16
Wettbewerbsintensität 26 183
Wettbewerbskommissar 6 20
Wettbewerbskooperationen 39 59
Wettbewerbsmarkt 33 7
wettbewerbsökonomische Expertise 43 95
wettbewerbsökonomische Theorie 26 134, 142
Wettbewerbspreis 19 94 f.
Wettbewerbsregeln 26 9
wettbewerbsspezifische Verträge 22 20 ff.
Wettbewerbsverbot 30 2; **38** 15
Wettbewerbsverstoß
– Beweis der Dauer des ~ **12** 15
wettbewerbswidrige Vereinbarung 12 20
wettbewerbswidrige Verhaltensweise 12 20
Whistleblower Hotline 39 38; **40** 13 ff.; **41** 21
Whistleblowing 19 132, 135
Widerklage 31 41; **32** 56
– ~ auf Schadensersatz **26** 539
widerlegbare Vermutung 12 22
widerlegliche Vermutung 12 21
Widerruf 34 32
Wiederaufnahme des Verfahrens 14 164; **19** 142, 152; **32** 77, 81
– ~ auf Antrag einer Partei **32** 78
– ~ von Amts wegen **32** 78
Wiedereinsetzung in den vorherigen Stand 17 183
Wiederholungsgefahr 11 26; **27** 6, 42
Wiederholungstäterschaft 13 93 ff.
Wiederholungstendenz 19 5, 38, 123, 150
Wiener Vertragsrechtskonvention 32 24
Willkürfreiheit 8 57
Windhundprinzip 18 28, 60; **40** 100
winner's curse 26 368
wirksamer Rechtsbehelf 13 10
Wirkungserstreckung 34 6, 11
– Theorie der ~ **34** 20
wirtschaftliche Einheit 18 55, 77, 117; **24** 26; **26** 17, 35 f., 42, 111, 439, 447 f., 567, 603, 688; **31** 20, 89 f., 96; **39** 74, 100, 102, 105 f.; **41** 45; **43** 61
– Grundsatz der ~ **33** 26
wirtschaftliche Kontinuität 18 107b
wirtschaftliche Leistungsfähigkeit 18 144 f., 156
wirtschaftliche Notlage 27 147
wirtschaftliche Verhältnisse 17 89, 97
wirtschaftlicher Vorteil 18 134, 156
– Abschöpfung des ~ **18** 149, 170 f., 175 f.
Wirtschaftskriminalität
– Bekämpfen von ~ **40** 84
Wirtschaftsstrafkammer 19 122
Wirtschaftsvereinigungen 17 65
Wissenszurechnung 26 442
Wohnsitzdivergenz 31 78

Wortprotokoll 37 54
Wurstlücke 18 107a, 107c, 108

Zahlungsantrag
– unbezifferter **26** 204
Zahlungsbefehl 34 7
Zahlungsunfähigkeit 13 135 ff.
Zahlungsverzugsrichtlinie 26 402
Zentrale Behörden 32 27 f., 39, 97
Zentrales Schutzschriftregister 27 133
Zero-Toleranz-Politik 39 124; **42** 21, 28
Zerstörung
– ~ von Beweismitteln **29** 29
Zession 25 117
Zessionar 31 147
Zeugen 32 88
– Anhörung von ~ **14** 176
– Beweis durch ~ **17** 44
– Niederlande **37** 48
– Privatpersonen als ~ **17** 66
– Vereidigung **18** 52
Zeugenaussage 40 3
– Niederschrift **17** 111
– Zugänglichmachen von ~ **36** 13
Zeugenbefragungen 32 123
Zeugenbeistand
– keine Akteneinsicht für ~ **18** 53
Zeugenbeweis 15 51; **17** 44; **26** 159, 197
Zeugenvernehmung 17 111; **35** 15, 17, 37 f.
– Ladung **17** 111
Zeugnisverweigerungsrecht 17 111; **18** 35, 79; **26** 159, 205; **29** 19
– anwaltliches ~ **18** 50
– ~ des Verteidigers **18** 66
– ~ von Angehörigen **18** 50
Zielgerichtetheitserfordernis 25 3 f., 55
Zinsanspruch 26 207, 393 ff.
– Verjährungshemmung **26** 421
Zinsen 38 48
– Frankreich **37** 15 f.
Zinshöhe 26 395
Zinsschaden 26 393 ff.
Zinsverluste 23 6
Zinszahlung 24 13, 30, 40; **25** 78
Zivil- und Handelssachen 34 7
zivilrechtliches Selbstbelastungsverbot 26 502
Zufallsfunde 17 97, 103; **18** 46; **19** 141; **40** 29; **41** 9, 19
– ~ bei Nachprüfung **8** 32
Zugang zu Beweismitteln 10 154
Zugang zu Dokumenten 10 154 ff.
– Nichtigkeitsklage **14** 9
Zugang zu Netzen und Infrastruktur 26 85, 92
Zugangsanspruch 30 17
Zugangsrecht
– Ausnahme vom ~ **10** 135 ff.
– prinzipielles ~ **10** 134

1465

– Verbot mit Ausnahmevorbehalt 10 135
– ~ zu Akten 10 135
– ~ zu Dokumenten 10 134
Zugangsverbot
– allgemeines ~ 10 137
Zugangsverweigerung 25 59
Zulassungsanspruch 27 12
Zurechnung von Organverhalten 27 58
Zurechnung von Verhalten 26 14 ff.
Zurechnungsdurchgriff 26 25 f., 30 ff.
Zurechnungszusammenhang 25 66
Zurückweisung einer Beschwerde 15 74
– Nichtigkeitsklage 14 9
Zusage
– ~ der Staatsanwaltschaft 19 122
– schriftlich erteilte ~ 17 119
Zusagenbeschluss
– Abgrenzung zum Vergleichsverfahren 10 17
Zusagenentscheidung 11 1
– Erlass einer ~ 16 44
Zusagenentscheidung nach Art. 9 VO 1/2003 11 47 ff.
– Abstellungsverfügung 11 95
– Angebot von Verpflichtungszusagen 11 58
– Anhörung des beratenden Ausschusses 11 66
– Annahme der Zusagen 11 67
– Bindungswirkung 11 84
– Bußgeld 11 52
– förmliches Verfahren 11 49
– Form für Zusagenangebote 11 76
– formales Anhörungsrecht bei ~ 11 70
– geheime Kartelle 11 54
– Grundsatz der Verhältnismäßigkeit für Zusagen 11 80
– Inhalt 11 72
– Inhalt der Zusagen 11 75 f.
– kein formelles Recht zur Akteneinsicht 11 68
– keine Sperrwirkung 11 84
– keine Tatbestandswirkung der Zusagenerklärung 11 87
– Leitcharakter 11 88
– Markttest 11 62
– Mitteilung der Beschwerdepunkte 11 59
– Mitteilung der vorläufigen Beurteilung durch die Kommission 11 56
– Nichteinhaltung der Zusagen 11 89, 95
– Pressemitteilung 11 62, 72
– rechtliches Gehör 11 70 f.
– richterliche Kontrolle 11 91
– schriftliche Erwiderung 11 57
– strukturelle Zusagen 11 77
– Tenor 11 72
– Treffen zum Verfahrensstand 11 60
– Überwachungstreuhänder 11 79, 82 f.
– Verfahren 11 58 ff.
– verhaltensorientierte Zusagen 11 77 ff.
– Veröffentlichung 11 72
– Voraussetzungen 11 49 ff.
– Wiederaufnahme des Verfahrens 11 92 ff.

– zusätzliches Bußgeld 11 95
– Zusagenerklärung 11 87
Zusammenarbeit der Wettbewerbsbehörden und der Eu-Gerichte 15
Zusammenarbeit im gerichtlichen Verfahren 15 91 ff.
Zusammenarbeit zwischen Kommission und den Wettbewerbsbehörden im ECN 15 37 ff.
Zusammenschlusskontrolle 22 6
Zuschlag 19 88 f., 91, 92
Zuständigkeit
– ~ der Kartellbehörden 16 4 ff.
– ~ der Kommission 16 35
– Feststellungsentscheidung über ~ 16 34
– internationale ~ 43 57
– ~ nationaler Gerichte 15 35 f.
– ~ nationaler Wettbewerbsbehörden 15 29 ff.
– örtliche innerstaatliche 31 135
– parallele ~ 6 1
– parallele ~ nationaler Wettbewerbsbehörden und der Kommission 16 37 ff.
– streitige ~ der Kartellbehörden 16 29 ff.
– Vorrang der ~ der Kommission 15 1 ff.
Zuständigkeitsentscheidung
– Beschwerde 17 135
Zuständigkeitserschleichung 31 96
Zuständigkeitskonzentration 26 554
Zuständigkeitsrüge 17 135; 31 172 f.
Zuständigkeitsstreitwert
– ~ bei Schadensersatzklage 26 636
Zuständigkeitsverteilung
– nationale ~ für den Vollzug des Europäischen Rechts 16 64 ff.
– ~ zwischen FTC und DOJ 35 7
Zustellung 32 1 ff.
– Effektivität der ~ 32 21
– Fristen 32 2, 22
– ~ gerichtlicher Dokument im Ausland 35 37
– ~ im Ausland 32 1 ff.
– Nachweis 32 1
– öffentliche ~ 32 7; 37 94
– ~ per einfachem Brief 37 93
– postalische Direkt~ 32 6
– vertragslose Rechtshilfe 32 44 ff.
– Verweigerung 37 93
Zustellung der Entscheidung
– ~ im Verwaltungsverfahren 10 186
Zustellung im Ausland 32 1 ff.; vgl. auch Auslandszustellung
Zustellungsbevollmächtigter 32 4
Zustellungsdurchgriff 32 4
Zustellungsfiktion 32 4
Zustellungsmängel
– Heilung von ~ 32 40
Zustellungsorgan 32 4
Zustellungsverfahren 32 1
Zustellungsverweigerungsrecht
– Belehrung 32 19

Zuverlässigkeit
– ~ iRd. Beweiswürdigung **12** 19
Zuwiderhandlung
– Abstellung von ~ **15** 30, 45, 60, 64
– beendete ~ **11** 25
– Feststellen von ~ **7** 1; **15** 19, 45, 64
Zuwiderhandlung nach Art. 7 VO 1/2003
  11 1 ff.
zuwiderlaufende Entscheidungen
– Verbot ~ **15** 13
Zwang
– unmittelbarer ~ **17** 115
Zwangsgeld **13** 149 ff.; **14** 1; **15** 22, 30; **17** 115, 157
– Abstellungsverfügung **13** 151
– Akzessorietät **13** 149
– Androhung **13** 150, 155
– Anordnung einstweiliger Maßnahmen **13** 151
– ~ bei Auskunftsverlagen **8** 86
– ~ bei der Nachprüfung **8** 14
– ~ bei einstweiligen Maßnahmen nach Art. 8 VO 1/2003 **11** 45
– ~ bei Nachprüfung **8** 12
– Bemessung **13** 157 ff.
– Duldungs- und Mitwirkungspflichten **13** 152
– erneute Androhung **13** 155
– Festsetzung **13** 150, 156, 158
– förmliche Anordnung einer Nachprüfung **13** 152
– förmliche Aufforderung zur Erteilung von Auskünften **13** 152
– gerichtliche Prüfung **13** 150
– Grundentscheidung **13** 153 f.
– Höhe **13** 159 f.
– ~ in Abstellungsverfügung **11** 15, 21
– Kappungsgrenze **13** 158
– materiell-rechtliche Verhaltensanforderungen **13** 151
– Nichtigkeitsklage **14** 9
– Obergrenze **13** 157
– Rahmen **17** 115
– Sinn und Zweck **13** 1
– Tatbestände **13** 151 ff.

– Verfahren **13** 155 ff.
– Verpflichtungszusage **13** 151
– Zusagenentscheidung nach Art. 9 VO 1/2003 **11** 89
– Zweck **13** 159
– Zweistufigkeit **13** 150
Zwangsgeldandrohung **13** 2
Zwangshaft **17** 115
Zwangslizenz **31** 27, 45; **34** 7
Zwangslizenzeinwand **30** 21 f., 40
Zwangsmaßnahmen **19** 116
Zwangsmittel
– Androhung **17** 117
– Anwendung **17** 117
– Beschwerde gegen ~ **17** 117
Zwangsvollstreckung **34** 5, 23
– ~ aus Europäischen Vollstreckungstiteln in Deutschland **34** 35
– Rechtsbehelf gegen die Art und Weise der ~ **34** 35
Zweckbindungsgrundsatz **40** 41
Zweifelsgrundsatz **18** 126, 129
Zwischenbericht
– ~ des Anhörungsbeauftragten **10** 173
Zwischenentscheidung **18** 81; **34** 8
Zwischenstaatlichkeitsbezug **15** 83
Zwischenstaatlichkeitsklausel **16** 47, 54, 65, 67
Zwischenurteil **26** 206b
Zwischenverfahren **10** 122, 125; **14** 180; **18** 56, 192, 201 ff.; **26** 180
– Antrag auf gerichtliche Entscheidung **18** 202
– Einstellung wegen Verjährung **18** 204
– Hinweise an den Betroffenen **18** 205
– Nachermittlungen **18** 202
– notwendige Auslagen **18** 202
– Rücknahme des Bußgeldbescheids **18** 202
– Staatsanwaltschaft **18** 203
– Strafklagenverbrauch **18** 204 f.
– Überleitung in das Strafverfahren **18** 205
– Verfahrensbindung **18** 206
– Zulässigkeit **18** 202